略　　語　　表

a	adjective
adv	adverb
attrib	attributive
comb form	combining form
compd	compound
conj	conjunction
derog	derogatory
dial	dialect
dim	diminutive
euph	euphemism
fem	feminine
fig	figurative
freq	frequentative
imit	imitative
impv	imperative
int	interjection
inter	interrogative
iron	ironical
joc	jocular
masc	masculine
n	noun
neg	negative
obj	objective
p	past
pass	passive
pl	plural
poss	possesive
pp	past participle
[illegible]	[illegible]
[illegible]	[illegible]
prep	preposition
pres p	present participle
pron	pronoun
rflx	reflexive
sb	somebody
sg	singular
sth	something
suf	suffix
v auxil	auxiliary verb
vi	intransitive verb
voc	vocative
vt	transitive verb

《詩》	poetical
《古》	archaic
《廃》	obsolete
《口》	colloquial, informal
《文》	literary
《俗》	slang
《学俗》	school slang
《海俗》	sailors' slang
《韻俗》	rhyming slang
《卑》	vulgar, taboo
《まれ》	rare
《幼児》	nursery
《方》	dialectal
《米》, *	Americanism
《英》, ″	Briticism
《スコ》	Scottish
《北イング》	North England
《アイル》	Irish
《ウェールズ》	Welsh
《ニューイング》	New England
《豪》	Australian
《NZ》	New Zealand
《インド》	Anglo-Indian
《カナダ》	Canadian
《南ア》	South Africa
《カリブ》	Carib

〔アメフト〕	アメリカンフットボール
〔医〕	医学
〔遺〕	遺伝学
〔印〕	印刷
〔韻〕	韻律学, 詩学
〔宇〕	宇宙
〔映〕	映画
〔泳〕	水泳
〔園〕	園芸
〔織〕	織物
〔音〕	音声学
〔化〕	化学
〔海〕	海語, 航海
〔解〕	解剖学
〔画〕	絵画
〔楽〕	音楽
〔核物〕	核物理学
〔カト〕	カトリック
〔眼〕	眼科(学)
〔気〕	気象(学)
〔機〕	機械
〔旧約〕	旧約聖書
〔キ教〕	キリスト教
〔ギ神〕	ギリシア神話
〔ギ正教〕	ギリシア正教
〔弓〕	アーチェリー
〔魚〕	魚類(学)
〔菌〕	菌類(学)
〔空〕	航空
〔軍〕	軍事
〔経〕	経済(学)
〔劇〕	演劇
〔建〕	建築(学)
〔言〕	言語(学)
〔工〕	工学
〔光〕	光学
〔鉱〕	鉱物(学), 鉱山
〔古ギ〕	古代ギリシア
〔古生〕	古生物
〔古ロ〕	古代ローマ
〔昆〕	昆虫(学)
〔財〕	財政(学)
〔史〕	歴史(学)
〔歯〕	歯科(学)
〔紙〕	製紙
〔写〕	写真
〔社〕	社会学
〔狩〕	狩猟
〔宗〕	宗教
〔修〕	修辞学
〔商〕	商業
〔晶〕	結晶
〔城〕	築城
〔植〕	植物(学)
〔心〕	心理学
〔人〕	人類学
〔新約〕	新約聖書
〔数〕	数学
〔スポ〕	スポーツ
〔生〕	生物(学)
〔政〕	政治(学)
〔聖〕	聖書
〔生化〕	生化学
〔生保〕	生命保険
〔染〕	染色, 染料
〔測〕	測量
〔地質〕	地質学
〔畜〕	畜産
〔地物〕	地球物理学
〔鋳〕	鋳造
〔彫〕	彫刻
〔鳥〕	鳥類(学)
〔哲〕	哲学
〔電〕	電気
〔電算〕	電算機
〔天〕	天文学
〔統〕	統計学
〔動〕	動物(学)
〔図書〕	図書館(学)
〔日〕	日本
〔農〕	農業, 農学
〔馬〕	馬術
〔バスケ〕	バスケットボール
〔バド〕	バドミントン
〔美〕	美術
〔フェン〕	フェンシング
〔服〕	服飾
〔プロ〕	プロテスタント
〔保〕	保険
〔ボウル〕	ボウリング
〔ボク〕	ボクシング
〔法〕	法学, 法律
〔砲〕	砲術
〔紡〕	紡績
〔簿〕	簿記
〔紋〕	紋章(学)
〔野〕	野球
〔冶〕	冶金
〔薬〕	薬学
〔郵〕	郵便, 郵趣
〔窯〕	窯業
〔理〕	物理学
〔力〕	力学
〔林〕	林業
〔倫〕	倫理学
〔レス〕	レスリング
〔労〕	労働
〔ロ神〕	ローマ神話
〔論〕	論理学

KENKYUSHA'S
ENGLISH-JAPANESE DICTIONARY FOR THE GENERAL READER
THIRD EDITION

KENKYUSHA'S ENGLISH-JAPANESE DICTIONARY FOR THE GENERAL READER

リーダーズ英和辞典

第 3 版

編集代表
高橋作太郎

KENKYUSHA

KENKYUSHA'S ENGLISH-JAPANESE DICTIONARY
FOR THE GENERAL READER
THIRD EDITION

PRINTED IN JAPAN

第三版まえがき

本辞典は，『リーダーズ英和辞典』第2版(1999年刊)の全面改訂版である．旧版刊行後の10余年間に，英語は以前にもまして大きな変貌を遂げた．そこには，インターネットが地球上を覆い，政治・経済・文化活動のグローバル化が進行する中で，英語が共通言語としてますます大きな役割を担うようになっている事実が深く関わっていよう．新たな単語が生み出されるだけでなく，既存の語においても，意味の比喩的転用・拡大は日々進行している．私たちはこうした状況を長期間にわたって注意深く観察し，正確かつ簡潔に記述することに努めた．その結果，新版は旧版に比して収録項目数でおよそ1万，内容量(文字数)にして約10%の増加を見るに至った．

今回の改訂の目的は，コンテンツの物理的拡大だけにあったのではない．それと並んで，あるいはそれ以上に私たちが重視したのは，旧版の訳語が英語の意味を正確に反映しているか否か，また現代日本語として的確であるかどうかの検証であった．英語の意味にどこまで肉薄できるか，これこそが英和辞典編集者の最大にして永遠の課題であると信じるからである．

先行する二つの版は，編集主幹の松田徳一郎教授と社内にあって編集部を統轄した池上勝之氏の合作である．二人は初版(1984)刊行以前から別に準備を進め，「すべての英和辞典の補遺」と銘打って，19万項目に及ぶ多彩な語彙を収めた『リーダーズ・プラス』(1994)を世に問うた．また併行して，「擬音語」「ビジネス」「理化学」「医学」に関する本格的な専門語辞典を企画し，次々に上梓した．これらが『プラス』とともに『リーダーズ』第2版の信頼性を高めたことはいうまでもない．その後も，「ファッション」「英米法」「歯学」の諸辞典が加わり，「ビジネス」「医学」が改訂版を出して，今回の『リーダーズ』本体の改訂に寄与した．寄与といえば，研究社がウェブ上に開設したオンライン辞書KODの存在も忘れるわけにはいかない．ここには研究社の主要な辞典19点に加えて独自の補遺部門があり，新語・新語義が常時追加されている．その英和の部に蓄積された項目は今日4万4千を超えている．私たちはこれをも自由に利用できたのである．

松田，池上両氏が新版の刊行を見ることなく世を去られたのは痛恨の極みであるが，私たちは上記の周到な準備のお蔭で順調に改訂作業を進めることができた．社内では関戸雅男社長のもと，川田秀樹氏と鈴木康之氏が編集部を指揮して事に当たった．執筆者を代表して，ここにすべての関係者に御礼申し上げたい．あとは使用者の評価を待つのみである．忌憚のないご意見をお寄せいただきたい．

2012年6月

高橋　作太郎

編集

高橋作太郎
笠原守　東信行

編集協力

丸田忠雄　野村恵造

執筆

石館弘國　内田諭　江原有樹子　大井光隆
小野田かおり　笠井千紗子　笠原守　片山雅夫
狩野緑　高橋作太郎　友清理士　永井一彦
那須紀夫　東信行　深澤圭介　政田誠
松村赳　松村好浩　丸田忠雄　三浦あゆみ
村松淑子　本吉侃　山岸麻衣子　山口孝一郎
山田政美

資料提供

泉山真奈美　小牟田康彦

リーダーズ英和辞典編集部

川田秀樹　鈴木康之　三谷裕
濱倉直子　松原悟　白崎政男
市川しのぶ　菅田晶子　望月羔子

目　　次

初版まえがき

近年，国の内外における英語辞典編集の進歩は著しく，特に学習辞典の進歩には目をみはるものがある．しかしながら，社会人・実務家の立場からすると，わが国の英語辞典の現状は改善の余地を多く残していると言わざるをえない．このような状況にかんがみ，本辞典はわが国の社会一般の読者の要望にこたえるべく企画された．先に研究社は『現代英和辞典』を刊行してこのような読者の要望にこたえようとしたのであるが，本辞典はまさに『現代英和辞典』の基本方針を継承発展させたものである．これを具体的に特色として述べれば次のようになるであろう．

まず全般的な方針として，読者が未知の語に出会って辞書を引いたとき，その語がそこになければ読者は大いに失望するにちがいないが，そのような失望をできるだけ少なくするよう最大限の努力をした．すなわち，与えられたスペースにできるかぎり多くの語を入れるようにした結果，本見出し，追込み見出しおよび成句を合わせて約26万項目を収めることができた．これはこの種の比較的小型の辞典としては最高ではないかと思う．一定のスペース内で語数をふやせば1語の記述にあてることのできるスペースは必然的に小さくなるが，本辞典は，読むための情報に的をしぼり，書くためあるいは話すために必要な情報と学習辞典的要素はある程度割愛して収録語数をふやすようにした．したがって，学習辞典に比較すれば例文などはかなり少ないかもしれない．しかしながら，本辞典は単に収録語数が多いというにとどまらず，その種類にも幾つかの特色があると自負している．このことは，本辞典の語彙は類書のそれに比較して格段に百科事典的であると言い換えることもできる．これを具体的に列挙すれば次のようになるであろう．

1. 熟語・成句を網羅的に収録したので熟語・成句辞典としても十分利用できる．

2. 口語・俗語・卑語も大胆に取り入れた結果，俗語辞典をも兼ねるようになった．ただここで断わっておきたいのは，口語・俗語・卑語を多数収録したのは単なる興味本位によるものではないということである．われわれにとって英語は外国語なればこその措置である．一般の国語辞典であればかなりの部分がなくてもいいものだろうと思う．読者の賢明な利用を期待する．

3. 固有名を大幅に取り入れた．人名・地名に加えて，歴史的事件，各種団体の名称，さらには架空の人名・地名もできるかぎり収めた．従来，「ことば」の辞典は固有名を敬遠しがちであった．しかしながら，実践的な読書にあっては固有名は実に重要な役割を果たすのであって読書人はだれもこれを否定できないはずである．本辞典ではそれゆえ固有名のために多くの紙面をさいた．

4. 現代における科学技術の進歩は文字どおり日進月歩である．科学技術が進歩すればそれにみあったことばが必然的に生まれる．われわれはこの分野にもあえてドンキホーテ的に踏み込んで科学技術用語を貪欲に取り入れた．

5. 科学技術以外の分野についてもできるかぎり多くの最新の語を収録した．その結果，新語辞典としても十分使用にたえるものになったと思う．

6. 固有名と関連して実務家にとって重要なものに略語があるが，本辞典に収めた略語の数と範囲は独立した小型の略語辞典のそれに比して遜色のないものである.

7. 語義の理解を助ける目的で数多くの語と句に語源あるいは句源を付けたが,小型辞典としては最も詳しいものと言えよう.

8. 擬音語を多く取り入れたことも本辞典の特色である.これらの擬音語の多くは英米の漫画から採集したものである.

9. 付録として世界地図,英米史を中心とした世界史年表,および世界の通貨表を掲げたが,現状における英文の理解は世界と世界史の視野に立って行われなければならないという考えに基づくもので,これらの付録はそれを助けるために付けた.

以上のように,本辞典は主として英語を読むためのものとしてその領域を比較的狭く限定しながら,同時にある意味では森羅万象を対象とするものになった.この目標は達成することはおろか,それに近づくことさえもわれわれだけの力ではおぼつかない.本辞典をよりよいものにするために各分野の専門家のご批判とご援助をお願いしたい.専門用語の訳語・内容説明は言うにおよばず,用法についてもご教示くださるよう切にお願い申し上げる.

ここで役割分担について一言述べておく.上述のとおり,本辞典には多くの百科事典的項目が含まれているが,これらの項目は主としてリーダーズ英和辞典編集部が調査・執筆にあたった.語源は木村建夫氏が担当し,付録の年表は英国史の専門家である東京外国語大学教授松村赳氏にお願いした.

英和辞典の名に値する他のすべての英和辞典と同じように,本辞典も先人の仕事に負うところ大である.中でも,本辞典が模範とした『現代英和辞典』の監修者故岩崎民平先生に負うところは絶大であり,炯眼な読者は岩崎先生の足跡をいたるところに見いだすであろう.不肖の弟子はただただ先生のお名前を汚すことを惧れる.

本辞典の編集は1973年に始まり,完成までに11年を費やした.この間,共同編集・執筆者のうち山下雅巳教授は1977年11月,横山一郎教授は昨年3月,幽明境を異にしてしまわれた.ここにつつしんで辞典の完成をご報告してお二人のご冥福をお祈り申し上げる.

最後に,この冒険的な企画に最初から深い理解を示され,長い年月にわたって強く支持してくださった研究社社長植田虎雄氏,非才の監修者を終始もりたててくださった共同編集・執筆者ならびにリーダーズ英和辞典編集部のみなさんに心からお礼を申し上げる.また縁の下の力持ちとして資料調査,整版,校正,制作にあたられた多くの方々のお名前を巻末に記して長年のご苦労に深く感謝申し上げる.

1984年5月

松田　徳一郎

凡　例

この辞書では英語の語・成句・固有名，接頭辞・接尾辞・連結形，略語・記号，外来語，および外国語のフレーズ・引用句を本文に示し，付録として，米国の州の一覧，世界各国の言語・民族・宗教の表を掲載している．総収録項目数は約28万である．

I 見 出 し 語

1.1 **a** 配列は原則としてアルファベット順としたが，見出し語の異つづり語・派生語などで比較的近くに配列される場合は必ずしもこの原則によらず一か所にまとめて示したので注意されたい．また -o- や -i- の付く連結形はほとんどこれらの連結母音を付けない形のところで並記するにとどめたので，そのつもりで検索されたい《たとえば phosphoro- は phosphor- のところに並記》．
b 数字を含む見出し語の配列は，それをスペルアウトした(文字でつづった)場合の順序とする《たとえば A1 は A one, 4-H club は four-H club, F_1 layer は F-one layer》．
c St. および Mac, Mc の付く見出し語の配列は，それぞれ Saint, Mac とつづった場合の順序とする．
d 特定の見出し語を手掛かりとすると検索しやすい固有名などは，その見出し語の準見出しとして扱った．準見出しの冒頭には■を置いた．

例: **Hormuz** . . . ホルムズ, オルムズ《. . .》. ■ the **Stráit of ～** ホルムズ海峡《イランとアラビア半島の間の海峡; . . .》.

1.2 つづりが米英で異なるときは米式つづりを主とし，英式つづりを従として示した．米英のつづりの違いは縦線(|)を用い，米英の違いではない異つづりの並記にはコンマ(,)を用いて区別した．異つづりを並記するときには，多くの場合 共通する部分をハイフン(-)を用いて省略した．

例: **hon·or** | **hon·our** 《米では概して honor，英では概して honour とつづる》
shash·lik, -lick, shas·lik 《米英ともに3通りのつづりを用いる》
ep·i·logue, «米» **-log** 《米英ともに epilogue とつづるが，米ではさらに epilog ともつづる》

★ 派生語・複合語についてはいちいち英式つづりは示さない．たとえば複合語 **color-blind** では，英式つづりの **colour-blind** は示さない．また -ize と -ise はほとんど -ize のほうだけを示した．

1.3 同じつづりの語でも語源が異なるときは別見出しとし，見出しに肩番号を付けて区別した．

例: **chop**[1] /ʧáp/ *v* (**-pp-**) *vt, vi* 《おの・なたなどで》ぶち切る, 伐る; . . .
chop[2] *vi, vt* (**-pp-**) 〈風が〉急に変わる; 意見《など》を変える 〈*about*〉; . . .
chop[3] *n* [*pl*] あご (jaws); [*pl*] 口腔, 口, 口もと, ほお; . . .
chop[4] *n* 《インド・中国貿易における》官印, 出港[旅行]免状; . . .

1.4 発音を表記しない見出し語には，つづり字にアクセント記号を付加して，アクセントパターンを示した (⇨ II 発音)．

例: **es·cáp·er** // **láser prìnter** // **nón-prófit-màking**

★ つづり字本来のアクセント記号は **dé·jà vu** のように太く示した．

1.5 **a** 分節の切れ目は中点(·)で示した．発音の違いによって分節が異なる語は原則として第一に示した発音によって切った．また，語頭・語末の1音節をなす1字は実用上切らないほうが望ましいので示さない．

例: **equil·i·brate** /ɪkwíləbrèɪt, ìːkwəláɪbrèɪt/ 《後者の発音の場合は **equi·li·brate** と分節するが，これは示さない》
abil·i·ty /əbíləti/ // **Ara·bia** /əréɪbiə/ 《**a·bil·i·ty** // **A·ra·bi·a** とはしない》

b 複合語・派生語については，構成要素(単語・接辞・連結形など)の切れ目と音節の切れ目が一致するときは，構成要素の切れ目のみを示し，構成要素内部の分節は省略した．

例: **mémber·ship** // **létter-pérfect** // **ànti-intelléctual·ìsm**
《**mém·ber·ship** // **lét·ter-pér·fect** // **àn·ti-in·tel·léc·tual·ìsm** とはしない》

1.6 省略しうる部分は( )括弧で，言い換えできる部分は[ ]括弧で示した．

例: **dévil's fòod (càke)** 《devil's food cake または devil's food》
aliméntary canál [tráct] 《alimentary canal または alimentary tract》

1.7 スワングダッシュ（～）は追い込み見出し・語形変化・成句・準見出し・用例中などで，本見出し(のつづり)の代用として用いた.

II 発　　音

2.1 発音は，国際音声記号を用い /　/ に入れて示した. 音声記号の音価については，「発音記号表」(巻頭見返し) を参照.

2.2 母音記号の上にアクセント記号 /´/ を付けて第1アクセントを示し，/`/ を付けて第2アクセントを示した.

例: **add** /ǽd/ ‖ **rep·re·sent** /rèprɪzént/

2.3 **a** 発音の異形 (variant) はコンマ (,) で区切って並記した. その場合，共通の部分はハイフンを用いて省略した.

例: **al·le·lop·a·thy** /əlíːləpæ̀θi, æ̀ləlɑ́pəθi/
amus·ive /əmjúːzɪv, -sɪv/ 《/-/ は共通の部分 /əmjúː/ の省略を表わす》

b 米音と英音が異なる場合は次の形式で示した.

例: **aunt** /ǽnt; ɑ́ːnt/ 《=/米 ǽnt; 英 ɑ́ːnt/》
doll /dɑ́l, *dɔ́ːl/ 《=/米英共通 dɑ́l, 米には dɔ́ːl もある/》

c 発音が同じでアクセントのみ異なる場合，各音節をダッシュで表わし，アクセントの位置の違いを示した.

例: **gab·ar·dine** /gǽbərdìːn, ⸗⸗⸗/ 《/⸗⸗⸗/=/gæ̀bərdíːn/》
im·port *v* /ɪmpɔ́ːrt/ . . . ► *n* /⸗⸗/ 《/⸗⸗/=/ímpɔ̀ːrt/》

2.4 人・場合によって発音されない音は (　) 内に入れて示した.

例: **at·tempt** /ətém(p)t/ 《=/ətémpt, ətémt/》
sta·tion /stéɪʃ(ə)n/ 《=/stéɪʃən, stéɪʃn/》

2.5 前置詞，接続詞，冠詞など，普通は弱い形 (weak form) を使用するものは，次のように弱い形を先に示した.

例: **at**[1] /ət, æ̀t, ǽt/ ‖ **but** /bət, bʌ̀t, bʌ́t/ ‖ **a** /ə, èɪ, éɪ/

2.6 次のような場合は，繰返しを避けて最初の語のみに発音を示した.

例: **eth·nic** /éθnɪk/, **-ni·cal** 《**ethnic** /éθnɪk/, **ethnical** /éθnɪk(ə)l/》
equiv·a·lence /ɪkwív(ə)ləns/, **-cy** 《**equivalence** /ɪkwív(ə)ləns/, **equivalency** /ɪkwív(ə)lənsi/》

2.7 同一見出し語内における並記見出し語・変化形・異品詞・追い込み見出しにおいては，通例 その異なる部分のみを表記し，同じ部分は /-/ で省略した.

例: **Ae·gos·pot·a·mi** /ìːgəspɑ́təmàɪ/, **-mos** /-məs/ *n*
ae·ci·um /íːsiəm, -ʃi-/ *n* (*pl* **-cia** /-ə/)
ar·tic·u·late /ɑːrtíkjələt/ *a* . . . ► *vt*, *vi* /-lèɪt/ . . .

2.8 複合語のアクセントを示すために，その構成要素としての一つの単語全体の発音を長いダッシュで表わした.

例: **A-bomb** /éɪ—̀/ 《=/éɪbɑ̀m/》
ABO blood group /èɪbìːóʊ —́ —̀/ 《=/èɪbìːóʊ blʌ́d grùːp/》

2.9 **a** 外来語の発音は近似の英語音で示した. ただし，フランス語とドイツ語に由来するものについては適宜原音を示した. その場合，*F* または *G* を付して，それぞれフランス語またはドイツ語の原音であることを示した.

例: **af·faire** /*F* afɛːr/
Welt·an·sicht /*G* véltanzɪçt/
Ab·é·lard /ǽbəlɑ̀ːrd; *F* abelaːr/ 《=/英語音 ǽbəlɑ̀ːrd; フランス語原音 abelaːr/》
Augs·burg /ɔ́ːgzbə̀ːrg, áʊgzbʊ̀ərg; *G* áʊksbʊrk/ 《=/英語音 ɔ́ːgzbə̀ːrg, áʊgzbʊ̀ərg; ドイツ語原音 áʊksbʊrk/》

b フランス語の複数形などの発音が主見出しの発音と同一の場合は /—/ で示した.

例: **va·let de cham·bre** /*F* valɛ də ʃɑ̃ːbr/ (*pl* **va·lets de cham·bre** /—/)

2.10 直前の見出し語と発音・つづりおよび分節が同じ場合には，発音・アクセント表記および分節を省略した. なお，見出し語間で大文字と小文字の違いがあっても，この場合同一のつづりとみなした.

例: **bear**[1] /bέər/ **bear**[2]
grace /gréɪs/ **Grace**
Fitz·ger·ald /fɪtsʤérəld/ **FitzGerald**

直前の見出しと分節だけが異なる場合には 分節だけを示し発音表記を省略した場合がある.

例: **ten·der**[1] /téndər/ **tend·er**[2] **ten·der**[3] **ten·der**[4]

2.11 次に挙げる種類の見出し語には，つづり字の上にアクセントが示してあるだけで発音表記はないが，構成要素それぞれの発音は独立見出しで与えられているから，その発音をつなげ，示されたアクセント型で発音するものとする.

a 二語(以上の)見出し

例: **áction stàtion** ⟪action, station は独立に見出しとしてあり，発音はそれぞれ /ǽkʃ(ə)n/, /stéɪʃ(ə)n/ であるから，この 2 つをつなげて，示されたアクセント型を付与すれば /ǽkʃ(ə)n stèɪʃ(ə)n/ となる⟫
ábsentee bállot ⟪absentee は単独では /æ̀bs(ə)ntíː/ であるが，連語の場合はアクセント位置が移動して /ǽbs(ə)ntìː bǽlət/ と発音することを示す⟫

独立見出しとしては記載されていない語については，その部分だけ発音を示した.

例: **Brám·ah lòck** /bráːmə-, *brǽm-/

b 複合語

例: **bláck·bìrd** // **fínger·prìnt** // **òut·dóors**

複合語の構成要素の一部の発音が独立見出しの発音と異なるときはその要素の発音を示した.

例: **bóok·man** /-mən, -mæ̀n/ ⟪＝/búkmən, búkmæ̀n/⟫

複合語の構成要素で独立見出しとして記載されている部分を … で省略した場合がある.

例: **di·phènyl·hy·dán·to·in** /daɪ…haɪdǽntouən/ ⟪＝/daɪfèn(ə)lhaɪdǽntouən/⟫

c 派生語および変化形の中で，語幹の発音・つづり・分節に影響を及ぼさず，それ自身一定した発音をもっている接辞の付いているものの発音も省略した. また，所有格および複数の s の発音は省略した.

例: **accépt·ance** // **áct·ing** // **kínd·ness** // **Súndays**[1]

d 音節の増加をもたらさない接辞の付加によってでき上がった語は，発音を示さず，全体の分節とアクセントだけを示した.

例: **com·préssed** // **màth·e·mát·ics**

派生または語形変化によってサイレントの e が脱落したり，y が i に変わったりした場合には，発音を省略してアクセントと分節のみ示した.

例: **báb·bler**[1] // **com·pút·er** // **háp·pi·ness**

e 派生または語形変化によって同じ子音字が重なった場合，原則として発音は単一である.

例: **spécial·ly** ⟪＝/spéʃ(ə)li/⟫ // **cút·ter** ⟪＝/kʌ́tər/⟫ // **be·gín·ner** ⟪＝/bɪgínər/⟫

f 連結形を含む語で，連結形の発音が一定している場合.

例: **mòno·mánia** // **nèo·clássic**

★(1) 発音を省略した見出しで，構成要素の切れ目(と同時に分節点)を示す中点 (·) は構成の順序とは必ずしも関係がない.

例: **dis·assémbler** ⟪構成の順序は (dis＋assemble)＋er⟫
ùn·kínd·ness ⟪構成の順序は (un＋kind)＋ness⟫

(2) 発音表記を省略した場合でも，発音の異形がある場合は /, . . . / /; . . . / などでその異形を示した.

例: **dí·amide** /, daɪǽməd/ ⟪＝/dáɪəmàɪd, daɪǽməd/⟫
àm·bu·la·tó·ri·ly /; ǽmbjulət(ə)rɪli/ ⟪＝/æ̀mbjələtɔ́ːrəli; ǽmbjulət(ə)rɪli/⟫

2.12 発音表記を省略してしまうと紛らわしい場合には適宜発音を示した.

例: **àr·che·týpical** /-típ-/ // **léad tìme** /líːd-/, **léad·wòrk** /léd-/ // **wéll-réad** /-réd/

III 品　　詞

3.1 品詞表示の略語については「略語表」(巻頭見返し) を参照.

3.2 2 品詞以上にわたる見出し語は，► を用いて品詞の分かれ目を示した.

IV 語形変化

4.1 不規則な変化形のつづり・発音は（ ）括弧の中で以下のように示した．ただし複合語・派生語については必ずしも示さない．

4.2 名詞の複数形

例： **the·sis** /θíːsəs/ *n* (*pl* **-ses** /-sìːz/)
goose /gúːs/ *n* (*pl* **geese** /gíːs/)
deer /díər/ *n* (*pl* **~, ~s**)
pi·ano[1] /piǽnou, pjǽn-/ *n* (*pl* **-án·os**)

4.3 **a** 不規則動詞の過去形；過去分詞；-ing 形

例： **run** /rʌ́n/ *v* (**ran** /rǽn/; **run; rún·ning**)
cut /kʌ́t/ *v* (**~; cút·ting**)
sing /síŋ/ *v* (**sang** /sǽŋ/, «まれ» **sung** /sʌ́ŋ/; **sung**)

b 語幹の子音字を重ねる場合は次のように示した．

例： **flip**[1] /flíp/ *vt, vi* (**-pp-**) (**-pp-=flípped; flíp·ping**)
pat[1] /pǽt/ *v* (**-tt-**) (**-tt-=pát·ted; pát·ting**)
trav·el /trǽv(ə)l/ *v* (**-l-** |**-ll-**) (**-l-** | **-ll-**=«米» **tráv·eled; tráv·el·ing** | «英» **tráv·elled; tráv·el·ling**)
pic·nic /píknɪk/ . . . ► *vi* (**-nick-**) (**-nick-=píc·nicked; píc·nick·ing**)

4.4 形容詞・副詞の比較級；最上級
単音節語には -er; -est を付け，2 音節以上の語には more; most を付けるのを通則とするので，通則に従う変化は示さない．これに反するもの，またはつづり・発音の注意すべきものは次のように示した．

例： **good** /gʊ́d/ *a* (**bet·ter** /bέtər/; **best** /bέst/)
big[1] /bíg/ *a* (**bíg·ger; bíg·gest**)
long[1] /lɔ́(ː)ŋ, lɑ́ŋ/ *a* (**~·er** /-ŋg-/; **~·est** /-ŋg-/)

V 語義と語法

5.1 多義語の語義区分は，大きな区分には **1 2 3**. . .，中区分には **a b c**. . .，小さな区分にはセミコロン（；）を用いた．また，訳語が同じでも意味が異なる場合には説明の（ ）内を（**1**）. . . **2**）. . .）のように区分した．成句義の大区分は (**1**) (**2**) (**3**). . . のように行なった (⇨ 6.2c).

5.2 訳語の前に［ ］括弧を用いて文法・語法・表記上の指示・説明を添えた．

例： [C-] [s-]（大文字または小文字で始まることを示す）// [the] [a ~]（冠詞 the, a が付く）// [ᵘ*pl*]（普通は複数形で用いる），[~s]（見出しに s が付く）// [⟨*sg*⟩] [⟨*pl*⟩] [⟨*sg*/*pl*⟩]（構文上の単数・複数）// [*pass*] [*pp*] [*pred*]（それぞれ「受動態」「過去分詞」「叙述的用法」で用いる，の意）// [~ *-self*]（再帰代名詞 oneself を目的語とする）

5.3 小型頭文字（SMALL CAPITALS）は参照すべき見出し語を示す．紙面の節約のため，語義(の一部)・説明語(句)・他所参照など随所に用いたので十分活用されたい．成句や用例では，たとえば **question** の項で BEG[1] **the ~.** とあれば，この成句が beg[1] で扱われていることを示し，また **green** の項の(形容詞義の)用例として GREEN CHRISTMAS とあれば，その連語自体が本辞典の見出し語となっていることを示す．

5.4 **a** 用法指示ラベルには « » を用いた（⇨「略語表」(巻頭見返し)）．«古» «まれ», «スコ» «豪» «方», «詩» «口» «俗» などの用法指示はおおよその傾向を示すものであり，絶対的なものではない．なお，«米» «英» の表記は，記号化してそれぞれ * ‖ で示した．これについても，それぞれ「主に米」「主に英」という程度の限定である．また，«俗»/[*joc*] のように斜線 (/) がラベルの間にはいっている場合は「«俗» または [*joc*]」の意を表わす．

例： **ab·squat·u·late** . . . *vi* «俗»/[*joc*]（急いで)出立する，逃亡する，ずらかる，あとをくらます．

b 学術用語などの分野表示には〖 〗を用いたが，〖医〗〖昆〗〖哲〗などの表示は，必ずしも専門用語に限定されるものではない．たとえば〖植〗によって植物学の学術用語であることを示すこともあれば，単に語義が植物であるだけのこともある．
c 制度・団体などの国籍を示すのに〖 〗を用いた．〖米〗〖英〗はそれぞれ（米国の）（英国の）の意である．〖アイル〗は（アイルランドの）の意であり，他方 «アイル» はことばとして Irish であることを示す．

5.5 訳語では〈 〉括弧を用いて，動詞の主語・目的語や形容詞と名詞の連結などを示した．

例: **date**[1] . . .　► *vt* **1 a** 〈手紙・文書〉に日付を入れる; 〈事件・美術品など〉の日時[年代]を定める; . . .
2*〈異性〉と会う約束をする 〈*up*〉, …とデートする[つきあう].
easy . . . *a* . . . **2 a** 安楽な, 気楽な, 楽な (at ease); 〈気分・態度などの〉くつろいだ (frank); . . . ;
〈衣服などが〉きつくない, ゆるい: . . .　**3** 〈傾斜が〉なだらかな; 〈談話・文体などの〉すらすらした; . . . ;
〈速度などが〉ゆるやかな: . . .　**4 a** 〈規則・条件など〉きびしくない, ゆるやかな. **b**〔商〕〈商品が〉供給豊富な, 〈市場の取引が〉緩慢な . . .

5.6 その見出し語とよく結びついて用いられる前置詞・副詞・接続詞を訳語のあとに 〈*in, at*〉〈*on*〉〈*that*〉 のように示した.

例: **acquaint** . . . *vt* 〈人〉に知らせる, . . . , 告げる 〈*with* a fact, *that, how*〉; . . .
capable . . . *a* **1 a** . . . ; 〈…に必要な〉実力[資格]のある 〈*for*〉: . . .　**2 b** . . . , 〈…に〉
耐えうる, 〈…を〉入れうる 〈*of*〉: . . .
familiarity . . . *n* **1** よく知っていること, 精通, 熟知, 知悉 〈*with*〉. . . .
mine[2] . . .　► *vt* **1 a** . . . ; 〈資源などを〉枯渇させる 〈*out*〉. . . .

5.7 **a** 訳語・用語に対応する英語(など)を, (　) 内に適宜示した.

例: **cap**[1] . . . *n* **1** . . . ; 《大学の》角帽 (mortarboard)
acarid . . . ; コナダニ科 (Acaridae) の

b 見出し語に対する同義語を (　) 内にイタリック体で示した《下の例の場合, (=　) の部分は「bearcat, cat bear, red panda ともいう」という意味である》.

例: **lésser pánda**〔動〕ショウパンダ, レッサーパンダ (=*bearcat, cat bear, red panda*)《ヒマラヤ・中国・
ミャンマー産; アライグマ科》

c 反意語 (antonym) は (opp. *below*) (opp. *above*) の形で示した.

5.8 訳語に対する説明は, 訳語の後ろまたは前に《　》を用いて示した.

5.9 語義・訳語に用いた (　) 括弧は (　) 内を省略しうる, あるいは (　) 内を入れた場合と入れない場合との両様を示し, [　] 括弧は先行の語(句)と置き換えうることを示す.

例: **gránd-dúcal** *a* 大公(妃)の; 帝政ロシアの皇子[皇女]の. 《「大公の, 大公妃の; 帝政ロシアの
皇子の, 帝政ロシアの皇女の」の意》

5.10 随所に ★ を用いて, (1) 各種の補足説明や注意書きを行ない, また, (2) 特定の見出し語のところで関連語句を一覧できるようにした (⇨ 本文 ARMY, METER[1], etc.).

VI 用 例 と 成 句

6.1 限られた紙面になるべく多くの語義を収載する方針を採ったために, 全体に用例を相当割愛した. 用例および成句中での (　) 括弧, [　] 括弧の用法は, 見出し語 (⇨ 1.6) および語義・訳語 (⇨ 5.9) の場合と同じである.

a 用例は語義のあとをコロン (:) で区切って示し, 用例と用例の区切りは斜線 (/) で示した. 複数の語義をセミコロン (;) で区切って並べている場合, そのうちの一部の語義についてのみ用例を示していることがあるので注意されたい. また, 訳語の直後に簡単な例を示すとわかりやすい場合, 下記のようにした.

例: **bag**[1] . . . *n* . . . **2 a** . . . ; 《目の下・帆・服などの》たるみ (: ~*s* under one's eyes); . . .

b 用例および成句中では, 見出し語(のつづり)をスワングダッシュ (~) で代用した (ただし, 2 文字以下の見出し語 (例 a, at, so) はそのままつづってある). 用例中の見出し語の変化形, および注意すべき冠詞・前置詞・副詞・接続詞などはイタリック体で示し, その他はローマン体で示した. また見出し語の表記に関連して, たとえば小文字 c で始まる見出し語の項で *C*~ とあれば大文字で始まることを示し, 逆に大文字 S で始まる見出し語の項で *s*~ とあれば小文字で始まることを示す.
c 用例によっては必要箇所のみを訳出し, また訳を省略したこともある.

6.2 **a** 成句 (idiom) は, 成句中の見出し語部分の品詞に従って, その品詞の記述の最後にボールド体で一括して示した (ただし, 品詞分類の煩わしい語については, 品詞の別を無視していくつかの品詞の成句をまとめて示した場合もある). なお, 成句(群)の冒頭には ● を置いた.
b 成句の並べ方はアルファベット順を原則としたが, 類縁の成句などは一か所にまとめたものもあるので注意されたい.
c 成句の意味分類はおおむねセミコロン (;) で区切るにとどめたが, これでは煩雑になる場合, および他所参照に便利になる場合には **(1)** **(2)** **(3)** . . . と分類した. また, 時として成句の品詞を示したものもある.

例: **make**[1] . . . *v* . . .　**~ out** **(1)** [通例 can, could を伴って]《なんとか》理解する, . . . **(2)** 起草する, . . . ; 詳細に描く. **(3)** 信じさせる, 証明する, . . . ; «口» 見せかける, ふりをする 〈*that*〉: . . . **(4)**
«口» (うまく)やっていく, 成功する 〈*in, with*〉; 〈人と〉(うまく)やっていく 〈*with*〉; やりくりする: . . . **(5)**

〈金を〉こしらえる; まとめ上げる. **(6)** *《俗》(女を)うまくモノにする, . . .

draw . . . *v* . . . **～ on** (*vt*) **(1)** 引き上げる; 《文》〈手袋・靴下などを〉はめる, 履く . . . **(2)**〈人を〉誘い込む, 〈…するように〉励ます 〈*to* do〉; . . . **(3)**〈手形を〉…あてに振り出す . . . (*vi*) **(4)**〈経験・知識・蓄えなど〉にたよる, …を利用する; …に要求する: . . . **(5)**〈タバコ〉を吸い込む. **(6)**〈時・季節などが〉近づく, 迫る; 〈船が〉他船に近づく: . . .

d 成句に添える用例の示し方は一般の語義に添える用例の扱いと同じである (⇨ 6. 1).

6. 3 **a** 用例および成句中に用いた one, one's, oneself は，その位置に文の主語と同一の人または物を表わす名詞または代名詞がはいることを示す.

例: **mas·ter**[1] . . . *n* . . . **make** one**self ～ of**…に熟達する, …を自由に使いこなす.
《たとえば *He* made *him*self ～ of…. となる》

b 用例および成句中に用いた sb または sth は，その位置に文の主語と異なる人または物を表わす名詞または代名詞がはいることを示す. sb, sth はそれぞれ somebody, something の略記である.

例: **bag**[1] . . . *n* . . . **give [leave]** sb **the ～ to hold** 人を窮境に見捨てる. 《たとえば *Jack* gave *Betty* the ～ to hold. となる》

VII 語　源

7. 1 語源は各語の記述の最後に［　］括弧に囲んで示した. 記述は，現在の語義・語形の理解に役立つことを主眼とし，必要に応じてセミコロン（;）のあとに説明を加えた. 語義上特筆すべきことがない場合，言語名の表示にとどめる.

7. 2 ［＜］は由来 (derivation) を示す. 語源欄最初の(言)語は直接のもとを示すが，最後は最終語源とはかぎらない. 借入経路を省略した場合はコンマを入れて［. . ., ＜ . . .］で示す.

例: **turban** ［MF, ＜Turk ＜Pers; cf. TULIP］

7. 3 小型頭文字は，関連語の語源欄・成句参照を意味する. 直前・直後の語またはその語源欄の参照はそれぞれ［↑］［↓］で示す.

例: **antsy** ［cf. have ANTS in one's pants］

7. 4 ［?］は語源が不確実または不明の語に付し，必要に応じて初出世紀・関連語などを示す. また，借入源の言語を特定できない場合，地域名を（　）内に示す.

例: **tag**[2] ［C18＜?］
nasty ［ME＜?; cf. Du *nestig* dirty］
banana ［Sp or Port＜(Guinea)］

VIII 諸 記 号 の 用 法

8. 1 諸種の括弧

a (　)
(1) 括弧内を省略しうる，あるいは括弧内を入れた場合と入れない場合の両様を示す (⇨ 1.6, 2.4, 5.9, 6.1).
(2) 各種の補足的な情報: 同義語，反意語，参照語(句)，生没年，読み仮名など.

b [　]
(1) 語(句)の交替を示す (⇨ 1.6, 5.9, 6.1).
(2) 語法・表記などの指示を示す (⇨ 5.2).

c ［　］ 項末に置いて語源を示す (⇨ VII). 語義・句義の末尾に置いて意味の由来を示す. 略語中に置いて言語名や原語のつづりを示す.

d 《　》
(1) 語義・訳語・訳文などの後ろまたは前に置いて，説明・補足あるいは意味の限定を行なった.
(2) 関連語，特に関連形容詞を示す.

例: **star** /stɑ́ːr/ *n* **1 a** 星, 恒星 (cf. PLANET[1]) 《ASTRAL, SIDEREAL, STELLAR *a*》; . . .

e /　/ 発音を示す (⇨ II).
f 〈　〉 の用法については 5.5, 5.6 を参照.
g «　» の用法については 5.4 を参照.
h 〘　〙 の用法については 5.4 を参照.

8.2 **a** ハイフンは，複合語や接頭辞・接尾辞などのつづりの一部として本来的に表示する場合以外に，改行時のつづりや発音の切れ目，あるいは見出し語や発音の一部省略を示すために用いた．

(1) 改行の切れ目　**Do·lo·res** /dələ́:rəs/ ドローレス《女子名; 愛称 Lola, Loleta, Lo-lita》. ［Sp＜L＝sorrows (of the Virgin Mary)］

con·sue·tu·di·nary /kɑ̀nswɪt(j)ú:d(ə)nὲri, kənsù:ə-; kɔ̀n-swɪtjú:dɪn(ə)ri/ *a* 慣習の, 慣例上の: . . .

(2) 一部省略　**abio·genétic, -genétical** /èɪbaɪoʊ-, æ̀bioʊ-/ *a* 〘生〙自然発生の[による].　♦ **-ical·ly** *adv*

ole·ic /oʊlí:ɪk, -léɪ-, óʊli-/ *a* 油の; 〘化〙オレイン酸の.

b 小型頭文字は参照すべき見出し語を示す (⇨ 5.3, 7.3).

c (1) ᵘ, ᵒ, ˢ はそれぞれ *u*sually (通例), *o*ften (しばしば), *s*ometimes (時に) を記号化したもので，次のように用いた．

例: [ᵘ*pl*]《通例 複数で用いる》∥ [ᵒP-]《しばしば P で始まる》∥ [ᵘ～s, ⟨*sg*⟩]《通例 -s 付きの形で構文上は単数扱い》

なお，発音表記に用いるときも同じ．

(2) *, ǁ はそれぞれ《米》,《英》の意．

(3) ⁺(プラス)は派生語などの語義記述の前に置いて，「記述するまでもない派生的な意味に加えて」の意．

d その他

～, ～　見出し項目中での，見出し語(のつづり)の代用 (⇨ 1.7, 6.1b).

⇨　参照すべき項目を示す．

★　注意書き・関連語句の列挙 (⇨ 5.10).

☆　地名の説明中で，都市名の前に付けて首都・州都・中心都市を示す．

…　語義・用例・訳文中において，…の所にいろいろな語が該当することを示す．「instead of…の代わりに」のように英語・日本語の共通部分にはこれを繰り返さない．

●　成句

■　準見出し

♦　派生語

⬩　略語と略語の区切り

°　略語・記号の見出しで，そのもととなった 2 語以上からなる語句の前に付けて，それが見出しとして収録されていることを示す．

例: **BA** 〘野〙°batting average.《batting average の見出しがある》

*　語源の記述で，例証されないが同族語の対応などから理論的に再建された語形であることを示す．

例: **la·dy** . . .［OE *hlǣfdige* loaf kneader (*hlāf* bread, **dig-* to knead; cf. DOUGH); cf. LORD］

A

A[1], **a**[1] /éɪ/ *n*, (*a*) (*pl* **A's, As, a's, as** /-z/) エイ《英語アルファベットの第 1 字》; A [a] の表わす音《英語では /æ/ /ɑ:/ /eɪ/ /ɔ:/ /ə/》; A 字形(のもの); 1 番目(のもの); 《仮定の》第 1, 甲; 〘楽〙イ音(の弦[鍵など]), イ調, 《階名唱法の》ラ(音); 〘数〙第 1 既知数; 《等級が》第一の [最上の](もの); 《学業成績で》A, 優, 甲; 〘紙〙A 判 (⇨ A 3, A 4, A 5); 〘電算〙《十六進数の》A《十進法で 10》: get from *A* to B A から B まで移動する / *A* flat [sharp] 変[嬰]イ音 / *A* major [minor] イ長調[短調] / straight *A*'s 全優 / an *A* student 優等生. ● **A for effort** *《俗》努力賞. **A over T** "《卑》まっさかさまに, はまり込んで《'*a*ss *o*ver *t*ip'》. **from A to Z** 初めから終わりまで; 一から十まで, 全部, 全種類. **not know A from B** A と B の区別も知らない, 無学文盲である. **the A to Z of**…のすべて.

a[2] /ə, èɪ, éɪ/, **an** /ən, æ̀n, ǽn/ *a* [特に indefinite article (不定冠詞) ともいう] ★ (1) 子音の前では a, 母音の前では an を用いる: *a* cow, *an* ox; *a* horse, *an* hour /áʊər/; *an* uncle, *a* unit /jú:nət/; *an* office worker, *a* one-act /wʌ́n-æ̀kt/ play; *a* u /jú:/, *an* s /ɛ́s/, *a* MS /mǽnjəskrɪ̀pt/; *a* 2 /tú:/, *an* 8 /éɪt/. 次の場合 a が普通であるが, (a) しばしば an も用いる: *a* [*an*] históríian (アクセントのない第 1 音節が発音される h で始まるとき), (b) 時に an も用いる: *a* [*an*] union [European] (/jʊ, ju:/ と発音する u-, eu- の前). (2) a, an は単数形の普通名詞・集合名詞の前に用いるが, 語順は名詞の前, 名詞に修飾語があればその前が定則: *a* boy, *a* good boy, *a* very good boy. 次の語順は特例: *such a* (good) boy / *What a* good boy [*How* good *a* boy] he is! / *so* [*as*] good *a* boy / *rather* [*quite*] *a* good boy《米ではしばしば *a* rather [quite] good boy》/ *half an* hour (=*a* half hour*). **1**《漠然と》(ある)一つの, ある一人の《one の弱まった意でふつう訳さない》; ある (a certain): There is *a* book on the desk. 机の上に本が(一冊)ある / I want *a* car. 車が欲しい / *A* student came to see me. (ある)学生が会いに来た / *a* million 100 万 / in *a* sense ある意味では / Yes, I had *a* /éɪ/ reply. うん, 一応の返事はあった(が不満足)《この用法ではイタリック体で印刷する》. ★ 複数構文では *some*, *any*: There are *some* books…. / Are there *any* books…? **2** [総称的に] …というもの, すべて…《any の弱い意でしばしば訳さない》: *A* dog is an animal. 犬は動物である. ★ 複数構文では冠詞や some, any を付けない: Dogs are animals. **3 a** 一…, 一つの (one); [否定語と共に用いて] ただ一つの (single): Rome was not built in *a* day. 《諺》ローマは一日にして成らず / in *a* word ひと口に言えば / to *a* man 一人残らず / I *never* said *a* word—not one word. ひと言も言わなかった—ただのひと言も / [複数と対照的に] *A* day or two are needed for the task. その仕事には一両日必要だ (cf. ONE *or two*) / I said *a* /éɪ/ book. 本 1 冊と言ったのです. **b** [and で結ばれた二者一体の関係を示す名詞句の前に用いる]: *a* knife and fork ⇨ AND 4 a. **4** [通例不可算名詞に付け可算名詞に扱って] **a** …の一片, 一塊 (=a piece of); …の一人前, 一回分 (=a portion of): *a* stone 石ころ (比較: stone 石材) / *a* beer [coffee, whiskey and soda] ビール[コーヒー, ウイスキーソーダ]一杯《飲食店での注文用語から》(比較: I like beer.) / *an* aspirin アスピリン 1 錠 / have *a* swim [*a* sleep] ひと泳ぎ[ひと眠り]する. **b** …の一例 (=an instance of); …の一種 (=a kind of): *a* fire 火事 (比較: Fire burns.) / *a* murder 謀殺事件 / *a* kindness (一つの)親切な行為 / Barley is *a* grass. オオムギはイネ科草本の一種である. **c** …の結果: *an* invention 発明品. **5** [固有名詞に付けて] …という人; …家の人; …のような人; …な状態の人; …の作品: *a* Mr. Smith スミスさんという人 (cf. ONE Smith, a CERTAIN Mr. Smith) / *a* Stuart スチュアート家の一員 / *a* Newton ニュートンのような大科学者 / *a* happy Bush うれしそうなブッシュ氏 / This is *a* Matisse. これはマチスの作品です. **6** 同じ (the same): all of *a* mind [*a* size] みな同じ気持[大きさ]で / boys of *an* age 同じ年齢の少年たち / birds of *a* feather 同類 (⇨ BIRD). **7** [もとは前置詞] …につき (per)《しばしば訳さない》: once *a* day 1 日に 1 回 / twice *a* week 週 2 回 / 5 dollars *a* yard ヤード 5 ドル. **8** [数量を表わす語と慣用句をなして]: ⇨ *a* FEW, *a* LITTLE, *a* good [great] MANY. [OE *ān* one の弱形]

a[3] /eɪ, ɑ:, æ/ *prep* FROM の意: A PRIORI, A POSTERIORI. [L]

a[4] /ə/ "《方》*pron* HE [HIM]; SHE [HER]; THEY [THEM]; I; IT.

a[5] /ə/ *prep* **1** [しばしば先行する名詞に付けて]《口・方》OF: cup *a* tea / pass the time *a* day (⇨ TIME OF DAY) / kind*a* [sort*a*] 多少 (=kind [sort] of). **2**《方》ON, IN, AT.

a[6] /ə, æ, æ̀/ *v auxil* [しばしば 前の助動詞に付けて]《口・方》HAVE: I'd *a* done it. / could*a* [might*a*, would*a*].

à /ɑ:, æ/ *prep* to, at, in, after などの意: À LA CARTE, À LA MODE, etc. [F]

a', aa, aw, a[7] /ɑ́:, ɔ́:/ *a*《スコ》ALL: for *a'* that それにもかかわらず.

A[2] /éɪ/《俗》*n* アンフェタミン (amphetamine); LSD (acid).

a-[1] /ə/ *pref* **1** on, to, in, at の意. **a** [名詞に付けて]: *a*foot 徒歩で / *a*shore / *a*stern / *a*bed《英では古》=in bed. **b** [動詞に付けて]: *a*buzz. ★ この a- の付いた語は a, b とも *adv* または *pred a* で名詞の前には置かない. **c** [動名詞に付けて]《古》: fall (*a*-)cry*ing* 泣き出す / go (*a*-)fish*ing* 釣りに行く / The house is (*a*-)build*ing* (=is being built). 家は建築中 / set the bell (*a*-)ring*ing* 鐘を鳴らし始める. ★ 上例中の a- は今は通例 略されるため現代文法では -ing を現在分詞とみる. [OE *an*, *on* (prep)=ON] **2** up, out, away: *a*wake, *a*rise. [OE *a*- ‹ *ar*- away, on, up, out] **3** off, of: *a*kin. [ME *a*-<OE *of* (prep)] **4** out, utterly: *af*fray. [ME, AF *a*-, <L EX[1]]

a-[2] /eɪ, æ, ə/, **an-** /æn/ *pref*「非…, 無… (non-, without)」《a- は子音の前, an- は母音の前; h の前では an- が原則だが例外もある》: *a*moral, *a*sexual, *a*chromatic, *an*esthesia, *an*hydrate, *a*historic(al). [Gk]

a-[3] /ə/ *pref* (1) AB-[1]《m, p, v の前》: *a*version. (2) AD-《gn, sc, sp, st の前》: *a*scription.

a-[4] /ə/ ATTO-.

-a /ə/ *n suf*〘化〙「酸化物」: ceri*a*, thori*a*. [L]

-a- *comb form*「炭素を置換する」: az*a*-. [L]

a〘理〙acceleration ♦ arrives《時刻表で》♦ atto-.

a. absent ♦ acre(s) ♦ adjective ♦ adult ♦ alto(-) ♦ [L *anno*] in the year ♦ anode ♦ answer ♦ [L *ante*] before ♦ anterior ♦ area ♦〘メートル法〙are(s) ♦ arrive(s) ♦ author ♦ "away《スポーツの試合が相手の本拠地で行なわれることを示す》.

A °absolute (temperature) ♦ ace ♦〘生化〙adenine ♦ [adult] "〘映〙子供 (14 歳未満) 向きではない《1982 年以降は 'PG'; ⇨ RATING[1]》♦〘英教育〙advanced (⇨ ADVANCED LEVEL) ♦ against《スポーツの結果表で》♦〘電〙ampere(s) ♦ answer ♦〘化〙argon《現在は Ar》♦〘英〙arterial (road)《数字の前に付けて幹線道路番号を表わす; ⇨ A1》♦ Athletic《スポーツのチーム名で》♦〘米軍〙attack/tactical support aircraft《攻撃機 (attacker) の意》(: *A*-10) ♦ Australian《通貨単位に付けて: $A 3000》♦ Austria ♦ °mass number ♦〘論〙°universal affirmative ♦〘血液型〙⇨ ABO BLOOD GROUP ♦ A《靴幅のサイズ; AA, AAA の順に狭くなる》♦〘英〙A《SOCIOECONOMIC GROUPS の最上の階層(の人)[中流の上の社会階級(の人)]》.

Å, A〘理〙angstrom (unit(s)).

@ /ət/〘商〙単価…で (at), …替(がえ);〘電算〙アット(マーク) (at sign). [L *ad*]

aa[1] /ɑ́:ɑ̀:/ *n* アア溶岩《表面に小さいとげが密集して粗く, 凹凸に富む玄武岩質溶岩の形態; cf. PAHOEHOE》. [Haw]

aa[2]《スコ》⇨ A'.

aa, āā〘処方〙ana. **a.a.** °author's alteration(s). **AA** °administrative assistant ♦ °Alcoholics Anonymous ♦〘軍〙antiaircraft ♦ Architectural Association ♦ Associate in Arts ♦ °author's alteration(s) ♦〘英〙°Automobile Association ♦ "〘映〙14 歳未満お断わり《1982 年以降は '15'; ⇨ RATING[1]》♦《乾電池のサイズの》AA《日本の単 3 と同じ》. **AAA** /éɪèɪéɪ, tríp(ə)l éɪ/〘米〙°Agricultural Adjustment Act ♦〘米〙Agricultural Adjustment Administration 農業調整局《1933 年 New Deal の一環として設置された農務省の一局》♦ /θrí: éɪz/〘英〙Amateur Athletic Association ♦ American Automobile Association 全米自動車協会《1902 年創立; 旅行・道路情報・緊急処置・保険など広範なサービスを行なう》♦ Australian Automobile Association ♦《乾電池のサイズの》AAA《日本の単 4 と同じ》. **AAAL** American Academy of Arts and Letters アメリカ芸術文学アカデミー, 全米芸術院.

AAAS American Association for the Advancement of Science 米国科学振興協会《1848 年創立》.

Aa·chen /ɑ́:kən; *G* á:xn/ アーヘン (*F* Aix-la-Chapelle)《ドイツ西部 North Rhine-Westphalia 州の, ベルギー・オランダ国境の近くにある市》.

AAD analogue analogue digital《録音方式; アナログ録音・アナログミキシング・デジタルマスタリング》. **AAFP** American Academy of Family Physicians 米国家庭医学会.

aah /ɑ́:, ɑ́:ə/ *int*, *n*, *vi* 感嘆の声(を発する), アーッ(という): Say ~.《医者などが》アーと言って[あーんして]ごらん. ● OOH **and** ~.

Aai·ún /aɪú:n/ [El /ɛl/ ~] (エル)アイウン《LAÂYOUNE のアラビア語名》.

aak /ɑ́:k/ *int* ゲーッ, アアッ, ウワッ, アイタタッ. [imit]

Aa·land /óulà:nd/ ÅLAND.
Aalborg ⇨ ÅLBORG.
Aalesund ⇨ ÅLESUND.
aa·lii /ɑ:lí:i:/ *n* 〖植〗ハウチワノキ《熱帯産》. [Haw]
Aalst /á:lst/, **Alost** /ɑ:ló:st/ アールスト《ベルギー中部 Brussels の西北西の町 (commune)》.
Aal·to /á:ltɔ:/ アールト (**Hugo**) **Alvar** (**Henrik**) ～ (1898–1976)《フィンランドの建築家・家具デザイナー》.
AAM AIR-TO-AIR missile. **AAMC** American Association of Medical Colleges. **A & D** acquisition and development. **A&E** °accident and emergency. **A & M** *Agricultural and Mechanical《大学名に付けて: Florida *A & M*》♦ Ancient and Modern (⇨ HYMNS ANCIENT AND MODERN).
A & R artist(s) and repertory [repertoire, recording]: an ～ man《レコード会社の》制作部員, ディレクター. **AAP** °Association of American Publishers.
Aar ⇨ AARE.
a.a.r., AAR 〖海保〗against all risks (⇨ ALL RISKS).
Aa·rau /á:ràu/ アーラウ《スイス Aargau 州の州都》.
aard·vark /á:rdvà:rk/ *n* 〖動〗ツチブタ (＝*antbear, anteater, earth pig*)《アリ・シロアリを常食とする穴居性・夜行性の動物; アフリカ南部・東部産》. [Afrik (↓, *vark* pig)]
áard·wòlf /á:rd-/ *n* 〖動〗ツチオオカミ, アードウルフ (＝*earth wolf*)《hyena に似たアフリカ南部・東部産の動物で, 死肉や昆虫を食う》. [Afrik (*aard* earth, *wolf*)]
Aa·re /á:rə/, **Aar** /á:r/ [the] アーレ川《スイス中部・北部を北流して Rhine 川に合流する》.
Aar·gau /*G* á:rgau/ アールガウ (F **Ar·go·vie** /*F* argovi/)《スイス北部の州; ☆Aarau》.
aargh, argh /á:r/ *int* アアーッ, ウワー, ギャーッ, ウォーッ, グァーッ《驚愕・恐怖・苦痛・不快・怒りなどを表わす》. [imit]
Aar·hus, År- /ɔ́:rhù:s/ オーフス《デンマークの Jutland 半島東部の市・港町》.
Aar·on /έər(ə)n, ǽr-/ **1** アロン, アーロン《男子名》. **2**〖聖〗アロン《Moses の兄, ユダヤ教最初の祭司長; Moses を助けて, イスラエルの民のエジプト脱出を導いた; *Exod* 4: 14; ⇨ GOLDEN CALF》. **3** アーロン **'Hank'** ～ [**Henry Louis** ～] (1934–)《米国の野球選手; 大リーグで歴代 2 位の 755 本塁打の記録をもつ》. [Heb＝lofty mountain]
Aa·ron·ic /εərɑ́nɪk/ *a* アロンの(ような); アロンの子孫の; LEVITICAL; 〖モルモン教〗アロン神権の《下位聖職者の階級; cf. HIGH PRIEST》; 聖職者らしい (priestly).
Áaron·ite *n* アロンの子孫; レビの子孫.
Áaron's-béard *n* 〖植〗多数の雄蕊(ずい)[糸状の匍枝]をもつ植物《セイヨウキンシバイ・ユキノシタなど》.
Áaron's ród **1**〖聖〗アロンの杖《Aaron が奇跡を行なった杖; *Exod* 7: 10, *Num* 17: 8》. **2 a**〖植〗長い花茎をもつ植物,《特に》ビロードモウズイカ. **b**〖建〗アロンの杖《棒に蛇の巻きついた飾り》.
AARP /, á:rp/ °American Association of Retired Persons.
AAS Associate in Applied Science.
AASCU American Association of State Colleges and Universities 米国州立大学協会.
A'asia /eɪéɪʒə, -ʃə/ Australasia.
aas·vo·gel /á:sfòug(ə)l/ *n*《南ア》VULTURE. [Afrik]
AAU Amateur Athletic Union 全米体育協会.
AAUP American Association of University Professors.
AAUW American Association of University Women.
AAVE °African American Vernacular English.
ab[1] /æb/ *prep* …から (from): AB EXTRA, AB INITIO. [L]
ab[2] *n* [ᵘ*pl*]《口》腹筋 (abdominal muscles).
Ab[1] /á:b, æb, á:v, ɔ́:v/, **Av** /á:v, ǽv, ɔ́:v/ *n* 〖ユダヤ暦〗アブ《政暦の第 11 月, 教暦の第 5 月; 現行太陽暦で 7–8 月; ⇨ JEWISH CALENDAR》.
Ab[2] antibody.
ab-[1] /æb, əb/ *pref*「離脱 (away, from, away from)」: *ab*duct, *ab*normal, *ab*use. [F or L]
ab-[2] /æb/ *pref*《cgs 電磁単位系で》「アブ[絶対]…」「10^x」 [*absolute*]
ab-[3] /əb, æb/ *pref* AD-《b の前で》: *ab*breviate.
ab. about. **ab., AB** 〖野〗°at bat.
AB 〖海〗°able(-bodied) seaman [rating] ♦ airborne ♦ °airman basic ♦ 〖郵〗Alberta ♦ [L *Artium Baccalaureus*] *°Bachelor of Arts (cf. BA) ♦ 〖血液型〗⇨ ABO BLOOD GROUP.
aba, ab·ba /əbá:, ɑ:-, á:bə, ǽbə/ *n* アバー《**1**) ラクダ[ヤギ]の毛の織物で普通は縞柄; アバー[絹]製のアラビア人の袖のないゆるい衣服 **2**) 粗い厚手のフェルト状の織物で, もとハンガリーの農民が用いた》.
ABA 〖生化〗°abscisic acid ♦ 〖英〗Amateur Boxing Association ♦ American Bankers Association ♦ °American Bar Association ♦ American Booksellers Association 全米小売書店協会.
abac /éɪbæ̀k/ *n* 〖数〗計算図表 (nomogram).
ab·a·ca, -cá /æ̀bəká:, ɑ̀:-, ǽbəkə/ *n* 〖植〗マニラアサ (＝*Manila hemp*)《ボルネオ・フィリピン主産》; 〖紡〗マニラ麻, アバカ. [Sp＜Tagalog]
abaci *n* ABACUS の複数形.
ab·a·cist /ǽbəsɪst/ *n* そろばんのうまい人.
aback /əbǽk/ *adv* 〖海〗裏帆に;《古》後方に. ● **be taken ～** 不意を討たれる, めんくらう, ぎょっとする (＝be taken back)〈*at, by*〉; 〖海〗〈船が〉逆風をくらう,〈帆が〉裏帆になる. [*a-*[1]]
Ab·a·co /ǽbəkòu/ アバコ《Bahama 諸島の New Providence 島の北にある 2 島 **Gréat ～, Líttle ～**》.
abac·té·ri·al /èɪ-/ *a* 〖医〗非細菌性の.
ab·áctinal /æb-/ *a* 〖動〗《放射相称動物で》反口側の; 触手[射出部]のない. ♦ **～·ly** *adv*
abac·u·lus /əbǽkjələs/ *n* (*pl* **-li** /-lài, -lì:/)《モザイク・寄せ木細工用の》角ガラス, 角石; 小さいそろばん.
ab·a·cus /ǽbəkəs, əbǽkəs/ *n* (*pl* **ab·a·ci** /ǽbəsài, -kì:, əbǽkài/, **～·es**) 計算盤, そろばん; 〖建〗アバクス《円柱頭の方形のかむり板》. [L＜Gk＝slab, table＜Heb＝dust]
Aba·dan /ɑ̀:bədá:n, æbədǽn/ アバダーン《**1**) イラン西部の Shatt-al-Arab デルタにある島 **2**) 同島の港湾都市; 石油精製・輸出基地》.
Abad·don /əbǽdn/ 〖聖〗*n* 底なし地獄, 奈落; アバドン《APOLLYON のヘブライ語名》.
abaft 〖海〗*adv* /əbǽft; əbá:ft/ 艫(とも)に[で], 船尾に[で]. ► *prep* /─⌒, ─⌒/ …より船尾寄りに[で], …の後部に[で]. [*a-*[1], *by, aft*]
Abai·lard /*F* abela:r/ ABÉLARD.
Aba·kan /ɑ̀:bəká:n/ アバカン《ロシア連邦, シベリア南部の Khakasiya 共和国の首都; Abakan 川が Yenisey 川に合流する地点の近くに位置》.
ab·a·lo·ne /æ̀bəlóuni/ *n* 〖貝〗アワビ (鮑) (＝*ear shell*)《ミミガイ科の貝の総称; 貝殻はボタン・装飾品の材料》. [AmSp]
ab·amp /ǽbæmp/ *n* ABAMPERE.
ab·ámpere /æb-/ *n* 〖電〗絶対[アブ]アンペア《電流の cgs 単位: ＝10 amperes; 記号 aA》.
A band /éɪ ─/ 〖解〗《横紋筋の》A 帯, 不等方帯. [*anisotropic band*]
aban·don[1] /əbǽndən/ *vt* **1**〈人を〉見捨てる, 置き去りにする,〈被扶養者を〉遺棄する; 見限る;〈武器などを〉放棄する;〈地位を〉なげうつ; 〖法〗〈権利・財産を〉放棄する. **2**〈希望・主義を〉棄てる;〈勝負などを〉あきらめる, 断念する (give up);〈計画・習慣を〉やめる; 〖法〗〈訴訟を〉取り下げる. **3**〈人・物を〉ゆだねる, 任せる〈*to*〉; 〖海保〗〈船・貨物など被保険物を〉委付する: ～ law *for* art 法律をやめて美術をやる. ● **～ oneself to**…〈情熱・衝動〉に身をまかせる, 夢中になる: She ～*ed* herself *to* pleasure(s) [grief]. 歓楽にふけった[悲嘆に暮れた]. **～ ship**《火災・浸水などのため》船を(見)捨てる;〈組織〉から去る, 離れる. ♦ **～·er** *n* [OF (*à bandon* under (another's) BAN[1])]
abandon[2] *n* 奔放: with [in] (reckless [wild, gay]) ～ 自由奔放に, 思いきり, 前後の見境もなく. [F (↑)]
abán·doned *a* (見)捨てられた; 自暴自棄の, 放埒な, 破廉恥な, 無頼の〈徒〉, あばずれの〈女〉; (享楽など)にふける, おぼれる〈*to*〉; 放棄[廃棄]された〈水路・採掘場・鉱山など〉.
aban·don·ee /əbæ̀ndəní:/ *n* 〖海保〗被委付者.
abándon·ment *n* 放棄; 〖法〗遺棄; 〖法〗《訴訟の》取り下げ; 〖海保〗委付; 自暴自棄; ABANDON[2].
ab·ápical /æb-/ *a* 〖生〗頂 (apex) から離れている, 離頂の, 反頂端の.
à bas /ɑ: bá:; *F* a bɑ/ *int* 打倒…!, …反対! (Down with…!) (opp. *vive*).
abase /əbéɪs/ *vt* 〈人〉の地位[品格など]を落とす;《古》〈頭・目などを〉下げる: ～ *oneself* 卑下する, へりくだる. ♦ **～·ment** *n* 卑下; 屈辱,《権威などの》失墜. [OF (*ad-, baissier* to BASE[2])]
abash /əbǽʃ/ *vt* [ᵘ*pass*] 恥じ入らせる, 当惑させる: be [feel] ～*ed* きまりわるがる, 当惑する〈*at*〉. ♦ **～ed** *a* **～·ed·ly** /-ədli/ *adv* **～·ment** *n* 赤面; 当惑. [OF (*es-* EX-[1], *baïr* to astound)]
aba·sia /əbéɪʒ(i)ə/ *n* 〖医〗失歩, 歩行不能(症).
abask /əbǽsk; -bá:sk/ *adv* ぽかぽかと[ほどよく]暖まって.
abate /əbéɪt/ *vt* **1 a** 減じる (make less);〈値を〉下げる, ひく,〈税を〉減額する;〈勢い・苦痛などを〉和らげる, 弱める. **b**〈レリーフのまわりを〉彫る, へこませる;《廃》〈刃などを〉鈍くする. **2**〖法〗〈不法妨害を〉自力で除去する,〈訴訟を〉中断[却下, 解消]させる[する],〈令状を〉無効にする;〈人〉から奪う〈*of*〉. ► *vi* 〈勢い・激しさが〉衰える, 和らぐ,〈洪水・熱が〉ひく,〈あらしが〉なぐ; 〖法〗〈不法妨害が〉やむ,〈令状・訴因など〉無効になる, 失効する;〈財産などが〉減る. ♦ **abát·able** *a* **abát·er** *n* [OF *abatre* (L *battuo* to beat)]
abáte·ment *n* 減少, 減退; 減額; 軽減, 削減; 減少度; 減少額,《特に》減税額; 〖法〗(自力)除去, 中止, 失効; 〖法〗《相続不動産の》(不法)先占(せん); 〖紋〗不名誉の印: a plea in ～ 〖法〗訴え却下答弁.
ab·a·tis /ǽbətì:, əbǽti, -təs/ *n* (*pl* ～ /ǽbətì:z, əbǽtiz/, **～·es** /-təsəz/) 〖軍〗鹿砦(さい), 逆茂木(さかもぎ); 鉄条網. ♦ **～ed** /ǽbətì:d, əbǽtid, -təst/ *a*
aba·tor /əbéɪtər/ *n* 〖法〗《不動産の》不法先占者;《不法妨害の》(自力)除去者.
A battery /éɪ ─/ 〖電〗A 電池《電子管のフィラメントなどの加熱用; cf. B BATTERY, C BATTERY》.

ab·at·tis /ǽbətìː, əbǽti, -təs/ *n* ABATIS.
ab·at·toir /ǽbətwɑ̀ːr/ *n* 食肉処理場, 屠殺場 (slaughterhouse); 肉体を酷使[虐待]する場所《ボクシングのリングなど》. [F; ⇨ ABATE]
ab·áxial /æb-/, **ab·ax·ile** /æbǽksəl, -sàɪl/ *a* 〘植·動〙 軸から離れている, 背軸(はいじく)の (opp. *adaxial*).
aba·ya /əbáɪə/ *n* アバヤ《イスラム女性が肌を隠すために着用するマントのようなゆったりした服; 通例黒い》.
abb /ǽb/ *n* 〘繊維〙 アブ《低級毛織維》; ᵁ《織物の》横糸.
abba ⇨ ABA.
Ab·ba /ǽbə/ *n* [ˢa-] 父, アバ《キリスト教の新約聖書で神を呼ぶ語》; [ˢa-] 師父《シリア教会·コプト教会·エチオピア教会の司教の称号》. [Aram]
ab·ba·cy /ǽbəsi/ *n* ABBOT [ABBESS] の職[職権, 任期, 管轄区].
Ab·ba·do /əbɑ́ːdoʊ/ アッバード, アバド **Claudio** ~ (1933–)《イタリアの指揮者》.
Ab·bai /ɑːbáɪ/ [the] アバイ川《Blue Nile 川の上流部分をいう; アムハラ語名》.
Ab·bas 1 /ɑːbɑ́ːs; əbǽs/ アッバース **Ferhat** ~ (1899–1985)《アルジェリアの政治家·民族独立運動指導者; アルジェリア共和国臨時政府の首班をつとめた》. 2 /ɑːbɑ́ːs; æ-/ アッバース **Mahmoud** ~ (1935–)《パレスティナの政治家; パレスティナ自治政府首相 (2003), 大統領 (2005–)》.
ʻAb·bās /ɑːbbɑ́ːs/ アッバース (1) ~ **I** (1571–1629)《ペルシアのサファヴィー朝のシャー; 通称 'the Great'; オスマントルコとの長期戦ののちトルコを破り, Baghdad を占領 (1623); 国内改革を進め, ペルシア芸術の振興に尽くす》 (2) ~ **Ḥilmī II** (1874–1944)《エジプト最後の副王 (1892–1914)》.
Ab·bas·id /ǽbəsəd, əbǽsəd/, **-bas·sid** /ǽbəsəd/, **-bas·side** /ǽbəsàɪd, əbǽsàɪd/ *n* アッバース朝のカリフ (caliph)《アッバース朝は Baghdad を首都としたイスラム帝国 (750–1258)》.
ab·ba·te /əbɑ́ːti, ɑːbbɑ́ːteɪ/ *n* (*pl* **-ti** /-ti/) 《イタリアの》大修道院長, 聖職者.
ab·ba·tial /əbéɪʃ(ə)l/ *a* (大)修道院の; (女子)修道院長の; ABBACY の[に関する].
Ab·be /ǽbi/ アッビ《女子名; Abigail の愛称》.
ab·bé /æbéɪ, ⏤⏤; ⏤⏤/ *n* 《フランス(人)の》聖職者, 《もと》大修道院長 (abbot); 神父, 師《聖職(有資格)者の敬称; 聖職禄を受けた廷臣の名誉称号》. [F; ⇨ ABBOT]
Ábbe condénser /ǽbə-/ 〘光〙《顕微鏡の》アッベ集光レンズ. [Ernst *Abbe* (1840–1905) ドイツの物理学者]
ab·bess /ǽbəs; ǽbès, -ɪs/ *n* 女子大修道院長; 尼僧院長.
Ab·be·ville /æbvíːl, ǽbɪvìl/ アブヴィル《フランス北部 Amiens の北西, Somme 河畔にある町》.
Abbe·vil·li·an, -e·an /æb(ə)víliən/ *a, n* 〘考古〙 アブヴィル文化(期)(の)《ヨーロッパで, 最初期の hand ax を特徴的な石器とする前期旧石器文化》. [↑, 同文化遺物の出土地]
ab·bey /ǽbi/ *n* **1 a** 大修道院《1) abbot または abbess が管理した修道院 2) その修道士[修道女]たち》. **b** [the A-] WESTMINSTER ABBEY. **2** 《もと大修道院(の一部)であった》大寺院, 大邸宅. [OF <L=abbacy; ⇨ ABBOT]
Abbey 1 アビー《女子名; Abigail の愛称》. 2 アビー **Edwin Austin** ~ (1852–1911)《米国の画家·さしえ画家》.
Ábbey Théatre [the] アベー座, アビー座《Dublin の劇場 (設立 1904, 焼失 1951, 再建 1966); Yeats, Synge, O'Casey などの劇作家を生み, アイルランド国民演劇の中心》.
Ab·bie /ǽbi/ アビー《女子名; Abigail の愛称》.
ab·bot /ǽbət/ *n* **1** 大修道院長. **2***《俗》NEMBUTAL《製造元 Abbott Laboratories にかけたことば》. ♦ **~·cy, ~·shìp** *n* ABBACY. [OE<L *abbat- abbas*<Gk<Aram=father]
Ábbot of Misrúle [the] LORD OF MISRULE.
Ábbot of Unréason [the] 無秩序の大修道院長《1) 昔スコットランドで行なわれたらんちき騒ぎのリーダー 2) LORD OF MISRULE》.
Ab·bots·ford /ǽbətsfərd/ アボッツフォード《スコットランド南部 Tweed 河畔にある Sir Walter Scott 居住 (1812–32) の地》.
Ab·bott /ǽbət/ 1 アボット《男子名》. 2 アボット (1) **Berenice** ~ (1898–1991)《米国の女性写真家》 (2) Sir **John** (**Joseph Caldwell**) ~ (1821–93)《カナダの法学者·政治家; 首相 (1891–92)》. [?*abbot*]
abbr(ev). abbreviation.
ab·bre·vi·ate /əbríːvièɪt/ *vt* 〈語·句を〉略語化する, 縮約する; 〈物語·説教などを〉短縮[簡約]する 〈*to*〉. ► *vi* 略語を用いる; 《廃》簡潔に書く[述べる]. [L=to shorten (*ab-*¹ or *ad-*, BRIEF)]
abbréviated píece of nóthing *《俗》つまらないやつ[もの], くだらないやつ[もの].
ab·bre·vi·a·tion /əbrìːviéɪʃ(ə)n/ *n* 省略, 簡約 (cf. CONTRACTION); 省略形, 略語, 略記; 〘楽〙 省略法, 略符; 〘生〙《個体発生の》短縮. ♦ **~·ist** *n* 略語[略形]多用者.
ab·bré·vi·à·tor *n* 省略者, 短縮者; 《教皇庁の》《官房》文書速記官.
Ab·by /ǽbi/ アビー《女子名; Abigail の愛称》. ★ Dear ~ ⇨ VAN BUREN.
ABC /èɪbìːsíː/ *n* (*pl* **~'s, ~s** /-z/) [《米》では ᵁ*pl*] エイビーシー (the alphabet); [《米》では ᵁ*pl*] 初歩, 基本(原理) 〈*of*〉; 入門書; ᴴABC 見出し鉄道旅行案内 (ABC Rail Guide); ABC 航空時刻表 (ABC World Airways Guide): know one's ~(*s*) 《口》アルファベットを知っている, 基本[基礎]をわきまえている / the ~ *of* economics 経済学のイロハ / (as) easy [simple] as ~ とてもやさしい, いとも簡単で.
ABC American Bowling Congress ♦ American Broadcasting Companies ♦ Argentina, Brazil, and Chile (⇨ ABC POWERS) ♦ atomic, biological and chemical (cf. ABC WEAPONS) ♦ Australian Broadcasting Corporation [もと Commission].
ABC art /éɪbìːsíː ⏤/ MINIMAL ART.
ABCD accelerated business collection and delivery.
ab·cóulomb /æb-/ *n* 〘電〙 絶対[アブ]クーロン《電荷の cgs 電磁単位: =10 coulombs; 記号 aC》.
ABC powers /éɪbìːsíː ⏤/ *pl* [the, ᵒthe ABC Powers] ABC 三国《Argentina, Brazil, Chile》.
ABC soil /éɪbìːsíː ⏤/ 〘地質〙《A, B, C horizons のはっきりした》ABC(三)層位土壌.
ABC [**abc**] **weapons** /éɪbìːsíː ⏤/ *pl* ABC 兵器《原子·生物·化学兵器》.
ABD* /éɪbìːdíː/ *n* 論文未修了者《論文だけが残っている博士課程の学生》. [*a*ll *b*ut *d*issertation]
abd. abdomen ♦ abdominal.
(')abdabs ⇨ HABDABS.
Abd·el·ka·der /æbdèlkɑ́ːdər/, **Abdal-Qa·dir** /ǽbdəl-/ アブデルカーデル (1808–83)《アルジェリアのアラブ反仏運動指導者》.
Abd el-Krim /ǽbd ɛlkríːm/ アブデルクリム (1882–1963)《モロッコの独立運動指導者; 仏英連合軍に敗れた》.
Ab·di·as /æbdáɪəs/ 〘ドゥエー聖書〙 OBADIAH.
ab·di·ca·ble /ǽbdɪkəb(ə)l/ *a* 放棄できる.
ab·di·cate /ǽbdɪkèɪt/ *vt, vi* (王位·権利·責任·見解などを)正式に放棄する, 捨てる, 退位する; 〈高官が〉職を辞する: ~ (*from*) the crown [throne] 〈王が〉退位する / the ~*d* queen 退位した女王. ♦ **áb·di·cà·tive** /, æbdíkətɪv/ *a* **áb·di·cà·tor** *n* [L *ab-*¹(*dico* to declare)=to proclaim off]
àb·di·cá·tion *n* 退位, 辞職; 《責任などの》放棄; [the A-] 王位放棄《1936 年, 英国王 Edward 8 世による王位の放棄; ⇨ EDWARD》.
ʻAbd·ol-Ba·hā /æbdəlbɑːhɑ́ː/ アブドゥルバハー (1844–1921)《イランの宗教家; Bahāʼ Allāh の長男, 本名 Abbas Effendi; バハーイー教の指導者》.
abdom. abdomen ♦ abdominal.
ab·do·men /ǽbdəmən, æbdóʊ-, ǽbdòʊ-/ *n* 〘解·動〙 腹(はら), 《昆虫などの》腹部. [L]
ab·dom·in- /æbdɑ́mən/, **ab·dom·i·no-** /æbdɑ́mənoʊ, -nə/ *comb form* 「腹」「腹部」 [L *abdomin- abdomen*]
ab·dom·i·nal /æbdɑ́mən(ə)l/ *a* 腹部 (abdomen) の; 〈魚が〉腹の下に腹びれをもつ: ~ brain=SOLAR PLEXUS / ~ fins 腹びれ / ~ pores 〘魚〙 腹孔 / an ~ pouch=MARSUPIUM / ~ rings 鼠蹊輪(そけいりん) / ~ respiration 腹式呼吸. ► *n* [ᵁ*pl*] 〘解〙 腹筋 (abdominal muscles). ♦ **~·ly** *adv* 腹部に[で].
abdóminal thrúst 腹部押し上げ (HEIMLICH MANEUVER).
abdómino·plàsty *n* 腹部形成[整形]《美容目的による腹部の脂肪·皮膚の除去》.
ab·dom·i·nous /æbdɑ́mənəs/ *a* 太鼓[布袋(ほてい)]腹の.
ʻAb·dor·raḥ·mān Khān /æbdɔ̀ːrrəmɑ́ːn kɑ́ːn/ アブドゥルラフマーン·ハーン (c. 1844–1901)《アフガニスタンのアミール (1880–1901); 国内の暴動を鎮圧, インドとの国境を画定して今日のアフガニスタンの基礎をつくった》.
ab·duce /æbd(j)úːs/ *vt* 〘生理〙 ABDUCT; 引き離す[のける].
ab·dú·cens (nèrve) /æbd(j)úːsènz(-)/ (*pl* **-cen·tes** /æbd(j)uséntiːz/) 〘解〙 外転神経《眼の外側直筋を支配する運動神経》.
ab·du·cent /æbd(j)úːs(ə)nt/ *a* 〘生理〙 〈筋肉などが〉外転をもたらす (cf. ADDUCENT): ~ muscles 外転筋.
abdúcent nérve 〘解〙 ABDUCENS NERVE.
ab·duct /æbdʌ́kt, əb-/ *vt* **1** 誘拐[略取, 拉致]する 〈*from*〉. **2** /, ǽbdʌ̀kt/ 〘生理〙 外転させる. [L (*duco* to draw)]
ab·duct·ee /æbdʌktíː/ *n* 誘拐された人, 拉致被害者.
ab·dúc·tion *n* **1** 誘拐, 略取, 拉致; 〘法〙《強制結婚·強制売春などを目的とする》婦女誘拐. **2** 〘生理〙 外転 (opp. *adduction*); 〘論〙 APAGOGE.
ab·dúc·tor *n* 誘拐者, 誘拐犯; 〘解〙 外転筋.
Ab·dul /ǽbdʊl/ *n* 《口》[ᵒ*derog*] トルコ人(兵). [Turk=servant; トルコ人に多い名前]
Ab·dül·a·ziz /æbdùːləzíːz/ アブデュルアジーズ (1830–76)《オスマン帝国の第 32 代スルタン (1861–76)》.
Ab·dül·ha·mid /æbdùːlhɑːmíːd/ アブデュルハミト ~ **II** (1842–1918)《オスマン帝国の第 34 代スルタン (1876–1909)》.
Ab·dul·lah /æbdəlɑ́ː/ **1** アブドゥッラー ʻAbdullah ibn ʻAbd al-ʻAzīz al-Saʻūd (1924–)《サウジアラビア国王 (2005–)》. **2** アブドゥッラー (1) ~ **I** ʻAbd Allāh ibn al-Ḥusayn (1882–1951)《ヨルダン国王; トランスヨルダンの支配者·首長 (1921–46) を経て, ヨル

A

ダン王国独立後初代国王 (1946–51)》(2) ~ II (1962–)《ヨルダン国王 (1999–); 1世の曽孫》.

Ab·dül·me·cid, Ab·dul-Me·djid, Abdul Me·jid /æbdùːlmədʒíːd/ アブデュルメジト ~ I (1823–61)《オスマン帝国の第31代スルタン (1839–61)》.

Ab·dul Rah·man /æbdul ráːmən/ アブドゥル・ラーマン **Tunku** ~ (1903–90)《マレーシアの政治家; マラヤ連邦を英国から独立させ, 首相 (1957–63), 続いてマレーシア連邦の結成を指導, 首相 (1963–70)》.

Abe /éɪb/ エイブ《男子名; Abra(ha)m の愛称》: HONEST ABE.

abéam /ə-/ adv 〘海・空〙真横に《竜骨[前後軸]と直角に》, 正右[左]舷に, 正横に ‹of›. [a-¹]

Abe·be /ɑːbéɪbeɪ/ アベベ ~ **Bikila** (1932–73)《エチオピアのマラソン選手; ローマ (1960)・東京 (1964) オリンピックで史上初のマラソン2連覇を遂げた》.

abe·ce·dar·i·an /èɪbisidéəriən/ a ABC の; ABC 順の; 初歩の. ► n ABC を習っている生徒; 初学者, 初心者; 初歩を教える教師. ♦ **-da·ry** /èɪbisíːdəri/ n, a

abe·ce·dar·i·um /èɪbisidéəriəm/ n (pl **-ia** /-riə/) 入門書.

abed /əbéd/ adv, pred a《英では古》就床[臥床]して: ill [sick] ~ 病に臥して / lie ~ 横になる / stay ~ late 朝寝する. [a-¹]

Abed·ne·go /əbédnɪgoʊ/ 〘聖〙アベデネゴ, アベドネゴ《Daniel の3友人の一人; *Dan* 3; ⇨ SHADRACH》.

abég·ging /ə-/ a, adv 冷遇されて, なおざりにされて.

Abel /éɪb(ə)l/ **1** エーベル《男子名》. **2** 〘聖〙アベル《Adam の第2子, 兄 Cain に殺された; *Gen* 4》. **3** エーベル Sir **Frederick Augustus** ~ (1827–1902)《英国の化学者》. **4** /áːbəl/ アーベル **Niels Henrik** ~ (1802–29)《ノルウェーの数学者; 5次方程式が代数的に解けないことを証明, 楕円関数の研究でも業績を残した》. [Heb=? vanity]

Ab·e·lard /ǽbəlàːrd/ アベラード《男子名》. [OF<Gmc=noble]

Ab·é·lard /ǽbəlàːrd; F abelaːr/ アベラール **Pierre** ~ (Eng **Peter Abelard**) (1079–?1142)《フランスの哲学者・神学者; cf. HÉLOÏSE》.

abele /əbíːl, éɪbəl/ n 〘植〙ウラジロハコヤナギ, ハクヨウ(白楊) (white poplar). [Du *abeel*, <L ALB]

abe·lia /əbíːljə/ n 〘植〙ツクバネウツギ, アベリア《スイカズラ科ツクバネウツギ属 (*A*-) の各種の低木》. [Clarke *Abel* (c. 1780–1826) 英国の博物学者・外科医]

abe·lian /əbíːliən/ a [ºA-] 〘数〙アーベル (Niels H. Abel) の(定理の), 交換可能な (commutative): an ~ group アーベル群, 可換群.

abel·mosk /éɪb(ə)lmɑ̀sk/ n 〘植〙トロロアオイモドキ (=*musk mallow*)《フヨウ属; 熱帯アジア原産》.

Abe·na·ki /æbənáːki/ n (pl ~, ~s) ABNAKI.

ABEND 〘電算〙abnormal end (of task) (タスク)異常終了 ♦ absent by enforced Net deprivation《E メールの件名で, 技術的・個人的理由により》しばらくネット不通になります.

Ab·e·o·ku·ta /æbióʊkətə; -əʊkúːtə/ アベオクタ《ナイジェリア南西部 Ogun 州の市・州都》.

Áb·er·crom·bie & Fítch /ǽbərkrʌ̀mbi-, -krɑ̀m-/ 〘商標〙アバクロンビー & フィッチ《米国 Abercrombie & Fitch 社のカジュアル・ファッションブランド》.

Ab·er·crom·by /ǽbərkrʌ̀mbi, -krɑ̀m-/ アバークロンビー (1) **James** ~ (1706–81)《**Ab·er·crom·bie** とも書く; スコットランド生まれの英国の軍人; アメリカ大陸におけるフレンチ・インディアン戦争で英軍司令官》(2) Sir **Ralph** ~ (1734–1801)《英国の将軍; スコットランド生まれ》.

Ab·er·dare /æbərdéər/ アバデア《ウェールズ南部 Cardiff の北北西の町》.

Ab·er·deen /æbərdíːn, ⌐—⌐/ **1 a** アバディーン《スコットランド北東部の市・港町, 旧 Aberdeenshire, Grampian の州都》. **b** ABERDEENSHIRE. **2** アバディーン **George Hamilton-Gordon**, 4th Earl of ~ (1784–1860)《英国の政治家; 首相 (1852–55); クリミア戦争における不手際の責任を問われて辞職》. **3** 〘犬〙アバディーンテリア (=~ **térrier**)《Scottish terrier の粗暴な種; 今日ではスコッチテリアと同種とみなし, この名称は使わない》.

Áberdeen Ángus 〘畜〙アバディーンアンガス種の牛《スコットランド原産の食肉用の無角の黒牛》.

Ab·er·deen·shire /æbərdíːnʃɪər, -ʃər/ アバディーンシャー《スコットランド北東部の独立自治体; かつては Aberdeen 市を州都とする州だったが分割再編を経て市とそれ以外の Aberdeenshire 地域がそれぞれ別の自治体となった; ただし Aberdeenshire の政庁・議会はなお市内にある; ☆Aberdeen》.

ab·er·de·vine /æbərdəváɪn/ n 〘鳥〙マヒワ (siskin).

Ab·er·do·ni·an /æbərdóʊniən/ a ABERDEEN (市民)の. ► n アバディーン生まれの人, アバディーン市民.

Aber·glau·be /G áːbərglaʊbə/ n 迷信.

Ab·er·nathy /ǽbərnæ̀θi/ アバナシー **Ralph** (**David**) ~ (1926–90)《米国のバプテスト教会牧師・黒人運動指導者》.

ab·er·ne·thy /æbərnéθi, -níːθi/ n [ºA-] アバネシービスケット (=~ **bìscuit**)《caraway の実入りの堅焼きビスケット》. [Dr John *Abernethy* (1764–1831) 英国の外科医]

ab·er·rant /æbérənt/ a, n 正道をはずれた(もの), 常軌を逸した(人); あやまち; 〘生〙異常型(の); 〘医〙異所[迷入](性)の. ♦ **-rance, -cy** n ~**·ly** adv [L *ab-*¹(ERR)]

ab·er·rat·ed /ǽbərèɪtəd/ a ABERRANT.

ab·er·ra·tion /æbəréɪʃ(ə)n/ n 正道をはずれる[常軌を逸する]こと; 逸脱 ‹from›; 異常な性行為; 〘医〙迷錯, 精神異常[錯乱]《特に一時的な軽症のもの》; 〘生〙異常型, 変わりもの (sport); 〘光〙収差; 〘天〙光行差. ♦ ~**·al** a [L; ⇨ ABERRANT]

Ab·er·yst·wyth /æbərís(t)wɪθ, -rʌ́s-/ アベリストウィス《ウェールズ西部の Cardigan 湾に臨む保養地》.

Ábe's cábe /-kéɪb/ *《俗》5ドル札《Abe Lincoln の肖像が印刷されている》.

abet /əbét/ vt (-tt-) 賛助する; けしかける, 煽動する; 〘法〙教唆(きょう)する, 《現場で》幇助する ‹sb *in* a crime›: AID and ~. ♦ ~**·ment** n **abét·tor, abét·ter** n [OF (*à* to, *beter* to BAIT)]

ab·eunt stu·dia in mo·res /áːbɛúnt stúːdià: ìn móʊrèɪs/ 仕事は性質となる, '習い性となる'. [L]

ab ex·tra /æb ékstrə/ adv 外部から (opp. *ab intra*). [L]

abey·ance /əbéɪəns/ n 一時的停止, 休止; 〘法〙《自由保有地の》現有者不存在, 《一般に》(権利の)帰属者未確定: be in ~ 一時停止[中断]している / be held [left] in ~ 保留[中断したまま]になっている / fall [go] into ~ ‹法律・規則・制度などが›一時停止[無効]になる. ♦ **abéy·ant** a [OF (*à* to, *beer* to gape)]

ab·fárad /æb-/ n 〘電〙絶対[アブ]ファラド《静電容量の cgs 電磁単位: $=10^9$ farads; 記号 aF》.

Ab·gren·zung /G ápgrɛntsʊŋ/ n 《東西両ドイツの》完全分離政策. [G=demarcation]

ABH ºactual bodily harm.

ab·hénry /æb-/ n 〘電〙絶対[アブ]ヘンリー《インダクタンスの cgs 電磁単位: $=10^{-9}$ henry; 記号 aH》.

ab·hor /əbhɔ́ːr, æb-/ vt (-rr-) 忌み嫌う, 嫌悪する; 《蔑視して》拒否する, 退ける; 《廃》ぞっとさせる, こわがらせる: ~ snakes [telling lies]. [L (*horreo* to shudder); ⇨ HORROR]

ab·hor·rence /əbhɔ́(ː)rəns, -hɑ́r-/ n 憎悪; 大嫌いなもの: hold ...in ~=have an ~ of...を忌み嫌う.

ab·hór·rent a ‹行為など›憎むべき, 忌まわしい; 忌み嫌う, (…が)大嫌いな ‹of›; 相反する ‹to›; 《古》強く反対している, (…と)かけ離れた ‹from›: ~ *of* excess 極端を嫌う / Such behavior is ~ *to* me. そのような行動は大嫌いだ / an ~ crime 憎むべき犯罪 / ~ *to* [*from*] reason 理屈に合わない. ♦ ~**·ly** adv

ab·hór·rer n 忌み嫌う人; [ˢA-] 〘英史〙嫌悪派《1679年 Charles 2世に対して議会召集を請願した一派 (petitioner) を嫌悪・非難すべきとの反対請願に署名した人》.

Abia /ɑːbáɪɑː; æbíːɑː/ アビア《ナイジェリアの南東部にある州; ☆Umuahia》.

Abib /ɑːvíːv, éɪbəb, áː-/ 《主に聖》アビブ《古代ヘブライ暦の1月; 現在の NISAN に当たる; *Exod* 13: 4》. [Heb]

abid·ance /əbáɪd(ə)ns/ n 持続; 《規則などの》遵守 ‹*by* rules›; 居住, 滞在 ‹*in* [*at*] a place›.

abide /əbáɪd/ v (**abíd·ed, abode** /əbóʊd/) vi とどまる, 残る, 待つ; 《古・詩》住む, 滞留する ‹*in, at*›; …のままである; 永続[持続]する, ‹感情・思い出などが›あとに残る. ► vt **1** ‹判決などを›甘受する; [ᵘneg]《口》我慢する, 耐える; 覚悟して待ち構える; 《古》期待して待つ; ‹運命が›‹人を›待つ: I can't ~ him. やつには我慢がならん. **2** 《古》償う. ● ~ **by**... [*p, pp* は ᵘ~d] ‹規則・法令・決定・約束など›を守る, …に黙従する; ‹結果など›を甘受する. ♦ **abíd·er** n [OE *ābīdan* (*a-* intensive, BIDE)]

Abíde with mé 「日暮れて四方(よも)はくらく」「日暮れてやみはせまり」《賛美歌; cf. *Luke* 24: 29, *Hos* 13: 14, *1 Cor* 15: 55》.

abíd·ing a 長く続く, 永続的な, 変わることのない: an ~ feeling [interest, belief, memory]. ♦ ~**·ly** adv

abíding pláce 住所.

Ab-i-Diz ⇨ DEZ.

Ab·i·djan /æbɪdʒáːn/ アビジャン《コートジヴォアール (Ivory Coast) の首都・港町》.

Abie /éɪbi/ **1** エイビー《男子名; Abraham の愛称》. **2** *《俗》[*derog*] ユダヤ男; *《俗》[*derog*] 洋服屋, 仕立屋.

à bien·tôt /F a bjɛ̃to/ ではまた, また近いうちに (so long).

ab·i·ét·ic ácid /æbiétɪk-/ 〘化〙アビエチン酸《ワニス乾燥剤などに用いる》.

Ab·i·gail /ǽbəgèɪl/ **1** アビゲイル《女子名; 愛称 Abbe, Abbey, Abbie, Abby, Gail》. **2** 〘聖〙アビガイル《Nabal の妻でのちに David の妻となった; *1 Sam* 25》. **3** [ᵘa-] 侍女, 腰元《Beaumont & Fletcher の劇 *The Scornful Lady* の登場人物から》. [Heb=my father's joy]

Ab·i·la, Ab·y·la /ǽbələ/ アビラ《モロッコの岩山 Jebel MUSA の古代名》.

Ab·i·lene /ǽbəlìːn/ アビリーン《Texas 州中央部の市》.

abil·i·ty /əbíləti/ n 《体力的・知的・法的な》力, 能力; (…する)能力, 技能 ‹*to* do›; [ºpl] 《天性の》手腕, 才能 ‹*in*›: have the ~ *to* be a leader 指導者になる能力がある / a man of great ~ 辣腕家 / a man of many *abilities* 多才な人 / to the best of one's ～ [*abilities*] 力の及ぶかぎり, できるだけ. [OF; ⇨ ABLE]

-abil·i·ty, -ibil·i·ty /əbíləti/ *n suf*「…できること」「…に適すること」(cf. -ABLE, -IBLE): cur*ability*, navig*ability*, sens*ibility*. [F *-abilité* or L *-abilitas*]

Abim·e·lech /əbíməlɛ̀k/ 〘聖〙アビメレク《Gideon の子; 兄弟を一人だけ残して殺し, 一時シケム (Shechem) の王になった; *Judges* 9》.

ab in·cu·na·bu·lis /ɑ̀:b ɪŋkunɑ́:bʊlì:s/ 揺籃(ようらん)のころより, 幼時から. [L]

Ab·ing·ton /ǽbɪŋtən/ アビントン **Frances** [**Fanny**] ～ (1737–1815)《旧姓 Barton; 英国の女優》.

ab in·i·tio /æb ənɪ́ʃiòu/ *adv* 最初から《略 **ab init.**》. [L]

ab in·tra /æb íntrə/ *adv* 内部から (opp. *ab extra*). [L]

abio·génesis /èɪbaɪou-, æ̀biou-/ *n* 〘生〙自然[偶然]発生 (= *autogenesis, spontaneous generation*)《生物が親なくして[無生物から]発生すること; 今はすたれた説》. ♦ **abi·og·e·nist** /èɪbaɪɑ́ʤənɪst, æ̀bi-/, **àbio·gén·e·sist** *n* 自然発生説信奉者. [T. H. Huxley の造語 (1870)]

abio·genétic, -genétical /èɪbaɪou-, æ̀biou-/ *a* 〘生〙自然発生の[による]. ♦ **-ical·ly** *adv*

abio·génic /èɪbaɪou-, æ̀biou-/ *a* 非生物起源の, 有機体によらない. ♦ **-gén·i·cal·ly** *adv*

abì·o·lóg·i·cal /èɪ-/ *a* 非生物(学)的な, 生物によらない. ♦ **～·ly** *adv*

abi·ó·sis /èɪ-/ *n* 〘医〙生活力欠如.

abi·ót·ic /èɪ-/ *a* 生命のない, 無生物の, 非生物的な; 抗生(作用)の (antibiotic). ♦ **-i·cal·ly** *adv*

ab·i·ot·ro·phy /èɪbaɪɑ́trəfi/ *n* 〘医〙無生活力.

ab·írritant /æb-/ *a* 〘薬〙刺激[興奮]緩和性の. ► *n* 鎮静剤.

ab·írritate /æb-/ *vt* 〘医〙…の異常興奮を緩和する.

Abi·tur /*G* abitú:r/ *n* アビトゥーア《ドイツの高校卒業試験, 大学入学資格試験》.

ab·ject /ǽbʤɛ̀kt, ―́―/ *a* みじめな, おちぶれた, 絶望的な〈状態〉; 卑しむべき, 見下げはてた, 卑屈な〈人・行為〉; 《廃》見捨てられた: ～ poverty 赤貧 / make an ～ apology ひらあやまりに謝る. ► *n* 《古・聖》卑賤の人《*Ps* 35: 15》; 《社会の》のけ者, あぶれ者. ♦ **～·ly** *adv* あわれなほど. **～·ness** *n* [L (*ject- jacio* to throw)]

ab·jec·tion /æbʤɛ́kʃ(ə)n/ *n* 零落; 卑賤; 卑屈[卑劣](な行為).

ab·junc·tion /əbʤʌ́ŋkʃ(ə)n/ *n* 〘植〙緊扼 (abstriction).

ab·ju·ra·tion /æ̀bʤəréɪʃ(ə)n/ *n* 誓ってやめる[放棄する]こと, 《故国などの》放棄(宣誓), 退国宣誓; 放棄の誓い. ● **～ of the realm** 〘英古法〙《聖域にのがれ, 裁判を肯(がえん)じない犯罪者が行なう》永久離国の宣誓. **oath of ～** *(故国)放棄宣誓《帰化志望者が帰化志望国に対して行なう》.

ab·jure /æbʤúər, əb-/ *vt* 誓ってやめる, 〈主義・信仰・故国などを〉公然と棄てる; 控える, 慎む, 避ける. ● **～ the realm** 故国を永久に棄てることを誓う. ♦ **ab·júr·er** *n* [L (*juro* to swear)]

Ab·khaz /æbkɑ́:z/, **-khas** /-s/ *n* **a** (*pl* ～) アブハーズ人《黒海東岸に住むグルジア人》. **b** アブハーズ語.

Ab·khá·zia /æbkéɪʒ(i)ə, -kɑ́:ziə; -kɑ́:ziə/ アブハジア《もとはグルジア北西部の黒海に臨む自治共和国であるが, 事実上独立状態にある; ☆Sukhumi》. ♦ **Ab·kha·zian, -sian** /æbkéɪʒ(i)ən, -kɑ́:ziən; -kɑ́:ziən/ *a, n*

abl. 〘文法〙ablative.

ab·lac·tate /æblǽktèɪt/ *vt* 離乳させる (wean).

àb·làc·tá·tion *n* 離乳, 乳離れ.

ab·las·tin /əblǽst(ə)n/ *n* 〘免疫〙アブラスチン《血液中の抗体様物質》.

ab·late /æbléɪt/ *vt, vi* 除去[削摩, 溶発, 融除]する[される]. [逆成く↓]

ab·la·tion /æbléɪʃ(ə)n/ *n* (一部の)除去, 《手術による》切除, 切断; 〘地質〙《侵食・風化による》削摩; 《溶解・蒸発などによる氷河の雪や氷の》消耗 (opp. *accumulation*); 〘空・宇〙融除, アブレーション《宇宙船などが大気圏に再突入する時に構造体表面が空力加熱により徐々に溶融・蒸発する現象, また これによる除熱》; 〘医〙《熱・低温などによる》切除(術), アブレーション; 〘医〙剝離. [F or L *ab-*(*lat- fero* to carry)]

ab·la·tive[1] /ǽblətɪv/ 〘文法〙 *n* 奪格; 奪格語(形). ► *a* 奪格の. [OF or L (AB[1]*latus* taken away)]

ab·la·tive[2] /æbléɪtɪv/ *a* ABLATION の[を起こす]; 〘空・宇〙アブレーション用の[に適した]. ♦ **～·ly** *adv*

áblative ábsolute 〘ラテン文法〙奪格独立語句, 絶対奪格《英文法の nominative absolute に当たり, 時・理由などを示す副詞節に相当; 例 Deo volente》.

ablátive shíelding 〘空・宇〙アブレーティブ シールディング《昇華などによって, 熱が内部に伝わるのを防ぐ被覆》.

ab·lá·tor *n* 〘空・宇〙融除部材, アブレーター (cf. ABLATION).

ab·laut /ǽblaut, *ɑ́:b-; *G* áplaut/ *n* 〘言〙母音交替, アプラウト (= *vowel gradation*)《例: sing—sang—sung》.

abláze /ə-/ *adv, pred a* 燃えて, 燃え立って; 輝いて; 興奮して: ～ *with* light [anger] 光り輝いて[怒りに燃えて] / set…～ …を燃え立たせる. [*a-*[1]]

able /éɪb(ə)l/ *a* (**ábl·er; -est**) …ができる, …しうる, …する能力がある 〈*to do*〉; 有能な; 巧みな, 効果的な; 〘法〙能力[資格]がある; 〘海〙ABLE-BODIED: less ～ [*euph*] あまりできない〈生徒など〉. [OF＜L *habilis* handy (*habeo* to hold)]

-able, -ible /əb(ə)l/ *a suf* **1** [受動の意味で他動詞に自由に付けて]「…できる」「…するに適する」「…するに値する」「…しやすい」: us*able*, eat*able*, lov*able*, impress*ible*, reduc*ible*, break*able*. **2** [名詞に付けて]「…に適する」「…を好む」「…を与える」: marriage*able*, peace*able*, comfort*able*. ★(1) 名詞は -ABILITY, -IBILITY, ～NESS. (2) terrible などの -ible は -able の変形で既成語にみられる. ♦ **-ably, -ibly** /əbli/ *adv* [F＜L *-abilis*; *able* と混同される]

áble-bódied *a* 強壮な, 五体満足な, 健常者の; 熟練した; 〘海〙AB 級の: the ～ 健常者たち.

áble(-bòdied) ráting 〘海〙有資格級, AB 級.

áble(-bòdied) séaman 〘海〙有資格船員《熟練有資格甲板員; 略 AB; cf. ORDINARY SEAMAN》; 〘英海軍〙二等水兵 (⇨ NAVY).

abled /éɪb(ə)ld/ *a* (身体[精神]的)能力のある: the less ～ [*euph*] 障害のある人 (cf. DIFFERENTLY ABLED).

Áble Dày エイブルデー (＝*A-Day*)《Bikini 環礁での最初の原子爆弾実験の日; 1946 年 7 月 1 日 (米国では 6 月 30 日)》.

ab·le·gate /ǽbləgèɪt/ *n* 〘カト〙教皇特使.

able·ism, abl·ism /éɪb(ə)lɪ̀z(ə)m/ *n* 健常者優位主義, 障害者差別. ♦ **áble·ist** *n*

ablins /éɪblənz/ *adv* 《スコ》あるいは (perhaps).

ablóom /ə-/ *adv, pred a* 花が咲いて (blooming).

ab·lu·ent /ǽbluənt/ *a* 洗浄する. ► *n* 洗剤.

ablúsh /ə-/ *adv, pred a* 赤面して, 赤らんで (blushing).

ab·lut·ed /əblú:təd, æb-/ *a* 洗い清められた.

ab·lu·tion /əblú:ʃ(ə)n, æb-/ *n* [°*pl*] 体[手]を洗う[清める]こと, 《特に》沐浴, 垢離(こり); [°*pl*] 〘教会〙《身体・手・聖器の》洗浄式《特に聖餐式前後の》; 《洗浄式の》清めの水; [*pl*] "《兵舎・宿舎などで》浴室(棟): perform [make] one's ～*s* 斎戒沐浴する; [*joc*] 体[手や顔]を洗う, 手洗いに行く. [OF or L (*lut- luo* to wash)]

ablútion·àry /; -(ə)ri/ *a* 洗浄の; 洗浄式の.

ably /éɪbli/ *adv* みごとに, うまく, 巧みに. [ABLE]

ABM /éɪbì:ɛ́m/ *n* (*pl* ～**'s**, ～**s**) ANTIBALLISTIC MISSILE.

áb·mhò /ǽb-/ *n* 〘電〙絶対[アブ]モー《コンダクタンスの cgs 電磁単位: ＝10^9 mhos; 記号 $(a\Omega)^{-1}$》. [*ab-*[2]]

abn airborne.

Ab·na·ki /æbnɑ́:ki/ *n* **a** (*pl* ～, ～**s**) アブナキ族《Algonquian 系部族に属する北米先住民の一族》. **b** アブナキ語.

ab·ne·gate /ǽbnɪgèɪt/ *vt* 〈責任を〉否認する; 〈所信・権利・希望を〉放棄する, 棄てる. ♦ **-gà·tor** *n* [L (*nego* to deny)]

àb·ne·gá·tion *n* 《権利・自己主張などの》放棄, 《欲望などの》拒絶, 拒否; 禁欲, 自制, 克己 (self-abnegation).

Ab·ner /ǽbnər/ アブナー《男子名》. [Heb＝(father) of light]

Áb·ney lèvel /ǽbni-/ アブニー水準儀《測量用クリノメーターの一種》. [Sir William *Abney* (1843–1920) 英国の科学者]

ab·nor·mal /æbnɔ́:rm(ə)l, əb-/ *a* 異常な, 異例の, 変則の, 正常でない, 変態の, 病的な (opp. *normal*). ► *n* 異常な人. ♦ **～·ly** *adv* [F; ⇨ ANOMALOUS; 語形は L *abnormis* (*norma* form) との混同]

ab·nor·mal·i·ty /æ̀bnɔ:rmǽləti, -nər-/ *n* 異常(性), 変態; 異常[変則]な事物[特徴], 異変, 奇型.

abnórmal·ìze *vt* 異常[変則的, 病的]にする.

abnórmal psychólogy 異常心理学; 異常心理.

ab·nor·mi·ty /æbnɔ́:rməti/ *n* ABNORMALITY.

abo /ǽbou/ *n, a* (*pl* **áb·os**) [°A-] 《豪俗》[°*derog*] ABORIGINAL.

Åbo /óubu/ オーボ《TURKU のスウェーデン語名》.

aboard /əbɔ́:rd/ *adv* 船[列車, 飛行機, *バスなど]に(乗って), 乗船[搭乗]して; 集団[組織]に所属して; 《野球俗》塁上に, 出塁して (on base); 舷側に: have…～ …を乗せて[積んで]いる. ► *prep* 〈船・列車・飛行機・*バスなど〉に乗って: come [go, get] ～…に乗り込む. ● **All ～!** (1) 皆さんお乗りください, 発車いたします. (2) 全員乗りました, 発車オーライ! **close** [**hard**] **～**(…) 舷側[陸]に接して; (…の)近くに. **fall ～ of…** 〈他船〉の舷側に衝突する. **get** [**come**] **～**(…) *《口》(…に)加わる, 参加する. **keep the land ～** 陸地沿いに接航する. **lay** an enemy's ship **～** 〘史〙《昔の海戦で》敵船に横付けして斬り込む. **take…～** …を乗せる, 積み込む. **Welcome ～!** 《乗客に向かって》ようこそご乗車[乗船《など》]くださいました; 《組織などに新たに加わった人に向かって》ようこそいらっしゃいました. [*a-*[1]]

ABO blood group /éɪbì:óu ―́ ―́/ ABO 式血液型《ABO 式分類法による A, B, AB, O の 4 つの血液型のうちの一つ》.

abode[1] /əbóud/ *n* 住所, 居住地, 住居, 所在地; 《古》《一時的な》滞在, 逗留; 《廃》遅滞: make one's ～ 居住する / take up one's ～ 居を定める / RIGHT OF ABODE. ● **of** [**with**] **no fixed ～** 〘法〙住所不定の. [ABIDE; cf. *ride*: *road*]

abode[2] *v* ABIDE の過去・過去分詞.

ab·óhm /æb-/ *n* 〘電〙絶対[アブ]オーム《電気抵抗の cgs 電磁単位: ＝10^{-9} ohm; 記号 $a\Omega$》.

aboi·deau /ɑ̀:bwɑ:dóu, ǽbədòu/, **-teau** /ɑ̀:bətóu, ǽbətòu/ *n* (*pl* **-deaux, -teaux** /-z/)《カナダ》堰(せき), 潮門 (tide gate). [F]

abóil /ə-/ *adv, pred a* 煮え立って, 沸騰して; 沸き立って.

abol·ish /əbálɪʃ/ *vt* 〈制度·法·習慣などを〉廃止する, 廃する; 完全に破壊する. ◆ **~·able** *a* **~·er** *n* **~·ment** *n* [F (L *abolit- aboleo* to destroy)]

ab·o·li·tion /æ̀bəlíʃ(ə)n/ *n* 《制度·法·習慣などの》廃止, 全廃; 奴隷制度[死刑]廃止. ◆ **~·àry** /; -(ə)ri/ *a* [F or L (↑)]

abolítion·ism *n* 廃止論; 奴隷制度[死刑]廃止論. ◆ **-ist** *n, a*

ab·o·ma·sum /æ̀boumé͡ɪsəm/, **-sus** /-səs/ *n* (*pl* **-sa** /-sə/, **-si** /-sàɪ, -sì:/)《動》皺胃(しゅう)《反芻動物の第四胃》. ◆ **-má·sal** *a*

A-bomb /éɪ—/ *n* 原爆 (atom bomb); *《俗》超スピード改造自動車, HOT ROD; *《俗》強力混合麻薬《特にマリファナ[ハシーシ]とアヘンをタバコ状にしたもの》. ► *vt, vi* ATOM-BOMB.

Abo·mey /æ̀bəméɪ, əbóumi/ アボメー《ベニン南部の町; ダオメー王国時代の首都》.

abom·i·na·ble /əbám(ə)nəb(ə)l/ *a* いとうべき, 忌まわしい, 言語道断な; 《口》実に不快な, 全くひどい〈天気など〉. ◆ **-bly** *adv* [OF <L=to be deprecated as an ill OMEN]

abóminable snówman [ᵒA- S-]《Himalaya 山中に住むといわれる》雪男 (=*yeti*); *恐怖の雪男《米国の子供向けテレビ番組に登場する悪玉》.

abom·i·nate /əbámənèɪt/ *vt* 忌み嫌う, 憎悪[嫌悪]する, …がいやでたまらない. ◆ **-nà·tor** *n* [L *ab-*¹(*ominor* to forebode)=to deprecate]

abom·i·na·tion /əbàmənéɪʃ(ə)n/ *n* 憎悪, 嫌悪; 忌まわしいもの[こと]; 実に不快なもの[人], 大嫌いな事[人]. ● **have** [**hold**]…**in ~** …を忌み嫌う.

à bon chat, bon rat /*F* a bɔ̃ ʃa bɔ̃ ra/ (同種の)報復, しっぺ返し. [F=to a good cat, a good rat]

abon·dance /*F* abɔ̃dɑ̃:s/ *n*《トランプ》ABUNDANCE.

A-bone /éɪ—/ *n**《俗》A 型フォード《自動車》.

à bon mar·ché /*F* a bɔ̃ marʃe/ 有利な値段で, 廉価で, 安く; 《原義》やすやすと.

aboon /əbú:n/ *prep, adv, a, n* 《スコ》ABOVE.

ab·óral /æb-/ *a*《解·動》口と反対側の, 口から遠い, 反口側の. ◆ **~·ly** *adv*

ab·orig·i·nal /æ̀bərídʒ(ə)n(ə)l/ *a* 原生の, 土着の, もとからの; 先住民の, 土着民の; [ᵒA-] オーストラリア先住民の: ~ races [fauna, flora] 土着の人種[動物, 植物] / ~ languages 先住民の諸言語; [A-] オーストラリア先住民語, アボリジニー言語. ► *n* 先住民 (aborigine); [ᵒA-] オーストラリア先住民 (aborigine). ◆ **~·ly** *adv* 原始的に, 太古から; 本来. **àb·orig·i·nál·i·ty** *n*

ab·orig·i·ne /æ̀bərídʒ(ə)nì:/ *n* 先住民, 土着民; [ᵒA-] アボリジニー《オーストラリア先住民》; [*pl*] 土着の動物[植物]《一地域の固有種動物相[植物相]》. [L (↓)]

ab orig·i·ne /æb ərídʒ(ə)nì:/ *adv* 最初から. [L=from the beginning]

abórn·ing* /ə-/ *adv, pred a* 生まれかけて, 生まれる途中で: The plan died ~. その計画は立ち消えになった. [*a-*¹]

abort /əbɔ́:rt/ *vi* 流産する (miscarry);《生》発育不全となる; 〈計画などが〉頓挫する, むだに終わる, 流れる; 《空·宇》〈打上げが〉中止になる, 〈ミサイルの飛行が〉失敗に終わる; 飛行[操作など]を中止する; 《電算》〈処理が〉中止される. ► *vt* 〈胎児を〉流産する; 〈妊婦などの〉妊娠を中絶する, …に流産させる; 〈病気を〉早期に阻止する; …の発育を止める; 〈ミサイル飛行·打上げ·計画などを〉〈ロケットなどを〉《目標到達前に》破壊する; 《電算》〈処理を〉打ち切る. ► *n* 頓挫, 中断; 中絶; 《空》《ミサイルなどの》発射停止, 飛行打切り; 《航空機·宇宙船などの》飛行中止[短縮], アボート; *始動しない[中途で止まった]機械装置; 頓挫した計画. ◆ **~·ed** *a* 頓挫した, 失敗に終わった; 未成熟の; 《生》発育不全の. **~·er** *n* [L *ab-*¹(*ort- orior* to be born)=to miscarry]

abór·ti·cide /əbɔ́:rtə-/ *n* 人工妊娠中絶(薬).

abor·ti·fa·cient /əbɔ̀:rtəféɪʃ(ə)nt/ *a* 流産を起こさせる. ► *n* 人工妊娠中絶薬.

abor·tion /əbɔ́:rʃ(ə)n/ *n* (人工)妊娠中絶, 堕胎; 流産《人間では特に妊娠 12 [《時に》28] 週以内の; cf. MISCARRIAGE, ILLEGAL ABORTION》; 流産された胎児, 流産児 (=*abortus*); できそこないの人[もの]; 《生》発育不全(の実,葉など); 《計画·行動などの》失敗, 「流産」; 《病気の》早期克服: have an ~ 中絶する. ◆ **~·ism** *n* 妊婦の中絶権擁護. **~·ist** *n* 人工妊娠中絶医, 《特に》不法中絶医師; 妊婦中絶権支持者.

abórtion-on-demánd *n* 《妊婦の》要求による中絶; 《妊婦の》中絶権.

abórtion pìll *n* 《妊娠初期の》中絶薬《特に RU-486》.

abort·ive /əbɔ́:rtɪv/ *a* 失敗に終わった, 実を結ばない; 不稔の; 《生》発育不全の; 《医》流産を起こさせる; 《医》病勢を阻止する, 頓挫性の; 《医》不全型の; 《廃》早産で生まれた: an ~ enterprise 失敗に終わった仕事 / His efforts proved ~. 彼の努力もむなしかった. ► *n* 中絶薬 (abortifacient); 流産; 失敗した任務, 頓挫した計画. ◆ **~·ly** *adv* **~·ness** *n*

abor·tus /əbɔ́:rtəs/《医》*n* 流産児; 流産 (abortion).

abórtus fèver 《医》流産熱, 波状熱《特にウシ流産菌 (*Brucella abortus*) の感染によるヒトのブルセラ症》.

ABO system /éɪbì:óu —/《血液型の》ABO 式分類法.

à bouche ou·verte /*F* a buʃ uvɛ:rt/ 口をあけて; 熱心に; 無批判に. [F=with open mouth]

abought *v* ABY の過去·過去分詞.

Aboukir ⇨ ABU QIR.

aboulia, aboulic ⇨ ABULIA.

abound /əbáund/ *vi* たくさんいる[ある], 多い; 富む 〈*in, with*〉: Fish ~ *in* this river.=This river ~*s in* fish. この川には魚が多い / ~ *in* minerals [courage] 鉱産物[勇気]に富む / a house ~*ing with* rats ネズミの多い家. [OF<L *ab-*¹(*undo*＜*unda* wave)=to overflow]

about *prep, adv, v* ► *prep* /əbàut, —ˊ/ **1 a** …について(の): a book ~ gardening 園芸の本 / There was a quarrel ~ money [who should go]. 金のこと[だれが行くか]でもめた / I know all ~ it. それについてはすっかり知っている. **b** …に従事して: What is he ~ (=doing)? 彼は何をしているのか / while you're [I'm] ~ it 《口》それをしている間に[するついでに] / Be quick ~ it.=Don't be long ~ it. さっさとおやり. **c** [be about ~ の形で] …を目標[本質]とする: America *is* ~ freedom. アメリカで一番大切なのは自由だ / Today *is* not ~ us. Today *is* ~ you. 今日の主役は私たちではなく君だ / He *is* all ~ work. 彼は何よりも仕事を優先する / What is it all ~? ⇨ 成句. **2 a** …のまわりに[の], …あたりに (near); …の身辺に, 持ち合わせて; …をめぐって, 取り巻いて: ~ here この辺に / people ~ us われわれの周囲の人びと / all he had ~ him 彼の所持品全部 / There is something noble [vulgar] ~ him. 彼はどことなく気品がある[下品だ] / revolve [turn] ~ the sun 太陽のまわりを回る / standing ~ the door ドアのあたりに立って. **b** …のところどころに, 方々に, …をあちこちへ: There are trees dotted ~ the field. 野原に木が点在する / walk ~ the room 部屋を歩きまわる / I've been ~ the town. 町を歩きまわっていた. **3** …ごろ(に) (cf. *adv* 1a): ~ five (o'clock) 5 時ごろ(に) / ~ the end of May 5 月の末ごろ. ● **~ one's** PERSON. **go** [**set**] **~**… 〈仕事などに〉取りかかる. **What** [**How**] **~…?** ⇨ WHAT, HOW¹. **what…is all ~** …の本質, …の肝腎なところ. **What is it all ~?** いったい何事だ.

► *adv* /əbáut/ **1 a** およそ, 約…; ほとんど: ~ a mile 約 1 マイル / ~ right [finished] だいたい正しい[済んだ] / It's ~ time to start. そろそろ出かける時刻だ / I started at ~ five o'clock. 5 時ごろに出発した (cf. *prep* 3). ★ at は「時の一点」を示すとして, この用法を不可とする人もいるが, 実際にはしばしば用いられる. **b** 《口》[*iron*] いささか: I'm ~ sick of it. 少々うんざりです《全くやりきれない》. **2 a** そこいらに, 手近に, 近くに; 出回って, 利用できて; 流行して: There is nobody ~. あたりにだれもいない / Is he anywhere ~? 彼はそこいらにいますか / Measles is ~.=There is measles ~. はしかがはやっている. **b** あちらこちらへ, 方々へ, (…し)まわる[まわす]: carry money ~ 金を持ちまわる / follow sb ~ 人についてまわる / walk ~ 歩きまわる / look ~ 見まわす / move things ~ 物をあちこち動かす. **c** あちらこちらに, そこいらじゅうに; ぞんざいに, 乱暴に: tools lying ~ あたりに散らばった道具 / drop things ~ 物をバラバラ落とす / order one's men ~ 部下[手下]をこき使う / KNOCK ~. **d** ぶらぶらと, ぼんやりと: sit ~ (待ちながら)ぼんやりすわっている. **3 a** まわりに; めぐって; 順番に: all ~ 周囲をぐるりと / go a long way ~ 遠回りする / The lake is a mile ~. 湖は周囲が 1 マイル. **b** 向きを変えて, 転回した[反対の]位置[方向]に; 《海》上手(うわて)回しに (⇨ *vt*): **A*~* face! ="*A*~ turn! 回れ右! 《Right ~ face [turn]!, または単に *About!* ともいう》/ FACE ~ / to the right ~ 回れ右して反対の方向に. **4** 動いて, 起きて, 出て, 執務して; 存在して, 目について: It will soon be ~. じきに始まる / OUT and ~. ● **~ and ~** *似たり寄ったりで. **be ~ to** do (1) =***be** (**just**) **~** doing 今にも…しようとしている: He looked like a man ~ *to* faint. 今にも気絶しそうに見えた / Ready for bed?—*Just* ~. 寝るとこ?—まあね. ★ *be about to* do は *be going to* do よりも文語的で 'be on the point of doing' の意をより明確に表わす. (2) [*neg*] 《口》…するつもりがない. **find** [**know**] **one's** WAY¹ **~**. ROUND **~**. **That's ~** (**the size of**) **it.** まあざっとそんなところだ. **the other** WAY¹ **~**. (**turn and**) TURN **~**.

► *vt* /əbáut/ 〈船を〉回す: *A*~ ship! 《海》上手回し(用意)! [OE *onbūtan* (ON, BY¹, OUT)]

abóut-fáce* *n* 回れ右 (cf. RIGHT FACE, LEFT FACE); 逆戻り; 百八十度の転換 (about-turn"): do an ~ 百八十度の転換をする. ► *vi* /—ˊ—ˊ/ 回れ右をする; 逆戻りする; 主義[態度など]を一変する.

abòut-shíp *vi* 《海》上手回しをする (tack).

abóut-slèdge *n* 鍛冶用大ハンマー《小ハンマーと交互に打つ》.

abóut-tówn·er *n* ナイトクラブや劇場に頻繁に出かける人.

abóut-túrn *n, vi* 《英·カナダ》ABOUT-FACE

above *prep, adv, a, n* (opp. *below*) ► *prep* /əbʌ̀v, —ˊ/ **1 a** 《間隔をおいて》…の上に[の], …より上に[の], …より高く[高い]: The peak rises ~ the clouds. 峰は雲の上にそびえている. **b** …の上流に[の], …の向こうに[の], …より北方に[の]: a waterfall ~ the bridge 橋の上手の滝. **2** 《数量が》…より大きい[多い]; 〈音·匂いが〉…よりひと

きわ高く[強く]: ～ a hundred 100 より上《100 は含まない》/ men ～ 20 years old 20 歳より上の人びと / She shouted ～ the din. 騒音にかき消されないよう叫んだ. **3 a** …より上位に[まさって]: He is ～ me in rank. わたしより上役だ / I value honor ～ life. 生命よりも名誉を重んじる / I fear that ～ anything. それが何よりもこわい / ～ average. **b** …の及ばない; …には善良[偉大, 高慢]すぎる: The problem is ～ me [my understanding]. むずかしくてわからない / ～ SUSPICION / He is ～ telling lies. うそを言うような人ではない / I am not ～ asking questions. 質問することを恥じない. **4** 《古》…より前に; 《古》…に加えて, …とは別に. ● **～ all (else)** 特に, とりわけ. **～ all things** 第一に, 何にもまして. **～ and beyond(…)** (1) [〈*prep*〉] …に加うるに, …より以上に. (2) [〈*adv*〉] (要求[期待]されている)以上に. **be [get, rise] ～ oneself** はしゃぐ; うぬぼれる, いい気になる.

► *adv* /əbʌ́v/ **1 a** 上で; 上の方へ; 頭上[階上]に; 天に, 天国に; 《本などの》前の方で, 《ページの》上の方に: leaves dark ～ and light below 上側が濃く下側が薄い木の葉 / the room ～ 階上の部屋 / in heaven ～ (上の)天に / the stars ～ 空の星 / soar ～ 空へ舞い上がる / as (is) stated ～ 上述のとおり. **b** 《川の》上流へ[に]; 上手へ[に]. **2** 上位に(ある), 高位に(ある): the court ～ 上級裁判所. **3** それ以上(である); 《温度が》0 度より上で: persons of fifty and ～ 50 歳以上の人びと / The temperature is ten ～. 温度はプラス 10 度である. **4** 《古》さらに. **5** 舞台の奥で[へ].

► *a, n* /əbʌ́v/ 上にある(もの[人]); 上述の(こと[もの, 人]); 天上の(世界); 神: the ～ instances [remarks] 上記の例[評言] / The ～ proves.... 上述の事は…を証明する / from ～ 上方から; 当局[上層部]から; 天[神]から / things ～ 天上の事柄.
[OE *a-*[1] on, *bufan* (*be* by, *ufan* up)]

abòve-áverage *a* 平均より上の; 並でない.

abóve·bòard *adv, a* 公明正大に[な], ありのままに[の]: keep sth honest and ～ ごまかしのないようにしておく / The deal was completely open and ～. その取引は完全に公正なものであった.

abóve·gròund *a, adv* 地上の[に]; *公然の[に]; 合法的な, 体制内の (opp. *underground*); [*fig*] 埋葬されていない, 生きている.

abóve-méntioned *a* 上述の, 前記の.

abóve·stàirs *n pl* [#]《階下の召使の部屋に対して階上の》家族の住む所. ► *adv, a* UPSTAIRS.

abóve-the-fóld *a* 新聞紙面の上半分にある; 〔電算〕《ウェブページの》スクロールせずに見られる〈部分〉.

ab ovo /æb óʊvoʊ/ *adv* 初めから〈くどくど述べる〉; 《文》卵から. [L ＝from the egg]

ab ovo us·que ad ma·la /ɑːb óʊvoʊ ʊ̀skwɛ ɑːd mɑ́ːlɑː/ 卵からリンゴまで, 始めから終わりまで. [L＝from egg to apples]

Abp Archbishop. **abr.** abridge(d) ♦ abridgment.

ab·ra·ca·dab·ra /æ̀brəkədǽbrə/ *n* アブラカダブラ《呪文; 三角形に書き, 昔「おこり」(ague) のまじないとした》; 呪文; [*derog*] わけのわからぬことば (gibberish). [L<Gk]

abrach·ia /eɪbrǽkiə, æ-/ *n* 無腕(症). [*a-*[1]]

abrad·ant /əbréɪdnt/ *a, n* ABRASIVE.

abrade /əbréɪd/ *vt* すりへらす, すりむく; 〈岩などを〉摩食[侵食]する; 徐々にくずす[弱める]; 〈人〉の神経をすりへらす, 〈神経を〉参らせる. ► *vi* すりへる, はげる. ♦ **abrád·able** *a* **abrád·er** *n* 研磨器. [L (*ras- rado* to scrape)]

Abra·ham /éɪbrəhæ̀m, -həm/ **1** エイブラハム《男子名; 愛称 Abe》. **2** 〔聖〕アブラハム《ユダヤ人の先祖; *Gen* 11–25》. ● **in ～'s bosom** 《古風》天国で[祖霊と共に]安らかに眠って《*Luke* 16: 22》. PLAINS OF ABRAHAM. **sham ～ [Abram]** 病気[狂気]を装う (cf. ABRAHAM-MAN). [Heb＝father of multitudes]

Ábraham-màn *n* 〔英史〕(狂気を装う)放浪乞食, アブラハム乞食《16–17 世紀に Bedlam の Abraham 病棟出身の免許を受けた乞食を装った放浪者》.

Abram /éɪbrəm/ **1** エイブラム《男子名; 愛称 Abe》. **2** 〔聖〕アブラム《Abraham のもとの名; *Gen* 17: 5》. ● **sham ～** ⇨ ABRAHAM. [Heb＝exalted father]

abrán·chi·ate /eɪ-, ə-/ *a, n* 〔動〕えらのない[無鰓(むさい)の](動物). ♦ **abrán·chi·al** /eɪ-, ə-/ *a* [*a-*[2]]

abras·ax /əbrǽsəks/ *n* ABRAXAS.

abra·sion /əbréɪʒ(ə)n/ *n* **1 a** 《皮膚の》すりむけ, 表皮剝脱, 剝離, 擦傷, 擦過傷. **b** 摩砕, 削摩, すりへり, 摩損, 摩滅, 摩耗; 摩損個所; 〔地質〕《流水・氷河移動などで運ばれた岩屑による》摩食, 侵食(作用), 《陸地の》海食(作用); 侵食地(点). **2** 《感情の》さかなで. [L; ⇨ ABRADE]

abra·sive /əbréɪsɪv, -zɪv/ *a* すりへらす(作用をする), 研磨用の; 〈表面が〉あらい, やすりのような; [*fig*] いらいらさせる(ような)〈性格・声など〉. ► *n* 研磨剤, 研磨用具《グラインダー・サンドペーパーなど》. ♦ **～·ly** *adv* いらだたせるように. **～·ness** *n* ⁺摩耗性.

à bras ou·verts /*F* a brazuvɛːr/ 両手を広げて; 心から. [F＝with open arms]

abrax·as /əbrǽksəs/ *n* アブラクサス (1) グノーシス派の呪文; αβραξας は数字としては合計 365 という神秘数を表わした 2) アブラクサスの文字を刻んだ宝石). [Gk]

abra·zo /ɑːbrɑ́ːθoʊ/ *n* (*pl* **～s**) 《挨拶としての》抱擁. [Sp]

ab·re·act /æ̀briǽkt/ *vt* 〔精神分析〕〈抑圧された感情を〉解除[解放]する. [*ab-*[1]]

ab·re·ac·tion /æ̀briǽkʃ(ə)n/ *n* 〔精神分析〕解除反応. ♦ **àb·re·ác·tive** *a* [G *Abreagierung* の部分訳]

abreast /əbrést/ *adv* (…と)相並んで, (…と)並行して; 〔海〕〈他船・陸地など〉と並行して, …に沿って: march three ～ 3 人並んで進む. ● **～ of [with]** …と相並んで, …に遅れないで; …について最新情報を知って, 〈最新情報など〉に通じて: keep [stay] ～ *of* the times 時勢に遅れずにいる / keep sb ～ *of* the latest developments 人を最新の事情に通じさせておく. ★〔海〕では of [with] を省いて前置詞的に用いることがある: lie ～ an island 島と並行に停泊する. **get ～ of…** 〈船などが[を]〉…と並ぶ[並ばせる]. [*a-*[1]]

abri /æbríː, ɑː-/ *n* 避難所, 待避[防空]壕, 隠れ家. [F]

abridge /əbrídʒ/ *vt* **1** 〈規模などを〉縮小[短縮]する; 〈書物・映画・話などを〉縮約[簡約化]する; 〈権利などを〉削減[減殺(げんさい)], 縮小]する; 《文》〈会合・期間などを〉短縮する: an ～*d* edition 縮約版 / ～ sb's liberties 特権を制限する. **2** 《古》〈人から〉奪う (deprive) 〈*of*〉: ～ sb *of* his rights 人から権利を奪う. ♦ **abrídg·able, abrídge·able** *a* **abrídg·er** *n* [OF; ⇨ ABBREVIATE]

abrídg·ment, abrídge- *n* 縮小, 短縮; 縮約; 《権利などの》減殺, 削減, 縮小; 要約したもの, 簡約版.

Abri·ko·sov /ɑ̀ːbrikɔ́ːsɔ̀ːf/ アブリコソフ **Alexei A(lexeyevich)** ～ (1928–)《ロシア生まれの米国の物理学者; 超伝導の理論に対する先駆的な貢献によりノーベル物理学賞 (2003)》.

abrís·tle /ə-/ *adv, pred a* 〈毛などが〉逆立って; 〈不満などで〉いらだって, 充満して 〈*with*〉.

abroach /əbróʊtʃ/ 《古》*adv, pred a* 飲み口をあけて[あけた]. ● **set ～** 〈樽に〉飲み口をあける; 〈感情を〉吐露する; 〈新説などを〉流布させる, 〈騒ぎを〉ひき起こす.

abroad /əbrɔ́ːd/ *adv* **1** 国外[海外]へ[で]; *ヨーロッパへ[で]: at home and ～ 国内外で / live ～ 海外で暮らす / send ～ 海外に派遣する / travel ～ 外遊する / [前置詞の目的語として名詞的に] *from* ～ 外国から(の), news *from* ～ 海外通信, return *from* ～ 帰朝[帰国]する / take sb [sth] ～ (with one) 人[物]を外国へ連れて[持って]いく / [後置修飾語として] study ～ 在外研究, 留学. **2** 広く, 四方八方に, 随所に; 〈うわさなどが〉広まって, 流れて; 《英では古》戸外へ[で]; 本拠地外で: walk ～ 出歩く / The rumor is ～ that…というううわさが広まっている / get ～ 戸外へ出る; 〈うわさが〉知れわたる / go ～ 外国へ行く; 戸外へ出る / set ～ 〈うわさなどを〉広める. **3** 《英では古》的[中心]をそれて, 間違って, 迷って. ● **be all ～** 《口・古風》まるで見当違いをしている, 途方に暮れている. [*a-*[1]]

ab·ro·come /ǽbrəkòʊm/ *n* 〔動〕チンチラネズミ (＝*rat chinchilla*).

ab·ro·gate /ǽbrəgèɪt/ *vt* 〈法・慣習を〉廃止[廃棄]する, 無効にする; 排除する, 捨てる; 否認する. ♦ **ab·ro·ga·ble** /ǽbrəgəb(ə)l/ *a* **-gà·tive** *a* **àb·ro·gá·tion** *n* **-gà·tor** *n* [L (*rogo* to propose law)]

ab·rupt /əbrʌ́pt/ *a* **1** 不意の, 突然の, いきなりの; 〈態度が〉ぶっきらぼうな; 〈話題転換が〉唐突な, 〈文体が〉飛躍の多い: in an ～ manner ぶっきらぼうに. **2** 〈崖が〉険しい, 急な; 〔地質〕〈地層が〉急に露出した, 〈隣接する岩層が〉境目がはっきりした; 〔植〕切形(せつけい)の (truncated): an ～ turn 急な曲がり目. ♦ **～·ly** *adv* **～·ness** *n* [L; ⇨ RUPTURE]

ab·rup·tion /əbrʌ́pʃ(ə)n/ *n* 《部分的要素の》急な分離[剝離, 離脱]; 《古》急な中止[中絶]: placental ～ 〔医〕胎盤早期剝離.

Abruz·zi /ɑːbrúːtsi, ə-/ **1** [Duke of the ～] アブルッツィ公 Prince **Luigi Amedeo** of Savoy-Aosta (1873–1933)《イタリア王 Victor Emmanuel 2 世の孫; 海軍士官・登山家・探検家; St Elias 山などに登頂》. **2** アブルッツィ《イタリア中部の州; ☆L'Aquila; 1965 年まで南の Molise と共に **～ e Mó·li·se** /-eɪ mɔ́ːlɪzèɪ/ 州を形成した》.

abs *n* AB[2] の複数形.

abs- /æbs, əbs/ *pref* AB-[1]《c, q, t の前》: *abs*tract.

abs. absolute(ly) ♦ abstract.

ABS 〔化〕acrylonitrile-butadiene-styrene アクリルニトリルブタジエンスチレン, ABS《用途の広いプラスチック》♦ American Bible Society 米国聖書協会 ♦ antilock braking system.

Ab·sa·lom /ǽbs(ə)ləm/ **1** アブサロム《男子名》. **2 a** 〔聖〕アブサロム《David 王の愛児, 父に背いて殺された; *2 Sam* 15–18》. **b** 気に入りの息子, 愛児; 反逆する息子. [Heb＝father of peace]

Ab·scam /ǽbskæm/ アブスキャム《アラブの実業家などに扮した FBI 捜査官が, 1980 年, 米国連邦議会議員その他の公職者の収賄を摘発したおとり捜査の暗号名》; アブスキャムのようなスキャンダル. [*Ab*dul Enterprises Ltd. (FBI 捜査官が使った架空会社の名)＋*scam*]

ab·scess /ǽbsɛ̀s, -səs/ 〔医〕*n* 膿瘍. ► *vi* 膿瘍を形成する. ♦ **～ed** *a* 膿瘍のできた. [L＝a going away (*ab-*[1], CEDE)]

ab·scind /æbsínd/ *vt* 切り離す (cut off).

ab·scise /æbsáɪz/ *vi, vt* 〔植〕〈花・果実・葉など〉離層形成により脱落する[させる], 離脱する[させる].

ab·scís·ic ácid /æbsízɪk-, -sís-/ 〔生化〕アブシジン酸 (＝*dormin*)《植物生長抑制ホルモン; 略 ABA》.

A

ab·sci·sin /ǽbsəsən, æbsís(ə)n/ *n* 〘生化〙 アブシジン (ABSCISIC ACID).

ab·scis·sa /æbsísə/ *n* (*pl* ～s, -scis·sae /-sísi/) 〘数〙 横座標 (cf. ORDINATE). [NL *ab-*¹(*sciss- scindo*)=to cut off]

ab·scis·sion /æbsíʒ(ə)n, -ʃ(ə)n/ *n* 切断; 〘植〙 器官脱離《花·果実·葉などの離層形成による自然の脱落》.

abscíssion làyer 〘植〙 離層 (separation layer).

ab·scond /æbskɑ́nd, əb-/ *vi* 逃亡[逐電, 出奔]する ‹*from* a place, *with* the money›; ‹保釈中の被告が›出頭しない. ♦ **～·er** *n* **～·ence** *n* [L *abs-*(*condo* to stow)=to secrete]

ab·seil" /ǽbsèɪl, -sàɪl, -zàɪl/ *n, vi* 〘登山〙 アブザイレン[懸垂](によって絶壁を下降する) (RAPPEL); 《ヘリコプターから》ロープによって降りる(こと). ♦ **～·er** *n* **～·ing** *n*

ab·sence /ǽbs(ə)ns/ *n* **1** (opp. *presence*) 不在, 留守; 不参加, 欠席, 欠勤; 不在の期間: ～ *from* a place [a meeting, etc.] / mark the ～ 出欠をとる / an ～ of five days 5 日間の欠勤[欠席] / several ～s *from* school 欠席数回 / after ten years' ～ 10 年ぶりに‹帰るなど› / during sb's ～ 留守中(ずっと) / in sb's ～ 人の不在中に; 人のいない所で / *A*～ makes the heart grow fonder. 《諺》 いなければいとおしく思えてくるもの, 遠ざかるほど思いがつのる. **2** ないこと, 《証拠などの》欠如 ‹*of*›; 〘医〙《てんかんの》欠神(発作), アブサンス; 〘医〙 欠如[欠損](症): an ～ *of* humor ユーモアの欠如 / ～ *of* the uterus 子宮欠如(症). **3** うかつさ, 放心: He has fits of ～. 時々うっかりしている. ● **～ without leave** 〘軍〙 無許可[無届]離隊[外出] 《略 AWOL》. **in the ～ of**…がない[いない]ときは; …がない[いない]から. [OF<L; ⇨ ABSENT]

ábsence of mínd 放心, 気抜け, うわのそら (opp. *presence of mind*).

ab·sent *a* /ǽbs(ə)nt/ **1** (opp. *present*) 不在の, 留守である; 不参加の, 欠席の, 欠勤の; 欠けている, ない (lacking): be ～ *from* home [class, the office] 留守に[欠席, 欠勤]している / be ～ in America [on a tour] アメリカへ[旅行に]行って留守である / Long ～, soon forgotten. 《諺》 去る者は日々に疎し. **2** 放心した: an ～ air 放心した様子 / in an ～ sort of way 放心状態で, ぼんやりと. ● **～ over leave** 〘軍〙 休暇[上陸許可]期間を超えて不在の《略 AOL》. **～ without leave** 〘軍〙 無許可離隊[外出]の《略 AWOL》. ► *vt* /æbsént/ 遠ざける: ～ *oneself* 欠席[欠勤]する, 留守にする ‹*from* school, a meeting, home›. ► *prep* /ǽbs(ə)nt/ …がなければ, …なしに (without) 《しばしば非正用法とされる》. [OF<L *ab-*¹(*sum* to be)=to be away]

ab·sen·tee /æ̀bs(ə)ntíː/ *n* 不在者; 欠席者, 不参加者, 欠勤者; 不在地主 (absentee landlord); 不在投票者 (absent voter); 欠けているもの[人]: an ～ without leave 〘軍〙 無許可離隊[外出]者 《略 AWOL》. ► *a* 不在者の.

ábsentee bállot*不在(者)投票(用紙).

absentée·ism *n* 《地主の》長期[常時]不在, 不在地主制度; 常習的欠席[欠勤](率); (集団)欠勤戦術.

ábsentee lándlord 不在地主[家主 など].

ábsentee vóte*不在(者)投票.

ábsentee vóter ABSENT VOTER.

ab·sen·te reo /æbsénti ríːoʊ/ *adv* 〘法〙 被告欠席のため[場合] 《略 abs. re.》. [L=the defendant being absent]

absentia ⇨ IN ABSENTIA.

ábsent·ly *adv* ぼんやり(と[して]), うっかり(して).

ábsent·mínd·ed *a* ぼんやり[うっかり]した, うわのそらの, 放心状態の; 忘れっぽい: an ～ professor 学者ばか. ♦ **～·ly** *adv* **～·ness** *n* 注意散漫, 放心.

ábsent vóter 不在投票者.

ab·sinthe, -sinth /ǽbsɪnθ/ *n* アブサン《ニガヨモギを香料の主成分とする緑色の強烈なリキュール》; 〘植〙 ニガヨモギ (wormwood), *SAGEBRUSH; ニガヨモギの葉のエキス; 薄緑色. [F, <Gk]

ab·sin·thin /æbsínθən/ *n* 〘化〙 アブシンチン《光沢のある針晶でニガヨモギの配糖体》.

ábsinth·ism *n* アブサン中毒.

ab·sit in·vi·dia /ɑ́ːbsɪt ɪnwídiɑ̀ː/ 悪意をいだくな, 悪く思うな. [L=let there be no ill will]

ab·sit omen! /ǽbsɪt óʊmɛn/ *int* そんなことのないように, つるかめつるかめ! [L=may this (evil) omen be absent]

ab·so·bloody·lute·ly /æ̀bsəblʌ̀dilúːtli/ *adv* 《俗》 くそべらぼうに, まったくもって, めちゃんこ (absolutely).

ab·so·lute /ǽbsəlùːt, ⌐⌐⌐/ *a* **1 a** 絶対の, 絶対的な (opp. *relative*); 無制限の, 無条件の, 全幅の‹信頼など›; 専制[独裁]的な; 完全無欠の; 純粋の, 純然たる, ‹アルコールなど›無水の; 断固たる; ‹証拠が›確かな, ‹事実が›実際の; 〘法〙 ‹所有権などが›全面的な, ‹判決など›確定[最終]的な (: DECREE ABSOLUTE); 〘理〙 絶対単位系の, 絶対単位表記の; 絶対温度目盛の; 〘哲〙 絶対の. **b** 〘文法〙 ‹句·構文が›独立の, 遊離した, ‹他動詞·形容詞が›独立用法の. **2** 全くの, ひどい‹たわごと·混乱など›: It is an ～ scandal. 全く言語道断だ. ● **the A～ Being** 絶対的実在《神》. ► *n* [the] 絶対的なもの[事象]; [the A-] 〘哲〙 絶対(者), 宇宙, 神; [*pl*] 絶対不変の性質[概念, 基準], 絶対不動の道徳規範[観]. ♦ **～·ness** *n* 絶対性; 完全; 無制限; 専制, 独裁. [L (pp) < ABSOLVE; 語形は OF *absolut* の影響]

ábsolute áddress 〘電算〙 絶対アドレス.

ábsolute advántage 〘経〙 絶対優位《ある国·地域などが所与の資源から同一商品を他の国·地域より低い生産費で生産しうること》.

ábsolute álcohol 〘化〙 無水アルコール.

ábsolute altímeter /, -ǽltə-/ 〘空〙 絶対高度計.

ábsolute áltitude 〘空〙 絶対高度《機体とその直下の地表[水面]との距離》.

ábsolute céiling 〘空〙 絶対上昇限度 (=*ceiling*).

ábsolute céll réference 〘電算〙 セルの絶対参照《表計算ソフトで固定した行列位置を用いたセル参照》.

ábsolute configurátion 〘化〙 絶対配置.

ábsolute constrúction 〘文法〙 独立構文《例: *She being away*, I can do nothing.; cf. NOMINATIVE ABSOLUTE》.

ábsolute convérgence 〘数〙 絶対収束《級数の各項の絶対値をとった級数も収束すること》.

ábsolute humídity 〘理·気〙 絶対湿度.

ábsolute idéalism 〘哲〙 《Hegel の》絶対的観念論.

ábsolute infínitive 〘文法〙 独立不定詞《例: *To begin with*, …》.

ábsolute júdgment 〘心〙 絶対判断《単一の刺激に関する絶対印象による判断; cf. COMPARATIVE JUDGMENT》.

absolúte·ly /, ⌐⌐⌐, (強調) ⌐⌐⌐⌐/ *adv* 絶対的に, 無条件に; 専制[独裁]的に; 完全に; ひたすら, 心底; 《口》 断然, 全く; [*neg*] 全然, 断じて(…ない); [‹*int*›] 《口》 全くそのとおり, そうですとも (quite so); 〘文法〙 独立的に: Tom is ～ the best fellow. トムは断然いちばんいいやつだ / *A*～ not! とんでもない / an adjective [a verb] used ～ 独立的に用いられた形容詞[動詞] 《名詞を略した用法の形容詞, 目的語を略した用法の動詞; 例: The *blind* cannot *see*.》.

ábsolute mágnitude 〘天〙 絶対等級.

ábsolute majórity 〘議会〙 絶対多数, 過半数.

ábsolute mónarchy 絶対君主制; 絶対君主国.

ábsolute músic 絶対音楽 (cf. PROGRAM MUSIC).

ábsolute númber 無名数《単位名の付かないただの数; cf. DENOMINATE NUMBER》.

ábsolute párticiple 〘文法〙 独立分詞《例: The sun *having set*, we went home.》.

ábsolute permittívity 〘理〙 絶対誘電率《真空の誘電率; 記号 ε_0》.

ábsolute pítch 〘楽〙 絶対音高[ピッチ]; 〘楽〙 絶対音感 (=*perfect pitch*).

ábsolute préssure 〘理〙 《真空状態を基準にした》絶対圧(力) (opp. *gauge pressure*).

ábsolute prívilege 〘法〙 絶対的免責(特権) 《特に 名誉毀損 (defamation) に関して, 議院で発言中の議会議員や裁判中の裁判官の言説に与えられる訴えられることのない絶対的特権》.

ábsolute scále 〘理〙 《絶対温度零度を起点とする》絶対(温度)目盛.

ábsolute spáce 〘理〙 絶対空間《相対運動に基づく補正項などを必要としない空間》.

ábsolute supérlative 〘文法〙 絶対最上級《ほかとの対比でなく漠然ときわめて高度であることを示す; 例 my *dearest* mother》.

ábsolute sýstem (of únits) 〘理〙 絶対単位系.

ábsolute témperature 〘理〙 絶対温度.

ábsolute térm 〘数〙 絶対項; 〘論〙 絶対名辞《絶対概念の言語的表現》.

ábsolute thréshold 〘心〙 絶対弁別閾(いき).

ábsolute títle 〘法〙 絶対的権原; 〘英法〙 完全権原.

ábsolute únit 〘理〙 絶対単位.

ábsolute válue 〘数〙 絶対値.

ábsolute viscósity 〘理〙 絶対粘度《記号 η》.

ábsolute zéro 〘理〙 絶対零度 《−273.15°C》.

ab·so·lu·tion /æ̀bsəlúːʃ(ə)n/ *n* 〘法〙 免除, 放免, 釈放(の宣告); 《義務·約束の》免除, 解除; 〘キ教〙 赦罪, 《悔悛の秘跡における》罪の赦(ゆる)し; 〘キ教〙 《譴責の》赦免; 〘キ教〙 赦禱式, 赦罪文; 《苦行·破門などの》免除, 解除. [ABSOLVE]

ab·so·lut·ism /ǽbsəlùːtɪz(ə)m/ *n* 〘政〙 絶対主義; 専制政治 (despotism); 〘哲〙 絶対論; 〘神学〙 絶対説, 《特に》予定説 (predestination); 絶対性, 確実性. ♦ **-ist** *n, a* **àb·so·lu·tís·tic** *a*

ab·so·lu·tive /æbsəlúːtɪv/ *n, a* 〘言〙 絶対格(の) 《自動詞主語と他動詞の目的語が共通の格形態についていう》.

ab·so·lut·ize /ǽbsəlùːtàɪz/ *vt* 絶対化する.

ab·sol·u·to·ry /æbsɑ́ljətɔ̀ːri; -t(ə)ri/ *a* 放免[赦免]の.

ab·solve /əbzɑ́lv, -sɑ́lv, -zɔ́(ː)lv, -sɔ́(ː)lv/ *vt* **1** ‹義務·債務·責任などから›解放する, 免除[放免]する ‹*of, from*›; …に無罪を申し渡す, 責任[とがめ]なしと述べる: ～sb *of* responsibility [blame]. **2** 《赦罪 (absolution) により》‹人(の罪)を›赦す, 赦免する: ～ (sb *of*) a sin (人の)罪を赦す, (人に)罪障消滅を申し渡す. ♦ **ab·sólv·er** *n* [L (AB-¹, SOLVE)]

ab·so·nant /ǽbsənənt/ *a* 《古》 調和しない ‹*from, to*›.

ab·sorb /əbsɔ́ːrb, -zɔ́ːrb/ *vt* 吸収する, 吸い取る, 吸い上げる, 吸い

込む 〈*into*〉; 〈衝撃・音などを〉吸収する, 緩和する, 消す; 〈小国・都市・企業などを〉吸収する, 併合する 〈*into, by*〉; 〈市場が〉〈商品などを〉消化する, 引き受ける; 〈移民を〉同化する; 〈思想・教養を〉身につける; 〈意味を〉理解する; 〈注意などを〉奪う, 〈人を〉夢中にする; 〈攻撃・困難〉に耐える; 〈収入・体力などを〉使いはたす, 消耗する; 〈時間を〉奪う; 〈費用を〉負担する; 〔生〕《血中に》吸収する, 取り込む: ～ a little culture 教養をつける, 少々勉強する / ～ one*self in* a book 本に熱中する.
♦ **～·able** *a* 吸収される[されやすい]. **～·abílity** *n* 吸収性. ［F or L (*sorpt- sorbeo* to suck in)］

absórb·ance, -cy *n* 〔理〕吸収度, 吸光度.

absórb·ant *a, n* ABSORBENT.

ab·sórbed *a* 心を奪われて: be ～ *in* (playing) a video game テレビゲーム(をするの)に夢中になっている / with ～ interest 夢中になって.
♦ **ab·sórb·ed·ly** /-ədli/ *adv* 夢中で, 熱中して, 一心に.

absórbed dóse 〔核物〕《被照射物体の》吸収線量.

ab·sor·be·fa·cient /əbsɔ̀ːrbəféɪʃ(ə)nt, -zɔ̀ːr-/ *a* 吸収(促進)性の. ► *n* 吸収(促進)剤.

absórb·ency *n* 吸収性; 〔理〕吸光度 (absorbance).

absórb·ent *a* 吸収性の. ► *n* 吸収性のあるもの, 吸湿[吸光, 吸熱]物質, 吸収材, 吸収剤[薬], 吸湿剤; 〔解・植〕導管, 脈管.

absórbent cótton* 脱脂綿 (cotton wool[ǁ]).

absórbent páper 《液体一般の》吸取り紙.

absórb·er *n* 吸収するもの[人]; 〔理・化〕吸収装置, 吸収器[体]; 〔機〕吸収[緩衝]装置, ダンパー (shock absorber).

absórb·ing *a* 吸収する; 夢中にさせる, 興味深い. ♦ **～·ly** *adv* 吸収するように, 夢中にさせて; 非常に, きわめて.

ab·sorp·tance /əbsɔ́ːrptəns, -zɔ́ːrp-/ *n* 〔理〕吸収率.

ab·sorp·ti·om·e·ter /əbsɔ̀ːrpʃiámətər, -zɔ̀ːrp-/ *n* 〔光〕吸光光度計; 〔ガス〕吸収率測定装置 《ガス圧減少を測って吸収率を知る》.

ab·sòrp·ti·óm·e·try *n* 吸収光度(定量)法 《吸光光度計を使って生体組織などの吸収線量を測定すること; cf. DUAL ENERGY X-RAY ABSORPTIOMETRY》.

ab·sorp·tion /əbsɔ́ːrpʃ(ə)n, -zɔ́ːrp-/ *n* 吸収, 吸収作用; 併合, 同化 〈*into, by*〉; 夢中, 熱中 〈*in* work, sport〉; 〔生理〕《養分・酸素の血中への》吸収; 〔生〕《根毛による養分の》吸収. ♦ **～·al** *a* ［L; ⇨ ABSORB］

absórption bànd 〔理〕《吸収スペクトルの》吸収帯.

absórption coeffìcient 〔理〕吸収係数; ABSORPTIVITY; 《人体の特定物質の》吸収速度.

absórption còsting 〔会計〕《固定費・変動費のすべてを製品原価に計上する》全部(製造)原価計算.

absórption fàctor 〔理〕《結晶構造解析で》吸収因子; ABSORPTIVITY.

absórption hygròmeter 吸収湿度計.

absórption lìne 〔光〕《吸収スペクトルの》吸収線 (cf. EMISSION LINE).

absórption spèctrum 〔光〕吸収スペクトル (cf. EMISSION SPECTRUM).

ab·sórp·tive /əbsɔ́ːrptɪv, -zɔ́ːrp-/ *a* 吸収する, 吸収力のある, 吸収性の. ♦ **～·ness** *n*

ab·sorp·tiv·i·ty /əbsɔ̀ːrptívəti, -zɔ̀ːrp-/ *n* 吸収性; 〔理〕吸収率; 〔化〕《溶液の》吸光率.

ab·squat·u·late /æbskwáʧəlèɪt/ *vi* 《俗》/[*joc*] (急いで)出立する, 逃亡する, ずらかる, あとをくらます. ♦ **ab·squàt·u·lá·tion** *n*

abs. re. 〔法〕°absente reo.

ab·stain /əbstéɪn, æb-/ *vi* 慎む, (差し)控える, 絶つ, やめる 〈*from*〉; 飲酒を控える, 禁酒する; 《正式に》棄権する: ～ *from* alcohol [smoking, sex] 禁酒[禁煙, 禁欲]する / ～ *from* voting 棄権する.
♦ **～·er** *n* 節制家, 《特に》禁酒家: a total ～*er* 絶対禁酒家. ［OF＜L *abs-*(*tent- teneo* to hold)］

ab·ste·mi·ous /æbstíːmiəs, əb-/ *a* 節制する, 《特に》飲食に控えめな, 禁欲的な; 質素な〈食事〉: an ～ use of cigarettes 節煙.
♦ **～·ly** *adv* **～·ness** *n* ［L (*abs-* off, *temetum* strong drink)］

ab·sten·tion /æbsténʃ(ə)n, əb-/ *n* 慎み, 差し控え; 禁酒; 《権利行使の》回避, 《特に》棄権, 《政治への》不参加, 《国際問題への》不干渉, *《連邦裁判所の》裁判権行使回避: ～ *from* drink [voting] 禁酒[棄権]. ♦ **～·ism** *n* **～·ist** *n, a* **-tious** /-ʃəs/ *a* ［F or L; ⇨ ABSTAIN］

ab·sterge /æbstə́ːrʤ, əb-/ *vt* 〔医〕…に下剤をかける; 洗浄する, ふき取る.

ab·ster·gent /æbstə́ːrʤ(ə)nt, əb-/ *a* 清める. ► *n* 洗浄剤, 洗剤; 下剤.

ab·ster·sion /æbstə́ːrʒ(ə)n, əb-/ *n* 洗浄; 拭清; 瀉下(しゃか), 下剤使用.

ab·ster·sive /æbstə́ːrsɪv, əb-/ *a* ABSTERGENT.

ab·sti·nence /ǽbstənəns/ *n* 節制, 禁欲 〈*from*〉; 禁酒; 〔カト〕小斎(しょうさい); 《薬物の》禁断; 〔経〕制欲, 節欲. ♦ **áb·sti·nen·cy** *n*

ábstinence thèory 〔経〕制欲[節欲]説 《利子は経済的節欲に対する報酬であるとする考え》.

áb·sti·nent *a* 節制を守る, 禁欲的な. ♦ **～·ly** *adv* ［OF＜L; ⇨ ABSTAIN］

abstr. abstract ♦ abstracted.

ab·stract /æbstrǽkt, ˊˋ; ˊˋ/ *a* **1** 抽象的な (opp. *concrete*); 〔美〕抽象主義[派]の (opp. *representational*). **2** 〈学問が〉理論的な, 純粋な (opp. *applied*); 観念的な (opp. *practical*); 空理の; 深遠な, 難解な. **3** 超然とした, 感情をまじえない; 《古》ぼんやりした, 放心状態の (absent). ► *n* /ˊˋ/ **1** 抽象物; 抽象観念; 〔論〕抽象名辞; 〔文法〕抽象名詞; 〔美〕抽象主義の作品, 抽象画[デザイン]: the ～ versus the concrete 抽象性対具体性. **2** 要約, 概要, 摘要; 精髄, 粋: ABSTRACT OF TITLE / make an ～ of a book 書物の要約をつくる.
● **in the ～** 理論的な[に], 抽象的な[に]: She has no idea of poverty but *in the* ～. 観念的にしか貧乏を知らない. ► *vt* /ˋˊ/ 引き離す, 取り出す; 〔化〕抽出する; [*euph*] 抜き取る, 盗む; 〈人〉の注意[関心]をそらす; 〈性質・属性を〉抽象する, 抽象によって〈一般概念を〉構成する; /ˊˋ/ 要約する (summarize): ～ a purse *from* the pocket / ～ somewhat *from* his credit いささか彼の信用を落とす.
● **～ oneself** 引きこもる (withdraw). ► *vi* 抽象する.
♦ **～·ly** *adv* 抽象的に, 観念的に, 理論的に. **～·ness** *n* 抽象性.
-stráct·able *a* **-strác·tor, -stráct·er** *n* ［OF or L *abs-*(TRACT)］

ábstract álgebra 〔数〕抽象代数学.

ábstract árt 抽象美術.

abstráct·ed /, ˊˋˋ/ *a* 抽象した; 抽出した; 物思いにふけった, ぼんやりした: with an ～ air 物思いにふけったように, ぼんやりと.
♦ **～·ly** *adv* 抽象的に; ぼんやりと. **～·ness** *n* 物思い, ぼんやり, 放心状態.

ábstract expréssionism 〔美〕抽象表現主義 《Jackson Pollock, Mark Rothko などによって代表される; もと Kandinski に対して用いられた》. ♦ **-ist** *n, a*

ab·strac·tion /æbstrǽkʃ(ə)n/ *n* 抽象(作用), 捨象; 抽象概念[名辞]; 〔化〕抽出; 要約, 抄録; 不法取得, 窃取, 抜き取り; 放心; 〔美〕抽象主義の作品[構図], アブストラクト; 抽象主義: with an air of ～ 呆然と, うわのそらで / ～ of water 〔法〕《川などからの》取水.
♦ **～·al** *a*

abstráction·ìsm *n* 抽象主義.

abstráction·ist *n* 〔美〕抽象主義画家[作家]; 観念論者, 空想家 (idealist). ► *a* 〔美〕抽象主義的な.

ab·strac·tive /æbstrǽktɪv/ *a* 抽象力のある; 抽象に関する; 抽象によって得られた; 要約[抄録]の, 要約的な. ♦ **～·ly** *adv*

ábstract nóun 〔文法〕抽象名詞.

ábstract númber ABSOLUTE NUMBER.

ábstract of títle 〔法〕権原要約書 《特定不動産の譲渡, 土地に対する負担等その権原にかかわる歴史を要約した書類》.

ab·strict /æbstríkt/ 〔植〕*vi* 〈担胞子体に〉緊扼(きんやく)が起こる 《隔膜を生じそこで分離する》. ► *vt* 緊扼によって〈芽胞を〉分裂形成する.

ab·stric·tion /æbstríkʃ(ə)n/ *n* 〔植〕《担胞子体の》緊扼(きんやく).

ab·struse /əbstrúːs, æb-/ *a* [°*joc*] 難解な, 深遠な〈思想など〉.
♦ **～·ly** *adv* **～·ness** *n* ［F or L *abs-*(*trus- trudo* to push)＝to conceal］

ab·stru·si·ty /əbstrúːsəti, æb-/ *n* 難解さ; 難解なもの[点, 事柄].

ab·surd /əbsə́ːrd, -zə́ːrd, æb-/ *a* 不合理な, 非常識な; 自家撞着に陥った; 滑稽な, ばかばかしい, 途方もない; 〔劇・文芸〕不条理(主義)の. ► *n* [ᵘthe] ばかばかしさ, 不条理なもの, 《不条理劇[文学]の扱う》世の不条理. ♦ **～·ly** *adv* ⁺信じられないくらい, 桁はずれに〈安いなど〉. **～·ness** *n* ［F or L＝out of tune; ⇨ SURD］

absúrd·ìsm *n* 《演劇などの》不条理主義. ♦ **-ist** *n, a*

ab·surd·i·ty /əbsə́ːrdəti, -zə́ːr-, æb-/ *n* 不合理さ, 非常識さ, ばかばかしさ; 不条理, 自家撞着; ばかげたこと[もの, ことば, 行為].

absúrd théater [the] THEATER OF THE ABSURD.

abt about.

ABTA /ǽbtə/ Association of British Travel Agents.

Ábt sỳstem /áːp(t)-, ǽpt-/ 〔鉄道〕アプト式鉄道 《歯車付きのレールを用いる山岳用鉄道》. ［Roman *Abt* (1850–1933) スイスの鉄道技師で考案者］

Abū al-Qā·sim /əbùlkáːsəm/ ABUL KASIM.

Ab·u·ba·cer /æbjʊbéɪsər/ アブバケル 《IBN ṬUFAYL のラテン語名》.

Abū Bakr /əbúː bǽkər/, **Abu Bekr** /-békər/ アブー・バクル (c. 573–634) 《初代のカリフ; Muhammad の義父》.

abúb·ble /ə-/ *pred a* 泡立って; 沸きかえって, 動揺[興奮]して. [*a-*[1]]

Abu Dha·bi /áːbu dáːbi, ǁǽbu-/ アブダビ 《**1**) アラブ首長国連邦を構成する 7 首長国の一つ; 大油田をかかえる **2**) 同国および同連邦の首都》.

abuíld·ing /ə-/ *pred a* 建築[建設, 建造]中で. [*a-*[1]]

Abu·ja /aːbúːʤaː/ アブジャ 《ナイジェリア中部の市・首都; 1991 年 Lagos より首都を移転》.

Abukir ⇨ ABU QIR.

abu·lia, abou- /əb(j)úːliə, eɪ-/ *n* 〔精神医〕《精神病・神経症にみられる》無為, 無意志. ♦ **-lic** *a* ［Gk (*a-*[2], -BULIA)］

Abul Ka·sim /əbúl káːsəm/ アブルカシム (L **Al·bu·ca·sis** /ælbjʊkéɪsəs/) (c. 936–1013) 《アラブの外科医; 外科手術に関する著作を残す》.

A

Abu·me·ron /əbùːmərán/ アブメロン《IBN ZUHR のラテン語名》.
abun·dance /əbʌ́ndəns/ *n* 豊富, 多数, 多量, おびただしさ;〔生態〕数度;〔理〕存在度[量]; 富裕, 裕福;〔トランプ〕アバンダンス《solo で, 9 組取るというコール》: a year of ～ 豊年 / (an) ～ of examples 豊富な例 / ～ of the heart あふれ出る感情 / in ～ 豊富に, あり余るほど; 裕福に〈暮らす〉.
abún·dant *a* 豊富な, あり余るほどの; 恵まれた, 豊かな;〈鉱物・資源などに富んだ, 満ちあふれる〈*in, with*〉: an ～ harvest 豊作. ♦ **～·ly** *adv* 豊富に, たくさん; 十二分に, きわめて: ～*ly* clear きわめて明白な. [OF＜L; ⇨ ABOUND]
abúndant númber〔数〕《整数論で》過剰数, 豊数.
abúndant yéar PERFECT YEAR.
ab uno dis·ce om·nes /ɑːb úːnoʊ dìskɛ ɔ́ːmnèɪs/ 一つ(の罪)からすべて(の人)を学べ, 一から十を知れ. [L＝from one learn all]
Abu Qir, Abukir, Aboukir /ɑ́ːbu kíər, æ̀b-/ **1** アブキール《エジプト北部 Alexandria と Nile 川河口の Rosetta の間にある湾; 1798 年 Nelson の率いる英国艦隊がフランス軍を破ったところ (Battle of the Nile)》. **2** アブキール《Alexandria の北東, アブキール湾岸の村; ⇨ CANOPUS》.
ab ur·be con·di·ta /ɑːb úrbɛ kɔ́ːndətàː/ 都の建設以来, ローマ建設紀元〈…年〉《元年は 753 B.C.; 略 AUC》. [L＝from the founding of the city]
abus·age /əbjúːsɪʤ; -zɪʤ/ *n*《文法・慣用に合わない》(ことばの)誤用; ABUSE. [*ab*-[1]]
abuse *vt* /əbjúːz/ **1**〈権力・地位などを〉濫用[悪用]する,〈好意〉につけ込む,〈ことばを〉誤用する;〈薬物などを〉濫用する. **2** 虐待する, 酷使する; 性的に虐待する; ののしる, 罵倒する. **3**《廃》だます (deceive). ● **～ oneself** 自瀆する (masturbate). ► *n* /əbjúːs/ **1** 濫用, 悪用, 誤用;《薬物・酒などの》不正使用, 過剰摂取, 濫用; 悪弊, 悪習: an ～ *of* power [privilege] 権力[特権]の濫用 / an ～ of language ことばの誤用 / election ～*s* 選挙にまつわる悪習《買収など》/ alcohol [drug] ～. **2** 虐待, 酷使; 性的虐待, 陵辱; 悪口, 悪態, 暴言, 毒舌: personal ～ 人身攻撃 / sexual ～ 性的虐待 / a term of ～《a son of a bitch のような》ののしり語 / shout [scream, hurl] ～ ののしる. **3**《廃》惑わし, 虚報. ♦ **abús·able** /-zə-/ *a* **abús·er** /-zər/ *n* [OF＜L (*ab*-[1], USE)]
Abu Sim·bel /ɑ́ːbùː símbəl/, **Ip·sam·bul** /ìpsəmbúːl/ アブシンベル, イプサンブル《エジプト南部の Nile 川左岸の地域; Aswan High Dam 建設による同地域の水没に備えて, ここの 2 石造寺院を高い場所に移した》.
abu·sive /əbjúːsɪv, -zɪv/ *a*〈人が〉口ぎたない; 罵倒的な; 腐敗した, 不正な〈風習〉; 酷使する, 虐待的な〈行為〉: ～ language 悪態 / an ～ letter 罵倒の手紙. ♦ **～·ly** *adv* **～·ness** *n*
abús·tle /ə-/ *adv, pred a* ざわついて〈*with*〉.
ab·usus non tol·lit usum /ɑ́ːbùːsəs nóun tóːlət úːsəm/ 濫用は使用をやめさせない, 濫用は使用権を奪わない. [L＝abuse does not take away use]
abut /əbʌ́t/ *v* (**-tt-**) *vi*〈国・地所などが〉境を接する, 隣接する〈*on* a place〉;〈建物の一部が〉接触する, 沿う〈*against* the building, *on* the river〉;〈物に〉寄り掛かる, 当接する〈*against, on* sth〉. ► *vt* …と境を接する;〈棒などを〉寄り掛からせる, 当接する;〔建〕迫持受 (abutment) で支える. [OF, L; *a*-[3], *butt*[2] と *butt*[4] の混成]
abu·ti·lon /əbjúːt(ə)làn; -lən/ *n*〔植〕アブチロン属[イチビ属] (*A*-) の各種の植物《アオイ科》.
abút·ment *n* 隣接(するもの[点]);〔建〕迫台(せりだい), 迫持受(せりもちうけ), 迫持台, 橋台, アバットメント, あご;〔建〕《石の》合口(あいくち);《支えるものと支えられるものとの》接合部[点].
abut·tal /əbʌ́tl/ *n* 隣接 (abutment); [*pl*]〔法〕《隣接地との》境界.
abút·ter *n* 隣接するもの;〔法〕隣接地[隣接財産]所有者.
abút·ting *a* 隣接する;〔建〕迫持受の役を果たす.
abúzz /ə-/ *adv, pred a* ブンブン[ガヤガヤ]いって, 騒がしく〈*with*〉; 活気に満ちて, 盛んに活動して. [*a*-[1]]
ABV alcohol by volume アルコール度数.
áb·vòlt /ǽb-/ *n*〔電〕絶対[アブ]ボルト《起電力の cgs 電磁単位: ＝10^{-8} volt; 記号 aV》.
áb·wàtt /ǽb-/ *n*〔電〕絶対[アブ]ワット《電力の cgs 単位: ＝10^{-7} watt; 記号 aW》.
Ab·wehr /*G* ápveːr/ *n*《第二次大戦中のドイツ国防軍最高司令部 (OKW) の》外国諜報局, 防諜局.
aby, abye /əbáɪ/《古》*vt* (**abought** /əbɔ́ːt/)〈罪を〉あがなう;〈苦しみを〉耐え忍ぶ. [OE *ābycgan*; ⇨ BUY]
Aby·dos /əbáɪdəs/ アビドス《(1) Hellespont 海峡に面した, Sestos と反対岸の小アジアの古代都市 2) エジプト南部, Nile 川左岸 Thebes の南の古代都市》.
Abyla ⇨ ABILA.
abysm /əbíz(ə)m/ *n*《古・詩》ABYSS. [OF *abi(s)me*＜L *abysmus*; 語形は L *abyssus* ABYSS に同化]
abys·mal /əbízm(ə)l, æ-/ *a* 底知れぬ, 奈落の(ような); 底なしの〈無知〉; 実にひどい, 最低の; 深海の (abyssal): his ～ taste ひどい悪趣味. ♦ **～·ly** *adv*
abyss /əbís/ *n* 深い淵, 底知れぬ深み[割れ目];《心の》奥底, 深淵; 巨大な懸隔[格差]〈*between*〉; 奈落, 地獄; [the]《懸念される》破局;《天地創造以前の》混沌 (chaos);〔海洋〕深海: an ～ of hopelessness 絶望のどん底 / the ～ of time 永遠. [L＜Gk *a*-[2](*bussos* depth)＝bottomless]
Abyss. Abyssinia(n).
abýss·al *a* 深海(性)の, 深海底の〈水・泥・生物〉;〔地質〕深成の; 測り知れない, 底知れぬ.
abýssal·bénthic *a* 深海底の.
abýssal pláin〔地質〕深海平原.
abýssal róck〔地質〕深成岩 (plutonic rock).
abýssal zóne [the]〔生態〕《底生区の》深海底帯, 深海層.
Ab·ys·sin·ia /æ̀bəsíniə/ アビシニア《ETHIOPIA の旧称》.
Àb·ys·sín·i·an *a* アビシニアの. ► *n* **1** アビシニア人[語]. **2**〔猫〕アビシニアン (＝**～ cát**)《アフリカ原産のほっそりとした小型のネコ; 被毛は短く褐色をしているが, 暗い色の縞模様がある》.
Abyssínian banána〔植〕アビシニアンバナナ, エンセーテ《バナナに似たエチオピア産のバショウ科の植物; 偽茎(葉柄が巻き重なって茎のようになった部分), 根茎, 種子に含まれる澱粉を食用にする》.
Abyssínian góld TALMI GOLD.
abys·so·pelágic /əbìsə-/ *a*〔生態〕深海水層の《漂泳区の区分で, 水深 3000 [4000]–6000 m [海洋最深部]の層》.
ac- ⇨ AD-.
-ac /æ̀k, ək/ *a suf, n suf*「…のような」「…に関する」「…に取りつかれた」「…病[症]患者」(cf. -ACAL): demoni*ac*, elegi*ac*; cardi*ac*, ili*ac*; mani*ac*. [F *-ague* or L *-acus* or Gk *-akos*]
ac〔インターネット〕academic《DOMAIN 名の一つ; 学術研究機関を表わす》. **ac.** acre. **a.c.**〔電〕°alternating current ♦〔処方〕[L *ante cibum*] before meals ♦ author's correction(s). **a/c**〔簿〕account ♦〔簿〕°account current. **aC**〔電〕abcoulomb. **Ac**〔化〕actinium ♦〔気〕altocumulus. **AC** °Air Corps ♦〔英〕aircraftman ♦〔電〕°alternating current ♦ ante-Christum ♦ °appellation contrôlée ♦〔電話〕°area code ♦ °Army Corps ♦ athletic club ♦ °Atlantic Charter ♦ Aviation Cadet ♦ Companion of the Order of Australia. **AC, a/c, A/C** air-conditioning.
A/C〔簿〕°account current.
aca·cia /əkéɪʃə/ *n* **1**〔植〕**a** アカシア属 (*A*-) の各種の木(の花). **b** ハリエンジュ, ニセアカシア (locust) (＝false ～). **c** *《南部》ネムノキ (albizzia). **2** アラビアゴム (gum arabic) (＝**～ gúm**). [L＜Gk＝thorny tree]
acad. academic ♦ academy.
ac·a·deme /ǽkədìːm, ⌐−⌐/ *n* 学究的な世界, 学究生活; 学者,《特に》学者ぶる人; [A-] アカデメイア《アテナイ郊外にあった Plato の学園》;《詩》学園, 大学; GROVES OF ACADEME. [Gk; ⇨ ACADEMY]
aca·de·mese /əkæ̀dəmíːz/ *n* 学者ぶった文体, アカデミック風(の文体).
ac·a·de·mia /æ̀kədíːmiə/ *n* 学究的な世界[生活, 興味] (academe).
ac·a·dem·ic /æ̀kədémɪk/ *a* **1** 学究的な, 学問的な; 純理論的な, 抽象的な〈問題など〉; 非実用的な, 机上の;〔芸〕伝統を重んじる, 堅苦しい; 学芸教育の,《技術[職業]教育に対して》一般教養教育の; 学業成績(上)の; 正規教育による;〈人が〉勉強ができる: ～ interests 学究的関心 / ～ distinction 学問[成績]の優秀なこと / a matter of ～ concern [interest] (単なる)学問上の関心事. **2** 学園の, 学校の, 大学の, 学士院[芸術院]の[に属する]; [A-]〔哲〕アカデメイア学派の, プラトン学派の, 懐疑論の: an ～ curriculum 大学課程 / an ～ degree 学位 / an ～ education 大学教育. ► *n* 大学生, 大学教師, 大学人; 学究(的な人), 学者; [*pl*] 学科, 学問; [A-] プラトン学徒.
àc·a·dém·i·cal *a* ACADEMIC. ► *n* [*pl*]《大学の》式服式帽. ♦ **～·ly** *adv*
acadèmic árt《伝統にとらわれ独創性に欠ける》アカデミー芸術.
acadèmic dréss [cóstume]《大学の》式服式帽 (academicals).
acadèmic fréedom 学問[研究]の自由;《学校における》教育の自由.
acad·e·mi·cian /əkæ̀dəmíʃ(ə)n, æ̀kədə-/ *n* アカデミー[学士院, 美術院]会員; 学問[芸術]的伝統の擁護者; 守旧派の芸術家[作家]; 大学人; 学究肌の人, 学者.
ac·a·dem·i·cism /æ̀kədéməsìz(ə)m/, **acad·emism** /əkǽdəmìz(ə)m/ *n* [[s]A-] アカデメイア学派の教義; 懐疑論; 学究的な傾向, 伝統尊重, 形式主義; 純理論的な思想, アカデミ(シ)ズム.
acadèmic yéar 学年(度) (＝*school year*)《英米では 9–6 月が普通》.
Académie française ⇨ FRENCH ACADEMY.
acad·e·my /əkǽdəmi/ *n* **1 a**《学術・文芸・美術の》協会, 学会, 学士院, 芸術院, 美術院, アカデミー; [the A-] 王立美術院 (ROYAL ACADEMY OF ARTS), 王立美術院展, 院展; [the A-] [[B]]BRITISH ACADEMY. **b**《学問・芸術などの》権威者集団;《しばしば柔軟性を欠く》規範的定説. **2**《小学校より上級の》学園, 学院; *(私立)ハイスクール;《主にスコ》中等学校;《大学・高校程度の》特殊[専門]学校; [the] 高等教育: an ～ of medicine [music] 医[音楽]学校 / MIL-

ITARY [NAVAL] ACADEMY. **3** [the A-] ACADEME; [the A-]〔哲〕アカデメイア学派 (cf. LYCEUM). [F or L<Gk; Plato が英雄 *Akadēmos* にちなんで彼の gymnasium に命名したもの]

Acádemy Awárd アカデミー賞《米国の映画芸術科学アカデミー (Academy of Motion Picture Arts and Sciences) が毎年与える映画賞; 1927 年創設; cf. OSCAR》.

acádemy bòard 厚紙カンバス《油絵用》.

acádemy fìgure〔美〕半等身大裸体画.

Acádemy of Vénice ■ the **Gálleries of the Acádemy of Vénice** ヴェネツィア・アカデミア美術館《Venice にある美術館; 14–18 世紀のヴェネツィア派の作品を中心とするイタリア有数のコレクションを誇る》.

Aca·dia /əkéɪdiə/ アカディア (F **Aca·die** /F akadi/)《カナダ南東部の旧フランス植民地; Nova Scotia 州全部と New Brunswick 州の一部》.

Acá·di·an *n* アカディア人《(特にフランス系の) Acadia の住民; Acadia を追われ Louisiana へ移ったフランス系の住民, その子孫; cf. CAJUN》;《フランス語の》アカディア方言. ► *a* ACADIA の; Acadian の;〔地質〕アカディア造山運動の.

Acádia Nátional Párk アケーディア国立公園《米国 Maine 州の海岸区域; Mount Desert 島と海峡を隔てた本土の岬を中心とする》.

Acádian chíckadee〔鳥〕カナダコガラ《北米大西洋岸産》.

Acádian flýcatcher〔鳥〕メジロタイランチョウ《北米東部産》.

Acádian ówl〔鳥〕ヒメキンメフクロウ (saw-whet owl).

acai, açai /ɑ:sɑ:í:, -saɪ́:/ *n*〔植〕キャベツヤシ[アサイヤシ]の小さな果実《暗紫色で清涼飲料にする; 熱帯アメリカ産》.

ac·a·jou /ǽkəʒù:/ *n* CASHEW; MAHOGANY.

-a·cal /ək(ə)l/ *a suf* -AC. ★ しばしば -AC の名詞用法と区別するために用いる: demoni*acal*, demoni*ac*.

acal·cu·lia /èɪkælkjú:liə, ə-/ *n*〔医〕計算不能(症), 失算(症), 計算障害. [*a*-^{2}]

ac·a·leph(e) /ǽkəlɛ̀f/ *n*〔動〕ハチクラゲ類の腔腸動物.

AC and U Association of Colleges and Universities.

acanth- /əkǽnθ/, **acan·tho-** /əkǽnθoʊ, -θə/ *comb form*〔動・植〕「棘状突起」「とげ(のような)」 [Gk]

ac·an·tha·ceous /ækənθéɪʃəs/ *a*〔植〕キツネノマゴ科 (Acanthaceae) の; とげのある[多い].

acànth·amóeba *n*〔動〕アカントアメーバ《*A*~ 属のアメーバ; 土壌や淡水中に普通にすみ, ヒトの角膜炎などの日和見病原体となるものを含む》.

ac·an·thas·ter /ækənθǽstər/ *n*〔動〕オニヒトデ《サンゴ礁やカキ類の害敵》.

acanthi *n* ACANTHUS の複数形.

acan·thine /əkǽnθən, -θaɪn/ *a* アカンサス(の葉)の(ような); アカンサス葉飾りのある.

acan·tho·ceph·a·lan /əkænθəsɛ́fələn/〔動〕*a* 鉤頭(こうとう)虫類の. ► *n* 鉤頭虫《脊椎動物の腸に寄生する》.

acan·tho·ceph·a·lid /əkænθəsɛ́fələd/ *n* ACANTHOCEPHALAN.

ac·an·tho·di·an /ækənθóʊdiən/ *a, n*〔動〕棘鮫(きょくこう)綱[アカンソージース綱] (Acanthodii) の各種の魚(の化石)(の)《古生代シルル紀からペルム紀にかけての地層から出土》. [L *acanthodes*<Gk=thorny]

acan·thoid /əkǽnθɔ̀ɪd/ *a* とげ状の, とげのある (spiny, spinous).

ac·an·tho·ma /ækənθóʊmə/ *n* (*pl* ~**s, -ma·ta** /-tə/)〔医〕棘細胞腫《表皮細胞または扁平上皮細胞からなる》.

ac·an·thop·te·ryg·i·an /ækənθɑ̀ptəríʤiən/ *a, n*〔魚〕棘鰭(きょくき)類の(魚)《キンメダイ類その他を含む》.

acan·thous /əkǽnθəs/ *a* とげ状の (spinous).

acan·thus /əkǽnθəs/ *n* (*pl* ~·**es, -thi** /-θaɪ/)〔植〕アカンサス属[ハアザミ属] (*A*-) の各種の多年草[小低木];〔建〕《コリント式円柱頭などの》アカンサス葉飾り. [L<Gk=thorn]

a cap·pel·la, a ca·pel·la /ɑ: kəpɛ́lə/ *adv, a*〔楽〕〈合唱が〉無伴奏で[の], ア・カペラで[の]. [It=in chapel style]

a ca·pric·cio /ɑ: kəprí:ʧoʊ/ *adv*〔楽〕(テンポ・形式・発想は)演奏者の随意に, ア・カプリッチョで. [It=capriciously]

acáp·su·lar /eɪ-/ *a*〔植〕蒴果(さくか)のない. [*a*-^{2}]

Aca·pul·co /ɑ:kəpú:lkoʊ, æk-/ **1** アカプルコ(・デ・フアレス) (=~ **de Juá·res** /—— də wá:rəs/)《メキシコ南西部の太平洋岸の港湾都市・避寒地》. **2***《俗》ACAPULCO GOLD.

Acapúlco góld《俗》アカプルコゴールド《Acapulco 周辺産の金色をした極上大麻》.

aca·ra /əká:rə/ *n*〔魚〕アカラ《中南米原産カワスズメ科ブルーアカラ属, シクラソマ属の小型淡水魚; 長い背びれ・しりびれをもち, 鑑賞魚にされる》. [Port <Tupi]

acár·dia /eɪ-, æ-/ *n*〔医〕《一卵性双生児などの》無心症《先天的心臓欠損》. [*a*-^{2}]

acari *n* ACARUS の複数形.

acar·i·an /əkέəriən/ *a*〔動〕ダニ目(もく)の; ダニの(ような), ダニによって起こる. ► *n* ダニ目の節足動物.

ac·a·ri·a·sis /ækəráɪəsəs/ *n*〔医・獣医〕ダニ(寄生)症.

acar·i·cide, -a·cide /əkǽrəsàɪd/ *n* 殺[防]ダニ剤 (miticide). ♦ **acàr·i·cíd·al** *a*

ac·a·rid /ǽkərəd/〔動〕*a* ACARIAN; コナダニ科 (Acaridae) の. ► *n* ACARIAN; コナダニ.

acar·i·dan /əkǽrəd(ə)n/〔動〕*a* ACARIAN,《特に》コナダニ科の. ► *n* ACARIAN,《特に》コナダニ.

ac·a·rine /ǽkəràɪn, -rì:n, -rən/ *a, n* ACARIAN.

Ac·ar·na·nia /ækərnéɪniə, -njə/ アカルナニア (ModGk **Akar·na·nía** /ɑ:kɑ:rnaní:ə/)《ギリシア西部の, イオニア海に面した地域》. ♦ **Àc·ar·ná·nian** *a, n*

ac·a·roid /ǽkərɔ̀ɪd/ *a* ダニ様の.

ácaroid résin [gúm] アカロイド樹脂.

ac·a·rol·o·gy /ækərálədʒi/ *n* ダニ学. ♦ **-gist** *n*

acar·pel·ous, -pel·lous /eɪká:rpələs, æ-/ *a*〔植〕心皮[雌蕊(ずい)葉] (carpel) のない, 無心皮性の. [*a*-^{2}]

acár·pous /eɪ-, æ-/ *a*〔植〕結果[結実]しない.

ac·a·rus /ǽkərəs/ *n* (*pl* **-ri** /-ràɪ/)〔動〕コナダニ (mite).

ACAS /éɪkæs/〔英〕Advisory, Conciliation and Arbitration Service 勧告調停仲裁委員会《労使紛争の調停に当たる独立組織; 1975 年設立》.

acat·a·lec·tic /eɪkætəlɛ́ktɪk, æ-/〔韻〕*a* 行末の詩脚が完全な, 完全韻脚の. ► *n* 完全句.

acàt·a·lép·tic /eɪ-, æ-/ *a*〔哲〕不可知論の. ► *n* 不可知論者.

acathisia ⇨ AKATHISIA.

acáu·dal /eɪ-, æ-/, **acáu·date** /eɪ-, æ-/ *a*〔動〕尾のない, 無尾の. [*a*-^{2}]

acau·lés·cent /èɪ-, æ̀-/, **acáu·line** /eɪ-, æ-/ *a*〔植〕無茎の[に見える]. ♦ **àcau·lés·cence** *n* 無茎.

acau·lous /eɪkɔ́:ləs, æ-/ *a* ACAULESCENT.

acáus·al /eɪ-/ *a* 因果的でない, 非因果的な. [*a*-^{2}]

acc.〔文法〕accusative.

Accad, Accadian ⇨ AKKAD, AKKADIAN.

ac·cede /æksí:d, ɪk-/ *vi* **1**〈申し出・要求などに〉同意を表する, 応じる (consent)〈*to* an offer〉. **2**〈任務に〉就く, 就任する〈*to* an office〉; 跡を継ぐ〈*to* an estate〉;〈王位につく, 即位[継承]する〈*to* the throne〉. **3**〈党に〉加入する〈*to*〉;〈条約に〉参加[加盟]する〈*to* a treaty〉;《古》APPROACH. ♦ **ac·céd·ence** *n* **ac·céd·er** *n* [L=to come near; ⇨ CEDE]

ac·ce·le·ran·do /ɑ:ʧɛ̀lərá:ndoʊ, ɪksɛ̀l-, æk-; -rǽn-/〔楽〕*adv, a* しだいに速く[速い], アッチェレランドで[の]《略 **accel.**》. ► *n* (*pl* ~**s, -di** /-di/) 速度漸増, アッチェレランド; アッチェレランドの奏音[楽節]. [It; ⇨ ACCELERATE]

ac·cel·er·ant /ɪksɛ́lərənt, æk-/ *n* 加速[促進]するもの;〔化〕反応促進剤, (正)触媒.

ac·cel·er·ate /ɪksɛ́lərèɪt, æk-/ *vt* 速める, 加速する (opp. *decelerate*);〈活動などを〉促進する;〈生産などを〉増進する; 早める, 繰り上げる;〔教育〕〈教科課程を〉短期で仕上げる;〈学生〉の進級を速める. ► *vi* 速度が加わる, 加速する; 増進する;〔教育〕教科課程を短期で仕上げる. ♦ **-àt·ed** *a* 加速された: ~*d* motion〔理〕加速運動. **ac·cél·er·àt·ing·ly** *adv* [L (*celero* to quicken)]

ac·cèl·er·á·tion *n* 加速; 促進;〔理〕加速度 (opp. *retardation*);《米・カナダ》《優秀な学生の》飛び級: POSITIVE [NEGATIVE] ACCELERATION.

acceleration clàuse 弁済期日繰上約款.

acceleration làne《高速道路の》加速車線.

acceleration of grávity〔理〕重力加速度 (=**accelerátion dúe to grávity, accelerátion of frée fáll**)《地球の引力による加速度: 約 9.8 m/sec^2; 記号 g》.

acceleration principle〔経〕加速度原理.

ac·cel·er·a·tive /ɪksɛ́lərèɪtɪv, æk-/ *a* 加速[促進]する, 加速的な, 促進的な.

ac·cél·er·à·tor *n* 加速する人[もの];〔機〕加速装置,《自動車の》加速ペダル, アクセル (=~ **pèdal**);〔理〕(粒子)加速器 (particle accelerator);〔電〕加速電極;〔解〕促進神経[筋肉, 分泌物];〔化〕促進剤[物質], (正)触媒; 促染剤; 硬化促進剤, 急結剤;〔写〕現像促進剤;《コンピューターの》アクセラレーター《高速化用ハードウェア》.

accélerator bòard [càrd]〔電算〕増速ボード, アクセラレーターボード《マザーボード上の CPU や FPU に代わって動作する高速の CPU や FPU を搭載した拡張ボード》.

accélerator glòbulin〔生化〕促進性グロブリン.

ac·cél·ero·gràm /ɪksɛ́lərə-, æk-/ *n*《加速度計による》加速度記録図.

ac·cél·ero·gràph /ɪksɛ́lərə-, æk-/ *n* 加速度計《地震震動などの加速度を記録する》.

ac·cel·er·om·e·ter /ɪksɛ̀lərámətər, æk-/ *n*〔空・理〕加速度計;〔機〕振動加速度計.

ac·cent *n* /ǽksɛ̀nt; -s(ə)nt/ **1 a**〔音〕アクセント, 強勢; アクセント記号《発音上の強勢を示す ´ `, フランス語で母音の特質を示す ´ ` ˆ など; 時間や角度の分秒を示す ′ ″; フィートやインチを示す ′ ″; 変数の別を示す ′ など》; アクセント記号のついた文字: ACUTE [GRAVE,

A

CIRCUMFLEX] ACCENT / PRIMARY [SECONDARY] ACCENT / STRESS [TONIC, PITCH] ACCENT. **b**〘韻〙強音 (ictus);〘楽〙強勢, 強勢[アクセント]記号 (> など). **2** 強調, 力説, 重視 ‹*on*›; 引き立たせるもの;〘美〙《色彩・明暗の対比による》強調, アクセント, 強調箇所;《個人・芸術作品などの》独特な特徴. **3 a** 地方[外国]なまり,《階級・職業などに》特徴的な発音様式: English with a northern [foreign] ~ 北部[外国]なまりの英語. **b** [*pl*]《文》口調, 語調; ことば, 言語;《古》UTTERANCE¹: in ~*s* of grief 悲しみの口調で / the tender ~*s* of love 優しい愛のことば. **4** [A-]〘商標〙アクセント《化学調味料》. ► *vt* /ǽksènt, ─́─; ─́─/ ‹語・音節›にアクセント(記号[符号])をつける[おく]; 強める, 引き立たせる, 目立たせる; [*fig*] 力説[強調]する. ♦ **~·less** *a* [F or L=song added to speech; Gk PROSODY のなぞり]

áccent·ed /, ─́─; ─́─/ *a*〘音〙アクセントのついた[ある]; なまりのある: an ~ syllable アクセントのある音節 / speak heavily ~ English 強いなまりのある英語を話す.

áccent màrk〘音・楽〙アクセント記号, 強勢記号.

ac·cen·tor /ækséntər, ─́──/ *n*〘鳥〙イワヒバリ,《特に》ヨーロッパカヤクグリ; 独唱者.

ac·cen·tu·al /æksénʧuəl, ɪk-/ *a* アクセントの(ある); 音の強弱をリズムの基礎とする‹詩›. ♦ **~·ly** *adv*

ac·cen·tu·ate /æksénʧuèɪt, ɪk-/ *vt* 強調する, 目立たせる (accent); 一段と強める, 倍加させる; ‹問題を›いっそう悪化させる; …にアクセント(記号)をつける.

ac·cèn·tu·á·tion *n* 音の抑揚法; アクセント(記号)のつけ方; 強調, 力説; 引き立たせること.

ac·cept /ɪksépt, æk-/ *vt* **1 a** ‹贈り物・招待・申し込みなどを›快く受け入れる[受け取る], 受諾[承諾]する (opp. *refuse*);〘議会〙‹委員会の答申を›受理する; ‹小切手など›による支払いを認める,〘商〙‹手形を›引き受ける (opp. *dishonor*),〘商〙‹売りまたは買いの申し込みを›承諾する;〘法〙《保留のつもりで》受諾する: ~ bribes 収賄する / Do you ~ Visa? ビザカードは使えますか. **b** ‹求婚者›に承諾を与える;《仲間として》受け入れる ‹*as, into*›, …に好感をいだく; ‹雄を›受け入れる. **c** ‹事態を›(しぶしぶ)受け入れる, 甘受する, 認める; ‹物が›…と適合性がある, 受けつける;〘医〙‹移植された臓器を›受け入れる. **2** ‹学説などを›認める; ‹弁明を›信用する, ‹言い分を›認める; ‹ことばを›解釈する, 了解する ‹*as*›: ~ the explanation *as* true [*as* a fact] 説明を本当[事実]だとして受け入れる / I don't ~ your apology [*that* jazz is black music]. 謝罪[ジャズが黒人音楽だということ]を認めない. **3** ‹任務などを›引き受ける, ‹責めを›負う: ~ full responsibility for…の責任を全面的に負う. ► *vi*《招待・提案などを》受諾する: ~ *of* a present 贈り物を受け取る. ● **~ persons**《古》えこひいきする. ♦ **~·ing·ly** *adv* **~·ing·ness** *n* [OF or L *ac-(cept- cipio=capio* to take)]

accépt·able *a* 受け入れられる, 受諾[受理, 容認, 同意]できる; 耐えられる, 許容できる‹損害›; 条件[基準]に合った; 満足な, 良好な; けっこうな, 喜ばれる ‹*to*›; まあまあの, そこそこの. ♦ **-ably** *adv* **~·ness** *n* **accèpt·abílity** *n*

accépt·ance *n* 受け入れる[られる]こと, 受容, 受納, 受諾, 受認, 是認, 容認, 受理, 受領 (opp. *refusal*); 好評 ‹*by* [*with*] people›; 仲間入り ‹*into*›;〘商〙《申し込みの》承諾;〘商〙《手形の》引受け;〘商〙引受手形 (cf. BANK ACCEPTANCE, TRADE ACCEPTANCE);〘法〙《損害を含めての》引受け, 受諾; [ᵖ*pl*]〘競馬〙レース出場を受諾された馬;《語句の》意味: find [gain, win] ~ 受け入れられる, 受容[是認]される, うける ‹*with, in*› / with ~ 受け入れられて, 好評で / ~ of defeat 敗北の受容. ● **~ of persons**《古》えこひいき.

accéptance hòuse〘商〙《London の》手形引受商社《為替手形の引受けを中心業務とする merchant bank; cf. ISSUING HOUSE》.

accéptance ràte〘商〙輸入手形決済相場, アクセプタンスレート.

accépt·ant *a* ‹…を›快く受諾する ‹*of*›. ► *n* 受け入れ人, 受諾者.

ac·cep·ta·tion /æ̀ksèptéɪʃ(ə)n/ *n* **1**《語句の》意味, 語義, 意義. **2** 容認, 承認 (acceptance); 好評, 賛同.

accépt·ed *a* 一般に是認[容認]された: the generally ~ idea 一般に認められている考え / an ~ meaning 通義. ♦ **~·ly** *adv*

accépted páiring〘広告〙容認対比(広告)《競争会社の製品の長所を認めつつ, 自社製品はそれを凌駕すると宣伝する; cf. COMPARATIVE ADVERTISING》.

ac·cep·tee /æ̀ksèptíː/ *n*《兵役などに》受け入れうる人, 適格者.

accépt·er *n* 受け入れる人[もの];〘商〙手形引受人.

accépting hòuse〘商〙ACCEPTANCE HOUSE.

ac·cep·tive /ækséptɪv/ *a* ACCEPTABLE; ‹新しい考えなどに›理解のある ‹*of*›.

ac·cép·tor *n* 受け入れる人[もの];〘商〙手形引受人;〘理・化〙受容体[器], 受体, アクセプター (opp. *donor*);〘電子工〙アクセプター (opp. *donor*);〘通信〙通波器《特定周波受信回路》.

ac·cess /ǽksès, *ɪksés/ *n* **1 a** 接近, 接触, 通行, 出入り, 参入, 立入り;《季節などの》到来; 接近[出入り, 参入, 入手, 利用]する方法[権利, 自由];《子供や囚人などへの》接見[面会]権;〘電算〙呼出し, アクセス, 接続; ACCESS TIME; [*attrib*]ᴵᴵ〘放送〙《自主制作を認める》局[番組]開放の (: ACCESS TELEVISION): a man of difficult [easy] ~ 近づきにくい[やすい]人 / easy [hard, difficult] of ~ 近づき[面会し]やすい[にくい], 利用しやすい[にくい] / gain [get, obtain] ~ *to*…に接近[出入り, 参入, 面会]する / give ~ *to*…に接近[出入り, 面会]を許す / have (easy [good]) ~ *to*…に(楽に)接近[出入り, 参入, 面会]できる, …を入手[利用]できる / have wheelchair ~ ‹施設などが›車椅子(使用者)でも利用できる / within easy ~ of…から楽に行ける所に / right of ~ to courts〘法〙裁判を受ける権利. **b** 進入路, 通路, 入口, 道筋, アクセス ‹*to*› (opp. *exit*). **c**〘法〙《夫婦間などの》性交 (cf. NONACCESS). **2**《感情の》激発,《病気の》発作: an ~ *of* anger [fever] かんしゃく[発熱]. **3**《財産などの》増加, 増大. ► *vt* …に到達[接触]する, 入手する;〘電算〙呼び出す, アクセスする. [OF or L; ⇨ ACCEDE]

accessary ⇨ ACCESSORY.

áccess bròadcastingᴵᴵ《局[番組]開放 (access) を利用した》自主[局外]制作放送.

áccess cóurse〘教育〙アクセスコース《成人・外国人などで高等教育を受けるのに通常必要とされる資格をもっていない人にその資格を与えることを目的とする教育課程》.

ac·ces·si·ble /ɪksésəb(ə)l, æk-/ *a* ‹場所・施設などが›到達[接近, 出入り, 利用]できる, (交通の)便がある, アクセス可能な; ‹価格など›手が届く; ‹情報など›入手[利用, 閲覧]可能な; ‹本・芸術など›理解しやすい, 分かりやすい; ‹人が›近づきやすい, つきあいやすい; 動かされる, 影響をうけやすい ‹*to*›: a wheelchair ~ bus 車椅子対応のバス / ~ *to* pity 情にもろい / ~ *to* reason 道理のわかる / ~ *to* bribery 賄賂のきく. ♦ **-bly** *adv* **~·ness** *n* **ac·cès·si·bíl·i·ty** *n*

ac·ces·sion /ɪkséʃ(ə)n, æk-/ *n* **1 a**《ある状態への》到達 ‹*to* manhood etc.›;《高い地位などへの》就任, 即位 ‹*to* the throne›. **b**《権利・財産などの》取得 ‹*to* an estate›. **2**《外部からの追加による》増大; 追加されたもの《特に 図書館の新規受入れ図書, 博物館の追加所蔵品など》;〘法〙財産価値の増加, 付合; 財産の増加価値に対する当該財産所有者の権利;〘労〙《従業員の》新規採用. **3** 応諾, 同意,〘国際法〙《他の国の間ですでに成立している》国際条約[協定など]の正式受諾;《党派・団体・国際協定などへの》参加, 加入, 加盟. **4**《感情の》激発,《病気の》発作 (access). ► *vt* ‹図書などを›受入れ台帳に記帳する. ♦ **~·al** *a* 追加の.

accéssion bòok《図書館・博物館などの図書・収蔵品などの》受入れ台帳, 図書原簿.

accéssion nùmber《図書館・博物館などの図書・所蔵品の》受入れ番号.

ac·ces·sit /æksésət/ *n*《英国その他のヨーロッパの学校で》努力賞, 残念賞. [L=he [she] has come near]

ac·ces·so·ri·al /æ̀ksəsɔ́ːriəl/ *a* 補助的な;〘法〙共犯の.

ac·cés·so·ri·ly *adv* 補助的に, 副次的に, 従属的に.

ac·ces·so·rize /ɪksésəràɪz, æk-/ *vt, vi* (…に)アクセサリー[付属品]を付ける ‹*with*›.

ac·ces·so·ry, -sa·ry /ɪksés(ə)ri, æk-/ *n* [ᵘ*pl*] 付属物, 付帯物,〘機〙補機, 付属品[装置], 装身具, アクセサリー;〘地質〙随伴[従属, 副成分]鉱物《偶有性の微量成分》;〘法〙《ある犯罪の》共犯(者), 幇助(ほうじょ)者 (opp. *principal*) ‹*to* a crime›: an ~ before the fact 事前共犯, 教唆犯《犯行に加わらないがそそのかした者》/ an ~ after the fact 事後共犯《犯人をかくまったりした者》. ► *a* 補助的な, 付属の, 副存の, 副の, 付帯的な;〘地質〙随伴する, 類質の;〘法〙共犯の ‹*to* a crime›. [L; ⇨ ACCEDE]

accéssory búd〘植〙副芽 (=*supernumerary bud*).

accéssory frùit〘植〙偽果, 副果 (=*false fruit, pseudocarp*).

accéssory nèrve〘解〙副神経.

accéssory shòe〘写〙SHOE.

áccess pèrmit* 立入許可証, (機密資料の)閲覧許可証.

áccess pròfile〘電算〙アクセスプロファイル《アクセスの種類(アクセス元など)ごとに利用権限を指定するもの》.

áccess prògram*《ローカル局の》自主番組;《局[番組]開放 (access) を利用した》自主[局外]制作番組.

áccess provìder〘インターネット〙アクセスプロバイダー, 接続業者.

áccess ròad《幹線道路などへの》出入用道路, 取付道路.

áccess tèlevisionᴵᴵ《局[番組]開放 (access) を利用した》自主[局外]制作テレビ(番組).

áccess tìme〘電算〙アクセスタイム《記憶装置との間でデータの読出しまたは書込みをするのに要する時間》;*〘テレビ〙《ローカル局の》自主番組放送時間(帯).

Accho ⇨ ACRE².

ac·ciac·ca·tu·ra /ɑːʧɑ̀ːkətúərə/ *n* (*pl* **~s, -re** /-reɪ, -ri/)〘楽〙アッチャカトゥーラ《17-18 世紀の鍵盤楽器による音楽で用いられた装飾音; 主要音に音階的に隣接する音で, 主要音と同時に鳴らすが, 主要音と違ってすぐに止める》; 短前打音 (=short ~). [It=crushing]

ac·ci·dence /ǽksəd(ə)ns, -dèns/ *n*〘文法〙語形(変化)論; 初歩, 要点, 基本.

ac·ci·dent /ǽksəd(ə)nt, -dènt/ *n* 偶然のできごと; 思いがけない不幸なできごと, 奇禍, 椿事(ちんじ), 不慮の災難, 事故, 災害;〘医〙偶発症候; 偶然の機会, 好運; 偶有的な性質[事態];〘論〙偶然, 偶有性;〘地理〙土地の起伏[表面のでこぼこ];〘法〙《作為・過失によらない》偶発事故;《口》[*euph*] おもらし: a railway ~ 鉄道事故 / an ~ to the engine エンジンの故障 / *A~s* will [can] happen.《諺》(人生に)故障は起こりがちなもの[付き物] / *A~s* will happen in the best-regulated families.《Walter Scott のことばから》/ have [meet with] an ～ 事故にあう, けがをする / without ～ 無事に / a lucky ～ 運のよいできごと / ～*s* of birth《富貴・貧賤などの》生まれ合わせ / it is no ～ that… なのは偶然ではない / have an ～〈子供が〉おもらしする. ● **an ～ waiting to happen** 事故が危惧されるもの[こと]; 問題を起こしそうな人. **by ～ of**…という幸運によって. **by (a mere) ～** (ほんの)偶然に, ふとしたことで (opp. *by design, on purpose*). **chapter of ～s** [the を冠して] 予想のできない一連のできごと; [a を冠して] うち続く不幸. [OF＜L (*cado* to fall)]

ac·ci·den·tal /æksədéntl/ *a* 偶然の, 偶発(性)の, 偶発的な; 不測の, 不慮の; 故意でない; 非本質的な, 付随的な〈*to*〉;〔論〕偶有的な;〔楽〕臨時変化の: an ～ fire 失火 / ～ homicide 過失殺人 / an ～ war 偶発戦争 / ～ error〔数・工〕偶然誤差 / an ～ sharp [flat, natural]〔楽〕臨時嬰[変, 本位]記号. ► *n* 偶有的な性質[事態],〔論〕偶有性;〔楽〕臨時記号;〔楽〕変化音;〔鳥〕迷鳥 (vagrant). ♦ **～·ness** *n*

accidéntal cólor〔心〕補色残像, 偶生色《ある色を見つめたあとにみられる》.

accidéntal déath 不慮の死; ǁ〔法〕事故死.

accidéntal·ìsm *n*〔哲〕偶然論;〔医〕偶発説. ♦ **-ist** *n*

accidéntal·ly *adv* 偶然に, ふと, はからずも;《古》INCIDENTALLY. ● **～ on purpose**《口》偶然を装って.

accidéntal président《大統領の死・辞任に伴う, 副大統領からの》昇格大統領.

áccident and emérgencyǁ《病院の》外傷・救急(部), 救急外来窓口《略 A&E》.

áccident bòat《船舶に備え付けの》救命ボート, 船載救助艇, 緊急用ボート.

ac·ci·dent·ed /ǽksədèntəd/ *a*〔地理〕起伏のある.

áccident-frée *a* 事故のない, 無事故の; 事故[故障]を起こさない.

áccident insùrance 傷害保険; ǁ災害保険 (casualty insurance*).

àc·ci·dént·ly *adv* ACCIDENTALLY.

áccident-pròne *a* 事故にあいやすい, 事故を起こしがちな;〔医〕災害[事故]頻発性素質をもった, 事故傾性の: an ～ person 事故多発者. ♦ **～·ness** *n*

ac·ci·die /ǽksədi/, **ac·cid·ia** /æksídiə/ *n* ACEDIA[1].

ac·cip·i·ter /æksípətər, ɪk-/ *n*〔鳥〕ハイタカ属 (*A-*) の各種の鳥;《広く》タカ, 猛禽. ♦ **-i·tral** /-trəl/ *a* (ハイ)タカのような. **-i·trine** /-tràɪn, -trən/ *a, n* (ハイ)タカ(のような).

ac·claim /əkléɪm/ *vt* 喝采[歓呼]して迎える, 喝采して…と認める[宣言する];《公けの場で》称賛する;《カナダ》反対なしで選出する: ～ him *for* his bravery 彼の勇敢さにやんやの喝采を送る / The people ～*ed* him *(as)* king. 人民は歓呼して彼を国王に迎えた / a highly ～*ed* pianist 世評の高いピアニスト. ► *vi* 喝采[歓呼]する. ► *n* 喝采, 歓呼; 称賛, 賛成, 歓迎: win [receive, attract] ～ 称賛される. ♦ **～·er** *n* [L *acclamo* (*ad-*, CLAIM)]

ac·cla·ma·tion /æ̀kləméɪʃ(ə)n/ *n*《称賛・賛成の》喝采,《歓迎の》歓呼; [ᵘ*pl*]《万歳などの敬意・祝意を表わす》歓声; 口頭による表決,《特に》歓呼[拍手]による熱狂的賛成;《カナダ》反対なしの選出: carry a bill *by* ～ 口頭表決により圧倒的多数で議案を通過させる / hail sb *with* ～*s* 人を歓呼して迎える / amidst the loud ～*s* 大歓呼を受けて. ♦ **ac·clam·a·to·ry** /əklǽmətɔ̀:ri; -t(ə)ri/ *a* 喝采[歓呼]の.

ac·cli·mate* /əkláɪmət, ǽkləmèɪt/ *vt, vi* ACCLIMATIZE. ♦ **ac·cli·mat·able** /əkláɪmətəb(ə)l/ *a* **-ma·ta·tion** /əklàɪmətéɪʃ(ə)n/ *n* [F (*à* to, CLIMATE)]

ac·cli·ma·tion /æ̀kləméɪʃ(ə)n, -lə-/ *n* ACCLIMATIZATION《特に 実験室などの制御された条件の下での》.

ac·clì·ma·ti·zá·tion *n* 順化, 順応;〔生態〕《個体の環境に対する》順化,《特に》気候順化.

ac·cli·ma·tize /əkláɪmətàɪz/ *vt, vi*〈人・動植物など〉新風土[新環境]に慣らす[慣れる], 順化[順応, 適応]させる[する], 馴致(じゅん)する〈*to*〉;〔園〕〈苗木などを〉漸次寒気にさらして丈夫にする. ♦ **ac·clí·ma·tiz·able** *a* **-tìz·er** *n*

ac·cliv·i·ty /əklívəti, æk-/ *n* 上り坂, 上り傾斜[勾配] (opp. *declivity*). ♦ **ac·clív·i·tous, ac·cli·vous** /əkláɪvəs/ *a* [L (*clivus* slope)]

ac·co·lade /ǽkəlèɪd, ⏑⏑⏑/ *n* **1** ナイト爵位授与の儀式《抱擁, ほおへの接吻, または 剣の側面での両肩の軽打など; cf. KNIGHT, DUB[1]》; 敬意[称賛](を表わすしるし[行為, ことば]), 賞: receive the ～ ナイト爵に叙せられる. **2**〔楽〕《2 つ以上の五線を結ぶ》連結括弧, ブレース (brace). **3**〔建〕葱花(そうか)線繰形(くりかた). [F＜Prov (*ac-*, L *collum* neck)]

ac·co·lat·ed /ǽkəlèɪtəd/ *a*〈硬貨・メダルの肖像が〉同じ向きで部分的に重なっている.

ac·com·mo·date /əkámədèɪt/ *vt* **1** …のために便宜をはかる, …に金[宿など]を融通[提供]する;〈人〉の借金返済を猶予する; …に配慮する, 斟酌する: ～ sb *with* sth＝～ sth *to* sb 人に物を用立てる. **2** 収納する, 受け入れる;〈…人分〉の収容能力[宿泊設備]をもつ: The hotel is well ～*d*. そのホテルは設備がよい. **3** 適応させる, 合わせる; 和解させる, 調停する: ～ one thing *to* another あるものを他に適応[順応]させる / ～ oneself *to*〈境遇〉に順応する. ► *vi* 適応[順応]する; 和解する;〈眼が遠近の調節をする. [L; ⇨ COMMODE]

ac·cóm·mo·dàt·ing *a* 親切な, 人の好い, 世話好きの, 協調的な, 融通のきく. ♦ **～·ly** *adv*

ac·còm·mo·dá·tion *n* **1 a**《公衆のための》便宜《交通機関・公園のベンチなど》,《生活・労働・滞在の》場; [**pl*, ǁ*sg*]《旅館・客船・旅客機・病院の》宿泊[収容]設備(および食事[サービス]),《交通機関の》予約席. **b** 好都合な事, ありがたい事; 親切心, 好意;《業務上の》恩恵,《特に》手数料の割引; 貸付金;〔商〕融通手形(の発行[裏書き]). **2** 便宜をはかること; 調整措置(を講じること); 妥協, 合意: reach [come to] an ～ *with*…と合意に達する / reasonable ～ 相当な措置《たとえば雇用者が障害者である被用者のために講ずる勤務上の便宜》. **3** 適応, 順応〈*to*〉;《眼の水晶体の》(遠近)調節;〔社〕応化, アコモデーション. ♦ **～·al** *a* 眼の調節作用の[による].

accommodátion addrèss 便宜的な宛先《住所不定者・住所を知られたくない人が郵便物を受け取るための宛先》.

accommodátion àgencyǁ 住宅斡旋業者, 不動産屋.

accommodátion bill ACCOMMODATION PAPER.

accommodátion còllar *《俗》《警察(官)による》点数稼ぎのための逮捕[摘発].

accommodátion·ist* *a, n* 和解[融和]派の(人),《特に》白人社会との和解派の(黒人). ♦ **-ism** *n*

accommodátion làdder〔海〕舷側はしご, 舷梯(げんてい), タラップ.

accommodátion pàper [nòte]〔商〕融通手形 (＝*accommodation bill*).

accommodátion pàyment なれあい支払い《水増し分をあとで賄賂として内密に返金する》.

accommodátion ròad 特設道路, 私道.

accommodátion sàle《同業小売人間の》融通販売.

accommodátion tràin〔米〕普通列車《各駅またはほとんどの駅に停車する》.

accommodátion ùnit 住宅《官庁用語》.

ac·cóm·mo·dà·tive *a* 必要に対応する, 適応[順応]的な, 調節(性)の, 協調的な. ♦ **～·ness** *n*

ac·cóm·mo·dà·tor *n* 適応[調停, 便宜提供]をする人[もの]; *パートタイムのお手伝いさん.

ac·cóm·pa·nied *a*〔楽〕伴奏つきの; 同行者を伴った.

accómpanied bággage 携帯手荷物.

ac·com·pa·ni·ment /əkʌ́mp(ə)nimənt/ *n* 付随物, 付属物, 付き物, 付随するできごと[事件];〔楽〕伴奏部; 伴奏, はやし: ～ *to* a drink 酒のさかな / sing to the ～ of a piano ピアノの伴奏で歌う. ♦ **ac·còm·pa·ni·mént·al** *a*

ac·com·pa·nist /əkʌ́mp(ə)nɪst/ *n*〔楽〕伴奏者.

ac·com·pa·ny /əkʌ́mp(ə)ni, -kʌ́m-/ *vt*〈人〉と同行する,〈人〉に随行する;〈もの〉に付随する; …と同時に起こる;〔楽〕…の伴奏をする, バックコーラスを歌う; …に加える[添える, 同封する]〈*with*〉: ～ sb *to* the door 人を戸口まで送り出す / be *accompanied by* a friend 友人を同伴する / the rain *accompanied by* [*with*] wind 風を伴った雨 / ～ a song [singer] *on* the guitar ギターで歌[歌手]の伴奏をする / ～ one's angry words *with* a blow どなるのに加えてなぐりつける. ► *vi*〔楽〕伴奏する. [F (*à* to, COMPANION); 語形は *company* に同化]

accómpany·ing *a* 付随の〈兆候など〉; 同封の, 添付の〈手紙など〉: the ～ prospectus 同封[添付]の趣意書.

accómpany·ist *n* ACCOMPANIST.

ac·com·plice /əkámpləs, -kʌ́m-/ *n* 共犯者, 従犯人, ぐる〈*in* [*of*] a crime〉;《一般に》仲間, 協力者, 提携者. [F＜L (*complic-complex* confederate); cf. COMPLEX, COMPLICATE]

ac·com·plish /əkámplɪʃ, -kʌ́m-/ *vt* なし遂げる, 完成する,〈目的・約束を〉果たす (carry out);〈距離・時間〉に到達する;《古》〈人〉に完璧な装備をする;《古》《修養の点で》〈人を〉仕上げる, 完成させる. ♦ **～·able** *a* **～·er** *n* [OF＜L; ⇨ COMPLETE]

ac·cóm·plished *a* 成就[完了, 完成]した; 秀でた, 堪能な, 熟練した, 長じた; みごとな; 教養[学識]のある, 洗練された: an ～ villain 海千山千の悪党 / an ～ musician.

accómplished fáct 既成事実 (fait accompli).

accómplish·ment *n* **1** 仕上げ, 完成, 達成;《なし遂げた》業績,《みごとな》成績: difficult [easy] of ～ 行ないがたい[やすい]. **2** [ᵒ*pl*] 社交上の才[心得, たしなみ]《ピアノ・ダンス・絵画など》, 特技, 才芸; [*derog*] 生かじりの芸事,《半可通の》しろうと芸: a man of many ～*s* 多芸の人.

accómplishment quòtient〔心〕成就指数《教育年齢の精神年齢に対する百分比; 略 AQ》.

ac·compt /əkáunt/ *n, v*《古》ACCOUNT.

ac·cord /əkɔ́:rd/ *vi* 一致[調和]する〈*with* facts〉;《古》同意に達する;《廃》同意する〈*to*〉. ► *vt* 一致[調和]させる;《文》与える, 認容する (grant): They ～*ed* a warm welcome *to* him. 彼を暖かく歓迎した. ► *n* 一致, 合意, 調和; 音[色など]の諧和[融和];〔法〕和解;《国家間の》協定, 講和〈*with, between*〉; 任意, 自由意志;《古》同意, 認容: reach an ～ *with*…と合意に達する. ● **be in ～ on**

…について合意して. **be in [out of] ～ with**…と調和している[いない], 〈主義など〉に合っている[いない]. **be of one ～** 〈皆が〉一致している. **in total [perfect] ～** 完全に一致[合意]して. **of one's [its] own ～** 自発的に; ひとりでに. **with one ～** こぞって, 一斉に, 心[声]を合わせて. [OF (L *cord- cor* heart)]

accórd·ance *n* 一致, 調和; 認可, 授与. ● **in ～ with**…に従って, …と一致して.

accórd·ant *a* 一致[調和]した 〈*with, to*〉. ♦ **～·ly** *adv*

ac·cord·ing /əkɔ́:rdɪŋ/ *a* 一致した, 調和のとれた; 《口》…しだい: It's [That's] all ～. それもすべて事と次第による / It's all ～ how you set about it. すべて最初の取りかかり方しだいだ. ► *adv* ACCORDINGLY: ACCORDING AS / ACCORDING TO. [ACCORD]

accórding às *conj* 〈…する〉にしたがって[応じて, 準じて], …しだいで; もし…すれば: We see things differently ～ we are rich or poor. 人は貧富にしたがって物の見方が変わる.

accórding·ly *adv* よって, それゆえに, 結果的に; それに応じて, それに合うように, しかるべく. ● **～ as**＝ACCORDING AS.

accórding tò *prep* …に従って, …によって; …しだいで; …(の言うところ)によれば: arrangement ～ authors 著者別の配列 / ～ the plan 計画どおりに / I'll go or stay ～ circumstances. 行くか残るか情勢しだいである / ～ the Bible [today's paper] 聖書[今日の新聞]によれば.

ac·cor·di·on /əkɔ́:rdiən/ *n* 〖楽〗アコーディオン. ► *a* 蛇腹(じゃばら)風[式]の. ♦ **～·ist** *n* アコーディオン演奏者. [G (It *accordare* to tune)]

accórdion dóor [wáll] 〖建〗折りたたみ戸, アコーディオンドア[カーテン].

accórdion pléat アコーディオンプリーツ《スカートの細い縦ひだ》.

ac·cost /əkɔ́(:)st, əkάst/ *vt* 〈人〉に(臆面もなく[だしぬけに])ことばをかける, 《挨拶などの》ことばをかけて近寄る; 〈売春婦が〉…に誘いの声をかける; 《古》…の前に立つ, …と向き合う. ► *n* 《まれ》声をかけること. [F (L *costa* rib); cf. COAST]

ac·couche /əkú:ʃ/ *vi* 助産する. ► *vt* 《口》[*fig*] 生み出す. [F *accoucher* to act as midwife]

ac·couche·ment /ækù:ʃmɑ̃́:, əkú:ʃmənt; əkú:ʃmɑ̃:(ŋ)/ *n* 分娩(のため産褥につくこと), 出産, お産.

ac·cou·cheur /ækù:ʃɜ́:r/ *n* 《男性の》助産師, 産科医. [F]

ac·cou·cheuse /ækù:ʃɜ́:z/ *n* 《女性の》助産師, 産科医. [F]

ac·count /əkáunt/ *n* **1 a** 計算; 計算書, 勘定(書), 請求書: quick at ～*s* 計算の速い / balance ～*s* 清算する 〈*with*〉 (⇨ settle ACCOUNTS 成句) / cast ～*s* 計算する / send (in) an ～ 《未払い金の》清算書[請求書]を送付する. **b** 勘定《略 a/c, A/C》; 預金高, 銀行預金口座 (bank account); 掛け(売り)勘定 (charge account); 信用取引, つけ; [～s, 〈*sg*〉] 《会社の》経理部門: Short ～*s* make long friends. 《諺》長くつきあうには掛けは禁物. **c** 顧客, 取引先, アカウント; 《広告代理店への》委託業務. **d** 《ロンドン証券取引所で》決済期間, アカウント《通常 2 週間; 1996 年廃止》. **e** 〖電算〗アカウント《システムへのアクセス資格; 元来 課金対象となることからきた呼称》. **2 a** 《金銭・責任の処理に関する》報告, 始末書; 答弁, 弁明; 《詳しい》話, 説明; 記述, 記事; [ᵁ*pl*] うわさ, 風聞: *A～s* differ. 人によって話が違う. **b** 根拠, 理由. **3 a** 考慮, 勘案; 評価, 判断; 《曲などの》演奏, 解釈. **b** 価値, 重要性; 利益, ため.
● **～ of** 《口》on ACCOUNT of. **ask [demand] an ～** 勘定書を請求する; 答弁を求める. **by [according to, from] all ～s** だれから聞いても. **by one ～** 一説によると. **by sb's own ～** 本人の言うところによると. **call [bring, hold] sb to ～ (for…)** (…に関する)人の責任を問う, 人に釈明を求める; (…の件で)しかる. **charge** it **to sb's ～** 人の勘定に付ける. **close an ～ with**…との取引をやめる, 〈銀行〉の口座を閉じる. **find one's [no] ～ in**…は割に合う[合わない]. **for ～ of**…のために(売却すべき). **for the ～** 定期勘定日決済の信用売りで(の). **give a bad [poor] ～ of**… 《俗》…をけなす. **give a good ～ of**… 〈相手・敵〉を負かす, 片付ける, 殺す, 仕止める; 《俗》ほめる. **give a good [poor] ～ of oneself** ちゃんと[へたに]弁明[釈明]する; りっぱに[へたに]ふるまう, 《スポーツで》いい[芳しくない]成績をあげる. **give an ～ of**…を説明する, …について答弁する, …の始末を明らかにする; …の話をする, …を記述する. **go to one's (long) ～** 《古風》＝***hand in one's ～s** あの世へ行く, 死ぬ. **have an ～ to settle with** sb 人に文句がある. **have an ～ with**…と信用取引がある, 〈店など〉でつけがきく; 〈銀行〉に口座がある. **hold…in great ～**…をはなはだ重んじる. **hold…in no ～**…を軽んじる. **in ～ with**…と信用取引がある. **keep ～s** 出納簿をつける. **lay one's ～ with [on, for]**… 《古》…を予期[覚悟]する. **leave…out of ～**＝take no ACCOUNT of…. **make much [little, no] ～ of**…を重要視する[しない]. **of much [great] ～** きわめて重要な. **of no [little] ～** 重要でない, つまらない. **on ～** 《分割払いの》一回分として, 内金として; 掛けで, 代金分割払いで; ᴴ《俗》on ACCOUNT of…. **on ～ of**… 〈ある理由〉のため; 〈ある人〉のために; [*conj*] *《非標準》…であるため, …だから. **on all ～s**＝**on every ～** ぜひとも. **on any ～** なんとしても, 必ず. **on no ～**＝**not…on any ～** 決して…(し)ない. **on sb's ～** 人の費用[負担]で; 人のために. **on one's own ～** 独立して, 自前で; 自分の責任で; 自分の(利益の)ために. **on that [this] ～** その[この]ため, それ[これ]ゆえ. **open [start] an ～ with**…と取引を始める, 〈銀行〉に口座を開く. **pay [send in] an ～** 勘定を済ます. **put** sth **(down) to sb's ～** 人の勘定につける. **render an ～** 決算報告する; 〈…の〉申し開き[答弁]をする 〈*of* one's conduct〉. **send** sb **to his long ～** 《古》殺す. **settle [square, balance] ～s [an ～, one's ～]** 勘定を清算する; 〈…に〉恨みを晴らす 〈*with* sb〉. **take ～ of**…を考慮に入れる, 顧慮する, 斟酌する; …に注意を払う; 《ひと息入れて》確かめる. **take…into ～**…を考慮に入れる, 顧慮する, 斟酌する. **take no ～ of**…を無視する. **the great [last] ～** 〖キ教〗最後の審判の日. **to ～** 内金として (on account). **turn [put]…to (good [poor, bad]) ～**…を利用する[しない], …を転じて福[わざわい]とする, …から利益[不利益]を得る.
► *vt* 〈人・事〉について…と思う[みなす]; 〈ある事〉について…のしわざ[功績]と思う 〈*to*〉; 調査する, 分析する: ～ sb honest [a fool, to be foolish] 人を正直[ばか]だと思う / They ～*ed* the invention *to* him. それを発明したのは彼だと考えた. ► *vi* **1** 〈委託された金などの〉使途[処置]を明細に説明[報告]する 〈*to* sb *for* sth〉; 〈行為などの〉申し開き[理由の説明]をする 〈*to* sb *for* sth〉; 〈罪〉に対して十分な償いをする 〈*for*〉. **2** 説明する, 〈事実が…の〉説明となる 〈*for*〉 (explain), 〈…の〉原因[源泉]である 〈*for*〉: That ～*s for* his absence. それで彼の欠席[欠勤]の理由がわかった / Laziness often ～*s for* poverty. 貧乏は怠惰に原因することが多い / There is no ～*ing for* taste(s) [preferences]. 《諺》蓼(たで)食う虫も好きずき. ● **～ for…** (1) ⇨ *vi*; 〈額・割合〉を占める. (2) [ᵁ*pass*] 〈人・物〉の行方を明らかにする: The boy was still not ～*ed for*. 少年はまだ行方不明だった / ALL present and ～*ed for*. (3)*…を考慮に入れる. (4) …を殺す, 破壊する, 破る, やっつける, つかまえる, 不具にする, 〖狩〗仕留める. **be much [little] ～ed of** 重んじられる[軽んじられる].
[OF *a-*³ (*cont(er)*; ⇨ COUNT¹)]

accòunt·abílity *n* 責任を負うべきこと, 説明責任[義務]; 《一般に》責任: lack ～ 説明義務を果たさない.

accóunt·able *pred a* 《行為・決定・職務などに関して》責任を負うべき, 説明責任[義務]がある 〈*to* sb *for* sth〉; 説明が可能な, 納得がいく: be held ～ *for*…に対して説明責任を負う. ♦ **-ably** *adv* **～·ness** *n*

accóunt·ancy *n* 会計士の職; 会計事務, 会計.

accóunt·ant *n* 会計係, 主計(官); 会計士 (cf. CERTIFIED PUBLIC ACCOUNTANT, CHARTERED ACCOUNTANT, TURF ACCOUNTANT). ► *a* 《廃》責任のある 〈*to, for*〉. ♦ **～·shìp** *n*

accóunt bòok 会計簿.

accóunt càrd STORE CARD.

accóunt cúrrent (*pl* **accóunts cúrrent**) CURRENT ACCOUNT《略 A/C, a/c》.

accóunt dày 勘定日; 《London 証券取引所の》(株式)受渡日, 決算日 (settlement day): the ～*s* 《各決算期の》決算日前の数日間.

accóunt exècutive 《広告代理店などの》担当営業マン, アカウント・エグゼクティブ, AE.

accóunt·ing *n* 会計学; 会計, 経理; 会計報告; 計算(法); 決算, 清算; 説明, 根拠.

accóunting machìne 計算機[器], 会計機[器].

accóunting pàckage 〖電算〗会計業務用ソフトウェア; 課金パッケージ《電算機の稼働時間を計測・分析するプログラム[ルーチン]》.

accóunt páyable (*pl* **accóunts páyable**) 支払勘定, 買掛金勘定, 未払金勘定.

accóunt recéivable (*pl* **accóunts recéivable**) 受取勘定, 売掛金勘定, 未収金勘定.

accóunt réndered (*pl* **accóunts réndered**) 〖商〗支払い請求書, 貸借清算書.

ac·cou·ple·ment /əkʌ́p(ə)lmənt/ 〖建〗*n* 連結材, つなぎ材 《brace, tie など》; 《2 本の円柱の》接近[密着]工法.

ac·cou·tre, 《米》**-ter** /əkú:tər/ *vt* [ᵁ*pass*] …に(特殊な)服装[装具]を着用させる: (be) ～*d in* [*with*]…を着て(いる) / be ～*d for* battle 武装している. [OF (*cousture* sewing); cf. SUTURE]

ac·cou·tre·ment, 《米》**-ter-** /əkú:trəmənt, -tər-/ *n* [*pl*] 《職業などがひと目でわかる》装身具, 飾り衣装, 携帯品, 〖軍〗《武器・軍服以外の》装具; 《本来は無関係の》付き物; 《古》身支度[装い](をする[させる]こと).

ac·cra /ǽkrə, əkrɑ́:/, **akara** /əkǽrə/ *n* 〖料理〗アクラ《西アフリカ・カリブ海で, ササゲを材料にして作ったフリッター[フライ]》.

Ac·cra /əkrɑ́:, ǽkrə/ アクラ《ガーナの首都; ギニア湾に臨む海港》.

ac·cred·it /əkrédət/ *vt* 〈ある事を〉〈…の〉功績とする 〈*to*〉, 〈人・ものなど〉に〈…の〉功績[美質]があるとする 〈*with*〉; 信用する; 信任する; 信任状を与えて〈大使を〉派遣する 〈*to, at* the Court of St. James's〉; 〈学校などを〉基準をみたすものとして認定する; 《NZ》高校側の評価[内申]に基づいて大学に合格させる, 推薦入学させる: They ～ the invention *to* Edison.＝They ～ Edison *with* the invention. / the ～*ing* system 《大学の》単位制度. ♦ **ac·crèd·i·tá·tion** *n* 《学校・病院などの》認可; 認定; 信任状. **ac·créd·i·table** *a* [F; ⇨ CREDIT]

accrédit·ed *a* 〈人・団体など〉公認の, 認可された; 〈外交官が〉信任状を与えられた; 〈信仰など〉一般に是認された, 正統の; 〈牛・牛乳など〉基準品質保証の: an ~ school 認定校《大学進学基準充足の高校など》/ ~ milk.

ac·cres·cent /əkrés(ə)nt, æ-/ *a* 〘植〙〈萼(がく)など〉開花後も生長する, 漸次増大性の.

ac·crete /əkríːt/ *vi* 《ひとつに》固まる, 融合する, 一体となる; 付着する, 固着する 〈*to*〉. ► *vt* 《自分[それ]自身と》融合[合体]させる, 《周囲に》集める, 付着させる 〈*to* oneself [itself]〉. ► *a* 〘植〙癒着した. [L (*cret- cresco* to grow)]

ac·cre·tion /əkríːʃ(ə)n/ *n* 《ひとつに》固まること, 融合, 合体; 《付着・堆積による》生長, 増大, 添加, 累積; 添加物, 付加物, 付着物 〈*to*〉; 生長[添加]を重ねてでき上がったもの; 〘生〙癒着(生長); 〘法〙添加《流水の堆積作用・土地隆起などの自然力による土地の増加》; 〘法〙相続[受贈]分の増加《共同相続人[受贈者]の放棄による》; 〘天〙降着《天体が重力によって物質を集積する過程》; 〘地質〙付加, アクリーション《新しいリソスフェア (lithosphere) が既存部分に付加すること》: ~ cutting 〘林〙受光伐(ばつ). ♦ **~·àry** /; -(ə)ri/, **ac·cré·tive** *a*

accrétionary prísm 〘地質〙付加プリズム《海洋リソスフェアが大陸の下に沈み込む時にリソスフェアの表面からはぎ取られ, 大陸の先端部に付加されるプリズム状の堆積物》.

accrétion dìsk 〘天〙降着円盤《ブラックホールなど強い重力の場をもつ天体を取り巻く, 星間物質のなす円盤》.

Ac·cring·ton /ækrɪŋt(ə)n/ アクリントン《イングランド北西部 Lancashire 南東部の町》.

ac·cru·al /əkrúːəl/ *n* ACCRUE すること[もの]; 定期的に累増する金額《利子・延滞料など》. ► *a* 〘会計〙発生主義の.

ac·crue /əkrúː/ *vi* 〈利益・結果が〉(自然に)もたらされる 〈*to* sb *from* sth〉; 自然に増える, 〈利子が〉つく, たまる; 〘法〙権利として確立する. ► *vt* 集める, 蓄積する; 得る, 引き出す 〈*from*〉. ♦ **ac·crú·able** *a* **~·ment** *n* ACCRUAL. [AF (pp) ＜ *acreistre* to increase; ⇨ ACCRETE]

accrúed dívidend 未払い配当.

accrúed ínterest 経過利子《未収利息 (**accrúed ínterest receívable**), または 未払い利息 (**accrúed ínterest páyable**)》.

accrúed liabílity 未払い債務, 既発生[見越し]債務.

acct. 〘会計〙account ♦ accountant ♦ °account current.

ac·cul·tur·ate /əkʌ́ltʃərèɪt/ *vt, vi* 〈社会・集団・個人を[が]〉ACCULTURATION によって変える[変わる]. [逆成く↓]

ac·cul·tur·a·tion /əkʌ̀ltʃəréɪʃ(ə)n/ *n* 文化適応《成長期の子供のある文化の型[社会様式]への順応》; 〘社〙文化変容《先進的な新[異]文化への適応; 異文化どうしの接触による相互的変容》. ♦ **~·al** *a* **-à·tive** /; -rətɪv/ *a* [*ac-*]

ac·cul·tu·rize /əkʌ́ltʃəràɪz/ *vt* 〈一国民など〉に異文化を受容させる.

ac·cum·bent /əkʌ́mbənt/ *a* 横たわった; 寄り掛かった; 〘植〙側位[へり受け]の (opp. *incumbent*). ♦ **-ben·cy** *n*

ac·cu·mu·la·ble /əkjúːm(j)ələb(ə)l/ *a* 蓄積できる.

ac·cu·mu·late /əkjúːm(j)əlèɪt/ *vt* (少しずつ)ためる, 〈財産などを〉蓄積する; 〈悪意などを〉つのらせる: ~ a fortune 身代を築く. ► *vi* たまる, 積もる; 累積[集積]する, 増大する. [L; ⇨ CUMULUS]

ac·cù·mu·lá·tion *n* 蓄積[累積, 集積](したもの) 〈*of* property, dust, knowledge〉; 利殖; 《配当・利子所得などの》元本[基本財産]組入れ, 収益積立; 〘証券〙償還差益《債券の割引発行価格と額面の差額》; 〘地質〙《氷河の》涵養 (opp. *ablation*); ″大学の高い学位と低い学位の同時取得.

accumulátion pòint 〘数〙LIMIT POINT.

ac·cu·mu·la·tive /əkjúːm(j)əlèɪtɪv, -lə-; -lə-/ *a* 累積的な, 蓄積性の; 蓄積に熱心な. ♦ **~·ly** *adv* **~·ness** *n*

accúmulative séntence 〘法〙累積宣告《すでに科された刑期に加算した刑期宣告》.

ac·cú·mu·là·tor *n* 蓄積する人[もの]; 〘機・空〙蓄圧器, アキュムレーター; 緩衝装置; ″蓄電池, 二次電池 (storage cell, storage battery); 〘電算〙累算器, アキュムレーター《演算結果が格納されるレジスター》; ″〘トランプ〙累積賭博《賞金を次々に賭けていく》; 〘競馬〙繰越し勝馬投票, 転がし.

ac·cu·ra·cy /ǽkjərəsi/ *n* 正確さ, 的確さ, 精密度, 精度 (opp. *inaccuracy*): with ~ 正確に.

ac·cu·rate /ǽkjərət/ *a* 正確な, 的確な; 精密な, 精度の高い〈計器〉: to be ~ 正確に言うと / ~ *to* within 2 mm 2ミリ以内の精度で. ♦ **~·ly** *adv* **~·ness** *n* [L＝done carefully (pp) ＜ *accuro* (*cura* care)]

ac·cursed /əkə́ːrst, əkə́ːrsəd/, **ac·curst** /əkə́ːrst/ *a* 呪われた, 不運な; 《口》のろわしい, いまいましい, 実にいやな. ♦ **-curs·ed·ly** /-ədli/ *adv* **-ed·ness** /-ədnəs/ *n* [(pp) ＜ *accurse* (*a-* intensive, CURSE)]

accus. 〘文法〙accusative.

ac·cus·able /əkjúːzəb(ə)l/ *a* 起訴[告訴, 告発]されるべき; 責められるべき.

ac·cus·al /əkjúːz(ə)l/ *n* ACCUSATION.

ac·cu·sa·tion /ækjəzéɪʃ(ə)n, -kju-/ *n* 〘法〙起訴, 告訴, 告発; 罪, 罪名, とが (charge); 非難, 言いがかり: false ~ 誣告(ぶこく) / make [bring, lay] an ~ *against*…を起訴[告訴, 告発]する. ● **under an ~** 起訴[告訴]されて; 非難されて.

ac·cu·sa·ti·val /əkjùːzətáɪv(ə)l/ *a* 〘文法〙対格の.

ac·cu·sa·tive /əkjúːzətɪv/ *n* 〘文法〙《ギリシア語・ラテン語・ドイツ語などの》対格, 《英語の》直接目的格; 対格語(形). ► *a* **1** 〘文法〙対格の, 直接目的格の. **2** 告発的な, 非難するような. ♦ **~·ly** *adv* [OF or L (*casus*) *accusativus*; L は Gk (*ptōsis*) *aitiatikē* の訳; cf. ACCUSE]

ac·cus·a·to·ri·al /əkjùːzətɔ́ːriəl/ *a* 告発人の(ような); 〘法〙〈刑事訴訟手続きが〉弾劾主義的な《訴追者や原告の訴追によって開始される; opp. *inquisitorial*》.

ac·cus·a·to·ry /əkjúːzətɔ̀ːri; -t(ə)ri, ækjʊzéɪ-/ *a* 〈ことば・態度など〉告発的な, 非難めいた; 〘法〙ACCUSATORIAL.

ac·cuse /əkjúːz/ *vt* 起訴[告訴, 告発]する; 非難する, 責める; 《古》あばく, 裏切って漏らす: ~ sb *of* theft 人を窃盗罪で訴える / Never ask pardon before you are ~*d*. 《諺》責められぬうちから許しを乞うな《かえって疑われる》. ► *vi* 起訴[告訴, 告発]する. ♦ **ac·cús·er** *n* 起訴者, 告訴人, 告発人 (opp. *accused*); 非難者; 《古》あばく人. [OF＜L (*ad-* to, CAUSE＝lawsuit)]

ac·cúsed *a* 起訴[告訴, 告発]された; 非難された: stand ~ 告訴される, 告発を受ける 〈*of*〉. ► *n* (*pl* ~) [the] 〘法〙被疑者, 《特に》(刑事)被告人 (opp. *accuser*).

ac·cús·ing *a* 告発する; 非難する(ような). ♦ **~·ly** *adv*

ac·cus·tom /əkʌ́stəm/ *vt* 慣らす, 習慣づける: ~ sb *to* a task [*to* do*ing*, *to* do] 人を仕事に[…することに]慣らす / ~ oneself *to*…に自分自身を慣らす / become [get] ~*ed to* (the) cold [*to* do, *to* do*ing*] 寒さに[…するのに]慣れてくる. ♦ **ac·cùs·tom·átion** *n* [OF; ⇨ CUSTOM]

ac·cús·tomed *a* **1** いつもの, 例の (usual): her ~ silence いつもの沈黙. **2** 《状況に》慣れた 〈*to*〉; …する習慣[しきたり]の 〈*to* do, *to* do*ing*〉: ~ *to* sleep late in the morning / ~ *to* tak*ing* long walks. ♦ **~·ness** *n* [原義は 'made usual' の意]

Ac·cu·tron /ǽkjutrɑ̀n/ 〘商標〙アキュトロン《小型電池を内蔵する音叉式腕時計》.

AC/DC /éɪsìːdíːsìː/ *a* 〘電〙交流直流[交直]両用の; 《俗》両性愛の, 両刀使いの (bisexual); 《俗》どっちつかずの, 中間的な, あいまいな. ► *adv* 《俗》両性愛的に, 両刀使いで.

ace /éɪs/ *n* **1** 《トランプ・さいころ・ドミノ牌の》エース《1 の札[面, 牌]; ★ 2 以上を示すフランス語系の語は次のとおり: deuce (2), trey (3), cater (4), cinq(ue) (5), sice (6)》: the ~ of hearts ハートのエース. **2** 最高[最良]のもの; 〘テニス・バレーボール〙(サービス)エース; 〘ゴルフ〙ホールインワン (hole in one), エース; *《口》《学業成績の》A; *《俗》マリファナタバコ; *《俗》麻薬カプセル, 麻薬粒; *《俗》ホットチーズサンド. **3** 〘軍〙《米では 5 機, 英では 10 機以上の敵機を落とした》撃墜王, エース; 《ある分野の》第一人者, 名手, 達人; 〘野〙エース(ピッチャー); [ᵘ*voc*] *《俗》[*iron*] ばか, のろま, 大将; 《俗》気立てのいい男; [ᵘ*voc*] 《俗》親友, 相棒; *《黒人俗》しゃれ者, だて男: an ~ *at* chess チェスの名人 / an ~ of ~*s* 比類ない空の勇士. **4** 《数量・程度が》ほんの少し; *《俗》1 ドル(札); *《俗》1 年の刑期; *《俗》《特にレストランの》一人客(用のテーブル). **5** [A-] 〘商標〙エース《サポーター・ばんそうこう・包帯・使い捨て手袋など》. ● **an** [**sb's**] **~ in the hole** 〘ポーカー〙HOLE CARD として伏せた札の中のエース; 《口》とっておきの決め手, 奥の手 (＝**an ~ up one's sleeve**). **hold** [**have**] (**all**) **the ~s** 《口》優位に立つ, 支配者である. **play one's ~** とっておきの手[奥の手]を使う. **play one's ~ well** 駆引きがうまい. **within an ~ of**… もう少しで…するところで: I came *within an* ~ *of* death [being killed]. 《口》あやうく死ぬ[殺される]ところだった. ► 《口》*a* 優秀な, 一流の, 練達の, ピカ一の; すばらしい, 最高の, バツグンの. ► *vt* 〘テニス・バレーボール〙〈相手〉に対してエースをきめる; 〘ゴルフ〙ボールを一打で〈ホール〉に入れる; *《口》完璧にやる, 〈試験〉で A を取る 〈*out*〉; 《口》負かす, しのぐ, 出し抜く 〈*out*〉: ~ the second hole 第 2 ホールでホールインワンを決める. ● **~ in** *《俗》うまいことはいり込む 〈*to*〉; *《俗》わかる. **~ it** 最高の成果をあげる. **~ out** ⇨ *vt*; *《俗》うまくやる[いく], ラッキーである. [OF＜L *as* unity]

ACE 〘米〙American Council on Education.

-a·cea /éɪʃiə/ *n pl suf* 〘動〙目 (order) および綱 (class) の名に用いる: Crustacea. [L (neut pl) ＜ -ACEOUS]

-a·ce·ae /éɪsiìː/ *n pl suf* 〘植〙科 (family) の名に用いる: Rosaceae. [L (fem pl) ＜ -ACEOUS]

-a·ce·an /éɪʃiən/ *a suf* -ACEOUS. ► *n suf* -ACEA, -ACEAE に分類される動植物の個体を示す: crustacean, rosacean.

áce bóon (**còon**) *《黒人俗》いちばんの親友[ダチ公] (＝*ace buddy*) (略 abc).

áce búddy *《黒人俗》ACE BOON COON.

aced /éɪst/ *《口》*a* 出し抜かれて, 負けて; 酔っぱらって.

áce-dèuce *《俗》*n* 《数字の》3, 《特に》《トランプ・クラップス賭博の》3 の札[目]. ► *a* ごちゃまぜの; あいまいな.

ace·dia[1] /əsíːdiə/ *n* 怠惰, 懈怠(けたい); 無感動, 無関心. [AF, ＜ Gk＝listlessness]

ace·dia[2] /æsədíːə/ *n* 〘魚〙ササウシノシタ科のカレイの一種《西インド諸島・南米大西洋岸産》. [Sp]

A

áce-hìgh *a* 〘ポーカー〙〈手札などが〉エースを含む; *«口» 高く買われている, 尊敬されている.
ACE inhibitor /éɪsìːíː: ─, éɪs-/ 〘薬〙 ACE 阻害薬《アンギオテンシン変換酵素 (angiotensin converting enzyme) のはたらきを阻止する酵素; 抗高血圧薬》.
Acéla Expréss /əsélə-/ 〘米〙 アセラエクスプレス《Amtrak の高速列車; Boston-New York-Philadelphia-Washington, D.C. 間 700 余キロを約 7 時間で結ぶ; 2000 年運行開始》. [Acceleration + Excellence]
Acel·da·ma /əséldəmə, əkél-/ **1** 〘聖〙 アケルダマ, 血の地所[土地], 血の畑《Judas Iscariot がみずから購入し死んだ畑, または祭司長らが Judas の金で購入した場所; *Acts* 1: 18–19, *Matt* 23: 3–10》. **2** [a-]《一般に》流血の地, 修羅(しゅら)のちまた. [Gk＜Aram]
acél·lu·lar /eɪ-/ *a* 細胞を含まない, 無細胞性の〈ワクチンなど〉; 細胞に分かれていない, 非細胞性の《多核もしくは単細胞の》. [*a-*[2]]
acén·tric /eɪ-/ *a* 中心のない; 中心をはずれた, 非中心性の; 〘遺〙 無動原体の. ► *n* 〘遺〙 無動原体染色体[断片].
áce of spádes **1** *«俗» [*derog*] 黒人, 黒ん坊: (as) black as the ～〈黒人が〉まっ黒な. **2** «俗»《女の》あそこ, 毛まん.
-a·ceous /éɪʃəs/ *a suf* 「…の(ような)性質を有する」「…の多い」「-ACEA, -ACEAE に分類される動植物のような」: herb*aceous*, set*aceous*, crust*aceous*, ros*aceous*. [L]
aceph·a·lan /eɪséfələn/ *a, n* LAMELLIBRANCH.
aceph·a·lous /eɪséfələs, ə-/ *a* 無頭の; 指導者[首長]のいない; 〘動〙 無頭(類)の〈軟体動物〉; 〘植〙 無柱頭の; 〘韻〙 行首欠節の. [*a-*[2]]
ace·prom·a·zine /æsəprɑ́məzìːn/ *n* 〘薬〙 アセプロマジン (＝*acetyl promazine*)《トランキライザー, 特に 大型動物の固定に用いる》.
ace·quia /əséɪkjə/ *n* *«南西部» 灌漑用水路. [Sp]
acer /éɪsər/ *n* 〘植〙 カエデ《カエデ属 (*A-*) の木の総称》.
ac·er·ate /ǽsərèɪt, -rət/ 〘植〙 *a* 針形の, 針状の; 針状葉を有する.
acerb /əsə́ːrb, æ-/ *a* ACERBIC. [L *acerbus* sour]
ac·er·bate *vt* /ǽsərbèɪt/ 酸っぱく[苦く, 渋く]する; おこらせる, いらだたせる. ► *a* /əsə́ːrbət/ とげとげしい, 辛辣な.
acer·bic /əsə́ːrbɪk, æ-/ *a* 酸っぱい, にがい, 渋い; 〈ことば・態度・気質などが〉とげとげしい, きつい, 辛辣な. ◆ **-bi·cal·ly** *adv*
acer·bi·ty /əsə́ːrbəti, æ-/ *n* 酸味, 苦味, 渋味; とげとげしさ, 辛辣さ.
ac·er·o·la /æsəróʊlə/ *n* 〘植〙 アセロラ《西インド諸島産キントラノオ科の低木; 果実はサクランボ大でビタミン C が豊富》.
ac·er·ose[1] /ǽsəròʊs/ *a* ACERATE.
acerose[2] *a* もみがらのような; もみがらの混じった. [L]
ac·er·ous[1] /ǽsərəs/ *a* ACERATE.
ace·rous[2] /eɪsíərəs, -síːr-/ *a* 〘動〙 触角[角]がない, 無角の. [Gk (*a-*[2], *keras* horn)]
acer·vate /əsə́ːrvət, -vèɪt, ǽsərvèɪt/ *a* 〘植・動〙 群生する. ◆ **～·ly** *adv* **àcer·vá·tion** *n* [L *acervus* heap]
ac·es /éɪsəz/ *a* «口» すばらしい, 最高の (ace).
aces·cent /əsés(ə)nt/ *a* 酸味がかった; 酸味をおびやすい; 不機嫌ぎみの, 少し気むずかしい. ◆ **-cence, -cen·cy** *n*
ac·e·sul·fame /æsəsʌ́lfeɪm/ *n* 〘化〙 アセスルファム《通例 カリウム塩 acesulfame-K の形で人工甘味料として用いる》.
ac·et- /ǽsət, əsíːt/, **ac·e·to-** /ǽsətoʊ, əsíːtoʊ, -tə/ *comb form* 〘化〙「酢酸」「アセチル」「酢酸の」「酢酸を生じる」 [L; ⇨ ACETIC]
ac·e·tab·u·lar·ia /æsətæbjəlέəriə/ *n* 〘植〙 カサノリ属 (*A-*) の各種緑藻.
ac·e·tab·u·lo·plas·ty /æsətǽbjəloʊplæ̀sti, ⏑⏑⏑⏑/ *n* 〘医〙 寛骨臼[股臼]形成(術).
ac·e·tab·u·lum /æsətǽbjələm/ *n* (*pl* **～s, -la** /-lə/) 〘動〙 吸盤; 〘昆〙 関節陥; 〘解〙 寛骨臼, 股臼; 〘古ロ〙 卓上酢入れ. ◆ **àc·e·táb·u·lar** *a*
ac·e·tal /ǽsətæ̀l/ *n* 〘化〙 アセタール《**1**) 無色引火性液体; 溶剤・香料製造・催眠剤用 **2**) アルデヒドまたはケトンとアルコールの反応で得られる化合物の総称》; アセタール樹脂. [*acetic*]
ac·et·áldehyde /æsət-/ *n* 〘化〙 アセトアルデヒド《可燃性の無色の液体; 酢酸製造用》.
ac·e·tal·dol /æsətǽldɔ̀(ː)l, -dòʊl/ *n* 〘化〙 アセタルドール (ALDOL).
ac·et·am·ide /əsétəmàɪd, æsətǽmàɪd/ *n* 〘化〙 アセトアミド《結晶性酢酸アミド; 有機合成・溶剤用》. [*acetyl*]
ac·et·amin·o·phen /æ̀sətəmínəfən, əsìːt-/ *n* 〘薬〙 アセトアミノフェン《解熱・鎮痛薬》.
ac·et·an·i·lide /æsətǽn(ə)làɪd, -ləd/**, -lid** /-ləd/ *n* 〘薬〙 アセトアニリド《解熱・鎮痛薬》. [*aniline*]
ac·e·tar·i·ous /æsətέəriəs/ *a* サラダ用の〈野菜など〉. [L; ⇨ ACETUM]
ac·e·tate /ǽsətèɪt/ *n* 〘化〙 酢酸塩[エステル]; アセテート《酢酸セルロースの樹脂・繊維; 写真・包装用フィルム, 文具などに用いられる》; アセテート製品; アセテート盤 (＝～ **dísk**)《レコード》. [ACETUM]
ác·e·tàt·ed *a* 酢酸で処理した.
ácetate fíber アセテート繊維.
ácetate ráyon アセテート (acetate)《繊維・製品》.
ácetate sílk アセテート絹糸.
ac·et·azol·amide /æsətəzóʊləmàɪd, -zɑ́l-, -məd/ *n* 〘薬〙 アセタゾルアミド《帯黄色粉末結晶; 動物用強心利尿薬》. [*acet-, azole, amide*]
ace·tic /əsíːtɪk, əsét-/ *a* 酢[酢酸]の(ような); 酢[酢酸]を生じる[含む]. [F (L ACETUM)]
acétic ácid 〘化〙 酢酸《食酢の酸味の主成分》.
acétic ácid ámide 酢酸アミド, ACETAMIDE.
acétic anhýdride 〘化〙 無水酢酸.
acet·i·fy /əsétəfàɪ, əsíːt-/ *vt, vi* 酢[酢酸]にする[なる], 酢化する. ◆ **acét·i·fì·er** *n* 酢化器; 酢酸製造機. **acèt·i·fi·cá·tion** *n* 酢化.
aceto- /ǽsətoʊ, əsíːtoʊ, -tə/ ⇨ ACET-.
àceto·acétic ácid 〘化〙 アセト酢酸《ケトン体の一つ; 飢餓状態・糖尿病の場合の尿中に増加する》.
aceto·bac·ter /əsìːtoʊbǽktər, æsətoʊ-/ *n* 〘菌〙 酢酸菌, アセトバクター《アセトバクター属 (*A-*) の好気性細菌; 代表種のアセチ菌などを食酢の製造に利用する》.
ac·e·to·hex·amide /æsətoʊhéksəməd, -màɪd, əsìː-/ *n* 〘薬〙 アセトヘキサミド《糖尿病の血糖降下剤》.
ac·e·tom·e·ter /æsətɑ́mətər/ *n* 〘化〙 酢酸濃度測定器.
ac·e·tone /ǽsətòʊn/ *n* 〘化〙 アセトン《無色揮発性の液体; 試薬・溶剤》. ◆ **àc·e·tón·ic** /-tɑ́n-/ *a* アセトンの.
ácetone bòdy 〘生化〙 アセトン体 (ketone body).
ac·e·ton·emia | -aemia /æsətoʊníːmiə/ 〘医〙 *n* ケトン症 (KETOSIS); アセトン血(症) (KETONEMIA).
àceto·nítrile /, əsìː-/ *n* 〘化〙 アセトニトリル《無色の液体; 化学合成原料・溶剤》.
ac·e·to·phe·net·i·din /æsətoʊfənétədən, əsìː-/ *n* 〘薬〙 アセトフェネチジン, フェナセチン《鎮痛・解熱薬》.
ac·e·to·phe·none /æsətoʊfənóʊn, əsìː-/ *n* 〘化〙 アセトフェノン《無色の結晶[液体]; 香水製造に用いる》.
ac·e·tose /ǽsətòʊs/ *a* ACETOUS.
ac·e·tous /ǽsətəs, əsíː-/ *a* 酢を生じる; 酢酸を含む; 酢のような; 酸っぱい; 意地の悪い, 気むずかしい, 辛辣な.
ace·tum /əsíːtəm/ *n* 〘薬〙 酢 (vinegar); 酢に溶解した薬剤[生薬]. [L]
ace·tyl /əsíːt(ə)l, ǽsə-, ǽsətìːl, ″-tàɪl/ *n* [°*compd*] 〘化〙 アセチル(基) (＝～ **rádical [gròup]**). [*acetic, -yl*]
acet·y·late /əsét(ə)lèɪt/ *vt, vi* 〘化〙 アセチル化する. ◆ **acét·y·là·tive** *a* **acèt·y·lá·tion** *n* アセチル化.
acétyl chlóride 〘化〙 塩化アセチル《無色刺激臭の有毒液体; 染料・医薬品原料》.
acètyl·chóline *n* 〘生化・薬〙 アセチルコリン《神経伝達物質・強力な血圧降下剤》. ◆ **-cho·lin·ic** /-koʊlínɪk/ *a*
acètyl·cho·lin·ésterase /-kòʊlən-/ *n* 〘生化〙 アセチルコリンエステラーゼ《神経の刺激伝達中にアセチルコリンの加水分解を促進する酵素》.
acetyl CoA /⏑ kòʊéɪ/ 〘生化〙 アセチル CoA (acetyl coenzyme A).
acetyl coenzyme A /⏑ ⏑ éɪ/ 〘生化〙 アセチル補酵素 A《補酵素 A のアセチル化物で, 代謝中間体》.
acètyl·cýsteine *n* 〘薬〙 アセチルシステイン《粘液溶解剤; 気管支・肺疾患に用いる》.
acet·y·lene /əsét(ə)lìːn, -lən/ *n* 〘化〙 アセチレン《**1**) 高引火性の気体; 有機合成・溶接燃料用 **2**) ALKYNE》. ◆ **acèt·y·lé·nic** /, -lén-/ *a* [*-yl, -ene*]
acétylene sèries 〘化〙 アセチレン列[系].
acétylene tòrch (酸素)アセチレントーチ[ランプ].
acet·y·lide /əsét(ə)làɪd/ *n* 〘化〙 アセチリド《アセチレンの水素原子 1–2 個を金属原子で置換した化合物》.
acétyl·ìze *vt, vi* ACETYLATE.
acétyl próm·a·zine /-prɑ́məzìːn/ 〘薬〙 アセチルプロマジン (ACEPROMAZINE).
acètyl·salícylate *n* 〘化〙 アセチルサリチル酸塩[エステル], アセチルサリチラート.
acètyl·salicýlic ácid 〘化〙 アセチルサリチル酸 (aspirin).
acétyl sílk ACETATE SILK.
ac·ey-deuc·ey, -deucy /éɪsid(j)úːsi/ *n* エーシーデューシー《2 個のさいころを振って 1 と 2 の目の組合わせが出ると 1–6 の自由な数のぞろ目 (doublet) が選べてそれに応じた動きが許され, さらにもう一度振れる backgammon の一種》. ► *«俗» *a* いい面も悪い面も含んだ, 高級なものも低級なものも含んだ, 玉石混交の, あいまいな; 可もなく不可もない, まずまずの, ちょぼちょぼの.
ach /ɑ́ːx/ *int* AH[1].
ACh acetylcholine. **ACH** 〘銀行〙 automated clearing house 自動手形交換機構, 自動決済機構.
Achaea /əkíːə/, **Acha·ia** /əkáɪə, əkéɪə/ アカイア《南ギリシアの Peloponnesus 半島北部の地域》.
Achae·an /əkíːən/, **Achai·an** /əkéɪən, əkáɪən/ *a* アカイア (Achaea) の; アカイア人[文化]の; ギリシアの. ► *n* アカイア人; ギリシア人 (Greek).

Acháean Léague [the] アカイア同盟《280 B.C. アカイアに結成されのちに Peloponnesus 半島に拡大した諸ポリスの同盟; 146 B.C. ローマに屈服して解散》.
Ach·ae·me·ni·an /ækəmí:niən/ *a, n* 《ペルシアの》アケメネス朝の(王族) (Achaemenid).
Achae·me·nid /əkí:mənəd, əkέm-/ *a, n* (*pl* ~s, **-men·i·dae** /ækəménədì:/, **-men·i·des** /-ménədì:z/) 《ペルシアの》アケメネス朝(558–331 B.C.)の(王家の一員).
Achaia(n) ⇨ ACHAEA(N).
acha·la·sia /èɪkəléɪʒ(i)ə/ *n* 〖医〗弛緩(しかん)不能(症)痙攣, 無弛緩(症), 噴門痙攣. [NL (Gk=without slackening)]
achar·ne·ment /*F* aʃarnəmɑ̃/ *n* 《攻撃の》苛烈, 激烈, 獰猛(どうもう) (ferocity); 熱心.
acha·rya /əʧá:riə/ *n* 〖ヒンドゥー教〗師, 導師《仏教では阿闍梨》. [Skt=one who knows the rules]
Acha·tes /əkéɪtiz/ 〖ギ神〗アカーテース《Aeneas の忠実な部下; cf. FIDUS ACHATES》; 誠実な友[仲間].
ach·cha /əʧá:/ *int* 《インド》なるほど, わかった, いいよ; えっ, おやおや, あれれ. [Hindi]
ache /éɪk/ *vi* **1** 《持続的に》痛む; 《精神的に》つらい, 〈心が〉痛む; 同情する, 気の毒に思う 〈*for*〉: I'm [My body is] *aching* all over. 体じゅう痛い / My head ~s. 頭痛がする. **2** 切望する, …が欲しくて[…したくて]たまらない 〈*for*, *to* do〉. ► *n* 《体の》痛み; 心痛; 渇望: an ~ in one's head 頭痛 / ~s and pains 《体じゅうの》筋肉と節ぶしの痛み, ひどい疲れ. [OE *acan* (v), *æce* (n); 現在の [-k] は v から]
Ache, Atjeh /á:ʧeɪ; ǽʧeɪ/ アチェ《インドネシア Sumatra 島北部の州; 2004 年大津波で潰滅的な被害を受けた; ⇨ ACHINESE》.
Ache·be /ɑ:ʧéɪbeɪ, əʧéɪbi/ アチェベ (**Albert**) **Chinua** (**Iumogu**) ~ (1930–) 《ナイジェリア, Ibo[Igbo] 族出身の小説家・詩人》.
Ach·e·lo·us /ækəlóuəs/ **1** 〖ギ神〗アケローオス《川の神; 一少女をめぐって Hercules と争い, 蛇となり牛となって戦ったが角を折られて敗れた》. **2** [the] アケローオス川 (ModGk **Akhe·ló·os** /ɑ:kəlóuəs/) 《ギリシア西部を南流してイオニア海に注ぐ同国最長の川 (160 km)》.
achene /əkí:n, eɪ-/ *n* 〖植〗痩果(そうか). ♦ **aché·ni·al** *a*
Achenese ⇨ ACHINESE.
Acher·nar /éɪkərnɑ̀:r/ 〖天〗アケルナル《エリダヌス座の α 星; 全天第 9 位の輝星》.
Ach·er·on /ǽkərɑ̀n, -rən/ **1** 〖ギ神〗アケローン《冥界を流れる川; 死者は Charon の舟でこれを渡る》. **2** 冥界, 地獄.
Ach·e·son /ǽʧəs(ə)n/ アチソン **Dean** (**Gooderham**) ~ (1893–1971) 《米国の政治家; Truman 政権の国務長官 (1949–53), 冷戦政策を推進》.
Acheu·le·an, -li·an /əʃú:liən/ *a, n* 〖考古〗アシュール文化(期)(の) (**1**) ヨーロッパで, Abbevillian 文化に続く hand ax を特徴的な石器とする前期旧石器文化 **2**) アフリカで, hand ax を特徴とするすべての文化). [St. *Acheul* フランス北部 Amiens に近い遺跡]
à che·val /*F* a ʃaval/ *adv* 馬にまたがって; またがって; 日和見で, どっちつかずで; 《賭博で》2 つの勝ち目に賭けて, 二股かけて.
achieve /əʧí:v/ *vt* なし遂げる, 成就する (accomplish), 〈功績を〉立てる, 〈名声を〉博する, 〈目的を〉達する (attain). ► *vi* 目的を達する. ♦ **achíev·able** *a* なし遂げられる. **achíev·er** *n* [OF *achever* (*à* to, CHIEF)]
achíeved *a* 達成された; 完成された, みごとな.
achieved státus 〖社〗獲得的地位《個人の努力の結果獲得される社会的地位; cf. ASCRIBED STATUS》.
achíeve·ment *n* 達成, 成就, 成功; 業績, 功績, 手柄; 〖心〗《生徒の》成績, 学力; 〖紋〗大紋章《功績を記念して授けられる紋章つきの盾》; 〖紋〗HATCHMENT: a sense of ~ 達成感 / academic ~ 学力 / quite an ~ 一大偉業.
achíevement àge 〖心〗成就[教育]年齢 (=*educational age*).
achíevement quòtient ACCOMPLISHMENT QUOTIENT; 〖心〗教育指数 (=*educational quotient*) 《教育年齢の暦年齢に対する百分比; 略 AQ》.
achíevement tèst 学力検査, アチーブメントテスト.
Achille /ɑ:ʃí:l; *F* aʃil/ アシール《男子名》. [F; ⇨ ACHILLES]
ach·il·lea /ækəlí:ə, əkíliə/ *n* 〖植〗ノコギリソウ属 (*A-*) の各種草本, アキレア《キク科》. [Gk で 'Achilles の' の意; アキレウスが薬草として用いたという]
Ach·il·le·an /ækəlí:ən/ *a* アキレ(ウ)スの(ような), 不死身の, 大力無双の.
Achil·les /əkíliz/ **1** アキレウス, アキレス《ILIAD 中のギリシアの第一の英雄でトロイアの Hector を倒したが, 唯一の弱点であるかかとを射られて斃(たお)れた; cf. ACHILLES' SPEAR》. **2** 〖天〗アキレス《トロヤ群 (Trojan group) 小惑星の一つ》. ● **~ and the tortoise** アキレウスと亀《Zeno of Elea の逆説の一つ》.
Achílles(') héel 弱点, 急所, 泣きどころ.
Achílles' spéar アキレウスの槍《アキレウスの持っている槍; この槍による傷は, そのさびをつけると治るという》.
Achílles(') téndon 〖解〗アキレス腱.
Ách·ill Ísland /ǽkəl-/ アキル島《アイルランド北西岸沖の島》.
achim·e·nes /əkímənì:z/ *n* (*pl* ~) 〖植〗アキメネス, ハナギリソウ《熱帯アメリカ原産イワタバコ科ハナギリソウ属 (*A-*) の草本; らっぱ状の美花をつける》. [NL]
Achi·nese, Ache- /æʧəní:z, ɑ̀:-, *-s/ *n* **a** (*pl* ~) アチェ族《Sumatra 北部のイスラム教徒》. **b** アチェ語《オーストロネシア語族に属する》.
ach·ing /éɪkɪŋ/ *a* 痛む; 痛みをひき起こす; 心が痛む; あこがれをいだかせる.
áching·ly *adv* 心が痛むほど; ひどく, すごく.
achi·o·te /ɑ:ʧióuti/ *n* *〖植〗ベニノキ (annatto) 《その種, 種から作ったスパイスも指す》. [AmSp<Nahuatl]
achí·ral /eɪ-/ *a* 〖化〗非キラルの, アキラルの《鏡像が自身と同じで, 鏡像体をもたない》.
Achitophel ⇨ AHITHOPHEL.
ach·kan /á:ʧkən/ *n* アチカン《インドの男性が着る七分丈の詰襟のコート; 前をボタンがけする》. [Hindi]
achlám·y·dàte /eɪ-, æ-/ *a* 〖動〗外套(膜) (mantle) のない〈腹足類〉. [*a*-²]
achla·mýd·e·ous /èɪ-, æ̀-/ *a* 〖植〗《花を保護する》花被のない, 無花被の: an ~ flower 無花被花.
ach-laut /á:xlàut, ǽxlàut, ǽk-/ *n* [ˢA-] 〖音〗ach 音《無声軟口蓋摩擦音; ドイツ語の ach /ax/ やスコットランド方言の loch /lɔx/ の /x/ が代表的な例; cf. ICH-LAUT》.
achlor·hy·dria /èɪklɔ̀:rháɪdriə/ *n* 〖医〗無塩酸症《胃液中の塩酸欠如》. ♦ **-hý·dric** *a* [*a*-²]
Acho·li /əʧóuli/ *n* **a** (*pl* ~, ~s) アチョリ族《ウガンダ北部および南スーダンの民族》. **b** アチョリ語《ナイル諸語の一つ》.
achón·drite /eɪ-/ *n* 〖鉱〗無球粒[無球顆]隕石, アコンドライト. ♦ **achòn·drít·ic** *a*
achon·dro·pla·sia /èɪkɑ̀ndrəpléɪʒ(i)ə, -ziə/ *n* 〖医〗軟骨発育[形成]不全(症). ♦ **-plas·tic** /-plǽstɪk/ *a, n*
achoo ⇨ AHCHOO.
achór·date /eɪ-/ *a, n* 〖動〗無脊索の(動物) (opp. *chordate*).
Achray /əkréɪ/ [Loch] アクレイ湖《スコットランド中部にある湖; Katrine 湖と連絡している》.
ach·ro·mat /ǽkrəmæ̀t/ *n* ACHROMATIC LENS; 〖医〗全色盲者.
achro·mat- /èɪkroumǽt, æ̀k-, -krə-/, **achro·mato-** /-mǽtou, -tə/ *comb form* ACHROMATIC の意.
ach·ro·mat·ic /ækrəmǽtɪk, eɪ-/ *a* 無色の; 〖光〗色収差を補正した, 色消しの; 〖生〗非染色性の, 非染色質からなる, 無色の; 〖楽〗全音階の (diatonic): ~ vision 明暗視, 全色盲. ♦ **-i·cal·ly** *adv* **ach·ro·ma·tic·i·ty** /ækroumətísəti/ *n* [F (*a*-²)]
achromátic cólor 〖理〗無彩色《白色・黒色など; opp. *chromatic color*》.
achromátic léns 〖光〗色消しレンズ (=*achromat*).
achró·ma·tin /eɪ-; ə-/ *n* 〖生〗《細胞核の》不染色質. ♦ **achrò·ma·tín·ic** *a* [*-in*²]
achró·ma·tìsm /eɪ-, æ-; ə-/ *n* 無色性; 〖光〗色消し, 〖医〗色盲 (achromatopsia).
achro·ma·tize /eɪkróumətàɪz, æ-; ə-/ *vt* 無色にする; 〈レンズを〉色消しにする.
achro·ma·top·sia /èɪkròumətɑ́psiə, æ-; ə-/ *n* 〖医〗(全)色盲.
achro·ma·tous /eɪkróumətəs; ə-/ *a* 無色の; 《正常のものより》色の薄い.
achro·mic /eɪkróumɪk; ə-/ *a* 無色の; 〈赤血球・皮膚が〉色素欠如(症)の, 色素脱失性の.
A chromosome /éɪ ─/ 〖遺〗A 染色体《過剰染色体以外の通常の染色体》.
achro·mous /eɪkróuməs; ə-/ *a* ACHROMIC.
Achro·my·cin /èɪkrəmáɪs(ə)n, æk-/ 〖商標〗アクロマイシン《テトラサイクリン (tetracycline) 製剤》.
achy /éɪki/ *a* 痛み (ache) のある, 痛む. ♦ **ách·i·ness** *n*
ach·y·fi /ʌxəví:/ *int* 《ウェールズ》うんざりだ, いまいましい!《いや気・憎悪の表現》.
acic·u·la /əsíkjələ/ *n* (*pl* **-lae** /-lì:, -làɪ/, ~s) 〖生・鉱〗針形[針状]のもの[突起, 結晶]. ♦ **acíc·u·lar** *a* [L (dim)<*acus* needle]
acic·u·late /əsíkjələt, -lèɪt/ *a* 針状突起のある; 針でひっかいたような条痕のある; 針形の, 針状の. ♦ **acíc·u·làt·ed** *a*
acic·u·lum /əsíkjələm/ *n* (*pl* **-la** /-lə/, ~s) 〖植〗ACICULA; 〖動〗《環形動物の》足刺(そく), 足針.
ac·id /ǽsəd/ *n* 〖化〗酸; 〖薬〗酸剤; 酸っぱいもの, 酸味(のもの); 《俗》LSD; 辛辣なことば[批評, 諷刺など]; ACID HOUSE. ● **behind** ~ *《俗》LSD を使用して, LSD に酔って. **come the** ~ "《俗》偉ぶる, 冷たくする[あたる]; "《俗》いやみを言う, いやみなことをする; "《俗》人に責任を転嫁する. **put on the** ~ 《俗》shoot the SHIT. **put the** ~ **on** sb 《豪俗》人に借金[恩恵]を強要する, せがむ, ねだる. ► *a* **1** 酸っぱい, 酸味のある (sour); 〖化〗酸(性)の (opp. *alkaline*); 〖地質〗〈岩石・土壌が〉酸性の (opp. *basic*); 〈胃(の状態)が〉胃酸過多の; 〖冶〗酸性法の: an ~ reaction 酸性反応. **2** 〈気質・顔つき・ことばが〉とげとげしい, 不機嫌な, 辛辣な; 〈色彩が〉刺激的な. ♦ **~·ly** *adv* とげとげしく, 辛辣に, 気むずかしそうに. **~·ness** *n* [F or L (*aceo* to be sour)]

A

ácid anhýdride 〘化〙 酸無水物《酸から 1 個ないし複数個の水分子が除去されたもの》.
ac·i·dan·the·ra /æsədǽnθərə/ *n* 〘植〙 アシダンテラ属 (*A-*) の各種の草本《熱帯アフリカ原産; アヤメ科》.
ácid dròp ᴵᴵ酸味キャンディー.
ácid dúst 酸性塵《大気汚染物質》.
ácid dýe [cólor] 〘化〙 酸性染料《主に 羊毛・絹の染色用》.
ácid fallout 酸性降下物, 《特に》酸性雨 (acid rain).
ácid-fàst *a* 〈細菌・組織が〉抗酸(性)の.
ácid flúsh 酸性出水《大気汚染による酸性降水 (雨・雪など) の河川などへの流出》.
ácid-fòrm·ing *a* 〘化〙 酸を形成する (acidic); 〈食品が〉酸形成性の《体内で酸性物質を生じる》.
ácid frèak 《俗》 ACIDHEAD.
ácid fùnk*《俗》 LSD 使用後の落ち込み.
ácid hálide 〘化〙 酸ハロゲン化物.
ácid·hèad *n* 《俗》 LSD 常習者.
ácid hòuse [ˢA- H-] アシッドハウス《シンセサイザーによる幻惑的なサウンド効果と地鳴りのようなベースを特徴とする音楽》.
ácid hòuse pàrty アシッドハウスパーティー《若者が週末に郊外の建物を借り切って, acid sound の中をしばしば幻覚剤などを使って夜通し開くパーティー》.
acid·ic /əsídɪk, æ-/ *a* 酸を形成する (acid-forming); 〘化・地質〙 ACID; 酸っぱい; 〈態度・気質が〉とげとげしい, 辛辣な.
aci·dif·er·ous /æsədíf(ə)rəs/ *a* 酸を含む[生じる].
acid·i·fy /əsídəfàɪ, æ-/ *vt, vi* 酸っぱくする[なる], 酸敗させる[する]; 辛辣にする[なる]; 〘化〙 酸性化する. ♦ **-fì·er** *n* 酸性化するもの; 酸性度を高めるもの, 土壌酸化剤. **acíd·i·fì·able** *a* **acìd·i·fi·cá·tion** *n* 酸性化; 酸敗.
ac·i·dim·e·ter /æsədímətər/ *n* 〘化〙 酸滴定器, 酸定量器.
ac·i·dim·e·try /æsədímətri/ *n* 〘化〙 酸滴定. ♦ **ac·i·di·met·ric** /æsədəmétrɪk, əsìdə-/ *a*
acid·i·ty /əsídəti, æ-/ *n* 酸味; 〘化〙 酸度; 酸過剰, 《特に》胃酸過多; 不機嫌さ, 辛辣さ.
ácid jázz アシッドジャズ《ジャズ・ファンク・ソウル・ヒップホップなどの要素を取り込んだダンスミュージック》.
ácid·less tríp*《俗》 LSD なしの恍惚《sensitivity training に対する皮肉》.
ácid míst 《大気汚染による》酸性ミスト《空中に浮遊する酸性の微小水滴》.
ácid nùmber 〘化〙 酸価 (=*acid value*)《脂肪 1g 中に含まれる遊離脂肪酸を中和するのに要する水酸化カリウムの mg 数》.
ac·i·dom·e·ter /æsədámətər/ *n* ACIDIMETER.
acid·o·phil /əsídəfìl, ǽsədə-/, **-phile** /-fàɪl/ *n* 〘解〙 好酸性白血球, 好酸球; 〘生〙 好酸性細胞[組織, 物質, 微生物など]. ► *a* ACIDOPHILIC.
ac·i·do·phil·ic /æsədoufílɪk, əsìdə-/, **ac·i·doph·i·lous** /æsədáf(ə)ləs/ *a* 〘生〙 好酸性の《(1) 酸性色素に染まりやすい (2) 酸性の環境を好む[でよく繁殖する]》.
ac·i·doph·i·lus /æsədáfələs/ *n* アシドフィルス菌《ヨーグルト製造, 腸内細菌叢の正常化に使われる乳酸桿菌の一種》; 乳酸菌飲料.
ac·i·do·sis /æsədóusəs/ *n* (*pl* **-ses** /-sì:z/) 〘医〙 アシドーシス《酸(性)血症, 酸毒症; cf. ALKALOSIS》. ♦ **àc·i·dót·ic** /-dát-/ *a*
ácid pàd*《俗》 麻薬をやる場所《家・アパート》.
ácid phósphatase 〘生化〙 酸性ホスファターゼ《特に ヒトの前立腺に多いエステラーゼなど酸性条件下で最大活性を示すホスファターゼ》.
ácid precipitátion 酸性降水《大気汚染による酸性の雨や雪》.
ácid ràdical 〘化〙 酸基.
ácid ráin 《大気汚染による》酸性雨.
ácid ròck 《俗》 アシッドロック《歌詞・曲調が LSD の影響を思わせるサイケデリックなロック音楽》.
ácid sàlt 〘化〙 酸性塩.
ácid snów 《大気汚染による》酸性雪.
ácid sóil 酸性土壌.
ácid sóund アシッドサウンド《LSD や麻薬の陶酔感を感じさせる幻覚的な音楽; cf. ACID HOUSE》.
ácid tést [the] 厳密な検査, きびしいチェック; *《俗》 LSD 体験パーティー.
ácid-tóngued *a* 舌鋒鋭い, 辛辣な.
ácid trìp 《俗》 LSD による幻覚体験.
acid·u·late /əsíʤəlèɪt/ *vt* …に(少し)酸味[酸性]をおびさせる; (やや)辛辣にする. ♦ **-làt·ed** *a* **acìd·u·lá·tion** *n*
acid·u·lous /əsíʤələs/, **acid·u·lent** /əsíʤələnt/ *a* 酸味のある, 酸っぱい; 辛辣な. [L; ⇨ ACID]
acid·uria /æsəd(j)ʊ́əriə/ *n* 〘医〙 酸性尿(症).
ácid vàlue 〘化〙 酸価 (acid number).
ácid-wàshed, -wàsh *a* 〈ジーンズなどが〉漂白して洗いざらしの味わいを出した.
ác·idy *a* 酸味のある, 酸っぱい.
ac·i·er·age /ǽsiərɪʤ/ *n* 鉄めっき, 鋼化 (steeling)《金属板表面に電解法で鉄の箔をかぶせること》.
ac·i·er·ate /ǽsiərèɪt/ *vt* 〈鉄を〉鋼に変える, 鋼化する.
ác·i·fòrm /ǽsə-/ *a* 針状の; 針のように先がとがった.
ac·i·nác·i·fòrm /æsənǽsə-/ *a* 〘植・解〙 〈葉が〉偃月刀(えんげつとう)状の, 三日月形の.
ac·i·nar /ǽsənər, -nà:r/ *a* ACINUS の[に関する, からなる].
acín·i·fòrm /əsínə-/ *a* ブドウのふさのような: an ～ gland 〘解〙 ブドウ状腺.
ac·i·nose /ǽsənòus/ *a* ACINOUS.
ac·i·nous /ǽsənəs/ *a* 〘植〙 小核(果)[(腺)小胞]からなる[を含む], 小胞状の, ふさ状の: an ～ gland 小胞[ブドウ状]腺.
ac·i·nus /ǽsənəs/ *n* (*pl* **-ni** /-nàɪ/) 〘植〙 粒状果《ブドウなどの小核果》; 小核《ブドウなどの核》; 〘解〙 腺房, 細葉, 小胞. [L=cluster]
Acis /éɪsəs/ 〘ギ神〙 アーキス《Sicily 島の羊飼いの美少年で Galatea の恋人; 二人の仲をねたんだ Polyphemus が大岩を投げて殺すと, その血は清らかな川 (the Acis) となった》.
ack. acknowledge ♦ acknowledgment.
ack-ack /ǽkæ̀k/ 《口》 *n* 高射砲(の砲火); 高射砲隊. [通信用語 *AA* (=*a*nti*a*ircraft fire) の転訛]
ac·kee, ak·ee /ǽki:, ─ ́/ *n* 〘植〙 アキー《(1) 熱帯アフリカのムクロジ科の高木; 果実は生では有毒だが加熱すれば食用となる (2) 熱帯アメリカのムクロジ科の高木; その食用果実》. [(West Africa)]
ack em·ma /ǽk ɛ́mə/ *adv, n* ᴵᴵ《口》 午前(に) (cf. PIP EMMA): at 10 ～ 午前 10 時に. [*a.m.* の通信用語]
ack·ers /ǽkərz/ *n pl* ᴵᴵ《口》 金, ぜに (money). [Egypt *akka* one piastre]
ac·knowl·edge /ɪknálɪʤ, æk-/ *vt* **1** (真実[事実]であると)認める; 〈人・権威・地位・権利などを〉認める; 〘法〙 (正式に)承認する, 認知する: ～ one's fault 自分が悪かったと認める / ～ the truth of it = ～ it *as* true = ～ it *to be* true = ～ *that* it is true それを真実だと認める / Do you ～ this signature? この署名は確かにきみの署名ですか / He ～*d* the child *as* his. その子供を認知した. **2** 〈手紙・支払いなど〉の受領を知らせる; 〘通信〙 …の受取りを確認する: We ～ (receipt of) your letter. お手紙確かにいただきました. **3** 〈親切・贈り物など〉に謝意を表わす; 〈挨拶・声援(する人)など〉に答礼する; 《表情・身振りで》…にあいさつする: She ～*d* me with a slight nod. 私に気づいて軽く会釈した. ♦ **～·able** *a* [*ac-*, KNOWLEDGE]
ac·knówl·edged *a* 広く認められた, 定評のある. ♦ **～·ly** /-əʤ(ə)d-/ *adv*
ac·knówl·edg·ment | -edge- *n* **1** 承認, 認容; 自認, 白状; 〘法〙 承認(書), 認知, 《署名の真正性などの》確認; 《真価などを》世に認められること, 好評. **2** 受取りの通知[証明], 領収書, 礼状; 〘通信〙 確認応答, 受取り確認: ～ of receipt 受領確認(の通知). **3** 感謝のしるし[ことば], 答礼, 返しの挨拶, [*pl*] 《協力者などに対する著者の》謝辞: bow one's ～*s* (*of* applause) (喝采に対して)会釈して答える. ● **in ～ of**…を承認して, …への感謝のしるしとして; …の返礼に, …の返事に.
aclín·ic líne /eɪ-/ 〘理〙 無伏角線 (=*magnetic equator*).
ACL /éɪsì:él/ *n* ANTERIOR CRUCIATE LIGAMENT.
ACLS advanced cardiac life support.
ACLU °American Civil Liberties Union.
aclút·ter /ə-/ *a* ごったがえして(いる). [*a-*[1]]
ac·me /ǽkmi/ *n* [the] 絶頂, 頂点, 極致, 全盛期; 〘古生〙 アクメ, 最繁栄期《生物の系統発生で発生期と絶滅期との間の繁栄の時期》. [Gk=highest point]
Ácme·ist *n* アクメイスト《20 世紀初頭に象徴主義を排し新古典主義を目指したロシア詩人》. ♦ **Ácme·ism** *n* アクメイズム.
ácme thrèad 〘機〙 アクメねじ《ねじやまの頂部が平らで, 断面が台形状のねじ》.
ac·mite /ǽkmàɪt/ *n* 〘鉱〙 錐(すい)輝石《アルカリ輝石の一》.
ac·ne /ǽkni/ *n* 〘医〙 痤瘡(ざそう), アクネ《尋常性痤瘡(にきび)など》. ♦ **～d** *a* [NL<Gk *akmas* (acc pl)〈 *akmē* facial eruption; 語形は L で *aknas* と誤ったもの]
ac·nei·génic /æ̀kniə-/ *a* 〘医〙 痤瘡誘発[形成]性の.
ácne ro·sá·cea /-rouzéɪʃiə/ 〘医〙 酒皶(しゅさ)性痤瘡[アクネ], 赤鼻.
ac·node /ǽknòud/ *n* 〘数〙 孤立点 (isolated point).
acock /əkák/ *adv, pred a* ぴんと立てて, 斜めに傾けて: with ears ～ 〈犬などが〉耳をぴんと立てて / set one's hat ～ 帽子をあみだにかぶる. [*a-*[1]]
acóck·bìll *adv, a* 〘海〙 〈錨が〉吊錨(つりびょう)で[の], 〈帆桁が〉甲板面に対して斜めに[の].
acóe·lo·màte /eɪ-/ *a* 〘動〙 体腔 (coelom) のない, 無体腔の. ► *n* 無体腔動物, 扁形動物. [*a-*[2]]
Aço·ka /əʃóukə, əsóu-/ AŚOKA.
Ac·ol /ǽk(ə)l/ *n* 〘トランプ〙 アコル《英国のブリッジ選手権大会で用いられる標準的な競りの方式》. [*Acol* Road, London]
acold /əkóuld/ *a* 《古》 寒い, 冷たい.
ac·o·lyte /ǽkəlàɪt/ *n* 〘カト〙 侍祭, アコライト; ミサ答え, 侍者 (altar boy); 《一般に》助手, 従者, 取巻き, 新参(者); 〘天〙 衛星. [OF or L (Gk *akolouthos* follower)]
Aco·ma /á:kəmɔ̀:, -ə, ǽk-/ アコマ《New Mexico 州中西部 Albuquerque の西方にあるインディアン部落 (pueblo); 700 年の文化を

もつ米国最古のインディアン社会》. [Sp=people of the white rock]

à compte /*F* a kɔ̃:t/ *adv* 内金として. [F=on account]

Acon·ca·gua /ækənkɑ́:gwə; -kǽg-/ アコンカグア《アルゼンチン西部 Mendoza 市の西方, チリ国境の近くにある高峰; Andes 山脈, 西半球の最高峰 (6960 m)》.

ac·o·nite /ǽkənàɪt/ *n* **a**〘植〙トリカブト,《特に》ヨウシュトリカブト《毒草》; アコニット根《その乾燥根; 解熱·鎮痛薬》. **b**〘植〙キバナセツブンソウ (WINTER ACONITE). ♦ **àc·o·nít·ic** /-nít-/ *a* [F or L *aconitum*<Gk]

acon·i·tine /əkɑ́nətì:n, -tən/ *n*〘薬〙アコニチン《aconite の葉と根から採るアルカロイド; 猛毒》.

ac·o·ni·tum /æ̀kənáɪtəm/ *n*〘植〙トリカブト属 (*A*-) の各種の宿根草, アコニット; アコニット根 (ACONITE).

acop·ic /əkɑ́pɪk/ *a*〘医〙疲労回復の.

Açores /əsɔ́:rɪʃ/ アソーレシュ《AZORES のポルトガル語名》.

acorn /éɪkɔ̀:rn, *-kərn/ *n* どんぐり,〘植〙殻斗(かくと)果《oak の実》: Great oaks from little ～*s* grow.《諺》オークの大樹も小さきどんぐりより育つ / Every oak must be an ～.《諺》オークの大樹ももとはみなどんぐり. [OE *æcern* nut; のちに oak と corn と関連づけられた]

ácorn bàrnacle〘動〙フジツボ (富士壺) (=*acorn shell, rock barnacle*).

ácorn cùp 殻斗(かくと), ちょく.

ácorn dùck*〘鳥〙アメリカオシ (wood duck).

ácorn shèll〘動〙フジツボ (acorn barnacle).

ácorn squàsh* どんぐり形のカボチャ《小振りで暗緑色の冬カボチャ》.

ácorn tùbe エーコン管《どんぐり形の高周波電子管》.

ácorn vàlve‖ ACORN TUBE.

ácorn wòrm〘動〙ギボシムシ《腸鰓(ちょうさい)綱》.

à corps per·du /*F* a kɔ:r pɛrdy/ *adv* 猛烈に, 必死に, がむしゃらに.

A Co·ru·ña /ɑ: kourú:njɑ:/, (Sp) **La Coruña** /lɑ̀: kourú:njɑ:/ ア·コルニャ, ラ·コルニャ《**1**) スペイン北西部 Galicia 自治州の大西洋に臨む県 **2**) その県都·港町; 英語名 Corunna》.

acòt·y·lé·don /eɪ-, æ-/ *n*〘植〙無子葉植物《コケ類·シダ類など》. ♦ **～·ous** *a* 無子葉の. [*a*-[2]]

acou·chi, -chy /əkú:ʃi/ *n*〘動〙アクーシ《南米の数種のパカ》. [(Guiana)]

acou·me·ter /əkú:mətər/ *n* アクーメーター (audiometer).

à coup sur /*F* a ku sy:r/ *adv* 確かに, 間違いなく. [F=with sure stroke]

acous·ma /əkú:zmə/ *n* (*pl* **～s, -ma·ta** /-tə/)〘心〙要素幻聴.

acous·tic /əkú:stɪk/, **-ti·cal** *a* 聴覚の, 耳の, 聴神経の; 可聴音の, 音波の;〘楽〙電子装置を用いない〈楽器〉, 生楽器を用いる[による]〈演奏(者)など〉, アコースティックな;〈建築材料など〉防音の, 音響抑制の; 音波で作動[制御]できる〈機雷など〉; 音響(学)上の: ～ education 音感教育 / an ～ instrument 聴話器, 補聴器; アコースティック[生]楽器. ► *n* ACOUSTICS; アコースティック[生]楽器. ♦ **-ti·cal·ly** *adv* [Gk (*akouō* to hear)]

acóustical clóud《コンサートホールの天井近くの》音響反射板.

acóustical hológraphy《光の代わりに音波を用いる》音波ホログラフィー. ♦ **acóustical hólogram** *n*

acóustic cóupler 音響カプラー《テレタイプ·コンピューターの信号などを音波に変え電話回線につなぐ装置》.

acóustic féature〘音〙音響特性《言語音の高低·振幅および弁別的素性など》.

acóustic féedback〘電子工〙音響的フィードバック《出力側から入力側への音の過度の還流; ハウリングの原因となる》.

acóustic guitár アコースティックギター, アコギ, 生ギター (Spanish guitar).

ac·ous·ti·cian /æ̀kù:stíʃ(ə)n, əkù:s-/ *n* 音響学者; 音響技師.

acóustic impédance〘音響〙音響インピーダンス《音場中の所与の面における音圧と体積速度の比》.

acóustic míicroscope 音波顕微鏡《対象物を音波で走査して光学像を描く》. ♦ **acóustic micróscopy** *n*

acóustic míne 音響機雷.

acóustic nérve〘解〙聴神経 (auditory nerve).

acóustic pérfume「音の香水」《耳ざわりな騒音を隠してくれる適度な背景音; cf. WHITE NOISE》.

acóustic phonétics 音響音声学.

acóus·tics *n* [〈*sg*〉] 音響学; [〈*pl*〉]《ホール·劇場などの》音響効果 (=*acoustic*); [〈*pl*〉] 音質.

acóustic shóck《ヘッドホンなどで大音量を聴いて起きる》音響(性)外傷, イヤホン[ヘッドホン]難聴.

acóustic torpédo 音響魚雷.

acóustic wáve 音波 (sound wave).

acous·to- /əkú:stou, -tə/ *comb form*「音」「音波」「音響(学)」[Gk ACOUSTIC]

acòusto·eléctric *a* 音響電気の (electroacoustic): ～ effect 音響電気効果.

acòusto·electrónics *n* 音響電子工学. ♦ **-electrónic** *a*

acòusto-óptics *n* 聴覚光学《聴覚現象と光学現象の関連を研究する》. ♦ **-óptic, -óptical** *a*

à cou·vert /*F* a kuvɛ:r/ おおわれて(いる); 雨風のかからない(ように); 安全な[に].

ACP African, Caribbean, and Pacific (associables [countries, states])《ロメ協定 (Lomé Convention) の受益国》♦ American College of Physicians 米国内科医師会 ♦〘英〙Association of Clinical Pathologists 臨床病理学会.

acpt〘銀行〙acceptance.

ac·qua al·ta /ɑ́:kwɑ: ɑ́:ltɑ:/ 高潮. [It=high water]

ac·quaint /əkwéɪnt/ *vt*〈人〉に知らせる, 熟知させる, 告げる〈*with* a fact, *that, how*〉;〈人〉に面識を得させる: ～ one*self with*…と知り合いになる; …に通じる / be [get, become] ～*ed with*…〈人〉と知り合いである[になる];〈事〉をよく知っている[知る]. [OF<L; ⇨ AD-, COGNIZANCE]

acquáint·ance *n*《体験·研究によって得た》知識, 心得〈*with*〉; 知り合いであること, 面識〈*with*〉;《面識はあるが親密ではない》知り合い, 知人; [ˢ〈*pl*〉] 知り合い, 知人たち《集合的》;〘哲〙《間接知 (knowledge by description) に対して》直接知 (=knowledge by [of] ～): on further [closer] ～ もっと深く知るようになれば / not a friend, only an ～ 友人でなく単なる知り合い / have a bowing [nodding, passing] ～ *with*…〈人·事物〉を少し知っている, わずかな知識[面識]しかない / have a wide ～=have a wide circle of ～*s* 顔が広い / cultivate sb's ～ 人と近づきになろうと努める / have a slight [an intimate] ～ *with*…を少し[よく]知っている / make [seek] the ～ of sb=make [seek] sb's ～ 人と知り合いになる[なろうと努める] / renew one's ～ *with*…と旧交を温める / cut [drop] one's ～ *with*…と交際をやめる[絶交する] / for old ～('s) sake 古いよしみで / gain ～ *with*…を知る. ● SCRAPE **(an) ～ with**…. ♦ **～·ship** *n* 知り合いであること, 面識; 知識, 心得. [OF (↑)]

acquáintance ràpe 知人による強姦,《特に》DATE RAPE.

ac·quest /əkwést, æ-/ *n* 取得(物) (acquisition);〘法〙《相続でなく得た》取得財産.

ac·qui·esce /æ̀kwiés/ *vi* 黙認する, 黙従する, 不本意ながら従う〈*in* [*to*] a proposal〉. [L; ⇨ QUIET]

àc·qui·és·cence *n* 黙従, 黙認, 黙諾〈*in, to*〉.

àc·qui·és·cent *a* 黙従[黙認]する, 従順な. ♦ **～·ly** *adv*

ac·quire /əkwáɪər/ *vt*〈財産·権利などを〉取得[獲得]する〈*from*〉;〈性癖·嗜好·学力·鑑識力などを〉身につける;〈病気など〉に感染する, かかる;〈美徳などが〉〈評判などを〉もたらす,〈悪評を〉買う;〈目標物を〉《探知器で》捕捉する; [*joc*]《不正な手段で》入手する: ～ a foreign language 外国語を身につける / ～ a habit 癖がつく / ～ a taste *for*…の味をおぼえる, 好きになる / ～ currency 広まる. ♦ **ac·quír·able** *a* **ac·quìr·ée** *n* 被買収人[企業]. **ac·quír·er** *n* 取得者, 買収人[企業] [OF<L (*ad*-, *quisit- quaero* to seek)]

ac·quíred *a* 獲得した, 既得の〈権利など〉;〘生〙獲得性の, 後天性の (opp. *hereditary, innate*).

acquíred behávior〘心〙習得的行動.

acquíred cháracter [characterístic]〘生〙獲得形質, 後天性形質.

acquíred dríve〘心〙獲得[習得]動因《金銭欲など, 遺伝よりも経験によって身に着いた動因》.

acquíred immúne defíciency [immunodefíciency] sỳndrome〘医〙後天性免疫不全症候群, エイズ (AIDS).

acquíred táste《何度か試して》習いおぼえた嗜好[趣味]; [an ～] 徐々によさがわかるもの[飲食物, 人].

acquíre·ment *n* 取得, 獲得, 習得;《努力·修練によって身につけた》技能, 学力, 教養, 才芸《など》.

ac·qui·si·tion /æ̀kwəzíʃ(ə)n/ *n* 取得, 獲得, 習得;《企業などの》買収; 取得物, 購入品, 獲得した人,《意義のある》追加物, 修練で身につけたもの;〘宇〙《レーダーによる人工衛星·探測器の》捕捉; [～s]《企業の》買収部門: language ～〘言〙言語習得 / recent ～*s to* the library 図書館の新規収蔵[新購入]図書. ► *vt* 取得する, 入手する. ♦ **～·al** *a* **ac·quis·i·tor** /əkwízətər/ *n* [ACQUIRE]

acquisítion accòunting‖〘会計〙取得会計, 買収会計 (purchase method*).

ac·quis·i·tive /əkwízətɪv/ *a* 得たがる, 欲しがる〈*of*〉; 得る能力のある, 習得力をもつ; 貪欲な: be ～ *of* knowledge 知識欲がある / an ～ mind 向学心, 欲心 / ～ instinct 取得本能. ♦ **～·ly** *adv* **～·ness** *n*

ac·quit /əkwít/ *vt* (**-tt-**) **1** 無罪にする, 放免する;〈人を任務[義務]から〉解放する〈*of*〉;〈負債を〉支払う;《廃》復讐[返報]する: be *acquitted of* a charge 無罪放免になる / ～ one*self of*…〈義務·責任を〉果たす,〈嫌疑などを〉晴らす / ～ sb *of* his duty 人の任務を解く. **2** [～ *-self*] ふるまう, 本分を果たす;《廃》〈恩義〉に報いる: ～ one*self* well [honorably] りっぱにふるまう. ♦ **ac·quít·ter** *n* [OF<L=to pay debt (*ad*-, QUIT)]

ac·quít·tal *n*〘法〙無罪放免, 釈放; 責任解除;《負債の》返済.

ac·quít·tance *n* 負債の返済; 債務の消滅; 債務消滅証書,《正式の》領収証.

A

acr-, akr- /ǽkr/, **ac·ro-, ak·ro-** /ǽkrou, -rə/ *comb form*「始め」「先端」「肢」「頭」「頂」「(最)高所」「尖鋭」 [Gk *akros* tip, peak]
Ac·ra·gas /ǽkrəgəs/ アクラガス《AGRIGENTO の古代名》.
acasia ⇨ AKRASIA.
ac·ra·sin /ǽkrəsən/ *n* 〖生化〗 アクラシン《細胞粘菌により分泌され, 多細胞体形成に作用する物質》.
acráwl /ə-/ *pred a, adv* …がうようよして, たかって ‹*with*›.
acre /éɪkər/ *n* エーカー《≒4046.8 m²; 略 a》; [*pl*] [*fig*] 地所 (lands); [*pl*]《口》大量;《古》畑地, 畑, 田野 (⇨ GOD'S ACRE): broad ~*s* 広い地所 / the land of the broad ~*s*＝YORKSHIRE / ~*s* of books 莫大な数の書物. ● **farm the long** ~《NZ》道端で牛に草を食わせる. HELL'S **half** ~. ♦ **ácred** *a* …エーカーの‹土地›; 土地[地所]を所有する. [OE *æcer* field]
Acre[1] /ɑ́:krə, ɑ́:kreɪ/ アクレ《ブラジル西部の, ペルーとボリビアに接する州; ☆Rio Branco》.
Acre[2] /ɑ́:kər, éɪkər, ɑ́:krə/ アクレ (Heb **Ak·ko, Ac·cho** /ɑ:kóu/, 新約聖書 Ptolemaïs)《イスラエル北西部の地中海に臨む市・港町; たびたび十字軍の激戦地となった》.
ácre·age *n* エーカー数; 地所 (acres).
ácre-fóot *n* エーカーフット《灌漑用水などの量の単位; 1 エーカーを 1 フィートの深さに満たす量: ＝43,560 cubic ft, 1233.46 m³》.
ácre-ínch *n* エーカーインチ《灌漑用水・土壌などの量の単位: ＝ 1/12 acre-foot, 3630 cubic ft》.
ac·rid /ǽkrəd/ *a* 辛い, にがい, えぐい, 鼻にツンとくる, ピリピリする; 冷酷な, とげとげしい, 辛辣な. ♦ **~·ly** *adv* **~·ness** *n* **ac·rid·i·ty** /ækrídəti/ *n* えぐみ. [L *acer* keen, pungent; 語尾は *acid* の類推か]
ac·ri·dine /ǽkrədì:n, -dən/ *n* 〖化〗 アクリジン《特異臭をもつ無色針状の結晶》: ~ dyes アクリジン染料[色素].
ácridine órange 〖化〗 アクリジンオレンジ《アクリジン色素の一種; 主に 核酸染色に用いる》.
ac·ri·flávine /æ̀krə-/ *n* 〖薬〗 アクリフラビン (＝neutral ~, trypaflavine)《防腐・消毒薬》.
acriflávine hydrochlóride 〖化〗 塩酸アクリフラビン《防腐剤用》.
Ac·ri·lan /ǽkrəlæ̀n, -lən/ 〖商標〗 アクリラン《ポリアクリロニトリル系合成繊維》. [*acrylic*, -*i*-, L *lana* wool]
ac·ri·mo·ni·ous /æ̀krəmóuniəs/ *a* 痛烈な, とげとげしい, 辛辣な, 毒々しい. ♦ **~·ly** *adv* **~·ness** *n*
ac·ri·mo·ny /ǽkrəmòuni; -məni/ *n* 《態度・気質・ことばなどの》とげとげしさ, 辛辣さ. [F or L; ⇨ ACRID]
ac·ri·tarch /ǽkrətɑ̀:rk/ *n* 〖古生〗 アクリターク《分類上の位置づけの不詳な海産化石単細胞生物の総称》.
acrít·i·cal /eɪ-/ *a* 批判的でない, 批判的傾向のない; 〖医〗 危険のない, 無分利の. [*a*-²]
acro- /ǽkrou, -rə/ ⇨ ACR-.
ac·ro·bat /ǽkrəbæ̀t/ *n* 軽業師; 体操の名手; 変わり身の早い人, 身のこなしが巧みな人; 豹変者, 変節漢, 御都合主義者. [F<Gk (*akron* summit, *bainō* to walk)]
àc·ro·bát·ic *a* 軽業的な, 曲芸的な: an ~ dance 曲芸舞踊 / ~ feats 軽業. ♦ **-i·cal·ly** *adv*
àc·ro·bát·ics *n* [‹*sg*›] 軽業, 曲芸, アクロバット; [‹*pl*›] 軽業的芸当, 離れわざ; [‹*sg/pl*›] 曲技飛行.
ácrobat·ìsm *n* ACROBATICS.
àcro·cárpous *a* 〖植〗 ‹蘚類が›頂生果をもつ.
àcro·céntric 〖生〗 *a* 末端動原体型の. ► *n* 末端動原体.
àcro·céphaly *n* OXYCEPHALY. ♦ **-cephálic, -céphalous** *a*
àcro·cyanósis *n* 〖医〗 先端[肢端]チアノーゼ.
acro·dont /ǽkrədɑ̀nt/ 〖解・動〗 (cf. PLEURODONT, THECODONT) *a* ‹歯が›端生の; ‹動物が›端生歯を有する. ► *n* 端生歯動物.
ácro·dròme, acrod·ro·mous /əkrɑ́drəməs/ *a* 〖植〗《ナツメのように》葉脈が先端で合流する(葉を有する).
ac·ro·dyn·ia /æ̀kroudíniə/ *n* 〖医〗《水銀中毒などによる, 特に 幼児の》先端[肢端]疼痛(症).
ac·ro·gen /ǽkrəʤən/ *n* 〖植〗 頂生植物《シダ類・コケ類など》. ♦ **acrog·e·nous** /əkrɑ́ʤənəs/, **ac·ro·gen·ic** /æ̀krəʤénɪk/ *a* **-nous·ly** *adv*
ac·ro·lect /ǽkrəlèkt/ *n* 《ある社会で》最も格式の高い[標準的な]方言 (cf. BASILECT). ♦ **àc·ro·léc·tal** *a*
acro·le·in /əkróuliən/ *n* 〖化〗 アクロレイン《刺激臭のある不飽和アルデヒド; 催涙ガスなどに用いる》. [L *acer* pungent, *oleo* to smell, -*in*²]
ac·ro·lith /ǽkrəlìθ/ *n* 《古代ギリシアの》頭と手足は石で胴は木の像. ♦ **àc·ro·líth·ic** *a*
ac·ro·meg·a·ly /æ̀kroumégəli/ *n* 〖医〗 先端巨大(症)《下垂体ホルモン過剰により頭・あご・手足が肥大するもの》. ♦ **-me·gal·ic** /-məgǽlɪk/ *a, n* 先端巨大症の(人). [F<Gk (*akron* extremity, *megal- megas* great)]
acro·mio·clavícular /əkròumiou-/ *a* 〖解〗 肩峰鎖骨の.
acro·mi·on /əkróumiən/ *n* (*pl* **-mia** /-miə/) 〖解〗 肩峰, 肩先《肩甲骨の外端》. ♦ **acró·mi·al** *a*
ac·ron /ǽkrɑ̀n, -rən/ *n* 〖動〗 先節《節足動物の口の前の, 節に分かれていない部分》. [Gk＝end]
acron·i·cal, -y·c(h)al /əkrɑ́nɪk(ə)l/ *a* 〖天〗 日没時に起こる[現われる]. ♦ **~·ly** *adv*
ac·ro·nym /ǽkrənìm/ *n* 頭字語《例: radar, Unesco, Wac》; INITIALISM; アクロスティック (acrostic). ► *vt* 頭字語化する[で言う]. ♦ **àc·ro·ným·ic** *a* **-i·cal·ly** *adv* [Gk *akron* end, -*onym*; ⇨ NAME]
ac·ro·par·es·the·sia /æ̀kroupæ̀rəsθí:ʒ(i)ə/ *n* 〖医〗 先端[肢端]異常感覚, 先端[肢端]触覚異常《慢性的にしびれや刺痛を手足に感じる》.
acrop·e·tal /əkrɑ́pətl, æ-/ *a* 〖植〗 求頂の, 求頂的な (cf. BASIPETAL). ♦ **~·ly** *adv*
ácro·phòbe *n* 〖精神医〗 高所恐怖症の人.
àcro·phóbia *n* 〖精神医〗 高所恐怖(症), 臨高恐怖. ♦ **àcro·phóbic** *a*
acroph·o·ny /əkrɑ́fəni/ *n* 〖言〗 頭音法《絵文字でその表わす語の第 1 音[字, 音節]を示すこと》.
acrop·o·lis /əkrɑ́pələs/ *n* 《古代ギリシア都市の丘の上の》城砦《中米の国などのこれに似た城砦もいう》; [the A-]《Athens の》アクロポリス. [Gk (*akron* summit, *polis* city)]
ac·ro·sin /ǽkrəsən/ *n* 〖生化〗 アクロシン《精子の先体にあって卵子の表面を溶かす酵素》.
ácro·sòme *n* 〖解〗《精子の頭部前半にある》先体, アクロソーム. ♦ **àc·ro·só·mal** *a*
ac·ro·spire /ǽkrəspàɪər/ *n* 〖植〗 幼芽鞘《種子の発芽するとき最初に出るもの》.
across *prep* /əkrɔ́(:)s, əkrɑ̀s/ **1** …を横切って, …を渡って; …の向こう側へ[で]: a bridge (laid) ~ the river 川に渡した橋 / ~ the street 道路の向こう側に[へ, から] / go ~ the road 道路を横切る / swim ~ a river 川を泳ぎ渡る / live ~ the river 川向こうに住む / a house ~ the street 通りの向こう側の家 / from ~ the sea 海外から. **2** …と十文字[筋かい]に; …とぶつかって, 出くわして: lay one stick ~ another 2 本の棒を十文字に置く / ~ each other 交差して / with a rifle ~ one's shoulder ライフルをかついで / ~ COUNTRY / be ~ a horse's back 馬に乗っている / COME [RUN] ~. **3** …の全域で (throughout); すべて(の種類)にわたって: ~ the country [world] 国[世界]中で. ► *adv* /-⌐/ **1 a** (反対側へ)横切って, 渡って; 反対側に; 反対側まで; 幅[直径]が…で; 横に[で]: hurry ~ to the other side 急いで反対側へ渡る / a lake 5 miles ~ 直径 5 マイルの湖水 / five ~ 《クロスワードの》横の鍵[列]の 5 番 (cf. DOWN¹). **b** (相手に)渡して, わからせて: GET [PUT] ~. **2** 十字形に交差して; ″《方》仲たがいして ‹*with*›: with one's arms [legs] ~ 腕[脚]を組んで. ● **~ from…** 《口》…の向かいに (opposite). ► *a* 十文字の, 交差した. [OF *à* (or *en*) *croix*; ⇨ CROSS]
acróss-the-bóard *a* 全種類を含む,《特に》全員に関係する, 一律の; *《口》〖競馬〗 優勝・2 着・3 着の全部を含む, 複合勝馬投票の‹賭け›; 〖放送〗 月曜日から金曜日まで同じ時間に放送する: an ~ pay raise 一律賃上げ / an ~ program 帯番組.
acróss-the-táble *a* 面と向かった, 直接の‹協議›.
acros·tic /əkrɔ́(:)stɪk, -rɑ́s-/ *n* アクロスティック《各行頭[行末, 中間]の文字をつづると語になる詩; cf. TELESTICH》;《一種の》文字なぞ; ACRONYM: single [double, triple] ~ 語頭[語頭および語末, 語頭と中間と語末]の文字をつづると語になる詩. ► *a* acrostic の(ような). ♦ **-ti·cal** *a* **-ti·cal·ly** *adv* [F or Gk (*akron* end, *stikhos* row)]
acro·ter /ǽkrətər, əkróutər/ *n* ACROTERION.
ac·ro·te·ri·on /æ̀krətíəriɑ̀n, -ən/, **-ri·um** /-riəm/ *n* (*pl* **-ria** /-riə/) 〖建〗 彫像台, アクロテリオン《PEDIMENT の頂上や両端の彫像用台座》. [L<Gk＝summit]
ac·ro·tism /ǽkrətɪz(ə)m/ *n* 〖医〗 脈拍消失[微弱], 無脈拍症. [Gk *krotos* a sound of striking]
ac·ryl·am·ide /æ̀kr(ə)lǽmàɪd, əkrílə-, -əd/ *n* 〖化〗 アクリルアミド《有機合成・プラスチック・接着剤の原料》.
ac·ry·late /ǽkrəlèɪt, -lət/ 〖化〗 *n* アクリル酸塩[エステル]; ACRYLIC RESIN (＝~ **résin**).
acryl·ic /əkrílɪk/ *a* 〖化〗 アクリル酸の; アクリル性の. ► *n* アクリル樹脂; アクリル塗料; アクリル塗装[画]; アクリル繊維. [ACROLEIN]
acrýlic ácid 〖化〗 アクリル酸.
acrýlic cólor アクリルカラー, アクリルえのぐ.
acrýlic éster 〖化〗 アクリル酸エステル.
acrýlic fíber アクリル繊維.
acrýlic páint アクリルえのぐ (acrylic color).
acrýlic páinting アクリル画, アクリルペインティング《アクリルえのぐで描くもので, 水彩・油彩より速乾性と輝度にすぐれる》.
acrýlic plástic アクリル合成樹脂.
acrýlic résin 〖化〗 アクリル樹脂.
ac·ry·lo·nítrile /æ̀krəlou-/ *n* 〖化〗 アクリロニトリル《特異臭の無色の液体; 有機合成・重合に用いる》.

ac·ry·lyl /ǽkrəlìl/ *n* 〔化〕アクリリル(基) (=～ **ràdical** [**gròup**]).

ACS American Chemical Society アメリカ化学会 ♦ American College of Surgeons. **a/cs pay.** °accounts payable.

a/cs rec. °accounts receivable.

act /ǽkt/ *n* **1 a** 行為, しわざ; 〔スコラ哲学〕人間の行為; [the] 《行為の》実行; [the] 性行為; 〔カト〕短い祈り: an ACT OF GOD / ACT OF CONTRITION. **b** [°A-] 行為の証拠として残す正式記録; [A-s, ‹sg›] ⇨ ACTS. **2** [°A-] 《立法府の》制定法, 法律; 《元首・法廷などの》裁決. **3 a** [°A-] 《演劇・戯曲などの》幕, 段; 《寄席・サーカスなどの》(一回の)出し物, 演目, 芸, ネタ, パフォーマンス; 芸人(の一座): a one-～ play 一幕物 / *A*～ I, Scene ii 第一幕第二場. **b** 《口》見せかけの行為, ぶること, '芝居', '狂言'; 《口》模倣, 物まね: keep an [one's] ～ up '芝居'を続ける. **4** 〔英史〕《学位論文の》公開の口述試験. ● **a hard** [**tough**] **～ to follow** 《口》太刀打ちできない(ほどすばらしい)もの[こと, 人] **catch** sb **in the ～** 人が不法行為をしている現場を目撃する; 《口》人のセックスの現場を押える: He was caught *in the* (*very*) ～ *of* stealing. 窃盗の現場を押えられた **clean up** one's **～** *《口》行ない[態度]を改める. **get into** [**in on**] **the ～** 《口》ひと口乗る, 一枚加わる, 参入する, かかわる, 手を出す. **get** one's **～ together** 《口》物事をきちんと処理する, しっかりとする; 《口》‹物事が›順調に動き始める, 調子が出る. **go into** one's **～** 演技を始める; 自分らしくふるまい出す. **in ～ to**… 《古》今にも…しようとしている. **put on an ～** 《口》'芝居' をする, 見かけよくふるまう, 演技する, 装う. one's [**the**] **～ and deed** 後日の証拠とする記録, 証文, 証書. ► *vt* ‹劇を›上演する, ‹役を›演じる; …らしくふるまう; …のふりをする; …ぶる; 《廃》活動させる, 活発にする: ～ Hamlet ハムレットに扮する / ～ the FOOL[1] / ～ a part ひと役つとめる; 狂言する《悪い意味》/ ～ one's part 自分の本分を尽くす / ～ the part [role] of…の役をつとめる; …をまねる / ～ the knave 悪人ぶる / ～ the GIDDY goat. ► *vi* **1 a** 行動する, 行なう, (意志[決定]を)実行[実施]する: We are judged by how we ～. 人は行動のいかんによって判断される / ～ *against*…に反する; …に不利なことをする / ～ *from* [*out of*] greed 欲に駆られて行動する. **b** (…のように)ふるまう; 《形容詞を伴って》動作[所作]が…らしく見える: ～ old 年寄りのようにふるまう, 動作が老けて見える / ～ like a fool ばかみたいにふるまう. **c** ‹…としての›職務[機能]を果たす ‹*as*›; 代行者[代弁者]の役をする ‹*for*›: ～ *as* (a) guide [(an) interpreter] 案内役[通訳]をつとめる / ～ *for* [on behalf of] sb 人の代理をする. **2 a** 役者として舞台に立つ, 役を演じる; うわべだけの '芝居' をする. **b** ‹戯曲・役・場面などが›舞台で演じるのに適している: This play ～*s* as well as reads. この戯曲は読んでよく舞台にも向く. **3 a** 力[影響]を及ぼす, 作用する ‹*on*›; 本来の機能[効能]を発揮する, ‹薬・ブレーキなどが›効く. **b** ‹立法府などが›議決する, ‹法廷などが›決定[判決]する ‹*on*›. ● **～** one's AGE. **～ on**… ‹主義・忠告などに›基づいて行動する, 従う (follow); ‹問題›に取り組む. **～ out** 行動[所作, 身振りなど]で表現する; 実演する; 行動に移す, 実行する; 〔精神分析〕‹抑圧されていた感情を›無意識に行動に表わす, 行動化する; 《感情にまかせて》不都合なふるまいをする, ふてくされる, やけを起こす. **～ up** 《口》(*vi*) (1) ‹子供が›だだをこねる, わるさをする; 人目をひこうとする; ‹馬などが›あばれる. (2) ‹機械など›うまく作動しない, いうことをきかない. (3) ‹病気・傷など›再び悪化する, 再発する. (4) うまく対応する. (5) 《多くは一時的に》昇進する, 上級の仕事をまかされる. (*vt*) (6) ‹人を›困らす. **～ up to**…に従って行動する, ‹主義などを›実践する. [F and L (*act- ago* to do)]

act. 〔文法〕active ♦ actor ♦ actual.

ACT Action for Children's Television 《児童向けテレビ番組の向上を推進する米国の市民団体; 1971 年創立; 本部 Massachusetts 州 Newtonville》♦ °advance corporation tax ♦ American College Test 米大学入学学力テスト《SAT と並ぶ共通学力試験; 両方あわせて受験できる》♦ °American Conservatory Theatre ♦ Association of Classroom Teachers ♦ °Australian Capital Territory.

áct·able *a* ‹戯曲・役・場面など›舞台上演に適した; 実行できる. ♦ **àct·abíl·ity** *n*

Ac·tae·on /æktíːən, ǁǽktiən/ 〔ギ神〕アクタイオーン《Artemis の水浴姿を見たため彼女に呪われて鹿に変えられ, 自分の犬に殺された猟師》.

act·ant /ǽktənt/ *n* 〔言〕行為主, 行為項《valency の理論で, 動詞の表わす過程に関与する名詞(句)》; 《文芸理論で》行為項, アクタント《物語中で中心的な役割を果たす人物・生き物・物》.

Ac·ta Sanc·to·rum /ɑ́ːktə sɑːŋktɔ́ːrum/ [the] 〔カト〕殉教者行伝, 聖人伝集《ベルギーの Jesuit のグループが刊行してきた聖人の生涯と言行の記録集成文書》. [L=Lives of the Saints]

áct brèak 〔劇〕幕あい.

áct dròp 〔劇〕アクトドロップ, 道具幕《幕あいに下ろすたれ幕》.

Ac·te, Ák·te /ǽkti/ アクテ半島《ギリシア北東部, Chalcidice 半島から突き出た 3 つの半島のうち東にある半島》.

acte gra·tuit /*F* akt gratɥi/ 無動機行為, 無償の行為 (=*gratuitous act*).

actg acting.

ACTH, Acth /éɪsìːtìːéɪtʃ, ǽkθ/ *n* 〔生化〕副腎皮質刺激ホルモン, アクス. [*a*dreno*c*ortico*t*rophic *h*ormone]

Ác·ti·an Gámes /ǽktiən-, -ʃiən-/ *pl* [the] アクティウム競技会《Actium で Apollo を祭るため開かれた》; 《Augustus が始めた》アクティウム海戦勝利記念競技会.

ác·ti·gràph /ǽktə-/ *n* 《物質や生物の》活動記録装置.

ac·tin /ǽktən/ *n* 〔生化〕アクチン《筋肉を構成し, ミオシン (myosin) と共にその収縮に必要なタンパク質》.

ac·tin- /ǽktən/, **ac·ti·ni-** /æktínə/, **ac·ti·no-** /ǽktənou, æktínou, -nə/ *comb form*「放射構造をもつ」「放射状の」「イソギンチャクの」「化学線(の特性)の」 [Gk *aktin- aktis* ray]

ac·ti·nal /ǽktən(ə)l, æktáɪ-/ *a* 〔動〕《放射相称動物で》口の, 口部の, 口側の; 触手[射出部]のある (opp. *abactinal*). ♦ **～·ly** *adv*

áct·ing *attrib a* **1** 臨時代理(として)の; 本来の機能を発揮している: an *A*～ Minister 代理公使 / the ～ chairman 議長代理. **2** 舞台(で演じるの)に適した; 演技上の指示を備えた, ト書(ト書き)入りの: an ～ copy 台本. ► *n* 行なうこと, 行動; 演技; 俳優業; 見せかけ, '芝居', '狂言': good [bad] ～ うまい[へたな]演技.

ácting pílot òfficer 〔英空軍〕少尉補.

ac·tin·ia /æktíniə/ *n* (*pl* **-i·ae** /-iìː/, ～**s**) 〔動〕ウメボシイソギンチャク, 《広く》イソギンチャク (sea anemone). ♦ **ac·tín·i·an** *a*, *n* イソギンチャク(の[に似た]).

ac·tin·ic /æktínɪk/ *a* 〔理〕光化学作用の[をもつ], 化学線の. ♦ **-i·cal·ly** *adv*

actínic ráy 〔理〕化学線《光化学作用の強い放射線》.

ac·ti·nide /ǽktənàɪd/ *n* 〔化〕アクチニド《actinide series の元素》.

áctinide sèries 〔化〕アクチニド系列《アクチニウムからローレンシウムまでの 15 元素の系列》.

actíni·fòrm *a* 〔動〕放射(線)形の.

ac·tin·in /ǽktənən/ *n* 〔生化〕アクチニン《横紋筋中の少量タンパク質; 筋原繊維組織の構造維持に関与する》.

ac·ti·nism /ǽktənìz(ə)m/ *n* 〔理〕化学線作用.

ac·tin·i·um /æktíniəm/ *n* 〔化〕アクチニウム《放射性元素; 記号 Ac, 原子番号 89》. [*actin*]

actínium sèries 〔化〕アクチニウム系列《アクチノウランからアクチニウム D までの崩壊系列》.

actino- /ǽktənou, æktínou, -nə/ ⇨ ACTIN-.

àctino·biólogy *n* 放射線生物学.

àctino·chémistry *n* 放射(線)化学, 光化学 (photochemistry). ♦ **-chémical** *a*

àctino·dermatítis *n* 〔医〕放射線皮膚炎.

actíno·gràm *n* 光量[日射]計記録, アクチノグラム.

actíno·gràph *n* (化学)光量計, 日射計, アクチノメーター; 〔写〕露出計.

ac·ti·nog·ra·phy /æ̀ktənɑ́grəfi/ *n* 光量計測, アクチノグラフィー.

ac·ti·noid[1] /ǽktənɔ̀ɪd/ *a* 放射形動物の触手のような; 放射状の, 放射相称をなす.

actinoid[2] *n* ACTINIDE.

ac·tin·o·lite /æktín(ə)làɪt/ *n* 〔岩石〕アクチノ閃石, 陽起石《角閃石の一》.

ac·ti·nol·o·gy /æ̀ktənɑ́lədʒi/ *n* 〔理〕化学線学.

ac·tín·o·mère /æktínə-/ *n* 〔動〕《放射相称動物の》放射体幅.

ac·ti·nom·e·ter /æ̀ktənɑ́mətər/ *n* 〔理〕(化学)光量計, 日射計; 〔写〕露光計, 露出計.

ac·ti·nom·e·try /æ̀ktənɑ́mətri/ *n* 〔理〕(化学)光量測定, 日射量測定, 放射エネルギー測定. ♦ **àc·ti·no·mét·ric** *a*

àctino·mórphic, -mórphous *a* 〔動・植〕放射相称をなす. ♦ **áctino·mòrphy** *n*

ac·ti·no·my·ces /æ̀ktənoumáɪsìːz, æktìnou-/ *n* (*pl* ～) 〔菌〕アクチノミセス属 (*A*-) の放線菌.

àctino·mýcete /, -maɪsíːt/ *n* 〔菌〕放線菌. ♦ **-my·ce·tous** /-maɪsíːtəs/ *a*

àctino·mýcin *n* 〔生化〕アクチノマイシン《地中にすむ放線菌から分離される抗生物質》.

actinomycin D /—— díː/ 〔生化〕アクチノマイシン D (DACTINOMYCIN).

àctino·mycósis *n* 〔獣医・医〕アクチノミセス症, 放線菌症 (=*lumpy jaw*). ♦ **-mycótic** *a*

ac·ti·non /ǽktənɑ̀n/ 〔化〕*n* アクチノン《ラドンの放射性同位元素 (^{219}Rn); 記号 An, 原子番号 86》; ACTINIDE.

ac·tin·o·pod /æktínəpɑ̀d/ *n* 〔動〕軸足虫.

ac·ti·nop·te·ryg·i·an /æ̀ktənɑ̀ptərídʒiən/ *a*, *n* 〔魚〕条鰭(じょうき)亜綱 (Actinopterygii) の(魚)《硬骨魚類の一亜綱》.

àctino·spéc·ta·cin /-spéktəsən/ *n* 〔生化〕アクチノスペクタシン《抗ペニシリン性の性病に効く抗生物質》.

àctino·thérapy *n* 〔医〕化学線療法《紫外線・X 線などの光化学作用の強い放射線を用いる》.

àctino·uránium /, æktìnou-/ *n* 〔化〕アクチノウラン《ウラン 235; 記号 AcU》.

ac·ti·no·zo·an /æ̀ktənəzóuən/ *a*, *n* ANTHOZOAN.

ac·tion /ǽkʃ(ə)n/ *n* **1 a** 行動, 活動; 実行, 実施; しわざ, 行為 (deed); [*pl*] 行状, 平素の行ない; 《常に大胆な決断と行動力を必要とする》活動; *《俗》《企業の》計画: ～ of the mind=mental ～ 心のはたらき / a man of ～ 行動の人《学究的・坐業的な人に対し政治家・軍人・探検家など》/ *A*～*s* speak louder than words. 《諺》行ないはことばよりも雄弁である, 人はことばより行ないで判断される / rouse to ～ 奮起させる. **b**《俳優・演説者などの》所作, 演技; 《運動選手・馬・犬の》体の動き, 足の動かし方; [〈*int*〉]〔映〕演技始め. **c**〔軍〕交戦, 戦闘; ‖INDUSTRIAL ACTION; 《俗》賭博行為, 賭け事, 賭け金; 《俗》違法行為, 犯罪; 性交, 性行為. **2**〔法〕訴え, 訴訟; 〔法〕訴権, 訴訟原因; 《政府・法廷・議会・審議委員会などの》決定, 判決, 議決; 措置, 処置, 方策, 対策. **3**《人体(の部分[器官])や機械仕掛けの》はたらき, 機能; 動いて[はたらいて]いる状態, 動き; 《ピアノ・銃などの》機械装置, 機構, 作動部分, アクション: ～ of the bowels〔医〕便通. **4**《天然現象・薬などの》作用, 影響, 効果; 〔生態〕環境作用: chemical ～ 化学作用 / the ～ of light *on* film 光のフィルムに及ぼす作用. **5**《脚本・詩・物語などの》一連のできごと(の一つ), 筋(の運び), 話の展開 (cf. DRAMATIC UNITIES); 〔美〕《人物像の》生命感, 躍動感. **6**《商品・証券・市場の》動き, 価格変動; 《俗》分け前 (cf. a PIECE of the action). **7**〔理〕作用(量)《エネルギー×時間の次元をもち, その変分が運動方程式を与える量》. ● **～ at a distance** 遠隔作用; [*fig*] '遠隔操作'. **bring (an) ～** 訴訟を起こす〈*against*〉. **bring into ～** 戦闘に参加させる; (…に)行動を起こさせる. **clear for ～**〔海〕戦闘準備をする. **come into ～** 戦争に参加する. **go [swing] into ～** 活動を始める, 動き出す, 始動する. **go out of ～**〈機械が〉動かなくなる. **in ～** 活動中, (元気に)活動して, 試合[競技]中, 戦闘中, 作動中. **out of ～**《一時的に》活動を停止して, 動けなくて, 休止中で. **a PIECE of the ～. put in [into] ～** 運転状態にする; 実行に移す. **put…out of ～**〈けがなどが人を〉活動できなくする; 〈機械を〉動かなくする; 〈軍艦・戦車・飛行機・銃砲など〉の戦闘力を失わせる. **see ～** 戦闘に加わる. **suit the ～ to the word**＝**suit** one**'s ～s to** one**'s words**《文》言行を一致させる, 《約束・脅迫などで》言ったことをすぐ実行する《*Hamlet* 3. 2. 19 から》. **take ～** 作用し始める, はたらき出す; 〈…に対して[ついて]〉行動をとる, 措置を講じる〈*against, on*〉; 訴訟を起こす. **where the ～ is**《口》刺激的な[重要な]活動が行なわれている所, 活気にみちた場所[分野].
► *vt* **1** 実施する, 〈要請など〉にこたえる. **2**《米では古》〈人を〉訴える (sue)〈*for* an offense〉. [OF＜L; ⇨ ACT]

áction·able *a*〔法〕訴えうる, 訴訟可能な, 訴訟を基礎づけるに足る; 実行可能な, 実利的な〈情報〉. ♦ **-ably** *adv*

áction commìttee [gròup] 行動委員会, 行動隊.

áction cùrrent〔生理〕《活動時に神経・筋に発生する》活動電流.

áction·er *n* アクション映画.

áction fìgure 戦闘人形, アクションフィギュア《手足が動くようになっている; 男の子の玩具》.

áction·ist *n* 行動派の人[政治家].

áction·less *a* 動きのない (immobile).

áction lèvel〔米〕限界水準《食品中の有害物質含有量がこれを越えると政府が販売禁止を決定できる》.

Áction Màn 1〔商標〕アクションマン《軍服を着た人形; 男の子の玩具》. **2** [°a- m-]‖《口》[*derog*] 行動派の男, 派手に男らしくふるまう男, マッチョマン《軍事演習など体力の要る活動に熱心な男》.

áction-pàcked *a* アクションシーンの多い, スリリングなできごとが連続する〈映画・ストーリー〉; さまざまな活動[行動]で充実した, 楽しさ満載[盛りだくさん]の〈週末〉.

áction pàinting [°A- P-]〔美〕アクションペインティング《1940 年代末に米国で発生した, 描く行為そのものを重視する抽象画の一様式; cf. TACHISM, Jackson POLLOCK》. ♦ **áction pàinter** *n*

áction potèntial〔生〕活動電位《細胞・組織の興奮時に起こる一過性の電位変化》.

áction rèplay‖ INSTANT REPLAY.

áction spèctrum〔化・生〕作用スペクトル《光生物学的反応を光の波長に対してプロットした図》.

áction stàtion〔軍〕戦闘配置 (battle station*): be at ～*s*〈軍が〉戦闘配置について[戦闘態勢にはいって]いる / *A～s!*〔軍〕戦闘配置につけ!; 《口》《作戦どおり》用意, 抜かるな!

Ac·ti·um /ǽkʃiəm, -tiəm/ アクティウム《ギリシア北西部の Arta 湾口の岬・古代の町; 沖合の海戦で Octavian が Antony と Cleopatra を破り (31 B.C.), ローマ皇帝になった》.

ac·ti·vate /ǽktəvèɪt/ *vt* 活動的にする; 作動させる, 起動する; 〔電算〕アクティブにする; 〔理〕…に放射能を与える, 放射化する; 〔化〕〈分子・炭などを〉活性化する; 〔米軍〕〈部隊〉に戦時編制を施す; 〔スポ〕〈選手を〉戦列に復帰させる; 〔水道〕〈汚水〉の曝気(ばっ)を行なう. ♦ **-và·tor** *n* ⁺〔化〕正触媒, 活性剤, 賦活体[物質], 賦活剤, 〔薬〕活性体[薬]. **àc·ti·vá·tion** *n* ⁺活性化, 賦活; 活動化.

ác·ti·vàt·ed *a* **1** 活性化した, 活性…. **2***《俗》酔って, ほろ酔いの.

áctivated alúmina〔化〕活性アルミナ.

áctivated cárbon [chárcoal] 活性炭.

áctivated slúdge 活性スラッジ, 活性汚泥.

activátion anàlysis〔理・化〕放射化[活性化]分析《試料を放射性化して, その放射能を測定することにより行なう定性・定量分析》.

activátion ènergy〔化〕活性化エネルギー.

activator RNA /— à:rènéɪ/〔生化〕活性化 RNA《遺伝子を活性化する情報を伝達すると考えられている RNA》.

ac·tive /ǽktɪv/ *a* **1 a** 活動的な; 活発な, すばしこい; 積極的な, 能動的な, 意欲[自発]的な; 行動を伴う, 明白な〈敵意・偏見〉; 活気のある; 活動中の〈火山〉(cf. EXTINCT, DORMANT); 活動中の, 現役の〈会員など〉, 〔軍〕現役の (opp. *retired*); 〔医〕〈病気が〉活動性の, 進行[退行]中の: take an ～ interest in…に進んで関係する, 身を入れる / The market is ～. 市場は活発である / an ～ volcano 活火山. **b**〈商況などの〉盛んな; 活動[操業, 運転]中の, 現在取引がある〈口座〉; 〔商〕利益[利息]を生んでいる; 〈法律などが〉有効な, 現行の; 〔ポーカー〕賭ける権利がある, 降りていない: ～ capital 活動資本. **c** 動きの多い, 激しい〈スポーツ〉. **d**〔言〕〈語彙などが〉活用できる (opp. *passive*): one's ～ vocabulary 使用[表現]語彙. **2** 動き[変化]を生じさせる; 《化学的に》有効な; 〔理・化〕反応性[活性, 放射能]のある; 〔天〕活動的な (cf. ACTIVE GALACTIC NUCLEUS); 〔電子工〕〈回路が〉エネルギー源をもっている, 〈素子が〉エネルギーを与える, 能動の (opp. *passive*); 〔生化〕《イオンなどの輸送が》能動の; 〔電算〕〈ウインドーやプログラムなど〉使用[操作]中の, アクティブな: an ～ ingredient 有効成分. **3**〔文法〕能動(態)の, はたらきかけの (opp. *passive*), 〈動詞が〉動作を示す (opp. *stative*): the ～ voice 能動態. ► *n* **1**《名目的な会員に対して》現役会員 (＝～ member); 《政党などの》活動家, 先鋭分子. **2** [ᵘthe]〔文法〕能動態(の形). ♦ **～·ly** *adv* **～·ness** *n* [OF or L; ⇨ ACT]

áctive artículator〔音〕能動調音器官《舌・唇・下あごなど》.

áctive bóard 電子黒板, アクティブボード.

áctive cárbon ACTIVATED CARBON.

áctive cénter〔生化〕活性中心《酵素分子中で, 基質が特異的に結合し, 触媒作用をうける部位》.

áctive cítizen《主に英》活動的市民, 積極市民, アクティブシチズン《犯罪防止や善隣活動に積極的に参加する市民》; [ᵘ*pl*]《俗》[*joc*] シラミ (louse).

áctive cóuple〔ダンス〕アクティヴカップル《コントルダンスやスクエアダンスで中心的役割を果たすカップル》.

áctive dúty*〔軍〕現役(勤務); 戦時[戦地]勤務: on ～ 現役の; 従軍中の.

áctive euthanásia 積極的安楽死《死を早める処置を施して臨死患者を死に導くこと》.

áctive galáctic núcleus〔天〕活動銀河核《通常の恒星では考えられないような活動的なエネルギー源をもつ銀河中心核; 略 AGN》.

áctive immúnity 能動[自動, 自力]免疫《感染・接種などによる免疫; cf. PASSIVE IMMUNITY》.

áctive làyer〔地質〕活動層《永久凍土層の上部の夏期に解氷する部分》.

áctive líst [the]〔軍〕現役名簿: on *the* ～ 現役の〈将校〉, 就役(しゅうえき)中の〈軍艦〉.

áctive máss〔化〕活動量.

active-matrix LCD /—— —— èlsì:dí:/〔電子工〕アクティブマトリックス(型) LCD [液晶表示装置]《すべての pixel に制御用のトランジスターをもつ; cf. PASSIVE-MATRIX LCD》.

áctive sátellite 能動衛星《積載した無線機で電波を受信, 増幅, 再送信する通信衛星; opp. *passive satellite*》.

áctive sérvice〔軍〕ACTIVE DUTY.

áctive síte〔生化〕活性部位《酵素分子中の触媒作用が行なわれる特定部分》.

áctive terminátion〔電算〕能動終端《機器のデージーチェーン (daisy chain) で, 電気的な干渉を補正する機能をもった終端法》.

áctive tránsport〔生理〕能動輸送《生体膜を通してイオン・糖・アミノ酸などを濃度勾配[電位]の低い方から高い方へ送る細胞機能》.

áctive·wèar *n* SPORTSWEAR.

ac·tiv·ism /ǽktɪvɪz(ə)m/ *n* 積極[直接]行動主義《大衆デモなどの実力行使を重視する》; 〔哲〕アクティヴィズム《**1**) 知覚などにおける精神の能動性を強調する考え **2**) 能動的活動が創造的かつ基本的であり, 真理もそのうえで獲得・検証されるとする考え》.

ác·tiv·ist *n, a* 積極[直接]行動主義者(の), 積極[直接]行動主義の, 活動家(の): a human rights ～ 人権活動家. ♦ **àc·tiv·ís·tic** *a*

ac·tiv·i·ty /æktívəti/ *n* **1 a** 活動, 行動, 営み; 活発な[精力的な]動き[行動]; [°*pl*]《具体的な》営為, 活動, 遊び, 仕事, 職業, 事業, 作業; [°*pl*]〔教育〕《通例 教科外に学校の指導の下に行なわれる》自治組織的文化活動; *作業隊[班](の任務): social *activities* 社会事業 / classroom [extracurricular] *activities* 校内[課外]活動. **b** 活発なさま; 《市場の》活況; 〔経〕アクティヴィティ《ある商品 1 単位を生産する生産要素の技術的組合わせ》; 《心身の》正常なはたらき, 〔教育〕アクティヴィティ《経験的な総合理解を目指す学習指導》. **2** 変化を生じさせる力, 〔理・化〕活性, 活動度, 活性度, 活量; 放射能 (radioactivity).

actívity sèries〔理〕起電列 (electromotive series).

ac·tiv·ize /ǽktəvàɪz/ *vt* ACTIVATE.

áct of Cóngress〔米〕連邦議会制定法, 連邦の法律.

áct of contrítion〔カト〕痛悔の祈り.

áct of fáith 信念[信仰]に基づく行為, 《特に》AUTO-DA-FÉ; 〔神学〕信徳(誦); 《口》勘で行なう賭け.

áct of Gód〔法〕神業(かみわざ), 不可抗力, 《予知・予防できない》激しい自然現象, 天変地異, 天災.

áct of gráce [°A-] 恩赦法, 《国会制定法による》恩赦, 大赦; 恩典, 特典.

áct of indémnity 免責法《公務執行中などの違法行為を合法

[正当]化する法律).

Áct of Párliament 〘英〙 国会制定法《国王(・上院)・下院の3者[2者]の協力による最高の法形式》.

áct of wár 《非交戦国に対する不法な》戦争行為.

ác·to·gràph /ǽktə-/ *n* ACTIGRAPH.

ac·to·my·o·sin /æ̀ktəmáɪəsən/ *n* 〘生化〙 アクトミオシン《筋肉の収縮にあずかる複合タンパク質》.

ac·ton /ǽktən/ *n* 〘史〙 鎧下(よろいした), くさりかたびら. [Arab=cotton]

Acton アクトン **John Emerich Edward Dal·berg-～** /dǽlbə̀ːrg-/, 1st Baron ～ (1834–1902)《英国の歴史家》.

ac·tor /ǽktər/ *n* 俳優, 役者, 男優; 演技する人, '役者', はったり屋; 参加者, 関係者; 行為者: a film ～ 映画俳優 / BAD ACTOR. ♦ **～·ish** *a* 俳優の, 俳優らしい; 気取った, 芝居がかった. [L=doer, actor; ⇨ ACT]

áctor-pròof *a* 〈演劇が〉演技のよしあしに関係なくうける, 役者を選ばない.

Áctors' Équity Associàtion 〘米〙 俳優労働組合《1913年創立, AFL-CIO 傘下》.

Áctors Stúdio [The] アクターズ・スタジオ《New York 市にある演劇人養成機関; 1947年創設》.

ac·tress /ǽktrəs/ *n* 女優. ● **as the ～ said to the bishop** 《口》[*joc*] 変な意味じゃなく, 普通の意味で. ♦ **～y** *a* 女優の; 女優らしい; 気取った, 芝居がかった.

Ácts 〘聖〙 使徒行伝(=the **～ of the Apóstles**)《四福音書に続く新約聖書の第5書》.

ac·tu·al /ǽkʧu(ə)l/ *a* **1** 現実の, 実際の, 事実上の; 真の; 現時点[その時点]の, 現行の: the ～ state [locality] 現状[現地] / in ～ fact 事実上 (in fact). **2** 《廃》行動にかかわる. ● **your ～** ″《口》[*joc*] 実際の, 本当の, 本物の. ► *n* [ᵘ*pl*] 現実; [ᵘ*pl*] 〘商〙 現物《futures (先物) に対する語》; 《口》ドキュメンタリー (映画[番組]). [OF<L; ⇨ ACT]

áctual bódily hárm 〘英法〙 身体傷害《故意によるあらゆる身体的加害; 略 ABH; cf. GRIEVOUS BODILY HARM》.

áctual cásh válue 〘保〙《損害保険で, 保険対象財物の》実際価格, 時価《損傷・破壊された財物を同等の新品に取り替える費用から償却・陳腐化相当額を控除した金額; 略 ACV》.

áctual cóst 〘会計〙 実際原価 (cf. STANDARD COST).

áctual gráce 〘カト〙 助力の恩恵[恩寵]《善を強めようとする個人の意志に対する神の助け》.

áctual·ism *n* 〘哲〙 現実(活動)説, 現実主義.

áctual·ist *n* 現実主義者 (realist); 〘哲〙 ACTUALISM の信奉者.

ac·tu·a·li·té /*F* aktɥalite/ *n* 現代的[時事的]興味; [*pl*] 時の話題 (current topics), ニュース.

ac·tu·al·i·ty /æ̀kʧuǽləti/ *n* 現実(性), 実際; 事実; [*pl*] 実情, 現状; 実況記録[録音, 放送]; ドキュメンタリー: in ～ 実際上 / ～ film 《生の》記録映画.

áctual·ìze *vt, vi* 現実化する; 実現する[される]; 写実的に描写する. ♦ **àctual·izátion** *n*

áctual·ly *adv* 現に, 実際に, 実は, 本当は, つまり, まあ; (まさかと思うだろうが)本当に, 実のところ(は) (really); 現時点では, 今のところ: He ～ refused! 本当に拒絶したんですよ!

áctual sín 〘神学〙《自分の意志による》現行罪 (cf. ORIGINAL SIN).

ac·tu·ar·i·al /æ̀kʧuέəriəl/ *a* 保険計理人(の業務)の; 保険計理人の算定した; 保険統計の. ♦ **～·ly** *adv*

ac·tu·ary /ǽkʧuèri; -ʧuəri/ *n* 保険計理人, アクチュアリー; 《廃》《法廷などの》記録係. [L *actuarius* bookkeeper; ⇨ ACTUAL]

ac·tu·ate /ǽkʧuèɪt/ *vt* 〈動力源が機械を〉動かす, 〈装置などを〉発動[始動, 作動]させる; 〈人を〉行動に駆りたてる. ♦ **àc·tu·á·tion** *n* 発動[衝撃]作用. [L=to incite to action; ⇨ ACT]

ác·tu·à·tor *n* 〘機〙 作動器, 作動装置, アクチュエーター.

ACT UP AIDS Coalition to Unleash Power アクトアップ《1980年代エイズ問題への対処を求めて米国で結成された市民運動団体》.

ac·tus re·us /ǽktəs ríːəs/ (*pl* **ác·tus réi** /-ríːàɪ/) 〘法〙《刑法上の》悪しき行為, 犯罪行為《犯罪を成立させる客観的要素; cf. MENS REA》. [L=guilty act]

ac·u·ate /ǽkjuət, -èɪt/ *a* 先端のとがった, 針状の.

acu·i·ty /əkjúːəti, ˟æ-/ *n* 《感覚・才知などの》鋭敏さ; 《針などの》鋭さ, 尖鋭; 辛辣, 激烈; 《病気の》激しさ: VISUAL ACUITY. [F or L; ⇨ ACUTE]

acu·le·ate /əkjúːliət, -èɪt/, **acú·le·àt·ed** *a* 先のとがった, 鋭利な; 〘植〙 とげのある; 〘動〙 毒針のある, 〈蛾が〉羽にとげ状小突起のある; [*fig*] 鋭い, 辛辣な.

acu·le·us /əkjúːliəs/ *n* (*pl* **-lei** /-liàɪ/) 〘動〙 棘器(きょくき), 《特に 昆虫の》刺針産卵管, 毒針(どくばり); 〘植〙 とげ.

acu·men /əkjúːmən, ǽkjəmən/ *n* 鋭さ, 眼識, 明敏, 鋭い洞察力: business ～ 商才 / critical ～ 鋭い批評眼. [L=ACUTE thing]

acu·mi·nate /əkjúːmənət/ *a* 先がとがった; 〘植〙〈葉・葉先が〉鋭尖形の. ► *vt, vi* /-nèɪt/ 鋭くする, 先がとがる. ♦ **acù·mi·ná·tion** *n*

acu·mi·nous /əkjúːmənəs/ *a* 鋭い, 明敏な; ACUMINATE.

acu·point /ǽk(j)əpɔ̀ɪnt/ *n* 《指圧・鍼治療の》つぼ, 経穴.

ácu·prèssure /ǽk(j)ə-/ *n* 指圧(療法). ♦ **-près·sur·ist** *n* 指圧(療法)士.

acu·punc·ture /ǽk(j)əpʌ̀ŋ(k)ʧər/ *n* 鍼(はり)(療法), 刺鍼(しん)(術[法]). ► *vt* 鍼で治療[麻酔]する. ♦ **-tur·ist** *n* [L *acu* with needle, PUNCTURE]

acush·la /əkúʃlə/ *n* 《アイル》DARLING.

acut·ance /əkjúːt(ə)ns/ *n* 〘写〙《画像の》(輪郭の)尖鋭度, シャープネス, アキュータンス.

acute /əkjúːt/ *a* 先のとがった, 鋭形の; 〘数〙 鋭角の (opp. *obtuse*); 〘数〙〈三角形が〉鋭角だけからなる; 〈感覚・才知など〉鋭い; 明敏な, 鋭い眼識のある; 〈音が〉かん高い; 〘音〙 鋭音の, 高音調の, 鋭アクセント (acute accent) の付いた (cf. GRAVE², CIRCUMFLEX); 〈痛みなど〉激しい; 〘医〙 急性(期治療)の (opp. *chronic*); 短期間の; 〈事態など〉深刻な: an ～ angle 鋭角 / an ～ critic 鋭敏な批評家 / an ～ pain 激痛 / an ～ hospital 急性期病院 / ～ rheumatism=RHEUMATIC FEVER. ► *n* ACUTE ACCENT. ♦ **～·ly** *adv* **～·ness** *n* [L *acutus* pointed (*acus* needle)]

acúte áccent 〘音〙 鋭[揚音]アクセント《 ′ ; (第1)強勢やフランス語の母音の音価などを示す符号》.

acúte árch LANCET ARCH.

acúte cáre˟ *a, n* 急性疾患[患者]治療(の).

acúte dóse 急性線量《生物学的回復が不可能なほど短期間にうけた放射線量》.

ACV 〘保〙 °actual cash value ♦ °air-cushion vehicle.

ACW 〘英〙 aircraftwoman.

acý·clic /eɪ-/ *a* CYCLIC でない; 〘植〙〈花が〉非有輪の; 〘化〙 非環式の, 鎖状の; 〘数〙 非輪状の; 〘生態〙 無輪廻の. [*a*-²]

acy·clo·vir /eɪsáɪklouvìər, ″-vàɪər/ *n* 〘薬〙 アシクロビル《単純ヘルペスウイルスに対する抗ウイルス活性を有する非合成環式ヌクレオシド; 陰部ヘルペス治療用》.

ac·yl /ǽsəl, ésàɪl/ *n* 〘化〙 アシル(基) (=～ **ràdical [gròup]**). [G (L ACID)]

ac·yl·ate /ǽsəlèɪt/ *vt* 〘化〙 アシル化する. ♦ **àc·yl·á·tion** *n*

ácyl hálide 〘化〙 ハロゲン化アシル《ハロゲン化カルボニル基を含む有機化合物》.

acyl·oin /ǽsílouən, ǽsəlɔ̀ɪn, æ̀səlóuən/ *n* 〘化〙 アシロイン《α-ケトアルコールの一型》.

ad¹ /ǽd/ *n* [°*a*] 《口》ADVERTISEMENT, ADVERTISING.

ad² *n* 〘テニス〙 ADVANTAGE. ● **～ in [out]**=ADVANTAGE in [out].

ad³ /ǽd/ *prep* 〘処方〙 to [according to, up to]. [L]

-ad¹ /æd, əd/ *n suf* (1)「…個の部分[原子価]をもつもの」: ennead, heptad, monad. (2)「…の期間」: chiliad, pentad, quinquenniad. (3)「…賛歌」: Iliad. (4)「…の精」: dryad, naiad. (5)「…の類の植物」: cycad. [Gk]

-ad² /æd, əd/ *adv suf* 〘生〙「…の方向に」「…に向かって」: caudad, cephalad, dorsad. [L AD-]

ad-, ab-, ac-, af-, ag-, al-, an-, ap-, ar-, as-, at-, a- *pref*「…へ」「…に」《移動・方向・変化・完成・近似・固着・付加・増加・開始の意, あるいは単なる強意》. ★ b の前では ab-, c, k, q の前では ac-, f, g, l, n, p, r, s, t, の前ではそれぞれ af-, ag-, al-, an-, ap-, ar-, as-, at-, また sc, sp, st の前では a- となる. [F or L]

ad 〘インターネット〙 administration《DOMAIN 名の一つ; ネットワーク管理組織を表わす》.

A.D., A.D., AD /èɪdíː, ǽnou dɑ́mənàɪ, -ni/ キリスト紀元[西暦]…年: A.D. 92 西暦92年. ★ ⇨ ANNO DOMINI. 一般に small capitals で, 年代の前に用いるが, あとにおくこともある; B.C. (紀元前) に対応して世紀に用いられることがある: the 5th century A.D.

A/d, a.d. 〘商〙 after date《手形面に three months after date pay … のように記し, 手形日付を支払い日計算の起点とすることを示す》.

AD 〘軍〙 °active duty ♦ 〘軍〙 °air defense ♦ °Alzheimer's disease ♦ °assembly district ♦ assistant director 助監督 ♦ athletic director ˟《大学の》体育局長 ♦ drug addict.

A/D 〘電算〙 analog-to-digital, analog/digital: *A/D* conversion アナログ-デジタル [A/D] 変換.

Ada /éɪdə/ **1** エイダ《女子名》. **2** 〘電算〙 エイダ, Ada《米国防総省が中心となり Pascal を範として開発された高水準言語》. [? ADELAIDE; ADAH との混同もある]

ADA 〘生化〙 °adenosine deaminase ♦ American Dental Association ♦ Americans for Democratic Action ♦ average daily attendance.

ad ab·sur·dum /æd æbsə́ːrdəm/ 不条理に, 滑稽なまでに. [L=to (the) absurd]

adac·ty·lous /eɪdǽkt(ə)ləs/ *a* 〘動〙 無指[無趾]の, 〈甲殻動物が〉肢にはさみのない; 〘医〙 無指[症]の. [*a*-²]

Áda from Decátur˟《韻俗》EIGHTER FROM DECATUR.

ad·age /ǽdɪʤ/ *n* ことわざ, 格言, 古諺. [F<L (*ad*-, *aio* to say)]

ada·gio /ədɑ́ːʤiòu, -ʤou, -ʒiòu, -ʒou/ *adv, a* 〘楽〙 ゆるやかに[な], アダージョで[の]. ► *n* (*pl* **-gi·òs** /, -ʤouz, -ʒouz/) 〘楽〙 アダージョの曲[楽章]; 〘バレエ〙 アダージュ. [It=at ease]

Adah /éɪdə/ エイダ《女子名》. [Heb=ornament]

A

Ad·al·bert /ǽdlbə:rt; *G* á:dalbɛrt/ アダルバート, アダルベルト《男子名》. [G; ⇨ ALBERT]
Ada·lia /à:d(ə)lijá:/ アダリア《ANTALYA の旧称》.
Ad·a·line /ǽdəlì:n, *-làɪn/ アダリーン《女子名》. [⇨ ADELINE]
Ad·am /ǽdəm/ *n* **1**〖聖〗アダム《神が初めて造った男; 人間の祖先; cf. EVE, OLD ADAM, SON OF ADAM》: (as) old as ~ 太古からの; 非常に古い, 実に古臭い / ever since ~ 大昔から / since ~ was a lad "《俗》大昔から. ★ ⇨ DELVE《諺》 **2** アダム《男子名》. **3** アダム **Robert** ~ (1728–92), **James** ~ (1730–94)《スコットランドの新古典主義の建築家・家具デザイナー兄弟》. **4** /*F* adɑ̃/ アダン **Adolphe-Charles** ~ (1803–53)《フランスの作曲家; *Giselle* (1841)》. ● **not know sb from ~**《口》人を全然知らない, 面識がない. **the second** [**new**] **~** 第二の[新しき]アダム《キリスト》. ► *a*〈建築・家具・調度が〉アダム様式の《直線的で表面装飾を施した 18 世紀英国の型にはまった様式》. [Heb＝man]
ad·a·man·cy /ǽdəmənsi/, **-mance** *n* 頑固さ, 不屈.
ádam-and-éve *n*〖植〗PUTTYROOT.
ad·a·mant /ǽdəmənt, -mæ̀nt/ *a*《決意などが》強固な, 断固とした, 揺るがない, 頑とした〈*that*; *about*, *in doing*〉. ► *n*《外力が通じない》強固なもの, 堅固無比のもの; 《詩》鉄石のような固さ; 《古》無砕石《想像上の石で, 実際には金剛石・鋼玉など》: a will of ~《鉄石のような》強固な意志 / (as) hard as ~ 堅固無比の. ♦ **~·ly** *adv* [OF, L＜Gk (*a*-[2], *damaō* to tame)＝untamable]
ad·a·man·tine /æ̀dəmǽntàɪn, *-tì:n, *-t(ə)n/ *a* ダイヤモンド[金剛石]の(ような); 堅固無比の, 磐石(ばんじゃく)の; 不屈の: ~ courage 剛勇.
Ad·a·ma·wa /à:dɑ:má:wɑ:/ アダマワ《(1) 西アフリカの Biafra 湾から Chad 湖に至る地域 (2) ナイジェリア東部の州; ☆Yola》.
Adamáwa-Éastern *n* アダマワ-イースタン語派《Niger-Congo 語族に属し, 通例 Adamawa 諸語 (ナイジェリア・カメルーンで用いられる) と Eastern 諸語 (コンゴ民主共和国・中央アフリカ共和国で用いられる) に区分される》.
Adamáwa-Ubángi *n* アダマワ-ウバンギ語派《ADAMAWA-EASTERN 語派の別称》.
Ádam Béde /-bí:d/ アダム・ビード《George Eliot の同名の小説 (1859) の中心人物で, 働き者の大工》.
Ádam Béll アダム・ベル《伝承バラッド 'Adam Bell, Clym of the Clough, and William of Cloudesly' に登場する 3 人のイングランドの山賊の一人で, 弓の名手》.
Àdam·ésque *a*〈建築・家具が〉アダム (Robert & James Adam) 風の.
Adam·ic /ədǽmɪk, ǽdəmɪk/ *a* アダム (Adam) の(ような). ♦ **-i·cal** /ədǽmɪk(ə)l/ *a* **-i·cal·ly** *adv*
Ádam·ìsm *n*〖医〗露出症.
ad·am·ite /ǽdəmàɪt/ *n*〖鉱〗水砒(すいひ)亜鉛鉱, アダム鉱.
Ádam·ìte *n* アダムの子孫, 人間; 裸の人,〖キ教〗《2 世紀ごろ共同礼拝に裸で集まった》アダム派の宗徒, 《13–14 世紀のオランダなどの, アダム派に似た》アダミト, 裸体主義者.
Ad·am·it·ic /æ̀dəmítɪk/ *a* ADAM [ADAMITE] 的な.
Ada·mov /ədá:mɔv/ アダモフ **Arthur** ~ (1908–70)《ロシア生まれのフランスの作家・劇作家; アルメニア人》.
Ad·ams /ǽdəmz/ **1** アダムズ (**1**) **Ansel** (**Easton**) ~ (1902–84)《米国の写真家; 米国南西部の白黒の風景写真作品でよく知られる》(**2**) **Charles Francis** ~ (1807–86)《米国の法律家・外交官; John Quincy ~ の子》(**3**) **Franklin Pierce** ~ (1881–1960)《米国のジャーナリスト; ユーモラスな新聞コラム 'The Conning Tower' で好評を博した》(**4**) **Henry** (**Brooks**) ~ (1838–1918)《米国の歴史家; Charles Francis ~ の子; Harvard 大学で歴史を講じる一方, *North American Review* の主筆をつとめた》(**5**) **James Truslow** ~ (1878–1949)《米国の歴史家》(**6**) **John** ~ (1735–1826)《米国第 2 代大統領 (1797–1801); フェデラリスト党》(**7**) **John Quincy** ~ (1767–1848)《米国第 6 代大統領 (1825–29); John ~ の子; リパブリカン党; Monroe 政権の国務長官 (1817–25) としてモンロー主義 (Monroe Doctrine) の原則を構想した》(**8**) **Maude** ~ (1872–1953)《もと Maude Kiskadden; 米国の女優》(**9**) **Samuel** ~ (1722–1803)《米国独立革命期の愛国派; 独立宣言に署名した一人》. **2** [Mount] アダムズ山《Washington 州南西部 Cascade 山脈の一峰 (3751 m)》.
Ádam's ále [*joc*] アダムの酒, 水 (＝*Adam's wine*): ~ is the best brew.《諺》(やはり)水が一番の飲み物.
Ádam's àpple のどぼとけ.
Ádam's Brídge アダムズブリッジ《Ceylon 島北西端とインド亜大陸南東端の間に鎖状に連なる小島や砂洲; Vishnu の化身 Rama が妻 Sita を救い出すために造ったと伝えられる》.
ad·ams·ite /ǽdəmzàɪt/ *n*〖化〗アダムサイト《ヒ素を含む結晶性化合物; 皮なめし・くしゃみ性毒ガスに用いる; 軍事略語 DM》. [Roger *Adams* (1889–1971) 米国の化学者]
Ádam Smíth Ínstitute [the] アダム・スミス研究所《英国保守党右派の組織; 自由市場を主張する》.
Ádam's néedle〖植〗ユッカ属の植物, 《特に》イトラン.
Ádam's Péak アダムズピーク《スリランカ南西部の山 (2243 m); 頂上付近の岩に足跡に似た穴があり, 諸宗教の巡礼地となっている; シンハラ語名 Samanala》.
Ádam's proféssion 園芸, 農業.
Ádams-Stókes sỳndrome [**disèase**] STOKES-ADAMS SYNDROME.
Ádam's wíne ADAM'S ALE.
Ada·na /á:dənə, -nà:, ədá:nə/ アダナ《トルコ南部の市; 別称 Seyhan》.
adán·gle /ə-/ *adv*, *pred a* ぶらさがって(いる). [*a*-[1]]
Ada·pa·za·rı /à:dəpà:zərí:/ アダパザリ《トルコ北西部, Istanbul の東にある市》.
adapt /ədǽpt/ *vt* 適合[適応]させる〈a thing *to* another, *for* a purpose, *to* do, *for doing*〉;〈自身を〉順応させる; 改作[翻案, 脚色, 編曲]する〈*for*, *from*〉: ~ *oneself to* circumstances 境遇に順応する / be well ~*ed to*...に特に適して[向いて]いる / The story was ~*ed for* the movies. その話は映画用に脚色された. ► *vi*〈...に〉順応する〈*to*〉. ♦ **~·ed** *a* 適合した〈*to*〉. **~·ed·ness** *n* [F＜L; ⇨ APT]
adápt·able *a* 適合させうる, 適応できる〈*to*〉; 改変[調整]できる; 順応性[適応力]のある, 融通のきく〈人・心・気質〉. ♦ **-ably** *adv* **adàpt·abílity** *n* 適合[適応]性, 順応[融通]性, 適応力.
ad·ap·ta·tion /æ̀dæptéɪʃ(ə)n, æ̀dæp-/ *n* 適合, 適応; 《感覚器官の》順応, 調節; 《環境・文化類型などへの》適応; 適応(して発達した)構造[形態, 習性]; 翻案[脚色, 編曲](したもの);〖社会福祉〗《障害者向けの》住居改造: ~ syndrome〖生理〗適応症候群. ♦ **~·al** *a* **~·al·ly** *adv*
adaptátion·ìsm *n*〖生〗適応主義《生物の各特徴は特定の機能のための進行的適応の結果であるとする考え方》. ♦ **-ist** *n*, *a*
adápt·er, adáp·tor *n* 適合させる人[もの]; 改作者, 翻案者, 脚色者, 編曲者;〖電・機〗アダプター《調整[仲介]用の各種器具[装置]》; "〖電〗テーブルタップ;〖電算〗アダプター (expansion card): VIDEO ADAPTER.
adapter RNA /−́−− à:rènéɪ/ TRANSFER RNA.
adap·tion /ədǽpʃ(ə)n/ *n* ADAPTATION.
adápt·ive *a* 適応できる, 適応[順応]性のある; 適応させる, 適応を助ける;〖生〗環境順応を助ける. ♦ **~·ly** *adv* **~·ness** *n* **àd·ap·tív·i·ty** *n*
adáptive convérgence〖生〗適応的収斂[収束]《系統的に離れた種が特定環境への適応によって類似する形質を進化させること》.
adáptive expectátions *pl*〖経〗適応的期待, 適応型予想《前の予想値の実現値との違いを考慮して新たな予想を立てるという予想形成方式》.
adáptive óptics 適応制御光学《光学系の操作中に波面収差の測定と補正とを行なう光学; 天体望遠鏡やレーザー通信(あらかじめ大気のゆがみに対して補正したレーザー光を出す)などに応用される》.
adáptive radiátion〖進化〗適応放散《環境への適応によって系統が分岐すること》.
adap·to·gen /ədǽptəʤən/ *n* アダプトゲン《身体のストレスへの適応を助けると考えられている薬用ハーブなどの成分》. ♦ **adàpt·o·gén·ic** /-ʤénɪk/ *a*
ad·ap·tom·e·ter /æ̀dəptámətər/ *n*〖眼〗暗順応測定器, (明暗)順応計.
ADAPTS /ədǽpts/ *n* アダプツ《洋上の石油流出事故の際に用いる空中投下式の石油拡散防止・回収設備》. [*a*ir *d*eliverable *a*nti*p*ollution *t*ransfer *s*ystem]
Adar /ɑ:dá:r, ə-/ *n*〖ユダヤ暦〗アダル《政暦の第 6 月, 教暦の第 12 月; 現行太陽暦で 2–3 月; ⇨ VEADAR, JEWISH CALENDAR》. [Heb]
ad ar·bi·tri·um /æd ɑ:rbítriəm/ 意のままに, 勝手に, 気ままに, 恣意的に. [L]
Adar Rishon /−́− riʃóun/〖ユダヤ暦〗アダルリション, 第一アダル《閏年において ADAR SHENI に先行する月》.
Adár Shé·ni /-ʃéni, -ʃeɪní:/ VEADAR.
ADAS /éɪdæ̀s/ エイダス《農業の調査と政府への勧告を任務とする英国の環境コンサルタント; もとは政府の農業開発・助言局 (Agricultural Development and Advisory Service)》.
ad as·tra per as·pe·ra /æd ǽstrə pə̀:r ǽspərə/ 星へ困難な道を《Kansas 州のモットー; cf. PER ARDUA AD ASTRA》. [L＝to the stars through difficulties]
ad·áxial /æd-/ *a*〖生〗軸の側にある, 向軸(こうじく)の (opp. *abaxial*).
A-day /éɪ−́−/ *n* ABLE DAY; 開始[完了]予定日.
adáz·zle /ə-/ *adv*, *pred a* まぶしく; まぶしい. [*a*-[1]]
ADB African Development Bank アフリカ開発銀行 ♦ Asian Development Bank アジア開発銀行.
ADC〖米〗Aerospace Defense Command 防空司令部《以前は Air Defense Command》♦ aide-de-camp ♦〖米〗Aid to Dependent Children 扶養児童補助 ♦ °analog-to-digital converter ♦ Assistant Division Commander.
ad cap·tan·dum (**vul·gus**) /æd kæptǽndəm (válgəs)/ *a*, *adv* (民衆の)人気取りの[に]. [L]
add /ǽd/ *vt* **1** 加える, 加算する〈*to*〉; 合算する, 合計する: Three

～*ed to* four make(s) seven. 4 足す 3 は 7. **2**〈足りない[余分な]ものを〉加える, 足す, 添える〈*to*〉; 言い[書き]足す; 付言する: He said good-bye and ～*ed* that he had had a pleasant visit. 彼は別れを告げ, お伺いして愉快でしたと言い添えた. ► *vi* 足し算[加算]をする (opp. *subtract*); 合算[累積]される: I might ～《口》一言申し添えるなら《不満などを述べるときの前置き》. ● **～ in** 算入する, 加える, 含める. **～ on** 含める, 付け足す〈*to*〉. **～ to**…を増す[大きくする], …の一助となる. **～ together** 合計する. **～ up** (*vi*) 計算が合う; 《積もり積もって》大きな量となる; 《口》なるほどと思える, 了解できる: His story doesn't ～ *up*. 彼の話はわけがわからない. (*vt*) 合計する; …について結論[判断]を下す. **～ up to**… [°*neg*/*inter*] 合計…となる; 《口》結局…ということになる[…を意味する]. **to ～ to** (this) (これに)加えて. ► *n*〘ジャーナリズム〙追加原稿[記事];〘電算〙加算.
♦ **～·able, ～·ible** *a* [L *addo* (*ad-*, *do* to put)]

ADD American Dialect Dictionary《Harold Wentworth 編, 1944》♦ analog digital digital《録音方式; アナログ録音・デジタルミキシング・デジタルマスタリング》♦ °attention deficit disorder.

ad·da /ʌ́dɑː/《インド》*n* おしゃべりの場, たまり場; もぐり酒場; 談笑, おしゃべり; 連絡[乗り換え]駅.

Ad·dams /ǽdəmz/ アダムズ (1) **Charles** (**Samuel**) ～ (1912–88)《米国の漫画家; ⇨ ADDAMS FAMILY》(2) **Jane** ～ (1860–1935)《米国の社会福祉事業家・著述家; ノーベル平和賞 (1931); ⇨ HULL HOUSE》.

Áddams Fàmily [The]『アダムズのおばけ一家』《米国で人気のあったテレビ番組の妖怪コメディー (1964–66); 原作は Charles Addams が *New Yorker* 誌に載せていた一コマ漫画; のち映画化 (邦題アダムズ・ファミリー)》.

ad·dax /ǽdæks/ *n* (*pl* **～·es**)〘動〙アダックス《北アフリカ・アラビアの砂漠地帯産で曲がった角をもつ大羚羊》. [(Afr)]

ádd·ed *a* 追加の, それ以上の, さらなる.

ádded líne〘楽〙加線 (ledger line).

ádded síxth (chórd)〘楽〙アドシックス, 付加六の和音.

ádded válue〘経〙付加価値.

ádded-válue tàx VALUE-ADDED TAX.

ad·dend /ǽdɛ̀nd, ədɛ́nd/ *n*〘数〙加数《たとえば 3+4=7 で加数は 4; cf. AUGEND》. [*addendum*]

ad·den·dum /ədɛ́ndəm/ *n* **1** (*pl* **-da** /-də/) 追加した[すべき]もの; [°-da; 〈*sg*〉] 補遺, 付録. **2** (*pl* **～s**)〘機〙《歯車の》歯先, 歯末, 歯末の丈(たけ) (cf. DEDENDUM). [L (gerundive) ‹ ADD]

addéndum círcle〘機〙歯先円《歯車の歯先の接する円》.

add·er[1] /ǽdər/ *n* 加えるもの[人]; 加算器. [*add*]

ad·der[2] /ǽdər/ *n*〘動〙クサリヘビ《欧州産の毒ヘビ》;〘動〙アダー《北米産の無毒のヘビ》;〘聖・古典〙毒蛇: DEAF as an ～. [OE *a nædre* の異分析 (cf. APRON); 本来ヘビ一般を指した]

ádder's mèat〘植〙アワユキハコベ《ユーラシア産》.

ádder's mòuth〘植〙**a** 小さい白または薄緑の花の咲くヨウラクラン属のラン《北米原産》. **b** SNAKEMOUTH.

ádder's-tòngue *n*〘植〙**a** ハナヤスリ属の各種のシダ. **b** カタクリ (dogtooth violet). **c** シュスラン属のラン (rattlesnake plantain).

ádder's-wòrt *n*〘植〙イブキトラノオ (bistort).

ad·dict *n* /ǽdɪkt/ ある習癖に耽溺する人, 《特に》(麻薬)常用者, 常習者; 熱狂的愛好者[支持者]: an opium ～ アヘン常用者 / a baseball ～ 熱狂的野球ファン. ► *vt* /ədíkt/ [°*pass*/～ *-self*] ふけらせる, 耽溺させる〈*to*〉; 〈人〉に嗜癖(しへき)を生じさせる, 麻薬中毒にする: be ～*ed to* drinking 酒におぼれている / ～ one*self to* vice 悪習にふける. [L *ad-*(*dict- dico* to say)=to assign]

addíct·ed *a* 常習的になって, 耽溺して〈*to*〉; 熱狂的な〈愛好者〉.

ad·dic·tion /ədíkʃ(ə)n/ *n*《ある習癖への》耽溺, 嗜癖(しへき), 依存症, 《特に》麻薬常用癖; 熱狂的傾倒, '…中毒'〈*to*〉.

ad·dic·tive /ədíktɪv/ *a* ADDICTION の[をもたらす], くせになる, やめられない, はまる: an ～ drug 嗜癖性薬物 / an ～ personality 嗜癖性パーソナリティー[人格]. ♦ **～·ly** *adv*

Ad·die, Ad·dy /ǽdi/ アディー《女子名; Adelaide, Adelina, Adeline などの愛称》.

ádd-ìn〘電算〙*n* アドイン《(1) コンピューターなどに付加的に組み込んでその機能を強化するもの; 拡張ボードや増設用メモリーなど (2) 大きなプログラムの機能を補完・強化するプログラム》. ► *a* アドインの, 付加組込み用の, 増設用の.

ádd·ing machìne 加算器[機]; 《金銭用の》計算器.

ad·dio /ɑːdíːoʊ/ *int* さようなら. [It]

Ad·dis Aba·ba [Abe·ba] /ǽdəs ǽbəbə/ アディスアベバ《エチオピアの首都》. [Amh=new flower]

Ad·di·son /ǽdəs(ə)n/ アディソン **Joseph** ～ (1672–1719)《英国のエッセイスト・詩人; 親友 Steele と共に *The Spectator* (1711–12, 14) を創刊し二人で多数の随筆を書いた; cf. COVERLEY》.

Ad·di·so·ni·an /æ̀dəsóʊniən, -njən/ *a* **1** アディソン (Joseph Addison) 流の《洗練された文体にいう》. **2** アディソン病 (Addison's disease) の.

Áddison's disèase〘医〙アディソン[アジソン]病《慢性の副腎機能不全; 皮膚が褐色になる》. [Thomas *Addison* (1793–1860) 英国の医師]

ad·dit·a·ment /ədítəmənt/ *n* 付加物.

ad·di·tion /ədíʃ(ə)n/ *n* 付加, 追加, 添加, 加重〈*to*〉;〘数〙加法, 足し算, 寄せ算;〘化〙付加[添加, 加成](したもの);〘医〙相加; *《建物の》増築部分, 《所有地の》拡張部分, 近郊住宅(予定)地, 新開地; 《氏名のあとに添える》付加事項《身分・出身地など》: an ～ *to* one's family 家族が一人増えること, 出産. ● **in ～ (to…)** (…に)加えて, (…の)ほかに (besides). [F or L; ⇨ ADD]

addítion·al *a* 付加的な, 追加の, 補助の; 特別の: an ～ charge 割増し料金 / ～ work 追加工事; 契約外工事. ♦ **～·ly** *adv* 追加として; そのうえ.

ad·di·tion·al·i·ty /ədɪ̀ʃənǽləti/ *n* 追加[補完]的性質[性格], 追加性《EU で, 構造基金 (structural funds) などの補助金はあくまで補完であって各加盟国の財政負担の肩代わりではないという原則》.

addítional mémber sỳstem〘政〙《小選挙区と比例代表の》並用制《各有権者が 2 票を持ち, 政党と個別の候補者に 1 票ずつ投票する》.

addítional táx《個人の課税所得額が一定額を超えた場合その超過分に対して累進的に課税する》付加税.

addítion còmplex〘化〙付加錯体.

addítion pòlymer〘化〙付加重合体.

addítion pròduct〘化〙付加生成物《不飽和結合の飽和を伴う》.

addítion reàction〘化〙付加反応《水素・ハロゲン・ハロゲン化水素などが不飽和炭化水素に付加する反応》.

addítion sìgn 加法記号, プラス記号《+》.

ad·di·tive /ǽdətɪv/ *a* 付加的な, 追加の; 付加による; 《薬・遺伝子などの効果が》加成的な, 相加的な;〘数〙加法の, 加法的な. ► *n* 付加[添加]したもの, 添加物[剤], 混和剤《アンチノック剤・食品添加物など》. ♦ **～·ly** *adv* **àd·di·tív·i·ty** *n* [L; ⇨ ADD]

ádditive idéntity〘数〙加法的単位元.

ádditive ínverse〘数〙加法的逆元.

ádditive pròcess〘写〙加法混色, 加色法《青・緑・赤の 3 色の混合によってさまざまな色を作るカラー写真の技法; cf. SUBTRACTIVE PROCESS》.

ad·di·to·ry /ǽdətɔ̀ːri; -t(ə)ri/ *a* 追加[拡張]的な.

ad·dle[1] /ǽdl/ *vt*〈卵を〉腐らせる; 混乱させる. ► *vi*〈卵が〉腐る; 混乱する. ► *a* 腐った〈卵〉; 混乱した〈頭脳〉. ♦ **ád·dled** *a* [OE *adela* filth; cf. G *Adel* mire]

addle[2] *vt, vi*《北イング》稼ぐ (earn). [ON=to acquire as property; ⇨ ODAL]

áddle·pàted, -bràined, -hèad(·ed) *a* 頭の混乱した, いかれた; 常軌を逸した.

addn addition. **addnl** additional.

ádd-òn *n* 付け加えたもの, 追加額[量, 項目]; 《再生装置・コンピューター・プログラムなどの》付加物[装置], アドオン. ► *a* 付属[付加]の; 追加できる, 追加方式の: ～ devices.

ad·dorsed /ədɔ́ːrst, æ-/ *a*〘紋〙背中合わせの.

ad·dra /ǽdrə/ *n*〘動〙ダマシカ, ダマガゼル (=*dama*) (=～ **gazèlle**)《アフリカ産》. [(Afr)]

ad·dress *n* /ədrés/ **1** /, *ǽdrès/ 宛名, 所番地, 住所; 《E メールの》宛先, アドレス; 《手紙や小包の》上書き;〘電算〙番地, アドレス《(1) 記憶装置内の特定情報の所在位置; それを示す番号 (2) 命令のアドレス部分》: What is your ～? ご住所は? / one's name and ～ 住所氏名 / one's business [home, private] ～ 営業所[自宅など]の所番地 / (a person) of no ～ 住所不明の(人). **2** /, *ǽdrès/ **a**《式典の》挨拶, 式辞, 演説, 講演 (speech); [the A-]〘米〙《大統領の》教書 (: STATE OF THE UNION ADDRESS); [the A-]〘英〙《特に King's Speech への議会側返答として提出される》勅語奉答: an opening [a closing] ～ 開会[閉会]の辞 / a funeral ～ 弔辞 / deliver an ～ of thanks 謝辞を述べる. **b** 請願, 建白; 《特に立法府から行政府や国王に対しての, たとえば裁判官解任の》建議: an ～ to the throne 上奏文. **3 a** 応対ぶり, 物腰; 話しぶり, 歌いぶり; 《廃》用意, 準備, 身支度: a man of good [winning] ～ 応対のうまい人. **b** [*pl*] 親切な[礼儀正しい]配慮, 《特に 求愛の際の》優しい心づかい: pay one's ～*es to*〈女性〉に言い寄る, 求婚する. **c** 事態収拾の才, 手際(のよさ): with ～ 手際よく. **d**〘ゴルフ〙アドレス《打球前の構え》. **4**《船舶の》託送.
● **a form [mode, style] of ～**《口頭・書面での》呼びかけ方, 敬称.
► *vt* /ədrés, æ-, *ǽdrès/ **1 a**〈手紙・小包〉に宛名を書く;〘商〙《仲介者・代理人などに》〈船・船荷を〉委託する, 託送する: ～ a letter *to* sb 手紙を人に宛てて出す. **b**〘電算〙〈記憶位置を〉アドレス指定する; 〈データを〉記憶装置の特定位置に入れる. **c**〘米法〙〈行政府が〉〈裁判官を〉解任する. **2**〈人〉に向けて話す[演説する, 書く]; 〈人〉に(敬称で)話しかける〈*as*〉; …に注意を向ける; 〈女性〉に(求愛者としての)親切な心づかいを示す: ～ an audience [a meeting] 会衆に演説[講演, 説教, 挨拶]をする / We ～ the King *as* 'Your Majesty'. 国王には「陛下」と呼びかける. **3 a**〈ことば・抗議などを〉向ける, 提出する〈*to*〉; 〈精力を〉傾ける〈*to*〉. **b**《古》…に用意[支度]をさせる; 《廃》身仕度させる, 装う, …に衣服を着せる; 《古》〈衣服などを〉身に着ける. **4 a**〈問題〉と取り組む, …に対処する. **b**〘ゴルフ〙〈ボールを〉打つ構えを決める;〘弓〙〈矢を〉放つ姿勢をとる, 〈的〉に向かって構える;〘スクエアダンス〙〈相手〉に軽く開始の一礼をする, 〈相手に向かって構える; 《古》《ある方向に》向ける, 向かわせる. ● **～ oneself to**…《正式な場で》〈人〉に話しかける, …に向けて書く; 〈仕事など〉に取り組む. ► *vi* 《廃》 話しかける 〈*to*〉. [OF (AD-, DIRECT)]

addréss·able *a* 〘電算〙アドレスで呼び出せる; 〘テレビ〙ケーブルテレビ局側から加入者を直接呼び出せる. ♦ **addrèss·abílity** *n*

áddress bòok /; ─ ─́─/ 住所録, アドレス帳.

ad·dress·ee /ædrɛ̀síː, *ədrɛ̀síː/ *n* 《郵便物の》受信人, 名宛人; 聞き手. [*-ee*]

addréss·er, ad·drés·sor *n* ADDRESS する人[もの]; 《手紙などの》宛名を書く係, 発信人, 送り主; 宛名印刷機.

addréss·ing machìne (自動)宛名印刷機.

Ad·drés·so·gràph /ədrɛ́soʊ-/ 〘商標〙アドレソグラフ《自動宛名印刷機》. [ADDRESS, *-o-*, *-graph*]

Addréss Resolútion Pròtocol 〘インターネット〙アドレス解決プロトコル《個々のワークステーションの LAN 内でのアドレスとインターネットでの IP アドレスの変換手順; 略 ARP》.

ad·duce /əd(j)úːs/ *vt* 〈理由・証拠などを〉提示する, 例証として挙げる. ♦ **ad·dúc·ible, ～·able** *a* **ad·dúc·er** *n* [L (*duct- duco* to lead)]

ad·du·cent /əd(j)úːs(ə)nt/ *a* 〘生理〙内転をもたらす (cf. ABDUCENT): ～ muscles 内転筋.

ad·duct[1] /ədʌ́kt, æ-/ *vt* 〘生理〙内転させる; 〈類似のものを〉結び合わせる, くっつける. [ADDUCE]

ad·duct[2] /ǽdʌkt/ *n* 〘化〙付加生成物, 付加物. [*add*ition＋pro*duct*]

ad·duc·tion /ədʌ́kʃ(ə)n, æ-/ *n* 例証, 引証; 〘生理〙内転 (opp. *abduction*). [ADDUCE]

ad·duc·tive /ədʌ́ktɪv, æ-/ *a* 〘生理〙内転をもたらす; ほかのものに[の方へ]引き寄せる.

ad·dúc·tor *n* 〘解〙内転筋; 《二枚貝の》閉介筋, 閉殻筋《貝柱のこと; cf. DIVARICATOR》.

ádd-ùp *n**《口》結論, 要点, まとめ.

Addy ⇨ ADDIE.

Ade /éɪd/ エード **George** ～ (1866–1944)《米国のユーモア作家・劇作家; 日常的な話しことばで庶民の生活をおもしろく, また諷刺的に描いた; 小説に *Artie* (1896), *Fables in Slang* (1899)》.

-ade /éɪd/ *n suf*「行為」「行動」「生成物」「結果」「甘い飲料」「行動参加者(たち)」: tir*ade*; block*ade*; pom*ade*; masquer*ade*; orange*ade*; brig*ade*. [F]

ADEA 〘米〙Age Discrimination in Employment Act 年齢差別雇用禁止法.

Ad·e·la /ǽd(ə)lə, ədɛ́lə/ アデラ《女子名; 愛称 Della》. [Gmc＝noble]

Ad·e·laide /ǽd(ə)lèɪd/ **1** アデレード《女子名; 愛称 Addie》. **2** アデレード《オーストラリア South Australia 州の州都》. [F＜Gmc＝noble]

Ad·el·bert /ǽd(ə)lbərt, ədɛ́l-/ アデルバート《男子名》. [G; ⇨ ALBERT]

Adele /ədɛ́l/, **Ade·lia** /ədíːliə/ アデル, アデリア《女子名》. [Gmc＝noble]

Adé·lie Coast [Land] /ədéɪli ─, ǽdəli-/ アデリー海岸, アデリーランド《南極大陸 Wilkes Land の一部, オーストラリア大陸の南にあたる; フランスが領有を主張》.

Adélie (penguin) /─́─ (─́─)/ 〘鳥〙アデリーペンギン《小型》. [↑]

Ad·e·line /ǽd(ə)làɪn, -lìːn/, **Ad·e·li·na** /ǽd(ə)líːnə, *-láɪnə/ アデライン, アデリーナ《女子名; 愛称 Addie, Addy》. [(dim); ⇨ ADELE]

adel·phic /ədɛ́lfɪk/ *a* 〈一夫多妻[一妻多夫]制が〉妻[夫]どうしが姉妹[兄弟]の; 関連した要素を含む[がかかわる]. [Gk (*adelphos* brother)]

-adel·phous /ədɛ́lfəs/ *a comb form*「…な[…個の]雄蕊(ずい)の束をもつ」: mon*adelphous*. [Gk (↑)]

ademp·tion /ədɛ́mpʃ(ə)n/ *n* 〘法〙遺贈撤回.

Aden /áːdn, éɪ-; éɪ-/ アデン **(1)** イエメン南部の市; 紅海入口の海港で, 同国の経済の中心地 **2)** Aden 市, Perim, Kuria Muria からなる旧英国植民地で, 旧英国保護領アデンの中心地 **3)** アラビア半島南部, Aden からオマーン国境に至る海岸地域にあった旧英国保護領; 1967 年南イエメンに編入》. ■ the **Gúlf of** ～ アデン湾《アラビア半島南岸とソマリアとの間の, アラビア海西部の海域》.

ad·en- /ǽd(ə)n/, **ad·e·no-** /ǽdənoʊ, -nə/ *comb form* 〘解〙「腺」,「アデノイド」 [Gk *adēn* gland]

ad·e·nal·gia /ǽd(ə)nǽlʤ(i)ə/ *n* 〘医〙腺痛.

Ade·nau·er /ǽd(ə)nàʊər; *G* áːdənaʊər/ アデナウアー **Konrad** ～ (1876–1967)《西ドイツの首相 (1949–63)》.

ad·e·nec·to·my /ǽd(ə)nɛ́ktəmi/ *n* 〘医〙腺摘出(術), 腺切除(術), 腺摘.

Àden·ése, Ad·e·ni /áːdəni; éɪ-/ *a*, *n* (*pl* **-ése, -nis**) アデン(人)の; アデン人.

ad·e·nine /ǽd(ə)nìːn, -nən, -nàɪn/ *n* 〘生化〙アデニン《DNA, RNA の遺伝情報を指定するプリン塩基 (purine base) の一つ; 記号 A; cf. CYTOSINE, GUANINE, THYMINE, URACIL》. [*-ine*[2]]

ad·e·ni·tis /ǽd(ə)náɪtəs/ *n* 〘医〙腺炎, 《特に》リンパ節[腺]炎 (lymphadenitis).

àdeno·acanthóma *n* 〘医〙腺棘(きょく)細胞腫.

àdeno·carcinóma *n* 〘医〙腺癌. ♦ **-carcinómatous** *a* 腺癌(性)の.

àdeno·hypóphysis *n* 〘解〙腺下垂体. ♦ **-hypophýseal, -hypophýsial** *a*

ad·e·noid /ǽd(ə)nɔ̀ɪd/ *n* [*pl*] 〘医〙腺様増殖(症), アデノイド; 〘解〙咽頭扁桃 (pharyngeal tonsil). ► *a* 腺様の, アデノイドの; 類リンパ組織の; 咽頭扁桃腺の; 腺様増殖症の; ADENOIDAL. [Gk (*aden-*)]

ad·e·noi·dal /ǽd(ə)nɔ́ɪdl/ *a* ADENOID; アデノイド症状(特有)の《口呼吸・鼻声など》.

ad·e·noid·ec·to·my /ǽd(ə)nɔ̀ɪdɛ́ktəmi/ *n* 〘医〙咽頭扁桃切除(術), アデノイド切除(術).

ad·e·noi·di·tis /ǽd(ə)nɔ̀ɪdáɪtəs/ *n* 〘医〙アデノイド; 咽頭[扁桃]炎.

ad·e·no·ma /ǽd(ə)nóʊmə/ *n* (*pl* **-ma·ta** /-tə/, ～**s**) 〘医〙腺腫, アデノーマ. ♦ **ad·e·nom·a·tous** /ǽd(ə)nɑ́mətəs/ *a* [*-oma*]

ad·e·no·ma·toid /ǽd(ə)nóʊmətɔ̀ɪd/ *a* 〘医〙腺腫(様)の.

ad·e·nop·a·thy /ǽd(ə)nɑ́pəθi/ *n* 〘医〙腺症, アデノパシー. ♦ **àd·e·no·páth·ic** /-pǽθ-/ *a*

ad·e·nose /ǽd(ə)nòʊs/, **ad·e·nous** /ǽd(ə)nəs/ 〘生〙*a* 腺のような; [°-nose] 腺をもつ, 腺が多数ある.

aden·o·sine /ədɛ́nəsìːn, -sən, "ǽdɪnóʊsɪn/ *n* 〘生化〙アデノシン《アデニンと D-リボースとの縮合生成物》.

adénosine deáminase 〘生化〙アデノシン脱アミノ酵素, アデノシンデアミナーゼ《アデノシンを脱アミノしてイノシンの生成を触媒する酵素; その欠損で重篤な複合免疫不全症になる; 略 ADA》.

adénosine diphósphate 〘生化〙アデノシン二リン酸《略 ADP》.

adénosine mòno·phósphate 〘生化〙アデノシン一リン酸《略 AMP》; 〘生化〙CYCLIC AMP.

adenosine 3′, 5′-monophosphate /─ θríː fáɪv ─́─/ 〘生化〙アデノシン 3′, 5′ 一リン酸 (CYCLIC AMP).

adénosine trì·phósphatase 〘生化〙アデノシン三リン酸分解酵素, アデノシントリホスファターゼ (＝*ATPase*)《ATP 末端のリン酸基の加水分解を触媒する酵素》.

adénosine triphósphate 〘生化〙アデノシン三リン酸《生物のエネルギー伝達体; 略 ATP》.

ad·e·no·sis /ǽd(ə)nóʊsəs/ *n* (*pl* **-ses** /-sìːz/) 〘医〙腺疾患, 腺症.

ade·no·syl·methíonine /ədɛ̀nəsɪ̀l-, ǽd(ə)nə-/ *n* 〘生化〙アデノシルメチオニン (＝S-～)《ATP とメチオニンの反応生成物; 代謝反応でメチル基供給体となる》.

àdeno·vírus *n* アデノウイルス《呼吸器疾患を起こし, 実験動物に腫瘍をつくる》. ♦ **-víral** *a*

ad·e·nyl /ǽd(ə)nɪ̀l/ *n* 〘化〙アデニル《アデニンから誘導される 1 価の基》. [*-yl*]

ad·e·nyl·ate cy·clase /ədɛ́n(ə)lət sáɪklèɪs, -lèɪt-, ǽd(ə)nɪ̀lət-, -əlèɪt-/ 〘生化〙アデニル(酸)シクラーゼ《ATP から cyclic AMP を生成する反応を触媒する酵素》.

ádenyl cýclase 〘生化〙ADENYLATE CYCLASE.

ad·e·nýl·ic ácid /ǽd(ə)nílɪk-/ 〘生化〙アデニル酸《RNA または ATP の一部加水分解によって得られるヌクレオチド; 3 つの異性体があり 5′-～ は AMP》.

ad·e·nýl·yl cýclase /ǽd(ə)níləl-/ 〘生化〙ADENYLATE CYCLASE.

adept *a* /ədɛ́pt, ǽdɛ̀pt/ 熟達[精通]した 〈*in* an art, *in* [*at*] doing〉. ► *n* /ǽdɛ̀pt, ədɛ́pt/ 熟練者, 達人, 名人, 精通者 〈*in, at*〉; 熱烈な信者[支持者]〈*of*〉. ♦ **～·ly** *adv* **～·ness** *n* [L *adept- adipiscor* to attain]

ad·e·quate /ǽdɪkwət/ *a* 〈ある目的に〉十分な, 適切な, 妥当な, 適任の, 十分能力がある, 向いた 〈*to, for*〉; そこそこの, まあまあの; 法的に十分な, 相当の〈根拠など〉: ～ *to* the post 職責に耐える / ～ provocation 〘法〙《通常人の自制心を失わせるに足る》十分な挑発. ♦ **～·ly** *adv* **～·ness** *n* **ad·e·qua·cy** /ǽdɪkwəsi/ *n* [L＝made equal; ⇨ EQUATE]

Ades·te Fi·de·les /ɑːdɛ́steɪ fɪdéɪlèɪs, ædɛ́sti fɪdíːliz/「おお来たれ, 信仰篤き者皆」(O Come, All Ye Faithful)《しばしばクリスマスキャロルとして歌われる賛美歌》.

ad eun·dem (gra·dum) /æd iʌ́ndəm (gréɪdəm)/ *adv*, *a* 同程度に[の]: be admitted ～ (他大学で)同程度の学位[身分]を許される. [L＝to the same (standing)]

à deux /*F* a dø/ *adv*, *a* 二人で[の], 二人のために[の], 二人いっしょに[の]; 内密に[仲よく]二人だけで[の].

ad ex·tre·mum /æd ɛkstríːməm/ *adv* 最後に, 結局, ついに. [L＝to the extreme]

ADF °automatic direction finder.

ad fe·mi·nam /æd fɛ́mɪnəm, -nɑ̀ːm/ *a*, *adv* 《相手の議論への反論ではなくて》女性に対する人身攻撃の[として] (cf. AD HOMINEM). [L＝to the woman]

ad fi·nem /æd fáɪnəm/ *adv* 最後まで, 最後に《略 **ad fin.** /æd fín/》. [L＝to [at] the end]

ad·fréeze /æd-/ *vt* 氷結力で固定[固着]させる.

ad glo·ri·am /æd glɔ́ːriəm/ *adv* 栄誉のために. [L＝for glory]

ADH 〖生化〗°antidiuretic hormone.

ADHD °attention deficit hyperactivity disorder.

ad·here /ædhíər, əd-/ *vi* 付着[粘着, 接着, 癒着]する〈*to*〉; 〈決定・規則に〉忠実に従う, つき従う, 遵守する〈*to*〉; 〈人・団体・主義を〉忠実に支持[信奉]する〈*to*〉; 〈条約に〉加盟する〈*to*〉; 《廃》一致する, 首尾一貫する. ► *vt* 付着[固着]させる. ♦ **ad·hér·er** *n* [F or L (*haes- haereo* to stick)]

ad·her·ence /ædhíərəns, əd-/ *n* 付着, 粘着〈*to*〉; 遵守〈*to*〉; 忠実な支持, 信奉〈*to*〉.

ad·her·end /ædhíərənd, əd-/ *n* 〖化〗被接着体[面].

ad·her·ent /ædhíərənt, əd-/ *a* 付着[粘着]性の, 付着力のある, 付着した〈*to*〉; 関係した, 《特に 正式に》加盟した〈*to*〉; 〖植〗着生の; 〖文法〗前置限定[修飾]的な. ► *n* 支持者, 信奉者, 信者〈*of*〉: gain [win] ～*s* 味方を得る. ♦ **～·ly** *adv*

ad·he·sion /ædhíːʒ(ə)n, əd-/ *n* 忠実な支持[信奉]; 《支持の表明としての》参加, 加盟; 賛同, 同意; 付着, 接着, 粘着; 付着するもの; 〖医〗癒着(した組織); 〖理〗付着(力); 〖化〗粘着; 〖機〗粘着力; 〖植〗着生《輪生体間の癒合》; 〖人〗《職業分担に関する一見恣意的な》固定観念. ● **give one's ～ to**…に支持[加盟]を通告する. ♦ **～·al** *a* [F or L; ⇨ ADHERE]

ad·he·sive /ædhíːsɪv, əd-, -zɪv/ *a* 粘着[接着]性の; 糊付きの; 癒着性の; くっついて離れない; 念頭を離れない, 記憶から消えない. ► *n* 粘着性のもの, 粘着物, 接着剤; *ADHESIVE TAPE; 〖郵〗糊付き郵便切手. ♦ **～·ly** *adv* **～·ness** *n*

adhésive bínding 〖製本〗無線綴じ (perfect binding). ♦ **adhésive-bòund** *a*

adhésive còmpress 接着テープ付き圧定布.

adhésive plàster ばんそうこう.

adhésive tàpe 接着[粘着]テープ; ばんそうこう.

ad·hib·it /ædhíbət, əd-/ *vt* 入れる (take in, admit); 付ける, 貼る (affix); 〈療法を〉用いる, 〈薬などを〉施す (administer). ♦ **ad·hi·bi·tion** /æ̀d(h)əbíʃ(ə)n, əd-/ *n*

ad hoc /æd hák, -hóʊk/ *adv, a* 特定の問題[目的](のみ)について(の), 特別に[の]; にわか仕立てで[の], 場あたり的に[な]: an ～ committee [election] 特別委員会[選挙] / on an ～ basis 臨機応変に. [L＝for this]

ad hoc(k)·ery /æd hákəri/**, ad hoc·ism** /-hákɪ̀z(ə)m/ 一時しのぎ, 場あたり策.

ad·hoc·ra·cy /ædhákrəsi/ *n* アドホクラシー《硬直した官僚機構に取って代わる臨機応変の組織(による政治体制)》.

ad ho·mi·nem /æd hámənɛ̀m, -nəm/ *a, adv* 《理性よりも》感情や偏見に訴える[訴えて]; 《反論ではなくて》人身攻撃の[として]. [L＝to the person]

ADI acceptable daily intake《有害物質の》一日当たり許容摂取量.

ad·i·a·bat /ǽdiəbæ̀t/ *n* 断熱曲線. [逆成く↓]

ad·i·a·bat·ic /æ̀diəbǽtɪk, eɪ-, *eɪdàɪə-/ 〖理〗*a* 断熱的な; 熱の出入りなしに起こる. ► *n* 断熱曲線 (adiabat). ♦ **-i·cal·ly** *adv* [Gk *adiabatos* impassable]

adi·actínic /eɪdàɪ-, æ-/ *a* 化学線を伝えない.

ad·i·an·tum /æ̀diǽntəm/ *n* 〖植〗アジアンタム属[クジャクシダ属](*A-*)の各種のシダ; 《俗に》ホウライシダ (Venushair), チャセンシダ (spleenwort).

ad·i·aph·o·rism /æ̀diǽfərɪ̀z(ə)m/ *n* 《聖書で自由裁量にゆだねられている行為・信条に対する》無関心(主義), 寛容(主義). ♦ **-rist** *n* **ad·i·àph·o·rís·tic** *a* [Gk＝indifferent]

ad·i·aph·o·rous /æ̀diǽf(ə)rəs/ *a* 道徳的に中間的な, 善でも悪でもない; 〖医〗有害でもなく有益でもない, 無反応の.

adi·a·ther·man·cy /æ̀diəθə́ːrmənsi/ *n* 〖理〗ATHERMANCY.

adi·das /ədíːdəs; ǽdɪdæ̀s/ 〖商標〗アディダス《ドイツ adidas 社 (～ AG) のスポーツウェア[用品]》. [*Adi* (‹ Adolf) *Dassler* (1900–78) ドイツ人の創業者]

adieu /əd(j)úː, æ-/ *int* さようなら, ご機嫌よう (Good-bye!). ► *n* (*pl* **～s, ～x** /-z/) いとまごい, 告別 (farewell): bid sb ～ 人に別れを告げる / make [take] one's ～(*s*) 別れを告げる. [OF (*à* to, *Dieu* God)]

Adi·ge /áːdəʤèɪ/ [the] アディジェ川《イタリア北部を南東に流れアドリア海に注ぐ》.

Adi Granth /áːdi grʌ́nt/『アーディ・グラント』(GURU GRANTH SAHIB). [Skt]

Adi·na /ədíːnə/ アディーナ《女子名》. [Heb＝gentle]

ad in·fi·ni·tum /æd ìnfənáɪtəm/ *adv, a* 無限に[の], 永久に[の], 際限なく. [L＝to infinity]

ad ini·ti·um /æd ɪníʃiəm/ *adv, a* 最初に[の]. [L＝at the beginning]

ad in·ter·im /æd íntərəm, -rɪ̀m/ *adv, a* その合間に[の], 当面(の), 臨時に[の]: the Premier ～ 臨時首相 / an ～ report 中間報告. [L＝in the meantime]

ad·i·os /æ̀dióʊs, àː-, -ás/ *int* さようなら. [Sp *a Dios* to God; cf. ADIEU]

adi·os mu·cha·chos /ɑːðjɔ́ːs muʧáːʧɔːs/ *《俗》みんなあばよ, おさらば(で一巻の終わり) (the end). [Sp＝good-bye boys]

ad·ip- /ǽdəp/**, ad·i·po-** /ǽdəpoʊ, -pə/ *comb form*「脂肪」「脂肪組織」「アジピン酸」 [L; ⇨ ADIPOSE]

ad·i·pate /ǽdəpèɪt/ *n* 〖化〗アジピン酸塩[エステル].

adíp·ic ácid /ədípɪk-/ 〖化〗アジピン酸《ナイロン製造に用いるジカルボン酸》.

ádipo·cère /; ⏑—⏑—⏑́/ *n* 屍蠟(しろう) (＝*grave wax*).

ádipo·cỳte *n* 〖生〗脂肪細胞 (fat cell).

àdipo·kinétic hórmone 〖生化〗脂質動員ホルモン《昆虫の飛行筋に用いられる脂質の, 脂肪組織からの放出を制御するホルモン》.

ad·i·pose /ǽdəpòʊs/ *n* (動物性の)脂肪. ► *a* 脂肪の(ような), 脂肪を含む, 脂肪質の. ♦ **ad·i·pos·i·ty** /æ̀dəpásəti/ *n* 肥満(症), 過脂肪(症), 脂肪過多(症). [NL (*adip- adeps* fat)]

ádipose fín 〖魚〗脂肪鰭(き), あぶらびれ《鰭条(きじょう)のない脂肪質のひれ状隆起; サケ科の魚などにみられる》.

ádipose tíssue 〖動〗脂肪組織.

ad·i·po·sis /æ̀dəpóʊsəs/ *n* (*pl* **-ses** /-sìːz/) 〖医〗《特に心臓・肝臓などの》脂肪症, 脂肪過多(症), 肥満(症).

Ad·i·prene /ǽdəprìːn/ 〖商標〗アジプレン《耐摩耗性・強度が高いポリウレタンエラストマー》.

adip·sia /eɪdípsiə, əd-/ 〖医〗*n* 渇感欠如; 無飲症.

Ad·i·ron·dack /æ̀dərándæ̀k/ *n* **1** (*pl* ～, ～**s**) アディロンダック族《もと St. Lawrence 川北岸に住んだ北米先住民の一族》. **2** [the ～s] ADIRONDACK MOUNTAINS.

Adiróndack chàir アディロンダック椅子《高い背もたれと幅広の肘掛けをもち, 座部が後方に低くなったローンチェア》.

Adiróndack Móuntains *pl* [the] アディロンダック山地《New York 州北東部の山地; 最高峰 Mount Marcy (1629 m)》.

ad·it /ǽdət/ *n* 入口 (entrance); 《鉱山の》横坑, 通洞 (cf. PIT[1]); 接近, 出入り: have free ～ 出入りが自由.

adi·va·si /àːdɪváːsi/ *n* [ºA-] 〖インド〗先住民, トライブ. [Skt]

ADIZ /éɪdiz/ 〖米空軍〗air defense identification zone 防空識別圏.

adj. adjective ♦ adjunct ♦ 〖銀行・保〗adjustment ♦ adjutant.

ad·ja·cen·cy /əʤéɪs(ə)nsi/ *n* 近接[隣接]; [ᵁ*pl*] 近接[隣接]物[地]; 〖放送〗直前[直後]の番組[コマーシャル].

ad·já·cent *a* 近接[隣接]した〈*to*〉; 直前[直後]の; 〖数〗〈角が〉隣接した. ♦ **～·ly** *adv* [L (*jaceo* to lie)]

adjácent ángles *pl* 〖数〗《頂点と一辺を共有する》隣接角.

ad·ject /əʤékt/ *vt* 《古》加える, 付加する.

ad·jec·ti·val /æ̀ʤɪktáɪv(ə)l/ *a* 形容詞の(ような); 形容詞をつくる〈接尾辞〉; 形容詞の多い〈文体・作家〉. ► *n* 形容詞的語句. ♦ **～·ly** *adv*

ad·jec·tive /ǽʤɪktɪv/ *n* 〖文法〗形容詞《略 adj., a.》. ► *a* 形容詞の(ような); 付随的な, 従属的な; 〖染〗〈染料が媒染剤を必要とする, 間接…(opp. *substantive*); 〖法〗訴訟手続きの: an ～ phrase [clause] 形容詞句[節] / ～ dye 間接[媒染]染料. ♦ **～·ly** *adv* 形容詞的に. [OF‹L *ad-(ject- jacio* to throw)＝to add to]

ádjective láw 〖法〗手続法, 形式法《SUBSTANTIVE LAW に対する語》.

Adj. Gen. °Adjutant General.

adji·go /ǽʤɪgoʊ/**, adji·ko** /-koʊ/ *n* 〖植〗オーストラリア南西海岸産の食用山芋.

ad·join /əʤɔ́ɪn, æ-/ *vt* …に隣接[近接]する; 添加する, 付け加える〈*to*〉; 〖数〗添加[付加]する. ► *vi* 相接する, 隣り合う. [OF‹L; ⇨ JOIN]

adjóin·ing *a* 隣接した, 隣の, 相接する; 近くの, 付近の: ～ rooms 隣り合った部屋.

ad·joint /ǽ(d)ʤɔɪnt/ *n* 〖数〗随伴行列 (Hermitian conjugate). ► *a* 随伴的な.

ad·journ /əʤə́ːrn/ *vt* 〈会議などを〉延期する, 延会[休会]にする, 別の会場に移す; 〈審議などを〉次回に持ち越す, 継続審議にする; 一時中止[凍結]する: The court will be ～*ed for* an hour. 一時間の休廷とする. ► *vi* (一時[無期の])休会[休廷]にはいる〈*for* lunch〉; 会議場を移す〈*to*〉; 《口》《議論の》席を移す, 移る〈*to*〉, しばらく休憩する: ～ *till* [*until*, *to*] Monday / ～ without day [sine die] 無期の休会にはいる. [OF‹L (*ad-*, *diurnum* day)＝to an (appointed) day; cf. DIURNAL, JOURNAL]

adjóurn·ment *n* 《会議などの》延期, 延会, 休会, 休廷; 《審議などの》持ち越し; 休廷[休会]期間; 〖チェス〗指し掛け.

adjt adjutant. **Adjt Gen** °Adjutant General.

ad·judge /əʤʌ́ʤ/ *vt* …に司法判断[判決]を下す, 宣告する, 宣言する; 〈事件を〉裁く; 〈財産を〉法律によって…に帰属すると裁定する, 〈賞などを〉審査のうえで与える〈*to*〉; 《古》〈被告〉に〈…の〉刑を宣告する〈*to*〉; 判断する, 考える (consider): ～ sb (*to be*) guilty＝～ *that* he is guilty 人を有罪と判決する. [OF‹L; ⇨ ADJUDICATE]

ad·júdg(e)·ment *n* 判決, 宣告; 《審査のうえの》授与.

ad·ju·di·cate /əʤúːdɪkèɪt/ *vt* …に判決[決定, 裁決]を下す; (…

であると)宣告する;〘チェス〙〈ゲームを〉審判判定する《終了していないゲームについて, どちらが勝ちか, 引分けかを判定する》: ～ a case 事件を裁く / ～ sb *to* be bankrupt 人に破産の宣告をする. ► *vi* 裁く, 審判する: ～ *on* [*in*] a question 問題に判決を下す. ♦ **ad·jú·di·cà·tive** /, -kə-/ *a* 判決の. **-cà·tor** *n* [L (*judico* to judge)]

ad·ju·di·ca·tion /əʤù:dɪkéɪʃ(ə)n/ *n* 司法判断; 判決, 決定, 宣告,《特に》破産宣告;〘チェス〙審判判定: FORMER ADJUDICATION. ♦ **-ca·to·ry** /əʤú:dɪkətɔ̀:ri; -kət(ə)ri/ *a*

ad·junct /ǽʤʌ̀ŋ(k)t/ *n* 添加物, 付属物 〈*to, of*〉; 助手;〘論〙添性;〘文法〙付加詞, 付属[修飾]語句《文の成立に必ずしも必要ではない副詞・形容詞(相当句)》;《大学の》補助[非常勤]教員;〘医〙補助手段[薬]. ► *a* 随伴[従属]する; 補助的な, 臨時の. ♦ **～·ly** *adv* **ad·júnc·tive** *a* 付属の, 補助の;〘医〙補助手段[薬]を用いた. **-tive·ly** *adv* [L; ⇨ ADJOIN]

ad·junc·tion /əʤʌ́ŋ(k)ʃ(ə)n/ *n* 付加;〘数〙《体や環への》添加.

ádjunct profèssor* 非常勤教授, 特任教授.

ad·ju·ra·tion /æ̀ʤəréɪʃ(ə)n/ *n* 誓言, 誓詞; 懇願, 熱心な勧説;《神の御名による》厳命. ♦ **ad·jur·a·to·ry** /əʤʊ́ərətɔ̀:ri; -t(ə)ri/ *a*

ad·jure /əʤʊ́ər/ *vt* …に懇願する, 強く勧める;《神の御名にかけて》…に厳命する: ～ sb *in* Heaven's name [*by* all that is holy] *to* do 神[聖なるもの]にかけて…するよう人に命令[懇請]する. ♦ **ad·júr·er, -jú·ror** *n* [L *adjuro* to put to oath; ⇨ JURY]

ad·just /əʤʌ́st/ *vt* 整える, 調整[調節]する 〈*to*〉; 〈争いを〉調停する, 《譲り合って》解決する; 〈誤りなどを〉訂正する; 〈考えなどを〉修正する;〘保〙〈損害(賠償要求)〉に対する支払額を決める: ～ one*self* 身なりを整える; 〈境遇などに〉順応する, 慣れる 〈*to* army life〉. ► *vi* 順応する, 適応する 〈*to*〉; 折り合いをつける; 調整される. ♦ **～·able** *a* 調整[調節, 加減]できる, 可調…. **～·abílity** *n* **ad·jús·tive** *a* [OF ＜L (*juxta* near)]

adjústable-pítch *a*〘空〙調整ピッチ(式)の, 地上可変ピッチ(式)の《回転中はピッチ[羽根角]を変えることはできないが, 停止時にプロペラ基部の環をゆるめてピッチを調整することができる》.

adjústable ràte mórtgage 変動金利住宅ローン《略 ARM》.

adjústable wrénch [spánner]" MONKEY WRENCH.

adjúst·ed *a* 調整[調節]された[済みの], 補正された; 適応[順応]した: seasonally ～ figures 季節調整値.

adjústed gróss íncome〘米〙修正後総所得, 調整済み粗所得《所得税申告書で法定諸経費控除後の個人の総所得; 略 AGI》.

adjúst·er, ad·jús·tor *n* 調整[調節]する人[もの, 装置], アジャスター;〘保〙損害査定人, (海損)精算人; [ᵘadjustor]〘動〙調整体.

adjúst·ment *n* 調整, 調節, 修正, 補正; 調停; 調節装置;〘心〙適応;〘生態〙適合;《汚損商品などの》値引き;〘保〙精算. ♦ **ad·jùst·mén·tal** *a*

adjústment cènter*《刑務所内の, 手に負えない者や精神異常者のための》矯正センター.

ad·ju·tage, aj·u·tage /ǽʤətɪʤ, əʤú:-/ *n*《噴水などの》放水管, 噴射管.

ad·ju·tant /ǽʤət(ə)nt/ *n* 助手 (helper);〘軍〙《部隊付きの》副官;〘鳥〙ADJUTANT BIRD. ► *a* 補助の. ♦ **ád·ju·tan·cy** *n* 副官[助手]の職[職務]. [L *adjuto* (freq) ＜ *ad-*(*jut- juvo* to help)]

ádjutant bìrd [cràne, stòrk]〘鳥〙ハゲコウ《インドハゲコウまたはアフリカハゲコウ; コウノトリ科で腐肉食》.

ádjutant géneral (*pl* **ádjutants géneral**) 総務課長;〘軍〙高級副官; [the A- G-]〘米陸軍〙事務担当副官.

ad·ju·vant /ǽʤəvənt/ *a* 助けとなる, 補助の. ► *n* 助けとなるもの[人];《塗料などの》補助剤;〘医〙補助的手段, 補助薬, 佐剤, アジュバント;〘免疫〙抗原性補強剤.

ádjuvant thèrapy〘医〙補助療法.

ad ka·len·das Grae·cas /ɑ:d kɑ:léndɑ:s gráɪkɑ̀:s/ *adv* on [at] the Greek CALENDS. [L]

ADL〘医〙activities of daily living ♦ Anti-Defamation League.

Ad·ler **1** /ɑ́:dlər, ǽd-; *G* ɑ́:dlər/ アードラー **Alfred** ～ (1870–1937)《オーストリアの精神医学者;「個人心理学」を創始した》. **2** /ǽd-/ アドラー **(1) Cyrus** ～ (1863–1940)《米国の教育者・作家; American Jewish Committee を創立 (1906); *Jewish Encyclopedia, American Jewish Year Book* を編集した》 **(2) Felix** ～ (1851–1933)《米国の教育者・改革家; *An Ethical Philosophy of Life* (1918) など; ⇨ ETHICAL CULTURE》 **(3) Larry** ～ (1914–2001)《米国のハーモニカ奏者; 本名 Lawrence Cecil ～》 **(4) Mortimer J(erome)** ～ (1902–2001)《米国の哲学者・教育家》.

Ad·le·ri·an /ɑ:dlíəriən, æd-/ *a*〘精神分析〙アードラー(説)の《劣等感や権力への意志などを重視する'個人心理学'》. ► *n* アードラーの門弟, アードラー説支持者. [Alfred *Adler*]

ád·less *a*《口》広告のない〈雑誌〉.

ad-lib /ædlíb, ⏤⏤/ *a* 即興的な, アドリブの; 任意の; 無制限の. ► *v* (**-bb-**) *vt* 即席に作る; 〈せりふ・メロディーなどを〉即興的に入れる. ► *vi* アドリブを行なう;《特に》アドリブで間を埋める. ► *n* 即興的なせりふ[演奏], アドリブ; 間に合わせ仕事, 当意.

ad lib /æd líb, ⏤⏤/ *adv* 思うままに, 好きなように, 自由に; 制約なしに. [*ad lib*itum]

ad lib·i·tum /æd líbətəm/ (略 **ad lib.**) *adv* 随意に, 制約なしに. ► *a*〘楽〙演奏者の随意の (opp. *obbligato*). [L＝at one's pleasure]

ad li·tem /æd láɪtɛ̀m/ *adv, a*〘法〙当該訴訟に関して(の): GUARDIAN AD LITEM. [L＝for the suit]

ad lit·ter·am /æd lítərəm/ *adv* 文字どおりに; 正確に. [L＝to the letter]

ad lo·cum /æd lóukəm/ *adv* その場所へ[で]《略 **ad loc**》. [L＝to [at] the place]

adm. administration ♦ administrative. **Adm.** Admiral.

ad ma·jo·rem Dei glo·ri·am /ɑ:d mɑ:jɔ́:rɛ̀m déɪ glɔ́:riɑ̀:m/ *adv* より大いなる神の栄光のために《イエズス会のモットー; 略 AMDG》. [L＝to the greater glory of God]

ád·màn /, -mən/ *n*《口》広告人(ᵏ)《広告業者・広告制作者・広告専門植字工[印刷工]など》. ♦ **ád·wòman** *n fem*

ad·mass" /ǽdmæ̀s/ *n* アドマス《**1**) マスメディアを利用した広告によるマーケティング方式 **2**) その影響をうけやすい市民層》. ► *a* アドマスの, アドマスの影響をうけた. [*ad*vertising *mass*; J. B. Priestley の造語]

ad·mea·sure /ædmɛ́ʒər, -méɪ-/ *vt* …の適正な配置を決める, 割り当てる, 配分する; 〈賞罰などを〉裁量する.

adméasure·ment *n* 割当て, 配分; 測定, 測量; 規模, 寸法, 容積.

Ad·me·tus /ædmí:təs/〘ギ神〙アドメートス《テッサリア王で, the ARGONAUTS の一人; ALCESTIS の夫》.

ad·min /ǽdmɪn/ *n*"《口》ADMINISTRATION.

admin. administration ♦ administrative.

ad·min·i·cle /ædmínɪk(ə)l/ *n* 補助する人[もの];〘法〙副証. ♦ **ad·mi·nic·u·lar** /æ̀dmənɪ́kjələr/ *a*

ad·min·is·ter /ədmínəstər/ *vt*《経営的に》管理[運営]する,《行政的に》処理する, 治める; 〈法・判決などを〉執行[施行]する, 適用する; 〈聖餐式などを〉執行する; 〈薬などを〉投与[塗布]する, 〈手当てを〉施す; 〈罰・忠告などを〉与える; 〈宣誓などを〉取り仕切る: ～ justice *to* sb 裁判する / ～ a dose *to* sb 人に薬を投与する / ～ him a box *on* the ear 横つらをぶんなぐる / ～ a rebuke しかる 〈*to*〉 / ～ an oath *to* sb 文句を読んでそのとおりに人に宣誓させる. ► *vi* 管理者[行政官, 管財人, 遺言執行者]として職務を行なう; 物事を処理する; 〈人・窮状などを〉手助けする, 寄与する, 資する 〈*to*〉. [OF＜L; ⇨ MINISTER]

admínistered príce 管理価格.

ad·min·is·tra·ble /ədmínəstrəb(ə)l/ *a* 管理できる, 処理できる; 執行できる.

ad·min·is·trant /ədmínəstr(ə)nt/ *a, n* 管理する(人).

ad·min·is·trate /ədmínəstrèɪt/ *vt, vi* ADMINISTER.

ad·min·is·tra·tion /ədmìnəstréɪʃ(ə)n, æd-/ *n* **1 a**《事務などの》管理, 処理;《裁き・宣誓などの》執行;〘法〙財産管理《破産者・精神異常者・不在者などの》,《特に》遺産管理: ～ of justice 司法, 裁判; 司法の運営 / LETTERS OF ADMINISTRATION. **b** [the]《会社・大学などの》管理責任者, 執行部, 経営陣《集合的》. **2 a** 行政,《司法・立法を含めた》政治; 行政[経営]の基本方針[理念]: mandatory ～ 委任統治 / military ～ 軍政. **b** [the A-] *行政部[府], 政府; *行政機関《庁・局など; cf. AAA, FDA, etc.》: *the* Obama *A*- オバマ政権 / ～ senators [witnesses] 政府側の上院議員[証人]. **c** 行政官, 役人《集合的》; 行政官の任期, *大統領の政権担当期間. **3**《療法などの》適用,《薬の》投与,《治療・援助などの》施与. ♦ **～·al** *a* **～·ist** *n*

ad·mín·is·trà·tive /, -strə-/ *a* 管理[経営]上の; 行政(上)の, 政府の: ～ ability 行政的手腕, 管理[経営]の才 / an ～ agency 行政機関 / an ～ district 行政区画. ♦ **～·ly** *adv*

admínistrative assístant 管理補佐, 管理スタッフ, ゼネラルスタッフ《企業などで役員を補佐する管理・運営担当者; 略 AA》.

admínistrative cóunty〘英〙行政上の州《従来の州としばしば食い違う》.

admínistrative láw 行政法.

admínistrative láw jùdge〘米〙行政法審判官《行政審判を主宰し準司法的機能を有する行政官》.

ad·mín·is·trà·tor *n* 行政官; 管理者, 理事; 執行者;〘法〙財産管理人, 管財人,《特に》遺産管理人;《経営的・行政的な》管理能力[才能]の豊かな人;〘教会〙《教区・監督区などの》臨時管理者. ♦ **～·shìp** *n* administrator の職[地位]. **-tra·trix** /ædmìnəstréɪtrɪks/ *n fem* (*pl* **-tri·ces** /-trəsì:z/)

ad·mi·ra·ble /ǽdm(ə)rəb(ə)l/ *a* 賞賛に値する, あっぱれな, 実にみごとな, 感心な; りっぱな, けっこうな;《廃》驚くべき, 不思議な. ♦ **-bly** *adv* **～·ness, àd·mi·ra·bíl·i·ty** *n* [F＜L; ⇨ ADMIRE]

Ádmirable Críchton 驚異のクライトン (⇨ CRICHTON).

ad·mi·ral /ǽdm(ə)rəl/ *n* **1**〘海軍・米沿岸警備隊〙大将, 海軍将官, 提督《略 Adm., Adml; ⇨ NAVY》. **2**"漁船[商船]隊長;《古》《一国の》海軍総司令官;《古》旗艦 (flagship): LORD HIGH ADMIRAL. **3**〘昆〙タテハチョウ《派手な色彩が特徴; cf. RED [WHITE] ADMIRAL》. ♦ **～·shìp** *n* admiral の職[地位, 器量, 手腕]. [OF＜L＜Arab; ⇨ EMIR]

ádmiral of the fléet 〔英〕海軍元帥 (fleet admiral*) (⇨ NAVY).
Ádmiral's Cúp [the] アドミラルズカップ《英仏海峡で奇数年ごとに催される国際ヨットレース, また, その優勝杯; 1957 年創設》.
ádmiral·ty *n* **1 a** [the A-]〔英〕海軍(本部),《もとの》海軍省《1964 年国防省 (Ministry of Defence) に吸収された》; [the]〔英〕ADMIRALTY BOARD. **b** ADMIRAL の職[地位, 権限]. **2** 海事法;〔米〕海事裁判所《連邦地方裁判所の管轄下にある》; [the]〔英〕COURT OF ADMIRALTY. **3**《文》制海権. **4** [the Admiralties] ADMIRALTY ISLANDS.
Ádmiralty Árch アドミラルティーアーチ《London の Trafalgar Square と Mall の間のアーチ道; Victoria 女王の記念事業計画の一つとして 1910 年に建設》.
Ádmiralty Bòard [the]〔英〕海軍部《国防省内の国防会議 (Defence Council) の一部局で, 海軍行政の最高機関; 1964 年新設の国防省の一部となるにあたって Board of Admiralty を改称》.
Ádmiralty Hòuse 《Sydney にある》オーストラリア総督官邸.
Ádmiralty Ísland アドミラルティー島《Alaska 南東部 Alexander 諸島の北にある》.
Ádmiralty Íslands *pl* [the] アドミラルティー諸島《New Guinea の北にあり, Bismarck 諸島に属する》.
ádmiralty làw 〔法〕海法.
Ádmiralty mìle" NAUTICAL MILE.
Ádmiralty Ránge [the] アドミラルティー山脈《南極大陸 Victoria Land の, Ross 海沿岸の山脈》.
ad·mi·ra·tion /æ̀dməréɪʃ(ə)n/ *n* 感嘆, 賞賛〈*for*〉; [the] 賞賛の的〈*of*〉;《古》驚き (wonder): in ～ *of*…を賞賛して, …に見とれて / with ～ 感嘆して / to ～ みごとに / the ～ *of* everyone みんなの賞賛の的. ● **a note of ～** 感嘆符《!》(exclamation mark).
ad·mi·ra·tive /ædmáɪərətɪv, æ̀dməréɪ-/ *a*《古》賞賛[感嘆]を表わす. ♦ **～·ly** *adv*
ad·mire /ədmáɪər/ *vt* **1** 感嘆[賞賛]する, …に感心[敬服]する; …に見とれる;《ひそかに》(高く)評価する; "《口》(お世辞に)ほめる;《古》…に驚く: I ～ his impudence. [*iron*] やつのあつかましさにはおそれいるよ. **2***《方》喜んで…する, …したがる〈*to* do〉. ► *vi* 賞嘆を覚える[表わす], 驚く. ♦ **ad·mír·er** *n* 賞賛者, 崇拝者, ファン;《女性を》愛慕する者, 恋人, 求婚者: a secret ～*r* 密かに慕う人. [F or L (*miror* to wonder at)]
ad·mír·ing *a* 賞賛[敬服]する, 賛嘆した: ～ glances 賛嘆のまなざし. ♦ **～·ly** *adv* 感嘆して.
ad mi·se·ri·cor·di·am /æd məzɛ̀rəkɔ́:rdiæ̀m, -iəm/ *adv, a*〈議論が〉同情[憐憫の情]に訴えて[訴える]. [L=to pity]
ad·mis·si·ble /ədmísəb(ə)l, æd-/ *a* 受け入れられる(資格[価値]がある), 入場[入会, 入学, 参加]できる,〈地位に〉就く資格がある, 適格な〈*to*〉;〈行為・考え・言いわけが〉認容[許容]できる, 許され(てい)る, 考えられる (reasonable);〔法〕証拠として認められる, 許容性のある. ♦ **ad·mìs·si·bíl·i·ty** *n* 許容(性): *admissibility* of evidence〔法〕証拠の許容性.
ad·mis·sion /ədmíʃ(ə)n, æd-/ *n* **1 a** はいるのを許す[許される]こと, 入場, 入会, 入学, 入院〈*to* [*into*] a society, school, etc.〉; 任用, 任命; はいる権利; 入場料, 入会金《など》(=～ fee); 入場券 (=～ ticket): ～ by ticket only《掲示》チケットのない方は入場できません / gain [obtain] ～ 入場を許される / give free ～ to…を自由にはいらせる, …に無料入場を許す / ～ free 入場無料 / charge (an) ～ 入場料を取る. **b** [*pl*] 入学者[入院患者]の選定; 入学者[入院患者]数: ～*s* policy 入学者選抜方針 / ～*s* office 入学[入試]事務局 / ～*s* officer 入学[入試]担当係. **2** 承認, 容認; 告白, 自白; 承認[告白]された事柄: make an ～ of the fact to sb 事実を人に告白する. **3**《内燃機関の》吸気(行程). ● **by** [**on**] **sb's own ～** 本人の認めるところにより. ♦ **ad·mís·sive** *a*〈…を〉容認する〈*of*〉. [L; ⇨ ADMIT]
Admíssion Dày 〔米〕《各州の》州制施行記念日.
ad·mit /ədmít, æd-/ *v* (**-tt-**) *vt* **1**《真実であると》認める, 自白する〈*to* sb〉;〈証拠・主張を〉有効[正当]と認める;《譲歩して》認める: I ～ the truth of the story [it *to* be true, *that* it is true]. その話は本当だと認める / This, I ～, is true (, but…) なるほどこれは真実だ(が…) / *admitted* hav*ing* an affair 浮気したことを認めた. **2 a** 入れる,〈人〉の入場[入学, 入会, 入院]を許す,〈もの〉の進入を可能にする〈*in, into, to*〉;〈人〉に身分[特権]の取得を認める〈*to*〉: ～ a student *to* [*into*] the third-year class 生徒を 3 年級に編入する / be *admitted to* the bar [(*the) hospital] 弁護士として認可される[入院する]. **b**〈切符などが〉…に入場の権利を与える;〈設備が〉収容できる: This ticket ～*s* two persons. この切符で 2 人入場できる. **c**〈事実・事情などが〉…の余地を残す, 許す: This case ～*s* no other explanation. 本件はほかに説明のしようがない. ► *vi* **1** 入場[進入]を可能にする〈*to*〉: This key ～*s to* the garden. この鍵で庭にはいれる. **2** 許す,〈疑い・改善の〉余地がある〈*of*〉: Circumstances do not ～ *of* this. 事情はこれを許さない / His sincerity ～*s of* no doubt. 彼の誠実は疑いの余地がない. **3** 認める, 告白する〈*to*〉: ～ *to* the allegation 申し立てを認める. ● **(While) admitting (that)**…とはいうものの. ♦ **ad·mít·ta·ble, -ti·ble** *a* [L (*miss- mitto* to send)]
ad·mít·tance *n* **1** 入場, 入場させること, 入場許可: grant [refuse] sb ～ *to*… 人に…への入場を許す[拒絶する] / No ～ (except on business).《掲示》(業務関係者以外)入場お断わり. **2**〔電〕アドミタンス《電流の流れやすさを表わす量で impedance の逆数; 単位 mho; 記号 Y》. **3**〔英法〕謄本保有権付与.
ad·mít·ted *a* みずから認めた, 公然の.
ad·mít·ted·ly *adv* 確かに, 当然のことながら, なるほど; 実をいえば, 正直なところ.
ad·mix /ædmíks/ *vt* 混ぜる〈*with*〉. ► *vi* 混じる. [逆成 < *admixt* (obs); ⇨ MIX]
ad·mix·ture /ædmíksʧər/ *n* 混合(物); まぜ物, 混和材料, 混合剤, 添加剤, 混合用添加物.
ad·mon·ish /ədmánɪʃ, əd-/ *vt* 訓戒[説諭]する, さとす〈sb *for* do*ing*〉; …に勧告する, 説き勧める, 促す〈sb *to* do; sb *that* he (should) do〉; …に(心配して)警告する, …の注意を促す〈*of*〉. ► *vi* 訓戒[警告]を与える. ♦ **～·er** *n* **～·ing·ly** *adv* **～·ment** *n* ADMONITION. [OF<L (*monit- moneo* to warn)]
ad·mo·ni·tion /æ̀dmənɪ́ʃ(ə)n/ *n* 説諭, 訓戒; 勧告, 忠告; 警告.
ad·mon·i·tor /ædmánətər, əd-/ *n* 説諭[警告, 忠告, 勧告]者.
ad·mon·i·to·ry /ədmánətɔ̀:ri; -t(ə)ri/ *a* 説諭の, 勧告的な; 警告の. ♦ **ad·mòn·i·tó·ri·ly** /; -mánət(ə)rɪli/ *adv*
admov. 〔処方〕[L *admoveātur*] let it be applied 付加さるべし.
ad·nate /ǽdnèɪt/ *a*〔動・植〕〈本来異なる部分が〉合着した〈*to*〉;〔植〕〈雄蕊(ずい)が〉側着の (cf. INNATE). ♦ **àd·ná·tion** *n*
ad nau·se·am /æd nɔ́:ziəm, -si-, -æ̀m/ *adv* いやになるほど, むかつくまでに. [L=to sickness]
ad·nexa /ædnɛ́ksə/ *n pl*〔解〕付属器,《特に》子宮付属器. ♦ **ad·néx·al** *a*
ad·nóminal /æd-/ *a*〔文法〕名詞(句)を修飾する, 連体的な: an ～ adjunct 連体付加詞. ♦ **～·ly** *adv*
ad·noun /ǽdnàʊn/ *n*〔文法〕名詞用法の形容詞; 形容詞 (adjective).
ado /ədú:/ *n* (*pl* **～s**) 騒ぎ; 些事へのこだわり; 骨折り, 苦労: much ～ about nothing 空(から)騒ぎ / make [have] much ～ 騒ぎたてる, 苦労する〈*in* do*ing*〉/ with much ～ 大騒ぎして, 苦心して / without more [further] ～ あとは事[苦]もなく; つまらないことはもうやめて, さっさと. [ME *at do* to do (ON *at*); もと *much ado* の句で]
ado·be /ədóʊbi/ *n* 日干し煉瓦, アドベ; 日干し煉瓦造りの塀[家]; 日干し煉瓦製造用の粘土, アドベ粘土; MUDCAP. ♦ **～·like** *a* [Sp]
Adóbe Àcrobat 〔商標〕アドビアクロバット《ファイルを異機種間で交換するために, 必要なタグを含んだ PDF ファイルに変換するプログラム》.
adóbe dòllar*《俗》アドベドル《メキシコペソ; 通貨単位》.
adóbe flàt* アドベ粘土平原《大雨・洪水・雪解けなどによる一時的な流れのあとにできるゆるく傾斜した粘土質の平地》.
ado·bo /ədóʊboʊ, ɑdóʊ-/ *n*《フィリピン料理》アドボ《豚肉・鶏肉などを香辛料を効かせたソースに漬け込んで煮込み, これをさらに油で炒めた[炒りつけた]もの》. [Sp]
ad·o·lesce* /æ̀d(ə)lɛ́s/ *vi* 青年[思春]期に達する, 青年期を過ごす; 青年らしくふるまう.
ad·o·les·cence /æ̀d(ə)lɛ́s(ə)ns/ *n* 青年期, 未成年期, 思春期, 年ごろ《男 14 歳, 女 12 歳から成年まで; cf. PUBERTY》; 成長(過程);《言語・文化などの》発展期, 成熟前の段階. ♦ **-lés·cen·cy** *n*《古》ADOLESCENCE.
àd·o·lés·cent *a* 青年期の, 青春の, 若々しい; 未熟な, 不安定な, 青臭い. ► *n* 青年期の男子[女子], 青年, 若者, ティーンエージャー; [*derog*] おとなになりきれていない[青臭い]人. ♦ **～·ly** *adv* [OF<L; ⇨ ADULT]
Ad·olf /ǽdɑ̀lf, éɪ-/ アドルフ《男子名》. [G; ⇨ ADOLPH]
Adol·fo /ɑ:dálfoʊ/ アドルフォ《男子名》. [Sp; ↓]
Ad·olph /ǽdɑ̀lf, *éɪ-/ アドルフ《男子名》. [Gmc=noble wolf (=hero)]
Ad·olphe /ǽdɑ̀lf, *éɪ-/ アドルフ《男子名》. [F; ↑]
Adol·phus /ədálfəs/ アドルファス《男子名》. [⇨ ADOLPH]
Ado·nai /à:dənɔ́ɪ, -náɪ; ǽdə(ʊ)nàɪ, ⌐⌐⌐/ *n* アドナイ, 主(しゅ)《ユダヤ人が神を呼んだ婉曲語》. [Heb=Lord]
Ado·na·is /æ̀d(ə)néɪəs/ アドネイイス《Shelley の同名の悲歌 (1821) に歌われた Keats その人》.
Adon·ic /ədánɪk, ədóʊ-/ *a* ADONIS の(ような), 美しい;〔韻〕dactyl (⌐××) に spondee (⌐⌐) [trochee (⌐×)] の続く, アドニス格の〈詩行〉. ► *n* アドニス格の詩[詩行].
Adon·is /ədánəs, -dóʊ-/ **1 a**〔ギ神〕アドニス《女神 Aphrodite に愛された美少年; 狩りで猪に殺されたが女神によってよみがえった》. **b** 美少年, 好男子, だて男, 色男. **2** [a-] アドニス草《ヨウシュフクジュソウの葉や茎; 強心薬》. **3**〔天〕アドニス《太陽に近づく小惑星の一つ》.
Adónis blúe 〔昆〕アドニスヒメシジミ《欧州・中近東産》.
ad·o·nize /ǽdənàɪz/ *vt, vi* めかす: ～ oneself 色男ぶる.
adopt /ədápt/ *vt*〈意見・方針を〉採用する;〈外国語などを〉借用する;〈特定のことばづかい・態度を〉採用する, する,〈ある国を〉《定住の地として》選ぶ; (身内として)受け入れる, 養子[養女]にする;〈提案・委員会報告などを〉採択する; "〈政党が〉候補者として公認する; "〈地方自治体が

A

道路など〉の管理を引き受ける; 〈教科書を〉採択する: ～*ed* words 外来[借用]語 / my ～*ed* country 自分の帰化した国, わが第二の故国 / my ～*ed* son [daughter] わたしの養子[養女] / ～ a girl *as* one's heiress よその子を跡取り娘にする. ► *vi* 養子を取る. ● ～ **out** *〈子を〉養子に出す. ♦ **～·able** *a* **～·ability** *n* **～·er** *n* [F or L (*opto* to choose)]

adopt·ee /ədàptíː/ *n* 養子.

adop·tion /ədápʃ(ə)n/ *n* 養子縁組; 採用; 採択; 選定; "(候補者)公認; 外国語借用.

adóption àgency 養子縁組斡旋所[機関].

adóption·ìsm *n* 〘神学〙養子論《イエスはもとは単なる人間であったが聖霊によって神の子となったとする説》. ♦ **-ist** *n*

adóption pànel 〘英福祉〙養子縁組審査委員会.

adop·tive /ədáptɪv/ *a* ADOPTION の; 養子縁組による; 《定住の地として》《みずから》選んだ〈国・都市〉; 《まれ》借入を好む〈言語〉: an ～ parent [mother, child] 養親[養母, 養子] / ～ relationship 養子縁組関係. ♦ **～·ly** *adv*

ador·able /ədɔ́ːrəb(ə)l/ *a* 魅力的な, かわいらしい; 崇敬[敬慕]に値する. ♦ **-ably** *adv* **adòr·abíl·i·ty, ～·ness** *n*

ad·óral /æd-/ *a* 〘解・動〙口の近くの, 口側の, 口辺の; 口の, 口をもつ. ► *n* 口辺部. ♦ **～·ly** *adv*

ad·o·ra·tion /ædəréɪʃ(ə)n/ *n* 崇拝[崇敬](の対象); 敬愛(の対象), あこがれ(の的); 礼拝, 祈り.

Adorátion of the Mági [Kíngs] 《幼児キリストに対する》三博士の礼拝《キリスト教美術の主題の一つ; *Matt* 2: 1-12》.

adore /ədɔ́ːr/ *vt* 〈神と〉あがめる, 崇拝[崇敬]する 〈*for* (*doing*)〉; 〘カト〙〈聖体を〉礼拝する; 敬愛[敬慕]する, あこがれる; 《口》…が大好きだ. ► *vi* 崇敬する, 崇敬の念でいっぱいになる. ♦ **adór·er** *n* **adór·ing** *a* 熱愛する, ほれこんだ, 熱心な〈ファン〉. **adór·ing·ly** *adv* いとしげに, うっとりして, ほればれと, あこがれの目で. [OF<L *ad*-(*oro* to speak, pray)=to worship]

adorn /ədɔ́ːrn/ *vt* 飾る, 装飾する (decorate); 引き立たせる, …に光彩を添える: ～ *oneself with*…で身を飾る. ♦ **～·er** *n* **～·ing·ly** *adv* [OF<L (*orno* to deck)]

adórn·ment *n* 飾ること[もの], 装飾(品).

Ador·no /ɑːdɔ́ːrnoʊ/ アドルノ **Theodor Wiesengrund** ～ (1903-69)《ドイツの哲学者・音楽批評家; フランクフルト学派の代表的思想家として幅広く健筆をふるった》.

Adour /*F* aduːr/ [the] アドゥール川《フランス南西部の川; Pyrenees 山脈に源を発し, 西流して Biscay 湾に注ぐ》.

Adowa ⇨ ADWA.

adown *adv* /ədáʊn/, *prep* /ー⌐, ー⌐/ 《古・詩》DOWN[1].

adoze /ədóʊz/ *adv*, *a* うとうとして[した].

ADP /éɪdìːpíː/ *n* 〘生化〙アデノシン二リン酸 (adenosine diphosphate), ADP.

ADP °automatic data processing.

ad pa·tres /ɑːd pɑ́ːtrèɪs, æd péɪtriz/ *adv* 祖先のもとに(帰って), 死んで. [L=(gathered) to his fathers]

ADPCM /éɪdìːpìːsìːém/ *n* 〘電算〙ADPCM《音声データの符号化方式; 振幅の差分として波形情報を記録する》. [*A*daptive *D*ifferential *P*ulse *C*ode *M*odulation]

ád·pèople *n pl* ADPERSONS.

ád·pèrson *n* 広告人(じん)《広告業界に働く人》.

ad per·so·nam /æd pərsóʊnæm/ *adv*, *a* 人に向けて[向けた], 個人的に[な]. [L=to the person]

ad·pressed /ædprést/ *a* APPRESSED.

ad quem /æd kwém/ *adv* そこへ, そこに. ► *n* 目標, 終点. [L=to [at] which]

ADR 〘法〙°alternative dispute resolution ♦ °American Depositary Receipt.

Ad·ras·tea /ədrǽstiə/ 〘天〙アドラステア《木星の第 15 衛星》.

Adras·tus /ədrǽstəs/ 〘ギ神〙アドラストス《Argos の王; テーバイに向かう七将 (the Seven against Thebes) の隊長で, 唯一の生き残り》.

ad ref·er·en·dum /ɑ̀ːd rèferéndʊm, æ̀d rèfəréndəm/ *a*, *adv* さらに検討[批准]を要する, 暫定的な[に], 仮の〈契約〉. ● **take** ～ 〈提案・協定を〉暫定的に受諾する. [L=for further consideration]

ad rem /æd rém/ *adv*, *a* 問題の本質[要点]をついて[ついた], 要領を得て[得た], 適切に[な]. [L=to the thing]

ad·ren- /ədríːn, -rén/, **ad·re·no-** /ədríːnoʊ, -rén-, -nə/ *comb form* 「副腎」「アドレナリン」 [*adrenal*]

ad·re·nal /ədríːn(ə)l/ 〘解〙*a* 腎近傍の, 腎上の; 副腎(から)の. ► *n* 副腎 (adrenal gland). ♦ **～·ly** *adv* [RENAL]

ad·re·nal·ec·to·my /ədrìːn(ə)léktəmi/ *n* 〘医〙副腎摘出[摘除](術), 副摘. ♦ **-éc·to·mìzed** /-màɪzd/ *a*

adrénal glànd 〘解〙副腎 (=*suprarenal gland*).

Adren·a·lin /ədrén(ə)lən/ 〘商標〙アドレナリン《左旋性エピネフリン (epinephrine) 製剤》. [*adrenal*]

adren·a·line /ədrén(ə)lən, -lìːn/ *n* アドレナリン (EPINEPHRINE); 興奮させるもの, 刺激剤: get the ～ going ドキドキ[興奮]させる, アドレナリン全開にする.

adrénal insuffíciency 〘医〙副腎不全(症).

adrénal·ìzed *a* アドレナリンの影響をうけた; 興奮[高揚]した.

ad·ren·er·gic /ædrənə́ːrdʒɪk/ *a* アドレナリン作用[作動](性)の; アドレナリン様の. ♦ **-gi·cal·ly** *adv*

ad·ren·ine /ədréniːn, ədríːnən/ *n* アドレニン (ADRENALINE の別称).

adréno·chròme *n* 〘生化〙アドレノクロム《ヘモグロビンをメトヘモグロビンに変換する, エピネフリンの酸化生成物》.

adrèno·córtical *a* 副腎皮質(から)の.

adrèno·còrtico·stéroid *n* 〘生化〙副腎皮質ステロイド《コーチゾン・ヒドロコーチゾンなど》.

adrèno·còrtico·tróphic, -trópic *a* 〘生化〙副腎皮質刺激性の.

adrenocorticotróphic hórmone 〘生化〙副腎皮質刺激ホルモン《脳下垂体前葉から分泌; 略 ACTH》.

adrèno·corticotrópin, -phin *n* 〘生化〙副腎皮質刺激ホルモン (adrenocorticotrophic hormone).

adréno·dóx·in /-dáksən/ *n* 〘生化〙アドレノドキシン《植物の FERREDOXIN に似た機能をもつ動物の鉄タンパク質》.

adréno·lèuko·dýstrophy *n* 〘医〙副腎脳白質ジストロフィー(症), 副腎白質異栄養症, アドレノロイコジストロフィー《まれに起こる中枢神経系の脱髄疾患; 伴性劣性遺伝で遺伝し, 主に男児に発症する; 視力・聴力の低下, 強直性攣縮, 精神衰弱などを特徴とする; 略 ALD》.

ad·re·no·lyt·ic /ədrìːn(ə)lítɪk/ *a* 〘薬〙抗アドレナリン(性)の《血圧降下性の》. ► *n* 抗アドレナリン薬.

adrèno·médullary *a* 副腎髄質(から)の.

adrèno·trópic *a* 〘生化〙副腎刺激性の.

adret /ædréɪ/ *n* 《特に Alps の》日中日当たりのよい斜面. [F (*à* to, OF *dre*(*i*)*t* right)]

Adri·a·mýcin /èɪdriə-, æd-/ 〘商標〙アドリアマイシン《塩酸ドキソルビシン (doxorubicin hydrochloride) 製剤》.

Adri·an /éɪdriən/ **1** エードリアン《男子名》. **2 a** ハドリアヌス ～ **IV** (1100?-59)《ローマ教皇 (1154-59); 本名 Nicholas Breakspear; 英国人唯一の教皇》. **b** ハドリアヌス《ローマ皇帝; ⇨ HADRIAN》. **3** エードリアン **Edgar Douglas** ～, 1st Baron ～ (1889-1977)《英国の生理学者; 神経細胞に関する発見で, ノーベル生理学医学賞 (1932)》. [L=of Adria (ギリシアの古都)]

Adri·an·o·ple /èɪdriənóʊp(ə)l/, **-a·nop·o·lis** /-nápələs/ アドリアノープル, アドリアノポリス《EDIRNE の旧称》. ■ the **Báttle of** ～ アドリアノープルの戦い《西ゴート族と同盟軍がローマ皇帝 Valens の軍を潰滅させた戦い (378); ゲルマン人のローマ領への侵入の契機となった; Battle of Hadrianopolis ともいう》. the **Tréaty of** ～ アドリアノープル条約《露土戦争を終結させた条約 (1829); Treaty of Edirne ともいう; この結果ロシアは Dardanelles, Bosporus 両海峡の自由航行権を得た》.

Adri·at·ic /èɪdriǽtɪk, æd-/ *a* アドリア海の. ► *n* [the] アドリア海 (Adriatic Sea): MISTRESS of *the* ～.

Adriátic Séa [the] アドリア海《イタリアと Balkan 半島にはさまれた, 地中海の一部》.

Adri·enne /éɪdriən, -ən, èɪdrién; *F* adriɛn/ エードリエン, アドリエンヌ《女子名》.

adríft /ə-/ *adv*, *a* 漂って, 漂流して; 〈舟が〉ともづなを放れて; 〈人が〉さまよって, 目標を失って, 社会的連帯感を欠いて; 〈荷物などが〉支え[束ね]を失って; "《口》しっかりと留まっていない, ぐらぐらの, ゆるい; 〈選手・チームが〈…に〉リードされて 〈*of*〉: come ～ はずれる, 離れる, ゆるむ. ● **cast** ～ 漂流させる. **cut** ～ 〈船を〉流す; …との結びつきを断つ; 遺棄する[される]; 自由にする[なる]. **go** ～ 《口》〈物が〉なくなる, 盗まれる 〈*from*〉. **turn** ～ 〈人を〉お払い箱にする; 追い出す, 路頭に迷わせる. [*a*-[1]]

Á drìve 〘電算〙A ドライブ《フロッピーディスクドライブ; cf. C DRIVE》.

adroit /ədrɔ́ɪt/ *a* (手先が)器用な; 機敏な, 気転のきく, 抜け目のない, 巧妙な 〈*at*, *in*〉. ♦ **～·ly** *adv* **～·ness** *n* [F *à droit* according to right]

à droite /*F* a drwat/ *adv* 右(側)へ[に] (to [on] the right).

adróop /ə-/ *pred a*, *adv* うなだれた[て], うつむけた[て].

ad·sci·ti·tious /ædsətíʃəs/ *a* 外から加えられた, 外来の, 固有のものでない; 補足の, 付加的な. ♦ **～·ly** *adv*

ad·script /ǽdskrɪpt/ *a* 〈農奴が〉土地に付属した; 〈文字・符号が〉あと[右側]に書かれた, 並記の (cf. SUBSCRIPT, SUPERSCRIPT).

ad·scrip·tion /ædskrípʃ(ə)n/ *n* 帰属, 付属, 付着, 拘束; ASCRIPTION.

ADSL /éɪdìːèsél/ *n* 〘通信〙ADSL, 非対称デジタル加入者線《既存の電話回線を使ってデジタル信号を高速で転送する方式》. [*a*symmetric *d*igital *s*ubscriber *l*ine]

ád·smìth* *n* 広告文案作者, コピーライター.

ad·sorb /ædsɔ́ːrb, -zɔ́ːrb/ *vt*, *vi* 〘理・化〙吸着する. ♦ **～·able** *a* **～·er** *n* [*ad*-, ABSORB]

ad·sorb·ate /ædsɔ́ːrbət, -zɔ́ːr-, -bèɪt/ *n* 〘理・化〙吸着されたもの, 吸着質.

adsórb·ent 〘理・化〙*a* 吸着性の. ► *n* 吸着薬[剤].

ad·sorp·tion /ædsɔ́:rpʃ(ə)n, -zɔ́:rp-/ *n* 〖理·化〗吸着(作用). [ADSORB]
ad·sorp·tive /ædsɔ́:rptɪv, -zɔ́:rp-/ *a* 吸着(作用)の; 吸着性の.
ád·spènd *n* 〖商〗《PR, キャンペーンなどの》広告費, 宣伝費.
ad·sú·ki (bèan) /ædzú:ki(-), ædsú:(-)/ ADZUKI BEAN.
ad·sum /ǽdsʌ̀m, ɑ́:dsʊ̀m/ *int* はい《点呼の返事》. [L=I am here]
ADT 〖米·カナダ〗°Atlantic daylight time.
ad·ú·ki (bèan) /ədú:ki(-)/ ADZUKI BEAN.
ad·u·lar·ia /æʤəlέəriə; ædjʊlέə-, æʤʊ-/ *n* 〖鉱〗氷長石, アデュラリア《カリ長石の一種; 特に 青色閃光を発して淡白色に輝くものを moonstone という》. [*Adula* スイス Lepontine アルプスの山群]
ad·u·late /ǽʤəlèɪt; ǽdjʊ-/ *vt* 《文》…にへつらう, …にお追従[お世辞]を言う, おべっかを使う. ♦ **àd·u·lá·tion** *n* へつらい, 追従, お世辞. **ád·u·là·tor** *n* **ad·u·la·to·ry** /ǽʤələtɔ̀:ri; ǽdjʊlèɪt(ə)ri/ *a* 追従的な, お世辞の. [L *adulor* to fawn on]
Adul·la·mite /ədʌ́ləmàɪt/ *n* 《政治団体を脱退した》政治的に意見を異にする新グループ結成参加者; 分派のメンバー. [*Adullam*; *1 Sam* 22: 1-2]
adult /ədʌ́lt, ǽdʌ̀lt/ *a* 成熟した, 成長した; おとな(用)の, おとならしい; *成人向きの, ポルノの[を扱う]: an ~ movie 成人映画. ► *n* 成人, おとな, 〖法〗成年者; 〖生〗成長[生長]した動物[植物], 成体, 成虫. ♦ **~·hòod** *n* adult であること[時期], 成人期. **~·ly** *adv* **~·ness** *n* [L *adult- adolesco* to grow up]
adúlt educátion 成人教育, 生涯教育.
adul·ter·ant /ədʌ́lt(ə)rənt/ *a, n* 質[純度]を低くする(物質), まぜ物(の), 混和[攙和]物.
adul·ter·ate /ədʌ́ltərèɪt/ *vt* 《不当利得を得るために》…にまぜ物をする: ~ milk *with* water 牛乳を水で薄める. ► *a* /-rət, -rèɪt/ まぜ物をした, 粗悪な; 姦通[密通]の, 不義を犯した, 姦淫の. ♦ **adùl·ter·á·tion** *n* 《まぜ物による》粗悪化; 粗悪品. **-à·tor** *n* 粗悪品製造者; 〖法〗通貨偽造者 (counterfeiter). [L=to corrupt, commit ADULTERY]
adúl·ter·àt·ed *a* まぜ物をした; 純度[製法, 表示など]が法定基準に満たない.
adul·ter·er /ədʌ́ltərər/ *n* 姦通者, 《特に》姦夫.
adul·ter·ess /ədʌ́lt(ə)rəs/ *n* 女の姦通者, 姦婦.
adul·ter·ine /ədʌ́ltəràɪn, -rì:n/ *a* 姦通の; 不義によって生まれた〈子〉; にせの, まがいの; 不法の.
adul·ter·ous /ədʌ́lt(ə)rəs/ *a* 姦通の, 不義を犯す[重ねる]; 《古》にせの, 不純な. ♦ **~·ly** *adv*
adul·tery /ədʌ́lt(ə)ri/ *n* 姦通, 姦淫, 不義, 密通, 不倫《配偶者以外の者との性交; cf. FORNICATION》. [OF<L *adulter* adulterer]
adùlt·éscent *n* 若者向けファッション[ライフスタイル]を好む中年世代, ヤングミドル. [*adult*, adol*escent*]
adúlt-ònset diabétes 〖医〗成人期発症糖尿病 (type 2 diabetes).
Adúlt Tráining Cènter 〖福祉〗成人訓練センター《精神障害者のための公立職業訓練所》.
adúlt Wéstern 成人向けウェスタン《物語·映画など》.
adum·bral /ædʌ́mbr(ə)l/ *a* 影をつくる[投げかける].
ad·um·brate /ǽdəmbrèɪt, ædʌ́mbrèɪt/ *vt* …の輪郭[概略]を示す, 一部を見せる; 〈未来を〉ぼんやりと予示[予表]する; …に暗い陰を投げる; 部分的に隠す, ぼかす. ♦ **àd·um·brá·tion** *n* **ad·úm·bra·tive** /-brətɪv/ *a* **-tive·ly** *adv* [L (*umbra* shade)]
adunc /ədʌ́ŋk/, **adun·cous** /ədʌ́ŋkəs/ *a* 〈くちばしなど〉内側へ曲がった.
ad·un·cate /ædʌ́ŋkèɪt, -kət, ə-/ *a* 《オウムのくちばしのように》曲がった, 鉤(かぎ)状の. [L *uncus* hooked]
ad un·guem /ɑ:d úŋgwèm/ *adv* きわめて精確に. [L=to the fingernail; 指の爪で大理石のなめらかさを試したことから]
Ad·u·rol /ǽdərɔ̀(:)l, -ròʊl, -rɑ̀l, ǽʤə-/ 〖商標〗アデュロール《写真現像薬》. [G]
adust /ədʌ́st/ *a* 焼け焦げた, からからに乾いた; 《古》日焼けした; 《古》陰気な, 憂鬱な. [L (*aduro* to scorch)]
ad utrum·que pa·ra·tus /ɑ̀:d ʊtrúmkwɛ pɑ:rɑ́:tʊs/ そのいずれの準備もできている; そのいずれにも都合のよい; いかなる運命をも覚悟した. [L]
Aduwa ⇨ ADWA.
adv. °ad valorem ♦ adverb ♦ [L *adversus*] against ♦ advertisement ♦ advertising ♦ advisory.
ad va·lo·rem /æd vəlɔ́:rəm/ *a, adv* 価格に準じた[て], 従価方式の[で]《略 **ad val.**, a.v.》: an ~ duty 従価税 (opp. *specific duty*). [L=according to the value]
ad·vance /ədvǽns; -vɑ́:ns/ *vt* **1** 進める, 前進[進歩]させる; 〈事を〉進捗させる, 助長する, 促進する: ~ the minute hand 分針を進める. **2** 昇進[進級]させる 〈*to*〉; 〈料金·価格など〉の値上げをする; 〈価値を〉高める; 《古》〈頭·帆などを〉(持ち)上げる. **3 a** 〈予定·日程などを〉早める, 繰り上げる; 〈過去の事実に関する年月日を〉遅らせる. **b** (…を当てにして)〈人に金を〉前払い[前渡し]する 〈*on*〉; (…を担保に)〈金を〉貸し付ける, 融通する 〈*on, against*〉; 生前贈与 (advancement) として与える: ~ sb money *on* his wages 賃金を前払いする / ~ money *to* sb 金を融通する. **c** 〈内燃機関の点火時期を〉早める. **4** 〈意見などを〉提出する, 提案する. ► *vi* **1** 進む, 前進する; 進出する 〈*to*〉; 進攻[進撃]する 〈*against, on, toward*〉. **2 a** 進歩[発展, 進展, 進捗, 成長]する: ~ *in* years 年をとる / ~ *in* knowledge 知識が進歩する. **b** 昇進[昇格]する, 出世する, 偉くなる: ~ *in* life [*in* the world] 立身[出世]する. **3** 〈値が〉上がる, 〈物が〉値上がりする; 〈価値が〉上がる: Prices are *advancing* quite remarkably nowadays. 物価の上昇は最近特に著しい. **4***〈立候補者のために〉遊説先で前もってお膳立てする, 先発補佐員 (advance man) をつとめる 〈*for*〉.
► *n* **1 a** 前進, 前進の命令[合図]; 進出; 進攻; 《時の》進行; 《氷河·海岸線などの》前進; 〖海〗旋回縦距. **b** [ᵘ*pl*] 《好意·知己·合意を得るための》接近, 申し出, 言い寄り, 口説き: encourage [repel] sb's ~*s* 人が近づこうとするのを喜んで受け入れる[はねつける] / make ~*s* 《口》〈人·異性に〉近づこうとする, 口説く, 言い寄る 〈*to, toward*〉. **2 a** 進歩, 上達, 進捗, 増進: the ~ of science 科学の進歩 / ~*s in* technology 技術の進歩. **b** 上昇, 昇進, 出世, 昇級, 昇格. **3** 値上げ, 値上がり, 騰貴; 《量の》増大: on the ~ 値上がりして(いる). **4 a** 前払い, 前渡し金, 前金, 前貸し; 貸付金, 貸出し金 (loan); 《商品の》前渡し, 前渡し商品: an ~ *on* royalties 印税の前払い. **b** 〖新聞·雑誌〗事前記事. **5** 先頭部, 先発隊, 先遣部隊; *選挙遊説先の事前のお膳立て. ● **in ~** 先に立って; あらかじめ, 事前に; 前金で. **in ~ of**…に先立って, …の前に, …より進んで.
► *a* 先発の; 前方に設けた; 前進した; 事前の: an ~ party 先発隊 / an ~ base 前進基地 / ~ payment 前払い / ~ booking 切符の予約 / ~ sale 前売り / ~ sheets 《本などの》内容見本 / an ~ ticket 前売り券 / give sb an ~ notice of… 人に…について事前に通知する. [C13 *avauncen*<OF<L=in front (*ab-*[1], *ante* before); 語形は 16 世紀に *ad-* と誤解したもの]
advánce àgent 《事前に会場設定·宣伝などを行なう, サーカスなど興行団体の》先発員 (=*advance man*).
advánce cópy 新刊見本《発売前に書評担当者などに贈るもの》.
advánce corporátion tàx 〖英〗前払い法人税《株式会社が配当金支払いにあたりその一定割合 (現在は 1/3) を法人税として国庫に納付するもの; 納付額は法人税の納期に税額から控除される; 略 ACT》.
ad·vánced *a* 進んだ, 前進した, 進歩した; 高度な, 高等な; 高齢の; 〈病勢などが〉進んだ, 進行した; 通常料金より高い; 〖生〗後生的な: an ~ course in English 上級英語 / an ~ country 先進国 / ~ ideas 進歩的な思想, 進んだ考え / The night was far ~. 夜はふけていた.
advánced crédit 〖米〗既修単位《他大学で得た単位で転入先大学が認定した単位》.
advánced degrée 高級学位《学士より上位の修士·博士》.
advánced gás-còoled reáctor 改良型ガス冷却炉《原子炉; 略 AGR》.
advánced lèvel 〖英教育〗上級 (A level) (⇨ GENERAL CERTIFICATE OF EDUCATION; cf. AS LEVEL).
Advánced Plácement 〖米商標〗アドヴァンスト·プレイスメント, AP クラス《College Board による飛び級に似た制度; 高校の成績上位者が進学前に志望大学の初期課程単位を修得でき, 入学後の進級が有利になる》.
advánced stánding 〖米〗《学生の》ADVANCED CREDIT を認められた身分; 〖米〗ADVANCED CREDIT.
advánce guárd 〖軍〗前衛部隊, 先兵(隊); [*fig*] 先駆け; AVANT-GARDE. ♦ **advánce-guárd** *a*
advánce màn* ADVANCE AGENT; 立候補者の先発補佐員《遊説地の保安·情宣を事前に手配する》.
advánce·ment *n* 前進, 進出; 進歩, 発達; 増進, 促進, 助長, 振興; 《値段などの》上昇, 騰貴; 向上, 昇進, 昇級; 前払い(金), 先渡し(金), 前貸し(金); 〖法〗生前贈与; 《意見などの》提案: the ~ of science 科学の振興 / ~ *in* life [one's career] 立身出世, 栄達.
advánce pòll 《カナダ》(投票日前)不在(者)投票.
ad·vánc·er *n* ADVANCE するもの; 雄鹿の枝角の第二枝.
advánceràtio 〖空〗前進率, 進行率《**1**) プロペラ先端の速度に対するプロペラ縦軸方向の速度[飛行速度]の値 **2**) ヘリコプターのローター先端の速度に対する機体の飛行速度の値》.
ad·vánc·ing *a* 前進する; 《年齢が》進む: ~ years [age] 高齢(化).
ad·van·tage /ədvǽntɪʤ; -vɑ́:n-/ *n* (相対的に)有利な立場, 優位 〈*of, over*〉; 有利な[好都合な]要因[条件, 事情], 利点, 強み, 長所, 歩(ぶ); 好結果, 利益, 得, プラス; 〖テニス〗アドバンテージ (=*ad, vantage*) 《deuce 後 初の得点; そのスコア》; 《廃》利息: *at* an ~ 優位に立って, 有利で / *of* great [no] ~ to… …に大いに有利である[少しも有利でない] / *to* my ~ わたしに有利に(なるように) / the ~*s* of birth, wealth, and good health 生まれ·富·健康の諸利点 / a personal ~ 美貌 / ~ Graff グラフのアドバンテージ. ● **~ in [out]** 〖テニス〗アドバンテージ·サーバー[レシーバー]. **gain [get, have, win] an ~ over**…をしのぐ, …よりまさる. **give sb an ~** 〈人を〉優位に立たせる, 有利にする. **have [get] the ~ of**…という利点を有する; 《古風》〈人〉より有利である[優位に立つ]; 一方的に〈人〉を知っている(と称する): I'm afraid

A

you *have the* ～ *of* me. "あなたはわたしの知らないことを知っている; "わたしはあなたを存じあげませんが《なれなれしい相手を断わる表現》. **take** ～ **of**... «口»〈好機·事実〉を利用する, ...に便乗する;〈無知など〉につけこむ;〈人〉を好きなように利用する, だます, [*euph*]〈うぶな女性〉を誘惑する. **take** sb **at** ～ «古» 人の不意をつく. **to** (one's own) ～ いい印象を与えるように, 長所[美点]を引き立たせて; 有利に: show...*to* good [best] ～ ...を引き立たせる. **turn...to** (one's (**own**)) ～ ...を(自分に都合のいいように)利用する. **with** ～ 有利に, 有効に. ► *vt* ...に利益を与える, 利する (benefit), ...に役立つ. ► *vi* 利益を得る. [OF; ⇨ ADVANCE]

ad·ván·taged *a* 《生まれ·環境などの点で》恵まれた〈子供など〉(opp. *disadvantaged*).

ad·van·ta·geous /ædvəntéɪʤəs, -væn-/ *a* 有利な; 都合のよい〈*to*〉. ♦ **～·ly** *adv* **～·ness** *n*

advántage rùle [làw] 〖ラグビー·サッカー〗アドバンテージルール《反則プレーが相手チームの不利にならない場合には, 競技を中断せずに続行する規則》.

ad·vect /ædvékt, əd-/ *vt* 〈熱を〉大気の対流によって運ぶ;〈水などを〉水平方向に移動させる, 移流させる. [逆成く↓]

ad·vec·tion /ædvékʃ(ə)n, əd-/ *n* 〖気·理〗移流: ～ fog [thunderstorm] 移流霧(ぎり)[雷(らい)]. ♦ **～·al** *a* **ad·véc·tive** *a* 移流の[を生じさせる]. [L (*vect- veho* to carry)]

ad·vent /ǽdvènt, "-vənt/ *n* [the] 《重要な人物·ものの》出現, 到来; [the A-] キリスト降臨; [A-] 待降節, 降臨節《クリスマス前の約4週間; 日曜日が4回はいり, 11月30日に最も近い日曜に始まる》; [the A-]《最後の審判の日の》キリストの再臨 (＝the Second A~, the Second Coming). [OE＜OF＜L＝arrival (*vent- venio* to come)]

Ádvent Báy アドベント湾《ノルウェー領 Spitsbergen 諸島の主島の西部にある入江》.

Ádvent càlendar 待降節[アドベント]カレンダー《12月の Advent 期間用のカレンダー; クリスマスイブまで毎日カレンダーの小窓を開けていくとクリスマスに関係のある絵が現われる》.

Ádvent·ìsm *n* 〖キ教〗再臨説.

Ad·vent·ist /ǽdvéntɪst, æd-, ǽdvèn-/ 〖キ教〗*n* 再臨派の信徒, アドヴェンティスト (cf. SEVENTH-DAY ADVENTIST). ► *a* 再臨説の; アドヴェンティスト派の.

ad·ven·ti·tia /ædvəntíʃ(i)ə, -vèn-/ *n* 〖解〗《器官の》外膜, 《特に》動脈血管外膜. ♦ **àd·ven·tí·tial** *a*

ad·ven·ti·tious /ædvəntíʃəs, -vèn-/ *a* 付随[二次]的な, 外来[偶有]的な, 偶然に得た, 偶然の;〖法〗〈財産など〉直接相続したものでない;〖植·動〗異常な位置に生じた, 不定の, 偶発性の;〖解〗外膜 (adventitia) の;〖医〗偶発的な. ♦ **～·ly** *adv* **～·ness** *n* [L; ⇨ ADVENT]

adventítious búd 〖植〗不定芽.

adventítious róot 〖植〗不定根《葉·茎などから生える》.

ad·ven·tive /ædvéntɪv/ *a* 〖植·動〗(自生するが)土着でない, 外来の;〖植〗ADVENTITIOUS. ► *n* 外来植物[動物], 外来生物. ♦ **～·ly** *adv*

Ádvent Súnday 待降節[降臨節]の第一日曜日.

ad·ven·ture /ədvéntʃər, æd-/ *n* 冒険; 胸のわくわくするようなできごと, 珍しい経験; 投機, やま; 進取[敢為]の気性, 冒険心;《主に海上保険で》危険; «廃» 運. ► *vi* 危険をものともせず前進[敢行]する〈*into*; *on*〉; adventure を行なう. ► «文» *vt* 〈命·お金を〉危険にさらす; 大胆に[思いきって]行なう[試みる, 発表する]: ～ one*self* 危険に身をさらす, 思いきってやってみる. [OF＝(thing) about to happen＜L; ⇨ ADVENT]

advénture pláyground" /*─ ── ─/ 冒険遊び場, プレイパーク《木·ロープ·古タイヤを使った遊具などを備えた施設》.

ad·vén·tur·er *n* 冒険家; 傭兵 (soldier of fortune); 投機師, 相場師, 山師 (speculator); MERCHANT ADVENTURER; 遊び人;《政界·社交界などの》山師, ごろ, 策士.

advénture·some *a* 〈人が〉冒険好きな, 大胆な;〈行為など〉冒険的な, 危険な. ♦ **～·ly** *adv* **～·ness** *n*

ad·vén·tur·ess *n* 女性冒険家; 女山師.

ad·vén·tur·ìsm *n* 冒険主義《特に 政治·軍事·外交における場あたり策》. ♦ **-ist** *n*, *a* **ad·vèn·tur·ís·tic** *a*

ad·vén·tur·ous *a* 冒険好きな, 大胆な; 進取の気性に富んだ; 危険な[の多い]. ♦ **～·ly** *adv* **～·ness** *n*

ad·verb /ǽdvə:rb/ 〖文法〗*n* 副詞《略 adv., ad.》. ► *a* ADVERBIAL. [F or L (*verbum* word, VERB); Gk *epirrhēma* の訳]

ad·verb·i·al /ædvə́:rbiəl/ *a* 〖文法〗副詞の, 副詞的な; 副詞を多用する〈文体〉: an ～ phrase [clause] 副詞句[節]. ► *n* 副詞的語句, 副詞類. ♦ **～·ly** *adv*

ad ver·bum /æd və́:rbəm/ *adv*, *a* 逐語的に[な]. [L＝to a word]

ad·ver·sar·ia /ædvərsέəriə/ *n* [〈*sg*/*pl*〉] 覚書, 手控え, 草稿; 書抜帳, 手帳. [L]

ad·ver·sar·i·al /ædvərsέəriəl/ *a* 反対者の, 敵対的な;〖法〗ADVERSARY, 《特に》当事者対抗(主義)手続きの. ♦ **～·ly** *adv*

ad·ver·sary /ǽdvərsèri; -s(ə)ri/ *n* 反対者, 敵対者, 敵;〖法〗《訴訟での》相手方, 相手方弁護士;《ゲームの》(対戦)相手 (opponent); [the A-] 魔王 (Satan). ► *a* 反対する, 敵の;〖法〗利害の対立(する当事者)が関与する, 当事者が対抗し合う, 弾劾主義の. ♦ **ád·ver·sàr·i·ness** /; -s(ə)rɪ-/ *n* [OF＜L＝opposed (ADVERSE)]

ádversary·ism *n* 敵対主義《労使交渉などで, 要求に反対されると即相手側が非協力的で取引に応じる気がないとみなす態度》.

ad·ver·sa·tive /ədvə́:rsətɪv, æd-/ 〖文法〗*a* 反対[逆, 対照, 保留]を表わす〈ことばなど〉. ► *n* 反意接続詞[句]《but, nevertheless, while, on the contrary など》. ♦ **～·ly** *adv*

ad·verse /ædvə́:rs, ─́ ─/ *a* 反対方向に動く[作用する]; 逆らう, 反対の, 反する〈*to* one's interests〉; 敵対的な; 不利な, 不都合な, 有害な〈*to*〉;〖植〗〈葉が〉茎に対面する, 対生の (opp. *averse*);〖法〗反対の, 敵意ある; «古» 反対側の, 向かいの: an ～ wind 逆風 / ～ circumstances 逆境 / an ～ trade balance 輸入超過. ♦ **～·ly** *adv* **～·ness** *n* [OF＜L (*vers- verto* to turn)]

advérse posséssion 〖法〗不法占有.

ad·ver·si·ty /ædvə́:rsəti, əd-/ *n* 逆境, 困窮; [ᵘ*pl*] 不幸なできごと, 不運, 災難: *A*~ makes strange bedfellows. «諺» 逆境は不思議な縁をもたらす / Prosperity makes friends, ～ tries them. «諺» 繁栄は友をつくり逆境は友を試す / Sweet are the uses of ～. «諺» 逆境の御利益(ごりやく)というものはすばらしいものだ《Shak., *As Y L* 2.1.2.》.

ad·vert[1] /ədvə́:rt, əd-/ *vi* 注意を向ける; 軽く言及する, ちょっと触れる (refer) 〈*to*〉. [ADVERSE]

ad·vert[2] /ǽdvə:rt/ *n* "«口» ADVERTISEMENT.

ad·vert·ence /ədvə́:rtns/, **-cy** *n* 留意, 言及; 注意深さ.

ad·vért·ent *a* 注意深い. ♦ **～·ly** *adv*

ad·ver·tise /ǽdvərtàɪz, *─ ─ ─/ *vt* 広告[宣伝, 喧伝]する;〈態度·方針などを〉はっきり表に出す, 公然のものとする;《印刷物·放送などで》正式に公表する, 公示する;〈事情などが〉目立たせる;〈人〉に知らせる[通知する]〈sb *of* [*that*]〉; «廃» 忠告する, 勧告する: ～ a house *for* sale [rent] 売家[貸家]の広告をする. ► *vi* 広告を出す: It pays to ～. 広告は損にならない / ～ *in* a newspaper 新聞に広告を出す / ～ *for* a secretary [a job] 秘書入用[求人]の広告を出す. [OF＝to turn (one's attention to); ⇨ ADVERT[1]]

ad·ver·tise·ment /ædvərtáɪzmənt; ədvə́:təs-/ *n* ADVERTISE すること; 広告, 宣伝, CM (＝*ad*); "宣伝となるもの, 好例〈*for*〉: an ～ for a situation 求人広告 / place [put] an ～ in a newspaper 新聞に広告を出す.

ád·ver·tìs·er *n* ADVERTISE する人《しばしば新聞名》; 広告者[主].

ád·ver·tìs·ing *a* 広告の, 広告に関する; «CB 無線俗»〈パトカーが〉点滅灯をつけて走っている: an ～ agency 広告代理店 / an ～ man 広告制作者[業者]. ► *n* 広告すること; 広告《集合的》; 広告業.

Ádvertising Stándards Authòrity [the] 〖英〗広告規準協会《広告の監視を行なう民間組織; 略 ASA》.

ad·ver·tize /ǽdvərtàɪz, *─ ─ ─/ *vt*, *vi* ⇨ ADVERTISE.

ad·ver·to·ri·al /ædvərtɔ́:riəl/ *n* 《新聞·雑誌などの》記事(体)広告, PR 記事. [*advert*isement＋edi*torial*]

advg advertising.

ad·vice /ədváɪs, æd-/ *n* **1** 忠告, 助言, アドバイス, 勧告〈*on*, *about*〉;《医師·弁護士など専門家の》意見, 助言: (act) on sb's ～ 人の忠告に従って(行動する) / give a piece [a bit, a word] of ～ 一言忠告を与える / take [follow] sb's ～ 忠告をいれる / seek [take] medical ～ 医師の意見を求める[に従う] / *A*~ when most needed is least heeded. «諺» 肝心な時の忠言耳に逆らう / Nothing is given as freely as ～. «諺» 忠告ぐらい気前よくふるまわれるものはない. **2** 〖商〗通知, 案内状; [ᵘ*pl*] 報告, 情報, 消息: LETTER OF ADVICE / a remittance ～ 送金通知 / shipping ～*s* 発送通知, 船積案内 / an ～ slip 通知伝票 / as per ～ 通知のとおり. [OF *avis*〈*a vis* according to one's view (L *ad-*, *vis- video* to see)]

advíce còlumn* 《新聞·雑誌の》身上相談欄, 相談コーナー (agony column"). ♦ **advíce còlumnist** *n*

advíce nòte 《発送などの》通知書, 案内状《略 A/N》.

ad·vís·able *a* 勧める価値のある, 当を得た, 賢明な, 望ましい; 進んで忠告[助言]を受け入れる. ♦ **-ably** *adv* **ad·vìs·abíl·i·ty**, **～·ness** *n*

ad·vise /ədváɪz, æd-/ *vt* 〈人〉に意見[助言, 忠告, 勧告]する〈*about*, *on*〉; 勧める (recommend)〈sb *to* do, *what to* do〉;〈人〉に知らせる〈sb *of* sth, *to* do, *that*〉: ～ sb *against* a hasty marriage あわてて結婚しないよう忠告する / I ～ you *to* go.＝I ～ your going.＝I ～ you *that* you (should) go. きみが行くことを勧める / be well ～*d* to do...するのは賢明だ / ～ one*self* 熟考する. ► *vi* *助言を受ける, 相談する〈*with* sb〉; 助言[忠告]を与える〈*on*〉. [OF (L *viso* (freq)〈*video* to see)]

ad·vísed *a* 熟慮のうえの: ILL-[WELL-]ADVISED. ♦ **ad·vís·ed·ly** /-ədli/ *adv* 熟考のうえ, 故意に (deliberately).

ad·vis·ee /ədvàɪzí:, æd-/ *n* 助言[忠告]を受ける人; *《指導教官 (advisor) に対して》指導学生.

advíse·ment *n* 熟慮, 熟考; 忠告, 助言; 相談に乗ること: take ...under ～ ...を熟考する,〈弁護士が事件を〉引き受ける.

ad·vís·er, ad·ví·sor *n* 忠告者, 勧告者, 相談相手, 顧問〈*to*〉;

〘教育〙指導教師[教官]: a legal ～ *to* a firm 会社の法律顧問.
ad·vis·o·ry /ədváɪz(ə)ri, æd-/ *a* 助言の, 勧告の, 忠告を含む〈発言〉; 助言する権限を与えられた, 顧問の: an ～ committee 諮問委員会 / an ～ body 諮問機関. ► *n* *状況報告, 《特に》気象報告[通報]《台風情報など》; *《専門家の》勧告, 報告.
ad vi·tam aut cul·pam /ɑ:d wí:tɑ:m àʊt kú:lpɑ:m/ 生命(の終わり)までまたは不行跡(ある)まで. [L]
ad vi·vum /ɑ:d wí:wùm/ *adv, a* 実物どおりに[の], 生き写しに[の]. [L=to the life]
ad·vo·caat /ǽdvoʊkɑ̀:, -kɑ̀:t, ǽdvə-/ *n* アドヴォカート《コーヒーやバニラ香をつけた卵黄入りのオランダのリキュール》.
ad·vo·ca·cy /ǽdvəkəsi/ *n* 弁護, 支持, 弁論; 唱道, 主張; ADVOCATE の職[仕事, 弁護, 手腕].
ádvocacy àdvertising (自己)弁護的広告.
ádvocacy gròup 《主義・主張の実現を目指す》社会的活動組織, 運動団体.
ádvocacy jòurnalism 特定の主義[見解]を唱道[擁護]する報道(機関). ♦ **ádvocacy jòurnalist** *n*
ádvocacy plànning 市民参加の都市計画.
ad·vo·cate /ǽdvəkèɪt/ *vt* 主張する, 提唱する; 弁護する, 擁護する(support). ► *vi* 主張する, 提唱する〈*for*〉. ► *n* /-kət, -kèɪt/ 主張者, 提唱者; 代弁者, 擁護者; 《スコ》弁護士 (barrister); 《法廷で弁論に当たる》弁護士; [°A-] 助け主 (Christ) 《*1 John* 2:1》: an ～ *of* peace 平和論者 / an ～ *for* the elderly 高齢者の立場を代弁する人 / a consumer ～ 消費者運動家 / DEVIL'S ADVOCATE / the FACULTY OF ADVOCATES. ♦ **ád·vo·cà·tive** /, -kət-/ *a* **ád·vo·cà·tor** *n* **～·ship** *n* [OF<L (*voco* to call)]
Ádvocate Députe 〘スコ法〙検事法律事務官.
ádvocate géneral *n* (*pl* **advocates general**) 〘法〙法務官《欧州司法裁判所 (European Court of Justice) における裁判官の補助官》.
àd·vo·cá·tion *n* 〘スコ法・教会法〙《下級裁判所で審理中の訴訟を上級裁判所がみずから審理するための》移送手続き; ADVOCACY.
ad·voc·a·to·ry /ədvɑ́kətɔ̀:ri, ǽdvəkə-; ǽdvəkèɪt(ə)ri/ *a* ADVOCATE の; ADVOCACY の.
ad·vo·ca·tus di·a·bo·li /ɑ̀:dvoʊkɑ́:tʊs diɑ́:bəlì:, æ̀dvəkɑ́:təs daɪǽbəlàɪ/ DEVIL'S ADVOCATE. [L]
ad·vow·son /ədváʊz(ə)n/ *n* 〘英法〙《世俗権力者の》聖職者推挙権. [OF<L; ⇨ ADVOCATE]
advt (*pl* **advts**) advertisement.
Ad·wa /ɑ́:dwɑ:/, **Adu·wa, Ado·wa** /ɑ́:dʊwɑ̀:/ アドワ《エチオピア北部 Asmara の南にある町; 1896 年エチオピア軍がイタリア軍を破り独立を保持した戦い (the **Báttle of ～**) のあった地》.
ád·wàre *n* アドウェア《**1**) 廉価ないし無料で頒布される代わり, 画面中に広告が表示されるソフトウェア **2**) インターネット閲覧中, ユーザーが知らないうちにダウンロードされ, 望まない広告を表示したりユーザー情報を集めたりするソフトウェア》.
Ady·ge·ya, -gea /ɑ̀:dəgéɪə/ アディゲア《ヨーロッパロシア南部, 黒海の北東にある共和国; ☆Maykop》.
Ady·ghe, -gei /ɑ̀:dəgéɪ, ⸺⸺/ *n* **a** (*pl* ～, ～**s**) アディゲ族《チェルケス族の一部族》. **b** アディゲ語.
ady·na·mia /æ̀dənéɪmiə, èɪdaɪnǽmiə/ *n* 〘医〙筋無力[脱力](症), 無力[脱力]症. ♦ **ady·nam·ic** /æ̀dənǽmɪk, èɪdaɪ-/ *a* (筋)無力症の. [*a*-²]
ad·y·tum /ǽdətəm/ *n* (*pl* **-ta** /-tə/) 《古代の神殿の》至聖所, 内陣, 奥の院; みだりに人を入れない私室 (sanctum). [Gk=impenetrable]
adze, 《米》**adz** /ǽdz/ *n, vt* 手斧(ちょうな)(で削る). [OE *adesa* hatchet<?]
Adzhar /ədʒɑ́:r/ *n* (*pl* ～, ～**s**) アジャール族《Caucasus 南部のグルジア族》.
Adzhár Repúblic [the] アジャール共和国《グルジア南西部の黒海に接する自治共和国; ☆Batumi》. ♦ **Adzhár·ian** *a, n*
ad·zú·ki (bèan) /ædzú:ki(-)/ 〘植〙アズキ. [Jpn]
ae /éɪ/ *a* 《スコ》ONE.
æ, ae, Æ, Ae /í:/ ラテン語にみられる a と e の合字《固有名詞のほかは, しばしば e と簡略化する》: Cæsar, Caesar / Æsop, Aesop. ★ 古英語 (OE) で /æ/ /æ:/ 音を表わした.
AE autoexposure. **AE, Æ, A.E.** George W. Russell のペンネーム. **AEA** 〘英〙°Atomic Energy Authority.
Ae·a·cus /í:əkəs/ 〘ギ神〙アイアコス《Zeus の息子; 死後は冥府 Hades で死者たちの裁判官となる》.
AEC 〘米〙Atomic Energy Commission.
ae·ci·al /í:siəl, -ʃi-/ *a* 〘菌〙サビ胞子堆 (aecium) の.
ae·cíd·io·spòre /isídiə-/ *n* 〘菌〙AECIOSPORE.
ae·cid·i·um /isídiəm/ *n* (*pl* **-cid·ia** /-iə/) AECIUM. ♦ **ae·cíd·i·al** *a*
áe·cio·spòre /í:siə-, -ʃiə-/ *n* 〘菌〙サビ胞子.
áe·cio·stàge *n* 〘菌〙サビ胞子期.
ae·ci·um /í:siəm, -ʃi-/ *n* (*pl* **-cia** /-ə/) 〘菌〙サビ胞子堆(たい)《サビ菌類にみられる生殖器官》.
AED 〘医〙automated [automatic] external defibrillator 自動体外式除細動器.
aë·des, ae- /eɪí:diz/ *n* (*pl* ～) 〘昆〙ヤブカ属 (*A*-) の各種のカ, 《特に》ネッタイシマカ (yellow-fever mosquito).
ae·dic·u·la /idíkjələ/, **aed·i·cule** /ɛ́dəkjù:l, í:d-/ *n* (*pl* **-lae** /-lì:/, **-cules**) [ᵁ*pl*] 小神殿; エディキュール《凱旋門などの, 彫像を納めた神殿風の構造物》; 小さな建物. [L (dim)〈*aedes* dwelling]
Aed·il·berct /ǽdlbèərxt/ [Saint] 聖エディルベルフト《St AETHELBERHT の別つづり》.
ae·dile, edile /í:dàɪl, -dl/ *n* 〘古ロ〙造営官《公設の建物・道路の管理や厚生・穀類供給・警察事務などをつかさどった官吏》.
aë·dine, ae- /eɪí:dàɪn/ *a* 〘昆〙ヤブカ属(のカ)の.
Ae·ë·tes /ií:tì:z/ 〘ギ神〙アイエテス《Colchis の王で, Medea の父; 金の羊毛 (the Golden Fleece) の保管者》.
AEF °American Expeditionary Force(s) ♦ Australian Expeditionary Force《第一次, 第二次大戦中の》オーストラリア海外派遣軍.
A-effect /éɪ-⸺/ *n* 〘劇〙《Brecht の》異化効果 (alienation effect).
Aegadian Islands ⇨ EGADI ISLANDS.
Ae·ga·tes /igéɪtiz/ *pl* アエガテス《EGADI ISLANDS の古代名》.
Ae·ge·an /ɪdʒí:ən/ *a* エーゲ海の; 〘考古〙エーゲ文明の《特に 青銅器時代のエーゲ海諸島およびギリシア本土の》. ► *n* [the] AEGEAN SEA.
Aegéan Íslands *pl* [the] エーゲ海諸島.
Aegéan Séa [the] エーゲ海《地中海の東部, ギリシアとトルコの間の多島海》.
ae·ger /í:dʒər/ *n* 〘英大学〙AEGROTAT.
Ae·ge·us /í:dʒiəs, *í:dʒù:s/ 〘ギ神〙アイゲウス《アテナイの王で Theseus の父》.
Ae·gi·na /ɪdʒáɪnə/ アイギナ (ModGk **Aí·yi·na** /ɛ́jinɑ̀:/) 《**1**) ギリシア南東部 Saronic 湾の島 **2**) 同島の町で, 古代の都市国家》. ■ the **Gúlf of ～** アイギナ湾 (SARONIC GULF の別称). ♦ **Ae·gi·ne·tan** /ì:dʒəní:tn/ *a, n*
Ae·gir /í:dʒɪər, éɪ-/ 〘北欧神話〙アエギル《荒れ騒ぎ怒り狂って航行と漁撈を困難にする海神で, Ran の夫》. [ON=? water]
ae·gis, egis /í:dʒəs/ *n* **1** 〘ギ神〙アイギス《Zeus が Athena に授けた盾》. **2** 保護, 庇護, 後援, 指導: under the ～ of…の保護[後援, 指導]を受けて. [L<Gk *aigis*]
Ae·gis·thus /ɪdʒísθəs/ 〘ギ神〙アイギストス《Thyestes の息子で復讐のため伯父 Atreus を殺した; また のちに Clytemnestra と密通しその夫 Agamemnon を殺害したが, 父を失った息子 Orestes に殺された》.
Ae·gos·pot·a·mi /ì:gəspɑ́təmàɪ/, **-mos** /-məs/ アエゴスポタミ, アエゴスポタモス《Hellespont 海峡に注ぐ古代トラキアの川, およびその河口の町; ペロポンネソス戦争末期 (405 B.C.) スパルタ艦隊がこの近くでアテナイ艦隊を破った》.
ae·gri som·nia /ɑ́ɪgri sɔ́:mniɑ̀:/ *pl* 病人の夢. [L *aegr- aeger* an invalid]
ae·gro·tatᴵᴵ /ɑ́ɪgroutæ̀t, í:-, ⸺⸺/ *n* 《受験・受講不能を認める》病欠証明書; 《最終試験を病欠した者に与える》合格通知, 学位. [L=he [she] is ill]
Ae·gyp·tus /ɪdʒíptəs/ 〘ギ神〙アイギュプトス《Danaus の兄弟; エジプトを征服してその地に自分の名を与えた》.
Æl·fred /ǽlfrəd, -fərd/ ALFRED《ウェセックス王》.
Æl·fric, Ael- /ǽlfrɪk/ アルフリック (c. 955–c. 1020)《アングロサクソンの修道院長; ラテン文法を著わし 'Ælfric Grammaticus' (the Grammarian) と称される》.
aelur(o)- ⇨ AILUR-.
aelurophile ⇨ AILUROPHILE.
aelurophobe ⇨ AILUROPHOBE.
-aemia ⇨ -EMIA.
Ae·mil·ia /imíliə, -ljə/ アエミリア《EMILIA-ROMAGNA の古代名》.
Ae·ne·as /ɪní:əs/ **1** 〘ギ神・ロ神〙アイネイアース《トロイアの勇士で, Anchises と Aphrodite の息子; *Aeneid* の主人公》. **2** イニーアス《男子名》. [Gk=commended]
Aenéas Síl·vi·us [Sýl·vi·us] /-sílviəs/ アエネアス・シルウィウス (PIUS II の筆名).
Ae·ne·id /ɪní:əd, í:niɪd/ [The] アイネーイス《Vergil 作の叙事詩 (c. 29–19 B.C.); Aeneas がトロイア落城後 流浪ののちローマを建国する物語》.
Ae·neo·líthic /eɪì:nioʊ-/ *a* 〘考古〙銅石器時代の《新石器時代から青銅器時代への過渡期》.
ae·ne·ous /eɪí:niəs/ *a* 真鍮のような色と光沢の〈昆虫〉.
Aen·g(h)us /éɪŋgəs/ 〘アイル神話〙AONGHUS.
Aeolia ⇨ AEOLIS.
Ae·o·li·an /ióʊliən, -ljən/ *a* [°a-] アイオロス (Aeolus) の; [°a-] 風の, 風に運ばれた, 風成の (eolian); [a-] 風の音のような(音を出す), うめく[ため息をつく]ような; AEOLIC. ► *n* アイオリス人《Thessaly, Boeotia に定住し Lesbos 島およびその対岸の小アジアに植民したギリシア人の一種族》; AEOLIC.
aeólian hárp [lýre] [ˢA-] アイオロスの琴, 風鳴琴 (=*wind harp*)《風が吹くにつれて鳴る》.

A

Aeólian Íslands *pl* [the] エオーリエ諸島 (It **Iso·le Eo·lie** /iːzəlèɪ eɪɔ́ːlièɪ/) (LIPARI ISLANDS の別称).
Aeólian móde 〘楽〙エオリア旋法, エオリアンモード《教会旋法の一つ; ピアノの白鍵でイーイの上行音列》.
Ae·ol·ic /iálɪk/ *a* アイオリス (Aeolis) の, アイオリス人[方言]の (Aeolian). ► *n* 《古代ギリシア語の》アイオリス方言 (⇨ IONIC).
ae·ol·i·pile, -pyle /iáləpàɪl/ *n* アイオロスの球《周上に 1 個以上の曲がりノズルをもつ球が内部からの蒸気の噴出によって自転する装置; 前 2 世紀の発明で蒸気機関の原型》.
Ae·o·lis /íːələs/, **Ae·o·lia** /ióʊliə, -ljə/ アイオリス, エオリア《古代小アジア北西部の地域》.
ae·o·lo·trópic /ìːəloʊ-/ *a* 〘理〙ANISOTROPIC. ♦ **ae·o·lot·ropy** /ìːəlátrəpi/ *n*
Ae·o·lus /íːələs, íoʊ-/ **1** 〘ギ神〙アイオロス《風の神》. **2** アイオロス《テッサリア (Thessaly) の王; アイオリス人の伝説上の先祖》. [Gk=quick-moving, gleaming]
ae·on, eon /íːən, -ɑ̀n/ *n* 測り知れない長年月, 永劫, 永世; 〘天·地質〙エオン, イーオン《時間の単位: =10 億年, 10^9 年》; [ᵘeon] 〘地質〙累代《代 (era) の上位区分》; 〘哲〙《グノーシス派の》霊体, 真実在. [L<Gk *aiōn* age]
ae·o·ni·an, eo- /ióʊniən/, **ae·on·ic, eon-** /iánɪk/ *a* 永劫の, 千古の.
ae·py·or·nis /ìːpiɔ́ːrnəs/ *n* 〘古生〙エピオルニス属 (*A-*) の各種の無飛力の鳥 (=*elephant bird*)《Madagascar 島産の飛べない巨鳥; アラビア伝説の巨鳥 ROC はこれとされる》.
aeq. [L *aequalis*] equal.
ae·quam ser·va·re men·tem /áɪkwɑ̀ːm sɛrwɑ̀ːreɪ mɛ́ntɛ̀m/ 平静な心を保つ(こと). [L=to preserve calm mind]
ae·quo ani·mo /áɪkwòʊ ɑ́ːnəmòʊ/ *adv* 平静な心で, 落ちついて. [L=with even mind]
ae·quor·in /ikwɔ́(ː)rən, -wár-/ *n* 〘生〙エクオリン《クラゲの発光タンパク質》.
aer- /ɛ́ər/ ⇨ AERO-.
AER 〘金融〙annual equivalence rate.
aer·ate /ɛ́ərèɪt/ *vt* 空気にさらす, 曝気(ばっ)する; ᵘ〈液体·土壌など〉に空気[炭酸(ガス)]を含ませる; 《呼吸で》〈血液〉に酸素を供給する; 〈文章など〉をいきいきさせる. [F *aérer* (L *aer* AIR) のなぞり]
áer·àt·ed *a*ᵘ《俗》おこって, かっとなって.
áerated bréad 二酸化炭素でふくらませた(無酵母)パン.
áerated wáter 炭酸水; 曝気水.
aer·a·tion /ɛəréɪʃ(ə)n/ *n* 空気にさらすこと, 通気, 給気, 空気混和; 《芝生の》穴あけ; 〘化〙曝気; 炭酸ガス飽和(処理). [L *aer* air]
áer·à·tor *n* AERATION を行なう人[もの], 曝気[通気]装置, 通風器, エアレーター《水槽用酸素供給機; 芝生の穴あけ機》; 炭酸水製造器; 《小麦などの》燻蒸殺虫消毒装置.
aer·énchyma /ɛ̀ər-/ *n* 〘植〙《水生植物の》通気組織.
ae·re per·en·nius /áɪreɪ pɛréniʊ̀s/ 青銅より長持ちする (⇨ MONUMENTUM AERE PERENNIUS). [L=more lasting than bronze]
aeri- /ɛ́ərə/ ⇨ AERO-.
aer·i·al *a* /ɛ́əriəl, ˟eɪír-/ **1** 空気の, 大気の: an ~ current 気流. **2** 空気のような, 空気のように希薄な[透明な, 軽い], 澄明な; 実体のない, とらえどころのない, 夢[幻]のような, えも言われぬ. **3** 空中の (cf. SUBAERIAL), 高架の; 空中高くそびえる; 航空(機)の; (対)航空機用の; 航空機からの; 空中生活性の, 〘植〙気性の; 〘アメフト〙フォワードパスの[による]: an ~ war [observation, transport] 航空戦[観測, 輸送] / ~ inspection 空中査察 / an ~ leaf 気(中)葉 / an ~ plant 着生植物. ► *n* /ɛ́əriəl/ 〘電〙アンテナ, 空中線 (antenna); AERIAL LADDER; FORWARD PASS; 宙返り, 空中演技; [~s, 〈*sg*〉] 〘スキー〙エアリアル《フリースタイル競技種目の一つ; 横回転·宙返りなどの演技を競う》. ♦ **~·ly** *adv* **aer·i·al·i·ty** /ɛ̀əriǽləti, eɪìr-/ *n* 空気のような性質; 空虚, 実体の欠如, 夢幻性. [L<Gk; ⇨ AIR¹]
áerial bár 空中ぶらんこ.
áerial cábleway 架空索道, 空中ケーブル.
áerial·ist *n* 空中曲芸師, 《特に》空中ぶらんこ乗り, 綱渡りの軽業師.
áerial làdder 空中はしご, つなぎばしご (turntable ladderᵘ)《消防用》.
áerial mìne 空中投下機雷, 航空機雷; 《パラシュート付きの》投下爆弾 (=*land mine*).
áerial perspéctive 〘画〙空気遠近法 (=*atmospheric perspective*) (cf. LINEAR PERSPECTIVE).
áerial photógraphy 航空写真術.
áerial píng-pòng 《豪》[*joc*] 空中ピンポン (Australian Rules football).
áerial pórt 国際空港《入国管理事務所のある空港》.
áerial ráilway AERIAL CABLEWAY.
áerial rócket 空中発射ロケット.
áerial róot 〘植〙気根.
áerial rópeway AERIAL CABLEWAY.
áerial tánker 空中給油(飛行)機.
áerial tópdressing 《肥料·農薬などの》空中散布.
áerial torpédo 《迫撃砲の》榴弾(りゅうだん); 航空魚雷, 空雷; 大型爆弾; 推進装置付き誘導弾.
áerial trámway AERIAL CABLEWAY.
áerial wíre 〘通信〙空中線, 架空線, アンテナ (antenna).
ae·rie, aery /ɛ́əri, íəri/ *n* 《猛禽, 特にワシの》高巣(たかす); 《廃》《猛禽の》巣びな; [*fig*] りっぱな家系の子; 高所の家[城, とりで]; 高く離れた所[位置]. [? OF *aire* lair]
aer·if·er·ous /ɛəríf(ə)rəs/ *a* 空気運搬する, 含気の.
aer·i·fi·ca·tion /ɛ̀ərəfɪkéɪʃ(ə)n/ *n* 通気, 曝気(ばっき); 気体化, 気化; 《燃料油の》噴霧, 霧化.
aer·i·form /ɛ́ərəfɔ̀ːrm/ *a* 空気のような, 気体の, 気状の; 実体のない, 触知できない.
aer·i·fy /ɛ́ərəfàɪ/ *vt* 空気にさらす, 曝気(ばっき)する; …に空気を入れる[混ぜる, 満たす]; 気化する.
aero /ɛ́əroʊ/ *a* 航空(機)の; 航空学[術]の; 航空(写真)用の.
Aero /ɛ́əroʊ/ 〘商標〙エアロ《小気泡のはいった (aerated) チョコレートバー》.
aero- /ɛ́əroʊ, -rə/, **aer-** /ɛ́ər/, **aeri-** /ɛ́ərə/ *comb form*「空気」「大気」「気体」「航空(機)」 [Gk AIR¹]
aero. aerodynamic.
àero·acóustics *n* 航空音響学《環境要因としての航空機騒音の音響学的研究》.
àero·állergen *n* 〘医〙空気アレルゲン《アレルギーを誘発する空中の微小粒子》.
àero·ballístics *n* 航空[空気, 空力]弾道学. ♦ **-tic** *a*
aer·o·bat /ɛ́ərəbæ̀t/ *n* 曲技[アクロバット]飛行士.
aer·o·bat·ics /ɛ̀ərəbǽtɪks/ *n* 曲技飛行. ♦ **-bát·ic** *a* [*aero*-+acro*batics*]
aer·obe /ɛ́əròʊb/ *n* 〘生〙好気生物, 好気菌 (opp. *anaerobe*).
aero·bee /ɛ́ərəbìː/ *n* エアロビー《超高層大気研究用ロケットの一種》.
aer·o·bic /ɛəróʊbɪk/ *a* 〘生〙好気性の; 好気性細菌の; 〘生〙酸素の存在するときにだけ進行する, 好気性の; 体内酸素消費[活用]の; エアロビクスの: ~ respiration 好気(性)呼吸, 酸素呼吸 / ~ dance エアロビク(ス)ダンス. ♦ **-bi·cal·ly** *adv*
aer·ob·i·cize /ɛəróʊbəsàɪz/˟《口》*vt* エアロビクス体操で健康にする, 〈体を〉引き締める, きたえる. ► *vi* エアロビクスをする. ♦ **-cist** *n*
àer·ó·bics *n* [〈*sg/pl*〉] 有酸素運動, エアロビクス.
àero·biólogy *n* 空中生物学. ♦ **-gist** *n* **-biológical** *a* **-ical·ly** *adv*
ae·ro·bi·ont /ɛəróʊbiɑ̀nt/ *n* 〘生〙好気生物 (aerobe).
àero·biósis *n* (*pl* **-ses**) 〘生〙好気生活, 有気生活. ♦ **-biótic** *a* **-ical·ly** *adv*
aer·o·bi·um /ɛəróʊbiəm/ *n* (*pl* **-bia** /-biə/) 〘生〙AEROBE.
àero·bódy *n* 軽航空機 (lighter-than-air aircraft).
áero·bràke *vt* 〈宇宙船などを〉空力制動する.
áero·càmera *n* 航空写真機, 空中カメラ.
áero·cràft *n* AIRCRAFT.
áero·cùlture *n* 〘農〙空中栽培 (=*aeroponics*)《宙に吊った植物に下から水分·養分を噴霧して行なう栽培法》.
àero·do·nét·ics /-dənétɪks/ *n* 滑空力学, 滑空術《グライダーなどの》.
áero·dròmeᵘ *n* 飛行場, 空港 (airdrome)《今日では airfield, airport という》.
aerodynámic bráking 〘空〙空力制動《**1)** 着陸直後の飛行機を減速させるため制動傘 (drag parachute) や逆噴射装置 (thrust reverser) を使う **2)** 固定翼航空機の飛行速度を落とすためエアブレーキやスポイラーを開けて機体の風圧抵抗を増加させる **3)** 大気圏再突入時の宇宙船の減速のために機体の空気抵抗を利用する》.
àero·dy·nám·i·cist /-daɪnǽməsɪst/ *n* 空気力学者.
àero·dynámics *n* 空気(動)力学(的性質). ♦ **-dynámic**, **-ical** *a* 空力(くうりき)的な, 流線型の. **-ical·ly** *adv*
aero·dyne /ɛ́ərədàɪn/ *n* 〘空〙重航空機 (=*heavier-than-air aircraft*)《重さがその排除する空気の重さより重い航空機; 通常の飛行機·グライダー·ヘリコプターなど; cf. AEROSTAT》.
àero·elastícity *n* 空力弾性(学). ♦ **-elástic** *a*
àero·émbolism *n* 〘医〙空気塞栓(症), 航空塞栓 (decompression sickness).
àero·éngine *n* 〘空〙航空(機用)エンジン.
Ae·ro·flot /ɛ́rəflòʊt, -flɑ̀t; ɛ́ərəʊflɒ̀t/ アエロフロート《ロシアの航空会社; 略 AFL; 国際略称 SU》.
áero·fòilᵘ *n* 〘空〙翼 (airfoil˟).
áero·gèl /-dʒ-/ *n* 〘理·化〙エーロゲル《液体を気体で置き換えたゲル》.
àero·génerator *n* 風力発電機.
áero·gràm, -gràmme *n* 無線電報 (radiogram); 航空書簡 (air letter); エーログラフの記録.
áero·gràph *n* エーログラフ (meteorograph); ᵘエアブラシ (airbrush). ► *vi* エアブラシで描く.
aerógrapher's màte 〘米海軍〙気象担当下士官《気象 (meteorology) を専門とする下士官》.

aer·og·ra·phy /ɛərágrəfi/ *n* 大気誌, 記述気象学, METEOROLOGY. ♦ **-pher** *n* **àe·ro·gráph·ic** *a*
àero·hýdrous *a* 〈鉱物が〉空気と水の両方を含んでいる.
áero·lìte, -lìth *n* 石質隕石(いんせき), エアロライト. ♦ **àero·lít·ic** /-lít-/ *a*
aer·ol·o·gy /ɛərálədʒi/ *n* 高層気象学; METEOROLOGY. ♦ **-gist** *n* **àer·o·lóg·i·cal, -lóg·ic** *a*
àero·magnétic *a* 〔地物〕空磁気の: ~ survey 航空磁気測量.
àero·maríne *a* 〔空〕海洋飛行の.
àero·mechánic *n* 航空技手; 航空機技術者, 航空機修理[整備]工; 空気力学者. ► *a* 空気力学の.
àero·mechánics *n* 空気力学. ♦ **-mechánical** *a*
àero·médicine *n* 航空医学. ♦ **-médical** *a*
àero·meteórograph *n* 〔気〕(高層)自記気象計.
aer·om·e·ter /ɛərámətər/ *n* 空気計, 量気計.
aer·óm·e·try *n* 気体測定, 量気学. ♦ **aero·met·ric** /ɛərouméṭrɪk/ *a*
áero·mòdellerˈˈ *n* 航空模型製作者, 模型飛行機作りを趣味とする人.
aero·naut /ɛ́ərənɔ̀:t, *-nɑ̀:t/ *n* 気球[飛行船]操縦者[旅行者]; 飛行機の操縦士. [F (Gk *nautēs* sailor)]
aero·nau·tic /ɛ̀ərənɔ́:tɪk/, **-ti·cal** *a* 航空学の; 航空術の. ♦ **-ti·cal·ly** *adv*
aeronáutical chárt 〔空・地図〕航空図.
aeronáutical engineéring 航空工学. ♦ **aeronáutical engineér** *n*
aeronáutical státion 〔空〕地上通信局, 航空局.
àero·náu·tics *n* 航空学《航空機の設計・構造・運動など全般にわたる研究》; 航空術《操縦法・飛行法》.
àero·neurósis *n* 〔医〕航空神経症.
aer·on·o·my /ɛ̀ərɑ́nəmi/ *n* 《(超)高層・天体の》大気学. ♦ **-mer, -mist** *n* **aer·o·nom·ic** /ɛ̀ərənɑ́mɪk/, **-i·cal** *a* **-nóm·ics** *n* 大気学.
àero-otítis média 〔医〕航空[気圧](性)中耳炎《中耳内気圧と外圧の差による》.
áero·pàuse *n* 大気界面《地上約 20,000–23,000 m の空気層; 人の呼吸[航空機の飛行]可能な空気密度の限界》.
àero·phágia, aer·oph·a·gy /ɛərɑ́fədʒi/ *n* 〔精神医〕呑気(どんき)(症), 空気嚥下(えんげ)(症).
áero·phòbe *n* 飛行恐怖症の人, 飛行機嫌い.
àero·phóbia *n* 〔精神医〕嫌気症; 飛行機恐怖症.
áero·phòne *n* 〔楽〕気鳴楽器, 管楽器, 吹奏楽器.
áero·phòre *n* 〔医〕通気器《圧搾空気携帯装置; 窒息治療用, 炭坑夫・潜水夫への給気用》.
àero·photógraphy *n* 航空写真術.
àero·phýsics *n* 空気物理学, 空気力学.
áero·phỳte *n* 〔生態〕気生[着生]植物 (epiphyte).
aero·planeˈˈ /ɛ́ərəplèɪn/ *n, vi* AIRPLANE.
àero·plánkton *n* 空中浮遊生物, 空中[気生]プランクトン.
aer·o·pon·ics /ɛ̀ərəpɑ́nɪks/ *n* AEROCULTURE.
áero·pùlse *n* PULSE-JET ENGINE.
àero·résonator *n* PULSE-JET ENGINE.
aer·o·sat /ɛ́ərəsæ̀t/ *n* 航空衛星《航空・航海の管制用の衛星》. [*sat*ellite]
áero·scòpe *n* 《顕微鏡検査用の》空気汚染物収集器.
àero·shéll *n* 〔宇〕《軟着陸用の》小型制御ロケット付きの防護殻.
aero·sol /ɛ́ərəsɔ̀(:)l, -sòul, -sɑ̀l/ *n* 〔理・化〕エーロゾル, エアゾール, 煙霧質; 煙霧剤; エアゾール容器. ► *a* エアゾールの(はいった), スプレーの. [*sol*[4]]
áerosol bòmb [càn, contàiner] エアゾールボンベ [缶, 容器], スプレー缶.
áerosol·ìze *vt* エーロゾル化する, エーロゾルにして散布する. ♦ **àerosol·izátion** *n*
áero·spàce *n* 航空宇宙(空間)《大気圏および大気圏外》; 航空宇宙科学[研究], 航空宇宙産業; (航空)宇宙医学. ► *a* 航空宇宙の; 航空宇宙船[ミサイル](製造)の: ~ engineering 航空宇宙工学.
áerospace mèdicine (航空)宇宙医学.
áerospace plàne 〔空・宇〕航空宇宙機[飛行体]《大気圏内外を飛行できる》.
áero·sphère *n* 〔空〕《俗に 飛行可能な》大気圏.
aero·stat /ɛ́ərousta̋t/ *n* 〔空〕軽航空機 (=*lighter-than-air aircraft*)《軽気球・飛行船など; cf. AERODYNE》.
àero·státic, -ical *a* 空気静力学の; 航空(術)の; AEROSTAT の.
àero·státics *n* 空気静力学; 軽航空機学.
aero·sta·tion /ɛ̀ərəstéɪʃ(ə)n/ *n* 軽航空機操縦法[学]; 《廃》AEROSTATICS.
àero·táxis *n* 〔生〕酸素走性, 走気性.
àero·therapéutics *n* 〔医〕大気[空気]療法(学).
àero·thérapy *n* AEROTHERAPEUTICS.
àero·thèrmo·dynámics *n* [〈*sg/pl*〉] 空気熱力学. ♦ **-dynámic** *a*

áero·tràin *n* エアロトレイン《単軌条を走るプロペラ推進式空気浮上列車》. [F]
Aer·tex /ɛ́ərtɛ̀ks/ 〔商標〕エアテックス《薄く透き通った織物; シャツ・下着用》.
ae·ru·gi·nous /iərú:dʒənəs, aɪə-/ *a* 緑青のような, 緑青色の.
ae·ru·go /iərú:gou, aɪə-/ *n* 銹(さび), 《特に》緑青(ろくしょう). [L (*aer-aes* copper)]
aery[1] ⇨ AERIE.
aery[2] /ɛ́əri, *éɪəri/ *a* 《詩》空気の(ような); 実体のない, 空虚な, 非現実的な; 空高くそびえる. ♦ **áer·i·ly** *adv*
Aes·chi·nes /ɛ́skənì:z; í:s-/ アイスキネス (389–314 B.C.)《ギリシアの雄弁家; Demosthenes の政敵》.
Aes·chy·lus /ɛ́skələs; í:s-/ アイスキュロス (525–456 B.C.)《ギリシアの悲劇詩人》. ♦ **Àes·chy·lé·an** /-lí:ən/ *a*
Aes·cu·la·pi·an /ɛ̀sk(j)əléɪpiən; ì:skjʊ-/ *a* Aesculapius の; 医術の. ► *n* 《まれ》医師 (physician).
Aes·cu·la·pi·us /ɛ̀sk(j)əléɪpiəs; ì:skjʊ-/ 〔ロ神〕アイスクラーピウス (⇨ ASCLEPIUS); 医師 (physician).
Ae·sir /éɪsɪər, -zɪər/ *n pl* アサ神族《Asgard に住んだ北欧神話の神々》. [ON (pl) < *āss* god]
Ae·sop /í:sɑ̀p, -səp/ アイソポス, イソップ (c. 620–c. 564 B.C.)《*Aesop's Fables* (イソップ物語)を著わしたギリシアの寓話作者》.
Ae·so·pi·an /isóupiən, isɑ́p-/ *a* アイソポス(流)の; イソップ物語のような; 寓意的な; 〈ことばが〉符丁的な.
Ae·sop·ic /isɑ́pɪk/ *a* AESOPIAN.
Áesop's Fábles [〈*sg*〉] イソップ物語《寓話集》.
aesthesia, aesthesio-, etc. ⇨ ESTHESIA, ESTHESIO-, etc.
aes·thete, 《米》**es-** /ɛ́sθì:t; í:s-/ *n* 唯美主義者; 審美家, (自称)美術愛好家; ˈˈ《大学》運動嫌いの審美家[勉強家] (opp. *hearty*). [Gk *aísthētēs* one who perceives; *athlete* にならって ↓ から]
aes·thet·ic, 《米》**es-** /ɛsθɛ́tɪk, ɪs-; is-/ *a* 美の; 審美的な; [A-] 耽美主義 (Aesthetics Movement) の; 美学の; 審美眼をもった; 趣味のよい, 芸術的な; 見た目に美しい, 魅力的な. ► *n* 美学的原理; 美の哲学, 美的価値観, 美意識; AESTHETICS; AESTHETE. ♦ **-i·cal** *a* **-i·cal·ly** *adv* [Gk (*aisthanomai* to perceive)]
aesthétic dístance 〔芸術〕審美的距離.
aes·the·ti·cian, 《米》**es-** /ɛ̀sθətíʃ(ə)n; is-/ *n* 美学者; *美容師, エステティシャン.
aes·thet·i·cism, 《米》**es-** /ɛsθɛ́təsɪ̀z(ə)m, ɪs-; is-/ *n* 唯美主義, 審美主義, 耽美(たんび)主義《特に 19 世紀後半の》; 芸術至上主義; 美的感覚, 審美眼; 唯美主義的な美の追求, 耽美. ♦ **-cist** *n*
aes·thet·i·cize, 《米》**es-** /ɛsθɛ́təsàɪz, ɪs-; is-/ *vt* 美的にする, 美しくする. ♦ **aes·thèt·i·ci·zá·tion, es-** *n*
Aesthétic Mòvement [the] 耽美(たんび)主義運動《1880 年代の英国で '芸術のための芸術' (art for art's sake) を唱えた芸術至上主義運動》.
aes·thét·ics, 《米》**es-** *n* 〔哲〕美学; 美しさ, 美.
aes·tho-physiólogy /ɛ̀sθou-; ì:s-/ *n* ESTHESIOPHYSIOLOGY.
aes·ti·val, 《米》**es-** /ɛ́stəv(ə)l, ɛstáɪvəl, ˈˈistáɪ-/ *a* 夏期(用)の. [L *aesta* summer]
aes·ti·vate, 《米》**es-** /ɛ́stəvèɪt, ˈˈí:s-/ *vi* 《特定の場所で》夏を過ごす; 〔動〕夏眠する (opp. *hibernate*).
àes·ti·vá·tion, 《米》**es-** *n* 〔動〕夏眠; 〔植〕花芽内形態《花芽の中の花弁・萼片などの配置; cf. VERNATION》.
aet. /í:t/ aetatis.
a.e.t. 〔サッカー〕after EXTRA TIME 延長戦で.
ae·ta·tis /itéɪtəs, aɪtá:tɪs/ *a* …歳の《略 ae., aet., **aetat.** /í:tæ̀t/》: ~ [*aet.*] 17 17 歳の / ANNO AETATIS SUAE. [L=aged, of age]
Aeth·el·berht /ǽð(ə)lbèərxt/ [Saint] 聖エゼルベルフト (d. 616)《ケント (Kent) 王 (560–616); Augustine に導かれてキリスト教に改宗; 現存する最古のアングロサクソン時代の法典を発布; 祝日 2 月 25 日; 別称 Ethelbert, Aedilberct》.
Aeth·el·red /ǽð(ə)lrɛ̀d/ エゼルレッド ~ **II** (ETHELRED II).
aether, aethereal ⇨ ETHER, ETHEREAL.
aetiology ⇨ ETIOLOGY.
Aetna ⇨ ETNA.
Ae·to·lia /itóuliə, -ljə/ アイトリア《ギリシア中西部 Acarnania の東の Patras 湾に臨む地域》. ♦ **Ae·tó·li·an** *a, n*
Af /ǽf/ *n* 《南ア俗》[*derog*] アフリカ黒人. [*Af*rican]
af- ⇨ AD-.
af. affix. **AF** °Admiral of the Fleet ♦ °air force ♦ Anglo-French ♦ °audio frequency ♦ autofocus.
AFAIK 《E メールなどで》as far as I know.
afár /ə-/ *adv* 遠くに[から], はるかかなたに[から]: ~ off はるかかなたに, 離れて. ► *n* [次の成句で]: **from ~** 遠くから. [*a*-[1]]
Afar /á:fà:r/ *n* **a** (*pl* ~, **Afa·ra** /əfá:rə/) アファル族 (=*Danakil*)《エチオピア北東部からジブチにかけて住むハム系遊牧民族》. **b** アファル語《クシ語群に属する》.
Afars and the Is·sas /á:fà:r(z) ən(d) isá:(z)/ ■ the **Frénch Térritory of the ~** アファル-イッサ《独立前の DJIBOUTI の称 (1967–77)》.

Áfar Tríangle [the] アファル三角形《エチオピア北東部の紅海と Aden 湾の接するあたりの三角地域; その地形から大陸移動説の証拠とされ, また新大洋の中心と目されている》.

AFB 〖米〗Air Force Base《米国領土内の》空軍基地 (cf. AIR BASE).

AFC 〖空軍〗Air Force Cross ♦ American Football CONFERENCE ♦〖英〗Association Football Club ♦〖電子工〗automatic frequency control 自動周波数制御.

AFDC 〖米〗Aid to Families with Dependent Children 児童扶養世帯補助《子供のいる貧困家庭への補助金; 1996 年廃止》.

afear(e)d /əfíərd/ *a* 《古・方》AFRAID.

afé·brile /eɪ-/ *a* 無熱(性)の (feverless).

aff /æf/ *prep, adv* 《スコ》OFF.

aff. affirmative.

af·fa·bil·i·ty /æ̀fəbíləti/ *n* 感じのよさ, 愛想のよさ.

af·fa·ble /ǽfəb(ə)l/ *a* 気さくな, 人好きのする, 愛想のよい, ものやわらかな, 優しい. ♦ **-bly** *adv* **~·ness** *n* [F<L=easy to talk to (*ad-*, *fari* to speak)]

af·fair /əfέər/ *n* **1 a** 仕事, 用事, 営為; [*pl*] 用務, 職務, 業務; 関心事;《漠然と》こと, 事柄, 問題, 情勢: family ~*s* 家事 / private [public] ~*s* 私事[公務] / a man of ~*s* 実務家 / ~*s* of State 国事, 政務 / a laborious ~ 骨の折れること / an ~ of the heart=an AFFAIRE DE CŒUR / That's my [your] ~! それはきみ[ぼく]の知った事ではない / Attend to your own ~. 人のこと[問題]に口出しするな / domestic ~*s* 国内問題 / the present state of ~*s* 事の現状 / FOREIGN AFFAIRS. **b** 行事; *《口》祝い事, パーティー. **2** 情事 (love affair), 不倫, 男女の関係;《世間の関心[論議]を呼ぶ》事件, スキャンダル: have an ~ with…と関係をもつ / the Watergate ~ ウォーターゲート事件. **3**《口》《漠然と》もの: This new chair is a badly made ~. この新しい椅子ときたらおそまつなものだ / a gorgeous [cheap] ~ 豪華品[安物]. ● **the** STATE **of ~s.** [OF (*à faire* to do); cf. ADO]

af·faire /*F* afɛːr/ *n* (*pl* **~s** /—/) AFFAIRE D'AMOUR, AFFAIRE DE CŒUR;《世間の関心[論議]を呼ぶ》事件.

af·fairé /æ̀féəreɪ/ *a* 忙しい, 忙しそうな. [F]

affaire d'a·mour /*F* -damuːr/ 恋愛事件, 情事.

affaire de cœur /*F* -də kœːr/ 恋愛事件, 情事.

affaire d'hon·neur /*F* -dɔnœːr/ 決闘 (duel).

af·fect[1] *vt* /əfέkt, æ-/ **1** …に影響を及ぼす, 作用する, 響く;〈病気・痛みなどが〉襲う: be ~*ed* by heat 暑さにあてられる[冒される] / Opium ~*s* the brain. アヘンは脳にさわる. **2** 感動[動揺]させる: The story ~*ed* me deeply. その物語にひどく感動した / be ~*ed by* [*with*] compassion あわれみの情を催す. **3** [*pass*]《古》割り当てる, 振り向ける〈*to*〉. ► *n* /ǽfεkt, əfέkt/〖心〗情緒; 心情;《廃》感情, 感動. ♦ **~·able** *a* **~·abílity** *n* [F or L *affecto* to influence (*facio* to do)]

af·fect[2] /əfέkt, æ-/ *vt* **1** 気取る, ふりをする, …ぶる; ひけらかす: ~ the poet 詩人を気取る / ~ ignorance 知らぬふりをする / He ~*ed* not *to* hear me. わたしの声が聞こえないふりをした. **2** 好んで用いる[身に着ける];《古》…に愛情をもつ: My father ~*s* old furniture. 父は古い家具を備えたがる. **3 a**〈場所〉にいつもいる, よく行く[来る, 集まる]. **b**〈動植物がある土地〉に住む, 生育する. **4**〈物がある形を〉とりやすい;《古》ねらう, 志す, 得ようとする: Drops of fluid ~ a round figure. 液体の滴は丸い形をとる. ► *vi*《廃》傾く. ♦ **~·er** *n* [F or L *affecto* to aim at (↑)]

af·fec·ta·tion /æ̀fεktéɪʃ(ə)n/ *n* ふりをすること, 見せかけ; 気取り, てらい, きざ;《廃》熱心な追求, 偏愛〈*of*〉: without ~ 気取らず, 率直に.

affect·ed[1] *a* 影響をうけた;《病気などに》冒された,《暑さなどに》あてられた; 変質した; 深く心を動かされた,《特に》悲しみにうち沈んだ; [副詞と共に]《文》…の感情をいだいて〈*to*, *toward*〉: the ~ part 患部 / the ~ areas 被災地 / How is he ~ toward us? 彼はぼくらに対してどんな気持でいるのか / He is well [ill] ~. 好意[悪意]をもっている.

affected[2] *a* 見せかけの; きざな, 気取った: ~ manners 気取った態度. ♦ **~·ly** *adv* 気取って, きざに. **~·ness** *n*

afféct·ing *a* 感激させる, 感動的な; あわれみを感じさせる, いたましい. ♦ **~·ly** *adv*

af·fec·tion /əfέkʃ(ə)n/ *n* **1 a** [ˢ*pl*] 穏やかな[優しい]気持, 親愛の情, 好意, 愛情〈*for*, *toward*〉;〖心〗感情;〖心〗情緒 (affect); 性向, 気質; 属性. **b**《廃》AFFECTATION. **2** 影響, 作用; 体調; 疾患, 障害. ♦ **~·al** *a* **~·al·ly** *adv* **~·less** *a* 愛情のない, 愛情をかけられない.

af·fec·tion·ate /əfέkʃ(ə)nət/ *a* **1** 情愛の深い, 優しい; 愛情のこもった, 慈愛の: Your ~ brother [cousin, etc.]=Yours AFFECTIONATEly. **2**《廃》〈…に〉心が傾いている〈*to*〉. ♦ **~·ly** *adv* 愛情をこめて, 慈愛深く: Yours ~*ly*=*A*~*ly* (yours) 親愛なる…より《近親間・親しい女性間の手紙の結び》. **~·ness** *n*

af·féc·tioned *a*《古》…の感情をいだいて (disposed).

af·fec·tive /æfέktɪv, ə-/ *a* 感情の[による, に影響する], 情緒的な; 感情表現の. ♦ **~·ly** *adv*

afféctive disórder 〖精神医〗感情障害 (mood disorder).

afféctive lógic [réasoning] 〖心〗感情論理《論理に基づいているように見えて実は感情によって判断をしていること》.

af·fec·tiv·i·ty /æ̀fεktívəti/ *n* 情緒性; 感情, 情緒;〖心〗感情[情動]状態.

afféct·less *a* 感情を見せない; 無情な, 冷酷な. ♦ **~·ness** *n*

af·fen·pin·scher /ǽfənpɪ̀nʃər/ *n*〖犬〗アッフェンピンシャー《ドイツ原産の長毛の愛玩犬》. [G (*Affe* monkey, *Pinscher* テリアの一種)]

af·fer·ent /ǽfərənt, ǽfε-/〖解〗*a* (opp. *efferent*) 輸入[導入]性の〈血管〉; 求心性の〈神経〉. ► *n* 求心性の部分《神経など》. ♦ **~·ly** *adv* [*ad-*]

af·fet·tu·o·so /æfὲtʃuóʊsoʊ/ *adv, a*〖楽〗感情をこめて[こめた], 情趣豊かに[な]. [It=with feeling]

af·fi·ance /əfáɪəns/ *n*《古》誓約, 婚約, 信頼 (faith)〈*in*〉. ► *vt* [ᵘ*pass*]〈自分・人〉の結婚について誓約する: be ~*d* to…と婚約している / the ~*d* couple 婚約したカップル. [OF (L *fidus* trusty)]

af·fí·ant *n*〖米法〗宣誓供述者.

af·fiche /*F* afiʃ/ *n* 貼り紙, ポスター, プラカード.

af·fi·cio·na·do /əfɪʃ(i)ənáːdoʊ, -fìː-, -siə-/ (*pl* **~s**) ⇨ AFICIONADO. ♦ **-na·da** /-náːdə, -dàː-/ *n fem*

af·fi·da·vit /æ̀fədéɪvət/ *n*〖法〗宣誓供述書《略 afft》: swear [make, take] an ~〈証人が〉供述書に偽りのないことを宣誓する《★ make [take] an ~は俗用》/ take an ~〈裁判官が〉供述書を取る. [L=he has stated on oath (*affido*); cf. AFFIANCE]

af·fil·i·ate *v* /əfílièɪt/ *vt* [ᵘ*pass*] 会員として加入[参加, 加盟]させる; [ᵘ*pass*] 支部[分校]にする; 提携させる; 密接に関連させる〈*with*, *to*〉;〖法〗〈非嫡出子〉の父を決定する〈a child *to* [*on*] sb〉; …の起源[由来]を明らかにする〈sth *to* [*on*] the author〉;《まれ》養子にする: ~ oneself *with* [*to*]…に加入する / ~ Greek art *upon* Egypt ギリシア芸術の源をエジプトに帰する. ► *vi* 加盟[加入]する, 入会[入党]する, 提携する〈*with*, *to*〉.
► *n* /əfíliət, -èɪt/ 加入者, 会員; *関係[外郭]団体, 加盟団体, 支部, 分会, 系列[姉妹]会社, 付属機関. ♦ **-i·à·tive** *a* [L; ⇨ FILIAL]

af·fíl·i·àt·ed *a* 加入[加盟]の, 関連のある, 提携した; 付属の, 支部の: an ~ company 系列[姉妹, 関連]会社 / ~ societies 協会支部, 分会 / one's ~ college 出身校.

affíliate márketing アフィリエートマーケティング《個人のウェブサイトと提携した販売促進活動; サイトにバナー・リンク広告を掲載し, サイトを経由して注文があった場合に成功報酬を支払うもの》.

af·fil·i·a·tion /əfìliéɪʃ(ə)n/ *n* 入会, 加入,《団体への》所属; 併合, 合同, 提携; 養子縁組;〖法〗《非嫡出子の》父の決定; 起源[由来]の認定.

affiliátion òrder 〖英法〗《治安判事が父親に対して出す》非嫡出子扶養料支払い命令.

affiliátion procèedings *pl*〖法〗父の決定の手続き《通例 未婚の母から特定の男性がわが子の父であるとの法的認知を求める強制認知訴訟》.

af·fi·nal /əfáɪn(ə)l, *æ-/ *a, n*〈親類(関係)が〉婚姻でつながった, 姻戚関係にある(人); 共通の起源をもつ.

af·fine /əfáɪn, *æ-/ *a*〖数〗アフィン[擬似]変換の[に関する]: ~ geometry アフィン幾何学 / ~ coordinates アフィン座標. ► *n* 姻戚の人, 姻族の者. ♦ **~·ly** *adv*

af·fined /əfáɪnd, *æ-/ *a* 姻戚関係で結ばれた; 密接に結合された;《古》義務で縛られた.

af·fin·i·tive /əfínətɪv/ *a* 密接な関係のある.

af·fin·i·ty /əfínəti/ *n*《血縁以外の》姻戚(関係) (cf. CONSANGUINITY); 親近感, 共感, 好感〈*for*, *between*, *with*〉; 魅力;〖理・化〗親和力; 性(しょう)の合う人[異性]; 密接な関係, 類似性[点], 有縁性〈*between*, *with*〉;〖生〗類縁: have an ~ *for* [*to*]…が好きである. [OF<L (*affinis* bordering on, related<FINIS=border)]

affínity càrd アフィニティー[提携]カード (=**affínity crédit càrd**)《AFFINITY GROUP の会員に発行されるクレジットカード: **1)**〖米〗商品代金が割り引かれる **2)**〖英〗カード利用額の一定割合がカード発行会社から特定の慈善事業や自然保護活動などに寄付される (=*charity card*)》.

affínity chromatògraphy 〖化〗親和分離法, アフィニティークロマトグラフィー《溶液に含まれるタンパク質などの巨大分子を分離精製する方法》.

affínity gròup アフィニティーグループ, 同好会, 類縁団体《関心・目標・出身などを共にする人びとの集団》;〖空〗アフィニティーグループ, 類縁団体《旅行以外の目的をもつ団体; 運賃の特別割引の対象となる》.

af·firm /əfə́ːrm/ *vt* 断言[確言, 主張]する; 肯定[支持]する, 確認[追認]する, …に賛同する;〖法〗〈上訴に対し原判決などを〉維持する;〈人〉に敬意を表する;〖法〗…について確約する. ► *vi* 断言[肯定]する;〖法〗確約する (⇨ AFFIRMATION);〖法〗下級審の判決を維持する, 上訴を棄却する. ► *a, n**《口》肯定の[肯定的な](返答) (affirmative). ♦ **~·able** *a* **~·er** *n* [OF<L; ⇨ FIRM]

affírm·ance *n* 断言; 確認;〖法〗《下級審の判決に対する上級裁判所の》判決維持, 上訴棄却.

affírm·ant *a, n*〖法〗確約をする(人) (⇨ AFFIRMATION).

af·fir·ma·tion /æ̀fərméɪʃ(ə)n/ *n* 断言, 主張;〖論〗肯定命題[判

断], 肯定形式の表現; 〘法〙《宗教上の理由などで宣誓 (oath) を拒否する証人・当事者が行なう》確約; 確認, 肯定.

af·firm·a·tive /əfə́ːrmətɪv/ *a* 肯定の; 確言的な, 断定的な; 積極的な, 断固たる; 〘論〙肯定的な (opp. *negative*); 〘英法〙〈法案・手続きなどが〉承認[肯定]型の《発効のために両院の承認決議 (～ resolution) が必要な場合》. ► *adv* 《口》はい, そのとおり (yes). ► *n* 肯定語, 肯定表現; 〘論〙AFFIRMATION; [the] 肯定の立場をとる側[人びと], 賛成票. ● **in the ～** 肯定[同意, 賛成]して; 肯定の返事で. ♦ **～·ly** *adv*

affírmative áction 積極的差別是正措置, アファーマティヴ・アクション《差別をうけてきた少数民族や女性などの雇用・高等教育などを積極的に推進すること; cf. QUOTA SYSTEM, REVERSE DISCRIMINATION》.

af·firm·a·to·ry /əfə́ːrmətɔ̀ːri; -t(ə)ri/ *a* 肯定の.

af·fix *vt* /əfɪ́ks, æ-/ 添付する 〈*to*〉, 〈切手などを〉貼る, 〈署名などを〉添える, 〈印を〉おす; 〈とが・責任などを〉負わせる, 〈あざけりなどを〉加える: ～ blame *to* sb 罪を人にかぶせる. ► *n* /ǽfɪks/ 付着物, 添付物; 〘文法〙接辞《接頭辞・挿入辞・接尾辞》. ♦ **～·able** *a* **af·fix·al** /ǽfɪks(ə)l/, **af·fix·i·al** /æfɪ́ksiəl/ *a* **～·ment** *n*

af·fix·a·tion /æ̀fɪkséɪʃ(ə)n/ *n* 添付, 付加; 〘文法〙接辞添加. [F or L; ⇨ FIX]

af·fix·ture /əfɪ́kstʃər, æ-/ *n* 付加(物), 添付(物).

af·flat·ed /əfléɪtəd, æ-/ *a* 霊感をうけた, 神霊に感応した (inspired).

af·fla·tus /əfléɪtəs, æ-/ *n* 《詩人・預言者などの》霊感.

af·flict /əflɪ́kt/ *vt* 悩ます, 苦しめる 〈*with*〉; 《廃》…の高慢の鼻を折る, 打ちのめす: be *～ed with* debts 負債に悩む / the *～ed* 苦しんでいる人びと. [L (*flict- fligo* to strike down)]

afflíct·ing *a* 大変な苦しみを与える, つらい.

af·flic·tion /əflɪ́kʃ(ə)n/ *n* 《心身の》苦悩, 悲嘆, 苦痛; 悩み[悲しみ, 痛み]をもたらすもの《災厄・病気など》.

af·flict·ive /əflɪ́ktɪv/ *a* 苦悩[悲嘆, 苦痛]をもたらす, 苦しめる. ♦ **～·ly** *adv*

af·flu·ence /ǽfluəns, æflúː-, ə-/ *n* 豊富, 潤沢; 富裕; 流入, 到来 (opp. *effluence*): live in ～ 裕福に暮らす. ♦ **-en·cy** *n*

áf·flu·ent *a* 裕福な; 豊富な, あふれんばかりの; よどみなく流れる, 流れ込む: in ～ circumstances 裕福に. ► *n* 《本流・湖に流れ込む》支流; 《下水処理場にはいってくる》下水; 裕福な人. ♦ **～·ly** *adv* 豊富に; 裕福に. [OF<L; ⇨ FLUENT]

áffluent socíety 豊かな社会《経済学者 Galbraith が現代社会に関して同名の著書 (1958) で用いた》.

af·flux /ǽflʌ̀ks/ *n* 流れ込み, 流入, 到来 (affluence); 〘医〙《血液の》注流: an ～ of blood to the brain.

af·force /əfɔ́ːrs/ *vt* 《陪審員を追加して》〈陪審を〉強化する.

af·ford /əfɔ́ːrd/ *vt* **1** [ᵘcan ～, be able to ～] 〈ものの〉の費用を負担する経済力がある, 〈時間・金を〉割くことができる; [ᵘcan ～ to do] …してもさしつかえない, …する余裕がある: *Can* you ～ $50? 50 ドル工面できますか / You won't *be able to* ～ a holiday. きみは休暇をとる余裕がないだろう / I *can* [*can't*] ～ (*to* keep) a car. 自動車のもてる[もてない]身分だ / I can ILL ～ the time. / I *cannot* ～ *to* die yet. まだ死ぬわけにはいかない / I *can't* ～ *to* go every night. 毎晩は行けない / I *can* ～ *to* be frank. 率直に言っても平気. **2** 〈説明・便宜などを〉提供する; 〈人に物を〉与える; 〈自然が〉産出する, 供給する: Your presence will ～ us great pleasure [～ great pleasure *to* us]. ご出席賜われば幸甚です. [OE *geforthian* to promote (*y-* intensive, FORTH); 語形は *af-* に同化]

affórd·able *a* 与えられる; 入手可能な, 手ごろな〈値段〉. ♦ **-ably** *adv* **affòrd·abílity** *n*

af·for·est /əfɔ́(ː)rəst, æfɑ́r-, æ-/ *vt* 〈土地を〉森林にする, …に造林[植林]する (opp. *deforest*); 〘英史〙御料林化する, 森林法の下に組み入れる. ♦ **af·fòr·es·tá·tion** *n* 森林化, 造林, 植林; 〘英史〙御料林化. [L; ⇨ FOREST]

af·fran·chise /əfrǽntʃàɪz/ *vt* 解放する, 釈放する (enfranchise). ♦ **～·ment** *n*

af·fray /əfréɪ/ *n* 《公けの場所における》乱闘, 騒ぎ; 〘法〙闘争罪《2 人以上の闘争により公共の静穏を乱す罪》. ► *vt* 《古》おびえさせる. [AF (*ex*-[1], Gmc=peace)]

af·freight /əfréɪt/ *vt* 〈船を〉貨物船としてチャーターする.

affréight·ment *n* 用船(契約); 個品運送(契約).

af·fri·cate /ǽfrɪkət/ *n* 〘音〙破擦音《/ʧ, ʤ/ など》.

af·fri·ca·tion /æ̀frəkéɪʃ(ə)n/ *n* 〘音〙破擦音化.

af·fric·a·tive /æfrɪ́kətɪv, ə-, ǽfrəkèɪ-/ *n, a* 〘音〙破擦音(の).

af·fright /əfráɪt/ 《古・詩》 *n* 《突然の》恐怖(を与えるもの); 驚愕. ► *vt* 恐れさせる (frighten).

af·front /əfrʌ́nt/ *vt* 《面と向かって》侮辱する, 傷つける; おこらせる; 〈死・危険などに〉に敢然と立ち向かう; …のまん前に現われる; 《古》…に面する; 《廃》〈敵〉にでくわす, ばったり出会う, 遭遇する. ► *n* 公然たる[故意の]侮辱, 無礼; 《廃》《敵との》遭遇, 対戦, 攻撃: put an ～ *upon* sb=offer an ～ *to* sb 人を侮辱する / suffer an ～ (*at* the hands of sb) (人から)侮辱をうける. ♦ **～·er** *n* [OF=to slap in the face (L FRONT), insult]

affrónt·ive *a* 《古》OFFENSIVE.

afft 〘法〙affidavit.

af·fu·sion /əfjúːʒ(ə)n, æ-/ *n* 《洗礼などの》灌水, 注水; 〘医〙《熱病患者などに対する》灌注.

AFG Afghanistan.

Af·ghan /ǽfgæn, -gən/ *n* **1** アフガニスタン人; アフガン人 (PASHTUN); アフガン語 (PASHTO); 〘豪史〙《19 世紀の》北インド出身のラクダ追い (camel driver) ; AFGHAN HOUND. **2** [a-] **a** 幾何学模様. **b** アフガン編みの毛布[肩掛け]《美しい幾何学模様をもつ毛糸編み》; アフガンじゅうたん《大型でパイルの長い幾何学模様のトルクメンじゅうたん》; ᴴAFGHAN COAT. ► *a* アフガニスタン(人)の; アフガン人[語]の. [Pashto]

Áfghan cóat アフガンコート《普通袖ぐりや裾に毛皮のトリミングが施されているシープスキンのコート》.

Áfghan fóx 〘動〙コサックキツネ (corsac).

Áfghan hóund 〘犬〙アフガンハウンド《細長い頭と長い絹状の毛をもつ快速の猟犬》.

af·ghani /æfgɑ́ːni, -gǽni/ *n* **1** アフガニ《アフガニスタンの通貨単位: =100 puls; 記号 Af》. **2** [A-] アフガン語, アフガン人 (Afghan).

Af·ghan·i·stan /æfgǽnəstæ̀n, -stɑ̀ːn/ アフガニスタン《西アジアの国; 公式名 Islamic Republic of ～ (アフガニスタン・イスラム共和国); ☆Kabul》. ♦ **Af·ghàn·i·stáni** *n*

Afghánistan·ìsm *n* アフガニスタン病《新聞記者などが身近な問題をおろそかにして遠い国の問題に身を入れること》. [同国が米国から遠いことから]

afi·cio·na·do /əfɪʃ(i)ənɑ́ːdoʊ, -fiː-, -siə-/ *n* (*pl* **～s**) 熱烈な愛好家, マニア, ファン. ♦ **-na·da** /-nɑ́ːdə, -dɑ̀ː/ *n fem* [Sp]

afíeld /ə-/ *adv, pred a* 〈農夫などが〉野良に[で], 野外に[で], 〈軍隊が〉戦場に[で]; 〘野〙守備について; 家[故郷]を遠く離れて; 道に迷って; 常軌を逸して; 本題を離れて: far ～ 遠く離れて, ずっと遠くまで; 踏み迷って / from further ～ もっと遠くから. [OE (*a*-[1])]

afíre /ə-/ *adv, pred a* 燃えて (on fire); 激して: set ～ 燃え立たせる, 〈情を〉かきたてる / with heart ～ 心が燃えて.

A5 /éɪfáɪv/ *n, a* A 5 判(の)《210×148 mm》.

AFK, afk 《E メールなどで》away from (the) keyboard キーボードを離れて.

AFL Aeroflot ♦ °American Federation of Labor (⇨ AFL-CIO) ♦ American Football League ♦ Australian Football League.

afláme /ə-/ *adv, pred a* AFIRE.

af·la·tóxin /æ̀flə-/ *n* 〘生化〙アフラトキシン《*Aspergillus flavus* などの糸状菌によってピーナッツなどの貯蔵農作物に生じるカビ毒 (mycotoxin) で, 発癌性物質》. [*Aspergillus flavus toxin*]

AFL-CIO American Federation of Labor and Congress of Industrial Organizations アメリカ労働総同盟産業別労働組合会議《1955 年 AFL と CIO が合併してできた米国最大の労働組合中央組織》.

aflóat /ə-/ *adv, pred a* 《水上・空中に》浮かんで; 海上に, 船[艦]上に; 〈甲板・田畑などが〉浸水して; 自立して, 借金しないで, 破産せずに; 〈事業などが〉(正式に)発足して, フル回転[作動]して; 〘商〙〈手形が〉流通して; 〈うわさなどが〉広まって; 漂って (adrift), 定まらないで: the largest battleship ～ 世界一の大戦艦 / life ～ 海上生活 (opp. *life ashore*) / service ～ 海上[艦上]勤務 / cargo ～ 〘貿易〙既積品[貨物]. ● **keep ～** 沈まないでいる[ようにする]; 借金しないでいる[ようにする]. **set ～** 流布させる, 〈うわさを〉立てる; 〈計画・事業を〉(正式に)発足させる, 〈新聞・雑誌などを〉発刊する. [OE (*a*-[1])]

aflóod /ə-/ *a* 浸水[冠水]して, 水びたしで.

aflút·ter /ə-/ *adv, pred a* 〈旗・羽・炎など〉ひらひら[パタパタ, ちらちら]して; 〈人が〉いらいら[そわそわ, どきどき]して, 動揺[興奮]して; 〈場所が〉パタパタとざわめいて.

AFM 〘英〙Air Force Medal.

AFN American Forces Network 米軍放送網.

afó·cal /eɪ-/ *a* 〘光〙無限焦点の《レンズや望遠鏡などが無限遠に焦点のある》.

à fond /*F* a fɔ̃/ *adv* 十分に, 徹底的に (thoroughly): ～ de train /*F* -də trɛ̃/ 全速力で. [F=to bottom]

Afon·so /əfõ͡ũsu/ 《ポルトガル王》アフォンソ《6 人いる; Alfonso ともいう》: (1) ～ **I** (1109 or 11–85)《初代国王 (1139–85); 通称 '～ Henri·ques /ẽĩríːkɪʃ/'》 (2) ～ **V** (1432–81)《在位 1438–81; 通称 '～ o Afri·ca·no /u əfrikɑ́ːnu/'》.

afóot /ə-/ *adv, pred a* 病床を離れて; 立ち上がって; 動いて, 活動して; 起こって; 進行中で; 《英では古》徒歩で: set a plan [a rumor] ～ 計画を起こす[うわさを立てる]. [ME (*a*-[1])]

afore /əfɔ́ːr/ *adv, prep, conj* 《古・方》BEFORE: ～ the MAST[1]. [OE *onforan* (*a*-[1])]

afóre·hànd *adv, pred a* 《古・方》BEFOREHAND.

afóre·mèntioned *a* 前述の, 前記の: the ～ [〈*n*〉; *sg/pl*] 前述の事柄[人].

afóre·sàid *a* AFOREMENTIONED.

afóre·thòught *a* [後置] 前もって考えたうえでの, 計画的な: MALICE AFORETHOUGHT. ► *n* 事前の熟慮.

afóre·tìme 《古》 *adv* FORMERLY. ► *a* FORMER[1].

A

a for·ti·o·ri /à: fɔ:rtió:ri, -ràɪ, èɪ-, -ʃi-/ *adv* いっそう有力な理由をもって, なおさら, まして. ► *a* いっそう有力な論拠となる. [L=with the stronger (reason)]
afóul /ə-/ *adv, pred a* もつれて, 衝突して. ● **run** [**fall**] **~ of**…ともつれる; …と衝突する; 〈法律・規則など〉に抵触する.
A4 /éɪfɔ́:r/ *n, a* A 4 判(の)《297×210 mm; A 3 判とともに EU での標準サイズ》.
AFP, afp alpha-fetoprotein.
AFP °Agence France-Presse.
Afr- /ǽfr/, **Af·ro-** /ǽfroʊ, -rə/ *comb form*「アフリカ」 [L]
Afr. Africa ♦ African.
Af·ra /ǽfrə, á:-/ アフラ《女子名》. [Heb=dust]
afraid /əfréɪd/ *pred a* **1 a** 恐れて, こわがって〈*of, to* do〉: I am ~ *of* death [*to* die, *of* dying]. 死[死ぬの]を恐れる / Who's ~? こわいもんか / I am ~ *to* go. こわくて行けない. **b** いやがって: He's ~ *of* even a little work. 少しの仕事でもおっくうがる. **2 a** 心配[懸念]して, 気づかって〈*of* sth, *of* doing, *for* sb [sth], *that, lest*…(*should*)〉: She was ~ *for* her son in Vietnam. ヴェトナムにいる息子のことを案じた / I'm ~ (*that*) the train may be [is] late. 列車は遅れるかもしれない / I am ~ *that* I shall die. 死にはしないかと思う / I am ~ *lest* I (*should*) be late. 遅れはしないかと心配だ. **b** [語気を和らげるのに用いて] …を残念に[気の毒に, すまなく]思って, (残念ながら)…と思って: I'm ~ I cannot help you. (お気の毒だが)ご助力できかねます / Is it true?—I'm ~ so [I'm ~ not]. 本当ですか—(残念ながら)そのようです[そうでないようです]. ★ (very) much ~ といい, very ~ はまれ. [(pp)〈AFFRAY]
A-frame* /éɪ—/ *a* A(字)形の. ► *n* A(字)形のもの; A(字)(形)フレーム《(1) 2 本の柱を用いた重量物・巻揚げ機・シャフト・パイプなどを支えるもの 2) 正面からみて A 字形に見える住居》.
Af·ra·mer·i·can /æfrəmérɪkən/ *n, a* AFRO-AMERICAN.
Af·ra·sia /æfréɪʒə, -ʃə/ アフラジア《北アフリカと南西アジアを含めた呼称》. ♦ **Af·rá·sian** *a, n*
af·reet, -rit /ǽfrì:t, əfrí:t/ *n* 〘イスラム神話〙小鬼, イフリート《強い jinn》.
afrésh /ə-/ *adv* さらに, 新たに, 再び (again), 今さらのように: start ~ 新規まきなおしに始める. [*a*-[1] of]
Af·ric /ǽfrɪk/ *a, n* 《古・詩》アフリカ(の).
Af·ri·ca /ǽfrɪkə/ アフリカ(大陸).
Áf·ri·can *a* アフリカの; アフリカ人[アフリカ黒人](文化)の; 〘生物地理〙アフリカ亜区の. ► *n* アフリカ人; アフリカ黒人 (Negro); 《南ア》BANTU; *黒人. ♦ **~·ness** *n* [L]
Af·ri·ca·na /æfrɪká:nə, -kǽnə, -kéɪnə/ *n pl* アフリカに関する文献, アフリカ誌, アフリカーナ; 《機械技術導入前の》アフリカの手工芸品集.
Áfrican-Américan *n, a* アフリカ系アメリカ人(の) (=*Afro-American*)《米国の黒人を指す中立的な語》.
Áfrican Amèrican Vernácular Énglish アフリカ系アメリカ人の日常英語《かつて Black English Vernacular と呼ばれていたもの; 略 AAVE; cf. EBONICS》.
Áfrican bláck* 《俗》アフリカンブラック《アフリカ産マリファナの一種》.
Áfrican búffalo 〘動〙アフリカスイギュウ (Cape buffalo).
Áfrican dáisy 〘植〙DIMORPHOTHECA.
Af·ri·can·der, -kan- /æfrɪkǽndər/ *n* **1** AFRIKANER. **2** 〘動〙アフリカンダー《(1) アフリカ南部で飼育された大角の赤牛 2) アフリカ南部で飼育された羊》. **3** 〘植〙アフリカンダー《アフリカ南部産グラジオラスの一種》. ♦ **~·dom** *n* AFRIKANERDOM. **~·ìsm** *n* 《南アフリカ英語の》アフリカーンス語法.
Áfrican dóminoes *pl** 《俗》[*derog*] アフリカ式ドミノ《(1) さいころ(賭博) (dice) 2) [<*sg*>] クラップス (craps)》.
Áfrican élephant 〘動〙アフリカゾウ.
Africaner ⇨ AFRIKANER.
Áfrican gólf* 《俗》[*derog*] アフリカ式ゴルフ《クラップス (craps)》.
Áfrican gráy 〘鳥〙ヨウム (洋鵡) (=*gray parrot*)《アフリカ原産; よくしゃべるので欧州では古くから飼われている》.
Áfrican hóneybee アフリカミツバチ《アフリカ南部産のセイヨウミツバチの亜種; cf. AFRICANIZED BEE》.
Áfrican húnting dòg 〘動〙リカオン (AFRICAN WILD DOG).
Áfrican·ìsm *n* アフリカなまり; アフリカ[黒人文化]的特色; (汎)アフリカ主義. ♦ **Áfrican·ist** *n* アフリカ言語[文化]の研究者[専門家]; アフリカ民族解放主義者; 汎アフリカ主義者.
Af·ri·can·i·ty /æfrɪkǽnəti/ *n* アフリカ黒人であること, アフリカ人性.
Áfrican·ìze *vt* アフリカ化する; アフリカ黒人の勢力下に置く; アフリカ人にゆだねる. ♦ **Àfrican·izátion** *n*
Áfrican·ìzed bée [**hóneybee**] アフリカ化ミツバチ (=*killer bee*)《AFRICAN HONEYBEEとヨーロッパ産ミツバチが偶然ブラジルで交雑し, メキシコと米国南部に広がって各地のハチと交雑を行ないながらなおアフリカ種の特徴を残しているもの; 攻撃性が強く問題化している》.
Áfrican líly 〘植〙AGAPANTHUS.
Áfrican mahógany アフリカンマホガニー《熱帯アフリカ産アフリカマホガニー属・エンタンドロフラグマ属の数種の材》.
Áfrican márigold 〘植〙アフリカンマリゴールド, センジュギク, マンジュギク《メキシコ原産》.
Áfrican míllet 〘植〙**a** シコクビエ (ragi). **b** トウジンビエ (pearl millet).
Áfrican Nátional Cóngress [the] アフリカ民族会議《南アフリカ共和国の民族運動組織; 1912 年設立, 60 年非合法化, 90 年合法化; 略 ANC》.
Áfrican sléeping sìckness SLEEPING SICKNESS.
Áfrican tíme 《南ア俗》アフリカ時間《時間を守らないこと》.
Áfrican tóothache 《俗》性病.
Áfrican trypanosomíasis SLEEPING SICKNESS.
Áfrican túlip 〘植〙AGAPANTHUS.
Áfrican Únion [the] アフリカ連合《モロッコを除くアフリカの 53 か国が加盟する地域機関; 2002 年アフリカ統一機構 (OAU) を発展改組する形で発足; 本部はエチオピアの Addis Ababa; 略 AU》.
Áfrican víolet 〘植〙アフリカスミレ, セントポーリア (SAINTPAULIA).
Áfrican wíld dóg 〘動〙リカオン (=*African hunting dog, Cape hunting dog, hunting dog, hyena dog*)《イヌ科の哺乳動物; 群れをつくってヌー・シマウマなどを捕食する; 現在アフリカ南部・東部に限定された数が生息する》.
Afri·di /əfrí:di, æ-/ *n* (*pl* **~s**, **~**) アフリディ族《アフガニスタンとパキスタン国境の Khyber 峠周辺に住むパシュトゥーン人 (Pashtuns)》.
Af·ri·kaans /æfrɪká:ns, à:-, -z, ⏤⏤⏤/ *n* アフリカーンス語《南アフリカ共和国の公用語の一つ; 略 **Afrik.**; 17 世紀のオランダ人移住者の話しことばから発達》. ► *a* アフリカーンス語の; AFRIKANER の. [Du=African]
Afrikander ⇨ AFRICANDER.
Af·ri·ka·ner, -kaa-, -ca- /æfrɪká:nər/ *n* **1** アフリカーナー《南アフリカ共和国のヨーロッパ系, 特に アフリカーンス語を母語とするオランダ系の白人》. **2** 〘動・植〙AFRICANDER.
Afrikáner·dom *n* 《南アフリカ共和国における》アフリカーナー勢力[社会, 人口]; アフリカーナー民族主義[意識].
Afrikáner·ìze *vt* 《南ア》〈人を〉アフリカーナー化する. ♦ **Afri·kàner·izátion** *n*
afrit(e) ⇨ AFREET.
Af·ro /ǽfroʊ/ *n* (*pl* **~s**) アフロ《細かく縮らせた毛髪を丸いシルエットにつくったヘアスタイル》; アフリカの黒人; AFRO-AMERICAN; 《一般に》黒人. ► *a* アフロスタイルの〈ヘアスタイル・かつら〉; アフリカの; AFRO-AMERICAN; 黒人の. ♦ **~ed** *a* 髪をアフロにした. [L *Afr- Afer* African, or *Afr*ican, *-o*]
Afro- ⇨ AFR-.
Áfro-Américan *n, a* アフリカ系アメリカ人(の), アメリカ黒人(の) (African-American).
Áfro-Ásian *a* アフリカ-アジアの; 《共通の政治的問題を解決するために協力している》アジア-アフリカ諸国の.
Áfro-Asiátic *a, n* 〘言〙アフロアジア語族(の).
Áfro-Asiátic lánguages *pl* アフロアジア語族《南西アジア・北アフリカの, Semitic, Egyptian, Berber, Cushitic および Chadic 諸語群からなる語族》.
Áfro-bèat *n* アフロビート《ハイライフ (highlife)・カリプソ・ジャズなどの要素を取り入れた音楽》.
Áfro-Caribbéan *n, a* アフリカ系カリブ人(の).
Áfro·céntric *a* アフリカ(人)中心の[から出た]; アフリカ中心主義の. ♦ **-cen·tríc·i·ty** *n* **-cén·trìsm** *n* **-cén·trist** *n, a*
Áfro-chàin *n* アフロチェーン《中央にペンダントのある鎖状ネックレス; カリブ海地方で通例 男性が DASHIKI を着るときに用いる》.
Áfro-còmb *n* アフロぐし《カリブ海地方で用いる長い金属製の歯のある掌状のくし; AFRO 用》.
Áfro-Cúban *a* アフリカ系キューバ人(の文化)の; 〘ジャズ〙アフロキューバンリズムの《ラテンアメリカ音楽に共通するアフリカ系リズム》.
à froid /*F* a frwa/ *adv* 冷静に, 冷淡に.
Áfro-Látin *a* 〘楽〙アフロラテンの《アフリカ音楽・ラテン音楽を取り入れた》.
af·ro·pa·vo /æfroupéɪvoʊ/ *n* (*pl* **~s**) 〘鳥〙コンゴクジャク (=*Congo peacock*). [L *pavo*=peacock]
Áfro·phìle *n* アフリカの生活・文化に強い関心をもつ人, アフリカびいきの人, アフリカ好き.
af·ror·mo·sia /æfrɔ:rmóuziə/ *n* アフロモージア《アフリカ産マメ科 *A*- 属の高木で, 家具装飾材》. [*Afro-*, *Ormosia* 属名]
Áfro-ròck *n* アフロロック《伝統的なロック音楽のスタイルを取り入れた現代アフリカ音楽》.
Áfro-Sáxon *n, a** 《俗》[*derog*] 白人体制側の黒人(の).
AFS /éɪèfés/ AFS《高校生の交換留学を行なう米国に本部をもつ国際文化交流財団; 1914 年設立》. [*A*merican *F*ield *S*ervice]
AFSCME /ǽfsmi/ °American Federation of State, County, and Municipal Employees.
aft[1] /ǽft; á:ft/ 〘海・空〙*adv* 船尾[機尾](近く)に[へ], 後部に[へ]: lay ~ 船尾の方へ行く, 後退する / FORE and ~ / right ~ (船の)真後ろに. ► *a* 船尾[機尾](近く)の, 後部の: the ~ decks 後甲板. [OE *æftan*; cf. ABAFT]

aft[2] *adv* 《スコ》 OFT.

aft. afternoon. **AFT** American Federation of Teachers アメリカ教員連盟 ♦〘テレビ〙 automatic fine-tuning 自動微同調.

AFTA ASEAN Free Trade Area ASEAN 自由貿易地域《1993 年発足》.

af·ter /ǽftər; ɑ́:f-/ *prep* /⌐—, ⌐—/ **1** (opp. *before*) **a** [場所・順序] …の後ろに, …のあとに (following); …の次位に: follow ~ him 彼のあとに続く / *A*~ you (, sir [madam]). どうぞお先へ / *A*~ you *with* the butter. 済んだらバターを回してください / Shut the door ~ you. はいったらドアを閉めなさい / read page ~ page 何ページも続けて読む / ONE ~ another / ONE ~ the other / the greatest poet ~ Shakespeare シェイクスピアに次ぐ大詩人. **b** [時] …の後に, …のあとで, …後 (later than); *(…時)過ぎ (=past) (opp. *of*): ~ dinner 食後に / ~ a month 1 か月過ぎて《通例 after は過去の, in は未来の「…後」の意に用いる》/ one day ~ another=day ~ day 毎日 / TIME ~ time / on and ~ May 5 5 月 5 日以後 / ten (minutes) ~ six 6 時 10 分. **c** [結果] …のあとだから, …にかんがみて; …にもかかわらず (in spite of): *A*~ what you have said, I shall be careful. おことばですから気をつけましょう / *A*~ all my advice, you took that measure. あれほど忠告しておいたのにまたあんなやり方をしたんだね. **2 a** [目的・追求] …のあとを追って, …を求めて; …をねらって, ものにしようとして: What is he ~? 彼は何をねらって[求めて]いるのか / Run ~ him! 彼を追っかけろ / She has lots of men ~ her. 彼女のあとを追う男がわんさといる. ★ SEEK, SEARCH, YEARN, be EAGER などは after または for と結合して「追求する」の意. after のほうが強意. **b** …に〈…を〉しつこく求める 〈*for*〉, 〈…するよう〉せきたてる 〈*to do*〉: They are ~ me *for* a contribution. しつこく寄付を求めてくる / She was ~ him to fix the leaky roof. 雨漏りする屋根を修理するようせきたてた. **c** [模倣・順応] …に従って, ならって, ちなんで, …の流儀の: a picture ~ Rembrandt レンブラント流の絵 / copy ~ a model 手本にならう / He was named Thomas ~ his uncle. おじの名をとってトマスと名づけられた. **3** [関連] …のことを, …に関して: inquire [ask] ~ a friend 友の安否を尋ねる / look [see] ~ the boys 子供たちを監督[世話]する. ● **~ all** 《いろいろ考えても》結局, つまるところ, やはり, とうとう; なんといっても, どうせ, だって, なにしろ(…だから). **be ~ doing** 《アイル》たった今…して; これから…するところで: I'm ~ see*ing* him. たった今彼に会った, これから彼に会うところだ.

► *adv* /⌐—/ (opp. *before*) 後ろに, あとに; のちに (later), そのあとで: go [follow] ~ あとに続く, あとから来る / Jill came tumbling ~. 続いてジルがすってんころころ / three days ~ 3 日後に / the day [week, year] ~ その翌日[週, 年] / long [soon] ~ ずっと[すぐ]後に / He was ill for months ~. その後何か月も病気だった / look before and ~ 前後を見る, あと先を考える / (either) before or ~ あとにも先にも.

► *conj* /⌐—, ⌐—/ (…した)後に: I shall start ~ he comes [has come]. 彼が来てから出発する予定です《完了時制は時間的前後関係を強調》. ● **~ all is said and done** ⇨ SAY[1].

► *a* /⌐—/ 《時間的・空間的に》あとの, あとに続く; 〘海・空〙 後部の; (手)術後の: (in) ~ years 後年(に) / ~ ages 後世 / ~ cabins 後部船室.

► *n* /⌐—/ **1** 《口》 AFTERNOON. **2** [*pl*] ⇨ AFTERS.

[OE *æfter*; cf. OHG *aftar*, ON *aptr* back]

áfter·bèat *n* 〘楽〙《拍子の》あと打ち(音).

áfter·bìrth *n* 〘医・動〙 胞衣(え), 後産(あと)(こう)(ざん)(のち)(ざん) (=*secundines*)《胎児娩出後間もなく排出される胎盤・卵膜・臍帯など》.

áfter·bòdy *n* 《船・航空機・誘導ミサイルなどの》後部船体[艇体, 機体, 胴体]; 《ロケット・宇宙船などの》残体《軌道に乗った本体から切り離されたあとも, 本体を追うように軌道運動を続けるもと後部だった部分》.

áfter·bràin *n* 〘解〙 髄脳 (myelencephalon)《菱脳の後部》; 後脳(こうのう) (metencephalon)《菱脳の前部》.

áfter·bùrn·er *n* アフターバーナー《**1**) ジェットエンジンの再燃焼装置 (=*tail-pipe burner*) **2**) 内燃機関の排気中の未燃焼炭素化合物を減らす後(あと)処理装置》.

áfter·bùrn·ing *n* 《ジェットエンジンの》再燃焼(法), アフターバーニング (=*reheat*); 《内燃機関のガスの》後(あと)燃え; 〘宇〙 アフターバーニング《推薬がほぼ燃焼しつくしたあとにしばらく不規則に燃焼すること》.

áfter·càre *n* 病後[産後]の保護[手当て], 後(あと)療法[保護], アフターケア; 《仮釈放中または刑期満了後などの》補導.

áfter·clàp *n* 《事件の》余波, 思いがけない影響[反撃].

áfter·còol·er *n* 《圧縮空気の容積・温度を下げる》後部冷却機.

áfter·cròp *n* 〘農〙 後作(あとさく), 裏作.

áfter·dàmp *n* 《爆発後坑内に残る》あとガス.

áfter-dárk *a* 夕方[夜]の(ための).

áfter·dèck *n* 〘海〙 後甲板.

áfter-dínner *a* ディナー[正餐]後の: an ~ speech《食後の》卓上演説, テーブルスピーチ.

áfter·effèct *n* 《ある原因・刺激に対して》遅れて現われる結果[影響], 余波, 履歴効果; 〘心〙 残効; 〘理〙 余効; 《薬の》後(こう)作用; 《事故の》後遺症.

Áfter Éight 〘商標〙 アフターエイト《ミントクリームをはさんだチョコレート》. [子供が寝たあと夫婦で食べることを薦めたネーミング]

áfter·glòw *n* **1** 残照, 《日没後の》夕焼け, 〘気〙 残光; 《マッチなどの炎が消えたあとの》残り火の光輝; 《刺激光を取り去ったあとの》燐光, 残光. **2** 《楽しい思いをしたあとの》なごり, 余情, 余韻; 《過去の栄光・幸福の》楽しい回想, 懐旧.

áfter·gràss *n* 二番刈り用の牧草, 二番生え; 穀物収穫後に刈り株の間に生える草.

áfter·gròwth *n* 二次成長, 《意外な[望ましくない]ことの》二次的発生[展開]; 《穀物・立木などの》二番作.

áfter·guàrd 《海俗》 *n* アフターガード《**1**) ヨット所有者と乗客たち **2**) 後部甲板で後檣帆を受け持つ甲板員 **3**) ヨットレースでの中心的クルー》.

áfter·hèat *n* 〘理〙《停止した原子炉の残留放射能から発する》余熱.

áfter-hóurs *a* 定刻[閉店時刻]を過ぎての; 定時過ぎまで(違法)営業する.

áfter·ìmage *n* 〘心〙 残像 (=*photogene*).

áfter·lìfe *n* 死後の生, 来世; 後年, 晩年; 《テレビ番組などの》終了後の命(いのち).

áfter·lìght *n* 残照; 《あるできごとの》あとに続く時期; RETROSPECT; あと知恵.

áfter·màrket *n* アフターマーケット《自動車・電器・家屋など耐久財の修理・保守などのために生じる部品製造・アフターサービスなどの市場》; 《本来の市場のあとに生じる》新たな[第二の]市場(じょう)《劇場映画にとってのビデオ市場など》.

áfter·math /-mæ̀θ/ *n* 《特に 事故・災害などの》結果, 余波, 《戦争などの》直後の時期; 《牧草の》二番刈り, 二番草, 再生草. ● **in the ~ of**…に続いて; …の直後に. [*math*[2]]

áfter-mèntioned *a* 後述の.

áfter·mòst /, ‖-məst/ *a* いちばん後ろの; 〘海〙 最後部の.

af·ter·noon /æ̀ftərnúːn; ɑ̀ːf-/ *n* 午後《正午から日暮れまで》; 《時代・人生などの》後期, 晩期: in [during] the ~ 午後に / on [in] the ~ of the 3rd 3 日の午後に / on Monday ~ 月曜の午後に / this [that] ~ 今日[その日]の午後(に) / tomorrow [yesterday] ~ 明日[昨日]の午後(に) / the ~ of life 晩年 / GOOD AFTERNOON. ► *a* 午後の, 午後に用いる: an ~ dress アフタヌーン(ドレス) / an ~ nap 午睡 / ~ TEA / an ~ paper=AFTERNOONER. ► *int* 《口》 GOOD AFTERNOON.

afternóon delíght 《俗》 昼下がりの情事[セックス].

afternoon dríve *《放送俗》《自動車通勤者がカーラジオを聞きながら家に帰る》夕方のラッシュ時.

àfter·nóon·er* *n* (新聞の)午後紙《evening paper より早く, 10 時過ぎから 5 時ぐらいまでに出る》.

àfter·nóons* *adv* 午後にはよく[いつも] (⇨ -ES[1]).

afternoon téa 午後のお茶 (⇨ TEA).

áfter·pàin *n* 《手術後などの》時を経てから現われる痛み; [*pl*] 〘医〙 後(あと)陣痛《産褥初期の子宮退縮による痛み》.

áfter·pàrt *n* 船尾, 艫(とも).

áfter·pèak *n* 〘海〙 船尾倉; 船尾水槽.

áfter·pìece *n* 《主な演劇のあとの》軽い出し物《短い喜劇》; 結びのことば, エピローグ.

áfter·rìpen·ing *n* 《果実・種子の取入れ後の》後熟.

af·ters /ǽftərz; ɑ́:ftəz/ *n pl* ‖《口》 DESSERT.

áfter-sáles‖ *a* 販売後の: ~ service アフターサービス.

áfter-schòol *a* 放課後の.

áfter·sensàtion *n* 〘心〙 残(留)感覚《刺激が去ってもなお残っている感覚》.

áfter·shàft *n* 〘鳥〙 後羽(こう)《大羽 (penna) の羽柄の基部の小さい羽》; 後羽の軸. ♦ **~·ed** *a*

áfter·shàve *a* ひげそりあと用の. ► *n* アフターシェーブローション (=**~ lòtion**).

áfter·shòck *n* 〘地震〙 余震; [*fig*] 余波.

áfter·skì *a, adv, n* APRÈS-SKI.

áfter·sùn *a, n* アフターサンの(ローション[クリーム])《日焼け後のスキンケア用》.

áfter·tàste *n* 《特に 不快な》あと味, あと口; 《よくない経験・できごとをめぐる不快感の》なごり.

áfter·tàx *a* (所得)税を差し引いた, 税引き後[手取り]の; 〈価格など〉課税後の, 税込みの (opp. *before-tax*): an ~ profit 税引き後利益.

áfter-théater *a* 観劇後の: an ~ snack.

áfter·thòught *n* あとからの思いつき[説明], あと知恵, 結果論; 付け足し, 追加, 申しわけ.

áfter·tìme *n* 今後, 将来, 未来.

áfter·tòuch *n, a* 〘楽〙 アフタータッチ(の)《シンセサイザーなどの鍵盤を押したあと さらに深く押すと音量や音色を変えられる機能》.

áfter·trèat·ment *n* 〘染〙《染色堅牢度を増すための》後(あと)処理; 〘医〙 後処理, 後療法.

áfter·wár *a* 戦後の (postwar).

áfter·ward, -wards *adv* のちに, あとで; その後, 以後. [OE; ⇨ AFT[1], -WARD(S)]

áfter·wìt *n* あと知恵.

áfter·wòrd *n* 《特に著者以外の人による》結びのことば, あとがき, 後記, 跋 (epilogue).

áfter·wòrld *n* のちの世; あの世, 来世.

áfter·yèars *n pl* 以後の歳月, 後年; 後世.

áft·mòst /, ″-məst/ *a* 〘海〙 AFTERMOST.

af·to /ǽftou; ɑ́:f-/ *n* (*pl* **~s**) 《豪俗》 AFTERNOON.

AFTRA American Federation of Television and Radio Artists.

Afyon·ka·ra·hi·sar /ɑ:fjóunkɑ̀:rəhisɑ́:r/, **Afyon** /ɑ:fjóun/ アフヨンカラヒサル《トルコ中西部の市》.

ag /ǽg/ 《口》 *a* AGRICULTURAL. ► *n* AGRICULTURE.

ag- ⇨ AD-.

Ag 〘免疫〙 antigen ♦ [L *argentum*] 〘化〙 silver.

AG °Adjutant General ♦ °Agent-General ♦ °air gunner ♦ [G *Aktiengesellschaft*] joint-stock company 株式会社 ♦ °Antigua and Barbuda ♦ °Attorney General.

aga /ɑ́:gə/ *n* [°A-] アーガー《(1) オスマン帝国の軍司令官[高官]の称号 2) トルコの地主の敬称; cf. AGA KHAN》. [Turk]

Aga 〘商標〙 アーガ《レンジ・オーブン》.

Aga·da /ɑgɑ́:də, əgɔ́:-/ *n* HAGGADAH.

Agade ⇨ AKKAD.

Aga·dir /æ̀gədíər, ɑ̀:g-/ アガディール《モロッコ南西部の市・港町; 1960 年 2 度の大地震により潰滅的被害をうけた; ⇨ AGADIR CRISIS》.

Agadír crìsis [incident] [the] アガディール事件《1911 年 7 月ドイツがフランスのモロッコ派兵に対抗して Agadir に砲艦を派遣したことに発するモロッコの利権をめぐる危機; 11 月和解がなるが, 英仏の対独結束を強めた》.

Agag /éigæg/ 〘聖〙 アガグ《アマレク人 (Amalekites) の王; *1 Sam* 15: 32–33》.

again /əgén, əgín, əgéin/ *adv* **1 a** 再び, また, もう一度(言う[聞く]けど), さらに, 重ねて; もとの所[状態]へ: Do it ~. もう一度しなさい / *A*~, please. もう一度言ってください / never ~ 二度と…ない / What's your name ~? お名前何とおっしゃいましたか / come [go] back ~ 立ち返る / get well ~ 健康を回復する / come to life ~ 生き返る / back ~ もとの所へ, もとどおりに / be oneself ~ 《病気が治って》もとどおりになる; 我にかえる, 正気を取り戻す. **b** 《まれ》応答して, 反応して, 対応して: answer him ~ 言い返す / He shouted till the valley rang ~. 谷間がこだまするまで叫んだ. **c** [〈*neg*〉] 《カリブ》これ以上, もはや: Those animals don't seem to exist ~. **2 a** さらに(それだけ), そのうえ(もう…だけ): as many [much] ~ (as…) さらに同数[同量]; (…の)二倍の数[量] / half as many [much] ~ (as…) (…の)一倍半. **b** また一方 (on the other hand): And ~, it is not strictly legal. それにまた本当は合法的でない. ● **~ and ~** = **time and (time) ~** 何度も, 再三. COME **~.** **Not ~!** こんな事がまた起こるなんて, まさか! NOW **and ~.** **on ~, off ~** = **off ~, on ~** 《口》はっきり決まっていない, よく変わる. SOMETHING **else ~.** **then [there] ~** しかしまた, でもやっぱり, 反面: This is better, and [but] *then* ~ it costs more. このほうがよいが, また一面高価だ. **to and ~** あちらこちらへ, 行きつ戻りつ. YET **~.** [OE *ongēan* straight (i.e. opposite) to]

against /əgènst, əgìnst, əgèinst, ―⌐/ *prep* **1 a** …に反対して, 逆らって, 反抗して, …に対抗して (opp. *for*); …を禁じる〈規則〉: fight [vote] ~ him / Are you for it or ~ it? 賛成か反対か / ~ the law 法律に違反して; 法則に合わないで / an argument ~ the use of gas 毒ガス使用反対論 / ~ one's will [conscience] 意志[良心]に反して / sail ~ the WIND[1] / UP ~…. **b** 〈好み・気性〉に合わないで; …の不利に, …の負担[払い]として; …と引き換えに: We had nothing ~ him personally. 彼個人に対する反感はなかった / There is nothing ~ him. 彼に不利なことはなにもない / enter a bill ~ his account 請求書を彼の支払い分として作る. **2 a** …に衝突して, …にぶつかって; …に接して; …の隣りで; …と向き合って; 《廃》〈光・風・寒さなど〉にさらされて: run (up) ~… / Rain beats ~ the window. 雨が窓を打つ / close ~…に接して / sit (over) ~ me 私のまん前にすわる. **b** …にもたれて, …に立て掛けて: lean ~ the door ドアにもたれる / with one's back ~ the wall 塀[壁]に寄り掛かって. **3** …を背に, …と対照して: ~ the evening sky 夕空を背景として / The white sail stands out ~ the dark sea. 沖の暗いのに白帆が目立つ / by a [the] majority of 50 ~ 30 30 票対 50 票の多数で / AS[1] ~…. **4** …に備えて; 〈病気など〉の予防に: Passengers are warned ~ pickpockets. 乗客の皆さまはスリにご用心ください / provide ~ a rainy day まさかの時に備える. ● **~ time** = **~ the clock** 時間[時計]と競争で, 全速力で, スピード記録[タイム]への挑戦として; 時間かせぎに. OVER **~….** UP **~ it.** ► *conj* 《古・方》…までには (by the time that); …の時に備えて: It will be ready ~ he comes. 彼が来るまでには間に合うだろう. [AGAIN, *-st*; *-st* は類推による最上級語尾; cf. amid*st*, among*st*, betwix*t*, whil*st*]

Aga Khan /ɑ́:gə kɑ́:n, ǽg-/ アーガーハーン《イスラム教イスマーイール派の一派ニザール派 (Nizari) の指導者 (imam) の世襲称号》: (1) ~ **III** (1877–1957)《本名 Aga Sultan Sir Mohammed Shah; イスマーイール派のイマーム (imam) (1885–1957)》 (2) ~ **IV** (1936–)《本名 Karim al-Hussain Shah; イスマーイール派のイマーム (1957–); 3 世の孫》.

agal /əgɑ́:l/ *n* アガール《アラブ人がかぶり物の押えに用いるひも》. [Arab]

ag·a·lac·tia /æ̀gəlǽktiə/ *n* 〘医〙《産後の母親の》無乳, 乳欠乏. [*a*-[2]]

agal·loch /əgǽlək/ *n* ジンコウ(沈香)の材, 伽羅(きゃ)《芳香のある樹脂 '沈香' を含みこれから香を採る; ジンコウはジンチョウゲ科の高木でインド・東南アジア産》. [L<Gk<Skt]

ag·am- /ǽgəm, eigǽm/, **ag·a·mo-** /ǽgəmou, eigǽmou, -mə/ *comb form* 〘生〙「無性の」「両性合体のない」 [L<Gk *agamos* unmarried]

ag·a·ma /ǽgəmə/ *n* 〘動〙 アガマトカゲ《アフリカ・インド産; アガマ科》. ♦ **ág·a·mid** /-məd/ *n, a* アガマ科の(トカゲ). [NL<Sp<Carib]

Ag·a·mem·non /æ̀gəmémnɑ̀n, -nən/ **1** 〘ギ神〙 アガメムノーン《Mycenae の王でトロイア戦争におけるギリシア軍の総大将》. **2** 〘天〙 アガメムノン《トロヤ群 (Trojan group) 小惑星の一つ》.

aga·mete /eigǽmì:t, ə-, æ̀gəmí:t/ *n* 〘生〙 非配偶体.

ag·a·mi /ǽgəmi/ *n* 〘鳥〙 ラッパチョウ (trumpeter). [(Guiana)]

agam·ic /eigǽmik, ə-/ *a* 〘生〙 単為生殖の, 無性の, 無配偶性の (opp. *gamic*). ♦ **-i·cal·ly** *adv*

agàm·ma·glòbulin·émia /eigæ̀mə-/ *n* 〘医〙 無ガンマグロブリン血(症). ♦ **-émic** /-í:mik/ *a*

àgamo·génesis /, eigæ̀mə-/ *n* 〘生〙 単為生殖 (parthenogenesis); 無性生殖《配偶子が関係しない生殖》. ♦ **-genétic** *a* **-ical·ly** *adv*

aga·mog·o·ny /èigəmɑ́gəni, æ̀g-/ *n* 〘動〙 無性生殖; 《特に》SCHIZOGONY.

agam·ont /eigǽmɑ̀nt/ *n* 〘動〙 SCHIZONT.

aga·mo·sper·my /ǽgəmouspə̀:rmi, eigǽmə-/ 〘植〙 *n* 無配生殖 (apogamy); 無融合種子形成. ♦ **àgamo·spérmous** *a*

ag·a·mous /ǽgəməs/ 〘生〙 *a* AGAMIC; 無配偶子の.

Aga·na /əgɑ́:njə/ アガニャ《HAGÅTÑA の旧称》.

Ag·a·nip·pe /æ̀gənípi/ 〘ギ神〙 アガニッペー《Helicon 山のムーサたち (the Muses) の霊泉の一つ》.

ag·a·pan·thus /æ̀gəpǽnθəs/ *n* 〘植〙 アガパンサス, ムラサキクンシラン (=*African lily* [*tulip*]). [L (Gk AGAPE[2], *anthos* flower)]

agape[1] /əgéip, *əgǽp/ *adv, pred a* あんぐり[ぽかんと]口を開けて; 〈口が〉開いて; 唖然として, あっけにとられて; わくわくして 〈*with*〉. [*a*-[1]]

ag·a·pe[2] /ǽgəpèi, -pi, ɑ́:-, ɑ:gɑ́:pei/ *n* 愛餐 (=*love feast*)《初期のキリスト教徒が同胞愛のしるしとした会食; 祈り・歌・聖書朗読で過ごした》; 愛, アガペー《罪深い人間に対する神の愛; 非打算的な愛; キリスト教徒の最高の兄弟愛》. ♦ **aga·pe·ic** /ɑ̀:gəpéiik/ *a* **-i·cal·ly** *adv* [Gk=brotherly love]

ag·a·pem·o·ne /æ̀gəpéməni/ *n* [°A-] 自由恋愛者集団, 愛の家《19 世紀中ごろ英国 Somerset 州につくられた自由恋愛者たちの集団の名より》. [Gk *monē* abode]

agar /éigər, ɑ́:gɑ̀:r/, **ágar-ágar** *n* 寒天 (=*Japanese gelatin* [*isinglass*], *Chinese gelatin* [*isinglass*]); 寒天培養基[培地]. [Malay]

ag·a·ric /ǽgərik, əgǽr-/ *n* 〘植〙 **a** ハラタケ科[《特に》ハラタケ属]のタケ; [〈*a*〉] ハラタケの(ような). **b** ニセホクチタケ, キコブタケ《火口(ほくち)用にした》. **c** エブリコ《薬用とされたキノコ》.

agar·i·ca·ceous /əgæ̀rəkéiʃəs/ *a* 〘植〙 ハラタケ科 (Agaricaceae) の.

ágaric míneral 〘地質〙 蕈状(じんじょう)石 (=*rock milk*)《炭酸石灰の沈澱物からなる白色の柔らかいきのこ状の物質》.

agar·ose /ɑ́:gəròus, ǽg-, -z/ *n* 〘化〙 アガロース《寒天の主要な多糖成分; クロマトグラフィーの支持体などに用いる》.

Agar·ta·la /ʌ̀gərtəlɑ́:/ アガルタラ《インド北東部 Tripura 州の州都》.

Ága sàga アーガサガ《英国の地方に暮らす中流階級の女性の生活を描いた小説》. [*Aga* これらの女性の家庭によくあるオーブン・レンジ]

Agas·si /ǽgəsi/ アガシ **Andre (Kirk)** ~ (1970–)《米国のテニス選手; Wimbledon で優勝 (1992); 妻は Steffi Graf》.

Ag·as·siz /ǽgəsi/ アガシー (1) **Alexander** ~ (1835–1910)《米国の動物学者; Louis の子》 (2) **(Jean) Louis (Rodolphe)** ~ (1807–73)《スイス生まれの米国の博物学者・教育者》.

ag·ate /ǽgət/ *n* 〘鉱〙 瑪瑙(めのう); 瑪瑙をはめ込んだ工具; 《金の》伸線用ボード; 《製本用の》瑪瑙の艶(つ)べら; 瑪瑙(のようなガラス)のビー玉; *〘印〙 アゲート (ruby[1]) (5½ ポイント活字; ⇨ TYPE); 《アゲート活字のような》細字で組まれた情報《広告など》. [F, <Gk]

ágate jàsper 〘鉱〙 瑪瑙(めのう)碧玉.

ágate lìne* アゲートライン《広告面の寸法: 1/14 インチ高で 1 欄の幅; cf. MILLINE》.

ágate·wàre *n* 瑪瑙模様の陶器[琺瑯(ほうろう)鉄器].

Ag·a·tha /ǽgəθə/ アガサ《女子名; 愛称 Aggie》. [Gk=good]

Agath·o·cles /əgǽθəklì:z/ アガトクレス (361–289 B.C.)《シュラクサイ (Syracuse) の僭主 (317–c. 304 B.C.), 王 (304–289 B.C.)》.

ag·a·tho·de·mon, -dae- /æ̀gəθədí:mən/ *n* 善霊, 善い妖精 (opp. *cacodemon*).

ag·at·ize /ǽgətàɪz/ *vt* 瑪瑙 (agate) 様にする: ～*d* wood 珪化木.

à gauche /*F* a goːʃ/ *adv* 左側へ[に]. [F＝to [on] the left]

aga·ve /əgáːvi, əgéɪ-, ǁǽgeɪv/ *n* 〘植〙アガーベ属 (*A-*) の各種リュウゼツラン《熱帯アメリカ原産》. [Gk *Agauē* Cadmus と Harmonia の娘 (*agauos* illustrious)]

agáve fàmily 〘植〙リュウゼツラン科 (Agavaceae).

agaze /əgéɪz/ *adv, pred a* 見つめて, 見とれて. [*a-*[1]]

ag·ba /ǽgbə/ *n* 〘植〙アグバ《西アフリカ産のマメ科の大樹; 材は家具用》. [Yoruba]

AGC 〘米〙advanced graduate certificate ♦ °automatic gain control. **agcy** agency.

age /éɪʤ/ *n* **1 a** 年齢; 月齢, 日齢, 齢; 《物の》できてからの年数[時間], 経年数, 年: ten years of ～ 10 歳 / at the ～ of ten＝at ～ ten* 10 歳の時に / from an early ～ 若い[幼い]ころから / live to the ～ of ninety 90 歳まで生きる / What's his ～? 彼はいくつですか / *A*～ before beauty. [°*joc*] 見目よりお年, 年長者優先《人を先に行かせるときなどに言うことば》/ when I was your ～ わたしがあなたの年齢の時に(は) / a girl (of) your ～ あなたくらいの年の少女 / MENTAL AGE / moon's ～ 月齢 / the ～ of the old castle 古城ができてからの年数. **b** 《特定の》年齢; 成年, 丁年 (majority) (＝full ～); 老齢: the voting [working] ～ / AGE OF DISCRETION / from [with] ～ 年の加減で, 寄る年波で / for one's ～ 年の割には. **c** 寿命, 一生: the ～ of man [a horse] 人間[馬]の寿命 / be of an ～ to do...してよい年ごろである. **2** 世代 (generation); 《個人が生きた[活躍した]》時代; 《史上・人生上の》時期, 時代, 段階; ある時代の人びと; 〘地質〙期《年代区分の一単位で, epoch (世)を細分したもの》: the spirit of the ～ 時代精神 / in advance of one's ～ 自分の時代より進んで / the atomic ～ 原子力時代 / seven ～*s* of man《誕生から老年まで》人生の 7 段階《cf. Shak., *As Y L* 2.7.143》/ the STONE AGE. **3** [°*pl*] 《口》長期間, 長い間: ～*s* ago 昔, とっくの昔に / I haven't seen you for ～*s* [an ～].＝It is ～*s* since I saw you last. ずいぶんお久しぶりですね. ● **act [be] one's ～** 《口》年齢相応にふるまう: *Be your* ～. もっと分別をもて. **be [come] of ～** 成年である[に達する]; 十分に発達する, 成熟をみる, (もう)...してよいころだ: *be of* driving ～ 運転できる年齢である. **feel [show] one's ～** 年[衰え]を感じる[感じさせる]. **in all ～s** いつの世でも, 昔も今も. **look one's ～** 年齢相応に見える; 衰えを見せる. **of a certain ～** [*euph*] 〈女性が〉ちょっとした年の《若くない》. **of all ～s** あらゆる時代[年齢]の. **over ～** 成年以上で, 十分年とって; 年をとりすぎて. **under ～** 未成年で, 若すぎて. **What's your ～?** *《口》調子はどう, 元気?
► *v* (**ág·ing**, ～**·ing**) *vi* 年をとる, 老ける, 老化する, 加齢する, 経年変化する; 古くなる, 古びる; 〈酒などが〉熟成する. ► *vt* 老けさせる, ...に古びた[老けた]感じを与える, 老化させる; 〈酒・小麦粉などを〉(適度に)寝かす, 熟成させる; ...の年齢を決定する[測る]: Worry and illness ～ a man. 苦労と病は年をとらせる. ● **～ out** *《俗》中年になって(犯罪[麻薬]から)足を洗う 〈*of*〉. ♦ **ág·er** *n* ⁺熟成装置[器]. [OF＜L *aetas*; cf. AEON]

-age /ɪʤ/ *n suf* 「集合」(: leaf*age*);「動作」(: stopp*age*);「結果」(: us*age*);「状態」(: marri*age*);「境遇」(: peon*age*);「場所」(: steer*age*);「住居」(: orphan*age*);「数量」(: acre*age*);「料金」(: post*age*);「率 (rate)」(: dos*age*). [OF]

áge and área concept [hypòthesis] 〘文化人類学〙年代-領域の仮説《文化的特性の古さはその広がりに比例するとする説》.

áge bràcket 《一定の》年齢層(の人びと).

aged *a* **1** /éɪʤəd, éɪʤd/ 老齢の, 高齢の, 老いた; 年数を経た, 古ぼけた, 老化した; 老齢特有の, 老いの; 〘地質〙老年期の; [the, 〈*n*〉〈*pl*〉] 老人たち, 年寄りたち: an ～ man 老人 / ～ wrinkles 老いのしわ. **2** /éɪʤd/ (...)歳の[で]; 〈家畜などが〉規定の成熟年齢に達した《馬の場合は 通例 6 歳以上》; 〈酒・チーズなどが〉熟成した: a boy ～ five (years) 5 歳の少年 / He died ～ 30. 享年 30 / ～ wine. ♦ **～·ly** /-ʤəd-/ *adv* **～·ness** /-ʤəd-/ *n*

áge-dàte 〘考古・地質〙*vt, vi* (〈発掘物・試料〉の)年代を科学的手段で決定する. ► *n* 科学的に決定された年代.

áge discriminàtion 年齢差別 (ageism).

agee, ajee /əʤíː/ *adv, pred a* ǁ《方》斜めに, はすに, 傾いて, 曲がって, 食い違って.

Agee /éɪʤi/ エージー **James** ～ (1909–55)《米国の作家・詩人・映画評論家》.

áge-gràde *n* AGE-GROUP.

áge-gròup *n* 〘社〙《性別・年齢別の集団として共同生活の諸機能を分担する》年齢集団; 《年齢別に少年組・青年組・中年組・老年組などの分類を決める》年齢階級, 年序.

áge hàrdening 〘冶・化〙《合金の》時効硬化. ♦ **áge-hàrdened** *a*

ageing ⇨ AGING.

age·ism, ag·ism /éɪʤɪz(ə)m/ *n* 年齢差別, 《特に》高齢者差別 (cf. SEXISM). ♦ **áge·ist, ág·ist** *n, a*

áge·less *a* 年を感じさせない, 不老の; 時間を超越した, 永遠の. ♦ **～·ly** *adv* **～·ness** *n*

áge lìmit 年齢制限.

áge·lòng *a* 長年の, 果てしなく続く: ～ struggles.

áge-màte *n* 同一年齢層の者.

Agen /*F* aʒɛ̃/ アジャン《フランス南西部 Garonne 川に臨む町, Lot-et-Garonne 県の県都》.

Age·nais /*F* aʒnɛ/, **Age·nois** /*F* aʒnwa/ アジュネ, アジュノア《フランス南西部 Agen を中心とする地方の歴史的名称》.

agen·bite of in·wit ǁ /əgénbàɪt əv ínwìt/ 良心の呵責, 自責(の念). [*ayenbite* remorse, *inwit* conscience]

Agence France-Presse /*F* aʒɑ̃ːs frɑ̃ːsprɛs/ フランス通信社, AFP.

agen·cy /éɪʤ(ə)nsi/ *n* **1 a** 代理権, 本人と代理人との関係; 代理行為; 代理職, 代理業; 代理店, 取次店, 特約店; 代理店の営業所[営業区域]: a DETECTIVE ～ / NEWS AGENCY / a general ～ 総代理店. **b** 《政府・国連の特定任務を担当する》機関, 部局, 庁; 《政府派遣官吏の》事務所, 本部, 管轄区域; *インディアン保護事務所 (Indian agency): an employment ～ 職業安定所 / an aid ～ 《被害者・罹災者の》援助[支援]機関. **2** はたらきかけ, 作用, 活動; 仲介的手段, 媒体, 媒介者: the ～ of Providence 神の力, 摂理 / by [through] the ～ of...の媒介[作用]で, ...の斡旋で, ...の助けを借りて. [L; ⇨ ACT]

Ágency for Internátional Devélopment [the] 〘米〙国際開発庁《国務省の一庁; 略 AID》.

ágency shòp 〘米〙エージェンシーショップ《組合が非組合員についても代理権をもち組合費相当額を納めさせるショップ制; その制度の適用される職場》.

agen·da /əʤéndə/ *n* (*pl* **～s**) **1 a** 予定表, 計画表, 《会議用の》議事日程, 協議事項; 備忘録: the first item on the ～ 議事日程の第一項目, 第一議題 / on top of the ～＝high on the ～ まっさきに議論すべき; 急を要する, 最優先の. **b** 予定, 行動計画; 課題, 義務; 〘電算〙アジェンダ《人工知能において実行すべきタスクのリスト》: What's your ～ for tomorrow? 明日の予定は? / a political ～ 政治課題. **c** 〘教会〙儀式, 祭典, 儀式定式書, アジェンダ, アゲンデ (cf. CREDENDA). **2** 基本方針, 政策; 《個人的な》考え, 意図: have an ～ against...に嫌悪感[偏見]をもつ / HIDDEN AGENDA. ● **set the ～** 方針[予定, 議事日程]を決める 〈*for*〉. ♦ **～·less** *a* [L＝things to be done (pl)＜↓]

agen·dum /əʤéndəm/ *n* (*pl* **-da** /-də/, **～s**) 議事日程(の案件の一つ), 予定表(の一項目). [L (gerundive)＜*ago* to do; ⇨ ACT]

ag·ene /éɪʤiːn/ *n* 〘食品〙エイジーン《小麦粉漂白・熟成用の三塩化窒素》. [*Agene* 商標]

agén·e·sis /eɪ-/ *n* (*pl* **-ses**) 〘生・医〙非形成, 無発生, 無発育《器官の欠如など》; 〘医〙陰萎, 不妊.

ag·en·ize /éɪʤənàɪz/ *vt* 〈小麦粉を〉agene で処理する.

agent /éɪʤ(ə)nt/ *n* **1 a** 代行者, 代理人; 代理業者, 代理店, エージェント; 差配人; 周旋人; *《口》支店(の担当地区)の営業支配人, 巡回販売員, 販売外交員, 保険外交員: FORWARDING AGENT. **b** *政府職員, 官吏《警察官・機関員など》, 〘米〙INDIAN AGENT; 《FBI の》SPECIAL AGENT; 諜報員, スパイ (secret agent); 手先; 〘米史〙追いはぎ (＝road ～); ǁ《政党の》選挙運動出納責任者. **2** ある行為[作用]をする(能力のある)人[もの], 行為者, 主体; 動因, 動力因, 作用因; 〘文法〙動作主; 化学的[物理的, 生物学的]変化を起こさせるもの, 薬品, ...剤; 病原体; 〘電算〙エージェント《自律的に各種処理を行なうプログラム》: a moral ～ 道徳的行為者 / a chemical ～ 化学薬品 / *A*～ Blue [Purple, White] エージェントブルー[パープル, ホワイト]《米軍がヴェトナム戦争で用いた各種枯れ葉剤; ⇨ AGENT ORANGE》. ► *vt* ...の代行者[エージェント]をつとめる, エージェントとして扱う. [L; ⇨ ACT]

ágent-géneral *n* (*pl* **ágents-**) AGENT の長; 《London に駐在するカナダやオーストラリアの》自治領[州]代表《略 AG》.

agen·tial /eɪʤénʃ(ə)l/ *a* AGENT [AGENCY] の; 代理人として行為している; 〘文法〙AGENTIVE.

ágent·ing *n* エージェント業務[活動].

agen·ti·val /èɪʤəntáɪv(ə)l/ *a* 〘文法〙AGENTIVE.

ágent·ive *a, n* 〘文法〙動作主を表わす(接辞[語形]).

ágent nòun 〘文法〙動作主名詞《例: maker, actor》.

ágent of prodúction FACTOR OF PRODUCTION.

Ágent Órange エージェントオレンジ, オレンジ剤《ヴェトナム戦争で米軍が用いた強力枯れ葉剤; ダイオキシンを含む》. [容器の識別用の縞の色から]

ágent pro·vo·ca·téur /-prouvɑ̀kətə́ːr; *F* aʒɑ̃ prɔvɔkatœːr/ (*pl* **ágents pro·vo·ca·téurs** /-s-; *F* —/) 《政府・警察などに雇われて潜入先で不法行為をそそのかす》煽動工作員, おとり捜査官. [F＝provocative agent]

ágent·ry *n* AGENT の職[義務, 行為].

Áge of Aquárius [the] みずがめ座の時代《占星術における自由と兄弟愛の時代》.

áge of consént [the] 〘法〙承諾年齢《結婚・性交への(女子の)承諾が法的に有効とされる年齢》.

áge of discrétion [the] 〘法〙分別[識別]年齢《ある行為に対する法的責任を識別できるとされる年齢; 英米法では 14 歳》.

Áge of Enlíghtenment [the] 啓蒙の時代《啓蒙思想の隆盛をみた西ヨーロッパの 18 世紀》.

áge of réason [the] 理性の時代《特に 英国・フランスの 18 世紀》; 《子供の》分別年齢.

áge-óld *a* 長い歳月を経た, 昔から続いている, 長年の.

áge pènsion 《豪》老齢年金.

áge pìgment〘生化〙年齢色素《成長につれて細胞中に蓄積する》.

age quod agis /á:gɛ kwɔ̀:d á:gìs/ 自分のしていることをせよ; 自分の仕事に全力を集中せよ. [L]

ag·er·a·tum /æ̀ʤəréɪtəm, əʤérə-/ *n* (*pl* ～**s**)〘植〙**a** カッコウアザミ属 (*A*-) の各種, アゲラタム, 《特に》オオカッコウアザミ. **b** カッコウアザミに似た花をつけるヒヨドリバナ属の各種の植物.

Ages·i·la·us /əʤɛ̀səléɪəs/ アゲシラオス ～ **II** (c. 444–360 B.C.)《スパルタ王 (399–360); 同国の覇権の絶頂期をもたらした》.

age-specific *a* 特定年齢層に特異的な, 年齢特異的な.

áge spòts *pl* 老人斑, しみ (=*liver spots*).

Age UK /—́ jù:kéɪ/エイジ UK《英国の高齢者慈善団体》.

ageu·sia /əgjú:ziə, eɪ-, -siə, -ʒ(i)ə/ *n*〘医〙無味覚(症), 味覚消失(症). [*a*-[2], Gk *geusis* taste]

ag·fay /ǽgfeɪ/ *n**《俗》ホモ, 'おかま', モーホー (fag). [pig Latin]

Ag·ga·da(h) /əgá:də, əgɔ́:-/ *n* アガダー (HAGGADAH).

ag·ger /ǽʤər/ *n* 《古代ローマなどの》土塁, 防塁, 道路; 双潮《中間で一時干満が逆になって最高[最低]水位が 2 つできる満潮[干潮]》.

Ag·ge·us /ægí:əs/〘ドゥエー聖書〙HAGGAI.

ag·gie[1]* /ǽgi/ *n* (瑪瑙(めのう)の)ビー玉.

aggie[2]* *n* [°A-]《口》農業大学, 農大, 農大生; [ᵘ*pl*]《俗》農産物先物契約. ► *a* 《口》農業の (agricultural). [*agricultural*, *-ie*]

Aggie アギー《女子名; Agatha, Agnes の愛称》.

ag·gior·na·men·to /əʤɔ̀:rnəméntoʊ/ *n* (*pl* ～**s, -ti** /-ti/)〘カト〙《体制・教理などの》現代化. [It=bringing up to date (*a*-[1] to, *giorno* day)]

ag·glom·er·ate /əglámərèɪt/ *vt, vi* 塊りにする[なる]. ► *a* /-rət, -rèɪt/ 塊状[球状]に集まった;〘植〙《花が》頭状に集中した. ► *n* /-rət, -rèɪt/ 塊り, 《まとまりのない》集団, 群,〘地質〙集塊岩. ♦ **ag·glòm·er·á·tion** *n* 塊りにする[なる]こと, 凝塊形成, 凝集; 《雑多な異質要素の》集塊. **ag·glóm·er·à·tive** /; -rət-/ *a* 集塊性の;〘言〙AGGLUTINATIVE. [L (*glomer- glomus* ball)]

ag·glu·ti·na·bil·i·ty /əglù:t(ə)nəbíləti/ *n* 《赤血球などの》凝集力. ♦ **ag·glú·ti·na·ble** *a*

ag·glu·ti·nant /əglú:t(ə)nənt/ *a* 接合させる; 膠着性の. ► *n* 接合剤.

ag·glu·ti·nate /əglú:t(ə)nèɪt/ *vt, vi* 膠着(こうちゃく)[接合]させる[する];〘言〙膠着で複合させる[する]; 〈血球・菌体など〉凝集させる[する]; にかわになる. ► *a* /-nət, -nèɪt/ 膠着した; 〈言語が〉膠着性の. ► *n* /-nət, -nèɪt/ 《血球や土中の鉱物などの》凝集塊, 膠着物. [L; ⇨ GLUTEN]

ag·glù·ti·ná·tion *n* 膠着, 接合; くっついてできた集まり[塊り]; 癒着;〘言〙膠着;〘免疫〙《血球・菌体などの》凝集(作用[反応]).

ag·glú·ti·nà·tive /, -nə-; -nə-/ *a* 膠着[粘着]性の;〘言〙膠着性の: an ～ language 膠着言語《言語の類型分類の一つ; 代表例はトルコ語・日本語; cf. INFLECTIONAL language, ISOLATING LANGUAGE》.

ag·glu·ti·nin /əglú:t(ə)nən/ *n*〘免疫〙凝集素.

ag·glu·tin·o·gen /æ̀glutínəʤən, əglú:t(ə)nə-/ *n*〘免疫〙(細胞)凝集原. ♦ **àg·glu·tìn·o·génic** /, əglù:t(ə)nə-/ *a*

ag·gra·da·tion /æ̀grədéɪʃ(ə)n/ *n*〘地質〙埋積[進均]作用, アグラデーション《堆積の優勢による平坦化作用》. ♦ ～**·al** *a*

ag·grade /əgréɪd/ *vt*〘地質〙埋積する, 岩くずの堆積で〈川床〉の高さを上げる.

ag·gran·dize /əgrǽndàɪz, ǽgrəndàɪz/ *vt* 大きくする, 増やす, 強める; …の権力[勢力]を強大にする, …の地位[名誉, 重要度など]を高める; 大きく見せる, 持ち上げる, 誇張する. ♦ **ag·grán·diz·er** /, ǽgrəndàɪzər/ *n* ～**·ment** /əgrǽndəzmənt, æ̀grəndáɪz-/ *n* [F; ⇨ GRAND]

ag·gra·vate /ǽgrəvèɪt/ *vt* 〈病気などを〉悪化させる, 〈負担・罪などを〉重くする; 《口》おこらせる, いらいらさせる; 《廃》(…の負担を)重くする; 《廃》増大させる (increase): feel ～*d* しゃくにさわる. ♦ **-và·tor** *n* [L=to make heavy (*gravis* heavy)]

ág·gra·vàt·ed assáult〘法〙加重暴行(未遂)《たとえば凶器の使用により重傷を負わせようとする意思をもった暴行など, 通常の暴行より刑を加重される》.

ág·gra·vàt·ing *a* 悪化させる; 《口》腹の立つ, しゃくにさわる. ♦ ～**·ly** *adv*

ag·gra·va·tion /æ̀grəvéɪʃ(ə)n/ *n* 悪化, 重大化; 悪化させるもの[事柄]; 《口》腹立たしさ, いらだち; 《怒り・いらだち・不快感・反感を誘う》挑発(行為).

ag·gre·gate /ǽgrɪgèɪt/ *vt* 集める; 統合する; 総計…と[に]なる (amount to): ～ $150 合計 150 ドルになる. ► *vi* 集まる, 集合する; 総計〈…〉となる 〈*to*〉. ► *a* /-gət, -gèɪt/ 一つに集められた, 集計された, 総計としての;〘植〙〈花が〉集合花の, 〈果実が〉集合果の;〘地質〙砕屑物からなる, 集成岩の: ～ tonnage 総トン数《船腹の》. ► *n* /-gət, -gèɪt/ **1** 総計, 総数, 総額; ᵘ《試合の》総得点;〘経〙MONETARY AGGREGATE. **2** 集合(体);〘数〙集合 (set);〘地質〙集成岩; 《土壌の》団粒; 骨材《コンクリート[モルタル]をつくる際に接合剤に混ぜる砂[小石]》. ● **in (the)** ～ 全体として; 総計で. **on** ～ ᵘ総得点で. ♦ ～**·ly** *adv* ～**·ness** *n* [L=to herd together (*greg- grex* flock)]

ággregate demánd〘経〙総需要.

ággregate fúnction〘電算〙集計関数《スプレッドシートで, ある列などのすべてのデータについて作用する関数; 平均, 合計, 最大値など》.

ag·gre·ga·tion /æ̀grɪgéɪʃ(ə)n/ *n* 集合, 集成; 凝集; 集合体, 集成体, 集まり, 集団. ♦ ～**·al** *a*

ág·gre·gà·tive *a* 集合する; 集合(体)の; 集合性の, 社会性の強い, 群居性の; 社交的な, 集団を好む; 総計[全体]としての. ♦ ～**·ly** *adv*

ág·gre·gà·tor *n*〘電算〙アグリゲーター《他のサイトから製品やサービスの情報を集めて公開するサイト・会社》.

ag·gress /əgrés/ *vi, vt* 先に攻撃する, 襲いかかる; けんか[口論]をしかける. [F<L AGGRESSIVE]

ag·gres·sion /əgréʃ(ə)n/ *n* 正当な理由のない攻撃, 侵略, 国権[領土権]の侵害 〈*against*〉; 好戦的な[口論好きな]こと[性質], 攻撃性;〘精神医〙《フラストレーションに起因する》攻撃(性): physical [verbal] ～ 暴力[暴言] / show ～ 攻撃的な態度をとる / war of ～〘国際法〙侵略戦争.

ag·gres·sive /əgrésɪv/ *a* **1** 侵略的な, 攻撃的な, 好戦的な, 口論[けんか]好きな. **2** 進取の気性に富んだ, 障害をものともしない, ずぶといほど積極的な, 押しの強い, 果敢な;〘精神医〙AGGRESSION の; *《俗》すごくいい. **3** 〈色・香りなど〉強烈な, 刺激的な; 〈病気が〉進行のはやい; 〈治療法・投薬など〉集中的な, 強度の. ● **assume [take] the** ～ 攻勢をとる, 攻撃に出る, けんかをふっかける. ♦ ～**·ly** *adv* ～**·ness** *n* **ag·gres·siv·i·ty** /æ̀grèsívəti/ *n* [F or L *ag*-(*gress- gradior* to walk)=to attack]

ag·grés·sor *n* 攻撃する人; 侵略者[国];〘軍〙《演習の》敵軍部隊(員): an ～ nation 侵略国.

ag·grieve /əgrí:v/ *vt* [ᵘ*pass*] 悩ます, 苦しめる, 悲しませる; (…の感情を)傷つける; 不当に扱う; …の権利を傷つける. ♦ ～**·ment** *n* [OF=to make heavier; ⇨ GRIEVE]

ag·gríeved *a* 苦悩に満ちた, 悲痛な;〘法〙権利[法的利益]を侵害された, 不当に扱われた: feel (*oneself*) ～ (at [by]…を)自分に対する不当な扱いと感じる / ～ party〘法〙被害者, 不服当事者. ♦ **ag·gríev·ed·ly** /-vəd-/ *adv*

ag·gro /ǽgroʊ/ 《英俗・豪俗》*n* (*pl* ～**s**) **1** 腹立ち, 怒り; 《不信・恨みなどによる時に暴力を伴う》抗争, 紛争; いやがらせ, 挑発《不良少年グループによる他のグループに対する襲撃など》. **2** 面倒, やっかいな事. ► *a* 攻撃的な, けんか腰の. [*aggravation* or *aggression*]

agha /á:gə/ *n* [°A-] AGA.

Aghan /əgá:n/ *n*〘ヒンドゥー暦〙九月, アガーン《グレゴリオ暦の 11–12 月; ⇨ HINDU CALENDAR》. [Skt]

aghast /əgǽst; əgá:st/ *a* [ᵘ*pred*] こわがって, おびえて, ひどく驚いて, 仰天して, 肝をつぶして 〈*at*〉. [OE (pp)<(*a*)*gast* (obs) to terrify; cf. GHASTLY]

Aghrim ⇨ AUGHRIM.

AGI〘米〙°adjusted gross income.

ag·i·la(·wood) /ǽgələ(wʊ̀d)/ *n* 伽羅 (AGALLOCH). [Port *aguila*<Tamil]

ag·ile /ǽʤəl; ǽʤaɪl/ *a* 〈動作など〉機敏な, 敏捷な, 身の軽い; 〈知力など〉鋭敏な, 敏活な. ♦ ～**·ly** *adv* [F<L *agilis*; ⇨ ACT]

agil·i·ty /əʤíləti/ *n* 機敏, 軽快, 敏捷; 鋭敏さ, 敏活さ.

agin[1] *prep* /əgìn/ 《方》…に反対で (against). ► *n* /əgín/ 《方》反対する人[もの], 反対者.

agin[2] /əgín/ *adv* 《方》AGAIN.

Ag·in·court /ǽʤɪnkɔ̀:rt, á:ʒənkʊ̀ər/ アジャンクール, アジンコート《フランス北部の地名》. ■ the **Báttle of** ～ アジャンクール[アジンコート]の戦い《1415 年 10 月 25 日, 百年戦争中の戦い; Agincourt は, 現在は **Azin·court** /*F* azɛ̃ku:r/ といい, フランス北部 Pas-de-Calais の南方の地; イングランド王 Henry 5 世が長弓 (longbow)の威力によって 9 千の手勢で 6 万のフランス軍を破り, イングランド軍が Normandy を占領するに至った》.

ág·ing, áge- *v* AGE の現在分詞. ► *n* 年をとること, 加齢, 老化; 経年変化, 時間効果, 熟成, エージング;〘冶〙時効, 枯らし. ► *a* 年をとってきた, 古くなってきた; 年寄りくさい.

agin·ner /əgínər/ *n* 《俗》変更[改革]反対者.

agio /ǽʤiòʊ, ǽʤoʊ/ *n* (*pl* **ág·i·òs**)〘商〙《為替・株式などの》打歩(うちぶ), アジオ; 両替差金; 両替業. [It]

ag·io·tage /ǽʤ(i)ətɪʤ/ *n*〘商〙両替業;〘証券〙投機, 投機取引.

agism, agist[1] ⇨ AGEISM, AGEIST.

agist[2] /əʤíst/ *vt*〘法〙〈家畜を〉有償で預かって飼育する; 〈土地またはその所有主〉に課税して公費を分担させる. ► *vi* 人の家畜を一定期間一定料金で飼育する. ♦ ～**·ment** *n* [OF (*giste* lodging)]

ag·i·ta /ǽʤətə, á:ʤə-/ *n* 胸やけ, 消化不良; 動揺, 不安.

ag·i·tate /ǽʤətèɪt/ *vt* **1 a** かきたてる, かきまわす; 〈人〉の心[気持]を動揺させる[かき乱す], 煽動する; (心・気持を)乱す, かき乱す; 〈主義・変革運動などを〉熱心に論じる, …への関心を喚起する: ～ *oneself* いらいらする. **b** 激しく(揺り)動かす, 〈液体を〉かきまわす, かきまぜる; 《廃》動かす. **2**〈新計画など〉のあらゆる面について熟慮する, …の構想を練る. ► *vi* 《不断に論じることなどによって》世論[世間の関心]を喚起する 〈*for, against*〉. [L *agito*; ⇨ ACT]

ág·i·tàt·ed *a* 揺れ動いている, 震えている; 気持の動揺している; 世間の関心を呼んでいる. ◆ **~·ly** *adv*

ágitated depréssion 〖精神医〗激越性鬱病《退行期にみられる, 悲哀よりも落ちつきのなさ, 絶え間ない運動, 不安焦躁が目立つ鬱病の症状》.

ag·i·ta·tion /æ̀ʤətéɪʃ(ə)n/ *n* 振動, 動揺, 攪拌, かきまぜ; 心的動揺, 気持の乱れ, 興奮; 熟慮, 熟考, 熱心な討論; 世論喚起活動, 煽動, アジテーション. ◆ **~·al** *a* **ág·i·tà·tive** *a*

ag·i·ta·to /æ̀ʤətá:toʊ/ *adv, a* 〖楽〗激して[した], 興奮して[した], アジタートで[の]. [It=agitated]

ág·i·tà·tor *n* 熱心な論者; 《政治・社会・宗教などの問題についての》世論喚起者, アジテーター, 煽動者, 運動員; 振動器, かきまぜ機, アジテーター, 《洗濯機などの》攪拌器.

ag·it·prop /æ̀ʤətprὰp, ˈæg-/ *n* 《特に 共産主義の》アジテーションとプロパガンダ(を担当する部局[活動員]). ► *a* アジテーションとプロパガンダ(のための). [*agitation*+*propaganda*]

AGL above ground level 対地高度.

Aglaia /əgláɪə, əgléɪə/ **1** アグライア《女子名》. **2**〖ギ神〗アグライアー《「輝く女」の意で, 美の三女神 (three Graces) の一人》. [Gk=splendor]

agláre /ə-/ *adv, pred a* ギラギラ輝いて (glaring).

agléam /ə-/ *adv, pred a* きらめいて, キラキラと.

aglee /əglí:/ *adv* 《スコ》AGLEY.

ag·let /ǽglət/ *n* 《靴ひも・飾緒(しょくしょ)などの先端の》先金具; 衣服に付ける装飾品《鋲・ひも・ピンなど》; AIGUILLETTE; 〖植〗ハシバミ(の尾状花序).

agley /əgléɪ, əglí:, əgláɪ/ *adv* 《スコ》斜めに, それて; 期待[計画]に反して. ● GANG[2] ~. [*a*-[1], Sc *gley* squint]

aglím·mer /ə-/ *adv, pred a* ちらちら[かすかに]光って.

aglínt /ə-/ *adv, pred a* キラキラ光って.

Ag·li·pay·an /æ̀gləpáɪən/ *a* 《カトリック系の》フィリピン独立教会派の, アグリパイ派の. ► *n* アグリパイ派の信徒. [Gregorio *Aglipay* (1860–1940) フィリピンの大司教]

aglít·ter /ə-/ *adv, pred a* ピカピカ光って.

agloo ⇨ AGLU.

aglos·sa /eɪglásə/ *n* 〖動〗無舌類 (A-) のカエル (=*tongueless frog*) 《アフリカ・南米産》. [*a*-[2]]

aglos·sia /egló(:)siə, eɪ-, -glásiə/ *n* 〖医〗無舌(症).

aglów /ə-/ *adv, pred a* 燃え立つように照り輝いて; 情熱に燃えて: ~ *with* delight 喜びに顔を輝かせて. [*a*-[1]]

ag·lu, ag·loo /ǽglu/ *n* (*pl* ~**s**) 《カナダ》アザラシが雪の中にあけたくぼみ (igloo). [Eskimo]

agly·con /æglάɪkὰn/**, -cone** /-kòʊn/ *n* 〖生化〗アグリコン《配糖体の加水分解によって得られる糖以外の成分》.

AGM °annual general meeting.

ag·ma /ǽgmə/ *n* 〖音〗鼻音記号 /ŋ/ (eng); 鼻音.

ag·mi·nate /ǽgmənət, -nèɪt/**, -nat·ed** /-nèɪtəd/ *a* 群れになった, 群叢の.

AGN 〖天〗°active galactic nucleus [nuclei].

ag·nail /ǽgnèɪl/ *n* 〖医〗爪囲(そうい)炎, 瘭疽(ひょうそ); さかむけ (hangnail). [OE=tight (metal) nail, painful lump; 今の意味は「釘」を「爪」と誤解したため]

ag·nate /ǽgnèɪt/ *a* 男系の, 父系の; 〖法〗男系親の (cf. COGNATE); 同族の, [*fig*] 同種の. ► *n* 父方の親族, 父系[男系]親族. [L (*ad*-, *nascor* to be born)]

ag·na·than /ǽgnəθən, ægnéɪθən/ *n* 〖動〗無顎綱 (Agnatha) の脊椎動物, 無顎動物《上下の顎をもたない, 原始的な脊椎動物; ヤツメウナギ・メクラウナギのほか, 古生代に栄えて絶滅した多くの種を含む》. [*a*-[2]]

ag·na·thous /ǽgnəθəs, ægnéɪθəs/ 〖動〗*a* 〈ヤツメウナギ・メクラウナギが〉無顎の; 無顎類の.

ag·nat·ic /ægnǽtɪk/ *a* 父方の, 男系の. ◆ **-i·cal·ly** *adv*

ag·na·tion /ægnéɪʃ(ə)n/ *n* 父系[男系]の親族関係; 《男性始祖を中心とする》同族関係; 《一般に》同族関係.

Ag·ne·an /á:gniən/ *n* アグニ語 (TOCHARIAN A).

Ag·nes /ǽgnəs/ **1** アグネス《女子名; 愛称 Aggie》. **2** [Saint] 聖アグネス《異教徒の夫を強いられ, 拒絶したため 304 年に火あぶりにされ殉教したローマの少女; 純潔と少女の守護聖人; ⇨ SAINT AGNES'S EVE》. [L=lamb; Gk=chaste]

Agne·si /ɑ:njéɪzi/ アニェージ **Maria Gaetana** ~ (1718–99) 《イタリアの哲学者・数学者; ヨーロッパの数学界で名を成した最初の女性といわれる》.

Ag·ni[1] /ʌ́gni, ǽg-/ 〖ヒンドゥー教〗アグニ《火の神》.

Ag·ni[2] /ǽgni/ *n* **a** (*pl* ~, ~**s**) アグニ族《Ashanti 族に類縁のある西アフリカの一族》. **b** アグニ語《Kwa 語群に属す》.

ag·nize /ægnáɪz, ˊ ˋ/ *vt* 《古》RECOGNIZE.

Ag·no /á:gnoʊ/ [the] アグノ川《フィリピンの Luzon 島北西部を流れる川》.

ag·no·lot·ti /æ̀njəláti, ὰ:njəlɔ́:tti/ *n* (*pl* ~) 〖イタリア料理〗アニョロッティ《挽肉などの詰め物をした三日月形のパスタ》.

ag·no·men /ægnóʊmən; -mèn/ *n* (*pl* **ag·nom·i·na** /-námənə/, ~**s**) **1**〖古ロ〗添え名, 第四名《例: Publius Cornelius Scipio Africanus の *Africanus*; cf. COGNOMEN》. **2** あだ名 (nickname). [L *ag*- (変形) < *ad*- to, *nomen* name]

Ag·non /ǽgnὰn/ アグノン **Shmuel Yosef** ~ (1888–1970) 《Galicia 生まれのイスラエルの作家; ノーベル文学賞 (1966)》.

ag·no·sia /ægnóʊʒ(i)ə, -ziə, -siə/ *n* 〖医〗失認(症), 認知不能(症). ◆ **ag·nos·tic**[1] /ægnóʊstɪk/ *a*

ag·nos·tic[2] /ægnástɪk, ə-/ *a* 〖哲〗不可知論(者)の; 独断的でない, 《異説に対して》寛容な. ► *n* 不可知論者; 特定の主張に組しない人, 断定的でない人. ◆ **-ti·cal·ly** *adv* **ag·nós·ti·cìsm** *n* 不可知論. [*a*-[2], *gnostic*; T. H. Huxley の造語 (1869)]

ag·nus cas·tus /ǽgnəs kǽstəs/ 〖植〗セイヨウニンジンボク, イタリアニンジンボク (=*chaste tree, hemp tree, monk's pepper tree*) 《南欧原産クマツヅラ科ハマゴウ属の落葉低木; 果実は香料; 古くは制淫薬とされた》. [L *castus* chaste]

Ag·nus Dei /ǽgnʊs déɪì:, -nəs-, -déɪ, á:njʊs-, ǽgnəs dí:àɪ/ 神の小羊《キリストの名称の一つ; *John* 1: 29, 36》; 神の小羊の像, 神羊像《キリストの象徴; 通例 頭に輪光をいただき十字架の旗を持つ羊の姿に描かれる》; 〖カト〗神の小羊の蠟板《蠟の小円盤に羊の姿をしるし教皇の祝福をうけた信心用具》; 神羔誦(しんこうしょう), アニュス・デイ《'Agnus Dei' の句で始まる祈り[音楽]》; 〖英国教〗アグヌス・デイ《'O Lamb of God' の句で始まる聖歌》. [L=lamb of God]

ago /əgóʊ/ *adv, a* (今より)…前に (cf. BEFORE): a short time [ten years] ~ しばらく[10 年]前 / long [a long time] ~ ずっと前に, とうの昔 / not long ~ 先ごろ / two weeks ~ yesterday 2 週間前の昨日 / some pages ~ 数ページ前で. [*agone* gone away, past (pp) < *ago* (obs)]

agog /əgág/ *adv, pred a* 興奮して, うずうずして, わくわくして, もどかしげに; 驚いて: all ~ (*for*…[*to* do]) (…しようと)うずうずして / set the whole town ~ 町中を大騒ぎさせる. [F *en gogues* in merriment <?]

agog·ic /əgáʤɪk, əgóʊ-/ *a* 〖楽〗緩急法の, アゴーギクの. [G]

agog·ics /əgáʤɪks, əgóʊ-/ *n* 〖楽〗速度法, アゴーギク.

ago·go /əgóʊgòʊ/ *n* 〖楽〗アゴゴ(ベル)《アフリカ・ラテン音楽で使う, 2 つのカウベルを U 字型につなげた打楽器》. [Yoruba]

a-go-go /əgóʊgòʊ, ɑ:-/ *n* (*pl* ~**s**) ディスコ. ► *a* ディスコの (go-go); めまぐるしい; 最新の, 流行の. [*Whisky à Gogo* Paris のディスコテック]

à go·go /ə góʊgoʊ, ɑ:-/ *adv, pred a* 《口》ふんだんに[な], たっぷりと, 存分に[な].

-a·gogue, 《米》**-a·gog** /əgɔ̀(:)g, əgὰg/ *n comb form* 「導くもの」「分泌・排出を促すもの」: dem*agogue*, emmen*agogue*. [F or L < Gk (*agō* to lead)]

agó·ing /ə-/ *pred a, adv* 動いて, 進行して: set ~ 〈事業などを〉起こす, 始める; 〈機械などを〉始動させる.

agom·e·ter /əgámətər/ *n* 〖電〗加減抵抗器.

agon /á:gòʊn, -gὰn/ *n* (*pl* ~**s**, **ago·nes** /əgóʊnì:z/) 〖古ギ〗懸賞競技会[競演会]《祭典の競技会で行なわれた運動競技・戦車競走・競馬・音楽コンクール・文芸コンテストなど》; 〖ギリシア劇〗アゴン《喜劇において主要人物が言い争う部分で劇の本筋》; 〖文芸〗《主要人物間の》葛藤. [Gk=contest]

ag·o·nal /ǽgənl/ *a* 苦悶の[に関連した], 《特に》臨終の苦しみの, 死期の.

agone /əgɔ́(:)n, əgán/ *adv, a* 《古》AGO.

agon·ic /eɪgánɪk, ə-/ *a* 角をなさない; 無偏角線の.

agónic líne 〖理〗《地磁気の》無偏角線, 無方位角線.

ag·o·nist /ǽgənɪst/ *n* 闘う人, 競技者; 知的[精神的]な葛藤に悩む人; 《文学作品の》主要人物, 《劇の》主役; 〖解〗主動[作動]筋 (opp. *antagonist*) (cf. SYNERGIST); 〖薬〗作用[作動]薬, 作用物質 (opp. *antagonist*).

ag·o·nis·tic /æ̀gənístɪk/**, -ti·cal** *a* 古代ギリシアの運動競技の; 競技の; 討論に勝とうと奮闘する, 論争好きな; 《効果を上げようと》無理をした, わざとらしい, 不自然な; 〖生態〗拮抗(きっこう)関係にある; 〖薬〗AGONIST として作用する. ◆ **-ti·cal·ly** *adv*

ag·o·nize /ǽgənàɪz/ *vi* 苦しむ, もだえる, 悩む 〈*over, about*〉; 必死の努力をする, 〈闘技者などが〉苦闘する. ► *vt* 苦しめる: ~ one*self over* a small matter ささいなことに悩む.

ág·o·nìzed *a* 苦痛に満ちた; 苦悩を伴う[いだく, 表わす].

ág·o·nìz·ing *a* 苦しめる, 苦しい; 身を切られるような, つらい. ◆ **~·ly** *adv*

ágonizing reappráisal 苦痛を伴う再評価《1953 年 Paris で Dulles 国務長官が言及した, 米国の対欧州政策の徹底的な見直し》; 不快な変更を伴う状況分析.

ag·o·ny /ǽgəni/ *n* **1** 苦悩, 苦悶; [°A-] 〖聖〗《Gethsemane での》キリストの苦悶 (*Luke* 22: 44); 《肉体的な》激痛; 臨終の苦しみ (death agony, last agony), 断末魔, 最期のもがき; [*pl*] *《俗》《麻薬の禁断症状による》極度の苦しみ: in ~ 苦しんで, 苦悶して. **2** 激しい[必死の]抗争, 死闘. **3** 《感情の》激発: in an ~ of joy 喜びきわまって.

A

● **pile [put] on the ～** ʺ《口》苦痛や苦しみを大げさに言う, あわれっぽく話す. PILE[1] **on the ～ [pressure]**. **prolong the ～** 《口》《隠しごとをしたりして》人をいつまでもじらす[苦しめる]. ［OF or L＜Gk AGON］

ágony àunt ʺ《口》《新聞・雑誌などでの》身上相談の回答者, 身上相談のおばさん (cf. AGONY COLUMN).

ágony còlumn ʺ《口》《新聞の尋ね人・遺失物・離婚広告などの》私事広告欄; ʺ《口》《新聞の》身上相談欄 (advice column*).

ágony ùncle ʺ《口》《新聞・雑誌などでの》人生相談回答者, 身上相談のおじさん (cf. AGONY AUNT).

ag·o·ra[1] /ǽgərə/ *n* (*pl* **～s, -rae** /-rìː, -ràɪ/) 〖古ギ〗集会, 政治的人民大会, アゴラ; 集会所, (会場)広場, 《特に》市場. ［Gk＝market-place］

ago·ra[2] /àːgəráː, æ̀g-/ *n* (*pl* **-rot** /-róut/) アゴロット《イスラエルの通貨単位: ＝1/100 shekel》; 1 アゴロット貨. ［Heb］

ág·o·ra·phòbe /ǽg(ə)rə-/ *n* 広場[臨場]恐怖症の人.

ag·o·ra·phóbia /æ̀g(ə)rə-/ *n* 〖精神医〗広場[臨場]恐怖(症) (opp. *claustrophobia*). ♦ **-phóbic** *a, n* ［-*phobia*］

Agos·ti·ni /æ̀gəstíːni/ アゴスティーニ **Giacomo ～** (1942–)《イタリアのモーターサイクルレーサー; 1966–75 年に 15 の世界タイトルを獲得》.

agoua·ra /æ̀gwəráː/ *n* 〖動〗タテガミオオカミ《南米産の野生犬》.

agou·ti, -ty /əgúːti/ *n* 〖動〗アグーチ《中南米・西インド諸島産パカ科アグーチ属のウサギ大の齧歯(げっし)類; 砂糖キビ畑を荒らす》; 濃淡の縞(しま)になった灰色がかった模様[色], 野ねずみ色. ［F＜Sp＜Guarani］

AGP 〖電算〗Accelerated Graphics Port《Intel 社によるグラフィック専用バス》. **agr.** agricultural ♦ agriculture.

AGR °advanced gas-cooled reactor.

Agra /áːgrə/ アグラ《インド北部 Uttar Pradesh の西部にある市; ムガル帝国時代の古都で, Taj Mahal があるところ》.

agraffe, *agrafe /əgrǽf/ *n* 鉤ホック式の留め金, 《特に》甲冑・衣裳用の装飾留め金; 〖石工〗積み石固定用かすがい.

Agram /G áːgram/ アーグラム《ZAGREB のドイツ語名》.

agram·ma·tism /eɪgrǽmətìz(ə)m/ *n* 〖精神医〗失文法(症)《個々の単語は言えるが, 文法的な文が構成できない失語症の一種》.

à grands frais /F a grɑ̃ frɛ/ 大金を払って, 多大の犠牲を払って. ［F＝at great expense］

agrán·u·lo·cỳte /eɪ-, æ-/ *n* 〖解〗無顆粒(かりゅう)白血球《monocyte および lymphocyte; cf. GRANULOCYTE》.

agràn·u·lo·cýt·ic angína /eɪ-, æ-/ 〖医〗顆粒細胞消失性アンギーナ (agranulocytosis).

agran·u·lo·cy·to·sis /èɪgræ̀njəlousàɪtóusəs, æ-/ *n* (*pl* **-ses** /-sìːz/) 〖医〗顆粒(かりゅう)球減少(症) (＝*agranulocytic angina, granulocytopenia*); ʺPANLEUKOPENIA.

ag·ra·pha /ǽgrəfə/ *n pl* アグラファ《正典の四福音書中に伝承されないイエスのことば》.

agraph·ia /eɪgrǽfiə, æ-/ *n* 〖医〗失書(症), 書字不能(症)《動作不能症の一種》. ♦ **agráph·ic** *a* ［*a-*[2]］

agrar·i·an /əgrέəriən/ *a* 土地の, 農地の, 土地の所有権[保有権, 分配]の; 農業の, 農民の, 農村生活の; 農業振興の; 原野に自生する, 野生の. ► *n* 土地均分論者, 農地改革論者, 農業振興推進者. ［L (*agr- ager* field)］

agrárian·ism *n* 土地均分論[運動], 農地改革論[運動], 農業振興運動.

agrav·ic /eɪgrǽvɪk, ə-/ *a* (理論的に)無重力(状態)の.

Ag·re /áːgreɪ/ アグレ **Peter ～** (1949–)《米国の生化学者; 細胞膜内のチャンネルに関する発見によりノーベル化学賞 (2003)》.

agree /əgríː/ *vi* **1** 承諾する, 応じる ‹*to*›; 同意[賛成]する ‹*to, with, in*›; 合意に達する, 折り合いがつく ‹*about, on*›: I quite ～. まったく同感だ / He ～*d to* go.＝He ～*d on* going. 行くことに同意した / I ～ *with* you *on* that question. その問題ではきみと同意見だ. ★ 目的語が人のときは agree with を, 事柄のときは agree with または agree to を用いる. 後者の場合 agree with は積極的な是認を, agree to は単なる同意を意味する. **2 a** 一致[符合]する ‹*with*›; 適合する, 似合う ‹*with*›; いっしょに仲よく行動[生活]する: The picture ～*s with* the original. 写真は実物と符合する / The figures don't ～. 数字が合わない. **b** [ᵁ*neg/inter*]〈気候・食べ物などが〉〈人に〉適する ‹*with*›. **c** 〖文法〗〈人称・数・格・性など〉呼応[一致]する ‹*with*›. ► *vt* (本当であると)認める; ʺ〈提案など〉是認[承認]する; ʺ協議して決める, 〈紛争など〉和解に持ち込む, 〈勘定など〉一致させる. ● **～ like cats and dogs** たいへん仲が悪い. **～ to differ [disagree]** 互いに意見が違うことを認め合う. **I couldn't ～ (with you) more.** (これ以上一致しようがないほど)大賛成です. **unless otherwise ～d** 別段の合意がないかぎり. ［OF＜L＝to make agreeable (*ag-, gratus* pleasing)］

agree·able /əgríːəb(ə)l/ *a* **1 a** 愉快な, 快い, 感じのよい, 人当たり[つきあい]のいい: ～ *to* the ear [taste] 耳[舌]に快い / make oneself ～ 愛想よくする, 調子を合わせる ‹*to*›. **b** 合致した, 調和的な, 矛盾[違和感]のない, 〈道理に〉かなう ‹*to*›: music ～ *to* the occasion その場にふさわしい音楽. **c** 〈条件など〉好ましい, 合意できる. **2** 〈人が〉賛同の意向[用意]のある, 〈提案などに〉快く応じる, 乗り気な ‹*to*›. ● **～ to** 〈規則・理論など〉のとおりに. ► *n* [ᵁ*pl*] 感じのよい人[こと, もの]. ♦ **agrèe·abílity, ～·ness** *n*

agrée·ably *adv* 快く, 愉快に; 〈指図・約束などに〉従って ‹*to*›: I was ～ surprised. 案外よいのに驚いた / ～ *to* your instructions お指図どおりに.

agréed *a* 合意を得た, 合意によって定められた; [*pred*] 意見が一致して, 同意して ‹*on*›: an ～ rate 協定(割引)料金 / (That is) ～! よし, 承知した!

agree·ment /əgríːmənt/ *n* **1 a** 合意, 同意, 了解, 意見[心情, 意図]の一致: by (mutual) ～ 合意で / get sb's ～ 人の同意[了解]を得る / nod in ～ 同意してうなずく / in ～ with sb [a plan] 人と同意見で[計画に同意して] / They are in ～ about the price. **b** 《複数の当事者間の》取決め, 申し合わせ, 合意(書), 協定[協約](書), 契約(書): a binding ～ 拘束力のある合意 / an international ～ 国際的合意《条約など》/ make an ～ with…と合意[契約]する / arrive at [come to] an ～ 合意に達する / sign an ～ 合意[協定]書に署名する. **2** 《事物間の》合致, 符合, 調和 ‹*between, with*›: in ～ *with*…に一致して[従って]. **3** 〖文法〗《数・格・人称・性の》一致, 呼応 (cf. SEQUENCE).

ag·ré·gé /F agreʒe/ *n* 《フランスのリセ (lycée)・国立大学の》教授資格(者), アグレジェ.

agré·mens /F agremɑ̃/ *n pl* AMENITIES.

agré·ment /àːgreɪmáːnt; əgréɪmɑːŋ; F agremɑ̃/ *n* 〖外交〗アグレマン《外交使節の任命について接受国が派遣国に与える同意の意思表示》; 〖楽〗装飾音 (grace note, ornament); [*pl*] AMENITIES, (もろもろの)楽しみ, 魅力.

agres·tal /əgréstl/, **-tial** /-ʧəl/ *a* 〖生態〗〈雑草など〉耕作地にはびこる, アグレスタルな.

agres·tic /əgréstɪk/ *a* 田舎(風)の; 粗野な. ［L (*agr- ager* field)］

ag·ri- /ǽgrə/ *comb form*「農業の」［L (↑)］

ágri·bùsiness *n* 農業関連産業, アグリビジネス《農業のほか農機具生産, 農産物の加工・貯蔵・輸送などを含む》. ♦ **àgri·búsi·ness·màn** *n* ［*agriculture*＋*business*］

agric agricultural ♦ agriculture.

àgri·chémical *n, a* AGROCHEMICAL.

Agric·o·la /əgríkələ/ アグリコラ (1) **Georgius ～** (1494–1555)《ドイツの鉱山学者; ドイツ語名 Georg Bauer; '鉱山学の父' と呼ばれる》(2) **Gnaeus Julius ～** (40–93)《Britain を平定したローマの将軍》.

ag·ri·cul·tur·al /æ̀grɪkʌ́lʧ(ə)rəl/ *a* 農業[農事, 農芸]の, 農耕の; 農学(上)の: ～ chemistry 農芸化学. ♦ **～·ist** *n* AGRICULTURIST. **～·ly** *adv*

Agricúltural Adjústment Àct [the] 〖米〗農業調整法《1933 年成立の New Deal 立法; 略 AAA; 慢性的過剰生産の対策として基本農産物の作付割当計画による生産削減を行ない, 契約農民には補償金を支給した》.

agricúltural àgent COUNTY AGENT.

agricúltural ànt 〖昆〗収穫アリ (harvester ant).

agricúltural chémical 農薬.

ag·ri·cul·ture /ǽgrɪkʌ̀lʧər/ *n* 農業, 農耕; 農芸; 農学. ［F or L (*agri- ager* field, CULTURE)］

ag·ri·cul·tur·ist /æ̀grɪkʌ́lʧ(ə)rɪst/ *n* 農学者, 農事専門家; 農夫; [*pl*] 農耕民.

Ag·ri Da·gi /áː(g)ri dɑː(g)íː/ アールダアー《ARARAT 山のトルコ語名》.

Agri·gen·to /àːgrɪʤéntou, æ̀g-/ アグリジェント (L **Ag·ri·gen·tum** /æ̀grəʤéntəm/)《イタリア Sicily 島南西部海岸付近の町; 古代ギリシア・ローマの遺跡で有名; 旧称 Girgenti, 古代名 Acragas》.

àgri·indústrial *a* AGRO-INDUSTRIAL.

ag·ri·mo·ny /ǽgrəmòuni; -məni/ *n* 〖植〗**a** キンミズヒキ属の草本, 《特に》セイヨウキンミズヒキ. **b** タウコギ属の植物. **c** HEMP AGRIMONY. ［OF,＜Gk *argemōnē* poppy］

ágri·mòtor *n* 農耕用トラクター.

agrín /ə-/ *pred a, adv* にこっと[にやりと]笑って. ［*a-*[1]］

ag·ri·ol·o·gy /æ̀griáləʤi/ *n* 原始風習学《文字言語をもたない未開民族の慣習の比較研究》. ［NL (Gk *agrios* wild)］

ag·ri·on /ǽgriàn/ *n* 〖昆〗大型のイト[カワ]トンボ (damselfly)《エゾイトトンボ属やアオハダトンボ属など》.

ágri·pòwer *n* 農業(国)パワー《国際政治[経済]における農業先進国の影響力》.

Agrip·pa /əgrípə/ アグリッパ **Marcus Vipsanius ～** (63?–12 B.C.)《ローマの政治家・軍人》.

Ag·rip·pi·na /æ̀grəpáɪnə, -píː-/ アグリッピナ (1) ～ the Elder (c. 14 B.C.–A.D. 33)《Agrippa とローマ皇帝 Augustus の娘の子; Tiberius 帝の養子 Germanicus Caesar と結婚; 夫の死後 Tiberius と対立, Naples 沖の島に流された; Tiberius のあとは, 彼女の息子 Caligula が継いだ》(2) ～ the Younger (15?–59)《前者の娘, Nero 帝の母》.

ágri·scìence *n* 農業科学. ♦ **-scìentist** *n*

ágri·tèrror·ìsm *n* AGROTERRORISM.

ágri·tóur·ìsm *n* 農業観光, 農業体験ツアー, アグリツーリズム.

ag·ro- /ǽgroʊ, -rə/ *comb form*「土地の」「土壌の」「畑の」「農作の」「農業の」［Gk *agros* field; cf. AGRI-］
àgro·biólogy *n* 農業生物学. ◆ **-biólogist** *n* **-biológical** *a*
ágro·bùsiness *n* 事業としての農業, アグロビジネス.
àgro·chémical *n* 農薬《殺虫剤・除草剤・化学肥料など》; 農作物から採る化学物質. ► *a* 農薬の; 農芸化学の.
àgro·climatólogy *n* 農業気候学.
àgro·ecólogy *n* 農業生態学. ◆ **-gical** *a*
àgro·económic *a* 農業経済の.
àgro·éco·sỳstem *n* 農業生態系.
àgro·fórest·ry *n* 森林農業《農業・林業両用の土地利用》. ◆ **àgro·fórest·er** *n*
àgro-indústrial *a* 農業および工業の(ための), 農工用の; 農業関連産業の.
ágro-ìndustry *n* 農業関連産業; 大規模農産業.
agrol·o·gy /əgrálədʒi/ *n*〘農〙農業科学, 応用土壌学. ◆ **-gist** *n* **àg·ro·lóg·ic, -i·cal** *a* **-i·cal·ly** *adv*
àgro·meteorológical *a* 農業気象の.
agro·nome /ǽgrənòʊm/ *n* 農業経済学者 (agronomist).［Russ or F］
ag·ro·nom·ics /æ̀grənámɪks/ *n* AGRONOMY.
agron·o·my /əgránəmi/ *n* 作物(栽培)学, 耕種学, 農地管理学. ◆ **-mist** *n* **àg·ro·nóm·ic, -i·cal** *a* **-i·cal·ly** *adv*［F (Gk *-nomos* ＜ *nemō* to arrange)］
àgro·pólitics *n* 農業政策.
ag·ros·tol·o·gy /æ̀grəstálədʒi/ *n*〘植〙禾本(かほん)学, 草本学.
àgro·technícian *n* 農業技術者, 農業技術専門家.
àgro·technólogy *n* (革新的な)農業技術. ◆ **-gist** *n*
àgro·térror·ìsm *n* 農業テロ《細菌兵器などで家畜や農産物を大規模に汚染するテロ》. ◆ **-térrorist** *n*
àgro·tóur·ìsm *n* AGRITOURISM.
ágro·tỳpe *n* 土壌型; 《農作物の》栽培品種.
agróund /ə-/ *adv, pred a* 陸[岸, 砂洲, 暗礁など]に乗り上げて(いる), 坐礁して(いる); 地上に(いる): go [run, strike] ～〈船が〉坐礁する〈*on*〉; [*fig*]〈計画が〉挫折する. ［*a*-¹］
ag·ryp·not·ic /æ̀grɪpnátɪk/ *a*〘薬〙睡眠覚醒(性)の. ► *n* 覚醒薬.
agt agent.
agua /á:gwa:/ *n* 水.［Sp; ⇨ AQUA］
aguar·dien·te /à:gwà:rdiénti, -djénteɪ/ *n* アグアルディエンテ《**1**) スペイン・ポルトガルの粗製ブランデー **2**) 米国南西部および中南米のサトウキビなどで造る各種の蒸留酒》.［Sp (*ardiente* fiery)］
Aguas·ca·lien·tes /à:gwəskà:ljéntèɪs/ アグアスカリエンテス《**1**) 中部メキシコの小州 **2**) その州都》.
ague /éɪgju/ *n*〘医〙マラリア熱, おこり; おこりぶるい; 悪寒. ◆ **～d** *a* おこりにかかった.［OF＜L (*febris*) *acuta*＝ACUTE (fever)］
águe càke マラリアによって肥大した脾臓, 脾腫.
Ague·cheek /éɪgjutʃi:k/ エイギューチーク Sir **Andrew** ～《Shakespeare, *Twelfth Night* に出る臆病なしゃれ男》.
águe·wèed *n*〘植〙**a** ヒヨドリバナ属の草本 (boneset). **b** リンドウ属の一種.
Agui·nal·do /à:giná:ldoʊ/ アギナルド **Emilio** ～ (1869–1964)《フィリピン独立運動の指導者》.
agu·ish /éɪgjuɪʃ/ *a* おこり (ague) を起こさせる; おこりに似た; おこりにかかりやすい; おこりの結果としての; 震えている. ◆ **～·ly** *adv*
Agul·has /əgʌ́ləs/ [Cape] アガラス岬《南アフリカ共和国南端の岬で, アフリカ大陸最南端 (南緯 34°50′)》.
Agung /á:gʊŋ/ [Mount] アグン山《インドネシア Bali 島の火山 (3142 m); 1963 年大噴火》.
ah¹ /á:/ *int* ああ《満足・喜び・安心・悲しみ・驚き・苦痛・軽蔑・憐み・嘆きなどを表わす発声》: *Ah*, but…だがね《など》/ *Ah* me! ああ(どうしよう) / *Ah*, well, … まあしかたがない《など》. ► *n* ああという発声.［OF *a* (imit)］
ah² *int, n, vi* AAH.
ah³ *pron**《南部》おれ (I).
AH〘電〙ampere-hour ♦ °anno Hegirae ♦ arts and humanities ♦ *《俗》asshole.
aha, ah ha /a:há:/ *int* ハハ, へへ, エヘン, ハハーン, さては, 読めたぞ!《驚き・喜び・得意・了解・嘲笑・皮肉・注意喚起などを表わす》.［imit; AH¹, HA］
AHA °alpha hydroxy acid.
Ahab /éɪhæb/ **1**〘聖〙アハブ《イスラエルの王; ⇨ NABOTH, JEZEBEL; *1 Kings* 16: 29–22: 40》. **2** エイハブ《Melville, *Moby-Dick* に登場する捕鯨船 Pequod 号の船長; 片足を食いちぎられて以来復讐のため白鯨 Moby-Dick を求めて洋上を放浪しこれにめぐりあうが, 攻撃をうけて船長は命を落とす》.［Heb＝father's brother］
ahá expèrience〘心〙「ああそうか」体験, アハー体験 (⇨ AHA REACTION).
Ahág·gar Móuntains /əhá:gər-, à:həgá:r-/, **Hóg·gar Móuntains** /hágər-, həgá:r-/ *pl* [the] アハガル山地, ホガール山地《アルジェリア南部 Sahara 砂漠中西部の火山性の山地; 最高峰 Tahat 山 (2918 m)》.
ahá reàction〘心〙「ああそうか」反応, アハー反応《思考における, 課題に対する見通しや解明の突然の獲得》.
Ahas·u·e·rus /əhæ̀zjuíərəs, eɪ-/〘聖〙アハシュエロス《紀元前 5 世紀のペルシアの王で, Esther の夫; 歴史上の Xerxes のこととされている; *Esth* 1–10, *Ezra* 4: 6》.
à haute voix /*F* a o:t vwa/ 大声で.［F＝in high voice］
ah·choo, achoo /a:tʃú:/ *int* ハックション (＝*atichoo, atishoo, atcha, kachoo, kerchoo*).［imit］
ahead /əhéd/ *adv* **1 a** 前に; 行く手に, 前途に; 進行方向に; ずんずん先へ; 未来の方向に: Breakers ～!〘海〙針路にあたって波浪[暗礁]あり!; [*fig*] 前途に危険あり! / in the years ～ これから数年ののち[あいだ](に). **b** 有利な地位[立場]に(向かって), 先行して. **2** 前もって, あらかじめ. ► *pred a* 行く手にある; 有利な地位[立場]に向かっている. ● **～ of**…より有利な立場に, …にまさって; …の前方に, …より先に, …に先立って, …より早く; …以上に, …を超えて. **～ of the** GAME. **be ～** *《口》勝っている, リードしている; 利益を上げている. GET ～. **go ～** (**1**)〈…より〉先に行く〈*of*〉; 先へ進む, 進歩する;〈話・計画などを〉進める, 推進する〈*with*〉. (**2**) [*impv*] やれっ!; 《相手を促して》どうぞ; *《電話で》お話しください;〘海〙ゴーヘー, 前進! (opp. *go astern*). LOOK ～.［*a*-¹］
A-head /éɪ―/*《俗》*n* アンフェタミン (amphetamine) 常習者; LSD 常用者 (acidhead).
ahéap /ə-/ *adv, pred a* 山をなして (in a heap): the room ～ with books.［*a*-¹］
ahem /əhém, mʔm̀m, ʔm̀m, hm/ *int* エヘン!《注意をひく, 疑い・警告を表わす, 少しおどけて不満・威厳を表わす, また ことばに詰まったときの咳払い》.［imit; ⇨ HEM²］
ahem·er·al /eɪhémərəl, æ-/ *a* 24 時間に満たない時間よりなる日の.［Gk *hēmera* day］
ahér·ma·tỳpe /eɪhə́:rmə-/ *n*〘動〙非造礁サンゴ. ◆ **ahèr·ma·týpic** *a* 非造礁型の〈サンゴ〉.
Ahern /əhə́:rn/ アハーン **Bertie** ～ (1951–　)《アイルランドの政治家; 首相 (1997–2008); 共和党》.
ah ha ⇨ AHA.
ahi /á:hi/ *n*《ハワイ》マグロ: **a** YELLOWFIN TUNA. **b** BIGEYE TUNA.
ahim·sa /əhímsa:, a:-/ *n* [ˢA-]〘ヒンドゥー教・仏教・ジャイナ教〙不殺生, アヒムサー.［Skt］
ahis·tór·i·cal, -ic /èɪ-/ *a* 歴史と無関係な, 歴史に無関心な; 歴史的に不正確な, 歴史を知らない. ◆ **-i·cal·ly** *adv* **ahis·tór·i·cìsm** *n* **ahis·to·ríc·i·ty** *n*［*a*-²］
Ahith·o·phel /əhíθəfɛ̀l/, **Achit-** /əkít-/〘聖〙アヒトペル, アヒトフェル《David 王の議官; David に背いて Absalom の顧問となるが, 提案した謀計が用いられずみずから縊死(いし)した; *2 Sam* 15–17》.
Ah·mad·abad, -med- /á:mədəbà:d, -bæ̀d/ アフマダーバード《インド西部 Gujarat 州, Mumbai の北方にある都市; mosque で有名》.
Ah·ma·di·ne·jad /a:mà:dɪnɪʒá:d/ アフマディネジャド **Mahmoud** ～ (1956–　)《イランの政治家; 大統領 (2005–　)》.
Ah·ma·diy·a(h) /a:mədí:jə/ *n* アフマディー教団《19 世紀末にインドに起こったイスラム教団; のちに 2 派に分裂しそれぞれ世界中に布教を行なっている》.［Mirza Ghulam *Ahmad* (c. 1839–1908) 教祖］
Ah·med /a:mét, -méd/ アフメト ～ **III** (1673–1736)《オスマントルコのスルタン (1703–30)》.
ahóld /ə-/, **ahold** /əhóʊlt/ *n*《方・口》つかむこと (hold). ● **get ～ of**…をつかむ; …と連絡をとる; …を入手する. **Get ～ of yourself!** 落ちつけ, しっかりしろ!［*a*-¹］
-ahol·ic, -ohol·ic /əhɔ́(:)lɪk, əhóʊl-, əhál-/ *n comb form*「…耽溺者」「…中毒者」「…の強迫的渇望者」: food*aholic*; work*aholic*.［work*aholic*, alco*holic*］
A horizon /éɪ ―/〘地質〙A 層(位)《最上部の土壌層位; 腐食物質が集積し, 暗色を呈する》.
a·hórse /ə-/ *adv, pred a* 馬に乗って.
ahoy /əhɔ́ɪ/ *int*〘海〙おーい!: Ship ～!《他船への呼びかけ・通信で》おーいその船よー!［AH¹, HOY²］
Ah·ri·man /á:rɪmən, -mà:n/〘ゾロアスター教〙アフリマン (＝*Angra Mainyu*)《暗黒と悪の神; ORMAZD の主敵とされる》.［Pers］
Ah·ti·saa·ri /á:tisà:ri/ アハティサーリ **Martti** ～ (1937–　)《フィンランドの政治家; 大統領 (1994–2000); ノーベル平和賞 (2008)》.
ahu /á:hù:/ *n*〘動〙コウジョウセンガゼル《中央アジア産》.［Pers］
ahue·hue·te /à:wiwéɪti/ *n*〘植〙メキシコ産のラクウショウ (落羽松) (＝*Montezuma cypress*)《長寿で, 樹齢 4000–5000 年のものがある》.［Sp＜Nahuatl］
à huis clos /*F* a ɥi klo/ *adv* 門を閉ざして, 戸を閉めて, 秘密に, 傍聴禁止で.［F＝with closed doors］
ahull /əhʌ́l/ *adv*〘海〙帆をたたみ舵柄(だへい)を風下にとって《暴風雨に備える一方法》.［*a*-¹］
ahun·gered /əhʌ́ŋərd/ *a*《古》ひどくひもじい.
Ahu·ra Maz·da /əhʊ́ərə mǽzdə, a:-/〘ゾロアスター教〙アフラマズダ (ORMAZD).［Avestan *ahura* God］

A

Ah·ve·nan·maa /á:vənɑ:nmà:, á:fə-/ アハヴェナンマー《ÅLAND のフィンランド語名》.
Ah·waz /ɑ:wá:z/, **-vaz** /-vá:z/ アフワーズ《イラン南西部の市》.
ai[1] /á:ì:, áɪ/ *n* 〘動〙 ノドジロミユビナマケモノ《中南米産で 3 本指; cf. THREE-TOED SLOTH》. [Port or Sp<Tupi]
ai[2] /áɪ/, **aie** /áɪi/, **ai·ee** /áɪi/ *int* ああ!《悲嘆·無念·苦悩·絶望などを表わす発声》. [ME (imit)]
a.i. °ad interim. **AI** °ad interim ♦ airborne intercept 機上要撃 ♦ air interception 空中要撃 ♦ °Amnesty International ♦ °artificial insemination ♦ °artificial intelligence. **AIA** °American Institute of Architects ♦〘英〙Associate of the Institute of Actuaries. **AIAA** American Institute of Aeronautics and Astronautics アメリカ航空宇宙学会.
Ai·as /áɪəs/〘ギ神〙AJAX.
ai·blins /éɪblənz/ *adv* 《スコ》ABLINS.
AIC °Art Institute of Chicago.
aid /éɪd/ *vt* 手助けする, 手伝う ‹sb *to* do, sb *in* [*with*] sth›; 助成する, 援助する, 促進する. ► *vi* 手伝う ‹*in*›. ● **~ and abet** 〘法〙‹犯行·犯罪者を›現場幇助(ほうじょ)する. ► *n* **1** 手伝い; 《財政的な》助力, 援助, 救援, 扶助; 援助金[物資];〘英法〙《物的訴訟において被告が求める》援助: call in sb's ~ 人の応援を求める / go [send...] to sb's ~ 人の救助[救援]に向かう[...を向かわせる]. **2** 助けとなるもの[人] (: a memory ~); 助力者, 補助者, 助手; *《軍の》副官; 補助器具, 《特に》補聴器 (hearing aid);〘登山〙《登攀(とうはん)の》補助用具《ハーケン·ナットなど》;〘英史〙《1066 年以後の国王への》臨時上納金, 《のちに》国庫債;〘封建法〙《臣下から領主への》献金《封建法上の賦課》. ● **~ and comfort** 援助, 助力. **in ~ of...** "...を援助[支援]して. PRAY **in ~ (of)**. **What's (all) this in ~ of?** "《口》これはいったい何のため[どういうつもり]なんだ. **with the ~ of...** の助けを借りて; ...を採用して. ♦ **~·er** *n* [OF<L; ⇨ ADJUTANT]
AID /éɪd/〘米〙°Agency for International Development ♦ artificial insemination by donor 非配偶者間人工授精 (cf. AIH).
Aï·da /ɑ:í:də; aɪí:də/ アイーダ《Verdi の同名の歌劇 (1871) の主役; 捕われのエチオピア王女で悲恋の女性》.
Ai·dan /éɪdn/ [Saint] 聖エイダン (d. 651)《アイルランド生まれの聖職者; Lindisfarne (別名 Holy Island) 司教としてノーサンブリア (Northumbria) の教化に功績を残した》.
aid·ant /éɪdənt/ *a* 助ける, 手伝う. ► *n* 助力者, 援助者. ♦ **ái·d·ance** *n*
áid clìmbing 〘登山〙人工登攀 (=*peg climbing*) (cf. FREE CLIMBING). ♦ **áid clìmb** *v, n*
aide /éɪd/ *n* 補佐官, 側近;〘軍〙副官. [F]
aide-de-camp, aid- /éɪddɪkǽmp, -kɑ́̃/ *n* (*pl* ~, **aides-, aids-** /éɪdz-/)〘軍〙副官; AIDE. [F]
aide-mé·moire /éɪdmeɪmwá:r/ *n* (*pl* ~, **aides-** /éɪdz-/) 記憶を助けるもの; 備忘録;〘外交〙覚書. [F]
aide-toi, le ciel t'ai·dera /*F* ɛdtwa lə sjɛl tɛdra/ 天はみずから助くる者を助く. [F=help yourself (and) heaven will help you]
Aidin ⇨ AYDIN.
áid·màn *n*〘軍〙《戦闘部隊に配属された》衛生兵 (cf. FIRST-AID).
áid pòst " AID STATION.
AIDS, Aids /éɪdz/ *n* エイズ《後天性免疫不全症候群 (acquired immune deficiency [immunodeficiency] syndrome)》.
ÁIDS-relàted cómplex 〘医〙エイズ関連症候群《AIDS ウイルス感染者の示す前 AIDS 症状; リンパ腺腫脹·微熱など; 略 ARC》.
áid stàtion 〘米軍〙前線応急手当所 (=*dressing station*). [(FIRST) AID]
AIDS virus /éɪdz ―/ エイズウイルス (HIV).
áid wòrker 国際救護員, エイドワーカー《戦争や飢餓の犠牲者の救援に当たる国際機関の職員》.
aie, aiee ⇨ AI[2].
AIFF /éɪàɪèfèf, éɪf, áɪf/ *n*〘電算〙AIFF《8 ビットモノラル音声データの記録フォーマットの一つ》.
ai·glet /éɪglət/ *n* AGLET.
ai·gret(te) /eɪgrét, ―⌐/ *n*〘鳥〙白サギ (egret)《コサギ·チュウサギなど》; 《白サギなどの》羽毛の髪飾り, 飾り毛; 《宝石の》羽形飾り.
ai·guille /eɪgwí:l, ―⌐, -gwí:/ *n* 《Alps などの》針状峰, エギーユ; 《岩石用の》穿孔機;〘医〙針. [F=needle]
ai·guil·lette /èɪgwɪlét/ *n* 《正装軍服の肩から胸にたらす》飾緒(しょく); 《飾緒·靴ひもなどの先端の》先金具.
AIH artificial insemination by husband 配偶者[夫婦]間人工授精 (cf. AID).
Ai·ken /éɪkən/ エイケン (1) **Conrad (Potter)** ~ (1889–1973)《米国の詩人·小説家》(2) **Howard H(athaway)** ~ (1900–73)《米国の数学者; 現代の電算機の先駆となる Mark I を完成した (1944)》.
Áiken Drúm エイケン·ドラム《月の中に住む伝承童謡の主人公》.
ai·ki·do /aɪkí:doʊ, *àɪkɪdóʊ/ *n* 合気道.
ai·ko·na /aɪkɔ́:nə/ *int* 《南アフ》とんでもない!《強い否定》.
ail /éɪl/ *vi* (長い間)病気[不調, 不振]である. ► *vt* 《原因不明なかたちで》悩ます, 苦しめる: What ~*s* you? どうかしたのか, どこが悪いのか. ► *n* 苦しみ, 悩み, 病気, 患い. [OE *eglan* (*egle* troublesome, Goth *agls* disgraceful)]
ai·lan·thus /eɪlǽnθəs/ *n*〘植〙ニワウルシ属 (*A-*) の植物, 《特に》ニワウルシ, 神樹(しんじゅ) (=*tree of heaven* [*the gods*])《アジア産》. ♦ **ai·lán·thic** *a*
ailánthus móth 〘昆〙シンジュサン (神樹蚕)《ヤママユガ科の巨大な蛾》.
ailánthus sílkworm 〘昆〙シンジュサンの幼虫《ailanthus の葉を食べて繭をつくる; cf. AILANTHUS MOTH》.
Aileen ⇨ EILEEN.
ai·le·ron /éɪlərɑ̀n/ *n*〘空〙補助翼, エルロン. [F (dim)‹*aile* wing <L *ala*]
Ai·ley /éɪli/ エイリー **Alvin ~, Jr.** (1931–89)《米国の舞踊家·振付家》.
Ai·lie /éɪli/ エイリー《女子名; Alison, Alice, Helen の愛称》. [Sc]
áil·ing *a* (慢性的に)病的な状態にある, 苦しんでいる; 弱体化した, 業績不振の, 不況下にある.
ail·lade /*F* ajad/ *n*〘料理〙ニンニク風味のソース.
áil·ment *n* (慢性的な軽い)病気; 《政情などの》不安定.
Áil·sa Cràig /éɪlzə-; éɪlsə-/ エールサクレーグ《スコットランドの Clyde 湾の入口, Arran 島の南にある花崗岩の小島》.
ai·lur- /aɪlúər, eɪ-/, **ae·lur-** /ilúər/, **ai·lu·ro-** /aɪlúəroʊ, -rə/, **ae·lu·ro-** /ilúəroʊ, -rə/ *comb form* 「猫」 [Gk *ailouros* cat]
ailúro·phìle, aelúro- *n* 猫好き(人), 愛猫家.
ailùro·phília, aelùro- *n* 猫好き, 猫愛好, 愛猫.
ailúro·phòbe, aelúro- *n* 猫嫌い(人).
ailùro·phóbia, aelùro- *n* 猫嫌い, 猫恐怖症.
aim /éɪm/ *vi* ねらいを定める, 照準する, ねらい打ち[撃ち]をする ‹*at*›; ねらう, 目指す ‹*at, for*›; 志す; ...しようと意図[計画]する ‹*to* do; *at* do*ing*›: ~ *at* [*for*] perfection=~ *at* be*ing* perfect=~ *to* be perfect 完全を目指す / ~ high [low] 望みが高い[低い]. ► *vt* ...のねらい[照準]を定める, ‹目標·方向に...を›向ける ‹*at*›; 《廃》推測する: ~ a satire *at* sb 人にあてつけを言う. ► *n* 照準; ねらい(を定めること); 狙撃能力; 《兵器としての》性能; 目的, 目標, ねらい, 意図, 企図; 《廃》標的, 的(まと); 《廃》推測: attain [miss] one's ~ ねらいがあたる[はずれる] / take (good) ~ (慎重に)ねらいを定める ‹*at*› / achieve [attain, fulfill] one's ~ 目的を達する / ~ and end 究極の目的 / with the ~ of do*ing*...する目的で / without ~ 目的なく, 漫然と. [OF<L; ⇨ ESTIMATE]
AIM °Alternative Investment Market ♦ °American Indian Movement.
áim·ing pòint 《武器·観測器具で》照準点.
áim·less *a* 目的[目当て]のない. ♦ **~·ly** *adv* (これという)目的なしに, あてもなく, 漫然と. **~·ness** *n*
ain[1] /éɪn/ *n, a* 《スコ》ONE.
ain[2] *a, n* "《方》OWN.
ain[3] /á:jɪn/ *n* AYIN.
Ain /ǽ̃; ǽŋ; *F* ɛ̃/ **1** アン《フランス東部 Rhône-Alpes 地域圏の県; ☆Bourg(-en-Bresse)》. **2** [the] アン川《フランス東部 Jura 山脈に発し, 南流して Rhône 川に合流する》.
aî·né /ɛnéɪ; *F* ɛne/ *a* (*fem* **aî·née** /―/) ‹兄弟が›年長の, 年上の, 最年長の: frère ~ 兄, 長兄.
ai·nhum /aɪnjú:m/ *n*〘医〙特発性指趾離断症《熱帯の原因不明の病気》. [Port<Yoruba]
Ai·no /áɪnoʊ/ *n, a* (*pl* **~s**) AINU.
Ains·worth /éɪnzwərθ/ エーンズワース (**William**) **Harrison** ~ (1805–82)《英国の歴史小説家; *The Tower of London* (1840)》.
ain't /éɪnt/, **an't** /éɪnt, ǽnt, á:nt/ **1** 《口》am [are, is] not の短縮形: I ~ (=am not) ready. / You ~ (=are not) coming. / Things ~ what they used to be. ★ 無教育者の語または方言とされるが, 口語では教育ある人びとにも用いられることがあり, ことに疑問形 ain't I? (=am I not?) は認められている: I'm going too, *ain't* I? **2** 《非標準》have [has] not の短縮形: I ~ (=haven't) done it. **3** 《黒人俗》do [does, did] not の短縮形.
Ain·tab /aɪntǽb/ アインタブ《GAZIANTEP の旧称》.
Ain·tree /éɪntri/ エイントリー《イングランド北西部 Merseyside 州, Liverpool の北郊外にある町; GRAND NATIONAL の開催地》.
Ai·nu /áɪnu/ *n* **a** (*pl* ~, **~s**) アイヌ族[人]. **b** アイヌ語.
ai·o·li, aï- /aɪóʊli, eɪ-; *F* ajɔli/ *n*〘料理〙アイオリ《ガーリック·卵黄·オリーブ油·レモン汁で作るマヨネーズソース; 魚·冷肉·野菜用》. [Prov (*ai* garlic, *oli* oil)]
air[1] /éər/ *n* **1 a** 空気 (AERIAL *a*),〘古代哲学〙気《四元素の一つ; ⇨ ELEMENT》; 圧縮空気 (compressed air); 大気 (cf. OPEN AIR); [the] 空, 空中; 虚空, 無; *《俗》空調, エアコン (air-conditioning): fresh [foul] ~ 新鮮な[よごれた]空気. **b** 《特定の場の》雰囲気, 支配的な空気. **2** 航空交通[輸送]; 空軍;〘郵〙航空郵便切手. **3** そよ風, 微風; 《古》(かすかな)息: a slight ~ そよ風. **4 a** 電波送信媒体, ラジオ(放送), テレビ(放送); 放送時間[時刻]. **b** 《意見などの》発表, 公表. **5** [OF=place, disposition<L *area*]《人柄·感情などの表われ

としての》態度, そぶり, 風采, 気配, 様子, 自信たっぷりの態度; [*pl*] 気取った[もったいぶった]態度; 雰囲気, 外見, 体裁, 姿: with a sad ~ しょんぼりと / assume ~*s*=put on ~*s*=give one*self* ~*s* 気取る, いばる. **6** [It ARIA]〘楽〙歌曲, アリア, 旋律, 曲調, 合唱曲の主旋律[最高音部], エア《16 世紀末から 17 世紀初頭にかけての英国の世俗歌曲》: sing an ~ 一曲歌う. **7** [〈*a*〉]〘占星〙風性三角形の《ふたご座・てんびん座・みずがめ座の 3 星座の; cf. FIRE》. **8**〘アメフト〙エア, パス攻撃; 《スノーボードなどの》エア[空中技](の高さ). ● **~s and graces** 大げさにもったいぶった態度. BEAT[1] **the ~.** **by ~** 航空機で; 無線で. **change of ~** 転地. CLEAR **the ~.** **come up for ~** 息をするために水面に出る; ひと息つく, 休憩する. **dance on ~** こおどりして喜ぶ, 舞い上がる. **fan the ~***空を切る, 空振りする. **from thin ~** =out of thin AIR[1] (成句). **get the ~*** 縁を切られる, 袖にされる, 無視される. **give ~ to**... 〈意見など〉を発表する. **give the ~***縁を切る, 〈恋人などを〉捨てる, 無視する. **grab a handful of ~***《俗》《トラックやバスで》急ブレーキをかける《手動式エアブレーキを備えていることから》. **in the ~** (1) 空中に; 〈風説が〉広まって, みんなの関心事で; …しそうな気配で, 膚に感じられて. (2)〈人が〉どうしていいか不確かで, 迷って; 〈計画など〉まだ固まっていない, 構想中で, 検討[審議]中で. (3)〘軍〙無防備の状態で[に]. **off the ~** (1) 放送されて[して]いない: go *off the* ~ 放送をやめる. (2) 放送から: tape [record] (a program) *off the* ~ 放送番組をテープにとる[録音する, 録画する]. **on the ~** 放送中で: go [be] *on the* ~ 放送する[している, されている] / send [put]...*on the* ~ …を放送する. **out of thin ~** 虚空から, 何もない所から, どこからともなく. **pluck** sth **out of [from] the ~** 〈思いついた数字・名前などを〉よく考えずに口にする, 適当に[あてずっぽうで]言う. **rend the ~** 《文》〈大音などが〉あたりの空気をつんざく. **riding the ~***《俗》〈建設作業者が〉高所で働いて. **suck ~***《俗》《こわくて》息づかいが荒くなる, ハーハーいう. **take ~** 〈事が〉知れわたる. **take the ~** 新鮮な空気を求めて戸外に出る, ちょっと散歩[ドライブ]に出る; *《俗》(急いで)立ち去る; *放送を始める. **take to the ~** 飛行家になる. **The ~ was blue.**‖《俗》ひどくきたないことばが多かった. **tread [walk, float] on ~** 有頂天になる. **turn the ~** BLUE. **up in the ~** 《口》(1)〈人が〉迷って, よくわからなくて; 〈計画などが〉未定で, 未確定で, 未解決で, 宙に浮いて (in the air): leave a matter *up in the* ~ 問題の決定を先送りする / leave sb *up in the* ~ 《決定が下されるまで》人を待たせる. (2) とてもしあわせで, 有頂天になって. (3) かっかとおこって, ひどく興奮[動揺, 混乱]して: go *up in the* ~ かっとなる, 頭にくる; 〈俳優が〉せりふを忘れる. **vanish [disappear, melt] into thin ~** 跡形もなく消える. **with an ~** 自信をもって; もったいぶって.

► *a* 空気の; 航空(機)の; 空軍の; 放送の: ~ crash 航空機の墜落(事故) / ~ disaster 航空機事故 / ~ industry 航空産業.

► *vt* **1** 《乾燥・脱臭などのために》空気にさらす, …に外気を入れる[通す] 〈*out*〉;‖〈シーツ・衣類などを〉温めてすっかり乾かす (cf. AIRING CUPBOARD); 〈人間・動物などを〉外気に触れさせる, 戸外で運動させる: ~ one*self* 外出[散歩]する. **2** 見せびらかす; 〈意見・不満などを〉世間に発表する, 公けにする, 訴える; 放送する: ~ one's knowledge 知識をひけらかす / ~ one's views 意見[考え]を吹聴する. **3***《俗》〈恋人を〉捨てる. ► *vi* **1** 〈衣服など〉外気にさらされる, 大気に触れて乾く[冷める] 〈*out*〉. **2** 散歩[ドライブ]する 〈*out*〉. **3** 〈番組など〉放送される.

[OF, <Gk *aēr*]

air[2] *a* 《スコ》早い (early). ► *adv* 《スコ・古》以前に (previously). [OE *ǣr* ERE]

Aïr /ɑːíər, áɪər; *F* aiːr/ アイル (=*Asben, Azbine*)《ニジェール中北部 Sahara 砂漠の山地; かつて王国が栄えた》.

áir alèrt 空襲警戒体制(下の時間); 空襲警報; 《空襲に備えた》応戦態勢.

áir bàg **1**《自動車の》エアバッグ (=*air cushion*). **2** [*pl*] *《俗》肺 (lungs).

áir bàll **1** 風船玉 (air balloon‖). **2***《バスケ俗》エアボール《リング・ネット・バックボードにかすりもしないミスショット》.

áir ballòon‖《おもちゃの》風船玉.

áir bàse 空軍[航空]基地, エアベース《米空軍の場合は米国領土外のものを指す》.

áir bàttery〘電〙空気電池 (AIR CELL またはそれを数個重ねたもの).

áir bèaring〘機〙空気[エア]ベアリング《圧搾空気によって軸を支えるベアリング》.

áir bèd‖ エアベッド (air mattress*).

áir bèll 空気の泡, 小気泡; エアーベル《(1) 光学ガラス製造の際にプレス[型]作業中にできる泡 (2) 写真現像・焼付けの際に残るフィルム表面の泡のあと》.

áir bènds *pl* 航空塞栓 (decompression sickness).

áir·bìll *n* AIR WAYBILL.

áir blàdder 《ある種の海藻の》気胞, 浮袋 (float); 《特に 魚の》うきぶくろ, 鰾(ふえ) (=*swim bladder*).

áir blàst〘工〙空気ブラスト; 《高速飛翔体・空中核爆発などによる》衝撃波.

áir·bòat *n**プロペラ船, エアボート《空中プロペラで推進する浅い平底船》; 水上機 (seaplane).

áir·bòrne *a* 空輸の, 空挺の〈物資・部隊〉; 空気で運ばれる, 風媒の; 空気伝送の〈音〉; 〈飛行機が〉浮揚[飛行]して(いる): ~ troops 空挺部隊.

áirborne sóccer* 空中サッカー《ボールの代わりに Frisbee を用いて 7 人ずつのチームでする》.

áir-bòund *a* 空気がはいり込んで詰まった[不調になった].

áir·bràin *n**《俗》ばか, まぬけ (airhead). ♦ **~ed** *a*

áir bràke〘機〙空気[エア]ブレーキ《空気圧利用による制動装置》; 〘空〙《風圧抵抗を利用した》エアブレーキ.

air·bra·sive /ɛ́ərbrèɪsɪv/ *n*〘歯〙噴気式歯牙穿孔器, 空気研磨機.

áir-brèather *n*〘空〙空気吸込みエンジン[ミサイル]《燃料の酸化に空中酸素を利用》. ♦ **áir-brèathing** *a* 空気を吸入する.

áir brìck‖〘建〙中空[有孔]煉瓦《通気用》.

áir brìdge‖《空輸による両地点間の》空のかけはし; 《建物間の》空中連絡路; 《空港ターミナルビルと飛行機を直結する》空中通路.

áir bròker‖ 航空運送仲立人 (cf. SHIP BROKER).

áir·brùsh *n* エアブラシ《塗料・えのぐなどを霧状に吹き付ける器具》. ► *vt* …にエアブラシで吹き付ける; 〈写真のきずなどを〉エアブラシで消す 〈*out*〉; 〈模様・イラスト・写真の細部などを〉エアブラシで描く.

áir bùmp〘空〙《エアポケットの》上昇気流.

áir·bùrst *n* 《爆弾・砲弾の》空中爆発[破裂].

áir·bùs *n* **1** [A-]〘商標〙エアバス《Airbus Industrie 社製の大型ジェット旅客機》. **2** エアバス《短・中距離用の大型ジェット旅客機》.

áir càrrier 航空運送業者, 航空会社 (airline); (貨物)輸送機.

áir càstle 空中楼閣, 空想.

áir càvalry, áir càv /-kæv/〘米軍〙空挺部隊.

áir càvity AIR VESICLE.

Air Cdr °Air Commodore.

áir cèll 空気を入れる房室; 〘解〙肺胞; 〘動〙《鳥の》気嚢, 《飛ぶ昆虫の気管の一部が拡大した》気嚢, 《鶏卵の》気室; 〘電〙空気電池《陽極の復極剤に空気中の酸素を用いる》.

áir chàmber〘機〙空気の詰まった房室, 《水圧ポンプなどの》空気室; 〘動〙《鳥の卵・オウムガイなどの》気室.

áir chèck 放送受信録音, エアチェック.

áir chìef márshal〘英〙空軍大将 (⇨ AIR FORCE).

áir clèaner 空気清浄機, エアクリーナー.

áir còach 《旅客機の》二等; 低料金旅客機.

áir còck〘機〙空気コック.

áir commànd〘米〙航空軍集団[総軍]《AIR FORCE の上位の部隊単位; ⇨ AIR FORCE》.

áir cómmodore〘英〙空軍准将 (⇨ AIR FORCE).

áir comprèssor 空気圧縮機.

áir còn air-conditioning.

áir condènser〘機〙空冷コンデンサー, 空気冷却器; 〘電〙空気コンデンサー《誘電体に空気を用いる》.

àir-condìtion *vt* …に空調装置を取り付ける; 〈空気〉の温度[湿度, 清浄度]を調整する. ♦ **~ed** *a*

áir condìtioner 空調(装置), 冷暖房装置, エアコン.

áir-condìtion·ing *n* 空調《室内の空気浄化, 温度・湿度の調節; 略 AC》.

áir contròl〘軍〙制空(権), 航空優勢; 航空(交通)管制 (air traffic control).

áir contròller 航空(交通)管制官; 〘軍〙航空統制官《近接支援のための作戦機による攻撃を組織・指揮する》.

áir-còol *vt* 空気で冷やす, 《特に》〈内燃機関などを〉空冷する; …に冷房装置を取り付ける. ♦ **~ed** *a* 〈エンジンが〉空冷式の; 冷房装置のある.

áir còoling 空気冷却, 空冷.

Áir Còrps〘米〙《第二次大戦前の》陸軍航空隊.

áir còrridor〘空〙空中回廊《国際航空協定によって設立された航空路》.

áir còver〘軍〙《航空機による》上空掩護; 上空掩護機《集合的》. ★ air support, air umbrella ともいう.

áir·cràft *n* (*pl* ~) 航空機《飛行機・飛行船・気球・ヘリコプターなどの総称》.

áircraft càrrier 航空母艦 (=*airplane carrier*).

áircraft clòth [fàbric] AIRPLANE CLOTH.

áir·cràft·man /-mən/ *n* (*pl* **-men** /-mən/)〘英空軍〙航空兵 (⇨ AIR FORCE). ♦ **-wòman** *n fem*

áir·crèw *n* 航空機搭乗員《集合的》; (*pl* ~) 航空機搭乗員《一員》.

áir·crèw·man /-mən/ *n* (*pl* **-men** /-mən/) 航空機乗組員《しばしば 操縦士や高級乗務員を除く平の乗務員の意》.

áir-cùre *vt* 〈タバコ・木材を〉通気処理[乾燥]する.

áir cùrtain エアカーテン (=*air door*)《ビルの出入口などで室内の空気を外気から遮断する空気の壁》.

áir cùshion エアクッション《空気枕, AIR BAG など》; 〘機〙空気ばね [クッション] (=*air spring*); 〘空〙エアクッション《ground-effect machine の機体を浮上させる高圧空気の塊り》; 《水圧ポンプなどの》空気室 (=*air chamber*).

áir-cùshion(ed) *a* 空気浮上式の, エアクッションの.

áir-cùshion vèhicle エアクッション艇, ホバークラフト (ground-effect machine)《略 ACV》.

áir cỳlinder〘機〙空気シリンダー《気筒の一つ》.

áir dàm エアダム《自動車・飛行機などの空力特性改善用付加物の一つ》.

áir·dàsh *vi* 空路急行する, 飛行機で駆けつける.

áir·dàte *n* 放送(予定)日.

áir defènse 防空(手段[技術, 組織]).

áir dèpot 航空機発着所; 航空補給所[地].

áir divìsion〘米〙航空師団《AIR FORCE の下位で WING の上位の部隊単位》.

áir dòor AIR CURTAIN.

áir dràg AIR RESISTANCE.

áir dràin〘建〙給気渠(きょ), 通気渠《防湿用》.

áir-drìven *a* 圧縮空気を原動力とする, 空気…〈工具〉.

áir·dròme* *n* 空港 (airport);《施設としての面からみた》空軍基地.

áir·dròp *n*《パラシュートによる》空中投下.

áir-dròp *vt*〈人員・物資を〉パラシュートで空中投下する. ♦ **áir-dròp·pa·ble** *a*

áir-drỳ *a*《空気乾燥のかぎりでは》完全に乾いた. ► *vt* 空気乾燥する, 風乾する.

áir dùct 風道, 通風ダクト, (エア)ダクト;〘魚〙気道.

Aire /ɛ́ər/ [the] エア川《イングランド北部を東流し Ouse 川に合流する; **Aire·dale** /ᅳ dèɪl/ 渓谷がある》.

Áiredale (tèrrier)〘犬〙エアデールテリヤ《針金状の被毛の大型テリア; 獣猟・軍用・警察犬》.

áir edìtion《新聞・雑誌の》空輸版.

áir èmbolism〘医〙空気塞栓症 (decompression sickness).

áir èngine〘機〙空気機関, HOT-AIR ENGINE.

áir-entràined cóncrete 気泡混入コンクリート, AE コンクリート.

áir·erᴵᴵ *n* 衣類乾燥枠.

áir explòrer エアエクスプローラー (=*air scout*)《ボーイスカウトの航空訓練隊員》.

áir expréss* 航空小荷物便(制度) (cf. AIRFREIGHT); air express で運送される小荷物, 航空小荷物《集合的》.

áir·fàre *n* 航空運賃.

áir fèrry《水域をまたいで車・人・貨物などを運ぶ》空の渡し(の航空機[航空網]), エアフェリー.

áir·fìeld *n*〘空〙《飛行場の》離着陸場; 軍用飛行場; AIRPORT.

áir fìlter 空気浄化フィルター[装置], 空気濾過機.

áir flèet 航空機隊[団];《一国の》軍用航空機《集合的》; 空軍.

áir·flòw *n* 空気流;《飛行機・自動車など運動体のまわりに生じる》気流. ► *a* 気流の[による]; 流線形の.

áir·flùe *n*《ボイラーの高温ガスを出す》煙道.

áir·fòil* *n*〘空〙翼(よく), エーロフォイル (aerofoilᴵᴵ)《気流中に置かれて有益な力を発生する固体; 翼・プロペラ羽根など》.

áir fòrce《一国の》空軍 (cf. ARMY, NAVY); 航空軍《**1**)〘米空軍〙AIR DIVISION の上位で AIR COMMAND の下位の部隊単位 **2**)〘英空軍〙WING の上位の部隊単位》: the United States [Royal] Air Force 米国[英国]空軍. ★(1) 米空軍の構成・編成区分は次のとおり: air command (航空軍集団)《2 個以上の air forces を指揮する》— air force (航空軍)《2 個以上の air divisions からなる》— (air) division (航空師団)《2 個以上の wings からなる》— (air) wing (航空団) — (air) group (航空群) — squadron (飛行隊) — flight (飛行中隊). 英空軍では air force — wing《3–5 squadrons からなる》— group — squadron — flight. ★(2) 米空軍の階級は上から順に次のとおり: General of the Air Force (元帥), General (大将), Lieutenant General (中将), Major General (少将), Brigadier General (准将), Colonel (大佐), Lieutenant Colonel (中佐), Major (少佐), Captain (大尉), First Lieutenant (中尉), Second Lieutenant (少尉), Chief Warrant Officer (上級准尉), Warrant Officer (准尉), Chief Master Sergeant (上級曹長), Senior Master Sergeant (曹長), Master Sergeant (一等軍曹), Technical Sergeant (二等軍曹), Staff Sergeant (三等軍曹), Airman First Class (上等兵), Airman Second Class (一等兵), Airman Third Class (二等兵), Airman Basic (三等兵). ★(3) 英空軍の階級: Marshal of the Royal Air Force (元帥), Air Chief Marshal (大将), Air Marshal (中将), Air Vice-Marshal (少将), Air Commodore (准将), Group Captain (大佐), Wing Commander (中佐), Squadron Leader (少佐), Flight Lieutenant (大尉), Flying Officer (中尉), Pilot Officer (少尉), Acting Pilot Officer (少尉補), Warrant Officer (准尉), Flight Sergeant (上級曹長), Chief Technician (曹長), Sergeant (軍曹), Corporal (伍長), Junior Technician (兵長), Senior Aircraftman [Aircraftwoman] (一等兵), Leading Aircraftman [Aircraftwoman] (二等兵), Aircraftman [Aircraftwoman] (三等兵).

Áir Fòrce Cróss〘米〙空軍十字章《略 AFC》.

Áir Fòrce Óne エアフォースワン《米国大統領専用飛行機; cf. MARINE ONE》.

áir·fràme *n*〘空〙《推進動力部・装備品を除いた》機体.

áir·frèight *n* 航空貨物便(制度) (cf. AIR EXPRESS); 航空貨物料金;《貨物専用機で運送する》航空貨物《集合的》. ► *vt* 航空貨物で送る.

áir frèshener 空気清浄スプレー, エアフレッシュナー.

áir gàp〘電〙エアギャップ《2 物体間の空隙; 電動機の回転子鉄心と固定子鉄心の間の空隙など》;〘地質〙WIND GAP.

áir gàs 空気ガス; 発生炉ガス (producer gas).

áir·glòw *n* 大気光《中・低緯度地方の上空の発光現象》.

áir·gràmᴵᴵ *n* 航空書簡 (air letter).

áir·gràphᴵᴵ *n* 航空縮写郵便 (cf. V-MAIL).

áir gròup 航空群 (⇨ AIR FORCE).

áir guitàr 空弾きギター, エアギター《音楽に合わせてギターを持たずに弾くまねをすること》.

áir gùn 空気銃, エアガン; AIRBRUSH; AIR HAMMER.

áir gùnner〘空軍〙機上射手《略 AG》.

áir hàllᴵᴵ エアホール《屋外プール・テニスコートなどに設置するプラスチックドーム》.

áir hàmmer〘機〙空気ハンマー, エアハンマー; 空気ドリル.

áir hàrdening〘冶〙《鋼の》空気焼入れ.

áir·hèad[1] *n*〘軍〙《敵地内の》空挺堡(ほ); 空輸末地.

airhead[2] *n*《俗》からっぽ頭, まぬけ, ばか. ♦ ~**·ed** *a*

áir hòle 気孔, 通気孔, 空気穴; 水面に張った氷の一部が解けて[凍らなくて]できた穴;〘空〙エアホール (air pocket);《鋳物の》気泡, 巣 (blowhole).

áir·hòp *vi, n**《俗》飛行機での小旅行(をする).

áir hòrn エアホーン《**1**) 気化器の主空気取入れ口 **2**) 圧縮空気式警音器》.

áir hòse *《俗》空気でできた靴下, 靴下なし(の素足): run in ~ 素足で走る.

áir hòstess〘空〙《旅客機の》エアホステス, スチュワーデス (cf. FLIGHT ATTENDANT).

áir·hòuse *n* エアハウス《塩化ポリビニルでコーティングした, 空気圧で立つ一時的な工事用ビニールハウス》.

áir hùnger〘医〙空気飢餓[渇望]《アシドーシスなどの, 一種の呼吸困難》.

air·i·ly /ɛ́ərəli/ *adv* 快活に, 陽気に, うきうきして, 気軽に; 軽やかに, 軽快に, 繊細[優美]に.

áir·i·ness *n* 風通しのよさ; 軽快さ, 快活, 陽気.

áir·ing *n* **1** 空気にさらすこと, 干すこと, 風当て, 虫干し; ᴵᴵ熱気などですっかり乾かすこと; AIRING CUPBOARD (⇨ AIR[1]); 戸外運動: take [go for] an ~ 戸外運動[散歩, 遠乗り]をする. **2**《世間への》発表, 公表;《ラジオ・テレビの》放送: get an ~〈意見・恨み・相違などが〉公表される, 公けに討論される.

áiring cùpboardᴵᴵ《シーツ・衣類の》加熱乾燥用戸棚.

áir injèction〘機〙空気噴射, エアインジェクション《圧縮空気を用いて液体燃料を内燃機関のシリンダーへ噴射する方式; cf. SOLID INJECTION》.

áir-ìntake *n* 空気取入れ口; 空気取入れ量, 吸気量.

áir jàcket〘機〙空気ジャケット; ᴵᴵLIFE JACKET.

Áir Jórdan〘商標〙エアジョーダン《Nike 社の人気バスケットシューズ》.

áir kìss エアキス《口をすぼめて, 電話口で, あるいは有名人が群集などにするキスのまね》. ♦ **aír-kiss** *vt* …にエアキスをする.

áir làne〘空〙航空路 (airway).

áir-làunch *vt*《飛行機などから》空中発射する.

áir làyer·ing〘園〙高取り法《枝などに切り込みをつけてその部分に発根を促す》.

áir·less *a* 空気のない; 風通しの悪い; 無風の. ♦ ~**·ness** *n*

áir lètter 航空郵便の手紙; 航空郵便用の軽い書簡紙;〘郵〙航空書簡 (aerogram(me)).

áir·lìft *n* 空中補給路[線];《特に応急策としての》空輸 (cf. SEALIFT); (緊急)空輸用航空機; 空輸された人員[貨物], エアリフト. ► *vt* 空輸する.

áir lìft 空気揚水[気泡]ポンプ, エアリフトポンプ (=**áir-lìft púmp**)《二重管の先を井戸水につけ, 内管に空気を送り込むと外管を気泡のはいった水が上がってくるポンプ》.

áir·lìne *n* **1** 航空路; 定期航空路線(網); [ᴼ~s, 〈*sg*〉] 航空会社. **2** [ᵁair line]*空中最短[直線]コース,《空の》大圏コース; [ᴼair line] 送気管, 送気ホース.

áir-lìne* *a* 最短の, 直線…〈距離〉; まっすぐな, 直線の.

áirline hòstess [stèwardess]*《定期旅客機の》スチュワーデス (cf. FLIGHT ATTENDANT).

áir·lìner *n* (大型)定期旅客機.

áir·lìnk *n*《2 地点の》空路による連結.

áir·lòad *n* 航空機の総積載重量《乗員・燃料を含む》.

áir lòck〘土木〙エアロック《空気ケーソンの出口にあって外部との気圧調節を行なう気密室》;《宇宙船の》気密式出入口; 減圧室;〘機〙《水管などの》空気閉塞, エアロック.

áir·lòck mòdule《宇宙ステーション内の》気密区画《気圧・温度などが調節可能; 略 AM》.

áir lòg〘空〙航空日誌;〘空〙《航空機の》飛行距離記録装置;《ミサイ

ルの》飛程記録装置; 《誘導ミサイルの》射程調節装置.
áir·màil *n* 航空郵便(制度) (opp. *surface mail*); 航空郵便物; 航空郵便用切手. ► *vt* 航空郵便で送る.
áir màil *《学生俗》郵便受けに手紙が来てないこと.
áir·man /-mən/ *n* 飛行家, 飛行士, 操縦士, 航空機乗(務)員; 航空兵, 空士: an ~ first [second, third] class ⇨ AIR FORCE. ♦ **~·shìp** *n* 飛行術.
áirman básic 〔米空軍〕三等兵 (⇨ AIR FORCE).
áir·màrk *vt* 〔空〕〈町など〉に対空標識をつける.
áir márshal 航空保安官 (sky marshal); 〔英〕空軍中将 (⇨ AIR FORCE); 〔豪〕空軍大将.
áir màss 〔気〕気団.
áir màttress* エアマットレス《軽いゴム[プラスチック]製の袋状マットレスで, ベッド・救命いかだなどとして用いる》.
áir mechànic 航空技工, 航空整備工; 〔英空軍〕機上整備員 (⇨ AIR FORCE).
Áir Mèdal 〔米軍〕航空勲章《1942 年設定; 略 AM》.
áir mìle 〔空〕航空マイル, 国際空里 (=international ~) 《1852 m》.
Áir Mìles 〔商標〕エアマイルズ《1) ある種の商品を買うともらえる英国の航空クーポン券; 1 枚につき英国航空によるフライト約 1 マイルに換算される 2) そのクーポン券の発行・交換業務を行なうところ》.
áir-mínd·ed *a* 航空(機)(の発達)に関心のある, 飛行機旅行の好きな, 航空事業[空軍力](の拡大)に興味をもつ[熱心な]. ♦ **~·ness** *n*
Áir Mìnister 〔英〕航空大臣 (cf. AIR MINISTRY).
Áir Mìnistry [the] 〔英〕航空省 (1922–64) 《1964 年 Ministry of Defence に吸収された》.
áir mìssǁ 〔空〕エアミス《航空機のニアミス (near miss) に対する公式用語》.
áir·mòbile *a* 〔米軍〕〈地上部隊が〉《通例 ヘリコプターで》空中移動する, 空中機動の.
áir mosàic 《航空写真をつないだ》航空地図.
Áir Nátional Guárd 〔米〕空軍州兵《US Air Force の予備軍で階級などは空軍に準じ, これと協力する》.
áir obsèrver 〔米陸軍〕《射弾の》空中[機上]観測員; 〔米陸軍〕空中[機上]偵察員.
áir ófficer 〔英〕《大佐より上の, 准将を含む》空軍将官; 〔米海軍〕《空母の》航空司令.
áir·pàck *n* エアパック《マスクと携帯用ボンベからなる酸素供給装置; 防火・防煙・防毒用》.
áir·pàrk *n* 小空港《特に工業地帯の近くの》.
áir pàssage 空気の通り道, 気道; 〔植〕細胞間空洞; 空の旅; 旅客機の座席権: book ~ from London to Boston.
áir pìracy 航空機乗っ取り, スカイジャック (skyjacking).
áir pìrate 航空機乗っ取り[スカイジャック]犯.
áir pìstol 空気拳銃, エアピストル.
áir·plàne* *n* **1** 飛行機 (aeroplaneǁ): by ~ 飛行機で / take an ~ 飛行機に乗る. **2** *《俗》ROACH CLIP. ► *vi* 飛行機で行く[飛ぶ].
áirplane càrrier AIRCRAFT CARRIER.
áirplane clòth [fàbric] 羽布(ʰᵘ)《気球やグライダーの翼・胴体などに用いる木綿[亜麻]布》; 羽布に似た丈夫な綿布《シャツ・パジャマなどに用いる》.
áirplane spìn 〔プロレス〕飛行機投げ.
áir plànt 〔生態〕空気[気生, 着生]植物 (epiphyte); 〔植〕カランコエ, 《特に》セイロンベンケイ (bryophyllum).
áir·plày *n* 《曲の》ラジオ放送.
áir pòcket 〔空〕エアポケット (=*air hole*)《局部的な乱気流状態; 飛行機の揚力が急減し瞬間的急下降を起こす》; 〔理〕空気[エア]ポケット (=*air trap*)《本来液体で満たされるはずのところに空気がはいり込んでできる空洞部》.
áir políce [ᴼA- P-] 〔米〕空軍憲兵隊, 《航空州兵の》航空憲兵隊《略 AP》.
áir pollùtion 大気[空気]汚染.
áir·pòrt *n* 空港《整備施設等を含む; cf. AIRFIELD》.
áirport fìction 空港で売っている小説《軽い内容のもの》.
áir·pòstǁ *n* AIRMAIL.
áir pòwer 《一国の》空軍力.
áir prèssure 〔気〕気圧 (atmospheric pressure); 〔理〕圧縮空気の圧力, 気圧; 《空中の運動体にかかる》空気圧(力), 空気抵抗.
áir·pròof *a* 空気を通さない, 気密の (airtight). ► *vt* 気密にする; 空気の有害作用から護る.
áir pùmp 空気[排気]ポンプ; [the A- P-] ポンプ座 (Antlia).
áir quàlity 《汚染度を示すいくつかの指標によって評価される》大気質: ~ index 大気質指標.
áir quòtes *pl* 空中の[しぐさの]引用符《額面どおりに受け取ってほしくないことばなどを示すため, 話し手が両手の人差し指と中指をちょんちょんと折り曲げて表わす引用符》.
áir ràge 機内暴力[迷惑行為] (cf. ROAD RAGE).
áir ràid 空襲. ♦ **áir-ràid** *a* 空襲の.
áir-ràid shèlter 防空壕.
áir-ràid wàrden AIR WARDEN.
áir resìstance 空気抵抗.
áir rìfle 空気銃, エアライフル.
áir rìght 〔法〕空中権《売買・賃貸の対象となる土地の上空の所有権・利用権》.
áir ròute 〔空〕航空路 (airway).
áir sàc 〔動〕《鳥・昆虫などの》気嚢, 《クダクラゲの群体の》気泡体; 〔植〕《マツの花粉粒の》気嚢; 〔解〕肺胞.
áir·scàpe *n* 空瞰(ᶜᵘᵘ)図, 航空写真.
áir scòop 〔機〕《飛行機・自動車などの》空気取入れ口, 吸気口, エアスクープ.
áir scòut 偵察機; 航空偵察兵; AIR EXPLORER.
áir·scrèw *n* 空中用スクリュー; ǁ《飛行機の》プロペラ.
áir-sèa réscue 航空海上救難作業(隊).
áir sèrvice 《旅客・郵便・貨物などの》航空運送(事業); 《国軍の兵科としての》航空兵科; [A- S-] 〔米〕《陸軍の》航空部 (1907–26) 《US Air Force の前身》.
áir shàft AIR WELL.
áir·shèd *n* 一地域の大気; 《地域別に区切った》大気分水界. [*watershed* にならったもの]
áir·shìp *n* 飛行船; 可導気球 (=*dirigible*): a rigid [non-rigid] ~ 硬式[軟式]飛行船. ► *vt* *空輸する.
áir shòt 《ゴルフなどにおける》空振り.
áir shòw 航空ショー, エアショー.
áir shùttle 《口》エアシャトル《特に 2 都市間の, 予約なしで乗れる通勤用近距離折り返し航空サービス》; [Air-Shuttle] エアシャトル《これに対する Eastern Airlines のサービスマーク》. ♦ **áir-shùttle** *vi, vt* エアシャトルで旅行する.
áir·sìck *a* 飛行機に酔った.
áir·sìck·ness *n* 飛行機酔い (cf. ALTITUDE SICKNESS).
áir·sìde *n* 《空港の》出国ゲートの向こう側, エアーサイド《パスポート審査部門を境界として, 乗客と空港・航空会社の職員だけがはいれる側; cf. LANDSIDE》.
áir-slàke *vt* 〈生石灰を〉風化させる: ~*d* lime ふけ灰.
áir slèeve [sòck] 〔気〕吹流し (wind sock).
áir·spàce *n* **1** 空気を含んだ[入れるための]空間; 〔植〕《細胞組織の》空気間隙, 気室; 《部屋などの》空積, 気積《呼吸用の空気の占める空間》; 〔建〕《防湿のための壁の中の》空隙, 空気層, エアスペース. **2** 《ある地域[水域]上の》空域, 《特に》領空; 〔軍〕《編隊で占める》空域; 《空軍の》作戦空域; 私有地上の空間.
áir·spèed *n* 〔空〕対気速度《略 AS; cf. GROUND SPEED》.
áir·spèed·ed *a* 航空便による.
áirspeed ìndicator [mèter] 〔空〕対気速度計.
áir sprày 噴霧剤(入り噴霧器) (aerosol). ♦ **áir-sprày** *a* 吹き付け(用)の; 噴霧式の.
áir-sprayed *a* 圧縮空気によって煙霧状に吹き付けた.
áir spring 〔機〕空気ばね (air cushion).
áir stàff 航空幕僚.
áir stàtion 〔空〕《格納・整備施設のある》飛行場.
áir stòpǁ ヘリコプター発着所, ヘリポート (heliport).
áir·strèam *n* 気流, 《特に》高層気流; AIRFLOW, 《特に プロペラによる》高速後流.
áir strìke 航空機からの攻撃, 航空攻撃, 空襲, 空爆.
áir·strìp *n* 〔空〕(仮設)滑走路; 小空港.
áir strùcture 《ジェット気流やエアクッションによる》(一時的)空気構造物; 《プラスチック製などの》BUBBLE.
áir suppòrt 対地支援爆撃, 空対地攻撃.
áir sùrvey 航空測量.
áir suspènsion 空気ばねを用いた懸架装置, エアサスペンション.
áir swìtch 〔電〕気中開閉器, エアスイッチ《回路の開閉を空気中で行なう方式のスイッチ; cf. OIL SWITCH》.
airt /éɪərt, ɛ́ərt/, **airth** /ɛ́ərθ/ 《スコ》 *n* 方位, 方向. ► *vt* …に道[方向]を示す. ► *vi* 進む.
áir-tàxi *vi* 近距離飛行する.
áir tàxi エアタクシー《不定期の近距離営業の小型飛行機》.
air·tel /ɛ́ərtɛ̀l/ *n* エアテル《空港の(近くの)ホテル》. [*air*+*hotel*]
áir tèrminal エアターミナル《1) 空港の旅客の出入口となる建物・オフィスなど 2) 空港から離れた市内の空港連絡バス[鉄道]発着所》.
áir thermòmeter 〔理〕空気温度計《閉じ込めた空気の圧力・体積の変化を利用する気体温度計》.
áir·tìght *a* 気密の; *攻撃の[乗じる]隙のない, 水も漏らさぬ〈議論・防備〉. ♦ **~·ly** *adv* **~·ness** *n*
áir·tìme *n* 放送開始時刻; 《特に 広告用の》放送時間; 《2 地点間の》(所要)飛行時間 〈*between*〉; 《携帯電話の》通話時間.
áir-to-áir *adv, a* 航空機から航空機へ(の): an ~ missile 空対空ミサイル《略 AAM》/ refuel ~ 燃料を空中補給する.
áir-to-gróund *adv, a* 航空機から地上へ(の): an ~ missile 空対地ミサイル《略 AGM》.
áir-to-súrface *adv, a* 航空機から地上[海上]へ(の): an ~ missile 空対地[艦]ミサイル《略 ASM》.
áir-to-únder·wàter *adv, a* 航空機から水中へ(の): an ~ missile 空対水中ミサイル《略 AUM》.
áir tràctor 農用[農薬散布用]航空機.

áir tràffic 〘空〙航空交通; 航空交通量; 航空輸送量.
áir tràffic contròl 〘空〙航空交通管制(機関) (=*air control*) 《略 ATC》. ♦ **áir tràffic contròller** 航空交通管制官[員] 《略 ATC》.
áir tràin SKY TRAIN.
áir trànsport 航空運輸, 空輸; 輸送機, 《特に》軍用輸送機.
áir tràp 《排水溝・下水管などの》防臭トラップ, エアトラップ; 〘理〙AIR POCKET.
áir tràvel 飛行機旅行(者数).
áir tùrbine 〘機〙空気タービン.
áir umbrèlla 〘軍〙AIR COVER.
áir vàlve 〘機・土木〙空気弁.
áir vèsicle 〘植〙《水生植物・海草の》気胞; 《葉の》呼吸腔.
áir vìce-márshal 〘英〙空軍少将 (⇨ AIR FORCE).
áir·ward, -wards *adv* 上[空]の方へ, 上空に向かって (upward).
áir wàrden* 《戦時の》空襲監視員, 防空指導員 (=*air-raid warden*).
áir·wàve *n* 《所定周波数の》チャンネル (airway); [*pl*] 《テレビ・ラジオの》放送電波, 放送波, エアウェーブ: on the ~*s* 放送されて. ► *a* 放送波の.
áir·wày *n* 空気の通り道, 〘鉱〙通気立坑, 風道; 〘解〙気道, 気管; 〘放送・通信〙《電波の》通信路, チャンネル; [*pl*] AIRWAVES; 〘医〙《麻酔などに用いる》気管内チューブ; 〘空〙航空路 (=air lane, air route); [°~s, ᵁ⟨*sg*⟩] 航空会社 (airline): British *A*~*s* 英国航空.
áirway bèacon 航空(路)灯台, 航空路ビーコン.
áir wàybill* 航空貨物運送状《航空運送契約の証拠書類》.
áir wèll 《鉱山・トンネルなどの》通気立坑; 《ビルの各階を貫通して屋上に抜ける》風道(ふうどう), ダクト.
áir wìng 〘空軍〙航空団 (⇨ AIR FORCE).
áir-wìse *a* 航空知識[経験]の豊富な.
áir·wòman *n* 女性飛行家[操縦士, 乗員]; 女子航空兵《現在は非公用語》.
áir·wòrthy *a* 〈航空機が〉耐空性の十分な, 航空[飛行]に適した. ♦ **-wòrthiness** *n*
airy /ɛ́əri/ *a* **1** 空気の; 風通しのよい; 風のよくあたる; 空中(で)の, 空高くそびえる; 隙間の大きな. **2** 空気のような; 軽い, ふわりと浮かぶ(ような), 優雅な; 軽快な, 快活な, 陽気な; 実体のない, 幻想的な; ほのかな〈香り〉; うわついた, 移り気の; «口» 気取った, もったいぶった. [AIR¹]
áiry-fáiry «口» *a* 妖精のような, 軽々とした; [*derog*] 空想的な, 非現実的な〈考え・計画〉; めめしい, 軟弱な.
Ai·sha(h) /ɑ́ːiʃə, -ʃɑ̀ː, ɑíːʃə/ アーイシャ (614–678) 《Muhammad の愛妻; Abū Bakr の娘》.
aisle /áɪl/ *n* 《教会堂の》側廊, アイル《身廊 (nave) の両側の廊下状の部分》; 《教会堂の》仕切られた部分《たとえば middle ~ (中廊) は身廊を指す》; 《小さな教会の座席列間の》通路; 《劇場・教室・乗物・商店・果樹園・倉庫内などの》通路, アイル. ● **down the ~** «口» 〈娘など〉結婚式で祭壇へ向かって. **lead** sb **up the ~** 〈人〉と結婚する. **rock** [**knock, have, lay, put**]...**in the ~s** 〈芝居などが〉...に大きな感銘を与える, 大うけする. **roll in the ~s** «口» 〈聴衆が〉笑いころげる, 抱腹絶倒する. **two on the ~** 《劇場の》正面通路側の 2 つの席《2 人連れ用の最もよい席》. ♦ **~d** *a* aisle のある. [OF＜L *ala* wing; *-s-* は *island* と F *aile* wing の混同から]
áisle sèat 《飛行機・列車などの》通路側の席.
áisle sìtter «口» 演劇評論家.
áisle·wày *n* 《商店・倉庫内などの》通路 (aisle).
Aisne /éɪn; *F* ɛn/ **1** エーヌ《フランス北部 Picardie 地域圏の県; ☆Laon》. **2** [the] エーヌ川《フランス北部 Argonne 丘陵地帯から発して Compiègne 付近で Oise 川に合流する》.
ait¹ᴵᴵ /éɪt/ *n* 《特に川の中の》小島, 川中島. [OE (dim)＜*ieg* ISLAND]
ait² *n* «スコ» オート麦 (oat).
aitch /éɪtʃ/ *n* 《アルファベットの》H [h]. ● **drop one's ~es** ⇨ H.
áitch·bòne *n* 《牛などの》臀骨(でんこつ) (hipbone); イチボー《骨付きの尻肉》. [ME *nage-, nache-* (OF＜L (pl)＜*natis* buttock), BONE; *n-* の消失については cf. ADDER]
áitch·lessᴵᴵ *a* h を落とす〈方言の話し手〉.
Ait·ken /éɪ(t)kən/ エイトケン (**1**) **Robert Grant ~** (1864–1951) 《米国の天文学者; 1 万 7 千余を含む二重星星表を編纂》 (**2**) **William Maxwell ~** ⇨ 1st Baron BEAVERBROOK.
Ai·un /aɪúːn/ EL AAIÚN.
Aix /éɪks; *F* ɛks/, **Aix-en-Pro·vence** /*F* ɛksɑ̃ːprɔvɑ̃ːs/ エクス, エクサン・プロヴァンス《フランス南東部 Marseilles の北の市》.
AIX /éɪaɪéks/ *n* 〘電算〙AIX《IBM 社による UNIX オペレーティングシステム》. [*A*dvanced *I*nteractive E*x*ecutive]
Aix-la-Cha·pelle /èɪkslɑ̀ːʃɑːpél, ѐks-/ エクス・ラ・シャペル 《AACHEN のフランス語名》. ■ the **Cóngress of ~** エクス・ラ・シャペル[アーヘン]会議《ナポレオン戦争後のヨーロッパの諸問題に対処するため英国, オーストリア, プロイセン, ロシア, フランスの各国が 4 回の会議をもったうちの最初のもの (1818); フランスは同盟国側の賠償金の大半を負担するかわりに占領軍の撤退を認めさせ, また四国同盟に加わることとなった》. the **Tréaty of ~** エクス・ラ・シャペル[アーヘン]の和約《オーストリア継承戦争 (1740–48) を終結させた和平条約 (1748); オーストリアの女帝 Maria Theresa には Hapsburg 家継承権を, 一方のプロイセンには Silesia の領有を認めた》.
Aix-les-Bains /*F* ɛkslebɛ̃/ エクス・レ・ベン《フランス南東部 Savoie 県の景勝の温泉保養地》.
Aíyina ⇨ AEGINA.
Ai·zawl /aɪzáʊl/ アイザウル《インド北東部 Mizoram 州の州都》.
Ajac·cio /ɑːjɑ́ːtʃoʊ; ədʒǽtʃioʊ, ədʒǽs-; *F* aʒaksjo/ アヤッチオ, アジャクシオ《フランス領 Corsica 島の港町, Corse-du-Sud 県の県都》.
Ajan·ta /ədʒʌ́ntə/ アジャンター《インド西部 Maharashtra 州中北部丘陵地の村; 近くに残る古代仏教の石窟群の壁画が有名》.
ajar¹ /ədʒɑ́ːr/ *adv, pred a* 〈戸・ドアが〉少し開いて; 半ドアで. [*a*-¹, *char*² a turn]
ajar² *adv, pred a* 不和で, 調和しないで: ~ with the facts 事実と食い違って / set nerves ~ 神経をいらだたせる. [*a*-¹, JAR²]
Ajax /éɪdʒæks/ **1** 〘ギ神〙アイアース (=*Aias*) (=Great ~) 《Telamon of Salamis の息子でトロイア攻囲軍の勇士; Achilles のよろいが Odysseus に与えられたので自殺した》. **2** 〘ギ神〙(小)アイアース (=~ the Less(er)) 《Locris の王でトロイア攻囲軍の快足の勇士》. **3** 〘商標〙エージャックス《洗剤》.
ajee ⇨ AGEE.
aji·va /ədʒíːvə/ *n* 〘ジャイナ教〙非命《生命なきもの: 虚空・法・非法・時・物質; opp. *jiva*》. [Skt]
Aj·man /ɑːdʒmǽn/ アジュマン《アラブ首長国連邦を構成する 7 首長国の一つ》.
Aj·mer /ʌ̀dʒmíər, -méər/ アジュメール《インド北西部 Rajasthan 州の市》.
Ajodhya ⇨ AYODHYA.
aju·ga /ǽdʒəgə/ *n* (*pl* ~, ~**s**) 〘植〙キランソウ属 (*A-*) の各種草本 (bugle). [NL (*a*-², *jugum* yoke)]
ajutage ⇨ ADJUTAGE.
ak, ok /ɑ́k/ *n**«俗» 十月 (October) 《オプション・先物取引用語》.
AK, a.k. °alter kocker ♦ ass-kisser. **AK** Alaska.
aka /éɪkèɪéɪ, ǽkə/ also known as 別称, 通称.
Akaba ⇨ AQABA.
Akad·e·mi /əkɑ́ːdəmi/ *n* «インド» 学究社会.
Aka·li /əkɑ́ːli/ *n* アカーリー派(教徒)《17 世紀に創始された軍事色をもつ Sikh 教の宗派》.
Akan /ɑ́ːkɑ̀ːn/ *n* **a** アカン語《ガーナの大部分およびコートジヴォアールの一部で用いられる言語; cf. FANTI, TWI》. **b** (*pl* ~, ~**s**) アカン族.
a·ka·ra ⇨ ACCRA.
Akarnanía ⇨ ACARNANIA.
akar·y·ote /eɪkǽriòʊt/ *n* 〘生〙無核細胞.
aka·sha /ɑːkɑ́ːʃə/ *n* 〘インド哲学〙空, 天, 虚空, アーカーシャ. ♦ **aká·shic** *a* 空[アーカーシャ]の: *akashic* records アカシックレコード《森羅万象が記されているという》.
aka·thi·sia, aca- /ǽkəθíʒ(i)ə, -ziə, èɪ-/ *n* 〘医〙静坐不能, アカシジア. [Gk *kathisis* sitting]
Ak·bar /ǽkbər, -bɑːr/ アクバル (=~ the Great) (1542–1605) 《ムガル帝国第 3 代の皇帝 (1556–1605)》.
AKC American Kennel Club アメリカ畜犬協会, アメリカン・ケンネル・クラブ. **AKDT** 〘米〙°Alaska daylight time.
ake·bia /əkíːbiə/ *n* 〘植〙アケビ, アケビ属 (*A-*) のつる植物.
akee ⇨ ACKEE.
ake·la /əkíːlə; ɑːkéɪlə/ *n*ᴵᴵ《Cub Scouts の》班長, 隊長. [*Akela*: Kipling, *The Jungle Book* のオオカミの首領の名]
à Kempis ⇨ THOMAS À KEMPIS.
akene /eɪkíːn, ə-/ *n* ACHENE.
Aken·side /éɪkənsàɪd/ エーケンサイド **Mark ~** (1721–70) 《英国の詩人・医師》.
Aker·lof /ǽkərlɔ̀ːf/ アカロフ **George A**(**rthur**) **~** (1940–) 《米国の経済学者; ノーベル経済学賞 (2001)》.
AK-47 /éɪkéɪfɔ̀ːrtisév(ə)n/ *n* 〘軍〙AK-47《ソ連で開発された歩兵用突撃銃; 設計者の名から Kalashnikov とも呼ばれる; 半自動・自動両用で, 口径は 7.62 mm, 装弾数 30 発》. [*avtomat Kalashinikova 1947* Kalashinikov automatic rifle of 1947]
Akha·ïa /əkáɪə/ アカイア《ACHAEA の現代ギリシア語名》.
akha·ra /əkɑ́ːrɑː/ *n* «インド» 体育館.
Akhelóos ⇨ ACHELOUS.
Akhe·na·ton, Akhe·na·ten /ɑ̀ːk(ə)nɑ́ːtn/, **Akh·na·ton** /ɑːknɑ́ːtn/ アクナトン《エジプト第 18 王朝の王 Amenhotep 4 世 (在位 1379–1362 B.C.) の異名》.
Ak·hi·sar /ɑ̀ːk(h)ɪsɑ́ːr/ アクヒサル《トルコ西部 Izmir の北東にある町; 古代名を Thyatira といい, ヨハネ黙示録に「アジアに在る七つの教会」の一つとして出てくる》.
Akh·ma·to·va /ɑːkmɑ́ːtəvə, ɑ̀ːkmətóʊvə/ アフマートヴァ **Anna ~** (1889–1966) 《ロシアの詩人; 本名 Anna Andreyevna Gorenko》.
Aki·ba ben Jo·seph /ɑːkíːvɑː bɛn dʒóʊzəf/ アキバ・ベン・ヨセフ (c. 40–c. 135 A.D.) 《ユダヤ教のラビ》.
akim·bo /əkímboʊ/ *adv, pred a* 〈人が〉手を腰に当ててひじを張って;

〈腕・ひじ・脚が〉くの字形に折り曲げられて: stand (with one's arms) ～ 両手を腰に当てて, ひじを張って立つ. ［ME *in kenebowe*＜? ON **ikeng boginn* bent in a curve; a-¹ に同化］

akin /əkín/ *pred a* 血族で; 似通って, 類似して 〈*to*〉; 〖言〗COGNATE: Pity is ～ *to* love. 《諺》 憐れみは恋に通じる. ［*a*-¹］

aki·ne·sia /èɪkaɪníːʒ(i)ə, -kə-/ *n* 〖医〗無運動《完全な または部分的な運動麻痺》. ♦ **aki·nét·ic** *a* ［*a*-²］

Aki·ta /əkíːtə, ɑː-/ *n* [ˢa-]〖犬〗秋田犬. ［Jpn］

Ak·kad, Ac·cad /ǽkæ̀d, ɑ́ːkɑ̀ːd/ アッカド《**1**) 2800–1100 B.C. に栄えた, 古代バビロニアの北部地方 **2**) その首都 (＝**Aga·de** /əgɑ́ːdə/)》; アッカド人; アッカド語.

Ak·ka·di·an, Ac·ca- /əkéɪdiən, əkɑ́ː-/ *n* アッカド語; アッカド人. ► *a* アッカド(人[語])の.

Ak·ker·man /ɑ̀ːkərmɑ́ːn, ⌐⌐⌐/ アッケルマン《BELGOROD-DNESTROVSKY の旧称》.

Akko ⇨ ACRE².

Ak·mo·la /ɑːkmóʊlə/ アクモラ《ASTANA の旧称》.

akra·sia, acra·sia /əkréɪʒ(i)ə; -ziə/ *n* 〖哲〗意志薄弱. ♦ **akrá·tic** *a*

akr(o)- ⇨ ACR-.

Ak·ron /ǽkrən/ アクロン《Ohio 州北東部の市; ゴム産業の中心地》.

AKST 〖米〗°Alaska standard time.

Ak·sum, Ax·um /ɑ́ːksùːm/ アクスム《エチオピア北部 Tigre 州の町; 古代アクスム王国の首都》. ♦ **～·ite** *a, n*

AKT 〖米〗°Alaska time.

Akte ⇨ ACTE.

Ak·ti·vist /ɑ̀ːktɪvíst/ *n* (*pl* **-vis·ten** /-vístən/) 《旧東ドイツの》模範労働者.

ákto·gràph /ǽktə-/ *n* 《実験動物の》活動記録計.

Ak·tyu·binsk /ɑːktjúːbɪnsk/ アクチュビンスク《カザフスタン北西部の工業都市》.

aku /ɑ́ːku/ *n* 《ハワイ》カツオ (oceanic bonito). ［Haw］

Aku·bra /əkúːbrə/ 〖商標〗アクーブラ《オーストラリア製のつばの広いウサギ革の帽子》.

Aku·re /ɑːkúəri/ アクレ《ナイジェリア南西部 Ondo 州の州都》.

akvavit ⇨ AQUAVIT.

Akwa Ibom /ɑ́ːkwɑː íːbòum; ǽkwə íːbəm/ アクワイボム[イボン]《ナイジェリア南東部の州; ☆Uyo》.

Ak·yab /ækjǽb/ アキャブ《SITTWE の旧称》.

al /ɑ́ːl/ *n* 〖植〗ヤエヤマアオキ (Indian mulberry). ［Hindi］

Al /ǽl/ アル《男子名; Albert, Alexander, Alfred, Aloysius の愛称》.

al- ⇨ AD-.

-al¹ /(ə)l/ *a suf*「…の(ような)」「…に適した」: post*al*, sensation*al*, reg*al*. ［F or L］

-al² /(ə)l/ *n suf* [行為・過程]「…すること」: arriv*al*. ［F or L］

-al³ /æl, ɔ̀(ː)l, (ə)l/ *n suf*「…のアルデヒド」「…の薬剤」: furfur*al*, barbit*al*. ［*al*dehyde］

Al 〖化〗ᴵᴵaluminium, *aluminum. **AL** Alabama ♦ Albania ♦ 〖野〗°American League ♦ °American Legion.

ala /éɪlə/ *n* (*pl* **alae** /-lìː/) 〖生・解〗翼, 羽根; 腋窩 (armpit); 翼状部, 翼状突起; 《蝶形花冠の》翼弁; 《鼻の》鼻翼, こばな; 《耳の》耳翼; 《古代ローマの家屋の》小部屋《ここからさらに大部屋や庭に出られる》. ［L＝wing］

à la, a la /ɑ́ːlə, -lɑː, ǽlə, ǽlɑː; *F* a la/ *prep* (cf. AU) …へ(の), …において[おける], …の中に[の]; …流の[に]; …式の[に]; …に準拠した[して]; 〖料理〗…を添えた: ～ jardinière 〖料理〗各種野菜付きの / À LA BONNE HEURE, À LA CARTE, À LA MODE, etc.

Ala, ala 〖生化〗alanine. **Ala.** Alabama.

ALA American Library Association アメリカ図書館協会《世界最古・最大の国立図書館協会; 1876 年設立; 本部 Chicago》.

alaap ⇨ ALAP.

Al·a·bama /æ̀ləbǽmə/ **1** アラバマ《米国南東部の州; ☆Montgomery; 略 Ala., AL》. **2** [the] アラバマ川《Alabama 州南部を南西に流れ, 分流して Tensaw 川, Mobile 川となってメキシコ湾に注ぐ》. ♦ **Al·a·bam·i·an** /æ̀ləbǽmiən/, **Àl·a·bám·an** *a, n*

al·a·bam·ine /æ̀ləbǽmìːn, -mən/ *n* 〖化〗アラバミン《記号 Ab; ASTATINE の旧名》.

à l'aban·don /*F* a labɑ̃dɔ̃/ *adv* うっちゃらかしに; 行き当たりばったりに; 乱雑に.

al·a·bas·ter /ǽləbæ̀stər, -bɑ̀ːs-/ *n* 雪花石膏(せっかせっこう)《白色半透明で美術工芸用》; オニックスマーブル, 縞(しま)大理石: (as) white as ～ 雪白で[の]. ► *a* alabaster の(ような); 《文》白くなめらかな. ♦ **al·a·bas·trine** /æ̀ləbǽstrən, -bɑ́ːs-/ *a* ［OF, ＜Gk］

à la belle étoile /*F* a la bɛl etwal/ *adv* 美しい星の下で; 夜戸外で. ［F＝under the beautiful star］

à la bonne heure /*F* a la bɔnœːr/ *adv* 折よく. ► *pred a* よろしい (well and good); [〈*int*〉] よくやった! (well done). ［F＝at a good time］

à la carte, a la carte /ɑ̀ːləkɑ́ːrt, æ̀lə-, *F* a la kart/ *adv, a* メニューから一品ずつ選んで[選んだ] (cf. TABLE D'HÔTE); 一品ごとに値段を示して[した]. ［F＝according to the card］

al·a·chlor /ǽləklɔ̀ːr/ *n* アラクロール《除草剤》.

alack(·a·day) /əlǽk(ədèɪ)/ *int* 《古》ああ悲しいかな, あわれ! 《悲嘆・遺憾・驚きを表わす》. ［? *ah lack*］

alac·ri·tous /əlǽkrətəs/ *a* 敏活な, きびきびした.

alac·ri·ty /əlǽkrəti/ *n* 敏活さ, 機敏さ, 積極性, 乗り気: with ～ てきぱきと, いそいそと. ［L (*alacer* brisk)］

Ala Dag, Ala Dagh /ɑ́ːlɑːdɑ́ː(g)/ アラ山脈, アラダー《**1**) トルコ南東部 Taurus 山脈の東部を構成する山脈 **2**) トルコ東部の山脈 **3**) トルコ北東部の山脈》.

Alad·din /əlǽd(ə)n/ アラジン《『アラビアンナイト』中の人物で, 魔法のランプと指輪を手に入れあらゆる望みをかなえた》.

Aláddin's cáve 莫大な財宝のある場所.

Aláddin's lámp アラジンのランプ《何でも望みをかなえてくれるもの》.

ALA dehydratase /èɪèléɪ ⌐⌐/ 〖生化〗ALA 脱水酵素《ヘム (heme) の合成に関与する酵素》. ［*ALA*＜*a*mino*l*evulinic *a*cid］

alae *n* ALA の複数形.

à la fran·çaise /*F* a la frɑ̃sɛːz/ *a, adv* フランス流[風]の[に].

Ala·gez /ɑ̀ːlɑːgɛ́z/, **-göz** /-gǿːz/ [Mount] アラゲズ山《ARAGATS 山のトルコ語名》.

Ala·go·as /æ̀ləgóʊəs/ アラゴアス《ブラジル北東部の大西洋に臨む州; ☆Maceió》.

à la grecque /ɑ̀ː lə grɛ́k, æ̀lə-/ *adv, a* [°à la Grecque] 〖料理〗ギリシア風に[の]《オリーブ油・レモン汁とウイキョウ・コエンドロ・セージ・タイムなどの香味料からなるソースを添えた》.

Álai Móuntains /ɑ́ːlaɪ-/ *pl* [the] アライ山脈《キルギスタン南西部の山脈; 最高峰 5960 m》.

Alain /*F* alɛ̃/ アラン (1868–1951)《フランスの哲学者・思索家; 本名 Émile-Auguste Chartier》.

Alain-Four·nier /*F* alɛ̃furnje/ アランフルニエ (1886–1914)《本名 Henri-Alban Fournier; フランスの小説家; *Le Grand Meaulnes* (1913)》.

à la king /ɑ̀ːləkíŋ, æ̀lə-/ *a* 〖料理〗〈肉・魚など〉マッシュルームとピーマン[ピメント]入りのクリームソースで煮た.

ala·lia /əléɪliə/ *n* 〖医〗構語障害, 発語不能症 (cf. MUTISM, APHASIA). ［*a*-²］

Al·a·man·ni /æ̀ləmǽnàɪ/ *n pl* [the] ALEMANNI.

Al·a·man·nic /æ̀ləmǽnɪk/ *n, a* ALEMANNIC.

Al-ʻA·ma·rah /æ̀lhæmɑ́ːrə/ アマーラ《イラク南東部の Tigris 川に面した市》.

al·a·me·da /æ̀ləmíːdə, -méɪ-/ *n**《南西部》《特に ポプラなどの並木のある》遊歩道. ［Sp］

Alameda アラミダ《California 州西部, San Francisco 湾に臨む市・港町; 海軍の大航空基地がある》.

Al·a·mein /æ̀ləméɪn, ⌐⌐⌐/ [El /ɛ́l/ ～] (エル)アラメイン《エジプト北西部, 地中海に臨む村; 連合国軍がドイツ軍に勝利をおさめた激戦の地 (1942)》.

à l'amé·ri·caine /*F* a lamerikɛn/ *a, adv* アメリカ流[風]の[に].

Al·a·mine /ǽləmìːn/ 〖商標〗アラミン《分岐脂肪族アミンの商品名; 腐食抑制剤・乳化剤》.

al·a·mo /ǽləmòʊ/ *n* (*pl* **～s**)*《南西部》ハコヤナギ, 《特に》ヒロハハコヤナギ.

Alamo [the] アラモ砦《当時メキシコ領だった Texas 州 San Antonio にあった もと伝道布教所; 1836 年 3 月 6 日 Santa Anna 指揮下のメキシコ軍により Davy Crockett を含むテキサス独立軍の守備隊 187 人は全滅; 6 週間後米国側の勝利によりテキサスが独立》.

ala·mode /æ̀ləmóʊd/ *a, adv* A LA MODE. ► *n* アラモード絹《光沢のある薄絹》.

à la mode, a la mode /ɑ̀ːləmóʊd, æ̀lə-/ *a, adv* 流行の, 当世風の[に], 今ふうの[に]; *〈ケーキなど〉アイスクリームを添えた[て]; 〈ビーフが〉野菜と煮込んで肉汁ソースをかけた[かけて]. ［F＝according to the fashion］

Al·a·mo·gor·do /æ̀ləməgɔ́ːrdoʊ/ アラモゴード《New Mexico 州南部の市; 1945 年 7 月付近の砂漠で世界初の原爆実験が行なわれた》.

à la mort /ɑ̀ːləmɔ́ːrt, æ̀lə-/ *pred a* 重態の; 意気消沈した; ふさぎこんだ. ► *adv* 致命的に. ［OF＝to the death］

Al·an, Al·lan, Al·len /ǽlən/ アラン《男子名》. ［Celt＝? harmony, comely］

Al·an·brooke /ǽlənbrʊ̀k/ アランブルック Sir **Alan Francis Brooke,** 1st Viscount ～ (1883–1963)《英国の陸軍元帥》.

Åland /ɑ́ːlənd, ɔ́ː-/ オーランド (*Finn* Ahvenanmaa)《**1**) Bothnia 湾の入口, フィンランドとスウェーデンの間に位置するフィンランド領の諸島 (＝the **～ Íslands**); 6000 を超える島々からなる; 中心都市 Mariehamn **2**) その主島》.

à la Newburg /ɑ̀ːlə ⌐⌐, æ̀lə-/ *a, adv* 〖料理〗ニューバーグソースで調理した (⇨ NEWBURG).

à l'an·glaise /*F* a lɑ̃glɛːz/ *a, adv* 英国流[風]の[に].

al·a·nine /ǽlənìːn, -nàɪn/ *n* 〖生化〗アラニン《タンパク質中にあるアミノ酸の一種》.

alan·nah, -na /əlǽnə/ *int* 《アイル》ね, ねーえ! 《わが子への呼びかけ

または 愛情表現). [Ir *a leanbh O child*]

Al-A·non /ǽlənɑ̀n/ *n* アルアノン《アルコール中毒患者の家族・縁者のための国際的組織; cf. ALCOHOLICS ANONYMOUS》.

al·a·nyl /ǽlənìl/ *n* 〘化〙アラニル(基) (＝～ **ràdical** [**gròup**]).

Al·a·ouite, -wite /ǽləwìːt, ⏑–⏑⏑/ *n* 〘イスラム〙アラウィー派の人《アラウィー派はシリアのトルコ国境地帯に住むシーア派の分派》.

ala(a)p /ɑːlɑ́ːp, ə-/ *n* 〘インド音楽〙アーラープ《ラーガ (raga) における提示部》. [Skt]

à la page /*F* a la paːʒ/ *pred a* 最新の, 流行の. [F＝at the page]

alar /éɪlər/ *a* 〘動〙翼の(ような), 翼のある, 翼状の; 〘植〙葉腋(ようえき)の, 腋生の; 〘解〙腋窩(えきか)の. [ALA]

Alar /éɪlɑːr/ 〘商標〙アラール《ダミノジド (daminozide) の商品名》.

Alar·cón /ɑ̀ːlɑːrkóʊn, -kɔ́ːn/ アラルコン **Pedro Antonio de ～ (y Ariza)** (1833–91)《スペインの小説家;『三角帽子』(1874)》.

Al·a·ric /ǽlərɪk/ **1** アラリック《男子名》. **2** アラリック (**1**) (c. 370–410)《西ゴート族の王 (395–410); ローマを征服 (410)》 (**2**) ～ **II** (?–507)《西ゴート族の王;「西ゴート人のローマ法」を発布》. [Gmc＝noble ruler]

à la ri·gueur /*F* a la rigœːr/ *adv* 厳密に; やむをえなければ.

alarm /əlɑ́ːrm/ *n* **1** 危険を知らせる音[声, 合図], 警報;《聴覚・視覚に訴える》警報装置, 警報器,《目覚まし時計の》ベル, ブザー; 目覚まし時計; 警告: give [raise, sound] the ～ 警報を出す, 急を報じる / set off [trigger] an ～ 警報器を作動させる. **2**《急に危険を感じての》恐怖,《先行きに対する》心配, 懸念; 〘フェン〙アラーム《前足を踏み込んで床を鳴らす挑戦動作》; [*pl*] うるさい音, 騒音; 《廃》非常呼集[召集] (cf. ALARMS AND EXCURSIONS): in ～ 驚いて. ► *vt* …に警報を伝える, 危険を知らせる, 警戒させる; 恐怖に陥れる; 心配[動揺]させる, ハッとさせる;〈家・車〉に警報装置を取り付ける; 騒がせる, ごたごたさせる: be ～*ed at* the news 知らせに驚きあわてる / be ～*ed for* sb's safety 安否を気づかってはらはらする / I don't want to ～ you, but… 驚かすつもりはないんだけど…《悪い知らせなどを切り出すときのことば》. [OF＜It (*all' arme!* to arms!)]

-alárm* *a comb form* 数詞に付けて火災または食品の辛さなどの程度を示す: five-*alarm*〈火事が〉大火事の;〈トウガラシなどが〉特別に辛い, 激辛の.

alárm and despóndency [*euph*] 意気消沈; 心配, 不安.

alárm bèll 警報ベル, 非常ベル, 警鐘; [*pl*] 警告.

alárm clòck 目覚まし時計.

alárm·ed·ly /-ədli/ *adv* 警戒心[恐怖, 懸念]をいだいて, はっとして.

alárm gàuge《蒸気機関の》過圧表示器.

alárm gùn 警報銃, 警砲.

alárm·ing *a* 警報を発する; 警戒心[恐怖, 不安]をいだかせる: at an ～ rate 驚くべき速度で〈変化する など〉. ♦ **～·ly** *adv* 警戒心[恐怖, 不安]をいだかせるほど.

alárm·ìsm *n* 杞憂(きゆう), 取越し苦労; 人騒がせな予測やデマを飛ばすこと.

alárm·ist *n* 人騒がせな予測やデマを飛ばす癖のある人; 心配性の人. ► *a* alarmist の(ような).

alárm reàction 〘生理〙警告反応《内分泌活動が賦活されることなどにみられる, ストレスに対する身体の反応の第 1 段階》.

alárms and excúrsions *pl* ALARUMS AND EXCURSIONS.

alárm wòrd 合いことば (watchword).

alar·um /əlɑ́ːrəm, əlέər-/ *n* 《古・詩》ALARM.

alárums and excúrsions *pl* 〘劇〙戦乱のざわめきと兵士たちのあわただしい行き交い《エリザベス朝の戯曲のト書(がき)》; 大騒ぎ, てんやわんや.

à la russe /*F* a la rys/ *a, adv* ロシア流[風]の[に].

ala·ry /éɪləri, ǽl-/ *a* 翼[羽根]の, 有翅(ゆうし)の, 翼状の, 扇状の. [ALA]

alas /əlǽs, əlɑ́ːs/ 《文》*adv* 残念ながら. ► *int* ああ《悲嘆・憐憫・遺憾・憂慮を表わす発声》. [OF (AH[1], L *lassus* weary)]

Ala·şe·hir /æ̀ləʃəhíər, ɑ̀ːl-/ アラシェヒル《トルコ西部 Izmir の東にある市》.

Alas·ka /əlǽskə/ アラスカ《北米北西端に位置する米国最大の州; 1912–59 年準州; ☆Juneau; 略 **Alas.**, AK》. ■ the **Gúlf of ～** アラスカ湾《西は Alaska 半島, 東は Alexander 諸島によって限られる北太平洋北東部の湾》. ♦ **Alás·kan** *a, n*

Aláska cédar 〘植〙アラスカヒノキ (yellow cedar).

Aláska cód 〘魚〙マダラ《北太平洋産》.

Aláska dáylight tìme 〘米〙アラスカ夏時間《ALASKA (STANDARD) TIME の夏時間; 略 AKDT》.

Aláska Híghway [the] アラスカハイウェー《Alaska 州の Fairbanks とカナダの Dawson Creek を結ぶ道路; 1942 年建設; 旧称 Alcan Highway》.

Aláskan cráb 〘動〙タラバガニ (king crab).

Aláskan málamute 〘犬〙アラスカンマラミュート《そり犬》.

Aláska Península [the] アラスカ半島《Alaska 南西部の半島》.

Aláska píne 〘植〙アメリカツガ.

Aláska Ránge [the] アラスカ山脈《Alaska 南部の山脈; 最高峰 Mt McKinley (6194 m)》.

Aláska (stándard) tìme 〘米〙アラスカ標準時《UTC より 9 時間おそい; 略 AKST, AKT; ⇨ STANDARD TIME》.

Al·as·tair /ǽləstər, -tὲər/ アラステア《男子名》. [Sc; ⇨ ALEXANDER]

Alas·tor /əlǽstər, -tɔːr/ 〘ギ神〙アラストール《「復讐」の擬人化神 (nemesis)》;《中世の悪魔学で》死刑執行人.

alas·trim /ǽləstrìm, ⏑–⏑⏑/ *n* 〘医〙小痘瘡, アラストリム《天然痘の軽症型》. [Port (*alastrar* to spread)]

Ala Tau /ǽlə táʊ, ɑ̀ːlə-/ アラタウ《カザフスタン東部, キルギスタンにまたがる, 天山山脈の中の数本の支脈; Issyk-Kul 湖を囲むように位置する》.

alate /éɪlèɪt/ *a* 翼[羽根]のある, 有翅(ゆうし)の; 翼状の部分のある. ► *n* 〘昆〙《アリ・アリマキなど有翅・無翅 2 型ある昆虫の》有翅虫. ♦ **alá·tion** *n* 有翼, 有翅.

alat·ed /éɪlèɪtəd/ *a* ALATE.

Ála·va /ɑ́ːləvə/ アラバ《スペイン北部 Basque 地方の県; ☆Vitoria》.

à la vien·noise /*F* a la vjɛnwaːz/ *a, adv* ウィーン流[風]の[に].

Al·a·wi /ǽləwi/ *n* ALAOUITE.

Alawite ⇨ ALAOUITE.

Alayne /əléɪn/ アレイン《女子名》. [⇨ HELEN, ELAINE; (fem) ⇨ ALAN]

à la zin·ga·ra /*F* a la zɛ̃gara/ *a, adv* 〘フランス料理〙ジプシー風の[に].

alb /ǽlb/ *n* 長白衣(ちょうはくい), 〘教会〙アルバ《ミサに聖職者などが着用する白麻の長い祭服; cf. CHASUBLE》. [OE＜L *albus* white]

Alb. Albania(n).

al·ba[1] /ɑ́ːlbə/ *n* 《Provence の》暁の別れの恋歌 (cf. AUBADE).

al·ba[2] /ǽlbə/ *n* 〘園〙アルバ《白バラの品種》.

Al·ba /ǽlbə, ɑ́ːlvɑː/ [3rd Duke de ～] 三代アルバ公 Fernando Álvarez de Toledo (y Pimentel) (1507–82)《スペインの軍人; ネーデルラントでの圧政, ポルトガルの征服 (1580) で知られる》.

Al·ba·ce·te /æ̀lbəséɪti/ アルバセテ (**1**) スペイン南東部 Castilla-La Mancha 自治州の県 **2**) その県都》.

al·ba·core /ǽlbəkɔ̀ːr/ *n* (*pl* ～, ～**s**) 〘魚〙**a** ビンナガ(マグロ) (＝*germon*)《サバ科》. **b** マグロの類の魚. **c** アジ科の数種の魚. [Port＜Arab＝the young camel]

Al·ba Lon·ga /ǽlbə lɔ́(ː)ŋgə/ アルバロンガ《現在の Rome 市の南東にあった古代都市; Romulus と Remus の生地と伝えられる》.

Al·ban /ɔ́ːlbən, ǽl-/ **1** オールバン, アルバン《男子名》. **2** [Saint] 聖アルバヌス《イングランド最初の殉教者; 3 世紀の人; 祝日 6 月 22 日 [祈禱書では 17 日]》. [L＝(man) of Alba (↑)]

Ál·ban Hílls /ɔ́ːlbən-, ǽl-/ *pl* [the] アルバン丘陵, アルバノ山地《Rome の南東に位置する火山性丘陵・保養地; 古代名 **Al·ba·nus Mons** /ɑːlbɑ́ːnəs mɔ́ːns/》.

Al·ba·nia /ælbéɪniə, ɔːl-/ **1** アルバニア《Balkan 半島のアドリア海側の国; 公式名 Republic of ～ (アルバニア共和国); ☆Tiranë》. **2** 〘史〙スコットランド. **3** アルバニア《ヨーロッパカフカス地方東部, カスピ海沿岸にあった古代の国》.

Al·ba·ni·an[1] /ælbéɪniən, ɔːl-/ *a* アルバニアの; アルバニア人[語]の; 〘史〙スコットランドの. ► *n* アルバニア人; アルバニア語《インド-ヨーロッパ語族に属し, 独立した一派をなす》; 〘史〙スコットランド人.

Al·ba·ni·an[2] /ɔːlbéɪniən/ *a* Albany の. ► *n* オールバニー市民.

Al·ba·no /ælbɑ́ːnoʊ, ɑːl-/ [Lake] アルバノ湖《イタリアの首都 Rome の南東に位置する湖; 古代名 **Al·ba·nus La·cus** /ɑːlbɑ́ːnəs lɑ́ːkəs/》.

Al·ba·ny /ɔ́ːlbəni/ **1** オールバニー《New York 州の州都; Hudson 川に臨む》. **2** [the] オールバニー川《カナダ Ontario 州北部を東流し, James 湾に注ぐ》.

Álbany Cóngress [the] 〘米史〙オールバニー会議《1754 年の 7 植民地代表者会議; 植民地連合案を採択》.

Al-Basrah ⇨ BASRA.

al·ba·ta /ælbéɪtə/ *n* 〘冶〙洋白 (nickel silver).

Al·ba·tegni /æ̀lbətéɪnji/, **-te·ni·us** /-tíːniəs/ アルバテグニウス, アルバテニウス《al-BATTĀNĪ のラテン語名》.

al·ba·tross /ǽlbətrɔ̀(ː)s, -trɑ̀s/ *n* (*pl* ～, ～**es**) **1 a** 〘鳥〙アホウドリ, 信天翁. **b** アルバトロス (**1**) クレープ仕上げの上質の毛織物 **2**) けばのある柔らかい綿織物》. **c**[1]〘ゴルフ〙アルバトロス (＝*double eagle**)《一つのホールで, 基準打数 (⇨ PAR[1]) より 3 打少ないスコア》. **2** 重荷, 重圧; 障害, 制約. ● **an** [**the**] **～ round** [**about**] **sb's neck** 一生ついてまわる劫罰《Coleridge, *The Rime of the Ancient Mariner* で老水夫が殺したアホウドリから; 老水夫はその懺悔のために果てしない放浪の旅をみずからに課する》. [Sp, Port *alcatraz* pelican＜Arab＝the jug (ペリカンの大きな袋より); 語形は L *albus* white との混同]

al·be·do /ælbíːdoʊ/ *n* (*pl* ～**s**) **1** 〘天・理〙アルベド《太陽系天体で太陽からの入射光の強さに対する反射光の強さの比; 原子炉では反射体に入射する中性子のうち反射されるものの割合》. **2** アルベド《柑橘類の果皮の内側の白い部分; ペクチンを含む》. [L *albede* whiteness]

Al·bee /ɔ́ːlbi, ǽl-/ オールビー **Edward** (**Franklin**) ～ (1928–　)《米国の劇作家; *Who's Afraid of Virginia Woolf?* (1962)》.

al·be·it /ɔːlbíːət, æl-/ *conj* 《文》たとえ…でも, …にもかかわらず (although): Hitler was a genius, ～ (he was) an evil one. ヒットラー

は天才であった, 悪の天才ではあったが. [*all be it* although it be]
Al·be·marle /ǽlbəmɑ̀ːrl/ [Duke of ～] アルベマール公 ⇨ George MONCK.
Álbemarle Ísland アルベマール島《ISABELA ISLAND の別称》.
Álbemarle Sóund アルベマール湾《North Carolina 州北東部の深い入江》.
Al·ben /ǽlbən/ アルベン《男子名》. [⇨ ALBAN]
Al·bé·niz /ɑːlbéɪnis, -niθ/ アルベニス **Isaac** (**Manuel Francisco**) ～ (1860–1909)《スペインの作曲家・ピアニスト》.
al·ber·go /ɑːlbέərgou/ *n* (*pl* **-ghi** /-gi/) 宿屋. [It]
al·ber·gue /ɑːlbέərgeɪ/ *n* 宿屋. [Sp]
Al·ber·ich /*G* álbərɪç/〘ゲルマン伝説〙アルベリヒ《ニーベルンゲンの宝を守る小人族の王》. [Gmc＝elf ruler]
Al·bers /ǽlbərz, ɑ́ːlbərs/ アルバース **Jo·sef** /jouzέf/ ～ (1888–1976)《ドイツ生まれの米国の画家》.
Al·bert /ǽlbərt/ **1** アルバート《男子名; 愛称 Al, Bert, Bertie, Berty》. **2 a** [Prince] アルバート公 (1819–61)《Victoria 女王の夫君 (Prince Consort)》. **b** アルブレヒト ～ **I** (**1**) (c. 1255–1308) ドイツ王 (1298–1308) **2**) (c. 1100–70) 通称 'Albert the Bear'; 最初の Brandenburg 辺境伯》. **c** アルベール (**1**) ～ **I** (1875–1934)《ベルギー国王 (1909–34)》 (**2**) ～ **II** (1934–)《ベルギー国王 (1993–)》. **3** [Lake] アルバート湖《アフリカ東部ウガンダとコンゴ民主共和国間の湖; Victoria Nile が流入; 別称 Mobutu 湖》. **4** [a-] **a** アルバート型時計鎖 (＝**álbert cháin**)《チョッキに付ける》. **b** ᴵᴵアルバート判《便箋の標準サイズ: 6×3⁷/₈ inches》. [F or L＜Gmc＝nobly bright]
Al·ber·ta /ælbə́ːrtə/ **1** アルバータ《女子名》. **2** アルバータ《カナダ西部の州; ☆Edmonton; 略 Alta, AB》. ◆ **Al·bér·tan** *a, n* [(fem)＜↑]
Álbert Édward [Mount] アルバートエドワード山《New Guinea 島南東部の山 (3993 m)》.
Álbert Háll [the] ROYAL ALBERT HALL.
Al·ber·ti /ɑːlbέərti/ アルベルティ **Leon Battista** ～ (1404–72)《イタリアルネサンスの建築家・画家・詩人・音楽家・思想家》.
Al·ber·ti·na /ælbərtíːnə/ アルバーティーナ《女子名; 愛称 Tina》. [↓]
Al·ber·tine /ǽlbərtìːn/ アルバーティーン《女子名》. [(fem dim)＜ALBERT]
al·bert·ite /ǽlbərtàɪt/ *n* [ˢA-]〘鉱〙アルバート鉱《アスファルト類似の瀝青(れきせい)質鉱物》. [*Albert* カナダ New Brunswick 州の産地名]
Álbert Níle [the] アルバートナイル《Nile 川上流の Albert 湖から No 湖までの部分》.
Al·ber·to /ɑːlbέərtou/ アルベルト《男子名》. [It; ⇨ ALBERT]
Al·ber·tus Mag·nus /ælbə́ːrtəs mǽgnəs/ [Saint] 聖アルベルトゥス・マグヌス (c. 1200–80)《ドイツの哲学者・神学者; 本名 Albert, Count von Boll·städt /bɔ́lʃtὲt/; Thomas Aquinas の師》.
Al·bert·ville /ælbὲərvíːl, ǽlbərtvɪ̀l/ アルベールヴィル《KALEMIE の旧称》.
al·bes·cent /ælbésnt/ *a* 白くなりかかっている; 白みをおびた. ◆ **-cence** *n*
Al·bi /ɑlbíː; ǽlbi/ アルビ《フランス南部 Tarn 県の県都; アルビ派 (Albigenses) の本拠地》.
Al·bi·gen·ses /ælbəʤénsìːz/ *n pl* アルビ派, アルビジョア派《11–13 世紀に南フランス Albi 地方に広まった異端カタリ派 (Catharists) の一派》. ◆ **Àl·bi·gén·sian** *a, n* **-gén·sian·ìsm** *n*
Al·bin /ǽlbən/ アルビン《男子名》. [⇨ ALBAN; L＝white]
Al·bi·na /ælbáɪnə, -bíː-/ アルバイナ, アルビーナ《女子名》. [(fem)＜↑]
al·bin·ic /ælbínɪk/ *a* 白子の (⇨ ALBINO).
al·bi·nism /ǽlbənɪ̀z(ə)m, ælbáɪnɪ̀z(ə)m/ *n*〘生〙白化(現象),〘医〙白皮症, 白子(症). ◆ **al·bi·nis·tic** /æ̀lbənístɪk/ *a*
al·bi·no /ælbáɪnou; -bíː-/ *n, a* (*pl* ～**s**) 白化個体の, 白子(しろ)の, アルビノ《色素が著しく欠けた人・動植物》. [Sp, Port; ⇨ ALB; もと 'white Negroes' の意]
Al·bi·no·ni /ɑ̀ːlbinóuni/ アルビノーニ **Tomaso** (**Giovanni**) ～ (1671–1751)《イタリアの作曲家》.
al·bi·not·ic /æ̀lbənɑ́tɪk/ *a* 白化 (albinism) の, 白皮症の, 白子(症)の; 白化する.
Al·bi·nus /ælbíːnəs, -báɪ-/ アルビーナス《ALCUIN の別名》.
Al·bi·on /ǽlbiən/《詩》アルビオン《Great Britain, のちに England の古称; 原義は white land; 南部海岸の白亜質の絶壁にちなむ名》.
Al Bi·qa BEKAA.
al·bite /ǽlbàɪt/ *n*〘鉱〙曹長石《斜長石 (plagioclase) のうちナトリウム含有量の多いもの》. ◆ **al·bít·ic** /-bít-/ *a*
al·bi·zia, al·biz·zia /ælbíziə/ *n*〘植〙ネムノキ属 (*A-*) の各種の木本. [Philippo degli *Albizzi* (fl. 1749) イタリアの博物学者]
Al·boin /ǽlbɔ̀ɪn, -bouən/ アルボイン (d. 573)《Lombard 族の王 (c. 565–73); 北部イタリアを征服した》.
al·bo·mý·cin /æ̀lbou-/ *n*〘生化〙アルボマイシン《ペニシリンに耐性のある細菌に用いる抗生物質》.
Å̊l·borg, Aal·borg /ɔ́ːlbɔ̀ːrg/ オルボア《デンマークの Jutland 半島北東部の市・港町》.
Al·brecht /ǽlbrεkt; *G* álbrεçt/ アルブレヒト《男子名》. [G; ⇨ ALBERT]
Albucasis ⇨ ABUL KASIM.
al·bu·gin·ea /ælbjəʤíniə/ *n*〘解〙《眼球などの》白膜.
al·bu·gin·e·ous /ælbjəʤíniəs/ *a* 卵白の(ような);〘解〙白膜の(ような).
al·bum /ǽlbəm/ *n* アルバム《写真帳・切手帳・サイン帳など》;《レコードの》ジャケット, 入れ物;《レコード・CD などの》アルバム;《1 冊の本にまとめた》文学作品[名曲, 名画]選集; 切り抜き保存帳; *来客名簿 (visitors' book): a debut [solo] ～. [L＝blank tablet; ⇨ ALB]
al·bum·blatt /ǽlbəmblæ̀t; *G* álbʊmblat/ *n* (*pl* **-blät·ter** /-blὲtər; *G* -blεtər/, ～**s**)〘楽〙アルブムブラット《短い器楽曲, 特にピアノの小品》. [G＝album-leaf]
al·bu·men /ælbjúːmən; ǽlbjʊ̀-/ *n* 卵白《主にアルブミンからなる》;〘植〙胚乳(はいにゅう);〘生化〙ALBUMIN. [L＝white of egg; ⇨ ALB]
albumenize ⇨ ALBUMINIZE.
al·bu·min /ælbjúːmən; ǽlbjùː-, -bjə-/ *n*〘生化〙アルブミン《生体細胞・体液中の単純タンパク質》. [F＜L (ALB)]
al·bu·mi·nate /ælbjúːmənèɪt/ *n*〘生化〙アルブミネート《天然タンパク質がアルカリまたは酸と結合した変性タンパク質》.
al·bu·mi·nize, -me- /ælbjúːmənàɪz/ *vt* 〈印画紙など〉に蛋白を塗る; 蛋白液で処理する.
al·bu·mi·noid /ælbjúːmənɔ̀ɪd/〘生化〙*n* アルブミノイド《SCLEROPROTEIN または PROTEIN》. ► *a* ALBUMIN [ALBUMEN] に似た性質の.
al·bu·mi·nous /ælbjúːmənəs/, **-nose** /-nòus/ *a* ALBUMIN の[を含む]; ALBUMIN [ALBUMEN] 様の;〘植〙有胚乳の.
albùmin·úria *n*〘医〙タンパク尿(症), アルブミン尿(症)《主として腎臓疾患の症状》. ◆ **-úric** *a*
álbum-òrient·ed *a*《ロックなどの》レコードアルバム放送中心の.
al·bu·mose /ǽlbjəmòus, -z/ *n*〘生化〙アルブモース《消化酵素などの作用によりタンパク質がわずかに分解したもの》.
Al·bu·quer·que[1] /ǽlbəkə̀ːrki/ アルバカーキ《New Mexico 州中部の Rio Grande に臨む市》.
Al·bu·quer·que[2] /ǽlbəkə̀ːrki, ⏤⏤⏤/ アルブケルケ **Afonso de** ～ (1453–1515)《ポルトガル人の航海者・インド征服者・総督》.
al·bur·num /ælbə́ːrnəm/ *n* 辺材, 白太 (sapwood).
al·bu·te·rol /ælbjúːtərɔ̀(ː)l, -rɑ̀l, -ròul/ *n*〘薬〙アルブテロール (＝*salbutamol*)《交感神経興奮性の気管支拡張薬; 噴霧剤または硫酸アルブテロール錠として喘息発作を緩和する》.
alc. alcohol.
al·cade /ælkéɪd/ *n* ALCALDE.
Al·cae·us /ælsíːəs/ アルカイオス (c. 620–c. 580 B.C.)《ギリシアの抒情詩人》.
alcahest ⇨ ALKAHEST.
Al·ca·ic /ælkéɪɪk/ *a* ALCAEUS の; [ᵒa-]〘韻〙アルカイオス格の. ► [ᵒa-] *n* アルカイオス格; [ᵘ*pl*] アルカイオス(格)詩行.
al·cai·de /ælkáɪdi, ɑːl-/ *n*《スペインなどの》要塞司令官;《スペインなどの》刑務所看守. [Sp＜Arab]
al·cal·de /ælkɑ́ːldi; -kǽl-/ [ˢA-] *n**《旧スペイン文化圏で》市長, 治安判事;《スペイン・ポルトガルなどの》裁判官を兼ねる市長, 刑務所長. [Sp＜Arab]
Al·ca·mo /ɑ́ːlkəmòu/ アルカモ《イタリア領 Sicily 島北西部の町》.
Ál·can Híghway /ǽlkæn-/ [the] アルカンハイウェー《ALASKA HIGHWAY の旧称》. [*Alaska-Canadian*]
Al·ca·traz /ǽlkətræ̀z/ アルカトラズ《California 州 San Francisco 湾の小島; 連邦刑務所があった (1934–63)》.
Al·ca·zar /ælkɑ́ːzər, -kǽz-, æ̀lkəzɑ̀ːr, ⏤⏤⏤/ [the] アルカサル《スペインに残るムーア人の王の宮殿; 特に 後代スペイン王の宮殿となった Seville のもの》; [a-] スペインの宮殿[要塞]. [Sp＜Arab＝the castle]
Al·cá·zar de San Juan /ælkɑ́ːzər də sæn hwɑ́ːn, æ̀lkəzɑ̀ːr-/ アルカサル・デ・サンフアン《スペイン中部 Madrid の南東にある町; Cervantes の *Don Quixote* ゆかりの地》.
Al·ces·tis /ælséstəs/〘ギ神〙アルケースティス《Admetus の妻; 夫を助けるためみずからの命を犠牲にしたが Hercules によって冥界より連れ戻された》.
al·chem·i·cal /ælkémɪk(ə)l/, **-ic** *a* 錬金術 (alchemy) の. ◆ **-i·cal·ly** *adv*
al·che·mil·la /ælkəmílə/ *n*〘植〙ハゴロモグサ属 (*A-*) の植物《バラ科; ハゴロモグサ (lady's mantle) など》.
al·che·mist /ǽlkəmɪst/ *n* 錬金術師. ◆ **àl·che·mís·tic, -ti·cal** *a* **-ti·cal·ly** *adv*
al·che·mize /ǽlkəmàɪz/ *vt* (錬金術で)変える.
al·che·my /ǽlkəmi/ *n* 錬金術《卑金属を黄金に変える法, 万病を治す法, 不老長寿の法を発見しようとした中世ヨーロッパの研究; 近代化学 chemistry のもととなった》; [*fig*] 平凡なものを価値あるものに変える秘法[魔術]; 不思議な変質[変容]. [OF＜L＜Arab (*al* the, Gk *khēmia* art of transmuting metals)]
al·che·rin·ga /æ̀lʧərɪ́ŋgə/, **al·che·ra** /ǽlʧərə/ *n*《オーストラリア先住民の神話の》夢の時代, アルチェリンガ (＝*dreamtime*)《人類の

祖先が創造された至福の時代》.

Al·chev·sk /ɑːltʃéfsk/ アルチェフスク《ウクライナ東部 Lugansk の西にある市》.

alchy ⇨ ALKY.

Al·ci·bi·a·des /ælsəbáɪədìːz/ アルキビアデス (c. 450–404 B.C.)《ペロポンネソス戦争時のアテナイの将軍・政治家》.

al·cid /ǽlsəd/ *a, n*〔鳥〕ウミスズメ科 (Alcidae) の(海鳥).

Al·ci·des /ælsáɪdìːz/〔ギ神〕アルキデース《HERCULES の別称》.

al·ci·dine /ǽlsədàɪn/ *a*〔鳥〕ALCID.

Al·cin·o·üs /ælsínouəs/〔ギ神〕アルキノオス《パイアーケス人 (Phaeacians) の王で, Nausicaä の父; Odysseus はこの王の宮殿で放浪の物語をする》.

Alc·man /ǽlkmən/ アルクマーン《前 7 世紀のギリシアの抒情詩人》.

Alc·me·ne /ælkmíːni/〔ギ神〕アルクメーネー《Amphitryon の妻; 夫に変装した Zeus により Hercules を産む》.

Al·cock /ǽlkɑ̀k, ɔ́ːl-/ アルコック, オールコック (1) Sir **John William** ~ (1892–1919)《英国の飛行家; 1919 年 Arthur Brown と共に史上初の大西洋無着陸[水]横断に成功》(2) Sir **Rutherford** ~ (1809–97)《英国の外交官; 1859 年初代駐日公使, 64 年フランス・米国・オランダとはかり, 四国連合艦隊による下関遠征を組織, 長州藩を屈服させた; *The Capital of the Tycoon* (1863)》.

al·co·hol /ǽlkəhɔ̀(ː)l, -hɑ̀l/ *n* アルコール《酒の成分としてのエタノール; またエタノールを主成分とする溶剤》; アルコール飲料, 酒; 飲酒;〔化〕アルコール《水酸基をもつ脂肪族炭化水素》. [F or L<Arab=the staining powder (*al* the, KOHL)]

al·co·hol·ate /ǽlkəhɔ̀(ː)lèɪt, -hɑ̀l-/ *n*〔化〕アルコラート (1) アルコールの水酸基の水素の金属置換体 2) アルコール化合物[溶液]).

al·co·hol·ic /ælkəhɔ́(ː)lɪk, -hɑ́l-/ *a* アルコールの; アルコール性の; アルコール含有の; アルコール漬けの; アルコール[酒]による; アルコール依存[中毒]の. ► *n*《常習的な》大酒飲み, アルコール依存[中毒]者; アルコール漬け標本. ◆ **-i·cal·ly** *adv*

al·co·hol·ic·i·ty /ælkəhɔ̀(ː)lísəti, -hɑ̀l-/ *n* アルコール度, アルコール含有量.

Alcohólics Anónymous アルコホーリクス・アノニマス《アルコール依存からの回復を目指す人びとの自助グループ; 1935 年 Chicago に設立; 略 AA》.

álcohol·ìsm /, -kəhə-, ǽlkəlɪ̀z-/ *n* 習慣性の(過度の)飲酒; アルコール依存[中毒](症). ◆ **-ist** *n*

álcohol·ìze *vt* アルコールで処理する; アルコール漬けにする; アルコールで酔わせる; アルコール化する. ◆ **àlcohol·izá·tion** *n*

al·co·hol·om·e·ter /ælkəhɔ̀(ː)lɑ́mətər, -hɑ̀lɑ́m-/ *n* アルコール度浮きばかり, アルコール(比重)計. ◆ **àl·co·hòl·óm·e·try** *n* アルコール定量. [*-ometer*]

al·co·hol·y·sis /ælkəhɔ́(ː)ləsəs, -hɑ́l-/ *n* アルコール分解.

al·com·e·ter* /ælkɑ́mətər/ *n* 酔度計.

al·co·pop" /ǽlkoupɑ̀p/ *n* アルコポップ《アルコールを含む発泡性飲料》.

Al·cor /ǽlkɔ́ːr/〔天〕アルコル《おおぐま座の 80 番星; 4.0 等; Mizar と重星をなし, 古来視力をためすのに用いられた》.

Al·co·ran, -ko- /ælkərǽn; -rɑ́ːn/ *n* KORAN.

Al·cott /ɔ́ːlkət, ǽl-, -kɑ̀t/ オールコット (1) **(Amos) Bronson** ~ (1799–1888)《米国の教育家・社会改革家・超絶主義者》(2) **Louisa May** ~ (1832–88)《米国の作家; Bronson ~ の娘; *Little Women* (若草物語, 1868–69)》.

al·cove /ǽlkòuv/ *n*〔建〕アルコーブ《部屋の一部を凹状にはいり込ませた一郭; 大きな部屋の奥にある小部屋; 壁龕(へきがん)(のようなくぼみ[穴])》;《古》《公園・庭園などの》あずまや. ◆ **~d** *a* [F<Sp<Arab=the vault]

Al·coy /ɑːlkɔ́ɪ/ アルコイ《スペイン南東部 Alicante 県の町》.

ALCS〔野〕American League Championship Series.

Al·cuin /ǽlkwən/ アルクイン (c. 732–804)《アングロサクソンの学者; Charlemagne の宮廷で学芸の中心人物としてカロリングルネサンスをもたらした》.

al·cy·o·nar·i·an /ælsiənéəriən/ *a, n*〔動〕八放サンゴ類[亜綱]の(サンゴ).

Al·cy·o·ne /ælsáɪəni/〔ギ神〕アルキュオネー《(1) PLEIADES の一人 2) HALCYONE》;〔天〕アルシオネ《おうし座の η 星で, Pleiades 星団の最輝星》.

Ald. Alderman. **ALD** adrenoleukodystrophy.

Al·da /ɑ́ːldə, ɔ́ːl-, ǽl-/ アルダ **Frances (Jeanne)** ~ (1883–1952)《ニュージーランド生まれのソプラノ; 旧姓 Davies》.

Al·da·bra /ǽldəbrə/ ældǽbrə/ アルダブラ《マダガスカル北方の島群; もと 英領インド洋植民地の一部; 今はセーシェル (Seychelles) に属する》.

Al·dan /ɑːldɑ́ːn/ [the] アルダン川《ロシア, 東シベリア Yakut 共和国の南東部を流れ, Lena 川に合流する》.

Al·deb·a·ran /ældébərən/〔天〕アルデバラン《おうし座の α 星で, Hyades 星団の最輝星》.

al·de·hyde /ǽldəhàɪd/ *n*〔化〕アルデヒド《アルデヒド基をもつ有機化合物, 特に アセトアルデヒド》. ◆ **àl·de·hýd·ic** *a* [NL *al*cohol *de-hyd*rogenatum]

Al·den /ɔ́ːld(ə)n/ **1** オールデン《男子名》. **2** オールデン **John** ~ (1599?–1687)《Pilgrim Fathers の一人で, Longfellow の詩にうたわれた》. [OE=old friend]

al den·te /æl déntei, -ti/ *a*〈パスタなど〉固くて歯ごたえのあるように料理した, アルデンテの. [It=to the tooth]

al·der /ɔ́ːldər/ *n*〔植〕ハンノキ (榛の木)《ハンノキ属の木本の総称》. [OE *alor, aler*; *-d-* は音便上の挿入]

Al·der /ɑ́ːldər/ アルダー **Kurt** ~ (1902–58)《ドイツの化学者; ジエン合成, Diels-Alder 反応の発見によりノーベル化学賞 (1950)》.

álder bùckthorn〔植〕セイヨウイソノキ《クロウメモドキ属の低木》.

álder·flỳ *n*〔昆〕センブリ《幼虫は釣りの餌》.

al·der·man /ɔ́ːldərmən/ *n* (*pl* **-men** /-mən/)《米国・カナダ・オーストラリアの》市会議員;《イングランド・ウェールズ・アイルランドの》長老参事[市会]会員《州 (county) または自治都市 (borough) の議会の長老議員; 市長に次ぐ高官; the City of London を除き 1974 年に廃止》;〔英史〕州太守, エアルドルマン (=*ealdorman*)《アングロサクソン時代の国王の最高の地方役人; 伯 (earl) はその承継者といわれる》. ◆ **~·cy** *n* alderman の職[地位, 身分]. **~·ry** *n* alderman の代表[統治]する地区; alderman の職[地位]. **~·ship** *n* **àl·der·mán·ic** /-mǽn-/ *a* [OE (OLD, *-or* (n suf), MAN[1])]

Al·der·mas·ton /ɔ́ːldərmɑ̀ːst(ə)n/ オルダーマストン《イングランド南部 Berkshire の村; 原子力兵器研究所 (AWRE) があり, CND による核兵器廃絶運動行進 (1958–63) の出発点・終点となった》.

Al·der·ney /ɔ́ːldərni/ **1** オールダニー《イギリス海峡の Channel 諸島北端の島; ☆St. Anne; フランス本土とは波の荒い海峡 the **Ráce of** ~ で隔てられる》. **2** オールダニー種(の乳牛).

Al·der·shot /ɔ́ːldərʃɑ̀t/ オールダーショット《イングランド南部 Hampshire の市; 英軍訓練基地がある》.

álder·wòman /ɔ́ːldər-/ *n* 女性市会議員, 女性市参事会員.

al·di·carb /ældəkɑ̀ːrb/ *n*〔農薬〕アルジカルブ《毒性の強い残留性の農薬; カルバミン酸エステルの一種で, 昆虫・ダニ・線虫に使われる》.

Al·dine /ɔ́ːldàɪn, -dìːn/ *a* Aldus MANUTIUS (一族)刊行の; アルドゥス版[活字]をまねた. ► *n* アルドゥス版[本, 活字].

Áldine edítion アルドゥス版《Aldus MANUTIUS (一族)発行の, 特に 小型版; 古典の厳密な校訂でも有名》.

Al·dis[1] /ɔ́ːldəs/ オールディス《男子名》. [Gmc=old]

Aldis[2]〔商標〕オルディス《モールス信号送信用の携帯ランプ》. [A.C. W. *Aldis* (1878–1953) 英国人の発明家]

Al·do /ɔ́ːldou, ǽl-/ アルド《男子名》. [It<Gmc=rich and old]

àldo·héxose *n*〔化〕アルドヘキソース《炭素原子 6 個をもつ aldose; グルコース・マンノースなど》.

al·dol /ǽldɔ̀(ː)l, -dòul, -dɑ̀l/ *n*〔化〕アルドール《粘りのある無色の液体で加硫促進剤・香料》. ◆ **~·izátion** *n*

al·dol·ase /ǽldəlèɪs, -z/ *n*〔生化〕アルドラーゼ《広く生物に存在し, 解糖にあずかる酵素》.

al·dose /ǽldòus, -z/ *n*〔化〕アルドース《アルデヒド基を有する単糖類》. [*alde*hyde, *-ose*]

al·do·ste·rone /ældɑ́stəròun, ældoustéəròun, ældoustəróun, ⌣⌣⌣⌣/ *n*〔生化〕アルドステロン《腎臓からのナトリウム排泄を抑制する副腎皮質ホルモン》.

al·dó·ste·ron·ism /, ældoustəróunɪz(ə)m/ *n*〔医〕アルドステロン症《アルドステロンの分泌過多による高血圧・手足麻痺など》.

Al·dous /ɔ́ːldəs, ǽl-/ オールダス《男子名》. [Gmc=old]

ald·óxime /æld-/ *n*〔化〕アルド(オ)キシム《アルデヒドがヒドロキシルアミンと縮合して生成する有機化合物》.

Al·dred /ɔ́ːldrəd/ オールドレッド《男子名》. [⇨ ELDRED]

Al·drich /ɔ́ːldrɪtʃ/ オールドリッチ **Thomas Bailey** ~ (1836–1907)《米国の詩人・作家; *The Story of a Bad Boy* (1869)》.

al·drin /ɔ́ːldrən, ǽl-/ *n*〔化〕アルドリン《毒性が高いナフタリン系の殺虫剤》. [Kurt *Alder*]

Al·drin /ɔ́ːldrən/ オールドリン **Edwin Eugene ~, Jr.** (1930–)《人類で 2 番目に月面に立った米国の宇宙飛行士; 通称 'Buzz'》.

Al·dus /ɔ́ːldəs/ オールダス《男子名》. [Gmc=old]

Aldus Manutius ⇨ MANUTIUS.

Ald·win /ɔ́ːldwən/ オールドウィン《男子名》. [⇨ ALDEN]

ale /éɪl/ *n* **1** エール《麦芽醸造酒のことで, beer と同義だが《古風》; かつてはホップを入れて香り付けしたものを beer, ホップを入れないものを ale と区別した; 特定のタイプのビールが brown ale, light ale, mild ale, pale ale などの名称で流通しているが, ale と beer の明確な質的区別はない; 米国・カナダでは比較的高温で急速に発酵させたホップを入れたタイプのビールを指す》. **2**"《ale を飲んで浮かれる》村祭. [OE *alu*]

alea jac·ta est /ɑ́ːliɑ̀ː jɑ̀ːktɑː ést/ 賽(さい)は投げられた (⇨ DIE[2]). [L=the die is cast]

aléak /ə-/ *adv, pred a* 漏れて. [*a-*[1]]

ale·a·to·ric /èɪliətɔ́(ː)rɪk, -tɑ́r-/ *a* ALEATORY;〔楽〕偶然性の, アレアトリックの.

ale·a·to·ry /éɪliətɔ̀ːri; -t(ə)ri/ *a* 偶然に依存する;〔法〕射倖的な; 賭博の(ような), (不)運の;〔楽〕ALEATORIC: an ~ contract〔法〕射倖契約. ► *n*〔楽〕偶然性の音楽. [L (*aleator* dice player<*alea* die[2])]

ále·bènch *n* ALEHOUSE の中[前]に置いたベンチ.

al·ec /ǽlɪk/ «廃» *n* ニシン; 小ニシンで作るソース[調味料].
alec·i·thal /eɪlésəθəl/, **ale·cith·ic** /èɪləsíθɪk/ *a* 〘発生〙〈卵が〉無黄性の, 無卵黄の. [Gk *lekithos* yolk]
Al·ec(k) /ǽlɪk/ **1** アレク《男子名; Alexander の愛称》. **2** [ᵘa-] «豪俗» 《ペテン師の》カモ, ばか者, とんま (cf. SMART ALECK).
ale·con·ner /éɪlkɑ̀nər/ *n* 〘史〙 酒類検査官; ″パブの升目の検査官.
ale·cost /éɪlkɔ̀(:)st, -kɑ̀st/ *n* 〘植〙 COSTMARY.
Alec·to /əléktoʊ/ 〘ギ神〙 アーレークトー《復讐の女神の一人; ⇨ FURIES》.
alec·tryo·man·cy /əléktriəmæ̀nsi/ *n* 《餌の拾い方から占う》鶏占い. [Gk *alectruōn* cock]
alee /əlí:/ *adv, pred a* 〘海〙 風下に[へ] (opp. *aweather*): Hard ～! 舵柄風下いっぱいに! / Helm ～! 下手舵! [*a*-¹]
al·e·gar /ǽləgər, éɪlə-/ *n* 麦芽酢, ビール酢.
ále·hòuse *n* 《昔の》ビヤホール, ビール酒場.
Alei·chem /əléɪkəm/ アレイヘム **Sha·lom [Sho·lem, Sho·lom]** /ʃɔ́:ləm, ʃóʊ-/ ～ (1859–1916)《ロシア生まれの米国のユダヤ系短篇作家; 本名 Sholem Rabinowitz; 作品は主としてイディッシュ語で発表; ミュージカル *Fiddler on the Roof* は彼の作品に基づく》.
alei·chem sha·lom /ɑ:léɪxəm ʃɑ:lóʊm/ *int* アーレイヘム シャーロム《SHALOM ALEICHEM と挨拶されたときの応答の常套句》. [Heb ＝peace to you]
Aleix·an·dre /ɑ̀:lɛksɑ́:ndrɛ/ アレイクサンドレ **Vicente** ～ (1898–1984)《スペインの詩人; '27 年世代' の一人で, シュルレアリスムの技法を用いた作品を残した; ノーベル文学賞 (1977)》.
Ale·khine /ǽlɪkì:n/ アリョーヒン **Alexander** ～ (1892–1946)《ロシアのチェスプレーヤー; フランスに帰化; 世界チャンピオン (1927–35, 37–46)》.
Aleksandar Obrenović ⇨ ALEXANDER.
Alek·san·dr /ɑ̀:lɪksɑ́:ndr(ə), -dər/ アレクサンドル《男子名》. [Russ; ⇨ ALEXANDER]
Ale·ksan·dro·pol /æ̀lɪksændrɔ́:pəl(jə)/ アレクサンドロポリ《GYUMRI の旧称》.
Ale·ksan·drovsk /æ̀lɪksǽndrəfsk, ɛ̀l-, -lɪgzǽn-/ アレクサンドロフスク《ZAPORIZHZHYA の旧称》.
Aleksándrovsk-Gru·shév·sky /-grʊʃéfski, -ʃév-/ アレクサンドロフスク-グルシェフスキ《SHAKHTY の旧称》.
Alek·sey, -sei /ɑ̀:lɪkséɪ/ アレクセイ《男子名》. [Russ]
Ale·mán /ɑ̀:leɪmɑ́:n/ アレマン **Mateo** ～ (1547–c. 1614)《スペインの小説家; ピカレスク小説『グスマン・デ・アルファラーチェの生涯』(1599, 1604)》.
Al·e·man·ni /æ̀ləmǽnàɪ, -ni/ *n pl* [the] アラマン部族同盟《ゲルマン系混成部族連合の一つ; 3 世紀初め Rhine 川, Main 川, Danube 川の間の地域にあってローマ帝国をおびやかした》.
Al·e·man·nic /æ̀ləmǽnɪk/ *n* アラマン語《Alsace, スイス, および南西ドイツで話される高地ドイツ語》. ► *a* アラマン族の; アラマン語の.
Alemán Val·dés /─́─ vɑ:ldés/ アレマン・バルデス **Miguel** ～ (1902–83)《メキシコの法律家・政治家; 大統領 (1946–52)》.
Alembert ⇨ D'ALEMBERT.
alem·bic /əlémbɪk/ *n* 《昔の》蒸留器, ランビキ; 浄化器; [*fig*] 変化させる[浄化する]もの. [OF＜L＜Arab＜Gk *ambik- ambix* cap of still]
alem·bi·cat·ed /əlémbəkèɪtəd/ *a* 〈文体など〉凝りすぎた.
♦ **alèm·bi·cá·tion** *n*
Alen·çon /əlénsən; F alɑ̃sɔ̃/ **1** アランソン《フランス北西部, Orne 県の県都; レースの産地》. **2** [ºa-] ALENÇON LACE.
Alençon láce アランソンレース《レース編みの模様を 6 辺形の網目でつなぎ合わせた精巧かつ豪華な手作りの針編みレース; 類似の機械編みレース》. [↑]
Alep /ɑ:lép/ アレプ (ALEPPO のフランス語名).
aleph /ɑ́:lɛf, -lɛ̀f/ *n* アーレフ《ヘブライ語アルファベットの第 1 字》; 〘数〙 アレフ数《超限基数, 無限な濃度; 記号 ℵ》. [Heb＝ox]
áleph-núll, -zéro *n* 〘数〙 アレフゼロ《最小の超限基数, 自然数全体の濃度; 記号 $\aleph_0$》.
Alep·po /əlépoʊ/ アレッポ (*Arab* Haleb, Halab)《シリア北部の市; 古代名 Beroea》. ♦ **Alep·pine** /əlépən, -àɪn, -ì:n/ *a, n*
Aléppo gáll 〘植〙 《Aleppo 地方のアレッポガシにできるタマバチによる》アレッポ没食子(もつしょくし).
Aléppo pìne 〘植〙 アレッポパイン《南欧・近東原産のマツ; 古来造船用材とする》.
aler·ce, -se /əlɛ́ərsə/ *n* SANDARAC TREE.
alert /əlɜ́:rt/ *a* 油断なく警戒して, 注意怠りない 〈*to*〉; 機敏な, 敏捷な. ► *n* 《空襲・暴風雨などに対する》警報(発令期間); 緊急の通知; 警戒態勢, 非常待機: give [raise, sound] the ～ ⇨ ALARM.
● **on (the)** ～ 油断なく警戒して[見張って], 警戒態勢で 〈*for, to* do〉: *on* full ～ 完全警戒態勢で, 全面非常態勢にはいって / *on* nuclear ～ 核兵器を警戒して. ► *vt* …に警報を出す, 警告する; …に警戒態勢をとらせる; 〈…について〉〈人〉の注意を喚起する 〈*to*〉; …の覚醒を促す. ♦ **～·ly** *adv* **～·ness** *n* [F＜It *all' erta* to the watch-tower]
-a·les /éɪliz/ *n pl suf* 「…からなる[…に関連のある]植物」の意の目(もく)名をつくる: Campanul*ales* キキョウ目 / Viol*ales* スミレ目. [L *-alis*]
Ales·san·dria /æ̀ləsǽndriə/ アレッサンドリア《イタリア北西部 Piedmont 州の町》.
Ales·san·dro /æ̀ləsǽndroʊ/ アレッサンドロ《男子名》. [It]
Åle·sund, Aa·le- /ɔ́:ləsʊ̀n/ オーレスン《ノルウェー西岸の Bergen と Trondheim の間の島にある港町》.
Al·e·thea /æ̀ləθí:ə/ アレシーア《女子名》. [Gk *alētheia* truth]
aleth·ic /əléθɪk, əlí:-/ *a* 真理の; 〘様相論理〙 真理・必然性・可能性・偶然性などの概念の定式化を扱う, 真理様相論理(学)的な. [Gk ↑]
aleu·kia /əlú:kiə/ *n* 〘医〙 無白症《血液中の白血球減少[欠如]》.
aleu·ro·nat /əlʊ́ərənæ̀t/ *n* アリューロナート《アリューロンから得た粉; 糖尿病患者用のパンの原料》.
al·eu·rone /ǽljəròʊn, əlʊ́ərən, əlʊ́əròʊn/, **-ron** /əlʊ́ərɑ̀n, -rən/ *n* 〘植〙 糊粉(こふん), アリューロン《粒状タンパク質》: the ～ layer 糊粉[アリューロン]層. ♦ **àl·eu·rón·ic** /-rɑ́n-, əlʊ̀ə-/ *a* 糊粉[アリューロン]の. [Gk *aleuron* flour]
Ale·us /eɪlí:əs/ 〘ギ神〙 アレオス《Tegea の王; Auge の父》.
Aleut /əlú:t, ǽliù:t, ─́─/ *n* **a** (*pl* ～, ～**s**) アリュート人《Aleutian 列島, Alaska 西部に住む》. **b** アリュート語. [Russ]
Aleu·tian /əlú:ʃən/ *a* アリューシャン列島の; アリュート族[語]の. ► *n* ALEUT; [the ～s] ALEUTIAN ISLANDS.
Aléutian Cúrrent [the] アリューシャン海流.
Aléutian diséase アリューシャン病《ヒトの結合組織の病気に似たミンクのウイルス性疾患》.
Aléutian Íslands *pl* [the] アリューシャン列島《Alaska 州南西部の火山列島》.
åle vàt エール(醸造用)の大樽.
A level /éɪ ─̀─/ 〘英教育〙 上級(の試験[資格, クラス]) (advanced level) (⇨ GENERAL CERTIFICATE OF EDUCATION): biology *at* ～ ＝ ～ biology 上級生物(の試験) / You need three ～*s*. 3 課目で上級に合格している必要がある.
al·e·vin /ǽləvən/ *n* 《サケ・マスなどの》稚魚.
ále·wìfe¹ *n* (*pl* **-wìves**) ビール酒場のおかみ.
alewife² *n* (*pl* **-wives**) 〘魚〙 エールワイフ《北米大西洋岸産のニシン科の一種; 食用》.
Al·ex /ǽlɪks/ アレックス《男子名; Alexander の愛称》.
Al·ex·an·der /æ̀lɪgzǽndər, -zɑ́:n-, ɛ̀l-/ **1** アレクサンダー《男子名; 愛称 Al, Alec(k), Alex, Alick, Eck, Ecky, Sander(s), Sandro, Sandy》. **2** アレクサンドロス ～ **III** (356–323 B.C.)《マケドニア王 (336–323); 通称 ～ the Great》. **3** アレクサンデル (1) ～ **III** (c. 1105–81)《ローマ教皇 (1159–81); 本名 Orlando Bandinelli》 (2) ～ **VI** (1431–1503)《ローマ教皇 (1492–1503); イタリア語名 Rodrigo Borgia; Cesare および Lucrezia Borgia の父》. **4** アレクサンドル (1) ～ **I** (1777–1825)《ロシア皇帝 (1801–25)》 (2) ～ **II** (1818–81)《ロシア皇帝 (1855–81); 農奴を解放 (1861)》 (3) ～ **III** (1845–94)《ロシア皇帝 (1881–94)》. **5** アレクサンダル (1) (*Serb* **Alek·san·dar Obreno·vić** /ɑ̀:lɪksɑ́:ndər ─́─/) (1876–1903)《セルビア王 (1889–1903)》 (2) ～ **I** (1888–1934)《セルビア人・クロアチア人・スロヴェニア人王国王 (1921–29), ユーゴスラヴィア王 (1929–34)》. **6** アレクサンダー **Harold (Rupert Leofric George)** ～, 1st Earl ～ of Tunis (1891–1969)《英国の陸軍元帥; 第二次大戦中, 北アフリカで Rommel のドイツ機甲軍団を撃破, つづいてイタリア方面, 地中海方面連合軍司令官; カナダ総督 (1946–52)》. **7** [ˢa-] *アレクサンダー《ジン[ブランデー]とクレームドカカオ・生クリームで作るカクテル》. [Gk＝helper of men]
Alexánder Archipélago [the] アレグザンダー諸島《Alaska 南東部沖の 1100 の島からなる諸島》.
Alexander I Island /─́─ ðə fɜ́:rst ─́─/ [the] アレグザンダー 1 世島《南極大陸 Antarctic 半島の付け根のすぐ西の島》.
Alexánder Név·sky /-névski, -néf-/ アレクサンドル・ネフスキー (c. 1220–63)《ロシアの国民的英雄・聖人; Neva 河畔でスウェーデン軍を敗走させ (1240), Nevsky と呼ばれた》.
àl·ex·án·ders *n* (*pl* ～) 〘植〙 **a** 欧州のセリ科の二年草《古くはサラダ用》. **b** GOLDEN ALEXANDERS. **c** ハナウド (cow parsnip).
Alexánder Sevérus SEVERUS ALEXANDER.
Alexánder technìque [the] アレクサンダー法《オーストラリアの俳優 Frederick Matthias Alexander (1869–1955) が開発した姿勢矯正健康法; 全身のバランスのある運動を重視する》.
Al·ex·an·dra /æ̀lɪgzǽndrə, -zɑ́:n-, ɛ̀l-/ **1** アレクサンドラ《女子名; 愛称 Sandra, Sandy, Saundra, Sondra》. **2** アレクサンドラ (1844–1925)《英国王 Edward 7 世の妃》. [(fem)＜ALEXANDER]
Al·ex·an·dre /æ̀lɪgzǽndər, -zɑ́:n-, ɛ̀l-; F alɛksɑ̃:dr/ アレクサンダー, アレクサンドル《男子名》. [F]
Al·ex·an·dret·ta /æ̀lɪgzændrétə, -zɑ:n-, ɛ̀l-/ アレクサンドレッタ《ISKENDERUN の旧称》.
Al·ex·an·dria /æ̀lɪgzǽndriə, -zɑ́:n-, ɛ̀l-/ アレクサンドリア《エジプト北部の地中海に臨む港湾都市》.
Àl·ex·án·dri·an *a* Alexandria の; Alexander 大王(の統治)の; ヘレニズム文化の; 《新プラトン主義を生んだ》アレクサンドリア学派の; ALEXANDRINE; 〈作家・著作などが〉深い学殖を示す, 学識好きの, 衒学的な, 模倣的な. ► *n* アレクサンドリアの住民.
Al·ex·an·dri·na /ælɪgzændríːnə, -zɑːn-, èl-/ アレクサンドリーナ《女子名》. [(fem); ⇨ ALEXANDER]
al·ex·an·drine /ælɪgzǽndrən, -zɑ́ːn-, -dràɪn, èl-/ 〘韻〙 *a* アレキサンダー格の. ► *n* アレキサンダー格の詩行《抑揚格 ⏑ ´ または弱強格 × ´ の六歩脚; cf. METER[1]》. [OF; Alexander 大王を扱った OF 詩の詩型より]
al·ex·an·drite /ælɪgzǽndràɪt, -zɑ́ːn-, èl-/ *n* 〘鉱〙 アレキサンドライト《金緑石の一種; 太陽光で濃緑色に見える宝石; 6 月の BIRTHSTONE》.
Ale·xan·droú·po·lis /ɑːlɪksɑːndrúːpɔːlis/ アレクサンドルーポリス《ギリシア北東部の市・港町; トルコ語名 Dede Agach》.
alex·ia /əlέksiə/ *n* 〘医〙 失読(症). [*a*-[2]]
Alexia アレクシア《女子名》. [(fem); ⇨ ALEXIS]
alex·in /əlέksən/, **-ine** /-sìːn/ *n* 〘免疫〙 補体, アレキシン (complement).
alex·i·phar·mac /əlèksəfɑ́ːrmək/, **-mic** /-mɪk/ 〘医〙 *a* 解毒性の. ► *n* 解毒剤. [Gk *pharmakon* poison]
Alex·is /əlέksəs/ **1** アレクシス《女子名; 男子名》. **2** アレクセイ《ロシア, ロマノフ朝の数名の王族》 (1) **Aleksey Mi·kháy·lo·vich** /-mɪxáɪləvɪtʃ/ アレクセイ・ミハイロヴィチ (1629–76)《ロシア皇帝 (1645–76); Peter 大帝の父》 (2) **Aleksey Pe·tró·vich** /-pεtróuvɪtʃ/ アレクセイ・ペトローヴィチ (1690–1718)《ロシアの皇太子; Peter 大帝の息子; 反逆罪に問われて死刑を宣告されたが獄中で没した》. [Gk=help(er)]
alex·i·ter·ic /əlèksətέrɪk/ *a, n* ALEXIPHARMAC.
Alex·i·us I Com·ne·nus /əlέksiəs ðə fɜ́ːrst kɑmníːnəs/ アレクシオス 1 世コムネノス (1048–1118)《ビザンティン皇帝 (1081–1118); コムネノス朝の開祖; 治下に第 1 回十字軍を迎えた》.
Alf /ælf/ **1** アルフ《男子名; Alfred の愛称》. **2** [°a-]《豪口》無教養なオーストラリア(気質の)男, 無骨な男 (ocker) (cf. ROY).
ALF °Animal Liberation Front.
al·fa /ǽlfə/ *n*《アフリカ》ESPARTO.
Alfa *n* アルファ《文字 a を表わす通信用語; ⇨ COMMUNICATIONS CODE WORD》.
Álfa còde 〘通信〙 アルファコード《文字 a に対して Alfa を当てる PHONETIC ALPHABET; cf. COMMUNICATIONS CODE WORD》.
álfa gràss《アフリカ》ESPARTO.
al·fal·fa /ælfǽlfə/ *n* **1** 〘植〙 アルファルファ, ムラサキウマゴヤシ (=*lucerne, purple medic*)《マメ科の牧草》. **2** *《方》(ほお)ひげ; *《俗》(小)銭. [Sp<Arab=a green fodder]
alfálfa wèevil 〘昆〙 アルファルファゾウムシ《ムラサキウマゴヤシ (alfalfa) の害虫; 北米に多い》.
Al·fa Ro·meo /ǽlfə rouméɪou/ 〘商標〙 アルファロメオ《イタリアの自動車メーカー, また同社製の乗用車; 同社は 1986 年 Fiat に買収された》.
Al Fat·ah /æl fǽtə, -fɑːtɑ́ː/ アルファタハ《パレスティナ解放機構 (PLO) の主流穏健派》.
Al·fe·rov /ɑːlfjɔ́ːrɔːf | -rɔv, -rɔf/ アルフョロフ **Zhores** (**Ivanovich**) ~ (1930–)《ベラルーシ生まれのロシアの物理学者; 高速光電子工学に用いられる半導体ヘテロ構造を開発した; ノーベル物理学賞 (2000)》.
Al·fie /ǽlfi/ アルフィー《男子名; Alfred の愛称》.
Al·fie·ri /ælfiέəri/ アルフィエーリ Conte **Vittorio** ~ (1749–1803)《イタリアの劇作家・詩人》.
al·fil·a·ria, -e·ria /ælfɪləríːə/ *n* 〘植〙 オランダフウロ (=*pin clover* [*grass*])《欧州原産; 米西部でまぐさ用に栽培》. [AmSp]
al fi·ne /æl fíːneɪ/ *adv* 〘楽〙 終わりまで: DA CAPO ~. [It=to the end]
Al·fi·sol /ǽlfəsɔ̀(ː)l, -sòul, -sɑ̀l/ *n* 〘土壌〙 アルフィゾル《鉄含量の大きい表土をもつ湿った土壌》.
Al·fol /ǽlfɑ̀l/ 〘商標〙 アルフォル《アルミ箔製の絶縁材料》.
Alföld ⇨ GREAT ALFÖLD.
Al·fon·so /ælfɑ́nsou, -zou/ **1** アルフォンソ, アルフォンゾ《男子名》. **2**《ポルトガル王》アフォンソ ⇨ AFONSO. **3** アルフォンソ ~ **XIII** (1886–1941)《スペイン王 (1886–1931)》. [Gmc=noble, ready]
al·for·ja /ælfɔ́ːrhɑː, -dʒə/ *n* *《西部》SADDLEBAG;《ヒヒの》ほお袋. [Sp<Arab]
Al·fred /ǽlfrəd, -fərd/ **1** アルフレッド《男子名; 愛称 Al, Alf, Alfie, Fred》. **2** アルフレッド (849–899)《ウェセックス王 (871–899); 通称 ~ the Great; Ælfred とも書く; デーン人 (Danes) の侵略から国土を守るとともに, 法典を編纂し, 学芸の保護にも努めた》. [Gmc=elf (i.e. good) counsel(lor)]
Al·fre·da /ælfríːdə/ アルフリーダ《女子名》. [(fem); ↑]
Al·fre·do /ælfréɪdou/ *a* 〘料理〙 アルフレード(ソース)の《バター・クリーム・ニンニク・パルメザンチーズのソースであえた》: FETTUCCINE ALFREDO. [*Alfredo* di Lelio 考案したイタリア人シェフ・料理店主]
al·fres·co /ælfrέskou/ *adv, a* 戸外で[の]; 〘画〙 フレスコ画法で(描いた). [It=in the fresh (air)]
Al-Fujayrah ⇨ FUJAYRAH.
Al·fvén /æl(f)véɪn, -vέn/ アルヴェーン **Hannes** (**Olof Gösta**) ~ (1908–95)《スウェーデンの天体物理学者; プラズマ物理学の発展に対する貢献により, ノーベル物理学賞 (1970)》.
Alfvén wave /-´-´-/ 〘理〙 アルヴェーン波(は)《電導性流体が磁場の中にあるときの磁気流体波》. [↑]
alg- /ælg, ǽldʒ/, **al·go-** /ǽlgou, -gə/ *comb form*「痛み」[Gk *algos* pain]
alg. algebra. **ALG** 〘生化〙 °antilymphocyte globulin ♦〘生化〙 °antilymphocytic globulin.
al·ga /ǽlgə/ *n* (*pl* **al·gae** /-dʒi/, ~s) 〘植〙 藻類に属する植物, 藻. ♦ **ál·gal** *a* 藻(類)の(ような). [L]
ál·gae·cìde* /ǽldʒə-/ *n* ALGICIDE.
al·gar·ro·ba, -ga·ro- /ælgəróubə/ *n* 〘植〙 **a**《地中海沿岸産の》イナゴマメ(のさや) (carob). **b** *MESQUITE.
Al·gar·ve /ɑːlgɑ́ːrvə, æl-/ アルガルヴェ《ポルトガル南端の, Faro 県と一致する地方; 中世には Moor 人の王国》.
al·gate(s) /ɔ́ːlgèɪt(s)/《方》*adv* 常に; それにもかかわらず, しかしながら. [ME=(*al* all, *gate*[3] way)]
al·ga·tron /ǽlgətrɑ̀n/ *n* アルガトロン《実験室用の藻類生育装置》.
al·ge·bra /ǽldʒəbrə/ *n* 代数(学); 代数の論文[教科書]: ~ of logic 論理代数. [It, Sp, L<Arab=reunion of broken parts (*jabara* to reunite)]
al·ge·bra·ic /ældʒəbréɪɪk/, **-i·cal** *a* 代数の, 代数的な, 代数(学)上の. ♦ **-i·cal·ly** *adv*
algebráic equátion 〘数〙 代数方程式《未知数の多項式で表わされる方程式》.
algebráic fúnction 〘数〙 代数関数《変数の加減乗除と累乗・累乗根だけによってその値が得られる関数》.
algebráic notátion 〘チェス〙 代数式記法 (STANDARD NOTATION).
algebráic númber 〘数〙 代数的数《有理数を係数とする代数方程式の根になる数》.
al·ge·bra·ist /ǽldʒəbrèɪɪst; -´-´-/ *n* 代数学者.
Al·ge·ci·ras /ældʒəsíərəs/ アルヘシラス《スペイン南西部 Gibraltar 海峡の Algeciras 湾に面する港町》.
Al·ger /ǽldʒər/ アルジャー **Horatio** ~ (1832–99)《米国の少年読物の作家; ほとんどの小説が, 貧困・誘惑と戦う少年が幸運な偶然にめぐまれて富と名声を得るという立身出世物語; *Ragged Dick* (1867), *Luck and Pluck* (1869), *Tattered Tom* (1871) の各シリーズなど; ⇨ HORATIO ALGER》.
Al·ge·ria /ældʒíəriə/ アルジェリア《北アフリカの国; 公式名 People's Democratic Republic of ~ (アルジェリア民主人民共和国); ☆Algiers; cf. BARBARY STATES; 1962 年フランスから独立》.
Al·gé·ri·an *a* Algeria の, Algiers の. ► *n* アルジェリア人, アルジェ人.
Al·ge·rine /ældʒəríːn/ *a* ALGERIAN. ► *n* ALGERIAN,《特に》ベルベル系・アラブ系・ムーア系の土着のアルジェリア人; [a-] 海賊 (pirate); [a-] アルジェリア織り《明るい色の縞模様の柔らかい毛織物》.
Álger·ish *a* アルジャー (Horatio ALGER) 風の.
Al·ger·non /ǽldʒərnən/ アルジャノン《男子名; 愛称 Algie, Algy》. [AF=whiskered]
al·ge·sia /ældʒíːziə, -ʒə/ *n* 〘医〙 痛覚過敏. [NL (Gk *algēsis* sense of pain)]
-al·gia /ǽldʒiə/ *n comb form*「…痛」: neur*algia*. ♦ **-al·gic** /ǽldʒɪk/ *a comb form* [Gk; ⇨ ALG-]
ál·gic ácid /ǽldʒɪk-/ ALGINIC ACID.
ál·gi·cìde /ǽldʒə-/ *n* 殺藻薬[剤], アルジサイド《硫酸銅など》. ♦ **àl·gi·cíd·al** *a* [*alga*]
al·gid /ǽldʒəd/ *a* 寒い, 冷たい; 〘医〙 悪寒の(激しい). ♦ **al·gid·i·ty** /ældʒídəti/ *n*
Al·gie /ǽldʒi/ アルジー《男子名; Algernon の愛称》.
Al·giers /ældʒíərz/ アルジェ《(1) アルジェリアの首都・港町 (2) 北アフリカにあった国; 今はアルジェリアとなっている》.
al·gin /ǽldʒən/ *n* 〘化〙 アルギン; ALGINIC ACID.
al·gi·nate /ǽldʒənèɪt/ *n* 〘化〙 アルギン酸塩[エステル], アルギナート.
al·gín·ic ácid 〘化〙 アルギン酸《褐藻から採るゲル状物質; アイスクリーム・化粧品の乳化剤》.
algo- /ǽlgou, -gə/ ⇨ ALG-.
Al·góa Báy /ælgóuə-/ アルゴア湾《南アフリカ共和国 Eastern Cape 州南部の湾》.
al·goid /ǽlgɔ̀ɪd/ *a* 藻のような性質[形状]の, 藻様の.
ALGOL, Al·gol[1] /ǽlgɑ̀l, -gɔ̀(ː)l/ *n* 〘電算〙 アルゴル, ALGOL《科学計算向きの高水準言語》. [*algo*rithmic *l*anguage]
Algol[2] 〘天〙 アルゴール《ペルセウス座の β 星で食変光星》. [Arab=the ghoul, ogre]
al·go·lag·nia /ælgəlǽgniə/ *n* 〘精神医〙 疼痛性愛, 苦痛嗜愛, アルゴラグニー《sadism と masochism を含む》. ♦ **-lág·nic** *a*
al·gol·o·gy /ælgɑ́lədʒi/ *n* 藻類学. ♦ **-gist** *n* **àl·go·lóg·i·cal** *a* **-i·cal·ly** *adv* [*alga*]
al·gom·e·ter /ælgɑ́mətər/ *n* 〘医〙 痛覚計, 圧痛計. ♦ **al·góm·e·try** *n* **àl·go·mét·ric, -ri·cal** *a*
Al·gon·qui·an /ælgɑ́ŋkwiən, -gɑ́ŋ-/, **-gon·quin** /-kwən/,

-kin /-kən/, **-ki·an** /ælgάŋkiən/ *n* (*pl* ~, ~s) **1** [ᵁ-quin] **a** アルゴンキン族《カナダの Ottawa 川流域および Quebec 地方に住むインディアン》. **b** アルゴンキン語《アルゴンキン語族の方言で Ojibwa 族の言語》. **2** [ᵁ-quian] **a**〘言〙アルゴンキン語族《北はカナダの Labrador 地方から南は米国の Carolina に, 西は大平原地方に至る広大な地域のインディアン諸語を含む一大語族》. **b** アルゴンキン系部族《アルゴンキン語族の言語を用いるインディアン諸部族》. **3** [the Algonkian]〘地質〙《北米の》アルゴンキア紀[界]. ► *a* [-kian]〘地質〙アルゴンキア紀[界]の.

Algónquin Hotél [the] アルゴンキンホテル《New York 市 Manhattan にあるホテル; 1920–40 年代にここを根城にした文学者の集まりは 'アルゴンキン円卓派' (the Algonquin Round Table) と呼ばれた; 常連は Alexander Woollcott, Dorothy Parker, Robert Sherwood, G. S. Kaufman など》.

Algónquin Párk アルゴンキン公園《カナダ Ontario 州東部の州立公園; 多数の湖沼がある》.

àlgo·phóbia *n*〘精神医〙疼痛恐怖(症).

al·gor /ǽlgɔːr/ *n*〘医〙寒冷, 悪寒. [L]

al·go·rism /ǽlgərìz(ə)m/ *n* アルゴリズム《アラビア記数法; アラビア数字を用いる算法》; ALGORITHM: cipher in ~ 零の字 (0); 有名無実の人, ばか者. ♦ **àl·go·rís·mic** *a*

al·go·rithm /ǽlgərìð(ə)m/ *n*〘数〙アルゴリズム《問題を解くための具体的な操作[手法]》;《一般に》計算(法); 問題解決[目的達成]のための段階的手法. ♦ **àl·go·ríth·mic** *a* **-mi·cal·ly** *adv* [OF<L<Pers; アラビアの数学者 al-Khwārizmī の名から; 語形は *-ism* と F *algorithme*, Gk *arithmos* number に同化]

álgor mór·tis /-mɔ́ːrtəs/ 死(体)冷《死後, 肉体の温度が徐々に低下すること》.

al·gous /ǽlgəs/ *a* 藻の(ような), 藻でいっぱいの.

al·gra·phy /ǽlgrəfi/ *n*〘印〙アルミ平版(ばん)印刷法.

Al·gren /ɔ́ːlgrən/ オールグレン **Nelson** ~ (1909–81)《米国の小説家; 主に Chicago を舞台にスラムの若者の荒廃した生活とその不安・虚無を描いた; *The Man with the Golden Arm* (1949)》.

al·gua·cil /ælgwəsíːl/, **-zil** /-zíːl/ *n* (*pl* **-cíls**, **-ci·les** /-síːleɪs/, **-zíls**)《スペインの》巡査, 警察官. [Arab]

al·gum /ǽlgəm/ *n*〘聖〙アルマグの木《おそらく白檀(びゃくだん)》; *2 Chron* 2: 8》.

Al·gy /ǽlʤi/ アルジー《男子名; Algernon の愛称》.

al·ha·ji /ælhǽʤi/ *n* (*fem* **-ha·ja** /-ʤə/)《西アフリカ》(アル)ハッジ《HAJJI の称号》.

Al Hamad ⇨ HAMAD.

Al·ham·bra /ælhǽmbrə/ [the] アルハンブラ宮殿《スペインの Granada にあるムーア国王の王城; 華麗な庭園がある》. ♦ **Al·ham·bresque** /æ̀lhæmbrésk/, **-bra·ic** /-bréɪɪk/ *a* アルハンブラ宮殿風の. [Sp<Arab=the red (house)]

Al-Hasa ⇨ HASA.

Al-Hi·jāz ⇨ HEJAZ.

Al-Ḥudaydah ⇨ HUDAYDAH.

Al-Hufūf ⇨ HUFUF.

Ali /ɑːlíː, ǽli, ɑ́ːli/ **1** アリ《男子名》. **2** アリー **'Alī ibn Abī Ṭālib** (c. 600–661)《第 4 代正統カリフ (656–661) で, シーア派の初代イマーム (⇨ SHI'A); Muhammad のいとこで, その娘 Fatima と結婚した》. **3** /ɑːlíː/ アリ **Muhammad** ~ (1942–)《米国のボクサー; 本名 Cassius Marcellus Clay, Jr.; 世界ヘビー級チャンピオン (1964–67, 74–78, 78–79)》. [Arab=high, sublime]

ali- /éɪlə, ǽlə/ *comb form*「翼」「翼部」 [L]

ali·as /éɪliəs, -ljəs/ *adv* 一名…, 別名は: Barbara Vine, ~ Ruth Rendell バーバラ・ヴァイン(別名ルース・レンデル), ルース・レンデルこと本名バーバラ・ヴァイン. ► *n* 別名, 偽名;〘電算〙《ファイル名などの》別名, エイリアス;〘通信〙エイリアス《連続信号を低レートでサンプリングした時の本来とは異なる周波数の虚像信号》. ► *vt*〘電算〙…に別名をつける;〘通信〙〈信号〉にエイリアスを生じさせる. [L=at another time]

álias·ing *n*〘電算・通信〙ALIAS の使用[発生](による周波数識別の誤り); エイリアシング《曲線がプリンターやディスプレーの解像度の制約のためになめらかでなくなること》.

Ali Ba·ba /ǽli bάːbə/ アリババ《『アラビアンナイト』に出る(原典にはない)きこり; ⇨ OPEN SESAME, MORGIANA》.

al·i·bi /ǽləbàɪ/ *n*〘法〙現場不在(証明), アリバイ;《口》言いわけ, 口実: set up [prove] an ~ 現場不在を証明する. ►《口》*vi, vt* 言いわけ[弁解]をする 〈*for*〉;〈人〉のアリバイを証明する;〈人〉のために弁解する. [L=elsewhere]

Álibi Íke 1 アリバイ・アイク《Ring Lardner の小説 *Alibi Ike* に登場するなにかと言いわけをする投手 F. X. (=excuse) Farrel; 1935 年の J. E. Brown (1892–1973) 主演の映画 *Alibi Ike* で一般化した》. **2** *《俗》弁解ばかりするやつ, 言いわけ屋.

al·i·ble /ǽləb(ə)l/ *a*《古》栄養[滋養]のある. [L *alo* to nourish]

Ali·can·te /æ̀ləkǽnti, ɑ̀ːləkάːn-/ アリカンテ (1) スペイン南東部 Valencia 自治州の県; 地中海に面する 2) その県都・港町》.

Al·ice /ǽləs/ **1** アリス《女子名; 愛称 Ailie, Allie, Ally, Ellie, Elsie》. **2** アリス《Lewis Carroll, *Alice's Adventures in Wonderland*, *Through the Looking-Glass* の主人公の少女》. **3** [ᵒthe]《豪口》ALICE SPRINGS. [OF<Gmc=noble, kind]

Álice bándᴵᴵ アリスバンド《幅の広いカラーヘアバンド》.

Álice blúe 灰色がかったうすい青色.

Álice-in-Wónderland *attrib a, n*《口》空想的な[とても信じられない](こと[もの]).

Álice's Advéntures in Wónderland『不思議の国のアリス』《Lewis Carroll の子供向けファンタジー (1865); White Rabbit のあとを追ってウサギ穴にもぐり, 地下の不思議な国にはいり込んだ少女 Alice の物語; 略して **Álice in Wónderland** ともいう》.

Álice Spríngs アリススプリングズ《オーストラリア Northern Territory の町; 同国中部の Centre 地方の中心地》.

Ali·cia /əlíʃ(i)ə/ アリシア《女子名》. [⇨ ALICE, ADELAIDE]

Al·ick /ǽlɪk/ アリック《男子名; Alexander の愛称》.

ali·cýclic /æ̀lə-/ *a*〘化〙脂環式の (=*cycloaliphatic*): ~ compounds 脂環式化合物. [*ali*phatic]

al·i·dade /ǽlədèɪd/, **-dad** /-dæ̀d/ *n* アリダード《角度測定に用いる装置; アストロラーベの水平目盛環, 測量器具の望遠鏡ほかからなる部分など》.

alien /éɪliən, -ljən/ *a* **1** ほかの国[土地, 社会, 種族, 人]の, なじみのない; 外国の, 異国の; 外来の; 外国人の, 異邦人の; 地球外の, 異星からの, 宇宙人の: ~ subjects 外国の臣民. **2** 異質の, かけ離れた, 遊離した 〈*from, to*〉; 矛盾する, 相容れない 〈*to*〉: Dishonesty is ~ *to* his nature. 不正直はもともと彼の性分に合わない. ► *n* 外国人; 在留外国人,《時に》帰化外国人 (cf. CITIZEN); ほかの家[種族, 社会, 土地, 国]の人, よそ者;《SF で地球人に対して》宇宙人, 異星人, 異星生物, エイリアン; 外来種;《古》ある特権から締め出された人, のけ者. ► *vt*〘法〙〈財産・権原など〉の所有権を手放す, 移転[譲渡]する; 心情的に遠ざからせる. ♦ **~·ly** *adv* **~·ness** *n* [OF<L=belonging to another (*alius* other)]

álien·able *a*〘法〙移転[譲渡]できる. ♦ **àlien·abílity** *n*

álien·age *n* (在留)外国人であること[の身分].

álien·àte *vt*〈友人・家族・支持者などを〉疎遠にする, よそよそしい気持にさせる, 離反させる;〈自分を〉疎外する, 遊離させる;〈愛情などを〉よそに向ける;〘法〙移転する, 譲渡する; 転用する; 切り離す: ~ sb *from* … 人の気持を…から離れさす / *be* ~*d from*…から疎外されて[気持が離れて]いる. ♦ **álien·à·tor** *n*

àlien·átion *n* **1** 心情的な疎隔, 離反, 愛情の転移; (自己)疎外; のけ者の状態, 孤立;《筋肉などの》機能異常,〘医〙精神錯乱;〘劇〙《Brecht などの理論の》異化(効果)《登場人物への観客の感情移入を拒むことで逆に効果を上げること》. **2**〘法〙移転, 譲渡;〘法〙所有物処分権,《財産・権原などの》移転権;《資金などの》転用, 流用.

alienátion of afféction(s)〘法〙愛情移転《配偶者の一方の愛情を第三者に向ける, 配偶者権に対する侵害》.

àlien·ée *n*〘法〙譲受人 (opp. *alienor*).

álien énemy 在留敵国人.

ali·e·ni ju·ris /èɪlaɪíːnaɪ ʤúərəs, èɪli-, ɑ̀ːliéɪni júrəs/ *a*〘法〙他人の監督下にいる, 他人の権力に服する〈未成年など〉. [L=of another's right]

álien·ìsm *n* (在留)外国人としての身分; 異質である[相容れない]こと;《古》精神病学 (psychiatry).

álien·ist *n* 精神科医,《特に》司法精神科医.

alien·or /éɪliənər, èɪliənɔ́ːr, -ljə-/ *n*〘法〙譲渡人 (opp. *alienee*).

ali·ésterase /æ̀li-/ *n*〘生化〙アリエステラーゼ《少分子量の芳香族エステルを加水分解するエステラーゼ》.

alif /άːlɪf/ *n* アリフ《アラビア語アルファベットの第 1 字》.

a-life /éɪ-⌐/ *n* ARTIFICIAL LIFE.

áli·fòrm *a* 翼状の(張出しのある).

Ali·garh /ǽləgàːr, ⌐-⌐/ アリーガル《インド北部 Uttar Pradesh 西部の市; ムスリム大学 (1875) がある》.

alight[1] /əláɪt/ *vi* (~·**ed**,《まれ》**alit** /əlít/)〈馬・乗物などから〉降り立つ 〈*from*〉; 舞い降りる 〈*on*〉;《文》行き当たる, 偶然発見する 〈*on*〉. ♦ **~·ment** *n* [OE (*a-*[3] away, LIGHT[3])]

alight[2] *adv, pred a* 燃えて; 明るく照らされて; 生きいきと輝いて: faces ~ with joy 喜びに輝く顔 / set ~ …に火をつける. ● **set the world** [**place, town**] ~ 世の関心[賞賛]の的となる. [ME <?*on a light* (=lighted) *fire*]

alíght·ing gèar〘空〙《飛行機の》降着装置 (landing gear).

align /əláɪn/ *vt* 整列させる;〈的と照星と照門とを〉一直線に並べる;〈機械各部など〉の位置[向き]を調整する,〈精密機械など〉最終調整する; 連動[連携]させる;《政治的に》緊密に協力[提携]させる 〈*against, with*〉: ~ one*self* with…と提携する. ► *vi* 整列する; 一直線に並ぶ; 正しく並ぶ, 精確にかみ合う; 緊密に協力[提携]する. ♦ **~·er** *n* ⁺位置決め機. [F (*à ligne* into line)]

alígn·ment *n* 一列整列, 配列; 整頓線; 調節, 整合; 照準;〘機〙心合わせ;〘工〙《鉄道・幹線道路・堡塁などの》平面線形;〘電子工〙アラインメント《系の素子の調整》;《人びと・グループ間の》緊密な提携, 一致協力, 連帯, 連携, 団結;〘考古〙列石, アリニュマン《立石が列をなしたもの》.

alii /ɑːlíːìː/, **ari·ki** /ɑːríːki/ *n* (*pl* ~)《ポリネシアの》首長, 王. [Maori]

alike /əláɪk/ *pred a* 互いによく似て, そっくりで. ► *adv* 一様に, 同

様に, 等しく: treat all men ～ 万人を同様に遇する / SHARE[1] and share ～. ◆ **～·ness** *n* [*a*-[1]]

al·i·ment /ǽləmənt/ *n* 滋養物, 食物; 支持, 《心の》糧(かて); 生活[生命維持]に不可欠のもの; 〘スコ法〙 妻の扶助料 (alimony). ► *vt* /-mɛ̀nt/ …に滋養を与える; 支持する; …に扶助料を支払う; 扶養する; 〈市民運動などを〉支持[支援]する. [F or L (*alo* to nourish)]

al·i·men·tal /æ̀ləméntl/ *a* 栄養を与える. ◆ **～·ly** *adv*

al·i·men·ta·ry /æ̀ləmént(ə)ri/ *a* 食事[食物]性の; 栄養のある; 栄養(作用)の; 消化の; 扶養する, (必要な)糧(かて)を与える; 〘スコ法〙 債権者の請求対象にならない.

aliméntary canál [tráct] 〘解·動〙 消化管.

al·i·men·ta·tion /æ̀ləməntéɪʃ(ə)n/ *n* 栄養, 滋養; 栄養供給[摂取, 吸収](作用); 扶養; 〘地質〙 氷河を成長させる雪の堆積. ◆ **al·i·men·ta·tive** /æ̀ləméntətɪv/ *a* 栄養作用に関連のある; 滋養になる.

al·i·mén·to·thèrapy /æ̀ləméntoʊ-/ *n* 〘医〙 食事療法.

al·i·mo·ny /ǽləmòuni; -məni/ *n* 〘法〙 扶助料, 別居[離婚]手当; 生活のでだて, 扶養. [L=nutriment; ⇨ ALIMENT]

álimony dròne*[*derog*] 扶助料欲しさに再婚しない女.

à l'im·pro·viste /*F* a lɛ̃prɔvist/ *adv* 不意に, だしぬけに.

aline /əláɪn/ *v* ALIGN.

Aline /əlíːn, ǽlìːn, ælíːn/ アリーン《女子名》. [⇨ ADELINE]

A-line /éɪ—/ *a, n* 下方がゆるやかに広がった, A ラインの(服[スカート]).

alínement *n* ⇨ ALIGNMENT.

Al·i·oth /ǽliɑ̀θ, -òʊθ/ 〘天〙 アリオト《おおぐま座の ε 星; 1.8 等で, 7 星中の最輝星》.

Ali Pa·şa /ɑːlíː pάːʃə, άːli-, -pǽʃə, -pəʃάː/ アーリーパシャ (1741–1822)《オスマン帝国支配下のギリシア北部·アルバニア南部になかば独立の侯国をつくった豪族; 'the Lion of Janina' と恐れられた》.

ali·ped /ǽɪləpɛ̀d, ǽlə-/ *a* 〘動〙《コウモリのように》翼手のある. ► *n* 翼手動物.

al·i·phat·ic /æ̀ləfǽtɪk/ *a* 脂肪の; 脂肪から誘導された; 〘化〙〈有機化合物が〉脂肪族の. ► *n* 脂肪族化合物. [Gk *aleiphat- aleiphar* fat]

ali·quan·do bo·nus dor·mi·tat Ho·me·rus /ɑ̀ːlə-kwάːndou bóunəs dɔ́ːrmətɑ̀ːt houméərəs/ Even (good) Homer sometimes nods (⇨ HOMER《諺》). [L]

al·i·quant /ǽləkwənt/ 〘数〙 *a* 《約数として》割り切ることのできない, 整除できない (opp. *aliquot*): 5 is an ～ part of 18. ► *n* 非約数 (=～ part).

al·i·quot /ǽləkwɑ̀t, -kwət/ *a* 〘数〙《約数として》割り切ることのできる, 整除できる (opp. *aliquant*); 等分した; わずかな; 〘化〙 分別の[による] (fractional). ► *n* 〘数〙 約数 (=～ part); (等分した)部分, 部分標本. ► *vt* 等分する. [F<L=some]

áliquot scàling 〘楽〙 アリクォートスケーリング《ある種のピアノ製作で音量と音色を豊かにするために, 基本弦のほかに 1 オクターブ上の共鳴弦を張ること》.

al·i·son /ǽləs(ə)n/ *n* 〘植〙 ALYSSUM.

Alison アリソン《女子名; スコットランドに多い; 愛称 Ailie, Elsie》. [(dim); ⇨ ALICE]

àli·sphénoid *n* 〘解〙 蝶形骨状軟骨, 蝶形骨状大翼.

Alis·sa /əlísə/, **Ali·sa** /əlíːsə/ アリッサ, アリサ《女子名》. [Heb =joy]

alist /əlíst/ *adv, pred a* 〘海〙〈船が〉傾いて. [*list*[3]]

A-list /éɪ—/ *n* 最高の部類; [集合的に]《口》大物, 有名人, セレブ.

Al·is·tair /ǽləstər, -tὲər/, **Al·is·ter** /ǽləstər/ アリスター, アリステア《男子名》. [*Alexander*]

alis vo·lat pro·pri·is /άːlìːs wɔ́ːlɑ̀ːt próupriìːs/ 彼女はみずからの翼で飛ぶ《Oregon 州の標語》. [L]

alit /əlít/ *v*《まれ》ALIGHT[1] の過去·過去分詞.

Al·i·tal·ia /ɑ̀ːlɪtάːliə/ アリタリア航空《イタリアの航空会社 (Linee Airee Italian); 本社 Rome; 国際略称 AZ》.

alít·er·ate /eɪ-/ *n* 《文字が読めるのに》活字[本]を読まない人, 活字嫌い. ► *a* ものを読まない, 活字離れの[嫌いの]. ◆ **alít·er·a·cy** *n* 文字[本]を読もうとしないこと, 不読. [*a*-[2]]

Al It·ti·had /æl ìtəhǽd/ アルイッティハード (MADINAT ASH SHA'B の旧称).

ali·un·de /èɪliάndi/ *adv, a* 〘主に法〙 記録外の, よそから(の): evidence ～ 書証外の証拠, 外在証拠. [L]

alive /əláɪv/ *pred a* **1 a** 生きて, 生きたままで; [先行名詞を強調して] 現在の: catch ～ 生け捕る / be buried ～ 生き埋めになる[される] / be burned ～ 焼き殺される / as sure as I am ～ きわめて確かに / stay ～ 生きている; 《トーナメント戦などで》勝ち残っている / the greatest scoundrel ～ 当代一の悪漢 / any man ～ だれもかれも. **b** 〈記憶·愛情·希望·偏見など〉弱まることなく保たれて, 消えずに生き続けて: keep the matter ～ 検討を続ける. **2** 〈…に〉気づいて, 敏感で 〈*to*〉. **3** 生気[活力, 元気]があって, ぴんぴんして; [[S]*attrib*] 元気な, 生きいきした〈声·顔·人など〉; 〈…で〉活気づいて, にぎやかで, いっぱいで 〈*with*〉: a pond ～ *with* fish 魚がうようよしている池 / a river ～ *with* boats 舟でにぎわっている川. **4** 〈導線·電話·ラジオなど〉電源に接続されている, 生きて[通じて]いる (live). ● **～ and kicking** 《口》元気で, ぴんぴんして. **～ and well** 《口》元気で, ぴんぴんして (alive and kicking), 〈物事が〉有用で, 機能して. **bring…～** 生き返らせる; 活気づける, 本領を発揮させる. **come ～** 活発になる, 目を輝かせる, 〈機械が〉動き出す; 〈絵など〉本物に見える. **Look ～!** 《口》てきぱきやれ, ぐずぐず[ぼやぼや]するな. **Man [Sakes, Heart, Heavens] ～!** 《口》おや, 何だと, これは驚いた, 冗談じゃない! ◆ **～·ness** *n* [OE *on life* (A-[1], LIFE)]

ali·yah /ɑːlíːjɑː, ɑ̀lijάː/ *n* (*pl* **～s, ali·yot(h)** /ɑːlijóus, -t/) **1** アーリヤー《ユダヤ教会で Torah の一部を朗読する前後に賛美の祈りをささげるため会堂の小卓に進むこと》. **2** アーリヤー (=**ali·ya** /ɑːlíːjɑː, ɑ̀ːlijάː/)《ユダヤ人の Palestine [特に イスラエル]への移住; cf. OLIM》. [Heb]

aliz·a·rin /əlízərən/, **aliz·a·rine** /əlízərən, -rìːn/ *n* 〘化〙 アリザリン《紅色色素》; アリザリン染料. [F (*alizari* madder)]

al-Jazeera ⇨ JAZEERA.

Al Jazirah /ældʒəzíərə/ アルジャジーラ (GEZIRA の別称).

alk. alkaline.

al·ka·hest, -ca- /ǽlkəhɛ̀st/ *n* 《錬金術の》万物融化液. ◆ **àl·ka·hés·tic, -ca-** *a*

al·ka·le·mia /æ̀lkəlíːmiə/ *n* 〘医〙 アルカリ血(症).

al·ka·les·cence /æ̀lkəlés(ə)ns/, **-cen·cy** *n* 〘化〙 (弱)アルカリ性; アルカリ度.

àl·ka·lés·cent *a, n* 〘化〙 (弱)アルカリ性の(物質).

al·ka·li /ǽlkəlàɪ/ *n* (*pl* **～s, ～es**) 〘化〙 アルカリ, 塩基性物質; 〘土壌〙《乾燥地方の土壌に含まれる》アルカリ塩類; *《西部》 アルカリ性土壌の地域; ALKALI METAL. [L<Arab=the calcined ashes]

al·kal·ic /ælkǽlɪk/ *a* 〘地質〙〈火成岩が〉アルカリ(性)の; ALKALINE: ～ rock アルカリ岩(がん).

álkali féldspar 〘鉱〙 アルカリ長石《カルシウムをほとんど含まずナトリウムとカリウムを含有する長石》.

álkali flát アルカリ平地《乾燥地方の池や湖が干上がったあと塩類やアルカリが固く乾燥してできた平地》.

al·kal·i·fy /ælkǽləfàɪ, ǽlkələ-/ *vt, vi* アルカリ(性)にする[なる], アルカリ化する. ◆ **-fì·able** *a*

álkali mètal 〘化〙 アルカリ金属 (lithium, sodium, potassium, rubidium, cesium, francium).

al·ka·lim·e·ter /æ̀lkəlímətər/ *n* 〘化〙 アルカリメーター《**1)** 固体·液体中のアルカリの量を測定する装置 **2)** 二酸化炭素の量を測定する装置》. ◆ **àl·ka·lím·e·try** *n* アルカリ滴定.

al·ka·line /ǽlkəlàɪn, *-lən/ *a* 〘化〙 アルカリ(性)の (opp. *acid*); アルカリ金属の; (高濃度の)アルカリを含む; アルカリの使用を伴う.

álkaline báth 〘医〙 アルカリ浴.

álkaline báttery [céll] アルカリ電池.

álkaline éarth 〘化〙 アルカリ土類; ALKALINE-EARTH METAL.

álkaline-éarth mètal 〘化〙 アルカリ土類金属 (beryllium, magnesium, calcium, strontium, barium, radium).

álkaline métal 〘化〙 ALKALI METAL.

álkaline phósphatase 〘生化〙 アルカリ(性)ホスファターゼ《アルカリで活性を示すホスファターゼ》.

al·ka·lin·i·ty /æ̀lkəlínəti/ *n* 〘化〙 アルカリ度[性].

al·ka·lin·ize /ǽlkələnàɪz/ *vt* 〘化〙 アルカリ化する. ◆ **àl·ka·lin·i·zá·tion** *n*

álkali sòil アルカリ(性)土壌《植物生育に不適》.

àlkali·tróphic láke 〘生態〙 アルカリ栄養湖.

al·ka·lize /ǽlkəlàɪz/ *vt* ALKALINIZE. ◆ **àl·ka·li·zá·tion** *n*

al·ka·loid /ǽlkəlɔ̀ɪd/ *n* 〘化〙 アルカロイド《植物塩基: nicotine, morphine, cocaine など》; [〈*a*〉] アルカロイドの. ◆ **àl·ka·lóid·al** *a* [G; ⇨ ALKALI, -OID]

al·ka·lo·sis /æ̀lkəlóusəs/ *n* (*pl* **-ses** /-sìːz/) 〘医〙 アルカローシス《アルカリ血症; cf. ACIDOSIS》. ◆ **-lót·ic** /-lάt-/ *a*

al·kane /ǽlkèɪn/ *n* 〘化〙 アルカン《メタン列炭化水素》.

álkane sèries METHANE SERIES.

al·ka·net /ǽlkənɛ̀t/ *n* 〘植〙 アルカンナ(の乾燥根); アルカンナ着色料《紅色》; 〘植〙 BUGLOSS, ムラサキ (puccoon). [Arab]

al·kan·na /ælkǽnə/ *n* [*A*-] 〘植〙 アルカンナ属《ムラサキ科》; 〘植·染〙 ALKANET; 〘植〙 BUGLOSS; 〘植〙 HENNA.

al·kan·nin /ælkǽnən/ *n* 〘化〙 アルカンニン《アルカンナの根から採る紅色針状晶; 着色用》.

al·kap·ton /ælkǽptən/ *n* 〘医〙 アルカプトン《アルカプトン尿症の尿中にあるアルカリ親和性物質》. [G]

alkàpton·úria *n* 〘医〙 アルカプトン尿(症).

Àl·ka-Séltzer /ǽlkə-/ 〘商標〙 アルカセルツァー《鎮痛·制酸発泡錠》. [*alkali*]

al·kene /ǽlkìːn/ *n* 〘化〙 アルケン (=*olefin*)《二重結合を(1 つ)もつ炭化水素; エチレン系列炭化水素》. [*alkyl*, *-ene*]

álkene sèries ETHYLENE SERIES.

al·ker·mes /ælkə́ːrmiz, -məs/ *n* アルケルメス《もとは イタリア産の臙脂(えんじ)のリキュール》.

al·keyed /ǽlkid/ *a* ALKIED.

Al-Khums ⇨ KHUMS.

alki, alkie ⇨ ALKY.

al-ki /ǽlkàɪ, -kiː/ やがて, まもなく《Washington 州の標語》. [Chinook Jargon=by and by]

ál·kied /ǽlkid/ *a* [°~ up] «俗» 酔っぱらって.

alkine ⇨ ALKYNE.

Alk·maar /ǽlkmàːr/ アルクマール《オランダ北西部 North Holland 州の市; チーズの市が開かれることで知られる》.

Alkoran ⇨ ALCORAN.

alk·ox·ide /ælkάksàɪd, -səd/ *n* 〘化〙 アルコキシド《アルコールの水酸基を金属で置換した化合物》. [*alk*yl, *ox*y-[2], *-ide*]

alk·oxy /ǽlkὰksi/ *a* 〘化〙 アルコキシル基の[をもつ].

alk·ox·yl /ælkάksəl/ *n* 〘化〙 アルコキシル基.

Al Ku·frah /æl kúːfrə/ アルクフラ《リビア南東部にあるオアシス群》.

Al-Kut ⇨ KUT.

al·ky, al·ki(e), al·chy /ǽlki/ «俗» *n* 大酒飲み, 飲み助, アル中 (alcoholic); アルコール (alcohol), 密造酒.

alky., alky alkalinity.

al·kyd /ǽlkəd/ *n* 〘化〙 アルキド樹脂 (=**~ rèsin**), アルキド塗料 (=**~ pàint**).

al·kyl /ǽlkəl/ *n* 〘化〙 アルキル(基) (=**~ ràdical** [**gròup**]). ► *a* アルキル基の[を含む]. [G (*Alkohol* alcohol)]

al·kyl·ate /ǽlkəlèɪt/ 〘化〙 *vt* 〈有機化合物を〉アルキル化する. ► *n* /, -lət/ アルキレート《アルキル化反応の生成物; 特に 航空機・自動車の配合燃料用》. ◆ **àl·kyl·á·tion** *n*

ál·kyl·àt·ing àgent 〘薬〙 アルキル化薬《アルキル化によって毒性効果を生じる細胞毒性の化学薬品》.

álkyl hálide 〘化〙 ハロゲン化アルキル《アルキル基とハロゲンとの化合物》.

al·kyl·ic /ælkílɪk/ *a* 〘化〙 アルキル(基)の.

al·kyne, -kine /ǽlkàɪn/ *n* 〘化〙 アルキン《三重結合をもつ炭化水素; アセチレン列炭化水素》.

álkyne sèries ACETYLENE SERIES.

all /ɔ́ːl/ *a*, *pron*, *n*, *adv* ► *a* **1 a** すべての, 全部の, 全…; すべて合わせた, 合計の; できるかぎりの: ~ my money わたしの金全部 / ~ day [night] 終日[終夜] (cf. all DAY) / ~ (the) morning 午前中ずっと / ~ yesterday きのう一日中 / ~ my life わたしの一生涯, 終生 / *A~* the world knows that. それは世界中(の人)が[だれでも]知っている / ~ the pupils of our school 全校生徒 / Not ~ the wealth in the world can buy happiness. 世界中の富を集めても幸福は買えない / *A~* the angles of a triangle are 180°. 三角形の内角の和は 180 度である / with ~ speed [haste] できるかぎり速く[急いで]. **b** [否定的ニュアンスで] ありったけの, …だけ: This is ~ the money I have left in the world. 残っている金はこれだけだ / FOR all (成句). **2** どれ[だれ]でも(みな), なんでも(みな), あらゆる: *A~* men are mortal. 人間はみな死ぬものだ / *A~* the angles of a triangle are less than 180°. 三角形の内角はどれも 180 度より小さい《★ all の配分的用法で each one of の意》/ in ~ directions あらゆる方向に, 四方八方に / in ~ respects どの点でも, あらゆる点で. **3** [否定的文脈] 一切の: He denied ~ connection with the crime. 犯罪とはなんらの関係もないと言った / It is beyond ~ doubt [question, dispute]. なんらの疑い[疑問, 論争]の余地もない. **4** …だけ, …ばかり (only): He is ~ talk (and no action). 口先だけで実行が伴わない / *A~* work and no play makes Jack a dull boy. «諺» 勉強ばかりして遊ばないと子供はばかになる / She is ~ anxiety. 彼女は本当に心配している / be ~ ears [eyes, thumbs] ⇨ EAR[1], EYE[1], THUMB. **5** [*pred*] *«方» 〈飲食物が〉飲み[食べ]尽くされて: The keg of beer was ~. ビヤ樽が空(から)になった. **6** [疑問代名詞や人称代名詞の複数[全体]の意を示すのにその直後に置く]: *Who* ~ is going? / *What* ~ did you have to do? / *We* ~ had better stay here. / Aren't [Don't, Haven't] we ~. みな同じだ, そうでない人がいるだろうか? / it ALL ⇨ 成句.

► *pron* **1** 全部, 総数, 総量; すべてのもの[こと, 人びと]: *A~* is not gold that glitters. «諺» 輝くものすべてが金とはかぎらない / *A~*'s well that ends well. «諺» 終わりよければすべてよし. **2** [否定的ニュアンスで] ありったけ[最大級]のもの: *A~* I said was this. わたしの言ったのはこれだけ / It was ~ I could do not to laugh. 笑わないでいるのが精いっぱいだった / FOR ~ [aught] sb knows (成句).

► *n* **1** [one's] 全所有物, 全財産, 全精力: He lost his ~. 一切を失った / It was my little ~. わたしのなけなしの全財産だった / They gave their ~ for peace. 和平のために全力を尽くした. **2** [°A-] 十全なもの, 完全統一体, 宇宙, 森羅万象.

► *adv* **1 a** 全く, 全然, すっかり; «口» [強意] たいへん: sit ~ alone ひとりぼっちですわっている / be ~ covered with mud すっかり泥まみれ / She is dressed ~ in white. 白ずくめの服装をしている / He was ~ excited. すっかり興奮していた / ALL for ⇨ 成句. **b** «古» ちょうど, まさに (just); «廃» もっぱら, 全く…だけ. **2** 〘競技〙 双方とも: The score is one [fifteen] ~. 得点はワン[フィフティーン]オール.

● AFTER **~.** **~** ALONG. **~ and sundry** だれもかれもみな, どれもこれもみんな. **~** AROUND. **be ~ (like)** [発話を導入して; 通例過去形] *«口» 〈人が〉…と言う: …and she *was ~ like*, "I don't know." **~ better** «幼児» もうだいじょうぶ(治った[痛くない]). **~ but…** (1) …を除く全部, …以外のすべて. (2) (*adv*) ほとんど…: He is ~ *but* dead. 死んだも同然 / ~ *but* nudity ほとんど裸 / Have you finished?—*A~ but*. **~ for…** «口» …に大賛成で. ALL HAIL. **~ here**=~ THERE. **~** HOURS. **~ in** (1) «口» (*pred a*) 疲れきって, 参って; «俗» 酔っぱらって. (2) 全部ひっくるめて, 全部込みで. **~ in ~** (1) «文» なにより大切なもの[人], すべて: She wished to be ~ *in* ~ to him. 彼女は彼にとってかけがえのない存在になりたいと思った. (2) 全体として, 概して言えば, 大体のところ: *A~ in* ~, it was a good plan. 大体においてそれはいいやり方であった. (3) 全部で, 総計で: *A~ in* ~, there were 10 visitors today. 今日は全部で 10 人の来客があった. (4) すっかり, 全面的に: Trust me ~ *in* ~. **~ kinds of…** ⇨ KIND[1]. **~…not** ⇨ not ALL. **~ of…** «口» (1) …の全部, それぞれ. (2) すっかり…の状態で: ~ *of* a muddle すっかりこんがらがって / ~ *of* a tremble 震えあがって / ~ *of* a DITHER. (3) たっぷり…: He is ~ *of* six feet tall. 背丈は優に 6 フィートある. (4) [°*iron*] …だけ, …しか: ~ of 15 minutes わずか 15 分. **~** ONE. **~ out** (1) 全力を挙げて, 全速力で; «口» 全く, すっかり (cf. ALL-OUT); «アイル» あらゆる点で (all over): go ~ *out* (*to* do) (…しようと)全力を挙げる. (2) 売りつくして. (3) 〘クリケット〙 オールアウトで《攻撃側が 10 アウトを取られてイニングが終わること》. **~ over** (…) (1) すっかり終わって: It's ~ *over*. / It's ~ *over with* him. 彼はもうだめだ. (2) …のいたるところに[を]: ~ *over* the earth いたるところに / ~ *over* the world 世界中に / ~ *over the* SHOP. (3) そこいらじゅう, いたるところ, あまねく; 全面にわたって; 体じゅう. (4) «口» 全く, そっくり, あらゆる面で: She is her mother ~ *over*. 母親そっくり / That's Harris ~ *over*. それはいかにもハリスらしい. (5) «俗» 〈人〉にのぼせあがって, べたべたまとわりついて. (6) «俗» 襲いかかって, 圧倒して. **~ over oneself** ‖«軍俗» ひどく喜んで; いばって. **~ present and correct**‖ [**and accounted for***] 総員異常なし, 全員そろいました; «俗» 万事間違いなし[オーケー]. ALL RIGHT. **~** SET. **~** SQUARE. **~ (stuff) like that there** *«俗» それに類したもの, 等々. **~ that** «口» (1) そのようなものすべて (cf. *and* ~ THAT). (2) [*neg*] それほど(極端には): He is*n't* ~ *that* rich. そんなに金持ではない / It's *not* so difficult as ~ *that*. そんなにむずかしくない / It ca*n't* be as bad as ~ *that*. そんなにひどいはずがない. (3) *«俗» たいしたものだ, かっこいい, クールだ. **~ the…** (1) [関係詞節を伴って] …だけ: ~ *the* home [friend] I ever had ぼくのもった唯一の家庭[友人]. (2) [比較級を伴って] それだけ, ますます, 大いに: ~ *the better* [*worse*] ますますよい[悪い], なおさらよい[悪い] / ~ *the more* so ますますそうだ. **~ the farther** «米口・方» 精いっぱいの移動距離: *A~ the farther* he could go was up to the gate. 門まで行くのが精いっぱいだった. **~ the go** [**rage**] «口» 大流行で. **~** THERE. **~ the** SAME. **~ the** WAY[1]. **~ the** WORLD. **~ things to ~ men** ⇨ be all THINGS to all men. **~ together** みないっしょに; 全部で, 合計で (cf. ALTOGETHER). **~** boys etc. **together** «口» 《同年齢・同性など結束の強い》 少年などの仲間. **~ told** 総計して, 全部で; 全体的にみて, 総じて. **~ too…** あまりにも…すぎる, ひどく…: It ended ~ *too* soon. あっけなく終わった. **~ up** [**U.P.**] 万事終わって: It's ~ *up with* him. 彼はもうだめ(なよう)だ. **~ up** (1) 付属品全部含んだ, 〘空〙 機体・乗員・乗客・積荷などの全部を合計した: ⇨ ALL-UP WEIGHT. (2) 〘郵〙 陸送便・船便としての第一種郵便物の料金で航空便の扱いをする. (3) 〘印〙 〈原稿が〉すっかり活字に組まれて. **~ very fine** [**well**] (**and large** [**dandy**]) «口» まことにけっこうのようだが《不満の反語的口調》, いかにももっともらしいが《慰めに対して》: *A~ very fine*, but I will stand it no longer. たいへんけっこうだがもうこれ以上耐えられない. **and ~** «口» (1) その他すべて, 等々: He ate it, bones *and* ~. 骨ごと食べた / There he sat, pipe *and* ~. パイプなんかくゆらしてそこにすわっていた / What with the rain *and* ~, few students were present. 雨やら何やらで学生の出席は少なかった. (2) [驚きを強調して] 驚いたことに本当に…なんですよ: Did he swim across the Channel?—Yes, he did it *and* ~! 英仏海峡を泳いで渡ったのですか—驚いたことに本当にそうなんですよ. **and ~** THAT. **as ~** GET-OUT. **at ~** (1) [否定・疑問・条件] 少しも, いったい, いやしくも: I do*n't* know him *at* ~. 全く知らない / Do you believe it *at* ~? いったい信じているのか / I doubt whether it's true *at* ~. いったい本当かどうか疑わしい / If you do it *at* ~, do it well. どうせやるならりっぱにやれ / There's very little, if *at* ~. あったとしてもごくわずか. (2) [肯定文で] ともかく, 本当に: He'll eat anything *at* ~. 彼はとにかく何でも食べる. FOR **~.** **in ~** 全部で, 合計で. **it ~** 《漠然と》 あらゆること: have done [heard, seen] *it* ~. **not ~**=**~…not** [部分否定] みな…とはかぎらない (⇨ NOT *adv* 4): *Not* ~ men are [*A~* men are *not*] wise. みながみな賢いとはかぎらない / We do *not* ~ go. みなは行かない / be *not* ~ (that) one might [should] be 必ずしも完全[十分]とは言えない. **not at ~** 少しも…でない; [お礼に対して] どういたしまして: Thank you so much.—*Not at* ~. どうもありがとう—どういたしまして. **of ~…** 《数ある人[もの]の中で》 とりわけ, 中でも; «口» [驚き・いらだちを表わして] こともあろうに, ほかにいろいろあるだろうに; [時に 後ろに名詞を伴わずに間投詞として] «口» まったく(しょうがない《など》)!: Why today *of* ~ days? よりによってどうして今日? / To see you, *of* ~ people here! まさかここできみに会おうとは! / *of* ~ the nerve [cheek, etc.] なんとまああつかましい. **on** ALL FOURS. ONE **and ~.** **That's ~.** それで終わり; それだけのことだ; これで終わりだ, これ以上もう言わない: *That's* ~ for you. 君はもはやおしまいだ, 君のことはあきらめた / *That is* ~ there is to it. それ以上事情はない, それだけの話さ / I just

A

asked, *that's* ～. ただちょっとお尋ねしただけです. **when ～ comes to ～** 《古》=when ALL is said and done. **when ～ is said (and done)** 結局, とどのつまりは. **with ～**…がありながら, …にもかかわらず: *With* ～ his wealth, he is not happy.
[OE *eall*<?; cf. G *all*]

all-[1] /ǽl/, **al·lo-** /ǽloʊ, ǽlə/ *comb form* (1)「他, 他者」「異質(の)」;〘言〙「異…」(2) [ᵘallo-]〘化〙「異性体」「2つの幾何異性体のうち安定度の高いほうの異性体」「特定の原子(団)が分子の相対する側にある幾何異性体」(cf. TRANS-) (3) [ᵘallo-]〘生〙「異種のゲノムを有する (opp. *aut-*)」. [Gk *allos* other]

all-[2] /ɔ́:l/ *comb form* (1)「…だけからなる」「…だけでできた」(2)「全部(の)」「全…(代表の)」: the ～-Japan team. (3)「非常に」「このうえなく」.

al·la bre·ve /ǽlə brέv(ə), á:lə-, -brέveɪ/〘楽〙*adv, a* アラ・ブレーヴェで[の]《2/2 [4/2] 拍子で[の]》. ► *n* アラ・ブレーヴェ (=*cut time*)《その楽節; その記号 ¢》. [It]

al·la cap·pel·la /ǽlə kəpέlə, á:lə-/ *adv, a* A CAPPELLA.

Al·lah /ǽlə, *ɑ:lá:, ᵘǽlɑ:/ アラー, アッラー《イスラム教の唯一神》. [Arab (*al* the, *ilāh* god)]

Al·lah·abad /ǽləhəbǽd, -bɑ̀:d/ アラハバード《インド北部 Uttar Pradesh 南東部の市; Yamuna, Ganges 両河の合流点に位置》.

Al·lais /ɑ:léɪ/ アレ **Maurice** ～ (1911–2010)《フランスの経済学者; 市場と資源の有効利用に関する理論的貢献で, ノーベル経済学賞(1988)》.

al·la·man·da /ǽləmǽndə/ *n*〘植〙アラマンダ, アリアケカズラ(有明葛)《熱帯アメリカ原産キョウチクトウ科アラマンダ属 (*A-*) の各種のつる植物; 黄あるいは紫の花をつける》. [Jean N. S. *Allamand* (1713–87) スイスの植物学者]

àll-América *a, n* 米国一の[に選ばれた](選手) (all-American).

àll-American *a* アメリカ人[アメリカのもの]だけからなる; 全米代表の, 米国一に選ばれた; 全アメリカ諸国の; 全アメリカ人の; いかにも米国的な. ► *n* 全米代表選手(からなるチーム); いかにもアメリカ的なもの.

Allan ⇨ ALAN.

Al·lan-a-Dale /ǽlənədéɪl/ アラナデール《Robin Hood の仲間の吟遊詩人; 金持の老騎士と結婚させられかけた恋人を Robin Hood の助けを得て取り戻した》.

al·lan·ite /ǽlənàɪt/ *n*〘鉱〙褐簾(かつれん)石. [Thomas *Allan* (1777–1833) 英国の鉱物学者]

al·lan·to·ic /ǽləntóʊɪk, ǽlæn-/ *a*〘解・動〙尿膜[尿嚢] (allantois) の[を有する].

al·lan·toid /əlǽntɔ̀ɪd/ *a*〘解〙尿膜[尿嚢]の;〘植〙ソーセージ形の. ► *n* ALLANTOIS.

al·lan·to·in /əlǽntoʊən/ *n*〘生化〙アラントイン《尿酸の酸化生成物; 創傷治癒促進作用がある》.

al·lan·to·is /əlǽntoʊəs/ *n* (*pl* **-to·i·des** /ǽləntóʊədì:z/)〘動・解〙尿膜; 尿嚢(にょうのう). [Gk *allant- allas* sausage]

al·la pri·ma /ɑ:lə prí:mə, ǽlə-/〘美〙プリマ描(が)き《最初から厚塗りで一気に描き, 重ね塗りをしない油絵の手法》. [It]

al·lar·gan·do /ɑ̀:lɑ:rgá:ndoʊ/ *adv, a*〘楽〙クレッシェンドしつつ漸次おそく(なる), アラルガンドで[の]. [It=widening]

àll-aróund, àll-róund *a* 多才の, 万能の〈選手など〉; 多方面に役立つ, 用途の広い; 全般にわたる, 包括的な, 万遍ない, 一切を含む: an ～ view 総合的見地 / an ～ cost 総経費. ★《英》では all-round を用いる.

àll-aróund·er* *n* ALL-ROUNDER.

al·la·tec·to·my /ǽlətέktəmi/ *n*〘昆〙アラタ体 (corpus allatum) 切除(術).

áll-at-ónce-ness *n* 多くのことが一度に起こること.

al·la vos·tra sa·lu·te /á:lɑ: vɔ́:strɑ: sɑ:lú:teɪ/ ご健康を祝します. [It]

al·lay /əléɪ/ *vt* 〈騒擾・恐怖・不安などを〉鎮める; 〈苦痛・空腹などを〉和らげる, 軽くする; 〈喜びなどを〉減らす, 弱める. ► *vi* 《廃》弱まる, 鎮まる. [OE (*a-* intensive, LAY[1])]

Áll Blácks *pl* [the] オールブラックス《ニュージーランドのナショナルラグビー (Rugby Union) チーム; 選手の着るジャージの色が黒》.

Áll-Bràn〘商標〙オールブラン《ふすま成分が豊富に含まれたシリアル》.

áll cléar「警報解除」「危険なし」の合図; 着手許可: give [sound] the ～.

áll cómersᵘ *pl* やって来る人全部, 《特に 競技への》飛び入り参加者: open to ～ 飛び入り自由.

áll-consùming *a* 夢中にさせる, 熱烈な; 激しい, 圧倒的な: an ～ passion いちずな思い〈*for*〉/ an ～ pain.

all-dancing ⇨ ALL-SINGING.

áll-dáy *a* まる一日の, 一日がかりの; 終日入手[使用]可能な.

áll-dáy·er *n* 《ポップコンサート・映画などの》終日公演[上映] (cf. ALL-NIGHTER).

al·lée /æléɪ, ɑ:-/ *n* 散歩道, 並木道. [F]

al·le·ga·tion /ǽlɪgéɪʃ(ə)n/ *n* 《十分な証拠のない》申し立て, 主張〈*against, about, that*〉;〘法〙主張, 陳述;〘英教会法〙訴答. [F or L; ↓]

al·lege /əlέʤ/ *vt* 《十分な証拠を出さずに》断言する, 強く主張する〈*that*〉; 理由[口実]として申し立てる; 《古》根拠として引用する: ～ *as* a fact 事実であると主張する / ～ illness 病気だと申し立てる / He is ～*d* to have done it. 彼のしわざだと言われている. ♦ **～·able** *a* [OF<L (*lit- lis* lawsuit)=to clear at law; cf. LITIGATE]

al·leged /əlέʤ(ə)d/ *attrib a* 申し立てられた; 真偽の疑わしい: the ～ murderer 殺人犯といわれている人物 / his ～ friend 彼の'友人'なる人. ♦ **al·lég·ed·ly** /-ədli/ *adv* 申し立てによると, 《真偽はともかく》伝えられるところでは.

Al·le·ghény Móuntains /ǽləgéɪni-/, **Àl·le·ghé·nies** *pl* [the] アレゲーニー山脈《米国東海岸を走るアパラチア山系の一部》. ♦ **-ghé·ni·an** *a*

Alleghény spúrge〘植〙アレゲーニーフッキソウ《米国原産の多年草[半低木]》.

al·le·giance /əlí:ʤəns/ *n* 《封建時代の》臣服の義務; 《政府・国家などに対する》忠誠の義務; 《個人・集団・主義・学説などに対する》忠誠, 献身〈*to*〉: pledge [swear] ～ *to*…に忠誠を誓う / PLEDGE OF ALLEGIANCE. [OF; ⇨ LIEGE; *alliance* の類推か]

al·lé·giant *a* 忠誠を尽くす. ► *n* 忠誠の義務のある人, 臣下.

al·le·gor·i·cal /ǽləgɔ́(:)rɪk(ə)l, -gɑ́r-/, **-ic** *a* 風喩[寓意物語]の(ような); 寓意の, 寓意を含む. ♦ **-i·cal·ly** *adv* **-i·cal·ness** *n*

al·le·go·rism /ǽləgɔ̀(:)rɪ̀z(ə)m, -gɑ̀r-; -gə-/ *n* 風喩(を用いること); (聖書の)寓意的な解釈.

al·le·go·rist /ǽləgɔ̀(:)rɪst, -gɑ̀r-; -gə-/ *n* 風喩家, 寓意物語作者. ♦ **àl·le·go·rís·tic** *a* 風喩を用いる; 寓意物語を作る; 寓意的に解釈する.

al·le·go·rize /ǽləgɔ̀(:)ràɪz, -gə-/ *vt* 寓話化する, 風喩[寓意物語]で表現[説明]する; 寓意的に解釈する. ► *vi* 寓意物語を作る; 寓意物語を用い(て説明す)る; 寓意として解釈する. ♦ **-riz·er** *n* **àl·le·gò·ri·zá·tion** /, -gə-/ *n*

al·le·go·ry /ǽləgɔ̀:ri; -g(ə)ri/ *n* 寓意物語《*The Pilgrim's Progress* などが有名》; 寓意, 寓喩, 風喩; 象徴. [OF, <Gk (*allos* other, *-agoria* speaking)]

al·le·gret·to /ǽləgrέtoʊ, ɑ̀:-/〘楽〙*adv, a* やや急速に[な], アレグレットで[の]. ► *n* (*pl* ～**s**) アレグレットの楽章[楽節]. [It (↓, *-etto* dim)]

al·le·gro /əlégroʊ, əléɪ-/〘楽〙*adv, a* 急速に[な], アレグロで[の]. ► *n* (*pl* ～**s**) アレグロの楽章[楽節]. [It=lively]

al·lele /əlí:l/ *n*〘発生〙対立遺伝子, 対立形質.

áll-eléctric *a* 《暖房も照明も》全部電力による.

al·lél·ìsm *n* 対立(性). ♦ **-lél·ic** *a*

al·lelo- /əlí:loʊ, əlέloʊ, -lə/ *comb form* (1)「交代すべきもう一つの」「対立する二者の一方の」(2)「相互の」「相互に」 [Gk (*allēlōn* of each other)]

allèlo·chémical *n*〘生態〙感作用物質, アレロケミカル《他感作用 (allelopathy) の原因物質》.

al·lé·lo·mòrph /əlí:lə-, əlí:lə-/ *n* ALLELE. ♦ **al·lè·lo·mór·phic** *a* **-mór·phism** *n*

al·le·lop·a·thy /əlí:ləpǽθi, ǽləlɑ́pəθi/ *n*〘生態〙他感作用, アレロパシー《特に 他種の植物体から出る化学物質 (allelochemical) により植物がうける影響; 特に 発育阻害》. ♦ **al·lè·lo·páth·ic** /-pǽθ-/ *a* [F (Gk *allēlōn* of each other, *-pathy*)]

al·le·lu·ia(h), -ja /ǽləlú:jə/ *int, n* アレルヤ (hallelujah); [*pl*] 《ロ》絶賛のことば.

al·le·mande /ǽləmæ̀n(d), -mən, -mɑ̀:nd; *F* almɑ̃:d/ [ᵒA-] *n* アルマンド《(1) ドイツ起源のゆるやかな2拍子・4拍子の舞曲 (2) ドイツの民族舞踊から17–18世紀にフランスで発展した宮廷舞踊 (3) 腕を組んでするステップ (4) カドリーユの旋回運動の一つ (5) 南ドイツの3拍子系の速い舞踊》. [F *allemand* German]

állemande sàuce〘料理〙アルマンドソース《卵黄を加えたホワイトソース》.

áll-embrácing *a* 網羅した, 包括[総括]的な.

Al·len /ǽlən/ **1** アレン《男子名》. **2** アレン (**1**) **Ethan** ～ (1738–89)《米国独立革命期の軍人; Vermont に入植し, Green Mountain Boys を組織; Ticonderoga 砦を攻略した (1775年5月10日)》(**2**) **Frederick Lewis** ～ (1890–1954)《米国の雑誌編集者・歴史家; *Only Yesterday* (1931)》(**3**) **Steve** ～ (1921–2000)《本名 Stephen Valentine Patrick William ～; 米国のエンターテイナー; 人気テレビ番組 'The Tonight Show' 'Steve Allen Show' などに出演》(**4**) **William** ～ (1532–94)《イングランドの枢機卿; 聖書の Douai-Reims 訳を指導; スペイン王 Philip 2世にイングランド侵攻を進言》(**5**) **Woody** ～ (1935–　)《米国の劇作家・演出家・俳優・映画監督; 本名 Allen Stewart Konigsberg; *Annie Hall* (アニー・ホール, 1977), *Hannah and Her Sisters* (ハンナとその姉妹, 1986)》. **3** [Lough] アレン湖《アイルランド中北部 Leitrim 県にある湖》. ■ the **Bóg of ～** アレン泥炭地帯《アイルランド中部 Dublin の西に広がる泥炭地》. [⇨ ALAN]

Al·len·by /ǽlənbi/ アレンビー **Edmund Henry Hynman** ～, 1st Viscount ～ (1861–1936)《英国の陸軍元帥; 1918年英国のパレスティナ派遣軍総司令官》.

Állen chàrge〘米法〙アレン事件型説示 (=*dynamite charge*)《どうしても陪審の意見が一致せず評決もできないような場合に裁判官が少

数意見の陪審員に, 多数意見に敬意を表して同調するように勧める説示をすること; 専門家の間では, 有罪の評決になる場合が多いとして反対が強い》.

Al·len·de /ɑːjéndeɪ/ アジェンデ (**1**) **Isabel** ～ (1942–)《チリの小説家; Salvador の姪;『精霊たちの家』(1982)》 (**2**) **Salvador** ～ **Gos·sens** /-gɔ́ːsèns/ (1908–73)《チリの政治家; 大統領 (1970–73); 自由選挙による世界初のマルクス主義者の大統領だったが軍部クーデターで倒れた》.

Állen kèy ALLEN WRENCH.

Állen scrèw アレンボルト《頭に六角形の穴のあいたボルト》. [商標]

Állen's húmmingbird〘鳥〙アレンハチドリ《北米産》. [J. A. *Allen* (1838–1921) 米国の動物学者]

Al·len·stein /*G* álənʃtaɪn/ アレンシュタイン《OLSZTYN のドイツ語名》.

Állen·tòwn アレンタウン《Pennsylvania 州東部の市》.

Állen wrènch アレンレンチ《Allen screw 用の L 字型鋼鉄製六角棒》. [商標]

al·ler·gen /ǽlərʤèn, -ʤən/ *n*〘免疫〙アレルゲン《アレルギーを起こす物質》. ◆ **àl·ler·gén·ic** *a* アレルゲン性の, アレルギー誘発(性)の. **àl·ler·ge·níc·i·ty** /-nís-/ *n*

al·ler·gic /əlɔ́ːrʤɪk/ *a* アレルギーの[にかかった] ‹*to*›; アレルギーに起因する, アレルギー性の; 《口》大嫌いな ‹*to*›: I am ～ *to* math. ぼくは数学が大のにがてだ.

al·ler·gist /ǽlərʤɪst/ *n* アレルギー専門医.

al·ler·gol·o·gy /æ̀lərʤáləʤi/ *n* アレルギー学.

al·ler·gy /ǽlərʤi/ *n*〘医〙アレルギー; アレルギー医療; 《口》反感, 毛嫌い, '拒否反応' (antipathy): have an ～ *to* pollen 花粉アレルギーがある / an ～ *to* books / practice ～ アレルギー医療にたずさわる. [G (Gk *allos* other, ENERGY)]

al·le·thrin /ǽləθrən/ *n*〘化〙アレトリン, アレスリン《粘性のある褐色の液体; 殺虫剤》. [*all*yl＋pyr*ethrin*]

al·le·vi·ate /əlíːvièɪt/ *vt* ‹苦痛などを›軽くする, 楽にする; ‹問題などを›緩和する. ◆ **-à·tor** *n* 軽減[緩和]する人[もの]. **al·lè·vi·á·tion** *n* 軽減, 緩和; 軽減[緩和]するもの. **-à·tive** /, -ətɪv/ *a* 軽減[緩和]する. **al·lé·vi·a·tò·ry** /; -t(ə)ri/ *a* 軽減[緩和]する. [L *al*-(*levo* to raise)=to lighten]

áll-expénse, all-expenses-paid *a* 全費用込み[スポンサー持ち, 一括払い]の, (完全)あごあし付きの: ～ travel.

al·ley[1] /ǽli/ *n* **1**《庭園・公園などの》小道; 横町, 路地, 小路; *狭い裏通り. **2** ローンボウリング場, 芝生のスキットルズ競技場;〘ボウル〙レーン; ボウリング場; *〘テニス・バド〙アレー《ダブルス用コートの両側にあるサイドラインとサービスサイドラインにはさまれた細長い部分》;〘野〙抜け道, アリー《左中間または右中間》: BLIND ALLEY. ● **(right [just]) up [down]** sb's ～ ⇨ STREET. [OF=walking, passage (*aller* to go)]

al·ley[2], **al·ly, al·lie** /ǽli/ *n*《大理石などの》ビー玉. [ALABASTER]

álley àpple*《俗》馬糞; 石ころ; *《俗》《棍棒代わりに使うために》ストッキングに入れる石.

álley càt* のら猫; 《俗》だれとでも寝るやつ[女], 尻軽女: (as) lean as an ～ やせ細って, ガリガリにやせて.

Al·leyn /ǽlən, -ìːn, -èɪn/ アレン **Edward** ～ (1566–1626)《英国エリザベス朝時代の代表的な俳優; Dulwich College の創立者》.

Al·ley·ni·an‖ /əléɪniən/ *n, a*《London 南部 Dulwich /dʌ́lɪʤ, -ɪʧ/ にある》Dulwich College の(卒業[在校]生).

al·ley-oop /æ̀li(j)úːp/ *int* よいしょ!《物を持ち上げたり起き上がったりするときの発声》. ► *n*〘バスケ〙アリーウープ《バスケット近くへの高いパス(をうけて行なうダンクシュート)》.

Al·ley Oop /ǽli úːp/ アリー・ウープ《V. T. Hamlin の同名の米国漫画 (1933) の主人公; タイムマシンで先史時代と現代との間を行ったり来たりした穴居人》.

álley·wày *n* 横町, 路地; 細い通路.

al·lez-vous-en /*F* alevuzɑ̃/ *int* 行ってしまえ, 出て行け!

áll-fáith *a* 全宗派(用)の.

Áll-fàther *n* [the] 最高神, 神, 全父, 《多神教の》主神.

áll-fìred *a, adv**《口》ひどい[ひどく], おっそろしい[おっそろしく], べらぼうな[に]. [*hell-fired* の婉曲語]

áll fíves [‹*sg*›] オールファイブス《(**1**) ドミノの一種 **2**) トランプの all fours の一種》.

áll-flý·ing táil〘空〙全可動尾翼.

All Fóols' Dày 万愚節《4 月 1 日; All Saints' Day をもじった呼称; ⇨ APRIL FOOLS' DAY》.

áll fóurs *pl*《獣の》四足, 《人の》両手両足; [‹*sg*›]〘トランプ〙SEVEN-UP. ● **on** ～ ‹獣が›四足で; ‹人が›四つんばいになって; 同等[対等]で, ぴったり合って, 完全に符合[一致]して ‹*with*›.

áll·gòod *n*〘植〙GOOD-KING-HENRY.

áll háil *int*《古》[挨拶・歓迎] ようこそ, 万歳! (cf. HAIL[2]).

All·hal·lows /ɔ̀ːlhǽlouz/, **All·hal·low·mas** /ɔ̀ːlhǽloumәs/, **Áll Hállows' Dày**《古》ALL SAINTS' DAY.

Allhállows Éve, Áll Hállow Éven HALLOWEEN.

Allhállow·tìde *n*《古》ALLHALLOWS の季節.

áll·hèal *n*〘植〙《民間薬としての》VALERIAN, SELF-HEAL, MISTLETOE, WOUNDWORT《など》; 《一般に》(外傷用)薬草.

al·li·a·ceous /æ̀liéɪʃəs/ *a*〘植〙アリウム属[ネギ属] (*Allium*) の; ネギ[ニンニク]臭い. [*allium*]

al·li·ance /əláɪəns/ *n* **1 a** 同盟, 連合 ‹*between, against*›; 同盟の協定[条約]; 同盟国; 提携, 協力; 縁組み;〘生態〙《植物の》群団: enter into [contract, form, forge] an ～ with…と同盟[提携]する; …と縁組みをする / in ～ with…と連合[結託]して. **b** [the A-]〘英〙連合《自由党と社会民主党の連合 (1981–88)》. **2**《性質などの》類似, 親和関係. [OF; ⇨ ALLY[1]]

al·li·cin /ǽləsən/ *n*〘生化〙アリシン《ニンニクから抽出される無色油状液体の抗菌性物質》. [*allium*]

allie ⇨ ALLEY[2].

Al·lie, Al·ly /ǽli/ アリー《女子名; Alice, Alicia の愛称》.

al·lied /əláɪd, ǽlàɪd/ *a* 同盟している; [A-] 連合国側の (⇨ ALLY[1] *n*); 連合[提携]した; 緊密に結びついた ‹*to, with*›; 縁組みで結ばれた; 同類の, 類似の, 近縁の.

Al·lier /*F* alje/ アリエ《フランス中部 Auvergne 地域圏の県; ☆Moulis》; [the] アリエ川《フランス中南部を北上する Loire 川の支流》.

Allies ⇨ ALLY[1].

al·li·ga·tion /æ̀ləgéɪʃ(ə)n/ *n* 付着, 結合;〘数〙混合法.

al·li·ga·tor /ǽləgèɪtər/ *n* **1 a**〘動〙アリゲーター《ミシシッピーワニ・ヨウスコウワニ・カイマンなど; cf. CROCODILE》. **b**《広く》ワニ (crocodilian). **c** わに革. **d**〘機〙わに口. **2**《黒人俗》きざな野郎; *《俗》ジャズきち, スウィング狂; *《黒人俗》白人ジャズ奏者[ファン]; *《軍俗》水陸両用車. ► *a* アリゲーターの(ような); わに革模様の; わに革(製)の; ワニの口のように大きく口を開けた. ► *vi** ‹塗装が›ひび割れる, 気泡を生じる (=*crocodile*). ► *adv*《韻俗》あとで (later): (See you) later, ～. 《口》あとでな, じゃあね《返事は 'After while, crocodile!'》. [Sp *el lagarto* the lizard]

álligator àpple〘植〙POND APPLE.

álligator clìp〘電〙わに口クリップ.

álligator lìzard〘動〙アリゲータートカゲ《北米西部・中米産のワニに似た小型のトカゲ数種の総称》.

álligator pèar〘植〙ワニナシ, アボカド (avocado).

álligator pèpper《西アフリカ》〘植〙メレグエッタ《ショウガ科アモムム属の多年草》; メレグエッタの蒴果[種子] (grains of paradise)《香辛料》.

álligator snápper [túrtle, térrapin]〘動〙**a** ワニガメ《米国のメキシコ湾に臨む州の河川・湖などに生息するカミツキガメ科の巨大なカメで, 淡水産では世界最大; 尾は長くワニに似る》. **b** SNAPPING TURTLE.

álligator snápping túrtle〘動〙ALLIGATOR SNAPPER.

álligator tórtoise〘動〙SNAPPING TURTLE.

álligator wrènch〘機〙わに口レンチ.

áll-impórtant *a* きわめて重要な, なくてはならぬ.

áll-ín *a*‖ALL-INCLUSIVE; 決然たる, 断固たる; ‖〘レス〙フリースタイルの: an ～ 5-day tour 全費用込みの 5 日の旅.

áll-inclúsive *a* すべてを含む, 全部込みの, 包括的な. ◆ **～·ness** *n*

áll-in-óne *n*〘服〙オールインワン《ガードル[コルセット]とブラジャーが組み合わされた下着 (corselet), また上下がひとつなぎになった衣服》. ► *a* 一体型の, オールインワンの.

áll-ìn wréstling‖ フリースタイルのプロレス《ルール上の制約がほとんどない》.

Al·li·son /ǽləs(ə)n/ **1** アリソン《女子名》. **2** アリソン **Clay** ～ (1840–77)《Texas の牧場主でガンマン》. [(dim)‹ALICE]

ál·lis (shàd) /ǽləs(-)/〘魚〙アリスシャッド《ニシン科ニシン亜科アロサ属 (*Alosa*) の食用魚; shadの一種》.

al·lit·er·ate /əlítərèɪt/ *vi* 頭韻を踏む; 頭韻法を用いる. ► *vt* …に頭韻を踏ませる. [逆成‹↓]

al·lit·er·a·tion /əlɪ̀təréɪʃ(ə)n/ *n*〘修〙頭韻(法) (=*head* [*initial, beginning*] *rhyme*)《例: Care killed the cat. / with might and main / from stem to stern / [時に頭字だけで] apt alliteration's artful aid》. [NL; ⇨ LETTER]

al·lit·er·a·tive /əlítərətɪv, -rèɪt-/ *a* 頭韻(法)の; 頭韻を踏んだ, 頭韻体の‹詩など›. ◆ **～·ly** *adv* **～·ness** *n*

al·li·um /ǽliəm/ *n*〘植〙アリウム属 [ネギ属] (*A-*) の各種. [L=garlic]

áll-knów·ing *a* 全知の.

áll·ness *n* 全体性, 普遍性, 完全, 完璧, 十全.

áll-níght *a* 終夜の, 徹夜の; 終夜営業の: ～ service 終夜運転[営業].

áll-níght·er《口》*n* 夜通しのパーティー[勉強会など], 終夜公演, 徹夜; 終夜営業の店; よく徹夜する人: pull an ～ 徹夜する.

áll-níght jóck*《俗》終夜番組担当者, オールナイトジョッキー.

allo- /ǽlou, ǽlə/ ⇨ ALL-[1].

àllo·ántibody *n*〘免疫〙同種(異系)抗体 (isoantibody).

àllo·ántigen *n*〘免疫〙同種(異系)抗原 (isoantigen).

állo·bàr〘気〙*n* 気圧変化域; 気圧等変化線 (isallobar).

A

al·lo·bar·ic /æləbǽrɪk/ *a* 〘気〙 気圧変化の[による]: ～ wind.
al·lo·ca·ble /ǽləkəb(ə)l/ *a* 割当て[配分, 配置]できる.
al·lo·cate /ǽləkèɪt/ *vt* 〈役割·金額などを〉割り当てる, 割り振る, 配分する 〈*to, between, among*〉; 〈人·物を〉配する, 指定する 〈*for*〉; …の位置を定める (locate). ♦ **-càt·able** *a* **-cà·tive** *a* **-cà·tor** *n* [L; ⇨ LOCATE]
àl·lo·cá·tion *n* 割当て, 配分, 配給, 配賦; 配置; 割り当てられたもの[数量, 額]; 〘会計〙《費用·原価の》配分(法).
àllo·céntric *a* 他者中心の.
al·lo·chro·ic /æləkróuɪk/, **al·loch·ro·ous** /əlákrouəs/ *a* 〘医〙 変色しうる, 変色性の.
al·loch·tho·nous /əlákθənəs/ *a* 他の場所で形成された, 異地性の, 他生的な: ～ species 他生種. [Gk *khthon-* *khthōn* earth]
al·lo·cu·tion /æləkjú:ʃ(ə)n/ *n* 《ローマ教皇·将軍などの》訓示, 告論. [L (*alloquor* to exhort); cf. LOCUTION]
allod, allodium ⇨ ALOD, ALODIUM.
àllo·érotism *n* 〘精神分析〙 対他発情, アロエロティズム (cf. AUTOEROTISM).
al·log·a·my /əlágəmi/ *n* 〘植〙 他花生殖, 他殖 (cross-fertilization). ♦ **al·lóg·a·mous** *a* 他殖性の. [*-gamy*]
àllo·ge·né·ic /-ʤəní:ɪk/, **-génic** *a* 〘生·医〙 同種(異系)の: ～ disease [immunity] 同種免疫病[免疫] / ～ prohibition 同種細胞阻止.
állo·gràft *n* 〘外科〙 同種(異系)移植片. ► *vt* 〈同種移植片を〉移植する.
állo·gràph *n* 非自筆, 代筆, 代書, 代署 (opp. *autograph*); 〘言〙 異書(記)体 (cf. GRAPH[3], GRAPHEME). ♦ **àllo·gráph·ic** *a*
àllo·immúne *a* 同種免疫の.
al·lom·er·ism /əlámərìz(ə)m/ *n* 〘鉱〙 異質同形. ♦ **al·lóm·er·ous** *a* [*mer-*]
al·lom·e·try /əlámətri/ *n* 〘生〙 相対成長, アロメトリー; 相対成長測定(学). ♦ **àl·lo·mét·ric** *a*
al·lo·mone /ǽləmòun/ *n* 〘生化〙 アロモン《動物体内で生産され, 体外に分泌されて他種の個体の行動や発生上の特定の反応を起こさせることにより, 生産者に利益をもたらす活性物質; cf. KAIROMONE, PHEROMONE》.
állo·mòrph *n* 〘鉱〙 異形仮像; 〘言〙 異形態. ♦ **állo·mòr·phism** *n* **àllo·mórphic** *a*
al·lo·mor·phite /æləmɔ́:rfàɪt/ *n* 〘鉱〙 異形石.
al·longe /əlánʤ; *F* alɔ̃ʒ/ *n* 《手形などの》補箋 (rider). [F＝lengthening]
al·lon·gé /*F* alɔ̃ʒe/ *a* 〘バレエ〙 両腕と片足を一直線に長く伸ばした, アロンジェの.
al·lo·nym /ǽlənìm/ *n* 《著者の用いた》他人の名, 偽名; 偽名で発表された著作.
al·lo·path /ǽləpæ̀θ/, **al·lop·a·thist** /əlápəθɪst/ *n* 逆症療法医; 逆症療法の支持者[唱道者].
al·lo·path·ic /æləpǽθɪk/ *a* 逆症療法の. ♦ **-i·cal·ly** *adv*
al·lop·a·thy /əlápəθi/ *n* 〘医〙 逆症療法, アロパシー《治療する病気のひき起こす状態とは全く別種の状態を積極的に生じさせ, 後者によって前者を消失させる正規療法; opp. *homeopathy*》.
al·lo·pat·ric /æləpǽtrɪk/ *a* 〘生·生態〙 異所(性)の (opp. *sympatric*): ～ species 異所種 / ～ hybridization 異所性交雑 / ～ speciation 異所的種形成. ♦ **-ri·cal·ly** *adv* **al·lop·a·try** /əlápətri/ *n* 異所性.
al·lo·phan·a·mide /æləfǽnəmàɪd, -məd/ *n* 〘化〙 アロファンアミド (BIURET).
al·lo·phane /ǽləfèɪn/ *n* 〘鉱〙 アロフェン《無定形含水アルミニウムケイ酸塩ゲルからなる粘土鉱物》.
állo·phòne *n* **1** 〘音〙 異音《同じ phoneme に属する音; たとえば leg /lég/ の *clear* /l/ 音と bell /bél/ の *dark* /l/ 音とは共に /l/ 音素に属する異音》. **2** 《カナダ》《Quebec 州などで》フランス語·英語以外の言語を話す住人. ♦ **àllo·phónic** *a*
al·lo·phyl·i·an /æləfíliən/ 《古》 *a* 〈アジアまたはヨーロッパの言語が〉インド-ヨーロッパ語族にもセム語族にも属さない; 〈アジアまたはヨーロッパの種族が〉 allophylian な言語を話す.
állo·plàsm 〘生〙 *n* 異形質; METAPLASM. ♦ **àllo·plasmátic, -plásmic** *a*
àllo·póly·plòid 〘生〙 *n* 異質倍数体 (cf. AUTOPOLYPLOID). ► *a* 異質倍数性の. ♦ **-póly·plòidy** *n* 異質倍数性.
al·lo·pu·ri·nol /æloupjúərənɔ̀(:)l, -nòul, -nàl/ *n* 〘薬〙 アロプリノール《血液中の尿酸排出促進薬》.
Áll-Órdinaries Ìndex, Áll-Órds /-ɔ́:rdz/ [the] 〘豪証券〙 オールオーディナリーズ株価指数, 全普通株株価指数.
áll-oríginals scène *《俗》 黒人だけの集まり.
áll-or-nóne *a* 全か無かの.
áll-or-nóthing *a* 全か無かの (all-or-none); 絶対的な, 徹底した; すべてを賭けた, いちかばちかの.
állo·sàur *n* ALLOSAURUS.
àllo·sáurus *n* 〘古生〙 アロサウルス属 (*A-*) の恐竜《北米ジュラ紀に生息した》.
àllo·stéric *a* 〘生化〙 アロステリックな〈酵素·タンパク質〉《酵素の活性部位以外の部位に他物質が結合することによって酵素の活性が変化することについていう》. ♦ **-stér·i·cal·ly** *adv*
al·lo·ste·ry /ǽloustèri, -stìəri/ *n* 〘生化〙 アロステリック性[効果].
al·lot /əlát/ *vt* (-tt-) 割り当てる, 《くじ引き·権限などで》分配する; 《目的·用途に》当てる: ～ sth *to* sb / the *allotted* span 〘聖〙 人間の寿命《70 年》/ ～ sth *for* a purpose 物をある用途に当てる. ● **～ on**… *《方》 …するつもりである: We ～ *upon* going. ♦ **al·lót·ter** *n* [OF (AD-, LOT)]
allotee ⇨ ALLOTTEE.
àllo·tétra·plòid *n* AMPHIDIPLOID. ♦ **-plòidy** *n*
al·lotho·génic /əlàθə-/ *a* 〘地質〙 他生の (＝*allogenic*) 《岩石の構成成分が, ほかの場所で形成された; cf. AUTHIGENIC》.
allót·ment *n* 割当て, 分配; 分け前, 割り前, 分担額; 運, 天命; 〘米軍〙 特別支払い分《本人の希望で給料から天引きして家族·保険会社などに直接送金される分》; "《貸与される》家庭菜園, 市民農園《通例 公有地》.
àllo·transplánt *vt* 〘生·外科〙 他家[異物]移植する. ► *n* /ˊ‐‐‐‐/ 他家[異物]移植. ♦ **àllo·transplantá·tion** *n*
al·lot·rio·mórphic /əlàtriə-/ *a* 〘鉱〙 他形の (＝*anhedral*, *xenomorphic*) (opp. *idiomorphic*).
al·lo·trope /ǽlətròup/ *n* 〘化·鉱〙 同素体. [逆成＜↓]
al·lot·ro·py /əlátrəpi/, **-pism** /-pìz(ə)m/ *n* 〘化·鉱〙 同素(性). ♦ **al·lo·trop·ic** /ælətrápɪk/, **-i·cal** *a* 同素(性)の. ♦ **-i·cal·ly** *adv* [Gk (*allos* other, *tropos* manner)]
all' ot·ta·va /ælətá:və, ɑ:lou-/ *adv, a* 〘楽〙 OTTAVA.
al·lot·tee, -lot·ee /əlàtí:/ *n* 割当てを受ける人.
állo·tỳpe *n* 〘生〙 異性[別]基準標本, 別模式標本; 〘免疫〙 アロタイプ《免疫グロブリンなどの血清タンパク質上にあって, 同種の他の個体には抗体産生刺激原となる抗原決定基》. ♦ **àl·lo·týp·ic** /-típɪk/ *a* **-i·cal·ly** *adv* **ál·lo·tỳpy** /-tàɪpi/ *n*
áll-óut *a* 全力[総力]を挙げての, 全面的な, 徹底した; 本格的な, まっとうな: an ～ effort. ♦ **～·er** *n* 徹底政策論者, 極端論者. [⇨ ALL *out*]
áll-òut wár 総力戦.
áll·òver *a* 全面的な; 〈刺繍·キルティングなどが〉全面に施された, オールオーバーの. ► *n* 《全面に刺繍·模様などのある》総模様の布; 単一模様を全面に繰り返したデザイン, 総模様.
áll-óver·ish *a* 《口》 なんとなく元気が出ない, 全身がだるい.
áll-òvers *n pl* *《南部·中部》 ぞっとくる感じ.
al·low /əláu/ *vt* **1 a** 許す, …させておく (permit); 可能にする: ～ a goal [two hits] ゴール[2 安打]を許す / Dogs are not ～*ed* in this park. この公園に犬を入れてはいけません / I can't ～ you *to* behave like that. おまえにそんなふるまいをさせておくわけにはゆかない / *A*～ me *to* introduce to you Mr. Brown. ブラウンさんをご紹介いたします / They never ～ smok*ing* there. そこでは喫煙を決して許さない / This camera ～*s* you to edit photos. このカメラは写真を編集できる / ～ one's imagination full play 想像をたくましくする / ～ sb *up* 人が(ベッドなどから)起き上がるのを許す / *A*～ me. 《古風》 わたしがしましょう, 失礼します《手助けを申し出るときの表現》. **b** [～ *-self*] うっかり…する, 放置する; [～ *-self*] 〈ぜいたくなどを〉ひそかに楽しむ, …にふける: I shall not ～ *myself* to die. みすみす死ぬわけにはいかない / ～ one*self* a daydream 空想にふける. **2 a** 〈金·時間などを〉与える, 割り当てる: I ～ him $5,000 a month. 月に 5 千ドル支給する. **b** 〈ある金額を〉値引きする; 見込む, …の余裕をみておく 〈*for*〉: ～ 5 dollars *for* cash payment 現金払いなら 5 ドル安くする / ～ a gallon *for* leakage 1 ガロンの漏れをみておく. **3 a** 〈要求·議論などを〉認める, 承認する (admit); 《古》 是認する, 賛同する: I ～ *that* he is [I ～ him *to be*] wrong. 彼が間違っていることを認める. **b** *《方》 …と考える, 思う (think) 〈*that*〉; *《方》 言う, 述べる; 主張する 〈*as how, that*〉; *《南部·中部》 …しようと思う 〈*to* do〉.
► *vi* **1** 斟酌(しんしゃく)する, 考慮に入れる, 余裕をみておく, 見込む, 見越す, 準備する 〈*for*〉: You must ～ *for* his youth. 彼が若いことを斟酌しなければならない / Please ～ *for* ten people. 10 人前の用意をしてください. **2** [[U]*neg*] 許す, 〈…の〉余地がある 〈*of*〉: The question ～*s of* no dispute. その問題は議論の余地がない / His plan ～*s of* some alteration. 計画には多少変更の余地がある. ● **～ one*self* in**…にふける. [ME＝to praise＜OF (*ad-*, L *laudo* to praise and *loco* to place)]
allów·able *a* 許しうる, 許容できる, さしつかえない, 不当でない. ► *n* 許可事項; *許容産油量. ♦ **-ably** *adv*
allów·ance *n* **1** 《一定の》手当, 支給額[量, 数], 割当て, *こづかい (pocket money"): a clothing [family] ～ 被服[家族]手当 / an ～ *for* long service 年功加俸. **2** 許容, 許可; 値引き; 余裕, 手加減; 斟酌, 酌量; 許容量, 許容度; 〘機〙《寸法の違いなどの》許容値[差], ゆとり, あそび; 《競馬などで》ハンディ; 〘英税制〙 所得控除額. ● **at no ～** 斟酌せずに. **make ～(s) [an ～]** 〈…を〉酌量する, 大目にみる, 見込む 〈*for*〉. ►《古》 *vt* …に一定の手当[飲食物]を支給する; 〈食物·手当などを〉一定量[額]に制限する.
Al·lo·way /ǽləwèɪ/ アロウェイ《スコットランド南西部の, Ayr の南方の村; Robert Burns の生地》.

allów·ed·ly /-ədli/ *adv* なるほど確かに, だれしも認めるように (admittedly).

al·lox·an /əlάksən/ *n* 〘化〙 アロキサン《尿酸を酸化させて得る物質; 動物実験で糖尿病を起こすのに用いる》. [*all*antoin, *ox*alic, *-an*²]

al·loy *n* /ǽlɔɪ, əlɔ́ɪ/ 合金; [*fig*] 混合体, 複合物; 合金に用いる安価な金属, [*fig*]《純度・強度を下げる》まぜ物; 《金銀の》品位, 純度: an ~ of copper and zinc 銅と亜鉛との合金 / without ~ 純粋な〈楽しみなど〉. ► *v* /əlɔ́ɪ, ǽlɔ̀ɪ/ *vt* **1** 〈2 種以上の金属〉で合金をつくる 〈*with*〉; 《安価な金属との合金によって》〈ある金属〉の品位[純度]を落とす. **2** 〈異なる性質を〉結合する 〈*with*〉; 〈愉快・快感などを〉減じる, そぐ, そこなう; 〈怒りなど〉和らげる. ► *vi* 合金になる. [OF; ⇨ ALLY¹]

allóyed júnction 《半導体接合の》合金接合 (cf. DIFFUSED JUNCTION).

álloy stèel 〘冶〙 合金鋼, 特殊鋼 (opp. *carbon steel*).

állo·zỳme *n* 〘生化〙 アロザイム《1 遺伝子座のみの対立遺伝子によって決定される変異した酵素》.

áll-párty *a* 全政党(参加)の.

áll-plày-áll ″*n, a* 〘競技〙 総当たり試合[制](の) (round robin*).

áll pòints búlletin*〘警察〙 全部署(緊急)連絡, 全部署手配, 全国指名手配《通例 略語 APB で用いる》.

áll-pówer·ful *a* 全能の; 全権を有する.

áll-pró *a* オールプロの《PFWA (Professional Football Writers of America) や各通信社が選ぶそのシーズンのプロフットボールのベストチームについていう》; 一流の, 最高の. ► *n* オールプロチームの選手.

áll-púrpose *a* 万能の; 多目的(用)の, 汎用の.

áll-pùrpose flóur 中力粉, 多目的用小麦粉, 全能粉《米国では通例単に flour という; 日本でいう「薄力粉」は cake flour といい, これに比べると一般的ではない》; *PLAIN FLOUR.

Áll-Réd *a* British Commonwealth だけを通る〈路〉《地図で英領を赤色に塗ることから》: an ~ line [route]《英本国と海外領を結ぶ》英領連絡航路.

àll ríght *adv, pred a* 申し分なく[ない], けっこうに[で]; 無事に[で]; 《肉体的・精神的に》健康で, 安全[安心]で, だいじょうぶで; [返事] よろしい, わかった, 承知した, オーライ (OK); いいぞ, そうだ, ようし《群集などのあげる是認の声》; [*iron*] ようし, わかったよ; «口» 確かに, 間違いなく, ちゃんと; [話の切り出し・転換]それでは, では: It's [That's] ~ (to me). (わたしには)申し分ない; [感謝・謝罪に対する答え] たいしたことはない, だいじょうぶ, どういたしまして / That's ~ *by* [*with*] me. «口» わたしはかまわないよ / This type of house may be ~ *for* my parents. «口» こういう家は両親にふさわしいだろう / *A~!* You shall remember this. ようし憶えていろ / He's the one who did it, ~. 犯人はあいつだ, 間違いない. ● **A~ already.***«口» もういい, それぐらいにしろ. **A~ for you!** きみとはこれでおしまいだ[絶交だ]《主として 子供が用いる》. **~ on the night** [**day**] «口» 今夜[今日]のところは(まあ)このくらいでいい. (**It's**) **~ for**…は恵まれてる[ラッキーだ]よね: *A~ for* you, you don't have to worry. 君はいいよね, 悩むことなどないんだから. ► *attrib a* 信頼できる, 善良な, りっぱな: an ~ guy 正直なやつ. ● **a** (**little**) **bit of ~** «口» 魅力ある異性[女性], すばらしい[とてもけっこうな]もの; ″«俗» 性交, 情事.

àll·ríght·nik /-nɪk/ *n* «俗» 《地位などに》こぢんまり落ちついちまったやつ, 中流に安んじる人.

àll ríghty [**ríght·ie, ríght·ee, ríght·ey**] /-ráɪti/ *adv* *«口» いいよ, わかったわよ《滑稽な または かわい子ぶった言い方》.

áll rísks *pl* 〘海保〙 全危険担保, オールリスクス《略 a.r., a/r; against all risks (a.a.r.) ともいう》.

all-round ⇨ ALL-AROUND.

àll-róund·er″ *n* ALL-AROUND な人[もの]; 多領域[多部門]に有能[有益]な人[もの]; 《多様な持ち場をこなす》万能選手[作業員], オールラウンドプレーヤー.

Áll Sáints' Dày 諸聖人の祝日, 諸聖徒日《11 月 1 日; 天上諸聖人と殉教者の霊をまつる; cf. HALLOWMAS》.

áll-séat·er″*a, n* 《立見席のない》全席着席方式の(スタジアム[競技場]).

áll·sèed *n* 〘植〙 多種子の草本, 種子草(たねくさ) 《knotweed, goosefoot など》.

áll-síng·ing, áll-dánc·ing″*a* 〈機械・ソフトウェア・システムなどが〉万能の, 何でもできる.

áll-sòrts″ *n pl* いろいろ混ぜ合わせたもの, 《特に》リコリス (licorice) 入りキャンディーの詰合わせ.

Áll Sóuls' Dày 諸魂日, 〘カト〙 諸死者の記念日《11 月 2 日》.

áll·spìce *n* 〘植〙 **a** オールスパイス《(**1**) 西インド諸島に産するフトモモ科の常緑樹; その果実 **2**) この果実を乾燥させた香辛料》 **b** 芳香のある数種の低木《クロバナロウバイ (Carolina allspice), ロウバイ (Japan allspice) など》. [ALL, SPICE]

áll-stàr *a* スター総出演[出場]の, オールスターの. ► *n* オールスターチームの選手.

Áll-Stàr Gáme [the] 〘野〙 オールスターゲーム《毎年 7 月に開かれる米大リーグの試合; 年に 1 試合のみ American League と National League の本拠地で交互に開催する》.

All·ston /ɔ́:lstən/ オールストン **Washington** ~ (1779–1843)《米国の画家; 同国最初の重要なロマン主義画家といわれる》.

Áll's Wéll That Énds Wèll『終わりよければすべてよし』《Shakespeare の喜劇 (1602, 出版 1623)》.

áll-terráin bìcycle [**bìke**] 全地形型自転車, MOUNTAIN BIKE《略 ATB》.

áll-terráin vèhicle* 全地形型車両, ATV.

Áll Thìngs Bríght and Béautiful「オール・シングズ・ブライト・アンド・ビューティフル」《子供賛美歌の一つ》.

áll-tícket *a* 〈試合など〉《当日券のない》前売りチケット制の, 完全予約制の, オールチケット制の.

áll-tìme *a* FULL-TIME; これまでで一番の, 従来のすべてをしのぐ, 前代未聞の, 空前の: an ~ high [low] 史上最高[最低]記録, オールタイムベスト[ワースト] / an ~ baseball team 史上最高の野球チーム / my ~ favorite singer 自分にとって人生最高の歌手.

al·lude /əlú:d/ *vi* ほのめかす, それとなく言う 〈*to*〉. [L (*lus- ludo* to play)]

áll-ùp wéight 〘空〙 《飛行機の空中における》全備重量 (cf. ALL *up*).

al·lure /əlúər/ *vt, vi* 誘惑[魅惑]する. ► *n* 魅力. ♦ **~·ment** *n* 誘惑, 魅惑; 誘惑するもの; 魅力. **al·lúr·er** *n* [OF=to attract; ⇨ LURE]

al·lúr·ing *a* 強く心をそそる; 魅惑的な, うっとりさせるような. ♦ **~·ly** *adv* **~·ness** *n*

al·lu·sion /əlú:ʒ(ə)n/ *n* ほのめかし, 間接的な言及; 引喩: in ~ *to* …を暗に指して / make an ~ *to*…に間接的に言及する. [F or L; ⇨ ALLUDE]

al·lu·sive /əlú:sɪv/ *a* ほのめかし[暗示]を含んだ; 引喩を用いた, 引喩の多い. ♦ **~·ly** *adv* **~·ness** *n*

allúsive árms *pl* 〘紋〙 家名を暗示する紋章 (=*canting arms*).

alluvia *n* ALLUVIUM の複数形.

al·lu·vi·al /əlú:viəl/ 〘地質〙 *a* 沖積(層)の; 漂砂の: the ~ epoch 沖積世 / ~ gold 砂金 / ~ soil 沖積土. ► *n* 沖積土[層]; «豪» 金を含む沖積土; 沖積鉱床より生じる(金)鉱石.

allúvial còne 〘地質〙 沖積錐(すい).

allúvial fàn 〘地質〙 扇状地, 沖積扇状地.

allúvial mìning 〘鉱〙 砂鉱床採鉱(法).

al·lu·vi·on /əlú:viən/ *n* 波の打ち寄せ; 洪水, 氾濫; ALLUVIUM; 〘法〙 増地《長年月の水流で生じる新しい土地》.

al·lu·vi·um /əlú:viəm/ *n* (*pl* **-via** /-viə/, **~s**) 〘地質〙 沖積層, 沖積土. [L (*luo* to wash)]

áll-wèather *a* あらゆる天候に適した, 全天候(対応)の〈競技場・衣料品など〉.

áll-whèel *a* 全輪の: ~ drive 全輪[四輪]駆動(車)《略 awd》.

áll-whíte *a* 白人だけの.

al·ly¹ *n* /ǽlàɪ, əláɪ/; *pl* ᵁǽl-/ **1 a** 同盟国; 同盟者, 盟友, 味方, 支持者; 助けになるもの. **b** [the Allies]《世界大戦中の》連合国《第一次大戦では the Central Powers に, 第二次大戦では the Axis (枢軸) に対抗して連合した諸国; cf. ALLIED》. **c** [the Allies] NATO 加盟国. **2** 《動植物の》同類, 近縁のもの. ► *v* /əláɪ, ǽlàɪ/ *vt* 同盟[連合, 縁組み]させる; 関連させる: ~ one*self with* [*to*]…と同盟する, …の側につく, 信奉する / be *allied* (*with* [*to*]…) (…と)同盟[関係]している / be *allied to*…と同類である. ► *vi* 同盟[連合]関係にはいる, 縁組みをする. ♦ **al·lí·able** *a* [OF<L *alligo* to bind; cf. ALLOY]

ally² ⇨ ALLEY².

Ally ⇨ ALLIE.

-al·ly /(ə)li/ *adv suf* -ICAL 形のない -IC 形容詞から副詞をつくる: acrobatic*ally*, narcotic*ally*. [*-al*¹+*-ly*¹]

áll-yéar *a* 一年にわたる; 年中使える[開いている].

al·lyl /ǽləl; ǽlàɪl, -ɪl/ *n* 〘化〙 アリル(基) (=~ **ràdical** [**gròup**]). ♦ **al·lyl·ic** /əlílɪk/ *a* [*allium*, *-yl*]

állyl álcohol 〘化〙 アリルアルコール《刺激性の液体》.

állyl chlóride 〘化〙 塩化アリル.

állyl résin 〘化〙 アリル樹脂.

állyl súlfide 〘化〙 硫化アリル《ニンニク臭のある液体; 調味料用》.

àllyl·thìo·uréa *n* 〘生化〙 アリルチオ尿素 (=*thiosinamine*)《抗甲状腺物質》.

áll·yòu *pron* «カリブロ» あんたがた (all of you).

áll-you-can-éat *a* 食べ放題の. ► *n* 食べ放題 〈*of*〉.

alm /á:m/ *n* (慈善の) 施し. [逆成く*alms*]

al·ma, -mah /ǽlmə/ *n* 《エジプトの》踊り子. [Arab=learned]

Al·ma¹ /ǽlmə/ アルマ《女子名》. [L=nourishing, loving]

Al·ma² [the] アリマ川《Crimea 半島の南西部を流れ, 黒海に注ぐ》.

Al·ma-Ata /æ̀lməətά:, à:l-/ アルマアタ《ALMATY の旧称》.

almacantar ⇨ ALMUCANTAR.

Al·ma·da /ɑ:lmά:də/ アルマダ《ポルトガル中南部の市; Tagus 川入江をはさんで Lisbon に対する》.

Al·ma·dén /æ̀lmədéɪn, à:l-/ アルマデン《スペイン中南部 Ciudad Real 県の町; 世界有数の水銀産地》.

Al·ma·gest /ǽlməʤèst/『アルマゲスト』《プトレマイオス (Ptolemy) の天文学書; 天動説による宇宙論を確立した》; [ᵒa-]《中世初期の》大学術書. [Arab (Gk *megistē* greatest)]

al·ma ma·ter /ǽlmə mɑ́ːtər, -méɪtər, *ὰːl-/ 母校, 出身校; *校歌. [L＝bounteous mother: 古代ローマ人が女神たち, 特に Ceres に与えた名称]

al·ma·nac /ɔ́ːlmənæ̀k, ǽl-/ *n* 《一年の》暦; 年鑑, アルマナック. [L＜Gk]

Al·ma·nach de Go·tha /ɔ́ːlmənæ̀k də góuθə/ ゴータ年鑑《ドイツの Gotha で刊行された年鑑 (1763–1943); ヨーロッパの王侯・貴族の詳しい系譜を記載して有名だった》; ヨーロッパの王侯・貴族《集合的》.

al·ma·nack /ɔ́ːlmənæ̀k, ǽl-/ *n* ALMANAC.

al·man·dite /ǽlməndὰɪt/, **al·man·dine** /-dìːn, -dὰɪn/ *n* 貴ざくろ石, 鉄礬(ばん)ざくろ石, アルマンディン《深紅色》. [変形＜*alabandine*, または G *Almandin*; *Alabanda* 小アジアの産地]

Al-Manṣūrah ⇨ AL-MANṢŪRAH.

Al Marj /æl mɑ́ːrʤ/ (アル)マルジュ《リビア北部の町・保養地; 前 6 世紀建設のギリシアの植民地; 別称 Barca, Barka, Barce》.

Al·ma-Tad·e·ma /ǽlmətǽdəmə/ アルマタデマ Sir **Lawrence** ～ (1836–1912)《オランダ生まれの英国の画家》.

Al·ma·ty /ɑːlmɑ́ːti/ アルマトゥ, アルマトゥイ《カザフスタン南東部の市・旧首都; 旧称 Vernyi, Alma-Ata》.

al·me(h) /ǽlmɛ/ *n* ALMA.

Al·me·lo /ɑ́ːlməlòu/ アルメロ《オランダ東部 Overijssel 州の市》.

al·me·mar /ælmíːmὰːr/, **-mor** /-mɔ̀ːr/ *n* 《ユダヤ教》BIMAH.

Al·me·ría /æ̀lmərí:ə/ アルメリーア《1) スペイン南部 Andalusia 自治州の県 2) その県都・港町》.

Al·mer·ic /ǽlmərɪk/ アルメリク《男子名》. [⇨ EMERY]

alm·ery /ɑ́ːməri/ *n* 《まれ》AMBRY.

al·mighty /ɔːlmάɪti/ *a* **1** [°A-] 全能の; 圧倒的な権力[勢力, 影響力など]を有する: *A*～ God＝God *A*～ 全能の神 / the ～ power of the press 新聞の圧倒的な勢力. **2** 《口》どえらい, 途方もない: an ～ nuisance とんでもない厄介者[厄介事]. ► *n* [the A-] 全能者, 神 (God). ► *adv* 《口》すごく, とても, 途方もなく (exceedingly): ～ glad. ♦ **al·míght·i·ly** *adv* 全能者のように; 非常に. **al·míght·i·ness** *n* 全能. [OE *ælmihtig* (ALL, MIGHTY)]

Al-Minyā ⇨ MINYĀ.

Al·mi·ra /ælmάɪərə/ アルマイラ《女子名》. [Arab＝the princess]

al·mi·rah /ælmάɪərə/ *n* 《インド》衣裳だんす, 戸棚.

Al·mo·had /ǽlməhæ̀d/, **-hade** /-hæ̀d, -hèɪd, æ̀lməhɑ́ːdi/ *n* ムワッヒド朝の人, アルモアデ《ムラービト朝 (Almoravids) を倒して 12–13 世紀に北アフリカおよびスペインを支配したイスラム王朝の人》.

al·mond /ɑ́ːmənd, *ǽ(l)mənd, *ὰːl-/ *n* アーモンド《アーモンドの木の果実または仁》; アーモンド, 《植》ハタンキョウ (巴旦杏), ヘントウ (扁桃) (＝～ **trèe**)《西アジア原産の落葉樹で, モモの近縁種》; アーモンド形のもの; アーモンド色《薄い黄褐色》; [〈*a*〉] アーモンド入り[風味, 形, 色]の. [OF, ＜Gk *amugdalē*]

álmond èye アーモンド形の目《つり上がった目; 中国人・日本人などの特徴として描かれる》. ♦ **álmond-èyed** *a*

álmond grèen アーモンドグリーン《穏やかな黄みがかった緑》.

álmond mìlk アーモンド乳 (＝*milk of almonds*)《粘滑薬とする》.

álmond òil 《化》扁桃油(ゆ)《薬用・化粧香料用》.

álmond pàste アーモンドペースト《アーモンド・鶏卵・砂糖で作るペースト》.

al·mo·ner /ǽlmənər, ɑ́ːm-/ *n* ″医療ソーシャルワーカー《今日では medical social worker という》; 《中世の修道院・王家などの》施し物分配係. [OF; ⇨ ALMS]

álmoner's cùpboard LIVERY CUPBOARD.

al·mon·ry /ǽlmənri, ɑ́ːm-/ *n* 施し物分配所.

Al·mo·ra·vid /æ̀lmərɑ́ːvɪd, ælmɔ́ːrə-/, **-vide** /-vɪd, -vὰɪd/ *n* ムラービト朝の人, アルモラビデ《11–12 世紀に北西アフリカおよびスペインを支配したイスラム王朝の人》.

al·most /ɔ́ːlmòust, *ー́ー/ *adv* ほとんど, ほぼ, 九分どおり; あやうく: ～ always ほとんどいつでも / Dinner is ～ ready. そろそろ食事の支度ができます / *A*～! 《ミスショットのときなど》惜しい!, あとちょっと! / I'd ～ forgotten that. もう少しで忘れるところだった / [文語では名詞を形容して] his ～ impudence 彼の生意気ともいえるふるまい. ● **～ never [no, nothing]** ほとんどない (＝hardly [scarcely] ever [any, anything]): He ～ *never* drinks. 飲むことはほとんどない. [OE (ALL, MOST)]

alms /ɑ́ːmz/ *n* (*pl* ～) [〈*pl*〉]《貧窮者への》施し物, 信施, 施し; 《古》慈善(行為). [OE *ælmysse*, *ælmesse*＜Gmc (G *Almosen*)＜L＜Gk *eleēmosunē* compassion]

álms chèst 慈善箱.

álms·dèed *n* 《古》貧しい人に対する慈善行為.

álms·fòlk *n pl* 施しを受けて生活している人びと.

álms·gìving *n* (習慣的な)施与, 施し. ♦ **-gìver** *n*

álms·hòuse *n* ″私設救貧院; POORHOUSE.

álms·man /-mən/ *n* 《まれ》施しを受けて生活している人[男]; 《古》施しをする人. ♦ **-wòman** *n fem*

al·mu·can·tar /æ̀lmjukǽntər, ー́ーー́ー/, **-ma-** /-mə-/ *n* 《天》高度平行線, 等高度線《地平線と平行する天球の小円》; 象眼儀《水銀上のフロートに置かれ, 天体の高度や方位角を測る望遠鏡》. [Arab (*ḳanṭara* arch)]

al·muce /ǽlmjùːs/ *n* アミス《昔聖職者が儀式の時に用いた毛皮裏のフード(の付いた肩衣)》.

al·mug /ǽlməg, ɔ́ːl-/ *n* 《聖》ALGUM.

al·ni·co /ǽlnɪkòu/ *n* 《冶》アルニコ (*al*uminum, *ni*ckel, *co*balt を含む強力磁石鋼).

al·od, al·lod /ǽlὰd/ *n* ALODIUM.

alo·di·um, al·lo- /əlóudiəm/ *n* (*pl* **-dia** /-diə/, ～**s**) 《法》《封建時代の》自由保有地, 完全私有地. ♦ **-di·al** *a* [Frank (ALL, *ōd* estate)]

al·oe /ǽlou/ *n* **1** 《植》アロエ, ロカイ《ユリ科アロエ属 (*A-*) の各種; 観賞用, 葉は薬用》; [～s, 〈*sg*〉] 蘆薈(ろかい)汁《下剤》. **2** [～s, 〈*sg*〉] ジンコウ (沈香) (AGALLOCH). [OE *al(e)we*＜L＜Gk]

áloes·wòod *n* ジンコウ (沈香) (AGALLOCH).

alo·et·ic /æ̀louétɪk/ *a*, *n* アロエを含んだ(下剤).

áloe véra /-vérə, -vírə; -víərə/ 《植》バルバドスアロエ, キュラソーアロエ, シンロカイ《葉の汁液は切り傷・やけどに効くとされ, しばしば化粧品などに加えられる》. [NL＝true aloe]

aloft /əlɔ́(ː)ft, əlɑ́ft/ *adv*, *pred a* 上に, 高く; 空中に; 上空で; 飛行中に, 機内で; 《海》檣頭(しょうとう)に, 帆桁の上部に: take passengers ～ 〈飛行機が乗客を乗せて飛び立つ. ► *prep* …の上[上部]に (above). [ON *á lopt(i)* in the air]

alóg·i·cal /eɪ-/ *a* 論理(の域)を超えた, 没[無]論理の. ♦ **～·ly** *adv*

alo·ha /əlóu(h)ə, ɑː-, -(h)ὰː/ *n* [〈*int*〉] ようこそ, さよなら, アローハ; 挨拶. [Haw＝love]

alo·ha·oe /ɑːlòuhɑːɔ́ɪ, -óuɪ/ *int* よろしく, ようこそ, アロハオエ, さようなら. [Haw]

alóha shìrt アロハシャツ.

Alóha Stàte [the] アロハ州《Hawaii 州の俗称》.

al·o·in /ǽlouən/ *n* アロイン《アロエの活性成分》.

alone /əlóun/ *pred a* **1 a** 《人から離れて》ただひとり, 孤独で; 独力で, 単独で: I was [We were] ～. わたし[われわれ]きりだった / I am not ～ in this opinion. こう考えるのはわたしだけではない / ～ together 二人きりで / Better (to) be ～ than in bad [ill] company. 《諺》悪い仲間と交わるより一人でいるがよい / A wise man is never less ～ than when ～. 《諺》賢者は一人でいても孤独にはならない / He travels (the) fastest who travels ～. ⇨ TRAVEL 《諺》 **b** 匹敵するもののない: He stands ～ *in* the field of biochemistry. **2** ただ…だけ, …のみ (only): Man shall not live by bread ～. 《聖》人はパンのみで生きるものではない (*Matt* 4: 4). ● **all ～** 全くひとりで; 独力で. **go it ～** 他から援助[保護]をうけないで独りで[自力で]行なう[生きていく]. **let [leave] ～**…は言うまでもなく, [否定文のあとで] まして(…ない): It takes up too much time, *let* ～ the expenses. 費用は言うまでもなく時間がかかりすぎる / I can't ride a bike, *let* ～ a horse. 自転車にも乗れないんですから, ましてや馬なんて. **let [leave]…～** …をかまわず[そのままにして]おく; 《口》じゃまをしない; ひとりにしておく: *Let* him ～ to do it. 彼に任せておいてもけっこうやる / *Leave* me ～. ほっといて(くれ). **let [leave] well (enough) ～** 余計なおせっかいをしない, ほうっておく. ► *adv* ひとりで, 単独に; …だけ, もっぱら; 自力で, 独力で; 《文》単に: for money ～ 金だけが目的で. **not ～…but (also)…** 《文》…のみならず…(もまた)《but (also) を略したり, その代わりに as well などを使うこともある》. ♦ **～·ness** *n* [ME (ALL, ONE)]

along /əlɔ́(ː)ŋ, əlɑ́ŋ/ *prep* …に沿って, …伝いに; …沿いの場所にある; …を行くうちに; …の端から端へ; 〈方針など〉にのっとって: go [sail] ～ the river [coast] 川[海岸]づたいに行く[航行する] / all ～ the LINE[1]. ► *adv* **1 a** 線に沿って; 前進方向に; ずっと《しばしば強めるだけでほとんど無意味》: ～ by the hedge 生垣に沿って / Come (～) here. さあこちらへおいで. **b** *進行[進捗]して; 《口》(…か月)妊娠して: The afternoon *is well* ～. 午後もよほどまわっている / The plan is far ～. 計画は相当進んでいる / I'm now four months ～. 今妊娠 4 か月です. **2** 同伴者[仲間]として; 自分といっしょに(携帯して): Come ～ (with me). さあ(いっしょに)来たまえ / I took my sister ～. 妹を連れていった / He was not ～. 彼はいっしょではなかった. **3** *《口》接近して, 居合わせて, 準備ができて. ● **all ～**＝《口》**right ～** 初めから, ずっと, いつも. **all ～ of**… 《俗・方》…のせいで, …のため (owing to). **～ about**… *《口》…ころに. **～ back** *《口》最近に, 近ごろ. **～ here** この方角に. **～ of**…とともに, …と連れだって; 《古・方》all ALONG of… (成句). **～ with**…といっしょに; …に加えて: ～ *with* others ほかのものといっしょに[に加えて]. **be ～** 《口》《比較的近い所に》行く, 出かける 〈*to*〉, 来る: He'll *be* ～ in ten minutes. 10 分もすれば来るだろう. [OE *andlang* facing against (*and* against, LONG[1])]

alóng·shóre *adv*, *a* 岸に沿って[沿った], 磯づたいに[の].

alóng·síde *adv*, *prep* (…の)そばに[を], (…と)並んで, (…と)いっしょに, (…に)横付けに, (…の)舷側に[を]; 《口》…と比べて (alongside of); (…に)加えて: bring a ship ～ (the pier) 船を(桟橋に)横付けにする. ● **～ of**…のそばに, …と相並んで; …と並行に, …に沿って; …といっしょに; 《口》…と比べて: sit [walk] ～ *of* sb.

Alon·so, -zo /əlɑ́nzou/ アロンゾ, アロンソ《男子名》. [Sp; ⇨ ALPHONSUS]

aloo /áːlùː/ *n* «インド» アル《ジャガイモ(料理)》.

aloof /əlúːf/ *adv, pred a* 遠く離れて, 遠ざかって; 〖海〗風上の方に: keep [stand, hold] ～ 離れている, 超然としている, 乗り気にならない, お高くとまっている ‹*from*›. ● **spring ～** 〖海〗風上に間切(ぎ)る. ► *attrib a* 遠く離れた; よそよそしい; 《意識的に》超然とした: an ～ man [attitude] うちとけない人[態度]. ◆ **～·ly** *adv* **～·ness** *n* [*a*-[1], LUFF]

al·o·pe·cia /æ̀ləpíːʃ(i)ə/ *n* 〖医〗脱毛(症). ◆ **àl·o·pé·cic** /-píːsɪk/ *a* [L<Gk=fox mange (*alōpēx* fox)]

Alor /ǽlɔ̀ːr, áːl-/ アロル《インドネシア小スンダ列島中の一島; 小スンダ列島中で最大の Timor 島の北にあり, Pantar 島と共に Alor 諸島を形成する》.

à l'orange /*F* a lɔrɑ̃ːʒ/ *a* オレンジを材料にして[添えて].

alors /*F* alɔːr/ *int* それでは (well then).

Álor Se·tár /-sətáːr/ アロールスター《マレーシア北西部 Kedah 州の州都》.

Alost ⇨ AALST.

al·ou·atte /æ̀luːǽt/ *n* 〖動〗HOWLER MONKEY. [F]

aloud /əláʊd/ *adv* (はっきりと)声を[口に]出して; "«口» それとわかるほど; «古» 大声で: read ～ 音読する / THINK[1] ～ (成句) / reek [stink] ～ ぷんぷん匂う. [*a*-[1]]

alow /əlóʊ/ *adv* 〖海〗低い所で[へ], 船の下の方で[へ]. ● **～ and aloft** あちらこちらに, くまなく (everywhere).

Al·oys /ǽloʊɪs, -ɔɪs/ アロイス《男子名》. [⇨ LEWIS]

Al·o·y·sius /æ̀loʊíʃ(i)əs/ アロイシアス《男子名; 愛称 Al》. [L; ⇨ LEWIS]

Aloýsius Gonzága [Saint] 聖アロイシウス・ゴンザーガ (1568–91)《イタリアのイエズス会士; 聖人; 貴族の出; ローマで飢饉と疫病に苦しむ人びとの救助中に過労で死亡; 祝日 6 月 21 日》.

alp /ǽlp/ *n* 高く険しい山, 高山, アルプ (⇨ ALPS); 《スイスの》山腹の牧場[牧草地]; [*fig*] 卓越したもの[人]; [*fig*] 険しい[ごつごつした]もの: intellectual ～*s* 一流知識人 / ～*s* on ～*s* 連なる高峰; 次々の難関. [逆成; F<L *Alpes* (pl)]

ALP Australian Labor Party.

al·paca[1] /ælpǽkə/ *n* 〖動〗アルパカ《南米ペルー産のラマ属の家畜》; アルパカの毛[毛織物]; アルパカ様の布; アルパカの服. [Sp<Quechua (*pako* reddish brown)]

al·paca[2], **alpac·ca** /ælpǽkə/ *n* アルパカ《洋銀の一種で, 装身具に使う》.

al·par·ga·ta /æ̀lpərgáːtə/ *n* 〖靴〗アルパガータ (ESPADRILLE). [Sp]

Al·pen /ǽlpən/ 〖商標〗アルペン《ナッツとフルーツのはいった朝食用シリアル》.

ál·pen·glòw /ǽlpən-/ *n* 《高山の頂稜部にみられる》朝焼け, 夕映え, 山頂光.

ál·pen·hòrn /ǽlpən-/, **álp·hòrn** *n* アルペンホルン《スイスの牛飼いが用いる 2 m 以上もある長い木製の笛》.

al·pen·stock /ǽlpənstɑ̀k/ *n* 登山杖, アルペンストック. [G=Alps stick]

Alpes-de-Haute-Pro·vence /*F* alpdəotprɔvɑ̃ːs/ アルプ-ド-オト-プロヴァンス《フランス南東部 Provence-Alpes-Côte d'Azur 地域圏の県; ☆Digne-les-Bains; 旧称 Basses-Alpes》.

Alpes-Ma·ri·times /*F* alpmaritim/ アルプ-マリティム《フランス南東端 Provence-Alpes-Côte d'Azur 地域圏の県; ☆Nice; 略 A.-M.》.

al·pes·trine /ælpéstrən/ *a* アルプス山脈の; 山岳地帯の; 〖生態〗亜高山帯に生える.

al·pha[1] /ǽlfə/ *n* アルファ《ギリシア語アルファベットの第 1 字: *A*, α》; 初め, 第一位(のもの) (cf. OMEGA); "《評点で》第 1 級[等]; [A-] 〖天〗アルファ星, α 星《星座中明るさが第 1 位の星》; 〖化〗アルファ, α《置換基の位置や異性体の区別, 種々の変態を示す記号; 同様に β, γ, δ, ... を用いる》; 〖理〗ALPHA PARTICLE; 〖生理〗ALPHA WAVE. ● **～ plus** ‹試験の成績など›第 1 級[等]の上. ► *a* 〖化〗アルファ (α) の; 《特に動物群の中で》社会的に優位な(雄): ALPHA MALE / an ～ dog ボス犬; 《独裁的な》リーダー, ボス. [L<Gk]

alpha[2] *a* ALPHABETIC.

álpha-adrenérgic *a* 〖生理〗アルファアドレナリンによる, アルファ受容体 (alpha-receptor) の.

álpha-adrenérgic recèptor 〖生理〗アルファアドレナリン作用性受容体 (alpha-receptor).

álpha and oméga [the] **1** 〖キ教〗アルファとオメガ, 初めと終わり, 終始一切《神, またキリストを表わすことば; *Rev* 1:8, 21:6, 22:13》. **2** 根本的な理由[意味], 最も重要な部分, 中心となるもの, 最大の特徴.

Álpha Áq·ui·lae /-ǽkwəlìː/ 〖天〗わし座の α 星, アルタイル (Altair).

Álpha Au·rí·gae /-ɔːráɪʤìː/ 〖天〗ぎょしゃ座の α 星, カペラ (Capella).

al·pha·bet /ǽlfəbèt, -bət/ *n* **1** アルファベット《一言語の全字母》; 《手話・暗号などの》一記号体系の全記号: the Roman ～ ローマ字 / the Greek [Russian] ～ ギリシア語[ロシア語]アルファベット / PHONETIC ALPHABET. **2** 初歩: the ～ of science 科学の初歩. ► *vt* ALPHABETIZE. [L<Gk (ALPHA[1], BETA)]

álphabet còde 〖通信〗PHONETIC ALPHABET.

àl·pha·bét·ic, -i·cal *a* アルファベット[字母]の; ABC 順の: in ～ order アルファベット順に[の]. ◆ **-i·cal·ly** *adv*

álphabet·ìze *vt* アルファベット順に配列する; アルファベットで表記する. ◆ **-ìz·er** *n* **àlphabet·izátion** *n*

álphabet sóup アルファベットスープ《ローマ字形のパスタを入れたスープ》; ごちゃごちゃした略語, わかりにくいもの[用語]《もとは New Deal 政策で生まれた NRA, AAA, TVA, CCC, NLRB などをいった》.

álpha-blòck·er *n* 〖薬〗アルファ (α) 遮断薬《アルファ受容体の作用を遮断する薬物》. ◆ **álpha-blòck·ing** *a*

Al·pha Bo·ö·tis /-bouóʊtəs/ 〖天〗うしかい座の α 星, アルクトゥルス (Arcturus).

álpha bràss 〖冶〗アルファ黄銅《銅と亜鉛の均一固溶体; 耐食性があり配管に用いる》.

Álpha Cá·nis Ma·jó·ris /-kéɪnəs məʤɔ́ːrəs/ 〖天〗おおいぬ座の α 星, シリウス (Sirius).

Álpha Cánis Mi·nó·ris /-mənɔ́ːrəs/ 〖天〗こいぬ座の α 星, プロキオン (Procyon).

Álpha Ca·rí·nae /-kəráɪnìː/ 〖天〗りゅうこつ座の α 星, カノープス (Canopus).

àlpha-cárotene *n* 〖生化〗アルファカロチン.

Álpha Cen·táu·ri /-sɛntɔ́ːràɪ/ 〖天〗ケンタウルス座の α 星 (=*Rigil Kent*)《全天第 3 位の輝星》.

Álpha Cýg·ni /-sígnàɪ/ 〖天〗はくちょう座の α 星, デネブ (Deneb).

álpha decày 〖理〗《原子核の》アルファ崩壊.

álpha emìtter 〖理〗アルファ放出体.

àlpha-endórphin *n* 〖生化〗アルファエンドルフィン《脳下垂体でできる鎮痛効果のあるホルモン》.

Álpha Eríd·a·ni /-ɪrídənàɪ/ 〖天〗エリダヌス座の α 星, アケルナル (Achernar).

àlpha·fèto·prótein *n* 〖生化〗アルファフェトプロテイン《羊水中の, 胎児によってのみ生成する唯一のタンパク質; 略 AFP》.

àlpha·galactosídase *n* 〖生化〗アルファガラクトシダーゼ (cf. FABRY'S DISEASE).

Álpha Gem·i·nó·rum /-ʤɛ̀mənɔ́ːrəm/ 〖天〗ふたご座の α 星, カストル (Castor).

álpha glóbulin 〖生化〗アルファグロブリン《血漿中のグロブリンで電気泳動での移動度が大きいもの》.

àlpha-hélix *n* 〖生化〗《タンパク質中のポリペプチド鎖の》α らせん, アルファヘリックス. ◆ **àlpha-hélical** *a*

álpha hydróxy ácid 〖生化〗アルファヒドロキシ酸《カルボキシル基がついている炭素原子に水酸基がついているカルボン酸; 皮膚の古い角質を落とす作用がある; 略 AHA》.

álpha interféron 〖生化〗アルファインターフェロン《白血球で産生されるインターフェロン; ウイルスの複製の阻止, 細胞増殖の抑制, 免疫反応の調節の作用があり, B 型肝炎, C 型肝炎, 慢性骨髄性白血病などに用いる; cf. BETA INTERFERON, GAMMA INTERFERON》.

álpha ìron 〖冶〗アルファ鉄, α 鉄《910 °C 以下で安定; cf. BETA IRON, GAMMA IRON》.

álpha-kéto·glutáric ácid 〖生化〗アルファケトグルタル酸《ケトグルタル酸のアルファケト異性体》.

Álpha Le·ó·nis /-lióʊnəs/ 〖天〗しし座の α 星, レグルス (Regulus).

Álpha Lý·rae /-láɪrìː/ 〖天〗こと座の α 星, ヴェガ (Vega).

álpha mále 群れを支配する雄, ボス, [°*joc/derog*]《男性の》リーダー, ボス.

al·pha·mer·ic /æ̀lfəmɛ́rɪk/, **-i·cal** *a* ALPHANUMERIC.

al·pha·met·ic /æ̀lfəmɛ́tɪk/ *n* 覆面算《計算式の数字を文字で置き換えたものをもとの数字に戻すパズル》. [*alpha*bet+arith*metic*]

àlpha-náphthol *n* 〖化〗アルファナフトール (⇨ NAPHTHOL).

àlpha·numéric, -ical *a* 文字と数字を組み合わせた, 英数字の; 〖電算〗文字と数字を区別なく処理しうる. ◆ **-numérical·ly** *adv* [*alpha*betic+*numerical*]

àlpha·nu·mér·ics *n pl* 文字と数字(による表示).

alpha-1-anti·trypsin /— wʌ́n — —/ *n* 〖生化〗アルファ-1-抗トリプシン《酵素トリプシンの活性を阻害する血漿中のタンパク質; これの欠損は肺疾患を伴うことを示す》.

Álpha Orí·o·nis /-ouráɪoʊnəs/ 〖天〗オリオン座の α 星, ベテルギウス (Betelgeuse).

álpha pàrticle 〖理〗アルファ粒子《ヘリウムの原子核 $^4_2$He》.

Álpha Pís·cis Aus·trí·ni /-písəs ɔːstráɪnàɪ, -páɪsəs-/ 〖天〗みなみのうお座の α 星, フォマルハウト (Fomalhaut).

álpha prívative 否定を表わす接頭辞 a- (⇨ A-[2]).

álpha radiàtion ALPHA RAY.

álpha rày 〖理〗アルファ線, α 線.

álpha-recèptor *n* 〖生理〗アルファ受容体, アルファリセプター (=*alpha-adrenergic receptor*).

álpha rhỳthm 〖生理〗アルファリズム (alpha wave).

álpha·scòpe *n* アルファスコープ《文字・記号をブラウン管に映し出

すコンピューターの装置).

Álpha Scór·pii /-skɔ́:rpiàɪ/ 〖天〗さそり座の α 星, アンタレス (Antares).

Álpha Táu·ri /-tɔ́:ràɪ/ 〖天〗おうし座の α 星, アルデバラン (Aldebaran).

álpha-tèst *vt* …に alpha test を行なう.

álpha tèst 〖心〗アルファ検査《第一次大戦中, 読み書きのできる米陸軍将兵に対して行なった; cf. BETA TEST》; アルファテスト《コンピューターソフトウェアなどで, beta test の前に行なう開発元内部での動作試験》.

álpha-tocópherol *n* アルファトコフェロール《体内におけるビタミン E の最も普通の形》.

Álpha Úr·sae Mi·nó·ris /-ɔ́:rsì: mənɔ́:rəs/ 〖天〗こぐま座の α 星, 北極星 (the North Star), ポラリス (Polaris).

álpha vèrsion 〖電算〗アルファバージョン《ソフトウェアの試作品の最初期のもの》.

Álpha Vír·gi·nis /-və́:rʤənəs/ 〖天〗おとめ座の α 星, スピカ (Spica).

álpha wàve 〖生理〗《脳波の》アルファ波 (=*alpha*, *alpha rhythm*)《典型的には, 覚醒・安静時にみられる》.

al·phen·ic /ælfénɪk/ *n* アルフェニック《白い barley sugar》.

Al·phe·us /ælfí:əs/ **1** 〖ギ神〗アルペイオス《川の神; 恋するニンフ Arethusa が泉になったので, 川になって交わった》. **2** [the] アルペイオス川 (ModGk **Al·fiós** /ɑ:lfjɔ́:s/)《ギリシア南部 Peloponnesus 半島の西部を流れ, イオニア海へ注ぐ; 北岸に Olympia の平野がある》.

Al·phonse /ǽlfans, -z/ アルフォンス《男子名》; ˈˈ《韻俗》 ヒモ (ponce). [F; ⇨ ALPHONSUS]

Álphonse and Gáston 『アルフォンスとギャストン』《ばか丁寧な二人のフランス紳士が登場する米国の新聞漫画 (1902); Frederick Opper (1857–1937) 作; 'After you, my dear Gaston', 'After you, my dear Alphonse' が口ぐせ》.

Al·phon·so /ælfánsoʊ, -zoʊ/ アルフォンソ《男子名》. [Sp; ↓]

Al·phon·sus /ælfánsəs/ **1** アルフォンサス《男子名》. **2** アルフォンスス《火山活動の形跡のある月面のクレーター》. [Gmc=noble+ready]

alphorn ⇨ ALPENHORN.

al·phos /ǽlfəs/ 〖医〗 *n* 癩; 乾癬; 白斑.

al·pho·sis /ælfóʊsəs/ *n* 〖医〗皮膚色素欠乏症.

Al·pine /ǽlpàɪn/ *a* アルプス山脈(の住民)の; [ˢa-] 高い山脈[高山]の(ような), 非常に高い; [ˢa-]〖生態〗高山帯に生える, 高山性の; 〖人〗アルプス人種型の; 〖地質〗アルプス造山運動[輪廻(りんね)]の; 〖スキー〗回転と滑降からなる, アルペンの (cf. NORDIC): an ~ club 山岳会 / a~ snow 高山の雪 / the ~ flora 高山植物相. ► *n* [a-] 高山植物; アルプス人種(の人)《短頭・褐色の髪・中背・うすい色の虹彩のヨーロッパ人としては中ぐらいの皮膚の色をした白人種; cf. MEDITERRANEAN, NORDIC》; 〖昆〗ベニヒカゲ属の高山チョウ《ジャノメチョウの一種》. [L; ⇨ ALP]

álpine béarberry 〖植〗北米北東部のクマコケモモ.

álpine bístort 〖植〗ムカゴトラノオ (=*serpent grass*)《タデ科; 高山性》.

álpine chóugh 〖鳥〗キバシガラス《欧州・北アフリカ・中国の高山に分布する》.

álpine gárden 岩山植物園; 《広く》ロックガーデン.

Álpine hát アルパインハット《クラウンの先端が細くブリムの後部を折り返したフェルト帽》.

Álpine íbex 〖動〗アルプスアイベックス《Alps およびアペニノ山脈産》.

álpine róse 〖植〗**a** アルペンローゼ《シャクナゲの一種》. **b** エーデルワイス (edelweiss).

álpine-stỳle *a*, *adv* 〖登山〗アルパインスタイルの[で]《特に ヒマラヤなどの高峰に全装備を持ってベースキャンプから一挙に頂上を目指す登り方》.

al·pin·ism /ǽlpənìz(ə)m/ *n* [ºA-] アルプス登山; 《一般に高山の》登山.

al·pin·ist /ǽlpənɪst/ *n* アルプス登山家; 登山家, アルピニスト; アルペンのスキーヤー.

al·praz·o·lam /ælprǽzəlæ̀m/ *n* 〖薬〗アルプラゾラム《ベンゾジアゼピン系抗不安薬》.

al·pros·ta·dil /ælprástədɪl/ *n* 〖薬〗アルプロスタディル《血管拡張作用のあるプロスタグランジン; 勃起不全の治療に用いる》.

Alps /ǽlps/ *pl* [the] アルプス山脈《ヨーロッパ中央南部の山脈; 最高峰 Mont Blanc》.

Al-Qae·da /ɑ:lkáɪdə/ アルカーイダ《Osama bin Laden が 1990 年ごろに組織したイスラム原理主義に基づく国際的なテロリスト網; 9/11 (nine eleven) のテロを実行したとされる》. [Arab=the base]

al·ready /ɔ:lrédi/ *adv* **1** すでに, とっくに, もはや, 早くも, はや, もう; 前に: I have ~ seen him. もうお目にかかりました / They are ~ there. もうそこにいる / When I called, he had ~ left. わたしが訪ねた時はもう出たあとだった / I have been there ~. 前に行ったことがある. ★ 疑問・否定文では Is he back *yet?* (もう帰りましたか) という; already を用いると「早くも (thus early)」と驚きを示す: Is he back ~? もう帰っているのか《驚いた・意外だ》/ You're not going ~, are you? もうお帰りになるのではないでしょうね. **2** *《口》《いらだちや強意を表わして》今すぐ, さっさと, 今や, もう: Let's start ~. 早く行こうよ / Enough, ~! もうたくさんだ, いいかげんにしろ. [ALL, READY]

al·right /ɔ:lráɪt/ *adv*, *a* ALL RIGHT.

a.l.s., ALS autograph(ed) letter signed 自筆自署の手紙.

ALS 〖医〗ºamyotrophic lateral sclerosis ♦ ºantilymphocyte serum.

Al·sace /ælsǽs, ælséɪs, ǽlsæs/ **1** アルザス (*G* Elsass)《フランス北東部, Vosges 山脈と Rhine 川の間の地方・旧州・地域圏; Bas-Rhin, Haut-Rhin の 2 県からなる; 古代名 Alsatia》. **2** アルザスワイン《特に 辛口の白ワイン》.

Álsace-Lorráine アルザス-ロレーヌ (*G* Elsass-Lothringen)《フランス北東部の地方で, 昔からドイツと領有を争った地域》.

Al·sa·tia /ælséɪʃ(i)ə/ **1** アルサティア《ALSACE の古代名》. **2** アルセイシア《London 中央部の Whitefriars 地区の俗称て, 17 世紀の犯罪者や負債者の逃避場所》; 《一般に 犯罪者などの》逃避場所, 潜伏地, 無法地帯. [L]

Al·sa·tian /ælséɪʃ(ə)n/ *a* Alsace の, アルザス人の; 《London の》Alsatia の. ► *n* アルザス人; 〖史〗法の及ばぬ所に潜伏している負債者[犯罪者]; 〖犬〗シェパード (German shepherd); 《高地ドイツ語の》アルザス方言.

ál·sike (clóver) /ǽlsàɪk(-), -sɪk(-), -sæ̀k(-)/ 〖植〗タチオランダゲンゲ《欧州産の牧草》. [*Alsike* スウェーデンの地名]

Al Si·rat /æl sɪrá:t, -rǽt/ 〖イスラム〗クルアーン (Koran) の正しい信仰; 〖イスラム〗天国への橋《正しい者だけが渡れ, 不正な者は下の地獄に落ちるという》. [Arab=the road]

al·so /ɔ́:lsoʊ/ *adv* **1** また (⇨ TOO): He ~ speaks French. フランス語も話す. **2** 同様に, 同じく. ► *conj* 《口》そしてそのうえ. [OE *alswā* (ALL, SO¹)]

álso-ràn *n* 《レースで》等外に落ちた馬[犬], 着外馬; 等外者, 落選者, 敗者; 落後者, 凡才.

álso-rùnner *n* 《競技などの》敗者.

als·troe·me·ria /ælstrəmíəriə/ *n* 〖植〗アルストロメリア属 (*A-*) の植物, ユリズイセン《南米原産; ヒガンバナ科》. [Klas von *Alstroemer* (1736–94) スウェーデンの植物学者]

alt¹ /ǽlt/ 〖楽〗*a* 2 点トから 3 点ヘまでの, 高い. ► *n* [次の成句で]: **in ~** G 線上のオクターブの音で; 得意になって, 高ぶって: C *in* ~ 3 点ハ. [It＜L *altus* high]

alt² /ɔ́:lt/ *n* 《豪俗》オールト《自然との調和をはかりつつ生きることを主張する人》. [*alt*ernative]

alt. alternate ♦ alternative ♦ altitude ♦ 〖楽〗alto.

Al·ta /ǽltə/ アルタ《女子名》. [L=high, tall; Gmc=old]

Alta Alberta《カナダ; 公式の略記法》.

Al·tai /æltáɪ, ǽltàɪ; ɑ:ltáɪ/ **1 a** [the] アルタイ山脈 (=the **~ Mountains**)《モンゴル・中国新疆ウイグル自治区・カザフスタン・ロシアにわたる山系》. **b** ALTAY. **2** [ˢa-] アルタイ種の動物. **3** アルタイ語《アルタイ地方のチュルク語方言》.

Al·ta·ic /æltéɪɪk/ *a* アルタイ山脈(の住民)の; アルタイ語族の. ► *n* **a** 〖言〗アルタイ語族《トルコから中国北東部にかけて分布し, Turkic, Mongolic, Tungusic 諸語からなる; cf. URAL-ALTAIC》. **b** アルタイ語を話す民族.

Al·tair /æltáɪr, -tér, ⏑⏑; ǽltèər, ⏑⏑/ 〖天〗アルタイル《わし座 (Aquila) の α 星で, たなばたの 'ひこぼし', 漢名は 牽牛; cf. VEGA¹》. [Arab=the flier or bird]

Al·ta·mi·ra /æ̀ltəmíərə/ アルタミラ《スペイン北部 Santander の西南西の旧石器時代の洞窟遺跡》.

al·tar /ɔ́:ltər/ *n* 《教会の》祭壇, 供物台, 聖餐台; 《宗教儀礼の》いけにえ台; 〖造船〗《乾ドック内部の》階段; [the A-]〖天〗さいだん座 (Ara). ● **bow to the porcelain ~** *《俗》《トイレで》吐く, もどす (vomit). **lead** a bride **to the ~** 《特に 教会で》女性と結婚する. **sacrifice** sb[sth] **on the ~ of**…のために人[物]を犠牲に[ないがしろに]する [OE＜Gmc＜L (*altus* high)]

áltar·age *n* 《教会の》祭壇上の供物; 教会への供物; 供物の中から支払う聖職者への謝礼(金).

áltar bòy 祭壇奉仕者《侍者 (acolyte) の役をつとめる少年》.

áltar brèad 〖教会〗ミサ聖餐用パン, ホスティア《聖別前の種なしのパン》.

áltar càll 〖教会〗祭壇からの呼びかけ《伝道者が信者に向かって, キリストに生涯をささげる決意を表明せよと呼びかける》.

áltar clòth 祭壇布.

áltar of repóse [ºA- of R-]〖カト〗REPOSITORY.

áltar·pièce *n* 祭壇背後[上部]の飾り《絵画・彫刻・ついたてなど》.

áltar ràil 《教会の》聖体拝領台《祭壇前のてすり》.

áltar sèrver 祭壇奉仕者.

áltar sláb 〖カト〗MENSA.

áltar stòne 《祭壇の》祭台; 〖カト〗携帯祭壇《聖別されていない祭壇の上敷きにする聖別された石板》.

Al·tay /æltáɪ, ǽltàɪ; ɑ:ltáɪ/ ALTAI; アルタイ《**1**》ロシア, 西シベリア南部の地方; ☆Barnaul **2**》ロシア, 西シベリア南部 Altai 山脈中にある共和国; ☆ Gorno-Altaysk; 旧称 Oyrot, Gorno-Altay》.

alt·ázimuth /ælt-/ *n* 〖天〗経緯儀. [*alt*itude]

Alt·dorf /ǽltdɔ̀:rf, á:lt-/, **Al·torf** /ǽltɔ̀:rf, á:l-/ アルトドルフ《ス

ｲｽ中部 Lucerne 湖付近の町で, Uri 州の州都; William Tell 伝説の舞台》.

Alt·dor·fer /*G* áltdɔrfər/ ｱﾙﾄﾄﾞﾙﾌｧｰ **Albrecht ～** (c. 1480–1538) 《ﾄﾞｲﾂの画家·版画家》.

Al·ten·burg /*G* altnbʊrk/ ｱﾙﾃﾝﾌﾞﾙｸ《ﾄﾞｲﾂ中東部 Saxony 州の, Pleisse 川流域にある市》.

Al·te Pi·na·ko·thek /*G* áltə pinakoté:k/ ｱﾙﾃﾋﾟﾅｺﾃｰｸ《Munich にある美術館; 15–18 世紀の 2 万点の西欧絵画を収蔵》.

al·ter /ɔ́:ltər/ *vt* 《形·寸法·位置などの点で》部分的に変える[改める], 変更[改変]する; 〈衣服などを〉(体に合うように)直す, 寸法直しする; *[*euph*] 去勢する, …の卵巣を除去する. ► *vi* 改まる; 変わる. ♦ **～·able** *a* 変更できる. **～·ably** *adv* **àlter·abílity** *n* **～·er** *n* ［OF＜L (*alter* other)］

al·ter·ant /ɔ́:ltərənt/ *n* 変化を起こさせるもの; 変質剤; 〘染〙 変色剤. ► *a* 変化を起こさせる.

al·ter·a·tion /ɔ̀:ltəréɪʃ(ə)n/ *n* 変更, 改変; 変更の結果, 変化, 変質, 変性; 寸法直し; 《建物の》リフォーム; 〘法〙《文書の効力に影響を与えるような, 作成者による》法的文書の内容変更; 〘校正〙《原稿·前校と異なる》変更.

al·ter·a·tive /ɔ́:ltərətɪv, *-rèɪt-/ *a* 変化を起こさせる; 〘医〙 徐々に回復させる. ► *n* 〘医〙 変質剤, 変質療法.

al·ter·cate /ɔ́:ltərkèɪt, *ǽl-/ *vi* 口論[激論]する〈*with*〉. ［L＝to dispute with another; ⇨ ALTER］

al·ter·ca·tion /ɔ̀:ltərkéɪʃ(ə)n, *æ̀l-/ *n* 口論, 激論.

al·ter Chris·tus /á:ltɛr krístʊs/ もう一人のｷﾘｽﾄ. ［L＝another Christ］

áltered chórd 〘楽〙 ｵﾙﾀｰﾄﾞｺｰﾄﾞ, 変化和音.

áltered státe of cónsciousness 変性意識状態, 意識変化状態《夢, 薬物による幻覚, ﾄﾗﾝｽなど通常の覚醒意識とは異なる意識の状態; 略 ASC》.

al·ter ego /ɔ́:ltər í:goʊ, ǽl-, -ɛ́g-/ 第二の自我, 別の自己, 自己の別面, 他我, 分身; 無二の親友; 自分とそっくりな人; 対応物. ［L＝other self］

al·ter idem /ɔ́:ltər áɪdɛ̀m, á:ltər í:dɛm/ 第二の自己. ［L＝another the same］

al·ter·i·ty /ɔ:ltérəti, æl-/ *n* 他のものたること (otherness); 〘哲〙 他性, 他者性.

al·ter kock·er [cock·er] /á:ltər kákər/ *《俗》 じいさん, じじい, くそじじい, すけべじじい.

al·tern /ɔ́:ltərn, ǽl-/ *a* 《古》 ALTERNATE.

al·ter·nant /ɔ́:ltərnənt; ɔ:ltə́:-/ *a* 交互の (alternating). ► *n* 〘数〙 交代関数; 〘言〙 交替形式. ♦ **-nance** *n*

al·ter·nate /ɔ́:ltərnət, ǽl-; ɔ:ltə́:-/ *a* **1** 交互の, 交替の, 代わるがわるの; 一つおきの; 互い違いの; 〘植〙〈葉などが〉互生の (cf. OPPOSITE): ～ leaves 互生葉 / on ～ days [lines] 1 日[1 行]おきに, 隔日[隔行]に. **2** 代わりの, 代理の, 既存のものに代わる (alternative). ► *n* *《選択できるように用意された》2 つ以上のもの[方法]の一つ, 代替物[案]; *《前もって決められた》交替者, 代理人, 代役, 補欠, 控え, 補充要員; ﾀﾞﾌﾞﾙｷｬｽﾄの一方. ► *vt, vi* /ɔ́:ltərnèɪt, *ǽl-/ 交替にする[なる], 交替する; 互い違いにする[なる]; 〘電〙 交番する: ～ A *and* B＝～ A *with* B A と B を交替にする / He ～*s* kindness *and* [*with*] severity. 交互に親切になったりきびしくなったりする / Day ～*s with* night. 昼が夜と交互に来る / My life ～*d between* work and sleep. ♦ **～·ly** *adv* 代わるがわる, 交互に, 交替に; 互い違いに, 一つおきに. **～·ness** *n* ［L *alterno* to do by turns; ⇨ ALTER］

álternate ángles *pl* 〘数〙 錯角.

álternate kéy 〘電算〙 ｵﾙﾀﾈｰﾄｷｰ (＝*ALT key*)《ほかのｷｰと同時に押すことにより当該のｷｰの本来とは別のｺｰﾄﾞを発生させる》.

ál·ter·nàt·ing cúrrent 〘電〙 交流《略 AC, a.c.; opp. *direct current*》.

álternating-grádient fócusing 〘理〙《粒子加速器の》交番勾配集束, AG 集束.

álternating gróup 〘数〙 交代群.

álternating séries 〘数〙 交代級数.

al·ter·na·tion /ɔ̀:ltərnéɪʃ(ə)n, *æ̀l-/ *n* 交互にする[なる]こと; 交替; 交替の反復[連続]; 一つおきの配列; 〘電〙 交番; 〘言〙 交替; 〘論〙 INCLUSIVE DISJUNCTION.

alternátion of generátions 〘生〙《ｼﾀﾞ植物などの生活環における》世代交代.

al·ter·na·tive /ɔ:ltə́:rnətɪv, *æl-/ *a* **1** 選択[択一]的な, 代替の, 代わりの, 別の〈案など〉; 〘論〙 DISJUNCTIVE: several ～ plans 選択可能ないくつかの案 / I have no ～ course. ほかにとるべき道がない. **2** 既存[通常, 従来]のものとは別の; 体制の外の; 代替医療の; ｵﾙﾀﾅﾃｨﾌﾞ·ﾛｯｸの: ～ lifestyles / ～ fuels 《ｶﾞｿﾘﾝなどに代わる》代替燃料. **3** 交互の, 交替の (alternate). ► *n* 《二つ以上のものから一つを選ぶ》選択, 択一; 選択肢, ｵﾌﾟｼｮﾝ; 代わりのもの[方策]〈*to*〉, 代替物, 代案; ALTERNATIVE ROCK: the ～ of death or submission 死か降伏か二つに一つ / The ～*s* are death and submission. 死か降伏か二つに一つだ / The ～ *to* submission is death. 降伏に代わるものは死のみ / There is [I have] no (other) ～ (but to go). (行くより)ほかに道がない / That's the only ～. それがほかに採りうる唯一の方法だ. ♦ **～·ly** *adv* 二者択一的に; 代わりになるべきものとして. **～·ness** *n* ［F or L; ⇨ ALTERNATE］

altérnative bírthing 代替出産法《ﾊｲﾃｸ器具や近代医薬を使用しない》.

altérnative cómedy ｵﾙﾀﾅﾃｨﾌﾞｺﾒﾃﾞｨｰ《型にはまったﾄﾞﾗﾏ作りから離れた, ﾌﾞﾗｯｸﾕｰﾓｱ·ｼｭｰﾙﾘｱﾘｽﾑ·攻撃性などさまざまな要素をもつ喜劇》.

altérnative conjúnction 〘文法〙 選択的接続詞《or, either …or, whether…or など》.

altérnative currículum 〘英〙《national curriculum に代わる》代替ｶﾘｷｭﾗﾑ.

altérnative dispúte resolùtion 〘法〙《訴訟によらない》代替的紛争解決策, 裁判外紛争処理《仲裁·調停など; 米国では仲裁協会などが手掛ける; 略 ADR》.

altérnative énergy 代替ｴﾈﾙｷﾞｰ《化石ｴﾈﾙｷﾞｰに代わる, 太陽ｴﾈﾙｷﾞｰ·風力·潮汐·波·地熱など》.

altérnative fúel 代替燃料《車両の動力源としてのｶﾞｿﾘﾝやﾃﾞｨｰｾﾞﾙｵｲﾙに代わる天然ｶﾞｽ·ﾒﾀﾉｰﾙ·電気など》.

altérnative hypóthesis 〘統〙 対立仮説《null hypothesis が否定された場合に容認される仮説》.

Altérnative Invéstment Màrket 〘英〙 代替投資市場《1995 年に London 証券取引所がそれまでの USM に代わって開設した小規模成長企業株式の市場; 略 AIM》.

altérnative médicine 代替医療《近代医薬などを用いる通常の医療に対して, ｵｽﾃｵﾊﾟｼｰ·ﾎﾒｵﾊﾟｼｰ·ｶｲﾛﾌﾟﾗｸﾃｨｯｸ·薬草摂取·運動·鍼(はり)などの周辺的医療法》.

altérnative róck ｵﾙﾀﾅﾃｨﾌﾞ·ﾛｯｸ《1980 年ごろに登場した, それまでのﾛｯｸとは一線を画した音楽》.

altérnative schòol 代替学校《伝統的なものに代わるｶﾘｷｭﾗﾑによる初等[中等]学校》.

altérnative socíety 代替社会《伝統的な社会とは異なる価値体系に基づく社会》.

altérnative technólogy 代替技術, ｵﾙﾀﾅﾃｨﾌﾞﾃｸﾉﾛｼﾞｰ.

ál·ter·nà·tor *n* 〘電〙 交流電源, 交流(発電)機.

al·thaea, -thea /ælθí:ə/ *n* 〘植〙 **a** ﾀﾁｱｵｲ属 (*A-*) の植物《hollyhock, marshmallow など》. **b** ﾑｸｹﾞ (rose of Sharon). ［L＜Gk＝wildmallow (↓)］

Althea ｱﾙｼｰｱ《女子名》. ［Gk＝wholesome, a healer］

Al·thing /á:lθɪŋ, ɔ́:l-; ǽl-/ *n* ｱｲｽﾗﾝﾄﾞ国会《二院制》.

al·tho, al·tho' /ɔ:lðóʊ/ *conj* *《口》 ALTHOUGH.

alt·horn /ǽlthɔ̀:rn/ *n* 〘楽〙 ｱﾙﾄﾎﾙﾝ《saxhorn 系の高音ﾎﾙﾝ》.

al·though /ɔ:lðóʊ, ─́─/ *conj* たとえ…といえども, …とはいえ (though): *A*～ he is old, (yet) he is quite strong.＝He is quite strong ～ he is old. 年はとってるがなかなか達者だ / ～…, YET…. ★ although は 'though' と同じ意味でやや文語的であるが even *though*…, as *though*…, What *though*…? や, 文尾に置かれる副詞の *though* などには代用できない. ［ME (ALL, THOUGH)］

Al·thus·ser /à:ltʊsér; æltʊséər/ ｱﾙﾁｭｾｰﾙ **Louis ～** (1918–90)《ﾌﾗﾝｽのﾏﾙｸｽ主義的哲学者》.

al·ti- /ǽltɪ, -tə/ *comb form* 「高い」「高度」 ［L; ⇨ ALT］

álti·gràph *n* 〘空〙 自記高度計.

al·tim·e·ter /æltímətər, ǽltəmì:-/ *n* 〘空·登山〙 高度計. ［*alti-*］

al·tim·e·try /æltímətri/ *n* 高度測量(術), 高度測定(法).

alti·pla·no /æ̀ltɪplá:noʊ/ *n* (*pl* **～s**) 高原, 高い台地, ｱﾙﾃｨﾌﾟﾗﾉ《特に ﾎﾞﾘﾋﾞｱ·ﾍﾟﾙｰなど Andes 地方のもの》. ［AmSp］

al·tis·si·mo /æltísəmoʊ/ 〘楽〙 *a* 最も高い, ｱﾙﾃｨｯｼﾓの. ► *n* [次の成句で]: **in ～** ｱﾙﾃｨｯｼﾓで《in alt よりさらに高いｵｸﾀｰﾌﾞ; 3 点ト音から始まる》. ［It］

al·ti·tude /ǽltət(j)ù:d/ *n* 《山·天体などの》高さ, 高度; 海抜, 標高; 水位; 〘数〙《図形の》高さ; 〘数〙《三角形の》頂点から対辺への垂線; [*fig*] 高い地位[階級, 程度]; 垂直距離; 高度; [ᵘ*pl*] 高所, 高地, 高台: at an [the] ～ of…の高度で. ♦ **àl·ti·tú·di·nal** *a* altitude の. **-tú·di·nous** *a* 高い, 高くそびえる, 天まで届かんばかりの. ［L (*altus* high)］

áltitude sìckness 高所[高度]病, 高空[高山]病《高高度で主に酸素不足から起こる; cf. AIRSICKNESS》.

ÁLT [Ált] kèy /ɔ́:lt-/ 〘電算〙 ALTERNATE KEY.

Alt·man /ɔ́:ltmən/ ｱﾙﾄﾏﾝ **Sidney ～** (1939–)《ｶﾅﾀﾞ生まれの米国の分子生物学者; RNA の触媒機能を発見, ﾉｰﾍﾞﾙ化学賞 (1989)》.

al·to /ǽltoʊ/ *n* (*pl* **～s**) 〘楽〙 ｱﾙﾄ, 中高音《男声最高音 (countertenor); 女性最低音 (contralto); 略 A.; ⇨BASS[1]》; ｱﾙﾄ歌手; 《四部合唱の》ｱﾙﾄ声部; ｱﾙﾄ楽器[ｻｯｸｽ], ALTHORN. ► *a* ｱﾙﾄの. ［It *alto* (*canto*) high (singing)］

al·to- /ǽltoʊ, -tə/ *comb form* 「高い」「高度」 ［L; ⇨ ALT］

Al·to Adi·ge /á:ltoʊ á:dɪdʒèɪ/ ｱﾙﾄｱﾃﾞｨｼﾞｪ (＝*Upper Adige*)《ｲﾀﾘｱ北部 Tirol の南部, Trentino-Alto Adige 州北部の地域; 別称 South Tirol》.

álto clèf 〘楽〙アルト記号 (=*viola clef*)《第 3 線に書かれたハ音記号 (C clef)》.

àlto·cúmulus *n* 〘気〙高積雲《略 AC, Ac》.

al·to·geth·er /ɔ̀ːltəgéðər/ *adv* **1** 全く, 全然, まるきり (entirely): You're ~ right. 全くきみの言うとおりだ / That is *not* ~ false. まんざらうそでもない. **2** 全体で, 総計で; 全体的にみて, 要するに, 概して: *A*~, I'm sorry it happened. 要するに, そんなことが起こったことは残念です / taken ~ 全体的にみて, 概して. ► *n* 全体; [the]《口》すっ裸. ● **in the ~**《口》すっ裸で. [ME (ALL, TOGETHER)]

álto hórn ALTHORN.

álto·ist *n*《ジャズの》アルトサックス奏者, アルト奏者.

al·tom·e·ter /æltɑ́mətər/ *n* ALTIMETER.

Al·to·na /æltóunə; G áltona/ アルトナ《ドイツ北部 Hamburg 市の一地区; 1937 年までは独立の港町》.

Ál·ton Tówers /ɔ́ːltn-/ オールトンタワーズ《イングランド中部 Staffordshire にあるテーマパーク》.

Alto Paraná /–– ––/ [the] 上パラナ川《PARANÁ 川の上流》.

álto-relíevo *n* (*pl* ~**s**) 高浮彫り (high relief) (cf. BASSO-RELIEVO, MEZZO-RELIEVO).

Altorf ⇨ ALTDORF.

álto-rilíevo *n* (*pl* -**vi**) ALTO-RELIEVO. [It]

àlto·strátus *n* (*pl* -**ti**) 〘気〙高層雲《略 As》.

al·tri·ces /æltráisìːz/ *n pl* [ᵒA-] 晩成鳥 (altricial birds).

al·tri·cial /æltríʃ(ə)l/ 〘鳥〙*a* 孵化後しばらく親鳥の世話を必要とする, 晩成の (opp. *precocial*). ► *n* 晩成鳥《ハト・スズメなど》.

Al·trinc·ham /ɔ́ːltrɪŋəm, ɑ́l-/ オールトリンガム《イングランド北西部の, Manchester 市郊外の住宅都市》.

alt rock /ɔ́ːlt ––/ ALTERNATIVE ROCK. ♦ **~·er** *n*

al·tru·ism /æ̀ltruìz(ə)m/ *n* 利他[愛他]主義 (opp. *egoism*); 〘動〙利他行動. ♦ **-ist** *n* **àl·tru·ís·tic** *a* 利他的な (opp. *egoistic*, *selfish*). **-ti·cal·ly** *adv* [F (It *altrui* somebody else)]

Al·tyn Tagh /æltín tɑ́ː(g)/, **Al·tun Shan** /æltən ʃɑ́ːn/ アルトゥン (阿爾金) 山《中国新疆(しんきょう)ウイグル自治区南東部を東西に走る山脈; 最高峰は 6161 m》.

ALU 〘電算〙arithmetic logic unit 演算論理装置[回路].

Al Ubay·yid /æ̀lubéɪ(j)əd/ アルウバイド《EL OBEID の別称》.

al·u·del /æ̀ljədɛ̀l/ *n* 〘化〙昇華受器《両端のあいている洋ナシ形または瓶形の容器で, 重ねて昇華用凝縮器として用いた》. [OF<Sp<Arab=the vessel]

al·u·la /æ̀ljələ/ *n* (*pl* -**lae** /-lìː, -lài/) 〘鳥〙小翼 (bastard wing); 〘昆〙《双翅類の》小翼, 覆片; 〘昆〙《双翅類の平均棍の上の》鱗弁, 胸弁, 冠弁 (=*squama*). [L (dim)<*ala*]

al·um¹ /æ̀ləm/ *n* 〘化〙ミョウバン; 《商》/[誤用] ALUMINUM SULFATE. [OF<L *alumin- alumen*]

alum² /əlʌ́m/ *《口》*n* ALUMNUS; ALUMNA.

alum. ‖aluminium, *aluminum.

alu·min- /əlúːmən/, **alu·mi·no-** /əlúːmənou, -nə/ *comb form*「ミョウバン (alum)」「アルミニウム」 [L]

alu·mi·na /əlúːmənə/ *n* 〘化〙アルミナ (=*aluminum oxide*). [ALUM¹; 語尾は *soda* などにならったもの]

alu·mi·nate /əlúːmənèɪt, -nət/ *n* 〘化〙アルミン酸塩.

alu·mi·nif·er·ous /əlùːmənɪ́f(ə)rəs/ *a* 〘化〙ミョウバン[アルミナ, アルミニウム]を含む[産する].

al·u·min·i·um /æ̀ljəmɪ́niəm/ *n*《英・カナダ》ALUMINUM.

alu·mi·nize /əlúːmənàɪz/ *vt* 〈金属〉にアルミニウム(化合物)をかぶせる; アルミニウム処理する, アルミナ化する. ♦ **alù·mi·ni·zá·tion** *n*

alùmino·sílicate *n* 〘化〙アルミノケイ酸塩.

alúmino·thèrmy *n* 〘冶〙(アルミノ)テルミット法, ゴルトシュミット法《アルミニウムが還元される際の多量の熱を利用した金属酸化物の還元法》.

alu·mi·nous /əlúːmənəs/ *a* ミョウバン[アルミナ, アルミニウム]の[を含む]. ♦ **alù·mi·nós·i·ty** /-nɑ́s-/ *n*

alúminous cemént アルミナセメント《アルミナ含有比の高い急結セメント; 土手の壁や道路建設用; cf. CIMENT FONDU》.

alu·mi·num /əlúːmənəm/ *n* 〘化〙アルミニウム (aluminium‖)《金属元素の一つ; 記号 Al, 原子番号 13》. [ALUM¹]

alúminum bràss 〘冶〙アルミニウム黄銅, アルミ真鍮.

alúminum brònze 〘冶〙アルミ(ニウム)青銅[ブロンズ], アルミ金.

alúminum chlóride 〘化〙塩化アルミニウム.

alúminum fòil アルミ(ニウム)箔, アルミホイル.

alúminum hydróxide 〘化〙水酸化アルミニウム.

alúminum óxide 〘化〙酸化アルミニウム (alumina).

alúminum pàint アルミニウム[銀色]ペイント.

alúminum súlfate 〘化〙硫酸アルミニウム《無色の結晶で製紙・水の浄化・媒染剤などに用いる》.

alum·na* /əlʌ́mnə/ *n* (*pl* -**nae** /-ni, -nài/) 特定の大学[学校]の女子卒業生; 《女性の》旧会員, 旧社員, 昔の仲間 (cf. ALUMNUS). [(fem)<↓]

alum·nus* /əlʌ́mnəs/ *n* (*pl* -**ni** /-nài/) 特定の大学[学校]の(男子)卒業生, 同窓生, 校友, 先輩; 旧会員, 旧社員, 昔の仲間 (cf. ALUMNA). ★単数形 alumnus は今日では女性を指すこともある. 複数形 alumni は男女両方を指す: alumni association 同窓会 (old boys' [girls'] association). [L=nursling, pupil (*alo* to nourish)]

álum·ròot *n* 〘植〙**a** ツボサンゴ, 《特に》アメリカツボサンゴ《ユキノシタ科; 北米原産》. **b** WILD GERANIUM.

álum·stòne *n* ALUNITE.

Alun·dum /əlʌ́ndəm/ 〘商標〙アランダム《酸化アルミニウム系人造研磨材; 耐火煉瓦・るつぼなどにも用いる》.

al·u·nite /æ̀l(j)ənàɪt/ *n* 〘鉱〙明礬(みょうばん)石 (=*alumstone*).

alu·no·gen /əlúːnəʤən/ *n* 〘鉱〙アルノーゲン (=*feather alum*, *hair salt*)《硫化鉱物を含む炭層中などに存在》.

Al-Uq·sor /ɑːlúksuər/ アルウクスル《LUXOR のアラビア語名》.

Al·va¹ /æ̀lvə/ アルバ 3rd Duke de ~ ⇨ ALBA.

Al·va², **-vah** /æ̀lvə/ アルヴァ《男子名》. [Sp<L=white]

Al·van /æ̀lvən/ アルヴァン《男子名》. [⇨ ALVIN]

Al·var /ɑ́ːlvɑːr; æ̀l-/ アルヴァー, アルバル《男子名》. [Sp]

Al·va·ra·do /ɑ̀ːlvɑːrɑ́ːðou/ アルバラード (**1**) **Alonso de** ~ (1490?–1554)《Cortés のもとでメキシコ・ペルーで活躍したスペインの軍人》 (**2**) **Pedro de** ~ (c. 1485–1541)《Cortés と共にメキシコ征服に参加したスペインの軍人》.

Al·va·res /ɑ́ːlvərɪʃ, -vɑːrɪs/ アルヴァレシュ, アルヴァレス《男子名》. [Port]

Al·va·rez /æ̀lvərɛ̀z/ アルヴァレス **Luis W**(**alter**) ~ (1911–88)《米国の物理学者; 素粒子の共鳴状態などの研究でノーベル物理学賞 (1968)》.

Al·va·rez Quin·te·ro /ɑ́ːlvərèɪs kintéɪərou/ アルバレス・キンテロ **Joaquín** ~ (1873–1944), **Serafín** ~ (1871–1938)《スペインの劇作家兄弟; 合作で作品を発表》.

al·ve·ol- /ælvíːəl, æ̀lvioul, æ̀lviəl/, **al·ve·o·lo-** /ælvíːəlou, -lə/ *comb form* ALVEOLUS の意.

al·ve·o·la /ælvíːələ/ *n* (*pl* -**lae** /-lìː, -lài/) ALVEOLUS.

al·ve·o·lar /ælvíː(ə)lər, æ̀lvióu-/ *a* ALVEOLUS [ALVEOLI] の(ような); 〘解〙肺胞の; 歯槽の; 上歯茎の; 〘音〙舌先を上歯茎につけて[近づけて]発音する: an ~ consonant 歯茎音《/t, n, l, s/ など》. ► *n* [*pl*] 〘解〙歯槽; [*pl*] 歯槽突起 (alveolar processes); [*pl*] 歯槽弓 (=~ **árch**); 上歯茎; 〘音〙歯茎音. ♦ **~·ly** *adv*

alvéolar póint 〘解〙歯槽点 (=*prosthion*).

alvéolar prócess 〘解〙歯槽突起.

alvéolar rídge 〘解〙歯槽隆線, 歯槽堤, 顎堤; 〘音〙歯茎(はぐき).

alvéolar théory 〘生〙肺胞説《原形質は粘性の気泡または流動性の高い物質の詰まった小室からなるとする》.

al·ve·o·late /ælvíːələt, -lèɪt/, **-lat·ed** /-lèɪtəd/ *a* 蜂の巣のように小窩(しょうか)が多数ある. ♦ **al·vè·o·lá·tion** *n* 蜂窩状[性].

al·ve·ole /æ̀lviòul/ *n* ALVEOLUS.

al·ve·o·li·tis /æ̀lviːəláɪtəs/ *n* 〘医〙肺胞炎; 〘歯〙歯槽(骨)炎.

alvéolo·plàsty, ál·veo·plàsty /ælvióu-/ *n* 〘歯〙歯槽形成(術)[整形].

al·ve·o·lus /ælvíːələs/ 〘解・動〙*n* (*pl*, -**li** /-lài, -lìː/) 小窩; 蜂の巣の小孔; 《蜂の巣のような》胞(状部); 肺胞; 《複合腺の》腺房; 〘古生〙箭石(やいし) (belemnite) の円錐状の小室; [*pl*] 顎堤; 歯槽; [*pl*] 歯槽突起, 歯茎. [L (dim)<*alveus* cavity]

Al·ve·ra /ælvíərə/, **-vi-** /-váɪə-, -víə-/ アルヴェラ, アルヴァイラ, アルヴィラ《女子名》. [⇨ ELVIRA]

Al·vin /æ̀lv(ə)n/ **1** アルヴィン《男子名》. **2** [ᵒa-]*《俗》(だまされやすい)田舎者. [OE=elf (i.e. noble) friend]

Al·vi·na /ælváɪnə/ アルヴァイナ《女子名》. [(fem)<ALVIN]

al·vine /æ̀lvən, -vàɪn/ *a* 腹部の, 腸の. [L *alvus* belly]

al·way /ɔ́ːlweɪ/ *adv*《古》ALWAYS.

al·ways /ɔ́ːlweɪz, -wiz, -wəz/ *adv* 常に, いつでも, 始終; 永遠に; いずれにしても: He is ~ late. いつも遅れる / He ~ comes late. いつも遅れて来る / there is ~ ...《他に方法がなかったら》いつでも...がある / almost [nearly] ~ たいてい / He is ~ grumbling. しょっちゅうブツブツ言っている, 不平の絶え間がない. ★位置は助動詞および be の次で, 他の動詞の前; 助動詞または be が強調されるとその前: He ~ *is* /ɪ́z/ late. / He ~ *does* /dʌ́z/ come late. ● **~ excepting** 〘法〙ただし次の場合を除き, ただし...はこの限りにあらず. **~ granting** 〘法〙ただし.... **~ provided** 〘法〙ただし...はこの限りにあらず. **as** [**like**] **~** いつものように, 例のごとく. **for ~** 永久に. **not ~...** 必ずしも...とはかぎらない《部分否定》: The rich are *not* ~ happy. 金持が幸福とはかぎらない. [ME (ALL, WAY¹, -'*s* (? distrib gen))]

álways-ón *a* 〘電算〙〈インターネット接続が〉常時接続の.

Al·win /æ̀lwən/ アルウィン《男子名》. [⇨ ALVIN]

Ál·yce [**Ál·ice**] **clóver** /æ̀ləs-/ 〘植〙マルバタケハギ《マメ科; 熱帯産》.

al·yo /æ̀ljou/ *《俗》*n* おきまりの仕事; 平穏な状態; 冷静な人; 買収, 贈賄 (fix).

Al·y·son /æ̀ləs(ə)n/ アリソン《女子名》. [(dim)<ALICE]

alys·sum /əlɪ́səm; æ̀lɪs-/ *n* 〘植〙**a** イワナズナ属 (*A*-) の各種の草本《アブラナ科》. **b** ニワナズナ, アリッサム (sweet alyssum). [L<Gk]

Álz·hei·mer's (**disèase**) /ɑ́ːltshàɪmərz(-), ǽlts-; ǽlts-/ 〘医〙アルツハイマー病《初老期認知症の一種; 略 AD》. [Alois *Alzheimer* (1864–1915) ドイツの神経学者で発見者]

am /m, əm, ǽm/ *vi* BE の一人称単数現在形: I *am* /aɪ (ə)m, aɪ ǽm/, I'*m* /aɪm/; *am* not /æm nát, (ə)m nát/ / AIN'T, AN'T, AREN'T.

AM /éɪèm/ *n* [°⟨*a*⟩] AM 放送; AM ラジオ受信機. [*a*mplitude *m*odulation]

a.m., AM /èɪém/ (**1**) °anno mundi. (**2**) [L *ante meridiem*] 午前の. ★ 数字のあとに置く: at 7 *a.m.* 午前7時に / Business hours, 10 *a.m.*—5 p.m. 営業時間午前10時より午後5時まで.

Am 〘化〙 americium. **Am.** America(n). **AM** °airlock module ♦ airmail ♦ °Air Medal ♦ °Air Ministry ♦ Assembly Member《Welsh Assembly の》議員 ♦ [L *Artium Magister*] °*Master of Arts (cf. MA) ♦ °Ave Maria ♦ Member of the Order of Australia. **A.M.** °Hymns Ancient and Modern.

ama /á:ma:/ *n* (*pl* **amas, ama**) 海士, 海女. [Jpn]

AMA American Medical Association 米国医師会.

Am·a·bel, -belle /ǽməbèl/, **Am·a·bel·la** /æ̀məbélə/ アマベル, アマベラ《女子名; 愛称 Mab》. [L=lovable]

am·a·da·vat /æ̀mədəvǽt/ *n* AVADAVAT.

Ama·deo /æ̀mədí:oʊ/ アマデオ《男子名》. [↓か]

Am·a·de·us /æ̀mədí:əs, à:-, -déɪ-/ アマデウス《男子名》. [L=love God]

Am·a·dis /ǽmədəs/ **1** アマディス《男子名》. **2** アマディス《特に16世紀に西ヨーロッパで人気を博した中世騎士道物語 (～ **of Gául**) の主人公; 文武両道に秀でた騎士道の華》. [Sp (↑)]

Ama·do·ra /æ̀mədɔ́:rə/ アマドラ《ポルトガル西部 Lisbon の北西郊外にある市》.

am·a·dou /ǽmədù:/ *n* 暖皮(だん) (=*punk*)《ツリガネタケ・キコブダケなどから採る海綿状物質; 火口(ほくち)・外科止血用》.

amah /á:mə, ǽmə/ *n*《インド・中国などの》あま, 乳母(うば) (wet nurse), 女中 (maid), 子守女. [Pidgin]

amain /əméɪn/ 《古・詩》 *adv* 力いっぱいに, 激しく; まっしぐらに, 全速力で (at full speed); 大急ぎで; きわめて (exceedingly). [*a*-[1], MAIN[1]=force]

Am·a·lek /ǽməlèk/ 〘聖〙 アマレク《(**1**) Eliphaz の息子で Esau の孫; *Gen* 36:12, *1 Chron* 1:36 **2**) Amalek の子孫である遊牧民の部族; イスラエルに敵対; *Num* 24:20》.

Am·a·lek·ite /ǽməlèkàɪt, əmǽləkàɪt/ *n* 〘聖〙 アマレク人《Amalek 族の一人; *Gen* 36:12》.

Amal·fi /əmá:lfi/ アマルフィ《イタリア南部 Campania 州の Salerno 湾に臨む町》. ♦ **Amál·fi·an** *a, n*

amal·gam /əmǽlgəm/ *n* 〘冶〙 アマルガム《水銀と他の金属との合金》; 〘鉱〙 天然アマルガム; 混合物: a gold [tin] ～ 金[スズ]アマルガム / an ～ of wisdom and nonsense. [F or L<? Gk *malagma* an emollient]

amal·ga·mate /əmǽlgəmèɪt/ *vt, vi* 〘冶〙 アマルガム化する, 水銀と合金になる; ⟨会社などを⟩合併する ⟨*with*⟩; ⟨異種族・思想などを⟩融合する ⟨*with*⟩. ♦ **-ga·ma·ble** /əmǽlgəməb(ə)l/ *a* **amál·ga·mà·tor** *n* 混汞(こう)器(を操作する人); 混合[合併, 融合]する人[もの]. [L (↑)]

amal·ga·ma·tion /əmæ̀lgəméɪʃ(ə)n/ *n* 〘冶〙 アマルガム化(法), 混汞(こう)法; 合同, 合併; 融合; 混合物, 合同体; 人種間の混血. ♦ **amál·ga·mà·tive** *a* 混和[融合, 合同]しやすい.

Ama·lia /əméɪljə; əmá:liə/ アメイリア, アマリア《女子名》. [It; ⇨ AMELIA]

Amal·thaea /æ̀məlθí:ə/ 〘ギ神〙 AMALTHEA.

Amal·thea /æ̀məlθí:ə/ **1**〘ギ神〙 アマルテイア《(**1**) 生まれたばかりの Zeus をヤギの乳で養育したニンフ **2**) そのヤギ》. **2**〘天〙 アマルテア《木星の第5衛星》.

Amal·theia /æ̀məlθí:ə/ 〘ギ神〙 AMALTHEA.

Amána (**Chúrch**) **Society** /əmǽnə-/ [the] アマナ会《敬虔主義の影響のもとに1714年ドイツで創設されたプロテスタントの一派; 1840年代に米国に渡り, 1855年から Iowa 州に Amana Village ほか6つのコミュニティーを建設して共同生活を営む》. [*Amana* レバノンの山脈 (*Song of Sol* 4:8)]

Aman·da /əmǽndə/ アマンダ《女子名; 愛称 Mandy》. [L=lovable, beloved]

aman·dine /à:məndí:n, æ̀m-; əmǽndàɪn/ *a* アーモンド入りの, アーモンドを添えた.

am·a·ni·ta /æ̀mənáɪtə, -ní:-/ *n* 〘植〙 テングタケ属 (*A*-) の各種のキノコ《通例 有毒》.

am·a·ni·tin /æ̀mənáɪt(ə)n, -ní:-/ *n* 〘生化〙 アマニチン《タマゴテングタケ中に含まれている毒物》.

aman·ta·dine /əmǽntədì:n/ *n* 〘薬〙 アマンタジン《塩酸塩をインフルエンザ・パーキンソン病治療薬として用いる》.

aman·u·en·sis /əmæ̀njuénsəs/ *n* (*pl* **-ses** /-si:z/) 筆記者, 写字生, 書記, 筆耕. ★ secretary より著者との関係が緊密. [L ((*servus*) *a manu* slave at hand, secretary, *-ensis* belonging to)]

Am·a·nul·lah Khan /æ̀mənúlə ká:n/ アマーヌッラー・ハーン (1892–1960)《アフガニスタン国王 (1919–29)》.

Ama·pá /æ̀məpá:/ アマパ《ブラジル北部 Amazon デルタの北西にある州; ☆Macapá》.

am·a·ranth /ǽmərænθ/ *n* 《詩》《伝説の》常世(とこよ)の花, しぼまない花; 〘植〙 アマラン(サ)ス《ヒユ属 (*Amaranthus*) の各種: ハゲイトウ・ヒモゲイトウ・ヒユなど》; アマラント赤《赤紫色》; 〘染〙 アマランス. [F or L<Gk *amarantos* unfading]

am·a·ran·tha·ceous /æ̀mərænθéɪʃəs/ *a* 〘植〙 ヒユ科 (Amaranthaceae) の.

am·a·ran·thine /æ̀mərǽnθàɪn, *-θən/ *a* AMARANTH の(ような); しぼまない, 不死の; 赤紫色の.

am·a·relle /ǽmərèl/ *n* 〘園〙 アマレル《スミノミザクラの変種で果汁は無色; cf. MORELLO》.

am·a·ret·ti /æ̀məréti, à:-/ *n pl* アマレット《アーモンド入りのマカロン (macaroon)》.

am·a·ret·to /æ̀mərétoʊ, à:-/ *n* (*pl* **～s**) アマレット《(**1**) アーモンドの風味のあるリキュール **2**) AMARETTI》. [It (dim)<*amaro* bitter]

Ama·ret·to di Sa·ron·no /-di səránoʊ/ 〘商標〙 アマレット・ディ・サロンノ《イタリア Illva Saronno 社製のアプリコットリキュール; 56 proof》.

Am·a·ril·lo /æ̀mərílou, -lə/ アマリロ《Texas 州北西部の市》. ♦ **～·an** *n*

Amar·na /əmá:rnə/ *a* [[s]a-] 〘古代エジプト〙 アマルナ時代の《1375–1360 B.C.; ⇨ TELL EL-AMARNA》.

am·a·ryl·li·da·ceous /æ̀mərɪ̀lədéɪʃəs/ *a* 〘植〙 ヒガンバナ科 (Amaryllidaceae) の.

ama·ro·ne /à:ma:róuneɪ/ *n* アマローネ《イタリア産の辛口の酒精強化赤ワイン》.

am·a·ryl·lis /æ̀mərɪ́ləs/ *n* **1** [A-]《詩》 アマリリス《田園詩の羊飼いの少女の名》. **2**〘植〙 アマリリス属 (*A*-) の各種《ヒガンバナ科》. [L<Gk *Amarullis* 少女の名]

ama·si /əmá:si/ *n* 《南ア》 MAAS.

amass /əmǽs/ *vt* (寄せ)集める, 積む; ⟨財産を⟩蓄積する, ため込む. ► *vi* 《文》 集まる, 群がる. ♦ **～·er** *n* **～·ment** *n* [F or L (*ad*-, MASS[1])]

am·a·teur /ǽmətər, -tjʊ̀ər, -ʧʊ̀ər, -ʧər, *-tʊr, æ̀mətə́:r/ *n* しろうと, アマチュア ⟨*in* music⟩ (opp. *professional*); 愛好家, 好事家 ⟨*of*⟩; 未熟者. ► *a* アマチュアの(資格での); 未熟な: an ～ dramatic club アマチュア演劇クラブ / ～ theatricals しろうと劇. ♦ **～·ism** *n* しろうと芸, 道楽; しろうとらしさ[くささ]; アマチュア資格. [F<It<L *amator* lover; ⇨ AMATORY]

ámateur dramátics しろうと芝居; ドタバタ劇.

àm·a·téur·ish /, ⌐‐⌐‐/ *a* しろうとらしい, しろうと臭い, 未熟な. ♦ **～·ly** *adv* **～·ness** *n*

ámateur nìght しろうと演芸の夕べ; *《口》 プロらしからぬ不でき[失態]; *《俗》 ゆきずりの関係.

Ama·ti /a:má:ti, ə-/ **1** アーマーティ《16–17世紀イタリア Cremona の有名なヴァイオリン製作家の一家; **Nicolò** [**Nicola**] ～ (1596–1684) が最大の名人》. **2** アーマーティ《Amati 家製作のヴァイオリン》.

ama·tion /əméɪʃ(ə)n/ *n* 愛の行為.

am·a·tive /ǽmətɪv/ *a* 恋愛[性愛]の; 多情な, 好色な. ♦ **～·ly** *adv* **～·ness** *n*

am·a·tol /ǽmətɔ̀(:)l, -tòul, -tɑ̀l/ *n* アマトール《無煙爆薬》.

am·a·to·ri·al /æ̀mətɔ́:riəl/ *a* AMATORY.

am·a·to·ry /ǽmətɔ̀:ri; -t(ə)ri/ *a* 恋愛[性愛]の[を感じさせる]; 恋人(たち)の; 色欲的な. [L (*amo* to love)]

Am·a·tri·ci·a·na /æ̀mətrɪʃiá:nə/ *a* [後置] 〘料理〙 アマトリチャーナの《pancetta, 赤唐辛子, トマトなどを使うパスタ(ソース)をいう》.

am·a·tun·gu·la /əmà:tuŋgú:lə/, **-gu·lu** /-gú:lu/ *n* 《南ア》 NATAL PLUM.

am·au·ro·sis /æ̀mɔ:róusəs/ *n* (*pl* **-ses** /-sì:z/) 〘医〙 黒内障. ♦ **àm·au·rót·ic** /-rát-/ *a* [Gk]

amaurótic ídiocy 〘医〙 黒内障(性)白痴《視力の減退[失明]・痴呆を特徴とする遺伝性疾患》, 《特に》 テイ・サックス病 (Tay-Sachs disease).

amaut, amowt /əmáut/ *n* 《カナダ》 エスキモーの婦人用毛皮製ジャケットのフード《子供を背負うのに用いる》.

a max·i·mis ad mi·ni·ma /a: má:ksəmì:s à:d mínəmà:/ 最大のものから最小のものまで, 大となく小となく. [L=from the greatest to the least]

amaze /əméɪz/ *vt* 驚かせる, 驚嘆[仰天]させる; 《廃》 当惑させる: I was ～*d at* the sight [*to* see it]. / It ～*s* me *that*…ということには驚かされる. ► *vi* 驚かす; 驚く. ► *n* 《古・詩》 驚嘆, 仰天 (amazement). [OE (pp)<*āmasian* to bewilder<?; cf. MAZE]

amáz·ed·ly /-ədli/ *adv* 驚いて, びっくりして, あっけにとられて.

amáze·ment *n* 驚き, 驚嘆, 仰天; 驚かすもの; 《廃》 当惑, 狼狽: in ～ 驚きあきれて / to one's ～ 驚いたことには.

amáz·ing *a* 驚くべき, びっくりするような; すばらしい. ► *adv* 《方》 すばらしく (very). ♦ **～·ly** *adv* 驚くばかりに; 非常に; 驚いたことに.

Amázing Gráce 「アメイジング・グレイス」('Amazing Grace' (驚くばかりの(主の)めぐみ) で始まる賛美歌》.

Am·a·zon /ǽməzɑ̀n, -z(ə)n; -z(ə)n/ *n* **1 a**〘ギ神〙 アマゾーン《アマゾーン族は女武者のみからなる部族で, 男は殺すか不具とした; 弓を引くじゃまになる右の乳房を切り落としたという》. **b**《南米の》アマゾン《女子戦士からなるとされる伝説部族の者). **c** [a-] (背が高く)元気のいい男まさりのたくましい女. **2** [the] アマゾン川《南米にある世界最大の川》. **3** **a** [a-] ボウシインコ属の各種の鳥《中南米産》. **b**〘昆〙AMAZON ANT. [L<Gk; 俗説に Gk *a-* without+*mazos* breast]

Ámazon ánt〘昆〙ドレイガリアリ《サムライアリ属; 他種のアリの巣を襲って若虫を連れ帰って奴隷にする; 欧州・アメリカ産》.

Ama·zo·nas /æ̀məzóunəs/ アマゾナス《ブラジル北西部の州; ☆Manaus》.

Amazon. com /— dɑ̀t kɑ́m/ *n* [°a-] アマゾンドットコム《世界最大規模のオンラインストア; 本社 Washington 州 Seattle》.

Ámazon dólphin〘動〙アマゾンカワイルカ.

Ama·zo·nia /æ̀məzóuniə/ アマゾニア《南米北部の, Amazon 川流域の総称》.

Am·a·zo·ni·an /æ̀məzóuniən, -njən/ *a* アマゾン川(流域)の; アマゾーン(族)の(ような); [a-] 〈女性が〉男まさりの, 好戦的な.

am·a·zon·ite /ǽməzənàɪt/, **ámazon·stòne** *n* 天河石(てんがせき), アマゾナイト《緑色の微斜長石の一種; 装飾用の准宝石》.

Amb. Ambassador.

am·ba·ges /æmbéɪʤiz, ǽmbɪʤəz/ «古» *n pl* (*sg* **am·bage** /ǽmbɪʤ/) 曲がりくねった道; 回り道; もってまわった言い方[考え], なぞめいた行動; 迂遠な方法. [OF<L (*amb-* both ways, *ago* to drive)]

am·ba·gious /æmbéɪʤəs/ *a* «古» 迂遠な, 遠まわしの.

Am·ba·la /əmbɑ́:lə/ アンバラ《インド北部 Haryana 州の市; 先史時代の遺跡がある》.

am·ba·ri, -ry /æmbɑ́:ri/ *n*〘植〙アンバリ麻 (kenaf).

am·bas·sa·dor /æmbǽsədər, əm-/ *n* 大使 (⇨ EMBASSY, MINISTER); 《活動分野・組織などの》代表,「顔」; 使節, 特使: the American *A*~ to Japan 駐日アメリカ大使 / the Japanese *A*~ in London [to the Court of St. James's] 駐英日本大使 / an ~ extraordinary 特命大使 / an ~ plenipotentiary 全権大使 / an ~ extraordinary and plenipotentiary 特命全権大使 / an ordinary [resident] ~ 弁理大使, 駐箚(ちゅうさつ)大使 / a roving ~ 移動大使 / a goodwill ~ 親善大使. ♦ **~·ship** *n* 大使の職[身分, 資格]. **-do·ri·al** /æmbæ̀sədɔ́:riəl/ *a* 大使の; 使節の. [F<It<Romanic<L<Gmc (L *ambactus* servant)]

ambássador-at-lárge* *n* (*pl* **ambássadors-**) [[s]Ambassador-at-Large] 無任所大使, 特使.

am·bás·sa·dress *n* 女性大使[使節]; 大使夫人.

am·batch /ǽmbæ̀ʧ/ *n*〘植〙Nile 川流域産のクサネムの一種《白い木髄の軽材が珍重される》. [? Ethiopic]

Am·ba·to /ɑ:mbɑ́:tou/ アンバト《エクアドル中部の市》.

am·beer /ǽmbɪ̀ər/ *n**«南部・中部» TOBACCO JUICE.

am·ber /ǽmbər/ *n* 琥珀(こはく); 琥珀色, アンバー (yellowish brown); 《交通信号の》黄色信号. ● **a** FLY² **in ~.** ► *a* 琥珀の(ような); 琥珀色の. [OF<Arab=amber-(gris)]

Ámber Alért アンバー警報 [アラート]《小児誘拐事件発生時に公共メディアを通じて市民に警報を発するとともに情報提供を呼びかける体制; 1996 年に誘拐殺人の犠牲となった Texas 州の少女 Amber Hagerman にちなむ》.

ámber flúid «豪口» ビール.

ámber gàmbler «口» 黄信号を突破するドライバー.

am·ber·gris /ǽmbərgrì:s, -grìs/ *n* 竜涎(りゅうぜん)香, アンバーグリース, アンバー《香水の原料; マッコウクジラの腸内で生成される》. [OF *ambre gris* grey amber]

am·ber·i·na /æ̀mbərí:nə/ *n* 琥珀ガラス, アンバリーナ《19 世紀後期の米国で作られた工芸ガラス; ルビー色から少しずつ琥珀色に移るように着色してある》.

Ámber Íslands *pl* [the]〘ロ神〙琥珀諸島《Eridanus 川の河口にあるとされた》.

am·ber·ite /ǽmbəràɪt/ *n* アンバーライト《無煙爆薬》.

ámber·jàck* *n*〘魚〙ブリ属の数種の魚, 《特に》カンパチ. [体色から]

ámber líquid «豪口» AMBER FLUID.

Am·ber·lite /ǽmbərlàɪt/〘商標〙アンバーライト《イオン交換樹脂》.

am·ber·oid /ǽmbərɔ̀ɪd/ *n* 合成琥珀, アンバロイド.

am·bi- /ǽmbɪ/ *pref*「両側」「周」など (cf. AMPHI-). [L]

ambiance ⇨ AMBIENCE.

am·bi·dex·ter /æ̀mbɪdékstər/ *n* 二心のある[二枚舌の]人; «古» 両手利きの人. ► *a* «古» AMBIDEXTROUS.

am·bi·dex·trous /æ̀mbɪdékstrəs/ *a* 両手の利く, 両手利きの; 際立って器用な; 二心[表裏]ある, 二枚舌を使う; [*fig*] 散文と韻文の両方が書ける. ♦ **~·ly** *adv* **àm·bi·dex·tér·i·ty** /-dèkstérəti/ *n*

am·bi·ence, -ance /ǽmbiəns/ *n* 環境, 雰囲気; 《オーディオなどの》臨場感, アンビエンス.

ám·bi·ent *a* 周囲の, ぐるりを取り巻く. ► *n* 環境; 環境音楽《人間の生活環境の一部としての音楽》. [F or L (*ambit- ambio* to go round)]

ámbient áir stàndard 大気汚染許容限度(値).

ámbient nóise 環境[周辺]騒音《ある地域の騒音の総量》.

am·bi·gu·i·ty /æ̀mbəgjú:əti/ *n* あいまいさ, 両義性, 多義性; 両義[あいまい]表現[語句]; 不明確さ.

am·big·u·ous /æmbígjuəs/ *a* 両義[多義]にとれる; あいまいな, 不明瞭な; 説明不能の. ♦ **~·ly** *adv* **~·ness** *n* [L=doubtful (*ambi-, ago* to drive)]

am·bi·oph·o·ny /æ̀mbiɑ́fəni/ *n* アンビオフォニー《コンサートホールにいるような臨場感を与える音の再生》.

àmbi·plásma *n*〘理〙アンビプラズマ《物質と反物質からなると考えられるプラズマ》.

àmbi·pólar *a*〘理〙(同時)二極性の.

àmbi·séx·trous /-sékstrəs/ *a* 男女の区別のつかない, 男女両性用の〈服装など〉; 男女を含む, 男女混合の.

àmbi·séxual *a* 両性の; 両性愛の. ► *n* 両性愛者. ♦ **-sexuálity** *n*

am·bish /æmbíʃ/ *n**«俗» 野心, 積極性. [*ambition*]

am·bi·son·ics /æ̀mbɪsɑ́nɪks/ *n* アンビソニックス《音波の方向感も再現する高忠実度再生(システム)》. ♦ **-són·ic** *a*

am·bit /ǽmbət/ *n* «文» 《周囲を取り巻く》境界線; 《境界線に囲まれた》区域, 領域; 《家・城・町などの》周辺地域; 《行動・権限・影響力などの》範囲. [L=circuit; ⇨ AMBIENT]

àmbi·téndency *n*〘心〙両立[両価]傾向《意志[決断]における両価性》.

am·bi·tion /æmbíʃ(ə)n/ *n* 大望, 功名心, 向上心, 名誉心, 覇気, 野心, 野望〈*to* do [be]; *for* sth〉; 野心の的; 元気, 気力; *«中部» 恨み, 悪意: have [harbor] great ~(*s*) 大望をいだく / achieve [realize] an ~ 宿願を果たす / people with writing ~ 文筆家志望の人びと. ► *vt* «口» 熱望する. ♦ **~·less** *a* [OF<L=canvassing for votes; ⇨ AMBIENT]

am·bi·tious /æmbíʃəs/ *a* 大望[野心]をいだいた, 覇気満々の; 熱望して〈*to* do, *for*〉; 期待をかけて〈*for*〉; 〈作品・計画などが〉野心的な, 大掛かりな, 大げさな: an ~ boy / be ~ *of* [*for*] fame 名声にあこがれている / an ~ attempt 野心的な企て. ♦ **~·ly** *adv* **~·ness** *n* [OF<L (↑)]

am·biv·a·lence /æmbívələns/, **-len·cy** *n*〘心〙両面価値, 双価性, アンビヴァレンス《同一対象に対して相反する感情をもつ[価値を認める]精神状態》; 《相反する二者間の》揺れ; 《どちらを選ぶかの》躊躇, ためらい. [G; ⇨ AMBI-, EQUIVALENCE]

am·bív·a·lent *a* 〈…に対して〉相反する意見[感情]をもつ〈*toward, about*〉; 〘心〙両面価値の. ♦ **~·ly** *adv*

am·bi·ver·sion /æ̀mbɪvə́:rʒ(ə)n, -ʃ(ə)n/ *n*〘心〙両向性格《内向性と外向性の中間の性格; cf. INTROVERSION, EXTROVERSION》. ♦ **-sive** /-sɪv/ *a*

am·bi·vert /ǽmbɪvə̀:rt/ *n*〘心〙両向性格者.

am·ble /ǽmb(ə)l/ *vi* 〈馬が〉側対歩で歩む; 側対歩の馬に乗る; 〈人が〉のんびり[ぶらぶら]歩く〈*along, about, around*〉. ► *n*〘馬〙側対歩《馬が同じ側の両脚を片側ずつ同時に上げて進む上下動の少ない歩き方; ⇨ GALLOP》; 〘馬〙軽駆け (rack); 《人の》ゆったりした(気取った)歩き方[散歩]. ♦ **ám·bling** *a* ゆっくりと進行する. **ám·bler** *n* [OF<L *ambulo* to walk]

am·blyg·o·nite /æmblígənàɪt/ *n*〘鉱〙アンブリゴナイト《リチウムの重要鉱石》.

am·bly·opia /æ̀mblióupiə/ *n*〘医〙弱視. ♦ **àm·bly·óp·ic** /-ɑ́p-/ *a*

am·bo /ǽmbòu/ *n* (*pl* **-bos, am·bo·nes** /æmbóunì:z/) 《初期キリスト教会などの》説教壇 (pulpit), 朗読台, アンボ.

Am·bo /ǽmbòu, ɑ́:m-/ *n* (*pl* ~, ~**s**) OVAMBO.

am·bo·cep·tor /ǽmbousèptər/ *n*〘免疫〙両受体, 双受体, アンボセプター《一方は抗原と, 他方は補体と結合する 2 つの結合点を有する抗体》.

amboina ⇨ AMBOYNA.

Am·boise /*F* ɑ̃bwa:z/ アンボアーズ《フランス中部 Tours の東, Loire 川に臨む町; 後期ゴシック式の古城がある》.

Am·bon /ǽmbɑ̀n/, **Am·boi·na** /æmbɔ́ɪnə/ アンボン, アンボイナ《**1**) インドネシア東部, Molucca 諸島の島 **2**) 同島の市・港町》. ♦ **Am·bo·nese** /æ̀mbəní:z, *-s/, **Am·boi·nese** /æ̀mbɔ̀ɪní:z, *-s/ *a, n* アンボン[アンボイナ]人(の); アンボン[アンボイナ]語(の).

am·boy·na, -boi- /æmbɔ́ɪnə/ *n*〘植〙ヤエヤマシタン, インドシタン《南アジア原産のシタンの類のマメ科の大高木》; カリン (花櫚), ヤエヤマシタン[インドシタン]材《波状紋があり木目が美しい高級家具材》. [*Amboina* Molucca 諸島の島]

Am·brá·cian Gúlf /æmbréɪʃən-/ [the] アンブラキア湾 (ModGk **Am·vra·ki·kós Kól·pos** /ɑ̀:mvrɑ́:kikɔ̀:s kɔ́:lpɔ̀:s/) 《ギリシア西部 Epirus 地方の南に位置する, イオニア海より湾入した海域; 別名 Gulf of Arta》.

Am·bridge /ǽmbrɪʤ/ アンブリッジ《英国のラジオ番組 *The Archers* の舞台となった架空の村; 典型的なイングランドの村とされる》.

am·broid /ǽmbrɔ̀ɪd/ *n* AMBEROID.

Am·broise /ɑ:mbrwɑ́:z/ アンブロアーズ《男子名》. [F; ↓]

Am·brose /ǽmbròuz/ **1** アンブローズ《男子名》. **2** [Saint] 聖アンブロシウス (c. 339–397)《イタリア Milan の司教 (373–397); 国家に対する教会の地位を向上させたほか, 典礼と聖歌を革新して'賛歌の父'と称される; 祝日 12 月 7 日》. [Gk=immortal, divine (↓)]

am·bro·sia /æmbróuʒ(i)ə, -ziə/ *n* **1**〘ギ神・ロ神〙アムブロシアー《神々の食物, 神饌; 食べると不老不死になるという; cf. NECTAR》; 神々の香油[香水]. **2 a**《文》美味[芳香]のもの; アンブロージア《フルーツとココナッツのデザート》. **b** BEEBREAD. **c**〘植〙ブタクサ (ragweed). **d**〘植〙アンブロシア菌類《ambrosia beetle などが巣穴で繁殖させ餌とする共生菌類》. [L<Gk=elixir of life (*ambrotos* immortal)]
ambrósia bèetle〘昆〙キクイムシ.
am·bro·si·a·ceous /æmbròuziéɪʃəs/ *a*〘植〙ブタクサ科 (Ambrosiaceae) の. ★ この科の草本は通例 キク科とされる.
am·bro·si·al /æmbróuʒ(i)əl, -ziəl/ *a* AMBROSIA の; きわめて美味な; 《詩》芳香の; 神々しい. ♦ **~·ly** *adv*
Am·bro·sian /æmbróuʒ(ə)n, -ziən/ *a* St AMBROSE の; [a-] AMBROSIAL.
Ambrósian chánt アンブロジオ聖歌《St Ambrose に由来する, Milan の大聖堂に伝わる典礼聖歌》.
am·bro·type /ǽmbroutàɪp/ *n*〘写〙アンブロタイプ《黒いものを背景にして見る初期ガラス写真》.
am·bry /ǽmbri/ *n*《聖堂の》収納棚; 《英方・古》戸棚, 食器室.
ambs·ace, ames·ace /éɪmzèɪs, ǽmz-/《古》*n* ぴんぞろ《2個のさいを振って1 (ace) がそろって出ること; 最も悪い目》; 貧乏くじ, 不運; 無価値のもの, 最少の得点[量, 距離].
am·bu·lac·rum /æmbjəléɪkrəm, -lǽk-/ *n* (*pl* **-ra** /-rə/)〘動〙《棘皮(きょく)動物の》歩帯. ♦ **-lác·ral** *a* [L=avenue; ⇨ AMBLE]
am·bu·lance /ǽmbjələns/ *n* 救急車, 傷病者運搬車; 病院船; 傷病兵輸送機; 《軍と共に移動する》野戦病院. [F<L; ⇨ AMBLE]
ámbulance chàser《口》事故を商売のたねにする弁護士(のまわし者); 《一般に》あくどい弁護士. ♦ **ámbulance chàsing** *n*
ámbulance·man /-mən/ *n* 救急隊員. ♦ **ámbulance·wòman** *n fem*
ám·bu·lant *a* 移動する, 巡回する; 〘医〙〈病気が〉移動[転移]性の; 〘医〙〈患者が〉歩行のできる, 〈治療法が〉歩行できる人を対象にした, 外来[通院](患者)のための; 〘医〙患者の(歩行)運動を含んだ. [L; ⇨ AMBLE]
am·bu·late /ǽmbjəlèɪt/ *vi* 歩きまわる, 移動する. ♦ **àm·bu·lá·tion** *n* 歩行, 移動; 〘動〙足行《匍匐・遊泳・飛翔に対して》.
am·bu·la·to·ry /ǽmbjələtɔ̀:ri; -t(ə)ri/ *a* **1** 歩行の, 歩行する; 歩行中の; 遊歩用の; 〘医〙AMBULANT: ~ legs〘動〙《節足動物の》歩脚. **2** 移動性の, 巡回の; 〘法〙〈遺言などが〉変更[撤回]できる. ► *n* 屋根付きの遊歩場[廊下, 回廊], アンビュラトリー; 歩行用付属肢. ♦ **àm·bu·la·tó·ri·ly** /; ǽmbjulət(ə)rɪli/ *adv* [L; ⇨ AMBLE]
am·bu·lette /æmbjəlét/ *n* アンビュレット《老人や障害者移送のためのヴァンタイプのサービスカー》. [*ambul*ance, *-ette*]
am·bury /ǽmb(ə)ri/ *n* ANBURY.
am·bus·cade /æmbəskéɪd, ⏑⏑⏑/〘軍〙*n* AMBUSH. ► *vt* 待ち伏せて襲う. ♦ **-cád·er** /, ⏑⏑⏑⏑/ *n* [F<It or Sp; ⇨ AMBUSH]
am·bush /ǽmbùʃ/ *n* 待伏せ(の襲撃態勢); 《広く》奇襲; 待伏せ場所; 伏兵: lie [hide] in ~ 待伏せする 〈*for*〉/ fall into an ~ 待伏せにあう / lay [make] an ~ 伏兵を置く〈*for*〉. ► *vi, vt* 待伏せする; [ᵘ*pp*]〈兵を〉伏せておく. ♦ **~·er** *n* **~·ment** *n* [OF; ⇨ IN-[2], BUSH[1]]
am·bus·tion /æmbʌ́sʧ(ə)n/ *n*〘医〙やけど, 火傷, 熱湯傷.
AMDG °ad majorem Dei gloriam. **amdt** amendment.
AmE American English.
ame·ba | amoe- /əmí:bə/ *n* (*pl* **~s, -bae**)〘動〙アメーバ. ♦ **-bic** *a* アメーバの(ような), アメーバによる.
am·e·bi·a·sis | am·oe- /æmɪbáɪəsəs/ *n* (*pl* **-ses** /-sì:z/)〘医〙アメーバ症《アメーバによる感染(症)》.
amébic dýsentery〘医〙アメーバ赤痢.
amé·bi·form | amóe- /əmí:bə-/ *a* AMEBOID.
amé·bo·cỳte | amoe- /əmí:bə-/ *n*〘生〙変形細胞, 遊走細胞.
ame·boid | amoe- /əmí:bɔ̀ɪd/ *a* アメーバ様の.
âme dam·née /á:m dɑ:néɪ; *F* ɑ:m dɑne/ (*pl* **âmes damnées** /-(z); *F* —/) 熱心な手先, 子分, 手下. [F=damned soul]
ameer ⇨ EMIR.
am·e·lan·chi·er /æməlǽŋkiər, -lǽnʃiər/ *n*〘植〙バラ科ザイフリボク属 (*A-*) の低木 (Juneberry など).
amel·ia /əmélɪə/ *n*〘医〙無肢症《手足の先天的欠如》.
Ame·lia /əmí:ljə/ アミーリア《女子名; 愛称 Millie》. [Gmc=industrious]
Amélia Séd·ley /-sédli/ アミーリア・セドリー《Thackeray, *Vanity Fair* 中のすなおなお嬢さん育ちの女性》.
ame·lio·ra·ble /əmí:ljərəb(ə)l, -liə-/ *a* 改良しうる.
ame·lio·rant /əmí:ljərənt, -liə-/ *n* 土壌改良剤.
ame·lio·rate /əmí:ljərèɪt, -liə-/ *vt* 改良する, 改善する, 向上させる; 〈痛みなどを〉和らげる, 緩和する. ► *vi* よくなる (opp. *deteriorate*). ♦ **-rà·tor** *n* **amé·lio·rà·tive** /; -rə-/, **-ra·to·ry** /-rətɔ̀:ri; -rèɪt(ə)ri, -rə-/ *a* 改良[改善]に役立つ. [MELIORATE; *a-* (< *ad-*) は F *améliorer* より]
amè·lio·rá·tion *n* 改良, 改善; 〘言〙《語義の》向上 (=*elevation*).
ám·e·lo·blàst /ǽməlou-/ *n*〘解〙エナメル芽細胞, 造エナメル細胞《発育する歯のエナメル器の内層の細胞で, エナメル質形成に関与する》. ♦ **àm·e·lo·blás·tic** *a* [enamel, *-o-*, *-blast*]
àm·e·lo·génesis /æməlou-/ *n*〘解〙エナメル質形成.
amen /ɑ:mén, eɪ-, (聖歌で) á:mén/ *int* アーメン《祈りの終わりに唱えるヘブライ語; 「かくあらせたまえ」(So be it!) の意》: 《口》*A*~ (to that)! そのとおり, 賛成! ► *n* アーメンと唱えること; 同意[賛成]の意思表示[唱和]; 結び[終わり]のことば[唱和]: sing the ~ アーメンを唱える. ● **say ~ to**…に全面的に賛成[同意]する. ► *adv*《古》確かに, まさしく. ► *vt* …に賛成[同意]する; 終結する. [L<Gk<Heb=certainty]
Amen /á:mən/〘エジプト神話〙アーメン《古代 Thebes の多産と生命の象徴たる羊頭神》.
ame·na·ble /əmí:nəb(ə)l, *əmén-/ *a* 従順な, 〈法などに〉服する, 従う, 〈要望・提案などに〉対応する, 応じる〈*to*〉; 《特定の扱い・処理に》適する, 適応する, なじむ〈*to*〉; いとわない〈*to*〉: ~ *to* reason 道理に従う / ~ *to* flattery おだてやすい / ~ *to* the laws of physics 物理学の法則に従う / data not ~ *to* analysis 分析になじまないデータ. ♦ **-bly** *adv* **~·ness** *n* **amè·na·bíl·i·ty** *n* [F=bring to (*ad-*, L *mino* to drive animals)]
ámen còrner* /éɪmèn-/ [the] 教会の説教壇の横の席《もと礼拝式中 'Amen!' と応答する音頭をとる信者が占めた席》; 教会で熱心な信者たちの占める一角.
amend /əménd/ *vt*〈法律などを〉改正する, 修正する; 〘特許法〙補正する; 〈テキストを〉校訂する; 改善する; 《文》〈行状を〉改める. ► *vi*《文》改心する, 行ないを改める. ♦ **~·able** *a* 修正できる, 修正の余地のある. **~·er** *n* [OF<L; ⇨ EMEND]
amend·a·to·ry* /əméndətɔ̀:ri; -t(ə)ri/ *a* 改正[修正, 改心など]させる(ための).
amende /*F* amɑ̃:d/ *n* (*pl* **~s** /—/) AMENDE HONORABLE.
amende ho·no·ra·ble /*F* amɑ̃:dɔnɔrabl/ (*pl* **amendes ho·no·ra·bles** /*F* amɑ̃:dzɔnɔrabl/) 公的な謝罪, 陳謝.
amend·ment *n* **1 a** 改正, 修正; 改心; 《事態の》改善, 《健康の》回復; 《生活習慣の》改善. **b**《法律・議案などの》改正[修正]案〈*to* a rule〉; [the A-s]《米国憲法の》修正条項 (cf. BILL OF RIGHTS, EIGHTEENTH AMENDMENT); 〘特許法〙補正. **2** 土壌改良剤.
amends /əméndz/ *n* (*pl* ~) 償い: offer of ~〘法〙《名誉毀損訴訟において, 文書誹毀者 (libeler) から出される》修正・謝罪文公表の申し出. ● **make ~** 償い[埋合わせ]をする〈*to* sb *for* an injury〉.
Amen·ho·tep /ɑ̀:mənhóutèp, æ-/, **Am·e·no·phis** /æmənóufəs/ アメンホテップ (1) ~ **III**《エジプトの王 (1417–1379 B.C.)》 (2) ~ **IV** ⇨ AKHENATON.
ame·ni·ty /əménəti, əmí:-/ *n* **1**《場所・建物・気候などの》ここちよさ, 快適さ, アメニティー; [*pl*] 生活を楽しく[快適に, 円滑に]するもの[設備, 施設, 場所], 生活の便益; 《ホテルの部屋に用意される》アメニティー. **2**《人柄などの》好もしさ, 感じのよさ; [*pl*] 折り目正しくてさわやかな動作[態度], 礼儀作法: exchange *amenities* 交歓する. [OF or L (*amoenus* pleasant)]
aménity bèd‖《病院の》差額ベッド.
amen·or·rhea, -rhoea /eɪmènəríːə, ɑ̀:-/ *n*〘医〙無月経. ♦ **amèn·or·rhé·ic, -rhóe-** *a* [*meno-*]
Amen-Ra /á:mənrá:/〘エジプト神話〙アメンラー《太陽神; 古代エジプト中王朝時代の主神; cf. AMEN, RA》.
a men·sa et tho·ro /eɪ ménsə ɛt θɔ́:rou, -tɔ́:-/, **-sa et to·ro** /-tɔ́:-/ *adv* 食卓寝床を別に; (夫婦)別居して. ► *a*〘法〙食卓と寝床からの, 夫婦別居の: divorce ~ 卓床離婚《夫婦たる身分は存続させたままで別居する, 離婚の一形式; 英国では 1857 年に廃止》. [L =from table and bed]
ament[1] /éɪmènt/ *n*〘医〙(先天性)精神薄弱者 (cf. AMENTIA). [L *ament- amens* without mind]
am·ent[2] /ǽmənt, éɪmənt/ *n*〘植〙尾状花序 (catkin). [L=strap, thong]
am·en·ta·ceous /æməntéɪʃəs, èɪ-/ *a*〘植〙尾状花の(ような); AMENTIFEROUS.
amen·tia /eɪménʃ(i)ə, ə-/ *n*〘精神医〙《先天的な》精神薄弱, アメンチア (cf. DEMENTIA). [L; ⇨ AMENT[1]]
am·en·tif·er·ous /æməntíf(ə)rəs, èɪ-/ *a*〘植〙尾状花をつける.
amen·tum /əméntəm/ *n* (*pl* **-ta** /-tə/) 投げ槍に付ける革ひも; 〘植〙AMENT[2].
Amer. America ♦ American.
Am·er·asian /æməréɪʒ(ə)n, -ʃ(ə)n/ *a, n* アメリカ人とアジア人の混血の(人), 《特に》アメリカ人男性[兵士]とアジア人女性との間に生まれた混血児(の), アメラジアン(の).
amerce /əmə́:rs/ *vt*《自由裁量により》〈裁判所が〉…に罰金[憐憫罰]を科する; 〈人を〉罰する: ~ sb (*in*) the sum of $100 100 ドルの罰金を科する. ♦ **~·ment** *n*《裁判所の自由裁量による》憐憫罰(を科すること). **amer·ci·a·ble, -ce-** /əmə́:rsiəb(ə)l, -ʃə-/ *a* [AF (*à merci* at mercy)]

A

amer·ci·a·ment /əmə́ːrsiəmənt/ *n* 《古》AMERCEMENT.

Am·er·Eng·lish" /æməríŋglɪʃ/ *n* アメリカ英語 (American English).

Amer·i·ca /əmérəkə/ アメリカ《**1**) アメリカ合衆国 (the United States of America) **2**) 北アメリカ (North America) **3**) 南アメリカ (South America) **4**) 南・北・中央アメリカ (North, South, and Central America), つまりアメリカ大陸全体》; [the ～s] 南・北・中央アメリカ, 米州. ［*Americus* Vespucius アメリカの最初の探検家といわれる Amerigo VESPUCCI のラテン語名］

Amér·i·can *a* アメリカ (America) の; (いかにも)アメリカ的な; アメリカ人の; アメリカインディアンの; アメリカ英語の. ► *n* アメリカ人; アメリカインディアン; アメリカ英語. ♦ **～·ness** *n*

Amer·i·cana /əmèrəkɑ́ːnə, *-kǽnə, *-kéɪ-/ *n pl* **1** アメリカに関する文献[事物], アメリカの風物, アメリカ事情, アメリカ誌; アメリカ文化. **2** アメリカーナ《古い時代のフォークやカントリーに根ざしたアメリカ音楽のジャンル》.

Américan áloe 〔植〕CENTURY PLANT.

Américan ántelope 〔動〕PRONGHORN.

Américan áspen 〔植〕アメリカヤマナラシ (=*trembling poplar*)《北米東部原産》.

Américan Associátion of Retíred Pérsons [the] アメリカ退職者協会《教育家 Ethel Percy Andrus (1884–1967) によって設立された米国の民間組織; 退職者の権利と恩典に関する情報を提供し, 老齢者の福祉・教養・保護・自立のために活動している; 略称 AARP》.

Américan bádger 〔動〕アメリカアナグマ《イタチ科; 北米西部産》.

Américan Bár Associàtion [the] アメリカ法律家協会, アメリカ法曹協会《略 ABA》.

Américan Béauty 〔植〕アメリカンビューティー《米国作出の深紅の大輪バラの一品種》; 深紅色.

Américan blíght" WOOLLY APPLE APHID.

Américan Bróadcasting Còmpany ABC (～, Inc.)《米国三大放送ネットワークの一つ; 1946 年設立; 本社 New York 市; 1995 年 Walt Disney 社に買収された》.

Américan búllfrog 〔動〕ウシガエル, 食用ガエル.

Américan chaméleon 〔動〕グリーンアノール, アメリカカメレオン (=(*green*) *anole*)《米国南東部産のトカゲ; 小笠原諸島にも移入; イグアナ科》.

Américan chèese アメリカンチーズ《米国産のチェダーから製造するプロセスチーズ》.

Américan Cívil Líberties Ùnion [the] アメリカ市民的自由連合《1920 年 社会運動家 Roger Baldwin (1884–1981) たちによって合衆国憲法で保障された権利の擁護を目的として New York 市に設立された団体; 略 ACLU》.

Américan Cívil Wár [the] 〔米史〕南北戦争 (Civil War).

Américan clòth" エナメル光沢の油布《テーブルクロスなどに用いる模造皮革》.

Américan Consérvatory Thèatre [the] アメリカ・コンサーヴァトリー劇場《San Francisco に本拠を置く俳優養成学校を兼ねたレパートリー劇団 (repertory theater); 1965 年 創立; 略称 ACT》.

Américan cópper 〔昆〕ベニシジミ《北米産》.

Américan cówslip 〔植〕SHOOTING STAR.

Américan Depósitary [Depósitory] Recèipt 〔証券〕米国預託証券《外国人による株式所有を認めていない国の株式を米国の証券市場で取引するために代わるものとして発行される証明書; 株券は発行国の銀行に預託され, 米国内の提携銀行が預託証券を発行する; 略 ADR》.

Américan díalects *pl* 〔言〕アメリカ方言《主要区分: 北部方言 (Northern dialects), ミッドランド方言 (Midland dialects), および南部方言 (Southern dialects)》.

Américan dóg tìck 〔動〕アメリカイヌカクマダニ (=*dog tick*)《北米産マダニ科カクマダニ属のダニ; イヌに寄生し, ヒトにロッキー山(紅斑)熱 (Rocky Mountain spotted fever) を媒介したり, 野兎(と)病 (tularemia) を伝播することがある》.

Américan dréam アメリカ人[社会]の夢, アメリカの夢, アメリカンドリーム《しばしば the American Dream として, 次のようなことを意味する: **1**) アメリカ人が伝統的にいだく民主主義・自由・平等の理想 **2**) アメリカでは努力しだいでだれもが成功し金持になれるとの夢 **3**) 夢実現の結果としての豊かな生活》.

Américan éagle 〔鳥〕ハクトウワシ (⇨ BALD EAGLE).

Américan éel 〔魚〕アメリカウナギ《北米大西洋沿岸地域産》.

Américan élm 〔植〕アメリカニレ《Massachusetts, Nebraska, North Dakota 各州の州木》.

Américan Énglish アメリカ英語 (cf. BRITISH ENGLISH).

Amèrican·ése *n* [*derog*] アメリカ語《アメリカ英語特有の語・表現を多用した英語》.

Américan Expedítionary Fòrces *pl* [the]《第一次大戦中の》米国海外派遣軍《略 AEF》.

Américan Expréss 〔商標〕アメリカンエキスプレス《米国 American Express 社発行のクレジットカード》.

Américan Fálls [the] アメリカ滝 (⇨ NIAGARA FALLS).

Américan Federátion of Lábor [the] アメリカ労働総同盟《1886 年に設立された職能別組合の連合体; 1955 年 CIO と合同して AFL-CIO となる; 略 AFL》.

Américan Federátion of Státe, Cóunty, and Munícipal Emplóyees [the] 米国州・郡・市職員連盟《米国地方公務員の最大の組合; 1936 年創立; 略 AFSCME》.

Américan fóotball" アメリカンフットボール《米では単に football という》.

Américan fóxhound 〔犬〕アメリカンフォックスハウンド《米国で改良されたフォックスハウンド種で, English foxhound よりやや小型で耳が長い》.

Américan góldeneye 〔鳥〕アメリカホオジロガモ《北米産》.

Américan Góthic 『アメリカン・ゴシック』《Grant Wood の絵画 (1930); Iowa 州の質朴な農家の夫婦の肖像をリアリズムの手法で丹念に描いたもの; 家を背景にして, 黒い上着を着た老農夫がフォーク状のまたぐわを手にしている》.

Américan Índian *n, a* アメリカインディアン(の) (cf. NATIVE AMERICAN); アメリカインディアン語(の).

Américan Índian Dày 〔米〕アメリカインディアンの日《9 月の第 4 金曜日》.

Américan Índian Móvement [the] アメリカインディアン運動《インディアンの差別撤廃などのため 1968 年に結成された戦闘的組織; 略 AIM》.

Américan Ínstitute of Árchitects [the] アメリカ建築家協会《略 AIA》.

Américan·ìsm *n* アメリカびいき, 親米主義; アメリカ気質[精神, 魂]; アメリカ英語特有の語[語法], アメリカニズム, 米語 (cf. BRITICISM, ENGLISHISM): A Dictionary of ～*s* 米語辞典.

Américan·ist *n* アメリカ(の歴史・地理などの)研究者; アメリカインディアンの言語・文化の研究家; 親米家.

Américan ívy 〔植〕アメリカヅタ (Virginia creeper).

Américan·ìze *vt, vi* アメリカ化[米国化]する; アメリカ風[米国風]にする[なる], アメリカ英語風の発音[スペリング, 語法]にする[なる]. ♦ **Amèrican·izátion** *n* アメリカ化, 米国化; 米国帰化.

Américan késtrel 〔鳥〕アメリカチョウゲンボウ (kestrel).

Américan lánguage [ᵘthe] AMERICAN ENGLISH.

Américan Lèague [the] アメリカンリーグ《**1**) 米国の二大プロ野球連盟の一つ; 1900 年設立; 略 AL; cf. NATIONAL LEAGUE **2**) アメリカンフットボールの連盟》. ★ 野球の American League は次の 14 チームからなる: 東地区 (Baltimore) Orioles, (Boston) Red Sox, (New York) Yankees, (Tampa Bay) Rays, (Toronto) Blue Jays, 中地区 (Chicago) White Sox, (Cleveland) Indians, (Detroit) Tigers, (Kansas City) Royals, (Minnesota) Twins, 西地区 (Los Angeles) Angels, (Oakland) Athletics, (Seattle) Mariners, (Texas) Rangers. 各地区の優勝チームと地区の 1 位を除く勝率が 1 位と 2 位のチーム (wild card) の 5 チームが World Series 出場権をかけて Play-Off を行なう.

Américan léather" AMERICAN CLOTH.

Américan Légion [the] アメリカ在郷軍人会《第一次・第二次大戦およびその後の戦争の出征軍人の愛国的団体; 1919 年設立; 略 AL》.

Américan léopard 〔動〕JAGUAR.

Américan líon 〔動〕アメリカライオン (COUGAR).

amer·i·ca·no /əmèrɪkɑ́ːnou/ *n* アメリカーノ《エスプレッソに湯を加えたコーヒー》.

Amer·i·can·ol·o·gy /əmèrəkənɑ́lədʒi/ *n* アメリカ学, アメリカノロジー《米国の政治・(外交)政策などの研究》. ♦ **-gist** *n* **Amèr·i·can·ológ·i·cal** *a*

Amer·i·cano·phóbia /əmèrəkənə-, -kæ̀n-/ *n* 米国嫌い. ♦ **Américano·phòbe** /, əmèrəkǽnə-/ *n*

Américan órgan 〔楽〕アメリカンオルガン (=*melodeon*)《足踏み式リードオルガンの一種》.

Américan pàrty アメリカ党 (⇨ KNOW-NOTHINGS).

Américan pít bùll térrier 〔犬〕アメリカンピットブルテリア (AMERICAN STAFFORDSHIRE TERRIER).

Américan plàn* [the] アメリカ方式《室代・食費・サービス料合算のホテル料金制度; cf. EUROPEAN PLAN》.

Américan rédstart 〔鳥〕サンショクアメリカムシクイ.

Américan Revísed Vérsion [the] アメリカ改訂訳聖書 (AMERICAN STANDARD VERSION)《略 ARV》.

Américan Revolútion [the] 〔米史〕アメリカ革命《**1**) 1763 年のフレンチインディアン戦争の終結から 89 年の Washington 政権成立による新共和国の発足まで **2**) REVOLUTIONARY WAR (1775–83) のことで, 英国では the War of American Independence または the American War of Independence という》.

Américan róbin 〔鳥〕コマツグミ (robin).

Américan sáble 〔動〕アメリカ(マツ)テン; アメリカテンの毛皮, アメリカセーブル.

Américan sáddlebrèd 〔馬〕アメリカンサドルブレッド (= **Américan sáddle hòrse**)《主に Kentucky 州で野馬とサラブレッ

ドを交配して作出した馬種》.
Américan Samóa アメリカ領サモア《南太平洋 Samoa 諸島東半の島群; ☆Pago Pago (Tutuila 島)》.
Américan scréw gàuge 米国ねじゲージ《もくねじ・機械ねじなどねじの直径を検査する標準ゲージ》.
Américan Sélling Prìce 米国内販売価格《輸入品と同種の国産品の卸売価格; 輸入品との差額が関税の基準とされる; 略 ASP》.
Américan shád 〔魚〕アメリカシャド《北米大西洋岸の湖・河川・汽水域にすむニシン科の魚》.
Américan shórthair 〔猫〕アメリカンショートヘア (shorthair).
Américan Sígn Lànguage アメリカ・サインランゲージ (＝*Ameslan*)《手話法; 略 ASL》.
Américan Spánish ラテンアメリカで用いられるスペイン語.
Américan Stáffordshire térrier 〔犬〕アメリカンスタッフォードシャーテリア《Staffordshire bull terrier をもとに米国で闘犬用につくられた犬; 現在は主に番犬用; あごの力が非常に強くかみついたら放さない》.
Américan Stándard Códe for Informátion Ìnterchange 情報交換用米国標準コード, ASCII.
Américan Stándard Vérsion [the] アメリカ標準訳聖書 (＝*American Revised Version*)《Revised Version を基に 1901 年完成; 略 ASV; cf. REVISED STANDARD VERSION》.
Américan tíger 〔動〕JAGUAR.
Américan trótter 〔馬〕STANDARDBRED.
Américan trypanosomíasis 〔医〕CHAGAS' DISEASE.
Américan Wáke 《アイル》米国移住者のための徹夜の送別会.
Américan wáter spàniel 〔犬〕アメリカンウォータースパニエル《巻き毛で耳が長くたれ, すぐれた嗅覚をもつ中型の銃猟作業犬》.
Américan Wáy [the] アメリカ式のやり方, アメリカ流《多くのアメリカ人がもつとされる信念や価値観; 向上心・勤勉・自侍・公平・物質欲など》.
Américan wígeon 〔鳥〕アメリカヒドリ (baldpate).
Américan wórmseed 〔植〕(ケ)アリタソウ (WORMSEED).
América's Cùp [the] アメリカズカップ《**1**) 最も古くかつ著名な国際ヨットレースの優勝カップ; 1851 年世界最初の国際レースで New York Yacht Club のスクーナー America 号が優勝して獲得して以来, いわゆるアメリカズカップ争奪戦として争われている **2**) 3–4 年ごとに行なわれるそのヨットレース》.
am·er·i·ci·um /æ̀mərí∫iəm, -siəm/ *n* 〔化〕アメリシウム《α 放射性元素; 記号 Am, 原子番号 95》.
Amer·i·Corps /əmέrikɔ̀ːr/ *n* 〔米〕アメリコー《コミュニティーサービスを推進するために 1995 年に発足した組織; 住宅の建設, 公園の保守などに参加する》.
Ame·ri·go /æ̀mərí:gou, əmέrigòu/ アメリゴ《男子名》. [It]
Amerigo Vespucci ⇨ VESPUCCI.
Amer·i·ka /əmέrəkə/ *n* ファシスト的アメリカ, 人種差別社会のアメリカ. [G]
Am·er·ind /æ̀mərìnd/ *n, a* AMERINDIAN.
AmerInd 〔言〕°American Indian.
Àm·er·ín·di·an *n, a* アメリカインディアン (American Indian)(の); アメリカインディアン語(の). [*American*＋*Indian*]
Am·ero·Eng·lish /æ̀mərouíŋgli∫/ *n* AMERENGLISH.
Amers·foort /áːmərzfɔ̀ːrt, -ərs-/ アーメルスフォールト《オランダ中部 Utrecht 州北東部の市》.
AmerSp °American Spanish.
à mer·veille /*F* a mεrvεj/ *adv* すばらしく, りっぱに. [F＝to a marvel]
Ame·ry /éiməri/ エーメリー《男子名》. [⇨ ALMERIC]
amesace ⇨ AMBSACE.
âmes damnées ÂME DAMNÉE の複数形.
Ame·slan /ǽm(ə)slæ̀n/ *n* AMERICAN SIGN LANGUAGE.
Ámes tèst /éimz-/ 〔医〕エームズ試験《突然変異誘発性の測定による発癌性物質検出試験》. [Bruce N. *Ames* (1928–) 米国の生化学者]
amèt·a·ból·ic /èi-/ *a* 〔昆〕不変態の. [*a*-²]
am·e·thop·ter·in /æ̀məθápt(ə)rən/ *n* 〔薬〕アメトプテリン (METHOTREXATE).
am·e·thyst /ǽməθəst, -θist/ *n* 紫水晶, アメシスト《2 月の BIRTHSTONE》; 東洋アメシスト, スミレサファイア (＝Oriental ～)《紫色の鋼玉》; 紫色, すみれ色. ♦ **àm·e·thýs·tine** /-tàin, -tən/ *a* [OF,＜Gk＝not drunken; 酔いを防ぐ力があると思われた]
ámethyst decèiver 〔菌〕ウラムラサキ《赤紫色をしたキシメジ科の食用キノコ》.
am·e·tro·pia /æ̀mətróupiə/ *n* 〔医〕非正視, 屈折異常(症)《乱視・遠視・近視など》. ♦ **-trop·ic** /-trápik/ *a*
Am·ex /ǽmèks/ 〔商標〕アメックス《AMERICAN EXPRESS の略》♦ American Stock Exchange (⇨ NYSE AMEX EQUITIES).
Amex /ǽmèks/ 〔米〕American Stock Exchange.
am/fm, AM/FM /éiέmέfέm/ *a* 〈ラジオが〉AM·FM 両用の.
Am·for·tas /æmfɔ́ːrtəs/ 〔中世伝説〕アムフォルタス《聖杯奉仕の騎士の長; Wagner の *Parsifal* にも登場》.
Am·ga /ɑːmgáː/ [the] アムガ川《シベリア東部を北東に流れ, Aldan 川に合流する》.
AMG(OT) Allied Military Government (of Occupied Territory).
Am·hara /æmhǽrə, -háː-/ **1** アムハラ《エチオピア北西部の地方[州]; ☆Gondar; もと王国》. **2** (*pl* ～, ～s) アムハラ族《エチオピアの主要民族; セム系》. ♦ **Am·hár·an** *a, n*
Am·har·ic /æmhǽrik/ *n* アムハラ語《セム系; エチオピアの公用語》. ► *a* アムハラ語の.
Am·herst /ǽmərst, -hərst/ **1** アマースト **Jeffrey** ～, Baron ～ (1717–97)《英国のカナダ征服の軍を率いた将軍; 英領北アメリカの総督 (1760–63)》. **2** アマースト《Massachusetts 州中西部の町; Amherst College (1821) がある》.
Ámherst Cóllege アマーストカレッジ《Massachusetts 州 Amherst にある私立のリベラルアーツカレッジ; 1821 年創立; 1975 年女子の入学を認めた; 新島襄, 内村鑑三も卒業生》.
ami /*F* ami/ *n* (*pl* ～s /—/) 男友だち; 〔法〕《未成年者や既婚婦人のために, 起訴や弁護を行なう》友 (friend).
ami·a·ble /éimiəb(ə)l/ *a* 感じのよい, 愛想のよい, 気だてのよい, 優しい; 愉快な, なごやかな; 《古》りっぱな. ♦ **-bly** *adv* **àmi·a·bíl·i·ty, ～·ness** *n* [OF＜L AMICABLE; 語形は F *aimable* lovable との混同]
am·i·an·thus /æ̀miǽnθəs/, **-tus** /-təs/ *n* 〔鉱〕アミアンタス《絹糸状の石綿 (asbestos) の一種》.
am·i·ca·ble /ǽmikəb(ə)l/ *a* 友好的な; 平和的な, 協和的な: ～ relations 友好関係 / ～ settlement 和解. ♦ **-bly** *adv* 平和的に, 仲よく. **àm·i·ca·bíl·i·ty** *n* 友好, 友誼, 親和, 親睦, 親善; 親善行為. **～·ness** *n* [L (*amicus* friend)]
am·ice¹ /ǽməs/ *n* 〔カト〕肩衣(かたぎぬ), アミクッス《司祭が首から肩にかける長方形の白い麻布》. [L＝cloak]
amice² *n* ALMUCE; 《フランスの CANON² の》左腕章.
Amice /éiməs/ エイミス《女子名》. [? *amice*¹]
ami·cus /əmíːkəs, əmái-/ *n* (*pl* **ami·ci** /əmíːkìː, əmáisài/) 〔法〕AMICUS CURIAE. [L＝friend]
amícus cú·ri·ae /-kjúəriài, -riìː/ (*pl* **amíci cúriae**) 〔法〕法廷助言者, 裁判所の友《裁判所の許可を得て, 事件について助言する, 当事者以外の者》. [L＝friend of the court]
ami·cus hu·ma·ni ge·ner·is /ɑːmíːkus humáːni génεris, əmáikəs hjuméinai ʤénəris/ 人類の友. [L＝friend to mankind]
ami·cus us·que ad aras /ɑːmíːkəs úskwe àːd áːràːs, əmáikəs ʌ́skwi æd éiræs/ 祭壇に至るまでの友; 終生の友; 自分の信仰に反しないかぎりでの友. [L＝friend all the way to the altars]
amid /əmìd, —́/ *prep* …のまん中で[へ], …に囲まれて; …の最中に: ～ applause 喝采を浴びながら / ～ rumors of an imminent merger 合併間近とのうわさのさなかに. [*a*-¹]
amid- /əmíːd, ǽməd/, **ami·do-** /əmíːdou, ǽmədou, -də/ *comb form* 〔化〕「アミド」; AMIN-. [AMIDE]
Ami·dah /əmíːdɔː, ɑː-, -dɑː/ *n* (*pl* **Ami·doth, -dot** /-dòus, -dòut/) [the] 〔ユダヤ教〕立禱, アミダー《日々の礼拝の中心的な祈りで, イスラエルに向かい立ったまま唱える 19 の祈り; cf. SHEMONEH ESREH》. [Heb]
am·i·dase /ǽmədèis, -z/ *n* 〔生化〕アミダーゼ《アミド分解酵素》.
am·i·date /ǽmədèit/ *vt* 〔化〕アミド化する.
am·ide /ǽmàid, *ǽməd/ *n* 〔化〕アミド《**1**) アンモニアの水素をアシル基で置換した化合物 **2**) アンモニアの水素原子の 1 つを金属原子で置換した化合物》. [*ammonia*, *-ide*]
ami de cour /*F* ami də kuːr/ えせ友だち, 不実な友. [F＝court friend]
amid·ic /əmídik/ *a* 〔化〕アミドの.
am·i·dine /ǽmədìːn, -dən/ *n* 〔化〕アミジン《一酸塩基》.
ami·do /əmíːdou, ǽmə-/ *a* 〔化〕AMIDE の; 《誤用》AMINO.
ami·do·gen /əmíːdəʤən, -ʤὲn/ *n* 〔化〕アミドゲン《アミド化合物中の遊離基 NH_2》. [*amido*-, *-gen*]
am·i·dol /ǽmədɔ̀(ː)l, -dòul, -dɑ̀l/ *n* 〔化〕アミドール《塩酸塩よりなる写真現像薬・分析試薬; 無色の結晶》. [商標]
am·i·done /ǽmədòun/ *n* 〔薬〕アミドン (methadone).
amíd·ship(s) *adv, a* 〔海〕船の中央に[の]; [*fig*] 《口》中央に, まん中に; 《俗》腹のまんまん中に, みぞおちに.
amidst /əmìdst, əmìtst, —́/ *prep* AMID. [-*st* ＜ -*s* (gen), -*t*; cf. AGAINST]
amie /*F* ami/ *n* (*pl* ～s /—/) 女友だち (cf. AMI).
Amiens /*F* amjɛ̃/ アミアン《フランス北部 Somme 県の県都; ゴシック聖堂が有名》. ■ the **Míse of** ～ 〔英史〕アミアン裁定《1264 年 1 月, イングランド王 Henry 3 世と Simon de Montfort 率いる貴族との間の紛争にフランス王 Louis 9 世が下した仲裁裁定; Henry に一方的に有利な内容だったことから貴族戦争 (Barons' War) が起こった》.
ami·go* /əmíːgou, ɑː-/ *n* (*pl* ～s) 友だち, 友, 仲間. ♦ **ami·ga** /-gə/ *n fem* [Sp; ⇨ AMICABLE]
amil·dar /áːmildɑ̀ːr/ *n* 《インド》AUMILDAR.

amil·o·ride /æmílərɑ̀ɪd/ *n* 〘薬〙 アミロライド《ナトリウム排泄とカリウム保持を促進する利尿薬》.
Amin /ɑ:mí:n, ˈæ-/ アミン **Idi** /í:di/ ～ **Dada Oumee** (1924 or 25–2003)《ウガンダの軍人; 独裁的大統領 (1971–79)》.
amin- /əmí:n, æ-, ǽmən/, **am·i·no-** /əmí:noʊ, æ-, ǽmənoʊ, -nə/ *comb form* 〘化〙「アミノ」 ［AMINE］
amin·a·zine /əmí:nəzì:n/, **-zin** /-zì:n, -zən/ *n* 〘薬〙 アミナジン《クロールプロマジン (chlorpromazine) のロシアにおける名称》.
Amin·dí·vi Íslands /ʌ̀məndí:vi-/ *pl* [the] アミーンディーヴィ諸島《インド南西岸沖の Laccadive 諸島北部の島群》.
amine /əmí:n, ǽmì:n/ *n* 〘化〙 アミン《アンモニアの水素原子をアルキル基で置換した塩基性化合物》. ♦ **amin·ic** /əmí:nɪk/ *a* ［*ammonia, -ine*］
ami·no /əmí:noʊ, əmáɪ-, ǽmənòʊ/ *a* 〘化〙 アミノ基を有する: ～ compounds アミノ化合物.
amíno ácid 〘生化〙 アミノ酸.
amíno-ácid dàting アミノ酸年代測定《地質学・考古学上の標本の年代を 2 種のアミノ酸の割合で得るもの》.
amíno ácid sèquence 〘生化〙 アミノ酸配列(順序).
amìno·àcid·úria *n* 〘医〙 アミノ酸尿(症).
amìno·benzóic ácid 〘化〙 アミノ安息香酸《アゾ系酸性染料・分散染料の中間体》.
amìno·glýcoside *n* 〘薬〙 アミノ配糖体, アミノグリコシド《アミノ糖またはアミノシクリトールを含む配糖体抗生物質》.
amíno gròup [ràdical] 〘化〙 アミノ基.
amíno nítrogen 〘化〙 アミノ窒素.
amìno·péptidase *n* 〘生化〙 アミノペプチダーゼ《ポリペプチド鎖をアミノ末端 (＝N 末端) から連続的に加水分解するエクソペプチダーゼ》.
amìno·phénol *n* 〘化〙 アミノフェノール《*o-*, *m-*, *p-* の 3 種の異性体があり, アゾ系媒染染料の中間体・現像液など用途が広い》.
ami·noph·yl·line /æ̀mənɑ́fələn/ *n* 〘薬〙 アミノフィリン《筋弛緩薬・血管拡張薬・利尿薬》. ［*amin-*, theo*phylline*］
amíno plástic [résin] 〘化〙 アミノプラスチック[樹脂]《アニリンアルデヒド樹脂・尿素樹脂・メラニン樹脂などの総称》.
am·i·nop·ter·in /æ̀mənɑ́ptərən/ *n* 〘生化〙 アミノプテリン《白血病治療用・殺鼠剤用》.
amìno·pý·rine /-páɪərì:n/ *n* 〘薬〙 アミノピリン《解熱・鎮痛剤》.
amino resin ⇨ AMINO PLASTIC.
amìno·salicýlic ácid 〘化〙 アミノサリチル酸, 《特に》 パラアミノサリチル酸.
amìno·tránsferase *n* 〘生化〙 アミノ基転移酵素, アミノトランスフェラーゼ (TRANSAMINASE).
amìno·tríazole *n* 〘化〙 アミノトリアゾール 《除草剤》.
amir ⇨ EMIR.
Ám·i·rante Íslands /ǽmərænt-/ *pl* [the] アミラント諸島《インド洋西部 Seychelles 諸島の南西にある島群; セーシェルの保護領》.
Amis /éɪməs/ エイミス (1) Sir **Kingsley** ～ (1922–95)《英国の小説家; Angry Young Men の代表的作家; *Lucky Jim* (1954)》 (2) **Martin** ～ (1949–)《英国の作家; Kingsley の息子》.
Amish /ɑ́:mɪʃ, ǽm-, éɪ-/ *n* [the, ‹*pl*›] アマン派(の人びと), アーミッシュ《17 世紀のスイスの牧師 Jakob Ammann /ɑ́:mɑ̀:n/ が創始したメノー派の分派; 主に 18 世紀にアメリカに移住; 現在 Pennsylvania 州, Ohio 州, Indiana 州などに居住し, きわめて質素な服装, 電気・自動車を使用しないことなどで知られる; cf. MENNONITE》. ► *a* アマン派の, アーミッシュの. ♦ **～·man** /-mən/, **～·wòman** *n* ［G *amisch*］
amiss /əmís/ *adv, pred a* (具合)悪く, まずく, 誤って, 不都合に[で], 不適当に[で]: What's ～ *with* it? それがどうかしたのか / do ～ やりそこなう. ● **not come [go] ～** 〈事が〉有益だ, 役に立つ: A little patience would *not go* ～. 少し我慢してみるのも悪くない / Nothing *comes* ～ to a hungry man. 《諺》 すき腹にまずいものなし. **speak ～** 言いそこなう; さしでがましいことを言う. **take…～** …の真意を誤解する, …を悪くとる, …に気を悪くする. ［*a-*[1]］
Am·i·ta·bha /ʌ̀mɪtɑ́:bə/ *n* 〘仏教〙 阿弥陀(あみだ), 無量光仏. ［Skt ＝infinite light］
ami·to·sis /æ̀mətóʊsəs, èɪmaɪ-/ *n* 〘生〙 《細胞の》 無糸分裂 (cf. MITOSIS). ♦ **àmi·tót·ic** /-tɑ́t-/ *a* **-i·cal·ly** *adv*
am·i·trip·ty·line /æ̀mətríptəlì:n/ *n* 〘薬〙 アミトリプチリン《抗鬱薬》.
am·i·trol, -trole /ǽmətrɑ̀ʊl/ *n* AMINOTRIAZOLE.
am·i·ty /ǽməti/ *n* **1** 親睦, 友好, 《特に国家間の》 親善(関係): a treaty of peace and ～ 平和友好[和親, 修好]条約 / in ～ 友好的に ‹*with*›. **2** [A-] アミティー《女子名》. ［OF＜L (*amicus* friend)］
AMM °antimissile missile.
am·ma /ʌ́mɑ:/ *n* 《インド》 おふくろ, 母さん.
Am·man /ɑ:mɑ́:n, -mǽn, əmɑ́:n/ アンマン《ヨルダンの首都; 古代名 Philadelphia, 聖書名 Rabbah, Rabbath, Rabbah [Rabbath] Ammon》.
am·meter /ǽ(m)mì:tər/ *n* 電流計, アンメーター. ［*ampere*＋*meter*］
am·mine /ǽmì:n, ―´, əmí:n/ *n* 〘化〙 アンミン《(1) アンミン錯塩 (ammoniate) **2)** 配位子としてのアンモニア分子》. ［*ammonia, -ine*］
am·mi·no /ǽmənòʊ, əmí:noʊ/ *a* 〘化〙 アンミン (ammine) の.
am·mi·no- /æmí:noʊ, ǽmənòʊ, -nə/ *comb form* 〘化〙「アンミン (ammine)」
am·mo /ǽmoʊ/ 《口》 *n* 弾薬 (ammunition); 攻撃[防衛]の材料; お金.
am·mo·coe·tes /æ̀məsí:tiz/, **-coete** /ǽməsì:t/ *n* 〘動〙 アンモシーテス《ヤツメウナギなど円口類の幼生; 河川の泥中にすむ》.
Am·mon[1] /ǽmən/ **1** アムモーン, アモン《古代エジプトの最高神 Amen のギリシア語名; ギリシアでは Zeus, ローマでは Jupiter と同一視された》. **2** [a-] 〘動〙 アルガリ (argali).
Ammon[2] 〘聖〙 **1 a** アンモン《Lot とその第 2 の娘の間にできた息子でアンモン人(びと)の先祖》. **b** アンモン人 (the Ammonites)《Jordan 川の東方に住んだ; *Gen* 19: 38》. **2** アンモン《Jordan 川の東にあったアンモン人の古王国; ☆Rabbah》. ［Heb］
am·mo·nal /ǽmənæ̀l/ *n* アンモナール《強力爆薬》.
am·mo·nate /ǽmənèɪt/ *n* 〘化〙 AMMONIATE.
am·mo·nia /əmóʊnjə/ *n* 〘化〙 アンモニア《気体》; AMMONIA WATER. ［L (SAL AMMONIAC); Lybia の *Ammon*[1] 神殿付近の塩より］
am·mo·ni·ac /əmóʊniæ̀k/ *n* アンモニアゴム (＝*gum ammoniac, Persian ammoniac*)《西アジア原産のセリ科の多年草から採るゴム樹脂; 去痰薬・興奮薬・磁器用硬化剤・香水などに用いる》; SAL AMMONIAC. ► *a* AMMONIACAL.
am·mo·ni·a·cal /æ̀mənáɪək(ə)l/ *a* 〘化〙 アンモニアの(ような), アンモニアを含む; SAL AMMONIAC の.
ammónia sóda pròcess 〘化〙 アンモニアソーダ法 (Solvay process).
am·mo·ni·ate /əmóʊnièɪt/ 〘化〙 *vt* アンモニア(化合物)と化合させる[で飽和する]; アンモニア化成する (ammonify). ► *n* アンモニア化物[錯塩]. ♦ **am·mò·ni·á·tion** *n* アンモニア処理.
ammónia wàter [solùtion] アンモニア水 (＝*ammonia, aqua ammonia, aqueous ammonia*).
am·mon·ic /əmɑ́nɪk, əmóʊ-/, **-i·cal** 〘化〙 *a* アンモニアの; アンモニウム(化合物)の.
am·mon·i·fy /əmɑ́nəfàɪ, əmóʊ-/ 〘化〙 *vt* …にアンモニア化成させる; AMMONIATE. ► *vi* アンモニア化成する. ♦ **-fi·er** *n* **am·mòn·i·fi·cá·tion** *n* アンモニア化成(作用); AMMONIATION.
am·mo·nite[1] /ǽmənàɪt/ *n* 〘古生〙 アンモナイト, アンモン貝, 菊石. ♦ **àm·mo·nít·ic** /-nít-/ *a* ［L＝horn of (Jupiter) Ammon[1]］
ammonite[2] *n* 《動物の老廃物から造る》 アンモニア肥料; アンモナイト《硝酸アンモニウムを主成分とする爆薬》. ［*ammonium*＋*nitrate*］
Am·mon·ite /ǽmənàɪt/ *n* 〘聖〙 アンモン人(びと)《AMMON[2] の子孫の古代セム人; アンモン王国の住民》; アンモン語. ► *a* アンモン人の.
am·mo·ni·um /əmóʊniəm/ *n* 〘化〙 アンモニウム《＋1 価の基 NH_4》.
Ammonium アンモニウム《SIWA の古称》.
ammónium cárbamate 〘化〙 カルバミン酸アンモニウム.
ammónium cárbonate 〘化〙 炭酸アンモニウム; 〘化〙 炭酸アンモン《炭酸水素アンモニウムとカルバミン酸アンモニウムの混合物》.
ammónium chlóride 〘化〙 塩化アンモニウム, 塩安《乾電池に使用される; また 去痰薬; cf. SAL AMMONIAC》.
ammónium cýanate 〘化〙 シアン酸アンモニウム.
ammónium hydróxide 〘化〙 水酸化アンモニウム.
ammónium nítrate 〘化〙 硝酸アンモニウム, 硝安《爆薬・肥料・獣医薬の製造に用いられる》.
ammónium phósphate 〘化〙 リン酸アンモニウム, 《特に》 DIAMMONIUM PHOSPHATE.
ammónium sàlt 〘化〙 アンモニウム塩.
ammónium súlfate 〘化〙 硫酸アンモニウム, 硫安《肥料製造用》.
am·mo·no /əmóʊnoʊ, ǽmənòʊ/ *a* 〘化〙 アンモニアの, アンモニアを含む, アンモニアから誘導された.
am·mo·no- /əmóʊnoʊ, ǽmənoʊ, -nə/ *comb form* 「アンモニアの」「アンモニアを含む」「アンモニアから誘導された」 ［AMMONIA］
am·mo·noid /ǽmənɔ̀ɪd/ *n* AMMONITE[1].
am·mo·nol·y·sis /æ̀mənɑ́ləsəs/ *n* (*pl* **-ses** /-sì:z/) 〘化〙 加安分解, アンモノリシス. ♦ **am·mo·no·lyt·ic** /əmòʊnəlítɪk, əmɑ̀nə-, æ̀mənoʊ-/ *a* ［*-lysis*］
am·mo·no·tel·ic /æ̀mənoʊtélɪk/ *a* 〘生〙 アンモニアを排出する: ～ animals アンモニア排出動物. ♦ **-not·el·ism** /æ̀mənɑ́t(ə)lìz(ə)m/ *n* アンモニア排出.
am·mu·ni·tion /æ̀mjəníʃ(ə)n/ *n* 〘軍〙 弾薬《弾薬・弾丸・砲弾・手榴弾・ロケットなどの総称》; 〘軍〙 核[生物, 化学]兵器; [*fig*] 戦闘[攻撃, 防衛]手段《議論の論旨を強化する事実[情報]・雪合戦の雪つぶてなど》; 《俗》 トイレットペーパー; *《俗》 酒, アルコール (liquor); 《古》 軍需品: an ～ belt 弾薬帯 / ～ boots 軍靴 / ～ industry 軍需工業. ［F *la* MUNITION を *l'ammunition* とした異分析］
Amn 〘米空軍〙 Airman.
Amne Machin Shan ⇨ A'NYÊMAQÊN SHAN.

am·ne·sia /æmníːʒə, -ziə/ *n* 〘医〙健忘(症), 記憶消失[喪失]; 記憶の欠落; とぼけること, しらばくれ. ◆ **-ne·sic** /-níːsɪk, -zɪk/, **-si·ac** /-ziæ̀k, -ʒi-/ *a, n* 健忘症の(人). ◆ **-nes·tic** /-néstɪk/ *a* [L＜Gk＝forgetfulness]

am·nes·ty /ǽmnəsti/ *n* 大赦, 特赦; [A-] AMNESTY INTERNATIONAL; 《古》目こぼし: grant an ～ to… 〈政治犯など〉に大赦を行なう. ► *vt* …に大赦を与える. [F or L＜Gk *amnēstia* oblivion]

Ámnesty Internátional 国際アムネスティ《1961 年 London で結成された, 思想・信条などの理由で投獄されている良心の囚人の釈放運動を行なっている組織; ノーベル平和賞 (1977)》.

am·nio /ǽmniou/ *n* AMNIOCENTESIS.

am·nio·centésis /æ̀mniou-/ *n* (*pl* **-ses**) 〘産科〙羊水穿刺(せん)《性別・染色体異常を調べる》.

am·ni·og·ra·phy /æ̀mniágrəfi/ *n* 〘医〙羊水造影(法).

am·ni·on /ǽmniən, -àn/ *n* (*pl* **～s, -nia** /-niə/) 〘解・動〙《胎児を包んでいる》羊膜; 〘昆〙羊膜. [Gk＝caul (dim)〈*amnos* lamb]

am·ni·on·ic /æ̀mniánɪk/ *a* AMNIOTIC.

ám·nio·scòpe /ǽmniə-/ *n* 〘医〙羊水鏡.

am·ni·os·co·py /æ̀mniáskəpi/ *n* 〘医〙羊水鏡検査(法).

am·ni·ote /ǽmniòut/ 〘動〙*a, n* (有)羊膜類 (Amniota) の(動物)《脊椎動物のうち発生の過程で羊膜を生じるもの; 爬虫類・鳥類・哺乳類》.

am·ni·ot·ic /æ̀mniátɪk/ *a* 〘解・動〙羊膜の.

amniótic flúid 〘生理〙羊水.

amniótic sác AMNION.

amn't /ǽnt, ǽmənt/ 《スコ・アイル・米方》am not の短縮形 (cf. AIN'T, AN'T).

amo·bárbitàl /æ̀mou-/ *n* 〘薬〙アモバルビタール《鎮静剤・催眠剤》.

amo·di·a·quin /æ̀moudáɪəkwìn/, **-quine** /-kwìːn/ *n* 〘薬〙アモジアキン《塩酸塩を抗マラリア薬とする》.

amoeba ⇨ AMEBA. ◆ **-bic** *a*

am·oe·b(a)e·an /æ̀mɪbíːən, æ̀mə-/ *a* 〘韻〙応答[対話]体の〈詩など〉.

amoebiasis, amoebiform, amoebocyte, amoeboid ⇨ AMEBIASIS, AMEBIFORM, AMEBOCYTE, AMEBOID.

amok /əmʌ́k, əmák/, **amuck** /əmʌ́k/ *n* アモク《急に興奮して殺人を犯す精神障害; 元来マレー人特有のものとされた》. ► *adv, a* 殺気立って[た]; 怒り狂って[た]. ● **run** [**go**] **～** 逆上して殺害しようとする; 怒り狂う. [Malay＝rushing in frenzy]

amo·le /əmóuli/ *n* 根や分泌液を石鹸の代用にする植物《ある種のリュウゼツランなど》; その根[分泌液]. [Sp＜Nahuatl]

Amon /áːmən/ 〘エジプト神話〙AMEN.

among /əmʌ́ŋ, ─⌐/ *prep* **1** …の間に存在して; …に囲まれて, …といっしょにいて: a boy ～ his friends 友人に囲まれた少年 / ～ the crowd 群衆の中に. **2** 〈特定の集団〉の中で, …に含まれて; …の中で比較して: popular ～ investors 投資家の間で人気のある / the most talented ～ her peers 仲間うちでもっとも才能がある. **3** …の間で協力[分配]して: Divide these ～ you three. これをきみたち 3 人で分けなさい / They killed the wolf ～ them. みんなで協力して狼を殺した / They quarreled ～ themselves. 内輪げんかをした. ★ 通例三者以上の間, または不特定多数の者について使う; cf. BETWEEN. ● **～ others** [**other things**] 数ある中で, 中に加わって; 特に, なかんずく: Thanks to Mr. A, ～ *others* とりわけ A 氏のおかげで. [OE (*on* in, *gemang* assemblage)]

amongst /əmʌ́ŋst, ─⌐/ *prep* AMONG. [↑, *-s* (gen), *-t*; cf. AGAINST]

Amon-Ra /áːmənráː/ 〘エジプト神話〙AMEN-RA.

amon·til·la·do /əmɑ̀nt(ə)láːdou, -(l)jáːðou/ *n* (*pl* **～s**) アモンティリャード《スペイン産のやや辛口のシェリー》. [Sp (*Montilla* スペイン南部の町)]

amór·al /eɪ-, æ-/ *a* 道徳的でも不道徳的でもない, 道徳外の (nonmoral); 道徳規準をもたない. ◆ **～·ly** *adv* **～·ìsm** *n* **àmo·rál·i·ty** /èɪ-, æ̀-/ *n* [*a*-[2]]

amorce /əmɔ́ːrs/ *n* おもちゃのピストルの雷管; 起爆剤.

amo·ret·to /æ̀mərétou, àː-/ *n* (*pl* **-ti** /-ti/, **～s, ～es**) 〘美〙天使童子, アモレット (cupid, cherub). [It (L *amor* love)]

Amor·gos /əmɔ́ːrgəs/ アモルゴス (ModGk **Amor·gós** /àːmɔːrgɔ́ːs/)《エーゲ海南部の Cyclades 諸島中の島》.

amo·ri·no /æ̀məríːnou, àː-/ *n* (*pl* **-ni** /-ni/, **～s**) 〘美〙天使童子 (cherub). [It (*amoretto*)]

am·or·ist /ǽmərɪst/ *n* 好色家, 色事師; 恋愛文学作家. ◆ **am·or·is·tic** /æ̀mərístɪk/ *a* [L *amor* love, *-ist*]

Am·o·rite /ǽməràɪt/ *n, a* アモリ族(の), 〘聖〙アモリ人(びと)(の)《シリア・パレスティナ地方に住んだセム系遊牧民; *Gen* 10: 16》.

amo·ro·so[1] /àːməróusou/ *a, adv* 〘楽〙愛情をこめた[こめて]; 優しい[優しく]. [It＝AMOROUS]

amoroso[2] *n* (*pl* **～s**) アモロソ《こくのある中辛口のシェリー》. [Sp ＝AMOROUS]

am·o·rous /ǽm(ə)rəs/ *a* 好色な, 多情な; (…に)恋して, (…を)好んで 〈*of*〉; 恋の, 色事の; なまめかしい: ～ songs 恋歌 / ～ glances 色目, 秋波. ◆ **～·ly** *adv* **～·ness** *n* [OF＜L; ⇨ AMOUR]

amor pa·tri·ae /áːmɔːr páːtriàɪ, ǽmɔːr pǽtriìː, éɪmɔːr péɪtriìː/ 祖国愛, 愛国心. [L]

amor·phism /əmɔ́ːrfɪz(ə)m/ *n* AMORPHOUS なこと; 〘生・化〙無定形; 〘鉱〙非晶; 《廃》虚無主義 (nihilism).

amor·phous /əmɔ́ːrfəs/ *a* 明確な形のない, 不定形の, まとまり[組織, 統一]のない, 無構造の; 〘生・化〙無定形の; 〘鉱〙非晶質の. ◆ **～·ly** *adv* **～·ness** *n* [NL＜Gk＝shapeless (*a*-[2], *morphē* form)]

amort /əmɔ́ːrt/ 《古》*a* 死んだ; 死にそうな; 茫然[悄然]とした, 落胆した.

am·or·ti·za·tion, 《英》**-sa-** /æ̀mərtəzéɪʃ(ə)n, əmɔ̀ːr-; -taɪ-/ *n* 〘会計〙《減債基金による公債・社債の》割賦償還[償却](額); 《無形固定資産の》なしくずし償却; 〘法〙《法人, 特に教会への》不動産譲渡, 死手譲渡.

am·or·tize, 《英》**-tise** /əmɔ́ːrtàɪz, ǽmərtàɪz/ *vt* 〘会計〙〈負債を〉割賦償還[償却]する; 〘法〙《死手法上》〈不動産を〉法人[《特に》教会]に譲渡する, 死手譲渡する. ◆ **～·ment** /əmɔ́ːrtɪzmənt, æ̀mərtáɪz-/ *n* AMORTIZATION. **-tìz·able,** 《英》**-tìs-** *a* [OF (L *ad mortem* to death)]

amor vin·cit om·nia /áːmɔːr wíŋkət ɔ́ːmniə/ 愛はすべてを克服する. [L＝love conquers all]

Amos /éɪməs; -mɔs/ **1** エーモス《男子名》. **2** 〘聖〙アモス《ヘブライの預言者》; アモス書《旧約聖書の一書》. [Heb＝burden(-bearer)]

Ámos and ['n'] Ándy 「エーモスとアンディー」《1930 年代米国のラジオで人気を博した 2 人の黒人 Amos Jones とぼけ役の Andy Brown を中心とする連続コメディーで, 演じたのは白人; のちにテレビ番組にもなった (1951–53)》.

am·o·site /ǽməsàɪt, -zàɪt/ *n* 〘鉱〙アモサイト《鉄分に富む角閃石石綿》. [*A*sbestos *M*ine *o*f *S*outh Africa, *-ite*]

amo·tion /əmóuʃ(ə)n/ *n* 剝離, 分離; 〘法〙罷免, 剝奪.

amò·ti·vá·tion·al /èɪ-/ *a* 無動機の. [*a*-[2]]

amount /əmáunt/ *vi* **1** 総計〈…に〉達する 〈(*up*) *to* so much〉: The debt ～*s to* $1 million. 負債は 100 万ドルにのぼる. **2** 帰するところ〈…に〉なる, 実質上〈…に〉等しい 〈*to*〉: He won't ～ *to* much. たいしたものになるまい / It ～*s to* this: …. つまり…ということだ / This answer ～*s to* a refusal. この返事は拒絶も同然だ. ► *n* [the] 総額; 〘会計〙元利合計; 帰するところ, 趣旨; 量: a large [small] ～ of …＝large [small] ～*s* of… 多量[少量]の…, 多大な[わずかな]… / No ～ of pleading will do. どんなに嘆願してもむだだろう. ● **any ～** 《俗》相当量, 多量 (a great deal). **in ～** 量は; 総計, しめて; 要するに. [OF＜L (*ad montem* up the hill)]

amóunt of súbstance [the] 〘理〙物質量《物質中の原子・分子・イオンなどの粒子の量; モルで表わす》.

amour /əmúər, ɑː-, æ-; *F* amuːr/ *n* 色事, 情事, 浮気, 密通; 愛人《特に 女性》. [F＜L *amor* love]

am·ou·rette /æ̀mərét/ *n* ちょっとした[束(つか)の間の]情事; 浮気の当事者《女》.

amour fou /*F* amuːr fu/ 狂気の愛. [F＝insane love]

amour pro·pre /*F* amuːr prɔpr/ 自尊心, 自負, 矜持; うぬぼれ. [F＝ love of oneself]

amove /əmúːv/ *vt* 〘法〙罷免[剝奪]する (remove).

amowt ⇨ AMAUT.

am·oxi·cil·lin | **-oxy-** /əmɑ̀ksəsílən/ *n* 〘薬〙アモキシシリン《経口ペニシリン》.

Amoy /əmɔ́ɪ, ɑː-, æ-/ 厦門(アモイ) (XIAMEN); 《中国語の》厦門方言.

amp[1] /ǽmp/ 《口》*n* アンプ《AMPLIFIER; また, スピーカーと一体になったもの》. ► *vt* 強化する 〈*up*〉; 〈音楽を〉(アンプで)増幅する, 大音響で流す 〈*up*〉; 興奮させる, 高揚させる, 盛り上がらせる 〈*up*〉.

amp[2] *n* 《俗》麻薬のアンプル (ampoule).

amp[3] *n* AMPERE.

amp[4] *n* [[U]*pl*] 《俗》アンフェタミン (amphetamine) 錠[カプセル]. ◆ **～ed (up)** *a* (アンフェタミンで)ラリった, ハイになった, ぶっとんだ.

AMP /èɪèmpíː/ *n* 〘生化〙アデノシン一リン酸 (adenosine monophosphate), AMP (＝*adenylic acid*).

AMP Australian Mutual Provident Society.

Am·pa·kine /ǽmpəkàɪn/ *n* 〘商標〙アンパカイン《脳活性化物質》.

am·pe·lop·sis /æ̀mpəlápsəs/ *n* 〘植〙ノブドウ属 (*A*-) のつる性低木; 《各種の》ツタ. [NL (Gk *ampelos* vine, *opsis* appearance)]

am·per·age /ǽmp(ə)rɪdʒ, -pɪər-/ *n* 〘電〙アンペア数.

am·pere /ǽmpɪ̀ər, -pɪər/ *n* 〘電〙アンペア《電流の強さの単位; 略 A, amp.》. [↓]

Am·père /*F* ɑ̃pɛːr/ アンペール **André-Marie ～** (1775–1836)《フランスの物理学者・数学者》.

ámpere-hóur *n* 〘電〙アンペア時《略 Ah, AH, a.h.》.

ámpere·mèter *n* 電流計 (ammeter).

ámpere-tùrn *n* 〘電〙アンペア回数《略 At》.

am·per·o·met·ric /æ̀mpɪərəmétrɪk/ *a* 電流測定の.

am·per·sand /ǽmpərsæ̀nd, ⌐─⌐/ *n* アンパサンド《& または & (＝and, ラテン語の et を合成したもの) の字の呼び名; short and ともいう》. [*& per se and* & by itself (is) and]

A

am·phet·amine /æmfétəmìːn, -mən/ *n* 〔薬〕アンフェタミン《中枢神経興奮薬; しばしば覚醒剤として濫用される; 硫酸塩を子供の多動症, ナルコレプシーの治療に用いるほか食欲抑制薬にもする》. [*alpha-methyl-phenethylamine*]

am·phi- /ǽmfɪ, -fə/, **amph-** /ǽmf/ *pref*「両…」「両様に…」「周囲に」(cf. AMBI-). [Gk]

àmphi·arthrósis *n* (*pl* **-ses**) 〔解〕半[連合]関節《癒着・靭帯結合を含む》.

ámphi·àster *n* 〔生〕《細胞分裂の》両星, 双星.

Am·phib·ia /æmfíbiə/ *n pl* 〔動〕両生綱[類]. [Gk (*amphi-*, *bios* life)]

am·phíb·i·an *a* 〔動〕両生類の; 水陸両用の〈乗物〉; AMPHIBIOUS. ► *n* 水陸両生の動物[植物], 《特に》両生類の動物; 水陸両用飛行機[戦車], 《海からの上陸作戦用の》水陸両用車.

am·phib·i·ol·o·gy /æmfìbiáləʤi/ *n* 〔動〕両生類学.

àmphi·biótic *a* 〔動〕幼生[幼虫]期は水中にすむが成長して陸上にすむ, 水陸両生の.

am·phib·i·ous /æmfíbiəs/ *a* 〔生〕水陸両生の, 両生の; 水陸両用の; 〔軍〕上陸(作戦)の, 水陸両用(作戦)の; 二重の性格[性質, 生活, 地位]をもつ. ♦ **~·ly** *adv* **~·ness** *n*

àmphi·blástic *a* 〔動〕〈全割の場合の端黄卵が〉不等割の.

àmphi·blástula *n* 〔動〕《石灰海綿類の》両域胞胚, 中空幼生, アンフィブラストゥラ.

am·phi·bole /ǽmfəbòʊl/ *n* 〔鉱〕角閃石(かくせんせき).

am·phi·bol·ic /æmfəbálɪk/ *a* AMPHIBOLE の; AMPHIBOLOGICAL; 〔医〕不安定な.

am·phib·o·lite /æmfíbəlàɪt/ *n* 〔岩石〕角閃岩. ♦ **am·phìb·o·lít·ic** /-lít-/ *a*

am·phi·bol·o·gy /æ̀mfəbáləʤi/, **am·phib·o·ly** /æmfíbəli/ *n* 言語のあいまいさ; あいまい語法; あいまい語法のために 2 つ(以上)の解釈のできる句[文] (cf. EQUIVOCATION). ♦ **am·phib·o·log·i·cal** /æmfìbəláʤɪk(ə)l/ *a* 文意不明の, あいまいな. **am·phib·o·lous** /æmfíbələs/ *a* 両義の, 意義のあいまいな. [*-logy*]

am·phi·brach /ǽmfəbræ̀k/ *n* 〔韻〕短長短格 (◡–◡), 弱強弱格 (×⊥×). ♦ **àm·phi·brách·ic** *a*

am·phi·chro·ic /æ̀mfəkróʊɪk/, **-chromátic** *a* 〔化〕異なる条件のもとで 2 つの色を示す, 両色反応の.

am·phi·coe·lous /æ̀mfəsíːləs/ *a* 〔解・動〕両凹の.

am·phic·ty·on /æmfíktiən/ *n* 〔史〕アンフィクチオン同盟会議の代議員. [Gk=dwellers around]

am·phic·ty·o·ny /æmfíktiəni/ *n* 〔史〕アンフィクチオン同盟, 隣保同盟《古代ギリシアで神殿擁護のために結んだ近隣諸都市国家の同盟》; 〔政〕《共同利益のための》近隣諸国連合. ♦ **am·phìc·ty·ón·ic** /-án-/ *a*

àmphi·díploid *a*, *n* 〔生〕複二倍体(の). ♦ **-díp·lòi·dy** *n* 複二倍性.

am·phig·a·mous /æmfígəməs/ *a* 〔植〕雌雄の別の明らかな生殖器官を欠く. [*-gamous*]

am·phi·go·ry /ǽmfəgɔ̀ːri; -g(ə)ri/, **-gou·ri** /-gʊ̀əri/ *n* 《一見意味があるようで》無意味な文[詩]; パロディー.

am·phim·a·cer /æmfíməsər/ *n* 〔韻〕長短長格 (–◡–), 強弱強格 (⊥×⊥).

am·phi·mic·tic /æ̀mfɪmíktɪk/ *a* 〔生〕自由交雑によって生殖力のある子孫をつくる. ♦ **-ti·cal·ly** *adv*

am·phi·mix·is /æ̀mfɪmíksəs/ *n* (*pl* **-mix·es** /-míksìːz/) 〔生〕両性混合, アンフィミクシス《配偶子の癒合による有性生殖; opp. *apomixis*》.

am·phi·neu·ran /æ̀mfən(j)ʊ́ərən/ *n* 〔動〕双(神)経類 (Amphineura) の軟体動物.

Am·phi·on /æmfáɪən/ 〔ギ神〕アムピーオーン《Zeus の子で Niobe の夫; 竪琴を弾いて石を動かしテーバイの城壁を築いた》.

am·phi·ox·us /æ̀mfiáksəs/ *n* (*pl* **-oxi** /-áksàɪ/, **~·es**) 〔動〕ナメクジウオ (lancelet).

àmphi·páthic, **ámphi·pàth** *a* AMPHIPHILIC.

ámphi·phìle *n* 〔化〕両親媒性の化合物.

àmphi·phílic *a* 〔化〕両親媒性の《水性溶媒にも油性溶媒にも親和性のある》.

ámphi·plòid *a*, *n* 〔生〕複倍数体(の). ♦ **-plòi·dy** *n* 複倍数性.

am·phi·pod /ǽmfəpɑ̀d/ *n*, *a* 〔動〕端脚類の(動物).

amp·hip·o·dal /æmfípəd(ə)l/, **-dan** /-dən/, **-dous** /-dəs/ *a* 〔動〕AMPHIPOD.

am·phi·pro·style /æ̀mfɪpróʊstàɪl, æmfíprəstàɪl/ *a*, *n* 〔建〕両面前柱式の(建物), アンフィプロステュロス(の).

am·phi·pro·tic /æ̀mfəpróʊtɪk/ *a* AMPHOTERIC.

am·phis·bae·na /æ̀mfəsbíːnə/ *n* 《伝説の》両頭蛇(だ)《前後へ進める》. ♦ **-báe·nic** *a* [Gk *bainein* to go]

àm·phis·báe·ni·an 〔動〕*a* ミミズトカゲ亜目 (Amphisbaenia) の. ► *n* ミミズトカゲ.

àmphi·stómatal, **-stomátic** *a* 〔植〕〈葉が〉気孔 (stomata) が両面に分布する.

am·phis·to·mous /æmfístəməs/ *a* 〔動〕〈ヒルが〉体の両端に各 1 個の吸盤 (sucker) をもつ. [NL＜Gk (STOMA)]

am·phi·sty·lar /æ̀mfəstáɪlər/ *a* 〔建〕両端[前後, 両側]に柱のある, 二柱[両柱](式)の.

am·phi·the·ater | **-the·atre** /ǽmfəθìːətər; -θìətər/ *n* 〔古ロ〕円形演技場[劇場]《中央の闘技場の周囲にひな壇式の観覧席があった》; 〔劇〕ひな壇式半円形のさじき[観覧席], アンフィシアター; 階段式座席のある大講堂[集会場, 外科手術見学室]; 闘技場, 試合場; 〔地理〕半円劇場《(半)円形の盆地》. ♦ **am·phi·the·at·ric** /æ̀mfəθiǽtrɪk/, **-ri·cal** *a* 円形演技場で行なわれる; 円形演技場(の観覧席)のような. **-ri·cal·ly** *adv* [L＜Gk (AMPHI-)]

am·phi·the·ci·um /æ̀mfəθíːʃiəm, -siəm/ *n* (*pl* **-cia** /-ʃiə, -siə/) 〔植〕アンフィテシウム《コケ類の蒴の外層》.

am·phit·ri·chous /æmfítrəkəs/, **-chate** /-kət/ *a* 〔生〕両極に鞭毛のある, 両毛(性)の. [*-trichous*]

Am·phi·tri·te /æ̀mfətráɪti/ 〔ギ神〕アムピトリーテー《海神 Poseidon の妻で海の女王; Triton の母》.

am·phit·ro·pous /æmfítrəpəs/ *a* 〔植〕〈胚珠が〉曲生の.

Am·phit·ry·on /æmfítriən/ **1** 〔ギ神〕アムピトリュオーン (Alcmene の夫). **2** 主人役, (もてなしのよい)接待者.

am·phi·u·ma /æ̀mfijúːmə/ *n* 〔動〕アンヒューマ《米国東南部産アンヒューマ科アンヒューマ属 (*A-*) のウナギに似た大型のサンショウウオの総称》. [NL (AMPHI-+Gk *pneuma* breath)]

am·pho·génic /æ̀mfə-/ *a* ほぼ同数の雄と雌を生む.

am·pho·ra /ǽmfərə/ *n* (*pl* **-rae** /-rìː, -ràɪ/, **~s**) アンフォラ《古代ギリシア・ローマの首が細長く底のとがった両取っ手付きの壺》; アンフォラ型容器. [L＜Gk *amphoreus*]

am·phor·ic /æmfɔ́(ː)rɪk, -fár-/ *a* 〔医〕空壺音性の.

am·pho·ter·ic /æ̀mfətérɪk/ *a* 異なる 2 つの性質をもつ; 〔化〕酸としても塩基としても反応する, 両向性の, 両性の.

am·pho·ter·i·cin (B) /æ̀mfətérəsən (bíː)/ 〔薬〕アンフォテリシン (B) 《抗真菌薬》.

amp hr, amp-hr 〔電〕ampere-hour.

am·pi·cil·lin /æ̀mpəsílən/ *n* 〔薬〕アンピシリン《グラム陰性菌・グラム陽性菌に有効なペニシリン》.

am·ple /ǽmp(ə)l/ *a* **1** 余るほど十分な, 豊富な; 必要を満たすに十分な (opp. *scanty*); [*euph*] 体格のいい, かっぷくのいい (stout), 豊満な: ~ means 豊かな資産 / ~ courage [room, opportunity, time] 十分な勇気[余地, 機会, 時間] / an ~ supply of coal 十分な石炭の供給 / do ~ justice to a meal 食事を残らず平らげる. **2** 広々とした, 広大な: an ~ house 手広い家. ♦ **~·ness** *n* [F＜L＝spacious]

am·plex·i·caul /æmpléksəkɔ̀ːl/ *a* 〔植〕〈葉が〉抱茎の (cf. PERFOLIATE): an ~ leaf 抱茎葉《トウモロコシの葉など》.

am·plex·us /æmpléksəs/ *n* 〔動〕抱接《カエルなどのように, 体外受精でも雌雄両個体が体を密着させ, 生んだ卵に直ちに精子をかける行為》.

am·pli·a·tion /æ̀mpliéɪʃ(ə)n/ 《古》*n* 拡大, 拡充; 拡大[拡充]のために追加したもの.

am·pli·a·tive /ǽmplièɪtɪv, -pliət-/ *a* 〔論〕拡充の: an ~ proposition 拡充命題.

am·pli·dyne /ǽmplədàɪn/ *n* 〔電〕アンプリダイン《わずかな電力変化を増幅する直流発電機》.

am·pli·fi·ca·tion /æ̀mpləfəkéɪʃ(ə)n/ *n* 拡大; 〔電〕増幅; 〔論〕拡充; 〔修〕拡充, 敷衍(ふえん); 敷衍するために付け加えるもの; 敷衍した陳述; 〔生〕増幅 (GENE AMPLIFICATION).

am·pli·fi·ca·to·ry /æmplífəkətɔ̀ːri; ǽmplɪfɪkèɪt(ə)ri/ *a* 拡充[敷衍]的な.

ám·pli·fì·er *n* AMPLIFY する人[もの]; 拡大鏡, 拡(か)レンズ; 〔電〕増幅器, アンプ.

am·pli·fy /ǽmpləfàɪ/ *vt* 拡大[拡充]する; 〔電〕増幅する; 敷衍する; *大げさに言う; 〔生〕〈遺伝子を〉増幅する. ► *vi* 敷衍して説明する 〈*on* a subject〉, 詳細に述べる. [F＜L; ⇨ AMPLE]

am·pli·tude /ǽmplət(j)ùːd/ *n* 広さ, 大きさ; 十分なこと; 《知力・財力・威厳などの》豊かさ, 規模の大きさ; 〔理〕振幅; 〔砲〕射程, 弾着距離; 〔数〕《図形の》幅; 〔数〕《複素数の》偏角 (argument); 〔天〕《天体の》出没方位角, 角径, 角距. [F or L; ⇨ AMPLE]

ámplitude modulátion 〔電子工〕振幅変調; AM(放送)《略 AM; cf. FREQUENCY MODULATION》.

am·ply /ǽmpli/ *adv* 広々と; たっぷり, 十分に; 詳細に.

am·poule, -pule, -pul /ǽmpul, -pjùːl/ *n* 《注射薬 1 回分入りの》アンプル; アンプル形の容器[瓶]. [F (AMPULLA)]

amp·ster, am·ster /ǽm(p)stər/ *n* 《豪俗》《見世物・ストリップショーなどの》呼び込み, 客引き(人).

am·pul·la /æmpúlə, -pʌ́lə, *ǽmpjùːlə/ *n* (*pl* **-lae** /-lìː, -làɪ/) アムプラ《古代ローマの両取っ手付きとっくり形の瓶》; 〔教会〕聖油[神酒]入れ; 〔解・動〕膨大(ぼうだい)(部); 〔動〕《棘皮動物の》瓶嚢; 〔植〕《水生植物の》瓶状部. ♦ **am·púl·lar, -lary** /, *ǽmpjələri/ *a* [L＝bottle]

am·pul·la·ceous /æ̀mpəléɪʃəs/, **-la·ceal** /-léɪʃəl/ *a* AMPULLA の形をした, フラスコ[瓶]形の.

ampúlla of Lo·ren·zí·ni /-lɔ̀ːrənzíːni/ 〔魚〕ローレンツィーニ器官[瓶]《サメ・エイなど板鰓(ばんさい)類の頭部にある感覚器官の一種で, 電気を

A

感知する機能をもつとされる》. [Stefano *Lorenzini* (fl. 1678) イタリアの医師]

am·pu·tate /ǽmpjətèɪt/ *vt* 〈手足などを〉切断する; 〈問題の一側面・文章内容の一部などを〉切り離す, 切除する. ♦ **-tà·tor** *n* 切断手術をする人. **àm·pu·tá·tion** *n* 切断(術[法]). [L (*amb*- around, *puto* to prune)]

am·pu·tee /æ̀mpjətíː/ *n* 切断手術をうけた人.

AMRAAM /ǽmræ̀m/ advanced medium-range air-to-air missile 新型中距離空対空ミサイル, アムラーム.

Am·ra·va·ti /ʌmrɑ́ːvəti, ɑ̀ːm-/ アムラヴァティー《インド中部 Maharashtra 州北東部の市; 綿業の中心地; 旧称 **Am·rao·ti** /əmráʊti/ アムラウティ》.

am·rit /ǽmrət/, **am·ri·ta** /æmríːtə/ *n* 〘ヒンドゥー神話〙(不老)不死の水, アムリタ《Sikh 教徒が洗礼などに用いる甘い飲料》; 《この水による》(不老)不死. [Skt]

Am·rit·sar /ʌmrítsər/ アムリッツァル《インド北部 Punjab 州北西部の市; シク教の総本山がある》. ■ the **Mássacre of** ～ アムリッツァルの虐殺《1919 年, アムリッツァルで, 民族運動弾圧のための治安維持法に抗議する集会に参加した非武装の市民に英側部隊が発砲を加えて多数の死者を出した事件; この結果, Gandhi の指導の下, 非暴力的非協力運動が生まれた》.

am·scray /ǽmskrèɪ/ *vi**《俗》去る, ずらかる (scram).

AMSLAN °American Sign Language.

amster ⇨ AMPSTER.

Am·ster·dam /ǽmstərdæ̀m; ⏝⏝⏝/ アムステルダム《オランダの首都・海港; 行政上の首都は The Hague》. ♦ **～·mer** *n*

Am·strad /ǽmstræ̀d/ 〘商標〙アムストラド《英国 Amstrad 社の低価格パソコン; 主にワープロとして使用される》.

amt amount.

AMT 〘米〙alternative minimum tax 選択的最低限税.

am·trac, -tra(c)k /ǽmtræ̀k/ *n* 〘米軍〙《第二次大戦で初めて使用された》水陸両用車[トラクター] (amphibian). [*am*phibious＋*tractor*]

Am·trak /ǽmtræ̀k/ アムトラック《米国全土に鉄道網をもつ National Railroad Passenger Corporation (全米鉄道旅客輸送公社) の通称; 1970 年設立》. [*American Track*]

amu, a.m.u. 〘理〙°atomic mass unit.

amuck ⇨ AMOK.

Amu Dar·ya /ɑ́ːmu dɑ́ːrjə/ [the] アムダリア川《Pamir 高原に発し Aral 海に注ぐ川; 古代名 Oxus》.

am·u·let /ǽmjələt/ *n* 《装身具や宝石にまじないの文字や絵を刻み込んだ》お守り, 護符, 魔除け. [L<?]

Amūn /ɑ́ːmən/ 〘エジプト神話〙AMEN.

Amund·sen /ɑ́ːmən(d)s(ə)n/ アムンゼン **Roald** ～ (1872–1928)《ノルウェーの探検家; 1911 年に最初に南極点に到達した》.

Ámundsen Séa [the] アムンゼン海《南極大陸 Marie Byrd Land 沖の太平洋の南部海域》.

Amur /ɑːmúr; əmúər/ [the] アムール川《アジア北東部の川; 中国名は黒竜江 (Heilong Jiang)》.

amuse /əmjúːz/ *vt* **1** おもしろがらせる, 楽しませる, 笑わせる, 慰める: ～ sb *with* [*by* telling sb] a story 話をして人を楽しませる / ～ *oneself* 〈…で, …をして〉楽しむ, おもしろがる, 慰む 〈*with* a camera, (*by*) doing〉/ be ～*d at* [*by*, *with*, *to* learn]…を見て[聞いて, して, 知って]おもしろがる / You ～ me. まあばからしい, 笑わせるね / We are not ～*d*. おもしろくも何ともない. **2**《古》惑わす; 《廃》没頭させる; 《廃》混乱させる. ► *vi*《廃》MUSE. ♦ **amús·able** *a* **amús·er** *n* [OF＝to cause to MUSE (*ad*- to)]

amused *a* おもしろがって[楽しんで]いる〈見物人・表情など〉. ♦ **amús·ed·ly** /-ədli/ *adv* おもしろがって; 楽しそうに.

amuse-gueule /əmjúːzgə́ːrl; *F* amyzgœl/, **amuse-bouche** /-búːʃ; *F* -buʃ/ *n* (*pl* ～**s**) 〘料理〙《食前酒と共に出す》つまみ, アミューズ(グール[ブーシュ]). [F＝amuse mouth]

amúse·ment *n* 慰み, 楽しみ; 楽しませる[慰める]もの, 気晴らし, 遊び, 娯楽(施設), 遊具: a place of ～ 娯楽場 / *to* my ～ おもしろいことには / *in* ～ おもしろがって / do sth for ～ 慰みにやる / my favorite ～*s* わたしの好きな娯楽 / plays and other ～*s* 演劇その他の娯楽.

amúsement arcàde" ゲームセンター (game arcade*).

amúsement pàrk* 遊園地 (funfair").

amúsement tàx 遊興税.

amu·sia /eɪmjúːziə/ *n* 〘医〙音楽聾(ろう), 失音楽(症), 音痴.

amús·ing *a* 楽しい, 愉快な, おもしろい, おかしい. ♦ **～·ly** *adv*

amus·ive /əmjúːzɪv, -sɪv/ *a* おもしろい, 楽しくする (amusing). ♦ **～·ly** *adv*

AMVETS /ǽmvèts/ American Veterans (of World War II) (第二次大戦)米国出征兵士会《1945 年創立; 本部 Washington, D.C.》.

Am·way /ǽmwèɪ/ 〘商標〙アムウェイ《米国の日用家庭雑貨の製造・販売会社 Amway Corp. のブランド; 店頭販売は行なわず, 主婦などが知人を訪問したりパーティーを開いたりして販売する》.

Amy /éɪmi/ エイミー《女子名》. [OF<L＝beloved]

Amy·as /éɪmiəs/ エイミアス《男子名》. [? (dim); cf. AMADEUS]

amyg·da·la /əmígdələ/ *n* (*pl* **-lae** /-lìː, -làɪ/) 〘解〙扁桃; 〘解〙小脳扁桃; 〘解〙《大脳側頭葉の》扁桃核 (＝*amygdaloid nucleus* [*body*]); 《古》ハタンキョウ (almond).

amyg·da·la·ceous /əmìgdəléɪʃəs/ *a* 〘植〙《古い分類で》ハタンキョウ科 (Amygdalaceae) の.

amyg·da·late /əmígdələt, -lèɪt/ *a* ハタンキョウの(ような).

amyg·dale /əmígdèɪl/ *n* AMYGDULE.

am·yg·dal·ic /æ̀mɪgdǽlɪk/ *a* ハタンキョウの; 〘生化〙アミグダリン[マンデル酸]の[から得た].

amyg·da·lin /əmígdələn/ *n* 〘生化〙アミグダリン《苦扁桃の仁(じん)に存在する配糖体; 白色結晶》.

amyg·da·line /əmígdələn, -làɪn/ *a* ハタンキョウの(ような); 〘解〙扁桃腺の.

amyg·da·loid /əmígdəlɔ̀ɪd/ *n* 〘地質〙杏仁(きょうにん)状溶岩. ► *a* AMYGDALOIDAL; 扁桃の[を冒す].

amyg·da·loi·dal /əmìgdəlɔ́ɪdl/ *a* 杏仁状の; 〘地質〙杏仁状溶岩の(ような).

amýgdaloid núcleus [**bódy**] 〘解〙扁桃核.

amyg·da·lot·o·my /əmìgdəlɑ́təmi/ *n* 〘医〙類扁桃体切除(術).

amyg·dule /əmígd(j)ùːl/ *n* 〘地質・鉱〙杏仁 (＝*amygdale*).

Ámy-Jóhn *n**《俗》女同性愛者, レズ《特に 男役》. [Amazon からの連想, または F *ami Jean* friend John]

am·yl /ǽməl/ *n* 〘化〙アミル(基) (＝*pentyl*) (＝～ **ràdical** [**gròup**]); 《口》AMYL NITRITE. ♦ **amyl·ic** /əmílɪk/ *a* [L＝starch]

am·yl- /ǽməl/, **am·y·lo-** /ǽməloʊ, -lə/ *comb form*「澱粉」「アミル」[Gk]

am·y·la·ceous /æ̀məléɪʃəs/ *a* 澱粉性[質, 状]の.

ámyl ácetate 〘化〙酢酸アミル (banana oil).

ámyl álcohol 〘化〙アミルアルコール《フーゼル油の主成分; 溶剤》.

am·y·lase /ǽməlèɪs, -z/ *n* 〘生化〙アミラーゼ《澱粉やグリコーゲンを加水分解する酵素》.

am·yl·ene /ǽməlìːn/ *n* 〘化〙アミレン《オレフィン族炭化水素の一つ》.

ámyl nítrate 〘化〙硝酸アミル《ニトロ化剤, ディーゼル燃料添加剤に用いる物質》.

ámyl nítrite 〘化〙亜硝酸アミル《狭心症やシアン化物中毒で血管拡張薬とし, 興奮剤・催淫剤ともする》.

àmylo·bárbitone" *n* 〘薬〙アミロバルビトン (amobarbital).

amyl·o·gen /əmílədʒən/ *n* 〘化〙可溶性澱粉, アミロゲン.

am·y·loid /ǽməlɔ̀ɪd/ *n* 〘化・医〙類澱粉質[体], アミロイド. ► *a* 澱粉様の; アミロイドの.

am·y·loi·do·sis /æ̀məlɔɪdóʊsəs/ *n* (*pl* **-ses** /-sìːz/) 〘医〙類澱粉症, アミロイド症, アミロイドーシス.

am·y·lol·y·sis /æ̀məlɑ́ləsəs/ *n* (*pl* **-ses** /-sìːz/) 〘生化〙澱粉分解. ♦ **-lo·lyt·ic** /-loʊlítɪk/ *a*

àmylo·péctin *n* 〘生化〙アミロペクチン《澱粉の成分をなす多糖類の一つ》.

ámylo·plàst, -plàstid *n* 〘生化〙澱粉形成体, アミロプラスト.

am·y·lop·sin /æ̀məlɑ́psən/ *n* 〘生化〙アミロプシン《膵液中のアミラーゼ》.

am·y·lose /ǽməlòʊs, -z/ *n* 〘生化〙アミロース《amylopectin と共に澱粉の成分をなす多糖類の一つ》.

am·y·lum /ǽmələm/ *n* 〘化〙澱粉 (starch).

amy̆o·tónia /eɪ-/ *n* 〘医〙筋無緊張(症).

amy̆o·tróphic láteral sclerósis /eɪ-/ 〘医〙筋萎縮性側索硬化(症) (＝*Lou Gehrig's disease*)《略 ALS》.

amy·ot·ro·phy /èɪmaɪɑ́trəfi, æ̀miɑ́trəfi/ *n* 〘医〙筋萎縮(症).

Am·y·tal /ǽmətɔ̀ːl/ 〘商標〙アミトル, アミタル《アモバルビタール (amobarbital) 製剤》.

an[1] /ən, ǽn/ ⇨ A[2].

an[2], **an'** /ǽn, ən/ *conj* 《発音つづり》《口・方》そして (and); 《古・方》もしも (if): If 'ifs' and '*an*(')*s*' were pots and pans…. 「もしも」が壺や鍋ならば《仮定や願望が現実なら; 《諺》から》. [ME AND の弱形]

An /ɑ́ːn/ 〘シュメール神話〙アン《空の神; バビロニアの Anu》.

an-[1] /æn/ ⇨ A-[2].

an-[2] /ǽn/ ⇨ ANA-.

an-[3] ⇨ AD-.

-an[1] /ən/, **-ian, -ean** /iən/ *a suf*, *n suf*「…を信奉する(人)」「…に生まれた(人)」「…に住んでいる(人)」「…に属する(人[動物, もの])」「…の専門家」「…の性質の(もの)」「…に似た(もの)」: Angli*can*, Athe*nian*, phoneti*cian*, Europ*ean*, crocodil*ian*. [F or L]

-an[2] /ən/ *n suf* 〘化〙(1)「不飽和炭素化合物」「無水物」: tol*an*, fur*an* (2)「(…からなる)多糖」: xyl*an*, glucos*an*. [-ENE]

an. [L *anno*] in the year ♦ annum. **AN** 〘米海軍〙airman ♦ Anglo-Norman ♦ °autograph note. **A/N** °advice note.

ana[1] /ɑ́ːnə, éɪ-/ *n* [〈*sg*〉] 語録, 逸話集; [〈*pl*〉] 小話, 逸話. [-ANA の独立用法]

ana[2] /ǽnə, éɪ-, ɑ́ː-/ *adv* それぞれ等量に《略 aa, āā》: wine and honey ～ two ounces ワインと蜜を 2 オンスずつ. [Gk＝of every-one similarly]

A

ana- /ǽnə, ənǽ/, **an-** /ǽn/ *pref*「上(opp. *cata-*)」「後」「再」「全面的」「相似的」「類似的」 [Gk]

-ana /áːnə, ǽnə, éɪ-/, **-i·ana** /i-/ *n pl suf* [人名・地名などに付けて]「…に関する資料(集)」「…語録」「…逸事集」「…風物誌」「…書誌」「…文献」: Johnson*iana*, Americ*ana*. [F and L]

ANA All Nippon Airways 全日空 ♦ American Nurses Association.

an·a·bae·na /æ̀nəbíːnə/ *n* 〘植〙アナベーナ属 (*A-*) の藍藻(の塊り).

an·a·ban·tid /æ̀nəbǽntəd/ *a, n* 〘魚〙キノボリウオ科 (Anabantidae) の(各種の魚).

an·a·bap·tism /æ̀nəbǽptɪ̀z(ə)m/ *n* 再洗礼; [A-] 再洗礼派の教義[運動]《幼児の洗礼を無意義とし成年後の再洗礼を主張する》. ♦ **-báp·tize** *vt* [L<Gk; ⇨ ANA-]

Àn·a·báp·tist *n, a* 再洗礼派の(信徒), アナバプテスト.

an·a·bas /ǽnəbæ̀s/ *n* 〘魚〙キノボリウオ属 (*A-*) の各種の淡水魚《東南アジア・アフリカ産; cf. CLIMBING PERCH》.

anab·a·sis /ənǽbəsəs/ *n* (*pl* **-ses** /-sìːz/) **1** 進軍, 遠征, 侵攻; [(the) A-] アナバシス《紀元前 401 年の小キュロス (Cyrus the Younger) がペルシア王である兄 Artaxerxes に対して行なった遠征; Xenophon の散文 *Anabasis* に記されている; 同書における 1 万のギリシア傭兵による Babylon 付近から黒海沿岸までの撤退の記述が有名》; さんざんな退却. **2**〘医〙病勢増進. [Gk=inland march]

an·a·bat·ic /æ̀nəbǽtɪk/ *a*〘気〙〈気流・風が〉上に向かって動く, 上昇気流で生じる (opp. *katabatic*).

an·a·bi·o·sis /æ̀nəbàɪóusəs/ *n* (*pl* **-ses** /-sìːz/)〘生〙蘇生, アナビオシス《クマムシなどの仮死状態》. ♦ **àna·bi·ót·ic** /-ɑ́t-/ *a*

an·a·bleps /ǽnəblèps/ *n* 〘魚〙ヨツメウオ属 (*A-*) の魚 (⇨ FOUR-EYED FISH).

an·a·bol·ic /æ̀nəbɑ́lɪk/〘生化〙*a* 同化作用の. ► *n* ANABOLIC STEROID.

anabólic stéroid〘生化〙タンパク同化[アナボリック]ステロイド (cf. MUSCLE PILL).

anab·o·lism /ənǽbəlɪ̀z(ə)m/ *n*〘生化〙《物質代謝における》同化(作用) (cf. CATABOLISM). [Gk *ana-*(*bolē*<*ballō* to throw)=ascent]

anab·o·lite /ənǽbəlàɪt/ *n*〘生化〙同化生成物, アナボライト. ♦ **anàb·o·lít·ic** /-lít-/ *a*

ána·brànch /ǽnə-, ɑ́ːnə-/ *n*〘地理〙《豪州の》本流から離れ再び合流する分流; 本流から離れたのち砂質土壌に吸い込まれてしまう分流.

an·a·car·di·a·ceous /æ̀nəkɑ̀ːrdiéɪʃəs/ *a*〘植〙ウルシ科 (Anacardiaceae) の.

anach·o·rism /ənǽkərɪ̀z(ə)m/ *n* 場違い(のもの).

anach·ro·nism /ənǽkrənɪ̀z(ə)m/ *n* 時代錯誤, 歴史的[時間的]前後関係の混乱[取り違え], アナクロニズム; 時代錯誤[遅れ]の人[もの]. ♦ **anàch·ro·nís·tic, ana·chron·ic** /æ̀nəkrɑ́nɪk/, **anach·ro·nous** /ənǽkrənəs/ *a* 時代錯誤の. **-nís·ti·cal·ly, -nous·ly** *adv* [F or Gk (*ana-*, CHRONIC)]

an·a·clas·tic /æ̀nəklǽstɪk/ *a*〘光〙屈折の, 屈折に起因する, 屈折を起こさせる.

ana·clínal /æ̀nə-/ *a*〘地質〙地層傾斜と反対方向に向かう (opp. *cataclinal*).

an·a·cli·sis /æ̀nəkláɪsəs, ənǽkləsəs/ *n*〘精神分析〙依存性, アナクリシス. [Gk (*klīnō* to lean)]

an·a·clit·ic /æ̀nəklítɪk/ *a*〘精神分析〙依存性の, アナクリティックな: ~ object choice 依存性対象選択 / ~ depression 依存性抑鬱.

an·a·co·lu·thia /æ̀nəkəlúːθiə/ *n*〘修〙破格構文 (anacoluthon).

an·a·co·lu·thon /æ̀nəkəlúːθɑ̀n/ *n* (*pl* **-tha** /-θə/, ~**s**)〘修〙破格構文(の文)《文法的構成が文の途中で変わって呼応関係が破れる現象; 例: *He* that can discern the loveliness of things, we call *him* poet. / A man came and—are you listening?》. ♦ **-lú·thic** *a* ♦ **-thi·cal·ly** *adv* [Gk=lacking sequence]

an·a·con·da /æ̀nəkɑ́ndə/ *n*〘動〙アナコンダ《南米産の 6 m にも達する大ヘビ》;《一般に》大ヘビ. [Sinhalese]

àn·acóustic *a* 音の通らない; 音の無い: ~ zone 無音響帯《高度約 160 km 以上の音波の伝播しない領域》.

Anac·re·on /ənǽkriən/ アナクレオン (c. 582–c. 485 B.C.)《イオニア (Ionia) 出身のギリシアの抒情詩人; 酒と恋を詠んだ》.

Anac·re·on·tic /ənæ̀kriɑ́ntɪk/ *a* アナクレオン風の; 酒と恋をたたえる, 陽気な調子の, 恋を主題とする. ► *n* [a-] アナクレオン風の詩.

an·a·cru·sis /æ̀nəkrúːsəs/ *n* (*pl* **-ses** /-sìːz/)〘韻〙行首余剰音;〘楽〙アウフタクト, 上拍, 弱拍 (upbeat)《小節・拍子の弱部, 特に楽節の最初の強拍を導入するもの》. [Gk=prelude]

an·a·dáma brèad* /æ̀nədǽmə-, -déɪ-/ アナダマパン《小麦粉・トウモロコシ粉・糖蜜で作る酵母入りのパン》.

an·a·dem /ǽnədɛ̀m/ *n* 《古・詩》花かずら, 花冠.

an·a·di·plo·sis /æ̀nədəplóusəs, -daɪ-/ *n* (*pl* **-ses** /-sìːz/)〘修〙前辞反復《前句の最後[最重要]の語を次の句の最初に繰り返す》. [Gk (*diplo-*)]

anad·ro·mous /ənǽdrəməs/ *a*〘魚〙《サケなどのように》産卵のために川をさかのぼる, 遡河(そか)性の, 昇河(回遊)性の (cf. CATADROMOUS, DIADROMOUS). [Gk]

Ana·dyr, -dir /ɑ̀ːnədíər, æ̀n-/ [the] アナディル川《ロシア最北東部を流れて Anadyr 湾に注ぐ》. ■ the **Gúlf of ~** アナディル湾《ロシア最北東部 Bering 海北西部の入江》.

Anadýr Ránge [the] アナディル山脈《CHUKOT RANGE の別称》.

anaemia, anaemic ⇨ ANEMIA, ANEMIC.

an·aer·obe /ǽnəròub, ænέər-/ *n*〘生〙嫌気[無気]生物, 嫌気菌 (opp. *aerobe*).

an·aer·o·bic /æ̀nəróubɪk, æ̀nὲər-/ *a*〘生〙嫌気[無気]性の《酸素を嫌う, または 酸素なしに生きられる》; 無酸素性の〈運動〉; 無気性生物の[による]: ~ respiration 嫌気(的)呼吸. ♦ **-bi·cal·ly** *adv*

an·aero·bi·ont /æ̀nəróubiɑ̀nt, æ̀nὲər-/ *n* ANAEROBE.

an·aero·biósis /æ̀nərou-, æ̀nὲər-/ *n*〘生〙嫌気生活.

an·aer·o·bi·um /æ̀nəróubiəm, æ̀nὲər-/ *n* ANAEROBE.

anaesthesia etc. ⇨ ANESTHESIA etc.

an·a·gen /ǽnəʤən/ *n*〘医〙《毛包内における毛髪の》成長期.

àna·génesis *n*〘生〙向上[前進]進化, アナゲネシス《一系統が体制・機能の発達したものに進化すること; opp. *cladogenesis*》.

an·a·glyph /ǽnəglɪ̀f/ *n* 浅浮彫りの装飾; 立体写真[動画]. ♦ **àn·a·glýph·ic, -glyp·tic** /-glíptɪk/ *a* [Gk (*ana-*)]

An·a·glyp·ta /æ̀nəglíptə/〘商標〙アナグリプタ壁紙《浮き出し模様のある壁紙》.

anag·no·ri·sis /æ̀næ̀gnɔ́(ː)rəsəs, -nɑ́r-/ *n* (*pl* **-ses** /-sìːz/)〘ギリシア悲劇〙アナグノリシス, 認知《主役がある劇中人物の正体とか自分の置かれた状況の意味とかに気づくこと》; 大詰, 大団円. [Gk]

an·a·go·ge, -go·gy /ǽnəgòuʤi, ⎯⎯⎯; ǽnəgɔ̀ʤi/ *n*《聖書の語句などの》神秘的解釈. ♦ **àn·a·góg·ic, -i·cal** /-gɑ́ʤ-/ *a* **-i·cal·ly** *adv* [Gk=religious elevation]

ana·gram /ǽnəgræ̀m/ *n* 字なぞ, アナグラム《語句のつづり換え; live からつくる *evil* の類》; [~s, 〈*sg*〉] 字なぞ遊び: Let's play ~*s*. ► *vt* ANAGRAMMATIZE; 〈文章中の文字を〉並べ換えて字なぞを解く. ♦ **ana·gram·mat·ic** /æ̀nəgrəmǽtɪk/, **-i·cal** *a* **-i·cal·ly** *adv* [F or NL (Gk *ana-*, *grammat- gramma* letter)]

ana·gram·ma·tism /æ̀nəgrǽmətɪ̀z(ə)m/ *n* 語句のつづり換え. ♦ **-tist** *n* アナグラム考案者[作者].

ana·gram·ma·tize /æ̀nəgrǽmətàɪz/ *vt* 〈語中の文字を〉置き換えて別のことばにする, アナグラム化する. ♦ **àna·gràm·ma·ti·zá·tion** *n*

An·a·heim /ǽnəhàɪm/ **1** アナハイム《California 州南西部の市; Los Angeles の南東に位置し, Disneyland がある》. **2** アナハイム《シシトウに似た辛さが控えめなトウガラシ》.

Aná·huac /ənɑ́ːwɑ̀ːk/ アナワク《メキシコの中央高原》.

anak ku·ching /ɑ́ːnɑː kúːʧɪŋ/ CHEVROTAIN.

anal /éɪn(ə)l/ *a*〘解〙肛門の, 肛門部[付近]の;〘精神分析〙肛門(愛)期の; 肛門(愛)性格の (ANAL-RETENTIVE). ♦ **~·ly** *adv* [NL; ⇨ ANUS]

anal analogous ♦ analogy ♦ analysis ♦ analytic(al).

ánal canál〘解〙肛門管.

anal·cime /ənǽlsìːm, -sàɪm/ *n*〘鉱〙方沸石.

anal·cite /ənǽlsàɪt/ *n* ANALCIME.

an·a·lec·ta /æ̀n(ə)léktə/ *n pl* ANALECTS.

an·a·lects /ǽn(ə)lɛ̀kts/ *n pl*《宴会などのごちそうの》残りもの; 語録: the *A~* (of Confucius) 論語《孔子の語録》. [L<Gk=things gathered (*legō* to pick)]

an·a·lem·ma /æ̀n(ə)lémə/ *n* (*pl* ~**s**, **-ma·ta** /-mətə/)〘天〙アナレンマ《通例 日時計の一部をなし, 赤緯と毎日の時差を示す 8 字形比例尺》. ♦ **àn·a·lem·mát·ic** /-lɛmǽtɪk, -lə-/ *a*

an·a·lep·tic /æ̀n(ə)léptɪk/〘医〙*a* 体力[気力, 意識]回復の (restorative), 強壮用の. ► *n* (中枢)興奮薬[剤], 強壮剤, 強心剤, 蘇生薬[剤], 気付け薬 (tonic).

ánal eróticism [érotism]〘精神分析〙肛門愛, 肛門性感. ♦ **ánal erótic** *a, n* 肛門愛の(傾向をもつ人).

ánal fín〘魚〙しりびれ.

an·al·ge·sia /æ̀n(ə)lʤíːziə, -siə, -ʒ(i)ə/〘医〙*n* 痛覚脱失[消失](法), 無痛覚(症);《意識消失を伴わない》無痛法. [NL<Gk (*a-*[2], *algos* pain)]

an·al·ge·sic /æ̀n(ə)lʤíːzɪk, -sɪk/ *a* 鎮痛性の. ► *n* 鎮痛薬, 迷朦麻酔薬.

an·al·get·ic /æ̀n(ə)lʤétɪk/ *a, n* ANALGESIC.

an·al·gia /ænǽlʤiə/ *n* ANALGESIA.

ánal íntercourse 肛門性交.

anal·i·ty /eɪnǽləti/ *n*〘精神分析〙《心理的特質としての》肛門愛.

an·a·log | **-logue** /ǽn(ə)lɔ̀(ː)g, -lɑ̀g/ *n* 類似物;〘言〙類同語;〘生〙相似器官;〘化〙類似化合物, 類似体; 類似(合成)食品《大豆タンパクを用いた肉[乳]類似製品など》. ► *a* 類似物の; アナログ方式の《★ この意味の場合,《英》でもしばしば analog》: an ~ watch アナログ時計. [F<Gk; ⇨ ANALOGOUS]

ánalog compúter〘電算〙アナログ計算機.

ánalog-dígital convérter ⇨ ANALOG-TO-DIGITAL CONVERTER.

an·a·log·ical /æ̀n(ə)lɑ́ʤɪk(ə)l/, **-ic** *a* 類推の; 類推に基づいた, 類推を表わす; 《古》ANALOGOUS. ♦ **-i·cal·ly** *adv* 類推によって.

anal·o·gism /ənǽləʤìz(ə)m/ *n* 類推による立論, 推論. ◆ **-gist** *n*
anal·o·gize /ənǽləʤàɪz/ *vt* 類推によって説明する[なぞらえる]. ► *vi* 類推を用いる, 類比で推論する; 類似する ‹*with*›.
anal·o·gous /ənǽləgəs/ *a* ‹…に›類似している ‹*to, with*›; 〘生〙 発生の起源と構造は異なるが機能が似通っている, 相似(性)の. ◆ **~·ly** *adv* **~·ness** *n* ［L＜Gk *analogos* proportionate］
ánalog recórding アナログ録音.
ánalog-to-dígital convérter 〘電子工〙 アナログ-デジタル変換器 (＝*analog-digital converter*) 《アナログ信号をデジタル信号に変換する装置[回路]; 略 ADC》.
analogue ⇨ ANALOG.
anal·o·gy /ənǽləʤi/ *n* 類似, 似寄り; 〘論〙 類比, 類推; 〘数〙 類比, 等比; 〘生〙 相似 (cf. HOMOLOGY); 〘言〙 類推: a forced ~ こじつけ / have [bear] some ~ *with* [*to*]…にいくらか類似している / draw [make] an ~ 類似性を指摘する ‹*between, with*› / by ~ 類推によって / on the ~ of…の類推により. ［F or L＜Gk *analogia* (*ana-, logos* proportion)］
análogy tèst 〘心〙 類推検査 《知能因子としての類推能力を測る》.
an·al·pha·bet /ænǽlfəbɛ̀t, -bət/ *n* 文盲の人 (illiterate).
an·al·pha·bet·ic /æ̀nælfəbέtɪk/ *a* 文盲の (illiterate); ‹表音法が›伝統的な文字によらない. ► *n* 文盲 (illiterate).
an·al·pha·bet·ism /ænǽlfəbətìz(ə)m/ *n* 〘音〙 非字母式音声表記.
ánal-reténtive *a, n* 肛門保持的な(性格の人), 肛門(愛)性格の(人) 《精神分析においてトイレのしつけの心理的後遺症とされる潔癖・倹約・頑固など特有な性格傾向の》. ◆ **-reténtion** *n* **~·ness** *n*
anal·y·sand /ənǽləsæ̀nd/ *n* 精神分析をうけている人.
analyse ⇨ ANALYZE.
anal·y·sis /ənǽləsəs/ *n* (*pl* **-ses** /-sìːz/) 分析, 分解 (opp. *synthesis*); 〘数〙 《作図の》 解析; 〘数〙 解析学; 〘文法〙 解剖; 〘哲・言・化〙 分析; 分析表; 精神分析 (psychoanalysis). ● **in the last [final, ultimate]** ~＝**at last** ~ つまるところ. **on** ~ 結局. ［L＜Gk *ana-*(*lusis*‹*luō* to set free)＝a loosing up］
análysis of váriance 〘統〙 分散分析 《略 ANOVA》.
análysis sí·tus /-sáɪtəs, -síː-, -tùːs/ 〘数〙 TOPOLOGY.
an·a·lyst /ǽn(ə)ləst/ *n* 分解者, 分析者; 《専門分野の》 解説者[員], 評論家, アナリスト; 精神分析医 (psychoanalyst); 解剖学者; SYSTEMS ANALYST: a military ~ 軍事評論家.
an·a·lyte /ǽnəlàɪt/ *n* 〘化〙 分析対象.
an·a·lyt·ic /æ̀n(ə)lítɪk/, **-i·cal** *a* 分解の, 分析的な; 分析的思考にたけた; 解剖的な; 精神分析の; 〘哲・言〙 分析的な; 〘数〙 ‹関数が›解析的な 《**1**) 所与の点のまわりで収束する冪(ᵇᵉᵏⁱ)級数で表わせることをいう **2**) 定義域のすべての点のまわりで収束する冪級数で表わせることをいう; 複素関数の場合は正則 (holomorphic) と同値》: an ~ language 分析的言語 《統語関係が独立した機能語により示される言語類型; 代表例は近代英語・中国語; cf. ISOLATING LANGUAGE, SYNTHETIC [POLYSYNTHETIC] language》. ◆ **-i·cal·ly** *adv* **an·al·y·tic·i·ty** /æ̀n(ə)lətísəti/ *n* ［L＜Gk; ⇨ ANALYSIS］
analýtical chémistry 分析化学.
analýtical reágent 〘化〙 分析用試薬.
analýtic [analýtical] geómetry 解析幾何学 (＝*coordinate geometry*).
analýtic [analýtical] philósophy PHILOSOPHICAL ANALYSIS.
analýtic [analýtical] proposítion 〘論〙 分析命題.
analýtic [analýtical] psychólogy 分析心理学.
àn·a·lýt·ics *n* 〘論〙 分析論.
àn·a·ly·zá·tion *n* ANALYSIS.
an·a·lyze | -lyse /ǽn(ə)làɪz/ *vt* 分解して検討する, 分析する; 〘理・化〙 分析する; 〘数〙 解析する; 〘文法〙 ‹文を›解剖する; 精神分析する (psychoanalyze). ◆ **án·a·lỳz·able** *a* 分解[分析, 解剖]できる. **-lỳz·er** *n* 分解する人, 分析者; 分析器[装置]; 〘光〙 検光子. **àn·a·lỳz·abíl·i·ty** *n* ［F; ⇨ ANALYSIS］
Anam /ənǽm; ǽnæm/ ANNAM.
Anam·bra /ənǽmbrə/ アナンブラ 《ナイジェリア南部の州; ☆Awka》.
an·am·ne·sis /æ̀næmníːsəs/ *n* (*pl* **-ses** /-sìːz/) 追憶, 回想, 記憶力; 〘医〙 既往症, 既往歴, 病歴; [ᵒA-] 〘キ教〙 記念唱 《ミサにおける, キリストの受難・復活・昇天を思い出す祈り》.
an·am·nes·tic /æ̀næmnéstɪk/ *a* 追憶の, 回想の; 〘医〙 既往性の 《ある抗原によって生じた抗体が消失したのちに抗原を与えたときに現われる強い二次的な反応についていう》.
an·ámniote /æn-/ *a, n* 〘動〙 無羊膜類の(動物) 《脊椎動物のうち発生の過程で羊膜を生じないもの; 魚類・両生類・円口類を含む》.
àna·mórphic *a* 〘光〙 ゆがみ形[歪像]の, アナモルフィックの: an ~ lens アナモルフィックレンズ 《特に縦横比を変える》.
àna·mórphism *n* 〘地質〙 アナモルフィズム 《地殻の深い高圧域で, 単純な鉱物から複雑な鉱物が生成される変成作用; cf. KATAMORPHISM》; 〘生〙 ANAMORPHOSIS.
àna·mórpho·scòpe *n* 〘光〙 歪像鏡 《ゆがんだ像を正像に戻す》.
ana·mor·pho·sis /æ̀nəmɔ́ːrfəsəs, -mɔ̀ːrfóʊ-/ *n* (*pl* **-ses** /-sìːz/) 〘光〙 歪像(作用); 〘生〙 漸進的進化; 〘動〙 《節足動物の変態の》 増節現象.
ana·nas /ǽnənæ̀s, ənǽnəs; ənɑ́ːnəs/ *n* 〘植〙 アナナス属 (*A-*) の各種の植物 《パイナップルなど》. ［Port］
anan·da /ɑ́ːnəndə/ *n* 《インド》 快楽, 幸福, 歓喜. ［Skt］
Anan·da /ɑ́ːnəndə; ənǽndə/ 阿難, アーナンダ 《釈迦十大弟子の一人; 紀元前 6 世紀の人で, 釈迦のいとこ》.
anan·da·mide /ənǽndəmàɪd/ *n* 〘生化〙 アナンダミド 《カンナビノイド (cannabinoid) 受容体に結合し, マリファナなどに似た作用をもつ脳内物質の一つ; アラキドン酸の誘導体; チョコレートなどの食品にも含まれる》.
an·an·drous /ənǽndrəs, æ-/ *a* 〘植〙 雄蕊(ᵒˢʰⁱᵇᵉ)のない.
Anan·gu /ɑ́ːnɑːŋu/ *n* (*pl* ~) アナング 《オーストラリアの, 特に中央内陸部の先住民の総称》. ［その先住民のことばで「人」の意］
An·a·ni·as /æ̀nənáɪəs/ **1** 〘聖〙 アナニヤ 《**1**) 神の前でうそをつき妻 Sapphira と共に命を失った男; *Acts* 5: 1–10 **2**) Paul にバプテスマを施した Damascus のキリスト者; *Acts* 9: 1–19 **3**) Paul を審問し, 総督に訴えた大祭司; *Acts* 23: 2–5, 24: 1》. **2** うそつき (liar), 虚言者.
Anan·ke /ənǽŋki/ 〘ギ神〙 アナンケー 《運命の必然の擬人化》; 〘天〙 アナンケ 《木星の第 12 衛星》.
an·an·thous /ənǽnθəs/ *a* 〘植〙 無花の.
an·a·nym /ǽnənìm/ *n* 本名を逆つづりにした偽名[筆名].
an·a·pest, -paest /ǽnəpὲst, ˈˈ-pìːst/ *n* 〘韻〙 短短長格 (◡◡—) [弱弱強格 (× × ⁄)] (の詩[詩行]). ［L＜Gk＝reversed (dactyl) (*ana-, paiō to* strike)］
an·a·pes·tic, -paes- /æ̀nəpéstɪk, ˈˈ-píːs-/ *a, n* 短短長[弱弱強]格の(詩行[詩脚]) (⇨ METER¹).
ána·phàse *n* 〘生〙 《有糸分裂の》 後期 (⇨ PROPHASE). ◆ **ana·phas·ic** /æ̀nəféɪzɪk/ *a*
ana·phor /ǽnəfɔ̀ːr / *n* (*pl* **~s, anaphora**) 〘文法〙 照応形 《前方照応機能をもつ語や句》. ［逆成‹*anaphoric*］
anaph·o·ra /ənǽf(ə)rə/ *n* 〘修〙 首句反復 (cf. EPISTROPHE); 〘東方正教会〙 アナフォラ 《聖餐式の中心的な祈り》; 〘文法〙 前方照応 (⇨ ENDOPHORA). ［Gk (*pherō* to carry)］
àna·phorésis *n* 〘化〙 陽極泳動 《電場の陽極への懸濁粒子の移動》.
an·a·phor·ic /æ̀nəfɔ́(ː)rɪk, -fár-/ *a* 〘文法〙 前方照応の (opp. *cataphoric*): ~ do. ◆ **-i·cal·ly** *adv*
an·aphrodísia /æ̀n-/ *n* 〘医〙 性感欠如, 冷感症.
an·aphrodísiac /æ̀n-/ *a* 〘医〙 性欲を抑制する. ► *n* 制淫薬, 性欲抑制薬.
an·a·phy·lac·tic /æ̀nəfəlǽktɪk/ *a* 〘医〙 アナフィラキシーの, 過敏症[性]の. ◆ **-ti·cal·ly** *adv*
anaphyláctic shóck 〘医〙 アナフィラキシーショック 《ハチの毒やペニシリンなどに過敏な体質をもつ人の体内にそれらがはいったときの激しい全身症状; 呼吸困難・血圧低下による意識喪失・蕁麻疹(ʲⁱⁿᵐᵃˢʰⁱⁿ)などがつづいて現われ, 時に死に至る》.
an·a·phy·lac·toid /æ̀nəfəlǽktɔ̀ɪd/ *a* 〘医〙 アナフィラキシー様の.
an·a·phy·lax·is /æ̀nəfəlǽksəs/ *n* (*pl* **-lax·es** /-sìːz/) 〘医〙 過敏症[性], アナフィラキシー; ANAPHYLACTIC SHOCK.
àna·plásia *n* 〘生・医〙 《細胞の》 退生, 無[退]形成.
an·a·plas·mo·sis /æ̀nəplæzmóʊsəs/ *n* (*pl* **-ses** /-sìːz/) 〘獣医〙 アナプラズマ病 《ダニが細菌 *Anaplasma marginale* を媒介して起こる牛・羊の病気; 貧血・黄疸を症状とする》.
ana·plas·tic /æ̀nəplǽstɪk/ 〘医〙 *a* 再生[形成](手術)の; 退生の ‹細胞›, 未分化の‹癌›.
ana·plas·ty /ǽnəplæ̀sti/ *n* PLASTIC SURGERY.
an·ap·tot·ic /æ̀nəptátɪk/ *a* ‹言語が› 語尾変化を失った.
an·ap·tyx·is /æ̀nəptíksəs/ *n* (*pl* **-tyx·es** /-sìːz/) 〘言・音〙 母音挿入 《2 子音間に弱母音が発達すること; cf. EPENTHESIS》. ◆ **-tyc·tic** /-tíktɪk/ *a* ［Gk＝unfolding］
Anapurna ⇨ ANNAPURNA.
an·arch /ǽnɑ̀ːrk/ *n* 無政府主義者; 《詩》 反乱指導者, 反乱者; 暴君, 専制君主.
an·ar·chic /ænɑ́ːrkɪk, ə-/, **-chi·cal** *a* 無政府状態の; 無政府主義の; 無秩序な. ◆ **-chi·cal·ly** *adv*
an·ar·chism /ǽnərkìz(ə)m, -ɑ̀ːr-/ *n* 無政府主義, アナキズム. ◆ **-chist** *n, a* **àn·ar·chís·tic** *a*
an·ar·cho- /ənɑ́ːrkoʊ, -kə/ *comb form* 「無政府主義」「アナキスト」: *anarcho*-socialist. ［ANARCHY］
anàrcho-sýndicalism /, æ̀nərkoʊ-/ *n* アナルコサンディカリスム (syndicalism). ◆ **-ist** *n*
an·ar·chy /ǽnərki, -ɑ̀ːr-/ *n* 無政府状態, 乱世; 無秩序; 無政府のユートピア的社会; 権威[体制]の不在; ANARCHISM. ［L＜Gk (*a-*², *arkhē* to rule)］
an·ar·thria /ənɑ́ːrθriə/ *n* 〘医〙 構語障害, 失構語(症) 《脳障害による発語不能》. ［Gk＝lack of vigor (↓)］
an·ar·throus /ænɑ́ːrθrəs/ *a* 〘動〙 関節のない; 無節足の; 〘ギリシア文法〙 無冠詞の. ［Gk *arthron* joint］
an·a·sar·ca /æ̀nəsɑ́ːrkə/ *n* 〘医〙 全身水腫[浮腫]. ◆ **àn·a·sár·cous** *a*

Ana·sa·zi /ɑ̀:nəsɑ́:zi/ *n, a* 〖考古〗アナサジ文化(期)(の)《北米西部の先史文化の一つ》; (*pl* ～, ～**s**) アナサジ族《Basket Makers と Pueblo インディアンを含む》.
Anas·tas /ɑ̀:nɑ:stɑ́:s/ アナスタス《男子名》. [Russ]
An·as·ta·sia /æ̀nəstéɪʒə, -ʃə/ **1** アナスタシア《女子名》. **2** [Grand Duchess ～] アナスタシア (1901–18)《ロシア皇帝 Nicholas 2 世の末の皇女; 10 月革命で処刑されたが, その後数人の女性が自分であると名のりをあげた》. [Russ<Gk=(of) the resurrection]
an·a·stat·ic /æ̀nəstǽtɪk/ *a* 〖印〗凸版の; 〖生・生理〗ANABOLIC.
an·as·tig·mat /ənǽstɪgmæ̀t, æ̀nəstígmæ̀t/ *n* 〖光〗アナスチグマチックレンズ, アナスチグマート (=*anastigmatic lens*).
an·a·stig·mat·ic /æ̀nəstɪgmǽtɪk, ənæ̀s-/ *a* 〖光〗非点収差と像面湾曲を補正した, アナスチグマチックな: an ～ lens=ANASTIGMAT.
anas·to·mose /ənǽstəmòuz, -s/ *vt, vi* 〈水路・葉脈・血管など〉合流する, 吻合(ふんごう)する.
anas·to·mo·sis /ənæ̀stəmóusəs/ *n* (*pl* **-ses** /-sì:z/)《水路・葉脈などの》合流, 吻合; 網目構造. ♦ **anàs·to·mót·ic** /-mɑ́t-/ *a* [Gk (*stoma* mouth)]
anas·tro·phe /ənǽstrəfi/ *n* 〖修〗倒置法 (=*inversion*)《例: Loud and long were the cheers.》.
anat. anatomical ♦ anatomy.
an·a·tase /ǽnətèɪs, -z/ *n* 〖鉱〗鋭錐石(えいすいせき), アナターゼ《白色顔料としてえのぐ・印刷インク用》.
anath·e·ma /ənǽθəmə/ *n* 教会の呪い, アナテマ, 〖カト〗破門; 強い呪い, 呪詛; 呪われた人[もの]; 忌み嫌われる人[もの, こと], 嫌悪の対象 〈*to* sb〉. [L<Gk=devoted or accursed thing]
anath·e·mat·ic /ənæ̀θəmǽtɪk/, **-i·cal** *a* のろわしい, 忌まわしい.
anath·e·ma·tize /ənǽθəmətàɪz/ *vt, vi* 《教会で》呪う, (…に)破門を宣告する; 《一般に》呪う. ♦ **anàth·e·ma·ti·zá·tion** *n*
an·a·tine /ǽnətàɪn/ *a* 〖鳥〗マガモ属の, カモ類の; カモに似た. [L *anat- anas* duck]
An·a·tole /ǽnətòul/ アナトール《男子名》. [F<Gk=sunrise]
An·a·to·lia /æ̀nətóuliə, -ljə/ アナトリア《小アジア, 今はトルコのアジア領》.
Àn·a·tó·li·an *a* アナトリアの; アナトリア人[語]の; ARMENIAN. ► *n* アナトリア人; アナトリア語《**1**) トルコ語の南部方言 **2**) 印欧語族に属すると考えられる古代アナトリアの絶滅した一言語群で, Hittite を含む》; アナトリア産の敷物.
an·a·tom·ic /æ̀nətɑ́mɪk/, **-i·cal** *a* 解剖の, 解剖学(上)の; (解剖学的)構造上の.
an·a·tóm·i·cal·ly *adv* 解剖学的に, 解剖学上: ～ correct [*euph*] 解剖学的に正確な《性器を正確に表現した》.
anatómical snúffbox 解剖的タバコ三角《手の甲の親指と人差し指の間の三角形のくぼみ》.
an·a·tom·i·co- /æ̀nətɑ́mɪkou, -kə/ *comb form*「解剖(学)的な」[*anatomy*]
anat·o·mist /ənǽtəmɪst/ *n* 解剖学者: [*fig*] 詳細に分析して調べる人, 分析家.
anat·o·mize /ənǽtəmàɪz/ *vt* 〈動植物体を〉解剖する; [*fig*] 詳細に分析して調べる.
anat·o·mo- /ənǽtəmou, -mə/ *comb form* ANATOMICO-.
anat·o·my /ənǽtəmi/ *n* **1** 解剖(術); 解剖学; 解剖術[学]書; 精密な分析(調査). **2** 解剖学的構造[組織]; 解剖模型; 《口》人間の体, 人体, やせこけた人; ミイラ; 《古》骸骨; 《廃》解剖用[解剖された]死体. [F or L<Gk (*-tomia* cutting)]
àna·tóxin *n* 〖免疫〗アナトキシン (toxoid).
an·a·trip·sis /æ̀nətrípsəs/ *n* 〖医〗按擦(あんさつ)療法.
anat·ro·pous /ənǽtrəpəs/ *a* 〖植〗〈胚珠が〉倒生の, 倒立の.
anat·ta /ənǽtə/, **anat·to** /ənǽtou, ənɑ́:-/ *n* (*pl* ～**s**) ANNATTO.
an·au·dia /ənɔ́:diə, æn-/ *n* 失声(症) (APHONIA).
àn·autógenous *a* 〈カなど〉吸血生殖の.
An·ax·ag·o·ras /æ̀næksǽgərəs, -ræ̀s/ アナクサゴラス (c. 500–c. 428 B.C.)《ギリシアの哲学者; 微細な「種子[スペルマタ]」に「精神[ヌース]」がはたらいて世界が造られたと説く》. ♦ **Àn·àx·àg·o·ré·an** /-rí:ən/ *a*
an·áx·i·al /æn-/ *a* 〖生〗無軸の.
Anax·i·man·der /ənǽksəmæ̀ndər/ アナクシマンドロス (610–c. 547 B.C.)《ギリシア Miletus の哲学者・天文学者; 世界を無限者アペイロン (apeiron) から生成するとした》. ♦ **Anàx·i·mán·dri·an** /-driən/ *a*
An·ax·im·e·nes /æ̀næksímənì:z/ (ミレトスの)アナクシメネス (=～ **of Milétus**)《紀元前 6 世紀のギリシアの哲学者; 空気を万物の根源とした》.
an·bury /ǽnbəri/ *n* 〖獣医〗ANGLEBERRY; 〖植〗CLUBROOT.
anc. ancient(ly). **ANC** °African National Congress.
-ance /(ə)ns/ *n suf*「…すること[もの]」「…な性質[状態](のもの)」「…する数量[程度, 率]」: assist*ance*, protuber*ance*, conduct*ance*. [OF<L]

an·ces·tor /ǽnsèstər/ *n* 先祖, 祖先 (opp. *descendant*); 〖法〗被相続人 (cf. HEIR); 〖生〗祖先, 原種; 《事物の》祖型, 原形. ♦ **án·ces·tress** /-trəs/ *n fem* [OF<L; ⇨ ANTECEDE]
áncestor wòrship 祖先崇拝.
an·ces·tral /ænsέstrəl/ *a* 先祖(伝来)の. ♦ **～·ly** *adv*
an·ces·try /ǽnsèstri/ *n* 先祖, 祖先《集合的》(opp. *posterity*); 家系; (りっぱな)家柄, 名門; 起源, 発端; 生成発達の過程[歴史]. [OF<L; ⇨ ANCESTOR]
An-ch'ing 安慶(あんけい)(アンチン) (⇨ ANQING).
An·chi·ses /ænkáɪsiz, æŋ-/ 〖ギ神〗アンキーセース《Aphrodite に見そめられ Aeneas の父となり, これを自慢したために Zeus の怒りに触れた; 燃えるトロイアから息子に救出された》.
an·chi·there /ǽŋkəθìər/ *n* 〖古生〗アンキテリウム属 (*Anchitherium*) のウマ《ユーラシア出土の馬》.
an·cho /ǽntʃou/ *n* (*pl* ～**s**) アンチョ《熟した poblano (トウガラシ) を乾燥させたもの; 黒っぽい色をして平たい》. [Sp *chile ancho* wide chili (その平たい形から)]
an·chor /ǽŋkər/ *n* **1** 錨(いかり), アンカー; 錨代わりの石[コンクリートなど]; 定着[固定]に役立つもの, 定着[固定]装置, 留め具, アンカー; [*pl*] ⁿ《俗》ブレーキ (brakes); つるはし (pickax); [*fig*] 力とたのむもの; 《ショッピングセンターの》中核店舗《デパートなど》. **2** 〖スポ〗《リレーチームなどの》アンカー; 〖放送〗アンカー (anchorman, anchorwoman). **3** 〖電算〗アンカー《HTML で, リンクを記述するためのタグ》. ● **an ～ to windward** 危険防止策: cast [lay] *an ～ to windward* 安全策を講じる. **be [lie, ride] at ～** 停泊している. **cast [drop] ～** 投錨する; 〈ある場所に〉とどまる, 落ちつく. **come to (an) ～** 停泊する. **drag ～** 錨がきかず漂流する; 誤る, 失敗する. **let go the ～** 錨を入れる; [*impv*] 錨入れ! **swallow the ～** 《海俗》船乗り生活から足を洗う; *《俗》海軍を除隊する. **up ～** [*impv*] *《俗》出て行け! **weigh ～** 抜錨[出帆]する; 《一般に》出発する, 立ち去る. ► *vt* **1** 錨で固定する; つなぎ留める, しっかり固定する: be ～*ed* in [to]…に根ざして[基づいて]いる. **2** 統括する; …のアンカーをつとめる. ► *vi* 投錨する, 停泊する; 静止している, 静止する. ♦ **～·less** *a* [OE *ancor* and OF<L<Gk *agkura* hook]
ánchor·age[1] *n* 投錨, 停泊; 錨地 (=～ **gròund**); 停泊料[税]; 係留; 固定(法), 定着; 《吊橋の》固定基礎; 《精神的な》よりどころ, 支え; 定着するもの, 固定具.
anchorage[2] *n* 隠者の庵, 隠棲の地. [*anchor* (obs) anchorite]
Anchorage アンカレジ《Alaska 南部の市; 同州最大の海港・空港》.
ánchor bènd 〖海〗FISHERMAN'S BEND.
ánchor bùoy 〖海〗《錨の位置を示す》アンカーブイ.
ánchor-clànk·er *n**《陸軍俗》水兵 (sailor).
án·chored *a* 投錨[停泊]して(いる); 〖玉突〗〈的球(まとだま)が〉互いに近く寄り集まって(いる).
ánchor escàpement 〖時計〗アンクル脱進機, アンクルエスケープ (=*recoil escapement*).
an·cho·ress /ǽŋk(ə)rəs/, **an·cress** /-krəs/ *n* 《女性の》世捨て人, 独住修女.
an·cho·ret /ǽŋkərət, -rèt/ *n* ANCHORITE. ♦ **àn·cho·rét·ic** /-rét-/ *a*
ánchor-hòld[1] *n* 錨のかかり, いかりきき; 錨のかかる水底; [*fig*] 安全.
anchor-hold[2] *n* 隠者の隠棲所.
ánchor ìce 錨氷, 底氷 (=*ground ice*)《河川・湖の水面下で凍り水底についている氷》.
an·cho·rite /ǽŋkəràɪt/ *n* 《宗教的理由による》世捨て人, 隠者, 独住修士. ♦ **àn·cho·rít·ic** /-rít-/ *a* **-i·cal·ly** *adv* [L<Gk=to retire (*ana-*, *khōreō* to go)]
ánchor lìght 〖海〗《夜間停泊中の船の》停泊灯.
ánchor·màn *n* 綱引きの最後尾の人; 《リレー・ボウリングチームなどの》最終競技者, アンカー; 〖スポ〗ゴール(ライン付近)を守る選手; 〖野〗《チームの》最有力バッター; 最下位の卒業生; 《ニュース番組などの》アンカーマン, キャスター; 《討論会の》司会者, 座長.
ánchor·pèople *n pl* ANCHORPERSONS.
ánchor·pèrson *n* アンカーパーソン (anchorman or anchorwoman).
ánchor plàte 控え板(ばん)《吊橋のケーブルの支え》.
ánchor rìng 〖数〗円環面 (=*torus*).
ánchor stròke 〖玉突〗アンクル突き《的球(まとだま)を互いに接近させておいて行なうキャノン; cf. ANCHORED》.
ánchor wàtch 〖海〗停泊当直.
ánchor·wòman *n* 女性アンカー.
an·cho·veta, -vet·ta /æ̀ntʃouvétə/ *n* 〖魚〗カタクチイワシの一種《北米太平洋岸産; 魚粉・釣り餌などにする》. [Sp]
an·cho·vy /ǽntʃəvi, ǽntʃòuvi, æntʃóu-/ *n* (*pl* ～, **-vies**) 〖魚〗カタクチ(イワシ), 《特に》《地中海産の》アンチョビー: ～ sauce アンチョビーソース. [Sp and Port<?]
ánchovy pèar 〖植〗アンチョビーナシ《西インド諸島産サガリバナ科の小木; 果実はマンゴーに似た風味があり, 生食にしたりピクルスにしたりする》.
ánchovy tòast アンチョビーのペーストを塗ったトースト.

an·chu·sa /æŋkjú:sə/ *n* 〘植〙ウシノシタグサ属 (*A-*) の草本《ムラサキ科》. [L<Gk]
an·chu·sin /æŋkjú:s(ə)n/ *n* アルカンナ着色料 (alkanet).
anchyl-, anchylose, anchylosis ⇨ ANKYL-, ANKYLOSE, ANKYLOSIS.
an·cienne no·blesse /*F* ɑ̃sjɛn nɔblɛs/ 昔の貴族; フランス革命以前のフランス貴族. [F=old nobility]
an·cien ré·gime /*F* ɑ̃sjɛ̃ reʒim/ (*pl* **an·ciens ré·gimes** /—/) [the] 旧制度, アンシャンレジーム《特に 1789 年のフランス革命以前の政治社会体制》; 時代遅れの体制[制度, やり方]. [F=old rule]
an·cient[1] /éɪnʃ(ə)nt/ *a* **1** 大昔の, 往古の, 古代の《ヨーロッパ史ではほぼ西ローマ帝国滅亡 (476) まで; cf. MEDIEVAL, MODERN》; 老齢の; 古来の, 古くからの;〘法〙30 年[20 年]を経た: ～ civilization 古代文明 / ～ relics 古代の遺物 / an ～ and honorable custom 古来の慣習 / HYMNS ANCIENT AND MODERN. **2** [°*joc*] 時代物の, 古びた, 旧式の; «口» もはやニュースでない, 古い; «古» 長い人生経験からくる風格[知恵]をもった: an ～ camera 古ぼけたカメラ. ► *n* 古代人; 古典作家; [the ～s] 古代文明人,《特に》古代ギリシア・ローマの古典作家[芸術家]; 古代のコイン; 老人, 古老. ♦ **～·ly** *adv* 大昔に, 古代に. **～·ness** *n* [OF (L *ante* before)]
ancient[2] *n* «古» 旗; «廃» 旗手. [ENSIGN]
Án·cient Gréek 古代ギリシア語 (⇨ GREEK; cf. KOINE).
áncient hístory 古代史; «口»《近い過去における》周知の事実, 旧聞; «口» 遠い過去のこと[人], '大昔の話' (cf. HISTORY).
áncient líghts *pl* 〘英法〙「採光権所有」《窓の掲示文句; 20 年以上妨げられなかった窓は採光権を認められる》.
áncient mónumentʺ《しばしば 政府の省が管理する》古代記念物.
Áncient of Dáys [the] 日の老いたる者, 神 (God)《*Dan* 7: 9》.
áncient·ry «古» *n* 古さ; 旧式; 古代, 大昔.
an·cil·la /ænsílə/ *n* (*pl* **-lae** /-li/) 付属物; 助けとなるもの, 手引き (helper, aid); «古» 侍女, 女中. [L=handmaid]
an·cil·lary /ǽnsəlèri; ænsíləri/ *a* 補助的な, 副の ⟨*to*⟩. ► *n*ʺ従属[補助]的なもの[人, 組織], 子会社, 付属部品, 助手. [L ↑]
an·cip·i·tal /ænsípət(ə)l/ *a* 〘植〙二稜形の (double-edged).
an·cip·i·tous /ænsípətəs/ *a* ANCIPITAL.
an·cleʺ /ǽŋk(ə)l/ *n* ANKLE.
An·co·hu·ma /æ̀ŋkəh(j)ú:mə/ アンコウマ《ボリビア西部 Illampu 山の北峰で, 同山の最高峰 (6550 m)》.
an·con /ǽŋkɑ̀n/, **-cone** /-koun/ *n* (*pl* **an·co·nes** /æŋkóuniz/) 〘建〙肘木(ひじ), 渦形持送り; «古» ひじ (elbow). [Gk=nook, bend]
An·co·na /æŋkóunə, æn-/ アンコーナ《イタリア中部 Marches 州の州都; アドリア海に面する港町》.
ancress ⇨ ANCHORESS.
-an·cy /(ə)nsi/ *n suf*「…な性質[状態]」: expect*ancy*, flamboy*ancy*. [*-ance*, *-cy*]
ancyl- ⇨ ANKYL-.
an·cy·los·to·mi·a·sis, -chy-, -ky- /æ̀nsəlɑ̀stəmáɪəsəs, æ̀ŋkɪlòustə-/ *n* (*pl* **-ses** /-sì:z/) 〘医・獣医〙鉤虫(こうちゅう)症 (=*hookworm disease*, *uncinariasis*).
An·cy·ra /ænsáɪrə/ アンキュラ《ANKARA の古代名》.
and /ən(d), n, æ̀n(d), ǽn(d)/ *conj* [語・句・節を対等につなぐのが原則] **1 a** …と…, …および…, かつ, また;〘論〙および, かつ: you ～ I / You, he ～ I / cows, horses, dogs ～ cats《3 つ以上並べたときは最後の語の前にだけ and を用いるのが普通; and の前の comma は, 誤解のおそれがなければ省略可: A, B, C (,) *and* D》/ [同時に] We walked ～ talked. 歩きながら語った (=We walked talking.) / Two ～ two make(s) four. 2 足す 2 は 4《2+2=4》. **b** *[2 つの街路の交差点を示す]: Main (Street) ～ Adams (Avenue). **c** [数詞をつなぐ]: one ～ twenty=21, 21 分, 21 歳 (twenty-one)《同様に 22 から 99 まで; 時刻・年齢をいうのに時に用いられる古風な表現》/ two hundred ～ twenty-one=221《同様に百位のあとに /(ə)nd/ と軽く入れる; 米ではしばしば省略》/ one thousand ～ one=1001《同様に 100 位が零のときは 1000 位のあとに》/ two pounds ～ five pence 2 ポンド 5 ペンス / a mile ～ a half 1 マイル半. **2 a** そして, それから; すると: He took off his hat ～ bowed. 帽子をとって一礼した / He spoke, ～ all was still. 彼が話すと満場鳴りを静めた / Yeah, ～ I'm the Queen of SHEBA!. **b** [命令法のあと] もしそうすれば (If you…, then…) (cf. OR[1]): Stir, ～ you are a dead man! 動いてみろ命はないぞ. **c** それなのに, にもかかわらず, しかし; しかも…なのに: I told him to come, ～ he didn't. 来なさいと言ったのに来なかった / He is rich, ～ lives like a beggar. / A sailor, ～ afraid of the weather! 船乗りのくせに天気をこわがるなんて! / He didn't come after all, ～ he promised he would. 彼は結局来なかった. 約束したのに. **d** [追加的・挿入的に] しかも (⇨ ～ THAT): He did it, ～ did it well. それをやった, しかもりっぱに / He, ～ he alone, could manage it. 彼, しかも彼だけが処理できた / Oh, ～… あそうだ…. **e** [文頭に置き, 話を続けて] して, してまた, そうとも, それどころか, おまけに; ほんとに: He is a lazy fellow. *A*～ a liar. おまけにうそつきだ / *A*～ are you really going? で, ほんとに帰るの? **3 a** [同じ語をつないで反復・連続を表わす]: again ～ again 再三 / ride two ～ two (=by twos) 2 人ずつ乗る / miles ～ miles 何マイルも何マイルも / more ～ more ますます, いよいよ, だんだん / warmer ～ warmer だんだん暖かく / through ～ through 徹底的に / She talked ～ talked. しゃべりにしゃべった. **b** [多様性]: There are [There's] books ～ books. 本にもいろいろある[ぴんからきりまである]. **4** [二者一体のような関係] **a** [二者対等]: a knife ～ fork ナイフとフォーク (cf. a knife ～ a spoon) / He is a statesman ～ poet. 政治家にしてかつ詩人 / The King ～ Queen were present. / my father ～ mother (cf. my father ～ my aunt) / They became man ～ wife. 夫婦になった. **b** [and のあとのほうがむしろ従属的]: brandy ～ water 水で割ったブランデー / whisky ～ soda ウイスキーソーダ / bread ～ butter /bréd'nbʌ́tər/ バターを塗ったパン / a cup ～ saucer 受け皿付き茶碗 / a carriage ～ four 四頭立ての馬車 / a watch ～ chain 鎖付きの時計. **c** [and のあとの省略]: ham ～ /ǽnd/ (=ham ～ /ənd/ eggs)《料理注文用語; cf. COFFEE-AND》/ GAME ～. **5** [nice [fine, good, rare, etc.] ～ の形で後続の形容詞を副詞的に修飾する]: *nice* ～ (=nicely) warm ここちよく暖かい. **6** «口» [come [go, mind, try, wait, write, be sure, etc.] ～ の形で; 不定詞の to に相当]: Come ～ (=to) join us! こっちに来ていっしょにやろうよ! / Mind ～ write to me. 忘れずに手紙をくださいよ. **7** «廃» IF (cf. AN[2]). ● **～ all** THAT. **～ all** THIS. **～ Co.** /ənkóu/《略 & Co.》…商会, 会社; «口» …とその仲間, …たち(の一味) (⇨ COMPANY 1b): Smith *& Co.* スミス商会《人名を出す会社の場合》. **～ how!** ⇨ HOW[1] 成句. **～** SO[1]…. **～ so forth** [**on**] /-ˊ-ˊ-, -ˊ-ˊ-ˊ/ …など, うんぬん, その他, 等々《強調するときは ～ so on ～ so forth と繰り返す; 略 etc., & c.》. …**～** SUCH. **～** THAT. **～ the like**=AND so forth [on]. **～ then** それから, そのうえ(に). **～ then** SOME. **～ the** RISE. **～ what not**=AND so forth. **～ yet** それなのに, そのくせ.
► *n* 付け足し, 付加された条件: I don't want to hear any ～*s* about it. それについて「ただし」などということは聞きたくない. [OE *and*, *ond*; cf. G *und*]
AND /ǽnd/ *n* 〘電算〙アンド《論理積をつくる演算子; cf. OR》.
& [L *et*] and (⇨ AMPERSAND). **AND** Andorra.
An·da·lu·sia /æ̀nd(ə)lú:ʒ(i)ə, -siə, -ziə/ アンダルシア (Sp **An·da·lu·cía** /ɑ̀:ndəlusí:ə/)《スペイン南部の地方・自治州; Almería, Cádiz, Córdoba, Granada, Huelve, Jaén, Málaga, Sevilla の 8 県からなる; ☆Seville; 昔 Moor 文明の中心地》.
Àn·da·lú·sian *a* ANDALUSIA (人)の. ► *n* アンダルシア人;《スペイン語の》アンダルシア方言;〘鶏〙アンダルシアン (=～ **fówl**)《地中海地方原産のレグホンに似た地鶏》;〘馬〙アンダルシアン《スペイン原産; 足を高く上げて進む》.
an·da·lu·site /æ̀nd(ə)lú:sàɪt/ *n* 〘鉱〙アンダルサイト, 紅柱石《耐火性が高い》. [*Andalusia*]
An·da·man /ǽndəmən, -mæ̀n/ *n* アンダマン島人 (Andamanese).
Ándaman and Nícobar Íslands *pl* [the] アンダマン-ニコバル諸島《Andaman, Nicobar 両諸島からなるインドの連邦直轄地; ☆Port Blair》.
An·da·man·ese /æ̀ndəməní:z, *-s/ *a* アンダマン諸島(人)の; アンダマン語の. ► *n* (*pl* ～) アンダマン諸島人; アンダマン語.
Ándaman Íslands *pl* [the] アンダマン諸島《Bengal 湾南東部, ミャンマーの南方, Nicobar 諸島の北方に位置する列島》.
Ándaman Séa [the] アンダマン海《Bengal 湾の東海域部》.
an·dan·te /ændǽnti, ɑ:ndá:nteɪ/〘楽〙*adv*, *a* ゆるやかに[な], アンダンテで[の]. ► *n* アンダンテの楽章[楽節]. [It=going]
an·dan·ti·no /æ̀ndæntí:nou, ɑ̀:ndɑ̀:n-/ *adv*, *a* アンダンティーノで[の]《andante よりやや速い》. ► *n* (*pl* **～s**) アンダンティーノの楽章[楽節]. [It (↑, *-ino* (dim))]
ÁND cìrcuit [**gàte**] 〘電算〙論理積回路, AND 回路[ゲート].
An·de·an /ǽndiən, ændí:ən/ *a*, *n* アンデス山系の(住民).
Ándean cóndor 〘鳥〙アンデスコンドル (condor)《Andes 山脈に分布》.
An·der·lecht /á:ndərlèkt/ アンデルレヒト《ベルギー中部 Brussels の衛星都市》.
An·der·matt /á:ndərmà:t/ アンデルマット《スイス中部 Altdorf の南にある町; リゾート地》.
An·ders /á:ndərz, ǽn-/ **1** アンダーズ《男子名》. **2** /á:ndərs, -z/ アンデルス **Władysław** ～ (1892–1970)《ポーランドの将軍; 第二次大戦後は英国で亡命反共ポーランド人の指導者となった》. [Swed; ⇨ ANDREW]
An·der·sen /ǽndərs(ə)n/ アンデルセン **Hans Christian** ～ (1805–75)《デンマークの童話作家》.
An·der·son /ǽndərs(ə)n/ **1** アンダーソン **(1) Carl David** ～ (1905–91)《米国の物理学者; 1932 年陽電子を発見; ノーベル物理学賞 (1936)》**(2) John** ～, 1st Viscount Waverley (1882–1958)《英国の政治家》**(3)** Dame **Judith** ～ (1898–1992)《オーストラリアの女優; 本名 Frances Margaret ～》**(4) Marian** ～ (1897–1993)《米国のコントラルト; ニグロスピリチュアルを得意とした; また黒人として初めて Metropolitan 歌劇場で歌った》**(5) Maxwell** ～ (1888–1959)《米国の劇作家; *Both Your Houses* (1933), *Winterset* (1935)など》**(6) Philip W**(**arren**) ～ (1923–　　)《米国の物理学者; 半導体,

超伝導, 磁性の研究でノーベル物理学賞 (1977)》 (7) **Sherwood** ～ (1876-1941)《米国の小説家; *Winesburg, Ohio* (1919), *Poor White* (1920), *Dark Laughter* (1925) など》. **2** [the] アンダーソン川《カナダ Northwest 準州にある Great Bear Lake の北の湖群に発し, 西北に流れて Beaufort 海に注ぐ》.

Ánderson shèlter アンダーソン式防空シェルター《第二次大戦初期に英国の家庭で用いられた, なまこ板のプレハブ爆風よけ》. [John *Anderson*; これを採用した当時の内相 (1939-40)]

An·des /ǽndiz/ *pl* [the] アンデス山脈《南米の大山脈; 最高峰 Aconcagua (6960 m)》. [?「段々畑」の意]

an·de·sine /ǽndəzìːn/ *n* 〘鉱〙中性長石. [↑]

an·des·ite /ǽndəzàɪt/ *n* 〘地質〙安山岩. ◆ **àn·des·ít·ic** /-zít-/ *a* [*Andes*]

AND gate ⇨ AND CIRCUIT.

An·dhra Pra·desh /ɑ́ːndrə prədéɪʃ, -déʃ/ アーンドラプラデーシュ《インド南東部 Bengal 湾に面する州; ☆Hyderabad》.

An·di·jon /ɑ́ːndɪʤɑ̀n, ǽn-/, **An·di·zhan** /ɑ́ːndɪʒɑ̀ːn, ǽn-dɪʒǽn/ アンディジャン《ウズベキスタン最東部の市》.

An·dine /ǽndìːn, -dàɪn/ *a* アンデス(山脈) (the Andes) の.

and·iron /ǽndàɪərn/ *n* 炉の薪載せ台, 薪架(まきかけ), ドッグ (=*firedog*) 《2 脚で 1 対》. [F *andier*<?; 語形は *iron* に同化]

An·dong /ɑ́ːndúŋ/, **An·tung** /, -túŋ; ǽntúŋ/ 安東(あんとう)(アントン)《丹東 (Dandong) の旧称》.

and/or /ǽndɔ́ːr/ *conj* および/または (both or either)《両方とも, またはいずれか一方》: Money ～ clothes are welcome. 金と衣類またはそのどちらかでも歓迎いたします.

An·dor·ra /ændɔ́(ː)rə, -dɑ́rə/ アンドラ《Pyrenees 山脈東部の, フランスとスペインにはさまれた内陸国; 公式名 Principality of ～ (アンドラ公国); 16 世紀以来フランスの元首およびスペインの小都市 Urgel の司教の共同主権下にある公国 (co-principality) であったが, 1993 年国民主権の体制で独立; ☆**Andórra la Vél·la** /-lɑː véɪljə/》. ◆ **An·dór·ran** *a, n*

an·douille /*F* ɑ̃duj/ *n* 〘料理〙アンドゥイユ《スパイスの効いた太い燻製のポークソーセージ; 主に前菜》. [C17 F<?]

an·douill·ette /*F* ɑ̃dujɛt/ *n* 〘料理〙アンドゥイエット《細いソーセージ; 網焼きにしてマスタードをつけて食べる》.

An·do·ver /ǽndòʊvər/ アンドーヴァー《Massachusetts 州北東部の町; 男子の寄宿制学校 Phillips Academy (1778) の所在地》.

andr- /ǽndr/, **an·dro-** /ǽndroʊ, -drə/ *comb form*「男性」「雄」「蕊(ずい)」「雄蕊(ゆうずい)」「雄器」 [Gk=man]

An·dra·da e Sil·va /ɑ̃ː(n)drɑ́ːðɑː i sílvɑː/ アンドラダ・イ・シルヴァ **José Bonifácio de** ～ (c. 1763-1838)《ブラジルの政治家・地質学者; 'ブラジル独立の父' といわれる》.

an·dra·dite /ǽndrədàɪt, ændrɑ́ː-/ *n* 〘宝石〙灰鉄(かいてつ)ざくろ石, アンドラダイト. [↑]

an·dra·go·gy /ǽndrəgɑ̀ʤi, -gòʊ-, -gɑ̀gi/ *n* 成人教育学(法).

an·drase /ǽdrèɪs, -z/ *n* 〘動〙アンドラーゼ《男性性徴を発現させる酵素[ホルモン]》. [*andr-, -ase*]

An·drás·sy /ɑ́ːndrɑ̀ːʃi/ アンドラーシ Count **Gyula** ～《ハンガリーの政治家父子; 父 (1823-90) はオーストリア-ハンガリー帝国治下でハンガリー初代首相 (1867-71), オーストリア-ハンガリー帝国外相 (1871-79); 子 (1860-1929)》.

An·dré /ǽndri, ɑ́ːndreɪ; *F* ɑ̃dre/ **1** アンドレ《男子名》. **2** アンドレ **John** ～ (1750-80)《英国の少佐; 米国独立戦争時のスパイとして処刑された》. [F; ⇨ ANDREW]

An·drea /ǽndriə/ アンドレア《女子名》. [(fem); ⇨ ANDREW]

An·drea del Sar·to /ɑːndréɪə dèl sɑ́ːrtoʊ/ アンドレア・デル・サルト (1486-1530)《フィレンツェの画家》.

An·dre·á·nof Íslands /ændriǽnəf-, -nɔ̀ːf-/ *pl* [the] アンドレアノフ諸島《Alaska 州南西部 Aleutian 列島中部の島群》.

An·dre·as /ǽndriəs; -æ̀s/ アンドレアス《男子名》. [G; ⇨ ANDREW]

An·drei /ɑːndréɪ/ アンドレイ《男子名》. [Russ; ⇨ ANDREW]

An·dre·ot·ti /ɑ̀ːndreɪɑ́ti/ アンドレオッティ **Giulio** ～ (1919-)《イタリアの政治家; 首相 (1972-73, 76-79, 89-92)》.

An·dret·ti /ɑːndréti/ アンドレッティ **Mario** (**Gabriel**) ～ (1940-)《イタリア生まれの米国のレースドライバー》.

An·drew /ǽndru/ **1** アンドルー《男子名; 愛称 Andy, Dandy, Drew》. **2** [°Saint] アンデレ《十二使徒の一人, ⇨ APOSTLE; スコットランドの守護聖人で, 祝日は 11 月 30 日; ⇨ SAINT ANDREW'S CROSS》. **3** アンドルー Duke of York (1960-)《英国女王 Elizabeth 2 世の第 3 子, 次男》. [Gk=manly]

An·drewes /ǽndrùːz/ アンドルーズ **Lancelot** ～ (1555-1626)《英国教会の主教・神学者; Authorized Version 翻訳者の一人》.

An·drews /ǽndrùːz/ アンドルーズ (1) Dame **Julie** ～ (1935-)《英国生まれの米国の女優; 本名 Julia Elizabeth Wells》 (2) **Roy Chapman** ～ (1884-1960)《米国の博物学者・探検家・作家》.

And·rex /ǽndrèks/ 〘商標〙アンドレックス《トイレットペーパー》.

An·dre·yev /ɑːndréɪjəf/ アンドレーエフ **Leonid Nikolayevich** ～ (1871-1919)《ロシアの小説家・劇作家》.

An·dria /ɑ́ːndriə/ アンドリア《イタリア南東部 Apulia 州にある市》.

An·drić /ɑ́ːndrɪʧ/ アンドリッチ **Ivo** ～ (1892-1975)《ユーゴスラヴィアの作家・外交官; ノーベル文学賞 (1961)》.

An·dri·ette /ændriét/ アンドリエット《女子名》. [(fem dim); ⇨ ANDRÉ]

an·dro /ǽndroʊ/ *n* ANDROSTENEDIONE.

andro- /ǽndroʊ, -drə/ ⇨ ANDR-.

àndro·céntric *a* 男性中心の. ◆ **-cén·trism** *n*

An·dro·cles /ǽndrəklìːz/ アンドロクレース《ローマの伝説的な奴隷; 競技場で闘わせられた相手が かつてとげを抜いてやったことのあるライオンだったので助かったという》.

an·dro·clin·i·um /ændrəklíniəm/ *n* (*pl* **-clin·ia** /-klíniə/) CLINANDRIUM.

An·dro·clus /ǽndrəkləs/ ANDROCLES.

àndro·dióecious *a* 〘植〙雄花(ゆうか)両性花異株(いしゅ)の, 雄性両性異株の《株によって両性花をつけるものと雄花だけしかつけないものとがある》. ◆ **àndro·dióecism** *n*

an·droe·ci·um /ændríːʃiəm, -siəm/ *n* (*pl* **-cia** /-ʃiə, -siə/) 〘植〙おしべ群, 雄蕊(ゆうずい)群《一花の全雄蕊》. [Gk *oikion* house]

an·dro·gen /ǽndrəʤən/ *n* 〘生化〙雄性ホルモン物質, アンドロゲン; 《合成の》男性ホルモン. ◆ **àn·dro·gén·ic** /-ʤén-/ *a*

àndro·génesis *n* 〘生〙雄性[雄核]発生 (cf. GYNOGENESIS); 〘生〙童貞生殖《単為生殖の一つ》. ◆ **àndro·genétic** *a* **an·drog·e·nous** /ændrɑ́ʤənəs/ *a*

an·drog·en·ize /ændrɑ́ʤənàɪz/ *vt* 《男性ホルモンの注射で》男性化する. ◆ **an·dròg·en·izá·tion** *n*

an·dro·gyne /ǽndrəʤàɪn/, **-gyn** /-ʤìn/ *n* 性別の不明確なもの[人]; 〘植〙雌雄同花 (hermaphrodite); 偽性半陰陽の女性; «古» 女性的な男.

àndro·gýno·phòre *n* 〘植〙ANDROPHORE.

an·drog·y·nous /ændrɑ́ʤənəs/ *a* 〘医〙男女両性の特徴をそなえた, 両性(具有)の; 〘植〙(同一花序に)雌雄両花のある; 男性的でも女性的でもない, 中性的な; 男女兼用の, ユニセックスの; 伝統的男女の役割があいまいな[逆の]. ◆ **～·ly** *adv*

an·drog·y·ny /ændrɑ́ʤəni/ *n* 〘医〙(男女)両性具有; 〘植〙《同一花序内の》雌雄両花具有.

an·droid /ǽndrɔ̀ɪd/ *n, a* 〘SF〙(機械的)人造人間(の), アンドロイド(の). [Gk=manlike (*andr-, -oid*)]

an·drol·o·gy /ændrɑ́ləʤi/ *n* 男性病学.

An·drom·a·che /ændrɑ́məki/ 〘ギ神〙アンドロマケー《Hector の貞節な妻》.

An·drom·e·da /ændrɑ́mədə/ **1 a** 〘ギ神〙アンドロメダー《Cassiopeia の娘で Perseus に救われた美女》. **b** 〘天〙アンドロメダ座. **2** [a-] 〘植〙アセビ (Japanese andromeda), ヒメシャクナゲ (bog rosemary).

Andrómeda Gàlaxy [the] 〘天〙アンドロメダ銀河.

Andrómeda stràin アンドロメダ菌株《生化学的に未知なために実験室からの漏出が危険視される細菌・ウイルスなどの菌株の総称》. [同名の SF (1969) から]

àndro·monóecious *a* 〘植〙雄花(ゆうか)両性花同株(どうしゅ)の, 雄性両性同株の《1 つの株に雄花と両性花とをつける》.

ándro·pàuse *n* 男性更年期 (=*climacteric, male menopause*). [*andro-*, meno*pause*]

ándro·phòre *n* 〘植〙雄蕊柄(ゆうずいへい)《雄蕊[造精器]を支える柄》; 〘動〙《腔腸動物の》雄性生殖体.

An·dro·pov /ændróʊpɔ̀ːv, -pɑ̀v, -f/ **1** アンドロポフ **Yury Vladimirovich** ～ (1914-84)《ソ連の政治家; 共産党書記長 (1982-84), 最高会議幹部会議長 (1983-84)》. **2** アンドロポフ《RYBINSK の旧称》.

An·dros /ǽndrɑ̀s, -drəs/ **1** アンドロス Sir **Edmund** ～ (1637-1714)《英国人の北米植民地総督》. **2** アンドロス《(1) /, ɑ́ːnðrɔ̀ːs/ エーゲ海にある Cyclades 諸島最北の島 (2) 西インド諸島北部にある Bahama 諸島最大の島》.

ándro·sphìnx *n* 頭部が男のスフィンクス《スフィンクスは通例 女の顔》.

an·dro·stene·di·one /ændrəstìːndáɪòʊn, -stíːndi-/ *n* 〘生化〙アンドロステンジオン《睾丸・卵巣・副腎皮質より分泌される男性ホルモン》.

an·dros·te·rone /ændrɑ́stəròʊn/ *n* 〘生化〙アンドロステロン《男性の尿から検出される雄性ホルモンの一種; ヒドロキシケトンの形で含まれている》.

-an·drous /ǽndrəs/ *a comb form*「…な夫[雄, 雄蕊(ゆうずい)]をもつ」(cf. -GYNOUS): mon*androus*. [NL<Gk; ⇨ ANDR-]

-an·dry /ændri/ *n comb form*「…な夫[雄, 雄蕊]の保有」: mon*andry*, poly*andry*. [Gk; ⇨ ANDR-]

An·dva·ri /ɑ́ːndwɑːri/ 〘北欧神話〙アンドヴァリ《Loki に財宝を強奪され, それに呪いをかけた侏儒(しゅじゅ)》.

An·dy /ǽndi/ アンディー《男子名; Andrew の愛称》.

Ándy Cápp /-kǽp/ アンディー・キャップ《*Daily Mirror* の漫画家 Reg(inald) Smythe (1917-98) の描く平たいキャップをかぶったロンドンっ子の労働者; 女房をかまわずいつも飲んでいる》.

Ándy Pándy アンディー・パンディー《童話作家 Maria Bird の Andy Pandy シリーズの主人公で, 道化のあやつり人形; 1950 年から

BBC の番組 'Watch with Mother' に登場).
ane /éɪn/ *n, pron, a* 《スコ》 ONE.
-ane /èɪn/ *n suf* -AN²;「飽和炭素化合物」: meth*ane*, prop*ane*.
anéar /ə-/ 《古》 *adv, prep, vt* NEARLY; NEAR.
anecdota *n* ANECDOTE の複数形.
an·ec·dot·age¹ /ǽnɪkdòutɪʤ/ *n* 逸話集; 逸話文学; 逸話を語ること. [*-age*]
anecdotage² *n* [*joc*] くどくどと昔話をしたがる年齢, 老齢. [*anecdote*+(*dot*)*age*]
àn·ec·dót·al /, ––⌐–/ *a* 裏付けに乏しい, 不確かな〈証拠〉; 逸話(風)の, 逸話からなる; 逸話を語るのが好きな[巧みな]; 逸話の場面を描写する, 挿話風の. ♦ **~·ly** *adv*
àn·ec·dó·tal·ist *n* ANECDOTIST. ♦ **~·ìsm** *n*
an·ec·dote /ǽnɪkdòut/ *n* 逸話, 逸事; (*pl* **~s**, **-do·ta** /ænɪkdóutə/) 秘史, 秘話; 伝聞, 風説. [F or NL<Gk=things unpublished (*an-*²; *ekdidōmi* to publish)]
an·ec·dot·ic /ænɪkdátɪk/, **-i·cal** *a* 逸話(風)の, 逸話からなる; 逸話を語るのが好きな[巧みな]. ♦ **-i·cal·ly** *adv*
án·ec·dòt·ist *n* 逸話[秘史]を語る[集める]人.
an·ec·dy·sis /ænɛkdáɪsəs/ *n* 《節足動物の》次の脱皮までの期間.
an·echóic /æn-/ *a* 〈部屋が〉反響のない, 無響の: an ~ room 無響室.
Anec·tine /ənɛ́ktən/ 〔商標〕 アネクチン 《スクシニルコリン (succinylcholine) 製剤》.
Anei·rin, Aneu- /ənáɪərɪn/ アネイリン 《600 年ごろ活躍したウェールズの宮廷詩人; *Book of Aneirin* (c. 1250)》.
an·e·lace /ǽnəlèɪs/ *n* ANLACE.
an·elástic /æn-/ *a* 〔理〕 非弾性(体)の. ♦ **àn·elastícity** *n* 非弾性.
anele /əní:l/ *vt* 《古》 …に臨終の油を塗る.
an·em- /ǽnəm/, **an·e·mo-** /ǽnəmou, -mə/ *comb form*「風」「吸入」 [Gk *anemos* wind]
ane·mia, anae- /əní:miə/ *n* 〔医〕 貧血(症); 〔医〕 虚血, 乏血 (ischemia); 生気[活力]のなさ; 沈滞, 冷え込み. [NL<Gk (*a-*², *haima* blood)]
ane·mic, anae- /əní:mɪk/ *a* 貧血の, 虚血の; 生気を欠く, 活力のない; おもしろみのない, つまらない; 気の抜けた〈ワイン〉; 中身のない, わずかな. ♦ **-mi·cal·ly** *adv*
anemo·chore /ənɛ́məkɔ̀:r/ *n* 〔植〕 風散布植物.
anémo·gràm /ənɛ́mə-/ *n* 〔気〕 風速自記記録.
anémo·gràph /ənɛ́mə-/ *n* 自記風速計. ♦ **anèmo·gráph·ic** *a* **-i·cal·ly** *adv*
an·e·mog·ra·phy /ænəmágrəfi/ *n* 〔気〕 風力測定 (anemometry).
an·e·mol·o·gy /ænəmáləʤi/ *n* 〔気〕 風学.
an·e·mom·e·ter /ænəmámətər/ *n* 風力計, 風速計 (=*wind gauge*); 流体速度計.
an·e·mom·e·try /ænəmámətri/ *n* 風力測定(法). ♦ **-mo·met·ric** /ænəmoumétrɪk/, **-ri·cal** *a* 風力測定の. **-ri·cal·ly** *adv*
anem·o·ne /ənɛ́məni/ *n* **1** 〔植〕 アネモネ 《キンポウゲ科アネモネ属 (*A-*) の総称》. **2** 〔動〕 イソギンチャク (sea anemone). [L<Gk=wind flower (*anemos* wind)]
anémone fìsh 〔魚〕 クマノミ 《イソギンチャク (sea anemone) の近くを泳ぎまわる》.
an·e·moph·i·lous /ænəmáfələs/ *a* 〔植〕 〈花が〉風媒の (cf. ENTOMOPHILOUS). ♦ **àn·e·móph·i·ly** /-li/ *n* 風媒.
anémo·scòpe /ənɛ́mə-/ *n* 風向計.
an·e·mo·sis /ænəmóusəs/ *n* WIND SHAKE.
an·en·ceph·a·ly /ænənsɛ́fəli/ *n* 〔医〕 無脳症, 無頭蓋症. ♦ **àn·en·ce·phál·ic** /-səfǽlɪk/, **-céph·a·lous** *a*
anent /ənɛ́nt/ *prep*"《方》 …と並んで, …といっしょに; 《方》 …に面して, …の向かい側に (opposite); …について. [OE *on efen* on even (ground) with; *-t* は 13 世紀の添え字]
an·epigráphic /æn-/ *a* 〈メダル・硬貨などが〉無銘の.
an·er·gi·a /ænə́:rʤiə/ *n* 〔医〕 活力欠如, アネルギー.
an·er·gy /ǽnərʤi/ *n* 〔免疫〕 アネルギー 《特定抗原に対する免疫性の減少[欠如]》. ♦ **an·er·gic** /ænə́:rʤɪk/ *a*
an·er·oid /ǽnərɔ̀ɪd/ *a* 液体を用いない. ► *n* ANEROID BAROMETER. [F (*a-*², Gk *nēros* wet)]
áneroid barómeter アネロイド気圧計.
an·es·the·sia | **-aes-** /ænəsθí:ʒə, -ziə/ 〔医〕 *n* 麻酔(法); 知覚麻痺[脱失]: local [general] ~ 局所[全身]麻酔. [L<Gk; ⇨ A-², AESTHETIC]
an·es·the·si·ol·o·gy | **-aes-** /ænəsθì:ziáləʤi/ *n* 〔医〕 麻酔(科)学. ♦ **-gist*** *n* 麻酔科医 (cf. ANESTHETIST).
an·es·thet·ic | **-aes-** /ænəsθɛ́tɪk/ *a* 麻酔をひき起こす; 麻酔の(ような); 知覚麻痺[脱失]の; 無感覚な, 鈍感な 〈*to*〉. ► *n* 麻酔薬; 緩和剤. ♦ **-i·cal·ly** *adv*
àn·es·thét·ics | **-aes-** *n* ANESTHESIOLOGY.
anes·the·tist | **-aes-** /ənɛ́sθətɪst; æní:s-/ *n**《麻酔科医ではないが麻酔をかける資格のある》麻酔士 (cf. ANESTHESIOLOGIST); 《英・カナダ》 麻酔科医 (anesthesiologist).
anes·the·tize | **-aes-** /ənɛ́sθətàɪz; æní:s-/ *vt* 〔医〕 …に麻酔をかける, …の感覚を麻痺させる. ♦ **anès·the·ti·zá·tion** *n* 麻酔(法), 麻酔状態.
an·es·trous | **-oes-** /ænɛ́strəs; -í:s-/ *a* 〔動〕 無発情の; 発情休止期の. [*a-*²]
an·es·trus | **-oes-** /ænɛ́strəs; -í:s-/ *n* 〔動〕 《哺乳動物の》発情休止期.
an·e·thole /ǽnəθòul/ *n* 〔化〕 アネトール 《アニス油の芳香成分; 香料用》. [L *anethum* anise]
Ane·to /ənéɪtou/ ■ **Pí·co dè ~** /pí:kou dèɪ-/ アネト山 (*F* Pic de Néthou) 《スペイン北東部の山; Pyrenees 山脈の最高峰 (3404 m)》.
án·euplòid /ǽn-/ 〔生〕 *a* 異数性の 《基本数の整数倍でない染色体数をもつ[染色体数の]; cf. EUPLOID》. ► *n* 異数体. ♦ **-eu·plòidy** *n* 異数性.
an·eu·rin /ǽnjərən/ *n* 〔生化〕 アノイリン (THIAMINE).
Aneu·rin /ənáɪərən/ アナイリン 《男子名》. [Welsh=doubtful]
an·eu·rysm, -rism /ǽnjərɪz(ə)m/ *n* 〔医〕 動脈瘤. ♦ **àn·eu·rýs·mal, -rís-** *a* **-rýs·mal·ly, -rís-** *adv* [*ana-*, Gk *eurus* wide]
anew /ən(j)ú:/ *adv* 改めて; 新たに, 新規に. [ME (*a-*¹ of, *new*)]
ANF 〔生化〕 °atrial natriuretic factor.
an·frac·tu·os·i·ty /ænfrækʧuásəti; ænfræk-/ *n* 曲折; [*pl*] 曲折した道[通路, 水路], 紆余曲折; 《精神的》屈折.
an·frac·tu·ous /ænfrǽkʧuəs/ *a* 屈曲[曲折]の多い, 曲がりくねった.
an·ga /ʌ́ŋgə/ *n* 《ヨーガの》行法. [Skt]
an·ga·kok /ǽŋgəkɑ̀k/ *n* 《エスキモーの》まじない師, 呪医. [Eskimo]
An·ga·ra /ɑ̀:ŋgərɑ́:/ [the] アンガラ川 《シベリア南部, Baikal 湖から流れ出て Yenisey 川に流入する》.
An·garsk /ængɑ́:rsk/ アンガルスク 《シベリア南部 Irkutsk の北西, Angara 川に臨む市》.
an·ga·ry /ǽŋgəri/ *n* 〔国際法〕 戦時徴用権 《交戦国が中立国の財産を収用または破壊する権利; 賠償の義務を負う》. [F<L *angaria* forced service]
an·ga·shore /ǽŋɪʃɔ̀:r/ *n* 《アイル》 ぐちばかり言うやつ. [IrGael *ainniseoir*]
an·gel /éɪnʤ(ə)l/ *n* **1 a** 天使 《通例 男で翼をもつ 神の使い; ⇨ CELESTIAL HIERARCHY》; 守護神 (guardian angel); 使者 (messenger); 《後光を背負い翼をもち白衣を着た人間の姿の》天使像; 〔クリスチャンサイエンス〕 天使 《神からの霊感》: a fallen ~ 堕落天使, 悪魔 / FOOLs rush in where ~*s* fear to tread. / one's evil ~ 悪魔 / one's good ~ 守護天使 / an ~ of death 死の使い. **b** 天使のような人 《心も姿も美しい人[女性], かわいい子供, 親切な人など》; いい人, 恋人; 《口》 《演劇などの》資金面での後援者, パトロン: an ~ of a child 天使のようなかわいい子供 / Be an ~ and take out the garbage. お願い, ごみを出しておいて. **c** 《俗》 《泥棒・詐欺の》被害者, カモ; *《俗》 ホモ. **2** エンジェル (=**ángel-nóble**) 《1465–1634 年にイングランドで使用された金貨》. **3** 《口》 《レーダースクリーン上の》正体不明の信号《白斑》; *《俗》 《空母の近くを飛ぶ》救難用ヘリ(コプター); 《空軍俗》 (高度)千フィート: ~*s* ten 高度 1 万フィート. **4** ANGELFISH. ● **be on the side of the ~s** 天使にくみする; 正統的な見方[考え方]をする. **enough to make the ~s weep** 絶望的な, 神も仏もない. **entertain an ~ unawares** 〔聖〕 高貴の人とも知らずにもてなす 《*Heb* 13:2》. ► *vt* 《口》 資金面で援助[後援]する. [OF<L<Gk *aggelos* messenger]
Angel エンジェル 《男子名; 女子名》.
An·ge·la /ǽnʤələ/ アンジェラ 《女子名》. [Gk; ↑]
Ángela Me·rí·ci /-mərí:ʧi/ [Saint] アンジェラ・メリチ (1474?–1540) 《イタリアの修道女; ウルスラ会 (⇨ URSULINE) を創設 (1535)》.
ángel càke* エンゼルケーキ (=*angel food, angel food cake**) 《卵白を固く泡立て小麦粉・砂糖・エッセンスなどを加えて焼いた白いスポンジケーキの一種》.
ángel dùst 《俗》 PHENCYCLIDINE, PCP; 《俗》 合成ヘロイン; CLENBUTEROL.
An·ge·le·no, -li- /ænʤəlí:nou/ *n* (*pl* **~s**) 《口》 LOS ANGELES 出身[在住]の人, ロスッ子.
Ángel Fálls [the, 〈*sg*〉] アンヘル滝 《ベネズエラ南東部 Auyán-tepuí 山の Caroní 川源流部にある滝; 落差 979 m は世界最高》.
ángel·fìsh *n* 〔魚〕 **a** カスザメ (monkfish). **b** エンゼルフィッシュ (scalare) 《熱帯魚》. **c** シテンヤッコ属の各種の熱帯魚.
ángel fòod (càke*) ANGEL CAKE.
ángel hàir 1 〔イタリア料理〕 エンジェルヘア, カッペリーニ (=**ángel-hàir pàsta**) 《極細のパスタ》. **2** 《俗》 粉末 PCP, 合成ヘロイン (angel dust).
an·gel·ic /ænʤɛ́lɪk/, **-i·cal** *a* 天使の(ような): an ~ smile 美しくあどけない微笑. ♦ **-i·cal·ly** *adv*
an·gel·i·ca /ænʤɛ́lɪkə/ *n* 〔植〕 セリ科シシウド属 (*A-*) の草本, 《特に》 アンゼリカ 《料理用, 根・種子から芳香精油を得る》; アンゼリカの茎の砂糖漬け; [A-]*アンゼリカ《California 産のデザート用甘口ワイン》. [L (*herba*) *angelica* angelic (herb)]

Angelica アンジェリカ《女子名》. [It; ⇨ ANGELA]

angélica trèe 〔植〕 **a** アメリカタラノキ (Hercules'-club). **b** アメリカサンショウ (prickly ash).

Angélic Dóctor [the] 天使的博士《St Thomas AQUINAS の異名》.

An·ge·li·co /ændʒélɪkòu/ [Fra ～] フラアンジェリコ (c. 1400–55)《Florence の画家・ドミニコ会士; 本名 Guido di Pietro》.

An·ge·li·na /ændʒəlí:nə, -láɪnə; -lí:nə/, **An·ge·line** /ǽndʒəlì:n, -làɪn/ アンジェリーナ《女子名》. [It (dim)＜ANGELA]

Angelino ⇨ ANGELENO.

An·gell /éɪndʒəl/ エンジェル Sir **Norman** ～ (1872–1967)《英国の経済評論家・平和運動家; 本名 Ralph Norman ～ Lane; ノーベル平和賞 (1933)》.

Án·gel·man('s) sỳndrome /éɪndʒəlmən(z)-/ 〔医〕 アンゲルマン[アンジェルマン]症候群《染色体異常による知能・運動障害の一種》. [Harry *Angelman* (1915–96) 英国の医師]

An·ge·lo /ǽndʒəlòu/ アンジェロ《男子名》. [It＜Gk ANGEL]

an·gel·ol·a·try /èɪndʒəlɑ́lətri/ *n* 天使崇拝.

an·gel·ol·o·gy /èɪndʒəlɑ́lədʒi/ *n* 〔神学〕 天使論《天使の本質・位階に関する学問》. ♦ **-gist** *n*

An·ge·lou /ǽndʒəlòu, -lù:/ アンジェロー **Maya** ～ (1928–　)《米国の小説家・詩人・劇作家》.

ángel shàrk 〔魚〕 カスザメ (monkfish).

ángels on hórseback *pl* 〔料理〕 カキをベーコンで包み串に刺して焼きトーストの上に載せたもの.

ángel's-trùmpet, ángel's-tèars *n* 〔植〕 キダチチョウセンアサガオ (=*moonflower*).

ángel('s) vísit 《口》 珍客.

An·ge·lus /ǽndʒələs/ *n* **1** [ºa-] 〔カト〕 お告げの祈り, アンジェラス《聖母に対する信心とキリスト降誕に対する感謝のため朝・昼・夕に行なう》; [ºa-] お告げの鐘 (=～ **bèll**)《朝・昼・夕に鳴らしお告げの祈りの時刻を告げる》. **2** [The]「晩鐘」《Millet の絵画 (1858–59); 夕方のお告げの鐘を聞いて祈りをささげる男女の農民の姿を描いたもの》. [L *Angelus Domini* the ANGEL of the Lord; この祈りの最初のことば]

ángel wìngs [*sg*] 〔貝〕 テンシノツバサ(ガイ)《大西洋西岸・カリブ海にすむニオガイ科の食用二枚貝; 殻が白く細長いので両殻を伏せて置いた形が天使の翼にたとえられる》.

an·ger /ǽŋgər/ *n* 怒り, 立腹; 《自然の》猛威; 《方》《傷・はれものの》炎症: in (great) ～ (大いに)おこって. ► *vt* おこらせる; 《方》〈傷など〉に炎症[疼痛]を起こさせる: be ～*ed* by [at]...をおこる / be ～*ed to* do [*that*]...して[...なので]おこる. ► *vi* おこる. ♦ **～·less** *a* [ON *angra* to vex (*angr* grief); cf. OE *enge* narrow]

án·ger·ly *adv* 《古》 おこって (angrily); 《廃》 傷ついて, 苦しんで.

An·gers /F ɑ̃ʒe/ アンジェー《フランス北西部 Maine-et-Loire 県の県都; Nantes の東北東の Maine 川に臨む》.

An·ge·vin, -vine /ǽndʒəvən/ *a* ANJOU (の住民)の; アンジュー[プランタジネット]王家の. ► *n* アンジューの住民; アンジュー[プランタジネット]王家の人《特に最初の 3 代 Henry 2 世, Richard 1 世, John を指す; Henry 2 世は Anjou 伯家の出身だった; ⇨ PLANTAGENET》. [F=of Anjou]

an·gi- /ǽndʒi/, **an·gio-** /ǽndʒiou, -dʒiə/ *comb form*「血管」「リンパ管」「血管腫」「果皮」 [Gk=vessel]

An·gie /ǽndʒi/ アンジー《男子名; 女子名; Angel の別称》.

an·gi·i·tis /ændʒiáɪtəs/ *n* (*pl* **-git·i·des** /-dʒiáɪtədì:z/) 〔医〕 脈管炎. [-*itis*]

an·gi·na /ændʒáɪnə, ǽndʒə-/ 〔医〕 *n* アンギナ《絞扼(こうやく)感を伴う疾患の総称; 口峡炎・扁桃炎・狭心症など》; ANGINA PECTORIS. ♦ **an·gí·nal** *a* [L＜Gk *agkhonē* strangling]

angína péc·to·ris /-pékt(ə)rəs/ 〔医〕 狭心症. [NL]

an·gi·nose /ǽndʒənòus, ændʒáɪ-/, **-nous** /ændʒáɪnəs/ *a* ANGINA [ANGINA PECTORIS] の.

àngio·cardiógraphy *n* 〔医〕 血管心臓造影[撮影](法). ♦ **-càr·dio·gráph·ic** *a*

ángio·càrp *n* 〔植〕 被子果植物.

àngio·cárpous, -cárpic 〔植〕 *a* 被実の; 被子果の《ブナ科植物など》. ♦ **-cár·py** *n*

àngio·génesis *n* 〔生〕 脈管形成; 〔動〕 血管形成; 〔医〕 腫瘍起因性血管形成. ♦ **-génic** *a*

ángio·gràm *n* 〔医〕 血管写(像), 血管造影[撮影]図; ANGIOGRAPHY.

an·gi·og·ra·phy /ændʒiɑ́grəfi/ *n* 〔医〕 血管造影(法)《X 線特殊造影法の一種》. ♦ **àn·gio·gráph·ic** *a* **-i·cal·ly** *adv*

àngio·ker·a·tó·ma /-kèrətóumə/ *n* (*pl* ～**s**, **-ma·ta** /-tə/) 〔医〕 角化血管腫.

an·gi·ol·o·gy /ændʒiɑ́lədʒi/ *n* 〔医〕 脈管学.

an·gi·o·ma /ændʒióumə/ *n* (*pl* ～**s**, **-ma·ta** /-tə/) 〔医〕 血管腫, リンパ管腫. ♦ **-om·a·tous** /ændʒiɑ́mətəs/ *a*

àngio·neurótic *a* 〔医〕 〈浮腫など〉血管(神経)性の《遺伝性やアレルギー性の突発的で短時間で消えるむくみをいう》.

an·gi·op·a·thy /ændʒ(i)ɑ́pəθi/ *n* 〔医〕 脈管障害.

ángio·plàsty *n* 〔医〕 血管形成(術), 《特に》BALLOON ANGIOPLASTY.

àngio·sarcóma *n* 〔医〕 血管肉腫.

ángio·spèrm *n* 〔植〕 被子植物 (cf. GYMNOSPERM). ♦ **àngio·spérmal, -spérmous** *a*

an·gio·ten·sin /ændʒiouténsən/ *n* 〔生化〕 アンギオテンシン《血液中につくられる血圧上昇作用などをもつポリペプチド》.

an·gio·ten·sin·ase /ændʒiouténsənèɪs, -z/ *n* 〔生化〕 アンギオテンシナーゼ《アンギオテンシンを加水分解する酵素》.

angioténsin convèrting ènzyme 〔生化〕 アンギオテンシン転換酵素《略 ACE》.

angioténsin-recèptor blòcker 〔薬〕 アンギオテンシン受容体拮抗薬《血管収縮作用のある angiotensin II の細胞表面上の受容体への結合を妨げる薬; 降圧薬; 略 ARB》.

Ang·kor /ǽŋkɔ:r, ɑ́:ŋ-/ アンコール《カンボジア北西部の石造遺跡; クメール王朝の首都; 大王城 ～ **Thóm** /-tɔ́(:)m/ (アンコールトム) や, 神殿 ～ **Vát** [**Wát**] /-vɑ́:t, -wɑ́:t/ (アンコールワット) が有名》.

Angl. Anglican.

an·gle[1] /ǽŋg(ə)l/ *n* **1 a** 〔数〕 角; 角度; かど, 隅; ANGLE IRON: at an ～ ある角度をなして; 傾斜して; 鋭く曲がって / an acute [obtuse] ～ 鋭角[鈍角] / meet [cross]...at right ～*s* ...と直角をなす / take the ～ 角度を測る. **b** 〔アメフト〕 アングル《敵に対してサイドのポジション; 反則を犯さず[効果的に]相手をブロックできる》: get [have] an ～ 好位置をとる. **c** 〔占星〕 アングル, 角(かく)《ホロスコープの上下左右にあたる midheaven, nadir, ascendant, descendant》. **2** 《ものを見る》角度, 視点, '切り口'; 《写真などを撮る》アングル; 《物事の》相, 面: from different ～*s* さまざまな角度から〈考察する〉/ get [use] a new ～ on ...に新しい見方をする. **3** 《口》 肚黒い[不純な]動機; *《口》 ずるいたくらみ, 陰謀, 策略: What's your ～? どういう魂胆なんだ? ● **know all the ～s** *《口》 万事心得ている. ► *vt* ある角度に折り曲げる[向ける, 動かす, 進める, 打つ]; 〈意見・報道などを〉特定の角度から扱う, ゆがめて伝える. ► *vi* ある角度に方向転換する[動く, 進む] 〈*off to* the left〉. [OF or L *angulus* (dim)]

angle[2] *n* 《古》 釣針; 《古》 釣道具: a brother of the ～ 《文》 釣師. ► *vi* 魚釣りをする; 画策する 〈*to* do〉, 〈...を得るために〉仕掛けをする, (遠まわしに)〈...を〉得ようとする 〈*for* praise〉. [OE *angul* (*anga* hook)]

Angle *n* アングル人《ゲルマン民族の一派で, 5 世紀以降イングランドに定着した; cf. SAXONS》. [L *Anglus*＜Gmc; 北ドイツ Schleswig の地名]

ángle bàr ANGLE IRON; 〔鉄道〕 山形継目板.

ángle bèad 〔建〕 コーナービード, 角金(かどがね)《壁の角に取り付ける金属製などの棒状補強材》.

ángle·bèrry *n* 〔獣医〕 《特に牛馬の》軟瘤 (=*anbury*).

ángle bràcket 〔建〕 隅持送り; 〔印〕 かぎ括弧, ギュメ《〈または〉》.

án·gled *a* (...な)かどのある; 角をなす.

An·gle·doz·er /ǽŋg(ə)ldòuzər/ 〔商標〕 アングルドーザー《大型地ならし機》. [*angle*+bull*dozer*]

ángle grìnder 〔工〕 アングルグラインダー《ディスクを回転させて研磨・切削を行なう電動グラインダー》.

ángle ìron 山形(やまがた)鉄[鋼], アングル(鉄)《1) L 字形断面の鉄材[鋼材] 2) L 字形に折り曲げた鉄製金具》.

ángle mèter 角度測定器, 《特に》CLINOMETER.

ángle of advánce 〔工〕 前進角《1) 蒸気機関でクランクと偏心輪中心とがなす角の直角を超える部分 2) 火花点火機関で点火点と下死点とがなす角》.

ángle of attáck 〔空〕 迎え角《翼弦と気流のなす角度》.

ángle of bánk 〔空〕 バンク角 (angle of roll).

ángle of cóntact 〔理〕 接触角《静止液体の自由表面が固体壁に接するときの液面と固体面でなす角》.

ángle of depréssion 〔理〕 俯角.

ángle of deviátion 〔光〕 ふれの角, 偏角《屈折率の異なる 2 媒体の境界面で入射光線と透過光線とのなす角》.

ángle of díp 《磁針の》伏角 (dip).

ángle of elevátion 〔理〕 仰角; 〔砲〕 仰角, 高角.

ángle of fríction 〔機〕 摩擦角.

ángle of íncidence 〔理・光〕 入射角 (cf. GLANCING ANGLE); 〔空〕 《翼の》取付け角; ANGLE OF ATTACK.

ángle of refléction 〔光〕 反射角.

ángle of refráction 〔理・光〕 屈折角.

ángle of repóse 〔理〕 息角《平面上の物体がすべり落ちない最大静止角》; 安息角 (=**ángle of rést**)《土・砂などの塊りが自然に形成する斜面と水平面の最大角度》.

ángle of róll 〔空〕 横揺れ角 (=*angle of bank*).

ángle of víew 〔写〕 写角.

ángle-pàrk·ing *n* 《道路脇の》斜め駐車.

ángle plàte 〔機〕 横定盤, アングルプレート, イケス, ベンガラス《工作物を締めつけたり支えたりする L 字形[直角]部のある工具》.

ángle·pòd *n* 〔植〕 ガガイモ科 *Gonolobus* 属の各種多年草[半低木].

A

An·gle·poise /ǽŋg(ə)lpɔ̀ɪz/ 〘商標〙 アングルポイズ (=～ **làmp**)《英国製の自在灯 (adjustable lamp); 2 組の 2 本の軸に 2 本のばねが付いたものの先に, 傘付きの白色電球が付いたもの》.
án·gler *n* 魚を釣る人, 釣人, 釣師; たくらみ[小細工]で目的を達しようとする人; 〘魚〙 アンコウ (=**ángler·fìsh**).
An·gle·sey, -sea /ǽŋg(ə)lsi/ アングルシー《ウェールズ北西部の島で, 本土とは橋でつながっている; 古代名 Mona》.
ángle shádes 〘昆〙 ヨトウガの一種《キグチヨトウなどの近縁種で, 翅は枯葉に似た形状・模様をしている; 幼虫は作物の害虫》.
ángle shòt アングルショット《**1**)〘写〙 極端なカメラアングルによる撮影 **2**)〘球技〙 鋭角のクロスショット》.
an·gle·site /ǽŋg(ə)lsàɪt, -glə-/ *n* 〘鉱〙 硫酸鉛鉱. [*Anglesey*, *-ite*]
ángle stèel 〘機〙 山形鋼, L 形鋼.
ángle·wìse *adv* 角をなして, 角状に.
ángle·wòrm *n* 《釣りの餌にする》 ミミズ (earthworm).
An·glia /ǽŋgliə/ アングリア《England のラテン語名》.
An·gli·an *a* ANGLIA の, イングランドの; ANGLES の, アングリア方言[文化]の. ► *n* アングル人; アングリア方言《古英語の Mercian と Northumbrian の総称》.
Ánglian Wáter アングリアン水道(社) (～ Services Ltd.)《イングランド東部の上下水道の管理を行なっている会社》.
An·glic /ǽŋglɪk/ *n* アングリック《スウェーデンの英語学者 R. E. Zachrisson /sǽkrɪsɔ̀ːn/ (1880–1937) が唱えたつづり字を改良した英語》. ► *a* ANGLIAN.
An·gli·can /ǽŋglɪkən/ *a* イングランドの, イングランドの住民[文化]の; 英国教会(派)の, 聖公会の, アングリカンの. ► *n* 英国教会(派)の信徒. ♦ **～·ìsm** *n* 英国教会主義. **～·ly** *adv* [L *Anglicanus*; ⇨ ANGLE]
Ánglican chánt 〘楽〙 アングリカンチャント《英国教会系教会で, 詩篇などの韻律の整わない歌詞を歌うのに使われる朗唱的な聖歌・歌唱法》.
Ánglican Chúrch [the] 英国教会系教会, 聖公会.
Ánglican Commúnion [the] 英国教会派, 全聖公会, アングリカンコミュニオン《Canterbury 大主教座を中心とし, これと相互に交わりをもつ全世界の教会連合で, 米国聖公会 (Episcopal Church), 日本聖公会などが含まれる》.
An·gli·ce /ǽŋgləsìː/ *adv* [°a-] 英語で(は)《略 angl.》. [L=in English]
An·gli·cism /ǽŋgləsɪ̀z(ə)m/ *n* [°a-] 英国風; 英国主義, 英国びいき; イギリス英語[《特に》イングランド英語]特有の語[語法]; 《他の言語の中の》英語風の語法.
An·gli·cist /ǽŋgləsɪst/ *n* 英語学者, 英文学者.
An·gli·cize /ǽŋgləsàɪz/ *vt* [°a-] 英国風にする; 英国語法に変える, 〈外国語を〉英語化する. ♦ **Àn·gli·ci·zá·tion** *n* [L *Anglicus*; ⇨ ANGLE]
An·gli·fy* /ǽŋgləfàɪ/ *vt* [°a-] ANGLICIZE.
án·gling *n* 釣り(の腕), 魚釣り術, 釣魚(ちょうぎょ), 釣技.
An·glist /ǽŋglɪst/ *n* ANGLICIST.
An·glis·tics /æŋglístɪks/ *n* 英語[英文学]の研究.
An·glo /ǽŋgloʊ/ *n* (*pl* **～s**) ANGLO-AMERICAN, 〘カナダ〙 ANGLO-CANADIAN; *《ヒスパニック以外の》白人の米国人; "イングランド人; "《イングランドチームに属している》スコットランド人[アイルランド人, ウェールズ人]プレーヤー. ► *a* Anglo (に特有)の.
An·glo- /ǽŋgloʊ, -glə/ *comb form*「イングランド(系)の」「英国(系)の」「英国教会(派)の」「イングランドと」「英国と」 [L; ⇨ ANGLE]
Ánglo-Américan *a* 英米の; 英国系アメリカ人の. ► *n* 英語を母語とする北米人, 《特に》英国系アメリカ人.
Anglo-Asian *n, a* アジア系イギリス人(の); 英国とアジア(間)の.
Ánglo-Canádian *a* 英国とカナダの, 英加の; 英国系カナダ人の. ► *n* 英国系カナダ人.
Ánglo-Cátholic *a* アングロカトリックの. ► *n* アングロカトリック派の信徒.
Ánglo-Cathólicism *n* アングロカトリック主義《英国教会内また聖公会内の高教会主義》.
Ánglo-Célt *n* イギリスまたはアイルランド系の人《主に 英国・アイルランド以外の英語圏での言い方》. ♦ **-Céltic** *a*
Ànglo·céntric *a* 英国中心の.
Anglo-Egyptian Sudan ⇨ SUDAN.
Ánglo-Frénch *a* 英仏の; アングロフランス語の. ► *n* アングロフランス語《ノルマン王朝で用いられたフランス語; 略 AF》.
Ánglo-Frísian *a* アングロフリジア語の. ► *n* アングロフリジア語《古英語と古フリジア語の共通基語》.
Ánglo-Índian *n* インド在住の英人; 英人[欧州人]とインド人の血を引く人 (Eurasian); インド語から英語に取り入れたことば. ► *a* 英国とインドの; Anglo-Indian の.
Ánglo-Írish *n* アイルランド在住のイングランド人; イングランド人とアイルランド人の血を引く人. ► *a* Anglo-Irish の.
Ánglo-Írish Agréement [the] 英国-アイルランド協定《英国・アイルランド共和国政府間の協議と協力拡大を確立する協定 (1985); 特に 北アイルランドの主権と安全に関するもの》.
Ánglo-Látin *a, n* イングランドで用いられた中世ラテン語(の), 英国中世ラテン語(の)《略 AL》.
Ànglo·mánia *n* [ˢa-]《外国人の》英国心酔, 親英熱.
Ànglo·mániac *n* 英国心酔者.
Ánglo-Nórman *n* アングロノルマン《ノルマン人の英国征服後英国に移住したノルマン人(の子孫)》; アングロノルマン語 (=**Ánglo-Nórman Frénch**)《Anglo-Normans のことばで ANGLO-FRENCH の一方言; 略 AN》. ► *a* イングランドとノルマンディーの; 〘英史〙 ノルマン朝 (1066–1154) の; Anglo-Norman(s) の.
Ánglo·phìle, -phìl *n, a* 英国びいきの(人), 親英派の(人). ♦ **Ànglo·phílic** *a*
Ànglo·phília *n* 英国びいき[好き], 英国崇拝. ♦ **-phíl·i·ac** /-fíliæk/ *a*
Ánglo·phòbe *n* 英国嫌いの人.
Ànglo·phóbia *n* 英国嫌い, 英国恐怖(症). ♦ **-phóbic** *a*
ánglo·phòne [°A-] *n* 《複数の言語が話されている国における》英語使用者[民]. ► *a* 英語を話す, 英語使用者の. ♦ **àn·glo·phón·ic** /-fán-/ *a*
Ánglo-Sáxon *n* **1** アングロサクソン人, [the ～s] アングロサクソン族《5–7 世紀 Britain 島に移住したゲルマン系部族》; イングランド人 (Englishman), 《特に》アングロサクソン系の人; 《英語圏の》白人キリスト教徒. **2** アングロサクソン語 (Old English); 《口》《ラテン系の語を含まない》簡明[粗野]な英語. ► *a* Anglo-Saxon の.
Ánglo-Sáxon·ìsm *n* 英国人気質; アングロサクソン系の語; アングロサクソン優越説.
Ánglo·sphère *n* 英語文化圏.
An·go·la /æŋgóʊlə, æn-/ アンゴラ《アフリカ南西部の国; 公式名 Republic of ～ (アンゴラ共和国); ☆Luanda; もと ポルトガルの海外州 Portuguese West Africa, 1975 年に独立》. ♦ **An·gó·lan** *a, n*
An·go·ra /æŋgɔ́ːrə, æn-, ǽŋgərə/ **1** アンゴラ《1930 年以前の ANKARA の旧名》. **2** /æŋgɔ́ːrə, æn-/ **a** ANGORA CAT [GOAT, RABBIT]; [ᵘa-] アンゴラヤギ[ウサギ]の毛 (=～ **wóol**); [ᵘa-] アンゴラ織り《アンゴラヤギの毛で作る》; [ᵘa-] アンゴラ毛糸《アンゴラウサギの毛で作る》. **b** [a-]《豪俗》まぬけ, とんま.
Angóra cát アンゴラネコ《毛の長い飼い猫》.
Angóra góat アンゴラヤギ《毛から純正モヘアを作る》.
Angóra rábbit アンゴラウサギ《毛糸は編物用》.
an·gos·tu·ra /æ̀ŋgəst(j)ʊ́ərə/ *n* アンゴスツラ皮 (=～ **bárk**)《南米のミカン科の木皮で解熱強壮剤》; [A-] ANGOSTURA BITTERS. [*Angostura* ベネズエラの市 Ciudad Bolívar の旧称]
Angostúra bítters *pl* 〘商標〙 アンゴスチュラビタース《種々の樹皮や根から調製された苦味強壮剤; カクテルなどに用いる》.
An·gou·lême /ɑ̀ːgʊléɪm, -lέm; *F* ɑ̃gulεm/ アングレーム《フランス西部, Charente 県の県都》.
An·gou·mois /*F* ɑ̃gumwa/ アングモア《フランス中西部の旧州; ☆Angoulême; 中世 Angoulême 伯領として英仏で帰属が争われ, 1373 年フランス領として戻る》.
An·gra do He·ro·ís·mo /áːŋgrə du èruíːʒmu/ アングラ・ド・エロイズモ《ポルトガル領の Azores 諸島 Terceira 島の市・港町》.
An·gra Mai·nyu /ǽŋrə máɪnju/ 〘ゾロアスター教〙 アングラマイニュ (AHRIMAN).
an·grez /ɑːŋréɪz/ *n, a* 《インド口》 イギリス人(の).
An·gre·zi /ɑːŋréɪzi/ *n, a* 《インド口》 英語(の).
an·gry /ǽŋgri/ *a* **1 a** おこった; 怒りにみちた; (おこったように)荒れ狂う: be [feel] ～ おこっている 〈*at*, *with* sb; *at* what sb says or does, *about*, *over* sth, *that*〉 / become [get, grow] ～ おこる / make ～ おこらせる / have ～ words 口論をする 〈*with* sb〉 / look ～ こわい顔をしている / ～ waves 怒濤 / an ～ sky 険悪な空模様. **b** 〈傷が〉炎症を起こした. **2** 《古》 IRRITABLE. ► *n* [*pl*]《口》《社会などに抗議する》怒れる者, ANGRY YOUNG MEN. ♦ **án·gri·ly** *adv* おこって, 腹を立てて. **án·gri·ness** *n* [ANGER]
ángry yòung mén *pl* [°A- Y- M-] 怒れる若者たち《1950 年代初期の英国で既成の制度や権威, 特に 中産階級の価値観や生活態度を鋭く批判した John Osborne, Kingsley Amis などの一群の若い作家たち》; 《一般に》反体制の若者たち.
angst /áːŋ(k)st/ *n* (*pl* **äng·ste** /έŋ(k)stə/) [ˢA-] 心配, 不安, 苦悩; 罪悪感; 〘精神医〙 不安, 苦悶. ♦ **ángsty** *a* [Dan, G]
ang·strom, ång·ström /ǽŋstrəm, ɔ́ːŋ-/ *n* 〘理〙 オングストローム (=～ **ùnit**)《長さの単位: $=10^{-10}$ m; 略 Å, A, AU》. [↓]
Ångström オングストレーム **Anders Jonas** [**Jöns**] ～ (1814–74)《スウェーデンの物理学者》.
án·gui·fòrm /ǽŋgwə-/ *a* ヘビの形をした, 蛇形の.
An·guil·la /æŋgwílə, æn-/ アンギラ《西インド諸島東部, Leeward 諸島の英領の島; St. Kitts-Nevis 島の北西に位置》. ♦ **An·guíl·lan** *a, n*
an·guíl·li·fòrm /æŋgwílə-/ *a* 《古》 ウナギ状の.
an·guine /ǽŋgwɪn, -gwàɪn/ *a* ヘビの, ヘビのような. [L (*anguis* snake)]
an·guish /ǽŋgwɪʃ/ *n* 《心身の》激痛, 苦悶, 苦悩: in ～ 苦悶して. ► *vi, vt* 苦悶する[させる]. [OF＜L *angustia* tightness (*angustus* narrow)]

A

án·guished *a* 苦悩に満ちた: an ～ conscience.
an·guis in her·ba /á:ŋgwɪs ɪn hérbɑ̀:/ 草の中の蛇; 隠れたる敵. [L]
an·gu·lar /ǽŋgjələr/ *a* かどのある, かど立った, 角張った; 角の, 角を形成する; 角度で測った; (やせこけて)骨の突き出た; 堅苦しい, 無骨な. ♦ **～·ly** *adv* **～·ness** *n* [L; ⇨ ANGLE[1]]
ángular acceleràtion 〘理〙角加速度.
ángular displácement 〘理〙《軸まわりの物体の回転の》角変位; 〘光〙《波長の違いによる》角分散.
ángular dístance 〘海・空〙角距離, 角距.
ángular fréquency 〘理〙角振動数, 角周波数.
ángular ímpulse 〘理〙角力積.
an·gu·lar·i·ty /æŋgjəlǽrəti/ *n* かどのあること; ぶかっこう《服装・動作など》; 《性格などの》気むずかしさ; [*pl*] かどのある形[輪郭], とがったかど, 角.
ángular léaf spòt 〘植〙角点病, 角斑病.
ángular moméntum 〘理〙角運動量 (＝*moment of momentum*).
ángular velócity [spéed] 〘理〙角速度《単位時間当たりの方向[角位置]の変化量》.
an·gu·late /ǽŋgjəlèɪt/ *vt* …にかどをつける; 角張らせる; 〘スキー〙《ターンで》〈上体を〉外側に傾ける, 外向傾姿勢にする. ► *vi* 角張る. ► *a* /-lət, -lèɪt/ かどのある. ♦ **-lat·ed** /-lèɪtəd/ *a* かどのある(形をした). **～·ly** *adv*
an·gu·la·tion /æŋgjəléɪʃ(ə)n/ *n* かど[角]をつくること, 角形成; かどのある形[部分, 部位]; 《測量などでの》角度の精密測定.
an·gu·lous /ǽŋgjələs/ *a* 《古》かどのある (angular).
An·gus /ǽŋgəs/ **1 a** アンガス《男子名》. **b** ANGUS OG. **2 a** アンガス《スコットランド東部の, 北海に臨む独立自治体・旧州; ☆Forfar》. **b** 〘牛〙ABERDEEN ANGUS. [Celt＝?one choice]
Ángus Óg /-óug/ 〘アイル神話〙アンガス・オーグ《愛と美の神》.
an·gus·tate /æŋgʌ́stèɪt/ *a* 狭められた.
an·gus·ti- /æŋgʌ́stə/ *comb form*「狭い」[L *angustus* narrow; cf. ANGUISH]
ang·wan·ti·bo /æŋgwá:ntəbòu/ *n* (*pl* **～s**) 〘動〙アンワンチボ (＝*Calabar potto, (golden) potto*)《アフリカ森林地帯のロリス》. [Efik]
An·halt /á:nhà:lt/ アンハルト《ドイツ中部にあった公国; ☆Dessau; 現在 Saxony-Anhalt 州の一部》.
an·harmónic /æn-/ *a* 〘理〙非調和(振動)の. ♦ **-har·mo·nic·i·ty** /-mənísəti/ *n* 非調和性.
an·he·do·nia /æ̀nhidóuniə, -njə/ *n* 〘心〙無快感(症), 快感消失(症). ♦ **àn·he·dón·ic** /-dán-/ *a* [Gk *hēdonē* pleasure]
an·hédral /æn-/ *n* 〘空〙下反角 (negative dihedral). ► *a* 〘空〙〈翼が〉下反角をなす; 〘鉱〙他形の (allotriomorphic).
an·he·la·tion /æ̀nhəléɪʃ(ə)n/ *n* 〘医〙呼吸短急[促迫].
An·heu·ser-Busch /ɑ:nhɔ́ɪzərbúʃ/ アンハイザー-ブッシュ(社) (～ Cos., Inc.)《世界最大級のシェアを誇る米国のビール会社; Budweiser などを製造; 1852 年創業; 本社 St. Louis》.
an·hidrósis /æn-/ *n* 〘医〙無(発)汗(症), 汗分泌減少.
an·hin·ga /ænhíŋgə/ *n* 〘鳥〙ヘビウ (snakebird), 《特に》アメリカヘビウ. [Tupi]
An·hui /á:nhwí:/, **An·hwei** /á:n(h)wéɪ/ 安徽(あんき)(アンホイ)《中国東部の省; ☆合肥 (Hefei)》.
anhyd. anhydrous.
an·hydr- /ænháɪdr/, **an·hy·dro-** /ænháɪdrou, -drə/ *comb form*「無水の」「無水物」[Gk ANHYDROUS]
an·hy·dride /ænháɪdràɪd/ *n* 〘化〙無水物.
an·hy·drite /ænháɪdràɪt/ *n* 硬石膏, 無水石膏.
an·hy·dro·sis /æ̀nhɪdróusəs, -haɪ-/ *n* (*pl* **-ses** /-sì:z/) 〘医〙ANHIDROSIS.
an·hy·drous /ænháɪdrəs/ *a* 〘化・鉱〙無水の, 無水物の. [Gk *anudros* lacking water (*ana-, hudōr* water)]
ani[1] /ɑ:ní:, á:ni/ *n* 〘鳥〙アニ《オオハシカッコウ属の各種の鳥; 熱帯アメリカ産》. [Tupi]
ani[2] *n* ANUS の複数形.
An·i·ák·chak Cráter /æ̀niǽkʧæk-/ アニアクチャク火山《Alaska 半島にある火山 (1347 m); 火口の直径 9 km》.
an·icónic /æn-/ *a* 〈偶像が〉人間や動物の形態をとっていない, 《描写的でなく》象徴的な; 〈宗教が〉像[偶像]を用いない, 像[偶像]の使用に反対する.
an·i·cut, an·ni- /ǽnɪkʌt/ *n* 《インド》灌水用ダム.
an·idro·sis /æ̀nɪdróusəs/ *n* (*pl* **-ses** /-sì:z/) ANHIDROSIS.
anigh /ənáɪ/ *adv, prep* 《古》NEAR.
An·ik /ǽnɪk/ アニク《カナダが打ち上げた一連の静止通信衛星》. [Eskimo＝brother]
an·il /ǽn(ə)l/ *n* 〘植〙ナンバンコマツナギ《西インド諸島産で藍(あい)の原料》; 〘染〙藍, インジゴ (indigo). [F＜Port＜Arab]
an·ile /ǽnàɪl, éɪ-/ *a* 老婆のような〈弱気・のろま〉, 焼きがまわった, もうろくした. [L (*anus* old woman)]
an·i·line /ǽn(ə)lən, -làɪn, -lì:n/, **-lin** /-lən/ *n* 〘化〙アニリン《芳香族アミン》. ► *a* アニリンの[から得た]. [G (*anil* indigo)＜F or Port＜Arab]
ániline dỳe アニリン染料《普通はコールタールからつくる》; 《広く》合成染料.
ani·lin·gus /èɪnɪlíŋgəs/, **-linc·tus** /-líŋ(k)təs/ *n* 肛門接吻(による)性感刺激. [*anus*, cunni*lingus*, *-linctus*]
anil·i·ty /əníləti, æ-/ *n* 老婆のよまいごと; 《老婆のような》老いぼれ, もうろく. ★ senility よりもずっと軽蔑の程度が強い.
an·i·ma /ǽnəmə/ *n* 霊気, 魂; 生命; 〘心〙アニマ《Jung の分析心理学における **1)** 内面的自己; cf. PERSONA **2)** 男性の無意識内に存在する女性的なもの; cf. ANIMUS》. [L]
A-ni-ma-ch'ing ⇨ A'NYÊMAQÊN SHAN.
an·i·mad·ver·sion /æ̀nəmædvə́:rʒ(ə)n, -məd-, -ʃ(ə)n/ *n* 批評, 批判, 非難, 論難 〈*on*〉; 《熟慮のうえでの》所見, 批評.
an·i·mad·vert /æ̀nəmædvə́:rt/ *vi* 批判する, 非難を加える 〈*on, upon, about*〉. ► *vt* 《古》…に気づく. [L (*animus* mind, ADVERT[1])]
an·i·mal /ǽnəm(ə)l/ *n* **1** 《植物と区別して》動物 (cf. ANIMAL KINGDOM); 《人間と区別して》けもの, けだもの, 四足獣; 哺乳動物; 脊椎動物; けだもののような人間, 下品な[不潔な]やつ; *《俗》運動選手; [the] 獣性 (animality): a wild ～ 野生動物. **2** 《口》《ある特性をもった》人, もの, 代物: a political ～ 政治に興味のある人, 政治人間 / a very different ～ まったくの別人[別もの]. **3** *《俗》《外国語テキストの》訳本, 虎の巻, あんちょこ. ► *a* 動物の; 動物性[質]の; [[U]*derog*] 獣的な; 肉体的な, 肉欲的な; 〘生〙動物極 (animal pole) の: an ～ body 動物体 / ～ life 動物の生態; 動物《集合的》/ an ～ painter 動物画家 / ～ fat 獣脂 / ～ food 動物性食品, 動物食 / ～ matter 動物質 / ～ courage 蛮勇 / ～ passion 獣欲 / ANIMAL SPIRITS. ♦ **～·like** *a* **～·ly** *adv* [L＝having breath (*anima* breath)]
ánimal behávior 動物の行動; 動物行動学. ♦ **ánimal be-háviorist** *n*
ani·mal bi·pes im·plu·me /á:nɪmà:l bípèɪs ɪmplú:mɛ/ 羽根のない二本足の動物《人間》. [L]
ánimal bláck アニマルブラック《動物質を炭化させて得る黒色粉末; 顔料・脱色剤》.
ánimal chárcoal 獣炭《動物質を炭化させたもの》,《特に》骨炭 (bone black).
ánimal compánion アニマルコンパニオン《人間の伴侶としての飼育動物; 'pet' の言い換え》.
ánimal contròl 動物管理局《動物の行動統制・隔離・処分などに関する法の執行に当たる部局》.
ánimal cràcker* アニマルクラッカー《いろいろな動物の形をした小さなクラッカー》.
an·i·mal·cule /æ̀nəmǽlkjul/ *n* 〘生〙極微(きょくび)動物, 顕微鏡虫(ちゅう); 《精子論の》精子. ♦ **-cu·lar** /-kjələr/ *a* [NL; ⇨ ANIMAL]
an·i·mal·cu·lism /æ̀nəmǽlkjəlìz(ə)m/ *n* 極微動物説《はっきりしない生理現象・病理現象は極微動物の作用によるとする古い学説》; 精子論《精子中に成体のひな型が存在するとする 17–18 世紀の前成説の一つ》. ♦ **-list** *n*
an·i·mal·cu·lum /æ̀nəmǽlkjələm/ *n* (*pl* **-la** /-lə/) ANIMALCULE.
Ánimal Fárm『動物農場』《George Orwell の小説 (1945); 農場の動物たちが反乱を起こして自治を始めるが, 豚の Napoleon をリーダー格として新たなそしてさらに苛酷な支配が始まる; ロシア革命と Stalin 体制を諷刺した作品で, 'All animals are equal but some animals are more equal than others' が豚たちの唱えるスローガン》.
ánimal hèat 〘生理〙動物熱《動物の体内に生じる》.
ánimal húsbandry 家畜学, 畜産.
An·i·ma·lia /æ̀nəméɪliə, -ljə/ *n pl* 〘生〙動物界 (animal kingdom). [L (pl)＜ANIMAL]
an·i·mal·ier /æ̀nəməlíər/ *n* 動物画家[彫刻家]. [F]
ánimal·ìsm *n* 《人の》おおらかな動物的健全さ《肉体充実・元気横溢・本能充足》; 動物的欲望, 獣欲; 動物の活動; 動物の欲望; 動物の特性, 獣性; 人間動物説. ♦ **-ist** *n* 獣欲主義者; 人間動物説支持者; 動物画家[彫刻家]; 《animal lib の》活動家.
àn·i·mal·ís·tic *a* 動物性[獣性]の; 動物の性質をもつ; 獣欲主義的な; 動物のような; 動物の形をした.
an·i·mal·i·ty /æ̀nəmǽləti/ *n* 動物的健全さ (animalism); 《人の》動物的本能, 獣性; 動物の特性, 獣性; 動物界, 動物《集合的》.
ánimal·ìze *vt* 動物の形に[動物のように]表現する; 〈人間を〉獣的にする, 残忍にする, 獣欲にふけらせる; 動物質に変える. ♦ **ànimal-izátion** *n*
ánimal kìngdom [the] 動物界 (cf. MINERAL KINGDOM, PLANT KINGDOM).
ánimal liberátion [líb] 動物解放《動物を虐待から保護しようとする運動》. ♦ **ánimal liberátionist** *n*
Ánimal Liberátion Frònt [the] 〘英〙動物解放戦線《動物虐待阻止を訴え, 実験に動物を使用することに反対する運動を行なっている組織; 略 ALF》.
ánimal mágnetism 〘生〙動物磁気 (cf. MESMERISM); 肉体的

[官能的]魅力, 性的魅力.

ánimal mòdel 動物モデル《医学・薬学実験などに使用する解剖学的・生理学的および対病原体反応がヒトに近い動物; その動物に見られるヒトに似た病理学的・生理学的状態》.

ánimal pàrk* 動物公園, 自然動物園《野生動物を自然環境に放し飼いにして見せるもの》.

ánimal pòle 〘動〙 動物極《卵細胞のうち, 神経など動物性器官を形成する極; cf. VEGETAL POLE》.

ánimal ríghts [‹sg›] 動物の権利: an ~ group 動物の権利擁護団体[グループ]. ♦ **ánimal ríght·ist** *n*

ánimal spírits *pl* 生気, 血気, 元気; 《企業家・市場などの》強気の姿勢; [[s]sg] 《廃》 動物精気《脳髄に生じ神経を通って全身に伝えられるとされていた精気; 感覚・随意運動の原理であり, 魂と外界とをつなぐ役を果たすと考えられた》.

ánimal stàrch 〘生化〙 動物澱粉 (glycogen).

an·i·ma mun·di /ǽnəmə mʌ́ndàɪ/ (*pl* **án·i·mae múndi** /-mìː-, -màɪ-/) 世界霊魂《物質界を組織し支配すると考えられた力》. [L=soul of the world]

an·i·mate /ǽnəmèɪt/ *vt* **1** …に生命を吹き込む; …に活気をつける; 励ます, 鼓舞する; 活動させる; ‹あやつり人形などを›生きているように動かす. **2** ‹物語などを›動画化する, アニメーションにする. ► *a* /-mət/ 生命のある, 生きている; 動物の; 動物のように動いている; 生気に満ちた, 元気のよい; 〘文法〙 有生の: ~ life 動物 / ~ nouns 有生名詞. ♦ **~·ly** *adv* **~·ness** *n* [L (*animo* to give life to); ⇨ ANIMAL]

án·i·màt·ed *a* 生きている(ような); 生きいきした; 活気に富んだ; 動画化[アニメ化]した: an ~ discussion 激しい討論. ♦ **~·ly** *adv*

animated cartóon 動画, アニメーション映画, アニメ.

animated stíck 〘昆〙 オーストラリア産の大型のナナフシの一種.

ani·ma·teur /F animatœːr/ *n* 推進者, 音頭取り.

án·i·màt·ing *a* 生気を与える; 鼓舞する. ♦ **~·ly** *adv*

an·i·ma·tion /æ̀nəméɪʃ(ə)n/ *n* **1** 元気づけ, 励まし; 生気, 活気, 活発. **2** 動画[アニメーション映画]の制作(技法); アニメーション(映画) (animated cartoon).

an·i·mat·ism /ǽnəmətɪ̀z(ə)m/ *n* アニマティズム《事物や現象に霊魂や精霊は認めないものの, それらを生きたものととらえる信仰; cf. ANIMISM》.

ani·ma·to /àːnəmáːtou/ *a, adv* 〘楽〙 元気な[に], 生きいきした[と], アニマートの[で]《略 anim.》. [It]

án·i·mà·tor, -màt·er *n* 生気を与えるもの[人], 鼓舞者; 〘映〙 アニメーター《動画の絵を描く人》.

an·i·ma·tron·ics /æ̀nəmətrɑ́nɪks/ *n* アニマトロニクス《動物や人間の動きをするロボットを電子工学で制御する技法》. ♦ **-trón·ic** *a* **-i·cal·ly** *adv* [*anima*tion [*anima*ted]+elec*tronics*]

an·i·me /ǽnəmèɪ/ *n* 日本製アニメ.

an·i·mé[1] /ǽnəmèɪ, -mi/ *n* アニメ《芳香性樹脂; ワニス原料》. [F <Tupi]

animé[2] *a, adv* 〘楽〙 ANIMATO. [F=animated]

an·i·mism /ǽnəmɪ̀z(ə)m/ *n* アニミズム《**1**) あらゆる生命は無形の霊魂によって造られるとする説 **2**) 事物や現象にはそれらから離れて存在する霊魂や精霊があるとする信仰; cf. ANIMATISM **3**) 物質や肉体を離れた霊魂や精霊が不滅に存在して善や悪をなすとする信仰》. ♦ **-mist** *n* **àn·i·mís·tic** *a* [L *anima* life, soul, *-ism*]

ani·mis opi·bus·que pa·ra·ti /áːnɪmìːs ɔ̀ːpɪbúskwɛ pɑːráːti, ǽnəməs òupəbʌ́skwi pərέɪtaɪ/ 心と物の用意ができた; 生命財産を投げ出す覚悟で《South Carolina 州の標語の一つ》. [L]

an·i·mos·i·ty /æ̀nəmɑ́səti/ *n* 反感, 憎悪, 敵意 ‹*against, toward*; *between*›. [OF or L (↓)]

an·i·mus /ǽnəməs/ *n* 生命[生気]の原動力, 旺盛な精神; 意思, 意図, 目的; 傾向, 主潮; 悪意, 憎悪, 敵意; 〘心〙 アニムス《女性の無意識内に存在する男性的なもの; cf. ANIMA》. [L=spirit, mind]

an·ion /ǽnàɪən, -ɑ̀n/ *n* 〘化〙 アニオン, 陰イオン (opp. *cation*). [*ana*-, ION]

an·ion·ic /æ̀naɪɑ́nɪk/ *a* 〘化〙 アニオンの, 陰イオンの. ♦ **-i·cal·ly** *adv*

aniónic detérgent 〘化〙 アニオン洗剤, 陰イオン洗浄剤《石鹸と同様, 負に帯電した界面活性イオンを有する合成洗剤》.

anis /ǽníːs/ *n* アニス《アニスの実で香りを付けたスペインのリキュール》.

an·is- /ǽnàɪs, ænáɪs/, **an·iso-** /ǽnàɪsou, ænáɪsou, -sə/ *comb form* 「不等」「不同」(opp. *is*-). [Gk]

an·ise /ǽnəs/ *n* 〘植〙 アニス《セリ科の一年草; cf. DILL[1]》; ANISEED. [OF<L<Gk *anison*]

an·i·seed /ǽnə(s)sìːd/ *n* アニスの果実《薬用・香辛料用》.

an·is·ei·ko·nia /æ̀nàɪsaɪkóuniə/ *n* 〘医〙 《両眼の》不等像(視)(症). ♦ **an·is·ei·kon·ic** /-kɑ́nɪk/ *a*

an·is·ette /æ̀nəsέt, -zέt, ⌒⌒⌒/ *n* アニゼット《アニス (anise) 入りの甘口リキュール》. [F]

Anish·i·na(a)·be /ɑ̀ːnɪʃɪnɔ́ːbeɪ/, **-na·beg** /-nɔ́ːbeɪg, -beɪk/ *n* アニシノーベ(ク)族《五大湖, 特に Superior 湖周辺に住むアメリカ先住民; カナダで OJIBWA, 米国で CHIPPEWA と呼ばれる人びとがみずからを指して使う名称》.

aniso·cárpic /, ⌒⌒⌒-/ *a* 〘植〙 ‹花が›不同数心皮の.

aniso·dáctyl /, ⌒⌒⌒-/ *a, n* 〘鳥〙 三前指型の(鳥).

aniso·dáctylous /, ⌒⌒⌒-/ *a* 〘鳥〙 足指の第 1 指は後方を向き他の 3 指は前方を向いた, 三前指型の《燕雀類の特徴の一つ》.

an·iso·gam·ete /ænàɪsəgǽmiːt, ænàɪsə-, -gəmíːt/ *n* HETEROGAMETE.

an·isog·a·mous /æ̀nàɪsɑ́gəməs/, **-iso·gam·ic** /ænàɪsəgǽmɪk, ænàɪ-/ *a* 〘生〙 異形接合[配偶]の (heterogamous) (opp. *isogamous*). ♦ **àn·isóg·a·my** *n*

an·i·sole /ǽnəsòul/ *n* 〘化〙 アニソール《香料・殺虫剤》.

an·isom·er·ous /æ̀naɪsɑ́mərəs, æ̀nɪ-/ *a* 〘植〙 花の各部が不等数の, 不均斉な.

an·iso·met·ric /ænàɪsəmέtrɪk, ænàɪ-/ *a* 〘理〙 非等軸の, 異方の.

an·iso·me·tro·pia /ænàɪsəmətróupiə, ænàɪ-/ *n* 〘医〙 《両眼の》屈折不同(症), 不同視. ♦ **-me·trop·ic** /-mətrɑ́pɪk, -tróu-/ *a*

àniso·mýcin *n* 〘薬〙 アニソマイシン《抗トリコモナス薬》.

an·iso·phyl·lous /ænàɪsəfíləs, ænàɪsə-/ *a* 〘植〙 不等葉(性)の《葉の形や大きさがふぞろいの》. ♦ **an·iso·phyl·ly** /ænáɪsəfìli/ *n*

an·isotrópic /æn-, ænàɪsə-/ *a* 〘理〙 非等方性の, 異方性の; 〘植〙 異なる種類の刺激に向かう, 不均等の, 有方性の. ♦ **-i·cal·ly** *adv* **an·isótropy** /æn-/, **an·isot·ro·pism** /æ̀nàɪsɑ́trəpɪ̀z(ə)m/ *n* 〘理〙 非等方性, 異方性; 〘植〙 《刺激に対する》不均等性, 有方性.

Ani·ta /əníːtə/ アニタ《女子名》. [Sp (dim); ⇨ ANN(A)]

An·jou /ǽnʤùː; *F* ɑ̃ʒu/ **1** アンジュー《フランス北西部 Loire 川流域の地方・旧州・旧公国; ☆Angers; ⇨ ANGEVIN》. **2** 〘園〙 アンジューナシ (=～ **péar**)《冬に熟する緑色・卵形の果肉の厚い梨》.

An·ka·ra /ǽŋkərə, ɑ́ːŋ-/ アンカラ《トルコの首都; 旧称 Angora, 古代名 Ancyra》.

an·ker /ǽŋkər, ɑ́ŋ-/ *n* アンカー《オランダ・ドイツなどの酒の旧液量単位: ≒ 10 gallons》; 1 アンカー入りの樽. [L<?]

an·ker·ite /ǽŋkəràɪt/ *n* 〘鉱〙 鉄白雲石, アンケライト. [M. J. *Anker* (1772–1843) オーストリアの鉱物学者]

ankh /ǽŋk/ *n* 〘古代エジプト〙 アンサタ[アンク]十字 (=*ansate cross, crux ansata, key of life*)《上が輪になった十字章; 生命の象徴》. [Egypt=life, soul]

Anking 安慶 (⇨ ANQING).

an·kle /ǽŋk(ə)l/ *n* **1** 足関節, くるぶし; 足首[くるぶし]の近辺の部分 (cf. MALLEOLUS): cross one's ~*s* 《腰をかけて》足首のところで足を組む《女性の行儀よいすわり方》. **2** [[o]some ~]*《俗》 いかす女, かわい子ちゃん. ►*《俗》 *vi* 歩いて行く; 仕事をやめる, 退職する. [ON; ⇨ ANGLE[1]; cf. G *Enkel*]

ánkle-bìter *n* 《口》 子供, チビ, ガキ.

ánkle·bòne *n* 〘解〙 距骨 (talus).

ánkle-déep *a* 足首まである.

ánkle sòck" 《足首丈の》短ソックス, アンクルソックス (anklet*).

an·klet /ǽŋklət/ *n* アンクレット《**1**) 足首の飾り **2**) *ANKLE SOCK》; 《靴の》足首まわりの留め革; 足首の枷(かせ).

an·kus /ǽŋkəs, ʌ́ŋkəʃ/ *n* (*pl* ~, ~**s**) 《インド》 象使いの突き棒. [Hindi]

an·kyl-, an·chyl-, an·cyl- /ǽŋkəl/, **an·ky·lo-, an·chy·lo-, an·cy·lo-** /ǽŋkəlou, -lə/ *comb form* 「鉤(かぎ)状に曲がった」「膠着した(ような)」 [Gk *agkulos* crooked]

ánkylo·sàur *n* 〘古生〙 曲竜, 鎧竜(がいりゅう)(よろいりゅう)《白亜紀に生存した曲竜亜目 (Ankylosauria) の恐竜》.

ànkylo·sáurus *n* 〘古生〙 アンキロサウルス《北米に生存したアンキロサウルス属 (*A*-) の大型の曲竜 (ankylosaur)》.

an·ky·lose, -chy- /ǽŋkɪlòus, -z/ *vt, vi* ‹骨・関節など›強直させる[する]. [逆成く *ankylosis anastomose* などにならったもの]

án·ky·lòs·ing spondylítis 〘医〙 強直性脊椎炎 (rheumatoid spondylitis).

an·ky·lo·sis, -chy- /æ̀ŋkɪlóusəs/ *n* (*pl* **-ses** /-sìːz/) 〘医〙 《関節・骨などの》強直(症). ♦ **-lot·ic** /-lɑ́tɪk/ *a* [Gk]

ankylostomiasis ⇨ ANCYLOSTOMIASIS.

an·lace /ǽnləs, -lèɪs/ *n* 《中世の》両刃の短剣.

an·la·ge /ɑ́ːnlàːgə; ǽn-/ *n* (*pl* **-gen** /-gən/, ~**s**) 〘発生〙 原基 (=*rudiment, primordium*)《器官となるべき細胞》; 素質. [G=foundation]

an·laut /ɑ́ːnlàut/ *n* 〘音〙 語頭[音節初頭](音). [G (*an* on, *laut* sound)]

An Lu-shan /ɑ́ːn lúːʃɑ́ːn/ 安禄山(あんろくざん) (703–757)《中国 唐代の安史の乱 (755–763) の主謀者》.

Ann /ǽn/ アン《女子名; ⇨ ANNA》.

ann. annals • annual.

an·na /ɑ́ːnə, ǽnə/ *n* アンナ《インド・パキスタン・ミャンマーの旧通貨単位: =1/16 rupee; 略 a.》. [Hindi]

An·na /ǽnə/ **1** アンナ《女子名; 愛称 Annie, Nan, Nana, Nance, Nancy, Nanna, Nannie, Nanny》. **2** アンナ ~ **Iva·nov·na** /-ivάːnəvnə/ (1693–1740)《ロシアの女帝 (1730–40)》. [Heb=grace]

An·na·ba /ənɑ́ːbə/ アンナバ《アルジェリア北東部の町・港町; 旧称 Bône》.

An·na·bel, -belle /ǽnəbèl/, **-bel·la** /æ̀nəbélə/ アナベル, アナベラ《女子名》. [Sc＝? lovable, amiable; cf. AMABEL]

Ánnabel Lée アナベル・リー《E. A. Poe の同名の詩 (1849) に出てくる, 海辺の王国に住む美少女》.

an·na·berg·ite /ǽnəbə̀ːrgàɪt/ *n* 〘鉱〙 ニッケル華. [*Annaberg* ドイツ Saxony の地名]

An Na·fūd ⇨ NAFŪD.

An Najaf ⇨ NAJAF.

Ánna Ka·rén·i·na /-kərɛ́nɪnə/『アンナ・カレーニナ』《Tolstoy の長篇小説 (1875–77); 若い将校と不倫の恋におちて夫と子を棄てるが, 最後に鉄道自殺をするに至る貴族の妻 Anna の悲劇》.

an·nal /ǽnl/ *n* 一年間の記録(の一項) (cf. ANNALS).

an·nal·ist /ǽn(ə)lɪst/ *n* 年代記編者. ♦ **an·nal·is·tic** /æ̀n(ə)lístɪk/ *a* 年代記(編者)の(ような). **-ti·cal·ly** *adv*

an·nals /ǽnlz/ *n pl* 年代記; 編年史的な記録; [⁽ˢ⁽sg⁾] 《各種団体・大学などの》会誌, 紀要: in the ～ of American literature アメリカ文学史上で. [F or L *annales* (*libri*) yearly (books)]

An·nam /ænǽm, ə-, ǽnæ̀m/ アンナン(安南)《インドシナ半島の東岸地方・旧王国; ☆Hue》.

An·nam·ese /æ̀nəmíːz, -s/ *a* アンナン(人)の; アンナン語 (Vietnamese) の. ► *n* (*pl* ～) アンナン人; アンナン語.

An·nam·ite /ǽnəmàɪt/ *n, a* アンナン人(の) (Annamese).

An·nan /ǽnən/ アナン **Kofi** (**Atta**) ～ (1938–)《ガーナの国連事務官; 国連事務総長 (1997–2006); 国連と共にノーベル平和賞 (2001)》.

An·nap·o·lis /ənǽp(ə)ləs/ アナポリス《Maryland 州の州都・港町; 海軍兵学校 (US Naval Academy) の所在地; cf. WEST POINT》.

Annápolis Róyal アナポリスロイヤル《カナダ Nova Scotia 半島西部の町; カナダ最初の植民地 (1605)》.

An·na·pur·na, An·a- /æ̀nəpúərnə, -pə́ːrnə/ **1** 〘ヒンドゥー教〙 DEVI. **2** アンナプルナ《ネパール中部ヒマラヤ山脈中の山群; 最高峰 ～ I (8078 m)》.

Ann Ar·bor /ænáːrbər/ アナーバー《Michigan 州南東部の都市; Michigan 大学の所在地》.

Ánna('s) húmmingbird 〘鳥〙 アンナハチドリ《メキシコ西部および California 州東部産》.

an·nates /ǽnèɪts, -nəts/ *n pl* 〘教会〙 初年度収入税《もと 初年度の収入を教皇などに上納した聖職就任税》.

an·nat·to /ənǽtou, ənáː-/ *n* (*pl* ～**s**) 〘植〙 ベニノキ《熱帯アメリカ産》; アナットー《ベニノキの種子の果肉から採る橙黄色染料; 織物やバター・チーズなどの色付け用》. [Carib]

Anne /ǽn/ **1** アン《女子名; ⇨ ANNA》. **2** アン (1665–1714)《英国の女王 (1702–14); James 2 世の娘》. **3** アン Princess Royal (1950–)《英国女王 Elizabeth 2 世の第 2 子, 長女》. ● QUEEN ～ **is dead.**

an·neal[1] /əníːl/ *vt* **1** 〈鋼・ガラスなどを〉焼きなます; 〘遺〙 〈核酸を〉アニールする《核酸を熱して 1 本鎖にしたのち徐々に冷却し再び 2 本鎖にすること; 鎖の塩基配列の相補性を調べるのに用いる》. **2** 〈精神・意志などを〉鍛える, 鍛錬[強化]する; 《古》 かま[炉]の中で焼く. ► *vi* 〘遺〙 アニール化される. ♦ ～**·ing** *n* 焼きなまし, 焼鈍(しょうどん). ～**·er** *n* [OE *onǣlan* (*an-*¹, *ǣlan* to burn, bake)]

anneal[2] *vt* 《古》 ANELE.

Anne Boleyn ⇨ BOLEYN.

an·nec·tent /ənéktənt/ *a* 〘生〙 《種と種の間を》つなぐ, 結びつける. [L; ⇨ ANNEX]

An·ne·cy /æ̀nəsíː; *F* ansi/ **1** アヌシー《フランス東部の Haute-Savoie 県の県都; Annecy 湖畔の保養地》. **2** [Lake] アヌシー湖《フランス東部, Alps 山脈西麓の湖》.

an·ne·lid /ǽn(ə)ləd/ 〘動〙 *n* 環形動物《環形動物門 (Annelida) に属する無脊椎動物; ミミズ・ヒルなど》. ► *a* 環形動物の. ♦ **an·nel·i·dan** /ənéləd(ə)n/ *a, n* [F or NL ((dim)‹*anulus* ring)]

Ánne of Áustria アンヌ・ドートリシュ (*F* Ann d'Au·triche /*F* ɑːn(ə)dotriʃ/) (1601–66)《フランス王 Louis 13 世の皇后; Louis 14 世の母, 摂政 (1643–51)》.

Ánne of Bohémia ボヘミアのアン (1366–94)《イングランド王 Richard 2 世の妃》.

Ánne of Cléves /-klíːvz/ クレーヴズのアン (1515–57)《イングランド王 Henry 8 世の 4 番目の妃》.

Ánne of Dénmark デンマークのアン (1574–1619)《イングランド王 James 1 世 (スコットランド王 James 6 世) の王妃》.

An·nette /ənét, æ-/, **An·net·ta** /ənétə/ アネット, アネッタ《女子名》. [F (dim)‹ANN]

an·nex *vt* /ənéks, æ-, ǽnèks/ 付加する, 添付する ‹*to*›; 《条件[帰結, 属性]として》加える; 〈領土などを〉併合する, 編入する ‹*to*›; 横取りする, 着服する, 盗む; 《古》 結合する. ► *vi* 〈隣接町村に〉土地を編入する ‹*to*›. ► *n* /ǽnèks, -ɪks/ 付加物, 付属書類, 付録(文書), 補遺; 別館, 建増し, 離れ ‹*to*›. [OF‹L (*nex- necto* to bind)]

an·nex·a·tion /æ̀nèkséɪʃ(ə)n/ *n* 併合, 編入; 併合地; 付加; 付加物. ♦ ～**·ist** *n* 併合論者. ～**·al** *a*

an·nexe‖ /ǽnèks, -ɪks/ *n* ANNEX.

annéx·ment 《古》 *n* ANNEXATION; ANNEX.

an·nex·ure‖ /ənékʃər/ *n* ANNEX; ANNEXATION.

An Nhon /áːn nóun/ アンニョン《ヴェトナム南東部, 南シナ海岸の近くにある町; 外港は Qui Nhong ; 別称 Binh Dinh》.

annicut ⇨ ANICUT.

An·nie /ǽni/ アニー《女子名; Ann, Anne, Anna の愛称》.

Ánnie Óak·ley /-óukli/ (*pl* ～**s**)*《俗》 無料入場券, フリーパス《Annie OAKLEY はトランプを空中に放り上げて銃で撃ち穴をあけるのを得意技にしていたが, ショーや野球の無料券も穴があいていたことから》; 《野球俗》 四球.

An·ni·go·ni /æ̀nɪgóuni/ アンニゴーニ **Pietro** ～ (1910–88)《イタリアの画家; Kennedy 大統領や Elizabeth 女王の肖像画で有名》.

an·ni·hi·late /ənáɪəlèɪt/ *vt* **1** 全滅[絶滅]させる; 大敗させる, …に圧勝する; 殺す; 〘理〙 (対)消滅させる. **2** 無効にする; 無力にする; 無とみなす, 無視する, 軽視する. ► *vi* 〘理〙 (対)消滅する. ♦ **-là·tive** /, -lə-/, **-la·to·ry** /-lətɔ̀ːri; -lèɪt(ə)ri/ *a* 全滅をもたらす. **an·ni·hí·la·ble** /-ləb(ə)l/ *a* [L＝to reduce to nothing (*nihil* nothing)]

an·ní·hi·làt·ed *a* 《俗》 へべれけの, ぐでんぐでんの, ラリった.

an·nì·hi·lá·tion *n* 全滅, 絶滅, 崩壊; 〘神学〙 霊魂消滅; 無効化; 〘理〙 (対)消滅《素粒子とその反粒子が消滅して光などに転化すること》. ♦ ～**·ìsm** *n* 〘神学〙 霊魂消滅説. ～**·ist** *n*

annihilátion radiàtion 〘理〙 消滅放射(線).

an·ní·hi·là·tor *n* 絶滅させる人[もの]; 〘数〙 零化群.

anni mirabiles ANNUS MIRABILIS の複数形.

an·ni·ver·sa·ry /æ̀nəvə́ːrs(ə)ri/ *n* 記念日, …年[…か月]目の日《略 anniv.》; 記念祭, …周年祭, 年忌; [‹*a*›] 記念日の, 記念祭の; [‹*a*›] 毎年(同じ日に)起こる, 例年の: a wedding ～ 結婚記念日 / on the tenth ～ of the accident 事故から 10 年目の日に / celebrate the 250th ～ of his birth 彼の生誕 250 年祭を祝う. [L＝returning yearly (*annus* year, *vers- verto* to turn)]

Annivérsary Dày 《豪》 記念日《AUSTRALIA DAY の旧称》.

an·no ae·ta·tis su·ae /áːnou aɪtáːtɪs súːàɪ, ǽnou itéɪtɪs súːiː/ *adv* (年齢) …歳の時に《略 aet., aetat.》. [L＝in one's year of age]

an·no Dom·i·ni /ǽnou dáːmənàɪ, -ni/ *adv* [ᵒA- D-] キリスト紀元(後), 西暦《⇨ A.D.; 年号が明確なときはその年号の前に置き, そのほかの場合はあとに置く》: in ～ 1966 西暦 1966 年に / in the 8th century ～ 西暦 8 世紀に. ► *n* [ᵘA- D-] 《口》 寄る年波, 年齢: *Anno Domini* softens a man. 人は年をとると角(かど)がとれる. [L＝in the year of the Lord]

an·no He·gi·rae /ǽnou hɪʤáɪəri, -héʤəriː, áːnou-/ *adv* [ᵒA- H-] ヒジュラ紀元(後)《略 AH; cf. HEGIRA》. [L＝in the year of the Hegira]

an·no mun·di /áːnou múndi, ǽnou mʌ́ndàɪ/ *adv* 世界の年に, 世界紀元(後)《James Ussher は 4004 B.C. を, ユダヤ人は 3761 B.C. を元年とする; 略 a.m., AM》. [L＝in the year of the world]

an·no·na /ənóunə/ *n* 〘植〙 熱帯アメリカ原産バンレイシ科バンレイシ属 (*A-*) の各種の低木[高木]《チェリモヤ (cherimoya), ギュウシンリ (custard apple), バンレイシ (sweetsop) など, 果実は食用となるものが多く, よく栽培される》. [Taino]

an·(n)o·na·ceous /æ̀nənéɪʃəs/ *a* 〘植〙 バンレイシ科 (Annonaceae) の.

annóna fàmily 〘植〙 バンレイシ科 (Annonaceae).

an·no reg·ni /ǽnou régnàɪ/ *adv* 君主の治世になってから《略 a.r., A.R.》. [L＝in the year of the reign]

an·no·tate /ǽnətèɪt/ *vt, vi* 〈本などに〉注釈をつける: ～ (on) a book 本に注をつける / an ～*d* edition 注釈版. ♦ **án·no·tà·ta·ble** *a* **án·no·tà·tive** *a* 注釈のような, 注釈的な. **án·no·tà·tor, -tàt·er** *n* 注釈者. [L; ⇨ AN-², NOTE]

àn·no·tá·tion *n* 注釈をつけること, 付注; 注釈, 注解.

an·nounce /ənáuns/ *vt* 知らせる, 告知[報知, 発表]する; 披露する, 公表する; 予告する; 〈客〉の到着を大声で取り次ぐ, 〈食事〉の用意ができたことを告げる; 感知させる; 〘ラジオ・テレビ〙 〈番組〉のアナウンサーをつとめる: He ～*d* his wife's death only *to* some friends. 妻の死亡通知を数人の友人だけに出した / It has been ～*d* that…ということが公表された / The footman ～*d* Mr. and Mrs. Jones. 従僕はジョーンズ夫妻が到着したと伝えた / Dinner was ～*d*. 食事の用意ができたと告げられた / A shot ～*d* the presence of the enemy. 一発の銃声で敵のいることがわかった / to be ～*d* 発表待ち, 未発表《略 TBA》. ● ～ **oneself**…と名のる: She ～*d* her*self* to me *as* my mother. 彼女はわたしの母親だと名のった. ► *vi* アナウンサーをつとめる; *《口》 立候補宣言をする ‹*for* governor›; *支持宣言をする ‹*for* Brown›. ♦ ～**·able** *a* [OF‹L (*nuntius* messenger)]

annóuncement *n* 告知, 告示, 報知, 発表, 声明, 予告; 通知状, 発表文, 声明書; 〘ラジオ・テレビ〙 放送文句, 《特に》お知らせ, コマーシャル: a newspaper ～ 新聞の発表 / make an ～ of…を公表する.

an·nóunc·er *n* アナウンサー, 放送員; 告知者.

an·no ur·bis con·di·tae /áːnou úrbɪs kɔ́ːndɪtàɪ, ǽnou ə́ːrbəs kándətìː/ *adv* (ローマ)市の建設から数えて《紀元前 753 年から数える; 略 AUC》. [L＝in the year of the founding of the city]

an·noy /ənɔ́ɪ/ *vt* 〈人を〉うるさがらせる, いらだたせる; 〈敵などを〉悩ます: be [feel] much ～*ed* とても不愉快に思う, おこる ‹*with* sb; *at* or *about* sth; *to* do; *that*〉. ► *vi* 不快の原因である; 不快なことをする[言う]. ► *n* 《古・詩》不快感, 迷惑 (annoyance). ♦ **~·er** *n* [OF (L *in odio* hateful)]

annóy·ance *n* うるさがらせること; 不快感, いらだたしさ; 不快な思いをさせる人[もの]: put…to ~ …を困らせる; …に迷惑をかける / to sb's ~ いらだたしいことに.

annóy·ing *a* うるさい, 迷惑な, じれったい: How ~! うるさいなあ! ♦ **~·ly** *adv* うるさいくらいに, 腹が立つほど. **~·ness** *n*

an·nu·al /ǽnjuəl/ *a* 一年の; 例年の, 年々の; 年一回の, 年刊の; 一年分の; 〘植〙一年生の (cf. BIENNIAL, PERENNIAL): an ~ income 年間収入, 年収 / ~ expenditure [revenue] 歳出[歳入] / ~ pension 年金. ► *n* 〘植〙一年生植物 (cf. TENDER [HARDY] ANNUAL); 例年の催し; 年報, 年刊書, 年鑑. ♦ **~·ly** *adv* 毎年; 年一回; 一年分として. [OF<L (*annus* year)]

ánnual accóunts *pl* 〘経営〙年次会計報告書.

ánnual géneral méeting" 年次総会, ANNUAL MEETING《略 AGM》.

ánnual·ìze *vt* 年率[年額]に換算する: at an ~*d* rate of 5 percent 年率 5% で.

ánnual méeting* 年次総会, 年次株主総会 (annual general meeting").

ánnual párallax HELIOCENTRIC PARALLAX.

ánnual percéntage ràte 〘金融〙(実質)年率《債権者が融資・消費者信用の約定書に明示を義務づけられている年間実効金利; 略 APR》.

ánnual repórt 年報; 〘経営〙年次営業報告書, アニュアルレポート《会社が株主に対して毎年発行する営業報告書》.

ánnual retúrn 〘英税制〙年次届出書《会社が年次株主総会後会社登記官に提出すべき文書; 略 AR》.

ánnual ríng 〘植〙年輪 (=*tree ring*); 〘動〙年輪 (annulus).

an·nu·i·tant /ən(j)úːət(ə)nt/ *n* 年金受給(権)者. [*annuity*, *-ant*; *accountant* などの類推]

an·nu·it coep·tis /áːnuìt kɔ́ɪptìːs, ǽnjuɪt séptɪs/ 神われらの企てを嘉(よ)したまえり《米国の国璽(じ)の裏面に刻まれている標語; Vergil, *Aeneid* から採ったことば》. [L]

an·nu·i·ty /ən(j)úːəti/ *n* 年金(額); 年間配当[支給]金(額); 年金受給権; 年金支払い義務[契約]; [〈*a*〉] 年金型の: a life [terminable] ~ 終身[有期]年金. ♦ **-tìze** *vt* 年金として受け取る, 年金化する. [F<L (*annus* yearly); ⇨ ANNUAL]

annúity cértain (*pl* **annúities cértain**) 確定年金《受取人が死亡したりしても一定の年数は支払われる》.

an·nul /ənʌ́l/ *vt* (**-ll-**) 《法的に・公式に》無効にする, 〈命令・決議を〉取り消す, 廃棄[破棄]する; 消し去る, 消滅させる. ♦ **an·núl·la·ble** *a* 廃棄しうる. [OF<L (*an-*[2], NULL)]

an·nu·lar /ǽnjələr/ *a* 輪の; 輪のような, 環状の, 輪状の; 輪を形成する. ♦ **~·ly** *adv* 環状になって. **an·nu·lar·i·ty** /ænjəlǽrəti/ *n* 環状, 輪形. [F or L (ANNULUS)]

ánnular eclípse 〘天〙金環食.

ánnular lígament 〘解〙《手首・足首の》環状靭帯.

an·nu·late /ǽnjələt, -lèɪt/, **-lat·ed** /-lèɪtəd/ *a* 輪の(ような); 輪のある, 環のある; 輪の(ような)文様[構造]のある; 輪で構成された. ♦ **-late·ly** *adv*

àn·nu·lá·tion *n* 輪の形成, 〘動〙体環形成; 環状構造, 環状部.

an·nu·let /ǽnjələt/ *n* 小さな輪, 小環; 〘紋〙輪, 環《五男を示す血統マーク》; 〘建〙《特にドーリス式柱の外側を取り巻く》輪状平縁, アニュレット. [OF *annelet* の L *anulus* ring による変形]

annúl·ment *n* 取消し, 失効, 廃止; 〘法〙《結婚成立時の》婚姻無効の宣告.

an·nu·loid /ǽnjəlɔ̀ɪd/ *a* 環状の.

an·nu·lose /ǽnjəlòus, -z/ *a* 〘動〙環形体節に分かれた体をもつ: ~ animals 体節動物.

an·nu·lus /ǽnjələs/ *n* (*pl* **-li** /-làɪ, -lìː/, **~·es**) 環, 輪; 〘数〙《2つの同心円の間の》環形; 〘天〙金環; 〘植〙《シダ類の胞子嚢の》環帯; 〘菌〙《ハラタケの》菌輪環帯, つば; 〘植〙《コケの》口環; 〘動〙《ヒル類の》体環, 小環; 〘動〙年輪《魚のうろこなどにみられる成長輪》. [L 異形く*anulus* ring]

an·num /ǽnəm/ *n* 年 (year)《略 an.》: per ~ 1年につき. [L; ⇨ ANNUAL]

an·nun·ci·ate /ənʌ́nsièɪt, -ʃi-/ *vt* ANNOUNCE. [L; ⇨ ANNOUNCE]

an·nun·ci·a·tion /ənʌ̀nsiéɪʃ(ə)n, -ʃi-/ *n* 布告, 予告; [the A-] お告げ, 受胎告知《天使 Gabriel が聖母 Mary にキリストの受胎を告げたこと; *Luke* 1: 31》; [the A-] お告げの祝日 (=**A~ Dày**) (LADY DAY).

an·nún·ci·à·tor *n* 知らせる人[もの, 装置]; 信号表示器, アナンシエーター. ♦ **an·nún·ci·a·tò·ry** /; -t(ə)ri/ *a*

Annunzio ⇨ D'ANNUNZIO.

an·nus hor·ri·bi·lis /ǽnəs hɔːríːbələs, áː-/ (*pl* **an·ni hor·ri·bi·les** /ǽnàɪ hɔːríːbəlìːz, áːni hɔːríːbəlèɪs/) ひどい年《もとは Elizabeth 女王が 1992 年を回顧して言ったことば》. [L=horrible year]

an·nus mi·ra·bi·lis /ǽnəs məráːbələs, áː-/ (*pl* **an·ni mi·ra·bi·les** /ǽnàɪ məráːbəlìːz, áːni məráːbəlèɪs/) [[s]A- M-] 驚異の年《特に英国で大火・ペスト大流行・対オランダ海戦における勝利などのあった 1666 年》. [L=wonderful year]

ano-[1] /ǽnou, éɪnou, -nə/ *comb form* 「肛門 (anus) (の)」

ano-[2] /ǽnou, ǽnə/ *pref* 「上」「上方」: *anoopsia*. [Gk *ana* up]

anoa /ənóuə/ *n* 〘動〙アノア《Celebes 島産の矮小水牛》. [(Celebes)]

ano·bi·id /ənóubiəd/ *n* 〘昆〙シバンムシ科 (Anobiidae) の小甲虫 (cf. DEATHWATCH).

ano·ci·association /ənòusi-/ *n* 〘医〙有害刺激除去麻酔. [*a-*[2], L *noceo* to injure]

an·ode /ǽnòud/ 〘電〙 *n* 《電子管・ダイオード・電解槽の》陽極, アノード (opp. *cathode*); 《一次電池・蓄電池の》負極. ♦ **an·od·ic** /ænádɪk/, **an·od·al** /ænóudl/ *a* **an·ód·i·cal·ly, an·ód·al·ly** *adv* [Gk=way up (*ana-*, *hodos* way)]

ánode rày 〘電〙陽極線.

an·od·ize /ǽnədàɪz/ *vt* 〘冶〙〈金属を〉陽極酸化[処理]する. ♦ **àn·od·i·zá·tion** *n* [*anode*]

an·o·don·tia /æ̀noudánʃ(i)ə/ *n* 〘歯〙無歯(症). [*an-*[1]]

an·o·dyne /ǽnədàɪn/ *a* 痛み止めの, 鎮痛の; 気持を和らげる, 無難な. ► *n* 鎮痛薬[剤]; 気持を和らげるもの. ♦ **àn·o·dýn·ic** /-dín-/ *a* [L<Gk=painless (*a-*[2], *odunē* pain)]

an·o·dyn·in /æ̀nədáɪnən/ *n* 〘生化・薬〙アノジニン《血流中の鎮痛性物質》.

an·o·e·sis /æ̀nouíːsəs/ *n* (*pl* **-ses** /-sìːz/) 〘心〙非知的意識. ♦ **àn·o·ét·ic** /-ét-/ *a*

anoestrus ⇨ ANESTRUS.

áno·génital *a* 肛門と性器(部)の.

anoia /ənɔ́ɪə/ *n* 精神薄弱, 《特に》白痴. [*a-*[2], Gk *noiēsis* understanding]

anoint /ənɔ́ɪnt/ *vt* 〘教会〙《聖式で》〈人〉の頭に油を注いで神聖にする, 聖別する; 聖職に任命する; 選ぶ, 任命[指名]する 〈*as*〉; 〈…〉に油[軟膏など]を塗る 〈*with*〉: they ~*ed* David king ダビデに油を注いで王とした《*2 Sam* 2: 4》/ ~ one's body *with* lotion 体にローションを塗る. ● **the (Lord's) A~ed** (主に)油を注がれた者《キリスト; 古代イスラエルの王; 神権による王》. ♦ **~·er** *n* [AF<L *inungo*; ⇨ UNCTION]

anóint·ing of the síck [[o]A- of the S-] [the] 〘カト〙病者の塗油《旧称は EXTREME UNCTION》.

anóint·ment *n* 塗油; 〘教会〙油注ぎ, 注油(式).

ano·le /ənóuli/ *n* 〘動〙アノールトカゲ《熱帯アメリカ産の食虫性のトカゲ》, 《特に》AMERICAN CHAMELEON. [F<Carib]

an·o·lyte /ǽn(ə)làɪt/ *n* 〘化〙陽極液, 〘電池〙アノード液 (opp. *catholyte*).

anom·a·lism /ənáməlɪ̀z(ə)m/ *n* 変則(性), 異常(性); ANOMALY.

anom·a·lis·tic /ənàməlístɪk/, **-ti·cal** *a* 変則[異常]の; 〘天〙近点の, 近点離角 (anomaly) の.

anomalístic mónth 〘天〙近点月《約 27 日半》.

anomalístic yéar 〘天〙近点年《地球が近日点から再び近日点まで帰るまでの 365 日 6 時間 13 分 53 秒》.

anom·a·lous /ənáməlәs/ *a* 変則の; 異常な: an ~ finite 変則定形動詞《be, have, および助動詞の定形》/ an ~ verb《正規の活用を欠く》変則動詞《be, have, do, will, can など》. ♦ **~·ly** *adv* **~·ness** *n* [L<Gk (*a-*[2], *homalos* even)]

anómalous wáter 〘化〙異常水 (polywater).

anom·a·lure /ənáməl(j)ùər/ *n* 〘動〙SCALETAIL.

anom·a·ly /ənáməli/ *n* 変則; 異常; 変則的[例外的]なもの[こと]; 〘理〙量子異常, アノマリー; 〘生〙異形《特徴的型からのずれ》; 〘気〙偏差; 〘天〙近点(離)角.

ano·mia /ənóumiə/ *n* ANOMIE; 〘医〙名称失語(症).

an·o·mie, -my /ǽnəmi/ *n* 〘社〙アノミー《**1)** 〘社〙社会的基準や価値が見失われたり混乱している状態 **2)** 〘心〙目的・理想の欠如からくる個人的疎外[不安]感》. ♦ **anom·ic** /ənámɪk/ *a* [Gk (*a-*[2], *nomos* law)]

anon /ənán/ *adv* いつかそのうちに, 別の折に; 《古・文》ほどなく; 《古》直ちに, ただいま〈参ります, いたします〉: EVER and ~. [OE=in(to) one (ON, ONE)]

anon. anonymous(ly).

Ano·na /ənóunə/ *n* ANNONA.

anonaceous ⇨ ANNONACEOUS.

an·o·nym /ǽnənɪ̀m/ *n* 匿名者, 無名氏; 名づけようのない概念; 変名, 仮名 (pseudonym); 作者不明の著作.

an·o·nym·i·ty /æ̀nənímәti/ *n* 匿名(性); 無名; 素姓が不明なこと; 特徴のないこと, 没個性; 無名の人[もの]: hide behind ~=retain one's ~ 匿名に隠れる / the ~ of the city 都市の匿名性《都会で人が互いに他人である状況》.

an·on·y·mize /ənánəmàɪz/ *vt* 匿名化する, 〈データなど〉から個人を特定できないようにする, 〈患者など〉の個人名を伏せる.

an·ón·y·mìz·er *n* 〘電算〙アノニマイザー《インターネットにアクセスする人の匿名性を保つための仲介サイト》.

anon·y·mous /ənánəməs/ *a* 無名の; 匿名の (opp. *onymous*); 作者[発行者, 送り主, 産地など]のわからない; 特徴のない, 没個性的な: ALCOHOLICS ANONYMOUS. ♦ **～·ly** *adv* 匿名で. **～·ness** *n* [L＜Gk＝nameless (*a-*², *onoma* name)]

anonymous FTP /–́ – èftì:pí:/ 〘電算〙 アノニマス FTP 《登録ユーザーでなくても利用できる FTP》.

ano·op·sia /ænouápsiə/, **anop·sia** /ənáp-/ *n* 〘医〙 上斜視.

anoph·e·les /ənáfəlì:z/ *n* 〘昆〙 アノフェレス, ハマダラカ 《マラリアを媒介する蚊》. ♦ **-line** /-làın, -lən/ *a, n*

an·opia /ænóupiə/ 〘医〙 *n* 無眼球(症); ANOOPSIA.

an·o·plu·ran /ænəplúrən/ *n* 〘昆〙 シラミ 《シラミ目 (Anoplura) に属する昆虫の総称 (sucking lice)》. ► *a* シラミ目の.

an·o·rak /ǽnəræk/ *n* アノラック (parka); ″《口》 つまらないことに熱中する人, おたく. ♦ **～·ish, án·o·raky** *a* [Eskimo]

an·or·chous /ənɔ́:rkəs/ *a* 〘医〙 無睾丸[精巣]の.

àno·réctal *a* 〘医〙 肛門(と)直腸の.

an·o·rec·tic /ænəréktık/, **-ret·ic** /-rétık/ 〘医〙 *a* 食欲不振の; 神経性無食欲症の, [*fig*] 拒食症的な, 欠乏状態の; 食欲を減退させる. ► *n* 食欲抑制薬; 神経性無食欲症患者.

an·orex·ia /ænəréksiə/ 〘医〙 *n* (長期の)食欲不振, 無食欲; ANOREXIA NERVOSA. ♦ **àn·orèx·i·gén·ic** /-rèksəʤénık/ *a* 〘医〙 食欲を減退させる. [L＜Gk (*a-*², *orexis* appetite)]

anoréxia ner·vó·sa /-nərvóusə/ 〘精神医〙 神経性無食欲症, 青春期やせ症 《俗にいう拒食症》.

an·orex·ic /ænəréksık/ 〘医〙 *a* 食欲不振の; 神経性無食欲症の; 拒食症的な, やせ細った, 欠乏状態の; 食欲を減退させる. ► *n* ANORECTIC.

an·or·gas·mia /ænɔ:rgǽzmiə/ *n* 〘医〙 無オルガスム(症), 不感(症). ♦ **-mic** *a*

an·or·thic /ænɔ́:rθık/ *a* 〘鉱〙 三斜晶系の, アノーシックの.

an·or·thite /ænɔ́:rθàıt/ *n* 灰長石 《斜長石の一種》. ♦ **-thit·ic** /ænɔ:rθítık/ *a*

an·or·tho·pia /ænɔ:rθóupiə/ *n* 〘眼〙 歪視(わいし).

an·or·tho·site /ænɔ́:rθəsàıt/ *n* 〘岩石〙 斜長岩. ♦ **an·òr·tho·sít·ic** /-sítık/ *a*

an·os·mia /ænázmiə, ænás-/ *n* 〘医〙 無嗅覚(症), 嗅覚消失. ♦ **an·ós·mic** *a* [*a-*², Gk *osmē* smell]

an·oth·er /ənʌ́ðər/ *a, pron* もう一つの(もの), もう一人の(人); それに似た(もの[人]), 例の[いつもの](もの); 別の(もの[人]), 新たな(もの); ″A. N. OTHER: in ～ six weeks もう6週間で / 'Liar!'—'You're ～!' うそつきめ!—(なんだと)きみこそうそつきだ! / in ～ moment 次の瞬間には, たちまち / You'll never see *such* ～. 《古》 あんな人[もの]はまたと見られまい / ～ Solomon 第二のソロモン 《賢者》 / I don't want this one, I want ～. これは欲しくない, 別のをくれ / I felt my*self* quite ～ man. 自分が別人になった[まるで生き返ったような]気がした / He lives in ～ house *than* hers. 彼女の家とは別の家に住んでいる / but that is ～ STORY¹ / [one と対照的に用いて] To know is *one* thing, and it's quite ～ (thing) to teach. 《諺》 知っているのと教えるのとは別もの / *One* man'*s* MEAT is ～ man's poison. ★ another は任意の数の中から 2 つを対照させるもので, 最初から 2 つだけの場合は one...the other と対照させる. ● **A～ county [country] heard from.** じゃましないで, うるさいなあ 《話を中断されたときのいらだちの表現》. **～ PLACE. as one** man etc. **to ～** 同等の者 《など》 と認めて, 対等の立場で. **just ～** 単にもう一つ[一人]の, ありきたりの: *just* ～ game [excuse]. **like ～** ありきたりの, とりわけ変わってもいない. **not ～...** 《口》 ...はもうごめんだ: *Not* ～ word. もう何も言わないで. ONE **after ～.** ONE **～. some...or ～** 何かの...: *some* time *or* ～ いつか, 他日. **taking [taken] one with ～** あれこれ考え合わせると, 概して, 平均して. TELL¹ **me ～!** [*an other*]

A.N. Other″ /éıèn –́–/ 未定選手 《出場選手名簿作製の際に一部選手につき選考中の場合該当欄に記入する》; 《広く メンバー選考の》 未定のもう一人, 残りの一人, 某氏.

anóther-guèss *a* 《古》 種類の異なる, 別様の.

an·oth·ery, -er·ie /ənʌ́ðəri/ *a* 《豪口》 もう一つの[別の]もの.

Anouilh /ænú:i/ アヌイ **Jean ～** (1910–87) 《フランスの劇作家; *Antigone* (1944), *Becket* (1959)》.

anourous ⇨ ANUROUS.

ANOVA /ænouvá:/ °analysis of variance.

an·ovu·lant /ænávjələnt, ænóu-/ *n* 排卵抑制剤. ► *a* 排卵抑制(剤)の.

an·ovulátion /æn-/ *n* 無排卵.

an·óvulatory /æn-/ *a* 排卵を伴わない, 無排卵(性)の; 排卵を抑制する.

an·ox·e·mia | -ae- /ænàksí:miə/ *n* 〘医〙 無酸素血(症). ♦ **-mic** *a*

an·ox·ia /ænáksiə/ *n* 〘医〙 《血液の》 無酸素(症) 《低酸素症 (hypoxia) の極度のもの》. ♦ **an·óx·ic** *a* 無酸素(症)の; 酸素欠乏の.

An·qing, An·ch'ing /á:nʧíŋ/, **An·king** /á:nkíŋ/ 安慶(あんけい)(アンチン) 《中国安徽省の長江北岸の市; 旧称 懐寧 (Huaining)》.

ans. answer(ed). **ANS** °autonomic nervous system.

An·sa·phone /ǽnsəfòun; á:n-/ 〘商標〙 アンサホン 《留守番電話機; cf. ANSWERPHONE》.

an·sate /ǽnseıt/, **an·sat·ed** /ǽnsèıtəd/ *a* 柄(のような部分)のある. [L *ansa* handle]

ánsate cròss アンサタ十字 (ANKH).

An·schluss /á:nʃlùs/ *n* 合同, 合併, 《特に》 1938 年のナチスドイツによるオーストリア併合. [G (*anschliessen* to join)]

An·sel /ǽnsəl/ アンセル 《男子名》. [Gmc (dim) ‹ *ansi* a god]

An·selm /ǽnsèlm/ **1** アンセルム 《男子名》. **2** [Saint] 聖アンセルムス (*L* Anselmus) (1033 or 34–1109) 《イタリア生まれの神学者; Canterbury 大司教 (1093–1109)》. [Gmc＝god helmet]

an·ser·ine /ǽnsəràın, -rən/, **an·ser·ous** /ǽnsərəs/ *a* ガチョウ (goose) の(ような); ばかな. [L (*anser* goose)]

An·shan¹ /á:nʃá:n/ 鞍山(あんざん)(アンシャン) 《中国遼寧省中部の重工業都市》.

An·shan² /ǽnʃæn/ アンシャン 《古代ペルシアにあった Elam 王国の一地方》.

ANSI American National Standards Institute 米国規格協会 《旧 ASA, USASI》.

an·swer /ǽnsər; á:n-/ *n* **1** 答え, 回答, 返事, 応答 (opp. *question*); 解答, 正解, よい方法, 解決策 ‹*to*›; 〘法〙 答弁, 申し開き; 対応[相当]物 (counterpart): give [make] (an) ～ 答える, 返事をする ‹*to*› / He *gave* [*made*] no ～ *to* my letter. わたしの手紙に返事をくれなかった / Good ～! はい, そのとおり; よくできました / The ～ is in the affirmative [negative]. 答はイエス[ノー]だ / No ～ is also an ～. 《諺》 返事のないのもまた返事 / A SOFT ～ turneth away wrath. / The ～ is a LEMON. / She is Japan's ～ to Madonna. 彼女は日本版マドンナだ. **2** 《行動による》 答え, 反応, 対応, 呼応, 応酬 ‹*to*›; 〘楽〙 主題応答 (opp. *principal*). ● **an ～ to a maiden's prayer** 《俗》 魅力的な男. **in ～ to**...に答えて; ...に応じて: A girl came to the door *in* ～ *to* my knock. ノックにこたえて少女が戸口に出て来た. **know [have] all the ～s** すべて知っている, 何にでも答えられる; 何でも知っているつもりでいる, 知ったかぶりをする; 万事心得ている, 世慣れている. **What's the ～?** どうしたらよいか.

► *vt* **1 a** 〈人・質問〉に答える; 解答する, 〈なぞを〉解く: ～ a question / *A*～ me this (question). この問いに答えなさい, これについてはどうか / She ～*ed* that she was ill. 病気だと答えた / She ～*ed* nothing. 答えなかった. **b** ...に応対する; 〈希望・要求〉に添う, 応じる, 〈祈願を〉かなえる; 《廃》 ...の償いをする: ～ a letter 手紙に返事をする / ～ the (tele)phone 電話に出る / ～ the call 募集に応じる; 電話に出る / My prayer was ～*ed*. 願がかなった. **2** 〈議論・攻撃〉に答弁する[申し開きをする, やり返す, 応酬する]: ～ blows *with* blows 打たれて打ち返す. **3** 〈目的・要件〉にかなう[合致する]: ～ the purpose 目的にかなう / ～ the description 人相書に一致する (cf. *vi* 3). ► *vi* **1** 答える, 返事をする, 応答する; 呼応する, 反応を示す, 従う ‹*to*›; 応酬する: ～ with a nod うなずく, こっくりする. **2** 申し開きをする, 責任を負う, 保証する ‹*to* sb *for* [*about*] sth›; 償いをする, 罰をうける ‹*to* sb *for* sth›: ～ directly *to* Mr. Lee リー氏を直接の上司とする / He has a lot to ～ *for*. 彼には多くの責任がある. **3** 効験[効きめ]がある; *目的にかなう, 間に合う ‹*for*›; 一致する, 符合する ‹*to*› (cf. *vt* 3): It ～*s* very well. 十分目的にかなう, それでけっこう / Our experiment [plan] has ～*ed*. 実験[計画]は成功した. ● **～ back** 《口》 《非難などに》 言い返す, (...に)口答えをする. **～ the door** 《ノックやベルの音で》 ドア口に出る. **～ to the name of** Tom 《口》 〈愛犬などが〉 トムという名である. [OE *andswarian* swear against (charge)]

ánswer·able *a* 答えられる, 反駁可能な; 責任のある ‹*to* sb *for* sth; *for* sb›; 対応した ‹*to*›; 《古》 役立つ, 適切な. ♦ **ànswer·abílity** *n*

ánswer·er *n* 答える人, 回答[解答]者; 答弁人.

ánswer·ing *a* 応答[返事]の; 相応[一致]する ‹*to*›.

ánswering machìne 留守番録音装置, 留守番電話機 (＝*telephone answering machine*).

ánswering sèrvice 留守番電話応答業[サービス].

ánswer·phòne″ *n* 留守番電話 (answering machine).

ánswer prìnt 〘写・映〙 初回プリント 《仕上がり点検用》.

ant /ǽnt/ *n* 〘昆〙 アリ. ● **have ～s in one's pants** 《口》 そわそわ[いらいら, うずうず]している (cf. ANTSY): Are there ～*s in your pants?* なにをいらいら[そわそわ]しているの. [OE EMMET＜WGmc (*ā* off, *mait-* to cut)]

ant- /ǽnt/ ⇨ ANTI-.

-ant /(ə)nt/ *n suf* (1)「...する人[もの]」「...を促すもの[物質]」: assis*tant*, cool*ant*, expector*ant*. (2)「...に関係のある人[もの]」: annuit*ant*. (3)「...されるもの」: inhal*ant*. ► *a suf*「...する」「...する状態にある」「...を促す」: pleas*ant*, somnambul*ant*, expector*ant*. [F or L (pres p); cf. -ENT]

an't ⇨ AIN'T.

ant. antenna ♦ antonym. **Ant.** Antarctica.

an·ta /ǽntə/ *n* (*pl* **～s, -tae** /-tì:, -tàı/) 〘建〙 壁端柱, アンタ 《壁面の端にあって厚みをもたせる補強柱》. [L]

An·ta·buse /ǽntəbjù:s/ 〘商標〙 アンタブース 《ジスルフィラム (disulfiram) 製剤》.

ant·ac·id /æntǽsəd/ *a* 酸を中和する, 制酸(性)の. ► *n* 酸を中和

するもの, 《特に 胃の》制酸薬[剤]. [*anti-*]

An·tae·an /æntíːən/ *a* アンタイオスの(ような); 超人的な力持ちの; きわめて巨大な.

An·tae·us /æntíːəs/ 〘ギ神〙アンタイオス《海神 Poseidon と大地の神 Gaea との間に生まれた力持ちの巨人》.

an·tag·o·nism /æntǽgənìz(ə)m/ *n* 敵対(関係), 対立, 抗争, 反目; 敵意, 反感 ‹*toward, to*›; 対抗する力[傾向, 理念など]; 〘解・薬・生〙拮抗(作用), 対抗(作用): the ~ *between* A and B AB 両者間の反目 / be in ~ *to* [*against*]…に敵対[対立]している / come into ~ *with*…と反目するようになる. [F; ⇨ ANTAGONIZE]

an·tag·o·nist /æntǽgənɪst/ *n* 闘争[競争, 論争]相手; 《演劇の》敵役 (opp. *protagonist*); 〘解〙拮抗筋 (=**antagonístic múscle**) (opp. *agonist*) (cf. SYNERGIST); 〘薬〙拮抗薬[物質] (opp. *agonist*).

an·tag·o·nis·tic /æntæ̀gənístɪk/ *a* 敵対する, 敵意からの; 相反する; 拮抗する: be ~ *to* [*toward*]…に対立する. ♦ **-ti·cal·ly** *adv*

an·tag·o·nize /æntǽgənàɪz/ *vt* 中和する, 弱める, 打ち消す; *…に対抗[拮抗, 反対]する; ‹人を›敵対させる, 敵にまわす, …の反感を買う. ► *vi* 敵対行動をとる; 敵をつくる. ♦ **-nìz·able** *a* [Gk=to contest against; ⇨ AGONY]

An·ta·kya /æ̀ntəkjáː/, **-ki·ya(h)** /-kíːjə/ アンタキア《トルコ南部のシリアとの国境の近くにある市; 古代シリアの首都, 初期キリスト教の布教の中心地; 別名 Antioch》.

ant·álkali /ænt-/ *n* 〘化〙アルカリ中和剤.

ant·álkaline /ænt-/ *a* アルカリを中和する. ► *n* ANTALKALI.

An·tall /ɔ́ːntɔːl/ アンタル **József** ~ (1932–93)《ハンガリーの歴史家・政治家; 首相 (1990–93)》.

An·tal·ya /ænt(ə)ljáː/ アンタリヤ《トルコ南西部のアンタリヤ湾 (the **Gúlf of** ~) に臨む市・港町; 旧称 Adalia》.

An·ta·nan·a·ri·vo /æ̀ntənæ̀nəríːvoʊ/ アンタナナリヴォ《マダガスカルの首都; マダガスカル語名 Tananarivo, 旧称 Tananarive》.

ant·aphrodísiac /ænt-/ *a* 性欲抑制の. ► *n* 性欲抑制薬, 制淫薬.

An·ta·ra /ɑːntáːrɑː/ アンタラ通信《インドネシアの国営通信》.

ant·arc·tic /æ̀ntáː*r*(k)tɪk/ *a* [°A-] 南極(地方)の (opp. *arctic*): an ~ expedition 南極探検(隊). ► *n* [the A-] 南極大陸《周囲の海洋を含む》. [OF or L<Gk (ANTI-, ARCTIC)]

Ant·arc·ti·ca /æntáː*r*(k)tɪkə/ 南極大陸 (=the **Antárctic Cóntinent**)《Victoria Land からCoats Land にかけて連なる南極横断山地 (Transantarctic Mountains) によって東西に分かれる》.

Antárctic Archipélago [the] 南極列島《PALMER ARCHIPELAGO の旧称》.

antárctic círcle [the, °the A- C-] 南極圏《南緯 66°33′ の緯線で南寒帯の北限》.

Antárctic Ócean [the] 南極海, 南氷洋.

Antárctic Península [the] 南極半島《南極大陸最大の半島; 南米と向き合い, 北半は Graham Land, 南半は Palmer Land; 旧称 Palmer Peninsula》.

Antárctic Póle [the] 南極 (the South Pole).

Antárctic príon 〘鳥〙ナンキョククジラドリ (dove prion).

Antárctic Zòne [the] 南極帯 (the South Frigid Zone)《南極圏と南極の間》.

An·tar·es /æntɛ́əriz/ 〘天〙アンタレス《さそり座 (Scorpio) の α 星 (光度 1.2 等) で, 赤色超巨星》. [Gk=similar to Mars]

ánt·bèar *n* 〘動〙**a** オオアリクイ (=*great anteater, tamanoir*)《南米産》. **b** AARDVARK.

ánt·bìrd *n* 〘鳥〙アリドリ (=*ant thrush, bush shrike*)《熱帯アメリカ産》.

ánt còw 〘昆〙アリマキ, アブラムシ (aphid).

an·te /ǽnti/ *n* 〘ポーカー〙札を配る前に出す賭け金; 《一般に》賭け金; 割り前金, 分担金; 費用, 料金. ● **up** [**raise**] **the** ~ 賭け金[分担金]を引き上げる; 要求を吊り上げる; 水準を高める, 改善する; 優位に立とうとする. ► *vt* ‹賭け金を›出す, 張る, 賭ける ‹*up*›; ‹分担金などを›払い込む, 《しかたなく》支払う ‹*up*›. ► *vi* 賭け金を出す ‹*up*›; 支払いを済ます ‹*up*›. [L=before]

an·te- /ǽntɪ/ *pref*「前」(opp. *post-*). [↑]

ánt·èat·er *n* 〘動〙アリクイ《総称》; 〘動〙センザンコウ (pangolin); 〘動〙ハリモグラ (echidna); 〘動〙ツチブタ (aardvark); 〘鳥〙アリドリ (antbird).

an·te·bel·lum /æ̀ntɪbéləm/ *a* 戦前の (opp. *postbellum*)《文脈により, 第一次[第二次]大戦, "ボーア戦争, *南北戦争などの前の》. [L (*bellum* war)]

an·te·cede /æ̀ntəsíːd/ *vt* 《時間的・空間的・順位的に》…に先行[優先]する. [L *ante-*(*cess- cedo* to go)]

an·te·ced·ence /æ̀ntəsíːd(ə)ns/ *n* 《時間的・空間的・順位的な》先行, 優先; 〘天〙《惑星の》逆行. ♦ **-en·cy** *n*

àn·te·céd·ent *a* 先立つ, 先行する, 優先する, ‹…より›前の ‹*to*›; 〘論〙推定的な: ~ *to* that それに先立って. ► *n* 先行する人[もの, できごと, 事情], 先例, 前例; 原形, 前身; [*pl*] 祖先; [*pl*] 経歴, 身元, 素姓; 〘文法〙《関係詞・代名詞の》先行詞; 〘論〙前件 (opp. *consequent*); 〘数〙《比の》前項 (opp. *consequent*): of shady ~*s* 素姓のいかがわしい. ♦ **~·ly** *adv* 前に, 先立って; 推定的に.

an·te·ces·sor /æ̀ntɪsésə*r*/ *n* 《まれ》前任者, 前の持主.

an·te·cham·ber /ǽntɪtʃèɪmbə*r*/ *n* 主室の手前の小室 (anteroom)《控えの間・ロビーなど》. [F (ANTE-)]

ánte·chàpel *n* 礼拝堂の前室.

ant·echi·nus /æ̀ntɪkáɪnəs/ *n* 〘動〙アンテキヌス《フクロネコ科アンテキヌス属 (*A-*) の, トガリネズミに似た有袋類; オーストラリア・タスマニア・ニューギニア産》.

ánte·chòir *n* 教会の聖歌隊席の前の空間.

an·te-Chris·tum /æ̀ntɪkrístəm/ *a* 紀元前…《略 AC》. [L=before Christ]

an·te·date /æ̀ntɪdéɪt, ⌐ ─ ⌐/ *vt* **1** …より前に起こる, …に先立つ. **2** ‹小切手・証書など›に実際より前の日付を付ける; ‹できごと›の発生日として実際より以前の日を設定する. **3** 予想より速やかに実現させる, 促進する; 《古》予期する, 見越す. ► *n* /⌐ ─ ⌐/《小切手・証書などの》前(まえ)日付; 《歴史上の事件などの》実際の発生日より前の年月日. [*ante-*]

an·te·di·lu·vi·an /æ̀ntɪdəlúːviən, -daɪ-/ *a* 《Noah の》大洪水以前の; 《口》大昔の, 時代遅れの, 旧式の. ► *n* 大洪水以前の人[動植物]; 非常な老人, 非常に古いもの; 時代遅れの人[もの]. [*ante-*, DELUGE]

antedilúvian pátriarch 太祖《聖書で Adam から Noah までの人》.

an·te·fix /ǽntɪfɪks/ *n* (*pl* ~·**es**, ~·**ae** /-ìː/, **-fixa** /-fɪksə/) 〘建〙《古典建築の》屋根瓦の端飾り, 軒鼻飾り, アンテフィクサ. ♦ **àn·te·fíx·al** *a* [L (FIX)]

ànte·fléxion *n* 〘医〙前屈, 《特に》子宮前屈.

ánt ègg アリの卵《実際はアリのさなぎ; 干したものは亀・魚・鳥の飼料》.

ánte·gràde *a* 通常の進行[流れ]の, 順行性の.

an·te·lope /ǽnt(ə)lòʊp/ *n* (*pl* ~, ~**s**) 〘動〙レイヨウ (羚羊), アンテロープ《総称》; *PRONGHORN; 羚羊皮. [OF or L<Gk *antholops* <?]

an·te·me·rid·i·an /æ̀ntɪmərídiən/ *a* 午前の.

an·te me·rid·i·em /ǽntɪ mərídiəm/ *a* 午前の (opp. *post meridiem*)《略 a.m., AM》. [L=before noon]

an·te·met·ic /æ̀ntɪmétɪk/ *a* 悪心(おしん)[嘔吐]抑止の.

an·te·mor·tem /æ̀ntɪmɔ́ːrtəm/ *a* 死の前の, 生前の (opp. *postmortem*). [L=before death]

ànte·múndane *a* 世界創造以前の.

ànte·nátal *a* 出生前の; 胎児の; 出産前の, 妊娠期間中の. ► *n* 《口》妊娠中の検診. ♦ **~·ly** *adv*

an·ten·na /ænténə/ *n* **1** (*pl* ~**s**, **-nae** /-ni/) *〘電〙アンテナ, 空中線 (aerial). **2** (*pl* **-nae** /-ni/, ~**s**) 〘動〙《節足動物やカタツムリなど渦虫類の》触角, 大触角; 〘動〙《ワムシ類の》感触器; [ᵁ-*nae*] 感覚, 感受性: political antennae 政治的感覚. [L=sail yard]

anténna arrày 空中線[アンテナ]列 (beam antenna).

anténna chlòrophyll 〘生〙アンテナクロロフィル《光合成において光エネルギーを集めそれを励起エネルギーに変える一群の葉緑素の分子》.

anténna cìrcuit 〘通信〙アンテナ[空中線]回路.

an·ten·nal /æntén(ə)l/ *a* 触角の.

an·ten·na·ry /æntén(ə)ri/ *a* 触角(状)の; 触角をもつ.

an·ten·nate /ǽntənət, -nèɪt/ *a* 触角をもつ.

an·tén·ni·fòrm /ænténə-/ *a* 触角形[状]の.

an·ten·nule /ænténjul/ *n* 〘動〙《エビなどの》小触角.

ànte·núptial *a* 結婚前の.

ànte·órbit·al *a* 〘解〙眼窩(がんか)前の; 眼の前の, 眼前の.

an·teo·saur /ǽntiəsɔ̀ːr/ *n* 〘古生〙アンテオソールス《ペルム紀の哺乳性爬虫類》.

an·te·par·tum /æ̀ntɪpáːrtəm/ *a* 〘医〙分娩前の.

an·te·pen·di·um /æ̀ntɪpéndiəm/ *n* (*pl* ~**s**, **-dia** /-diə/) 祭壇の前飾り (frontal), 打敷(うちしき), アンテペンディウム. [L]

an·te·pe·nult /æ̀ntɪpíːnʌ̀lt, -pɪnʌ́lt/ *n* 〘音・韻〙語尾から第 3 の音節《例: il·lus·trate の il-, an·te·pe·nult の -te-》. [L (*ante-*, PENULT)]

ànte·penúltimate *a* ANTEPENULT の; 終わりから 3 番目の. ► *n* 終わりから 3 番目のもの; ANTEPENULT.

ànte·posítion *n* 正常な語順の逆.

ànte·póst "*a* 〘競馬〙‹賭けが›出走馬掲示前の; 《特定の》レース日の前の. [*post*¹]

ànte·prándial *a* ディナー前の (preprandial).

an·te·ri·or /æntíəriə*r*/ *a* 《時間的・論理的・順位的に》前の, 先の ‹*to*›; 《空間的に》前の, 前方の (opp. *posterior*); 頭部の, 頭部に近い; 〘植〙ABAXIAL, INFERIOR. ♦ **~·ly** *adv* 前に, 先に. **an·te·ri·or·i·ty** /æntìəriɔ́(ː)rəti, -ár-/ *n* 前[先]であること. [F or L (compar) < ANTE]

antérior crùciate lígament 《膝の》前十字靭帯《後十字靭帯 (posterior cruciate ligament) と交叉して膝十字靭帯を構成する; 略 ACL》.

an·te·ro- /ǽntəroʊ, -rə/ *comb form*「前の」「前と」「前から」: *antero*parietal 前頭骨前部. [L (ANTERIOR)]

ántero·gràde *a* 〘医〙‹健忘症などが›前向性の, ‹心伝導などが›順行性の.

A

àntero·láteral *a* 前外側の.
ánte·ròom *n* 次の間, 控えの間, 控室; 待合室; 〔英軍〕《将校集会所の》共同休憩室.
àntero·postérior *a* 前後方向の, 腹背の. ♦ **~·ly** *adv*
ánte·tỳpe *n* 原型.
ànte·vérsion *n* 〔医〕《器官, 特に子宮の》前傾.
an·te·vert /æ̀ntɪvə́ːrt/ *vt* 〈子宮などの器官を〉前傾させる.
ánt flỳ 羽蟻(はあり)《釣りの餌》.
anth-[1] /ǽnθ/ ⇨ ANTI-.
anth-[2] /ǽnθ/, **an·tho-** /ǽnθoʊ, -θə/ *comb form*「花(のような)」［Gk; ⇨ ANTHER］
An·thea /ǽnθiə, ænθíːə/ アンシア《女子名》. ［Gk＝flowery］
ánt hèap ANTHILL.
ant·he·li·on /ænthíːljən, ænθíː-/ *n* (*pl* **~s, -lia** /-liə/) 〔天〕反対幻日(げんじつ) (＝*antisun, countersun*)《太陽と正反対の位置の雲・霧に現われる光点》.
ant·he·lix /ænthíːlɪks, ænθíː-/ *n* ANTIHELIX.
an·thel·min·tic /æ̀nθɛlmíntɪk, -thɛ̀l-/, **-thic** /-θɪk/ *a* 〔薬〕寄生虫を駆除する, 駆虫の. ► *n* 駆虫薬, 虫下し.
an·them /ǽnθəm/ *n* 《聖書の語句を用いた》聖歌, 交唱聖歌, アンセム; 〔ギ正教〕領聖詞; 《一般に》祝歌, 頌歌; 国歌 (national anthem); 《下位文化・社会運動などの》象徴歌: an ~ for [of] peace 平和の象徴歌. ► *vt* 聖歌を歌って祝う; 称揚する. ♦ **an·the·mic** /ænθíːmɪk/ *a* ANTHEM のような, 荘重な, 高らかな調子の. ［OE *antefn, antifne*＜L ANTIPHON］
an·the·mi·on /ænθíːmiən/ *n* (*pl* **-mia** /-miə/) 忍冬文(にんどうもん), ハニーサックル, アンテミオン (＝*honeysuckle ornament*)《浮彫りなどの植物性文様》. ［Gk＝flower］
an·ther /ǽnθər/ *n* 〔植〕葯(やく). ♦ **~·al** *a* ［F or NL＜Gk (*anthos* flower)］
ánther dùst 〔植〕花粉 (pollen).
an·ther·id·i·um /æ̀nθərídiəm/ *n* (*pl* **-id·ia** /-rídiə/) 〔植〕造精器, 蔵精器《雄性の生殖細胞を形成する器官》. ♦ **an·ther·id·i·al** /-rídiəl/ *a*
an·ther·o·zo·id /æ̀nθərəzóʊəd, -zóɪd/ *n* 〔植〕アンセロゾイド《雄性の運動性配偶子》.
an·the·sis /ænθíːsəs/ *n* (*pl* **-ses** /-sìːz/) 〔植〕開花(期).
ánt·hìll *n* アリ塚, アリの塔; 多くの人がせかせか動き回る町[建物].
antho- /ǽnθoʊ, -θə/ ⇨ ANTH-[2].
àntho·cárpous *a* 〔植〕偽果の: ~ fruits 偽果, 副果.
àntho·cý·a·nin /-sáɪənən/, **-cý·an** /-sáɪən/ *n* 〔生化〕アントシアニン, 花青素《植物の色素配糖体》.
an·tho·di·um /ænθóʊdiəm/ *n* (*pl* **-dia** /-diə/) 〔植〕《キク科植物の》頭状花.
an·thol·o·gize /ænθɑ́lədʒàɪz/ *vt* アンソロジーに編む[入れる]. ► *vi* アンソロジーを編む. ♦ **-gìz·er** *n* **an·thòl·o·gi·zá·tion** *n*
an·thol·o·gy /ænθɑ́lədʒi/ *n* アンソロジー, 詞華集, 名詩文集, 詩文選; 傑作集[選]; 各種取りそろえたもの, 寄せ集め. ♦ **-gist** *n* アンソロジー編者. **an·tho·log·i·cal** /æ̀nθəlɑ́dʒɪk(ə)l/ *a* ［F or L＜Gk (*anthos* flower, *-logia* collection ‹ *lego* to gather)］
An·tho·ny /ǽnθəni; -tə-/ **1** アンソニー, アントニー《男子名; 愛称 Tony》. **2 a** [Saint] 聖アントニウス (c. 251–356)《エジプトの隠修士; 修道院制度の創始者; 豚飼いの守護聖人で, 昔は生まれた最小の子豚をささげた; ⇨ ST. ANTHONY'S FIRE [CROSS]》. **b** 一腹子中の最小の子豚 (＝*tantony* (*pig*)) (＝**St. ~ píg**). **c** お追従者. **3** アントニウス **Mark** [**Marc**] ~ ⇨ Mark ANTONY. **4** アンソニー **Susan B**(**rownell**) ~ (1820–1906)《米国の婦人参政権・奴隷制廃止運動家》. ★ **Mad ~** ⇨ WAYNE. ［L＝inestimable］
Ánthony dóllar アンソニードル貨《1979 年に発行された 1 ドル白銅貨; Susan B. ANTHONY の像がかたどられている》.
Ánthony of Pádua [Saint] パドヴァの聖アントニウス (1195–1231)《ポルトガル生まれの宗教家; フランシスコ会士, 教会博士; 祝日 6 月 13 日》.
an·thoph·a·gous /ænθɑ́fəgəs/ *a* 花を常食とする, 花食性の. ♦ **an·thóph·a·gy** /-dʒi/ *n* ［*-phagous*］
an·thoph·i·lous /ænθɑ́fələs/ *a* 〔動〕〈昆虫が〉花を好む, 好んで花に集まる, 好花性の, 花棲性の. ［*-philous*］
ántho·phòre *n* 〔植〕花被間柱, 花冠柄(かかんへい)《萼と花弁の間の花柄》.
an·tho·phyl·lite /æ̀nθəfílàɪt, ænθɑ́fəlàɪt/ *n* 〔鉱〕直閃石, アンソフィライト. ♦ **-phyl·lit·ic** /-fəlítɪk/ *a* ［Gk *phullon* leaf］
ántho·tàxy /-tæ̀ksi/ *n* 〔植〕花序 (inflorescence).
-an·thous /ǽnθəs/ *a comb form*「…な花をつける」: mon*anthous*. ［NL; ⇨ ANTH-[2]］
àn·tho·zó·an /æ̀nθəzóʊən/ *a, n* 花虫綱 (Anthozoa) の(腔腸動物)《サンゴ・イソギンチャクなど》.
an·thrac- /ǽnθrək/, **an·thra·co-** /ǽnθrəkoʊ, -kə/ *comb form*「炭」「癰(よう)」［Gk; ⇨ ANTHRAX］
an·thra·cene /ǽnθrəsìːn/ *n* 〔化〕アントラセン《アントラキノン染料の原料》.
an·thra·cite /ǽnθrəsàɪt/ *n* 無煙炭 (＝*hard* [*stone*] *coal*) (＝~ **còal**). ★ 米国では大きいほうから順に broken coal, egg coal, stove coal, chestnut coal, pea coal, buckwheat coal に分類する. ♦ **àn·thra·cít·ic** /-sít-/ *a* ［Gk; ⇨ ANTHRAX］
an·thrac·nose /ænθrǽknòʊs/ *n* 〔植〕炭疽病.
an·thra·coid /ǽnθrəkɔ̀ɪd/ *a* 〔医〕脾(ひ)脱疽様の, 疔(ちょう)様の; 《丸く磨いた》紅玉のような; 炭のような.
an·thra·co·sis /æ̀nθrəkóʊsəs/ *n* (*pl* **-ses** /-sìːz/) 〔医〕炭粉症, 炭粉沈着症《炭塵を吸入して肺に炭素が蓄積すること》. ♦ **an·thra·cot·ic** /æ̀nθrəkɑ́tɪk/ *a* ［*anthrac-*］
an·thra·cy·cline /æ̀nθrəsáɪklìːn, -klən/ *n* 〔薬〕アントラサイクリン《抗腫瘍性抗生物質》.
an·thra·ni·late /ænθrǽn(ə)lèɪt, æ̀nθrənílèɪt/ *n* 〔化〕アントラニル酸塩[エステル].
an·thra·níl·ic ácid /æ̀nθrənílɪk-/ 〔化〕アントラニル酸《アゾ染料合成原料・医薬品・香料用》.
an·thra·qui·none /æ̀nθrəkwɪnóʊn, -kwínòʊn/ *n* 〔化〕アントラキノン《黄色結晶》: ~ dye アントラキノン染料.
an·thrax /ǽnθræks/ *n* 〔獣医・医〕炭疽《炭疽菌による伝染病; ウシ・ヒツジなどがかかるが, 獣毛などを扱うヒトにも感染し, 菌が全身に広がると死亡率が高い》; 炭疽菌; 《炭疽による》黒い膿疱; «古» 疔(ちょう), 癰(よう). ［L＜Gk＝coal, carbuncle］
an·throp- /ǽnθrəp/, **an·thro·po-** /ǽnθrəpoʊ, -pə/ *comb form*「人」「人類」［Gk *anthrōpos* human being］
anthrop. anthropological ♦ anthropology.
an·throp·ic /ænθrɑ́pɪk/, **-i·cal** *a* 人類の; 人類時代の; ANTHROPOGENIC.
anthrópic príncіple [the] 〔天〕人間原理《宇宙の状態がなぜそのようになっているのかという問いに対し, そうした問いを発する知的生命の存在がそのような宇宙の状態と関係があることを示して答えとする立場; 知的生命の存在を必然とする強い人間原理 (strong anthropic principle) と, 単に可能性であるとする弱い人間原理 (weak anthropic principle) とがある》.
ànthropo·céntric *a* 人間中心の; 人間の尺度で測る. ♦ **-cén·tric·al·ly** *adv* **-cen·tríc·i·ty** *n* **-cén·trism** *n*
ànthropo·génesis, an·thro·pog·e·ny /æ̀nθrəpɑ́dʒəni/ *n* 人類発生(論)《ヒトの起原と発生》. ♦ **-genétic** *a*
ànthropo·génic *a* ANTHROPOGENESIS の; 人間(の活動)に起因する, 人為起源の. ♦ **-i·cal·ly** *adv*
ànthropo·geógraphy *n* 人文地理学 (human geography).
an·thro·pog·ra·phy /æ̀nθrəpɑ́grəfi/ *n* 記述的人類学, 人類誌.
an·thro·poid /ǽnθrəpɔ̀ɪd/ *a* 人間に似た, 類人(猿)の; «口» 〈人が〉猿に似た. ► *n* 類人猿, ヒトニザル (＝~ **ápe**); 猿のような人. ［Gk; ⇨ -OID］
an·thro·poi·dal /æ̀nθrəpɔ́ɪdl/ *a* 類人猿の(ような).
anthropológical linguístics 人類言語学《文化との関連で言語を研究する学問分野》.
an·thro·pol·o·gy /æ̀nθrəpɑ́lədʒi/ *n* 人類学 (⇨ PHYSICAL [CULTURAL] ANTHROPOLOGY); 〔神学・哲〕人間学. ♦ **-gist** *n* **an·thro·po·log·i·cal** /æ̀nθrəpəlɑ́dʒɪk(ə)l/, **-ic** *a* 人類学(上)の. **-i·cal·ly** *adv* ［*anthropo-*, *-logy*］
an·thro·pom·e·try /æ̀nθrəpɑ́mətri/, **-po·mét·rics** *n* 人体測定学[計測法]. ♦ **-póm·e·trist** *n* **an·thro·po·met·ric** /æ̀nθrəpəmétrɪk/, **-ri·cal** *a* **-i·cal·ly** *adv*
ánthropo·mòrph *n* 《先史美術などの》様式化された人物像.
ànthropo·mórphic *a* 擬人化[人格化]された, 人間の姿に似せた. ♦ **-i·cal·ly** *adv* ［Gk *morphē* form］
ànthropo·mórphism *n* 擬人化, 人格化; 神人同形同性論, 擬人観, 擬人主義. ♦ **-mórph·ist** *n*
ànthropo·mór·phize /-mɔ́ːrfàɪz/ *vt, vi* (神・動物などを)人格化[擬人化]する.
ànthropo·mórphosis *n* 人間の姿への変形, 人間化.
ànthropo·mórphous *a* ANTHROPOMORPHIC.
an·throp·o·nym /ænθrɑ́pənɪ̀m, ǽnθrəpə-/ *n* 人名; 姓 (surname). ♦ **an·thròp·o·ným·ic** /, æ̀nθrəpə-/ *a*
an·thro·pop·a·thism /æ̀nθrəpɑ́pəθìz(ə)m, -poʊpǽθìz(ə)m/ *n* 人間以外のものが人間同様の感情[情熱]をもつとする解釈, 神人同感同情説.
an·thro·pop·a·thy /æ̀nθrəpɑ́pəθi/ *n* ANTHROPOPATHISM.
an·thro·poph·a·gi /æ̀nθrəpɑ́fəgàɪ, -dʒàɪ, -gìː/ *n pl* (*sg* **-gus** /-gəs/) 食人族, 人肉を食べる人びと.
an·thro·po·phag·ic /æ̀nθrəpəfǽdʒɪk/ *a* ANTHROPOPHAGOUS.
an·thro·poph·a·gite /æ̀nθrəpɑ́fədʒàɪt, -gàɪt/ *n* 食人者 (cannibal).
an·thro·poph·a·gous /æ̀nθrəpɑ́fəgəs/ *a* 人肉食いの, 食人の. ♦ **àn·thro·póph·a·gy** *n* 食人(風習). ［Gk *phagō* to eat］
anthropophagus *n* ANTHROPOPHAGI の単数形.
an·thro·pos·co·py /æ̀nθrəpɑ́skəpi/ *n* 人体観察(法), 視診(法)《実測しない》.
an·thro·po·sere /ænθrɑ́pəsɪ̀ər, ǽnθrəpə-/ *n* NOOSPHERE.
an·thro·pos·o·phy /æ̀nθrəpɑ́səfi/ *n* 人智学《Rudolf Steiner

が提唱した, 認識能力を開発し, 精神世界の観照に至ろうとする精神運動》. ♦ **-po·sóph·i·cal** *a*

an·thro·pot·o·my /ænθrəpátəmi/ *n* 人体の解剖学的構造.

ànthropo·zoólogy *n* 人類動物学.

ánthro·sphère /ǽnθrə-/ *n* NOOSPHERE.

an·thu·ri·um /ænθúəriəm; -θjúər-/ *n* 〔植〕 アンスリウム属 (*A-*) の各種観葉植物, ベニウチワ《サトイモ科; 熱帯アメリカ原産》.

an·ti /ǽnti, *ǽntàɪ/ 《口》 *n* (*pl* ~**s**) 反対(論)者, 反対物. ► *a* 反対して. ► *prep* /⌐—/ …に反対して (against). [↓]

an·ti- /ǽntɪ, *ǽntàɪ/, **ant-** /ǽnt/, **anth-** /ǽnθ/ *pref* 「反…」「排…」「抗…」「対…」(opp. *pro-*). ★ 固有名詞・固有形容詞の前, また 母音 i (時に他の母音)で始まる語の前では hyphen を用いる. [Gk=against]

ànti·abórtion *a* 中絶反対の. ♦ **~·ìsm** *n* **~·ist** *n*

ànti·áir *a* ANTIAIRCRAFT.

ànti·áir·cràft *a* 対空の, 防空(用)の: ~ fire 対空砲火[射撃] / an ~ gun 高射砲. ► *n* 対空火器; 対空砲火.

ànti·álcohol·ìsm *n* 過飲反対, 節酒; 禁酒.

ànti·álias·ing *n* 〔電算〕 アンチエイリアシング《曲線の aliasing を減じるためにぎざぎざになった部分を中間調[色]で埋めてなめらかに見えるようにする技法》.

ànti·allérgic 〔免疫〕 *a* 抗アレルギー(性)の. ► *n* 抗アレルギー性物質.

ànti-Américan *a* 反米の. ► *n* 反米主義者. ♦ **~·ìsm** *n*

ànti·ándrogen *n* 〔生化〕 抗男性ホルモン物質, 抗アンドロゲン.

ànti·ánginal *a* 〔薬〕 抗狭心症(性)の.

ànti·ántibody *n* 〔免疫〕 抗抗体.

ànti·anxíety *a* 〔薬〕 不安を防ぐ[取り除く]効力のある, 抗不安性の: ~ drugs 抗不安薬.

an·ti·ar /ǽntiɑ̀:r/ *n* ウパス (upas) の樹液《有毒な乳液》; 《毒矢用の》ウパス毒; 〔植〕 ウパス. [Jav]

an·ti·ar·in /ǽntiərən/ *n* 〔化〕 アンチアリン《ANTIAR の毒成分で, 強心配糖体》.

ànti·arrhýthmic *a* 〔薬〕 抗不整脈(性)の.

ànti·árt *n* 反芸術, 《特に》(ネオ)ダダイズム.

ànti·arthrític 〔薬〕 *a* 関節炎を軽減する, 抗関節炎(性)の. ► *n* 抗関節炎薬.

ánti·àtom *n* 〔理〕 反原子.

ànti·authoritárian *a* 反権威主義の. ♦ **~·ìsm** *n*

ànti·authórity *a* 反権威の.

ànti·áuxin *n* 〔生化〕 抗オーキシン物質[剤].

an·ti·bac·chi·us /æ̀ntɪbəkáɪəs/ *n* 〔韻〕 逆バッカス格《長長短格 (——◡) または強強弱格 (⌐⌐×)》.

ànti·bactérial *a* 〔生化〕 抗菌(性)の.

ànti·ballístic *a* 対弾道ミサイルの.

antiballístic míssile 対弾道弾ミサイル, 弾道弾迎撃ミサイル《略 ABM》.

ànti·báryon *n* 〔理〕 反重粒子, 反バリオン.

An·tibes /*F* ɑ̃tib/ **1** アンティーブ《フランス南東部, 地中海岸の Côte d'Azur 海岸にある市・港町; 保養地》. **2** ⇨ CAP D'ANTIBES.

ànti·biósis *n* 〔生化〕 抗生作用.

ànti·biótic 〔生〕 *a* 細菌[微生物, 生物]に対抗する, 抗生(作用)の; 抗生物質の. ► *n* 抗生物質 《penicillin, streptomycin など》. ♦ **-i·cal·ly** *adv* [F]

ànti·bláck *a* 黒人に敵対的な, 反黒人の. ♦ **~·ìsm** *n*

ànti·blástic *a* 細菌発育抑制性の, 抗細菌発育性の.

an·ti·body /ǽntɪbɑ̀di/ *n* 〔免疫〕 抗体 (=*immunoglobulin*). [G *Antikörper* のなぞり]

ántibody-médiated immúnity 抗体媒介(性)免疫 (=*humoral immunity*) 《血中の抗体による免疫; cf. CELL-MEDIATED IMMUNITY》.

àn·ti·bónd·ing *a* 〔化〕 反結合性の.

ànti·búsiness *a* (ビッグ)ビジネスに反対の, アンチビジネスの.

ànti·bús·ing* *a* バス通学反対の《白人・黒人の共学を促進するための BUSING に反対の》.

an·tic /ǽntɪk/ *a* 風変わりで滑稽な; おどけた, 妙にはしゃいだ; 《古》 異様な, 怪奇な. ► *n* [ᵘ*pl*] おどけたしぐさ, ふざけた行為, 異様なふるまい; 《古》 道化役者: play ~*s* 道化を演じる, ふざける. ► *vi* (**án·ticked; án·tick·ing**) 道化を演じる. ♦ **-ti·cal·ly** *adv* [It *antico* ANTIQUE]

ànti·cáncer *a* 〔薬〕 制癌(性)の, 抗癌(性)の.

ànti·càrcino·génic *a* 〔薬〕 抗発癌性の.

ànti·cáries 〔薬〕 *a* 抗カリエス(性)の; 抗齲食(うしょく)(性)の.

ànti·cátalyst *n* 〔化〕 抗触媒 (negative catalyst); 触媒毒.

ànti·cáthode *n* 〔理〕 《X 線管などの》 対陰極.

ànti-Cátholic *a, n* 反カトリックの(人).

ánti·chàrm *n* 〔理〕 反チャーム, アンチチャーム. ♦ **~ed** *a*

an·ti·chlor /ǽntɪklɔ̀:r/ *n* 〔化〕 脱[除]塩素剤.

ànti·chóice *a* 妊娠中絶の自由[合法化]に反対の. ♦ **ànti·chóic·er** *n*

ànti·cholinérgic *a* 〔薬〕 抗コリン作用性の. ► *n* 抗コリン作用薬《副交感神経抑制薬》.

ànti·cholinésterase *n* 〔生化〕 抗コリンエステラーゼ《コリンエステラーゼ抑制物質》.

An·ti·christ /ǽntɪkràɪst/ *n* [the] 〔聖〕 反キリスト《Christ の主たる対立者; *1 John* 2:18》; キリスト反対者, キリストの敵; にせキリスト. [OF＜L＜Gk *antikhristos* (*anti-*, CHRIST)]

ànti-Chrístian *a* キリスト(教)反対の; ANTICHRIST の. ► *n* キリスト(教)反対者. ♦ **~·ly** *adv*

an·tic·i·pant /æntísəpənt/ *a* 先んじて行動する, 先に来る; 期待している ‹*of*›. ► *n* ANTICIPATE する人.

an·tic·i·pate /æntísəpèɪt/ *vt* **1** 予想する, 予期する ‹*doing*, *that*›; 期待する, 楽しみに待つ; 《時に 非標準》 ‹悪い事態を›予想する: She ~*s* major*ing* in math. 数学を専攻するつもりでいる / Nobody ~*d that* oil prices would double. 原油価格が 2 倍になるとはだれも思わなかった / I ~ great pleasure from my visit to America. アメリカ訪問を楽しみに待っています / ~ trouble もめごとになりはしないかと心配する. **2 a** 前もって処理する, ‹敵の攻撃など›に先手を打つ, ‹相手の希望・要求を›汲み取って実行する, 先取りする, 見越す; ‹負債を›期限前に返済する; ‹給料・遺産などを›見越してつかう: ~ the question 問題を前もって論じる[研究する] / His wife ~*s* all his wishes. 夫の希望を言われないうちにすべてかなえる / The enemy ~*d* our movements. 敵はわが軍の機先を制した / ~ one's salary 給料を見越して買物《など》をする. **b** ‹物語の結末などを›先走ってしゃべる[明かす]. **3** ‹人›に先んじる, 先行する; 〔特許法〕 ‹文献[他の発明者]が›‹発明を›先に記載[発明]する: The Vikings may have ~*d* Columbus in discovering America. アメリカ発見はコロンブスよりヴァイキングのほうが先だったかもしれない. **4** ‹幸福・破滅などを›早める: Drinks ~*d* his death. 酒が死を早めた. ► *vi* 先を見越してものを言う[書く, 考える]; ‹症候など›予想より早く現われる. ♦ **-pàt·able** *a* **-pà·tor** *n* [L (*ante-*, *capio* to take)]

an·tic·i·pa·tion /æntɪ̀səpéɪʃ(ə)n/ *n* **1** 予想, 予期; 期待; 予感, 虫の知らせ; 将来を見越すこと, あてこみ: in ~ of your consent ご承諾を見越して / with eager ~ *for* spring 春をしきりと期待して‹待つ› / by ~ 前もって, あらかじめ, 事前に / Thanking you in ~. まずはお願いまで《依頼状などの結び文句》. **2** 先制行動; 収入を見越した金づかい, 〔商〕 期前支払い(による割引); 〔法〕 《財産・収益・信託金の》 期限前処分. **3** ある型に先行する型[もの], 先行的な発見[発明, 業績]; 〔特許法〕 《出願された発明の》 予見性, 予測性《先行の特許や発明と実質的に同じで新規性を欠くこと》; 〔楽〕 先取音.

an·tíc·i·pà·tive /, -pə-/ *a* 先制的な; 期待に満ちた; 先制[期待]する傾向のある. ♦ **~·ly** *adv*

an·tic·i·pa·to·ry /æntísəpətɔ̀:ri; -pèɪt(ə)ri/ *a* 期待している; 期待を示す[現わす]; 期待に起因する, 先行の; 時期尚早の, 先走った; 〔文法〕 先行の: ~ investment 先行投資 / an ~ subject 先行主語 《たとえば It is wrong to tell lies. の it》. ♦ **an·tìc·i·pa·tó·ri·ly** /; —⌐—⌐———/ *adv*

an·tick /ǽntɪk/ *a* 《古》 異様な, 怪奇な (antic).

ànti·clástic *a* 〔数・理〕 ‹面が›方向を異にし反対に曲がった, 主曲率が異符号の (opp. *synclastic*).

ànti·clérical *a* 反聖職者の, 反教権の. ► *n* 反聖職者[反教権]主義者. ♦ **~·ìsm** *n* **~·ist** *n*

ànti·clímax *n* 〔修〕 漸降法《荘重[まじめ]なことばの直後に滑稽なことを述べること; opp. *climax*》; [ᵒ*joc*] 滑稽な[あっけない]格調低下, 大きな期待のあとの失望, 竜頭蛇尾, 尻すぼみ. ♦ **-climáctic, -tical** *a* 漸降法の(ような). **-tical·ly** *adv*

an·ti·cli·nal /æ̀ntɪkláɪn(ə)l/ *a* 相反する方向に傾斜した; 〔地質〕 背斜した[の] (opp. *synclinal*); 〔植〕 垂層の《ある器官の表面または外辺に垂直の》. ► *n* 〔地質〕 ANTICLINE. ♦ **~·ly** *adv*

an·ti·cline /ǽntɪklàɪn/ *n* 〔地質〕 背斜 (opp. *syncline*).

an·ti·cli·no·ri·um /æ̀ntɪklàɪnɔ́:riəm/ *n* (*pl* **-ria** /-riə/) 〔地質〕 複背斜.

ànti·clóck·wìse‖ *a, adv* COUNTERCLOCKWISE.

ànti·coágulant 〔薬・生化〕 *n* 抗凝血[凝固]薬[物質]. ► *a* 抗凝血[凝固]性の.

ànti·coágulate *vt* 〔医〕 …の血液凝固を阻止する. ♦ **ànti·coagulátion** *n*

ànti·códon *n* 〔遺〕 アンチコドン《コドン (codon) に相補的な 3 個のヌクレオチドの配列》.

ànti·coíncidence *n* 〔理〕 反合致, アンチコインシデンス.

ànti·collísion líght 〔空〕 《航空機の》 衝突防止灯《略 ACL》.

Ánti-Cómintern Pàct [the] 《コミンテルンに対する》 防共協定《1936 年日独間に締結され, のちにイタリア・スペイン・ハンガリーも参加》.

ànti·commúnist *a, n* 反共主義の, 反共の; 反共主義者: an ~ policy 反共政策.

ànti·commútative /, -kɑ́mjətèɪtɪv/ *a* 〔数〕 非可換の.

ànti·compétitive *a* (企業間)競争抑止的な.

ànti-Confúcian *a* 《中国で》 反孔子の. ♦ **~·ìsm** *n*

ànti·convúlsant 〔薬〕 *a* 抗痙攣性の, 鎮痙性の. ► *n* 抗痙攣薬, 鎮痙薬. ♦ **ànti·convúlsive** *a, n*

Ánti-Córn Làw Lèague [the] 〔英史〕 反穀物法同盟《1839 年 Manchester で穀物輸入の自由化を求める Richard Cobden や

John Bright たちが組織した同盟; 運動は成功して 1846 年穀物法は廃止となった》.

ànti·coróna *n* BROCKEN SPECTER.

ànti·corrósive *a* さび止めの, 防錆(ぼう)の, 耐食の. ► *n* さび止め[防錆]剤, 防食剤.

An·ti·cos·ti /æ̀ntəkɔ́(ː)sti, -kás-/ アンティコスティ《カナダ Quebec 州東部の, St. Lawrence 川河口にある島》.

ànti·cróp *a* 〈化学兵器など〉農産物を損傷する, 穀類枯死用の.

ànti·cýclone *n* 〘気〙 高気圧(の勢力圏). ♦ **-cyclónic** *a* 高気圧性の.

ànti·dázzle *a* 《前照灯などによる》眩惑防止の, 防眩の.

ànti·democrátic *a* 反民主主義の.

ànti·depréssant *a* 〘薬〙 抗鬱の. ► *n* 抗鬱薬. ♦ **ànti-depréssive** *a*

ànti·dérivative *n* 〘数〙 INDEFINITE INTEGRAL.

ànti·deutérium *n* 〘理〙 反重水素.

ànti·déuteron *n* 〘理〙 反重陽子.

ànti·diabétic *a, n* 〘薬〙 抗糖尿病性の; 抗糖尿病薬.

ànti·diarrhéal *a* 〘薬〙 下痢止めの. ► *n* 下痢止め(薬), 止瀉(しゃ)薬.

ànti·diphtherític *a* 〘薬〙 抗ジフテリア性の.

ánti·dìs·establishmentárian·ìsm *n* 〘英史〙 国教廃止条例反対論. ♦ **-mentárian** *n, a*

ànti·diurésis *n* 抗利尿.

ànti·diurétic *a* 〘薬〙 抗利尿(性)の ► *n* 抗利尿薬.

antidiurétic hòrmone 〘生化〙 抗利尿ホルモン (VASOPRESSIN) 《略 ADH》.

an·ti·do·ron /æ̀ntɪdɔ́ːràn, -ən/ *n* (*pl* **-do·ra** /-rə/) 〘東方正教会〙 祝別されたパン, アンティドール (=*eulogia*).

an·ti·dot·al /æ̀ntɪdóʊtl/ *a* 解毒(性)の. ♦ **~·ly** *adv*

an·ti·dote /ǽntɪdòʊt/ *n* 〘薬〙 解毒薬[剤]; 予防方法, 改善策, 対抗手段 〈*to, for, against*〉. ► *vt* 解毒剤で中和する; …に解毒薬を投与する. [F or L<Gk=given against (*didōmi* to give)]

an·ti·drom·ic /æ̀ntɪdrámɪk/ *a* 〘生理〙 〈神経繊維(の興奮伝導)が〉逆方向の, 逆行性の. ♦ **-i·cal·ly** *adv*

ànti·drúg *a* 麻薬使用に反対の, 反麻薬の.

ànti·dúmp·ing *a* ダンピング防止の(ための).

ánti·dùne *n* 後退砂波《急流の上流側に移動する砂波》.

ànti·eléctron *n* 〘理〙 POSITRON.

ànti·emétic 〘薬〙 *a* 制吐[鎮吐]作用の, 抗嘔吐作用の. ► *n* 制吐剤, 鎮吐剤.

ànti·en·er·gís·tic /-ènərʤístɪk/ *a* 〘理〙 加えられたエネルギーに抗する, 反[抗]エネルギーの.

ànti·envíronment *n* 反環境《実際の環境の諸相を対照によって強調するもの, たとえば芸術作品》. ♦ **-environméntal** *a*

ànti·énzyme *n* 〘生化〙 抗酵素.

ànti·epiléptic *a* 〘薬〙 抗癲癇性[作用]の.

ànti·estáblish·ment *a* 反体制の.

ànti·establishmentárian *a* 反体制の. ► *n* 反体制主義者.

ànti·éstrogen *n* 〘生化〙 抗発情ホルモン, 抗エストロゲン. ♦ **-estrogénic** *a*

An·tie·tam /æntíːtəm/ アンティータム運河 (=**~ Créek**) 《Pennsylvania 州南部に発し, Maryland 州を南へ流れて Potomac 川に流入する支流; 南北戦争で Lee 将軍の北侵が阻止された (1862) 激戦地》.

ànti·fébrile *a* 〘薬〙 解熱の(効のある). ► *n* 解熱剤.

an·ti·fe·brin /æ̀ntɪfíːbrən, -féb-, æ̀ntaɪ-/ *n* 〘薬〙 アンチフェブリン (ACETANILIDE). [L *febris* fever]

ànti-Féderal·ist *n* 反連邦主義者; [A-] 〘米史〙 アンチフェデラリスト《合衆国憲法の批准に反対した一派》.

ànti·féed·ant *n* 摂食阻害剤[物質]《害虫による茎葉の食害を抑制する薬剤[天然物質]》.

ànti·fémale *a* 女性に敵対的な.

ànti·féminist *a* 反女権拡張主義の. ► *n* 反女権拡張主義者. ♦ **-féminism** *n*

ànti·fèrro·mágnet *n* 〘理〙 反強磁性体.

ànti·fèrro·magnétic *a* 〘理〙 反強磁性の. ♦ **-ical·ly** *adv*

ànti·fèrro·mágnet·ìsm *n* 〘理〙 反強磁性.

ànti·fertílity *a* 避妊の: ~ agents 避妊薬.

ànti·fluoridátion·ist *n* 反フッ素添加主義者《水道水に虫歯予防のためのフッ素を添加することに反対の人》.

ànti·fórm *a* 反定型の《伝統的な形式・手段に反対する芸術の傾向についていう》.

ànti·fóul·ant *n* 防汚剤《船底に塗布する塗料など》.

ànti·fóul·ing *a, n* よごれ止めの(塗料): ~ paint よごれ止めペイント《船底への動植物の付着を防ぐ塗料》.

ánti·frèeze *n* 《ラジエーターなどの》不凍液[剤], 凍結防止剤; 《ある種の魚や昆虫が有する》体液氷点降下物質《不凍タンパク質・アルコールなど》; *《俗》 酒 (liquor); *《俗》 ヘロイン.

ánti·frèezed *a**《俗》《酒に》酔って.

ànti·fríction *a* 〘機〙 減摩の. ► *n* 減摩; 減摩用の装置[油など]. ♦ **~·al** *a*

ànti·fúngal 〘薬·生化〙 *a* 抗真菌性の, 抗菌の, 殺菌用の. ► *n* 抗真菌薬[物質, 因子].

anti-g /—ʤíː/ *a* ANTIGRAVITY. ► *n* 〘空〙 ANTI-G SUIT.

an·ti·gen /ǽntɪʤən/ *n* 〘免疫〙 抗原. [G (*anti-*, Gk *-genēs* of a kind)]

an·ti·gen·ic /æ̀ntɪʤénɪk/ *a* 〘免疫〙 抗原性の. ♦ **-i·cal·ly** *adv* **-ge·nic·i·ty** /-ʤənísəti/ *n*

antigénic detérminant 〘免疫〙 抗原決定基[群] (=*epitope*) 《抗原抗体反応の特異性を決定する, 抗原分子の特定部分》.

ànti-globalizátion *n* 反グローバリゼーション.

ànti·glóbulin *n* 〘生化〙 抗グロブリン.

An·tig·o·ne /æntígəni/ 〘ギ神〙 アンティゴネー《Oedipus と Jocasta の娘; おじのテーバイ (Thebes) 王 Creon の命に背いて Polynices の葬礼を行なったために地下の墓地に生き埋めにされた》.

An·tig·o·nus /æntígənəs/ アンティゴノス ~ **I** (382–301 B.C.) 《マケドニア王 (306–301 B.C.); 通称 '~ Cyclops' (独眼王); Alexander 大王に仕えた部将で, 大王の死後, 王となり, Antigonus 朝を開いた》.

an·tig·o·rite /æntígəraɪt/ *n* 〘鉱〙 アンチゴライト《蛇紋石族の一種》.

ànti·góvernment *a* 反政府の, 反政府勢力の.

ànti·grávity *n, a* 〘理〙 反重力[反引力](の).

an·ti·grop·e·los /æ̀ntɪgrápələs, -làs, -lòʊs/ *n* (*pl* ~ /, -lòʊz/) 防水脚絆(きゃはん).

ànti·grówth *a* 〘経〙 反成長の.

anti-G suit /ˌ— ʤíː —/ 〘空〙 耐加速度服 (G suit).

An·ti·gua /æntíːg(w)ə/ **1** アンティグア《西インド諸島東部 Leeward 諸島の小島》. **2** アンティグア (=**~ Guatemála**) 《グアテマラ中南部の市・旧首都》. ♦ **An·tí·guan** *a, n*

Antígua and Barbúda アンティグア・バーブーダ《西インド諸島の Antigua 島, Barbuda 島および Redonda 島 (無人) からなる国; 1981 年に独立, 英連邦に属す; ☆St. John's》.

ànti·halátion *n, a* 〘写〙 ハレーション防止(の): ~ backing ハレーション防止層.

ànti·hélium *n* 〘理〙 反ヘリウム.

ànti·hélix *n* 〘解〙 対(耳)輪.

ànti·hèmo·phílic *a* 〘生化〙 抗血友病性の.

antihemophílic fáctor 〘生化〙 抗血友病因子 (FACTOR VIII).

antihemophílic glóbulin 〘生化〙 抗血友病グロブリン (FACTOR VIII).

ánti·hèro *n* 《小説・劇などの》ヒーローの資質に欠ける[あまりヒーローっぽくない]主人公, アンチヒーロー. ♦ **ànti·heróic** *a*

ánti·hèroine *n* ヒロインの資質に欠ける女性主人公.

ànti·hístamine *n* 抗ヒスタミン薬. ► *a* 〘生化〙 抗ヒスタミン性の. ♦ **-histamínic** *a, n*

ànti·hór·mone *n* 抗ホルモン.

ànti·húman *a* 人間に反抗する; 〘生化〙 抗人の: ~ serum 抗人血清.

ànti·hýdrogen *n* 〘理〙 反水素.

ànti·hýperon *n* 〘理〙 反ハイペロン, 反重核子.

ànti·hỳper·ténsive *a, n* 〘生化·薬〙 高血圧に効く(物質); 抗高血圧(症)薬.

ànti·íc·er /-áɪsər/ *n* 〘空〙 防氷装置.

ànti·ídiotype *n* 〘免疫〙 抗イディオタイプ《免疫グロブリンのイディオタイプ (idiotype) に特異的に反応する抗体》. ♦ **-idiotýpic** *a*

ànti·ìmmuno·glóbulin *a, n* 〘生化〙 抗免疫グロブリン性の(物質).

ànti·impérial·ìsm *n* 反帝国主義. ♦ **-ist** *a, n*

ànti·inféctive *a* 〘薬〙 抗感染性の. ► *n* 抗感染薬.

ànti·inflámmatory *a, n* 〘薬〙 抗炎症性の; 抗炎症薬.

ànti·intelléctual·ìsm *n* 反知性主義, 知識人不信. ♦ **-intelléctual** *a, n*

ànti-Jácobin *a, n* 反ジャコバン(派)の(人).

ànti-Jéw·ish *a* 反ユダヤ(主義)の (anti-Semitic).

ànti·kèto·génesis *n* 〘医〙 抗ケトン体生成性. ♦ **-génic** *a* 抗ケトン体生成性の.

ànti·knóck *n* 《内燃機関の爆焼を防ぐためガソリンに加える》アンチノック剤, 耐爆剤. ► *a* アンチノック性の.

ànti·lábor *a* 労働組合に反対の, 労働者の利益に反する.

An·ti-Lébanon /æ̀ntɪ-/ [the] アンティレバノン《シリアとレバノンの国境を走る背斜褶曲山脈》.

an·ti·le·gom·e·na /æ̀ntɪləgámənə, æ̀ntaɪ-/ *n pl* [the] 〘聖〙 アンティレゴメナ《初期教会においてその正典性に異論があった新約聖書の中の諸書: *Hebrews, James, Jude, The Second Peter, The Second John, The Third John, Revelation*; cf. HOMOLOGOUMENA》. [Gk=things spoken against]

ànti·lépton *n* 〘理〙 反レプトン, 反軽粒子.

ànti·leukémic *a* 〘薬〙 抗白血病性の.

ànti·lífe *a* 反健常生活の; 反生命の, 産児制限賛成の.

ànti·líthic *a* 〔薬〕結石阻止(性)の. ► *n* 結石病薬.
ànti·lítter *a* 公共の場所の廃棄物汚染防止[規制]のための.
An·til·les /æntíliz/ *pl* [the] アンティル諸島《西インド諸島の Bahamas を除く諸島; ⇨ GREATER ANTILLES と LESSER ANTILLES》. ♦ **An·tíl·le·an** *a, n*
ánti·lòck *a* 〈ブレーキが〉アンチロック(式)の《急激な操作をしても車輪の回転を止めない》.
an·ti·log /ǽntɪlɑ̀g/ *n* ANTILOGARITHM.
ànti·lógarithm *n* 〔数〕真数《略 antilog》.
an·til·o·gism /æntíləʤìz(ə)m/ *n* 〔論〕反論理主義.
an·til·o·gy /æntíləʤi/ *n* 自己[前後]矛盾.
ànti·lýmpho·cỳte glóbulin, ànti·lymphocýtic glóbulin 〔生化〕抗リンパ球グロブリン.
antilýmphocyte sérum, antilymphocýtic sérum 〔免疫〕《組織移植の際に用いる》抗リンパ球血清《略 ALS》.
an·ti·ma·cas·sar /æ̀ntɪməkǽsər/ *n* 《椅子・ソファなどの汚れ防止用・装飾用の》背[肘掛け]おおい. [*macassar (oil)*]
ànti·magnétic *a* 〈時計など〉抗[耐]磁性の, 磁気不感の.
ànti·malárial *a, n* 〔薬〕抗マラリア性の; 抗マラリア薬.
ánti·màsque, -màsk *n* 《仮面劇の》幕あいの道化狂言.
ánti·màtter *n* 〔理〕反物質《普通の物質をつくっている'核子と電子'の反粒子である'反核子と陽電子'で構成されている物質》.
ánti·mère *n* 〔動〕体輻《相称面によって分かれた生物体の部分》. ♦ **àn·ti·mér·ic** /-mér-/ *a*
ànti·metábolite *n* 〔生化・薬〕代謝拮抗物質.
ànti·micróbial *a* 〔生化・薬〕抗菌性の. ► *n* 抗菌薬[物質].
ànti·mílitarism *n* 反軍国主義. ♦ **-mílitarist** *a, n*
ànti·míssile *a* 対(弾道)ミサイルの (antiballistic). ► *n* 対弾道ミサイル兵器, 《特に》対ミサイル用ミサイル.
antimíssile mìssile [||] 対ミサイル用ミサイル, ミサイル迎撃ミサイル (antiballistic missile).
ànti·mitótic *a, n* 〔生化〕抗有糸分裂性の(物質).
ànti·monárchical *a* 反君主制の.
an·ti·mo·ni·al /æ̀ntəmóuniəl/ *a* アンチモンの, アンチモンを含む. ► *n* アンチモン(を含む)化合物[合金, 薬剤など].
an·ti·mo·nic /æ̀ntəmɑ́nɪk, *-móu-/ *a* 〔化〕アンチモンの[を含む], 《特に》5 価のアンチモンの, アンチモン (V) の: an ~ acid アンチモン酸.
an·ti·mo·nide /ǽntəmənàɪd, -nəd/ *n* 〔化〕アンチモン化物.
an·ti·mo·ni·ous /æ̀ntəmóuniəs/, **an·ti·mo·nous** /ǽntəmòunəs, -mə-/ *a* 〔化〕アンチモンの(ような), 《特に》3 価のアンチモンの, アンチモン (III) の, 亜アンチモンの.
an·ti·mo·nite /ǽntəmənàɪt/ *n* STIBNITE.
ànti·monópoly *a* 独占に反対する; 独占禁止の.
ànti·monsóon *n* 〔気〕反対季節風.
an·ti·mo·ny /ǽntəmòuni; -mə-/ *n* 〔化〕アンチモン (=*stibium*) 《金属元素; 記号 Sb, 原子番号 51》; STIBNITE. [L<?]
ántimony glànce 〔鉱〕STIBNITE.
an·ti·mo·nyl /ǽntəmənìl, æntím-/ *n* 〔化〕アンチモニル基《1 価の基》.
ántimonyl potássium tártrate 〔化〕酒石酸アンチモニルカリウム (TARTAR EMETIC).
ántimony potássium tártrate 〔化〕酒石酸アンチモンカリウム (TARTAR EMETIC).
ántimony trisúlfide 〔化〕三硫化アンチモン《顔料・マッチ製造用》.
ànti·mutagénic *a* 抗突然変異性の.
an·ti·my·cin (A) /æ̀ntɪmáɪs(ə)n (éɪ)/ 〔生化〕アンチマイシン A《ストレプトミセス菌から得る抗生物質》.
ànti·mycótic *a, n* ANTIFUNGAL.
ànti·nátal·ism *n* 人口増加抑制主義. ♦ **-ist** *n, a*
ànti·nátional *a* 反国家的な, 国家主義反対の.
ànti·nèo·plástic *a* 〔薬〕抗新生物性の, 抗腫瘍性の. ► *n* 抗新生物[腫瘍]薬.
ànti·nèo·plás·ton /-plǽstɑ̀n/ *n* 抗新生物薬.
ànti·neurálgic *a, n* 〔薬〕抗神経痛性の; 抗神経痛薬.
ànti·neutríno *n* 〔理〕反ニュートリノ.
ànti·néutron *n* 〔理〕反中性子.
ánt·ing *n* 蟻浴(ぎよく), アリ浴び, アンチング《ある種の鳥が, 寄生虫などを殺すためにに蟻酸を分泌するアリを羽毛につけること》.
ánti·nòde *n* 〔理〕波腹《2 つの波節の中間部》. ♦ **àn·ti·nód·al** *a*
ànti·nóise *a* 騒音防止の.
an·ti·no·mi·an /æ̀ntɪnóumiən/ *a* 〔神学〕無律法主義の, 律法不用論の《福音に示されている恵みのもとでは救済のためには信仰のみが必要なのであるから, 信仰者は道徳律に拘束されないとする》; 《一般に》道徳律廃棄論の. ► *n* 無律法主義者, 律法不用論者. ♦ **~·ìsm** *n* [L (*anti-*, Gk *nomos* law)]
an·ti·nom·ic /æ̀ntɪnɑ́mɪk/ *a* 矛盾した.
an·tin·o·my /æntínəmi/ *n* 〔哲〕《2 つの命題の》二律背反; 《法律条文の》矛盾; 《広く》対立, 矛盾. [L<Gk=conflict of laws (*nomos*)]
ánti·nòvel *n* アンチロマン, 反小説 (=*anti-roman*)《伝統的な小説の概念を破る手法の小説》. ♦ **~·ist** *n*
ànti·núclear *a* 反原発の, 反核の; 〔生〕抗核の《細胞核に対して反応する》.
ànti·núcleon *n* 〔理〕反核子《反陽子または反中性子》.
ànti·núke *a* 反原発の, 反核の (antinuclear). ► *n* 反原発[反核]派の人.
ànti·núk·er *n* ANTINUKE.
ànti-objéct árt POST-OBJECT ART.
ànti·obscénity *a* 猥褻物取締まりのための.
An·ti·och /ǽntiɑ̀k/ **1** アンティオキア《ANTAKYA の別名》. **2** アンティオケ《小アジアにあった古代国家 Pisidia の古代都市; トルコ中西部 Konya の西約 130 km の地に遺跡が残る; St Paul の伝道の拠点の一つ (*Acts* 13:14–52)》. ♦ **An·ti·o·chene** /æntáɪəkì:n, æ̀ntiɑ́kì:n/, **An·ti·och·i·an** /æ̀ntiɑ́kiən, -óukiən/ *a, n*
An·ti·o·chus /æntáɪəkəs/ アンティオコス (**1**) ~ **III** [~ the Great] (242–187 B.C.)《セレウコス朝シリアの王 (223–187)》 (**2**) ~ **IV** (**Epiph·a·nes** /ɪpífənì:z/) (c. 215–164 B.C.)《セレウコス朝シリアの王 (175–164)》.
ànti·óxidant 〔化〕*n* 酸化防止剤, 抗酸化剤[物質], 《ゴムの》老化防止剤. ► *a* 酸化を抑制する.
ànti·ózon·ant /-óuzounənt/ *n* 〔化〕抗オゾン化物質.
ànti·párallel *a* 〔数・理〕〈2 つのベクトルが〉逆平行の《平行でかつ向きが反対の》.
ànti·parasític *a* 〔薬〕抗寄生虫性の, 駆虫(性)の. ► *n* 駆虫薬.
ànti·parkinsónian *a* 〔薬〕抗パーキンソン症候群の.
ánti·pàrticle *n* 〔理〕反粒子.
an·ti·pas·to /æ̀ntɪpɑ́:stou, -pǽs-/ *n* (*pl* **~s, -ti** /-ti/) 〔イタリア料理〕前菜, アンティパスト. [It]
An·tip·a·ter /æntípətər/ アンティパトロス (398?–319 B.C.)《マケドニアの将軍; Alexander 大王に仕えた》.
an·ti·pa·thet·ic /æ̀ntɪpəθétɪk, æntìp-/, **-i·cal** *a* 〈人が〉反感[嫌悪感]をもって[示して], 嫌って, 敵対的な 〈*to, toward*〉; 〈物・事が〉反感[嫌悪感]を覚えさせる, 虫の好かない, 性に合わない, 相容れない 〈*to* sb〉. ♦ **-i·cal·ly** *adv* [*pathetic* の類推で *antipathy* より]
an·ti·path·ic /æ̀ntɪpǽθɪk/ *a* ANTIPATHETIC; 〔医〕反対の徴候を生じる.
an·tip·a·thy /æntípəθi/ *n* 反感, 嫌悪, 毛嫌い (opp. *sympathy*) 〈*to, for, toward, against, between*〉; 大嫌いなもの; 《廃》《感情・性格などの》不一致, 対立: I have an ~ *to* [*against*] snakes. ヘビが生まれつき嫌いだ. [F or L<Gk=opposed in feeling; ⇨ PATHOS]
ànti·patriótic *a* 反愛国的な.
ànti·periódic *a* 〔薬〕《マラリアに対するキニーネのように》周期的発作予防の. ► *n* 周期病薬《抗間欠熱剤など》.
ànti·peristálsis *n* 〔生理〕逆蠕動(ぜんどう).
ànti·personnél *a* 〔軍〕地上兵員殺傷用の, 対人(用)の: an ~ mine 対人地雷.
ànti·pér·spir·ant /-pɔ́:rsp(ə)rənt/ *n* 《皮膚につける》発汗抑制剤[化粧料]. ► *a* 発汗抑制の.
ànti·phlogístic *a* 〔薬〕消炎(症)性の. ► *n* 消炎薬.
An·ti·phlo·gis·tine /æ̀ntɪfləʤísti:n/ 〔商標〕アンチフロジスチン《カオリンを主成分とする外用消炎薬》.
an·ti·phon /ǽntəfən, -fɑ̀n/ *n* 《代わるがわる歌う》合唱詩歌; 〔教会〕交唱(聖歌); 応答, 反応. [L<Gk (*anti-*, *phōnē* to sound)]
an·tiph·o·nal /æntífən(ə)l/ *a* 交唱(聖歌)の(ような); 代わるがわる歌う. ► *n* ANTIPHONARY. ♦ **~·ly** *adv*
an·tiph·o·nary /æntífənèri; -n(ə)ri/ *n* 交唱聖歌集, 交唱集. ► *a* ANTIPHONAL.
an·ti·phon·ic /æ̀ntəfɑ́nɪk/ *a* ANTIPHONAL.
an·tiph·o·ny /æntífəni/ *n* 《古代ギリシアの多声音楽の》アンティフォニア《8 度音程の応答》; ANTIPHON; 交唱《代わるがわるの詠唱[歌唱]》; 応答, 反応, 反響.
an·tiph·ra·sis /æntífrəsəs/ *n* (*pl* **-ses** /-sì:z/) 〔修〕反用《皮肉や冗談で語句をその通常の意味の反対に用いること; たとえば大男の 'Little John'》. [L<Gk (*anti-*, PHRASE)]
ànti·plástic *a* 〔医〕組織形成抑制性の.
an·tip·o·dal /æntípəd(ə)l/ *a* 対蹠(たいせき)的な; 正反対の 〈*to*〉. ► *n* 〔植〕反足細胞 (=~ **céll**).
an·ti·pode /ǽntəpòud/ *n* 対蹠, 正反対(のもの) 〈*of, to*〉 (⇨ ANTIPODES). [逆成 (sg) < ANTIPODES]
an·tip·o·de·an /æ̀ntìpədí:ən/ *a* ANTIPODAL; [[s]A-] [||]《文》/[*joc*] オーストラリア(人)の. ► *n* 対蹠地の住民; [[s]A-] [||]《文》/[*joc*] オーストラリアの住民.
an·tip·o·des /æntípədì:z/ *n pl* **1** 対蹠地《地球上の正反対の側にある 2 つの地点, たとえば日本とアルゼンチン》; 対蹠地住民; [[s]the A-, 〈*sg/pl*〉] 対蹠地《英国では通例 オーストラリア・ニュージーランドなどを指す》; [[s]〈*sg*〉] 正反対の事物 〈*of, to*〉. **2** [the A-] アンティポディーズ諸島《ニュージーランド南東方の無人島群》. [F or L<Gk=having the feet opposite (*anti-*, *pod- pous* foot)]
ànti·poétic *a* 反詩の, 反伝統詩の《伝統的な詩の手法・スタイルに反対する》.
ánti·pòle *n* 対極, 反対の極; 正反対 〈*of, to*〉.

ànti·polítical *a* 反政治的な《伝統的な政策・政治原理に反対する》.

ànti·politícian *n* 反政治家《反政治的政治家》.

ànti-pólitics *n* 反政治《伝統的な政治の慣習や姿勢に対する反発あるいは拒否》.

ànti·pollútant *a* 汚染防止[除去]の.

ànti·pollútion *a, n* 環境汚染[公害]を防止[軽減, 除去]するための(物質). ◆ **~·ist** *n* 環境汚染[公害]防止論者.

anti·pope /ǽntɪpòʊp/ *n* 対立教皇《分派抗争などのとき正統(と称する)ローマ教皇に対立して選挙された》.

ànti·póverty *a* 貧困絶滅の, 貧乏追放のための (立法の). ► *n* *貧困絶滅計画《特に 政府の援助を受けた》.

ànti·próton *n* 〖理〗反陽子《陽子に対する反粒子》.

ànti·prurític *a, n* 〖薬〗鎮痒[止痒性]の(薬), かゆみ止め, 止痒剤.

ànti·psychíatry *n* 反精神医学. ◆ **-psychíatrist** *n*

ànti·psychótic *a, n* 〖薬〗抗精神病性の; 抗精神病薬 (neuroleptic).

ànti·pyrétic *a* 〖薬〗解熱(性)の. ► *n* 解熱薬.

an·ti·py·rine /æ̀ntɪpáɪərìːn, -rən/, **-rin** /-rən/ *n* 〖薬〗アンチピリン《解熱・鎮痛・抗リウマチ薬》.

antiq antiquarian ◆ antiquary.

an·ti·quar·i·an /æ̀ntəkwέəriən/ *a* 古物研究[蒐集](家)の; 好古趣味の; 古物の; 古い稀覯本の(売買をする). ► *n* ANTIQUARY; 《画用紙などの》大版《31×53 インチ》. ◆ **~·ism** *n* 古物に関する関心[研究], 好古趣味.

antiquárian·ìze *vi* 《口》古物蒐集[研究]をする.

ánti·quàrk *n* 〖理〗反クォーク《クォークの反粒子》.

an·ti·quary /ǽntəkwὲri, -kwæ̀ri; ǽntɪkwəri/ *n* 古物[古美術]の蒐集[研究]家; 骨董商, 古美術商. [L; ⇨ ANTIQUE]

an·ti·quate /ǽntəkwèɪt/ *vt* 古臭くする, すたらせる; 時代めかせる, 古風に見せる, 時代付けする. ◆ **àn·ti·quá·tion** *n*

án·ti·quàt·ed *a* 時代遅れの, 老朽化した, 古くて使えない; 古くから続いている, 根深い; 老齢の. ◆ **~·ness** *n*

an·tique /æntíːk/ *n* **1** 骨董品, アンティーク, 時代物《古い家具・美術品・飾り物など》; 古い世代の人. **2** 古代[昔]の遺物; [the] 〖建・彫〗《ギリシア・ローマなどの》古代様式; 〖印〗アンチーク体活字. ► *a* **1** 骨董の, 古美術の, 骨董を扱う. **2** 古来の; 古代の, 昔の; 古風な, 旧式な; 古代様式の. **3** 《紙の》表面が荒仕上げの. ► *vt* 古めかす, 〈家具など〉の外観を時代めかせる. ► *vi* 骨董品[古美術品]を探し求める. ◆ **~·ly** *adv* **~·ness** *n* **an·tíqu·er** *n* [F or L *antiquus* former, ancient; ⇨ ANTE]

antíque réd 暗い赤みをおびただいだい色 (=*canna*).

an·tiq·ui·ty /æntíkwəti/ *n* 古代, 大昔; 中世以前の時代; 古さ, 古色, 古雅; 古人, 古代人《集合的》; [ᵘ*pl*] 古代[昔]の遺物[遺跡]; [*pl*] 古代[昔]の生活[文化]の所産, 古代[昔]の文物[風俗, 習慣など]: a castle of great ~ 大昔の城.

ànti·rábic /-rǽb-/ *a* 狂犬病予防[治療]の.

ànti·rachític *a* 〖薬〗抗佝僂(くる)病(性)の. ► *n* 佝僂病治療[予防]薬.

ànti·rácism *n* 反人種差別主義. ◆ **-rácist** *n, a*

ànti·rádical *a* 過激派に反対の, 反急進主義の.

ànti·rejéction *a* 〖医〗〈薬品・処置など〉抗拒絶(性)の《臓器移植に伴う拒絶反応を抑えるための》.

ànti·remónstrant *n* 抗議(者)に反対する人; [A-] 〖キ教史〗反アルミニウス派(の人) (cf. ARMINIUS, REMONSTRANT).

ànti·retrovíral *a* 抗レトロウイルスの. ► *n* 抗レトロウイルス薬.

ànti·rheumátic *a* 〖薬〗抗リウマチ(性)の. ► *n* 抗リウマチ薬.

ànti-róll bàr 〖車〗アンティロールバー, SWAY BAR, STABILIZER BAR.

anti-roman /*F* ɑ̃tirɔmɑ̃/ *n* アンチロマン (ANTINOVEL).

an·tir·rhi·num /æ̀ntəráɪnəm/ *n* 〖植〗キンギョソウ属 (*A-*) の各種草本 (snapdragon). [L<Gk (*rhin- rhis* nose); 動物の鼻に似るところから]

antis *n* ANTI の複数形.

ànti-sabbatárian *a, n* 安息日厳守反対の(人).

An·ti·sa·na /æ̀ntɪsáːnə/ アンティサーナ《エクアドル中北部 Andes 山脈の火山 (5756 m)》.

ànti·sátellite *a* 対人工衛星の《略 ASAT》.

ànti·scíence *n* 反科学(主義), 科学排撃[無用論]. ► *a* 反科学の. ◆ **-scientífic** *a*

ànti·scíentism *n* 反科学主義 (antiscience).

ànti·scorbútic *a* 〖薬〗抗壊血病(性)の. ► *n* 抗壊血病薬[食品].

antiscorbútic ácid 〖生化〗抗壊血病酸.

ànti-scríptural *a* 聖書に反対する, 反聖書的な.

ànti-Sémite *a, n* 反ユダヤ主義の(者).

ànti-Semític *a* 反ユダヤ人の. ◆ **-mít·i·cal·ly** *adv*

ànti-Sémitism *n* 反ユダヤ主義[運動].

ánti·sènse *a* 〖遺〗アンチセンスの《mRNA などの遺伝物質の一部に対し相補的な配列をもち, 遺伝子のはたらきを阻害する; cf. SENSE[1] 6》.

an·ti·sep·sis /æ̀ntəsépsəs/ *n* (*pl* **-ses** /-sìːz/) 防腐(法), 消毒法.

an·ti·sep·tic /æ̀ntəséptɪk/ *a* 防腐剤を使用した, 防腐性の; 無菌の, 殺菌された; 手をよごさない, きれいな〈戦争〉; 《整いすぎて》無味乾燥な; 非情で冷淡な, 人間味のない. ► *n* 防腐薬[剤]; 殺菌[消毒]剤 (germicide). ◆ **-ti·cal·ly** *adv*

an·ti·sep·ti·cize /æ̀ntəséptəsàɪz/ *vt* 防腐処理する.

ánti·sèrum *n* 〖免疫〗抗血清.

ànti·séx, -séxual *a* 性衝動[性行動]を減少させる[抑制する].

ànti·séx·ist *a* 性差別 (sexism) に反対の. ◆ **-ism** *n*

ànti·síckling *a* 〖生化〗抗鎌状細胞生成(性)の.

ànti·skíd *a* すべり止めの.

ànti·slávery *n, a* 反奴隷制(の).

ànti·smóg *a* スモッグ防止の.

ànti·smóking *a* 喫煙抑止の, 禁煙(用)の, 嫌煙の.

ànti·sócial *a* 反社会的な; 社交嫌いの; 人間嫌いの: ~ personality disorder 反社会性人格障害. ◆ **~·ly** *adv* **-sociálity** *n*

ànti·sólar *a* 《天球で》太陽の真向かいにある.

ànti·spasmódic *a* 〖薬〗痙攣(けいれん)止めの, 鎮痙性の. ► *n* 鎮痙薬.

ànti·speculátion *a* 投機を規制するための.

ànti·stát /-stǽt/ *a* ANTISTATIC.

ànti·Státic *a* 静電荷を減らす, 空電除去の; 〈繊維など〉静電気[帯電]防止の. ► *n* 静電気[帯電]防止剤.

An·tis·the·nes /æntísθənìːz/ アンティステネス (c. 445–c. 365 B.C.) 《アテナイの哲学者; キュニコス派の祖》.

ànti·strèpto·cóccal, -cóc·cic /-kák(s)ɪk/ *a* 抗連鎖球菌(性)の.

an·tis·tro·phe /æntístrəfi/ *n* アンティストロペ《古代ギリシア劇のコロスの右方転回; そのとき歌う歌章; cf. STROPHE》; 《Pindaric ode の》第二段; 〖韻〗応答詩節; 〖修〗倒置反復; 《相手の弁論を逆用する》逆用論法; 〖楽〗対照[応答]楽節. ◆ **an·ti·stroph·ic** /æ̀ntəstráfɪk/ *a* **-i·cal·ly** *adv* [L<Gk (*strophē* turning)]

ànti·stỳle *n* 反流行, アンチスタイル《既存のスタイルへの拒絶》.

ànti·submaríne *a* 〖軍〗対潜水艦の, 対潜....

ánti·sùn *n* ANTHELION.

ànti·symmétric *a* 〖数・論〗反対称の.

ánti·tàil *n* 〖天〗《慧星の》反対の尾《太陽方向に突き出して見える突起》.

ànti·tánk *a* 〖軍〗対戦車用の: an ~ gun 対戦車砲.

ànti·technólogy *n* 反テクノロジー《人間性無視の技術開発に対する反対》. ◆ **-gist** *n* **-technológical** *a*

ànti·térror·ist, -térror·ìsm *a* テロに対抗する.

ànti·théism *n* 反有神論. ◆ **-ist** *n* 反有神論者.

an·tith·e·sis /æntíθəsəs/ *n* (*pl* **-ses** /-sìːz/) 対照; 正反対(の事物) 〈*of, to, between*〉; 〖修〗対照法, 対照法の後段をなす語句[文, 文節]; 〖論・哲〗反定立, アンチテーゼ. [L<Gk (*tithēmi* to place)]

an·ti·thet·i·cal /æ̀ntəθέtɪk(ə)l/, **-ic** *a* ANTITHESIS の(ような); 著しい対照をなす; 正反対の. ◆ **-i·cal·ly** *adv*

ànti·thrómbin *n* 〖生化〗抗トロンビン《トロンビンの作用を抑制し, 血清中に繊維素 (fibrin) の形成を阻止する抗酵素》.

ànti·thrombótic *a* 〖薬〗抗血栓症の.

ànti·thýroid *a* 〖生理・薬〗抗甲状腺(性)の.

ànti·tóxic *a* 〖免疫・薬〗抗毒性の; 抗毒素の[を含む].

ànti·tóxin 〖免疫・薬〗*n* 抗毒素; 抗毒素血清, 抗毒薬.

ánti·tràde *a* 貿易風の反対方向に吹く. ► *n* [*pl*] 〖気〗反対貿易風.

an·ti·tra·gus /æ̀ntɪtréɪgəs, ⌐⌐⌐⌐/ *n* (*pl* **-gi** /-ʤàɪ, -gàɪ/) 〖解〗《耳介の》対珠.

ànti·trinitárian *n* 反三位一体論者. ► *a* 反三位一体論の.

ànti·trúst *a* 〖商・法〗反トラストの, トラストを規制する.

antitrúst àct [làw] 〖米〗反トラスト法, 独占禁止法《競争制限行為の禁止, 自由競争の確保のための連邦法; 主なものとして Sherman Antitrust Act of 1890, Clayton Antitrust Act of 1914, Federal Trade Commission Act of 1914, Robinson-Patman Act of 1936, Celler Antimerger Act of 1950 などがある》.

ànti·trúst·er* 《口》 *n* 反トラスト論者; 反トラスト法執行者.

ànti·tubérculous, -tubércular *a* 結核用の, 結核に効く, 抗結核性の.

ànti·túmor, -túmor·al *a* 〖薬〗抗腫瘍の, ANTICANCER.

ànti·tússive *a* 〖薬〗鎮咳(性)の. ► *n* 鎮咳薬, 咳止め.

an·ti·type /ǽntɪtàɪp/ *n* 対型《過去にその(象徴的)原型のあるもの・人物・物語など; 特に聖書についていい, たとえば「聖母」は Eve の antitype》; 反対の型, 対型. ◆ **-typ·i·cal** /æ̀ntɪtípɪk(ə)l/ *a* [Gk]

ànti·úlcer *a* 〖薬〗抗潰瘍(性)の.

ànti·únion* *a* 労働組合(主義)に反対の, 反組合の.

ánti·úniverse *n* 〖理〗反宇宙《反物質からなる宇宙》.

ànti·utópia *n* 反[逆]ユートピア, アンチユートピア, 暗黒郷 (dystopia); 反ユートピアを描いた作品.

ànti·utópian *a* 反ユートピアの(ような). ► *n* 反ユートピアの到来を信じる[予言する]人.

ànti·vénin, -ve·néne /-vəníːn, -vέnìːn/, **-vénom** *n* 〖免疫〗抗蛇毒(だどく)素; 蛇毒血清.

ànti·víral *a* 〘生化〙抗ウイルス(性)の: an ~ immune response 抗ウイルス免疫反応. ► *n* 抗ウイルス物質[薬].
ànti·vírus *n* 抗ウイルス物質; 〘電算〙アンチウイルス《コンピューターウイルスの侵入を防ぐ; cf. VACCINE》.
ánti·vìtamin *n* 〘生化〙抗ビタミン, アンチビタミン.
ànti·vivisέction *n* 生体解剖反対, 動物実験反対.
♦ **~·ìsm** *n* **~·ist** *n, a*
ànti·wár *a* 戦争反対の, 反戦の.
ànti·whíte *a* 白人に敵対的な, 反白人の. ♦ **-whít·ism** *n*
ánti·wòrld *n* 〘理〙反世界《反物質からなる世界》.
ant·ler /ǽntlər/ *n* 〘動〙《シカなどの》枝角(えだつの); 《枝角の》枝.
♦ **~ed** *a* 枝角のある, 枝角に似た. **~·less** *a* [OF<?]
ántler mòth 〘昆〙シカツノヤガ《ヨーロッパ産の白斑のある褐色のガ; 幼虫は牧草の大害虫》.
Ant·lia /ǽntliə/ 〘天〙ポンプ座 (Air Pump).
ánt·lìke *a* アリの(ような); そわそわした, せわしない.
ánt lìon 〘昆〙ウスバカゲロウ (=**ánt·lìon flỳ**); アリジゴク (=*doodlebug*)《ウスバカゲロウの幼虫》.
An·to·fa·gas·ta /æ̀ntəfəgɑ́:stə/ アントファガスタ《チリ北部の市・港町; 金・銀・銅・スズ・チリ硝石の輸出港》.
An·toine /æntwɑ́:n/ **1** アントワーヌ《男子名》. **2** [Père ~] アントワーヌ (1748–1829)《New Orleans のカプチン会のスペイン人司祭; 本名 Antonio de Se·di·lla /-sədí:(j)ə/》. [F; ⇨ ANTHONY]
An·toi·nette /æ̀ntwənέt; -twɑ:-/ **1** アントワネット《女子名; 愛称 Toni, Tony》. **2** MARIE ANTOINETTE. [F (dim); ⇨ ANTONIA]
An·ton /ǽntən/ アントン《男子名》. [G, Russ, Czech; ⇨ ANTHONY]
An·to·nel·lo /ɑ̀:ntənέlou/ アントネッロ《男子名》. [It]
An·to·nel·lo da Mes·si·na /æ̀ntounέlou dɑ: mεisí:nə/ アントネッロ・ダ・メッシーナ (c. 1430–c. 79)《シチリアの画家》.
An·to·ne·scu /æ̀ntənέsku/ アントネスク **Ion** ~ (1882–1946)《ルーマニアの軍人; 独裁者 (1940–44)》.
An·to·nia /æntóuniə/ アントニア《女子名; 愛称 Toni, Tony》. [It (fem); ⇨ ANTHONY]
An·to·ni·an /æntóuniən/ *n* 〘キ教〙《アルメニアなどの》アントニア会士《St Anthony の規律に従う》.
Án·to·nine Wáll /ǽntənàɪn-/ [the] アントニヌスの防壁, アントナインウォール《スコットランド南部の Forth 湾と Clyde 川を結ぶ全長 58.5 km に及ぶローマ時代の防壁; 142 年皇帝 Antoninus Pius の命で建設》.
An·to·ni·nus /æ̀ntənáɪnəs/ アントニヌス (⇨ MARCUS AURELIUS Antoninus).
Antonínus Pí·us /-páɪəs/ アントニヌス・ピウス (86–161)《ローマ皇帝 (138–161); 五賢帝の 4 番目》.
An·to·nio /æntóuniòu/ **1** アントニオ《男子名》. **2** アントーニオー《**1**) Shakespeare, *The Merchant of Venice* に登場する青年貿易商 **2**) Shakespeare, *The Tempest* の登場人物; Prospero を領土から追放したその弟》. [It; ⇨ ANTHONY]
An·to·ni·o·ni /æ̀ntòunióuni/ アントニオーニ **Michelangelo** ~ (1912–2007)《イタリアの映画監督》.
An·to·ni·us /æntóuniəs/ **1** アントニアス《男子名》. **2** アントニウス **Marcus** ~ ⇨ Mark ANTONY. [L; ⇨ ANTHONY]
an·to·no·ma·sia /æ̀ntənəméɪʒ(i)ə/ *n* 〘修〙換称《a wise ruler を a Solomon, 裁判官を his honor という類》. [Gk (*anti-*, *onoma* name)]
Ánton Píl·ler órder /-pílər-/ 〘史〙アントン・ピラー命令《英国などの民事訴訟で重大な証拠隠滅のおそれがあるとき, 原告(の代理人)が予告なしに被告側の家宅捜索を行い証拠資料を回収することを許可する裁判所命令; 1976 年西ドイツの Anton Piller 社が起こした著作権訴訟で認められたことから》.
An·to·ny /ǽntəni/ **1** アントニー《男子名; 愛称 Tony》. **2** アントニウス **Mark** [**Marc**] ~ (*L* Marcus Antonius) (c. 82–30 B.C.)《ローマの雄弁家・将軍 (Caesar の部将)・政治家 (第 2 次三頭政治を成立させた)》. [⇨ ANTHONY]
an·to·nym /ǽntənìm/ *n* 反意語, 反義語《略 ant.; opp. *synonym*》. ♦ **àn·to·ným·ic** *a* **an·ton·y·mous** /æntɑ́nəməs/ *a* **an·ton·y·my** /æntɑ́nəmi/ *n* 反意性. [F (*anti-*, *-onym*)]
Ántony of Pádua ANTHONY OF PADUA.
An·toon /ɑ́:ntoun/ アントーン《男子名》. [Du; ⇨ ANTHONY]
an·tre /ǽntər/ *n* 《古・詩》洞窟, ほら穴. [F<L ANTRUM]
An·trim /ǽntrəm/ アントリム《**1**) 北アイルランド北東部の州, ☆Belfast; 略 Ant. **2**) 北アイルランド東部の地区》.
An·tron /ǽntrɑ̀n/ 〘商標〙アントロン《丈夫で絹様光沢のあるナイロンの一種; 水着・カーペット・カーテン・ソファー外皮の素材になる》.
an·trorse /æntrɔ́:rs, ⸺/ *a* 〘植・動〙前向きの, 上方に向いた (opp. *retrorse*). ♦ **~·ly** *adv* [NL (*antero-*); *introrse* などにならったもの]
an·trum /ǽntrəm/ *n* (*pl* **-tra** /-trə/, **~s**) 〘解〙洞, 《骨の》空洞, 腔, 室, 《特に》上顎洞. ♦ **án·tral** *a* [L<Gk *antron* cave]
ánt·shrìke *n* 〘鳥〙アリモズ《熱帯アメリカ産; アリドリ科》.
An·tsi·ra·na·na, An·tse- /ɑ̀:ntsərɑ́:nənə/, **An·tsi·ra·ne** /ɑ̀:ntsərɑ́:ni/ アンツィラナナ《Madagascar 島北端の港町; かつてフランス海軍の基地があった; 旧称 Diégo-Suarez》.
ant·sy /ǽntsi/ *《口》*a* 落ちつかない, そわそわした; わくわくした; いらいらした; むらむらした. [cf. have ANTS in one's pants]
ánt thrùsh 〘鳥〙**a** ANTBIRD. **b** ヤイロチョウ (pitta).
ANTU /ǽntu/ 〘商標〙アンチュー, アンツー《灰色の粉末状の殺鼠(さっそ)剤》. [*a*lpha-*n*aphthyl*t*hio*u*rea]
Antung 安東 (⇨ ANDONG).
An·tu·rane /ǽntərèɪn/ 〘商標〙アンツラン《尿酸排泄促進剤; 痛風治療用》.
Ant·werp /ǽntwə̀:rp/ アントワープ, アンヴェルス, アンヴェール, アントヴェルペン (F **An·vers** /F ɑ̃vε:r, ɑ̃vεrs/, Flem **Ant·wer·pen** /ɑ́:ntvὲrpə(n)/)《**1**) ベルギー北部の州 **2**) 同州の州都; Scheldt 川河口に臨む港湾都市》.
ánt·wrèn *n* 〘鳥〙尾の短い各種のアリドリ (antbird).
Anu /ɑ́:nu/ 〘バビロニア神話〙アーヌー《空の神》. [Assyr-Bab<Sumerian]
Anu·bis /ən(j)ú:bəs/ 〘エジプト神話〙アヌビス《死者の魂を Osiris の審判の広間に導く役の, 山犬の頭をもつ神》.
anú·cle·ar /eɪ-/ *a* 〘生〙無核の.
A number 1 [**one**] /éɪ ⸺ wʌ́n/ *a**《口》A1[1].
An·u·ra /ən(j)ʊ́ərə, æ-/ *n pl* 〘動〙SALIENTIA.
Anu·ra·dha·pu·ra /ʌ̀nərɑ̀:dəpʊ́ərə/ アヌラーダプラ《スリランカ中北部の町; 古代セイロンの首都で, 仏教徒の巡礼地》.
an·u·ran /ən(j)ʊ́ərən, æ-/ *a, n* 〘動〙SALIENTIAN.
an·ure·sis /æ̀njʊərí:səs/ 〘医〙*n* (*pl* **-ses** /-sì:z/) 尿閉(にょうへい); ANURIA. ♦ **an·uret·ic** /æ̀njʊərέtɪk/ *a*
an·uria /ən(j)ʊ́əriə, æ-/ *n* 〘医〙無尿(症). ♦ **-úric** *a*
an·u·rous /æn(j)ʊ́ərəs, ə-/, **an·our·ous** /ənʊ́ərəs, æ-/ *a* 〘動〙〈カエルなど〉無尾の.
anus /éɪnəs/ *n* (*pl* **~·es**, **ani** /éɪnaɪ/) 〘解〙肛門. ★ ⇨ ANAL. [L]
Anvers ⇨ ANTWERP.
an·vil /ǽnvəl/ *n* 〘冶〙鉄床(かなとこ), 鉄敷(かなしき), アンビル; 〘解〙きぬた骨 (incus); アンビル《電信機のキーの下方にある接触子》; アンビル《マイクロメーターなどの測定器の固定されたあご》; 鉄床雲(かなとこぐも). ● **on the ~** 準備中(の); 詮議中(の). [OE *anfilt(e)*; cf. Swed (dial) *filta* to beat]
ánvil·bird *n* TINKERBIRD.
anx·i·e·ty /æŋzáɪəti/ *n* **1** 心配, 懸念, 不安, 気づかい 〈*for, about, over*〉; 〘精神医〙不安, 苦悶; 心配のたね, 心配ごと: She is all ~. 非常に心配している / be in (great) ~ (非常に)心配している / with great ~ 非常に心配して, はらはらして / All these *anxieties* made her look pale. こうした心配ごとで顔色が青ざめていた. **2** 《不安・疑念・もどかしさの入りまじった》強い願い, 切望, 熱望: ~ *for* knowledge 知識欲 / her ~ *to* please her husband 夫を喜ばせようとする熱意. [F or L (ANXIOUS)]
anxíety neuròsis [**reàction, stàte**] 〘精神医〙不安神経症[反応, 状態]《不安を主症状とする神経症》.
anx·io·lyt·ic /æ̀ŋziouIítɪk, æ̀ŋ(k)si-/ *a* 〘薬〙不安を緩解する. ► *n* 不安緩解剤.
anx·ious /ǽŋ(k)ʃəs/ *a* **1** 心配な, 気がかりな, 案じて; 不安に満ちた; 不安に起因する; 不安を生じさせる: I am ~ *about* [*for*] his health. 彼の健康を気づかっている / an ~ matter 気がかりな事件. **2** 切望して, 熱心で: He is ~ *for* wealth. 富を得たがっている / He is ~ *to* know the result. しきりに結果を知りたがっている / We are ~ *that* you will succeed. ご成功を切望しています. ♦ **~·ly** *adv* 心配して, 気にして; 切望して. **~·ness** *n* [L *anxius* (*ango* to choke)]
ánxious bènch [**sèat**] *《伝道説教会などの》説教壇に近い席《宗教生活に悩み信仰を強めようとする人の席》; [*fig*] 不安な気持: be on the ~ 大いに心配している.
any /έni/ *a, pron, adv* ★ 用法は anyone, anybody, anything, anywhere に共通するところが多い. not any として否定に, any? として疑問に, if...any として条件に用い, 肯定の SOME に対応する.
► *a* **1** /έni, əni/ [複数形普通名詞または不可算名詞の前に付け不定冠詞に対応する] 《cf. SOME *a*》**a** [否定文中で] なにも, だれも, どれも; 少しも; たいして, いくらも: I have*n't* (got) ~ books [money]. 本[金]は少しもない / *without* ~ difficulty なんの造作もなく / We could*n't* travel ~ distance before nightfall. たいして進まないうちに日が暮れた. **b** [疑問文・条件節中で] なにか, どれか, だれか; いくらか, 少しは, 少しでも: Have you (got) ~ matches [money] with you? マッチ[お金]をお持ちですか / If you have (got) ~ books [leisure]... 本[ひま]がおありだったら... **2** [肯定文中で, 単数形普通名詞または不可算名詞に付け強調して用いる] どんな人, もの)でも, だれでも, どれでも; いくらでも: *A*~ child can do it. どんな子供にでもできる / You can get it at ~ book store. どこの本屋でも買える / *A*~ bag will do. どんな袋でもいい / *A*~ help is better than no help. どんな援助だってないよりましだ / He is the best-known of ~ living novelist. 現存小説家中最も有名だ《文語では of (all) living novelists がよいとされる》/ You are entitled to ~ number of admissions. 何回でも入場で

きる. ★ この意味で否定文に用いることもある: She is not just ~ girl. 普通の女の子とはちがう / They don't accept just ~ students. どんな学生でも入れるというわけではない. **3** [単数形普通名詞の前に付けて; A², ONE に近い用法] **a** [否定文中で] なにも, だれも: I *never* had ~ friend. 友人なんか一人もいなかった. **b** [疑問文・条件節中で] なにか, だれか: Do you have ~ friend in Boston? ボストンにだれか友だちがいますか / If you find ~ mistake, correct it for me. なにか間違いがあったら直してください.

► *pron* [⟨*sg*/*pl*⟩] **1** [既出名詞を受けてまたは any of の構文で] **a** [肯定] 何でも, だれでも; どれでも; いくらでも: Take ~ you like. どれでも好きなのをお取りなさい / *A*~ *of* these is [are] long enough. これらのどれでも長さは足りる. **b** [否定] なにも, だれも; 少しも: I do*n't* want ~ (*of* these). (このうち)どれもいらない. **c** [疑問・条件] なにか, だれか; いくらか, 多少: Do you want ~ *of* these DVDs? これらの DVD のうちにどれか欲しいのがありますか / Do [Does] ~ *of* you know? 諸君のうちだれか知っていますか. **2** [単独用法]: It isn't known to ~. だれにも知られていない.

► *adv* **1** [比較級または too と共に用いて] **a** [否定] 少しも: He is *not* ~ better. 少しもよくなってはいない / The language he used was *not* ~ too strong. 彼のことばづかいはきつすぎるということは全くなかった. **b** [疑問・条件] いくらか, 少しは, 少しでも: Is he ~ better? (病状は)少しはよろしいですか / If he is ~ better,… 少しでもよろしいなら…. **2** [動詞を修飾] 少しは[も]: That won't help us ~. それは少しも助けにならない / Did you sleep ~ last night? 昨晩少しは眠りましたか. ● **~ and every…** なにもかも, ひとつ残らず《any の強調形》. **~ good** [**use**] [否定・疑問・条件] 少しは役に立つ[少しも役に立たない]. **~ longer** [疑問・否定] もはや, このうえは, これ以上. ~ MORE. ~ NUMBER. **~ old** «口» どんな…でも (any…whatever): Try ~ *old* method. どんな方法でもやってごらん. **~ one** (1) /ɛ́niwʌ́n/ どれか[どれでも]一つの, だれか[だれでも]一人の: *A*~ *one* of these will do. このうちどれでも間に合う. (2) /ɛ́niwʌn/ ANYONE. **~ other** 《同種類中の比較で》ほかのどれ[だれ]よりも: He's taller than ~ *other* boy in the class. クラス中のどの生徒より背が高い《この other は略されることもあるがぞんざいな用法とされる》. **~ time** いつでも; 例外なく (⇨ ANYTIME). **~ time** [**day, minute** (**now**)] 今[今日]にも(すぐ), いつなんどき. ~ WAY¹. **~ which way** = EVERY which way. **be not having ~** (**of it**) «口» てんで受け付けない, 関心を示さない, 拒否[無視]する. IF ~. **scarcely** [**hardly**] **~** ほとんど…ない, まず…ない.

[OE *ǣnig* (⇨ ONE, -*y*¹); cf. G *einig*]

An·yang /ά:njά:ŋ/ **1** 安陽(ｱﾝﾖｳ)(ｱﾝﾔﾝ)《中国河南省北部の市; 西北郊の小屯に殷墟がある》. **2** 安養(ｱﾝﾖｳ)(ｱﾆﾔﾝ)《韓国北西部の市》.

any·body /ɛ́nibὰdi, -bədi, *-bʌ̀di/ *pron* **1 a** [否定] だれも: I have*n't* seen ~. だれにも会わなかった / I do*n't* like wearing ~ else's clothes. 人の衣服を着るのはいやだ / I do*n't* lend my books to ~. 本はだれにも貸さない《この文で降昇調 (⤵⤴) に anybody というと not…anybody = not…everybody となり「だれにでも無差別に貸すとはかぎらない, 人を見て貸す」の意になる》. ★ not は anybody のあとには置かない. *A*~ cannot do it. と言う代わりに Nobody can do it. を使う. **b** [疑問・条件] だれか: Does ~ know? だれか知っているか / If ~ calls, tell him [them] I have gone out. だれか来たら出かけたと言ってください / *A*~ I know? だれかわたしの知っている人ですか《Who? という代わりに遠慮がちに尋ねる表現》. ★ anybody は口語では上例の them のように複数代名詞で受けることもある (⇨ SOMEBODY ★). **2** [肯定] だれでも: *A*~ can do that. だれだってそんなことはできるさ / ~'s game [race, etc.] «口» 予想のつかないゲーム[競走など] / ~'s guess だれにも予想できないこと. ► *n* **1** [疑問・条件文で] 多少重きをおかれる人, ひとかどの人物: Is he ~? 名のある人か / If you wish to be ~, … どこのだれといわれたいなら… / Everybody who is ~ at all was there. いやしくもひとかどの人間はみな来ていた. **2** (*pl* **-bod·ies**) [°just ~] 名もない人, ぼんくら, 有象無象: He has been *just* ~. ごくありふれた男だった.

A'nyê·ma·qên Shan /ǽnjiməʤín ʃά:n/, **A-ni-ma-ch'ing** /ά:ní:mά:ʧíŋ/, **Am·ne Ma·chin Shan** /ǽmni məʤín ʃά:n/ [the] アニマチェン(阿尼馬卿)山《中国青海省南東部から甘粛省南部の省境にかけて北西から南東に延びる山脈; 崑崙(ｺﾝﾛﾝ)山脈の支脈で, 主峰は瑪卿崗日(ﾏﾁｪﾝｶﾝﾘ) (6282 m)》.

ány·hòw *adv* **1** いずれにしても, どのみち, とにかく; なんとしても, どうしても; どんなふうにでも, どのようにでも: You can interpret it ~ you like. 好きなようにそれを解釈できる / I couldn't get in ~. どうしても中にはいれなかった / *A*~, let us begin. とにかく取りかかろう. **2** 無秩序に, ぞんざいに: He does his work ~. いいかげんな仕事をする. ● **all ~** いいかげんに, でたらめに; 無秩序に, 乱雑に. **feel ~** «古風» なんだか気分が悪い.

àny·móre *adv* [否定(相当)構文または疑問文で; ⇨ *any* MORE] 今は; 今後は: He doesn't work here ~. もうここでは働いていない. ★ 肯定構文で用いるのは*«方・口».

an·yon /ǽnjὰn/ *n* 〔理〕エニオン《角運動量量子数が, boson のように整数でも fermion のように半奇数でもない粒子》. [*any*, -*on*²]

ány·òne /, -wən/ *pron* ANYBODY (cf. SOMEONE ★).

ány·plàce *adv**«口» ANYWHERE: I can't find it ~. どこにもない / He won't get ~ with his plans. 彼の計画はうまくいくまい.

ány·ròad «北イング» *adv* いずれにしても, とにかく, どのみち (anyway).

ány·thìng /, -θɪŋ/ *pron* **1 a** [否定] なにも: I do*n't* know ~ about it. それについてはなにも知らない. **b** [疑問・条件] なにか: Do you see ~? なにか見えますか / If you know ~ about it, … もしそれについてなにかご存じなら… / *A*~ else(, sir)? ほかになにか(ありませんか) / Is ~ going on? 何かおもしろいことでもある? / *A*~ new down your way? そちらではお変わりありませんか. **2** [肯定] なんでも: *A*~ will do. なんでもよろしい / You may take ~ you like. なんでも好きなのを取ってよろしい. ► *n* 任意のもの: my ~ なんに限らずわたしのもの.

► *adv* 多少とも, いくらかでも, なんらかの点[面]で, …とはほど遠い (⇨ ~ like 成句). ● **~ but** 決して…ではない, …どころではない: He is ~ *but* a scholar. どうして彼が学者なものか / Did you enjoy your visit?—*A*~ *but*. ご旅行はよかったですか—まるで. **~ for a quiet life** ″«口» 人生静かが一番; 口出し無用; どうぞご自由に. **~ like** … [°*neg*] …などはとうてい, とても, 決して (at all); 少しは: She wasn't ~ *like* her mother. 母親とは全然似ていなかった. **~ of…** 少しも, 少しは: I have not seen ~ *of* Smith lately. 最近スミスにはちっとも会っていない / Is he ~ *of* a scholar? 彼は少しは学者か. **A~ you say.** おっしゃるとおりにいたします, 承知しました. (**as**)**…as ~** «口» (何に比べても劣らぬほど)とても, たとえようなく: He is *as* proud [pleased] *as* ~. とても得意だ[喜んでいる]. **… as much as ~** «口» …も原因の一つだ, …のせいでもある. **for ~** なにをもらっても: I would not go *for* ~. どうあっても行かない. **for ~** [**what**] **I know** [**care**] よくは知らないが, 知った[かまった]ことではないが. IF ~. LIKE² ~. **more than ~** (**else**) (**in the world**) なによりも.

ány·tìme *adv* [any time とも書く] いつでも, どんな時にも; 例外なく; [⟨*int*⟩] «口» いつでもどうぞ, どういたしまして, おやすいこと: *A*~ you are ready. できしだいいつでもどうぞ. ● **~ soon** [⟨*neg*/*inter*⟩] 今すぐに(は).

ány·wày, «口・方» **-wàys** *adv* とにかく, それはともかく, いずれにしても; どのようにでも.

ány·whère /, -(h)wər/ *adv* **1** どこへでも, どこにも, どこへも; 少しでも, どんな程度にもせよ: You can [can't] take…~. ⟨子供・動物などを⟩《しつけがよくできている[いない]ので》どこに連れていっても大丈夫だ[どこにも連れては行けない]; どこに出しても恥ずかしくない[人には見せられない]. **2** *«口» [値段・人数・時間などの幅の上限と下限を示して] 概して, だいたい: ~ from 10 to 20 dollars だいたい 10 ドルないし 20 ドル.

► *n* どこか, どこやら. ● **~ between…** «口» …の間ならどこでも. **~ near…** [°*neg*] …などとはとても[決して](いえたものではない). **miles from ~** = miles from NOWHERE. **not get ~** «口» うまくいかない, どうにもならない, むだだ. **not get** sb **~** ⟨人⟩にとって何にもならない. **not go ~** いつもいる[ある], いつだって助けになる[役に立つ]; «口» うまくいかない, 迷走する.

ány·whères /, -(h)wərz/ *adv*, *n* «口・方» ANYWHERE.

ány·wìse *adv* どのようにでも, どうしても.

An·zac /ǽnzæ̀k/ *n* アンザック軍団員《第一次大戦中のオーストラリア・ニュージーランド連合軍団 (Australian and New Zealand Army Corps) の兵士[将校]》; 《Anzac 軍団による》Gallipoli 半島上陸作戦 (1915); オーストラリア[ニュージーランド]兵; オーストラリア[ニュージーランド]人. ► *a* アンザック軍団の.

Ánzac Dày アンザックデー《4 月 25 日; Anzac 軍団の Gallipoli 半島上陸 (1915) 記念日で, オーストラリア・ニュージーランドの休日》.

An·zan·ite /ǽnzənὰɪt/ *n* ELAMITE. [*Anzan*, *Anshan* 古代ペルシアの一地方]

An·zio /ǽnziòu, ά:n-/ アンツィオ《イタリア西岸 Rome 市南東の市・港町・保養地; 第二次大戦で連合軍のイタリア侵攻 (1944) の橋頭堡となった》.

An·zus /ǽnzəs/ *n* アンザス《オーストラリア・ニュージーランド・米国による太平洋共同防衛体》. [*A*ustralia, *N*ew *Z*ealand and the *U*nited *S*tates]

AO and others ♦ Army Order ♦ Officer of the Order of Australia. **A/O, a/o, AO** 〔簿〕account of.

a.o.b., AOB ″any other business その他の議題.

AOC °appellation d'origine contrôlée.

ao dai /άu dάɪ, ά:ou-, -zάɪ/ アオザイ《ヴェトナム女性の民族服; 長衫(ﾁｮｳｻﾝ)(丈長の中国服)と褲子(ｸｰｺ)(ゆったりしたスラックス)からなる》. [Vietnamese (*ao* jacket, *dai* long)]

A of F °Admiral of the Fleet.

A-OK, A-Okay /èɪoukéɪ/ *adv*, *a* *«口» 万事オーケーで[の], 完全で[な], 完璧で[な], 最高で[の].

AOL ABSENT over leave ♦ America Online.

AONB 〔英〕Area of Outstanding Natural Beauty 自然景勝地域《国立公園に準じる指定地域》.

A1[1], **A one** /éɪwʌ́n/ *a* 第一等級の《船級協会の船舶検査格付け; Lloyd's Register では A1 を用いる》; 健康[体格]優良の; «口» 一流の, 優秀な, すばらしい; «口» 元気で, 好調で. ★ 米では A number 1 ともする.

A1[2] [the] 〔英〕A1《London と Edinburgh を結ぶ幹線道路; cf. A, A-ROAD》.

A/1C 〔米〕airman first class.

A-1 protein /éɪwán ―/〘生化〙A-1 タンパク《多発性硬化症患者のミエリン中にみられるタンパク質; 同症を発症させる原因物質と考えられている》.
Aon·ghus /éɪŋgəs/〘アイル神話〙エーンガス (=*Aenghus*)《愛の神》.
AOR adult-oriented rock ♦ album-oriented radio アルバム志向ラジオ局 ♦ album-oriented rock. **aor.** aorist.
Ao·ran·gi /aurá:ŋi/ アオランギ《ニュージーランドの COOK 山の別称》.
ao·rist /éɪərɪst, ɛ́ər-/ *n*〘文法〙《ギリシア語などにみられる》不定過去, アオリスト《略 aor.》. ► *a* 不定過去の. [Gk=indefinite (*a*-[2], *horizō* to define)]
ao·ris·tic /èɪərístɪk, ɛərístɪk/ *a* 不定過去の (aorist); 不定の, 不確定の. ♦ **-ti·cal·ly** *adv*
aort- /eɪɔ́:rt/, **aor·to-** /eɪɔ́:rtoʊ, -tə/ *comb form*「大動脈」[Gk (↓)]
aor·ta /eɪɔ́:rtə/ *n* (*pl* ~**s**, **-tae** /-tì:/)〘解·動〙大動脈. ♦ **aór·tic, aór·tal** *a* [Gk (*aeirō* to raise)]
aórtic árch〘解·動〙大動脈弓.
aórtic válve〘解·動〙大動脈弁.
aor·ti·tis /èɪɔ̀:rtáɪtəs/ *n*〘医〙大動脈炎. [*aorta*]
aòrto·córonary *a*〘医〙大動脈冠動脈の.
aor·tog·ra·phy /èɪɔ̀:rtágrəfi/ *n*〘医〙大動脈造影法《X 線検査法》. ♦ **aòr·to·gráph·ic** *a*
aòrto·íliac *a*〘解〙大動脈回腸動脈の.
Aos·ta /ɑ:ɔ́:stə/ アオスタ《イタリア北西部 Valle d'Aosta 州の州都》.
Ao·te·a·roa /èɪətiəróʊə, àʊteɪɑ:róʊɑ:/ アオテアロア《ニュージーランドの Maori 語名; 意味は「長く白い雲の地」》.
aou·dad /áʊdæ̀d, á:ʊ-/ *n*〘動〙バーバリシープ (=*arui, Barbary sheep, aoudad sheep, maned sheep*)《北アフリカ産の野生の羊》. [F <Berber]
aoul /áʊ(ə)l/ *n*〘動〙セメリングガゼル《アフリカ北東部産》. [(Ethiopia)]
août /*F* u/ *n* 八月 (August).
à ou·trance /*F* a utrɑ̃:s/ *adv* ぎりぎりのところまで, 極力, 最後まで, 死ぬまで.
ap-[1] /æp/ ⇨ AD-.
ap-[2] /æp/ ⇨ APO-.
ap. *apothecaries'. **Ap.** Apostle ♦ April. **AP, A/P, a.p.**〘保〙additional premium. **AP** above PROOF ♦ adjective phrase ♦ °Advanced Placement ♦〘軍〙airplane ♦ °American plan ♦ antipersonnel ♦ °arithmetic progression ♦ armor-piercing ♦ Associated Press 米国連合通信社《米国の通信社; 加盟新聞社·放送会社が経費を分担する組合組織の非営利法人》; author's proof.
apace /əpéɪs/ *adv*《文》たちまち, 速やかに; ABREAST ‹*of, with*›: Ill NEWS comes [flies] ~. [OF=at PACE[1]]
Apache *n* (*pl* ~, **Apách·es**) **1** /əpǽtʃi/ **a** アパッチ族《北米南西部の先住民の一族》. **b** アパッチ語《Athapaskan 語族に属する》. **2** /əpǽʃ, əpá:ʃ/ [ᵘa-] アパッシュ団の団員《アパッシュ団は Paris や Brussels の犯罪組織》;《一般に》ごろつき, 暴力団員. ► *a* /əpǽʃ, əpá:ʃ/ [ᵘa-] アパッシュダンス (apache dance) の. ♦ **Apách·e·an** *a, n*
apáche dànce アパッシュダンス《アパッシュ団員風の男がパートナーの女性を残忍横暴に扱うさまを表現したダンス; キャバレーなどで上演された》.
Apáche Stàte [the] アパッチ州《Arizona 州の俗称》.
ap·a·go·ge /æ̀pəgóʊdʒi/ *n*〘論〙間接還元法, アパゴーゲー. [Gk =a taking away]
Ap·a·lach·i·co·la /æ̀pəlæ̀tʃɪkóʊlə/ [the] アパラチコーラ川《Florida 州北西部を流れメキシコ湾の入江 ~ **Báy** (アパラチコーラ湾) へ注ぐ》.
apa·min /éɪpəmən/ *n*〘生化〙アパミン《ハチ毒から抽出されるポリペプチド; 神経組織破壊作用を有する》. [L *apis* bee, *-amin* (⇨ AMIN-)]
apanage ⇨ APPANAGE.
Apa·po·ris /à:pəpɔ́:ris/ [the] アパポリス川《コロンビア南部を南東に流れ, ブラジルとの国境で Japurá 川に合流する》.
apar /əpá:r/ *n*〘動〙ミツオビアルマジロ (=*mataco*)《南米産》. [Port or AmSp]
apa·re·jo /æ̀pəréɪ(h)oʊ/ *n* (*pl* ~**s**)*《南西部》詰め物をした革製[ズック製]の荷鞍. [AmSp]
apart /əpá:rt/ *adv* **1** わきの方に, 少し離れたところに; 互いに時間[距離]を隔てて; ばらばらに: walk ~ 離れて歩く / fall [come] ~ ばらばらになる. **2** 別個に; 区別して; 考慮外において; 別に保留して: viewed ~ 別々に考えると / a few misprints ~ 多少の誤植はさておいて. ● ~ **from**… (1) …から離れて, 独立して. (2) …は別として, …を除けば; …に加えて (⇨ ASIDE *from*). RIP [SET, TAKE, TEAR] ~. **tell** [**know**] ~ 個々の区別をつける: *tell* the twins ~ ふたごを見分ける. ► *a* [後置] 一種独特な, 別な; 意見が分裂した: The English are a nation ~. イギリス人は独特な国民だ. ● WORLDS ~. ♦ ~**·ness** *n* [OF *à part* to one side]
apart·heid /əpá:rt(h)èɪt, -(h)àɪt/ *n*《南アフリカ共和国の》人種隔離政策, アパルトヘイト《1994 年までに廃止》;《一般に》隔離, 差別: gender ~. [Afrik=APARTness]
apart·ho·tel‖ /əpá:rt(h)òʊtèl/ *n* APARTOTEL.
apart·ment /əpá:rtmənt/ *n**《共同住宅の》一戸分の区画 (flat‖); *APARTMENT HOUSE; ‖《建物の中の個々の》部屋, 一室; [*pl*] ‖数室一組の割り貸間;《宮殿などの》広間: STATE ~*s*. ♦ **apart·men·tal** /əpɑ̀:rtméntl/ *a* [F<It (*a parte* apart)]
apártment hotél* アパートメントホテル《長期滞在客用のアパートメントのあるホテル》.
apártment hòuse*[**buìlding, blòck**] 共同住宅, アパート.
apart·o·tel‖ /əpá:rtoʊtèl/ *n* アパートホテル《個人所有の短期滞在客用スイート (suites) のあるアパート》.
ap·as·tron /æpǽstrən, -tràn/ *n*〘天〙遠星点《連星の軌道上で, 伴星が主星から最も遠ざかった点; cf. PERIASTRON》. [*apo-*, Gk *astron* star]
ap·a·tet·ic /æ̀pətétɪk/ *a*〘動〙保護色[形態]をもった.
ap·a·thet·ic /æ̀pəθétɪk/ *a* 無感情な, 無感動の, 冷淡な; 無関心な. ♦ **-i·cal·ly** *adv* [*pathetic* の類推で↓より]
ap·a·thy /ǽpəθi/ *n* 無感動, 感情鈍麻; 無関心, 冷淡, アパシー ‹*toward*›. [F<L<Gk (*a*-[2], PATHOS)]
ap·a·tite /ǽpətàɪt/ *n*〘鉱〙燐灰石. [G (Gk *apatē* deceit)]
apato·sau·rus /əpæ̀toʊsɔ́:rəs/ *n*〘古生〙アパトサウルス (BRONTOSAURUS). [*apato-* (Gk *apatē* deceit)]
APB *〘警察〙°all points bulletin.
APC °armored personnel carrier.
APC (tablet) /éɪpì:sí: (―)/〘薬〙APC 錠《解熱剤·頭痛薬》. [*a*cetylsalicylic acid, *p*henacetin, and *c*affeine]
ape[1] /éɪp/ *n* **1**〘動〙サル (monkey),《特に》大型で無尾[短尾]の旧世界型のサル, 無尾猿; 類人猿 (=*anthropoid* (*ape*))《ゴリラ·チンパンジー·オランウータン·テナガザルなど》. **2** 人まねをする者, 亜流; 大柄で無骨な男, がさつ者, ごろつき, やくざ者; *《俗》[*derog*] 黒んぼ. ● **lead ~s in hell**《古》‹女性が›一生独身で暮らす. **say an ~'s paternoster**《寒さ·恐ろしさで》歯の根が合わない. ► *a*《俗》狂って, 夢中で, 激怒して. ● **go ~**《俗》気が狂う, 異常に興奮する;《俗》…に夢中になる ‹*over, for*›;《俗》‹機械などが›おかしくなる. ► *vt* ぎこちなく[へたに]まねる. ♦ **áp·er** *n* 人まねをする者. **~·like** *a* [OE *apa*; cf. G *Affe*]
ape[2] *n**《俗》最高, 絶頂, 頂点 (apex); [the, ‹*adv*›]*《俗》とてもよく, 最高に.
apeak /əpí:k/ *adv, pred a*〘海〙《オールなどを》垂直に立てて.
APEC /éɪpèk/ Asia-Pacific Economic Cooperation アジア太平洋経済協力《アジア太平洋地域の持続的発展のための地域協力の枠組み; 1989 年発足, 2010 年現在 21 か国·地域が参加》.
aped /éɪpt/ *a**《俗》酔った (drunk).
ápe hàngers *pl*《俗》《自転車·バイクの》高い変形ハンドル, カマキリ, チョッパー.
apei·ron /əpáɪràn, əpéɪ-/ *n* (*pl* **-ra** /-rə, -rà:/)〘哲〙アペイロン《Anaximander が世界の根源にある実在としたなんらの規定ももたぬ無限者》. [Gk=endless]
Apel·doorn /ǽpəldɔ̀:rn/ アーペルドールン《オランダ中東部の町; 近くに王家の夏の離宮がある》.
Apel·les /əpéliz/ アペレス《前 4 世紀のギリシアの画家》.
ápe-màn /, -mən/ *n*〘人〙猿人《ホモサピエンスとヒトニザルとの中間のピテカントロプス·シナントロプスなど》.
Ap·en·nines /ǽpənàɪnz/ [the] アペニノ[アペニン]山脈《イタリア半島を縦走する》. ♦ **Áp·en·nine** *a* アペニノ[アペニン]山脈の.
apep·sy /əpépsi/ *n*〘医〙消化不良.
aper·çu /æ̀pərsú:; *F* apɛrsy/ *n* 直感, 洞察;《書物·論文の》梗概, 大要. [F=perceived]
ape·ri·ent /əpíəriənt/ *a* 穏やかに通じをつける. ► *n* 軟下薬, 緩下剤. [L *aperio* to open]
apè·ri·ód·ic /èɪ-/ *a* 非[無]周期的な, 不規則な;〘暗号〙非反復性の;〘理〙非周期的な, 非振動の. ♦ **-i·cal·ly** *adv* **apè·ri·o·díc·i·ty** *n*
apér·i·tif, aper- /ə:pèrətí:f, *ɑ:-/ *n* アペリティフ, 食前酒. [F <L (*aperio* to open)]
aper·i·tive /əpérətɪv/ *a* APERIENT; 食欲を刺激する. ► *n* APERIENT; 食欲促進薬, APÉRITIF.
ap·er·ture /ǽpərtʃər, -tʃʊ̀ər, -t(j)ʊ̀ər/ *n* 開口部, 孔, 隙間, 口;《カメラ·映写機などの》窓, 開口,《レンズ·反射鏡の》(有効)口径. ♦ **~d** *a* [L; ⇨ APERIENT]
áperture càrd〘電算〙アパーチャーカード《穿孔カードの一部を切って窓にし, マイクロフィルムを付けるようになっているもの》.
áperture-priòrity, -prefèrred *a*〘写〙絞り優先の《絞りを設定するとシャッタースピードが自動的に決まるシステム; cf. SHUTTER-PRIORITY》.
áperture ràtio RELATIVE APERTURE.
áperture sỳnthesis〘天〙《電波望遠鏡の》開口合成《複数の小アンテナの受信信号を合成して大口径アンテナを用いた場合と同じ分解能を得る技術》.
aper·tu·ris·mo /ɑ:pèərturí:smoʊ/ *n*《Franco 以後のスペインの

共産圏諸国に対する》鎖国政策の緩和. [Sp]

ap·ery /éɪpəri/ *n* 人まね, 猿まね; 軽率なふるまい, 愚行; おもしろ半分のいたずら; 《動物園の》猿山, 猿小屋.

ápe·shìt *a* 《卑》狂って, 夢中になって, 取りつかれて (ape). ● **go ～**=《卑》go APE[1].

apét·al·ous /eɪ-/ *a* 〔植〕花弁のない, 無弁の. ♦ **apet·aly** /eɪpét(ə)li/ *n*

à peu près /*F* a pœ prɛ/ *adv* ほとんど, だいたい.

apex /éɪpèks/ *n* (*pl* **～·es, api·ces** /éɪpəsìːz, ǽp-/) 《三角形・円錐形・山・葉などの》頂点, 頂上, 頂端, 頂部; 《肺・心臓などの》頂, 尖; 絶頂, 極致; *《鉱脈の》露出部, 頂(ᵗᵒᵖ); 〔天〕向点. ► *vi* 頂点に達する. [L=peak, tip]

APEX, Apex /éɪpèks/ 〔英〕Advance Purchase Excursion 《航空運賃・長距離鉄道運賃の事前購入割引制》.

Ápex Clùb 〔豪〕エーペックスクラブ《医療・福祉・教育などに関するコミュニティーサービスを行なう組織》. ♦ **Apex·ian** /eɪpéksiən/ *n, a*

ap·fel·stru·del /ǽpf(ə)lstrùːdəl/ *n* リンゴのシュトルーデル (⇨ STRUDEL). [G]

Áp·gar scòre /ǽpgɑ̀ːr-/ アプガール採点法[スコア]《新生児の色・心拍数・反射感応性・筋緊張度・呼吸努力の各項目に対する評価を 0, 1, 2 の指数で示したもの》. [Virginia *Apgar* (1909–74) 米国の麻酔学者]

aph- /æf/ ⇨ APO-.

aphaer·e·sis /əférəsəs, əfíər-/ *n* (*pl* **-ses** /-sìːz/) 〔言〕語頭音消失 《例: 'tis, 'neath; cf. APOCOPE, SYNCOPE》. ♦ **aph·ae·ret·ic** /æ̀fərétɪk/ *a* [L<Gk]

apha·gia /əféɪʤiə/ *n* 〔医〕嚥下(えんげ)不能(症).

apha·kia /əféɪkiə, æ-/ *n* 〔眼〕無水晶体(症).

aph·a·nite /ǽfənàɪt/ *n* 〔岩石〕非顕晶質岩, 密岩. ♦ **àph·a·nít·ic** /-nít-/ *a*

apha·sia /əféɪʒ(i)ə; -ziə/ *n* 〔医〕失語(症). ♦ **apha·sic** /əféɪzɪk/ *a, n* 失語症の(患者). [L<Gk (A-[2] *phatos* speechless)]

apha·si·ol·o·gy /əfèɪziɑ́lədʒi/ *n* 失語症学. ♦ **-gist** *n*

aphe·lan·dra /æ̀fəlǽndrə/ *n* 〔植〕アフェランドラ《熱帯アメリカ原産キツネノマゴ科キンヨウボク[アフェランドラ]属 (*A-*) の植物; 葉・花の観賞用に栽培される》.

aph·e·li·on /æfíːljən, æph-/ *n* (*pl* **-lia** /-ljə/) 〔天〕遠日点 (opp. *perihelion*). [L<Gk (APO-, *hēlios* sun)]

aphe·li·ot·ro·pism /æfìːliɑ́trəpìz(ə)m, æphìː-/ *n* 〔植〕背光性 (cf. HELIOTROPISM). ♦ **aphè·lio·tróp·ic** /-trɑ́p-/ *a* **-i·cal·ly** *adv*

aphe·re·sis /æ̀fəríːsəs/ **1** アフェレーシス《血漿・白血球・血小板などの一部を取り除き, 残りを再びドナーに輸注する手順》. **2** APHAERESIS.

aph·e·sis /ǽfəsəs/ *n* (*pl* **-ses** /-sìːz/) 〔言〕頭母音消失; APHAERESIS.

aphet·ic /əfétɪk/ *a* 〔言〕語頭母音[頭音]消失の[による]: 'Lone' is an ～ form of 'alone'. ♦ **-i·cal·ly** *adv*

aphi·cide /éɪfəsàɪd/ *n* アリマキ用殺虫剤.

aphid /éɪfəd, ǽf-/ *n* 〔昆〕アリマキ, アブラムシ (=*plant louse*) 《アリマキ科の昆虫の総称》. ♦ **aphid·i·an** /əfídiən/ *a, n* [逆成<*aphides*; ⇨ APHIS]

áphid lìon APHIS LION.

aphis /éɪfəs, ǽfəs/ *n* (*pl* **aphi·des** /éɪfədìːz, ǽf-/) 〔昆〕APHID, 《特に》ワタアブラムシ. [NL; Linnaeus の造語]

áphis lìon 〔昆〕クサカゲロウ・テントウムシ・ショクガバエなどの幼虫《アブラムシの天敵として農業上の重要な益虫》.

aph·o·late /ǽfəlèɪt/ *n* 〔化〕アフォレート《イエバエ用の化学不妊薬》.

apho·nia /eɪfóuniə; ə-/, **-ny** /ǽfəni/ *n* 〔医〕失声(症).

aphon·ic /eɪfɑ́nɪk, -fóu-; ə-/ *a* 〔医〕失声症の; 〔音〕無声化した, 無声の.

aph·o·rism /ǽfərìz(ə)m/ *n* アフォリズム, 警句, 金言, 格言. ♦ **àph·o·rís·mic** *a* APHORISTIC. **áph·o·rist** *n* 警句家, 金言[格言]作者. **àph·o·rís·tic** *a* 警句的な, 金言的な, 格言体の. **-ti·cal·ly** *adv* [F or L<Gk *aphorismos* definition (*horos* boundary)]

aph·o·rize /ǽfəràɪz/ *vi* 警句[格言体]を用いる.

apho·tic /eɪfóutɪk, ‖əfɔ́t-/ *a* 光を欠く, 無光の; 《大洋の》無光層の; 光なしで生長する: an ～ plant.

aph·ox·ide /æfɑ́ksàɪd/ *n* TEPA.

aph·ro·di·sia /æ̀frədíʒ(i)ə, -ziə/ *n* 《激しい》性欲, 情欲, 淫欲.

aph·ro·dis·i·ac /æ̀frədíːziæ̀k, -díz-/ *a* 情欲[性欲]を起こさせる, 催淫(性)の. ► *n* 性欲促進薬, 催淫剤[薬], 媚薬; 興奮させるもの. ♦ **-di·si·a·cal** /-dəzáɪək(ə)l/ *a* [Gk (↓)]

Aph·ro·di·te /æ̀frədáɪti/ **1** 〔ギ神〕アプロディーテー《愛と美の女神; ローマの Venus に当たる》. **2** [°a-] 〔昆〕《米国の》ヒョウモンチョウの一種. [Gk=foam-born]

aph·tha /ǽfθə/ *n* (*pl* **-thae** /-θìː/) 〔医〕アフタ《口腔・咽頭・喉頭の粘膜面に生じる(灰)白色の斑点》. ♦ **áph·thous** *a* [L<Gk=mouth sore]

aphyl·lous /eɪfíləs, ə-/ *a* 〔植〕無葉性の, 葉のない.

aphyl·ly /éɪfɪli, əfíli/ *n* 〔植〕無葉性, 無葉(状態).

API American Petroleum Institute アメリカ石油協会 ♦ 〔電算〕application program [programming] interface アプリケーションプログラム[プログラミング]インターフェース《特定の OS で走るアプリケーションプログラムを統一的ユーザーインターフェースを備えたものとして構築することを可能にする一連のツール・ルーチン類》.

Apia /əpíːə, ǽpiə/ アピア《サモアの首都・港町; Upolu 島にある》.

api·a·ceous /æ̀piéɪʃəs/ *a* 〔植〕UMBELLIFEROUS.

api·an /éɪpiən/ *a* ミツバチの.

api·ar·i·an /èɪpiέəriən/ *a* ミツバチの; 養蜂の.

api·a·rist /éɪpiərɪst, *-piɛ̀r-/ *n* 養蜂家 (beekeeper).

api·ary /éɪpièri; -əri/ *n* ミツバチ飼養場, 養蜂所. [L (*apis* bee)]

ap·i·cal /ǽpɪk(ə)l, éɪ-/ *a* 頂点の, 頂上の, 先端の; 〔音〕舌先の, 舌先を用いる. ► *n* 〔音〕舌先音. ♦ **～·ly** *adv* [APEX]

ápical dóminance 〔植〕頂部[頂芽]優性.

ápical méristem 〔植〕頂端分裂組織.

apices *n* APEX の複数形.

àpico·alvéolar *a* 〔音〕舌先を歯茎に近づけて[接触させて]調音する. ► *n* 舌先歯茎音.

àpico·déntal 〔音〕*a* 舌先を上の前歯につけて調音する. ► *n* 舌先歯音.

apic·u·late /əpíkjələt, -lèɪt, eɪ-/ *a* 〔植〕〈葉など〉頂端が急に短くとがった, 小尖頭の.

ápi·cùlture /éɪpə-/ *n* 《大規模な》養蜂. ♦ **àpi·cúltural** *a* **àpi·cúlturist** *n* 養蜂家[業者]. [*agriculture* にならって L *apis* bee より]

apiece /əpíːs/ *adv* ひとりひとり[ひとつひとつ]に対して, それぞれに: give five dollars ～ ひとり 5 ドルずつ与える. [*a*[2] PIECE]

à pied /*F* a pje/ *adv* 歩いて, 徒歩で. [F=on foot]

Ap·i·e·zon /æ̀piéɪzɑ̀n/ 〔商標〕アピエゾン《真空工業で用いるきわめて蒸気圧の低い油製品》.

API (gravity) scale /èɪpìːáɪ (—́—) —́—/ API 比重度《アメリカ石油協会 (American Petroleum Institute) の液体比重の測定単位》.

api·ol·o·gy /èɪpiɑ́lədʒi/ *n* ミツバチ研究, 養蜂学.

Apis /éɪpəs, ɑ́ː-/ 〔エジプト神話〕アピス《Memphis で崇拝された聖牛》. [L<Gk<Egypt]

ap·ish /éɪpɪʃ/ *a* サル (ape) のような; 猿まねをしたがる; きわめて愚かな; ひどく気取った; いたずらの好きな. ♦ **～·ly** *adv* **～·ness** *n*

apiv·o·rous /eɪpívərəs/ *a* 〔動〕〈鳥など〉ミツバチを食べる.

APL /éɪpìːél/ 〔電算〕APL 《算術・論理演算の簡潔な記述を目的に考案されたプログラミング言語; 配列を対象とする演算に特に適する》. [*a programming language*]

apla·cén·tal /èɪ-, æ̀-/ *a* 〔動〕無胎盤の.

ap·la·nat /ǽplənæ̀t/ *n* 〔光〕不遊レンズ, アプラナート《球面収差を除いたレンズ》.

ap·la·nat·ic /æ̀plənǽtɪk/ *a* 〔光〕〈レンズが〉球面収差を除いた, 無球面収差の, 不遊の.

apla·net·ic /èɪplənétɪk/ *a* 〔植〕〈胞子が〉非運動性の, 不動の.

apláno·spòre /eɪplǽnə-/ *n* 〔植〕不動胞子.

apla·sia /əpléɪʒ(i)ə, eɪ-/ *n* 〔医〕《臓器・組織の》形成[発育]不全(症), 無形成(症).

aplás·tic /eɪ-/ *a* 塑性(そせい)のない; 生長[発展]も変化もしない; 〔医〕形成不能(性)の, 無形成(性)の.

aplástic anémia 〔医〕無形成貧血, 再生不能性[不良性]貧血.

aplén·ty /ə-/ *adv* たくさん, ひどく. ► *a* [後置] たくさんの: I have troubles ～. 苦労はどっさりある. ► *n* 豊富.

ap·lite /ǽplàɪt/ *n* 〔岩石〕アプライト《主に石英と長石からなる》. ♦ **ap·lit·ic** /æplítɪk/ *a* [G (Gk *haploos* simple)]

aplomb /əplɑ́m, *-lʌ́m/ *n* 沈着, 冷静, 自信; 鉛直: with ～ 落ちつきはらって. [F *à plomb* (perpendicularity) by plummet]

ap·nea | -noea /ǽpniə, æpníːə/ *n* 〔医〕無呼吸《一時的な呼吸停止》; SLEEP APNEA; ASPHYXIA. ♦ **ap·n(o)e·ic** /æpníːɪk/ *a*

ap·neu·sis /æpn(j)úːsəs/ *n* (*pl* **-ses** /-sìːz/) 〔医〕持続性吸息, アプネウシス《脳橋上部の切断の結果起きる呼吸の異常な形態で, 長く続く吸息と短い呼息からなる》. [NL<Gk (*pneusis* breathing)]

ap·neus·tic /æpn(j)úːstɪk/ *a* 〔昆〕無気門型の《水生昆虫の幼虫などで気門のない》; 〔医〕持続性吸息 (apneusis) の[にかかわる], アプネウシス状態にある.

apo /ǽpou/ *n* (*pl* **～s**) APOLIPOPROTEIN.

Apo /ɑ́ːpou/ [Mount] アポ山《フィリピンの Mindanao 島南東部にある同国最高の山 (2954 m); 活火山》.

apo- /ǽpou, ǽpə/, **ap-** /ǽp/, **aph-** /ǽf/ *pref* 「…から離れて」「分離した」「〔化〕…から生成した, …と関係する」 [Gk=from, away, un-, quite]

APO 〔米〕Army Post Office 軍郵便局 (cf. FPO).

àpo·ápsis *n* 〔天〕軌道遠点《引力の中心からの距離が最大の軌道極点; opp. *periapsis*》.

Apoc. Apocalypse ♦ Apocrypha ♦ Apocryphal.

apoc·a·lypse /əpɑ́kəlìps/ *n* 黙示(もくじ)録《200 B.C. から A.D. 150 ごろまでの間に偽名の作者によって記されたユダヤ教・キリスト教の各種黙

示文書; 究極的な悪の破滅と神の国の出現による善の勝利を説く); [the A-]〘聖〙ヨハネの黙示録 (the Revelation); (黙示文学における) 黙示, 啓示, 天啓; 大惨事, 破局; ARMAGEDDON. [OF, <Gk (*apokaluptō* to uncover)]

apoc·a·lyp·tic /əpɑ̀kəlíptɪk/, **-ti·cal** *a* 黙示(録)の; 黙示録的な; [°*derog*] 大惨事の到来[発生]を言い触らす; この世の終わりの, 終末論的な; 大混乱の; 一大決戦の. ♦ **-ti·cal·ly** *adv*

apoc·a·lyp·ti·cism /əpɑ̀kəlíptəsìz(ə)m/, **-lyp·tism** /əpɑ́kəlìptìz(ə)m/ *n* 黙示録的世界の到来に対する期待; 〘神学〙(ヨハネの黙示録に基づく) 至福一千年説.

apòc·a·lýp·ti·cist, -lýp·ti·cian /-təʃ(ə)n/ *n* 黙示録的世界の到来を予言する人, 終末の切迫を唱える人.

apoc·a·lyp·tist /əpɑ́kəlìptɪst/ *n* 黙示録の作者.

ápo·càrp *n* 〘植〙離心皮子房, 離生子房.

àpo·cárpous *a* 〘植〙心皮の離れている, 離生(心皮)の (opp. *syncarpous*). ♦ **ápo·càrpy** *n*

ápo·cènter *n* 〘天〙遠点 (引力の中心から最も遠い軌道上の一点).

apo·chro·mat /ǽpəkroumæ̀t, ⌣⌣⌣/ *n* 〘光〙アポクロマート (色収差および球面収差を補正したレンズ).

àpo·chromátic *a* 〘光〙色収差および球面収差を除いた, アポクロマートの.

apoc·o·pate /əpɑ́kəpèɪt/ *vt* 〘言〙〈語〉の語尾文字[音節]を削る. ♦ **apòc·o·pá·tion** *n*

apoc·o·pe /əpɑ́kəpi/ *n* 〘言〙語尾音消失 (cf. APHAERESIS, SYNCOPE). [L<Gk APO-(*kopē* < *koptō* to cut)]

Apocr. Apocrypha.

apo·crine /ǽpəkrən, -kràɪn, -krì:n/ *a* 〘生理〙離出分泌の (cf. ECCRINE); アポクリン腺が分泌する.

ápocrine glànd 〘解〙離出分泌腺, アポクリン腺.

Apoc·ry·pha /əpɑ́krəfə/ *n* **1** [the, 〈*sg/pl*〉] アポクリファ, 聖書外典(がいてん), 経外(けいがい)書 (**1**) 七十人訳 (Septuagint) とウルガタ (Vulgate) には含まれているがヘブライ語聖書にはなく, 正典性を欠くものとしてプロテスタントが旧約聖書から除いた「旧約聖書外典[続篇]」14 篇 (カトリックでは第二正典 (deuterocanonical books) ともいう); また「新約聖書外典」**2**) カトリックでは正典と第二正典以外の諸篇をさし, 普通にいう pseudepigrapha も含む; 略 Apocr.). **2** [a-] 出所の疑わしい文書. [L *apocrypha* (*scripta*) hidden (writings)<Gk (*kruptō* to hide)]

apóc·ry·phal *a* **1** [°A-] APOCRYPHA の (ような). **2** (広く流布しているが) 出所の疑わしい, 真偽が定かでない; 偽作の. ♦ **~·ly** *adv* **~·ness** *n*

apoc·y·na·ceous /əpɑ̀sənéɪʃəs/ *a* 〘植〙キョウチクトウ科 (Apocynaceae) の.

apo·cyn·thi·on /æ̀pəsínθiən/ *n* 〘天〙APOLUNE.

ap·od /ǽpəd/ *n* 〘動〙無足動物 (ナマコ類またはウナギ類), 無脚動物 (甲殻類), 蛇形動物 (両生類); 腹びれのない魚. ► *a* APODAL.

ap·o·dal /ǽpədl/, **-dous** /-dəs/, **-dan** /-d(ə)n/ 〘動〙*a* 無足の, 無脚の, 蛇形の; 腹びれのない; 無肢型(むしがた)の〈幼虫〉; 無足[無脚]類 (Apoda, Apodes) の. [Gk *apod- apous* without foot]

apo·dic·tic /æ̀pədíktɪk/, **-deic-** /-dáɪk-/ *a* 〘論〙必然的な; 明確に証明できる: ~ judgment 必然判断. ♦ **-ti·cal·ly** *adv*

ap·o·di·za·tion /æ̀pədəzéɪʃ(ə)n; -dàɪ-/ *n* 〘光・電子工〙アポディゼーション (隣接する像[濾波帯域など]の重なりを制御する一方法).

apod·o·sis /əpɑ́dəsəs/ *n* (*pl* **-ses** /-sì:z/) 〘文法〙条件文の帰結, 結句 (例: If I could, I would. の *I would*; cf. PROTASIS).

apodous ⇨ APODAL.

àpo·énzyme *n* 〘生化〙アポ酵素 (非タンパク質部分・補酵素などに対して, 複合酵素のタンパク質部分).

apog·a·my /əpɑ́gəmi/ *n* 〘植〙無配生殖 (配偶体の卵細胞以外の細胞が発達して胞子体を生じること). ♦ **apóg·a·mous** /-məs/, **ap·o·gam·ic** /æ̀pəgǽmɪk/ *a*

apo·gee /ǽpəʤì:/ *n* 〘天〙遠地点 (月や人工衛星が軌道上で地球から最も遠ざかる位置; opp. *perigee*); 最高点, 頂点, 絶頂. ♦ **àp·o·gé·an, -gé·al** *a* [F or L<Gk=away from earth (*gē* earth)]

àpo·geótropism *n* 〘植〙背地性 (opp. *geotropism*).

apo·graph /ǽpəgræ̀f; -grɑ̀:f/ *n* (*pl* **apog·ra·pha** /əpɑ́grəfə/) 写し, 写本. [L<Gk]

à point /*F* a pwɛ̃/ ちょうどよく, (料理で) 適度に.

apó·lar /eɪ-/ *a* 無極の.

ap·o·laus·tic /æ̀pəlɔ́:stɪk/ *a* 享楽的な.

àpo·lìpo·prótein *n* 〘生化〙アポリポタンパク質 (脂肪成分と結合してリポタンパク質を形成するタンパク質成分).

apo·lít·i·cal /èɪpəlítək(ə)l/ *a* 政治に掛かり合わない[無関心の], 政治嫌いな, ノンポリの; 特定政党に関係しない; 政治的意義のない. ♦ **~·ly** *adv* **àpo·lít·i·cism** /-sìz(ə)m/ *n*

Apol·li·naire /*F* apɔlinɛ:r/ アポリネール **Guillaume ~** (1880–1918) (フランスの詩人; シュルレアリスムの先駆者; 本名 Wilhelm Apollinaris de Kostrowitzki).

Apol·li·nar·is /əpɑ̀lənéərəs/ *n* アポリナリス水 (炭酸水). [*Apollinarisburg* ドイツ西部 Bonn の南の地名]

Ap·ol·lin·i·an /æ̀pəlíniən/ *a* APOLLONIAN.

Apol·lo /əpɑ́lou/ (*pl* **~s**) **1 a** 〘ギ神・ロ神〙アポローン, アポロ (太陽神; 詩歌・音楽・予言などをつかさどる; cf. HELIOS, SOL). **b** «詩» 太陽; [°a-] (若い) 非常な美男子. **2** 〘天〙アポロ (1932 年に発見された小惑星); アポロ (月着陸計画に用いられた米国の 3 人乗り宇宙船). **3** [a-] 〘昆〙アポロウスバシロチョウ (=**a~ bùtterfly**) (Alps 周辺産). [L<Gk]

Apóllo àsteroid 〘天〙アポロ型小惑星 (地球の軌道の内側にはいる軌道をもつ小惑星).

Apóllo Bélvedere ベルヴェデーレのアポローン (1485 年イタリアの Anzio 付近で発見された Apollo の大理石像; Vatican 宮殿内の Belvedere にあるのでこの名がある).

Ap·ol·lo·ni·an /æ̀pəlóuniən/ *a* アポローン (Apollo) の(ような); 調和的な, 節度のある, 均斉のとれた, アポローン[アポロ]的な (cf. DIONYSIAN).

Ap·ol·lo·ni·us /æ̀pəlóuniəs/ **1** ペルゲのアポロニオス **~ of Pér·ga** /-pɜ́:rgə/ (c. 262–c. 190 B.C.) (ギリシアの数学者; 円錐曲線の研究で知られる). **2** ロードスのアポロニオス **~ of Rhódes** (前 3 世紀のギリシアの叙事詩人; *Argonautica*). **3** テュアナのアポロニオス **~ of Tý·a·na** /táɪənə/ (1 世紀のギリシアの新ピュタゴラス学派の哲学者).

Apóllo prògram [the] アポロ計画 (人を月に送る米国の宇宙計画; 月着陸に 6 回成功し, 1972 年に終了).

Apol·lyon /əpɑ́ljən, -liən/ **1** 〘聖〙アポルオン (ギリシア語で底なし穴の魔王; ヘブライ語では Abaddon; *Rev* 9:11). **2** (Bunyan, *Pilgrim's Progress* の) 悪霊. [L<Gk=destroyer]

apol·o·get·ic /əpɑ̀ləʤétɪk/ *a* 擁護の, 弁護の; 弁解の; 謝罪の; 弁解がましい. ► *n* (多くは文書での) 正式な擁護[弁護, 弁明, 弁証] 〈*for*〉; APOLOGETICS. ♦ **-gét·i·cal** *a* «古» APOLOGETIC. **-i·cal·ly** *adv* [F, <Gk; ⇨ APOLOGY]

apòl·o·gét·ics *n* [〈*sg/pl*〉] 組織的な擁護論[弁護論]; 〘神学〙(キリスト教)護教学, 弁証学[論].

ap·o·lo·gia /æ̀pəlóuʤ(i)ə/ *n* (*pl* **~s, -gi·ae** /-ʤiì:/) 弁明(書), 弁護, 擁護 〈*for, of*〉. [L<Gk; ⇨ APOLOGY]

apol·o·gist /əpɑ́ləʤɪst/ *n* 擁護[弁護, 弁明, 弁証]する人, [°*derog*] 言いわけがましい人 〈*for*〉; (キリスト教の) 護教家, 弁証家.

apol·o·gize /əpɑ́ləʤàɪz/ *vi* わびる, 謝る, 謝罪[陳謝]する 〈*to* sb *for* the fault〉; 擁護[弁護]する, 弁解する, 言いわけをする. ♦ **-gìz·er** *n*

ap·o·logue /ǽpəlɔ̀(:)g, -lɑ̀g/ *n* 寓話形式の教訓談.

apol·o·gy /əpɑ́ləʤi/ *n* **1** 謝罪, (お)わび; [°*pl*] 欠席[不参加]の連絡: a written ~ わび状 / make an [one's] ~ [*apologies*] *for*…のわびを言う / owe sb an ~ 人におわびをしなければならない / My (sincere [deepest, humble, etc.]) *apologies* if…. «文» …でしたらおわび申し上げます / accept an [sb's] ~ [*apologies*] *for*…のわびを入れる / *A*~ accepted [not accepted]. (謝罪に対して) 許しましょう[許しません] / With *apologies* for troubling you. まずは面倒ながらよろしく. **2** 弁解, 言いわけ 〈*for*〉; (口頭・文書による) 正式な擁護[弁護, 弁明, 弁証]; [A-]『ソクラテスの弁明』(=**A~ of Sócrates**) (Plato の著作; 師 Socrates が処刑される前に法廷で行なったとされる弁論を記したもの). **3** 申しわけ程度のもの, 間に合わせ 〈*for*〉: an ~ *for* a portrait 肖像画とは名ばかりのもの. ● **in ~ for**…のおわびに; …を擁護して. [F or L<Gk *apologia* (APOlogeomai to speak in defense)]

apo·lune /ǽpəlù:n/ *n* 〘天〙遠月点 (月を回る人工衛星などの軌道上で, 月から最も遠い点; opp. *perilune*).

apo·mict /ǽpəmɪkt/ *n* 〘生〙アポミクト (apomixis により成立した新個体; アポミクシスによって新個体を生じる個体). ♦ **àpo·míc·tic** *a* **-ti·cal·ly** *adv*

apo·mix·is /æ̀pəmíksəs/ *n* (*pl* **-mix·es** /-míksì:z/) 〘生〙無配偶生殖, アポミクシス (単為生殖およびエンドミクシス, さらに無配生殖・無胞子生殖を含む; opp. *amphimixis*).

àpo·mórphine *n* 〘薬〙アポモルヒネ (強力な催吐[去痰]薬).

àpo·neurósis *n* 〘解〙腱膜. ♦ **-neurótic** *a*

ap·o·pemp·tic /æ̀pəpémptɪk/ *a* «古» 別れ去る人のために歌う[述べる], 告別の. [Gk=concerning dismissal]

apoph·a·sis /əpɑ́fəsəs/ *n* (*pl* **-ses** /-sì:z/) 〘修〙アポファシス, 陽否陰述 (表面はある事実を否定しながら実はそれを言う[行なう]こと; 例 We will not remind you of his many crimes.).

ap·o·phat·ic /æ̀pəfǽtɪk/ *a* APOPHASIS の; 〘神学〙〈神を知ることが〉否定法による (神は知りえない, ことばで表わしえない, とすることによって神に近づこう[神の超絶性を主張しよう]とする行き方; opp. *cataphatic*).

apoph·o·ny /əpɑ́fəni, æ-/ *n* 〘言〙母音交替, 母音転換 (ablaut). ♦ **ap·o·phon·ic** /æ̀pəfɑ́nɪk/ *a*

apophthegm etc. ⇨ APOTHEGM etc.

apoph·y·ge /əpɑ́fəʤi:/ *n* 〘建〙(ドーリス式柱頭の下の, またはイオニア式・コリント式柱礎の) 開き, 根広(ねひろ).

apo·phyl·lite /əpɑ́fəlàɪt, æ̀pəfílàɪt/ *n* 〘鉱〙魚眼石.

apoph·y·sis /əpɑ́fəsəs/ *n* (*pl* **-ses** /-sì:z/) 〘解〙骨端, 骨突起, アポフィーゼ; (菌類の) 隆起; 〘地質〙岩枝. ♦ **apoph·y·se·al** /əpɑ̀fəsí:əl/, **apo·phys·i·al** /æ̀pəfíziəl/ *a*

ápo·plàst *n* 〘植〙アポプラスト (植物体の細胞膜外の部分).

ap·o·plec·tic /æ̀pəpléktɪk/ *a* 卒中(性)の; 卒中を起こさせる; 卒

A

中を起こしやすい;〈人が〉卒中を起こさんばかりの, 非常に興奮した;〈怒りなど〉激しい: an ~ fit 卒中の発作 / be ~ with rage かんかんになって[激昂して]いる. ► *n* 卒中に襲われた人; 卒中を起こしそうな人. ♦ **-ti·cal** *a* **-ti·cal·ly** *adv* [F or L (↓)]

ap·o·plexy /ǽpəplèksi/ *n* 〖医〗《古風》卒中(発作) (stroke);《口》激怒: cerebral ~ 脳卒中 / heat ~《古》熱卒中 (heatstroke) / be seized with ~=have a fit of ~=have a stroke (of ~) 卒中に襲われる. [OF<L<Gk (*apo-* completely, *plēssō* to strike)]

àpo·prótein *n* 〖生化〗アポタンパク質《複合タンパク質のタンパク質部分》.

ap·o·pto·sis /æ̀pə(p)tóusəs/ *n* 〖生理〗《細胞の》枯死, 細胞消滅, アポ(プ)トーシス《プログラムされた細胞死》. ♦ **ap·o·pto·tic** /æ̀pə(p)tátɪk/ *a*

ap·o·ret·ic /æ̀pərétɪk/ *a* 懐疑的な (skeptic).

apo·ria /əpɔ́ːriə/ *n* (*pl* ~**s**, **-ri·ae** /-riìː/) 当惑, 疑惑, 疑念;〖哲·論〗アポリア《同一の問題に対して相反する 2 つの合理的な解答[意見]が存在すること》. [L=perplexity]

apórt /ə-/ *adv* 〖海〗左舷に: Hard ~! 取舵いっぱい!

apo·se·le·ne /æ̀pousəlíːni/ *n* APOLUNE.

apo·se·le·ni·um /æ̀pəsəlíːniəm/ *n* APOLUNE.

àpo·semátic *a* 〖動〗〈体色が〉外敵に警戒心を起こさせる, 警戒[警告]色の: ~ coloration 警戒色. ♦ **-i·cal·ly** *adv* **-se·ma·tism** /-síːmətìz(ə)m/ *n* 《警告色などによる》警告誇示.

apo·si·o·pe·sis /æ̀pəsàɪəpíːsəs/ *n* (*pl* **-ses** /-sìːz/) 〖修〗頓絶法《文を中途でやめること; 例 If we should fail —》. ♦ **àpo·sì·o·pét·ic** /-pét-/ *a* [L<Gk (*siōpaō* to keep silent)]

ápo·spòry *n* 〖植〗《菌類の》無胞子生殖. ♦ **ápo·spòrous** /, əpáspərəs/ *a*

apos·ta·sy /əpástəsi/ *n* 背教, 棄教; 変節; 脱党, 離党. [L<Gk=defection (*stat-* to stand)]

apos·tate /əpástèɪt, -tət/ *n* 背教者, 棄教者; 変節者, 転向者, 脱党者. ► *a* 背教[棄教]した; 背教[棄教]の罪を犯した; 背教の(ような); 変節的な, 節操のない. ♦ **ap·o·stat·ical** /æ̀pəstǽtɪk(ə)l/ *a* [OF or L=deserter<Gk (↑)]

apos·ta·tize /əpástətàɪz/ *vi* 信仰を捨てる, 棄教する〈*from* one's faith〉; 変節する, 転向する, 脱党する〈*from* a party *to* another〉.

a pos·ter·i·o·ri /àː poustɪ̀əriɔ́ːri, -tɛ̀r-, èɪ pɑstɪ̀əriɔ́ːràɪ/ *adv, a* (opp. *a priori*) 後天的に[の]; 経験[観察]に基づいて[た]; 帰納的に[な]. [L=from what is after]

apos·til(le) /əpástəl/ *n*《古》傍注 (annotation).

apos·tle /əpás(ə)l/ *n* 使者; [the A-] 使徒《全世界に福音を説く者としてキリストが遣わした十二弟子, および Paul の称》;《ある地方の》最初のキリスト教伝道者; 初期キリスト教伝道団の宣教師; 開祖;《主義などの》主唱者, 熱心な信奉者;《一部の教派の》最高の聖職者;〖モルモン教〗総務委員《12 人の委員が布教事業を管理する》. ★ 十二使徒: 初めは Andrew, Bartholomew, James (Alphaeus の子), James と John (ともに Zebedee の子), Jude, Judas Iscariot, Matthew, Philip, Simon the Canaanite, Simon (Peter と呼ばれた), Thomas. Paul は初めの 12 人に含まれなかった. Judas には Matthias が代わった. ♦ **~·shìp** *n* apostle の 身分[職], 使徒性. [OE *apostol*<L<Gk=messenger]

apóstle bìrd 《豪》〖鳥〗**a** オーストラリアマルハシ (gray-crowned babbler). **b** ハイイロツチスドリ.

Apóstle of Íreland [the] アイルランドの使徒《Saint PATRICK の異名》.

Apóstle of the Énglish [the] イングランドの使徒《Saint AUGUSTINE の異名》.

Apóstles' Créed [the]〖キ教〗使徒信条, 使徒信経《使徒たちが教え定めたものとされる信仰告白文; 'I believe in God the Father Almighty' で始まる》.

apóstle spòon 使徒スプーン《柄の端が使徒の像になっている銀のスプーン; 昔, 洗礼を受けた幼児に名親から贈られた》.

apos·to·late /əpástəlèɪt, -lət/ *n* APOSTLE の職[任務, 任期, 活動];《APOSTOLIC SEE の首長としての》教皇職[位];《管区における》司教職; 伝道に献身する人びとの集団, 使徒会.

ap·os·tol·ic /æ̀pəstálɪk/, **-i·cal** *a* APOSTLE の; 十二使徒の, 十二使徒の教え[業績, 時代]の; 使徒伝承の; [°A-] ローマ教皇の. ♦ **apos·to·lic·i·ty** /əpɑ̀stəlísəti/ *n* 使徒性.

apostólic délegate〖カト〗使徒座代表, 教皇使節《教皇庁と外交関係のない国への教皇の宗教的全権使節》.

Apostólic Fáthers *pl* 使徒(的)教父《1-2 世紀の教父》;《使徒教父たちの著作とされる》使徒教父集.

apostólic sée 使徒の創設した管区 (Jerusalem, Antioch, Rome など); [A- S-]〖カト〗使徒座 (Holy See)《使徒 Saint Peter の創設したものとしてのローマの教皇管区》.

apostólic succéssion 使徒継承《bishop の霊的権威は使徒たちから今日までとぎれることなく受け継がれているというカトリック教会や英国教会の主張》.

apos·tro·phe /əpástrəfi/ *n* **1** アポストロフィ《'; **1**) 省略符号: *can't, ne'er,* '99 (ninety-nine と読む) **2**) 所有格の符号: *boy's, boys', Jesus'* **3**) 複数符号: 文字や数字の場合, two *MP's*, two *l's*, three *7's*》. **2**〖修〗頓呼法《文の中途で急転してその場にいない人または擬人化したものに呼びかけること》. ♦ **ap·os·troph·ic** /æ̀pəstráfɪk/ *a* [L<Gk=turning away]

apos·tro·phize /əpástrəfàɪz/ *vt* **1**〈語を〉文字を略して短くする; …にアポストロフィを付ける. **2**〖修〗頓呼法で呼びかける[話す, 書く]. ► *vi* 頓呼法を用いる (⇨ APOSTROPHE).

apóthecaries' mèasure 薬用液量法《薬剤調合用の液量計量の単位系》.

apóthecaries' wèight 薬用衡量法, 薬用式重量《薬剤調合用の重量計量の単位系; 米国では gallon, pint, fluid ounce, fluidram, minim を含む》.

apoth·e·cary /əpáθəkèri; -k(ə)ri/ *n* 《昔の》薬種屋, 薬剤師 (⇨ DRUGGIST, PHARMACIST);〖英法〗薬剤師《薬剤師協会 (Society of Apothecaries) から認定を受けた人》; 薬店, 薬局 (pharmacy). [OF<L (Gk *apothēkē* storehouse)]

apóthecary jàr 薬剤用広口瓶.

apóthecary mèasure APOTHECARIES' MEASURE.

apóthecary wèight APOTHECARIES' WEIGHT.

apo·the·ci·um /æ̀pəθíːʃiəm, -si-/ *n* (*pl* **-cia** /-ʃiə, -siə/)〖植〗《地衣類·菌類の》子嚢盤, 裸子器. ♦ **-thé·cial** *a*

ap·o·thegm | ap·o·phthegm /ǽpəθèm/ *n* 警句, 格言. ♦ **-theg·mat·ic | -phtheg-** /æ̀pəθɛgmǽtɪk/ *a* 格言[警句]の(ような); 格言[警句]を多用する[した]. **-mát·i·cal** *a* **-i·cal·ly** *adv* [F or L<Gk (APO*phtheggomai* to speak out)]

ap·o·them /ǽpəθɛ̀m/ *n* 〖数〗《正多角形の》辺心距離.

apoth·e·o·sis /əpɑ̀θióusəs, æ̀pəθíːə-/ *n* (*pl* **-ses** /-óusìːz, -θíːəsìːz/)《人の》神格化, アポテオシス;《人·ものの》神聖視, 賛美, 美化;《文》理想的[究極的]な姿[形], 極致, 権化. [L<Gk (*apotheoō* to make a god (*theos*) of)]

apoth·e·o·size /əpáθiəsàɪz, æ̀pəθíːə-/ *vt* 神に祭る, 神格化する; 礼賛[賛美, 理想化, 美化]する.

ap·o·tro·pa·ic /æ̀pətroupéɪɪk/ *a* 悪[凶事, 不幸]を避ける力のある, 厄除けの. ♦ **-i·cal·ly** *adv*

app /ǽp/ *n* 〖電算〗APPLICATION. **app.** apparatus ♦ appendix ♦ appliance ♦ appointed ♦ approved ♦ approximate.

Ap·pa·la·chia /æ̀pəléɪʧ(i)ə, *-lǽʧə, *-léɪʃə/ アパラチア(山脈)地方《特にその山脈南部の地方をいう》.

Àp·pa·lá·chian *n* **1** アパラチア地方人. **2** [the ~s] APPALACHIAN MOUNTAINS. ► *a* アパラチア山脈(地方)の; アパラチア造山運動の《北米古生代のペンシルヴェニア紀後半に始まる, アパラチア山脈を形成した造山運動》.

Appaláchian dúlcimer アパラチアンダルシマー (DULCIMER)《米国の民族楽器》.

Appaláchian Móuntains [the] アパラチア山脈《北米東部の山脈; Catskill, Alleghenies, Blue Ridge, Cumberland などの山系を含む; 最高峰 Mt Mitchell (2037 m)》.

Appaláchian téa 〖植〗アパラチアチャ《北米東部に産するモチノキ属の低木; 葉は開拓時代に茶の代用とした》.

ap·pall | -pal /əpɔ́ːl/ *vt* (**-ll-**) ぞっと[愕然と, 慄然と]させる, 仰天させる (terrify): be *appalled* ぞっとする〈*by* [*at, that*]〉. ► *vi*《廃》弱る, なえる. [OF=to grow PALE[1]; ⇨ AP-[1]]

appáll·ing *a* ぞっと[ぎょっと]するような;《口》ひどい, すさまじい, まずい, へたくそな. ♦ **~·ly** *adv*

Ap·pa·loo·sa /æ̀pəlúːsə/ *n* 〖馬〗アパルーサ種の乗用馬《北米西部産》. [*Palouse* Idaho 州を流れる川]

ap·pa·nage, ap·a·nage /ǽpənɪʤ/ *n* 《君主[立法府]が王室の扶養家族[主な家臣]に与える》資産《土地·金銭·役職など》; 分け前[余得]としての財産[特典, 特権]; 当然の[必然的な]付きもの, 属性, 資質. [F<OF *apaner* to dower (*ad-*, L *panis* bread)]

ap·pa·rat /ǽpəræ̀t, àːpəráːt/ *n* 《政府·政党の》機構, 機関. [Russ=apparatus]

ap·pa·ra·tchik /àːpəráːʧɪk/ *n* (*pl* ~**s**, **-tchi·ki** /-ɪki/)《共産党の》機関員;《上司·組織に盲従する》役人, 官僚. [Russ]

ap·pa·rat·us /æ̀pərǽtəs, *-réɪtəs/ *n* (*pl* ~, ~**·es**) **1** 一組の器具[器械], 装置, 装具(一式);〖生理〗《一連の》器官, 装置: a chemical ~ 化学器械 / a heating ~ 暖房装置 / the digestive [respiratory] ~ 消化[呼吸]器官. **2**《政府などの》機構,《政党·地下運動の》機関, 組織. **3** APPARATUS CRITICUS. [L (*paro* to prepare)]

apparátus crít·i·cus /-krítɪkəs/ 文書批評の研究資料,《聖書写本の》批判的研究の比較書 (critical apparatus)《異文など; 略 app. crit.》. [L]

ap·par·el /əpǽrəl/ *n* *衣服, 衣類 (: women's ~); 衣裳, 服装; 美しいおおい, 飾り, 装い; 僧服の刺繡;〖海〗船の装備用具《帆柱·帆·索具·錨など》. ► *vt*《英では古》(**-l- | -ll-**)〈人〉に衣服を着せる; 飾る, 装う: a person gorgeously ~*ed* 着飾った人. [OF=to prepare (L *par* equal)]

ap·par·ent /əpǽrənt, əpɛ́ər-/ *a* **1** はっきりわかる, 明白な〈*from*〉; 目に明らかな: It must be ~ *to* everybody. それはだれにもわかりきっているはず / ~ *to* the naked eye 肉眼にもはっきり見える / for no ~ reason はっきりした理由もなく, わけもなく. **2** 真実らしい; うわべの, 見かけの: with ~ reluctance 表向きはいやそうに / It is more ~ than real. 見かけだけで実際はそうでもない. **3**《財産・王位などに対して》絶対的[生得的]継承権を有する: HEIR APPARENT. ♦ **~·ness** *n* [OF<L; ⇨ APPEAR]

appárent expánsion〘理〙見かけの膨張《容器中の液体が見かけのうえで示す熱膨張》.

appárent horízon [the]〘天〙視地平, 見かけの地平線 (=*visible horizon*).

appárent·ly *adv* (実際はともかく)見た[聞いた]ところでは(…らしい), どうやら(…らしい); «まれ» 明らかに: *A~* he never got my message. どうやらわたしの伝言は彼に伝わらなかったらしい.

appárent mágnitude〘天〙視等級《見かけの光度》.

appárent mótion [móvement]〘心〙仮現運動《静止状態にある物が運動しているように知覚される現象; 交互に明滅する電球が動いて見えるなど》.

appárent tìme, appárent sólar tìme〘天〙視[真]太陽時《その土地の真太陽の時角で表わした時刻》.

ap·pa·ri·tion /æpəríʃ(ə)n/ *n* 幻影, 幽霊; 異様な人[もの]; 見えてくる[現われる]こと, 出現. ♦ **~·al** *a* まぼろしの(ような). [F or L=attendance; ⇨ APPEAR]

ap·par·i·tor /əpǽrətər/ *n*《古代ローマ法官の》執行吏;《昔の行政官庁・宗教裁判所の》伝達吏, 下役人;〘英大学〙総長権標捧持者 (mace-bearer); 先触れ (herald).

ap·pas·sio·na·to /əpæ̀sjənáːtou/ *adv, a*〘楽〙熱情的に[な], アパッショナートで[の]. [It]

app. crit. °apparatus criticus.

ap·peal /əpíːl/ *n* **1** 懇請, 懇願;《世論・武力などに》訴えること, アピール; 募金活動;《権威者への》訴え, 抗議, アピール;〘法〙上訴《控訴・上告・抗告》;〘法〙上訴請求;〘法〙上訴権;〘法〙上訴事件;〘法〙私訴: make an ~ *for* help 援助を懇請する / lodge [enter] an ~ 上訴する. **2** 人の心を動かす力, 魅力; SEX APPEAL: It has little ~ *for* me. わたしにはおもしろくない / broaden [widen] one's ~ 魅力を広める. ● **make an ~ to**…に訴える; …にうける, …を魅惑[魅了]する. ► *vi* **1 a** 懇請する, 懇願する, 請う〈*to* sb *for* a fund, *to* do〉; 〈法律・世論・人の善意・武力などに〉訴える〈*to*〉; 〈権威者に〉確認を求める, 抗議する, アピールする〈*to*〉;〘法〙上訴する〈*to* a higher court, *against* the judge's decision, *for* a retrial〉: ~ *to* the sword 武力に訴える / ~ *to* the COUNTRY. **b** 注意を喚起する〈*to*〉. **2**〈物事が人心に〉訴える, 気に入る, うける, 興味をそそる〈*to*〉: That idea ~*s to* me. その考えはおもしろい. ► *vt*〘法〙〈事件, 下級審の決定を〉上訴する;〘法〙私訴する;. ♦ **~·able** *a*〘法〙上訴できる. **~·ability** *n* [OF<L AP-[1]*pello* to address]

appéal còurt 上訴裁判所 (appellate court); [the A- C-]〘英〙控訴院 (COURT OF APPEAL).

appéal·ing *a* 興味[好奇心, 欲望]をそそる, 魅力的な〈*to*〉; 訴えるような〈まなざし・声〉. ♦ **~·ly** *adv* 訴えるように.

appéals còurt 上訴裁判所 (appellate court).

ap·pear /əpíər/ *vi* **1** 見えてくる, 現われる; 発生[出現]する, 出る; 出頭[出場, 出演]する〈*as*〉;〘法〙弁護人として出廷する;〈著書など〉出版される: ~ *before* the judge 裁判を受ける, 出廷する / ~ in court 出廷する / ~ *for* sb 人の代わりに出頭[出場, 出演]する; 人の弁護人として出廷する / This expression often ~*s* in newspapers. この表現は新聞でよく見かける. **2** 明白である, はっきりしてくる; 見たところ…だ, …と思われる: make it ~ that…であることを明らかにする / It ~*s* that he is right.=He ~*s* (to be) right. 彼が正しいようだ / There ~*s* to have been an accident. 何か事故があったらしい / strange as it may ~ 不思議に思われるかもしれないが. [OF<L *apparit- appareo* to come in sight]

ap·pear·ance /əpíərəns/ *n* **1 a** [°~s] 外観, うわべ, 見かけ, 外見, 様相, 様子, 体面, 体裁,《人の》風采; [*pl*] 外面的な形勢[状況, 情勢]: put on the ~ of innocence 無邪気らしく見せかける / *A~s* are deceptive. 外観はあてにならない / one's personal ~ 人の容姿 / in ~ 外観上は / Never judge by ~*s*. «諺» 見かけで判断するな / for ~'s sake=for the sake of ~ 体面上 / make a good [fine] ~ 体裁[押し出し]がりっぱだ / give the ~ of…のように見える. **b**《ものの》感覚的印象, 感じ(方). **2** 出現, 発生; 出頭, 出廷; 出演, 出場; 出版, 発刊. **3**《自然の》現象;〘哲〙仮象;〘哲〙現象; «古» まぼろし, 幽霊, 亡霊. ● **enter an ~**〈被告が〉出廷する, 出廷を示す. **keep up [save] ~s** 体面[世間体]をつくろう, 見えを張る. **make an [one's] ~** 顔を出す, 出頭する: *make* one's first ~〈俳優など〉初のお目見えをする, (初めて)世に出る. **put in an [one's] ~**《会合などに》ちょっと顔を出す. **to [from, by] all ~ [~s]** 見たところ, どう見ても: She is *to all* ~(*s*) above fifty. どう見ても 50 過ぎ.

appéarance mòney《スター選手を出場させるためにプロモーターが支払う》出場報酬, 出演料.

appéar·ing* *a* …らしい (looking): a youthful-~ man 若そうに見える人.

ap·pease /əpíːz/ *vt* **1**〈人を〉なだめる;〈争いを〉鎮める;〈怒りや悲しみを〉和らげる;《主義・節操を犠牲にした譲歩によって》〈こわい人・強圧的な国などを〉なだめる, 軟化させる,《節をまげて》〈官憲などに〉譲歩する, …の歓心を買う. **2**〈渇きを〉いやす,〈食欲・好奇心などを〉満たす. ♦ **ap·péas·able** *a* **ap·péas·er** *n* [AF (*ap*-[1], *pais* PEACE)]

appéase·ment *n* 慰撫, 鎮静, 緩和, 充足; 宥和政策.

ap·pel /əpél/ *n*〘フェン〙アペル《**1**) 攻撃の意思表示などに床をドンと踏むこと **2**) 相手の剣の腹を強く払うこと》.

Ap·pel /ǽpəl/ アペル **Karel ~** (1921-2006)《オランダの抽象表現主義の画家》.

ap·pel·lant /əpélənt/ *a*〘法〙上訴の. ► *n* 訴える人;〘法〙上訴人 (opp. *appellee*). [F; ⇨ APPEAL]

ap·pel·late /əpélət/ *a* 上訴の, 上訴を審理する権限のある. [L; ⇨ APPEAL]

appéllate cóurt 上訴裁判所《控訴裁判所・上告裁判所・抗告裁判所; cf. TRIAL COURT》.

ap·pel·la·tion /æpəléɪʃ(ə)n/ *n* 名称, 呼称, 称号;《ワインなどの》原産地(呼称) (⇨ APPELLATION D'ORIGINE CONTRÔLÉE); «古» 命名. [OF<L; ⇨ APPEAL]

ap·pel·la·tion (d'ori·gine) con·trô·lée /*F* apɛlasjɔ̃ (dɔriʒin) kɔ̃trole/ 原産地統制呼称《フランスのワイン法によって一定の条件を備えた国産の最上級ワインについて使用が許可される原産地呼称; 略 AC, AOC》. [F=controlled name (of origin)]

ap·pel·la·tive /əpélətɪv/ *a* 命名の; «まれ» 総称的な, 普通名詞の. ► *n* 名称, 呼称, 称号 (appellation); «まれ» 普通名詞 (common noun). ♦ **~·ly** *adv*

ap·pel·lee /æpəlíː/ *n*〘法〙被上訴人 (opp. *appellant, appellor*).

ap·pel·lor /əpélɔːr, æpəlɔ́ːr/ *n*〘英法〙APPELLANT.

ap·pend /əpénd/ *vt* (書き)添える, 追加する, 付録として付ける;〘電算〙アペンドする《末尾に付加する》: ~ a label *to* [*onto*] a trunk トランクに荷札を付ける. [L *ap*-[1](*pendo* to hang)]

appénd·age *n* 付加物, 付属物; 随伴者, 従者; 取巻き, 子分;〘生〙付属器, 付属体《木の枝・犬の尾など》;〘動〙《脊椎動物の》外肢,《体節動物の》付属肢.

ap·pend·ant, -ent /əpéndənt/ *a* 付随する; 付帯的な;〘法〙〈…に〉付帯権利として従属する〈*to*〉. ► *n*〘法〙付帯権利; APPENDAGE.

ap·pen·dec·to·my /æpəndéktəmi/, «英» **ap·pen·di·cec·to·my** /əpèndəséktəmi/ *n*〘医〙虫垂切除(術).

appendices *n* APPENDIX の複数形.

ap·pen·di·ci·tis /əpèndəsáɪtəs/ *n*〘医〙虫垂炎.

ap·pen·di·cle /əpéndɪk(ə)l/ *n* 小さな APPENDAGE [APPENDIX].

ap·pen·dic·u·lar /æpəndíkjələr/ *a* APPENDAGE の,《特に》付属肢の;〘解〙垂[虫垂]の.

ap·pen·dix /əpéndɪks/ *n* (*pl* **~·es, -di·ces** /-dəsìːz/) APPENDAGE;《文書の巻末の》付録, 付表, 補遺;〘解〙垂,《特に》虫垂 (vermiform appendix). [L *apendic- apendix*; ⇨ APPEND]

Ap·pen·zell /ǽpənzèl; *G* apntsɛ́l/ アッペンツェル《スイス北東部の州; **~ Ínner Rhòdes** (*G* **~ Ín·ner·rho·den** /*G* ínərroːdn/) (☆Appenzell) と **~ Óuter Rhòdes** (*G* **~ Áusser·rhòden** /*G* áusər-/) (☆Herisau) の 2 準州に分かれる》.

ap·per·ceive /æpərsíːv/ *vt*〘心〙〈新しい知覚対象を〉過去の経験の助けによって理解する, 統覚する;〘教育〙〈新観念を〉類化する.

ap·per·cep·tion /æpərsépʃ(ə)n/ *n*〘心〙統覚《作用または状態》;〘教育〙類化: ~ psychology 統覚心理学.

ap·per·cep·tive /æpərséptɪv/ *a* 統覚の[による]; 統覚能力のある. ♦ **~·ly** *adv*

ap·per·tain /æpərtéɪn/ *vi*《当然付随すべき機能・属性・権利・所有物・部分などとして》所属する〈*to*〉(cf. APPURTENANCE); 正しくあてはまる; 関連する〈*to*〉. [OF<L; ⇨ PERTAIN]

ap·pe·stat /ǽpəstæ̀t/ *n*〘解〙食欲調節中枢.

ap·pe·tency /ǽpətənsi/, **-tence** *n* 根強い欲望, 欲求〈*for, after, of*〉;〘化〙親和力 (affinity)〈*for*〉;《動物の》生まれつきの性向. [F or L; ⇨ APPETITE]

áp·pe·tent *a* 欲望の強い〈*after, of*〉.

ap·pe·tite /ǽpətàɪt/ *n* 本能的欲望,《特に》食欲, 性欲; 欲, 欲求, 欲心;《欲求としての》好み〈*for*〉: be to one's ~ 口に合う / carnal [sexual] ~=the ~ of sex 性欲 / have a good [poor] ~ 食が進む[進まない] / lose one's ~ 食欲をなくす / work [get] up an ~ 食欲を増す / spoil [ruin] one's ~ 食欲を失わせる / loss of ~ 食欲不振 / with a good ~ うまそうに / A good ~ is a good sauce. «諺» 空腹にまずいものなし / whet [sharpen] sb's ~ 人の欲望をかきたてる. ♦ **áp·pe·tì·tive** /, ″əpétɪtɪv/ *a* [OF<L (*appeto* to seek after)]

áppetitive behávior〘行動学〙欲求行動《空腹時に食物をあさるなど, 特定の欲求を満たす可能性を高める行動; cf. CONSUMMATORY BEHAVIOR》.

ap·pe·tiz·er /ǽpətàɪzər/ *n* 食欲増進用の飲食物, 前菜《食前に取るカナッペ・オードブル・アペリチフ・カクテルなど》; 食欲促進薬; 欲望をかきたてる刺激. [*appetize* (逆成)<↓]

ap·pe·tiz·ing /ǽpətàɪzɪŋ/ *a* 食欲をそそる, うまそうな; うまい, 美味な. ♦ **~·ly** *adv* うまそうに. [F *appétissant*; ⇨ APPETITE]

Áp·pi·an Wáy /ǽpiən-/ [the] アッピア街道《Rome から Brundisium に至る古代ローマの街道; 312 B.C. に censor の Appius Claudius Caecus により建設が始められた》.

Ap·pi·us /ǽpiəs/ アッピウス《古代ローマ人の第一名; 略 Ap.》.

appl. applied.

ap·plaud /əplɔ́ːd/ *vi* 拍手する, 喝采する. ► *vt* 称賛する, ほめる;

A

…に拍手を送る: I ～ (you *for*) your decision. よくぞ決心なさいました / ～ sb to the ECHO. ♦ **～·able** *a* **～·ably** *adv* **～·er** *n* **～·ing·ly** *adv* [L; ⇨ PLAUDIT]

ap·plause /əplɔ́:z/ *n* 拍手, 喝采; 称賛: greet sb with ～ 人を喝采して迎える / seek popular ～ 人気を得ようとする / win general ～ 世の称賛を博する.

ap·plaus·ive /əplɔ́:sɪv/ *a* 称賛を表わす. ♦ **～·ly** *adv*

ap·ple /ǽp(ə)l/ *n* **1** リンゴ; リンゴの木[材]; リンゴ状の果実(をつける木[野菜]); 《形·色が》リンゴに似たもの, 《野球俗》ボール: An ～ a day keeps the doctor away. 《諺》一日にリンゴ 1 個で医者要らず / The ～*s* on the other side of the wall are the sweetest. 《諺》塀の向こうのリンゴがいちばんうまい《人のものはよく見える》/ The rotten ～ injures its neighbor [spoils the barrel]. 《諺》腐ったリンゴは隣を腐らす[樽をいためる]《よくない人物·因子はまわりに悪影響を与える》/ The ～ never falls far from the tree. 《諺》リンゴは根元に落ちる《際立った特徴は遺伝するものだ》. **2** *《俗》大都市, 繁華街; [the A-] *《俗》New York 市 (Big Apple). **3** [the A-] *《俗》アップル (Big Apple) 《1930 年代のジルバ》. **4** *《俗》人, やつ; *《俗》[*derog*] 白人みたいに考える[ふるまう]インディアン《'外側は赤く, 内側は白い'》; *《俗》(やたらに音量を上げる)CB 無線通信者: one smart ～ *《俗》頭のいいやつ, なかなかの切れ者 / SAD APPLE / WISE APPLE. **5** [*pl*] "《韻俗》階段, 段々 (stairs) (＝**～s and péars**). **6** [A-] アップル(社) (～ Inc.) 《米国のパソコン, デジタル家電製品, ソフトウェアのメーカー》. ● **a [the] bad [rotten] ～** 他に悪影響を及ぼす人[もの], '癌'. **an ～ for the teacher** ご機嫌取り, 取り入ること, ごますり, 贈賄. **an ～ of love** トマト (＝*love apple*). **～s and oranges** 互いに似ていないもの. **～ to ～** 同種のものどうしで, 同じ土俵で〈競争する, 比較する〉: an ～-to-～ competition. **for** SOUR **～s.** **How do you like [How about] thém ～?** *《俗》やったぜ, どんなもんだい《勝利や喜びの感嘆表現; 周囲の賛辞を得るために発する》. **polish ～s [the ～]** *《口》ご機嫌を取る, ごまをする. **She's ～s.** 《豪口》万事順調. **swallow the ～ [olive]** 《スポ俗》緊張で堅くなる (choke up). **the ～ of** sb's **[the] eye** 瞳(ひとみ); 《口》非常に大切なもの[人], 掌中の玉. [OE *æppel*; cf. G *Apfel*]

ápple bèe 干しリンゴ作りの集まり[寄合い].

ápple blìght 〔昆〕リンゴの害虫, 《特に》リンゴワタムシ (woolly apple aphid).

ápple blòssom リンゴの花《Arkansas, Michigan 両州の州花》; [appleblossom (pink)] 灰味赤.

ápple bòx 〔植〕ハート形の幼葉が大きくなって披針葉に変わるユーカリノキの一種.

ápple brándy アップルブランデー《特に hard cider を蒸留したもの》.

ápple bútter アップルバター《りんご酒と砂糖で煮たリンゴペースト》; *《方》能弁, おしゃべり.

ápple·càrt *n* リンゴ売りの手押し車. ● **upset the [sb's] ～** 《口》(人の)計画[事業]をだいなしにする[覆す].

ápple-chèeked *a* 赤いほおをした, リンゴのほっぺの.

ápple chèese 《りんご酒を造るときの》リンゴのしぼりかすの塊り.

Ápple Compúter ⇨ APPLE 6.

ápple dúmpling アップルダンプリング《リンゴを練り粉の衣に包んで焼いた[蒸した]だんご》.

ápple gréen 澄んだ黄緑《やや緑が強い》.

ápple gùm 〔植〕褐色の堅材のとれるユーカリノキの一種.

ápple hèad 〔犬〕《affenpinscher などある種の愛玩犬の》(丸い)リンゴ状の頭, アップルヘッド.

Ápple Ísle [the] 《豪口》TASMANIA. ♦ **Ápple Íslander** 《豪口》タスマニア人 (Tasmanian).

ápple·jàck* *n* アップルジャック (＝**～ brándy**) 《APPLE BRANDY または HARD CIDER》.

ápplejack càp アップルジャック帽《派手な色の上部が平らでボンボン付きの男子用縁なし帽; 黒人やプエルトリコ人が着用する》.

ápple-knòck·er *n* *《俗》[*derog*] 田舎者, 百姓.

ápple màggot 〔昆〕リンゴミバエ (＝*railroad worm*) 《幼虫はリンゴを食害する》.

ápple of díscord 争い[嫉妬]のたね; [the] 〔ギ神〕不和のリンゴ《「最も美しい方へ」と書いて Eris が神々の間に投じた黄金のリンゴ; これを争って Hera, Athene, Aphrodite が美を競い, Trojan War の因となった; cf. JUDGMENT OF PARIS》.

ápple of Perú 〔植〕JIMSONWEED.

ápple of Sódom [the] ソドムのリンゴ (＝*Dead Sea apple*) 《外観は美しいが一度手にすればたちまち煙を発し灰となる》; 開けてくやしい玉手箱, 失望のたね.

ápple pandówdy PANDOWDY.

ápple píe アップルパイ《アメリカ的な食べ物とされる》: (as) American as ～ いかにもアメリカ的な.

ápple-pìe *a* 完全な, 整然とした; (まさしく)アメリカ的な: in ～ order 整然として.

ápple-pìe béd アップルパイベッド《悪ふざけが目的で, シーツを折りたたみ足を伸ばせないようにしたベッド》.

ápple-pòlish *vi, vt* *《口》(…の)ご機嫌を取る, (…に)取り入ろうとする, ごまをする. ♦ **～·er** *n*

ápple·sàuce *n* アップルソース; *《俗》くだらないこと, たわごと, だぼら, おべっか.

ápple scàb 〔植〕リンゴ腐敗病.

Appleseed ⇨ JOHNNY APPLESEED.

ap·ple·snits /ǽp(ə)lsnɪts/ *n* 《カナダ西海岸》アップルスニッツ《リンゴの薄切りを主とした料理》. [G *Apfelschnitzel*]

ap·plet /ǽplət/ *n* 〔電算〕アプレット《**1**)(特に Java の) プログラミングに利用できる簡単なモジュール **2**) 電卓などの簡単なプログラム》. [*application*, *-let*]

Ap·ple·ton /ǽp(ə)lt(ə)n/ アップルトン Sir **Edward (Victor)** ～ (1892–1965) 《英国の物理学者; ノーベル物理学賞 (1947)》.

Áppleton làyer 〔通信〕《電離層の》アップルトン層 (F LAYER). [↑]

ápple trèe リンゴの木.

ápple·wife *n* リンゴ売りの女.

áp·pley *a* 〈白ワインなど〉リンゴ香のある, リンゴ風味の.

ap·pli·ance /əpláɪəns/ *n* **1** 《特殊な作業のために工具·機械に付ける》取付け具; 《特定の仕事をする》器具, 器械, 装具, 《特に家庭·事務所用の》電気[ガス]機具; 歯列矯正器; "消防車 (fire engine): medical ～*s* 医療器具[器械]. **2** 適用, 応用 (application); 《廃》従順, 応諾. ♦ **～d** *a* 器具完備の, 電化した〈キッチンなど〉. [APPLY]

appliance garàge 《台所の》電気機具収納スペース[戸棚].

ap·pli·ca·ble /ǽplɪkəb(ə)l, əplík-/ *a* 適用[応用]できる, 適用される; あてはまる, 適切な〈*to*〉; 実用的な. ♦ **-bly** *adv* **àp·pli·ca·bíl·i·ty** *n* [F or L; ⇨ APPLY]

ápplicable láw 〔法〕準拠法.

ap·pli·cant /ǽplɪkənt/ *n* 志願者, 出願者, 申込者, 応募者, 候補者: an ～ *for* admission *to* a school. [*applica*tion, *-ant*]

ap·pli·ca·tion /æ̀pləkéɪʃ(ə)n/ *n* **1** 申し込み, 出願, 志願, 申請 〈*to* do〉; 願書, 申込書, 申請書: on ～ to…へ申し込みしだい〈進呈〉/ send in a written ～ 願書を提出する / make (an) ～ *for*…を申請する, 出願する / make [submit, put in] an ～ *to*… 〈役所など〉に書類[願書, 申請書]を提出する / grant [approve] an ～ 申請を認可する / new drug ～ 新薬申請. **2 a** 適用, 応用; 応用法, 用途; 《ある論説から引き出される》実際的教訓; 実地に適用できること, 応用性, 実用性: the ～ *of* astronomy *to* navigation 天文学を航海に適用すること / a rule *of* general ～ 通則. **b** 《薬·化粧品·ペンキなどの》塗布, 貼用, 《包帯·湿布などの》使用; 患部に当てるもの《止血帯·パップ剤·塗り薬など》: for external ～ 〔医〕外用. **c** 〔電算〕アプリケーション (＝*application(s) program*) 《ワードプロセシング·通信·表計算·ゲームなど具体的用途に供するプログラム》. **3** 心の傾注, 精励, 勤勉: a man of close ～ 勉強家. ♦ **～·al** *a* [F or L; ⇨ APPLY]

applicátion pàckage 〔電算〕アプリケーションパッケージ; 申請書類一式.

applicátion prògram ínterface 〔電算〕API.

applicátion(s) prògram 〔電算〕APPLICATION.

applicátions sàtellite 実用衛星.

applicátion(s) sòftware 〔電算〕アプリケーションソフト(ウェア) 《ソフトウェアをその用途により 2 つに大別したときの application が属するカテゴリー; cf. SYSTEMS SOFTWARE》.

ap·pli·ca·tive /ǽpləkèɪtɪv, əplíkə-/ *a* APPLICABLE; 応用された. ♦ **～·ly** *adv*

áp·pli·cà·tor *n* 《薬·化粧品·塗料·光沢剤などを》塗布する器具[人], 塗布具, アプリケーター, 《耳鼻科医の》塗布器; 《屋根材·壁材などを》張る[貼る]人.

ap·pli·ca·to·ry /ǽplɪkətɔ̀:ri, əplíkə-; -t(ə)ri/ *a* 適用[応用]できる; 実用的な.

ap·plíed *a* (実地に)適用された, 応用の (opp. *pure*, *theoretical*); 応用科学の: ～ chemistry [tactics] 応用化学[戦術].

applíed linguístics 応用言語学.

applíed músic 《理論抜きの》実用音楽(科目), 音楽実習.

ap·pli·qué /æ̀pləkéɪ; æplí:keɪ/ *n* アップリケ《**1**) いろいろな形に切り抜いた小布を貼り付けた飾り **2**) さまざまな模様のレースを下地に貼りつけたもの **3**) 家具などに貼り付けられた木や金属製の装飾片》. ▶ *vt* …にアップリケを付ける; アップリケとして付ける. [F＝applied]

ap·ply /əpláɪ/ *vi* **1** 申し込む, 出願[申請]する, 申し立てる〈*to* sb, *for* a post〉; 問い合わせる, 照会する〈*to* sb *for* sth〉: ～ *for* a loan [visa] 融資を申し込む[ビザを申請する] / ～ *to* the court *for* an injunction 裁判所に差し止め命令を申し立てる. **2** 〈規則·評言·用語などが〉あてはまる, 適用される〈*to*〉. ▶ *vt* **1** 〈ある目的に〉あてる, 用いる〈*to*〉: **a** 〈圧力を〉かける, 〈熱などを〉加える; 〈ブレーキなどを〉作動させる, はたらかせる: ～ force 力を加える. **b** 〈法·規則·原理などを〉適用する, あてはめる, 〈技術などを〉応用する〈*to*〉: ～ economic sanctions 経済制裁を適用する. **c** 〈資金などを〉〈特定目的に〉充当する, 振り向ける. **2** 〈身を〉入れる, 〈心·注意力·精力などを〉注ぐ (direct): ～ *oneself to*…に専念する. **3 a** 〈物を〉当てる, あてがう〈*to*〉; 〈マッチの火などを物に〉接触させる, つける; 〈化粧品などを〉つける, 〈薬·塗料などを〉塗る, 塗り広げる: ～ ointment *to* a wound 傷に軟膏を塗る. **b** 〈あだ名·愛称などを〉つける. ♦ **ap·plí·er** *n* [OF＜L AP-¹*plico* to fold, fasten to]

ap·pog·gia·tu·ra /əpɑ̀dʒətúərə/ *n* (*pl* **～s, -tu·re** /-túəreɪ/) 〔楽〕前打音, 倚音(いおん), アッポッジャトゥーラ《旋律を構成する音の前に

つく装飾音): short [long, double] ～ 短[長, 複]前打音. [It]

ap·point /əpɔ́ɪnt/ *vt* **1** 指名[任命, 選任]する 〈*as*〉; 命令[指示]する 〈*that*〉; 〘法〙《権利帰属者指名権を行使して》〈人を〉指名する, 〈財産〉の処分を決める: ～ sb (*to* be [*as*]) manager 人を支配人に任命する / ～ sb (*as* [*to* the office of]) governor 人を知事に任命する / He was ～*ed* governor. 知事に任命された / ～ a chairman 議長の任命[指名]を行なう. **2 a** 〈日時・場所を〉定める, 指定する: ～ a place and time *for* the next meeting 次の会合の場所と時刻を決める / What's the time ～*ed for* the conference? 会議の時刻はいつですか. **b** 《古》〈人〉と会う時と場所の約束をする; 《古》〈会合〉の時と場所を決める. **c** 〈神・権威者などが〉規定する. **3** [ᵘ*pass*] 〈部屋など〉に必要な備品[設備]を備え付ける. ► *vi* 指名[任命]権を行使する, 指名[任命, 選任]する. ♦ **～·er** *n* 任命者. [OF (*à point* to a POINT)]

appóint·ed *a* 指名された; 指定された; 〈部屋・建物が〉設備された: at the ～ time [place] 指定された時刻[場所]に / a nicely ～ room すてきな内装の部屋 / WELL-APPOINTED.

ap·poin·tee /əpɔ̀ɪntíː, æp-/ *n* 被指名[任命, 選任]者; 〘法〙《権利帰属者指名権に基づく》被指名者.

ap·point·ive /əpɔ́ɪntɪv/ *a* 指名[任命]の; 任命[指名]による (cf. ELECTIVE).

appóint·ment *n* **1** 面会の取り付け, 予約; 面会: meet sb by ～ 人に約束をしてから会う / make an ～ *with* sb 人と会う約束をする / keep [break] an ～ (*with* sb) 会う約束を守る[破る]. **2 a** 指定, 指示, 命令; 指名, 任命, 選任 〈*to*〉; 〘法〙《権利帰属者指名権による》指名; 指名[任命]された人. **b** 《指名・任命による》役職, 官職, 地位, 任務: an ～ as manager マネージャーとしての地位 / get a good ～ よい地位に就く. **3** [ᵘ*pl*] 《兵士・馬・船・建物などの》設備, 装備, 装具, 調度(品). ● **by ～** (**to the Queen**) ᴴ(女王陛下)御用達の.

appóintment bòok [**càlendar**]* 手帳 (diary).

ap·póin·tor /, əpɔ̀ɪntɔ́ːr/ *n* 〘法〙《権利帰属者指名権に基づく》指名権者.

Ap·po·mat·tox /æ̀pəmǽtəks/ アポマトックス《Virginia 州中南部の町; 1865 年 4 月 9 日, この地で Lee 将軍が Grant 将軍に降服して南北戦争が終結した》.

ap·port /əpɔ́ːrt/ *n* **1** 〘心霊〙 アポール《(**1**) 霊媒によって物体が動いたり現われたりすること **2**) そのようにして現われた物体》. **2** 《廃》 態度, 物腰. **3** [ᵘ*pl*] 《廃》 貢物, ささげ物.

ap·por·tion /əpɔ́ːrʃ(ə)n/ *vt* 配分[分配]する, 割り当てる 〈*among, between, to*〉; 〈責任などを〉…に負わせる 〈*to*〉. ♦ **～·able** *a* [F or L (*ap*-[1], PORTION)]

appórtion·ment *n* 配分, 分配, 配賦, 割当て; *連邦下院議員数[連邦税]の各州への割当て《人口比率による》, 州議会議員数の各郡への割当て.

ap·pós·able *a* APPOSE できる; 〘解〙 OPPOSABLE.

ap·pose /əpóuz, æ-/ *vt* 並置[並列]する; 《古》 向かいに[前に]置く. [逆成 < *apposition*]

ap·po·site /ǽpəzət/ *a* 〈発言など〉きわめて適切な, 的確な 〈*to, for*〉. ♦ **～·ly** *adv* **～·ness** *n* [L (pp) < *ap*-[1] (*pono* to place)=to apply]

ap·po·si·tion /æ̀pəzíʃ(ə)n/ *n* 並置, 並列; 〘文法〙 同格; 〘生〙《細胞壁などの》付加(生長); 《古》 付加: in ～ with…と同格で. ★ Mr. Smith, our English teacher, is ill. では (our English) teacher は (Mr.) Smith と同格. ♦ **～·al** *a* **～·al·ly** *adv* [F or L (↑)]

ap·pos·i·tive /əpázətɪv, æ-/ 〘文法〙 *a* 同格の, 同格関係にある. ► *n* 同格語[句, 節]. ♦ **～·ly** *adv*

ap·prais·al /əpréɪz(ə)l/ *n* 評価, 鑑定, 査定, 値踏み, 見積もり; 査定価格, 査定額; ᴴ《面談による》業績評価, 人事考課.

appráisal drìlling 《石油の》評価掘削.

ap·praise /əpréɪz/ *vt* 評価[鑑定]する, 値踏みする, 見積もる, (公式に)査定する 〈a house *at* a high price〉; ᴴ《面談して》〈人〉の業績を評価する. ♦ **ap·prais·ée** *n* **ap·práis·ing·ly** *adv* **ap·práis·ive** *a* **～·ment** *n* APPRAISAL. [APPRISE; 語形は *praise* に同化]

ap·práis·er *n* 評価者, 鑑定人[士]; 《税関・税務署の》査定官.

ap·pre·cia·ble /əpríːʃ(i)əb(ə)l/ *a* 目に見えるほどの, はっきりと感知できる, 評価[測定]できる; かなりの, 相当の. ♦ **-bly** *adv* 認めうるほどに, かなり.

ap·pre·ci·ate /əpríːʃièɪt/ *vt* **1** 高く評価する, 賞賛する; 〈人の好意などを〉ありがたく思う, 感謝する: I ～ your kindness. ご親切に感謝します / I would ～ it if…ならばありがたいのですが. **2 a** …の真価[性質, 差異]を認める; 正しく認識[識別]する 〈*that, how, why*, etc.〉; 〈重大さなどを〉敏感に察知する: fully ～ the gravity of the situation ことの重大さを知る. **b** 〈文学・音楽などを〉鑑賞する, おもしろく味わう. **3** …の相場[価格]を上げる (opp. *depreciate*). ► *vi* 価値的[数量的]に増大する, 〈土地・商品など〉相場が上がる, 市価が騰貴する. ♦ **ap·pré·ci·à·tor** *n* 真価を解する人, 鑑識者, 鑑賞者; 感謝を表する人. **ap·pré·cia·tò·ry** /; -t(ə)ri/ *a* APPRECIATIVE. [L=to appraise (*pretium* price)]

ap·pre·ci·a·tion /əprìːʃiéɪʃ(ə)n/ *n* **1 a** 感謝[承認, 賞賛]の表明. **b** 真価を認めること, 正しい認識; 高い評価, 好意的批評; 鋭い眼識; 《美的価値の》鑑賞[玩味, 理解]: ～ of music 音楽の鑑賞 / write an ～ of…の(好意的)批評を書く. **2** 《価格の》値上がり, 上昇, 《数量の》増加. ● **in ～ of**…を認めて, …を賞して, …に感謝して.

ap·pre·cia·tive /əpríːʃ(i)ətɪv, -ʃièɪtɪv/ *a* 鑑識眼のある, 眼の高い 〈*of*〉; 鑑賞[理解]していることを表わす, 楽しんでいるふうの; 感謝している 〈*of*〉: an ～ comment [laughter]. ♦ **～·ly** *adv* **～·ness** *n*

ap·pre·hend /æ̀prɪhénd/ *vt* **1** 〈犯罪者などを〉逮捕する. **2 a** 感づく, 感知[察知]する; …の意味をとらえる, 理解する: I ～ some difficulty. **b** 懸念する, 気づかう: It is ～*ed* that…のおそれがある. ► *vi* 理解する. ♦ **～·er** *n* [F or L (*prehens- prehendo* to grasp)]

ap·pre·hen·si·ble /æ̀prɪhénsəb(ə)l/ *a* 理解[感知]できる. ♦ **-bly** *adv* **àp·pre·hèn·si·bíl·i·ty** *n*

ap·pre·hen·sion /æ̀prɪhénʃ(ə)n/ *n* **1** 憂慮, 懸念, 危惧, 不安: have [entertain] some ～*s* 気づかう 〈*for, of*〉 / under the ～ *that* [*lest*]…を恐れて, …と気づかって. **2** 理解, 理解力; 見解, 考え: be quick [dull] of ～ 理解が速い[おそい], 物わかりがよい[悪い] / be above one's ～ 理解できない / in my ～ わたしの見るところでは. **3** 捕縛, 逮捕. [F or L; ⇨ APPREHEND]

ap·pre·hen·sive /æ̀prɪhénsɪv/ *a* 気づかって[懸念して, 心配して](いる); 認識して, わかって 〈*of*〉; 理解[知覚]にかかわりのある; 《英では古》理解の速い, 明敏な: be ～ *about* [*of*]…を気づかう / be ～ *for* sb's safety 人の安否を気づかう / be ～ *that*…may…しはせぬかと心配する. ♦ **～·ly** *adv* **～·ness** *n*

ap·pren·tice /əpréntəs/ *n* 徒弟, 技能習得者, 年季奉公人; 見習生; 見習い騎手《騎乗歴 1 年未満もしくは 40 勝未満の》; 初心者, 新米: an ～'s school 徒弟学校 / bind sb [be bound] ～ *to* a carpenter 大工の徒弟に出す[なる]. ★ ギルド制度・職業別組合では順に apprentice, journeyman, craftsman(, master) となる. ► *vt* 徒弟にする, 年季奉公に出す: ～ sb [*oneself*] *to* a carpenter 大工の徒弟に出す[出る] / be ～*d to*…の徒弟になる. ► *vi* 徒弟になる. [OF (*apprendre* to learn, teach)]

appréntice·shìp *n* 徒弟制度, 年季奉公, 見習いの身分[期間]; 下積み(の経験): serve [serve out] one's ～ with a carpenter 大工のところで徒弟の年季をつとめる[つとめ上げる].

ap·pressed /əprést/ *a* (ぴったり)押しつけられて, 密着して.

ap·pres·so·ri·um /æ̀presɔ́ːriəm/ *n* (*pl* **-ria** /-riə/) 付着器《寄生性の菌類が宿主の植物に付着するために伸ばす菌糸[発芽管]先端の平たく厚くなった部分》.

ap·prise[1], **ap·prize**[1] /əpráɪz/ *vt* 通知する, 知らせる: ～ sb *of* sth 人に事を通知する / be ～*d of*…を知らされて[知って]いる. [F (pp) < *apprendre*; ⇨ APPREHEND]

apprize[2], **apprise**[2] *vt* 尊重する; …の真価を認める; 《古》 評価する (appraise). [F (*à* to, PRICE)]

ap·pro /ǽprou/ *n* [次の成句で]: **on ～** ᴴ《口》 on APPROVAL.

appro. approval.

ap·proach /əpróutʃ/ *vt* **1** 《空間・時間・性質などに関して》…に近づく; …に似通う, ほぼ…に等しい; 《古》 近づける: ～ completion 完成に近づく. **2** …に申し入れをする, 提案する 〈*about*〉; 〈仕事・問題など〉の処理[解決]に取りかかる, …の達成[経験, 熟知]のための準備をする: ～ sb on the matter その件で人に話を持ちかける. ► *vi* **1** 近づく; 〘空〙 進入する; 〘ゴルフ〙 アプローチを打つ. **2** 近い, ほぼ等しい 〈*to*〉: This reply ～*es to* a denial. この返事は拒絶も同然だ. ► *n* **1 a** 近づくこと, 接近 〈*of, to*〉; 〘空軍〙《目標への》接近; 〘空〙(着陸)進入; 〘ゴルフ〙 アプローチ (APPROACH SHOT); 〘ボウル〙 アプローチ《ファウルラインまでの助走(路)》; 〘ブリッジ〙 アプローチ《相手やパートナーの反応を見ながら徐々に最終ビッドを決めるビッドの方法》: the ～ *of* winter 冬が近づくこと / easy [difficult] *of* ～ 近寄りやすい[にくい], 行きやすい[にくい]. **b** [*pl*] 《人への》近づき, はたらきかけ, 《女性への》言い寄り 〈*to*〉; [*pl*] 申し入れ, 提案: make ～*es to*…に近づこうとする, …へのアプローチをはかる. **c** 《性質・程度などの》近いこと, 近似 〈*to*〉: his nearest ～ *to* a smile 彼としては精いっぱいの笑顔. **2** 《ある場所へ》近づく道, 取り付け路 〈*to*〉; 〘空〙(着陸)進入路 (=**～ pàth**) 〈*to, into*〉; [*pl*] 〘軍〙 接近手段《特殊な塹壕など》. **3** 《仕事などに対する》取り組み方, 研究方法[態度], 手法, アプローチ 〈*to*〉; 《学問などへの》手引: adopt [take, use] a new ～ 新しいとらえ方をする 〈*to*〉. ♦ **～·er** *n* **～·less** *a* [OF < L=to draw near (*prope* near)]

appróach·able *a* 近寄れる; 近づきやすい, 親しみやすい, ものわかりのよい. ♦ **appròach·abílity** *n*

appróach-appróach cònflict 〘心〙 接近-接近葛藤《同時に二方向にひきつけられる場合》.

appróach-avóid·ance cònflict 〘心〙 接近-回避葛藤《両面価値の場合》.

appróach bèacon 〘空〙 進入無線標識 (=*localizer beacon*) 《着陸進入機に滑走路の中心線の方位を示すために発信される鋭い指向性の電波》.

appróach lìght 〘空〙《空港滑走路の》進入灯.

appróach shòt アプローチショット《(**1**) 〘ゴルフ〙 フェアウェーからグリーンに向けて打つショット **2**) 〘クリケット〙 バットをフルスイングする特異な打法 **3**) 〘テニス〙 ネットプレーに出るために相手コートへ深く打つ強力なショット》.

ap·pro·bate /ǽprəbèɪt/ *vt* *是認[承認, 認可]する; 〘スコ法〙〈証書を〉容認[是認]する. ● **～ and reprobate** 〘スコ法〙〈証書を〉一部是

認し一部否認する. ♦ **-bà·tor** *n*

ap·pro·ba·tion /æprəbéɪʃ(ə)n/ *n* 《公式・正式の》認可, 許可, 是認, 賛同; 賞賛, 称揚; 《廃》(決定的な) 証拠. ● **on ～**＝on APPROVAL. [L; ⇨ APPROVE]

áp·pro·bà·tive *a* 是認的な, 是認を表わす.

ap·pro·ba·to·ry /ǽprəbətɔ̀ːri, əpróu-; ǽprəbèɪt(ə)ri/ *a* 是認[賞賛]の; 是認者の.

ap·pro·pri·a·cy /əpróupriəsi/ *n* 〔言〕《語・表現・語法の》適切さ, ふさわしさ.

ap·pro·pri·ate /əpróupriət/ *a* 適当な, 適切な, 適正な, ふさわしい, しかるべき ‹*to, for*›; 特有の ‹*to*›. ● **as ～** 適切に, しかるべく. **if ～** しかるべき場合[とき]は. ► *vt* /-èɪt/ **1** ‹金・建物などを特定の人・目的に›当てる, 充当する, 割り当てる ‹*for*›: ～ a sum of money *for* education 金を教育に当てる. **2** 専有する; 不当に[許可なしに, 正当な権利なしに]私用に供する, 着服する, 盗用する, 盗む: ～ sth *for* one*self* [*to* one*self, to* one's (own) use] 物を専有[横領]する. ♦ **ap·pro·pri·a·ble** /əpróupriəb(ə)l/ *a* 専有できる; 流用[充当]できる. **～·ly** *adv* 適切に, しかるべく. **～·ness** *n* **ap·pró·pri·à·tor** *n* 専有者; 盗用者; 充当者. [L; ⇨ PROPER]

apprópriate technólogy 適合技術《導入国特有の条件に適した技術》.

ap·pro·pri·a·tion /əpròupriéɪʃ(ə)n/ *n* **1** 充当, 割り当て; 割り当てられたもの[金額], 《議会の議決を経た》歳出[支出]予算(額), …費 ‹*for*›: an ～ bill 歳出予算案 / make an ～ of $1,000,000 *for*…のため100万ドルの支出を決める / the Senate *A～s* Committee 米国上院歳出委員会. **2** 専有, 領有; 横領, 盗用; 〔教会法〕《宗教団体による》聖職禄専有. ♦ **ap·pró·pri·à·tive** /, -ətɪv/ *a* 専有の; 盗用の; 充当[割り当て]の. **-tive·ness** *n*

ap·prov·al /əprúːvəl/ *n* 是認, 賛成, 承認, 認可: for sb's ～ 人の賛成[承認]を求めて / meet with sb's ～ 人の賛成を得る / with your kind ～ ご賛同を得て. ● **on ～** 〔商〕商品点検売買の条件で (＝*on appro, on approbation*) (cf. SALE *and* [*or*] *return*). **real** [**stamp**] **of ～** 承認印; 正式の認可, お墨付き.

ap·prove /əprúːv/ *vt* **1** よしとする, 是認[賛成]する; 認可[承認]する ‹*for*›. **2** 〔英法〕‹未開拓地・公有地などを›囲い地にして耕作する; 改善[改良]する. **3** [°～ *-self*] 《廃》…の証拠となる, 立証する. ► *vi* 思う, ‹…に›賛成する, 認める ‹*of*›: ～ *of* your choice きみの選択を是認する. ♦ **ap·próv·able** *a* 是認できる. **-ably** *adv* **ap·próv·ing·ly** *adv* 是認[賛意]を表わして, 満足げに. [OF<L; ⇨ PROVE; cf. APPROBATION]

ap·próved *a* 是認[認可]された; 立証済みの, 定評のある.

appróved schòol 〔英〕《かつての》内務省認可学校《非行少年を補導する; 今は COMMUNITY HOME という》.

appróved sócial wòrker 〔英〕認可ソーシャルワーカー《メンタルヘルスにかかわる職務を行なう資格をもつ》.

appróve·ment *n* 〔英法〕改良《共有地の一部を囲い地として改良すること》; 〔古英法〕共犯者による自白と告発《重罪について起訴された者が赦免を得るために自白し, 共犯者を訴えること》.

ap·próv·er *n* 是認者; 〔古英法〕共犯者証人.

approx. approximate(ly).

ap·prox·i·mal /əprɑ́ksəm(ə)l/ *a* 〔解〕‹歯牙の面など›隣接した: ～ surface [point] 隣接面[点].

ap·prox·i·mant /əprɑ́ksəmənt/ 〔音〕*n* 接近《調音器官が摩擦音を生じない程度に接近すること》; 接近音《/w, y, r, l/ など》.

ap·prox·i·mate *a* /əprɑ́ksəmət/ 空間的に近い, 隣接の; 似通うところの多い; 近似の, 正確に近い: an ～ estimate 概算 / ～ value 概算価格; 〔数〕近似値. ► *v* /-mèɪt/ *vt* …に近づく; …に近い; 近づける; 〔医〕‹切り開いた組織の端を›接合する; 〔数〕…を近似する. ► *vi* 近づく ‹*to*›; 近い ‹*to*›: The total income *～s to* 10,000 dollars. 総収入は1万ドルに近い. ♦ **～·ly** *adv* およそ, ほぼ. [L; ⇨ PROXIMATE]

ap·prox·i·ma·tion /əprɑ̀ksəméɪʃ(ə)n/ *n* 近づく[近づける]こと, 接近; 《数量・性質などの》近いもの, 近似 ‹*to, of*›; 正確に近いもの, 概数; 〔数〕近似法; 〔数〕近似(値): a close ～ *to* the truth きわめて真実に近いこと. ♦ **ap·próx·i·mà·tive** /, -mətɪv/ *a* (正確に)近い, おおよそ等しい. **-tive·ly** *adv*

appt appoint ♦ appointment. **appt.** appointed.

apptd appointed.

ap·pui /æpwíː/ *n* 〔軍〕支援 (cf. POINT D'APPUI). [F]

ap·pulse /əpʌ́ls, ə-/ *n* 近接, 接触, 衝突; 〔天〕近接, 合《一天体が見た目に他の天体に近づくこと》. ♦ **ap·púl·sive** *a* **-sive·ly** *adv*

ap·pur·te·nance /əpə́ːrt(ə)nəns/ *n* 〔法〕従物《主物たる財産に付属している権利》; [°*pl*] 付属するもの, 付随品; [*pl*] 器具, 装置. [OF; ⇨ PERTAIN]

ap·púr·te·nant *a* 付属の, 従属して(いる) ‹*to*›; 補助的な. ► *n* APPURTENANCE.

Apr. April. **APR** 〔金融〕°annual percentage rate.

Apraks·in, Aprax·in /əprǽksən/ アプラクシン **Fyodor Matveyevich ～**, Count ～ (1661–1728)《ロシアの提督; Peter 大帝の寵臣; ロシア海軍の増強をはかり, スウェーデン軍との度重なる海戦に勝利をもたらした》.

aprax·ia /əprǽksiə, eɪ-/ *n* 〔医〕失行(症), 行動不能(症). ♦ **ap·rac·tic** /-prǽktɪk/, **aprax·ic** /-prǽksɪk/ *a* [G<Gk＝inaction]

après /ǽpreɪ, ɑːpréɪ/ *prep* …のあとに[の] (after): an ～-theater dinner. ► *adv* のちに, のちほど. [F]

après-mi·di /*F* aprɛmidi/ *n* 午後 (afternoon).

après moi [nous] le dé·luge /*F* aprɛ mwa [nu] lə delyːʒ/ わが後は大洪水となれ, あとは野となれ山となれ《Louis 15 世のことばといわれている》.

après-ski /æprèɪ—́—, ɑ̀ː-/ *n* 《ロッジなどで行なう》スキーのあとの集い, アフタースキー. ► *a* スキーをしたあとの; アフタースキーの[にふさわしい]. [F＝after-ski]

ap·ri·cot /ǽprəkɑ̀t, éɪ-; éɪ-/ *n* 〔植〕ホンアンズ, アプリコット; ホンアンズの木; あんず色《おだやかなだいだい色》. [Port or Sp<Arab<Gk (L *praecox* early-ripe)]

April /éɪprəl/ *n* **1** 四月《略 Apr.; cf. MARCH》. **2** エープリル《女子名》. [L *Aprilis*]

Ápril fóol エープリルフール《**1**) April Fools' Day にかつがれる人 **2**) そのいたずら》.

Ápril Fóols' [Fóol's] Dày エープリルフールの日《4月1日; All Fools' Day (万愚節) ともいい, いたずら・悪ふざけ御免の日; cf. APRIL FOOL》.

Ápril wèather 降ったり照ったりの天気; 泣き笑い.

a pri·o·ri /ɑ̀ː prióːri, æ̀pri-, èɪ praɪóːràɪ/ *adv, a* (opp. *a posteriori*) 演繹的に[の]; 先天[先験]的に[の], 論理に基づいて[た]; 吟味[分析]未了で[の], 仮定で[の]; 前もって考えられた. ♦ **àpri·ór·i·ty** /-ɑ́rəti, -ɔ́(ː)r-/ *n* アプリオリなこと[性質]; 先天性, 先験性. [L＝from what is before]

apri·o·rism /ɑːprióːrìz(ə)m, æp-, èɪpraɪóːrìz(ə)m, eɪpráɪərìz(ə)m/ *n* 〔哲〕先天[先験]主義; 先験[演繹]的仮定; 演繹的推論[原理].

apron /éɪpr(ə)n/ *n* **1** エプロン, 前掛け, 前だれ; 《馬車など開放的乗物に乗る人が雨よけ・泥よけに用いる》防水ひざ掛け; 《英国教会監督の》法衣の前だれ部. **2 a** エプロンのような形状[役割, 位置]をもつもの. **b** 《機械などの》被覆, 保護板, エプロン; 〔機〕《旋盤の》前だれ, エプロン; 〔土木〕エプロン《護岸・護床用構造物》; 《窓下枠直下の》幅木; 《洗面台の》スカート, 《浴槽などの》外壁; エプロンコンベヤー[フィーダー](の板子), エプロン; 〔地理〕《山・海山の麓や氷河の前面にできる》扇状堆積層, エプロン. **c** 〔劇〕エプロン《舞台のプロセニアムアーチより前の部分; cf. APRON STAGE》; 〔ゴルフ〕エプロン《コースのグリーンを取り囲む部分》; 〔空〕エプロン, 駐機場《格納庫・ターミナル地域に隣接する舗装場所》; 埠頭・波止場の貨物積み降ろし用の広場; 《自動車道路の》張り出した駐車帯. **3**°《俗》バーテン. ► *vt* …にエプロンを付ける. ♦ **～ed** *a* エプロンを付けた. **～·lìke** *a* [ME *a naperon* の異分析<OF (dim)‹ *nape* tablecloth<L＝napkin; cf. ADDER]

ápron·fùl *n* (*pl* **～s, áprons·fùl**) エプロン一杯(の分量).

ápron stàge 〔劇〕エプロンステージ《エリザベス朝様式の舞台などで客席に突き出た張出し舞台》.

ápron strìng エプロンのひも. ● **be tied to** one's **mother's** [**wife's**, etc.] **～s** 母親[妻など]の言いなりになっている.

ap·ro·pos /æprəpóu, ⸗⸗́/ *a* 適切な, 時宜を得た, 折にかなった. ► *adv* ちょうどよい時に, 折よく; ついでに, それはそうと, 時に. ► *prep* …との関連で. ● **～ of**… 《文》…について; …の話で思い出したが: ～ *of* nothing だしぬけに, やぶから棒に. [F *à propos* to the purpose]

à pro·pos de bottes /*F* a prɔpo də bɔt/ やぶから棒に; 話は変わりますが. [F＝with regard to boots]

apro·tic /eɪpróutɪk/ *a* 〔化〕非プロトン性の《水素イオン源を含まない》: ～ solvent 非プロトン性溶媒, 中性溶媒. [*a*-², *proton, -ic*]

apse /ǽps/ *n* 〔建〕後陣, アプス《礼拝堂東端の半円形の部分で聖歌隊の後ろ》; 〔天〕APSIS. [L APSIS]

Ap·she·ron /ɑ̀ːpʃəróːn/ アプシェロン《アゼルバイジャン東部のカスピ海に突き出した半島; 南西岸に Baku がある》.

ap·si·dal /ǽpsədl/ *a* APSE [APSIS] の. ♦ **～·ly** *adv*

ap·sis /ǽpsəs/ *n* (*pl* **ap·si·des** /ǽpsədìːz, æpsáɪdiz/) 〔天〕軌道極点《楕円軌道の長軸端; 近点または遠点》; 〔建〕APSE: line of *apsides* 〔天〕長軸線. [L<Gk *apsid- apsis* arch, vault]

apt /ǽpt/ *a* **1** …しやすい, …しがちである, …しそうである ‹*to* do›: Iron is ～ *to* rust. 鉄はさびやすい / He is ～ *to* fail. 失敗しそうだ. **2** 適切な, うってつけの: an ～ quotation 適切な引用. **3** 物わかりが速い, 頭のよい, 利発な ‹*at*›; 《古》必要な適性[資格]をそなえた: an ～ student 頭のいい学生 / be ～ *at* languages 語学の才がある. ♦ **～·ly** *adv* 適切に, うまく: It has *～ly* been said that…とは適評[至言]だ. **～·ness** *n* 適性; 適切さ; 性向, 傾向; 鋭い理解力, 聡明さ. [L *aptus* fitted]

apt. (*pl* **apts**) apartment ♦ aptitude.

ap·ter·al /ǽptər(ə)l/ *a* APTEROUS; 〔建〕側柱[側廊]のない.

ap·te·ri·um /æptíəriəm/ *n* (*pl* **-ria** /-riə/) 〔鳥〕無羽域, 無翼(よく)区, 裸域《皮膚上のおおばねのある羽域間の, 羽毛のない部分》. [NL (*a*-², *pter-, -ium*)]

ap·ter·ous /ǽptərəs/ *a* 〔昆〕無翅の; 〔植〕無翼の.

ap·ter·yg·i·al /æ̀ptərídʒiəl/ *a* 〘動〙対鰭(ついき)[対肢, 対翼]のない.
ap·ter·y·gote /æptérəgòut/ *n* 〘昆〙無翅亜綱 (Apterygota) の昆虫《トビムシ・シミ・イシノミなどの原始的昆虫》.
ap·ter·yx /ǽptərɪks/ *n* 〘鳥〙キーウィ (kiwi). [L (Gk *a-*² not, *pterux* wing)]
ap·ti·tude /ǽptət(j)ù:d/ *n* 適性, 素質, 才能, 聡明さ; 性向, 傾向: have an ~ *for*…の才がある / have an ~ *to* vices 悪習に染まりやすい. ♦ **àp·ti·tú·di·nal** *a* **-tú·di·nal·ly** *adv* [F<L; ⇨ APT]
áptitude tèst 〘教育〙適性検査.
ap·tot·ic /æptátɪk/ *a* UNINFLECTED.
APU 〘空〙°auxiliary power unit.
Ap·u·le·ius /æ̀p(j)əléɪəs, æ̀pjʊlí:-/ アプレイウス **Lucius** ~ (c. 124–after 170?)《ローマの哲学者・諷刺作家; *The Golden Ass*》.
Apu·lia /əpjú:ljə, -liə/ プーリア (*It* Puglia)《イタリア南東部, アドリア海に面する州; ☆Bari》. ♦ **Apú·lian** *a, n*
Apu·re /əpúəreɪ/ [the] アプレ川《ベネズエラ西部を東へ流れ Orinoco 川へ注ぐ》.
Apu·rí·mac /à:pərí:mà:k/ [the] アプリマク川《ペルー南部のアンデス山中に発し, 北西に流れて Urubamba 川と合流して Ucayali 川をなす》.
apúr·pose /ə-/ *adv* 《口》故意に, わざと (on purpose).
Apus /éɪpəs/ 〘天〙ふうちょう座 (風鳥座) (the Bird of Paradise).
ap·y·rase /ǽpərèɪs, -z/ *n* 〘生化〙アピラーゼ《ATP を加水分解してリン酸を遊離させる酵素》.
apy·ret·ic /èɪpaɪrétɪk, æ̀pə-; æ̀paɪ-, æ̀pɪ-/ *a* 〘医〙熱のない, 無熱(性)の.
apy·rex·ia /èɪpaɪréksiə, æ̀pə-; æ̀paɪ-, æ̀pɪ-/ *n* 〘医〙無熱, 発熱間欠期. ♦ **àpy·réx·i·al** *a* [*a-*²]
aq. 〘処方〙aqua ♦ aqueous.
AQ 〘心〙accomplishment [achievement] quotient.
Aqa·ba, Aka- /á:kəbà:, ǽkəbə/ アカバ《ヨルダン南西部の, イスラエルと国境を接する市; 同国唯一の港; 古代名 Elath》. ■ the **Gúlf of** ~ アカバ湾《紅海の奥, Sinai 半島東側の湾》.
AQL acceptable quality level 合格品質水準.
aqua /ǽkwə, *á:k-/ *n* **1** (*pl* **aquae** /-wi, -wàɪ/) 水; 〘薬〙《揮発性物質などの》水溶液. **2** (*pl* ~**s**) アクアブルー《明るい緑み青》. [L=water]
aqua- /ǽkwə, *á:k-/ *comb form* AQUI-. [L (↑)]
áqua am·mó·nia /-əmóuniə/, **-ni·ae** /-niì:/ AMMONIA WATER. [L]
aqua·cade* /ǽkwəkèɪd, *á:-, ⏑⏑⏑/ *n* 水上ショー (=*aquashow*″).
áqua·cùlture *n* 水産養殖《水生生物・海洋性動植物の養殖・培養》; 水耕法, 水栽培 (hydroponics). ♦ **àqua·cúltural** *a* **àqua·cúlturist** *n*
Aqua·dag /ǽkwədæ̀g, *á:k-/ 〘商標〙アクアダグ《水にグラファイト (graphite) をコロイド状に分散させたもの; 潤滑剤》.
aqu·aer·o·bics /æ̀kwəróubɪks/ *n* [⟨*sg/pl*⟩] 水中エアロビ(クス), アクアビクス.
aqua et ig·ni in·ter·dic·tus /à:kwa: ɛt ígni ìntɛrdíktus/ 水と火の供給を禁じられた; 追放された. [L]
áqua·fàrm *n* 魚貝類養殖場.
áqua fórtis 〘化〙強水 (nitric acid). [L=strong water]
àqua·kinétics *n* 《幼児・子供のための》浮遊訓練法[術].
aqua·lung /ǽkwəlʌ̀ŋ, *á:k-/ *n* アクアラング (scuba)《潜水用水中呼吸装置》; [Aqua-Lung] 〘商標〙アクアラング《J. Y. Cousteau が開発した》. ► *vi* アクアラングを使う. ♦ **áqua·lùng·er** *n* [L AQUA +LUNG]
aq·ua·ma·nile /æ̀kwəmənáɪli, -ní:li/ *n* 《中世の, 動物や鳥の形をした》水差し. [L=ewer of water]
aqua·ma·rine /æ̀kwəmərí:n, *à:k-/ *n* 〘鉱〙藍玉, アクアマリン《beryl の変種; 3 月の BIRTHSTONE》; さびあさぎ色, アクアマリン. [L *aqua marina* sea water]
áqua mi·rá·bi·lis /-mərá:bələs/ (*pl* **áquae mi·rábi·les** /-lì:z/) アクア・ミラビリス《昔のコーディアル (cordial) の一種; 蒸留酒, sage, betony, balm などからなる》. [L=wonderful water]
aqua·naut /ǽkwənɔ̀:t, *á:k-, *-nà:t/ *n* アクアノート《海中施設で暮らし海洋データを提供する人》; 潜水技術者, SKIN DIVER.
aqua·nau·tics /æ̀kwənɔ́:tɪks, *à:k-/ *n* 《スキューバを使っての》海底[水中]探検[調査].
àqua·phóbia *n* 水恐怖(症)《特に おぼれることに対する恐怖からの; cf. HYDROPHOBIA》.
áqua·plàne *n* アクアプレーン《モーターボートに引かせる波乗り板》. ► *vi* アクアプレーンに乗る; ″⟨自動車などが⟩路面の水膜ですべる (hydroplane*). ♦ **-plàn·er** *n* [*plane*¹]
Áqua·pùlse gùn 〘商標〙アクアパルスガン《海域地質の地震探査に用いるガス燃焼式波源の一つ》.
áqua pú·ra /-pjúərə/ 純水. [L=pure water]
áqua ré·gia /-rí:dʒ(i)ə/ 〘化〙王水《濃硝酸 1 と濃塩酸 3 の割合の混合液; 金・白金を溶かす》. [L=royal water; cf. REGIUS]
aq·ua·relle /æ̀kwərél, *à:k-/ *n* (透明)水彩画法; (透明)水彩画, アカレル. ♦ **-rél·list** *n* (透明)水彩画家. [F<It]
Aquar·i·an /əkwéəriən/ *a* みずがめ座 (水瓶座) (Aquarius) の; みずがめ座生まれの; AGE OF AQUARIUS の. ► *n* みずがめ座生まれの人 (Aquarius).
Aquárian Àge [the] AGE OF AQUARIUS.
aquar·ist /əkwérɪst, -wǽr-; ǽkwə-/ *n* 水族館長; 水生生物研究家, 水槽で生き物を飼う人.
aquar·i·um /əkwéəriəm/ *n* (*pl* ~**s**, **-ia** /-iə/) 水生生物飼育槽, 水槽, 養魚池, アクアリウム; 水族館. [L (neut) ‹ *aquarius* of water; *vivarium* にならったもの]
Aquar·i·us /əkwéəriəs/ 〘天〙みずがめ座 (水瓶座) (Water Bearer) 《星座》, 《十二宮の》宝瓶(ほうへい)宮 (⇨ ZODIAC); みずがめ座生まれの人 (=*Aquarian*). [L (↑ <AQUA)]
aq·ua·ro·bics /æ̀kwəróubɪks/ *n* 水中エアロビクス, アクアビクス.
áqua·scàpe *n* 水のある[水辺の]景色, 水景; 《池・噴水など》水景(設備)のある地域, 水景地.
Aqua·scu·tum /æ̀kwəskjú:təm/ 〘商標〙アクアスキュータム《英国 Aquascutum Ltd. のファッションブランド》. [L (*aqua-*, *scutum* shield)]
áqua·shòw″ *n* AQUACADE.
áqua·spàce·màn /, -mən/ *n* 水中生活者[作業員].
aquat·ic /əkwǽtɪk, -wát-/ *a* 水の; 〘生〙水生の; 水中[水上]の: an ~ bird [plant] 水鳥[水草] / ~ products 水産物 / ~ sports 水中[水上]スポーツ. ► *n* 水生動物[植物]; 水上スポーツ[水浴, 水泳]に凝っている人; [~s, ⟨*sg/pl*⟩] 水中[水上]スポーツ. ♦ **-i·cal·ly** *adv* [F or L; ⇨ AQUA]
aqua·tint /ǽkwətɪ̀nt, *á:k-/ *n* アクアチント《腐食銅版画法の一つ; その版画》. ► *vt* …にアクアチントの食刻をする. ♦ **~·er** *n* **~·ist** *n* [F<It *acqua tinta* colored water]
áqua·tòne *n* 〘印〙アクアトーン《網写真を応用した写真平版法の一種; これによる印刷物》.
aq·ua·vit, ak·va- /á:kwəvì:t, ǽk-/ *n* アクアヴィット《キャラウェーの実で風味をつけた北欧の透明な蒸留酒》. [Swed, Dan, and Norw<L ↓]
áqua ví·tae /-váɪti, -ví:tàɪ/ 〘錬金術〙アルコール; 強い酒《brandy, whiskey など》. [L=water of life]
aq·ue·duct /ǽkwədʌ̀kt/ *n* 導水管[渠(きょ)]; 導水橋, 水道橋; 〘解〙水管, 水道. [L *aquae ductus* conduit]
aque·ous /éɪkwiəs, ǽk-/ *a* 水の(ような), 水性の, 水様の; 水を含んだ; 〘地質〙⟨岩石が⟩水成の; 〘解〙水様液の.
áqueous ammónia AMMONIA WATER.
áqueous húmor 〘解〙《眼球の》水様液, (眼)房水.
áqueous róck 〘岩石〙水成岩.
aq·ui- /ǽkwə, *á:k-/ *comb form*「水」 [L AQUA]
áqui·cùlture *n* AQUACULTURE
aqui·fer /ǽkwəfər, *á:k-/ *n* 〘地質〙帯水層《地下水を含む多孔質浸透性の地層》. ♦ **aquif·er·ous** /æ̀kwífərəs, ɑ:k-/ *a*
áquifer sprìng 《帯水層から水が出る》帯水層泉.
Aq·ui·la¹ /ǽkwələ, əkwílə/ 〘天〙わし座 (鷲座) (Eagle). [L]
Aquila² ⇨ L'AQUILA.
aq·ui·le·gia /æ̀kwəlí:dʒ(i)ə/ *n* 〘植〙アキレギア属 (*A-*) の各種の草花, オダマキ (columbine). [NL]
Aqui·le·ia /æ̀kwəlí:(j)ə/ アクイレイア《イタリア北東部アドリア海の奥の町; ローマ時代に繁栄》.
aq·ui·line /ǽkwəlàɪn, *-lən/ *a* ワシの(ような); ワシのくちばしのように曲がった: an ~ nose わし鼻, かぎ鼻. ♦ **aq·ui·lin·i·ty** /æ̀kwəlínəti/ *n* [L (*aquila* eagle)]
Aqui·nas /əkwáɪnəs/ アクイナス Saint **Thomas** ~ (c.1225–74)《イタリアの神学者, スコラ哲学の大成者; イタリア語名 Tommaso d'Aquino; *Summa Theologica* (神学大全) (1267–73); 祝日 1 月 28 日 (もと 3 月 7 日)》.
Aqui·no /əkí:nou/ アキノ (1) **Benigno** (**Simeon Cojuangco**) ~ **III** (1960–)《フィリピンの政治家; Corazon の子; 大統領 (2010–)》 (2) (**Maria**) **Corazon** ~ (1933–2009)《フィリピンの政治家; 反 Marcos 運動の旗手 Benigno ~ (1932–83) の妻; 旧姓 Cojuangco; 夫の暗殺後政界入り, 大統領 (1986–92)》.
Aq·ui·taine /ǽkwətèɪn/ アキテーヌ《**1**) フランス南西部の Biscay 湾に臨む歴史的地域; ローマ時代の Aquitania にほぼ同じで, のちに Guienne として知られる地方; ☆Toulouse **2**) フランス南西部の地域圏; Dordogne, Gironde, Landes, Lot-et-Garonne, Pyrénées-Atlantiques の5 県からなる》.
Aq·ui·ta·nia /æ̀kwətéɪnjə, -niə/ アクイタニア《ガリア南西部のローマ領》. ♦ **-nian** *a, n*
aquív·er /ə-/ *pred a* (ぶるぶる)震えて, わなないて.
a quo /ɑ: kwóu, eɪ-/ *adv* それ[そこ]から. ► *n* 起点, 分岐点. [L =from which]
aquose /əkwóus, éɪkwous/ *a* 水が豊富な; 水の(ような).
aquos·i·ty /əkwásəti/ *n* 湿って[ぬれて]いること.
ar /á:r/ *n* 《アルファベットの》R [r].
ar- /ǽr, ər/ ⇨ AD-.

A

-ar /ər/ *a suf*「…の(ような)」: famili*ar*, muscul*ar*. ► *n suf*「…する人」: schol*ar*, li*ar*. [L *-aris*]
ar. arrival ♦ arrive(s). **a.r.** 〘保〙 all risks 全危険 ♦ °anno regni.
Ar 〘化〙 argon. **Ar., Ar** Arabic.
AR °account(s) receivable ♦ acknowledgment of receipt 受領[受信]通知 ♦ all rail ♦ °annual return ♦ Arkansas ♦ Army Regulation ♦ Autonomous Region 自治州 ♦ Autonomous Republic 自治共和国.
A/R °account(s) receivable.
Ara /éɪrə/ 〘天〙 さいだん座 (祭壇座) (Altar). [L]
ARA 〘英〙 Associate of the Royal Academy.
ara-A /æ̀rəéɪ/ *n* 〘薬〙 アラ A《アラビノースとアデニンから得られる抗ウイルス薬; ヘルペスによる角膜炎・脳炎などの治療に用いる》.
Ar·ab /ǽrəb, *ɛ́r-/ *n* **1 a**《アラビア半島の》アラビア人; 《広くセム族の一派としての》アラブ人, ベドゥイン人 (Bedouin)《遊牧のアラブ人》. **b** アラブ(馬) (=*Arabian horse*)《アラビア半島原産の快足馬》. **2** [°a-] /°éɪ-/ 宿無し, 浮浪児 (street Arab); *《俗》街頭商人. ► *a* アラビア(人)の, アラブ(人)の; ARABIC. [F<Arab]
Arab. Arabia(n) ♦ Arabic.
ʽAra·bah /ǽrəbə/ ■ **Wádi al-～** /-æ̀l-/ アラバワジ《Dead Sea より Aqaba 湾へと南北に走る地溝帯》.
Ar·a·bel /ǽrəbɛ̀l/, **Ar·a·bel·la** /ærəbélə/ アラベル, アラベラ《女子名; 愛称 Bel, Bella, Belle》. [⇨ ANNABEL]
ar·a·besque /æ̀rəbésk/ *n* アラベスク《アラビア風意匠[唐草模様](の絵[浅浮彫, 装飾])》; 〘バレエ〙 アラベスク《ポーズの一つ》; 〘楽〙 アラベスク《幻想的・装飾的な(ピアノ)小品》; 精緻な模様[表現形式]. ► *a* アラベスクの; 風変わりで手の込んだ. [F<It (*arabo* Arab)]
Ara·bia /əréɪbiə/ アラビア (=*Arabian Peninsula*)《アジア大陸南西端の大半島》. ★ 古くは以下の 3 地域に大別された: **～ Pe·tráea** /-pətríːə/ (石のアラビア)《Sinai 半島を含む半島北西部》, **～ De·sér·ta** /-dɪzə́ːrtə/ (砂漠のアラビア)《半島北部》, **～ Fé·lix** /-fíːlɪks/ (恵まれたアラビア)《半島南部》. [OF<?Arab or L<Gk *Arabios*]
Ará·bi·an *a* アラビアの; アラビア人の. ► *n* アラビア人; アラブ馬 (Arab).
Arábian bírd 不死鳥 (phoenix); [*fig*] ユニークな例.
Arábian cámel 〘動〙 ヒトコブラクダ (dromedary).
Arábian cóffee ARABICA COFFEE.
Arábian Désert [the] アラビア砂漠 **(1)** エジプト東部 Nile 川と紅海の間の砂漠 **2)** アラビア半島(北部)の砂漠).
Arábian Gúlf [the] アラビア湾《PERSIAN GULF の別称》.
Arábian hórse アラブ馬 (Arab).
Arábian Níghts' Entertáinments *pl* [The]『千夜一夜物語』『アラビアンナイト』(=*The Arabian Nights* or *The Thousand and One Nights*)《インド・ペルシア・アラビアなどの民間説話集》.
Arábian Península [the] アラビア半島 (Arabia).
Arábian Séa [the] アラビア海《インド洋の北西部, インド亜大陸と Arabia の間の海域》.
Ar·a·bic /ǽrəbɪk/ *a* アラビア語[文字, 数字, 文化]の, アラビア風の; アラビア(人)の, アラブ(人)の: ～ literature アラビア文学 / ～ architecture アラビア建築. ► *n* アラビア語.
aráb·i·ca (cóffee) /əræ̀bəkə(-)/ 〘植〙 アラビアコーヒー(ノキ)《アカネ科; 世界のコーヒー豆生産の大部分を占める》; アラビアコーヒー豆 (=**arábica bèan**); アラビアコーヒー. [NL *Coffea arabica*]
Árabic álphabet アラビア文字, アラビア語アルファベット.
arab·i·cize /əræ̀bəsàɪz/ [°A-] *vt* 〈言語(の要素)を〉アラビア語化する; ARABIZE. ♦ **àrab·i·ci·zá·tion** *n*
Árabic númeral [fígure] アラビア数字 (=*Hindu-Arabic numerals*)《0, 1, 2, 3, … 9; ヨーロッパでは 12 世紀ごろから使用; cf. ROMAN NUMERAL》.
arab·i·nose /əræ̀bənòus, ǽrə-, -z/ *n* 〘化〙 アラビノース (=*pectinose, pectin sugar*)《細菌などの培養基として使用される五炭糖; 植物ガムから得られるほか, グルコースから合成する》. [gum *arabic*, *-in²*, *-ose*]
ar·a·bin·o·side /æ̀rəbínəsàɪd, əræ̀bənou-/ *n* 〘生化〙 アラビノシド《arabinose を含む配糖体》. [*-ide*]
ar·a·bis /ǽrəbəs/ *n* 〘植〙 ハタザオ《アブラナ科ハタザオ属 (*A-*) の各種の草本》.
Ar·ab·ism /ǽrəbìz(ə)m/ *n* アラブ風の習慣; 《他言語中にみられる》アラビア語法; アラブ民族主義.
Árab-Isràeli wárs *pl* [the] アラブ-イスラエル戦争《第 1 次-第 4 次中東戦争 (1948–49, 56, 67, 73) のほか 1982 年の紛争など》.
Ar·a·bist /ǽrəbɪst/ *n* アラビア語学者, アラブ学者; アラビア語[文学]の学生; アラブ民族主義者.
Ar·ab·ize /ǽrəbàɪz/ *vt* アラブ化する; ARABICIZE. ♦ **Àr·ab·i·zá·tion** *n*
ar·a·ble /ǽrəb(ə)l/ *a* 耕作に適する, 耕作可能な; 耕された; "耕地向きの〈作物〉, 耕作に従事する. ► *n* 耕作に適した[耕された]土地, 耕地; "耕作. ♦ **àr·a·bíl·i·ty** *n* [F or L (*aro* to plow)]
Árab Léague [the] アラブ連盟《アラブ諸国政府間の連帯機構; 1945 年結成》.
Árab Spríng [the] アラブの春《2010 年末に始まるアラブ諸国での一連の民主化革命運動; 2011 年にはチュニジア・エジプト・リビアで長期政権が倒れた.
Ar·a·by /ǽrəbi/ 《古・詩》 ARABIA.
Ara·ca·ju /æ̀rəkəʒúː/ アラカジュー《ブラジル北東部の港町で Sergipe 州の州都》.
ara·ca·ri /ɑːrəsáːri; æ̀rə-/ *n* 〘鳥〙 チュウハシ《オオハシ科; 中米・南米産》. [Port<Tupi]
ara·ceous /əréɪʃəs/ *a* 〘植〙 サトイモ科 (Araceae) の.
ar·a·chíd·ic ácid /æ̀rəkídɪk-/, **arách·ic ácid** /əræ̀kɪk-/ 〘化〙 アラキ(ジ)ン酸《エステルとして落花生油・菜種油などに存在する》.
ar·a·chi·dón·ic ácid /æ̀rəkədánɪk-/ 〘生化〙 アラキドン酸《動物の内臓脂質中に存在する高度不飽和必須脂肪酸》.
ár·a·chis òil /ǽrəkəs-/ 落花生油 (peanut oil).
Arach·ne /əræ̀kni/ 〘ギ神〙 アラクネー《織物の名手で, この術で Athena に挑んだが敗れてクモに変えられた》.
arach·nid /əræ̀knəd/ *n, a* 〘動〙 蛛形(ちゅけい)[クモ形]類の(節足動物)《サソリ・ダニなども含む; cf. ARANEID》. ♦ **arách·ni·dan** *n, a* [F or L (Gk *arakhnē* spider)]
arach·ni·tis /æ̀rækná ɪtəs/ *n* ARACHNOIDITIS.
arach·noid /əræ̀knɔ̀ɪd/ *a* 〘動〙 蛛形類の(ような); 〘植〙 くもの巣状の; 〘解〙 蜘蛛(くも)膜の. ► *n* 〘解〙 蜘蛛膜 (=**～ mémbrane**)《軟膜と硬膜の間の膜》; ARACHNID.
arach·noid·i·tis /əræ̀knɔ̀ɪdáɪtəs/ *n* 〘医〙 蜘蛛膜炎.
ar·ach·nol·o·gy /æ̀ræknálədʒi/ *n* クモ学. ♦ **-gist** *n* **àrach·no·lóg·i·cal** *a*
aràch·no·phóbia /əræ̀knou-/ *n* クモ嫌い[恐怖症]. ♦ **-phó·bic** *a, n* **arách·no·phòbe** *n*
Arad /ɑːrɑ́ːd, ǽræd/ アラド《ルーマニア西部 Mureş 川沿岸の市》.
Ar·a·fat /ǽrəfæ̀t, ɑːrəfɑ́ːt/ アラファート, アラファト **Yasser** [**Yasir**] ～ (1929–2004)《パレスティナのアラブ抵抗運動の指導者・政治家; Al Fatah の創設に参加 (1956), パレスティナ解放機構 (PLO) 議長 (1969–2004), パレスティナ自治政府議長 (1996–2004); ノーベル平和賞 (1994)》.
Ara·fú·ra Séa /æ̀rəfúərə-/ [the] アラフラ海《オーストラリア北部と New Guinea 西部の間》.
Ar·a·gats /æ̀rəgǽts/ [Mount] アラガツ山《アルメニア北西部の火山 (4090 m)》.
Ar·a·gon[1] /ǽrəgɑ̀n, -gən/ アラゴン《スペイン北東部のフランスと国境を接する地方・自治州, 昔は王国; Huesca, Teruel, Zaragoza の 3 県からなる; ☆Zaragoza》.
Ara·gon[2] /*F* aragɔ̃/ アラゴン **Louis** ～ (1897–1982)《フランスの詩人・共産主義作家》.
Ar·a·go·nese /æ̀rəgəníːz, -s/ *a* アラゴンの; アラゴン人[方言]の. ► *n* (*pl* ～) アラゴン人; 《スペイン語の》アラゴン方言.
ara·go·nite /əræ̀gənàɪt, ǽrə-/ *n* 〘鉱〙 霰石(あられいし), アラゴナイト. ♦ **arà·go·nít·ic** /-nít-, æ̀rə-/ *a* [*Aragon*]
Ara·gua·ia, -ya /æ̀rəgwáɪə/ [the] アラグアイア川《ブラジル中部を北へ流れ, Tocantins 川に合流する》.
ar·ak /ǽrək, əræ̀k/ *n* ARRACK.
Arak /ɑːrɑ́ːk, əræ̀k/ アラーク《イラン中西部の市; 旧称 Sultanabad》.
Ara·kan /ɑ̀ːrəkɑ́ːn, æ̀rəkǽn/ アラカン《RAKHINE の旧称》.
Arakán Yó·ma /-jóumə/ アラカンヨーマ《ミャンマー西部を南北に走る山脈で, インドとミャンマーの境界をなす》.
Araks /ɑráːks/ [the] アラクス川《ARAS 川のロシア語名》.
Ar·al·dite /ǽrəldàɪt/ 〘商標〙 アラルダイト《エポキシ樹脂系接着剤》.
ara·lia /əréɪliə, -ljə/ *n* 〘植〙 タラノキ属 (*A-*) の各種の植物《ウコギ科; 室内観葉植物として栽培される》.
ara·li·a·ceous /ərèɪliéɪʃəs/ *a* 〘植〙 ウコギ科 (Araliaceae) の.
Ár·al Séa /ǽrəl-/ [the] アラル海《カザフスタンとウズベキスタンにまたがる塩湖; 旧称 Lake Aral》.
Ar·am[1] /ɛ́ərəm, ǽr-/ アラム《古代シリアのヘブライ語名》.
Aram[2] アラム **Eugene** ～ (1704–59)《英国の言語学者; 殺人の共犯者として処刑された》.
Ar·a·m(a)e·an /æ̀rəmíːən/ *a* アラム(人[語])の. ► *n* アラム人; ARAMAIC.
Ar·a·ma·ic /æ̀rəméɪɪk/ *a, n* アラム語(の)《セム系; イエスとその弟子たちの母語》.
Aramáic álphabet アラム文字《紀元前 9 世紀に始まり数世紀にわたって西南アジアの商業用文字として用いられ, シリア文字やアラビア文字の基礎となった》; 《ヘブライ語の》正方形文字, アッシリア書体.
ar·a·mid /ǽrəməd, -mìd/ *n* アラミド《耐熱性のきわめて高い合成芳香族ポリアミド; 織維製品に使われる》. [*ar*omatic poly*amide*]
Aran /ǽrən/ *a* ARAN ISLANDS の; アラン編みの《Aran 諸島独特の, 自然の脂肪分を保つ染色しない太い羊毛で編んだ》: an ～ sweater アランセーター.
Aran·da /ɑ́ːrəndə, əræ̀ndə, ərɑ́ːndə/, **Aran·ta** /ɑ́ːrəntə, əræ̀ntə, ərɑ́ːntə, ǽrəndə/, **Arun·ta** /ɑ́ːrəntə, ərʌ́ntə/ ARRERNTE.
ara·ne·id /əréɪniəd, æ̀rəníː-/ *n* 〘動〙《真正クモ目 (Araneida) またはコガネグモ科 (Araneidae) の》クモ (spider). [L *aranea* spider]
Ara·nha /əræ̀njə/ アラニャ **Oswaldo** ～ (1894–1960)《ブラジルの法

律家・政治家; 駐米大使 (1934–38), 外相 (1938–44), 国連代表 (1947–48) などを歴任》.

Áran Íslands *pl* [the] アラン諸島《アイルランド西部 Galway 沖の 3 島からなる諸島; Inishmore 島が最大》.

Arany /á:rɑ:nj/ アラニュ **János** ～ (1817–82)《ハンガリーの叙事詩人》.

Arap·a·ho, -hoe /əræpəhòʊ/ *n* **a** (*pl* ～, ～**s**) アラパホ族《Algonquian 語系の平原インディアン》. **b** アラパホ語.

ar·a·pai·ma /ærəpáɪmə/ *n* 〘魚〙 PIRARUCU. [Tupi]

ar·a·pon·ga /ærəpáŋgə/ *n* 〘鳥〙 スズドリ (bellbird)《南米産》. [Port]

Ar·a·rat /ǽrəræt/ アララト (*Turk* Agri Dagi)《トルコ東部, イラン国境の近くにある山 (5165 m); ノアの箱舟の上陸地「アララテの山」とされる; *Gen* 8: 4》.

ar·a·ro·ba /ærəróʊbə/ *n* ゴア末(まつ) (Goa powder); 〘植〙 アラローバ《ブラジル産のマメ科の木》. [Port＜Tupi]

Aras /ərá:s/ [the] アラス川 (*Russ* Araks)《トルコの Armenia 地方から東流しアゼルバイジャン東部で Kura 川に合流, また直接カスピ海にも注ぐ; 古代名 Araxes》.

ará·tio·nal /eɪ-/ *a* 理性[合理性]によらない, 非[没]合理の (cf. IRRATIONAL).

Arau·can /əró:kən, əráʊ-/ *n, a* ARAUCANIAN.

Ar·au·ca·nía /ærò:kéɪniə, à:raʊká:njɑ:/ アラウカニア《チリ南部の地方》.

Ar·au·ca·ni·an /ærò:kéɪniən, əràʊká:-/ *n* **a** アラウカノ《チリ中部のインディオ》. **b** アラウカノ語. ▶ *a* アラウカノ(語)の.

ar·au·car·ia /ærò:kɛ́əriə/ *n* 〘植〙 ナンヨウスギ属 (*A-*) の各種の高木《南米・オーストラリア原産》. ♦ **àr·au·cár·i·an** *a* [*Arauco* チリの地名]

Ará·val·li Ránge /ərá:vəli-/ [the] アラヴァリ山脈《インド北西部 Thar 砂漠の東にある山脈; 最高峰 Abu 山 (1722 m)》.

Ar·a·wak /ǽrəwæk, -wà:k/ *n* **a** (*pl* ～, ～**s**) アラワク族《南米北東部の Arawakan 系インディオ》. **b** アラワク語.

Àr·a·wák·an *n* **a** (*pl* ～, ～**s**) アラワク族《南米北東部に住むインディオ諸族からなる》. **b** 〘言〙 アラワク語族.

Arax·es /əræ̀ksiz/ [the] アラクセス川《ARAS 川の古代名》.

arb /á:rb/ *n* 《口》《特に 米国の証券取引所の》鞘取(さやとり)売買をする商人 (arbitrageur).

ARB °angiotensin-receptor blocker.

ar·ba·lest, -list /á:rbələst/ *n* 《中世の》鉄製の CROSSBOW (を主要部とする石・鉄球・矢などの発射器). ♦ **～·er** *n*

Ar·be·la /ɑ:rbí:lə/ アルベラ《古代ペルシアの都市; 現在の ARBIL; 近くで Alexander 大王がペルシアの Darius 3 世を破った (331 B.C.)》

Ar·ber /á:rbər/ アルベル **Werner** ～ (1929–)《スイスの分子生物学者; 分子遺伝学への貢献でノーベル生理学医学賞 (1978)》.

Ar·bīl /á:rbì:l, -bìl/, **Ir-** /íər-, ɔ̀:r-/, **Er-** /ɛ́ər-/ アルビル, イルビル, エルビル《イラク北部 Mosul の東方にある市; クルド人自治区の中心地; 古代名 Arbela》.

ar·bi·ter /á:rbətər/ *n* 仲裁人; 《ファッション・マナーなどの》権威 〈*of*〉; 〘野〙 審判(員): French culture is no longer the ～ *of* taste. フランス文化はもはや好尚の絶対的規範ではない. ♦ **ar·bi·tress** /á:rbətrəs/ *n fem* [L＝judge, witness]

árbiter ele·gán·ti·ae /-èləgǽnʃiì:/, **árbiter ele·gan·ti·á·rum** /-èləgænʃiέərəm/ 趣味の審判者《Tacitus が Petronius を評したことば》; 《一般に》通(つう). [L＝arbiter of refinement]

ar·bi·tra·ble /á:rbətrəb(ə)l, ɑ:rbít-/ *a* 仲裁に付しうる, 仲裁可能な.

ar·bi·trage /á:rbətrà:ʒ, -trɪʤ/ *n* 〘商・金融〙 裁定取引, 鞘取(さやとり)売買, アービトラージ《同じ通貨や証券を異なる市場において同時に売買し, 市場間の価格差を利用して利益を得ること》; RISK ARBITRAGE; 《古》 /-trɪʤ/ 仲裁. ▶ *vi* 裁定取引をする. [F; ⇨ ARBITER]

ar·bi·tra·geur /ɑ:rbətrɑ:ʒə́:r/, **ar·bi·trag·er** /á:rbətrà:ʒər/ *n* 〘商・金融〙 鞘取(さやとり)売買をする人.

ar·bi·tral /á:rbətrəl/ *a* 仲裁(人)の: an ～ tribunal 仲裁裁判所.

ar·bit·ra·ment, -re- /ɑ:rbítrəmənt/ *n* 仲裁判断(の内容); 《古》 裁決権.

ar·bi·trar·i·ly /á:rbətrὲrəli, ⌣⌣⌣́⌣⌣; á:bɪtrərɪli/ *adv* 自由裁量によって; 任意に, 勝手(気まま)に; 専断的に.

ar·bi·trary /á:rbətrὲri; -tr(ə)ri/ *a* 自由裁量による; 勝手な, 気まぐれの, 恣意的な; 〘数〙 任意の, 不定の; 《法の支配によらずに》専断的な, 専横な; ″〘印〙 普通のフォントにない〈活字〉: an ～ decision 専決 / ～ rule [monarchy] 専制政治[王国]. ▶ *n* ″〘印〙 特殊活字 (special sort). ♦ **-tràr·i·ness** /; -trərɪnəs/ *n* [F or L; ⇨ ARBITER]

ar·bi·trate /á:rbətrèɪt/ *vi* 仲裁する: ～ *between* two parties *in* a dispute 両者間の紛争を仲裁する. ▶ *vt* 〈紛争を〉仲裁する; 仲裁にゆだねる, 〈紛争を〉仲裁に付する, 仲裁で処理する; 《古》 …に決着をつける. ♦ **-trà·tive** *a* [L *arbitror* to judge; ⇨ ARBITER]

ar·bi·tra·tion /ɑ:rbətréɪʃ(ə)n/ *n* 仲裁, 仲裁手続き; 仲裁裁判: a court of ～ 仲裁裁判所 / refer [submit] a dispute *to* ～ 争議を仲裁に付する / go to ～ 〈紛争当事者が〉仲裁を依頼する; 〈争議が〉仲裁に付される. ♦ **～·al** *a*

arbitrátion of exchánge 為替裁定取引《外国為替の裁定取引 (ARBITRAGE)》.

ár·bi·trà·tor *n* 仲裁人, 《特に 紛争当事者の双方の同意を得て指名された》仲裁人; 《一般に》権威者[機関]. ♦ **ar·bi·tra·trix** /á:rbətrèɪtrɪks/ *n fem*

ar·blast /á:rblæst; -blɑ:st/ *n* ARBALEST.

Ar·blay, d' /dá:rbleɪ; *F* darblɛ/ [Madame] ダーブレー夫人《Fanny BURNEY の結婚後の名》.

Ar·bon /*F* arbɔ̃/ アルボン《スイス北東部 Constance 湖南西岸にある町》.

ar·bor[1] /á:rbər/ *n* **1** (*pl* **-bo·res** /-bərì:z/) 〘植〙 《低木と区別して》高木, 喬木. **2** 車軸; 主軸, 主梁; 〘機〙 軸, 《旋盤の》心軸, 心棒, 小軸, アーバー. [F＜L＝tree, axis]

ar·bor[2] | **ar·bour** /á:rbər/ *n* 《バラなどをはわせた格子作りの》あずまや, 園亭; 木陰; 《廃》 芝生; 《廃》 花園, 花畑, 花壇; 《廃》 果樹園. [F (⇨ HERB); *ar-* の形は ↑ との連想]

ar·bor- /á:rbər/, **ar·bor·i-** /á:rbərə/ *comb form* 「木」

ar·bo·ra·ceous /ɑ:rbəréɪʃəs/ *a* ARBOREAL; 樹木におおわれた.

Árbor Dày 植樹の日, 植樹祭.

ar·bo·re·al /ɑ:rbɔ́:riəl/ *a* 樹木の, 樹木状の; 木にすむ, 〘動〙 樹上生活に適した, 樹上性の. ♦ **ar·bò·re·ál·i·ty** *n* **～·ly** *adv* [L; ⇨ ARBOR[1]]

ár·bored *a* 両側[周囲]に樹木のある.

ar·bo·re·ous /ɑ:rbɔ́:riəs/ *a* 樹木の多い; 高木のような, 高木状の; 木にすむ, 木に寄りつくことの多い.

ar·bo·res·cent /ɑ:rbərés(ə)nt/ *a* 樹木のような; 樹枝状の. ♦ **～·ly** *adv* **àr·bo·rés·cence** *n*

ar·bo·re·tum /ɑ:rbərí:təm/ *n* (*pl* **-ta** /-tə/, ～**s**)《科学的・教育的目的で木本および草本を栽培する》植物園.

arbori- ⇨ ARBOR-.

árbori·cùlture /, ɑ:rbɔ́:rə-/ *n* 《美観用・用材用の》樹木栽培, 樹芸 (cf. SILVICULTURE)《略 arbor.》. ♦ **àrbori·cúlturist** /, ɑ:rbɔ́:rə-/ *n* 樹木栽培家, 樹芸家. **-cúltural** *a* [*agriculture* にならって *arbor*[1] より]

árbori·fòrm /, ɑ:rbɔ́:rə-/ *a* 木の形をした, 樹木状の.

ar·bó·rio ríce /ɑ:rbɔ́:riòʊ-/ [°A-] アルボリオ米(まい)《リゾットに適した丸い粒のイタリア米》.

ar·bo·rist /á:rbərɪst/ *n* 樹木栽培家, TREE SURGEON.

àr·bor·i·zá·tion *n* 樹枝状の形態[構造, 結晶, 突起]; 〘生〙 樹枝状分岐.

ar·bor·ize /á:rbəràɪz/ *vi* 樹枝状分岐を呈する.

ar·bo·rous /á:rbərəs/ *a* 樹木の[で構成された].

ar·bor·vi·tae /ɑ:rbərváɪti, -ví:tàɪ/ *n* 〘植〙 クロベ属・アスナロ属の各種の常緑樹 (＝*tree of life*)《ヒノキ科の庭園樹; cf. THUJA》; ARBOR VITAE.

árbor ví·tae /-váɪti, -ví:tàɪ/ 樹木状の構造; 〘解〙 小脳活樹, 生命樹; 〘植〙 ARBORVITAE. [L＝tree of life]

arbour ⇨ ARBOR[2].

ar·bo·virólogy /ɑ:rbə-/ *n* アルボウイルス学.

ar·bo·vírus /ɑ:rbə-/ *n* アルボウイルス《節足動物によって伝播される RNA ウイルス; 黄熱ウイルス・脳炎ウイルスなど》. [*ar*thropod-*bo*rne *virus*]

Ar·broath /ɑ:rbróʊθ/ アーブロース《スコットランド東部 Dundee の北東にある漁港・保養地; Robert 1 世がスコットランド独立宣言 (the **Declarátion of** ～, 1320) を発した地》.

Ar·bus /á:rbəs/ アーバス **Diane** ～ (1923–71)《米国の写真家; 旧姓 Nemerov; 1960 年代に小人・巨人・服装倒錯者そのほかグロテスクなものの写真で注目を浴びた》.

Ar·buth·not /ɑ:rbʌ́θnət, á:rbəθnɑ̀t/ アーバスノット **John** ～ (1667–1735)《スコットランドの医師・作家; *The History of John Bull* (1712); ⇨ JOHN BULL》.

ar·bu·tus /ɑ:rbjú:təs/ *n* 〘植〙 **a** アルブツス属 (*A-*) の各種低木《ツツジ科》. **b** アメリカイワナシ《北米産のツツジ科の常緑小低木》. [L＝wild strawberry tree]

Ar·by's /á:rbiz/ 〘商標〙 アービーズ《米国のファーストフードチェーン店; カウボーイハットの看板が目印》.

arc /á:rk/ *n* 弧形, 弓形; 〘数〙 弧, 円弧; 〘電〙 電弧, アーク; アーク灯 (arc lamp); 〘地質〙 ISLAND ARC; 《物語などの》展開, 進展, 筋立て, 軸; 《廃》 ARCH[1]: fly in an ～ 弧を描いて飛ぶ / a diurnal [nocturnal] ～ 〘天〙 日周[夜周]弧《地球の自転により天体が天球上に描く弧》. ▶ *a* 弧の, アークの; 〘数〙 逆の (inverse)《三角関数・双曲線関数について使う》: ARC MINUTE [SECOND]. ▶ *vi* (**árced, árcked; árc·ing, árck·ing**) 弧状に動く[進む]; 〘電〙 アークをなす, アーク放電を起こす. [OF＜L *arcus* bow]

ARC 〘英〙 Agricultural Research Council《現在は BBSRC》♦ °AIDS-related complex ♦ American Red Cross 米国赤十字社.

ar·cade /ɑ:rkéɪd/ *n* 〘建〙 拱廊(きょうろう), 列拱, アーケード; 屋根付き街路[商店街], アーケード; ゲームセンター (game arcade*, amusement arcade″). ▶ *vt* …にアーケードを付ける; アーケードにする. [F; ⇨ ARCH[1]]

ar·cád·ed *a* 拱廊を付けた; アーケードになった.

arcáde gàme 《ゲームセンターにあるような》VIDEO GAME.
Ar·ca·des am·bo /ɑ́ːrkədès ɑ́ːmboʊ/ 両方ともアルカディア人; 同じような職[趣味]の二人; 二人の悪党. [L]
Ar·ca·dia /ɑːrkéɪdiə/ **1** アルカディア《ギリシアの Peloponnesus 半島中部にある県》. **2** アルカディア《古代ギリシア奥地の景勝の理想郷》; [ºa-] 《静かで素朴な》田園的理想郷. [L<Gk *Arkadia*]
ar·ca·di·an /ɑːrkéɪdiən/ *n* ゲームセンター (game arcade) の常連.
Arcadian *a* アルカディア(人)の; [ºa-] 牧歌的な, 純朴な; アルカディア方言の. ► *n* アルカディア人; [ºa-] 田園趣味を楽しむ人; 《古代ギリシア語の》アルカディア方言 (⇨ IONIC). ♦ **~·ism** *n* 田園趣味, 牧歌的な気風[作風]. **~·ly** *adv*
Ar·cad·ic /ɑːrkéɪdɪk/ *a* アルカディア人の; アルカディア方言の. ► *n* アルカディア方言 (Arcadian).
ar·cád·ing *n* 〖建〗《一連の》アーチ[アーケード]飾り.
Ar·ca·dy /ɑ́ːrkədi/ 《詩》ARCADIA.
ar·ca·na /ɑːrkéɪnə, -kɑ́ː-/ *n* ARCANUM の複数形; アルカナ《タロー占いに用いる 2 種類の組カード; major ~ は 22 枚の寓意画カード, minor ~ は 56 枚の点数カードからなる》.
ar·cane /ɑːrkéɪn/ *a* 秘密の, 秘義的な, 神秘的な, 常人にはうかがい知れない, 難解な. ♦ **~·ly** *adv* [F or L (*arceo* to shut up‹ *arca* chest)]
ar·ca·num /ɑːrkéɪnəm/ *n* (*pl* **-na** /-nə/) 秘密; 奥義; 万能の秘薬, 霊薬. [L (neut)‹↑]
ar·ca·ture /ɑ́ːrkətʃər/ *n* 〖建〗小アーケード; 《建物の外壁などに付けた》装飾アーケード.
arc-bou·tant /*F* arkbutɑ̃/ *n* (*pl* **arcs-bou·tants** /—/) 〖建〗飛梁(とびはり), 飛控え, フライングバットレス.
àrc·cosécant *n* 〖数〗逆余割, アークコセカント.
àrc·cósine, -cós *n* 〖数〗逆余弦, アークコサイン.
àrc·cotángent *n* 〖数〗逆余接, アークコタンジェント.
Arc de Tri·omphe /*F* ark də triɔ̃ːf/ [the] 《Paris の Étoile 広場の》凱旋門. [F=arch of triumph]
árc fùrnace 〖冶〗アーク炉《電気アークによる熱を利用した電気炉》.
arch[1] /ɑ́ːrtʃ/ *n* 〖建〗アーチ, 迫持(せりもち); アーチでおおわれた通路 (archway); アーチ形のもの[門, 緑門, 記念塔など]; アーチ形(の湾曲); 〖指紋〗弓状紋 (cf. LOOP[1], WHORL); アーチの役割をするもの; 〖解〗弓(きゅう): a railway ~ ガード / the blue ~ of the heavens 青天井 / the dental ~ 歯列弓 / the ~ of the foot 足弓, 土踏まず / the ~ of the aorta ⇨ AORTIC ARCH. ► *vt* …にアーチを付ける; アーチ状におおう[またぐ] ‹*across, over*›; アーチ状にする, アーチ形に曲げる: ~ an eyebrow まゆをつり上げる / The cat ~*ed* its back. 猫が背を丸めた. ► *vi* アーチ形に動く[進む]; アーチ形をなす. [OF<L *arcus* arc]
arch[2] *a* 主要な, 第一の; 抜け目のない, ずるい; いたずらっぽい, ちゃめな: one's ~ rival 一番のライバル. ♦ **~·ness** *n* ずるさ; ちゃめっけ. [↓; ~ rogue, ~ wag など↓の独立用法から]
arch-[1] /ɑ́ːrtʃ/ *pref* 「首座の」「頭目の」「第一の」; 「極端な」「完全にそなえた」: *arch*bishop; *arch*fool. [OE or OF<L<Gk (*arkhos* chief)]
arch-[2] /ɑ́ːrk/ ⇨ ARCHI-.
-arch[1] /ɑ̀ːrk/ *n comb form* 「支配者」「君主」: mon*arch*, patri*arch*. [ME<OF, <Gk]
-arch[2] /ɑ̀ːrk/ *a comb form* 「…に源をもつ」「(…個の)起点[原点]をもつ」: end*arch*. [Gk]
arch archaic ♦ archery ♦ architect ♦ architectural ♦ architecture.
Arch. Archbishop.
ar·chae-, ar·che- /ɑ́ːrkɪ/, **ar·ch(a)eo-** /ɑ́ːrkioʊ, -kiə, ɑːrkíːoʊ, -kíːə/ *comb form* 「古代の」「原始的な」 [Gk; ⇨ ARCHAIC]
ar·chaea /ɑːrkíːə/ *n pl* 〖生〗古細菌, 始原菌 (ARCHAEBACTERIA). ♦ **ar·cháe·al** *a* **ar·cháe·an** *a, n*
Archaean ⇨ ARCHEAN.
àrchae·bactéria *n pl* 〖生〗古細菌《真正細菌, 真核生物とともに生物界の 3 つの生物群の一つをなす; 原核生物であるが, 分子系統的には真正細菌より真核生物に近縁とされる; メタン産生菌・好塩性菌・好熱酸性菌などの原始的な細菌》.
àrchaeo·astrónomy, -cheo- *n* 古天文学, 天文考古学《古代文明の天文学の研究》. ♦ **-astrónomer** *n* **-astronómical** *a*
àrchaeo·bótany, -cheo- *n* 植物考古学. ♦ **-bótanist** *n*
archaeol. archaeological ♦ archaeology.
ar·chae·ol·o·gize, -che- /ɑ̀ːrkiɑ́lədʒàɪz/ *vt* 考古学的に扱う[説明する]. ► *vi* 考古学を研究する; 《趣味で》遺跡などを調べる.
ar·chae·ol·o·gy, -che- /ɑ̀ːrkiɑ́lədʒi/ *n* 考古学《略 archaeol., **archeol.**》; 《古代文化の》遺物. ♦ **-gist** *n* **ar·ch(a)e·o·log·i·cal** /ɑ̀ːrkiəlɑ́dʒɪk(ə)l/, **-lóg·ic** *a* **-i·cal·ly** *adv* [Gk (-LOGY)]
àrchaeo·mágnetism, -cheo- *n* 〖考古〗古地磁気学《年代決定のための残留磁気計測》. ♦ **-magnétic** *a*
ar·chae·om·e·try, -che- /ɑ̀ːrkiɑ́mətri/ *n* 考古(標本)年代測定(法). ♦ **àrchaeo·métric** *a*
ar·chae·op·ter·yx /ɑ̀ːrkiɑ́ptərɪks/ *n* 〖古生〗アルカエオプテリクス属 (*A-*) の始祖鳥(の化石).
ar·chae·or·nis /ɑ̀ːrkiɔ́ːrnəs/ *n* 〖古生〗アルカエオルニス属 (*A-*) の始祖鳥(の化石).
Archaeozoic ⇨ ARCHEOZOIC.
àrchaeo·zoólogy, -cheo- *n* 動物考古学. ♦ **-zoólogist** *n*
ar·cha·ic /ɑːrkéɪɪk/ *a* 〈言語形態が〉古体の; 古代の; 古めかしい, 古風な; 古い時代からの生き残りの, 〖動〗原始的な; [A-] 〈美術様式・文化など〉初期の, アルカイックな《ギリシア文化の古典期に先行する時期についていう》; [A-] 〖人〗最初期[創始期](の文化)の《北米のおよそ前 8000 年–前 1000 年ころの時期についていう》: an ~ word 古語. ♦ **-i·cal·ly** *adv* [F<Gk (*arkhaios* ancient)]
archáic smíle アルカイックスマイル《初期ギリシア彫像の顔にみられる微笑に似た表情》.
ar·cha·ism /ɑ́ːrkiìz(ə)m, -keɪ-; -keɪ-/ *n* 古風な語[語法, 文体](の使用[模倣]), 擬古体; 時代遅れのもの[習慣, 考え方]. ♦ **-ist** *n* 古風な語[語法, 文体]の使用者. **àr·cha·ís·tic** *a* 古風な, 古体の; 古風なものを模倣した[する], 擬古的な, 擬古派の; 復古的な. [Gk (↓)]
ar·cha·ize /ɑ́ːrkiàɪz, -keɪ-; -keɪ-/ *vt* 古風にする[見せかける]. ► *vi* 古風な語[語法, 文体]を使う. [Gk=to be old fashioned; ⇨ ARCHAIC]
árch·àngel /ɑ́ːrk-/ *n* **1** 〖神学〗大天使, 〖東方正教会〗天使長《天使の階級の第 8 位; ⇨ CELESTIAL HIERARCHY》. **2 a** 〖植〗シシウド属の草本, アンゼリカ (angelica). **b** YELLOW ARCHANGEL. **3** アークエンジェル《青銅色で黒斑のあるイエバト》. ♦ **àrch·angélic** *a* 大天使[天使長]の(ような). [OE, <Gk (*arch-*[1])]
Archangel アルハンゲリスク (Russ **Ar·khan·gelsk** /ɑːrkǽŋgèlsk/) 《ヨーロッパロシア北西部, 白海に注ぐ北 Dvina 川河口の近くにある港湾都市》. ■ the **Gúlf of ~** アルハンゲリスク湾《DVINA BAY の旧称》.
arch·an·thro·pine /ɑːrkǽnθrəpàɪn/ *n* APE-MAN.
arch·bíshop /ɑːrtʃ-/ *n* 〖カト〗大司教, 〖プロ〗大監督, 〖英国教〗《Canterbury および York の》(総)大主教《略 Abp, **Archbp**》. ♦ **arch·bíshopric** *n* archbishop の職[階級, 権限, 任務, 任期, 管区]. [OE]
árch bùttress FLYING BUTTRESS.
arch·consérvative /ɑ̀ːrtʃ-/ *a, n* 超保守派の(人).
árch dàm 〖土木〗アーチダム《構造物のアーチ作用によって水圧に抵抗する》.
arch·déacon /ɑːrtʃ-/ *n* 〖プロ・英国教〗大執事《bishop を補佐し, parish priest を管理する》, 〖カト〗助祭長, 〖東方正教会〗長輔祭. ♦ **~·ry** *n* archdeacon の職[階級, 権限, 任務, 任期, 管区, 邸宅]. **~·ship** *n* **~·ate** *n* archdeacon の地位. [OE<Gk (*arch-*[1])]
arch·díocese /ɑːrtʃ-/ *n* ARCHBISHOP の管区. ♦ **àrch·díocesan** *a*
arch·dúcal /ɑːrtʃ-/ *a* 大公(領)の.
arch·dúchess /ɑːrtʃ-/ *n* 大公妃《archduke の夫人[未亡人]》; 女大公《特に 旧オーストリア皇女》.
arch·dúchy /ɑːrtʃ-/ *n* 大公国, 大公領《archduke または archduchess の領地》.
arch·dúke /ɑːrtʃ-/ *n* 大公《特に 旧オーストリア皇子》. ♦ **~·dom** *n* ARCHDUCHY. [OF<L]
arche- ⇨ ARCHAE-.
Ar·che·an, -chae- /ɑːrkíːən/ 〖地質〗*a* 始生代[界]の, 太古代[界]の; PRECAMBRIAN. ► *n* [the] 始生代[界], 太古代[界]. [Gk; ⇨ ARCHAIC]
arched /ɑ́ːrtʃt/ *a* アーチ形の; アーチのある[でおおわれた].
árched squáll 〖気〗アーチ形スコール《赤道地方の激しい雷雨を伴う突風》.
ar·che·go·ni·al /ɑ̀ːrkɪgóʊniəl/ *a* 〖植〗造卵器の; ARCHEGONIATE.
ar·che·go·ni·ate /ɑ̀ːrkɪgóʊniət/ *a* 〖植〗造卵器をもった. ► *n* 造卵器植物.
ar·che·go·ni·um /ɑ̀ːrkɪgóʊniəm/ *n* (*pl* **-nia** /-niə/) 〖植〗《コケ類・シダ類などの》造卵[蔵卵]器. [Gk (*gonos* race)]
àrch·encéphalon *n* 〖発生〗原脳.
arch·énemy /ɑːrtʃ-/ *n* 大敵; [the ~ (of mankind)] 人類の大敵, サタン (Satan).
arch·énteron /ɑːrk-/ *n* 〖発生〗原腸 (=*gastrocoele*). ♦ **-entéric** *a*
archeo- ⇨ ARCHAE-.
archeol. archeology.
archeology etc. ⇨ ARCHAEOLOGY etc.
Ar·cheo·zo·ic, -chaeo- /ɑ̀ːrkiəzóʊɪk/ *a* 〖地質〗始生代[界]の, 太古代[界]の (Archean). ► *n* [the] 始生代[界], 太古代[界].
arch·er /ɑ́ːrtʃər/ *n* 弓の射手, 弓術家; [the A-] 〖天〗いて座 (射手座), 人馬宮 (Sagittarius). [OF (L *arcus* bow)]
Ar·cher **1** アーチャー (**1**) **Jeffrey** (**Howard**) ~, Baron ~ of Weston-super-Mare (1940–　) 《英国の作家・保守党政治家》 (**2**) **William** ~ (1856–1924) 《スコットランドの批評家・劇作家; Ibsen の最初の英訳者》. **2** [The ~s] 「アーチャー一家」「アーチャーズ」《英国 BBC のラジオドラマ; イングランド中部の Ambridge 村 (架空) で農

園をやっている Archer 一家の生活をつづる; 1951 年に開始された長寿番組》.

árcher·fish *n* 〖魚〗テッポウウオ.

arch·ery /ɑ́ːrʧ(ə)ri/ *n* 弓術, 洋弓, アーチェリー; 《武器としての》弓矢(の用具一式); 射手隊.

árche·spòre, ar·che·spo·ri·um /ɑ̀ːrkɪspɔ́ːriəm/ *n* (*pl* **-spòres, -ria** /-riə/) 〖植〗胞原細胞(群). ◆ **-spo·ri·al** /ɑ̀ːrkɪspɔ́ːriəl/ *a*

ar·che·type /ɑ́ːrkɪtàɪp/ *n* 原型; 〖哲〗原型, イデア (idea); 〖心〗元型《人間の精神の内部にある祖先の経験したもののなごり; Jung の集合無意識 (collective unconscious) に在る》; 《文学・絵画などにおける》原形《繰り返して現われる象徴・モチーフ》; 典型, 代表例. ◆ **àr·che·týp·al** *a* 原型的な. **-týp·al·ly** *adv* **àr·che·týpical** /-típ-/ *a* **-ical·ly** *adv* [L＜Gk (*arch-*[2], TYPE)]

arch·fíend /ɑ́ːrʧ-/ *n* 大敵; [the] サタン (Satan).

arch·fóe /ɑ́ːrʧ-/ *n* ARCHENEMY.

arch·fóol /ɑ́ːrʧ-/ *n* 大ばか.

ar·chi- /ɑ́ːrkɪ, -kə/, **arch-** /ɑ́ːrk/ *pref*「主たる」「第一の」;「原始的」「起源の」「原…」: *archi*diaconal; *archi*carp, *arch*enteron. [F, ＜Gk; ⇨ ARCH-[1]]

ar·chi·a·ter /ɑ̀ːrkièɪtər/ *n* 《ギリシア・ローマ宮廷の》主治医.

Ar·chi·bald /ɑ́ːrʧəbɔ̀ːld; -b(ə)ld/ **1** アーチボルド《男子名; 愛称 Archie, Archy》. **2** [a-]ᴴ《俗》高射砲 (archie). [Gmc＝distinguished＋bold]

Árchibald Príze [the] アーチボルド賞《オーストラリアの絵画賞; ジャーナリスト John. F. Archibald (1856–1919) の遺志により, 1921 年に設けられたもので, 毎年その年のすぐれた肖像画に与えられる》.

árchi·blàst 〖生〗*n* 《脊椎動物の受精卵からできるとされた》原胚; EPIBLAST.

árchi·càrp *n* 〖植〗糸原体《子嚢菌類の雌性生殖器官; cf. ASCOGONIUM》.

àrchi·diáconal *a* ARCHDEACON(RY) の.

àrchi·diáconate *n* ARCHDEACON の職[任期].

Ar·chie[1] /ɑ́ːrʧi/ **1** アーチー《男子名; Archibald の愛称》. **2**『アーチー』《米国の典型的な高校生 Archie Andrews を主人公とする学園青春漫画; 1941 年にデビュー》. **3** [a-]ᴴ《俗》高射砲; [a-]ᴴ《俗》アリ (ant).

Archie[2] *n* [ᵒa-] 〖インターネット〗Archie《インターネット上でファイル名を指定して検索するプログラム; McGill 大学で開発》. [archive から; 男子名 Archie の連想]

Árchie Búnker アーチー・バンカー《頑固で保守的なブルーカラー; 米国 CBS テレビで 1970 年代に人気を得たロングラン番組 'All in the Family' の主人公の名から》.

Árchie Búnker·ìsm* 頑固な保守主義; ばかばかしい表現[言いまわし] (＝*Bunkerism*).

àrchi·epíscopacy *n* ARCHBISHOP の管治制; ARCHIEPISCOPATE.

àrchi·epíscopal *a* ARCHBISHOP(RIC) の. ◆ **~·ly** *adv*

archiepíscopal cróss PATRIARCHAL CROSS.

àrchi·epíscopate *n* ARCHBISHOP の職[任期, 身分].

ar·chil /ɑ́ːrʧəl/ *n* 〖染〗オルキル《リトマスゴケなどの地衣類から得る紫色の染料》; 〖植〗オルキルを採る各種地衣類.

Ar·chi·lo·chi·an /ɑ̀ːrkɪlóʊkiən/ *a* アルキロコス(の詩)の, アルキロコス風の.

Ar·chil·o·chus /ɑːrkíləkəs/ アルキロコス《650 B.C. ごろ活躍したギリシアの詩人; 自己の体験を題材とした詩で有名》.

ar·chi·mage /ɑ́ːrkəmèɪʤ/ *n* 大マギ《古代ペルシアの拝火教の高僧》; 大魔術師, 大魔法使い.

ar·chi·man·drite /ɑ̀ːrkəmǽndràɪt/ *n* 〖ギ正教〗修道院長, 大僧院長; 管長. [F or L＜Gk (*mandra* monastery)]

Ar·chi·me·de·an /ɑ̀ːrkəmíːdiən, -mədíːən/ *a* アルキメデス(の原理応用)の.

Archimédean [Archimédes'] spíral 〖理・機〗アルキメデスのらせん, アルキメデス渦巻線, 等進渦線.

Ar·chi·me·des /ɑ̀ːrkəmíːdiz/ **1** アルキメデス (287?–212 B.C.)《古代ギリシアの数学者・物理学者・発明家》. **2** 〖天〗アルキメデス《月面第 2 象限の壁平原》.

Archimédes' prínciple 〖理〗アルキメデスの原理.

Archimédes' [Archimédean] scréw 〖機〗アルキメデスのらせん揚水機, ねじポンプ: an ~ pump アルキメデスのねじポンプ.

ar·chin(e) /ɑːrʃíːn/ *n* ARSHIN.

árch·ing *n* アーチ形の部分; 《一連の》アーチ; アーチ作用. ► *a* アーチを形成する.

ar·chi·pel·a·go /ɑ̀ːrkəpéləgòʊ, *-ʧə-/ *n* (*pl* ~**es**, ~**s**) 群島, 列島; 群島状の[点在する]もの; 多島海; [the A-] 多島海《AEGEAN SEA の旧称》. ◆ **-pe·lag·ic** /-pəlǽʤɪk/ *a* [It (Gk *archi-*, *pelagos* sea); もと Aegean Sea のこと]

Ar·chi·pen·ko /ɑ̀ːrkəpéŋkoʊ/ アルキペンコ **Alexander [Aleksandr Porfiryevich]** ~ (1887–1964)《ウクライナ生まれの米国のキュビスムの彫刻家・画家》.

árchi·phòneme /, ⏑—⏑—/ *n* 〖言〗原音素.

ar·chi·plasm /ɑ́ːrkəplæ̀z(ə)m/ 〖生〗*n* 未分化の原形質; ARCHOPLASM.

ar·chi·tect /ɑ́ːrkətèkt/ *n* 建築家, 建築技師; 設計者, 建設者, 造営者; 立案者, 起草者, 主導者; [the (Great) A-] 造物主, 神 (God): ~**s** of the Iraq War イラク戦争の立案者たち / the ~ of one's own fortunes 自己の運命の開拓者. ► *vt* 〖電算〗〈プログラムなどを〉設計[作成]する. [F＜It or L＜Gk (*tektōn* builder)]

ar·chi·tec·ton·ic /ɑ̀ːrkətèktɑ́nɪk/ *a* 建築術の; 建築的な構造[設計, 組織]をもった, 構成的な; 〖哲〗知識体系の. ► *n* ARCHITECTONICS. ◆ **-i·cal·ly** *adv* [L (↑)]

àr·chi·tèc·tón·ics *n* [‹*sg/pl*›] 建築学; 構成; 構造体系; 〖哲〗知識体系論.

ar·chi·tec·tur·al /ɑ̀ːrkətékʧ(ə)rəl/ *a* 建築術[学]の; 建築上の; 建築物をおもわせる, 構造[体系]的な. ◆ **~·ly** *adv*

architéctural bárrier 建築上の障壁《身障者の利用を妨げる構造》.

ar·chi·tec·ture /ɑ́ːrkətèkʧər/ *n* 建築術, 建築学; 建築様式[方法], 建築; 構造, 構成, 設計, 体系; 建築物, 建造物《集合的にも》; 〖電算〗アーキテクチャー《ハードウェアの論理的構造: 使用言語・語の長さ・アドレス方法・アクセス制御方式など》: civil ~ 普通建築 / ecclesiastical ~ 教会建築 / military [naval, marine] ~ 築城法[造船学] / an ~ firm 設計事務所.

ar·chi·trave /ɑ́ːrkətrèɪv/ 〖建〗*n* 台輪(だいわ), アーキトレーヴ《ギリシア・ローマ建築の ENTABLATURE の最低部の水平部分》; 軒縁(のきぶち), 額縁(がくぶち). [F＜It (L *trabs* beam)]

ar·chi·val /ɑːrkáɪv(ə)l/ *a* ARCHIVES の(中にある); ARCHIVES を収容[構成]している.

ar·chive /ɑ́ːrkàɪv/ *n* **1** [ᵒ*pl*] **a** 文書館《公的・歴史的文書の保管所》. **b** 《文書館の》保管文書. **2** 〖電算〗アーカイブ, '書庫'《保管・転送などのため, 複数のファイルを(通例 圧縮して)一つにまとめたもの; また, 一般に 保管用のファイルを格納する場所・媒体》. ► *vt* archive に保管[収容]する, 〖電算〗〈ファイルを〉アーカイブに入れる. [F＜L＜Gk＝public office (*arkhē* government)]

árchive sìte 〖電算〗アーカイブサイト《情報, 特に 多数のウェブサイトの内容を恒久的に保存するためのサイト》.

ar·chi·vist /ɑ́ːrkəvɪst, -kàɪ-/ *n* 文書館員, 文書係 (cf. ARCHIVE).

ar·chi·volt /ɑ́ːrkəvòʊlt/ *n* 〖建〗《中世の教会の出入口や窓に多い》飾り迫縁(せりぶち), アーキヴォールト. [It]

árch·let *n* 小アーチ.

arch·lute /ɑ́ːrʧlùːt/ *n* 〖楽〗アーチリュート《普通のリュートに長い低音弦を付け加え, そのための糸倉を別にもつ; chitarrone と theorbo》. [F (*arch-*[1], LUTE)]

árch·ly *adv* ずるく; いたずらっぽく, ちゃめっけたっぷりに; 非常に, きわめて.

ar·chon /ɑ́ːrkɑ̀n, -kən/ *n* 〖ギ史〗執政官, アルコン《アテナイの最高官; 初め 3 人, のち 9 人》; 支配者, 長. ◆ **~·ship** *n* [Gk＝ruler]

ár·cho·plàsm /ɑ́ːrkə-/ *n* 〖生〗アルコプラズム《精母細胞に出現するガラス様小体における中心粒を囲む物質》.

ar·cho·saur /ɑ́ːrkəsɔ̀ːr/ *n* 〖古生〗祖竜. ◆ **àr·cho·sáu·ri·an** *a, n* 祖竜(の).

arch·príest /ɑ́ːrʧ-/ *n* 大祭司, 祭司長; 〖カト〗首席[大]司祭, 〖東方正教会〗長司祭.

arch·ríval /ɑ́ːrʧ-/ *n* 一番のライバル, 最大の競争相手.

arch·tráitor /ɑ́ːrʧ-/ *n* 大反逆者.

árch·wày *n* アーチの下を通る路, 拱道(きょうどう), 拱路, アーチ道; 通路をおおうアーチ.

árch·wise *adv* アーチ形に.

Ar·chy /ɑ́ːrʧi/ アーチー《男子名; Archibald の愛称》.

-ar·chy /ɑ̀ːrki/ *n comb form*「政治(体制)」「支配(体制)」: dy*archy*, matri*archy*, squire*archy*. [Gk; ⇨ ARCH-[1]]

ár·ci·fòrm /ɑ́ːrsə-/ *a* アーチ形の.

Ar·cim·bol·do /ɑ̀ːrʧimbóʊldoʊ/ アルチムボルド **Giuseppe** ~ (1527–93)《イタリアのマニエリスム画家; グロテスクな画風は後代の象徴主義手法に影響を与えた》.

árc-jèt éngine アークジェットエンジン《推進燃料ガスを電気アークで熱するロケットエンジン》.

árc làmp [lìght] アーク灯《アーク放電の光を利用》.

árc mínute 分角, 分 (minute)《角度の単位; 略 **arcmin**》.

ar·co /ɑ́ːrkoʊ/ *adv, a* 〖楽〗弓で(の), アルコで(の). [It]

ár·co·gràph /ɑ́ːrkə-/ *n* 〖数〗円弧規.

ar·col·o·gy /ɑːrkɑ́ləʤi/ *n* 完全環境計画都市, アーコロジー. [*ar*chitectural *ecology*; 米国の建築家 Paolo Soleri の造語 (1969)]

ar·cos /ɑ́ːrkɑ̀s/ 〖数〗arccosine.

Ar·cos de la Fron·te·ra /ɑ́ːrkoʊs dèɪ lɑː froʊntéɪrɑː/ アルコス・デ・ラ・フロンテラ《スペイン南西部 Cádiz の北東にある市》.

Ar·cot /ɑːrkɑ́t/ アルコート《インド南部 Tamil Nadu 州北部, Chennai の西南西にある市; 1712 年 Carnatic の首都, その後 英仏で争奪が行なわれた》.

arcsec ᵒarc second.

A

àrc·sécant, -séc *n*〘数〙逆正割, アークセカント.
árc sécond 秒角, 秒 (second)《角度の単位; 略 arcsec》.
àrc·síne, -sín *n*〘数〙逆正弦, アークサイン.
àrc·tángent, -tán *n*〘数〙逆正接, アークタンジェント.
arc·tic /ά:rktɪk, *ά:rtɪk/ *a* [°A-] 北極の, 北極地方の (opp. *antarctic*); 《口》極寒の; 極寒用の; ひややかな, 冷淡な: an ~ expedition 北極探検(隊) / *A*~ weather 極寒. ► *n* [the A-] 北極地方; [*pl*] *ゴム製の防寒用半長オーバーシューズ;〘昆〙《北極地方などの》タカネヒカゲ属のチョウ. ♦ **-ti·cal·ly** *adv* [OF, <Gk (*arktos* the Great Bear)]
Árctic Archipélago [the] 北極海諸島《カナダ本土の北の北極海にある島群; Baffin, Ellesmere, Victoria, Banks 島など; 行政的には Nunavut 準州と Northwest Territories に分かれて所属する》.
árctic chár(r)〘魚〙アルプスイワナ《北極海, 北半球の寒冷な湖にすむイワナの一種》.
árctic círcle [the, °the A- C-] 北極圏《北緯 66°33′ の緯線で北寒帯の南限》.
Árctic dáisy [ˢa- d-]〘植〙チシマコハマギク, アキノコハマギク《Alaska, Kamchatka, 千島列島, 北海道にかけて分布》.
árctic fóx〘動〙ホッキョクギツネ (=*white fox*).
Árctic háre〘動〙**a** ホッキョクノウサギ《アメリカの北極地方に生息する大型のノウサギ; 冬はまっ白になる》. ★ 時に b と同一種として扱われる. **b** ユキウサギ (=*mountain hare*).
Árctic Ócean [the] 北極海, 北氷洋.
árctic pénguin [°A-] GREAT AUK.
árctic póppy [°A-] ICELAND POPPY.
árctic séal [°A-] 模造のアザラシの毛皮《ウサギの毛皮で加工》.
árctic térn [ˢA-]〘鳥〙キョクアジサシ.
árctic wíllow〘植〙ホッキョクヤナギ《アジア・アメリカの北極地方に産するヤナギ科の低木》.
árctic zòne [the, °the A- Z-] 北極帯 (the north frigid zone)《北極圏と北極の間》.
arc·ti·id /ά:rktiəd, -ʃi-/ *a*〘昆〙ヒトリガ科 (Arctiidae) の. [Gk *arktos* bear; 毛深いことから]
Arc·to·gaea /ὰ:rktəʤí:ə/ *n*〘生物地理〙北界. ♦ **Àrc·to·gáe·an** *a*
árc·to·phìle /ά:rktə-/ *n* ぬいぐるみの熊 (teddy bear) の愛好家.
Arc·tu·rus /α:rkt(j)ύərəs/〘天〙アルクトゥルス《うしかい座の α 星で, 全天第 4 位の輝星》. [L<Gk=bear+guard]
ar·cu·ate /ά:rkjuət, -èɪt/ *a* 弓形の, アーチ形の, 拱式の. ♦ **~·ly** *adv* [L; ⇨ ARCUS]
ar·cu·at·ed /ά:rkjuèɪtəd/ *a* ARCUATE;〘建〙アーチのある.
árcuate núcleus〘医〙弓状核《延髄にある小神経細胞群》.
ar·cu·a·tion /ὰ:rkjuéɪʃ(ə)n/ *n* 弓状の曲がり;〘建〙アーチ使用, アーチ構造;〘建〙(一連の)アーチ.
Ar·cueil /*F* arkœj/ アルクーユ《Paris 南郊の町》.
ar·cus /ά:rkəs/ *n*〘気〙アーチ雲《積乱雲・積雲の下に出る》. [L=bow, arch]
árcus se·ní·lis /-sənáɪləs/〘医〙老人環《角膜周辺の弓状の濁り》.
árc wèlding アーク溶接《アーク熱を利用》.
-ard /ərd/, **-art** /ərt/ *n suf*「大いに…する者」「過度に…な人」: cow*ard*, dot*ard*, drunk*ard*, bragg*art*. [ME and OF<OHG *-hard*, *-hart* hardy]
ARD〘医〙acute respiratory disease 急性呼吸器疾患.
Ar·da·bil, -de- /ὰ:rdəbí:l/ アルダビール《イラン北西部 East Azerbaijan 州の市》.
ar·deb /ά:rdὲb/ *n* アルダップ《エジプト地方の容量単位: =5.6189 US bushels, ≒1.98 hectoliters》. [Arab]
Ardebil ⇨ ARDABIL.
Ar·dèche /*F* ardɛʃ/ アルデシュ《フランス南東部 Rhône-Alpes 地域圏の県; ☆Privas》.
Ar·dell, -delle /α:rdέl/ アーデル《女子名》. [⇨ ADELE]
Ar·den /ά:rdn/ アーデン《イングランド中部 Warwickshire 南西部の地方; Shakespeare, *As You Like It* の舞台となった Forest of ~ の地》.
Ar·dennes /α:rdέn/ [the] アルデンヌ《フランス北東部, ルクセンブルク西部, ベルギー南東部にまたがる森林・荒地の多い丘陵地帯; 第一次, 第二次両大戦の激戦地》; アルデンヌ《フランス北東部 Champagne-Ardenne 地域圏の, ベルギーと国境を接する県; ☆Charleville-Mézières》.
ar·dent /ά:rdnt/ *a* 熱心な, 熱烈な; 燃えている, 灼熱(しゃくねつ)の; 燃えるように輝く: an ~ patriot 熱烈な愛国者. ► *n* [the] ARDENT SPIRITS. ♦ **ár·den·cy** *n* 熱心さ, 熱意, 熱烈さ. **~·ly** *adv* [OF<L (*ardeo* to burn)]
árdent spírits *pl* 強い酒, 火酒《brandy, whiskey, gin, rum など》.
ar·dor | ar·dour /ά:rdər/ *n* 灼熱(しゃくねつ); 熱情, 熱意, 意気込み; 忠誠, 赤誠; 激しい力[勢い]; 性的興奮: with ~ 熱心に. [OF<L; ⇨ ARDENT]
Ards /ά:rdz/ アーズ《北アイルランド東部の行政区》.
ARDS〘医〙acute respiratory distress syndrome 急性呼吸窮迫症候群 ♦〘医〙adult respiratory distress syndrome 成人呼吸窮迫症候群.
ar·du·ous /ά:rʤuəs; -dju-/ *a* 困難な, 骨の折れる, きびしい, つらい; 刻苦精励の, 根気強い; 《英では古》険しい, 急勾配の. ♦ **~·ly** *adv* **~·ness** *n* [L=steep, difficult]
are[1] /ər, αr, ά:r/ *vi* BE の複数[二人称単数]現在形: We [You, They] ~…. / AREN'T.
are[2] /έər, ά:r/ *n* アール《メートル法の面積単位: =100m²》. [F=area]
ar·ea /έəriə/ *n* **1 a** 地域, 地方; 地面; 中庭; "AREAWAY. **b** 面積. **2** 《特定の目的・性格をもった》地域, 区域, 場(ば); 《活動などの》範囲, 領域, 《学問などの》分野, 部門; 《体表面の》特定部分;〘解〙野(や), 区, 《特に》大脳皮質野;〘電算〙記憶領域; [the]〘サッカー〙ペナルティーエリア: a parking ~ 駐車区域. [L=vacant space]
área bèll 地下勝手口の呼び鈴.
área bòmbing〘軍〙地域[集中, 浸透, 一斉, じゅうたん]爆撃 (=*carpet* [*pattern*, *saturation*] *bombing*)《特定の目標物でなくその地域一帯に対する爆弾投下; ⇨ PRECISION BOMBING》.
área còde*〘電話〙市外局番《3 桁》.
área dèan〘英国教〙RURAL DEAN.
ar·e·al /έəriəl/ *a* 地面の; 面積の; 地域の. ♦ **~·ly** *adv*
áreal dénsity〘電算〙面密度《磁気ディスクなどの記録密度》.
área linguìstics AREAL LINGUISTICS.
áreal linguístics 地域言語学 (=*neolinguistics*)《例外のない音法則の存在を否定し, 言語の変化と伝播の説明に系統よりも地域の接触を重視する歴史言語学》.
área navigátion〘空〙エリアナビゲーション《地上航法援助施設の信号の有効範囲内, 自蔵航法装置の機能範囲内で任意のコースを飛行することを可能にする航法システム; 略 RNAV》.
área rùg エリアラグ《部屋の一部に敷く敷物》.
área rùle〘空〙エリアルール, (断)面積法則《遷音速・超音速機の機体抵抗を減少させるためには, 主翼と胴体の断面積の和の変化の面積曲線を理想回転体の面積曲線に限りなく近づけるとよいという法則; この法則を適用すると, 主翼付近の胴体はコカコーラの瓶のようにくびれた形に設計される》.
área stùdy 地域研究《ある地域の地理・歴史・言語・文化などの総合的研究》.
área·wày *n* 地下勝手口《地下の台所前の舗装された地階の空所, 商人などの出入口》; ドライエリア《地下室に人間・空気・光を通すために地面より低くした区画》; 《建物間の》通路, エリアウェイ.
ar·e·ca /ərí:kə, ǽrɪkə/ *n*〘植〙アレカ属 (*A*-) (に近縁)の各種のヤシ, 《特に》ビンロウ (betel palm) (=**~ pàlm**). [Port<Malayalam]
aréca nùt BETEL NUT.
Are·ci·bo /æ̀rəsí:boυ/ アレシーボ《Puerto Rico 北部の市・港町》.
arec·o·line /ərέkəlì:n/ *n*〘化〙アレコリン《BETEL NUT に含まれるアルカロイド; 医薬用・家畜用の駆虫剤とされる》.
areg *n* ERG² の複数形.
Ar·e·las /ǽrəlæ̀s/, **Ar·e·la·te** /æ̀rəléɪti/ アレラス, アレラテ《ARLES (市)の古代名》.
are·na /ərí:nə/ *n* **1** 《amphitheater の中央に砂を敷いて設けた》闘技場, アレーナ; アリーナ《**1**) 四周を囲った競技場・劇場において競技・演技を行なう中央のスペース **2**) その競技場・劇場》. **2** 競争場裡, 活動[関心]の領域, …界: enter the ~ of politics 政界にはいる / in the public ~ 公的な場で. [L=sand, sand-strewn place]
ar·e·na·ceous /æ̀rənéɪʃəs/ *a* 砂質の; 砂地に生育する. [L (↑)]
aréna fóotball アリーナフットボール《室内で行なう 8 人制のアメリカンフットボール》.
aréna stáge アリーナステージ《観客席に取り囲まれた舞台》.
aréna théater 円形劇場 (=*theater-in-the-round*)《中央に舞台があってそのまわりに観客席のあるもの》; 円形劇場での上演の技術[方法, 様式].
ar·e·na·vi·rus /æ̀rənəváɪərəs/ *n* アレナウイルス《ラッサ熱などをひき起こす RNA ウイルス》.
Arendt /έərənt, ά:-/ アレント, アーレント **Hannah** ~ (1906-75)《ドイツ生まれの米国の政治思想家》.
ar·ene /ǽrì:n, ─ ́/ *n*〘化〙芳香族炭化水素, アレーン《ベンゼン・トルエン・ナフタレンなど》. [aromatic, *-ene*]
ar·e·nic·o·lous /æ̀rəníkələs/ *a*〘動〙砂の中に(穴を掘って)すむ, 砂住性の;〘植〙砂地に生育する.
ar·e·nite /ǽrənàɪt, ərí:-/ *n*〘岩石〙砂質岩, アレナイト.
ar·e·nose /ǽrənòυs/ *a* 砂を含む, 砂質の (sandy).
aren't /ά:rnt, *ά:rənt/ 《口》are not の短縮形. ★ ~ I の形で am I not の代わりに用いることがある (⇨ AIN'T): *A*~ I right? / I'm right, ~ I?
ar·eo- /έərioυ, -iə/ *comb form*「火星」 [Gk ARES]
àreo·céntric *a* 火星中心の.
are·og·ra·phy /èəriάgrəfi/ *n* 火星地理学[地誌].
are·o·la /ərí:ələ/ *n* (*pl* **-lae** /-lì:/, **~s**)〘生〙小室, 小隙(しょうげき), 《葉脈[翅脈]間などの》網目隙;〘生〙《表面の》小孔;〘医〙《皮疹の》強紅

輪; 〘解〙輪, 《特に》乳輪. ♦ **-lar, -late** /-lət, -lèɪt/ *a* ⁺輪紋状の.
arè·o·lá·tion /, èəriə-/ *n* 網目状空隙形成; 網目状組織. [L (dim)‹AREA]
ar·e·ole /éəriòʊl/ *n* 〘生〙 AREOLA, 《特に》サボテンの刺座(ˢ).
ar·e·ol·o·gy /èəriálədʒi/ *n* 火星研究, 火星学.
ar·e·om·e·ter /èəriámətər/ *n* HYDROMETER.
Ar·e·op·a·gite /æriápədʒàɪt, -gàɪt/ *n* 〘史〙アレオパゴスの裁判官. ♦ **Ar·e·op·a·git·ic** /æriàpədʒítɪk/ *a* アレオパゴスの法廷[裁判官]の.
Ar·e·op·a·git·i·ca /æriàpədʒítɪkə/ 『アレオパジティカ』《1644年に Milton が言論・出版の自由の擁護のために著わしたパンフレット》.
Ar·e·op·a·gus /æriápəgəs/ *n* アレオパゴス《**1**) Athens の小丘 **2**) 古代アテナイの最高法廷》; 《一般に》最高法廷.
are·pa /əréɪpə/ *n* アレパ《中南米のうす焼きのとうもろこしパン》. [AmSp]
Are·qui·pa /ærəkí:pə/ アレキッパ《ペルー南部 Misti 山のふもとにある市; 1540年 Pizarro によりインカの町に建設された》.
Ar·es /éəriz/ 〘ギ神〙アレース《軍神; ローマの Mars に当たる》; 〘天〙火星, アレース (Mars). [Gk]
ar·e·te /ærətéɪ, -tí:/ *n* 《人・物の》卓越性, 善さ, 器量; 徳性, 徳目. [Gk]
arête /əréɪt/ *n* 《山の》切り立った尾根, 〘地質〙アレート, グラート《隣り合う氷河の侵食による鋭い岩山稜》. [F‹L *arista* spine]
Ar·e·thu·sa /ærəθ(j)ú:zə/ **1** 〘ギ神〙アレトゥーサ《川の神 Alpheus に追われていたのを Artemis によって泉に変えられた森の精》. **2** [a-] 〘植〙アレツーサ属 (*A-*) のラン (＝*wild pink*) 《北米東部原産のサワランに似た草花》.
Are·ti·no /ærətí:noʊ/ アレティーノ **Pietro** ～ (1492–1556) 《イタリアの劇作家; 喜劇のほか, 諷刺文, 卑猥な詩を書いた》.
Arez·zo /ərétsoʊ, ɑ:-/ アレッツォ《中部イタリア Florence の南東にある市》.
arf /á:rf/ *int* ワン, ワウ, ウーッ《犬のほえ声》. [imit]
'arf /á:rf/ *a* ˈˈ《俗》HALF: ～ a mo ちょっと待って.
AR 15 (rifle) /èɪá:r fɪftí:n (—)/ AR 15 ライフル《径 0.223 インチのガス作動の半自動小銃; 民間人用》. [*Ar*malite 製造者]
arg. argent ♦ argument. **Arg.** Argentina.
argal[1] ⇨ ARGOL[1].
ar·gal[2] /á:rgəl/ *n* ARGALI.
ar·ga·la /á:rgələ/ *n* 〘鳥〙ハゲコウ (adjutant bird, marabou). [Hindi]
ar·ga·li /á:rgəli/ *n* 〘動〙アルガリ《中央アジアやシベリアに産する大きな曲がった角を有する野生の羊》. [Mongolian]
Ar·gall /á:rgɔ̀:l, -gəl/ アーゴール Sir **Samuel** ～ (c. 1572–c. 1626) 《イングランドの船乗り・冒険家; アメリカ植民地でフランス勢力と戦った》.
Ár·gand bùrner /á:rgæn(d)-/ アルガンバーナー《ARGAND LAMP の構造と同じ方式のガス[石油]バーナー》. [Aimé *Argand* (1755–1803) スイスの物理学者・発明家]
Árgand dìagram 〘数〙アルガン図《複素平面上に複素数を点として表わした図》. [Jean-Robert *Argand* (1768–1822) フランスの数学者]
Árgand làmp アルガン灯《環状芯から円筒状に炎を出し炎の内外から空気を送るようにしたランプ》. [Aimé *Argand*]
ar·gent /á:rdʒənt/ *n* 《古・詩》銀; 《古》白さ; 〘紋〙銀白. ► *a* 《詩・文》銀の(ような), 銀色に光る; 〘紋〙銀白の. [F‹L ARGENTUM]
ar·gent- /ɑ:rdʒént/, **ar·gen·ti-** /ɑ:rdʒéntə/, **ar·gen·to-** /ɑ:rdʒéntoʊ, -tə/ *comb form* 「銀」 [L ↑]
ar·gen·tal /ɑ:rdʒéntl/ *a* 銀の(ような); 銀を含む.
ar·gen·tan /á:rdʒəntæn/ *n* アルジェンタン《ニッケル・銅・亜鉛の合金で洋銀 (nickel silver) の一種》.
Ar·gen·tan /*F* arʒɑ̃tɑ̃/ アルジャンタン《フランス北西部 Orne 県の町》.
ar·gen·te·ous /ɑ:rdʒéntiəs/ *a* 銀の(ような), 銀白の.
Ar·gen·teuil /ɑ:rʒəntə́:ɪ; *F* arʒɑ̃tœj/ アルジャントゥイユ《Paris の北北西, Seine 川沿いにある町》.
ar·gen·tic /ɑ:rdʒéntɪk/ *a* 〘化〙銀 (II) の, 第二銀の (cf. ARGENTOUS); 銀の.
ar·gen·tif·er·ous /ɑ:rdʒəntíf(ə)rəs/ *a* 銀を生じる[含む].
Ar·gen·ti·na /ɑ:rdʒəntí:nə/ アルゼンチン《南米南東部の国; 公式名 Argentine Republic (アルゼンチン共和国); ☆Buenos Aires》. ♦ **Ar·gen·tin·ean, -ian** /ɑ̀:rdʒəntíniən/ *a, n* ARGENTINE.
ar·gen·tine /á:rdʒəntàɪn, -tì:n/ *a* 銀の(ような); 銀色の. ► *n* 銀; 銀色金属; 〘魚〙ニギス.
Argentine *a* アルゼンチンの; アルゼンチン人[文化]の. ► *n* アルゼンチン人; [the] ARGENTINA.
ar·gen·tite /á:rdʒəntàɪt/ *n* 〘鉱〙輝銀鉱 (＝*silver glance*) 《銀の主要な鉱石》.
ar·gen·tous /ɑ:rdʒéntəs/ *a* 〘化〙銀 (I) の, 第一銀の (cf. ARGENTIC); 銀の.
ar·gen·tum /ɑ:rdʒéntəm/ *n* 〘化〙銀 (＝*silver*) 《記号〘化〙Ag, 〘貨幣〙Æ》. [L]
argh ⇨ AARGH.
ar·ghan /á:rgən/ *n* 〘植〙アナナス属の野生パイナップル (pita) 《中央アメリカ産》.
Ar·gie /á:rdʒi/ *n* [ˢa-] 《口》アルゼンチン人 (Argentine).
ar·gie-bar·gie /á:rdʒibá:rdʒi, -gibá:rgi/ *n* ˈˈ《口》ARGY-BARGY.
ar·gil /á:rdʒəl/ *n* 粘土 (clay), 《特に》陶土 (potter's clay). [F, ‹Gk (*argos* white)]
ar·gil·la·ceous /ɑ̀:rdʒəléɪʃəs/ *a* 粘土質の, 泥質の.
ar·gil·lif·er·ous /ɑ̀:rdʒəlíf(ə)rəs/ *a* 粘土に富む[を生じる].
ar·gil·lite /á:rdʒəlàɪt/ *n* 粘土質岩, 《特に》ケイ質粘土岩.
ar·gi·nae·mia /ɑ̀:rdʒəní:miə/ *n* 〘医〙アルギニン血(症)《先天性アルギナーゼ欠乏症》.
ar·gi·nase /á:rdʒənèɪs, -z/ *n* 〘生化〙アルギナーゼ《アルギニンから尿素を生じる反応の触媒酵素》.
ar·gi·nine /á:rdʒənàɪn, -nì:n/ *n* 〘生化〙アルギニン《結晶性の塩基性アミノ酸の一つ》.
Ar·gi·nu·sae /ɑ̀:rdʒən(j)ú:si/ アルギヌサイ《エーゲ海にある Lesbos 島南東沖の小島群》.
Ar·give /á:rdʒàɪv, -gàɪv/ *a* ARGOS [ARGOLIS] の; ギリシア(人)の. ► *n* アルゴス人, アルゴリス人; ギリシア人.
ar·gle-bar·gle /á:rg(ə)lbá:rg(ə)l/ *n, vi* ˈˈ《口》ARGY-BARGY.
Ar·go /á:rgoʊ/ [the] 〘ギ神〙アルゴー船《ARGONAUT たちの大船の名》; 〘天〙アルゴ座 (＝～ Navis, Ship ～) 《現在は Puppis (とも座), Vela (ほ座), Carina (りゅうこつ座), および Pyxis (らしんばん座) の4星座に分割》.
ar·gol[1] /á:rgɔ̀(:)l, -gəl/, **ar·gal** /-gəl/ *n* 粗酒石《ワイン樽につく沈澱物》. [AF‹?]
argol[2] *n* アラガル《乾燥した羊糞・牛糞など; 燃料》. [Mongolian]
Ar·go·lis /á:rgələs/ アルゴリス《古代ギリシアの南部 Peloponnesus 東部の地方; Mycenae など古代遺跡が多い》. ■ the **Gúlf of** ～ アルゴリス湾《エーゲ海に臨むギリシア南東部の湾》. ♦ **Ar·gol·ic** /ɑ:rgálɪk/ *a*
ar·gon /á:rgàn/ *n* 〘化〙アルゴン《希ガス元素; 記号 Ar, 原子番号 18》. [Gk (neut)‹*argos* idle]
Ar·go·naut /á:rgənɔ̀:t, *-nàt/ **1** 〘ギ神〙アルゴナウテース《英雄 Jason に従って「金の羊毛 (the Golden Fleece)」を捜しに大船 Argo で遠征した一行 (the Argonauts) の勇士》. **2** [ˢa-] 何かを捜しに遠征する冒険家[旅行家], 《米国でゴールドラッシュ (1848–49) の時に》金を求めて California に殺到した人. **3** [a-] 〘動〙アオイガイ (paper nautilus). ♦ **Àr·go·náu·tic** *a* アルゴー船一行の: the *Argonautic* expedition アルゴナウテースたちの遠征. [L‹Gk]
Árgo Ná·vis /-néɪvəs/ 〘天〙ARGO.
Ar·gonne /ɑ:rgán, ⌐⌐/ [the] アルゴンヌ (＝～ **Fórest**) 《フランス北東部の, ベルギー国境付近の森におおわれた丘陵地帯; 1918年米軍がドイツ軍を破った地》.
ar·go·non /á:rgənàn/ *n* 〘化〙INERT GAS.
Ar·gos /á:rgàs, -gəs/ アルゴス《ギリシア Peloponnesus 半島北東部の古都; 紀元前7世紀に最も栄えた》.
ar·go·sy /á:rgəsi/ 《詩》*n* 大型船, 船, 《財貨を満載した, 特に Ragusa, Venice の》大商船; 船団, 商船隊; [*fig*] 宝庫. [*Ragusa*: イタリアの地名]
ar·got /á:rgoʊ, *-gət/ *n* 《盗賊などの》暗語, 隠語, 符牒(ᶜʰᵒ). [F‹?]
ar·got·ic /ɑ:rgátɪk/ *a* 隠語的な, 俗語的な, 符牒のような.
Argovie ⇨ AARGAU.
ár·gu·able *a* **1** 論証が可能な〈事例など〉; 確かな, 根拠のある: It is ～ *that* interest rates are too high. 利子率が高すぎるのは事実だ. **2** 議論の余地がある, 疑わしい: It is ～ *whether* it has any validity. それに有効性があるかどうかは疑問だ. ♦ **-ably** *adv* 私見では, おそらく, まず間違いなく: He is *arguably* the best trumpeter.
ar·gue /á:rgju/ *vt, vi* **1** 言い争う, 口論する〈*with* sb〉; 論じる, 議論する (discuss)〈*with*〉; 主張する〈*that*〉: ～ the TOSS / ～ *with* [*against*] sb *on* [*about, over*] sth ある事について人と論じ合う / ～ *against* [*for, in favor of*]…に反対[賛成]の議論をする / (I) can't ～ *with* that. そのとおりだ, それはいい考えだ / ～ one's way out of…からうまく言いのがれる. **2** 説き伏せる, 説得する (persuade): ～ sb *into* [*out of*]… 人を説いて…をさせる[を思いとどまらせる]. **3** 〈理由・証拠が…なることを〉示す, 立証する: His action ～*s* him (*to be*) a rogue. その行動で彼が悪者であることが明らかである / ～ *against* [*for*]…の反証[証拠]となる. ● ～ **away** [**off**] 議論して…を一掃する; 論破する; 言いくるめる. ～ **back** 反論する, 言い返す. ～ **down** 〈相手を〉言い負かす; 〈人を〉説き伏せる; 〈提案などを〉葬る; 《交渉して》〈値段を〉下げさせる. ～ **out** とことん論じる. **arguing in a circle** 〘論〙循環論法 (cf. CIRCULAR argument). ♦ **ár·gu·er** *n* [OF‹L (*arguo* to make clear, prove)]
ar·gu·fy /á:rgjəfàɪ/ *vt, vi* 《口・方》/[*joc*] うるさく議論する, 口論する. ♦ **ár·gu·fi·er** *n* [↑; cf. SPEECHIFY]
ar·gu·ment /á:rgjəmənt/ *n* **1** 論争, 言い争い; 議論, 主張; 〘哲・論〙論証: without (an) ～ 異議なく / have an ～ (with sb) (人と)口論する / get into an ～ (*with* sb) (人と)言い争いを始める〈*about, over*〉. **2 a** 《賛成・反対・論証・論駁のために示す》(一連の)理由, 論拠〈*against, for, in favor of*〉; 〘論〙《三段論法の》中名辞; 《廃》証拠,

徴候. **b** 《主題の》要旨, 《書物の》梗概, 《物語・脚本などの》主題, 筋, 趣旨. **c** 〔数〕《複素数の》偏角 (=*amplitude*); 〔数〕《変関数の》独立変数 (independent variable); 〔数〕《数表・関数の》引き数; 〔文法〕文法項.

ar·gu·men·ta·tion /àːrgjəmɛntéɪʃ(ə)n, -mɛ̀n-/ *n* 立論; 論証; 論争, 討論.

ar·gu·men·ta·tive /àːrgjəmɛ́ntətɪv/ *a* 論争的な, 議論がましい; 議論好きな, 理屈っぽい; 〔法〕《事実だけでなく》事実から導き出せる推論・結論をも述べている, 推論的な. ♦ **~·ly** *adv* **~·ness** *n*

árgument from desígn [the] 〔哲〕目的論的証明 (=*teleological argument*) 《世界の秩序の合目的性からその設計者たる神の存在を推論する》.

árgument from sílence 沈黙[無言]論法 (*L* argumentum e silentio) 《相手の沈黙・証拠不在による論証》.

ar·gu·men·tive /àːrgjəmɛ́ntɪv/ *a* ARGUMENTATIVE.

ar·gu·men·tum /àːrgjəmɛ́ntəm/ *n* (*pl* **-ta** /-tə/) 論, 議論, 論証; 《論証のための》一連の理由, 論拠. [L]

ar·gu·mén·tum ad bá·cu·lum /àːrgumɛ́ntum àːd báːkulum/ 威力[暴力]に訴える論証. [L]

arguméntum ad hóm·i·nem /-æd hámənɛ̀m/ 対人論証 《相手の性格・地位・境遇に乗じる》. [L]

arguméntum e si·lén·tio /-i sɪlɛ́nʃiou/ ARGUMENT FROM SILENCE. [L=argument from silence]

Ar·gun /áːrgúːn/ [the] アルグン川 《中国内モンゴル自治区北東部とロシアとの国境を流れる川; Shilka 川と合流して Amur 川 (黒竜江) となる》.

Ar·gus /áːrgəs/ **1** 〔ギ神〕アルゴス 《100 の眼をもつ巨人》; 厳重な見張人. **2** アーガス 《男子名》. **3** [a-] 〔鳥〕セイラン (=**a~ phèasant**) 《セイラン属の各種のクジャクに似た鳥; マレー半島・スマトラ・ボルネオ産》. **4** [a-] 〔昆〕翅に多数の眼状紋のある数種のチョウ, 《特に》ジャノメチョウ科のチョウ. [L<Gk=vigilant]

Árgus-èyed *a* 厳重に見張っている, 油断のない.

ar·gute /aːrgjúːt/ *a* 鋭い, 感覚[頭]の鋭い, 抜け目のない; 鋭い音の; 鋭い鋸歯(きょし)のある. ♦ **~·ly** *adv* **~·ness** *n*

Ar·gy /áːrgi/ *n*《俗》ARGIE.

ar·gy-bar·gy /àːrʤibáːrʤi, -gibáːrgi/ *n, vi* 《口》やかましい議論[討論](をする). [Sc; cf. *argle* (dial) to argue]

ar·gyle, -gyll /áːrgàɪl, ―⌐/ *n* [°A-] アーガイル 《ダイヤ形色格子柄》; [*pl*] アーガイル柄のソックス. ► *a* アーガイル柄に編んだ[織った]. [↓]

Ar·gyll(·shire) /aːrgáɪl(ʃɪər, -ʃər), *⌐⌐(—)/ アーガイル(シャー) 《スコットランド西部の旧州》.

ar·gyr- /áːrʤər/, **ar·gy·ro-** /áːrʤərou, -rə/ *comb form* 「銀」「銀色の」 [Gk (*arguros* silver)]

ar·gyr·ia /aːrʤíriə/ *n* 〔医〕銀沈着(症), 銀中毒.

ar·gyr·o·dite /aːrʤírədàɪt/ *n* 硫銀ゲルマニウム鉱, アージロ鉱.

Ar·gy·rol /áːrʤərɔ̀(ː)l, -ròul, -ràl/ 〔商標〕アルジロール 《銀とタンパク質を含む局所抗感染薬》.

ar·hat /áːrhət/ *n* [°A-] 〔仏教〕アルハット, 阿羅漢 《悟りの境地に達した者》. ♦ **~·ship** *n* [Skt]

Århus ⇨ AARHUS.

arhythmia, -mic ⇨ ARRHYTHMIA, -MIC.

aria /áːriə, *ɛ́r-/ *n* 歌曲, 旋律; 〔楽〕詠唱, アリア 《オペラなどの伴奏のある独唱曲; cf. RECITATIVE[1]》; 《映画などで》印象的独演. [It]

Aria /ǽriə, əráɪə/ アリア 《**1**》古代ペルシア帝国の東部地域; 現在のアフガニスタン北西部とイラン東部にまたがる **2**) アフガニスタンの都市 HERAT の古代名》.

-ar·ia[1] /ɛ́əriə/ *n suf* 「…のような[…に関係のある]生物(の属[目(もく)])」: fil*aria*. [L]

-aria[2] *n suf* -ARIUM の複数形.

ária da cá·po /-də káːpou/ (*pl* **árias da cápo**) 〔楽〕アリア・ダ・カーポ (ABA の三部形式のアリア). [It]

Ar·i·ad·ne /æ̀riǽdni/ **1** 〔ギ神〕アリアドネー 《Minos の娘; Theseus に迷宮脱出のための糸玉を与えた》. **2** アリアドニー 《女子名》. [Gk=most holy]

Ar·i·an[1] /ɛ́əriən/ *a* ARIUS の; ARIANISM の. ► *n* ARIANISM の信奉者[支持者].

Ar·i·an[2] /ɛ́əriən, éɪr-/ *a,n* おひつじ座(牡羊座) (Aries) 生まれ(の).

Arian[3] ⇨ ARYAN.

-ar·i·an /ɛ́əriən/ *a suf, n suf* 「…派の(人)」「…主義の(人)」「…を生み出す(人)」「…歳の(人)」「…に従事する(人)」: humanit*arian*, veget*arian*, disciplin*arian*, octogen*arian*, antiqu*arian*. [L; cf. -ARY]

Árian·ism *n* アリウス主義 《キリストの神性を否認》.

ari·a·ry /àːriáːri/ *n* (*pl* ~) アリアリ 《マダガスカルの通貨単位: =5 iraimbilanja; 2004 年までは franc を使用》.

Ar·i·as Sán·chez /áːriàːs sáːnʧɛz/ アリアス・サンチェス **Oscar** ~ (1941–) 《コスタリカの政治家; 大統領 (1986–90, 2006–10); 中米平和協定 (1987) の成立に尽力, 同年ノーベル平和賞》.

ari·bo·fla·vin·o·sis /eɪràɪbəflèɪvənóusəs/ *n* 〔医〕ビタミン B_2 欠乏(症), リボフラビン欠乏(症).

Ari·ca /əríːkə/ **1** アリカ 《チリ北部の, ペルー国境付近の市・港町; ⇨ TACNA-ARICA》. **2** アリカ 《上記アリカで開発された自己発見・自己実現教育法(の普及団体)》.

Ar·i·cept /ɛ́rəsɛpt/ 〔商標〕アリセプト 《塩酸ドネペジル (donepezil hydrochloride) 製剤; アルツハイマー病治療薬》.

ar·id /ǽrəd/ *a* 〈土地が〉乾燥した, 不毛の; 〔生態〕乾地性の, 偏乾性の; 〈頭脳・思想が〉貧弱な; 無味乾燥な. ♦ **arid·i·ty** /ərídəti, æ-/, **~·ness** *n* 乾燥(状態), 乾燥度; 貧弱; 無味乾燥. **~·ly** *adv* [F or L (*areo* to be dry)]

Arid·i·sol /ərídəsɔ̀(ː)l, -sòul, -sàl/ *n* 〔土壌〕アリディソル 《炭酸カルシウム・マグネシウム・可溶塩類の集積した, 乾燥地の土壌》.

árid zóne 〔気〕乾燥帯 《赤道低圧部 (北緯・南緯 15–30°) の乾燥地帯》.

Ariège /*F* arjɛːʒ/ アリエージュ 《フランス南部, Midi-Pyrénées 地域圏の県; ☆ Foix》.

ar·i·el /ɛ́əriəl/ *n* 〔動〕マウンテンガゼル, アラビアガゼル 《アラビア周辺産のガゼル》. [Arab]

Ariel **1** エーリエル 《中世伝説における空気の精; Shakespeare, *The Tempest* には Prospero の忠僕として登場する》. **2** 〔聖〕JERUSALEM. **3** 〔天〕アリエル 《天王星の第 1 衛星》.

Ar·i·elle /ɛ̀əriɛ́l/ アリエル 《女子名》.

Ar·i·en /ɛ́əriən/ *a, n* ARIAN[2].

Ar·i·es /ɛ́əriːz, -rìːz/ (*pl* ~) 〔天〕おひつじ座 (牡羊座) (Ram) 《星座》, 《十二宮の》白羊宮 (⇨ ZODIAC); おひつじ座生まれの人 (=*Arian*): the first point of ~ 春分点 (=*vernal equinoctial point*). [L=ram]

ar·i·et·ta /æ̀riɛ́tə, àː-/ *n* 〔楽〕小詠唱, アリエッタ. [It (dim)<ARIA]

ar·i·ette /æ̀riɛ́t, àː-/ *n* ARIETTA. [F<It]

aríght /ə-/ *adv* 正しく. ★ RIGHTLY よりも文語的. 動詞の前では rightly を用いる: if I remember ~ 思い違いでなければ, 確か. [OE (*a-*[1])]

Arī·hā /aríːhaː/ アリーハー 《JERICHO のアラビア語名》.

Arik·a·ra /əríkərə/ *n* **a** (*pl* ~, ~**s**) アリカラ族 《北米インディアン Caddo 族の一部族》. **b** アリカラ語.

ariki ⇨ ALII.

ar·il /ǽrəl/ *n* 〔植〕《種子の表面をおおう》仮種皮, 種衣.

ar·il·late /ǽrəlèɪt, -lət/ *a* 〔植〕仮種皮をもった.

ar·il·lode /ǽrəlòud/ *n* 〔植〕偽仮種皮.

Ar·i·ma·thea, -thaea /æ̀rəməθíːə/ アリマタヤ 《古代 Palestine の町 (正確な場所については諸説あって未確定) で, Sanhedrin 議員 Joseph の出身地; *Matt* 27: 57》.

Arim·i·num /ərímənəm/ アリミヌム 《RIMINI の古代名》.

ar·i·ose /ǽriòus, áː-, ⌐⌐⌐/ *a* 歌のような, 旋律の美しい.

ari·o·so /àːrióusou, æ̀r-, -zou/ *a, adv* 〔楽〕詠叙唱風な[に], アリオーソの[で]. ► *n* (*pl* ~**s**, **-si** /-si, -zi/) 詠叙唱. [It]

Ari·o·sto /àːrióːstou; æ̀rióːs-/ アリオスト **Ludovico** ~ (1474–1533) 《イタリアの詩人; *Orlando Furioso* (1516)》.

-ar·i·ous /ɛ́əriəs/ *a suf* 「…に関する」 [*-ary*]

Ari·pua·nã /æ̀rəpwənǽ/ [the] アリプアナン川 《ブラジル中西部 Mato Grosso 州に源を発し, 北流して Madeira 川に合流する》.

arise /əráɪz/ *vi* (**arose** /əróuz/; **aris·en** /əríz(ə)n/) **1** 現われる, 〈問題・困難・疑問などが〉起こる, 発生する; (結果として)生じる 〈*from, out of*〉. **2** 〈太陽・霧などが〉(立ち)のぼる 〈*from, out of*〉; 起き上がる, 起立する 〈*from, out of*〉; 決意して行動を開始する, 立ち上がる; 《文》起床する, 眠りからさめる; 《詩》(死から)よみがえる; 《古》〈音・声などが〉わき起こる, 聞こえてくる. ● **~ and shine** =RISE and shine. [OE (*ā-* intensive)]

aris·ings /əráɪzɪŋz/ *n pl* 副産物, 余剰産物.

aris·ta /ərístə/ *n* (*pl* **-tae** /-ti, -tàɪ/, ~**s**) 〔植〕《イネ科植物の》のぎ (awn); 〔動〕《ショウジョウバエなどの》触鬚(しょくしゅ) 《触角先端の樹枝状突起》. ♦ **aris·tate** /ərístèɪt/ *a* のぎのある; 触鬚のある. [L]

Ar·is·tae·us /æ̀rəstíːəs/ 〔ギ神〕アリスタイオス 《Apollo と Cyrene との息子; 農牧の神》.

Ar·is·tar·chus /æ̀rəstáːrkəs/ **1** アリスタルコス ~ **of Samothrace** (c. 217–145 B.C.) 《ギリシアの文法家; Homer の叙事詩を校訂した》. **2** 〔天〕アリスタルクス 《月面の第 2 象限に明るく輝くクレーター; 直径約 37 km》.

Aristárchus of Sámos サモスのアリスタルコス (fl. c. 270 B.C.) 《ギリシアの天文学者; 地動説の先駆者》.

Aris·tide /*F* aristid/ **1** アリスティド 《男子名》. **2** アリスティド **Jean-Bertrand** ~ (1953–) 《ハイチの聖職者・政治家; 大統領 (1991, 1994–96, 2001–04)》.

Ar·is·ti·des, -tei- /æ̀rəstáɪdiz/ アリステイデス (c.530–c.468 B.C.) 《アテナイの政治家; 廉直の士とうたわれ, ~ the Just の異名をもつ; デロス同盟 (Delian League) の結成に貢献》.

Ar·is·tip·pus /æ̀rəstípəs/ アリスティッポス (c. 435–c. 366 B.C.) 《ギリシアの哲学者; キュレネ学派の創始者》.

aris·to /ərístou/ *n* (*pl* ~**s**) 《口》ARISTOCRAT.

aris·to- /ərístou, -tə, *æ-/ *comb form* 「最適の」「最上位の」「貴族(制)の」 [F<L<Gk (↓)]

ar·is·toc·ra·cy /æ̀rəstάkrəsi/ *n* 貴族政治; 貴族政治の国; [the] 貴族, 貴族社会; 《各種分野の》第一流の人びと; 貴族的な性質[精神]. [F<Gk (*aristos* best)]

ar·is·to·crat /ərístəkræ̀t, *ǽrɪs-/ *n* 貴族; 貴族的な人; 貴族政治主義者; 最良と考えられるもの. [F (↓)]

ar·is·to·crat·ic /ərìstəkrǽtɪk, *æ̀rɪs-/ *a* 貴族政治の(ような); 貴族政治を支持する; 貴族[上流]社会の; (悪い意味で)貴族的な, 尊大な, 排他的な; (いい意味で)貴族的な, 誇りの高い, 上品な, 堂々とした. ◆ **-i·cal·ly** *adv* [F<Gk]

ar·is·toc·rat·ism /æ̀rəstάkrətɪ̀z(ə)m, *ərístəkræ̀tɪ̀z(ə)m/ *n* 貴族主義; 貴族かたぎ.

aris·to·lo·chi·a·ceous /ərìstəlòukiéɪʃəs/ *a* 〘植〙ウマノスズクサ科 (Aristolochiaceae) の.

Ar·is·toph·a·nes /æ̀rəstάfənìːz/ アリストファネス (c. 450–c. 388 B.C.)《アテナイの喜劇作家》.

Aristóphanes of Byzántium ビザンティウムのアリストファネス (c. 257–180 B.C.)《ギリシアの文献学者・文法家; Alexandria 図書館館長 (c. 195), Hesiod, Homer, Pindar, Aristophanes, Euripides などの作品の編集に当たった》.

Aris·to·phan·ic /ərìstəfǽnɪk/ *a* アリストファネス(の喜劇)の; アリストファネスの諷刺とユーモアを思わせる.

Ar·is·tot·e·les /æ̀rəstάt(ə)lìːz/ 〘天〙アリストテレス《月面第 1 象限の壁平原》.

Ar·is·to·te·lian, -lean /æ̀rəstətíːljən, ərìstə-/ *a* アリストテレス(哲学)の. ► *n* アリストテレス(哲学)学徒. ◆ **~·ism** *n* アリストテレス哲学.

Aristotélian lógic アリストテレス論理学, 形式論理学.

Ar·is·tot·le /ǽrəstɑ̀tl/ アリストテレス (384–322 B.C.)《古代ギリシアの哲学者; Plato の弟子, Alexander 大王の教師;『形而上学』『ニコマコス倫理学』》.

Áristotle's lántern 〘動〙アリストテレスの提灯(ちょうちん)《ウニ類の口にある 5 枚の歯・骨が組み合わさった逆円錐状の咀嚼器官》.

aris·to·type /ərístoutàɪp/ *n* 〘写〙アリスト印画(法).

Ari·ta /ɑ́ːrìːtə/ *n* 有田焼. [Jpn]

arith. arithmetic ◆ arithmetical.

ar·ith·man·cy /ǽrɪθmæ̀nsi; əríθmənsi/ *n* 《特に 姓名の字数などによる》数占い.

arith·me·tic[1] /əríθmətɪ̀k/ *n* 算数, 算術; 計算(能力); 算数の論文[教科書]; 《状況を左右する》数値, 数的要因: decimal ~ 十進算 / mental ~ 暗算. [OF, <Gk *arithmētikē* (*tekhnē*) (art) of counting (*arithmos* number)]

ar·ith·met·ic[2] /æ̀rɪθmétɪk/, **-i·cal** *a* 算数の, 算術に基づいた, 算術を用いる. ◆ **-i·cal·ly** *adv* [L<Gk (↑)]

arithmétical progréssion ARITHMETIC PROGRESSION.

arithmétical propórtion 〘数〙等差比例.

arith·me·ti·cian /ərìθmətíʃ(ə)n, æ̀rɪθ-/ *n* 算数家.

arithmétic méan 〘数〙《等差数列の》等差中項; 相加平均, 算術平均.

arithmétic operátion 〘数・電算〙算術演算.

arithmétic progréssion 〘数〙等差数列 (cf. GEOMETRIC PROGRESSION).

arithmétic séries 〘数〙等差級数, 算術級数.

arith·me·tize /əríθmətàɪz/ *vt* 算術化する, 数[数式]で表わす.

ar·ith·mom·e·ter /æ̀rɪθmάmətər/ *n* 計数器.

-ar·i·um /ɛ́əriəm/ *n suf* (*pl* **~s, -ia** /-iə/)「…に関するもの[場所]」: sacr*arium*, aqu*arium*. [L; ⇨ -ARY]

Ari·us /ɛ́əriəs, əráɪəs/ **1** アリウス (c. 250–336)《Alexandria の神学者; キリストの神性を否認した; cf. ARIANISM》. **2** [the] アリウス川《HARI RUD 川の古代名》.

a ri·ve·der·ci /ɑːrìveɪdértʃi/ *int* 《古》ARRIVEDERCI.

Ar·i·zo·na /æ̀rəzóunə/ アリゾナ《米国南西部の州; ☆Phoenix; 略 Ariz., AZ》. ◆ **Àr·i·zó·nan, -zó·ni·an** /-niən, -njən/ *a, n*

Arizóna góurd CALABAZILLA.

Ar·ju·na /ɑ́ːrdʒunə/ 〘ヒンドゥー教〙アルジュナ《*Bhagavad Gita* 中のパーンドゥ族の第 3 王子である勇者; 御者 Krishna に深遠な哲理・信仰・解脱の道を教えられる》. [Skt]

ark /ɑ́ːrk/ *n* **1** 〘聖〙《Noah が大洪水をのがれた》箱舟《*Gen* 6–8》; *平底舟; 《危険に対する》盾, 避難所. **2** 〘聖〙契約の箱, 約櫃(やくひつ) (=the **Á~ of the Cóvenant**, the **Á~ of (the) Téstimony**)《Moses の十戒を刻んだ 2 つの平たい石を納めた櫃(ひつ); *Exod* 25: 16》; [ºA-] 〘ユダヤ教〙聖櫃(せいひつ) (=Holy A~)《Torah の巻物を納めておく教会壁面の保管箱》. **3** 《口》大きくてぶかっこうな舟[車, *家]; 《口》古い車; 《方・古》櫃, 箱. ● **be [come] out of the ~ = go out with the ~** ‖《口》非常に古い, 古臭い《Noah's ark から》. [OE *ærc*<L *arca* chest; cf. G *Arche*]

Ar·kan·sas /ɑ́ːrkənsɔ̀ː/ **1** アーカンソー《米国中南部の州; ☆Little Rock; 略 **Ark.**, AR》. **2** /, *ɑːrkǽnzəs/ [the] アーカンソー川《Colorado 州中部から東流し, Kansas, Oklahoma, Arkansas 州を通って Mississippi 川に合流》. ◆ **Ar·kán·san** /-zən/ *a, n*

Árkansas tóothpick BOWIE KNIFE; 刃渡りの長いさや付きの刀《多くは両刃》.

Ar·kan·saw·yer /ɑ́ːrkənsɔ̀ːjər/ *n* 《口・方》アーカンソー州人 (Arkansan).

Arkhangelsk ⇨ ARCHANGEL.

Ar·kie /ɑ́ːrki/ *n* *《口》移動農業労働者, 《特に》Arkansas 州出身の放浪農民 (cf. OKIE[1]).

ar·kose /ɑ́ːrkòus, -z/ *n* 〘岩石〙花崗(こう)砂岩, アルコース. ◆ **ar·kó·sic** *a*

Árk Róyal アークロイアル《**1**) 1588 年スペインの無敵艦隊を打ち破った英国の旗艦 **2**) 英国の航空母艦; 1941 年ドイツ戦艦 Bismarck 追撃に参加; 同年ドイツ潜水艦の攻撃をうけて地中海に消えた》.

árk·wright *n* 箱を作る指物師.

Arkwright アークライト Sir **Richard** ~ (1732–92)《英国の紡織機械発明者》.

Ar·ky /ɑ́ːrki/ *n* *《口》ARKIE.

Arl·berg /ɑ́ːrlbɜ̀ːrg, -bɛ̀ərg/ アールベルク《オーストリア西部, Rhaetian Alps の峰 (1802 m) [峠, トンネル]》.

Ar·len /ɑ́ːrlən/ アーレン (**1**) **Harold** ~ (1905–86)《米国のポピュラーソングの作曲家; 本名 Hyman Arluck》 (**2**) **Michael** ~ (1895–1956)《英国の小説家; ブルガリアでアルメニア人の両親のもとに生まれた; もと Dik·ran Kou·youm·dji·an /díkrɑːn kujúːmdʒiən/》.

Ar·lene, -leen, -line /ɑːrlíːn/ アーリーン《女子名》. [? Celt =pledge]

arles /ɑ́ːrlz/ *n* [ˢ⟨*sg*⟩] 《スコ》手付金.

Arles /ɑ́ːrl(z); *F* arl/ アルル《**1**) 中世フランス東部・南東部の王国; Burgundy 王国ともいう **2**) フランス南東部 Rhone 川沿いの市; 古代名 Arelas, Arelate》. ◆ **Ar·le·sian** /ɑːrlíːʒən/ *n*

Ar·ling·ton /ɑ́ːrlɪŋtən/ アーリントン《Virginia 州北東部, Potomac 川をはさんで Washington, D.C. の対岸の郡; 国立墓地 (=~ **Nátional Cémetery**) があり, その中に無名戦士の墓や Kennedy 大統領などの墓がある》.

Ar·lon /*F* arlɔ̃/ アルロン《ベルギー南東部 Luxembourg 州の州都》.

Ar·lott /ɑ́ːrlət/ アーロット (**Leslie Thomas**) **John** ~ (1914–91)《英国の著述家・スポーツジャーナリスト; 'voice of cricket' と呼ばれた》.

arm[1] /ɑ́ːrm/ *n* **1** 腕, 《特に》肩から手首までの部分, かいな《BRACHIAL *a*》; 《脊椎動物の》前肢, 前脚; 《ヒトデ・腕足類などの無脊椎動物の》腕, 脚, 触手; 《服の》袖; 肩肉: one's better ~ 利き腕 / have a child *in* one's ~*s* 子供を抱いている / throw [fold] one's ~*s* around sb's neck 人の首に抱きつく / fold one's ~*s* 腕組みする《しばしば防衛的・拒否的な姿勢と解釈される》/ make a long ~《物を取ろうとして》腕をぐっと伸ばす ⟨*for* the book⟩ / (as) long as one's ~ 《口》とても長い. **2 a** 腕に似たもの, 細長い突起(部). **b** 大枝; 腕木, 腕金, いかり腕, てこの腕; 《椅子の》肘掛け; TONE ARM; 〘海〙YARD-ARM; 《卑》ペニス. **c** 入江, 入海; 岬. **d** 〘生〙《染色体の》腕; 〘数〙角をなす(二)辺. **3** 《団体・活動などの》部門, 機関. **4 a** 《法律・国家などの》力, 権力; *《俗》警官, おまわり, ポリ公: the ~ of the law 法の力 (cf. LONG ARM) / SECULAR ARM. **b** 〘スポ〙投球力, 肩(のいい選手): have a strong ~ 肩がいい. ● **an ~ and a leg** 《口》ばか高い[法外な]値段, 大変な出費: cost [charge] *an ~ and a leg* 大変な金がかかる[を要求する]. **~ in ~ [~-in-~]** (with...) (…と)腕を組んで. **at ~'s** LENGTH. CHANCE **one's ~. give [offer] one's ~s** 《同行の女性に》腕をかす; 提携を申し出る ⟨*to*⟩. **give one's right ~** 《口》大きな犠牲を払う[いとわない] ⟨*for*; *to* do⟩. **in ~s** まだ歩けない: a baby *in ~s* 乳飲み子. **on the ~** *《俗》つけで (on credit), ただで. **put the ~ on...** *《俗》(**1**) …を強奪する[差し押える, 捕える]. (**2**) ⟨人⟩に金の融通を頼む. (**3**) ⟨人⟩に強要する. **ride the ~** *《俗》⟨タクシーの運転手が⟩料金をくすねる, エントツする. **sb's** RIGHT ARM. **take the ~** 差し出した腕にすがる; 提携の申し出に応じる. TALK **sb's ~ off. throw up one's ~s** ⇨ HAND. **twist sb's ~** 人の腕をねじ上げる; 人に無理強いする, 強く勧める (cf. ARM-TWISTING). **under one's ~** こわきに抱えて. **with folded ~s** 手をこまぬいて. **within ~'s reach** 手の届くところに. **with one ~ (tied) behind one's back** =with one HAND (tied) behind one's back. **with open ~s** 両手を広げて, 心から⟨歓迎する⟩. [OE *earm*; cf. G *Arm*]

arm[2] *n* **1 a** [ᵘ*pl*] 兵器, 武器, 火器: SMALL ARMS / appeal to ~*s* = go to ~*s* 武力に訴える / by ~*s* 武力に訴えて / change ~*s* 銃をにない替える / give up one's ~*s* 降服して武器を渡す / lay down one's ~*s* 武器を捨てる《降服する》/ a man of ~*s* 戦士; 装甲兵 / a PASSAGE[1] at ~*s* / a stand of ~*s* 《兵一人分の》武器一組. **b** [*pl*] 軍事, 戦争, 闘争; 兵役, 軍務: a call to ~*s* 戦闘準備[出動]命令, 参戦の呼びかけ / call...to ~*s* …に戦闘準備を命じる; ⟨軍隊を⟩動員[召集]する / run to ~*s* 急いで武器を取る[蜂起する] / ~*s* and the man 武技と人《Vergil, *The Aeneid* 冒頭の句》; 武勇伝 / suspension of ~*s* 休戦 / a deed of ~*s* 武勲. **c** 兵種, 兵科《歩兵・騎兵・砲兵・工兵》; 戦闘部隊; 国防機関の部門《陸軍・海軍など》: the air ~ of the army 陸軍の航空兵科. **2** [*pl*] 《盾・旗などの》紋章; [*pl*] 《国・会社などの》しるし. ● **a call to ~s** ⇨ *n* 1b. **bear ~s** 武器を携帯する, 武装する; 兵役に服する ⟨*for* one's country⟩; 戦う ⟨*against*⟩; 紋章を帯びる. **be bred to ~s** 軍人の教育をうける. **carry ~s** 武器を携帯する; 銃を右肩に当て垂直に支える: Carry ~*s*! = Shoulder ARMS! **in ~s** 武装して: rise (up) *in* ARMS. **Order**

～s! 立て銃(ﾂﾂ)! **Pile ～s!** 組め銃! **Port ～s!** 控え銃! **Present ～s!** ささげ銃! **rest** [**lie**] **on** one's **～s** 武装したまま休む, 油断しない. **rise** (**up**) **in ～s** 武器を取って立つ; 兵を挙げる, 武装蜂起する. **Shoulder** [**Slope**] **～s!** にない銃! **take** (**up**) **～s** 武器を取る, 戦端を開く 〈*against*〉; 軍人になる; 論戦を始める, 積極的に議論に加わる. **To ～s!** 戦闘準備! **under ～s** 武装を整えて, 戦争[戦闘]準備なって; 兵籍で: get *under ～s* 武装する. **up in ～s** 武器を取って; 反旗を翻して 〈*against*〉; 憤慨して, 抗議して 〈*about, over*〉.

► *vt* 武装させる, 《防護具などで・道徳的に》…の身を固める 〈*against* an incident *with* sth〉; 〈兵器など〉に(必要な部品を)着装する, …の活動準備を整える, 〈爆弾などを〉発火準備状態にする; 〈磁石〉に接極子 (armature) をつける; 〘海〙〈測鉛〉に獣脂を詰める: ～ one*self* 武装する 〈*against*〉; 油断なく構える 〈*against*〉 / be *～ed* at all points 全身に武装している; 議論に隙がない / *～ed* to the teeth ⇨ TOOTH.

► *vi* 武装する; 戦いの用意をする. ● **be ～ed with**…で身を固めている; …を用意している: *be ～ed with* a letter of introduction 紹介状を携えている. ★ ARMED[1].

［OF＜L *arma* arms, fittings］

Arm. Armenian. **ARM** °adjustable rate mortgage.

ar·ma·da /ɑːrmáːdə, -mǽdə, -méɪ-/ *n* 艦隊; 軍用飛行機隊; 《バス・トラック・漁船などの》大集団; [the A-] 《スペインの》無敵艦隊 (＝Invincible A~, Spanish A~) 《1588 年英海軍に敗れた》. ［Sp＜Rom *armata* army］

ar·ma·dil·lo /àːrmədíloʊ/ *n* (*pl* **～s**) 〘動〙アルマジロ 《貧歯目被甲類の夜行性の哺乳動物; 南米産》. ［Sp (dim)＜*armado* armed man; ⇨ ARM[2]］

Ar·ma·ged·don /àːrməgédn/ **1** 〘聖〙ハルマゲドン 《世界の終末における善と悪との決戦場; *Rev* 16: 14–16》. **2** ハルマゲドンの大決戦(の時); 《一般に》大決戦(場). ［Gk］

Ar·magh /ɑːrmáː, ⌐⌐/ アーマー 《**1**) 北アイルランド南部の旧州 **2**) 北アイルランド南部の地区 **3**) その中心の町; カトリックの大司教座, アイルランド教会(聖公会)の大主教座が置かれる》.

Ar·ma·gnac /àːrmənjǽk/ **1** アルマニャック 《フランス南西部 Gascony 地方の歴史的地域; 現在 Gers 県に属する; ☆Auch》. **2** /⌐⌐⌐/ [°a-] アルマニャック 《Armagnac 地方産の辛口のブランデー》.

ar·mal·co·lite /ɑːrmǽlkəlàɪt/ *n* 〘鉱〙アーマルコライト 《月で発見された鉄・マグネシウム・チタンからなる鉱物; 持ち帰ったアポロ 11 号の 3 名の飛行士 Armstrong, Aldrin, Collins にちなんでつけられた名称》.

Ar·ma·Lite /áːrməlàɪt/ 〘商標〙アーマライト 《米国 ArmaLite, Inc. 製の銃器》.

ar·ma·ment /áːrməmənt/ *n* **1** [°*pl*] 《一国の》総合的軍事力, 軍備; [°*pl*] 《戦闘部隊・軍用機・戦車・要塞・軍艦などの》装備, 備砲; 〘空〙搭載兵器; [°*pl*] 防護の役をするもの: an ～ race 軍備競争 / the limitation [reduction] of *～s* 軍備制限[縮小] / a main [secondary] ～ 主[副]砲. **2** 軍隊; 武装, 兵装, 戦争準備. ［L; ⇨ ARM[2]］

ar·ma·men·tar·i·um /àːrməmèntέəriəm, -mən-/ *n* (*pl* **-ia** /-iə/, **～s**) 《特定の目的, 特に医療のために利用できる器具・装置・材料・知識・情報・技術・方法などの》全設備[装備], 医療設備.

Ar·mand /áːrmənd; *F* armɑ̃/ アーマンド, アルマン 《男子名》. ［⇨ HERMAN］

Ar·man·do /ɑːrmáːndoʊ/ アルマンド 《男子名》. ［Sp; ⇨ HERMAN］

Ar·ma·ni /ɑːrmáːni/ アルマーニ **Giorgio ～** (1934–) 《イタリアのファッションデザイナー》.

ar·ma·ture /áːrmət(j)ʊ̀ər, -ʧər, -ʧʊ̀ər/ *n* 《軍艦などの》装甲板; 〘動・植〙防護器官 《歯・とげなど》; 〘電〙電機子; 《継電器・電磁石の》接極子; 〘彫〙《制作中の粘土・石膏などを支える》枠, 骨組; 《一般に》構成, 枠組; 《古》よろいかぶと, 武具. ［F＜L＝armor; ⇨ ARM[2]］

árm·bànd *n* 腕章; "《水泳用の》アームバンド.

árm càndy 《口》《社交の場で》年配者が同伴する美女[イケメン].

árm·chàir *n* 肘掛け椅子. ► *a* 楽な; 理論だけの, 実践の伴わない, 評論家的な, 空論の; 他人の経験を追体験する: an ～ critic 実行せずに批評だけする人, 書斎の批評家 / an ～ detective 安楽椅子探偵 《自分では実地調査をせず, 与えられた記録・報告だけをもとに事件を解く探偵》 / an ～ general [strategist] 実際経験のないことについて知ったふうに語る人, 知ったかぶりに論じる人, 空論家 / an ～ traveler 旅行談[旅行記]によって旅行気分を楽しむ人.

Arm·co /áːrmkoʊ/ 〘商標〙アームコ 《自動車レースサーキットのコーナーなどに建てる金属製安全障壁》.

arme blanche /*F* arm blɑ̃ʃ/ (*pl* **armes blanches** /*F* —/) 《FIREARM と区別して》白兵器 《騎兵刀・騎兵槍》; 騎兵隊. ［F＝white weapon］

armed[1] /áːrmd/ *a* 武装した 〈*with*〉; 防護[強化]された; 武器を使う, 武力による; 〘生〙防護器官[きば, とげ など]を備えた; 〘紋〙〈動物など〉角[脚, 爪, 歯など]が体色と異なる; 準備万端の: ～ and dangerous 〈容疑者が〉武器を持っていて危険な / ～ peace 武装下の平和 / ～ robbery 持凶器強盗(罪) / students ～ *with* pencils and notebooks 鉛筆とノートを持った学生. ★ ARM[2] *v*

armed[2] *a* [°*compd*] 腕をもった: long-～ 長い腕をもった.

ármed búllhead 〘魚〙ヨロイトクビレ (pogge).

ármed fórces *pl* 《陸・海・空を含む》軍, 軍隊, 全軍.

Ármed Fórces Dày 〘米〙三軍統合記念日 《5 月の第 3 土曜日》.

ármed neutrálity 武装中立.

ármed sérvices *pl* ARMED FORCES.

Ar·me·nia /ɑːrmíːniə, -njə/ **1** アルメニア 《Caucasus 山脈の南側にある国; 公式名 Republic of ～ (アルメニア共和国); ☆Yerevan; 1936–91 年ソ連邦構成共和国 (the Armenian SSR)》. **2** アルメニア 《黒海とカスピ海の間, 現在のアルメニア・トルコ・イランにまたがる山岳地域にあった王国; 聖書名 Minni》. **3** アルメニア 《コロンビア中西部 Quindío 州の州都; コーヒー栽培で有名》.

Ar·mé·ni·an *a* アルメニアの; アルメニア人[語]の; アルメニア教会の. ► *n* アルメニア人; アルメニア語 《インド-ヨーロッパ語族に属し, 独立した一派をなす》; アルメニア教会の信徒. ♦ **～·ism** *n*

Arménian Chúrch [the] アルメニア教会 《キリスト単性論を主張するが, 教義は東方正教会とだいたい同じ》.

Ar·men·tières /àːrməntjέər, -tíərz/ アルマンチエール 《フランス北部の, ベルギー国境付近の町》.

armes par·lantes /*F* arm parlɑ̃ːt/ 家名を図案化した紋章.

ar·met /áːrmət, -mεt/ *n* アルメ 《15 世紀の頭部全体をおおう鉄かぶと》. ［OF (*arme* による変形)＜Sp *almet* or It *elmetto* helmet］

árm·fùl *n* (*pl* **～s, árms·fùl**) 腕一杯, ひと抱え: an ～ of books.

árm·guàrd *n* 《アーチェリー・フェンシングで着用する》アームガード, 籠手(ｺﾃ), 腕甲; 〘ボク〙腕によるガード.

árm·hòle *n* 《服の》袖ぐり, 袖付け, アームホール.

ar·mi·ger /áːrmɪʤər/ *n* 騎士のよろい持ち (squire); 大郷士(ｺﾞｳ) 《紋章をつけることを許された knight と yeoman の中間》. ♦ **ar·mig·er·al** /ɑːrmíʤərəl/ *a* ［L］

ar·mig·er·ous /ɑːrmíʤərəs/ *a* 紋章をつけている.

ar·mil·lar·ia /àːrməlέəriə/ *n* 〘菌〙ナラタケ 《キシメジ科ナラタケ属 (*A-*) のキノコ; HONEY FUNGUS など》.

ar·mil·lary /áːrməlèri, ɑːrmíləri; ɑːmíləri, ⌐⌐⌐⌐/ *a* 円[環, 輪]の(ような); 円[環, 輪]で構成された.

ármillary sphére 渾天(ｺﾝﾃﾝ)儀, アーミラリ天球儀 《古代の環状の天球儀》.

Ar·min **1** /áːrmən/ アーミン 《男子名》. **2** /ɑːrmíːn/ ARMINIUS. ［⇨ HERMAN］

árm·ing *n* 武装; 測鉛の底の穴に詰める獣脂[グリース]; 《磁石の》接極子.

Ar·min·i·an /ɑːrmíniən/ *a* 《神学者》ARMINIUS の; アルミニウス派の. ► *n* アルミニウス主義者.

Armínian·ìsm *n* アルミニウス主義 《Calvin 派の絶対予定説を否定し自由意志を強調して, 神の救いは全人類に及ぶとする Arminius の説》.

Ar·min·i·us /ɑːrmíniəs/ **1** アルミニウス (＝*Armin*) (18 B.C.?–A.D. 19) 《ゲルマンの族長; ドイツ語名 Hermann; トイトブルクの森 (Teutoburg Forest) でローマの 3 軍団を潰滅させ (A.D. 9), 皇帝 Augustus のゲルマン征服計画を挫折させた》. **2** アルミニウス **Jacobus ～** (1560–1609) 《オランダの神学者; オランダ語名 Jacob Harmensen [Hermansz]; Calvin 派の厳格な予定説に反対した; cf. ARMINIANISM》.

ar·mip·o·tent /ɑːrmípətənt/ *a* 《まれ》武力にすぐれた.

ar·mi·stice /áːrməstəs/ *n* 休戦. ［F or L (*arma* arms, *-stitium* stoppage)］

Ármistice Dày 《第一次大戦の》休戦記念日 《11 月 11 日; 第二次大戦も含めて, 米国では 1954 年に VETERANS DAY と改称, 英国では 1946 年に REMEMBRANCE SUNDAY がこれに代わった》.

árm·less[1] *a* 腕のない; 肘掛けのない〈椅子など〉.

armless[2] *a* 無防備の.

árm·let *n* 《二の腕に付ける》腕環, 腕飾り; 非常に短い袖; 小さな入江, 川の支流. ［*arm*[1], *-let*］

árm·lìke *a* 腕のような.

árm·lòad* *n* 腕に抱えられる量, 腕一杯.

árm·lòck *n* 〘レス〙アームロック 《相手の腕を自分の腕と手で固める技》.

ar·moire /ɑːrmwáːr, áːrmər/ *n* 大型衣裳だんす[戸棚]. ［F; cf. *ambury*］

ar·mor | **ar·mour** /áːrmər/ *n* **1** よろいかぶと, 甲冑(ｶｯﾁｭｳ), 具足 《集合的》; 被甲, 《軍艦・戦車・軍用機などの》装甲板, 防弾板; 〘軍〙機甲部隊; 紋章: a suit of ～ よろい一領 / in ～ よろいかぶとを着けた. **2** 防御の手段; 防護具, 《動植物の》防護器官; 防護服, 潜水服; 《電線・ホースなどの》外装; 保身的な性質[態度]: wear the ～ of cynicism 冷笑を装って身を守る. ► *vt* …によろい[防具]を着せる, 装甲する; 〈ガラスを〉強化する. ► *vi* 装甲する, 防具を着ける. ♦ **～·less** *a* ［OF＜L; ⇨ ARMATURE］

ármor-bèar·er *n* 〘史〙よろい持ち 《騎士の従者》.

ármor-clàd *a* ARMOR を着た; 装甲の. ► *n* 装甲艦.

ár·mored *a* よろいかぶと[防具]を着けた, 装甲した; 装甲の, 外装した; 〈軍隊が〉装甲車両を保有する, 〈戦いが〉機甲部隊による; 〈ガラスが〉強化された.

ármored cáble 〘電〙外装ケーブル.

ármored cár 《現金輸送用などの》装甲自動車; 〖軍〗装甲車.
ármored ców [héifer]*《俗》缶入りミルク, 粉ミルク.
ármored divísion 〖軍〗機甲師団.
ármored fórces *pl* 〖軍〗機甲部隊《戦車および歩兵・砲兵からなる》.
ármored personnél càrrier 〖軍〗装甲兵員輸送車《略 APC》.
ármored scále*〖昆〗マルカイガラムシ.
ár·mor·er *n* 武具師; 兵器製造者; 《軍艦・部隊の》兵器係.
ar·mo·ri·al /ɑːrmɔ́ːriəl/ *a* 紋章の[をもった]: ~ bearings 紋, 紋章. ► *n* 紋章書; 家紋. ♦ **~·ly** *adv*
Ar·mor·i·ca /ɑːrmɔ́(ː)rəkə, -mɑ́r-/ アルモリカ《フランス北西部地方の古代名; ほぼ Brittany に当たる》.
Ar·mór·i·can, Ar·mór·ic *a* アルモリカの; アルモリカ人(の言語)の. ► *n* アルモリカの住民, 《特に》ブルターニュ人; アルモリカ人の言語.
ar·mor·ist /ɑ́ːrmərɪst/ *n* 紋章学者.
ármor plàte [plàting] 《軍艦・戦車・軍用機などの》装甲板, 防弾板.
ármor-plàted *a* 装甲した, 装甲の.
ar·mo·ry[1] /ɑ́ːrm(ə)ri/ *n* 紋章学; 《古》紋章. [OF (*armoier* to blazon < ARM[2])]
ar·mo·ry[2] | **ar·mou·ry** /ɑ́ːrm(ə)ri/ *n* 兵器庫; *《州兵・予備役兵などの》軍事教練場, 部隊本部; *兵器工場, 造兵廠(しょう); 武具, 兵器類; 資源[物資, 資材, 資料など]の蓄積. [OF; ⇨ ARMOR]
armour ⇨ ARMOR.
árm·pìt *n* わきのした, 腋窩(えきか) (axilla); 〖新聞〗幅広のヘッドラインの下の狭いヘッドライン; 《俗》いやな場所, きたない所: the ~ of the universe 不快きわまる所. ● **up to one's ~s** 《不快なことに》どっぷりはまって.
árm·rèst *n* 《椅子の》肘掛け.
árms ⇨ ARM[2].
árms contròl 軍備管理.
árm's-lèngth *a* 距離をおいた, 密接[親密]でない〈関係〉; 〖商〗〈取引などが〉対等な, 公正な (cf. *at arm's* LENGTH).
árms ràce 軍備拡大競争.
Árm·stròng アームストロング (1) (**Daniel**) **Louis** ~ (1901–71) 《米国のジャズトランペッター・歌手・バンドリーダー; 愛称 Satchmo, Pops》 (2) **Edwin H**(**oward**) ~ (1890–1954) 《米国の電気技術者; 再生回路・スーパーヘテロダイン回路・FM 通信方式などを発明》 (3) **Gillian** ~ (1950–) 《オーストラリアの映画監督》 (4) **Lance** ~ (1971–) 《米国の自転車競技選手; Tour de France 7 年連続総合優勝 (1999–05) を達成》 (5) **Neil** (**Alden**) ~ (1930–2012) 《米国の宇宙飛行士; 1969 年, 人類として最初に月面に立った》 (6) **William George** ~, Baron ~ of Cragside (1810–1900) 《英国の企業家・技術者》. ● **come** CAPTAIN **~.**
Ármstrong mówer*《俗》《長柄の》草刈り鎌, 大鎌 (scythe).
Ármstrong stárter*《俗》《エンジンをかけるための》クランク.
árm-twìst·ing *n* 無理強い, 圧力をかけること, 締めつけ. ♦ **árm-twist** *vt, vi*
ar·mure /ɑ́ːrmjər/ *n* 《毛・絹の》鎖かたびら形紋織り. [F]
árm-wàver *n**《俗》興奮しやすい[感情的になる]人, 大仰なやつ.
árm wrèstling 腕ずもう (=*Indian wrestling*). ♦ **árm-wrèstle** *vt, vi*
ar·my /ɑ́ːrmi/ *n* **1** (陸の)軍隊; [the; °A-] 《一国の》陸軍 (cf. NAVY, AIR FORCE); [the] 兵役; 軍: be in *the* ~ 陸軍軍人になっている / enter [join, go into] *the* ~ 陸軍に入隊する / raise an ~ 軍を起こす, 軍兵を募る / serve in *the* ~ 兵役に服する. **2** [°A-] 《運動推進のための》組織的団体: the Blue Ribbon *A*~ 〖英〗青リボン(禁酒)団 / SALVATION ARMY. **3** 大勢, 大群: an ~ *of* workmen 大勢の労働者 / an ~ *of* insects 昆虫の大群. ● **You and whose [what] ~?** ⇨ YOU and who else? ★ (1) 陸軍の区分は通例 次のようになる: (field) army 《2 個(以上)の軍団 (corps) からなる》— corps 《2 個(以上)の師団 (divisions) と付属部隊からなる》— division 《3–4 個の旅団 (brigades) からなる》— brigade 《2 個(以上)の連隊 (regiments) からなる》— regiment 《2 個(以上)の大隊 (battalions) からなる》— battalion 《2 個(以上)の中隊 (companies) からなる》— company 《2 個(以上)の小隊 (platoons) からなる》— platoon 《2 個(以上)の分隊 (squads *or* sections) からなる》— squad 《軍曹・伍長各 1 人ずつと 10 人の兵からなる》. ★ (2) 米陸軍の階級は上から順に次のとおり: General of the Army (元帥), General (大将), Lieutenant General (中将), Major General (少将), Brigadier General (准将), Colonel (大佐), Lieutenant Colonel (中佐), Major (少佐), Captain (大尉), First Lieutenant (中尉), Second Lieutenant (少尉), Chief Warrant Officer (上級准尉), Warrant Officer (准尉), Sergeant Major (上級曹長), Master Sergeant *or* First Sergeant (曹長), Platoon Sergeant (小隊軍曹) *or* Sergeant First Class (一等軍曹), Staff Sergeant (二等軍曹), Sergeant (三等軍曹), Corporal (伍長), Private First Class (上等兵), Private (一等兵, 二等兵). ★ (3) 英陸軍の階級: Field Marshal (元帥), General (大将), Lieutenant General (中将), Major General (少将), Brigadier (准将), Colonel (大佐), Lieutenant Colonel (中佐), Major (少佐), Captain (大尉), Lieutenant (中尉), Second Lieutenant (少尉), Warrant Officer (准尉), Staff Sergeant (曹長), Sergeant (軍曹), Corporal (伍長), Lance Corporal (兵長), Private (兵卒, 二等兵). [OF; ⇨ ARM[2]]
ármy àct 陸軍刑法.
ármy ànt 〖昆〗軍隊アリ《大群で行軍する肉食性のアリ; 熱帯地方産; cf. DRIVER ANT, LEGIONARY ANT》.
ármy bràt*《俗》軍人の子《各地を転々として子供時代を送る》.
ármy bròker [contràctor]" 陸軍用達[御用商人].
ármy còrps 軍団《2 個以上の師団 (division) と付属部隊からなる; ⇨ ARMY》.
ármy gàme [the] 《俗》OLD ARMY GAME.
Ármy Lìst [°a- l-] 〖英〗陸軍将校名簿.
ármy of occupátion 占領軍.
Ármy of the Uníted Státes [the] 合衆国陸軍《第二次大戦中の, 通常陸軍・編成予備軍・州兵軍・選抜徴兵軍人を含めた陸軍; cf. UNITED STATES ARMY》.
ármy·wòrm *n* 〖昆〗大群で移動して作物を食害するガの幼虫, 《特に》アワヨトウの幼虫; 《クロバネキノコバエ科などの》行列蛆(うじ), 兵隊蛆《集団で粘液にくるまり, 大きなアメーバのように進む》.
ar·nat·to /ɑːrnǽtoʊ, -nɑ́ː-/ *n* (*pl* **~s**) ANNATTO.
Ar·naud /ɑ́ːrnoʊ; *F* arno/ アルノー **Yvonne** (**Germaine**) ~ (1892–1958) 《フランス生まれの女優; 女優生活は英国で送った》.
Arne /ɑ́ːrn/ **1** アーン《男子名》. **2** アーン **Thomas** (**Augustine**) ~ (1710–78) 《英国の歌劇・仮面劇 (masque) の作曲家; ⇨ RULE, BRITANNIA》. [Scand=eagle]
Arn·hem /ɑ́ːrnhɛ̀m, ɑ́ːrnəm/ アルンヘム, アルネム《オランダ東部の Rhine 川に臨む市, Gelderland 州の州都》.
Árn·hem Lànd /ɑ́ːrnəm-/ アーネムランド《オーストラリア Northern Territory 北岸の地域; 主に 先住民保留地》.
ar·ni·ca /ɑ́ːrnɪkə/ *n* 〖植〗ウサギギク属 (*A*-) の各種多年草《キク科》; アルニカの頭花を乾燥させたもの; アルニカチンキ《外用鎮痛剤》. [NL <?]
Ar·nim /ɑ́ːrnəm/ アルニム **Achim von** ~ (1781–1831) 《ドイツの後期ロマン派の詩人・作家; ⇨ BRENTANO》.
Ar·no /ɑ́ːrnoʊ/ [the] アルノ川《イタリア中部の川; アペニノ山脈に発し Florence, Pisa を流れてリグリア海にはいる; 古代名 Arnus》.
Ar·nold /ɑ́ːrnld/ **1** アーノルド《男子名》. **2** アーノルド (1) **Benedict** ~ (1741–1801) 《米国の独立革命時の軍人; West Point のとりでを英軍に売り渡そうとした; しばしば裏切り者の代名詞》 (2) **Eddy** ~ (1918–2008) 《米国のカントリーミュージック・シンガー; 本名 Richard Edward ~》 (3) **Henry Harley** ~ [**'Hap'** ~] (1886–1950) 《米国の空軍将校; 第二次大戦中, 陸軍航空軍司令官》 (4) Sir **Malcolm** (**Henry**) ~ (1921–2006) 《英国の作曲家; 交響曲・バレエ音楽・映画音楽など》 (5) **Matthew** ~ (1822–88) 《英国の詩人・批評家; Thomas の子; *Poems* (1853), *Essays in Criticism* (1865), *Culture and Anarchy* (1869)》 (6) **Thomas** ~ (1795–1842) 《英国の教育家・歴史家; Matthew の父; Rugby 校の校長 (1828–42)》. [Gmc=eagle power]
Ar·nold·ian /ɑːrnóʊldiən/ *a* アーノルド (Matthew Arnold) 的な.
ar·not·ta /ɑːrnɑ́tə/, **ar·not·to** /ɑːrnɑ́toʊ/ *n* (*pl* **~s**) ANNATTO.
Ar·nus /ɑ́ːrnəs/ [the] アルヌス川《ARNO 川の古代名》.
A-road /éɪ—/ *n* A 道路, 一級道路《英国の主要幹線道路; London–Edinburgh 間の A1, London–南ウェールズ間の A40 などのように番号がついている; cf. B-ROAD》.
aro·ha /ɑ́ːrɑhə/ *n* 《NZ》愛情, 思いやり. [Maori; *aloha* と同語源]
ar·oid /ǽrɔ̀ɪd, ɛ́ər-/ *a* 〖植〗サトイモ科の (araceous). ► *n* サトイモ. [L ARUM]
aroi·de·ous /ərɔ́ɪdiəs/ *a* 〖植〗サトイモ科の (araceous).
aroint /ərɔ́ɪnt/ *int* [次の成句で]: ● **A~ thee!** 《古》去れ, うせろ!
aro·ma /əróʊmə/ *n* **1** 芳香, 香気, 香り; 《一般に》匂い; アロマ《原料のブドウに由来するワインの香り》. **2** 《特有の》雰囲気, 趣き, 気配, '香り' 〈*of*〉. [L<Gk *arōmat- arōma* spice]
aròma·thérapy *n* 芳香療法, アロマテラピー; 《広く》芳香による心身のいやし. ♦ **-therapéutic** *a* **-thérapist** *n*
ar·o·mat·ic /æ̀rəmǽtɪk/ *a* 芳香(性)の; 香りの強い[よい]; かぐわしい, 趣のある; 〖化〗芳香族(化合物)の. ► *n* 香りのよいもの; 香料; 芳香植物; 芳香薬; 〖化〗芳香族化合物 (=**~ compound**). ♦ **-i·cal·ly** *adv* **aro·ma·tic·i·ty** /əròʊmətísəti, æ̀rə-/ *n* [OF, <Gk (AROMA)]
aromátic spírit(s) of ammónia 〖薬〗芳香アンモニア精(剤)《呼吸刺激・制酸・駆風用》.
aromátic vínegar 香酢《樟脳などの香剤を溶かした酢; かぎ薬》.
aro·ma·tize /əróʊmətàɪz/ *vt* …に芳香をつける; 〖化〗芳香族化する. ♦ **-tiz·er** *n* **arò·ma·ti·zá·tion** *n*
aro·ma·to·thérapy /əròʊmətə-/ *n* AROMATHERAPY.
A·ron Ko·desh /ɑːrán kɑ́dɛʃ/ 〖ユダヤ教〗ARK.

A

-aroo·ney, -eroo·ney /ərúːni/ *n suf**《俗》「…のやつ」《名詞に付けて親しみ・滑稽感などを表わす》: car*arooney*. [cf. *aroon* Ir-Gael＝oh darling]

arose *v* ARISE の過去形.

Arouet /*F* arwɛ/ アルエ **François-Marie** ～ ⇨ VOLTAIRE.

around /əráund/ *adv* **1** 四方に, まわりに; *《口》ぐるりと: the scenery ～ 周囲の景色 / turn ～ ぐるっと振り返る / the other way ～ 逆に, 反対に / a tree 4 feet ～ 周囲 4 フィートの木. **2**《口》あちこちに, ここかしこ, 方々に (about); 《口》そこらあたりに (nearby); ずっと (through): travel ～ 方々旅行してまわる / wait ～ for sb その辺で人を待つ / See you ～. じゃまた. ★《英》では around を「位置」に用い,「運動」には round を用いる; 《米》では around を「運動」にも用いるので around は round と同じ用法: all the year round [around*] / this time ～ 今回は / the second time ～ 次回は, 二回目は[で]. **3** 存在して, 活動して, 現役で: one of the best pianists ～ 現代最高のピアニストの一人 / if Jesus was ～ today もしイエスが生きていたら. ● **all** ～ いたるところ; 皆に〈握手するなど〉; [先行する比較級を強めて] あらゆる点でいっそう: better *all* ～ (for sb) (…にとって)すべての点ではるかにいい. **be** ～*《口》起床する; やって来る, 訪れる 〈*at*〉. **have been** ～《口》(1) 広く経験を積んでいる, 世慣れている. (2) 生きてきた; 存在してきた. ► *prep* /–⌐–, ⌐–⌐/ **1 a** …の周囲に, …を取り巻いて; …を中心[中核]として; 《口》…のあたりを, …の近くに: with his friends ～ him 友だちに取り巻かれて / sit ～ the fire 火を囲んですわる / He looked ～ him. あたりを見まわした / live ～ Boston ボストン近郊に住む. **b***《口》方々…しまわる; …の各地で: look ～ the room 室内をぐるりと見まわす / travel ～ the country 国内を漫遊する. **c***《口》…を回って (round[u]): the house ～ the corner 角を曲がったところにある家. **2** 〈話題など〉をめぐって; 〈主義・主張〉をもとに: a theory built ～ the idea of class 階級の概念をもとに組み立てられた理論. **3***《口》およそ (about): ～ ten dollars 約 10 ドル / ～ 5 o'clock 5 時ごろに / ～ 1970 1970 年ごろ. [*a*-[1], ROUND]

aróund-the-clòck *a, adv* 24 時間ぶっ通しの[で], 昼夜兼行の[で], 無休の[で].

arous·al /əráuz(ə)l/ *n* めざめ, 覚醒; 喚起; 性的興奮 (sexual arousal).

arouse /əráuz/ *vt* 起こす, …の目をさまさせる 〈*from*〉; 奮起させる; 刺激する, 喚起する; 性的に興奮させる. ► *vi* めざめる. ♦ **aróus·a·ble** *a* [*a*-[1] intensive; *arise* にならったもの]

arow /əróu/ *adv* 一列に, ずらりと; 続々と.

arp /áːrp/ *n* [°A-] ARP SYNTHESIZER.

Arp /áːrp/ アルプ **Jean** [**Hans**] ～ (1887–1966)《フランスの画家・彫刻家・詩人; ダダ・シュールレアリスムの先駆者》.

ARP【インターネット】°Address Resolution Protocol ♦ air-raid precautions 空襲警報.

Árpád /áːrpàːd/ アールパード (d. 907)《マジャール人の大公; ハンガリーの英雄とされる》.

ar·peg·gi·ate /ɑːrpédʒièit/ *vt*【楽】アルペッジオで演奏する. ♦ **ar·pèg·gi·á·tion** *n* **-à·tor** *n*

ar·peg·gio /ɑːrpédʒ(i)òu/ *n* (*pl* ～**s**)【楽】アルペッジオ, 分散和音《和音をなす各音を急速に連奏すること; その和音》. [It (*arpeggiare* to play harp < *arpa* harp)]

ar·peg·gio·ne /ɑːrpèdʒ(i)óuni/ *n*【楽】アルペッジオーネ《チェロのように弓で弾く 19 世紀初頭の 6 弦のギター》.

ar·pent /áːrpənt/ *n* アルパン《(1) フランスの昔の面積の単位 (Louisiana 州や Quebec 州の一部では今も使用): ≒0.85 acre (2) 1 アルパンの正方形の一辺の長さを基準とする長さの単位》. [F]

Arp [**ARP**] **synthesizer** /áːrp ─/【商標】アープシンセサイザー《ミュージックシンセサイザーの一つ》.

ar·que·bus /áːrkwɪbəs, -kə-/ *n* HARQUEBUS.

arr. arranged (by) ♦ arrival ♦ arrive(s).

ar·rab·bi·a·ta /ɑːrəbíːɑːtə, æ̀rəbjáːtə/ *a*【イタリア料理】アラビアータの《唐辛子のきいたトマトソースあえ》. [It＝angry]

ar·rack /ǽrək, ərǽk/ *n* アラック《近東[極東]地方でヤシの汁・糖蜜などで造るラムに似た強い酒》. [Arab]

ar·rah /ǽrə/ *int*《英・アイル》あら, おや《驚きなどの発声》.

ar·raign /əréɪn/ *vt*【法】〈被告〉に罪状の認否を問う; とがめる, 糾弾する. ♦ ～**·ment** *n*《被告に対する》罪状認否手続き; 非難, 糾弾. [AF (L RATIO); cf. REASON]

Ar·ran /ǽrən/ アラン《スコットランド南西部 Clyde 湾内にある島》.

ar·range /əréɪndʒ/ *vt* **1** 整える, 整頓する, 整列させる, そろえる, 配列する, 配置する, 分類する: ～ flowers 花を生ける / ～ things in order 物をきちんと整頓する. **2** (…について)取り決める, 協定する, 調停する; …の手はずを決める, 段取りをつける, 手配[準備, 計画]をする: ～ a meeting *for* the afternoon 午後に会議を入れる / It is ～*d* that…という手はずに[…することに]なっている. **3**《放送用に》脚色する;【楽】編曲する 〈*for* the piano〉, 管弦楽に編曲する. ► *vi* **1** 手配[準備, 計画]する; 取り決める: ～ *for* an appointment 会合の約束を取り決める / ～ *with* sb *about*…について人と取り決める[話をつける] / ～ *for* a car *to* pick sb up at the hotel ホテルに車が迎えに行くように手配する / I will ～ somehow. なんとかいたします. **2**【楽】編曲の仕事をする. ♦ ～**·able** *a* **ar·ráng·er** *n* [OF (*à* to, RANGE)]

arránged márriage《親の》取決めによる結婚.

arránge·ment *n* **1** 整頓, 整理; 配列, 整列, 布置, 配置, 取合わせ, 《色の》配合; 並べ方, 配列法, 組合わせ方; 配列された物: a flower ～ 生け花の作品, フラワーアレンジメント. **2** 協定, 打合わせ, 取決め, 申し合わせ, 取りはからい 〈*with*〉; 妥協, 示談; [ᵘ*pl*] 準備, 用意, 計画, 手はず, 手配: by ～ 取決めにより / arrive *at* [come *to*] an ～ 話し合いがつく, 示談になる, 協定が成立する / make ～*s* 準備をする 〈*for, to* do〉, 打合わせをする 〈*with*〉 / an ～ committee 準備委員会. **3**《放送用の》脚色;【楽】編曲, アレンジ.

ar·rant /ǽrənt/ *a* 全くの, 途方もない; 《廃》ERRANT: an ～ fool [lie] 大ばか[大うそ]. ♦ ～**·ly** *adv* [C16 *errant*; もと *arrant* (＝outlawed roving) *thief* などのフレーズで]

Ar·ras /ǽrəs; *F* arɑːs/ **1** アラス《フランス北部 Pas-de-Calais 県の県都; つづれ織りの生産で知られた》. **2** [ᵘa-] **a** アラス織り《美しい絵模様のあるつづれ織り》. **b** アラス織りの壁掛け[カーテン]. ● **behind the a～** [*joc*] 隠れて.

Ar·rau /əráu/ アラウ **Claudio** ～ (1903–91)《チリ生まれの米国のピアニスト》.

ar·ray /əréɪ/ *vt* **1** 整頓する, 配列する, 整列させる; 〈軍隊〉の配置[編制]を整える;【法】〈陪審を〉召集する, 選任する: ～ them*selves* [be ～*ed*] against…にこぞって反対する. **2** 盛装させる, 飾る: ～ one*self* [be ～*ed*] in…で着飾る. ► *n* **1 a** 整頓, 配列, 整列;【数・統・電算】配列, アレイ;【通信】アレイアンテナ《多数の素子アンテナを適当に配置したもの》: in battle ～ 戦闘に備えた配置[編制]を整えて / set in ～ 配列する. **b** 整然と並んだもの 〈*of*〉; 《軍隊の》陣立て; 整然と組織された軍隊;【史】民兵の武装;【法】陪審員の召集, 《召集された》陪審員; 陪審員候補者名簿; おびただしい数; 大勢の人の勢ぞろい, たくさんのもの(の陳列): a fine ～ *of* flags ずらりと並べ立てた旗 / an ～ *of* information きちんと整理された情報 / a commissioner of ～【英史】軍事査閲官. **2**《詩・文》衣裳, 美装: bridal ～ 花嫁衣裳 / in fine ～ 美装を凝らして. ♦ ～**·er** *n* [AF<OF<Gmc (AD-, READY)]

arráy·al *n* ARRAY すること[されたもの].

ar·rear /əríər/ *n* [ᵘ*pl*] 滞り, 遅れ; [ᵘ*pl*]《支払い期限を過ぎた》未払金, 滞納金; [ᵘ*pl*] 滞った仕事: fall into ～*s* 滞る / make up ～*s* 遅れを取り戻す / work off ～*s* 働いて遅れを取り返す. ● **in** ～(**s**) 〈債務が〉未払い[滞納]で, 延滞して, 〈仕事の遂行が〉遅れて; 後払いで; 《レース・試合で》遅れをとって, 差をつけられて: *in* ～ of…より遅れて (opp. *in advance of*) / *in* ～*s* with payment [work] 支払い[仕事]が遅れて / *in* ～*s* on rent 家賃の払いが滞って. [OF<L (*ad*-, *retro* backwards)]

arréar·age *n* 滞り; 滞ったもの[仕事, 支払金 など], [°*pl*] 未払い残金; 予備に保存したもの.

ar·rect /ərékt/ *pred a* 〈犬・ウサギなどの耳が〉立って(いる); 〈人などが〉耳をそばだてて(いる), 油断なく気を配って(いる).

ar·rec·tis au·ri·bus /ɑːréktìːs áurɪbùs/ 耳をそばだてて; 注意深く. [L]

Ar·rern·te /ǽrəntə, ærúːndə/ *n* **a** (*pl* ～, ～**s**) アランダ[アランタ]族《オーストラリア中部に住む先住民》. **b** アランダ語.

ar·rest /ərést/ *vt*【法】逮捕する 〈*for*〉, 拘束する, 差し押える; 〈拡大・成長など〉阻止する, 抑える; 〈注意・人目を〉ひく, とらえる: an ～*ed* vessel 差し押え船舶 / ～*ed* development 発育停止. ● ～ **judgment** 判決を阻止する (⇨ ARREST OF JUDGMENT). ► *n* 阻止, 抑止, 拘束; 停止状態;【法】《民事上の》検束, 《刑事上の》逮捕, 《船貨などの》差し押え; 動きを止める装置: make an ～ 逮捕する. ● **under** ～ 拘引[収監]されて: place [put] sb *under* ～ 人を拘禁する / You are *under* ～. あなたを逮捕します. ♦ ～**·able** *a* [OF (L *resto* to remain)]

arréstable offénse【英法】令状なしに逮捕できる犯罪《一定の強制的刑罰を科されるか通例 5 年以上の自由刑の対象となる犯罪》.

ar·res·tant /əréstənt/ *n* 活動[進行などを]止めさせるもの;【動】定着物質[因子], 《特に 害虫の》移動阻止剤.

ar·res·ta·tion /æ̀rèstéɪʃ(ə)n/ *n* 抑止, 停止, 逮捕 (ARREST).

ar·rest·ee /ərɛstíː/ *n* 逮捕[拘引]された人, 逮捕者.

arrést·er, ar·rés·tor *n* ARREST する人[もの, 装置]; 逮捕する人; 避雷器 (lightning arrester); SPARK ARRESTER; ARRESTING GEAR.

arréster gèar [**wìre**][u] ARRESTING GEAR.

arréster hòok【空】《艦載機などの》(着艦)拘束フック.

arrést·ing *a* 人目をひく, 印象的な. ♦ ～**·ly** *adv*

arrésting gèar*《空母甲板上の》(着艦)拘束装置.

ar·res·tive /aréstɪv/ *a* 人目[注意]をひきやすい.

arrést·ment *n* 逮捕, 検束, 抑留;【スコ法】負債者資産凍結.

arrést of júdgment【法】判決阻止《陪審の評決のあとで, 起訴状の瑕疵(か)を理由に被告人が申し立てるもの》.

arrést wàrrant 逮捕状.

ar·ret /ǽré, æréɪ/ *n*《裁判所・国王などの》判決, 決定, 命令. [F]

Ár·re·tine wàre /ǽrətàɪn-, -tìːn-/ アレッツォ焼き《紀元前 100 年から 紀元後 100 年にかけて古代アレティウム (Arretium, 現 AREZZO) を中心に作られた浮彫り装飾のある赤色陶器》.

Ar·rhe·ni·us /əríːniəs, əréɪ-/ アレニウス **Svante** (**August**) ～

(1859–1927)《スウェーデンの物理化学者; ノーベル化学賞 (1903)》.
ar·rhyth·mia, arhyth- /əríðmiə, eɪ-/ *n* 〘医〙不整脈.
ar·rhyth·mic /əríðmɪk, eɪ-/, **-mi·cal** *a* 律動的[周期的, 規則的]でない. ♦ **-mi·cal·ly** *adv*
ar·ric·cio /ərí:ʧoʊ/ *n* (*pl* ~**s**)〘美〙アルリッチョ《フレスコ画で最初の粗塗り用石膏; cf. INTONACO》. [It]
ar·ride /əráɪd/ *vt* 《古》喜ばせる, 満足させる.
ar·ri·ère-ban /æ̀riɛ̀ərbǽn; *F* arjɛrbɑ̃/ *n* 〘史〙《封建時代フランス王の》召集令(で召集された軍勢).
arrière-garde /— gá:rd; *F* arjɛrgard/ *n* 《前衛に対して》後衛 (=*derrière-garde*). [F=rear guard]
arrière-pen·sée /*F* -pɑ̃se/ *n* 肚の中, 底意.
Ar Ri·mal /à:r rimá:l/ リマール《RUB' AL KHALI の別称》.
ar·ris /ǽrəs/ *n* (*pl* ~, ~·**es**)〘建〙稜, 外角, 隅(すみ). [F *areste* ARÊTE]
árris gùtter 〘建〙《V 字形の》やげん樋(とい).
árris ràil 〘建〙アリスレール《断面が三角形をなす柵などの横木》.
árris·wàys, -wìse *adv* 稜[角, へり]をなして.
ar·ri·val /əráɪv(ə)l/ *n* **1** 到着; 臨場, 出現, 誕生; 着任, 就任; 《ある目標・精神状態・段階への》到達: on ~ 到着のうえ, 着きしだい / cash on ~ 〘商〙着荷払い / awaiting ~ 到着待ち《郵便物などの表書き》. **2** 到着した[する]人[もの], 着荷, 《口》新生児: a new ~ 新任の人, 新規の移住者, 新着品, 新着書 / The new ~ is a boy [girl]. 今度生まれたのは男[女]の子だ. [AF (ARRIVE)]
arríval(s) hàll [lòunge] 《空港の》到着ロビー.
ar·rive /əráɪv/ *vi* **1** 着く, 到着する 〈*at* a place, town, city; *in* a country, a big city〉; 姿を見せる; 就任[入社]する; 〈物が〉届く; 〈ある年齢・時期・結論・確信に〉達する 〈*at*〉; 〈時が〉来る; 〈赤ちゃん・新製品などが〉生まれる; 《古》〈事が〉起こる: ~ *upon* the scene 現場に現われる. **2** [フランス語法] 《口》成功する, 名声を博する. ♦ **ar·rív·er** *n* [OF＜Romanic=to come to shore (L *ripa* shore)]
ar·ri·vé /æ̀rɪvéɪ/ *n* 急に成功[権力, 名声]を手にした人. [F]
ar·ri·ve·der·ci /à:riveɪdérʧi/ *int* またね, さよなら. [It]
ar·ri·vism(e) /æ̀riví:z(ə)m/ *n* あくどい野心[出世主義].
ar·ri·viste /æ̀riví:st/ *n* あくどい野心家, 成り上がり者. [F]
ar·ro·ba /əróʊbə/ *n* アローバ《**1**) 重量単位: メキシコなどスペイン系中南米諸国では 25.36 常衡ポンド, ブラジルでは 32.38 常衡ポンド **2**) スペイン語を用いる諸国の液量単位: 国によって 13–17 クォート》. [Sp, Port]
ar·ro·gance /ǽrəgəns/, **-cy** *n* 横柄, 傲慢, 尊大.
ár·ro·gant *a* 横柄な, 傲慢[傲岸]な, 尊大な (opp. *humble*). ♦ ~·**ly** *adv* 横柄に. ~·**ness** *n* [OF (↓)]
ar·ro·gate /ǽrəgèɪt/ *vt* 〈称号などを〉僭って名のる; 〈権利を〉横領する, 不法に自分のものとする 〈sth *to oneself*〉; 正当な根拠なしに〈…が〉人のものだと主張する. ♦ **àr·ro·gá·tion** *n* **-gà·tor** *n* [L (*rogo* to ask)]
ar·ron·disse·ment /əránd̮əsmənt, æ̀rəndí:smənt; *F* arɔ̃dismɑ̃/ *n* 郡《フランスで県の最大行政区; cf. CANTON》; 《Paris など大都市の》区.
ar·row /ǽroʊ/ *n* 矢 (cf. BOW[3]); 矢状のもの; 矢印 (→ など; ⇨ BROAD ARROW); [~s, 〈*sg*〉]《口》ダーツ (darts); [the A-] や座 (矢座) (Sagitta): (as) straight as an ~ 一直線に[で]. ► *vi* 矢のように進む[飛ぶ]. ♦ ~**ed** *a* 矢(印)のついた; 矢の刺さった; 矢状の. ~·**lìke** *a* [OE *ar(e)we*＜ON＜IE (L *arcus* bow)]
Arrow アロー **Kenneth J(oseph)** ~ (1921–)《米国の理論経済学者; 社会的選択理論などで業績をあげた; ノーベル経済学賞 (1972)》.
árrow gràss 〘植〙シバナ.
árrow·hèad *n* 矢じり, 矢の根; 矢じり形のもの; 〘植〙オモダカ属の各種水生植物.
árrow·hèad·ed chàracters *pl* CUNEIFORM.
árrow kèy 矢印キー《カーソル移動キー》.
árrow of tíme 〘理〙時[時間]の矢《時間の経過する方向》.
árrow-pòison fròg 〘動〙ヤドクガエル (POISON DART FROG).
árrow·ròot *n* 〘植〙クズウコン《熱帯アメリカ原産》; 澱粉の採れる植物《coontie など》; アロールート, 矢根粉(やねこ)《クズウコンの根から採る澱粉; 料理・製菓用》.
árrow·shòt *n* 矢の射程.
árrow·wòod *n* ガマズミ《昔 枝を矢に使った低木; 北米東部産》.
árrow·wòrm *n* 〘動〙ヤムシ (CHAETOGNATH).
ár·rowy *a* 矢の(ような); 矢の形をした; (矢のように)速い[鋭い]; たくさんの矢がある[で構成された].
ar·roy·o /ərɔ́ɪə, -oʊ/ *n* (*pl* ~**s**)*《南西部》アロヨ《**1**) 乾燥地帯の小川・細流 **2**) 降雨時のみ流水のある涸れ谷》. [Sp]
Arroyo ⇨ MACAPAGAL-ARROYO.
ar·roz con po·llo /a:rɔ́:θ kɔ:n pó͡ʊ(l)joʊ/ アロスコンポーヨ《サフランで香味付けした若鶏入り米料理》. [Sp=rice with chicken]
ARRT American Registry of Radiologic Technologists.
ar·ryth·mia /əríðmiə/ *n* 〘医〙ARRHYTHMIA.
ars /á:rz/ *n* 芸術, 学芸, アルス. [L; ⇨ ART[1]]
ars- /á:rs/ *comb form* 「ヒ素 (arsenic)」
ARS 〘米〙Agricultural Research Service 農業研究部《農務省の一局》.
Ar·sa·ni·as /ɑ:rséɪniəs/ [the] アルサニアス川《MURAT 川の古代名》.
ar·sa·níl·ic ácid /à:rsənílɪk-/ 〘化〙アルサニル酸.
ars an·ti·qua /á:rz æntí:kwə/ 〘楽〙アルス・アンティクア《12 世紀後半から 13 世紀の音楽の技法; cf. ARS NOVA》. [L=old art]
arse ⇨ ASS[2].
ársed *a* 《俗》心配して, 思い悩んで; うんざりして. ● **can't [couldn't] be ~ to do...** …する気にならない, …するなんてまっぴらだ.
ar·sen- /á:rs(ə)n, ɑ:rsén; á:s(ə)n, -sɪn/, **ar·se·no-** /-noʊ, -nə/ *comb form* 「ヒ素 (arsenic) を含む」 [Gk]
ar·se·nal /á:rs(ə)n(ə)l/ *n* 造兵廠(しょう), 兵器工場, 兵器庫; 兵器の集積, 兵器保有量, 兵力; 《一般に戦い・競争のための》集積, たくわえ, 持ち駒. [F or It＜Arab=workshop]
ar·se·nate /á:rs(ə)nèɪt, -nət/ *n* 〘化〙ヒ酸塩[エステル].
ar·se·nic[1] /á:rs(ə)nɪk/ *n* 〘化〙ヒ素《記号 As, 原子番号 33》; ARSENIC TRIOXIDE. [OF, ＜Gk=yellow orpiment, ＜Pers=gold]
ar·sen·ic[2] /ɑ:rsénɪk/ *a* 〘化〙(5 価の)ヒ素の[を含む].
arsénic ácid 〘化〙ヒ酸《白色有毒性の結晶》.
ar·sén·i·cal *a* 〘化〙ヒ素の[を含む], ヒ素による. ► *n* ヒ素剤, 含砒剤.
ársenic trichlóride 〘化〙三塩化ヒ素《溶媒》.
ársenic trióxide 〘化〙三酸化(二)ヒ素《猛毒の白色粉末; ガラス・花火・顔料製造用, 殺虫・殺鼠・除草剤用》.
ársenic trisúlfide 〘化〙三硫化ヒ素《顔料用》.
ar·se·nide /á:rs(ə)nàɪd/ *n* 〘化〙ヒ化物.
ar·se·ni·ous /ɑ:rsí:niəs/ *a* 〘化〙(3 価の)ヒ素の[を含む], ヒ素 (I) の, 亜ヒの.
arsénious ácid 〘化〙亜ヒ酸; ARSENIC TRIOXIDE.
ar·se·nite /á:rs(ə)nàɪt/ *n* 〘化〙亜ヒ酸塩[エステル].
ar·se·niu·ret·(t)ed /ɑ:rsí:njərètəd, -sén-/ *a* 〘化〙ヒ素と化合した.
àrseno·pýrite *n* 〘鉱〙硫砒鉄鉱, 毒砂 (=*mispickel*).
ar·se·nous /á:rsənəs/ *a* ARSENIOUS.
ars est ce·la·re ar·tem /á:rs ɛ̀st keɪlà:reɪ á:rtɛ̀m/ (真の)芸術とは芸術を隠すことである. [L]
ar·sey, ar·sie, ar·sy /á:rsi/ *a* **1** 《口》不機嫌な, けんか腰の, がみがみいう. **2** 《豪口》ついてる, ラッキーな. [＜tin *arse*]
ars gra·tia ar·tis /á:rz gréɪʃiə á:rtəs, á:rs-, á:rs grá:tivà: á:rtɪs/ 芸術のための芸術 (ART[1] for art's sake). [L]
ar·shin(e) /ɑ:rʃí:n/ *n* アルシン《ロシア・ウクライナの長さの単位: = 71.12 cm; メートル法施行後は廃止》. [Russ＜Turk]
ar·sine /ɑ:rsí:n, —/ *n* 〘化〙アルシン《ヒ化水素; 無色猛毒の気体; またその誘導体》.
Ar·sin·oe /ɑ:rsínoʊi/ アルシノエ (c. 316–270 B.C.)《エジプトの王妃; Ptolemy 1 世の娘; トラキア王と結婚, 夫の死後エジプトに戻り, 弟 Ptolemy 2 世と結婚, 絶大な権力をふるった》.
ar·sis /á:rsəs/ *n* (*pl* **-ses** /-sì:z/) (opp. *thesis*) 〘韻〙《詩脚の》強音部[節]; 《古典詩の》短音部[節]《元来はギリシア古典詩の弱音部[節]を指した》; 〘楽〙上拍 (upbeat).
ars lon·ga, vi·ta bre·vis /ɑ:rs lɔ́:ŋgà: wì:tà: bréwɪs, ɑ:rz lɔ́:ŋgə váɪtə brí:vɪs/ 芸の道は遠く人生は短し; 芸術は長く人生は短い. [L=art is long, life is short; 本来は Hippocrates が医術を修めることのむずかしさをたとえて言ったことばに由来]
ars no·va /á:rz nóʊvə/ 〘楽〙アルス・ノヴァ《13 世紀の音楽 (ars antiqua) とは対照的にリズムもメロディーも自由で変化に富んだ 14 世紀の作曲技法》. [L=new art]
ar·son /á:rs(ə)n/ *n* 〘法〙放火(罪). ♦ ~·**ist** *n* 放火犯. ~·**able** *a* 〘法〙放火罪の対象となりうる. **ársonous** *a* [OF＜L (*ars- ardeo* to burn)]
ars·phen·a·mine /ɑ:rsfénəmì:n, -mən/ *n* 〘薬〙アルスフェナミン《アルセノベンゾールの米局名; かつて梅毒・イチゴ腫治療薬とした; cf. SALVARSAN》.
ars po·et·i·ca /á:rz poʊétɪkə/ **1** 詩の技法, 詩学. **2** [A- p-]『詩論』《ホラティウス (Horace) の文学論 (おそらく 19 or 18 B.C.); 英訳題名 *The Art of Poetry*》. [L]
arsy-varsy /á:rsivá:rsi/, **-versy** /-vá:rsi/ *adv*, *a* 《俗》後ろ向きに[の], あべこべに[の], 逆さまに[の]. [*arse*, L *versus* turned]
art[1] /á:rt/ *n* **1 a** 芸術, 美術《絵画・彫刻・建築; 広義では文学・音楽も含める》: a work of ~ 美術品, 芸術品 / *A*~ is long, life is short. =ARS LONGA, VITA BREVIS. **b** 《新聞・雑誌などの》図版, さしえ, イラスト; *《俗》手配写真; *《俗》ピンナップ写真. **2 a** 《特殊な》技術, 技芸, 芸; 技能職: the healing ~ 医術 / the ~ of building [war] 建築術[戦術] / useful ~*s* 手芸 / household ~*s* 家庭的技芸《料理・裁縫・家政》/ a person skilled in the ~ 当該技術分野の通常の知識を有する者, 当業者. **b** 人工 (opp. *nature*), 技巧, わざとらしさ, 作為; 熟練, 腕, 術, わざ; [°*pl*] 術策, 奸策, 手管: by ~ 人工で; 術策で; 熟練で. **3** [*pl*] 学問の科目, 《大学の》教養科目, 一般教育科目《中世では文法・論理学・修辞学・数学・音楽・天文学; 現代では語学・文学・哲学・歴史・論理・科学など; ⇨ LIBERAL ARTS》; [*pl*] 《古》

A

学芸 (learning): the Faculty of *A*~s 教養学部. ● **~ for ~'s sake** 芸術のための芸術 (*L* ars gratia artis)《芸術至上主義》. **~ for life's sake** 人生のための芸術. **have [get]...down to a** FINE ART. STATE OF THE ART. ► *a* 芸術品[芸術家]の(ための); 芸術的手法で作られた.
► *vt* 芸術的に見せる, 芸術風にする ‹*up*›.
[OF<L *art- ars*; 'put together, join, fit' の意から]

art[2] /ərt, ɑːrt, ɑ́ːrt/ *vi* 《古・詩》 BE の二人称・単数・直説法現在の形《主語は thou; cf. WERT, WAST》: *thou* ~=you are.

Art /ɑ́ːrt/ アート《男子名; Arthur の愛称》.

-art ⇨ -ARD.

art. article ♦ artificial ♦ artillery ♦ artist.

Ar·ta /ɑ́ːrtə/ ■ **the Gúlf of ~** アルタ湾《AMBRACIAN GULF の別称》.

artal *n* ROTL の複数形.

árt and párt 《スコ法》 計画と実行, 教唆幇助(ほうじょ): be [have] ~ in...に加担する.

Ar·taud /*F* arto/ アルトー **Antonin** ~ (1896–1948)《フランスの演出家・劇作家》.

Ar·ta·xer·xes /àːrtə(g)zə́ːrksiːz/ アルタクセルクセス (**1**) ~ **I** (d. 425 B.C.)《アケメネス朝ペルシアの王 (465–425); Xerxes 1 世の子》 (**2**) ~ **II** (d. 359 or 358 B.C.)《アケメネス朝ペルシアの王 (404–359 or 358)》 (**3**) ~ **III** (d. 338 B.C.)《アケメネス朝ペルシアの王 (359 or 358–338); Artaxerxes 2 世の子》.

art de·co /àːrt dékòu, àːr(t) déɪkou, *-deɪkóu/ [°A- D-] アール・デコ《1920–30 年代に欧米で流行したデザイン様式; 大胆な輪郭, 流線・直線形, プラスチックなどの新材料の使用が特徴》. [F; 1925 年 Paris で開かれた装飾・産業美術展の標題から]

árt dirèctor 《劇場・映画などの》美術監督; 《印刷物のデザイン・イラスト・レイアウトなどを担当する》アートディレクター.

artefact ⇨ ARTIFACT.

ar·tel /ɑːrtél/ *n* アルテリ《ロシア・ソ連の各種同業組合・協同組合》; 農業アルテリ, コルホーズ (collective farm). [Russ]

Ar·te·mis /ɑ́ːrtəməs/ 《ギ神》 アルテミス (=*Cynthia*)《月と狩猟の女神; ローマの Diana に当たる》.

ar·te·mis·ia /àːrtəmíʒ(i)ə, -ziə; -ziə/ *n* 《植》 ヨモギ属 (*A*-) の植物《キク科》. [Gk (<? ↑); Artemis に献じられたことから]

ar·te·mis·i·nin /àːrtəmísənən, -míːs-/ *n* 《薬》 アルテミシニン (QINGHAOSU).

Ar·te Pov·e·ra /àːrteɪ páverə/ アルテ・ポヴェラ《土・新聞などの安い材料を利用するミニマルアートの一様式; 1960 年代末のイタリアで始まったもの》. [It=impoverished art]

ar·te·ri- /ɑːrtíərɪ/, **ar·te·rio-** /ɑːrtíəriou, -riə/ *comb form* 「動脈」 [Gk; ⇨ ARTERY]

ar·te·ri·al /ɑːrtíəriəl/ *a* 《生理》 動脈(中)の, 動脈性の (opp. *venous*), 動脈のような, 動脈血の; 交通上の幹線の: ~ blood 動脈血 / an ~ railroad 幹線鉄道 / ~ highway [traffic] 幹線ハイウェー[運輸]. ► *n* 幹線道路, 幹線ハイウェー, '動脈'. ♦ **~·ly** *adv*

artérial·ìze *vt* 《生理》‹静脈血を›動脈血化する. ♦ **artèrial·izátion** *n* 《静脈血の》動脈血化.

artério·gràm *n* 《医》 動脈(造影[撮影])図.

ar·te·ri·og·ra·phy /ɑːrtìəriágrəfi/ *n* 《医》 動脈造影(法), 動脈写. ♦ **ar·tè·rio·gráph·ic** *a*

ar·te·ri·ole /ɑːrtíəriòul/ *n* 《解》 小動脈, 細動脈. ♦ **ar·tè·ri·ó·lar** *a*

artèrio·sclerósis *n* 《医》 動脈硬化(症). ♦ **-rótic** *a, n*

ar·te·ri·ot·o·my /ɑːrtìəriátəmi/ *n* 《医》 動脈切開(術).

artèrio·vénous *a* 《解》 動脈と静脈の[をつなぐ], 動静脈の: an ~ fistula 《医》 動静脈フィステル[瘻(ろう)].

ar·te·ri·tis /àːrtəráɪtəs/ *n* 《医》 動脈炎.

ar·tery /ɑ́ːrtəri/ *n* 《解》 動脈 (opp. *vein*); 《交通・通信・流通などの》幹線, '動脈': the main ~ 大動脈. [L<Gk (*airō* to raise)]

ar·té·sian wéll /ɑːrtíːʒən-, -ziən-/ 被圧井戸《水脈まで掘り下げ水圧によって自噴させる掘抜き井戸》; *深掘り井戸. [F (*Artois* フランスの旧地名)]

Ar·te·vel·de /ɑ́ːrtəvèldə/ アルテヴェルデ, アルテフェルデ (**1**) **Jacob van** ~ (c. 1295–1345)《フランドルの政治家; 百年戦争初期に Ghent の指導者となり, フランドル諸都市を糾合してフランス・フランドル伯に抵抗した》 (**2**) **Philip van** ~ (1340–82)《Jacob の子; Ghent 市民を率いてフランドル伯に反乱を起こしたが敗れた》.

Ar·tex /ɑ́ːrtèks/ 《商標》 アーテックス《英国 Artex 社製のペイント製造用ディステンパー (distemper), および壁・天井塗装用の塗料・粗面仕上げ剤》.

árt fìlm 芸術映画.

árt fòrm 芸術形式[形態], 《一個の》芸術(活動), 創造的自己表現(活動).

árt·ful *a* 巧みな, じょうずな; 人工の, 人造の, 人為的な; 技巧を弄する, 技巧的な; 狡猾な, 手練手管を用いる. ● **play ~** 《俗》 本心を隠す. ♦ **~·ly** *adv* うまくたくらんで, まんまと. **~·ness** *n*

Ártful Dódger 1 [the] 巧みなかわし屋《Dickens, *Oliver Twist* (1839) に登場する若くて頭のいいスリ John Dawkins の通称; Oliver を悪党 Fagin に引き合わせる》. **2** [a- d-] 難題をかわすのが巧みな人, 言い抜けがうまい人.

árt gàllery 美術館, 画廊.

árt glàss 《19 世紀末–20 世紀初頭の》工芸ガラス.

árt históríical *a* 美術史の. ♦ **~·ly** *adv*

árt hístory 美術史(家). ♦ **árt históriain** *n*

árt hòuse ART THEATER.

arthr- /ɑ́ːrθr/, **ar·thro-** /ɑ́ːrθrou, -θrə/ *comb form* 「関節」 [Gk (*arthron* joint)]

ar·thral·gia /ɑːrθrǽldʒ(i)ə/ *n* 《医》 関節痛. ♦ **-gic** *a*

ar·threc·to·my /ɑːrθréktəmi/ *n* 《医》 関節切除(術).

ar·thrit·ic /ɑːrθrítɪk/ *a* 関節炎の[にかかった]; 関節炎にかかったような, 古ぼけた, がたがたの. ► *n* 関節炎患者. ♦ **-i·cal·ly** *adv*

ar·thri·tis /ɑːrθráɪtəs/ *n* (*pl* **-thrit·i·des** /-θráɪtədìːz/) 《医》 関節炎. [-ITIS]

ar·throd·e·sis /ɑːrθrádəsəs/ *n* (*pl* **-ses** /-sìːz/) 《医》 関節固定(術).

ar·thro·dia /ɑːrθróudiə/ *n* (*pl* **-di·ae** /-dìː/) 《解》 平面関節. ♦ **ar·thró·di·al** *a* **ar·throd·ic** /ɑːrθrádɪk/ *a*

ar·throg·ra·phy /ɑːrθrágrəfi/ *n* 《医》 関節造影[撮影], 関節(腔)造影(法).

ar·thro·gry·po·sis /àːrθrougrəpóusəs/ *n* 《医》 関節拘縮(症).

ar·throl·o·gy /ɑːrθrálədʒi/ *n* 関節学.

árthro·mère *n* 《動》《環節動物の》体節. ♦ **àr·thro·mér·ic** /-mér-/ *a*

ar·throp·a·thy /ɑːrθrápəθi/ *n* 《医》 関節症.

árthro·plàsty *n* 《医》 関節形成(術).

ar·thro·pod /ɑ́ːrθrəpàd/ *n* 節足動物《昆虫・エビ・カニ・クモ・ムカデなど》. ► *a* 節足動物(門)の. ♦ **ar·throp·o·dal** /ɑːrθrápəd(ə)l/, **-dan** /ɑːrθrápəd(ə)n/, **-dous** /ɑːrθrápədəs/ *a* [Gk *arthron* joint, *pod- pous* foot]

Ar·throp·o·da /ɑːrθrápədə/ *n pl* 《動》 節足動物門.

árthro·scòpe *n* 《医》 関節鏡. ♦ **àrthro·scóp·ic** /-skáp-/ *a*

ar·thros·co·py /ɑːrθráskəpi/ *n* 《医》 関節鏡検査(法); 関節鏡手術.

ar·thro·sis /ɑːrθróusəs/ *n* (*pl* **-ses** /-sìːz/) 《解》 関節接合; 《医》 関節症 (arthropathy).

árthro·spòre *n* 《菌》 分節[有節]胞子, 節胞子; 《植》 有節芽胞.

ar·throt·o·my /ɑːrθrátəmi/ *n* 《医》 関節切開(術).

àrthro·trópic *a* 《医》 関節向性の, 関節親和性の《関節を冒す傾向がある》.

Ar·thur /ɑ́ːrθər/ **1** アーサー《男子名; 愛称 Art, Artie》. **2** [King] アーサー王《6 世紀ごろの伝説的 Britain 王; ブリトン人を率いて, 侵入するサクソン人を撃退したといわれる》. **3** アーサー **Chester A(lan)** ~ (1829–86)《米国第 21 代大統領 (1881–85); 共和党; James A. Garfield 大統領の暗殺で副大統領から昇格》. ● **not know whether** one **is ~ or Martha** 《豪口》 頭が混乱している, わけがわからなくなっている. [? Celt=noble bear-man]

Ar·thu·ri·an /ɑːrθ(j)úəriən/ *a* アーサー王(の騎士たち)の: the ~ legend アーサー王伝説《Arthur 王と円卓騎士団をめぐる中世のロマンス伝説》.

ar·tic /ɑ́ːrtɪk/ *n*《口》 トレーラートラック (ARTICULATED lorry).

ar·ti·choke /ɑ́ːrtətʃòuk/ *n* 《植》 **a** チョウセンアザミ, アーティチョーク (=*globe artichoke*)《頭状花蕾を野菜として食用にする》. **b** キクイモ (Jerusalem artichoke). [It<Arab]

ar·ti·cle /ɑ́ːrtɪk(ə)l/ *n* **1 a** 物品, 品物, 商品; もの; 《口》 人, やつ: ~*s* of toilet [food] 化粧[食料]品 / What is the next ~, madam? ほかにご入用のお品は《店員用語》 / an ~ of clothing 衣類 1 点 / a smart ~ 切れるやつ. **b** 事柄, 関心事: of great ~ 重要な. **2** 《新聞・雑誌などの》記事, 論説, 論文 ‹*on, about*›: an ~ *on* China 中国に関する論文. **3** 箇条, 条項, 条款; [*pl*] 年季契約, 実務研修, 司法修習: ~ 3 第 3 条 / the THIRTY-NINE ARTICLES / in ~*s* 実務修習中で, 年季奉公して. **4** 《文法》 冠詞 (a, an, the); 《古》 際(きわ), 刹那(せつな): in the ~ of death 死の瞬間に, 臨終に. ► *vt* ‹人›に実務研修を受けさせる, (徒弟)契約で拘束する; 《古》 起訴状に‹訴因を›箇条書きにする; 起訴する: be ~*d* to a firm of solicitors 事務弁護士事務所で研修する. ► *vi* 《カナダ》 司法修習を受ける, 年季契約で働く; 《古》 訴因を箇条書きにして起訴する; 《古》 逐条的な協定[取決め]をする. [OF<L (dim) ‹ *artus* joint]

ár·ti·cled *a* 年季契約の: an ~ apprentice.

árticled clérk 《英法》 事務弁護士実務修習生 (⇨ TRAINEE SOLICITOR).

Article 15 /— fìftíːn/ 《米軍》 第 15 条 (**1**) 統一軍事裁判法典において, 指揮官が裁判手続きを経ることなく裁量で処罰を下すのを認める条項 **2**) 同条項によって下された判断・処罰》.

árticle nùmbering 《英商》 商品番号制 (⇨ ANA).

árticle of fáith 信仰箇条, 信条.

árticles of associátion *pl* *《会社の》基本定款 (ARTICLES OF INCORPORATION); 《非株式法人などの》団体規約; 《会社の》(通常)定款《基本定款 (memorandum of association) の規定以外の主として内部的事項を定める》.

Árticles of Confederátion *pl* [the] 連合規約《1781 年に発効したアメリカ合衆国を結成した 13 州の最初の憲法; 新しい合衆国憲法制定まで 8 年間継続》.

árticles of incorporátion* *pl* 《会社の》基本定款, 会社定款 (=*articles of association*)《州政府に提出する; 英国の memorandum of association に当たる》.

Árticles of Wár *pl* [the] 軍律, 軍法《**1**)〔英〕1955 年 Army Act がこれに代わった **2**)〔米〕1951 年 Uniform Code of Military Justice がこれに代わった》.

ar·tic·u·la·ble /ɑːrtíkjələb(ə)l/ *a* ARTICULATE できる.

ar·tic·u·la·cy /ɑːrtíkjələsi/ *n* ARTICULATE なこと.

ar·tic·u·lar /ɑːrtíkjələr/ *a* 関節の. ♦ **~·ly** *adv*

ar·tic·u·late /ɑːrtíkjələt/ *a* 発音[言語]の明晰な, 歯切れのよい; 〈音声が〉分節的な《音節・単語の区切りがある》; 話すことができる; 自分の考えをはっきり表現できる, ちゃんとものが言える, 発言できる; 明確に表わされた; 〔生〕関節のある: ~ speech 意味のある語に分かれたことば, 人間のことば. ► *vt, vi* /-lèɪt/ 音節に分ける; 〈音節・各語を〉はっきり発音する; ことばで表わす; 表現する; [^{u}*pass*] 関節でつなぐ[つながる] 〈*with*〉; 組織化する, 統合する. ► *n* 関節動物. ♦ **~·ly** /-lət-/ *adv* **~·ness** /-lət-/ *n* **-la·tive** /-lətɪv, -lèɪ-/ *a* [L; ⇨ ARTICLE]

ar·tíc·u·làt·ed *a* 関節を有する; 連結型の〈トラック・バスなど〉: an ~ lorry" トレーラートラック.

ar·tic·u·la·tion /ɑːrtìkjəléɪʃ(ə)n/ *n* **1** 発言, 意見の表明; 《ことばの》歯切れ, ろれつ; 〔音〕有節発音, 《個々の》調音, 構音; 言語(音); 子音; 〔通信〕《受信して再生した音声の》明瞭度. **2** (相関的な)結合; 連合, 相互関連; 〔解・動〕関節結合; 〔解〕関節 (joint); 〔動〕可動結合する骨の結合部位, 関節; 〔植〕節(ふし), 節間; 〔歯〕咬合(こうごう) (occlusion). ♦ **ar·tíc·u·la·tò·ry** /; -t(ə)ri/ *a*

ar·tíc·u·là·tor *n* ARTICULATE する人[もの]; 発音の明瞭な人; 〔音〕調音器官, 調音部《舌・唇・声帯など》; 〔歯〕《義歯用の》咬合器.

artículatory phonétics 調音音声学.

Ar·tie /ɑ́ːrti/ アーティ《男子名; Arthur の愛称》.

ar·ti·fact, -te-" /ɑ́ːrtɪfæ̀kt/ *n* 人工品; 〔考古〕人工遺物《先史時代の単純な器物・宝石・武器など》; 《慣習・時代・流行などの》産物, 所産; 工芸品; 〔生〕《細胞・組織内の》人為構造, 人工産物; 〔電算〕《画像データなどの本来の対象に存在しない》人工効果, アーチファクト, ノイズ. ♦ **ar·ti·fac·tu·al** /ɑ̀ːrtɪfǽkʧ(u)əl/ *a* [L *arte* by art, *factfacio* to make]

ar·ti·fice /ɑ́ːrtəfəs/ *n* 手管, 術策, 策略; 狡猾(こうかつ)なふるまい; 技術, 技巧; 工夫, 考案: by ~ 策略を用いて. [F<L (ART^{1}, ↑)]

ar·tif·i·cer /ɑːrtífəsər, ɑ́ːrtə-/ *n* 巧みにものを作る人, 腕のいい技工[細工人]; 考案者, 発明者; 〔軍〕機械技術兵[下士官]; [the (Great) ~] 造物主《神》. [AF; OF *artificien* (↑) の変形か]

ar·ti·fi·cial /ɑ̀ːrtəfíʃ(ə)l/ *a* 人工の, 人造の, 人為的な (opp. *natural*); 模造の, 作りものの; 理論上存在する; 不自然な, 気取った; 偽りの, うわべだけの, いかさまの; 〔植〕栽培された; 〔生〕人為の〈分類〉; 〔トランプ〕CONVENTION による〈ビッド〉; 《廃》巧みな, ずるい: ~ flowers 造花 / an ~ eye [limb, tooth] 義眼[義肢, 義歯] / an ~ fly 毛針 / ~ ice 人造氷 / ~ leather 人工皮革 / ~ manure [fertilizer] 人造肥料, 化学肥料 / ~ mother ひよこの人工飼育器 / ~ rain 人工雨 / an ~ satellite 人工衛星 / ~ pearls 模造真珠 / ~ sunlight (人工)太陽光 / an ~ smile 作り笑い / ~ tears そら涙. ► *n* 模造物, 《特に》造花; [*pl*]" 人造肥料. ♦ **~·ly** *adv* **~·ness** *n* [OF or L; ⇨ ARTIFICE]

artifícial áid 〔登山〕人工的補助器具 (aid).

artifícial blóod 〔医〕人工血《血液の代用にする化学的混合液》.

artifícial clímbing 〔登山〕人工登攀 (aid climbing).

artifícial dáylight 〔理〕人工昼光[日光].

artifícial disintegrátion 〔理〕人工壊変《アルファ粒子や中性子などの高エネルギー粒子の衝撃による物質の放射遷移》.

artifícial féel 〔空〕人工操舵感覚装置.

artifícial géne 〔生化〕人工遺伝子.

artifícial grávity 〔空〕人工重力《宇宙船を回転させて人工的につくる》.

artifícial horízon 《星の高度などを測る》人工水平器; 〔空〕《航空機の傾斜を測る》人工水平儀.

artifícial illuminátion 人工照明.

artifícial inseminátion 〔医〕人工授精[媒精].

artifícial intélligence 人工知能《**1**) 推論・学習など人間の知的機能に似た動作をコンピューターが行なう能力 **2**) コンピューターにおける人間の知的機能の模倣を扱う学問分野; 略 AI》.

ar·ti·fi·ci·al·i·ty /ɑ̀ːrtəfìʃiǽləti/ *n* 人為的なこと, 不自然さ, わざとらしさ; 人工物; にせもの.

artifícial·ìze *vt* 人工[人為]的にする; 不自然にする.

artifícial kídney 〔医〕人工腎(臓).

artifícial lánguage 人工言語《特に Esperanto のような国際語; opp. *natural language*》; 暗号 (code).

artifícial lífe 《ペースメーカーや ICU などの手段で維持されている》人工的生命; 《ロボットなどによる》疑似生命活動.

artifícial pérson 〔法〕法人 (juristic person).

artifícial radioactívity 〔理〕人工放射能 (induced radioactivity).

artifícial reálity VIRTUAL REALITY.

artifícial respirátion 〔医〕人工呼吸.

artifícial seléction 〔生〕人為選択, 人為淘汰.

artifícial síght [vísion] 人工視覚[視力]《盲人の脳の視覚皮質に電気的刺激を送る》.

artifícial sílk 人造絹糸, 人絹.

artifícial skín 〔医〕人工皮膚.

Ar·ti·gas /ɑːrtíːgɑːs/ アルティガス **José Gervasio ~** (1764–1850)《アルゼンチンからの独立のために戦ったウルグアイの国民的英雄》.

ar·til·ler·ist /ɑːrtílərɪst/ *n* 砲手; 砲術練習生.

ar·til·lery /ɑːrtíl(ə)ri/ *n* **1** 砲, 火砲, 大砲 (opp. *small arms*); 飛び道具発射器《弓・投石器などの総称》; *《口》拳銃, 手投げ弾《通例 集合的》. **2** 議論[説得など]の有力な手段, '武器'; *《俗》麻薬注射用具; *《俗》食器類, ナイフ・フォーク・スプーン類. **3** [the] 砲兵科, 砲兵隊; 砲術. [OF (*artiller* to equip < *à* to, *tire* order)]

artíllery·man /-mən/ *n* 砲兵, 砲手.

artíllery plánt 〔植〕コゴメミズ, コメバコケミズ《熱帯アメリカ原産; イラクサ科》.

Ar·tin /*G* ártin/ アルティン **Emil ~** (1898–1962)《Vienna 生まれの数学者》.

Árt Ínstitute of Chicágo [the] シカゴ美術館《全米有数の美術・博物館; 印象派・後期印象派のコレクションが特に有名; 美術・演劇学校を併設; 1866 年 Chicago Academy of Design として創設, 1882 年以降現在名; 略 AIC》.

ar·tio·dac·tyl /ɑ̀ːrtioudǽkt(ə)l/ 〔動〕*a* 偶蹄目[類]の. ► *n* 偶蹄目[類]の動物. ♦ **~·ous** *a*

Ar·tio·dac·ty·la /ɑ̀ːrtioudǽktələ/ *n pl* 〔動〕偶蹄目[類]《牛・羊・ヤギ・鹿など; cf. PERISSODACTYLA》.

ar·ti·san /ɑ́ːrtəzən, -sən; ɑ́ːtɪzæ̀n, ⸗⸗⸗/ *n* 職人; 《廃》芸術家 (artist). ♦ **~·al** *a* **~·ship** *n* 職人技, 職人芸. [F<It (L *artio* to instruct in arts)]

árt·ist *n* **1** 美術家, 《特に》画家, 彫刻家; 芸術家; 芸のうまい人, 《プロの》演者, アーチスト (artiste). **2** [通例 複合語の第 2 要素として] 《米俗・豪俗》人, やつ, 《いかさま・詐欺などの》名人, プロ: a booze ~ 飲み助 / CON ARTIST / OFF ARTIST. **3** 《古》医者; 《古》ARTISAN; 《廃》《哲学・医学・天文学・錬金術などの》学者. [F<It; ⇨ ART^{1}]

ar·tiste /ɑːrtíːst/ *n* 芸能人, アーチスト《歌手・演奏家・ダンサー・俳優など》; 《専門の》…師[家] (: hair ~)《理髪師・料理人など(の自称)》; [*joc*] 名人, 達人. [F (↑)]

ar·tis·tic /ɑːrtístɪk/, **-ti·cal** *a* 芸術(家)の; 芸術的な, 芸術的に趣きのある; 美的感覚の鋭い. ♦ **-ti·cal·ly** *adv*

árt·ist·ry *n* 芸術的効果, 芸術性; 芸術的才能[手腕].

ártist's próof 《版画家自身による》試し刷り, 初刷り.

árt·less *a* **1** 技術[知識]のない; 芸術的審美眼[教養]のない; 粗雑に作られた, 稚拙な, 不細工な. **2** たくまない, ありのままの; ごまかし[偽り]のない, 純真な, 素朴な, 無邪気な, あどけない. ♦ **~·ly** *adv* **~·ness** *n*

árt·mobìle* *n* 《トレーラーで移動・展示する》移動[巡回]美術館, 移動画廊, アートモビール. [*art*^{1}+auto*mobile*]

art mo·derne /ɑ́ːrt moudέərn; *F* aːr mɔdɛrn/ ART DECO.

árt mùsic 芸術音楽《民俗音楽・ポピュラー音楽に対する概念》.

árt nèedlework 美術刺繍.

art nou·veau /ɑ̀ːr nuvóu, ɑ̀ːrt-/ [^{o}A- N-]〔美〕アール・ヌーヴォー《19 世紀末に起こり, 20 世紀初頭に欧米で盛んに行なわれた美術様式; 曲線美・植物模様を特徴とする》. [F=new art]

Ar·tois /ɑːrtwɑ́ː/ アルトア《フランス北部の旧州; ☆Arras》.

árt pàper アート紙《**1**)"COATED PAPER **2**)*着色高級絵画用紙・製本用装飾紙》.

árt-ròck *n* アートロック《伝統的[クラシック]音楽の手法を取り入れたロック》. ♦ **~·er** *n*

árts and cráfts *pl* 美術工芸, 手工芸.

Árts and Cráfts Mòvement [the]〔美〕アーツ・アンド・クラフツ運動《19 世紀後半-20 世紀初頭 William Morris の主導で推進された工業革新運動; 機械による大量生産よりも手仕事の尊重を主張した》.

Árts Cóuncil [the]〔英〕アーツカウンシル《演劇・映画・音楽・視覚芸術などの振興・支援を目的とする組織; イングランド, ウェールズ, スコットランド, 北アイルランドにそれぞれある》.

árt sòng 〔楽〕芸術歌曲, 連作リート.

artsy /ɑ́ːrtsi/ *a* *《口》ARTY.

artsy-craftsy /ɑ́ːrtsikrǽftsi; -krɑ́ːft-/ 《口》*a* 芸術を気取った, 芸術品めかした; 芸術家気取りの.

ártsy-fárt·sy /-fɑ́ːrtsi/, **ártsy-smárt·sy** /-smɑ́ːrtsi/ *a* 《口》えらく芸術品めかした, 芸術家気取りが鼻につく.

árt thèater アートシアター《芸術的な映画・前衛映画などを上演する劇場》.

árt thèrapy 芸術療法《絵を描いたり, 造形作品を制作して行なう精神療法》.

árt ùnion *《19 世紀にくじ引きで絵画を配布した》芸術協会; 《豪》

(大)くじ引き《もと賞品は美術品, 今は現金など》.

Ar·tur /ɑ́ːrtʊər, -tər/ アルトゥル《男子名》. [G; ⇨ ARTHUR]

Ar·tu·ro /ɑːrtʊ́ərou/ アルトゥーロ《男子名》. [It, Sp; ⇨ ARTHUR]

árt·wòrk *n* 美術作品; 手工芸品; 〖印〗アートワーク《本文以外のさしえ・図版など》.

árty *a* 《口》芸術(家)風の, (いやに)芸術的な, 芸術家気取りの.
♦ **árt·i·ly** *adv* **árt·i·ness** *n* [*art*¹]

arty artillery.

árty-cráfty, árty-and-cráfty *a* 《口》ARTSY-CRAFTSY.

árty-fárty /-fɑ́ːrti/ *a* 《口》ARTSY-FARTSY.

Aru·ba /ərúːbə/ アルーバ《西インド諸島南部, ベネズエラ北西岸沖の島; オランダの自治領; ☆Oranjestad》. ♦ **Arú·ban** *a, n*

aru·gu·la* /ərúːg(j)ələ/ *n* 〖植〗キバナスズシロ, ルッコラ, ロケット (= (*garden*) *rocket*, *rugola*)《地中海地方原産アブラナ科の草本; 葉をサラダに使う》. [?It (dial)]

arui /ɑ́ːruìː/ *n* 〖動〗AOUDAD. [(EAfr)]

Áru [Ár·ru] Íslands /ɑ́ːru-/ *pl* [the] アルー諸島《New Guinea 西部の南にあるインドネシア領の島群》.

ar·um /ɛ́ərəm/ *n* 〖植〗サトイモ科アラム属 (*A-*) の各種植物. [L< Gk *aron*]

árum fàmily 〖植〗サトイモ科 (Araceae).

árum lìly 〖植〗オランダカイウ (calla lily).

Arun·á·chal Pradésh /ɑ̀ːrənɑ́ːtʃəl-/ アルナーチャルプラデーシュ《インド北東部の州; もと連邦直轄地 (1972-86); ☆Itanagar; 旧 North East Frontier Agency》.

Ar·un·del /ǽrənd(ə)l/ アランデル《イングランド南部 West Sussex 州の町; 11 世紀の古城がある》.

arun·di·na·ceous /ərʌ̀ndənéɪʃəs/ *a* 葦(あし)の(ような).

Arunta ⇨ ARANDA.

arus·pex /ərʌ́spèks/ *n* HARUSPEX.

Aru·wi·mi /ɑ̀ːrəwíːmi, æ̀r-/ [the] アルウィーミ川《コンゴ民主共和国北東部を流れる Congo 川の支流》.

ARV °American Revised Version ♦ antiretroviral.

Ar·vid /ɑ́ːrvəd/ アルヴィド《男子名》. [Scand=eagle forest]

Ar·vin /ɑ́ːrvən/ *n* ヴェトナム共和国陸軍 (ARVN) 兵士, 南ヴェトナム政府軍兵士.

ARVN Army of the Republic of Vietnam (⇨ ARVIN).

ar·vo /ɑ́ːrvou/ *n* (*pl* **~s**) 《豪俗》AFTERNOON.

Ar·wad /ɑːrwǽd, -wɑ́ːd/ アルワド《シリアの Latakia 南部沖にある島; Phoenicia 時代に繁栄; 聖書名 **Ar·vad** /ɑ́ːrvæd/》.

-ary /ˊ⌣ ⌣ èri, ⌣ əri; ⌣(⌣)əri/ *a suf, n suf*「…の」「…に関する」「…に属する人[もの]」「…に関連のある人[もの]」「…の場所」: element*ary*, capill*ary*, mission*ary*, diction*ary*, gran*ary*. [F *-aire* or L *-ari(u)s*]

Ar·yan, Ar·ian /ɛ́əriən, ǽr-, ɑ́ːr-/ *n* 《インド-ヨーロッパ語族の祖語を用いた》先史アーリア人(の子孫) (Indo-Iranian); 《古》INDO-EUROPEAN; 〖言〗アーリア語; アーリア人《(1) ナチズムでいうユダヤ人でない白人 (2) NORDIC (3) GENTILE》. ► *a* (先史)アーリア人の; アーリア語の; NORDIC; INDO-IRANIAN. [Skt=noble]

Áryan·ìze *vt* …からユダヤ人を駆逐する, アーリア化する.

ar·yl /ǽrəl/ *n* 〖化〗アリール(基) (=**~ ràdical [gròup]**)《芳香族炭化水素基》. [aromatic, *-yl*]

àryl·amíne *n* 〖化〗アリールアミン《アニリンなど, アミノ基が結合した芳香族炭化水素からなる化合物》.

ar·y·te·noid, -tae- /æ̀rətíːnɔ̀ɪd, ərítnɔ̀ɪd/ *a* 〖解〗披裂の〈軟骨・筋〉. ► *n* 披裂軟骨; 披裂筋. ♦ **àr·y·te·nóid·al** *a* [Gk= ladle-shaped]

ary·te·noi·dec·to·my /æ̀rətìːnɔ̀ɪdέktəmi, ərìtnɔ̀ɪ-/ *n* 〖医〗披裂軟骨切除(術).

as¹ /əz, æz, ǽz/ *adv, conj, rel pron, prep* ★ (1) Tom is *as* tall *as* I (am). において前の as は指示副詞, あとの as は従属接続詞, 否定の場合は前の as の代わりに so を用いるが, 口語ではそうしないことも多い: Tom is *not as* [*so*] tall *as* I (am). また口語では as のあとに目的格を用いて Tom is as tall as *me*. という (⇨(3)). (2) しばしば (*as*) white *as* snow のように前の as を省略することがある. またあとの as 以下を略して He has *as* many (*as* I have). ともいう. (3) あとの as の導く節に省略がある場合, この as は関係代名詞となり《例: such men *as* are rich 富んだ人びと》, また 前置詞となる《例: He appeared *as* Hamlet. ハムレットとして出演した / as tall *as* me》.

► *adv* **1** [指示副詞] …と同様に, 同じくらい: Take *as* much as you want. 欲しいだけ取りなさい / I can do it *as* well. わたしにもできる《あとに as you などが省略されている》. **2** [形容詞・分詞・前置詞の意味を制限して]: *as* different from…と異なって / *as* compared with …と比較すると / *as* opposed to…と対立して / Socrates' conversation *as* reported by Plato プラトンの伝えるところのソクラテスの対話 / *as* against…に対比して, …と比べて.

► *conj* **1 a** [様態・比較] …と同じく, …のように, …ほど: It is not so easy *as* you think. きみの考えるほど楽ではない / as early [late, recently] *as*…ほど早期[最近]に, 早くも[つい]…に / as soon *as* possible できるだけ早く / Do *as* you like. 好きなようにしたまえ / Take things *as* they are. 物事をあるがままに受け止めなさい / Living *as* I do so remote from town, I rarely have visitors. こんな田舎に住んでいるので訪れる人もまれだ / He was so kind *as* to help me. 親切にも助けてくれた《助けるほどに親切だった》/ *As* rust eats iron, so care eats the heart. さびが鉄をむしばむように心労は心をむしばむ / He runs as fast *as* he works slow. 仕事はまるでのろいのに駆けるのは実に速い. ★ (as)…*as* (非常に…) は慣用的に simile にしばしば用いられる: (as) black *as* a raven カラスのように黒く, まっ黒で / (as) busy *as* a bee / (as) dead *as* a doornail / (as) weak *as* water. **b** [直前の名詞(句)の概念を制限する節を導いて]: the origin of schools *as* we know them われわれの知っている学校なるものの起源. **2** [時] …している時, …しながら, …するにつれて, …するとたんに: He came up *as* I was speaking. 話しているところへやって来た / He trembled *as* he spoke. 話しながら震えた / Just *as* he was speaking, there was a loud explosion. ちょうど彼が話している時に大爆音が起こった. **3** [原因・理由] …だから, …なので, …故に (because, seeing that): *As* it was getting dark, we soon turned back. 暗くなってきたので間もなく引き返した / *As* you are sorry, I'll forgive you. きみは後悔しているのだから許してあげよう. ★ because は why? に対して直接の理由を示し, as は間接に付帯状況を述べる場合に用い, since は推論の根拠を示して文語的である. 類語中意味の強い順は because, since, as, for. **4** [譲歩] …だけれども, …ながらも (though): Try *as* he might… たとえどんなに努力しても… / Woman *as* she was, she was brave. 女ながらも勇敢だった《as の前の名詞は無冠詞》/ Young *as* he was, he was able. 年こそ若かったが有能だった《この形は (As) young *as* he was (彼ほど若くして) の意の強調的省略》/ Often *as* I asked her to, she never helped me. 何度も頼んだのに手伝ってくれなかった. ★ Young *as* he is [was] の構文では文脈によって, as は「…なので」(理由)の young 強調の転倒文とも「…だけれども」(譲歩)ともなる.

► *pron* [関係代名詞] **1** [who または which の意味で such または the same を先行詞に含んで] …のような: *such* food *as* we give the dog 犬にやるような食べ物 / *such* liquors *as* beer=liquors *such as* beer ビールのような酒類 / *Such* men *as* (=Those men who) heard him praised him. 彼の演説を聞いた人びとは彼をほめた / This is *the same* watch *as* I have lost. なくしたのと同じ(ような)時計 (cf. *the* SAME *that*). **2** [文全体を先行詞として非制限的関係詞節を導いて] …という事実: He was a foreigner, *as* (=a fact which) I knew from his accent. 彼は外国人だった, そのことはアクセントでわかったことであるが / He was late, *as* is often the case with him. 遅刻した, 彼にはよくあることだが. **3** 《俗》THAT, WHO: them *as* know me おれを知ってるやつら (those who know me) / It was him *as* did it. 《卑》それをやったのはあいつだ.

► *prep* **1** …のように, …として, …だと: He lived *as* a recluse. 世捨て人の生活をした / He appeared *as* Hamlet. ハムレットとして[に扮して]登場した / a position *as* teacher of English 英語教師(として)の地位 / act *as* chairman 議長をつとめる / I regard him *as* the best doctor here. 当地で一番の医者だと思っている / We looked upon him *as* quite old. 全く老人と思った. ★ 続く名詞が官職・役目・資格などを示すときは無冠詞. **2** たとえば (for instance): Some animals, *as* the fox and the squirrel, have bushy tails. ある種の動物たとえばキツネやリスはふさふさした尾をもつ.

● **as above** 上のように. **as and when**…であるかぎり; 《口》IF and when. **(as)…as** ⇨ AS (*conj*). **as…as any** だれ[どれ]にも負けず[劣らず]…. **as…as ever** ⇨ EVER 3. **as…as possible** [**one can**] できるだけ…. **as…as there is** だれにも劣らぬ…. **(as)…as you** PLEASE. **as before [below]** 前[下]のとおり. **as for** [通例 文頭に用いて] [ˢ*derog*] …に関するかぎりでは, …はどうかといえば: *As for* [*As to*] the journey, we will decide later. 旅行のことならあとで決めよう / *As for* [*As to*] myself, I am not satisfied. (人のことは知らず)わたしは不満足. **as from*** =AS of (2). **as how** 《非標準》THAT (*conj*); WHETHER: I know *as how* (=that) it is a fact. **as if** /əzíf/ (1) [普通は(仮定法)過去形動詞を伴って] まるで…かのように (as the case would be if; as though): I feel *as if* I hadn't long to live. わたしの命はもう長くはないような気がする / He looked at her *as if* he had never seen her before. 今まで彼女を見たことがないような顔つきで見た / It isn't *as if* he was [were] poor. 貧乏じゃなさそうだ, 彼が貧乏だというわけじゃあるまいし / *As if* you didn't know! そ知らぬ顔をして(知ってるくせに)! / *As if* I cared! そんなの関係ないね, 知るか, それがどうした / It seemed *as if* the fight would never end. 争いは果てしないように見えた. (2) THAT: It looks *as if* it is going to snow. 雪になりそうだ. **As if!** [〈*int*〉] 《口》ほんとかよ, まさか, ありえない. **as in** (1) …においても同様に: (this year) *as in* previous years (今年も)これまで同様. (2) …の語頭の文字と同じ: A *as in* Alpha Alpha のA (「朝日のア」のたぐい). **as is** /æzíz/ 現状のままで, 現品で, 無保証で: OK *as is* 《校正で》このままでよし, 校了 / sale *as is* 〖商〗現状のまま売却. **as it is** [文頭にある場合は通例 仮想的な言い方を受けて] しかし実情は(仮想に反して): *As it is*, I cannot pay you. (都合がつけば払いたいが)実のところ今は払えない / *as it was* その時の実情では, しかしそうではなかったから. **as it is [stands]** [文尾にくる場合] 現実のまま(の), あるがままに[の]: Leave it *as it is* [*stands*]. そのままにしておけ. **as it were** いわば (so to

speak). **as of** (**1**)〈…日〉現在の: *as of* May 1 5 月 1 日現在. (**2**) *《法律・契約など》〈何日〉より〈実施・廃止など〉(on and after). **as …, so…** ⇨ AS (*conj*). **as** SOON (**as**). **as though**＝AS if. **as to** (**1**) [文頭に用いて] AS for. (**2**) [文中に用いて] …に関して[ついて] (about): He said nothing *as to* hours. 時間のことはなにも言わなかった / They were quarreling *as to* which was the stronger. どちらが強いかについて争っていた / He said nothing *as to* when he would come. いつ来るとも言わなかった. ★ Nobody could decide (*as to*) what to do. の例のように *as to* which [what, where, when, how, etc.] では as to は不要なことが多い. (**3**) …に従って: classify *as to* size and color 大小と色で分類する. **as was** "以前の状態で. **as** WELL[1]. **as** YET. **as you were** "《口》すみません言い間違いました. **As you were!** 《号令》元へ! **come** [**go**] **as** one **is** 《口》ふだん着のまま来る[行く, 訪問する].
[OE *also* ALSO の短縮形]

as[2] /ǽs/ *n* (*pl* **as·ses** /ǽsìːz, -səz/)〖古ロ〗アス (libra)《重さの単位: ＝12 ounces, ≒327 g》; アス青銅貨《元来の重さは 12 オンス》; アス《アス貨の額面に等しい金額》. [L]

as- ⇨ AD-.

As〖気〗altostratus ♦〖化〗arsenic.

AS〖空〗airspeed ♦ °American Samoa ♦ Anglo-Saxon (＝**A-S**) ♦ antisubmarine ♦ Associate in [of] Science. ★ ⇨ AS LEVEL.

A/S, AS〖商〗after SIGHT.

Asa /éɪsə, "éɪzə, "ɑ́ːsə/ **1** エイサ《男子名》. **2**〖聖〗アサ《紀元前 10–9 世紀のユダの王 (c. 913–c. 873)》. [Heb＝God has given]

ASA /ǽsə/ *n*〖写〗ASA《米国規格協会 (American Standards Association) によって採用された規格によるフィルムの露光指数》.

ASA〖英〗°Advertising Standards Authority ♦〖英〗Amateur Swimming Association ♦ American Standards Association 米国規格協会《現在 ANSI》.

Asa·ba /ɑ̀ːsɑːbɑ́ː/ アサバ《ナイジェリア南部 Delta 州の, Niger 川に臨む市・州都》.

as·a·fet·i·da, as·sa-, -foet- /æ̀səfétədə, -fíː-/ *n* アギ (阿魏), アサフェティダ《セリ科オオウイキョウ属の種々の多年草の乳液から製した樹脂様ゴム; インド料理で香味料に使われ, また鎮痙剤・駆虫剤などにする》;〖植〗《アギを採る》オオウイキョウ属の多年草. [L (Pers *azā* mastic, FETID)]

asa·na /ɑ́ːsənə/ *n*〖ヒンドゥー教〗座, アーサナ《ヨーガの種々の姿勢》. [Skt＝sitting]

Asan·sol /ɑ́ːs(ə)nsòul/ アサンソール《インド北東部, West Bengal 州の市》.

Asan·te /əsǽnti, əsɑ́ːn-/ *n* (*pl* ～, ～**s**) ASHANTI.

Asan·te·he·ne /æʃǽntɪhèni/ *n*《ガーナの》アシャンティ族の最高支配者.

ASAP, a.s.a.p. /, éɪsæ̀p/ as soon as possible.

as·a·ra·bac·ca /æ̀sərəbǽkə/ *n*〖植〗オウシュウサイシン《フタバアオイ属》.

Asarh /ɑ́ːsɑ̀ːr, ─⌐/ *n*〖ヒンドゥー暦〗四月, アーサール《グレゴリオ暦の 6–7 月; ⇨ HINDU CALENDAR》. [Skt]

as·a·rum /ǽsərəm/ *n* [*A-*]〖植〗フタバアオイ属; 細辛(さいしん)《カナダサイシン (wild ginger) の根茎を乾燥したもの; 芳香刺激剤》.

ASAT /éɪsæ̀t/ *n* 衛星攻撃兵器, ASAT. [*A*nti-*Sat*ellite interceptor] **asb.** asbestos.

ASB〖英国教会〗Alternative Service Book 代替祈禱書.

As·ben /æsbén/ アズベン《Aïr の別称》.

as·bes·tine /æsbéstən, æz-/ *a* 石綿(性)の, 不燃性の.

as·bes·tos, -tus /æsbéstəs, æz-, "-tɒs/ *n* 石綿, アスベスト. ► *a* 石綿で作った[織った]; 石綿を含む; 石綿に似た. [OF, ＜Gk ＝unquenchable (*sbennumi* to quench)]

asbéstos càncer〖医〗アスベスト癌《アスベスト繊維の長期吸入による肺癌など》.

asbéstos cemènt 石綿セメント (fibrocement")《非構造部位用建材》.

as·bes·to·sis /æ̀sbɛ̀stóusəs, æ̀z-/ *n* (*pl* **-ses** /-sìːz/)〖医〗石綿症《石綿粉末の吸入によって肺または皮膚に石綿が沈着する職業病》.
♦ **às·bes·tót·ic** /-tɑ́t-/ *a*

ASBO /ǽzbou/〖英〗antisocial behaviour order《街頭で迷惑行為を行なう者に裁判所が出す, 特定の場所に行くことを禁じる, 特定の行為を禁じるなどの命令》.

As·bury /ǽzbɛ̀ri, -b(ə)ri/ アズベリー **Francis** ～ (1745–1816)《英国生まれの米国メソジスト教会の最初の監督》.

asc- /ǽsk, ǽs/, **as·co-** /ǽskou, -kə/ *comb form*「嚢」「子嚢 (ascus)」

ASC °altered state of consciousness.

Ascalon ⇨ ASHKELON.

As·ca·ni·us /æskéɪniəs/〖ギ神〗アスカニオス《Aeneas と Creüsa の子; Alba Longa 市を創建》.

ASCAP /ǽskæ̀p/ American Society of Composers, Authors and Publishers アメリカ作曲家・作詞家・出版社協会, アスキャップ.

As·ca·part /ǽskəpɑ̀ːrt/ アスカパート《英国の伝説の 30 フィートの巨人; Sir Bevis of Hampton に退治された》.

as·ca·ri·a·sis /æ̀skəráɪəsəs/ *n* (*pl* **-ses** /-sìːz/)〖医〗回虫症.

as·ca·rid /ǽskərəd/, **as·ca·ris** /ǽskərəs/ *n* (*pl* **-rids, -car·i·des** /æskǽrədìːz/)〖動〗回虫. [NL＜Gk]

ASCE American Society of Civil Engineers アメリカ土木学会.

as·cend /əsénd/ *vt*〈山・階段を〉登る,〈王位〉に上る;〈川・系図を〉さかのぼる. ► *vi* のぼる, 上昇する;〈音・地位など〉高くなる;〖印〗〈活字が〉上に突き出る (⇨ ASCENDER);〈道など〉上りになる; (時間的[系図的]に)さかのぼる. ♦ **～·able, ～·ible** *a* [L *ad-*(*scens- scendo*＝*scando* to climb)]

as·cénd·an·cy, -en·cy, -ance, -ence *n* 日の出の勢い, 優勢, 支配的立場[勢力]: gain [have an] ～ *over*…より優勢になる[である], …を支配する.

as·cend·ant, -ent /əséndənt, æ-/ *a* のぼって行く; 日の出の勢いの, 優勢な, 支配的な; 上向きの,〖植〗傾上[斜上]の;〖占星〗東の地平線上の;〖天〗中天に上って行く. ► *n* [ᵒA-]〖占星〗東出[東昇]点, 上昇点《誕生時など特定の時に東の地平線にかかる黄道上の位置》, 東出点にある黄道十二宮の星座;《ある時の》星位 (horoscope);《直系・傍系の》先祖. ● **in the ～** 隆盛をきわめて, 優勢で, 日の出の勢いで: His star is *in the* ～. 彼の力[運勢]は上り坂である. **the lord of the ～**〖占星〗首座星. ♦ **～·ly** *adv* [OF＜L; ⇨ ASCEND]

ascénd·er *n* のぼる人[もの];〖印〗アセンダー《x の高さより上に出る部分; またこれをもつ活字 b, d, f, h など; opp. *descender*》; ASCENDEUR.

as·cen·deur /*F* asɑ̃dœːr/ *n*〖登山〗登高器《固定したロープに装着し, 上方へスライドさせて登るのに用いる金属製器具》.

ascénd·ing *a* のぼって行く, 上昇的な, 上方に向かう, 上行性の,〖植〗傾上[斜上]の: ～ powers〖数〗昇冪(しょうべき) / an ～ scale〖楽〗上昇音階 / in ～ order 昇順に.

ascénding cólon〖解〗上行結腸.

ascénding nóde〖天〗昇交点《天体が基準面を南から北へ通過する点; cf. DESCENDING NODE》.

ascénding rhýthm RISING RHYTHM.

as·cen·sion /əsénʃ(ə)n/ *n* 上昇; 即位; [the A-]《キリストの》昇天 《cf. *Acts* 1: 9》; [A-] ASCENSION DAY. [OF＜L; ⇨ ASCEND]

Ascension アセンション《大西洋南部, 英領 St. Helena 島の北西にある島; 英国植民地 St. Helena の保護領; 1501 年の Ascension Day に航海中のポルトガル人 João da Nova が発見》.

ascénsion·al *a* 上昇の: an ～ screw 上昇用プロペラ.

Ascénsion Dày《キリストの》昇天日 (＝*Holy Thursday*)《復活祭 (Easter) から 40 日目の木曜日》.

ascénsion·ist *n* 上昇する人《気球乗りなど》;〖登山〗《特に 注目すべき》登攀をなし遂げた人.

Ascénsion·tide *n* 昇天節《昇天日から聖霊降臨祭 (Whitsunday) までの 10 日間》.

as·cen·sive /əsénsɪv/ *a* 《まれ》上昇[向上]する; 進歩的な;〖文法〗強調の.

as·cent /əsént/ *n* (opp. *descent*) のぼること, のぼり; 上昇, 昇騰; 向上, 昇進, 出世; 上り坂[道]; 上り勾配; 傾斜度;《時間的・系図的な》遡及(そきゅう): make an ～ of…に登る / a gentle [rapid] ～ だらだら坂[急勾配] / SONG OF ASCENTS. [ASCEND; *descend*: *descent* にならったもの]

as·cer·tain /æ̀sərtéɪn/ *vt*〈実否を〉確かめる, 突きとめる;《古》確実[正確]にする: ～ the truth / ～ *that* it is true / ～ *whether* it is true 真偽を確かめる / ～ *what* really happened 真相を確かめる.
♦ **～·able** *a* **～·ment** *n* [OF (*à* to, CERTAIN)]

as·ce·sis /əsíːsəs/ *n* (*pl* **-ses** /-sìːz/) 自力の難行[苦行], きびしい自制, 克己, 禁欲.

as·cet·ic /əsétɪk, æ-/ *a* 苦行中の; 苦行の(ような); 苦行者の(ような); 禁欲的な. ► *n* 苦行者, 修道者[僧], 行者; 禁欲主義者.
♦ **as·cét·i·cal** *a* **-i·cal·ly** *adv* [L or Gk (*askētes* monk＜*askeō* to exercise)]

ascétic(al) theólogy〖カト〗修徳神学.

as·cet·i·cism /əsétəsìz(ə)m/ *n* 苦行, 修行, 修徳; 禁欲(主義).

Asch /ǽʃ/ アッシュ **Sho·lem** /ʃóːləm, ʃóu-/ [**Sha·lom** /ʃəlóum/, **Sho·lom** /ʃóːləm, ʃóu-/] ～ (1880–1957)《ポーランド生まれの米国の作家・劇作家; ユダヤ系で, 作品のほとんどをイディッシュ語で書いた》.

As·cham /ǽskəm/ アスカム **Roger** ～ (1515–68)《イングランドの人文学者・作家; Elizabeth 1 世の師; *The Scholemaster* (1570)》.

asc·hel·minth /ǽsk(h)ɛ̀lmɪ̀nθ/ (*pl* **～s, -min·thes** /æ̀sk(h)ɛlmínθiːz/)〖動〗袋形(たいけい)動物《輪虫(わむし)綱・線虫綱など 7 綱からなる袋形動物門 (Aschelminthes) の無脊椎動物》. [*asc-*, *helminth-*]

asci *n* ASCUS の複数形.

as·cid·i·an /əsídiən/ *n*〖動〗ホヤ類 (Ascidiacea) の動物;《広く》被嚢類の動物. ► *a* ホヤ類の.

ascídian tádpole《ホヤ類の》オタマジャクシ形幼生.

as·cid·i·um /əsídiəm/ *n* (*pl* **-ia** /-iə/)〖植〗嚢状葉, 胚葉.
[NL; ⇨ ASCUS]

ASCII /ǽski/ American Standard Code for Information Interchange 情報交換用米国標準コード《コンピューターで使われる標準的な 1 バイト文字セットの文字体系; 7 ビット構成; 英数字などの表示可能文字のほか制御文字を含む》.

ASCII art /⌐— —⌐/ アスキーアート《アスキー文字のみを用いたイラスト》.

ASCII character /⌐— —⌐/ 〘電算〙 アスキー文字.

ASCII file /⌐— —⌐/ 〘電算〙 アスキーファイル《英数字など表示可能なアスキー文字からなるファイル; cf. TEXT FILE》.

as·ci·tes /əsáɪtiz/ *n* (*pl* ～) 〘医〙 腹水(症) (＝*hydroperitoneum*). ♦ **as·cit·ic** /əsítɪk/ *a*

as·cle·pi·ad /æsklí:piəd, ə-, -æ̀d/ *n* 〘植〙 ガガイモ科の植物, MILKWEED.

Asclepiad *n* 〘古典韻律〙 アスクレピアデス格《spondee (——), choriambus (—◡◡—) および iambus (◡—) からなる》. ♦ **As·cle·pi·a·de·an** /æsklì:piədí:ən, ə-/ *a*, *n* アスクレピアデス格の(詩). [*Asklēpiadēs* 詩型をつくった紀元前 3 世紀の詩人]

as·cle·pi·a·da·ceous /æsklì:piədéɪʃəs, ə-/ *a* 〘植〙 ガガイモ科 (Asclepiadaceae) の.

as·cle·pi·as /əsklí:piəs, æ-/ *n* 〘植〙 トウワタ属 (*A-*) の各種の植物《ガガイモ科; 北米・アフリカ原産》.

As·cle·pi·us /æsklí:piəs/ 〘ギ神〙 アスクレーピオス《Apollo の子で医術の神; ローマの Aesculapius》.

asco- /ǽskou, -kə/ ⇨ ASC-.

ásco·càrp *n* 〘植〙 子嚢果. ♦ **àsco·cárpous, -cárpic** *a*

as·co·go·ni·um /æ̀skəgóuniəm/ *n* (*pl* **-nia** /-niə/) 〘植〙《子嚢菌の》造卵器, 造嚢器 (cf. ARCHICARP).

As·co·li Pi·ce·no /á:skəli pɪtʃéɪnou/ アスコリピチェーノ《イタリア中部 Marches 州の町; Rome の北東に位置; 同盟市戦争でローマ市民が虐殺された地 (90 B.C.); 古代名 Asculum Picenum》.

Áscoli Sa·triá·no /-sà:triá:nou/ アスコリサトリアーノ《イタリア南東部 Apulia 州 Foggia 市の南方にある町; 古代名 Asculum [Ausculum] Apulum》.

as·co·my·cete /æ̀skoumáɪsì:t, -màɪsí:t/ *n* 〘植〙 子嚢菌. ♦ **-ce·tous** /-sí:təs/ *a*

as·con /ǽskɑ̀n/ *n* 〘動〙 アスコン型《海綿動物の溝系の単純な型で, 胃腔に直接通じる流入溝をもつ; cf. LEUCON, SYCON》. ♦ **as·co·noid** /ǽskənɔ̀ɪd/ *a* [NL (Gk *askos* wineskin)]

ascor·bate /əskɔ́:rbèɪt, -bət/ *n* 〘化〙 アスコルビン酸塩.

ascór·bic ácid /əskɔ́:rbɪk-, *eɪ-/ 〘生化〙 アスコルビン酸 (vitamin C). [*a-*², SCORBUTIC]

ásco·spòre *n* 〘植〙 子嚢胞子. ♦ **às·co·spór·ic** /-spɔ́:r-, -spɑ́r-/, **às·co·spó·rous** /, æskɑ́spərəs/ *a*

As·cot /ǽskət/ **1** アスコット《イングランド南部 Berkshire にある町; London の西方にあり, Ascot Heath にある競馬場で毎年 6 月の第 3 週に 4 日間行なわれるレース **Róyal ～** は, 国王も臨席するはなやかな行事》. **2** [a-] *アスコット《一種の幅広ネクタイ[スカーフ]》.

as·críb·able *a* 〈…に〉帰せられる, 起因する, 〈…の〉せいである 〈*to*〉: be ～ *to* a cause ある原因に帰せられる.

as·cribe /əskráɪb/ *vt* …の原因[動機・所属・出所など]を〈…に〉帰する 〈*to*〉: ～ the outcome *to* chance たまたまそうなったのだと言う / ～ a magical power *to* her 彼女には魔力があると考える / This invention is ～*d to* Mr. A. これは A 氏の発明だとされている. [L *ad-*(*script- scribo* to write)]

as·críbed *a* 《誕生の時などに》割り当てられた, 与えられた.

ascríbed státus 〘社〙 生得的地位《年齢・性・人種などの条件によってもたらされる社会的地位; cf. ACHIEVED STATUS》.

as·crip·tion /əskrípʃ(ə)n/ *n* 《原因などを…に》帰すること; 《出生などによる》社会的地位への恣意的帰属; 《説教を締めくくる》神を賛美することば: the ～ of the play *to* Shakespeare その戯曲をシェイクスピア作だとすること. [ASCRIBE]

as·crip·tive /əskríptɪv/ *a* 帰属の; 属性付与の[に関する], 性格づけの. ♦ **～·ly** *adv*

As·cu·lum (Ap·u·lum) /ǽskjələm (ǽpjələm)/ アスクルム(アプルム)《ASCOLI SATRIANO の古代名》.

Asculum Pi·ce·num /⌐— paɪsí:nəm/ アスクルムピケヌム《ASCOLI PICENO の古代名》.

as·cus /ǽskəs/ *n* (*pl* **-ci** /ǽs(k)àɪ, ǽskì:/) 〘植〙 子嚢.

As·da /ǽzdə/ アズダ《英国のスーパーマーケットチェーン》.

ASDF Air Self-Defense Force 航空自衛隊 (⇨ SDF).

as·dic, ASDIC" *n* /ǽzdɪk/ 潜水艦探知器, ソナー (sonar), アスディック. [*A*nti-*S*ubmarine *D*etection *I*nvestigation *C*ommittee]

-ase /èɪs, -z/ *n suf* 〘生化〙「酵素 (enzyme)」: amyl*ase*, lact*ase*, pect*ase*. [*diastase*]

a·séa /ə-/ *adv* 海で, 海に(向かって).

ASEAN /á:sià:n; ǽsiæ̀n, ǽziən/ *n* 東南アジア諸国連合 (Association of Southeast Asian Nations), アセアン《1967 年タイ・インドネシア・マレーシア・フィリピン・シンガポールの 5 か国で結成, のちにブルネイ (84 年)・ヴェトナム (95 年)・ミャンマー (97 年)・ラオス (97 年)・カンボジア (99 年)も加わって, 東南アジアの全 10 か国が加盟》.

aséa·son·al /eɪ-/ *a* 季節的でない; 季節を選ばない〈品種〉, 非季節性の.

aseis·mat·ic /èɪsaɪzmǽtɪk, æ̀s-/ *a* 耐震の. [*a-*²]

aséis·mic /eɪ-/ *a* 無地震の; 耐震の. [*a-*²]

ase·i·ty /əsí:əti, eɪ-/ *n* 〘哲〙 自存性《自己の存在の根拠または原理を自己自身の中にもつ存在のあり方》.

ase·mia /əsí:miə/ *n* 〘精神医〙 象徴不能(症), 失象徴《言語・身振りの理解[使用]不能》. ♦ **asem·ic** /əsέmɪk/ *a*

asép·a·lous /eɪ-, æ-/ *a* 〘植〙 無萼片の.

asép·sis /ə-, eɪ-/ *n* 無菌(状態); 〘医〙《手術の》無菌法, 防腐法. [*a-*²]

asép·tate /eɪ-/ *a* 〘植〙 無隔壁の, 隔壁を欠いた.

asép·tic /ə-, eɪ-/ *a* 感染を予防する; 無菌の, 防腐処置をした; 活気のない, 血の通わない, 冷たい; 先入観にとらわれない, 客観的な; 浄化力のある. ► *n* 防腐剤. ♦ **-ti·cal·ly** *adv*

aséx·u·al /eɪ-, æ-/ *a* 〘生〙 性別[性器]のない, 無性の; 無性生殖による; 性的でない, セックスに関心のない. ► *n* セックスに関心のない人. ♦ **～·ly** *adv* **asèx·u·ál·i·ty** *n* [*a-*²]

aséxual generátion 〘生〙 無性世代.

aséxual reprodúction 〘生〙 無性生殖.

As·gard /ǽsgà:rd, ǽz-, á:s-/, **As·garth** /-gà:rθ, -ð/, **As·gar·dhr** /-gà:rðər/ 〘北欧神話〙 アースガルズ《天上の神々の住居; 地上との間にはビフロスト (Bifrost) という橋がかかっている; ⇨ YGGDRASIL》. [ON＝god＋yard]

asgd assigned. **asgmt** assignment.

ash¹ /æʃ/ *n* **1** [°*pl*] 灰(の粉塵); 火山灰; [*pl*] 廃墟, 焼け跡; [*pl*] *《俗》マリファナ, 大麻: be burnt [reduced] to ～*es* 全焼する / lay in ～*es* 焼いて灰にする, 焼きつくす / (as) white as ～*es* (顔面)蒼白で. **2** [*pl*] 遺骨, 《詩》なきがら; 悲しみ[悔恨, 屈辱]を象徴するもの; [the A-es] 〘クリケット〙 英豪間のクリケット優勝決定戦の勝利の栄冠《1882 年オーストラリアがイングランドとの試合に勝ったときにスポーツ紙が 'イングランドのクリケットの遺体は火葬され遺骨はオーストラリアに移される' と報じたことから》: His ～*es* repose in Westminster Abbey. 彼のなきがらはウェストミンスター寺院に葬られている / Peace to his ～*es!* 彼の霊とこしえに安らかなれ! **3** [*pl*] 死人のような蒼白さ; 《木灰(きばい)のような》銀色がかった灰色, ASH GRAY. ● **～es to ～es** 灰は灰に〈還(かえ)〉す: We therefore commit his body to the ground; earth to earth, ～*es to* ～*es*, dust to dust. 《*The Book of Common Prayer* 中の, 葬式の文句》. **bring back the ～es** 〘クリケット〙 雪辱する《英豪の決勝試合で》. **haul** one's **～es** *《俗》 立ち去る, ずらかる. **haul** sb's **～es** *《俗》 人を追い出す, 人にお引き取り願う; *《俗》 人をぶんなぐる, ぶちのめす; *《俗》 人とセックスする. RAKE¹ **over the ～es. rise (like a phoenix) from the ～es** (不死鳥のように)復活する, 廃墟から立ち上がる. **(turn to) ～es in** one's **mouth** まずいもの; にがにがしいこと, 残念な結果(になる). **turn to dust and ～es** 〈希望が〉消えうせる.
► *vt* 灰にする; …に灰を振りかける.
♦ **～·less** *a* [OE *æsce*; cf. G *Asche*]

ash² *n* 〘植〙 トネリコ《モクセイ科トネリコ属の樹木の総称》; トネリコ材, アッシュ《堅材》; 〘植〙 トネリコと近縁の[類似した]木《mountain ash など》. [OE *æsc*; cf. G *Esche*]

ash³ *n* アッシュ《古英語の文字 (æ); 発音記号 /æ/》.

ASH /æʃ/ Action on Smoking and Health《英国の嫌煙運動団体; 1971 年設立》.

ashamed /əʃéɪmd/ *pred a* 恥じて(いる): be [feel] ～ *of*…を恥じる / be ～ *of* one*self* for…でみずからを恥じる / be ～ *to* do…することを恥じる, 恥だと思って…できない / be ～ *that*…ということを恥じている. ♦ **ashám·ed·ly** /-ədli/ *adv* 恥じて. [OE (pp) < *āscamian* to feel SHAME (*a-* intensive)]

Ashan·ti /əʃǽnti, əʃá:n-/ **1** アシャンティ《ガーナ中央部の州, ☆Kumasi; もと王国, のちに英領》. **2 a** (*pl* ～, ～**s**) アシャンティ族. **b** アシャンティ語《Twi 語の旧称》.

ásh bìn" 灰入れ; ごみ箱.

ásh blónd(e) くすんだ[灰色がかった]ブロンド, アッシュブロンド《色》; アッシュブロンドの人. ♦ **ásh-blónd(e)** *a*

Ash·bur·ton /ǽʃbə̀:rtn/ **1** [the] アシュバートン川《オーストラリアの Western Australia 州を北西に流れ, インド洋に注ぐ》. **2** アシュバートン 1st Baron ～ ⇨ Alexander BARING.

ásh càn, ásh·càn* *n* 《金属製の》灰入れ, くず入れ, ごみ箱 (dustbin"); 《口》 DEPTH CHARGE. ► *vt* [ashcan] 《口》 ポイと捨てる.

Áshcan Schòol [the] 〘美〙 アッシュカン派《20 世紀初め都市生活の現実的側面を描いた米国の画家集団》.

Ash·croft /ǽʃkrɔ̀ft/ アッシュクロフト Dame **Peggy** ～ (1907–91)《英国の女優》.

Ash·dod /ǽʃdɑ̀d/ アシュドド, アシドド《イスラエル西部, Jerusalem 市の西にある港湾都市》.

Ashe /æʃ/ アッシュ **Arthur (Robert)** ～ (1943–93)《米国のテニス選手; 黒人初の全米オープン (1968), Wimbledon (1975) 優勝者》.

ash·en¹ /ǽʃ(ə)n/ *a* 灰の(ような); 灰白色の; 死人のように蒼白な: turn ～ 青白くなる.

ashen² *a* トネリコ (ash) の; トネリコ材の.

Ash·er /ǽʃər/ **1 a** 〘聖〙 アセル, アシェル《Jacob と Zilpah の息子で Asher 族の祖; *Gen* 30: 12–13》. **b** アセル[アシェル]族《イスラエル十二部族の一つ》. **2** アッシャー《男子名》. [Heb＝bearer of salvation]

Ashe·rah /əʃí:rə/ アシラ, アシェラ《フェニキア人・カナーン人に崇拝された女神); (*pl* **Ashe·rim** /-rɪm/, **~s**) Asherah を象徴する神聖な棒[柱]. [Heb]
ash·et /ǽʃət/ *n* 《スコ・NZ》(長円形の)大皿 (platter).
ásh·fàll *n* 《火山灰の》降灰(ふんかい).
ásh fìre 〖化〗灰火, とろ火.
ásh fùrnace アッシュ炉《ガラス製造用》.
Ash·ga·bat /á:ʃgəbà:t/, **Ashkh·a·bad** /æʃkəbæ̀d, -bà:d/ アシガバート, アシハバード《トルクメニスタンの首都; 旧称 Poltoratsk (1919–27)》.
ásh gráy 灰白色.
ashív·er /ə-/ *pred a* 震えて.
Ashkelon ⇨ ASHQELON.
Ash·ke·nazi /à:ʃkəná:zi, æ̀ʃkənǽzi; æ̀ʃkəná:zi/ *n* (*pl* **-naz·im** /-ná:zəm, nǽz-/) アシュケナジ《(1) ドイツ・ポーランド・ロシア系ユダヤ人; cf. SEPHARDI 2) アシュケナジの話すヘブライ語の発音》. ♦ **-náz·ic** *a* [Heb]
Ash·ke·na·zy /à:ʃkəná:zi, æ̀ʃ-; æʃ-/ アシュケナージ **Vladimir (Davidovich)** ~ (1937–)《ロシア生まれのピアニスト・指揮者》.
ásh·kèy *n* トネリコの翼果《羽毛のついた種子》.
ash·lar, -ler /ǽʃlər/ *n* 《建築用の》切石(きりいし)《集合的にも》; 切石積み. ► *vt* …の表面を切石積みでおおう. [OF＜L (dim)＜*axis* board]
áshlar·ing *n* 切石積み; 《屋根裏部屋の》隅の仕切りの垂直材; 切石《集合的》.
ásh-lèaved máple 〖植〗BOX ELDER.
Ash·ley /ǽʃli/ **1** アシュリー《男子名; 女子名》. **2** アシュリー **Laura** ~ (1925–85)《英国のデザイナー; 旧姓 Mountney; ヴィクトリア朝様式の花柄プリントが特徴的; ⇨ LAURA ASHLEY》. [OE＝ash tree meadow]
ásh·màn *n* *《炉の灰やスラグを取り除く》灰取り作業員; ごみ取り[清掃]人.
Ash·mó·le·an Muséum /æʃmóuliən-/ [the] アシュモリアン博物館《Oxford 大学付属の美術・考古学博物館; 1683 年公開; この種の公開された博物館としては英国で最も古い歴史をもつ; 古物収集家 Elias Ashmole (1617–92) がコレクションを寄付したのに始まる》.
ashóre /ə-/ *adv* 浜に[へ], 岸に[へ], 海岸に[へ]; 陸上に[へ] (opp. *aboard*): ~ and adrift 陸上や海上に / be driven ~＝run ~ 坐礁する / go [come] ~ 《船から》上陸する; 〈泳者が〉浜に上がる / All ~ that's going ~! まもなく出航です, ご訪問の皆さまは退船願います. ► *pred a* 陸上にいる[ある], 陸(おか)に上がって: life ~ 陸上生活 (opp. *life afloat*). [*a-*[1]]
ásh·pàn *n* 《炉の》灰受け皿.
ásh·pìt *n* 《炉の下部の》灰落とし穴, 灰だめ(場).
ásh·plànt *n* トネリコの若木(のステッキ).
Ash·qe·lon, -ke- /ǽʃkəlɑ̀n/, **As·ca-** /ǽskə-/ アシュケロン, アスカロン《パレスティナ南西部, Gaza の北東の地中海に臨む古代の市・港町; cf. *1 Sam* 6: 17, *Jer* 25: 20》.
ash·ram /á:ʃrəm, ǽʃ-/ *n* 〖ヒンドゥー教〗アーシュラマ (＝**ashra·ma** /-mə/)《(1) 行者の隠棲所や修行者の住居, 僧院; また そこに住む修行者たち 2) 理想的生涯の段階をなす住期; 学生期・家住期・林住期・遊行期の四つがある》; 隠者の住居; *ヒッピーの住み家[たまり場]. [Skt]
Ash Sha·ri·qah /à:ʃ ʃá:rikə/ アッシャーリーカ《SHARJA(H) の別称》.
ash·tanga /æʃtá:ŋə/, **as-** /æs-/ *n* アシュタンガ・ヨガ《(1) 8 つの階梯に基づくヨガ 2) これを取り入れたフィットネス》. [Hindi or Skt]
Ash·ton /ǽʃtən/ アシュトン (1) Sir **Frederick** (**William Mallandaine**) ~ (1904–88)《英国のバレエダンサー・Royal Ballet 団の首席振付家・ディレクター》 (2) **Winifred** ~《Clemence DANE の本名》.
Ash·to·reth /ǽʃtərèθ/ 《旧約聖書で》アシュトレト《Astarte に相当する豊穣・多産の女神》.
ásh·trày *n* 《タバコの》灰皿.
Ashur, As·shur /á:ʃùər, ǽʃ-/, **Asur, As·sur** /ǽsər/ アッシュール, アシュル《(1) ASSYRIA 民族の最高神 2) アッシリアの古代名 3) アッシリアの主要な都市の一つ》.
Ashur·ba·ni·pal, A(s·)sur- /à:ʃərbá:nəpà:l, à:sər-; æ̀ʃuəbá:nɪpæ̀l/ アッシュールバニパル《アッシリア帝国最後の王; 在位 668–c. 627 B.C.; Nineveh に王宮・神殿・大図書館を造営した; cf. SARDANAPALUS》.
Ásh Wédnesday 灰の水曜日, 大斎始日(たいさいしじつ)《Lent の初日; カトリックで懺悔の象徴として頭に灰を振りかけたことから》.
áshy *a* 灰の(ような); 灰まみれの; 灰色の; 蒼白な. [*ash*[1]]
ʻĀṣī /ǽsi/ **Nahr Al-~** アーシ川《ORONTES 川のアラビア語名》.
ASI °airspeed indicator.
Asia /éɪʒə, -ʃə/ アジア. [L＜Gk]
Ásia·dòllar *n* アジアダラー《アジアの銀行にある米ドル資金》.
Asi·a·go /à:ʒiá:gou, -si-, -ʃi-/ *n* アジアーゴ《イタリア Po 川下流北部で造る硬質チーズ; おろして使用する》. [*Asiago* イタリア Vicenza 県の保養地で原産地]
Ásia Mínor 小アジア《黒海と地中海の間の地域》.
Asian /éɪʒən, -ʃən/ *a* アジア(人)の; アジア(人)風の. ► *n* アジア人; アジア系の人. ★ 英国では主としてインド・パキスタン系の人びとを指し, 米国では中国・朝鮮・日本など極東アジアの人びとをいう場合が多い.
Ásian-Américan *n, a* アジア系アメリカ人(の).
Ásian élephant 〖動〗アジアゾウ, インドゾウ (Indian elephant).
Ásian influénza [flú] 〖医〗アジアかぜ《インフルエンザの一種》.
Ásian péar ニホンナシ, チュウゴクナシ.
Ásian tíger mosquìto 〖昆〗ヒトスジシマカ《日本北部から東南アジアにかけて分布するヤブカ属の一種; 黒と白の縞が特徴的で, 脳炎やデング熱をひき起こすウイルスを媒介する; 古タイヤの輸出により中米・米国南部にも分布するようになった》.
Ásia-Pacífic *n, a* アジア太平洋地域(の), アジアと環太平洋諸国を含む.
Asi·at·ic /èɪziǽtɪk, -ʒi-, -ʃi-/ *a* [[s]*derog*] ASIAN; *《俗》狂った, 荒っぽい, 乱暴な. ► *n* [[s]*derog*] ASIAN.
Asiátic béetle 〖昆〗**a** ORIENTAL BEETLE. **b** ORIENTAL COCKROACH.
Asiátic chólera 〖医〗アジアコレラ, 真性コレラ.
Asiátic élephant 〖動〗ASIAN ELEPHANT.
ASIC 〖電子工〗application specific integrated circuit 特定用途向け IC.
aside /əsáɪd/ *adv* わきに, かたわらに; 人のいない所へ; 取りのけて, 留保して; 考慮からはずして; 〖劇〗傍白(ぼうはく)で: go ~ わきに寄る / Stand ~! 寄るな, かまわんでくれ / put the money ~ for the future その金を将来のために取っておく / That ~, Japan is a tremendous place. それはさておき, 日本は実にすばらしい所です. ● **~ from…** *…は別として, …はさておき, …を除いて; …のほかに: *A~ from* a few exceptions, his works are excellent. わずかな例外は別として彼の作品はすばらしい / *A~ from* being a doctor, he is a distinguished novelist. 医者であるばかりかすぐれた小説家でもある. **~ of** 《方》…のそば[わき]に. SET **~**. TAKE **~**. ► *prep* 《廃》…を超えて. ► *n* ひそひそ話, ささやき; 〖劇〗傍白; 《文書上の》余談, 挿話. [*a-*[1] on]
A-side /éɪ—/ *n* 《レコードの》A 面(の曲).
asien·to, as·sien·to /æsiéntou, à:-/ *n* 〖スペイン史〗奴隷貿易独占権, アシエント《黒人奴隷をアフリカからスペイン領アメリカに輸送し売却する独占権; スペイン王が外国商人に認許し, 代償として権利金を納めさせた》. [Sp＝(裁き決定の場所としての) seat]
As·i·mov /ǽzəmɔ̀:f, ǽsɪmɔ̀v, ǽzɪ-/ アシモフ **Isaac** ~ (1920–92)《ロシア生まれの米国の作家; SF 作品のほか, 科学の啓蒙解説書が多数ある》.
Asin /á:sɪn, ǽs-/ *n* 〖ヒンドゥー暦〗七月, アシン《グレゴリオ暦の 9–10 月; ⇨ HINDU CALENDAR》. [Skt]
as·i·nine /ǽs(ə)nàɪn/ *a* ロバの(ような); 愚かな, 頑迷な. ♦ **~·ly** *adv* **as·i·nin·i·ty** /æ̀sənínəti/ *n* [L (*asinus* ass)]
Asir /æsíər/ アシール《サウジアラビア南西部の地方; 紅海沿いに海岸平野, 2000 m 級の山々が連なる山地, 内陸の高原からなる》.
-asis ⇨ -IASIS.
A-size /éɪ—/ *a* A 判の《紙の寸法の規格; ANSI 規格では 8½× 11 インチ大 (letter-size); cf. B-SIZE》.
ask /ǽsk; á:sk/ *vt* **1** 〈人〉に尋ねる; 〈物事〉について尋ねる; 〈質問を〉発する, 口にする: ~ sb *about*…について問い合わせる / *A~* him *whether* [*if*] he knows. 知ってるかどうか尋ねてごらん / ~ the way 道を尋ねる / I ~ him a question.＝I ~ a question *of* him. 彼に質問をする / may [might] I ~ 《疑問文への前置きまたは挿入句として》お尋ねしたいのですが《しばしば 皮肉・不信などの響きを伴う》. **2 a** 〈人〉に頼む, 〈物事を〉頼む, 求める, 要求する: ~ the doctor *to* come 医者の来診を請う / I ~ nothing *of* you. きみになにも頼まない / He ~*ed to* go. 《口》行かせてくださいと頼んだ / I couldn't ~ you *to* do that. そんな御好意に甘えるわけにはいきません《相手の申し出に対することば》 / It is too much to ~ *of* me. それをわたしに求めるのは無理です / I ~*ed* that the committee (should) consider the issue. 委員会にその問題を検討するよう求めた. **b** 招待する, 呼ぶ: be ~*ed out* (よそへ)招待される, (デートに)誘われる 〈*to* [*for*] dinner〉 / ~ sb *over* [ǁ*round*] 人を自宅に(ちょっと)招く. **3 a** 〈ある金額を〉代価として請求[要求]する: How much did he ~? いくらだと言ったか / He ~*s* $ 50 for it. それに 50 ドル請求している. **b** 〈事物が〉必要とする: This policy ~*s* much of the participating countries. この方針は参加国に多くのことを求める. **4** 《米口・英古》〈結婚予告を〉発表する, 〈人〉の結婚予告を発表する: be ~*ed* in church＝have one's BANNS ~*ed*. ► *vi* **1** 尋ねる, 問う 〈*about, after, for*〉: ~ again [back] 問い返す. **2** 頼む, 求める, 請う 〈*for*〉: *A~*, and it shall be given you. 〖聖〗求めよ, さらば与えられん《*Matt* 7: 7》. ● **~ after** sb [sb's health] 《第三者に》人[人の健康状態]について尋ねる. **~ around** [**about**] 尋ねてまわる. **~ back** 《パーティーなどに》〈人を〉もう一度招待する; 〈相手を〉お返しに招く. **~ for…** 〈もの〉を請う, 請求する; 〈人〉を尋ねる, …に面会を求める; …への道を尋ねる; 《スコ》〈人〉の安否を尋ねる (ask after); …を要する; [しばしば 進行形で] 〈不幸・災いなど〉をまねく: (I) couldn't ~ for more. 申し分ない, これ以上は望むべくもない. **~ for it** [しばしば 進行形で] 《口》(1) みずから不幸な報いをまねくようなことをする, みずから災いをまねく: You're ~*ing for it.* まずいことになるよ, あぶないめにあうよ《など》/ You ~*ed for it.* 自業自得だろ, おれは知らんよ.

(2)〈女性が〉男を刺激するようなふるまいをする. **～ for the** MOON. **～ sb in** 人を呼び入れる. **～ me another** «口» わたしにはわからないね, そんなこと知らないよ. **～ out** ⇨ *vt* 2 b; *辞する, 退出する. **Don't ～.** «口» 全くひどいものですよ, 話したくないほどだ, 聞かないでよ. **Don't ～ me.** «口» 知らないよ, わかりませんね. **I ～ you** «口» 《うんざりして》何だねこれは, あきれたね, まさか, どうだろう. **if you ～ me** «口» わたしの考えでは, わたしに言わせれば. **That's ～ing.** «口» 随分な質問だね. **Who ～ed you?** «口» だれも君になんか聞いていないよ, 余計なお世話だ. **You may [might] well ～.** «口» 君が聞くのも無理はないね. ► *n* [°〈*a*〉] 言い値, 呈示価格, 建値(たてね): ～ prices for bonds. ● **a big [an impossible] ～** «豪口» 無理な注文. ◆ **ásk·er** *n* 尋ねる人; 求める人. [OE *āscian*, *ācsian*(*āxian*); OE の語形は音位転換による; 今の語形は北部方言から; cf. G *heischen* to demand]

Ask 〘北欧神話〙 アスク 《神々がトネリコ (ash) の木から造った最初の人間》.

askance /əskǽns, ˈəskáːns/, **askant** /-t/ *adv* 横目で; 猜疑[不信, 非難]の目で: look ～ *at*...を横目で[怪しんで](じろりと)見る. ► *a* 斜めの, 傾いた. [C16<?]

as·ka·ri /ǽskəri, əskáːri/ *n* (*pl* ～**s**, ～) «東アフリカ» 《欧州諸国の植民地政府のために働く》現地人の軍人[警官, 警備員など]. [Arab =soldier]

as·ke·sis /əskíːsəs/ *n* (*pl* **-ses** /-sìːz/) ASCESIS.

askéw /ə-/ *adv* 一方に傾いて, 斜めに; ゆがんで; さげすみ[軽蔑]の目で: look ～ *at*...を軽蔑の目で見る. ► *pred a* 斜めで, 傾いて. ◆ **～·ness** *n* [*a*-1]

ásk·ing *n* 求めること, 請求. ● **for the ～** 求めさえすれば, お望みとあれば (for nothing): It's yours [there] *for the* ～. 欲しいと言いさえすればもらえる.

ásking prìce «口» 言い値, 提示価段[価格].

Ask·ja /áːskjə/ アスクヤ 《アイスランド中東部の火山 (1510 m); 同国最大の噴火口》.

ASL °American Sign Language.

a/s/l? 〘インターネット〙 age, sex and location? 《チャットで, 相手の年齢・性・住所を知りたいときに使う》.

aslant *adv*, *pred a* /əslǽnt; əsláːnt/ 傾いて; 斜めに. ► *prep* /ー⌐, ー⌐/ ...を斜めに横切って, ...の筋向かいに. [*a*-1]

asleep /əslíːp/ *adv*, *pred a* 眠って (opp. *awake*); [*euph*] 永眠して; 死んだようになって, 不活発[無気力, 無関心]になって; 〈手足が〉しびれて, きかなくなって; 〈こまが〉よく回って, 澄んで; 〈帆が〉静止して: be [lie] fast [sound, deeply] ～ ぐっすり寝入っている / half ～ うとうとして / fall ～ 寝入る, 眠り込む; [*euph*] 死ぬ / My feet are ～. 足がしびれている. ● **lay ～** 眠らせる; 油断させる. [*a*-1 in]

ASLEF, As·lef /ǽzlɛ̀f/ 〘英〙 Associated Society of Locomotive Engineers and Firemen.

AS [A/S] level /éiés ―⌐/ 〘英教育〙 上級補完級 《GCSE のあと上級 (A level) ほど高度でなく, より広い範囲の教科の学習を希望する生徒を対象とする試験の級》; AS level の特定教科の試験. [*Ad*vanced *S*ubsidiary [*S*upplementary]]

aslope /əslóʊp/ *adv*, *pred a* 傾斜して, 斜めに, 斜めに寄り掛かって. [ME (? *a*-1)]

ASM air-to-surface missile 空対地[艦]ミサイル ◆ assistant stage manager 舞台監督助手 ◆ 〘電算〙 アセンブリー言語で書かれたソースコードのファイルを示す拡張子.

As·ma·ra /æzmáːrə, -mǽrə/ アスマラ 《エリトリアの首都》.

As·mo·de·us /æ̀zmədíːəs, æ̀s-, ˈæsmóʊdjəs/ アシュマダイ 《ユダヤの悪神》.

ASNE American Society of News [(旧称) Newspaper] Editors アメリカ新聞編集者協会 《1922 年創立; 本部 Virginia 州 Reston》.

As·nières /ænjɛ́ər, ɑːn-/ アニエール 《フランス北部 Paris の北西郊外の町》.

asó·cial /eɪ-/ *a* 非社交的な; 反社会的な; «口» 人の利害[幸福, 希望, 習慣]を考えない, 非社会的な, 利己的な. [*a*-2]

Aśo·ka /əsóʊkə, -ʃóʊ-/ アショーカ, 阿育 《インドのマガダ国王 (c. 265–238 or c. 273–232 B.C.); 仏教の保護・伝道に努めた》.

Aso·lo /áːzəlòʊ/ アーゾロ 《イタリア北東部 Veneto 州の町》.

aso·ma·tous /eɪsóʊmətəs, ə-/ *a* 無形の, 非物質的な.

Aso·pus /əsóʊpəs/ 〘ギ神〙 アソーポス 《河神》.

asp[1] /ǽsp/ *n* **1** 〘動〙 **a** エジプトコブラ. **b** アスプクサリヘビ (=⌐ **viper**) 《南ヨーロッパ産》. **2** 〘魚〙 アスプ 《ヨーロッパ産のコイ科の大型淡水魚》. [OF or L<Gk *aspis*]

asp[2] *n* «古・詩» ASPEN. [ME]

ASP °American Selling Price ◆ /ǽsp/ Anglo-Saxon Protestant (=WASP) ◆ 〘電算〙 application service provider 《サーバーによりさまざまなアプリケーションソフトを提供する業者》.

as·pa·rag·i·nase /æspərǽʤənèɪs, -z/ *n* 〘生化〙 アスパラギナーゼ 《アスパラギンを分解する酵素》.

as·par·a·gine /əspǽrəʤìːn, -ʤən/ *n* 〘生化〙 アスパラギン 《植物に多い α アミノ酸の一種》.

as·par·a·gus /əspǽrəgəs/ *n* 〘植〙 アスパラガス属 (*A-*) の各種草本 《ユリ科》, 《特に 食用の》アスパラガス. [L<Gk]

aspáragus bèan 〘植〙 ジュウロクササゲ, ナガササゲ (=*yard-long bean*) 《アフリカ原産マメ科ササゲ属のつる性一年草; さやは非常に長く豆が 16 もはいっている》.

aspáragus fèrn 〘植〙 シノブボウキ 《南アフリカ原産アスパラガス属の半低木; 鉢物や花束用の添え葉に使用する》.

aspár·kle /ə-/ *adv*, *pred a* きらめいて (sparkling).

as·par·tame /ǽspərtèɪm, əspáːr-/ *n* アスパルテーム 《低カロリーの人工甘味料》.

as·par·tate /əspáːrtèɪt/ *n* 〘化〙 アスパラギン酸塩[エステル].

as·pár·tic ácid /əspáːrtɪk-/ 〘生化〙 アスパラギン酸 《α アミノ酸の一種》.

as·pár·to·kìnase /əspáːrtoʊ-/ *n* 〘生化〙 アスパルトキナーゼ 《ATP によるアスパラギン酸のリン酸化を触媒する酵素》.

As·pa·sia /æspéɪʒ(i)ə/ アスパシア (470?–410 B.C.) 《Pericles の内縁の妻で, 才色兼備の遊女》.

ASPCA American Society for the Prevention of Cruelty to Animals 米国動物愛護協会 《1866 年設立》.

as·pect /ǽspɛ̀kt/ *n* **1** 外観, 様相; 景観; 《ある観点からみた》面, 側面, 相; 《人の》顔つき, 容貌; 《心に映る》姿, 相; 〘生態〙 《植生の》季観. **2** 形勢, 状況, 局面; 見方, 解釈; 〘文法〙 相 《ロシア語などの動詞の意味の継続・完了・起動・終止・反復などの別; また それを示す形式》: consider a question in all its ～*s* 問題をあらゆる面から考察する. **3** 《家などの》向き, 方位; 《特定の方向に向いた》側, 面; 〘天〙 星位; 〘占星〙 星[天体]の相, 星位, 《運星 (planet) 相互間などの》アスペクト 《sextile (六分), quartile (矩), trine (三分), opposition (衝), conjunction (合) の 5 種があり, 人の運命を決定するものとされた》; 〘空〙 アスペクト 《進路面に対する翼の投影》; «古» 正視, 注目: His home has a southern ～. 彼の家は南向きだ. ► *vi* 〘占星〙 アスペクトをなす. ◆ **as·pec·tu·al** /æspɛ́kʧ(u)əl/ *a* [L (*ad-*, *spect- specio* to look)]

áspect ràtio 〘空〙 縦横(じゅうおう)比, アスペクト比 《翼幅の 2 乗を翼面積で割った値》; 〘テレビ・映〙 《画像の》横縦(おうじゅう)比, 画像比, アスペクト比.

as·pen /ǽspən/ *n* 〘植〙 ハコヤナギ属の各種植物, ポプラ (=*quaking aspen*). ► *a* ポプラの, ポプラの葉のような, «詩» よく震える: tremble like an ～ leaf ぶるぶる震える. [ME *asp*<OE *æspe*; 今の形は形容詞から]

Aspen アスペン 《Colorado 州中西部 Rocky 山脈中の市; スキーリゾート》.

as·per /ǽspər/ *n* アスパー 《**1**) 古いエジプト・トルコの銀貨 **2**) 昔のトルコの通貨単位: =1/120 piaster》. [Turk]

as·per·ate /ǽspərət/ *a* «古» 表面が粗い, ざらざらした. [L (pp) =made rough]

as·perge /əspə́ːrʤ/ *vt* ...に聖水を振りかける.

Ás·per·ger's sỳndrome [disòrder] /áːspərgərz-/ アスペルガー症候群[障害] 《集団に適応できない精神発達障害; 言語の遅れは通常ないが, 行動や興味が限定され, 反復的, 紋切り型で, 狭い分野では優秀な結果を示すことがある》. [Hans *Asperger* (1906–80) オーストリアの精神科医]

as·per·ges /əspə́ːrʤiz, æs-/ *n* [[S]A-] 〘カト〙 散水式 《日曜の High Mass の前に祭壇・司祭・会衆に聖水を振りかけて清める式》; 散水式の聖歌. [L=thou wilt sprinkle]

as·per·gil(l) /ǽspərʤìl/ *n* ASPERGILLUM.

as·per·gil·lo·sis /æ̀spərʤɪlóʊsəs/ *n* (*pl* **-ses** /-sìːz/) 〘医〙 アスペルギルス症 《コウジカビによる家禽や人などの伝染病》.

as·per·gil·lum /æ̀spərʤíl(ə)m/ *n* (*pl* **-gil·la** /-ʤílə/, ～**s**) 〘カト〙 《聖水の》散水器 《小さなはけ, または小穴のあいた海綿入りで柄付きの球形容器》. [NL; ⇨ ASPERSE]

as·per·gil·lus /æ̀spərʤíləs/ *n* (*pl* **-gil·li** /-ʤílàɪ/) 〘菌〙 コウジカビ属[アスペルギルス属] (*A-*) の各種の菌.

as·per·i·ty /æspérəti, ə-/ *n* **1** 《気質・語調などの》荒々しさ, とげとげしさ; 《気候・境遇などの》きびしさ: answer with ～. **2** 《物体表面の》ざらつき, 凹凸, 突起; 〘地質〙 アスペリティー 《プレート境界の強く固着している部分》; 《音の》ざらつき, 聞きづらさ. [OF or L (*asper* rough)]

asper·mia /eɪspə́ːrmiə/ *n* 〘医〙 無精液(症), 射精不能(症).

asper·mous /əspə́ːrməs/ *a* 〘植〙 種なしの.

as·per·ous /ǽsp(ə)rəs/ *a* ごつごつした, ざらざらした.

as·perse /əspə́ːrs/ *vt* そしる, 中傷する 〈sb *with*〉; «まれ» 〈人・物〉に液体[粉末]を振りかける, 〘カト〙 〈人〉に聖水を振りかける. ◆ **as·pérs·er** *n* [ME=to besprinkle<L *aspers- aspergo*; ⇨ SPARSE; cf. ASPERGILLUM]

as·per·sion /əspə́ːrʒ(ə)n, -ʃ(ə)n/ *n* 悪口, 中傷; 散水, 〘教会〙 《洗礼の》灌水, 〘カト〙 《聖水の》散水: cast ～*s on* sb 人を中傷する.

as·per·so·ri·um /æ̀spərsɔ́ːriəm/ 〘カト〙 *n* (*pl* **-ria** /-riə/, ～**s**) 聖水盤; ASPERGILLUM.

as·phalt /ǽsfɔːlt; -fælt/ *n* アスファルト 《**1**) 〘化〙 天然の, また 石油蒸留の結果得られる黒色の(半)固体; 成分は炭化水素 **2**) これに砕石を混ぜた道路舗装材》. ► *vt* アスファルトでおおう[舗装する]. ◆ **as·phál·tic** *a* アスファルト(質)の. **～·lìke** *a* [L<Gk]

ásphalt clòud 〘軍〙 アスファルト雲 《敵ミサイルの耐熱シールド破壊

のために迎撃ミサイルが噴射するアスファルト粒子群).

as·phal·tite /æsfɔ́:ltàɪt, ⁱⁱ-fǽl-/ *n* 〘鉱〙 アスファルト鉱《天然アスファルト》.

Asphaltites ⇨ LACUS ASPHALTITES.

ásphalt júngle アスファルトジャングル《人びとが生存競争に明け暮れる危険な大都会》.

as·phal·tum /æsfɔ́:ltəm, ⁱⁱ-fǽl-/ *n* ASPHALT.

asphér·ic, -i·cal /eɪ-/ *a* 〘光〙 非球面の.

asphér·ics *n pl* 非球面レンズ (aspheric lenses).

as·pho·del /ǽsfədèl/ *n* 〘植〙 アスフォデル《ユリ科アスフォデルス属・アスフォデリーネ属の各種》; 《詩》〘ギ神〙 極楽に咲く不死の花; 《詩》 水仙. [L<Gk; cf. DAFFODIL]

as·phyx·ia /æsfíksiə, əs-/ *n* 〘医〙 仮死, 窒息, 《広く》 無酸素(症) (anoxia). ◆ **as·phýx·i·al** *a* [NL<Gk (*a-*², *sphuxis* pulse)]

as·phyx·i·ant /æsfíksiənt, əs-/ *a* 窒息性の. ▶ *n* 窒息剤; 窒息させるような状態.

as·phyx·i·ate /æsfíksièɪt, əs-/ *vt* 窒息させる (suffocate): *asphyxiating* gas 窒息ガス. ▶ *vi* 窒息する. ◆ **as·phỳx·i·á·tion** *n* 窒息 (suffocation); 気絶, 仮死状態.

as·phýx·i·à·tor *n* 窒息剤; 窒息装置; 動物窒息器; 消火器《炭酸ガスなど応用の》.

as·phyxy /æsfíksi, əs-/ *n* ASPHYXIA.

as·pic¹ /ǽspɪk/ *n* 〘料理〙 アスピック《ブイヨンで作った透明なゼリー, またこれで肉や魚介類を固めたゼリー寄せ》. [F=ASP¹; ゼリーの色から]

aspic² *n* 〘植〙 スピカラベンダー《ラベンダー香油の原料》. [F; ⇨ SPIKE²]

aspic³ *n* 《古》 ASP¹. [F *piquer* to sting の影響か]

as·pi·dis·tra /æ̀spədístrə/ *n* 〘植〙 ハラン (=*cast-iron plant, barroom plant*). [NL (Gk *aspid- aspis* shield)]

As·pin·wall /ǽspənwɔ̀:l/ アスピンウォール《COLÓN の旧称》.

aspir·ant /ǽsp(ə)rənt, əspáɪərənt/ *n* 大望をいだく人; 《地位などの》 志望者, 志願者, 熱望する者 ‹*after, for, to*›. ▶ *a* 大望をいだく, 向上的な. [F or L; ⇨ ASPIRE]

as·pi·ra·ta /æ̀spəréɪtə, -rá:-/ *n* (*pl* **-tae** /-tì:, -tàɪ/) 〘音〙《ギリシア語の》 無声帯気閉鎖音. [NL (↓)]

as·pi·rate /ǽsp(ə)rət/ *n* 〘音〙 気(息)音, /h/ 音; 気息音字《h の字》, 気息音符 (ʻ); 帯気音《/pʰ, kʰ, bʰ, dʰ/ などの音》; 〘医〙 吸引したもの. ▶ *a* 帯気音の, h 音の; ASPIRATED. ▶ *vt* /ǽspərèɪt/ 〘音〙 気音に発音する《h 音を響かせる, または h 音を加えて発音する》; ‹ほこりなど›吸い込む; 〘医〙 ‹液体・気体など›吸引する. [L (pp) ‹ASPIRE]

ás·pi·ràt·ed *a* 吸い込まれた[出された]; 〘音〙 帯気音の: normally ~ ‹エンジンが›ターボチャージャー[スーパーチャージャー]を装備していない.

as·pi·ra·tion /æ̀spəréɪʃ(ə)n/ *n* **1** 抱負, 向上心, 大志, 熱望, (野心的)志望 ‹*for* or *after* sth, *to* attain an ideal›; 志望目標. **2** 呼吸, 《肺への異物の》 吸い込み; 〘医〙《体内から気体・液体・組織・異物などを取り出す》 吸引; 〘音〙 帯気; 気(息)音発声; 帯気音(の記号[文字]). ◆ **~·al** *a* 上昇志向の; 願望の, 願いを込めた. **~·al·ly** *adv*

aspir·a·to·ry /əspáɪərətɔ̀:ri; -t(ə)ri/ *a* 呼吸[吸引]の[に適した].

ás·pi·rà·tor *n* 吸引器[装置], 吸気器, 吸入器; 吸出し器.

aspire /əspáɪər/ *vi* 熱望する, 抱負をもつ, 大志をいだく, あこがれる ‹*to* honors, *after* sth, *to* write poetry›; 《詩・古》 立ちのぼる, 高くのぼる, 高くそびえる. ◆ **aspír·er** *n* ASPIRANT. [F or L *ad-(spiro)* =to breathe upon]

as·pi·rin /ǽsp(ə)rən/ *n* (*pl* ~, ~**s**) 〘薬〙 アスピリン (=*acetylsalicylic acid*); アスピリン錠. [G (acetyl+*spir*aeic (=salicylic) acid, *-in*)]

aspír·ing *a* 向上心に燃えている, 抱負[野心]のある; 上昇する (rising), 高くそびえる (towering). ◆ **~·ly** *adv*

asplánch·nic /eɪ-/ *a* 〘動〙 無内臓の.

as·ple·ni·um /æsplí:niəm/ *n* 〘植〙 チャセンシダ属 (*A-*) の各種のシダ.

aspráwl /ə-/ *adv, pred a* (手足を伸ばして)横になって, 寝そべって.

asquínt /ə-/ *adv, pred a* やぶにらみに[で], 斜視の; 横目に, 斜めに (obliquely): look ~.

As·quith /ǽskwɪ̀θ, -kwəθ/ アスキス **H**(**erbert**) **H**(**enry**) ~, 1st Earl of Oxford and ~ (1852-1928)《英国の政治家; 首相 (1908-16); 自由党》.

ASR airport surveillance radar 空港監視レーダー • °air-sea rescue.

ass¹ /ǽs/ *n* 〘動〙 驢(ろ), ロバ, ウサギウマ《ウマ属のうちウマより小型でたてがみが短く耳の長いもの; cf. DONKEY; ASININE *a*》; /, ⁱⁱá:s/ 頑迷な人, 《頑固でのろまな》 ばか: Every ~ likes to hear itself bray. 《諺》 ばかはおしゃべり好きなものだ / an ~ in a lion's skin ライオンの皮をかぶったロバ, 虎の威を借る狐 / make an ~ of sb 人を愚弄する / make an ~ of one*self* 笑いものになる / play the ~ ばかなまねをする. ● **not within an ~'s roar of**... 《アイルロ》 ...を手に入れる[取る]ところまでいってなくて. ▶ *vi* 《俗》 ぶらつく. [OE *assa*<L *asinus*]

ass² /ǽs/, **arse** /á:rs, *ǽs/ 《卑》《★ 英では arse, 米では ass, arse》 *n* しり, けつ; けつの穴; 女性性器, 性交, 《セックスの対象としての》 女 (=a piece [bit] of ~); まぬけ野郎, 抜け作; [one's] 自身 (self); 《豪》 ずうずうしさ, くそ生意気; 《豪》 幸運; 《物の》 後部, 尾部, 底部, 'けつ' (=~ énd). ● **~ over teacups [teakettle, tincups]***=**~ over tip[tit]**ⁱⁱ まっさかさまに. **bag [cut] ~** 急いで去る, 急ぐ, さっと出て行く. **Bite my ~.**=Kiss my ASS. BLOW¹ **it out your ~!** **burn sb's ~** *‹人を›おこらせる, かっとならせる, ひどくいらつかせる. **bust ~ out of**... *大急ぎで...を飛び出す. **bust [break] one's (sweet) ~** 猛然と努力する, うんとがんばる, しゃかりきにやる ‹*to* do›. **cover one's ~ [tail]** *《罰[危害]が身に及ばないよう》 対策を立てておく. **drag ~** ぐずぐずする; (さっさと)出て行く. **drag one's ~**=drag one's TAIL¹. **fall on one's ~*** ぶざまに[派手に]しくじる, 大へまをする (=**fall flat on one's ~**); ‹空港の気象が›運航が不可能なまでに悪化する. **get off one's (dead) ~** なまけるのをやめる, のらくら[ぐずぐず]しない, みこし[けつ]をあげる. **get one's ~ in** GEAR. **get [have] the (red) ~** 腹を立てる, かっとなる, 頭にくる. **haul ~** さっさと出て行く; すぐに行動する[取りかかる], 急ぐ; 車でぶっ飛ばす. **have...coming out (of) one's ~** *...を腐るほどもっている, ...がいくらでもある. **have sb's ~** *やっつける, とっちめる. **have one's ~ in a crack** ひどく困っている. **have one's ~ in a sling** うなだれている, ふくれっつらをしている. **have [get, put] one's ~ in a sling** まずい[やばい]ことになる. **It will be [It's] sb's ~.** *人の破滅となる, ひでえめにあう《ass=end の意より》. **jump through one's ~** いきなりの難題にすぐに対応する. **kick ~** *乱暴をはたらく, やっつける; *活気[力]がある; *速く走る[動く]; kick some ASS. **kick ~ and take names** *怒り狂う, いばりちらす. **kick sb's ~ [butt]** 人をけとばす; 人を打ち負かす, たたく; 人の気力をくじく; びっくり仰天させる. **kick some ~ (around)** 《人に取って代わって》 指図をし始める, 《ボスとして》 しごく, 締め上げる, ビシビシやる. **Kiss my ~!** 勝手にしやがれ, くそくらえ, ざけんな. **kiss sb's ~** 人にへいこらする, おべっかをつかう. LICK **sb's ~.** **a man with a paper ~*** 口先だけのやつ, くだらねえ野郎. **move one's ~** 急ぐ. **My ~.** ばかな, まさか, うそつけ, 違う! **not know [can't tell] one's ~ from one's elbow [a hole in the ground]** なんにもわかっちゃいない, まるで無知[無能]だ. **off sb's ~** 人をいじめる[苦しめる]のをやめて. **on one's ~*** おちぶれて, 困って, 追い出されて, のけ者にされて, くじけて, しょげて; *酔っぱらって, 酔いつぶれて. **on sb's ~** 人をいじめて[苦しめて, 追いかけて]. **out on one's ~** *追い出されて, のけ者にされて, すっかりおちぶれて. **pull...out of one's ~** *ふっと思いつく, ...がひらめく. **Sb's ~ is dragging.** 疲れきっている, のたのたしている; しょぼくれている. **Sb's ~ is getting light.** 《軍》 何度も懲戒[厳罰]をくらっている. **Sb's ~ is grass.** まずいことになる, ひでえめにあう. **sb's ~ is on the line** 危険に身を置いている, 危険な責任を負っている. do **one's ~ off** 猛烈に[最高に]...する: work one's ~ *off* むちゃくちゃに働く. **screw the ~ off** (a girl) (女に)一発ぶち込んでやる. **shift one's ~** 尻を持ち上げて働き出す. **sit on one's ~** *《無気力に》 じっとしたままでいる, 何もしないでいる, 手をこまねいている. **stuff [shove, stick] it [...] up one's [《特に》 your] ~** [ᵁ*impv*] ...なんかくそくらえ[知るか, 勝手にさらせ]《強い拒絶や反感を示す; 単に up your ~ とすることも, また逆に stuff [shove, etc.] it のみとすることもある》. **suck ~** *ご機嫌取りをする, ごまをする, おべんちゃらを言う ‹*with* sb›. **up the ~** たっぷり, 大量に, 十二分に. **up to one's ~ in**... ‹厄介なこと›に深く[どっぷり]掛かり合って, 巻き込まれて, のめり込んで. ▶ *vi, vt* まぬけたことをやらかす, ぶらぶら[ちんたら]する ‹*about, around*›. ● **can't [couldn't] be ~ed** to do ⇨ ARSED 成句. **~ up** めちゃくちゃにする, へまをやる, しくじる. [OE *ærs*; cf. G *Arsch*]

-ass 《卑》 *a* [*adv*] *comb form* /ǽs/「...なけつをした」「ばか(ばかしく)...」「くそ...」: big*ass*. ▶ *n comb form* /ǽs/「...ないやなやつ」: smart-*ass*. [↑]

As·sad /á:sà:d, ─́─/ アサド (**1**) **Bashar al-~** (1965-)《シリアの政治家; 大統領 (2000-); Ḥafiz al-~ の子》 (**2**) **Ḥafiz al-~** (1930-2000)《シリアの軍人・政治家; 大統領 (1971-2000)》.

assafetida, -foet- ⇨ ASAFETIDA.

assagai ⇨ ASSEGAI.

as·sai¹ /ɑ:sáɪ, ɑ:sá:i/ *adv* 〘楽〙 きわめて (very): allegro ~ きわめて速く, アレグロ・アッサイで. [It]

as·sai² /à:sɑ:í:/ *n* 〘植〙 ワカバキャベツヤシ《ブラジル原産》; アサーイ《その果実で作る飲み物》. [Port<Tupi]

as·sail /əséɪl/ *vt* 襲う, 襲撃する; ことば[議論, 懇願]で攻めたてる; ‹難事›に決然として[勢いよく]取りかかる; ...に強い影響[衝撃]を与える: ~ sb *with* jeers 人にあざけりを浴びせる / be ~*ed by* fears 恐怖に駆られる. ◆ **~·able** *a* **~·er** *n* **~·ment** *n* [OF<L (*saltsalio* to leap)]

assáil·ant *n* 攻撃者, 襲撃者, 暴行者; 論鋒[舌鋒]の鋭い人. ▶ *a* 《古》 攻撃の, 攻め寄せる.

as·sa·laam alai·kum /əssəlá:m əláɪkum/ [イスラム教徒が使う挨拶のことば] こんにちは,「あなたに平安がありますように」(cf. SHALOM ALEICHEM). [Arab=peace to you]

as·sam /á:sɑ:m/ *n* 《マレーシア》 アサム《料理用のタマリンドの実》: ~ ikan タマリンドの実で調味した魚料理. [Malay=sour]

As·sam /əsǽm, æ-; ǽsæm/ **1** アッサム《インド北東部の州, ☆Dispur; ヒマラヤ山脈の南東に位置》. **2** アッサム (=~ **téa**)《Assam 州で産出される紅茶》.

As·sam·ese /æ̀səmí:z, -s/ *a* アッサム (Assam) の; アッサム人[語]

の. ► *n* **a** (*pl* ～) アッサム人. **b** アッサム語《インド-ヨーロッパ語族 Indic 語派の一つ》.

as·sart /əsɑ́ːrt/ 〘英史〙 *n* 林地開拓; 《林地からの》開拓地. ► *vt* 〈林地を〉開拓する. [OF＜L]

as·sas·sin /əsǽs(ə)n/ *n* 暗殺者, 刺客; [A-]〘史〙アサッシン《イスラム教イスマーイール派の一派ニザール派の一員; ヨーロッパ人による異称; 十字軍時代に特異な戦術によって暗殺を繰り返した》. [F or L＜Arab＝hashish eater]

as·sas·si·nate /əsǽs(ə)nèɪt/ *vt* 暗殺する; 〈名声など〉毀損する. ♦ **-nà·tor** *n* ASSASSIN. **as·sàs·si·ná·tion** *n*

assássin bùg 〘昆〙サシガメ科の各種の吸血虫.

assássin flỳ 〘昆〙ムシヒキアブ (robber fly).

as·sault /əsɔ́ːlt/ *n* 襲撃, 強撃; ことばによる攻撃, 非難; 〘軍〙《要塞に対する》急襲, 強行上陸; 〘軍〙《白兵戦の》突撃; 《勝利・目標達成への》集中的取組み; 〘法〙暴行, 暴行の着手[脅迫]《被害者の身体に接触・殴打・傷害を加えることなく成立する; cf. BATTERY》; [*euph*] 暴行 (rape): by ～ 強襲して / make an ～ upon…を強襲する. ► *vt, vi* 攻撃する, 攻撃をかける, 〘軍〙襲撃する; 《文》〈騒音・悪臭などが〉不快にする, …にさわる; 殴打(しようと)する; …に暴行[強姦]する. ♦ **～·er** *n* **～·able** *a* [OF＜L; ⇨ ASSAIL]

assáult and báttery 〘法〙暴行(罪)《現実の暴力行為; 不法な身体的接触》.

assáult bòat [cràft] 〘軍〙攻撃舟艇《渡河・上陸用》.

assáult còurseᴵᴵ 突撃訓練場 (obstacle course).

as·sáult·ive *a* 攻撃的な; 五感にさわる, 不快な. ♦ **～·ly** *adv*

assáult rìfle 〘軍〙突撃銃, アサルトライフル《自動または半自動の軍用ライフル銃; 装弾数が多く, 普通は 30 発》; 突撃銃タイプの民間人用銃. [G *Sturmgewehr* の訳; MP 44 に対して Hitler が命名]

assáult wèapon 攻撃用銃; 《特に》ASSAULT RIFLE.

as·say *v* /æséɪ, ⌐⌐; əséɪ/ *vt* 〈鉱石・金属を〉分析する, 試金する, 検定する; 〈試料を〉生化学[免疫学]的に分析する, 定量する; 評価する, 検討する; 試みる, 試す 〈*to do*〉. ► *vi* *《分析の結果》含有量[率]を示す: This ore ～*s* high in gold. この鉱石は金含有率が高い. ► *n* /ǽsèɪ, ⌐⌐; əséɪ/ 評価分析, 《鉱石・金属などの》試金, 《試料・薬物などの》効力[力価]検定, 定量, アッセイ; 分析物, 試金物; 分析, 検討; 分析結果[表]; 《古》試み, 企て, 試し; 《廃》毒味: do one's ～ やれるだけやってみる. ♦ **assáy·er** *n* [OF; ESSAY の異形]

ássay bàr 《政府作製の》標準純金[銀]棒.

ássay òffice 《貴金属などの》純分検定所, 試金所.

ássay tón 〘鉱〙アッセイトン, 試金トン (29.167 g).

áss-báck·ward *a, adv* 《卑》あべこべの[に], でたらめな[に]. ♦ **áss-báck·wards** *adv*

áss·bìte *n** 《卑》激しい非難[叱責], どやしつけ.

áss cràwler 《卑》ASS-KISSER.

-assed /æst/ *a comb form, adv comb form* 《卑》-ASS.

as·se·gai, as·sa- /ǽsɪgàɪ/ *n* 《南部アフリカの先住民が用いる》細身の投げ槍; 〘植〙アセガイ《投げ槍を作るミズキ科の木》. ► *vt* 投げ槍で刺す. [F or Port＜Arab (*al* the, *zaġāyah* spear)]

as·sem·blage /əsémblɪʤ/ *n* **1** 集合(状態), 群がり; 人の集まり, 会衆, 集団; ものの集まり; 〘生態〙《偶然の》群がり; 〘考古〙《人工遺物の》一括遺物. **2** 《部品を》組み合わせること, 組立て; /, æsɑːmblɑ́ːʒ/ アサンブラージュ《屑や廃品を使用して作った芸術作品, その芸術》.

as·sém·blag·ist /, æsɑːmblɑ́ːʒɪst/ *n* アサンブラージスト《ASSEMBLAGE の芸術家》.

as·sem·ble /əsémb(ə)l/ *vt* 集める, 集合[結集]させる, 召集する; 《集めて》整理する; 〈機械などの〉部品を組み立てる; 〘電算〙アセンブルする (⇨ ASSEMBLY). ► *vi* 集合[結集]する. [OF (L *ad-* to, *simul* together)]

as·sem·blé /*F* asɑ̃ble/ *n* 〘バレエ〙アサンブレ《片足で踏み切って跳んだあと両足同時に 5 番で下りるパ (pas)》.

as·sém·bler *n* 集める人; 組立て工; 農産物仲買業者; 〘電算〙アセンブラー《(1) 記号言語で書かれたプログラムを機械語プログラムに変換するプログラム 2) ASSEMBLY LANGUAGE》.

assémbler lànguage ASSEMBLY LANGUAGE.

as·sem·bly /əsémbli/ *n* **1 a** 《討論・礼拝・演芸などのための》会合, 集会; ものの集まり, 人の集まり; [A-] 議会, 《米国の一部の州議会の》下院: the prefectural [city, municipal] ～ 県[市]議会 / a legislative ～ 立法議会; 《英国植民地議会の》下院 / a student ～ 学生集会. **b** 集合(状態), 群がり; 〘軍〙集合[整列]の合図[らっぱ, 太鼓]. **2** 《部品の》組立て(作業); 組立て品, 組立体; 集成材; 組立て部品《一式》: an ～ plant 組立工場. **3** 〘電算〙アセンブリー《記号言語で書かれたプログラムのアセンブラーによる機械語プログラムへの変換》. [OF; ⇨ ASSEMBLE]

assémbly dìstrict 〘米〙州議会下院議員選出区.

assémbly hàll 《大型機械・航空機などの》組立工場.

assémbly lànguage 〘電算〙アセンブリー言語《アセンブラーで処理される原始プログラムを記述する記号言語》.

assémbly-lìne *a* 流れ作業による[的な]; 画一的な, 単調な.

assémbly lìne 流れ作業列, 組立てライン; 流れ作業的工程.

assémbly·man /-mən/ *n* [ˢA-] 議員, 《米国の一部の州の》下院議員; 《機械の》組立て工.

Assémbly of Gód [the] 〘キ教〙神の集会《1914 年米国で創設されたペンテコステ派の教団》.

Assémbly of Nótables [the] 〘フランス史〙名士会《旧制度のもとで国王が招集した貴族・法官・聖職者の代表からなる諮問機関》.

assémbly·pèrson *n* [ˢA-] 議員, 《米国の一部の州の》下院議員.

assémbly ròom 集会室, 会議室; 《学校の》講堂; [ᵘ*pl*] 《舞踏会などに用いる》集会場; 組立工場 (＝**assémbly shòp**).

assémbly·wòman *n* [ˢA-] 女性議員, 《米国の一部の州の》女性下院議員.

As·sen /ɑ́ːs(ə)n/ アッセン《オランダ北東部 Drenthe 州の州都》.

ass end ⇨ ASS².

as·sent /əsént, æ-/ *vi* 《熟慮のうえで》同意[賛成, 承認]する 〈*to* a proposal〉; 認める, 容認する. ► *n* 同意, 賛同: by common ～ 一同異議なく / with one ～ 満場一致で / give one's ～ 同意[承諾]を与える 〈*to* a plan〉 / ROYAL ASSENT. ● **～ and consent** 〘英〙議会の承認. ♦ **～·er** *n* ⇨ ASSENTOR. [OF＜L (*ad-* to, *sentio* to think)]

as·sen·ta·tion /æ̀sɛntéɪʃ(ə)n, æ̀s(ə)n-/ *n* 同意, 《特に》迎合, 付和雷同.

as·sen·ti·ent /əsénʃ(i)ənt/ *a* 同意の, 賛成者の. ► *n* 同意者, 賛成者.

as·sén·tor *n* 賛同者, 賛成者 (assenter); ᴵᴵ《議員選挙における》賛同者《提案者・後援者とは別に候補者の指名に必要な人》.

as·sert /əsɑ́ːrt/ *vt* 主張する, 断言する; 《態度などで》主張する, 明示する; 〈神など〉の存在を肯定する; 自明のこととして仮定する (posit, postulate); 〘電子工〙〈制御信号を〉アサートする《アクティブにする》: I ～ *that* he is [～ him *to* be] innocent. 彼は無罪だとわたしは主張する. ● **～ oneself** 自己を主張する; でしゃばる; 〈天分などが〉あらわれる: Justice will ～ *itself*. 正義は(自然に)明らかになるものだ. ♦ **～·er, as·sér·tor** *n* **～·ible** *a* [L (*ad-*, *sert-* sero to join)]

assért·ed·ly *adv* **1** 申し立て[伝えられるところ]によると (allegedly). **2** [誤用] 独断的に; [誤用] 断定調で (assertively).

as·ser·tion /əsɑ́ːrʃ(ə)n/ *n* 主張, 断言, 断定. ♦ **～·al** *a*

as·ser·tive /əsɑ́ːrtɪv/ *a* はっきりとものを言う, はきはきした; 断定的な; 強い[はっきりした]香り[色彩]がある: an ～ sentence 〘文法〙断定文 (declarative sentence). ♦ **～·ly** *adv* **～·ness** *n*

assértiveness [assértion] tràining 主張訓練, アサーティブネス・トレーニング《消極的な人に自信をもたせるようにする訓練》.

as·ser·to·ric /æ̀sərtɔ́(ː)rɪk, -tɑ́r-/ *a* 断言[断定, 主張] (assertion) の, 〘論〙実然的な.

as·ser·to·ry /əsɑ́ːrtəri/ *a* ASSERTIVE. ♦ **-ri·ly** *adv*

asses *n* AS², ASS¹˒² の複数形.

ásses' brídge ロバのつまずく橋 (＝*pons asinorum, bridge of asses*)《ユークリッド幾何学の「二等辺三角形の両底角は相等しい」という定理; できない学生 (ass) がつまずく問題の意; 証明するのに引く補助線と三角形の底辺が橋の形になる》.

as·sess /əsés/ *vt* **1** 〈税など〉の額[率]を査定する; 〈財産・収入などを〉課税の目的で評価する; 評価する, 鑑定する: His property was ～*ed at* $5,000,000. 彼の財産は 500 万ドルと査定された. **2** 〈ある金額を〉税金[罰金など]として取り立てる; 〈税金・罰金などを〉課[科]する; 〈人・財産〉に税金[罰金, 醵出(きょしゅつ)金など]を課する[科する, 割り当てる]; 〘スポ〙〈選手・チーム〉にファウル[ペナルティー]を課す: ～ a tax [a fine] *on* sb 人に課税する[罰金を科する] / ～ sb *at* [*in*] $10,000 人に 1 万ドルを課する. ♦ **～·able** *a* [F＜L *assess-* *assideo* to sit by]

asséss·ment *n* 《税額・罰金・損害額などの》査定; 《課税のための財産・収入の》評価, 査定, 鑑定, アセスメント; 《社員の能力などの》評価; 税額, 査定額, 賦課金, 課徴金, 《共通費用の》割当金, 分担金.

asséssment arràngements *pl* 〘英教育〙《ナショナルカリキュラムに基づく》成績評価計画 (cf. NATIONAL CURRICULUM).

asséssment cènterᴵᴵ 《罪を犯した青少年の》考査収容施設.

as·ses·sor /əsésər/ *n* 査定者, 評価担当者, 《課税・保険のための財産評価をする》査定官; 補佐役, 〘法〙裁判所補佐人. ♦ **～·shìp** *n* **as·ses·so·ri·al** /æ̀səsɔ́ːriəl/ *a* [OF＜L＝assistant judge; ⇨ ASSESS]

as·set /ǽsèt/ *n* **1** [*pl*] 〘法〙《負債の償却または遺贈に当てる故人の》遺産; [*pl*] 〘法〙《負債の償却に当てるべき個人・法人の》全資産, 財産; [*pl*] 〘会計〙《貸借対照表の》資産; 交換価値のある所有物: ～*s* and liabilities 資産と負債. **2** 有益な[価値ある]もの[人], 利点, 強み, '資産': Knowledge of English is a great ～ *to* him. 英語の知識は彼の大きな強みだ. [OF *asez* (L *ad satis* to enough); *-ts* (＜AF *asetz*) を複数語尾と誤ったもの]

ásset-bàcked *a* 〘証券〙資産担保[アセットバック]の〈証券〉《資産をプールして担保化したものや信託財産としたものを裏付けとして発行されたもの》.

ásset-strìpping *n* 〘商〙資産剝奪《資産の多い業績不良会社を買収し, その資産を処分して利益を得ること》. ♦ **ásset-strìpper** *n* 資産剝奪者.

as·sev·er·ate /əsévərèɪt/ *vt* きっぱりと[厳然と]言明する, 断言する: ～ one's innocence＝～ that one is innocent. ♦ **as·sèv·er·á·tion** *n* **-à·tive** *a* [L; ⇨ SEVERE]

as·sez /æseɪ/ *adv* 〘楽〙かなり, 十分に. ［F］
áss·fùck «卑» *n*, *vt* (…と)肛門性交[アナルセックス](する).
áss·hèad *n* ばか者, 愚か者. ♦ **～·ed** *a* **～·ed·ness** *n*
áss·hòle «卑» *n* けつの穴 (anus); 最悪の場所 (: the ～ of the universe [world, earth]); むかつくやつ, ばか野郎; ASSHOLE BUDDY. ● **～ deep in**… にどっぷり掛かり合って, 巻き込まれて. BLOW[1] **it out your ～!** **break out into ～s** おびえる, ぎょっとする, 縮みあがる. **cut sb a new ～** 懲らしめる, しかりつける. **from ～ to breakfast time** ‖ずっと, いつも, しょっちゅう; ‖めちゃくちゃな[で], がたがたの[で]. **tangle ～s** 争う, けんかをする.
ásshole bùddy *«卑» 親友, ダチ(公).
Asshur ⇨ ASHUR.
as·sib·i·late /əsíbəlèɪt/ *vt* 〘音〙歯擦音に発音する, 歯擦音化する. ▶ *vi* 歯擦音に変わる. ♦ **as·sìb·i·lá·tion** *n* 歯擦音化.
as·si·du·i·ty /æsəd(j)úːəti/ *n* 勉励, 勤勉, 精励; [°*pl*] 気配り, 心遣い, 心尽くし ‹*to*›: with ～ 精を出して. ［L; ⇨ ASSESS］
as·sid·u·ous /əsíʤuəs; -dju-/ *a* 根気強い, 粘り強い, 精励の, 勤勉な, たゆまぬ ‹*in*›. ♦ **～·ly** *adv* **～·ness** *n* ［L (↑)］
assiento ⇨ ASIENTO.
as·sign /əsáɪn/ *vt* **1 a** 〈課題などを〉与える, 割り当てる, 割り振る; 〘法〙〈権利などを〉与える, 譲渡する ‹*to*›: ～ a task *to* sb / ～ sb a task / ～ a room *to* sb 人に部屋をあてがう. **b** 〈人を〉〈任務などに〉就ける, 任命する; 所属させる, 派遣する ‹*to*›, 〘軍〙〈部隊・兵員を〉《比較的長期に他部隊などへ》配属する: He was ～*ed* to represent the defendant. 彼は被告人を代理[弁護]するよう選任された. **c** 〈日時・場所などを〉指定する, 定める ‹*for*, *to*›; 〈数値・値を〉入れる, 代入する ‹*to* the variable›. **2 a** 〈原因・動機・責任を〉…に帰する ‹*to*›; 《理由・説明などとして》持ち出す, 挙げる; 〘法〙指摘する, 申し立てる: ～ a motive for the murder / ～ the blame for the accident *to* sth / Poverty was ～*ed* the motive for the crime. 貧困が犯罪の動機だとされた. **b** 《起源などを》…に帰属させる ‹*to*›: ～ a temple *to* the 8th century 寺院の建築年代を 8 世紀だとする. ▶ *n* [ᵘ*pl*] 〘法〙譲り受け人 (assignee). ♦ **～·er** *n* 割り当てる人, 指定する人 (cf. ASSIGNOR). ［OF＜L *assigno* to mark out to; ⇨ SIGN］
assígn·able *a* 割り当てうる; 指定できる; 原因[起源など]として妥当と考えうる; 譲渡できる. ♦ **-ably** *adv* **assìgn·abílity** *n* 《手形などの》被譲渡性, 流通性.
as·sig·nat /ǽsɪgnæ̀t; *F* asiɲa/ *n* 〘史〙アシニア紙幣《フランス革命時代に没収土地を抵当として革命政府が発行した不換紙幣》.
as·sig·na·tion /æ̀sɪgnéɪʃ(ə)n/ *n* 会合の約束, 《特に》あいびきの約束, 密会; 指定(されたもの); 割当て; 原因[起源, 出所など]だとして結びつけること ‹*to*›; 〘法〙譲渡.
assígned cóunsel * 国選[州選]弁護人《刑事訴訟で, 裁判所が被告人のため公費で選任する民間 (private) 弁護士; cf. PUBLIC DEFENDER》.
assígned rísk *〘保〙割当て不良物件, アサインドリスク《通常なら業者が引受けを拒絶すべき物件であるが州法によって共同引受組織から業者が引受けを割り当てられる物件》.
as·sign·ee /əsəníː, æsàɪ-, əsàɪ-/ *n* 任命[指名]された人; 〘法〙指定代理人; 〘法〙《他人の財産・利権の》譲り受け人; 《破産の》管財人; 〘豪史〙無給召使として割り当てられた囚人《1841 年廃止》.
assígn·ment *n* 割当て, 割振り, 割当て仕事(の量), *《学生の》宿題[研究課題](の量); *任命[配属・派遣](された職[地位, 部署]), 指定(されたもの); 《理由などの》挙示, 《誤りなどの》指摘; 〘法〙譲渡; 〘法〙譲渡証書; 〘豪史〙囚人の(無給召使としての)割当て制度. ● **on ～** 派遣されて, 配属になって.
as·sign·or /æsənɔ́ːr, æsàɪ-, əsàɪ-/ *n* ASSIGN する人; 〘法〙《財産・権利の》譲渡人.
as·sim·i·la·ble /əsímələb(ə)l/ *a* 同化できる. ♦ **as·sìm·i·la·bíl·i·ty** *n* 同化できること, 同化性.
as·sim·i·late /əsímәlèɪt/ *vt* 同化する; 〈食物を〉吸収する; 〈知識・経験などを〉わがものとする; 〈移民などを〉《文化的に》同化する; 類似させる, 似せる ‹*to*, *into*, *with*›; 〘生理・音〙同化する (opp. *dissimilate*); 比べる, なぞらえる ‹*to*, *with*›. ▶ *vi* 同化される; 同化する ‹*into*›; 似てくる ‹*to*, *with*›. ▶ *n* /-lət, -lèɪt/ 同化されたもの. ♦ **as·sím·i·là·tor** *n* **as·sím·i·là·tive** /, -lə-/, **-la·to·ry** /-lətɔ̀ːri; -lət(ə)ri/ *a* ［L; ⇨ SIMILAR］
as·sim·i·la·tion /əsìməléɪʃ(ə)n/ *n* 同化, 吸収, 融合, 類似化; 〘社〙同化《個人や集団が文化や行動様式に関して新しい環境に順応する過程》; 〘心〙同化《環境に働きかけて得た知識を自分のものにすること》; 〘生・生理〙同化(作用)《外界から吸収した栄養物をみずからの生体の一部に変える作用》; 〘音〙同化《ある特定の音が前後の音と同一ないし類似の音に変化すること》; 〘証券〙《新発行株式などの》完売, 同化.
assimilátion·ìsm *n* 《人種的・文化的に異なる少数グループに対する》同化政策. ♦ **-ist** *a*, *n*
As·sin·i·boin /əsínəbɔ̀ɪn/ *n* **a** (*pl* ～, ～**s**) アシニボイン族《Missouri 川上流から Saskatchewan 川中流域に住む Sioux 族系インディアン》. **b** アシニボイン語《Dakota 語の方言》.
As·sin·i·boine /əsínəbɔ̀ɪn/ *n* **1** (*pl* ～, ～**s**) アシニボイン族[語] (Assiniboin). **2** [the] アシニボイン川《カナダ Saskatchewan 州南東部に発し, Manitoba 州南部を横切って Red River に合流する》.
As·si·si /əsíːsi, -zi, *əsísi/ アッシージ《イタリア中部 Umbria 州の町; Saint Francis の生地》.
as·sist /əsíst/ *vt* 手伝う, 援助する, 助力する: ～ sb *with* money 金を援助する / ～ him *in* his work [*in doing* sth, *to* do sth]. ▶ *vi* 手伝う, 援助する, 助力者[支持者]として参加する ‹*in*›; 〔フランス語法〕第三者として出席する ‹*at*›; 〘野〙補殺する; 〘アイスホッケー・バスケなど〙アシストする: ～ *in* a campaign [*at* an interview] 運動に加わる[会見に立ち会う]. ▶ *n* *援助, 助力; 補助装置; 〘野〙補殺《打者・走者を刺す送球》; 〘アイスホッケー・バスケなど〙アシスト《**1**) ゴールとなるシュートを助けるプレー **2**) これに与えられる公式記録》. ♦ **～·er**, 〘法〙 **as·sís·tor** *n* **as·síst·ive** *a* 援助の; 障害者支援の. ［F＜L *assisto* to stand by］
as·sist·ance /əsístəns/ *n* 手伝い, 助力, 力添え, 援助, 補助: Can I be of (any) ～? (何か)お手伝いしましょうか / financial ～ 財政援助 / come to sb's ～ 人の救助[救援]に向かう / with the ～ of …の援助によって / give ～ *to*…を援助する / WRIT OF ASSISTANCE.
as·síst·ant *n* 助力者; 助手, 補佐, アシスタント; ‖店員 (shop [sales] assistant); 助けとなるもの, 補助手段; 〘染〙助剤. ▶ *a* 補助の, 補佐の; «古» 助けとなる (helpful): an ～ engineer 技手; 機関助手 / an ～ secretary 〘英〙次官補.
assístant cúrate ‖《教区の》牧師補 (⇨ CURATE).
assístant lécturer ‖助講師 (⇨ LECTURER).
assístant proféssor *助教授 (⇨ INSTRUCTOR). ♦ **assístant proféssorship** *n*
assístant·shìp * *n* 《助手をつとめる大学院生に支給される》助手手当; 助手の地位[職].
assíst·ed líving 介護生活: an *assisted-living* facility 介護施設.
assísted pláce 〘英〙特別奨学枠《パブリックスクールなど independent school の特別奨学生枠; 政府が授業料を負担し, 貧しい家庭の優秀な生徒を援助した》.
assísted reprodúction 生殖補助医療.
assísted súicide 幇助自殺, 《特に 医師による》自殺関与(罪).
Assiut ⇨ ASYŪT.
as·size /əsáɪz/ *n* **1 a** [ᵘthe ～s] 《イングランド・ウェールズの各州で行なわれた民事・刑事の》巡回裁判《1971 年以降は Crown Courts がこれに代わった》, 巡回裁判開廷期[地], アサイズ. **b** 陪審(審理); 令状; 評決: GREAT ASSIZE. **2 a** 〘米史〙立法府, 議会, 《議会の定める》法令, 条令, アサイズ. **b** 〘英史〙市販品の量目・寸法・品質・価格などに関する基準(を規定した法規), 穀物価格に基づいてパン・ビールの価格を規制した法規, 《パン・ビールの》法定売価. ［OF; ⇨ ASSESS］
áss·kìck·er * «卑» *n* 攻撃的な野郎, やたらいばるやつ, 《特に》部下いじめをする将校; 快調に動くもの, 調子がいいもの《エンジンなど》; すごくきついこと, やっかいな相手, へとへとに疲れる経験.
áss-kìck·ing * «卑» *n* ぶんなぐること, 懲らしめ. ▶ *a* えらく快調に動く, ひどく調子[具合]のいい.
áss-kìss·er *n* «卑» ごますり屋, おべっかつかい. ♦ **áss-kìss·ing** *n*, *a* ［*ass*[2]］
áss-lìck·er *n* «卑» ASS-KISSER. ♦ **áss-lìck·ing** *n*, *a*
áss màn «卑» 女たらし, 遊び人, やりちん; «卑» 尻フェチ男 (cf. LEGMAN, TIT MAN).
assn association.
assoc. associate ♦ associated ♦ association.
as·so·cia·ble /əsóuʃ(i)əb(ə)l, -siə-/ *a* 連想できる, 結びつけて考えられる ‹*with*›; 〈国家が〉経済共同体に加盟している. ▶ *n* 経済共同体加盟国《開発途上国の経済連合についていう》. ♦ **as·sò·ci·a·bíl·i·ty** *n*
as·so·ci·ate /əsóuʃièɪt, -si-/ *vt* **1** 結合[合体・連合]させる; 関連づける; 連想によって結びつける; 〈人を〉仲間[友人など]として結びつける; 〘化〙会合させる: We ～ gift giving *with* Christmas. プレゼントといえばクリスマスを連想する[思い出す] / be ～*d with*…と関連する; …を連想させる / ～ one*self in* a matter あることにかかわりをもつ / ～ one*self with*… 〈意見〉を支持する, 〈提案〉に賛同[参加]する; 〈人〉と交際する. **2** «廃» …に付き添う, …の世話をする. ▶ *vi* 仲間[友人など]として交際する ‹*with*›; ひとつにまとまる, 連合[結合]する. ▶ *n* /-ʃ(i)ət, -ʃièɪt, -si-/ **1** 仕事仲間, 提携者, 同僚; 友人, 朋友; 准会員; 従業員, 社員; 《法律事務所で, partner になっていない》平弁護士, アソシエイト; [°A-] *准学士(号)《短期大学または 4 年制大学短期コース修了の場合》: an *A-* in Arts 准文学士. **2** 密接な結びつきのあるもの, 付随するもの, 付きもの; 準国家《部分的独立を達成した旧植民地・旧保護国》. **3** 連想されることば[思い], 連想物. ▶ *a* /-ʃ(i)ət, -ʃièɪt, -si-/ **1** 仲間の, 同僚の; 正式会員に次ぐ資格の, 准…: an ～ judge 陪席判事 / an ～ member 准会員, 賛助会員. **2** 付随する, 連想される. ♦ **-à·tor** *n* **～·shìp** *n* ［L (pp)‹ *associo* to unite (*socius* allied)］
as·só·ci·àt·ed *a* 連合した, 組合の, 合同….
assóciated cómpany 《ある会社の》関連会社, 系列会社.
assóciated gás 付随ガス《原油の上に接して存在する天然ガス》.
Assóciated Préss [The] 米国連合通信社, AP 通信 (⇨ AP).
assóciated státehood 英国の連合州としての地位, '準国家'

《英国が 1967 年西インド諸島旧植民地に与えた半独立的地位; 外交・防衛を除く国内問題について自治権を認めた》. ♦ **assóciated státe** 連合州.

assóciate proféssor 准教授 (⇨ INSTRUCTOR). ♦ **assóciate proféssorship** *n*

as·so·ci·a·tion /əsòusiéɪʃ(ə)n, -ʃi-/ *n* **1** 組合, 協会, 社団, 団体; 〘法〙 結社; ″[the A-] FOOTBALL ASSOCIATION: the ～ of banks and bankers 銀行協会 / VOLUNTARY ASSOCIATION / ARTICLES [DEED] OF ASSOCIATION. **2 a** 連合, 結合, 関連 〈*between, with*〉; 関連づけ; 交際, 親交, 関係, 提携 〈*with*〉; 〘数〙 結合; 〘化〙 《分子の》 会合; 〘生態〙 《ある場所の有機的集合体としての》 《生物》群集; 〘生態〙 《群落単位としての》 群集, アソシエーション: in ～ *with*…と共同して, 共に, …に関連して. **b** 連想; 連想によって生じるもの[感想, 思い出など]; 《文学や精神分析の手法としての》 連想の利用.

associátion·al *a* ASSOCIATION の; ASSOCIATIONISM の.

associátion·al·ìsm *n* ASSOCIATIONISM.

associátion àrea 〘解〙 《大脳皮質の》 連合野(ᵇ).

associátion bòok [còpy]* 名士との結びつきにより珍重される本 《手沢本など》.

associátion fóotball [°A-] アソシエーションフットボール, サッカー (soccer); 《豪》 《フットボール連合によって行なわれる》 豪式フットボールの試合.

associátion·ìsm *n* 〘心〙 観念連合説. ♦ **-ist** *n* **as·sò·ci·à·tion·ís·tic** *a*

Associátion of Américan Públishers [the] 米国出版社協会 《出版社の全国組織; 1970 年創立, 本部 New York 市; 略 AAP》.

associátion of idéas 〘心〙 観念連合, 連想(記憶).

as·so·ci·a·tive /əsóuʃièɪtɪv, -si-, -ʃ(i)ə-; -ʃiə-/ *a* 連合[結合, 連想]の[を生じさせる]; 習得した; 〘数・論〙 結合の (cf. COMMUTATIVE, DISTRIBUTIVE): ～ LAW 結合律[法則]. ♦ **～·ly** *adv* **～·ness** *n* **as·sò·ci·a·tív·i·ty** *n*

assóciative córtex 〘解〙 《大脳の》 連合皮質 《感覚や運動系と直接関係のない皮質で, 高度の精神作用をつかさどる》.

assóciative léarning 〘心〙 連合学習 《刺激に対する行動による反応を通じて行動に変更が生じるヒト以外の動物の学習過程の総称; たとえば条件反射・試行錯誤学習・潜在学習・洞察学習・模倣学習》.

assóciative mémory [stórage] 〘電算〙 連想記憶装置 (＝*content-addressable memory*) 《記憶場所がアドレスではなく情報内容によって識別されるデータ記憶装置》.

assóciative néuron 〘解〙 結合ニューロン 《ニューロン間にあって神経インパルスを伝達するニューロン》.

as·soil /əsɔ́ɪl/ *vt* 《古》 許す, 赦免する; 無罪にする; あがなう. ♦ **～·ment** *n* [OF＜L; *absolve* と二重語]

as·so·nance /ǽsənəns/ *n* 音の類似, 類音; 〘韻〙 母音韻 《アクセントのある母音だけの押韻; 例: brave—vain / love—shut》; 類韻 《一般に音の類似》; 《物事の》 類似. [F＜L *assono* to respond to (*sonus* a sound)]

ás·so·nant *a* 類音の; 母音韻の. ► *n* 母音押韻語[音節]; 類音語, 類音節. ♦ **as·so·nan·tal** /æ̀sənǽntl/ *a*

as·so·nate /ǽsənèɪt/ *vi* 音[母音]が一致する, 母音韻を踏む (⇨ ASSONANCE).

as·sort /əsɔ́ːrt/ *vt* 類別[分類]する; 〈商店など〉に各種の品を取りそろえる, 〈複数のものを〉うまく取り合わせる; 《古》 同類として結びつける 〈*with*〉. ► *vi* 同類である, 釣り合う, 調和する 〈*with*〉; 交際する, 交わる 〈*with*〉: It *well* [*ill*] ～*s with* his character. 彼の性格と調和する[しない]. ♦ **～·er** *n* **as·sórt·a·tive** /-tə-/ *a* **as·sórt·a·tive·ly** *adv* [OF (*à* to, SORT)]

assórtative máting 〘生〙 同類交配 《個体間の選択的な有性生殖で, 2 つ以上の特性について偶然に予想されるよりも似ている場合は正の, また 反対に異なる場合は負の同類交配となる; opp. *disassortative mating*》.

assórt·ed *a* 類別したいろいろな種類からなる, 多彩な, 雑多な; 詰合わせの, 盛合わせの; 調和した: a well ～ pair 似合いの夫婦.

assórt·ment *n* 類別, 分類; 各種取合わせ[取りそろえ], 盛合わせ, 詰合わせ, 寄せ集め; 品ぞろえ.

Assouan ⇨ ASWAN.

áss-pèddler *n* 《卑》 売春婦, 男娼.

ASSR Autonomous Soviet Socialist Republic 自治ソヴィエト社会主義共和国.

áss-sùck·er *n* 《卑》 ASS-KISSER.

asst, ass/t assistant. **asst.** assorted. **asstd** assented ♦ assorted.

as·suage /əswéɪʤ/ *vt* 〈苦痛・怒り・不安・罪悪感などを〉緩和[軽減, 鎮静]する, 軽くする, 和らげる, 鎮める; 〈人を〉落ちつかせる, なだめる; 〈食欲などを〉満たす. ♦ **～·ment** *n* **as·suág·er** *n* [OF (L *suavis* sweet)]

Assuan ⇨ ASWAN.

as·sua·sive /əswéɪsɪv, -zɪv/ *a* 和らげる, 鎮める.

as·sume /əsúːm; əsjúːm/ *vt* **1** 仮定[想定]する, 当然のこと[事実, 真実]と決めてかかる, 前提とする (cf. PRESUME): I ～ *that* you know. むろんご承知と思います / You must not ～ *that* he is guilty [～ him *to* be guilty, ～ his guilt]. 彼が有罪だと決めてかかってはいけません / *Assuming that* it is true….＝*Assuming* it *to* be true…. それが本当だと仮定して[とすれば]…. **2 a** 〈役目・任務・責任などを〉引き受ける; 〈人の債務を〉肩代わりする: ～ the chair 議長になる / ～ a responsibility 責任を負う. **b** 〈権力などを〉強奪[横領]する (: ～ credit *to* oneself); 〈人の氏名を〉かたる. **c** 採り上げる, 受け入れる; 〘神学〙 天国へ受け入れる; 仲間に入れる, 雇い入れる, 採用する. **3 a** 〈形態を〉とる, 〈様相・外観を〉呈する, 〈性質を〉おびる; …のふりをする, 装う: ～ the offensive 攻勢に出る / ～ an air of cheerfulness 快活を装う / ～ to be deaf 耳が聞こえないふりをする. **b** 〈衣服を〉まとう. ► *vi* てらう, うぬぼれる. ♦ **as·súm·able** *a* **-ably** *adv* たぶん(…であろう) (presumably). **as·sùm·a·bíl·i·ty** *n* **as·súm·er** *n* [L (*ad*-, *sumpt- sumo* to take)]

as·súmed *a* 強奪[横領]した; 〘商〙 引き受けた〈社債〉, 認知された〈危険〉; 装った, 偽りの; (当然のことと)仮定した: ～ bonds 継承社債 / ～ ignorance そ知らぬ顔 / an ～ voice 作り声 / an ～ name 変名, 仮名, 偽名.

as·súm·ed·ly /-ədli/ *adv* たぶん; 当然のことのように.

as·súm·ing *a* うぬぼれた, おこがましい, 僭越な, 傲慢な. ♦ **～·ly** *adv*

as·sump·sit /əsʌ́m(p)sət/ 〘法〙 *n* 引受け 《捺印契約によらない明示・黙示の契約で, 口頭契約などの単純契約 (simple contract); その違反は訴訟の対象となる》; 《そのような単純契約の違反に対して損害賠償を請求する》 引受け訴訟 《英国では廃止》. [L＝he undertook]

as·sump·tion /əsʌ́m(p)ʃ(ə)n/ *n* **1** 仮定, 想定, 仮説: on the ～ that…という想定に基づいて / make an ～ 想定する, 《十分な証拠なしに》 判断する. **2** 取ること, 引受け, 《他人の債務の》 肩代わり; 就任; 《権力などの》 強奪, 横領; 僭越, 思い上がり. **3** 肉体の昇天, [the A-] 〘カト〙 《聖母の》 被昇天; [the A-] 〘カト〙 聖母被昇天の祝日 《8 月 15 日》. [OF or L; ⇨ ASSUME]

as·sump·tive /əsʌ́m(p)tɪv/ *a* 強奪[横領]した; (当然のことと)仮定した, 仮定的な; 僭越な, 傲慢な. ♦ **～·ly** *adv*

Assur, Assurbanipal ⇨ ASHUR, ASHURBANIPAL.

as·sur·ance /əʃúərəns/ *n* **1** 確かさ, 確実さ; 保証, 確約, 請合い, 言質(ᵍⁿ); 《文》 安定, 安泰: have full ～ *that*…だということは十分確信している / make ～ doubly [double] sure 念には念を入れる / give an ～ 言質を与える, 保証する. **2** 確信, 自信; あつかましさ, ずうずうしさ: with ～ 自信をもって / have the ～ *to* do ずぶとくも…する. **3** 不動産譲渡(の証書[証拠]); ″(生命)保険. [OF (↓)]

as·sure /əʃúər/ *vt* **1** 〈人〉に請け合う, 保証[断言, 確約]する; 〈人〉の疑念を払う, 安心[得心]させる; 〈人〉に自信を与える: be ～*d of*…を確信する / ～ oneself *of*…を確かめる; …を確信する / We ～*d* him *of* our willingness to help [*that* we were willing to help]. 喜んで助力するからと言って彼を安心させた. **2** 〈幸福・成功など〉の達成[実現]を確実にする: This ～*s* our success. これで成功は確実だ. **3** …の安全を保障する; ″〈人命など〉に保険をかける: His life is ～*d*. 彼には生命保険がかけてある. ● **I (can) ～ you.** 本当ですよ, だいじょうぶ: *I ～ you* I'll be there. きっと行くよ / *I ～ you* (*that*) he is safe. 無事なことは保証するよ. ♦ **as·súr·able** *a* **as·súr·ing** *a* 自信を与える(ような), 力づける(ような). **as·súr·ing·ly** *adv* [OF (L SECURE)]

as·súred *a* **1** 安定した, 確かな, 確実な; ″(生命)保険をかけた. **2** 自信をもった, 確信した; 自信過剰の, ひとりよがりの: feel [rest] ～ 安心している / an ～ manner 自信のある態度. ► *n* (*pl* ～, ～s) [the] 被保険者; 保険金受取人. ♦ **as·sur·ed·ly** /əʃúərədli, -ʃúərd-/ *adv* 確かに, 疑いなく; 自信[確信]をもって. **as·súr·ed·ness** *n*

assúred ténancy 〘英法〙 《新築住宅・アパートに関する》 保証借家(権) 《借家人と政府公認の家主である住宅公社などとの協定; 家賃は市場価格に任せるが, 借家権そのものは制定法の保証の下にあるもの》.

as·súr·er, -or *n* 保証者; ″保険業者.

as·sur·gent /əsɔ́ːrʤ(ə)nt/ *a* 上にのぼる, 上昇的な; 〘植〙 傾上の (ascendant). ♦ **-gen·cy** *n*

áss-wìpe, -wìper *《卑》 *n* けつふき, トイレットペーパー; おべんちゃら屋; どあほう.

assy /ǽsi/ *a** 《卑》 いやーな, くそ意地悪な.

assy assembly. **Assyr.** Assyrian.

As·syr·ia /əsíriə/ アッシリア 《南西アジアのメソポタミア北部を中心とした古代帝国; ☆もと Calah, のちに Nineveh; cf. ASHUR》.

As·sýr·i·an *a* アッシリアの; アッシリア人[語, 文化]の. ► *n* アッシリア人; アッシリア語 《古代語または現代中東の東アラム語》.

As·syr·i·ol·o·gy /əsìriɑ́ləʤi/ *n* アッシリア学. ♦ **-gist** *n* **As·sỳr·i·o·lóg·i·cal** *a*

As·sýro-Babylónian /əsírou-/ *a* アッシリアとバビロニアの.

-ast /æst, əst/ *n suf* 「…に関係のある人」「…に従事する人」: ecdysi*ast*. [OF＜L]

AST 〘米・カナダ〙 °Atlantic standard time.

astá·ble /eɪ-/ *a* STABLE でない; 〘電〙 無定位の.

As·ta·cus /ǽstəkəs/ アスタクス 《IZMIT の古代名》.

As·taire /əstέər/ アステア **Fred** ～ (1899–1987) 《米国のダンサー・俳優; タップダンスの名手で, ミュージカル映画のスター; 本名 Frederick Austerlitz》.

As·ta·na /ɑːstɑːnɑ́ː/ アスタナ《カザフスタン中北部の市・首都; Almaty から遷都 (1997) 後 Akmola を改名 (1998), 旧称 Tselinograd》.

astanga ⇨ ASHTANGA.

astár·board /ə-/ *adv*〘海〙右舷へ[で].

As·tar·te /æstɑ́ːrti, æ-/ **1** アシュタルテ (=*Ashtoreth, Ishtar, Mylitta*)《フェニキアの豊穣・性愛・多産の女神》. **2** [a-]〘貝〙エゾシラウオガイ属 (*A-*) の各種の貝.

astát·ic /eɪ-, æ-/ *a* 不安定な;〘理〙無定位の (opp. *static*): an ～ governor 無定位調速機. ♦ **-i·cal·ly** *adv* **astát·i·cism** /-tɪsɪz(ə)m/ *n*

astátic galvanómeter〘電〙無定位電流[検流]計.

as·ta·tine /ǽstətiːn, -tən/ *n*〘化〙アスタチン《放射性元素; 記号 At, 原子番号 85》. [*astatic*, *-ine*[2]]

as·tat·ki /æstǽtki/ *n*《かつてソ連で燃料とした》石油蒸留後の残留物, 石油滓(かす). [Russ=remainder]

as·ter /ǽstər/ *n*〘植〙アスター属 (*A-*) (の近縁属)の各種の草本《キク科》;〘植〙エゾギク, アスター (China aster);〘生〙《細胞分裂の》星状(せいじょう)体. [L<Gk *astēr* star]

as·ter- /ǽstər/, **as·te·ro-** /ǽstəroʊ, -rə/ *comb form*「星」 [L (↑)]

-as·ter[1] /ǽstər, ǽs-/ *n suf* [*derog*]「でも…」「へぼ…」: poet*aster*. [L<Gk]

-as·ter[2] /ǽstər, ǽs-/ *n comb form*〘生〙「星」「星状体」: di*aster*. [ASTER]

as·ter·a·ceous /æ̀stəréɪʃəs/ *a*〘植〙キク科 (Asteraceae) の (composite).

aster·e·og·no·sis /eɪstɛ̀riɑɡnóʊsəs, -stɪ̀ər-/ *n* (*pl* **-ses** /-sìːz/)〘医〙立体認知不能, 立体感覚失認《触覚による物体認識ができなくなること》. [*a*-[2]]

as·te·ria /æstíəriə/ *n*〘宝石〙星彩石, アステリア.

as·te·ri·at·ed /æstíərièɪtəd/ *a* 放射状の, 星状の;〘晶〙星状光彩を示す.

as·ter·isk /ǽstərɪ̀sk/ *n* アステリスク, '星印' (*). ► *vt* …にアステリスクを付ける. ♦ **～·less** *a* [L<Gk (dim)〈ASTER]

as·ter·ism /ǽstərɪ̀z(ə)m/ *n* アステリズム, '三星印' (⁂ または ⁂); 〘天〙星群, 星座;《宝石などの》星状光彩, 星彩.

As·té·rix /*F* asteriks/ アステリクス《フランスの漫画 *Astérix et Obélix* (1962–) の主人公; ドルイド僧の秘薬によって超人的な力を得た小柄で利口なガリア人; Obélix はその友人で, 頭は鈍いが力は強い大男》.

astérn /ə-/ *adv*《船・航空機の》後方に, 後部で[へ]; 船尾を進行方向に向けて: ～ of…よりも後方に[で] / back ～ 船を後進させる, ゴースターンをかける / drop [fall] ～ 他船に追い越される[後れる] / Go ～! 後進, ゴースターン! (opp. *Go ahead!*). ► *a* 後方[後部]にある; 後進している. [*a*-[1]]

astér·nal /eɪ-, æ-/ *a*〘解・動〙胸骨に接合していない; 胸骨のない: Floating ribs are ～.

as·ter·oid /ǽstərɔ̀ɪd/ *n*〘天〙小惑星 (=*minor planet, planetoid*)《火星の軌道と木星の軌道との間およびその付近に散在する》;〘動〙星形類, ヒトデ (starfish). ► *a* 星状の; ヒトデの(ような). ♦ **às·ter·ói·dal** *a* 小惑星の; ヒトデの. [Gk; ⇨ ASTER]

ásteroid bèlt〘天〙小惑星帯《大半の小惑星が含まれる火星と木星の軌道にはさまれた領域》.

as·ter·oi·de·an /æ̀stərɔ́ɪdiən/ *a*〘動〙ヒトデ綱 (Asteroidea) の. ► *n* ヒトデ.

Asterope ⇨ STEROPE.

áster yéllows *pl*〘植〙アスター萎黄病《aster の類にみられ, 黄化・萎縮を特徴とする; ヨコバイなどにより媒介》.

as·then- /æsθén, əs-/, **as·theno-** /æsθénoʊ, əs-, -nə/ *comb form*「弱い」「無力(の)」「衰弱(の)」 [Gk *asthenēs* weak]

as·the·nia /æsθíːniə/ *n*〘医〙無気力, 無力症.

as·then·ic /æsθénɪk/ *a, n*〘医〙無力症の(人);〘心〙無力型の(人)《やせ型》.

as·the·no·pia /æ̀sθənóʊpiə/ *n*〘医〙眼精疲労《しばしば痛み・頭痛を伴う》. ♦ **às·the·nóp·ic** /-nɑ́p-/ *a*

asthéno·sphère *n*〘地質〙《地球内部の》岩流圏, アセノスフェア, アステノスフェア. ♦ **asthèno·sphéric** *a*

as·the·ny /ǽsθəni/ *n* ASTHENIA.

asth·ma /ǽzmə; ǽs-/ *n*〘医〙喘息(ぜんそく). [L<Gk (*azō* to breathe hard)]

asth·mat·ic /æzmǽtɪk; æs-/ *a* 喘息(用)の, 喘息のような息づかいの. ► *n* 喘息患者. ♦ **-i·cal** *a* **-i·cal·ly** *adv*

As·ti /ǽsti, ɑ́ːs-/ アスティ《(1) イタリア北西部 Piedmont 州の町; ワイン生産の中心地 2) その (特に発泡性の) 白ワイン; ⇨ ASTI SPUMANTE》.

as·tig·mat·ic /æ̀stɪgmǽtɪk/, **-i·cal** *a*〈目が〉乱視の;〘光〙〈レンズが〉非点収差を補正する; 事実を正しく[ありのままに]観察[判断, 評価]できない: an ～ lens アスチグマチックレンズ《乱視矯正用など》. ► *n* 乱視の人. ♦ **-i·cal·ly** *adv*

astig·ma·tism /əstígmətɪ̀z(ə)m/ *n*〘医〙乱視;〘光〙《レンズなどの》非点収差 (opp. *stigmatism*); ゆがんだ見方, 誤った認識, 曲解. [*a*-[2], STIGMA]

astig·mia /əstígmiə/ *n* ASTIGMATISM.

astil·be /əstílbi/ *n*〘植〙アスティルベ属 [チダケサシ属] (*A-*) の各種の多年草[低木], ショウマ《ユキノシタ科》.

astir /əstə́ːr/ *adv, pred a* 動いて, 活気をおびて, にぎわって, ざわめいて;《ベッドから》起き出て: streams ～ with fish 魚がうようよしている川. [*a*-[1]]

Ásti Spumánte アスティ・スプマンテ《甘口の発泡性白ワイン; ⇨ ASTI》.

ASTM American Society for Testing and Materials 米国試験材料協会.

As·to·lat /ǽstoʊlæ̀t/ アストラット《Arthur 王伝説に出る地名; Surrey 州 Guildford といわれる》: the maid of ～ アストラットの乙女 (ELAINE のこと).

astóm·a·tous /eɪ-, æ-/ *a*〘動〙口のない, 無口(むこう)の,《特に》細胞口のない;〘植〙気孔のない. [*a*-[2]]

As·ton /ǽstən/ アストン **Francis William** ～ (1877–1945)《英国の物理学者; 質量分析器を発明, アイソトープを研究; ノーベル化学賞 (1922)》.

as·ton·ied /əstɑ́nid/ *pred a*《古》しばらく動く力を失って, 呆然として, 狼狽して.

as·ton·ish /əstɑ́nɪʃ/ *vt*《突然・ひどく》驚かせる, びっくりさせる《surprise より強く, astound より弱い》;《廃》突然…に恐怖を与える: The news ～*ed* everybody.=Everybody was ～*ed at* [*by, to* hear] the news / I was ～*ed that* you suggested such a thing. [C16 *astone* (obs)<OF (*ex*-[1], L *tono* to thunder)]

astónish·ing *a* びっくりさせる(ような), 驚異的な, 驚くばかりの, めざましい. ♦ **～·ly** *adv* **～·ness** *n*

astónish·ment *n* 驚き, 驚愕(きょうがく), びっくり; 驚くべき事[もの]: in [with] ～ びっくりして / to my ～ 驚いたことには.

Áston Mártin アストンマーチン《英国 Aston Martin Lagonda 社製の大排気量スポーツカー》.

Áston Vílla アストンヴィラ《英国のサッカークラブ; Birmingham の Aston 地区にある Villa Park にスタジアムをもつ》.

As·tor /ǽstər/ アスター (**1**) **John Jacob** ～ (1763–1848)《ドイツ生まれの米国の毛皮商人・資本家》(**2**) **Nancy** (**Witcher**) ～, Viscountess ～ (1879–1964)《米国生まれの英国の政治家; 英国議会最初の女性代議士 (1919–45)》.

As·to·ria /æstɔ́ːriə, əs-/ アストリア《Oregon 州北西部, Columbia 河口の港町; 1811 年 John Jacob Astor が毛皮交易拠点として建設した》.

as·tound /əstáʊnd/ *vt* びっくり仰天させる, …の肝をつぶす (cf. ASTONISH): be ～*ed at* the news 知らせにたまげる / He ～*ed* me *with* his skill. 彼の腕前に驚嘆した. ► *a*《古》びっくり仰天した. ♦ **～·ing** *a* びっくり仰天させる(ような), どえらい. **～·ing·ly** *adv* [(pp)〈*astone*; ⇨ ASTONISH]

astr- /ǽstr/, **as·tro-** /ǽstroʊ, -trə/ *comb form*「星」「天空」「宇宙」「占星術」「星状体」「天文学」 [Gk ASTER]

As·tra /ǽstrə/〘商標〙アストラ《英国 Vauxhall Motors 社製の小型乗用車》.

as·tra·chan /ǽstrəkən, -kæ̀n; æ̀strəkǽn, -kɑ́ːn/ *n* ASTRAKHAN.

astrád·dle /ə-/ *adv, prep* (…に)またがって.

As·traea /æstríːə/〘ギ神〙アストライアー《Zeus と Themis の娘で正義の女神》. [Gk=starry]

as·tra·gal /ǽstrɪg(ə)l/ *n*〘建〙玉縁, 定規縁;〘砲〙砲口凸縁(とつえん);〘建〙《窓などのガラスの》桟 (bar);〘解〙距骨 (talus); [*pl*] さいころ. [↓]

as·trag·a·lus /əstrǽgələs/ *n* (*pl* **-li** /-lài, -lìː/) **a**〘解・動〙距骨《ヒトの場合は anklebone または talus ともいう》. **b**〘建〙ASTRAGAL. **c** 黄耆(おうぎ)《ゲンゲ属の多年草タイツリオウギの乾燥根; 漢方の生薬》. [L<Gk]

As·tra·khan /ǽstrəkən, -kæ̀n; æ̀strəkǽn, -kɑ́ːn/ **1** アストラハン《ヨーロッパロシア南東部 Volga 川下流の三角洲にある市》. **2** [a-] アストラカン《Astrakhan 地方産子羊の巻き毛の黒い毛皮》; [a-] アストラカン織り (=**á～ clòth**).

as·tral /ǽstrəl/ *a* 星の, 星に関係した, 星からの, 星のような;〘生〙星状体の;〘神智学〙星気の; 幻想的な, 非現実的な; 身分[位]の高い: ～ navigation 星の運行 / the ～ plane 幽界, アストラル界. ♦ **～·ly** *adv* [L; ⇨ ASTER]

ástral bódy〘神智学〙星気体《霊体》.

ástral hátch ASTRODOME.

ástral lámp 無影灯, アストラルランプ《灯下に影のできない石油ランプ》.

ástral projéction《霊の》体外遊離.

ástral spírit 星霊《星の世界の精霊: 死霊・悪霊・火霊など》;〘神智学〙星気霊.

as·tran·tia /əstrǽntiə/ *n*〘植〙セリ科アストランティア属 (*A-*) の植物《包葉に囲まれた頭状花をつける; masterwort など》.

as·tra·phóbia /æ̀strə-/, **as·tra·po-** /æ̀strəpə-/ *n*〘精神医〙

雷電恐怖《動物にもみられる》. ［Gk *astrapē* lightning］

as·tra·tion /əstréɪʃ(ə)n/ *n* 〘天〙新星誕生. ［*astr-*, *formation*］

astray /əstréɪ/ *adv, pred a* 道に迷って; 誤った状態に, 正しくない状態[方向]に: go ～ 道に迷う, 〈物が〉紛失する; 惑う; 堕落する; 間違える 〈*with*〉/ Better to ask the way than go ～. 《諺》迷うより道を聞け, 聞くは一時の恥 / lead ～ 惑わす; 邪道に導く, 堕落させる. ［OF ＜L; ⇨ EXTRAVAGANT］

as·trict /əstríkt/ *vt* 制限[束縛]する; 〘医〙秘結させる; 道徳的に[法的に]拘束する. ♦ **as·tríc·tion** *n* **as·tríc·tive** *a, n*

As·trid /ǽstrəd/ アストリド《女子名》. ［Scand＝beautiful as a deity (divine＋strength)］

astride /ə-/ *adv, pred a* またがって; 両脚を大きく開いて: ride ～ 馬にまたがって乗る / sit ～ *of* a horse 馬にまたがる / stand ～ 両脚を開いて立つ. ► *prep* /ー⌣, ー⌣/ …にまたがって, …に馬乗りになって; 〈川・道路などの〉両側に; 〈広い地域・長い時間など〉にわたって: sit ～ a horse 馬にまたがって. ［*a-*[1]］

as·tringe /əstrínʤ/ *vt* 《まれ》収縮[収斂]させる.

as·trín·gent *a* 〘薬〙収斂性の; 渋い(味のする), 収斂味の; きびしい, 辛辣な. ► *n* 〘薬〙収斂剤; アストリンゼン《化粧水》. ♦ **～·ly** *adv* **as·trín·gen·cy** *n* 収斂性; 渋み. ［F (L *astringo* to draw tight); cf. STRINGENT］

as·tri·on·ics /æ̀striɑ́nɪks/ *n* 航宙[宇宙]電子工学, アストリオニクス. ［*astr-*, electr*onics*］

as·tro /ǽstroʊ/ *a* ASTRONAUTIC. ► *n* (*pl* **～s**) ASTRONAUT.

astro- ⇨ ASTR-.

àstro·archaeólogy *n* ARCHAEOASTRONOMY.

àstro·biólogy *n* 宇宙生物学 (＝*exobiology*). ♦ **-gist** *n* **-biológical** *a*

ástro·bleme /-blìːm/ *n* 《地表の》隕石痕, 隕石孔, アストロブレーム. ［*astr-*, Gk *blēma* (wound from) a missile］

àstro·bótany *n* 宇宙[天体]植物学.

àstro·chémistry *n* 宇宙[天体]化学. ♦ **-chémical** *a* **-chémist** *n*

ástro·còmpass *n* 〘海〙星測羅針儀, 天測コンパス.

ástro·cỳte *n* 〘解〙《神経膠などの》星状細胞. ♦ **às·tro·cýt·ic** /-sít-/ *a*

àstro·cy·tó·ma /-saɪtóʊmə/ *n* (*pl* **～s, -ma·ta** /-tə/) 〘医〙星状細胞腫, アストロチトーム.

ástro·dòme *n* **1** 〘空〙天測窓 (＝*astral hatch, astrohatch*)《飛行機の天体観測用のガラス窓》. **2** [the A-] アストロドーム《Texas 州 Houston にあるドーム球場》.

àstro·dynámics *n* 宇宙力学, 天体動力学. ♦ **-dynámic** *a* **-dynámicist** *n*

as·tro·gate /ǽstrəgèɪt/ *vt* 〈宇宙船・ロケット〉の宇宙航行を誘導する. ► *vi* 宇宙を航行する. ♦ **-gà·tor** *n* **às·tro·gá·tion** *n* ［*astro-*, navi*gate*］

àstro·geólogy *n* 宇宙地質学. ♦ **-gist** *n* **-geológic** *a*

ástro·hàtch *n* ASTRODOME.

as·troid /ǽstrɔ̀ɪd/ *n* 〘数〙星芒(せいぼう)形, アストロイド.

astrol. astrologer ♦ astrological ♦ astrology.

as·tro·labe /ǽstrəlèɪb/ *n* アストロラーベ《SEXTANT が発明される以前の天体観測儀》. ［OF, ＜Gk＝startaking］

as·trol·o·gy /əstrɑ́ləʤi/ *n* 占星術[学]; 《廃》ASTRONOMY. ♦ **as·trol·o·ger, -gist** *n* 占星家, 占星術師. **às·tro·lóg·i·cal, -lóg·ic** *a* **-i·cal·ly** *adv* ［OF, ＜Gk; ⇨ ASTER］

as·trom·e·try /əstrɑ́mətri/ *n* 測定天文学《位置天文学の一部門》. ♦ **às·tro·mét·ric** *a*

astron. astronomer ♦ astronomy.

as·tro·naut /ǽstrənɔ̀ːt, *-nɑ̀ːt/ *n* 宇宙飛行士(訓練生). ［*astro-*; *aeronaut* にならったもの］

as·tro·nau·ti·cal /æ̀strənɔ́ːtɪk(ə)l/, **-nau·tic** *a* 宇宙飛行[航行]の. ♦ **-i·cal·ly** *adv*

às·tro·náu·tics *n* 宇宙航行学.

àstro·navigátion *n* CELESTIAL NAVIGATION. ♦ **-návigator** *n*

as·tron·o·mer /əstrɑ́nəmər/ *n* 天文学者; 天体観測者; "天文台長.

Astrónomer Róyal [the] 〘英〙王室天文官.

as·tro·nom·i·cal /æ̀strənɑ́mɪk(ə)l/, **-nom·ic** *a* 天文(学)の, 星学の, 天文学上の; [*fig*] 天文学的な, 厖大な〈数字・距離など〉, きわめて高い〈値段・費用など〉: ～ observation 天体観測. ♦ **-i·cal·ly** *adv*

astronómical clóck 天文時計《(1) 恒星時を示す天体観測用の精確な時計 2) 月の満ち欠けなどの天文現象を示す機構を組み込んだ時計》.

astronómical dáy 天文日(てんもんび)《正午より正午まで》.

astronómical látitude 天文緯度, 天文学的緯度.

astronómical télescope 天体望遠鏡.

astronómical tíme 天文時《一日が正午に始まり正午に終わる時法》.

astronómical únit 〘天〙天文単位《太陽と地球の平均距離; 略 AU; 1AU＝1.496×10^{11}m》.

astronómical yéar TROPICAL YEAR.

as·tron·o·my /əstrɑ́nəmi/ *n* 天文学 (cf. ASTROLOGY); 天文学論文, 天文学書. ［OF, ＜Gk (*astr-*, *nemō* to arrange)］

àstro·photógraphy *n* 天体写真術. ♦ **àstro·phóto·gràph** *n* 天体写真. **àstro·photógrapher** *n*

àstro·phýsics *n* 天体物理学. ♦ **-phýsicist** *n* **-phýsical** *a* **-ical·ly** *adv*

ástro·sphère *n* 〘生〙星状球.

Ástro·Tùrf 〘商標〙アストロターフ《人工芝》.

as·tu·cious /əst(j)úːʃəs, æs-/ *a* ASTUTE. ♦ **～·ly** *adv*

As·tu·ri·as[1] /əst(j)úriəs, æs-/ アストゥリアス **Miguel Ángel** ～ (1899–1974)《グアテマラの小説家・詩人; ノーベル文学賞 (1967)》.

Asturias[2] アストゥリアス《スペイン北西部の自治州・古王国; ☆Oviedo》. ♦ **As·tú·ri·an** *a, n*

as·tute /əst(j)úːt; æs-/ *a* 機敏な, 目先がきく; 抜け目のない, ずるい. ♦ **～·ly** *adv* **～·ness** *n* ［F or L (*astus* craft)］

As·ty·a·nax /æstáɪənæ̀ks/ 〘ギ神〙アステュアナクス《Hector と Andromache の息子; トロイア陥落の際に勝ったギリシア人によって城壁の上から落とされて殺された》.

asty·lar /eɪstáɪlər, æ-/ *a* 〘建〙無柱(式)の.

A-sub /éɪsʌ̀b/ *n* 《口》原子力潜水艦, 原潜. ［*atomic submarine*］

Asun·ción /əsùːnsióʊn, *ɑː-/ アスンシオン《パラグアイの首都; Paraguay 川と Pilcomayo 川の合流点に位置》.

asun·der /əsʌ́ndər/ *adv, pred a* 《文》離れて, 離ればなれに; 細かく, ばらばらに: wide ～ 相離れて / drive ～ ちりぢりに追い払う / put ～ 引き離す, ばらばらにする / tear ～ 切れぎれに裂く / come [fall] ～ ばらばらにくずれる. ［OE *on sundran* into pieces; cf. SUNDER］

Asur, Asurbanipal ⇨ ASHUR, ASHURBANIPAL.

asu·ra /ʌ́sərə/ *n* アスラ, 阿修羅《インド神話・仏教では邪神, ゾロアスター教では Ahura Mazda にあたる》.

ASV °American Standard Version.

ASW antisubmarine warfare 対潜水艦戦.

As·wan, As·s(o)uan /ɑːswɑ́ːn, æs-/ アスワン《エジプト南東部 Nile 川第 1 急流付近の市; 古名 Syene》.

Áswan Hìgh Dám [the] アスワンハイダム《1970 年 Aswan に完成; これにより第 1 急流から第 3 急流にまたがる人造湖ナセル湖 (Lake Nasser) が出現; 1902 年完成の旧 Aswan Dam の 6 km 上流》.

aswárm /ə-/ *pred a* 〈場所・建物など〉充満して.

aswírl /ə-/ *pred a* 渦巻いて (swirling).

aswóon /ə-/ *pred a* 卒倒[気絶]して.

asyl·láb·ic /eɪ-, æ-/ *a* 音節として機能しない, 非成節的な.

asy·lum /əsáɪləm/ *n* **1** 《身障者・老人・生活困窮者・政治的亡命者などの》収容所[施設], 救護院, 精神病院 (lunatic asylum): an orphan [a foundling] ～ 孤児[育児]院. **2 a** 聖域《神殿・寺院・教会・祭壇・神像など; ここへ駆け込んだ犯罪者・債務者などには法の力が及ばなかった》; 安全な避難所, のがれ場所. **b** 《聖域入りによって得られる》庇護, 不可侵性; 〘国際法〙《外国大使館などによる》(政治犯)庇護: give ～ to…を庇護する / POLITICAL ASYLUM. ［L＜Gk＝refuge (*a-*[2], *sulon* right of seizure)］

asýlum sèeker 《政治的な》亡命者, 庇護許与請求者.

asýlum stàte 庇護国《亡命者を受け入れている国》.

asym·met·ric /èɪsəmétrɪk, æ̀-/, **-ri·cal** *a* 非対称の, 不均斉の, 不釣合いの; 〘植〙非相称の; 〘化〙非対称の, 不斉の; 〘数・論〙非対称の. ♦ **-ri·cal·ly** *adv*

asymmétric(al) bárs, asymmétrical parallel bárs *pl* [°the] 〘体操〙UNEVEN PARALLEL BARS.

asymmétrical wárfare 〘軍〙非対称戦争《ごく小規模な兵力・装備の集団が先進装備の軍隊をもつ大国にゲリラ・テロ攻撃をしかける戦争》.

asymmétric cárbon àtom 〘化〙不斉炭素原子《結合している 4 つの原子(団)がみな異なる炭素原子; 光学異性を生じる》.

asymmétric tíme 〘楽〙非対称拍子.

asym·me·try /eɪsímətri, æ-/ *n* 不釣合い, 不均斉; 〘植〙非相称; 〘化〙不斉; 〘数〙非対称. ［Gk (*a-*[2])］

asỳmp·to·mát·ic /eɪ-, æ-/ *a* 兆し[兆候]のない; 〘医〙無症候性の. ♦ **-i·cal·ly** *adv*

as·ymp·tote /ǽsəm(p)tòʊt/ *n* 〘数〙漸近線.

as·ymp·tot·ic /æ̀səm(p)tɑ́tɪk/, **-i·cal** *a* 〘数〙漸近の: an ～ circle [curve, cone] 漸近円[曲線, 円錐] / ～ series 漸近級数. ♦ **-i·cal·ly** *adv*

asyn·áp·sis /èɪ-, æ̀-/ *n* (*pl* **-ses**) 〘生〙《還元分裂の合糸期における染色体間の》不対合, 非対合, 無対合.

asýn·chro·nous /eɪ-, æ-/ *a* 非同時性の, 〘電〙非同期(式)の; 〘天〙惑星の自転速度と非同期の〈衛星〉. ♦ **～·ly** *adv*

asýnchronous transmíssion 〘通信〙非同期伝送《伝送される個々の文字について, スタートおよびストップ信号が必要とされる通信》.

asýn·chro·ny, asýn·chro·nìsm /eɪ-, æ-/ *n* 同時性を有しないこと, 非同時性, 非同期性, 異時性, 異期.

as·yn·det·ic /æ̀s(ə)ndétɪk/ *a* 前後の脈絡の欠けた; 〈目録などが〉

相互参照のない; 〚修〛連辞[接続詞]省略的な. ♦ **-i·cal·ly** *adv*

asyn·de·ton /əsíndətàn, ˈˈæsíndɪtən/ *n* (*pl* **~s, -de·ta** /-tə/) 〚修〛連辞[接続詞]省略《たとえば I came, I saw, I conquered.; cf. POLYSYNDETON》. [Gk=not bound together]

asy·ner·gia /èɪsɪnə́ːrʤ(i)ə/, **asyn·er·gy** /eɪsínərʤi/ *n* 〚医〛共同[協同]運動不能(症), 共同[協同]運動消失. [*a*-²]

asyn·tác·tic /èɪ-, æ̀-/ *a* シンタクス違反の, 統語法によっていない: an ~ compound 非統語的合成語.

Ás Yòu Líke Ìt『お気に召すまま』《Shakespeare の喜劇 (1599 年ごろ初演, 1623 年初版)》.

asýs·to·le /eɪ-, ə-/ *n* 〚医〛心静止, 心停止, 無収縮《心臓の収縮が機械的にも電気的にも停止した状態》. ♦ **asys·tól·ic** *a*

As·yūṭ, As·siut /æsjúːt, ɑːs-/ アシュート《エジプト中部 Nile 川左岸の市》.

at¹ /ət, æt, ǽt/ *prep* ★ 原則として at は空間・時間などの「一点」と(主観的に)考えるときに用いる. in は「中に包まれている」意が加わる. 国・大都会には *in* England, *in* London といい, 小都会には *at* Eton というが *in* Eton ともいえる: Oxford Street is *in* London. / Change *at* London. / a famous school *in* Eton. **1** [空間の一点] **a** [位置・場所] …において, …に, …で: *at* a point 一点に / *at* the center 中心に. **b** [出入りの点・見渡す場所] …から: enter *at* the front door 表口からはいる / look out *at* the window 窓から外を眺める. **c** [到着地・到達点]: arrive *at* one's destination 目的地に達する. **d** [臨席; ⇨ 4a] …に(出て行ってなど): *at* a meeting 会に出席して / *at* the theater 芝居(に行って)見物中で, 劇場で. **2** [時の一点] **a** [時刻・時節・順序]: *at* 5 o'clock 5 時に / *at* noon 正午に / *at* dinner time 正餐時刻に / *at* dawn [sunset] 夜明け[日没]に / *at* present 今は, 現在 / *at* that time あの時は / *at* the beginning [end] of the month 月初め[月末]に / *at* the same time 同時に / *at* this time of (the) year この季節に, 毎年今ごろは / *at* June 30 6 月 30 日現在(で) / One thing *at* a time. 一度[一時]に二つの事をするな / *at* times 時々 / *at* FIRST. **b** [年齢]: *at* (the age of) seven 7 歳の時に. **3** [尺度上の一点] **a** [度・割合・距離]: Water boils *at* 100°C. 水はセ氏 100 度で沸騰する / *at* the rate of 40 miles an hour 時速 40 マイルで / *at* full [top] SPEED / *at* (a distance of) two miles 2 マイル離れたところに / *at* (a level of) six feet. **b** [数量・代価・費用] …で〈売買する〉, …と〈見積もる〉: *at* a good price よい値で / *at* a high salary 高給で / buy [sell, be sold] *at*… (いくら)で買う[売る, 売れる] / estimate the crowd *at* 20,000 群衆を 2 万人と見積もる. **c** [電話番号の前につけて]*…番で[に]: Call us *at* 557-7720. **4 a** [従事・活動中] …して (engaged in): *at* BREAKFAST [CHURCH, SCHOOL, WORK]. **b** [形容詞に付けて]: busy *at*…で忙しい / good [bad] *at* drawing 絵がじょうず[へた] / quick [slow] *at* learning 物おぼえがよい[悪い]. **c** [*at* a…の形で] 一度の…で: *at a* GALLOP [GULP, STRETCH, STROKE]. **5 a** [状態・情況]: *at* PEACE / *at* a STANDSTILL / *at* ANCHOR / *at* one's DISPOSAL / *at* BAY. **b** [最上級形容詞と用いて]: *at* its [his, etc.] best いちばんよい状態で / *at* most 多くて / The storm was *at* its worst. あらしは猛烈をきわめていた. **6** [方向・目標・標的・目的]: look *at* the moon 月を見る / aim *at* a mark 的をねらう / run *at*…に向かって[を目がけて]飛びかかる / throw a stone *at* a dog 石を投げつける (cf. throw a bone *to* a dog 投げ与える) / *At* /ǽt/ him! (彼に)かかれ! / hint *at*…をほのめかす, 匂わせる / laugh *at* a man 人を(あざけり)笑う / an attempt *at*…(へ)の試み. **7** [本源・感情の原因] …から, …より; …を見て, 聞いて, 考えて; …に対して: get information *at* the fountainhead 本源から情報を得る / be surprised *at* the news そのニュースを聞いて驚く / tremble *at* the thought of…を思っただけで震える / wonder *at* the sight of…を見て驚く / be angry *at* sb [sth] 人[事]に対しておこる. ● **at about**…ころ, ほぼ…に: *at about* five o'clock [the same time] 5 時[同じ]ころに / *at about* the same speed だいたい同じ速度で. **at it** 盛んに(仕事[運動, けんか]を)やって, 精を出して: He is hard *at it*. せっせとやっている / They are *at it* again. またやっている《夫婦げんかなど》. **at** THAT. **be at**…に従事している, …をやっている; «口» 攻撃する, 襲う; «口» 〈人のもの〉に手を出す, いじくる; «口» …にがみがみ言う 〈*to do*〉: What *are* you *at*? 何をしよう[言おう]としているんだい. **where** sb **is at** 人の本当の立場[状態, 性質]. **where it's at** «口» おもしろい場所, 本場; «口» 最も重要なこと, 最大の関心事; «口» 本当のところ, 肝心なこと, 真相, 核心. [OE *æt*; cf. OHG *az*, ON *at*]

at², **att** /ɑ́ːt, ǽt/ *n* (*pl* ~) アット《ラオスの通貨単位: =1/100 kip》. [Siamese]

AT /èɪtíː/ *n* 〚電算〛AT《IBM 社のパーソナルコンピューター》. [*Ad*vanced *T*echnology]

at- ⇨ AD-.

at. airtight ♦〚理〛atmosphere ♦ atomic. **At** 〚電〛ampere-turn ♦〚化〛astatine. **AT** air temperature ♦ °Air Transport ♦ °alternative technology ♦〚電〛ampere-turn ♦〚軍〛antitank ♦ °appropriate technology ♦〚米・カナダ〛°Atlantic time ♦ °attainment target ♦ °automatic transmission. **ATA** 〚電算〛AT Attachment《パソコンに機器を接続する規格》.

-a·ta /ɑ́ːtə, éɪ-/ *n pl suf*「…を特徴とする動物の類」《動物学上の分類名をつくる》. [L (neut pl) < *-atus*]

at·a·bal /ǽtəbæ̀l/ *n* 〚楽〛アタバル《Moor 人の太鼓》. [Sp < Arab]

At·a·brine /ǽtəbrən, -brìːn/ [°a-] アタブリン《キナクリン (quinacrine) 製剤のもと商品名》.

At·a·ca·ma /ɑːtəkɑ́ːmə, æ̀tə-/ ■ **Pú·na de ~** /púːnə deɪ-/ アタカマ高原《アルゼンチン北西部とチリにまたがる Andes 山中の高原; 平均高度が海抜 3300–4000 m に達する寒冷で未開の地域》.

Atacáma Désert [the] アタカマ砂漠《チリ北部の砂漠; チリ硝石・銀・銅を産出》.

atac·tic /eɪtǽktɪk/ *a* ATAXIC; 〚化〛〈重合体が〉アタクチックの《主鎖に対して側鎖が不規則に配位された》.

at·a·ghan /ǽtəgæ̀n/ *n* YATAGHAN.

Ata·hual(l)·pa /ɑ̀ːtəwɑ́ːlpə/ アタワルパ (c. 1502–33)《インカ帝国最後の皇帝; Francisco Pizarro によって処刑された》.

At·a·lan·ta /æ̀t(ə)lǽntə/ 〚ギ神〛アタランテー《HIPPOMENES に競走で敗れその妻となった快足の美人》.

at·a·man /ǽtəmən, æ̀təmǽn/ *n* HETMAN. [Russ]

at·a·más·co (líly) /æ̀təmǽskoʊ(-)/ 〚植〛ゼフィランテス[ゼフィランサス, タマスダレ]属の各種, 《特に 米国南東部産の》ゼフィランテス・アタマスコ《ヒガンバナ科》. [Algonquian]

AT&T AT&T (社) (~ Corp.)《米国の大手電気通信会社; 旧 American Telephone and Telegraph Co.》.

atap /ǽtæ̀p/ *n* ニッパヤシの葉(の屋根); ニッパヤシ (nipa). [Malay =roof, thatch]

at·a·rac·tic /æ̀tərǽktɪk/, **-rax·ic** /-rǽksɪk/ *n* 精神安定薬 (tranquilizer). ► *a* 精神安定(作用)の; 精神安定薬の.

at·a·rax·ia /æ̀tərǽksiə/, **at·a·raxy** /ǽtərǽksi/ *n* 《精神・感情の》平静, 冷静, アタラクシア. [F < Gk=impassiveness]

Atatürk ⇨ KEMAL ATATÜRK.

atav·ic /ətǽvɪk/ *a* ATAVISTIC.

at·a·vism /ǽtəvɪz(ə)m/ *n* 〚生〛先祖返り, 復帰突然変異, 隔世遺伝; 先祖返りによる形質(をもつ個体); 《流行などの》リバイバル. [F (L *atavus* great-grandfather's grandfather)]

at·a·vist /ǽtəvɪst/ *n* 〚生〛隔世遺伝による形質をもつ個体.

at·a·vis·tic /æ̀təvístɪk/ *a* 隔世遺伝の; 隔世遺伝しやすい; 先祖返りをした(ような), 原始的な, 本能的な. ♦ **-ti·cal·ly** *adv*

atax·ia /ətǽksiə, eɪ-/, **ataxy** /-si/ *n* 混乱, 無秩序 (opp. *eutaxy*); 〚医〛失調(症), 《特に 手足の》運動失調(症). [L < Gk (*a*-², *taxis* order)]

atáxia-telangiectásia *n* 〚医〛毛細(血)管拡張性運動失調症《遺伝病》.

atax·ic /ətǽksɪk, eɪ-/ *a* 無秩序の; 〚医〛(運動)失調(症[性])の. ► *n* (運動)失調者.

ATB °all-terrain bike.

At·ba·ra /ǽtbərə/ [the] アトバラ川《エチオピア北部に発し, スーダン東部を経て Nile 川本流に流入する》.

at bát, át-bàt (*pl* **~s**) 〚野〛打数 (cf. *at* BAT¹).

AT bus /éɪtíː ―/ 〚電算〛AT バス《IBM 社の AT の拡張スロット用バス; cf. ISA》.

ATC °air traffic control [controller] ♦〚英〛Air Training Corps ♦〚鉄道〛automatic train control 自動列車制御.

at·cha /əʧɑ́ː/, **atch·oo** /əʧúː/ *int* ハックション (⇨ AHCHOO). [imit]

Atchaf·a·láya Ríver /(ə)ʧæ̀fəláɪə-/ [the] アチャファラヤ川《Louisiana 州東部で Red River からできる分流; 南流してメキシコ湾の入江アチャファラヤ湾 (**Atchafaláya Báy**) に注ぐ》.

AT command /éɪtìː ―/ 〚電算〛AT コマンド《Hayes 社による, 業界標準となったモデム用コマンド; cf. HAYES-COMPATIBLE》. [コマンドが AT (< attention) で始まることから]

ate *v* EAT の過去形.

Ate /éɪti, ɑ́ːti/ **1** 〚ギ神〛アーテー《神および人間を狂気に導く女神》. **2** [a-] 人を破滅に導く衝動[野望, 愚行].

-ate¹ /ˊ― èɪt, -éɪt/ *v suf*「…させる」「…にならせる」「…する」「…になる」「…を生じさせる」「…の作用をうけさせる」「…で処理する」「…の形にならせる」「…に向くように配列する」「…を付与する」: loc*ate*, concentr*ate*, evapor*ate*, ulcer*ate*, vaccin*ate*, chlorin*ate*, triangul*ate*, orchestr*ate*, capacit*ate*. [L *-atus* (pp)]

-ate² /ət, èɪt/ *a suf* (1) -ate を語尾とする動詞の過去分詞に相当する形容詞をつくる: anim*ate* (=animated), situ*ate* (=situated). (2)「…を有する」「…の特徴を有する」「特徴として…を有する」「…の」: passion*ate*, rose*ate*, crani*ate*, collegi*ate*. [L *-atus* (pp)]

-ate³ /ət, èɪt/ *n suf* (1)「役, 職, 位」「役職者集団」: consul*ate*, director*ate*. (2)「ある行動の対象となる人[もの]」「ある行為の産物」: leg*ate*, mand*ate*, condens*ate*, filtr*ate*. (3)「国家」「領土」「統治」: emir*ate*, khan*ate*. (4) 〚化〛《-ic acid という名の酸の》「…酸塩[エステル]」《実体は金属酸化物・錯塩のこともある; cf. -OATE》: sulf*ate*, tungst*ate*, ferr*ate*. [OF or L *-atus* (n or pp)]

ATE automated test equipment 自動試験装置.

A-team /éɪtìːm/ *n* 〚スポ〛《学校・クラブを代表する》一軍, A 代表《ワールドカップなどに国を代表して出場するチーム》; 《社員・兵士などの》精鋭チーム.

At·e·brin /ǽtəbrən, -brìːn/ n 〖商標〗アテブリン《キナクリン (quinacrine) 製剤の英国における商品名; cf. ATABRINE》.

-at·ed /èɪtəd/ *a suf* -ATE².

at·el·ec·ta·sis /æ̀t(ə)léktəsəs/ n (*pl* **-ses** /-sìːz/) 〖医〗肺拡張不全, 無気肺, アテレクターゼ.

atél·ic /eɪ-, æ-/ a 〖文法〗未完了相の (cf. TELIC).

ate·lier /æ̀t(ə)ljéɪ, ━━━, ″ətélieɪ/ n アトリエ, 仕事場, 製作室, 工房, 画室 (studio). [F]

ate·moya /àːtəmɔ́ɪə, æ̀t-/ n アテモヤ《熱帯産の果物; sweetsop (タガログ語で ate) と cherimoya の交配種の木の実で, 果肉が白い》.

a tem·po /ɑː témpoʊ/ *adv, a* 〖楽〗もとの速さで[の], アテンポで[の] (＝*tempo primo*). ► n アテンポの楽節. [It＝in time]

atém·po·ral /eɪ-, æ-/ a 時間に影響されない, 無時間の, 時を超越した (timeless).

Aten, Aton /ɑ́ːtn/ 〖古代エジプト〗アトン《唯一の神として崇拝された太陽円盤》.

aten·o·lol /əténəlɔ̀(ː)l, -lɑ̀l/ n 〖薬〗アテノロール《β 受容体遮断薬; 高血圧治療に用いる》.

a ter·go /ɑː tέərgoʊ/ *adv* 後ろから[で, に]. [L]

Ate·ri·an /ətíəriən/ *a, n* 《北アフリカ旧石器時代中期の》アテリア文化(期)(の). [Bir el-*Ater* チュニジア南部にある標準遺跡]

à terre /*F* a tεːr/ *adv, pred a* 〖バレエ〗地上に(足をつけて), アテール. [F＝on the ground]

ATF 〖米〗Bureau of Alcohol, Tobacco, Firearms and Explosives アルコール・タバコ・火器・爆発物取締局《司法省の一部局; もとは財務省の (Bureau of) Alcohol, Tobacco, and Firearms だったのでその略称を引き継いでいるが, 新名称で BATFE と略すこともある》.

At·get /*F* atʒε/ アッジェ (**Jean-)Eugène(-Auguste)** ～ (1857–1927)《フランスの写真家》.

Ath·a·bas·ca, -ka /æ̀θəbǽskə, ɑ̀ː-/ **1** [the] アサバスカ川《カナダ Alberta 州を北流して Athabasca 湖へ注ぐ》. **2** [Lake] アサバスカ湖《Alberta, Saskatchewan 両州北部にまたがる》.

Athabaskan, -can ⇨ ATHAPASKAN.

Ath·a·mas /ǽθəmæ̀s/ 〖ギ神〗アタマース《Boeotia の一都市の王; Nephele を妻として Phrixus と Helle の父で, のちに Ino を妻とする》.

ath·a·na·sia /æ̀θənéɪʒə, -ʃə/ n 不死, 不滅.

Ath·a·na·sian /æ̀θənéɪʒ(ə)n, -ʃ(ə)n/ a アタナシオス(の教説)の. ► n アタナシウス派の人.

Athanásian Créed [the] 〖キ教〗アタナシウス信条[信経]《もと Athanasius が書いたといわれた, 特に 三位一体論・受肉論を扱う信条》.

Ath·a·na·sius /æ̀θənéɪʒ(i)əs, -ʃ(i)əs/ [Saint] 聖アタナシオス (c. 293–373)《古代キリスト教会の教父; Constantine 帝時代の Alexandria 大司教で, アリウス派と対立した; 祝日 5 月 2 日》.

athan·a·sy /əθǽnəsi/ n ATHANASIA.

ath·a·nor /ǽθənɔ̀ːr/ n 〖錬金術〗アタノール《多層式の錬金炉》. [Arab]

Ath·a·pas·kan, -can /æ̀θəpǽskən/, **-bas-** /-bǽs-/ n **a** アサバスカ語族《主にカナダ西部, Alaska, 合衆国西部で話されるアメリカインディアンの言語群》. **b** (*pl* ～, ～**s**) アサバスカ族《アサバスカ語を話す部族》. ► a 〖言〗アサバスカ語族の.

Athár·va-Véda /ətɑ́ːrvə-/ n [the] アタルヴァヴェーダ《攘災増福の呪詞を集録したヴェーダの一つ; ⇨ VEDA》.

athe·ism /éɪθiìz(ə)m/ n 神の存在の否定; 無神論; 《古》不敬さ, 反宗教性. [F (Gk *atheos* without god); cf. THEISM]

áthe·ist n 無神論者. ♦ **àthe·ís·tic, -ti·cal** a **-ís·ti·cal·ly** *adv*

ath·e·ling /ǽθəlɪŋ, *ǽðə-/ n 〖英史〗《アングロサクソンの》王子, 貴族, 《特に》皇太子, 皇子.

Ath·el·stan /ǽθəlstæ̀n; -stən/ **1** アセルスタン《男子名》. **2** アセルスタン (c. 895–939)《アングロサクソン時代のイングランド王 (926 or 927–939); Alfred 大王の孫》. [OE＝noble＋stone]

athe·mát·ic /èɪ-, æ̀-/ a 〖言〗語幹形成母音のない〈動詞〉; 〖楽〗無主題の, 非主題的な.

Athe·na /əθíːnə/ **1** 〖ギ神〗アテーナー《知恵・芸術・戦術の女神; ローマの Minerva に当たる》. **2** アシーナ《女子名》.

Athenae ⇨ ATHENS.

Ath·e·nae·um, 《米》**-ne-** /æ̀θəníːəm/ n **1** アテナ神殿, アテナイオン《古代ギリシアのアテナイにあって詩人・学者たちが集合して詩文を評論した》. **2 a** アテナイウム《ローマ皇帝 Hadrian が創立した法律・文学の学校》. **b** [a-] 文芸[学術]クラブ; [a-] 図書館, 図書室, 文庫, 読書室.

Athenáeum Clúb [the] アセニーアムクラブ《1824 年に創立された London のクラブ; 科学志向が強いが, 作家・芸術家も名を連ねる》.

Athe·ne /əθíːni/ 〖ギ神〗アテーネー (ATHENA); アシーニ《女子名》.

Athe·ni·an /əθíːniən, -njən/ a アテナイ(人)の; 古代アテナイ文明の. ► n アテネ[アテナイ]人.

Ath·ens /ǽθənz/ アテネ, アテナイ, アシネ (Gk **Athe·nae** /əθíːni/, ModGk **Athí·nai** /ɑːθíːnε/)《ギリシアの首都; 古代ギリシア文明の中心地》.

athè·o·rét·i·cal /èɪ-/ a 非論理的な.

ather·man·cy /æθə́ːrmənsi/ n 〖理〗不透熱性《赤外線・熱線を伝えないこと》.

ather·ma·nous /æθə́ːrmənəs/ a 〖理〗不透熱性の (opp. *diathermanous*).

athér·mic /èɪ-/ a 熱をもたない[伝えない].

ath·ero- /ǽθəroʊ-, -rə/ *comb form* 〖医〗「アテローム (atheroma)」

àthero·génesis n 〖医〗粥腫[アテローム]発生.

ath·ero·génic /æ̀θəroʊ-/ a 〖医〗粥腫[アテローム]発生(性)の.

ath·er·o·ma /æ̀θəróʊmə/ n 〖医〗《皮膚に生じる》粉瘤, 粥腫(じゅく), アテローム; 動脈アテローム《血管壁の退行性変化を伴った動脈硬化症》. ♦ **àth·er·óm·a·tous** /-rɑ́m-, -róʊ-/ a [(Gk *athērē* groats)]

ath·er·o·ma·to·sis /æ̀θəròʊmətóʊsəs/ n (*pl* **-ses** /-sìːz/) 〖医〗アテローム(症).

ath·ero·sclerósis /æ̀θəroʊ-/ n 〖医〗アテローム性動脈硬化(症). ♦ **-rótic** a **-rót·i·cal·ly** *adv* [G (SCLEROSIS)]

Ath·er·ton /ǽθərt(ə)n/ アサートン **Gertrude (Franklin)** ～ (1857–1948)《米国の小説家; 旧姓 Horn; 小説 *The Conqueror* (1902), *Black Oxen* (1923), California 史 *Golden Gate Country* (1945)》.

ath·e·to·sis /æ̀θətóʊsəs/ n (*pl* **-ses** /-sìːz/) 〖医〗無定位運動症, アテトーシス《四肢・指のゆっくりとした不随意運動が持続する神経性疾患》. ♦ **ath·e·toid** /ǽθətɔ̀ɪd/ a アテトーシス様の. **àth·e·tó·sic** /-tóʊ-/, **-tót·ic** /-tɑ́t-/ a [NL (Gk *athetos* not fixed)]

Athínai ⇨ ATHENS.

athirst /əθə́ːrst/ *pred a* 《文》渇望して 〈*for* battle〉; 《古・詩》渇して. [OE *ofthyrst* (pp)＜*ofthyrstan* to be thirsty]

ath·lete /ǽθlìːt/ n 運動選手, 運動競技者, ″陸上競技選手, アスリート; 《生来の》運動家, スポーツマン. [L＜Gk (*athleō* to contend for＜*athlon* prize)]

áthlete's fóot 足白癬, 《足の》汗疱状白癬, 水虫.

áthlete's héart 《運動過度による》スポーツ心(臓), 心臓肥大.

ath·let·ic /æθlétɪk/ a 運動選手[競技者]の; 競技者用の; 運動(競技)の, ″陸上競技の; 運動選手らしい, 活発な, 強壮な, 運動神経のいい; 〖心〗筋骨[闘士]型の: an ～ meet 競技会, 運動会 / ～ sports 運動競技; ″陸上競技. ♦ **-i·cal·ly** *adv*

athlétic fóot ATHLETE'S FOOT.

ath·let·i·cism /æθlétəsìz(ə)m/ n 運動競技[スポーツ]熱; 運動能力, 運動神経; 集中的な[精力的な]活動性.

ath·lét·ics *n pl* [〈*sg*〉] 戸外運動競技, ″陸上競技 (track and field); [〈*sg*〉] 体育理論, 体育実技: an ～ meeting ″陸上競技会.

athlétic suppòrt(er) 運動用サポーター (＝*jockstrap*).

ath·o·dyd /ǽθədìd/ n 〖空〗導管ジェット, アソダイズ.

Ath·ole [Ath·oll] brose /ǽθəl bróʊz/ 《スコ》アソルブローズ《ウイスキーに蜂蜜やオートミールを混ぜた飲料》. [*Athole, Atholl* スコットランド Tayside 州の山岳地帯]

at-hóme a 自宅用[向き]の; 自宅での: an ～ dress.

at hóme 《招待者宅で催す家庭的な》招待会; OPEN DAY [HOUSE].

-athon /əθɑ̀n/ *n comb form* 「長時間[長期]にわたる競技会[催し, 活動]」: talk*athon*. [mar*athon*]

Athos /ǽθɑ̀s, éɪ-/ [Mount] アトス山《ギリシア北東部 Chalcidice 半島から突き出た Acte 半島東端にある山; ギリシア正教の 20 の修道院の代表が政務を行なう自治国》.

A3 /éɪθríː/ *n, a* A3 判(の)《420×297 mm; A4 判と共に EU の標準サイズ》.

athríll /ə-/ *pred a* 興奮して 〈*with*〉.

áth·ro·cỳte /ǽθrə-/ n 〖生〗集受細胞.

ath·ro·cy·to·sis /æ̀θrəsàɪtóʊsəs/ n (*pl* **-ses** /-sìːz/) 〖医〗摂食(作用)《負荷電コロイド吸収》.

athwárt /ə-/ *adv* (斜めに)横切って, 筋違いに; 意に反して: Everything goes ～ (*with* me). 万事が思いどおりにならない. ► *prep* /━━, ━━/ …を横切って; 〖海〗〈船〉の針路[中心線]を横切って; 〈目的など〉に逆らって[反して]. [*a*-¹]

athwárt-hàwse *adv, pred a* 〖海〗停泊中の船の前に横向きになって.

athwárt·shìp a 〖海〗船側から船側まで船体を横切った.

athwárt·shìps *adv* 〖海〗船体を横切って.

athý·mic /èɪ-/ a 〖医〗無胸腺(症)の: ～ babies.

-at·ic /ǽtɪk/ *a suf* 「…の(ような)」: aromat*ic*. [F or L＜Gk]

atich·oo /ətíʧu, əʧúː/ *int* ハックション (⇨ AHCHOO).

atílt /ə-/ *adv, pred a* 槍を構えて; 傾いて: run [ride] ～ *at* [*against*]…に向かって槍を構えて疾走[疾駆]する.

atín·gle /ə-/ *pred a* ヒリヒリして; 興奮して, はしゃいで.

-a·tion /éɪʃ(ə)n/ *n suf* 「…する行為・行動・過程」「…した状態」「…した結果として生じたもの」: occup*ation*, civiliz*ation*. [F or L; ⇨ -ION]

atishoo /ətíʃu, əʧúː/ *int* ハックション (⇨ AHCHOO).

Ati·tlán /ɑ̀ːtitlɑ́ːn/ アティトラン《グアテマラ南西部 Atitlán 火山の北に位置する火口湖; 海抜 1562 m, 深さ 320 m》.

-a·tive /━ èɪtɪv, ━(━) ətɪv/ *a suf* 「…の」「…に関連のある」「…に役立つ」「…する傾向のある」: decor*ative*, illustr*ative*, purg*ative*, talk*ative*, authorit*ative*. [F or L]

Atjeh ⇨ ACHE.

Atjeh·nese /æʧəníːz, àː-, -s/ *n* (*pl* ～) ACHINESE.

Át·ka máckerel [físh] /ǽtkə-/〘魚〙キタノホッケ, シマホッケ《アイナメ科の食用魚; 北太平洋産》. [*Atka* Alaska の島]

AT keyboard /èıtìː ─/〘電算〙AT キーボード (＝*84-key keyboard*)《IBM 社の AT シリーズパソコンで 83-KEY KEYBOARD に代わって採用されたキーボード; cf. 101-KEY KEYBOARD》.

Atkins ⇨ TOMMY ATKINS.

Át·kins dìet /ǽtkənz-/〘商標〙アトキンズ・ダイエット《低炭水化物・高タンパクのダイエット》. [Robert Coleman *Atkins* (1930–2003) 考案者の米国の心臓医・栄養学者]

At·kin·son /ǽtkəns(ə)n/ アトキンソン Sir **Harry** (**Albert**) ～ (1831–92)《英国生まれのニュージーランドの政治家; 首相 (1876–77, 83–84, 87–91)》.

Atl. Atlantic.

At·lan·ta /ətlǽntə, æt-/ アトランタ《Georgia 州北西部の市・州都》. ◆ **At·lán·tan** *a, n*

At·lan·te·an /ætlæntíːən, ətlǽntiən/ *a* (巨人神)アトラース (Atlas) の(ような), 強い; ATLANTIS (の文化)の.

atlantes *n*〘建〙ATLAS の複数形.

At·lan·tic /ətlǽntık, æt-/ *n* [the] 大西洋. ► *a* 大西洋(の近く)の, 大西洋にある, 大西洋に臨む; 大西洋岸(付近)の; 大西洋諸国の;〘解〙環椎の; アトラス山脈の;〘地質〙アトランティック期の《北ヨーロッパで後氷期の第 3 気候期; 7500–5000 年前の温暖・湿潤期》; (巨人神)アトラース (Atlas) の: the ～ states〘米〙大西洋岸諸州, 東部諸州. ■ the **Báttle of the** ～ 大西洋海戦《第二次大戦中, 英国とソ連に対する米国の補給を断とうとした枢軸側の海空作戦》. [Gk ATLAS]

Atlántic Chárter [the] 大西洋憲章《米国大統領 Franklin D. Roosevelt と英国首相 Winston Churchill とが大西洋上で会談し, 1941 年 8 月 14 日に発表した共同宣言; 戦後世界に関して, 両国の領土不拡大をはじめとする原則を提示, 国際連合の創設理念の源泉となった》.

Atlántic Cíty アトランティックシティー《New Jersey 州南東部, 大西洋岸の市; 海辺のリゾート地》.

Atlántic cróaker〘魚〙大西洋産のニベ科セマルニベ属の一種 (＝*hardhead*).

Atlántic dáylight tìme〘米・カナダ〙大西洋夏時間《ATLANTIC (STANDARD) TIME の夏時間; 略 ADT》.

Atlántic Intracóastal Wáterway [the]〘米〙大西洋岸内陸大水路 (⇨ INTRACOASTAL WATERWAY).

At·lan·ti·cism /ətlǽntəsìz(ə)m, æt-/ *n* 西ヨーロッパ諸国と北米諸国との軍事・政治・経済上の協力政策, 汎大西洋主義. ◆ **-cist** *n*

Atlántic Ócean [the] 大西洋.

Atlántic Páct [the] 北大西洋条約 (⇨ NATO).

Atlántic Próvinces *pl* [the] 大西洋諸州《カナダ東部の Nova Scotia, New Brunswick, Prince Edward Island, および Newfoundland and Labrador; cf. MARITIME PROVINCES》.

Atlántic púffin〘鳥〙ニシツノメドリ《北大西洋産》.

Atlántic Rím 大西洋沿岸諸国《特に北大西洋の》.

Atlántic sálmon〘魚〙タイセイヨウサケ (⇨ SALMON).

Atlántic (stándard) tìme〘米・カナダ〙大西洋標準時《UTC より 4 時間おそい; 略 A(S)T; ⇨ STANDARD TIME》.

At·lan·tis /ətlǽntəs, æt-/ アトランティス《Gibraltar 海峡の西方にあったが, 地震と大洪水で一昼夜にして海中に没したといわれる伝説上の大きな島》.

àt-lárge* *a*《国・地域・組織の一部でなく》全体を代表する (⇨ at LARGE): a congressman- ～《特定の選挙区によらず州全体が選出する》全州選出下院議員 / an ～ board member 無任所理事.

at·las /ǽtləs/ *n* **1** 地図帳; 図解書, 図表集; アトラス判《書画用の紙の規格; 26×34 [33] または 26×17 インチ》. **2** [A-]〘ギ神〙アトラース《神罰によって天空を肩にかつがされた巨人神》; [A-] 重荷を担っている人, 主柱, 大黒柱;〘解〙環椎(かんつい)《第 1 頸椎》; (*pl* **at·lan·tes** /ətlǽntiz, æt-/)〘建〙男像柱 (cf. CARYATID, TELAMON). **3** [A-] アトラス《米国の大陸間弾道弾; 宇宙船打上げにも用いる》. [L＜Gk *Atlant- Atlas*]

Átlas móth〘昆〙ヨナグニサン(与那国蚕), オオアヤニシキ《ヤママユガ科の大型の蛾; 世界最大の蛾とされる》.

Átlas Móuntains *pl* [the] アトラス山脈《モロッコ南西部からチュニジア北東部に及ぶ山脈; 最高峰はモロッコ中南西部のグランドアトラス山脈 (the **Gránd Átlas**) 別名オートアトラス山脈 (**the Hígh Átlas**) にある Mt Toubkal (4165 m)》.

at·latl /áːtlàːtl/ *n*《古代メキシコの》槍[矢]発射器. [Uto-Aztec]

At·li /áːtli/〘北欧神話〙アトリ《Sigurd の死後 Gudrun と結婚し彼女に殺されたフン族の王》.

ATM /èıtìːém/ *n* AUTOMATIC [AUTOMATED] TELLER MACHINE.

atm- /ætm/, **at·mo-** /ǽtmoʊ, -mə/ *comb form*「蒸気」「空気」[Gk *atmos* vapor]

atm〘理〙atmosphere(s) 気圧 ◆ atmospheric. **at. m.** °atomic mass. **ATM**〘通信〙asynchronous transfer mode 非同期転送モード《データを cell に分割する高速転送方式》.

at·man /áːtmən/ *n* [°A-]〘ヒンドゥー教〙アートマン《**1**) *Rig-Veda* で「息」「霊」「我」の意 **2**) 超越的自我, さらに「梵」の意》. [Skt＝breath, self, soul]

at·mol·o·gy /ætmáləʤi/ *n*〘理〙蒸発学.

at·mol·y·sis /ætmáləsəs/ *n* (*pl* **-ses** /-sìːz/)〘理〙分気《混合気体を多孔性物質に通し拡散させて分離すること》.

at·mom·e·ter /ætmámətər/ *n* 蒸発計, アトモメーター.

at·mo·sphere /ǽtməsfìər/ *n* **1** [the]《地球を取り巻く》大気, (大)気圏,《天体を取り巻く》ガス体; 雰囲気《環境ガス・媒体ガス》;《特定の場所の》空気: an inert ～ 不活性雰囲気 / a moist ～ 湿っぽい空気. **2 a** 四囲の情況, 社会的雰囲気[環境]: a tense ～ 緊張した空気. **b**《芸術作品などの》全体的な感じ, 趣き, 情調;《場所などの》独特の雰囲気, 風情: a novel rich in ～ 雰囲気がよく出ている小説. **3**〘理〙気圧《＝1013.25 ヘクトパスカル; 略 atm.》. ● CLEAR **the** ～. ◆ **～d** *a* [NL (Gk *atmos* vapor, SPHERE)]

at·mo·spher·ic /ætməsférık, -sfíər-/, **-i·cal** *a* 大気(中)の; 大気のような; 大気によってひき起こされる; 情緒的な, 独特の雰囲気がある[をかもし出す]: ～ depression 低気圧 / ～ discharge 空中放電 / ～ disturbances＝ATMOSPHERICS. ◆ **-i·cal·ly** *adv*

atmosphéric electrícity〘理〙空中電気.

atmosphéric perspéctive AERIAL PERSPECTIVE.

atmosphéric préssure〘気〙気圧, 大気圧.

àt·mo·sphér·ics *n pl* **1**〘理〙空中電気, 空電 (＝*sferics*);〘通信〙《空電による》大気雑音, 空電雑音. **2 a**《政治的な》ムード(づくりのための行動);《文学作品などで》雰囲気を出すための細部描写. **b**《意図的に作られた》政治的ムード,《文学作品などの》独特の雰囲気.

atmosphéric tíde〘理〙大気潮(汐)《地球大気の潮汐振動》.

at·mo·sphe·ri·um /ætməsfíəriəm/ *n* (*pl* **～s, -ria** /-riə/) 気象変化投影装置(を備えた部屋[建物]).

ATN °augmented transition network.

at. no. °atomic number.

ATOC〘英〙Association of Train Operating Companies 列車運行会社協会《British Rail の分割民営化によりできた組織; National Rail という共通ブランド名を使用する 26 の列車運行会社からなる》.

ATOL /ǽtɔ̀(ː)l, -àl/〘英〙Air Travel Organiser's Licence.

at·oll /ǽtɔ̀(ː)l, -tòʊl, -tàl, éı-, ətál/ *n* 環状サンゴ島, 環礁. [Maldive]

at·om /ǽtəm/ *n* **1**〘理・化〙原子; [the] 原子エネルギー, 原子力;〘哲〙アトム《古代人が宇宙の素構成要素と考えた微小存在》: chemical ～*s* 原子. **2** 微塵(みじん), 少量: smash [break] to ～*s* みじんに砕く / There's not an ～ of common sense in what he says. 彼の言うことは非常識きわまりない. [OF, ＜Gk＝indivisible]

at·om·ar·i·um /ætəméəriəm/ *n* 展示用小型原子炉, 原子炉展示館[室], 原子力展示館.

átom-bómb *vt, vi* 原爆で攻撃する, (…に)原爆を落とす.

átom bómb, atómic bómb 原子爆弾 (＝*A-bomb, fission bomb*); 核兵器.

atom·ic /ətámık/ *a* 原子 (atom) の; 原子力(利用)の; 原子爆弾の[を用いる, を保有する]; 極小の; 微細な要素からなる;〘論〙〈命題などが〉原子的な;〘化〙〈元素が〉分離原子の状態で存在する. ◆ **-i·cal·ly** *adv*

atómic áge [the, °the A- A-] 原子力時代. ◆ **atómic-áge** *a*

atomic bomb ⇨ ATOM BOMB.

atómic bómber 原子爆弾搭載爆撃機; 原子力爆撃機.

atómic cálendar 原子カレンダー《炭素 14 法による年代測定装置》.

atómic clóck 原子時計.

atómic clóud《原子爆弾による》原子雲, きのこ雲.

atómic clúb NUCLEAR CLUB.

atómic cócktail* アトミックカクテル《癌患者に服用させる放射性物質を含む混合溶液》.

atómic disintegrátion〘理〙原子核壊変[崩壊].

atómic énergy 原子エネルギー, 原子力.

Atómic Énergy Authòrity [the]〘英〙原子力公社《1954 年設立; 略 AEA》.

atómic fúrnace 原子炉 (reactor).

atómic héat〘化〙原子熱《比熱》.

atómic hypóthesis〘哲〙ATOMIC THEORY.

at·o·mic·i·ty /ætəmísəti/ *n* 原子による構成状態;〘化〙原子数, 原子価 (valence).

atómic máss〘化〙原子質量.

atómic máss ùnit〘理〙原子質量単位 (＝*unified atomic mass unit, dalton*)《略 amu》.

atómic númber〘化〙原子番号《略 at. no.》.

atómic philósophy ATOMISM.

atómic píle [reáctor] 原子炉 (reactor).

atómic pówer 原子力 (nuclear power).

atóm·ics *n*《特に原子力を扱う》原子学.

atómic spéctrum〘理〙原子スペクトル《原子が放出[吸収]するスペクトル》.

A

atómic strúcture 〘理〙原子構造.
atómic théory 〘哲〙原子論 (=*atomic hypothesis*) 《すべての存在物は分割不可能な粒子つまり原子からなるとする仮説》; 〘理〙《原子の構造に関する》原子理論.
atómic tíme 《atomic clock による》原子時間.
atómic vólume 〘化〙原子容《原子 1 モルの体積》.
atómic wárfare 原爆戦.
atómic wéapon 原子兵器, 核兵器 (nuclear weapon).
atómic wéight 〘化〙原子量《略 at. wt.》.
átom·ìsm *n* 〘哲〙原子論, 原子説; 〘心〙原子論《心理現象を心的要素の結合で説明する立場》. ♦ **-ist** *n, a*
at·om·is·tic /ætəmístɪk/ *a* 原子(論)の; 多くの微細な要素からなる, ばらばらに分裂した〈社会〉. ♦ **-ti·cal·ly** *adv*
àt·om·ís·tics *n* アトミスティクス《エネルギー利用を主体とする原子論》.
átom·ìze | -ìse *vt* 原子にする, 微塵(みじん)にする; 〈水・消毒液など〉霧に吹く, 霧状にする, 霧化する; 原子爆弾で粉砕する; 多くの成分[断片]に分離する; ばらばらな多くの単位の集まりとみなす[扱う]: an *~d* society 分断化された社会 / *~d* individuals 孤立化した個人. ♦ **-ìz·er** *n* 噴霧器[装置], 霧吹き, 香水吹き, アトマイザー. **àtom·izátion** *n*
átom smàsher 《口》原子破壊器, 粒子加速器 (accelerator).
at·o·my[1] /ǽtəmi/ *n* 極小物; 一寸法師, こびと; 《古》微粒子, 原子. [? *atomi* (pl)<L ATOM]
atomy[2] *n* やせこけた人; 《古》骸骨. [異分析 < *anatomy*]
Aton ⇨ ATEN.
atón·al /eɪ-, æ-/ *a* 〘楽〙無調の (opp. *tonal*). ♦ **~·ly** *adv* [*a*-[2]]
atónal·ism *n* 〘楽〙《作曲上の》無調主義; 無調音楽の楽曲[理論]. ♦ **-ist** *n* **atòn·al·ís·tic** *a*
ato·nál·i·ty /èɪ-, æ̀-/ 〘楽〙*n* 無調性 (opp. *tonality*); 《作曲の》無調様式.
atone /ətóʊn/ *vi* あがなう, 償う, 罪滅ぼしをする 〈*for*〉; 《廃》一致する, 調和する. ► *vt* 償う; 《廃》和解させる; 《廃》一体にする, 調和させる. ★ 能動態で用いられる場合また受動態でも *for* を伴わない場合は古形. ♦ **atón(e)·able** *a* [逆成く↓]
atóne·ment *n* 償い, あがない; [the A-] キリストの贖罪(しょくざい); 〘クリスチャンサイエンス〙贖罪《人が神と一体であることの例証》; 《廃》和解, 調停. ■ the DAY OF ATONEMENT. [AT, ONE, *-ment*; 語形は L *adunamentum* と E *onement* (< *one* (obs) to unite) の影響]
atón·ic /eɪ-, æ-/ *a* アクセントのない; 〘医〙無緊張性の, 弛緩した, アトニーの[による]. ► *n* アクセントのない語[音節].
ato·nic·i·ty /èɪtoʊnísəti, æ̀t-/ *n* 〘医〙ATONY.
at·o·ny /ǽt(ə)ni/ *n* 〘医〙《収縮性器官の》無緊張(症), 緊張減退(症), アトニー; 〘言〙アクセント[強勢]のないこと.
atóp /ə-/ 《文》*adv* 頂上に, 上に 〈*of*〉. ► *a* [通例 後置] 頂上にある. ► *prep* /─⌐, ─⌐/ …の頂上に, …の上に. [*a*-[1]]
at·o·py /ǽtəpi/ *n* 〘医〙アトピー. ♦ **atop·ic** /eɪtápɪk, -tóʊ-/ *a* [Gk=uncommonness]
-a·tor /èɪtər/ *n suf* 「…する人[もの]」: totaliz*ator*. [F and L (*-ate*[1,2], *-or*)]
à tort et à tra·vers /*F* a tɔːr e a travɛːr/ *adv* でたらめに, でまかせに, むちゃくちゃに. [F=wrongly and across]
ator·va·stat·in /ətɔ̀ːrvəstǽtən, ─⌐─⌐─/ *n* アトルバスタチン《カルシウム水和物を高脂血症治療薬として使用するスタチン》.
-a·to·ry /⌐ətɔ̀ːri; ⌐ət(ə)ri, ─èɪtəri/ *a suf* 「…の」「…に関係のある」「…のような」「…に役立つ」「…によって生み出される」: compens*atory*, exclam*atory*. [L (*-ate*[1,2], *-ory*)]
atóx·ic /eɪ-, æ-/ *a* 無毒の.
A to Z /éɪ tə zíː; -zéd/ A-Z.
ATP /éɪtìːpíː/ *n* 〘生化〙アデノシン三リン酸 (adenosine triphosphate).
ATP 〘英〙automatic train protection 自動列車停止システム.
ATP·ase /éɪtìːpíːèɪs, -z/ *n* 〘生化〙ATP アーゼ (adenosine triphosphatase).
at·ra·bil·iar /ætrəbíljər/ *a* ATRABILIOUS.
at·ra·bil·ious /ætrəbíljəs/ *a* 憂鬱な, 気のふさいだ; 気むずかしい. ♦ **~·ness** *n* [L *atra bilis* black bile; Gk MELANCHOLY の訳]
atrau·mát·ic /èɪ-/ *a* 非外傷性の.
at·ra·zine /ǽtrəzìːn/ *n* 〘農薬〙アトラジン《除草剤》. [L *atr- ater* black, tri*azine*]
Atrek /ətrék/, **Atrak** /ətrǽk/ [the] アトレク川, アトラク川《イラン北東部の川; トルクメニスタンとの国境を流れ, カスピ海に注ぐ》.
atrém·ble /ə-/ *pred a, adv* 《詩・文》震えて.
atre·sia /ətríːʒə/ 〘医〙*n* 《管・孔・腔などの》閉鎖(症); 卵胞閉鎖 (=follicular ~). [NL (Gk *trēsis* perforation)]
Atre·us /éɪtriəs, -trùːs, ″-triùːs/ 〘ギ神〙アトレウス《ミュケーナイの王で Pelops の子であり Agamemnon と Menelaus の父; 妻と密通した弟 Thyestes に残虐な報復をするが, その息子 Aegisthus に殺された》.
átri·al natriurétic pèptide [fàctor] /éɪtriəl-/ 〘生化〙心房性ナトリウム利尿ペプチド[因子]《血液量の異常な増加に対応して心房から分泌されるペプチドホルモンの総称; 血圧やナトリウム・カリウム・水分の排出を調節する; 略 ANF》.
atrio·ventrícular /èɪtrioʊ-/ *a* 〘解〙《心臓の》房室(性)の: an ~ valve [canal] 房室弁[管].
atrioventrícular blóck 〘医〙房室ブロック (=*heart block*).
atrioventrícular búndle 〘解〙房室束.
atrioventrícular nóde 〘解〙房室結節.
atríp /ə-/ *pred a* 〘海〙〈錨が〉起き錨で (aweigh); 〈帆や帆桁が〉回しなおしたばかりで《いっそうよく風をはらむように》: with anchors ~ 起き錨にして.
àt-rísk *a* 危険[リスク]にさらされた, 危機的状況にある: ~ children 家庭で虐待を受けている子供.
atri·um /éɪtriəm, ″áː-/ *n* (*pl* **atria** /-triə/, **~s**) **1** 〘建〙アトリウム《**1)** 古代ローマの住宅における中央広間 **2)** 初期キリスト教建築における, 方形で回廊に囲まれた前庭 **3)** ホテルなど高層建築内部における吹抜けの空間》. **2** 〘解〙房(ぼう), 《特に》心房, 心耳, 《耳の》鼓室; 〘動〙囲鰓腔. ♦ **átri·al** *a* [L]
atro·cious /ətróʊʃəs/ *a* 極悪な, 残虐な, 非道な; 恐るべき, 身の毛のよだつような; 《口》ひどく不快な, 劣悪な; 実に程度の低い[へたな]: an ~ pun ひどいしゃれ. ♦ **~·ly** *adv* **~·ness** *n* [L *atroc- atrox* cruel]
atroc·i·ty /ətrásəti/ *n* 暴虐, 非道, 残虐; 残虐行為, 凶行; 《口》ひどく不快なもの[事態], ひどく趣味の悪いもの, ひどく行儀の悪い[野蛮な]ふるまい. [F or L (↑)]
à trois /*F* a trwɑ/ *a, adv* 三人で(の), 三者間で(の): a discussion ~ 三者間討議, 鼎談(ていだん).
At·ro·pa·te·ne /ætroʊpətíːni/ アトロパテネ《イラン北西部 Azerbaijan 地方にあった古代王国; Media Atropatene ともいう; ☆Gazaca》.
at·ro·phy /ǽtrəfi/ *n* 〘医〙萎縮(症); 〘生〙《器官・組織の》萎縮, 衰退, 退化, 退行; 《道徳心などの》頽廃. ► *vt, vi* 萎縮させる[する]; やせ衰えさせる[衰える]. ♦ **atroph·ic** /eɪtráfɪk, ə-, *eɪtróʊ-/ *a* 萎縮性の. [F or L<Gk (*a*-[2], *trophē* food)]
at·ro·pine /ǽtrəpìːn, -pən/, **-pin** /-pən/ *n* 〘薬〙アトロピン《ベラドンナから採る有毒な白色結晶性アルカロイド; 痙攣緩和や散瞳薬とする》. [NL *Atropa belladonna* deadly nightshade (Gk ATROPOS)]
àtropin·izátion *n* 〘医〙アトロピン投与.
at·ro·pism /ǽtrəpìz(ə)m/ *n* 〘医〙アトロピン中毒.
At·ro·pos /ǽtrəpàs/ 〘ギ神〙アトロポス《運命の三女神 (FATES) の一人》. [Gk=inflexible]
ATS 〘鉄道〙automatic train stop.
ATSIC /ǽtsɪk/ 〘豪〙Aboriginal and Torres Strait Islander Commission アボリジニーおよびトレス海峡諸島民委員会《アボリジニーの利益を代表する政府組織》.
át sìgn 〘電算〙アットマーク《@ 印》.
At·si·na /ætsíːnə/ *n* **a** (*pl* ~, **~s**) アトシーナ族《米国 Montana 州, 隣接するカナダ Saskatchewan 州南部に住む Arapaho 族の一支族》. **b** アトシーナ語.
att ⇨ AT[2].
att. attached ♦ [°A-] 〘商〙attention ♦ attorney.
at·ta·bal /ǽtəbæ̀l/ *n* ATABAL.
at·ta·boy /ǽtəbɔ̀ɪ/ *int**《口》うまい, やるー, よし, いいぞ, その調子《奨励・賞賛; cf. ATTAGAL》. [*That's the boy!*]
at·tac·ca /ətáːkə, ətǽkə/ *v impv* 〘楽〙《楽章の終わりの指示で》(休止せず)直ちに(次章へ)続けよ, アタッカ.
at·tach /ətǽtʃ/ *vt* **1 a** 付ける, 取り付ける, 貼付する, 接着する, 結びつける, 接続する; 〈署名・付属書類などを〉添える, 添付する; 〘電算〙〈ファイルを〉添付する: ~ one thing *to* another / Please find...~*d* (⇨ FIND *vt* 1). **b** 〈重要性などを〉付与する, 〈罪・責任などを〉帰する 〈*to*〉: ~ importance *to*...に重きをおく. **2 a** [°~ *-self*/*pass*] 付属[所属]させる, 派遣する, 出向させる; 〘軍〙〈部隊・兵員などを〉《一時的に他部隊に》配属する (cf. ASSIGN): ~ sb *to* a company [regiment] / a high school *~ed to* the university 大学付属高校 / ~ *oneself to* ...に属する[加入する]. **b** [°*pass*] 個人的な愛情のきずなでつなぐ, なつかせる, 慕わせる: be *~ed to*...に愛着をもって[なついて]いる. **3** 〘法〙〈人を〉逮捕する; 〘法〙〈財産を〉差し押える; 《廃》とらえる, つかむ, 握る. ► *vi* 付着[付帯, 付随]する 〈*to*〉; 所属[付属]する 〈*to*〉: No guilt *~es to* him for...について彼に罪はない. ♦ **~·able** *a* [OF=to fasten<Gmc; ⇨ STAKE]
at·ta·ché /ætəʃéɪ, æ̀tæ-, ətæ-; ətǽʃeɪ; *F* ataʃe/ *n* 《大使・公使の》随行員, 《専門分野を代表する》大使[公使]館員; ATTACHÉ CASE: a commercial ~ 商務官 / a military ~ 大使[公使]館付武官. [F (pp) < *attacher* to ATTACH]
attaché case /─⌐ ─⌐/ アタッシェケース《書類用の小型手提げかばん》; BRIEFCASE.
at·táched *a* **1** 結びついている, 添付[付属]の; 〘貝〙固着した; 〘建〙ENGAGED: an ~ high school 付属高校. **2** 慕って[傾倒して]いる 〈*to*〉; 結婚している, きまった相手がある.
attách·ment *n* **1 a** 取付け, 接続; 付着, 接着, 吸着. **b** 付着物, 付属物; 付属部品; 結びつけるもの[部分]; 連結[付加]装置, アタッチメント. **c** 添付書類;〘電算〙添付ファイル. **2**《心情的な》傾倒, 愛着, 愛慕, 寵愛: have a strong ～ *for* sb 人に強い愛着をもつ. **3**〘法〙差し押え, 逮捕; 差押令状, 逮捕令状: ～ of earnings〘法〙給与差し押え(令状)《債務者の給与から一定額を差し引き債務の支払いにあてるよう雇用者に命じる》. ● **on** ～ "出向して, 派遣されて.

at·tack /ətǽk/ *vt* 攻撃する, 攻める, 襲う (opp. *defend*); 非難する〈*as, for*〉;〘チェス〙〈コマを〉攻める;〈病気が〉襲う, 冒す; …に破壊的な化学作用を及ぼす;〈仕事〉に勢い込んで着手する, 取りかかる: be ～*ed* with [by] flu 流感にかかる / ～ a task [a dinner] 仕事に猛然と取りかかる[食事をムシャムシャと食べ始める]. ► *vi* 攻撃する, 攻める. ► *n* **1 a** 攻撃, 襲撃; 非難;《競技などで》攻撃, 攻め; 攻撃側(の位置); 性的暴行(未遂): a general ～ 総攻撃 / launch [make, mount] an ～ *on* [*against*]…に攻撃を加える / come [be] under ～ 攻撃[非難]を受ける[ている] / *A*～ is the best (form of) defense. 攻撃は最良の防御. **b** 発病, 発作;《ある欲求・感情に》発作的に襲われること; 突然の怒り[悲しみなど]; (化学的)破壊作用の開始: have an ～ of flu 流感にかかる. **2**《仕事などの》開始(の仕方), 着手(の仕方)〈*on*〉; 音[声]の発出(法), 起声楽句の演奏開始(の仕方[整合]), アタック. ► *a* 攻撃用の.
♦ ～**·er** *n* [F<It=to ATTACK, join (battle)]

attáck àd* 《相手候補[競合商品]への》中傷広告 (negative ad).

attáck dòg* 攻撃犬《命令で人に攻撃を加えるように訓練された犬》; かみつき屋, 毒舌家.

attáck·màn *n*〘スポ〙アタックマン, アタッカー《ラクロスなどで, 攻撃ゾーン[攻撃位置]に配置されたプレーヤー》.

at·ta·gal /ǽtəgæ̀l/, **-girl** /-gɜ̀ːrl/ *int**《口》えらいぞ, うまい (⇨ ATTABOY).

at·tain /ətéɪn/ *vt*〈目的などを〉遂げる, 達成する;〈望みのものなど〉獲得する;〈高齢・山頂など〉に到達する. ► *vi*《運動・成長・努力によって》到達する〈*to*〉: ～ *to* man's estate 成年に達する / ～ *to* perfection 完成の域に達する. ♦ ～**·able** *a* 到達[達成]できる, 遂げられる. ～**·able·ness** *n* ～̃**·ability** *n* ～**·er** *n* [OF<L *attingo* to reach (*at-*, *tango* to touch)]

at·tain·der /ətéɪndər/ *n*〘法〙《反逆罪・重罪などによる》私権剥奪《今は廃止》;《廃》不名誉, 恥: BILL OF ATTAINDER.

attáin·ment *n* 到達, 達成; 達成したもの, [ᵘ*pl*] 学識, 技能: a man of varied ～*s* 博識多才の人.

attáinment tàrget〘英教育〙到達目標《cf. NATIONAL CURRICULUM; 略 AT》.

at·taint /ətéɪnt/ *vt*〘法〙〈人〉から私権を剥奪する;《古》〈名誉・名声などを〉汚す;〈病気などが〉襲う;《古》告発する, 非難する;《古》感染させる, 腐敗させる. ► *n*〘法〙陪審査問《小陪審評決の不当性に関する容疑の審理[有罪評決]; かつて大陪審 (grand jury) が行なった》;〘法〙ATTAINDER;《古》汚辱, 汚名. [OF; ⇨ ATTAIN]

at·tain·ture /ətéɪnʧər/ *n*《古》ATTAINDER; 汚辱, 汚名.

At·ta·lid /ǽtələd/ *n* アッタロス朝の人《紀元前 283–133 年のペルガモン (Pergamum) 王国の王朝人》.

at·tar /ǽtər, *ǽtɑ̀ːr/ *n* 花の精[香水];《特に ダマスクローズでつくった》バラ油 (=～̃ **of róses**); 芳香. [Pers]

'At·ṭār /ǽtər, ǽtɑ̀ːr, ɑːttáːr/ アッタール **Farīd al-Dīn** (**Muhammad ibn Ibrāhīm**) ～ (c. 1142–c. 1220)《ペルシアの神秘主義詩人; 叙事詩『鳥のことば』, 散文作品『神秘主義者列伝』》.

at·tem·per /ətémpər/ *vt*《古》(混ぜ合わせて)緩和[加減]する; …の温度を調節する; 合わせる, 適合させる〈*to*〉. ♦ ～**·ment** *n*

at·tempt /ətém(p)t/ *vt* 試みる, 企てる《通例 未遂の場合に用いる》; …の克服[登頂]を試みる;《古》取ろうと企てる,〈要塞などを〉襲う;《古》誘惑する: ～ *to* do [do*ing*, an act]…しようとして未遂に終わる / ～ the life of…《古》…を殺そうと企てる. ► *n* 試み, 企図;〘法〙未遂; 攻撃, 襲撃, 殺害計画〈*on*〉: at the first ～ 最初の試みで, 一回目に / make an ～ to do [*at* sth] / make an ～ *on*…〈記録〉に挑戦する / make an ～ *on* sb's life〈有名人・大物〉の暗殺を企てる / an ～ *at* murder [*to* murder] 謀殺未遂. ♦ ～**·able** *a* [OF<L; ⇨ TEMPT]

attémpt·ed *a*〈犯罪などが〉未遂の: ～ assault〘法〙暴行未遂 / an ～ suicide [coup] 自殺未遂[未遂に終わったクーデター].

At·ten·bor·ough /ǽt(ə)nbɜ̀ːrou; -b(ə)rə/ アッテンボロー (1) Sir **David** (**Frederick**) ～ (1926–)《英国の放送プロデューサー・著述家; Richard の弟》(2) **Richard** (**Samuel**) ～, Baron ～ (1923–)《英国の映画俳優・制作者・監督; *Oh! What a Lovely War* (素晴らしき戦争, 1969), *Gandhi* (ガンジー, 1982), *Cry Freedom* (遠い夜明け, 1987)》.

at·tend /əténd/ *vt* **1** …に出席[参列]する,〈学校〉に行く[通う]. **2 a**《結果として》…に伴う, 付帯する: be ～*ed with* much difficulty 多大の困難を伴う. **b** …に同行[同伴]する, 付き添う, 仕える, 伺候する; 往診する; …の世話をする, …に気をつける; 見張る: be ～*ed* by (sb) (人)に付き添われている; …に世話される; (医者)にかかっている. **c**《古》待つ, 待ち受ける, …の身に降りかかる. ► *vi* **1** 出席[参列, 出勤]する〈*at*〉. **2** 留意[注目, 傾聴]する〈*to*〉; 身を入れる, 精力を注ぐ, 心を傾注する〈*to*〉; 世話をする, 気を配る〈*to*〉: "Are you being ～*ed to*?《店員が客に尋ねて》ご用を承っておりますか. **3** 仕える, 付き添う, 伺候する〈*on*〉;〈危険・困難などが〉伴う〈*on*〉;《廃》待つ, とどまる〈*for*〉.
♦ ～**·er** *n* [OF<L; ⇨ TEND¹]

atténd·ance *n* **1 a** 出席, 出勤, 参会, 参列, 臨場; 出席回数, 出席率: regular ～ 規則正しい出席, 精勤 / make ten ～*s* 10 回出席する / take ～ 出席をとる / in ～ 出席[参列]して. **b** 出席[参列, 参会]者, 会衆; 出席者数: a large [small] ～ 多数[少数]の参会者. **2** 付添い, 供奉(ぐぶ), 近侍; サービス(料);《廃》供奉者, 随行者《集合的》: ～ included《ホテルなどで》サービス料込み / medical ～ 医療の手当て / give good ～ (=service) よいサービスをする / be *in* ～ *on* sb 人に奉仕[給仕]している,《看護師などが》付き添っている / an officer *in* ～ *on* His Majesty 侍従武官 / DANCE ～ on sb.

atténdance allòwance〘英〙介護手当《常時介護の必要な 65 歳以上の障害者に対する給付金》.

atténdance cèntre〘英〙アテンダンスセンター《少年犯罪者が施設に拘置される代わりに, 定期的に出向いて訓練・教育をうける施設》.

atténdance òfficer 出席調査官 (TRUANCY OFFICER).

atténdance tèacher* 出席担当教師《無断欠席者を学校に復帰させる》.

at·tend·ant /əténdənt/ *a* **1 a** お供の, 付き添いの, 随行の〈*on*〉: an ～ nurse 付添い看護師. **b** 伴う, 付随の, 付帯の: Miseries are ～ *on* vice. 悪徳には不幸が伴う / ～ circumstances 付帯状況. **2** 列席の, 参会の, (その場に)居合わせる. ► *n* 付添人, 随行員, 侍者, お供; 顧客係,《公共施設などの》案内係, 係員, 店員; 列席者, 参会者, 参列者; 付随[付帯]するもの: one's medical ～ 主治医.

at·tend·ee /ətèndíː, æ̀-/ *n* 出席者, 参列者.

atténd·ing *a, n* TEACHING HOSPITAL に在籍する(医師).

at·ten·tat /ætɑ̀ːntáː; *F* atɑ̃ta/ *n* (*pl* ～**s** /-z; *F* —/) 加害, 危害;《特に 要人に対する》襲撃, テロ行為. [F (L *attento* to attempt)]

at·ten·tion /əténʃ(ə)n/ *n* **1 a** 注意, 留意, 心の傾注, '目'; 注意力;〘心〙注意: He was all ～. 精いっぱい注意力をはたらかせていた / arrest [attract, catch, draw] ～ 注意[人目]をひく〈*to*〉/ call away the ～ 注意をそらす / call sb's ～ 人の注意を促す, 知らせる〈*to*〉/ hold [keep] sb's～ 人の注意を引きつけておく / come [bring…] to sb's ～〈事が[を]〉人の目に留まる[留めさせる] / devote one's ～ *to*…に専心する / direct [turn] one's ～ *to*…を研究する / give ～ *to*…に注意する[目を向ける],〈務め〉に精を出す / pay ～ *to*…に注意を払う, …に注意する / *A*～, please.=May I have your ～, please? 皆さまに申し上げます. **b** [°A-]〘商〙アテンション, …宛《事務用書簡の中で特定の個人[部課]名の前に置く語; 略 Att., Attn》: for the ～ of…様宛. **2**《ある問題・事態に対する》応対処置(についての考慮);《人への》思いやり, 配慮, 心づかい; [ᵘ*pl*] 思いやりのある[親切な, 献身的な]行為: The problem received his immediate ～. その問題について彼は直ちに対処した / pay one's ～*s to*…〈恋人など〉にあれこれ優しくする. **3**〘軍〙直立不動の姿勢,《号令》気をつけ!: come [bring…] to ～ (…に)気をつけの姿勢をとる[とらせる] / stand at [to] ～ 気をつけの姿勢で立つ (opp. *stand at ease*) / *A*～!《号令》/(ə)tènʃʌ́n/ 気をつけ! ('Shun /ʃʌ́n/! と略す). ♦ ～**·al** *a* [L; ⇨ ATTEND]

atténtion dèficit disòrder 注意欠陥障害《注意散漫・衝動行為・多動などを特徴とする; 略 ADD》.

atténtion dèficit hyperactívity disòrder 注意欠陥多動性障害 (attention deficit disorder)《略 ADHD》.

atténtion lìne〘商〙アテンションライン《事務書簡の中で名宛人[部課]名を記す行; cf. ATTENTION 1b》.

atténtion spàn〘心〙注意持続時間, 注意範囲《個人が注意を集中していられる時間の長さ》: have a short ～.

at·ten·tive /əténtɪv/ *a* 注意深い, 心を集中している; 心づかいの行き届いた, 思いやりのある, 親切な, 慇懃(いんぎん)な: an ～ audience 謹聴する会衆 / be ～ *to* one's work 仕事に気を配る. ♦ ～**·ly** *adv* ～**·ness** *n* [F; ⇨ ATTEND]

at·ten·u·ant /ətɛ́njuənt/ *a* 希薄にする, 希釈する. ► *n*〘医〙《血液の》希釈剤.

at·ten·u·ate /ətɛ́njuèɪt/ *vt* 細くする; 薄める; 和らげる, 弱める; 減じる;〈ウイルスなどを〉弱毒化する, 減毒する;〘理〙減衰させる: an ～*d* virus 弱毒ウイルス. ► *vi* 細く[薄く, 弱く, 少なく]なる. ► *a* /-njuət, -èɪt/ 細く[薄く, 弱く, 少なく]した;〘植〙〈葉が〉漸先形の. [L; ⇨ TENUOUS]

at·tèn·u·á·tion *n* 細くなる[する]こと; 衰弱, やつれ; 希薄化, 希釈; 弱化;〘医〙弱毒化, 減毒;《電流などの》減衰.

at·tén·u·à·tor *n*〘理〙減衰器《信号波の振幅を, ひずみを押えながら減衰させる装置》.

at·test /ətést/ *vt* **1** 証明する, 立証する, 証言する; (…の真正さを)認証する; …の証拠となる;〈ことばなど〉の使用を実証する: These facts all ～ his innocence [*that* he is innocent]. / ～ a signature《証人立会いの下で》署名が真正であることを認証する. **2**〈人〉に誓わせる, 誓言させる;〈新兵を〉宣誓のうえ入隊させる. ► *vi* 証拠となる; 立証する〈*to*〉; 入隊する. ► *n*《古》宣誓, 証言. ♦ ～**·a·ble** *a* ～**·er, at·tés·tor** /, *-tɔ̀ːr/ *n*〘法〙《証書作成の》立会い証人, 認証者. **at·tést·ant** *n* 認証者, 証人. **at·tes·ta·tion** /æ̀tèstéɪʃ(ə)n/ *n* 認証, 証明, 立証. [F<L (*testis* witness)]

attést·ed" *a* 認証[証明, 立証]された; 無病の保証をされた: ～ cattle [milk] 無病保証牛[牛乳].

Att. Gen. °Attorney General.

at·tic /ǽtɪk/ *n* **1** 屋根裏(部屋), 屋階; 〘建〙アティク《軒(のき)蛇腹の上の扶壁または中二階》. **2** «俗» 頭, 頭脳 (head). [F,＜Gk; Attic スタイルの壁柱を飾りに用いたことから]

Attic *a* アッティカ (Attica) の; 《アッティカの首都》アテナイ (Athens) の; アテナイ人[文化]の; アテナイ風の, 古典的な, 高雅な. ► *n* **a** アッティカ人; アテナイ人. **b** 《古代ギリシア語の》アッティカ方言《古典ギリシア語の代表的な文学の言語; イオニア方言の姉妹方言》. [L＜Gk＝of Attica]

At·ti·ca /ǽtɪkə/ アッティカ《ギリシア東部の地方; ☆Athens; 古代にはアテナイの領域だった》.

Áttic fáith 堅い信義 (opp. *Punic faith*).

at·ti·cism /ǽtəsìz(ə)m/ *n* [°A-] アテナイ人びいき; 《他言語またはギリシア語の方言中の》アッティカ語風の特色[語法, 文体]; 機知に富んだ簡潔典雅な表現. [Gk; ⇨ ATTIC]

at·ti·cize /ǽtəsàɪz/ [°A-] *vt* アテナイ風にする; ギリシア(語)風にする. ► *vi* アテナイ人の味方[ひいき]をする; アッティカ語で話す[書く].

Áttic órder [the] 〘建〙アッティカ式《角柱を使用》.

Áttic sált [wít] [the] 上品で鋭い機知.

At·ti·la /ǽt(ə)lə, ətílə/ アッティラ (406?–453)《フン族の支配者; ローマ帝国に侵入し, 'Scourge of God' (神による禍) と恐れられた; **Á~ the Hún** ともいう》.

at·tire /ətáɪər/ *vt* [ᵘpass] «文» 装う, 《特に》盛装させる: ~ *oneself in*…を身にまとう / be simply [gorgeously] ~*d* 質素[華美]に装っている. ► *n* 装い, 服装, 《特に》盛装, 晴れ着; 〘狩・紋〙雄鹿の(頭皮付きの)枝角: a beauty in male ~ 男装の麗人 / Casual *A*~ Requested《招待状で》平服でお越しください. ♦ **~·ment** *n* ATTIRE. [OF (*à tire* in order)]

At·tis /ǽtəs/ 〘ギ神〙アッティス《女神 Cybele に愛された Phrygia の少年; 女神のねたみによって狂人にされみずから去勢して死んだ》.

at·ti·tude /ǽtət(j)ùːd/ *n* **1 a** 《精神的な》姿勢, 態度; 気持, 感じ方; 意見, 考え(方); 〘心〙態度: an ~ of mind 心の態度, 気のもち方 / take [assume] a strong [cool, weak] ~ *toward* [*to, on*]…に強硬な[冷静な, 弱い]態度をとる. **b** «口» 自信に満ちた[独善的な]態度; «口» つっぱり; «口» 独自の主張[スタイル]: have [cop, pull] (an) ~ つっぱった[生意気な]態度をとる / a politician with ~. **2** 《人体・彫像・画像などの》身体各部のくばり, 姿態; 態度, 姿勢, 身振り; 身体の構え, 態勢, 身構え; 《家畜などの》肢勢; 胎勢; 〘バレエ〙アティチュード《片足で立ち, 他方をひざで曲げた姿勢》; 〘空・宇〙姿勢《地平線や特定の星と機体の軸との関係で定まる航空機や宇宙船の位置[方向]》.
● **have [cop] an ~** *«黒人俗» 不平を言う, ぐちる; ⇨ 1b. **have an ~ problem** 自己中心的である, 協調性を欠く. **strike an ~** «古風» 気取った[わざとらしい]様子をする. [F＜It＝fitness, posture＜L APTITUDE]

àt·ti·tú·di·nal *a* 態度に関する[に基づく, を示す]. ♦ **~·ly** *adv*

at·ti·tu·di·nar·i·an /æ̀tət(j)ùːd(ə)néəriən/ *n* 気取った態度[ポーズ]をとる人, 気取り屋. ♦ **~·ism** *n*

at·ti·tu·di·nize /æ̀tət(j)úːd(ə)nàɪz/ *vi* 《効果をねらって》ポーズをとる, 気取る, もったいぶる. ♦ **-nìz·er** *n* 気取り屋.

Att·lee /ǽtli/ アトリー **Clement (Richard) ~**, 1st Earl ~ (1883–1967)《英国の政治家; 首相 (1945–51); 労働党》.

attn [°A-] 〘商〙(for the) ATTENTION (of).

at·to- /ǽtou/ *comb form* 〘単位〙アト (＝10^{-18}; 記号 a). [Dan or Norw *atten* eighteen]

at·torn /ətə́ːrn/ *vi* 〘法〙新地主[所有者]に対しても引き続き借用者となることに同意する; 〘古法〙旧領主との臣従関係を新領主に移す. ► *vt* «まれ» TRANSFER. ♦ **~·ment** *n*

at·tor·ney /ətə́ːrni/ *n* 〘法〙代理人 (cf. POWER OF ATTORNEY); 弁護士 (lawyer); 《昔の》代訴人, 事務弁護士; *検察官. ● **by ~** 代人で (opp. *in person*). ♦ **~·ship** *n* attorney の職[身分], 代理権. [OF (pp) ‹ *atorner* to assign (*a*-[1] to, TURN)]

attorney-at-láw* *n* (*pl* **attórneys-at-láw**) 弁護士, 事務弁護士《英国では現在は SOLICITOR という》.

attórney-clíent prívilege 〘法〙弁護士-依頼者間の秘匿特権.

attórney géneral (*pl* **attórneys géneral, attórney génerals**) [°A- G-] 《略 AG, Att. Gen., Atty Gen.》法務総裁; 《米国の連邦政府または各州の》司法長官; 《英国の》法務長官; 検事総長.

attórney-in-fáct *n* (*pl* **attórneys-in-fáct**) 〘法〙《委任状 (letter of attorney) による》代理人.

átto·sècond *n* アト秒 (＝10^{-18} 秒; 記号 as).

at·tract /ətrǽkt/ *vt* ひき寄せる, ひきつける ‹*to*›; 誘致する ‹*to*›; 誘引する, 魅惑する: ~ sb's attention [notice] 人の注意をひく, 目につく / be ~*ed* to [by]…にひきつけられる. ► *vi* ひき寄せる, 人(の心)をひきつける. ♦ **~·able** *a* **~·er** *n* [L (*ad-, tract- traho* to draw)]

attráct·an·cy, -ance *n* ひきつける力, 誘引力.

attráct·ant *n* ひきつけるもの; 〘動〙誘引物質; 誘引薬.

at·trac·tion /ətrǽkʃ(ə)n/ *n* **1** ひきつけること, 誘引; ひきつける力, 魅力; 〘理〙引力 (opp. *repulsion*); 〘文法〙牽引《近くの語にひかれて数・格が変化すること》: the center of ~ 人の集まる場所, 人の注目の的 / magnetic ~ 磁力 / ~ of gravity 重力 / chemical ~ 親和力 (affinity) / She possesses personal ~*s*. 魅力の持主. **2** 人[客]をひきつける(ための)もの, 呼び物, アトラクション: the chief ~ of the day 当日随一の呼び物.

attráction sphère 〘生〙《中心粒周囲の》中心球.

attráct·ive *a* 物をひきつける, 引力の; 人をひきつける, 魅力的な ‹*to*›; [*fig*] おもしろい, 楽しい: ~ force 〘理〙引力. ♦ **~·ly** *adv* **~·ness** *n*

attráctive núisance 〘法〙誘引的ニューサンス《柵のないプールなどのように子供の興味をそそり子供に危険なもの (についての法理); cf. PRIVATE [PUBLIC] NUISANCE》.

at·trác·tor *n* ひきつける人[もの] (＝*attracter*); 〘数〙アトラクター《微分方程式の解軌道が近づく極限》.

at·tra·hent /ǽtrəhənt/ *n* ATTRACTANT.

attrib. attribute ♦ attributive(ly).

at·trib·ute *vt* /ətríbjuːt/ ‹結果を›‹…に›帰する ‹*to*›; ‹性質・特徴が›‹…に›あるとする ‹*to*›; ‹作品を›‹特定作家[時代, 場所]の›ものであるとする ‹*to*›: ~ his success *to* hard work / They ~ diligence *to* the Japanese people. 勤勉は日本人の特性だといわれる / a saying ~*d to* Napoleon ナポレオンが言ったとされる警句. ► *n* /ǽtrəbjùːt/ 属性; 特質, 特性; 《特定の人物[役職など]の》付き物, 象徴 (Jupiter のワシ, 国王の王冠など); 〘論〙属性; 〘文法〙限定語(句)《属性・性質を表わす語句; 形容詞など》. ♦ **at·tríb·ut·able** /-bjutəb(ə)l/ *a* [OF or L; ⇨ TRIBUTE]

at·tri·bu·tion /æ̀trəbjúːʃ(ə)n/ *n* 帰すること, 帰因; 作家[時代]の特定; 属性; 《付属の》権能, 職権. ♦ **~·al** *a*

attribútion thèory 〘心〙帰属理論《人間が社会的事象・行動の意味を解釈する過程を説明する理論》.

at·trib·u·tive /ətríbjətɪv/ *a* 帰属の; 属性を表わす; 〘文法〙限定的な, 修飾的な (cf. PREDICATIVE): an ~ adjective 限定形容詞《例: *big* boys》. ► *n* 〘文法〙限定語句. ♦ **~·ly** *adv*

at·trit /ətrít, æ-/ *vt**«口» 消耗させる, 殺す, 消す. [逆成く *attrition*]

at·trite /ətráɪt/ *a* ATTRITED; 〘神学〙不完全痛悔を有する (cf. CONTRITE). ► *vt* 摩滅させる; *«口» 消耗させる (attrit).

at·trít·ed *a* 摩滅した.

at·tri·tion /ətríʃ(ə)n/ *n* 摩擦; 摩耗, 摩滅, 摩損, 減耗; 《濫用による》消耗, 《反復攻撃などによる》弱化; 《人員の》自然減; 〘神学〙不完全痛悔: a war of ~ 消耗戦 / a high ~ rate 高い減少[縮小]率 / language ~ 〘言〙言語喪失 / through ~ 《従業員などの》自然減によって. ► *v* [次の成句で]: ● **~ out***《退職・配置転換などによる》‹地位・人員›の自然減をはかる. ♦ **~·al** *a* [L; ⇨ TRITE]

At·tu /ǽtu/ アッツ《アリューシャン列島最西端の島; 米国領; 1942 年日本軍が占領したが, 翌年 守備隊は全滅》.

At·tucks /ǽtəks/ アタックス **Crispus ~** (1723?–70)《米国の愛国者; Boston Massacre で英軍に殺された 5 人のうちの一人》.

at·tune /ət(j)úːn/ *vt* ‹楽器などを›調音[調律]する; …の調子を合わせる, 適応[順応]させる ‹*to*›; 慣れさせる ‹*to*›: ~*d to* your needs あなたのニーズに合わせて. ► *vi* 合わせる ‹*to*›. ♦ **~·ment** *n* [*ad-*, TUNE]

atty attorney. **Atty Gen.** °Attorney General.

ATV /éɪtìːvíː/ *n* 全地形型車両 (all-terrain vehicle).

ATV 〘英〙Associated Television. **at. vol.** °atomic volume.

atwain /ətwéɪn/ *adv* «古・詩» 二つに, 離ればなれに.

atween /ətwíːn/ *prep, adv* «古・方» BETWEEN.

atwít·ter /ə-/ *pred a, adv* 興奮して, そわそわして.

At·wood /ǽtwʊ̀d/ アトウッド **Margaret (Eleanor) ~** (1939–)《カナダの詩人・小説家・批評家》.

at. wt. °atomic weight.

atýp·i·cal, atýp·ic /eɪ-, æ-/ *a* 典型的でない, 不定型の, 異型性の, 非定型性の; 不規則な; 異例[異常]な. ♦ **-i·cal·ly** *adv* **atỳp·i·cál·i·ty** /eì-/ *n* [*a*-[2]]

au /óu; F o/ *prep* …へ, …に《男性名詞と共に用いられる; cf. A LA》. [F＝*à*＋*le*]

AU /eɪjúː/ *n* 〘電算〙AU《8 ビットモノラル音声データの記録フォーマットの一つ; UNIX で用いられる》.

Au 〘化〙[L *aurum*] gold ♦ author. **AU** °African Union ♦ 〘理〙°angstrom unit(s). **AU, a.u.** °astronomical unit(s).

au·bade /oubáːd, -bǽd; F obad/ *n* 夜明けの歌; 暁の愛の歌; 後朝(きぬぎぬ)の別れの歌; 朝の曲, オバド (cf. SERENADE).

au·baine /oubéɪn; F obɛn/ *n* DROIT D'AUBAINE.

Aube /óub; F oːb/ **1** オーブ《フランス北東部, Champagne-Ardenne 地域圏の県; ☆Troyes》. **2** [the] オーブ川《フランス中北部を流れる Seine 川の支流》.

Au·ber /oubéər/ オーベール **Daniel-François-Esprit ~** (1782–1871)《フランスのオペラコミック作曲家》.

au·berge /F obɛrʒ/ *n* はたご, 宿屋 (inn).

au·ber·gine″ /óubərʒìːn/ *n* 〘植〙ナス (eggplant*); なす色, なす紺. [F＜Cat＜Arab＜Pers＜Skt]

au·ber·giste /F obɛrʒist/ *n* 宿屋の主人.

Au·ber·vil·liers /òubərvìːljéɪ/ オベルヴィリエ《フランス北部

Paris の北北東郊外の市》.

au bleu /oʊ blə́ː, -blúː; *F* o blø/ *a, adv* 《料理》 クールブイヨン (court bouillon) で調理した: trout ～. [F=to the blue]

au bout de son la·tin /*F* o bu də sɔ̃ latɛ̃/ ラテン語の知識が尽きて; 種が切れて; 行き詰まって.

au·bre·tia /ɔːbríːʃə/ *n* 《植》 AUBRIETIA.

Au·brey /ɔ́ːbri/ **1** オーブリー《男子名》. **2** オーブリー **John** ～ (1626–97)《イングランドの故事研究家・伝記作家; *Brief Lives* (1898)》. [Gmc=elf ruler; cf. OE *Ælfric*]

Áubrey hòle 《考古》 オーブリー ホール《ストーンヘンジのまわりの 56 の土壙(どこう)の一つ》. [John *Aubrey* (↑)]

au·brie·tia /oʊbríːʃ(i)ə, ɔː-/, **-ta** /-tə/ *n* 《植》 ムラサキナズナ属 (*A*-) の多年草. [Claude *Aubriet* (1665–1742 or 43) フランスの動植物画家]

au·burn /ɔ́ːbərn/ *n, a* とび色(の), 赤褐色(の). [ME=yellowish white, <L=whitish (*albus* white)]

Áuburn Univérsity オーバーン大学《1856 年 Alabama 州 Auburn に創立された州立大学》.

Au·bus·son /*F* obysɔ̃/ **1** オービュソン《フランス中部 Creuse 県の町; 古くからじゅうたん・タペストリーの製造で知られる》. **2** オービュソン《(**1**) Aubusson で織られたタペストリー **2**) これを模したじゅうたん》.

AUC °ab urbe condita ♦ °anno urbis conditae.

Auch /*F* oːʃ/ オーシュ《フランス南西部 Gers 県の県都; 市場町》.

Auck·land /ɔ́ːklənd/ オークランド《ニュージーランド北島北部の市・港町; かつて同国の首都 (1840–65)》. ♦ **～·er** *n*

Áuckland Íslands *pl* [the] オークランド諸島《ニュージーランド南方の無人島群; ニュージーランド領》.

au con·traire /*F* o kɔ̃trɛːr/ *adv* これに反して; 反対側に.

au cou·rant /*F* o kurɑ̃/ *pred a* 時勢に明るい; 〈事情などに〉精通している, 心得ている 〈*with, of*〉; 当世風の, いきな. [F=in the current]

auc·tion /ɔ́ːkʃ(ə)n/ *n* 競売(きょうばい)(けいばい), 競り売り, 競り取引 (cf. PRIVATE TREATY); 《ブリッジなど》 競り, オークション; AUCTION BRIDGE: a public ～公売 / buy [sell] sth at [ᴵᴵby] ～ 競売で物を買う[売る] / put [come] up for ～ 競売に出す[出る]. ● **all over the ～** 《豪俗》 いたるところで. ► *vt* 競売で売る[にかける], 競り売りする 〈*off*〉. [L (*auct- augeo* to increase)]

áuction brìdge 《トランプ》 オークションブリッジ《勝ったトリックをすべて得点に入れるブリッジ; cf. CONTRACT BRIDGE》.

àuction·éer *n* 競売人. ► *vt* 競売で売る.

áuction hòuse 《美術・骨董品などの》 競売会社.

áuction pìtch 《トランプ》 オークションピッチ《競りで打出し権(と同時に切り札)を決める seven-up》.

auc·to·ri·al /ɔːktɔ́ːriəl/ *a* 著者の, 著者による.

au·cu·ba /ɔ́ːkjəbə/ *n* 《植》 アオキ《ミズキ科アオキ属 (*A*-) の常緑樹》. [Jpn 青木葉]

aud. audit ♦ auditor. **AUD** Australian dollar.

au·da·cious /ɔːdéɪʃəs/ *a* 大胆な, 不敵な; むこうみずな, 無謀な; 失礼な, あつかましい, 不遜な; 自由闊達な, 奔放な. ♦ **～·ly** *adv* **～·ness** *n* [L (*audac- audax* bold)]

au·dac·i·ty /ɔːdǽsəti/ *n* 大胆, 勇敢; 無謀; あつかましさ, ずうずうしさ, 傲岸(ごうがん); [ᴵᴵ*pl*] 大胆な行為[発言].

Aude /*F* oːd/ オード《フランス南部 Languedoc-Roussillon 地域圏, Lions 湾に臨む県; ☆Carcassonne》.

au·de·mus ju·ra nos·tra de·fen·de·re /audéɪmʊs jʊ̀rɑː nɔ́ːstrɑː deɪféndɛreɪ/ われらはあえてわれらの権利を守る《Alabama 州の標語》. [L]

Au·den /ɔ́ːdn/ オーデン **W**(**ystan**) **H**(**ugh**) ～ (1907–73)《英国生まれの米国の詩人; *Look, Stranger* (1936), *For the Time Being* (1945)》. ♦ **～·ésque** *a*

Au·de·narde /*F* odnard/ オドナルド《OUDENAARDE のフランス語名》.

au·den·tes for·tu·na ju·vat /aʊdéntèɪs fɔːrtùːnɑː júwɑ̀ːt/ 幸運は勇者を助く. [L; Vergil, *Aeneid*]

Au·di /áʊdi, ɔ́ːdi/ 《商標》 アウディ《ドイツ Audi 社製の乗用車》.

au·di·al /ɔ́ːdiəl/ *a* 聴覚の[に関する] (aural).

au·di al·te·ram par·tem /áʊdìː àːltɛrɑ̀ːm páːrtɛ̀m/ もう一方の言うことも聴け. [L]

au·di·ble /ɔ́ːdəb(ə)l/ *a* 聞こえる, 聞き取れる, 可聴の: in a barely ～ whisper ほとんど聞き取れないくらいの小声で / ～ signal 可聴[音響]信号. ► *n* 《アメフト》 オーディブル《スクリメージのときにクォーターバックがコードを使って知らせる代替プレー》; *《俗》《特に口頭による》緊急の命令変更. ► *vi* 《アメフト》 オーディブルをコールする. ♦ **-bly** *adv* 聞こえるように. **～·ness** *n* **àu·di·bíl·i·ty** *n* 聞き取れること; 聴力; 《通信》 可聴性, 聴度. **áu·di·bi·lìze** *vi* AUDIBLE. [L (↓)]

au·di·ence /ɔ́ːdiəns/ *n* **1** 聴衆, 聞き手, 観衆, 観客, 《テレビの》 視聴者, 《ラジオの》 聴取者 《集合的》; 《書物の》 読者 《集合的》; 《主義・芸術様式・作家などの》 熱心な支持者, ファン 《集合的》: a large [small] ～ 多数[少数]の聴衆. **2** 聞くこと, 傾聴, 聴取; 聞こえる(距離内にある)状態; 《国王・大統領・首相・閣僚・教皇などとの》 公式会見, 謁見; 聞いてもらえる機会, 意見発表の機会: be received [admitted] in ～ 拝謁を賜わる / give ～ to…を聴取する; …を引見する / grant sb an ～ 人に拝謁を賜う, 人を引見する / have ～ of…=have an ～ with…に拝謁する. [OF<L (*audit- audio* to hear)]

áudience chàmber [ròom] 謁見室.

áudience flòw 《ラジオ・テレビ》 オーディエンスフロー《番組中・番組間の視聴者数の変化》.

áudience shàre 《テレビの》 視聴占拠率.

áu·di·ent *a* 聞く, 傾聴している. ► *n* 聞く人.

au·dile /ɔ́ːdàɪl, -dəl/ *n* 《心》 聴覚型の人《聴覚像が特に鮮明な人; cf. MOTILE, VISUALIZER》. ► *a* AUDITORY; 《心》 聴覚型の.

aud·ing /ɔ́ːdɪŋ/ *n* 聴解《ことばを聴き認識し理解する作用》.

au·dio /ɔ́ːdiòʊ/ *n* (*pl* **-di·òs**), *a* 可聴周波(の), 《一般に》 音(の); 音の送信[受信, 再生](の[用の]); 《テレビ受信機・映写機の》 音声再生機構[回路](の), オーディオ(の). [↓ の独立用法]

au·dio- /ɔ́ːdioʊ, -diə/ *comb form* 「聴覚」「音」 [L; ⇨ AUDIENCE]

àudio-animatrónic *a* オーディオアニマトロニクスの《コンピューター制御によって人形に話しをさせたり, いろいろな動作をさせたりする技術についていう》.

áudio bòard 《電算》 オーディオボード (sound card).

áudio·bòok *n* オーディオブック《朗読などを録音した CD, カセットテープなど》.

àudio·cassétte *n* 録音カセット.

áudio cònferencing 音声会議 (conference call).

àudio·dón·tics /-dɑ́ntɪks/ *n* 聴覚と歯との関係の研究, 聴歯科学.

áudio frèquency 可聴周波(数), 低周波 《略 AF》.

àudio·génic *a* 音に起因する, 聴(覚)性の: ～ seizures 聴原[聴性]発作.

áudio·gràm *n* 《医》 聴力図, オーディオグラム.

àudio-língual *a* 《言語学習で》 聞き方と話し方の練習を中心とする, オーディオリンガルの.

au·di·ol·o·gy /ɔːdiɑ́lədʒi/ *n* 聴覚科学, 《耳鼻科》 聴力学, 聴覚学; 聴能学, 言語病理学《難聴治療などを扱う》. ♦ **-gist** *n* **àu·dio·lóg·i·cal, -lóg·ic** *a*

au·di·om·e·ter /ɔːdiɑ́mətər/ *n* 聴力測定器, 聴力計, オーディオメーター. ♦ **-óm·e·try** *n* 聴力測定[検査](法), 聴能測定, オーディオメトリー. **-trist** *n* **àu·dio·mét·ric** *a*

áudio·phìle, àudio·phíliac *n* オーディオ愛好家.

àudio·phília *n* オーディオ熱[趣味].

áudio pollùtion 騒音公害 (noise pollution).

áudio respónse ùnit 《電算》 音声応答装置《(**1**) キーボードなどからの照合に音声で応答する装置 **2**) 音声登録した辞書から単語を取り出せる同様の装置》.

àudio·spéctro·gràm *n* オーディオスペクトログラム《audiospectrograph による記録図》.

àudio·spéctro·gràph *n* オーディオスペクトログラフ《サウンドパターン記録装置》.

àudio·táctile *a* 聴覚および触覚の, 聴触覚の.

áudio·tàpe *n* 音声[録音]テープ (cf. VIDEOTAPE). ► *vt* テープ録音する.

áudio tỳpistᴵᴵ オーディオタイピスト《録音から文字原稿を起こすタイピスト》. ♦ **áudio tỳping** *n*

àudio·vísual *a* 視聴覚の; 視聴覚教具の[を用いる]. ► *n* [*pl*] 視聴覚教具 (=～ **áids**)《映画・ラジオ・テレビ・レコード・テープ・写真・地図・グラフ・模型など》.

áu·di·phòne /ɔ́ːdə-/ *n* (骨伝導[切歯]式) 補聴器《歯にあてて骨伝導で音を伝える》.

au·dit /ɔ́ːdət/ *n* **1** 会計検査(報告書), 《会社などの》 監査(報告書); 《貸借勘定の》 清算; 清算した勘定; 《一般に》 徹底的検査[検討, 評価]; AUDIT ALE. **2** *《授業の》 聴講; 《古》 聴聞, 《特に法廷の》 聴取. ► *vt* 〈会計を〉検査する; 組織的に検査[検討]する; *〈大学の講義を〉聴講する. ♦ **～·able** *a* **àudit·abílity** *n* **àudit·ée** *n* 被監査者. [L *auditus* hearing; ⇨ AUDIENCE]

áudit àleᴵᴵ オーディットエール《かつて英国の大学の学寮で造られていたことのある, 特別なビール; もと 会計検査日 (audit day) に飲んだ》.

áudit·ing *n* 《会計》 会計検査[監査](学).

au·di·tion /ɔːdɪ́ʃ(ə)n/ *n* 《音楽家・俳優などに対する》 オーディション; 聴力, 聴覚; 聴くこと, 《特に》 試聴; 《米大学》 聴講. ► *vt* オーディションで審査する; 試聴する. ► *vi* オーディションを受ける 〈*for*〉.

au·di·tive /ɔ́ːdətɪv/ *a* AUDITORY.

au·di·tor /ɔ́ːdətər/ *n* 会計検査人[官]; 監査役; 聴取者, 聞き手, 傍聴人; *《大学の》 聴講生; 《会計問題などの専門分野で裁判所を補助する》 審判人. ♦ **au·di·tress** /ɔ́ːdətrəs/ *n fem* [AF<L; ⇨ AUDIT]

au·di·to·ri·al /ɔ̀ːdətɔ́ːriəl/ *a* 会計検査(官)の.

au·di·to·ri·um /ɔ̀ːdətɔ́ːriəm/ *n* (*pl* **～s, -to·ria** /-riə/) 《劇場・講堂などの》 聴衆席, 観客席, 傍聴席; *講堂, 会館, 公会堂. [L; ⇨ AUDITOR]

au·di·to·ry /ɔ́ːdətɔ̀ːri; -t(ə)ri/ *a* 聞くことの; 聴覚の, 聴覚による;

聴覚器官の, 聴器の. ► «古» *n* 聴衆 (audience); AUDITORIUM. ♦ **àu·di·tó·ri·ly** /; ɔ́:dət(ə)rɪli/ *adv*

áuditory aphásia 聴覚性失語症.

áuditory meátus [canál]〘解〙耳道.

áuditory nèrve〘解〙聴神経 (=*acoustic nerve*).

áuditory phonétics 聴覚音声学.

áuditory túbe〘解〙耳管 (Eustachian tube).

áudit trail 監査証跡, オーディットトレイル《(1)〘会計〙ある期間のすべての取引の記録 2)〘電算〙ある期間のシステムの利用状況の記録; システムの保安用に当てる》.

Au·drey /ɔ́:dri/ オードリー《女子名》. [Gmc=noble strength]

Au·du·bon /ɔ́:dəbən, -bɑ̀n/ オーデュボン **John James** ～ (1785–1851)《ハイチ生まれの米国の鳥類学者・画家; 厖大な北米の鳥類誌 *Birds of America* (1827–38) を残した》.

Au·er /áuər/ アウアー **Carl** ～, Baron von Welsbach (1858–1929)《オーストリアの化学者》.

au fait /òu féɪ; *F* o fɛ/ *pred a* よく知って, 精通して ‹*on, with*›; 有能で, 熟達して ‹*in, at*›; 適切で, 礼儀作法にかなって: put [make] sb ～ of...を人に教える.

Auf·klä·rung /*G* áufklɛ:rʊŋ/ *n* 啓蒙; 《特に 18 世紀ドイツの》啓蒙思潮[運動] (the Enlightenment).

Auf·la·ge /*G* áufla:gə/ *n* 版 (edition)《略 **Aufl.**》.

au fond /*F* o fɔ̃/ *adv* 根底は; 実際は. [F=at the bottom]

auf Wie·der·seh·en /*G* auf ví:dərze:ən/ *int* ではまた, さようなら. [G=until we meet again]

aug. augmentative. **Aug.** August.

Au·ge /ɔ́:ʤi/〘ギ神〙アウゲー《Aleus の娘で, アテナイの女宮守となったが, Hercules に犯されて Telephus を産んだ》.

Au·ge·an /ɔ:ʤí:ən/ *a* AUGEAS 王の; アウゲイアース王の牛舎の(ような); 不潔きわまる; ‹仕事が›困難で不愉快な.

Augéan stábles *pl* **1**〘ギ神〙AUGEAS 王の牛舎《30 年間掃除しなかったが Hercules が川の水を引いて一日で清掃した》. **2** [ˢ*sg*] 不潔な場所[状態], 積年の腐敗[病弊]: clean the ～ 積弊を一掃する.

Au·ge·as /ɔ́:ʤiəs, ɔ:ʤí:əs; ɔ:ʤí:æs/〘ギ神〙アウゲイアース《ギリシアの Elis の王》.

au·gend /ɔ́:ʤènd, ―⌐/ *n*〘数〙被加(算)数 (cf. ADDEND).

au·ger /ɔ́:gər/ *n* 《らせん形の》木工ぎり, ボートぎり; 《採炭・削岩用の》オーガー, 採土杖; 《挽肉機や除雪車などの》らせん状部; PLUMBER'S AUGER. [OE *nafogār* (NAVE², *gār* piercer); *n*- の消失については cf. ADDER²]

áuger bìt オーガービット《ボートぎり・オーガーの穂先》.

Au·gér effèct /ouʒéɪ-; ⌐⌐-/〘理〙オージェ効果 (=**Augér pròcess**)《電子の放出によって励起状態にある原子が基底状態に戻るときに, 光子を放出する代わりに別の電子にエネルギーを与えてその電子を放出する過程》. [Pierre V. *Auger* (1899–1993) フランスの物理学者]

Augér elèctron〘理〙オージェ電子《オージェ効果 (Auger effect) で放出される電子》.

Augér eléctron spectróscopy オージェ電子分光法 (=**Augér spectròscopy**)《被検査物質の表面に電子を衝突させてオージェ電子を発生させ, その検出と分析から被検査物質の化学組成を判断する方法》.

áuger shèll〘貝〙タケノコガイ科の錐状にとがった巻貝《タケノコガイ・キリガイなど》.

Augér shòwer〘天〙オージェシャワー《大宇宙線シャワー》.

augh /ɔ́:/ *int* ヒャーッ, ワーッ, ゲッ, キャーッ, アアッ《驚愕・恐怖を表わす》. [imit]

Au·g(h)rá·bies Fálls /ɔ:grá:biz-/ [the] アウグラビース滝, オーグラビース滝《南アフリカ共和国西部の, Orange 川にある滝; 落差 146 m; 別称 King George's Falls》.

Au·ghrim, Aghrim /ɔ́:grəm, -xrəm/ オーグリム《アイルランド Galway 州東部にある村》.

aught¹, ought /ɔ́:t/ *pron* «英では古» 何か, 何でも; あらゆること. ● **for ～ I care** «英では古» どうにでもなれ: He may starve *for* ～ *I care.* 彼が餓死しようと知ったことではない. FOR **～ I know.** ► *adv* «古» 少しも, どの程度にもせよ. ● **if ～ there be** たとえあっても. [OE *āwiht* (AYE², WIGHT)]

aught² *n* 零, ゼロ; «古» 無. [*a naught* の異分析]

Au·gier /ouʒ(j)éɪ, òuʒiéɪ/ オジェ **(Guillaume-Victor-) Émile** ～ (1820–89)《フランスの詩人・劇作家》.

au·gite /ɔ́:ʤaɪt/ *n*〘鉱〙普通輝石, オージャイト《単斜輝石》; 輝石 (pyroxene). ♦ **au·git·ic** /ɔ:ʤítɪk/ *a* [Gk (*augē* luster)]

aug·ment *v* /ɔ:gmént/ *vt* 増やす, 増大させる; 補う;〘文法〙《動詞の過去形をつくるために》...に接頭母音字を付ける;〘楽〙‹完全音程・長音程を›半音広げる, 増音する. ► *vi* 増加する, 増す. ► *n* /⌐⌐/ 《ギリシア語などの》接頭母音字. [F or L; ⇨ AUCTION]

aug·men·ta·tion /ɔ:gməntéɪʃ(ə)n, -mèn-/ *n* 増加, 増大, 増強, 拡大; 増加させるもの, 追加物, 添加物;〘楽〙《主題の》拡大 (opp. *diminution*).

aug·men·ta·tive /ɔ:géntətɪv/ *a* 増加的な, 増大性の;〘文法〙指大辞の. ► *n* 指大辞《大きいこと, 時にはぶざまなことを表わす接頭辞・接尾辞: イタリア語 casone (大きな家) の *-one* とか *perdurable* の *per-* とか ball*oon* の *-oon*; cf. DIMINUTIVE》.

augmént·ed *a* 増加された, 増やされた;〘楽〙半音増の, 増音程の, 増(ぞう)...;〘楽〙増三和音の.

augménted mátrix〘数〙拡大行列《連立一次方程式の係数の行列に定数項の列を加えた長方行列》.

Augménted Róman INITIAL TEACHING ALPHABET の旧称.

augménted transítion nètwork〘言〙増幅推移回路網《言語解析のための形式的モデルの一つ; Turing machine の能力を有する図表を使って, 文を統語表示へ変換する過程を表わす; 略 ATN》.

aug·mén·tor, -mént·er *n* 増大させる人[もの]; オーグメンター《(1) 人間に代わって非常に困難[危険]な仕事をするロボット 2) ロケットなどの推進力を増大させるための補助装置: アフターバーナーなど》.

au grand sé·rieux /*F* o grɑ̃ serjø/ *adv* 大まじめに‹受け取る・解釈する›: take him ～.

au gra·tin /òu grǽtn, -grá:-; -grǽtæ̃ŋ; *F* o gratɛ̃/ *a, adv*〘料理〙グラタンにした[にして]《おろしチーズやパン粉を振りかけて天火できつね色に焼きつけた》. ► *n* (*pl* ～**s** /―/) グラタン皿.

Augs·burg /ɔ́:gzbə:rg, áugzbʊ̀ərg; *G* áuksburk/ アウクスブルク《ドイツ南部 Bavaria 州の Lech 川に臨む市; 前 14 年にローマ人が建設》.

Áugsburg Conféssion [the] アウクスブルク信仰告白 (=*Augustan Confession*)《ルター派教会の信仰告白; 主として Melanchthon が作成, Luther の承認を得て 1530 年 Augsburg 国会に提出された》.

au·gur /ɔ́:gər/ *n* 卜占(ぼくせん)官, アウグル《古代ローマで鳥の挙動などによって公事の吉凶を判断した占い役》; 易者, 占い者. ► *vt* (前兆によって)予言する, 占う; ...の前兆を示す[となる]. ► *vi* (前兆によって)予言する, 占う: ～ well [ill] *for* the future 明るい[暗い]未来を予感させる. ♦ **～·ship** *n* [L]

au·gu·ral /ɔ́:g(j)ərəl/ *a* 占いの; 前兆の.

au·gu·ry /ɔ́:g(j)əri/ *n* 占い判断, 卜占; 卜占の儀式; 前兆.

au·gust /ɔ:gʌ́st/ *a* 威厳ある, 尊厳な, 堂々たる; 畏(かしこ)い, 尊い. ♦ **～·ly** *adv* **～·ness** *n* [F or L=consecrated, venerable]

Au·gust /ɔ́:gəst/ *n* **1** 八月《略 Aug.》. **2** オーガスト《男子名; Augustus のドイツ語形》. [OE; 初代ローマ皇帝 Augustus Caesar の名にちなむ; cf. JULY, MARCH¹]

Au·gus·ta /ɔ:gʌ́stə, ə-/ **1** オーガスタ《女子名》. **2** オーガスタ《(1) Georgia 州東部の, Savannah 川に臨む市; MASTERS TOURNAMENT の開催地 2) Maine 州の州都》. [(fem) ‹ AUGUSTUS]

Augústa Emér·i·ta /-ɪmérətə/ アウグスタエメリタ《スペインの町 MÉRIDA の古代名》.

Au·gus·tan /ɔ:gʌ́st(ə)n, ə-/ *a* (ローマ皇帝) AUGUSTUS の(ような); アウグストゥス帝時代の(ような); 文芸隆盛期の(ような) (⇨ AUGUSTAN AGE); 典雅な, 上品な. ► *n* アウグストゥス帝時代 [Anne 女王時代] (のような文芸隆盛期)の作家; 古典主義文学の研究者.

Augústan áge [the] アウグストゥス帝時代 (27 B.C.–A.D. 14)《ラテン文学隆盛期》; 《一国の》文芸隆盛時代, 古典主義時代《英国では 1700–26 年ころ Anne 女王, George 1 世の治世, Pope, Addison, Swift などが活躍した時代; フランスでは Louis 14 世の治世 (1643–1715), Racine, Corneille, Molière の時代》.

Augústan Conféssion [the] AUGSBURG CONFESSION.

Áugust Bànk Hóliday〘英〙オーガストバンクホリデー (=*Late Summer Holiday*)《BANK HOLIDAY の一つで, 8 月の最終月曜日》.

au·guste /áugəst, -gùst/ *n* 《サーカスの》道化師. [人名 *Auguste* からか]

Au·gus·te /ɔ:gʌ́stə, -gíst, -gúst; *F* ɔgyst/ オーギュスト《男子名》. [F; ⇨ AUGUSTUS]

Au·gus·tin /ɔ:gʌ́stən/ オーガスティン《男子名》. [(dim) ‹ AUGUSTUS]

Au·gus·tine /ɔ́:gəstì:n, ɔ:gʌ́stən, ə-; ɔ:gʌ́stɪn/ **1** オーガスティン《男子名》. **2** [Saint] 聖アウグスティヌス (1) ～ **of Hippo** (354–430)《初期キリスト教最大の教父で, Hippo の司教 (396–430); 祝日 8 月 28 日》(2) ～ **of Canterbury** (d. 604)《イングランドに布教したローマの宣教師で, Apostle of the English と呼ばれる; 初代 Canterbury 大司教 (601–604); 祝日 5 月 26 日 (イングランド), 27 日 (それ以外)》. **3** アウグスティノ会士. [(dim); ⇨ AUGUSTUS]

Au·gus·tin·i·an /ɔ:gəstíniən/ *a* 聖アウグスティヌス(の教義)の; アウグスティノ会の. ► *n* 聖アウグスティヌスの教義の信奉者; アウグスティノ会(修道)士 (=*Austin Friar*). ♦ **～·ism, Augústin·ìsm** *n* アウグスティヌス主義.

Au·gus·tus /ɔ:gʌ́stəs, ə-/ **1** オーガスタス《男子名; 愛称 Gus, Gussie, Gustus》. **2** アウグストゥス, オクタウィアヌス (*L* Gaius Julius Caesar Octavianus) (63 B.C.–A.D. 14)《ローマ帝国の初代皇帝 (27 B.C.–A.D. 14); もとの名 Gaius Octavius, Augustus は「崇高なる者」の意の尊称》. [L=venerable, majestic]

Augústus Ówsley *«俗» OWSLEY.

au jus /ou ʒú:(s), -ʤú:s; *F* o ʒy/ *a*〘料理〙‹肉が›その焼き汁と共に供される, ...オ・ジュ. [F=with juice]

auk /ɔ́:k/ *n*〘鳥〙ウミスズメ《北太平洋産》. [ON]

áuk·let *n*〘鳥〙小型のウミスズメ.

au·laco·gen /ɔ:lǽkəʤən/ *n*〘地質〙オーラコゲン《卓状地基盤岩層

を横切る大断層に位置する狭い帯状凹地》.

au lait /oʊ léɪ; *F* o lɛ/ ミルク入りの, …オ・レ: CAFÉ AU LAIT.

auld /ɔ́:l(d), á:l(d)/ *a* 《スコ》 OLD. [OE *ald*; OLD の Anglian 方言]

Áuld Hórn·ie /-hɔ́:rni/ 《スコ》 悪魔 (Devil).

auld lang syne /òʊl(d) (l)æ̀ŋ záɪn, -sáɪn, ɔ̀:l-; ɔ̀:ld læ̀ŋ sáɪn, -záɪn/ **1** 昔; 過ぎ去りしなつかしき日々; 旧友のよしみ: Let's drink to ～. 昔をしのんで一杯やろう. **2** [A- L- S-]「オールド・ラング・ザイン」《スコットランドに古くから伝わる民謡; 特に 1788 年 Burns が書き改めたもの;「ほたるの光」はこの民謡の旋律を借用》. [Sc=old long ago]

Áuld Réek·ie /-rí:ki/ 《スコ》 EDINBURGH《俗称》. [Sc=Old Smoky]

au·lic /ɔ́:lɪk/ *a* 宮廷の. [F or L<Gk (*aulē* court)]

Áulic Cóuncil 〘ドイツ史〙《神聖ローマ皇帝の》宮廷顧問官会議《神聖ローマ帝国の最高裁判所の機能を果たした》.

Au·lis /ɔ́:ləs/ アウリス《ギリシア中東部 Boeotia 県の古代の港町(遺跡)》.

au·los /ɔ́:làs/ *n* (*pl* **-loi** /-lɔ̀ɪ/) 〘楽〙 アウロス《古代ギリシアのオーボエ系のダブルリード楽器》. [Gk]

aum /óʊm/ *n* [°A-] OM.

Au·mann /áʊmən/ オーマン **Robert J(ohn)** ～ (1930–)《ドイツ生まれのイスラエルの経済学者; ノーベル経済学賞 (2005)》.

aum·bry /ɔ́:mbri, á:m-/ *n* AMBRY.

au mieux /*F* o mjø/ 最善の場合に[は], うまくいけば.

au·mil·dar /ɔ̀:mɪldá:r, ⌐⌐⌐/ *n* 《インド》 代理人, 支配人, 仲買人, 《特に》税金取立人. [Hindi]

au nat·u·rel /*F* o natyrɛl/ *adv*, *pred a* 自然のままの[に]; 裸の[で], ヌードの; あっさり料理した; 加熱調理しない, 生の[で].

Aung San Suu Kyi /áʊŋ sá:n sú: ʧí:; -sǽn-/ アウン・サン・スー・チー Daw ～ (1945–)《ミャンマーの反体制民主化運動の指導者; 暗殺された建国の父 Aung San 将軍の長女; ノーベル平和賞 (1991)》.

Au·nis /oʊní:s/ オニース《フランス西部 Biscay 湾と Gironde 河口に面する旧州・歴史的地方; ☆La Rochelle》.

aunt /ǽnt; á:nt/ *n* おば, 伯母, 叔母 (cf. UNCLE); (よその)おばさん; 《俗》 売春宿のおかみ; 《俗》 年増(ɡ̃ɪ)の娼婦; 《俗》 年配のホモ. ● **My (sainted [giddy]) ～!** 《俗》 あら, まあ! ♦ **～·hòod** *n* **～·like** *a* **～·ly** *a* [AF<L *amita*]

Àunt Édnaᴵᴵ エドナおばさん《ありきたりの市井人の代表としての観客・視聴者》: ～ plays 娯楽劇.

Àunt Fló*[*euph*] フローおばさん《月経のこと; menstrual *flow* にかけた表現; cf. *a* VISIT *from Flo*》.

áunt·ie, áunty *n* **1** 《口》 おばちゃん; 《俗》 若い男を求める中年ホモ, グレーゲイ. **2** [A-] **a** ᴵᴵ《口》 英国放送協会 (BBC). **b** 《豪口》 オーストラリア放送協会 (ABC). **3** *《俗》 ミサイル迎撃ミサイル (antimissile missile). [*-ie*]

áuntie màn 《カリブロ》 女みたいな男, ホモ, おかま.

Àunt Jáne , Áunt Jemíma*《俗》 [*derog*] 白人におべっかをつかう黒人女 (cf. UNCLE TOM).

Àunt Sállyᴵᴵ サリーおばさん《**1**) 年増(ɡ̃ɪ)女の木像の口にくわえさせたパイプに棒を投げて落とす遊戯; パイプ落とし **2**) その木像》; 不当な攻撃[嘲笑]の的.

Àunt Tóm* [*derog*] 白人に卑屈な黒人女; ウーマンリブに冷淡な女. [cf. UNCLE TOM]

AUP 〘電算〙 Acceptable Use Policy《ネットワークやウェブサイトでの利用目的の制限; 商業目的の利用の禁止など》.

au pair /óʊ péər/ *n* オーペア《外国の家庭に住み込んで寝食の代わりに家事を手伝う若い外国人; 通例 外国語を学ぶ女子留学生》. ► *a*, *adv*, *vi* オーペアとして(仕事をする): an ～ girl. [F=on even terms]

au pays des aveugles les borgnes sont rois /*F* o peji dezavœgl le bɔrɲ sɔ̃ rwa/ 盲の国では片目が王様, '鳥なき里のこうもり'.

au pied de la let·tre /*F* o pje də la lɛtr/ *adv* 文字どおりに (literally).

au poi·vre /*F* o pwa:vr/ *a* 〘料理〙《粗びきの黒い》コショウをかけた (with pepper): steak ～.

aur- /ɔ́:r/, **au·ri-** /ɔ́:rə/ *comb form* 「耳」 [L (*auris* ear)]

au·ra /ɔ́:rə/ *n* (*pl* **～s, -rae** /-rì:/) 《芳香などのような》ほのかな感覚的刺激, 香気; 《まわりを包む特殊[独特]な》雰囲気, 感じ; 《人が発する》霊気, オーラ; 背光, 後光; 〘医〙《癲癇などの》前兆, アウラ; [A-] アウラ《微風の象徴で, ギリシア芸術で空に舞う女》. ♦ **áu·ral**¹ *a* [L<Gk =breeze, breath]

au·ral² /ɔ́:rəl/ *a* 耳の; 聴覚の. ♦ **àu·rál·i·ty** *n* **～·ly** *adv* [AUR-]

áural hematóma 〘医〙 耳介血腫 (cauliflower ear).

áural·ìze *vt* …の音を頭に描く, 聴覚化する.

áural-óral *a* 〈外国語教授法が〉耳と口による.

Au·rang·abad /aʊrʌ́ŋ(g)əbà:d, -bæ̀d/ アウランガーバード《インド中西部 Maharashtra 州北部, Mumbai 市の東北東にある市》.

Au·rang·zeb, -rung-, -rung·zebe /ɔ́:rəŋzèb, áʊ-/ アウラングゼーブ (1618–1707)《ムガル帝国皇帝 (1658–1707); 帝号は 'Ālamgīr /á:ləmgìər/; 治下で帝国の版図は最大となるが, その政策は帝国の崩壊を早めた》.

aurar *n* EYRIR の複数形.

au·rate /ɔ́:rèɪt, -rət/ *n* 〘化〙 金酸塩.

au·rea me·di·o·cri·tas /áʊriɑ: mèdiɔ́:krɪtà:s/ 黄金の中庸. [L=golden mean]

au·re·ate /ɔ́:riət, -èɪt/ *a* 金色の, 金ピカの; 美辞麗句を連ねた, 華麗な〈ことば・便り〉. [L (AURUM)]

Au·re·lia /ɔ:rí:ljə/ オーリーリア《女子名》. [(fem)<AURELIUS]

Au·re·lian /ɔ:rí:ljən/ アウレリアヌス (*L* Lucius Domitius Aurelianus) (c. 215–275)《ローマ皇帝 (270–275)》.

Au·re·li·us /ɔ:rí:ljəs, -liəs/ **1** オーリーリアス《男子名》. **2** アウレリウス (⇨ MARCUS AURELIUS). [L=golden]

au·re·o·la /ɔ:rí:ələ/ *n* AUREOLE.

au·re·ole /ɔ́:riòʊl/ *n* 〘カト〙 栄冠《俗世・欲情・悪魔に打ち勝った有徳の人びとに神が与えるとされる天国の報賞》; 《聖像の》光背《頭光・身光・挙身光の別がある; cf. HALO, NIMBUS》; 《人・物体がそのまわりに漂わせる》輝かしい雰囲気 (aura); 〘気〙 オウレオール《薄雲・霞などを通して見える太陽[発光体]のまわりの光冠》; 〘地質〙 接触変質体. ♦ **～d** *a* [L *aureola* (*corona*) golden (crown)]

Au·reo·mýcin /ɔ̀:rioʊ-/ 〘商標〙 オーレオマイシン《クロールテトラサイクリン (chlortetracycline) 製剤》.

Au·rès Mountains /ɔ:rés ⌐⌐/ *pl* [the] オーレス山地《アルジェリア北東部 Atlas 山脈中の大山塊; 最高点 Chélia 山 (2328 m)》.

au reste /*F* o rɛst/ その他は; そのうえ, それに.

au·re·us /ɔ́:riəs/ *n* (*pl* **-rei** /-riàɪ/) アウレウス《古代ローマの金貨》. [L=golden]

au re·voir /òʊ rəvwá:r, ɔ̀:-; *F* o rəvwa:r/ *int*, *n* ではまた, さようなら. [F=to the seeing]

auri- /ɔ́:rə/ ⇨ AUR-.

au·ric¹ /ɔ́:rɪk/ *a* 金の[を含む]; 〘化〙 金 (III) の, 第二金の.

au·ric² *a* AURA の.

Au·ric /*F* ɔrik/ オーリック **Georges** ～ (1899–1983)《フランスの作曲家》.

au·ri·cle /ɔ́:rɪk(ə)l/ *n* 〘解〙 耳介 (pinna); 《心臓の》心耳; 耳様突起; 〘動・植〙 耳状部, 耳葉; 〘動〙《クラゲなどの》耳状弁; 《二枚貝の》耳. ♦ **～d** *a* 耳のある. [↓]

au·ric·u·la /ɔ:ríkjələ/ *n* (*pl* **-lae** /-lì:; -làɪ/, **～s**) 〘植〙 アツバサクラソウ (=*bear's-ear*)《葉が熊の耳に似る》; AURICLE. [L (dim)<*auris*; ⇨ AUR-]

au·ric·u·lar /ɔ:ríkjələr/ *a* 耳の, 聴覚の[による]; 耳もとで[内密に]話す; 耳状の; AURICLE の; AURICULA の: an ～ confession 秘密告白[告解]《司祭に対して行なう》. ► *n* [*pl*] 〘鳥〙《耳をおおう》耳羽. ♦ **～·ly** *adv* [L (↑)]

au·ric·u·late /ɔ:ríkjələt, -lèɪt/, **-lat·ed** /-lèɪtəd/ *a* 耳[耳状部]のある; 耳形[耳状]の; AURICLE を有する.

au·ric·u·lo·ventrícular /ɔ:rìkjəloʊ-/ *a* 〘解〙 房室の (atrioventricular).

au·rif·er·ous /ɔ:ríf(ə)rəs/ *a* 〈砂礫・岩石が〉金を産する[含有する], 含金…. [L (AURUM, *-ferous*)]

áuri·fòrm *a* 耳形の, 耳状の.

Au·ri·ga /ɔ:ráɪgə/ 〘天〙 ぎょしゃ座 (馭者座) (Charioteer) (cf. EPSILON AURIGAE).

Au·ri·gnac /ɔ:rinjǽk/ オーリニャック《フランス南西部 Toulouse 市の南西にある村》.

Au·ri·gna·cian /ɔ:rinjéɪʃ(ə)n; -rɪgnéɪ-/ *a*, *n* 〘考古〙 オーリニャック文化(期)(の)《欧州の後期旧石器時代の最初の文化》. [↑ 標準遺跡]

Au·ril·lac /ɔ̀:rijǽk; *F* ɔrijak/ オーリヤック《フランス中南部 Cantal 県の県都》.

Au·ri·ol /ɔ:rió:l, -ɑl; *F* ɔrjɔl/ オリオール **Vincent** ～ (1884–1966)《フランスの政治家; 第四共和政初代大統領 (1947–54)》.

áuri·scòpe *n* OTOSCOPE.

au·rist /ɔ́:rɪst/ *n* 耳科医 (otologist).

Au·ro·bin·do /ɔ̀:rəbíndoʊ/ オーロビンド **Sri** ～ (1872–1950)《インドの宗教思想家・詩人・民族主義者; 本名 Aurobindo Ghose, Sri は「聖」の意》.

au·rochs /ɔ́:ràks, áʊər-/ *n* (*pl* **～, ～·es**) 〘動〙 **a** オーロクス (⇨ URUS). **b** ヨーロッパバイソン[ヤギュウ] (wisent). [G<OHG (*ūrurus*, *ohso* ox)]

Au·ro·ra /ɔ:rɔ́:rə, ə-/ *n* **1** オーロラ《女子名》. **2 a** 〘ロ神〙 アウローラ, オーロラ《あけぼのの女神; ギリシアの Eos に当たる》. **b** [a-] (*pl* **～s, -rae** /-ri/) 極光, オーロラ; [a-] 《詩》 夜明け, 暁, 曙光, 東雲(しののめ), あけぼの (dawn); [*fig*] 黎明(期). **3** オーロラ《**1**) Colorado 州中北部 Denver の東の都市 **2**) Illinois 州北東部の都市 **3**) MAÉWO の別称》. [L=(goddess of) dawn]

auróra aus·trá·lis /-ɔ(:)stréɪləs, -ɑs-/ 南極光 (=*the southern lights*). [NL]

auróra bo·re·ál·is /-bɔ̀:riǽləs, -ǽləs/ 北極光 (=*the northern lights*).

au·ro·ral /ɔːrɔ́ːr(ə)l, ə-/ *a* あけぼのの; 曙光のような; ばら色に輝く; 極光の(ような).
au·rore /*F* ɔrɔːr, o-/ *n* あけぼの; 黄味をおびたおだやかなピンク. ► *a* 〘料理〙卵黄・トマトピューレを加えたホワイトソースを添えた, …オロール, …のオーロラソース. [F=dawn; ⇨ AURORA]
au·ro·re·an /ɔːrɔ́ːriən, ə-/ *a* 《詩》 AURORAL.
au·rous /ɔ́ːrəs/ *a* 金の[を含む]; 〘化〙金(I)の, 第一金の.
au·rum /ɔ́ːrəm/ *n* 〘化〙金(gold)《記号 Au》; 金色, 黄金色. [L]
Aurungzeb(e) ⇨ AURANGZEB.
Aus. Australia(n) ♦ Austria(n).
AUS °Army of the United States ♦ Australia.
Au·schwitz /áuʃvɪts/ アウシュヴィッツ《ポーランドの OŚWIĘCIM のドイツ語名》.
aus·cul·tate /ɔ́ːsk(ə)ltèɪt/ *vt* 〘医〙聴診する. ♦ **-tà·tor** *n* **aus·cul·ta·to·ry** /ɔːskʌ́ltətɔ̀ːri; -t(ə)ri/ *a*
aus·cul·ta·tion /ɔ̀ːskəltéɪʃ(ə)n/ *n* 〘医〙聴診(法). [L (*auscultō* to listen to)]
Aus·cu·lum Ap·u·lum /ɔ́ːskjələm ǽpjələm/ アウスクルムアプルム《ASCOLI SATRIANO の古代名》.
au sé·rieux /*F* o serjø/ *adv* まじめに: take him ～.
áus·fòrm /ɔ́ːs-, áus-/ *vt* 〘冶〙〈鋼〉にオースフォーミング加工を行なう《強度・延性・耐疲労性を高める目的で焼入れ・焼戻しを行なう熱処理法》. [*aus*tenitic+de*form*]
Aus·ga·be /*G* áusgaːbə/ *n* 《書物の》版(edition)《略 **Ausg.**》.
Aus·gleich /*G* áusglaɪç/ *n* (*pl* **-glei·che** /-çə/) 協定; 妥協; 〘史〙《1867 年のオーストリア・ハンガリー間の》協定《この結果, 同君連合の二重帝国が成立した》.
aus·land·er /áuslæ̀ndər, -lèn-, ɔ́ːs-/ *n* 他国の人, 外国人; 部外者. [G *Ausländer* outlander]
aus·laut /áuslàut/ *n* 〘音〙《語・音節の》末尾音.
Aus·le·se /áusleɪzə/ *n* アウスレーゼ《完熟ブドウのみを精選して造る上質甘口の白のドイツワイン》.
Au·so·ni·us /ɔːsóuniəs/ アウソニウス **Decimus Magnus** ～ (c. 310–c. 395)《Gaul 生まれのラテン詩人》.
aus·pex /ɔ́ːspèks/ *n* (*pl* **-pi·ces** /-pəsìːz/) AUGUR.
aus·pi·cate /ɔ́ːspəkèɪt/ *vt* 《古》幸運を祈る儀式[まじない]をして[吉日を選んで]始める.
aus·pice /ɔ́ːspəs/ *n* (*pl* **-pi·ces** /-pəsəz, -sìːz/) **1** [*pl*] 保護, 主催, 援助, 賛助: under the ～*s* of the company=under the company's ～*s* 会社の主催[賛助, 後援]で. **2** 鳥占い《鳥の行動による吉凶占い》; 前兆, 《特に》吉兆: under favorable ～*s* さい先よく. [F or L (*auspex* observer of birds < *avis* bird)]
aus·pi·cial /ɔːspíʃ(ə)l/ *a* AUGURY の; AUSPICIOUS.
aus·pi·cious /ɔːspíʃəs/ *a* めでたい, 吉兆の; さい先のよい; 幸運な, 順調な. ♦ **～·ly** *adv* **～·ness** *n*
au·spi·ci·um me·li·o·ris ae·vi /auspíkiùm mèlióːrɪs áɪwìː/ よりよい時代の兆し《Order of St. Michael and St. George の標語》. [L]
Aus·sat /ɔ́ːsæt; ɔ́sæ̀t, ɔ́z(s)æ̀t/ オーサット《オーストラリア国産通信衛星》. [*Aus*tralian+*sat*ellite]
Aus·sie /ɔ́ːsi; ɔ́zi/ 《口》 *n* オーストラリア人; オーストラリア. ► *a* オーストラリア(人)の. [*Aus*tralia(n), *-ie*]
Áussie·lànd オーストラリア. ♦ **～·er** *n* オーストラリア人.
Áussie Rùles AUSTRALIAN RULES FOOTBALL.
aus·si·tôt dit, aus·si·tôt fait /*F* osito di osito fɛ/ 言うが早いかそのとおり行なわれた.
Aus·ten /ɔ́ːstən; ɔ́s-, ɔ́ːs-/ **1** オーステン《男子名》. **2** オースティン **Jane** ～ (1775–1817)《英国の小説家; *Sense and Sensibility* (1811), *Pride and Prejudice* (1813), *Mansfield Park* (1814), *Emma* (1816), *Northanger Abbey* (1818), *Persuasion* (1818); cf. JANEITE》.
aus·ten·ite /ɔ́ːstənàɪt; ɔ́s-, ɔ́ːs-/ *n* 〘冶〙オーステナイト《炭素と γ 鉄の固溶体》. ♦ **àus·ten·ít·ic** /-nít-/ *a* [Sir W. C. Roberts-*Austen* (1843–1902) 英国の冶金学者]
austenític stáinless stéel 〘冶〙オーステナイト系ステンレス鋼.
Aus·ter /ɔ́ːstər/ 〘ロ神〙アウステル《南(西)風の神; cf. NOTUS》; 《詩》南風. [L]
aus·tere /ɔːstíər; ɔːs-, ɔs-/ *a* 顔つき[態度]のきびしい, 厳格な; 簡素な, 飾らない; 耐乏の, 質素な, 禁欲的な; 緊縮の; 《まれ》陰鬱な; 〈ワインが〉きびしい《若くて果実の風味より酸味あるいはタンニンの味がまさる》. ♦ **～·ly** *adv* **～·ness** *n* AUSTERITY. [OF, <Gk *austēros* severe]
aus·ter·i·ty /ɔːstérəti; ɔːs-, ɔs-/ *n* 厳格, 厳粛; 簡素; 耐乏, 質素; 謹厳な言行[態度]; 質素な生活, 耐乏[禁欲]生活; 《特に国家的規模の》緊縮財政, 緊縮政策: ～ measures 財政緊縮策 / live on an ～ diet 耐乏生活をする.
Aus·ter·litz /ɔ́ːstərlìts, áu-/ アウステルリッツ《SLAVKOV のドイツ語名》. ■ the **Báttle of ～** アウステルリッツの戦い《1805 年 Napoleon がオーストリアとロシアの連合軍に大勝した戦い》.
Aus·tin /ɔ́ːstən; ɔ́s-, ɔ́ːs-/ *n* **1** オースティン《男子名》. **2** オースティン (1) **Alfred** ～ (1835–1913)《英国の詩人; 桂冠詩人 (1896–1913)》 (2) **John** ～ (1790–1859)《英国の法学者》 (3) **John Langshaw** ～ (1911–60)《英国の言語哲学者》 (4) **Mary** ～ (1868–1934)《米国の小説家; 旧姓 Hunter》 (5) **Stephen (Fuller)** ～ (1793–1836)《Texas の開拓者》. **3 a** [Saint] AUGUSTINE of Canterbury. **b** "AUGUSTINIAN. **4** オースティン《Texas 州の州都; Colorado 川に臨む》. **5** オースチン《英国 Austin Motor 社製の自動車》. ► *a* "AUGUSTINIAN. ♦ **～·ìte** *n* Austin 市民. [⇨ AUGUSTINE]
Áustin Fríar アウグスティノ隠修士会の修道士 (Augustinian).
Áustin Réed オースティン・リード《英国 London ほか各地にある用品店》.
Austr-[1] /ɔ́ːstr/, **Aus·tro-**[1] /ɔ́ːstrou, -trə; ɔ́s-, ɔ́ːs-/ *comb form* 「オーストリア」 [AUSTRIA]
Austr-[2] /ɔ́ːstr/, **Aus·tro-**[2] /ɔ́ːstrou, -trə; ɔ́s-, ɔ́ːs-/ *comb form* 「南(の)」 [↓]
aus·tral /ɔ́ːstrəl, "ɔ́s-/ *a* 南(半球)の; [A-] AUSTRALIAN, AUSTRALASIAN. [L *austrais* (*Auster* South wind)]
Austral. Australia(n).
Aus·tra·la·sia /ɔ̀ːstrəléɪʒə, -ʃə; ɔ̀s-, ɔ̀ːs-/ オーストララシア《オーストラリア・ニュージーランドと近海の島々; 広く Oceania 全体を指すこともある》. ♦ **Àus·tra·lá·sian** *a*, *n* [F; ⇨ AUSTRALIA, ASIA]
Aus·tra·lia /ɔːstréɪljə, ə-; ɔ-, ɔː-, ə-/ オーストラリア大陸; オーストラリア《公式名 Commonwealth of ～ (オーストラリア連邦); ☆Canberra》. [NL; ⇨ AUSTRAL]
Austrália àntigen 〘免疫〙オーストラリア抗原 (hepatitis B surface antigen).
Austrália Dày 〘豪〙オーストラリアデー《1788 年 1 月 26 日英国の第 1 次流刑船団の一行が Port Jackson 湾奥の入江 Sydney Cove に上陸したのを記念する法定休日; 1 月 26 日あるいはその直後の最初の月曜日》.
Austrália Gròup [the] オーストラリア・グループ《化学・生物兵器の拡散防止を目的とし, 関連する物質や技術の輸出を管理するグループ; オーストラリアの提案で 1985 年に発足》.
Aus·trá·lian *a* オーストラリアの, オーストラリア人[大陸, 英語, 先住民語]の; 〘生物地理〙オーストラリア区[亜区]の; 〘豪史〙オーストラリア先住民の. ► *n* オーストラリア人; 〘豪史〙オーストラリア先住民《今は Aboriginal という》; オーストラリア英語[先住民語].
Aus·tral·i·a·na /ɔːstrèɪliáːnə; ɔs-, ɔːs-/ *n* オーストラリア関連の文献[資料], オーストラリア誌. [*-ana*]
Austrálian Álps *pl* [the] オーストラリアアルプス《オーストラリア南東部 Victoria 州東部と New South Wales 州南東部にまたがる山脈; Great Dividing Range の南端をなす; 最高峰 Mt Kosciusko (2230 m)》.
Austrálian Antárctic Térritory 南極オーストラリア領《オーストラリアが領土権を主張した Tasmania 南方の領域》.
Austrálian bállot オーストラリア式投票用紙《全候補者名を印刷し, 支持する候補者名にしるしをつけさせる》.
Austrálian béar 〘動〙KOALA.
Austrálian Cápital Térritory [the] オーストラリア首都特別地域《New South Wales 州南東部にある連邦直属の地域; 連邦の首都 Canberra がある; 旧称 Federal Capital Territory; 略 ACT》.
Austrálian cáttle dòg 〘犬〙オーストラリアンキャトルドッグ (=*blue heeler*)《オーストラリアで牧畜用に改良された, 青灰色に赤い斑点のはいった毛色の, 立ち耳の中型犬; dingo, collie, Dalmatian の血がはいっている》.
Austrálian cráne 〘鳥〙ゴウシュウヅル (brolga).
Austrálian cráwl 〘泳〙オーストラリアンクロール《絶えずばた足を続ける初期のクロール》.
Austrálian·ìsm *n* オーストラリア英語; オーストラリアに対する愛国的忠誠心, オーストラリアびいき; オーストラリア人の国民性[国民精神].
Austrálian·ìze *vt* オーストラリア人化する.
Austrálian Nátional Rúles [<*sg*>] AUSTRALIAN RULES FOOTBALL.
Austrálian opóssum 〘動〙フクロギツネ.
Austrálian píne 〘植〙モクマオウ, トキワギョリュウ (=*beefwood*).
Austrálian Rùles (fóotball) オーストラリアンフットボール《各エンドに 2 本の goalposts と 2 本の behind posts のあるフィールドで, 各チーム 18 人でプレーするラグビーに似たゲーム》.
Austrálian sálmon 〘魚〙オーストラリアサーモン (=*kahawai*)《ニュージーランド, 豪州南東部海岸産のマルスズキ科の大型の海産魚・回遊魚; オーストラリアでは重要な食用魚》.
Austrálian shépherd 〘犬〙オーストラリアンシェパード《オーストラリアで作出された中型の牧羊犬; 米国では California の牧場で最初に飼われ, 伝令犬・猟犬・番犬などにもされる》.
Austrálian térrier 〘犬〙オーストラリアンテリア《オーストラリアで作出された小型の猟犬; まっすぐな剛毛を生やす》.
Austrálian wáter ràt 〘動〙BEAVER RAT.
Áustral Íslands *pl* [the] オーストラル諸島《TUBUAI 諸島の別称》.

aus·tra·lite /ɔ́:strəlàɪt; ɔ́s-, ɔ́:s-/ *n* 〘岩石〙オーストラライト《オーストラリアで発見される tektite》.

Aus·tra·loid /ɔ́:strəlɔ̀ɪd; ɔ́s-, ɔ́:s-/ *a, n* 〘人〙アウストラロイド(の)《オーストラリア先住民および彼らと人種的特徴を共有するオーストラリア周辺の諸族》.

aus·tra·lo·pith·e·cine /ɔ:strèɪloupíθəsàɪn, ɔ:strə-, -sì:n; ɔ̀strə-, ɔ:s-/ *a, n* 〘人〙アウストラロピテクス属 (*Australopithecus*) の(猿人)《アフリカ南部から東部で発見される化石人類》. [NL (L AUSTRAL, Gk *pithēkos* ape)]

Aus·tral·orp /ɔ́:strəlɔ̀:rp; ɔ́s-, ɔ́:s-/ *n* オーストラロープ種(の鶏). [*Austral*ian+*Orp*ington]

Aus·tra·sia /ɔ:stréɪʒə, -ʃə; ɔs-, ɔ:s-/ アウストラシア《6–8 世紀のメロヴィング朝フランク王国の東分国; 現在のフランス北東部とドイツ西部・中部地方》. ♦ **Aus·trá·sian** *a, n*

Aus·tria /ɔ́:striə; ɔ́s-, ɔ́:s-/ オーストリア (*G* Österreich)《ヨーロッパ中部の国; 公式名 Republic of ～ (オーストリア共和国); ☆Vienna》.

Áustria-Húngary 〘史〙オーストリア-ハンガリー (=**Austro-Hungárian émpire**)《ヨーロッパ中部にあった二重帝国 (1867–1918); ⇨ AUSGLEICH》.

Áus·tri·an *a* オーストリア(人)の; 〘経〙オーストリア学派の. ► *n* オーストリア人; 〘経〙オーストリア学派の経済学者.

Áustrian blínd オーストリアブラインド《縦にひだのついた布地を使った日よけ; 上げるとルーシェ (ruche) のようになる》.

Áustrian píne 〘植〙オウシュウクロマツ《欧州・小アジアに広く分布するマツ属の高木; 高さが 30 m 以上にも生長し, しばしば防風林に利用される》.

Austro-[1,2] /ɔ́:strou, ɑ́s-, -trə/ ⇨ AUSTR-[1,2].

Àustro·asiátic *n, a* 〘言〙オーストロアジア語族(の)《Mon-Khmer, Munda などを含む南アジア・東南アジアの言語群》.

Àustro-Hungárian *a, n* オーストリア-ハンガリー(二重帝国)の(住民).

Aus·tro·ne·sia /ɔ̀:strəní:ʒə, -ʃə; ɔ̀s-, ɔ̀:s-/ オーストロネシア《マダガスカル島から Hawaii 島および Easter 島に至る太平洋中南部の諸島(を含む広大な地域)》.

Àus·tro·né·sian *a* オーストロネシアの; 〘言〙オーストロネシア語族の. ► *n* 〘言〙オーストロネシア語族《マダガスカルから Malay 半島, 同諸島, さらに Hawaii および Easter 島に至る地域で話されている諸言語; オーストラリアおよびパプアの諸言語を除くほとんどすべての太平洋諸島の現地語が含まれる》.

aut- /ɔ́:t/, **au·to-** /ɔ́:tou, -tə/ *comb form* (1)「自身の」「独自の」「自動の」 (2)〘生〙「同種のゲノムを有する (opp. *all-*)」 [Gk *autos* self]

AUT 〘英〙Association of University Teachers《2006 年に NATFHE と合併して UCU となった》.

au·ta·coid /ɔ́:təkɔ̀ɪd/ *n* 〘生理〙オータコイド《生体内で局所的に産生・放出される情報伝達物質; セロトニン・ブラジキニン・アンギオテンシンなど》. [Gk *akos* remedy]

au·tarch /ɔ́:tɑ:rk/ *n* 独裁者, 専制君主.

au·tar·chy /ɔ́:tɑ̀:rki/ *n* 独裁権; 専制政治(の国); AUTARKY. ♦ **au·tár·chic, -chi·cal** *a* [NL (*aut-*, Gk *arkhō* to rule)]

au·tar·ky /ɔ́:tɑ̀:rki/ *n* 自足, 自立; アウタルキー《国家レベルの経済的自給自足; 自給自足経済政策, 経済自立政策》. ♦ **au·tár·kic, -ki·cal** *a* [Gk (*aut-*, *arkeō* to suffice)]

aut Cae·sar aut ni·hil /aut káɪsɑ:r àut níhɪl/, **aut Cae·sar aut nul·lus** /-núlʊs/ カエサルにあらずんば人にあらず. [L]

autecious etc. ⇨ AUTOECIOUS etc.

àut·ecólogy *n* 個[種]生態学 (cf. SYNECOLOGY). ♦ **-ecológ·ical** *a*

Au·teuil /outə́:i; *F* otœ:j/ オートゥイユ《Paris 市西部のブーローニュの森 (Bois de Boulogne) と Seine 川とにはさまれた区域》.

au·teur /outə́:r; *F* otœ:r/ *n* (*pl* **～s** /—/) **1** オトゥール《auteur theory を信奉する映画監督》; 《一般に》映画監督. **2** 《個性的な》著者, 作家, ミュージシャン. ♦ **～·ism** *n* **～·ist** *a, n*

autéur thèory オトゥール理論《監督こそ映画における根本的創造力[真の作家]だとする映画批評上の理論》.

auth. authentic ♦ author ♦ authorized.

au·then·tic /ɔ:θéntɪk, ə-/ *a* **1** 真正な, 本物の; 〘哲〙本来の〈自己〉; 〘楽〙正格の (cf. PLAGAL) (**1**)〈教会旋法が〉終止音の上 1 オクターブを音域とする **2**)〈終止が〉属和音から主和音へ進行する》: an ～ signature 本物の署名 / ～ documents 文書の原本. **2** 信ずべき, 確実な, 典拠のある, たよりになる; 原物に忠実な; 正統的な, 純正な; 〘法〙認証された; 《廃》権威ある: an ～ account of his life 彼の生涯の正確な記述 / an ～ reproduction 忠実な複製. ♦ **-ti·cal·ly** *adv* **au·then·tic·i·ty** /ɔ:θèntísəti, -θən-/ *n* [OF, <Gk=genuine]

au·then·ti·cate /ɔ:θéntɪkèɪt/ *vt* …の真正性を証明する, 本物であることを証する; 《法的に》認証する. ♦ **-cà·tor** *n*

au·thèn·ti·cá·tion *n* (真正性の)証明, 認証; 〘国際法〙《条約文の》確定, 認証.

au·thi·génic /ɔ:θə-/ *a* 〘地質〙自生の《岩石の構成成分が, その岩石内で形成された; cf. ALLOTHOGENIC》.

au·thor /ɔ́:θər/ *n* **1** 著者, 作者, 著作者, 作家, 著述家《AUCTORIAL *a*》; 《プログラムの》作者; 著作物, 作品. **2** 創始者, 創造者, 立案者, 《悪事などの》張本人; [A-] 造物主 (God): the ～ of evil 魔王 / the *A*～ of our [all] being 造物主. ► *vt* 書く, 著わす; 創始する; 〘電算〙オーサリングする. ♦ **áuthor·ess** *n fem* **au·tho·ri·al** /ɔ:θɔ́:riəl/ *a* AUCTORIAL. [OF<L *auctor* (*auct-* *augeo* to increase, originate)]

áuthor·ing *n* 〘電算〙オーサリング《マルチメディアデータの構築》.

au·thor·i·tar·i·an /ɔ:θɑ̀rətέəriən, ə-, -θɔ̀(:)r-/ *a* 権威主義の; 独裁主義の. ► *n* 権威[独裁]主義者. ♦ **～·ìsm** *n* 権威主義.

au·thor·i·ta·tive /ɔ:θɑ́rətèɪtɪv, ə-, -θɔ́:-; -θɔ́rɪtətɪv/ *a* **1** 権威ある, 正式の; 典拠の確かな, 信頼すべき. **2** 〈通達・命令など〉官憲の, その筋からの; 〈人・態度など〉権柄ずくの, 独裁的な. ♦ **～·ly** *adv* **～·ness** *n*

au·thor·i·ty /ɔ:θɑ́rəti, ə-, -θɔ́(:)-/ *n* **1 a** 権威, 権力, 威信, 威光; 権限, 権能, 職権 〈*to* do, *for*…〉; 代理権; 許可, 承認, 承諾; 権力者の地位: by the ～ *of*…の権威で; …の許可を得て / have no ～ *over* [*with*]…に対して権威がない[にらみがきかない] / under the ～ *of*…の代理権[承認]の下に / with ～ 権威をもって / on one's own ～ 自己の一存で, 独断で / persons *in* ～ 権力者, 当局者. **b** 《問題解決の》権威; 典拠 〈*of*〉; 証拠; 権威となる文書, 典籍 〈*on*〉; 〘法〙判決例, 先例, 法源: on good ～ 確かな筋から〈聞いた〉/ on the ～ *of*…をよりどころ[典拠]として. **c** 信頼性, 重み: give [lend] ～ to…に信頼性を与える. **d** 権威(者), 大家 〈*on* history〉. **2** [ᵘ*pl*] 当局, その筋; 公共事業機関: the proper *authorities*=the *authorities* concerned 関係当局[官庁], その筋 / the civil [military, tax] *authorities* 行政[軍, 税務]当局 / Chicago Transit *A*～ シカゴ交通局. [OF<L; ⇨ AUTHOR]

authórity fìgure 〘心〙権威像, オーソリティーフィギュア《権威の具現者, たとえば子供にとっての親・教師など》.

àu·tho·ri·zá·tion *n* 授権, 権限付与; 公認, 承認, 認可, 許可; 認可証書; 《法的な》権限: without ～ 無権限で, 無断で[の].

au·tho·rize /ɔ́:θəràɪz/ *vt* …に権威をもたせる, 権限を授与する 〈*to* do〉; 公認[認可]する; 正当と認める, 是認する; 《古》正当化する. ♦ **-rìz·er** *n* [OF<L; ⇨ AUTHOR]

áu·tho·rized *a* 公認[認可]された, 検定済みの; 権限を授けられた, 権限のある: an ～ translation 著者公認の翻訳.

áuthorized cápital [stóck]* 授権資本《株式会社が基本定款によって認められた発行可能株式の総数または資本総額》.

áuthorized represéntative 正式代表者; 権限のある代表者.

Áuthorized Vérsion [the] 欽定(きんてい)訳聖書 (=*King James Version* [*Bible*])《1611 年イングランド王 James 1 世の裁可により編集発行された英訳聖書; 略 AV; cf. REVISED VERSION》.

áuthor·less *a* 著者不明の.

áuthor·ling *n* (へぼな)物書き.

áuthor's alterátion 〘印〙著者直し《著者自身による改変; 略 AA, a.a.; cf. PRINTER'S ERROR》.

áuthor·shìp *n* 著述業; 《著作物の》生みの親, 原作者; 著作者性; 《うわさなどの》出所, 根源, 起源; 著作, 制作, 作用.

au·tism /ɔ́:tìz(ə)m/ *n* 〘心〙自閉《自分自身のうちに閉じこもって現実に背を向けること》; 自閉(症)《中枢神経系障害で起こる発達障害; 社会的相互作用, 交流, 興味, 想像, 活動の障害》. ♦ **au·tis·tic** /ɔ:tístɪk/ *a, n* 自閉的な; 自閉する人, 自閉症児. **-ti·cal·ly** *adv* [*aut-*, *-ism*]

au·to[1] /ɔ́:tou, *ɑ́:-/ *n* (*pl* **～s**) 車: the ～ industry 自動車産業. ► *vi* 《古風》車で行く. [*auto*mobile]

auto[2] *a* 自動の. [*auto*matic]

auto-[1] /ɔ́:tou, -tə/ ⇨ AUT-.

au·to-[2] /ɔ́:tou, -tə/ *comb form* 「自動推進の(乗物[機械]の)」 [*auto*mobile]

àuto·aggréssive *a* AUTOIMMUNE.

áuto·alàrm *n* 《船などの》自動警報器[装置].

àuto·allógamy *n* 〘植〙自他殖《ある特定の種の植物の一部が他花受粉し, 他が自花受粉を行なうこと》.

àuto·análysis *n* 《心理学的な》自己分析; 自動分析.

àuto·ánalyzer *n* 《電子工学的・機械的な》(成分)自動分析装置.

àuto·ántibody *n* 〘免疫〙自己抗体《同一個体内の抗原に反応してつくられる》.

au·to·bahn /ɔ́:toubɑ̀:n, áut-; *G* áutoba:n/ *n* (*pl* **～s, -bah·nen** /*G* -ba:nən/) アウトバーン《ドイツ・オーストリア・スイスの高速道路》. [G (*auto* motor car, *bahn* road)]

áuto·bàll *n* オートボール《自動車によるサッカー試合; ブラジルで始まった》.

àuto·biográphical, -ic *a* 自叙伝(体)の, 自伝的な; 自伝作家的な: *autobiographical* memory 自伝的記憶力《自分の過去に起きた出来事を細かく思い出すことのできる能力》. ♦ **-ical·ly** *adv*

àuto·biógraphy *n* 自叙伝, 自伝; 自叙伝の著述. ♦ **-biógrapher** *n* 自伝作家.

áuto·bùs* *n* バス (omnibus, bus).

áuto·càde* *n* MOTORCADE.

A

áuto·càr *n* «古» AUTOMOBILE.
àuto·catálysis *n* 〘化〙 自触媒(現象), 自触媒作用. ♦ **-cata·lýtic** *a*
àuto·céphalous *a* 〘東方正教会〙〈教会・主教が〉自治独立の. ♦ **áuto·cèphaly** *n* 自治独立性.
áuto·chànger *n* オートチェンジャー《(1) 自動レコード [CD] 交換装置 2) これをもつレコード [CD] プレーヤー》.
áuto·chròme *n* 〘写〙 オートクローム《初期天然色透明写真用乾板》.
au·toch·thon /ɔ:tákθ(ə)n/ *n* (*pl* ~s, **-tho·nes** /-nì:z/) 先住民, 土民; 土着のもの, 《特に》土着生物, 土着種. [Gk (*auto*-¹, *khthōn* land)=sprung from the land itself]
au·tóch·tho·nous, au·tóch·tho·nal, au·toch·thon·ic /ɔ:tàkθánɪk/ *a* 先住の, 土着の; その土地で形成された, 原地[現地]性の, 自生的な, 自所(性)の, 土着の. ♦ **-nous·ly** *adv* **au·tóch·tho·nism, au·tóch·tho·ny** *n* 土着; 原地産.
áuto·cìdal *a* 生殖機能低下をもたらすことによって害虫の数を調節する, 自滅誘導の.
áuto·cìde *n* 《衝突をひき起こしての》自動車自殺.
au·to·clave /ɔ́:təklèɪv/ *n* 圧力釜[鍋], 高圧釜, オートクレーブ《滅菌・調理用》, 高圧[蒸気]滅菌器; 〘工〙《型に入れた部材を一定温度・圧力で硬化させる大型の》オートクレーブ. ► *vt* autoclave で処理する. [*auto*-¹, L *clavus* nail or *clavis* key]
áuto·còde *n* 〘電算〙 基本言語, オートコード (low-level language).
au·to·coid /ɔ́:təkɔ̀ɪd/ *n* AUTACOID.
àuto·correlátion *n* 〘統〙 自己相関.
áuto còurt MOTEL.
au·toc·ra·cy /ɔ:tákrəsi/ *n* 独裁体制[政治]; 独裁的権力; 独裁国家; 独裁的支配.
au·to·crat /ɔ́:təkræ̀t/ *n* 独裁者, 専制君主; 独裁的な人, ワンマン. [F＜Gk (*auto*-¹, *kratos* power)]
au·to·crat·ic /ɔ̀:təkrǽtɪk/, **-i·cal** *a* 独裁者の(ような); 独裁[専制]政治の(ような). ♦ **-i·cal·ly** *adv*
au·to·crine /ɔ́:toukrìn, -kràɪn/ *a* 自己分泌の, オートクリンの《細胞が分泌したホルモンなどが同じ細胞の受容体に作用する》.
áuto·cròss *n* オートクロス (⇨ GYMKHANA). [*auto*²+moto-*cross*]
Au·to·cueˡˡ /ɔ́:təkjù:/ 〘商標〙 オートキュー《テレビ出演者に放送スクリプトを教える装置》.
áuto·cỳcle *n* 原動機付き自転車.
au·to-da-fé /ɔ̀:toudəféɪ, àutou-/ *n* (*pl* **au·tos-da-fé** /-touz-/) 〘史〙《スペイン・ポルトガルの宗教裁判所の》死刑宣告と死刑執行; 《一般に》異教徒の火刑. [Port＝act of the faith]
au·to de fé /ɔ̀:tou də féɪ/ (*pl* **au·tos de fé** /-touz-/) AUTO-DA-FÉ. [Sp]
àuto-destrúct *n* 自己破壊《特に 機械などに組み込まれた機構》. ► *vi* 自己破壊[自壊]する, 自爆する. ♦ **àuto-destrúction** *n*
àuto·destrúctive *a* 自己破壊的な, 自壊する《特に 完成された形態を保つことなく, 崩壊や消滅をするよう工夫された芸術についていう》.
áuto·dìal *vi* 〘電算〙《プログラムによって》オート[自動]ダイヤルする.
au·to·di·dact /ɔ̀:toudáɪdækt, -daɪdǽkt, -dədǽkt/ *n* 独習[独学]者. ♦ **-di·dác·tic** /-daɪdǽktɪk, -də-/ *a* 独学の.
àuto·digéstion *n* AUTOLYSIS.
áuto·dròme *n* 自動車レーストラック, オートドローム.
au·to·dyne /ɔ́:tədàɪn/ 〘通信〙 *a* オートダイン受信方式の, 自励ヘテロダイン方式の《検波用の局部信号の発振を検波と同じ真空管で行なう》. ► *n* オートダイン受信方式[装置].
au·toe·cious, -te- /ɔ:tí:ʃəs/ *a* 〘生〙 同種寄生の (cf. HETEROECIOUS). ♦ ~**·ly** *adv* **-cism** /ɔ:tí:sìz(ə)m/ *n* [*aut*-, Gk *oikia* house]
àuto·ecólogy *n* AUTECOLOGY.
àuto·érotism, -eróticism *n* 〘精神分析〙 自体愛, 自己性愛, オートエロティズム (cf. ALLOEROTISM); MASTURBATION. ♦ **àu·to·erótic** *a* **-ical·ly** *adv*
àuto·euthanásia *n* 安楽自殺.
àuto·expósure *n* 《カメラなどの》自動露出装置.
áuto·flòw *n* 〘電算〙 自動流し込み《DTP ソフトにおける新規テキストの割付けで, 必要ならスペースを追加しつつ全体を割り付けること》.
áuto·fòcus *n* 〘写〙 オートフォーカス(機能), 自動焦点システム. ♦ ~**·ing** *n*
au·tog·a·my /ɔ:tágəmi/ *n* 〘動〙 自家生殖, オートガミー; 〘植〙 自家受精[受粉], オートガミー. ♦ **au·tóg·a·mous** *a*
àuto·génesis *n* 〘生〙 自然[偶然]発生 (abiogenesis). ♦ **-ge·nétic** *a* **-ical·ly** *adv*
àuto·génic *a* AUTOGENOUS.
àuto·gén·ics *n* [〈*sg*/*pl*〉] 自律訓練法 (AUTOGENIC TRAINING).
autogénic tráining 自律訓練法《自己暗示・自己催眠などによって全身の緊張を解き, 心身の状態を自分で調整できるようにする訓練法》; BIOFEEDBACK TRAINING.
au·tog·e·nous /ɔ:tádʒənəs/ *a* 自生の, 〈芽・根が〉内生の; 〘生理〙 内因的な, 自原的な, 自原(性)の; 〘昆〙〈カが〉無吸血産卵の. ♦ ~**·ly** *adv* **au·tog·e·ny** /ɔ:tádʒəni/ *n*
autógenous váccine 〘免疫〙 自原ワクチン.
autógenous wélding 〘冶〙 自生溶接法.
au·to·ges·tion /ɔ:tədʒéstʃ(ə)n/ *n* 《労働者代表による工場などの》自主管理. [F (*gestion* administration)]
au·to·gi·ro, -gy·ro /ɔ:toudʒáɪərou/ *n* (*pl* ~s) 〘空〙 オートジャイロ. [*Autogiro* 商標]
áuto·gràft 〘外科・生〙 *n* 自家移植片[体]. ► *vt* 〈組織・器官を〉自家移植する.
au·to·graph /ɔ́:təgræ̀f; -grà:f/ *n* 自筆, 肉筆; 自署 (opp. *allograph*), 《有名人の》サイン; 自筆の原稿[文書, 証書]; 《石版・謄写版などによる》肉筆刷り. ► *a* 自筆の, 自署の. ► *vt* 自筆で書く; …に自署する; 石版[謄写版など]で複写[複製]する. [F or L＜Gk; ⇨ -GRAPH]
áutograph bòok [àlbum] サイン帳.
au·to·graph·ic /ɔ̀:təgrǽfɪk/, **-i·cal** *a* 自筆[肉筆]の; 自署の(ような); 〈器械・記録が〉自動記録式の, 自記の; 肉筆刷りによる. ♦ **-i·cal·ly** *adv*
áutograph nóte 自筆の注.
au·tog·ra·phy /ɔ:tágrəfi/ *n* 自書, 自署, 自筆; 自筆文書《集合的》; 肉筆署名; 肉筆印刷術《石版・謄写版など》.
àuto·gravúre *n* オートグラビア《写真凹版の一種》.
autogyro ⇨ AUTOGIRO.
Áuto·hàrp 〘商標〙 オートハープ《ボタン操作によって簡単な和音を奏することができるツィター》.
àuto·hypnósis *n* 自己催眠. ♦ **-hypnótic** *a*
au·toi·cous /ɔ:tɔ́ɪkəs/ *a* 〘植〙 雌雄異苞の, 雌雄独立同株の.
àuto·ignítion *n* 《内燃機関の》自己発火[点火, 着火]; 自然発火.
àuto·immúne *a* 〘免疫〙 自己[自家]免疫の: ~ diseases 自己免疫疾患. ♦ **-immúnity** *n* **-immunizátion** *n*
àuto·inféction *n* 〘医〙 自己感染.
àuto·injéctor *n* 自己(皮下)注射器.
àuto·inoculátion *n* 〘医〙 自己[自家]接種.
àuto·intoxicátion *n* 〘医〙 自己[自家]中毒.
àuto·ion·izátion *n* 〘理〙《励起状態からの》自己イオン化.
áuto·ist* *n* MOTORIST.
àuto·kinétic *a* 自動の, 自動運動の.
autokinétic phenòmenon 〘心〙 自動運動現象《暗闇で光点を見つめているとその光点が動いて見えること》.
áuto·lànd *n* 〘空〙《電子工学装置による》自動着陸.
àuto·lóad·er *n* 自動装填銃, 半自動銃《装填は自動だが引金は手動》.
àuto·lóad·ing *a* 〈小火器が〉自動装填の (semiautomatic).
au·tol·o·gous /ɔ:táləgəs/ *a* 〘外科・生〙 自家移植した, 自家組織の, 自己(由来)の: an ~ graft 自己[自家]移植片.
Au·tol·y·cus /ɔ:táləkəs/ **1** 〘ギ神〙 アウトリュコス《Sisyphus の牛を盗み, 盗んだことがわからないよう牛の外見を父 Hermes からさずかった魔力で変えてしまった泥棒》. **2** アウトリュコス《紀元前 310 年ころのギリシア人天文学者・数学者》. **3** 〘天〙 アウトリクス《月面第 2 象限のクレーター; 直径約 38 km, 深さ 3000 m》.
au·tol·y·sate /ɔ:tálәsèɪt/ *n* 〘生化〙 自己分解物質.
au·tol·y·sin /ɔ:táləsən, ɔ̀:t(ə)láɪsən/ *n* 〘生化〙《動植物組織を破壊する》自己分解剤.
au·tol·y·sis /ɔ:táləsəs/ *n* 〘生化〙 自己分解[消化]. ♦ **au·to·lyt·ic** /ɔ̀:t(ə)lítɪk/ *a* **au·to·lyze | -lyse** /ɔ́:t(ə)làɪz/ *vt, vi*
áuto·màker *n* 自動車製造業者[会社], 自動車メーカー.
àuto·manipulátion *n* 手淫. ♦ **-manípulative** *a*
Au·to·mat /ɔ́:təmæ̀t/ *〘サービスマーク〙 オートマット《自動販売式のカフェテリア》; [a-] 自動販売機. [G＜F; ⇨ AUTOMATION]
automata *n* AUTOMATON の複数形.
au·to·mate /ɔ́:təmèɪt/ *vt* 〈工場・生産工程などを〉自動化する, オートメーション化する; 〈授業などに〉教育機器を導入する. ► *vi* オートメーション化される. ♦ **-màt·able** *a* **-màt·ed** *a* オートメーション化した. [逆成＜*automation*]
áutomated téller (machìne) AUTOMATIC TELLER MACHINE《略 ATM》.
au·to·mat·ic /ɔ̀:təmǽtɪk/ *a* **1 a** 自動の, 自動的な; 自動(制御)機構を備えた, オートマチックの; 自動機器による; 〈火器が〉自動の, SEMIAUTOMATIC: an ~ door 自動ドア / ~ operation オートメーション, 自動操作. **b** 無意識に[惰性的に]行なわれる, 自発運動の, 自然の成り行きの; 不随意の, 反射的な. **2** オートメーションのような, 非個性的な, 機械的な. ► *n* 自動機械[装置]; «口» 自動変速装置; オートマ(チック)車; 自動火器, 《特に》自動ピストル; 〘アメフト〙 AUDIBLE. ♦ **-i·cal·ly** *adv* 自動的に; 無意識に, 惰性的に; 反射的に; 機械的に. **au·to·ma·tic·i·ty** /ɔ:təmətísəti/ *n* 自動性, 自動能; 自動度. [AUTOMATON]
automátic contról 〘機・工〙 自動制御.
automátic dáta pròcessing 《コンピューターなどによる》自動データ処理《略 ADP》.

automátic dìaling còde 〘電話〙 自動ダイヤルコード《長距離電話用の短縮ダイヤルコード》.
automátic diréction fìnder 《特に 航空機の》 自動方向探知機《略 ADF》.
automátic dríve AUTOMATIC TRANSMISSION.
automátic expósure 《カメラの》 自動露出.
automátic fréquency contròl 《ラジオ・テレビの》 自動周波数制御.
automátic gáin contròl 〘電子工〙 自動利得制御《略 AGC》.
automátic pílot 自動操縦装置 (=*autopilot*); 融通のきかない態度, 型どおりの行動: go on ～ 杓子定規でやる.
automátic pístol 自動ピストル.
automátic recóvery prògram 〘電算〙 自動復旧プログラム《システム障害があったときに実行されるプログラム》.
automátic repéat 〘電算〙 《キーボードの》 オートリピート《キーを押しつづけると何度も押したのと同じ効果がある》; 《コンテンツ再生の》 自動反復.
automátic rífle 自動小銃.
automátic sélling 自動販売, セルフサービス.
automátic shútoff 自動停止装置.
automátic téller (machìne) 現金自動預入支払機, 自動窓口機 (cashpoint[II])《略 ATM》.
automátic transmíssion 〘車〙 自動変速装置.
automátic týpesetting COMPUTER TYPESETTING.
automátic wríting 〘心〙 自動書記[書字]《自分が文字を書いていることに気づかずに書くこと》.
au·to·ma·tion /ɔ̀ːtəméɪʃ(ə)n/ *n* 《機械・工程・システムの》 自動化, 自動操作[制御], オートメーション. [*automat*on, -*ation*]
au·tom·a·tism /ɔːtámətɪ̀z(ə)m/ *n* 自動性, 自動作用; 自動的活動, 機械的行為; 〘生理〙 自動性《心臓の鼓動, 筋肉の反射運動など》; 〘心〙 自動症《意識せずにある行為をなすこと; cf. AUTOMATIC WRITING》; 〘美〙 オートマティスム《意識活動を避けて無意識的イメージを解放すること》; 〘哲〙 自動機械説《身体を機械とみなし, 意識を自律的でなく身体に従属するとみる立場》. ♦ **-tist** *n*
au·tom·a·tize /ɔːtámətàɪz/ *vt* 自動化する. ♦ **au·tòm·a·ti·zá·tion** *n* 自動化.
au·to·máto·gràph /ɔ̀ːtəmǽtə-/ *n* 自発運動記録機《体の不随意運動を記録する装置》.
au·tom·a·ton /ɔːtámət(ə)n, -tàn/ *n* (*pl* **～s, -ta** /-tə/) 自動機械, オートマトン; 自動人形, ロボット; 機械的に行動する人[動物]. [L<Gk (*automatos* acting of itself)]
au·tom·a·tous /ɔːtámətəs/ *a* オートメーションの(ような); 機械的な.
áuto·mèter *n* 《コピー機に挿入して使う》 複写枚数自動記録器.
au·to·mo·bile* /ɔ̀ːtəmoubìːl, ⌐‒‒⌐, ‒‒⌐‒/ *n* 自動車 (motorcar[II]) (⇨ AUTO); 《俗》 仕事の速い人, 機敏な人. ► *vi* 《まれ》 自動車に乗る[で行く]. ► *a* AUTOMOTIVE. ♦ **àu·to·mo·bíl·ist** /, ⌐‒‒⌐‒/ *n* 自動車使用者, ドライバー. [F; ⇨ MOBILE]
Áutomobile Associàtion [the] 〘英〙 自動車協会《略 AA》.
au·to·mo·bil·ia /ɔ̀ːtəmoubíliə/ *n pl* 蒐集価値のある自動車関連品. [*automo*bile+*memorabilia*]
au·to·mo·bil·i·ty /ɔ̀ːtoumәbíləti, -mou-/ *n* 自動車運転, 自動車使用, 車を使った移動.
àuto·mórphism *n* 〘晶〙 自形; 〘数〙 自己同型(写像).
àuto·mótive *a* 自動推進の, 動力自給の; 自動推進の乗物の, 自動車[飛行機, モーターボートなど]の; 自動車の設計[運転, 生産, 販売]の.
au·to·nom·ic /ɔ̀ːtənámɪk/ *a* 自動的な; 〘生理〙 自律神経(性)の, 自律神経に効く; 〘植〙 体内の刺激によって起こる, 自律的な (cf. PARATONIC); 《古》 AUTONOMOUS: ～ movement 〘植〙 自律運動. ♦ **-i·cal·ly** *adv*
autonómic nérvous sỳstem 〘解・生理〙 自律神経系《略 ANS》.
àu·to·nóm·ics *n* 〘電子工〙 自動制御システム学.
au·ton·o·mist /ɔːtánəmɪst/ *n* 自治論者.
au·ton·o·mous /ɔːtánəməs/ *a* AUTONOMY の; 自治権のある; 自律の, 自律的な; 〘植〙 AUTONOMIC; 〘生〙 自律性の, 自主栄養の; 〘生理〙 自律神経の[に制御された]: ～ morality 〘倫〙 自律的道徳. ♦ **～·ly** *adv*
au·ton·o·my /ɔːtánəmi/ *n* 自治; 自治権; 自治国家, 自治体; 自主性; 〘哲〙 自律; 〘医〙 自律性. [Gk (*aut-*, *nomos* law)]
au·to·nym /ɔ́ːtənɪ̀m/ *n* 本名(で著わした本).
auto-oxidation ⇨ AUTOXIDATION.
áuto-pèn *n* オートペン《ファクシミリによる署名自動描出装置》.
au·toph·a·gous /ɔːtáfəgəs/ *a* SELF-DEVOURING.
au·toph·a·gy /ɔːtáfəʤi/ *n* 〘生理〙 自食(作用)《同一細胞内で酵素が他の成分を消化すること》. ♦ **-gic** *a*
áuto·phỳte *n* 〘植〙 独立栄養植物《無機物から直接栄養物を摂取する》. ♦ **àuto·phýtic** *a* **-i·cal·ly** *adv*
áuto·pìlot *n* AUTOMATIC PILOT.
au·to·pis·ta /àutoupíːstɑː, ɔ̀ːtəpíːstə/ *n* 《スペイン語圏の》 高速道路. [Sp=auto(mobile) track]
áuto·plàst *n* AUTOGRAFT.
áuto·plàsty *n* 〘外科〙 自己形成《自家移植による形成》. ♦ **àu·to·plástic** *a* **-ti·cal·ly** *adv*
Áuto·Plày *n* 〘電算〙 オートプレイ, 自動再生《Windows でディスクなどのメディアを入れると自動的に実行が始まる機能; またユーザーが実行プログラムを設定できるようにする機能》.
àuto·póly·plòid 〘生〙 *n* 同質倍数体 (cf. ALLOPOLYPLOID). ► *a* 同質倍数性の. ♦ **-plòidy** *n* 同質倍数性.
àuto·potámic *a* 〘生態〙 流水性の《動植物, 特に 藻類が淡水の流水中で生活[生育]する; cf. EUPOTAMIC, TYCHOPOTAMIC》.
au·top·sy /ɔ́ːtàpsi, -təp-, ɔːtáp-/ *n* (検死)解剖, 剖検, 検死 (postmortem examination, necropsy); 検視, 実地視察[検証]; 《過去の人[もの]に関する》 分析, 批評. ► *vt* …の検死(解剖)を行なう. [F or NL<Gk=seeing with one's own eyes; ⇨ AUT-, -OPSY]
àuto·psychósis *n* 〘精神医〙 自我識障害性精神病.
au·to·put /ɔ́ːtoupʊ̀t/ *n* 《旧ユーゴスラヴィアの》 高速道路. [Serbo-Croat; cf. AUTOBAHN]
àuto·rádio·gràph, -gràm *n* オートラジオグラフ《試料中に存在する放射性同位体の位置や量を記録した画像》. ♦ **-radiógraphy** *n* 放射能写真術, オートラジオグラフィー. **-rà·dio·gráph·ic** *a*
àuto·regulátion *n* 《臓器・生物・生態系などの》 自己調節.
áuto-repèat *n* AUTOMATIC REPEAT.
áuto·respònd·er *n* 〘電算〙 メール自動応答システム.
áuto-rìckshaw *n* 《インド》 原動機付き軽三輪車.
àuto·rotátion *n* 〘空〙 自動回転, オートローテーション《回転翼が風力エネルギーだけで回転すること》; 《それの揚力による》 自転降下. ♦ **～·al** *a* **-rótate** *vi*
au·to·route /ɔ́ːtərùːt; *F* ɔtorut/ *n* オートルート《フランス・ベルギーの高速道路》. [F (AUTO, ROUTE)]
áuto·sàve *n* 〘電算〙 自動保存《所定の時間間隔で編集中のデータを自動的に保存する機能》.
autos-da-fé *n* AUTO-DA-FÉ の複数形.
áuto·sèx·ing *a* 誕生[孵化]時に雌雄別々の特徴を示す. ► *n* オートセクシング《鶏などに標識遺伝子を入れて行なう早期雌雄鑑別》.
áuto·shàpe *vi* 〘行動心理学〙 《刺激に対して通常の型の条件づけなしに》 自己反応形成する.
áuto·sòme *n* 〘遺〙 《性染色体以外の》 常染色体 (=*euchromosome*) (cf. HETEROCHROMOSOME). ♦ **-som·al** /ɔ̀ːtəsóuməl/ *a* **-sóm·al·ly** *adv*
áuto·spòre *n* 〘生〙 自生胞子, オート胞子.
àuto·stabílity *n* 〘機〙 自律安定, 自動操縦[制御]安定.
au·to·stra·da /àutoustrá:də, ɔ̀ː-/ *n* (*pl* **～s, -de** /-deɪ/) アウトストラーダ《イタリアの高速道路》. [It (STREET)]
àuto·suggéstion *n* 自己暗示 (=*self-suggestion*). ♦ **àuto-suggést** *vt* 自己暗示にかける.
au·to·te·lic /ɔ̀ːtoutélɪk, -tíː-/ *a* 〘哲・文芸〙 それ自体に目的がある, 自己目的的な, 自目的の (cf. HETEROTELIC). ♦ **-tél·ìsm** *n* 自己目的主義. [Gk *telos* end]
àuto·tétra·plòid 〘生〙 *a* 同質四倍性を示す. ► *n* 同質四倍体. ♦ **-tétra·plòidy** *n* 同質四倍性.
áuto·tìmer *n* 《電気調理器などの》 自動タイマー.
au·tot·o·mize /ɔːtátəmàɪz/ *vi, vt* 〘動〙 〈トカゲなどが体の一部を〉 自切(じせつ)する, 自割する.
au·tot·o·my /ɔːtátəmi/ *n* 〘動〙 《トカゲなどの》 自切, 自己切断, 自割. ♦ **au·to·tom·ic** /ɔ̀ːtətámɪk/, **au·tot·o·mous** /ɔːtátəməs/ *a*
àuto·toxémia, -áe- *n* AUTOINTOXICATION.
àuto·tóxic *a* 〘医〙 自己[自家]中毒の.
àuto·toxicósis, -toxicátion *n* AUTOINTOXICATION.
àuto·tóxin *n* 〘医〙 自己[自家]毒素.
áuto-tràin *n* オートトレイン《一定区間, 乗客と車とを同時に輸送する列車》.
àuto·transfórm·er *n* 〘電〙 単巻(たんまき)変圧器[トランス].
àuto·transfúsion *n* 〘医〙 自己[自家]輸血(法), 返血.
àuto·tránsplant *n* AUTOGRAFT. ► *vt* /‒‒⌐/ AUTOGRAFT.
àuto·trans·plantátion *n* 〘医〙 自己[自家]移植.
au·to·troph /ɔ́ːtətrɔ̀(ː)f, -tròuf, -tràf/ *n* 〘生〙 独立[自家, 無機]栄養生物. ♦ **au·tot·ro·phy** /ɔːtátrəfi/ *n*
àuto·tróphic *a* 〘生〙 独立[自家, 無機]栄養の (cf. HETEROTROPHIC). ♦ **-i·cal·ly** *adv*
áuto·trùck* *n* 貨物自動車, トラック.
áuto·tỳpe *n* FACSIMILE; 〘写〙 オートタイプ法 (carbon process); オートタイプ写真. ► *vt* オートタイプ法で作る[転写する]. ♦ **-tỳpy** *n* **àuto·týpic** *a* オートタイプの.
àuto·typógraphy *n* オートタイプ版法.
áuto·wìnd·er /-wàɪnd-/ *n* オートワインダー《カメラ・時計などの自動巻上げ機》.
áuto·wòrk·er *n* 自動車製造労働者.

A

au·tox·i·da·tion /ɔ:tàksədéɪʃ(ə)n/, **àuto-oxidátion** *n* 〔化〕自動酸化《常温での空気中の酸素との直接結合による酸化》. ♦ **-dá·tive** *a* **au·tóx·i·dìze** *vi*
au·tre·fois ac·quit /*F* otrəfwa aki/ 〔法〕前の無罪裁判《同一の犯罪事実で, すでに無罪判決を受けていること, または それに基づく公訴棄却の申し立て》. [F=formerly acquitted]
au·tres temps, au·tres moeurs /*F* o:tr tɑ̃ o:tr mœ:r/ 時代が違えば風習も違う.
au·tumn /ɔ́:təm/ *n* **1** 秋, 秋季《天文学上は秋分から冬至まで; 通俗には北半球で 9, 10, 11 月; 米国では日常語としては fall を用いることが多い》; [〈*a*〉] 秋の(ような): a fine ~ day 秋晴れ / an ~ breeze 秋風 / the ~ social 秋季社交パーティー / the ~ term 秋学期. **2** 成熟期, 熟年; 衰え[凋落]の始まる時期: the ~ of life 人生の秋. [OF<L *autumnus*]
au·tum·nal /ɔ:tʌ́mn(ə)l/ *a* 秋の, 秋のような, 秋をおもわせる; 秋咲きの, 秋に実る; 初老期の, 中年の. ♦ **~·ly** *adv*
autúmnal équinox [the] 秋分; [the] 秋分点 (=**autúmnal póint**).
áutumn crócus 〔植〕イヌサフラン (meadow saffron).
áutumn [autúmnal] tínts *pl* 秋色, 紅葉.
au·tun·ite /ɔ́:t(ə)nàɪt, oʊtʌ́naɪt/ *n* 〔鉱〕燐灰ウラン石. [*Autun* フランス中東部 Saône-et-Loire 県の地名]
aut vin·ce·re aut mo·ri /aʊt wíŋkɛreɪ àʊt mɔ́:rì:/ 勝つか死ぬか. [L]
Au·vergne /oʊvέərnjə, -vɔ́:rn/ **1** オーヴェルニュ **(1)** フランス中南部の地方・旧公国; ☆Clermont (現 Clermont-Ferrand) **2)** フランス中南部の地域圏; Allier, Cantal, Haute-Loire, Puy-de-Dôme の 4 県からなる》. **2** オーヴェルニュ山地 (=the **~ Móuntains**)《フランス中南部の山地》.
aux /óʊ; *F* o/ *prep* …へ, …に《複数名詞と共に用いる; cf. À LA, AU》. [F=*à*+*les*]
aux. auxiliary ♦ auxiliary verb.
aux·a·nom·e·ter /ɔ:ksənɑ́mətər/ *n* (植物)生長計.
aux armes /*F* ozarm/ 武器を取れ, 戦闘準備.
Aux Cayes ⇨ CAYES.
aux·e·sis /ɔ:gzí:səs, ɔ:ksí:-/ *n* 〔生〕《器官・細胞の体積増加による》生長, 《特に 細胞の》肥大 (cf. MERISIS). ♦ **aux·et·ic** /ɔ:gzétɪk, ɔ:ksét-/ *a, n* **-i·cal·ly** *adv* [Gk=increase]
aux·il·ia·ry /ɔ:gzíljəri, -zíl(ə)ri/ *a* 補助の 〈*to*〉; 補足の, 予備の; 〈帆船が〉補助機関付きの; 〈艦艇が〉補給・整備など非戦闘用の: an ~ engine 補助機関 / an ~ agent 〔染〕助剤 / ~ coins 補助貨幣. ► *n* 補助的な人[もの, 装置]; 補助[支援]団体; 〔カト〕教区副司教; [*pl*]《外国よりの》補助部隊, 外人部隊 (=**~ tróops**); 〔海〕補助機関, 補機; 〔海〕機帆船; 〔米海軍〕補助艦[船], 特務艦[船]; 〔文法〕助動詞 (=**~ vérb**). [L (*auxilium* help)]
auxíliary devìce 補助装置.
auxíliary góods *pl* PRODUCER GOODS.
auxíliary lànguage 〔言〕(国際)補助言語.
auxíliary pówer ùnit 〔空〕補助動力源, APU.
auxíliary rótor 《ヘリコプターの》補助ローター, 尾部回転翼 (tail rotor).
auxíliary tòne [nòte] 〔楽〕補助音.
aux·in /ɔ́:ksən/ *n* 〔生化〕オーキシン《植物生長物質の総称; インドール酢酸はその一つ》; PLANT HORMONE. ♦ **aux·in·ic** /ɔ:ksínɪk/ *a* **-i·cal·ly** *adv*
auxo- /ɔ́:ksə/ *comb form*「生長」「増大」 [Gk]
áuxo·chròme *n* 〔化〕助色団.
áuxo·cỳte *n* 〔生〕増大母細胞.
àuxo·tónic *a* 〈筋肉の収縮が〉増負荷性の《増大する負荷に対して起こる》.
auxo·troph /ɔ́:ksətrɑ̀(:)f, -tròuf, -tràf/ *n* 〔生〕栄養要求体.
àuxo·tróphic *a* 〔生〕《代謝・生殖に》補助的栄養を必要とする, 栄養要求性の: ~ mutants 栄養要求性突然変異体. ♦ **aux·ot·ro·phy** /ɔ:ksɑ́trəfi/ *n* 栄養要求性.
Aux Sources [Mont ~ /mo͞ʊtòʊ sú*ə*rs/] モントースルス《レソト北部 Drakensberg 山脈の山 (3299 m); 南アフリカ共和国 Kwa-Zulu-Natal 州との境界にある》.
Au·yán·te·puí /aʊyɑ̀:ntəpwí:/ アウヤンテプイ《ベネズエラ南東部, Caroní 川の東にある 約 32 km にわたる台地》.
Av ⇨ AB.
av. avenue ♦ average ♦ avoirdupois. **a.v., a/v, AV, A/V** °ad valorem. **Av.** Avenue. **AV** audiovisual ♦ °Authorized Version. **A/V** audio/video.
ava, ava' /əvɑ́:, -vɔ́:/ *adv* 《スコ》 of [at] all.
Ava /éɪvə/ エーヴァ《女子名》. [? L=bird]
av·a·da·vat /ǽvədəvæ̀t, ⏑⏑⏑⏑ ́/ *n* 〔鳥〕ベニスズメ (=*strawberry finch*)《カエデチョウ科の美声の飼鳥; 南アジア原産》. [*Ahmadabad* インドの市]
ava·hi /əvɑ́:hì:/ *n* 〔動〕アバヒ (woolly lemur). [(Madagascar)]
avail /əvéɪl/ *vi* [ᵘ*neg*] 役に立つ: Nothing ~*ed* against the storm. そのあらしにはなすすべがなかった. ► *vt* [ᵘ*neg*] …に役立つ: It will ~ you little or nothing. それがきみを利するところはほとんどあるまい. ● **~ oneself of…** =*《口》**~ of…**を利用する, …に乗じる. ► *n* 利益, 効, 効用, 効力 (use, profit); [*pl*]《古》収益, もうけ, 利潤. ● **of no [little] ~** 全く[ほとんど]役に立たない, 無益だ[に近い]. **of what ~ to** do…して何の役に立つのか. **to [with] no ~** = **without ~** 無益に[で], そのかいもなく(て). [VAIL²; *mount*: *amount* などにならったものか]
avàil·abílity *n* **1** 有効性, 有用性, 効用; 入手[利用]の可能性, 可用性 〈*of*〉; *《選挙候補者の》人気面からみた当選の見込み. **2** 時間があること. **3** AVAILABLE な人[もの].
aváil·able *a* **1** 利用[使用]できる 〈*for*〉; 入手できる, 求めに応じられる; 〈アパートが〉入居できる; 〔法〕有効な; 動植物が利用しうる形態の, 有効態の; *〈候補者が〉当選の見込みが立つ, 有力な; *立候補の意志[資格]がある, 出馬できる; 《古》有益な効果のある: make sth ~ *to* sb …を人が使えるようにする / ~ water 〔生〕有効水. **2** 《面会[仕事]に応じる》時間がある, 手があいている 〈*for*, *to* do〉; 《決まった相手がいないので》つきあえる; 口説きやすい: The manager is not ~ now. / I am not ~ *to* answer your call right now. 《留守番電話で》ただいま電話に出ることができません. ● **make oneself ~** 直ちに応じられる状態にしておく 〈*to*〉. ♦ **-ably** *adv* **~·ness** *n*
aváilable ássets *pl* 利用可能資産《担保にはいっていない資産》; 当座資産.
aváilable énergy 〔理〕有効エネルギー (cf. UNAVAILABLE ENERGY).
aváilable líght 〔美・写〕《オブジェ・被写体のうける》自然光.
av·a·lanche /ǽvəlæ̀nʧ; -lɑ̀:nʧ, -lɑ̀:nʃ/ *n* なだれ; [*fig*] 雨あられと降りかかるもの《げんこつ・投石など》,《郵便物・不幸・質問・投票などの》殺到; 〔理〕電子なだれ. ► *vi* なだれとなって落ちる; なだれのように殺到する. ► *vt* …に殺到する: I was ~*d* with orders. 私のところに注文が殺到した. [F (*avaler* to descend)]
ávalanche lìly 〔植〕米国北西部山地原産ユリ科カタクリ属の多年草.
av·a·lan·chine /æ̀vəlǽnʧi:n; -lɑ́:n-/ *a* なだれのような.
avale·ment /əvǽlmənt; *F* avalmɑ̃/ *n* 〔スキー〕アバルマン《スピードを出しているときスキーが雪面と常に接触するようにひざを屈伸させること》.
Av·a·lon, Av·al·lon /ǽvəlɑ̀n/ アヴァロン《致命傷を負った Arthur 王が運ばれたという島; 伝統的に Somerset 州 Glastonbury と同定される》.
Ávalon Península [the] アヴァロン半島《カナダ Newfoundland 島南東部にある半島》.
avant /ɑ́:vɑ̀:n(t), ǽ-, -vɔ̀n(t), -vɔ̃/ *a* 前衛的な, 進んだ, 流行の先端を行く. [*avant*-garde]
avant-cou·rier /ɑ̀:vɑ̀:n(t)kúriər; æ̀vɑ̃:(ŋ)-; *F* avɑ̃kurie/ *n* 先駆者; [*pl*]《古》斥候, 前衛.
avant-garde /ɑ̀:vɑ̀:n(t)gɑ́:rd, æ̀-; æ̀vɑ̃:(ŋ)gɑ́:d; *F* avɑ̃gard/ *n* [ᵘthe] 前衛派(の作品), アヴァンギャルド(芸術)《新しい(芸術)運動の指導者たち(の作品)》. ► *a* 前衛的な, 前衛の: ~ pictures 前衛映画. ♦ **-gárd·ism** *n* **-ist** *n* [F=vanguard]
avant·ist /əvɑ́:ntɪst; əvɔ́n-/ *n* AVANT-GARDIST.
avant la let·tre /*F* avɑ̃ la lɛtr/ 字より前に, その用語[名前]が存在する以前に.
avant-pro·pos /*F* avɑ̃prɔpo/ *n* 序文 (preface).
avanturine ⇨ AVENTURINE.
Avar /ɑ́:vɑ:r; ǽv-, éɪ-/ *n* **a** アヴァール族《6–9 世紀に東欧に支配的勢力を築いた民族; 800 年ごろ Charlemagne に敗れ衰滅》. **b** アヴァール語《北東カフカス諸語に属する》.
av·a·rice /ǽv(ə)rəs/ *n* 強欲, 貪欲. [OF<L (*avarus* greedy)]
av·a·ri·cious /æ̀vəríʃəs/ *a* 欲の深い, 強欲な, 貪欲な. ♦ **~·ly** *adv* **~·ness** *n* AVARICE.
avás·cu·lar /eɪ-, æ-/ *a* 〔解〕無血管の: an ~ area 無血管野(ᵖ). ♦ **avàs·cu·lár·i·ty** *n* 無血管性[状態]. [*a*-²]
aváscular necrósis 無血管(性)壊死, 虚血(性)壊死.
avast /əvǽst; əvɑ́:st/ *int* 〔海〕待て, やめ! [Du *houd vast* to hold fast]
av·a·tar /ǽvətɑ̀:r, ⏑⏑ ́/ *n* 〔ヒンドゥー教〕神[ヴィシュヌ神]の化身; 《人の姿をした》権化, 化身; 具体化, 具現; 《変化していくものの》相, 面; アバター《インターネット上のチャットやメールにユーザーが「分身」として登場させるグラフィック》. [Skt=descent (*áva* down, *tar*- to pass over)]
avaunt /əvɔ́:nt, *əvɑ́:nt/ *int* 《古》立ち去れ (Begone!).
AVC 〔電算〕Advanced Video Coding ♦ 〔電子工〕automatic volume control 自動音量調節[調整].
avdp. avoirdupois.
ave /ɑ́:veɪ, -vi/ *int* ようこそ (Welcome!); ご機嫌よう (Farewell!). ► *n* 歓迎[告別]の挨拶; [ᵒA-] アベマリア (Ave Maria). [L (2nd sg impv) 〈 *aveo* to fare well]
ave. avenue.
ave at·que va·le /ɑ́:wèɪ ɑ́:tkwɛ wɑ́:lèɪ/ *int* こんにちはそしてまたさようなら. [L=hail and farewell]
Ave·bury /éɪvb(ə)ri/ **1** エイヴバリー《イングランド南部 Wiltshire,

Bristol の東方の村; 環状列石遺構の所在地). **2** エイヴバリー 1st Baron ～ ⇨ John LUBBOCK.

avec plai·sir /*F* avɛk plɛzi:r/ 喜んで (with pleasure).

Avei·ro /əvéɪru, əvέəru/ アヴェイロ《ポルトガル北西部のアヴェイロ湖 (～ **lagóon**) に臨む市・港町》.

Av·e·line /ǽvəli:n, -làɪn/ アヴェリン, アヴェライン《女子名》. [F＝hazel]

avel·lan /əvélən, ǽvələn/, **-lane** /əvéleɪn, ǽvəleɪn/ *a* 〘紋〙〈十字が〉はしばみ四つ組みの.

Ave·lla·ne·da /æ̀vəʒənéɪdə/ アベヤネダ《アルゼンチン東部 Buenos Aires 東郊, la Plata 川沿岸の市》.

Ave Ma·ria /ɑ́:veɪ mərí:ə, -vi-/ 天使祝詞, アベマリア (＝*Hail Mary*)《聖母マリアにささげる祈り; 略 AM》.

av·e·na·ceous /æ̀vənéɪʃəs/ *a* オート麦 (oats) の(ような).

Avé·na tèst /ví:nə-/ 〘植〙 アベナ試験法[テスト]《カラスムギ (*Avena sativa*) による植物生長素の含有量テスト》.

Avenches /*F* avɑ̃ʃ/ アヴァンシュ《スイス西部 Vaud 州の町; 1-2 世紀ローマ領 Helvetia の中心として栄えた; 古代名 **Aven·ti·cum** /əvéntɪkəm/》.

avenge /əvénʤ/ *vt* 〈人(の遺恨事)〉の恨みを晴らす, 復讐する, 〈敗北など〉の雪辱を果たす: ～ (the murder of) his brother 弟(の殺害)の敵をとる / She vowed to ～ her*self on* him *for* the insult. 彼の侮辱に復讐を誓った. ► *vi* 復讐する. [OF (*à* to, L VINDICATE)]

avéng·er *n* 復讐者, あだを討つ人: the ～ of blood 〘聖〙 血族関係上仇討ちの義務ある人《被害者の最近親; *Deut* 19:6, *Josh* 20:5》.

av·ens /ǽvənz/ *n* (*pl* ～, ～·**es**) 〘植〙 ダイコンソウ (geum).

av·en·tail, -tayle /ǽvəntèɪl/ *n* VENTAIL.

Av·en·tine /ǽvəntàɪn, -tì:n/ [the] アヴェンティヌスの丘 (SEVEN HILLS OF ROME の一つ).

aven·tu·rine /əvéntʃərì:n, -rən/, **-rin** /-rən/, **avan-** /əvɑ́:n-/ *n* アベンチュリンガラス《金属銅の結晶が多数分散したガラス》; 砂金石, アベンチュリン; 日長石 (sunstone). ► *a* アベンチュリンガラスのような, キラキラする. [F (*aventure* chance); 偶然発見されたことから]

av·e·nue /ǽvən(j)ù:/ *n* **1** 並木道; 二列の並木; ʺ《田舎の大邸宅の》街道から玄関口までの並木道; *大街路, 大通り; 道路, 道《米国の都市では Avenue は南北, Street は東西の道路に用いることがある》: an ～ *of* escape 逃げ道. **2**《目的に通じる》道;《目的の》達成方法,《目標への》接近手段[法]: a sure ～ *to* success 成功への確かな道. ● **explore** [**pursue, try**] **every ～** あらゆる手段を講じる. [F; ⇨ VENUE]

Av·en·zo·ar /æ̀vənzóuər, -zouɑ́:r/ アベンゾアル (IBN ZUHR のラテン語名).

aver /əvə́:r/ *vt* (-rr-) 断言する, 主張する; 〘法〙《事実であると》主張する: ～ *that* it is true. [OF (*ad*-, L *verus* true)]

av·er·age /ǽv(ə)rɪʤ/ *n* **1** 平均, 並み; 平均値 (cf. MEAN³, MEDIAN, MODE); 相加平均 (arithmetic mean);《運動選手[チーム]の成績を示す》平均比率, 勝率; 〘野〙 打率, 〘クリケット〙 得点率 (batting average); [°*pl*] 〘証券〙 平均株価: above [below] (the) ～ 並以上[以下] / up to the ～ 平均に達して / strike [take] an ～ 平均をとる. **2** 〘商〙 海損; 海損分担額: a general [particular] ～ 共同[単独]海損. ● **on** (**the** [**an**]) **～** 平均して, 概して. **the law of ～s** 平均化の法則《いつも勝って[負けて]ばかりいるとはかぎらない》. ► *a* 平均の; 中ぐらいの; 並の, 普通の, あたりまえの; 〘商〙 海損(分担額)の: ～ life span 平均寿命 / of ～ quality《品等が》並の / the ～ man 普通の人. ► *vt* 平均する, …の平均を出す[とる] 〈*out, up*〉; 平均値に近づける; 一定の比率で分割する: If you ～ 3, 5, 7, you get 5. 3, 5, 7 を平均すると 5 になる / I ～ 8 hours' work a day. 一日平均 8 時間働く. ► *vi* 平均して…である, 平均に達する 〈*out*〉; 〈色が〉…という中間的な色である; 〘取引〙 難平(なんぴん)買い[売り]する. ● **～ down** 〘取引〙 難平買いする. **～ up** 〘取引〙 難平売りする. ♦ **～·ly** *adv* 並に, 普通に, ほどほどに. **～·ness** *n* [F *avarie*＜It＜Arab＝damaged goods; *-age* は *damage* より]

áverage adjústment 〘海保〙《共同海損分担の》海損清算.

áverage cláuse 〘保〙《損害保険の》比例条項;《海上保険の》分損(担保)約款.

áverage cóst 平均原価.

áverage deviátion MEAN DEVIATION.

áverage lífe 〘理〙《放射性物質の》平均寿命 (＝*mean life*).

Aver·il /éɪv(ə)rəl; ǽv(ə)rəl/ エイヴリル, アヴリル《男子名; 女子名》. [G＝?boar-favor; OE＝?boar＋battle]

aver·mec·tin /èɪvərméktən/ *n* 〘薬〙 エバーメクチン, アベルメクチン《寄生虫駆除薬》.

avér·ment *n* 言明, 断言, 主張; 〘法〙 事実の主張. [*aver*]

Aver·nus /əvə́:rnəs/ **1** [Lake] アヴェルノ湖 (It **Lago d'Aver·no** /lɑ́:gou dɑ:vέərnou/)《Naples 西方の死火山の火口湖; 昔 地獄への入口とされた》. **2** 〘ロ神〙 冥府, 地獄.

Aver·ro·ës, -rho- /əvérouì:z, æ̀vəróuiz/ アヴェロエス (*Arab* Ibn-Rushd) (1126-98)《スペイン・モロッコで活動したイスラム哲学者・医学者》.

Aver·ro·ism /əvérouìz(ə)m, æ̀vəróu-/ *n* アヴェロエス主義《主にアリストテレス哲学の汎神論的解釈》. ♦ **-ist** *n*

averse /əvə́:rs/ *pred a* 嫌って, 反対して 〈*to*, 《まれ》 *from, to* do (*ing*)〉; 〘植〙〈葉が〉基茎から外に向いた (opp. *adverse*): I am not ～ *to* a good dinner. ごちそうならいやでもない《歓迎だ》/ I am ～ *to* go*ing* [*to* go] there. そこへ行くのはいやだ. ♦ **～·ly** *adv* **～·ness** *n* 毛嫌い. [L; ⇨ AVERT]

aver·sion /əvə́:rʒ(ə)n, -ʃ(ə)n/ *n* 嫌悪の情, 反感, いやがること 〈*to, from, for, to* do*ing*〉; 忌避, 嫌忌; 嫌いなもの[人], いやなもの[人]; 《廃》《視線の注意などを》そらすこと: have a strong ～ *to* (read*ing*) books 本(を読むの)が大嫌いである / one's PET¹ ～(*s*).

avérsion thèrapy 嫌悪療法《嫌悪感を生じさせる刺激によって望ましくない行動や習癖をやめさせる療法》.

aver·sive /əvə́:rsɪv, -zɪv/ *a* 嫌悪の情を表わした; いやなものを避ける, 回避的な; 嫌悪療法の〈刺激〉. ♦ **～·ly** *adv* **～·ness** *n*

avert /əvə́:rt/ *vt* 〈目・考えを〉そむける, そらす 〈*from*〉; 〈打撃・危険を〉避ける, 回避する, 防ぐ. ♦ **avért·ible, -able** *a* [L (*ab-, vers-verto* to turn)]

Aver·tin /əvə́:rtən/ 〘商標〙 アベルチン《トリブロムエタノール (tribromoethanol) 製剤》.

aver·tisse·ment /*F* avɛrtismɑ̃/ *n* 通知, 予告; 警告.

Avery /éɪv(ə)ri/ **1** エイヴリー《男子名》. **2** エイヴリー **Milton** (**Clark**) ～ (1885-1965)《米国の画家》. [OE; ⇨ AVERIL]

aves /éɪvz/ *n* [the] *《俗》見込み, 確率.

Aves /éɪviz/ *n pl* 〘動〙 鳥綱, 鳥類. [L (pl)＜*avis* bird]

Aves·ta /əvéstə/ *n* [the] アヴェスター《ゾロアスター教の経典》. [Pers]

Aves·tan /əvéstən/, **Aves·tic** /əvéstɪk/ *n* アヴェスター語《アヴェスター経典の大部分に用いられている東イラン語系言語; 昔は Zend ともいった》. ► *a* アヴェスター経典[語]の.

Avey·ron /*F* avɛrɔ̃/ アヴェロン《フランス南部, Midi-Pyrénées 地域圏の県; ☆Rodez》.

avg. average.

av·gas* /ǽvgæ̀s/ *n* 航空ガソリン. [*aviation gasoline*]

av·go·lem·o·no /æ̀vgouléménou/ *n* アヴゴレモノ《チキンストックをベースに卵黄と米とレモン汁で作るスープ[ソース]》. [ModGk *augolemono* (*augon* egg, *lemoni* lemon)]

avi- /éɪvɪ, *ǽvɪ/ *comb form* 「鳥」: *avi*phobia. [L *avis* bird]

AVI 〘電算〙 audio/video interleaved《動画ファイルの拡張子》.

avi·an /éɪviən/ *a* 鳥類の, 鳥の; 鳥に由来する. ► *n* 鳥.

ávian influénza [**flú**] 鳥インフルエンザ (＝*bird flu*).

ávian·ize *vt* 〈ウイルスを〉鶏胎化する.

avi·a·rist /éɪviərɪst, *-èr-/ *n* 鳥小屋管理者, 鳥類飼育係.

avi·ary /éɪvièri; -viəri/ *n* 《大きい》鳥小屋, 鳥類舎. [L]

avi·ate /éɪvièɪt, *ǽv-/ *vi* 飛行する, 航空機を操縦する. [逆成＜↓]

avi·a·tion /èɪviéɪʃ(ə)n, *æ̀v-/ *n* (重)航空機の操縦(術), 飛行[航空](術), 航空学; (重)航空機産業;《集合的に》航空機,《特に》軍用機: civil ～《商業および私用の》民間航空 / commercial ～ 商業航空. [F; ⇨ AVI-]

aviátion gàsoline 航空ガソリン.

aviátion mèdicine 航空医学.

aviátion spìritʺ AVIATION GASOLINE.

avi·a·tor /éɪvièɪtər, *ǽv-/ *n* 《古風》航空機操縦士, 飛行士, 飛行家; [*pl*] AVIATOR GLASSES: a civilian [private] ～ 民間飛行家.

áviator glàsses *pl* 飛行士眼鏡《軽くて広いメタルフレームの, 通例 着色レンズ付きの眼鏡》.

áviator's éar 〘医〙 飛行家中耳炎.

avi·a·tress /éɪvièɪtrəs, *ǽv-/ *n* 《まれ》 AVIATRIX.

avi·a·trix /èɪviéɪtrɪks, *æ̀v-/ *n* (*pl* ～·**es**, **-tri·ces** /-trəsì:z/) 女性飛行士[家].

avi au lec·teur /*F* avi o lɛktœ:r/「読者各位へ」, 序言, 序.

Avice /éɪvəs, ǽv-/ エイヴィス, アヴィス《女子名》. [?; cf. AVIS]

Av·i·cen·na /æ̀vəsénə/ アヴィセンナ (*Arab* Ibn Sīnā) (980-1037)《ペルシア生まれのアラブの哲学者・医学者》.

ávi·cùlture *n* 鳥類飼養. ♦ **àvi·cúlturist** *n* 鳥類飼養家.

av·id /ǽvəd/ *a* 熱心な; 貪欲な: an ～ reader 熱心な読者 / ～ *for* [*of*] fame 名誉欲の強い. ♦ **～·ly** *adv* むさぼって, むさぼるように. **～·ness** *n* [F or L (*aveo* to crave)]

av·i·din /ǽvədən, əvídən/ *n* 〘生化〙 アビジン《卵白中にあり biotin と特異的に結合してこれを不活性化するタンパク質》. [*-in*²]

avid·i·ty /əvídəti/ *n* 熱心さ, 強い熱意; 貪欲; 〘生化〙 アビジチー《毒素抗毒素反応》; 〘化〙 親和力 (affinity): with ～ むさぼるように.

avi·dya /əvídjɑ:/ *n* 〘ヒンドゥー教・仏教〙 無知, 無明(むみょう). [Skt]

àvi·fáuna *n* 《ある土地・時期・自然条件における》鳥類相 (cf. FAUNA). ♦ **-fáunal** *a*

ávi·fòrm *a* 鳥の形をした, 鳥形の.

av·i·ga·tion /æ̀vəgéɪʃ(ə)n/ *n* 航空; 航空学; 航法.

Avi·gnon /*F* avɪɲɔ̃/ アヴィニョン《フランス南東部の Rhône 川に臨む市; 教皇庁所在地 (1309-77)》.

Ávi·la /ɑ́:vɪlə/ アビラ《**1**) スペイン中部 Castilla y León 自治州の県 **2**) その県都; Madrid の西北西に位置する; 11 世紀に建設された城郭で囲まれた都市》.

Ávila Ca·ma·cho /ˊ— —ˊ—/ アビラ・カマチョ **Manuel** ~ (1897–1955)《メキシコの軍人・政治家; 大統領 (1940–46)》.

a vin·cu·lo ma·tri·mo·nii /ɑː víŋkulòu mɑ̀ːtrɪmóuniìː, eɪ víŋkjəlòu mæ̀t-/ *a* 結婚の鎖より(放れて): divorce ~. [L]

avion /*F* avjɔ̃/ *n* AIRPLANE: par ~ /*F* par-/ 航空郵便で.

avi·on·ics /èɪviánɪks, *æ̀v-/ *n* アビオニクス《航空・宇宙・ミサイル用電子機器に関する電子工学》; [⟨*pl*⟩] アビオニクス機器[装置]. ♦ **àvi·ón·ic** *a* [*aviation*+*electronics*]

avír·u·lent /eɪ-, æ-/ *a* 無発病性の, 無毒性の.

Avis /éɪvəs/ **1** エイヴィス《女子名》. **2** エイヴィス(社) (~ Inc.)《レンタカー会社》. [L=bird]

avi·so /əváɪzou/ *n* (*pl* ~**s**) 通達, 公文書送達; 通達船, 公文書送達船. [Sp (OF *aviser* to advise)]

avi·ta·min·o·sis /èɪvàɪtəmənóusəs, ˈˈeɪvìtəmɪ-/ *n* (*pl* **-ses** /-sìːz/)〔医〕ビタミン欠乏症: ~ B ビタミン B 欠乏症. ♦ **-min·ot·ic** /-nát-/ *a* [*a*-[2]]

Avi·va /əvíːvə/ アヴィヴァ《女子名》. [Heb=spring]

avi·zan·dum /æ̀vɪzǽndəm/ *n*〔スコ法〕裁判官の裁判外での私的判断(のための一時休廷). [L (gerundive)⟨*adviso* to consider]

Avlo·na /ævlóunə/ アヴロナ《VLORË の旧称》.

AVM〔英〕°Air Vice-Marshal. **avn** aviation.

A-V [AV] node /éɪvíː —ˊ, éɪvìː —ˊ/ ATRIOVENTRICULAR NODE.

avo /ǽvu/ *n* (*pl* ~**s**) アヴー《マカオの通貨単位: =1/100 pataca》. [Port]

avo·ca·do /æ̀vəkáːdou, ɑ̀ː-/ *n* (*pl* ~**s**, ~**es**) **1**〔植〕アボカドノキ《熱帯アメリカ原産; クスノキ科》; アボカド, ワニナシ (=*alligator pear*) (=~ **pèar**)《その果実》. **2** うす緑色. [Sp<Aztec=testicle; 実の形から]

av·o·ca·tion /æ̀vəkéɪʃ(ə)n/ *n* 副業, 余技, 慰みごと, 趣味; 《俗に》職業, 本業 (vocation); 《古》気散じ. ♦ ~·**al** *a* ~·**al·ly** *adv* [L (*avoco* to call away)]

avoc·a·to·ry /əvákətɔ̀ːri; -t(ə)ri/ *a* 呼び出す, 召還する.

av·o·cet, -set /ǽvəsɛ̀t/ *n*〔鳥〕ソリハシセイタカシギ. [F<It]

Avo·ga·dro /æ̀vəgáːdrou, ɑ̀ː-/ アヴォガドロ **Amedeo** ~, Conte di Quaregna e Ceretto (1776–1856)《イタリアの化学者・物理学者》.

Avogádro's láw [hypóthesis]〔理・化〕アヴォガドロの法則《同温度・同圧力の下におけるすべての気体の同体積は同数の分子を含むという法則》. [↑]

Avogádro(s) númber [cónstant]〔理・化〕アヴォガドロ数《1 モルの純物質中に存在する分子の数; 約 6.022×10^{23}》. [↑]

avoid /əvɔ́ɪd/ *vt* 避ける, よける; 回避する; 差し控える ⟨*doing*⟩;〔法〕無効にする; 《古》…から離れる; 《廃》空(から)にする, 追い払う, 排泄する: ~ bad company [an accident] 悪友[事故]を避ける / I cannot ~ say*ing* that. それは言わざるをえない. ♦ ~·**able** *a* ~·**ably** *adv* ~·**er** *n* [AF=to clear out (*es* out, VOID)]

avóid·ance *n* 回避, 忌避;〔心〕回避《いやな刺激をうける前に避けること》;〔法〕無効化, 取消し;〔法〕抗弁事実の主張; 《聖職などの》空位; 《廃》空にすること, 排除, 排泄, はけ口. ♦ **avóid·ant** *a* ⁺〔心〕回避性の.

avóid·ance-avóid·ance cònflict〔心〕回避-回避葛藤《2 目標ともいやな場合》.

avoir. avoirdupois.

av·oir·du·pois /æ̀vərdəpɔ́ɪz, ˊ—ˊ—ˊ, æ̀vwɑːrd(j)upwáː/ *n* AVOIRDUPOIS WEIGHT; 《口》重さ, 《特に人の》体重. [OF *aveir de peis* goods of weight]

avoirdupóis wèight 常衡《貴金属・宝石・薬品以外に用いる衡量: 16 drams=1 ounce, 16 ounce=1 pound; 略 avdp., avoir.》.

à vo·lon·té /*F* a vɔlɔ̃te/ 好きなだけ; 随意に.

Avon /éɪv(ə)n, ǽv-, *-vɑːn/ **1 a** [the] エイヴォン川《**1)** イングランド中部の川; Stratford-upon-Avon を通って Tewkesbury で Severn 川に合流する **2)** イングランド南西部の川; Bristol を通り, Avonmouth で Severn 河口に出る **3)** イングランド南部の川; Wiltshire に発し, 南流してイギリス海峡に注ぐ》. **b** エイヴォン《イングランド南西部の旧州; ☆Bristol》. **2** /ǽvən/ [the] アヴォン川 (⇨ SWAN). **3** [Earl of ~] エイヴォン伯 (⇨ Anthony EDEN). **4**〔商標〕エイヴォン, エイボン《化粧品; 女性セールス員 'Avon lady' による 'Avon calling' と称する訪問販売で売る》.

avoset ⇨ AVOCET.

à vo·tre san·té /*F* a vɔtr sɑ̃te/ ご健康を祝して(乾杯). [F=to your health]

avouch /əváutʃ/ *vt* 《英では古》真実である[立証できる]と言明[断言]する; 保証する; 自分の行ないと認める, 告白する. ► *vi* 《古》保証する: ~ *for* quality 品質を請け合う. ♦ ~·**er** *n* ~·**ment** *n* [OF<L ADVOCATE]

avow /əváu/ *vt* 公言する, 明言する; 公然と[率直に]認める;〔法〕⟨ある行為を⟩なしたことを認めかつその正当性を主張する: ~ *oneself* [be ~*ed*] (to be) the culprit 自分が犯人だと公言[告白]する. ♦ ~·**er** *n* [OF=to acknowledge; ⇨ ADVOCATE]

avów·al *n* 公言, 言明; 公然たる是認.

avówed *a* みずから公然と認めた[言明した], 公然の: an ~ Marxist みずから認めるマルクス主義者 / an ~ purpose 公言した目的. ♦ ~·**ly** /-ədli/ *adv* 公然と, 明白に; 《真偽のほどはともかく》申し立てによれば (allegedly).

Avram /éɪvrəm/ エイヴラム《男子名》. [⇨ ABRAM]

Avranches /*F* avrɑ̃ʃ/ アヴランシュ《フランス北西部, Normandy 地方の港町; 1944 年 7 月の連合軍の上陸地》.

av·ril /*F* avril/ *n* **1** 四月 (April). **2** [A-] アヴリル《男子名; 女子名》.

avs /ǽvz/ *n pl* [the]*《俗》世間の人たち, 世の中.

avulse /əvʌ́ls/ *vt* 引き裂く, 引き放す, 引きはがす;〔医〕捻除する, 裂離する. [L (*vello* to pluck)]

avul·sion /əvʌ́lʃ(ə)n/ *n* 引き裂く[引き放す]こと;〔医〕《手術・事故などによる組織の》剝離, 裂離, 摘出; 裂離組織[部分], 裂離[剝離]創;〔法〕(土地の)自然分離《河川の流路変更や大水で土地が分離し他人の土地に付加すること; 分離した部分の土地の所有権に変化はない》.

avun·cu·lar /əvʌ́ŋkjələr/ *a* おじ (uncle) の(ような); おじのように優しい[親切な]. ♦ ~·**ly** *adv* **avun·cu·lar·i·ty** /əvʌ̀ŋkjəlǽrəti/ *n* [L *avunculus* maternal uncle (dim)⟨*avus* grandfather]

avun·cu·late /əvʌ́ŋkjələt, -lèɪt/ *n* [the] 伯父方委任[管理]《息子に関する権利義務をその母方の伯父[叔父]にゆだねる習俗》. ► *a* 伯父方の[によって管理された].

aw[1] /ɔː/ *int* 《米・スコ》ああ, おや, ねえ, もおーっ, ええい《失望・抗議・不快・疑念・嘆願・同情などを表わす》. [imit]

aw[2] 《スコ》⇨ A'.

a.w. °atomic weight. **AW** actual weight ♦ aircraft warning ♦°articles of war ♦ automatic weapon 自動火器.

awa /əwɔ́ː, əwáː/ *adv* 《スコ》AWAY.

AWACS, Awacs /éɪwæks/ *n* (*pl* ~)〔空〕空中警戒管制システム[管制機], エイワックス. [*a*irborne *w*arning *a*nd *c*ontrol *s*ystem]

await /əwéɪt/ *vt* 待つ; ⟨パーティーなどが⟩…のために準備されている; ⟨批准などを⟩待つばかりの状態にある; 《廃》待伏せする: ~ their arrival 彼らの到着するのを待つ / his long ~*ed* comeback 待望の彼の復帰 / A tragedy ~*ed* her. 悲劇が彼女を待ちうけていた / *A~ing* to hear from you soon. 近々お便りをお待ちして《手紙の結句》. ► *vi* 待つ; ⟨事が⟩待ちうける; 《廃》仕える, 伺候する ⟨*on*⟩. ♦ ~·**er** *n* [AF (*a* AD-, WAIT)]

awake /əwéɪk/ *vi, vt* (**awoke** /əwóuk/, ~**d**; **awok·en** /əwóuk(ə)n/, ~**d**, **awoke**) 目がさめる, 起きる ⟨*from*⟩; 再び活気づく[づかせる]; ⟨眠っている人を⟩起こす; 覚醒する[させる]; ⟨人⟩に罪などを自覚させる ⟨*to*⟩, ⟨記憶など⟩よび起こす: ~ *to*…に気づく, …を悟る / ~ *to* find… 目がさめて…と知る. ► *pred a* 眠らずに, 目がさめて (opp. *asleep*); 油断のない: lie ~ 眠れぬまま横になっている / stay ~ 眠らないでいる / be ~ *to*…に気づいている. ♦ ~·**able** *a* [OE *āwæcnan* and *āwacian*; ⇨ A-[2]]

awak·en /əwéɪk(ə)n/ *vi, vt* (~**ed**) めざめる, めざめさせる ⟨*from*⟩; ⟨感情・関心などを⟩よび起こす ⟨*in*⟩; 気づく, 気づかせる ⟨*to*⟩: ~ the anger *in* her / ~ (sb) *to* the fact. ♦ ~·**er** *n*

awáken·ing *n* めざめ, 覚醒; 信仰覚醒, 信仰のめざめ; 自覚, 認識 ⟨*to*⟩. ● **a rude** ~ 突如としていやな事に気づくこと. ► *a* 覚醒の[させる].

award /əwɔ́ːrd/ *vt* ⟨賞・奨学金などを⟩《審査のうえで》与える, 授与する ⟨*for*⟩; 《判決・裁定で》認める, 与える. ► *n* **1** 賞, 奨学金《など》; 賞のしるし《メダル・記章など》⟨*for*⟩. **2** 審判, 判決, 裁定; 判決[裁定]書; 《損害賠償などの》裁定額; 《豪》AWARD WAGE. ♦ ~·**able** *a* ~·**er** *n* [AF=to decide (after investigation); ⇨ WARD]

award·ee /əwɔ̀ːrdíː, —ˊ—ˊ/ *n* 受賞者, 受給者.

awárd wàge 《豪》法定最低賃金 (=*award*).

aware /əwέər/ *a* **1** [*pred*] 知って, 気がついて, 承知して; 《古》警戒して: be (fully[well, acutely]) ~ *of*… [*that*…] …を(十分)承知[認識]している / become ~ *of*…[*that*…]…に気づく / Not that I'm ~ *of*. 《質問に答えて》わたしの知るかぎりそういうことはない. **2** 問題意識をもった, 事情通の: a politically ~ student 政治意識のある学生. [OE *gewær* (*ge-* 'completeness' を表わす pref, WARE[2])]

awáre·ness *n* 意識, 認識, 気づき ⟨*of, about*⟩: raise ~ *about* …に対する意識を高める / GENDER AWARENESS / Traffic Safety *A~* Week 交通安全週間.

awásh /ə-/ *pred a, adv* **1** 水面とすれすれになって, 波[潮]に洗われて; 水に浮かんで, 波間に漂って; 水につかって ⟨*with*⟩. **2** いっぱいで, あふれかえって⟨*with*⟩; *《俗》浴びるほど飲んで; *《俗》酔っぱらって. [*a*-[1]]

Awash /áːwɑ̀ʃ/ [the] アワッシュ川《エチオピア東部を北東に流れる川》.

away /əwéɪ/ *adv* **1 a** [位置] 離れて, 去って, 遠くへ(行って) ⟨*from*⟩; 欠席して ⟨*from*⟩; 相手の本拠地で, アウェーで ⟨*to*⟩; 《俗》刑務所にはいって: far ~ はるか遠くで[離れて] (⇨ 成句) / miles ~ 何マイルも離れて (⇨ 成句) / ~ (to the) east はるか東方に. **b** [移動] あちらへ, …し去る ⟨*from*⟩; 手離して: go ~ 立ち去る / *A~!* 去れ! (Go ~!) / Come ~. (そこを離れて)こちらへ[いっしょに]来い / look ~ 目をそらす / GIVE ~. **c** [消失・除去] (消え)去る, うせる, 果てる: cut ~ 切り取る

/ fade ~ 消えうせる / wash ~ 洗い流す / EXPLAIN ~. **d** [保管] しっかりと: lock ~しまい込む; 監禁する / put ~ しまい込む. **2** [時間] 間(ま)があって, あとで: Her wedding is only a few weeks ~. 彼女の結婚式までわずか数週間だ / a month ~ *from* completion 完成まであと一月. **3 a** [連続行動] 絶えず, どんどん: work ~ せっせと働く[勉強する] / TALK ~ / puff ~ タバコをすぱすぱ吸う / clocks ticking ~ コツコツと時を刻む時計. **b** [即時] 直ちに, すぐ: Fire ~! すぐ撃てっ; 始めろ! / right [straight] AWAY. **4** *《口》[強意] はるかに, ずっと (far). ★ 他の副詞・前置詞 above, ahead, back, behind, below, down, off, out, over, up などを強める. しばしば 'way, way と略される: The temperature is *(a)way below* the freezing point. 気温は氷点をはるかに下回っている. ● **Are we ~?** *《口》行こうか, 行くぞ (Let's go). **~ back** *《口》はるか遠く, ずっと前: ~ *back* in 1914 1914 年の昔に. **~ with** (1) [*impv*] 去れ, 取り去れ, 追い払え: *A~ with* it [care]! それ[心配]を取り除いてしまえ!, よしてしまえ! / *A~ with* you! 立ち去れ! (2)《古》…を我慢する; …なしでやる: cannot ~ *with* ⇨ CAN[1] / DO[1] ~ *with*. **be ~** (1) 不在である, 欠席している 〈*from* home, school〉; 〈…に行って〉不在である 〈*in* the country, *on* a journey, *for* the summer〉. (2) 〈物が〉《ひきだし・箱・棚などに》しまわれている. FAR **and ~.** **far** [**miles**] **~** (考えごとをして)ぼんやりして, うわのそらで (cf. 1a). **from ~*** 遠くから. MAKE[1] **~ with** …. OUT **and ~.** **right** [**straight**] **~** いますぐ, 直ちに (right off). **well ~** かなり進んで, 順調で; 先んじて; 《口》ほろ酔い(気分)で. WHERE **~?**

► *a* 相手の本拠地での, ロードの, アウェーの; 〘ゴルフ〙〈ボールが〉アウェーの《ホールから最も遠い; 最初に次打を打つ》; 〘競馬〙向こう側のレースの, レースの前半の; 〘野〙アウトで: home and ~ games ホーム試合と遠征[アウェー]試合 / two ~ in the ninth 9 回ツーアウトで.

► *n* 遠征[アウェー]試合(での勝利).

♦ **~·ness** *n* [OE *onweg, awey* (A-[1], WAY[1])]

awáy·dày" *n* 日帰り旅行; 《社外などでの》特別会議[行事, 研修]の日.

AWB 〘南ア〙 [Afrik *Afrikaner Weerstandsbeweging*] アフリカーナー抵抗運動. **awd** ALL-WHEEL drive.

awe /ɔ́ː/ *n* 畏(い)れ, 畏敬, 畏怖; 《古》恐怖(をひき起こす力): be struck with ~ 畏怖の念にうたれる / with ~ つつしみ畏れて. ● **be** [**stand**] **in ~ of**…を畏れ敬う. **keep** sb **in ~** 人に畏敬の念をいだき続けさせる. ► *vt* 畏れさせる, 畏敬[恐懼(きょうく)]させる: be ~*d* 畏れかしこむ / be ~*d* into silence おそれいって黙る. [ON *agi*]

AWE 〘英〙 Atomic Weapons Establishment オルダーマストン原子力兵器施設, 原子力兵器研究所《旧称 AWRE》.

awéa·ry /ə-/ *a* 《詩》WEARY, TIRED 〈*of*〉.

awéath·er /ə-/ *pred a, adv* 〘海〙風上に[へ] (opp. *alee*): Helm ~! 上手(うわて)舵!

awed /ɔ́ːd/ *a* 畏敬[畏怖]の念を表わした[いだいている].

awéigh /ə-/ *pred a* 〘海〙起き錨で《錨が海底を離れた瞬間をいう》: with anchor ~ 起き錨にして. [*a-*[1]]

áwe-inspìring *a* 畏敬の念を起こさせる, (威風)堂々たる, 荘厳な, りっぱな, いかめしい. ♦ **~·ly** *adv*

áw(e)·less *a* 畏敬の念を覚えない, 畏れぬ, 不敵な; 《廃》畏敬の念を感じさせない.

áwe·some *a* 畏敬の念を表わした; 畏敬[畏怖]させる, 恐ろしい; 《口》すごい, すてきな. ♦ **~·ly** *adv* **~·ness** *n*

áwe·strùck, -strìcken *a* 畏敬の念にうたれた.

aw·ful /ɔ́ːfəl/ *a* **1** 恐怖を覚えさせる, 恐ろしい; 《口》すごい, ひどい 〈行儀・失敗・かぜなど〉; 《口》大きい, でっかい. **2** 《文》おそれおおい, 崇高な, 荘厳な; 《文》畏敬の念に満ちた, 敬虔な; 《廃》恐れている. ● **feel ~** すまなく思う; 体調[調子]が悪い. **look ~** 調子が悪そうだ; 見かけがひどい. ► *adv* *《口》すごく, ひどく: He is ~ mad. ひどくおこっている. ♦ **~·ness** *n* [*awe*]

áwful·ly *adv* **1** /, ɔ́ːfli/ **a** 《口》ひどく, 非常に, とても, ばかに: ~ hot / It is ~ good of you. **b** とても悪く[まずく, 不快に]. **2** 《文》畏敬の念を覚えさせるような様子で, おごそかに; 《古》恐怖[畏敬]の念に満ちて.

awhéel /ə-/ *adv, pred a* 車[自転車]に乗って.

awhile /ə(h)wáɪl/ *adv* ちょっと, しばらく: rest ~ちょっと休む / yet ~ まだしばらくは(…ない). [OE *āne hwile* a WHILE]

awhírl /ə-/ *adv, pred a* 渦巻いて, くるくる回って.

Aw·ka /ɔ́ːkɑː/ オーカ《ナイジェリア南部 Anambra 州の町・州都》.

awk·ward /ɔ́ːkwərd/ *a* **1** 〈人・動作などが〉ぶざまな, ぶかっこうな; ぎこちない 〈*in* his gait〉; 世慣れていない; 不器用な, へたな 〈*at* handling tools; *with* a knife and fork〉; 不できな. **2** 〈物が〉扱いにくい, 具合の悪い, 不便な; 〈立場・問題など〉やりにくい, 厄介な, 困った; 間[ばつ]の悪い, 気詰まりな; 困難な, あぶない; 《古》不都合な, 意に添わない; 《廃》つむじまがりの, 片意地な: an ~ customer 《口》厄介な代物《人・動物》, 始末に負えないやつ, やりにくい相手 / an ~ silence 気まずい沈黙 / feel ~ 間が悪い[きまりの悪い, 居ごこちが悪い, 気詰まりな]思いをする 〈*about doing*〉. ♦ **~·ly** *adv* **~·ness** *n* [*awk* (obs) back-handed (<ME<ON *afugr* turned the wrong way), *-ward*]

áwkward àge [the] 未熟な思春期, やっかいな年ごろ.

áwkward squád [the] 不器用で成績不良な新兵の特訓班, 新兵班; "《俗》未熟な[できそこないの, 手に負えない]連中, 非協力的な者たち.

awl /ɔ́ːl/ *n* 《靴屋などの》突き錐(ぎり); 〘考古〙石錐. [OE *æl*; cf. G *Ahle*]

awless ⇨ AWELESS.

áwl-shàped *a* 突き錐のような形の.

áwl·wòrt *n* 〘植〙ハリナズナ《アブラナ科の水生植物》.

aw·mous /ɔ́ːməs/ *n* (*pl* ~) 《スコ》ALMS.

awn /ɔ́ːn/ *n* 《麦などの》のぎ, 芒(のぎ)(ぼう); 《一般に》のぎ状突起.
♦ **~ed** *a* のぎのある, 有芒の. **~·less** *a* 無芒の. [ON *ögn* (pl) 〈*agnar*]

aw·ning /ɔ́ːnɪŋ/ *n* 《甲板上・窓外・店先などの》天幕, 日よけ, 雨よけ, 風よけ: an ~ stanchion 〘海〙天幕柱. ♦ **~ed** *a* [C17<?; もと海洋用語]

áwning dèck 〘海〙覆甲板, オーニングデッキ.

awoke *v* AWAKE の過去・過去分詞.

awoken *v* AWAKE の過去分詞.

AWOL /éɪwɔ̀ːl, éɪdʌ̀b(ə)ljuòuél/ [[s]awol] *a, n* **1** 〘軍〙無許可離隊[外出]の(者) (cf. ABSENCE [ABSENT, ABSENTEE] *without leave*); 《一般に》無断欠席[外出]の(者). **2** 行方不明で; "《口》〈物が〉なくなって. ● **go ~** 無断外出する, 姿をくらます; "《口》〈物が〉なくなる, 〈機器が〉作動しなくなる.

AWRE 〘英〙 Atomic Weapons Research Establishment 原子力兵器研究所《現在は AWE》.

áw·rìght /ɔ́ː-/ *adv, a* 《俗》ALL RIGHT.

awry /əráɪ/ *adv, pred a* 片方に曲がって[ゆがんで, ねじれて], 斜めに; 正道[進路, 目的]からそれて, 予想しなかった状態になって; 不首尾に: look ~ 横目で[ひがんで]見る / go [run, tread] ~ しくじる, つまずく. ● **tread the shoes ~** 堕落する; 不義をなす. [*a-*[1]]

AWS 〘英〙 automatic warning system 《列車運転士に対する》自動警報システム.

áw-shùcks *《口》*a* おずおずした, はにかんだ, 控えめな. ► *int* あーあ, 困った! 《きまりわるさなどを表わす》. ♦ **~·ness** *n*

ax | axe /ǽks/ *n* 斧(おの), まさかり; 斧槌(おのつち), 石目槌《石を割ったり仕上げたりする槌》; [the] 《雇用人員などの》首切り, 《予算金額などの》大削減; 《俗》楽器《ギター・サックスなど》: lay *the* ~ to the root of…の根本に大なたをふるう. ● **get the ~** 打ち首になる; 《口》首になる, 縮小される, 切り捨てられる; 《口》けんかしてふられる 〈*from*〉. **give the ~** 《口》はねつける, 袖にする, 離縁する; 《口》追放する, 首にする. **hang up** one's **~** 無用の計画を中止する. **have an ~ to grind** 《口》下心をいだいている, 肚に一物ある; 《口》文句を言うことがある 〈*with*〉; 《口》好んで持ち出す考え[話]がある. **put the ~ in the helve** 難問題を解決する, なぞを解く. ► *vt* 斧で切る[削る, 割る, 裂く]; …に大なたをふるう, 〈費用・事業計画などを〉減らす, 削減する, 打ち切る, 〈人を〉解雇[解職, 追放]する. [OE *æx*; cf. G *Axt*]

ax- /ǽks/, **axo-** /ǽksoʊ, -sə/ *comb form*「軸 (axis)」「軸索 (axis cylinder)」 [AXON]

ax. axiom ♦ axis.

ax·al /ǽksəl/ *a* AXIAL.

áx·brèak·er, áxe- *n* 《豪》〘植〙**a** 豪州産モクセイ科の非常な堅材の採れる木. **b** レッドケブラチョ (quebracho) 《南米産》.

áxe hèlve 木斧(おの)の柄.

ax·el /ǽks(ə)l/ *n* 〘フィギュア〙アクセル(パウルゼン)ジャンプ. [*Axel* Paulsen (1855–1938) ノルウェーのフィギュアスケーター]

Axel **1** アクセル《男子名》. **2** アクセル **Richard ~** (1946–) 《米国の生理学者; におい受容体と嗅覚システムの発見によりノーベル生理学医学賞 (2004)》. [Swed]

axeman ⇨ AXMAN.

axen·ic /eɪzíːnɪk, -zén-/ *a* 〘生〙無菌(性)の, 純培養の, 無寄生生物の: ~ culture 純(粋)培養. ♦ **-i·cal·ly** *adv* [Gk *xenos* strange]

ax·es[1] /ǽksəz/ *n* AX の複数形.

ax·es[2] /ǽksìːz/ *n* AXIS[1] の複数形.

áx-grìnd·er *n* 《俗》肚に一物のある人物. ♦ **áx-grìnd·ing** *n* [cf. have an AX to grind]

axi- /ǽksɪ, -sə/ *comb form*「軸 (axis)」 [L]

ax·i·al /ǽksiəl/ *a* 軸 (axis) の(ような), 軸性の; 軸上の, 軸のまわりの (: ~ rotation, ~ symmetry), 軸に沿った, 軸面の, 軸の方向の; 〘化〙軸結合の (cf. EQUATORIAL). ♦ **~·ly** *adv* 軸の方向に. **ax·i·al·i·ty** /æksiǽləti/ *n*

áxial-flòw *a* 〘機〙軸流式の: an ~ compressor 軸流圧縮機.

áxial skéleton 〘解〙中軸骨格.

áxial véctor 〘理・数〙軸性ベクトル (pseudovector).

ax·il /ǽksɪl, -səl/ *n* 〘植〙葉腋(ようえき) (=*axilla*).

ax·ile /ǽksàɪl/ *a* 〘植〙軸の, 軸にある.

àxi·lémma *n* 〘解〙AXOLEMMA.

áxile placentátion 〘植〙《ユリ・ハナショウブなどの》中軸胎座.

ax·il·la /æksílə/ *n* (*pl* **-lae** /-li, -làɪ/, ~s) 〘解〙わきのした, 腋窩(えきか) (armpit); 〘鳥〙翼腋; 〘植〙AXIL. [L]

ax·il·lar /æksílər, ǽksə-, -gz-, -lɑːr/ *n* わきのしたの部分[血管, 神経, 羽など]. ► *a* AXILLARY.

A

ax·il·lary /ǽksəlèri; æksíləri/ *a* 〘植〙腋生の, 葉腋の(近くにある); 〘解〙腋窩の. ► *n* AXILLAR; 〘鳥〙腋羽(えきう).
áxillary bùd /; æksíləri-/ 〘植〙腋芽(えきが).
ax·i·nite /ǽksənàɪt/ *n* 〘鉱〙斧石(おのいし)(ふせき)《三斜晶系のガラス光沢を有する茶色の鉱石》.
ax·i·ol·o·gy /æksiáləʤi/ *n* 〘哲〙価値論, 価値学. ♦ **-gist** *n* **àx·i·o·lóg·i·cal** *a* **-i·cal·ly** *adv* [F (Gk *axia* value)]
ax·i·om /ǽksiəm/ *n* 原理, 原則, 自明の理; 〘論・数〙公理, 公準 (postulate); 格言. [F or L<Gk (*axios* worthy)]
ax·i·o·mat·ic /æksiəmǽtɪk/, **-i·cal** *a* 公理の(ような), 自明の; 格言的な; 〘論〙公理的な. ♦ **-i·cal·ly** *adv*
ax·i·om·a·ti·za·tion /æksiəmæ̀təzéɪʃ(ə)n, -siàmətə-; -tàɪ-/ *n* 公理化. ♦ **àx·i·óm·a·tize** *vt*
áxiom of chóice 〘数〙選択公理《空でない任意個数の集合から, 同時に一つずつ要素を選び出すことができるという集合論の公理》.
ax·i·on /ǽksiàn/ *n* 〘理〙アクシオン《荷電 0, スピン 0 で, 質量が核子の 1/1000 より小さい仮説粒子》. [*axial*, *-on*[2]]
ax·is[1] /ǽksəs/ *n* (*pl* **ax·es** /-sì:z/) **1** 軸, 軸線; 〘天〙地軸; 〘植〙軸《幹やふさの中心茎》; 〘解・動〙軸椎骨(第 2 頸椎), 《各種の》軸; 〘空〙《機体の重心を通る》軸; 〘数〙《座標の》軸; 〘数〙対称軸 (=~of symmetry); 〘光〙《レンズの》光軸; 〘晶〙結晶軸; 〘美〙《作品の中心となる想像上の》軸線; 〘建・製図〙軸線, 対称軸芯; 《運動・発展などの》主な方向, 軸. **2** 〘政〙枢軸《国家間の連合》; [the A-] 枢軸 **(1)** 第二次大戦初期の独伊枢軸 (Rome-Berlin Axis) **2)** 第二次大戦後半の日独伊枢軸 (Rome-Berlin-Tokyo Axis)): the ~ of evil 悪の枢軸《米国大統領 George W. Bush が 2002 年 1 月の一般教書演説で, イラク・イラン・北朝鮮の 3 国を非難したときの表現》. ► *a* [A-] 日独伊枢軸の: the *A*~ Powers 《日独伊の》枢軸国. ♦ **~ed** *a* [L=axle, pivot]
axis[2], **áxis dèer** *n* 〘動〙アクシスジカ《全体に白斑のある鹿; インド・アジア東部産》. [L]
áxis mún·di /-mʌ́ndi/ 地球の回転軸, 世界の中心, 天空との結節点. [L=axel [pivot] of the world]
áxis of sýmmetry 〘数〙対称軸.
axi·symmétric, -rical /æksɪ-/ *a* 軸対称の; 線対称の. ♦ **àxi·sýmmetry** *n*
ax·le /ǽks(ə)l/ *n* 《車輪の》心棒, 車軸; 駆動軸, 車軸ボルト; 《古》AXIS[1]. ♦ **~d** *a* [*axle*tree]
áxle bòx 〘機〙軸箱.
áxle pìn 《荷車などの》車軸ボルト.
áxle·trèe *n* 《馬車などの》心棒, 車軸. [ON *öxull-tré*]
áx·man | **áxe-** /-mən/ *n* 斧(おの)をふるう人; 《コスト削減のために》大なたをふるう人; 《俗》《ジャズ・ロックの》ギタリスト.
Áx·min·ster (cárpet) /ǽksmìnstər(-)/ アックスミンスターカーペット《カットパイルの機械織りじゅうたん》. [イングランド Devon 州の原産地名から]
axo- /ǽksou, -sə/ ⇨ AX-.
àxo·lémma *n* 〘解〙軸索鞘(しょう)《神経繊維の軸索を包む膜》.
ax·o·lotl /ǽksəlɑ̀tl, ˌ–ˌ–́/ *n* 〘動〙**a** メキシコに多いトラフサンショウウオの幼生 (cf. NEOTENY). **b** アホロートル《メキシコ山中の湖沼産の, 成長しても外鰓(えら)をもつサンショウウオ》. [Nahuatl (*atl* water, *xolotl* servant)]
ax·on /ǽksɑ̀n/, **ax·one** /-sòun/ *n* 〘解〙《神経細胞の》軸索. ♦ **áx·o·nal** /, æksɑ́n(ə)l, -sóu-/, **ax·on·ic** /æksɑ́nɪk, -sóu-/ *a* [Gk=axis]
ax·o·neme /ǽksənì:m/ *n* 〘生〙軸糸(じくし), アクソネマ《繊毛[鞭毛]の軸索糸状体で, 9 組の周辺小管と 2 本の中心小管とが配列した構造》; 〘遺〙染色系. ♦ **àx·o·né·mal** *a* [Gk *nēma* thread]
ax·o·no·métric projéction /æksənou-/ 〘製図〙軸測投影[投象](法)《物体を斜めから見る投影法; 等角投影 (isometric projection) と不等角投影に分かれる》.
ax·o·nom·e·try /æksənɑ́mətri/ *n* 結晶軸測定学.
áxo·plàsm *n* 〘解〙軸索原形質, 軸索漿. ♦ **àxo·plásmic** *a*
ax·ot·o·my /æksɑ́təmi/ *n* 〘医〙軸索切断(術).
ax·seed /ǽk(s)sì:d/ *n* 〘植〙タマザキクサフジ (=*crown vetch*)《マメ科オウゴンハギ属の草本; 欧州原産で米国東部に移植された》.
Axum ⇨ AKSUM.
ay[1] /áɪ, éɪ/ *int* [[U]~ me] ああ!《悲しみ・嘆き・後悔を表わす》. [*ay me!* <? OF *aimi*]
ay[2,3] ⇨ AYE[1,2].
Aya·cu·cho /àɪəkú:ʧou/ アヤクーチョ《ペルー南部 Lima の南東にある町; 1824 年の戦闘でスペインの南米支配が終わった》.
ay·ah /áɪə, ɑ́:jə, -jɑ:/ *n* 《インドなど旧英領諸国で, 現地人の》メイド, 子守り. [Hindi<Port<L *avia* grandmother]
aya·huas·ca /àɪə(h)wɑ́:skə/ *n* アヤフアスカ **(1)** 〘植〙ブラジル産キントラノオの一種 **2)** その蔓(つる)の表皮から作る幻覚作用をもつ飲み物》. [AmSp]
aya·tol·lah, -tul- /àɪətóulə, -tɑ́:-, -tɑ́l-, àɪətəlɑ́:; -tɔ́lə/ *n* [[°]A-] 〘イスラム〙アーヤトッラー, アヤトラ《ペルシア語圏のシーア派で mullah のうち, 宗教心・学識の特に秀でた人物に与える称号; cf. IMAM》; 《一般に》権威者, 権力者. [Pers=sign of God]
Ayck·bourn /éɪkbɔ̀:rn/ エイクボーン **Alan** ~ (1939–)《英国の劇作家; 現代ファルスの第一人者》.
Ay·dın, Ai- /aɪdín/ アイディン《トルコ南西部 Izmir の南東にある町; Lydia 時代に繁栄した》.
aye[1], **ay**[2] /áɪ/ *adv* しかり, はい; 賛成!《票決のときの返答; ⇨ CONTENT[2] *a*》. ● **~, ~** 〘海〙承知しました, はい; [[°]*joc*] おやおや, これはこれは, やっぱりねえ《人に出会ったり, 何かを見つけたときの驚きの発声, 特にそれを予想していたときの発声》.
► *n* (*pl* **áyes**) [[°]*pl*] 肯定の答, 賛成票 (opp. *no*); [[°]*pl*] 賛成投票者, 可とする者: the *ayes* and noes 賛否双方の投票者 / The *ayes* have it. 〘議会〙賛成者多数.
[C16<?; I (pron) または YEA からか]
aye[2], **ay**[3] /éɪ/ *adv* 《古・詩・スコ》永久に, 常に. ● **for (ever and) ~** 永久に. [ON *ei*, *ey*; cf. Goth *aiws* age]
aye-aye /áɪàɪ/ *n* 〘動〙アイアイ, ユビザル《Madagascar 島産の小型の原始的な夜行性のサル》. [Malagasy]
Ayer /ɛ́ər/ エア Sir **A(lfred) J(ules)** ~ (1910–89)《英国の哲学者; 論理実証主義を展開した》.
Áyers Róck /ɛ́ərz-/ エアズロック《オーストラリア Northern Territory 南西部にある巨大な単一岩石からなる独立岩峰; 先住民による呼称は Uluru で, 聖地; 高さ 348 m, 基部の周 8.8 km》.
Aye·sha /ɑ́:iʃə, -ʃɑ:/ AISHAH.
AYH American Youth Hostels.
ayin /áɪən, ɑ́:jɪn/ *n* アイン《ヘブライ語アルファベットの第 16 字》. [Heb]
Ayles·bury /éɪlzb(ə)ri, *-bèri/ **1** エイルズベリー《イングランド中南東部 Buckinghamshire の町・州都》. **2** エイルズベリー種《同州原産の大型白色の肉用アヒル》.
Ayl·mer /éɪlmər/ エイルマー《男子名》. [OE=noble+famous]
Ayl·win /éɪlwən/ エイルウィン《男子名》. [Gmc=noble friend]
Ayl·win Azó·car /éɪlwɪn ɑ:sóukɑ:r/ エイルウィン・アソーカル **Patricio** ~ (1918–)《チリの政治家; 大統領 (1990–94)》.
Ay·ma·ra /àɪmərɑ́:/ *n* **a** (*pl* **~, ~s**) アイマラ族《ボリビアとペルーのインディオ; Titicaca 湖付近には今なお残存する》. **b** アイマラ語[語族]. ♦ **Ày·ma·rán** *a*, *n*
Ay·mé /*F* ɛme/ エーメ **Marcel** ~ (1902–67)《フランスの作家》.
Ayodh·ya /əjóudjə/, **Ajodh·ya** /əʤóud-/ アヨーディヤー《インド北部 Uttar Pradesh 中北東部の古都, 現在は Faizabad 市の一部; ヒンドゥー教の聖地》.
ayont /əjɑ́nt/, **ayond** /əjɑ́nd/ *prep* 《方》BEYOND.
Ayr /ɛ́ər/ **1** エアー《スコットランド南西部の市・港町》. **2** エアー (=*Ayrshire*)《スコットランド南西部の旧州; ☆Ayr》.
ayre /ɛ́ər/ *n* 《古》《特にエリザベス朝の》歌曲, アリア (air).
Ayr·shire /ɛ́ərʃɪər, -ʃər, *ǽʃɪr/ *n* **1** エアーシャー (⇨ AYR). **2** 〘牛〙エアシャー《同地方原産の乳牛》.
ayu /ɑ́:ju, áɪ(j)u/ *n* 〘魚〙アユ (=*sweetfish*). [Jpn]
Ayub Khan /aɪjú:b kɑ́:n/ アユーブハーン **Mohammad** ~ (1907–74)《パキスタンの軍人・政治家; 大統領 (1958–69)》.
ayun·ta·mien·to /ɑ:jùntɑ:mjéntou/ *n* (*pl* **~s**) 《スペイン・旧スペイン領植民地の》市政府; 市会; 市役所. [Sp]
Ayur·ve·da /ɑ́:jərvèɪdə/ *n* 〘ヒンドゥー教〙アーユルヴェーダ《古代の医術・長命術の書》. ♦ **Àyur·vé·dic** *a*
Ayut·tha·ya /ɑ:jútəjə/ アユタヤ《タイ南部 Bangkok の北方 Chao Phraya 川下流の島にある市; 旧首都 (1350–1767)》.
A-Z /èɪzí:; -zéd/ *a* 包括的な (all-inclusive). ► *n* ABC 順辞典; [[U]]ABC 順町名索引付き地図.
az-[1] /éɪz, ǽz/, **azo-** /éɪzou, ǽzou, -zə/ *comb form*「《特に 2 価の基としての》窒素を含む」 [*azote*]
az-[2] ⇨ AZA-.
az. azimuth ♦ azure. **AZ** Arizona.
aza- /éɪzə, ǽzə/, **az-** /éɪz, ǽz/ *comb form*「炭素の代わりに窒素を含む」 [AZOTE]
aza·lea /əzéɪljə/ *n* 〘植〙アザレア, オランダツツジ《ツツジ属アザレア亜属 (*A-*) の花木》. [Gk (*azaleos* dry); Linnaeus が乾燥地によく育つとしたため]
azan /ɑ:zɑ́:n/ *n* 《イスラム寺院で一日 5 回鳴らす》礼拝時告知, アザーン. [Arab]
Aza·ña (y Di·az) /əθɑ́:njə i dí:ɑ:θ/ アサーニャ (・イ・ディアス) **Manuel** ~ (1880–1940)《スペインの政治家; 第二共和政の首相 (1931–33), 大統領 (1936–39); 内乱勃発で亡命》.
Azan·de /əzǽndi/, **Zan·de** /zǽndi/ *n* **a** (*pl* **~, ~s**) アザンデ族, ザンデ族《南スーダン・中央アフリカ・コンゴ民主共和国に住むスーダン系農耕民》. **b** アザンデ語.
Aza·nia /əzéɪniə, -njə/ アザニア《アフリカの民族主義者の用語で「南アフリカ」の称》. ♦ **Azá·ni·an** *n*, *a*
Az·a·ri·ah /æ̀zəráɪə/ アザライア《男子名》. [Heb=God has helped]
az·a·role /ǽzəròul/ *n* 〘植〙アザロール《地中海地方原産のサンザシ属の木; その食用果実》. [F<Sp<Arab]
az·a·ser·ine /æ̀zəsérì:n/ *n* 〘薬〙アザセリン《プリン合成阻害の抗生物質》.

aza·thio·prine /æ̀zəθáɪəprì:n, -prən/ *n* 〘薬〙アザチオプリン《細胞毒・免疫抑制薬》. ［*aza-*, *thio-*, *purine*］

Aza·zel /əzéɪzəl, ǽzəzèl/ アザゼル《**1**)〘聖〙贖罪(しょくざい)の式に荒野に放たれたヤギ (scapegoat) を受け取る古代ヘブライの魔物; *Lev* 16: 1–28 **2**) 聖書の偽典 *Enoch* に出てくる, Satan と共に神に謀叛した堕落天使の一人; cf. Milton, *Paradise Lost* 1: 534 **3**)〘イスラム伝説〙裏切りのために天使によって捕えられた魔物 (jinn)》.

Az·bine /æzbí:n/ アズビーン《Aïr の別称》.

azed·a·rach /əzédəræ̀k/ *n* 〘植〙センダン (chinaberry); 栴檀(せんだん)の根皮《かつて吐剤・下剤・駆虫剤に用いた》. ［F＜Pers＝free or noble tree］

aze·o·trope /éɪziətròup, əzí:ə-/ *n* 〘化〙アゼオトロープ, 共沸混合物. ♦ **-trop·ic** /èɪziətrápɪk/ *a*

Azer·bai·jan, -dzhan /æ̀zərbàɪʤá:n, à:z-/ **1** アゼルバイジャン《イラン北西部の地域; ☆Tabriz; 古代名 (Media) Atropatene》. **2** アゼルバイジャン《Caucasus 山脈の南側, カスピ海に臨む国; 公式名 Republic of ～ (アゼルバイジャン共和国); ☆Baku; 同国の南側は Aras 川を隔ててイランの Azerbaijan 地方に接する; 1936–91 年ソ連邦構成共和国 (the ～SSR)》.

Azer·bai·ja·ni /æ̀zərbaɪʤá:ni, à:z-/, **-ni·an** /-niən/ *n* **a** (*pl* ～, ～**s**, **-ni·ans**) アゼルバイジャン人. **b** アゼルバイジャン語《チュルク語群に属する》. ► *a* アゼルバイジャンの, アゼルバイジャン人[語]の.

Aze·ri /ǽzəri, á:z-, əzéəri/ *n* **a** (*pl* ～, ～**s**) アゼリー人《アゼルバイジャン・アルメニア・イラン北部に居住するトルコ系民族》. **b** アゼリー語 (Azerbaijani).

azer·ty, AZERTY /əzə́:rti/ *n* アゼルティ(キーボード) (＝～ **kéy·board**)《アルファベットキーの最上列左が a, z, e, r, t, y の配置になっている, ヨーロッパのタイプライターに普通にみられるキーボード》.

az·ide /éɪzàɪd, ǽz-/ *n* 〘化〙アジ化物, アジド (—N_3 基を含む化合物).

az·i·do /ǽzədou/ *a* [°*compd*]〘化〙アジド基 (—N_3) の[を含む].

azìdo·thýmidine *n* 〘薬〙アジドチミジン (＝*AZT*, *zidovudine*)《HIV などある種のレトロウイルスの複製を抑止する抗ウイルス薬》.

Azi·ki·we /à:zikí:weɪ/ アジキウェ **Nnamdi** ～ (1904–96)《ナイジェリアの初代大統領 (1963–66)》.

Azil·ian /əzí:ljən, əzíl-, -liən/ *a*, *n* 〘考古〙《西欧中石器時代の》アジール文化(期)(の). ［*Azile* Pyrenees 山脈中の洞穴］

az·i·muth /ǽz(ə)məθ/ *n* 〘天・海〙方位角; 方位. ♦ **az·i·muth·al** /æ̀zəmʌ́θ(ə)l/ *a* 方位角の. **-múth·al·ly** *adv* 方位角によって, 方位角上. ［OF＜Arab (*al* the, *sumūt*＜*samt* way, direction)］

azimúthal (equidístant) projéction 〘地図〙正(主)距方位図法《経線は極から放射し, 緯線は極中心の同心円を描く図法》.

ázimuth cìrcle 〘天〙方位圏 (＝*vertical circle*);《羅針盤上の》方位環.

ázimuth còmpass 〘海・空〙方位羅針儀, 方位コンパス《天体などの方向を測定する》.

Az·in·court /*F* azɛ̃ku:r/ アザンクール (⇨ AGINCOURT).

az·ine /éɪzì:n, ǽz-, -zən/ *n* 〘化〙アジン《2 個以上の異原子を含み, その 1 つ以上が窒素である六員環化合物; cf. AZOLE》. ［*azo-*, *-ine*[2]］

azin·phos·méthyl /èɪz(ə)nfɑs-, æ̀z-/ *n* 〘薬〙アジンホスメチル《殺虫剤》.

az·lon /ǽzlàn/ *n* 〘化〙アズロン《人造タンパク質繊維の総称》. ［*az-*, *-lon* (nylon)］

Az·nar /ɑ:θná:r/ アスナール **José María** ～ **López** (1953–)《スペインの政治家; 国民党; 首相 (1996–2004)》.

Az·na·vour /*F* aznavu:r/ アズナヴール **Charles** ～ (1924–)《フランスの歌手・映画俳優》.

azo /éɪzou, ǽz-/ *a* 〘化〙〈化合物が〉アゾ基の[を含む].

azo- ⇨ AZ-[1].

àzo·bénzene *n* 〘化〙アゾベンゼン《黄色鱗片状の結晶; 有機合成・染料などの原料》.

ázo dỳe 〘化〙アゾ染料《アゾ基を含む染料; 芳香族ジアゾニウム塩とカップリング成分 (ナフトールなど) のカップリング反応で生じる》.

azo·ic /əzóuɪk, eɪ-/ *a* 〘地質〙無生代の; «まれ» 生物のいない. ［Gk *azōos* (*a-*[2], *zōē* life)］

az·ole /éɪzòul, ǽz-, əzóul/ *n* 〘化〙アゾール《**1**) 2 個以上の異原子を含み, その 1 つ以上が窒素である五員環化合物; cf. AZINE **2**) PYRROLE》.

azón·al /eɪ-, æ-/ *a* ZONE に分かれていない.

azónal sóil 〘地質〙非成帯性土壌.

áz·on bòmb /ǽzàn-/ 〘軍〙方向可変爆弾.

azon·ic /eɪzóunɪk/ *a* 特定地域[地帯]に限られない.

azo·o·sper·mia /eɪzòuəspə́:rmiə, ə-/ *n* 〘医〙無精子(症), 精子欠如(症). ♦ **-mic** *a* ［Gk *azōos* lifeless］

Azores /éɪzɔ̀:rz, əzɔ́:rz/ *pl* [the] アゾレス諸島《大西洋北部にあるポルトガル領の島群; ポルトガル語名 Açores》. ♦ **Azór·e·an, -i·an** *a*, *n*

az·ote /ǽzòut, éɪ-, əzóut/ *n* 〘化〙NITROGEN《旧名》. ［F (*a-*[2], Gk *zōō* to live)］

az·o·te·mia | -tae- /èɪzoutí:miə, æ̀z-/ *n* 〘医〙(高)窒素血(症). ♦ **-mic** *a*

az·oth /ǽzɔ̀(:)θ, -zàθ/ *n* 〘錬金術〙《すべての金属の根本元質としての》水銀;《PARACELSUS の》万病薬. ［Arab］

azot·ic /eɪzátɪk, æ-/ *a* 窒素の. ［*azote*］

az·o·tize /ǽzətàɪz/ 〘化〙*vt* アゾ化する; 窒化する.

azo·to·bac·ter /eɪzóutəbæ̀ktər, æ-, ə-/ *n* 〘菌〙アゾトバクター属 (*A-*) の細菌《遊離窒素を固定する》.

azo·tu·ria /èɪzout(j)úəriə, æ̀z-/ *n* 〘医〙窒素尿(症)《馬の疾患》.

Azov /ǽzɔ̀:f, éɪ-, -àv; á:zɔv/ ■ the **Séa of** ～ アゾフ海《Crimea 半島の東にある黒海の内湾; Kerch 海峡を通じて黒海と連絡する》.

Az·ra·el /ǽzriəl, -reɪl, *-reɪèl/ 〘ユダヤ教・イスラム教〙アザレル《死をつかさどり霊魂を肉体から分離する天使》.

AZT /éɪzì:tí:/ *n* AZIDOTHYMIDINE《エイズ治療薬》.

Az·tec /ǽztèk/ *n* **a** アステカ族《アステカ王国を建設したメキシコ先住民; 王国は 1521 年 Cortéz に征服された》. **b** アステカ語 (NAHUATL). ► *a* AZTECAN. ♦ **Áz·tèc·an** *a* アステカ族[語, 文化]の. ［F or Sp＜NAHUATL＝men of the north］

Áztec twó-stèp «俗» アステカツーステップ (Montezuma's revenge)《メキシコ旅行者がかかる下痢》.

azu·ki (bean) ADZUKI (BEAN).

azul /əzú:l/ *«俗» *n* 警官, おまわり; 警察, サツ.

azu·le·jo /à:θuléɪhou/ *n* (*pl* ～**s**) 彩釉タイル《釉薬を施したカラータイル》. ［Sp］

azure /ǽʒər, ǽʒuər, éɪ-/ *n* 青空色, 淡青色;〘紋〙紺, 藍色; «詩・文» 青空, 碧空; «古» LAPIS LAZULI. ► *a* 青空色の; 青空のような, 曇りのない, 清く澄んだ; [後置]〘紋〙紺の. ► *vt* 青空色にする. ［OF＜L＜Arab *al* the, *lāzaward* (Pers＝lapis lazuli)］

ázure stòne LAPIS LAZULI; LAZULITE.

azur·ine /ǽʒəràɪn, -rən/ *a* 青い, うす青の. ► *n* アズリン《暗い青の基染剤》.

azur·ite /ǽʒəràɪt/ *n* 〘鉱〙藍銅鉱; アズライト《藍銅鉱から作る青色の半宝石》.

azy·go- /eɪzáɪgou, -gə; ə-/ *comb form*「不対の (azygous)」［Gk］

azy·gog·ra·phy /èɪzaɪgágrəfi; əzàɪ-/ *n* 〘医〙奇静脈造影(法), 奇静脈写.

azy·gos /eɪzáɪgəs; ǽzɪ-/ *n* 〘解〙不対部分. ► *a* AZYGOUS.

azy·go·spòre *n* 〘植〙単為接合[偽接合]胞子《配偶子が接合を行なわないで形成される接合胞子に似た胞子; ある種の菌類や藻類にみられる》.

az·y·gous /eɪzáɪgəs; ǽzɪ-/ *a* 〘解・動・植〙対(つい)をなさない, 不対の. ［Gk＝unyoked (*zugon* yoke)］

azyme /ǽzàɪm/, **azym** /ǽzəm/ *n* 種入れぬパン《ユダヤ教徒が Passover に用いる無酵母パン》,〘西方教会〙種なしパン《聖餐式に用いる》. ♦ **azym·ous** /ǽzəməs/ *a* パン種を入れない. ［L (neut pl)＜*azymus* unleavened］

B

B, b /bíː/ *n* (*pl* **B's, Bs, b's, bs** /-z/) ビー《英語アルファベットの第 2 字》; B 字形(のもの); B [b] の表わす音; 《仮定の》第 2, 乙; 〔楽〕ロ音, ロ調 (⇨ A); 〔数〕第 2 既知数; 2 番目(のもの); 第二[二流, 二級]のもの; 《学業成績で》B, 良, 乙; 《道路の》B 級, 非幹線道路; 〔紙〕B 判 (⇨ B-SIZE; 日本独自の規格である B4 などとは異なる); 〔電算〕《十六進数の》B《十進法で 11》; 〔英〕B《SOCIOECONOMIC GROUP のうち A に次ぐ上位の階層(の人)》, 中流階級(の人).

b 〔理〕barn(s) ♦〔理〕bel(s) ♦ bottom ♦〔理〕°bottom quark ♦ brick.

b. bacillus ♦ back ♦ bag ♦ bale ♦〔楽〕bass, basso ♦ bat ♦ battery ♦ bay (horse) ♦ before ♦ billion ♦ blue ♦ ᴴ〔気〕blue sky ♦ bomber ♦ book ♦ born ♦〔クリケット〕bowled (by) ♦〔クリケット〕bye(s).

B baht(s) ♦ balboa ♦〔理〕°baryon number ♦〔野〕base(man) ♦〔理〕Baumé ♦〔地図など〕bay ♦〔E メールなど〕be《(1) 動詞 2) 語中の be のつづりに代わって用いる: B4=before》♦ *《麻薬俗》bee ♦ belga ♦ Belgium ♦ *《俗》Benzedrine ♦〔チェス〕bishop ♦〔鉛筆〕black《鉛筆の軟度を示し B, BB [2B], BBB [3B] としだいに軟らかくなる; cf. H》♦ bolivar(s) ♦ boliviano(s) ♦〔化〕boron ♦ butut ♦〔血液型〕⇨ ABO BLOOD GROUP ♦ *《学生俗》Frisbee ♦ °magnetic induction.

B. Bachelor 学士 ♦ Baron ♦〔楽〕bass, basso ♦ Bible ♦ British ♦ 《口》bugger, bastard.

B- 〔米軍〕bomber: *B*-29, *B*-52, *B*-1.

ba[1] /bɑ́ː/ *n* 〔エジプト神話〕霊魂, バー《人頭をもつ鳥の姿で表わされる》.

BA /bìːéɪ/ *《俗》*n* 丸出しの尻: hang a ～《人をあざけって》尻を出して見せる. ► *a* BARE-ASSED.

Ba 〔化〕barium. **BA** [L *Baccalaureus Artium*] °Bachelor of Arts (cf. AB) ♦ *《俗》badass ♦〔野〕°batting average ♦ °Bosnia and Herzegovina ♦ °British Academy ♦〔航空略称〕°British Airways ♦ °British Association (for the Advancement of Science) ♦ °Buenos Aires.

baa, ba[2] /bǽ, bɑ́ː; bɑ́ː/ *n* メー《羊の鳴き声》: *B*~, ～, black sheep メーメーめんようさん《伝承童謡の冒頭の句》. ► *vi* (**báaed**)〈羊が〉(メーと)鳴く (bleat). [imit]

BAA Bachelor of Applied Arts ♦ °British Airports Authority.

Baa-baas /bɑ́ːbɑ̀ːz/ *n pl* [the] バーバーズ《BARBARIANS の通称》.

Báa·der-Méin·hof Gàng /bɑ́ːdərmáɪnhɔ̀f-, *-hɔ̀ːf-/ [the] バーダー-マインホフ団《資本主義社会の打倒を目標とするドイツのゲリラ集団》. [Andreas *Baader* (1943–77), Ulrike *Meinhof* (1934–76), 共にその指導者]

BAAE Bachelor of Aeronautical and Astronautical Engineering.

baal, bail, bale /bɑ́ːl; béɪl/ 《豪俗》*adv* …でない (not). ► *int* いや! (No!). [(Austral)]

Ba·al /béɪ(ə)l, bɑ́ːl/ *n* (*pl* ～**s**, **Ba·a·lim** /-ləm, *béɪəlɪm/) バアル《古代フェニキア人・カナン人が崇拝した神; 本来は豊穣神; 対応する女神は Astarte; 旧約聖書においては偽りの神とされる》; [ᵒb-] 偽りの神, 偶像. ♦ **～·ish** *a* バアルの; 偶像崇拝の. **～·ism** *n* バアル崇拝; 偶像崇拝. **～·ist, ～·ite** *n* バアル崇拝者; 偶像崇拝者. [Heb =lord]

báa-làmb *n* 《幼児》メーメー (sheep); ᴴ《俗》いい人, 優しい人.

Baal·bek /béɪəlbɛ̀k, bɑ́ːl-/ バールベク《レバノン東部 Damascus の北にある町; 古代の神殿跡がある; 古代名 Heliopolis》.

Ba'al Shem Tov /bɑ́ːl ʃém tóʊv, -ʃéɪm-/ バール・シェム・トーヴ (c. 1700–60)《ポーランド系ユダヤ人の神秘主義者;「よき名の主」の意, 本名 Israel ben Eliezer; 近代 Hasidism を創唱》.

baap /bɑ́ːp/ *n* 《インド》父, おとうさん. [Hindi]

baard·man /bɑ́ːrtmɑ̀ːn/ *n* 〔鳥〕キクスズメ (=*scaly weaver*)《南アフリカ乾燥地帯産のハタオリドリの一種》. [Afrik]

baas /bɑ́ːs/ *n* 《南ア》主人, [*voc*] だんなさま《黒人が白人の特に雇い主を言った》. [Afrik]

baas·skap, -kap, -kaap /bɑ́ːskɑ̀ːp/ *n* 《南ア》白人による(完全な)非白人支配, 白人主義. [Afrik]

báasskap apàrtheid APARTHEID.

Baath, Ba'ath /bɑ́ːθ/ バース党《シリアに生まれ, レバノン・イラクなどに広がった政党; アラブ統一と独自の社会主義を唱える》. ♦ **～·ism** *n* **～·ist** *n, a* [Arab=revival]

Bāb[1] /bɑ́ːb/ [the] バーブ (1819 or 20–50)《イランの宗教家; Mīrzā 'Alī Moḥammad の尊称; バーブ教 (Babism) の創始者; 反乱罪で処刑された》.

Bab[2] /bǽb/ バブ《女子名; Barbara の愛称》.

ba·ba[1] /bɑ́ːbɑ̀ː, -bə/, **bába au rhúm** /-oʊ rʌ́m/ *n* (*pl* **bá·bas, bábas au rhúm**) ババ(オーロム) (=*rumbaba*)《ラム酒のシロップに浸したスポンジケーキ》. [F<Pol=old woman]

ba·ba[2] /bɑ́ːbɑ̀ː/ *n* [ᵒB-] ヒンドゥー教の導師[霊的指導者]の称号; 《一般に》(霊的)指導者; 《インド》父, おとうさん, パパ; 《トルコ》…さま《特に 貴族に対する敬称》; 《インド》こども, 赤ちゃん《特に 男の子》. [Hindi<?Arab=father]

ba·ba·co /bəbɑ́ːkoʊ, bǽbəkòʊ/ *n* (*pl* ～**s**) 〔植〕ゴカクモクカ (五角木瓜), ババコ《エクアドル・コロンビア原産パパイヤ科の樹木; 果実は五稜角を有し, 食用》.

ba·ba·coo·te /bɑ̀ːbəkúːti; bǽbəkùːt/ *n* 〔動〕インドリ《Madagascar 島産; キツネザル類中の最大種》.

ba·ba g(h)a·noush /bɑ́ːbə gənúːʃ/, **-gha·nouj** /-gənúːʒ/ 〔中東料理〕ババガヌージ《ナスのピューレをニンニク・レモン汁・練りゴマであえたもの; ピタ (pita) につけて食べる》. [?]

Ba·bar /bɑ́ːbɑ̀ːr, *bəbɑ́ːr; F baba:r/ ババール《フランスの作家 Jean de Brunhoff (1899–1937) の子供向け絵本に登場する, 人間のようにふるまう象》.

Bā·bar /bɑ́ːbər/ BĀBUR.

Bá·bar Íslands /bɑ́ːbɑ̀ːr-/ *pl* [the] ババル諸島《インドネシアの Timor 島の東北東に位置する島群; ババル島 (**Bábar Ísland**) と 5 つの小島からなる》.

ba·bas·su, ba·ba·su /bɑ̀ːbəsúː/ *n* 〔植〕ババスーヤシ《ブラジル産》; BABASSU OIL. [Port]

babassú òil ババスー油(ゆ)《babassu の実から採る石鹸・マーガリン製造用の油》.

Bab·bage /bǽbɪdʒ/ バベッジ **Charles** ～ (1791–1871)《英国の数学者・機械工学者; 近代的自動計算機械の概念の創始者》.

Bab·bie /bǽbi/ バビー《女子名; Barbara の愛称》.

bab·bitt /bǽbət/ *n* [ˢB-] BABBITT METAL; バビット合金の軸受[裏張り]. ► *vt* 〈軸受など〉にバビット合金を張る. ♦ **～·ed** *a*

Babbitt[1*] *n* [ˢb-] 《口》[*derog*] 物質的成功のことしか頭にない俗物. ♦ **～·ry** *n* 俗物的ふるまい[性向], 俗物根性 **Báb·bitty** *a* [Sinclair Lewis の小説 *Babbitt* (1922) 中の人物から]

Babbitt[2] バビット **Irving** ～ (1865–1933)《米国の教育者・文芸批評家》.

bábbitt mètal [ˢB- m-] バビット合金《(1) スズ・アンチモン・鉛・銅の軸受用白色合金 2) それに類する減摩合金》. [Isaac *Babbitt* (1799–1862) 米国の発明家]

bab·ble /bǽb(ə)l/ *vi, vt* **1** 意味の分からない音を発する,〈乳児が〉喃語(なん)を発する; 早口に[ペチャクチャ]しゃべる 〈*about*〉;〈小鳥が〉しきりにさえずる;〈秘密を〉口走る 〈*out*〉: ～ on《気に入らぬげに》くどくどとしゃべる 〈*about*〉. **2**〈流れが〉ゴボゴボと音をたてる. ► *n* **1** 片言,《乳児の》喃語(なん); おしゃべり; たわごと;《群衆の》ガヤガヤ;《小鳥の》さえずり; 〔通信〕バブル《電話などの漏話・混信音》; せせらぎ: the ～ of a stream 小川のせせらぎ. **2** [*compd*] [*derog*]「…関係[方面]のジャーゴン」: eco*babble*, psycho*babble*. ♦ **～·ment** *n* [imit]

báb·bler[1] *n* **1** 喃語を話す乳児; おしゃべり; しゃべりすぎて秘密を漏らす者. **2** 〔鳥〕チメドリ《ヒタキ科; 南アジア・豪州・アフリカに分布》.

babbler[2] *n* 《豪俗》コック(長). [*babbling brook* と *cook* の《韻俗》から]

báb·bling *a* ペチャクチャしゃべる; ゴボゴボ音をたてる. ► *n* 饒舌; 《乳児の》喃語(なん); ゴボゴボいう音; 盛んなさえずり. ♦ **～·ly** *adv*

bábbling bròok 《俗》おしゃべり屋.

bab·by /bǽbi/ *n* 《方》BABY.

Báb·cock tést /bǽbkɑ̀k-/ 〔食品〕バブコック試験《牛乳や乳製品中のバター性脂肪分の含有量を測定する方法》. [Stephen M. *Babcock* (1843–1931) 米国の農芸化学者]

babe /béɪb/ *n* 《英では詩》赤んぼ (baby); 無邪気な人; 世間知らず, 経験の浅い人, うぶな人; 《俗》いかす女[男]; [*voc*] *《俗》ベイブ《女性または男性に対する親しい[なれなれしい]呼びかけ》; [B-] *《俗》太った大男,《特に》大男の野球選手 (Babe Ruth から); [ᵘB-] *《南部》坊や, …坊《特に家族の最年少の男子に対する愛称として, しばしば 姓の前に付けて用いる》: ～*s* and sucklings 青二才ども / out of the MOUTH(s) of ～*s*. ● **a ～ in arms** 赤ん坊, 乳児; 未熟者, 青二才. **a ～ in the wood(s)** うぶな人, 世間知らず, だまされやすい人. [imit; 幼児の *ba*, *ba* より]

Ba·bel[1] /béɪb(ə)l, *bǽb-/ **1 a** 〔聖〕バベル《古代バビロニアの都市で, おそらくは BABYLON; 天に届く塔を建てようとしたこの地の人びとの企てが神の怒りに触れて, ことばの混乱が起こったという; *Gen* 11: 1–9》. **b** バベルの塔 (=the Tower of ～); [ᵘb-] 摩天楼, 高層建築物. **2** [ᵘb-] ガヤガヤ《話し声》; ことばの混乱; 騒音と混乱のひどい場所[状況]; 実行不可能な計画. [Heb=Babylon<Akkad=gate of god]

Ba·bel[2] /bǽb(ə)l/ バーベリ **Isaak (Emmanuilovich) ~** (1894–1941)《ソ連の短篇作家》.
Ba·bel·ic /beɪbélɪk, bæ-/ *a* バベル(の塔)の; [ᵘb-] ガヤガヤと騒々しい, 喧騒な.
Bábel·ize *vt* [ˢb-]《特に 異質の言語・文化の混交によって》〈言語・習慣・民族などを〉混乱に陥れる, 理解できなくする.
Bab el Man·deb /bǽb əl mǽndəb/ [the] バーブ・アル・マンデブ《アラビア半島南西部とアフリカ東部にはさまれ, 紅海と Aden 湾をつなぐ海峡》.
Ba·bel·thu·ap /bὰːbəltúːὰːp/ バベルトゥアプ《太平洋南西部の, Palau 諸島最大の島》.
bábe màgnet [*joc*] 魅力的な男; 人[特に 女性]をひきつける持物《車など》.
Bā·ber /báːbər/ BĀBUR.
Bábe-Rúth *n**《俗》ホームラン. [Babe *Ruth*]
ba·be·sia /bəbíːʒ(i)ə; -ziə/ *n*〘動〙バベシア (=*piroplasm*)《*B*~ 属の各種胞子虫; 羊・牛・犬などの赤血球に寄生》. [Victor *Babes* (1854–1926) ルーマニアの細菌学者]
ba·be·si·o·sis /bəbìːzióusəs/, **-si·a·sis** /bæ̀bəzáɪəsəs/ *n* (*pl* **-o·ses** /-sìːz/, **-a·ses** /-sìːz/)〘獣医〙バベシア症, ピロプラズマ病 (=*piroplasmosis*).
Ba·bette /bæbét/ バベット《女子名; 愛称 Babs》. [F (dim); ⇨ ELIZABETH]
Ba·beuf /baːbʌ́f; *F* babœf/ バブーフ **François-Noël ~** (1760–97)《フランスの政治理論家・革命家》.
Ba·bi /báːbi/ *n* バーブ教 (⇨ BABISM); バーブ教徒.
Ba·bian /báːbién, -biáːn/, **Pa·pien** /, páːpién/ 把辺(はへん)(パーピエン)江《中国雲南省中部に発し南東に流れる川; ヴェトナムにはいってソンダー川 (Black River) となる》.
bab·i·a·na /bæ̀biǽnə, -áː-/ *n*〘植〙バビアナ属[ホザキアヤメ属] (*B*-) の各種球茎植物《アフリカ南部原産; アヤメ科》.
ba·biche /bəbíːʃ/ *n*《カナダ》《生皮・腸・腱などで作った》皮ひも《スノーシューズ・わななど野ざらしの用具用》.
babies' breath ⇨ BABY'S BREATH.
bábies'-slìppers *n* (*pl* ~)〘植〙BIRD'S-FOOT TREFOIL.
Ba·bi·net /*F* babinɛ/ バビネ **Jacques ~** (1794–1872)《フランスの物理学者; 光の回折に関する Babinet の原理で知られる》.
Bab·ing·ton /bǽbɪŋtən/ バビントン **Anthony ~** (1561–86)《イングランド女王 Elizabeth 1 世に対する陰謀の首謀者; Elizabeth を暗殺してカトリックのスコットランド女王 Mary を監禁から解放する陰謀を計画したが, 発覚して処刑された; Mary も翌年処刑》.
Ba·bín·ski('s) réflex [sígn] /bəbínski(z)-/〘医〙バビンスキー反射[徴候], 母趾反射《足底を刺激すると足の親指が背屈する反射; 脳・脊髄の損傷を示すが乳児などでは生理的》. [J. F. F. *Babinski* (1857–1932) フランスの神経学者]
bab·i·ru(s)·sa, -rous·sa /bæ̀bərúːsə/ *n*〘動〙バビルサ《イノシシ科の一種; マレー諸島産》. [Malay]
Bab·ism /báːbìz(ə)m/ *n* バーブ教《1844 年イランで Bāb が起こした宗教; 男女平等・一夫多妻禁止・奴隷売買禁止などを唱えた》.
♦ **-ist, Báb·ite** *n, a* バーブ教徒; バーブ教(徒)の.
Ba·bi Yar /báːbi jáːr/ バービーヤール《Kiev 郊外の峡谷; 1941 年ドイツ軍によるユダヤ人虐殺の地で, Yevtushenko の同名の詩 (1961) で有名》.
bab·ka /báːbkə, bǽb-/ *n* バーブカ《ラム香をつけたレーズンがはいっている円筒形スポンジケーキ》. [Pol=old woman, grandmother]
ba·boo /báːbu/ *n* (*pl* **~s**) BABU. ♦ **~·ìsm** *n*
ba·boon /bæbúːn; bə-/ *n*〘動〙ヒヒ《アフリカ・南西アジア産オナガザル科の大型の数種》;《俗》野卑な人, ぶざまな人間, とんま, ばか: a big ~. ♦ **~·ish** *a* **~·ery** *n* ヒヒのような[無骨な, 粗野な]ふるまい; ヒヒ飼育場, ヒヒ園. [OF (*baboue* grimace) or L<?]
Bá·bo's làw /báːbouz-; bǽb-/〘化〙バボの法則《溶液の蒸気圧はその溶質の量に比例して下がる》. [Lambert von *Babo* (1818–99) ドイツの化学者]
ba·bouche, -boosh /bəbúːʃ/ *n* バブーシュ《中東・北アフリカなどのスリッパ状の履物》.
Babruysk ⇨ BOBRUYSK.
Babs /bǽbz/ バブズ《女子名; Barbara, Babette の愛称》.
ba·bu /báːbu/ *n*《インド》君, さま《Mr. に当たる》; インド紳士; [*derog*] 英語が書けるインド人書記[役人], 英語をいくらか身につけたインド人, 英国かぶれのインド人. [Hindi]
bábu Énglish インド紳士の英語《書物から学んだ英語で, 長く堅苦しい語がしばしば誤って用いられる》.
bábu·ìsm *n*《インド人の》英国紳士気取り《浅薄な英国かぶれと不完全な英語の使用》.
ba·bul /baːbúːl, ⸗⸗, bəbúːl/ *n*〘植〙アラビアゴムモドキ; アラビアゴムモドキの材[ゴム質, 莢果, 樹皮]. [Pers]
Bā·bur /báːbər/ バーブル (1483–1530)《ムガル帝国の創建者, 皇帝 (1526–30); 本名 Zahīr-ud-Dīn Muhammad》.
Ba·bu·ren /baːbýːrən, -bír-/ バビュレーン **Dirck van ~** (c. 1590–1624)《オランダの画家》.
ba·bush·ka /bəbúːʃkə/ *n* **1** バブーシュカ《頭にかぶってあごの下で結ぶ婦人用スカーフ》; バブーシュカ風のかぶりもの. **2**《ロシアの》おばあさん. [Russ=grandmother]
Ba·bu·yan /bὰːbujáːn/ バブヤン《Babuyan 諸島の主島》.
Babuyán Íslands *pl* [the] バブヤン諸島《フィリピン北部 Luzon 島の北に位置する島群》.
ba·by /béɪbi/ *n* **1 a** 赤ちゃん, 赤んぼ, 乳児《baby は普通は it で受けるが, 家族は he [she] を用いる》; 生まれたばかりの動物, 仔;《家族・一団中の》末っ子, (最)年少者: be expecting [having] a ~ 妊娠している / Don't throw [empty] the ~ out with the bathwater.《諺》ふろ水といっしょに赤んぼを流してしまうな《うっかり大事なものを捨てるな》. **b** 赤んぼのような[子供っぽい]人; [ᵒ*voc*]《俗》(若くかわいい) 女, 女房, 愛人 (sweetheart), かわいい人; *《俗》夫, ボーイフレンド, 大事な男,《広く》大事な人; [ᵒthis [that] ~]《口》《特別な愛着・賞賛・自慢・畏怖・責任の対象としての》もの, やつ《車・武器など》,《広く》人, もの; *《俗》乱暴者, タフガイ. **2** [one's]《口》関心事, 厄介な仕事, 責任 (⇨ 成句); [one's]《口》業績, 成果, 創案;《南ア・豪》ダイヤモンドを含有する砂利を選別する機械. ● **be one's ~** 人の領分である, 役目[任されたこと]である: It's your ~. それはあなたの仕事だよ. **hold [carry] the ~** ″厄介な役目をしょい込む: give sb *the ~ to hold*=leave sb *holding the ~* 人に厄介な役を押しつける / be left *holding the ~*. **make a ~ [babies]** ″《俗》セックスをする. **pass the ~**《俗》責任を押しつける〈*to*〉. **talk ~** 赤ちゃんことばで話す; 赤んぼにするような話し方をする. **The ~ needs shoes.***《口》うまくいきますように, ついてくれ《さいころ・ビンゴなどの賭け事で用いる文句》. **throw away the ~ [throw the ~ out] with the bathwater** 無用なものといっしょに大事なものを捨てて[拒否して]しまう (cf.「角を矯(た)めて牛を殺す」; ⇨ 1a《諺》). **wet the ~'s head**《口》祝杯をあげて誕生を祝う.
► *a* 赤んぼの(ような), 子供っぽい; 若い; 小さい, 小型の; 子供用の: a ~ monkey サルの赤ちゃん / a ~ wife 幼妻 / a ~ typhoon 豆台風.
► *vt* 赤んぼのように扱う, 大事にする, 甘やかす (pamper);《口》〈物を〉注意して[はれものにさわるように]扱う;《バドミントンの場合のように》〈ボールを〉バットやラケットで軽く打つ.
[*babe*, *-y*[3]]
báby àct 子供っぽい行為;《口》未成年[子供]だという理由での弁解[抗弁, 責任免除法規].
báby báck ríbs *n pl*《バックリブ部からカットされた》ポークリブ.
báby-bàtter·ing *n*《通例 親による》乳幼児の折檻, 乳幼児虐待. ♦ **báby-bàtter·er** *n*
báby béar《CB 無線俗》《ハイウェーパトロールの》新米警官.
báby béef ベビービーフ《屠殺用に肥育した生後 12–20 か月の若雌牛・去勢牛; その肉》.
Báby Béll ベビー・ベル《AT&T (米国電話電信会社) の子会社; AT&T がかつて所有していた地域電話会社》.
báby blúe やわらかい明るいブルー《よくベビー服に用いる》; [*pl*]《口》青い目, [*joc*] 目 (eyes).
báby blúe èyes (*pl* ~)〘植〙ルリカラクサ, ネモフィラ《北米原産; ハゼリソウ科; 青い花をつける; cf. NEMOPHILA》.
báby blùes *pl* [the]《口》産後の鬱状態 (postnatal depression).
báby bònd*《額面 100, 50, 25 ドルの》小額債券.
báby bònus《カナダ俗》児童手当 (family allowance).
báby bòok ベビーブック, 育児手帳[日記], 発育記録帳;《口》育児書, 育児ガイドブック.
báby bòom 出生率の急上昇(期), ベビーブーム《第二次大戦の直後など》. ♦ **báby bòom·er** ベビーブーム世代の人.
báby bòomlet《主要な出生率急上昇期に続く》第 2 次ベビーブーム.
Báby-bòuncer〘商標〙ベビーバウンサー《baby jumper の商品名》.
báby brèak 育児休職《子供を産み育てようとする女性に認められる休職; 希望期間休職ののち復職できる》.
Báby Bùggy〘英商標〙ベビーバギー《ベビーカー (pushchair)》; [b- b-]*寝かせるタイプのベビーカー (pram″).
báby bùst《口》出生率の急落(期). ♦ **báby bùster**《口》出生率急落期に生まれた人.
báby·càkes *n*《口》[*voc*] かわいい人, やあ《親しい友人や恋人間で言う》.
báby càr 小型自動車.
báby càrriage* 寝かせるタイプのベビーカー (pram″).
Ba·by·cham /béɪbiʃæ̀m/〘商標〙ベビーシャム《英国製の洋ナシ発酵酒 (perry)》. [*baby chamois*]
báby còach*《北中部》BABY CARRIAGE.
Báby Dóc ベビー・ドック《Jean-Claude DUVALIER の通称; cf. PAPA DOC》.
Báby Dóe* ベビー・ドウ《新生障害児の仮名; JANE DOE および JOHN DOE のもじり》.
báby dòll **1** 赤ん坊姿の人形; *《俗》かわいい女[女の子]. **2** [ᵒ~s] ベビードール《女性用スリープウェア; ひだ・リボン・レースなどがついた薄地の腰までの上衣とそれに釣り合うパンティーとからなる; また これに似た短いドレス》.
báby fàce 童顔(の人), ベビーフェース. ♦ **báby-fàced** *a*

báby fàrm [°*derog*]《有料の》託児所, 保育所. ♦ **báby fàrmer** 託児所[保育所]経営者. **báby fàrming** *n*
báby fàt* おさな太り (puppy fat")《幼児期の一時的肥満》.
báby·fàther *n*《黒人俗》子供の実の父親.
báby fòod 離乳食, ベビーフード.
báby fòrmula 乳児用調合乳 (formula).
báby gránd [grànd piáno] 小型グランドピアノ.
Ba·by·gro /béibigròu/〔英商標〕ベビーグロー《赤ちゃんをすっぽりくるむ, 伸縮性の生地でできた服》.
báby·hòod *n* INFANCY.
báby hòuse 人形の家 (dollhouse).
báby·ish *a* 赤ちゃん[子供]のような; 子供じみた, おとなげない. ♦ **~·ly** *adv* **~·ness** *n*
báby·ìsm *n* おとなげなさ, 分別のなさ; 子供じみた行為[ことば]; INFANCY.
báby jùmper" ベビージャンパー《上からつるしたスプリングに枠付き台座を取り付けた赤ちゃんの手足運動用具》.
báby-kiss·er *n**《俗》《選挙運動中などで》大衆の人気取りに熱心な政治家.
báby·lìke *a* 赤んぼのような.
Bab·y·lon /bǽbələn, -lɑ̀n/ **1 a** バビロン《古代バビロニアの首都; 現在の Baghdad の南, Euphrates 川の近くにあった》. **b** 華美で悪徳のはびこる大都会; 捕囚の地, 流刑地. **2**"《俗》白人優位の社会, イギリス; [the] 警察(権力), 官権.
Bab·y·lo·nia /bæ̀bəlóunjə, -niə/ バビロニア《Tigris, Euphrates 両河下流域を占めた古代メソポタミアの南東部地方》.
Bàb·y·ló·ni·an *a* **1** バビロニア[バビロン](人)の; バビロニア語の. **2** 奢侈の, 華美な, 享楽的な, 頽廃的な, 悪徳の. ► *n* バビロニア[バビロン]人; バビロニア語.
Babylónian captívity **1 a** バビロニア[バビロン]捕囚《Nebuchadnezzar によってユダヤ人がバビロニアの捕囚とされたこと; その期間 (597–538 B.C.)》. **b** 教皇のバビロン捕囚《ローマ教皇の居住地がフランス王権に屈して Avignon にあったこと; その期間 (1309–77)》. **2**《長期にわたる》幽囚[流刑, 追放](期間).
Bab·y·lon·ish /bæ̀bəlóunɪʃ/ *a* バビロン[バビロニア]の; 豪奢な, 享楽的な, 頽廃的な; バベルのような, ことばの乱れた.
báby mílk" ベビーミルク (formula*)《乳児向けの調合乳》.
báby-mìnd·er" *n* BABYSITTER. ♦ **báby-mìnd** *vi, vt*
báby·mòther *n*《黒人俗》子供の実の母親.
báby òil ベビーオイル《肌を柔軟にするオイル》.
báby pínk 明るいピンク, ベビーピンク《ベビー服によく用いる》.
báby's brèath, bábies' brèath〔植〕**1** カスミソウ属の各種 (GYPSOPHILA)《ナデシコ科》: **a** コゴメナデシコ, シュッコン (宿根) カスミソウ《多年草; しばしば生け花にする》. **b** カスミソウ, ムレナデシコ《一年草》. **2** ムスカリ (grape hyacinth).
báby shòwer* 《出産予定の女性に贈り物をする》赤ちゃんを祝うパーティー.
báby·sìt *vi, vt* (…の)ベビーシッターをする ‹*for, with*›;《一般に》世話をする, 面倒をみる; *《俗》人が困ったときに助けてやる; *《俗》幻覚剤使用の手ほどきをする.
báby·sìtter *n* ベビーシッター (=*sitter*)《両親が外出している間子供の世話をする人; cf. CHILDMINDER》; *《俗》《航空母艦に付き添う》駆逐艦.
báby·skùll *n**《古·方》赤子の頭《apple dumpling のこと》.
báby snàtcher《口》赤んぼ泥棒;《口》ずっと年下の者と結婚する[できている]者.
báby spòt《俗》小型の持ち運びできるスポットライト.
Báby Stàte [the] ベビー州《Arizona 州の俗称》.
báby·strètch *n* ベビーストレッチ (stretch coveralls*)《腕から足のつまさきまでをおおう, 伸縮性のある生地でできたベビー服》.
báby tàlk《幼児の, また 幼児に対する》幼児[赤ちゃん]ことば, 片言; ことさら平易なことばを用いる話し方[説明].
báby tòoth 乳歯 (milk tooth).
báby wàlker 幼児用の歩行器, ベビーウォーカー.
báby-wàtch" *vi, vt* BABYSIT.
báby·wèar" *n* 乳幼児用衣料品, ベビーウェア.
báby·wìpe *n* 赤ちゃん用のウェットティッシュ, おしりふき.
BAC blood alcohol concentration 血中アルコール濃度.
bac·a·lao /bæ̀kəlɑ́:ou, bɑ̀:-/ *n*〔魚〕タラ (codfish)《特に塩蔵乾燥タラ》,《広く》海産食用魚. [Sp]
Ba·call /bəkɔ́:l/ バコール **Lauren** ~ (1924–)《米国の女優; 本名 Betty Joan Perske》.
Ba·car·di /bəkɑ́:rdi/〔商標〕バカルディ《西インド諸島産の辛口のラム》; バカルディをベースにしたカクテル.
Ba·cău /bəkáu/ バカウ《ルーマニア東部の市》.
bac·ca /bǽkə/ *n* (*pl* **-cae** /bǽki:, bǽkài, bǽksì:, bǽksài/)〔植〕漿果(しょうか) (berry). [L]
bac·ca·lau·ré·at /*F* bakalɔrea, -lo-/ *n*《フランスなどの》中等教育修了学位, 大学入学資格(試験), バカロレア.
bac·ca·lau·re·ate /bæ̀kəlɔ́(:)riət, -lɑ́r-/ *n* 学士号 (=*bachelor's degree*); *(大学)卒業生にする記念の説教 (=~ **addrèss** [**sèrmon**])(が行なわれる式典); BACCALAURÉAT. ★ ⇨ INTERNATIONAL BACCALAUREATE. [L]
bac·ca·ra(t) /bǽkərɑ̀:, bɑ́:-, ⏑⏑ー/ *n* バカラ《トランプ賭博の一種でおいちょかぶに似る》; BACCARAT GLASS. [F]
Báccarat glàss バカラグラス《フランス北東部 Baccarat 産の良質のクリスタル[カット]グラス製品》.
bac·cate /bǽkèɪt/ *a*〔植〕漿果を生ずる, 漿果状の.
Bac·chae /bǽki:, bǽkài/ *pl* バッカイ, バッケーたち《酒神バッコス (Bacchus) の侍女[みこ]たち; maenads ともいう》;〔古ロ〕バッコス祭参加の女たち.
bac·cha·nal /bǽkənl/ *a* バッコス(崇拝)の; BACCHANALIAN. ► *n* /, bɑ̀:kənɑ́:l, bæ̀kənǽl/ バッコスの祭司[崇拝者, 従者]; 飲み騒ぐ人 (reveler); どんちゃん騒ぎ, 乱交パーティー; 多淫; [the ~(s), the B-s] BACCHANALIA; バッコスを祝う舞踏[歌]. [L; ⇨ BACCHUS]
bac·cha·nale /bǽkənəl, -næ̀l/ *n* バカナル《飲めや歌えのお祭り騒ぎや奔放な快楽を表現するバレエ》.
Bac·cha·na·lia /bæ̀kənéɪljə/ *n* (*pl* ~) [the]〔古ロ〕バッコス祭; [b-] どんちゃん騒ぎ, 乱交パーティー; 多淫 (orgy).
bàc·cha·ná·li·an *a* BACCHANALIA の; どんちゃん騒ぎの. ► *n* バッコスの従者; 飲み騒ぐ人. ♦ **~·ìsm** *n*
bac·chant /bəkǽnt, -kɑ́:nt, bǽkənt; bǽkənt/ *n* (*pl* **~s, bac·chan·tes** /bəkǽnts, -kɑ́:nts, -kǽntiz, -kɑ́:ntiz; bəkǽntiz, -kǽnts/) バッコス神 (Bacchus) の祭司[みこ, 従者]; 飲み騒ぐ人. ► *a* バッコス神を崇拝する; 酒の好きな; バッコス神の祭司[従者]の; 飲み騒ぐ.
bac·chan·te /bəkǽnt(i), bəkɑ́:nt(i)/ *n* バッコス神のみこ[女崇拝者] (maenad); 飲み騒ぐ女.
bac·chan·tic /bəkǽntɪk/ *a* バッコス崇拝の; 飲み騒ぐ.
bac·chic /bǽkɪk/ *a* [°B-] BACCHANALIAN; [B-] バッコス神(崇拝)の.
bac·chi·us /bəkáɪəs/ *n* (*pl* **-chii** /-káɪàɪ/)〔韻〕バッカス格《1 つの短音節に 2 つの長音節が続く詩脚 (⏑ーー)》.
Bac·chus /bǽkəs/ **1**〔ギ神·ロ神〕バッコス, バッカス《酒の神; 別名 Dionysus》: a son of ~ 大酒家. **2** 酒. [Gk]
bac·ci- /bǽksə/ *comb form*「漿果 (bacca)」[L]
bac·cif·er·ous /bæksíf(ə)rəs/ *a*〔植〕漿果を生じる.
bácci·fòrm *a*〔植〕漿果状の.
bac·civ·o·rous /bæksív(ə)rəs/ *a*〔動〕漿果を常食する.
bac·cy, bac·ky /bǽki/ *n* "《口》タバコ (tobacco). [to*bacco*]
bach[1] /bǽtʃ/《口》*n*《米·豪》独身者;《NZ》《海岸などの》小さな家, 小別荘. ● **keep ~*** やもめ暮らしをする, 独身を通す[守る]. ► *vi* [°~ it]《米·豪》〈男が〉独身生活をする, やもめ暮らしをする. [*bachelor*]
bach[2] /bɑ́x/ *n* [*voc*]《ウェールズ》おい, ねえ, なあ《親しみをこめた呼びかけ; 単独でまたは名前のあとに付けて用いる》. [Welsh=little]
Bach /bɑ́:x, bɑ́:k/ バッハ (1) **Carl Philipp Emanuel** ~ (1714–88)《ドイツの作曲家; Johann Sebastian の次男; 通称 'C. P. E. ~'》(2) **Johann Christian** ~ (1735–82)《ドイツの作曲家; Johann Sebastian の末子; 異名 'the English ~'》(3) **Johann Christoph** ~ (1642–1703)《ドイツの作曲家; Johann Sebastian の遠縁》(4) **Johann Christoph Friedrich** ~ (1732–95)《ドイツの作曲家; Johann Sebastian の第 9 子》(5) **Johann Sebastian** ~ (1685–1750)《ドイツのオルガニスト·作曲家》(6) **Wilhelm Friedemann** ~ (1710–84)《ドイツのオルガニスト·作曲家; Johann Sebastian の長男》.
Bach·a·rach **1** /bǽkəræ̀k/ バカラック **Burt** ~ (1929–)《米国のポピュラー音楽の作曲家》. **2** /*G* bɑ́xarax/ バハラハ《ドイツ南西部 Rhineland-Palatinate 州の町; 白ワイン産地》.
bach·e·lor /bǽtʃ(ə)lər/ *n* 未婚男子, 独身の男 (cf. SPINSTER); 学士 (cf. MASTER[1]), 学士号;〔英史〕BACHELOR-AT-ARMS, KNIGHT BACHELOR;《繁殖期に相手のない》若い雄(のオットセイ); *《方》CRAPPIE. ● **a ~'s wife** 未婚男子が理想とする妻. **keep ~('s) hall** *独身生活をする; 〈夫が妻の留守中の家事をする. ► *a* 独身者向きの; 独身の, 未婚の. ♦ **~·dom** *n* 独身. **~·hòod** *n* 独身; 独身生活[時代]. **~·ìsm** *n* 独身; 独身生活. **~·shìp** *n* 独身; 学士の資格[身分]. [OF=aspirant to knighthood<L]
báchelor apàrtment 独身者向きのアパート, ワンルームマンション.
báchelor-at-árms *n* (*pl* **báchelors-**)〔英史〕他の騎士に従う若い騎士.
báchelor chèst 折りたたみ式天板を広げるとテーブルになる背の低い小型だんす.
bach·e·lor·ette /bæ̀tʃ(ə)lərét/ *n* 独身女性; 独身者向きの小アパート.
báchelor flàt 独身者向きのアパート.
báchelor gìrl《口》(自活している)独身女性 (cf. SPINSTER).
báchelor mòther *《俗》未婚の母; *《俗》女手ひとつで子供を育てる母親.
Báchelor of Árts 文学士(号)《略 BA, AB》.
Báchelor of Scíence 理学士(号)《略 BS(c)》.
báchelor pàd《口》独身男性の住むアパート.

báchelor pàrty* 《結婚直前の男性を囲んだ》男性だけの独身お別れパーティー (stag party[U]).

bach·e·lor's *n* 《口》 BACHELOR'S DEGREE.

báchelor's bútton(s), báchelor bùtton 1 〘植〙 **a** 花冠がボタン状の草花,《特に》ヤグルマギク (矢車菊), ヤグルマソウ (=*bluebottle, cornflower*). **b** センニチコウ (globe amaranth). **2** [bachelor's button][U]一種のビスケット; [U]縫い付け不要のボタン.

báchelor's degrèe 学士号 (baccalaureate).

báchelor wòman* BACHELOR GIRL.

Bách (flówer) rèmedies /bǽtʃ-/ *pl* バッチフラワー治療薬《ホメオパシーに基づく代替医療において用いられる各種の花から製した浸剤; 身体疾患の根底にある感情的要因に作用して症状を緩和するという》. [Edward *Bach* (1886–1936) 英国の医師].

Bách trúmpet 〘楽〙 バッハトランペット《Bach や Handel の作品のトランペットパートの演奏を目的に 19 世紀以降作られた高音短管トランペット》.

bac·il·lary /bǽsəlèri, bəsíl(ə)ri; bəsíl(ə)ri, bǽsɪl(ə)ri/, **ba·cil·lar** /bəsílər, bǽsə-/ *a* 〘菌〙 バチルス[桿菌]の[による] (bacillus); 細菌性の; 桿状[桿形]の.

bácillary dýsentery 〘医〙 細菌性赤痢 (shigellosis).

bac·il·le·mia | -lae- /bæ̀səlí:miə/ *n* 〘医〙 菌血(症) (bacteremia).

bacilli *n* BACILLUS の複数形.

ba·cíl·li·fòrm /bəsílə-/ *a* 桿状の.

bac·il·lo·sis /bæ̀səlóusəs/ *n* (*pl* **-ses** /-sì:z/) 桿菌感染症.

bac·il·lu·ria /bæ̀səl(j)ʊ́əriə/ *n* 〘医〙 細菌尿(症).

ba·cil·lus /bəsíləs/ *n* (*pl* **-li** /-làɪ/) 〘菌〙 バチルス《バチルス属 (*B*-) の細菌で, 胞子をつくる好気性桿菌; cf. CLOSTRIDIUM》;《広く》桿菌 (cf. COCCUS, SPIRILLUM); [[U]*pl*] 細菌,《特に》病原菌. [L (dim) < *baculus* stick]

bacillus Cal·mette-Gué·rin /—— kæ̀lmétgeɪræ̃, -rǽn/ カルメット-ゲラン菌《継代培養によって無毒化した結核菌; BCG ワクチン製造用》. [Albert *Calmette* (1863–1933), Camille *Guérin* (1872–1961), 共にフランスの細菌学者]

bac·i·tra·cin /bæ̀sətréɪsən/ *n* 〘薬〙 バシトラシン《*Bacillus* 属の細菌から得る抗菌性ポリペプチド; 連鎖球菌・ブドウ球菌などに対して有効》.

back[1] /bǽk/ *n* **1** 《人・動物の》背, 背中; 背骨 (backbone);《荷物・責任などを》担う力: He has a strong ～. 重い物がかつげる. **2 a** 後ろ, 背後; 後部 (opp. *front, obverse*); 後頭部;《乗物の》後席;〘サッカー・アメフト・ホッケーなど〙後衛, バック《forward を除く fullback, halfback, または three-quarter back》. **b** 裏(側), 裏面 (: the ～ of a coin); 奥(の方);《家の》裏手;《舞台奥の》背景; 裏張り;《書物のページの》綴じてあるほうの余白, のど;《書物の》巻末,《新聞の》最終ページ; [U]《俗》便所, トイレ: the BACKS. **c** 《心の》底,《事の》真相. **3** 背に似たもの: **a** 《椅子の》背もたれ, 寄り掛かり;《書物・衣服の》背;《船の》竜骨,《飛行機の》胴体. **b** 《手・足の》甲;《山の》尾根, 峰;《刀の》みね;《梁・煉瓦・タイルなどの》上端, 上面 (opp. *bed*);〘鉱〙あご冠(かむり)《採掘空洞の階段状の天井部》; [[U]*pl*] 切羽上方の鉱石層. **4** *《俗》《けんかの》助っ人, 後ろ盾. ● **at sb's ～** 人を支持して; 人の背後に. **at the ～ of**…の後ろに, 背後に(隠れて); …を後援して, 支援して; …を追跡して, 追いかけて: There is something *at the* ～ (*of* it). 裏に何か(魂胆が)ある. **at the ～ of sb's** MIND. **～ and belly** 背と腹; 衣食; 前後から. **～ to ～** 背中合わせに 〈*with*〉; 引き続いて, たてつづけに; 持ちつ持たれつ助け合って (cf. BACK-TO-BACK). **～ to front** [U]前後逆さまに, 後ろ前に〈着るなど〉, あと先逆に〈述べるなど〉; 逆に, あべこべに; 乱れて, 乱雑に, 混乱して; 完全に, 隅々まで〈知っている〉. **behind sb's ～** ひそかに, 陰で (opp. *to sb's face*): He went *behind my* ～ complaining to the manager. わたしに隠れて[ずるく立ちまわって]部長に訴え出た. **break one's ～** 背骨をくじく;《口》懸命に働く, 骨折る, 大いに努力する 〈*at, to* do〉; 〈船が〉離破する;《俗》破産する. **break sb's ～** 人に重すぎる荷を負わせる; 人を破産させる. **break the ～ of**…に負いきれぬ重荷を負わせる, くじく, 殺す; …の根幹を打ち砕く, …の力[勢い]をそぐ;《口》〈仕事〉の峠を越す. **cover one's ～** *あとで攻撃されない[非難されない]ように対策を講じる. **get off sb's ～** 《口》人を悩ます[苦しめる, 非難する]のをやめる, 人をほっておく. **get [put, set] one's ～ up** おこる, 頑固になる. **get [put, set] sb's ～ up** 人をおこらせる, 頑固にする. **get the ～ of**…の背後に回る. **get to the ～ of**…の原因を突きとめる. **give sb a ～＝make a ～ for** sb 《馬跳びで》人に背中を貸す, 人の跳び台になる. **give sb the ～＝give the ～ to** sb 人に背を向ける, 人に背く. **have…at one's ～** 後ろに…が支援[保護]している. **have …on one's ～** 〈荷物を〉背負っている, …で苦しめられている. **have [have got] sb's ～** 人をかばって[守って]やる, 面倒をみてやる: *I've got your* ～. 大丈夫さ, ちゃんとついててやるから. **have one's ～ to [against] the wall** 追い詰められている, 窮地に陥っている. **have one's ～ up** *《俗》おこっている. **have…to one's ～** 〈衣服を〉着ている. **in ～ of** *＝at the BACK of, BACK (*adv*) of. **know like the ～ of one's** HAND. **Mind your ～(s)!** 《口》ちょっと道をあけてください, どいたどいた! **on one's ～** あおむけに; 病臥して;《病気などで》どうにもならなくて: fall *on one's* ～ あおむけに倒れる / lie [be] *on one's* ～ 病床についている / put sb (flat) *on his* ～ 人を(病気などで)どうにもならなくする. **on sb's ～** 《口》〈上役などが〉人にうるさい存在で,《文句を言って》人を悩ませて: get *on* sb's ～ 人を悩ます, がみがみ言う. **on the ～ of**…の裏に; …に引き続いて, …の結果として, …のおかげで; …に加えて. **out ～*, out [round] the ～**[U] 《建物の》裏手で. PAT[1] sb **on the ～. put one's ～ into [to]**…に身を入れる[全力を挙げる]. **put [set] sb's ～ up** ⇨ get sb's BACK up. **sb's ～ is turned** 《口》〈監督者が〉背を向ける, 目を放す, いなくなる: As soon as [Whenever] the teacher's ～ *is turned*…. SCRATCH **sb's ～. see the ～ of**…を追い払う, 厄介払いする, …とかかわる必要がなくなる: be glad [delighted] to *see the* ～ *of*…がいなくなって[なくなって]せいせいする. **show the ～ to**…に背中を見せる, …から逃げ出す. STAB sb **in the ～. the** BACK OF BEYOND. **the ～ of one's [the] hand** 非難, 軽蔑, 拒絶. **to the ～** 骨の髄まで. **turn the [one's] ～ on**…を見捨てる, …に背を向ける, …を無視する, …から逃げる. **watch one's ～** 用心する, 気をつける. **watch sb's ～** 人を見守ってやる. **with one's ～ to [(up) against] the wall** 追い詰められて, 窮地に陥って.

► *attrib a* **1** 背後の, 後方の; 裏(手)の (opp. *front, fore*);〘クリケット〙後方へ退いて打つプレーの (opp. *forward*);〘ゴルフ〙後半(9 ホール)の;〘音〙後舌の. **2** 遠い, 奥の, へんぴな, 未開の; 遅れた, 劣った: a ～ district *田舎, へんぴな地方. **3** 既往の, 前の; あと戻りの, 逆の; 滞った, 未納の; 〈出版物が〉以前の, 過去の: BACKFLOW / ～ salary 未払い賃金 / ～ tax 未納税金, 税金滞納.

► *adv* **1 a** 後方へ, 後ろに, 奥へ; 引っ込んで; 離れて, 下がって: ～ from the road 道路から奥に引っ込んで / STAND ～. **b** 抑えて, 隠して: hold [keep] ～ the money [truth] 金[真実]を隠しておく, 金を出さずに[真実を言わずに]おく. **2 a** もとへ, もとの場所[状態]へ; 逆戻りして, (家へ)戻って, 返る[…し返す], 戻る[戻す]: *B*～!＝Go ～! 帰れ, 戻れ / ～ in Canada 故国のカナダでは / ～ to… もとの[また]…へ / follow sb ～ 人について帰る 〈*to*〉 / come [get] ～ 〈*from*〉 戻る / go ～ on one's word 約束を破る / send ～ 戻す, 送り返す / to the moon and ～ 月への往復 / a fare *to* Chicago *and* ～シカゴまでの往復運賃. **b** 滞って; さかのぼって; 今から…前に (ago): ～ in payment 支払いが遅れて / for some time ～ しばらく前から / ～ in 1965《過去にさかのぼって》1965 年に, 1965 年当時(は[の]). **c** もう一度, 再び: play ～ the tape. **3** *《俗》チェーサー (chaser) として: bourbon with water ～. ● **～ and forth** 行ったり来たり[やったりとったり](して), 前後[左右]に動いて[揺れて], 往復して. **～ of…** (1) …の後ろに (behind). (2) 《口》…より以前に (before). (3) 《口》…の原因として;《口》…を後援して. **be ～** 《…時までには》帰っている,《すぐ》帰る; もとの位置に戻されている. **far ～** 《話し方など》気取った, きざな. GET[1] **～ at [on]…. help [see]** sb **～** 戻るのを手伝う[送り届ける]. HOLD **～.** KEEP **～. play ～** ⇨ 2c;〘クリケット〙後方へ退いて打つ. **stay [stop] ～** 行かないでいる, とどまる.

► *vt* **1** 後退させる, あとへ戻す, 逆行させる, バックさせる;〘音〙後舌の位置で調音する: ～ oars 逆漕する. **2 a** 支援[後援, 支持]する 〈*up*〉;《資金面で》支える, …の後ろ楯となる; 〈…で〉裏付けする 〈*with*〉; 〈歌手・歌〉に伴奏[バックコーラス]をつける, …の伴奏をする 〈*up*〉; 〈競馬など〉に賭ける (bet on); 〈手形〉に裏書きする (endorse): He ～*ed* my plan. ぼくの案を支持した. **b** 〈本〉に背をつける, 裏打ちする; [*pass*] 〈景色など〉の背景をなす, 裏続きになる. **c** 《俗》背負う, おぶう;《口》背負って運ぶ; …の背に乗る. ► *vi* あとずさりする, 逆行する; 背中合わせになる;〘海〙《北半球で》〈風が〉左回りに向きを変える《東から北へなど; opp. *veer*》; 計画[予定]の実行をやめる; 前言を撤回する. ● **～ and fill** 〘海〙《風が潮流と反対の時に》帆を巧みにあやつって前進する; *《口》考え[心]がぐらつく, 二の足を踏む; 前後に動く. **～ a sail** 帆を転じて船を後退させる. **～ away** 《恐れたり嫌ったりして》(徐々に)後退する, あとずさりする; 〈計画などから〉身を引く, 撤退する 〈*from*〉. **～ down** (*vi*) (1) あとへ引く 〈*from*〉; 取り消す,《前言・約束などを》撤回する 〈*on*〉; 譲歩する 〈*on*〉,《主張・議論に》負ける, 非を認める, 引き下がる. (2) 《CB 無線俗》運転の速度を落とす. (*vt*) (3) 《オールを押して》〈ボート〉を後方に移動させる. **～ in**…を思いがけなく手に入れる. **～ into** …(*vi*) 後ろに下がって…にぶつかる; 車をバックさせて〈場所〉に入る; BACK in. (*vt*) 〈車〉をバックさせて…にぶつける; 〈車など〉をバックさせて〈場所〉に入れる. **～ sb into a corner** 人を窮地に追いつめる. **～ off** *BACK down (1); BACK away; 〈一定距離〉を引き返す, あと戻りする; 後退させる, 〈車〉をバックさせて離す 〈*from*〉; *《俗》〈人〉に退去を命ずる, 追い出す; [[U]*impv*] *《口》《悩ます[からかう, いやがらせする]のを》やめる, 手控える; *《口》手をゆるめる; *《俗》スピードを落とす,《話の》速度を落とす. **～ on [onto]**… 背後[裏手]が…に隣接する, …を背にして建つ. **～ out** 約束を取り消す; 後ろ向きに〈…から〉出る 〈*of*〉; 〈車〉をバックさせて出す 〈*of*〉. **～ out of** 〈事業・計画・けんかなど〉から手を引く, 撤退する, 〈約束・契約を〉取り消す. **～ the wrong** HORSE. **～ up** (1) 支援[後援, 支持, 援護]する, (金銭的に)援助する, バックアップする; 〈陳述などを〉確証する (confirm), 〈人〉の陳述を確証する[発言の裏付けをしてやる]. (2) 〈人〉と交替できるように控えている; 補強する;〘競技〙後方で備える, バックアップする;〘電算〙(〈データファイル〉の)コピーを作る, バックアップをとる. (3) 後退[バック]する, 下がる; *《説明などで》少し前に戻る, もう一度繰り返す 〈*to*〉;《豪》同じ動作を直ちに繰り返す 〈*on*〉. (4) 〈水が〉逆流[氾濫]する; 〈物が〉滞る; 〈車が〉渋滞する, 列をなす; 〈車・

人などを›後退[バック]させる; ‹川・湖・水などを›せき止める; ‹交通を›渋滞させる. **(5)**〘海〙‹ロープを›引き締める; 〘印〙‹紙›の第二面に印刷する. **～ water**＝BACKWATER.
[OE *bæc*; cf. OHG *bah*]

B
back² *n* 《醸造・染色用の》浅い大桶 (vat). [Du *bak* tub, cistern ＜OF]

báck·àche *n* 背中の下部の痛み, 腰痛 (lumbago): have (a) ～.

báck-álley *a* ごみごみした, むさくるしい, うすぎたない, 陰湿な, こそこそした; 違法の‹堕胎›.

báck álley 裏通り; スラム, いかがわしい地区; 《ストリップ劇場などの》煽情的でゆったりとしたジャズ.

báck-and-fórth *a* 行ったり来たりする, 往復する. ► *n* 決着のついていない議論[討論]; 《意見の》やりとり, 意見交換, 討論; やりとり, 交換 (exchange).

báck ànswer 口答え, 言い返し: give a ～.

báck·áss·wards *adv* 《卑》逆さまに, けつの方から, 混乱して.

báck bàcon‖ CANADIAN BACON.

báck·bànd *n* 《鞍と荷車のながえを結ぶ》背帯.

báck·bàr *n* 《湯沸かしなどをつるす》炉の上に渡した横棒.

Báck Báy *n* バックベイ《Boston の住宅街で, アイルランド系住民が多い》. ► *a* *《俗》流行の, 豊かな.

báck·bèat *n* 〘楽〙バックビート《4 ビートの音楽における第 2, 第 4 拍を強調したロック特有のリズム》. [*back*ground music＋*beat*]

báck·bénch *n* 《英国・オーストラリアなどの下院の》後方席《閣僚級幹部でない与野党平議員の席; cf. FRONT BENCH》. ♦ **báck-bénch·er** *n* 一般議員, 平議員.

báck·bènd *n* 後屈《立った姿勢から体を後ろにそらせて両手を床につける曲芸的な動作》.

báck·bìte *vt, vi* (…の)陰口をきく, 中傷する. ♦ **-bìter** *n* **báck·bìting** *n*

báck·blòck *n* [ᵘ*pl*] 《豪・カナダ》奥地, 僻地, 開拓地の最先端; [‹*a*›] 奥地の. ♦ **～·er** *n* 奥地の住人.

báck·bòard *n* 《荷車の》後板; 背板, 背面板, 裏板; 《ボートの》より板; 〘医〙脊柱矯正板; 〘バスケ〙バックボード.

báck bòiler バックボイラー《暖炉・ストーブ・調理用レンジなどの後ろに設けた給湯用小型タンク[多管式ボイラー]》.

báck bònd 〘法〙《本人が保証人に差し出す, 損失補償のための》金銭債務証書.

báck·bòne *n* **1** 背骨, 脊椎, 脊柱 (spine); 《一国・一地方の》脊梁(せきりょう)山脈; 《書物の》背 (spine); 〘海〙バックボーン《天幕中央に縫い付けたロープ》; 〘造船〙背骨材, バックボーン《竜骨・内竜骨など》; 〘生化〙バックボーン《重合体やポリペプチドの主鎖》; 〘電算〙《ネットワークの》幹線, バックボーン (bus). **2** 支柱, 中枢, 基幹, 根幹, 土台 ‹*of*›; 気骨, 気力, 勇気: have (a lot of) ～ (大いに)気骨がある. ● **to the ～** 完全に, あらゆる点からみて, 骨の髄まで(の), 徹底的に[な], 生粋の‹日本人›, 根っからの‹正直者›. ♦ **～·less** *a*

báck·bòned *a* 背骨のある, 脊椎動物の (vertebrate); 気骨のある.

báck·brèak·er *n* 骨の折れる仕事; 猛烈な働き手; 〘レス〙バックブリーカー《相手をひざや肩の上にあおむけに載せて弓なりにそらす》.

báck·brèak·ing *a* 大変な労力を要する, 骨の折れる, 過酷な.

báck·bùrn 《豪》*vt, vi* 《延焼防止のため》‹叢林地を›迎え火で(事前に)焼き払う. ► *n* 迎え火で[人為的に]焼き払われた土地.

báck búrner **1** レンジの奥のバーナー《煮込み料理などをかけっぱなしにしておくバーナー》. **2** [ᵘon the ～] 《口》あとまわし, 二の次: put a plan *on the* ～ 計画をあとまわしにする. ♦ **báck-bùrner** *vt* あとまわしにする.

báck·càp *vt* みくびる, 非難する.

báck·càst *vt, vi* 《研究・資料に基づいて》(過去のことを)再構成する, 描述する (cf. FORECAST). ► *n* 後ろに投げること; 〘釣〙バックキャスト《釣糸を振り込む予備動作》.

báck càtalogue 《出版社・演奏家などの》全出版[レコード]目録.

báck chànnel* 《外交交渉などの》裏の[非公式の]ルート.
♦ **báck-chànnel** *a*

báck·chàt 《口》*n* やり返し, 応酬; 《生意気な》言い返し, 口答え (back talk); 軽妙なことばのやりとり; 親しい[うちとけた]話, おしゃべり (chitchat).

báck-chèck *vi* 〘アイスホッケー〙バックチェックする《自陣ゴールの方に向かって後ろ向きにすべりながら相手の攻勢を阻止する》. ► *vt* ‹計算などの›事後点検をする. ► *n* 事後点検, 検算. ♦ **～·er** *n*

báck·clòth‖ *n* BACKDROP; BACKGROUND.

báck·còmb‖ *vt* 《髪型にふくらみをもたせるため》‹髪›の根元の方にくしで逆毛(さか)を立てる (tease*).

báck còmb 女性の後頭部の髪にさす飾りぐし.

báck còpy‖ BACK ISSUE.

báck·còuntry *n* 《米・豪》田舎, 僻地; 未開地.

báck·còurt *n* バックコート《**1**)〘テニス〙サービスコートより後ろの区域; opp. *forecourt* **2**)〘バスケ〙自軍の防御すべきコート; ガードのプレーヤー **3**) 一般にコートの後方》. ♦ **～·man** /-mən/ *n* 〘バスケ〙GUARD.

báck cràwl 〘泳〙背泳 (backstroke).

báck·cròss 〘遺〙*vt, vi* 戻し交配[交雑]する《雑種第一代をその親の一方と交配する》. ► *n, a* 戻し交配(の); 戻し交配による個体.

báck·dàte *vt* ‹文書など›に実際より前の日付を入れる; 遡及(そきゅう)して適用する.

báck dìve 〘泳〙後ろ飛込み《後ろ向きの姿勢から飛び込む》.

báck·dòor *a* 裏戸[裏口]の; 秘密の, 不正な, 正規でない, 裏口の. ► *n* 〘バスケ〙BACKDOOR PLAY.

báck dóor 裏戸, 裏口; 秘密[不正]手段; 《CB 無線俗》車の後方; *《卑》肛門. ● **by [through] the ～** ⇨ DOOR.

báckdoor mán 《俗》間男(まおとこ), 間夫, 密夫.

báckdoor paróle *《俗》BACK-GATE PAROLE.

báckdoor pláy 〘バスケ〙バックドア《相手方ディフェンスの裏にまわってゴール下で味方のパスを受けるプレー》.

báckdoor trót [ᵘthe ～s] 《俗》下り腹, 下痢 (diarrhea).

báck·dòwn *n* 退却, 後退, 降伏; 《前言・主張・約束などの》撤回.

báck·dràft | báck·dràught *n* **1** 《煙突・管などの中での》逆流. **2** バックドラフト《酸素がなくなって消えかけた火に酸素が供給されて起こる爆発》.

báck·dròp *n* 〘劇〙背景幕, バックドロップ (backcloth‖); 《事件などの》背景: against the ～ of…を背景として. ► *vt* …の背景をなす, …に背景を提供する.

backed /bǽkt/ *a* 背部[裏]をつけた; 後援[支援]された; 〘商〙裏書のある; [*compd*] 背[背部]が…の: a US-～ coup 米国の支援をうけたクーデター.

bácked-bláde *n* 〘考古〙ナイフ形石器, バックブレード.

bácked-úp *a* **1** 車が渋滞した. **2** *《俗》《麻薬に》酔って, ラリって.

báck electromótive fórce, back emf /⸗⸗ìːɛ̀mɛ́f/ 〘電〙逆起電力 (counter electromotive force).

báck-ènd *a* 最終的な, (契約)終了時の (cf. FRONT-END); 〘電算〙バックエンドの.

báck énd 後部, 後尾; 《口》尻; 〘電算〙バックエンド《ユーザーが直接操作することのないシステムの部分》; 最終過程[段階]; 《北イング》晩秋, 初冬; 《核燃料サイクルの》終末過程《使用済み燃料の再処理過程》.

báck·er *n* 支える人[もの]; 裏書人, 支持者, 保証人, 後援者, 後ろ盾; 《競馬などの》ある出走馬[選手など]に賭ける人; 支持物; 《タイプライターの》台紙; 裏打ち人; 裏打ち材.

báck·er-úp *n* 支持者, 後援者, 介添人; 〘アメフト〙LINEBACKER.

báck·fàll *n* 退くこと[もの]; 〘レス〙バックフォール.

báck-fánged *a* 〘動〙‹ヘビが›後牙類の《上あごの後方に毒牙がある; boomslang など; cf. FRONT-FANGED》.

báck-fénce *a* ‹会話など›垣根越しの, 隣人同士の, うちとけた, 世間話[陰口]的な.

báck·fìeld *n* 〘アメフト〙後衛, バックス《集合的》.

báck·fìll *vt, vi* ‹掘った穴を›埋め戻す, 〘土木〙裏込めする. ► *n* 埋め戻し[裏込め]作業; 埋め戻し[裏込め]材《土など》.

báck·fìre *n, vi* **1** 《内燃機関で》逆火(ぎゃっか)(さかび)[バックファイア](を起こす); ‹銃砲など›逆火[逆発](する); *向かい火(を放つ)《山火事延焼防止のため》. **2** 期待はずれ[やぶへびの結果](に終わる), 逆効果(となる), 裏目(に出る) ‹*on*›. **3** 《俗》おならをする (fart). **4** [B-] バックファイア《ロシアの超音速戦略爆撃機 Tu-22M に対する NATO の呼び名》.

back·fisch /bɑ́ːkfɪʃ/ *n* (*pl* **-fi·sche** /-ʃə/) まだおとなになりきらない娘. [G＝fried fish]

báck·fìt *vt* 《新しい装備や新しい記事などを取り入れて》最新のものにする, 新しくする (update). ► *n* 最新のもの.

báck·flàsh *vi* ‹可燃性ガスの炎が›逆流する; 〘文芸・劇〙FLASHBACK を用いる.

báck·flìp *n, vi* 後ろ宙返り(をする); 《態度[方針]の》完全な反転: do a ～.

báck·flòw *n* 逆流, 還流, バックフロー.

báck-formàtion 〘言〙*n* 逆成(法); 逆成語: Typewrite [Laze, Pea] is a ～ from typewriter [lazy, pease].

báck fòrty 《農場などの》はずれにある未耕地.

báck fòur 〘サッカー〙バックフォア《ディフェンシブハーフにいる 4 人のディフェンダー》.

back·gam·mon /bǽkgæ̀mən, ⸗⸗⸗/ *n* バックギャモン《さいころと各 15 個のコマでする, 昔の日本の盤双六(すごろく)に似た二人用の盤上ゲーム》; バックギャモンでの(三倍)勝ち. ► *vt* ‹相手›にバックギャモンで勝つ. [*back*¹＋*gammon*³]

báck gárden 裏庭 (backyard).

báck-gàte paróle *《俗》獄中死亡, 裏口出所.

báck grèen 《エディンバラ方言》裏庭 (＝*backie*).

báck·gròund *n* **1 a** 背景, 遠景 (cf. FOREGROUND, MIDDLE DISTANCE); 《模様などの》地, 地色(じいろ); 目立たない所[立場], 裏面, 背後: keep (*oneself*) [stay, be] in the ～ 表面に出ないでいる, 黒幕に控える. **b** 《事件発生の》背景, 遠因; 〘教育〙基礎環境《性格形成期などの環境》; 《人の》背景《家柄・教養・経験・交友など》, 素姓, 経歴, 生い立ち, 学歴, 前歴, 経験; 素養, 基礎知識[訓練など], 予備知識: family ～ 家柄, 家庭環境 / a man with a college ～ [with a ～ *in* law] 大学出の[法律の素養のある]男. **2** 〘劇〙書割; BACKGROUND MUSIC; 〘理〙バックグラウンド放射(線) (＝*background radiation*)《放射線測定で測定対象以外からくるもの; 宇宙線や自然界に存する放射性物質による》; 〘通信〙バックグラウンド《無線受信時に聞かれる雑音》; 〘電算〙《ディスプレー画面の》背景, バックグラウンド; 〘電算〙バックグラウンド《他のプロセスより優先度の低い地位》. ● **on ～** 情報源を伏せるという了解のもとで. ► *a* 背景の; 表面に出ない. ► *vt* …の背景をなす; …に基礎知識[背景説明]を与える; *《口》〈物語・劇など〉の考証[潤色]をする.

báck·gròund·er* *n* 《情報源を伏せる約束で政府高官が政策などの舞台裏を記者に知らせる》背景説明(会); 《事件・政策などの》背景解説記事.

báckground héating バックグラウンドヒーティング《適温よりやや低めの一定温度を保つ暖房》.

báckground mùsic 〔映・劇・放送〕バックグラウンドミュージック (incidental music); 《公共の場などで流しておく》BGM.

báckground nòise 〔音響〕暗騒音, バックグラウンドノイズ《対象としている音がないときにも常に存在している音》.

báckground pròcessing 〔電算〕バックグラウンド処理《優先度の高いプログラムがリソースを使用していないときに実行される処理》.

báckground projèction 〔映〕背景映写《あらかじめ撮影しておいたものをアクション撮影の際に半透明のスクリーン上に裏側から背景として投影すること》.

báckground radiàtion 〔宇〕背景放射 (=*cosmic background radiation, microwave background radiation*)《宇宙のあらゆる方向からやってくるマイクロ波の放射; 絶対温度が 2.74K の黒体放射で, ビッグバン理論を支持する有力な証拠になっている》; 〔理〕バックグラウンド放射(線) (BACKGROUND).

báck·hànd *n, a, adv* 〔球技〕バックハンド(の[で]) (opp. *forehand*), バックハンドキャッチ; 左傾書体(の[で]). ► *vt* バックハンドで打つ[捕る]; 《俗》けなす.

báck·hánd·ed *a* バックハンドの; 手の甲での; 〈手書き文字が〉左傾した; ぎこちない; 裏の意味に[ほめているようにもけなしているようにも]とれる, 屈折した; 間接的な, それとない〈注意〉; 逆撚(ﾖ)りの〈ロープなど〉: a ～ compliment 皮肉なほめことば. ► *adv* バックハンドで. ♦ **～·ly** *adv* **～·ness** *n*

báck·hànd·er *n* バックハンドの打撃[ストローク, 捕球]; 手の甲での一撃; 遠まわしの攻撃[非難], あてこすり; おまけの一杯《酒を左へつぎ回すとき右へつぐ 2 杯目》; ″《口》心付け, チップ, 賄賂 (bribe).

báck·hàul *n* 《貨物機・貨物船などの》帰路, 復航, 逆送; 帰り荷.

Back·haus /bá:khàus; bǽk-/ バックハウス **Wilhelm ～** (1884–1969)《ドイツのピアニスト》.

báck·hèel *vt, vi* かかとで後方に蹴る.

báck·hòe *n* 〔機〕バックホー (=**～ lòader**″), ドラグショベル《屈伸アームの先についたバケットを手前に引いて掘削する土木用油圧ショベル; パワーショベルに一般的な型; front-end loader などの後部に取り付けることもある》.

báck·hòuse *n**《母屋の裏の》離れ, 《特に 水洗式でない》屋外便所 (privy); 《スコ》小屋の裏側の部屋[台所].

back·ie /bǽki/ *n* 《エディンバラ方言》BACK GREEN.

báck·ing *n* **1** BACK[1] すること; 後援, 支援, 支持; 保証, 裏書; 《ポピュラー音楽などの》伴奏, バックバンド[コーラス]; 後援者《集合的》. **2** 〔製本〕裏打ち, 裏張り; 裏材, 裏板, 裏当て, 裏塗り; 〔釣〕《リールに巻く》下巻き(糸); 〔劇〕《装置の窓・戸口裏などの》隠し幕; 〔音〕後舌発音, 後舌化.

bácking dòg 《NZ》羊の群の背を飛び移って群れを追い込む牧羊犬.

bácking stòrage [stòre] 〔電算〕補助記憶装置.

bácking tràck 〔楽〕《特に ソロの奏者[歌手]のための》録音された伴奏, バッキングトラック, カラオケ.

báck íssue 《雑誌などの》バックナンバー.

báck jùdge 〔アメフト〕バックジャッジ《ディフェンス側フィールドの比較的深いところに位置する審判員で計時も担当する》.

báck·lànd *n* [°*pl*] 奥地, 僻地; 後背地.

báck·làsh *n* **1**《変革・運動などに対する》反発, 反動, 揺り戻し, 否定的反応 〈*against, from*〉: white ～ 黒人の公民権運動などに対する白人の巻返し / ～ *against* feminism フェミニズムに対する反発[反感] / ～ *from* shareholders 株主からの反発. **2**《突然の》あと戻り, はね返り; 〔機〕バックラッシュ《歯車の歯面間の遊び, それによる'がた'》; 〔釣〕《リールの糸の》もつれ. ► *vi* 逆戻り[逆回転]をする; 反発する. ♦ **～·er** *n*

báck·less *a* 背部のない; 〈ドレスなど〉背中が大きくあいた.

báck·lìft *n* 〔スポ〕バックリフト《**1**) 後ろ上方にバットを上げる打ち方 **2**) 逆方向に脚を上げてボールを蹴る方法》.

báck·lìght *n* 背面光, 逆光(線), 逆ライト, バックライト. ► *vt* 背面から照らす, 逆光で照らす[照明する]. ♦ **～·ing** *n* 逆光照明(法), バックライティング; 〔電算〕バックライト《液晶表示画面を見やすくするために液晶板の背後に光源をおいて照明すること》. **báck·lìt** *a* 背面から照らした, 逆光で照明をあてた.

báck·lìne *n* 〔スポ〕バックライン《競技エリアの後端の線》; 〔ラグビー〕バックライン《攻防でのバックスで, スリークォーターバックのこと》; 《ステージの後方に並べて置かれる》演奏用アンプ類.

báck·lìning *n* 〔建〕裏羽目; 〔製本〕背紙, 背張り.

báck·lìst *n* 《出版社の》在庫目録, 既刊書目録; 《新刊に対して》既刊書《全体》. ► *vt* 在庫目録に加える.

báck·lòad *n* 帰りの便に積む荷, 帰路貨物. ► *vi* 帰りの便で運搬する. ► *vt* 〈金銭契約を〉後期割増し方式にする《料金あるいは報酬[給付]を契約期間の(初期でなく)期末に向けてより多くする》: a ～*ed* contract あとになるほど年俸[料金]が上がる契約.

báck·lòg *n**炉の奥に入れておく大薪; 滞貨; 残務, 未処理案件 (: a ～ of orders 受注残); 手持ち, たくわえ, 予備, 備蓄 〈*of*〉; *《まさかの時に》たよりとなるもの. ► *vt* backlog として確保する[ためる]. ► *vi* backlog として増える[たまる].

báck·lòt *n* 〔映〕バックロット《撮影所がその近くに保有する野外撮影用地》.

báck·màrker″ *n* 《ハンディキャップ付きの競走・試合・ゲームで》最悪のハンディキャップを与えられた競技者 (cf. LIMIT MAN, SCRATCH MAN); 《自動車レースの》周回後れの最後尾車, ALSO-RAN.

báck màtter 《書籍の》後付(ｱﾄﾂﾞｹ) (=*end matter*)《参考書目・索引など; cf. FRONT MATTER》.

báck·mòst /, ″-məst/ *a* 最後部[後方]の.

báck mutàtion 〔遺〕復帰突然変異 (opp. *forward mutation*). ♦ **bàck-mútate** /, ⌣⌣⌣/ *vi*

báck níne 〔ゴルフ〕バックナイン《18 ホールのコースの後半の 9 ホール》.

báck númber 《雑誌などの》バックナンバー; 《口》時代遅れの人[方法, もの], 《名声・人気を失った》過去の人.

báck of beyónd [the] 《英・豪》[*joc*] ひどくへんぴな所, 奥地のもっと先. ● **out ～** 《豪》遠いへんぴな所で[に].

báck of [o'] Bóurke /-bá:rk/ 《豪口》BACK OF BEYOND. [*Bourke* New South Wales 州西端の町]

báck-óffice *a* 《会社などの》(組織)内部の, 裏の.

báck óffice 《外部の人には見えない, 会社などの》裏部門, 奥事務室, 事務処理部門, バックオフィス《会計記録・対政府関係・本支店間連絡などの部門; opp. *front office*》.

báck-of-the-bóok* *a* 〈新聞記事・放送の題材など〉一般向けの, 堅いものでない.

báck-of-the[an]-énvelope *a* 《封筒の裏を使ってできるような》簡単な計算で済む, たやすく算出できる; 《封筒の裏に走り書きしたような》思いつき程度の〈考え〉.

báck òrder 〔商〕(在庫がなくて)未納になっている[あとまわしにされる]注文, 繰越し注文. ♦ **báck-òrder** *vt*

báck·òut *n**《口》撤回, 脱退, 取消し; 〔ロケット〕時間読み繰返し《故障時などに時間読み中の行程を逆にすること》.

báck·pàck *vt, vi* 背負って運ぶ; バックパックを背負って(徒歩)旅行する, バックパッキングをする: go ～*ing*. ► *n* 背負って運ぶ荷; *バックパック, (フレーム付きの)リュックサック (rucksack); 《赤ん坊を背負う》背負いかご; 背負ったまま使用する器材《宇宙飛行士が背負うものなど》. ♦ **～·er** *n*

báck-páge *a* 〔新聞〕裏ページの; 報道価値の少ない (opp. *front-page*).

báck páge 裏ページ《本を開いて左側》.

báck párlor 裏座敷; 裏町; 貧民窟 (slum).

báck páss 〔サッカー〕バックパス《意図的に足で(ヘディングではなく)味方のゴールキーパーへ送るパス》.

báck pássage 裏口に通じる建物内の通路; [*euph*] 直腸 (rectum), お尻の穴.

báck-pàt *vt, vi, n* (…の)背中を軽くたたく(こと); (…に)賛意[励ましの気持]を示す(しぐさ[ことば]).

báck páy 遡及賃金, バックペイ.

báck·pèdal *vi* 《自転車でコースターブレーキをかけるために》ペダルを逆に踏む; 《ボクシングなどで》さっと後退する; 行動を逆転する, 意見[約束]を撤回[逆転]する.

báck·plàne *n* 〔電算〕バックプレーン《コンピューターで, 回路基板を相互に接続するための, バスに連絡したコネクター群からなる部分》.

báck·plàte *n* 《よろいの》後胴, 背甲; 〔建・機〕《部材の》後ろ板.

báck prèssure 〔機〕背圧《機関の排気側のガス圧など, 正常の方向の圧力とは反対方向の圧力》.

báck·projèct *vt* 〈映像を〉背面映写する《半透明スクリーンに裏から映写して, 撮影シーンの背景とする》. ► *n* 背面映写像.

báck projèction BACKGROUND PROJECTION.

báck·rèst *n* 背もたれ; 〔機〕あと振れ止め.

Báck Ríver [the] バック川《カナダ北部 Nunavut 準州を流れる川; Northwest Territories との境界付近から北東に流れ, 北極海に注ぐ》.

báck róad*《本通りからはずれた》裏道路, 田舎道《特に 往来が少なく舗装してないもの》.

back·ro·nym /bǽkrənìm/ *n* 逆成略語, バクロニム《すでにある語・名前を頭字語に仕立てたもの; BASIC (=Beginner's All-purpose Symbolic Instruction Code), wiki を 'what I know is' の頭字語と説明する場合など》.

báck·ròom *a* 秘密(裏)の, 舞台裏の, 秘密工作を行なう.

báck ròom 奥の部屋; 秘密画策[裏工作]の場所; 研究室, 《戦時の》秘密研究室.

báckroom bòy″《口》[°*pl*]《軍事目的などの》秘密研究従事者; 側近, 顧問, 参謀; 《共同研究などの》裏方.

báck ròw 〔ラグビー〕バックロー《フォワードの最後列; 特に 3–2–3 の陣形で 3 名からなるもの》. ♦ **báck-ròw·er** *n*

Backs /bǽks/ *pl* [the] バックス《Cambridge 大学の Trinity College などの裏手にある, Cam 川沿いの景勝の地》.
báck·sàw *n* 胴付きのこ《背金付きの精巧な細工用のこ》.
báck·scàtter *n* 〔理〕後方散乱(放射線[粒子]) (=**báck·scàt·ter·ing**); バックスキャッター《フラッシュガンなどの光源の光で, 散乱して直接レンズにはいってくるもの》. ► *vt* 〈放射線粒子を〉後方散乱させる.
báck-scràtch *vi, n* «口» ぐるになって助け合う(こと), 持ちつ持たれつ (back-scratching).
báck scràtcher **1** «口» 互いの私利をはかるためぐるになった者; «口» おべっか使い. **2** 孫の手 (scratchback).
báck-scràtch·ing *n* «口» ぐるになって助け合うこと, 互いに便宜を与え合う[ほめ合う]こと.
báck·séat *n* 後ろの座席; 目立たない位置, 副次的な地位.
● **take a ～** 〈人に〉首位を譲る, 二番手[副次的な地位]に就く 〈*to*〉; 〈物事が〉二の次になる.
báck·sèat dríver 自動車の客席から運転に余計な指図をする人; 責任のない地位にいて余計な干渉[さしで口]をする人, でしゃばり.
báck·sèt *n* 進行阻止, 停滞; 逆行, 逆戻り, 逆流.
backsheesh, -shish ⇨ BAKSHEESH.
báck·shìft *n* ‖SWING SHIFT; 〔文法〕後方転移《従属節の動詞の時制が一つ前の時制に変化する現象》.
báck shòp 《主店舗に隣接する》裏の店; 新聞[定期刊行物]印刷所.
báck·sìde *n* 後方, 後部, 裏面; 裏庭; 月の裏面[暗黒面]; [ᵒ*pl*] «口» 尻, 臀部.
báck·sìght *n* 〔測〕後視(の旗[しるし]); 《銃の》照尺.
báck slàng 逆読み俗語《例: *slop* 警官 (＜police)》.
báck·slàp *vt, vi, n* 背中をポンとたたく(こと)《親愛·賞賛·激励の表現》. ♦ **-slàpper** *n* **-slàpping** *a, n*
báck·slàsh *n* 〔電算〕バックスラッシュ《右下がりの斜線: \》; バックスラシュ文字[キー].
báck·slìde *vi* あと戻りする, 後退する, 《道徳的·信仰的に》堕落[脱落]する. ► *n* あと戻り; 堕落, 脱落. ♦ **-slìder** *n* もとの悪習に戻った人, 脱落者. **-slìding** *n* あと戻り; 堕落; 《約束に》もとること, 違背 〈*on*〉.
báck·spàce *vi* 《キーボードのバックスペースキーで》1 字分戻す.
► *n* バックスペースキー (=**báck·spàcer, ～ kèy**); バックスペースキーを用いること; バックスペース《ビデオカメラなどの記録停止時にわずかに自動巻戻しする機構》.
báck·spìn *n* 《ビリヤード·ゴルフなどの球の》逆回転, バックスピン.
báck·splàsh *n* レンジ·カウンターなどの背後の壁のよごれ止め板, SPLASHBACK.
báck·sprìng *n* 〔海〕バックスプリング《船尾または船体中央部から前方に出した斜繋船(けいせん)索》.
báck·stàbbing *n* «口» 陰にまわって人に害を加える[人を中傷する]こと. ♦ **báck·stàbber** *n* **báck·stàb** *vt, vi*
báck·stáge *adv* 〔劇〕舞台裏[袖, 楽屋]で[に, へ]; 舞台後部で[に, へ]; こっそり, 内密に. ► *a* /⌐⌐ ⌐⌐/ 舞台裏[袖, 楽屋, 舞台後部]の[にある, での]; 人目に触れないところでの, 内密の; 芸能人の私生活の; 《組織·部会などの》内部作業[活動]の; 秘密[個人]活動の: a ～ pass 《舞台裏にはいっていける》楽屋チケット. ► *n* /⌐⌐ ⌐⌐/ 舞台裏, 《特に》楽屋; 舞台後部: go ～ 楽屋へ行く; 《事態の》背景を探る.
báck·stáir *a* BACKSTAIRS.
báck·stáirs *n* [〈*sg/pl*〉] 《勝手口に通ずる》裏階段; 秘密の[陰険な]手段, 陰謀. ► *a* 裏階段の, 秘密の, 陰でこそこそする, 陰険な; あさましい; 中傷的な: ～ deals 裏取引.
báck·stàmp *n* 郵便物の裏に押したスタンプ; 陶器の底の商標.
báck·stày *n* [ᵒ*pl*] 〔海〕バックステー, 後支索《檣頭から斜め後方の両舷側に張る》; 〔機〕背控え; 《靴のかかとの上部の》市革(いちかわ); 《一般に》後部の支え, 支持.
báck·stìtch *n, vt, vi* 返し針(で縫う), 返し縫い(する).
báck·stòp *n* 《球場などの》バックネット; «口» 《野球の》キャッチャー; 〔クリケット〕LONG STOP; 逆戻りを防ぐ安全装置; 《一般に》支え[補強]になるもの. ► *vt, vi* …のキャッチャー[ゴールキーパー]をする; 支援[補佐, 補強]する (support).
báck·stòry *n* 《ドラマ·映画などで》物語の背景, 過去のできごと; 《報道記事などで》これまでの経緯.
báck stràight 〔競馬·競技〕バックストレート《HOMESTRETCH と反対側の直線コース》.
báck·stràp *n* 《書物の》背 (backbone); 《馬の引き具の》背の中央部を通る革帯; 《靴の後ろの》つまみ革.
báck-stràpped *a* 〔海〕〈船が〉風[潮流]で押し流されて危険な状態に陥った; 〈人が〉窮境の.
báck·strèet *n* [ᵘ*pl*] 裏町, 裏通り; 貧民街. ► *a* /⌐⌐ ⌐⌐/ 裏で行なわれる, 不法[違法]の.
báck·strétch *n* 〔競馬·競技〕バックストレッチ《決勝点のある走路と反対側の直線コース; cf. HOMESTRETCH》.
báck·stròke *n* 打ち返し; 反撃; 〔泳〕背泳; 〔テニスなど〕バックストローク, バックハンド打ち; 〔機〕《ピストンなどの》退衝 (recoil); 〔鳴鐘〕バックストローク《上向きになっている鐘を下向きにするための綱の引き戻し; cf. HANDSTROKE》. ► *vi* 背泳をする. ♦ **báck·stròker** *n*
báck·swèpt *a* 後方に傾斜した; 後方になびいた; 〔空〕〈翼が〉後退角のついた.
báck swìmmer 〔昆〕マツモムシ (=*boat bug, boat fly*)《背面を下にして泳ぐマツモムシ科の各種の水生昆虫》.
báck·swìng *n* 《クラブ·バット·ラケットや腕の, ボールを打つ前の》後方へのスイング, バックスイング.
báck·swòrd *n* 片刃の剣, 《特に》BROADSWORD; 《フェンシング用の》かご柄(え)の木剣; BACKSWORDMAN.
báck·swòrd·man /-mən/ *n* 片刃の剣[かご柄(え)の木剣]を使う剣士.
báck tàlk*《目上に対する》生意気[失敬]な口答え (=*backchat*).
♦ **báck-tàlk** *vi* 口答えする.
báck tèeth [次の成句で]: **One's ～ are floating.***«俗» おしっこが漏れそうだ, ちびっちゃいそう. **sick to the ～ of…** «口» …にはまったくうんざりだ.
báck tìme*«俗» 仮出獄時の残りの刑期.
báck-to-báck *a* 〈家などが〉背中合わせの《境壁を共有する家並 (terrace) が, 別の同様の家並と背中合わせに建つ; イングランド北部の工業都市に典型的》; 連続の, うち続く. ► *adv* 背中合わせに; 連続して. ► *n* ‖背中合わせに建った家[家並].
báck-to-báck crédit 〔英金融〕バックツーバック·クレジット, 見返り信用貸し《英国の金融会社が共に外国の売手と買手の間に介在し, 売手から入手した船積書類を見返りとして自己の名前で船積書類を作り, その引渡しに際して買手に供与する信用》.
báck-to-báck létter of crédit 〔貿易〕バックツーバック信用状, 見返り信用状《輸出者が自己宛に来た信用状を裏付けとして通知銀行に依頼して発行してもらう, 商品供給者を受益者とする国内信用状》.
báck-to-báck lóan 〔金融〕バックツーバック·ローン, 異通貨同時貸付け《国を異にする二者間で各自の国の通貨を見合った額相互に貸し付けること; 為替リスク回避が目的》.
báck-to-básics* *a* 基本[根本, 初心]に戻る.
báck-to-náture *a* 自然に帰れの, 自然回帰の〈生き方など〉.
báck·tràck *vi, vt* **1** 同じ道を帰る; 〈以前の約束·決定などから〉後退する, 前言を撤回する 〈*on, from*〉. **2***追跡する, 跡をつける[たどる]. **3***«俗» (麻薬を)注射器の中で血液と混ぜながら静脈注射する (boot).
báck tràck* もと来た道, 戻り道; 引き返し; 前言からの後退.
báck·ùp *n* **1** 支援, バックアップ; 支持者, 後援者; ソロの伴奏[伴唱]をつとめる人, バックアップ(のバンド[コーラス隊]). **2** 《下水·車などの流れの》停滞, 渋滞(の列). **3** 《人員·品物·案の》予備, 代替品[要員, 案], 補充; 〔電算〕《ファイル·プログラムなどの予備として保持しておく》コピー, 控え, 写し, バックアップ (=**～ còpy**). **4** 《政策などの》撤回, 後退 〈*on*〉; *《車の》後退, バック(すること). **5** 〔ボウル〕バックアップ《利き腕の方へ曲がるそれ玉》. **6** 〔印〕バックアップ《印刷されている用紙の裏側に刷られた画像》. **7** «豪俗·米西海岸俗» 輪姦, まわし (gang bang).
► *a* 支援の; 〔楽〕伴奏の; 予備の, 控えの, 代替[補充]用の, バックアップの; 補充要員の.
► *vt* 〔電算〕〈ファイル·データ〉のバックアップをとる.
báckup lìght*《車の》後退灯 (reversing light‖).
báckup utìlity 〔電算〕バックアップユーティリティー《コンピューター内の情報をバックアップするために用いるソフトウェア》.
báck·vèld *n* «南ア» 田舎, 奥地 (backcountry). ♦ **～·er** *n*
báck vówel 〔音〕後舌[奥]母音 (/ʊ, o, ɔ, ɑ/ など).
báck·ward *a* (opp. *forward*) **1** 後方(へ)の, もと(へ)の; 逆の; 後ろ向きの; 過去(へ)の: a ～ journey 戻り[帰り]旅 / a ～ blessing 呪い / a ～ STEP. **2** 遅れた, 進歩[発達]のおそい; 憶えの悪い 〈*in*〉; 時期遅れの, 季節遅れの: a ～ country 後進国《a developing country のほうが好まれる》/ a ～ child 遅進児, 知恵の遅れた子. **3** [ᵘ*neg*] ‖引っ込み思案で, 内気で, 恥ずかしがって 〈*in* sth/*doing*〉. ● **～ in coming forward** «口» 内気な (shy). **be ～** 遅れる; 怠る 〈*in*〉.
► *adv* 後方に, 後ろ向きに; 逆行[退歩]して, 悪い方向に; 逆に; (過去に)さかのぼって: walk ～ 後ろ向きに歩く / say the alphabet ～.
● **～ and forward** (**1**) 進んだり戻ったり, 行ったり来たり, (何度も)往復して; [*fig*] ぐらついて, 揺れ動いて. (**2**) «口» 完全に, すっかり: know sth ～ *and forward*. **～ in coming forward** しりごみして, 発言を控えて: She was not ～ *in coming forward*. 彼女は臆することがなかった[はっきりものを言った]. **bend** [**fall, lean**] **over ～** (行き過ぎを是正[回避]するため)極端に逆の態度をとる; 《人の便宜[機嫌取り]のため》できるだけ努力する 〈*to do, (in) doing*〉. **go ～** あと戻りする; 退歩[悪化, 堕落]する. **know** sth **～** すっかり知りつくしている. **ring the bells ～** 組鐘[チャイム]を逆に(低い音から)鳴らす《急を知らせる》.
► *n* 後方, 後ろ, 後部; 過去, 昔. ♦ **～·ness** *n* 遅れ(ていること), 後進性; 知恵遅れ; しりごみ, 内気; 時期[季節]遅れ. **～·ly** *adv* しりごみして, しぶしぶ; 遅れて.
back·ward·ation /bæ̀kwərdéɪʃ(ə)n/ *n* **1** 〔ロンドン証券取引所〕《売方が払う》引渡し延期金, 繰延べ料 (cf. CONTANGO). **2** 逆鞘(ぎゃくざや)市場, 直先(じきさき)逆転(現象)《商品先物取引で, 本来あるべき価格差が逆転して期近(きちか)または現物より期先(きさき)または先物が安い状態》; 逆鞘の値鞘.
báckward compátible *a* 〈新版のソフトウェアなどが〉旧版と

互換性のある, バックワードコンパチブルな《旧版で使用できたデータやプログラムがそのまま使用できる》. ◆ **báckward compatibílity** 旧版互換性.

báck·ward-gàzing *a* 回顧的な, 後ろ向きの.

báck·ward-lòok·ing *a* 回顧的な, 後ろ向きの, 将来[新しいこと]に目を向けない.

báck·wards *adv* BACKWARD.

báck·wàsh *n* (岸に)寄せて返す波, 引き波; 〔海〕オールや推進器による後方への水の流れ; 〔空〕後流; 《事件の》(望ましくない)余波, (副次的な)反動, 副産物; 後進的な土地, 田舎, 未開地. ► *vt* …に backwash の影響を与える; 逆流させて〈濾過器を〉洗う; 〔紡〕〈羊毛を〉再洗する《梳毛工程で, 一度加えた油脂を除く》.

báck·wàter *n* **1** 後方への水の流れ, 返し波; 《ダム・水門・障害物などでせき上げられる》背水; 《潮流などのために逆流する》戻り水; 《戻り水で川のわきにできた》水たまり; 入り江, 支流. **2** 《知的な》沈滞; 時代に取り残された[外部から隔絶された]場所; 不人気の[重要でない]分野; [〈*a*〉] 田舎の: live in a ～ 沈滞した環境に住む; 片田舎に住む / a ～ man [town] 田舎者[町]. ► *vi* [°back water] *前言を撤回する; 《オール・推進器などを》逆作動させて舟を停止[後進]させる; ボートを後進[方向転換]させる.

báck·wìnd[1] *n* 逆風. ► *vt* 〈帆〉に逆風をあてる; BLANKET.

báck·wìnd[2] /-wàınd/ *vt* 〈カメラの中のフィルムを〉巻き戻す.

báck·wóod *a* BACKWOODS.

báck·wóods /; ─́ ─̀/ *n* [〈*sg/pl*〉] *辺境の森林地; 僻地, 片田舎; 未開拓の領域. ► *a* 僻地の; 粗野な, 無骨な.

báck·wóods·man /-mən, ─́ ─̀ ─/ *n* 辺境の住人; 奥地人, 田舎者, 文化の遅れた地方の人; *《口》無骨者, 野暮天; ‖[*derog*] (田舎に住んでいて)めったに登院しない上院議員.

báck·wóodsy *a* BACKWOODS.

báck·wòrd‖《方》*n* 約束違反, 約束の取消し (: give sb ～); 口答え, 無礼な返答.

báck·wràp *n* 〔服〕バックラップ《端が後ろにくるように巻きつけて着る服; 後ろ重ねの巻きスカートなど》.

backy ⇨ BACCY.

báck·yárd *n* 裏庭 (opp. *front yard*)《英国ではふつう舗装されているが, 米国では芝地か花壇や菜園になっている》; 《親近感・連帯感から》隣り近所, 身近な[なじみの]場所[地域]; *《俗》サーカスの演技陣. ● **in** sb's [**one's own**] ～ すぐ近くに[で], 身近に, ひざもとで[に]; 自国内で. **not in my** ～ うちの近くではご免だ (⇨ NIMBY). ► *a* 裏庭の; 未熟な, しろうとの.

baclava ⇨ BAKLAVA.

bac·lo·fen /bǽkloufèn/ *n* 〔薬〕バクロフェン《多発性硬化症の痙性の緩和に用いる筋弛緩薬》.

Ba·co·lod /bɑːkóulɔ̀ːd/ バコロド《フィリピン中部, Negros 島北西岸の市》.

ba·con /béık(ə)n/ *n* **1** ベーコン《豚の胴肉の塩漬け燻製》; *《中部・南部》塩漬け豚肉 (salt pork) (＝*white bacon*). **2** *《俗》警察(官), ポリ (cf. PIG). ● BRING **home the ～. rub the ～*** 《俗》性交する, セックスする. **save one's** [**sb's**] **～** 《口》あやうく難をのがれる[のがれさせる], 命拾いをする[させる], 人に目的を達成させる. **what's shakin' ～?** *《俗》＝what's shaking (⇨ SHAKE). [OF＜Gmc (OHG *bahho* ham, flitch)]

Bacon ベーコン (1) **Delia** (**Salter**) ～ (1811–59)《米国の作家; Shakespeare 劇は Francis Bacon を中心とするグループの作という説を証明しようとした》(2) **Francis ～**, 1st Baron Verulam, Viscount St. Albans (1561–1626)《イングランドの法律家・政治家・哲学者; James 1 世に重用され, 大法官 (Lord Chancellor) に任ぜられたが, 3 年後に収賄罪で失脚; その後は著述に専念し, 帰納法を確立してイギリス経験論の祖とされる; *The Advancement of Learning* (1605), *Novum Organum* (1620), *Essays* (1625)》(3) **Francis ～** (1909–92)《アイルランド生まれの英国の画家; デフォルメされた人物像によって孤独や恐怖などを表現した》(4) **Nathaniel ～** (1647–76)《アメリカ植民地におけるベーコンの反乱 (**Bácon's Rebéllion**) の指導者》(5) **Roger ～** (c. 1220–92)《イングランドの哲学者・科学者; フランシスコ会士; スコラ哲学の継承者であったが, 科学に関心をもち, 観察と実験を重んじて経験論の基礎を確立した; *Opus Majus* (1266)》.

bácon-and-éggs *n* (*pl* ～) 〔植〕BIRD'S-FOOT TREFOIL.

bácon and éggs *pl* ベーコンエッグ《ベーコンを添えた目玉焼き; 英国の朝食に多い》; 《韻俗》脚 (legs).

bácon bèetle 〔昆〕オビカツオブシムシ (LARDER BEETLE).

bácon·er‖ *n* BACON HOG; 《一般に》豚.

bácon hòg [**pìg**] ベーコン用に飼育した豚.

Ba·co·ni·an /beıkóuniən/ *a* **1** ベーコン (Francis Bacon) (の学説[思想, 著作])の; 《Shakespeare の作品の》ベーコン作者説の: the ～ method 帰納法. **2** Roger BACON の. ► *n* **1** ベーコンの学説を信奉する人. **2** ベーコン説 (Baconian theory) の主張者. ◆ **～·ìsm** *n* ベーコン哲学.

Bacónian théory [the] ベーコン説《Shakespeare の劇は Francis Bacon の作だとする旧説; ⇨ Delia BACON》.

ba·cony‖ /béıkəni/ *a* 脂肪太りの, でっぷり太った.

bact. bacterial ◆ bacteriology ◆ bacterium.

bac·te·re·mia, -rae- /bæ̀ktəríːmiə/ *n* 〔医〕菌血(症)《血液中に細菌が存在する症状》. ◆ **-mic** *a*

bac·te·ri- /bæktíərə/, **bac·te·rio-** /bæktíəriou, -riə/ *comb form*「細菌」「バクテリア」 [↓]

bac·te·ria /bæktíəriə/ *n pl* (*sg* **-ri·um** /-riəm/) 細菌, バクテリア. ★ 話しことばやジャーナリズムでは単数でも扱われ, 複数形 ～s も使われる. [NL (pl)＜Gk＝little sticks]

bactéria bèd 微生物[酸化]濾床《下水に曝気(ばっ)処理を施すとともに浄化微生物の作用をうけさせるための細砂または砂利の層》.

bac·té·ri·al *a* 細菌[バクテリア]の, 細菌性の. ◆ **～·ly** *adv*

bactérial plaque 〔歯〕細菌苔 (DENTAL PLAQUE).

bactérial vaginósis 〔医〕細菌性膣症「＝*nonspecific vaginitis*」《通例 悪臭のある灰色の帯下が特徴的な膣炎; 通例 *Gardnerella vaginalis* の感染による》.

bactéri·cìde *n* 殺菌薬[剤]. ◆ **bac·tè·ri·cíd·al** *a* 殺菌の. **-al·ly** *adv*

bac·ter·in /bǽktərən/ *n* 〔医〕細菌ワクチン《免疫用》.

bactèrio·chlórophyll *n* 〔菌〕バクテリオクロロフィル《光合成細菌に含まれる青色色素》.

bac·te·rio·cin /bæktíəriəsən/ *n* 〔生化〕バクテリオシン《細菌によって生産され, 近縁の細菌に有毒なタンパク質; 抗生物質》. [F (colicin)]

bac·te·ri·o·log·ic /bæktìəriəlάdʒık/, **-i·cal** *a* 細菌学(上)の; 細菌使用の: *bacteriological* warfare 細菌戦. ◆ **-i·cal·ly** *adv*

bac·te·ri·ol·o·gy /bæktìəriάlədʒi/ *n* 細菌学; 細菌の生態. ◆ **-gist** *n* 細菌学者.

bac·te·rio·ly·sin /bæktìəriəláıs(ə)n/ *n* 〔免疫〕溶菌素.

bac·te·ri·ol·y·sis /bæktìəriάləsəs/ *n* 〔免疫〕細菌分解, 溶菌(作用). ◆ **bac·te·ri·o·lyt·ic** /bæktìəriəlítık/ *a*

bactério·phàge *n* 〔生〕バクテリオファージ, 細菌ウイルス. ◆ **-phag·ic** /-tìəriəfǽdʒık/, **-ri·oph·a·gous** /-tìəriάfəgəs/ *a* **-ri·oph·a·gy** /-riάfədʒi/ *n*

bactèrio·phóbia *n* 細菌恐怖症.

bactèrio·rhodópsin *n* 〔生化〕バクテリオロドプシン《好塩菌 *Halobacterium halobium* にみられるタンパク質; ATP の合成において光エネルギーを化学エネルギーに変換する》.

bac·te·ri·os·co·py /bæktìəriάskəpi/ *n* 〔医〕細菌検鏡《顕微鏡による細菌検査》. ◆ **-pist** *n*

bac·te·rio·sta·sis /bæktìərioustéısəs/ *n* (*pl* **-ses** /-sìːz/) 〔菌〕細菌発育阻止, 静菌(作用). ◆ **bac·té·rio·stàt** /-stæ̀t/ *n* 静菌剤. **-stat·ic** /bæktìəriəstǽtık/ *a* **-i·cal·ly** *adv*

bactèrio·thérapy *n* 細菌(製剤)療法.

bactèrio·tóxic *a* 〔菌〕抗菌性毒素の; 細菌に対して毒性の; 細菌性毒素の[による].

bactèrio·tóxin *n* 〔菌〕細菌毒素 (**1**) バクテリアを殺す毒素 **2**) バクテリアによって生成される毒素》.

bacterium *n* BACTERIA の単数形.

bac·te·ri·uria /bæktìəri(j)úəriə/ *n* 〔医〕細菌尿(症).

bac·te·rize /bǽktəràız/ *vt* …に細菌を作用させる. ◆ **bàc·te·ri·zá·tion** *n*

bac·te·roid /bǽktərɔ̀ıd/ 〔菌〕*n* 《マメ科植物の根瘤中の》仮細菌, バクテロイド. ► *a* 細菌に似た, 細菌様の.

bac·te·roi·dal /bæ̀ktərɔ́ıdl/ *a* BACTEROID.

bac·te·roi·des /bæ̀ktərɔ́ıdiz/ *n* (*pl* ～) 〔菌〕バクテロイデス《腸管内のグラム陰性の嫌気性菌》.

Bac·tra /bǽktrə/ バクトラ《バクトリアの首都; 現名 BALKH》.

Bac·tria /bǽktriə/ バクトリア《アジア西部の Oxus 川と Hindu Kush 山脈との間にあった古代国家; 中国史料の大夏; 現在のアフガニスタン北部 Balkh 地方に相当する; ☆ Bactra》. ◆ **Bác·tri·an** *n*, *a* バクトリア人; バクトリア語; バクトリア(人)の.

Báctrian cámel フタコブラクダ (cf. DROMEDARY).

ba·cú·li·fòrm /bəkjúːlə-, bǽkjələ-/ *a* 〔生〕桿状の: ～ chromosomes 桿状染色体.

bac·u·line /bǽkjələn, -làın/ *a* 棒[むち] (rod) の, むち打ちの罰の.

bác·u·lo·vìrus /bǽkjəlou-/ *n* 〔生〕バキュロウイルス《昆虫などの無脊椎動物に感染する DNA ウイルス; タンパク質生産や害虫抑制に利用される》.

bac·u·lum /bǽkjələm/ *n* (*pl* **-la** /-lə/, ～**s**) 〔動〕《哺乳動物, 特に肉食動物の》陰茎骨. [L ＝ stick]

bad[1] /bǽd/ *a* (**worse; worst**) (opp. *good*) **1 a** 《質が》悪い, 不良な, 粗悪な, 劣った (inferior); まずい, 滋養のない. **b** 〔商〕回収不能の (irrecoverable): BAD DEBT. **2 a** 《人格的・道徳的に》悪い, 邪悪な, 不正な; 粗野な, 下品な〈行為・作法〉; 不従順な, 言うことを聞かない, 腕白な, 行儀の悪い (naughty); [the, 〈*n*〉] 悪人 (bad people): a ～ son 親不孝者. **b** 不名誉な, 恥ずべき, 不面目な: a ～ name 悪評. **c** [*pred*] 《口》気がとがめて, 後悔して〈*about, that*〉: I felt ～ *that* I didn't do anything to help him. 彼の助けになるようなことを何一つやらなかったので気がとがめた. **3 a** ひどい, 激しい, ゆゆしい; 不吉な; 不利な; 悪性の, 有害な; 不快な, いやな, おもしろくない: a ～ cold ひどいかぜ / a ～ crime 大罪 / ～ luck 不運 / ～ times 不景気 / Reading in the dark is ～ *for* the eyes. 暗がりでの読書は目に悪い / a ～

smell [taste] いやな臭気[味] / a ～ business《口》あいにくなこと. **b** 〈気候・天候などが〉きびしい, 寒さやあらしのひどい, 荒れ模様の (inclement). **4 a** 不適当な, 不完全な, 不十分な, ずさんな; 間違った; 役に立たない, 無効な (void); だめになった, 腐った: ～ grammar 間違った語法 / go ～ 腐る, 悪くなる. **b** 加減が悪い; 傷ついた, 痛む: be ～ with gout 痛風を病む / be taken ～《口》病気になる / feel ～ 気分が悪い / a ～ leg 痛む足 / a ～ tooth 虫歯. **c** 不機嫌な, おこりっぽい: be in a ～ mood [temper]. **d** 劣る, へたな (poor): a ～ driver 運転のへたな人 / be ～ *at* writing [playing baseball] 字[野球]がへたである. **5** (**bád·der; bád·dest**)《俗》よい, すばらしい, すごい, 絶妙な《もと黒人俗》. ● **break ～** *《黒人俗》敵対的[威嚇的]になる, すごむ 〈*on* sb〉. **get [have] a ～ name** 評判を落とす[が悪い]. **go from ～ to worse** ますます悪化する. **my ～** *《口》私が悪かった, 私の責任[ミス]だ. **not (so [half, too]) ～**《口》(まんざら)悪くない, なかなかよい (rather good)《控えめに言う表現》. **so ～** one **can taste it** ＝so[1] much one can taste it. **That can't be ～!**《口》それはよかったね, それはすごい, おめでとう! **too ～** 残念至極, 困った, まことにお気の毒, 運が悪い, ついてない; "《口》ひどすぎる, むちゃな: That's [It's] *too* ～.

► *adv* (**worse; worst**) *《口》BADLY. ● **～ off** ＝BADLY off. **have [have got] it ～**《口》溺愛する, 恋い焦がれる, のぼせあがっている 〈*for*〉.

► *n* [the] 悪いこと, 悪; 悪い状態, 悪運: take *the* ～ with the good 人生の良いことも悪いことも両方受け入れる. ● **go to the ～**《口》堕落する, 破滅する. **in ～**《口》難儀して;《口》〈…に〉嫌われて, にらまれて 〈*with*〉: get *in* ～ *with* the police 警察ににらまれる. **to the ～** 借方で, 赤字で: be $100 *to the* ～ 100ドル借金がある.

♦ **～·ness** *n* 悪い状態[ありさま]; 悪いこと, 不良; 劣悪; 有害; 不吉, 凶. [?OE *bæddel* hermaphrodite, womanish man; *-l* の消失は cf. MUCH, WENCH]

bad[2] *v* BID の過去形;《廃》BIDE の過去形.

bád áctor《俗》けんか[悪い事]ばかりしているやつ, 意地の悪いやつ, 訓練のできてない癖の悪い動物;《俗》BAD EGG;《俗》常習犯;《俗》*有害である(と考えられている)もの《ある種の化学物質や植物など》, '悪者'(わるもの).

Ba·da·joz /bàːðəhóus, bàːdəhóuz/ バダホス《**1**) スペイン南西部 Extremadura 自治州の県 **2**) ポルトガル国境近くの同県の県都》.

Ba·da·lo·na /bàːðəlóunə, bàːdlóunə/ バダロナ《スペイン北東部 Barcelona 近郊の地中海に臨む港町・工業都市》.

Ba·da·ri·an /bədáːriən/〘考古〙*a* バダーリ文化(期)の《上エジプトの新石器後期文化; Badari は中部エジプト Nile 川東岸の遺跡》.

► *n* バダーリ人《バダーリ文化を築いた古代エジプト人》.

bád·àss *《俗》*a, n* ワル(な); 腕っぷしの強い[手ごわい, こわもての](やつ); すごい, 最高の.

bád blóod 悪感情, 敵意, 憎しみ, 積年の恨み[反目].

bád bóy《道徳・芸術上の》時代の反逆児; *《俗》すごいもの[装置].

bád break バッドブレーク《一つの文・語が 2 ページにまたがること, ページの第 1 行目が行の半分に達せずに終わること, 不適切な分綴など》.

bád chéck 不渡り小切手; [*pl*]《CB 無線俗》《パトカーでない》普通車のパトロール警官.

bád cholésterol〘医〙悪玉コレステロール (⇨ LOW-DENSITY LIPOPROTEIN).

bád cónduct dìscharge〘米軍〙懲戒除隊[免職] (cf. DISHONORABLE DISCHARGE); 懲戒除隊命令書.

bád dáy at Bláck Róck *《俗》不幸な[うれしくない]時. [米国の西部劇サスペンス映画 (1954; 邦題『日本人の勲章』) のタイトルから]

bád débt 不良債権, 貸倒れ(金), 不良貸付け (opp. *good debt*).

bad·de·ley·ite /bǽd(ə)liàɪt/ *n*〘鉱〙バデレー石《天然の二酸化ジルコニウム》. [Joseph *Baddeley* (fl. 1892) 英国の旅行家で発見者]

bád·der *a*《口》WORSE; *《俗》すごい, すばらしい.

bad·der·locks /bǽdərlɑ̀ks/ *n* (*pl* ～)〘植〙バダーロックス《欧州産の食用海藻; コンブ目チガイソ科》.

bád·dest *a*《口》WORST; *《俗》すごい, すばらしい.

bad·die, bad·dy /bǽdi/ *n*《口》《映画などの》悪役, 悪者, 悪玉, 悪漢;《俗》犯罪者, 悪党; *《口》ワル(ガキ), いけない子; *《俗》悪いもの[こと].

bád·dish *a* やや悪い, あまりよくない, いけない.

bade *v* BID の過去・過去分詞.

bád égg《口》悪いやつ, いやな[だめな]やつ, 悪党, くず;《口》無益の企て.

Bad Ems /báːt ɛ́ms/ バートエムス《ドイツ Rhineland-Palatinate 州の町 EMS の別称》.

Ba·den /báːdn/ **1** バーデン《ドイツ南西部のスイス・フランスに接する地方; ☆Karlsruhe; 1806 年大公国, 1918 年ワイマール共和国の州, 第二次大戦後, 統合されて Baden-Württemberg 州となった》. **2** BADEN-BADEN.

Báden-Báden バーデン-バーデン《ドイツ南西部 Baden-Württemberg 州の市; ローマ時代以来の温泉保養地》.

Ba·den-Pow·ell /béɪdnpóuəl, -páu-/ ベーデン-パウエル[ポーエル] **Robert S(tephenson) S(myth)** ～, 1st Baron ～ of Gilwell (1857–1941)《英国の軍人; ブール戦争 (the Boer War) で武名を揚げたのち, 1908 年 Boy Scouts を, 10 年に (妹の Lady Agnes と) Girl Guides を創設した》.

Ba·den-Würt·tem·berg /báːdnwə́ːrtəmbə̀ːrg, -wúərt-; *G* báːdnvʏ́rtəmbɛrk/ バーデン-ヴュルテンベルク《ドイツ南西部の州; 1952 年 Baden, Württemberg-Baden, Württemberg-Hohenzollern の 3 州が統合されて成立; ☆Stuttgart》.

Ba·der /báːdər/ バーダー Sir **Douglas (Robert Steuart)** ～ (1910–82)《英国の飛行家; 第二次大戦の英雄; 1931 年に事故で両脚を失ったが第二次大戦で活躍》.

bád fáith《人を欺こうとする》悪意, 不誠実;《実存主義哲学で》自己欺瞞: act in ～ 不誠実なことをする.

bád fórm "《古風》無作法, はしたないこと.

badge /bǽdʒ/ *n* バッジ, 記章, 肩章; 名札, 身分証; 特徴的なしるし, シンボルマーク; [*fig*] 特質を示すもの, 徴憑(ちょうひょう), (…の)しるし 〈*of*〉: a ～ of rank《軍人の》階級章 / a good conduct ～ 善行章 / a school ～ 学校のバッジ, 校章 / BADGE OF SLAVERY. ► *vt* …に記章を付ける[授ける]. [ME＜?; cf. AF *bage*]

bádge bàndit *《俗》(白バイに乗った) 警官, ポリ公.

bádge of slávery〘米法〙奴隷制の痕跡《**1**) 奴隷が負わされていた (投票・財産所有能力の否定など) 法的無能力 **2**) (合衆国憲法第 13 修正の下で禁止されている) 人種差別行為》.

badg·er[1] /bǽdʒər/ *n* **1**〘動〙**a** アナグマ《欧州・アジアの温帯産》, アメリカアナグマ《北米産》; アナグマの毛皮; アナグマの毛(で作ったブラシ). **b**《豪》WOMBAT; BANDICOOT. **c** ミツアナグマ (RATEL). **2** [B-] アナグマ《Wisconsin 州人の俗称》. ► *vt* しつこく苦しめる[いじめる, 悩ます]; 〈人〉にしつこくせがむ[せっつく] 〈sb *into* do*ing*, sb *to* do〉. ♦ **～·ly** *a* **～·ing·ly** *adv* [? BADGE, -ARD; 額の白い斑からか]

badger[2] *n*《方》《特に食料品の》行商人. [ME *bagger*＜?BAG[1]]

bádger-bàit·ing *n* アナグマいじめ《アナグマを樽・穴などに入れて犬をけしかける残酷な遊び; 英国では 1830 年廃止》.

bádger gàme《俗》美人局(つつもたせ);《俗》ゆすり, 詐欺.

Bádger Stàte [the] アナグマ州《Wisconsin 州の俗称》.

Bad Godesberg ⇨ GODESBERG.

bád gúy *《口》悪党, ならず者, 悪いやつ (badman).

bád háir dày《口》いやな日, 不愉快な日, 悪い日;《口》髪の毛がまとまらない日.

bád hát《俗》悪名の高いやくざ者, 悪党 (bad egg).

Bad Hom·burg /*G* baːt hɔ́mbʊrk/ バートホンブルク《ドイツ中南西部 Hesse 州の市; 鉱泉リゾート地; 公式名 **Bad Homburg vor der Hö·he** /*G* -foːr dɛr hǿːə/》.

bad·i·nage /bæ̀dnáːʒ; bǽdɪnɑ̀ːʒ/ *n* 冗談, からかい (banter). ► *vt* からかう. [F (*badiner* to joke)]

bád·lànds *n pl* 悪地, バッドランド《粘土や砂礫(されき)層からなり, 雨水の侵食がはなはだしく, 無数の小丘や小谷を生じた荒地》;《俗》暗黒街.

Bád·lànds *pl* [the] バッドランズ《South Dakota 州南西部 Black Hills の東側から Nebraska 州北西部にまたがる悪地; 侵食作用による峡谷が見られるほか, 多数の化石を産し, 一部が国立公園に指定されている》.

bád lánguage 口ぎたない[不快な]ことば, ののしりの[罵倒の]ことば, 罵詈(雑言).

bád lót《俗》BAD EGG.

bád·ly *adv* (**worse; worst**) **1** 悪く, まずく, へたに: speak [think] ～ of sb 人をあしざまに言う[悪く思う] / do ～ in [on] one's exams 試験で失敗する / go ～《事態が》まずいことになる / a ～ paid job 率の悪い仕事. **2** 大いに, ひどく, すこぶる: ～ wounded ひどいけがをして / ～ in need of…をぜひとも必要として / I ～ want it [want it ～]. それがすごく欲しい / I need your help ～. ぜひご助力が欲しい. ● **～ done by [to]** ＝hard DONE by. **～ off** 暮らし向きが悪い, 困窮している; 〈人手などに〉恵まれていない, 不足して 〈*for*〉. ► *a* 病気で, 気分が悪く; 意気消沈して; 残念で: feel ～ 気分が悪い, 残念に思う, 後悔する, 悪いことをしたと思う.

bád·màn《口》*n* 悪漢, 無頼漢, 無法者;《西部劇などの》悪役, 悪者, 悪党《殺し屋・牛泥棒など》.

badmash ⇨ BUDMASH.

Bád Mérgentheim /*G* baːt-/ バートメルゲントハイム《ドイツ南部 Baden-Württemberg 州北部の市》.

bad·min·ton /bǽdmɪnt(ə)n/ *n* **1** バドミントン《競技》. **2** "バドミントン (＝**～ cùp**)《赤ワインに炭酸水と砂糖を加えた清涼飲料》. [*Badminton* House 最初の競技地]

Badminton **1** バドミントン《イングランド南西部 Bath の北方の村; Great Badminton ともいう; Beaufort 公の邸宅 Badminton House がある》. **2** [the] BADMINTON HORSE TRIALS.

Bádminton Hórse Trìals [the]〘英〙バドミントン馬術競技会 (＝*the Badminton*)《1949 年より毎年 Badminton House の敷地内で行なわれている 3 日間にわたる馬術競技会 (three-day event) で, 通例 王族が列席する》.

bád-mòuth /-màuθ, -ð/ *vt, vi*《口》けなす, 酷評する, こきおろす, 悪口を言う. ♦ **～·er** *n*

bád mòuth *《俗》**1** 悪口, 中傷, 誹謗, 酷評, こきおろし;《黒人》呪い, 不吉: put a ～ on sb. **2** けなす人, 悪口屋, 中傷屋; けんか腰で[挑発的に]物を言うやつ, 口の悪いやつ.
bád néws 悪い知らせ, 凶報; «口» 厄介な問題, まずい事態, いやなできごと; *«口» いやなやつ, 嫌われ者, 困り者; *«俗» 危険な人物, 要注意人物; *«俗» 請求書.
bád nígger *«黒人俗» 性悪ニグロ ⑴ 白人に屈しない黒人; 賛辞として用いる 2) けんかっぱやい黒人男, 《特に》すぐ女に手を振り上げる黒人男》.
Ba·do·glio /bədóuljou/ バドリオ **Pietro** ～ (1871–1956) 《イタリアの軍人; Mussolini の失脚をうけて首相(1943–44)となり, 連合軍と休戦協定を結んだ》.
bád páper *«俗» **1** 不渡り[にせ]小切手, にせ札: hang some ～ 少しにせ小切手を使う. **2** 《軍隊からの》不名誉除隊.
bád pénny 悪貨; «口» 不快だが避けがたい人物[もの]: turn up like a ～ 絶えず現われる[思い出される]; 付きまとう / A ～ always comes back. «諺» にせ金は必ず戻ってくる《にせものをつかませるのを戒めたり, 放蕩息子はいずれ戻ってくるの意味で用いたりする》.
bád ráp *«俗» いわれのない罪人呼ばわり, 不当な刑罰, ぬれぎぬ (bum rap); *«俗» 不当な非難[批判, 告発, 糾弾].
bád scéne *«俗» いやな事, 不快な経験, 大変な失望.
bád shít *«卑» 危険な[いやな]もの[こと, 状況, 人物], ひでえこと; *«卑» 不運; *«卑» 毒性のある[汚染した]薬物.
bád shót はずれ弾; 見当違い; 不首尾の試み; へたな射手.
bád tálk *«俗» 悲観的な話.
bád-tèmpered *a* 機嫌の悪い, おこりっぽい, 気むずかしい. ♦ **～·ly** *adv*
bád tíme HARD TIME; *«俗» 《軍隊で》営倉拘禁期間.
bád tríp «俗» 《LSD などによる》悪酔い; «俗» いやな体験, いやなやつ: be on [have] a ～.
BAe British Aerospace. **BAE** Bachelor of Aeronautical Engineering ♦ 〘米〙 Bachelor of Agricultural Engineering ♦ Bachelor of Architectural Engineering ♦ Bachelor of Art Education ♦ Bachelor of Arts in Education.
Baeck /bék/ ベック **Leo** ～ (1873–1956) 《ドイツのラビ・神学者; 改革派ユダヤ教の指導者》.
BA(Ed) Bachelor of Arts in Education.
Baeda ⇨ BEDE.
Bae·de·ker /béɪdɪkər/ *n* ベデカー旅行案内書; 《一般に》旅行案内書. [Karl *Baedeker* (1801–59) ドイツの出版業者]
Báedeker ráids *pl* ベデカー空襲《1942 年に行なわれたイングランドの歴史文化遺産に対するドイツ軍の報復爆撃》.
BAeE Bachelor of Aeronautical Engineering.
BAEE Bachelor of Arts in Elementary Education.
Baeke·land /béɪklənd/ ベークランド **Leo Hendrik** ～ (1863–1944) 《ベルギー生まれの米国の化学者; BAKELITE の発明者》.
bael ⇨ BEL².
Baer·um /bǽrəm/ バルム《ノルウェー南東部, 首都 Oslo の郊外の町》.
BAE Systems /bíːèɪíː ―́―/ BAE システムズ (～ plc) 《英国の防衛航空宇宙企業; 1999 年 British Aerospace 社ともとは General Electric Company 社の一部門であった Marconi Electronic Systems が合併したもの; 本社 London》.
Bae·yer /béɪər; *G* báɪər/ バイヤー (**Johann Friedrich Wilhelm**) **Adolf von** ～ (1835–1917) 《ドイツの化学者; ノーベル化学賞 (1905)》.
Ba·ez /báɪèz, báːèz, baɪéz, báɪz/ バエズ **Joan** (**Chandos**) ～ (1941–) 《米国のフォーク歌手; 1960 年代のフォークソング・ブームの中心的存在で, 公民権運動や反戦運動に積極的にかかわった》.
baff /bǽf/ *vt* 〘ゴルフ〙 バッフする《クラブのソールで地面を打ってボールを高く上げる》; «スコ» 打つ (strike). ▶ *n* 〘ゴルフ〙 バッフ打ち; «スコ» 打つ[なぐる]こと (blow).
Baf·fin /bǽfən/ バフィン **William** ～ (c. 1584–1622) 《イングランドの探検航海者; 北米の北極圏を探検》.
Báffin Báy バフィン湾《Greenland と Baffin 島にはさまれた大西洋の一部》. [↑]
báff·ing spòon 〘ゴルフ〙 BAFFY.
Báffin Ísland バフィン島《カナダ北東部 Hudson 海峡の北にある大島》. [William *Baffin*]
baf·fle /bǽf(ə)l/ *vt* **1** 困惑[当惑]させる, とまどわせる; 〈計画・努力などを〉くじく, …の裏をかく: ～ inquiry 調べてもわからない / ～ one's pursuer 追跡者をまく / be ～*d* in…に失敗する. **2** 〈水流・気流・光など〉調節[防止]する; 《バッフルなどで》〈音波〉の干渉し合うのを防止する; 〘海〙〈風・流れが船など〉の進行を変える. ▶ *vi* いたずらにあせる, もがく, 悩む. ▶ *n* **1** 困惑(した状態). **2** じゃま板, そらせ板, バッフル《水流・気流・電子線などを曲げ, 阻止, または調節する板》; バッフル《スピーカーの振動板の前後から出る音波が干渉し合うのを防ぐ隔壁》. ♦ **báf·fled** *a* **báf·fler** *n* [C16<?; cf. Sc (dial) *bachlen* to condemn publicly, F *bafouer* to ridicule]
báffle·gàb *n* «口» もってまわった表現, まわりくどい言い方 (gobbledygook).
báffle·ment *n* 妨害, 妨げ; 困惑, 当惑.
báf·fling *a* くじく; 困惑[当惑]させる; 不可解な. ♦ **～·ly** *adv* **～·ness** *n*
báffling wínd 〘気・海〙方向不定の風.
báffy *n* 〘ゴルフ〙 バフィー《WOOD¹ の 4 または 5 番》.
Ba·fing /bəfíŋ, -fǽŋ/ [the] バフィン川《アフリカ西部, ギニアに発し, マリ西部で他の河川と合流し, Senegal 川となる》.
baft /báːft/, **baf·ta** /báːftə/ *n* バフタ《きめの粗い安物の(綿)織物》.
BAFTA /bǽftə/ 英国映画テレビ芸術アカデミー (British Academy of Film and Television Arts) 《1959 年創立》; 英国アカデミー賞, バフタ賞《BAFTA が毎年優秀な映画・テレビ作品, ゲームソフトなどに贈る賞》.
bag¹ /bǽg/ *n* **1 a** 袋, バッグ; かばん, スーツケース; ハンドバッグ; 財布; 〘狩〙 獲物袋 (game bag); GASBAG: (as) rough as ～*s* «豪» ひどく粗野で. **b** 一袋の量[中身] (bagful); [*pl*] «俗» 富; 猟[釣り]の獲物, (法定の)捕獲量; 《1 人分の》捕獲枠: make [secure] a good [poor] ～ 獲物が多い[少ない]. **c** [*pl*] ˈ«口» 多量, たくさん (plenty). **2 a** 袋状のもの; 《気球・飛行船などの》気嚢; [*pl*] ˈ«俗» 胃袋; 《動植物の》嚢(のう); 雌牛の乳房 (udder); «俗» 陰嚢, ふぐり; [ᵘ*pl*] «俗» 乳房, おっぱい; 《目の下・帆・服などの》たるみ (: ～*s* under one's eyes); [(a pair of) ～s] «主に英口» (ぶかっとした)ズボン; [*pl*] OXFORD BAGS; «野球俗» ベース, 塁; «卑» 携帯用膣洗浄器; «俗» コンドーム; «俗» 一袋[一包み]の麻薬. **b** 売春婦; [ᵒold ～] «俗» (魅力のない)女, ブス, 口うるさい女, ばばあ; «俗» 煩わしいもの, じゃま. **3** [ᵒone's] «俗» **a** 好きな[得意な]こと, 特技, 本領, おはこ; 現在の関心事[範囲]; 状況, 環境, 事態, 問題; 機嫌. **b** 生き方, 生活様式; 《独特の》行動様式, 《ジャズ演奏の》スタイル; 特有の表現法.
● **～ and baggage** 所持品[持てる家財]一切取りまとめて; 一切合財, すっかり (completely). BAG OF BONES [NERVES, TRICKS, WATERS, WIND]. **～s of** ˈ«口» どっさり (plenty of): He's got ～*s of* money. **bear the ～** 財布を握っている, 金が自由になる. **empty the ～** 残らず話す. **get [give sb] the ～** お払い箱になる[する]. **give [leave] sb the ～ to hold** 人を窮境に見捨てる. **half in the ～** *«俗» 酔っぱらって. **have [get, tie] a ～ on** *«俗» 飲み騒ぐ, 酔っぱらう. **hold the ～** «口» 一人で責任を負わされる, 貧乏くじを引く; だまされる, だまされて分け前を取りそこなう; 求めたものをなにひとつ手に入れないで, 手ぶらで: be left *holding the* ～ 全責任を負わされる; 手ぶらでいる. **in the ～** «口» 手に入れて, 確かに, 成功確実で; «俗» 酔っぱらって; *«俗» だめ[おじゃん]になって, おしまいで (cf. BODY BAG); *«警察俗» 降格して, 格下げになって; *«俗» 八百長の. **in the bottom of the ～** 最後の手段として. **pack one's ～s** «口» 荷物をまとめる, 出発の準備をする, やめる. **pull something out of the ～** おそまきながら方策を見つける. **set one's ～ for…** *…に野心[色気]をもつ. **the (whole)** BAG OF TRICKS. **Three ～s full, sir!** «口» [*joc*] 承知いたしました, ええもちろんですとも《伝承童謡 'Baa, baa, black sheep' の一節から》.
▶ *v* (-gg-) *vt* **1 a** 袋に入れる, 〘園〙…に袋がけをする 〈ˈ*up*〉. **b** 〈獲物を〉捕える[捕えて袋に入れる], 仕留める. **c** «俗» 逮捕する, ひっとらえる; «口» 〈席・場所・切符などを〉手に入れる, 確保する (obtain, secure); «口» 失敬する, 盗る (steal). **d** *«俗» 含める, 類別する, ひとまとめにする. **2** ふくらませる. **3** *«俗» 〈学校を〉(サボって)休む; *«俗» しくじる, だいなしにする; *«俗» 捨てる, 放棄する, 廃止する; あきらめる, 投げる; *«俗» 解雇する. **4** «俗» けなす, 非難する, こきおろす. **5** *«俗» 《秘密捜査のため》…に侵入する. **6** *«口» 〈患者〉に酸素マスクをあてる, 人工呼吸器をつける; *«俗» 〈中毒性薬物〉の燻蒸気を吸入する. ▶ *vi* ふくらむ; 《空(から)の袋のように》たるむ, だらりとたれさがる, ぶかっとなる; *«俗» やりたいようにする, 悪いことにふける; *«俗» 死ぬ: ～ (out) at the knees 〈ズボンが〉ひざが出る. ● **～ it** *«俗» やめる, よす, 断つ, あきらめる; [*impv*] *«俗» やめろ, うるせえ, すっこんでろ; *«俗» 学校をサボる, ずる休みする; *«俗» (紙袋に入れた)弁当を持参する. **～ on…** «俗» …を非難する. **～s or ～s I** ˈ«口・学童» 《優先権を主張して》ぼくんだ, もらった, ぼくがやるんだ: *B～s I* this seat, この席もーらった / *B～s I* go first! ぼく最初に行くんだからね. **B～ that.** *«俗» 《前言を取り消して》いや, 忘れてくれ. **B～ your face.** *«俗» むかつく[あったまくる]野郎だな, すっこんでろ, うせな, あっち行け.
[ME<?ON *baggi*]
bag² *vt* (-gg-) 〈小麦などを〉鎌で刈って束ねる. [C17<?]
BAg [L *Baccalaureus Agriculturae*] Bachelor of Agriculture.
Ba·gan·da /bəgǽndə/ *n* [〈*pl*〉] バガンダ族《GANDA 族の別名》.
ba·garre /bɑːgáːr/ *n* 乱闘, けんか. [F]
ba·gasse /bəgǽs/ *n* バガス《サトウキビなどのしぼりかす; 燃料・飼料・ファイバーボード原料》; バガス紙《バガスの繊維で作った紙》. [F<Sp]
bag·as·so·sis /bæ̀gəsóusəs/ *n* 〘医〙 サトウキビ肺症《バガス (bagasse) の塵の吸入に起因するアレルギー性肺胞炎》.
bagataway ⇨ BAGGATAWAY.
bag·a·telle /bæ̀gətél/ *n* つまらないもの, 些細なこと; わずかの量; 〘楽〙 バガテル《ピアノ用小品》; BAR BILLIARDS; PINBALL. [F<It (dim)<?*baga* baggage]
bág clàim* BAGGAGE CLAIM.
Bagdad ⇨ BAGHDAD.
Bage·hot /bǽdʒət/ バジョット **Walter** ～ (1826–77) 《英国の経済学者・ジャーナリスト; *The Economist* を編集》.

B

ba·gel, bei- /béɪɡ(ə)l/ *n* **1**〘ユダヤ料理〙ベーグル《イースト入り生地をゆでてから焼いたリング状のパン》. **2**《テニス俗》ベーグル《6-0 で勝ったセット》. [Yid]
bág fìlter 袋濾過器, バッグフィルター《集塵機》.
bág fòx 袋に入れてきて猟場で放ち犬に追わせる狐.
bág·fùl *n* (*pl* ~s, **bágs·fùl**) 袋一杯; いっぱい, たくさん, 多額.
bag·gage /bǽɡɪʤ/ *n* **1 a***手荷物, 旅行荷物《バッグ・スーツケース・トランクなど; 《英》では luggage ということが多いが, 空の旅の場合は baggage が普通》; 《探検隊などの》携行装備: heavy [light] ~〘軍〙大[小]行李(こうり). **b** [*fig*]《心の》重荷, 長年の思い込み, 固定概念, 《過去から》ひきずっているもの: carry a lot of emotional [cultural] ~ 感情的[文化的]にたくさんのものをひきずっている. **2** あばずれ, 淫売; *《俗》妻, 恋人; 《口》女, 生意気な女, あつかましい女, あま, 小娘: You little ~! この小娘が! [OF (*baguer* to tie up, or *bagues* bundles)]
bággage allòwance〘空〙手荷物許容量: a ~ of 23 kilos.
bággage càr*《旅客列車の》(手)荷物車 (luggage van").
bággage chèck* 手荷物預かり証.
bággage clàim*《空港の》手荷物受取所 (baggage reclaim").
bággage hàndler《空港の》手荷物係員.
bággage·màn* /, -mən/ *n* 手荷物係員.
bággage·màster* *n* 手荷物係長.
bággage ràck*《列車・バスなどの》網棚.
bággage rèclaim" BAGGAGE CLAIM.
bággage ròom* 手荷物一時預かり所, クローク (cloakroom, left luggage office").
bággage-smàsh·er *《俗》*n* BAGGAGEMAN; 手荷物運搬人.
bággage stòrage《豪》手荷物一時預かり所.
bággage tàg* 荷物の付け札.
ba(g)·gat·a·way /bəɡǽtəwèɪ/ *n* バガタウェイ《カナダインディアンの球技; lacrosse の原型》.
bagged /bǽɡd/ *a* だらりとたれさがった, たるんだ, たるみのある; 《俗》酔っぱらった; *《俗》疲れはてて, くたくたで; *《俗》《賭博などで》あらかじめ結果が決められている; 《俗》逮捕されて.
bág·ger *n* **1**《食品・タバコ・セメントなどを》袋に詰める人[係], 袋詰め機; 《電動芝刈り機の》刈り草収納袋. **2**《野球俗》塁打: DOUBLE-BAGGER, THREE-BAGGER.
bág·gie *n* 小さな袋; 《スコ》胃袋; [°B-] バギー《食品保存用などの透明ポリ袋》.
Bag·gies /bǽɡiz/ *n*〘米商標〙バギーズ《透明ポリ袋》.
bág·ging *n* 袋に入れること, 《果実などの》袋がけ; 袋地《麻布など》.
bág·gy[1] *a* 袋のような, ふくれた, だぶだぶの, ぶかぶかの〈ズボンなど〉, 目の下がたるんだ〈目〉, たるんだ〈皮膚〉; 〈文体など〉締まりのない, 冗漫な: a rather ~ prose style. ► *n* [~s or baggies, 〈*pl*〉]*バギー (**1**) ゆったりしたショートパンツ; 水泳・サーファー用 **2**) 裾の折り返しが幅広の長ズボン》. ♦ **bág·gi·ly** *adv* **-gi·ness** *n* [*bag*[1]]
baggy[2] ⇨ BAGIE.
bagh /bɑ́:ɡ/ *n*《インド・パキスタン》庭. [Urdu]
Bagh·dad, Bag·dad /bǽɡdæ̀d; ─ ─/ バグダード《イラクの首都; Tigris 川の中流に臨む; アッバース朝の首都 (762–1258)》. ♦ **Bagh·dadi** /bæɡdǽdi/ *n* バグダード人[市民].
Bagh·lān /bɑ́:ɡlɑ̀:n/ バグラン《アフガニスタン北東部の市》.
bág·hòuse *n* バグハウス《bag filter の設置されている建物》; BAG FILTER.
ba·gie, bag·gy /béɪɡi/ *n*《ノーサンブリア方言》カブラ (turnip).
bág jòb*《俗》証拠をつかむための非合法(家宅)捜索; 窃盗, 盗み; 《犯罪を目的とする》住居侵入(罪), 《特に》押込み, 夜盗(罪).
bág làdy*《俗》**1** バッグレディー《(**1**) ホームレスの女; しばしば年配で, 所持品をショッピングバッグに入れて持ち運ぶ **2**) 拾ったものをショッピングバッグに入れて家に持ち帰る女》. **2**《麻薬の》女売人.
Bag·ley /bǽɡli/ バグリー **Desmond** ~ (1923–83)《英国の冒険小説家》.
bág lùnch*《袋に入れた》弁当 (packed lunch").
bág·man /-mən/ *n*"[*derog*] 外交員, 出張[巡回]販売人; *《郵便局の》郵袋(ゆうたい)係員; 乞食; *《口》《別人の代行として》金を回収・分配する者, 《金の》運び屋, 《非合法取引の》仲介者; *《俗》麻薬密売人, 売人 (pusher); 《豪》放浪者, 渡り者; 《カナダ》政治資金調達の責任者; 《俗》BAG FOX.
bag·nette /bæɡnét/ *n*〘建〙BAGUETTE.
ba·gnio /bǽnjou, bɑ́:-/ *n* (*pl* ~s) 売春宿, 淫売屋; 《廃》《特に近東・北アフリカの》奴隷の牢獄; 《廃》《イタリア・トルコの》浴場 (bathhouse). [It]
Bag·nold /bǽɡnòuld/ バグノルド **Enid** (**Algerine**) ~ (1889–1981)《英国の小説家・劇作家》.
bág of bónes《口》やせこけた人[動物], 骸骨.
bág of nérves《口》ひどく神経質な[心配性の]人物.
bág of trícks [a [the] ~, °the whole [full] ~]《ある目的に必要な》一切合財, あらゆる手段[術策].
bág of wáters《胎児を保護する》羊膜.
bág of wínd《口》内容もないことを偉そうに[ペラペラと]しゃべる人, ガス袋 (windbag).
bág of wórms もろもろの災いの源, すごいごたごた (can of worms).
bág·pipe *n* [°*pl*] バグパイプ《スコットランド高地人などが用いる皮袋に数本の音管がついた吹奏楽器; a set [pair] of ~s ともいう》: play the ~s. ► *vi* バグパイプを吹奏する. ♦ **-pìper** *n*
bág-plày *n**《俗》ご機嫌取り, お追従.
bág pùdding〘料理〙バッグプディング《型に入れずプディング用の袋で包み込んでゆでるか蒸すかしたデザート》.
bág-pùnch·er *n**《俗》ボクサー.
Ba·gra·tion /bɑ:ɡrɑ̀:tióːn, -ɡrɑ̀:tsi-, bɑ̀:ɡrɑtjó:n/ バグラチオン Prince **Pyotr Ivanovich** ~ (1765–1812)《ロシアの将軍; グルジアの貴族の生まれ; ナポレオン戦争で大功を立てた》.
bagsy /bǽɡzi/ *int*"《学童俗》もーらった, ぼくんだ (cf. *Bags I!* (⇨ BAG[1])).
ba gua /bɑ́:ɡwɑ́:/ 八卦(はっけ)《易学の基本となる八種の形》; 八卦掌《中国の武術; 円運動とその弧上の八地点の攻防を特徴とする》.
ba·guet(te) /bæɡét/ *n* バゲット《細長いフランスパン》; 長方形カット(の宝石); 〘建〙凸状小繰形(くりがた); バゲットバッグ《四角い横長の薄型ハンドバッグ》. [F=rod]
Ba·guio /bɑ́:ɡiòu; bǽɡ-/ **1** バギオ《フィリピンの Luzon 島北西部の市, 同国の夏期の首都》. **2** [b-]《フィリピンの》熱帯低気圧, バギオ.
bág·wàsh"《古風》*n*《乾燥・アイロンがけをしない》下洗い(をする洗濯屋); 下洗いをした洗濯物.
bág·wìg *n* 袋かつら《後ろ髪を包む絹袋付きの 18 世紀(英国)のかつら》.
bág·wòman*《俗》*n* BAG LADY; 《金の》女運び屋.
bág·wòrm *n*〘昆〙ミノムシ, ミノガ.
bágworm mòth〘昆〙ミノガ.
bah /bɑ́:, bǽ/ *int* フフン, チョッ, ベーだ, ヘン, ばっかばかしい!《軽蔑・嫌悪・愛想づかしなどを表わす》. [? F]
Ba·hā' Al·lāh /bəhɑ́: ælɑ́:/, **Ba·ha·ul·lah** /-ʊlɑ́:/ バハーウッラー (1817–92)《イランの宗教家; バハーイー教の創始者 Mīrza Ḥoseyn Alī Nūrī の尊称; 「神の光輝」の意》.
bahada ⇨ BAJADA.
ba·ha·dur /bəhɑ́:dər, -hɔ́:-/ *n*《インド》勇者, 偉大な者, 閣下《しばしば 称号》. [Hindi]
Ba·ha'i, -hai /bɑ:hɑ́:ì:, -hɑ́ɪ/ *n, a* バハーイー教(徒)(の) (⇨ BAHAISM).
Ba·ha·ism /bɑ:hɑ́:ɪz(ə)m, -hɑ́ɪɪz(ə)m/ *n* バハーイー教《19 世紀中ごろ Bahā' Allāh が始めた宗教; Babism を発展させたもので, すべての宗教の一体性・人類の平和と統一・偏見の除去・男女の平等などを説く》. ♦ **-ist, -ìte** *a, n*
Ba·há·ma gràss /bəhɑ́:mə-/〘植〙BERMUDA GRASS.
Bahàma Íslands *pl* [the] バハマ諸島 (BAHAMAS).
Bahàma-màma *n**《俗》太った黒人女性.
Ba·há·mas *pl* [the] バハマ (**1**) Florida 半島南東海上に連なる, 西インド諸島北西部の島群 **2**) Bahama 諸島からなる国; 英連邦に属する; 公式名 Commonwealth of The ~ (バハマ国); ☆Nassau; cf. TURKS AND CAICOS ISLANDS》. ♦ **Ba·ha·mi·an** /bəhéɪmiən, -hɑ́:-/ *a, n*
Ba·há·sa Indonésia /bəhɑ́:sə-/ インドネシア語《インドネシアの公用語; インドネシア周辺で共通語として広く用いられていた Malay 語が基盤》. [Indon=Indonesian language]
Bahása Maláysia マレーシア語《マレーシアの公用語; Malayo-Polynesian 語族の一つ; Malay 語の変種》. [Malay=Malaysian language]
Bahaullah ⇨ BAHĀ' ALLĀH.
Ba·ha·wal·pur /bəhɑ́:wəlpùər/ バハワルプル (**1**) パキスタンの Punjab 州南西部の地方; Thar 砂漠の中にある; 1947 年までインドの藩王国 **2**) 同地方の中心都市》.
Ba·hia /bəhí:ə, bɑ:í:ə/ バイア (**1**) ブラジル東部の, 大西洋岸の州; ☆Salvador **2**) SALVADOR の別称》.
Ba·hía Blan·ca /bəhí:ə blǽŋkə, bɑ:í:ə blɑ́:ŋkə/ バイアブランカ《アルゼンチン東部 Buenos Aires の南西にある市・港町》.
Bahía de Co·chi·nos /─ də kətʃí:nəs/ バイア・デ・コチノス, コチノス湾《PIGS 湾のスペイン語名》.
Bahía gràss〘植〙バヒアグラス, アメリカスズメノヒエ《熱帯アメリカ原産の牧草の一種; 米南部で芝生として用いる》.
Bahía pòwder GOA POWDER.
Bahía wòod BRAZILWOOD.
ba·hook·ie /bəhúki/ *n*《スコ》尻, けつ.
Bah·rain, -rein /bɑ:réɪn/ バーレーン (**1**) ペルシア湾西岸にある島群, その主島 **2**) Bahrain 諸島からなる国; 1971 年英国より独立; 公式名 Kingdom of ~ (バーレーン王国); ☆Manama》. ♦ **Bahraini, -reini** /-réɪni/ *a, n*
Baḥr al-Gha·zāl /bɑ́:rælɡəzǽl/, **Bahr el-** /bɑ́:rel-/ [the] ガザル川, バフル・アルガザル《南スーダン北部を東に流れる川; No 湖で Baḥr al-Jabal 川と合流し White Nile 川をなす》.
Baḥr al-Ja·bal /bɑ́:rælʤǽbəl/, **Bahr el-Je·bel** /bɑ́:rel-ʤébəl/ [the] ジャバル川, バフル・アルジャバル《南スーダンにおける NILE 川の名称; cf. BAḤR AL-GHAZĀL》.

baht /bá:t/ *n* (*pl* ~s, ~) バーツ (＝*tical*)《タイの通貨単位: ＝100 satangs; 記号 B, Bt》. [Siamese]

ba·hut /bəhú:t; *F* bay/ *n*《衣類などを収納する》かまぼこ形のふたのある飾り箱[たんす]; アンティーク風の飾り棚.

Ba·hu·tu /bəhú:tu/ *n* (*pl* ~, ~s) バフトゥ族 (Hutu).

ba·hu·vri·hi /bà:huvrí:hi/ *n*〘文法〙所有複合語《第 1 要素が第 2 要素の特定の特徴を示す 2 要素からなる複合語(類): 例 bluebell, highbrow》. [Skt ＝ having much rice (*bahu* much＋*vrihi* rice); この種の複合語の例]

bai /báɪ/ *n*《インド》婦人《年上の女性の敬称としても用いる》; 家政婦, メイド. [Marathi]

Bai·ae /báɪi/ バイアエ《イタリア南部 Campania 州の古都; Caesar や Nero の別荘があった》.

Ba·ia Ma·re /bá:jə má:rə/ バヤマーレ《ルーマニア北西部の市》.

baidarka ⇨ BIDARKA.

bai·gnoire /beɪnwá:r, ─ ─ ́/ *n*《劇場の》一階の特別仕切り席. [F＝bathtub; cf. BAGNIO]

bai·hua /báɪhwá:/, **pai-** /páɪ-/ *n* 白話(ぱくわ)(パイホワ)《現代口語に基づいた文語中国語》.

Bai Ju·yi /báɪ ʤú:í:/, **Bo Juyi** /bóu-/ 白居易, 白楽天 (772–846)《中国, 唐の詩人; 別つづり Pai [Po] Chu-i》.

Bai·kal, Bay- /baɪká:l, -kǽl/ [Lake] バイカル湖《シベリア南部にある, 世界最深 (1620 m) の湖; 湖面標高 455 m》.

Bai·ko·nur /bàɪkənúər/ バイコヌール《カザフスタン南部の Syr Darya 河畔にある町; 旧ソ連・ロシアの宇宙基地がある》.

bail[1] /béɪl/ *n*〘法〙保釈; 保釈金, 保釈保証書; 保釈保証人, 《出廷などの》担保人: give [offer] ~〈被告が〉保釈金を納める, 保釈保証人を立てる / accept [allow] ~ 保釈を許す / grant [deny, refuse] ~ 保釈を認める[認めない] / set ~〈裁判官が〉保釈金額を決定する / fix ~〈裁判官が〉保釈金額[条件]を定める / be ~ 保釈保証人となる 〈*for*〉/ be held in ~ 保釈金未納で拘置されている / be (out [freed, released]) on ~ 保釈出獄中である. ● **admit** sb **to** ~ 人に保釈を許す. **go [stand]** ~ **for**…の保釈保証人となる; …を請け合う. **hold to** ~ 保証(金[人])によって義務づける; 保釈を認める. **jump [skip]** ~《口》保釈後定められた時に裁判所に出頭しない, 保釈中に逃亡する. JUSTIFY ~. LEG BAIL. **post [put up]** ~〈(…のために)保釈金を払う〈*for*〉. **save [forfeit]** one's ~〈保釈中の被告が〉出廷する[しない]. **surrender to** one's ~〈保釈中の人が〉出廷する. ► *vt* **1**〈裁判所が拘留中の被告人を〉保釈する; 《保釈金を納めてあるいは保釈保証人を立てて》〈被告人を〉保釈してもらう〈*out*〉. **2**〈動産を〉寄託する. ● ~ **out**《資金を投入するなどして》救済する, 助け出す〈*of*〉; *《俗》〈人を〉見のがしてやる, 大目に見てやる. [OF＝custody (*bailler* to take charge of＜L *bajulo* to bear a burden)]

bail[2] *n* [ᵘ*pl*]〘クリケット〙ウィケット上の横木, BAILER[1]; ᴴ《馬屋の》仕切りの横木; 《豪》乳をしぼるとき雌牛の頭を固定する枠; 〘史〙《城の》外壁(に囲まれた庭) (bailey). ► *vi* 両腕を挙げる, 降服する. ► *vt*《古》閉じ込める. ● ~ **up**《英・豪》〈乳牛などを枠に〉固定する; 《豪》〈山賊が旅人を〉止めて両腕を挙げさせる; 《豪》〈旅人が〉盗まれるままにして逆らわない; 《豪》《特に 話をするために》〈人を〉引き止める. [OF＝stake (? *bailler* to enclose)]

bail[3] *n* あか取り《船底にたまった水 (＝あか) を汲み出す器具; ladle の一種》. ► *vi*, *vt* **1** (船のあかを)汲み出す, …からあかを汲み出す〈*out*〉: ~ water *out* (*of*) a boat 舟からあかを汲み出す. **2***《俗》(…から)抜け出す, 立ち去る, やめる (＝~ out). ● ~ **out*** 落下傘で脱出する; 《事故を避けるため》サーフボード[スキー]を離れる; 〘野〙〈バッターが〉投球をよける[かわす]; 《あぶない[困難な]状況から》脱出する〈*of*〉, 《責任[危険]回避などのために》計画[事業, 関係など]から手を引く, 見限る; *抜ける, やめる, 出て行く, 去る. [*bail* (obs) bucket＜F; ⇨ BAIL[1]]

bail[4] *n*《釜・湯沸かし・手桶などの》弓形のつる[取っ手], 吊り環; 《幌馬車のおおいを支える》輪形の支柱[枠]; 《タイプライター・プリンターの》ペーパーベイル, 紙押え (＝~ **bàr**). [? ON (*beygja* to bend, bow)]

bail[5] ⇨ BAAL.

báil·able *a*〘法〙保釈できる, 保釈可能な, 保釈(保証)の対象となる〈犯罪・犯人など〉.

báil bònd〘法〙保釈保証証書, 出廷保証証書.

báil bòndsman〘法〙保釈保証人 (bailer).

Bai·le Átha Cli·ath /blɑ: klí:ə/ ブラークリーア《DUBLIN のゲール語名》.

bail·ee /beɪlí:/ *n*〘法〙受寄者 (opp. *bailor*).

báil·er[1] *n*〘クリケット〙ウィケットの横木に当たるボール.

bailer[2] *n* 船のあかの汲み出し人[器], ベイラー.

bailer[3]〘法〙*n* BAILOR; 保釈保証人.

bai·ley /béɪli/ *n*《城の》外壁, ベイリー; 城の中庭. [BAIL[2]]

Bailey ベイリー **Nathan [Nathaniel]** ~ (d. 1742)《英国の辞書編纂家; *An Universal Etymological English Dictionary* (1721)》.

Báiley brìdge〘軍〙ベイリー(式組立て)橋《第二次大戦中ヨーロッパで用いられたプレハブ式仮橋》. [Sir Donald *Bailey* (1901–85) 考案者である英国人技師]

báil hòstel〘英〙ベイルホステル《無給の管理人がおり, 保釈[保護観察]中の者に宿泊その他の便宜をはかる施設; cf. PROBATION HOSTEL》.

bai·lie /béɪli/ *n*《スコ》ALDERMAN; 《スコ廃》《大荘園・州の一部の》行政長官《司法権も有した》; 《方・廃》BAILIFF.

bai·li·ery /béɪlièri; -(ə)ri/ *n* BAILIE の管轄[裁判]権.

bai·liff /béɪləf/ *n* **1**〘英史〙ベイリフ, 代官, 荘司, 荘官, 代理人《ハンドレッド・荘園などの管理・行政などの代行を任された公的・私的役人》. **2** シェリフ (sheriff) の補佐人, シェリフ代理《令状送達・差し押え・刑の執行などを行なう》; ᴴ《土地・農場の管理を地主から任された》管理者; 《Channel 諸島の》行政官[長官]; *廷吏《法廷の雑務に従事する》.
♦ ~**·shìp** *n* [OF＜L; ⇨ BAIL[1]]

bai·li·wick /béɪlɪwɪ̀k/ *n* BAILIE [BAILIFF] の管轄区[職]; [*joc*]《得意の》領域, 活動分野; 近辺, 周辺.

Bail·lie /béɪli/ ベイリー **Joanna** ~ (1762–1851)《スコットランドの劇作家・詩人》.

báil·ment *n*〘法〙**1** 寄託. **2**《刑事被告人の》保釈. [*bail*[1]]

báil·or /, beɪlɔ́:r/ *n*〘法〙寄託者 (opp. *bailee*).

báil·òut *n* 脱出《非常時における航空機からの落下傘降下》; 《企業・自治体・個人・他国への》財政的援助[支援], 金融支援; 《危機脱出のための》代案, 別の方法. [BAIL[3] *out*]

báils·man /-mən/ *n* 保釈保証人.

Bái·ly's béads /béɪliz-/ *pl*〘天〙ベイリーの数珠[ビーズ]《皆既日食直前直後の数秒間, 月のまわりに見えるビーズ状の太陽光》. [Francis *Baily* (1774–1844) 英国の天文学者]

Bain /béɪn/ ベイン **Alexander** ~ (1818–1903)《スコットランドの哲学者・心理学者》.

Bain·bridge /béɪnbrɪ̀ʤ/ ベインブリッジ **Beryl (Margaret)** ~ (1934–2010)《英国の小説家・劇作家》.

báinín ⇨ BAWNEEN.

bain·ite /béɪnàɪt/ *n*〘冶〙ベイナイト《鋼の焼入れ・焼戻し組織の一》. [Edgar C. *Bain* (1891–1971) 米国の冶金学者]

bain-ma·rie /bǽnmərí:; *F* bɛ̃mari/ *n* (*pl* **bains-marie** *or* ~s /─/) WATER BATH; ᴴ二重釜, 二重鍋 (double boiler)《料理用》; STEAM TABLE. [F＜L *balneum Mariae* (Gk *kaminos Marias* furnace of Mary (架空の錬金術師))]

baira ⇨ BEIRA.

Bai·ram /baɪrá:m, ─ ─ ́/ *n*〘イスラム〙バイラム祭 (⇨ LESSER [GREATER] BAIRAM).

Baird /bέərd/ ベアード (1) **Bil and Cora** ~ (1904–87, 1912–67)《米国の人形つかい夫妻; 元名, それぞれ William Britton ~, Cora Eisenberg; 米国における人形劇の復興に貢献した》(2) **John Logie** /lóugi/ ~ (1888–1946)《スコットランドの発明家; テレビジョンの父》.

Bai·ri·ki /báɪrɪ̀ki/ バイリキ《キリバス (Kiribati) の Tarawa 環礁にある同国の行政の中心地》.

bairn /bέərn/ *n*《スコ・北イング》幼児, 子供. [OE *bearn*; cf. BEAR[2]]

Bairns·fa·ther /bέərnzfɑ̀:ðər-/ ベアンズファーザー **Bruce** ~ (1888–1959)《英国の漫画家; 第一次大戦の戦争漫画で有名》.

Bai·sakh /báɪsɑ̀:k/ *n*〘ヒンドゥー暦〙二月, バイサク《時に第 1 月とみなされる; グレゴリオ暦の4–5月; ⇨ HINDU CALENDAR》. [Skt]

bait[1] /béɪt/ *vt* **1**〈釣針・わなに餌をつける; 〈釣場〉に餌をまく; 餌でおびき寄せる; 誘惑する; 《害虫・ネズミなどの防除のため》〈畑・建物など〉に毒入りの餌を置く; 《古》《旅の途中》〈馬など〉にかいばと水をやる: ~ the hook《餌で》人を誘惑する. **2**〈つないだ動物〉に犬をけしかけていじめる; 執拗に攻撃する (worry); いじめる, 〈無力な人を〉なぶる, 悩ます; 〈犬などが〉攻撃する, かみつく, かきむしる. ► *vi*〈動物が〉食を取る; 《古》《旅の途中で》休息をとる; 《古》立ち止まって馬にまぐさをやる. ► *n* 餌; 毒入りの餌; おびき寄せるもの, おとり, 誘惑; 《古》《旅の途中の》休息, 《方》軽い食事; 《俗》性的魅力のある女[男]: an artificial ~ 擬似餌(ぎじ) / a live /láɪv/ ~ 生き餌 / put a ~ 餌をつける〈*on* a hook, *in* a trap〉/ The ~ hides the hook.《諺》餌は釣針を隠している《誘いに乗るのを戒める》/ The fish will soon be caught that nibbles at every ~.《諺》どんな餌もつつく魚はすぐに釣られる《何事にでも好奇心をもつのはよくない》. ● FISH[1] **or cut** ~. **rise to the [a]** ~〈魚が〉餌を食いに水面近くにくる; 〈人が〉誘惑に乗る[腹を立てる]. **take the** ~ 餌に食いつく; わなにかかる, 挑発に乗る. ♦ ~**·er** *n* [ON *beita*〈*bita* to BITE; (n) は ON *beita* food と (v) から]

bait[2] *vi*, *n* BATE[3].

báit and swítch* おとり商法[販売]《しばしば ありもしない安価な商品で客をひきつけておいて高価な商品を売りつけようとする》.
♦ **báit-and-swítch** *a*

báit càsting〘釣〙ベイトキャスティング《両軸受けリール付きのロッドで比較的重いルアーを投げること[技術, 釣り]》.

báit·fìsh *n* より大きな魚の餌となる小さな魚; 釣りの餌となる小魚.

baith /béɪθ/ *a*, *pron*, *conj*《スコ》BOTH.

bai·za /báɪzɑ:/ *n* (*pl* ~, ~s) バイザ《オマーンの通貨単位: ＝1/1000 rial》. [Arab＜Hindi *paisa*]

baize /béɪz/ *n* ベーズ《フェルトに似せてけば立てた通例 緑色の粗いラシャ; ビリヤード台・テーブル掛け・カーテン用》; ベーズ製品. ► *vt* ベーズでおおう[裏打ちする]. [F; ⇨ BAY[5]]

Bá·ja Califórnia /bá:hɑ:-/ バハ カリフォルニア (＝*Lower California*)《メキシコ北西部, 太平洋とカリフォルニア湾の間の半島; 南北

に **Bája Califórnia** (☆ Mexicali) と **Bája Califórnia Súr** /-sú:r/ (☆ La Paz) の 2 州に分かれる》.

ba·ja·da, ba·ha·da /bɑːhɑ́ːðə, -də/ *«南西部» *n* 険しく曲がりくねった下りの道; 《山裾から広がる》沖積土の斜面, 《そこに生じた》砂漠. [Sp＝descent]

B

Ba·jan /béɪdʒən/ *n, a* «カリブロ» バルバドス(人)(の).

Baj·er /báɪər/ バイエル **Fredrik** ～ (1837–1922)《デンマークの政治家・著述家; ノーベル平和賞 (1908)》.

baj·ra /bɑ́ːdʒrə, -dʒrɑː/ *n* «インド» PEARL MILLET. [Hindi]

BAK 〔電算〕バックアップファイルを示す拡張子 ♦《E メールなどで》back at the keyboard キーボードに戻って.

bake /béɪk/ *v* (～d; ～d, «古・方» **bak·en** /béɪk(ə)n/) *vt* 〈パン・菓子などを〉(天火で)焼く; 〈煉瓦などを〉焼き固める; 〈太陽が〉焦がす, 〈土を〉からからにする, 〈果実を〉熟させる, 〈肌を〉日に焼く; *«俗» 電気椅子にかける; «廃» 固める: ～ bread (hard) パンを(固く)焼く / a ～*d* apple 焼きリンゴ. ► *vi* パンなどを焼く; 焼ける, 焼け固まる, 〈土が〉からからになる; «口» 《炎や太陽で》熱くなる, ほてる. ► *n* パン焼き; ひと焼き分; 焼いた料理[食品]; 《焼いた製品の》全生産量; *《料理をその場で焼いて出す》会食; «スコ» ビスケット. [OE *bacan*; cf. G *backen*]

báke·àpple «カナダ» *n* CLOUDBERRY; cloudberry の(干した)実.

báke·bòard *n* «スコ» パン生地をこねる[のす]ときに下に敷く厚板.

baked /béɪkt/ *a* *«俗» 《酒・薬物に》酔った, できあがった.

báked Aláska ベークトアラスカ《スポンジケーキにアイスクリームを載せてメレンゲでおおいオーブンでさっと焼いたデザート》.

báked béans *pl* ベークトビーンズ《(1)*完熟したインゲン豆を塩漬豚肉・トマトソースなど香辛料を加えて調理したもの; cf. BOSTON BAKED BEANS (2)"インゲン豆のトマトソース煮(のかんづめ)》.

báked potáto (皮ごと)焼いたジャガイモ, 焼きジャガ, ベークトポテト.

báke·hòuse *n* 製パン所[室], パン焼き場 (bakery).

Ba·ke·lite /béɪk(ə)làɪt/ 〔商標〕ベークライト《熱硬化性樹脂》. [G 発明者 Leo H. *Baekeland* より]

báke·mèat, báked méat *n* «廃» 焼いた料理, 《特に》ミートパイ.

báke-òff *n* パン焼きコンテスト《一定時間内にパン・パイ・ケーキなどの下ごしらえから焼き上げまでの腕を競うアマチュアの料理コンテスト》.

bak·er /béɪkər/ *n* **1** パン屋《人》, パン類製造販売業者; 《陶器などの》焼き師. **2** 〔鳥〕セアカカマドドリ (＝～ **bird**)《南米産》. **3** 〔釣〕ベーカー《サケ釣り用毛針の一種》. ● **on the ～'s list** «アイルロ» 元気で, 健康で.

Ba·ker ベイカー (1) Sir **Benjamin** ～ (1840–1907)《英国の建築技師; John Fowler と共に Forth 湾にかかる鉄道橋 Forth Bridge を設計した》(2) **James A**(**ddison**) ～, **III** (1930–)《米国の法律家・政府高官; 国務長官 (1989–92)》(3) Dame **Janet** (**Abbott**) ～ (1933–)《英国のメゾソプラノ》(4) **Josephine** ～ (1906–75)《米国生まれのフランスのダンサー・歌手; 父はスペイン人, 母は黒人》(5) **Newton D**(**iehl**) ～ (1871–1937)《米国の法律家・政治家; 第一次大戦中, 陸軍長官 (1916–21)》(6) Sir **Samuel White** ～ (1821–93)《英国のアフリカ探検家; 1864 年 Nile 川の水源 Albert 湖を発見した》.

Báker dày "«口» 教員研修日《英国の教育相 (1986–89) であった Kenneth Baker にちなむ; ⇨ INSET》.

Báker flýing *«俗»「危険」「立入禁止」; *«卑» 月経中.

báker-lègged *a* KNOCK-KNEED.

Báker-Núnn càmera /-nʌ́n-/ ベイカー-ナンカメラ《人工衛星追跡用 Schmidt camera》. [James G. *Baker* (1914–2005), Joseph *Nunn*, 米国の共同設計者]

Ba·ker's /béɪkərz/ 〔商標〕ベイカーズ《米国製のチョコレート》. [James *Baker* チョコレートメーカー創業者の一人]

báker's dózen パン屋の 1 ダース, 13 (thirteen). [量目不足の理由で罰金を科されることを恐れて 13 個を 1 ダースとして売ったことに基づく慣習から]

Ba·kers·field /béɪkərzfìːld/ ベイカーズフィールド《California 州中南部の Kern 川に臨む市》.

Báker Strèet ベイカー街《London の街路; この 221 番地 b に Sherlock Holmes が住んだことになっている》.

báker's yèast パン酵母《パン種とされる酵母; cf. BREWER'S YEAST》.

bak·ery /béɪk(ə)ri/ *n* 《パンやケーキを焼く, または (焼いて)売る》パン屋, ベーカリー, パン焼き場, 製パン所; パン菓子, ケーキ, パイ《など》.

báke sàle 《資金集めのための》手作りパン菓子即売会.

báke·shòp* *n* パン屋 (bakery).

báke·stòne *n* 焼き石, 焼き盤《もと製パン用》.

báke·wàre *n* 《その中に料理などを入れて焼く》耐熱なべ[皿], 耐熱器, オーブンウェア.

Báke·well tárt /béɪkwèl-/ ベークウェルタルト《ジャムを下に[内側に]敷いて, その上にアーモンド味のスポンジケーキまたはアーモンドペーストを詰めた上皮のないパイ》. [Bakewell イングランド Derbyshire の町]

Bakh·ta·ran /bɑ̀ːxtərɑ́ːn/ バフタラン《イラン西部の市; 旧称 Kermanshah》.

Bákh·tar Néws Àgency /bɑ́ːktɑːr-/ バクタル通信《アフガニスタンの国営通信社》.

bak·ing /béɪkɪŋ/ *n* 《パン・ケーキ・クッキー・パイなどを》焼くこと, ベーキング; 《土などを》高温で乾かすこと, 《煉瓦・陶器などの》焼成; ひと焼き(の量). ► *a* パン焼き用の; «口» 焼けつくような; [〈*adv*〉] 焼けつくように: ～ hot 焼けつくように暑い.

báking pòwder ベーキングパウダー, ふくらし粉.

báking shèet" [**trày**"] 《クッキー・パンなどを焼く》天板 (cookie sheet*).

báking sòda 重曹《重炭酸ナトリウム (sodium bicarbonate) の俗称》.

Bák·ke Càse /bɑ́ːki-, bǽki-/ [the] バッキ訴訟事件《1974 年に Allan Bakke が California 大学を相手に起こした訴訟事件; 大学側が差別撤廃措置計画 (affirmative-action program) を盾に, 彼の入学を拒否し, 成績の悪い黒人を入学させたのは, 白人に対する逆差別だとするもの; 1978 年合衆国最高裁判所は, 大学入試で人種割当て (racial quotas) を厳格に適用するのは違憲との判決を下した》.

bak·kie /bɑ́ːki/ *n* «南ア» 《農民などの使う》小型ピックアップ[バン]. [Afrik (*bak* container), *-kie* (dim)]

ba·kla·va, -wa, ba·cla·va /bɑ́ːkləvɑ̀ː, ―́―̀―/ *n* バクラワ《紙のように薄い生地を, 砕いたナッツなどを間にはさみながら層状に重ねて焼き, 蜜をかけた中東の菓子[デザート]》. [Turk]

bak·ra /bǽkrə/ «カリブ» *n* (*pl* ～, ～**s**) 白人, 《特に》英系白人. ► *a* 白系の, 《特に》英系の.

bak·sheesh, -shish, back- /bǽkʃìːʃ, ―́―/ *n* (*pl* ～) 《トルコ・イランなどで》心付け, チップ, 袖の下; 施し: give ～ to...に心付けをやる. ► *vt* ...にチップを与える. ► *vi* チップを払う. [Pers]

Bakst /bɑ́ːkst/ バクスト **Léon** ～ (1866–1924)《ロシアの画家・舞台美術家; 本名 Lev Samoylovich Rosenberg; Diaghilev のロシアバレエ団の舞台装置・衣裳を担当, 原色を大胆に使ったデザインで知られた》.

ba·ku /bɑ́ːku/ *n* バク《タリポットヤシの葉から採った繊維を編んだもの[婦人帽]》. [(Philippines)]

Ba·ku /bɑːkúː/ バクー《アゼルバイジャンの首都; カスピ海西岸に臨む産油の中心地》.

ba·ku·la /bákələ/ *n* 〔植〕ミサキノハナ《熱帯アジア原産アカテツ科の常緑高木; 果実は食用, 花は汚白色で香水原料》. [Skt]

Ba·ku·nin /bəkúːn(j)ən, bɑː-/ バクーニン **Mikhail Aleksandrovich** ～ (1814–76)《ロシアの無政府主義者・著述家》. ♦ **～·ism** *n* **～·ist** *n, a*

Bak·wan·ga /bəkwɑ́ːŋgə/ バクワンガ《MBUJI-MAYI の旧称》.

bal[1] /bǽl/ *n* BALMORAL《靴》.

bal[2] *n* BALMACAAN.

BAL[1] /bíːèɪél/ *n* 〔電算〕基本アセンブリー言語, BAL. [*b*asic *a*ssembly *l*anguage]

BAL[2] /bǽl/ *n* 〔薬〕英国抗砒素剤, バル (DIMERCAPROL). [*B*ritish *a*nti-*l*ewisite]

bal. 〔簿〕balance. **BAL** blood alcohol level 血中アルコール濃度 ♦〔医〕bronchoalveolar lavage 気管支肺胞洗浄検査.

Ba·laam /béɪləm, "-læm/ **1 a** 〔聖〕バラム《旧約聖書の預言者; イスラエルの民を呪うことを求められたが, ロバに戒められ, 彼らを祝福した; *Num* 22–24》. **b** あてにならない予言者[味方]. **2** [b-]《新聞・雑誌の》埋め草: a ～ box [basket] 埋め草用の投書保管箱. ♦ **～·ite** *n*

Balaclava ⇨ BALAKLAVA.

bal·a·clá·va (**hèlmet** [**hòod**]) /bæ̀ləklɑ́ːvə(-), -klǽvə(-)/ [[s]B-] バラクラヴァ帽, 目出し帽《頭から肩の一部まですっぽりはいるウールの大型帽; 主に軍隊用・登山用》. [*Balaklava*]

bal·a·fon /bǽləfòun, -fɑ̀n/ *n* 〔楽〕バラフォン《西アフリカで使われるひょうたんの共鳴具が付いた大型木琴》.

Ba·la·guer /bɑːlɑːgéər/ バラゲール **Joaquín** (**Vidella**) ～ **y Ricardo** (1907–2002)《ドミニカ共和国の外交官・政治家; 大統領 (1960–62, 66–78, 86–96)》.

Ba·la·ki·rev /bəlɑ́ːkɪrəf/ バラーキレフ **Mily Alekseyevich** ～ (1837–1910)《ロシアの作曲家》.

Ba·la·kla·va, -cla- /bæ̀ləklɑ́ːvə, -klǽvə, bɑ̀ːləklɑ́ːvə/ バラクラヴァ《ウクライナの Crimea にある Sevastopol 南東の村で, 黒海に臨む海港; クリミア戦争の古戦場 (1854); Tennyson の詩 'The Charge of the Light Brigade' (1854) で有名な英軍騎兵隊の突撃が行なわれた》.

bal·a·lai·ka /bæ̀ləláɪkə/ *n* 〔楽〕バラライカ《ギターに類するロシアの弦楽器》. [Russ]

Bála Láke /bǽlə-/ バラ湖《ウェールズ北西部にあり, 天然湖としてはウェールズ最大》.

bal·ance /bǽləns/ *n* **1** 天秤, はかり; ばねばかり (spring balance); [the B-]〔天〕てんびん座 (天秤座) (Libra). **2 a** 釣合い, 平衡, 均衡, バランス; 平衡状態, バランスがとれた状態; 《美的見地からみた》調和, バランス; BALANCE POINT; 《体の》平衡; 《平衡を保つ》平衡能; 《精神面の》平衡, 安定; 〔修〕均衡, バランス《構造的に並行関係にある文・句を並置する修辞法》: keep [lose] one's ～ 平衡[均衡]を保つ[失う] / upset [alter] the ～ バランスを乱す[変える] / the ～ of a rifle ライフル銃の平衡点《握り側》/ ～ of mind 精神の平衡, 正気 (sanity). **b** 釣合いをとるもの, 釣合いおもり; 〔時計〕BALANCE WHEEL; 〔体操〕《また一般にも》バランス技, 〔ダンス〕バランス. **3** 〔会計〕《貸借の》差引勘定,差額;《貸借勘定の》一致, 帳尻が合うこと; [the]《口》残り (remainder), 釣銭: The ~ of the account is *against* [*for*] me. 差引勘定はわたしの借り[貸し] / the ~ at a bank 銀行預金の残高 / the ~ brought forward《前からの》繰越残高 / the ~ carried forward《次への》繰越残高 / the ~ due [in hand] 差引不足[残余]額 / the ~ of accounts 勘定残高 / the ~ of clearing 交換尻 / the ~ of exchange 為替尻 / You may keep *the* ~. 残額[お釣り]はきみにあげる. **4**《正義・理の有無などを考量・決定する》はかり; 決定する力, 決定権;《意見・世論などの》優勢, 優位: The ~ of advantage is with us. 勝算はわが方にある / hold the ~ 決定権を握っている. ● **in (the) ~** どちらとも決まらないで: hang [be] *in the* ~ どちらに変わるか不安定な状態にある / tremble *in the* ~ きわめて不安定な状態にある / hold *in the* ~ 不定にしておく. **off (one's) ~** 平衡を失って; 平静を失って; 態勢が整っていないで: throw sb *off his* ~ 人に均衡[平静]を失わせる / catch sb *off* ~ 人の不意をつく. **on ~** すべてを考量すると, 結局のところ. **strike a ~** 貸借[収支]決算する;《一般に》〈2 つのもの[事]の間で〉両立点[妥協点]を見いだす, バランスをとる 〈*between*〉. **tip** [**swing**] **the ~** 事態を左右[決定]する, 結果に決定的な影響を与える: *tip the* ~ in favor of…に有利にはたらく.

► *vt* **1** はかりにかける,〈問題を〉考量する,〈二者(以上)を〉比較[対照]する. **2 a** …に平衡[釣合い]を保たせる; …と釣り合う, 相殺する 〈*out*〉;〈等式〉の両辺を等しくする;〘化〙〈化学反応式〉の(係数を調整して)両辺の原子数・電荷を等しくする: ~ *oneself on* one leg 一本足で体の釣合いをとる / ~ one thing *with* [*by*, *against*] another あるものを他のものと釣り合わせる. **b**〘ダンス〙〈相手〉に近づいたり離れたりする. **3 a**〈予算を〉均衡させる. **b**〘会計〙〈勘定〉の貸借対照を行なう,〈帳簿〉の帳尻を合わせる; 決算[清算]する: ~ the books 決算する. ► *vi* 釣り合う, 平均を保つ, バランスがとれる;〘会計〙〈貸借勘定が〉一致する,〈帳尻が〉合う; いずれとも決めかねる, ためらう 〈*between*〉;〘ダンス〙交互に前後に動く;《豪》〈賭元が〉ごまかす. ● **~ ACCOUNTS.** **~ out** ⇨ *vt*; 匹敵する 〈*to*〉. **~ up**〈異なるものを〉釣り合わせる.

♦ **~·able** *a* 釣り合わせうる. [OF<L (*libra*) *bilanx* two scaled (balance) (*bi-*, *lanc-* *lanx* scale)]

bálance bèam **1**〘体操〙平均台《用具および競技; 単に beam ともいう》. **2** 平衡桿; 釣合い梁.

bál·anced *a* バランス[釣合い, 平衡, 均衡, 均斉]のとれた;〈判断・番組などが〉偏りのない;《精神面で》安定した;〘アメフト〙バランスラインフォーメーションの: a ~ budget 均衡予算.

bálanced díet 栄養バランスのとれた(日々の)食事.

bálanced fúnd 均衡投資信託, バランスト・ファンド《一般株式のほか債券・優先株などにも投資するオープンエンド投資信託会社の一種》.

bálanced tícket〘米政治〙バランス公認名簿《宗教グループ・民族グループなど主な有権者グループの支持獲得をねらって選定した政党公認候補者名簿》.

bálance of náture 自然の平衡《一地域の生態的平衡状態》.

bálance of páyments〘経〙国際収支 (=**bálance of internátional páyments**)《略 BP, b.p.》.

bálance of pówer《対立する強国間などの》勢力の均衡: hold the ~〈二大勢力間の少数派などが〉勢力の均衡を左右する決定権を握っている.

bálance of térror 恐怖の均衡《**1**)〘軍〙核兵器などの相互保有が戦争抑止力となっている状態 **2**) 強圧的手段による(見かけの)安定》.

bálance of tráde〘経〙貿易収支, 貿易尻: a favorable [an unfavorable] ~ 輸出[輸入]超過, 貿易収支の黒字[赤字].

bálance pìpe〘機〙平衡管, 釣合い管, バランス管《二点間の圧力差をなくすための連絡管》.

bálance pòint [the] 均衡点.

bál·anc·er *n* 釣合いを保つ人; 釣合い機[装置], 平衡器, バランサー; 清算人; 軽業師 (acrobat);〘昆〙平均棍 (haltere);〘動〙《両生類の幼生の》平均体.

bálance rèef〘海〙バランスリーフ《**1**) 縦帆とクロスするリーフバンド **2**) 最小縦帆索》.

bálancer mèal〘養鶏〙完全飼料《あらゆる要素を適量含む複合配合飼料》.

bálance shèet〘会計〙貸借対照表, バランスシート.

bálance sprìng《時計の》ひげぜんまい (hairspring).

bálance stàff《時計の》てん真.

bálance wèight〘機〙釣合いおもり, バランスウエイト (=*bobweight*).

bálance whèel《時計のてんぷの》てん輪(ᵇ); はずみ車 (flywheel);〘機〙釣合い輪; 安定させる力.

Bal·an·chine /bǽlənʧì:n, -ʃí:n, ⏑–⏑/ バランチン **George** ~ (1904–83)《ロシア生まれの米国の振付家; 本名 Georgy Melitonovich Balanchivadze》.

bál·anc·ing àct《曲芸などの》バランス技; [*fig*]《互いに相容れない状況や要素の間で》バランスを保とうとすること, 均衡の維持, '綱渡り'.

ba·lan·der /bəlǽndər/, **ba·lan·da** /-də/ *n* [*derog*]〘豪〙《先住民から見た》白, しろんぼ.

bal·a·ni·tis /bæ̀lənáɪtəs/ *n*〘医〙亀頭炎. [↓]

bal·a·noid /bǽlənɔ̀ɪd/ *a* どんぐり形の;〘動〙フジツボの. ► *n*〘動〙フジツボ (acorn barnacle). [Gk *balanos* acorn]

Ba·lante /bəlá:nt/ *n* **a** (*pl* ~, ~**s**) バラント族《セネガル・アンゴラの黒人》. **b** バラント語.

bal·as /bǽləs, béɪ-/ *n*〘宝石〙バラスルビー (=**~ rúby**)《紅尖晶石 (ruby spinel) の一種》.

bal·a·ta /bəlá:tə, bǽlətə/ *n*〘植〙バラタ(ノキ), バラタゴムノキ《中南米産のアカテツ科の熱帯樹》; バラタゴム (=**~ gùm**)《バラタの樹液から採る, 電線被覆・チューインガム・ゴルフボールなどの原料》.

ba·la·tik, -tic /bɑlá:tɪk/ *n* バーラティック《フィリピンで用いられる野生鳥獣捕獲用のわな》. [Tagalog]

Bal·a·ton /bǽlətɑ̀n, bɔ́:lətòun/ [Lake] バラトン湖 (*G* Plattensee)《ハンガリー西部の湖; 中部ヨーロッパで最大》.

ba·laus·tine /bəlɔ́:stən/ *n* 野生ザクロ(のバラに似た赤い花).

Bal·bo /bá:lbou/ バルボ **Italo** ~ (1896–1940)《イタリアのファシスト政治家・飛行家; 航空大臣 (1929–33)》.

bal·boa /bælbóuə/ *n* バルボア《パナマの通貨単位: =100 centesimos; 記号 B/, B》.

Balboa **1** バルボア **Vasco Núñez de** ~ (1475–1519)《スペインの探検家・新大陸征服者; 太平洋を発見した (1513)》. **2** バルボア《パナマ運河の太平洋側入口の港町; Panama 市に隣接》.

bal·brig·gan /bælbrígən/ *n* バルブリガン《平織り綿メリヤス》; [*pl*] バルブリガン製のストッキング[下着, パジャマ]. [アイルランドの生産地の名から]

Balch /bɔ́:lʧ/ ボルチ **Emily Greene** ~ (1867–1961)《米国の経済学者・社会学者; 国際婦人平和および自由同盟を設立 (1919), 平和運動を指導; ノーベル平和賞 (1946)》.

Bal·con /bɔ́:lkən/ バルコン Sir **Michael** (**Elias**) ~ (1896–1977)《英国の映画制作者》.

bal·co·ny /bǽlkəni/ *n* 露台, バルコニー; *〘劇〙DRESS CIRCLE; "〘劇〙天井さじき (gallery)《dress circle の上のさじき》. ♦ **-nied** *a* balcony のある. [It; cf. BALK]

bald /bɔ́:ld/ *a* **1 a**〈頭が〉はげた; 頭のはげた, 禿頭の〈人〉: (as) ~ as an egg [a coot, a bandicoot, a billiard [cue] ball] つるつるにはげて / go ~ はげる. **b** 葉のない〈木〉; 木のない〈土地・丘〉;〈織物が〉けばのすりきれた; 摩耗した, ぼうずの〈タイヤ〉: a ~ mountain はげ山. **c**〘動〙頭に白いまだらのある〈鳥・馬など〉;〈鳥が〉羽毛のない,〈動物が〉毛のない. **2**〈文体・風景などが〉雅致に乏しい, 味もそっけもない, つまらない; 飾りのない (unadorned); ありのままの, そっけない; あからさまな, 露骨な〈うそなど〉; *《俗》裸の, むきだしの. ► *vi* はげる. ► *vt* はげ(頭)にする. [ME<?OE **ball-* white patch, *-ed*]

bal·da·chin, -quin /bɔ́:ldəkən, bǽl-/, **bal·da(c)·chi·no** /bæ̀ldəkí:nou, bɔ̀:l-/ *n* (*pl* ~**s**) 金襴(きんらん);《宗教的行列で奉持される》天蓋(てんがい) (canopy);〘建〙《祭壇[墓]上部の》天蓋, バルダッキーノ. [It (*Baldacco* Baghdad)]

báld cóot〘鳥〙オオバン (coot);〘鳥〙バン (Florida gallinule);〘鳥〙セイケイ (coot); 頭のはげた人.

báld cýpress **1**〘植〙ヌマスギ属の 2 種: **a** ヌマスギ, ラクウショウ (=*swamp cypress*)《北米南東部の沼地などに自生する落葉高木; 地上に杭状の呼吸根を直立させる》. **b** シダレラクウショウ. **2** 落羽松材.

báld éagle〘鳥〙ハクトウワシ《北米産; 成鳥は頭から肩にかけて美しい白羽におおわれる; 1782 年以来米国の国璽に使われ American eagle, the bird of freedom [Washington] ともいう; cf. SPREAD EAGLE》.

Bal·der, Bal·dr, Bal·dur /bɔ́:ldər/〘北欧神話〙バルドル《Odin と Frigg の息子で光と平和の神》.

bal·der·dash /bɔ́:ldərdæ̀ʃ/ *n*《古風》たわごと (nonsense), ばか話; "《方》わいせつなことば[文]. [C16<?]

báld-fáced *a* **1** 顔面に白斑のある〈馬など〉; 顔の白い. **2** *むきだしの, あつかましい, 破廉恥な (barefaced): a ~ lie しらじらしいうそ.

báld·hèad *n* **1** はげ頭《人》;《Rastafarians の間で》ラスタファリアンでない人. **2** 頭に白い部分のある鳥;〘鳥〙白冠鳩《イエバトの一種》;〘鳥〙BALDPATE.

báld-héad·ed *a* はげ頭の, やかん頭の;〘海〙トップマストのない. ► *adv* あたふたと; まっしぐらに. ● **go ~**《口》あと先を考えずに行動する, がむしゃらにぶつかる 〈*at*, *for*, *into*〉.

báld-hèad·ed bránt〘鳥〙アオハクガン (blue goose).

bal·di·coot /bɔ́:ldɪkù:t/ *n* BALD COOT.

baldie ⇨ BALDY.

báld·ing *a* (頭の)はげかかった: a ~ man [head].

báld·ish *a* はげかかった, 少しはげた, はげぎみの.

báld·ly *adv* むきだしに, あからさまに (plainly): put it ~ 露骨に言う[書く].

báld·mòney *n*〘植〙**a** リンドウ属の数種. **b** SPIGNEL.

báld·ness *n* はげていること; 禿頭(とくとう); 露骨さ;《文体の》無味乾燥さ.

báld·pàte *n* はげ頭《人》;〘鳥〙アメリカヒドリ (=(*American*) *wigeon*, *baldhead*)《北米産》. ► *a* BALD-HEADED. ♦ **-pàted** *a* BALD-HEADED.

Baldr, Baldur ⇨ BALDER.

bal·dric, -drick /bɔ́:ldrɪk/ *n*《肩から斜めに腰へかけて剣・らっぱをつる》飾帯(しょくたい), 綬帯(じゅたい). [ME<?]

báld whéat〘植〙ボウズムギ《ノギのないコムギ》.

Bald·win /bɔ́:ldwən/ **1** ボールドウィン《男子名》. **2** ボールドウィン

(1) **James** (**Arthur**) ～ (1924–87)《米国の小説家・劇作家; 黒人少年のアイデンティティー探求をテーマとする自伝的小説 *Go Tell It on the Mountain* (1953) など》 (2) **Stanley** ～, 1st Earl ～ of Bewdley /bjúːdli/ (1867–1947)《英国の保守党政治家; 首相 (1923–24, 24–29, 35–37); 1926 年のゼネスト (General Strike) や 36 年の Edward 8 世の王位放棄などに対処する一方, ファシズム勢力の台頭への危機感を欠いた》. **3** ボードアン ～ **I** (1058?–1118)《十字軍が建設した王国エルサレムの初代国王 (1100–18); 通称 '～ of Boulogne'》. **4** 〘園〙赤竜《リンゴの品種》. [Gmc＝bold friend]

baldy, bald·ie /bɔ́ːldi/ *《俗》 *n* はげ《人》; 摩耗したタイヤ, ぼうず.

bale[1] /béɪl/ *n* **1 a**《船積用・貯蔵用に荷造りした商品の》梱(こり), 俵《略 bl., bls》; [*pl*] 貨物 (goods): a ～ of cotton 1 梱の綿花《米国では 500 pounds》. **b** たくさん, 多量: a ～ of trouble. **2** ウミガメの群れ. ► *vt* 俵に入れる, 梱包(こんぽう)する. [Du; ⇨ BALL[1]]

bale[2] *v, n* BAIL[3].

bale[3] 《古・詩》 *n* 害悪, 禍, 不幸; 破滅; 危害 (evil); 苦痛; 悲嘆, 心痛. [OE *b(e)alu* evil]

bale[4] 《古》 *n* 大きなたき火; のろし; 火葬用に積み上げた薪. [OE *bǣl*]

bale[5] *n* BAIL[4].

bale[6] ⇨ BAAL.

Bâle /*F* bɑːl/ バール《BASEL のフランス語名》.

Bal·e·a·res /bæliǽriz, bɑ̀ːliɑ́ːrəs/ バレアレス《(1) BALEARIC ISLANDS (2) BALEARIC 諸島からなるスペインの自治州・県; ☆ Palma》.

Bal·e·ár·ic Íslands /bæliǽrɪk-/ *pl* [the] バレアレス諸島《地中海西部のスペイン領の島群; Ibiza, Majorca, Minorca などの島々からなり, Baleares 自治州・県をなす》.

ba·leen /bəlíːn/ *n* 〘動〙鯨鬚(げいしゅ), くじらひげ (whalebone). [OF ＜L *balaena* whale]

baléen whále 〘動〙ヒゲクジラ (whalebone whale).

bále·fìre *n*《野天の》大たき火, かがり火; のろし; 《古》火葬のために積み上げた薪(の火).

bále·ful *a* 悪影響を及ぼす, 有害な, 悪意のある, 破壊的な; 不吉な, 凶の, 気味の悪い; 《古》悲惨な, みじめな, 元気のない: a ～ glare 険悪な目つき. ♦ **～·ly** *adv* **～·ness** *n* [*bale*[3]]

Ba·len·cia·ga /bəlɛ̀nsiɑ́ːgə/ バレンシアガ **Cristóbal** ～ (1895–1972)《スペイン生まれのファッションデザイナー; Paris で活動》.

bal·er /béɪlər/ *n* 梱包人[係]; 乾草[わら, 綿花]を束ねる農機 (＝*baling machine*). [bale[1]]

Balfe /bǽlf/ バルフ **Michael William** ～ (1808–70)《アイルランドの作曲家・歌手; オペラ *The Bohemian Girl* (1843)》.

Bal·four /bǽlfər, -fɔːr/ バルフォア **Arthur James** ～, 1st Earl of ～ (1848–1930)《英国の保守党政治家; 首相 (1902–05) ののち, 第一次大戦中, 外相 (1916–19) をつとめた》.

Bálfour Declarátion [the] バルフォア宣言《パレスティナにおけるユダヤ人の母国建設を英国は支持するとの内容で, 外相 A. J. Balfour がシオニズム運動指導者 Lord Rothschild にあてた 1917 年 11 月 2 日の書簡で発表された》.

bali /bǽli/ *n* BALIBUNTAL.

Ba·li /bɑ́ːli, bǽli/ バリ《インドネシアの Java 島の東にある島》.

bal·i·bun·t(a)l, bal·li- /bæləbʌ́ntl, -lə-/ *n* バリバンタル《フィリピンの, タリポットヤシの葉茎(を密に織って作った帽子)》. [*Baliuag buntal*; *Baliuag* Luzon 島の町で産地]

Ba·lı·ke·sir /bɑ̀ːlıkɛsíər/ バリケシル《トルコの小アジア半島北西部にある市》.

Ba·lik·pa·pan /bɑ̀ːlɪkpɑ́ːpɑ̀ːn/ バリクパパン《インドネシア Borneo 島南東岸のバリクパパン湾 (～ **Báy**) に臨む港湾都市》.

Ba·li·nese /bɑ̀ːlɪníːz, bæ̀l-, -s/ *a* バリ島 (Bali) の; バリ島人の, バリ族の; バリ語の. ► *n* (*pl* ～) **1** バリ島人, バリ族; バリ語. **2** 〘猫〙バリニーズ《シャムネコの自然突然変異種; シャムネコに似るが, 被毛はなめらかで長く, 尾は羽毛状》.

bál·ing machìne /béɪlɪŋ-/ BALER.

Ba·liol /béɪljəl/ ベイリオル **John de** ～ (1249–1315)《スコットランド王 (1292–96); イングランド王 Edward 1 世に敗れた (1296); Balliol ともつづる》.

balk, baulk /bɔ́ːk/ *vi* 〈馬など〉急に止まって動こうとしない; 驚いて飛びのく; (急に)しりごみする, しぶる, ひるむ 〈*at*〉; 〘野〙ボークする. ► *vt* 妨げる, くじく; 失望させる 〈sb *in* his plan〉; 《古》〈機会を〉逸する, 〈義務・話題を〉避ける: be ～*ed of* one's hope 希望をくじかれる. ► *n* **1** 障害, じゃまもの. **2** 失敗, しくじり; 〘競技〙踏切り後の中止; 〘野〙ボーク《投手の反則的な牽制動作》: make a ～ しくじる; 〘野〙ボークをする. **3 a**《耕地の境界などのためにすき残した》畔(あぜ), 畝. **b** 〘建〙《あらく角材に製した》梁材, 野角(のかく); 〘建〙小屋梁(ばり) (tie beam); 《一般に》大きな材木, 長材. **4** 〘玉突〙[balk*, baulk‖] ボーク《(1) スヌーカーでボトム側のクッションとボークラインの間, ボークエリア (2) ボークラインゲームで 4 本のボークラインでできた 9 つの区画のうち中央以外の 8 つの区画の一つ》. ● **in** ～ 〘玉突〙球がボーク(エリア)にはいって; 《口》阻止されて. ♦ **～·er** *n* [OE *balc* bank, ridge＜ON]

Bal·kan /bɔ́ːlkən/ *a* バルカン半島[山脈, 諸国(民)]の. ► *n* [the ～s] BALKAN STATES. ♦ **Bal·kan·ic** /bɔːlkǽnɪk/ *a*

Bálkan·ìze *vt* [°b-]《第一次大戦後の Balkan 諸国のように互いに敵視する》小国に分割する, (小グループに)分断する. ♦ **Bàlkan·izátion** *n* [°b-] 小国分割(主義[政策]).

Bálkan Léague [the] バルカン同盟《トルコに対して第 1 次バルカン戦争を起こしたブルガリア・セルビア・ギリシア・モンテネグロの 4 国同盟; 戦後の領土分割をめぐって崩壊》.

Bálkan Móuntains *pl* [the] バルカン山脈《ブルガリア中央部を東西に走る》.

Bálkan Páct [the] バルカン軍事同盟《ギリシア・ユーゴスラヴィア・トルコの 3 国同盟 (1954); キプロス問題の同盟国間の緊張緩和に失敗》.

Bálkan Península [the] バルカン半島.

Bálkan Státes *pl* [the] バルカン諸国《スロヴェニア・クロアチア・ボスニア-ヘルツェゴビナ・マケドニア・セルビア・モンテネグロ・コソヴォ・ルーマニア・ブルガリア・アルバニア・ギリシアおよびヨーロッパトルコ》.

Bálkan Wár [the] バルカン戦争《バルカン諸国間の 2 度の戦争; 第 1 次は 1912–13 年, 第 2 次は 1913 年》.

Bal·kar·i·ya /bɔːlkɛ́ərijə, bæl-/ バルカリア《ロシア, 北 Caucasus の Kabardino-Balkariya 共和国の南部山岳地域》.

Balkh /bɑ́ːlk/ バルフ《(1) アフガニスタン北部の地域; 古代バクトリア (Bactria) とほぼ同範囲 (2) アフガニスタン北部のオアシス町; 古代名を Bactra といい, 古代バクトリアの首都; かつてはゾロアスター教信仰の中心; Genghis Khan, Tamerlane に 2 度にわたって破壊された》.

Bal·khash, -kash /bælkǽʃ, bɑːlkɑ́ːʃ/ [Lake] バルハシ湖《カザフスタン南東部の塩湖》.

Bal·kis /bǽlkɪs/ バルキス《クルアーン (Koran) の中での Sheba の女王の呼称》.

bálk·lìne *n* ボークライン《ジャンプ競技で, ボーク判定のための踏切り線》; 〘玉突〙ボークライン《(1) スヌーカーでボトム側のクッション近くに平行に引かれた線 (＝*string line*); この線の後方 (ボークエリア) から突き始める (2) ビリヤード台面にしるした井の字形の線 (3) 2) のボークラインを用いるゲーム, 'カードル'》.

bálky *a* 〈馬などが〉前に進もうとしない; 言うことを聞かない, 片意地な; 〘野〙ボークをしそうな. ♦ **bálk·i·ness** *n*

ball[1] /bɔ́ːl/ *n* **1 a** たま, 球, 玉, まり, ボール; 球の形をしたもの, 丸い塊り, だんご; 〘軍〙弾丸, 砲丸, 普通弾《集合的にも; cf. SHELL》; 〘獣医〙大丸薬; 〘天〙天体, 地球 (the earth); *《食堂俗》ひとすくいのアイスクリーム, 玉; *《俗》《マリファナなどの》麻薬の丸薬[ある分量]; *《俗》1 ドル銀貨, 1 ドル; *《俗》受刑者のこづかい銭: three (golden) ～*s* ‖3 個の金色球《質屋の看板》/ a ～ of wool 毛糸の玉, だま / EYEBALL, MEATBALL / the terrestrial ～ 地球. **b**《体の》丸くふくらんだ部分; 〘園〙《苞(つと)で包んだりした》土つきの根: the ～ of the foot 拇指球《足の親指の付け根のふくらんだ部分; 歩行時に体重が乗るところで, 成句 on the ball に見られるように, 英語圏では「行動力の原点」とみなされる部位》/ the ～ of the thumb《手の親指の付け根の》拇指球. **2 a** 球技, 球戯; 野球. **b** 投球(されたボール), 打球; 〘野〙ボール (opp. *strike*); 〘クリケット〙正球: a fast ～ 速球 / a curved ～ カーブ / NO BALL. **3** [*pl*] 《卑》 **a** 睾丸, きんたま. **b** 度胸, 勇気, 肝っ玉, ずぶとさ, 'きんたま': have enough ～*s* to *do*…. **c** たわごと, ナンセンス, [〈*int*〉] ばかな, くだらねえ. **d** むだな企て. **4** 《俗》男, やつ (fellow): a lucky ～ / BALL OF FIRE / GOOFBALL, SLEAZEBALL. ● BALL AND CHAIN. **～s to**… 《卑》…なんてつまらん, くそくらえだ: *B～s to* you! くそったれ! **～s to the wall** *《俗》(1) [〈*adv*〉] 最高速度で, 全力を挙げて, 全面的に; 徹底して, 極端に. (2) [〈*a*〉] 全面的な; 徹底した, 極端な (all-out). **behind the** EIGHT BALL. **break** one's **～s** *《卑》ものすごく努力する. **break** sb's **～s** *《卑》人にむちゃを強いる, 人にとってむちゃくちゃきびしい[困難だ, 不快だ], 人をこき使う[圧制する]. **bust ～s** *《卑》きびしく懲らしめる, しごく, 手荒に扱う. **carry the ～** 〘アメフト〙ボールを持って走る, ゴールを決める; *《口》責任を引き受ける, 中心的役割を果たす, 推進役となる. **catch** [**take**] **the ～ before the bound** 機先を制する. **drop the ～** *《口》しくじる, ミスを犯す. **eat the ～** 《アメフト俗》〈クォーターバックが〉パスできずボールをかかえ込んでタックルされる. **get** one's **～s chewed off** 《卑》みそくそにやっつけられる. **get** [**set, start**] **the ～ rolling** 活動を始めさせる, 軌道に乗せる: The manager *started the* ～ *rolling* by having all the members introduce themselves. **have brass** [**cast-iron**] **～s** *《卑》くそ度胸がある, むちゃをする, 無鉄砲である. **have** [**hold**] sb **by the ～s** 《卑》人の急所[弱み]を握っている. **have** [**keep**] **several ～s in the air** 《口》いろいろなことを同時に並行して行なう. **have the ～ at** one's **feet** [**before** one] 成功の機会が眼前に来ている. **have the ～ in** one's **court** 《相手の行動に対して》今度は自分が答える番だ (cf. The BALL is in your court.) **have the world by the ～s** *《俗》世界のきんたまを握っている, 圧倒的に有利な[強い]立場にいる. **keep** one's **eye on the ～** 油断しないでいる. **keep the ～ rolling**＝**keep up the ～**《話・パーティーなど》進行をうまく続けてだれさせない, 座がしらけないようにする. **make a ～s of**… 《卑》…をだいなしにする (make a mess of). **not get** one's **～s in an uproar** *《卑》興奮[大騒ぎ, オタオタ]しない, 冷静でいる. **on the ～** 《口》油断がない, よく心得て, 機敏に反応して (⇨ *n* 1b); 能力がある, すぐれたところがある; *《俗》《投手が》うまいピッチングをする: Get *on the* ～. ぼやぼやするな, (もっと)しっかりやれ / have something [a lot] *on the* ～ 有能である. **pick up the ～ and run with it** 責任をもって遂行する《特に 別の人が試みて失敗したようなことを》. **play at**

～ 球技[球戯]をする. **play ～** ボール遊び[野球]をする; 〘野〙試合開始, プレーボール!; 活動[仕事]を始める; «口» 協力する ‹*with*›. **play the ～**〘アメフト〙ボールを自分のものにする. **put ～s on…***«俗» …を力強くする, 迫力のあるものにする, …にパンチを効かせる. **run with the ～***«口» 事業を引き取って推進する《フットボールのランニングプレーから》. **start [set] the ～ rolling** ⇨ get the BALL rolling. **take up the ～** 人の話を引き取って続ける. **That's the way the ～ bounces.***«口» (運命[人生, 世の中]とは)そんなものだ. **The ～ is in your court [with you].** さあきみの番だ. ► *vi, vt* **1** 球(状)になる[する], 球状に固まる[固める] ‹*up*›; ‹花が›つぼみのまま腐る. **2***«卑» (…と)性交する; *«俗» 麻薬を性器から体内に吸収する. ● **～s up** ᴵᴵ«俗» BALL up. **～ the jack** «俗» 機敏に[猛スピードで]行動する, 急いで行く, 疾走する; «俗» いちかばちかやる. **～ up***«俗» 混乱させる; *«俗» 混乱する, ごちゃごちゃになる; *«俗» (へまをして)だめにする, だいなしにする: be all *～ed up* すっかり混乱する[だめになる]. [ME<ON *böllr*; cf. OHG *balla*]

ball[2] *n* **1** 《公式の盛大な》舞踏会: give a ～ 舞踏会を催す / lead the ～ 舞踏の先導となる. **2** «口» とても楽しいひと時: have (one*self*) a ～. ● **open the ～** 舞踏の初番を踊る; [*fig*] 皮切りをする. ► *vi**«俗» 楽しい時を過ごす, 大いに楽しくやる. [F (L *ballō* to dance<Gk)]

Ball ボール (**1**) **John ～** (d. 1381)《イングランドの聖職者; 1381 年の Wat Tyler の農民一揆の指導者の一人; ⇨ DELVE «諺»》(**2**) **Lucille ～** (1911–89)《米国の喜劇女優; テレビの 'I Love Lucy' シリーズで人気を得た》.

bal·lad /bǽləd/ *n* 民謡, 踊り歌, バラッド; バラッド《民間伝説・民話などの物語詩, また それに節をつけた歌謡で短いスタンザからなりリフレーンが多い》; バラッド形式の物語詩; 《どのスタンザも同じメロディーの》素朴な歌謡; スローテンポの感傷的[抒情的]なポピュラーソング, 'バラード'. ► *vi* ballad を作る. ► *vt* «廃» ballad にして語る[歌う]. ♦ **bal·lad·ic** /bəlǽdɪk, bæ-/ *a* [↓]

bal·lade /bəlɑ́ːd, bæ-/ *n* 〘韻〙バラード《8 行句 3 節と 4 行の envoy からなるフランス詩体; 各節と envoy はみな同一リフレーンで終わる》; 〘楽〙譚詩(たんし)曲, バラード. [OF<Prov=dancing song; ⇨ BALL[2]]

bal·lad·eer /bæ̀lədíər/ *n* バラッド歌手 (⇨ BALLAD); *«口» ポピュラー歌手.

balláde róyal [the] バラードロイヤル《各節が 8–10 行からなる特殊な ballade》.

bállad·ist *n* バラッド作者[歌手].

bállad mèter〘韻〙バラッド律《弱強 (iambic) の四歩格と三歩格を交互にした 4 行からなる stanza 型をなす》.

bállad·mònger *n* 《かつての》バラッド売り《1 枚紙に刷ったものを路上で売った》; バラッド作者; へぼ詩人.

bállad òpera〘楽〙バラッドオペラ《18 世紀 John Gay の *The Beggar's Opera* を契機として現われた同種の軽歌劇で, 俗謡や諷刺的なせりふからなる》.

bállad·ry *n* バラッドを歌うこと[歌い方]; バラッドの作り方; 民謡, バラッド (ballads)《集合的》.

bállad stànza〘韻〙バラッド連《英国のバラッドに多くみられる 4 行連; 1, 3 行目は 4 歩格で押韻せず, 2, 4 行目は 3 歩格で押韻する》.

bál·lan /bǽlən/ *n* 〘魚〙欧州産のベラの一種 (=～ **wràsse**).

Bal·lance /bǽləns/ バランス **John ～** (1839–93)《北アイルランド生まれのニュージーランドの政治家; 首相 (1891–93)》.

báll and cháin 鎖に金属球を付けた足かせ《囚人用》; 《一般に》足手まとい, 拘束, 束縛; «俗» [ᵁ*joc*] 妻, 愛人.

báll-and-cláw *a* CLAW-AND-BALL.

báll-and-sócket jòint〘機〙ボールソケット形軸継手, 玉継手 (=*ball joint*); 〘解〙球関節, 球窩(きゅうか)関節, 臼状関節 (=*enarthrosis*).

Bal·lan·tyne /bǽləntàɪn/ バランタイン **James ～** (1772–1833)《スコットランドの印刷業者; Sir Walter Scott の小説を出版; 破産して Scott に莫大な負債をかけた》.

Bal·la·rat /bǽlərӕt, ⌐–⌐/ バララト《オーストラリア南東部 Victoria 州中部の市; もと 金採掘の中心地; cf. EUREKA STOCKADE》.

Bal·lard /bǽlərd, bǽlɑ̀ːrd/ バラード **J(ames) G(raham) ～** (1930–2009)《英国の SF 作家; 第二次大戦中の日本軍の捕虜収容所での生活を描いた自伝的小説 *Empire of the Sun* (1984) など》.

bal·last /bǽləst/ *n* **1 a** 〘海〙バラス(ト), 底荷, 脚荷(あしに); 〘空〙バラスト《気球などの浮力調整用の砂[水]袋》; 《鉄道の》道床, 《道路などの》バラス(ト)《砂利や砕石》; 《コンクリート用の》砂利. **b** 〘電〙安定器, 安定抵抗. **2** 《心などに》安定をもたらすもの; 《経験などからくる》堅実味: have [lack] ～ 心に落ちつきがある[ない]. ● **in ～** ‹船が›底荷だけで, 空荷(からに)で. ► *vt* ‹船・気球など›にバラストを積む[入れる], 底荷を積む; [⁺*fig*] 安定させる; ‹線路など›にバラスを敷く. ♦ **～·ing** *n* バラス(ト)用材料. [LG or Scand *barlast* bare (i.e. without commercial value) load]

bállast tànk〘海〙バラストタンク《潜水艦などの水バラスト専用タンク》.

báll béaring〘機〙玉軸受, ボールベアリング; ボールベアリングのボール [鋼球]. ♦ **báll-béar·ing** *a*

báll-bèar·ing hóstess*«俗» 《航空機の》玉持ちホステス, スチュワード《男性客室乗務員》.

báll bòy, báll·bòy〘球技〙ボールボーイ《テニス・野球・バスケットボールで試合中ボール拾いをする男子》.

báll brèaker 1〘建〙SKULL CRACKER. **2** [ᵁball-breaker]*«卑» BALL-BUSTER.

báll-bùst·er *n**«卑» **1** きつい仕事, むちゃくちゃな難事, たまらない状況. **2** きつい仕事をさせるやつ, きびしい上司. **3** 男の自信を打ち砕く[男らしさを否定する]女, 男をタマ抜きにする女; いばりちらす[おどしつける]やつ[女]. ♦ **báll-bùst·ing** *n, a*

báll·càrrier *n* 〘アメフト〙ボールキャリアー《攻撃でボールを保持している選手》.

báll cártridge〘砲〙実弾薬筒, 実包 (opp. *blank cartridge*).

báll clày* ボールクレー《練ると球状にできる二次粘土》, PIPE CLAY.

báll clùb* ボールクラブ《**1**) 野球・フットボール・バスケットボールなど球技のチーム **2**) そのチーム関係者 **3**) 野球チーム後援クラブ[団体]》.

báll còck, báll·còck ボールコック《浮き玉 (ball float) と連動して水洗トイレのタンクなどの水量を調節する栓》.

báll contròl〘球技〙ボールコントロール《**1**) フットボール・バスケットボールなどでボールをできるだけ長く保持しようとする作戦 **2**) ドリブルなどによるボールを扱う能力[球さばき]》.

bálled-ùp *a* «俗» すっかり混乱した, めんくらった.

báll·er *n* **1** ボールを作る人[道具]; バターを丸めるスプーン, 果物をボール状にくりぬくナイフ; 〘製陶〙BATTER[1]. **2***«俗» 球技選手.

bal·le·ri·na /bæ̀ləríːnə/ *n* バレリーナ; プリマバレリーナ (prima ballerina); 《広く》バレリーナシューズ (=～ **shòe**)《かかとの低いしなやかな婦人靴》. [It (fem)‹*ballerino* dancing master; ⇨ BALL[2]]

Bal·les·te·ros /bàɪəstéərous; bæ̀lɪstíərɒ̀s/ バレステロス **Severiano ～** (1957–2011)《スペインのプロゴルファー》.

bal·let /bǽlèɪ, ⌐–⌐/ *n* バレエ; バレエ劇; [the] バレエ芸術; バレエ団; バレエ音楽[曲, 楽譜]. [F<It (dim)‹*ballo* BALL[2]]

bal·let d'ac·tion /*F* balɛ daksjɔ̃/ (*pl* **ballets d'action** /—/) バレエダクション《筋立てのある(悲劇)バレエ》.

bállet dàncer バレエダンサー.

bállet gìrl 女性のバレエダンサー.

bal·let·ic /bælétɪk/ *a* バレエの(ような), バレエ的な, バレエに適した. ♦ **-i·cal·ly** *adv*

bállet màster [mìstress] バレエマスター[ミストレス]《バレエ団の訓練・演出を担当し, 時に振付けもする指導員》.

bal·let·o·mane /bælétəmèɪn/ *n* 熱狂的バレエ愛好家, バレエ狂. [F *anglomane*「英国心酔者」, *bibliomane*「蔵書狂」などの語尾 *-mane*]

bal·let·o·mánia /bælètə-/ *n* バレエへの傾倒[熱中], バレエ狂.

Bállet Rámbert [the] ランベールバレエ団《RAMBERT Dance Company の旧称 (1934–87)》.

bállet slìpper バレエシューズ; バレエスリッパー《バレエシューズに似た婦人靴》.

báll flòat〘機〙《タンクなどの水量により上下してボールコック (ball cock) を作動させる》浮き玉.

báll-flòwer *n* 〘建〙玉花飾り, ボールフラワー.

báll-fràme ᴵᴵ *n* ABACUS.

báll gàme 1 球技, *《特に》野球, ソフトボール. **2** «口» **a** 状況, 事態: a whole new [a whole other, a different] ～ 全く新しい事態[情勢] (a whole nother thing). **b** 競争. **3***«俗» 肝心な点, 要点, 決め手, 必須(のこと). ● **lose the ～***«口» ひどい結末になる. **That's the ～!***«口» (勝負は)こんなもんさ, 勝負あった, これでおしまい, そのとおりだ, グジャグジャ言うな, 忘れちまえよ. **the end of the ～** «俗» 幕切れ (death), 一巻の終わり.

báll gìrl, báll·gìrl〘球技〙ボールガール《テニス・野球・バスケットボールで試合中ボール拾いをする女子》.

báll·gòwn *n* 舞踏会にふさわしいガウン, 夜会服.

báll hàndler ボールをあやつっているプレーヤー; 《バスケットボールなどで》ボールさばきの巧みなプレーヤー. ♦ **báll hàndling** *n*

báll hàwk 《球技で》ボールを奪うのが巧みな選手; 〘野〙捕球が巧みな外野手. ♦ **báll hàwking** *n*

báll·hèad *n**«俗» 《しばしば 頭が悪い》スポーツ選手; ᴵᴵ«黒人俗» 白人.

ballibuntal, -tl ⇨ BALIBUNTAL.

Bal·liol /béɪljəl/ BALIOL.

Bálliol Cóllege ベイリオルカレッジ《Oxford 大学の男子カレッジの一つ; 1263 年創立》.

bal·lis·ta /bəlístə/ *n* (*pl* **-tae** /-tìː, -tàɪ/, **～s**) 投石器, 弩砲(どほう)《古代の攻城用の石投げ装置》. [L (Gk *ballō* to throw)]

bal·lis·tic /bəlístɪk/ *a* **1** 弾道(学)の; 〘電〙衝撃の, 弾道の. **2** 弾みをつけて繰り返し行なう, バリスティックの‹ストレッチ›: ～ stretching. **3** «口» かっとなった, むかっ腹を立てた (cf. NUCLEAR): go ～ かっとなる. ♦ **-ti·cal·ly** *adv*

ballístic galvanómeter〘電〙弾道[衝撃]検流計.

bal·lis·ti·cian /bæ̀lɪstíʃ(ə)n/ *n* 弾道学者.

ballístic míssile 弾道弾, 弾道ミサイル (⇨ ICBM, IRBM).

ballístic péndulum〘理〙弾動[衝撃]振子.

bal·lís·tics *n* 弾道学《銃砲弾・ロケットなど飛翔体の運動および動態を扱う》; [ᵘ⟨*pl*⟩] 弾道学的特性; [ᵘ⟨*pl*⟩] 《銃・薬筒などの》射撃特性.
ballístic trajéctory 自由弾道, 弾道(軌跡)《重力の場で物体が慣性によって運動している経路》.
bal·lis·tite /bǽləstàɪt/ *n* バリスタイト《ほぼ等量のニトロセルロースとニトログリセリンを主成分とする無煙火薬》.
bal·lìs·to·cárdio·gràm /bəlìstoʊ-/ *n* 〔医〕心弾動図, バリストカルジオグラム.
ballìsto·cárdio·gràph *n* 〔医〕心弾動計, バリストカルジオグラフ. ♦ **-cardiógraphy** *n* **-càr·dio·gráph·ic** *a*
ballísto·spòre *n* 〔植〕《菌類の》射出胞子.
báll jòint 〔機〕BALL-AND-SOCKET JOINT.
báll lìghtning 〔気〕球電(光), 火の玉《球状の稲妻でまれな現象》.
báll mìll ボールミル《鋼球や小石を入れた円筒を水平回転させて原料などを粉砕する装置》.
ballock ⇨ BOLLOCK.
bál·lock-náked /bɑ́lək-, ᴵᴵbǽl-/ *a* [ᵒstark ～]《卑》まっ裸の, すっぽんぽんの.
ballocks ⇨ BOLLOCKS.
báll of fíre 《口》精力家, 辣腕(らつわん)家, やり手, 火の球; *《鉄道俗》ビュンビュン飛ばす列車.
báll of wáx [ᵒthe whole ～]《口》すべて, あらゆること[もの], 一切合財.
bal·lon /*F* balɔ̃/ *n* 〔バレエ〕バロン《ダンサーが空中に止まって見えるような軽やかな動き》; 丸い大型のブランデーグラス.
bal·lon d'es·sai /*F* balɔ̃ desɛ/ (*pl* **bal·lons d'es·sai** /—/) TRIAL BALLOON.
bal·lon·né /bæ̀lənéɪ/ *n* 〔バレエ〕バロネ《第 5 ポジションから脚を 45 度に広げて跳躍すること》. [F]
bal·lo(n)·net /bæ̀lənét, -néɪ/ *n* 〔空〕空気房, 補助気嚢《気球・飛行船の浮力調節用》.
bal·loon /bəlúːn/ *n* **1** (軽)気球, 風船; 風船玉, *《俗》《ヘロインの容器としての》風船. **2** 風船[気球]形のもの; 《漫画の》吹出し; 丸い大型のブランデーグラス (snifter) (＝～ **glàss**); 〔化〕風船形フラスコ; BALLOON SAIL; BALLOON TIRE; 〔建〕玉飾り. **3 a** BALLOON FINANCING. **b** バルーン《最終回の格段に大きい返済額》. **4** ᴵᴵ《口》ボールを空中高く上げるキック[打撃]. **5** 《スコロ》軽薄なやつ, ばか. ● **go over [down] like a lead ～** 《口》失敗する, 不調に終わる, (まるで)うけない (cf. LEAD BALLOON). **(when) the ～ goes up** 《口》事が始まる(と), 騒ぎ[戦争]が起こる(と). ► *vi* 気球で上昇[飛行]する; 空中高くふわりと飛ぶ; 〈ガウン・帆・ほおなどが〉ふくれる; 急増[急上昇]する, ふくれ上がる; *《俗》勃起する; 《俗》〔劇〕せりふを忘れる. ► *vt* ふくらませる; ᴵᴵ《口》〈ボールを〉空中高く蹴り[打ち]上げる. ► *a* **1** 気球[風船]状の; 気球の[による]; ふくらんだ. **2** 〔商〕バルーン方式の《最終回の返済額がそれ以前より格段に大きい》: BALLOON PAYMENT. ♦ **～·lìke** *a* [F or It＝large ball; ⇨ BALL¹]
ballóon ángioplasty 〔医〕バルーン血管形成(術)《詰まった[狭くなった]血管にカテーテルで小さな気球を挿入し, ふくらませて血管を開通させる方法》.
ballóon astrónomy 気球天文学《気球上に観測機器を搭載してデータを集める》.
ballóon barràge 〔軍〕気球阻塞, 防空気球網.
ballóon càr 《韻俗》SALOON BAR.
ballóon cátheter 〔医〕バルーン付きカテーテル《先端にバルーンが付いているカテーテル; 挿入後ふくらませたり脱気したりすることができ, 血管内の血圧測定や, 冠動脈狭窄部を直接的に拡張させるのに用いる》.
ballóon·er *n* 〔海〕BALLOON SAIL.
ballóon finàncing [lòan] バルーン融資《融資の一部を月賦で返済し, かなりの額を最終回に一括返済することにより融資期間を短縮し, 利子負担を低く抑えることができる》.
ballóon·fìsh *n* 〔魚〕フグ (puffer fish).
ballóon·flòwer *n* 〔植〕キキョウ.
ballóon fòresail 〔海〕バルンジブ《風の弱いとき jib の代わりにヨットで用いる大型の三角形の薄い帆》.
ballóon fréight *《CB 無線俗》《トラックの》軽い積荷.
balloon glass ⇨ BALLOON.
ballóon-hèad *n* *《俗》頭がからっぽなやつ, ばか. ♦ **～·ed** *a*
ballóon·ing *n* 気球乗り, 気球操縦(術)《主にスポーツ》; 〔医〕《治療のための体腔の》風船様拡大, 空気注入法; 〔動〕《クモが自分の糸につかまって風に乗る》空中移動[旅行].
ballóon·ist *n* 気球乗り《スポーツ・見世物などでする人》.
ballóon jìb 〔海〕BALLOON FORESAIL.
ballóon jùice *《俗》内容のないうるさいおしゃべり.
ballóon pàyment バルーン型返済《少額ずつ返していき, 最後に残額を一括返済する》.
ballóon pùmp 〔医〕バルーンポンプ《人工心肺と大動脈の間に挿入する風船式整脈装置》.
ballóon ròom *《俗》マリファナを吸うたまり場.
ballóon sàil 〔海〕バルーンスル《軟風でもよくふくらむ大型の軽帆》.
ballóon sàtellite 気球衛星《軌道に乗せてからふくらませて気球にする人工衛星》.
ballóon slèeve バルーンスリーブ《手首からひじまでは細く, ひじから肩までが大きくふくらむ》.
ballóon tìre 《自動車などの》低圧タイヤ, バルーンタイヤ.
ballóon vìne 〔植〕フウセンカズラ《熱帯アメリカ原産; 大きくふくらんださやをつける一・二年生のつる草》.
ballóon whìsk 《通例 手動の》泡立て器.
bal·lot¹ /bǽlət/ *n* **1** 無記名投票用紙[札]《全候補者名または票決を要する案件が印刷されている; もと球》; 《投票の》候補者名簿; 投票総数; [the] 投票権, 選挙権: cast a ～ 投票する (vote). **2** 無記名[秘密]投票; 《一般に》投票; くじ引き; 《ニュージーランドなどの》選抜徴兵制: elect [vote] by (secret) ～ (秘密)投票で選挙する[決する] / take [have] a ～ 投票を行なう. ► *vi* (無記名で)投票する ⟨*for, against*⟩; くじを引く ⟨*for* precedence⟩. ► *vt* 投票[くじ引き]で選ぶ; 〈人びと〉の票決を求める. ♦ **～·er** *n* [It (dim) ‹ *balla* BALL¹]
ballot² *n* 《70–120 lb 入りの》小梱, 小梱(こり). [F (dim) ‹ BALE¹]
bal·lo·tage /bæ̀lətɑ́ːʒ, ⸗⸗⸗/ *n* 決選投票.
bállot bòx 投票箱; 無記名[秘密]投票. ● **stuff the ～** 《不正投票で》得票の水増しをする.
bal·lo·tine /bǽlətìːn/ *n* BALLOTTINE.
bal·lo·ti·ni /bæ̀lətíːni/ *n pl* 微小ガラスビーズ《研磨剤・塗料などに混入する反射材用》. [? It *ballottini* (dim, pl) ‹ *ballotta* small ball]
bállot pàper 投票用紙《特に全候補者名を記したもの》.
bállot rìgging 投票集計の不正工作.
bal·lotte·ment /bəlɑ́tmənt/ *n* 〔医〕《妊娠中の子宮や腎の》浮球感検査, 浮球法. [F＝a tossing; ⇨ BALLOT¹]
bal·lot·tine /bǽloutìːn, ⸗⸗⸗, -lɔː-, -lə-; *F* balɔtin/ *n* (*pl* **～s** /-z/; *F* —/) 〔料理〕バロティーヌ《鶏肉・獣肉・魚肉などのロール巻き; 中に詰め物がしてある; 普通は熱くして供する》.
báll·pàrk* *n* 球場, 野球場; [*fig*] 活動[研究]分野, 領域; 《口》大体の範囲[見当]. ● **all over the ～** *《俗》全く焦点がぼけて, 支離滅裂で, すっかり混乱して (all over the lot). **in the ～** 《口》《量・質・程度が》許容範囲内で, ほぼ当を得て; *《口》(…と)ほぼ同等で, 比肩しうる: *in the* ～ of $10,000 約 1 万ドル / in the same ～ as…と同等で. ► *a* 《口》〈見積もり・推定が〉およその, ほぼ正しい: a ～ estimate [figure] およその見積もり[おおよその数字].
báll pèen hàmmer 丸頭ハンマー《頭の一方が丸くもう一方は平たい片手ハンマー》.
báll pén ボールペン (ballpoint).
báll·plày·er *n* 野球[球技]をする人; プロ野球選手; 《特に サッカーで》ボールコントロールの抜群な選手.
báll·pòint *n* ボールペン (＝*ball pen*) (＝～ **pén**).
báll-pròof *a* 防弾の: a ～ jacket 防弾チョッキ.
báll ràce 〔機〕レース《ボールベアリングのボールやころをはさむ輪》; BALL BEARING.
báll·ròom *n* 《邸宅・ホテルなどの》舞踏室[場], ボールルーム; BALLROOM DANCE. ► *a* 〈ダンスが〉堂々とした (stately).
bállroom dánce 社交ダンス(用の音楽).
bállroom dáncing 社交ダンス《踊ること》.
bálls-òut *a* 《俗》どえらい, ものすごい, 最高の, ゼッタイの, ダントツの, 究極の.
bálls-ùp *n* ᴵᴵ《俗》混乱, めちゃくちゃ, へま, ひでえこと.
ball·sy /bɔ́ːlzi/ *a* *《卑》度胸のある, 強心臓の, 威勢のいい, 勇敢な. ♦ **báll·si·ness** *n*
báll-tèar·er 《豪卑》*n* とてもきつい仕事; めざましいこと, 並はずれたこと, センセーション. ♦ **báll-tèar·ing** *a*
báll tùrret 〔軍〕《航空機の》旋回砲塔, 球形銃座.
báll·ùp *《俗》*n* 混乱, めちゃくちゃ; 失敗, へま.
bal·lute /bəlúːt/ *n* 〔空・宇〕バリュート《ロケットなどの落下制動用気球形パラシュート》. [*ball*oon＋parach*ute*]
báll vàlve 〔機〕ボール弁, 玉弁; BALL COCK.
báll wràcker *《卑》BALL-BUSTER.
bal·ly /bǽli/ 《俗》*a, adv* ᴵᴵ[強意語] いまいましい, べらぼうに, すごい, すごく, いったい: be too ～ tired べらぼうに疲れる / Whose ～ fault is that? いったいどいつが悪いんだ? ► *vi, vt* BALLYHOO. ► *n** BALLYHOO. [bl—y (＝bloody) の音訳]
báll·yàrd *n* 野球場 (ballpark).
bal·ly·hack /bǽlihæ̀k/ *n* *《俗》破滅, 地獄 (hell): Go to ～! 地獄へ行きやがれ!
bal·ly·hoo 《口》*n* /bǽlihùː/ (*pl* **～s**) **1** 大騒ぎ, 喧騒; 派手な宣伝[売込み]; 客寄せの口上; ごたいそうなたわごと; *《呼び込みが客寄せ口上で紹介する》カーニバルの余興のさわり. **2** 〔魚〕サヨリ (halfbeak), 《特に》大西洋産のホシザヨリ属の一種. ► *vt, vi* /, *⸗⸗⸗/ …に派手な宣伝をする; 派手に宣伝する. [C20‹?]
Bal·ly·me·na /bæ̀limíːnə/ バリミーナ《(1) 北アイルランド北東部の地区 2) その中心の町》.
Bal·ly·mon·ey /bæ̀limʌ́ni/ バリマニー《(1) 北アイルランド北東部の地区 2) その中心の町》.
bal·ly·rag /bǽliræ̀g/ *vt* BULLYRAG.
bálly shòw *《俗》カーニバルの余興.
bálly stànd *《俗》《見世物小屋の》呼び込みの立つ台《客引きのため

にここで出し物を見せたりもする》.

balm /bɑ́:(l)m; bɑ́:m/ *n* **1** バルサム《ミルラノキなどから採る樹脂》; 〘植〙バルサムの採れる木,《特に》BALM OF GILEAD. **2**〘植〙《シソ科の》香草,《特に》セイヨウヤマハッカ (lemon balm). **3 a**《一般に》香油, 香膏(こう); 芳香, かぐわしさ; バルム剤, 鎮痛剤. **b** 慰め, 癒すもの. ► *vt* 〈痛み・悲しみなどを〉癒す, 和らげる. [OF＜L; ⇨ BALSAM]

bal·ma·caan /bæ̀lməkǽn, -kɑ́:n/ *n* バルマカーン (＝*bal*)《ラグラン袖の男子用ショートコート; もとは目の粗いウール製》. [*Balmacaan* スコットランド Inverness 付近の地名]

Bal·main /*F* balmɛ̃/ バルマン **Pierre(-Alexandre-Claudius)** ～ (1914–82)《フランスのファッションデザイナー》.

bálm crìcket〘昆〙セミ (cicada).

Bal·mer /*G* bálmər/ バルマー **Johann Jakob** ～ (1825–98)《スイスの物理学者・数学者; 水素原子のスペクトル線中のスペクトル系列 Balmer series を発見し定式化した》.

Bálmer lìnes *pl*〘理〙《水素のスペクトルの》バルマー線.

Bálmer sèries〘理〙《水素のスペクトル線の》バルマー系列.

bálm of Gíl·e·ad /-gíliæ̀d/ **1 a**〘植〙ギレアドバルサムノキ《アジア・アフリカ産カンラン科ミルラノキ属[モツヤクジュ属]の常緑小樹; 葉に傷をつけると芳香を発する》; メッカバルサム (＝*balsam of Mecca*)《それから採るオレオ樹脂; これから製する芳香のある軟膏》. **b** 傷をいやすもの, 慰め《*Jer* 8: 22》. **2**〘植〙 **a** バルサムモミ (balsam fir); バルサムモミから採る芳香のある樹脂. **b** BALSAM POPLAR.

bal·mor·al /bælmɔ́(:)rəl, -mɑ́r-/ [°B-] バルモラル《**1**) 前をループで引き上げたスカートの下に着用する毛織りペティコート **2**) 一部のスコットランド連隊で用いる平らな青い縁なし帽 **3**) 一種の編上げ靴》. [↓]

Balmóral Cástle バルモラル城《スコットランド北東部 Aberdeenshire の Dee 川のほとりにある Victoria 女王の創建になる英王室の御用邸》.

Bal·mung /bɑ́:lmʊ̀ŋ; bǽl-/**, -munc** /-mʊ̀ŋk/ *n* バルムンク《Nibelungenlied で Siegfried の剣》.

bal mu·sette /*F* bal myzɛt/ (*pl* **bals mu·settes** /—/) アコーディオンバンド付きのフランスの(大衆)ダンスホール.

bálmy *a* **1** 香油の(ような); 香りのよい; 快い, うららかな, ソフトな; 慰めとなる (soothing), 傷をいやす. **2** バルサムを出す[の採れる]〈植物〉. **3** 《俗》まぬけな, ばかげた, いかれた (barmy);*《俗》《酒に》酔った, とろんとした. ♦ **bálm·i·ly** *adv* 香りよく; 爽快に. **bálm·i·ness** *n*

bal·ne·al /bǽlniəl/**, bal·ne·ary** /-nièri; -əri/ *a* 浴場の; 湯治の. [L *balneum* bath]

bal·ne·ol·o·gy /bæ̀lniɑ́lədʒi/ *n*〘医〙浴療学[法], 温泉学, 湯治学. ♦ **-gist** *n* 温泉学[浴療学]専門医. **bàl·neo·lóg·i·cal** *a*

bal·neo·thérapy /bæ̀lnioʊ-/ *n* 鉱泉[温泉]療法.

Balochi ⇨ BALUCHI.

Ba·lo·chi·stan /bəlù:tʃəstǽn, -stɑ́:n/ バローチスターン《パキスタン南西部の州; Baluchistan ともつづる; ☆Quetta》.

ba·lo·ney, -ny, bo·lo·ney /bəlóʊni/ *n* 《口》たわごと, でたらめ, ばか話; 《俗》ばか, とんま; *《口》ボローニャ(ソーセージ) (bologna); *《俗》絶縁[被覆]電線《電気技術者の用語》. ► *vi, vt* *《俗》たわごとを言う, …にうそをつく, かつぐ, 一杯食わせる. ► *int* 《俗》《疑いを表わして》(そんな)ばかな (Nonsense!). [C20＜?]

bal·sa /bɔ́:lsə, bɑ́:l-/ *n* **1**〘植〙バルサ《熱帯アメリカ産》; バルサ材 (＝～ **wòod**)《軽くて強い》. **2** バルサ材のいかだ[浮標]; いかだ《特に Titicaca 湖にみられる, アシを固く束ねて作ったもの》. [Sp＝raft]

bal·sam /bɔ́:lsəm/ *n* **1** バルサム《芳香性含油樹脂; 薬用・工業用》; 香膏(こう); いやすもの, 慰め, 慰藉. **2**〘植〙バルサム樹《バルサムを産する各種の木, 特に BALSAM FIR》;〘植〙ホウセンカ (garden balsam). ► *vt* バルサムで処理する. [OE＜L]

bálsam ápple〘植〙ツルレイシ属の一種《ウリ科; 熱帯各地に帰化》.

bálsam fír〘植〙**a** バルサムモミ, (カナダ)バルサムノキ《北米産; CANADA BALSAM を採り, また パルプ材・クリスマスツリーに用いる》. **b**《一般に》モミ.

bal·sam·ic /bɔ:lsǽmɪk, bæl-/ *a* バルサムのような; バルサム質の; バルサムを産する[含む]; 芳香性の; 鎮痛性の. ► *n* 鎮痛[鎮静]剤. ♦ **-i·cal·ly** *adv*

balsámic vínegar バルサミコ酢, アチェートバルサミコ《イタリア産の白ブドウ液熟成酢; イタリア語 aceto balsamico (＝curative vinegar) の訳》.

bal·sam·if·er·ous /bɔ̀:lsəmíf(ə)rəs, bæ̀l-/ *a* バルサムを生じる[産する].

bal·sa·mi·na·ceous /bɔ̀:lsəmənéɪʃəs/ *a*〘植〙ツリフネソウ科 (Balsaminaceae) の.

bal·sa·mine /bɔ́:lsəmì:n/ *n*〘植〙ホウセンカ (garden balsam).

bálsam of Mécca メッカバルサム (⇨ BALM OF GILEAD).

bálsam of Perú ペルーバルサム (＝*Peru balsam*)《熱帯アメリカ産のマメ科の木の一種から採る粘液製のバルサム; 香水・医薬品用》.

bálsam of To·lú /-tə(:)lú:, -tə-/ トルーバルサム (＝*tolu, tolu balsam*)《熱帯アメリカ産のマメ科の木の一種トルーバルサムノキから採る可塑性のある個体バルサム; 咳止めシロップ・香水用》.

bálsam péar〘植〙ツルレイシ, ニガウリ (BITTER MELON).

bálsam póplar〘植〙バルサムポプラ (＝*balm of Gilead, hackmatack, tacamahac*)《芽が芳香性の脂でおおわれている; 北米産》.

bálsam sprúce〘植〙**a** アメリカハリモミ (blue spruce). **b** アリゾナトウヒ.

bálsam trèe バルサムの木《バルサムを産する各種の木: balsam fir, balsam poplar, mastic tree など》.

bál·samy *a* バルサムのような, 芳香のある; バルサムを産する[含む].

Bal·sas /bɔ́:lsəs, bɑ́:l-, -sɑ̀:s/ [the] バルサス川《メキシコ中部を流れ, 太平洋に注ぐ》.

Balt /bɔ́:lt/ *n* バルト人《バルト諸国の人》; 《豪口》[*derog*] バルト人《ヨーロッパ, 特に バルト諸国からの移民》.

Bal·tha·zar /bǽlθəzɑ̀:r, ⏑⏑⏑, bælθǽzər, *-θéɪ-/ **1** ベルタサル《キリストを礼拝に来た三博士の一人とされる; cf. CASPAR, MELCHIOR》. **2** バルサザール《男子名》. **3** バルサザール《普通の瓶 16 本分の容量 (約 12 リットル) のぶどう酒瓶》. [Babylonian＝Bel defend the King]

Bal·thus /*F* baltys/ バルテュス (1908–2001)《フランスの画家; 本名 Comte Balthasar Klossowski de Rola; ポーランド亡命貴族の家に生まれる; なぞめいた雰囲気を漂わせる人物像, 特に 少女像がよく知られている》.

bal·ti /bɔ́:lti, bǽl-/ *n* [ˢB-] ボールティ, バルティー《肉・鶏・野菜をスパイスを効かせてとろ火で煮込んだパキスタン料理; 通例 中華鍋のような浅い鍋 (karahi) で調理して供される》: a ～ house ボールティ[パキスタン]レストラン.

Bal·ti /bɑ́lti, bɔ́:l-/ *n* **a** バルティー族《Baltistan のチベット系イスラム教徒》. **b** バルティー語《インド Kashmir 北部で使われるチベット語の方言》.

Bal·tic /bɔ́:ltɪk/ *a* バルト海の[に臨んだ]; バルト諸国の;〘言〙バルト語派の. ► *n* **1 a** [the] BALTIC SEA, BALTIC STATES. **b**〘言〙バルト語派《インド-ヨーロッパ語族の一派; Lithuanian, Latvian, Old Prussian からなる》. **c** [ˢb-] 青みがかった暗緑色 (myrtle). **2**《London の》バルティック商業海運取引所 (＝～ **Exchánge**).

Báltic Séa [the] バルト海 (*G* Ostsee)《ヨーロッパ大陸と Scandinavia 半島にはさまれた内海》.

Báltic Shíeld [the]〘地質〙バルト楯状(じゅん)地 (＝*Scandinavian Shield*)《Scandinavia 半島からフィンランドにかけて広がる先カンブリア紀の古期岩層からなる楯状地》.

Báltic Státes *pl* [the] バルト諸国《バルト海に臨む エストニア・ラトヴィア・リトアニアの 3 国; 時に フィンランドも含める》.

Bal·ti·more /bɔ́:ltəmɔ̀:r, *-mər/ **1** ボルティモア《Maryland 州中北部の港湾都市; Chesapeake 湾に注ぐ Patapsco 川の河口に位置》. **2** ボルティモア **David** ～ (1938–)《米国の分子生物学者; 逆転写酵素の発見でノーベル生理学医学賞 (1975)》. **3** ボルティモア 1st Baron ～ ⇨ George CALVERT. **4**〘鳥〙BALTIMORE ORIOLE;〘昆〙米国北東部産のカラフトヒョウモンモドキ属のチョウ. ♦ **Bàl·ti·mór·e·an** *n*

Báltimore bírd〘鳥〙BALTIMORE ORIOLE.

Báltimore chóp〘野〙ボルティモアチョップ《高いバウンドのため内野安打になる打球》.

Báltimore clípper〘海〙ボルティモアクリッパー《19 世紀に Baltimore で建造された小型快速帆船》.

Báltimore óriole〘鳥〙ボルチモアムクドリモドキ (＝*Baltimore bird, golden robin*).

Bal·ti·stan /bɔ̀:ltəstǽn, -stɑ́:n/ バルティスターン《Kashmir 北部 Karakoram 山脈中の地域; パキスタンが実効支配; ☆Gilgit》.

Bál·to-Slávic, -Slavónic /bɔ́:ltoʊ-/ *n, a*〘言〙バルト-スラヴ語派(の).

Ba·lu·chi /bəlú:tʃi/**, Ba·lo·chi** /-lóʊ-/ *n* **a** (*pl* ～, ～**s**) バルーチ族《Baluchistan に住む》. **b** バルーチ語《Iranian 語派に属する》.

Ba·lu·chi·stan /bəlù:tʃəstǽn, -stɑ́:n; ⏑⏑⏑⏑/ バルーチスターン《**1**) パキスタン南西部およびイラン南東部の地方; 乾燥高地 **2**) BALOCHISTAN》.

bal·un /bǽlʌ̀n/ *n*〘電〙バラン, 平衡不平衡変成器. [*bal*anced＋*un*balanced]

bal·us·ter /bǽləstər/ *n*〘建〙手すり子, バラスター《手すり・欄干の小柱》; [*pl*] BALUSTRADE; 手すり子状の柱《テーブルの脚など》. [F＜It＜Gk＝wild pomegranate flower; 形が似ることから]

báluster stèm《酒杯などの》手すり子状の脚, バラスターステム《下部がふくらんで上部が細くなる, または その逆》.

bal·us·trade /bǽləstrèɪd; ⏑⏑⏑/ *n*〘建〙《バルコニーなどの》手すり, 欄干, 高欄《手すりとそれを支える一連の手すり子 (balusters) を合わせた全体》; 低い障壁. ♦ **-tràd·ed** *a* 手すり付きの. **-tràd·ing** *n*

ba·lut /bɑlú:t/ *n* バルート《孵化直前のアヒルの卵をゆでたフィリピン料理の珍味》. [Tagalog]

Bal·zac /bɔ́:lzæk, bǽl-; *F* balzak/ バルザック **Honoré de** ～ (1799–1850)《フランスの小説家; 連作 *La Comédie humaine*》. ♦ **Bal·za·cian** /bɔ:lzéɪʃən, bæl-, -zǽkiən/ *a*

bam[1] /bǽm/ *n, int* バン, ドン, ガン, ドスン《強くたたく[ける, ぶつかる, 破裂する]音》. ► *vi, vt* (**-mm-**) バン[ドン, ガン]という音をたてる; *《俗》打つ, なぐる. [imit]

bam[2] *vt, n* (**-mm-**) 《俗・古》だます(こと), かつぐ(こと). [? *bamboozle*]

bam[3] *《俗》*n* 鎮静剤と興奮剤[《特に》バルビツール剤とアンフェタミン]の

混合物; アンフェタミン(カプセル). [*b*arbiturate＋*am*phetamine]

bam[4] *n**《俗》女海兵隊員, 女海兵《第二次大戦時の用語》. [*b*road-*a*ssed *M*arine]

BAM Bachelor of Applied Mathematics ♦ Bachelor of Arts in Music.

Ba·ma·ko /bàːməkóʊ/ バマコ《マリの首都; Niger 川上流の河港都市》.

bám-and-scrám *n**《俗》ひき逃げ[当て逃げ]の事故.

Bam·ba·ra /bæmbáːrə/ *n* **a** (*pl* ～, ～**s**) バンバラ族《Niger 川上流域の黒人》. **b** 《Mande 語群中の》バンバラ語.

Bam·ba·ri /báːmbəri/ バンバリ《中央アフリカ共和国中南部の町》.

Bam·berg /bǽmbɜ̀ːrg; *G* bámbɛrk/ バンベルク《ドイツ中南部 Bavaria 州北部の都市》.

Bam·bi /bǽmbi/ **1** バンビ《女子名》. **2** バンビ《オーストリアの作家 Felix Salten (1869–1945) 作の同名の動物物語 (1923), および Walt Disney 映画 (1942) の主人公の雄鹿》.

bam·bi·no /bæmbíːnoʊ, bɑːm-/ *n* (*pl* ～**s**, **-ni** /-ni/) **1** 《口》《イタリアで》赤ん坊, 子供; (°*pl* **-ni**) 幼いキリストの像. **2***《俗》ごろつき, こわいお兄さん. **3** [the B-] Babe RUTH. [It＝baby]

bam·boche /bɑːmbóʊʃ/ *n* 《ハイチ》にぎやかに飲んだり踊ったりするうちとけたパーティー.

bam·boo /bæmbúː/ *n* (*pl* ～**s**) 〔植〕タケ; 竹材, 竹ざお. ► *a* 竹(製)の. [Du＜Port＜Malay]

bambóo cúrtain [the, °the B- C-] 竹のカーテン《特に 1950–60 年代の中国と他国との間の政治・軍事・思想的障壁; cf. IRON CURTAIN》.

bambóo fìsh 〔魚〕ヒラダイ, サレマ《アフリカ南部のタイ科の魚; 釣りの餌にされる》.

bambóo pàrtridge 〔鳥〕コジュケイ (小綬鶏).

bambóo shòot たけのこ, 筍.

bambóo tèlegraph [wìreless] 《東洋・大洋州などの先住民の》口伝えなどによる情報伝達法[網].

bambóo wàre ウェッジウッド焼き《Josiah Wedgwood の作った竹色[薄黄(茶)色]の炻器(せっき)》.

bambóo wòrm 〔動〕タケフシゴカイ科のゴカイの一種.

bam·boo·zle /bæmbúːz(ə)l/ 《口》*vt* ことば巧みに欺く, だます; 迷わす: ～ sb *into* doing [*out of* sth] 人をだまして…させる[物を巻き上げる]. ► *vi**だます, 欺く. ♦ **～·ment** *n* **-zler** *n* [C18＜?]

bam·bóo·zled*《俗》*a* 酔っぱらった; 混乱した.

bam·bou·la /bæmbúːlə/ *n* 《アフリカ》バンブーラ《先住民が巫術(ふじゅつ)の儀式などで用いる太鼓; そのリズムで踊る踊り》. [F＜Bantu]

ban[1] /bǽn/ *n* **1 a** 禁止(令), 罰令, 法度(はっと) ‹*on*›; 《社会的圧力などによる》非難, 糾弾, 反対 ‹*on*›; 〔教会〕破門 (excommunication), 追放; 社会的追放の宣告; 《南ア》《言論・政治活動の》禁圧: a ～ *on* abortion 中絶禁止 / impose a ～ *on*…を禁止する / lift [remove] a ～ 解禁する / under the ～ 厳禁されて; 破門されて / place [put]… under a ～ …を禁止する. **b** 呪い, 呪詛. **2 a** 公告, 布告; [*pl*] 結婚予告 (⇨ BANNS). **b** 《封建時代の》家臣の召集; 召集された家臣団. ► *v* (**-nn-**) *vt* 禁止する; ‹場所から›締め出す ‹sb *from* a place›; 《南ア》‹人・組織›に対して(言論[政治])活動を禁圧する; 《古》呪う; 《古》破門する: ～ sb *from* doing 人が…するのを禁ずる. ► *vi* 《古》呪う. [OE *bannan* to summon＜Gmc **bannan* to proclaim to be under penalty]

ban[2] /bɑ́ːn, bǽn/ *n* 〔史〕《Hungary, Croatia, Slavonia の》太守, 都督. [Serbo-Croat *bān* lord]

ban[3] /bɑ́ːn/ *n* (*pl* **ba·ni** /bɑ́ːni/) バーニ《ルーマニア・モルドヴァの通貨単位: ＝1/100 leu》. [↑]

Ba·na·ba /bənɑ́ːbə/ バナバ《太平洋西部, キリバス (Kiribati) 領の島; Nauru 島と Gilbert 諸島の間に位置; 別名 Ocean Island》. ♦ **Ba·ná·ban** *a, n*

Ba·nach /bɑ́ːnɑ̀ːx, bǽnək/ バナッハ **Stefan** ～ (1892–1945)《ポーランドの数学者》.

Bánach àlgebra 〔数〕バナッハ環《実数または複素数のバナッハ空間に対する線形代数で, そこでは *x* と *y* の積のノルム (norm) は, それに属する *x* のノルムと *y* のノルムの積以下である》. [↑]

Bánach spàce 〔数〕バナッハ空間《ノルムの定義されている完備なベクトル空間》.

Ba·na·hao /bənɑ́ːhàʊ/ [Mount] バナハオ山《フィリピンの Luzon 島南部, Manila の南東にある死火山 (2142 m)》.

ba·nak /bɑ́ːnɑ̀ːk/ *n* 〔植〕バナク《中米産ニクズク科ウィロラ属の数種の木; 硬質の材が採れる》. [(Honduras)]

ba·nal /bənɑ́ːl, bənǽl, bæ-, beɪ-, bǽnl, béɪnl/ *a* 陳腐な, 凡庸な (commonplace). ♦ **～·ly** *adv* **ba·nal·i·ty** /bənǽləti, beɪ-/ *n* **～·ize** *vt* **～·izátion** *n* [F; ⇨ BAN[1]; 語義変化は 'compulsory' → 'common to all' へ]

ba·nana /bənǽnə; -nɑ́ːnə/ *n* **1** 〔植〕バナナ; バナナの実; バナナ色: a bunch [hand] of ～*s* バナナひとふさ / ～ tree [plant] バナナの木[株]《植物学的には多年草》. **2 a***《黒人俗》《性的魅力のある》肌の色の薄い黒人女; *《俗》[*derog*] 白人べったりの東洋人[黄色人]; *《病院俗》黄疸(おうだん)の患者, 黄色いの. **b***《俗》コメディアン: TOP BANANA. **c***《俗》ばか; *《俗》いかれたやつ. **d***《俗》鼻, 《特に》大鼻, かぎ鼻, わし鼻; *《俗》《車の》バンパーガード (bumper guard). **e**《卑》ペニス: have [get] one's ～ peeled 性交する. **f***《俗》1 ドル. ● **Cool ～s!** *《俗》すげえ, ワーッ. ► *a* バナナ共和国 (banana republic) の[的な], 中南米の小国の. ★ ⇨ BANANAS. [Sp or Port＜(Guinea)]

banána bàll 《ゴルフ俗》スライスがかかって横に曲がる打球.

banána bèlt *《口》気候温暖な地域.

Banána bènder 《豪口》[*derog*] QUEENSLAND 州人.

banána fàmily 〔植〕バショウ科 (Musaceae).

banána·hèad *n**《俗》ばか, まぬけ.

Banána·lànd 《豪》バナナランド《Queensland 州の俗称; バナナの産地》. ♦ **～·er** *n*

banána òil **1** 〔化〕バナナ油《(1) 酢酸アミル (amyl acetate) の別称 (2) 酢酸アミルなどの溶剤にニトロセルロースを溶かした溶液 (3) バナナ油入りのラッカー》. **2***《俗》でたらめ, おべんちゃら, たわごと.

banána pèpper バナナペッパー, 黄唐辛子《小さいバナナに似たあまり辛くない唐辛子; 完熟する前に収穫される》.

banána plùg 〔電〕バナナプラグ《スピーカーケーブルに使われる, バナナのようにややふくらんだ形の単極プラグ》.

banána·quìt *n* 〔鳥〕マミジロミツドリ《熱帯アメリカ産》.

banána ràce*《俗》あらかじめ結果が決められているいかさまレース.

banána repúblic [*derog*] バナナ共和国《果物輸出貿易や外資への依存度が高く政治的に不安定な中南米などの熱帯の小国》.

ba·nan·as /bənǽnəz; -nɑ́ːnəz/ *a* **1** 《口》気が狂って, 夢中になって ‹*over*›, 興奮して: drive sb ～ 夢中にさせる, 気が狂いそうにさせる / go ～ 頭がおかしくなる, 熱狂[興奮]する, 夢中になる, 頭にくる, かんかんになる. **2***《俗》ホモの. ► *int**《俗》ばか言え, くだらん!

banána sèat 《自転車の》バナナ形サドル.

banánas Fóster [‹*sg*›] [°B- F-] バナナズフォスター《バナナにラムなどをかけ火をつけてアイスクリームを添えて供するデザート》.

banána skìn バナナの皮; "《口》つまずきの原因, 落とし穴: slip on a ～《口》失態を演じる.

banána spìder 〔動〕アシダカグモ.

banána splìt バナナスプリット《半分に縦割りにしたバナナの上にアイスクリームを載せシロップ・ホイップクリーム・種々の果物を添えたデザート》.

banána stìck*《俗》安物の野球バット.

banána wàter lìly 〔植〕ニンファエア メキシカーナ, メキシコスイレン《米国南部・メキシコ原産のスイレン》.

Ba·na·ras /bənɑ́ːrəs/ バナラス (VARANASI の別称).

ban·at, ban·ate, ban·nat /bɑ́ːnət, bǽn-/ *n* 〔史〕BAN[2] の管区[任期].

Ba·nat /bənɑ́ːt, bɑ́ːnɑ̀ːt/ バナト《ヨーロッパ中南東部 Danube 川流域の Tisza 川, Mures 川, Transylvanian アルプスに囲まれた地域; 1779 年からハンガリー領, 1920 年ユーゴスラヴィアとルーマニアの間で分割された》.

ba·nau·sic /bənɔ́ːsɪk, -zɪk/ *a* 実用的な; [*derog*] 実利的な, 営利的な; 単調な, 機械的な, 退屈な, ありふれた; [*derog*] 職人向きの, 独創性のない, あかぬけしない. [Gk＝of artisans]

Ban·bridge /bænbrídʒ/ バンブリッジ《(1) 北アイルランド南東部の行政区 (2) その中心となる町; Bann 川に臨む》.

Ban·bury /bǽnbèri, -b(ə)ri; -b(ə)ri/ バンベリー《イングランド Oxfordshire 北部の町》.

Bánbury càke, Bánbury bún バンベリーケーキ《干しブドウ・オレンジの皮・蜂蜜・香辛料などを混ぜた小さな卵形パイ》. [↑]

Bánbury Cròss バンベリークロス《伝承童謡の 'Ride a Cock-Horse to Banbury Cross' (お馬に乗ってバンベリークロスへ行こう) に歌われる Oxfordshire の Banbury にあった石造の大十字架, またはその市(いち); 十字架は 1602 年ピューリタンたちにこわされたが, 1858 年別のものが再建された》.

bánbury tàle*《俗》うそっぱち, つくり話.

Bánbury tàrt バンベリータルト《干しブドウを詰めてレモンの風味をつけた(三角形の)パイ》.

banc /bǽŋk/, **ban·co**[1] /-koʊ/ *n* (*pl* ～**s**) 判事席: IN BANC. [L]

ban·ca /bɑ́ːŋkɑː/ *n* 《フィリピン》丸木舟, カヌー. [Tagalog]

bánc·assùrance, bánk- /bǽŋk-/ *n* 〔英〕バンカシュアランス《銀行による保険商品の販売》. ♦ **bánc·assùrer** *n*

ban·co[2] /bǽŋkoʊ, bɑ́ːŋ-/ *n* (*pl* ～**s**) 〔トランプ〕バンコ《baccarat や chemin de fer で, 子の一人が親と同額を賭けること, また その宣言; 他の子の賭けは全部無効となる》.

Ban·croft /bǽnkrɔ̀(ː)ft, bǽŋ-, -krɑ̀ft/ バンクロフト (1) **George** ～ (1800–91)《米国の歴史家; *History of the United States* (10 vols, 1834–74) を残し 'アメリカ歴史学の父' といわれる》 (2) **Richard** ～ (1544–1610)《イングランドの聖職者; Canterbury 大主教 (1604–10)》.

band[1] /bǽnd/ *n* **1 a** 帯状のひも, バンド, 帯; 《厚みが一様の》指輪 (ring) (: WEDDING BAND); たが, 帯金; 衣服の腰・首・袖口などを締める帯; HATBAND; 輪ゴム; 新生児のへそを保護するために当てる布片 (＝*bellyband*); 〔機〕調帯, ベルト; 〔製本〕背綴じ糸; バンド《背綴じ糸による背表紙の帯状の隆起》; *《伝書バトなどにつける》脚環; [*pl*] 《古》自由を縛る道具《手かせ・足かせ・鎖など》. **b** 《古》きずな, 義理, 束縛 (bond). **2 a** 帯状のもの, (…の)帯 ‹*of*›; 《色などの》縞(しま), すじ

(stripe);〘解〙《人体の器官などを連結・保持する》帯状[索状]組織;〘建〙帯模様: a narrow ~ *of* cloud 細い雲の帯 / a ~ *of* showers 雨域帯, 雨の帯. **b**〘通信〙帯域, バンド;〘理〙ENERGY BAND;《レコード面の, 一曲[楽章]分に相当する》音溝帯, バンド (=*track*);〘電算〙帯域, バンド《磁気ディスクなどの一組の記録トラック》; 鉱石の薄層. **c** 《一連の数値の中の》帯域, …帯;《年齢・収入・税金などによって分けた》層, 階層 (: tax ~);〘教育〙習熟度別グループ. **d**《17 世紀に着用された, 時にレースで縁取った》幅広の白い襟; [*pl*]《大学教授・聖職者の式服・弁護士服などの》幅広の白いたれ襟. ► *vt* ひも[帯]で縛る; …に縞[帯状の線]をつける; *《鳥》に脚環をつける;〘教育〙〈生徒を〉習熟度別に分ける[まとめる]. ♦ **~·er** *n* ['tie' の意<ON<Gmc; ⇨ BIND; 'strip' の意<OF<L<Gmc]

band[2] *n* **1** 一組の人, 一隊, 団 (party); *動物の群れ;《カナダ》特定の居留地に住む公認されたインディアン集団;〘人〙バンド《移動生活を共にしている狩猟採集民の社会集団》: a ~ of thieves 盗賊団. **2** 楽隊, 楽団, バンド. ● **beat the ~** 《俗》他を圧倒する, 群を抜く. **then the ~ played** 《口》それから大変なことになった[面倒なことが起こった]. **to** BEAT **the ~. when the ~ begins to play** 事が重大になると. ► *vt* [~ *-self*] 団結させる〈*together*〉. ► *vi* まとまる, 団結する〈*together*〉. [OF<L<?Gmc]

band[3] *n*《黒人俗》女. [? *bantam*]

ban·da /báːndə/ *n* バンダ《ブラス楽器を強調した強烈なビートのメキシコのダンス音楽》. [MexSp=band]

Ban·da /bǽndə, báːn-/ バンダ **H(astings) Kamuzu** ~ (1906?–97)《マラウィの政治家; 初代大統領 (1966–94)》.

ban·dage /bǽndɪʤ/ *n* 包帯; *ばんそうこう (plaster[1]); 目隠しの布;《被覆・補強・緊縛用の》帯布, 帯金, はちまき鉄: triangular ~ 三角巾 / apply a ~ 包帯をする〈*to*〉. ► *vt* 〈傷など〉に包帯を当てる〈*up*〉. ► *vi* 包帯をする. ♦ **bán·dag·er** *n*

Band-Aid /bǽndèɪd/ **1**〘商標〙バンドエイド《救急絆 (sticking plaster); cf. ELASTOPLAST》. **2** [°band-aid] 間に合わせの解決[対策], 一時しのぎ. ► *a* 一時しのぎの, 応急的な.

Bán·da Íslands /bǽndə-, báːndə-/ *pl* [the] バンダ諸島《インドネシア Molucca 諸島に含まれる島群; Ceram 島の南に位置》.

ban·dan·na, -dana /bændǽnə/ *n* バンダナ (=*pullicat*)《絞り染めの大型ハンカチ[スカーフ]》. [Port<Hindi]

Ban·da Ori·en·tal /báːndə ɔ̀ːriɛ̀ntáːl/ バンダオリエンタル《植民地時代のウルグアイに対するスペイン人による呼称;「(la Plata 川の)東岸」の意》.

ban·dar /bʌ́ndər/ *n*《インド》RHESUS MONKEY. [Hindi]

Bandar バンダール《MACHILIPATNAM の別称》.

Bándar Ab·bás /-əbáːs/ バンダルアッバース《イラン南部の Hormuz 海峡に臨む市》.

Ban·da·ra·nai·ke /bɑ̀ːndərənáɪkə/ バンダラナイケ (1) **Sirimavo** (**Ratwatte Dias**) ~ (1916–2000)《スリランカ (もと セイロン) の政治家; 首相 (1960–65, 1970–77, 1994–2000)》 (2) **S(olomon) W(est) R(idgeway) D(ias)** ~ (1899–1959)《セイロンの政治家; 前者の夫; 首相 (1956–59); 暗殺された》.

Bándar Khoméini バンダルホメイニ《イラン南西部, ペルシア湾奥の港町; Abadan の東北東に位置; 石油積出し港》.

Bándar Lám·pung /-láːmpuŋ/ バンダルランプン《インドネシア Sumatra 島南部の市・港町; 1980 年代に Tanjungkarang 市と近接の港町 Telukbetung が統合されてできた市》.

Bándar Sè·ri Be·gá·wan /-sèri bəgáːwən/ バンダル・スリ・ブガワン《ブルネイの首都; 旧称 Brunei》.

Bán·da Séa /bǽndə-, báːn-/ [the] バンダ海《Sulawesi 島, Moluccas 諸島, Aru 諸島, Timor 島などに囲まれた海域》.

b. and b., B & B bed-and-breakfast ♦ °bread and butter.

bánd·bòx *n* **1** バンドボックス《帽子などを入れる円筒形のボール紙[薄板]の箱》: look as if one came [has come, has stepped] out of a ~ ぱりっとした身なりをしている. **2** バンドボックス形の比較的内部が狭い建造物《劇場・球場など》; *《俗》田舎の留置場. ► *a* とてもきれいな, みごとに整った; こわれやすい.

bánd bràke〘機〙帯ブレーキ.

B and D, B&D, B/D bondage and discipline [domination] 縛りと折檻, 緊縛と調教《サドマゾ行為》.

B and E °breaking and entering.

ban·deau /bændóu; ⌐⌐/ *n* (*pl* **-deaux** /-z/, **~s**) バンドー《(1) 女性の髪・頭に巻く細いリボン 2) 女性用帽子の内帯 3) 幅の狭いブラジャー》;《一般に》リボン状のもの. [F]

bánd·ed *a* band(s) 付きの;〘地質・動・植など〙縞(しま)模様の; 団結した.

bánded ánteater〘動〙フクロアリクイ (=*numbat*)《豪州産》.

bánded ráttlesnake〘動〙TIMBER RATTLESNAKE.

Ban·del·lo /bændɛ́lou, bɑːn-/ バンデッロ **Matteo** ~ (1485–1561)《イタリアの修道士・作家; 短篇小説集 *Novelle* (1554–73) はフランス語・英語に訳されて Shakespeare ほか Elizabeth 朝演劇, Lope de Vega, Byron などの作品の種本となった》.

ban·de·ri·lla /bæ̀ndəríː(j)ə/ *n*〘闘牛〙バンデリリャ《牛の首・肩に刺す飾り付きの槍》. [Sp (dim)<*bandera* banner]

ban·de·ri·lle·ro /bæ̀ndəri(l)jɛ́ərou/ *n* (*pl* **~s**)〘闘牛〙バンデリリェロ《BANDERILLA を使う闘牛士; ⇨ MATADOR》. [Sp]

ban·de·rol(e) /bǽndəròul/ *n*《槍・マストなどの先端の》小旗, 吹流し;《偉人の葬式に用いる》弔旗 (bannerol);〘建〙銘を刻んだ飾帯, 銘帯. [F<It (dim)<*bandiera* banner]

Ban·der·snatch /bǽndərsnæ̀ʧ/ *n* **1** バンダースナッチ《Lewis Carroll, *Through the Looking-Glass* に登場する架空の動物》. **2** [b-]《警戒心をいだかせる》奇怪な人[動物].

band-ga·la /bʌ́ndgəlàː/ *a*《インド》襟元の閉じた〈コート〉.

bánd gàp〘理〙バンドギャップ (=*forbidden band*)《電子のもちうるエネルギーの許された帯域間の空隙》.

bandh, bundh /bʌ́nd/ *n* バンド《インドで抗議のための仕事の全面的停止, ゼネラルストライキ; cf. GHERAO》. [Hindi=a stop]

ban·di·coot /bǽndɪkùːt/ *n*〘動〙**a** オニネズミ (=*mole rat*) (=⌐ **ràt**)《インド・スリランカ産; 稲に大害をなす》. **b** バンディクート, フクロアナグマ《豪州, New Guinea 産》: (as) BALD as a ~ / (as) miserable as a ~《豪口》とてもみじめで. ► *vt*《豪》〈ジャガイモを〉掘り起こす. [Telugu=pig rat]

ban·di·do /bændíːdou/ *n* (*pl* **~s**)《中南米・米南西部》BANDIT. [Sp]

bánd·ing *n* **1**《衣服の袖口・ヘムなどに縫い付ける》帯状の布[ひも, テープ]; 物を束ねる帯状のもの. **2** 団結, 連合. **3**〘英教育〙能力別グループ分け《小学校最終学年において生徒を能力によって 3 段階に分けること; comprehensive schools における学力の均等配分をはかるため》.

ban·dit /bǽndət/ *n* (*pl* **~s, -dit·ti** /bændíti/) 山賊, 追いはぎ, 賊, 強盗; ゲリラ; 悪党, 無法者 (outlaw);《軍俗》敵機,《一般に》敵; *《俗》障害, じゃま; *《俗》暴力的な同性愛者, ホモ野郎: mounted ~*s* 馬賊 / a set [gang] of ~*s* 山賊団. ● **like a ~** *《俗》大成功をおさめて, 意気揚々と. **make out like a ~** *《俗》非常な成功をおさめる, 大もうけする. ♦ **~·ry** *n* 山賊行為; 強盗《集合的》. [It (pp)<*bandire* to BAN[1]]

bándit bàrrier《銀行などの現金出納係の前などに付ける防弾プラスチックの》強盗防止板.

ban·di·to /bændíːtou/ *n* (*pl* **~s**)《特に 中米で》無法者, BANDIT.

Bandjarmasin ⇨ BANJARMASIN.

Band·ke·ra·mik /bɑ̀ːntkeɪráːmɪk/ *n*〘考古〙《中部ヨーロッパ新石器時代の》帯状文土器. [G]

bánd·lèad·er *n* 楽団の統率者[指揮者], バンドリーダー.

bánd·màster *n* 楽団指揮者, 首席奏者, バンドマスター.

bánd·màte *n* バンド仲間, 同僚楽団員.

B & N °Barnes & Noble.

ban·do·bust, bun-, -bast /bʌ́ndəbʌ̀st/ *n*《インド》《催事の》手はず, 準備(態勢),《時に》警備態勢.

Bandoeng ⇨ BANDUNG.

Bánd of Hópe [the]〘英〙少年禁酒団《生涯禁酒を誓う少年の会; 1847 年創立》.

ban·dog /bǽndɔ̀(ː)g, -dɑ̀g/ *n* 攻撃性の強い種の犬を交配させてつくる闘犬《American pit bull terrier, rottweiler, mastiff のかけあわせなど》;《もと》鎖につないだ猛犬[番犬].

ban·do·lier, -leer /bæ̀ndəlíər/ *n*〘軍〙弾(薬)帯, 負い革《弾薬筒などをつるすため, また 時に制服・礼服の一部として肩からかける》;《小嚢式弾薬帯の》小嚢. [Du or F; ⇨ BANDEROLE]

ban·do·line /bǽndəlìːn, *-lən/ *n* バンドリン《頭髪・口ひげなどを調えるのに用いるポマードの一種》.

ban·do·ne·on, -ni- /bændóuniɑ̀n/ *n*〘楽〙バンドネオン《ラテン音楽によく用いられるアコーディオンの一種; 鍵盤ではなくボタンが付いている》. [G (H. *Band* 19 世紀ドイツの音楽家で考案者, Harmonika, Akkordion)]

ban·dore /bǽndɔːr, ⌐⌐/, **-do·ra** /bændɔ́ːrə/ *n* バンドーラ (=*pandora*)《lute または guitar に似た昔の撥弦楽器》.

bánd-pàss fìlter〘電子工〙帯域(通過)フィルター[濾波器]《ある範囲内の周波数成分のみを通過させるフィルター》.

B & Q /bíː ən(d) kjúː/ B & Q《日曜大工や園芸用品を低価格で販売する英国のチェーン店》.

bánd ràzor 帯かみそり《カートリッジ式の帯状片刃かみそりを順次送りながら使用する安全かみそり》.

ban·drol /bǽndròul/ *n* BANDEROLE.

B and S /bíː ənd ɛ́s/《豪》B アンド S (=⌐ **bàll**)《オーストラリアの奥地で毎年催される若い独身男女を対象としたダンスパーティー》. [*B*achelor and *S*pinster]

bánd sàw〘機〙帯鋸(おびのこ)(盤) (=*belt saw*).

bánd shèll《後方に半円形の反響板のある》野外音楽堂, 奏楽堂.

bánds·man /-mən/ *n* 楽団員, バンドマン.

bánd spèctrum〘理〙帯(たい)スペクトル.

bánd·sprèad·ing *n*〘電子工〙《無線受信機で, 同調を容易にするための》バンドスプレッド.

bánd·stànd *n*《屋根付きの》野外音楽堂, 屋外ステージ;《音楽ホール・ナイトクラブなどの》演奏壇, バンドスタンド.

B and T *《俗》bacon and tomato sandwich.

bánd-tàil(ed) pígeon〘鳥〙オウギバト《北米西部産》.

bánd thèory〘理〙バンド理論《固体中の電子の運動に関する量子

力学的理論; 電子のエネルギースペクトルが離散的でなく, 許容帯と禁止帯をなすとするもの》.

Ban·dung, (Du) **Ban·doeng** /bá:ndùŋ, bǽn-/ バンドン《インドネシア Java 島西部の市; 1955 年第 1 回アジア・アフリカ会議 (the ～ **Cónference**) の開催地》.

ban·dura /bændúərə/ *n* バンドゥーラ《ウクライナのリュートに類する撥弦楽器》.

ban·dur·ria /bændúərjə/ *n* バンドゥリア《スペインのリュート型撥弦楽器》.

B&W, b&w 〘写〙 °black and white.

bánd·wàgon *n* **1** *《サーカスなどのパレードの先頭の》楽隊車. **2** [the] 今をときめく党派, 時流に乗った運動; 流行, 人気. ● **jump [climb, get, hop, leap] on [aboard] the ～**＝**join the ～** 《口》勝算のありそうな候補者[主義, 運動]を支持する, 時流に投ずる, 便乗する.

bánd whèel 〘機〙 ベルト車《ベルトをかけて動力を伝える滑車》; 帯車《帯鋸(おび)をかけて回す車》.

bánd·wìdth *n* **1**〘電子工〙《特定の送信電波の, また 増幅器などが有効に作用する》(周波数)帯域幅. **2**〘電算〙 帯域幅《データ通信機器の伝送容量; 通例 bits [bytes] per seconds で表わす》. **3** 《口》 処理能力: be out of ～ 〈人が〉処理能力の限界を超えている.

ban·dy[1] /bǽndi/ *vt* **1 a** 〈ボールなど〉打ち合う. **b** (ぞんざいに)投げ合う[渡し合う]; いいかげんに扱う 〈*about*〉. **2 a** やりとりする, EXCHANGE: ～ blows なぐり合う / ～ compliments 互いにほめ合う / ～ words 《古風》 議論[口論]する, 言い争う 〈*with*〉. **b** [ᵁ*pass*] 〈名前・考え・話など〉よく話題にする, 口にする, 取りざたする 〈*about, around*〉. **3** 《古》 団結させる. ► *vi* 言い争う, やり合う, 渡り合う 〈*with*〉; 《古》 団結する, 徒党を組む; 《廃》 争う 〈*with*〉. ► *n* バンディ《(1) ホッケーの古形とされる競技 (2) テニスの古形とされる球技》; バンディ用の弓形スティック. [F＝to take sides; ⇨ BAND[1]]

bandy[2] *a* 〈脚・人・動物が〉がにまたの; 〈家具などが〉猫足の. ● **knock** sb **～** 《豪口》 びっくり仰天させる. [? *bandy* (obs) curved stick]

bandy[3] *n* 《インド》 乗用[荷物用]の車, 《特に 去勢した雄牛に引かせる》牛車. [Telugu]

bándy-bàll *n* バンディボール (bandy)《ホッケーの古形》.

bándy-bándy *n* 〘動〙 バンディバンディヘビ《黒と黄の環状の縞模様がある豪州産コブラ科の小型毒ヘビ》.

bándy-lèg *n* BOWLEG; 《家具などの》 猫足(ねこあし).

bándy-lègged *a* がにまたの (bowlegged).

bane[1] /béɪn/ *n* 《詩》 死, 破滅; 《詩》 悲嘆, 苦悩; 死をもたらすもの, 破滅[災い]のもと, 禍; 悩み[心配]の種; 《古》 毒 (cf. RATSBANE); 《廃》 殺人者, 人殺し: Gambling was *the* ～ *of* his life. ばくちが彼の命取りとなった. ► *vt* 《古》 …に危害を加える; 《廃》 毒殺する. [OE *bana* slayer＜Gmc]

bane[2] *n* 《スコ》 BONE. [BONE の ME 北部方言]

báne·bèrry /, -b(ə)ri; -b(ə)ri/ *n* 〘植〙 ルイヨウショウマ属の多年草《キンポウゲ科; 北半球産》; ルイヨウショウマの果実《赤, 黒, または 白く熟す液果で, しばしば 有毒》.

báne·ful *a* 破壊的な; 致命的な; 苦しみのもとになる; 《古》 有毒な; 有害な: a ～ influence 悪影響. ♦ **～·ly** *adv* **～·ness** *n*

Banff /bǽmf/ バンフ《(1) スコットランド北東部にあった州 (＝**Bánff-shire**) /-ʃɪər, -ʃər/; ☆Banff (2) カナダ西部 Alberta 州南西部, Rocky 山脈中のリゾート地; 一帯が国立公園に指定されている》.

bang[1] /bǽŋ/ *vi* **1** 《激しく》バン[ガン]とたたく 〈*at, on*〉; 大きな破裂[爆発, 衝撃]音をたてる; 〈ドアなどが〉バタンと閉まる; 跳び上がる 〈*up*〉; 騒々しい音をたててぶつかる[衝突する] 〈*against*〉; 騒がしく走る, ドタバタと走りまわる; 〘スポ〙 激しくプレーする: ～ *up against* sb 人に飛びかかる. **2** 《俗》 麻薬をうつ; 《卑》 性交する. **3** *《俗》 《ストリートの》ギャングに所属する, ギャングをやる (cf. GANG-BANG). ► *vt* **1** バン[ガン]と打つ, 〈大砲を〉ズドンと放つ; バタンと閉める; 激しく打つ[たたく], 強打する; たたきつける, ぶつける; 〈知識などを〉たたき込む; 乱暴に扱う[置く]: ～ *oneself against* a tree 木にガンとぶつかる / ～ a door (*to*). **2** 《俗》 〈麻薬を〉注射する, 《特に》〈ヘロインを〉静脈注射する, 〈人〉に薬をうつ; 《卑》 …と性交する. **3** 《俗》 しのぐ, …にまさる (beat); 〘証券〙 むこうみずに売って〈価格を〉下落させる: ～ a market 〘証券〙 売り崩す. ● **～ around** たたく, ぶったたく. **～ away** バンバンとたたきつづける 〈*at*〉; 大いに励む, 執拗に攻めたてる 〈*at*〉; 〈銃砲が〉鳴り[とどろき]つづける, 〈ブラスバンドが〉ガンガン鳴らしつづける; 銃をバンバンと撃つ[撃ちつづける]; 《俗》 ガンガン攻めたてる 〈*at*〉; 《卑》 絶え間なく性交する. **～ in** たたいて[ぶつけて]へこます[くずす, こわす]. **～ into**…にぶつかる[ぶつける]; …にでくわす, ばったり出会う. **～ off** バン[ガン]と打つ, バン[ガン]と鳴らす. **～ on** ᴴ《俗》 しつこく話しつづける 〈*about*〉. **～ out** 《口》 〈曲を〉ガンガン鳴らす, やかましく演奏する; 《口》 (タイプライターで)〈記事などを〉打ち出す, ばんばん書く; 〈原稿などを〉急いで作り出す. **～ up** めちゃくちゃにする[こわす]; *《口》 ぶったたく, 負傷させる; ᴴ《口》 収監する; ᴴ《刑務所俗》 〈囚人を〉独房にぶち込む; *《俗》 妊娠させる; 《俗》 自分で麻薬を注射する.

► *n* **1** 強打(の音); 衝撃; バーン(という破裂音), 砲声, 銃声; [〈*int*〉] バン, ガン, バーン, ガーン, ズドン, ドカン, ドーン, パーン, ガターン, バタン, ガシャーン: get [give sb] a ～ on the head 頭をガンと打たれる[打つ]. **2 a** *《口》 衝撃的効果, いきなりくる力; *《口》 勢い, 威勢; *《口》 興奮, 快感, 愉快, スリル; 《俗》 麻薬の注射, 麻薬の一服; 《卑》 性交: get a (big) ～ out of… *《口》 …で非常に楽しい思いをする, 興奮を覚える (enjoy) / a ～ in the arm 《俗》 薬(ﾔｸ)の静注. **b** 《俗》 《酒の》アルコール強度; *《俗》 《酒の》 一杯 (shot). **c** *《俗》 犯罪容疑, 懲役刑. **3** 《印刷俗・電算俗》 バン, 感嘆符 (!). ● **～ for the [one's] buck** *《俗》 (支払った)金に見合う価値, ちゃんとした見返り. **～ to** RIGHTS. **full ～** 《俗》 full SPEED. **the whole ～ (shoot)** 《口》 全部, ありったけ, なにもかも. **with a ～** 《口》 だしぬけに, ばったりと; 非常にうまく, みごとに; 全速力で; *《口》 威勢よく, 熱心に: go off [over] *with a* ～ 大当たりをとる, 大成功になる, 大好評を博す.

► *adv* 大きい音をたてて(激しく), バン[ガン]と; 突然, 不意に; 《口》 まさに, 全く, ちょうど, 一直線に, まっこうから: come ～ up against…に激しくぶつかる / go ～ 大音を発して爆発する[破裂する, 吹っ飛ぶ, ぶつかる, 閉まる] / ～ in the middle まんまん中に[で], まっただ中に[で]. ● **～ goes**… 《俗》 これで〈ある金額・期待していたもの〉がパー[オジャン]だ. **～ off** ᴴ《口》 すぐさま, 直ちに. **～ on** ᴴ《口》 どんぴしゃの[に], すばらしい[すばらしく]. **～ up** *《口》 どんぴしゃの[に], すばらしい[すばらしく]. [imit＜?Scand (ON *bang, banga* hammer)]

bang[2] *n* [ᵁ*pl*] *《額のところで》まっすぐに切りそろえた前髪 (fringeᴴ). ► *vt* *〈前髪を〉まっすぐ切りそろえる; 〈馬などの尾を〉短く切る: wear one's hair ～*ed* 前髪を切りそろえている. [*bung*[1] (adv)]

bang[3] ⇨ BHANG.

Ban·ga·lore /bǽŋgəlɔ̀ːr; ⸗⸗⸗/ バンガロール《インド南部 Karnataka 州の州都; インドの IT 産業の中核都市》.

bángalore torpédo 〘軍〙 破壊筒《高性能爆薬を詰め起爆装置を付けた金属筒; 地雷原・鉄条網破壊用》. [↑]

ban·ga·low /bǽŋgəlòʊ/ *n* 〘植〙 ユスラヤシ, ユスラヤシモドキ《豪州東部産; 観葉植物》.

báng-bàng *n* 《口》 騒々しい撃ち合い[闘い]; *《俗》 西部劇; 《俗》 ピストル, ガン; バンバン《誘導ミサイル制御システムの一種》. ► *a* パンチのきいた; 瞬時に行なわれる, 一瞬の; アクションものの〈映画など〉.

báng·bòard* *n* トウモロコシ収穫車の横板《これに穂が当たって車の中に落ちる》.

báng·er *n* BANG[1] する人[もの]; *《俗》 GANG-BANGER; ᴴ《口》 ソーセージ (⇨ BANGERS AND MASH); ᴴ《口》 爆竹, クラッカー (firecracker); ᴴ《口》 おんぼろ自動車, ぽんこつ, *《一般に》 車 (car); *《俗》 《車の》 フロントバンパー; *《俗》 《自動車エンジンの》 シリンダー; *《俗》 …気筒エンジン; *《麻薬俗》 皮下注射器; 荒々しい運動選手; *《俗》 パンチの強烈なボクサー, ハードパンチャー.

bángers and másh **1** ᴴ《口》 ソーセージとマッシュポテトの組合わせ《シンプルだが実質的な英国料理の代表格》. **2** *《俗》 ちょっとした自動車事故.

Bang·ka, Ban·ka /bǽŋkə/ バンカ《インドネシア Sumatra 島の南東沖にある島; Sumatra 島とバンカ海峡 (～ **Stráit**) で隔てられる》.

bang·kok /bǽŋkɑ̀k, ⸗⸗/ *n* バンコック《(1) タリポットヤシの葉などから採る編組細工用繊維 (2) それで作った帽子》. [↓]

Bangkok バンコク (*Thai* Krung Thep)《タイの首都; Chao Phraya 川下流に臨む河口都市》.

Ban·gla /bʌ́ŋglə/ *n* ベンガル語 (Bengali). ► *a* BANGLADESHI; BENGALI

Ban·gla·desh /bɑ̀:ŋglədéʃ, bæ̀ŋ-, bʌ̀ŋ-, -déɪʃ/ バングラデシュ《南アジアの国; 公式名 People's Republic of ～ (バングラデシュ人民共和国); ☆Dhaka; 1971 年独立, 旧 East Pakistan》.

Bàng·la·déshi /-déʃi, -déɪ-/ *n* (*pl* **～, -désh·is**) バングラデシュ人. ► *a* バングラデシュ(人)の.

ban·gle /bǽŋg(ə)l/ *n* 《金・銀・ガラスなどで作った》 飾り輪, 腕輪, 足首飾り, バングル; 腕輪《など》から下げた円板状の飾り. ♦ **～d** *a* bangle を着けた. [Hindi *bangri* glass bracelet]

báng-ón *a* ᴴ《口》 どんぴしゃりの, すてきな, すばらしい, 一流の (bang-up).

Ban·gor /bǽŋgər/ バンガー《(1) ウェールズ北西部の大学町 (2) 北アイルランド南東部にある海岸リゾート地》.

Báng's disèase /bǽŋz-/ 〘獣医・医〙 バング病 (brucellosis). [B. L. F. *Bang* (1848–1932) デンマークの獣医]

báng stìck バングスティック《ダイバーがサメなどに対して用いる, 先端に爆薬を詰めた棒》.

báng·tàil *n* 断尾した馬(の尾); *《俗》 競走馬 (racehorse); 尾の短い野生の馬; 《豪》 《総数を調べるため》 尾の先端を切られた牛.

bángtail mùster 《豪》 牛の総数点検(のための駆り集め)《一頭ずつ断尾しながら数えていく》.

Ban·gui /*F* bɑ̃gi/ バンギ《中央アフリカ共和国の Ubangi 川に臨む首都》.

báng-ùp *《口》 *a* すばらしい, 上等の (first-rate): a ～ job. ► *n* 衝突; *《古》 厚手のオーバー.

Bang·we·u·lu /bæ̀ŋwiú:lu/ [Lake] バングウェウル湖《ザンビア北東部の湖; 湿地帯にあり, 季節により面積が変動する; Congo 川の水源; Livingstone が発見, この地で客死》.

báng zòne 〘空〙 BOOM CARPET.

bani *n* BAN[3] の複数形.

ban·ia /bʌ́njə/ *n* 《インド》 商人, 取引業者. [Hindi]

banian ⇨ BANYAN.
ban·ish /bǽnɪʃ/ *vt* 《正規の処罰として》(…から)追放する; 追い払う, 〈心配などを〉払いのける; なくす, 取り除く: He was ～*ed* (*from*) the country [～*ed to* Australia]. 国外に[オーストラリアへ]追放された / ～ sb *from* one's presence 人を面前から遠ざける. ♦ **～·er** *n* [OF; ⇨ BAN[1]]
bánish·ment *n* 追放; 流刑.
ban·is·ter, ban·nis- /bǽnəstər/ *n* 〔建〕手すり子 (baluster); [°～s, 〈*sg*/*pl*〉] (階段)手すり, 欄干《支えの手すり子を含めていう》; バニスター《椅子の背の笠木を支える挽き物の部材》. ♦ **～ed** *a* [C17 *barrister*; BALUSTER の変形]
Banī Suwayf ⇨ BENI SUEF.
Ban·ja Lu·ka /bá:njə: lú:kə/ バニャルカ《ボスニア-ヘルツェゴヴィナ北部の市; 近世たびたびオーストリア·トルコ間の戦場となった》.
Ban·jar·ma·sin, -djar-, -jer- /bænʤərmá:s(ə)n, bà:n-/ バンジャルマシン《インドネシア Borneo 島南西部の市》.
ban·jax /bǽnʤæks/ 《口》*vt* 打つ, なぐる; やっつける. ♦ **～ed** *a* うちこわされた, つぶれた, だいなしになった; 酔っぱらった.
ban·jo /bǽnʤou/ *n* (*pl* ～s, ～es) **1** バンジョー《弦楽器》; [〈*a*〉] バンジョー形の. **2** 《俗》シャベル; 《豪俗》FRYING PAN. ► *vi* バンジョーを弾く. ♦ **～·ist** *n* バンジョー奏者. [*bandore* (Gk *pandoura* three stringed lute); 黒人のなまり]
bánjo clòck バンジョー形振子時計.
bán·joed *a* ″《俗》めろめろに酔って, 泥酔して.
bánjo hìtter 《野球俗》へなちょこ打者.
Ban·jul /bá:nʤù:l, bænʤú:l/ バンジュル《ガンビアの首都; Gambia 川河口の St. Mary 島に位置; 旧称 Bathurst》.
ban·ju·le·le /bæ̀nʤʊléɪli/, **-jo-** /-ʤə-/, **bánjo-uku·léle** *n* バンジュレレ《banjo と ukulele の中間の楽器》.
bank[1] /bǽŋk/ *n* **1 a** 土手, 堤防, 築堤; 河岸, ほとり《川の right ～ (右岸), left ～ (左岸) は川下に向かっていう》; [*pl*] 川の両岸, 河原, 川と土手の間の土地: on the ～*s* of the Thames テムズ川岸に. **b** 《土手のように》平らに長く盛り上がったもの《土砂·雪·雲·霧など》: a ～ of clouds 層雲, 雲の堤. **2 a** 《畑などの境界線となる》盛り土; 《丘などの》急斜面; 《道路·競走路などのカーブに沿った》片(かた)勾配, 傾斜(面); 〔鉱〕立坑口; 〔鉱〕炭柱の払面; 《ビリヤード台の》クッション. **b** 〔空〕《旋回時の》バンク, 横傾斜: the angle of ～ バンク角《飛行中の左右傾斜角》. **3** 《海中の》堆(たい), 浅堆, 洲, 浅瀬 (cf. SANDBANK): the ～*s* of Newfoundland ニューファウンドランドの浅瀬《大漁場》. ► *vt* **1** …に堤防を築く, 堤で囲む; 積み上げる 〈*up*〉; 《火を長持ちさせるため》〈炉などの火〉に灰[石炭(の粉)など]をかぶせる, いける 〈*up*〉; 〈魚を〉釣り[引き]上げる. **2** 〈道路など〉に勾配をつける, カーブに沿って外側を高くする; 《方向転換のため》〈飛行機を〉傾ける, 〈自動車を〉傾斜に沿って走らせる; ″《機関車が》〈勾配を上る列車を〉補助する. **3** 〔玉突〕〈球を〉クッションにあてる, 〈的球を〉クッションにあててポケットに入れる; 〔バスケ〕〈ボールを〉バックボードにあててシュートする, バンクショットで入れる. ► *vi* 積み重なる, 層をなす 〈*up*〉; 傾いて飛行する[走る]; 〈道路·鉄道線路が〉カーブで内縁から外縁に向かって高くなるように傾斜する, バンクする. [ON; ⇨ BENCH]
bank[2] *n* **1 a** 銀行; [the B-] ″BANK OF ENGLAND: SAVINGS BANK / a ～ of deposit [issue] 預金[発券]銀行. **b** 家庭用小型金庫, 貯金箱, PIGGY BANK; 《廃》両替屋(のカウンター). **2 a** 貯蔵所[物], 集積場, …置き場, …バンク《blood bank, data bank, bottle bank など》. **b** 《種々のゲームで》場に残した札[牌]の山, 山札, 積札. **c** 《トランプ》親, 貸元 (banker); [the] 《賭け勝負の場で》貸元の金, 場銭. **d** *《俗》お金. ● **break the ～** 《賭け事で》勝って胴元の金を全部取る; 《口》破産させる, 無一文にする. **cry [laugh] all the way to the ～** 《口》[*iron*] 金のもうけすぎを嘆く, もうかって笑いが止まらない. **in the ～**″ 借金して (in debt), 赤字で. ► *vt, vi* 銀行に預ける, 口座をもっている 〈*with, at*〉; 銀行業を営む; 銀行と取引する; 《ばくちで》貸元になる; 〈特定の金額を〉稼ぐ. ● **～ on…** 《口》…をあてに[確信]する, …にたよる (depend on), …を信用する. [F *banque* or It *banco* (↑)]
bank[3] *n* **1 a** 《座席·街灯などの》列; 《ピアノ·オルガン·タイプライターなどの》キーの列, 鍵座; 段々に[一列に]並べられたもの, 並置された一連のエレベーター; 〔電〕バンク《(**1**) 電話の自動交換機などの接点端子群 **2**) 配電盤のスイッチの列》; 〔新聞〕《見出しの下の》副見出し (subhead): ～*s* of computers ずらっと並んだコンピューター / PHONE BANK. **b** 《ガレー船の》こぎ手席; こぎ手《集合的》; 《ガレー船の》オールの列. **2** 〔印〕まとめ台 (=*random*) 《ゲラの活字組版を直したりメーキャップしたりする台板》. ► *vt* 層状にする, 横一列に並べる. [OF<Gmc; ⇨ BANK[1]]
Banka ⇨ BANGKA.
bánk·able *a* 銀行に担保にできる; 銀行で引き受けられる; 銀行で兌換できる; 割引のきく; 信用[信頼]できる; 〈映画スターなどが〉確実にもうかる, 金になる, ドル箱の. ♦ **～·ability** *n* [BANK[2]]
bánk accèptance 銀行引受手形.
bánk accòunt 銀行預金口座; 銀行預金勘定.
bánk annùities *pl* 〔英〕CONSOLS.
bankassurance ⇨ BANCASSURANCE.
bánk bàlance 銀行(預金)残高.
bánk bàrn* 丘の斜面に建てた二階建ての納屋《一階にも二階にも直接外からはいれる》.
bánk bìll ″銀行手形; *BANKNOTE.
bánk·bòok *n* 銀行通帳, 預金通帳 (=*passbook*).
bánk càrd バンクカード《銀行発行のクレジットカード》; ″CHECK CARD.
bánk chàrge 《顧客に対する》銀行手数料.
bánk chèck* 銀行小切手, 小切手《預金者が銀行の自己の口座宛に振り出す通常の小切手》; 自己宛小切手 (cashier's check).
bánk clèrk″ 銀行出納係 (teller*).
bánk crèdit 銀行信用.
bánk depòsit 銀行預金.
bánk dìscount 銀行割引料.
bánk dràft 銀行為替手形《略 B/D》.
bánk èngine″ 勾配の急な上り坂などで列車に連結する補助機関車.
bánk·er[1] *n* **1** 銀行家, 銀行業者, 銀行経営会社; 銀行の幹部職員, 《一般に》銀行員; [one's ～s] 取引銀行; 《賭博の》胴元: let me be your ～ 必要な金を貸してあげよう. **2** 〔トランプ〕銀行遊び; ″《football pools で》クーポンに記入した勝敗予想の適中率. ♦ **～·ly** *a* [F; ⇨ *bank*[2]]
banker[2] *n* 《Newfoundland 南東沖漁場の》タラ漁船, タラ漁師; ″土手を乗り越えられる狩猟馬; ″BANK ENGINE; 《豪》堤まで増水した川; ″《方》どぶ掘り人夫 (ditcher). ● **run a ～** 《豪》流れが堤防の高さに達する. [*bank*[1]]
banker[3] *n* 《彫刻家·石工などの》仕事台, 細工台; 《コンクリートなどの》練り台. [*bank*[3]]
bánker's accèptance BANK ACCEPTANCE.
bánker's bìll 銀行手形《銀行が他国の銀行宛に振り出す手形》.
bánker's càrd″ BANK CARD; CHECK CARD.
bánker's chèck BANK DRAFT.
bánker's dìscount BANK DISCOUNT.
bánker's dràft BANK DRAFT.
bánkers' hòurs *pl* 短い労働時間.
bánker's òrder 〔銀行〕STANDING ORDER.
ban·ket /bæŋkɛ́t, bǽŋkət/ *n* 〔地質〕バンケット《南アフリカ共和国 Transvaal 地方の金鉱地の含金礫岩(れきがん)層》.
bánk exàminer 《州政府·連邦政府の》銀行検査官.
Bánk for Internátional Séttlements [the] 国際決済銀行《1930 年スイスの Basel に設立; 略 BIS》.
Bank·head /bǽŋkhɛ̀d/ バンクヘッド **Tallulah (Brockman)** ～ (1902–68)《米国の女優; はなやかさと才気, 独特の低いしゃがれ声と毒舌, 奔放な生き方で名を残した》.
bánk hòliday /; ─́ ─́─/ **1** 〔米〕銀行休日《土曜·日曜以外に年 4 回》; 〔米〕《政府の指令による》銀行業務休止期間《歴史的には 1933 年 3 月 6 日–13 日を指す》. **2** 〔英〕銀行休日 (legal holiday*)《土曜·日曜以外に年数回の法定休日》. ★ イングランドおよびウェールズでは NEW YEAR'S DAY, GOOD FRIDAY, EASTER MONDAY, May Day Bank Holiday (5 月の第 1 月曜日), Spring Bank Holiday (5 月の最終月曜日), Summer Bank Holiday (8 月の最終月曜日), CHRISTMAS DAY《土曜または日曜なら次の月曜》, BOXING DAY《または CHRISTMAS DAY の次の仕事日》. ★ スコットランドでは Good Friday, Spring Bank Holiday, Christmas Day, Boxing Day のほかに, 新年 2 日《2 日が日曜なら 3 日》, 5 月の第 1 月曜日, 8 月の第 1 月曜日. ★ 北アイルランドでは Good Friday を除くイングランドの休日のほかに St. Patrick's Day と Orangemen's Day.
Ban Ki-moon /bá:n kí:mú:n/ 潘基文(パン ギムン)(ばん きぶん) (1944–)《韓国の外交官·政治家; 国連事務総長 (2007–)》.
bánk ìndicator 〔空〕バンク計, 傾斜計.
bánk·ing[1] *n* 築堤, 盛り土; 〔空〕横傾斜; 〔鉄道·土木〕片(かた)勾配をつけること; 海の浅瀬[浅堆(せんたい)]での漁, 《Newfoundland 沖の》タラ漁業.
banking[2] *n* 銀行業; 銀行業務. ► *a* 銀行(業)の.
bánking accòunt″ BANK ACCOUNT.
bánking hòuse 銀行.
bánking prìnciple [dòctrine] 〔銀行〕銀行主義《銀行券の発行を正貨準備などの制限を設けずに行なっても物価の騰貴をまねかないとする説; cf. CURRENCY PRINCIPLE [DOCTRINE]》.
bánk lìne 〔釣〕岸に仕掛けておいて時々様子を見てみる釣糸.
bánk lòan 銀行ローン, 銀行貸付金, 銀行借入《企業·個人に対する銀行融資》.
bánk mànager 銀行支店長.
bánk màrtin 〔鳥〕BANK SWALLOW.
bánk mòney 銀行貨幣《計算貨幣としての信用貨幣で, 主に小切手·為替手形》.
bánk nìght* 《口》映画宝くじ《映画館主が行なう宝くじ; あらかじめ登録した人のうち指定の夜間興行を見にきた客が賞金の対象となる》.
bánk·nòte *n* 銀行券, 紙幣.
bánk-nòte *a* 銀行(業)の.
Bánk of Éngland [the] イングランド銀行《英国 (イングランドとウェールズ) の中央銀行; 本店は London; 1694 年設立, 1946 年国営化》.

B

Bánk of Japán [the] 日本銀行, 日銀.
bánk pàper 銀行券 (banknotes); 銀行が支払いを引き受ける手形類一切《銀行券・銀行手形・商業手形など》; 〘紙〙 バンクペーパー《薄くて強い; 商業書簡箋用》.
bánk pàssbook BANKBOOK.
bánk ràte [the] 公定歩合, 中央銀行割引歩合; イングランド銀行公定歩合《1972 年まで; 以後 minimum lending rate となる》.
bánk-rìding *n* 〘スケートボード〙 堤防(状)斜面の滑走.
bánk·ròll* *n* 札束; 資金, 財源, 手持金. ► *vt* «口» 〈計画・企業など〉に資金を供給する, 融資する. ♦ **~·er** *n* 金主.
bank·rupt /bǽŋkrʌpt/ *n* 〘法〙 破産者, 支払い不能者《略 bkpt》; 《広く》あるものに全く欠けた人, 破綻者: a moral ~. ► *a* 〘法〙 破産した, 破産宣告された; 破産の[に関する]; 支払い能力のない, 行き詰まっている; 破綻した; ひからびた, 枯渇した; 〈よいものが〉全くない 〈*of, in*〉: go [become] ~ 破産[破綻]する / declare one*self* ~ 自己破産を宣言する. ► *vt* 破産させる; …から奪う. [It *banca rotta* broken bench; ⇨ BANK[2]]
bánkrupt certìficate 〘法〙 破産管財人指名証.
bank·rupt·cy /bǽŋkrəp(t)si/ *n* 破産, 倒産; 〘法〙 破産(手続き); 破綻, 《名声などの》失墜: declare ~ 破産を宣言する / TRUSTEE IN BANKRUPTCY.
bánkruptcy òrder 〘英法〙 破産命令《自然人である債務者を破産者であると宣告する裁判所の決定》.
Banks /bǽŋks/ バンクス Sir **Joseph** ~ (1743–1820)《英国の博物学者; James Cook の世界周航に同行して多くの植物を発見・収集し, Kew Gardens の基礎を作った; Royal Society 会長 (1778–1820)》.
bánk shòt バンクショット《(**1**) 〘玉突〙 手球または的球をクッションにあてる突き方 **2**) 〘バスケ〙 バックボードからリバウンドさせてバスケットに入れるシュート》.
banks·ia /bǽŋ(k)siə/ *n* 〘植〙 バンクシア《豪州原産ヤマモガシ科バンクシア属 (*B-*) の各種常緑低木・高木; 松笠状の大きな花房をつける》. [Sir J. *Banks*]
bánksia róse [ºB- r-] 〘植〙 モッコウバラ《淡黄色または白色の花が咲く; 中国原産》.
bánk·sìde *n* 《特に 河川の》土手の斜面.
Bankside [the] バンクサイド《London の Thames 川南岸; Globe Theatre などエリザベス朝の代表的な劇場があった》.
Bánks Ísland バンクス島《(**1**) カナダ北部 Northwest Territories の北極海諸島最西端の島 **2**) カナダ西部 British Columbia 州中西部沖の島》.
Bánks Íslands *pl* [the] バンクス諸島《太平洋南西部ヴァヌアツ共和国に属する火山性の島群》.
bánks·man /-mən/ *n* 〘炭鉱〙 坑外監督; クレーン車の作業助手《操縦者にクレーンやアームの動きを指示する》.
bánk stàtement 銀行報告《銀行がその資産状況を定期的に報告する》; 《銀行から預金者への》定期的勘定通知.
bánk swàllow 〘鳥〙 ショウドウツバメ (=*bank martin*) (sand martin‖)《河岸の砂丘や崖などに穴を掘って巣を作る》.
bánk trànsfer CREDIT TRANSFER.
ban·lieu(e) /*F* bɑ̃ljø/ *n* (*pl* **-lieues, -lieux** /—/) 周辺(部), 郊外.
bannat ⇨ BANAT.
ban·ner /bǽnər/ *n* 旗《国旗・軍旗・校旗など》; 幟(のぼり), 旗幟(きし); 〘紋〙 紋章を表わした旗, バナー; 《スローガン・広告などを記した》横断幕; [*fig*] 《信念・主張・方針の》旗じるし, 標語, スローガン; 〘新聞〙 トップ全段抜きの見出し, バナー (=*banner head(line), screamer, streamer*); 〘電算〙 《ウェブページの》バナー広告 (=**~ àd**); 〘植〙 旗弁(きべん) (=*standard*): a ~ bearer 旗手, 主唱者 / under the ~ of…の旗じるしのもとに. ● **carry the ~ for**…を支持する, …に味方する. **follow [join] the ~ of**…の麾下(きか)に加わる, …の大義を信奉[支持]する. **unfurl one's ~** 態度を明らかにする. ► *vt* …に旗を備える[持たせる]; 〘新聞〙 〈記事〉にトップ全段抜き大見出しをつける, 大々的に報道する. ► *a* 顕著な, 目立つ; *すばらしい, 最高の, 大当たりの〈年など〉. [AF<L *bandum* standard; ⇨ BAND[1]]
ban·ner·et[1] /bǽnərət, bæ̀nərét/ *n* [ºB-] 〘史〙 上級騎士, 幟(のぼり)騎士 (=knight ~)《みずからの旗のもとに一隊の臣下を従えて出陣できる騎士; 一般の騎士よりも上位の騎士》; バナー勲位《戦場での武勲に対する授爵位》.
ban·ner·et[2], **-ette** /bǽnərət, bæ̀nərét/ *n* 小旗.
bánner héad(line) 〘新聞〙 BANNER.
bánner·lìne *n, vt* 〘新聞〙 BANNER.
bánner·man /-mən/ *n* 旗手; 〘中国史〙 《清の時代の》満洲族八旗[軍団]の一つに属した人.
ban·ne·rol, ban·ner roll /bǽnəròʊl/ *n* BANDEROLE, 《特に》弔旗.
bánner scrèen 《炉前に吊り下げた》防火用ついたて.
bánner·stòne *n* 〘考古〙 バナーストーン《中央に穿孔した両刃の斧状の先史時代石器; 北米東部・中西部の遺跡から出土》.
bannister ⇨ BANISTER.
Ban·nis·ter /bǽnəstər/ バニスター Sir **Roger (Gilbert)** ~ (1929–)《英国の中距離走者・神経学者; 1954 年初めて 1 マイル 4 分の壁を破った》.
ban·nock /bǽnək/ *n* バノック《(**1**) 北英・カナダ北部の, 通例 パン種を入れないでオート麦[大麦]で作る円盤状のパン **2**) 合衆国北東部の, 鉄板で焼いた薄いトウモロコシパン》. [OE *bannuc* a bit, small piece <? Celt]
Ban·nock·burn /bǽnəkbɜ̀ːrn, *⸗⸗⸗/ バノックバーン《スコットランド中部 Stirling の南にある町; 1314 年スコットランド王 Robert the Bruce が Edward 2 世のイングランド軍に大勝利をおさめた地》.
banns, bans /bǽnz/ *n pl* 〘キ教〙 結婚予告《教会での挙式前連続 3 回日曜日に行ない異議の有無を問う》: ask [call, publish, put up] the ~ 教会で結婚を予告する / forbid the ~ 結婚に異議を申し立てる / have one's ~ called [asked] 教会で結婚予告をしてもらう. [(pl) < BAN[1]]
ba·nóf·fi [ba·nóf·fee] píe‖ /bənáfi-/ バノフィーパイ《バナナ・タフィー・生クリームで作るパイ[タルト]》. [*banana*+*toffee*]
banque d'af·faire /*F* bɑ̃ːk dafɛːr/ 《フランスの》事業銀行 (merchant bank).
ban·quet /bǽŋkwət, *bǽn-/ *n* 《正式の》宴会, 晩餐会; ごちそう: give [hold] a ~ 宴会を催す / a regular ~ すばらしいごちそう. ► *vt* …のために宴会を開く: ~ one*self* 宴を張って美酒嘉肴を大いに楽しむ. ► *vi* 宴に列する; 宴会を催す; 美酒嘉肴を大いに飲みかつ食べる; 飲み騒ぐ. ♦ **~·er** *n* 宴会に列する人; 宴会好きな人. [F (dim) < *banc* bench, BANK[1]]
bánquet·ing hàll 宴会広間, バンケットホール.
bánquet làmp 宴会用ランプ《丈が高く精巧な装飾を施した卓上用石油ランプ》.
bánquet ròom 《レストラン・ホテルの》宴会場.
ban·quette /bæŋkét, *bæn-/ *n* **1** バンケット《(**1**) クッションの入った長椅子 **2**) roll-over arm の一つ付いたソファー **3**) レストランの窓際など壁沿いに設けたクッションのはいった長椅子》; 《ビュッフェなどの壁から突き出た》棚; «古» 《乗合馬車の御者台背後の》乗客席. **2** 〘軍〙 胸壁内部の射撃用足場; 歩道橋 (footbridge); *«南部» 《車道よりも高い》歩道 (sidewalk). [F<It (dim) < *banca* bench, BANK[1]]
Ban·quo /bǽŋk(w)oʊ, bǽn-/ バンクォー《Shakespeare, *Macbeth* 中で, Macbeth の前に幽霊となって現われる, Macbeth が殺害させた将軍》.
bans ⇨ BANNS.
bansela ⇨ BONSELA.
ban·shee, -shie /bǽnʃi, bænʃíː/ *n* **1** «アイル・スコ» バンシー《家に死人のあるとき大声で泣いて予告する女の妖精; cf. SIDHE》: wail [howl, scream] like a ~ 大声で泣き叫ぶ. **2**‖«口» 空襲警報. [Ir=woman of the fairies]
bant[1] /bǽnt/ *vi* BANTING[2] をする (diet). [逆成 < *banting*]
bant[2] *n* «ランカシャー方言» ひも (string). [? BAND[1]]
ban·tam /bǽntəm/ *n* [ºB-] 〘鶏〙 ちゃぼ; けんか好きの小男; [*pl*] バンタム大隊の兵《第一次大戦に標準身長以下の勇士で編成》; ジープ; BANTAMWEIGHT. ► *a* 小柄な, 軽い; 生意気でけんかっぱやい. [? ↓; 原産地か]
Bantam バンタム, バンテン (Indonesian **Ban·ten** /báːntèn/)《Java 島北西端の村; 旧バンタム王国の首都で, ヨーロッパとの香料貿易の基地であった》.
bántam·wèight *n* 《ボクシング・重量挙げ・レスリングの》バンタム級の選手 (⇨ BOXING WEIGHTS); [〈*a*〉] バンタム級の.
ban·teng /bǽntèŋ/ *n* 〘動〙 バンテン, ジャワヤギュウ《東南アジア産の野生牛》. [Malay]
ban·ter /bǽntər/ *n* 悪意のない冗談; ひやかし, からかい; ふざけ. ► *vt, vi* ひやかす, からかう; ふざける; *«中南部» …に挑む; «古» だます, ひっかける. ♦ **~·er** *n* **~·ing·ly** *adv* [C17<?]
bán-the-bòmb *a* 核武装廃止を主張する.
Ban·thine /bǽnθàɪn/ 〘商標〙 バンサイン《メタンテリン (methantheline) 製剤》.
ban·tin /bǽnt(ə)n/, **-ting**[1] /-tɪŋ/ *n* BANTENG.
ban·ting[2] /bǽntɪŋ/, **bánting·ism** *n* [ºB-] «古» バンティング式減脂療法《糖分・脂肪・澱粉を避けてやせる法》. [William *Banting* (1797–1878) 医師の指示でこれを実行した London の葬儀屋・作家]
Banting バンティング Sir **Frederick Grant** ~ (1891–1941)《カナダの医学者; インスリン発見者の一人; ノーベル生理学医学賞 (1923)》.
bant·ling /bǽntlɪŋ/ *n* «古» [*derog*] 小僧, がき, 青二才 (brat). [?G *Bänkling* bastard (*Bank* bench)]
Ban·toid /bǽntɔ̀ɪd, bɑ́ːn-/ *a* 〘言〙 《特に カメルーンとナイジェリアで》バントゥー語的特徴のある.
Bán·try Báy /bǽntri-/ バントリー湾《アイルランド南西部 Cork 県南西部の入江; アイルランド暴動支援のためフランス軍が上陸を試みたが失敗 (1689, 1796)》.
Ban·tu /bǽntu, bɑ́ːn-, bæntúː, bɑːn-/ *n* **a** (*pl* **~, ~s**) 《南部・中部アフリカの》バントゥー族. **b** バントゥー語《赤道以南のアフリカほぼ全域に広がる大語群; 分類上 Benue-Congo 語派に属するとされる; Swahili 語はその一つ》. [Bantu=people]
Bántu Hómeland BANTUSTAN.
Ban·tu·stan /bæ̀ntustǽn, bɑ̀ːntustɑ́ːn/ バントゥースタン《南アフリ

ヵ共和国の黒人分断政策に基づく, 同国内に設けられた半自治の黒人居住区; 公式名 homeland》. [*Bantu*, *-stan* land]

ban·ty /bǽnti/ *n*, *a* *《方》 BANTAM.

Ban·ville /*F* bɑ̃vil/ バンヴィル **Théodore de** ～ (1823–91)《フランスの詩人; '芸術のための芸術' を唱え, 高踏派 (Parnassians) の詩人たちに師父と仰がれた》.

banx·ring /bǽŋksrɪŋ/ *n* 〖動〗 TREE SHREW. [Jav]

ban·yan, ban·ian /bǽnjən/ *n* 〖植〗 ベンガルボダイジュ, バンヤンジュ (=～ **trèe**)《クワ科の常緑高木; 枝から多数の気根が出る; インド原産》; 《インド》《肉食を禁とする特殊カーストに属する》商人; 《インド》ゆるいシャツ[ガウン, 上着]. [Port＜Skt＝merchant]

bányan dày 〖海〗 精進日; 《豪》 食事の貧弱な日.

ban·zai /bɑːnzáɪ, ˌ—ˌ—/ *n* 万歳の叫び; [〈*int*〉] 万歳!; [〈*a*〉] むこうみずな, 無謀な, 自殺的な: a ～ attack [charge] 集団による決死の突撃; 自殺的行為. [Jpn]

ba·o·bab /báʊbæ̀b, béɪəbæ̀b; béɪəʊbæ̀b/ *n* 〖植〗 バオバブ (= *monkey bread*, *monkey-bread tree*, *sour gourd*) (=～ **trèe**)《樹幹が肥大し時に直径 10 m に及ぶアフリカ原産のキワタ科の壺植物; 樹皮の繊維はロープ・紙・布などの原料, また ヘチマ状の実の果肉は食用》. [L＜(Africa)]

Bao·ding /báʊdíŋ/, **Pao·ting** /; páutíŋ/ 保定(ほてい)(パオティン)《中国河北省の市; 旧称 清苑 (Qingyuan)》.

Bao·ji, Pao-chi /báʊʤíː/, **Pao·ki** /-kíː/ 宝鶏(ほうけい)(パオチー)《中国陝西(せんせい)省渭河(いが)平原西部の市》.

Bao·qing /báʊʧíŋ/, **Pao·king** /; páukíŋ/ 宝慶(ほうけい)(パオチン)《邵陽 (Shaoyang) の旧称》.

BAOR British Army of the Rhine 西ドイツ駐留英国軍.

Bao·tou /báʊtóʊ/, **Pao·tow, Pao-t'ou** /; páutáu/ 包頭(パオトウ)《中国内モンゴル自治区中部の工業都市》.

bap‖ /bǽp/ *n* バップ《柔らかい丸いパン》; [*pl*] 《口》 乳房, おっぱい. [C16＜?]

Bap., Bapt. Baptist.

Ba·paume /*F* bapoːm/ バポーム《フランス北部 Arras の南にある町; Faidherbe 将軍率いるフランス軍がプロイセン軍を破った地 (1871); 第一次大戦で Hindenburg Line をめぐる英独間の激戦地 (1916, 17)》.

bap·ti·sia /bæptíʒ(i)ə/ *n* 〖植〗 ムラサキセンダイハギ属 (*B-*) の各種の草本《マメ科; 北米原産》.

bap·tism /bǽptìz(ə)m/ *n* 〖キ教〗 洗礼(式), 浸礼, バプテスマ《入信の儀式; cf. *Matt* 28: 19》; 命名(式); 《キリスト教以外の》洗礼に似た儀式; 〖クリスチャンサイエンス〗 神 (Spirit) による清め, 神への沈浸; [*fig*] 新たな生活への試練, 洗礼: ～ by immersion 浸礼《全身を水に浸す洗礼》/ ～ by effusion 灌水洗礼, 滴礼 / ～ of blood 血の洗礼; 殉教. ◆ **bap·tís·mal** *a* **-mal·ly** *adv* [OF, ＜Gk; ⇨ BAPTIZE]

baptísmal nàme 洗礼名 (Christian name)《たとえば Robert Louis Stevenson の初めの 2 つ; ⇨ NAME》.

báptism of [by] fíre (聖霊による)霊的洗礼《*Acts* 2: 3–4, *Matt* 3: 11》; 初めての本格的な試練, 《特に》砲火の洗礼, 実戦の初経験; 殉教.

bap·tist /bǽptɪst/ *n* **1** 洗礼を施す[授ける]者, 洗礼者, 洗者, 授洗者, [the B-] 洗礼者ヨハネ, バプテスマのヨハネ (JOHN THE BAPTIST). **2** [B-] バプテスト派の信徒, バプテスト, 浸礼教会員; [the B-s] バプテスト派. ► *a* [B-] バプテスト教会(員)の, バプテスト(派)の.

Báptist chúrch バプテスト教会, 浸礼教会《幼児洗礼を認めず, 自覚的信仰告白に基づく浸礼 (baptism by immersion) を主張するプロテスタントの一派; 17 世紀に英国で始まり, 米国では最大のプロテスタント教派; cf. SOUTHERN BAPTIST》.

Bap·tiste /*F* batist/ バティスト《男子名》. [F＝baptist]

bap·tis·tery /bǽptəst(ə)ri/, **-try** /-tri/ *n* 洗礼場[堂]; 洗礼用の水槽.

bap·tis·tic /bæptístɪk/ *a* 浸礼教会(派)の, バプテスト的な.

bap·tize, -tise /bæptáɪz, *ˌ—ˌ—/ *vt* …に洗礼[浸礼]を施す[授ける]; 《精神的に》清める; …に洗礼名をつける (christen), …に命名する (: he was ～*d* Thomas); [*fig*] …に初めての経験をさせる, …に第一歩を踏み出させる. ► *vi* 洗礼を行なう. ◆ **bap·tíz·er** *n* **bap·tíz·able** *a* **～·ment** *n* [OF, ＜Gk＝to immerse, baptize]

ba·pu /bɑ́ːpùː, bɑ́ː-/ *n* 《インド》 父. [Hindi]

Baq·qa·rah /bɑːkɑ́ːrə/, **Bag·ga·ra** /bɑːgɑ́ːrə/ *n* バッカーラ《Chad 湖と White Nile 川の間のサバンナ地帯で牛を放牧して生活するアラブ遊牧民; アラビア語で「牛の民」の意》.

bar[1] *n* /bɑ́ːr/ **1 a** 《木・金属などの》棒; 棒状の塊り《多少とも幅より長さがある固形物についていう》; 棒状地金, 条鋼, 棒鋼; かなてこ, バール (crowbar); 棒材; 石鹸《丸いものについてもいう》; 《電気暖房器の》電熱線: a ～ of gold 棒金 1 本, 金塊 1 個 / a ～ of chocolate 板チョコ 1 枚 / a ～ of soap 石鹸 1 個 / cleansing ～ 洗顔石鹸. **b** かんぬき, 横木; 《ガラス窓の》桟; 〖バレエ〗 バール (＝*barre*)《練習時につかまるため壁に取り付けた手すり》; 〖体操〗 鉄棒 (horizontal bar); [the] 《サッカーゴールの》バー (crossbar); [the] 《高飛び競技の》バー; [*fig*] (達成)基準 (standard): raise [lower] the ～ ⇨ 成句 / set a high ～ for sb. **c** 〖電算〗《ウインドーの辺に沿った》棒状の領域, バー: MENU BAR / SCROLL BAR. **d** 《レース編みなどで》パターンの各部をつなぐ環[ひも]. **e** [～(s)] 銜(はみ)《くつわの一部で馬の口に横向きに含ませる部分》; はみ受け《馬の口中の下顎のはみをくわえる部分》; [*pl*] 〖動〗 口蓋皺襞(しゅうへき)《馬の口蓋の左右に走る隆起線》. **2 a** 柵, 《交通止めの》遮断棒, 《議会などの》無用の者[一般人]立入り禁止の柵; 障壁, 関所; [～(s)] 〖動〗 蹄支(ていし)《馬のひづめの外壁の末端》. **b** 砂洲; *《川や湖の》浅瀬. **c** 障害; 禁止(令) (ban) 〈*on*〉; 〖法〗 (法的)効果を生じない[生じさせない]こと, 無効取消し原因, 阻却事由: a ～ *to* one's success 成功をはばむもの / a plea in ～ 訴え棄却答弁. **3** 《バー・スナックなどの》カウンター; 酒場, バー; ‖《パブの中の》バー (cf. PUBLIC BAR, SALOON BAR); ちょっとしたスナック (: coffee ～, snack ～); 大型店の…コーナー (: hat ～, gift ～, slipper ～, HEEL BAR); 《飲食物を運ぶ》移動台, ワゴン. **4** 《法廷・議場内の》手すり, 仕切り; 被告人席; 法廷, 審判所, 裁きの場; 《特定の》裁判所(制度); [the, °the B-] 法曹(界), 弁護士界《特に 特定裁判所管轄区域内で実務資格を有するすべての弁護士》; [the] 弁護士業; [the] 法曹資格試験 (bar examination); 《London の法曹学院内で教授陣席と法学生席の間に設けられていた》仕切り: *the* ～ of conscience [public opinion] 良心[世論]の裁き / a ～ association 法曹協会 / *the B*～ of the House 《英国議会両院の》院内仕切り《構成員以外の人はそこから内側にはいれぬことを示す; また議院の特権を犯した者はここで判決を受ける》/ practice at *the* ～ (法廷)弁護士を開業する / read [study] for *the* ～ 法廷弁護士の勉強をする / OUTER BAR. **5** 《光線などの》すじ, 条, 《色などの》帯, 縞(しま) (stripe); 〖紋〗 梁, バー《FESS[2] の約 1/3 幅の横帯》; 〖動〗 横斑; 〖楽〗《楽譜の小節を分かつ》縦線, 小節線 (＝～ line); 〖楽〗 小節 (measure); 〖楽〗 DOUBLE BAR; 《軍人の》線章《功を立てるごとに 1 本増す》; 〖印〗 バー《1) ā の上付き記号など 2) A, H, t の横線》. ● **at** ～ 公開法廷で: a case *at* ～ 法廷で審理中の訴訟 / a trial *at* ～ 全判事列席審理. **be admitted to the** ～ *弁護士の資格を得る. **be called to [go to] the B**～ ‖法廷弁護士 (barrister) の資格を得る. **be called within the B**～ ‖勅選弁護士 (Queen's [King's] Counsel) に任ぜられる. **behind (the)** ～**s** 獄中に[で], 刑務所で: sentence sb to three years *behind* ～*s* 人を禁錮 3 年の刑に処する. **cross the** ～ 死ぬ. **in** ～ **of**… 〖法〗 …を防止[予防]するために. **a prisoner at the** ～ 刑事被告人. **lower the** ～ 基準[レベル]を下げる. **prop up the** ～ 《口》 飲み屋に入りびたる. **put** sb **behind** ～**s** 《口》 人を投獄する, 収監する. **raise the** ～ 《高飛びで》バーを上げる; 基準[レベル]を上げる. **won't [wouldn't] have a** ～ **of**… 《豪口》 …には我慢がならない, …は大嫌い.

► *vt* (**-rr-**) **1 a** 〈ドア〉にかんぬきをさす, 閉じる; 閉鎖する; 閉じ込める, 監禁する; 〈路を〉ふさぐ (block), 〈通行を〉妨げる: ～ a door / ～ sb's way [path]. **b** 妨げる, 防止する 〈*from*〉; 〖法〗《訴え棄却答弁などにより》異議を申し立てて〈訴訟手続きなどを〉阻止する; 〈場所から〉締め出す 〈*from*〉; 〈考えなどから〉除外する 〈*from*〉; 《俗》 〈人・癖など〉に反対する, 嫌う: ～ sb *from* membership 人の入会を阻止する. **2** 禁ずる, 禁止する. **3** …にすじ[縞(しま)]模様]をつける; 〖楽〗 〈音楽を〉縦線で小節に分かつ. ● ～ **in [out]** 〈人を〉閉じ込める[締め出す]. ～ **up** かんぬきをかけて完全に閉ざす.

► *prep* /bɑːr, ˌ—/ …を除いて (except): ～ a few names 数名を除いて / …～ none 例外[文句]なく… / ～ three [two, one] 〖競馬〗《賭け率を決めるときに》(すでに出ている) 3 [2, 1] 頭を除いて. ● **be all over** ～ **the** SHOUTing.

[OF＜?]

bar[2] *n* 〖理〗 バール《圧力の cgs 単位: $=10^6$ dyn/cm²》. [Gk *baros* weight]

bar[3*] *n* かや (mosquito netting). [LaF *boire*]

bar[4] *n* 〖魚〗 MAIGRE[2]. [F]

bar[5‖] 《南西部》 *n* ゲームの規則[罰則]の適用免除. ► *int* タイム! 《ゲーム中にルールの適用免除を求めるときの発声》. [*barley*[2]]

bar- /bǽr/, **baro-** /bǽrə, -oʊ/ *comb form* 「気圧」「重量」 [Gk *baros* weight]

bar. barometer ♦ barometric ♦ barrel. **Bar.** 〖聖〗 Baruch.

BAr Bachelor of Architecture.

BAR BROWNING[2] automatic rifle.

Bara /bǽrə/ バラ **Theda** ～ (1890–1955)《米国の女優; 本名 Theodosia Goodman; サイレント映画時代のスターで, vamp 女優第 1 号》.

Ba·rab·bas /bərǽbəs/ 〖聖〗 バラバ《民衆の要求でイエスの代わりに放免された盗賊; *Matt* 27: 16–21》.

bara brith /bǽrə bríθ/ バラブリス《ウェールズの伝統的なフルーツケーキ》.

Ba·ra·cal·do /bæ̀rəkɑ́ːldoʊ, bɑ̀ː-/ バラカルド《スペイン北部 Bilbao の西にある町》.

Ba·ra·coa /bæ̀rəkóʊə, bɑ̀ː-/ バラコア《キューバ東部北岸の港町; スペインのキューバでの最初の植民地 (1512)》.

bar·ad /bǽræd/ *n* 〖理〗 バラド (microbar).

baraesthesia ⇨ BARESTHESIA.

Ba·rak /bərɑ́ːk/ バラク **Ehud** ～ (1942–)《イスラエルの軍人・政治家; 首相 (1999–2001)》.

ba·ra·ka /bərɑ́ːkə/ *n* バラカ《東方の諸宗教で預言者や聖者, または自然物などに天与のものとして存すると考えられている霊的力》. [Arab ＝blessing]

Baraka バラーカ **Imamu Amiri** ～ (1934–)《米国の詩人・劇作

家; 1960 年代半ばまでの本名は LeRoi Jones).

Ba·ra·na·gar /bərá:nəgər/ バラナガル《インド北東部 West Bengal 州 Kolkata の北郊外にある町》.

bár-and-gríll* *n* 酒も食事も出す飲食店.

B

Bá·ra·nof Ísland /bǽrənɔ̀:f-, bərá:nəf-; bǽrənəf-/ バラノフ島《Alaska 州南東部 Alexander 諸島西部の島》.

Ba·ra·nov /bərá:nəf/ バラノフ **Aleksandr Andreyevich ~** (1746–1819)《ロシアの毛皮商; ロシア領 Alaska の初代知事; Baranof 島, Alexander 諸島は彼の名にちなむ》.

Ba·ra·no·vi·chi /bərá:nəvìʧi/ バラノヴィチ《ベラルーシ中西部, ポーランド国境付近にある市》.

Bá·rány /bá:rà:njə/ バーラーニ **Robert ~** (1876–1936)《オーストリアの耳鼻科医; 内耳の平衡器官を研究した; ノーベル生理学医学賞 (1914)》.

ba·ra·singh /bá:rəsìŋ/, **-sin·gha** /bà:rəsíŋgə/ *n* 〘動〙バラシンガジカ (swamp deer). [Hindi]

Bar·a·tár·ia Báy /bæ̀rətéəriə-/ バラタリア湾《Louisiana 州南東部にあるメキシコ湾の入江; New Orleans の南, Mississippi 川河口のデルタの西にある》.

bar·a·thea /bæ̀rəθí:ə/ *n* バラシャ《羊毛・絹・綿・レーヨンで織る破畝(やぶれうね)織りの服地》. [C19 (商標)<?]

ba·ra·za /bɑ:rá:zɑ:/ 《東アフリカ》 *n* 集会場; 集会; 交渉, 商談. [Swahili]

barb[1] /bá:rb/ *n* **1 a** 《矢尻・釣針などの》あご, かかり, かえし, 鐖(さ); 《有刺鉄線の》さかとげ; 〘動〙《ヤマアラシの》針毛突起, かぎ; 〘動・植〙ひげ状のもの; 〘植〙《ムギの》のぎ; 〘魚〙触鬚(しょくしゅ) (barbel); 〘鳥〙羽枝(うし) (ramus); [ᵘ*pl*] 〘獣医〙《牛・馬の舌の下の》乳嘴(にゅうし)状突起 (cf. BARBS[1]); 〘魚〙バルブ《コイ科 *Barbus* 属の小魚; 多くは観賞魚》; 《廃》《人間の》ひげ. **b** 《修道女や中世の婦人などの》あご・のど・胸をおおうリンネルの白布 (=*barbe*); 《女性用の》レースのネックバンド[小さなスカーフ] (=*barbe*). **c** 〘紋〙バーブ《バラの花弁の間に見える萼》. **2** [*fig*] 《ことばの》とげ, 辛辣さ, 痛烈なことば, 痛撃. ► *vt* 〈矢など〉にあご[かかり]をつける. ♦ **~·less** *a* [OF<L *barba* beard]

barb[2] *n* BARBARY 地方産の馬; バルブ《北アフリカ (Barbary) 原産の馬; 走力・持久力にすぐれる》; 〘鳩〙バーブ《家バトの古くからの一品種》; 《豪》黒いケルピー犬《中型の牧羊犬》. [F<It *barbero* of Barbary]

barb[3] *n* 《俗》バルビツール剤 (barbiturate).

Bar·ba·di·an /bɑ:rbéɪdiən/ *n* バルバドス(島)の住民. ► *a* バルバドス(島)の; バルバドス島民の.

Bar·ba·dos /bɑ:rbéɪdous, -dəs, -douz, -dɑs/ バルバドス《カリブ海東端の小島国; 英連邦に属する; ☆Bridgetown》.

Barbádos áloe 〘植〙バルバドスアロエ, キュラソーアロエ, ホンアロエ, シンロカイ《アラビア半島原産; 花は黄色》.

Barbádos chérry 〘植〙バルバドスザクラ, アセロラ (=*West Indian cherry*)《西インド諸島原産のキントラノオ科マルピギア属の常緑低木》; ビタミン C に富む, サクランボに似たその果実》.

Barbádos góoseberry 〘植〙モクキリン(杢麒麟) (=*blade apple, lemon vine*)《熱帯アメリカ原産サボテン科コノハサボテン亜科のつる性の低木; 果実は多汁で酸味があり, 食用》.

Barbádos príde 〘植〙 **a** ナンバンアカアズキ (red sandalwood). **b** オウコチョウ (pride of Barbados).

Bar·ba·ra /bá:rb(ə)rə/ バーバラ《女子名; 愛称 Babs, Bab, Babbie など》. [Gk=foreign, strange]

Bárbara Állen バーバラ・アレン《英国の伝承バラッドで歌われる女性; 生前つれなくした男のあとを追って死ぬ》.

Bar·ba·resque /bà:rbərésk/ *a* BARBARY の; [b-] 芸術的に粗野な.

bar·bar·i·an /bɑ:rbéəriən/ *n* **1** 野蛮人, 未開人, 蛮夷; 野蛮人, 野卑な人物; 教養のない者 (cf. PHILISTINE). **2** 異邦人, 蛮族《古代ギリシア・ローマで, ギリシア人でない者・ローマ人でない者・キリスト教徒でない者を呼んだ》. **3** [the B-s] バーバリアンズ《英国を本拠とするラグビーユニオンチーム; 英国・フランス・英連邦からの優秀なプレーヤーを擁している; 通称 the Baa-baas》. ► *a* 未開(人)の, 野蛮な; 教養の欠けた; 乱暴な, 粗雑な; 異邦の. ♦ **~·ism** *n* **~·ize** *vt* [F (L<Gk BARBAROUS); もと ギリシアと言語習慣の異なるあらゆる外国人を指した]

bar·bar·ic /bɑ:rbǽrɪk/ *a* 野蛮人の(ような), 野蛮な; 未開の; 残酷な; 〈文体・表現など〉粗野な. ♦ **-i·cal·ly** *adv*

bar·ba·rism /bá:rbərìz(ə)m/ *n* 野蛮, 未開(状態); 蛮行, 暴虐; 粗野なふるまい[習性, ことばづかい]; 破格な語[構文](の使用); 卑語(の使用).

bar·bar·i·ty /bɑ:rbǽrəti/ *n* 野蛮; 残酷, 蛮行, 残虐(行為); 粗暴さ, 残虐性; 《態度・趣味などの》粗野; 粗野なふるまい[趣味, ことば など].

bar·ba·rize /bá:rbəràɪz/ *vt, vi* 野蛮にする[なる]; 不純[粗野]にする[なる]. ♦ **bàr·ba·ri·zá·tion** *n*

Bar·ba·ros·sa /bà:rbərɔ́(:)sə, -rúsə/ **1** 赤髭(あかひげ)王, バルバロッサ《神聖ローマ皇帝 FREDERICK 1 世のあだ名》. **2** バルバロッサ (c.1483–1546)《Barbary 海岸の海賊, のちにオスマントルコの提督; 本名 Khayr ad-Dīn》. **3** バルバロッサ《Hitler のソ連侵攻作戦 (1941)》 [It]

bar·ba·rous /bá:rb(ə)rəs/ *a* **1 a** 野蛮な, 未開の; 残忍な, 苛酷な. **b** 粗野な, 野蛮な, 野卑な, 耳ざわりな, 〈言語が〉標準的でない, くずれた; 無教養の, 俗物の. **2** 異邦(人)の《古代ギリシア・ローマで, ギリシア以外の・ローマ以外の・キリスト教を信仰していないの意》; ラテン・ギリシア以外の〈言語〉. ♦ **~·ly** *adv* **~·ness** *n* [L<Gk *barbaros* foreign]

Bar·ba·ry /bá:rb(ə)ri/ バーバリ, バルバリー《エジプトを除く北アフリカの旧称》.

Bárbary ápe 〘動〙バーバリーマカク[エイプ]《北アフリカ産無尾猿》.

Bárbary Cóast [the] **1** バーバリ海岸《バーバリ諸国の地中海沿岸地方; 16–19 世紀海賊が出没した》. **2** バーバリコースト《1906 年の地震以前, 賭博・売春などで悪名の高かった San Francisco の暗黒街》; 《都市の》暗黒街.

Bárbary shéep 〘動〙バーバリシープ (AOUDAD).

Bárbary Státes *pl* [the] バーバリ諸国《16–19 世紀トルコ支配下の Barbary 地方で半独立状態にあった Morocco, Algeria, Tunis, Tripoli》.

bar·bas·co /bɑ:rbǽskou/ *n* (*pl* **~(e)s**) 〘植〙バルバスコ《**1**) 熱帯アメリカ産マメ科ロンコカルプス属の植物の通称; その根から採る毒 **2**) 塊茎をホルモンの合成に用いる熱帯アメリカ産ヤマノイモ科の植物》. [AmSp]

bar·ba·stel(le) /bá:rbəstèl/ *n* 〘動〙(トウブ)チチブコウモリ; ヨーロッパチチブコウモリ.

bar·bate /bá:rbèɪt/ *a* 〘動〙ひげのある; 〘植〙長い硬毛のある, 芒(のぎ)のある; ひげのような毛のふさのある.

barbe /bá:rb/ *n* 《女性の》BARB[1].

bar·be·cue, -que /bá:rbɪkjù:/ *n* 〘料理〙バーベキュー; 《臓物を抜いた子牛・子羊などの》丸焼き; 《野外での》バーベキューの食事会[パーティー]; *バーベキュー料理店; バーベキュー用の炉[金串, グリル]; *コーヒー豆の乾燥床; 《古》肉を乾燥させる[燻製にする]焙炉(ほいろ); *《黒人俗》いい女, 性的魅力のある女; *《俗》(気さくな)集まり, 会, 会合, パーティー; 《俗》電気椅子. ► *vt* 〈豚・牛など〉バーベキューにする; 直火(じかび)であぶり焼きにする (broil); 〈魚・肉など〉バーベキューソースで料理する; 〈肉を〉乾燥させる, 燻製にする. ► *vi* バーベキュー(の食事会)をする. ♦ **bár·be·cù·er** *n* [Sp<Haitian *barbacòa* wooden frame on posts]

bárbecue pìt 《煉瓦などでこしらえた》バーベキュー炉.

bárbecue sàuce バーベキューソース《果実酢・野菜・調味料・香辛料で作るピリピリと辛いソース》.

barbed /bá:rbd/ *a* あご[かかり, さかとげ, ひげ]のある; [*fig*] とげのある, 辛辣な (: ~ words [wit]); 〘紋〙〈バラが〉花弁の色と異なる色のバーブのある, 〈矢が〉矢柄と異なる色の矢じりのついた. ♦ **bárb·ed·ness** /-(ə)dnəs/ *n*

bárbed wíre 有刺鉄線, バーブドワイヤー (barbwire*): ~ entanglements 鉄条網.

bárbed-wíre gràss 〘植〙豪州のオガルカヤの一種.

bar·bei·ro /bɑ:rbéɪru, -rou/ *n* (*pl* **~s**) 〘昆〙アカモンサシガメ《熱帯アメリカ産のオオサシガメ; シャガス病 (Chagas' disease) の伝播者》.

bar·bel /bá:rb(ə)l/ *n* 〘魚〙触鬚(しょくしゅ)《コイ・ナマズなどのひげ》; 〘魚〙コイ科バルブス属の各種の淡水魚, 《特に》バーベル《ヨーロッパ産》. [OF<L (dim)<*barbus*<BARB[1]]

bár·bèll *n* 《重量挙げ・ボディービル用の》バーベル.

bar·bel·late /bá:rbəlèɪt, bɑ:rbélət/ *a* 〘植・動〙短剛毛のある; 〘植〙BARB[1] でおおわれた; 〘魚〙触鬚(しょくしゅ)のある.

barbeque ⇨ BARBECUE.

bar·ber /bá:rbər/ *n* **1** 理容師, 理髪師, 床屋 ((men's) hairdresser[¹¹]): at the ~'s [barbershop*] 床屋で. **2** *《野球俗》床屋, バーバー《**1**) おしゃべりな野球選手 **2**) 打者のひげを剃るように内角ぎりぎりを攻める投手 **3**) ホームプレートの角を剃るような球を投げるコントロール抜群の投手》. ● **do a ~** *《俗》よくしゃべる. ► *vt* …の散髪[調髪]をする, …のひげをそる[整える]; 〈草などを〉短く刈る. ► *vi* 理髪業をする; *《俗》談笑[雑談]する, おしゃべりする (chat). [AF<L (*barba* beard)]

Barber バーバー **Samuel ~** (1910–81)《米国の作曲家; *Adagio for Strings* (1937), オペラ *Vanessa* (1958)》.

bárber chàir 床屋用椅子; *《俗》《調節可能で, また いろいろな付属装置を備えた》宇宙船の座席.

bárber còllege* 理容学校.

bar·ber·ry /bá:rbèri; -b(ə)ri/ *n* **1** 〘植〙メギ属の各種低木 (=*berberis*); メギの赤色[オレンジ色, 紫色]の実. **2** メギ科ヒイラギナンテン属の各種低木の根茎と根を乾燥させたもの《滋養強壮剤用》. [OF BERBERIS; 語尾は *berry* に同化]

bárberry fàmily 〘植〙メギ科 (Berberidaceae).

bárber's blóck かつら台, かつら掛け.

bárber·shòp *n* *理髪店, 床屋 (barber's (shop)[¹¹]). ► *a* 〘楽〙男声の密集和声の, バーバーショップハーモニーの.

bárbershop quartét **1** *バーバーショップカルテット《通例 無伴奏の男性密集和声の四部合唱隊》. **2** *《俗》頭の一部をげんこつでこすって痛がらせるいたずら[いじめ] (Dutch rub).

bárber's ítch [rásh] (白癬性)毛瘡 (=*tinea barbae*)《ぜにたむしの類の皮膚病》.

bárber('s) pòle 理髪店の看板の紅白の柱, サインポール, 'あめんぼう'《かつて英国の床屋が放血手術もした, その血と包帯を表象したもの》.
bárber-súrgeon *n* 《昔の》外科医・歯科医を兼業していた理髪師; やぶ医者.
Bár·ber·ton dáisy /bá:rbərtn-/ 〘植〙オオセンボンヤリ (Transvaal daisy). [*Barberton* 南アフリカ共和国 Eastern Transvaal 州の町]
bar·bet /bá:rbət/ *n* **1**〘鳥〙**a** ゴシキドリ(五色鳥)《尾の短い美しい熱帯産の鳥; キツツキ目》. **b** オオガシラ (puffbird). **2**〘犬〙バーベット《poodle の一種》.
bar·bette /ba:rbét/ *n* 〘城〙《胸墻(きょうしょう)内の》砲座; 《軍艦の》露砲塔《砲塔下部の装甲円塔》.
bar·bi·can /bá:rbɪkən/ *n* 《城郭・市城の》外塁, 《特に》城門[城門に通じる橋]を守るための櫓(やぐら); 《城から張り出した》物見やぐら. [OF <?]
Barbican [the] バービカン《London 北東部の地域; 第二次大戦後再開発計画によって, 中高層住宅・事務所・商店・学校・博物館・芸術センターなどが建設された》.
bar·bi·cel /bá:rbəsèl/ *n* 〘鳥〙小鉤《小羽枝 (barbule) の鉤状突起; 小羽枝を互いにつなぐ》.
bar·bie /bá:rbi/ *n* 《豪口》バーベキュー (barbecue) (用の炉).
Bar·bie /bá:rbi/ **1** バルビー **Klaus ~** (1913–91)《ナチスの親衛隊長; 第二次大戦中フランスの Lyons 一帯でレジスタンスの闘士やユダヤ人を虐殺; 通称 'リヨンの虐殺者' (butcher of Lyons)》. **2**〘商標〙バービー《金髪・碧眼のプラスチック製人形; cf. KEN》.
Bárbie dòll 《俗》個性の欠けた女[男], 外見だけで中身のない女.
bár bílliards [⟨*sg*⟩] バービリヤード《通例 パブで行なうビリヤードに似たゲーム; 穴のそばに木製のペグが立っていて, これを倒さないようにボールを穴に入れるもの》.
Bar·bi·rol·li /bà:rbəráli/ バルビローリ Sir **John ~** (1899–1970)《英国の指揮者》.
bar·bi·tal* /bá:rbətɔ̀(:)l, -tæ̀l; -tl/ *n* 〘薬〙バルビタール (barbitone‖)《依存性を有する鎮静・睡眠剤》.
bárbital sódium 〘薬〙バルビタールナトリウム《睡眠剤》.
bar·bi·tone‖ /bá:rbətòun/ *n* 〘薬〙BARBITAL.
bar·bi·tu·rate /ba:rbítʃərèɪt, -rət, *bà:rbət(j)ʊ́r-/ *n* 〘化〙バルビツール酸塩[エステル]; 〘薬〙バルビツール酸系催眠鎮静薬, バルビツール剤. [G; 女子名 *Barbara* より]
bar·bi·tú·ric ácid /bà:rbət(j)ʊ́ərɪk-/ 〘化〙バルビツール酸 (=*malonylurea*). [G *Barbitur* (*säure* acid) <↑]
bar·bi·tur·ism /ba:rbítʃərìz(ə)m/ *n* 〘医〙バルビタール中毒(症)《寒け・発熱・頭痛を伴う発疹がある》.
Bar·bi·zon /bá:rbəzàn; *F* barbizɔ̃/ バルビゾン《フランス北部 Paris の南南東にある村》.
Bárbizon Schòol [the] バルビゾン派《19 世紀中葉 Paris 近郊の Barbizon 村に集まった Théodore Rousseau, Daubigny, Millet たちの風景画の一派》.
bar·bo·la /ba:rbóulə/ *n* バーボラ細工 (=**~ wòrk**)《色着け粘土泥漿で作る小さな花・果物などの飾り》.
bar·bo·tine /bá:rbətì:n, -tən/ *n* 〘窯〙粘土泥漿(でいしょう) (slip).
Bar·bour /bá:rbər/ **1** バーバー **John ~** (1325?–95)《スコットランドの詩人; スコットランドの英雄 Robert Bruce の生涯と活躍をうたった愛国的叙事詩 *The Bruce* (1376) の作者》. **2**〘商標〙バーバー《英国 J. Barbour & Sons Ltd. 製の狩猟・釣り用バッグ類・防水服類》.
Bar-B-Q, bar-b-q, bar-b-que /bá:rbɪkjù:/ *n* 《口》BARBECUE.
barbs[1] /bá:rbz/ 〘獣医〙*n pl* 《牛・馬の舌の下の》乳嘴(にゅうし)状突起; [⟨*sg*⟩] 乳嘴状突起の炎症.
barbs[2] *n pl* 《俗》バルビツール剤 (barbiturates).
Bar·bu·da /ba:rbú:də, ‖-bjú:-/ バーブーダ《西インド諸島東部 Leeward 諸島のサンゴ礁からなる島; ⇨ ANTIGUA AND BARBUDA》. ♦ **Bar·bú·dan** *a, n*
bar·bule /bá:rbjul/ *n* 小さなとげ[ひげ]; 〘鳥〙小羽枝(しょうう し).
Bar·busse /*F* barbys/ バルビュス **Henri ~** (1873–1935)《フランスのジャーナリスト・作家; 小説 *L'Enfer* (1908)》.
bar·but /bá:rbət/ *n* バルバト《15 世紀ごろの眼の線と鼻の線が丁字形にあいた, 頭全体を包む鉄かぶと》.
bárb·wire* *n* 有刺鉄線 (barbed wire). ● WIN[1] **the ~ garter.** ► *vt* 有刺鉄線の柵で囲む.
Bar·ca, -ka /bá:rkə/ バルカ (AL MARJ の別称).
Bar·ca·loung·er /bá:rkəlàundʒər/ 〘商標〙バーカラウンジャー《リクライニングチェア》. [Edward J. *Barcolo* (1870–1963) メーカーの創業者]
bár càr 〘鉄道〙《飲み物・軽食用の》カウンターを備えた客車 (LOUNGE CAR).
bar·ca·role, -rolle /bá:rkəròul, ⏑⏑⏑/ *n* バルカロール《ゴンドラの船頭が歌う舟歌; それを模した作品》. [F <It=boatman's song; ⇨ BARK[3]]
Bar·ce /bá:rtʃə/ バルチェ (AL MARJ の別称).
Bar·ce·lo·na /bà:rsəlóunə/ **1** バルセロナ《**1**) スペイン北東部 Catalonia 自治州の県 **2**) その県都, Catalonia 自治州の州都, 海港》. **2**《スペインなどから輸入される》ハシバミの実 (=**~ nút**). ♦ **Bàr·ce·ló·nan** *n* **Bar·ce·lo·nese** /bà:rsəlouní:z, -lóunì:z, -s/ *a, n*
Barcelóna chàir バルセロナ椅子《ステンレス枠に革張りのクッションを付けた肘掛けのない椅子》. [↑; 1929 年同地での世界博覧会に展示されたことから]
bar·chan(e), -k(h)an /ba:rká:n, ⏑⏑/ *n* 〘地理〙バルハン《三日月形の砂丘; 風上側がふくらむ》. [Russ <Kirghiz]
bár chàrt 棒グラフ (=*bar diagram* [*graph*]) (cf. PIE CHART).
bár clàmp 〘木工〙バークランプ《調節の可能なあごをもつ長い棒でできている締めつけ装置》.
Bár·clay·càrd /bá:rkli-, -kleɪ-/ 〘商標〙バークレーカード《英国の Barclays Bank と系列会社が発行するクレジットカード》.
Bar·clay de Tol·ly /bà:rklái də tó:li, -kléɪ-/ バルクラーイ・デ・トーリ Prince **Mikhail Bogdanovich ~** (1761–1818)《ロシアの陸軍元帥; スコットランド系; 対 Napoleon 戦 (1812) の司令官》.
bár-còde *vt, vi* (商品などに)バーコードを付ける. ♦ **bár-còd·ed** *a* バーコードの付いた.
bár còde バーコード《光学読取り用の縞状の記号; 商品の識別などに用いる》. ♦ **bár còding** 《商品の》バーコード付け.
Bar·coo /ba:rkú:/ *a* 《豪口》奥地の, 田舎(者)の.
Barcóo Ríver [the] バークー川 (COOPER CREEK の別称).
Barcóo salúte [the] 《豪口》顔のハエを払う手の動作.
Bár Còuncil [the] 〘英〙法廷弁護士評議会《イングランド・ウェールズの法廷弁護士を統括する団体; 1894 年創設》.
bár cràwl *vi** 《俗》BARHOP.
bard[1] /bá:rd/ *n* 《古代ケルト族の》吟唱詩人; ウェールズの吟唱詩人大会で認められた[に参加した]詩人; 吟唱[放浪]詩人 (minstrel); 《文》(抒情)詩人; [the B-] BARD OF AVON. ♦ **bárd·ic** *a* [Celt]
bard[2], **barde** /bá:rd/ *n* [°*pl*] 中世の馬よろい; 〘料理〙《脂肪分を補うために》肉などに巻くベーコン《など》. ► *vt* …に馬よろいを着ける; 〘料理〙⟨肉などを⟩ベーコンで巻く. [F <Arab]
bardee ⇨ BARDY[1].
Bar·deen /ba:rdí:n/ バーディーン **John ~** (1908–91)《米国の物理学者; 1956 年トランジスターの製作に対して, 72 年超伝導理論の成果に対してノーベル物理学賞を受賞》.
bardi ⇨ BARDY[1].
Bar·dia /bá:rdiə, ba:rdí:ə/ バルディーヤ《リビア北東部, エジプト国境に近い海港; 第二次大戦のアフリカ戦線の要衝》.
bár dìagram 棒グラフ (bar chart).
bardie ⇨ BARDY[1].
bárd·let *n* へぼ詩人.
bárd·ling *n* 若い吟唱詩人; へぼ詩人.
bar·do /bá:rdòu/ *n* 〘チベット仏教〙中有(ちゅうう), 中陰, バルド《死者が輪廻転生するまでの期間; 日本でいう四十九日》.
Bárd of Ávon [the] エイヴォンの歌人《Shakespeare のこと; the Bard ともいう》.
bard·ol·a·try /ba:rdálətri/ *n* [ˢB-] シェイクスピア崇拝. ♦ **bard·ól·a·ter** *n* [*Bard* of Avon+ido*latry*]
Bar·do·li·no /bà:rd(ə)lí:nou/ *n* バルドリーノ《軽い良質のイタリア産赤ワイン》. [Garda 湖畔の村, 生産地]
Bar·dot /*F* bardo/ バルドー **Brigitte ~** (1934–)《フランスの映画女優》.
bar·dy[1], **bar·dee, bar·di(e)** /bá:rdi/ *n* 《豪》バーディ《アボリジニーの食する幼虫[さなぎ]》. ● **Starve the bardies!** これはしたり, おやおや; チェッ. [(Austral)]
bardy[2] *a* 《スコ》ずうずうしい, 傲慢な. [? BARD[1]]
bare[1] /bέər/ *a* **1 a** おおい[被覆]のない, 裸の, むきだしの, 露出した; 無防備の; 抜身の⟨刀⟩; 家具のない⟨部屋⟩, カーペットのない⟨床⟩, 飾りのない⟨壁⟩; 空(から)の, がらんとした; 葉のない⟨樹木⟩, 草木のない⟨土地⟩; ⟨布など⟩すりきれた: (in) ~ feet はだし(で) / with ~ head 無帽で / ~-chested 胸を裸にした, 上半身裸の / with (one's) ~ HANDS (成句) / pick a bone ~ 骨をつついて肉をきれいに取る. **b** ありのままの: the ~ facts / a ~ outline (of…) (…の)あらまし, 要点(のみ), 概略. **2** ⟨…が⟩ない ⟨*of*⟩: trees ~ *of* leaves / be ~ *of* cash. **3** ようやくの, かろうじての, たったの, ただそれだけの (mere); ほんのわずかの, 最低限の: a ~ hint わずかなほのめかし / a ~ living かろうじて食っていけるだけの生活 / (by) a ~ majority かろうじての過半数(で) / the ~ minimum 必要最小限(のもの) / ~ necessities of life 露命をつなぐだけの必需品 / at the ~ thought (of…)(…を)考えただけでも / believe sth on sb's ~ word 人のことばだけでそのまま信ずる / with ~ life 命からがら. **4** 《廃》無価値の, お粗末な (worthless). ● **go ~***《口》⟨医師・企業が⟩《医療過誤・製品による事故に対する》賠償責任保険なしに営業する. **lay ~** 打ち明ける, 暴露する; 解明する. ► *vt* 裸にする, むきだしにする, 露出させる; はぎ取る; ⟨刀を⟩抜く; 明らかにする, はっきりと示す, 表明する: ~ one's head ⟨特に男性が⟩敬意を表して脱帽する / ~ one's heart [soul] 意中を明かす ⟨*to sb*⟩ / ~ one's teeth ⟨動物が⟩おこって歯をむく; 《笑ったときに》歯を見せる / ~ a tree *of* its leaves [fruits] 木から葉[実]を取り去る. ♦ **~·ness** *n* 裸, むきだし, 露骨; 《部屋などの》無設備, 無装飾, がらんとした様子. [OE *bær*; cf. G *bar*]
bare[2] *v* 《古》BEAR[2] の過去形.

báre-àss(ed) *a* «卑» すっ裸の, すっぽんぽんの.
báre·bàck *adv, a* 裸馬に[の], 鞍を置かない(で); «俗» 《男が》コンドームを用いない(で): ride ～ 裸馬に乗る / a ～ rider 裸馬の乗り手; «俗» コンドームを用いずに性交する男.
báre·bácked *adv, a* BAREBACK.
báre·bèlly *n* «豪» 腹部に毛の少ない羊.
báre·bòat *a* 裸(はだ)用船の《船員を含まない用船》: a ～ charter 裸用船契約. ► *n* 裸用船契約の船舶.
báre·bòne *n* ひどくやせた人, がりがりにやせた人, 針金.
báre·bòned *a* やせこけた, やせ衰えた.
báre bónes *pl* [the] 骨子, 要点; [the] 限界, 極限: cut [strip, etc.] …(down) to *the* ～ 〈情報など〉余計な部分を削って骨子だけにする; 〈予算・人員など〉ぎりぎりまで削減する / the ～ *of*…の要点.
♦ **báre-bònes** *a* 骨子のみの, 余分をそぎ落とした, 簡素な.
báre·fáced *a* ひげのない, ひげをそった; あけっぴろげの; あつかましい: ～ impudence 鉄面皮, ずうずうしさ / a ～ lie しらじらしいうそ.
♦ **-fác·ed·ly** /-féɪsədli, -féɪst-/ *adv* しゃあしゃあと, ぬけぬけと.
-fác·ed·ness *n*
báre·físt·ed *a, adv* BARE-KNUCKLE.
báre·fòot, báre·fóot·ed *a, adv* **1** はだしの[で], 素足の[で]; (はだしで)サンダルを履いた, 跣足(せんそく)の《修道会の名称などに用いられる》. **2** [barefoot] «CB 無線俗» 合法的出力の範囲内で, 付加増幅機 (boots) を用いないで.
barefoot dóctor 《農村などで比較的簡単な医療活動を行なう》医療補助員 (primary health worker). [中国で農閑期に医療活動を行なうべく訓練された「赤脚医生」の訳]
ba·rege, -rège /bəréʒ/ *n* バレージ《ウールで織った半透明の薄い婦人服用生地; フランスのピレネー地方 Barège 原産》.
báre·hànd *vt* 〈野球のボールを〉素手で捕る.
báre-hánd·ed *a, adv* 素手の[で]; 武器を持たずに; 独力の[で].
báre·héad·ed, -héad *a, adv* 無帽の[で].
Ba·reil·ly, -re·li /bəréɪli/ バレイリー《**(1)** インド北部 Uttar Pradesh 北西部の市 **2)** ROHILKHAND の別称》.
báre-knúckle, -knúckled *a, adv* 〘ボク〙グラブをつけない(で), ベアナックルの[で]; ルール無視の乱暴なやり方の[で], 猛烈な[に], 苛烈な[に], 情け容赦のない[容赦なく].
báre·lègged *a, adv* 脚を露出した[して], ストッキングを履いてない[履かずに].
báre·ly *adv* わずかに, かろうじて, やっと; ほとんど…ない (scarcely); 貧弱に, 簡素に; «古» あからさまに, むきだしに, あらわに; 裸で; «古» ただ単に: a ～ furnished room ろくに家具のない部屋 / ～ able to read ほとんど読むことができない / He is ～ of age. 成年になったばかり / I had ～ time to catch the bus. やっとバスに間に合った.
Bar·en·boim /bǽrənbɔɪm/ バレンボイム **Daniel** ～ (1942–) 《アルゼンチン生まれのイスラエルのピアニスト・指揮者》.
báre-nécked *a* 首をあらわにした.
Ba·rents /bǽrənts, bɑ́ː-/ バレンツ **Willem** ～ (c. 1550–97) 《オランダの航海家; ヨーロッパからアジアに至る北東航路を捜して航海, Barents 海に名を残した》.
Bárents Séa [the] バレンツ海《北極海の一部; ノルウェーとロシアの北部海域》. [↑]
bare·sark /bέərsɑ̀ːrk/ *n* BERSERKER. ► *adv* 甲冑[防具, 防護服, 潜水服 など]を着けずに.
bar·es·the·sia | bar·aes- /bæ̀rəsθíːʒ(i)ə, -ziə/ *n* 〘医〙圧覚《重さや圧力に対する感覚》. [*bar-*]
bár examinàtion, bár exàm 法曹資格試験, 司法試験.
barf /bɑ́ːrf/ «俗» *vi, vt* ゲーゲーやる, もどす (vomit); «ハッカー» 〈処理が〉(受け付けられない入力のために)止まる; «ハッカー» 〈プログラムが〉エラーメッセージを表示する, '文句を言う'. ● **～ out** むかつく, 狂う; 〈人を〉うんざりさせる, むかつかせる: *B～* (me) *out!* むかつく, ゲッ! ► *n* 嘔吐, ゲロ, へど. ► *int* チェッ, ゲッ, やれやれ, うんざりだ《不快・嫌悪・いらだちを示す》. [C20; ? imit]
bárf bàg* «俗» 《飛行機内などの》嘔吐袋; *«俗» [*derog*] すごくいやな人, むかつくやつ, [‹*a*›] むかつく.
Bárf Cìty [°b- c-] *«俗» *n* とても不快なもの, むかむかするもの. ► *a* 気持が悪い, むかつく, へどが出るような, オエッとなる.
barfi ⇨ BURFI.
bár·flỳ *n* «口» バーの常連; *«俗» 大酒飲み, 《特に バーで》酒をねだるアル中.
bar·fo·la /bɑːrfóʊlə/ *n* *«学生俗» 魅力のない女, ブス. ► *int* [°B-] *«俗» チェッ, やれやれ (barf).
bár fòod" 軽食《パブのバーで取ることのできる簡単な食べ物》.
bár fòot RUNNER FOOT.
bárf-òut *n* *«俗» 不快な人, いやなこと.
bar·gain /bɑ́ːrgən/ *n* **1** 契約, 協定; 売買[交易, 交換]契約[協定], 取引: A ～*'s* a ～. 約束は約束《守らねばならない》/ That's a ～. それで決まった, それでよし. **2** 好条件の売買[取引]; 得な買物, 買い得品, 特価品, 掘出し物: a good [bad, losing] ～ 得な[割高の]買物 / ～*s* in furniture 家具の安売り / a ～ day 特売日 / a ～ sale 特売 / buy at a (good) ～ 安く買う. ● **a ～** 安く (cheap): I got this *a* ～. 安く買った. **beat a ～** 値切る. **drive a ～** 《骨折って》商談を進める: *drive a* hard ～ 有利に交渉[商談, 話]を進める ‹*for*›, ひどく値切る ‹*with*›. **into** [**in***] **the ～** そのうえ, おまけに: throw a radio *into the* ～ ラジオをおまけとして添える[サービスする]. **keep one's side of a** [**the**] **～** 《取引・つきあいで》自分の側で引き受けた務めを果たす, 約束を守る. **make the best of a bad ～** 逆境に善処する, 悪条件下で最善を尽くす. **no ～*** «口» あまり好ましくない人[もの]. **sell a ～** ばかにする. **strike** [**make**] **a ～** 売買契約をする, 協定する, '手を打つ'.
► *vi* 取引[交換]の交渉をする, 駆引きをする ‹*with* sb; *about* [*over, for*] sth›; 《交渉で》合意する, 取り決める, 協約する. ► *vt* **1 a** 〈値段などを〉交渉によって決める; 交渉によって提供する[売り渡す, 交換する], 交換条件として提供する. **b** 《一般に》取り替える ‹*for*›. **2** 〈食い違いなどを〉交渉によって解決する; 〈合意・解決〉に達する; 〈関係者〉と交渉してその合意を取りつける. **3** [節を目的語として] …ということになりそうだと思う[予測する], …という保証[約束]をする. ● **～ away** 〈権利・自由など〉をつまらないものと引換えに売り渡す, 安く手放す. **～ for…** **(1)** [*neg*] / [more than と共に] …を予想[予期]する (expect): That's *more than* I ～*ed for*. それは予期しなかったことだ, それは驚いた. **(2)** …を安く入手しようとする **～ on…** «口» …をあてにする[期待する, 予測する].
♦ **～·er** *n* [OF‹Gmc; cf. OE *borgian* to borrow]
bárgain and sále 〘法〙土地売買契約および代金支払い.
bárgain-bàsement *a* 格安の; 安物の.
bárgain básement 《デパートなどの》特売場《しばしば 地階にある》.
bárgain-còunter *a* BARGAIN-BASEMENT.
bárgain cóunter 特価品売場; [*fig*] 《品物や意見の》自由な交換の場所.
bar·gain·ee /bɑ̀ːrgəníː/ *n* 〘法〙BARGAIN AND SALE における買方 (opp. *bargainor*).
bárgain hùnter 特売品をあさる人. ♦ **bárgain hùnting** 特売品あさり.
bárgain·ing *n* 取引, 交渉: COLLECTIVE BARGAINING.
bárgaining àgent* 〘労〙交渉代表.
bárgaining chìp 交渉を有利に導く材料[切り札].
bárgaining còunter BARGAINING CHIP.
bárgaining posìtion 交渉での立場.
bárgaining pòwer 交渉力.
bárgaining rìghts *pl* 〘労〙(団体)交渉権.
bárgaining ùnit* 〘労〙交渉単位《団体交渉において労働組合が代表しようとする労働者集団》.
bar·gain·or /bɑ́ːrgənər/ *n* 〘法〙BARGAIN AND SALE における売方 (opp. *bargainee*).
barge /bɑ́ːrʤ/ *n* 平底の荷船, はしけ, バージ; 遊覧客船, 屋形船; 〘海軍〙将官艇; バージ《SHELL よりも幅が広くて重い競艇練習用ボート》; «口» [*derog*] 船, 《特に》おんぼろの[ぶかっこうな]船; 《Oxford 大学などの》居住設備のある船; 《Oxford 大学の》艇庫. ► *vt* はしけで運ぶ; «口» 乱暴に押す; 《帆走レースで》〈他船〉に強引に接近する. ► *vi* 《はしけのように》のろのろ進む; «口» 衝動的に動きまわる ‹*about*›; «口» 乱暴に(押し分けて)進む, 突き進む; 《帆走レースで》むりやり他船に近づける; ぶつかる, 衝突する ‹*into*›. ● **～ about**(…) 乱暴にはねまわる; BARGE against. **～ against** [**into**]…にぶつかる, 衝突する; 不意にでくわす. **～ in** [**into**…] (…に)乱入する, 押しかける; «口» (…に)余計な口を出す, 〈会話など〉に割り込む: Don't ～ *in on* our conversation. われわれの話に口を出さないでくれ. **～ one's way through** (the crowd) (群集を)押し分けて進む. [OF‹? L *barika*‹Gk *baris* Egyptian boat; cf. BARK[3]]
bárge·bòard *n* 〘建〙破風(はふ)板, 飾り破風. [ME‹?; cf. L *bargus* gallows]
bárge còuple 〘建〙傍軒(そばのき)たるき, 枝外極(しがいたるき).
bárge còurse 〘建〙《切妻壁から突き出した》傍軒.
bárge dòg 〘犬〙SCHIPPERKE.
barg·ee" /bɑːrʤíː/ *n* BARGEMAN.
bar·gel·lo /bɑːrʤέloʊ/ *n* (*pl* ～**s**) 〘刺繡〙バージェロステッチ《ジグザグ模様をつくっていくステッチ》. [Florence の美術館の名から; そこの 17 世紀の椅子張りにこの縫い方がみられる]
bárge·man /-mən/ *n* BARGE の乗組員[船頭, 所有者].
bárge·pòle *n* 《荷船の》押し棒, 舟ざお; *«俗» 巨根, 馬並みの一物. ● **wouldn't** TOUCH…**with a ～.**
bárge spìke 舟釘 (=*boat spike*) 《大型の平釘》.
bárge stòne [°*pl*] 〘建〙破風笠石.
bar·ghest, -guest /bɑ́ːrgɛ̀st/ *n* バーゲスト《イングランドの伝説に登場する化け物; しばしば 大犬の姿で現われて凶事・死を予告するという》. [C18‹?]
bár gìrl バーのホステス, *«俗» B-GIRL; 女性バーテンダー.
bár gràph 棒グラフ (bar chart).
bár·hòp* «口» *vi* 《バーからバーへと》はしご酒をする, 飲み歩く. ► *n* バーテン; はしご酒, 飲み歩き (barhopping). ♦ **bár·hòpper** *n*
bari, bary /bǽri/ *n* *«俗» バリトンサックス《楽器》.
Ba·ri /bɑ́ːri/ バーリ《イタリア南東部 Apulia 州の州都》.
bar·i·a·tri·cian /bæ̀riətríʃ(ə)n/ *n* 肥満学者. [*bar-*]

B

bar·i·at·rics /bæ̀riǽtrɪks/ *n* 肥満学. ♦ **bàr·i·át·ric** *a*
bar·ic[1] /bǽrɪk; bέərɪk/ *a* 〘化〙 バリウム(含有)の.
bar·ic[2] /bǽrɪk/ *a* BAROMETRIC.
ba·ril·la /bərí:(l)jə/ *n* 〘植〙《地中海沿岸産の》アカザ科オカヒジキ属の植物; 〘化〙 バリラ《オカヒジキ・コンブなどの灰から得る不純な炭酸ソーダ》. [Sp]
Ba·ri·lo·che /bærəlóuʧi/ バリローチェ《アルゼンチン南西部, アンデス山脈東麓, Nahuel Huapí 湖岸にある町・リゾート地; 公式名 San Carlos de Bariloche》.
Ba·ri·nas /bərí:nəs/ バリナス《ベネズエラ中西部の市》.
Bar·ing /bέərɪŋ/ ベアリング (1) **Alexander ~**, 1st Baron Ashburton (1774–1848)《英国の銀行家・外交官; Maine 州とカナダとの境界について合衆国と交渉し, Webster-Ashburton 条約 (1842) を締結》 (2) **Evelyn ~**, 1st Earl of Cromer (1841–1917)《英国の外交官; エジプト総領事 (1883–1907) としてエジプト政府を牛耳った》.
bár ìron 棒鉄.
Ba·ri·sāl /bǽrəsɑ̀:l/ バリサル《バングラデシュの Ganges 川デルタ地帯の河港都市; 'Barisal guns' (バリサルの大砲) と呼ばれる地震によるとみられる大音響で有名》.
bar·ish /bέərɪʃ/ *a* 中身の貧しい, 家具のほとんどない; 髪がうすい; 草木がまばらな. [*bare*]
ba·ris·ta /bərí:stə, bɑ:rí:stɑ:/ *n* 喫茶店 (coffee bar) のコーヒー係[給仕人], バリスタ. [It]
bar·ite /bǽrὰɪt, bέər-/ *n* 〘鉱〙 重晶石, バライト (=*baryte, heavy spar*)《バリウムの主要鉱石》.
bari·tone, bary·tone /bǽrətòun/ 〘楽〙 *n* バリトン《tenor と bass の中間の男声音》; バリトン歌手; バリトン (=~ **hòrn**)《サクソフォーン属の金管楽器》; BARYTON; バリトンパート; [〈*a, adv*〉] バリトンの[で]. ♦ **bàri·tón·al, bàry-** *a* [It<Gk (*barus* heavy, TONE)]
báritone clèf 〘楽〙 バリトン記号.
bar·i·um /bέəriəm/ *n* 〘化〙 バリウム《アルカリ土類金属元素; 記号 Ba, 原子番号 56》. [BARYTA, *-ium*]
bárium cárbonate 〘化〙 炭酸バリウム《有毒; 殺鼠剤・うわぐすり・顔料・光学ガラスなどの原料》.
bárium chlóride 〘化〙 塩化バリウム《有毒》.
bárium ènema 〘医〙 バリウム注腸《硫酸バリウム液の注腸; 消化管下部の X 線撮影のための造影用》.
bárium hydróxide 〘化〙 水酸化バリウム《腐食剤・分析試薬》.
bárium méal 〘医〙 バリウムがゆ《消化管の X 線造影剤として用いる硫酸バリウム液》.
bárium óxide 〘化〙 酸化バリウム.
bárium peróxide [dióxide] 〘化〙 過酸化バリウム《酸化・漂白剤》.
bárium súlfate 〘化〙 硫酸バリウム.
bárium títanate 〘化〙 チタン酸バリウム.
barium X-ray /—́ éks—̀/ 〘医〙 バリウム X 線(検査) (GI SERIES).
bark[1] /bɑ́:rk/ *vi* **1** 〈犬・狐など〉ほえる; ほえるような音を出す; 《口》 咳をする (cough); 〈銃砲が〉ドンと鳴る: ~ *at*…にほえかかる / A ~*ing* dog seldom bites. 《諺》 ほえる犬はめったにかまない / Why keep a dog and ~ yourself? 犬を飼っていながらなぜ自分でほえるのか《人の仕事までやることはない》. **2** がみがみ言う 〈*out*〉; ののしる 〈*at*〉; *《口》《見世物の木戸口や店先で》はやしたてて客を呼ぶ. ► *vt* ほえるような調子で言う, 〈命令を〉どなって言う 〈*out*〉; 酷評する, ののしる 〈*at*〉; 〈商品などを〉ひっきりなしに大声で宣伝する. ● **~ at [against] the** MOON. **~ up the wrong tree.** 《口》 間違っている, お門違いである, 見当はずれのことをしている. ► *n* ほえ声; うむを言わせぬ[横柄な]口調[命令, 返事]; 《口》 咳(の音); 銃声, 砲声: give a ~ ほえる / His ~ is worse than his bite. (本心は)口ほど悪くない男だ. ♦ **~·less**[1] *a* [OE *beorcan* < **berkan* (BREAK の音位転換か); cf. ON *berkja* to bark]
bark[2] *n* **1** 樹皮; キナ皮 (cinchona); タン皮 (tanbark); 《俗・方》 皮膚. **2** ナッツ入りチョコレート片: almond ~. ► *vt* …の樹皮をはぐ; 《枯らすために》〈樹木を〉環状剝皮する; 樹皮でおおう; なめす; すりむく: ~ one's shin むこうずねをすりむく. ● **talk the ~ off a tree** *《口》 感情を(口ぎたない)強いことばで言い表わす, ののしる. ♦ **~·less**[2] *a* [OIcel *bark- börkr*; *birch* と関係あるか]
bark[3], **barque** /bɑ́:rk/ *n* 〘海〙 バーク(型帆船)《通例 3 本マストで後檣のみ縦帆》; 小型の帆船; 《詩》 帆船; 《一般に》帆または艪櫂(ろかい)によって推進させる舟. [F<?Prov<L *barca* ship's boat]
Barka ⇨ BARCA.
bárk bèetle 〘昆〙 キクイムシ《針葉樹の害虫》.
bárk-bòund *a* 〘園〙 樹皮が堅くて生長がおそい.
bárk clòth 樹皮布, バーククロス《(1) 主に インドネシア・マレーシア・太平洋諸島で使われる, 内側の樹皮を水に浸し槌でたたき伸ばした布様のもの (2) これに似せた織物で, 室内装飾品・ベッドカバー用》.
bár·kèep *vi*ᴵᴵバー[酒場]で客に酒を供する. ► *n**BARKEEPER.
bár·kèep·er* *n* バー[酒場]の主人; バーテン (bartender).
bar·ken·tine, -quen-, -quan-, -kan- /bɑ́:rkəntì:n/ *n* 〘海〙 バーケンティン型帆船《3 本マストで前檣だけ横帆》. [*brigantine* にならって *barque* bark[3] から]
bárk·er[1] *n* ほえる動物; どなりたてる人; 《商店・見世物などの》客引き; 《俗》 ピストル, 大砲; *《俗》 冗談; 《野球俗》 一塁コーチ. [bark[1]]
barker[2] *n* 《木材用の》皮はぎ器, 剝皮機, バーカー; 樹皮をはぐ人[動物]; 《皮の渋なめしのための》樹皮処理人[機械]. [bark[2]]
bárk gràfting 〘園〙 袋接ぎ.
bark(h)an ⇨ BARCHAN.
Bárk·hau·sen effèct /bɑ́:rkhὰuz(ə)n-/ 〘理〙 バルクハウゼン効果《強磁性体を磁化するとき, 磁化が段階状に進むため, そのまわりのコイルに誘導される電流をスピーカーに流すと雑音が聞こえる現象》. [Heinrich G. *Barkhausen* (1881–1956) ドイツの物理学者]
bárk·ing *a*ᴵᴵ《俗》 気が狂って, 頭が変で (=~ **mád**).
Bár·king and Dágenham /bɑ́:rkɪŋ-/ バーキング・アンド・ダゲナム《London boroughs の一つ》.
bárk·ing déer 〘動〙 ホエジカ (muntjac).
bárking dógs *pl* *《俗》 疲れて痛む足.
bárking íron 《俗》 BARK SPUD.
bárking spíder *《俗》 音の出るおなら, 屁っぴり虫.
bárking squírrel 〘動〙 PRAIRIE DOG.
Bark·la /bɑ́:rklə/ バークラ **Charles Glover ~** (1877–1944)《英国の物理学者; ノーベル物理学賞 (1917)》.
bárk·lòuse *n* 〘昆〙 チャタテムシ《チャタテムシ目の小昆虫の総称; 樹皮や落葉などの湿り気をおびた所を好み, 菌類や藍藻などを食う》.
bárk spùd 《木材用の》剝皮工具, 皮はぎ器.
bárk trèe 〘植〙 キナノキ (cinchona).
bárky *a* 樹皮でおおった; 樹皮に似た; 樹皮入りの〈培養土〉.
Bar·let·ta /bɑ:rlétə/ バルレッタ《イタリア南東部 Apulia 州の港市》.
bar·ley[1] /bɑ́:rli/ *n* 大麦 (cf. WHEAT, RYE[1]). [OE *bærlic* (a) (*bære, bere* barley)]
barley[2] *int*ᴵᴵ《方》 タイム! 《ゲーム中にルールの適用免除や一時的中断を求めるときの発声》. [? *parley*]
bárley bèef 大麦その他の濃厚飼料で肥育した肉牛.
bárley·brèak *n* バーリーブレイク《barley field または hell と呼ぶ一定地内に踏み込もうとする者を内側の人が捕える昔の英国の遊び》.
bárley-bree /-brì:/, **-broo** /-brù:/ 《スコ》 *n* (*pl* **~s**) ウイスキー; 強いエール, 麦芽醸造酒 (malt liquor).
bárley bròth ᴵᴵ《方》 BARLEY-BREE.
bárley·còrn *n* 大麦の粒 (⇨ JOHN BARLEYCORN); 大麦 (barley); 《口》 麦芽発酵酒; 《もと単位として用いた》麦粒の長さ《≒1/3 inch》; 〘紡〙 麦粒(むぎつぶ)織り, バーリーコーン(ウィーブ)《全面に幾何学模様をつくる籠織り[斜子(ななこ)織り]の一種》.
bárley·mòw *n* 積み重ねた大麦.
bárley sùgar 大麦糖《砂糖を煮詰めてつくる透明な飴(あめ); もとは大麦の煮汁で煮詰めた》.
bárley wàgon *《CB 無線俗》 ビールを積んだトラック.
bárley wàter 大麦湯《精白玉麦 (pearl barley) で作る煎じ薬; 子供の下痢止めにすることが多い》.
bárley wíneᴵᴵ 大麦酒《強いビール》.
bár lìft バーリフト (cf. J-BAR LIFT, T-BAR LIFT).
bár lìne 〘楽〙 縦線, 小節線 (bar).
bar·low* /bɑ́:rlou/ *n* 大型ポケットナイフ. [Russell *Barlow* 18 世紀英国のナイフ製作者]
Bár·low's disèase /bɑ́:rlouz-/ バーロー病 (infantile scurvy). [Thomas *Barlow* (1845–1945) 英国の医師]
barm /bɑ́:rm/ *n* パン種 (yeast); 麦芽発酵酒の泡. [OE *beorma*; cf. G (dial) *Bärme*]
bár màgnet 棒磁石.
bár·màid *n* **1** バーのホステス[ウェートレス]; ᴵᴵ女性バーテンダー. **2** 〘ボウル〙 一投後ほかのピンの後ろに立っているピン.
bár·manᴵᴵ /-mən/ *n* 《男の》 BARTENDER.
barm·brack /bɑ́:rmbræ̀k/, **barn-** /bɑ́:rn-/ *n* 《アイル》 干しブドウ入りの丸パン[ケーキ].
bárm càke 《ランカシャー方言》 円くて扁平で柔らかいパン.
Bar·me·cid·al /bὰ:rməsáɪdl/ *a* 見かけ倒しの, 名ばかりの, 架空の, まやかしの: a ~ feast 見せかけのもてなし. [↓]
Bar·me·cide /bɑ́:rməsàɪd/ *n* **1** バルマク家の人[王子]《『アラビアンナイト』に登場する Baghdad の貴族で大金持; 乞食を客に呼び, 珍味と称して空(から)の食器を出した》. **2 a** 見せかけのもてなし[親切]をする人. **b** [〈*a*〉] BARMECIDAL.
bar mi(t)z·vah /bɑ:r mítsvə/ *n* [°B- M-] 〘ユダヤ教〙 バルミツヴァ《(1) 13 歳に達した少年; 正式に成人としての宗教上の責任と義務が生じる; cf. BAT MITZVAH (2) バルミツヴァとして正式に認める儀式》. ► *vt* 〈少年〉にバルミツヴァの儀式を行なう. [Heb=son of the commandment]
bármy *a* 酵母質の, 発酵中の; 泡立った; ᴵᴵ《口》 ばかばかしい, 気のふれた (crazy): go ~ 気がふれる. ♦ **bárm·i·ly** *adv* **-i·ness** *n* [BARM]
barn[1] /bɑ́:rn/ *n* 納屋《穀物・乾草などの置場; 米では家畜[車]小屋兼用》; だだっぴろい建物[家, 部屋]; *《電車・バスなどの》車庫; *《俗》 地方の夏期劇場, 田舎劇場. ● **can't hit the (broad) side of a ~** *《俗》 正確にものを投げられない, 目標を正確にねらうことができない. **Were you born in a ~?** 《口》 納屋で生まれたの? 《ちゃんと戸を閉めない人や部屋を散らかしている人に対して言うことば). ► *vt* 納屋にしまう[たくわえる]. ♦ **~·lìke** *a* **bárny** *a* [OE *bern, beren* (*bere* barley, *ærn* house)]

barn[2] *n* 〘理〙バーン《素粒子などの衝突過程の断面積の単位: $=10^{-24}$ cm²; 記号 b》. [ˈas big as a *barn*ˈ から か]

B

Bar·na·bas /báːrnəbəs/ **1** バーナバス《男子名; 愛称 Barney》. **2** [Saint] 聖バルナバ《1 世紀の使徒; もとの名は Joseph the Levite または Jo·ses /ʤóusiz, -zəz/ the Levite; St Paul の伝道を助けたレビ人(びと); *Acts* 4: 36-37》. [Heb=son of exhortation]

Bar·na·by /báːrnəbi/ バーナビー《男子名; 愛称 Barney》. [⇨ BARNABAS]

Bárnaby brìght [dày] 聖バルナバ祭(日)《ユリウス暦の 6 月 11 日; 一年中でいちばん日が長い》.

bar·na·cle /báːrnɪk(ə)l/ *n* 〘動〙蔓脚(まんきゃく)類の甲殻動物《エボシガイ・フジツボなど》; 〘鳥〙BARNACLE GOOSE; 《人·地位などに》かじりついて離れない人; 《旧弊などのように》進歩発展を妨げるもの. ♦ **~d** *a* フジツボなどの付着した. [L<?]

bárnacle góose 〘鳥〙カオジロガン (=*tree goose*)《北欧·グリーンランド産の顔の白い中型のガン》.

bár·na·cles *n pl* 鼻ばさみ《蹄鉄を打つとき馬があばれるのを防ぐ器具》; ˈ《口》眼鏡.

Bar·nard /báːrnərd, -nɑ̀ːrd/ **1** バーナード《男子名; 愛称 Barney, Berney, Bernie》. **2** バーナード (1) **Christiaan** (**Neethling**) ~ (1922-2001)《南アフリカ共和国の外科医; 世界最初の心臓移植を実施 (1967)》(2) **Edward Emerson** ~ (1857-1923)《米国の天文学者; 天体写真の先駆》. [⇨ BERNARD]

Bar·nar·do /bɑːrnáːrdou, bər-/ バーナードー **Thomas John** ~ (1845-1905)《アイルランド生まれの英国の社会事業家·慈善家; 多くの孤児院を建設》.

Bar·nár·do's バーナードーズ《英国の慈善団体; Thomas J. Barnardo が 1870 年 London に孤児院を開設したのが活動の起こりで, 現在は社会的·身体的·精神的に問題を抱えた子供たちを助ける各種の活動を行なっている》.

Bárnard's stár 〘天〙バーナード星(せい)《へびつかい座の赤色矮星; 既知の恒星中で最大の固有運動を有する》. [Edward E. *Barnard* 発見者]

Bar·na·ul /bɑ̀ːrnəúːl/ バルナウル《ロシア, 西シベリア南部 Altay 地方の市·首都》.

Bar·nave /*F* barnaːv/ バルナーヴ **Antoine(-Pierre-Joseph-Marie)** ~ (1761-93)《フランスの政治家; 国民議会の指導者; 断頭された》.

barnbrack ⇨ BARMBRACK.

bárn bùrner*《口》注目を集めるもの, センセーション.

bárn dànce バーンダンス (1) ポルカ (polka) に似たスクエアダンス; もと納屋で行なった 2)*ホーダウン曲 (hoedown) とスクエアダンスのパーティー 3)*カントリーダンスのパーティー》.

bárn dòor 納屋の開き戸《馬車がはいるくらい大きい》; 《はずしようのない》大きな的; 〘写〙不透明の遮光板《二つ折り式》; [*pl*]*《俗》大きな前歯, 馬歯: (as) big [wide] as a ~ とても大きい[広い] / ⇨ STABLE DOOR《諺》/ cannot hit a ~ 射撃[弓]がまるきりへただ.

bárn-dòor fówl 家禽, 《特に》鶏.

bárn-dòor skáte 〘魚〙大西洋産の(赤)褐色のガンギエイ属のエイ《体長 1.5-1.8 m に達する》.

Barnes /báːrnz/ バーンズ **Djuna** ~ (1892-1982)《米国の女性作家·さしえ画家》.

Barnes & Noble /ˈ—— ən(d) ˈ——/ バーンズ·アンド·ノーブル(社) (~, Inc.)《米国の出版社, 書店チェーン; 略 B&N》.

bar·net /báːrnət/ *n* ˈ《韻俗》髪 (hair)《Barnet で毎年開催される馬市 Barnet Fair と押韻》.

Barnet バーネット《London boroughs の一つ; 1471 年バラ戦争で York 家が勝利をおさめた地》.

Barnevelt ⇨ OLDENBARNEVELT.

bar·ney /báːrni/ *n* **1**《英口·豪口》騒々しい議論, 口論, けんか; ˈ《口》ばか騒ぎ; 《豪》騒がしい群衆. **2**《口》八百長レース[ボクシング]; 《俗》いんちき, ペテン, 詐欺; 《口》どじ, へま, 失策. **3**〘鉱·林〙小型機関車. ► *vi*《英口·豪》騒がしく議論する, 言い争う. [C19<?]

Barney **1** バーニー《男子名; Barnabas, Barnaby, Barnard, Bernard の愛称》. **2** [ᵒb-]*《俗》だめなやつ, 腰抜け. **3***《俗》(勃起した)ペニス.

Bárney Góogle『バーニー·グーグル』《Billy DeBeck 作の米国漫画 (1919-); 主人公 Barney は, ちびで口ひげを生やしシルクハットをかぶった鼻と目の大きいおじさんで, 競馬が大好き》.

bárn gràss 〘植〙BARNYARD GRASS.

bárn lòt*《中南部》BARNYARD.

bárn òwl 〘鳥〙メンフクロウ (=*monkey-faced owl, silver owl*)《しばしば納屋や廃屋で見かけられる; 鳴き声が荒々しいので screech owl の俗称もある》.

bárn ràising 納屋の棟上げ《隣近所の人びとが集まる》.

bárn sàle GARAGE SALE.

Barns·ley /báːrnzli/ バーンズリー《イングランド北部 South Yorkshire の町》.

bárn·stòrm*《口》*vi* 遊説[芝居, 演奏会, 野球, 曲乗りなど]で地方まわりをする; 〈パイロットが〉地方を巡回して曲技飛行を見せる[客を観光地へ案内する]《第一次大戦後流行》; 《どさ回りの役者のように》大げさな演技をする, わめきちらす. ► *vt* 〈各地を〉遊説[巡業]してまわる. ♦ **~·er** *n*

bárn·stòrm·ing *a* 〈演技·演技者などが〉熱気あふれる, 見ごたえのある.

bárn swállow*〘鳥〙ツバメ《北半球の温帯に分布》.

Bar·num /báːrnəm/ バーナム **P(hineas) T(aylor)** ~ (1810-91)《米国の興行師·サーカス王; James A(nthony) Bailey (1847-1906) と共に **Bárnum & Báiley Circus** を成功させた; cf. RINGLING BROTHERS》. ♦ **~·ésque** *a*

bárn·yàrd *n* 納屋の前庭; 農家の内庭. ► *a* 裏庭の(ような); 品のない, 下品な, 下卑た, しもがかった: ~ language 下品なことば.

bárnyard gólf*《口》蹄鉄投げ.

bárnyard gràss [mìllet] 〘植〙イヌビエ (=*barn grass*)《雑草》.

baro- /bǽrou, -rə/ ⇨ BAR-.

bar·o·cep·tor /bǽrousèptər/ *n* BARORECEPTOR.

baro·clin·ic /bǽrəklínɪk/ *a* 〘気〙〈大気が〉等圧面と等密度面が一致していない, 傾圧の.

baro·clin·ic·i·ty /bæ̀rəklənísəti/ *n* 〘気〙傾圧(性).

ba·ro·co·co /bəròukəkóu/ *a* バロックとロココを折衷した, 奇怪なほどに凝った[装飾的な]. [*baroque*+*rococo*]

bar·o·cy·clo·nom·e·ter /bæ̀rəsàɪklənámətər/ *n* 〘気〙熱帯低気圧計, 颶風(ぐふう)計.

Ba·ro·da /bəróudə/ バローダ《(1) インド西部 Cambay 湾奥の近くにあった藩王国; 今は Gujarat 州の一部 2) VADODARA の旧称》.

bàro·dynámics *n* 重量力学.

bar·og·no·sis /bæ̀rəgnóusəs/ *n* (*pl* **-ses** /-siːz/) 圧感, 重量知覚《物体の重さの違いを認識する能力》. [*bar-*]

báro·gràm *n* 〘気〙《barograph による》気圧記録.

báro·gràph *n* 〘気〙自記気圧計[晴雨計]. ♦ **bàro·gráph·ic** *a*

Ba·ro·ja /bɑːróːhɑː/ バローハ **Pío** ~ (1872-1956)《スペインの Basque 出身の作家》.

Ba·ro·lo /bɑːróulou, bə-/ *n* (*pl* **~s**) バローロ《イタリア Piedmont 州の南部 Barolo 村を中心に生産される赤ワイン》.

ba·rol·o·gy /bərálədʒi/ *n* 重量学.

ba·rom·e·ter /bərámətər/ *n* 気圧計, 晴雨計, バロメーター; 《世論·動向などの》指標; 変化の徴候; 尺度: a ~ stock 標準株.

bar·o·met·ric /bæ̀rəmétrɪk/ *a* 気圧(計)の: ~ maximum [minimum] 高[低]気圧.

bàr·o·mét·ri·cal *a* BAROMETRIC. ♦ **~·ly** *adv*

barométric depréssion 〘気〙低気圧 (cyclone).

barométric érror 《時計の》気圧誤差.

barométric grádient 〘気〙気圧傾度.

barométric préssure 〘気〙気圧.

ba·rom·e·try /bərámətri/ *n* 気圧測定法.

bar·on /bǽr(ə)n/ *n* **1 a** 男爵, バロン (⇨ PEER[1]); 《外国の》男爵《姓と併用するときの敬称は英国では *Lord* A, 外国では *Baron* A という》; 〘英史〙《国王からの》直属受封者, 直臣, 《一般に》貴族; 〘英〙財務府裁判所裁判官. **b** [ᵒ*compd*] 豪商, 大実業家, 大物: a mine ~ 鉱山王 / PRESS BARON / party [union] ~*s* 党[組合]の実力者[重鎮]. **2**《牛·羊などの》両側腰肉: BARON OF BEEF. ● **~ and feme** 〘法〙夫婦. [OF<L *baron- baro* man<?]

báron·age *n* 男爵《集合的》; 貴族(階級); 男爵の位[身分]; 男爵名簿.

bar·on·du·ki /bæ̀rəndúːki/ *n* 〘動〙シマリス; シマリスの毛皮. [Russ]

báron·ess *n* 男爵夫人; 《ヨーロッパの国によっては》男爵令嬢; 男爵位をもつ婦人, バロネス《姓と併用するとき英国では *Lady* A, 外国では *Baroness* A》.

bar·on·et /bǽrənət, -nèt/ *n* 准男爵 (⇨ GENTRY)《英国の最下級の世襲位階; baron の下, knight の上であるが貴族ではない; 書くときは *Sir* John Smith, *Bart.* と (KNIGHT との区別のため) Bart. を添える, 呼びかけは *Sir* John; その夫人は *Dame* Jane Smith, 呼びかけは *Lady* Smith》. ► *vt* 准男爵に叙する. ♦ **~·cy** *n* 准男爵の位[身分, 特許状].

báronet·age *n* 准男爵《集合的》; 准男爵の位[身分]; 准男爵名簿.

ba·rong /bərɔ́(ː)ŋ, -ráŋ/ *n* バロング刀《フィリピンの Moro 族が用いる幅の広い刀で, 峰は厚く刃はきわめて薄い》.

baróng tagálog [ˢb- T-] バロンタガログ《通風性のよい軽い生地で作る, フィリピンの男性用のゆったりした長袖シャツ; 精巧な刺繍をしたものが多い》.

ba·ro·ni·al /bəróuniəl/ *a* 男爵(領)の; 男爵にふさわしい, 貴族風の, 堂々とした; 〈大きさ·広さなど〉ゆったりした; 〘建〙スコットランドの地主館のような小塔のある.

ba·ronne /*F* barɔn/ *n* BARONESS.

báron of béef 《背骨で切り離さない》牛の両側腰肉.

bar·ony /bǽrəni/ *n* 男爵領; 男爵の位[身分]; 一個人[一家族, 一集団]が君臨している分野, …王国; 《アイルランドの》郡《county の下位区分》;《スコットランドの》大荘園, 広大な私有地.
bàro·phílic *a* 〘生〙〈細菌が〉好圧性の《深海など圧力の高い場所で生息する[できる]》.
ba·roque /bəróuk, bæ-, -rák/ *a* **1** [ᵒB-] バロック様式の; バロック時代の. **2** 奇をてらった, 手の込んだ, 凝った, 過度に装飾的な, ごてごてした; 奇怪な; 〈真珠が〉いびつな. ► *n* [the, ᵒthe B-] バロック様式; バロック様式の作品, バロック音楽; バロック(様式)時代《だいたい 1550-1750 年》; むやみに飾りたてたもの, 怪奇[グロ]趣味のもの; いびつな真珠. ♦ **~·ly** *adv* [F=misshapen pearl]
baróque órgan 〘楽〙バロックオルガン《バロック時代のパイプオルガン》.
bàro·recéptor *n* 〘解〙圧受容器《血管壁などにあって圧力変化を感ずる知覚神経終末》.
báro·scòpe *n* 気圧計. ♦ **bàro·scóp·ic** /-skáp-/ *a*
báro·stàt *n* バロスタット《航空機内などの圧力を一定に保つ装置》.
bar·o·ti·tis /bærətáɪtəs/ *n* 〘医〙気圧性中耳炎, 航空(性)中耳炎.
bàro·tólerance *n* 〘工〙圧力耐性.
bàro·tráuma *n* (*pl* **-mata**) 〘医〙気圧[圧力]障害, 気圧性外傷, 《特に》航空(性)中耳炎.
ba·rot·ro·py /bərátrəpi/ *n* 〘気〙順圧.
Ba·rot·se /bərátsə/ *n* (*pl* **~, ~s**) バロツェ族[語] (Lozi).
Barótse·lànd バロツェランド《ザンビアの西部地方で, バロツェ族の居住区; もと 英国の保護領》.
ba·rouche /bərúːʃ/ *n* バルーシュ型馬車《御者席が前に高くなっており, 2 人用座席が前後に 2 つ向かい合い, 後部座席に折りたたみ式の幌が付いている四輪馬車》. [G<It]
Ba·roz·zi /bɑːrɔ́ːtsi/ バロッツィ《Giacomo da VIGNOLA の別名》.
bár pàrlorˮ 酒場[パブ]の特別室.
bár pìlot 《港湾河口の》砂洲水先人.
bár pìn 《細長い》飾りピン《ブローチの一種》.
barque ⇨ BARK³.
barquentine, -quan- ⇨ BARKENTINE.
bar·quette /bɑːrkét; F barkɛt/ *n* バルケット《舟形の小型パイ》. [F=small boat]
Bar·qui·si·me·to /bɑ̀ːrkəsəméɪtou/ バルキシメト《ベネズエラ北西部 Caracas の西南西にある市》.
Bar·ra /bǽrə/ バラ《スコットランド北西海岸沖の Outer Hebrides 諸島の主島》.
bar·rack¹ /bǽrək, -ɪk/ *n* [ᵘ~s, 〈*sg/pl*〉] 兵舎, 大勢を収容する宿舎, 大きく殺風景な建物[住居], バラック; *《方》《4 本柱で仮屋根を支えた》乾草おおい. ► *vt* 兵舎[宿舎]に収容する. ► *vi* 兵舎[宿舎]で暮らす. [F<It or Sp=soldier's tent<?]
barrack² 《豪・英》*vt* 〈選手・チーム・演説者などを〉やじる; 声援する. ► *vi* やじる 〈*at*〉; 声援する 〈*for*〉. ♦ **~·er** *n* **~·ing** *n* やじり; ゆっくりした拍手; 声援. [? *borak*]
bárrack-ròom làwyer 《俗》軍規などにうるさい兵士, あれこれ口出しをする兵士 (=*barracks lawyer*).
bárracks bàg 〘軍〙《衣服・個人の小物類を入れる》布袋, 雑嚢(ざつのう); [~s] *《軍俗》二日酔いによる目の下のたるみ. ● **BLOW**¹ **it out your ~.**
bárracks làwyer 《俗》BARRACK-ROOM LAWYER.
bárrack squàre 兵舎近くの練兵場.
bar·ra·coon /bærəkúːn/ *n* [ᵒ*pl*] 《昔の》奴隷[囚人]仮収容所. [Sp]
bar·ra·cou·ta /bærəkúːtə/ *n* (*pl* ~) 〘魚〙 **a** ミナミクロタチ《豪州・ニュージーランド・南アフリカの近海に産するクロタチカマス科の大型食用魚》. **b** BARRACUDA. [AmSp]
bar·ra·cu·da /bærəkúːdə/ *n* **1** 〘魚〙カマス, バラクーダ《カマス科カマス属の各種の捕食性の魚; 暖海産で, しばしば 大型; オニカマス (great barracuda) は体長 1.8m に達し, 有毒とされる》. **2** 《俗》貪欲で油断のならない人物[やつ]. [AmSp]
bar·rage¹ /bərɑ́ːʒ, -dʒ; bǽrɑːʒ/ *n* **1** 〘軍〙弾幕; [*fig*] 圧倒的多量, つるべ打ち, 連発; 〘野〙連続安打: face a ~ of gunfire 集中砲火を浴びる / lift the ~ 弾幕(砲撃)の射程を延ばす / a ~ of questions 質問攻め / a ~ of words 激しいことばの集中(攻撃). **2** 《フェンシング・馬術障害飛越などの》(勝抜き)試合. ► *vt* …に対して弾幕を張る, 激しく攻めたてる 〈*with*〉. ► *vi* 弾幕砲撃をする. [F *barrer* to obstruct; ⇨ BAR¹]
bar·rage² /bɑ́ːrɪdʒ; bǽrɑːʒ/ *n* 《灌漑などのための》河流せき止め工事; 〘土木〙せき, 《特に Nile 川の》ダム; 〘楽〙BARRÉ. [↑]
barráge ballòon 〘軍〙阻塞(そさい)気球.
bar·ra·mun·di /bærəmʌ́ndi/, **-da** /-də/ *n* (*pl* **~, ~s**) 〘魚〙 **a** バラマンディ, バラムンディ《ペルシア湾からオーストラリア・東南アジアにかけて分布する, スズキ目アカメ科の主として淡水性の大型食用魚・釣魚》. **b** スポッテッドバラマンディ《オーストラリア Queensland 産オステオグロッスム科の淡水魚》. **c** [ᵒ-da] オーストラリアハイギョ, ネオセラトダス《Queensland の河川産の原始的な肺魚》. [(Austral)]
bar·ran·ca* /bərǽŋkə/, **-co*** /-kou/ *n* (*pl* **~s**) 深く急な峡谷 (gorge), 火口瀬(せ); 切り立った川岸, 絶壁. [Sp]
Bar·ran·qui·lla /bærənkíːjə, bɑː-/ バランキーヤ《コロンビア北部 Magdalena 川河口付近の河港都市》.
Bar·ras /F barɑːs/ バラス **Paul-François-Jean-Nicolas de ~**, Vicomte de ~ (1755-1829)《フランスの革命家; 総裁政府の総裁の一人 (1795-99)》.
bar·ra·tor, -ter, bar·re·tor /bǽrətər/ *n* 〘法・史〙争訟教唆者; 不和のたねをまく人; 聖職[官職]売買者; 不正船長[船員]. [AF (*barat* deceit,<Gk *prattō* to manage)]
bar·ra·trous, -re- /bǽrətrəs/ *a* 〘法〙訴訟教唆の; 《船長・船員の》不法行為の. ♦ **~·ly** *adv*
bar·ra·try, -re- /bǽrətri/ *n* 〘法〙争訟教唆罪; 聖職[官職]売買; 《船長・船員による船舶・船荷への》不法行為.
Bar·rault /F baro/ バロー **Jean-Louis ~** (1910-94)《フランスの俳優・演出家》.
Bárr bòdy /bɑ́ːr-/ 〘生・医〙バー小体 (=*sex chromatin*)《高等哺乳動物の雌の体細胞核内にあり, 性別の判定に利用する》. [Murray L. *Barr* (1908-95) カナダの解剖学者]
barre /bɑ́ːr; F baːr, bɑːr/ *n* 〘バレエ〙BAR¹.
bar·ré /bɑːréɪ; bǽreɪ/ *n* 〘楽〙バレー, セーハ《ギターなどを弾くとき人差し指ですべての弦を同一フレット上に押えること; セーハして和音を出す奏法》. ► *vt, vi* セーハする. ► *adv* セーハして. [F]
barred /bɑ́ːrd/ *a* かんぬきのある, 閉じ込めた; 棒[桟]の付いた; 〈鳥の羽が〉横縞(じま)[横斑]がある; 砂洲のある; 禁じられた; 除外された. [*bar*¹]
bárred ówl 〘鳥〙アメリカフクロウ《北米・中米産》.
bárred spíral 〘天〙棒渦状星雲[銀河] (=**bárred spíral gálaxy**).
bárred stámp 消印を押した切手.
bar·rel /bǽr(ə)l/ *n* **1** 《胴のふくれた》樽; 一樽(の量); バレル《液量・乾量の単位: 英国では 36, 18, or 9 gallons; 米国では 31.5 gallons; 〘石油〙42 米ガロン=35 英ガロン; 略 bbl.》. **2** 樽状部; 銃身, 砲身; 《機械の》円筒部, 胴; 《カメラ・交換レンズの》鏡胴, 鏡筒; 香箱《時計のぜんまい箱》; 《気化器の》胴; 《ポンプの》筒; 《万年筆の》インク室, 軸, 《鉛筆・ボールペンの》軸; TUMBLING BARREL; 《牛馬の》胴体; 〘海〙車地(しゃち)[巻揚機]の胴部; 〘鳥〙羽柄(うへい) (quill); 《耳の》鼓室; 《鐘の》胴, 鐘身. **3** 《口》たくさん (lot); 同類の物の集団; *政治資金: a ~ of books / ~s [a ~] of money うなるほどの金. **4** *《俗》大酒飲み, のんだくれ. ● **a ~ of laughs** [ᵒ*neg*] たいへん愉快なこと. **buzz around the ~** *《俗》食べ物にありつく, 軽食を取る. **give** sb **both ~s** 《口》激しく攻撃[非難]する. **in the ~** *《俗》首になって[なりそうで], 一文無しの. **let** sb **have it with both ~s** *《俗》人にどなりつける, 懲らしめる. **loaded to the ~** *《口》したたか飲んで, 酔っぱらって. LOCK¹, **stock, and ~. on the ~** 即金で(の), つけでなしに[ない]. **over a** [**the**] **~** 《口》身動きできないで, お手上げの状態で; 人の意のままになって: get [have] sb *over a* ~ 人を意のままにする. **scrape the** (**bottom of the**) **~** 《口》やむをえず最後の財源[方便]にたよる, (劣悪な)残り物を用いる[で我慢する], なけなし(の金)をはたく, かすをかき集める, やけくその手段をとる; 《豪口》《人をけなすのに》品のない[関連性のない]ことをほじくり出す. ► *v* (**-l-** | **-ll-**) *vt* **1** 樽に入れる[詰める]. **2** 〘工〙〈金属部品を〉回転ドラム (tumbling barrel) で仕上げる, バレル研磨[仕上げ]する. **3** 《俗》〈自動車などを〉飛ばす; *《俗》〈酒を〉過度に飲む, 鯨飲する. ► *vi* 《俗》猛スピードで進む 〈*along, down; in, into, out* (*of*)〉; *《俗》鯨飲する, ガバガバ飲む. [OF; ⇨ BAR¹]
bárrel·age *n* 樽にはいっている量.
bárrel-àss *vi* 《卑》猛スピードで進む, (車を)ぶっ飛ばす.
bárrel bùlk 5 立方フィートの容積 (=1/8 ton).
bárrel càctus 〘植〙タマサボテン.
bárrel chàir 背もたれが樽形の安楽椅子.
bárrel-chést·ed *a* 胸が丸く厚い, がっしりした胸の.
bárrel cùff バレルカフ(ス)《通例 ボタンで留める折り返しのない袖口; シングルカフス; cf. FRENCH CUFF》.
bárrel distòrtion 〘光〙樽形ひずみ (cf. PINCUSHION DISTORTION).
bár·reled | **-relled** *a* **1** 樽詰めの; 樽形の; 銃身が…の; 胴が…の: a double-~ gun 二連銃 / a well-~ horse 胴体がよく発達した馬. **2** [ᵒ~ up] *《俗》酔っぱらった.
bárrel fèver 《俗》酩酊, 二日酔い, 急性アルコール中毒, 震顫譫妄(しんせんせんもう)(症).
bárrel·fìsh *n* (*pl* **~, ~es**) 〘魚〙 **a** バレルフィッシュ《黒っぽい色をしたイボダイ科メダイ属の長円形の魚; 西大西洋産》. **b** イボダイ科スケドフィルス属の長楕円形の魚《東大西洋・地中海産; 成魚は深海の低層にすみ, 稚魚は漂流物につく》.
bárrel·fùl *n* (*pl* **~s, bárrels-**) 一樽(の量); 多数, 大量.
bárrel·hèad *n* 《樽の》鏡板. ● **on the ~** 即金で[の].
bárrel·hòuse *n* **1** *バレルハウス《昔の安酒場; 特にダンスができて売春宿やギャンブル場も兼ねているようなもの》. **2** バレルハウス《荒削りで威勢がよい初期のジャズ》.
bárrel òrgan バレルオルガン《**1)** 多数のピンの付いた円筒を回転させるとそのピンが送風弁を開閉させて機械的に音楽を奏でる仕組みの手回しオルガン; 首にかける小型のものは辻音楽師などが使う **2)** これに似た一種のオルゴール》.
bárrel ràce [**ràcing**] バレルレース《3 本の樽のまわりをジグザグに

馬を走らせて速さを競う, 女性のロデオ競技). ♦ **bárrel ràcer** *n*

bárrel ròll〘空〙樽形横転, バレルロール《横転の一種で, 樽の内側を回って進むような航跡を描く曲技飛行》. ♦ **bárrel-ròll** *vi*

bárrel ròof〘建〙かまぼこ屋根; BARREL VAULT.

bárrel vàult〘建〙筒形穹窿(きゅうりゅう), 半円筒ヴォールト (=*tunnel* [*wagon*] *vault*). ♦ **bárrel-vàult·ed** *a*

bar·ren /bǽrən/ *a* (**more ~, ~·er; most ~, ~·est**) **1** 子を生まない, 不妊の; 〈動物が〉《繁殖期に》妊娠していない; 実を結ばない; 作物ができない, 不毛の, やせた〈土地〉; 非生産的な: a ~ woman うまずめ / a ~ discussion 結論の出ない[不毛の]討論 / a ~ flower おしべ[子房]のない花 / a ~ stamen 花粉を生じないおしべ. **2** 内容の貧弱な, 興味が乏しい, 味気ない; だれた; 無力な, ぼんくらの, 鈍感な; 無益な, 報いのない, むなしい. **3** 〈…の〉乏しい, 欠けた 〈*of* trees, charm, ideas, etc.〉: He was ~ *of* fight. 闘志がなかった. ► *n* やせ地, 不毛の地; [*pl*] 荒野《特に 北米の》, 《火事などによる》焦土, 荒廃地. ♦ **~·ly** *adv* **~·ness** *n* [AF<?]

Bárren Gróunds [Lánds] *pl* [the] バレングラウンズ[ランズ]《カナダ北部 Hudson 湾から西に広がるツンドラ地帯》.

bárren stráwberry〘植〙バラ科キジムシロ属の一種《欧州原産》.

bárren·wòrt *n*〘植〙南欧原産のイカリソウの一種.

bar·re·ra /bəréərə, bɑ:-/ *n* 闘牛場の危険防止壁; [*pl*] 闘牛場の最前列観覧席. [Sp]

Bar·rès /*F* barɛs/ バレス (**Auguste-**)**Maurice** ~ (1862–1923)《フランスの小説家・エッセイスト・政治家・国家主義者》.

Bar·ré-Si·nous·si /bɑ:réisinusí:/ バレ-シヌシ **Françoise** ~ (1947–)《フランスのウイルス学者; エイズウイルス発見の功績によりノーベル医学生理学賞 (2008)》.

bar·ret /bǽrət, bərét/ *n* バレット《ベレーに似た扁平帽》.

barretor ⇨ BARRATOR.

barretry, barretrous ⇨ BARRATRY, BARRATROUS.

Bar·rett /bǽrət/ **1** バレット《男子名》. **2** バレット《英国の低価格住宅の建設会社》. [Gmc=bear+rule]

bar·rette /bərét, bɑ:-/ *n* ヘアクリップ, バレッタ (hairslide[∥])《留め具の付いた髪留め》. [F]

bar·ret·ter /bərétər/ *n* バレッター《温度上昇に比例して抵抗の増大する回路素子; 電力測定・電圧調整用》.

bar·ri·a·da /bɑ̀:riɑ́:də, bæ̀r-/ *n*《都市の》地区, 《特に 地方出身者の住む》スラム街. [Sp]

bar·ri·cade /bǽrəkèid, ⏑⏑⏑/ *n* バリケード, 防塞; 障害(物); [*pl*] 戦場, 論争の場: man [go to] the ~*s* バリケードを築いて徹底抗戦する, 断固として死守[抗議]する. ► *vt* バリケードでふさぐ[守る, さえぎる, 閉じ込める]: ~ one*self* 籠城する, たてこもる. ♦ **bàr·ri·cád·er** *n* [F (Sp *barrica* cask)]

bar·ri·ca·do /bæ̀rəkéidou/ *n*, *vt* (*pl* ~**es**)《古》BARRICADE.

bar·ri·co /bərí:kou/ *n* (*pl* ~**es**) 小さい樽 (keg).

Bar·rie /bǽri/ **1** バリー Sir **James M**(**atthew**) ~ (1860–1937)《スコットランドの劇作家・小説家; PETER PAN の生みの親》. **2** バリー《男子名》. [cf. BARRY]

bar·ri·er /bǽriər/ *n* **1** 通過を妨げるもの, 遮断物, 柵, 防壁, 仕切り, 境界(線), バリア; 〘動・医〙関門; 国境のとりで, 検問所, 税関; 《駅の》改札口 (の柵); 〘競馬〙《スタートの》ゲート; [*pl*]〘史〙《試合場の》矢来, 埒(らち), 試合場中央を区切る障壁をはさんで戦う武芸大会 (: to fight at ~*s*); [°B-]〘地理〙堡氷(ほひょう), バリアアイス; BARRIER BEACH. **2** [*fig*] 障壁, 障害, 妨げ 〈*to* progress〉; 《超えがたい》壁, 水準: a tariff ~ 関税障壁 / the language ~ 言語の障壁 / SOUND BARRIER / put a ~ between…の間に障壁を置く / break [go through] a ~ 壁を突破する. ► *vt* 柵で囲む[さえぎる] 〈*off, in*〉. [OF; ⇨ BAR[1]]

bárrier bèach [bàr] 沿岸洲(*)《海岸線に平行して連続する長い洲; cf. BARRIER ISLAND》.

bárrier contracèptive 障害式避妊手段《ペッサリー・コンドーム・殺精子剤などによる》.

bárrier crèam 保護クリーム, スキンクリーム.

bárrier-frée *a* 障壁[障害]のない, バリアフリーの: a ~ stadium バリアフリーの球場 / a ~ market 障壁[規制]のない市場.

bárrier ísland 砂洲島, 堡礁島《沿岸洲(*) (barrier beach) の幅が広まったもの; 部分的には居住可能で, ハリケーンや津波の時には本土をある程度護る役を果たす》.

bárrier mèthod 障害式避妊法 (⇨ BARRIER CONTRACEPTIVE).

bárrier-nùrse *vt* 〈伝染病患者を〉隔離看護する. ♦ **bárrier nùrsing** 隔離看護.

bárrier rèef〘海〙堡礁《海岸に並行したサンゴ礁; 海岸との間に礁湖 (lagoon) が存在する; cf. FRINGING REEF》: GREAT BARRIER REEF.

bar·ri·gu·do /bæ̀rəgú:dou/ *n* (*pl* ~**s**)〘動〙WOOLLY MONKEY. [Port]

bar·ring /bɑ́:rɪŋ/ *prep* …がなければ; …を除いて: ~ accidents 事故さえなければ. [*bar*[1]]

bárring-óut *n* 教師締め出し《抵抗のためまたは冗談で生徒が教師を教室に入れないこと》.

bar·rio /bɑ́:riòu, bǽr-/ *n* (*pl* **-ri·òs**) バリオ《(**1**) スペイン語圏の都市の一区域または郊外 **2**) 行政区画としての郡区》; *《米国の南西部都市などの》スペイン語を日常語とする人びとの住む一郭. [Sp]

bar·ris·ter /bǽrəstər/ *n*〘英〙法廷弁護士, バリスター (**bárrister-at-láw** の略; 訴訟手続きの中の主として法廷弁論を担当する弁護士で, 以前は上位裁判所における弁論権を独占していた (この独占権は 1990 年法で否定された); 原則として訴訟依頼人からの直接依頼ではなく事務弁護士 (solicitor) の依頼を通してのみ活動する; cf. SOLICITOR); *《口》《一般に》弁護士 (lawyer). [*bar*[1]; 語形は *minister* などの影響か]

bár·ròom *n*《ホテルなどの》酒場, バー.

bárroom plànt〘植〙ハラン (aspidistra).

Bar·ros /bɑ́:ruʃ/ バーロス **João de** ~ (c. 1496–1570)《ポルトガルの歴史家》.

Bar·ro·so /bəróuzu/ バローゾ **José Manuel Du·rão** /durɑ̃ũ/ ~ (1956–)《ポルトガルの政治家; 首相 (2002–04), 欧州委員長 (2004–)》.

bar·row[1] /bǽrou/ *n* **1** HANDBARROW; WHEELBARROW; [∥]《特に 呼び売り商人の》二輪手押し車 (coster's barrow); BARROWFUL. **2** 《北イング》関心事, 仕事: That's not my ~. ► *vt* barrow で運ぶ. [OE *bearwe*; ⇨ BEAR[2]]

barrow[2] *n*〘考古〙塚, 土塚, 墳墓 (⇨ LONG [ROUND] BARROW); 《英国地名で》…丘 (hill). [OE *beorg*; cf. G *Berg* hill]

barrow[3] *n* 去勢豚. [OE *bearg*; cf. G *Barg*]

barrow[4] *vi* 《豪》〈見習いが〉毛を刈り残してある羊を刈る. [C20 <?]

Barrow **1** [the] バロウ川《アイルランド南東部を南流して Waterford 湾に注ぐ》. **2** BARROW-IN-FURNESS. **3** [Point] バロウ岬《Alaska および合衆国の最北端》. **4** バロウ (**1**) **Clyde** ~ ⇨ BONNIE AND CLYDE (**2**) **Isaac** ~ (1630–77)《イングランドの数学者・神学者; Newton の師》.

bárrow bòy[∥] 手押し車で果物などを街頭で売る男[少年].

bárrow·fùl *n* 手押し車[担架式四つ手運搬器]一台分(の荷物).

Bárrow-in-Fúrness バロー-イン-ファーネス《イングランド北西部 Cumbria 州南部の港町》.

bárrow·man[∥] /-mən, -mæ̀n/ *n* COSTERMONGER.

bárrow pìt *《西部》土取場 (borrow pit), 《特に 土取りと排水を兼ねた》道路沿いの溝, 側溝.

bar·ru·let /bǽr(j)ələt/ *n*〘紋〙桟, バルレット《BAR[1] の 1/4 から 1/2 幅の横帯》.

bar·ru·ly /bǽr(j)əli/ *a*〘紋〙〈盾形紋が〉2 色交互で各色同数の 10 本以上の横帯に等分割された (cf. BARRY[1]).

bar·ry[1] /bɑ́:ri, bǽri/ *a*〘紋〙〈盾形紋が〉2 色交互で各色同数の 4 本ないし 10 本の横帯に等分割された (cf. BARRULY). [F=barred]

bar·ry[2] /bǽri/ *n**《俗》バリトンサックス (baritone saxophone).

Bar·ry /bǽri/ **1** バリー《男子名》. **2** バリー Sir **Charles** ~ (1795–1860)《英国の建築家; ゴシックリバイバルの先駆者; London の国会議事堂の設計に当たった (1840–60)》. **3** ⇨ DU BARRY. [Ir=spear]

Bar·ry·more /bǽrɪmɔ̀:r/ バリモア **Lionel** ~ (1878–1954), **Ethel** ~ (1879–1959), **John** ~ (1882–1942)《米国の俳優一家出身の 2 男 1 女のきょうだい》.

Bar·sac /bɑ́:rsæk/ *n* バルサック《フランス南西部 Bordeaux 地方の町 Barsac 周辺産の甘口白ワイン》.

bár sínister 《誤用》〘紋〙BEND [BATON] SINISTER; [the] 嫡出でないこと; 《永久に消すことのできない》汚名, 焼き印, 恥辱.

bár snàck バースナック《英国のパブで出される軽食; サンドイッチやミートパイ, ploughman's lunch の類》.

bár·stòol *n* バースツール《座部が高くて円い酒場のスツール》.

Bart[1] /bɑ́:rt/ バート《男子名; Bartholomew の愛称》.

Bart[2] /bɑ́:r/ バール **Jean** ~ (1650–1702)《フランスの私掠船の船長・海将; Louis 14 世の下で, イギリス・オランダとの海戦に従い, 勇名をはせた》.

Bart[3] /bɑ́:rt/ Baronet.

BART /bɑ́:rt/ Bay Area Rapid Transit バート《San Francisco 湾岸地域の高速鉄道》.

bár tàck〘服〙バータック《縫い止まりやポケット口にする補強ステッチ》. ♦ **bár-tàcked** *a* **-tàck·ing** *n*

bár-tàiled gódwit〘鳥〙オオソリハシシギ.

bar·tend /bɑ́:rtɛ̀nd/ *vi* バーテンをする. [逆成 < ↓]

bar·tend·er /bɑ́:rtɛ̀ndər/ *n* バーテン(ダー).

bar·ter /bɑ́:rtər/ *vi* 《物資・役務などの》交換取引をする, 物々交換する 〈*for*〉. ► *vt* 《物資・役務などの対価として》〈物資・役務などを〉渡す, 提供する, 交換する 〈one thing *for* another〉. ● **~ away** = BARGAIN away. **~ off** ほかのものと交換して〈物を〉処分する. ► *n* barter すること, 物々交換, 交換取引, バーター, 交易, 交換貿易; 交換取引されるもの, 交換物, 交易品; [*fig*]《ことばなどの》やりとり: exchange and ~ 物々交換. ♦ **~·er** *n* [BARRATOR]

Barth **1** /bɑ́:rθ/ バース **John** (**Simmons**) ~ (1930–)《米国の小説家; *The Sot-Weed Factor* (1960), *Giles Goat-Boy* (1966)》. **2** /bɑ́:rt, -θ; *G* bɑ́:rt, bárt/ バルト (**1**) **Heinrich** ~ (1821–65)《ドイツの探検家》 (**2**) **Karl** ~ (1886–1968)《スイスのプロテスタント神学者》. **3** /*F* bart/ バルト **Jean** ~=Jean BART[2].

Bar·thel·me /bá:rt(ə)lmi, -θ(ə)l-, -meɪ/ バーセルミ **Donald** ~ (1931–89)《米国の小説家》.

Barthes /*F* bart/ バルト **Roland(-Gérard)** ~ (1915–80)《フランスの文芸批評家・記号学者》.

Barth·ian /bá:rtiən, -θi-/ *a* Karl BARTH の, バルト派の. ► *n* バルト神学者. ♦ **~·ìsm** *n*

Bar·thol·di /bɑ:rθɔ́(:)ldi, -tɔ́(:)l-, -θál-, -tál-; *F* bartɔldi/ バルトルディ **Frédéric-Auguste** ~ (1834–1904)《フランスの彫刻家; New York 港にある自由の女神像の作者》.

Bár·tho·lin's glànd /bá:rθələnz-, -t(ə)-/《解》バルトリン腺《膣前庭に一対あって, 粘液を分泌する》. [Caspar *Bartholin* (1655–1738) デンマークの解剖学者]

Bar·thol·o·mew /bɑ:rθáləmjù:/ **1** バーソロミュー《男子名; 愛称 Bart》. **2** [°Saint] バルトロメオ, バルトロマイ《キリスト十二使徒の一人 (⇨ APOSTLE), 祝日 8 月 24 日》. [Heb=son of Talmai (*2 Sam* 13: 37)]

Bar·ti·mae·us /bà:rtəmí:əs/《聖》バルテマイ《Jericho でイエスに目をいやされた盲目の乞食; *Mark* 10: 46–52》.

bar·ti·zan /bá:rtəz(ə)n, bà:rtəzǽn/ *n*《城》張出しやぐら《見張り・防御用》,《教会の塔の》角塔. [Sc *bratticing* parapet の変形 *bertisene*; cf. BRATTICE]

Bar·tle·by /bá:rtlbi/ バートルビー《Melville の短篇小説 *Bartleby, the Scrivener* (1853) の主人公である不可解な男; 法律事務所の書記として雇われるが, なぜか突然上司の命令を 'I would prefer not to.' の一点張りで拒否するようになり, しまいには食事も取らずに衰弱死する》.

Bart·lett /bá:rtlət/ **1** バートレット **John** ~ (1820–1905)《米国の出版業者; 引用句辞典 *Bartlett's Familiar Quotations* (1855) の編者》. **2**《園》バートレット (=~ **péar**)《大きくて果汁に富む黄色い洋梨の品種のナシ; 最初に販売した米国の商人 Enoch Bartlett (1779–1860) にちなむ》.

Bar·tók /bá:rtàk, *-tɔ̀:k/ バルトーク **Béla** ~ (1881–1945)《ハンガリーの作曲家・ピアニスト》.

Bar·to·lom·meo /bà:rtɔ̀:ləméɪoʊ/ バルトロメオ Fra ~ (1472–1517)《Florence の画家, ドミニコ会士; 異名 Baccio della Porta》.

bar·ton /bá:rtn/《古・方》*n* 農家の内庭; 納屋; 鶏小屋; 大農場,《特に》領主直営地の農場. [OE (*bere* barley, TOWN)]

Barton バートン (1) **Clara** ~ (1821–1912)《アメリカ赤十字社の創設者; 本名 Clarissa Harlowe ~》(2) Sir **Derek H(arold) R(ichard)** ~ (1918–98)《英国の化学者; ノーベル化学賞 (1969)》(3) Sir **Edmund** ~ (1849–1920)《オーストラリアの政治家; オーストラリア連邦初代首相 (1901–03)》(4) **Elizabeth** ~ (c. 1506–34)《イングランドの預言者; Henry 8 世の離婚と再婚を非難して処刑された》.

bár tràcery《ゴシック建築の》棒狭間(はざま), バートレーサリー.

bár·trèe *n* WARPING BOARD.

Bart's /bá:rts/ °《口》《London の》聖バーソロミュー病院 (St. Bartholomew's Hospital).

bart·sia /bá:rtsiə/ *n*《植》ゴマノハグサ科の数種の草本,《特に》RED BARTSIA. [Johann *Bartsch* (1709–38) プロイセンの医師・植物学者]

Ba·rú /bɑ:rú:/ バルー《パナマ西部, コスタリカ国境付近にある火山 (3475 m); 旧称 Chiriquí》.

Ba·ruch /bərú:k, bá:rù:k; bá:rùk, béə-/《聖》**a** バルク《預言者 Jeremiah の弟子で, その預言の忠実な筆記者; *Jer* 36》. **b** バルク書《バビロンの同胞に Baruch が与えたことば; 旧約聖書外典の一書》.

Ba·ru·ta /bərú:tə/ バルータ《ベネズエラ北部 Caracas の南郊外の市》.

bár·wàre *n* バー用の器物[備品].

bár·wìng *n*《鳥》シマドリ《チメドリ科シマドリ属の数種の鳥; 中国・ヒマラヤ・東南アジア産》.

bár·wòod *n* 紅木(こうき)《熱帯アフリカ産マメ科プテロカルプス属の堅材》.

bary- /bǽrə/ *comb form*「重 (heavy)」 [Gk *barus*]

báry·cènter *n*《理・数》重心. ♦ **bàry·céntric** *a* 重心の: the *barycentric* coordinate 重心座標.

bar·ye /bǽri/ *n*《理》バーリー《圧力の cgs 単位: =1 dyne/cm², 1 microbar に相当》.

bary·on /bǽriàn/ *n*《理》バリオン, 重粒子《核子とハイペロンの総称》. ♦ **bàry·ón·ic** *a*

bary·on·i·um /bæ̀rióʊniəm/ *n*《理》バリオニウム《2 つのクォークと 2 つの反クォークからなる仮説粒子》.

báryon nùmber《理》バリオン数《系内のバリオンの数から反バリオンの数を引いたもの; 標準理論では厳密に保存される量とされている》.

bary·pho·nia /bæ̀rəfóʊniə/ *n* 濁った声.

Ba·rysh·ni·kov /bəríʃnəkɔ̀(:)f, -kàf/ バリシニコフ **Mikhail (Nikolayevich)** ~ (1948–)《ラトヴィア生まれの米国のバレエダンサー・振付家》.

báry·sphère *n*《地質》重(層)圏《岩石圏に囲まれた地球の内部》.

ba·ry·ta /bəráɪtə/ *n*《化》重土, バリタ《酸化バリウム; 水酸化バリウム; 硫酸バリウム》. ♦ **ba·ryt·ic** /bərítɪk/ *a* [Gk BARITE; 語形は *soda* などの影響]

barýta pàper《写》バライタ紙《印画紙などに用いる》.

barýta wàter《化》バリタ水(すい), 重土水《水酸化バリウムの水溶液; 腐食剤・分析試薬》.

bar·yte /bǽràɪt, béər-/, **ba·ry·tes** /bəráɪtiz/ *n* BARITE. [Gk *barus* heavy; 語形は他の鉱物名 *-ite* の影響]

bar·y·ton /bǽrətàn, -tòʊn/ *n*《楽》バリトン《本来の 6 弦のほかに共鳴弦のある 18 世紀の低音ヴィオル》.

barytone[1] etc. ⇨ BARITONE etc.

bar·y·tone[2] /bǽrətòʊn/ *a, n*《ギリシア文法》最後の音節にアクセントのない(語).

BAS Bachelor of Applied Science ♦ Bachelor of Arts and Sciences.

ba·sal /béɪs(ə)l, *-z(ə)l/ *a* 基底[基礎, 基部] (base) の; 基礎的な (fundamental);《生理》基礎的な, 基礎量の; 根元から出ている〈葉〉: a ~ reader 基礎[初級]読本. ♦ **~·ly** *adv*

básal anesthésia《医》基礎麻酔.

básal bòdy《生》基底小体, 基部体, 基粒体 (=*basal granule, kinetosome*)《繊毛や鞭毛の基部の細胞質内にある小顆粒》.

básal cèll《解・動》《脊椎動物の》基底細胞;《植》《被子植物の》基部細胞.

básal cèll carcinóma《医》基底細胞癌《めったに転移せず, 通例 治癒可能な皮膚癌》.

básal gánglion [ᵘ*pl*]《解》脳幹神経節 (=*basal nucleus*).

básal gránule BASAL BODY.

básal metabólic ráte《生理》基礎代謝率[量]《略 BMR; ⇨ BASAL METABOLISM》.

básal metábolism《生理》基礎[維持]代謝《空腹にして安静に寝ている場合を基礎として考えた代謝; 略 BM》.

básal núcleus《解》基底核 (BASAL GANGLION).

básal placentátion《植》《セキチク・サクラソウなどの》基底胎座.

ba·salt /bəsɔ́:lt, béɪsɔ̀:lt, bǽsɔ̀:lt/ *n* 玄武岩;《窯》バソールト(ウェア) (=~**·wàre**)《玄武岩製のような感じを与える, Josiah Wedgwood が改良した黒色無釉炻器(せっき)》. [L *basaltes*＜Gk (*basanos* touchstone)]

basált glàss《岩石》玄武岩質ガラス (=*tachylyte*).

ba·sal·tic /bəsɔ́:ltɪk/ *a* 玄武岩の(ような), 玄武岩を含む.

ba·sál·ti·fòrm /bəsɔ́:ltə-/ *a* 玄武岩状の, (六角)柱状の.

bas·a·nite /bǽsənàɪt/ *n*《岩石》ベイサナイト《準長石橄欖(かんらん)石玄武岩》.

bas bleu /*F* bɑ blø/ BLUESTOCKING.

bascinet ⇨ BASINET.

bas·cule /bǽskjul/ *n* シーソー的平衡装置[機構];《工》《跳開橋の》可動径間, 跳(は)ね構え; BASCULE BRIDGE; 跳開橋上の道路[車道]: Tower Bridge has two ~*s*. タワーブリッジは二葉跳開橋だ. [F=seesaw (*battre* bump, *cul* buttocks)]

báscule brìdge 跳開橋, 跳橋(はねばし).

base[1] /béɪs/ *n* **1 a** 基部, 底, 基底; ふもと (foot);《建》礎盤, 柱礎, 礎石,《記念碑などの》台座;《壁の》幅木;《動・植》基部, 付着点;《電子工》《真空管などの》口金,《トランジスターの》ベース;《紋》盾の下部;《宝石》PAVILION;《マルクス経済学で》下部構造. **b** 底辺, 底面;《証券》底値. **2** 基礎, 根拠, 母体: **a**《行動の》基点;《議論の》要点;《競技》出発点[線], ゴール;《野》塁, ベース;《軍》基地, 根拠地,《コードレス電話の》親機 (base unit): BASE ON BALLS / a naval ~ 海軍基地. **b**《政治家・政策・組織などの》支持母体[層], 地盤, 基盤 (: CUSTOMER BASE);《写》フィルムベース; 主成分, 基剤;《医》主薬;《カクテルなどの》ベース《ジン・ラムなど》;《染》顕色剤;《絵画》展色剤 (vehicle);《化》塩基;《生化》塩基《核酸ヌクレオチドの構成物質》. **c**《測》基線;《数》基数 (radix);《対数の》底; 計算の基になる数[金額], 元金: a ~-16 notation 十六進法 (hexadecimal notation). **d**《数》《ベクトル空間の》基底;《数》《開集合系の》基, 開基. **e**《言》語幹, 基体 (root)《語の接辞を除いた, それ自体で独立単位をなすもの; cf. STEM[1]》;《変形文法》BASE COMPONENT. **3**《俗》ベース (freebase), クラック (*crack*)《コカインを精製した麻薬》. ● **cover all the ~s** 万全を期す, すべてに抜かりなく対処[準備]する (touch all bases); 情報を網羅している. **get to** FIRST BASE. **load [fill] the ~s**《野》満塁にする. **off (one's)** ~ (1)《野》ベースを離れていて; 思いがけず: The pitcher caught him *off* ~. 離塁して投手に刺された / be caught *off* ~ 不意をつかれる. (2)*《口》気が違って; *《口》間違って, 見当違いをして; *《口》生意気な, ずうずうしい, いけしゃあしゃあとした, でしゃばりの. **on** ~《野》塁に出て《on とも略する》: left *on* ~(*s*) 残塁(で)《略 LOB》. **touch all ~s** *《野》《ホームランを打ったあと》すべてのベースを確実に踏む;《俗》徹底的にやる, 完璧を期す; *《俗》多芸多才である, いろんな事ができる, 何でもやる. **touch** ~《口》連絡をとる, 接触[協議]する 〈*with*〉. ► *a* 基礎となる; 基本的な: a ~ camp《登山の》ベースキャンプ. ► *vt* …の基礎[基部]を形成する; …のために基地を形成する; …を〈…に〉基づかせる, 基礎づける 〈*on*〉; [ᵘ*pass*] 常駐[駐在]させる,《本拠などを》〈…に〉置く 〈*at, in, on*〉: ~one's opinion *on*…をもとに判断する / resentment ~*d on* self-pity and envy 自己憐憫とねたみに根ざした憤懣 / We're ~*d in* Chicago. 本社はシカゴにあります. ► *vi* 〈…に〉基礎をおく, 準拠する 〈*on*〉; 基地を設ける;《俗》フリーベースを吸入する (freebase). ● **~ oneself on…**《議論などで》…を根拠[支え]とする. [F or L＜Gk *basis* stepping]

base² *a* **1 a** 卑しい, 下劣な, さもしい, あさましい;〘言〙不純化した, 俗な;《古》〈生まれが〉卑しい;《古》庶出の: ～ Latin 平俗ラテン語. **b**〘英史〙〈土地保有形態・農民・土地が〉隷農保有の, 隷農の(ような). **c**《古》低い;《廃》位置が低い, 低くなった;〈声が〉野太い;《廃》BASS¹. **2** 劣位の〈金属〉(opp. *noble, precious*); 低品位の金属の含量が高い, 〈硬貨が〉偽造の. ♦ **～·ly** *adv* 卑しく, 卑劣に. **～·ness** *n* [ME＝of small height＜F＜L *bassus* short]

báse àngle〘数〙《三角形の》底角.

báse·bàll *n* 野球, ベースボール; 野球用のボール: play ～ 野球をする / a ～ game [park, player] 野球試合[場, 選手]. ● **older than ～***《口》とても古い. ► *vi**《俗》フリーベースを吸う (freebase). ♦ **～·er, ～·ist** *n* 野球選手.

báseball Ánnie*《俗》野球チームについてまわる若い女性ファン, 野球親衛隊の女の子.

báseball càp [hàt] 野球帽.

báseball càrd ベースボールカード《表には野球選手の写真, 裏には成績などが印刷されているカードで, コレクションの対象として人気がある》.

báseball glòve 野球用のグローブ[グラブ].

báse·bànd *n*〘通信〙ベースバンド《電気通信において情報を伝送する周波数帯; 通常搬送波信号を変調する》. ► *a* ベースバンド方式の《変調しない単一の周波数帯を使用して情報を伝送する通信システム》.

báse bìnge*《俗》フリーベース (freebase) を吸うパーティー.

báse·bòard* *n*〘建〙《壁の最下部の》幅木 (skirting), 裾板;《一般に》土台となる板[プレートなど].

báse-bórn *a* 生まれの卑しい; 庶出の; 下品な, 卑しい.

báse búllion〘冶〙含金銀粗鉛.

báse bùrner 底だきストーブ[炉, 湯沸かし器]《底部の石炭[ガス]が燃えると自動的に補給される》.

báse càmp《登山・遠征などの》ベースキャンプ, 後方基地.

báse·còat *n*《ペンキ・コーティングなどの》下塗り.

báse cóin にせ金, 悪貨.

báse compónent〘変形文法〙基底部門《深層構造を生成する》.

báse cóurse《石・煉瓦の》根積み;《道路の》路盤;〘海〙直線コース.

báse-cóurt *n* 城の外庭; 農家の裏庭; ″下級裁判所.

báse cùrrency《外国為替における》基準通貨.

based /béɪst/ *a* [°*compd*] 本拠地[本社, 本部]がある; 基部を有する, 基礎をもつ; 基地を有する; 素材[主材料]とする: a London-～ company / milk-～.

Bá·se·dow's disèase /báːzədòuz-/〘医〙バセドー(氏)病 (exophthalmic goiter). [Karl von *Basedow* (1799–1854) ドイツの医師]

báse exchànge〘土壌〙塩基交換 (＝*cation* [*ion*] *exchange*);〘米海軍・米空軍〙基地売店, 物品販売所, 基地内酒保.

báse fònt〘電算〙基本フォント, ベースフォント.

báse·hèad *n**《口》フリーベース (freebase) をつくって吸入する者, クラック (crack) を吸う者.

báse·héart·ed *a* 心の卑しい, 品性の卑しい.

báse hít〘野〙ヒット, 塁打, 安打.

báse hòspital〘軍〙後方基地病院;《豪》《僻地医療の中心となる》基地病院.

báse jùmping, BÁSE jùmping /béɪs-/ ベースジャンプ《高層ビルや崖などの高い固定地点から行なうパラシュートジャンプ》. ♦ **báse [BÁSE] jùmp** *n* **báse [BÁSE] jùmper** *n* [*b*uilding, *a*ntenna-tower, *s*pan, *e*arth]

Ba·sel /báːz(ə)l; *G* báːzl/ バーゼル (*F* Bâle)《**(1)** スイス北西部の旧州; 現在は **Básel-Stádt** /*G* -ʃtát/ と **Básel-Lánd** /*G* -lánt/ の2準州に分かれる **2)** スイス北部 Basel-Stadt 準州の州都》.

báse·less *a* 基礎[根拠, 理由, いわれ]のない (groundless). ♦ **～·ly** *adv* **～·ness** *n*

báse·lèvel *n*〘地質〙基準面《浸食作用の及ぶ臨界面》.

báse·lìne *n* **1** 基線, 基準線;〘測〙基線;〘印〙《活字の》並び線 (line); 基礎, 基盤; 基準, 基本的標準[水準], 指針, 指標. **2**〘野〙ベースライン《**(1)** BASE PATH **2)** 本塁と一塁または三塁を結んだ線(の延長線)》;〘テニスなど〙ベースライン《コートのバックライン》.

báse·lìn·er *n*〘テニス〙ベースラインプレーヤー《ネットプレーよりグラウンドストロークを得意とし, ベースライン近くで戦うプレーヤー》.

bas·el·la·ceous /bæ̀səléɪʃəs, bæ̀z-/ *a*〘植〙ツルムラサキ科 (Basellaceae) の.

báse lòad〘電・機・鉄道〙《一定時間内の》ベース負荷, ベースロード, 基礎荷重 (cf. PEAK LOAD); ″《企業存続のための受注などの》基礎量.

báse·man /-mən/ *n* **1**〘野〙塁手: the first ～. **2***《俗》フリーベース (freebase) の使用者.

báse màp 白図, 白地図, ベースマップ.

base·ment /béɪsmənt/ *n* 地(下)階, 地下室;《構造物・ルネサンス建築の》最下部, 基部;〘地質〙BASEMENT COMPLEX;《ニューイング》《特に 学校の》TOILET: the 2nd [3rd] ～ 地下 2 [3] 階. ♦ **～·less** *a*

básement còmplex〘地質〙《堆積岩層下の》基盤.

básement mèmbrane〘解・動〙《上皮と結合組織との間の》基底膜, 境界膜.

básement ròck〘地質〙基盤岩.

báse métal 卑金属 (opp. *noble metal*); 素地《めっきなどの処理をされる金属》; 母材《溶接される金属》;《合金の》主要成分金属.

ba·sen·ji /bəséndʒi, -zén-/ *n* [ˢB-] バセンジー《中央アフリカ原産の小型犬; めったにほえない》. [Bantu]

báse on bálls〘野〙四球(出塁) (＝*walk, pass*)《略 BB, bb》.

báse pàir〘遺〙《二本鎖 DNA, RNA 中の》塩基対《アデニンとチミン (RNA ではウラシル) またはグアニンとシトシン》. ♦ **báse-pàir** *vi* 塩基対合する〈*with*〉.

báse-pàir·ing *n*〘遺〙塩基対合(ついごう)(たいごう), 塩基対の形成《塩基が対をなすこと》.

báse pàth〘野〙ベースパス《走者がその中を走るべき, 塁と塁を結ぶ線から 3 フィート幅の走路》.

báse páy 基本給 (BASIC WAGE).

báse pèriod〘統〙基準期間《物価・賃金などの変動を比較するときに設定し, その間の指数を通例 100 とする》.

báse·plàte *n* 台板, 底板, ベースプレート;〘歯〙義歯床;〘歯〙基礎床《義歯試作用のプラスチック材》.

báse pláy《野球俗》ばかなプレー, チョンボ.

báse ráte /; ⌐—⌐—/ **1** 基本料金;《賃金構成上の》基本給率. **2** ″(貸出し)基準金利《個々の商業銀行の貸出し金利の基礎; また 略式にイングランド銀行が割引商社に直接貸出しをする際の金利》.

báse rùnner〘野〙ランナー, 走者.

báse·rùnning *n*〘野〙走塁.

bas·es¹ /béɪsəz/ *n* BASE¹ の複数形.

bases² /béɪsìːz/ *n* BASIS の複数形.

báses-lòad·ed *a*〘野〙満塁の: a ～ home run.

báse stàtion〘通信〙基地局.

báse sùrge 根波(ねなみ), ベースサージ《水中核爆発の直上水面から環状に広がる雲》.

báse únit〘理〙《質量・長さ・時間などの》基本単位 (fundamental unit);〘軍〙基礎[基準]部隊, 基幹部隊;《コードレス電話の》親機 (＝*base*).

bash /bǽʃ/《口》*n* **1** 強打: give sb a ～. **2** パーティー, お祝い, お祭り(騒ぎ): a birthday ～. ● **have [take] a ～ (at…)** ″《口》(…を)やってみる (attempt). **on the ～**《口》浮かれて, (飲み)騒いで. ► *vt* **1** 強く打つ, ぶったたく, ぶっつける; ぶっつけて[ぶったたいて]こわす, ぶっこわす〈*down, in, up*〉: ～ one's head *against*…に頭をぶっつける / ～ *in* a door. **2** 攻撃する, 激しく非難する, たたく (cf. -BASHING). ► *vi* **1** 衝突する, ぶつかる〈*into, against*〉; ぶんなぐる. **2***《俗》飲み騒ぐ, パーティーをやる. ● **～ around** 乱暴に扱う, たたく. **～ on [ahead, away]** ″《俗》断固としてがんばり[奮闘し]続ける〈*with, at*〉. **～ sth out**《口》手早く[どんどん]作り出す, やっつける. **～ up** ″《口》ぶちのめす. ♦ **～·er** *n* [imit; *bang, smash, dash* などからか]

ba·sha /báːʃə/ *n*《東南アジアの》草ぶきの竹製の小屋, バシャ;《即席に作った, 一人または二三人の兵士用の》避難所. [Assamese]

Ba·shan /béɪʃæn, -ʃən/〘聖〙バシャン《Jordan 川東方の肥沃な地方; *Deut* 32:14》.

ba·shaw /bəʃɔ́ː/ *n* PASHA; お偉方, いばり屋.

bashed /bǽʃt/ *a*《口》ぶっこわれた, ぺしゃんこの;*《俗》酔っぱらった.

-bàsh·er *comb form*《俗》「人[もの]を困らせる[悩ませる, 立ち往生させる]人」: car-*basher*, fag-*basher*. [*bash*¹]

bash·ful /bǽʃfəl/ *a* はにかみ屋の, 恥ずかしがり屋の, 内気な, 〈ことばなどが〉恥じらいを含んだ. ♦ **～·ly** *adv* **～·ness** *n* [*abash*]

bashi-ba·zouk /bæ̀ʃibəzúːk/ *n*〘史〙《オスマン帝国時代の》トルコの不正規兵[傭兵]《略奪と残忍とで有名》. [Turk＝wrong-headed]

Bá·shi Chánnel /báːʃi-/ [the] バシー海峡《フィリピンと台湾の間の海域》.

básh·ing《口》*n* 強打(すること); 打ち負かすこと; ひどい非難, バッシング: take a ～ 打ち負かされる, 酷評をうける, たたかれる.

-bash·ing /bæ̀ʃɪŋ/ *comb form*《口》(1)「攻撃」「非難」「…いじめ」「…たたき」: bureaucrat-*bashing*, queer-*bashing*, union-*bashing*. (2)「精力的な活動」「きびしい任務」: Bible-*bashing*, spud-*bashing*. [↑]

Bash·kir /bæʃkíər, bɑːʃ-/ *n* **a** (*pl* **～, ～s**) バシキール人《Volga 川と Ural 山脈の間に居住するチュルク系の言語を話すイスラム教徒》. **b** バシキール語.

Bash·kir·ia /bæʃkíriə/, **-i·ya** /bɑːʃkíːrijə/ バシキリア (BASHKORTOSTAN).

Bash·kir·tseff /bɑːʃkíərtsəf/ バシュキルツェフ **Marie ～** (1860–84)《ロシアの画家・日記作家; ロシア語名 Marya Konstantinovna Bashkirtseva; 子供のころからフランス語で日記をつけていて, その選集が死後出版された》.

Bash·kor·to·stan /bɑːʃkɔ́ːrtəstɑ̀ːn, -stæ̀n/ バシコルトスタン (＝*Bashkiria*)《ヨーロッパロシア東部, Ural 山脈南部の共和国; ☆Ufa》.

ba·sho /bǽʃou/ *n* (*pl* **～, ～s**)《相撲の》場所. [Jpn]

Básh Strèet Kìds *pl* [the] バッシュ通りの悪童ども《英国の漫画雑誌 *Beano* に登場する悪童連》.

ba·si /báːsi/ *n* バシ《発酵させた甘庶汁に薬草を入れたフィリピン先住民の酒》. [(Philippine)]

ba·si- /béɪsə/, **ba·so-** /béɪsou, -sə/ *comb form* (1)「基部[基底] (base)」 (2)〖化〗「塩基 (base)」 [L]

ba·si·al /béɪziəl/ *a* BASION の[に関する].

ba·sic /béɪsɪk, *-zɪk/ *a* **1** 基礎の, 基本的な; 基礎的な, 基礎段階の; 基本の〈給料・手当など〉; 《口》ごく基本的な, (必要とされる)最低レベルの; 〖米軍〗基礎訓練をうけている: be ~ *to*…の[…にとって]基本である. **2**〖化〗塩基性の (alkaline); 〖地質〗塩基性の《ケイ酸含有率が低い; opp. *acid*》; 〖冶〗塩基性法の. ► *n* [ᵘ*pl*] 基本, 原則, 原理; [*pl*] 基本的なもの, 必需品; [B-] BASIC ENGLISH; *BASIC TRAINING; 〖米軍〗初年兵; BASIC SLAG: the ~*s of* cooking / (Go [Get]) back to (the) ~*s*. 基本に帰れ. [BASE¹]

BASIC, Ba·sic /béɪsɪk, *-zɪk/ *n* 〖電算〗ベーシック《簡単を旨として開発された高級プログラム言語の一つ》. [*B*eginner's *A*ll-purpose *S*ymbolic *I*nstruction *C*ode]

básic áirman 〖空軍〗新兵 (⇨ AIR FORCE).

bá·si·cal·ly *adv* 基本的に, 本来, 本質的に; つまり, 要するに; 簡潔に.

básic cróp [commódity]*《経済的・政治的に重要な》基本作物, 基本農産物.

básic currículum [the, ᵒthe B- C-] 〖英教育〗《NATIONAL CURRICULUM に宗教教育 (religious education) を加えた》基本カリキュラム.

básic dréss ベーシックドレス《アクセサリーを取り替えればいろいろに着られるデザインの簡素な無地のドレス》.

básic dýe 塩基性染料, 塩基性色素.

básic educátion 《インド》基礎教育《あらゆる授業が技術の修得と関連づけられた教育》.

Básic Énglish ベーシックイングリッシュ《英国人 C. K. Ogden が 1930 年に発表した 850 語からなる国際補助語》. [*B*ristish, *A*merican, *S*cientific, *I*nternational, *C*ommercial]

básic índustry 基幹産業.

ba·sic·i·ty /beɪsísəti/ *n* 〖化〗塩基(性)度.

básic léad cárbonate 〖化〗塩基性炭酸鉛, 鉛白 (ceruse).

básic magénta 〖染〗フクシン (fuchsine).

básic óxygen pròcess 〖冶〗塩基性酸素法.

básic páy 基本給 (basic wage).

básic prócess 〖冶〗塩基性法, 塩基性製鋼法《炉の内張りに塩基性材料を用いた製鋼法》.

basi·cránial /bèɪsɪ-/ *a* 〖解〗頭蓋底の.

básic ráte 基本給率 (base rate); 〖保〗基本料率 (manual rate); ᴴ基本税率.

básic reséarch 基礎研究.

básic sálary 基本給 (BASIC WAGE).

básic scíence 基礎科学.

básic slág 〖化〗塩基性スラグ《製鋼の副産物で石灰分の多いもの; 肥料やセメント混合材用》.

básic tráining 〖米軍〗《初年兵の》基礎[初歩]訓練.

básic wáge 《諸手当を含まない》基本給 (=*base pay, basic pay* [*salary*]); 《豪》最低賃金 (minimum wage).

basidia *n* BASIDIUM の複数形.

basídio·càrp *n* 〖菌〗担子器果《担子菌類において担子器を生じる子実体》.

ba·sid·io·mýcete /bəsìdiou-, -màɪsíːt/ *n* 〖植〗担子菌. ♦ **-my·ce·tous** /-màɪsíːtəs/ *a* 担子菌類の.

ba·síd·io·spòre /bəsídiə-/ *n* 〖植〗担子胞子. ♦ **ba·sìd·io·spór·ous** *a*

ba·sid·i·um /bəsídiəm/ *n* (*pl* **-sid·ia** /-diə/) 〖植〗担子器. ♦ **ba·síd·i·al** *a*

Ba·sie /béɪsi/ (カウント) ベイシー **'Count'** ~ (1904–84)《米国のジャズピアニスト・バンドリーダー・作曲家; 本名 William ~》.

ba·si·fi·ca·tion /bèɪsəfəkéɪʃ(ə)n/ *n* 〖化〗塩基性化(作用).

ba·si·fixed /béɪsəfɪkst/ *a* 〖植〗基部(近く)で付着した, 底着の.

ba·sif·u·gal /beɪsíf(j)əg(ə)l/ *a* 〖植〗ACROPETAL.

ba·si·fy /béɪsəfàɪ/ *vt* 〖化〗塩基性化する.

bas·il¹ /bǽz(ə)l, béɪs-, bǽs-, béɪz-/ *n* 〖植〗**a** シソ科メボウキ属の数種の香草, 《特に》メボウキ, バジル (=*sweet basil*)《葉を香味料として用いる》. **b** 普通種のトウバナ (wild basil)《シソ科》. [OF (↓)]

basil² *n* ベズル《タンニンなめしの羊皮; 製本用》 [変形<F *basane*, <Arab=lining]

Bas·il /bǽz(ə)l, *beɪ-, *-s(ə)l/ **1** バジル《男子名》. **2** [Saint] 聖バシレイオス (c. 329–379)《ギリシア教父; 通称 '~ the Great'; ラテン語名 Basilius; 小アジア Caesarea の主教 (370); アリウス派を抑圧, また東方の修道院形成に感化を残した; 祝日 1 月 2 日 (もと 6 月 14 日)》. **3** バシレイオス ~ **I** (827–886)《ビザンティン帝国皇帝 (867–886); 通称 'the Macedonian'; Michael 3 世と共に支配者となったのち, 同皇帝を殺害してマケドニア王朝を樹立した》. [Gk *basilikos* kingly, royal]

Ba·si·lan /bɑːsíːlɑ̀ːn/ バシラン (1) フィリピンの Mindanao 島の南西にある島群 2) その主島; Mindanao 島とバシラン海峡 (~ **Stráit**) で隔てられる 3) 同島にある市》.

bas·i·lar /bǽz(ə)lər, bǽs-/, **-lary** /-lèri; -l(ə)ri/ *a* 〖生〗基部[基底]の, 基部[基底]にある; 〖解〗頭蓋底の[にある].

básilar mémbrane 〖解・動〗《蝸牛殻の》基底膜.

Bas·il·don /bǽzəldən/ バジルドン《イングランド南東部 Essex 州の町; London の東北東に位置》.

basi·lect /bǽzəlèkt, béɪzə-, -sə-/ *n* 《ある社会で》最も格式の低い方言 (cf. ACROLECT). ♦ **bàsi·léc·tal** *a* [*basi*-, dia*lect*]

Ba·sil·ian /bəzíliən, -síl-/ *n* バシレイオス修道会士《4 世紀に St Basil が小アジア東部の Cappadocia に設立した修道会》. ► *a* St Basil の, バシレイオス会(士)の.

ba·sil·ic /bəsílɪk, -zíl-/, **-i·cal** *a* 王(者)の, 王らしい (royal); 重要な; BASILICA の(ような).

ba·sil·i·ca /bəsílɪkə, -zíl-/ *n* バシリカ (1) 古代ローマで裁判所・集会所などに用いた長方形の建物 2) 長方形の平面をもつ初期キリスト教時代の聖堂; 内部は列柱により身廊 (nave) と側廊に分けられ, 一方の端に後陣 (apse) を備える》; 〖カト〗バジリカ《特権を与えられた聖堂の称号》. ♦ **-can** *a* [L<Gk *basilikē* (*oikia*) royal (house)]

Ba·si·li·ca·ta /bəzìləkáːtə, -sìl-/ バジリカータ《イタリア南部の, ティレニア海と Taranto 湾にはさまれた州; 旧称 Lucania; ☆Potenza》.

ba·síl·i·con (óintment) /bəsílɪkən(-)/ バジリ軟膏《松やにから採れるロジンを用いた軟膏》.

basílic véin 〖解〗尺側皮静脈.

bas·i·lisk /bǽzəlɪ̀sk, bǽs-/ *n* **1** バシリスク《アフリカの砂漠に住み, ひとにらみ または ひと息で人を殺した伝説上の爬虫動物; cf. COCKATRICE》. **2 a** 〖動〗バシリスク《イグアナ科; 熱帯アメリカ産》. **b** 蛇砲《古代の大砲》. ► *a* バシリスクをおもわせるような, 〈目・怒りなど〉射すくめるような. [L<Gk (dim)‹ *basileus* king]

básilisk glánce バシリスクのような目つき《にらまれると災難がくる》; たちまちのうちに不幸をもたらす人[もの].

Ba·sil·i·us /bəsíliəs, -zíl-/ [Saint] 聖バシリウス (Saint BASIL のラテン語名).

básil òil バジルオイル (=*sweet basil oil*).

básil thỳme 〖植〗バジルタイム, クルマバナモドキ《ヨーロッパ・西アジアの乾燥した耕作地に生えるシソ科の草本; 北米東部に帰化》.

ba·sin /béɪs(ə)n/ *n* **1 a** たらい, 洗面器, 水盤; 洗面台, 流し (sink); ᴴ《調理用の》鉢, ボウル; 〖解〗骨盤. **b** 鉢一杯(の量) (=*basinful*): a ~ of water. **2** ため池, 水たまり; 《まれ》プール; 《港の》船だまり; 陸地に囲まれた港[水域], 内湾; 《水門のある》ドック (dock): a yacht ~ ヨットハーバー. **3** 盆地; 《河川の》流域; 海盆 (ocean basin); 〖地質〗盆状[地]構造《岩層が中心に向かって周囲から下方へ傾斜している地域》; 堆積盆地(にある石炭・岩塩などの埋蔵物): the ~ of the Colorado River コロラド川流域. ♦ **~·al** *a* **~ed** *a* **~·lìke** *a* [OF<L *bacinus*]

bas·i·net, bas·ci- /bǽsənət, -nèt, bæ̀sənét/, **bas·net** /bǽsnət/ *n* バシネット《中世の軽い鉄かぶと》. [OF (dim)‹ BASIN]

básin·fùl *n* BASIN (に)一杯(の量); 《口》《労働・困難・興奮などの》過度, うんざりするほどの量 〈*of*〉. ● **have had a ~** 《口》have had a BELLYFUL.

bas·ing /béɪsɪŋ/ *n**《俗》フリーベースの吸入 (freebasing).

bás·ing pòint 〖商〗基地点《積み出し・運送などの基点となる生産[積み出し]センター》.

ba·si·on /béɪsiɑ̀n, -zi-/ *n* 〖人〗基底点, バジオン《大後頭孔の前正中点; cf. NASION》.

ba·sip·e·tal /beɪsípətl, -zíp-/ *a* 〖植〗基部に向かって生長する, 求基的な, 求底的な (cf. ACROPETAL). ♦ **~·ly** *adv*

ba·sis /béɪsəs/ *n* (*pl* **-ses** /-sìːz/) **1** 基礎, 基盤, 根拠, 論拠, 基準; 根本原理[理論]; 《交渉などの》共通基盤; 〖数〗《ベクトル空間の》基底: on an equal ~ 対等で / on a commercial ~ 商業ベースで, 商売として / on a daily ~ 日ごとに, 日々, 一日一回 / on an as-needed ~ 必要に応じて / on the ~ *of* [*that*]…を[…ということを]基礎として / on the war ~ 戦時体制で / on a first-come, first-served ~ 先着順で. **2** 《調剤などの》主成分, 主薬. [L<Gk BASE¹]

básis pòint 〖証券〗《利回りを表わすときの》1/100 パーセント, 毛(もう)《略 bp》: 15 ~*s* 1 厘 5 毛.

bask /bǽsk; bɑ́ːsk/ *vi* 暖まる, 日なたぼっこをする 〈*in* the sun〉; 〈恩恵などに浴する 〈*in* sb's favor〉, いい気持でいる 〈*in* popularity〉. ► *vt* [ᵘ~ *-self*] 暖める. [ON (rflx)‹ *batha* to BATHE]

Bas·ker·ville /bǽskərvɪ̀l/ *n* 〖印〗バスカヴィル《活字体の一種; 例: Baskerville》. [John *Baskerville* (1706–75) 英国の印刷業者]

bas·ket /bǽskət; bɑ́ːs-/ *n* **1 a** バスケット, かご, ざる; かご形の容器; 吊りかご《軽気球・索道用》; 〖スキー〗《ストックの》リング; 《刀剣の》かごつか (basket hilt). **b** 一かご(の量); 〖バスケ〗ゴール (goal), 得点. **2** 《交渉・会議などで一括して扱われる》関連した諸問題 (package); BASKET CLAUSE; 《一般に同類のものの》集まり; 《タイプライターの》タイプバー一式; 〖金融〗バスケット《市場変動をうける金融商品のひとそろえ》: a ~ of currencies 通貨バスケット《ある通貨単位 (たとえば EU 統一通貨) 決定のために用いられる数種の通貨》. **3** [*euph*] 野郎, やつ, 畜生 (bastard); *《ホモ俗》《ズボンのふくらみからそれと知れる》男性器; *《俗》みぞおち (solar plexus); *《俗》胃袋, おなか; *《俗》《雇ってもらうために採用主任に贈る》賄賂. ● **be left in the ~** 売れ残る, 望み手がない.

B

have the PICK[1] of the ～. **make [shoot] a ～**〘バスケ〙得点をあげる. **shoot ～s** バスケットボールをやる. ★ ⇨ EGG[1]《諺》. ► *vt* バスケットに入れる. ♦ **～·like** *a* ［OF＜?; cf. L *bascauda*］

básket·bàll *n* バスケットボール《競技; そのボール》.

básket·bàll·er *n* バスケットボール選手.

básket càse 《口》'だるま'《両手両脚を切断した人》; [*fig*] 全く無力な者,《神経が》衰弱しきった人, 機能不全のもの《財政破綻した国·組織など》.

básket càtch〘野〙バスケットキャッチ《グラブを胸または腹にやり, かごに入れるようにして捕球すること》.

básket cèll〘解〙かご細胞.

básket chàir 柳枝製の(安楽)椅子.

básket clàuse バスケット条項《契約·協定·声明などの包括的条項》.

básket clòth 斜子(ななこ)織り (basket weave) の布地.

bas·ke·teer /bæ̀skətíər; bὰ:s-/ *n* バスケットボールの選手.

básket fèrn〘植〙オシダ (male fern); 熱帯アメリカ産のタマシダの一種《ウラボシ科》.

básket-fìred téa 籠(かご)ほうじ茶 (cf. PAN-FIRED TEA).

básket fìsh〘動〙BASKET STAR.

básket flòwer〘植〙アザミヤグルマギク《米国南西部産; かご状の総苞がある》.

básket·fùl *n* かご一杯, 一かご(分); かなりの量.

básket-hàndle árch〘建〙三中心アーチ.

básket hìlt《刀剣の》かごつか. ♦ **básket-hílt·ed** *a*

Básket Màker〘考古〙バスケットメーカー文化(期)《米国南西部の Anasazi 文化の前期》; バスケットメーカー期の人.

básket mèeting* バスケット集会《各自がバスケットに食べ物を入れて集まる宗教的集会》.

básket-of-gòld *n*〘植〙アリッスム (サクサティレ), ゴールドダスト (＝*gold dust*)《南欧原産; ロックガーデン植物; 濃黄色の花を多数つける; アブラナ科》.

básket·ry *n* かご細工《技法》; かご細工品《集合的》.

básket stàr〘動〙オキノテヅルモヅル (＝*basket fish, sea spider*)《クモヒトデ綱テヅルモヅル科オキノテヅルモヅル属の数種の棘皮動物》.

básket stìtch〘刺繍〙バスケットステッチ《連続的に重ねて刺したクロスステッチ》.

básket wèave 斜子(ななこ)織り, 篭(かご)織り.

básket wèaving* かご細工, かご作り《しばしば 何の技術も必要としない単純作業のたとえとされる》.

básket wìllow 枝をかご細工·家具などに使う各種のヤナギ (osier).

básket·wòrk *n* かご細工品 (basketry); かご細工《技法·生業》.

básk·ing shàrk〘魚〙ウバザメ《水面近くで日なたぼっこをする習性がある巨大なサメ》.

Bás·kin-Róbbins /bǽskən-/〘商標〙バスキン-ロビンズ《米国 Baskin-Robbins Ice Cream 社製のアイスクリーム; '31 Flavors' がキャッチフレーズ》. ［Burton 'Butch' *Baskin*, Irving *Robbins* 創業者たち］

Basle /bά:l/ バール《BASEL の別称》.

bas·má·ti (ríce) /bὰ:zmά:ti(-), bὰ:s-; bəs-, bæ̀s-, bəz-, bæ̀z-/ バスマティ米《南アジア, 特に インド·パキスタン産の長粒種の香りのよい米》. ［Hindi＝something fragrant］

bas mi(t)zvah ⇨ BAT MITZVAH.

basnet ⇨ BASINET.

baso- /béisou, -zou, -sə, -zə/ ⇨ BASI-.

báso·cỳte *n* BASOPHIL.

ba·son[1] /béis(ə)n/ *n*《やや古》BASIN.

bason[2] *n*《手製用の》製帽型. ► *vt* (製帽型で)…の氈(せん)[フェルト]を固める.

báso·phìl, -phìle *n*〘解〙好塩基球, 好塩基性白血球;〘生〙好塩基性細胞[組織, 微生物など]. ► *a* [-phil] BASOPHILIC.

bàso·phília *n* 好塩基性《塩基性色素によく染まること》; 好塩基球増加(症); 好塩基性赤血球増加(症).

bàso·phílic *a*〘生〙好塩基性の.

Ba·so·tho /bɑsú:tu, -sóutou/ *n* (*pl* **～s**) バストゥ人, Mosotho《特に レソトの Sotho 族の一人; 単数で使うのは本来は誤用》; [⟨*pl*⟩] バストゥ族 (SOTHO).

Ba·sov /bά:sɔ̀:f, -v/ バソフ **Nikolay Gennadiyevich ～** (1922–2001)《ロシアの物理学者; メーザー·レーザーの開発につながった量子エレクトロニクス分野における基礎研究によりノーベル物理学賞 (1964)》.

Basque /bǽsk; bά:sk/ *n* **1 a** バスク人《Pyrenees 山脈西部 Biscay 湾に臨む地方に住む》. **b** バスク語《他言語との類縁関係は不明》. **2** [b-]〘服〙バスク《**1**) 体にぴったりしたボディス·短上衣 **2**) これに続く腰のあたりの広がりをもつ部分》. ► *a* バスク人[語, 地方]の. ［F＜L *Vasco*］

Básque Cóuntry [the] バスク地方, バスク国 (*F* Pays Basque, *Sp* País Vasco, *Basque* Euskadi)《Pyrenees 山脈の西部, フランスとスペインにまたがる Biscay 湾に面した地方で, バスク人の故国; 北バスクはフランス南西部の Pyrénées-Atlantic 県の西部地域, 南バスクはスペイン北部の Basque Provinces と Navarre 州を合わせた地域》.

Básque Próvinces バスク自治州《スペイン北部, Biscay 湾に臨む自治州; Álava, Guipúzcoa, Vizcaya の 3 県からなる; ☆ Vitoria》.

Bas·ra /bά:srə, bʌ́s-, bǽs-, bά:z-, bʌ́z-, bǽz-/ バスラ (Arab **Al-Bas·rah** /æl-/)《イラク南東部 Shatt-al-Arab 川右岸の港湾都市》.

Básra bèlly*《俗》《中東旅行者の》下痢, バスラ腹.

bas-relíef, bass- /bὰ:-, bæ̀s-, ⌐ — ⌐/ *n* 浅浮彫り (basso-relievo) (cf. HIGH RELIEF). ［F *bas-relief* and It *basso rilievo* low relief］

Bas-Rhin /*F* barɛ̃/ バラン《フランス北東部 Alsace 地域圏の県; ☆Strasbourg》.

bass[1] /béis/ *n*〘楽〙バス, ベース, 低音;《楽曲の》最低音部 (＝～ **line**); 低音域; 男声最低音; バス歌手; バス楽器, BASS GUITAR, DOUBLE BASS;〘録音·放送〙低音(域), バス; 低音調整用つまみ; [⟨*a, adv*⟩] 低音の[で], バスの[で]. ★ bass, tenor, alto (女性は contralto, cf. COUNTERTENOR), treble (女声は soprano) の順に高くなる. ［BASE[1]; 語形は It *basso* の影響］

bass[2] /bǽs/ *n* (*pl* ～, **～·es**)〘魚〙**a** パーチ (perch)《欧州·アジア北部産パーチ科の食用淡水魚》. **b** バス《スズキ目サンフィッシュ科, ハタ科, スズキ科などの海産·淡水産の食用魚》. ［OE *bærs*］

bass[3] /bǽs/ *n* しゅろ皮; しゅろ皮製品《しゅろむしろなど》;〘植〙篩部 (bast);〘植〙シナノキ (basswood). ［BAST[1]］

Bass /bǽs/ **1** バス(社) (～PLC)《英国最大のビール会社》. **2** バス **Sam ～** (1851–78)《米国の西部の無法者·列車強盗》.

bass-ack·ward(s) /bǽsækwərd(z), ⌐ — ⌐/ *adv, a**《俗》[*joc*] 後ろ向きに[の], 逆に[の], 不手際に[な]. ［*ass backward*］

Bas·sa·nio /bəsά:niòu/ バッサーニオ (Shakespeare, *The Merchant of Venice* に登場する青年; Portia に求婚する).

bas·sa·risk /bǽsərìsk/ *n*〘動〙CACOMISTLE.

báss-bàr /béis-/ *n*〘楽〙ベースバー《ヴァイオリンなどの内部に縦に貼り付けた細長い木片》.

báss bròom /bǽs-/《piassava 製の》しゅろぼうき.

báss clarinét /béis-/〘楽〙バスクラリネット.

báss clèf /béis-/〘楽〙低音部記号 (F clef); BASS STAFF.

báss drúm /béis-/〘楽〙大太鼓, バス[ベース]ドラム.

basse cou·ture /*F* bɑ:s kuty:r/《女性の》二流の[低級な]ファッション. ［F (*basse* low, *couture* sewing); haute couture にならった英語内の造語か］

Bas·sein /bəséin, bɑ:-/ バセーン《ミャンマー南部 Irrawaddy デルタ西部の市》.

Basse-Nor·man·die /*F* bɑsnɔrmɑ̃di/ バス-ノルマンディー《フランス北西部の, 英国海峡に面する地域圏; Calvados, Manche, Orne の 3 県からなる》.

Basses-Alpes /*F* bɑszalp/ バスザルプ《ALPES-DE-HAUTE-PROVENCE の旧称》.

Basses-Py·ré·nées /*F* bɑspirene/ バス-ピレネ (PYRÉNÉES-ATLANTIQUES の旧称).

bas·set[1] /bǽsət/〘地質〙*n*《岩層·鉱体の》露頭. ► *vi* 露出する. ［?F＝low stool］

basset[2] *n*〘トランプ〙バセット《18 世紀ヨーロッパで流行した賭けトランプの一種》. ［F＜It］

basset[3] *n* BASSET HOUND. ［F (dim)＜BASE[2]］

Basse·terre /*F* bɑstɛ:r/ バステール《西インド諸島の St. Kitts 島にある St. Kitts-Nevis の首都》.

Basse-Terre /*F* bɑstɛ:r/ バス-テール《**1**) 西インド諸島にあるフランス海外県 Guadeloupe の西半分をなす島 **2**) 同島の港町; Guadeloupe 県の県都》.

bàsset hòrn〘楽〙バセットホルン《クラリネット属の古い木管楽器》. ［G; F＜It *corno di bassetto* (*basso* BASE[2]) の翻訳］

bàsset hòund〘犬〙バセットハウンド《短脚の猟犬》.

báss fíddle /béis-/〘楽〙(ダブル)ベース (double bass).

báss guitár /béis-/〘楽〙ベースギター《ダブルベース音域のエレキギター》.

báss hórn /béis-/〘楽〙ベースホーン, バスホルン《19 世紀初頭に考案された管側孔金管楽器》; TUBA.

bassi *n* BASSO の複数形.

Bas·sie /bǽsi/ バッシー《男子名; Sebastian の愛称》.

bas·si·net, -nette /bæ̀sənét, ⌐ — ⌐/ *n* 幌付きの赤ん坊用のかごベッド[乳母車] (＝*Moses basket*); BASINET. ［F (dim)＜BASIN］

bass·ist /béisist/ *n* ベース奏者, ベーシスト; バス歌手.

bass line ⇨ BASS[1].

bas·so /bǽsou, bά:s-/ *n* (*pl* **～s, bas·si** /-sì:/)〘楽〙《特に オペラの》バス歌手; 低い音域の声; 低音部 (略 b.). ［It＝BASS[1]］

bàsso contínuo (*pl* **～s**)〘楽〙通奏低音, バッソコンティヌオ. ［It＝continuous bass］

bas·soon /bəsú:n, bæ-/ *n*〘楽〙バスーン, ファゴット《低音木管楽器》,《オルガンの》低音ストップ. ♦ **～·ist** *n* バスーン[ファゴット]奏者. ［F＜It; ⇨ BASE[2]］

bàsso ostináto (*pl* **～s**)〘楽〙バッソ·オスティナート (ground bass). ［It］

básso pro·fún·do /-proufʌ́ndou, -fún-/ (*pl* **bás·so(s) pro·fún·dos, bássi pro·fún·di** /-di/) バッソ・プロフォンド《荘重な表現に適するバスの低音域; そこを得意とする歌手》.［It＝deep bass］

básso-relíevo *n* (*pl* ～**s**) 浅浮彫り (bas-relief) (cf. ALTO-RELIEVO, MEZZO-RELIEVO).

básso-rilíevo *n* (*pl* **-vi** /-vi/) BASSO-RELIEVO.［It］

báss rèflex /béɪs-/〘音響〙バスリフレックス, バスレフ《スピーカーの位相反転型キャビネット》.

bass-relief ⇨ BAS-RELIEF.

báss respónse /béɪs-/〘電子工〙低音応答.

báss stàff /béɪs-/〘楽〙低音部譜表.

Báss Stráit /bǽs-/ バス海峡《オーストラリア大陸と Tasmania の間の海峡》.

báss víol /béɪs-/ DOUBLE BASS; VIOLA DA GAMBA.

báss·wòod /bǽs-/ *n*〘植〙**a** シナノキ (linden),《特に》アメリカシナノキ, アメリカボダイジュ; (アメリカ)シナノキ材. **b** ユリノキ (tulip tree); ユリノキ材.

bassy /béɪsi/ *a*〘楽〙BASS[1] の, 低音の.

bast[1] /bǽst/ *n*〘植〙《麻・亜麻などの》篩部(しぶ) (phloem); 篩部[靭皮(じんぴ)]繊維 (＝～ **fìber**)《ロープ・ござなどの材料となる木質繊維》.［OE *bæst*; cf. BASS[3]］

bast[2] *n*《イラン》政治的聖域の権利[特権].［Pers］

Bast BASTET.

bas·ta /bɑ́ːstɑː, bǽs-/ *int* (もう)十分 (Enough!).［It］

bas·taard /bǽstərd, -tɑ̀ːrd; bɑ́ːs-, bǽs-/ *n* [ᵁB-]《南ア》BASTARD.

bas·tard /bǽstərd; bɑ́ːs-, bǽs-/ *n* **1 a** 庶子, 私生子, 非嫡出子(ひちゃくしゅつし). **b**《口》いやなやつ, ろくでなし, 畜生 (son of a bitch);《口》やつ, 野郎: a lucky ～ 運のいいやつ. **c** [ᵁB-]《南ア》《白人と非白人の》合いの子, 混血児;《動物の》雑種,〘畜〙間生. **d**《俗》いやなもの[こと], 厄介なこと. **2** にせもの; 劣等品, 粗悪品. ● **a ～ of a...**《俗》いまいましい..., 厄介な.... ► *a* 庶子の; 雑種[間生]の;《形・大きさの点で》異状な, 変則的な; にせの, まがいの, 擬似の; 劣った, 粗悪な: ～ charity 偽善 / BASTARD MEASLES.［OF＜L＝packsaddle child］

bástard bóx〘植〙《boxwood に似た強靭な硬材になる》ユーカリノキ, トベラモドキ《ともに豪州・ニューカレドニア原産; フトモモ科》.

bástard fìle 粗目のやすり.

bástard índigo〘植〙**a** クロバナエンジュ《マメ科; 北米・メキシコ原産》. **b** ナンバンクサフジ《マメ科; 熱帯産》.

bàstard·izátion *n* BASTARDIZE すること;《豪》新入生[新兵]を迎える(手荒な)儀式;《豪》弱い者いじめ, なぶり.

bástard·ìze *vt* 庶出と認定する; 粗悪[不純]にする, 悪くする, 歪曲する: a ～*d* version of...の粗悪版. ► *vi* 悪くなる.

bástard kúdu〘動〙NYALA.

bástard·ly *a* 庶出の; にせの, 無価値の.

bástard méasles 風疹 (rubella).

bástard·ry *n*《豪》不愉快な[非道な]行為.

bástard slíp〘植〙吸枝.

bástard títle 略標題(紙), 小扉(こと びら) (HALF TITLE).

bástard túrtle〘動〙ヒメウミガメ (ridley).

bástard wìng〘鳥〙小翼(羽) (＝*alula, winglet*).

bás·tardy *n* 庶出; *男子が庶子をつくること.

bástardy órder〘英史〙非嫡出子扶養料支払い命令 (affiliation order)《今は maintenance order の中に統合されている》.

baste[1] /béɪst/ *vt* 仮縫いする, しつけする. ♦ **básť·er**[1] *n*［OF＜Gmc; ⇨ BAST[1]］

baste[2] *vt* 激しく打つ, たたく; どなりつける, ののしる, 罵倒する.［↓の転用か; cf. ON *beysta*］

baste[3] *vt*〘料理〙〈肉など〉にあぶりながら肉汁[バター, ヘット, たれ など]をかける;《ろうそくを作るときに》〈灯心〉のまわりに溶かした蠟を注ぐ. ► *n*《肉をローストする時などにかける》たれ.［C16＜?］

bast·ed /béɪstəd/*《俗》*a* 打ち負かされた, ひどいめにあった; 酔っぱらった; 薬(やく)に酔った, 興奮した.

bast·er[2] /béɪstər/ *n*《肉をローストする時などに》たれをかける人; 肉にたれ・バターなどをかけるのに用いるスポイト式調理器具.

Bas·tet /bɑ́ːstɛ̀t, bǽs-/〘エジプト神話〙バステト《猫または雌ライオンの頭をもつ姿で表わされる女神; Ra の娘; Bast ともいう; Bubastis がその崇拝の中心地であった》.

basti ⇨ BUSTEE.

Bas·tia /bǽstiə, bɑ́ːs-; *F* bastja/ バスティア《フランス領の Corsica 島北東部の港町, Haute-Corse 県の県都》.

bas·tide /bæstíːd/ *n*《南フランスの》貴族[地主]の邸宅;《中世の南フランスなどの》城塞都市.

bas·tile /bæstíːl/ *n* BASTILLE.

Bas·tille /bæstíːl; *F* bastij/ [the]《Paris の》バスティーユ監獄《1789 年 7 月 14 日フランス革命の際に民衆が襲撃した》; [b-] 牢獄; [b-] 小さいとりで,〘城〙防御塔.

Bastílle Dày [the] フランス革命記念日, パリ祭《7 月 14 日; フランスで le quatorze juillet (7 月 14 日) という》.

bas·ti·na·do /bæ̀stənéɪdou, -nɑ́ː-/, **-nade** /-néɪd, -nɑ́ːd/ *n* (*pl* **-ná·does, -dos, -nádes**) 棍棒による殴打; 足の裏を棒で打つ刑; 尻[腿(もも)], 尻と腿]を棒で打つ刑; 棍棒. ► *vt* 棍棒で殴打する; ...の足の裏を棒で打つ; bastinado で罰する[責める].［Sp (*baston* stick)］

bast·ing[1] /béɪstɪŋ/ *n* 仮縫い; [*pl*] しつけ糸(の縫い目).

basting[2] *n* 激しく打つこと; どなりつけること.

basting[3] *n*《肉をあぶりながら》たれをかけること; たれ.

bas·tion /bǽstʃən; -tiən/ *n*〘城〙稜堡(りょうほ);《一般に》とりで, 要塞; [*fig*]《思想・自由などの》防衛拠点, とりで: a ～ *of* Christianity. ♦ **～ed** *a* 稜堡を備えた.［F＜It (*bastire* to build)］

bast·na(e)s·ite /bǽstnəsàɪt/ *n*〘鉱〙バストネサイト《希土類元素を採取する黄色ないし赤褐色の鉱石》.［*Bastnäs* スウェーデンの産地］

Bas·togne /bæstóun; *F* bastɔɲ/ バストーニュ《ベルギー南東部の町; Bulge の戦い (1944–45) での連合国側の戦略的拠点》.

bást rày〘植〙PHLOEM RAY.

ba·su·co, -ko /bəzúːkou, -súː-/ *n* バズーコ《コカインを精製した残りかす; 習慣性の強い麻薬》.

Ba·su·to /bəsúːtou/ *n* **a** (*pl* ～, ～**s**) バスト人《BASOTHO の旧称》. **b** バスト語《SESOTHO の旧称》.

Basúto·lànd バストランド《南アフリカの旧英国保護領; 今は独立してレソト (Lesotho) 王国》.

bat[1] /bǽt/ *n* **1 a**《野球・クリケットの》バット;《卓球などの》ラケット; 棍棒;《口》《騎手の使う》むち;〘空〙《飛行機の着陸を誘導する》バット;《豪》TWO-UP でコインを放り上げる小板: a ～ breaker 強打者. **b**《口》強打; 打撃, 打つ番, 打席; 打撃力;《特に クリケットの》打者 (batsman): step to the ～ 打席につく / a good ～ 好打者. **2** 一方の端を切り落とした煉瓦;《粘土などの》柔らかい塊り;〘窯〙焼成時に形成した粘土を載せる石膏の円板; [ᵁ*pl*]《キルトなどの》芯 (batting). **3** ᴴ《口》速力, 足取り (gait): go (at) full ～ 全速力で進む / go off at a rare [terrific] ～ ものすごいスピードで進む. ● **at ～**〘野〙打席について (cf. AT BAT); 攻撃して. **carry (out) one's ～**〘クリケット〙〈第 1 打者・チームが〉イニングの終わりまでアウトにならないで残る;《口》がんばり通す, やり抜く. **cross ～s with**...と試合する. **go to ～***《俗》留置判決を受ける. **go to ～ for**...《口》...の援助に積極的に乗り出す, 支援する《野球で代打に立つことから》. **off one's own ～** ᴴ《口》自分の努力で, 独力で〈勝つなど〉; 自発的に《クリケット用語から》. **(right) off the ～***《口》直ちに, すぐさま. **take out one's ～**〘クリケット〙〈第 2 打者以降の者が〉イニングの終わりまでアウトにならないで残る.

► *v* (-tt-) *vt* **1** バットで打つ; 打って〈走者を〉進める; 打率...を得る; 手でひっぱたく[はらう]: ～.300 3 割打つ. **2** 詳しく論議[検討]する. ► *vi* 打つ; 打席に立つ, 〈チームが〉攻撃番になる; 連打する; ᴴ《俗》突進する (rush);《俗》ぶらつく. ● **～ along**《俗》〈車が〉すいすい動く, 速く走る; BAT around;〘野〙《1 イニングに》打者が一巡する. **～ around**《口》〈町などを〉あちこち走り[歩き]まわる, ぶらつく, ほっつき歩く (**～ about** ともいう);《野球俗》《1 イニングに》打者が一巡する. **～ around [about, back and forth]**《口》〈思いつき・計画などを〉あれこれ議論[検討]する, 思いめぐらす. **～ a thousand***《俗》完全に成功する, 十割を達成する. **～ five hundred***《俗》五割がたうまくやる. **～ for***《口》支持する, (...の権益を)擁護する. **～ in**〘野〙打って〈点を〉かせぐ, たたき出す, 〈走者を〉かえす. **～ out***《俗》急いで[さっさと]作成する[書く]. **～ zero***《俗》完全に失敗する, まったくだめである.

［OE *batt*; 一部 OF *batte* club (*battre* to strike) より］

bat[2] *n* **1**〘動〙コウモリ(蝙蝠)《翼手類の総称; VESPERTILIAN *a*》: (as) BLIND as a ～. **2** こうもり爆弾《飛行機から投下されるとレーダーの誘導で目標に向かって滑空する有翼爆弾》. **3***《俗》売春婦;《俗》[*derog*] 女, 魅力のない[いやな]女, ばばあ (old bat); *《俗》酔っぱらい, のんべえ. ● **have ～s in the [one's] belfry**《口》頭が変だ, ひどく変わっている (⇨ BATS *a*). **like a ～ out of hell**《口》すごい速さで, 猛スピードで.［変形＜ME *bakke*＜Scand］

bat[3] *vt* (-tt-) まばたきする, 〈目・まつげを〉パチパチさせる《驚いたとき, また女性の色目のしぐさ》. ● **do not ～ an eyelid [eye, eyelash]**《口》顔色ひとつ変えない, 動揺の色を見せない, びくともしない; 一睡もしない. **without batting an eye** 平然として, 顔色ひとつ変えずに.［*bate* (obs) to flutter］

bat[4] *n*《俗》飲み騒ぎ: go on a ～ 飲み騒ぐ / on a ～ 痛飲して, 酔っぱらって.［C19＜?; cf. BATTER[4]］

bat[5] /bǽt, bɑ́ːt/ *n* [the]《インド》話しことば, 口語, 通俗語; [the]《インドなどの》土地ことば, 異国のことば: sling *the* ～《外地で》その土地ことばを使う.［Hindi＝speech, language］

bat[6] /bɑ́ːt/ *n* BAHT.

BAT Bachelor of Arts in Teaching.

Ba·ta /bɑ́ːtə/ バータ《赤道ギニア, 大陸部 Mbini の中心都市・港町》.

Ba·taan /bətǽn, -tɑ́ːn/ バターン《フィリピンの Luzon 島西部, Manila 湾の西の半島; 第二次大戦の激戦地; 1942 年日本軍が米国・フィリピン軍に勝利し, フィリピン全域を制圧するに至った》.

Ba·taille /*F* bataːj/ バタイユ **Georges** ～ (1897–1962)《フランスの作家・思想家》.

Ba·tak[1] /bətɑ́ːk, bɑː-/ *n* (*pl* ～, ～**s**) バタク族《フィリピンの Palawan 島北部に住む部族》.

Ba·tak[2] /bá:tà:k; bǽtək/ *n* **a** (*pl* ～, ～**s**) バタク族《インドネシア Sumatra 島の山地に住む部族》. **b** バタク語《オーストロネシア語族に属する》.

bataleur ⇨ BATELEUR.

Ba·tan·gas /bɑ:tá:ŋgɑ:s/ バタンガス《フィリピンの Luzon 島南部の市》.

Ba·tán Íslands /bətá:n-/ *pl* [the] バタン諸島《Luzon 島の北方, フィリピンの最北部にある島群》.

ba·ta·ta /bətá:tə/ *n* サツマイモ. [Sp＜Taino]

Ba·ta·via /bətéɪviə/ バタヴィア《**1**) 古代 Rhine 川の河口にあった地域名 **2**) HOLLAND の古称・詩的名称 **3**) JAKARTA の旧称》. ◆ **Ba·tá·vi·an** *a, n*

Batávian éndive 広葉系エンダイブ (⇨ ENDIVE).

Batávian Repúblic [the] バタヴィア共和国《フランス革命の影響でネーデルラントに成立した (1795–1806)》.

bát-blìnd *a* 明き盲の, 愚鈍な. [*as blind as a bat*]

bát·bòy *n* 〘野〙バットボーイ《球団に雇われてバットなど各選手の備品を管理する》; *《俗》ホームレス襲撃者.

batch[1] /bǽtʃ/ *n* **1** 一群, 一団〈*of* men etc.〉; ひと束〈*of* letters etc.〉; 一回[一度]分; 〘商〙バッチ《一括して受渡し・生産されるもの》; 〘電算〙バッチ《同一プログラムで一括処理されるジョブ》; 〘電算〙BATCH PROCESSING. **2**《パン・陶器などの》一かま(分), ひと焼き分; 山高(形)の食パン (＝～ lòaf)《特に スコットランドとアイルランドで作られる》. ● **lay a** ～*《ホットロッド俗》《レースなどで加速時に》路面にタイヤのスリップの跡をつける. ► *vt* 一回分にまとめる; 一回分として処理する. ● ～ **out***《ホットロッド俗》車を急発進させる. [OE *bæcce*; ⇨ BAKE]

batch[2] *n, vi*《口》BACH[1].

bátch còsting 〘商〙バッチ別[ロ別]原価計算.

bátch fìle 〘電算〙バッチファイル《バッチ処理 (batch processing) の内容を記述したテキストファイル》.

bátch·màte *n*《インド》級友, クラスメート.

bátch pròcessing 〘電算〙一括処理, バッチ処理《一連のジョブをジョブごとにコマンドを投入することなく連続して実行する処理》. ◆ **bátch-pròcess** *vi, vt*

bátch prodùction バッチ生産《連続生産に対して間欠的に生産する》.

batchy /bǽtʃi/ *a*《俗》頭の変な (batty).

bate[1] /béɪt/ *vt* 和らげる, 弱める (abate); 取り去る, 差し引く; 《古》〈評価など〉下げる, 減じる; 《古》鈍らせる. ► *vi*《廃・方》減じる, 弱まる. ● **with ～d** BREATH. [*abate*]

bate[2] *vt* 〈皮を〉なめし剤の液に浸す. ► *n* なめし(剤)液. [C19＜?; cf. Swed *beta* to tan]

bate[3] *vi* 〈鷹が〉ひどくおこって[恐れて]急にはばたく. ► *n* 鷹がひどくおこった[恐れた]状態; ‖《俗》激怒, 立腹: in an awful ～ 怒り狂って. [OF *batre* to beat からか]

bát éar 《犬の》こうもり耳《立って先端がまるい》.

bát-èared fóx 〘動〙オオミミギツネ, オトキオン《アフリカ東部・南部の乾燥地帯に生息する, 耳の大きい小型のキツネ》.

ba·teau, bat·teau /bætóu/ *n* (*pl* **-teaux** /-(z)/) 《カナダ》平底の川船. ► *a* 〈ドレスなど〉浅い襟ぐりが肩まで広がった. [CanF, ＜OE *bāt* boat]

batéau brídge 《BATEAU を用いて作った》舟橋.

batéau móuche /-mú:ʃ/ *n* (*pl* ～**s** /—/) バトームーシュ《Paris の Seine 川の遊覧船》. [F＝fly boat]

batéau nèck [nèckline] 〘服〙バトーネック (boat neck).

ba·te·léur (èagle), -ta- /bæt(ə)lǝ́:r(-)/ 〘鳥〙ダルマワシ《アフリカ産の強大なワシ》.

Bates /béɪts/ **1** ベイツ (**1**) **Alan** ～ (1934–2003)《英国の俳優》 (**2**) **H**(**erbert**) **E**(**rnest**) ～ (1905–74)《英国の作家; 小説 *The Darling Buds of May* (1958)》. **2** ベイツ **Norman** ～《Hitchcock 映画 *Psycho* (1960) の主人公; モーテルを経営する青年で, 穏和に見えるが, 実は精神異常の危険人物; Anthony Perkins が演じた》.

Bátes·ian mímicry /béɪtsiən-/ 〘生〙ベーツ(型)擬態, 標識的擬態《擬態者が捕食者の嫌う動物に似た形態・色彩などをもつような擬態》. [Henry W. *Bates* (1825–92) 英国の博物学者]

Bátes mèthod [the] ベイツ法《眼の運動による視力回復法》. [William H. *Bates* (1860–1931) 米国の眼科医]

Bátes Motèl [the] ベイツモーテル《不思議な[恐ろしい]ことが起こるモーテル[ホテル]のことをいう; 映画 *Psycho* より》.

BATFE 〘米〙Bureau of Alcohol, Tobacco, Firearms and Explosives (⇨ ATF).

bát·fìsh *n* 〘魚〙翼状突起のある魚: **a** アカグツ科の各種. **b** ニシセミホウボウ《セミホウボウ科》. **c** トビエイ科マダラトビエイ属の一種《California 産》.

bát·fòwl *vi* 《たいまつなどで目をくらませて》ねぐらの鳥を棒でたたいて捕える. ◆ ～**·er** *n*

bát gìrl バットガール《野球チームの(バットなどの)備品の管理をする若い女性》.

bath[1] /bǽθ; bá:θ/ *n* (*pl* ～**s** /bǽðz, -θs; bá:ðz/) **1 a** 入浴, 沐浴 (cf. BATHE *n*) 《BALNEAL *a*》; 《水などを》浴びた状態, びしょぬれ: have [take] a ～ 入浴する (cf. 成句) / a ～ of blood 血の洗礼 / in a ～ of sweat 汗びっしょりで. **b** ふろ水; 浴槽, バス; *浴室 (bathroom); 浴場 (bathhouse); [°*pl*] 《古代ギリシア・ローマの》大浴場; ‖プール; [°*pl*] 湯治場, 鉱泉, 温泉 (spa): a private ～ 専用浴室 / a room and ～ バス付きの部室 / a public ～ 公衆浴場 / run [draw] a ～ バスに湯を入れる / take the ～s 湯治する. **2** 浴液(器); 電解槽; 砂・水・油などを用いた温度の調節装置. ● **take a** ～ *《口》《投機などで》大損をする, まる裸[すってんてん]になる〈*on*〉. **the** ORDER OF THE BATH. ► *vt* ‖〈幼児・病人・動物を〉ふろに入れる. ► *vi* ‖入浴する; *《俗》大損をする. [OE *bæth*; cf. G *Bad*]

bath[2] /bǽθ/ *n* バス《ユダヤの液量単位: ≒ 10 gallons》. [Heb]

Bath /bǽθ; bá:θ/ バース《イングランド 南西部の温泉都市; 浴場などのローマ時代の遺跡が多く, 18 世紀には流行の社交場でもあった》. ● **Go to ～!** 出て行け!《狂人が湯治にやられたことから》.

bath- /bǽθ/, **batho-** /bǽθou, -ə/ *comb form*「深さ」「下(向き)の」 [Gk; ⇨ BATHOS]

Ba'th /bá:θ/ BAATH.

Báth brìck バス砥石(ᵗᵒ). [BATH]

Báth bùn ‖[°b- b-] バースバン《干しブドウがはいった砂糖がけの丸い菓子パン; イングランド Bath の特産》.

báth chàir [°B- c-] 《幌付きの》車椅子《病人用; もとイングランドの Bath で用いられた》; 《一般に》車椅子.

Báth chàp 豚のほおの下部の肉《塩漬けにして食べる》. [BATH]

báth cùbe バスソルト (BATH SALTS).

bathe /béɪð/ *vt* 《液体に》浸す[浸して洗う]; *入浴させる; 〈患部など〉に水[薬液]をつける; 《涙・汗・血などで》びっしょり[べっとり]ぬらす; [°*pass*] 《光・輝きなどで》万遍なくおおう; 〈波・流れなどが岸などを〉洗う, …に打ち寄せる, …の縁に沿って流れる: ～ one's hands *in* blood 手を血まみれにする《人殺しをする》/ be ～*d in* tears 泣きぬれる / be ～*d in* moonlight 月光をいっぱいに浴びて輝く. ► *vi* *入浴する; ‖《海・川・湖・プールなどで》泳ぐ, 水浴び[水遊び]をする; 日光浴をする; [*fig*] 《音楽などに》(ゆったりと)浸る〈*in*〉. ► *n* ‖液体に浸る[浸す]こと (bath); ‖《海・川・湖・プールなどでの》泳ぎ, 水浴び, 水遊び: have [take] a ～ (海)水浴をする / go for a ～ 水浴びに行く. [OE *bathian*; ⇨ BATH[1]]

bath·er /béɪðər/ *n* BATHE する人; ‖泳ぐ人, 水浴び[水遊び]をする人; [*pl*] 《豪》水着.

ba·thet·ic /bəθétɪk, beɪ-/ *a* BATHOS 風な[の著しい]. ◆ **-i·cal·ly** *adv*

báth·hòuse *n* 浴場《水泳プール・医療用浴室を備えたものもある》; *《海水浴場などの》更衣所.

bát hìdes *pl* *《俗》札(さつ).

Bath·i·nette /bæ̀θənét; bɑ̀:θ-/ 〘商標〙バシネット《幼児用ポータブル湯槽; ゴム引き布製》.

bath·ing /béɪðɪŋ/ *n* BATHE すること; ‖水泳, 水浴び, 水遊び; 水遊びの場としての適性《海水浴場の水温・安全性など》.

báthing bèauty 水着美人《特に 美人コンテストの》.

báthing bèlle 《古風》BATHING BEAUTY.

báthing bòx ‖更衣小屋.

báthing càp 水泳帽《特に 女性用の》.

báthing còstume [drèss] ‖ BATHING SUIT.

báthing dràwers 《廃》BATHING TRUNKS.

báthing hùt ‖ BATHING BOX.

báthing machìne 《かつての海水浴場の》移動更衣車.

báthing sùit 水着, 海水着.

báthing trùnks ‖ *pl* 海水パンツ.

báth·less *a* 入浴しない[していない]; 浴室のない.

báth màt 浴室用足ふきマット, バスマット; 浴槽用マット.

bath mi(t)z·vah ⇨ BAT MITZVAH.

batho- /bǽθou, -ə/ ⇨ BATH-.

bátho·chròme *n* 〘化〙深色団《有機色素などを置換してその吸収帯を長波長に移動させて色を深くする原子[基]》. ◆ **bàtho·chró·mic** *a* 深色団の, 色を深くする.

báth òil 液状の入浴剤, バスオイル.

bátho·lìth, -lìte *n* 〘地質〙底盤, バソリス《火成岩の大規模な貫入岩体》. ◆ **bàtho·líth·ic** *a*

Báth Óliver 〘商標〙バースオリバー《砂糖を用いないビスケット; チーズと共に食べる》. [*Bath* の医師 William *Oliver* (1695–1764) が考案]

ba·thom·e·ter /bəθámətər/ *n* 水深測量器, 水深計, 測深計. ◆ **batho·mat·ric** /bæ̀θəmétrɪk/ *a*

Ba·tho·ni·an /bəθóuniən/ *a, n* BATH の住人(の); 〘地質〙バトニアン(の)《ジュラ系中部の階の一つ》.

ba·thoph·i·lous /bæθáfələs/ *a* 〘生〙深海[水深の非常に深い所]に生息する, 好深性の, 深海性の.

bát·hòrse *n* 戦地で荷を運ぶ馬 (cf. BATMAN).

ba·thos /béɪθɑ̀s/ *n* 〘修〙急落法《荘重な調子を急に平俗・軽薄な調子に落とすもの》; 〘修〙漸降法 (anticlimax); 滑稽な竜頭蛇尾; あまりに平凡なこと; 過度の感傷, その場にそぐわない行ない. ◆ **ba·thót·ic** *a* [Gk＝depth]

báth·ròbe* *n* バスローブ《浴室への往来用》; 化粧着 (dressing gown).

báth·ròom *n* ⦅通例 トイレを備えた⦆ 浴室, バスルーム; [*euph*] 化粧室, お手洗い, トイレ: go to the ～ トイレに行く / use the ～ *«口» トイレを使う.
báthroom brèak «口» ⦅集会などの途中の⦆ トイレ休憩.
báthroom hùmor ⦅下品で子供じみた⦆ 低俗なユーモア.
báthroom tìssue [ròll] [*euph*] トイレットペーパー.
báth sàlts *pl* バスソルト (=*bath cube*) ⦅結晶状の入浴剤⦆.
Bath·she·ba /bæθʃíːbə, bǽθʃə-/ **1** バスシバ ⦅女子名⦆. **2** 〘聖〙 バテシバ, バトシェバ ⦅ヘテ人 (Hittite) Uriah の妻; 夫の留守中 David 王に見そめられて不義を行ない, その死後王に嫁して Solomon を生んだ; *2 Sam* 11–12⦆. [Heb=daughter of the oath]
báth shèet 特大サイズのバスタオル ⦅少なくとも横 1 m, 縦 1.5 m 以上のもの⦆.
báth spònge 浴用海綿, バススポンジ.
Báth stòne バス石 ⦅建築材料; イングランド Bath 産⦆.
báth tòwel バスタオル.
báth·tùb *n* 浴槽, 湯船, バスタブ; 〘スキー〙 SITZMARK; *«俗» 大型乗用車, 小型船; *«俗» ⦅オートバイの⦆ サイドカー. ● WIN[1] **the fur-lined ～.** ♦ **～·ful** *n*
báthtub gín *«俗» ⦅禁酒法時代の⦆ 自家製[密造]のジンまがいの酒.
báthtub scùm *«俗» ろくでなし, すかたん.
Bath·urst /bǽθərst/ バサースト **1**) オーストラリア南東部 New South Wales 州東部の市; 1851 年ゴールドラッシュがあった **2**) カナダ東部 New Brunswick 州北東部の市・港町 **3**) BANJUL の旧称⦆.
Báthurst búrr «豪» 〘植〙 トゲオナモミ (spiny clotbur), トゲオナモミのいが. [*Bathurst* オーストラリアの市]
báth·wàter *n* ふろの湯[水]. ● **throw away the** BABY **with the ～.**
bathy- /bǽθɪ, bǽθə/ *comb form* 「深い」「深さ」「深海」「体内」 [Gk BATHOS]
bathy·al /bǽθiəl/ *a* 漸[半]深海の ⦅180–1800 m の深さ(の海底)についていう⦆: ～ zone 〘生態〙 漸深海底(帯) ⦅底生区の区分の一つ⦆.
ba·thyb·ic /bəθíbɪk/ *a* 深海性の.
báthy·chròme *n* BATHOCHROME.
bàthy·limnétic *a* 〘生〙 湖沼の深部に生息する, 深陸水性の.
báthy·lìth, -lìte *n* BATHOLITH.
ba·thym·e·ter /bəθímətər/ *n* 測深器.
ba·thy·met·ric /bæ̀θɪmétrɪk/ *a* 測深学の; 等深線の. ♦ **-ri·cal** *a* **-ri·cal·ly** *adv*
ba·thym·e·try /bəθímətri/ *n* 測深学, 水深測量術.
bàthy·pelágic *a* 〘海洋〙 漸深海水層の ⦅漂泳区の区分で, 水深 1000–3000 [4000] m の層⦆.
bathy·scaphe /bǽθɪskæ̀f, -skèɪf/**, -scaph** /-skæ̀f/ *n* バチスカーフ ⦅深海用潜水艇の一種⦆. [F (*bathy-* *skaphos* ship)]
báthy·sphère *n* 球形潜水器, 潜水球 ⦅深海調査用⦆.
bàthy·thérmo·gràph *n* 深海自記温度計.
ba·tik /bətíːk, bǽtɪk/ *n* 蠟染め(法), バティック; 蠟染め布(の模様). ► *vt* 蠟染めにする. [Jav=painted]
BAT Industries /bíːèɪtíː ─́─/ BAT インダストリーズ(社) (～ p.l.c.) ⦅英国のタバコメーカー; Kent, Lucky Strike, Kool などを製造; BAT は通例 B·A·T と書く⦆.
bat·ing /béɪtɪŋ/ *prep* «古» …を除いて (excepting).
Ba·tis·ta (y Zal·di·var) /bətíːstə (ìː zaːldíːvàːr)/ バティスタ(・イ・サルディバル) **Fulgencio** ～ (1901–73) ⦅キューバの軍人; 大統領 (1940–44, 52–59) として独裁; Fidel Castro に倒された⦆.
ba·tiste /bətíːst, bæ-/ *n* バティスト ⦅薄手で軽い平織りの綿布[レーヨン, ウールなど]⦆. [F ‹ *Baptiste* of Cambrai 13 世紀の織物業者でその最初の製造者]
Bat·ley /bǽtli/ バトリー ⦅イングランド 北部 Leeds の南南西の町⦆.
bat·man /bǽtmən/ *n* 〘軍〙 ⦅荷馬の⦆ 馬丁 (cf. BATHORSE); ⦅将校の⦆ 当番兵. [*bat* (obs) packsaddle, Prov<L *bastum*]
Bat·man **1** バットマン **John** ～ (1801–39) ⦅オーストラリアの開拓者; Melbourne 市を設立した一人で, 'Father of Melbourne' と呼ばれた⦆. **2** バットマン ⦅漫画のスーパーヒーロー; 黒いコウモリのマスクをつけ, 黒いマントと胸にコウモリを描いたボディースーツを着て悪人を倒す; 相棒 Robin と Batcave を本拠地に Batmobile, Batplane など Bat を冠した新鋭兵器を使って戦う⦆. ● **good thinking, ～!** [*joc*] いい考えだ, バットマン ⦅人の提案に賛同するときにいう表現; Batman の相棒 Robin のせりふから⦆.
bat mi(t)z·vah /bɑːt mítsvə/**, bath mí(t)zvah** /bɑːθ-, bɑːs-/**, bas mí(t)zvah** /bɑːs-/ *n* [ºB- M-] 〘ユダヤ教〙 バトミツヴァ **1**) 12–13 歳に達した少女; 正式に成人として宗教上の責任と義務が生ずる; cf. BAR MITZVAH **2**) バトミツヴァとして正式に認める儀式⦆. ► *vt* ‹少女›にバトミツヴァの儀式を行なう. [Heb=daughter of the commandment]
ba·ton *n* /bətán, bæ-; bǽtən, -tn/ ⦅官位を示す⦆ 杖(じょう), 司令杖; 警棒; 〘楽〙 指揮棒; 〘競技〙 バトン ⦅リレー用⦆; ⦅twirler の⦆ バトン; 長い棒状パン; 〘紋〙 バトン紋; [*pl*] バトン ⦅一部のタロットにおける杖ないし棍棒のマークの組札; トランプのクラブに相当⦆; ⦅時計の文字盤で数字に代わる⦆ 棒文字, バーインデックス: BATON CHARGE / under the ～ of… の指揮で / ～ passing バトンパス. ● **pass (on) [take (up), pick up] the ～** 責務を人に移す[人から引き継ぐ]. ► *vt* /bǽtn/ 棒で殴打する. [F<L (*bastum* stick)]
báton chàrge 警棒を手にした警察官たちの突撃[突入]. ♦ **báton-chàrge** *vi, vt*
bâ·ton de com·mande·ment /*F* batɔ̃ də kɔmɑ̃dmɑ̃/ 〘考古〙 指揮棒, 指揮杖 ⦅矢柄 (shaft) をまっすぐにするため, もしくは呪術的儀礼の指揮に用いられたとされる; しばしば 鹿などの角の本幹を整形・装飾, 矢柄を通す穴があけてある⦆. [F=staff of command; 権力のしるしと考えられたことから]
batón gùn ⦅暴動鎮圧用の⦆ ゴム弾銃.
Bat·on Rouge /bǽtn rúːʒ/ バトンルージュ ⦅Mississippi 川に臨む Louisiana 州の州都⦆.
batón ròund ⦅BATON GUN 用の⦆ ゴム銃弾.
báton sínister 〘紋〙 バトンシニスター ⦅庶子のしるし⦆.
batón twìrler ⦅楽隊のパレードや競技で⦆ baton を回す人, バトントワラー, DRUM MAJORETTE.
ba·trach- /bǽtrək, bətréɪk/**, ba·tra·cho-** /bǽtrəkoʊ, -kə/ *comb form* 「カエル」「ヒキガエル」「〘医〙 がま腫 (ranula)」 [Gk (*batrakhos* frog)]
ba·tra·chi·an /bətréɪkiən/ *n, a* 〘動〙 両生類 (Amphibia) の(動物) ⦅特に カエル⦆. [Gk (↑)]
bàtracho·tóxin /, bətræ̀kə-/ *n* 〘生化〙 バトラコトキシン ⦅南米産のカエルの皮膚の分泌物から抽出される毒素⦆.
bát rày 〘魚〙 バットレイ ⦅Oregon 州沿岸から California 湾にかけて分布するトビエイ (eagle ray) の一種⦆.
bats /bǽts/ *pred a* «俗» 頭のいかれた (crazy), 奇矯な; *«俗» 酔っぱらって: go ～ 気がふれる, 頭が変になる. ► *n* [the] *«俗» 震顫譫妄(しんせんせんもう) (delirium tremens). [BAT[2] *in the belfry*]
bàts-in-the-bélfry *n* 〘植〙 ヒゲギキョウ ⦅欧州・西アジア・北アフリカ原産⦆. ► *a* «俗» 頭のおかしい.
báts·man /-mən/ *n* ⦅クリケットなどの⦆ 打者; ⦅飛行機着陸時の⦆ 誘導員. ♦ **～·shìp** *n* [*bat*[1]]
Batswana *n* TSWANA の複数形.
batt /bǽt/ *n* ⦅キルトなどの⦆ 芯 (batting).
bat·ta /bǽtə/ *n* «インド» 特別手当, 出張手当. [Skt=food]
bat·tail·ous /bǽt(ə)ləs/ *a* «古» 好戦的な (warlike). [F]
bat·ta·lia /bətéɪljə, -táː-/ *n* «古» 戦闘隊形, 陣容, 戦闘序列; «廃» 陣容を整えた大勢.
bat·tal·ion /bətǽljən/ *n* 〘軍〙 歩兵[砲兵]大隊(本部) (⇨ ARMY); 大部隊; [º*pl*] 大群, 大勢: a ～ of ants / God [Providence] is always for [on the side of] the big ～*s*. «諺» 神は常に大軍の側にあり ⦅大軍[強いもの]には勝てない; Voltaire のことば⦆. [F<It; ⇨ BATTLE]
Bat·tā·nī /bətáːni/ [al-～/æl-/] バッターニー (c. 858–929) ⦅アラブの天文学者・数学者; ラテン語名 Albategni, Albatenius⦆.
batteau ⇨ BATEAU.
bát·ted[1] *a* [º～ out] *«俗» 逮捕されて, つかまって. [*bat*[1]]
batted[2] *a* *«俗» 酔っぱらった. [*bat*[2]]
bat·tel /bǽtl/ *n* [*pl*] ⦅Oxford 大学の⦆ 学内食堂[売店]勘定, 食費. ► *vi* 食堂を利用する. [?*battle* (obs) to fatten ‹ *battle* (obs) nutritious; cf. BATTEN[1]]
bat·te·ment /bǽtmənt; *F* batmɑ̃/ *n* 〘バレエ〙 バットマン ⦅第 5 ポジションから片脚を前[後ろ, 横]に上げこれをもとに戻す動作⦆. [F]
bat·ten[1] /bǽtn/ *vi* 太る; 栄える, ⦅人の金で⦆ ぜいたくに暮らす: ～ on…をたらふく食べる; …を食い物にして太る[栄える]. ► *vt* «古» 太らせる. [ON *batna* to get better (*bati* advantage)]
batten[2] *n* 小割り(板), 目板(めいた); ⦅補強用の⦆ 小角材, 押縁(おしぶち); 床張り板; 〘海〙 当て木, バッテン. ► *vt* …に小割り板を張る; …に桟を付ける: ～ *down* the hatches 〘海〙 艙口をバッテンで密閉する ⦅暴風雨・火災などの際⦆; ⦅一般に⦆ 難局などに備える. ► *vi* (小割り板を張って)補強する ‹*down*›. [OF (pres p) ‹ BATTER[1]; 一説に <F BATON]
batten[3] *n* ⦅絹織機の⦆ おさ. [↑]
Batten バッテン **Jean (Gardner)** ～ (1909–82) ⦅ニュージーランドの飛行家; 1935 年 英国からオーストラリアまで単独で飛行, 翌年英国に戻り, 女性パイロットによる最初の往復飛行を達成⦆.
Bat·ten·berg, -burg /bǽtnbəːrg/ *n* 〘菓子〙 バッテンバーグ ⦅2 色 (通例 ピンクと黄色) のスポンジケーキをマジパン (marzipan) で包んだ細長いケーキ; 断面は色違いの四角形が 4 つあらわれる⦆. [ドイツの町の名]
bátten plàte 〘建〙 帯板, 綴板(とじいた), 目板 ⦅橋や建物の 2 つの平行な構造用鋼材を連結するために用いる帯状の鋼材⦆.
bat·ter[1] /bǽtər/ *vt, vi* **1** 何度も打ちたたく, 乱打する, (…に)打ちつける ‹*away, at, against*›; ‹人・意見などを›こきおろす; 打ちこわす, たたきつぶす ‹*down*›; ‹城壁などを›砲撃する; ‹帽子などを›打ってへこませる, 酷使して変形させる[いたませる], ‹活字を›使い減らす; ‹人を›痛めつける ‹*up*›; *«俗» …に[…で]施しを乞う. **2** …にころもを付ける. ● **take a ～ing** 打ち負かされる; さんざんに酷評される. ► *n* **1** 〘料理〙 バター ⦅小麦粉・卵に牛乳[水]を加えて混ぜ合わせたもの; 揚げ物のころも, またケーキ種⦆; 粘土を丸める陶工 (=*baller*). **2** 〘印〙 ⦅活字の⦆ 摩損, つぶれ; 乱打. [AF; ⇨ BATTERY]

batter[2] *n*〘建・土木〙転(ころ)び《壁面などのゆるい傾き(の度)》. ► *vi* ‹壁などが›ゆるい縦勾配になっている. ► *vt* …にゆるい縦勾配をつける. [ME <?]

batter[3] *n*〘野・クリケット〙打者, バッター: the ～'s box バッターボックス. [*bat*[1]]

batter[4] *n*[u]《俗》ばか騒ぎ (cf. BAT[4]). ● **on the ～**[u]《俗》浮かれ騒いで; 街へ売春に出て. [C19<?]

bátter·càke *n* パンケーキ, ホットケーキ.

bát·tered *a* **1** 何度も打って[ぶつけて]変形した, 酷使していたんだ, 《生活に》やつれた, 疲弊した; 《暴力で》虐待された; 《俗》酔っぱらった: a ～ old car おんぼろ自動車 / a ～ economy 疲弊した経済. **2**〘料理〙ころもを付けて揚げた. [*batter*[1]]

báttered báby おとな[親]に虐待された幼児, 被虐待児.

báttered chíld [báby] sỳndrome〘医〙被虐待児症候群《親(など)から繰り返し虐待をうけた子供に見られる精神的・身体的傷害の複合》.

báttered wífe 夫から度重なる虐待をうけた妻.

báttered wóman('s) [wómen's] sỳndrome〘医〙被虐待女性症候群 (=**báttered wífe sỳndrome**)《パートナーによる度重なる虐待をうけた女性に見られる精神的・身体的傷害の複合》.

bátter·er *n* BATTER[1] する人; 子供・配偶者などを肉体的に虐待する人, 虐待者.

bátter-frỳ *vt*〘料理〙ころもを付けて油で揚げる, てんぷらにする.

bat·te·rie /bæ̀tərí:/ *n*〘バレエ〙バトリー《跳躍している間に足やふくらはぎを打ち合わせる動作》. [F]

bat·terie de cui·sine /*F* batri də kɥizin/ 台所用品一式.

bátter·ing ràm 破城槌(つち)《昔の兵器》; 《消防・警察などが用いる》建造物突入用破壊機.

Bat·ter·sea /bǽtərsi/ バタシー《London 南西部 Thames 川南岸の旧 metropolitan borough; 現在は Wandsworth の一部》.

Báttersea Dógs and Cáts Hòme [the] バタシー野犬(猫)収容所《London の Battersea にある迷い犬[猫]・不用犬[猫]の収容施設で, 1860 年からの伝統がある》.

bat·tery /bǽt(ə)ri/ *n* **1 a**〘電〙バッテリー, 電池 (dry battery, accumulator[u]) (cf. CELL): size D [C, AA, AAA] *batteries* 単 1 [2, 3, 4] 乾電池 / charge [recharge] a ～ 充電する / a rechargeable ～ 充電可能なバッテリー. **b** [*pl*] 元気: recharge one's *batteries* 休息する,「充電」する. **2 a** 一組の器具[装置]; [u]バタリー《鶏・ウサギなどの一連のケージ》: a cooking ～ 料理道具一式. **b**《同種の[関連した]もの》一群, ひと続き; 《人を圧倒するような》勢ぞろい; [the]〘野〙バッテリー《投手と捕手の組》; 〘心〙バッテリー《知能・適性・能力などの総合テスト》: a ～ of tests 一連の試験 / a ～ of experts 勢ぞろいした専門家. **3 a** 何度も打ちたたく[たたいていたませる]こと, 乱打; 〘法〙暴行, 不法な身体接触 (cf. ASSAULT). **b** 打出し細工品《主に台所用品》. **4 a**〘軍〙砲兵中隊, 砲列, 砲台, 《艦上の》備砲, 艦砲; 発砲できる態勢. **b**《オーケストラ・楽団の》打楽器群[セクション]. ● **change one's ～** 攻撃の方向を変える, 手を変える. **in ～**《前の発射の反動がおさまって》発射用意の整った. **turn** sb**'s ～ against** him**self** 敵の論法を逆用する. [F (*battre* to strike); cf. BATTLE[1]]

Battery [the] バッテリー(公園)(=～ **Párk**)《Manhattan 島の南端にある公園; かつて大砲を据えて New York 港の守りを固めた battery (砲台) の跡がある》.

báttery àcid 電池酸 (=*electrolyte acid*)《蓄電池用の硫酸希釈液》; *《軍俗》コーヒー.

báttery fàrm[u] バタリー式養鶏場 (⇨ BATTERY).

báttery pàck《カメラ・ノートパソコンなどの》バッテリーパック.

bat·tik /bǽtɪk/ *n* BATIK.

bát·ting *n*《キルトなどに詰める》綿[ウールなど]の芯 (=*bat, batt*); 断熱素材の毛布; 〘野〙打撃, バッティング.

bátting àverage〘野〙打率; 〘クリケット〙得点率《打者の得点をイニング数で除したもの》; *《口》成功率, 成績.

bátting càge〘野〙バッティングケージ《打撃練習用の囲い》.

bátting crèase〘クリケット〙POPPING CREASE.

bátting èye〘野〙選球眼, バッティングアイ.

bátting òrder〘野・クリケット〙打順.

bat·tle[1] /bǽtl/ *n* **1**《特定地域における組織的な》戦い, 対戦, 戦闘, 会戦; 《一対一の》戦い, 対戦, 決闘: a close [decisive] ～ 接[決]戦 / a running ～ 長い闘い / a naval ～ 海戦 / a field of ～ 戦場 / LOSING BATTLE / LINE OF BATTLE / a general's [soldier's] ～ 軍略[武力]戦 / the order of ～ 戦闘序列 / accept ～ 応戦する / engage in ～ 交戦する ‹*with*›; 攻撃する / fall [be killed] in ～ 戦死する / fight a ～ 一戦を交える / gain [lose] a ～ 戦いに勝つ[負ける] / TRIAL BY BATTLE. **2**《一般に》戦い, 戦争, 闘争: a ～ *against* drug addiction 薬物中毒との戦い / a ～ *for* existence 生存競争 / the ～ of life 生存の闘争 / a ～ of wills 意地の張り合い / a ～ of wits 知恵比べ / the ～ of words 論戦. **3** [the] 《戦いの》勝利: The race is not to the swift nor *the* ～ to the strong. 必ずしも速い者が競走に勝つのではなく, 強い者が戦いに勝つのでもない《*Eccles* 9: 11》. **4**《古》BATTALION. ● **do ～** 戦う ‹*with* sb *over* sth›. **fight one's ～s over again** 昔の手柄話[経歴談など]をして聞かせる. **fight one's own ～** 孤軍奮闘する; 独力で目的を達成する. **give ～** 攻撃する, 交戦する. **half the ～**《口》成功の大半: Youth is *half the* ～. 若さは勝利の半ば. **join ～** 戦闘にはいる, 交戦する. ► *vi* 戦う, 奮闘する ‹*with, against* the enemy [waves]; *for* freedom [one's rights]›; 《豪》《臨時の仕事などで》どうにか暮らしを立てる. ► *vt* …と戦う; 戦って進む: ～ one's way. ● **～…out** 徹底的に戦って…に決着をつける. **～ it out**《口》決戦をする, 戦い抜く. [OF<L (*battuo* to beat)]

battle[2] *vt*《古・詩》‹とりでなどを›胸壁で固める. [OF=to fortify]

báttle arrày 戦闘隊形, 陣立, 陣容.

báttle-àx, -àxe *n*《昔の》戦斧(せんぷ), 闘斧(とうふ); 《口》《年配の》がみがみ女, ことばのきついボス的な女 (cf. OLD BATTLE-AX).

báttle-axe blòck [sèction]《豪》《道路から私設車道でつながる》斧の形をした土地.

báttle crùiser 巡洋戦艦.

báttle crỳ 鬨(とき)の声, 喊声(かんせい); スローガン (slogan).

bat·tled /bǽtld/ *a*〘紋〙EMBATTLED[2].

bat·tle·dore /bǽtldɔ̀:r/ *n* 羽子板; 羽根つき(遊び) (=～ **and shúttlecock**)《バドミントンの祖型》; 《洗濯物をたたく》へら. ► *vt, vi* 投げ交わす, 投げ合う. [? Prov *batēdor* beater; ⇨ BATTLE[1]]

báttle·drèss *n* 戦闘服.

báttledress úniform〘軍〙戦闘用制服, 戦闘服, 迷彩(制)服.

báttle fatìgue 戦争神経症 (COMBAT FATIGUE). ♦ **báttle-fatìgued** *a*

báttle·fìeld *n* 戦場; [*fig*] 戦いの場.

báttlefield núclear wéapon〘軍〙戦場核兵器《SRINF より射程の短い小型核兵器; cf. TACTICAL NUCLEAR WEAPON》.

báttle·frònt *n* 戦線, 前線.

báttle·gròund *n* 戦場, 激戦地 (battlefield): a ～ state *《選挙の》激戦州.

báttle gròup〘米軍〙戦闘集団《通例 division の 1/5 で 5 中隊 (companies) よりなる》.

Báttle Hỳmn of the Repúblic [The]「リパブリック賛歌」《1861 年 Julia Ward Howe が作詞; 有名な 'John Brown's Body' の曲に合わせて歌われたもので, 'Mine eyes have seen the glory of the coming of the Lord' で始まる; のちにプロテスタントの賛美歌となり, またデモ行進などの際にも歌われるようになった》.

báttle jàcket 戦闘服の上着(に似たジャケット).

báttle lìne 戦線; 《戦闘上の一単位としての》艦隊; [*pl*]《対戦する両軍の》戦列. ● **the ～s are drawn**《対決する》両者の立場の違い[両者の争点]が明らかになる, 《両陣営の》布陣が定まる.

báttle·ment *n* [[u]*pl*]〘城〙銃眼付きの胸壁, 狭間(はざま)胸壁, 女墻; [[u]*pl*] 銃眼[狭間胸壁]付きの屋根. ♦ **～·ed** /-mɛ̀ntəd/ *a* [OF *batailler* to furnish with ramparts]

báttle pìece 戦争もの《戦争を扱った絵画・詩・曲など》.

báttle·plàne* *n* 戦闘機 (warplane).

bát·tler 《豪》*n*《生活苦などのため》悪戦苦闘する人, 苦労人; 低所得者; 《古》浮浪人 (swagman); 《口》売春婦.

báttle róyal (*pl* **～s, báttles róyal**) 3 者以上が参加する戦い, 《最後の一人になるまでの》大乱戦, 大混戦; 熾烈な戦い, 死闘; 大論戦, 激論.

báttle-scàrred *a* 戦傷をうけた; 歴戦を物語る.

báttle·shìp *n* 戦闘艦, 戦艦; 《古》戦列艦 (ship of the line); *《俗》大機関車, 大客車; *《俗》大きな足, 大足, でかい靴.

báttle·some *a* けんか[論争]好きの.

báttle stàr〘米軍〙従軍記念青銅星章; 〘米軍〙従軍記念銀星章《青銅星章 5 個に相当》.

báttle stàtion〘陸海軍〙戦闘部署, 戦闘配置, 〘空軍〙即時待機.

báttle·wàgon *n*《俗》戦艦 (battleship); *《俗》囚人護送車; *《俗》《鉄道の》石炭車.

battn battalion.

bát trèe〘植〙タイサンボク (EVERGREEN MAGNOLIA).

bat·tu /bæt(j)ú:/ *a*〘バレエ〙バテュの《空中に跳び上がりながら両脚を打ち合わせる》. [F (pp) ‹ *battre* to beat]

bat·tue /bæt(j)ú:; *F* baty/ *n*〘狩〙狩り出し(猟); 狩り出された獲物; 《一般に》大量虐殺. [F=beating; ⇨ BATTERY]

bát·ty *a* コウモリの(ような); 《口》頭の変な, 風変わりな, 変わった (cf. BATS); *《俗》酔っぱらった. ♦ **bát·ti·ly** *adv* **bát·ti·ness** *n* [*bat*[2]]

Ba·tu Khan /bá:tu xá:n/ バトゥハーン (d. 1255)《Genghis Khan の孫; モンゴル帝国の最西部を支配, 南ロシアにキプチャクハーン国を創設 (1242) した》.

Ba·tu·mi /bətú:mi/ バトゥーミ《グルジア南西部の市; Adzhar 共和国の首都; 黒海に臨み, 天然の良港をもつ》.

Batwa *n* TWA の複数形.

bát·wìng *a* コウモリの翼の形をした, バットウィングスリーブの.

bátwing sléeve バットウィングスリーブ《袖ぐりが深くゆったりして, 手首で細く詰まった袖》.

bát·wòman *n*[u]〘軍〙《将校付きの》女性雑役兵.

Bat Yam /bá:t já:m/ バトヤム《イスラエル中西部, 地中海に臨む Tel Aviv の衛星都市》.

baubee ⇨ BAWBEE.

bau·ble /bɔ́ːb(ə)l, *bɑ́ː-/ *n* 安ピカ物; 子供の玩具; 《クリスマスツリーに飾る》小球; 子供じみた[取るに足らぬ]こと[もの]; 〘史〙《道化師の持つ》道化棒. ［OF *ba(u)bel* child's toy＜?］

Bau·chi /báʊʧi/ バウチ (1) ナイジェリア北東部の州; スズ採鉱地 (2) その州都).

bauch·le /bɔ́ːx(ə)l, bɑ́ː-/ 《スコ・アイル》 *n* **1** 古くなってすりへった靴[長靴], かかとのないスリッパ. **2** 取るに足らぬ人[もの], 不器用な人. ［? *bauch* (a) (Sc) inferior］

Bau·cis /bɔ́ːsəs/ 〘ギ神〙 バウキス (PHILEMON の妻).

baud /bɔ́ːd, *bóʊd/ *n* (*pl* ～, ～**s**) 〘通信・電算〙 ボー《モデムの変調速度の単位; 通例 1 秒あたりの状態変化数; 毎秒伝達できるビット数は変調方式によって異なる》. ［J. M. E. *Baudot* (1845–1903) フランスの発明家］

bau·de·kin, -di- /bɔ́ːdɪk(ə)n/ *n* 金襴 (baldachin).

Baud·e·laire /bòʊd(ə)léər; *F* bodlɛːr/ ボードレール **Charles (-Pierre)** ～ (1821–67)《フランスの詩人・批評家; *Les Fleurs du mal* (1857)》. ♦ **Bàud·e·láir·ean, -ian** *a, n*

Bau·dót còde /bɔːdóʊ-/ 〘通信・電算〙 ボー(ド)コード《5[6] ビットからなる等長のコードで 1 文字を表わす》. ［J. M. E. *Baudot* (⇨ BAUD)］

Bau·douin /*F* bodwɛ̃/ ボードアン ～ **I** (1930–93)《ベルギー国王 (1951–93)》.

Bau·dril·lard /bòʊdrijɑ́ːr/ ボードリヤール **Jean** ～ (1929–2007)《フランスの哲学者・社会学者》.

bau·drons /bɔ́ːdrənz, bɔ́ːð-/ *n* [無冠詞で固有名詞扱い] 《スコ》 猫(ちゃん), 小猫; 野兎. ［ME＜?］

bau·era /báʊərə/ *n* 〘植〙 バウエラ《ピンクまたは紫色の花をつける豪州東部産のユキノシタ科の常緑低木》. ［Ferdinand *Bauer* (1760–1826), Franz A. *Bauer* (1758–1840) オーストリアの植物画家］

Bau·haus /báʊhàʊs/ *n* バウハウス《Walter Gropius が 1919 年に Weimar に創立した建築・美術・工芸などの芸術学校》. ► *a* バウハウスの(影響をうけた). ［G］

bau·hin·ia /boʊ(h)ɪ́niə, bɔː-/ *n* 〘植〙 バウヒニア《マメ科ハカマカズラ属 (*B*-) の各種植物》.

baulk etc. ⇨ BALK etc.

Baum /bɑ́ːm, bɔ́ːm/ ボーム **L(yman) Frank** ～ (1856–1919)《米国の児童文学作家; *The Wonderful Wizard of Oz* (1900) 以下 14 巻の Oz シリーズがある》.

Bau·mé /boʊméɪ, ⌐—⌐/ *a* 〘理〙 BAUMÉ SCALE の[で計った]《略 Bé》. ［Antoine *Baumé* (1728–1804) フランスの化学者］

Baumé scale /⌐—— —⌐/ 〘理〙 ボーメ目盛[スケール]. ［↑］

Baum·gar·ten /*G* báʊmgartn/ バウムガルテン **Alexander Gottlieb** ～ (1714–62)《ドイツの哲学者; aesthetica (美学) なる語およびこの学問の創始者》.

báum màrten /báʊm-/ 〘動〙 マツテン (pine marten); マツテンの毛皮.

Bausch /báʊʃ/ バウシュ **Pina** ～ (1940–2009)《ドイツの女性舞踊家・振付家》.

bau·sond /bɔ́ːsənd/ *a* ″《方》〈動物が〉顔面に白いぶち[すじ]のある.

Baut·zen /báʊtsən/ バウツェン《ドイツ東部 Saxony 州の市; Dresden の東南東, Spree 川に臨む; 1813 年の Napoleon 軍とロシア・プロイセン連合軍の古戦場》.

baux·ite /bɔ́ːksàɪt, *bɑ́ːk-/ *n* 〘鉱〙 ボーキサイト《アルミニウムの原鉱》. ♦ **baux·it·ic** /bɔːksɪ́tɪk, *bɑːk-/ *a* ［F (*Les Baux* 南フランスの Arles 近くの地名)］

báuxite cemént ボーキサイトセメント《急結セメント》.

Bav Bavaria ♦ Bavarian.

ba·var·dage /bævərdɑ́ːʒ/ *n* おしゃべり, 雑談, よもやま話. ［F (*bavarder* to chatter)］

Ba·var·ia /bəvéəriə/ バイエルン (*G* Bayern)《ドイツ南東部の州; ☆Munich; オーストリア・チェコと国境を接する》.

Ba·vár·i·an *a* バイエルン(産)の; バイエルン人[方言]の. ► *n* バイエルン人; 《高地ドイツ語の》バイエルン方言.

Bavárian créam 〘菓子〙 ババロア《デザート》.

ba·va·rois /bævɑːrwɑ́ː; bævəwɑ́ː/, **ba·va·roise** /-rwɑ́ːz; -wɑ́ːz/ *n* 〘菓子〙 ババロア (Bavarian cream).

Báv·is·ter's médium /bǽvəstərz-/ 〘医〙 バヴィスター培地《体外受精用の培地》. ［B. D. *Bavister* 20 世紀の英国の生物学者］

baw·bee, bau- /bɔ́ːbi, ⌐—⌐/ *n* ボービー《かつてのスコットランドの銀貨》, 《スコ》 旧半ペニー (halfpenny); つまらぬもの. ［Sille*bawby* ここの領主が James 5 世時代に造幣局長官であった］

baw·cock /bɔ́ːkɑ̀k/ *n* 《古》 良い仲間, いいやつ.

bawd /bɔ́ːd/ *n* 女郎屋のおかみ[マダム]; 《まれ》 売春婦; 《廃》《男女間の》取持ち役, 女衒(ぜげん). ［OF *baudetrot*］

báwd·ry *n* 猥談, みだらなことば[文章], 猥本; 《古》 売春; 《廃》 姦淫, 不貞.

báwdy *a* みだらな, わいせつな; 下卑たユーモアのある, 艶笑の. ► *n* 卑猥なことば, 猥談. ♦ **báwd·i·ly** *adv* **-i·ness** *n*

báwdy hòuse 売春宿 (brothel).

bawl /bɔ́ːl/ *vi, vt,* 叫ぶ, わめく; 泣き叫ぶ; 苦しげに話す[歌う]; どなる 〈*at* sb, *about* the house, *across* the street, *against* sth〉: ～ and squall わめきたてる. ● ～ **out** わめく; 《口》 どなりつける, しかりつける 〈*for* being lazy〉. ► *n* 叫び, わめき声; 泣き叫び. ［imit; cf. L *baulo* to bark］

báwl bàby *《俗》 CRYBABY.

báw·ley (bòat) /bɔ́ːli(-)/ ″《方》 1 本マストのエビ漁船.

báwl·ing màtch 口げんか, ののしり合い.

bawn /bɔ́ːn/ *n* 《アイル・カナダ》《家・集落の周囲の》草地, 牧草地; 《Newfoundland などの魚や魚網を干す》海岸の平らな岩場, 干し場.

baw·neen, (Ir) **bái·nín** /bɑ́ːnìːn; bɔ́ː-/ *n* ボーニン (1) 生(き)なりの羊毛糸 (2) これで織った[編んだ]服; 男物の作業着など).

Bax /bǽks/ バックス Sir **Arnold** (**Edward Trevor**) ～ (1883–1953)《英国の作曲家・詩人》.

Bax·ter /bǽkstər/ バクスター (1) **James K(eir)** (1926–72)《ニュージーランドの詩人》 (2) **Richard** ～ (1615–91)《イングランドのピューリタンの聖職者・著述家》.

bay[1] /béɪ/ *n* **1** 湾, 小湾, 入江《GULF より小さい》; 《中心水域から分断された》小水域. **2** 山ふところ《三方が山の平地》; *《一部を森林に囲まれた》はいり込んだ平坦地[草原]. ［OF＜OSp *bahia*］

bay[2] *n* **1** 《構造物の》仕切り, 区画; 〘建〙 ベイ, 格間(ごう), 柱間(はしらま)《柱と柱との間の区画》; 〘建〙 BAY WINDOW; 《建物の》翼; 〘空〙《胴体の隔壁間の》張り間; 橋脚の間. **2** 〘空〙 隔室, ベイ; 《船内の》診療所, 病室 (sick bay); 《納屋の》乾草置場; 指定区域; 《ガソリンスタンドなどの》駐車区画; 《駅の》分岐線用ホーム (＝～ **plàtform**); 〘電算〙 ベイ (DRIVE BAY); 《電子機器の》筐体(きょうたい): a cargo ～ 《飛行機の》貨物室. ［OF (*baer* to gape＜L)］

bay[3] *n* **1** 猟犬が獲物を追うときのほえ声; 太くうなる声. **2** 追い詰められた状態, 窮地: be [stand] at ～ 追い詰められる, 窮地にある / bring [drive] to ～ 追い詰める / hold [have] at ～ 追い詰めて逃がさない. ● **keep** [**hold**] an enemy **at** ～ 敵を寄せつけない. **turn** [**come**] **to** ～ 追い詰められて反抗する. ► *vi, vt* 〈猟犬が〉(獲物を追って)太く続けてほえる; …にほえたてる; 叫ぶ, 強く要求する 〈*for*〉; 太くうなるように言う; ほえながら追跡する; 追い詰める. ● ～ **(at) the moon** 月にほえる; [*fig*] 無益な企てをする, 絶えずむだなぐちをこぼす: ～ for (sb's) blood (人への)復讐[憎悪]に燃えている. ［OF *bayer* to bark＜It (imit)］

bay[4] *n* **1** 〘植〙 ゲッケイジュ (laurel); 〘植〙 BAYBERRY; *ゲッケイジュに似た木《モクレン属・ピメント属・タイワンツバキ属など》. **2** [°*pl*] 月桂冠; [*pl*] 栄冠, 名誉 (fame). ［OF＜L *baca* berry］

bay[5] *a* 赤茶色[栗色]の, 鹿毛(かげ)の〈馬〉. ► *n* 赤茶色の動物, 鹿毛(の馬)《体が褐色で, たてがみ・尾と四肢が黒い馬》; 赤茶色. ［OF＜L *badius*］

ba·ya·dère, -dere, -deer /báɪədɪ̀r, -dɛ̀r; bàɪədɪ́ər, -déər/ *n* 《インド南部のヒンドゥー教の》舞子, 踊り子; 《色彩のコントラストが強い》横縞(よこじま)模様(の織物). ► *a* 〈布地など〉横縞の. ［F＜Port (*bailar* to dance)］

Ba·ya·món /bàɪəmóʊn/ バヤモン《プエルトリコ中部の市》.

báy àntler 《鹿の枝角(えだづの)の》第 2 枝.

bay·ard /béɪərd/ *n* 《古》 鹿毛(かげ)の馬; 《英雄詩をまねて, 一般に》馬; [B-] バヤール《中世騎士物語に出てくる RINALDO の魔法の馬》.

Ba·yard /báɪərd, béɪ-; *F* bajaːr/ **1** バヤード《男子名》. **2 a** バヤール **Pierre Terrail** ～, Seigneur de ～ (c. 1473–1524)《フランスの英雄的武人; Chevalier sans peur et sans reproche (恐れも科もない騎士) と呼ばれた》. **b** [*fig*] 勇気と廉恥の人. ［F (?*bay* brown, *-ard* (suf))］

Bay·bars /báɪbɑ̀ːrs/ バイバルス ～ **I** (1223–77)《マムルーク (Mamluk) 朝のスルタン (1260–77)》.

báy·bèrry /, -b(ə)ri/ *n* 〘植〙 **a** ベーラムノキ, ベイラム, ピメンタ (＝*bay rum, bay-rum tree*)《西インド諸島産フトモモ科の小高木; 葉から BAY RUM をつくる》. **b** 北米産のヤマモモ属の各種《シロヤマモモ (wax myrtle) など; 灰白色のろうに包まれた果実を密集してつける》.

Bay·ern /*G* báɪərn/ バイエルン (BAVARIA のドイツ語名).

Bayes·ian /béɪziən, *-ʒ(ə)n/ *a* 〘統〙 ベイズ(の定理)の. ［↓］

Báyes' thèorem /béɪz(əz)-/ 〘統〙 ベイズの定理《条件付き確率に関する定理; 事象 B がすでに起こっている場合に事象 A が起こる確率は, A がすでに起こっている場合に B が起こる確率に A の発生確率を掛け B の発生確率で割った確率に等しい》. ［Thomas *Bayes* (1702–61) 英国の数学者］

Ba·yeux /baɪjúː, beɪ-; -jə́ː; *F* bajø/ バイユー《フランス北西部 Normandy の古い町》.

Bayéux tápestry [the] バイユーのタペストリー[タピスリー]《フランスの Bayeux に伝えられている 11–12 世紀ごろのタペストリー; Norman Conquest の模様を織り出したもので, 長さ約 70.5 m, 幅約 50 cm》.

Ba·ye·zid /baɪ(j)əzíːd/ バヤジト《オスマン帝国の 2 人のスルタンの名》 (1) ～ **I** (c. 1360–1403)《在位 1389–1402; 異名 Yildirim (稲妻王, 雷帝)》 (2) ～ **II** (c. 1447–1512)《在位 1481–1512; オスマントルコの覇権を確立した》.

Baykal ⇨ BAIKAL.

báy láurel 〘植〙 ゲッケイジュ (bay tree).

Bayle /béɪl; *F* bɛl/ ベール **Pierre** ～ (1647–1706)《フランスの哲学者・批評家; 合理主義哲学を唱え, Voltaire など百科全書派に影響を与えた》.

B

báy lèaf ベイリーフ, ローリエ《月桂樹 (laurel) の乾燥葉; 料理の香味付け用》.

báy lìneᴴ《鉄道の》引込線.

báy lỳnx〔動〕ボブキャット, アカオオヤマネコ (=*mountain cat, bobcat*)《米国東部産》.

báy·man /-mən, -mæ̀n/ *n* 湾岸で生活する[働く]人, 湾[入江]で漁をする漁師.

báy òil ベイ油《bayberry から採る油で, 香水や BAY RUM の原料》; 月桂樹油.

bay·o·net /béɪənət, -nèt, bèɪənét/ *n* 銃剣; [the] 武力; [*pl*] 銃剣武装兵;〔機〕差し込みピン: 500 ～*s* 歩兵 500 の軍勢 / at the point of the ～=at ～ point 銃剣を突きつけて, 武力で. ► *v* (～·(**t**)**ed**, ～·(**t**)**ing**) *vt* 銃剣で突く[殺す], 武力で強制する: ～ people *into* submission 武力で服従させる. ► *vi* 銃剣を用いる. [F (BAYONNE 最初の製作地)]

báyonet càp《電球の》差し込み口金.

báyonet plùg〔電〕《押してひねる》差し込みプラグ.

Ba·yonne /beɪóʊn; *F* bajɔn/ バヨンヌ《フランス南西部の Biscay 湾に注ぐ Adour 川の下流に臨む市; スペイン Basque 地方向けの商業の中心地》.

bay·ou /báɪu, -oʊ/ *n* 緩流河川, バイユー《米国南部の河・湖・湾の沼のような入江》; 流れのゆるやかな[よどんだ]水域. [Choctaw]

báyou blúe*《俗》安酒, 密造酒.

Báyou Stàte [the] バイユー州《Mississippi 州の俗称》.

Bay·reuth /baɪrɔ́ɪt, ⌐⌐; *G* baɪrɔ́yt/ バイロイト《ドイツ南東部 Bavaria 州の市; Richard Wagner が晩年を送った地; 毎夏 Wagner 歌劇のみを上演する音楽祭で有名》.

báy rúm ベーラム《医薬・化粧品用香料; cf. BAYBERRY》;〔植〕ベーラムノキ (BAYBERRY) (=**báy-rúm trèe**).

Bayrut ⇨ BEIRUT.

báy sàlt 天日塩(てんぴじお)(えんでん), 粗塩.

báy scàllop〔貝〕アメリカイタヤガイ《米国東部沿岸の浅海にすむイタヤガイ科の小型の食用二枚貝; 貝柱は甘みがあって美味》.

Báy Stàte [the] 湾州, ベイステート《Massachusetts 州の俗称》. ♦ **Báy Stàt·er** *n*

Báy Strèet ベイストリート《カナダ最大の証券取引所がある Toronto 市の金融の中心地》; カナダ金融界.

báy trèe〔植〕ゲッケイジュ (月桂樹) (laurel). ● **flourish like the green ～** 繁栄する, 世にはびこる《*Book of Common Prayer* の *Psalms* 37: 36 より》.

báy-whàling *n*〔豪史〕近海捕鯨.

báy wíndow〔建〕張出し窓, 出窓;《俗》太鼓腹.

báy·wòod *n* オオバマホガニー《熱帯アメリカ産各種マホガニー材; 家具用良材》.

ba·zaar, -zar /bəzɑ́ːr/ *n*《中東諸国の》商店街, マーケット, バザール; 百貨店, 雑貨店;《大商店の》特売場; バザー, 慈善市: a Christmas ～. [Pers]

ba·zaa·ri /bəzɑ́ːri/ *n* イラン人商人[商店主]. [Pers]

ba·zil·lion /bəzɪ́ljən/ *n**《俗》厖大な数, 無慮何千億 (zillion).

ba·zon·gas /bəzɑ́ŋgəz/ *n pl*ᴴ《俗》オッパイ, でかパイ, 巨乳. [*bosom*]

ba·zoo /bəzúː, bæ-/*《俗》*n* (*pl* ～**s**)《しゃべるための》口; 腹, おなか; けつの穴; 尻; 鼻; だぼら; やじ: Shut your big ～. つべこべ言うな. ● **shoot off one's ～**=SHOOT[1] off one's mouth.

ba·zoo·ka /bəzúːkə/ *n*〔軍〕バズーカ砲《対戦車ロケット砲》;〔空〕《戦闘機の翼下に取り付けた》ロケット弾発射装置;〔楽〕バズーカ《トロンボーンに似た楽器》;*《俗》大当たりの事業[企て]. ♦ **～·man** /-mən/ *n* バズーカ砲手. [C20<?; cf. ↑]

ba·zoom /bəzúːm/ *n* [°*pl*]*《口》オッパイ. [*bosom*]

ba·zoon·gies /bəzúːngiz/ *n pl**《俗》《大きくて形のいい》美乳, オッパイ, ボイン. [*bosom*]

ba·zu·co, -ko /bəzúːkoʊ, -súː-/ *n* BASUCO.

BB /bíːbìː/ *n*〔銃〕BB 弾 (=～ shot)《**1**) 直径 0.18 インチの散弾子 **2**) 0.175 インチの空気銃の弾; cf. BB gun》.

b.b. °bearer bond(s). **b.b., bb, BB**〔野〕°base(s) on balls.

BB Bachelor of Business ♦ °ball bearing ♦ °Blue Book ♦ °B'nai B'rith ♦ °Boys' Brigade ♦〔鉛筆〕double black (⇨ B).

BBA Bachelor of Business Administration.

B-bag /bíː⌐/ *n* [°b-]*《軍俗》ぶちまけ袋《軍隊向けの新聞 *Stars and Stripes* の投書欄; 戦争および軍隊生活への不満のはけ口としての役割を果たした》. ● BLOW[1] **it out your ～**. [B<*bitch*]

B-ball /bíː⌐/ *n**《俗》バスケットボール(のボール) (cf. V-BALL).

B battery /bíː ⌐/〔電〕B 電池 (=*plate battery*)《真空管のプレート回路に用いる高圧電池; ⇨ A BATTERY》.

BBB〔米・カナダ〕°Better Business Bureau ♦ °blood-brain barrier ♦〔鉛筆〕treble black (⇨ B).

B-B-brain /bíːbìː⌐/ *n**《俗》ばかたれ, とんま, 脳タリン《BB 弾ほどの小さい脳の持主の意から》.

BBC °British Broadcasting Corporation.

BBC 1 /bíːbìːsìː wʌ́n/ BBC 第 1《英国 BBC のテレビチャンネルの一つ; NHK の総合テレビチャンネルに相当する》.

BBC 2 /bíːbìːsìː túː/ BBC 第 2《BBC のテレビチャンネルの一つ; 専門化した番組で構成され, ドキュメンタリー・コンサート・外国映画などが目立つ》.

BBC English /bíːbìːsìː ⌐⌐/ BBC 英語《BBC のアナウンサーが用いる標準英語》.

BBC Symphony Orchestra /bíːbìːsìː ⌐⌐ ⌐⌐/ [the] BBC 交響楽団《英国の代表的なオーケストラ; 毎年のプロムナードコンサート (Proms) 最終日の夜の演奏でも知られる》.

BBC World Service /bíːbìːsìː ⌐⌐ ⌐⌐/ [the] BBC ワールドサービス《英国 BBC 放送の海外向けラジオ放送部門》.

BBE Bachelor of Business Education.

BBFC °British Board of Film Classification.

BB gun /bíːbìː ⌐/ BB 銃《口径 0.18 インチの空気銃》.

bbl. barrel(s). **BBL**《E メールなどで》be back later またあとで.

B-bop /bíː⌐/ *n*ᴴ《俗》BEBOP.

b-boy /bíː⌐/ *n* [°B-]《口》ヒップホップに傾倒した若者, ラッパー(風に着こなした男). [*break-boy*; 一説に *Bronx boy*]

BBQ barbecue. **BBS**〔電算〕bulletin board system.

BB shot /bíːbi ⌐/〔銃〕BB 弾 (⇨ BB).

b.c. °bayonet cap ♦ ᴴ〔気〕partly cloudy sky. **B.C., B.C., BC** /bìːsíː/ before Christ 紀元前《年代のあとに付け, 《英》では通例 small capitals で書く; cf. A.D.》. **BC** °Birth Control ♦ °British Coal ♦ °British Columbia ♦ °British Council. **BCAR** °British Civil Airworthiness Requirements. **bcc, b.c.c., Bcc, BCC**〔電算〕blind carbon copy [copies]《E メールで, 本来の宛先に写しの送付(先)を知らせずに, 本来の宛先以外にも送付される写し; cf. CARBON COPY》. **BCC** BRITISH COAL Corporation.

BCD /bíːsìːdíː/ *n* BINARY CODED DECIMAL.

BCD〔米軍〕°bad conduct discharge.

BCE Bachelor of Chemical Engineering ♦ Bachelor of Civil Engineering ♦ Before (the) Common [Christian] Era《非キリスト教徒による, B.C. に相当する記号》.

B cell /bíː ⌐/〔生理〕B 細胞《胸腺依存性でない, 抗体を生産する型のリンパ球》. [*b*one-marrow-derived *cell*]

bcf billion cubic feet. **BCF** British Cycling Federation ♦ bromochlorodifluorometh-ane.

BCG °bacillus Calmette-Guérin.

BCG vaccine /bíːsìːʤíː ⌐/〔医〕BCG ワクチン《結核予防ワクチン》. [↑]

bch (*pl* **bchs**) bunch. **BCh** Bachelor of Chemistry.

BChE Bachelor of Chemical Engineering.

B chromosome /bíː ⌐/〔遺〕B [過剰]染色体.

BCL Bachelor of Canon Law ♦ Bachelor of Civil Law. **bcn** beacon. **BCNU**《E メールなどで》be seeing you ではまた.

B complex /bíː ⌐/ VITAMIN B COMPLEX.

BCP °Book of Common Prayer. **BCS** Bachelor of Chemical Science ♦ Bachelor of Commercial Science.

BC soil /bíːsíː ⌐/ BC 層土《B 層・C 層だけの土壌》.

BCS theory /bíːsìːés ⌐/〔理〕《超伝導に関する》BCS 理論《電子が対 (Cooper pair) をつくることで抵抗を受けなくなるとする》. [J. *B*ardeen, L. N. *C*ooper, J. R. *S*chrieffer]

bd board ♦〔製本〕bound ♦ boundary ♦ bundle. **bd, B/D** bondage and discipline (⇨ B AND D). **b/d**〔石油〕barrels per day 日産…バレル. **Bd** [G *Band*] volume. **BD** Bachelor of Divinity ♦ Bangladesh ♦ °bomb disposal. **B/D, b/d** °bank draft ♦ bills discounted ♦〔簿〕brought down.

BDD °body dysmorphic disorder.

Bde [G *Bände*] volumes ♦ Brigade.

bdel·li·um /déliəm/ *n* **1** ブデリウム《カンラン科モツヤクジュ属の各種樹木から採る没薬 (myrrh) に似た芳香樹脂; アフリカ・アラビア・インド産》;〔植〕ブデリウムを産するモツヤクジュ属の各種. **2**〔聖〕ブドラク《樹脂・宝石または真珠と推定される; *Gen* 2: 12, *Num* 11: 7》. [L<Gk; Heb よりの翻訳]

bdel·lo·víbrio /dèloʊ-/ *n*〔菌〕デロビブリオ属 (*B-*) の微生物.

Bde Maj. °Brigade Major. **bd.ft.** °board foot [feet].

bdg binding 製本. **bdl, bdle** (*pl* **bdls**) bundle. **Bdr** ᴴBombardier. **bdrm** bedroom. **BDS** Bachelor of Dental Surgery. **BDU**〔軍〕°battledress uniform.

be /bi, bíː/ *v* [語形変化] **a** 直説法の現在形: (I) AM; (you) ARE[1], 《古・詩》(thou) ART[2]; (he, she, it) IS; (we, you, they) ARE[1]. 過去形: (I) WAS; (you) WERE, 《古・詩》(thou) WAST, (thou) WERT; (he, she, it) WAS; (we, you, they) WERE. **b** 仮定法の現在形: BE. 過去形: WERE, 《古》(thou) WERT. **c** 命令法の現在形: BE. **d** 不定詞: (to) BE. **e** 過去分詞: BEEN. **f** 現在分詞・動名詞: BEING. **g** 短縮形: 《口》'M[1] (<am), 'RE (<are), 's (<is) (⇨ -'s). **h** 否定形 not との連結形: AN'T (英古・口語 am not; 古 are not; 古・俗 is not), AIN'T (英口語 am not; 俗 is not, are not), ISN'T, AREN'T, WASN'T, WEREN'T. ★ 語形 be は命令法または仮定法の現在形, または助動詞に続く不定詞として用いるだけであるが, be 動詞共通の用法をここに述べる. 各語形の発音, 特別用法については各語形参照.
► *vi* **1** [補語として形容詞・名詞・代名詞・副詞・または前置詞の導く

句を伴う] …である, 将来…となる: Boys, *be* ambitious. / Don't *be* lazy. / He *is* a fool. / Today *is* Sunday. / This book *is* five dollars. / The girl *is* ten years old. / They *are* the same age. 同い年です / To live *is* to fight. 人生は戦いなり / His death *was* (＝meant) nothing to her. 彼の死は彼女にとって何でもなかった / He is going to *be* a doctor. 医者になるつもりです / Twice two *is* [*are*] four. 2×2は4 / It'*s* me. わたしです / I *am* in good health. 健康です / It *is* of great use. 大いに役に立つ / The trouble *is* (that) he never writes to us. 困ったことに彼は一度も手紙をよこさない. ★ BE 動詞にアクセントを置くと文の肯定性が強調される (cf. DO[1] *v auxil* I): It *is* /íz/ wrong. 確かに間違っている / That *is* /íz/ a baby! ほんとにりっぱな赤ちゃんです. **2 a** 〈どこに〉在る, 居る; 〈いつ〉ある, 起こる: Where *is* Hokkaido?—It's in northern Japan. / *Be* here at 5. 5時に来なさい / When *is* your birthday?—It *is* on the 5th of May. / When is the ceremony to *be*? 式はいつ行なわれるのですか / The meeting *was* yesterday. 会はきのうあった / The meeting's already *been*. "会はもう終わりました. **b** [完全自動詞として] 存在[生存]する (exist), 有る, 残存する, 持続する: Can such things *be*? こんな事がありえようか / To *be* or not to *be*—that is the question. 生きていくべきか死ぬべきか—それが問題だ《Shak., *Hamlet* 3.1.56》/ God *is* (＝exists). 神はいます. ★ 存在の「有無」をいうには普通 'there is' を用いる: Once upon a time *there was* a knight in the village. **c** [完了形で; cf. BEEN] 行った(ことがある); 《口》(訪ねて)来た: I *have been* to England twice. / *Has* anyone *been*? "だれか来た(の)? **d** 《古》降りかかる, 属する: Woe *be* to…に災いあれ. **3** [特別用法] **a** 《文》[条件節・譲歩節の中で仮定法現在形として]: If it *be* fine… 天気がよければ… / *Be* it ever so humble, there's no place like home. いかに賤しくともわが家にまさるところなし. **b** *《文》[要求・主張・提案などを表わす動詞に続く節の中で]: I demand that he *be* (＝should be") present. 彼の出席を要求する / Resolved that our salary *be* (＝should be") raised. 給料を上げよ—右決議す. **c** 《文》[願望を表わす仮定法現在形として] Thy will *be* done in earth as it is in heaven. み心が行なわれますように, 天におけるように地の上にも《*Matt* 6: 10》. **d** 《古》ARE[1]: they that *be* whole 健康なる人たち / the powers that *be* 権力者, 当局 (the authorities).

► *v auxil* **1 a** [*be*＋(他動詞の)過去分詞の形で受動態] …される, …されている: This magazine *is published* twice a month. 月2回発行される / *Be seated*. おすわりなさい. **b** [*be*＋(自動詞の)過去分詞の形で完了形] …した, …している: The sun *is set*. 太陽は沈んでいる (cf. The sun *has set*. 太陽は沈んだ). ★ 運動または状態を表わす自動詞《come, go, arrive, rise, set, fall, grow など》の場合で, is＋*pp* は動作の結果たる状態を, has＋*pp* は動作そのものを強調する. go の場合を除いては《古・詩》. **2** [*be*＋現在分詞の形で進行形] …している最中だ; 頻繁に…する; …することになっている《確定的な近い未来》: She *is singing* now. / She's always *asking* silly questions. いつもばかな質問をする / He *is appearing* on TV tonight. 今晩テレビに出ます. **3 a** [*be*＋*to* 付き不定詞]《予定・命令・義務・運命・可能など》…することになっている, …するはず, …すべきだ, …できる: We *are to meet* at 5. 5時に集合することになっている / If we *are to catch* the train, we'd better go now. その列車に乗るつもりなら今出発したほうがよい / My son *is to be* a doctor. 息子は医者にするつもりだ / What *am* I *to do*? どうしたらいいでしょうか / She is to *be praised*. 彼女はほめられてよい / I *am to inform* you that…をご通知申し上げます / It *is to be hoped* …. どうか…でありたいものです / He *was never to see* his home again. 再び郷里に帰らぬ運命だった / No one *was to be* (＝could be) *seen*. 人ひとり見えなかった. **b** [*were*＋*to* do] かりに[万一]…だとしたら《実現性に無関係の仮定》: If I *were to die* [*Were* I *to die*] tomorrow, …. あすぼくが死ぬとしたら….

● **be it** true **or not** それが本当であろうとなかろうと. **be it so**＝**so be it**＝**let it be so** そうあれかし (amen!); それならそうでよい(わたしの知ったことではない). **be oneself** 自分にふさわしくふるまう, 年がいもない事はしない. **be that as it may** それがどうあろうと. **be the matter what it may** 事がどうであろうと. **have** BEEN **and** (gone and) …. **if so be** もし…ならば. **it has** [**is not**] **to** ～ それは避けられない, 受け入れなければならない. **It was not to be.** そうならなかった(のは天なり命なり). Mrs. Smith **that is** [**that was, that is to be**] 現在の[もとの, 将来の]スミス夫人. (**Well,**) **I'll** ～.＝(Well,) I'll be DAMNed.

[*be, been, being*＜OE *bēon* to be, ＜IE＝to become, grow; *am, is, are*＜OE *eom, is, earon*, ＜IE＝to exist; *was, were*＜OE *wēsan* to be, ＜IE＝to remain]

be- *pref* (1) [強意的に他動詞に付けて]「全面的に」「全く」「すっかり」「過度に」: *be*drench, *be*spatter. (2) [自動詞に付けて他動詞をつくる]: *be*moan, *be*speak. (3) [名詞・形容詞に付けて他動詞をつくる]「…にする」「…と呼ぶ」: *be*fool, *be*foul, *be*friend. (4) [名詞に付けて他動詞をつくる]「…で囲む」「おおう」「…として待遇する」: *be*cloud. (5) [名詞に付け語尾 '-ed' を添えて形容詞をつくる]「…を有する」「…で飾った」「全面…の」: *be*wigged, *be*jewelled, *be*grimed. [OE *be-* BY の弱形]

Be 〘化〙 beryllium. **Bé** 〘理〙 Baumé. **BE** Bachelor of Education ♦ Bachelor of Engineering ♦ °Bank of England ♦ °Black English ♦ (Order of the) °British Empire.

BE, B/E, b.e. °bill of entry ♦ °bill of exchange.

Bea /bíː/ ビー《女子名; Beatrice の愛称》.

BEA °British East Africa.

beach /bíːtʃ/ *n* 《海・湖・河川の》浜, 浜辺, 砂浜, なぎさ《LITTORAL *a*》; 海辺, 海浜(地帯); 《浜辺の》砂, 砂利. ● **on the** ～ 〘海〙 陸上勤務で; 《一般に》おちぶれて, 失業して. ► *vt* 〘海〙〈船・鯨などを〉浜に乗り上げさせる[引き揚げる]; 坐礁させる; 立ち往生させる. ► *vi* 〘海〙〈船が〉浜に乗り上げる (run ashore). [C16＜?]

béach bàg ビーチバッグ《海水浴用品を入れる大きなバッグ》.

béach bàll ビーチボール《**1**) 海辺などで遊びに使うボール **2**) 宇宙飛行士を救助船に移送するための一人用の球体》.

béach-blànket *attrib a**《口》海浜リゾートにおけるレジャーの, 海辺でくつろいだ時の.

béach-blànket bìngo *《俗》海辺でやるセックス[性戯].

béach·bòy *n* ビーチボーイ《クラブやホテルに雇われた海辺の男性アテンダント・指導員・監視人》.

Béach Bòys *pl* [the] ビーチボーイズ《1961年結成の米国のポピュラーコーラスグループ; 5人からなる》.

béach brèak 浜辺(近く)で砕ける波.

béach bùggy ビーチバギー (＝*dune buggy*)《タイヤが大きい砂浜用自動車》.

béach bùm *《俗》海辺によく来る男, 《特に》海辺でたくましい筋肉を見せびらかすサーファー.

béach bùnny *《俗》海辺によく来る女の子, ビーチバニー (＝*surf bunny*)《サーフィンをする男の子とつきあう女の子, 浜辺でビキニ姿を見せびらかしている女の子》.

béach chàir ビーチチェア (deck chair).

béach·còmb·er *n* **1** 浜辺で漂着物・貝殻などを拾う人, ビーチコーマー; 《特に 南太平洋諸島の白人の》波止場ごろつき[ルンペン]. **2** 浜に打ち寄せる大波. ♦ **béach·còmb** *vi, vt*

béach flèa 〘動〙 ハマトビムシ (＝*sand hopper*)《端脚甲殻類》.

béach·frònt *n* 浜[海辺]沿いの地, ビーチフロント. ► *a* 浜にある, 浜に隣接した.

béach·gò·er *n* 浜[海辺]へ足繁く通う人.

béach gràss 〘植〙 海辺などの砂地に根を張って生育するイネ科の雑草, 《特に》オオハマガヤ属の各種, ビーチグラス (＝*marram* (*grass*))《砂留め用》.

béach·hèad *n* 〘軍〙 海岸堡(ほ)《海浜の上陸拠点; cf. BRIDGEHEAD》; 足掛かり.

béach hùt 浜辺の小屋《泳ぐために着替えたりする》.

beach·ie /bíːtʃi/ 《豪口》*n* 浜漁師; 若いビーチ浮浪者[海浜ごろ].

béach·ing *n* 《貯水池などの人工砂浜の》砂利.

Beach-la-mar /bìːtʃləmáːr/ *n* [°Beach-la-Mar] 〘言〙 ビーチラマー《19世紀半ば以降 New Guinea と周辺の島々で共通語として使われた英語を主体とする混成語; ビスラマ語 (Bislama) のもとになった》.

béach·màster *n* 〘軍〙 揚陸指揮官.

béach pèa 〘植〙 ハマエンドウ, ノエンドウ (＝*sea pea*).

béach plùm 〘植〙 北米東部原産のサクラ属の低木《庭木; 実はジャムなどに用いる》.

béach rìdge 《浜辺に打ち寄せられた砂礫(されき)の堆積によってできる》浜堤(ひんてい).

béach·scàpe *n* 浜辺[海辺]の風景.

béach·sìde *a* 浜[海辺]の[にある], 海浜の.

béach tòwel ビーチタオル《敷いてその上に寝そべることができる大型タオル》.

béach umbrèlla* ビーチパラソル.

béach vòlleyball ビーチバレー(ボール)《砂浜で行なう2人制のバレーボール》.

béach wàgon* STATION WAGON.

béach·wèar *n* ビーチウェア.

béach wòrmwood 〘植〙 シロヨモギ.

béachy *a* 砂[砂利]でおおわれた; 浜辺の.

Béachy Héad ビーチ岬《イングランド East Sussex 州南部のイギリス海峡に突出した岬で先端は白亜質の絶壁》.

bea·con /bíːk(ə)n/ *n* **1** 《山・塔の上などの》合図の火, のろし; 航路[水路]標識《灯台・立標・浮標・無線標識など》; ビーコン, 無線(航路)標識(所) (radio beacon); 《信号灯などの》交通標識, "BELISHA BEACON **2** "《合図の火がともされる》遠くから目立つ山; "見張りの塔, 信号所. **3** 指針[指標, 警告]となる人[もの]. ► *vt, vi* 《標識で》導く; (…に)標識を設ける; 《標識のように》輝く, …の指針[警告]となる. [OE *bēacn*; cf. G *Bake*]

Béacon Híll ビーコンヒル《**1**) Boston 市の中心にある高級住宅地; Massachusetts 州議事堂の所在地 **2**) Massachusetts 州政府》.

Bea·cons·field /bíːk(ə)nzfiːld, bék-/ ビーコンズフィールド 1st Earl of ～ ⇨ Benjamin DISRAELI.

bead /bíːd/ *n* **1 a** ビーズ, ナンキン玉, トンボ玉, 数珠(じゅ)玉; [*pl*] ビーズ[真珠]のネックレス. **b** [*pl*] 数珠, ロザリオ (rosary); [*pl*] 《ロザリオをつまぐりながら唱える》(一連の)祈り; [°*pl*]《廃》《広く》祈り (prayer): tell [count] one's ～*s* 《ロザリオをつまぐって》祈りを唱える / bid [say] one's ～*s* 祈りをささげる. **2 a** 《露・汗・血の》玉, しずく, 《ウイスキー・

ビール・炭酸飲料などの》泡;〘化〙《定性分析の》溶球, ビード;〘冶〙《灰吹法で得られる》ビード;〘溶接〙《溶接》ビード《溶接によってできる溶着金属; ジグザグなものをウィーブビード (weave bead), 直線的なものを直線ビード (stringer bead) という》. **b**〘建〙玉縁; ビード《ゴムタイヤをリムに固定させる内側補強部分》. **c** [*pl*]〘天〙BAILY'S BEADS. **3**《銃の》照星; ねらい (aim). ● **draw [get, take] a ～ on**… 《口》…にねらいを定める. **drop ～s** *《俗》《相手がホモかどうかを探るために》ホモ仲間のことばをそれとなく会話中に使う; *《俗》会話中にうっかり自分がホモであることをわからせてしまう. **have a ～ on**… 《俗》…の的がちゃんと見えている, ちゃんと掌握している, 心得ている. ► *vt* 玉で飾る, …に玉[ビーズ]を付ける, 数珠状にする. ► *vi* 玉になる; 照準する. [OE *gebed* prayer (cf. BID[1]); 意味変化は数珠で祈りの回数を数えたことから]

béad and réel〘建〙連球紋《長円球と横から見たそろばんの玉状のものを交互につないだ浮出し繰形(ぐりがた)》.

béad cùrtain 玉すだれ.

béad·ed *a* 《汗など》玉になった, 玉なす〈*with* sweat〉; 玉で飾った.

béaded lízard〘動〙GILA MONSTER.

béad·hòuse *n* 救貧院, 養老院 (almshouse)《被収容者は創設者のために感謝の祈りをささげることを要求された》.

béad·ing *n* ビーズ(細工[飾り]); ビーディング《**1)** ループでレースのような感じを出した縁飾り **2)** リボンを通せる抜きかがり刺繍》;〘建〙玉縁(飾り);《タイヤの》ビード (bead).

bea·dle /bíːdl/ *n* 《教会・大学・都市などの》儀官; ″《昔の》教区吏員; 《大学・ギルドなどの》権標捧持者 (mace-bearer)《Oxford 大学では bedel, Cambridge 大学や London 大学では bedell とつづる》; ″学寮長公舎門衛《人》; 《ユダヤ教会の》教区世話役, 会堂管理人;〘ユダヤ教〙HANUKKAH の灯明の点火用ろうそく; 《廃》廷吏. ♦ **～·shìp** *n* beadle の役目[権威]. [OF＜Gmc]

Beadle ビードル **George Wells ～** (1903–89)《米国の遺伝学者; ノーベル生理学医学賞 (1958)》.

béadle·dom *n* 小役人根性, 《下っぱ役人の》(くだらぬ)おせっかい.

béad mòlding〘建〙玉縁繰形(たまぶちくりがた).

béad·ròll *n*〘カト〙過去帳; 《一般に》名簿, 目録; 数珠, ロザリオ (rosary).

béad-rùby *n*〘植〙FALSE LILY OF THE VALLEY.

beads·man /bíːdzmən/, **bedes-** /bíːdz-/ *n* 救貧院[養老院]収容者; 《スコ》公認乞食; 《古》《金をもらって》人のために祈る人. ♦ **-wòman** *n fem*

béad snàke〘動〙サンゴヘビ《北米南東部産の coral snake の一種》.

béad tèst〘化〙溶球試験.

béad·wòrk *n* ビーズ細工[飾り];〘建〙玉縁.

béady *a* ビーズのような[で飾った, でいっぱいの]; 《好奇心・貪欲・猜疑心などによる》円く小さく光った〈目〉; 泡立つ〈酒〉: keep a ～ eye on… に抜け目なく[ずるそうに]目を光らせる. ♦ **béad·i·ly** *adv* **-i·ness** *n* [*bead*]

béady-éyed *a* 円く小さく光った目の; 《悪意・好奇心・貪欲・猜疑心などで》小さく目を光らせた.

bea·gle /bíːg(ə)l/ *n*〘犬〙ビーグル《ウサギ狩り用の小猟犬》; スパイ, 探偵; ″巡査; *《俗》法律家, 弁護士, 判事, 裁判官 (cf. LEGAL BEAGLE); *《俗》ソーセージ. ► *vi* ビーグルのあとを追って狩りをする; 決められたコースを走る; *《俗》様子をうかがう. ♦ **béa·gler** *n* **béa·gling** *n* 《ビーグルを使う》ウサギ狩り. [OF＝noisy person]

Beagle [the] ビーグル号《Charles Darwin が博物学者として南米・太平洋航海 (1831–36) に使用した調査船》.

beak[1] /bíːk/ *n* くちばし, 嘴 (bill); くちばし状のもの, 嘴部(しぶ); 《昆虫の》長い吻(ふん), 《カメなどの》口先; 《口》鼻, 《特に》大きな鼻, かぎ鼻; 笛の口; 《水差しの》注ぎ口, 飲み口;〘建〙水切り, 突出部;〘植〙《花冠先端などが筒状に伸びた》くちばし状部[突起];〘化〙《レトルトの》導管; 《昔の戦艦のへさきに突出した》衝角. ● **dip the ～** ⇨ dip the BILL[2]. ► *vi* *《俗》おしゃべりする. [OF＜L＜Celt]

beak[2] *n* ″《俗》治安判事 (magistrate), 判事 (judge); *《俗》法律家, 弁護士; ″《学俗》先生, 《特に》校長. [C19; おそらく泥棒仲間ことば]

beaked /bíːkt/ *a* くちばしのある, くちばし状の; 突き出している; 〈人・鼻が〉かぎ鼻の.

béaked whále〘動〙アカボウクジラ《アカボウクジラ科の数種; ツチクジラ, オオギハクジラなど口がくちばしのようになっている》.

beak·er /bíːkər/ *n* 広口コップ; ビーカー《実験用》; ビーカー《ヨーロッパの青銅器時代に発達した鐘形の土器》; 広口コップ[ビーカー]一杯分 (＝**béaker·ful**). ► *a* [B-]〘考古〙ビーカー族 (Beaker folk) の: the *B*～ culture. [ON *bikarr*; cf. Gk *bikos* drinking bowl]

Béaker fòlk〘考古〙ビーカー族《鐘状の beaker を使用していた, 青銅器時代初期にヨーロッパにいた種族》.

béaky *a* くちばし状の; 〈人が〉かぎ鼻の: a ～ nose かぎ鼻.

bé-àll (and énd-àll) [the] 最も大切なもの, 肝腎かなめなもの, 窮極の目的, すべて; [*joc*] 向上[改良]の余地のない人[もの].

beam[1] /bíːm/ *n* **1** 梁(はり), 桁; 《船の》梁(ビーム); 船幅; 胴幅; はかりのさお; はかり; ″平均台 (balance beam); BEAM COMPASS;〘機〙《エンジンのピストン軸とクランクを結ぶ》レバー; 犂柱(りちゅう), ビーム (＝*share beam*)《すき (plow) の刃に付ける長柄》; 《錨の》幹; 《織機の》巻棒, ビーム《縦糸を巻く緒(お)巻き, 織物を巻き取る千(ち)巻きなど》; 《鹿の角の》本幹. **2** ビーム《電磁波・粒子などの同一方向への集中した流れ》, 光線 (ray), 光束 (bundle of rays);〘空・通信〙信号電波, 方向指示電波《によって示される針路》; 《拡声器・マイクロホンなどの》有効可聴範囲; 《CB 無線俗》ビームアンテナ (beam antenna): a ～ of hope 希望の光. **3** 《顔・行為などの》輝き, 笑顔, 晴れやかさ. ● **abaft [before] the ～**〘海〙正横後[前]に. **broad [wide] in the ～** 《口》尻幅が広い, 太ってずんぐりした, 大きなお尻をした. **fly the ～** 方向指示電波によって飛ぶ. **get on the ～** 《俗》マイクの最も明瞭に音がはいる側に立つ; 《俗》放送される. **kick [strike] the ～** 圧倒される, 負ける. **off the ～** 〈航空機が〉方向指示電波からそれて; [《英》では °off ～] 《口》方向を誤って, 間違って, 狂って, 理解できずに. **on the ～** 〈航空機が〉方向指示電波に従って; 《口》正しい方向に, 軌道に乗って, 正しく理解して; *《俗》頭のいい, 利口な (smart); *《俗》マリファナに酔って (beaming). **ride the ～**＝fly the BEAM; *《俗》《天井を見たりして》とぼける. **steam** sb**'s [one's] ～** *《俗》人をおこらせる[おこる]: Come on, don't *steam* your ～. まあまあ, そうかっかするなよ. **the [a] ～ in one's (own) eye** (おのが)目の中のうつばり《他人の場合には小さな欠点でも気がつくのに, 自分の場合には気づかない大きな欠点; *Matt* 7: 3》.

► *vi* 光を発する, 輝く; にこやかに笑う, ほほえむ;〘SF〙(エネルギー)ビームで移動する〈*up, down*〉. ► *vt* ビーム状に放つ, 〈光を〉発する; にこやかに笑って〈賛意などを〉示す; 放送する;〘通信・放送〙〈電波を〉送信する; 〈番組・放送などを〉送る, 放送[放映]する〈*at, to*〉; 〈データを〉電子的に送信する; レーダーで探知する;〘SF〙ビームで移送する〈*up, down*〉; 梁を見せるように〈天井を〉張る, 梁で支える. ● **B～ me up, Scotty!** スコッティー, わたしを転送してくれたまえ《テレビ映画 "Star Trek" での表現》; [°*joc*] 直ちに救出を乞う, 早くなんとかしてくれ. **～ up** 転送装置で送る; 《俗》急いで輸送[救出]する; *《俗》死ぬ; *《麻薬俗》クラック (crack) でハイになる. [OE *bēam* tree; cf. G *Baum*]

beam[2] *n* *《証券俗》I-BEAM.

béam antènna [àerial]〘通信〙ビームアンテナ.

béam bràcket〘海〙梁肘板, ビームブラケット.

béam brìck〘建〙梱(まく)煉瓦.

béam còmpass [[s]*pl*] 《大きな円を描くための》ビームコンパス, さおコンパス.

beamed /bíːmd/ *a* 梁のある; 光り輝く;〘ラジオ〙放送される[された].

béam-ènds *n pl*〘海〙梁端. ● **on her [its] ～** 〈船が〉転覆しかかって. **on one's [the] ～** 《口》〈人が〉ほとんど文無しになって, せっぱつまって.

béam èngine ビーム機関《シーソー状の beam 構造をもつ初期の蒸気機関》.

béam·er[1] *n* 縦巻機;〘クリケット〙ハイボール《打者の頭の高さに投げる》.

beamer[2] *n* *《口》IBM コンピューターの使用者[精通者]; BEEMER.

béam hòle〘理〙《原子炉の》ビーム孔《実験用の中性子ビームなどを取り出すために遮蔽物に設けた孔》.

béam hòuse 《製革工場の》ビームハウス《なめしの準備工程として原皮から不要部を除去する作業所》.

béam·ing *a* 光り輝く; うるわしい, 喜びに満ちた, 晴れやかな, にこやかな. ♦ **～·ly** *adv*

béam·ish *a* 希望に輝く, 晴れやかな. ♦ **～·ly** *adv*

béam·less *a* 梁のない; 光を放たない, 輝かない.

Bea·mon /bíːmən/ ビーモン **Bob ～** (1946–)《米国の陸上競技選手; メキシコオリンピック (1968) で走り幅跳びの世界記録 (8.90 m) を樹立》.

béam-pòwer tùbe〘電子工〙ビーム(出力[電力])管.

béam rìder ビーム乗り誘導弾, ビームライダー.

béam-rìding *n* ビーム乗り誘導.

béam séa〘海〙横波.

béam splìtter〘光〙ビームスプリッター《入射光の一部を反射し, 他の部分を透過する半透鏡などの光学素子》.

béam sỳstem〘通信〙ビーム式《一定方向に特に強い電波を放射するアンテナ方式》.

béam tùbe BEAM-POWER TUBE.

béam wèapon〘軍〙《対核ミサイル用の》ビーム兵器《粒子線・レーザー光などの線束を発射する》. ♦ **béam wèaponry** ビーム兵器《集合的》.

béam·wìdth *n*〘通信〙《アンテナが放射する電波などの》ビーム幅.

béam wínd〘海・空〙横風.

béamy *a*〘海〙〈船が〉幅広の; 《一般に》幅広の, がっしりした (massive); 光線を発する, 輝かしい;〘動〙《雄鹿のような》枝角 (antlers) のある.

bean /bíːn/ *n* **1 a** 豆《インゲンマメ・ソラマメなど》; 豆のなる植物, マメ科植物; 未熟な豆のさや《食用》; 《豆に似た》実; 《水鳥の》上くちばしの突起: small ～*s* アズキ(小豆) / coffee ～*s* コーヒー豆. **b** [[u]the ～s] 大豆の先物契約《商品取引市場の用語》. **2 a** [*neg*] 《俗》最小の小銭, ″GUINEA, *DOLLAR; [*pl*] [*neg*] *《口》ほんのわずか, ちっとも(…ない), 無 (nothing); 無価値なもの: *not* have [be *without*] a ～ 《口》無一文である / don't know ～*s* about it *《口》ちっとも知らない / *not* care a ～ 全然気にしない. **b** *《俗》5 ドル金貨; *《俗》ポーカーの数取り

札. **3** [*pl*]*《俗》たわごと, むだ話. **4** [ᵁ*pl*, ⟨*int*⟩] **a**《口》いやになっちゃうな, 参ったなあ, 信じられないよ《不信・当惑などを表わす》. **b***《俗》ちきしょう, くそっ, このー! (Damn!). **5***《俗》頭, おつむ. **6***《俗》[*derog*] メキシコ人, スペイン[メキシコ]系アメリカ人, チカノ (Chicano)《bean-eater から》. **7***《俗》ベンゼドリン, アンフェタミン《覚醒剤》;《俗》ペヨーテ (peyote)《幻覚剤》. ● **a hill [row] of ~s** 価値の少ないもの: I don't care [It's not worth] *a hill of ~s*. わたしはたいしてかまわない[それはたいした価値はない]. **Cool ~s!***《俗》すげえ, ワーッ. **full of ~s**《口》元気いっぱいで;*《口》やんちゃで;*《口》ばかなこと[でたらめ]を言って. **get ~s**《俗》しかられる; なぐられる. **give** sb **~s**《俗》人をしかる, 罰する. **have too much ~s** 元気があり余る. **King [Queen] of the ~** ⇨ BEAN KING. **know how many ~s make five** 知恵がある, 抜け目がない. **know** one**'s ~s***《俗》自分の専門に通じている. **old ~**ᴵᴵ《俗》[*voc*] やあきみ (old boy). **on the ~***《俗》ちょうどぴったしで, どんぴしゃりで. SPILL[1] **the ~s.** **use** one**'s ~ [noodle, noggin]***《俗》頭を使う[はたらかせる]. **worth ~s** [ᵁ*neg*]*《俗》(1) 何の価値[値打]もない. (2) [⟨*adv*⟩] まるで…ない[できない]: *can't* act *worth ~s*. ► *vt**《口》《ものて》⟨人⟩の頭を打つ[一撃する] ⟨*with* a stone⟩;《特に 野球で》⟨打者⟩にビーンボールをくらわす. [OE *bēan*; cf. G *Bohne*]

Bean ビーン **Roy ~** (1825?–1903)《米国の開拓時代の酒場経営者兼治安判事; Texas 州の Pecos 川西岸の地で酒場 'The Jersey Lilly' を経営, その地を Langtry と名づけ (英国の美人女優 Lillie Langtry にちなんだもの), みずから 'the law west of the Pecos' と称した》.

béan·bàg *n* ビーンバッグ《豆を袋に詰めたもので, 一種のお手玉》; お手玉遊び;《お手玉型の》台敷き;*《俗》お手玉弾《暴徒鎮圧用に小散弾[砂など]をキャンバス袋に詰めたもの; ライフル銃で発射する》; ビーンバッグ (=~ **chàir**)《お手玉を大きくしたような柔軟な椅子》.

béan·bàll *n, vt, vi*《野球俗》ビーンボール(を投げる).

béan bèetle〔昆〕インゲンテントウ (Mexican bean beetle).

béan blìght〔植〕インゲン葉焼け病.

béan càke 大豆かす.

béan càper〔植〕ハマビシ科ジゴフィルム属の小木《地中海東部沿岸産; つぼみはケッパース (capers) の代用》.

béan còunter《口》《政府や企業の》財務担当者, 予算管理者, 会計係, 経理屋.

béan-còunt·ing *a*《口》《官僚的な》統計・計算に関与する, 数字いじりをする.

béan cùrd 豆腐 (tofu).

béan-èat·er*《俗》*n* ボストン人 (cf. BEANTOWNER); メキシコ人, スペイン系アメリカ人, チカノ (Chicano).

béaned úp /bíːnd-/ *a**《俗》アンフェタミン (bean) でハイになって.

béan·er *n**《俗》[*derog*] スペイン系[《特に》メキシコ系]アメリカ人;《野球俗》BEANBALL;*《俗》アンフェタミン (bean).

béan·ery* *n*《口》大衆食堂;《俗》留置場.

béan·fèast, -fèstᴵᴵ *n*《年 1 回の》雇い人へのふるまい;《俗》お祝い, お祭.

béan-fèd *a*《口》元気いっぱいの.

béan gòose〔鳥〕ヒシクイ《イングランドでは冬に北方から大群で渡来, 不吉な響きのある悪声のため しばしば 死の予告者とされる》.

béan·hèad *n*《俗》脳タリン, あほう;*《俗》麻薬錠剤の常用者.

bean·ie /bíːni/ *n* ビーニー(帽), ベレー《フードのようなまるい縁なし帽; 女性または子供や大学の新入生などがかぶる》.

béan kìngᴵᴵ TWELFTH-CAKE に隠された豆 [《時に》銀貨] を見つけた人《パーティーの中心人物になり, King [Queen] of the Bean と呼ばれる》.

beano[1] /bíːnoʊ/ *n* (*pl* **béan·os**) **1**ᴵᴵ《俗》お祝い, お祭, 浮かれ騒ぎ, BEANFEAST. **2** [the B-]『ビーノ』《英国の子供向け週刊漫画雑誌》.

beano[2] *n* (*pl* **béan·os**) BINGO.

béan·pòle *n* 豆づるの支柱;《口》ひょろ長い人.

béan ràg*《俗》《食事中であることを示すために戦艦に掲げる》赤い小旗.

béan·shòot·er *n* PEASHOOTER; SLINGSHOT.

béan spròut [shòot] [ᵁ*pl*] 豆もやし.

béan·stàlk *n* 豆の茎.

béan thrèads *pl* 春雨(はるさめ) (=*cellophane noodles*)《緑豆 (mung bean) を原料とする》.

béan tìme*《俗》正餐の時刻 (dinnertime).

Béan Tòwn 豆の町, ビーンタウン《Massachusetts 州 Boston 市の異名; 名物料理 Boston baked beans にちなむ》.

Béan·tòwn·er *n* ボストン市民, ボストン人.

béan trèe〔植〕**a** 豆のさやに似た実を結ぶ各種の木《キササゲ・イナゴマメなど》. **b** モレトンワングリ (BLACK BEAN).

béan wàgon*《俗》立食い安食堂.

béan wèevil〔昆〕インゲンマメゾウムシ.

beany[1] /bíːni/ *n* BEANIE.

beany[2] *a*《俗》元気な; 上機嫌な. [*full of* BEANS]

bear[1] /béər/ *n* **1**〔動〕クマ《URSINE *a*》; [the B-]〔天〕おおぐま座 (大熊座) (Great Bear), こぐま座 (小熊座) (Little Bear); ぬいぐるみの熊 (teddy bear): Catch your ~ before you sell its skin.《諺》クマを捕らなきゃ毛皮は売れない《楽観しすぎるな》/ sell the skin before one has killed the ~ 捕らぬ狸の皮算用をする / (as) CROSS as a ~ / take the ~ by the tooth 無用の危険を冒す / go like a ~ to the stake しぶしぶ仕事に取りかかる《熊いじめ (bearbaiting) から》. **2 a** がさつ者, 不作法者;*《俗》醜い女, ブス: a regular ~ がさつ者. **b**《ある事に》強い[熱心な]人;*《俗》目をみはるもの, すごい[できる]やつ: a ~ *at* mathematics 数学のできる人 / a ~ *for* punishment [work] 虐待に耐えられる[仕事に熱心な]人, 悪条件[労働]にも屈しない人. **c**《証券・商品取引などで》(弱気の)売方, 弱気筋《特に 値下がり後 買い戻して鞘稼ぎをねらう空売り筋; opp. *bull*》. **d** [the B-] ロシア (Russia)《俗称》. **e***《俗》警官, [the] 警察 (cf. SMOKEY): a ~ bait《CB 無線装置を付けていないため》スピード取締まりにひっかかるドライバー / BEAR CAVE [DEN] / a ~ in the air 警察のヘリコプター, ヘリ[飛行機]に搭乗した警官 / a ~ taking pictures《スピード取締まりのため》モニター装置を使っている警官 / BEAR TRAP / feed the ~*s* 警察の呼び出しを受ける[受けて罰金を払う]. **3** 穴あけ器. **4***《俗》きびしい[つらい, いやな]事, むずかしい事[課目];*《俗》麻薬[催眠薬]入りのカプセル. ● **Does a ~ shit in the woods?***《俗》ばかな質問をするんじゃない, わかりきったことだろうが. **feed the ~s***《俗》交通違反の罰金を払う[チケットを切られる]. **like a ~ with a sore head**《口》ひどく機嫌が悪い[いらいらして] (ill-tempered). LOADED **for ~.** **play the ~ with…**《俗》…をだいなしにする.

► *a*〔証券〕《相場が》下向きの: BEAR MARKET.

► *vt, vi*〔証券〕売り崩す, 売りたたく.

♦ **~·like** *a* [OE *bera*; cf. G *Bär*]

bear[2] *v* (**bore** /bɔ́ːr/,《古》**bare** /béər/; **borne, born** /bɔ́ːrn/; ⇨ 4b) *vt* **1 a** 運ぶ, 持って[連れて]行く; 伝える, ⟨うわさを⟩広める; 押す, 追う (drive); ⟨手を⟩差し延べる: A voice was *borne upon* the wind. 人声が風に乗って伝わった / ~ a message / be *borne* backward 後方へ押し戻される / be *borne* away by anger 怒りに駆られる. **b** ⟨武器などを⟩身に着ける; ⟨しるし・痕跡・特徴などを⟩帯びる, 示す, ⟨関係・称号・名前・名声・類似性・意味などを⟩もつ; ⟨証言などを⟩提示する: The letter ~*s* an American stamp. 手紙にはアメリカの切手が貼ってある / ~ sb's signature ⟨文書など⟩人の署名が記されている / ~ date [the date August 31(st)] 日付[8 月 31 日という日付]がついている / a table that still *bore* the spilth of the previous customers 先客のこぼした食べ物がまだ残ったままのテーブル / ~ some [no] relation to…に関係をもつ[もたない]. **c** 心にもつ, ⟨恨み・悪意を⟩いだく; (…ということを)心に留める ⟨*that*⟩: ~ him malice [a grudge] = ~ malice [a grudge] *against* him (*for* his dishonesty) 彼に恨みをいだく. **2 a** ⟨重さ・物などを⟩支える; ⟨旗などを⟩掲げる (cf. FLAG-BEARER), ささげ持つ; ⟨義務・責任などを⟩負う, 担う, ⟨費用を⟩もつ, 負担する: ~ the blame 責めを負う ⟨*for*⟩ / The board is thick enough to ~ their weight. 板は厚くて彼らの重みを支えるに足りる. **b** [º~ *-self*] ⟨身を⟩支える, 処する (behave): ~ one's head high 偉そうに構える / ~ one*self* bravely 勇敢にふるまう. **c** ⟨権力・職権を⟩行使する (exercise). **3** ⟨検査・比較など⟩に耐える; [ºcannot ~] ⟨苦痛・重圧・不幸など⟩に耐える, 我慢する ⟨*to* do, do*ing*⟩; 許容する; ⟨吟味・監視など⟩の必要性を示唆する: ~ the test 検査に合格する / This cloth will ~ wash*ing*. この布地は洗濯がきく / does not ~ repeat*ing* [repetition] ⟨意見・議論・ジョークなどが⟩繰り返すに耐えない《ひどいもの》/ can't ~ the thought [idea] of…のことを考えるのは耐えられない / I *can't* ~ *to* be [~ be*ing*] made a fool of. ばかにされるのは我慢できない / I *can't* ~ you *to* be unhappy. あなたを不幸にしておくに忍びない. **4 a** ⟨利子を⟩生む; ⟨花を⟩つける, ⟨実を⟩結ぶ; ⟨作物を⟩産出する; ⟨石油などを⟩含む: How much interest will the bonds ~? その債券は何分利付きですか / My scheme *bore* fruit. わたしの計画は実を結んだ. **b** ⟨子を⟩もうける: She has *borne* him two daughters. 彼との間に 2 人の娘を生んだ / He was *borne by* Eve. イヴの生んだ子だ. ★「生まれる」意味の受動態では have の次または by の前以外は過去分詞は born: He was *born* in 1950. 1950 年に生まれた (⇨ BORN).

► *vi* **1** 持ちこたえる; 耐える: The ice will ~. 氷は乗ってもだいじょうぶだろう. **2 a** 圧迫する ⟨*on, against*⟩; ⟨支持物に⟩もたれ掛かる, 圧力をかける ⟨*on*⟩. **b** 効きめがある ⟨*on*⟩; 関係がある, 影響する ⟨*on*⟩. **3** 押し進む; ⟨ある方向を⟩とる; 向く, 曲がる; 位置する: The ship *bore* north. 船は北に進路を向けた / ~ (to the) left 左へ曲がる. **4** ⟨樹木が⟩実を結ぶ; 子を生む.

● **~ a** HAND. **~ and forbear** /-fɔ́ːrbèər/ 耐えて忍ぶ, じっと我慢する. **~ a part** 協力する ⟨*in*⟩. **~ a rein upon a horse** 手綱で馬を控える. **~ arms** ⇨ ARM[2]. **~ away** 運び[奪い]去る, ⟨賞を⟩勝ち取る;〔海〕風下に向きを変える, 去る. **~ back** 退く, 押し返す. **~** sb COMPANY. **~ down** 押えつける; ⟨敵・反対を⟩圧服[圧倒]する, 制圧する; 大いにがんばる[努力する]; ⟨船が⟩互いに迫る;《出産のとき》いきむ. **~ down on** ⟨敵⟩を急襲する, …に押し寄せる, 迫る; …を押えつける, 圧迫する, …にのしかかる; …をしかる; …を力説する. **~ hard [severely, heavy, heavily] on…** ⟨事が⟩⟨人⟩に圧迫を加える, 重くのしかかる. **~ in hand** 抑制する (control); 主張する, 約束する. **~… in** MIND. **~ in with…**の方向へ航行する. **~ off** (*vt*) 耐える, 奪い取る, ⟨賞を⟩勝ち取る, 離す; …の命を奪う. (*vi*)〔海〕遠ざかる;〔海〕風下に向きを変える; 徐々に遠ざかる ⟨*toward* the south〉; 《しだいに》わきへそれる. **～ out** (*vt*) 支える, 支援[支持]する; …の証拠[確証]となる. (*vi*)〈色が〉出る. **～ rule** [**sway**] 支配権を握る, 統治する. **～ up** 支える; がんばる, へこたれない〈*under* a misfortune〉; "元気づく, 陽気になる; 〘海〙進路を風下に転じる. **～ watching** 見る[注目]に値する; 警戒を要する. **～ with…**〈人〉を堪忍する, こらえる, 我慢する: Just ～ *with* me. もうちょっと待って下さい. ～ WITNESS. **be borne in upon** sb〈事が〉人に確信される: It *was borne in upon* me that… わたしは…と確信するに至った. **bring…to ～**〈銃・砲火を〉向ける, 行使する〈*on*, *against*〉, 〈影響などを〉有効に加える〈*on*〉; 発揮する, 生かす. GRIN **and ～ it.** [OE *beran*; cf. G *gebären*]

béar·able *a* 耐えられる, 我慢できる, 〈寒暑などが〉しのげる. ♦ **-ably** *adv* **bèar·abílity** *n*

béar animàlcule 〘動〙クマムシ, 緩歩類 (tardigrade).

béar·bàit·ing *n* 熊いじめ《つないだ熊を犬にいじめさせた昔の遊び; 英国では 1835 年の禁令で終息》. ♦ **-bàit·er** *n*

béar·bèrry /, -b(ə)ri; -b(ə)ri/ *n* 〘植〙 **a** ウワウルシ, クマコケモモ《匍匐(ほふく)性の常緑低木; 果実は赤く熟する》. **b** ツルコケモモに近縁の各種《cascara buckthorn など》.

béar càge 《CB 無線俗》警察署.

béar·càt *n* **1** 〘動〙 **a** レッサーパンダ (lesser panda). **b** ビントロング (binturong). **2** *《口》勇猛な人[動物], すごい[みごとな, 驚異的な]人[もの], 大型重量級機械.

béar càve 《CB 無線俗》警察署.

béar clàw *〘料理〙熊の爪, ベアクロー《アーモンドで風味をつけたクマの爪形[不規則な半円形]の甘いパイ; 朝食に供する》.

beard /bíərd/ *n* **1 a** 《口からほお・あごにかけての》ひげ, あごひげ (cf. MUSTACHE, WHISKERS). **b** 〘動〙《ヤギなどの》あごひげ, 《鳥の》くちばしの基部の羽毛, 《貝の》足糸, 《カキの》えら; 〘植〙芒(のぎ) (awns); 《卑》《女性の》恥毛. **c** *《俗》ひげを生やした人; *《俗》知識人, いかした[進んだ]やつ, 時流に敏感なやつ, ビート族《1950 年代のことば》. **2** 《矢尻・釣針などの》あご; 〘印〙《活字の》斜面, どて (＝*neck*)《活字の面 (face) と肩 (shoulder) との間の傾斜部》. **3** *《俗》《正体を隠すための》表向きの事業[人物], 看板役 (front), マスク, 《賭けている本人を隠すための》代人の賭け手; *《口》《社交の場で》ホモの男性のエスコート役をする女性. ● **in spite of** sb's **～** 人の意志に逆らって. **laugh in** one's **～** ＝laugh in one's SLEEVE. **speak in** one's **～** つぶやく. **to** sb's **～** 人の面前をはばからず; 公然と反抗して: He told me *to my* ～ that he denounced me as a liar. 彼は面と向かってわたしをうそつきだと非難した.
► *vt* **1 a** …のひげを引っ張る[引き抜く]. **b** …に公然と反抗する. **2** 〈カキの〉えらを取る; 〈材木〉の角を斜めに[丸く]する. **3** …にひげを付ける. ● **～ the lion** [sb] **in his den** 《論争で》手ごわい相手[上司など]と大胆に対決する. [OE; cf. G *Bart*]

béard·ed *a* ひげ[のぎ, あご]のある, 有芒(ゆうぼう)の, 有鉤(ゆうこう)の. ♦ **～·ness** *n*

bèarded clám 《俗》にたり貝, 女性性器.

bèarded cóllie 〘犬〙ビアデッドコリー《スコットランドで作出された大型作業犬; 被毛が長く耳がたれさがっている》.

bèarded dárnel 〘植〙ドクムギ.

bèarded íris 〘植〙ビアデッドアイリス《下弁[外花被片] (fall) のあるアイリス; cf. BEARDLESS IRIS》.

bèarded lízard [**drágon**] 〘動〙 JEW LIZARD.

bèarded séal 〘動〙アゴヒゲアザラシ《北極海に生息する灰色または金色がかった大型のアザラシ; 鼻づらの両側に長い剛毛のひげがある》.

bèarded tít [**títmouse**] 〘鳥〙ヒゲガラ (＝*reedling*)《欧州・アジア産》.

bèarded vúlture 〘鳥〙ヒゲワシ (lammergeier).

béar dèn 《CB 無線俗》BEAR CAVE.

béard gràss 〘植〙ヒエガエリ《海岸に近い沼沢地に多い; イネ科》.

beard·ie /bíərdi/ *n* 《口》ひげを生やした人, ひげ, おひげのおじさん《など》.

béard·less *a* 芒(のぎ)のない, 無芒(むぼう)の; ひげのない; まだひげも生えない, 青二才の. ♦ **～·ness** *n*

bèardless íris 〘植〙ビアドレスアイリス《下弁[外花被片] (fall) のないアイリス; cf. BEARDED IRIS》.

béard lìchen [**mòss**] 〘植〙サルオガセ属の地衣植物.

Beard·more /bíərdmɔ̀ːr/ ビアドモア《南極大陸の Ross Ice Shelf へ下る氷河》.

Beards·ley /bíərdzli/ ビアズリー **Aubrey** (**Vincent**) ～ (1872–98)《英国のさしえ画家; Wilde の *Salomé* や Pope の *Rape of the Lock* のさしえで有名》. ♦ **Bèardsley·ésque** *a*

béard·tòngue *n* 〘植〙イワブクロ (pentstemon).

béar·er *n* **1** 運搬人, 運び手, かつぎ人足; かごかき, ひつぎ持ち, 棺側の付添人; 《インド》召使; 《小切手・手形の》持参人, 《手紙の》使者; 〘通信〙ベアラー《制御データでないユーザーデータを搬送するもの》; 身分[職]を有する人: payable to the ～ 持参人払いの. **2** 実のなる[花の咲く]植物: a good ～ 実なり[花つき]のいい植物. ► *a* 持参人払いの: ～ stocks 無記名公債《持参人払い》.

béarer bònd 〘証券〙無記名社債, 持参人払い債券《所有者の名義・記名を必要としない; 略 b.b.; cf. REGISTERED BOND》.

béarer còmpany 〘軍〙衛生看護隊.

béar gàrden 熊[熊いじめ]の見世物小屋; 《口》騒がしい場所; 喧騒の巷: (as) noisy as ～.

béar gràss 〘植〙ベアグラス《長披針形の硬い葉を有する北米南部・西部産の各種植物; リュウゼツラン科のユッカ属[イトラン属]の植物など》.

béar-hùg *vt* 強く抱きしめる, 強く抱きしめて挨拶する[迎える].

béar hùg 1 強く抱きしめること; 〘レス〙ベアハッグ. **2** 《証券俗》逃げようのない買収申し込み, ベアハッグ《株主にとって魅力的な価格による企業買収申し込み; 経営陣に不満な点があっても株主への配慮から承諾せざるをえない》.

béar·ing *n* **1 a** 態度, ふるまい, 挙動: a man of lofty ～ 態度の堂々とした人. **b** 圧力, 押し. **2 a** 《他に対する》関係 (relation); 意味, 趣旨: have no ～ on the question その問題にはなんの関係もない. **b** 〘測・建など〙方位, 方位角; 位置確定; [°*pl*] 方位, 自己の立場, 状況: consider [take] it in all its ～*s* あらゆる方面から考察する. **3** 忍耐: beyond [past] all ～ 我慢できない. **4** 支持物[面]; 〘機〙軸受, ベアリング; 〘建〙荷持ち, 支承; [°*pl*] 《盾の上の》紋, 紋章. **5** 産むこと, 出産; 〘園〙結果, 結実(期間); 収穫(物). ● **bring** sb **to his ～s** 人をそれ相当の所に置く; 反省させる. **get** [**find**] **one's ～s** 自分の立場がわかる. **lose** [**be out of**] **one's ～s** 方角[立場]がわからなくなる, 途方に暮れる. **take one's ～s** 自分の位置を確かめる, 形勢を見る.

béaring brònze 〘機〙軸受青銅.

béaring pìle 〘建・土木〙支持杭(しじこう)(しじくい).

béaring rèin 〘馬〙止め手綱 (checkrein).

béar·ish *a* 熊のような; 乱暴な (rough); 〘証券〙弱気の, 下がりぎみの (opp. *bullish*); 《一般に》弱気な, 悲観的な. ♦ **～·ly** *adv* **～·ness** *n*

béar lèader 《旅行する金持の息子・貴公子に付き添う》家庭教師, お相手.

béar màrket 〘証券〙下向き相場の市場, 弱気市場 (cf. BULL MARKET).

Bé·arn /*F* bearn/ ベアルン《フランス南西部 Pyrenees 山脈のふもとの歴史的地域・旧州; ☆Pau》.

bé·ar·naise (**sauce**) /bèɪɑːrnèɪz(–⌒–), -ər-/ [°B-] ベアルネーズソース《ワイン・エシャロットなどで香味を添えたオランデーズソース》. [*Béarn*]

béar pìt 喧騒と混乱の場所 (bear garden).

béar ràid(**·ing**) 〘証券〙売り崩し.

béar's-brèech *n* (*pl* ～, ～·es) 〘植〙ハアザミ, トゲハアザミ《キツネノマゴ科; 欧州南部・西南アジア原産》.

béar's-èar *n* 〘植〙アツバサクラソウ (auricula).

béar's-fòot *n* (*pl* ～s) 〘植〙コダチクリスマスローズ《花壇用・薬草》.

béar's grèase 熊の脂肪から精製したポマードの一種.

béar·skin *n* 熊の毛皮; 熊皮製品[服]; 黒い毛皮帽《英国近衛兵がかぶる》; 粗いラシャ地《オーバーコート用》.

Béar Stàte [the] 熊州, ベアー州《Arkansas 州の俗称》.

béar tràp 《CB 無線俗》スピード違反車をつかまえる警察のレーダー装置.

béar·wòod *n* 〘植〙CASCARA BUCKTHORN.

Be·as, Bi·as /bíːɑːs/ [the] ビーアス川《Himalaya 山脈に発し, Punjab 地方を西流して Sutlej 川と合流する川; Indus 川支流 '五河' の一つ》.

beast /bíːst/ *n* **1** 《人間に対する》獣; 動物, 《特に》四足獣; 家畜, 牛馬, (*pl* **～s**, ～) "食用牛; [the B-] ビースト《Obama 大統領の公用車の愛称》: a wild ～ 野獣. **2** 人でなし, けだもの; いやなやつ[こと, もの], ひどいもの〈*of*〉; やっかいなもの, 難物; [形容詞を伴って] 《口》(…な)もの[やつ]; [the] 《人間の》獣性〈*in* sb〉; 《学生俗》きびしい先生, やかまし屋; [the B-] キリストの敵, 反キリスト (Antichrist); *《俗》売春婦, 淫売; *《俗》醜い女[やつ], ぞっとしない女, 《美醜を問わずに》女, スケ: Don't be a ～. 意地悪しないで《お願いを聞いてくれ など》/ It's a ～ *of* an evening. ひどい晩だ / make a ～ of one*self* 獣性を発揮する / the mark of *the B*～ 獣の刻印, 異端[邪悪さ]のしるし《*Rev* 13:17, 16:2》. **3** *《俗》高速の出る飛行機[乗用車], 誘導ミサイル. **4** 《俗》酒; *《俗》ヘロイン, LSD. ● **the nature of the ～** [*joc*] 《好ましくないが変えられない》人[物]の性質. ♦ **～·lìke** *a* [OF＜L *bestia*]

béast èpic 動物物語詩《人間性をもつ動物が登場人物となる長篇物語詩》.

béast fàble 動物寓話《動物が登場人物となる教訓話》.

beast·ie /bíːsti/ *n* **1** 《スコ・口》/[*joc*] 《かわいい》動物. **2** *《俗》いやなやつ, ぞっとしない女; *《俗》ものすごいこと, どえらいやつ. ► *a* *《俗》〈人が〉いやな, むかつく; *《俗》ものすごい, とてつもない.

beast·ings, beest- /bíːstɪŋz/ *n* (*pl* ～) 《産後の雌牛の》初乳 (cf. COLOSTRUM).

béast·ly *a* **1** 獣のような, 残忍な, きたならしい, 汚らわしい: ～ pleasures 獣欲. **2** ぞっとするほどいやな, 鼻持ちならない; 《口》《軽い意味で》いまいましい, いやな, ひどい: a ～ headache ひどい頭痛 / ～ hours とんでもない時刻《朝っぱらなど》/ ～ weather いやな天気.
► *adv* 《口》ひどく, いやに, とても: ～ cold ひどく寒い / ～ drunk 酔いつぶれて. ♦ **béast·li·ness** *n*

béast of búrden 荷物運搬用の動物, 役畜《牛・馬・ロバ・ラクダなど》.
béast of cháse 《中世イングランドで》追いまわして狩る猟獣《獲物として飼われていた buck, doe, fox, marten, roe など》;《一般に》猟獣.
béast of fórest BEAST OF VENERY.
béast of préy 《食肉の》猛獣《ライオン・トラなど》.
béast of vénery 《中世イングランドで》御猟場の猟獣 (=*beast of forest*)《獲物として飼われていた boar, hare, hart, hind, wolf など》.
béast of wárren 《英国の》特許地の猟獣《野生獣飼育特許地で飼育され獲物として放たれた hare または coney》.
beasty /bíːsti/ *n, a**《俗》BEASTIE.
beat /bíːt/ *v* (**beat; beat·en** /bíːtn/, **beat**) *vt* **1 a** 繰り返し打つ, たたく; 打擲(ちょうちゃく)する, 打って罰する; 打ち延ばす: ～ a drum / ～ the wings はばたく / ～ sb *into* submission [*doing*...] 人をたたいて服従させる[...させる] / ～ swords *into* plowshares 剣を打ち変えて鋤となす (⇨ SWORD). **b** 〈ほこりなどを〉たたいて出す; 〈自白などを〉人を打ちたたいて言わせる: ～ dust *from* the rug / ～ a confession *out of* sb. **c** 打ち砕く, 打ちつける 〈*against*〉; 砕いて粉々にする; 〈卵・クリームなどを〉強くかきまぜて泡立てる 〈*up*〉. **d** 〖狩〗〈やぶなどを〉打ちあさる, 歩きまわる 〈*for* game〉; 〈道を〉踏み固める (tread): ～ a path through the snow 雪を踏んで道をつくる. **e** 〈合図を〉太鼓で伝える; 〈太鼓が〉演奏する; 〖楽〗拍子をとる: ～ time 拍子をとる / A clock ～*s* seconds. 時計は秒を刻む. **2 a** 〈相手・敵を〉負かす, …に勝つ 〈*at, in*〉; 《口》…にまさる, …よりよい[ましだ]; 出し抜く; 《口》閉口させる, 参らせる; へとへとに疲れさせる: That ～*s* me. それには参った / *B～s* mé! =It's [You] got me ～. 知るもんか, 知らんね, さあ / It ～*s* me how [why]... どうして…なのか理解できない / be HARD to ～ / If you can't ～ [lick] 'em, join 'em. 《諺》長いものには巻かれろ. **b** …より先に着く; 〈刻限〉までに終える: ～ sb *to*... ⇨ 成句 / ～ the CLOCK. **c** 克服[打破]する, …に対抗する; …の影響[効果]を緩和する (mitigate), 相殺する (offset): ～ the price hike 値上げを克服する / ～ the heat 暑さをしのぐ. **d***《俗》〈責め・罰・追及を〉のがれる, かわす; *《口》ごまかす, だます; *《俗》〈列車〉にただ乗りする, 〈代金を〉踏み倒す; *《俗》《特に違法な取引で》ぼる, かもる, 釣銭をごまかす: ～ the RAP[1] / ～ sb *out of*...⇨ 成句.

► *vi* **1 a** ドンドンたたく[打つ] 〈*at, on, against*, the door〉; 太鼓を鳴らす; 〈雨・風・波などが〉打つ, ぶつかる, 激しく当たる 〈*on*〉; 〈太陽が〉照りつける 〈*on*〉; 〖狩〗獲物を狩り立てる. **b** 〈太鼓が〉ドンドン鳴る; 〈羽が〉バタバタする, はばたく; 〈心臓が〉うつ, 鼓動する (throb); 〈時計が〉時を刻む; 〖理〗〈ラジオなど〉うなりを生じる; いらだちのもととなる. **c** 〖海〗間切る《Z 字形に進む》〈*about*〉; 苦労して前進する; *《俗》逃げる. **2** 《口》勝つ (win). **3** 〈卵・クリームなど〉かきまぜると泡立つ 〈*well*〉.

● ～ **about** 〈口実・解決策などを〉見いだそうとする, 捜しまわる 〈*for* an excuse〉. ～ **about** [**around***] **the bush** 《やぶのまわりをたたいて獲物を狩り立てる意から》遠まわしに言う[探る], 要点に触れない. ～ **all** 《口》=beat the DUTCH. ～...**(all) hollow** 《口》〈人・チームを〉完全に打ち負かす, さんざんなめにあわせる; 《口》…よりはるかにすぐれている. ～ **around***《俗》ぶらつきまわる. ～ **away** 打ちつづける; 打ち払う; 〖鉱〗掘り起こす. ～ **back** 撃退する. ～ **down** 打ち落とす[倒す], 打ち負かす, 圧倒する; BEAT down to size; 〈肉などを〉たたいて平らにする[のす]; 〈太陽・陽光が〉照りつける, 〈雨などが〉打ちつける, 打ち当たる 〈*on*〉; 〈値を〉値切る, 〈売手〉に値を下げさせる 〈*to*〉. ～ **down to size** 《たたいて》…の高慢の鼻をへし折る (cf. CUT down to size). ～ **in** 打ち込む; 〈戸などを〉打ちつぶす, (乱打して)たたき割る; 《頭に》たたき込む; *《俗》〈人を〉襲撃して(ストリートのギャングに)入れる. ～ sth **into** sb's **head** 鈍い頭にたたき込む. ～ sth **into the** GROUND[1]. ～ **it** 《口》急いで去る, 逃げる; [*impv*] 《俗》出てうせろ, 行っちまえ, あっち行け!; 飛んで行く (rush). ～ **off** 撃退する, 退ける; *《卑》マスをかく, 〈男〉にマスターベーションをしてやる. ～ **on**...*《口》…を何度も打ちすえる, たたきのめす. ～ **out** 〈金属を〉打ち延ばす; 〈音楽・リズム・信号を〉打ち鳴らす, たたき出す, 弾く 〈*on* a drum, desk, etc.〉; 《タイプで》打ち出す; 〈火を〉たたき消す; 敷衍(ふえん)する; 〈真相を〉究める; 〈人を〉へとへとにさせる; *〈競争相手を〉破る, …にまさる; 《口》〈報道・話〉を急いで書く[こしらえる]; 〖野〗〈平凡なゴロを〉足で内野安打にして一塁に生きる; 〈船が〉風上に向かって出帆する. ～ sb **out of**...*《口》人から金をだまし取る (cf. *vt* 1b). ～ one's BRAINS (**out**). ～ one's **breast** [**chest**] (胸を打って)怒る[悲しむ]; 得意そうに弁じたてる (cf. BREAST-BEATING). ～ one's **way** 困難を切り抜けて進む; *《俗》無賃乗車[無銭旅行]をする. ～ **the air** [**wind**] 空を打つ, むだ骨を折る. ～ **the bounds** ‖教区の境界を検分する《杖で地面を打ちながら歩くことにより教区の境界を確認する古い習慣から》; ‖《話題・議論などで》範囲を限定する[しぼる]. ～ **the bushes** ⇨ BUSH[1]. ～ **the drum(s)** ⇨ DRUM[1]. ～ **the system** 規則を出し抜く, 規制[管理]を回避する. ～ sb **to**... 人より先に…に着く. ～ sb **to a jelly** [**mummy**] 人をめためたに打ちのめす. ～ sb **to it** [**the punch, the draw**] 機先を制する, 出し抜く. ～ **up** さんざんなぐりつける, たたきのめす; 不意討ちをかける, 奇襲する; 驚かす; 〈人を〉責める, 批判する; 《太鼓を打って》集める; 値を競り上げる; 〖海〗風上に間切る; 捜しまわる〈*for*〉; ‖《口》見つける (find), 集める (gather), (ありあわせの物で)〈食事などを〉用意する, 見つくろう: ～ one*self up* 自分を責める 〈*about, over*〉. ～ **up and down** あちこち走りまわる. ～ **up on**...*...をぶちのめす, 徹底的にやっつける; *〈人を〉責める. **Can you** ～ **that** [**it**]**?**[**!**] *《俗》(どうだい)聞いて[見て]驚いたろう! **That** ～**s everything!**=**If that don't** ～ **all!** 《口》それには驚いた[たまげた], 驚いたのなんのって. **to** ～ **the band** [**hell, the cars, the devil, the Dutch**] *《口》勢いよく, 猛烈に, 思いっきり, 激しく, ひどく; *《口》大量に. **you can't** ～ sth *or* sth **can't be** ～ …にかなう[まさる]ものはない. (**You**) **can't** ～ **that.** 《口》そいつにはかなわない, 参ったね, 最高だ.

► *n* **1 a** 打つ[たたく]こと; 《獲物の》狩り出し; 〖海〗間切り. **b** 《太鼓・時計の》打つ音; 《心臓の》動悸, 鼓動, 脈拍; 〖理〗《振動・電波の》うなり. **c** 拍子, 足拍子; 〖韻〗《韻脚の》強音 (stress); 〖楽〗《ジャズ・ロックの》ビート, 強いリズム; 〖楽〗指揮棒のひと振り; 《時計の》振子のひと振れ; 羽ばたき; 〖ダンス〗《片方の足などの》アクセントのある動き. **d***《口》一瞬の間, 瞬間. **2** 《巡査・番人などの》巡回[受持ち]区域; 《釣り師の》なわばり; *担当区域[分野], 取材範囲, '番'; 《NZ》《羊の頭数点検者の》受持ち区域: walk [pound] the [a, one's] ～ 持ち場を歩いて巡回する / on the [one's] ～ 持ち場を巡回中. **3***〖報道〗他社を出し抜いた報道, 《報道された》特ダネ (scoop); *《口》…にまさる人[もの] (⇨ 成句 the BEAT of); 《俗》いそうろう, のらくら者; [°B-] 《口》BEATNIK.

● **be in** [**out of, off**] **one's** ～ 《口》自分の畑である[ない], 専門[専門外]である. **in** [**out of**] ～ 時計の振子が規則正しく[不規則に]動いて. **miss a** ～ [°*neg*] 《米》躊躇する, とまどう, まごつく: without *missing a* ～ すかさず. **off** (**the**) ～ テンポを乱して, 不規則で. **on the** ～ 調子が整って, リズムに乗って. **one's heart misses** [**skips**] **a** ～ 驚き[喜び, 恐怖]のあまり心臓が止まりそうになる. **the** ～ **of**... *《口》…にまさるもの, …をしのぐもの: Did you ever see [hear] *the* ～ *of* it?

► *a* **1** 《口》疲れきって, へとへとで (exhausted); 不意討ちをくらって; 打ちのめされた, 意気沮喪した: DEAD BEAT. **2***《俗》使い古した, ぼろぼろの; *《俗》退屈な, ばかな, だめな; *《学生俗》いやな, さえない, みじめな. **3***《俗》無一文の (broke). **4***《俗》〈麻薬・マリファナが〉粗悪な, にせの, かすの. **5** ビート族の (⇨ BEAT GENERATION).

◆ ～**·able** *a* ～**·less** *a* [OE *bēatan*; cf. OHG *bōzan*]

béat bòard 〖体操〗踏切り板.
béat bòx **1** リズムボックス《ロックやラップの伴奏に使われるドラムやパーカッションの音を作り出す電子装置》; 大型ラジカセ (boom box). **2***《俗》《ラップミュージックで》ビートをつける人. ► *vi* リズムボックスの口まねをやる.
beat·en /bíːtn/ *a* **1** 打たれた; 打ち延ばした; 強くかきまぜた, ホイップした〈クリームなど〉: ～ work 打出し細工 / ～ silver 銀箔. **2** よく踏まれた, 踏みならされた〈道〉; なれ親しんだ: The ～ road is the safest. 《諺》踏みならされた道がいちばん安全《ラテン語の諺 Via trita est tutissima (踏みならされた道は最も安全である) / Via trita, via tuta (踏みならされた道は安全な道) に対応》. **3 a** 打ち負かされた; 打ちのめされた, がっくりした. **b** 〈くたびれた〈服など〉; 疲れはてた. ● ～ **down to the ankles***《俗》疲れきった, へとへとの. **off the** ～ **track** [**path, road**] 〈家などが〉町[通り]から離れて, あまり知られていない(所に); 専門の[熟知した]領域を離れて; 普通でない, 一風変わった. **the** ～ **track** [**path**] 普通の方法, 常道: keep *to the* ～ *track* 普通のやり方をする.
béaten bíscuit* ビートンビスケット《生地を十分にたたき, 折りたたんで作るビスケット》.
béaten-ùp *a* 使い古しの, おんぼろの, いたんだ, くたびれた; 《俗》へとへとになった (beat-up).
béat·er *n* **1** 打つ人; 〖狩〗勢子(せこ), 下宣伝員: a wife ～ 《妻をなぐる》暴力夫. **2** 《カーペットなどを》打ちたたく器具, 《卵などの》泡立て器, ビーター; 《ミキサーの》回転する刃; 《ドラムの》ばち; 〖紙〗叩解(こうかい)機, ビーター《製紙原料を水中に分散させて切断したり押しつぶしたりする機械》. **3** *《俗》車, 《特に》乗り古した車, 中古車, ぽんこつ. **4***《俗》ビート族の若者 (beatnik).
béat generátion [the, °the B- G-] ビート・ジェネレーション, ビート族《1950 年代, 反物質文明・反体制, そして非政治的・求道的で, ジャズ・麻薬を愛好し, セックスのタブーを排したライフスタイルを特徴とする若者たち; Jack Kerouac の命名》.
béat gròup ビート音楽を演奏する(青年の)グループ.
be·a·tif·ic /bìːətífɪk/, **-i·cal** *a* 至福を与える力のある; 幸福に輝いた, 喜びに満ちた: ～ smile. ◆ **-i·cal·ly** *adv* [F or L (*beatus* blessed)]
be·at·i·fi·ca·tion /biæ̀təfəkéɪʃ(ə)n/ *n* 至福にあずかること, 受福; 〖カト〗列福式, 列福.
beatífic vísion 〖神学〗至福直観《天使や聖徒が天国において天主を見ること》; 神の栄光[天国]の示現.
be·at·i·fy /biǽtəfàɪ/ *vt* 幸福にする; 〖カト〗列福する《死者を天福を受けた者の列に加える》.
béat·ing *n* **1 a** 打つこと; むち打ち(の罰); 《心臓の》動悸, 鼓動; 《金属などの》打ち延ばし; *《俗》《特に顔面の》マッサージ; 〖泳〗ばた足; はばたき; 〖海〗間切り: give a boy a good ～ 子供をうんとたたく. **b** 打たれてできた跡[傷 など]. **2** 打ち負かすこと; 敗北; *《口》無情な扱い: take [get] a ～ 打ち懲らされる, 負ける / take some [a lot of] ～ 打ち勝つ[まさる]のが困難である, (よそでは)かなわない. ● **take a** ～ 敗北を喫する; 手痛いめにあう*《口》《投機などで》大損する, 《取引で》出し抜かれる, 〈市場・株式が〉暴落する.

B

béating rèed 〘楽〙打簧(だこう)《振動する時に歌口の縁を打つリードで, 自由簧 (free reed) 以外の総称》.

be·at·i·tude /biǽtətʃ(j)ùːd/ *n* 至福; [°the B-s] 〘聖〙八福《イエスが山上の垂訓 (Sermon on the Mount) 中に説いた 8 つの教え; それぞれ「幸い(なるかな)」(*L* Beatus) で始まる; *Matt* 5: 3–12》; [his B-, your B-] 〘東方正教会〙総主教の称号. [F or L (*beatus* blessed)]

bea·tle /bíːtl/ *n* 《俗》 BEETLE[1].

Beatle *n* Beatles のメンバー. ► *a* ビートルズ(スタイル)の.

Béa·tles *pl* [the] ビートルズ《英国のロックグループ (1962–70); メンバーは John Lennon, Paul McCartney, George Harrison, Ringo Starr の 4 人で, 全員 Liverpool 出身》.

beat·nik /bíːtnɪk/ *n* ビート族の若者, ビートニク (beat) (⇨ BEAT GENERATION). [*beat*[2], *-nik*]

Bea·ton /bíːtn/ ビートン Sir **Cecil** (**Walter Hardy**) ～ (1904–80)《英国の写真家・デザイナー》.

béat·òut *n* 〘野〙内野安打, バントヒット.

béat pàd*《俗》マリファナを売る[買って喫煙する]所.

Be·a·trice /bíː(ə)trəs; bíə-/ **1** ベアトリス《女子名; 愛称 Bea, Beatty》. **2 a** /bèɑːtríːtʃeɪ/ ベアトリーチェ《Dante が愛し理想化した女》. **b** ベアトリス《Shakespeare, *Much Ado about Nothing* 中の女性; Benedick と舌戦を演じるが最後に彼と結婚する》. [L=she who brings joy]

Be·a·trix /bíːətrɪks; bíə-/ **1** ベアトリクス《女子名; 愛称 Trix, Trixie》. **2** /béɪətrɪks/ ベアトリクス ～ **Wilhelmina Armgard** (1938–)《オランダの女王 (1980–)》. [↑]

béats·vìlle *n**《俗》ビート族であること.

Beat·tie /bíːti/ ビーティ (1) **Ann** ～ (1947–)《米国の作家》(2) **James** ～ (1735–1803)《スコットランドの詩人》.

Beat·ty /bíːti, béɪ-/ **1** ビーティ, ベイティ (1) **David** ～, 1st Earl ～ (1871–1936)《英国の海軍軍人; Jutland の海戦 (1916) などで功があった》(2) (**Henry**) **Warren** ～ (1937–)《米国の映画俳優・監督・制作者》. **2** ビーティ《女子名; Beatrice の愛称》.

béat-ùp /, ─́─̀/ *a*《口》使い古しの, いたんだ, くたびれた; へとへとになった: a ～ old car おんぼろ車.

beau /bóʊ/ *n* (*pl* **beaux** /-z/, ～**s**) 婦人の相手役[付添い]の男[婚約者]; 愛人, 色男, いい人; しゃれ男, ダンディー (dandy) (cf. BELLE). ► *vt* …の機嫌を取る[お相手をする]; 《社交の会などへ》〈婦人など〉に付き添って行く. ► *a* 美しい, よい, 親切な. ♦ **～·ish** *a* [F<L *bellus* pretty]

Béau Brúm·mell /-brʌ́m(ə)l/ **1** だて男ブランメル《英国人のしゃれ男 George Bryan Brummell (1778–1840); REGENCY 時代の皇太子 George (のちの 4 世) のお気に入りで, 紳士の衣服の流行の範を示した》. **2** しゃれ男 (dandy).

beau·coup /bóʊku, ─́─̀; F boku/*《口》*a, adv, n* たくさん(の), いっぱい, たんと; 大きな, でかい: ～ money [trouble]. [F]

Beau·fort /bóʊfərt/ ボーフォート **Henry** ～ (c. 1374–1447)《イングランドの枢機卿・政治家; 未成年の Henry 6 世に代わって国政を指導した》.

Béaufort scále /; ─́─ ─̀─/ ビューフォート風力階級. ★〘海・気〙では専門的に次のように分類される《数字は時速》: Beaufort No. 0 calm (静穏, 1 マイル未満, 1 km 未満). No. 1 light air (至軽風, 1–3 マイル, 1–5 km). No. 2 light breeze (軽風, 4–7 マイル, 6–11 km). No. 3 gentle breeze (軟風, 8–12 マイル, 12–19 km). No. 4 moderate breeze (和風, 13–18 マイル, 20–28 km). No. 5 fresh breeze (疾風, 19–24 マイル, 29–38 km). No. 6 strong breeze (雄風, 25–31 マイル, 39–49 km). No. 7 moderate gale *or* near gale (強風, 32–38 マイル, 50–61 km). No. 8 fresh gale *or* gale (疾強風, 39–46 マイル, 62–74 km). No. 9 strong gale (大強風, 47–54 マイル, 75–88 km). No. 10 whole gale *or* storm (全強風, 55–63 マイル, 89–102 km). No. 11 storm *or* violent storm (暴風, 64–72 マイル, 103–117 km). No. 12–17 hurricane (颶風(ぐふう), 73 マイル《米》では 74 マイル) 以上, 118 km 以上). [Sir Francis *Beaufort* (1774–1857) 最初に考案した英国軍人]

Béaufort Séa [the] ボーフォート海《Alaska の北東, カナダの北西の海域; 北極海の一部》.

beaugeeful ⇨ BEAUJEEFUL.

beau geste /bóʊ ʒést/ (*pl* **beaux gestes** /—/, ～**s** /—/) うるわしい行ない; 《うわべだけの》雅量. [F=splendid gesture]

Beau·har·nais /*F* boarnɛ/ ボアルネ (1) **Alexandre** ～, Vicomte **de** ～ (1760–94)《フランスの軍人; 妻は彼の死後 Napoleon 1 世に嫁す Joséphine, 二人の間の子が Eugène》(2) **Eugène de** ～ (1781–1824)《Joséphine の息子; 継父 Napoleon 1 世の下でイタリア総督 (1805–14)》(3) **Hortense de** ～ (1783–1837)《Joséphine の娘; オランダ王 Louis Bonaparte の皇后, Napoleon 3 世の母》(4) **Joséphine de** ～ ⇨ Empress JOSEPHINE.

bèau·húnk *n**《俗》いい男.

béau idéal /; *F* bo ideal/ (*pl* ～**s**) 〘文芸〙理想[美]の極致; 最高の理想. [F=ideal beauty; 'a beautiful ideal' の意味は誤解による]

beau·jee·ful, -gee- /bjúːdʒɪfəl/ *a**《俗》醜い, みっともない, 趣味の悪い.

Beau·jo·lais /bòʊʒəléɪ; ─́─̀/ **1** ボジョレー《フランス Burgundy 地方南端部, Saône 川以西の丘陵地帯でブドウ栽培地区; 主に Rhône 県に属する》. **2** ボジョレー《Beaujolais 地方産の(赤)ワイン》.

Beaujolais Nou·veau /—́ nuvóʊ/ [°B- n-] ボジョレーヌーヴォー《その年の最初のボジョレーワイン; 11 月の第 3 木曜日に発売される》. [F=New Beaujolais]

Beau·mar·chais /bòʊmɑːrʃéɪ; *F* bomarʃɛ/ ボーマルシェ **Pierre-Augustin Caron de** ～ (1732–99)《フランスの劇作家; ⇨ FIGARO》.

Beau·mar·is /boʊmǽrəs/ ボーマリス《ウェールズ北西部 Anglesey 島の東部, ボーマリス湾 (～ **Báy**) 岸にある町・リゾート地; 13 世紀末から 14 世紀初頭に建てられた古城がある》.

Beau·mé /boʊméɪ, ─́─̀/ *a* BAUMÉ.

beau monde /bóʊ mánd; *F* bo mɔ̃d/ (*pl* ～**s** /-z/, **beaux mondes** /—/) 上流社会 (high society). [F=fine world]

Beau·mont /bóʊmɑ̀nt; -mənt/ **1** ボーモント (1) **Francis** ～ (1584–1616)《イングランドの劇作家; *The Knight of the Burning Pestle* (1609), *Philaster* (1611), *The Maid's Tragedy* (1611); 作品はほとんど John Fletcher との合作》(2) **William** ～ (1785–1853)《米国の外科医; 消化器の分野の先駆者》. **2** /, *boʊmánt/ ボーモント《Texas 州南東部の市》.

Béau Násh だて男ナッシュ (⇨ Richard NASH).

Beaune /bóʊn/ **1** ボーヌ《フランス東部 Burgundy 地方の市》. **2** ボーヌ《同市周辺産の(赤)ワイン》.

Beau·re·gard /bóːrəgɑ̀ːrd/ ボーレガード **P**(**ierre**) **G**(**ustave**) **T**(**outant**) ～ (1818–93)《米国南北戦争時の南軍の将校》.

Beau·so·leil /*F* bosɔlɛj/ ボーソレーユ《フランス南東部 Nice の東北東にある町; 冬のリゾート地》.

beaut /bjúːt/ 《米口・豪口》*a, n* [°*iron*] みごとな(人[もの]), すばらしい(人[もの]): His failure is a ～. みごとな失敗だぜ. ► *int* おみごと! [*beauty*]

beau·te·ous /bjúːtiəs/ *a* 《詩》美しい, うるわしい. ♦ **～·ly** *adv* **～·ness** *n*

beau·ti·cian /bjutíʃ(ə)n/ *n* 美容師.

beau·ti·ful /bjúːtɪfəl/ *a* 美しい, きれいな; りっぱな; 上流の, 上品な, 優雅な; [°〈*int*〉]《口》みごと(な), あざやかな, すてき(な); とても楽しい. ► *n* [the] 美 (beauty); 美しいもの, 美人《集合的》. ♦ **～·ly** *adv* 美しく; みごとに, りっぱに; 《口》とっても. **～·ness** *n* [BEAUTY, *-ful*]

béautiful gáme[II] [the] サッカー.

béautiful létters* [〈*sg*〉] BELLES LETTRES.

béautiful péople [the; °the B- P-] **1** 豪華な[ファッショナブルな]ライフスタイルの有名人たち, ビューティフルピープル《略 BP》. **2** 《1960 年代の》ヒッピー (hippies).

beau·ti·fy /bjúːtəfàɪ/ *vt, vi* 美しくする[なる], 美化する. ♦ **bèau·ti·fi·cá·tion** *n* **béau·ti·fi·er** *n*

beau·til·i·ty /bjutíləti/ *n* 美と実用性(の兼備), 機能美. [*beauty*+*utility*]

beau·ty /bjúːti/ *n* **1** 美しさ, 美: *B*～ is but [only] skin-deep. 《諺》美貌はただ皮一重《有徳などの保証にはならない》/ manly [womanly, girlish] ～ 男性[女性, 少女]美 / *B*～ is in the eye of the beholder. 《諺》美は見る者の目の中にある《美の判定は見る人しだい》/ A thing of ～ is a JOY forever. **2 a** 美しい人, 美人, 美女, 麗人; 美しい人たち: *B*～ and the Beast 美女と野獣《おとぎばなし》/ She was the ～ *of* the ball. 舞踏会の女王であった / She's a regular ～, isn't she? [*joc*] いやはやたいした美人じゃないか / the wit and ～ of the town 都の才子佳人連. **b** 《口》[°*iron*] みごとな[すばらしい]もの[こと, 人]: The new car is a ～. / My flu was a real ～. 今度のかぜはひどかった. **3** 美点, すぐれた点, よさ, 偉いところ〈*of*〉; [*pl*]《文学作品などの》絶妙なくだり; 《口》利点, 取柄: That's the ～ of it. 《口》そこがすぐれたところ[美点]だ. **4** 〘理〙ビューティー《(1) BOTTOM CHARGE (2) BOTTOM QUARK》. ► *a* 美容の; 《俗》すばらしい, 申し分ない: ～ products 美容製品. ● **you** ～《豪口》すばらしい. ► *int*《豪俗》みごと, すばらしい!《承認・同意を表わす》. [AF<L (*bellus* pretty)]

béauty·bèrry *n* 〘植〙ムラサキシキブ《クマツヅラ科ムラサキシキブ属の各種低木》, 《特に》アメリカムラサキシキブ (FRENCH MULBERRY).

béauty bùsh 〘植〙コルクウイッチア・アマビリス《中国湖北省原産のスイカズラ科の花木》.

béauty còntest 美人コンテスト (=**béauty pàgeant**); 《一般に》人気投票《(1) 米国大統領の予備選挙のさらにその予備段階で, 党候補者の中から人気投票の形で候補者を選び出すこと; 拘束力はない (2) 大企業などが法律事務所 (law firm) を選ぶ場合に, 複数の事務所と接触・面接する集会の称》.

béauty cùlture 美容術 (cosmetology).

béauty màrk*ほくろ, あざ (beauty spot).

Béauty of Báth 〘園〙渋味をもった赤斑入りの黄リンゴの一品種.

béauty òperator 美容師 (cosmetologist).

béauty pàgeant 美人コンテスト (beauty contest).

béauty pàrlor [salòn] 美容院, 美容サロン (beauty shop).

béauty pàrt 最も望ましい[有益な]側面, 最良の部分.

béauty quèen 美人コンテストの女王.

béauty shòp *美容院 (＝*beauty parlor* [*salon*]).
béauty slèep «口»《美容と健康によいとされる》夜 12 時前の睡眠, 十分な睡眠; [°*joc*] (必要な)睡眠: I've got to go home and get my ～. もう(夜もおそいので)おいとましなければ.
béauty spòt ほくろ, あざ (mole), 母斑 (nevus); 付けぼくろ (patch); わずかな汚点; ᴵᴵ景勝地.
béauty trèatment 美顔術, 美容術.
Beau·vais /bouvéɪ/ ボヴェ《Paris の北北西にある商工業の町, Oise 県の県都》.
Beau·voir /bouvwáːr/ ボーヴォアール **Simone de** ～ (1908–86)《フランスの作家; 女性論 *Le Deuxième Sexe* (1949)》.
beaux *n* BEAU の複数形.
beaux arts /bòuzáːr; *F* bozaːr/ *n pl* 美術 (fine arts). ► *a* [°B- A-] 古典的装飾様式の《特に 19 世紀 Paris の美術学校 École des Beaux-Arts 様式の》.
beaux esprits BEL ESPRIT の複数形.
beaux yeux /*F* bozjø/ 明眸(めいぼう); 美貌; 特別な好意, 引立て: for the ～ of sb 人を喜ばせるため, 満足させるため. [F＝beautiful eyes]
bea·ver[1] /bíːvər/ *n* (*pl* ～, ～s) **1 a** 〖動〗ビーバー, 海狸(かいり): work like a ～ せっせと働く. **b** ビーバーの毛皮; 〖織〗ビーバークロス (＝～ **clòth**)《強度に縮充した綾織二重織りの毛織物》; 〖織〗ビーバー《両面に起毛を施した厚地の綿二重織り》; ビーバーの毛皮(に似たラシャ)製の山高帽, シルクハット (＝～ **hàt**). **c** [〈*a*〉]*ビーバー色《灰色[黄色]がかった茶色》(の). **d** «口» 働き者, 勤勉家 (cf. EAGER BEAVER). **e** *«口» (たっぷり生えた)あごひげ (beard), ひげもじゃ(男). **f** «卑» «ヘアの見える» あそこ (cf. SPREAD BEAVER); [°〈*a*〉] «俗» ポルノ(の), ポルノ写真[映画 など]; *«俗» 女. **2** [B-] **a** ビーバー《Oregon 州人の俗称》. **b** 《カナダ西部の》ビーバー族; ビーバー族の言語. **c** ビーバー隊員《ボーイスカウトの最年少グループ (6–8 歳) であるビーバー隊 (**B**～ **Còlony**) の隊員》. ► *vi* «口» せっせと働く, 〈…に〉熱心に取り組む 〈*away* (*at*)〉. [OE *be(o)for*; cf. G *Biber*; IE で 'brown' の意]
beaver[2] *n* 《かぶとの》あご当て; 《かぶとの》面頰(めんぼお). [OF＝bib[1] (*baver* slaver[2])]
béaver·bòard *n* ビーバーボード《木繊維から作った軽くて硬い代用板; 間仕切り板や天井板に用いる》. [商標]
Béaver·bròok ビーヴァーブルック **William Maxwell Aitken,** 1st Baron ～ (1879–1964)《カナダ生まれの英国の保守党政治家・新聞社主; *Daily Express* その他 (総称 Beaverbrook Press) を発刊; 第一次・第二次大戦中の閣僚》.
béaver làmb ビーバーの毛皮に似せた羊の毛皮.
béaver lòop *«俗» 《コイン投入式映写装置の》ポルノ映画スライド.
béaver ràt 〖動〗ミズネズミ (＝*Australian water rat*)《豪州産》.
béaver shòoter *«卑» 女性器を見ることに取りつかれている男.
béaver shòt *«卑» 女性器の大写し, 満開写真.
Béaver Stàte [the] ビーバー州《Oregon 州の俗称》.
béaver·tàil *n* 〖植〗ウチワサボテンの一種, ビーバーテイル《丈の低いうちわ形のサボテン; 米国南西部・メキシコ北部産》.
be·bee·rine /bəbíərìːn, -rən/ *n* 〖薬〗ベベリン《BEBEERU の皮から採るキニーネに似たアルカロイド》.
be·bee·ru /bəbíəru/ *n* 〖植〗リョクシンボク (greenheart)《南米熱帯産のクスノキ科の常緑樹; cf. BEBEERINE》. [Sp and Port＜Carib]
Be·bel /béɪbəl/ ベーベル **August** ～ (1840–1913)《ドイツ社会民主党の創設者・著述家》.
be·blub·bered /bɪblʌ́bərd/ *a* 泣きはらした.
be·bop /bíːbɑ̀p/ *n* 〖楽〗ビバップ (BOP[1]). ♦ **bé·bòpper** *n* BOPPER. [imit]
BEC Bureau of Employees' Compensation.
be·cálm /bɪ-/ *vt* [ᵘ*pass*] 風がないで〈帆船を〉止める; 静める (calm); …の進行[活動]を妨げる: This ship *was* ～*ed* for ten days. 船は 10 日間動けなかった.
became *v* BECOME の過去形.
bec·ard /békərd, bəkáːrd/ *n* 〖鳥〗カザリドリモドキ《中南米産のタイランチョウ科カザリドリモドキ属の数種の小鳥》.
be·cause /bɪkɔ̀ːz, -kʌ̀z, ‒‒́; -kɔ̀z, ‒‒́/ *conj* **1 a** [why に応じ直接の原因を示す副詞節を導いて] なぜならば…だから, そのわけは…だから: I was absent ～ I was ill. 病気だったので欠席した / *B*～ it is there. そこに山があるから《英国の登山家 George Mallory のことば》. **b** «口» [主節のあとに置いてその根拠を示す] というのは…: He's drunk, ～ I saw him staggering. 彼は酔ってたよ, 千鳥足だったもの. **2** [*neg*] **a** …だから(…ない): I *can't go* ～ I'm busy. 忙しいから行けない. **b** …だからといって(…ない): You should *not* despise a man ～ he is poor. 貧乏だからといって人を軽蔑してはならない. **3** «口» [名詞節を導いて]: The reason why I can't go is ～ (＝that) I'm busy. ぼくの行けないわけは忙しいからだ / Just because…doesn't mean [is no reason]… …だからといって…ということにはならない. ● **all the more** ～…だからいよいよ[かえって]. **none the less** ～ …なるにもかかわらず(やはり). ► *adv* [Why に応じて単独で用いて] «口» だって…《ことばを濁す》; どうしても, なぜでも《子供がよく言う》. ● ～ **of**…のために, …のおかげで (owing to): I didn't go out [The game was called] ～ *of* (the) rain. 雨のため外出しなかった[コールドゲームになった]. [BY, CAUSE; cf. OF *par cause de* by reason of]
bec·ca·fi·co /bèkəfíːkou/ *n* (*pl* ～s, ～es) 〖鳥〗ズグロムシクイ属の各種の鳥《ニワムシクイなど; 欧州産; イタリアでは食用》. [It]
Bec·ca·ria /bèɪkkɑːríːɑː/ ベッカリーア **Cesare** ～, Marchese di ～ Bonesana (1738–94)《イタリアの経済学者・法学者; 『犯罪と刑罰』(1764) で罪刑法定主義, 拷問と死刑の廃止を主張》.
bé·cha·mel /bèɪʃəmél/ *n* 〖料理〗ベシャメルソース (＝～ **sàuce**)《卵黄・クリームなどを加えて煮詰めた濃厚なホワイトソース》. [Louis de *Béchamel* (1630–1703) Louis 14 世の食事担当執事で考案者]
be·chánce /bɪ-/ «古» *vi* 生ずる. ► *vt* …に起こる. ► *adv* 偶然(に), たまたま.
Bé·char /*F* beʃaːr/ ベシャール《アルジェリア北西部 Oran の南南西にある市; 旧称 Colomb-Béchar》.
be·chárm /bɪ-/ *vt* 魅する (charm).
bêche-de-mer /bèʃdəméər, *béɪʃ-/ *n* **1** (*pl* ～, **bêches-de-mer** /―, -ʃəz-/) 〖動〗ナマコ (TREPANG). **2** [ᵘBêche-de-Mer *or* Bêche-de-mer] 〖言〗BEACH-LA-MAR. [F＜Port＝worm of the sea]
Bé·cher's Bróok /bíːtʃərz-/ ビーチャーの川《英国の障害競馬 Grand National での難所の一つ; 1839 年の第 1 回競技で馬もろともここへ落ち込んだ Captain Becher にちなむ》.
Bech·et /béʃeɪ/ ベシェ **Sidney** (**Joseph**) ～ (1897–1959)《米国のジャズソプラノサックス・クラリネット奏者; 黒人; 晩年は在仏》.
Bech·stein /*G* béçʃtaɪn/ **1** ベヒシュタイン **Carl** ～ (1826–1900)《ドイツのピアノ製造業者; 1856 年 Berlin にピアノ工場を建てた》. **2** ベヒシュタイン《Carl Bechstein が創業したドイツのピアノメーカー ベヒシュタイン社 (C. Bechstein Pianofortefabrik AG) 製のピアノ》.
Bech·u·a·na /bètʃuáːnə/ *n, a* (*pl* ～s, ～) ベチュアナ人(の)《ボツワナの Bantu 人の旧称》; ベチュアナ語(の); TSWANA.
Bechuána·lànd ベチュアナランド《(1) BOTSWANA の英領時代の名称 (2) BRITISH BECHUANALAND》.
beck[1] /bék/ *n* 《意思表示・合図の》うなずき, 身振り, 手振り, 手招き, 表情《など》; «スコ» お辞儀 (bow), 会釈. ● **at sb's** ～ **and call** いつでも人の言いつけ[要望]に対応できる[従わざるをえない]状態で: have sb *at one's* ～ *and call* 人を意のままに使う. ► *vi* «古» 身振りで合図する; «スコ» 会釈する. ► *vt* «古» 〈人〉に合図する. [beckon]
beck[2] *n* «北イング» 《底に岩が多い》小川, 谷川. [ON]
Beck·en·bau·er /*G* békn̩bauər/ ベッケンバウアー **Franz** ～ (1945–)《ドイツのサッカー選手》.
Beck·en·ham /bék(ə)nəm/ ベカナム《イングランド南東部 Kent 州の旧 borough; 現在は Bromley の一部》.
Beck·er /békər/ **1** ベッカー (1) **Boris** ～ (1967–)《ドイツのテニス選手; Wimbledon で優勝 (1985, 86, 89)》 (2) **Gary Stanley** ～ (1930–)《米国の経済学者; ノーベル経済学賞 (1992)》. **2** /*F* bekɛːr/ ベッケル **Jacques** ～ (1906–60)《フランスの映画監督》.
Bécker('s) múscular dýstrophy 〖医〗ベッカー型筋ジストロフィー《偽肥大性筋ジストロフィーに酷似したジストロフィー; 発症時期と進行がともにおそい点が異なり, X 染色体性劣性遺伝により遺伝する; cf. DUCHENNE MUSCULAR DYSTROPHY》. [Peter E. *Becker* (1908–2000) ドイツの遺伝学者]
beck·et /békət/ 〖海〗*n* 取っ手索(なわ); 《索の》端環; 《取っ手やオール受けとして用いる》索環, 金環; 帆船の横静索に取り付けた木製の索(なわ)止め[フック]《端索や帆脚索(ほあしづな)を使用していないときに留めておくためのもの》.
Becket ベケット Saint **Thomas** (**à** /ə, ɑː/) ～ (1118?–70)《イングランドの聖職者; Henry 2 世の下で大法官 (1155–62), Canterbury 大司教 (1162–70); 王と対立, Canterbury 大聖堂内で殺害された; 祝日 12 月 29 日》.
bécket bènd 〖海〗SHEET BEND.
Beck·ett /békət/ ベケット **Samuel** ～ (1906–89)《アイルランド出身の劇作家・小説家・詩人; フランスに定住; 不条理劇 *En attendant Godot* (1952); ノーベル文学賞 (1969)》. ♦ **Beck·ett·ian** /bɛkét-iən/ *a*
Beck·ford /békfərd/ ベックフォード **William** ～ (1760?–1844)《英国の作家; 恐怖小説 *Vathek* (1787)》.
Beck·ham /békəm/ ベッカム **David** (**Robert Joseph**) ～ (1975–)《イングランドのサッカー選手; イングランド代表のキャプテン (2001–06)》.
Beck·mann /békmən, -mɑ̀ːn/ ベックマン (1) **Ernst** (**Otto**) ～ (1853–1923)《ドイツの有機化学者》 (2) **Max** ～ (1884–1950)《ドイツ表現主義の画家》.
Béckmann thermómeter 〖化〗ベックマン温度計《氷点降下や沸点上昇などにおけるわずかな温度変化をきわめて精密に測定できる水銀温度計》. [Ernst *Beckmann*]
beck·on /bék(ə)n/ *vt, vi* 手まね[うなずき, 身振りなど]で招く, 合図する 〈*to*〉; [*fig*] 手招きする, 魅力的に見える; 〈事が〉待ちうけている, 間近に迫る 〈*for* sb〉. ► *n* 《近くへ来るようにとの》合図の身振り. ♦ ～**·er** *n* [OE *bīecnan* to make a sign; ⇨ BEACON]
Becky /béki/ ベッキー《女子名; Rebecca, Rebekah の愛称》.
Bécky Shárp ベッキー・シャープ《Thackeray, *Vanity Fair* の主人公 Rebecca Sharp; 利己的で冷たい女》.

be·clásp /bɪ-/ *vt* (…のまわりを)留める, …に巻きつく.
bec·lo·meth·a·sone /bèkloumέθəsòun/ *n* 〔薬〕ベクロメタゾン《局所抗炎症薬; ～ dipropionate (ジプロピオン酸ベクロメタゾン) の形で喘息治療の吸入剤などとして用いる》.
B
be·clóud /bɪ-/ *vt* 曇らせる; 濁す; 〈目・心などを〉暗くする; 混乱させる.
be·come /bɪkʌ́m/ *v* (**be·came** /-kéɪm/; **become**) *vi* [補語を伴って] …になる, 変わる; 生じる, 生まれる: ～ poor 貧しくなる / The truth *became* known to us all. 真相が全部に知れてきた / ～ a merchant 商人になる. ► *vt* …に似合う, ふさわしい, 適する: A blue dress ～*s* her. ブルーの服が似合う / It ill ～*s* you to complain. 不平を言うなんてきみにも似合わない. ● **～ of** [疑問詞 what を主語として] …がどうなるか: *What* has ～ *of* (＝happened to) him? 何が彼に起こったか, 彼はどうなったのだろう; 《口》どこへ行ったのだろう / *What* will ～ *of* the child? あの子供はどうなることやら. [OE *becuman* to happen (*be-*)]
be·com·ing /bɪkʌ́mɪŋ/ *a* 〈行為など〉ふさわしい, 適切な; 〈服装など〉似合う, 映りがよい 〈*to*〉. ► *n* 適当な[相応の]もの[こと]; 〔哲・心〕生成, 転成, 転化. ♦ **～·ly** *adv* **～·ness** *n*
bec·que·rel /bɛkrέl, bèkərέl/ *n* 〔理〕ベクレル《放射能の SI 単位; 放射線核種の壊変数が 1 秒につき 1 であるとき 1 becquerel とする; 記号 Bq》. [Henri *Becquerel*]
Becquerel ベクレル (1) **Alexandre-Edmond ～** (1820–91)《フランスの物理学者; Antoine-César の子》 (2) **Antoine-César ～** (1788–1878)《フランスの物理学者; 電気化学を開拓した》 (3) **(Antoine-)Henri ～** (1852–1908)《フランスの物理学者; Alexandre-Edmond の子; Curie 夫妻と共にウランの放射能を発見; ノーベル物理学賞 (1903)》.
Becquerél rày ベクレル線《放射性物質の放つ放射線; 今は ALPHA [BETA, GAMMA] RAY を用いる》. [↑]
bed /béd/ *n* **1 a** ベッド, 寝床, 寝台; 寝台架 (bedstead); 敷きぶとん; 寝所; 《牛馬の》寝わら (litter); 《ベッドのように》落ち葉などたまった所; [*fig*] 墓; 宿泊[入院]者用備品およびサービス, 'ベッド': a room with two single ～*s* [with a double ～] ベッドが 2 つある[ダブルベッドの]部屋 / FEATHER BED / DIE[1] in one's ～ / a narrow ～＝a ～ of dust 墓. ★ 比喩的意味や成句ではしばしば 不可算名詞: *B*～ is the best place when you are really tired. 本当に疲れたときは寝るに限る / in ～ ⇨ 成句 / get out of ～ 起床する / lie in [on] ～ 寝床に伏す / sit up in ～ 寝床で起きなおる / As you make your ～, so you must lie in [upon] it.＝You've made your ～ and you must lie on it.＝One must lie in [on] the ～ one has made. 《諺》自分で整えたベッドなら自分で寝るがよい《やったことの責任は取りなさい; cf. REAP《諺》》. **b** 就寝, 就寝時刻; 宿泊: take a walk before ～ 就眠前に散歩する / It's time for ～. 寝る時間だ / get a ～ at an inn 宿屋に泊まる. **c** 夫婦関係; 《口》性交. **2** 〔園〕床, 苗床, 花壇(の植物) (flowerbed). **3 a** 土台, 下地, 下敷; 路盤, 道床; 《煉瓦・タイルなどを敷く》床(とこ), 《石積壁の》モルタル層; 《梁(はり)・煉瓦・タイルなどの》下端, 下面 (opp. *back*); 〔動〕爪床(そうしょう)《爪の基部の肉部》: a ～ of concrete コンクリートの土台. **b** 砲床; 〔印〕《印刷機の, 組版を載せる》版盤. **c** *《俗》《放送のおしゃべりの時に》バックに流す音楽. **4** 海底, 湖底, 川底, 河床, 水底; 《カキなどの》養殖所; 地層; 〔地質〕単層 (stratum). ● **at the foot of** one's [**the**] **～** ベッドで寝る人の足もと[足の近く]に. **be brought to ～ (of a child)** 《文》〈女が〉お産をする. **be confined to** one's **～**＝keep one's BED. **a ～ of honor** 戦歿勇士の墓. **a ～ of nails** (1) a BED of thorns (2) 釘を打ちつけた寝台《苦行や自制心を誇示するために使われた》. BED OF ROSES. **a ～ of sickness** 病床. **a ～ of thorns** 居ごこちの悪い[困難な, つらい]立場[状況], 針のむしろ (cf. BED OF ROSES). DIE[1] **in (one's) ～. fall out of ～** 《口》〈気温などが〉ぐっと下がる, 〈株価・相場が〉暴落する. **get out of ～ on the wrong side**＝**get up on [get out of] the wrong side of the ～** [完了形または過去形で] 《口》(朝から)機嫌[虫の居所]が悪い. **go to ～** 寝る; 性交する 〈*with*〉; [*voc*] 《俗》うるさい, 黙れ!; 〈新聞が〉印刷にまわされる. **go to ～ with the chickens** 《口》早寝する. **in ～** 《ベッドに》寝て; 性交して; 近しい関係で, 結託して, なあなあで 〈*with*〉: good [bad] *in* ～ セックスがじょうず[へた]で. **jump [get] into ～ with**… 〈会ったばかりの相手〉と性交する; 〈意外な相手〉と(一時的に)同盟する, 結びつく. **keep one's ～** 病気で寝ている. **leave one's ～** 床上げをする. **lie in [on] the ～** one **has made** 自分でやったことに責任を取る (⇨ 1a《諺》). **make a [the, one's] ～** ベッドを整える. **put to ～** 〈子供などを〉寝かしつける(用意をする); 〈計画などを〉《ひとまず》終わらせる[終わらせて次の段階に進む]; 〈記事を〉印刷にまわす; 《口》〈新聞などの組版を〉版盤に固定する. **put sb to ～ with a shovel** *《俗》〈人を〉(殺して)葬る. one **should have stood in ～** 《口》《全くの災難, または時間の浪費みたいな一日だったから》わざわざ朝起きる必要もなかったくらいだ. **take to** (one's) **～** 病床につく.
► *v* (**-dd-**) *vt* **1 a** …にベッド[寝床]を与える 〈*down*〉; 寝かす; 〈牛馬など〉に寝わらを敷いてやる 〈*down*〉. **b** 《性的な関係をもつため》…と寝る. **2** 埋め込む, はめ込む, 固定する (embed); 〔園〕床[苗床, 花壇]に植える 〈*up, down, out*〉. **3** 〈石・煉瓦など〉平らに置く, 敷く, 重ねる; …の基盤を形成する, 確立する. ► *vi* **1** 寝る; 宿泊する; いっしょに寝る 〈*together, with*〉, 《口》《性交の意で》いっしょに寝る 〈*down*〉; 同棲する 〈*with*〉: EARLY to ～ and early to rise makes a man healthy, wealthy and wise. **2** 安定する 〈*on*〉; はまり込む, 埋まる 〈*in*〉; すわる: ～ well [ill] すわりがよい[悪い]. **3** 〔地質〕成層[層理]化する. ● **～ down** 〈人・動物〉を寝かせる; 〈人・牛馬が〉寝床につく; 〈物事などが〉定着する, 収まる, なじむ. **～ in** 〔軍〕〈臼砲を〉発射に備えて地面に固定する; 〔機〕〈部品〉をはめ込む, 〈部品が〉はまり合う. **～ out** 〔園〕花壇[苗床]に植える.
[OE *bed(d)*; cf. G *Bett*]
BEd Bachelor of Education.
Beda ⇨ BEDE.
be·dábble /bɪ-/ *vt* 《古》…にはねかける, はねかけてよごす 〈*with* blood, paint, etc.〉.
be·dad /bɪdǽd/ *int* 《アイル》BEGAD.
béd and bóard 宿泊と食事; 〔法〕夫婦が寝食を共にすること[義務], 夫婦同居(の義務): divorce from ～〔米法〕卓床離婚《婚姻関係は維持したまま別居すること》/ She separated from ～. 彼女は夫と別居した《婚姻関係は続く》.
béd-and-bréakfast *n* 朝食付き宿泊[宿泊所]《民宿あるいは比較的低料金のホテル; 略 b. & b., B & B》. ► *vt* "《口》《合意のうえで》〈株を〉売って翌朝買い戻す《税額を減らすためにキャピタルロスを記録するのが目的》.
be·dáub /bɪ-/ *vt* 塗りたくる; 飾りたてる 〈*with*〉.
be·dáze /bɪ-/ *vt* 茫然とさせる, 驚愕させる.
be·dázzle /bɪ-/ *vt* 眩惑する, 当惑させる; 圧倒する, 魅了する. ♦ **～·ment** *n*
béd bàth BLANKET BATH.
béd-blòck·er" *n* 《病院の》ベッド占有患者《退院しても自立生活ができないために病院にとどまる, 治療の要のない(特に 高齢の)入院者》. ♦ **béd-blòck·ing** *a*
béd bòard ベッドボード《ベッドスプリングとマットレスの間に入れた硬い薄板》.
béd·bùg *n* **1** トコジラミ, ナンキンムシ: (as) crazy as a ～ *《俗》いかれて, 狂って. **2** *《俗》プルマン列車の黒人ポーター.
bédbug háuler *《CB 無線俗》家具運搬車 (moving van).
béd·chàmber *n* 《英では古》BEDROOM.
béd chèck 《兵舎などでの》夜間就床員[現在員]点検.
béd·clòthes *n pl* 寝具《寝台用のシーツ・毛布・上掛けなど; 敷きぶとんは含まない》.
béd·còver *n* ベッドカバー《装飾用》; [[U]*pl*] BEDCLOTHES.
béd·cùrtain *n* 天蓋式寝台のまわりにたらしたカーテン (cf. FOUR-POSTER).
béd·da·ble *a* **1** ベッドになる[ふさわしい]. **2** 性的魅力のある; ベッドの誘いに乗りやすい, すぐ寝る〈女〉.
béd·ded *a* 〔地質〕層状の (stratified); [*compd*] …のベッドの: a twin-～ room ツインの部屋.
béd·der *n* 花壇用の草花[花卉(かき)]; "《口》《特に Cambridge 大学の学寮の》寝室係 (bedmaker); "《口》寝室が…つの家[アパート]: spacious two ～.
bed·die-wed·die /bédiwédi/ *n**《口》ベッド.
béd·ding *n* BEDCLOTHES《時に mattress なども含める》; 《牛馬の》寝わら, 敷きわら, 〔建〕土台, ベッディング; 〔地質〕層理, 成層 (stratification). ► *a* 花壇向きの.
bédding plàne 〔地質〕《堆積岩内部の》層理面.
bédding plànt 花壇用の草花[花卉(かき)].
Bed·does /bédouz/ ベドーズ **Thomas Lovell ～** (1803–49)《英国のロマン派詩人; 戯曲 *Death's Jest-Book* (死後出版, 1850), 詩集 *The Bride's Tragedy* (1822) など》.
béd·dy-bỳe *n* [[⁰]*pl*]《子供などにおどけて》ベッド, 就寝(時間); おねんね (sleep): Come, it's time for ～! さあ寝る時間よ. ► *adv* ベッドへ.
Bede /bíːd/, **Bae·da, Be·da** /bíːdə/ [Saint] 聖ベーダ (672 or 673–735)《アングロサクソンの修道士・歴史家・神学者; 通称 'the Venerable ～'; ラテン語によるイギリス教会史 *Historia ecclesiastica gentis Anglorum* (731) で有名; 祝日 5 月 25 日 (もと 27 日)》.
be·déck /bɪ-/ *vt* 飾る, 飾りたてる 〈*with* flowers〉; 着飾る.
bed·e·guar, -gar /bédəgàːr/ *n* 〔植〕《タマバチ (gall wasp) によってバラにできる苔(こけ)に似た》虫こぶ. [F＜Pers]
béde·hòuse /bíːd-/ *n* BEADHOUSE.
be·del, be·dell /bíːdl, bɪdél/ *n* 《特に 英国の大学で》BEADLE.
bedesman ⇨ BEADSMAN.
be·dévil /bɪ-/ *vt* 悪魔に取りつかせる; 悪く改変する, そこなう; 苦しめる; 〈心などを〉迷わす, 狂乱させる: be ～*ed* by…にたたられている. ♦ **～·ment** *n*
be·déw /bɪ-/ *vt* 露[涙など]でぬらす: eyes ～*ed with* tears.
béd·fàst *a* 病床につきっきりの, 寝たきりの (bedridden).
béd·fèllow *n* ベッドを共にする人; (組む)相手, 同僚, 仲間: Misery acquaints a man with strange ～*s*. 零落すれば変わった人間とも知り合いになる《Shak., *Tempest* 2.2.41; cf. ADVERSITY《諺》》.
Bed·ford /bédfərd/ **1** ベッドフォード《(1) Bedfordshire の州都 (2) BEDFORDSHIRE》. **2** ベッドフォード公 **John of Lancaster,** Duke

of ～ (1389–1435)《イングランド王 Henry 4 世の三男; 百年戦争末期にイングランド軍を指揮》.

Bédford córd ベッドフォードコード《一種のコーデュロイ; 洋服地・ベスト・乗馬服などに用いる》.

Bédford·shire /-ʃɪər, -ʃər/ ベッドフォードシャー《イングランド中南東部の州; 略 Beds.; ☆Bedford》. ● **go to ～** 《幼児》/[*joc*] おねんねする.

béd·fràme *n* ベッドフレーム《ヘッドボード・フットボードおよびベッドレールからなる枠》.

béd·gòwn *n* NIGHTGOWN.

béd·hèadᴵᴵ *n* 《ベッドの》頭部のボード[パネル].

béd-hòp *vi* 《俗》次々と相手を変えて寝る, 無節操に性的関係をもつ. ♦ **béd-hòpper** *n*

béd·hòuse *n* 《俗》売春宿, 連れ込み宿, ラブホテル.

be·díght /bɪ-/ 《古・詩》*vt* (～, ～·ed) 飾る. ► *a* きらびやかに飾った.

be·dím /bɪ-/ *vt* 曇らせる, 〈目・視力などを〉かすませる, ぼんやりさせる. ♦ **be·dímmed** *a*

Bed·i·vere /bédəvɪ̀ər/ [Sir] 〘アーサー王伝説〙ベディヴィア卿《Arthur 王に最期まで付き従った騎士; 名剣 Excalibur を湖水に投じることを託される》.

be·dízen /bɪ-/ *vt* 《ごてごてと》飾りたてる. ♦ **～·ment** *n*

béd jàcket ベッドジャケット《女性がナイトガウンの上にはおる軽くゆったりした寝室着》.

béd·kèy *n* ベッドキー《台架のねじなどの調節用スパナ》.

bed·lam /bédləm/ *n* **1** 騒々しい混乱の場[状況], 狂気の大混乱. **2** [B-] ベツレヘム精神病院, ベドラム《London にあった英国最古の精神病院; 正式名 The Hospital of St. Mary of Bethlehem》; 《古》瘋狂(ふうきょう)院, 精神病院; 《廃》狂人, 気違い. ► *a* 気の狂った; 精神病院向きの. [St Mary of *Bethlehem*]

bédlam·ìte 《古》*n* 狂人. ► *a* 狂った.

béd·làmp *n* 《枕もとの》ベッドランプ.

béd lìnen シーツと枕カバーと羽ぶとんカバー.

béd·lìner* *n* 無蓋トラックにかけるシート.

Béd·ling·ton (térrier) /bédlɪŋtən(-)/ 〘犬〙ベッドリントンテリア《長くて幅の狭い頭部, アーチを描いた背, 通例 縮れ毛をもつイングランド原産のテリア》. [イングランド Northumberland 州の町]

Béd·loe('s) Ísland /bédloʊ(z)-/ ベドロー島《LIBERTY ISLAND の旧称》.

béd·màkerᴵᴵ *n* 《ホテルや Oxford, Cambridge 大学寮の》寝室係.

béd·màte *n* 同衾(どうきん)者; 妻, 夫; 情婦, 情夫, セックスフレンド.

béd mòld(ing) 〘建〙敷繰形(くりかた)《**1**) corona と frieze の間の繰形 **2**) 突出物などの下に設ける繰形》.

Bed·norz /bédnɔ̀ːrts/ ベドノルツ **J(ohannes) Georg ～** (1950–)《ドイツの物理学者; 高温超伝導を発見 (1986) し, ノーベル物理学賞 (1987)》.

béd of róses [ᵒ*neg*] 安楽な身分[暮らし]: Life is not a ～.

Bed·(o)u·in /béduən/ [ᵒb-] *n* (*pl* ～, ～s) ベドウィン《アラビア・シリア・北アフリカの砂漠地の遊牧のアラブ人》; 流浪の人. ► *a* ベドウィンの(ような), 流浪の. [OF＜Arab＝dwellers in desert]

béd·pàn *n* 《病床用の》便器, おまる; WARMING PAN.

béd·plàte *n* 〘機〙台板, ベッドプレート.

béd·pòst *n* 寝台の四隅の支柱; 《ボウル俗》7 番と 10 番ピンのスプリット: in the TWINKLING of a ～. ● BETWEEN **you, (and) me, and the ～.**

be·drággle /bɪ-/ *vt* 〈衣服などを〉ひきずってびしょぬれにする[よごす]; きたなくする.

be·drággled *a* 《雨などで》ぐっしょりとなった; 《ひきずったりして》よごれた; うすぎたない, だらしない; 老朽化した.

béd·ràil *n* ベッドの横板.

be·drénch /bɪ-/ *vt* ずぶぬれ[びしょぬれ]にする.

béd rèst ベッドで療養すること; 《病床の病人用の》寄り掛かり装置.

bed·rid·den /bédrɪ̀dn/, **-rid** /-rɪ̀d/ *a* 《病気・老齢などで》寝たきりの; [*fig*] 使い古した.

béd·ròck *n* 〘地質〙基岩, 岩盤, 基盤(岩), 床岩; 基礎, 根本, 基本(原則); 最低レベル, 底; [〈*a*〉] 基礎[根本]の, 基本的な: form the ～ *of*...の基礎をなす / the ～ price *底値. ● **come [get] down to ～** 本題にはいる; *《俗》文無しになる. **strike ～** *《俗》くたばる (die).

béd·ròll *n* 《米・NZ》丸めた携帯用寝具《寝袋など》.

béd·ròom *n* 寝室, 閨房, 寝間, ベッドルーム. ► *a* **1** 情事[セックス]を扱う[におわせる], ベッドに誘う: a ～ comedy [farce] / ～ eyes 誘惑的な目つき. **2** 通勤者の住む: a ～ town [community, suburb*] ベッドタウン《大都市周辺》. ♦ **～·ed** *a*

bédroom slìpper 《かかとのない柔らかい》寝室(用)スリッパ (cf. HOUSE SLIPPER).

beds bedrooms《不動産広告で》.

Beds. /bédz/ Bedfordshire.

béd·shèet *n* ベッドシーツ《普通 上下 2 枚の間にはいって寝る》.

béd·sìde *n* ベッドのかたわら; 《病人の》枕もと: at [by] sb's ～ 人の枕もとに. ► *a* ベッドのかたわらの; 臨床の; 〈本・読物が〉ベッドで読むのに適した, 軽くて肩の凝らない.

bédside mánner 患者に対する医師の接し方: have a good ～ 〈医師が〉患者の扱いがうまい; [*fig*] 相手をそらさない.

béd-sìtᴵᴵ /, ─́ ─̀/ *n* BED-SITTER.

béd-sìtterᴵᴵ /, ─́ ─̀ ─/ *n* 寝室・居間兼用の部屋[貸室], ワンルームのアパート. [*bed*room, *sitt*ing room, *-er*]

béd-sítting ròomᴵᴵ BED-SITTER.

béd·sòck *n* ベッドで履いて寝る暖かいソックス.

béd·skìrt* *n* ベッドスカート《ベッド用の dust ruffle》.

bed·so·nia /bɛdsóʊniə/ *n* (*pl* **-ni·ae** /-niàɪ/, **-ni·as**) ベドソニア《関節炎・トラコーマなどに関係のある微生物; chlamydia の旧称》. [Sir Samuel P. *Bedson* (1886–1969) 英国の細菌学者]

béd·sòre *n* 《病人の》床ずれ, 褥瘡(じょくそう) (＝*decubitus ulcer*).

béd·spàce *n* 《病院・ホテルなどの》ベッド数, ベッドスペース.

béd·sprèad *n* ベッドスプレッド《装飾用のベッドカバー》.

béd·sprìng *n* ベッドのばね, ベッドスプリング. ► *a* ベッドスプリング形の〈アンテナ〉.

béd·stànd *n* NIGHT TABLE.

béd·stèad *n* ベッドの枠組, 寝台架, ベッドステッド.

béd·stòne *n* ひきうすの下石.

béd·stràw *n* **1** 《マットレスの代わりに用いる》床わら. **2** 〘植〙ヤエムグラ属の各種草本《アカネ科》.

béd tàble ベッドテーブル《**1**) ベッドサイドに置く小型テーブル, NIGHT TABLE **2**) 食事・書き物のときベッドの上で用いる小テーブル》.

béd tèa 《パキスタン》めざめたばかりのベッドの客に出すティー.

béd·tìck *n* 《枕・マットレスなどの》かわ; ᴵᴵ《海俗》[*derog*] 米国国旗.

béd·tìme *n*, *a* 就床[就寝]時刻(の).

bédtime stòry /; ─́ ─̀ ─/ 《子供などに》就寝時に読み[語り]聞かせる物語; 楽しいが信じかねる話, 子供だましみたいな説明.

béd tray ベッドトレー《病人がベッドの上で食事をするとき膝の上に渡して置く脚付きの台》.

Bedu /bédu/ *n*, *a* (*pl* ～) [ᵒb-] BEDOUIN.

Beduin ⇨ BEDOUIN.

béd·ward(s) *adv* ベッドの方へ.

béd wàrmer 《石炭を入れて使った》金属性のベッド温め器.

béd-wètting *n* おねしょ, 寝小便. ♦ **béd wètter** *n*

béd·wòrthy *a* ᴵᴵ《俗》寝たくなるような, 性的魅力のある (beddable).

Bę·dzin /béndʒiːn/ ベンジン《ポーランド南部 Katowice の北西にある町》.

bee[1] /bíː/ *n* **1** 〘昆〙(ヨウシュ)ミツバチ, 《広く》ミツバチ上科の各種のハチ《APIAN, APIARIAN *a*》; 非常な働き者: the queen [working] ～ 女王[働き]バチ / (as) busy as a ～ 非常に忙しい (cf. BUSY BEE) / work like a ～ せっせと働く / No ～s, no honey. ＝No work, no money. **2** *《仕事・娯楽・コンテストなどのための》集まり, 会合 (: SPELLING BEE). **3** 変な考え, 気まぐれ (⇨ 成句). **4** *《麻薬俗》マッチ箱一杯分の麻薬[マリファナ]《販売単位; 略 B》. ● **a ～ in one's bonnet [head]** 《口》偏執的な考え, 取りつかれたような思い, 妙な思い入れ[思い込み] 〈*about*〉; 《口》妙な[おかしな]考え, 奇想: have [get] *a ～ in* one's *bonnet*. **～s (and honey)** 《韻俗》お金 (money). **put a ～ in sb's bonnet** 〈…について〉人に教える, 入れ知恵する, 考えを植え付ける 〈*about*, *that*〉. **put the ～ on**... *《俗》…から(金を)借りようとする, 悩ます. ★ ⇨ BEE'S KNEES. ♦ **～·lìke** *a* [OE *bēo*; cf. G *Biene*]

bee[2] *n* 〘海〙ビー(ブロック) (＝～ **blòck**)《第 1 斜檣(しゃしょう)の先端の両側に取り付けた木片》. [OE *bēag* ring]

bee[3] *n* 《アルファベットの》B [b]. ► *a* 《俗》BLOODY.

BEE Bachelor of Electrical Engineering.

Beeb /bíːb/ [the, Auntie ～] ᴵᴵ《口》BBC 放送.

bée bàlm 〘植〙**a** セイヨウヤマハッカ (lemon balm). **b** ヤグルマハッカ属の草本 (monarda), 《特に》OSWEGO TEA.

Bee·be /bíːbi/ ビービ **(Charles) William ～** (1877–1962)《米国の自然史研究家・探検家》.

bee·bee /bíːbìː/ *n* BB.

béebee gùn BB 銃, 空気銃.

bée bèetle 〘昆〙ハチノスカッコウムシの一種《幼虫はミツバチの巣を荒らす》.

bée bìrd* ミツバチを食う鳥, 《特に》KINGBIRD.

bée·brèad *n* 蜂パン (＝*ambrosia*)《ミツバチが花粉で作って巣にたくわえ幼虫の食料とする》.

beech /bíːtʃ/ *n* (*pl* ～·es, ～) 〘植〙ブナ科ブナ属の各種の木, ブナ(橅, 山毛欅) (＝～ **trèe**); ブナ材. ♦ **béechy** *a* [OE *bēce*; cf. BOOK]

Bee·cham /bíːtʃəm/ ビーチャム **Sir Thomas ～** (1879–1961)《英国の指揮者》.

Béecham's pówders 〘商標〙ビーチャムズ粉薬《英国 Beecham Group 社製の粉末かぜ薬》.

béech·dròps *n* (*pl* ～) 〘植〙アメリカブナの根に生えるハマウツボ科の寄生植物 (＝*pinedrops*)《北米産》.

béech·en *a* ブナの, ブナ材(製)の.

beech·er /bíːtʃər/ *n* *《俗》[*derog*] ビーチナット (Beechnut) をかむやつ.

Bee·cher ビーチャー **Henry Ward** ～ (1813-87)《米国の会衆派牧師; 反奴隷制運動を推進》.

béech fèrn〘植〙ミヤマワラビ《ウラボシ科オシダ属》.

béech màrten〘動〙ブナテン (stone marten).

béech·màst *n* ブナの実《特に 地面に落ちて散らばっているもの》. [*mast*[2]]

béech·nùt *n* **1** ブナの実, ソバグリ《食用になる》. **2** [B-]〘商標〙ビーチナット《米国製のかみタバコ》.

béech·wòod *n* ブナ材.

beedi(e) ⇨ BIDI.

bée-èat·er *n*〘鳥〙ハチクイ《ハチクイ科の各種の鳥; 南欧・アフリカ・南アジア・豪州産》.

beef /bíːf/ *n* **1 a** 牛肉,《一般に》肉; (*pl* **beeves** /bíːvz/, **～s**)《屠殺して内臓をとった》肉牛の胴体; (*pl* **beeves, ～s, ～**) 肉牛: corned ～ コーンビーフ / a herd of good ～ / horse ～馬肉. **b**《口》《人体の》肉, 筋肉, 力, たくましさ;《口》肉付き, いい体格, 体重; *《俗》太った人, 体格のいい男; *《俗》いい女, いかす女;《俗》肉棒, ペニス: lack in ～ 筋力が足りない / ～ to the heel(s)〈人が〉太りすぎて. **c**《口》力, パワー. **2** (*pl* **～s**)《口》不平, 不満, 苦情, 抗議, 訴え;《俗》起訴(事実), 容疑;《俗》議論 (argument), けんか, 論争 (dispute); *《俗》《お客への》請求書: a ～ session 苦情集会 / square the ～ 苦情をおさめる. **3** *《俗》おなら, 屁《韻俗 beef-hearts＝farts から》. ● **put ～ into**...《俗》...に精出す. **What's the ～?**《口》何が不満なのか, 苦情のもとは何か? **Where's the ～?**《口》お肉はどこにあるの?《実質[中身]がないじゃないか; ハンバーガーチェーンの宣伝文句から; 1984 年の米国大統領選の政治討論で使われ, 広まった》;《口》何が不満なのか (What's the beef?). ► *vi* **1**《口》不平を鳴らす, こぼす, ぼやく〈*about*〉; *《俗》口論をする. **2** *《俗》おならをする, 屁をこく. **3** *《俗》《スケートボードで》しりもちをつく; *《俗》《スケートボードなどで》ぶつかってけがする. ► *vt*〈牛を〉太らせる, 屠殺する; *《俗》なぐり倒す;《俗》...と性交する. ● **～ up**《口》強化[増強, 増大]する: ～ *up* security 警備を強化する. ♦ **～·er** *n*《口》不平家; *《俗》《警察への》通報者, 情報屋;《俗》フットボール選手. **～·less** *a* [OF＜L *bov- bos* ox]

beef·a·lo /bíːfəlòu/ *n* (*pl* **～s, ～es**)〘畜〙ビーファロー《野牛と畜牛との雑種の肉牛》. [*beef*＋buff*alo*]

béef bóuillon* BEEF TEA.

béef Bourguignón BOEUF BOURGUIGNON.

béef·bùrger *n* HAMBURGER.

béef·càke《俗》*n* 肉体美の男性ヌード(写真); 肉体美の男 (cf. CHEESECAKE).

béef·cak·e·ry /-kèikəri/ *n* *《俗》男性ヌード写真術.

béef càttle 肉牛 (cf. DAIRY CATTLE).

béef·èat·er *n* **1** [°B-] ビーフイーター《ロンドン塔の衛士 (Yeoman Warder) または国王衛士 (Yeoman of the Guard) の通称》. **2** *《俗》イギリス人; 牛肉食い《人》; がっしりとした筋肉質の人.

béef éxtract 牛肉エキス.

béef·hèad *n*《口》まぬけ, とんま, あほ, とんちき.

béef·hèarts *n pl* **1** 牛の心臓肉, ハツ. **2**ᵘ《俗》屁の素, 豆 (beans)《fart と押韻》; *《俗》《音の出る》おなら, 放屁.

béef injèction *《俗》肉棒注射, 挿入, 性交: give [slip] sb the hot ～.

béef·ish[1] *a*〈人が〉たくましい;〈イギリス人が〉牛肉を食べる.

bee·fish[2] /bíːfɪʃ/ *n* 牛の挽肉と魚のすり身を混ぜたもの《ハンバーグ用などに製造される》. [*beef*＋*fish*]

bée flỳ〘昆〙ツリアブ《ミツバチに似る》.

béef róad《豪》牛輸送道路.

béef-squàd *n* *《俗》《お抱えの》暴力団.

béef·stèak *n* ステーキ用牛肉, ビーフステーキ.

Béefsteak and Ónions [the] *《俗》ボルティモア-オハイオ (Baltimore-Ohio) 鉄道.

béefsteak fúngus [múshroom]〘菌〙カンゾウタケ (＝*beeftongue*)《ナラ類の古木やクリの木の地際に生える牛の舌状の多孔菌類の食用キノコ; スライスすると牛肉にそっくりで, 赤い汁が出る》.

béefsteak tomáto〘園〙ビーフステーキ(トマト)《大果で, 特に 多肉のトマトの総称》.

béef stróganoff〘料理〙ビーフストロガノフ《牛肉を薄切りにしてタマネギ・マッシュルームを加えて炒めたものでサワークリームソースで仕上げて出す》. [Count Pavel Aleksandrovich *Stroganov* (1772-1817) ロシアの外交官]

béef téa《病弱者用の》濃い牛肉スープ.

béef tomátoᵘ BEEFSTEAK TOMATO.

béef·tòngue *n*〘植〙BEEFSTEAK FUNGUS.

béef trùst *《俗》太った[かっぷくのいい]人の集団,《特に》たくましい女性のコーラス隊, 巨人ぞろいの野球[フットボール]チーム.

béef Wéllington〘料理〙ビーフウェリントン《牛ヒレ肉をフォアグラのパテ (pâté de foie gras) でおおい, さらにパイ皮などに包んでオーブンで焼いたもの》.

béef-wìtted *a* 愚鈍な. ♦ **～·ly** *adv* **～·ness** *n*

béef·wòod *n*〘植〙赤みをおびた堅材の採れるオーストラリア・東南アジア・太平洋諸島産の木,《特に》モクマオウ科モクマオウ属の木, トキワギョリュウ (Australian pine); 木麻黄材《褐色の芯材は家具用堅材》.

béefy *a* (牛)肉の(ような); (牛)肉たっぷりの;〈人が〉肥満した; 筋骨たくましい; がんじょうな; 鈍重な (stolid); ᵘ《学生俗》まあまあの (fair)〈成績など〉. ♦ **béef·i·ly** *adv* **-i·ness** *n*

bée glùe 蜂にかわ (PROPOLIS).

bée gùm *《中南部》〘植〙ミツバチが巣を作る芯のうつろなゴムの木の一種; ミツバチの巣.

bée·hìve *n* **1** ミツバチの巣箱 (hive)《伝統的にはわらで作ったドーム型, 今は 通例 木の箱》. **2** 人込みの場所, 活気のある所. **3 a** ビーハイブ《**1**》ドーム形に高く結った女性の髪型 **2**》ドーム型の帽子》. **b** BEEHIVE OVEN. **c** [the B-] 蜂の巣(星団) (PRAESEPE). **d** [the B-]《NZ》ビーハイブ《**1**》内閣府のはいっている建物の俗称; ドーム型をしている **2**》ニュージーランド政府》. ► *a* 上部がドーム形[状]の. ♦ **～d**〈髪が〉ビーハイブスタイルの.

béehive hòuse〘考古〙《ヨーロッパの先史時代の》蜂窩(ほう)状家屋《主に 石造》.

béehive òven ビーハイブ炉《石炭を炭化してコークスにするアーチ形の炉》; ビーハイブオーブン《アーチ形の料理用オーブン》.

Béehive Stàte [the] ビーハイブ州《Utah 州の俗称》.

bée·hòuse *n* 養蜂所 (apiary).

bée·kèep·er *n* ミツバチを飼う人, 養蜂家.

bée·kèep·ing *n* 養蜂 (apiculture).

beek·ie /bíːki/ *《俗》*n* おせっかい屋; 会社のスパイ.

bée killer〘昆〙ムシヒキアブ (robber fly).

bée·lìne *n*《2 地点間の》最短コース, 直線コース. ● **in a ～**《寄り道せずに》まっすぐに, 一直線に (cf. *in a* CROW[2] *line*). **make a ～ for**...《口》...へまっすぐに進む. ► *vi* *《口》一直線に進む, 最短コースを急いで行く (＝**～ it**).

Be·el·ze·bub /biɛ́lzɪbʌ̀b, *bíːl-, *bɛ́l-/〘聖〙ベルゼブル《悪霊の首領; *Matt* 12: 24》; 悪魔 (devil);《Milton, *Paradise Lost* の》堕落天使. [Heb＝lord of flies]

bée·màn /, -mən/ *n* (*pl* **-mèn** /, -mən/) BEEKEEPER.

bée-màrtin *n*〘鳥〙タイランチョウ (⇨ KINGBIRD).

bée·màster *n* BEEKEEPER.

beem·er /bíːmər/ *n* [°B-]《口》BMW 車[バイク].

bée mòth〘昆〙ハチノスツヅリガ, ハチミツガ (＝*honeycomb moth, wax moth*)《幼虫はミツバチの巣の蠟を食害する; メイガ科》.

been /bɪn, bín; bɪn, bin, bíːn, bín/ *v* **1** BE の過去分詞. **2**《口》have been: I ～ doing.... ● **～ there, done that**《口》すっかりおなじみのことだ. **have ～ and (gone and)** *pp* ᵘ《口》[抗議・驚きを表わす] よくもまあ...したものだ: He *has* ～ *and moved* my papers. やつめおれの書類をいじりおった / *have* ～ *and gone and done* it《俗》[*joc*] やっちまった《特に 結婚について》. ★ しばしば **～ and** *pp* または **gone and** *pp* と略す. **It's ～.**《口》楽しかったです, 本当にけっこうでした《It's been real nice. などの省略表現》.

béen·to《アフリカ・アジア》*n, a* 英国で生活した[教育をうけた]ことのある人(の). [*been*＋*to*]

bée òrchis [òrchid]〘植〙オフリス・アピフェラ《欧州産ラン科の多年草; 唇弁の形がマルハナバチに似る》.

beep /bíːp/ *n* ビーッという音, ビープ音《車の警笛・電気器具の信号音・ラジオの時報など》; [〈*int*〉] ビーッ. ► *vi* ビーッという音を出す; 警笛を鳴らす. ► *vt* ビーッと鳴らす; ビーッという音で〈信号などを〉発する〈*out*〉; ビーッという音で告げる[警告する, 呼ぶ]. [imit]

béep·er *n* BEEP を発する装置[人], *ポケットベル (bleeperᵘ), ビーパー;《電話回路に組み込んで》通話が録音されていることを知らせる装置;《俗》無人飛行機を遠隔操縦する装置[人]; *《俗》小型リモコン.

bée plànt〘植〙養蜂[蜜源]植物 (＝*honey plant*).

beer /bíər/ *n* ビール (cf. ALE, LAGER, PORTER, STOUT); ビール 1 杯; 発泡飲料 (: BIRCH BEER, ROOT BEER); 発酵させたマッシュ (mash): be fond of ～ ビールが好きである / dark ～ 黒ビール / order a ～ ビールを 1 杯注文する / SMALL BEER. ● **～ on draft**＝DRAFT BEER. **be in ～** ビールに酔っている. **cry in one's ～** *《俗》ひとしきり嘆く[泣く], 自分でみじめになる. **drink (one's) ～** [ᵘ*impv*] *《俗》黙る (shut up). **on the ～**《俗》ビール[酒]浸りで;《俗》飲み騒いで. **pound [hammer, slam] a ～ [some ～s]** *《俗》ビールを(ガブッと)飲む[やる]. **(We're [I'm]) only here for the ～(.)** ただ飲みに[楽しみで]来ているのだ《人助けや友好のためとかいうまじめな動機からではない; ビールの広告から》. ► *vi*《口》ビールを飲む, ビールをがぶがぶやる〈*up*〉. ► *vt* [°～ *-self*] *《俗》ビールで酔っぱらう. [OE *bēor*; cf. G *Bier*, L *bibo* to drink]

béer·age *n* [the]《俗》(貴族に列せられた)ビール醸造業者, ビール業界, [*derog*] 英国貴族(階級)《ビール醸造業者が多いことから》. [*beer*＋*peerage*]

béer and skíttles [〈*sg/pl*〉] 遊興, 享楽, のんきな生活: Life is not all ～.《諺》人生は飲んだり遊んだりばかりじゃない.

béer bèlly《口》ビール腹(の人). ♦ **béer-bèllied** *a*

béer blàst *《俗》ビールパーティー (beer bust).

Beer·bohm /bíərbòum, -bəm/ ビアボーム Sir **Max** ～ (1872-1956)《英国のユーモア作家・批評家・諷刺画家; *Zuleika Dobson* (1911)》.

beer·bong /bíərbɔ̀:ŋ/ *《俗》 *n* 一気飲み用の缶ビール《缶の底に穴をあけて口に当て, 上蓋のタブを引っ張るとビールがどっと流れ込むというもの》. ► *vi* 缶ビールの一気飲みをする.
béer bùst [bùrst] *《口》 ビールパーティー.
béer cèllar 《地下の》ビール貯蔵室; 《地下の》ビアホール, ビアケラー.
Béer Cìty ビールの町, ビアシティ《Milwaukee 市の俗称》.
Bee·ren·aus·le·se /G bé:rənàusle:zə/ *n* (*pl* -sen /G -zn/, ~s) ベーレンアウスレーゼ《ドイツで, 貴腐化したブドウの果粒を選んで仕込んだ高級甘口白ワイン》. [G *Beeren* berries, grapes, *Auslese* selection]
béer èngine BEER PUMP.
béer gàrden ビヤガーデン, 酒場にある庭.
béer góggles *pl* *《俗》 酔暈(すいうん)めがね, 酩酊ゴーグル《酔いがまわってだれもが美人[美男子]に見える状態》: wear [get on] (one's) ~.
béer gùt 《口》 ビール腹 (beer belly).
béer hàll ビヤホール.
béer·hòuse ‖ *n* ビール店, ビヤホール (cf. BEERSHOP).
béer-jèrk·er *n* *《俗》 《バーなどで》ビールを給仕する人.
béer jòint 《俗》 ビール酒場, 居酒屋 (tavern).
béer màt ‖ ビールマット, ビール用コースター.
béer mòney ‖《口》 《雇い人へ与える》酒手; ‖《口》 《夫の》へそくり, ポケットマネー《ビール代など》.
Beer·naert /béərnà:rt/ ベールナールト **Auguste-Marie-François** ~ (1829–1912) 《ベルギーの政治家; 首相兼蔵相 (1884–94); ノーベル平和賞 (1909)》.
béer pàrlor ビール酒場, 《ホテルなどの》ビヤホール.
béer póng /-pάŋ, -pɔ́:ŋ/ ビアポン《ビール(など)のはいった規定数のコップをテーブルの両端に並べ, 対戦者[チーム]がそれぞれの側から相手側のコップの中をねらってピンポン球を投げ, 球を入れられた側はそのコップのビールを飲まなくてはいけない, というゲーム》. [*beer*+Ping-*Pong*]
béer·pùll *n* BEER PUMP (のハンドル).
béer pùmp ビールポンプ《地下室の樽から酒場まで吸い揚げる器械》.
béer rùn 《口》 ビールの買い出し: go on a ~.
Beer·she·ba /bɪərʃí:bə, bɛər-, bər-/ ベールシェバ《イスラエル南部, Negev 地方北部の市; 聖書時代には Palestine 南端の都市; cf. DAN[1]》.
béer·shòp ‖ *n* 〘法〙 《店外飲用の》ビール販売店.
béer·slìng·er *n* 《俗》 ビール飲み; 《古俗》 バーテン.
béer tènt ビールテント《野外で催し物がある時ビールその他の酒類を販売する大テント》.
Béer·tòwn *n* ビールの町, ビアタウン《Milwaukee 市の俗称》.
béer-ùp *n* 《豪俗》 酒宴. ► *vt* *《俗》 ビールを飲みまくる.
béery *a* ビールの(ような); ビール好きの; ビールに酔った(ための); ビール臭い; ビールで味付けした. ♦ **béer·i·ly** *adv* **-i·ness** *n*
bée's knées [the, 〈*sg*〉] 《口》 とびきり上等なもの[人], もってこいのもの[人]; *ビーズニーズ《レモン果汁とジンにハチミツで甘味をつけたカクテル》.
beestings ⇨ BEASTINGS.
bée-stùng *a* ハチに刺されたような, 赤くぷっくりふくれた: ~ lips ふっくらしたくちびる.
bées·wàx /bí:z-/ *n* **1** 蜜蠟, ビーズワックス《特に家具のつや出しに用いる》. **2** [次の句で] *《口》 BUSINESS: Mind your own ~. ほっといてくれ / None of your ~. おまえの知ったことか. ► *vt* …に蜜蠟を塗る, 蜜蠟でつや出しする.
bées·wìng *n* ビーズウイング《**1**) 古いワインの表面に生じる膜状の酒石 **2**) これのできたワイン》.
beet /bí:t/ *n* 〘植〙 アカザ科フダンソウ属の各種《多くの栽培品種がある: 肥大した根を野菜として利用するビート (別名 火炎菜) (beet, beetroot‖, red beet), 飼料ビート (mangel), テンサイ (sugar beet), 葉を食用にするフダンソウ (chard, leaf beet) など》; ビートの根: (as) red as a ~ *まっ赤で. ● **blow ~s** *《俗》 吐く. ♦ **~·lìke** *a* [OE *bēte*<L *beta*<?Celt]
béet ármyworm 〘昆〙 シロイチモンジヨトウの幼虫.
béet·flỳ *n* 〘昆〙 アカザモグリハナバエ (=*mangold fly*).
Bee·tho·ven /béɪtòuv(ə)n; G bé:tho:fn/ ベートーヴェン **Ludwig van** ~ (1770–1827) 《ドイツの作曲家》. ♦ **Bee·thó·vi·an, Bèe·thò·vé·nian** /-ví:njən/ *a*
bee·tle[1] /bí:tl/ *n* 甲虫《鞘翅(しょうし)目の昆虫の総称》; 甲虫に似た虫, 《俗に》ゴキブリ (black beetle); 近視の人, 近視眼的な人; ‖ビートル《beetle の絵を描く[作る]さいころ遊び》; [B-] 〘商標〙 ビートル, 'かぶと虫'《Volkswagen 社製の小型大衆車》; *《俗》 女の子, 若い女; *《俗》 (二流の)競走馬: ~ blind=(as) BLIND as a ~. ► *vi* 《口》 〈眼などが〉忙しく動く, せかせか動きまわる; ‖《俗》 急いで行く, さっさと出て行く 〈*along, off, away*〉: *B~ off!* とっととうせろ. [OE *bitula* biter; ⇨ BITE]
beetle[2] *n* 大槌(おおつち), 掛矢; 《家庭用の》小槌, すりこぎ; 《織物を打って密度を増し光沢を出すための》打布(だふ)機. ► *vt* 槌で打つ[つぶす, ならす]; 打布[ビートリング]する. [OE *bētel*; ⇨ BEAT[1]]
beetle[3] *a* 突き出た: ~ brows ゲジゲジまゆ; 《不機嫌を示す》ひそめたまゆ, しかめっつら. ► *vi* 〈まゆ・崖などが〉突き出る (overhang). [ME<?]

béet lèafhopper 〘昆〙 テンサイヨコバイ《米国西部でサトウダイコンに病気を媒介するヨコバイの一種》.
béetle·bràin *n* 《俗》 BEETLEHEAD.
béetle-bròwed *a* ゲジゲジまゆの; まゆをひそめた, しかめっつらの, むっつりした.
béetle-crùsh·er *n* ‖《口》 大足, 大靴.
béetle drìve ‖ ビートル大会《ビートルゲーム (beetle) の競技会》.
béetle·hèad *n* 《俗》 ばか, まぬけ. ♦ **~·ed** *a* まぬけな.
bée·tling *n* 槌で打つこと; 《光沢を出すための》打布(だふ), ビートリング. ► *a* 突き出た (beetle).
Bee·ton /bí:tn/ ビートン **Isabella Mary** ~ (1836–65) 《英国の家政書著述家; *The Book of Household Management* (1861) が有名になり, 改訂が続けられて 'Mrs. Beeton' といえばその料理書の代名詞となっている》.
bée trèe ミツバチが巣を作る芯のうつろな木; 〘植〙 シナノキ (basswood).
béet·ròot ‖ *n* 〘野菜〙 ビート, 火炎菜, ビートの根《サラダ・漬物用; ⇨ BEET》; 〘植〙 アオゲイトウ: (as) red as a ~ 《恥ずかしくて》まっ赤になって.
béet sùgar 甜菜(てんさい)糖 (cf. SUGAR BEET).
bee·vee·dees /bí:vì:dí:z/ *n pl* *《俗》 BVDs《男性用下着》.
beeves *n* BEEF の複数形.
bee·wy /bí:wàɪ/ *n* *《俗》 お金, 《特に》小銭.
bée·yàrd *n* 養蜂園 (apiary).
bee·zer /bí:zər/ *n* 《俗》 鼻; ‖《俗》 人, やつ; ‖《俗》 みごとな[でっかい]もの. ► *a* ‖《口》 すばらしい.
bef. before. **BEF** °British Expeditionary Force(s).
be·fáll /bɪ-/ *vt* …に起こる (happen to), 生じる, 降りかかる: A misfortune *befell* him. ► *vi* 起こる, 生じる; 《古》 属する, ふさわしい 〈*to*〉. [OE *befeallan* (*be-*)]
be·fít /bɪ-/ *vt* …に適する; ふさわしい, 似合う: It ill ~*s* him *to* do …するのは彼には適当でない[似合わない].
be·fít·ting *a* 適当な, ふさわしい, 相応の. ♦ **~·ly** *adv*
be·flág /bɪ-/ *vt* たくさんの旗で飾る.
be·flówer /bɪ-/ *vt* 花でおおう, …に花をまき散らす.
be·fóg /bɪ-/ *vt* 濃霧でおおう; 〈人を〉困らせる, 惑わす, 煙にまく (bewilder), 〈説明を〉ぼかす.
be·fóol /bɪ-/ *vt* 愚弄する, だます; ばか扱いする, ばか呼ばわりする.
be·fore *adv* /bɪfɔ́:r/ (opp. *after, behind*) **1** [位置] 前方に[を]; 前面に[を]: go ~ 先に立って行く / ~ and behind 前と後ろに / look ~ and after 前後を見る. **2** [時] 以前に, かつて, すでに; その時までに: I have done this ~. かつてしたことがある / I had been there ~. それ以前に行ったことがあった / the day ~ その前日 / long ~ ずっと以前に / I'll pay tomorrow, *not* ~ (=not sooner). あす払う, それまではだめ. ★ before は「過去の一時点から」, AGO は「今から」見て「以前に」: two days ~ 《その時から》2 日前に (cf. *prep* 2).
► *prep* /ー⌒, ー⌒/ **1** [位置] …の前に; …の面前[眼前]に: problems ~ the meeting 会議に持ち出される問題 / the case ~ the court 審理案件 / stand ~ the King 王の前に出る. **2** [時] …よりも前に[先に, 早く]; …の前途に (cf. *adv* ★): the day [night] ~ yesterday (*adv, n*) 一昨日[一昨夜]《副詞用法の場合, 《米》 ではしばしば the を省く》/ Come ~ five o'clock. 5 時前においでなさい / ~ two days 2 日と経たぬうちに / It's a quarter ~ (=to) ten. 10 時 15 分前です / His whole life is ~ him. 彼の人生はこれからだ / Summer holidays were ~ the children. 夏休みが子供たちを待っていた. **3** [順序・階級・優先・選択] …に先んじて (preceding); …よりはむしろ (rather than): Put conscience ~ profits. 利益よりも良心を優先させよ / I would do anything ~ that. 何でもするがそれだけはいやだ. **4** …に直面して, 〈勢い〉に押されて: bow ~ authority 権力に屈する / sail ~ the wind 追い風に乗って帆走する (cf. ~ *the* WIND[1]). ● **be** ~ 《列・名簿などで》…より前にいる; …より先に〈新聞などを〉手にする[楽しむ](ことになっている) 〈*with*〉. ~ CHRIST. ~ EVERYTHING.
► *conj* /ー⌒, ー⌒/ **1** 〈…する〉に先立って, より前に, 〈…し〉ないうちに: I had not waited long ~ he came. 待つほどもなく彼が来た / It will be long [some time] ~ we meet again. 今度お会いするのはずっと[しばらく]先のことでしょう / I got up ~ the sun rose. 日の出ないうちに起きた / You must sow ~ you can reap. 《諺》 'まかぬ種は生えぬ' / *B~* I forget, we expect you tomorrow. 忘れないうちに申しますが, あすお待ちしています / Go out of here ~ you get into trouble. 出て行け. さもないと面倒なことになるぞ. **2** 〈…する〉よりはむしろ (rather than): I will die ~ I give in (=~ giving in). 屈伏するくらいなら死ぬ, 死んでも降参しない. ● **~** one KNOWS **where** one **is.** [OE *beforan*; ⇨ BY, FORE[1]; cf. G *bevor*]
befóre·hànd *adv, pred a* 事前に, あらかじめ; 早手まわしをして: You are rather ~ *in* your suspicions. きみは気をまわしすぎる / be ~ あらかじめ備える, 手まわしがよい; 〈人の〉機先を制する 〈*with*〉. ● **~ with the world** 《古》 金まわりがよくて, 十分金があって. ♦ **~·ed·ness** *n*
befóre-tàx *a* 税引き前の, 税込みの (pretax) (opp. *after-tax*).
befóre·tìme *adv* 《古》 昔, 以前は (formerly).

be·fóul /bɪ-/ *vt* よごす; けがす. ♦ **~·er** *n* **~·ness** *n*
be·fríend /bɪ-/ *vt* …の友人[味方]となる, 助ける.
be·fúddle /bɪ-/ *vt* ぼんやり[もうろうと]させる; 混乱[困惑]させる: be ~*d with* drink [fatigue] 酔っぱらって[へとへとで]頭がぼうっとしている. ♦ **~·ment** *n*
be·fúrred /bɪ-/ *a* 毛皮でおおわれた, 毛皮の飾りを付けた.
beg[1] /bég/ *v* (**-gg-**) *vt* **1**〈食・衣・金など施しを〉請い求める〈*from* sb〉;〈許し・恩恵などを〉頼む, 懇願する; 必要[妥当]なものとして要求する: ~ one's bread《古》乞食をする / I have a favor to ~ *of* you. =I ~ a favor *of* you. あなたにお願いがあります / I ~ *that* you will do it. =I ~ you *to* do it. どうぞそうしてください / I ~ *to* be excused. ご免こうむりたい / ~ leave (*to* do…をする) 許しを乞う / I ~ *to* inform you that….《古》《商用文で》…の旨ご通知申し上げます / He *begged* the king *for* his life. 彼は王に助命を請うた. **2**〈困難・問題を〉回避する, 棚上げする. ► *vi* 施しを乞う, 乞食をする; 許しを乞う; 懇願する〈*for* food, money, help, mercy, etc.; *of* sb〉;〈犬が〉ちんちんをする, [*impv*] ちんちん! ● **~, borrow or steal**=**~ or borrow** どうやっても手に入れる. **~ off**《約束などをあとで》言いわけをして断わる〈*on*〉; 言いわけして勘弁してもらう[釈放してもらう]: He promised to go, but he has since *begged off*. 行くといったけれどあとで断わってきた / I'll have to ~ *off*. せっかくですが失礼させていただきます. **~ the question**〔論〕論点となっていることを真と仮定して論を進める (cf. PETITIO PRINCIPII); 論点を巧みに避ける; 扱われていない論点を提起する, 当然の疑問を生じさせる. **~ yours**《豪》~ your PARDON. **go begging** 物乞いして歩く; [通例進行形で]ᵘ〈品物が〉買手がつかない, 引き受け手がない; 欲しければすぐ手にはいる. **I ~ to** DIFFER. [?OE *bedecian*; ⇨ BID; cf. BEGGAR]
beg[2] *n*《トルコの》長官; BEY. [Russ]
beg. begin ♦ beginning.
be·gad /bɪgǽd/ *int*《口》まあ, とんでもない, しまった, ええちくしょう《など》(bedad). [*by God*]
began *v* BEGIN の過去形.
begat /bɪgǽt/ *v*《古》BEGET の過去形.
beg·athon /bégəθɑ̀n/ *n**《俗》《テレビ局の行なう》長時間募金運動. [*beg*[1], *-athon*]
be·gats /bɪgǽts/ *n pl**《俗》系図《特に 旧約聖書の》. [*begat, -s*; 聖書 特に *Gen* 5 に頻出するところから]
be·get /bɪgét/ *vt* (**-got** /-gɑ́t/,《古》**-gat** /-gǽt/; **-got·ten** /-gɑ́tn/, **-got**; **-gét·ting**)〈子を〉こしらえる, もうける《通例 男親, 時に 両親について いう; 女親には BEAR[2] を用いる》; 生じさせる,《結果として》きたす: Money ~*s* money. 金は金を生む. [OE *begietan*; ⇨ BE-]
be·gét·ter *n* 生む人, 子をなす者《特に 男親》.
beg·gar /bégər/ *n* **1** 乞食, 物乞い; 貧乏人; 寄付募集員: *B~s* can [must] not be choosers [choosy*].《諺》物をもらうにえり好みは言えない / Set a ~ on horseback and he'll ride to the devil.《諺》乞食を馬に乗せたら悪魔の所まで行く《貧乏人が金をもつと傲慢になる》/ If WISHes were horses, ~*s* would ride. / a good ~ もらいじょうず《ペットなどの》, 金集めのうまい人. **2**《口》[*iron/joc*] 野郎, やつ, やっこさん;《俗》[*euph*] 男色者 (bugger): a saucy ~ 生意気なやつ / (nice) little ~*s* かわいいやつら《子供・動物の子にいう》/ Poor ~! かわいそうに! / You little ~! こいつめ! / DIE[1] a ~. ● **a ~ for work**《口》仕事の好きな人, 働きバチ. ► *vt* [ᵒ~ *-self*] 貧乏にする; 貧弱[無力]にする: It ~*s* (=is beyond) (all) description. 筆舌に尽くしがたい《Shak., *Antony* 2.2.203》/ ~*s* belief〈事が〉信じがたい. ● **I'll be ~ed if** I do….《俗》誓って…のようなことはない, 決して…しない. ♦ **~·hòod** *n* [*beg, -ar*]
béggar·dom *n* 乞食仲間[社会]; 乞食生活[状態].
béggar·ly *a* 乞食のような[らしい], 赤貧の; 卑しい, けちくさい, 貧弱な;《知的に》劣った. ► *adv*《古》卑しい態度で (meanly). ♦ **-li·ness** *n*
béggar-my-néighbor, -thy-, -your- *n*〔トランプ〕すかんぴん《一人が他の者の持ち札を全部取るまで続けるゲーム》. ► *a* 人の損により得をする, 自己中心的な, 保護主義的な〈政策〉.
béggar's chìcken 叫花童鶏(チャオホワートンチー), '乞食鶏'《マリネにして詰め物をした鶏をハスの葉で包み粘土で固めて蒸し焼きにする中国料理》.
béggar('s)-lìce *n* (*pl* ~)〔植〕衣服や動物の毛に付着する実(をつける植物)《ヌスビトハギ・ヤエムグラなど》.
Béggar's Ópera [the]『乞食オペラ』《John Gay の台本によるバラッドオペラ (1728 年に初演); 牢獄を舞台, 追いはぎ Macheath を主人公に, 政治やイタリアオペラを諷刺している》.
béggar('s)-tìcks *n* (*pl* ~)〔植〕**a** キク科タウコギ属の植物(の実)《痩果に有鉤刺状の冠毛がある》. **b** BEGGAR'S-LICE.
béggar's vélvet*《俗》綿ぼこり (house moss).
béggar·wèed *n*〔植〕**a** やせ地の植物《ミチヤナギ・オオツメクサなど》. **b** ヌスビトハギ属の各種植物.
bég·gary *n* 乞食の身分; 貧窮, 極貧; 乞食仲間; 乞食の巣; 物乞い.
bég·ging *n* 乞食生活. ► *a* 物乞いの: a ~ letter 無心の手紙. ♦ **~·ly** *adv*
bégging bòwl 托鉢僧の鉢, 托鉢碗; 行乞, 助けを乞うこと,《財政的支援の》訴え.
bégging lètter 寄付要請の手紙, 無心の手紙.
Beg·hard /bégərd, bəgɑ́:rd/ *n* [ˢb-] 男子ベギン会修道士《同修道会は 13 世紀フランドルに起こった半俗半僧の修道会, 女子の Beguine 会の方式によって生活した》.
be·gin /bɪgín/ *v* (**be·gan** /-gǽn/; **be·gun** /-gʌ́n/; **be·gín·ning**) *vt* **1** 始める, 着手する (start); 創設する, 起こす; …し出す〈*to* do, do*ing*〉; [不定詞を伴い] しだいに…する: ~ the WORLD / Well *begun* is half done.《諺》始めがよければ事は半分成ったのも同じこと / He who ~*s* many things, finishes but few.《諺》多くの事に手を出す者は仕上げるのが少ない / It has *begun to* rain. 雨が降り出した / He *began* read*ing* the book yesterday. きのうその本を読み始めた / I ~ [*am beginning*] *to* remember it. だんだん思い出してきた. **2** [*neg*]《口》…しそうにない, とても…しない〈*to* do〉: I can *not* even ~ *to* describe the beauty of the sunset. その夕焼けの美しさはとても言い表わせない / That suit does*n't* even ~ *to* fit you. とてもきみに合いそうもない. ► *vi* 始まる〈*at* 8 o'clock, *on* Monday, *in* April〉; 起こる, 生じる; 始める, 着手する〈*at, with, by*〉; 話を始める, 言い出す: ~ *at* page seven [the beginning] 7 ページ[最初]から始める / ~ *at* $50〈商品などが〉50 ドルから手にはいる[そろっている] / ~ again やりなおす / It *began as* a joke. 最初は冗談として始まった / it all *began*… そもそもの始まりは…だった《長い物語などの導入》/ ~ *by* (doing…) (…すること)から始める / ~ *on*〈仕事〉に着手する / ~ *with*…から始める[始まる]. ● **~ at the wrong end** 第一歩を誤まる. **B~ with No. 1.** まず自分から始めよ. **to ~ with** [独立句] まず第一に, そもそも; 初めに, 初めは. [OE *beginnan*<?; cf. OHG *biginnan*]
Be·gin /béɪgɪn/ ベギン **Me·na·chem** /mənɑ́:xəm/ ~ (1913–92)《イスラエルの政治家; 首相 (1977–83); ノーベル平和賞 (1978)》.
be·gín·ner *n* 始めた人, 創始者; 初学者, 初心者.
beginner's lúck《賭け事で》初心者に伴うつき.
be·gín·ning *n* 始め (start); 始まり, 発端; 起源, 起こり (origin); [*pl*] 初め[幼少]のころ, 初期段階: *at* the ~ *of* May [the term] 5 月[学期]の初めに / Everything has [must have] a ~.《諺》物事にはみな始めがある / from ~ to end 始めから終わりまで, 終始 / from the (very) ~ (そもそもの)最初から / in the ~ 始めに, 手始めに, まず最初は / In the ~ was the Word はじめに言葉あり《*John* 1: 1》/ make a ~ 端緒を開く〈*for*〉; 着手する / mark the ~ of…〈できごとなどが〉…の始まりをしるす / rise from humble [modest] ~*s* 卑賤から身を起こす. ● **since the ~ of things** 世の初めから. **the ~ of the end** 終わりの始まり, 終末を予示する最初の兆し, '桐一葉'. ► *a* 最初の; 駆け出しの; 初歩の, 基礎の.
begínning rhýme〔韻〕行頭韻 (=*head rhyme, initial rhyme*)《各行頭が押韻する》; ALLITERATION.
Begín the Beguíne /-bɪgí:n/「ビギン・ザ・ビギン」《ジャズのスタンダードナンバー (1935); Cole Porter 作詞・作曲》.
be·gírd /bɪ-/ *vt* (**be·gírt, ~·ed**) [ᵘ*pp*]《文》帯で巻く, 囲む, 取り巻く〈*by, with*〉.
be·glámour, -glamor *vt* 魅する, とりこにする; …に魅力を与える.
bég-òff *n* 許し[免除]を乞うこと; 断わること.
be·góggled *a* ゴーグルをつけた.
be·gone /bɪgɔ́(:)n, -gɑ́n/ *vi* [ᵘ*impv*]《文》立ち去る (go away): *B~!* 立ち去れ, 行ってしまえ. [*be gone*]
be·go·nia /bɪgóunjə/ *n*〔植〕ベゴニア, 秋海棠(しゅうかいどう)《シュウカイドウ科同属 (*B-*) の多年草の総称》. [Michel *Bégon* (1638–1710) フランスの植物学のパトロン]
be·gor·ra, -rah /bɪgɔ́(:)rə, -gɑ́rə/ *int*《アイル》いやはや, まったく! [*by God* のなまり]
begot *v* BEGET の過去・過去分詞.
begotten *v* BEGET の過去分詞.
be·gríme /bɪ-/ *vt* すす[ほこり, あか など]でよごす; [*fig*] 汚す, 腐敗させる.
be·grúdge /bɪ-/ *vt* **1** 出ししぶる, 惜しむ, しぶしぶ与える[認める]; いとう: I ~ him the money. 金をやるのを惜しむ / I ~ pay*ing* so much money for…のためにそれほどの金額を払うのは惜しい / He did not ~ the money spent on books. 本には金を惜しまなかった. **2** ねたむ: I ~ (him) his success. 彼の成功がねたましい. ♦ **be·grúdg·er** *n* **be·grúdg·ing·ly** *adv*
be·guile /bɪgáɪl/ *vt* **1** だます, 欺く (cheat): ~ sb *out of*… 人をだまして…を取る; 人を巧みにだまして…させない / ~ sb *into* part*ing* with his money 人をだまして金を手放させる. **2**〈苦痛・悲しみ・暇などを〉紛らす〈*with*〉;〈人を〉楽しませる, 慰める, …の気を紛らす〈*with* stories〉; …の気をひく, 惑わす. ► *vi* 手練手管でだます. ♦ **~·ment** *n* **be·guíl·er** *n*
be·guíl·ing *a* 魅力的な, (不思議と)ひきつける, 気を紛らす. ♦ **~·ly** *adv*
Be·guin /bégɪn/ *n* BEGHARD.
be·guine /bɪgí:n/ *n* ビギン《西インド諸島の Martinique, St. Lucia 両島のボレロ調の民俗ダンス; そのリズムおよび舞曲》. [AmF (*béguin* infatuation)]
Be·guine /béɪgì:n, ⏤⏤/ *n* [ˢb-] ベギン会修道女《同修道会は 12 世紀にオランダに起こった半俗半僧の女子修道会で, 会員は誓願を立てず俗人としての権利を保留したままで修道女的生活をした; cf. BEGHARD》.

be·gum /béɪgəm, bíː-/ *n* «インド»《イスラム教徒の》王妃, 貴婦人; [B-] ベイガム《イスラム教徒の既婚女性に対する敬称; Mrs に相当》. [Urdu<Turk=princess (fem)‹ BEY]

begun *v* BEGIN の過去分詞.

be·half /bɪhǽf; -háːf/ *n* [主に以下の成句で] 大義, 大目的; 支持, 利益; «古» 点, 面 (respect). ● **in ～ of…＝in sb's ～***(1) [支持・利益] …のために (in the interest of): He spoke *in* her ～. 彼女のために一席弁じた. (2) on BEHALF of. **in this [that] ～** «古» これ[それ]について, この[その]点で. **on ～ of…＝on sb's ～** (1) [代理] …に代わって, …の代表[代理]として. (2) in BEHALF of. [*by*, *half* part, side; *on his halve* と *bihalve him* (共に 'on his side' の意) の混同による *on his bihalve* より]

Be·han /bíːən/ ビーアン **Brendan (Francis)** ～ (1923–64)《アイルランドの劇作家; *The Quare Fellow* (1954), *The Hostage* (1958), 自伝小説 *Borstal Boy* (1958)》.

be·have /bɪhéɪv/ *vi* **1** ふるまう; 行儀よくする: ～ gently *toward* sb 人に穏やかに接する / He doesn't know how to ～. 行儀作法を知らない. **2** 〈動物・機械が〉動く, 運転[機能]する; 〈物質・物体などが〉《特定の状態のもとで》ある反応を示す, ふるまう. ► *vt* ふるまう; 行儀よくふるまう, 〈ある〉ふるまいをする: ～ one*self* like a gentleman 紳士らしくふるまう / *B*～ your*self!* お行儀をよくしなさい; 慎重に行動しなさい《軽はずみな言動は禁物》/ ～ one*self* ill 行儀が悪い. ◆ **be·háv·er** *n* [BE-, HAVE]

be·hav·ior | -iour /bɪhéɪvjər/ *n* **1** ふるまい, 行儀, 品行, 態度; 〖心〗《生物の》行動, 習性: GOOD BEHAVIOR / a pattern of ～ 行動の型, 行動パターン. **2** 《機械などの》運転, 動き; 《特定の状態のもとで物体・物質の示す》反応, ふるまい. ● **be on one's good [best] ～** つとめて行儀をよくする. ◆ **～·al** *a* **～·al·ly** *adv* [*demeanor*, *haviour* (obs) にならって *behave* より]

behávioral contágion 行動の伝染《むせび泣きなどの行為が集団内で個から個へ波及していく現象》.

behávioral·ism *n* 《BEHAVIORAL SCIENCE に基づく》(人間)行動研究(の方法). ◆ **-ist** *n, a*

behávioral scíence 行動科学《人間の行動の一般原理を探る社会科学; 心理学・社会学・人類学などに援用される》. ◆ **behávioral scíentist** 行動科学者.

behávior·ìsm *n* 〖心〗行動主義《客観的観察の可能な行動のみを対象に限定する; cf. MENTALISM》. ◆ **-ist** *n, a* 行動主義者(的な); 行動科学者. **be·hàv·ior·ís·tic** *a* **-ti·cal·ly** *adv*

behávior mòd /-mɑ̀d/ BEHAVIOR MODIFICATION.

behávior pàttern 〖社〗行動型[様式], 行動パターン《個人または集団が一定の状況のもとに常にまたは反復的にとる行動の型》.

behávior thèrapy [modificàtion] 〖精神医〗行動療法[変容, 修正]《学習理論に基づいて再訓練を行ない, 望ましくない行動様式を望ましいものに置き換える心理療法》.

Béh·cet's disèase [sỳndrome] /béɪsəts-/ 〖医〗ベーチェット病[症候群]《陰部・口腔の潰瘍, ブドウ膜炎などを示す》. [Hulusi *Behçet* (1889–1948) トルコの皮膚科医]

be·héad /bɪ-/ *vt* 〈人を〉打ち首にする, 斬首(ざんしゅ)する; 〖地質〗〈川を〉斬首する, 首なし川にする《他の流れなどが源流を奪う現象》. [OE *behēafdian* (*be-*)]

beheld *v* BEHOLD の過去・過去分詞.

be·he·moth /bɪhíːməθ, bíːəmɑ̀θ; bɪhíːmɔ̀θ/ *n* **1** [ºB-] 〖聖〗ベヘモット, ベヘモス, 河馬(かば)《カバあるいはワニと思われる巨獣; *Job* 40: 15–24》. **2** 巨大な[力のある, グロテスクな]もの[人, 獣など]: a ～ of a book 浩瀚な本, 大冊. [Heb]

be·hest /bɪhést/ «文» *n* 命令 (command); たっての要請: at the ～ of the family. [OE *behǣs* (*hatan* to bid, call)]

be·hind *adv* /bɪháɪnd/ **1** [場所] 後ろに, あとに; 隠れて, 陰で: from ～ 後ろから / look ～ 後ろを見る; 回顧する / the car ～ 後ろの車 / There is more ～. 裏に魂胆がある. **2** [時] 遅れて; [仕事・進歩など] 後れて, [家賃など] 滞って; リードされて; «古» まだ実現しないで, 残って: He is ～ *with* [*in*] his work. 仕事が後れている / be ～ *with* one's rent 家賃を滞納している / We are two goals ～. 2 ゴール負けている. ● **fall [drop, lag] ～** 人に後れる, 落後する. ► *prep* /—⌣, —⌣/ **1 a** [場所] …のあとに, …の後ろに; …の陰に(隠れて); …の背景に; …の意識外に; …を越えて, …の向こうに: ～ sb's BACK[1] / ～ the SCENES. **b** …に味方して; …を支持して; …に支えられて, …を後ろ楯として: I'm fully ～ you. あなたを全面的に支持しています. **2** [時] …に遅れて (later than): ～ TIME / ～ schedule 定刻[予定]に遅れて / ～ the TIMES. **3** …より劣って (inferior to). ● **B～ you!** 後ろを見て, あぶない! GET[1] ～. GO[1] ～. LEAVE[1] ～. PUT[1] ～ one. ► *n* /—⌣/ **1** 《人・動物の》後ろ, 背中; «口» [*euph*] 尻 (buttocks). **2** 〖豪式フット〗1 点《キックによってボールが goalpost とその外側のポスト (～ **pòst**) を結ぶ線 (～ **lìne**) を越えた場合》. ● **sit on one's ～** «口» 怠惰[楽]を決め込む. **tan sb's ～** «口» 人の尻をひっぱたく. [OE *behindan* (*by*, *hindan* from behind)]

behínd·hànd *adv, pred a* **1** 遅れて(いる); 進歩に後れて (backward). **2** なおざりにして(いる); 〈仕事・家賃など〉滞って; 〈経営など〉赤字で(ある) ‹*in*, *with*›: be ～ *in* one's circumstances 暮らし向きが悪い.

behínd-the-scénes *a* 舞台裏での, 秘密裡の, 内幕の.

Be·his·tun /bèɪhɪstúːn/, **Bi·si·tun, Bi·so-, Bi·su-** /bìːsətúːn/ ベヒストゥン, ビストゥン《イラン西部 Kermanshah の東にある村; 近くの岩壁に古期ペルシア語・エラム語・バビロニア語による Darius 1 世の即位を記した銘がある》.

Behn /béɪn, bɛ́n/ ベーン **Aphra** ～ (1640–89)《イングランドの劇作家・小説家・詩人; 英国最初の女性職業作家とされる; 小説 *Oroonoko* (1688) は奴隷問題を扱った最初の物語》.

be·hold /bɪhóʊld/ «古・文» *v* (**-héld**) *vt* 見る (look at); 凝視する: a wonder to ～ 驚くべき見もの. ► *vi* [*impv*, ‹*int*›] 見よ: Lo and ～! こはそもいかに! ◆ **～·er** *n* 見る人: BEAUTY is in the eye of the ～*er*. [OE *bihaldan* (*be-*)]

be·hold·en /bɪhóʊld(ə)n/ *a* «文» 恩義をうけて: I am ～ *to* you *for* your kindness. ご親切ありがとう存じます.

be·hoof /bɪhúːf/ *n* «文» [次の成句で] 利益 (advantage). ● **in [for, to, on] (the) ～ of**…のために. [OE *behōf*; ⇨ HEAVE]

be·hoove /bɪhúːv/ | **-hove** /-hóʊv/ *v* [it を非人称主語として] *vt* «文» …にとって必要である[ふさわしい], …に有利である: It ～*s* public officials *to* (＝Public officials must) do their duty. / It ill ～*s* you to disobey. ► *vi* «まれ» 必要[当然]である, ふさわしい. [OE *behōfian* (↑)]

Beh·rens /béɪrəns/ ベーレンス **Peter** ～ (1868–1940)《ドイツの建築家》.

Beh·ring /béərɪŋ; *G* béːrɪŋ/ ベーリング **Emil (Adolf) von** ～ (1854–1917)《ドイツの細菌学者・免疫学の祖; 破傷風とジフテリアの抗毒素をつくった; 初のノーベル生理学医学賞 (1901)》.

BEI [F *Banque européenne d'investissement*] °European Investment Bank.

Bei·da /béɪdə/ ベイダ《リビア北東部 Cyrenaica 地方の町; Benghazi の北東に位置》.

Bei·der·becke /báɪdərbɛ̀k/ バイダーベック **'Bix'** ～ [**Leon Bismarck** ～] (1903–31)《米国のジャズコルネット奏者・作曲家》.

beige /béɪʒ/ *n* 《無染色・無漂白の》生地のままの毛織物; ごくうすいとび色, ベージュ; *«俗» 浅黒の黒人. ► *a* ベージュの; *«俗» つまらない, 退屈な, さえない. ◆ **béigy** *a* [F<?]

beigel ⇨ BAGEL.

bei·gnet /bèɪnjéɪ, bɛ̀-; *F* bɛɲɛ/ *n* (*pl* ～**s** /-z; *F* —/) FRITTER[2]; *ベニエ《四角形の軽いドーナツ》.

Bei·jing /béɪʤíŋ/ 北京(ペきん)(ペイチン) (＝*Peking*) (1) 中華人民共和国の首都 2) 中国政府》. ◆ **～·er** *n* 北京市民.

Beijíng Univérsity 北京大学《中国, 北京にある国立大学; 1898 年創立》.

bé-ìn *n* «俗» ビーイン《公園などにおけるヒッピーなどの集会》.

be·ing /bíːɪŋ/ *v* BE の現在分詞・動名詞. ● **～ as [as how, that]**… «方・口» …であるから (because, since). ► *n* 存在 (existence); もの; 生存, 人生 (life); 生き物; 人間 (human being); [B-] 神; 〖哲〗本質, 本性: inanimate ～*s* 無生物 / the Supreme *B*～ 上帝 (God). ● **call [bring] sth into ～** 〈ものを〉生み出す, 生じさせる, あらしめる. **come into ～** 生まれ出る, 生じる. **in ～** 現存の, 生存している: a FLEET IN BEING. ► *a* [次の成句で] 現在の, 現…. ● **for the time ～** 当分の間, さしあたり.

bé·ing-for-it·sélf *n* 〖哲〗《Hegel の》向自在性.

Bei·ping /béɪpíŋ/ 北平《BEIJING の旧称》.

bei·ra, bai·ra /báɪərə/ *n* 〖動〗ベイラ《東アフリカ Somaliland 地方産の小型の羚羊》. [(Afr)]

Bei·ra /béɪrə/ ベイラ《モザンビーク南東部の港湾都市; 同国第 2 の貿易港; 内陸国のジンバブウェ・マラウィのインド洋への門戸》.

Bei·rut, Bay·rut, (F) **Bey·routh** /beɪrúːt/ ベイルート《レバノンの首都・港湾都市; 古代名 Berytus》. ◆ **Bei·ruti** /-rúːti/ *n*

béi·sa (òryx) /béɪzə(-)/ *n* 〖動〗ベイサオリックス《東北アフリカ産の羚羊》. [Amh]

Beit Din ⇨ BETH DIN.

Beit Knesset, Beth Knesseth /bɛt —⌣/ 〖ユダヤ教〗集いの家《SYNAGOGUE の通称》. [Heb =house of assembly]

Be·ja /béɪʤə; bíː-/ *n* **a** (*pl* ～, ～**s**) ベジャ族《Nile 川と紅海の間に住む遊牧民》. **b** ベジャ語.

be·jab·bers /bɪʤǽbərz/, **-ja·bers** /-ʤéɪbərz/ *int, n* BEJESUS.

Be·jaïa /beɪʒáɪə/ ベジャイア《アルジェリア北東部, 地中海の入江 (the **Gúlf of ～**) に臨む港町; 旧称 Bougie》.

be·jan /bíːʤən/, **be·jant** /bíːʤənt/ *n* 《一部のスコットランドの大学で》1 年生, 新入生. [F (*bec* beak, *jaune* yellow)]

Bé·jart /*F* beʒaːr/ ベジャール **Maurice** ～ (1927–2007)《フランスのバレエダンサー・振付家》.

be·jéaned /bɪ-/ *a* ジーンズをはいた[着た].

bej·el /béʤəl/ *n* 〖医〗ベジェル《中東諸国の小児に多い非性病性伝染による梅毒》. [Arab]

be·je·sus, be·jee·zus /bɪʤíːzəs, -ʤéɪ-, -zəz/ *int* おや, あらっ, まあ《驚き・恐れ・喜び・怒りなど》. ► *n* [次の成句で]: **beat [hit,**

kick, knock] the ～ out of… 《俗》…をぶったたく, ぶちのめす. **scare the ～ out of…**をぎょっとさせる. ［*by Jesus* の婉曲語］

be·jéwel /bɪ-/ *vt* 宝石で飾る[おおう]: the sky *～ed with* stars 星をちりばめた空. ◆ **～(l)ed** *a*

Be·kaa, Be·qaa /bɪkáː/, **Al Bi·qa** /æl bɪkáː/ ベカー《レバノン東部 Lebanon 山脈と Anti-Lebanon 山脈の間の高原; 古代名 Coele-Syria》.

bé·ké /béɪkeɪ/ *n* 《仏系クレオールの》白人入植者《通例 上流階級》.

Bé·ké·sy /béɪkəʃi/ ベケシー **Georg von ～** (1899–1972)《Budapest 生まれの米国の物理学者·生理学者; 内耳蝸牛における刺激の物理的機構を発見; ノーベル生理学医学賞 (1961)》.

bek·ra /békrə/ *n* FOUR-HORNED ANTELOPE. ［(India)］

bel[1] /bél/ *n* 〔理〕ベル《＝10 decibels; 記号 b》. ［A. G. BELL］

bel[2] /bél/, **bael** /béɪ(ə)l/ *n* 〔植〕ベルノキ《インド原産のミカン科の木》; ベルノキの果実 (＝*Bengal quince, golden apple*). ［Hindi］

Bel[1] ベル《女子名; Arabel(la), Isabel(la) の愛称》.

Bel[2] /béɪl/ 〔バビロニア·アッシリア神話〕ベル《天と地の神》.

be·lábor | -bour /bɪ-/ *vt* くどくどと論じる, 長々と検討する; しつこくののしる; したたか打つ[なぐる]; 《俗に》LABOR: ～ *the* point 問題点をくどくどと論じる. ［*be-, labor* to exert one's strength］

be·lah /bíːlə; -lɑ̀ː/, **-lar** /-lər; -lɑ̀ːr/ *n* 〔植〕グラウカモクマオウ《モクマオウ属の木; 良材が採れる; 豪州産》. ［(Austral)］

Bél and the Drágon ベルと竜《旧約聖書外典の **The Hístory of the Destrúction**; *Daniel* 12: 13 に続く部分とされる; 略 **Bel & Dr.**》.

Be·la·rus /bèlərúːs, bjɛ̀lə-/, **Bye·la·rus** /bjɛ̀lə-/ ベラルーシ《ヨーロッパ中北部の国; 公式名 Republic of ～ (ベラルーシ共和国); ☆Minsk; 1919–91 年 Belorussia の名でソ連邦の構成共和国》.

Bè·la·rús·ian /-rúːsiən, -rʌ́ʃ(ə)n/, **-rus·sian** /-rʌ́ʃən/, **-rus·an** /-rúːsən/ *a, n* ベラルーシ人(の); ベラルーシ語(の)《スラヴ語派の言語》.

be·lat·ed /bɪléɪtəd/ *a* 遅れた, おそきに失した, 今さらながらの, 時季はずれの, 遅ればせの; 時代遅れの; 《古》行き暮れた〈旅人など〉: ～ efforts 手遅れの努力. ◆ **～·ly** *adv* **～·ness** *n* ［(pp)＜*belate* (obs) to delay］

Be·lau /bəláu/ ベラウ《PALAU の別称》.

be·láud /bɪ-/ *vt* 激賞する, ほめそやす.

Be·la·wan /bəláːwɑ̀ːn/ ブラワン《インドネシア Sumatra 島の北東部にある港町; Meda の外港》.

be·lay /bɪléɪ/ *vt* 〔登山〕ザイルで確保する, 〈ザイルを〉留める; 固定する, 結びつける; 〔海〕索止め栓などに〈綱を〉巻きつける; 〈命令などを〉取り消す; [ᵘ*impv*] やめる, 取りやめる. ► vi 索止めをする; 固定されている; [ᵘ*impv*] やめる: *B～* (there)! 《海·口》(おい)やめろ, それでよーし! ►〔登山〕*n* ビレイ《ザイルで確保すること》; ザイルを留めるもの《岩角やハーケンなど》. ［Du *beleggen*; cf. OE *belecgan*］

Be·la·ya /béləjə/ [the] ベラヤ川《ヨーロッパロシア東部の川; Ural 山脈南部に発し, 南, 西, 北西へ流れて Kama 川に合流する》.

beláy·ing pìn 〔海〕索止め栓, ビレーピン《索具を巻きつける棒》.

bel can·to /bél kɑ́ːntou/ 〔楽〕ベルカント《なめらかな音の美しさを重視する(イタリア)オペラの唱法》. ［It＝fine song］

belch /béltʃ/ *vi, vt* **1** げっぷ[おくび]をする; 〈げっぷを〉出す; 〈赤ちゃん〉にげっぷをさせる; 〈銃·煙筒·火山などが〉〈炎·煙などを〉噴出する 〈*out, forth, up*〉; 〈暴言を〉吐く, 〈命令など〉吐き出すように言う 〈*forth*〉. **2** 《俗》文句を言う; *《俗》密告する, ピンする, チクる 〈*on* sb〉. ► *n* **1** げっぷ, おくび; 炎[煙, ガス など]の噴出. **2** 《俗》不平, 不満; 《俗》(安)ビール. ［OE *belcettan* or **belcan*］

bel·cher[1] /béltʃər/ *n* ベルチャー《青地に白の水玉模様のネッカチーフ》. ［Jem *Belcher* (1781–1811) 英国のボクサー］

bélch·er[2] *n**《俗》ビール[大酒]飲み, のんだくれ.

bel·dam(e) /béldəm/ *n* 老婆, (お)ばあさん; 《廃》祖母. ［*belle, dame*］

be·lea·guer /bɪlíːgər/ *vt* [ᵘ*pp*] 攻囲[包囲]する; 取り巻く; 付きまとう, 悩ます: the *～ed* president 四面楚歌の大統領. ◆ **～·ment** *n* 攻囲, 包囲. ［Du＝to camp round (*be-, leger* camp)］

Be·lém /bəlém/ ベレン《ブラジル北部 Pará 州の州都; Pará 川に臨む; 別称 Pará》.

bel·em·nite /béləmnàɪt/ *n* 〔古生〕箭石(ﾔｲｼ), 矢石, ベレムナイト《イカに類する頭足類; その内殻の化石》. ◆ **bèl·em·nít·ic** /-nít-/ *a* ［Gk *belemnon* dart］

bel·em·noid /béləmnɔ̀ɪd/ *a, n* 箭石(の), ベレムナイト類の(頭足類); 〔解·動〕矢 (dart) の形をした, 矢状の.

bel es·prit /*F* bɛlɛspri/ (*pl* **beaux es·prits** /*F* bozɛspri/) 才人, 才子. ［F＝fine mind］

Bel·fast /bélfæst, ─⸗; bélfɑ̀ːst, ─⸗/ ベルファスト《北アイルランドの首都で, ベルファスト湾 (**～ Lóugh**) 奥の港湾都市; 北アイルランド東部の行政区》.

Bel·fort /bɛlfɔ́ːr, beɪfɔ́ːr-; *F* bɛlfɔːr/ ベルフォール《Territoire de Belfort の県都; Vosge 山地と Jura 山脈にはさまれたベルフォール狭隘部 (the **～ Gáp**) に建設された要塞の町で, Alsace にあって 1871 年ドイツに割譲されなかった唯一の地区》. ■ **Ter·ri·toire de ～** /*F* tɛritwaːr də-/ テリトアール·ド·ベルフォール《フランス東部 Franche-Comté 地域圏の県; ☆Belfort》.

bel·fry /bélfri/ *n* 《教会堂付属の》鐘楼, ベルフリー (bell tower) (cf. CAMPANILE); 《鐘楼内の》鐘のつるしてある所; 鐘をつるす木枠, 鐘架; 《昔の》攻城用移動塔; 《俗》頭. ● **have bats in the ～** ⇨ BAT[2]. ◆ **bél·fried** *a* 鐘楼のある. ［OF＝watch tower＜Gmc＝peace protector (**bergan* to protect, **frithuz* peace); 語形は BELL[1] との混同］

Belg. Belgian ♦ Belgium.

bel·ga /bélgə/ *n* ベルガ《ベルギーで第二次大戦前に外国為替用に用いられた通貨単位: ＝5 ベルギーフラン》.

Belga ベルガ《ベルギーの通信社》.

Bel·gae /béldʒìː, -gàɪ/ *n pl* ベルガエ族《紀元前 1 世紀 Caesar の時代に Gaul 北部, Britain 島に定住していたケルト人の一派》.

Bel·gaum /bɛlgáum/ ベルガウム《インド南西部 Karnataka 州の市; 交通の要衝》.

Bel·gian /béldʒ(ə)n/ *n* ベルギー人; 〔畜〕ベルジアン《ベルギー産の優秀な葦毛(ｱｼｹﾞ)の輓馬(ﾊﾞﾝﾊﾞ)》. ► *a* ベルギー(人)の.

Bélgian Cóngo [the] ベルギー領コンゴ (1908–60)《アフリカの中西部にあったベルギーの植民地; 現在のコンゴ民主共和国; さらに以前は Congo Free State といった》.

Bélgian Éast África ベルギー領東アフリカ《RUANDA-URUNDI の別称》.

Bélgian éndive FRENCH ENDIVE.

Bélgian háre 〔動〕ベルジアンヘアー《ベルギー原産の赤褐色の大型飼いウサギ; 食肉用》.

Bélgian Ma·li·nóis /-mælənwɑ́ː/ 〔犬〕ベルジアンマリノワ (＝*Malinois*)《ベルギー原産の牧羊·警察犬》.

Bélgian shéepdog 〔犬〕ベルジアンシープドッグ《ベルギーで発達した黒い毛色の頑健な牧羊犬》.

Bélgian Ter·vú·ren /-tərvjúərən, -tɛər-/ 〔犬〕ベルジアンテルヴュラン[ターヴュレン]《ベルギー原産の牧羊犬》. ［*Tervuren* ベルギー中部 Brabant 州の町］

Bélgian wáffle ベルギーワッフル《大きなくぼみのあるワッフル; 通例フルーツとホイップクリームを載せる》.

Bel·gic /béldʒɪk/ *a* ベルギー(人)の; ベルガエ族 (Belgae) の.

Bel·gium /béldʒəm/ ベルギー (F **Bel·gique** /*F* bɛlʒik/, Flem **Bel·gië** /bélxiə/)《公式名 Kingdom of ～ (ベルギー王国); ☆Brussels》.

Bel·go- /bélgou/ *comb form* 「ベルギー (Belgium)」: *Belgo*-English.

Bel·go·rod-Dnes·trov·sky /bélgərɑ̀ːdnɛstrɔ́ːfski, -strɔ́ːv-, bjélgərət-/ ベルゴロド-ドニエストロフスキー《ウクライナ南西部 Dniester 河口の市; もと ルーマニア領 (1918–40); ルーマニア語名 Cetatea Albă; 旧称 Akkerman》.

Bel·grade /bélgrèɪd, -grɑ̀ːd, -græd, ─⸗; bɛlgréɪd/ ベオグラード (Serbo-Croat **Beo·grad** /béɪɔgrɑ̀ːd, beɪɔ́ːgrɑ̀ːd/)《セルビアおよび旧ユーゴスラヴィアの首都》.

Bel·gra·via /bɛlgréɪviə/ ベルグレーヴィア《London の Hyde Park の南のBelgravia Square を中心とした高級住宅地区》; 上流社会. ◆ **Bel·grá·vi·an** *a, n* Belgravia の(住人); 上流社会の(人).

Be·li·al /bíːliəl, -ljəl/ *n* **1** 〔聖〕ベリアル《「よこしまな者」と訳す; 外典では悪鬼·反キリストの名; *2 Cor* 6: 15》. **2** ビーリアル《Milton, *Paradise Lost* 中の堕落天使の一人》. **3** 〔旧約·ラビ教義〕無益, 邪悪. ● **a man [son, daughter] of ～** 〔聖〕よこしまな者, 堕落した人, ならず者《*1 Sam* 1: 16, 2: 12》. ［Heb＝worthless］

be·lie /bɪláɪ/ *vt* (**～d; -lý·ing**) …の誤った印象を与える, 偽って伝える; …にそぐわない感じである; 〈約束·期待などを〉裏切る, …に背く; …がうそ[間違い]であることを示す; …と矛盾する; (おおい)隠す; 《古》…についてうそを言う, 中傷する: Her youthful looks and demeanor ～ her age. 彼女の若々しい外見と身のこなしは彼女の年齢がうそであるかの印象を与える / His smile *～s* his anger. 彼の笑顔は怒りを隠している. ◆ **be·lí·er** *n* ［OE *belēogan* (*be-*)］

be·lief /bəlíːf/ *n* **1** 信じること, 確信, 信念, 所信; 信用, 信頼 〈*in*〉: ～ *in* his honesty [*that* he is honest] 彼が正直であるという確信 / beyond ～ 信じがたい(ほどの) / light of ～ 軽々しく信じがちで / to the best of one's ～ …の信じるかぎりでは, 確かに / It is my ～ that …. わたしの信じるところでは… / popular ～ 一般に信じられている考え / be of the ～ *that*…と信じる[考える] / in the ～ *that*…と信じて. **2 a** 信仰 〈*in* Christianity〉; [ᵘ*pl*] 信条: political *～s* 政治的信条. **b** 《古》[the B-] 使徒信経[信条] (Apostles' Creed). ［OE *gelēafa*; ⇨ BELIEVE］

belíef sỳstem 《個人·社会の》信念体系, 信念系, ビリーフ·システム.

be·líev·able *a* 信じられる, 信用できる; 〈登場人物などが〉実在感のある. ◆ **-ably** *adv* **be·liev·abíl·i·ty** *n*

be·lieve /bəlíːv/ *vt* **1** 信ずる: I ～ you. きみ(の言うこと)を信じる, そうだとも / I ～ him *to be* honest. ＝I ～ *that* he is honest. 彼は正直だと信じる / It is generally *～d that*…であると一般に信じられている / I couldn't ～ my ears [eyes]. 自分で聞いたこと[見たこと]が本当だとは信じられなかった / I can't [don't] ～ it! 信じられない, 夢みたい, まさか! / You can't [don't] expect me to ～ that. 《口》信じろっ

ていうほうが無理だよ, ばか言いなさんな / I'll ～ it [that] when I see it. «口» 実際に見たら信じるよ《とうてい信じられない, の意》/ We soon ～ what we desire. «諺» 願っていることは信じやすい. **2** …だと考える, 思う(think): He has, I ～, two children. 彼には確か子供が2人ある / Will he come tomorrow?—I ～ so [not]. あす来るでしょうか—たぶん来る[来ない]だろう / Mr. Brown, I ～? ブラウンさんですね. ► *vi* 信じる, 信頼する ‹*in* sb›; 存在を信じる ‹*in* ghosts, God›; よい[有効だ, 大切だ]と思う, 信条とする ‹*in*›; 信仰する: I ～ *in* you. きみの人格[力量]を信頼する / I don't ～ *in* organized religions. 私は組織化された宗教は信じない / I ～ *in* early rising. 早起きはよいと信ずる. ● **～ it or not＝Would [Can] you ～ (it)?** «口» (ねえ)信じられる?; 驚いたなあ. **～ me** 本当ですよ, いいかね, ようし, 冗談じゃない; 実は, 本当のところ. **～…of** sb [°*neg*; would を伴って] ‹人に›…ができると思う. **～ you me!** «口» 本当ですよ (believe me). **I ～ you, thousands wouldn't!** «口» えーえーそうでしょうね《ややおどけて相手の言い分を一応受け入れるときの言い方》. **I do ～…**"«口» 信じがたいけど本当に…なんだね, 本当に…だとは驚いた. **If you ～ that, you'd ～ anything!** «口» それを信じるなら何だって信じられる, そんなばかなこと信じられるかよ. MAKE[1] **～. You('d) better ～….** «口» 間違いなく…だ, 絶対に…だ. [OE *belȳfan*; *gelēfan* (<Gmc **glaubjan* to hold dear) の pref が変わったもの; cf. LIEF]

be·líev·er *n* 信じる人, 信者, 信仰者 ‹*in*›: a firm ～ *in* evolution 進化論を固く信じている人. ● **make a ～ out of** sb «口» 人に神を信じるようにさせる, 確信させる.

be·líev·ing *a* 信仰を有する. ♦ **～·ly** *adv* 確信の態度で.

be·líke /bɪ-/ *adv* «古·方» [°*iron*] たぶん, おそらく (probably). [BY, LIKE[2]]

Be·lin·da /bəlíndə/ ベリンダ《女子名; 愛称 Linda》. [?OSp=beautiful; Gmc=?+snake]

Bel·i·sar·i·us /bèləsǽriəs, -sέr-; -sá:-/ ベリサリオス (c. 505–565)《ビザンティン帝国の Justinian 1 世に仕えた将軍》.

Be·lí·sha béacon" /bəlí:ʃə-/ ベリーシャ交通標識《先端にだいだい色明滅灯のついた黒白の縞(しま)模様のポールで, 歩行者保護のため横断歩道に立てる》. [Leslie Hore-*Belisha* (1893–1957) これを採用した (1934) 英国の運輸相]

be·líttle /bɪ-/ *vt* みくびる, 軽んじる, けなす; 小さく見せる: ～ one*self* 卑下する / *belittling* words 人をばかにした言いぐさ, あざけり. ♦ **～·ment** *n* **be·lít·tler** *n*

Belitung ⇨ BILLITON.

be·live /bɪláɪv/ *adv* «スコ·古» 速く; やがて (by and by).

Be·lize /bəlí:z/ ベリーズ《**1**) 中米のカリブ海に臨む国; ☆Belmopan; 1981 年独立; 旧称 British Honduras; アメリカ大陸で最後の英国植民地だった **2**) その旧首都·港町 (=～ **Cíty**)》. ♦ **Be·líz·ean, -ian** *a, n*

bell[1] /bél/ *n* **1** 鐘, 釣鐘; ベル, 鈴(りん), 呼び鈴; 鈴[ベル]の音; [°*pl*]〔海〕時鐘《1 点より 8 点まで 30 分ごとに 1 点を加えて打つ当直の鐘; それが示す時刻》; [*pl*]*«俗» …時 (o'clock): electric ～*s* 電鈴 / a chime [peal] of ～*s*《教会の》一組の鐘の音 / answer the ～ 来客の取次ぎをする / (as) clear as a ～ «口» 澄みきって; «口» とてもわかりやすくて / (as) sound as a ～ ‹人が›きわめて健康で, ‹物が›申し分ない状態で《鐘声 (sound) とかけたもの》/ marriage ～*s* 教会における結婚式の鐘 / There's the ～. ベルが鳴っている《お客さまだ》. **2** 鐘状のもの;〔楽〕朝顔《管楽器のじょうご形の開口部》; [*pl*]〔楽〕チューブベル《鐘に似た音を出す打楽器》; [*pl*] GLOCKENSPIEL;〔海〕DIVING BELL; 鐘状花(冠);《クラゲの》傘;〔建〕柱頭 (capital) の鐘状部; [*pl*] «口» BELL-BOTTOMS. ● **bear [carry] away the ～** 賞品[勝利]を得る. **bear the ～** 首位を占める, 勝利を得る. **～s and whistles** «口»《製品などの》必須ではない付加物, 付加機能[部分 など], 飾り, 添えもの, おまけ, よけいなもの, 安っぽい装飾品. **～s go off**《頭の中で》ベル[警報]が鳴り出す. **be saved by the ～**〔ボク〕ゴングに救われる; «口» ほかの事情であやういところを助かる. **curse with ～, book, and candle**〔カト〕鐘·書·燭によって破門する. **give** sb **a ～**"«口» 人に電話する. RING[2] **a ～.** RING[2] **the ～.** **ring the ～s** BACKWARD. **with ～s (on)＝with ～s on** one's **toes** «口» 喜び勇んで, 早速, 必ず. ► *vt* …に鈴を付ける; ベル[呼び鈴]で呼ぶ[知らせる]; 鐘形に広げる ‹*out*›; "«俗» ‹人に›電話する. ► *vi* **1** ‹電車など›鐘を鳴らす; 鐘のような音を出す. **2** 鐘のような形になる; ‹植物が›開花する. ● **～ the cat**《他人のために》危険を冒す, '猫の首に鈴を付ける'; 大胆な[あぶない]ことをやる. [OE *belle*; ↓と関係あるか]

bell[2] *n* 発情期の雄鹿の鳴き声. ► *vi* ‹雄鹿が›鳴く, ほえる. [OE *bellan* to bark, bellow; cf. BELLOW]

Bell ベル (**1**) **Acton ～, Cur·rer** /kʌ́rər/ **～, Ellis ～**《それぞれ Anne, Charlotte, Emily の BRONTË 姉妹の筆名》(**2**) **Alexander Graham ～** (1847–1922)《スコットランド生まれの米国の発明家·教育者; 電話機を発明 (1876)》(**3**) **'Cool Papa' ～ [James Thomas ～]** (1903–91)《米国のプロ野球選手; 黒人リーグでプレーをした史上最速といわれる俊足の外野手》(**4**) Sir **Francis Henry Dillon ～** (1851–1936)《ニュージーランドの政治家; 首相 (1925)》.

Bel·la /bélə/ ベラ《女子名; Arabel(la), Isabel(la) の愛称》.

bel·la·don·na /bèlədánə/ *n* **1**〔植〕ベラドンナ, オオカミナスビ (=*deadly nightshade*)《ナス科の有毒植物; atropine を産する》;〔薬〕ベラドンナエキス《鎮痛·鎮痙剤》. **2**〔植〕BELLADONNA LILY. [L<It =beautiful lady]

belladónna líly〔植〕アマリリス (amaryllis).

bel·la fi·gu·ra /bélə figú:ra:/ 好印象, りっぱな容姿. [It]

Bel·la·my /béləmi/ ベラミー (**1**) **David (James) ～** (1933–)《英国の植物学者·著述家》(**2**) **Edward ～** (1850–98)《米国の小説家·社会批評家》.

B

bel·lar·mine /béləmì:n, ‿‿⌒, -lɑ̀:r-/ *n* ベラルミン《細首丸胴の大ジョッキ; あごひげの男の絵がついている》. [↓; 彼を戯画化して作られたものとされる]

Bel·lar·mine /bélɑ̀:rmən, -mì:n/ ベラルミーノ Saint **Robert ～** (1542–1621)《イタリアの聖職者; イタリア語名 Roberto Francesco Romolo Bellarmino; 枢機卿 (1599); プロテスタントの教義を強く非難した》.

Bel·la·trix /bélətrɪks-, bəléɪ-/〔天〕ベラトリックス《Orion 座の γ 星》. [L=female warrior]

Bel·lay /*F* bɛlɛ/ デュ·ベレー **Joachim du ～** (c. 1522–60)《フランスの詩人; Ronsard と共に Pléiade 派を指導》.

bell·bind(·er) /bélbàɪnd(ər)/, **-bine** /-bàɪn/ *n*〔植〕ヒルガオ.

béll·bìrd *n*〔鳥〕**a** 鳴き声が鐘の音に似た鳥,《特に》スズドリ《カザリドリ科; 中米·南米産》. **b** CRESTED BELLBIRD《豪州産》. **c** ニュージーランドミツスイ《ニュージーランド産》.

béll-bòttom *a* ‹ズボンが›裾に向かって広がった, ベルボトムの. ► *n* [*pl*] らっぱズボン, ベルボトムのパンタロン. ♦ **～ed** *a*

béll·bòy* *n*《ホテル·クラブの》ボーイ, ベルボーイ (=*bellhop*).

béll bùoy〔海〕打鐘浮標, ベルブイ《浅瀬を示す》.

béll bùtton《呼び鈴の》押しボタン; 鐘形のボタン.

béll càptain*《ホテルの》ボーイ監督係, ボーイ長.

béll còt [còte] 鐘吊(つり)小塔.

béll cránk〔機〕ベルクランク《曲がったてこ》, 前クランク.

béll cùrve〔統〕鐘形曲線, ベルカーブ (normal curve).

belle /bél/ *n* 美人, 美女, 佳人 (cf. BEAU): the ～ of the ball [society] 舞踏会[社交界]の花 / SOUTHERN BELLE. [F (fem)<*bel*, BEAU]

Belle ベル《女子名》. [⇨ BELLA]

belle amie /*F* bɛlami/ 美貌の友《女性》, 女友だち.

Bel·léau Wóod /bəlóu-, ‿‿‿/ ベローの森 (*F* Bois de Belleau)《フランス北部 Château-Thierry の北西にある森; 米国海兵隊がドイツ軍の Paris 侵攻を抑えた戦場 (1918)》.

Belle Dame sans Mer·ci /*F* bɛl dam sã mɛrsi/ [La]『つれなき美女』『非情な麗人』(**1**) フランスの詩人 Alain Chartier (c. 1385–c. 1433) の詩 (1424) **2**) Keats 作のバラッド (1819); 魔女に魅せられた騎士が夢からさめ, 鳥も歌わぬ冷たい湖畔を一人さまよう》.

Bel·leek /bəlí:k/ *n* ベリーク(チャイナ) (=～ **chìna [wàre]**)《19 世紀中葉にアイルランドで作出された透光度の高い真珠光沢の磁器》. [北アイルランドの町]

belle epoque [époque] /bél eɪpó(:)k, -pák; *F* bɛl epɔk/ [°B- E- [É-]] よき時代, ベルエポック《19 世紀末から第一次大戦までのフランスの芸術·文化の花開いた時代》;《一般に》古き良き時代.

Bélle Ísle ベル島, ベルアイル (Newfoundland 島と Labrador の間のベルアイル海峡 (the **Stráit of ～**) の北の入口にある).

belle laide /*F* bɛl lɛd/ (*pl* **belles laides** /—/) 不器量だが魅力ある女 (=*jolie laide*).

Bel·ler·o·phon /bəlérəfən, -fɑ̀n/〔ギ神〕ベレロポーン《天馬 Pegasus に乗り Chimera を殺したコリントスの勇士》.

belles let·tres /*F* bɛl lɛtr/ [‹*sg*›]《芸術の一分野としての》純文学,《科学などの著作に対して》小説 [詩, 戯曲 など]. [F=fine letters]

Bélle Stárr ベル·スター (1848–89)《米国西部の札付きの女盗賊; 本名 Myra Belle Shirley》.

bel·le·trist /bɛlétrɪst/ *n* 純文学者; 純文学愛好[研究]者. ♦ **bel·lé·trism** *n*

bel·le·tris·tic /bèlətrístɪk/ *a* 純文学的な, 純文学者の.

béll·flòwer *n*〔植〕ホタルブクロ属[カンパニュラ属]の各種植物(の花)《イワギキョウ·イトシャジンなど; キキョウ科》.

béllflower fàmily〔植〕キキョウ科 (Campanulaceae).

béll fòunder 釣鐘鋳造師.

béll fòunding 鋳鐘術[法].

béll fòundry 釣鐘鋳造所.

béll gàble《教会堂の》鐘(しょう)尖塔.

béll glàss BELL JAR.

béll·hàng·er *n* 呼び鈴を吊ったり修理したりする職人.

béll hèather〔植〕**a** エリカ属の植物《ツツジ科; 欧州原産》. **b** イワヒゲ属の植物《ツツジ科; 北米産》.

béll·hòp* *n* BELLBOY; 銀行内のメッセンジャーボーイ.

bel·li·cose /bélɪkòus/ *a* 好戦的な, 敵愾心に満ちた; けんかっぱやい, 口論好きな. ♦ **～·ly** *adv* **～·ness** *n* **bèl·li·cós·i·ty** /-kás-/ *n* [L (*bellum* war)]

bél·lied *a* **1** …のような腹をした; 腹が出っ張った; ふくらんだ: a man ～ like a hog / a ～ sail / a ～ file. **2** 腹が…な: a great-～ man / empty-～ children.

B

bel·lig·er·ence /bəlíʤ(ə)rəns/ *n* 好戦性, 闘争性; 交戦; けんか腰.
bel·líg·er·en·cy *n* 交戦状態; BELLIGERENCE.
bel·líg·er·ent *a* 交戦中の, 交戦(国)の; 好戦的な, けんか腰の: a ~ nation 好戦的な国民; 交戦国. ► *n* 交戦国; 戦闘員. ♦ **~·ly** *adv* [L *belligero* to wage war (*bellum* war)]
Bél·lings·hau·sen Séa /bélɪŋzhàuz(ə)n-/ [the] ベリングスハウゼン海《南極半島基部の西方に広がる太平洋南部の水域》.
Bel·li·ni /bəlí:ni/ **1** ベッリーニ (1) **Giovanni** ~ (c. 1430–1516)《イタリアのヴェネツィア派の画家; 父 **Jacopo** (c. 1400–c. 70), 兄 **Gentile** (c. 1429–1507) も画家》 (2) **Vincenzo** ~ (1801–35)《イタリアのオペラ作曲家》. **2** ベリーニ《スパークリングワインと桃の果汁で作るカクテル》.
Bel·lin·zo·na /bèlənzóunə/ ベリンツォーナ《スイス南部 Ticino 州の州都》.
béll jàr ガラス鐘(しょう), ベルジャー《おおい・ガス貯留・真空実験用の鐘状のガラス器》.
béll làp《競輪・トラック競技の》最終周回《先頭走者に鐘で知らされる》.
béll-lỳra, béll lỳre *n*〔楽〕ベルリラ《竪琴形にした携帯用のグロッケンシュピールで, 主に軍楽隊用》.
béll màgpie〔鳥〕フエガラス (currawong).
béll·man /-mən/ *n* 鐘を鳴らす人;《町の》触れ役 (town crier); 潜水夫の助手; *BELLBOY.
béll mètal〔冶〕鐘(かね)青銅, ベルメタル《約 80% の銅と約 20% のスズとの合金》.
béll mòth〔昆〕ハマキガ科の各種の蛾《翅を休めている時の形が鐘に似ている》
béll-mòuthed /-ðd, -θt/ *a* 朝顔形の口をした.
Bel·loc /bélàk, -lək/ ベロック (**Joseph-Pierre**) **Hilaire** ~ (1870–1953)《フランス生まれの英国の作家・詩人・エッセイスト; 詩集 *The Bad Child's Book of Beasts* (1896), *Cautionary Tales* (1907)》.
Bel·lo·na /bəlóunə/〔ロ神〕ベ(ル)ローナ《戦争の女神; cf. MARS》;《Bellona のような》元気のいい大女.
bel·low /bélou/ *vi, vt*〈雄牛など〉大声で鳴く; ほえる, どなる,〈痛みなどで〉うなる〈*with* anger, pain〉; とどろく,〈風が〉うなる; どなり声で言う: ~ *out* 大声を出す;〈名前・注意などを〉大声で言う, どなる / ~ the orders どなり声で命令する. ► *n* 雄牛などの鳴き声[ほえ声]; とどろき; うなり(声). [ME＜?; cf. OE *bylgan* to bellow; cf. BELL[2]]
Bellow ベロー **Saul** ~ (1915–2005)《カナダ生まれの米国のユダヤ系小説家; *The Adventures of Augie March* (1953), *Herzog* (1964), *Humboldt's Gift* (1975); ノーベル文学賞 (1976)》.
bel·lows /bélouz, -ləz/ *n* (*pl* ~) **1** ふいご《両手で使うのは通例 a pair of ~, 据え付けたのは (the) ~》;《オルガンの》送風器;《口》肺. **2**《カメラ・引伸ばし機の》蛇腹, ベローズ《接写装置用》;〔機〕ベロー《伸縮継手などに使用する蛇腹形の部品》. [?OE *belga* (pl)＜*bel(i)g* BELLY (略)＜*blǣstbel(i)g* blowing-bag]
Bellows ベローズ (1) **Albert Fitch** ~ (1829–83)《米国の画家》 (2) **George Wesley** ~ (1882–1925)《米国の画家・石版画家; スポーツ場面・風景の簡潔な描写で知られる》.
béllows fìsh〔魚〕**a** サギフエ (＝*snipefish, sea snipe, trumpet fish*). **b** アンコウ (angler).
béll pèpper* SWEET PEPPER,《特に》ピーマン.
béll·pùll *n* 呼び鈴の取っ手[引き綱, 引きひも].
béll pùnch ベルパンチ《切符を切るとベルが鳴るようにした昔のバスの車掌のはさみ》.
Béll pùrchase〔機〕ベル式増力滑車.
béll pùsh ベルの押しボタン.
béll rìnger 鐘[鈴]を鳴らす人[係];《教会の》鳴鐘者,《一般に》鈴で曲を振り鳴らす人; *《俗》セールスマン, 訪問員; *《俗》地元の政治家; 大当たり[大成功]すること[もの]; *《俗》《人に》何かを思い出させる事実[できごと], ヒント (cf. RING[2] *a bell*). ♦ **béll rìnging** 鳴鐘法; 鳴鐘職.
Béll Róck [the] ベルロック (＝*Inchcape Rock*)《スコットランド東岸の Tay 湾沖の岩礁》.
Bell's /bélz/〔商標〕ベル(ズ)《スコットランド高地地方産のウイスキー》.
béll-shàped *a* ベル形の;〔統〕〈曲線が〉ベル形の《正規分布を表わす》.
béll shèep《豪》羊毛刈り込み人が終業ベルの直前に刈り始めた羊 (＝*catch*)《その分は自分の仕事として刈り終えてよいことになっている》.
bélls of Ìreland〔植〕MOLUCCA BALM.
Béll's pálsy〔医〕ベル麻痺《顔面神経麻痺; 顔の片面がゆがむ》. [Sir Charles *Bell* (1774–1842) スコットランドの解剖学者・外科医]
Béll's pùrchase BELL PURCHASE.
béll tènt ベル形[円錐形]のテント.
béll·tòp·per *n* シルクハット.
béll tòwer 鐘楼, ベルタワー.
bel·lum om·ni·um con·tra om·nes /bélum ɔ́:mnium kɔ̀:ntra: ɔ́:mnèis/ 万人の万人に対する戦い. [L]
béll·wèther *n* 鈴付き羊《首に鈴を付けた先導の雄羊》; 先導者, 主導者,《特定方向へ》人びとを引っ張っていく人; 動向[趨勢]を表わす人[もの], 指標 (index)〈*of*〉;〔証券〕指標銘柄.
béll-wìre *n* ドアベルの引きひも.
béll·wòrt *n*〔植〕**a** キキョウ科の各種草本. **b** *釣鐘状の黄色い花をつけるユリ科ウブラーリア属の植物《北米原産》.
bel·ly /béli/ *n* **1 a** 腹, おなか, 腹部 (abdomen); 太鼓腹;《食べ物を収める所としての》腹, 胃袋 (stomach); 子宮 (womb): an empty ~ 空腹 / a pot ~ 太鼓腹 (paunch) / have a ~《口》腹が出ている / The eye is bigger than the ~.《諺》目は胃袋より大きい《満腹してもまだ食べたがるもの》/ A growing youth has a wolf in his ~.《諺》育ち盛りのおなかには狼がいる《いくら食べても食べ足りない》. **b**《食用の》腹肉,《特に》豚の脇腹肉 (＝~ **pòrk**); [ᵒthe bellies]《俗》豚の脇腹肉 (pork bellies) の先物;《動物の》腹部からとった皮, 縁皮(ふちかわ); [*pl*]《豪》(羊の) 腹毛. **2** 食欲, 口腹の欲; 貪欲: The ~ has no ears.《諺》'衣食足りて礼節を知る'. **3 a**《物の》内部(の空洞); ふくらんだ部分, 腹, 胴;〔解〕筋腹《筋肉の膨らんだ部分》;《ヴァイオリンなど弦楽器の》胴;《活字の》腹;〔機〕炉腹; 風をはらんだ帆. **b** 前面, 下面 (opp. *back*). **4** *《俗》大笑い (belly laugh). ● **air one's ~** *《俗》吐く, もどす. **~ up** ⇨ BELLY-UP. BETTER[1] **than the ~ with a wet fish** [**lettuce**]. FIRE **in the** [**one's**] **~.** ► *vi*〈帆などが〉ふくらむ〈*out*〉; 匍匐(ほふく)する; 腹を突き出して歩く. ► *vt* ふくらませる〈*out*〉. ● **~ in** 胴体着陸する (belly-land). **~ out** *《俗》ぐちる, 文句を言う. **~ up** (1) *《口》〈カウンターなどへ〉まっすぐ近寄る[歩み寄る]〈*to*〉; *《口》〈人に〉取り入る[すり寄る],〈人のご機嫌を取る〈*to*〉. (2) *《俗》死ぬ, つぶれる, だめになる. [OE *belig, bæl(i)g* bag＜Gmc (**balg-, *belg-* to swell)]
bélly·àche《口》*n* 腹痛, さしこみ (colic); ぐち, 不平. ► *vi* ぐちをこぼす, ぶつくさ言う〈*about*〉. ♦ **-àch·er** *n*
bélly·bànd *n*《馬具の》腹帯;〔海〕ベリーバンド《帆に付ける補強用布》;《新生児用の》BAND[1].
bélly bòard ベリーボード《腹ばいで乗る, 通例 3 フィート以下の小さなサーフボード》.
bélly bùmp [**bùmper**] *n, vi*《ニューイング》BELLY FLOP.
bélly bùst [**bùster**] *《南中部・南部》BELLY FLOP.
bélly bùtton《口》おへそ (navel).
bélly dànce *n, vi* ベリーダンス(をする)《女性が腹と腰をくねらせて一人で踊る》. ♦ **bélly dàncer** ベリーダンサー. **bélly dàncing** ベリーダンス.
bélly fìddle *《俗》ギター.
bélly flòp [**flòpper**] *《北部・北中部・西部》*n* 腹打ち飛込み,《そりなどで》腹ばいの姿勢で滑降すること, 胴体着陸, ベリーフロップ (＝*belly bump* [*bust, buster, flopper, slam, smacker, whop, whopper*]). ► *vi* 腹打ち飛込み[腹ばい滑降, 胴体着陸]をやる; 腹から[バタリとうつ伏せに]倒れる.
bélly·fùl *n* 腹いっぱい;《口》うんざりするほどの量, 耐えうる精いっぱい: a ~ of advice. ● **have had a** [**one's**] **~**《口》《忠告・不平など》うんざりするほど聞かされる[経験する].
bélly-gòd *n*《古》大食漢 (glutton).
bélly gùn *《俗》《近距離から相手の腹を撃つのに向く》短銃身ピストル.
bélly·hòld *n*《旅客機の》客室下の荷物室.
bélly·ing *a* ふくらんだ, 腹の出た.
bélly lànding《口》胴体着陸. ♦ **bélly-lànd** *vi, vt*
bélly làugh《口》腹をかかえて笑うこと, 大笑い, 哄笑;《口》《劇などで》大笑いさせるくだり.
bélly-ròbber *n**《俗》《軍隊の》炊事係.
bélly slàm *n, vi**《五大湖東部》BELLY FLOP.
bélly smàcker *《五大湖東部》BELLY FLOP.
bélly stànd [**plàtform**] *《俗》BALLY STAND.
bélly stòve だるまストーブ (potbelly stove).
bélly tànk〔空〕胴体下増槽, 胴下体増槽《燃料タンク》.
bélly tèlly *《俗》《寝ながらおなかに載せて見られるくらいの》小型テレビ.
bélly-úp *a**《俗》死んで, くたばって;《口》破産[倒産]して, つぶれて; *《俗》酔っぱらって: go [turn] ~.
bélly-wàsh *n**《俗》まずい飲み物《ビール・コーヒーなど》.
bélly whòp [**whòpper**] *n, vi**《北部・北中部》BELLY FLOP.
Bel·mon·do /bɛlmándou; *F* bɛlmɔ̃do/ ベルモンド **Jean-Paul** ~ (1933–)《フランスの映画俳優》.
Bel·mon·te /bɛlmó:nteɪ/ ベルモンテ **Juan** ~ (1892–1962)《スペインの闘牛士; 近代闘牛の祖》.
Bél·mont Párk /bélmànt-, -mənt-/ ベルモントパーク《New York 市の近くにある米国最古・最大の競馬場》.
Bélmont Stákes [the, 〈*sg*〉]〔競馬〕ベルモントステークス《米国三冠レースの一つ; 3 歳馬による距離 $1^1/_2$ マイル (約 2400 m) のレースで, 毎年 6 月 Belmont Park 競馬場で開催される》.
Bel·mo·pan /bèlmoupǽn/ ベルモパン《ベリーズ (Belize) の首都》.
Be·lo /béɪlou, bél-/ ベロ **Carlos Filipe Ximenes** ~ (1948–)《東ティモールのカトリック司教 (2002 年まで); ノーベル平和賞 (1996)》.
Be·lo Ho·ri·zon·te /béɪlou hɔ̀(:)rəzánti, -hàr-/ ベロオリゾンテ《ブラジル東部 Minas Gerais 州の州都》.

be·lon /beɪlóʊn; *F* bəlɔ̃/ *n* 〖貝〗ブロン, ヨーロッパヒラガキ (EUROPEAN FLAT). [*Belon* ブルターニュ地方南部の川]

be·long /bɪlɔ́(ː)ŋ, -lάŋ/ *vi* **1** 所属する, 属する 〈*to*〉; 《分類上》属する: This book ~*s to* the library. この本は図書館のものだ / He ~*s to* (=is a member of) our club. *彼はわれわれの会の会員です / The future ~*s to* you 未来は君たちのものだ / It ~*s to* me to dictate to them. 彼らに指図するのはぼくの権限だ / ~ here ここ[この項目]に属する / ~ *under* [*in*]…の項にはいる. **2** 〈ある[いる]べき所に〉ある, いる; あるべきである, ふさわしい; 《特定の環境に》なじんでいる: These cups ~ *on* the shelf. これらの茶碗の置場は棚の上だ / He doesn't ~. (わが仲間に) ふさわしくない / He really ~*s in* teaching [a bank]. 生まれながらの教師[銀行マン]だ / A dictionary ~*s* in every home. 辞書はどの家庭にもあってしかるべきものだ / He ~*s to* Boston. ボストンの人だ / ~ here ここの者だ / ~ *in*… *…に住む / ~ *with*…に関係がある; …と調和する. **3** *《南部・中部》…すべきである, することになっている 〈*to* do〉: You ~ to pay a tax. ● **~ under** sb 《口》〈仕事などが〉…の責任になっている (cf. 1). [*be-* (intensive), *long* (obs) to belong ‹ OE *langian*]

belóng·ing *n* **1 a** 《ある》人に属するもの; [*pl*] 所有物, 所持品, 財産; 付属物; 性質: personal ~*s* 所有物, 所持品. **b** [*pl*] 《口》家族, 親類. **2** 親密な関係, 帰属(意識): a sense of ~ 帰属意識, 親和感, 所属感. ◆ **~·ness** *n* 所属[帰属](の事実).

Be·lo·rus·sia /bèloʊrʌ́ʃə, bjèl-/, **Bye·lo-** /bìeloʊ-, bjèl-/ ベロルシア, 白ロシア (=*White Russia*) 《ソ連邦西部の共和国 (Belorussian SSR); 1991 年独立, 国名を BELARUS とした》.

Bèlo·rús·sian, Byè·lo- *n, a* BELARUSIAN.

Be·lo·stok /bjɪ̀ləstɔ́ːk/ ベロストク 《BIAŁYSTOK のロシア語名》.

be·lov·ed /bɪlʌ́v(ə)d/ *a* 最愛の, かわいい, いとしい; 愛用の, 大切な. ► *n* 最愛の人; [°dearly ~, *voc*] 《司祭などが信徒に向かって》親愛なる皆さま: my [your, her, etc.] ~最愛の人 《夫・妻・恋人など》. ► *vt* /bɪlʌ́vd/ 《古》be·love /bɪlʌ́v/ の過去分詞: He is ~ *by* [*of*] all. みんなに愛されている. [(pp) ‹ *belove* (obs)]

Be·lo·vo /bjɪlɔ́ːvə/ ベロヴォ 《ロシア, 西シベリア南部の市; Kuznetsk 盆地の産業の中心地》.

be·low *prep* /bɪlóʊ, ―⌐/ (opp. *above*) **1** …より下に; …より下流に; …の下手(しも)に; …の南に: ~ one's eyes 眼下に / ~ the bridge 橋の下手に. **2** …以下の; …より下位で, …より劣る; …に値しない, にふさわしくない: ~ (the) average 平均以下の[で] / A major is ~ a colonel. 少佐は大佐より下位である / ~ contempt 軽蔑するにも足りない. ► *adv* /―⌐/ **1** [場所] **a** 下に[へ, を]; 階下に; 〖海〗船室へ, 船内に (opp. *on deck*); 地上に, 下界に; 地下に, 地獄に; 水面下に: Is it above or ~? 上か下か / the place ~ 地獄. **b** 《本のページの》下部に; 《書物の》下文に, あとの方に: See ~. 下記参照. **c** 下流に; 〖劇〗舞台の前方に[へ]. **2 a** [地位・程度] 下位に(ある), 下級に[の]: in the court ~ 下級裁判所で. **b** 零下 (=~ zero): The temperature is 20 ~. 零下 20 度. ● **B~ there!** おーい下の者! 《物の落ちる注意》. **down ~** ずっと下に; 地下[墓, 地獄]に; 水底に; 〖海〗船倉に. **from ~** 下から. **go ~** 〖海〗《当直が済んで》船室へ下がる (go belowdecks), 非番になる (cf. go on DECK). HERE ~. ► *a* /―⌐/ 《本のページの》下部の, 次ページの. ► *n* /―⌐/ 下にあるもの; ページ下部[次ページ]の記述, 下に述べること. [BY, LOW[1]]

belów·décks *adv* 主甲板下[船室, 船倉]に. ► *n pl* 主甲板下(のスペース).

belów·gròund *a, adv* 地下の[に]; [*pred*] もはやこの世にいない, 埋葬された, 他界した.

belów·stáirs *adv, a* 階下[地階]で[の]; ″《古風》使用人(室)で.

belów-the-fóld *a* 紙面下段の, さほど重要でない〈記事など〉; 〖電算〗《ウェブページの》下にスクロールしないと見られない〈記事〉《さほど重要でない》.

Be·lo·ye Mo·re /b(j)éləjə mɔ́ːrjə/ 白海 《WHITE SEA のロシア語名》.

Bel Pa·ese /bɛ̀l pɑːéɪzeɪ, -zi/ 〖商標〗ベルパエーゼ 《もとはイタリア産のマイルドでクリーミーなチーズ》.

Bel·sen /bélzən, -sən/ ベルゼン 《ドイツ北部 Lower Saxony 州, Celle の北西にある村; 近くの Bergen 村と共にナチスの強制収容所 (1943–45) があったところで, 同地区および収容所を Bergen-Belsen という》.

Bel·shaz·zar /bɛlʃǽzər/ ベルシャザル 《Nabonidus の子で摂政; 旧約聖書では Nebuchadnezzar の子でバビロンの王; *Dan* 5:1, 17; 8:1; 酒宴を開いていると壁に彼の運命を示す文字が現われたという; ⇨ the HANDWRITING on the wall》.

belt /bélt/ *n* **1 a** ベルト, 'バンド', 帯, 革帯; [the] 革帯[革むち]打ち 《体罰・折檻》; 《伯爵または騎士の》礼帯; 《ボクシングのチャンピオン・柔道選手などの》ベルト, 帯; 〖軍〗保弾帯 《自動銃の弾薬保持具, または腰に巻いて武器・弾薬を支えるもの》; 〖機〗ベルト, 調帯; 〖車〗ベルト(コード) (cf. BELTED TIRE); SEAT BELT. **b** 《軍艦の》装甲帯; 〖建〗STRINGCOURSE. **2 a** 地帯 《the Corn Belt など》; 《都市周辺の》環状道路, 《鉄道の》環状線; 〖天〗雲状帯; 〖天〗小惑星帯 (asteroid belt); 海峡 (strait), 水道. **b** すじ, 縞(しま). **3** *《俗》《飲み物の》ひと口, ひと飲み, 《ウイスキーなどの》ぐいっとやるひと口[一杯] (: take a ~); *《俗》気持よい興奮, 快感 (: get a ~ out of); *《俗》薬物の注射, ひとうち; *《俗》麻薬注射直後の快感; ″《俗》車で飛ばすこと; 《俗》ガン[バシッ]と一発くらわすこと (: give sb a ~); *《俗》マリファナタバコ; 《野球俗》ヒット. ● **below the ~** 反則で, 卑怯で, 公正を欠いて. **full ~** 《俗》full SPEED. **hit [strike] below the ~** 〖ボク〗ベルトの下を打つ《反則》; 《口》(…に)卑怯なまねをする. **hold the ~** 〖ボク〗選手権を保持する. **take a ~ to** sb 《口》《罰として》人(の背中[尻])をベルトで打つ. **tighten** one's **~=take [pull]** one's **~ in (a notch)** ベルトをきつくする[きつくして空腹を紛らす]; 《口》経費を切り詰める, 耐乏生活をする; 《口》苦しい時に備える. **under** one's **~** 《口》胃袋に; 《口》過去の経験として, 経験して; 《口》掌中に, 財産として所有して, 〈誇りとなるものを〉所有して: get [have]…*under* one's ~ …を胃におさめる; …をこなす, 憶え込む / with a good meal *under* one's ~ たくさん食べて.
► *vt* **1 a** …に帯[ベルト]を締める 〈*on*〉; 〖機〗…に調帯をかける; 帯[ベルト]で結びつける[きちっと締めあげる, 固定する] 〈*up, down*〉. **b** …に《幅広の》すじをつける; *樹皮を輪形にはぐ. **2** 《革帯で》打つ; 《俗》…に一撃を加える, (げんこつで)なぐる; 《俗》バットでかっとばす: ~ a home-run. **3** *《口》〈酒を〉飲む 〈*down*〉, したたか飲む. ► 《口》*vi* **1** 突っ走る, 疾走する, 急ぐ 〈*along, down, off*〉; 活発に[激しく]動く. **2** 《口》大きな声で歌う. ● **B~ it.** 立ち去れ, 行っちまえ. **~ out** 《口》大きな声で力強く歌う, シャウトする, 大きな音で演奏する. **~ up** 《口》シートベルトを締める; ″《俗》[°*impv*] 黙る, 静かにする.
◆ **~·less** *a* belt のない, ベルトレスの. [OE *belt*<Gmc<L *balteus*]

bélt and bráces ベルトとズボン吊り; 二重の安全対策: wear a ~ 念には念を入れる, びくびくしている.

Bel·tane /béltèɪn, -tən/ 《スコットランドの旧暦で》5 月 1 日; ベルテーン祝祭 《昔のケルトの祭日; スコットランドやアイルランドで May Day にかがり火 (~ fìres) を焚いて踊った》.

bélt bàg ウエストバッグ, ベルトバッグ (fanny pack).

bélt convéyor 〖機〗ベルトコンベヤー.

bélt còurse 〖建〗STRINGCOURSE.

bélt drìve 〖機〗《動力の》ベルト駆動[伝動, ドライブ].

bélt·ed *a* **1** ベルトをつけた, 《身分を示す》礼帯を着けた; 装甲の. **2** *《俗》《酒・麻薬に》酔っぱらった.

bélt·ed-bìas tíre ベルテッドバイアスタイヤ (=*bias-belted tire*) 《bias-ply tire と同じ構造だが, その上に剛性の高いベルトを重ねたもの》.

bélted gálloway 〖畜〗ベルテッドギャロウェー 《幅広の白帯模様が 1 本胴体を巻いているギャロウェー種の牛》.

bélted kíngfisher 〖鳥〗アメリカヤマセミ 《北米産; 頭部・翼は灰色がかった青で, 白い胸に灰青の帯[雌ではさらに栗色の帯]がある》.

bélted tíre 〖車〗ベルトタイヤ 《トレッドの内側に剛性を強めるためのベルトコードが使用してあるタイヤ》.

bélt·er 《口》*n* **1** 声の大きい歌手, 大声で歌われる歌. **2** ″すぐれたもの[人].

bélt hìghway* BELTWAY.

bélt·ing *n* **1** ベルト材料; ベルト類; 〖機〗ベルト(装置). **2** 《口》《革帯などで》たたくこと; *《俗》一杯やること. ► *a* 《俗》すばらしい (very good).

bélt lèather ベルト革.

bélt·lìne *n* ベルトライン (waistline).

bélt lìne *《都市周辺の交通機関の》環状線.

bélt·màn *n* 《豪》人命救助のため腰のベルトに綱を付けて水に飛び込む海辺救急隊員.

bélt sànder 〖機〗研磨ベルト, 帯つや出し盤, ベルトサンダー.

bélt sàw 〖機〗帯鋸 (band saw).

Bélts·ville Smáll Whíte /béltsvìl-/ ベルツヴィルスモールホワイト 《米国農務省で改良した白い小型の七面鳥》. [*Beltsville* 農務省の実験場のある Maryland 州の村]

bélt-tìght·en·ing *n* 耐乏(生活), 緊縮(政策).

bélt·wày* *n* 《都市周辺の》環状道路, 環状線, ベルトウェー (=*belt highway*) (ring road″). ★ 大文字 B- として, しばしば, 首都 Washington を取り巻く一周 約 100 km の環状道路を指す.

be·lu·ga /bəlúːgə/ *n* **1** 〖魚〗ベルーガ, オオチョウザメ 《黒海・カスピ海産の大型のチョウザメ; 卵はキャビアとして特に珍重される》; 《ベルーガの》キャビア. **2** 〖動〗シロイルカ, シロクジラ, ベルーガ (=*white whale, sea canary*) 《北氷洋産; イッカク科》. [Russ]

Be·lu·kha /bəlúːkə/ ベルーハ 《Altai 山脈の最高峰 (4506 m); カザフスタンとロシア Gorno-Altay 共和国の境界にある》.

bel·ve·dere /bélvədɪ̀ər/ *n* 見晴らし台; 見晴らしのよいあずまや; [B-] ベルヴェデーレ 《Vatican 宮殿の絵画館》. [It=beautiful view (*vedere* to see)]

bely /bɪlάɪ/ *vt* BELIE.

BEM Bachelor of Engineering of Mines ♦ British Empire Medal ♦ bug-eyed monster ベム 《SF に描かれるぎょろ目の宇宙人》.

be·ma /bíːmə/ *n* (*pl* ~s, **-ma·ta** /-tə/) 《古代アテナイの集会場の》演壇, ベーマ; 《ギリシア正教の教会堂の》内陣 (chancel); 〖ユダヤ教〗BIMAH. [Gk=step]

be·mául /bɪ-/ *vt* ひどいめにあわせる.

be·mazed /bɪméɪzd/ *a* 《古》呆然とした (bewildered).

Bem·ba /bémbə/ *n* **a** (*pl* ~, ~s) ベンバ族 《ザンビアの Bantu 語を

用いる農耕民》. **b** ベンバ語《Bantu 語の一つ》.
Bem·berg /bémbə:rg/〔商標〕ベンベルグ《人絹》.
Bem·bo /bémbou/ **1** ベンボ **Pietro** ~ (1470–1547)《イタリアルネサンス期の文人; 枢機卿 (1539);『俗語散文集』(1525) でイタリア語の正書法・文法の規定を試みた》. **2**〔印〕ベンボ《15 世紀後半にイタリアの印刷業者 Francesco Griffo がデザインしたオールドスタイルの書体》.
be·méan /bɪ-/ *vt* 卑しめる (demean): ~ one*self*.
be·méd·al(l)ed /bɪ-/ *a* 勲章[メダル]を飾りつけた.
be·me·gride /bémagràɪd, bí:m-/ *n*〔薬〕ベメグリド《バルビツール酸塩中毒者用の興奮剤》. [*be*ta+*e*thyl+*me*thyl+glutal*r*ic acid+im*ide*]
be·míre /bɪ-/ *vt* 泥だらけにする; [ᵘ*pass*] 泥に沈める, 泥の中をひきずる.
be·móan /bɪ-/ *vt, vi* 嘆く, 悲しむ, 悼む; あわれむ.
be·móck /bɪ-/ *vt*《古》あざける.
be·múse /bɪ-/ *vt* 当惑させる; 混乱させる; 思いにふけらす; 〈人〉の微苦笑を誘う. ♦ **~·ment** *n*
be·músed *a* 当惑した, とまどった; 思いにふけっている, ぼんやりしている. ♦ **be·mús·ed·ly** /-zəd-/ *adv*
ben[1] /bén/ *n*《スコ・アイル》山, 峰 (: BEN NEVIS). [Gael]
ben[2]《スコ》*adv, a* 家の中に[の], 奥の(間に). ► *prep* /bən/ …の中に, …の奥に. ► *n*《2 部屋の家の》奥の間, 居間 (parlor) (⇨ BUT[2]). [OE *binnan* within]
ben[3] *n*〔植〕《アラビア・インド産の》ワサビノキ(の種子) (cf. BEN OIL). [Arab]
ben[4] *n* [ᴼB-; 通例 ヘブライ人・アラビア人の名前に用いて] 息子: Moses ~ Maimon. [Heb=son]
Ben ベン《男子名; Benjamin の愛称》.
be·nab /bənǽb/ *n* ガイアナの先住民の小屋.
Be·na·cer·raf /bənǽsərɑ̀:f/ ベナセラフ **Baruj** ~ (1920–2011)《ベネズエラ生まれの米国の病理学者; 免疫応答遺伝子を発見した一人; ノーベル生理学医学賞 (1980)》.
ben·act·y·zine /bənǽktəzì:n/ *n*〔薬〕ベナクチジン《鎮痙薬・精神安定薬》.
Ben·a·dryl /bénədrìl/〔商標〕ベナドリル《塩酸ジフェンヒドラミン (diphenhydramine hydrochloride) 製剤》.
be·náme /bɪ-/ *vt* (~**d**; **-nempt**(**·ed**) /bɪnémpt(əd)/)《古》名前で呼ぶ; …に名前をつける.
Be·na·res /bənɑ́:rəs, -riz/ ベナレス《VARANASI の別称》.
Be·na·ven·te y Mar·tí·nez /bènəvénti ì: mɑ:rtí:nəs/ ベナベンテ・イ・マルティネス **Jacinto** ~ (1866–1954)《スペインの劇作家; ノーベル文学賞 (1922)》.
Ben Bel·la /bɛn bélə/ ベンベラ **Ahmed** ~ (1918–2012)《アルジェリアの政治家; 独立後初代の首相 (1962–65), 大統領 (1963–65)》.
Bénce-Jónes prótein /bénsʤòunz-/〔生化〕ベンス-ジョーンズタンパク質《骨髄を冒す病気で尿中に出るグロブリン》. [Henry *Bence-Jones* (1814–73) 英国の医師・化学者]
bench /béntʃ/ *n* **1 a** ベンチ, 《2 人がけ以上の》座席, 長椅子. **b**《ボートの》こぎ手座 (bank). **c** [the]〔スポ〕控え選手席, ベンチ; 控え選手《集合的》. **2 a** 裁判官席; 裁判所, 法廷 (lawcourt); [the] 裁判官《治安判事 (magistrate) を含む; 集合的にも》; 裁判官職: ~ and bar 裁判官と弁護士 / be appointed [elevated, raised] to *the* ~ 裁判官に任命される. **b** 官吏の地位[職]; 官吏《集合的》;〔議会〕議席 (⇨ BACKBENCH, FRONT BENCH): ministerial ~*es* 政府委員[大臣]席. **3 a**《長い》作業台, 仕事台;《機械の一部をなす》台, テーブル; 実験室. **b**《動物, 特に 犬の品評会の》陳列台,《動物, 特に 犬の》品評会. **4**〔鉱〕《露天掘りなどの》階段;《湖や川の岸に沿う長くて狭い》段丘 (terrace);《温室の》床箱. **5**《口》BENCH PRESS. ● **on the ~** 裁判官[治安判事]をつとめて; 〈選手が〉ベンチで控えて. **warm** [**ride**] **the ~** 〈野球選手が〉ベンチを暖めている. ► *vt* **1 a** 着席させる; 〈品評会で犬を〉台に陳列する; …に委員[裁判官など]の席を与える; *〈選手を〉出場メンバーからはずす,《不調・反則などのため》ベンチに下げる; *《俗》〈人〉に手を引かせる, 〈人を〉退職[引退]させる. **b** 〈植物を〉温室内の床箱に植える. **2 a** …にベンチを備える. **b** 〈鉱山などを〉段切りにする, …の採掘面を階段状に切り取る. **3** 〈重量を〉ベンチプレスで持ち上げる. ► *vi* 〈土壌が〉段丘状になる. [OE *benc*; cf. BANK[1], G *Bank*]
bénch chèck《エンジンなどの機械に関して, (運転)現場での検査に対して》製造工場内での検査[チェック] (=*bench test*).
bénch dòg《品評会 (bench show) の》出品犬.
bénch·er *n* ベンチに腰かける人;《ボートの》こぎ手;〔英〕法学院 (Inns of Court) の幹部員;《英・豪など》議会である席を占める人《cross-~, front-~, back-~ など》.
bénch jòckey*《俗》ベンチで相手や審判をやじる選手;《俗》BENCHWARMER; *《俗》わきからきついことを言う者.
bénch·lànd *n* 段丘 (bench).
bénch làthe〔機〕卓上旋盤.
Bench·ley /béntʃli/ ベンチリー **Robert** (**Charles**) ~ (1889–1945)《米国のユーモア作家・俳優・演劇評論家》.
bénch-máde *a* 〈木工品・靴が〉仕事台で作られた, 手製の, あつらえの (handmade).
bénch màn 仕事台で仕事をする人,《特に》ラジオ・テレビの修理技術者.
bénch·màrk *n* **1 a**《比較のための》基準点, 基準(となるもの), 指標;〔証券〕指標銘柄. **b**〔電算〕ベンチマーク《コンピューターシステム・プログラムを比較評価するための標準的な問題; それによる性能評価》. **2** [ᵘbench mark]〔測〕水準基標, 水準点, ベンチマーク《高低測量の標高の基準となる; 略 BM》. ► *vt* 〈コンピューターシステムなどを〉ベンチマーク問題でテストする;《一定基準を用いた比較により》〈競合商品などを〉評価する.
bénchmark posìtion《NZ》基準職《民間の賃金相場決定などに際して比較の基準とされる官庁の職種》.
bénch-prèss *vt, vi* 〈ある重量を〉ベンチプレスする.
bénch prèss ベンチプレス《ベンチにあおむけになって両足は床に置き, 両手でバーベルなどを胸の位置で押し上げるウェートトレーニング または 競技》.
bénch rùn BENCH CHECK.
bénch scìentist《研究室・実験室の》科学研究員.
bénch sèat《自動車の》ベンチシート《左右に分かれない内側幅いっぱいの座席》.
bénch shòw* 小動物[犬]の品評会 (cf. FIELD TRIAL).
bénch tèst BENCH CHECK. ♦ **bénch-tèst** *vt*
bénch·tòp *a*《実験室の》作業台に置くのにちょうどよい.
bénch trìal〔法〕非陪審審理《事実問題も法律問題同様陪審を用いずに裁判官のみが決定する審理; cf. JURY TRIAL》.
bénch·wàrm·er* *n*〔スポ〕控え選手, ベンチウォーマー.
bénch wàrrant〔法〕裁判所発行勾引状[逮捕状] (cf. JUSTICE'S WARRANT).
bénch·wòrk *n*《機械作業に対して》坐業, 手仕上げ.
bénchy *a*《NZ》〈山の斜面が〉段丘状にえぐられた.
bend[1] /bénd/ *v* (**bent** /bént/,《古》~**·ed**) *vt* **1 a** 曲げる, たわませる; 曲げ戻す; 屈折させる: He *is bent* with age. 年のせいで腰が曲がっている / be *bent* double (体が)二つ折りに曲がっている / ~ a bow 弓を引く / ~ one's brows まゆをひそめる / ~ over 折り返す, 折り曲げる. **b**〔サッカー〕《中心からはずれたところを蹴って》〈ボールを〉カーブさせる (=*curl*). **2** 屈服させる, 〈(人の)意志を〉曲げる; 〈規則などを〉曲げる;《俗》〈人を〉悪の道に誘う;《俗》悪用する, 不正にする, くすねる;《俗》〈試合を〉わざと負ける: ~ the truth 真実を歪曲する / ~ sb to one's will 人を自分の意志に従わせる. **3** 〈目・足を〉向ける; 〈心・努力を〉傾ける, 注ぐ 〈*to, toward, upon*〉; [ᵘ*pass*] 決心した 〈*on*〉: ~ one*self* 熱中する 〈*to*〉 / ~ an ear 耳を傾けて聴く 〈*toward*〉 / ~ one's mind *to* [*on*]…に専念する / ~ the neck 屈服する. **4**〔海〕〈索・帆を〉結びつける. **5**《ミュージシャン俗》しゃくる, ベンドする《少し下の音からずり上げるようにして演奏する》. ► *vi* **1** 曲がる, たわむ 〈*forward, in*; *before* the wind etc.〉: Better ~ than break.《諺》折れるよりはたわむほうがよい[ましだ], 長いものには巻かれろ. **2** かがむ 〈*down, over*〉; 屈服する (submit), 従う, 折れる 〈*to, before*〉. **3** (…の方へ)向かう; 努力する, 精力を傾ける 〈*to*〉; …への傾向がある, …しがちである: ~ *to* the oars 懸命にこぐ. **4**《俗》(車などを)ぶつける, つぶす; *《俗》けんかする. ● **~ back** 体を後ろに曲げる, そり返る; …を後ろ[逆向き]に曲げる, そり返らせる. **~ over** BACKWARD(S). **~ sb's** EAR[1]. **catch** sb **~ing**《口》人に不意討ちをかける, 人の虚をつく.
► *n* **1 a** 体をかがめること; *《俗》《劇場で拍手にこたえての》身をかがめた挨拶; 曲がり, 屈曲. **b** 湾曲部[物]; 曲がり目;《管の》ベンド; [*pl*]《木造船の》腰(こし)外板 (wales);〔海〕《綱の》結び目. **2** [the ~s]〔医〕減圧症 (decompression sickness). ● **above one's ~***力が及ばない. **Get a ~ on you!**《俗》ぐずぐずするな, しっかりしろ. **go on the** [**a**] **~**《俗》飲んで騒ぐ, 浮かれ騒ぐ. **round** [**around**] **the ~**《口》気が狂って, いかれて (=round the twist); 仕事の山を越して; 酔っぱらった; *《俗》薬に酔って; 古い, 年老いた: be [go] *round the* ~ / drive [send] sb *round the* ~ 人をいらいらさせる / clean *round the* ~ 完全にいかれて / half *round the* ~ ばかな, 足りない.
♦ **~·able** *a* [OE *bendan*; cf. ↓]
bend[2] *n*〔紋〕ベンド(デクスター)《盾の紋地の右上部(向かって左上部)から左下部にひいた帯線; opp. *bend sinister*》; ベンド《背皮を背筋で半分に切った片側》. [OE *bend* band[1], bond[1] (⇨ BIND); cf. BAND[1], BOND[1]]
Ben·da /*F* bε̃da/ バンダ **Julien** ~ (1867–1956)《フランスの小説家・哲学者; *La Trahison des clercs* (1927)》.
Bén·dáy pròcess [ᴼb-] ベンデイ法《輪郭の描かれた版の上に点などの反復模様のゼラチン膜を重ねて陰影をつける写真製版法》.
♦ **bén·dáy** *vt* [*Benjamin Day* (1838–1916) 米国の印刷業者]
bénd déxter〔紋〕BEND[2] (opp. *bend sinister*).
bénd·ed *v*《古》BEND[1] の過去・過去分詞. ► *a* 折れた, 曲げた, 湾曲した: with ~ bow 弓を引き絞って. ● **on ~** KNEES.
bendee BENDY[2].
bénd·er *n* **1 a** 曲げるもの[人], 曲げ機械, ベンダー. **b** 曲がるもの;〔野〕カーブ; ᴴ《俗》旧 6 ペンス銀貨; *《俗》脚;《俗》ホモ. **2** ᴴ《方》すてきなもの;《口》飲み騒ぎ, 大浮かれ (spree);《俗》大酒飲み《人》; *《俗》盗難車: go on a ~ 大酒を飲む, 飲み騒ぐ. **3** ᴴ《口》ベンダー《木の枝を曲げて作ったフレームにテント地などをかぶせて作った小屋[シェルター]》.
● **on one's ~s**《俗》疲れはてて.

Ben·di·go /béndɪgòu/ ベンディゴー《オーストラリア南西部 Victoria 州中部の市; 金鉱発見 (1851) で発展》.
bénd·ing mòment 〔理〕曲げモーメント.
bénd·let *n* 〔紋〕ベンドレット《通常より幅の細い bend²》.
bénd sínister 〔紋〕ベンドシニスター《盾の紋地の左上部 (向かって右上部) から右下部にひいた帯線; 非嫡出子のしるし; opp. *bend (dexter)*》. [*bend*²]
bénd·wìse, -wàys *a* 〔紋〕右上部 (向かって左上部) から左下部に向かって斜めに走る.
bendy¹ /béndi/ *a* 曲げ[曲がり]やすい, 柔軟な; 〈道など〉曲がりくねった. ♦ **bénd·i·ness** *n*
bendy², **bend·ee** /béndi/ *a* 〔紋〕斜めの縞(しま)のある.
bene ⇨ BENNE.
bene- /bénə/ *comb form*「善」「良」 [L *bene*]
be·neath 《文》 *prep* /bɪníːθ, ―⌐/ **1** [位置·場所] …の真下に; …よりも下に; …の下方[下部]に; …に隠れて; 〈重み·支配·圧迫など〉のもとに: from ～…の下から. **2** [身分·地位·道徳的価値] …の目下の; …する価値のない (unworthy of), …に似合わない, …の品位にかかわる: ～ notice [contempt] 眼中に置くに足らぬ[軽蔑にも値しない] / feel it ～ one to do…するなど沽券(こけん)にかかわると考える / marry ～ one 身分の低い者と結婚する. ► *adv* /―⌐/ (すぐ)下[下方]に; 地下に: the town ～ 下の町. ★ below, under の文語的代用語. [OE *binithan* (BE-, NETHER)]
Be·ne·di·ci·te /bènədísəti; -dáɪ-/ *n* **1** ベネディシテ《(1) Benedicite という語で始まる賛歌; cf. ウルガタ聖書 *Dan* 3 (2) その楽曲》. **2** [b-] 祝福の祈り, 《食前の》感謝の祈り. ► *int* 《廃》祝福あれ! (Bless you!); おやまあ, とんでもない! (Bless me!) 《驚き·抗議などを表わす》.
Ben·e·dick /bénədɪk/ **1** ベネディック《Shakespeare, *Much Ado about Nothing* の登場人物; 女性と結婚とを非難し, 辛辣な舌戦を演じていながら, 最後に Beatrice と結婚する》. **2** [b-] 新婚の男子, 《特に》長い間の独身主義をすてて結婚した男.
Ben·e·dict /bénədɪkt/ **1** ベネディクト《男子名》. **2 a** ベネディクトゥス Saint ～ **of Nursia** (c. 480–c. 547)《イタリアの修道士; Monte Cassino でベネディクト会を創設; 聖人, 祝日 7 月 11 日 (もと 3 月 21 日)》. **b** ベネディクトゥス (1) ～ **XIV** (1675–1758)《ローマ教皇 (1740–58); 本名 Prospero Lambertini; 啓蒙思想の影響をうけ, プロテスタントに宥和的な態度をとる一方, 自然科学の奨励も行なった》 (2) ～ **XV** (1854–1922)《ローマ教皇 (1914–22); 本名 Giacomo della Chiesa》 (3) ～ **XVI** (1927–)《ローマ教皇 (2005–13); 本名 Joseph Alois Ratzinger》. **3** [b-] BENEDICK. [L＝blessed]
Ben·e·dic·ta /bènədíktə/ ベネディクタ《女子名》. [L＝(fem)<↑]
Ben·e·dic·tine /bènədíktən, -tàɪn, *-tìːn/ *n* **1** 〔カト〕ベネディクト会(修道)士《その黒衣から Black Monk ともいう》. **2** /-tìːn/ [b-] ベネディクティーヌ《フランス産リキュールの一種》. ► *a* ベネディクト会(員)の; 聖ベネディクトゥスの. [F or L (*Benedictus* Benedict)]
ben·e·dic·tion /bènədíkʃ(ə)n/ *n* **1** 祝福 (blessing) (opp. *malediction*); 《礼拝などの終わりの》祝禱; 《修道院長を聖別する際の》祝別; 《食前·食後の》食卓の祈り; [°B-]〔カト〕(聖体)降福式. **2** 天福, 恩恵. ♦ **～·al** *a* [OF<L (*benedict- benedico* to bless)]
ben·e·dic·tive /bènədíktɪv/ *a* 〔文法〕願望の.
ben·e·dic·to·ry /bènədíkt(ə)ri/ *a* 祝福の.
Bénedict's solùtion [reàgent] ベネディクト(溶)液[試薬]《尿中の糖検出に用いる》. [Stanley R. *Benedict* (1884–1936) 米国の生化学者]
Ben·e·dic·tus /bènədíktəs/ 〔キ教〕ベネディクトゥス《「ほむべきかな」の意: 1) Benedictus Dominus Deus (＝Blessed be the Lord God) で始まる頌歌; *Luke* 1: 68; ザカリアの賛歌ともいう 2) Benedictus qui venit (＝Blessed is he who comes) で始まる短い賛歌; *Matt* 21: 9》.
ben·e·fac·tion /bènəfǽkʃ(ə)n/ *n* 善行, 慈善; 施し物. [L (*bene* well, *facio* to do)]
ben·e·fac·tive /bènəfǽktɪv/ *n, a* 〔言〕受益格《例: 格文法理論で 'It's for you' の 'for you' の部分》; 受益格の(動詞の接辞·相)《アメリカインディアン諸語にみられる》.
ben·e·fac·tor /bénəfæ̀ktər/ *n* (*fem* **-tress** /-trəs/) 恩恵を施す人, 恩人; 《学校などの》後援者, (基金)寄贈者, 遺贈者.
ben·e·fac·to·ry /bènəfǽk(ə)tri/ *a* BENEFICIAL.
be·nef·ic /bənéfɪk/ *a* 恩恵を施す (beneficent).
ben·e·fice /bénəfəs/ *n* 〔教会〕聖職禄, 聖職給; 禄付きの聖職; 恩貸地, 封土. ► *vt* …に聖職禄を与える. ♦ **～d** *a* 禄付きの〈聖職者〉. [OF<L＝favor; ⇨ BENEFIT]
be·nef·i·cence /bənéfəs(ə)ns/ *n* 善行, 恩恵, 慈善; 施し物 (gift).
be·néf·i·cent *a* 慈善心に富む, 奇特な, 情け深い (opp. *maleficent*); 有益な. ♦ **～·ly** *adv* [L; ⇨ BENEFIT]
ben·e·fi·cial /bènəfíʃ(ə)l/ *a* 有益な, 利益をもたらす〈*to*〉; 利益をうける; 〔法〕自己の(利益の)ための, 受益者(として)の, 受益的な. ► *n* [～s, *pl*] 害虫を捕食する[に寄生する]昆虫[細菌など], 益虫. ♦ **～·ly** *adv* **～·ness** *n* [F or L; ⇨ BENEFICE]
ben·e·fi·ci·ary /bènəfíʃièri, -fíʃ(ə)ri/ -fíʃ(ə)ri/ *n* 受益者; 〔法〕《信託の》受益者; 《年金·保険金などの》受取人, 受給者; 《信用状 (letter of credit) の》名宛人; 〔カト〕聖職禄を受ける司祭; *給費生. ► *a* 聖職禄[恩貸地](保有)の.
ben·e·fi·ci·ate /bènəfíʃièɪt/ *vt* 〈原料を〉選別する, 《特に》〈鉱石を〉選鉱する. ♦ **bèn·e·fi·ci·á·tion** *n* 選鉱(処理).
ben·e·fit /bénəfɪt/ *n* **1 a** 益, 利益, 便益, 得, 恩恵; 〔商〕利得; 《俗》もうかる仕事: of ～ (to…) (…の)ためになって / to sb's ～ 人の益[ため]になって / confer a ～ ″利益[恩恵]を与える〈*on*〉 / reap the ～(*s*) (of…) (…の)利益[成果]を享受する / have the ～ *of*…という利益を有する / ～*s* in kind 《被用者が雇用者から得る》現物の利益. **b** 《保険契約·年金プラン·社会保険などによる》給付(金), 手当; 《給与外の》福利, FRINGE BENEFIT: HOUSING [INJURY, UNEMPLOYMENT, etc.] BENEFIT / a family on ～(*s*) ″福祉給付を受けている家庭 (《米》では on welfare を使う). **c** 《古》親切なる行ない, 恩恵; 世話, 手助け; *《税金の》免除; 教会の(結婚)承認: without ～ of…の助けを借りずに. **2** 慈善興行[公演, 競技会], 募金イベント. ● **for sb's ～＝for the ～ of** sb 人のために; [*iron*] …の懲らしめに, …にあてつけて. ► *v* (-t-, tt-) *vt* …のためになる, 益する. ► *vi* 利益を得る, 恩恵をこうむる, 得をする〈*by, from*〉: stand to ～ 得をする見込みがある. ♦ **～·er** *n* [AF<L (pp)<*bene facio* to do well]
bénefit associàtion [clùb] BENEFIT SOCIETY.
bénefit of clérgy **1** 教会の儀式[承認], 《特に》結婚に関する教会の承認と儀式: without ～ 正式に結婚しないで. **2** 聖職者特権《法廷の代わりに教会内で裁判を受ける; 英国では 1827 年, 米国では 1790 年廃止》.
bénefit of ínventory 〔スコ法〕相続財産目録作成の特権《法律の定める期間内に公証人と債権者代表の立会いのもとに相続財産の目録を作成させる相続人の特権; それによって被相続人の債務を相続財産の一定範囲に限定する》.
bénefit of the dóubt [the]〔法〕疑わしさの利益《証拠不十分の場合には被告に有利に解釈すること; 不確かなときに相手によいように計らうこと》: give sb *the* ～ / have [get] *the* ～.
bénefit socìety 共済組合, 共済会.
Ben·e·lux /bén(ə)lʌ̀ks/ ベネルクス《1948 年に発足した *Be*lgium, the *Ne*therlands, *Lux*embourg 3 国による関税同盟, 60 年に経済同盟となった; また その 3 国の総称; cf. FRITALUX》.
benempt(ed) *v* BENAME の過去分詞.
Be·neš /bénèʃ/ ベネシュ **Edvard** ～ (1884–1948)《チェコスロヴァキアの政治家; 大統領 (1935–38, 45–48), 亡命政権大統領 (1939–45)》.
Be·nét /bənéɪ/ ベネ **Stephen Vincent** ～ (1898–1943)《米国の詩人·作家; 南北戦争を背景にした長篇物語詩 *John Brown's Body* (1928)》.
Ben·et·ton /bénət(ə)n, -tὰn/ 〔商標〕ベネトン《イタリア Benetton 社の衣料品·バッグ·小物など》.
Be·ne·ven·to /bènəvéntou/ ベネヴェント《イタリア南部 Campania 州北部の市》.
be·nev·o·lence /bənév(ə)ləns/ *n* 善行の心, 善意, 好意, 仁愛, 慈恵, 博愛; 慈善, 善行; 〔英史〕徳税《強制献金》.
be·név·o·lent *a* 善を行なう[行なおうとする], 善意の, 好意の, 慈善の (opp. *malevolent*); 善意による, 善意を示す: the ～ art 仁術《医術》/ ～ neutrality 好意的中立 / her ～ smile. ♦ **～·ly** *adv* **～·ness** *n* [OF<L *bene volens* well wishing]
benévolent fùnd 共済基金.
benévolent socìety 相互扶助協会, 共済会.
BEng Bachelor of Engineering.
Ben·gal /bɛŋgɔ́ːl, bɛŋ-, -gάːl/ ベンガル《インド亜大陸北東部の地方; Ganges 川河口部一帯と Brahmaputra 川の流域; 1947 年パキスタンとインドで分割, 今は West ～ がインド領, East ～ がバングラデシュ領》. ■ **the Báy of ～** ベンガル湾《インド·スリランカとミャンマー·マレー半島にはさまれたインド洋の海域》.
Ben·gal·ese /bὲŋgəlíːz, bèn-, -s/ *n* (*pl* ～) ベンガル人. ► *a* ベンガル(人)の.
Béngal fíre BENGAL LIGHT.
Ben·gali, -gal·ee /bɛŋgɔ́ːli, bɛŋ-/ *n* ベンガル人; ベンガル語《印欧語族の Indic 語派に属する》. ► *a* ベンガル(人)の; ベンガル語の.
ben·ga·line /béŋgəlìːn, ―⌐/ *n* ベンガル織り《絹[レーヨン]と羊毛あるいは木綿との交織》. [F (*Bengal, -ine*¹)]
Béngal líght ベンガル花火 (＝*Bengal fire*)《あざやかな青白色の持続性花火; 海難信号·舞台照明用》; 《一般に》美しい彩色花火.
Béngal mónkey [macáque] 〔動〕アカゲザル (RHESUS MONKEY).
Béngal quínce ベルノキの果実 (bel).
Béngal róse 〔植〕コウシンバラ (China rose).
Béngal strípes *pl* 弁柄縞(べんがらじま), 棒縞ギンガム (gingham).
Béngal tíger 〔動〕ベンガルトラ《短毛》.
Beng·bu /bʌ́ŋbúː; béŋ-/, **Peng·pu** /pʌ́ŋpúː/, **Pang-fou** /pʌ́ŋfúː/ 蚌埠(ほうふ)《中国安徽省の市》.
Ben·gha·zi, -ga·si /bɛŋgάːzi, bɛŋ-, -gǽzi/ ベンガジ《リビア北東部, 地中海の Sidra 湾に臨む港湾都市; 第二次大戦の激戦地; 古代名 Hesperides, Berenice》.

BEngr Bachelor of Engineering.
BEngS Bachelor of Engineering Science.
Ben·guela /bɛŋgwéɪlə/ ベンゲラ《アンゴラ西部の市・港町; アフリカ大陸横断鉄道の終点の一つ》.
Ben-Gu·rion /bɛ̀ŋguərjɔ́:n, bɛŋgúəriən/ ベングリオン **David** ～ (1886–1973)《ポーランド生まれのイスラエルの政治家; 初代首相 (1948–53, 55–63)》.
Ben-Hur /bɛnhə́:r/ ベン-ハー《Lew Wallace の同名の歴史小説 (1880) の主人公; 反逆罪の罪をきせられたユダヤ人で, のちにキリスト教に改宗する》.
Beni[1] ⇨ BINI.
Be·ni[2] /béɪni/ [the] ベニ川《ボリビア北部を北流し, Mamoré 川と合流して Madeira 川となる》.
Be·ni·dorm /bénədɔ̀:rm/ ベニドルム《スペインの地中海岸, Alicante の北東の町; リゾート地》.
ben·ies /béniz/ *n pl* *《俗》 諸手当 (benefits).
be·níght·ed /bɪ-/ 《文》 *a* 夜にはいった, 闇に包まれた, 行き暮れた〈旅人〉; [*fig*] 未開の, 文化の遅れた; 暗愚な. ♦ **～·ly** *adv* **～·ness** *n* [(pp) ＜ *benight* (obs)]
be·nign /bɪnáɪn/ *a* **1** 恵み深い, 親切な, 優しい (opp. *malign*): a ～ smile 優しい微笑. **2** 〈運命・前兆が〉吉運の; 〈気候などが〉良好な, 温和な; 〘医〙 良性の (opp. *malignant*); 害のない: a ～ tumor 良性腫瘍. ♦ **～·ly** *adv* [OF＜L *benignus* (*bene* well, *-genus* born); cf. MALIGN]
be·nig·nan·cy /bɪnígnənsi/ *n* 仁慈, 温情; 温暖 (mildness); 〘医〙 良性; 好都合, 有益.
be·níg·nant *a* 恵み深い, 優しい, 温和な, 穏やかな; 〘医〙 BENIGN; 好都合な, 有益な. ♦ **～·ly** *adv* [F or L; 語尾は *malignant* より]
be·nig·ni·ty /bɪnígnəti/ *n* 仁慈, 優しさ (kindness); 親切な行為, 恩恵 (favor), 慈悲; 温暖.
benígn negléct 善意の無視《政治・経済・外交などの不都合に傍観を決め込むこと》.
benígn prostátic hyperplásia [hypértrophy] 〘医〙 良性前立腺肥大(症), 前立腺肥大(症)《前立腺内腺の過形成で, 高齢の男性に起こり, 尿道狭窄による排尿障害が生じる; 略 BPH》.
Be·ni Has·an /béni hǽsæn/ ベニハサン《エジプト中部 Nile 川のほとりの村; 崖に前 2000 年ごろの墓地がある》.
Be·nin /bənín, -ní:n/ **1** ベナン《アフリカ西部の Guinea 湾に臨む国; 旧称 Dahomey; 公式名 Republic of ～ (ベナン共和国); 1960 年フランスから独立; ☆Porto-Novo》. **2** ベニン《アフリカ西部で 14–17 世紀に栄えた王国; 今のナイジェリア南部》. **3** [the] ベニン川《ナイジェリア南部を流れ, ベニン湾に注ぐ川》. **4** BENIN CITY. ■ the **Bight of ～** ベニン湾《ナイジェリアの南西, ギニア湾の北部の海域》. ♦ **Be·nin·ese** /bənìní:z, -nì:-, bènɪní:z, -s/ *a, n*
Benín Cíty ベニンシティ《ナイジェリア南西部 Edo 州の州都; ベニン王国の旧都》.
Bén·i·off zòne /béniɔ̀(:)f-, -ɑ̀f-/ 〘地質〙 震源面, ベニオフ帯. [Victor H. *Benioff* (1899–1968) 米国の地震学者]
ben·i·son /bénəs(ə)n, -z(ə)n/ *n* 祝禱, 祝福 (opp. *malison*). [OF＜L *benedictio* BENEDICTION]
Be·ni Su·ef, Ba·nī Su·wayf /béni suéɪf/ ベニスエフ, バニースワイフ《エジプト中部の市》.
ben·ja·min /bénʤ(ə)mən/ *n* 安息香 (BENZOIN).
Benjamin **1** ベンジャミン《男子名; 愛称 Ben, Benjy, Benjie, Benny, Bennie》. **2 a** 〘聖〙 ベニヤミン《Jacob が最もかわいがった末子で Benjamin 族の祖; *Gen* 35: 16–18, 42: 4》. **b** 末子, 愛児. **c** 〘聖〙 ベニヤミン族《イスラエルの十二部族の一つ》. **3** /*G* bénjami:n/ ベンヤミン **Walter** ～ (1892–1940)《ドイツの文芸批評家・思想家》. **4** [ᵒb-] 《俗》 外套, オーバー, コート. [Heb＝son of the right hand (i.e. of good fortune)]
bénjamin bùsh 〘植〙 SPICEBUSH.
Bénjamin's méss [pórtion] 〘聖〙 大きい分け前《*Gen* 43: 34》.
bénjamin trèe 〘植〙 **a** SPICEBUSH. **b** 安息香 (benzoin) を採る樹木, アンソクコウノキ《など》.
Ben·jy, -jie /bénʤi/ ベンジー《男子名; Benjamin の愛称》.
Ben·late /bénlèɪt/ 〘商標〙 ベンレート《benomyl の商品名》.
Bén Lómond ベンローモンド《(1) スコットランド中南部 Lomond 湖の東側にある山 (973 m) (2) Tasmania 北東部の山 (1527 m) (3) オーストラリア 南東部 New South Wales 州北東部の山 (1520 m)》.
Benn /bén/ ベン **'Tony'** ～ [**Anthony** (**Neil**) **Wedgwood** ～] (1925–)《英国の政治家; 労働党左派; もと貴族であったが, 1963 年 Viscount Stansgate の称号を放棄して平民となり, 下院にとどまった》.
ben·ne, ben·ni, bene /béni/ *n* 〘植〙 ゴマ (sesame). [Malay]
bénne òil ごま油 (sesame oil).
Benn·ery /bénəri/, **Benn·ism** /bénɪ̀z(ə)m/ *n* 〘英〙 ベン主義[政策]《私企業に対する国営化・国家介入の拡大政策》. [Tony *Benn*]
ben·net /bénət/ *n* 〘植〙 HERB BENNET.
Bennet **1** ベネット《男子名》. **2** ベネット《Jane Austen, *Pride and Prejudice* に登場する一家; ⇨ ELIZABETH BENNET》. [⇨ BENEDICT]
Ben·nett /bénət/ **1** ベネット《男子名》. **2** ベネット (1) **Alan** ～ (1934–)《英国の劇作家・俳優; 諷刺的な喜劇作品が多い; 代表作は BBC テレビのモノローグシリーズ *Talking Heads* (1988, 98)》 (2) (**Enoch**) **Arnold** ～ (1867–1931)《英国の小説家; *The Old Wives' Tale* (1908), *Clayhanger* (1910)》 (3) **James Gordon** ～ (1795–1872)《スコットランド生まれの米国のジャーナリスト; *New York Herald* 紙を創刊 (1835)》 (4) Sir **Richard Bedford** ～, Viscount ～ (1870–1947)《カナダの政治家; 首相 (1930–35)》. [⇨ BENEDICT]
Ben Ne·vis /bén névəs/ ベンネヴィス《スコットランド西部 Grampian 山脈の山 (1343 m); Britain 島中で最高》.
benni ⇨ BENNE.
bennie ⇨ BENNY.
Ben·nie /béni/ **1** ベニー《男子名; Benny の異つづり》. **2** [ᵒb-] *《俗》 BENNY.
Ben·ning·ton /bénɪŋtən/ **1** ベニントン《Vermont 州南西端の町; 独立戦争中の 1777 年 4 月, アメリカ軍が英軍を破った地》. **2** [ˢb-] ベニントン焼き (＝**～ wàre** [**pòttery**])《Bennington 産》.
Bennism ⇨ BENNERY.
ben·ny, ben·nie /béni/ *n* 《俗》 アンフェタミン(の錠剤[カプセル]), 《特に》 BENZEDRINE《覚醒剤》.
Benny **1** ベニー《男子名; Benjamin の愛称》. **2** ベニー **Jack** ～ (1894–1974)《米国のコメディアン; 本名 Benjamin Kubelsky》. **3** [ᵒb-] *《俗》 男物のオーバーコート.
bén òil ベン油(*)《BEN[3] から採る油; 香水・化粧品・料理・潤滑油などに用いる》.
Be·noît de Sainte-Maure /*F* bənwa də sɛ̃tmɔ:r/ ブノア・ド・サントモール《12 世紀フランスのトルヴェール (trouvère); その作 *Roman de Troie* には Troilus と Cressida の話がはいっている》.
ben·o·myl /bénəmɪ̀l/ *n* 〘農薬〙 ベノミル《殺菌薬》. [*benzo-*, *methyl*]
Be·no·ni /bənóuni/ ベノニ《南アフリカ共和国北東部 Gauteng 州の市; Witwatersrand にあり, 大規模な金鉱山がある》.
Ben·son /béns(ə)n/ ベンソン **Edward White** ～ (1829–96)《英国教会の聖職者; Canterbury 大主教 (1883–96); 聖餐式の過度の儀式主義に関する告発に対して中庸を得た裁定 Lincoln Judgment を下した (1890)》.
Bénson & Hédg·es /-ən(d) hédʒəz/ 〘商標〙 ベンソン・アンド・ヘッジズ《英国製の紙巻きタバコ》.
bent[1] /bént/ *v* BEND[1] の過去・過去分詞. ► *a* **1** 曲がった, カーブした. **2 a** 向かっている: westward ～. **b** 心を決めて, 決意して: be ～ *on doing*, …しようと決意を固めている. **3** 《俗》 **a** 不正直な, 賄賂で動く, 不正な, いかがわしい, うさんくさい; 盗まれた, 盗品の〈車など〉; 盗癖のある. **b** 頭のおかしい, いかれた; 《性的に》 倒錯した, 変態の, ホモの (cf. STRAIGHT); 故障して; *破産同様で. **c** *《麻薬・酒に》 酔って; 取り乱して; おこって. ► *n* **1** 好み, 性癖; 適性: the ～ of the mind 性癖 / have a ～ *for* study 学問好きである / follow one's ～ 気の向くままにする. **2** 緊張, 忍耐力. **3** 湾曲(部); 〘土木〙 橋脚. ● (**all**) **～ out of shape** *《俗》 《酒・麻薬に》 (すっかり)酔って; *《俗》 取り乱して, おこって. **to** [**at**] **the top of** one's **～** 力の限り, 思う存分. [BEND[1]; (n) は *descend*: *descent* などの類推]
bent[2] *n* **1** 〘植〙 ベントグラス (＝**～ gràss**)《イネ科ヌカボ属の草本, 特に芝生用の》; 《広く》 イネ科の雑草; 草の強い[枯れた]茎. **2** 《古・スコ》 草原 (heath), 囲われていない牧草地, 荒れ野. [OE *beonet-* 地名で; G *Binse* rush]
bént éight *《俗》 8 気筒(の車).
Ben·tham /bénθəm, -təm/ ベンサム, ベンタム **Jeremy** ～ (1748–1832)《英国の法学者・哲学者, 功利主義 (utilitarianism) の唱道者; *Fragment on Government* (1776), *Introduction to the Principles of Morals and Legislation* (1789)》. ♦ **～·ism** *n* ベンサム哲学, 功利主義《最大多数の最大幸福を説く》. **～·ite** *n* 功利主義者.
ben·thic /bénθɪk/ *a* 水底の[での], 海洋底の[での], 底生[底性]…: ～ animals 底生動物. [Gk BENTHOS]
bénthic zóne [the] 〘海洋〙 底生区区分帯《底生区の垂直的生態区分》. ★ 通例 次の 6 帯に区分: supralittoral zone (潮上帯), mesolittoral zone (潮間帯), sublittoral zone (浅海底帯), bathyal zone (漸深海底帯), abyssal zone (深海底帯), hadal zone (超深海底帯).
ben·thon·ic /bɛnθɑ́nɪk/ *a* BENTHIC.
ben·thos /bénθɑ̀s/ *n* 水底, 《特に》 海洋底, 深海底; 〘生態〙 《水底に居住する》 底生生物, ベントス (＝**ben·thon** /bénθɑ̀n/). [Gk＝depth of the sea]
bén·tho·scòpe /bénθə-/ *n* 海底調査鋼球.
Ben·tinck /béntɪ(ŋ)k/ ベンティンク (1) Lord **William Cavendish** ～ (1774–1839)《英国の軍人・植民地行政官; 初代インド総督 (1828–35)》 (2) **William Henry Cavendish** ～, 3rd Duke of Portland (1738–1809)《英国の政治家; Lord William Cavendish ～ の父; 首相 (1783, 1807–09)》.

Ben·tine /béntì:n, ─ ́/ ベンティーン **Michael** ～ (1922–96)《英国の俳優・コメディアン・作家》.

Bent·ley /béntli/ **1** ベントリー (1) **Edmund Clerihew** ～ (1875–1956)《英国のジャーナリスト・探偵小説作家; CLERIHEW の考案者; *Trent's Last Case* (1913)》 (2) **Richard** ～ (1662–1742)《英国の聖職者・古典学者・批評家》. **2**〘商標〙ベントリー《英国製の高級乗用車》.

Béntley compound〘薬〙ベントレー化合物《野生動物用の強力麻酔薬》. [K. W. *Bentley* 20 世紀の英国の化学者]

ben·to /béntoʊ/ *n* (*pl* **～s**) 弁当; 弁当箱. [Jpn]

Ben·ton /bént(ə)n/ ベントン (1) **Thomas Hart** ～ (1782–1858)《米国の政治家; Missouri 州選出の民主党上院議員》 (2) **Thomas Hart** ～ (1889–1975)《米国の画家・壁画家; 前者の甥の子; 1930 年代の regionalism の中心人物》.

ben·ton·ite /bént(ə)nàɪt/ *n*〘鉱〙ベントナイト《粘土の一種で, 吸収剤・充塡材》. ♦ **bèn·ton·ít·ic** /-nít-/ *a* [Fort *Benton*, Montana 州の町]

ben tro·va·to /bèn troʊvá:toʊ/ *a*〈逸話など〉巧みにこしらえた, もっともらしい, まことしやかな. [It=well found]

bént·wòod *a* 曲げ木で作った〈家具など〉. ► *n*《蒸気・熱などを加えていろいろな形に曲げた家具木工用の》曲げ木.

Be·nue /béɪnuèɪ/ **1** ベヌエ《ナイジェリア中南東部の州; ☆Makurdi》. **2** [the] ベヌエ川《カメルーン北部から西流する Niger 川の支流》.

Bénue-Cóngo *n*, *a*〘言〙ベヌエ-コンゴ語群[語派](の)《Niger-Congo 語族に属し Bantu 諸語を含む》.

be·númb /bɪ-/ *vt* [°*pp*] しびれさせる, 麻痺させる, 凍えさせる〈*by*, *with* cold〉; ぼうっとさせる. [(pp)<ME *benimen* to deprive<OE (*be-*, *niman* to take)]

Ben Ve·nue /bén vən(j)ú:/ ベンヴェニュー《スコットランド中部 Glasgow の北, Katrine 湖のすぐ南にある山 (726 m)》.

Ben·xi /bʌ́nʃí:/, **Pen·chi**, **-ki** /bʌ́nʧí:; pén-/, **-hsi** /-ʃí:/ 本渓(ほんけい)(ベンシー)《中国遼寧省の市》.

benz /bénz/ *n**《俗》ベンゼドリン (Benzedrine).

Benz /bénts/ **1** ベンツ **Carl** (**Friedrich**) ～ (1844–1929)《ドイツの技術者; 内燃機関を用いて世界初の実用車を製作した (1885)》. **2** ベンツ《ドイツ Daimler 社製の自動車; ⇨ MERCEDES-BENZ》.

benz- /bénz/, **ben·zo-** /bénzoʊ, -zə/ *comb form*〘化〙「ベンゼン(環)の」「安息香酸の」 [*benzoic*]

benz·áldehyde /bɛnz-/ *n*〘化〙ベンズアルデヒド《芳香性の無色の液体; 香料・染料用》.

ben·zal·kó·ni·um chlóride /bènzælkóʊniəm-/〘化〙塩化ベンザルコニウム《防腐・消毒薬用》.

benz·ánthracene /bɛnz-/ *n*〘化〙ベンゾアントラセン《コールタール中に少量含まれる弱い発癌物質》.

Ben·ze·drine /bénzədrì:n, -drən/〘商標〙ベンゼドリン《硫酸アンフェタミン (amphetamine sulfate) 製剤》.

ben·zene /bénzì:n, ─ ́/ *n*〘化〙ベンゼン《六員環をもつ基本的な芳香族化合物》. ♦ **ben·ze·noid** /bénzənɔ̀ɪd/ *a* [*benzoic*, *-ene*]

bénzene·carboxýlic ácid /, bɛnzí:n-/〘化〙ベンゼンカルボン酸 (benzoic acid).

bénzene hèxa·chlóride〘化〙ベンゼンヘキサクロリド, 六塩化ベンゼン《殺虫剤; 略 BHC; cf. LINDANE》.

bénzene nùcleus〘化〙ベンゼン核 (benzene ring).

bénzene rìng〘化〙ベンゼン環 (=*benzene nucleus*).

bénzene sèries〘化〙ベンゼン系列, ベンゼン族.

ben·zi·dine /bénzədì:n, -dən/ *n*〘化〙ベンジジン《染料の原料・試薬用》.

benz·imidázole /bɛ̀nz-/ *n*〘化〙ベンゾイミダゾール《塩基の一つ; ウイルス・寄生虫・真菌の増殖を抑える》; ベンゾイミダゾールの誘導体.

ben·zine /bénzì:n, ─ ́/, **-zin** /bénzən/ *n*〘化〙ベンジン; 《豪まれ》ガソリン《benzene と区別のため benzoline ともいう》; BENZENE の俗称. [*benzene*, *-ine*²]

ben·zo- /bénzoʊ, -zə/ ⇨ BENZ-.

bènzo·[*a*]·pýrene /-èɪ-, -ǽlfə-/ *n*〘化〙ベンゾ [*a*] ピレン《ベンゾピレンの異性体; コールタール中に存在し, 黄色の結晶として得られるもので, 発癌物質; benzo(*a*)pyrene, benzo-*a*-pyrene とも書く》.

ben·zo·ate /bénzoʊèɪt, -ət/ *n*〘化〙安息香酸塩[エステル], ベンゾアート.

bénzoate of sóda SODIUM BENZOATE.

ben·zo·caine /bénzəkèɪn/ *n*〘薬〙ベンゾカイン《結晶性粉末; 局部麻酔剤》.

ben·zo·di·az·e·pine /bènzoʊdàɪǽzəpì:n, -pən/ *n*〘化・薬〙ベンゾジアゼピン《精神安定剤に用いられる化合物》.

bènzo·fúran *n*〘化〙ベンゾフラン (coumarone).

ben·zo·ic /bɛnzóʊɪk/ *a*〘化〙BENZOIN の[から得た]. [*benzoin*, *-ic*]

benzóic ácid〘化〙安息香酸 (=*benzenecarboxylic acid*)《安息香から得られる白色結晶》.

benzóic áldehyde〘化〙BENZALDEHYDE.

ben·zo·in /bénzoʊən, -ɔɪn, bɛnzóʊən/ *n* **1** 安息香, ベンゾイン樹脂《東南アジアのエゴノキ属の樹木 (アンソクコウノキなど) から採る樹脂》. **2**〘植〙ニオイベンゾイン (spicebush). **3**〘化〙ベンゾイン《医薬品・香水用》. [F<Arab *lubānjāwī* incense of Java]

ben·zol /bénzɔ̀(:)l, -zòʊl, -zɑ̀l/, **-zole** /-zòʊl/ *n*〘化〙ベンゾール《(1) BENZENE (2) benzene と他の芳香族化合物との混合物》. [*benzoic*, *-ol*]

ben·zo·line /bénzəlì:n/ *n*〘化〙BENZINE.

ben·zo·mor·phan /bɛ̀nzoʊmɔ́:rfæn/ *n*〘薬〙ベンゾモルファン《phenazocine, pentazocine など一群の合成鎮痛剤の総称》.

bènzo·nítrile *n*〘化〙ベンゾニトリル《アーモンド臭のある無色液体; 合成樹脂の溶剤》.

bènzo·phe·nóne /-fɪnóʊn, -fí:nòʊn/ *n*〘化〙ベンゾフェノン《芳香無色の結晶》; ベンゾフェノンの誘導体.

bènzo·pýrene *n*〘化〙ベンゾピレン《コールタールに含まれる発癌物質》.

bènzo·quinóne *n*〘化〙ベンゾキノン (quinone).

bènzo·súl·fi·mide /-sʌ́lfəmàɪd/ *n*〘化〙SACCHARIN.

ben·zo·yl /bénzoʊɪ̀l/ *n*〘化〙ベンゾイル (=～ **gròup** [**ràdical**])《1 価の酸基》.

bénzoyl peróxide〘化〙過酸化ベンゾイル.

benz·pýrene /bɛnz-/ *n* BENZOPYRENE.

Ben-Zvi /bɛntsví:/ ベンツヴィ **Itzhak** ～ (1884–1963)《イスラエルの政治家; 大統領 (1952–63)》.

ben·zyl /bénzì:l, -zəl/ *n*〘化〙ベンジル (=～ **gròup** [**ràdical**])《1 価の置換基》. ♦ **ben·zyl·ic** /bɛnzílɪk/ *a* [*-yl*]

bénzyl álcohol〘化〙ベンジルアルコール.

bénzyl bénzoate〘化〙安息香酸ベンジル《抗疥癬薬, 香料の溶剤・保留剤》.

ben·zyne /bénzàɪn/ *n*〘化〙ベンザイン《ベンゼンから水素原子を除いた, 三重結合をもつ炭化水素》. [*benzene*, *-yne*]

Beograd ⇨ BELGRADE.

Be·o·wulf /béɪəwʊ̀lf/ ベオウルフ (1) 古代スカンディナヴィアの伝説を素材にして 8 世紀ころ古英語で書かれた英国最古の英雄叙事詩 2) その主人公; 若い時には国を怪物から守るために少数の部下を率いて闘い, 老いては国王として怪物と闘って悲劇的な死を遂げる勇士》. ♦ **～-ian** *a*

be·páint /bɪ-/《古》*vt* …に塗る; 着色する, 染める.

be·pláster /bɪ-/ *vt* しっくいを塗る[かぶせる]; 厚くおおう.

be·pówder /bɪ-/ *vt* …に粉をまきかける[おしろいを塗る].

Beqaa ⇨ BEKAA.

be·queath /bɪkwí:θ, -ð/ *vt*〈人に〉〈動産を〉遺言で譲る, 遺贈する〈*to*〉; 後世に残す, 伝える〈*to*〉. ♦ **～·al** *n* BEQUEST. **～·er** *n* [OE (*be-*, *cwethan* to say; cf. QUOTH)]

be·quest /bɪkwést/ *n*《財産などの》遺贈; 遺産; 伝わったもの, 遺贈物, 形見: make a b～ 人に遺贈する. [*be-*, *quiste* (obs)<OE *-cwiss*, *cwide* saying (↑)]

Bé·ran·ger /*F* berɑ̃ʒe/ ベランジェ **Pierre-Jean de** ～ (1780–1857)《フランスの諷刺詩人・流行歌作家》.

Be·rar /beɪrá:r, bə-/ ベラール《インド中西部 Maharashtra 州東部の地域; ☆Amravati》.

be·ráte /bɪ-/ *vt* しかりつける, きびしく非難する, なじる. [*rate*²]

Ber·ber /bɜ́:rbər/ *n* **a** ベルベル人《北アフリカ山地に住むコーカソイドの人種》. **b** ベルベル語派[語群](の言語)《Afro-Asiatic 語族に属し, 方言差が著しい》. ► *a* ベルベル人[文化, 語]の. [Arab *barbar*]

Ber·be·ra /bɜ́:rb(ə)rə/ ベルベラ《ソマリア北部の Aden 湾に臨む港町》.

ber·ber·i·da·ceous /bɜ̀:rbərədéɪʃəs/ *a*〘植〙メギ科 (Berberidaceae) の.

ber·ber·ine /bɜ́:rbərì:n/ *n*〘化〙ベルベリン《黄色の針状晶; 健胃剤・強壮剤》.

ber·ber·is /bɜ́:rbərəs/ *n*〘植〙メギ属 (*B-*) の各種低木 (barberry). [L<?]

ber·ber(·r)y /bɜ́:rbèri, -b(ə)ri; -b(ə)ri/ *n* BARBERRY.

bér·bice chàir /bɜ́:rbì:s-/ ベルビス椅子《大きな肘掛け椅子; 肘掛けは内側に折り曲げて足掛けにもできる》. [*Berbice* ガイアナの川]

ber·ceau /*F* bɛrso/ *n* 揺りかご (cradle).

ber·ceuse /bɛərsɜ́:rz, *bɛrsú:z; *F* bɛrsø:z/ *n* (*pl* **～s** /-z(əz); *F* ─/)〘楽〙子守歌; ベルスーズ《揺りかごの揺れをおもわせる器楽曲》. [F (*bercer* to rock)]

Berch·tes·ga·den /*G* bɛrçtəsgá:dn/ ベルヒテスガーデン《ドイツ南東部 Bavaria 州の町; Hitler の隠れ家があった》.

Ber·cy /bərsí:/ *n* ベルシー (=～ **sàuce**)《肉のストックにエシャロット・白ワイン・レモン汁・パセリなどを加えたホワイトソース》.

ber·dache /bərdǽʃ/ *n*《北米インディアンの》女装者《女の服装をして女のようにふるまう男》. [F=homosexual male<Arab=slave]

Ber·di·chev /bərdí:ʧəf, -v/ ベルディチェフ《ウクライナ中西部の市》.

Ber·dyansk /bərdjá:nsk/ ベルジャンスク《ウクライナ南東部, Azov 海のベルジャンスク湾 (～ **Gúlf**) に臨む港湾都市・保養地》.

Ber·dya·yev /bərdjá:jəf, -ʤá:-/ ベルジャーエフ **Nikolay Aleksandrovich** ～ (1874–1948)《ロシアの哲学者; ソヴィエト共産主義を批判して追放され, 亡命; キリスト教的実存主義の哲学を展開》.

Be·rea /bərí:ə/ ベレア《ギリシアの町 VÉROIA の古代名》.

B

be·reave /bɪríːv/ *vt* (~**d**, **be·reft** /bɪréft/)〈家族・近親を〉〈人〉から死によって奪う,〈希望・喜びなどを〉失わせる 〈*of*〉;《廃》強奪する: The accident ~*d* her *of* her son. その事故で彼女は息子を失った / be ~*d* [*bereft*] *of* a son 息子に先立たれる / the ~*d* family 遺族 / be *bereft of* all hope あらゆる希望を失う / be utterly *bereft* 希望[生活の望み]を全く失っている. ♦ **~·ment** *n* 先立たれること, 死別. **be·réav·er** *n* [OE *berēafian*; ⇨ REAVE]

be·réaved *v* BEREAVE の過去・過去分詞. ► *a*《家族・近親に》死なれた, あとに残された; [the, 〈*n*〉] 家族[近親]をなくした人(たち), 遺族.

be·reft /bɪréft/ *v* BEREAVE の過去・過去分詞. ► *a* 〈物などを〉奪われた 〈*of*〉;〈望ましいものの〉ない 〈*of*〉;《家族などに》死なれた: a ~ son あとに残された息子.

berendo ⇨ BERRENDO.

Ber·e·nice /bèrənáɪs, -náɪsi/ **1** ベレニス, ベレナイシ《女子名》. **2** ベレニケ《BENGHAZI の古代名》. [⇨ BERNICE]

Bereníce's Háir [the]〘天〙かみのけ座(髪座)(Coma Berenices).

Ber·en·son /bérəns(ə)n/ ベレンソン **Bernard** ~ (1865–1959)《米国の美術史家; イタリアルネサンス期美術の権威》.

be·ret /bəréɪ; béreɪ/ *n* ベレー(帽);〘英軍〙ベレー帽形軍帽. [F; cf. BIRETTA]

beretta ⇨ BIRETTA.

Be·re·zi·na /bəréɪz(ə)nə, -réz-/ [the] ベレジナ川《ベラルーシを南東に流れて Dnieper 川に合流する》.

Be·rez·ni·ki /bəréznəki/ ベレズニキ《ロシア西部 Ural 山脈西麓の, Kama 川左岸の河港都市》.

berg[1] /bə́ːrg/ *n* 氷山. [iceberg]

berg[2] *n* [°*compd*]《南ア》山. [Afrik<Du]

Berg /bə́ːrg/ **1** バーグ (**1**) **'Patty'** ~ [**Patricia Jane** ~] (1918–2006)《米国のゴルファー》(**2**) **Paul** ~ (1926–)《米国の生化学者; ノーベル化学賞 (1980)》. **2** /*G* bérk/ ベルク **Alban** ~ (1885–1935)《オーストリアの作曲家; 無調音楽を経て十二音技法に進んだ; オペラ *Wozzeck* (1925)》.

Ber·ga·ma /bərgáːmə/ ベルガマ《トルコ西部 Izmir 北方の町; 古代名 Pergamum》.

ber·ga·masque /bə́ːrgəmæ̀sk; -mɑ̀ːsk/ *n* ベルガマスカ《tarantella に似た速いダンス》.

Ber·ga·mo /bέərgəmòʊ, bə́ːr-/ ベルガモ《イタリア北部 Lombardy 州の市》.

ber·ga·mot /bə́ːrgəmɑ̀t/ *n* **1**〘植〙ベルガモット (=~ **òrange**)《ダイダイの近縁種》; ベルガモット油《ベルガモットの果皮から得られる精油; 香水に, また紅茶 Earl Grey の香りづけに使われる》. **2**〘植〙ベルガモットに似た香のするシソ科の多年草: **a** ベルガモットハッカ (=~ **mìnt**). **b** ヤグルマハッカ属の各種. **3**〘園〙ベルガモット《洋ナシの一種》. [↑]

Berg·da·ma /bέərgdɑ̀ːmə/ *n* (*pl* ~, ~**s**) DAMARA.

Ber·gen /bə́ːrgən, bέər-/ ベルゲン《(**1**) ノルウェー南西部の港市; 中世スカンディナヴィアの商業中心地 **2**) MONS のフラマン語名》.

Bérgen-Bélsen ベルゲン-ベルゼン (⇨ BELSEN).

ber·ge·nia /bərgíːniə/ *n*〘植〙ベルゲニア《東アジア産ユキノシタ科ヒマラヤユキノシタ属 (*B*-) の常緑多年草; ピンクの花をつけるヒマラヤユキノシタなどの園芸種がある》. [Karl August von *Bergen* (1704–59) ドイツの植物学者・医師]

Bergerac ⇨ CYRANO DE BERGERAC.

ber·gère, ber·gere /bərʒέər; *F* bɛrʒɛːr/ *n* ベルジェール《18 世紀フランス風の安楽椅子》. ► *a*〘料理〙マッシュルームとパセリを添えた. [F=shepherdess]

Ber·gi·us /*G* bérgius/ ベルギウス **Friedrich** ~ (1884–1949)《ドイツの化学者; 石炭から人造石油を得るのに成功した; ノーベル化学賞 (1931)》.

Berg·man /bə́ːrgmən/ **1** ベルイマン **Ingmar** ~ (1918–2007)《スウェーデンの映画・舞台監督》. **2** バーグマン **Ingrid** ~ (1915–82)《スウェーデン出身の女優》.

berg·schrund /bέərkʃrʊ̀nt/ *n* ベルクシュルント《氷河の上端にあるクレバス》. [G]

Berg·son /bérgs(ə)n; bə́ːg-; *F* bɛrksɔn/ ベルクソン **Henri(-Louis)** ~ (1859–1941)《フランスの哲学者; *Matière et mémoire* (1896), *L'Évolution créatrice* (1907); ノーベル文学賞 (1927)》. ♦ **Berg·son·ian** /bɛrgsóʊniən, bɛrk-; bə̀ːg-/ *a, n*

Bérgson·ìsm *n* ベルクソン哲学.

Berg·ström /bέərgstrəm, bǽristrʊm/ ベルイストレーム **K. Sune D.** ~ (1916–2004)《スウェーデンの生化学者; ノーベル生理学医学賞 (1982)》.

bérg wìnd《南ア》山風《冬でも Cape などの海岸地方に吹く山からの乾燥した熱風》.

ber·gylt /bέərgəlt/ *n*〘魚〙ROSEFISH. [ON *berg* rock]

be·rhýme, be·ríme /bɪ-/ *vt*《古》詩歌に作る, …を詩に歌う; 詩で諷刺する.

Be·ria, Be·ri·ya /bériə/ ベリヤ **Lavrenty Pavlovich** ~ (1899–1953)《ソ連の政治家; 大粛清を指揮, Stalin 死後政府転覆の容疑で処刑された》.

be·ríbboned /bɪ-/ *a* リボンで飾った; 飾緒などで飾りたてた〈軍人〉.

beri·beri /bèribéri/ *n*〘医〙脚気(かっけ). [Sinhalese (*beri* weakness)]

be·rim·bau /beríːmbàʊ/ *n*〘楽〙ビリンバウ《ひょうたんに 1 本の鉄線を通してこれをはじいて鳴らすブラジルの民族楽器》. [Port=Jew's harp]

Be·ring /béərɪŋ, bíər-/ ベーリング **Vitus** (**Jonassen**) ~ (1681–1741)《デンマーク生まれの航海者・探検家; ロシア海軍にはいって北太平洋海域を探検し, Bering 島, Bering 海峡を発見》.

Be·rin·gia /bərínʤiə/〘動物地理・考古〙ベーリンジア《Bering 海峡をはさむシベリア東端部と Alaska 西端部からなる地域; 氷河期は陸続きで, 人や動物の大陸間移動経路となった》. ♦ **-gi·an** *a*

Béring Séa [the] ベーリング海《太平洋最北部の海域; シベリア北東部と Alaska に, また Aleutian 列島と Bering 海峡にはさまれる》.

Béring (stándard) tìme ベーリング標準時《Alaska 西部およびアリューシャン列島を含むかつての時間帯; UTC より 11 時間おそい; 略 B(S)T》.

Béring Stráit [the] ベーリング海峡.

Be·rio /béɪrjoʊ/ ベリオ **Luciano** ~ (1925–2003)《イタリアの作曲家》.

Be·ri·os·o·va /bèriόʊsəvə/ ベリオソヴァ **Svetlana** ~ (1932–98)《リトアニア生まれの英国のプリマバレリーナ》.

berk, burk, birk /bə́ːrk/ *n*《口》ばか (fool), あほう, いやなやつ《Berkeley Hunt=cunt と押韻》.

Berke·le·ian, -ley·an /bə́ːrkliən, bɑ́ːr-, bɑːrklíːən, bə̀ːr-; bɑːklíːən/ *a* George Berkeley の, バークリー哲学の. ► *n* バークリー哲学の学徒. ♦ **~·ìsm** *n* バークリー哲学.

Berke·ley **1** /bə́ːrkli/ バークリー **Busby** ~ (1895–1976)《米国の映画監督・振付家; 本名 William Berkeley Enos》. **2** /bɑ́ːrkli, *bə́ːrk-/ バークリー **George** ~ (1685–1753)《アイルランドの哲学者・聖職者; '存在するとは知覚されること' とする主観的観念論の代表者》. **3** /bə́ːrkli/ バークリー《California 州西部, San Francisco 湾東岸の市; 州立 California 大学 Berkeley 校所在地》.

Bérke·ley Cástle /bɑ́ːrkli-/ バークリー城《イングランド Gloucestershire にある城; Edward 2 世の暗殺 (1327) の舞台となった; 1153 年以来 Berkeley 家の居城》.

Bérkeley Húnt《韻俗》**a** ばか, あほ (cunt). **b** 女性性器, 赤門 (cunt). [Berkeley Castle を拠点とする猟場の名]

Bérkeley·ìsm *n* バークリー哲学 (Berkeleianism).

Bérkeley Squáre バークリースクエア《London の Mayfair にある広場; 現在も古い建物が多く残っている》.

berke·li·um /bə́ːrkliəm/ *n*〘化〙バークリウム《放射性元素; 記号 Bk, 原子番号 97》. [*Berkeley*[1] 元素発見地]

Berk·shire /bə́ːrkʃiər, -ʃər; bɑ́ːk-/ **1** バークシャー《イングランド南部の旧州; 略 Berks. /bɑ́ːrks; bɑ́ːks/; ☆Reading》. **2**〘畜〙バークシャー《白い斑点のある黒豚の一種》.

Bérkshire Hílls *pl* [the] バークシャーヒルズ《アパラチア山脈の一部をなす Massachusetts 州西部の山地; リゾート地; 最高峰 Mount Greylock (1064 m)》.

Bérkshire Húnt BERKELEY HUNT.

ber·ley /bə́ːrli/《豪》*n* まき餌 (ground bait); ばかなこと.

Ber·lich·ing·en /*G* bérlɪçɪŋən/ ベルリヒンゲン **Götz** [**Gottfried**] **von** ~ (1480–1562)《ドイツの騎士; 戦いで片手(右手)を失い義手を用いたことから '鉄手のゲッツ' と呼ばれた; Goethe の戯曲 *Götz von Berlichingen* (1773) のモデル》.

Ber·lin[1] /bərlín; *G* bɛrlíːn/ **1** ベルリン《ドイツの首都; Spree 川に臨み, 一州をなす; 1945 年までドイツ, プロイセンの首都, 1948–90 年, East Berlin は東ドイツの首都, West Berlin は西ドイツの一州で, 東西に分断されていた》. **2** [°b-] BERLIN WOOL. **3** [b-] (=**ber·line** /bərlíːn, bə́ːrlɪn/) **a** 一種の四輪箱馬車. **b** 運転席と後部座席の間にガラス仕切りのあるリムジン. ■ the **Univérsity of** ~ ベルリン大学《Berlin にある公立大学; Humboldt University of Berlin の通称, 旧称 Friedrich Wilhelm University; 1810 年 Wilhelm von Humboldt が創立》.

Berlin[2] バーリン **Irving** ~ (1888–1989)《米国のポピュラー音楽の作曲家; ロシア生まれのユダヤ人; ミュージカル *Annie Get Your Gun* (1946), 歌曲 *White Christmas*》.

berline ⇨ BERLIN[1].

Berlín·er *n* **1** ベルリン市民, ベルリン人. **2** [ˢb-] バーリナー《(**1**) バニラアイシングをかけたジャム入りドーナツ **2**)《豪》マイルドなスパイス風味の煮たソーセージで, 冷たいままで食べる》.

Ber·lin·guer /bὲərlɪŋgwέər/ ベルリングエル **Enrico** ~ (1922–84)《イタリアの政治家; 共産党書記長 (1972–84)》.

Bérlin Wáll [the]《東西 Berlin 間の》ベルリンの壁 (1961–89);《派閥間などの》意志疎通の障壁.

Bérlin wóol [°b- w-] ベルリンウール《編物用・刺繍用の梳毛(そもう)糸》.

Ber·li·oz /béərliòʊz/ ベルリオーズ (**Louis-**)**Hector** ~ (1803–69)《フランスの作曲家》. ♦ **Bèr·li·óz·ian** *a*

Ber·litz /bə́ːrləts/ ベルリッツ《世界各地に外国語学校を展開する語学教育会社》.

Ber·lus·co·ni /bèərluskóuni/ ベルルスコーニ **Silvio** ～ (1936–)《イタリアの実業家・政治家; 放送・出版業で成功し, 同国メディア界に君臨; 首相 (1994, 2001–06, 08–11)》.

berm, berme /bə́:rm/ *n* **1** 斜面[法面(のりめん)]の下端[上端, 途中]の幅の狭い段[棚地, 通路];〘土木〙犬走り, 小段(こだん);〘城〙崖径(がけみち), 犬走り《城壁と濠との間の平らな地》;〘地質〙汀段(ていだん)《波の作用で海浜の高潮[低潮]線の背後にできる段丘状地形》. **2** 道路わきの細道, 《道路の》舗装してない縁, 路肩 (shoulder); 運河沿いの細道, 運河の堤防. **3**《建物の外壁に沿った》土盛り, 土の防壁.

Ber·me·jo /bərméɪhou, bɛər-/ [the] ベルメホ川《アルゼンチン北部を南東に流れ, パラグアイとの国境で Paraguay 川に合流》.

Ber·mu·da /bərmjú:də/ **1** バミューダ《北大西洋西部の島群; 自治権をもつ英国植民地; 主島はバミューダ島 (**～ Ísland**) で, 諸島の主都 Hamilton がある》. **2** [*pl*] BERMUDA SHORTS. **3** BERMUDA GRASS; *《俗》タマネギ. ◆ **Ber·mú·dan, -mú·di·an** *a, n* バミューダ(人)の; バミューダ人.

Bermúda bàg バミューダバッグ《卵形のハンドバッグ》.

Bermúda cóllar〘服〙バミューダカラー《婦人服・ブラウスの細くとがった襟》.

Bermúda gràss〘植〙ギョウギシバ, バミューダグラス《芝生・牧草用》.

Bermúda múlberry〘植〙アメリカムラサキシキブ (FRENCH MULBERRY).

Bermúda ónion〘植〙バミューダオニオン《米国南部・バミューダ諸島で栽培される平たいタマネギ》.

Bermúda pétrel〘鳥〙CAHOW.

Bermúda rìg〘海〙バミューダ型帆装, バミューダリグ (=*Marconi rig*) (=**Bermúd(i)an ríg**)《特別高いマストに細長い三角帆を張ったヨット用の帆装》.

Bermúda shórts *pl* バミューダショーツ《ひざ上までのショートパンツ; Bermudas ともいう》.

Bermúda Tríangle [the] バミューダ三角水域《Florida, Bermuda 諸島および Puerto Rico を結ぶ三角形の水域; 航空機・船舶の事故が多発し, Devil's Triangle とも呼ばれる》. [Charles Berlitz, *The Bermuda Triangle* (1974)]

Bern, Berne /bə́:rn, bɛ́ərn/ ベルン (1) スイスの首都; Aare 川に臨む 2) スイス中西部の州; ☆ Bern》.

Ber·na·dette /bə̀:rnədét/ **1** バーナデット《女子名》. **2** (ルルドの)ベルナデット Saint ～ **of Lourdes** (1844–79)《フランスの修道女; 本名 Marie-Bernarde Sou·bi·rous /*F* subiru/; 1858 年 Lourdes で聖母マリアの幻を見たことから, この地が巡礼聖地となった; 祝日 4 月 16 日, フランスでは時に 2 月 18 日》. [F(fem dim)‹BERNARD]

Ber·na·dine /bə́:rnədì:n/ バーナディーン《女子名》. [F (fem dim)‹BERNARD]

Ber·na·dotte /bə́:rnədɑ̀t/ ベルナドット (1)《フランス南西部の Béarn 地方の名家; 傑出したのが Jean-Baptiste-Jules (1763–1844) で, スウェーデン王 Charles 14 世 (1818–44) として現スウェーデン王室の祖となった》(2) ～ **of Wis·bory** /ví:sbɔ:ri/, Count **Folke** ～ (1895–1948)《スウェーデンの軍人; 国連の調停官としてイスラエル・アラブの停戦協定締結に成功したが (1948), 過激派に暗殺された》.

Ber·na·ma /bɛərnɑ́:mɑ:/ ベルナマ通信《マレーシアの国営通信》.

Ber·nan·ke /bərnǽŋki/ バーナンキ **Ben S(halom)** ～ (1953–)《米国の経済学者; 連邦準備制度理事会 (FRB) 議長 (2006–)》.

Ber·na·nos /*F* bɛrnano:s/ ベルナノス **Georges** ～ (1888–1948)《フランスの作家; 伝統的カトリックの立場から悪・死など形而上学的な問題を追求した》.

Ber·nard /bərnɑ́:rd, bə́:rnɑ̀:rd, -nɑ̀:rd; bə́:nə̀:d/ **1** バーナード《男子名; 愛称 Bernie, Berney, Barney》. **2** ベルナルドゥス, ベルナール (1) Saint ～ (**of Aosta** [**Menthon, Montjoux**]) (d. 1081?)《イタリアの司祭; Alps の峠に旅人の避難所を設けた; ⇨ SAINT BERNARD》(2) Saint ～ **of Clairvaux** (1090–1153)《フランスの聖職者・神秘思想家; シトー派の修道士; Clairvaux に修道院を設立, 院長; 祝日 8 月 20 日》. **3** /*F* bɛrna:r/ ベルナール **Claude** ～ (1813–78)《フランスの生理学者; 実験医学・一般生理学の創始者》. [Gmc=bear+hard]

Ber·nar·din de Saint-Pierre /*F* bɛrnardɛ̃ də sɛ̃pjɛ:r/ ベルナルダン・ド・サンピエール **Jacques-Henri** ～ (1737–1814)《フランスの作家》.

Ber·nard·ine /bə́:rnərdən, -dì:n/ *a* St BERNARD of Clairvaux の; シトー会の. ► *n* シトー会修道士.

Bern·burg /bə́:rnbə̀:rg; *G* bɛ́rnburk/ ベルンブルク《ドイツ中東部 Saxony-Anhalt 州の Saale 川に臨む市》.

Berne ⇨ BERN.

Bérne Convéntion [the] ベルヌ条約《1886 年スイスの Bern で結ばれた国際著作権協定》.

Ber·ner Al·pen /*G* bɛ́rnər álpn/ *pl* ベルナーアルペン《BERNESE ALPS のドイツ語名》.

Ber·ners /bə́:rnərz/ バーナーズ 14th Baron ～ ⇨ TYRWHITT-WILSON.

Bern·ese /bərní:z, bə́:rnì:z, -s/ *a* ベルン (Bern) の; ベルン人[市民]の. ► *n* ベルン人[市民].

Bérnese Álps [**Óberland**] (*pl*) [the] ベルンアルプス[オーバーラント] (=*Oberland*)《スイス南部の山群; アルプス中部を構成する》.

Bérnese móuntain dòg〘犬〙バーニーズマウンテンドッグ《スイス産の大型の長毛の黒犬》.

Ber·ney /bə́:rni/ バーニー《Bernard, Barnard などの愛称》.

Bern·hard /bə́:rnhɑ̀:rd, bə́:rnɑ̀:rd/ バーンハード, バーナード《男子名》. [G; ⇨ BERNARD]

Bern·hardt /bə́:rnhɑ̀:rt; *F* bɛrna:r/ ベルナール **Sarah** ～ (1844–1923)《フランスの女優; 本名 Henriette-Rosine Bernard》.

Ber·nice /bərní:s, bə́:rnəs; bə́:nɪs/ バーニス《女子名; 異形 Berenice》. [Gk=bringer of victory]

Ber·ni·cia /bərníʃ(i)ə/ バーニシア《6 世紀, Tyne 川と Forth 川の間にあったアングル人の王国; 隣国 Deira と合同して Northumbria 王国を形成した》.

bér·ni·cle (**gòose**) /bə́:rnɪk(ə)l(-)/〘鳥〙**a** BARNACLE GOOSE. **b** コクガン (brant).

Ber·nie /bə́:rni/ **1** バーニー《男子名; Bernard, Barnard の愛称》. **2** *《俗》武器を携行し抵抗気配のある犯罪被害者《1984 年 New York 市の地下鉄内で金を奪おうとした若者 4 人を拳銃で撃った男 Bernhard Goets の名から》.

Ber·ni·na /bərní:nə/ [Piz ～ /pí:ts-/] ベルニーナ山《スイスとイタリアの国境, Rhaetian Alps 南部のベルニーナアルプス (the **～ Álps**) にある山; Rhaetian Alps の最高峰 (4049 m)》.

Bernína Páss ベルニーナ峠《スイス・イタリア国境, Bernina 山東方の峠 (2323 m)》.

Ber·ni·ni /bɛərní:ni/ ベルニーニ **Gian** [**Giovanni**] **Lorenzo** ～ (1598–1680)《イタリアバロックの画家・建築家・彫刻家》.

Ber·noul·li /bərnú:li; bə:nú:ji, -li; *G* bɛrnúli; *F* bɛrnuji/ ベルヌーイ (1) **Daniel** ～ (1700–82)《スイスの数学者・物理学者; Johann の子; 流体力学に関するベルヌーイの定理を発表》(2) **Jakob** ～ (1655–1705)《スイスの数学者; 微積分学発展に貢献, また確率論を体系化した》(3) **Johann** ～ (1667–1748)《スイスの数学者; Jakob の弟; 微分学に貢献》.

Bernóulli effèct〘力〙ベルヌーイ効果《ベルヌーイの原理「流体の圧力は流速の増大につれて減少する」が機械などに及ぼす効果》. [Daniel *Bernoulli*]

Bernóulli equàtion **1**〘数〙ベルヌーイの微分方程式《*n* が 0 または 1 以外の数であるとき $(dy/dx)+f(x)y=g(x)y^n$ の型の微分方程式》. [Jakob *Bernoulli*] **2**〘力〙BERNOULLI'S THEOREM. [Daniel *Bernoulli*]

Bernóulli's príncíple [**láw**]〘理〙ベルヌーイの原理《流体の速度の増加は圧力の減少をもたらし, 速度の減少は圧力の増加をもたらす》. [Daniel *Bernoulli*]

Bernóulli's théorem **1**〘統〙ベルヌーイの定理, 独立試行の定理 (=*law of averages*)《一定の確率 *p* で起こる母集団から抽出された標本比率は, 標本の大きさが大きくなるにしたがって, 値 *p* に確率収束する》. [Jakob *Bernoulli*] **2**〘力〙ベルヌーイの定理《非圧縮性・非粘性の流体の, 定常流におけるエネルギー保存の法則》. [Daniel *Bernoulli*]

Bernóulli trìal〘統〙ベルヌーイ試行《起こる, 起こらないの 2 つの可能性しかない試行を無限に試行して一つの試行と考えたもの》. [Jakob *Bernoulli*]

Bern·stein /bə́:rnstàɪn, -stì:n/ バーンスタイン **Leonard** ～ (1918–90)《米国の作曲家・指揮者; 交響曲 *The Age of Anxiety* (1949), ミュージカル *West Side Story* (1957)》.

Be·roea /bərí:ə/ ベロエア (1) ギリシアの町 VÉROIA の古代名 2) シリアの都市 ALEPPO の古代名》.

berp /bə́:rp/ *《俗》 *n* げっぷ (burp); [*pl*] アルコール飲料, ビール (burps). ► *vi* げっぷする.

bérp·wàter *n* *《俗》げっぷの出るやつ, ビール, シャンペン.

be(r)·ren·do /bəréndou/ *n* (*pl* **～s**) *《南西部》PRONGHORN. [Sp]

berretta ⇨ BIRETTA.

Ber·ri /*F* bɛri/ BERRY《フランス中部の地域》.

bér·ried *a* BERRY の実っている; BERRY に似た; 〈エビなど〉卵をもっている.

ber·ry /béri/ *n* **1 a** 核のない果肉の柔らかな食用小果実, ベリー《主にイチゴ類》 **b**〘植〙液果, 漿果《ブドウ・トマト・バナナなど; cf. NUT》. **c** 果粒, 干した種子《コーヒー豆・小麦など》; 野バラの実 (hip). **2**《魚・エビなどの》卵: a lobster *in* ～ 卵をもっているエビ. **3** [ᵘ*pl*] *《俗》ドル, ᴴ《俗》ポンド; [*pl*] *《俗》ワイン, 酒; [the berries] *《俗》一番(のもの), 最高(のもの) (the best). ► *vi* ベリー[漿果]を結ぶ; イチゴを摘む. ◆ **～·less** *a* **～·lìke** *a* berry に似た; 球状の. [OE *beri(g)e*; cf. G *Beere*]

Berry **1** ベリー **Chuck** ～ (1926–)《米国のロックンロールシンガー・ソングライター・ギタリスト; 本名 Charles Edward Anderson ～》. **2** /*F* bɛri/ ベリー **Jean de France,** Duc de ～ (1340–1416)《フランスの王族; 国王 John 2 世の三男; 芸術のパトロン》. **3** /*F* bɛri/ ベリー《フランス中部の歴史的地域・旧州; ☆Bourges》.

Ber·ry·man /bérimən/ ベリマン **John** ～ (1914–72)《米国の詩人; 長詩 *Homage to Mistress Bradstreet* (1956)》.

ber·sa·glie·ri /bὲərsəljéəri/ *n pl* (*sg* **-glie·re** /-ri, -reɪ/) [°B-] 狙撃隊. [It]

ber·seem, -sim /bərsíːm/, **berséem clóver, ber·sine** /-síːn/ *n* 〖植〗エジプトクローバー, バーシーム (=*Egyptian clover*)《シャジクソウ属のクローバーの一種; 緑肥·飼料作物として利用される》. [Arab]

ber·serk /bərsə́ːrk, bὰːr-, -zə́ːrk, ⎯⎯/ *a* [通例 次の句で] 狂暴な: go [run] ～ 狂暴になる, あばれ出す. ► *adv* 狂暴に, 逆上して. ► *n* BERSERKER. ♦ **～·ly** *adv* [Icel=bear-coat]

bersérk·er /, ⎯⎯⎯/ *n* 〖北欧伝説〗狂戦士《戦争の始まる前に狂暴になり無敵の強さを示したといわれる》; 狂暴な人間.

Bert /bə́ːrt/, **Ber·ty, Ber·tie** /bə́ːrti/ バート, バーティー《**1**) 男子名; Albert, Bertram, Elbert, Gilbert, Herbert, Hubert, Robert などの愛称 **2**) 女子名; Bertha などの愛称》.

berth /bə́ːrθ/ *n* **1**《船·列車の》寝台, 段ベッド; 宿 (lodging);〖海〗高級船員室. **2 a**〖海〗操船余地;〖海〗停泊余地;〖海〗停泊位置; 駐車位置: a foul ～《衝突のおそれがある》悪い位置 / take up a ～ 停泊位置につく. **b** 適当な場所. **c**《口》職, 勤め口 (job), 地位,《チーム内での》ポジション; 船舶上での職[仕事]: have a (good) ～ with…に(よい)職[地位]がある. **d**〖スポ〗《競技の》出場権. ● **give…a wide ～=give a wide ～ to…=keep a wide ～ of…**《口》…に近づかない, …を避ける, 敬遠する;〖海〗…から十分に離れて船を通過させる. **on the ～**〈船が〉適当な停泊位置について積み込み[積み降ろし]がいつでも始められる: a ship *on the* ～ 停泊中の船. ► *vt*〈船〉に適当な停泊位置を与える; 停泊させる; …に寝台[地位]を与える. ► *vi* 停泊する. [BEAR², *-th²*]

ber·tha /bə́ːrθə/ *n*〖服〗バーサ《**1**) ネックラインから肩までをおおってたれさがる, 前中心に切れ目のない大きな襟 **2**) 婦人用のショルダーケープ》.

Bertha 1 バーサ《女子名; 愛称 Bert, Bertie, Berty》. **2** BIG BERTHA. [Gmc=bright]

bérth·age *n*《船の》停泊設備; 停泊位置; 係船料, 停泊税.

berthe /bέərt; *F* bɛrt/ *n* BERTHA.

Ber·thier /*F* bɛrtje/ ベルティエ **Louis-Alexandre ～**, Prince de Neuchâtel, Prince de Wagram (1753–1815)《フランスの陸軍元帥; Napoleon 軍 (Grande Armée) の参謀総長 (1805–14)》.

bérth·ing *n*《船の》停泊; 係船位置; 寝台設備; 舷墻(げんしょう).

Bertie ⇨ BERT.

Ber·til·lon /bə́ːrt(ə)lὰn; *F* bɛrtijɔ̃/ ベルティヨン **Alphonse ～** (1853–1914)《フランスの犯罪学者》.

Bér·til·lon sỳstem [the] ベルティヨン式人体測定法《Alphonse Bertillon が開発した犯人識別法》.

Ber·to·luc·ci /bὲːrtəlúːtʃi, bὲər-/ ベルトルッチ **Bernardo ～** (1940–)《イタリアの映画監督;『ラストタンゴ·イン·パリ』(1972)》.

Ber·tram /bə́ːrtrəm/ **1** バートラム《男子名; 愛称 Bert(ie), Berty, Burt》. **2** バートラム《Austen, *Mansfield Park* の一家》. [Gmc=bright raven]

Ber·trand /bə́ːrtrənd/ バートランド《男子名》. [F; ↑]

Berty ⇨ BERT.

Be·rufs·ver·bot /*G* bərúːfsfɛrbòːt/ *n* (*pl* **-bo·te** /*G* -bòːtə/)〖ドイツ〗《過激派の》公職就任禁止(政策).

Ber·wick(·shire) /bérɪk(ʃɪər, -ʃər)/ ベリック(シャー)《スコットランド南東部の旧州; 略 **Berw.**; ☆Duns》.

Bérwick-upòn-Twéed ベリック·アポン·トウィード《イングランド Northumberland 州北部, スコットランドとの境の近くにある町》.

ber·yl /bérəl/ *n*〖鉱〗緑柱石, ベリル《エメラルドなど》; 薄青色. [OF<L<Gk]

Beryl ベリル《女子名》.

ber·yl·line /bérələn, -làɪn/ *a* 緑柱石のような, うす青い.

be·ryl·li·um /bəríliəm/ *n*〖化〗ベリリウム《金属元素; 記号 Be, 原子番号 4》. [*beryl*]

Be·ry·tus /bəráɪtəs/ ベリュトゥス《BEIRUT の古代名》.

Ber·ze·li·us /bərzíːliəs/ ベルセーリウス Baron **Jöns Jakob ～** (1779–1848)《スウェーデンの化学者》.

bes /béɪs/ *n* ベース (BETH).

Bes /bés/〖エジプト神話〗ベース《怪獣の皮を着て多くは楽器を持つ短軀肥大の姿に描かれる神; 子供·安産の神》.

Be·san·çon /bəzǽnsən; *F* bəzɑ̃sɔ̃/ ブザンソン《フランス東部 Doubs 県の県都》.

besant ⇨ BEZANT.

Bes·ant /bésnt, béz-/ ベサント **Annie ～** (1847–1933)《英国の神智学者; 旧姓 Wood; インド独立運動に加わり, 国民会議議長 (1917)》.

be·scréen /bɪ-/ *vt* おおい隠す.

be·seech /bɪsíːtʃ/ *v* (**be·sought** /-sɔ́ːt/, **～ed**) *vt, vi*《文》懇願[嘆願]する: I ～ you *to* do [*for* permission, *that* one *may* be allowed]. ♦ **～·ing·ly** *adv* 懇願して, 手を合わさんばかりに. **～·er** *n* [*be-*, SEEK]

be·seem /bɪsíːm/《古》*vt* 似合う: It ～*s* you *to* do…するのはきみにふさわしい. ► *vi* SEEM; 正当である, ふさわしい. ♦ **～·ing** *a* 似合う. **～·ing·ly** *adv*

be·set /bɪsét/ *vt* (**be·sét; -tt-**) **1** …に押し寄せる, 襲う; [*fig*]〈困難·誘惑などが〉付きまとう, 悩ます: be ～ *by* enemies / a man ～ *with* [*by*] entreaties 嘆願責めに悩む人. **2** 包囲する, 取り囲む;〈道などを〉ふさぐ. **3** [ᵘ*pass*]《古》飾る, ちりばめる (stud)〈*with*〉. ♦ **～·ment** *n* 包囲; 陥りやすい罪[過失など]. [OE *besettan* (*be-*, SET)]

be·sét·ting *a* 絶えず付きまとう〈罪·誘惑など〉.

be·sháwled /bɪ-/ *a* ショールをまとった.

be·show* /bɪʃóu/ *n*〖魚〗SABLEFISH.

be·shréw /bɪ-/ *vt*《古》呪う: *B*～ me [him, it]!《古》[*joc*] なにくそ, ちくしょう!

be·side *prep* /bɪsáɪd, ⎯⎯/ **1 a** …のそばに[で], …と並んで; …と対等に: sit ～ sb 人のそばにすわる. **b** …と比べて. **2** …に加えて (in addition to); …のほかに《この意では通例 besides》. **3** …をはずれて: ～ the mark [point] ⇨ MARK¹ / ～ the QUESTION. ● **～ oneself** 我を忘れて, 逆上して〈*with* joy, rage, etc.〉. ►《古》*adv* /⎯⎯/ 近くに, そばに; BESIDES. [OE *be sīdan* (BY, SIDE)=by the side of]

be·sides *prep* /bɪsàɪdz, ⎯⎯/ …のほかに(も); [*neg/inter*] …を除いて (except): *B*～ the mayor, many other people were present. 市長のほかにも多数の人が出席していた / We know *no* one ～ him. 彼のほかはだれも知らない. ► *adv* /⎯⎯/ なお(また), そのうえ, おまけに; [*neg/inter*] それ以外には: and ～ それにまた.

be·síege /bɪ-/ *vt* **1**〈町·要塞を〉包囲[攻囲]する;〈選挙民などが〉…に押し寄せる, 殺到する, 群がる: the ～*d* 籠城軍. **2**〈有名人などを陳情·質問·招待状などで〉悩ませる〈*with*〉;〈不安·疑惑などが〉さいなむ, 苦しめる: be ～*d with* questions 質問攻めにあう. ♦ **be·síeg·er** *n* 包囲者; [*pl*] 攻囲軍. **～·ment** *n* [ME assiege<OF; *pref* が *be-* に変わったもの]

Bes·kids /béskɪ̀dz, bɛskíːdz/ *pl* [the] ベスキディ山脈《ヨーロッパ東部 Carpathian 山脈西部の山脈; ポーランド·チェコ·スロヴァキア国境にまたがる西ベスキディ山脈 (the West ～) と, スロヴァキア北東部からポーランド·ウクライナ国境に連なる東ベスキディ山脈 (the East ～) よりなる》.

be·sláverᴵᴵ /bɪ-/ *vt* よだれだらけにする; …にたらたらとお世辞を言う: be ～*ed with* compliments.

be·slóbber /bɪ-/ *vt* BESLAVER; …にしつこくキスする.

be·slúbber /bɪ-/ *vt* BESMEAR.

be·sméar /bɪ-/ *vt* ぬたくる; よごす,〈名誉などを〉汚す: be ～*ed* with mud. [OE *bismierwan*; ⇨ *be-*]

be·smírch /bɪ-/ *vt* よごす (soil), 汚す;〈名誉など〉に泥を塗る,〈人〉の名を汚す (sully)〈*with*〉. ♦ **～·ment** *n*

be·som¹ /bíːzəm/ *n* **1** 枝ぼうき;〖植〗エニシダ (broom). **2**ᴵᴵ《方》[*derog*] 女. ► *vt* 枝ぼうきで掃く. [OE *besema*; cf. G *Besen*]

be·som² /bíːzəm, bíz-, bís-, bʌ́z-/ *n*〖服〗《ポケットの》縁かがり, 縁飾り. [C20<?]

bésom pòcket 玉縁ポケット.

be·sot /bɪsát/ *vt* (**-tt-**) 酔ってたわいなくさせる; ぼうっと[夢中に]させる (infatuate).

be·sót·ted *a*《古》酔ってたわいなくなった; ぼうっとした, 夢中になった, 痴呆状態の. ♦ **～·ly** *adv* **～·ness** *n*

besought *v* BESEECH の過去·過去分詞.

bespake *v*《古》BESPEAK の過去形.

be·spángle /bɪ-/ *vt* ピカピカするものでおおう[飾る]: be ～*d with* stars 星が一面にキラキラ輝いている.

be·spátter /bɪ-/ *vt*〈泥水などを〉…にはねかける〈*with*〉; …に悪口を浴びせる (abuse); …におべんちゃらを並べる.

be·speak /bɪspíːk/ *v* (**be·spoke** /bɪspóuk/,《古》**be·spake** /bɪspéɪk/; **be·spo·ken** /bɪspóuk(ə)n/,《古》**be·spóke**) *vt* **1** 前もって求める, 予約する, あつらえる, 注文する (order); 要求する, 求める. **2**〈行動などがある事を〉示す, …の証拠である; …の前兆となる, 予示する. **3**《古·詩》〈人〉に向かって話しかける (address). ► *vi*《古》SPEAK. [OE *bisprecan*; ⇨ *be-*]

be·spéctacled /bɪ-/ *a* 眼鏡をかけた.

be·spoke /bɪspóuk/ *v* BESPEAK の過去·過去分詞. ► *a* [or **be·spo·ken** /-spóuk(ə)n/]ᴵᴵ〖商〗注文の, あつらえの (opp. *ready-made*), 注文専門の〈靴屋〉;《方》ENGAGED.

be·spréad /bɪ-/ *vt* 一面におおう.

be·sprent /bɪsprént/ *a*《古·詩》まき散らされた〈*with*〉.

be·sprínkle /bɪ-/ *vt* SPRINKLE〈*with*〉. [*be-*, *sprenkel* (freq)< *sprengen* to besprinkle]

Bess /bés/ ベス《女子名; Elizabeth の愛称》.

Bes·sa·ra·bia /bèsəréɪbiə/ ベッサラビア《ヨーロッパ南東部の Dniester 川と Prut 川にはさまれた地域; 現在 大部分がモルドヴァに属する; 長い間トルコとロシアが争った地》. ♦ **-bi·an** *a, n*

Bes·sel /bés(ə)l/ ベッセル **Friedrich Wilhelm ～** (1784–1846)《ドイツの天文学者·数学者》.

Béssel fùnction〖数〗ベッセル関数《微分方程式から得られる超越関数》. [↑]

Bes·se·mer /bésəmər/ ベッセマー Sir **Henry ～** (1813–98)《英国の技術者·発明家; Bessemer process の考案者》.

Béssemer convérter〖冶〗ベッセマー転炉.

Béssemer pròcess〘冶〙ベッセマー製鋼法《溶融銑鉄中に空気を圧送して炭素や不純物を酸化させる製鋼法》.
Béssemer stéel〘冶〙ベッセマー鋼.
Bes·sie, Bes·sy /bési/ ベッシー《女子名; Elizabeth の愛称》.
best /bést/ *a* (opp. *worst*) [GOOD, WELL[1] の最上級] **1 a** 最もよい, 最良の, 最も好ましい, いちばんましな, 最善の, 至上の: one's ～ days 全盛時代 / the ～ families《土地の》名家, 名門 / the ～ abilities [talents] 才能[才幹]の最もすぐれた人びと / the ～ heart 最もうるわしい心情 / The ～ things in life are free.《諺》(人生で)最上のもの[愛]はただ, 愛にお金は要らない. ★(1) 口語では二者の場合にもよく用いられる. (2) 叙述用法では the を付けないことが多い: The view is ～ in autumn. その眺めは秋が一番. **b**《口》大好きな, お気に入りの (favorite). **c** きわめてひどい, 徹底した: the ～ liar 大うそつき. **2** 最も多い; 最大の (⇨ 成句). ● **the ～ part of**…の大半[大部分]: *the* ～ *part of* a day [the holidays] 一日[休暇]の大部分[大半].
► *adv* [WELL[1] の最上級] **1** 最もよく; 最も, いちばん (most): I work ～ early in the morning. 早朝がいちばんよく働ける / ～ known [loved] 最も知られて[愛されて]いる, いちばん有名な[人気のある]. **2**《口》いちばんひどく: the ～ abused book いちばん悪評の高かった本. ● **as ～ (as)** one **can [may]** できるだけうまく: Do it *as* ～ you *can*. **had ～** do…するのがいちばんよい, すべきだ (cf. *had* BETTER[1]): You *had* ～ consent. 承諾したほうがよかろう《口語ではしばしば I [You, etc.]('*d*) ～ do… と略す》.
► *n* **1** [the *or* one's] 最上, 最善, 全力, ベスト, 最高記録; いちばん良い[ましな]もの, 圧巻; 晴れ着: *the* next [second] ～ 次善 / *the* ～ of the joke その冗談の妙所 / *B*～ is cheapest.《諺》いちばん良いものがいちばん安い《長持ちするなど》. **2***《口》好意 (＝～ wishes): send one's ～ / *All the* ～ to sb…によろしくお伝えください / Give my ～ to sb …によろしくお伝えください《返事は 'Sure' 'I sure will' など》. ● **(all) for the ～** 最善の結果となるように; いちばん良いつもりで, できるだけためを思って: *All* is *for the* ～.《諺》何事も天の配剤だ, '天道人を殺さず'. **All the ～!**《口》ごきげんよう, さよなら!: wish sb *all the* ～. **at its [one's] ～**〈気分・天候などが〉最もよい状態に;〈花など〉見ごろで; 全盛で. **at (the) ～** いくらよく見ても, せいぜい. **at the ～ of times** 最も良い時でも. **at the very ～**＝at BEST《強意》. **B～ before (end)** [食品の包装などに記されて] 賞味期限, 品質保持期限: *B*～ *before (end)*: May 10, '13 [see cap] 賞味期限: 13 年 5 月 10 日[上蓋に記載]. **～ of all** (中でも)とりわけ《いちばん気に入っている事柄を言う際の前置き》. **do [try]** one's **～** 全力[最善]を尽くす: *do* one's poor ～ 微力ながら最善を尽くす / *do* one's LEVEL ～. **get [have] the ～ of** sb [it, an argument]《口》人[議論など]に勝つ[まさる],《取引などで》…よりうまくやる,〈人〉を出し抜く. **get the ～ [most, utmost] out of**…をできるだけ有効に使う, 最大限に活用する. **give** (sb [sth]) **～**〈相手〉に敗北を認める;〈物事〉を断念する. **Hope for the ～!** またよい事もあろう, 悲観するな. **in** one's **(Sunday) ～** 晴れ着を着て. **in the ～ of** health [temper] 最良の健康[機嫌]で. **look** one's **～** 最も魅力的に見える. **make the ～ of**〈物〉を最大限[できるだけ]利用する;〈いやなこと〉をあきらめてやる,〈不利な条件を〉なんとか我慢する: *make the* ～ *of* a bad JOB[1]. **make the ～ of** one's **way** 道を急ぐ. **one of the ～**《俗》気持のいいやつ, いい男. SIX **of the ～**. **the ～ and brightest** エリート層, 特に優秀なグループ. **the ～ of both** WORLDS. **The ～ of British (luck)!**《俗》[iron] 幸運を祈る. **the ～ of…is that…** …のいちばんよいところは(…だ). **the ～ of three [five, etc.]** 3 番[5 番など]勝負. **to the ～ of**…の及ぶかぎり(では): *to the* ～ *of* my belief [knowledge] わたしの信ずる[知っている]かぎりでは / *to the* ～ *of* one's ability [power] 力の及ぶかぎり. **with the ～ (of them)** だれにも劣らずに.
► *vt*《口》〈人を〉出し抜く, やっつける, 負かす (outdo). [OE (a) *betest*, (adv) *bet(o)st*; cf. BETTER, G *best*]
Best ベスト (1) **Charles Herbert ～** (1899–1978)《米国生まれのカナダの生理学者; インスリン発見者の一人》(2) **George ～** (1946–2005)《北アイルランド出身のサッカー選手》.
bést-báll *a*〘ゴルフ〙2 人(以上)のチームを組んで各ホールのベストスコアをそのチームのスコアとする方式の (cf. FOUR-BALL): ～ foursome ベストボールフォーサム.
bést befóre dàte 賞味期限の日付.
bést bóat〘競艇〙SHELL.
bést bówer /-báu-/〘海〙右舷大錨.
bést bóy《映画・テレビの》照明係第一助手.
bést búy 一番のお買い得品.
bést-cáse *a*《想定される》最良[ベスト]の場合の.
be·stead[1] /bɪstéd/《古》*vt* (～·ed; ～·ed, ～) …に役立つ (be useful to); 援助する.
be·stead[2], **be·sted** /bɪstéd/《古》*a*〈…の〉境遇にある; 困難[危険]にさらされている: hard [ill, sore] ～ 苦境にある. [*stad* (pp) placed]
bést-éfforts *a*〘証券〙最善の努力をする条件の〈発行引受〉《最善の努力をしたうえで売れ残った株は引き取らない》.
bést énd《料理用羊・豚などの》頸(くび)肉の肋骨側の端.
best·er /béstər/ *n*〘魚〙ベスター《遡河しなくても現地で産卵するようにロシアで改良したチョウザメの品種》. [*beluga*＋*sterlet*]
bést féllow [one's] ボーイフレンド, 恋人.
bést fríend 親友, 大の仲良し: be ～*s*《口》とても仲良くしている〈*with*〉.
bést gírl [one's] ガールフレンド, 恋人.
bes·tial /béstʃəl, bíːs-, bíːʃ-; béstiəl/ *a* 獣類の(ような); 獣性の, 獣欲的な, 凶暴な; 知性に欠けた, 野蛮な, 下品な. ◆ **～·ly** *adv* [OF＜L; ⇨ BEAST]
bes·ti·al·i·ty /bèstʃiǽləti, bìːs-; bèsti-/ *n* 獣性; 獣欲;〘法〙獣姦.
béstial·ìze *vt* 獣的にする, 畜生道に落とす (brutalize).
bes·ti·ary /béstʃièri, bíːs-; béstiəri/ *n*《中世の》動物寓話集;《中世の大聖堂などにおける彫刻・絵画の》動物群像;《象徴的意義をもつ》人物群像; 珍奇なコレクション[集合]〈*of*〉. [L *bestia* beast]
be·stír /bɪ-/ *vt*《文》動き出させる, 活動させる: ～ *oneself*.
bést mán《結婚式で》新郎付添い役 (＝*bridesman*) (cf. GROOMSMAN, MAID [MATRON] OF HONOR, BRIDESMAID).
bést-of *n* 最良のもののリスト[集成], えりすぐり;《歌手・バンドなどの》ベスト曲集[盤]: a ～ album ベストヒットアルバム.
bést of bréed《品評会などの》優勝種, 最優良種;《ある範疇における》最適[最高]のもの[組合わせ, システム], ベストチョイス. ◆ **bést-of-bréed** *a*
bést-of-fíve *a*〘スポ〙《野球などで》5 試合中 3 試合に勝てばよい, 5 番勝負の.
bést-of-séven *a*〘スポ〙《野球などで》7 試合中 4 試合に勝てばよい, 7 番勝負の.
be·stow /bɪstóu/ *vt* **1 a** 授ける, 贈与する: ～ sth *on* sb 人に物を贈与する. **b** 用いる,〈時間を〉費やす. **2 a**《古》宿泊させる. **b**《古》しまう, 置く;《廃》縁づける, 片付ける. ◆ **～·ment** *n* [*be*-, OE *stow* a place]
bestów·al *n* 贈与, 授与; 処置; 貯蔵.
bést píece*《俗》ガールフレンド;*《俗》かみさん (wife).
bést práctice《ある活動を行なうための》最良のやり方, 最優良事例, 模範的実践.
be·stráddle /bɪ-/ *vt* BESTRIDE.
be·stréw /bɪ-/ *vt* (～ed; ～ed, **be·strewn** /-strúːn/) 〈…を〉…の表面にまき散らす〈*with*〉;〈物を〉まき散らす;〈表面・地域など〉に散在する, …に散らばる. [OE]
be·stríde /bɪ-/ *vt* (**be·stróde, be·stríd; be·strídden, -stríd**) **1**〈馬・椅子など〉にまたがる, 馬乗りになる; またいで立つ,〈虹などが原〉にかかる;《古》またぎ越す, またぐ (stride across [over]). **2** 支配する, 牛耳る. [OE]
bést séll·er, bést·séll·er ベストセラー《本など》; ベストセラーの作者. ◆ **bést-séll·er·dom** *n* ベストセラー作家連[ミュージシャンたち など]; ベストセラーの地位. **bést-séll·ing** *a* ベストセラーの〈本・商品・作家など〉, 最高の売上げを誇る〈メーカーなど〉.
be·stúd /bɪ-/ *vt* 一面に鋲で留める; ちりばめる.
be·súit·ed /bɪ-/ *a*〈男が〉スーツを着た, 背広姿の.
bet /bét/ *v* (**bet, bét·ted**) *vt, vi* 賭ける, 賭け(事)をする〈*with* sb〉;〈金を〉賭けて〈ある事を〉主張する: He has ～ $20 *on* [*against*] the horse. その馬が勝つ[勝てない]ことに 20 ドル賭けた / He *betted* a great deal. たくさん賭けた / ～ three to one *that*… 3 対 1 の割で…ということに賭ける / I'll ～ *against* your winning. きみが勝てたら金を出すよ. ● **be betting on…** を強く期待している. **～ against the field** だれも賭けない馬に賭ける. **～ one's boots [bottom dollar, (sweet) life]**《口》ぜったい確信がある, 請け合う, 断言できる〈*on, that*〉: I ～ *my bottom dollar*…と確信している / You (can) ～ *your sweet life*…. ぜったい…だよ / You ～ *your boots!*《質問に答えて》もちろん, きっとだ. ★ **～ one's bibby [bippy, sweet patoot(ie), whiskers,**《卑》**(sweet) ass]** などの変形もある. **～ the farm [ranch]***《口》全財産を賭ける, ぜったい確信がある[請け合う]. **I [I'll] ～**《口》きっと, 間違いない (I'm sure): *I* ～ *(that)* it will be so. きっとそうなる. **(I) wouldn't ～ on it [that].**《口》そんなこと信じられやしない, あてになるもんか. **what's the** BETTING…? **You ～?**《口》きっとか? (Are you sure?). **You ～ (you).＝You betcha.**《口》きっと, 確かに, だいじょうぶ, もちろん; そのとおり; なんてことだ! **You can ～ on it!**《口》きっとだ, 間違いない. ► *n* **1 a** 賭け〈*on* the game or horse〉: an even ～ 五分五分の賭け / lay [make, place, take] a ～ 賭けをする〈*on*〉/ win [lose] a ～ 賭けに勝つ[負ける]. **b** 賭けた金[もの]: a heavy [paltry] ～ 大きい[小さい]賭け. **c** 賭けの対象《人・物・試合など》; うまくやりそうな人, うまくいきそうな方法, とるべき策: a good [poor] ～ 有力な[見込みの薄い]候補者 / Your best ～ is to do…するのが最良の策だ / HEDGE [cover] one's ～*s*. **2**《口》考え, 意見, 予想: My ～ is (that)…. わたしの考えでは…だ, きっと…だ. ● **All ～s are off.** どうなるか全くわからない[わからなくなった]. **a safe [sure] ～** 安全な賭け; 確実な方法; 無難な意見: It is *a safe* ～ *that*…と言ってまず間違いない. [C16＜?; *abet* instigation, support of a cause の頭音略か]
bet. between.
be·ta /béɪtə, bíː-; bíː-/ *n* ベータ《ギリシア語アルファベットの第 2 字: B, β》; 第 2 位(のもの);《評点で》第 2 級[等];〘生理〙BETA RHYTHM;

[B-]〘天〙ベータ星, β 星《星座中明るさが第 2 位の星》; 〘化〙ベータ, β (⇨ ALPHA); 〘理〙BETA PARTICLE, BETA RAY; 〘生理〙BETA WAVE; [‹a›]〘電算〙ベータ(段階)の《BETA TEST による評価段階の; 一般に 試用段階の》; ベータ段階の製品; 〘証券〙BETA COEFFICIENT. ●〜 **plus [minus]** ‹試験の成績など›第 2 級[等]の上[下]. [L‹Gk]

B

béta-adrenérgic *a* 〘生理〙ベータアドレナリンによる, ベータ受容体 (beta-receptor) の.

béta-adrenérgic recèptor 〘生理〙ベータアドレナリン作用性受容体 (beta-receptor).

béta-ámyloid *n* ベータアミロイドタンパク質 (=*amyloid beta-protein*)《前駆体タンパク質に由来するアミロイドで, アルツハイマー病に特徴的な脳のアミロイド斑の構成要素》.

béta-blòck·er *n* 〘薬〙ベータ (β) 遮断薬《ベータ受容体の作用を遮断する薬物; propranolol など; 不整脈·高血圧症などの治療用》. ◆ **béta-blòck·ing** *a*

béta bràss 〘冶〙ベータ黄銅《銅と亜鉛の合金; 圧延·鍛造に向く》.

béta-cárotene *n* 〘生化〙ベータカロチン《最も一般的なカロチンの異性体で, ニンジンなど緑黄色野菜に含まれる》.

béta cèll 〘解·動〙ベータ細胞 (=*B cell*)《**1**) ランゲルハンス島の大部分をなす膵臓の好塩基性細胞で, インスリンを分泌する **2**) 下垂体前葉の好塩基性細胞》.

béta coeffìcient 〘証券〙ベータ指数《株式·投資ポートフォリオの危険率の尺度》.

bèta·cýanin *n* 〘生化〙ベタシアニン《ビートの根などに含まれる赤い植物性色素》.

béta decày 〘理〙《原子核の》ベータ崩壊.

béta emìtter 〘理〙ベータ放出体.

béta-endórphin *n* 〘生化〙ベータエンドルフィン《モルヒネより強力な鎮痛性をもつ下垂体エンドルフィン》.

Béta fìber ベータファイバー《繊維·絶縁体に用いるグラスファイバー》. [商標]

béta gàuge ベータゲージ《ベータ線の吸収量により材料の厚さを測る装置》.

béta glóbulin 〘生化〙ベータグロブリン《血漿中のグロブリンで電気泳動での移動度が中位のもの》.

béta-glúcan *n* 〘化〙β-グルカン, ベータグルカン《グルコースの多糖であるグルカンで, 各グルコース残基のアノマー炭素原子における水酸基の付き方が β 型であるもの》.

be·ta·ine /bíːtəìːn, bɪtéɪ-/ *n* 〘化〙ベタイン《**1**) サトウダイコンに見いだされる第四アンモニウム塩 **2**) その水化物·塩酸塩》.

béta interféron 〘生化〙ベータインターフェロン《特に 繊維芽細胞によって産生されるインターフェロン; 遺伝子組換え型は多発性硬化症などの治療に用いる; cf. ALPHA INTERFERON, GAMMA INTERFERON》.

béta ìron 〘冶〙ベータ鉄, β 鉄《768–910°C で安定; 磁性がない点が ALPHA IRON と異なる; cf. GAMMA IRON》.

be·táke /bɪ-/ *v* (**be·tóok; be·táken**) *vt* [〜 *-self*]《詩·文》行く, 赴く ‹*to*›; [〜 *-self*]《古》従事する.

béta-lác·tam·ase /-lǽktəmèɪs, -z/ *n* 〘生化〙ベータラクタマーゼ《ペニシリナーゼ (penicillinase) とセファロスポリナーゼ (cephalosporinase) の総称》.

béta-lipotrópin *n* 〘生化〙ベータリポトロピン《beta-endorphin を含む下垂体前葉のリポトロピン》.

bèta·méth·a·sone /-méθəzòʊn, -sòʊn/ *n* 〘生化·薬〙ベタメタゾン《抗炎症作用と毒性を有する半合成糖質コルチコイド》.

bèta-náphthol *n* 〘化〙ベータナフトール (⇨ NAPHTHOL).

béta-náphthyl·amìne *n* 〘化〙ベータナフチルアミン (⇨ NAPHTHYLAMINE).

Be·tan·court /bètɑːnkúər(t), -tɑːŋ-/ ベタンクール **Rómulo** 〜 (1908–81)《ベネズエラの政治家; 大統領 (1959–64); 土地改革·民主化政策などを行なった》.

béta-oxidátion *n* 〘生化〙ベータ酸化《動物組織内での脂肪酸酸化の主形式》.

béta pàrticle 〘理〙ベータ粒子《高速度の電子·陽電子》.

béta rày [ᵘ*pl*]〘理〙ベータ線, β 線 (=**béta radiàtion**); BETA PARTICLE.

béta-recèptor *n* 〘生理〙ベータ受容体, ベータリセプター (=*beta-adrenergic receptor*).

béta rhỳthm 〘生理〙ベータリズム (BETA WAVE).

béta sìte 〘電算〙ベータサイト《ベータテスト段階のサービス·プログラムを提供するウェブサイト》.

béta tèst 1 〘心〙ベータ検査《第一次大戦中, 米陸軍で無教育な兵士に行なった文字の代わりに絵や符号を用いた検査; cf. ALPHA TEST》. **2** ベータテスト《コンピュータープログラムなどの発売に先立つ最終テスト; 開発者以外による実際の使用場面を想定したさまざまなテストを含む》. ◆ **béta-tèst** *vt, vi* (…に) beta test を行なう. **béta tèster** *n*

béta-thalassémia *n* 〘医〙ベータサラセミア《ヘモグロビンの β 鎖の合成減少に起因するサラセミア; ホモ接合型は Cooley's anemia と呼ばれ, ヘモグロビン A が完全に欠損し, 新生児期に発症する重症型, ヘテロ接合型は通例 無症状》.

béta·tròn *n* 〘理〙ベータトロン《磁気誘導電子加速装置》. [*beta* +elec*tron*]

béta vèrsion 〘電算〙ベータ版《ソフトウェアなどのベータテスト用のバージョン》.

béta·wàre *n* 〘電算〙ベータ版のソフトウェア.

béta wàve 〘生理〙《脳波の》ベータ波 (=*beta rhythm*)《神経系の活動期に典型的にみられる》.

bet·cha /bétʃə/《発音つづり》bet you.

Bet Din ⇨ BETH DIN.

bête blanche /*F* bɛt blɑ̃ːʃ/ ちょっといやなもの, いらだちのもと. [F=white beast; cf. BÊTE NOIRE]

be·tel /bíːtl/ *n* 〘植〙キンマ (=〜 **pèpper**)《東南アジアのコショウ属のつる草; 乾燥葉は健胃·去痰剤; cf. BETEL NUT》. [Port‹Malayalam *vettila*]

Be·tel·geuse, -geux /bíːtldʒùːs, bét-, -z; -(d)ʒə̀ːz, -(d)ʒùːz/ 〘天〙ベテルギウス《オリオン座の α 星》.

bétel nùt 檳榔子(びんろうじ) (=*areca nut*)《ビンロウ (betel palm) の種子; 先住民はこれをキンマ (betel) の葉に包んで口内清涼剤としてかむ》.

bétel pàlm 〘植〙ビンロウ《マレー原産; ヤシ科》.

bête noire /bèt nwɑ́ːr, bèɪt-; *F* bɛt nwaːr/ (*pl* **bêtes noires** /-(z); *F* —/) 大嫌いなもの[人], とてもいやなもの[人] (bugbear). [F=black beast]

beth /béɪθ, -t, -s/ *n* ベース《ヘブライ語アルファベットの第 2 字》. [Heb (*bayith* house)]

Beth /bɛ́θ/ ベス《女子名; Elizabeth, Elisabeth の愛称》.

be·tha·ne·chol /bəθéɪnəkɔ̀(ː)l, -kòʊl, -kɑ̀l/ *n* 〘薬〙ベタニコール《塩化物は副交感神経作用薬; 便秘·尿閉に用いる》.

Beth·a·ny /béθəni/ ベタニヤ《Jerusalem の東, Olives 山のふもとの村; 新約聖書 (*Luke* 19: 29, *John* 11: 1) では, Lazarus が住んでいた村で, イエスは Jerusalem における最後の時にしばしば滞在した》.

Beth Din, Bet Din, Beit Din /béɪθ dín, béɪt-, béɪs-, -díːn/ 裁きの家, ベトディーン《**1**) 3–4 人の裁判官による古代ユダヤの法廷 **2**) 1 人のラビ (rabbi) と 2–3 人の助手で構成する法廷》. [Heb =house of judgement]

Be·the /béɪtə/ ベーテ **Hans** (**Albrecht**) 〜 (1906–2005)《ドイツ生まれの米国の理論物理学者; 原子核物理学の発展に貢献; ノーベル物理学賞 (1967)》.

beth·el /béθ(ə)l/ *n* 〘聖〙ベテル《神の家; *Gen* 28: 17–19》; 聖所; ᴴ《非国教徒の》礼拝堂; 《海員のための》水上[海岸]教会[礼拝所]. [Heb=house of God]

Bethel 1 ベセル《**1**) 男子名 **2**) 女子名》. **2** /, bɛθél/ ベテル《Jerusalem の北の古代都市遺跡; 旧約の伝承では, Jacob が神の現われた場所のしるしとして石を立て油を注いだ (*Gen* 28: 18–22)》. [↑]

Be·thes·da /bəθézdə/ **1** 〘聖〙ベテスダ《Jerusalem の霊泉; *John* 5: 2–4》; [b-] ᴴ《非国教徒の》礼拝所 (bethel). **2** ベセズダ《Maryland 州中部, Washington, D.C. 北西郊外の高級住宅地区; National Institutes of Health, National Naval Medical Center がある》.

be·thínk /bɪ-/ *v* (**be·thóught**) *vt* [ᵘ〜 *-self*]《文·古》熟考させる, 想起させる, 思い出させる: 〜 one*self of* [*how, that*]…をよく考える, 熟考する, 思い出す, 思いつく. ► *vi*《古》熟考する. [OE; ⇨ *be-*]

Beth·le·hem /béθlɪhèm, -lihəm, -liəm/ **1** ベツレヘム《パレスティナの古都; Jerusalem の南 8 km に位置; David 王の故郷, イエスの誕生地と伝えられる》. **2** ベスレヘム《Pennsylvania 州東部の市》.

Beth·mann Holl·weg /*G* béːtman hɔ́lveːk/ ベートマン·ホルヴェーク **Theobald** (**Theodor Friedrich Alfred**) **von** 〜 (1856–1921)《ドイツの政治家; 首相 (1909–17)》.

Béth·nal Gréen /béθn(ə)l-/ ベスナルグリーン《London 東部の旧 metropolitan borough; 現在 Tower Hamlets の一部》.

bethought *v* BETHINK の過去·過去分詞.

Beth·sa·i·da /bɛθséɪədə/ ベツサイダ《古代パレスティナ北部 Galilee 湖の北東にあった町》.

Be·thune /bəθ(j)úːn/ ベシューン **Mary** 〜 (1875–1955)《米国の教育者; 旧姓 McLeod; Florida 州 Daytona Beach に黒人の女子教育機関 (のちの Bethune-Cookman University) を創設 (1904), Franklin D. Roosevelt 大統領の顧問もつとめた》.

be·tide /bɪtáɪd/ *vt*《文》…に起こる, 生ずる (happen to): Woe 〜 him! 彼に災いあれ; やつめただではすまないぞ! ► *vi* 起こる ‹*to*›: whate'er (may) 〜 何事が起ころうとも. [*be-*, tide to befall]

be·times /bɪtáɪmz/ *adv*《文》折よく, おそくならないうちに, 早く (early); *時おり (occasionally); 《古》ほどなく, すぐに (soon). [BY, TIME, *-s*]

Be·tio /béɪtʃiòʊ, -ʃi-, béɪtsi-/ ベチオ《太平洋南西部, キリバスの Tarawa 島南端の村; 同島 (環礁) をなす小島群の一つで, その中心地》.

bê·tise /beɪtíːz/ *n* (*pl* 〜**s** /—/) ばかげた行為[ことば], 愚言, 愚行; 愚かさ, 愚鈍. [F]

Bet·je·man /bétʃəmən/ ベチェマン Sir **John** 〜 (1906–84)《英国の詩人; 桂冠詩人 (1972–84)》.

be·tóken /bɪ-/ *vt*《文》…の前兆となる, …の知らせである (portend); 示す (show), …のしるしである. [OE (*be-*, *tācnian* to signify)]

bét·on /bétən/ *n* ベトン《コンクリートの一種》. [F]

bet·o·ny /bét(ə)ni/ *n* 〘植〙シソ科イヌゴマ属の各種, 《特に》カッコウチョロギ. [OE‹L; Iberia の部族名からか]

betook *v* BETAKE の過去形.

be·tray /bɪtréɪ/ *vt* **1**〈自国・味方などを〉敵に売る〈*to* the enemy〉; 裏切る, …に背く;〈人を〉あやまたせる〈*into*〉, だます (deceive),〈女を〉誘惑したうえで棄てる; 見捨てる: ～ one's family. **2 a** 裏切って〈秘密を〉漏らす, 密告する. **b**〈無知・弱点などを〉うっかり[はからずも]あらわす, 期せずして示す;〈ある様子を〉示す: Confusion ～*ed* his guilt. うろたえたので彼の罪がばれた / ～ one*self* うっかり本性をあらわす, お里が知れる. ► *vi*〈人が〉不実[不正]であると知れる (prove false).
♦ **～·al** *n* 裏切り(行為), 背信(行為); 密告, 内通. **～·er** *n* 売国奴 (traitor); 背信者; 裏切り者, 密告者, 内通者; 誘惑者. [*be-*, *tray* (obs)<OF<L (*trado* to hand over)]

be·troth /bɪtrɔ́(ː)θ, -tróʊθ, -tráθ, -ð; -tróʊð, -θ/ *vt* 《文》〈自分・他人〉の結婚について誓約する; 嫁にやる: be ～*ed to*…と婚約している / ～ one*self to*…と婚約する. ♦ **～·ment** *n* BETROTHAL. [*be-*, TRUTH; 語形は *troth* に同化]

betróth·al *n* 婚約(の式).

be·tróthed *a* 婚約している (engaged)〈*to* sb〉. ► *n* 婚約者, いいなずけ.

Bet·sy, -sey /bétsi/ **1** ベッツィ《女子名; Elizabeth の愛称》. **2** [ˢb-; しばしば old ～ として用いる]*《俗》銃; *《俗》太陽.

bet·ta /bétə/ *n*〖魚〗ベタ《キノボリウオ亜目ベロンティア科ベタ属 (*B-*) の各種の淡水魚; 東南アジア原産; 多くの改良品種がある》,《特に》シャムトウギョ (＝*Siamese fighting fish*)《一般に闘魚として知られる強烈な色の熱帯魚》.

Bet·tel·heim /bétlhàɪm/ ベッテルハイム **Bruno** ～ (1903–90)《オーストリア出身の米国の心理学者》.

bet·ter¹ /bétər/ *a* (opp. *worse*) **1** [GOOD の比較級] **a** …よりよい,《二者の中で》すぐれて(いる), ましで;《一般に》より上等[良質]の, より有利[効果的]な: *B*～ late than never.《諺》おそくてもしないよりはまし / (It's) ～ than nothing. なにもないよりはまし / one's ～ feelings 良心 (conscience) / The ～ the day, the ～ the deed. 日がよければする事もますますよいはず《安息日を守らないのをとがめられたときなどにいう》/ *B*～ luck next time!《激励して》この次はもっとうまくいくように祈る / have nothing ～ to do (than…) (…するより)ほかにすることがない[ましなことが見つからない] / (I've) (got) ～ things to do. ほかにやる事がある《こんな事に時間をむだにしたくない》/ men's ～ suits 高級紳士服. **b** 半分より多い, 大半の: the ～ part of…⇨ 成句. **2** [WELL¹ の比較級]〈病人など〉快方に向かって, よいほうで(ある): be [feel] ～ 気分が前よりよい / get ～ 快方に向かう / I've never been [felt] ～. (調子は)最高です / (Things) could [might] be ～. (I) could be ～.《口》あんまりよくないね《'How are things going?' 'How are you?' などに対する応答》. ● **be ～ than one's word** 約束以上に尽くす. **be no ～ than** one **should** [**ought to**] **be** いかがわしい人物だ; [*euph*] ふしだらなところがある. **be the ～ for** it [you] その[きみの]ために有利である, かえってよい. **～** DAYS. **～ than a slap** [**poke, dig**] **in the eye**＝**～ than the belly with a wet fish** [**lettuce**]＝**～ than a kick in the pants** [《卑》**up the ass**]《俗》ない[マイナス]よりはずっとまし. **～ that way** そのほうが[そうしたほうが](ほかのなによりも)よい. **for ～** (**or**) **for worse**＝**for ～ or worse** どのような運命になろうと(末長く)《結婚宣誓式の文句》; 好むと好まざるとにかかわらず. He is **no** [**little**] **～ than** a beggar. 彼は乞食にすぎない[も同然だ]. **so much the ～**《口》(それは)ますますけっこう, (…ならば)なおよい. **the ～ part of**…の大半[ほとんど].
► *adv* [WELL¹ の比較級] いっそう良く[有利に, 効果的に]; さらに多く (more): (It) is ～ ignored. 無視するのがいい / He is ～ feared. 彼のほうがもっと恐れられている / She likes nothing ～ than (to do) sth. 彼女は…(するの)が何より好きだ. ● **be ～ off** いっそう暮らし向きがよい[安楽である, しあわせである]; …のほうがよい[好都合だ]; …したほうがよい[賢明だ]〈*doing, if*〉. **～ than**…〈数など〉…より多く. **can't** [**couldn't**] **do ～ than**…するのがよい[正しい, 賢明である], …するにこしたことはない. will [would] **do ～ to** do…したほうがよい. **go** [**do**] sb **one ～**＝**go one ～ than** sb《賭けで》人より一つ上を張り込む;《口》人より一枚うわてを行く, 人を出し抜く. **had** [**'d**] **～** do …したほうがよい[身のためだ], …するべきだ, …しなさい: You *had* ～ go [not go]. きみは行った[行かない]ほうがよい《★ この表現は強い忠告を表わし, 文脈によっては脅迫ともなる; 口語ではこの had を全く省略して You ～ go. とすることもある》/ *Had* you ～ not [*not ～] ask? 聞いたほうがよくはないか. **know ～** (**than that** [**to** do])…することのよくないことを知っている, もっと分別がある: I *know* ～ *than to* quarrel. けんかするようなばかではない / I *know* ～ (*than that*). そんなことはない, その手は食わないよ / You ought to *know* ～. きみはもっと分別があるはずだが, 年がいもない. **not know any ～** しつけができていない, 行儀が悪い. **the ～ to do**… もっとよく…するために. **think ～ of** sth 考えなおす, 思いとどまる; 見直す.
► *n* いっそう良いもの[こと], 自分よりすぐれた人: one's (elders and) ～*s* 目上の人びと, 先輩たち / one's ～ 自分よりすぐれた人 / for want of a ～ それ以上の[それよりましな]ものがないので. ● **for the ～** よりよい状態に(向かって[向けての]): a change *for the* ～ 好転, 改善; 栄転 / It would certainly be *for the* ～. そのほうが確かによいだろう. **get** [**have**] **the ～ of**〈人〉に勝つ,〈困難を〉うまく乗り切る. **think** (**all**) **the ～ of**…を見直す.
► *vt* 改良[改善]する, 向上させる; しのぐ, 凌駕する, 上回る: ～ one*self* もっとよい地位[給料]を得る, 出世する; 教養を高める. ► *vi* 良くなる, 向上する.
[OE *betera*<Gmc (**bat-*; cf. BOOT²); cf. G *besser*]

better² ⇨ BETTOR.

Bétter Búsiness Bùreau〖米・カナダ〗商業改善協会《不正広告の排除, 消費者の苦情処理などによって商道徳の維持・改善を目指す実業家・生産者の自主団体; 略 BBB》.

bétter hálf (*pl* **bétter hálves**) [one's]《口》[ᵁ*joc*] つれあい, 女房, 夫.

Bétter Hómes & Gárdens『ベターホームズ・アンド・ガーデンズ』《米国の家庭向け月刊雑誌; 1922 年創刊》.

bétter·ment *n* 改良, 改善;《地位の》向上, 出世;〖法〗《不動産の》改善, 改良;〖法〗《改善による不動産の》値上がり, 増価; 改良費.

bétter náture [**sélf**] [one's, sb's] 良心, 良いほうの性質[人格].

bétter-óff *a* 裕福な; 優位にある.

Bet·ter·ton /bétərt(ə)n/ ベタートン **Thomas** ～ (c. 1635–1710)《英国の俳優; 王政復古期の Shakespeare 劇俳優, また みずから Shakespeare, Webster, Beaumont などの劇を改作して上演》.

Bet·ti /béti/ ベッティ **Ugo** ～ (1892–1953)《イタリアの劇作家;『裁判所の腐敗』(1949),『牝山羊が島の犯罪』(1950)》.

Bettie ⇨ BETTY.

Bet·ti·na /bɛtíːnə/ ベティーナ《女子名》. [It; cf BETTY]

bét·ting *n* 賭けること, 賭け事; 賭け金. ● **the ～ is that**… *or* **what's the ～**…?"《口》どうやら[おそらく]…ということになりそうだ, …という公算が大である.

bétting bòok 賭け金帳.

bétting shòp [**òffice**]" 賭け店《賭元 (bookmaker) の公認営業所》.

bet·tong /bétɔ̀(ː)ŋ, -tɑ̀ŋ, bətɔ́(ː)ŋ, -tɑ́ŋ/ *n*〖動〗フサオネズミカンガルー《豪州産》. [(Austral)]

bet·tor, bet·ter /bétər/ *n* 賭けをする人, 賭け手. [*bet*]

Bet·ty /béti/ **1** (*or* **Bet·tie**) ベティー《女子名; Elizabeth の愛称》. **2** [ˢb-] ベティー《果物・砂糖・パンなどを蒸し焼きにしたデザート》: BROWN BETTY. **3***《俗》かわいい子, いい女; *《俗》変人, 変わり者.

Bétty Bóop /-búːp/ ベティ・ブープ, ベティちゃん《米国の漫画家 Max Fleischer (1883–1972) の同名の漫画 (1915) の主人公; 瞳が大きくて男を魅惑する人形のような女性》.

Bétty Bót·ter /-bátər/ ベティ・ボター《'Betty Botter bought some butter' で始まる早口ことばの伝承童謡に出てくる女性》.

Bétty Fórd Cénter [the] ベティー・フォード・センター《California にある麻薬・アルコール依存症患者の治療施設; 金持や有名人が治療に訪れることで知られている; Gerald Ford 元大統領の夫人 Betty Ford (1918–2011) にちなむ》.

Bétty Mártin ベティー・マーティン《200 歳を超えた正体不明の女性》. ● **All my** EYE **and ～!**

Bétty Prín·gle /-príŋg(ə)l/ ベティー・プリングル《英国の伝承童謡の主人公; 豚を飼っていた女の子》.

bet·u·la·ceous /bɛ̀tʃəléɪʃəs/ *a*〖植〗カバノキ科 (Betulaceae) の.

be·tween *prep* /bɪtwìːn, ―⌐/ **1** …の間に[の, を, で] **a** [位置・時]: air service ～ London *and* New York ロンドン-ニューヨーク間の空の便 / ～ Monday *and* Friday / ～ each act (and the next) 各幕ごとに (after each act). **b** [分配・共有・協力・区分]: Let's divide the sum ～ us. 金を二人で山分けしよう / We had 6 dollars ～ us. 二人で合計 6 ドル持っていた / The job was completed ～ the two. 二人協力して[二人がかりで]仕上げた / the line ～ North *and* South 南北の境界線. **c** [比較・選択]: 二者のうち一つを: choose [decide] ～ riding *and* walking 馬か徒歩かのどちらか選ぶ[に決める]. **2** …の中間で《どっちつかずの》, 両方の性質[原因]を兼ねて: ～ life *and* death 生死の間を, 死の危険にさらされて / something ～ a chair *and* a sofa 椅子ともソファーともつかないもの / ～ ill health *and* worries 病気やら心配やらで. ★ 通例 二者間に用いるが, 三者以上に用いるときは「二者ずつの間の関係」をいう (cf. AMONG): a treaty ～ three powers 三国間の条約. ● **in ～**…の間に. **in ～ times**《事と事の》合間に: He eats a lot at meal times, so he doesn't have to eat *in ～ times*. (**strictly**) **～ ourselves**＝**～ you and me**＝**～ you,** (**and**) **me, and the gatepost** [**lamppost, doorpost, post, bedpost, wall,** etc.]《口》ここだけの話だが, 内密に.
► *adv* /―⌐/ 両者[二者]間に; どっちつかずに; 間を隔てて. ● (**few and**) **far ～** きわめてまれに[な]. **from ～** 間から. **in ～** 間に, 中にはさまれて[た].
[OE *betwēonum*<Gmc (*by, two*)]

betwéen·bràin *n* 間脳 (diencephalon).

betwéen dècks〖海〗甲板間の場所, 中艙(ちゅうそう), 主甲板下の場所 (cf. *between* DECKS); 主甲板下の甲板,《特に》貨物倉庫内の隆起甲板.

betwéen·màid" *n*《料理人と家事担当の両方を手伝う》仲働き(女中) (＝*tweeny*).

betwéen·ness *n* 中間にあること;〖数〗《順序の》間.

betwéen·tìmes *adv* 合間に, 折々.

B

betwéen·whìles *adv* BETWEENTIMES.

be·twixt /bɪtwìkst, ー´/ *prep, adv* 《文・方》 BETWEEN. ● **~ and between** どっちつかずの[で]; 中間の[に]. [OE *betwēohs, betwēox* between; *-t* は 16 世紀以降の添え字; cf. AGAINST]

Beu·lah /bjú:lə/ **1 a**〘聖〙ベウラ(「配偶ある者」の意のイスラエルの地でイスラエルの輝しい未来を象徴する; *Isa* 62: 4). **b**《人の晩年の》安息の地《Bunyan, *Pilgrim's Progress* から》. **2** ビューラ《女子名》. [Heb=married (女性について)]

beurre blanc /*F* bœ:r blɑ̃/〘料理〙ブール・ブラン《酢またはレモン汁を加えた, 魚用のバターソース》. [F=white butter]

beurre ma·nié /*F* -manje/〘料理〙ブール・マニエ《バターと小麦粉を練り合わせたもの; ソースなどにとろみをつける》. [F=handled butter]

beurre noir /*F* -nwa:r/〘料理〙ブール・ノアール(=*black butter*)《バターをフライパンで色づけてパセリ・酢などで香りを添えたソース》. [F=black butter]

Beu·then /*G* bɔ́ʏtn/ ボイテン《BYTOM のドイツ語名》.

Beut·ler /bɔ́ɪtlər/ ボイトラー **Bruce A(lan)** ~ (1957–)《米国の免疫学者; 自然免疫の活性化に関する発見によりノーベル生理学医学賞 (2011)》.

Beuys /bɔ́ɪs/ ボイス **Joseph** ~ (1921–86)《ドイツの彫刻家・行動芸術家・政治運動家》.

BeV /bɛ́v/〘理〙billion electron volts (=*GeV*).

BEV Black English vernacular.

Bev·an /bɛ́v(ə)n/ ベヴァン **Aneu·rin** /ənáɪərən/ ~ (1897–1960)《英国の政治家; 労働党左派の指導者; 通称 'Nye' /náɪ/ ~; 第二次大戦直後の Attlee 内閣で保険相として国民健康保険制度 (NHS) を発足させた》.

bev·a·tron /bɛ́vətrɑ̀n/ *n*〘理〙ベバトロン《California 大学 Berkeley 校につくられた (1954) 陽子シンクロトロン》.

bev·el /bɛ́v(ə)l/ *n* **1** 斜角, 斜面, 傾斜, ベベル《稜角を削ってできる角, 面取りしてできる面など(の傾斜)》;〘印〙《活字の字づらから肩までの》斜面;《刃物の》斜面,《注射針の切り口の》斜端. **2**〘木工・石工〙角度定規, 斜定規 (=~ **squàre**); [*pl*]*《俗》《2 個組みの》いかさまさいころ《稜を斜めに切って特定の目が出やすくしてある》. ► *a* 斜角の, 斜めの. ► *v* (-l- | -ll-) *vt* …に斜角をつける, 面取りする; 斜めに切る. ► *vi* 傾く, 傾斜する. [OF (*baïf* openmouthed < *baer* to gape)]

bével gèar〘機〙傘(かさ)歯車, ベベルギヤ.

bével jòint〘建〙そぎ継ぎ.

bével síding〘木工〙南京下見(なんきんしたみ).

bével whèel〘機〙BEVEL GEAR;〘機〙傘形車.

bev·er·age /bɛ́v(ə)rɪʤ/ *n*《通例 水以外の》飲み物, 飲料《コーヒー・紅茶・ビール・牛乳など》: alcoholic ~*s* アルコール性飲料. [OF<L (*bibo* to drink)]

béverage ròom《カナダ》《ビールだけの》ホテルバー.

Bev·e·ridge /bɛ́v(ə)rɪʤ/ ベヴァリッジ **William Henry** ~, 1st Baron ~ of Tug·gal /tʌ́g(ə)l/ (1879–1963)《英国の経済学者; 1942 年に提出した *Report on Social Insurance and Allied Services* (通称 the ~ Report) において, 大戦後の英国福祉制度の基本計画を明らかにした》.

Bev·er·ley /bɛ́vərli/ **1** ベヴァリー《1) 女子名 2) 男子名》. **2** ベヴァリー《イングランドの北部 Hull の北北西にある町》. [OE=(dweller at the) beaver meadow]

Bev·er·ly /bɛ́vərli/ **1** ベヴァリー《女子名; 男子名》. **2** ベヴァリー《Massachusetts 州北東部の市》. [cf. ↑]

Béverly Hílls ベヴァリーヒルズ《California 州南部の市; Los Angeles の市域内に位置し, Hollywood に接する高級住宅地; 映画俳優などの邸宅が多い》.

Bev·in /bɛ́vən/ ベヴィン **Ernest** ~ (1881–1951)《英国の労働運動の指導者・政治家; 労働相・外相を歴任》.

Bévin bòy ベヴィンボーイ《第二次大戦中の英国で, 徴兵の代わりにくじ引きによって炭坑に動員された青年の称》. [↑ 政策立案者]

Be·vis /bí:vəs, bɛ́vəs/ **1** ビーヴィス, ベヴィス《男子名》. **2** ベヴィス Sir ~ **of Hampton**《14 世紀前半の韻文騎士道物語の主人公; アルメニアの王女を救い, 父の仇を討つ》. [F *Beuves* fair view<Gmc (Frank *Bobo*, OE *Bobba*)]

be·vor /bí:vər/ *n* BEAVER².

bev·vied /bɛ́vid/ *a* [°~up]"《口》酔って, 飲んで.

bev·vy /bɛ́vi/"《俗》*n* 飲み物,《特に》ビール, 酒; 酒を楽しむ一夜. ► *vi* ビール[酒]を飲む. [*beverage*, *-y*³]

bevy /bɛ́vi/ *n*《人・物・鳥などの》集団, 一団, 群れ, 一群 ⟨*of*⟩. [C15 <?]

be·wáil /bɪ-/ *vt, vi* 嘆き悲しむ, 痛哭する ⟨*over, for*⟩. ♦ **~·ment** *n*

be·ware /bɪwɛ́ər/ *vi, vt* 油断しない, (…しないように)用心する ⟨*of* [*against*] sth, *lest* or *how…should, that…not*⟩: *B~ of* pickpockets! スリにご用心! / You must ~ *of* strangers. 見知らぬ人には心を許すな / *B~* the IDES of March / It's buyer ~. 買手はご用心, よく考えてから買うべし. ★ 語尾変化なく, 命令法と不定詞にだけ用いる. [BE, *ware* cautious]

be·whískered /bɪ-/ *a* ほおひげ (whiskers) を生やした; くしゃれなど》古臭い, 陳腐な.

Bew·ick /bjú:ɪk/ ビューイック **Thomas** ~ (1753–1828)《英国の木版画家; 鳥や動物を精密に表現した; *A History of British Birds* (1797–1804)》.

Béwick's swán〘鳥〙(ベウィック)コハクチョウ《ユーラシア大陸のツンドラ地帯で繁殖する小型のハクチョウ; 脚とくちばしは黒く, くちばしの基部に黄色部がある》. [↑]

Béwick's wrén〘鳥〙シロハラミソサザイ《北米産》.

be·wígged /bɪ-/ *a* かつら (wig) をつけた.

be·wil·der /bɪwíldər/ *vt* 当惑させる, うろたえさせる, とまどわせる; 道に迷わせる. ♦ **~ed·ly** *adv* 途方に暮れて, おろおろと. **~ed·ness** *n* **~·ing·ly** *adv* とまどわせるほど(に), あきれるほど, めまぐるしく. **~·ment** *n* 当惑, 困惑, うろたえ; 混乱. [*be-*, *wilder* (obs) to lose one's way]

be·witch /bɪwíʧ/ *vt* …に魔法をかける; 魅する, うっとりさせる. ► *vi* 魅する. ♦ **~·ing** *a* **~·ing·ly** *adv* [BE-, OE *wiccian* to enchant; ⇨ WITCH]

be·wítched *a* 魔法にかかった; 魅せられた, うっとりした;《俗》酔っぱらった. ► *n* [B-]「奥様は魔女」《米国 ABC テレビのホームコメディー (1964–72); 広告代理店に勤める夫 Darrin Stevens と美人で魔女の妻 Samantha とその母の魔女を中心とする》.

bewítch·ery *n* 魅惑, 魅力 (bewitchment).

bewítch·ment *n* 魔力; 魅惑, 魅力; 魅せられた状態, 恍惚境; 呪文.

be·wot·tled /bɪwɑ́tld/ *a**《俗》酒に酔った, 酔っぱらった.

be·wray /bɪréɪ/ *vt*《古》《思わず》漏らす, 暴露する (reveal).

Bex·ley /bɛ́ksli/ ベクスリー《London boroughs の一つ》.

bey /béɪ/ *n*《オスマントルコの》地方長官;《トルコ・エジプトで用いた》高位の人に対する敬称;《昔の Tunis [Tunisia] の》現地人統治者. [Turk]

Beyle /*F* bɛl/ ベール **Marie-Henri** ~《STENDHAL の本名》.

bey·lic /béɪlɪk/ *n* BEY の管轄区.

Bey·o·ğlu /bèɪə(g)lú:/ ベーオールー《Istanbul の一区, Golden Horn の北; 旧称 Pera》.

be·yond *prep* /bɪ(j)ɑ̀nd, ー´/ **1 a** [場所] …の向こうに[で], …を越えて: ~ the hill 丘の向こうに. **b** [時刻] …よりも過ぎて: ~ the usual hour 定刻を過ぎて. **c** [程度・到達など] …の範囲を超えて, …を超越して; …の理解[力量]を超えて; …以上に; …よりすぐれて: ~ one's belief 信じられない / This is ~ joke. 冗談の域を超えている / It's ~ me. わたしにはわからない[できない, 歯が立たない] / He has gone far ~ me in learning. 学問はわたしよりずっと進んでいる / live ~ one's means 資力以上の生活をする / ~ (all) QUESTION / ~ REPAIR [REDEMPTION, etc.]. **2** …以外に (in addition to, besides); [*neg*/*inter*] …よりほかは, …以外は: I know *nothing* ~ this. このほかはなにも知らない. ● **~ all things** なにより先に. **go ~ oneself** 度を過ごす, 我を忘れる; 平生以上の力を出す. ► *adv* /ー´/ (はるか)向こうに, 以上に; ほかに (besides): the life ~ あの世 / go ~ 超える, (それより)先に出る / the 1980's and ~ 1980 年代以降 / He did nothing ~. ほかになにもしなかった. ► *n* /ー´/ かなた; [the] 来世, あの世: BACK OF BEYOND / go to *the* great ~ あの世へ行く. [OE *begeondan*; ⇨ *by*, YON(DER)]

Beyrouth ⇨ BEIRUT.

Be·za /bí:zə, béɪ-/ ベザ, ベーズ **Theodore** ~ (1519–1605)《フランスの神学者; フランス語名 Théodore de Bèze /*F* bɛ:z/; Calvin の死後, 改革派の代表として宗教改革の権利の擁護に努めた》.

bez·ant, bes-, bez·zant /bɛ́z(ə)nt, bəzǽnt/**, byz·ant** /bíz(ə)nt, bəzǽnt/ *n* ベザント金貨[銀貨]《ビザンティン帝国で発行; 金貨は中世ヨーロッパで広く流通した》;〘紋〙金色の小円;〘建〙ベザント《一列に並べて出入口や窓枠の装飾に使われる円盤》.

béz àntler /bɛ́z-, béɪz-/《鹿の枝角の》第二枝角.

be·zazz /bəzǽz/ *n*《俗》PIZZAZZ.

be·zel /bí:z(ə)l, bɛ́z-; bɛ́z-/ *n* **1** 斜面溝《指輪の宝石のはまる所, 時計のガラスのはまる溝縁など》. **2**〘宝石〙ベーゼル《1) カットした宝石, 特にブリリアントカットの table と girdle の間のファセット面 2) CROWN》. **3**《のみなどの》刃の斜面, 刃角(はかど). ► *vt* (-l- | -ll-) …に bezel をつける. [OF<?]

Bé·ziers /*F* bezje/ ベジエ《フランス南部の市; アルビジョア十字軍における虐殺 (1209) の地; ワイン取引の中心地》.

be·zique /bəzí:k/ *n*〘トランプ〙ベジーク《2 人または 4 人が 64 枚の札でする pinochle に似たゲーム》. [F<?Pers *bāzīgar* juggler]

Be·zirk /bətsɪ́rk/ *n* 地区, 行政地区, 管区;《旧東ドイツの》県;《オーストリア・スイスの》郡. [G]

be·zoar /bí:zɔ̀:r/ *n* 胃石, ベゾアール (=~ **stòne**)《ヤギなどの体内の結石; 昔 解毒剤に用いた》;《古》解毒剤;〘動〙ベゾアール (=~ **gòat**)《西アジア産の角の長い野生のヤギ; 家畜のヤギの原種の一つ》.

be·zo·ni·an /bɪzóuniən/ *n*《古》悪党, 卑しいやつ.

Bez·wa·da /bɛzwɑ́:də/ ベズワダ《VIJAYAWADA の旧称》.

bezzant ⇨ BEZANT.

B.F. /bì:ɛ́f/ *n*《口》**1** 男友だち (boyfriend); 親友 (best friend). **2** (*or* **b.f.**)"大ばか (bloody fool).

b.f., bf 〘印〙 boldface. **BF** Bachelor of Forestry ♦ °board foot. **B/F, BF, b/f, b.f.** 〘薄〙 brought forward.
BFA Bachelor of Fine Arts.
bfd, BFD /bíːèfdíː/ *n**《俗》[ᵁ*iron*] 重要な人[もの], 大物. [*big fucking deal*]
BFF /bíːèfèf/ *n* 《口》《女性の》親友. [*best friend forever*]
BFI °British Film Institute.
BFI Sóuth·bànk /bíːèfáɪ-/ [the] BFI サウスバンク《London の South Bank にあるシネマコンプレックス; 1951 年に British Film Institute の一部として設立; 古典映画・インディペンデント映画・外国語映画などのフィルムを収蔵し日常的に公開するほか, 年 1 回 London Film Festival を開催する; 旧称 National Film Theatre》.
B-52 /bíːfiftitúː/ **1** B-52《米戦略空軍 (SAC) の重爆撃機; Boeing 社製; 愛称 'Stratofortress'》. **2** B-52《教会の鍵形をした軍用の缶切り; 爆撃機 B-52 の威力からの連想》. **3***《俗》ビーハイブ (beehive) スタイル《髪型》.
B film /bíː ―/ 〘映〙 B フィルム《番組編成上の, フィーチャー作品の補助的(短編)映画》.
B flat /bíː ―/ **1** 〘楽〙 変ロ音. **2** ᵁ[*joc*] ナンキンムシ.
BFN 《E メールなどで》bye for now. **B4** 《E メールなどで》before.
BFPO British Forces' [Field] Post Office. **BFT** °biofeedback training. **bg** background ♦ 〘商〙 (*pl* **bgs**) bag ♦ beige ♦ being. **BG** 《E メールなどで》big grin ニカニカ, 大満足 ♦ Bulgaria. **BG, B Gen** °Brigadier General.
BGH, bGH 〘生化・農〙°bovine growth hormone.
B-girl /bíː―/ *n* バーのホステス《客のふりをしていることもある》; *《俗》いかがわしい[ふしだらな]女, バーに出入りする売春婦. [*bar girl*]
BGS Bachelor of General Studies. **Bh** 〘化〙 bohrium. **BH** Belize《旧 British Honduras》♦ 〘冶〙°Brinell hardness. **B/H, BH** °bill of health. **BHA** °butylated hydroxyanisole.
Bha·don /báːdòun/ *n* 〘ヒンドゥー暦〙 六月, バードン《グレゴリオ暦の 8–9 月; ⇨ HINDU CALENDAR》. [Skt]
Bha·gal·pur /báːgəlpùər/ バガルプール《インド北東部 Bihar 州東部, Ganges 川右岸の市》.
Bha·ga·vad Gi·ta /báːgəvàːd gíːtə, bágəvəd-/ バガヴァッドギーター《ヒンドゥー教徒の座右の聖典とされる宗教叙事詩で, Mahabharata の一部をなす》. [Skt=song of the blessed one「神の歌」]
Bhag·wan /bàgwáːn/ *n* 《インド》神; 導師, 尊師. [Hindi]
Bhai /báɪ/ *n* 高位のシク教徒の名前に付ける敬称; [b-]《インド》兄弟《男性に対する親しい呼びかけとしても用いる》. [Hindi=brother]
bha·jan /bádʒən/ *n* 〘ヒンドゥー教〙 バジャン《インドの声楽の一形式で, 宗教的献身を歌う宗教賛歌》.
bha·ji, -jee /báːdʒi/, **-jia** /-dʒiə/ *n* 〘インド〙 バージ (**1**) 各種の野菜を細かく刻みスパイスを効かせて炒めた料理 **2**) これをボール状または扁平な形にまとめ, ころもを付けて揚げたもの》. [Hindi=fried vegetables]
Bhák·ra Dám /báːkrə-/ [the] バークラーダム《インド北部 Punjab 州の Sutlej 川上流にあるダム; 高さ 226 m》.
bhak·ta /báktə/ *n* 〘ヒンドゥー教〙 バクティ (bhakti) の実践者, 篤信の人, 信仰者. [Skt]
bhak·ti /bákti/ *n* 〘ヒンドゥー教〙 信愛, バクティ《神に対する献身的愛; 救済に至る道の一つ》. [Skt=portion]
Bha·mo /bəmóː, -móu/ バモー《ミャンマー北部 Irrawaddy 川上流の河港町; 水路・陸路の要衝》.
bhang, bang /bǽŋ, báːŋ/ *n* 〘植〙(インド)アサ, 大麻; バング (cannabis)《その葉と花などを乾燥したもので, 喫煙用・麻薬; cf. GANJA, HASHISH, MARIJUANA》; *《俗》マリファナタバコ(の喫煙). [Port<Skt]
bháng gánjah*《俗》マリファナ, くさ, はっぱ.
bhan·gra /bǽŋgrə, báːŋgrə/ *n* [°B-] バングラ《英国のインド人の間から生まれたポップミュージック; Punjab 地方の民俗音楽を土台にしている》. [Punjabi]
bhar·al, bur·hel /báːrəl, bár-; bár-/ *n* 〘動〙 アオヒツジ, バーラル (=*blue sheep*)《チベット・ヒマラヤ周辺の野生の羊》. [Hindi]
Bha·rat /bárət/ バーラト《INDIA のヒンディー語名》.
bha·ra·ta nat·ya /bárətə náːtjə/, **bhárata nát·yam** /-náːtjəm/ バーラタ・ナーティヤム《インド古典舞踊の一つ; 南インドの Tamil Nadu 州に伝わる》. [Hindi]
Bha·ra·ti·ya /báːrətìːjə/ *a* バーラットの, インドの.
bhar·ti /báːrti/ *n* 《インド》BARNYARD GRASS. [Skt]
Bhat·pa·ra /bɑːtpáːrə/ バートパーラ《インド北東部 West Bengal 州の市》.
bha·van, -wan /bávən/ *n* 《インド》大きな家[ビル].
Bhav·na·gar, Bhau- /baunágər/ バウナガール《インド西部 Gujarat 州南部の市・港町》.
BHC /bíːèɪtʃsíː/ *n* 〘化〙 BHC (=*benzene hexachloride*), LINDANE《殺虫剤》.
bhd bulkhead.
bhees·ty, -tie, bhis(h)·ti /bíːsti/ *n* 《インドの》飲用水運搬人. [Hindi]
bhel·pu·ri /béɪlpùːri/ *n* 〘インド料理〙 ベールプーリ《ポン菓子状にふくらませた米に刻んだタマネギやチャツネをかけて食べる辛口のスナック》. [Hindi]
bhik·k(h)u /bíku/ *n* 〘仏教〙 修行僧, 比丘(びく). [Pali<Skt]
Bhil /bíːl/ *n* (*pl* ～, ～**s**) ビール族《インド中西部の Rajasthan, Madhya Pradesh, Maharashtra, Gujarat 4 州の山地に広く居住する民族》. [Hindi]
Bhi·li /bíːli/ *n* ビーリー語《Bhil 族の言語; 印欧語族 Indic 語派に属す》.
bhin·di /bíndi/ *n* 《インド》オクラのさや (=*lady's-finger*). [Hindi]
BHL Bachelor of Hebrew Letters [Literature].
BHN, Bhn 〘冶〙°Brinell hardness number.
Bhoj·puri /bóudʒpùri, bádʒ-, -pəri/ *n* ボジュプリー語《Bihari 語の西部方言》.
bhok·ra /bóukrə/ *n* FOUR-HORNED ANTELOPE.
bhong ⇨ BONG².
Bhoo·dan, Bhu- /budáːn/ *n* [°b-]《インド》自発的土地寄進運動, ブーダーン《1951 年 Vinoba Bhave (1895–1982) によって始められたガンディー主義に基づく運動; 土地所有者の自発的土地寄進・寄託により土地と農村の改革を推進しようとした》. [Skt=land+gift]
bhoona ⇨ BHUNA.
Bho·pal /boupáːl/ ボパール (**1**) インド中北部の旧藩王国; 現在は Madhya Pradesh の一部を占める **2**) インド中北部 Madhya Pradesh の州都》.
B horizon /bíː ―/ *n* 〘地質〙 B 層《土壌層位の一つ; A HORIZON の直下にあり, 腐植が少ない》.
bhp bishop ♦ °brake horsepower. **BHS** °British Home Stores. **BHT** °butylated hydroxytoluene.
Bhu·ba·nes·war, -nesh- /bùbənéɪʃwər/, **-va·nesh·war** /bùvə-/ ブバネーシュワル《インド東部 Orissa 州の州都》.
Bhudan ⇨ BHOODAN.
Bhu·mi·bol Adul·ya·dej /púːmipòun ɑːdúnlədèɪt/ プーミポン・アドゥンヤデート (1927–2016)《タイ国王 (1946–2016); Chakkri 王朝の第 9 代》.
bhu·na, bhoo·na /búːnə/ *n* 〘インド料理〙 ブーナ《肉を使う中辛のドライカレー》.
Bhu·tan /butáːn, -tǽn/ ブータン《Himalaya 山脈の東部にある国; 外交権はインドがもつ; 公式名 Kingdom of ～ (ブータン王国); ☆Thimphu》. ♦ **Bhu·ta·nese** /bùːt(ə)níːz, -s/ *a, n*
Bhut·to /búːtou/ ブットー, ブット (**1**) **Benazir** ～ (1953–2007)《パキスタンの政治家; Zulfikar Ali ～ の長女; 首相 (1988–90, 93–96); 暗殺された》 (**2**) **Zulfikar Ali** ～ (1928–79)《パキスタンの政治家; 大統領 (1971–77), 首相 (73–77); クーデターで失脚, 処刑された》.
bi /báɪ/ *n, a* 《俗》バイ(の) (BISEXUAL).
bi-¹ /báɪ/ *pref*「二」「双」「両」「複」「重」: *bi*plane, *bi*cycle, *bi*ped. [L]
bi-² /báɪ/, **bio-** /báɪou, báɪə/ *comb form*「生」「生命」「生物」「伝記」 [Gk *bios* course of life] **Bi** 〘化〙 bismuth. **BI** °British India. **BIA** Bachelor of Industrial Administration ♦ °Bureau of Indian Affairs.
BIAC Business and Industry Advisory Committee 経済産業諮問委員会《OECD 所属の民間機関》.
bì·acétyl /, baɪǽsə-/ *n* 〘化〙 ビアセチル (=*diacetyl*)《バター・コーヒーなどの風味成分; マーガリンなどの着香料》.
Bi·a·fra /biǽfrə, baɪ-, -áːf-/ ビアフラ《ナイジェリア東部の地方; 1967 年独立宣言をしたが, 悲惨な内戦ののち 70 年に鎮圧された》. ■ the **Bíght of ～** ビアフラ湾《ギニア湾の東側の部分; 別称 Bight of Bonny》. ♦ **Bi·á·fran** *a, n*
Bi·ak /bijáːk/ ビアク《New Guinea 島の北西岸沖にある Schouten 諸島中最大の島》.
Bia·lik /bjáːlɪk/ ビアーリク **Hayyim Nahman** ～ (1873–1934)《イスラエルの詩人; ウクライナ生まれ》.
bi·aly /biáːli/ *n* (*pl* ～**s**) ビヤリ《中央をへこませた平たいロールパン; 上に刻んだタマネギが載せてある》. [Yid]
Bia·ły·stok /biáːlɪstòːk/ **1** ビヤウィストク (*Russ* Belostok)《ポーランド北東部の市》. **2***《俗》ロールパンの一種.
Bi·an·ca /biáːŋkə, -ǽŋ-/ ビアンカ《女子名》. [It=white]
bi·ángular *a* 二角の(ある).
bi·ánnual *a* 年 2 回の, 半年ごとの (half-yearly); 《時に》BIENNIAL. ♦ **～·ly** *adv*
bi·ánnulate *a* 〘動〙《色など》二環[二帯]の(ある).
Biar·ritz /bìːərɪ́ts, ―/ ビアリッツ《フランス南西部の Biscay 湾に臨む町; Napoleon 3 世, Victoria 女王, Edward 7 世の保養地》.
bi·as /báɪəs/ *n* **1** 偏り, 傾き, 傾向, 性向; 偏向, 予断, 偏見, ひいき目, 先入観, バイアス 〈*toward, in favor of, against*〉: a strong conservative ～ 強い保守的傾向 / have a ～ *toward*…の傾向がある, …に偏している / judicial ～ 〘法〙 裁判官の偏向[偏見] / without ～ and without favor 公平無私に. **2**《布地裁断の》斜線, 〘服〙 バイアス. **3**《bowls の》球を斜めに進ませようとする力[重み], 片おもり, それによる球の曲線コース, 形のゆがみ. **4** 〘電〙 バイアス (**1**) 所定の動作点を得るために, トランジスター制御電極などに加える電圧; 偏倚(へんい) **2**) 録音時のひずみを減らすために加える高周波電圧). **5**〘統〙偏り《(1) 任意抽出法による統計の結果値と推定値との差 2) 抽出や検定において特定の結果を選択したために生じる定誤差》. ● **on the ～** 斜めに[の] (opp. *on the straight*): cut cloth *on the* ～ 布を斜めに裁つ. ► *a* **1**《布の裁ち目・縫い目などが》筋かいの, 斜めの. **2**〘電〙バイアスの: a ～ joint. ► *adv* **1** 斜めに, 筋かいに. **2**《廃》間違って, (具合)悪く. ► *vt* (**-s-**, **-ss-**) **1** 一方に偏らせる, 偏向させる, 〈人〉に偏見をもたせる 〈*against, toward, in favor of*〉. **2**〈電極〉にバイアスをかける. ♦ **～·ness** *n* [F<L=looking two ways]

Bias ⇨ BEAS.

bías-bèlt·ed tíre BELTED-BIAS TIRE.

bías bìnding〘洋裁〙バイアステープ (＝*bias tape*).

bías crìme 偏見犯罪 (HATE CRIME).

bí·ased, -assed *a* 偏した;〘統〙偏りのある: a ～ view 偏見 / be ～ *against* [*in favor of*] sb 人に偏見をいだいて[人をひいき目に見て]いる. ♦ **～·ly** *adv*

bías-plỳ tíre, bías tìre バイアス(プライ)タイヤ《タイヤの胴を構成するプライコードが周方向に対し斜めに配列されて層をなす》.

bías tàpe〘洋裁〙バイアステープ (bias binding).

bi·ath·lete /baɪǽθlìːt/ *n* バイアスロンの選手.

bi·ath·lon /baɪǽθlən, -lɑ̀n/ *n* バイアスロン《クロスカントリースキーとライフル射撃を組み合わせた競技》.

bi·áural *a* BINAURAL.

bi·auricular *a*〘生〙BIAURICULATE;〘解〙両耳介の, 両心耳の, 両耳殻の.

bi·auriculate *a*〘生〙〈心臓が〉二つの耳[耳に似たもの]を有する.

bi·áxial *a*〘理〙二軸の, 双軸の〈結晶〉. ♦ **～·ly** *adv*

bib[1] /bɪ́b/ *n* **1 a** よだれ掛け;《前掛け・オーバーオールなどの》胸当て; ビブ《サッカーの練習試合などで身につける背番号のついたベスト》;〘フェン〙マスク当て, のど当て;〘車〙フロントバンパーの下に延びた部分, ビブ. **b**〘動〙ビブ《鳥・哺乳類ののどもとの羽毛[毛]の色が異なった部分》. **2**〘魚〙フランスダラ, ビブ (＝*pout, pouting*)《小型のタラ》. **3** 水栓 (bibcock). ● **stick** [**put**] **one's ～ in**《豪口》干渉する, じゃまする, でしゃばる. ♦ **bíbbed** *a* 胸当ての付いた. **～·less** *a* [? ↓]

bib[2] *vi, vt* (**-bb-**)《古》〈酒を〉(ちびちび続けて)飲む: WINEBIBBER. [? L *bibo* to drink]

Bib. Bible ♦ Biblical.

bi·ba·cious /bəbéɪʃəs, baɪ-/ *a* 酒飲みの, 酒好きの.

bíb and bráce オーバーオールの作業服.

bíb and túcker《口》服 (clothes). ● **in one's best ～**《口》晴れ着を着て.

bi·básic *a* DIBASIC.

bibb /bɪ́b/ *n* BIBCOCK;〘海〙檣頭縦材を支える腕木.

bíb·ber *n* 飲酒家, 酒飲み. ♦ **～y** *n* 飲酒(癖).

Bíbb lèttuce [ᴼb-]〘野菜〙ビッブレタス《米国原産; 結球がゆるく葉の緑が濃い; 単に Bibb ともいう》. [Jack *Bibb* (1789–1884) Kentucky の園芸家]

bibby ⇨ BIPPY.

bíb·còck, bíbb còck *n*《栓が下に曲がった》蛇口, 水栓, コック.

bi·be·lot /bíːbəlòʊ; *F* biblo/ *n* (*pl* **～s** /-(z); *F* —/)《小さな》飾り物, 置物, 骨董品; 豆本, 小型本. [F (加重)‹*bel* beautiful]

bíb·ful*《俗》*n* おしゃべり, ゴシップ; (腹)いっぱい: spill a ～ ペラペラしゃべる.

bi·bi /bíːbiː/ *n*《インド》妻, 奥さん;《古風》非ヨーロッパ系のガールフレンド. [Urdu]

bi·bi·ra /bəbíərə/, **-ru** /-ruː/ *n*〘植〙BEBEERU.

bì-bi·válent *a*〘化〙双二価の《2 価の陽・陰イオンに解離する電解質についていう》.

Bi·ble /báɪb(ə)l/ *n* **1 a** [the] 聖書, バイブル《(1)〘キ教〙Old Testament および New Testament 2)〘ユダヤ教〙Old Testament を構成する諸書; Torah (律法), Neviim (預言書), Ketuvim (諸書) の 3 部からなり, TANACH または Hebrew Scriptures ともいう; cf. APOCRYPHA, SCRIPTURE》; [a ～]《一冊の》聖書. **b**《一般に》聖典; [b-] 権威書, 'バイブル'; [b-]《廃》書物. **2** [b-] **a** 小型甲板磨き石. **b**〘動〙葉胃(ようい) (omasum). ● **swallow** [**eat**] **the ～***《俗》うそをつく, 偽証する. **swear on a stack of ～s***《口》誓って言う, 確信をもって断言[主張]する. ► *vt* [b-] …に聖書を備える. [OF<L<Gk *biblia* books;「パピルス」のとれた地 *Byblos* (古代 Phoenicia の町) より]

Bíble-bàsh·er, -bàng·er *n*《口》BIBLE-THUMPER.

Bíble Bèlt [the] バイブルベルト《主に米国南部の, fundamentalism が顕著なキリスト教篤信地帯》.

Bíble clàss 聖書研究[勉強]会, バイブルクラス.

Bíble clèrk 聖書朗読生《Oxford 大学などのカレッジで礼拝堂での聖書朗読の義務をもつ給費生》.

Bíble òath《特に 聖書にかけての》厳粛な誓言.

Bíble pàper 聖書用紙, インディア紙 (India paper).

Bíble-pòund·er, -pùnch·er *n*《俗》BIBLE-THUMPER.

Bíble rèader" 聖書朗読者《雇われて各戸を巡回する》.

Bíble schòol 聖書(研究)学校《聖書[宗教]教育を目的とする日曜学校など》.

Bíble society 聖書協会《聖書普及を目的とする》.

Bíble-thùmp·er *n*《口》熱烈に聖書を説く[信奉する]人,《特に》福音派[ファンダメンタリスト]の説教者[伝道者], 熱弁の聖書屋 (＝*Bible-basher*[*-pounder, -puncher*]). ♦ **Bíble-thùmp·ing** *a*

bib·li- /bíbli/, **bib·lio-** /bíbliou, -liə/ *comb form*「書籍」「聖書」[Gk *biblion* book; ⇨ BIBLE]

bib·lic- /bíblɪk/, **bib·li·co-** /bíblɪkou, -kə/ *comb form* [ᴼB-]「聖書」[Gk]

bib·li·cal /bíblɪk(ə)l/ *a* 聖書の, 聖書から出た〈句など〉, 聖書による; 〈ことばづかいが〉聖書風の: know sb in the ～ sense [*joc*] 聖書的な意味で人を知る《セックスする》. ♦ **～·ly** *adv*

Bíblical Aramáic 旧約聖書のアラム語 (Chaldee).

Bíblical Látin 聖書のラテン語《聖書の翻訳に用いたもので西欧では中世初期に通用》.

bib·li·cism /bíbləsìz(ə)m/ *n* [ᴼB-] 聖書(厳守)主義.

bib·li·cist /bíbləsɪst/ *n* [ᴼB-] 聖書(厳守)主義者; 聖書学者.

biblio /bíbliou, -liə/ ⇨ BIBLI-.

bíblio·fìlm *n* 図書複写フィルム.

bíblio·gràph *vt* 〈本など〉にビブリオグラフィーを付ける; …のビブリオグラフィーを作る. [逆成‹*bibliography*]

bib·li·og·ra·pher /bìbliɑ́grəfər/ *n* 書誌学者, 目録編纂者.

bib·li·og·ra·phy /bìbliɑ́grəfi/ *n* **1**《ある著者・時代・主題の》関係書目, 著書目録, 出版目録; 参考書目, 引用文献: a Tennyson ～ テニソン文献[著書目録]. **2** 書誌学; 書籍解題《書物の著者・出版日付・版などの記述》. ♦ **bib·lio·graph·ic** /bìbliəgrǽfɪk/, **-i·cal** *a* **-i·cal·ly** *adv* [F or NL<Gk *-graphy*]

bíblio·klept /-klɛ̀pt/ *n* 書籍泥棒, 書盗.

bib·li·ol·a·ter /bìbliɑ́lətər/ *n* 書籍崇拝者; 聖書崇拝者. ♦ **bìb·li·ól·a·try** *n* 書籍崇拝; 聖書崇拝. **bìb·li·ól·a·trous** *a*

bib·li·ol·o·gy /bìbliɑ́ləʤi/ *n* 本の科学, 図書学; 書誌学 (bibliography); [ᴰB-] 聖書学.

bíblio·màncy *n* 書籍占い, 聖書占い《本[聖書]を開いて出た所の文句で占う》.

bìblio·mánia *n*《珍本・稀覯(きこう)書の》蔵書癖, 書籍狂, ビブリオマニア. ♦ **bíblio·mane** /-mèɪn/ *n* 蔵書狂. **bìblio·mániac** *a, n* 蔵書狂の(人). **-maníacal** *a*

bìb·lio·mét·rics /-métrɪks/ *n pl* [‹*sg*›] 出版物の統計的分析; 計量文献学. ♦ **bìb·lio·mét·ric** *a*

bib·li·op·e·gy /bìbliɑ́pəʤi/ *n* 製本術. ♦ **-gist** *n* **bìb·li·o·pég·ic** /-pɛ́ʤ-, -píː-/ *a*

bíblio·phìle, -phìl *n* 愛書家, 蔵書(道楽)家. ♦ **bìblio·phílic** *a* [F; ⇨ -PHILE]

bib·li·oph·i·lism /bìbliɑ́fəlìz(ə)m/, **-oph·i·ly** /-fəli/ *n* 蔵書癖, 書物道楽. ♦ **-list** *n* BIBLIOPHILE. **bìb·li·òph·i·lís·tic** *a*

bib·li·o·pole /bíbliəpòul/ *n* 書店主, 書肆(しょし),《特に》稀覯書[古書]商人. ♦ **-pol·ic** /bìbliəpóulɪk, -pɑ́l-/ *a*

bib·li·op·o·list /bìbliɑ́pəlɪst/ *n* BIBLIOPOLE.

bib·li·op·o·ly /bìbliɑ́pəli/ *n* 稀覯書売買.

bib·lio·the·ca /bìbliəθíːkə/ *n* (*pl* **～s**, **-cae** /-siː, -kìː/) 蔵書,《個人の》文庫; 図書目録, 書店の(在庫)カタログ. ♦ **-thé·cal** *a* [Gk=library]

bìblio·thérapy *n*《神経症に対する》読書療法.

bib·li·ot·ics /bìbliɑ́tɪks/ *n* 筆跡鑑定学. ♦ **-ót·ic** *a* **bib·li·o·tist** /bíbliətɪst/ *n*

bi·blist /bíblɪst, báɪblɪst/ *n* [ᴼB-]《聖書を信仰の唯一の拠り所とする》聖書主義者; [ᴼB-] 聖書学者. ♦ **bí·blìsm** *n*

bíb òveralls *pl**《北部》胸当て付き作業ズボン, オーバーオール (overalls).

bíb tàp 水栓 (bib).

bib·u·lous /bíbjələs/ *a* 水分[湿気]を吸収しやすい; 酒好きの, 飲酒癖の; 飲酒の. ♦ **～·ly** *adv* **～·ness** *n* [L (*bibo* to drink)]

Bic /bík/〘商標〙ビック《ボールペン》.

BIC Bank Identifier Code 金融機関識別コード, ビック《SWIFT における受取人口座の金融機関を特定するためのコードで, 8 桁あるいは 11 桁のアルファベットと数字の組合わせ; 国際送金の際に必要とされる; SWIFT code ともいう》.

bi·cam·er·al /baɪkǽm(ə)rəl/ *a*〘議会〙(上下)二院制の;〘生〙《魚の心臓などのように》二室からなる. ♦ **～·ism** *n* **～·ist** *n* [*bi-*[1], L CAMERA=chamber]

bi·cápsular〘生〙*a* 2 つの CAPSULE を有する; 二室に分かれた capsule を有する.

bi·carb /báɪkɑːrb, ―⌐/ *n*《口》重曹 (bicarbonate of soda).

bi·cárbonate *n*〘化〙重炭酸塩;《通俗に》重曹 (bicarbonate of soda).

bicárbonate of sóda 重炭酸ソーダ, 重曹 (SODIUM BICARBONATE).

bi·cárpellary *a*〘植〙心皮 (carpel) が 2 枚の, 二心皮の.

bice /báɪs/ *n* おだやかな青色, バイスブルー (＝～ **blùe**); 黄色がかった緑色, バイスグリーン (＝～ **grèen**).

bi·centénnial *a* 二百年記念の; 二百年ごとの; 二百年間の. ► *n* 二百年記念日; 二百年祭 (⇨ CENTENARY). ♦ **-al·ly** *adv*

bì·centénary *a, n* BICENTENNIAL.
bi·céntric *a*〘生〙二中心の. ♦ **bi·centrícity** *n*
bi·cep /báɪsèp/ *n* 上腕二頭筋. ［逆成＜*biceps*］
bi·céphalous, bì·cephálic *a*〘生〙両頭[双頭]の; 三日月形の.
bi·ceps /báɪsèps/ *n* (*pl* ～, **-ceps·es** /-əz/)〘解〙二頭筋《特に上腕二頭筋または大腿二頭筋を指す》;《口》筋力, 筋肉のたくましさ (muscularity): ～ of the arm 上腕二頭筋 (biceps brachii) / flex one's ～ 力こぶを作る. ［L＝two-headed (*caput* head)］
bíceps brá·chii /-bréɪkiàɪ, -kiː/〘解〙上腕二頭筋.
bíceps fé·mo·ris /-fémərəs/〘解〙大腿二頭筋 (＝*leg biceps*).
bich·ir /bíʧər; bíʃɪə/ *n*〘魚〙ポリプテルス, ビチャー《熱帯アフリカ産ポリプテルス科ポリプテルス属の数種の原始的な淡水魚; 鋸歯状の背びれと発達した胸びれをもち, 熱帯魚としても飼育される》.
bi·chlóride *n* DICHLORIDE; BICHLORIDE OF MERCURY.
bichlóride of mércury MERCURIC CHLORIDE.
bi·cho /bíː ʧou/ *n* (*pl* ～**s**)*《卑》ペニス (penis). ［Sp］
bi·chon fri·sé /bíːʃɑn frizéɪ; *F* biʃɔ̃ frize/〘犬〙ビションフリーゼ《白く少し縮れた毛をした小型犬》.
bi·chrómate /, bàɪkroumèɪt/ *n* DICHROMATE《主に工業製品に用いる》. ♦ **bi·chro·màt·ed** *a*
bi·chrome /báɪkròum/ *a* 二色の.
bi·cip·i·tal /baɪsípətl/ *a*〘解〙二頭の;〘解〙二頭筋の;〘植〙一端が2つに分裂した, 二裂の.
bick·er /bíkər/ *vi* **1** 口論[口げんか]する, いさかう (quarrel) 〈*about* [*over, on*] sth; *with* sb〉. **2**〈水が〉ゴボゴボ[ザワザワ]流れる (babble);〈雨が〉パラパラ降る (patter);〈光が〉きらめく,〈灯火などが〉揺れる (flicker). ► *n* 口論, 言い争い; ゴボゴボ[ザワザワ](流れる音); (雨の)ぱらつき; きらめき, 揺らぎ. ♦ **～·er** *n* **～·ing** *n* 口論: internal ～*ing* 内輪もめ. ［ME＜?］
bicky, bik·ky, bic·kie, bik·kie /bíki/ *n*《口》ビスケット (biscuit); [bickies]《豪口》金 (money): big *bickies*《豪口》大金.
bi·cóast·al /baɪ-/ *a* **1**《米国の》(東西)両海岸に在る[に起こる, で仕事をする, で暮らす]. **2***《俗》両性愛の.
Bi·col /bɪkóul/ *n* BIKOL.
bì·colláteral *a*〘植〙両立の: a ～ vascular bundle 両立維管束.
bí·còlor *a, n* 二色の(物). ♦ **～ed** *a*
bícolor lespedéza〘植〙ハギ《日本原産; マメ科》.
bì·commúnal /, ―⌣―⌣/ *a*《人種的・宗教的に》二集団からなる.
bì·compónent fíber 異相構造繊維, バイコンポーネントファイバー《物理的性質の異なる2成分で一つの繊維をなしているもの; 簡単な加工により捲縮 (crimp) が生じる》.
bi·cóncave /, *⌣―⌣/ *a* 両凹(りょうおう)の (concavo-concave): a ～ lens. ♦ **bì·concávity** *n*
bì·condítion·al *a, n*〘論〙双条件(的).
bi·cónvex /, *⌣―⌣/ *a* 両凸(りょうとつ)の (convexo-convex): a ～ lens. ♦ **bì·convéxity** *n*
bí·còrn *a* BICORNUATE. ► *n* BICORNE.
bi·corne /báɪkɔ̀ːrn/ *n* **1** 二角帽《へりの両側を上に曲げた帽子; あみだ, または片側に傾けてかぶる》. **2** 2つの角をもつ動物, 二角獣.
bi·córnuate, bi·córnate *a*〘動・植〙2つの角(つの)をもつ, 双角の, 二角の; 三日月に似た.
bi·córporal *a* 2つの体をもつ, 両体の. ♦ **bì·corpóreal** *a*
bi·cron /báɪkràn/ *n*〘理〙ビクロン《長さの単位: $=10^{-12}$ m》.
bi·crúral *a* 二脚の.
bi·cúltural·ìsm *n*《一国内に》異質の二文化が存在すること, 二文化併存. ♦ **bi·cúltural** *a* 二文化の.
bi·cúspid〘解〙*a* 二尖の, 両尖の〈歯・心臓など〉. ► *n* 両尖歯, 双頭歯《小臼歯 (premolar) のこと》; BICUSPID VALVE. ［CUSP］
bi·cúspidate *a* BICUSPID.
bicúspid válve〘解〙《心臓の》二尖弁 (＝*mitral valve*).
bi·cy·cle /báɪsɪk(ə)l, -sì-, *-sàɪ-/ *n* 自転車 (cf. TRICYCLE, UNICYCLE);《トレーニング用の》エクササイズバイク (exercise bicycle): ride a ～ 自転車に乗る / go by ～ [on a ～] 自転車で行く〈*to*〉; *《俗》《ボクシングで》相手の連打から逃げる. ► *vi* 自転車に乗る《動詞としては CYCLE が普通》. ► *vt* 自転車で旅行する. ［CYCLE］
bícycle chàin 自転車のチェーン.
bícycle clìp《自転車に乗るときの》ズボンの裾留め.
bícycle kìck バイシクルキック《1)〘サッカー〙空中で自転車をこぐように脚を動かしてするオーバーヘッドキック 2) あおむけになって空中で自転車をこぐように両脚を動かす体操》.
bícycle mòtocross 自転車モトクロス《略 BMX》.
bícycle pùmp 自転車の空気入れ, 空気ポンプ.
bí·cy·cler /, -sìk-, *-sàɪ-/ *n* BICYCLIST.
bícycle ràce [ràcing] 自転車レース, 競輪.
bícycle shèdˈ《学校・工場などの》駐輪小屋, 自転車小屋 (＝*bike shed*)《school ～, behind the ～ には「非行の場」のイメージがある》.
bícycle shòrts *n pl*《伸縮性素材でできた》サイクリング用ショートパンツ.
bi·cýclic *a* 2つの円からなる;〘植〙二環型の, 2つの輪生体をなす;〘化〙〈化合物が〉二環[双環]式の. ♦ **-cli·cal** *a*
bí·cy·clist /, -sìk-, *-sàɪ-/ *n* 自転車に乗る人; 競輪選手.
bid[1] /bíd/ *vt, vi* **1** (**bid; bíd·ding**) **a**《特に競売で》〈値を〉つける, 競る; 入札する〈*for*〉;〘トランプ〙ビッドする《規定数 (6) を上回って勝ち取るトリック数と切り札の組を宣言する》: ～ a good price [$100] *for* [*on*]…によい値 [100ドルの値] をつける / ～ one heart〘トランプ〙ワンハートを宣言する. **b** 獲得しようと努力する, 欲しがる: ～ *for* sb's favor. **c***《口》スカウトする,〈人〉に入会を勧める. **2** (**bade** /bǽd; bǽd, béɪd/, **bad** /bǽd/, **bid; bid·den** /bídn/, **bid; bíd·ding**) **a**《古・文》命ずる;《古・方》招待する (invite);《廃》嘆願する: He *bade* me (*to*) enter. わたしにはいれと命じた / I was *bidden to* enter. はいれと命ぜられた. **b**〈挨拶などを〉述べる: He *bade* farewell [welcome] *to* his friends. 友だちに別れ[歓迎]の挨拶をした. ● **～ against** sb 人と競争入札する. **～ down**…の値を競りで下げる. **～ fair** to do …する見込みが十分ある, …しそうである. **～ in**〈持主が〉自分に競り落とす. **～ up**〈…の値を〉競り上げる;〈物が〉競り上げて高値になる. ► *n* **1** 付け値, 入札, 入札の機会[順番]; 競売品;〘トランプ〙競り札宣言, ビッド(が可能な手); 競り高: call for ～*s of*…の入札を行なう / a two-spade ～ ツースペードの宣言. **2**《何かを得よう[勝ち取ろう, 達成しよう]とする》努力, 試み, 企て〈*for* power [fame]; *to* do〉: lose [fail in] one's ～ *to* do…しようとして失敗する. **3***《口》勧誘, 誘い, 招き (invitation). ● **make a ～ for**…に入札する; …を得ようと努める.
［OE *biddan* to ask＜Gmc **bidhjan* to pray and OE *bēodan* to offer; cf. G *bitten, bieten*］
bid[2] *v*《古》BIDE の過去分詞.
b.i.d., BID〘処方〙[L *bis in die*] twice a day.
BID Bachelor of Industrial Design.
Bi·da /bíːdə/ ビダ《DOHA の旧称》.
bid-a-bid ⇨ BIDDY-BIDDY.
bi·dar·ka, bai- /baɪdáːrkə/, **-kee** /-ki/ *n* バイダルカ《アラスカエスキモーが用いる, アザラシの皮を張ったカヤック》. ［Russ］
Bi·dault /*F* bido/ ビドー **Georges(-Augustin)** ～ (1899–1983)《フランスの政治家; 第二次大戦中レジスタンスを指導; 外相・首相を歴任したが, de Gaulle 大統領のアルジェリア政策に強硬に反対して亡命 (1962–68)》.
bíd·da·ble *a* **1** 言うことを聞く, 従順な. **2**〘トランプ〙競りの効く, ビッドできる. ♦ **-bly** *adv* **bìd·da·bíl·i·ty** *n*
bid·den /bídn/ *v* BID の過去分詞. ► *a*《古》招かれた: ～ guest 招待客.
bíd·der *n* 競り手, 入札者; 命令者; *《口》招待者: the highest [best] ～ 最高入札者; 自分をいちばん高く買ってくれる人.
biddi-biddi ⇨ BIDDY-BIDDY.
bíd·ding *n* **1** 入札, 値ざし;《トランプの》競り: force the ～ どんどん値を競り上げる. **2 a** 命令, 要請: *at* the ～ *of*…の命を受けて / do sb's ～ 人の命令に従う, 言われたとおりにする. **b** 招待, 誘い.
bídding pràyerˈ 説教前の祈り.
biddle ⇨ BINDLE.
Bid·dle /bídl/ ビドル **John** ～ (1615–62)《イングランドの神学者; 英国のユニテリアンの創始者》.
bid·dy[1] /bídi/ˈ《方》*n* めんどり; 若鶏. ［? imit］
biddy[2] *n* **1** [°old ～]《口》[ˈ*derog*] 女,《特に》年配の女, (うるさい)おばさん, ばあさん; [°B-]*《口》女中, メイド, 掃除女. **2** [B-] ビディー《女子名; Bridget の愛称》.
Bíddy Básketball ビディーバスケット(ボール)《狭いコートで小型のボールと 8½ フィートのバスケットを用いる子供向きに改めたバスケットボール》. ［BITTY］
bíddy-bìddy, bid·di-bid·di /bídibìdi/, **bid-a-bid** /bídəbìd/, **bíddy-bìd, bidg·ee-widg·ee** /bíʤiwìʤi/ *n*《NZ》バラ科アケーナ属の伏臥性の小草(のいが).
bide /báɪd/ *v* (**bode** /bóud/, **bid·ed; bid·ed**)《古・文・方》*vi*《ある状態・場所に》とどまる; 住む; 待つ. ► *vt* こらえる, 我慢する, 耐えしのぶ. ● **～ one's time** 時節を待つ. ♦ **bid·er** /báɪdər/ *n* ［OE *bīdan*］
Bi·den /báɪdn/ バイデン **Joseph R(obinette)** ～ (1942–)《米国の政治家; 副大統領 (2009–); 民主党》.
bi·déntate *a* 歯[歯状突起]が2つある, 二歯の;〘化〙〈配位子が〉二座の.
bi·det /bɪdéɪ, bɪdét; bíːdeɪ/ *n* ビデ《局部・肛門部洗浄器》; 小型の乗用馬. ［F＝pony］
bi·di /bíːdi/, **bee·di(e)** /bíːdi/, **bi·ri** /bíːri/ *n*《インド》糸で縛った手巻きタバコ, ビーディ. ［Hindi］
bì·dialéctal *a*〘言〙二方言を使用する, 二方言使用の. ► *n* 二方言使用者.
bì·dialéctal·ìsm, bi·díalect·ìsm *n* 二方言使用(の能力);《非標準語話者への》標準語教育.
bì·dialéctal·ist *n* 二方言使用推進論者.
bì·diréction·al *a* 二方向の, 双方向性の, 両方向的な: a ～ flow / a ～ microphone 両指向性マイクロホン. ♦ **～·ly** *adv*
bi·don /*F* bidɔ̃/ *n*《液体を入れる》缶, ビドン;《自転車につける》水筒; 石油缶, ドラム缶. ［F *bidon* tin can］

bi·don·ville /*F* bidɔ̃vil/ *n* 《フランス・アフリカ北部などの都市郊外の》安普請住宅地区, ビドンヴィル. [↑]
bíd price 〘証券〙買い唱え値, 買い呼値(ねこ).
BIE Bachelor of Industrial Engineering.
B **Bie·der·mei·er** /bí:dərmàıər/ *a* ビーダマイヤー様式の《19 世紀中葉に流行した簡素で実用的な家具の様式》; [*derog*] 因習的な, 型にはまった, 凡俗な. [Gottlieb *Biedermeier* 'Papa Bierdermeier' 単純平凡なドイツブルジョアに対する蔑称]
Biel /bí:l/ **1** ビール (*F* Bienne)《スイス北西部 Bern 州の町; Biel 湖の北東に位置》. **2** [Lake] ビール湖 (*G* Bieler See)《スイス北西部; 19 世紀に湖上家屋の跡が発見された》.
bield /bí:ld/ *n, vt* 《スコ》保護[庇護](する) (shelter).
Bie·le·feld /*G* bí:ləfɛlt/ ビーレフェルト《ドイツ北西部 North Rhine-Westphalia 州の市》.
Biel·er See /*G* bí:lər zè:/ ビーラーゼー《BIEL 湖のドイツ語名》.
Biel·sko-Bia·ła /biέlskɔ:biá:lə, bjέlskɔ:bjá:-, -wə/ ビエルスコービャワ《ポーランド南部の市》.
bien en·ten·du /*F* bjɛ̃nɑ̃tɑ̃dy/ 了解, もちろん, 確かに.
Bien Hoa /bjέn hóuə/ ビエンホア《ヴェトナム南部の市; カンボジアの旧都》.
bi·en·na·le /bì:ɛnά:li/ *n* 隔年に開催される美術展[芸術祭], ビエンナーレ: the Venice *B*~ ヴェネツィア・ビエンナーレ《Venice で 1 年おきに夏場に開催される国際美術展; 1895 年第 1 回を開催》. [It BIENNIAL]
Bienne /*F* bjɛn/ ビエンヌ《BIEL のフランス語名》.
bi·en·ni·al /baıέniəl/ *a* **1** 2 年に一度の, 2 年ごとの, 隔年の (cf. BIANNUAL, TRIENNIAL). **2** 2 年間続く; 〘植〙二年生の, 越年生の (cf. ANNUAL, PERENNIAL). ★ 3 年以下は次のとおり: triennial (3), quadriennial (4), quinquennial (5), sexennial (6), septennial (7), octennial (8), novennial (9), decennial (10), vicennial (20), centennial (100), millennial (1000). ► *n* 二年生植物; 2 年ごとの行事[試験, 展示など]. ♦ **~·ly** *adv* [L (*bi*-[1], *annus* year)]
biénnial béaring 〘園〙隔年結果.
bi·en·ni·um /baıέniəm/ *n* (*pl* **~s, -nia** /-niə/) 2 年間.
bien-pen·sant /*F* bjɛ̃pɑ̃sɑ̃/ *a, n* 良識のある(人), 正統派の(人), 保守的な(人). [F=well-thinking]
bien·sé·ance /*F* bjɛ̃seɑ̃:s/ *n* 礼儀.
bien·ve·nue /*F* bjɛ̃vny/ *n* 歓迎 (welcome).
bien vu /*F* bjɛ̃ vy/ よく思われている, 高く評価されている.
bier /bíər/ *n* 棺(運搬)台, 棺架, 死体安置台, 死者用担架; 棺[死体]をのせた架台; 《古》運搬台, 担架; 《古》墓 (tomb). [OE *bēr*; ⇨ BEAR[2]; cf. G *Bahre*]
Bierce /bíərs/ ビアス **Ambrose** (**Gwinnett**) ~ (1842–?1914) 《米国のジャーナリスト・作家; *In the Midst of Life* (1892), *The Devil's Dictionary* (1911)》.
bier·kel·ler[U] /bíərkɛ̀lər/ *n* ドイツ風に飾ったドイツビールのパブ. [G=beer cellar]
biest·ings /bí:stıŋz/ *n* (*pl* ~) BEASTINGS.
bí·fàce /báı-/ *n* 〘考古〙両面石器, 握斧(あく) (hand ax).
bi·fácial *a* 二面のある; 両面が同じ; 〘植〙〈葉など〉(表裏)異なる両面[二面]のある; 〘考古〙石刃の両面から打ち欠いた〈石器〉. ♦ **~·ly** *adv*
bi·far·i·ous /baıfέəriəs/ *a* 〘植〙〈葉の面など〉直立した二列をなす. ♦ **~·ly** *adv*
bi·fer /báıfər/ *n* 〘植〙2 年ごとに開花[結果]する植物, 隔年開花[結果]植物.
biff[1] /bíf/ *vt, vi* **1** 《口》打つ, ぶつ, なぐる: I ~*ed* him one. 一発なぐった. **2** 《俗》**a** 《豪》投げる (throw). **b** 行く, 進む. **c** *〈試験に〉失敗する. ► *n* 《口》一発(なぐること), 強打; [〈*int*〉] ビシッ, バシッ, ボカッ: give a ~ *in* the jaw あごをビシッと打つ. [imit]
biff[2] *n* 《俗》BIFFY.
biff[3] *n*《俗》ばかな女の子, バーな娘. [? *biff*er or *biff*in (sl) intimate friend]
bif·fer /bífər/ *n*《黒人俗》いやな女, ブス, だれとでも寝る女.
bif·fin /bífən/ *n* 深紅色の料理用リンゴ《Norfolk 州産》.
bif·fy /bífi/ *n*《俗》トイレ. [bathroom の幼児語か]
bi·fid /báıfıd, -fəd/ *a* 二裂の, 二叉の (forked). ♦ **~·ly** *adv* **bi·fid·i·ty** /baıfídəti/ *n* 〘植〙二裂; 二叉. [L (*findo* to cleave)]
bi·fílar *a* 2 本糸[線]で取り付けた, 二本吊りの〈計器〉; 〘電〙1 本の線を折り返して平行に巻いた, 二本巻きの〈抵抗器など〉. ♦ **~·ly** *adv*
bi·flágellate *a* 〘生〙2 本の鞭毛(べんもう)をもった, 二鞭毛の.
bí·flèx *n* 2 か所で曲がった, 湾曲が 2 つの.
bi·fócal *a* 二焦点(レンズ)の, 遠近両用の. ► *n* 二焦点レンズ; [*pl*] 《遠近両用の》二焦点眼鏡. [FOCUS]
bí·fòld *a* 二つに折りたためる: a ~ door.
bi·fóliate 〘植〙*a* 二葉の; BIFOLIOLATE.
bi·fóliolate *a* 〘植〙〈複葉が〉二小葉の.
bi·fo·rate /baıfɔ́rèıt/ *a* 〘生〙二孔の.
bí·fòrked *a* 二叉をなす, 2 つに分岐する.
bí·fòrm, -fòrmed *a* 2 つの形[性質]を合わせもつ.
Bif·rost /bívrὰst, bí:f-/ 〘北欧神話〙ビフロスト《天と地を結ぶ虹の橋》.

BIFU 〘英〙Banking, Insurance, and Finance Union.
bi·fúnction·al *a* 二機能[作用]の[を有する], 〘化〙二官能性の (difunctional).
bi·fur·cate /báıfərkèıt, *baıfə́:r-/ *vt, vi* 〈道路・枝・川など〉二叉に分ける[分かれる]. ► *a* /─́─kət, -kèıt, *─́─ kèıt/ 〘解〙二叉の. ♦ **~·ly** *adv* [L (BI-[1] *furcus* two-forked; ⇨ FORK)]
bì·furcátion *n* 二叉に分かれること, 分岐, 二分化; 〘解〙分岐点; 《2 つに分岐した一方の》分枝.
big[1] /bíg/ *a* (**bíg·ger; bíg·gest**) **1 a** 大きい, でかい (opp. *little, small*); 〈風・あらしなどが〉強い, 激しい; 大文字の; 《廃》力が強い: a ~ man 大男 / a ~ storm 大あらし / BIG MONEY / ~ pay *高給 / be elected by a ~ majority 圧倒的多数で選ばれる. **b** 成長した, 年長の; *《学生俗》[呼びかけの際に人名に冠して敬意・親愛を表わす]: one's ~ brother [sister] 《口》兄さん[姉さん] / You are a ~ boy [girl] now. もう子供じゃないんだから(自分で責任を取りなさい, 一人でできるでしょう, など) / *B*~ Ted! やあテッド. **c** ふくれた, いっぱいの 〈*with*〉; 妊娠して 〈*with* child〉《今は pregnant を用いる》. **d** 満ちて(いる) 〈*with*〉: a heart ~ *with* grief 悲しみに満ちた心 / a war ~ *with* the fate of the nation 国の存亡を決する戦争. **2 a** 偉い, 重要な, 傑出した; *《口》有名な, 人気がある, 好かれて 〈*with*〉: He is very ~ in Japan. 彼は日本ではとても有名である / The *bigger* they are [come], the harder they fall. 《諺》大きくなれば転落もまた激しい, 偉くなれば失墜もひどい. **b** 《口》[[S]*iron*] 気前のいい (generous), 度量のある, 親切な: Thanks, that's very ~ *of* you. **c** [強意語として] 精力的な, すごい: a ~ eater 大食漢 / a ~ spender 浪費家, 金づかいの荒い人 / a ~ fan [admirer] of...の大ファン / a ~ coward 大変な臆病者 / a ~ smile にっこりとした笑顔. **d** たいそうな, 大仰な, 途方もない, 誇大な, 自慢する: ~ words 体裁ぶった[かっこいい]ことば, 大言壮語 / BIG IDEA / BIG TALK / make a ~ thing (out) of...を大げさにする. **3** 〈ワインが〉卓越した (F *grand*)《こくがあり香りが高くアルコール分が多い》. ● **(as) ~ as** LIFE. **~ and bold** 大きくて目立つ. **~ as you please** 《口》紛れもなくその人[もの]が, 当のその人[もの]で (large as life). **~ on...** 《口》...に熱心[夢中]で, ...が大好きで; 《口》...(するの)で有名で. **get [grow] too ~ for** one**'s boots [breeches, pants]** 《口》いばる, うぬぼれる, (生意気に)でしゃばる. **in a ~ way** 大規模に, 大々的に, 派手に; 《口》大いに張り切って; 《口》とても, えらく (very much).
► *adv* **1** 大きく, 大いに, でっかく, 大規模に; 偉そうに, 自慢げに: look ~ 偉そうな顔をする / talk ~ 《口》ほらを吹く, 自慢する, 大言壮語する, ぶち上げる 〈*about*〉 / think ~ 大きなことを考える, 野望をいだく / win ~ 大勝ちする. **2** *《口》うまく, 首尾よく; ひどく, 激しく; *《方》非常に, えらく: ~ rich 大金持で. ● **come [go] over ~=come [go] down ~** 《口》うまくいく, 大当たりをとる, 大もうけする, 非常にうける 〈*with*〉. **make (it) ~** *《口》大いに成功する (cf. MAKE *it*). **take it ~** *《俗》《驚き・苦痛など》感情をことさらオーバーに表わす.
► *v* [次の成句で]: **~ it up**[U]《口》派手に金を使う, 気前よく楽しむ. **~ up**[U]《口》〈人・物事を〉ほめそやす, 宣伝する. **B~ up to [for]** sb [U]《口》...に拍手を《人を賞賛したいときに言うことば》.
► *n* 大きなもの[人]; *《俗》重要人物, 大物, 実力者; *《俗》有力組織, [[U]the ~s] MAJOR LEAGUE.
♦ **big·ness** *n* [ME<?; cf. Norw (dial) *bugge* important man]
big[2] ⇨ BIGG.
big[3]**, bigg** /bíg/ 《英方・スコ》*vt* 建てる, 建造[建築]する; 積み上げる. [ON *byggja* to inhabit, build]
big·a·mist /bígəmıst/ *n* 重婚者.
big·a·mous /bígəməs/ *a* 重婚の; 重婚の罪を犯した. ♦ **~·ly** *adv*
big·a·my /bígəmi/ *n* 二重結婚, 重婚(罪) (cf. DIGAMY); 〘教会〙結婚戒律違反. [OF<L (Gk *gamos* marriage)]
bíg ápe 《俗》危険な大男, 'ゴリラ'. ★ 主として女性の用法.
Bíg Ápple 1 [the] ビッグアップル《New York 市の愛称》; *《俗》大都会, 繁華街; [the b- a-] 最重要の部分, 主要関心事. **2** [the, [o]the b- a-] ビッグアップル《1930 年代末に流行したジルバ》.
bi·ga·rade /bì:gɑrά:d, bígərèıd/ *n* 〘園〙ダイダイ (sour orange) (=~ **òrange**); 〘フランス料理〙ビガラードソース《ダイダイの汁とすりおろした皮を含むブラウンソース; アヒル料理に用いる》. ► *a* 〈ソースがダイダイで味付けした. [F<Prov (*bigarra* to variegate)]
big·ar·reau /bígəròu/, **big·a·roon** /bìgərú:n/ *n* 〘園〙ビガロー種のサクランボ. [F]
bíg·àss*《俗》*a* ばかでかい, とてつもない; でけえつらした, もったいぶった, 偉そうな.
bíg babóon*《俗》BIG APE.
bíg banána 《俗》BIG BUG.
bíg bánd ビッグバンド《特に 1930–50 年代の大編成のジャズバンド》.
bíg báng 1 [[U]the] 〘天〙ビッグバン《宇宙開闢(かいびゃく)時の大爆発》(cf. BIG CRUNCH). **2 a** [[o]B- B-] 〘金融〙ビッグバン《英国の金融自由化策の総仕上げとして, 1986 年 10 月 27 日に実施された London 証券市場の大幅な規制緩和》. **b** 大幅な改革, 大規模な見直し.
bíg báng thèory [the] 〘天〙ビッグバン宇宙論《一般相対性理論に基づく, 大爆発に始まる膨張宇宙論; cf. STEADY STATE THEORY》.

bíg béast 大物, 有名人; 最新鋭の強力な機器.
bíg béat [°B- B-] 《俗》 ROCK 'N' ROLL.
bíg bédbug 〔昆〕 オオサシガメ (conenose).
Bíg Bén ビッグベン《英国国会議事堂時計(塔)の大時鐘; 時計(塔)を含めていうこともある》. [Sir *Benjamin* Hall (1802–67) 大鐘の鋳造監督]
Bíg Bénd Nátional Párk ビッグベンド国立公園《Texas 州南西部 Rio Grande の大曲がり地区 (**Bíg Bénd**) にある》.
Bíg Bértha 《第一次大戦時にドイツ軍が使用した》大口径長距離砲; 高性能の大砲; 大型で遠距離に強いもの《カメラ・写真レンズなど》; *《俗》 太った女. [*Bertha* Krupp (1886–1957) ドイツ Essen の Krupp 鉄工場社長]
Bíg Bírd **1** ビッグバード《テレビ番組 'Sesame Street' に登場する黄色い大きな鳥》. **2** 〔軍〕 ビッグバード《米国の広域偵察衛星》.
bíg blóke *《俗》 コカイン (bloke).
Bíg Blúe [ˢb- b-] ビッグブルー《IBM 社のあだ名, また その株; ロゴをはじめ製品もブルーを基調としていることから》.
bíg blúestem 〔植〕 ヒメアブラススキ (bluestem).
Bíg Bòard [the, °the b- b-] *《口》 NEW YORK STOCK EXCHANGE (の取引株価表示板), ビッグボード.
bíg bóx *巨大小売店 (=~ **stòre**)《大きな箱のような建物のまわりに広い駐車場をもつ》.
bíg bóy **1** [ᵘthe ~s] 《口》 大物, 権力を握っているやつ; *《俗》《お札・ハンバーガーなどの》大きいもの; *《俗》 せがれ, ペニス. **2** [呼びかけて] *《俗》 なあ, あんた, きみ.
bíg bróther **1 a** 兄, 兄貴. **b** 非行少年や友だちのない少年の指導員. **2** [B- B-] **a** ビッグブラザー《George Orwell の *Nineteen Eighty-Four* に出てくる超大国家 Oceania の統治者; 'Big Brother is watching you' と書かれたポスターは国中に貼られてはいるが, だれもその姿を見たことがない》. **b** 全体主義国家[統制国家]の指導者[国家権力]; 個人の動きを監視指導する全能の政府[組織]. **3** 《CB 無線俗》 警察官, パトカー; *《空俗》《地上管制官用の》追跡レーダー; *《俗》 親, 先生《取り締まる人》. ◆ **Bíg Bróther·ìsm** 《人・国家の》独裁統制主義.
bíg brówn bát 〔動〕 オオクビワコウモリ《北米に広く分布するクビワコウモリ属の褐色の大きなコウモリ; 建物やほら穴などにすむ》.
bíg brówn èyes *pl* *《俗》 オッパイ, 乳首.
bíg búcks *pl* 《口》 大金(たいきん), BIG MONEY.
bíg búd 〔植〕 芽肥大症《フシダニの寄生による芽の異常肥大》.
bíg búg 《俗》 重要人物, ボス, 大物.
bíg búsiness 大企業, 財閥; 大事業, 大きな仕事[産業], ビッグビジネス.
bíg búzz *《俗》 一番のうわさ, もちきりになっているうわさ.
big C /–́ – sí:/ [ᵘthe, °the B- C] 《口》 癌 (cancer); *《俗》 コカイン (cocaine).
bíg cát 大型のネコ科動物《ライオン・トラなど》.
bíg chéese 《俗》 BIG BUG; *《俗》 まぬけな男.
bíg chíef 《俗》 BIG BUG.
bíg crúnch 〔天〕 ビッグクランチ《膨脹宇宙が収縮に転じたのち宇宙内のすべての物質と放射が単一の超高密度・超高温状態に収束すること; cf. BIG BANG》.
big D /–́ – dí:/ *《俗》 **1** LSD; DILAUDID. **2** [°B- D] ビッグ D《**1**) DALLAS 市の異名 **2**) DETROIT 市の異名》.
bíg dáddy [°B- D-] **1** [the] 《口》 一番の大物, いちばん重要なもの. **2** 《口》 父親[家長]的な存在, おやじ, 親分; 《口》《会社・組織・運動などの》創設者, 創始者, 指導者. **3** 《口》 連邦政府 (federal government). **4** [男性に対する呼びかけ] *《俗》 だんな, 社長.
Bíg Dánce [the] *《俗》 NCAA バスケットボールトーナメント.
bíg dáy 大事な日, 大きな催しのある日; 結婚式の日.
bíg déal *n* 《口》 [°*iron*] たいしたもの, 大人物, 大物, 一大事: What is the ~? こりゃいったい何の騒ぎだ? / It's no ~. どうってことはない. ● **make a ~ out of [about]**… を大げさに考える[騒ぎたてる]. ► *int* 《口》 [*iron*] そりゃすごい, たいしたもんだ, それがどうした.
Bíg Díomede 大ダイオミード (⇨ DIOMEDE ISLANDS).
bíg dípper ᴵᴵROLLER COASTER; [the B- D-] *〔天〕 北斗七星 (⇨ DIPPER).
Bíg Dítch [the] *《俗》 大西洋, パナマ運河, エリー運河, 《まれ》 ミシシッピ川.
bíg dó *《俗》 重要人物, 大物, 人気者 (big doolie).
bíg·dòme *n* *《俗》 重要人物, 大物《特に 管理職・経営者》.
bíg dóolie 重要人物, 大物, 《特に運動競技の》勝者, チャンピオン.
bíg dréss ビッグドレス《BIG LOOK のワンピース》.
Bíg Drínk [the] *《俗》 大西洋, 太平洋, ミシシッピ川.
bíg drínk of wáter [a ~] *《俗》 背高のっぽ, ひょろ長い人; *《俗》 退屈な人[もの].
Big E /–́ – í:/ [the] 拒絶, 拒否, 無視; [the] *《俗》 エンタープライズ号 (Enterprise)《海軍の空母》: give sb *the* ~ 人に肘鉄をくらわす, 袖にする. [*e*lbow]
bíg-èared fóx 〔動〕 オオミミギツネ (long-eared fox).
Bíg-Èars 大耳爺さん, ビッグイヤーズ《Enid Blyton の Noddy シリーズに登場する Noddy の保護者》.

Bíg Éasy ビッグイージー《New Orleans 市のあだ名》.
bigéminal púlse 〔医〕 二段脈《脈拍が対になった脈》.
bi·gem·i·ny /baɪʤéməni/ *n* 〔医〕 二段脈, 二連脈《二段脈 (bigeminal pulse) の状態》. ◆ **bi·gém·i·nal** *a*
bi·gem·o·ny /baɪʤéməni/ *n* 2 国による覇権, 共同覇権, バイゲモニー. [*bi-*, hegemony]
bíg enchiláda [the] *《俗》《組織内の》実力者, 重要人物, 大物, ボス; 最高のもの, 最重要のこと.
bíg ènd ᴵᴵ〔機〕《連接棒の》ビッグエンド, 大端《クランク軸側; opp. *small end*》.
Bíg-énd·ian *n* **1** ビッグエンディアン《Swift, *Gulliver's Travels* 中 Lilliput の異端派で, 卵は太いほうの端から割るべきとする; カトリック教徒を象徴する; opp. *Little-endian*》. **2** 《教義・原則などの》瑣末な問題で争う者.
bi·gen·er /báɪʤənər/ *n* 〔生〕 二属間雑種.
bì·genéric *a* 〔植〕 二属の[を含む].
bíg·èye *n* 〔魚〕 **a** キントキダイ《熱帯産》. **b** メバチ(マグロ) (=~ **túna**)《食用魚》.
bíg éyes *《黒人俗》 欲望 (desire): have ~ *for*…をすごく欲しがる.
bíg fát *a* *《俗》 あからさまな, でかでか[ありあり]とした, 全くの《強意語》: with a ~ smile on one's face ありありと笑みを浮かべて / get a ~ mouth ぶしつけな口をきくことをおぼえる.
bíg físh [fróg] *《俗》 大物, 親玉, ボス (big shot). ● **~ in a little [small] pond** *《俗》 小さな世界で偉ぶる人, 井の中の蛙(かわず), お山の大将.
Bíg Fíve [the] 五大国《**1**) 第一次大戦後の米・英・日・仏・伊 **2**) 第二次大戦後の米・英・仏・ソ連[ロシア]・中国; 国連安全保障理事会の常任理事国でもある》.
bíg·fòot *n* **1** [°B-] ビッグフット《SASQUATCH の異名》. **2** *《俗》 大物論説委員[コラムニスト]; *《俗》 有力者, 大物.
Bíg Fóur [the] **1** 四大国《米・英・中国およびかつてのソ連》. **2** 四巨頭《第一次大戦後の Versailles 講和会議を指導した 4 人; 米国大統領 Wilson, 英国首相 Lloyd George, フランス首相 Clemenceau, イタリア首相 Orlando》.
bíg fróg ⇨ BIG FISH.
bigg[1], **big** /bíg/ *n* ᴵᴵ《方》 ビッグ《大麦の一種》.
bigg[2] ⇨ BIG[3].
bíg gáme 大物《象・ライオンなど大きな猟獣; 魚ではカジキなど》; 《獲得に危険をはらむ》大目標, 大きな獲物.
bíg Geórge *《俗》 25 セント.
Bígger Thómas ビガー・トマス《Richard Wright, *Native Son* (1940) の主人公の黒人青年; Chicago のスラムに成人し, 劣悪な環境と人種差別ゆえに悪の道にはいり, 憤怒と恐怖から白人の主人の娘と黒人の恋人を殺して死刑になる》.
big·ge·ty, -gi-, big·o(t)·ty /bígəti/ *a* *《口》 うぬぼれた, 思い上がった, 偉ぶった, 無礼な.
big·gie, big·gy /bígi/ *n* **1** 《口》 大きなもの[こと], 大事なもの[こと], 大ヒット(作); 《口》 重要人物, 大物 (bigwig, big shot): (It's) no ~. *《俗》 心配すんなよ, だいじょうぶさ. **2** [ᵘthe] *《俗》 性交: do *the* ~.
big·gin[1] /bígən/ 《英方・古》 *n* 《特に 子供用の》帽子 (cap); ナイトキャップ (night cap). [OF]
biggin[2], **-ging** /bígən/ 《スコ・古》 *n* 建物; 家. [ME *bigging(e)* ‹ *biggen* to build, dwell]
bíg·gish *a* やや[比較的]大きい.
biggity ⇨ BIGGETY.
Big·gles /bíg(ə)lz/ ビグルズ《W. E. Johns 作の少年向け人気読物の主人公; 第一次大戦中の戦闘機のパイロット, 巧みな操縦技術と冷静・大胆・不屈の精神でさまざまな冒険をし, 探偵として活躍》.
big·gon /bígən/ *n* BIGGIN[1].
bíg gòvernment 大きな政府《通例 中央集権化された政府の権能, 巨額の財政支出とそれを賄うための高い税金を攻撃するのに使われることば》.
Biggs /bígz/ ビッグズ (**1**) **E(dward George) Power** ~ (1906–77)《英国生まれの米国のオルガン奏者》 (**2**) **'Ronnie'** ~ [**Ronald** ~] (1929–)《英国の有名な列車強盗; GREAT TRAIN ROBBERY (1963) の犯人の一人; 逮捕されて 30 年の懲役刑をうけたが 1965 年に刑務所を脱走, ブラジルで逃亡生活を送ったのち 2001 年帰国》.
big·gums /bígəmz/ *a* *《俗》 肥満の, でぶの.
bíg gún 《俗》 有力者, 大物, お偉方; 《俗》 重要な要素; [*pl*] 《俗》 説得力のある議論, 決定的証拠, 切り札; 《俗》 長くて重いサーフボード: bring out [up] the [one's] ~s=pull out the ~s《論戦・ゲームなどで》切り札を(持ち)出す / wheel out the ~*s* 大物を引っ張り出す[かつぎ出す].
bíg gúy [追従的または親しみの呼びかけに用いて] *《俗》 (なあ)あんた, 兄さん, きみ.
biggy ⇨ BIGGIE.
big H /–́ – éɪʧ/, **Bíg Hárry** 《俗》 HEROIN.
bi·gha /bí:gə/ *n* 《インド》 ビーガー《土地面積の単位; 地方により 1/3–1 acre 程度》. [Hindi]
bíg háir ビッグヘア《長い髪を立ててふくらませたヘアスタイル》.

bíg·hèad *n* **1**〔獣医〕ビッグヘッド《羊などの頭がはれあがる各種の病気》. **2** 頭部の大きな魚. **3** [°big head]《口》うぬぼれ, 思い上がり, 慢心;《口》うぬぼれ屋: have (got) a ～ うぬぼれている / give sb a ～ 人を思い上がらせる. **4** *《俗》二日酔い (hangover): have a [the] ～. ♦ **bíg·héad·ed** *a*《口》うぬぼれた, 思い上がった (conceited);《俗》二日酔いの.

bíg·héart·ed *a* 心の大きい, 寛大な, 気前のよい. ♦ **～·ly** *adv* **～·ness** *n*

bíg héat *《俗》大物, 大立者.

bíg hítter 大打者, 強打者; 大物, 有力者; 成功企業, ヒット商品.

bíg hóle *《鉄道俗》緊急時にかけるブレーキ, 非常ブレーキ;《トラック運転手俗》ローギア.

bíg·hòrn *n* (*pl* **～, ～s**)〔動〕オオツノヒツジ (＝*Rocky Mountain sheep*) (＝**～ shèep**)《Rocky 山脈にすむ》.

Bighorn [the] ビッグホーン川《Wyoming 州北部および Montana 州南西部を北流して Yellowstone 川に合流する》.

Bíghorn Móuntains *pl* [the] ビッグホーン山系 (＝the **Bíghorns**)《Rocky 山脈中, Wyoming 州北部から Montana 州南部にわたる》.

bíg hòuse [°B- H-] **1** ″村一番の豪家, *《かつての中南部の》大邸宅, お屋敷; *《中南部》《家の》応接間, 居間. **2** [the]《俗》'御殿', 刑務所.

bight /báɪt/ *n* **1** 海岸[川, 山脈]の湾曲部;《湾曲した海岸線に囲まれた奥行の浅い》湾, 開湾; [the B-] GREAT AUSTRALIAN BIGHT;《廃》《身体部分の》隅, 湾曲部. **2** ロープの輪; ロープのたるみ. ► *vt* 〈ロープを〉輪にする; ロープ(の輪)で締める. [OE *byht*; cf. BOW[1]]

bíg idéa《将来に向けての》大きな考え[もくろみ]; [the] たいそうな考え《愚にもつかぬ考え》: have ～*s* 大きな考えをもっている / What's *the* ～? ⇨ IDEA (成句).

bíg íron *《電算俗》大型コンピューター.

Bíg Íssue [the] ビッグイシュー《ホームレスの人が街頭で販売し, その売上げの一部を自分たちの収益としている雑誌》.

bíg Jóhn *《俗》おまわり, ポリ公 (policeman), サツ.

bíg jòint [the] *《俗》《州・連邦の》(重罪犯)刑務所 (big house).

bíg júice *《俗》大悪党, 大物ギャング.

bíg lábor * 大手労働組合, ビッグレイバー《集合的》.

bíg láurel〔植〕北米東部原産の広葉の大シャクナゲ (＝*great laurel* [*rhododendron*]).

bíg-léague *a* *《口》《職業分野で》トップレベルの, 大手の, プロの; *《口》本格的な, 重大な.

bíg léague〔野〕大リーグ (MAJOR LEAGUE); [°the ～(s)] *《口》トップレベル(の活動の場), プロ[一流]の世界. ● **play in the ～s** *《俗》大掛かり[重要]なことにかかわる, 大舞台に立つ[出る]. ♦ **bíg léa-guer** *n*

bíg líe [the, [s]the B- L-] 大うそ,《特に 政治宣伝的な意図の》事実の歪曲, 不実表示[説明].

Bíg Lóok [°b- l-] ビッグルック《タックやギャザーの量を多くして大きいイメージを表現したファッション》.

bíg·ly *adv* 大規模に;《古》偉そうに, 傲慢に.

Bíg Mác **1** *《口》ビッグマック (⇨ MAC). **2**〔商標〕ビッグマック《米国 McDonald's 製の大型ハンバーガー》.

Bíg Mác attàck *《俗》ビッグマックアタック《発作的に Big Mac が食べたくなること》.

bíg mán *《口》大物, 有力者, ボス: ～ on campus キャンパスの大物[人気者]《花形スポーツ選手や学生会の役員などの男子学生; 略 BMOC》.

bíg móment *《俗》恋人.

bíg móney 大金, 巨額の金; 大きな利益; 高給.

bíg·mòuth *n* 大口の魚;《口》ベラベラ[手前勝手に]しゃべる人, 秘密をしゃべる人. ► *vt*《俗》〈秘密を〉ベラベラしゃべってまわる.

bíg móuth《口》大口をたたくこと, 大言壮語, おしゃべり, 口出し (cf. BIGMOUTH): have a ～ おしゃべりだ, 口が軽い, 生意気をぬかす / open one's ～ 大きな口をきく, ベラベラしゃべる / Me and my ～! あんなこと言うんじゃなかった, 一言多かった, 口は災いのもとだ.

bíg·móuthed /-ðd, -θt, ― ―/ *a* 口が大きい, 大口の;《口》ベラベラ[手前勝手に]しゃべる, おしゃべりの, 自慢する, 大口をたたく.

bíg-nàme *a*《口》有名な (famous), 著名な; 有名な人物[団体, 製品]に関係のある: a ～ ambassador 大物大使.

bíg náme《口》広く知られた人[もの], 名士, 有名人, 人気スター, 大物;《口》えらく名が知れていること, 高名, 大評判.

bíg níckel *《俗》《賭け金の》5000 ドル.

bíg nóise **1**《口》名士, 顔役, 大物, 親分. **2** *《俗》重大ニュース, 最新のスキャンダル.

big·no·nia /bɪgnóuniə/ *n*〔植〕ツリガネカズラ属 (*B-*) の各種つる性低木《ノウゼンカズラ科》.

big·no·ni·a·ceous /bɪgnòuniéɪʃəs/ *a*〔植〕ノウゼンカズラ科 (Bignoniaceae) の.

bíg-nóte *vt*《豪口》自慢する, 〈自分を〉売り込む.

bíg O /― óu/《俗》アヘン (opium); [the]《俗》オルガスム (orgasm).

bíg òne でかいもの[やつ] (whopper); *《俗》《賭け金などの》1000 ドル(札); *《俗》うんち, 大きいやつ; [the] *《俗》最も重要[決定的]なもの. ● **bite the ～** *《俗》死ぬ; *《俗》〈もの・ことが〉ひどい, 最低だ, むかつく《bite の強調》. **buy the ～** *《俗》死ぬ, くたばる.

big·ot /bígət/ *n*《人種的・宗教的・政治的などの》偏見に固まった人, 偏狭頑迷な人;《廃》《宗教上の》偽善者. [F＝Norman＜?]

bígot·ed *a* 偏見に固まった, 頑迷な, かたくなな. ♦ **～·ly** *adv*

bígot·ry *n*《不寛容な》偏見, 頑迷, 偏狭; bigot のふるまい[行為], 偏見の事例.

bigo(t)ty ⇨ BIGGETY.

bíg pícture [the]《ある問題・状況についての》全体的な見通し, 全体図, 鳥瞰, 大局;《口》《複数上映される映画のうちの》主要映画: a ～ person《物事の》全体を見る人.

bíg pónd [the, °the B- P-] *《口》大西洋.

bíg pòt《口》重要人物, 大立者, 大物.

bíg potátoes [〈*sg*/*pl*〉] *《俗》重要なもの[こと, 人], 大事, 大物.

Bíg Prétzel [the] ビッグプレッツェル《Philadelphia 市の俗称》. ♦ **Bíg Prétzel·ite** *《俗》フィラデルフィア市民.

bíg rág [the] *《俗》サーカスの大テント.

bi·gram /báɪgræ̀m/ *n*〔暗号〕DIGRAPH.

bíg ríp〔天〕ビッグリップ《宇宙の加速膨張の度合いが大きいと光速で相互作用できる領域がいつかは素粒子スケールより小さくなり, 粒子間の相互作用ができなくなって物質がばらばらの素粒子に分解されること》.

bíg schóol [the] *《俗》刑務所.

bíg scíence 巨大科学, ビッグサイエンス《巨大な投資を要する科学; 宇宙開発・海洋開発など》.

bíg scóre [the] *《俗》めざましい成功, はなばなしい業績.

bíg scréen [the]《口》映画 (cf. SMALL SCREEN).

bíg shòt《口》*n* 重要人物, 有力者, お偉方, 大物. ► *a* 大物の, 偉い, たいそうな.

bíg smóke [the, °the B- S-]《豪口》大都会, MELBOURNE, SYDNEY, *《口》PITTSBURGH, ″《口》LONDON.

bíg sóft Néllie ″《俗》まぬけ, ばか者.

bíg stíck **1**《政治的または軍事的な》圧力 (cf. *the* CARROT *and the stick*); 勢力の誇示, 脅威. **2**《俗》長いはしご,《特に 消防用の》AERIAL LADDER. ● **wield** [**carry**] **a ～** (**over**...) (...に)きびしく力[強権]をふるう.

Bíg Stíck Pòlicy〔米史〕棍棒政策《Theodore Roosevelt 大統領の中央アメリカ・カリブ海地域に対する高圧的な外交政策; 古い諺 'Speak softly and carry a big stick, you will go far.' に基づく》.

bíg stíff《俗》手に負えないやつ, どうしようもないやつ;《俗》大男, 粗野な[荒っぽい]男, でくのぼう.

bíg stínk《俗》大スキャンダル, 大騒ぎ, 大反対.

Bíg Súr /― sə́ːr/ ビッグサー《California 州西部 Monterey の南から太平洋岸沿いに伸びるリゾート地》.

bíg-tàlk *vt* *《俗》〈人を〉こき使う, あれこれ指図する.

bíg tálk《口》だぼら, 自慢話, ごたいそうな話, 大ぶろしき.

Bíg Tén [the] ビッグテン《米国中西部の大学競技連盟; 創設時は Ohio State, Indiana, Illinois, Purdue, Iowa, Minnesota, Wisconsin, Michigan State, Northwestern, Michigan の 10 大学; のちに Pennsylvania State が加盟したが名称は変わらず; cf. ROSE BOWL》.

bíg tént《サーカス・大集会用の》大型テント; 大同団結主義の組織[政党];〔野〕大リーグ: under the ～ 大リーグに所属して, 大リーグ傘下で. ♦ **bíg-tént** *a* 寛容主義の, 規制のゆるやかな, 包容力のある.

Bíg Thrée [the] **1** 三大国《米・中国 (もと英)・ソ連[ロシア]》. **2** 三巨頭《第二次大戦中の英国首相 Churchill, 米国大統領 Roosevelt, ソ連首相 Stalin》. **3**《米国の》三大自動車メーカー, ビッグスリー《General Motors, Ford, 旧 Chrysler に対する伝統的な呼び方》.

bíg-tícket *a* *《口》値段の高い, 高価な, 高額の.

bíg tícket *《口》高額商品の売上げ達成 (＝*high ticket*).

bíg-tìme《俗》*a* 大..., 一流の (cf. SMALL-TIME); 大当たりの; *重罪の.

bíg tìme《口》*n* **1 a** [the]《分野・業界の》トップレベル[クラス], 一流, 第一線;〔野〕MAJOR LEAGUES: make [reach, crack] *the* ～ 一流になる, 成功する / hit *the* ～ 当たりをとる (succeed) / be in *the* ～《特に スポーツ・芸能界で》トップクラスにいる. **b** *一日 2 回興行だけでもうかる寄席. **2** *愉快な時: have a ～. ► *adv*《口》とても, 大いに, すごく.

bíg-tìme óperator *《俗》大物, やり手; *《俗》《勉学以外の方面で》目立ったやつ; *《俗》色事師.

bíg-tìmer *n* [the] 一流役者[人物]; 重要人物, 大実業家; 大リーグ選手; *《俗》プロのギャンブラー.

bíg-tìme spénder *《俗》HIGH ROLLER.

bíg tóe《足の》親指 (great toe).

bíg tòp [the]《口》《サーカスの》大テント; [the]《口》サーカス(の舞台).

bíg trée〔植〕セコイアオスギ, セコイアデンドロン (＝*giant sequoia*)《California 州産の樹齢 4000–5000 年, 300 フィートに及ぶスギ科の巨木; cf. SEQUOIA》.

bíg tróuble [the] *《俗》1930 年代の大不況.

bíg túna *《俗》大物, BIG FISH.

bi·gua·nide /baɪgwáːnàɪd, -nəd/ *n*〔化〕ビグアニド《2 個のグアニジ

ン分子の縮合でできる塩基; 糖尿病治療にも用いる》.

bíg whéel 1 ᴵᴵ観覧車 (Ferris wheel). 2《口》有力者, お偉方, 顔役 (big shot); *《俗》《学内の》人気者.

bíg Whíte Chíef《俗》BIG BUG.

bíg wíenie *《俗》TOP DOG.

bíg·wìg *n*《口》[*joc*/*derog*] 大立者, お偉方, 重要人物.

big Z's /ˊ— zí:z/《口》眠り, 睡眠 (sleep).

Bi·har /bɪhá:r/ ビハール《(1) インド北東部の州; ☆Patna (2) [or ~ **Sha·ríf** /-ʃɑ:rí:f/] 同州中部 Patna の南東にある市》.

Bi·ha·ri /bɪhá:ri/ *n* 1 (*pl* ~, ~**s**) ビハール人; 《1947 年のインド分割後国外に移住した》ビハール生まれのイスラム教徒(の子孫). 2 ビハール語《印欧語族 Indic 語派の一つ》.

bi·hóur·ly *a* 2 時間ごとの[に起こる].

Biisk ⇨ BIYSK.

Bijanagar ⇨ VIJAYANAGAR.

Bi·ja·pur /bɪʤá:pʊər/ ビジャープル《インド西部 Karnataka 州の町; 17 世紀末まであったイスラム王国の首都》.

bi·jec·tion /baɪʤékʃ(ə)n/ *n*〘数〙《写像の》全単射. ♦ **bi·jéc·tive** *a*

bi·jou /bí:ʒù:, —ˊ/ *n* (*pl* ~**s**, **bi·joux** /-(z)/) 宝玉, 珠玉; ちょっとした装飾物; 小型で優美なもの. ► *a* 小さくて優美な, 瀟洒(しょうしゃ)な〈ホテル・家など〉. [F]

bi·jou·te·rie /bɪʒú:təri/ *n* 宝石類, 珠玉; 美術品; BON MOT. [F (↑)]

bi·ju·gate /báɪʤəgèɪt, baɪʤú:-, -ʤú:gət/, **-ju·gous** /-gəs/ *a*〘植〙〈羽状複葉が〉2 対の小葉を有する.

Bi·ka·ner /bìkənέər, bì:-, -níər/ ビカネール《インド北西部 Rajasthan 州北部, Thar 砂漠の端にある市》.

bik·a·thon /báɪkəθɑ̀n/ *n* バイカソン《WALKATHON の自転車版》. [*bike*+*marathon*]

bike[1] /báɪk/ *n* 1《口》自転車; 《口》バイク (motorcycle, motorbike); 《口》エクササイズバイク (exercise bike). 2 *《俗》白バイ警官; 《俗》だれとでも寝る女, させこちゃん (town bike). ● **get off one's** ~《豪口》おこる, かっとなる. **(get) on your** ~ [*impv*] ᴵᴵ《口》(1) あっちへ行け, とっととうせろ. (2) さっさと行動を起こせ. ► *vi*《口》自転車[バイク]に乗る. ► *vt* バイクで届ける〈*over, around*〉. ♦ **bík·ing** *n* [*bicycle*; cf. TRIKE]

bike[2]《スコ》*n*《野生の》蜂の巣; 《人の》群集. ► *vi* 蜂のように群がる. [ME<?; cf. ON *bý* bee]

bíke cỳcling サイクリング.

bík·er *n* バイク乗り (motorcyclist), 《特に》暴走族のメンバー; 自転車に乗る人 (cyclist).

bíker chíc *《俗》《黒革服にブーツ・ヘルメットといった》バイク乗りのファッション.

bíke shèd ᴵᴵ BICYCLE SHED.

bíke·wày *n*《公園などの》自転車(専用)道路.

bik·ie /báɪki/ *n*《豪俗》《暴走族の》バイク乗り (biker).

bi·ki·ni /bəkí:ni/ 1 ビキニ《女性用のセパレートの水着の一種》. 2 [°*pl*] ビキニパンツ《(1) 股上のごく浅い男子用水泳パンツ (2) 同様の短い下着 (=~ **briefs**)》. ♦ **bi·kí·nied** *a* [↓; その衝撃的な印象から]

Bikini ビキニ《西太平洋の Marshall 諸島にある環礁; 米国の原水爆実験場 (1946–58)》. ♦ ~**·an** *n* ビキニ島人.

bikíni lìne ビキニライン《ビキニパンツの下端に沿った足の付け根の部分》.

bikíni wàx [wàxing] ビキニワックス処理《ビキニラインに沿った部分のむだ毛の脱毛処理》.

bikkie, -ky ⇨ BICKY.

Bi·ko /bí:koʊ/ ビーコー **'Steve'** ~ [**Stephen Bantu** ~] (1946–77)《南アフリカの政治活動家; 黒人意識 (Black Consciousness) 運動の指導者》.

Bi·kol /bikóʊl/ *n* **a** (*pl* ~, ~**s**) ビコール族《Luzon 島南西部(付近)のフィリピン諸島に住む》. **b** ビコール語.

Bík·ram yóga /bíkræm-/〘商標〙ビクラムヨガ, 'ホットヨガ'《室温を 40 度程度まで上げて行なうヨガ式トレーニング》. [*Bikram* Choudhury (1946–) 考案者のインド人]

bil billion.

bi·lábial *a*〘音〙両唇で発音される; 両唇(間)の. ► *n*〘音〙両唇音《/p, b, m/ など》.

bi·lábiate *a*〘植〙〈花冠が〉二唇(形)の.

bil·an·der /bíləndər, báɪ-/ *n* ベイランダー《2 本マスト帆走の小型商船; オランダなどの沿岸・内陸用》. [Du]

Bi·las·pur /bəlá:spʊ̀ər/ ビラスプル《インド中部 Chhattisgarh 州東部の市》.

bi·láteral *a* 1 (cf. UNILATERAL) **a** 両側の(ある); 〘生〙左右相称の. **b** 相互[互恵]的な, 〘法〙双務的な: a ~ contract [agreement] 双務契約[協定]. **c**〘社〙双系の, 父母両系の. 2〘英教育〙〈中等学校が主要 3 教育型式 (secondary modern school, secondary technical school, grammar school) のうち 2 つを備えた. ► *n* 二者会談[協議]; 《特に 国際貿易に関する》二者協定 (bilateral agreement). ♦ ~**·ly** *adv* ~**·ness** *n*

bi·láteral·ìsm *n*〘生〙左右相称; 双務(契約)制[主義].

biláteral sýmmetry〘生〙左右相称, 両側相称 (cf. RADIAL SYMMETRY).

bí·lày·er *n*〘写〙二重塗布[二層]フィルム《高感度乳剤と低感度乳剤を重ねた白黒フィルム》; 〘生〙二分子層, バイレヤー《各層が 1 分子の厚みを有する》.

Bil·bao /bɪlbá:òʊ, -báʊ, -béɪoʊ/ ビルバオ《スペイン北部 Biscay 湾に臨む市; Vizcaya 県の県都; 中世来, 刀剣など鉄製品製造で有名; 現在も製鉄業が盛ん》.

bil·ber·ry /bílbèri, -b(ə)ri; -b(ə)ri/ *n*〘植〙ビルベリー (=*whortleberry*)《ユーラシア産ツツジ科スノキ属の低木; 果実は青黒く熟し, 食用; 《その他の》スノキ属の植物(の実)《クロマメノキなど》. [Scand; cf. Dan *böllebær*]

bilbi ⇨ BILBY.

bil·bo[1], **-boa** /bílboʊ/ *n* (*pl* **-boes, -bos, -boas**)《スペインの》ビルボー剣《しなやかで精巧に鍛えたもの》. [*Bilbao*]

bilbo[2] *n* (*pl* ~**es**) [ᵁ*pl*] ビルボー型足かせ《鉄棒を通した足かせ; 主に船上で用いる》. [C16<?; ↑ からか]

Bílbo Bág·gins /-bǽgənz/ ビルボー・バギンズ《J. R. R. Tolkien, *The Hobbit* (1937) の主人公のホビット; 小人族の財宝探しの旅に同行, 魔法の指輪を手に入れる》.

bil·bo·quet /bìlbəkét/ *n* 剣玉(けんだま)(遊び). [F]

bil·by, bil·bi /bílbi/ *n*《豪》〘動〙ミミナガバンディクート (=*rabbit(-eared) bandicoot*)《豪州産の有袋類》.

Bil·dungs·ro·man /*G* bíldʊŋsromà:n/ *n* (*pl* **-ma·ne** /-nə/, ~**s**) 教養小説《主人公の成長を扱ったもの》.

bile[1] /báɪl/ *n*〘生理〙胆汁; 《中世医学で怒りと憂鬱に関係があるとされた》胆汁 (⇨ BLACK BILE, YELLOW BILE); かんしゃく, 不機嫌; 辛辣, 痛烈: stir [rouse] one's ~ しゃくにさわる. [F<L *bilis*]

bile[2] *n*《スコ・米方》BOIL[2].

bíle àcid〘生化〙胆汁酸《胆汁中の酸; コール酸・デオキシコール酸など》.

bi·lec·tion /baɪlékʃ(ə)n/ *n*〘建〙BOLECTION.

bíle dùct〘解〙胆管.

bíle pìgment〘生化〙胆汁色素.

bíle sàlt〘生化〙胆汁酸塩; [*pl*]〘薬〙胆汁酸塩《雄ウシの種々の胆汁酸の混合物を乾燥させたもの; 強肝薬・緩下薬とする》.

bíle·stòne *n*〘医〙胆石 (gallstone).

bí-lével *a* 貨物室[客室]が 2 段式の, 二層の; 一階が半地下になった二階建ての. ► *n* /ˊ—ˊ—/ 二層構造の車両; 一階が半地下になった二階建ての家屋.

bilge /bílʤ/ *n* 1 **a**〘海〙ビルジ《(1) 船底と船側の間の湾曲部 (bulge) (2) [°*pl*] 船倉の最下部》. **b**〘海〙ビルジ(水), あか (=*bilge water*)《船底にたまる汚水》. **c**《樽の》胴. 2《口》ばかげた話, くだらないこと, たわごと. ► *vt, vi*〘海〙《坐礁したりして》船底湾曲部を破損する[を下にしている, から浸水する]; ふくれる, ふくれさせる; *《俗》落第させる, 退学させる; 《口》トイレを借りる, トイレに行く. ● ~ **out** *《俗》FLUNK out. [? BULGE]

bílge blòck〘海〙腹盤木(ふくばんぎ)《船底湾曲部を支える乾ドックや進水台の台木》.

bílge bòard〘海〙ビルジボード《(1) 船底湾曲部に備える上下可能な安定板 (2) 船底の汚水溝のふた》.

bílge kèel [pìece]〘海〙ビルジキール《動揺軽減のため船底湾曲部に沿って突出させた縦通材》.

bílge pùmp〘海〙ビルジポンプ《ビルジ水排水用》.

bílge wàter〘海〙ビルジ水 (BILGE); ᴵᴵ《俗》まずいビール; 《口》たわごと (bilge).

bilgy /bílʤi/ *a* ビルジ水 (bilge) のような, ビルジ臭い.

bil·har·zia /bɪlhá:rziə, -tsiə/ *n*〘動〙ビルハルツ住血吸虫 (schistosome); 住血吸虫症 (schistosomiasis). ♦ **-zi·al** *a* [Theodor M. *Bilharz* (1825–62) ドイツの動物学者]

bil·har·zi·a·sis /bìlhɑ̀:rzáɪəsəs, -tsáɪ-/, **-zi·o·sis** /bɪlhɑ̀:rtsióʊ-, -zi-/ *n* (*pl* **-ses** /-əsì:z, -óʊsì:z/)〘医〙ビルハルツ住血吸虫症, ビルハルチア病 (schistosomiasis).

bil·i·ary /bílièri; bíliəri/ *a* 胆汁[胆管, 胆嚢] (bile) の; 《古》BILIOUS.

bíliary cálculus〘医〙胆石 (gallstone).

bi·línear *a* 二本の線の; 〘数〙双一次の.

bi·lin·gual /baɪlíŋgw(ə)l/ *a* 二か国語[二言語]の[を話す], 二か国語(併用[併記])の〈辞典など〉. ► *n* 二か国語を話す人, 二言語使用者; 二か国語で書いたもの. ♦ ~**·ly** *adv* **bì·lin·guál·i·ty** *n* BILINGUALISM. [L (*lingua* tongue)]

bilíngual educátion 二言語併用教育《英語による授業が普通の学校で, 英語が不自由な少数民族出身の児童生徒にその母語と英語の両方で教育を行なう制度》.

bilíngual·ìsm *n* 二か国語使用; 二か国語に通じること.

bi·lin·guist /baɪlíŋgwɪst/ *n* 二か国語に通じた人.

bil·ious /bíljəs, -liəs/ *a* 胆汁 (bile) の, 胆汁性の; 胆汁症の; 胆汁質の; 吐き気のする, むかつく; 気むずかしい, おこりっぽい; 〈特に色が〉非常に不愉快な, 気色悪い. ♦ ~**·ly** *adv* ~**·ness** *n* [F<L; ⇨ BILE]

B

bil·i·ru·bin /bìlərú:bən, ⌐⌐⌐/ *n* 〘生化〙ビリルビン《胆汁に含まれる赤黄色の色素》.

bi·líteral *a* 二字の, 二字よりなる, 2 つの異なるアルファベットで書かれた. ► *n* 二字の言語要素.

bi·líterate *a, n* 2 か国語の読み書きができる(人).

bil·i·ver·din /bìlıvə́:rd(ə)n, ⌐⌐⌐/ *n* 〘生化〙胆緑素, ビリベルジン《両生類・鳥類の胆汁中の緑色色素》.

bilk /bílk/ *vt* 妨げる, 〈望みなどを〉くじく; 〈貸主を〉だます; 〈人〉から詐取する; 〈勘定・借金を〉踏み倒す ‹*out of*›; 〈追跡者など〉から(うまく)のがれる, まく. ► *n* ペテン, いんちき; 信用のおけない人物, ペテン師.
♦ **~·er** *n* [? BALK; 17 世紀 cribbage の用語で 'spoil opponent's score' の意]

Bil·ko /bílkou/ [Sergeant] ビルコー軍曹《アメリカのテレビの軍隊コメディー番組 'The Phil Silvers Show' (1955–59) の主人公》.

bill[1] /bíl/ *n* **1** 勘定書, 請求書, つけ; 請求額, 費用, 経費: a grocer's ~ 食料品店の請求書 / household ~*s*《光熱費や水道・電話料金などの》生活費(に対する請求書) / collect a ~ 勘定を取り立てる / pay an electricity ~ 電気料金を払う / run up ~*s* 勘定をためる / Could I have the ~? お勘定をお願いします / JUMP one's ~. **2** 貼り札, 広告, ビラ, ポスター; 目録, 表, 明細書, メニュー; 《演劇・ショー・サーカスなどの》番組, プログラム; 《劇場の》出し物: a theater [concert] ~ 演劇[音楽会]のポスター / post (up) a ~ ビラを貼る / Post No *B~s.* 《掲示》貼り紙無用 / be on the ~ 出演している / offer a wonderful ~ すばらしい出し物をやる. **3 a** *紙幣, 札 (banknote, noteǁ) (cf. BILLFOLD), 《俗》100 ドル(札), 《俗》1 ドル: a ten-dollar ~ 10 ドル札 / three ~*s* 300 ドル / half (a) ~ *《俗》50 ドル. **b** 〘商〙証書, 証券; 為替手形 (bill of exchange); 約束手形; 船荷[運送]証券 (bill of lading): a ~ payable [receivable] 支払[受取]手形 / a ~ payable to bearer [order] 持参人[指図人]払い手形 / draw a ~ on sb 人に手形を振り出す, 為替を組む / take up a ~ 手形を引き取る[支払う]. **4** 〘議会〙議案, 法案; 制定法; 〘法〙起訴状案; 《特に エクイティー上の》訴状; 《税関の》申告書; 《廃》《公式の》文書, 嘆願書: introduce a ~ 議案を提出する / lay a ~ before Congress [Parliament, the Diet] 議会に議案を上程する / pass [reject] a ~ 法案を可決[否決]する《可決されると bill が act となる》. ● **fill [fit] the ~** 要求[要件]を満たす, 望みにぴったりかなう ‹*for*›; ǁ一枚看板である, 人気を一人で背負う. **find a** TRUE BILL. **foot the ~** 費用を負担する, 勘定を持つ; [*fig*] 責任を引き受ける. **ignore the ~** 〘法〙〈大陪審が〉起訴状を否認する《不起訴とする》. **top [head] the ~** 最重要として筆頭に挙がる; 主役を演じる (cf. TOP BILLING).
► *vt* **1** …に勘定書[請求書]を送る; …の請求書を作る; 勘定書[貨物送状]に記入する; …に船荷[運送]証券を発行する: *B~* me *for* it later. あとでその請求書を送ってくれ. **2** (ビラで)広告する, (ポスターで)宣伝する; …にビラを貼る; 番組に組む, プログラムに載せる; 〈…であると〉宣伝[公表]する, 謳う ‹*as*›: He was *~ed to* appear as Macbeth. 彼がマクベスに扮すると番組に出ていた.
♦ **~·able** *a* 《弁護士などの》報酬請求対象の〈時間〉. [AF<L BULLA, BULL[2]]

bill[2] *n* くちばし《特に 細長い[扁平な, 弱い]くちばし》; くちばし形のもの《カメの口先・カジキ類の吻(ふん)・カモノハシの鼻口部など》; 〘海〙錨爪端; はさみの片刃; 《細長い》岬; *《口》《人間の》鼻; *《口》《帽子の》ひさし (visor); *《黒人古俗》短いナイフ, 短刀; *《俗》SCISSORBILL. ● **dip the ~ [beak]** 《俗》飲む, やる.
► *vi* 〈つがいの鳩が〉くちばしを触れ合う; 愛撫する. ► *vt* くちばしで捕える[拾う]. ● **~ and coo** 〈男女が〉キスしたり愛撫したりして愛をささやく, いちゃつく. [OE *bile*<?; cf. ↓]

bill[3] *n* 《中世の歩兵の》長柄のほこ; なたがま (billhook); 〘海〙アンカービル (=*pea*)《錨の爪先》. ► *vt* 伐る, たたき切る. [OE *bil*; cf. G *Bille*]

bill[4] *n* 《特に BITTERN の》鳴き声. [BELL[2]]

Bill **1** ビル《男子名; William の愛称》. **2** [the, [s]the b-] ǁ《俗》警察(官) (the Old Bill). ● **call (for) ~=cry ~** 《俗》吐く (⇨ HUGHIE).

bil·la·bong /bíləbɔ̀(:)ŋ, -bɑ̀ŋ/ 《豪》 *n* 《河川から分かれて行き止まりになる》分流, 雨季だけ水のたまる川床, 水路; よどみ. [(Austral) *Billibang* Bell River (*billa* water)]

bíll·bèetle *n* BILLBUG.

bíll·bòard[1] *n* **1** 《屋外の大きな》広告掲示板 (hoardingǁ); 〘テレビ・ラジオ〙ビルボード《番組の開始[終了]時に行なうクレジット (credits) の掲示》. **2** [B-]『ビルボード』《米国の音楽週刊誌; 1894 年創刊》.
► *vt* 派手なディスプレーで〈商品〉の販売促進をする, 売り出す, 宣伝[広告]する.

billboard[2] *n* 〘海〙錨床(びょうしょう), 錨座.

bíll bròkerǁ 手形仲買人, ビルブローカー (⇨ DISCOUNT HOUSE).

bíll·bùg *n* 〘昆〙ゾウムシ《幼虫は穀類の根や草を食する》.

bíll dìscounter (為替)手形割引業者.

-billed /bíld/ *a comb form* 「…のくちばし (bill) のある」: spoon-~.

bíll·er *n* 請求書を作成する人[機械].

bil·let[1] /bílət/ *n* **1 a** 〘軍〙《民家などに対する》舎営命令書; 《古》短い手紙, 短信: Every bullet has its ~. 《諺》鉄砲玉にあたるもあたらぬもみな運命. **b** 《兵士の》宿舎, 分宿《民家・非軍事的建物など》. **c** 《船内勤務者に対する》割当てのスペース[寝台]. **2** 地位, 口, 職: a good ~ 《口》いい仕事. ► *vt* …に宿舎を割り当てる, 宿泊[宿営]させる ‹*on* a town, *in*, *at*›; …に舎営命令を出す. ► *vi* 宿泊する.
♦ **~·er** *n* **~·ee** /bìlətí:/ *n* [AF (dim)<*billa* BILL[2]]

billet[2] *n* **1** 棒きれ, 薪, たきぎ; 〘林〙短材, 玉(たま); 《金や鉄の》棒状地金; 〘冶〙ビレット, (小)鋼片; 熱間加工された非鉄金属のインゴット片; 圧延・押出し加工用の非鉄金属の鋳物; 《廃》棍棒. **2 a** 〘建〙《ノルマン建築の繰形(くりかた)の》円筒形または多角柱の飾り, ビレット; 〘紋〙ビレット《小さい縦の長方形》. **b** 《馬具の》革ひもの尾錠につながる部分; 尾錠に通した革ひもの先端を留める輪. [F (dim)<*bille* tree trunk]

bil·let-doux /bílidú:, -leı-/ *n* (*pl* **bil·lets-doux** /-(z)/) 《古風》/ [*joc*] 恋文. [F=sweet note]

bíll·fìsh *n* くちばしの長い魚《gar, marlin, sailfish, spearfish など》.

bíll·fòld* *n* 《折りたたみ式の》札(さつ)入れ, 紙入れ (wallet).

bíll·hèad *n* 《頭書付きの》勘定[請求]書(用紙).

bíll·hòok *n* なたがま.

bil·liard /bíljərd/ *a* 玉突き用の, ビリヤードの. ► *n**〘玉突〙CAROM.

bílliard bàll 玉突きの球, ビリヤードボール.

bílliard cùe 玉突きのキュー, ビリヤードキュー.

bílliard·ist *n* 職業的に玉突きをする人, 玉突き.

bílliard màrker 玉突きのゲーム取り(人).

bílliard ròom [pàrlor, salòon] 玉突き室, ビリヤードルーム.

bil·liards /bíljərdz/ *n* [‹*sg*›] 玉突き, 撞球, ビリヤード, 《特に》三つ玉 (cf. POOL[2]): have a game at ~ 玉突きを(1 回)する / play (at) ~ 玉突きをする. [F; ⇨ BILLET[2]]

bílliard tàble ビリヤード台, (ビリヤード)テーブル.

bil·li-bi, bil·ly-bi /bìlibí:/ *n* ビリビ(スープ)《(ムラサキ)イガイのストックと白ワイン・クリームを加えたスープ》. [F (*Billy B.* William B. Leeds, Jr. (d. 1972) これを好んだ米国の実業家)]

bíll·ie /bíli/ *n* [[o]*pl*] *《俗》紙幣, 札, お金. [*bill*[1]]

Bil·lie /bíli/ ビリー (**1**) 男子名; William の愛称 **2**) 女子名; Billy の女性形).

Bil·li·ken /bílıkən/ [[o]the] ビリケン《坐してほほえむ福の神の像; 1908 年米国の美術家 Florence Pretz が夢に見た神をモデルに作成し, 流行した》.

bíll·ing *n* **1** 掲示, 広告, 宣伝, 《劇などの》興行広告; 《ポスターなどに載せられる俳優の》序列, 名が売れること: advance ~ 前触れ広告, 前宣伝 / get top [star] ~ 看板役者[スター]として名が出る. **2** 請求書作成発送; 《広告代理店などの》取扱高.

Bil·lings·gate /bílıŋzgèıt; -gət/ **1** ビリングズゲート《London 橋の北岸にあった London 最大の魚市場; 1982 年に閉鎖, 移転; 使われることばが乱暴なことで知られた》. **2** [b-] 乱暴な[みだらな, 下卑た]ことば, 罵詈雑言(ばりぞうごん). [C17]

Bíllings mèthod 〘産科〙ビリングズ法, 頸管粘液リズム法《子宮頸粘液の観察により排卵日を判定する方法》. [John *Billings* & Evelyn L. *Billings* 1973 年にこの説を発表したオーストラリアの医師]

bil·lion /bíljən/ *n, a* (*pl* **~s,** (数詞のあと) ~) 10 億(の) (10^9; 英ではかつて 10^{12} を表わした; 略 bn); [a ~ *or* ~s] 《口》無数(の): ~*s* of years 何十億年. ★ ⇨ MILLION. ♦ **bíl·lionth** /-θ/ *a, n* [F (*bi-*[1], *million*)]

bil·lion·aire /bìljənέər, ⌐⌐⌐/ *n* 億万長者. [*billion*+mil*lionaire*]

Bil·li·ton /bəlí:tɑ̀n/, **Be·li·tung** /bəlí:tʊŋ/ ビリトン《Borneo 島と Sumatra 島の間にあるインドネシア領の島》.

bíll of advénture 〘商〙冒険証書《商人が他人の名義で商品を扱っていることを示す証書》.

bíll of attáinder 私権剝奪法《特に反逆者に対して, 通常の裁判手続きによらずに死刑・私権剝奪を科するかつての立法》.

bíll of cléarance 〘海〙出港届.

bíll of cósts 〘法〙*《訴訟費用を項目別に記載した》訴訟費用書; ǁ事務弁護士費用明細書.

bíll of crédit **1** 〘米史〙信用証券, 紙幣《合衆国憲法第 1 条 10 節で州政府が発行することを禁じられた通貨》. **2** 信用状《債権者が銀行取引先など債務者宛にある金額を持参人に交付することを委託する書状; ただし現在では信用状は letter of credit という》.

bíll of débt 〘商〙債務証書《約束手形および金銭支払いのための債務証書の古い名称; 現在では約束手形は promissory note という》.

bíll of éntry 《輸出入貨物の》通関申告書, 《船の》入港届.

bíll of exchánge 〘商〙為替手形《略 BE, B/E, b.e.》.

bíll of fáre 献立表 (menu); [*fig*] 予定表, プログラム.

bíll of góods *引渡し[積出し]商品(リスト); 《口》いんちき, うそ(の約束), 無価値なもの. ● **sell** sb **a ~** 人をだます, 人をだまして信じさせる.

bíll of héalth 《船員・船客・貨物の》健康証明書《略 B/H; 出航地の流行病感染に関する証明書で clean (健全), foul (罹患), suspected (疑いあり) の 3 種がある》; 《好ましい》検査報告, 調査結果: get a clean ~ 完全健康証明を得る / give sth a clean ~ …に(健全であるとの)太鼓判をおす.

bíll of indíctment〔英史・米〕起訴状案《大陪審に提出する検察官の手になる起訴状の原案》.

bíll of láding〔商〕船荷証券, 運送証券《物品運送人が作成し荷送人に交付する, 荷積みした運送物品を列挙しその運送条件を明記した証書; 《英》では船荷, 《米》では船荷に限らず陸運・空輸についても用いられる; 略 BL, B/L》: CLEAN [FOUL] BILL OF LADING.

bíll of mortálity〔英史〕《London およびその周辺の》週間死亡報告.

bíll of partículars《訴訟上の》請求明細書《訴答の補充となる》.

bíll of quántities〔建〕数量明細書《建築に必要なあらゆる作業・材料を記したもの》.

bíll of ríghts 人権宣言, 基本的人権に関する宣言; [the B- of R-] 権利章典《**1**)〔英〕名誉革命後の 1689 年制定の法律; 議会が国家の最高権力であることを定めた **2**)〔米〕憲法修正第 1-10 条; 1791 年に確定; 信教・言論出版・集会の自由など国民の基本的人権を掲げた》.

bíll of sále〔法〕売渡証, 抵当権売渡証《略 b.s., BS》.

bil·lon /bílən/ *n* ビロン《**1**) 金・銀に多量の卑金属を加えた合金 **2**) 卑金属の比率が 50% を超える銀の合金 **3**) そのような合金でできた硬貨》.

bil·low /bílou/ *n* 大波, 波浪; 《詩》波 (wave), [the ~(s)] 《詩》海; うねる[渦巻く, 押し寄せる]もの: ~*s* of smoke 渦巻く煙. ► *vi* 大波がうねる; 大きくうねる, 〈煙などが〉もくもくと立ち昇る, わき出る 〈*out*〉; 大きくふくらむ 〈*out*〉. ► *vt* 逆巻かせる, 渦巻かせる; 〈風がテント・スカートなどを〉ふくらませる. ♦ **bíl·lowy** *a* 大波の打つ, 大きくうねる, 渦巻く, ふくらんだ. **bíl·low·i·ness** *n* [ON *bylgja*<Gmc =to swell]

bíll·pòst·er *n* ビラ貼り(人); ビラ. ♦ **-pòst·ing** *n*

Bíll Síkes /-sáɪks/ ビル・サイクス《Dickens, *Oliver Twist* に出る盗賊の首領株》; 盗賊 (burglar).

bíll·stìck·er *n* ビラ貼り (billposter).

bil·ly[1] /bíli/ *n* 《豪・英》《野外で用いる》ブリキ[琺瑯]の容器 (=*billycan*)《湯沸かし・料理用, また飲食物を運ぶのにも用いる》. ● **boil the ~** 《豪口》お茶を沸かす, お茶のために休む, お茶にする. [?(Austral) *billa* water]

billy[2] *n* 棍棒, *《警官の》警棒 (billy club); BILLY GOAT.

billy[3] *n**《俗》BILLIE.

Billy ビリー《男子名; William の愛称》.

Bílly Bàll*《俗》ビリー野球《Billy Martin 監督の野球; アグレッシブで抜け目なくファンを喜ばせる野球》.

bílly·bòy *n*‖《ロ》平底単檣(たんしょう)船《河川・沿岸用》.

Bílly Búdd /-bʌ́d/ ビリー・バッド《Melville の小説 *Billy Budd, Sailor* (死後出版, 1924) の主人公; どもりで美少年の無邪気な船乗りだが, 冤罪(えんざい)がもとで上官をなぐり殺し, 処刑される; Benjamin Britten の歌劇 (1951) がある》.

Bílly Bún·ter /-bʌ́ntər/ ビリー・バンター《英国の作家 Frank Richards (1876–1961) の学園もの少年小説および漫画 Billy Bunter シリーズの主人公; パブリックスクール Greyfriars の生徒; 食べてばかりいる肥満児で, 事あるごとに騒ぎを起こす》.

bílly·càn *n* BILLY[1].

bílly·càrt *n* 《豪》《かつて billy goat が引いたような》小型手押し車; 《子供用の, 通例 エンジンのない》箱型カート, ゴーカート.

bílly clùb* 棍棒, 《特に》警棒.

bílly·còck‖ *n* 《まれ》山高帽 (derby).

bílly gòat 雄ヤギ (opp. *nanny goat*). [*Billy*]

bílly-o(h) /-òu/ *n* [次の成句で]: **like ~**‖《ロ》猛烈に〈降る・闘う〉. [C19<?]

Bílly the Kíd ビリー・ザ・キッド (1859–81)《米国西部の無法者; 本名 Henry McCarty, のち William H. Bonney と称した; 強盗で, ピストルの名手》.

bi·lóbate, -lóbated, -lóbed *a* 〔植〕二裂の, 二裂片のある.

bí·locàtion /, ⌐⌐—/ *n* 同時に 2 地点に存在する[できる]こと, 同時両所存在.

bi·lócular, bi·lóculate *a* 〔植〕2 室に分かれた, 二室の, 二房の.

bi·lo·qui·al·ism /baɪlóukwiəlìz(ə)m/ *n* BIDIALECTALISM. ♦ **-list** *n*

Bi·loxi /bəláksi, -lʌ́k-/ *n* **1 a** (*pl* ~, **-lóx·is**) ビロクシ族《アメリカ先住民の Sioux 族に属する部族で Mississippi 州の南東部に住んでいた》. **b** ビロクシ語《今は絶滅》. **2** ビロクシ《Mississippi 州南東部 Mexico 湾に臨む市; Mississippi 川下流域で最初に白人が定住した地 (1699)》.

bil·sted /bílstèd/ *n* 〔植〕モミジバフウ (sweet gum).

bil·tong /bíltɔ̀(:)ŋ, -tàŋ/ *n* 《南ア》切干し肉. [Afrik]

bim[1] /bím/ *n**《俗》BIMBO. [*bimbo*]

bim[2] *n* 《スコ・英俗》お尻 (bum).

Bim *n* 《ロ》バルバドス (Barbados) 島, バルバドス人.

BIM British Institute of Management.

bi·ma(h) /bí:mə, bímə/ *n* 〔ユダヤ教〕ビーマー (=*bema, almemar*)《通例 シナゴーグの中央にある, トーラー (Torah) 朗読用小卓のある壇》. [Yid]

bim·a·na /bímənə, baɪméɪ-/ *n pl* 〔動〕二手(にしゅ)類 (QUADRUMANA に対して人類). ♦ **bi·mane** /báɪmèɪn/ *a, n* 二手類の(動物). **bim·a·nous** /bímənəs, baɪméɪ-/, **-nal** *a* 二手(類)の.

bi·mánual *a* 両手を用いる. ♦ **~·ly** *adv*

bim·ba·shi /bɪmbá:ʃi/ *n* 《トルコの》陸軍少佐, 海軍司令官; 《植民地エジプトの khedive の》英国人士官. [Turk]

bim·bette /bɪmbét/ *n* 《俗》頭がからっぽの女の子, 軽薄少女, ギャル. [*bimbo, -ette*]

bim·bil /bímb(ə)l/ *n* BIMBLE (BOX).

bím·ble (bòx) /bímb(ə)l(-)/〔植〕ユーカリノキの一種《オーストラリア New South Wales 州, Queensland 州南部産》.

bim·bo /bímbou/ 《俗》 *n* (*pl* ~**s**, ~**es**) (…な)やつ, 男, 女; くだらんやつ, まぬけ; 女, 女の子; セクシーなバー女; 売春婦; 赤んぼ. [It=little child]

bi·ménsal *a* 隔月の (bimonthly).

bi·mes·ter /baɪméstər, ⌐⌐—/ *n* 2 か月間.

bi·mes·tri·al /baɪméstriəl/ *a* 2 か月ごとの, 隔月の (bimonthly); 2 か月継続の.

bi·métal *a* BIMETALLIC. ► *n* バイメタル《**1**) 2 種の金属からなる物質 **2**) 熱膨張係数の異なる 2 種類の金属を貼り合わせた板》.

bì·metállic *a* 〔経〕複本位制の; 二種の金属を用いた, バイメタル (bimetal) の. ► *n* BIMETAL. [F]

bimetállic stríp 《サーモスタットなどの》バイメタル板.

bi·met·al·lism /baɪmétlìz(ə)m/ *n* 〔経〕(金銀)複本位制 (cf. MONOMETALLISM); 複本位制論[主義]. ♦ **-list** *n* 複本位制論者. **bi·mèt·al·lís·tic** *a*

bi·méthyl *n* ETHANE.

bi·míllenary /, bàɪmələ́n-/, **bì·millénnial** *n, a* 二千年(間)(の); 二千年記念日[祭](の).

bì·millénnium *n* 二千年; 二千周年記念(祭).

Bim·mer /bímər/ *n* 《俗》BMW《自動車》.

bim·my /bími/ *n**《俗》売春婦, 《特に》のんべえ売春婦.

bi·módal *a* 2 つのモード[方式]をもった[を提供する], 二方式の, バイモーダルの: **a**〔統〕最頻値 (mode) を 2 つもつ: ~ distribution 双峰分布. **b** 二形態の輸送の[に適した]《たとえばトラックと鉄道のように》. ♦ **bì·modálity** *n*

bi·molécular *a* 〔化〕2 分子の[からなる], 2 分子の厚さの. ♦ **~·ly** *adv*

bi·mónth·ly *a, adv* 隔月の[に], 一月おきの[に]; 月 2 回(の) (semimonthly). ► *n* 隔月[月 2 回]の刊行物.

bí·mòrph *n* 〔電子工〕バイモルフ(素子) (=⌐~ **céll**)《圧電素子を 2 枚貼り合わせたもので, 電気的エネルギーと機械的エネルギーを相互に変換させる》.

bì·morphémic *a* 2 つの形態素に関する[からなる].

bi·mótored *a* 〔空〕2 基の発動機を備えた, 双発の.

bin /bín/ *n* **1**《穀物・石炭などの貯蔵用の》ふた付きの大箱, 集積貯蔵容器, ビン; ‖ごみ容器, ごみ箱 (dustbin); ‖BREAD BIN; ‖《ホップ用の》ズック袋; 《豪》羊毛入れ. **2**《囲いをした》貯蔵所; 《地下室の》ワイン貯蔵所. **3** [the] 《ロ》精神病院 (loony bin). **4**〔統〕《histogram などでデータの値をある幅ごとに区切った》区間, 階級. ► *vt* (-nn-) bin に入れる; 〔統〕〈データを〉ある区間に入れる; ‖《ロ》捨てる, 投げる. [OE *binn* or L *benna*]

bin- /báɪn, bín/ *comb form* 「二」「両」 [BI-[1]]

bi·nal /báɪnl/ *a* 2 倍の, 2 重の.

bi·na·rism /báɪnərìsm/ *n* 二項対立論; 二分法.

bi·na·ry /báɪn(ə)ri, *-nèri/ *a* **1** 二[双, 複]の, 一対の; 二値の; 〔化・冶〕2 成分の[からなる], 二元の; 〈兵器・毒ガスが〉二種混合型の, バイナリーの (⇨ BINARY WEAPON); 〔楽〕2 楽節の[からなる], 2 拍子の; 〔言〕二項からなる, 二項対立の; 〔数〕二項の: ~ name〔生〕二名法による種名 (binomial). **2**〔数〕二進法の, 二進数の; 〔電算〕二値の《0 か 1 で表わす》; 〔電算〕バイナリーの (⇨ BINARY FORMAT). **3**〔英教育〕正規の大学と継続教育機関の両方で高等教育がうけられる. ★ 二進法以下次のとおり: ternary (3), quaternary (4), quinary (5), senary (6), septenary (7), octonary [octonal] (8), nonary (9), denary (10), undenary (11), duodenary (12). ► *n* 2 要素[2 成分]からなるもの; 二進数 (=~ number); 〔天〕BINARY STAR; BINARY WEAPON. [L (*bini* two together)]

bínary céll〔電算〕二値素子.

bínary códe〔電算〕二進符号.

bínary còded décimal〔電算〕二進化十進数《十進数の各桁をそれぞれ 4 ビットの二進数で表わしたもの; 略 BCD》.

bínary cólor〔色彩〕第二色 (secondary color).

bínary cómpound〔化〕二元化合物《2 種の元素からなる化合物》.

bínary dígit〔電算〕二進数字《0 と 1 の 2 種; cf. BIT[4]》.

bínary físsion〔生〕二分裂《無性生殖の一つで, 1 個体がほぼ等しい 2 新個体に分裂する》.

bínary fórm〔楽〕《楽曲構成の》二部形式.

bínary fórmat〔電算〕バイナリーフォーマット[形式]《可読文字コードに限らず 0, 1 の任意のパターンを含むファイルの形式; 実行形式のプログラムや数値データ・画像データに用いられる》.

B

bínary gránite 斑花崗岩《石英と長石または白雲母と黒雲母からなる花崗岩》.
bínary méasure 〘楽〙二拍子.
bínary nérve gàs バイナリー[二種混合型]神経ガス《比較的毒性の低い化学薬品を発射時に化学反応させて致死ガスに変える方式の兵器》.
bínary notátion [the] 〘数〙二進(記数)法.
bínary númber 二進数 (binary).
bínary operátion 〘数〙二項演算《2 つの要素に対する演算; 加算・乗算など; cf. UNARY OPERATION》.
bínary púlsar 〘天〙連星パルサー《連星の一方を構成しているパルサー》.
bínary scále [the] BINARY NOTATION.
bínary stár 〘天〙連星《共通の重心のまわりを公転する 2 つの星; cf. DOUBLE STAR》.
bínary sỳstem 〘天〙連星系; 〘理・化〙二成分系, 二元系; [the] BINARY NOTATION.
bínary trée 〘電算〙二分木, バイナリーツリー《樹形図で, 各分岐点(ノード) がたかだか 2 つにしか分岐しないもの; 二分木の各ノードにデータを割り当てたデータ構造はデータ検索に応用される》.
bínary wéapon 〘軍〙バイナリー兵器《無害の 2 種の化学薬品から, 発射後に化学反応で有毒ガスを発生させる》.
bi·nate /báɪnèɪt/ *a* 〘植〙一対[二元, 対生, 双生, 二出]の〈葉〉. ♦ **~·ly** *adv*
bi·nátional *a* 二国(民)の[に関係する, からなる].
bin·au·ral /baɪnɔ́ːrəl, bɪ-/ *a* 両耳(用)の, 双耳(用)の〈聴診器など〉; 〈録音・再生方式が〉《音源に対する方向定位を可能にし立体感を出す》双聴覚用の, バイノーラルの, ステレオの (cf. MONAURAL, STEREOPHONIC). ♦ **~·ly** *adv*
bináural bróadcasting バイノーラル放送.
bind /báɪnd/ *v* (**bound** /báʊnd/) *vt* **1 a** 縛る, くくる, 束ねる, 綴じる〈*up*〉; 結びつける, 結合する, 留める, つなぐ〈*with* rope or chains, *in* irons, *together*〉; 縛りつける〈*to* the stake〉; 捕縛する: *be bound by* affection 愛情で結びつけられている. **b** 巻きつける〈*up*〉; (包帯で)巻く, 縛る〈*about*, *around*, *on* sth; *up*〉. **c** 〈衣服・カーペットの縁など〉に飾り[保護]の縁取り[玉縁]をつける; 〈原稿・書物など〉製本[装丁]する: a book *bound in* cloth [leather] 布[皮革]装丁の本. **2 a** [ᵘ*pass*] 束縛する, 拘束する, …に義務づける (⇨ BOUND¹); [ᵘ*pass*] 契約で縛る〈*to* sth, *to* do〉; 〈同盟・契約などを〉結ぶ, 確定する; 〘経〙〈税など〉(絶対に増やさないように)縛る; 年季奉公に入れる: ~ *oneself to* (do…) (…することを)契約する[誓う]. **b** 束縛する《(1)〘論〙限量詞が変項をその作用域内に入れる 2)〘言〙規則・条件が 2 つの名詞句の同一指示性を確定する》. **3** 〈氷雪などが〉閉ざす; 〘医〙〈食物・薬が〉秘結させる; 〈セメントなどで〉固める〈*with*〉; 〘化〙結合させる; 〘料理〙〈材料を〉つなぐ (cf. BINDER): ICEBOUND, SNOWBOUND, etc. / ~ the bowels 秘結[便秘]させる / ~ the gravel 砂利を固める. **4** ᴴ«俗» 退屈させる: ~ sb rigid すっかり退屈させる. ► *vi* **1 a** 縛る, 束ねる, つかねる. **b** 拘束力がある; (衣服などが)きつい, 窮屈である. **2** 〈土壌・雪が〉固まる; 結合する; 〈車軸が〉粘りつく; (さびたりして)動かなくなる. **3** «俗» 不平を言う. ● **be** BOUND¹ **up in….** **be** BOUND¹ **up with….** **~ down** [ᵒ*pass*] 拘束する, 縛る. **~ off** 〈編物〉の目を止める. **~ out** 奉公に出す. **~ over** 〘法〙(1)《裁判所が, 保証を取って》〈人〉に義務づける, *〈人〉に出廷を義務づける, ᴴ〈人〉に善行などを誓約させる: *He was *bound over* for trial. 彼は出廷を義務づけられた / ᴴHe was *bound over* to keep the peace [to be of good behavior]. 彼は平和を維持する[良きふるまいをする]旨を誓わせられた. (2)*〈人を〉裁判のために勾留する, 《勾留するために》(シェリフなどに)引き渡す〈*to*〉. **I'll be** BOUND¹. ► *n* **1** 縛る[くくる, 結びつける]もの, ひも, 糸, 綱; 〘鉱〙《炭層間の》硬化粘土; 〘楽〙結合線 (tie); 〘植〙BINE. **2** 〘フェン〙バインド《相手の剣を目標から斜めにずらせるための突き》; 〘チェスなど〙《相手の手を封じる》縛り. **3** 《制定法上の》制約. **4** «口» 厄介なこと[もの], 困った[退屈な]もの[人, 仕事]; «口» 拘束状態, 動きがとれない状況, 苦境: It's a ~ having to do…しなけりゃならないのは厄介だ[うっとうしい] / in a ~ 苦境に陥って, 困って, 板ばさみになって.
［OE *bindan*; cf. G *binden*］
bínd·er *n* **1 a** 縛る[くくる]人, 《特に》製本人[屋]. **b** 縛る[くくる, 綴じる]もの, 《特に》糸, ひも; 包帯, 《広幅の》支持帯; 帯封; 綴じ込み表紙, バインダー; *«北部» 輪ゴム, ゴムバンド (rubber band); 《葉巻の》中巻き葉; 産後腹帯; 《わら類の》結束部; 〘農〙《刈取り機の》結束装置, 刈取り結束機, バインダー; 《ミシンなどの》縁取り機. **c** 《粒子などを固結させる》結合剤, 接合剤; 〘木工〙接合材, 小梁(ᵹ); 〘石工〙収結石[煉瓦]; 〘土木・建〙《鉄筋コンクリートの》あばら筋(ᵹ) (stirrup); 接着剤, 〘冶〙膠結(ᵹ)剤, 〘機〙固着剤; 〘料理〙つなぎ《小麦粉・コーンスターチなど》; 〘絵画〙展色剤. **2** 〘法〙手付金(受領証), 仮契約書; 〘保〙仮契約; 〘米保〙仮引受証, 仮保険証, バインダー; 〘商〙《不動産購入の》仮約定《手付金を払って結ぶ》. **3 a** [*pl*] ᴴ«俗» 《車の》ブレーキ: hit the ~*s* 急ブレーキを踏む. **b** «俗» 退屈なやつ[もの], 文句の多いやつ. **c** «俗» 最後の一杯(の酒). **d** «豪口» 食べごたえのある食事.
bínd·ery *n* 製本所.
bin·di /bíndi/ *n* ビンディ《インドの女性 (特にヒンドゥー教徒) が額の中央につける点》. ［Hindi］
bin·di-eye /bíndiàɪ/ *n* «豪» 〘植〙とげのある実をつけるキク科カロティス属の多年草.
bind·in /báɪndən/ *n* 〘生化〙バインディン《ウニの精子細胞にあって, 卵の受容部位に結びつけるタンパク質》.
bind·ing *a* **1** 拘束力がある, 義務的な: a legally ~ document 法的拘束力を有する文書 / The agreement is ~ *on* all parties. その合意書はすべての関係当事者に拘束力をもつ. **2** 結束用の; 接合[結合]する, つなぎの; «俗» 便秘させる. ► *n* **1** 緊縛, 結束; 製本, 装丁, 綴じ; 表紙《裏打ちを含めて》. **2** 縛る[束ねる]もの; 《布などの》縁飾り, 縁取り; 《ミシンの》縁取り機; 接合材, 結合剤; 〘スキー〙締め具, ビンディング; 包帯. ♦ **~·ly** *adv* 拘束的に, 束縛して. **~·ness** *n*
bínding ènergy 〘理〙結合[分離]エネルギー (=*separation energy*)《(1) 分子・原子(核)などを構成粒子に分解するのに必要なエネルギー 2) 系が一つの粒子を分離するのに必要なエネルギー》.
bínding sìte 〘生化〙結合部位《酵素などで基質との特異的結合に関与する構造》.
bin·dle /bíndl/, **bid·dle** /bídl/ *«俗» *n* 《浮浪者が携帯用に毛布に丸めた》寝具などの所持品一式; ひと包みの荷物, 小包; モルヒネ[コカイン, ヘロイン]のひと包み.
bíndle stìff, bíndle·stìff *«口» 季節労務者, 渡り労働者, 放浪者, 浮浪者, HOBO.
bínd·wèed *n* 〘植〙まきつき[纏繞(てんじょう)]植物, 《特に》サンシキヒルガオ属の各種.
bine /báɪn/ *n* 《ホップなどの》つる; つる(性)植物《woodbine (ニンドウ) など》. ［*bind* の方言形］
bín-ènd ᴴ 最後の在庫ワイン《酒屋で, ワイン貯蔵用の大箱 (bin) に残り少なく残ったワイン; しばしば特価で販売される》.
bi·ner /bíːnər/ *n* 〘登山〙CARABINER.
Bi·nét(-Sí·mon) tèst [scàle] /bɪnéɪ(sáɪmən)-, -(simɔ̃ː)-/ 〘心〙ビネー-シモン式知能検査. ［Alfred *Binet* (1857–1911), Théodore *Simon* (1873–1961) フランスの心理学者］
bing¹ /bíŋ/ *n**«俗» 独房.
bing² *n*, *int* リーン, ビーン《鋭い, ベルの鳴るような音》; ビン《突然の動き・できごとなどを表わす》. ► *vi* リーンと鳴る. ► *adv* リーンと音をたてて. ［imit］
bing³ ᴴ«方» *n* 積み重ねたもの, 山積み, 堆積, 山 (heap, pile); 《炭鉱の》ぼた山; BIN. ［Scand (ON *bingr*)］
Bing 〘商標〙ビング《検索エンジン》.
Bíng (chèrry) ビング種(のチェリー)《深紅色のサクランボ》.
binge /bínʤ/ «口» *n* 飲み騒ぎ, 酒盛り, 痛飲; 思いっきりふける[浸る]こと, 好きなだけやること, 耽溺; パーティー: on a ~ 飲み騒いで / go on a ~ 飲みまくる, …しまくる / a shopping ~ ひとしきりの買いまくり / a coke ~ コカインパーティー. ► *vi* (**bíng(e)·ing**) 飲み騒ぐ, パーティーをやる, 大酒を飲む, 好きなだけ[思いっきり]飲む, 好きなだけやる: ~ *on* sweets 甘いものを食べまくる / ~ and purge 大食して吐く《拒食症の徴候》. ♦ **bíng·er** *n* ［*binge* (dial) to soak］
binged¹ /bínʤd/ *a**«俗» 酔っぱらって, 飲み騒いで.
binged² /bɪŋd/ *a**«軍俗» ワクチン注射[予防接種]をうけた, 種痘をうけた.
bínge drìnking 飲みまくり, 痛飲.
bin·gee, bin·g(e)y /bínʤi/ *n* «豪口» 胃, 腹.
Bing·en /bíŋən/ ビンゲン《ドイツ南西部 Rhineland-Palatinate 州の Rhine 川に臨む市》.
bínge-púrge sỳndrome [the] 食欲異常亢進症, 大食症 (bulimia).
Bing·ham /bíŋəm/ ビンガム **George Caleb** ~ (1811–79)《米国の画家; 肖像画・中西部の風景画で知られる》.
bing·hi /bíŋi, bíŋgàɪ/ *n* «豪俗» [ᵒ*derog*] 原住民 (Aborigine). ［(Austral)］
bin·gle¹ /bíŋg(ə)l/ *n* «野球俗» 安打, ヒット; *«俗» 多量の(隠し)麻薬; *«俗» 《麻薬の》売人; *«俗» 《通例 25 セント分のポーカーの》数取り (chip); «豪口» ちょっとした衝突[転覆].
bingle² *n* 刈上げ断髪《bob と shingle との中間》.
bin·go /bíŋgoʊ/ *n* (*pl* **~s**) ビンゴ《升目に数字の記されたカード上で, 順次発表されるのと同じ数字に印をつけていき, 早く一列そろった者が Bingo! と声をあげて勝ちとなるゲーム》; ビンゴ大会; お祭り騒ぎ. ► *int* «口» やったあ, できた, ワーイ, あたり, それだ, あーら不思議, これはおどろき. ［勝者の歓声からか］
bíngo bòy *«俗» 酔っぱらい, のんだくれ.
bíngo càrd ビンゴカード《雑誌などにはさんである料金受取人払いのはがき; たくさんの数字が印刷されており, 読者はそれらの数字を選んで商品やカタログを注文・請求できる》.
bingy ⇨ BINGEE.
Binh Dinh /bín dín/ ビンディン《AN NHON の別称》.
Bi·ni, Be·ni /bəníː/ *n* (*pl* ~, **~s**) ビニ《EDO の別称》.
bin La·den /bɪn láːdən/ ビンラーディン **Osama** ~ (1957–2011)《イスラム原理主義テロ組織 Al-Qaeda の指導者; 9/11 をはじめとする多くのテロ事件の首謀者とみなされている》.
bín lìner ᴴ《ごみ箱の内側に入れる》ごみ用ポリ袋.
bin·man /bínmən/ *n* (*pl* **-men** /-mən/) ᴴ«口» ごみ収集人 (dustman).

bin·na·cle /bínɪk(ə)l/ *n* 〘海〙ビナクル《羅針儀の架台》. [Sp or Port<L *habitaculum* lodge]
Bin·nig /*G* bínɪç/ ビニヒ **Gerd (Karl)** ～ (1947–)《ドイツの物理学者; ノーベル物理学賞 (1986)》.
bin·ocs /bənáks/ *n pl* 《口》双眼鏡 (binoculars).
bin·oc·u·lar /baɪnákjələr, bə-/ *a* 両眼(用)の: a ～ microscope 双眼顕微鏡. ► *n* [ᵘ*pl*] 双眼鏡, 双眼顕微鏡: a pair of ～*s* 一台の双眼鏡[双眼顕微鏡]. ♦ **～·ly** *adv* **bin·òc·u·lár·i·ty** /-lǽr-/ *n* [*bin-*]
binócular fúsion 〘眼〙両眼融合[融像] (FUSION).
binócular rívalry 〘眼·心〙《左右の目の》視野闘争 (retinal rivalry).
binócular vísion 〘眼〙両眼視.
bi·no·mi·al /baɪnóʊmiəl/ *n* 〘数〙二項式; 〘生〙二(命)名法による種名, 連名; 〘文法〙二項名詞《2つの名詞が接続詞や前置詞で結ばれ, ほぼ定型化した句: face to face, law and order など》. ★〘数〙「二項式」以外は次のとおり: monomial (1), trinomial (3), quadrinomial (4), multinomial, polynomial (多). ► *a* 〘数〙二項式の; 〘生〙二(命)名法の[による] (cf. TRINOMIAL): ～ curve 二項曲線. ♦ **～·ly** *adv* [F or NL (Gk *nomos* part)]
binómial coeffícient 〘数〙《二項展開においてあらわれる》二項係数.
binómial distribútion 〘統〙二項分布.
binómial expánsion 〘数〙二項展開《$(x+y)^n$ の形の式の展開》.
binómial·ìsm *n* 二名式命名法; 〘生〙二(命)名法.
binómial nómenclature [sýstem] 〘生〙二命名法, 二名法《*Equus caballus* のように属名·種名の2名で示す方式》.
binómial séries 〘数〙二項級数.
binómial théorem 〘数〙二項定理《二項展開の結果を二項係数を用いて表わす公式》.
bi·nóminal *a* BINOMIAL.
bin·óvular *a* BIOVULAR.
bint /bínt/ ᵘ《口》*n* [*derog*] 娘, 女; ガールフレンド. [Arab＝girl, daughter]
bin·tu·rong /bɪnt(j)ú:rɔ̀(:)ŋ, ⌐—⌐, -rùŋ/ *n* 〘動〙ビントロング, ビンツロング, クマネコ (＝*bear cat*)《ジャコウネコ科; 東南アジア産》. [Malay]
bi·núclear, -núcleate, -núcleated *a* 〈細胞など〉核を2つもつ, 二核の.
bio /báɪoʊ/ *n* (*pl* **bí·os**) 《口》**1** 伝記 (biography), 経歴, 略歴, 人物紹介. **2** 生物学 (biology). ► *a* BIOGRAPHICAL; BIOLOGICAL.
bio- /báɪoʊ, báɪə/ ⇨ BI-².
bìo·accumulátion *n* 生物蓄積, 生体濃縮《生物組織内に農薬などの物質が蓄積される現象》. ♦ **bìo·accúmulate** *vi*
bìo·acóustics *n* 生物音響学《生物の発する音響と生物との関係, 特に生物間の音によるコミュニケーションを扱う》. ♦ **-acoustícian** *n*
bìo·actívity *n* 《薬品などの》対生物作用[活性]. ♦ **bìo·áctive** *a* 生物[生体]に影響[作用]する.
bìo·aerátion *n* 空気接触法《バクテリアによる汚水浄化》.
bìo·assáy *n* 〘生〙生物(学的)検定(法), 生物学的定量, バイオアッセイ. ► *vt* /, -ǽsèɪ/ …に生物検定をする.
bìo·astronáutics *n* 宇宙生理学; 宇宙生物学.
bìo·autógraphy *n* 〘生化〙バイオオートグラフィー《クロマトグラフィー操作と生物検定を組み合わせた検定》. ♦ **-áuto·gràph** *n* **-àu·to·gráph·ic** *a*
bìo·avàil·abílity *n* 《薬物の》生物学的利用能, バイオアベイラビリティー; 《環境中の有害物質の》生物吸収性. ♦ **bìo·aváil·able** *a*
bìo·behávior·al *a* 生物の行動と生物学的プロセスの相互作用の[にかかわる], 生物行動学の.
Bío-Bío /bí:oʊbí:oʊ/ [the] ビオビオ川《チリ中南部を北西に流れ, Concepción 市で太平洋に注ぐ》.
bío·blàst *n* 〘生〙ビオブラスト《原形質中のアルトマン粒》.
bìo·cátalyst *n* 〘生化〙生体触媒《主に酵素》. ♦ **bìo·catalýtic** *a*
bi·ócellate /, bàɪousέlət/ *a* 〘動〙2個の小眼をもつ; 〘植〙2個の小眼点をもつ.
bìo·ce·nól·o·gy, -coe- /-sənálədʒi/ *n* 群集生態学.
bìo·cé·nose, -coé- /-sí:nous/ *n* BIOCENOSIS.
bìo·ce·nó·sis, -coe- /-sənóusəs/ *n* (*pl* **-ses** /-sì:z/) 〘生態〙《ある地域の》生物共同体[群集]. ♦ **-ce·nót·ic, -coe-** /-nát-/ *a*
bìo·céntrism *n* 生物中心主義 (＝*ecocentrism*)《人間の権利や必要が他の生物のそれに優先するわけではないという考え方; cf. ANTHROPOCENTRISM》. ♦ **-céntric** *a* **-céntrist** *n*
bìo·cerámic *n* 生体用陶材, 生体セラミック《損失骨などの再生促進のために用いる》.
bìo·chémic *a* BIOCHEMICAL.
bìo·chémical *a* 生化学の, 生化学的な; 生体の化学反応に関する. ► *n* 生化学製品[薬品]. ♦ **～·ly** *adv*
biochémical óxygen demànd 〘生態〙生物化学的酸素要求量 (＝*biological oxygen demand*)《水の汚染度を示す数値; 略 BOD》.
bìo·chémistry *n* 生化学; 生化学的組成[特徴]. ♦ **-chémist** *n*
bío·chìp *n* 生物化学素子, 生体素子, バイオチップ《タンパク質などの生体物質に情報処理を行なわせる仮説上の素子》.
bío·cìde *n* 生命破壊剤, 殺生物剤《DDT など生物に有害な化学物質》; 生命の破壊. ♦ **bìo·cídal** *a* 生命破壊性の, 殺生物性の.
bío·cìrcuit *n* 〘電算〙生体集積回路《biochip などを利用した仮説的集積回路》.
bío·clèan *a* 有害(微)生物を含まない: a ～ room.
bìo·climátic *a* 生物と気候の関係の[に関する]; 生(物)気候学の.
bìo·climatólogy *n* 生(物)気候学《生体に及ぼす気候の影響を研究する》.
biocoenology etc. ⇨ BIOCENOLOGY etc.
bìo·compatibílity *n* 〘医〙生体適合性《毒性や損傷を生じたり拒否反応を起こすことなく生体組織·器官系と適合すること》. ♦ **bìo·compátible** *a*
bío·compùter *n* 〘電算〙バイオコンピューター《**1**) biochip, biocircuit で構成される仮説的計算機 **2**) 思考力などコンピューター的機能をもつものとして見た人間》. ♦ **-compùting** *n* バイオコンピューティング《**1**) biocomputer あるいはそれに似た擬似生体的構造のコンピューター研究·技術 **2**) 生物学·環境分野におけるコンピューター利用》.
bìo·contáin·ment *n* 生物学的封じ込め《病原性の高い細菌やウイルスの封じ込め》.
bìo·contról *n* 〘生態〙BIOLOGICAL CONTROL.
bìo·convérsion *n* 《生物利用による, 廃棄物などの》生物(学的)変換, バイオコンバージョン.
bío·cràt *n* 生物科学者[専門家, 技師].
bìo·crítical *a* 《作家などの》生涯(と作品)の研究の, 評伝の.
bìo·cybernétics *n* バイオサイバネティクス《生物学にサイバネティクスを応用する研究》.
bío·cỳcle *n* 〘生態〙生物サイクル《BIOSPHERE を陸水·海洋·陸地に分けた下位区分》.
bío·dàta *n* 履歴(書).
bìo·defénse *n* 生物兵器防衛.
bìo·degrádable *a* 微生物によって無害な物質に分解しうる, 生分解性の: ～ detergents 生分解性洗剤. ♦ **-de·gràd·abíl·i·ty** *n* 生分解性.
bìo·degráde *vi* 〈物·物質が〉《微生物によって》生分解する. ♦ **-degradátion** *n*
bìo·deteriorátion *n* 生物劣化《微生物のはたらきによる物質の分解》.
bìo·díesel *n* バイオディーゼル《ディーゼル油の代用となるバイオ燃料; 特にダイズ油·ピーナッツ油などの植物油から製した代用ディーゼル油》.
bìo·divérsity *n* 生物(の)多様性.
Biodivérsity Trèaty [the] 生物多様性条約 (Convention on Biodiversity).
bío·dòt *n* バイオドット《皮膚に貼り付けられる, 体温に反応する小型装置; ストレスの程度などを調べる》.
bìo·dynámics *n* **1** 生物(動)力学, 生体(動)力学 (opp. *biostatics*). **2** バイオダイナミック(ス)農法《太陽系内の天体の運行を考慮した有機農法》. ♦ **bìo·dynámic, -ical** *a*
bìo·ecólogy *n* 生物生態学《動物·植物を合わせた生物群集を扱う》. ♦ **-gist** *n* **-ecológical** *a*
bìo·eléctric, -trical *a* 生物組織の電気エネルギーの[に関する], 生体[生物]電気の. ♦ **bìo·electrícity** *n* 生体[生物]電気.
bìo·elèctro·génesis *n* 生物発電.
bìo·electrónics *n* 生物[生体]電子工学, バイオエレクトロニクス《生物学または臨床医学に応用する電子工学の理論と技術》. ♦ **-electrónic** *a* **-i·cal·ly** *adv*
bìo·energétics *n* **1** 生体エネルギー論[学]. **2** 〘精神医〙バイオエナジェティックス(療法)《身体現象学的な人格理論に基づき, 呼吸法, 身体運動, 表現運動 (感情を発散させるための行動化) などによってストレスや筋緊張を和らげようとする療法》. ♦ **-gétic** *a*
bìo·énergy *n* **1** 《生物の身体的はたらきのために利用しうる》生体エネルギー. **2** 《生物燃料 (biofuel) から得られる》生物(燃料)エネルギー, バイオエネルギー.
bìo·engineér *n* 生体[生物]工学の専門家[技術者]. ► *vt* 生体[生物]工学によって作る.
bìo·engineér·ing *n* 生体[生物]工学, バイオエンジニアリング《医学と生物学の分野に工学的知識[機器, 人工臓器など]を応用すること》; 《広く》BIOTECHNOLOGY.
bìo·environméntal *a* 生物の環境と特にその中の有害な要素に関する, 生物環境の.
bìo·equívalence, -lency *n* 〘薬〙生体内利用率等価性, 生物学的等価[同等]性《同一薬品の異なるさまざまな製剤が投与後体内に吸収される速度·量が等しい状態》. ♦ **bìo·equívalent** *a*
bìo·éthics *n* 生命倫理(学), バイオエシックス《遺伝子組換え·新薬開発·臓器移植など生物学·医学の発達に伴う倫理問題を扱う》. ♦ **-éthical** *a* **-éthicist** *n*

B

bìo·féed·bàck *n* 生体自己制御, バイオフィードバック《脳波や血圧など生体の神経的・生理的状態をオシロスコープなどで知ることによって自己制御を行なうこと》.

biofèedback tràining 〔生理・心〕バイオフィードバック訓練《略 BFT》.

bìo·fílm *n* 〔生〕バイオフィルム, 菌膜《さまざまな表面をおおう微生物によって形成される構造体》.

bìo·flávonoid *n* 〔生化〕ビオフラボノイド (＝*vitamin P*)《毛細血管の透過性を調節する》.

bío·flìck *n**《俗》伝記映画[ドラマ].

bìo·fóul·ing *n* 生物付着《パイプなど水中の機械部位の表面にバクテリア・フジツボなどが付着すること》.

bío·fùel *n* 生物(有機体)燃料, バイオ燃料《バイオマス (biomass) に由来する木材・メタンガス・アルコールなど》.

bi·og /báɪɑg/ *n*《口》伝記, 経歴 (biography).

biog. biographer ♦ biographical ♦ biography.

bío·gàs *n* 生物ガス, バイオガス《有機廃棄物が生物分解して発生する, メタンと二酸化炭素の混合気; 燃料として使う》. ♦ **bio·gàs·ifi·cátion** *n* 生物ガス化.

bio·gen /báɪəʤən/ *n* 〔生化〕ビオゲン, 活素《細胞を構成する仮想的タンパク質分子》.

bìo·génesis 〔生〕*n* 続生説, 生物発生説《生物は生物から生じるとする》; 生物発生; 《細胞器官の》バイオゲネシス (cf. BIOSYNTHESIS). ♦ **-genétic, -ical** *a* **-ical·ly** *adv*

biogenétic láw 〔生〕生物発生原則, 反復説《個体発生は系統発生を短縮した形で繰り返すとする E. H. Haeckel が唱えた説》.

bìo·genétics *n* 遺伝子工学 (genetic engineering). ♦ **bio·genétic** *a* **bìo·genéticist** *n*

bìo·génic *a* 有機物により生じた, 生物起源の; 生命維持に不可欠な.

bi·og·e·nous /baɪɑ́ʤənəs/ *a* 生物に起源する[住む]; 生命をつくる, 生命創造の.

bi·og·e·ny /baɪɑ́ʤəni/ *n* BIOGENESIS.

bio·geo·ce·nol·o·gy, -coe- /bàɪoʊʤì:oʊsənɑ́ləʤi/ *n* 生態系研究.

bio·geo·ce·nose, -coe- /bàɪoʊʤì:oʊsənóʊz, -s/ *n* BIOGEOCENOSIS.

bio·geo·ce·no·sis, -coe- /bàɪoʊʤì:oʊsənóʊsəs/ *n* (*pl* **-ses** /-sì:z/) 生態系 (ecosystem). ♦ **-ce·nót·ic, -coe-** /-nɑ́t-/ *a*

biogeochémical cýcle 〔生態〕生物地球化学的循環《生物圏内での動植物構成物と無生物的構成物の間における窒素・炭素などの物質交換》.

bìo·gèo·chémistry *n* 生物地球化学《生態系における生物と環境の間での物質循環を扱う分野》. ♦ **-chémical** *a* **-chémist** *n*

bìo·geógraphy *n* 〔生態〕生物地理学《生物の地理的分布を研究する》. ♦ **bìo·geógrapher** *n* **bìo·geográphic, -ical** *a*

bío·glàss *n* 〔医〕生体ガラス《骨と人工骨[歯など]とを接合する》.

bío·gràph *vt* …の伝記を書く. [逆成く*biographer*]

bi·og·ra·phee /baɪɑ̀grəfí:/ *n* 伝記化された人物.

bi·og·ra·pher /baɪɑ́grəfər/ *n* 伝記作家.

bio·graph·i·cal /bàɪəgrǽfɪk(ə)l/, **-ic** *a* 伝記(体)の: a ~ dictionary 人名辞典 / a ~ sketch 略歴, 略伝. ♦ **-i·cal·ly** *adv* 伝記風に; 伝記上.

bi·og·ra·phy /baɪɑ́grəfi/ *n* 伝記, 一代記, 経歴; 伝記文学; 伝記執筆; 《建造物・貨幣・生物などの》歴史, …の一生 ‹*of*›. ► *vt* …の伝記を書く. [F or NL<Gk (*bio-*)]

bìo·házard *n* 生物危害[災害], バイオハザード《生物学的研究や医療と関係する, 人と環境に対して危害となる生物・状況; 病原微生物・院内感染など》. ♦ **-házard·ous** *a*

bio·herm /báɪoʊhə̀:rm/ *n* 〔地質〕塊状生礁(せいしょう), バイオハーム《塊状・礁状をなして岩層中にはさまっている生物起源の層; cf. BIOSTROME》; サンゴ礁 (coral reef).

bìo·índicator *n* 〔生態〕指標生物《生態系の質, 特に 汚染の指標として使われる有機体》.

bìo·informátics *n* 生物[生命]情報科学, バイオインフォマティクス《コンピューターを用いた分子生物学や遺伝学》. ♦ **-informátic** *a*

bìo·in·orgánic *a* 〔生化〕無機生物学の《無機物が重要な役割を果たす生物学的プロセスや有機物の研究に無機化学を適用する》.

bìo·instrumentátion *n* 生物測定器《宇宙飛行士などの生理に関するデータを記録し伝達する機器》; 生物測定器の開発と使用.

Bi·o·ko /bióʊkoʊ/ ビオコ《Biafra 湾にある赤道ギニア領の島; 旧称 Fernando Po [Póo], Macías Nguema Biyogo (1973–79)》.

biol. biologic(al) ♦ biologist ♦ biology.

bio·log·i·cal /bàɪəlɑ́ʤɪk(ə)l/, **-ic** *a* 生物学(上)の: *biological* chemistry 生(物)化学 / sb's *biological* father 生物学上の父, 実父. ► *n* 生物製剤《血清・ワクチンなど》; [biologics] バイオテクノロジー製品. ♦ **-i·cal·ly** *adv* 生物学上[的に].

biológical clóck 生物[体内]時計《生物体に存在すると推定される時間測定機構》; 《口》《女性の》子供を産めるタイムリミット: Her ~ was ticking (away). 彼女の出産可能年限は残りわずかだった.

biológical contról 〔生態〕生物的制御[防除] (＝*biocontrol*)《有害生物の密度を天敵の導入など生物的手段により抑制すること》; 生物農薬, 生物学的防除用生物.

biológical engineéring 生物工学 (bionics).

biológical hálf-lìfe 生物学的半減期《生体内の物質の量が初期量の半分になるのに要する時間》.

biológical magnificátion BIOMAGNIFICATION.

biológical óxygen demànd 〔生態〕生物学的酸素要求量 (biochemical oxygen demand).

biológical párent 生物学上の親, 実の親, 生みの親 (＝*birth parent, natural parent*).

biológical rhýthm 〔生理〕生物リズム, BIORHYTHM.

biológical shíeld 生体遮蔽《人体を放射線から守るために原子炉の周囲に設置される壁》.

biológical wárfare 生物戦《除草剤の使用による戦争行為も含み, 細菌戦 (bacteriological warfare) よりも包括的な用語》.

biológical wéapon 生物兵器, 細菌兵器.

bi·ol·o·gism /baɪɑ́ləʤɪz(ə)m/ *n* 《社会状態の分析における》生物学主義. ♦ **bi·òl·o·gís·tic** *a*

bi·ol·o·gy /baɪɑ́ləʤi/ *n* **1** 生物学; 生態学 (ecology); 生物学書. **2** [the] 《ある地域・環境の》動植物, 生物相 ‹*of*›; 生態. ♦ **-gist** *n* 生物学者. [F<G (*bio-*)]

bìo·luminéscence *n* 〔生〕《ホタル・菌類・深海魚などの》生物発光[ルミネセンス]. ♦ **-cent** *a*

bi·ol·y·sis /baɪɑ́ləsəs/ *n* 〔生〕生物分解, ビオリシス《**1**) 生体の死と崩壊 **2**) 細菌などによる有機物の分解》. ♦ **bi·o·lyt·ic** /bàɪəlítɪk/ *a*

bìo·mágnet·ism *n* ANIMAL MAGNETISM.

bìo·magnificátion *n* 《生態系の食物連鎖における》生物学的(毒物)濃縮.

bío·màrk·er *n* 生体指標, バイオマーカー《老化や病気, または有毒物への暴露など身体の過程・状態を示す(特定の代謝物などの)指標》.

bío·màss *n* 〔生態〕生物量《一地域内の単位面積[体積]当たりで表わした生物の現存量》; バイオマス《熱資源としての植物体および動物廃棄物; cf. BIOFUEL》.

bìo·matérial *n* 〔医・歯〕生体組織に触れる部位の補綴に用いる物質, 生体適合物質[材料].

bìo·mathemátics *n* 生物数学《生物現象への数学の応用》. ♦ **-mathemátical** *a* **-mathematícian** *n*

bi·ome /báɪòʊm/ *n* 〔生態〕生物群系, バイオーム.

bìo·mechánics *n* 生体力学, バイオメカニクス. ♦ **bìo·me·chánical** *a* **-cal·ly** *adv* **-méchanist** *n*

bìo·médical *a* 生物医学的な.

biomédical engineéring 生物医用工学《補助具の開発など》, BIOENGINEERING.

bìo·médicine *n* 生物[生体]医学《**1**) 自然科学, 特に 生物学・生化学の原理を適用した医学 **2**) 環境 (宇宙環境など) の人体に与えるストレスと生存能力とのかかわりを扱う医学》.

bìo·mémbrane *n* 〔生〕生体膜《細胞(小器官)と外部を隔てる膜》.

bìo·meteorólogy *n* 〔生〕生物気象学, 生気象学《生物[生体]とこれを取り巻く気象との関係を扱う》. ♦ **-gist** *n* **-meteoro·lógical** *a*

bi·om·e·ter /baɪɑ́mətər/ *n* 生体計測器, 生物計, バイオメーター《生体の組織から放出される微量の炭酸ガスでも測ることのできる機器》.

bio·met·ric /bàɪəmétrɪk/, **-ri·cal** *a* バイオメトリックス[生体認証]の; 生物測定(学)の; 寿命測定の: ~ identification 生体認証. ► *n* 《特に 生体認証用の》生体測定量, 生体の定量的特徴.

bio·met·rics /bàɪəmétrɪks/ *n* BIOMETRY; バイオメトリックス, 生体認証《特に 本人を確認する手段として行なう指紋・声紋などの身体的・行動的特徴の測定・分析》. ♦ **bio·me·tri·cian** /bàɪoʊmətríʃ(ə)n/ *n*

bi·om·e·try /baɪɑ́mətri/ *n* 生物測定[計測]学, 生物統計学; 寿命測定(法).

bìo·mimétics *n* 生体模倣技術, バイオミメティックス《生物の生化学的なプロセスを模倣して人工的に合成し利用する技術》. ♦ **-mi·métic** *a*

bìo·mìneral·izátion *n* 生体鉱物形成作用, 生体鉱物化(作用), バイオミネラリゼーション《生物が自身の体の内外に鉱物 (無機物質, たとえば骨・歯・貝殻など) を作り出すこと》. ♦ **bìo·míneral** *n* 生体鉱物.

bìo·módel·ing *n* 生物モデリング《生物学的反応の数学的な表現》.

bìo·mólecule *n* 生体分子《タンパク質・核酸など生体に含まれる分子》. ♦ **-molécular** *a*

bío·mòrph *n* バイオモーフ, ビオモルフ《生物を表わした装飾形態》.

bìo·mórphic *a* 生物の形に似た[を連想させる], 生物形の, ビオモルフィックな: ~ images.

bìo·mórphism *n* 《美術における》生体表現[描写].

Bi·on /báɪɑn, -ən/ ビオン《紀元前 100 年ころ活動したギリシアの牧歌詩人》.

bi·on·ic /baɪɑ́nɪk/ *a* 生体[生物]工学的な; 《SF で》身体機能を機

械的に強化した, バイオニックの; «口» 超人的な力をもつ, 精力的でおそろしくタフな; «口» 水準以上の, 優良な. ♦ **-i·cal·ly** *adv*
bi·ón·ics *n* 生体[生物]工学, バイオニクス《生体組織のはたらきを電子機器等に応用する》. ♦ **bi·ón·i·cist** *n*
bi·o·nom·ics /bàɪənámɪks/ *n* [‹sg/pl›] 生活誌, 生態学 (ecology). ♦ **-nóm·ic, -i·cal** *a* **-i·cal·ly** *adv*
bi·on·o·my /baɪánəmi/ *n* PHYSIOLOGY; ECOLOGY.
bi·ont /báɪànt/ *n* 〘生〙生理的個体, ビオント.
-bi·ont /báɪànt/ *n comb form*「(特定の)生き方をもつもの」: haplo*biont* 単相植物. [sym*biont*]
bìo·orgánic *a* 生物有機化学の.
bìo·pésticide *n* バイオ農薬《微生物を利用したもの》.
bìo·pharmacéutical *n* 生物薬剤, バイオ製剤《遺伝子組換え技術などの生物工学技術を用いて製造される医薬品》.
bìo·pharmacéutics *n* 生物薬剤学.
bìo·phília *n* 生物自己保存能, 生命愛. ♦ **-phílic** *a*
bìo·philósophy *n* 生物哲学《生物研究を通じての哲学》. ♦ **-philósopher** *n*
bìo·phýsics *n* 生物物理学. ♦ **-phýsical** *a* **-phýsicist** *n*
bío·pìc *n* «口» 伝記映画.
bìo·píracy *n* 海賊的生物探査, バイオパイラシー《発展途上国の動植物を搾取的に探査する生物探査 (bioprospecting)》.
bío·plàsm *n* 〘生〙生形質, ビオプラスマ.
bío·plàsma *n* ビオプラズマ《ソ連の超心理学で仮定された, 生命体のまわりに存在するエネルギーの場》.
bío·plàst *n* 〘生〙原生体, ビオプラスト.
bìo·poiésis *n* 〘生〙《無生物からの》生命発生.
bìo·pólymer *n* 〘生化〙生体高分子, バイオポリマー《タンパク質・核酸・多糖など》.
bìo·prócess *n* 応用生物学的製法, バイオプロセス. ► *vt* 応用生物学的製法で処理する[作る].
bìo·próspect·ing *n* 生物探査, バイオプロスペクティング《医薬品などの有用成分を求めて動植物を探査すること》. ♦ **bìo·próspect** *vt* **bìo·próspector** *n*
bi·op·sy /báɪàpsi/ 〘生・医〙*n* 《実験・診断などのための》生検, 生体組織検査, バイオプシー; 生検材料. ► *vt* …に生検を実施する. [BIO-, OPSIS; *necropsy* などにならったもの]
bìo·psychólogy *n* 生体心理学 (PSYCHOBIOLOGY). ♦ **-psychológical** *a* **-psychólogist** *n*
bìo·reáctor *n* バイオリアクター《バイオテクノロジーを応用した装置で, 固定化酵素や微生物を利用して物質の分解・合成・化学変換などを行なう》.
bío·règion *n* 〘生〙自然の生態的群集を構成する地域[場所]. ♦ **bìo·région·al** *a*
bìo·régional·ìsm *n* バイオリージョナリズム《人間の活動は政治的国境ではなく, 生態学的・地理学的境界によって束縛されるべきであるとする考え方》. ♦ **-ist** *n*
bìo·remediátion *n* 生物的(環境)修復, バイオレメディエーション《微生物によって汚染物質を分解し, 環境を修復する技術》.
bìo·reséarch *n* 生物科学研究.
bìo·rheólogy *n* 生物レオロジー, バイオレオロジー《生体内における流体力学; 血流の研究など》.
bìo·rhýthm *n* 生体[生物]リズム, バイオリズム. ♦ **-rhýthmic** *a* **-rhythmícity** *n*
bìo·rhýthmics *n* バイオリズム研究, バイオリズム論[学].
BIOS /báɪàs/ 〘電算〙basic input/output system 基本入出力システム《キーボード・ディスク装置・表示画面などの入出力装置を制御するルーチンの集合; 通例 ROM 上に置かれる》.
bìo·sáfety *n* バイオセーフティー《生物学的研究における安全性》.
bìo·sátellite *n* 生物衛星《ヒト・動物・植物を搭載する》.
bìo·scíence *n* 生物科学, LIFE SCIENCE; 生物学 (biology). ♦ **-scientífic** *a* **-scíentist** *n*
bío·scòpe *n* 《初期の》映画映写機; «主に南ア» 映画(館).
bi·os·co·py /baɪáskəpi/ *n* 〘医〙生死鑑定.
bìo·secúrity *n* バイオセキュリティー, 生物防護《口蹄疫・鳥インフルエンザなどの感染の拡大を防止するための防護措置の総称》.
bío·sènsor /, ⌣ ⌣́⌣/ *n* バイオセンサー《生命過程についての情報を監視し伝達する装置, 《特に》酵素や抗体などの生体組織または生体分子を使って化学物質を検出するシステム》.
bío·shìeld *n* バイオシールド《無菌化処理後発射までの宇宙船遮蔽ケース》.
-bi·o·sis /baɪóusəs, bi-/ *n comb form* (*pl* **-ses** /-sìːz/)「(特定の)生き方」: sym*biosis*. [NL (BIO-, -OSIS)]
bìo·sócial *a* 生物と社会との相互作用の, 生物社会的な. ♦ **~·ly** *adv*
bío·sòlids *n pl* バイオ固形物, バイオソリッド《下水汚物をリサイクル処理した有機物; 肥料に利用される》.
bìo·speleólogy *n* 洞穴生物学.
bío·sphère *n* 〘生態〙生物圏《地殻を含む地球上および大気中の全生物生存圏; また その全生物》; バイオスフィア《生物圏を模した自給自足の人工環境・居住施設》. ♦ **bìo·sphéric** *a*
bìo·státics *n* 生物静力学 (opp. *biodynamics*).
bìo·statístics *n* 生物統計学《数理統計学を生物現象に適用》. ♦ **-statístical** *a* **-statistícian** *n*
bìo·stratígraphy *n* 生層序学, 生層位学《化石によって地層を分帯し, 結果を地域間で対比して相対的な地質年代を決めることを主目的とする地質学の一分野》; 岩石層での化石の配置, 生層序. ♦ **-stratigráphic** *a*
bio·strome /báɪəstròum/ *n* 〘地質〙層状生礁(せいしょう), バイオストローム《地層中の整然とした生物化石の層》.
bìo·sýnthesis *n* 〘生化〙生合成. ♦ **-synthétic** *a*
bìo·systemátics, -sys·tem·a·ty /-sɪstémәti/ *n* 〘生〙生物系統学, 種[生]分類学, バイオシステマティックス. ♦ **-sýstem·atist** *n* **-systemátic** *a*
BIOT °British Indian Ocean Territory.
bi·o·ta /baɪóutə/ *n* 〘生態〙生物相《fauna と flora を合わせた, 一地域の動植物》.
bio·tech /báɪoutèk/ *n* «口» BIOTECHNOLOGY 2.
bìo·téchnical *a* BIOTECHNOLOGICAL.
bìo·technólogy *n* **1** バイオテクノロジー《微生物のはたらき・遺伝子操作などの生物学的プロセスを産業・医療・環境対策などに応用する化学技術》. **2** 生物[生体]工学, ERGONOMICS. ♦ **-gist** *n* **-technológical** *a*
bìo·telémetry *n* 生体遠隔測定(法), バイオテレメトリー《動物[人]の位置・行動・生理状態などの遠隔測定》. ♦ **-telemétric** *a*
bìo·térror *n* [‹*a*›] BIOTERRORISM.
bìo·térrorìsm *n* バイオテロ《生物兵器を利用したテロ行為》. ♦ **-ist** *n, a*
bìo·thérapy *n* 〘医〙生物(学的)療法《生物体から得られる血清・ワクチン・ペニシリンなどによる療法》.
bi·ot·ic /baɪátɪk/, **-i·cal** *a* 生命の; 生物の; 生体の活動に起因する: ~ community 生物群集. [F or L<Gk (*bios* life)]
-bi·ot·ic /baɪátɪk, bi-/ *a comb form*「(特定の)生き方をする」: aero*biotic*, endo*biotic*. [↑]
biótic clímax 〘生態〙生物的極相.
biótic formátion 〘生態〙BIOME.
biótic poténtial 〘生〙生物繁栄能力.
bi·o·tin /báɪətən/ *n* 〘生化〙ビオチン《ビタミン B 複合体の結晶性ビタミン; 肝臓・卵黄などに含まれる》.
bi·o·tite /báɪətàɪt/ *n* 〘鉱〙黒雲母. ♦ **bì·o·tít·ic** /-tít-/ *a* [G; J. B. *Biot* (1774–1862) フランスの数学者・物理学者]
bio·tope /báɪətòup/ *n* 〘生態〙小生活圏, ビオトープ《特定の生物群集が生存しうる均一な環境をそなえた区域》.
bìo·tóxic *a* 生物毒の, 生体毒素の.
bìo·tóxicology *n* 生体毒素学.
bìo·tóxin *n* 生体毒素.
bìo·transformátion *n* 〘生理〙《ある化合物から異なる化合物への》生体内変化[変換].
bío·tròn *n* バイオトロン《環境条件を人為的に制御し, 中で生物を育てる装置; cf. PHYTOTRON》.
bio·tur·ba·tion *n* /bàɪoutərbéɪʃ(ə)n/ 〘地質・生〙生物擾乱(じょうらん), バイオターベーション《生物活動によって堆積構造が乱される現象; 浅海の未固結堆積物によくみられる》. ♦ **-tur·bát·ed** *a*
bío·type *n* 〘生〙生物型(けい), バイオタイプ《1) 同一の遺伝子型をもつ個体群 2) その遺伝子型, また その特徴》. ♦ **bio·týp·ic** /-típɪk/ *a*
bi·óvular *a* 〈双生児が〉二卵(性)の; 二卵性双生児に特有の (cf. MONOVULAR).
bìo·wárfare *n* 生物戦争, 細菌戦.
bío·wàste *n* バイオ廃棄物《生ゴミ, 畜産廃棄物, おがくず, 落ち葉など各種の有機性廃棄物》.
bío·wèapon *n* BIOLOGICAL WEAPON.
bí·pàck *n* 〘写〙バイパック《感色性の異なる 2 種のフィルムを重ね合わせたカラーフィルム; cf. TRIPACK》.
bi·paréntal *a* 両親の[に関する, から得た]. ♦ **~·ly** *adv*
bi·paríetal *a* 〘解〙二頭頂骨の: ~ diameter 大横径.
bip·a·rous /bípərəs/ *a* 〘動〙ふたごを産む, 双胎の; 〘植〙二生の, 二軸ある.
bi·pártisan, -zan *a* 二党[党派]の[からなる]; 二大政党提携の, 共闘の: a ~ foreign policy 《二大政党の》超党派外交. ♦ **~·shìp** *n* **~·ìsm** *n*
bi·par·tite /baɪpáːrtàɪt/ *a* 2 部[2 通]に分かれた, 〈契約書・条約など〉二通作成の; 二者分担[参加, 同意]の; 〘植〙二裂の〈葉〉. ★ 以下 tripartite (3), quadripartite (4), quinquepartite (5), sexpartite (6), septempartite (7), octopartite (8), multipartite (多). ♦ **~·ly** *adv* [L *bipartio* to divide into two parts]
bi·par·ti·tion /bàɪpaːrtíʃ(ə)n/ *n* 二通作成; 〘植〙二裂.
bí·pàrty *a* 二大政党の (two-party).
bí·pèd *n* 二足動物; 《四足動物の》一対の二本足. ► *a* 二足を有する (bipedal). [L; ⇨ PEDAL]
bi·pédal *a* 二足動物の; 二足を有する, 二足性…. ♦ **~·ly** *adv*
bi·pédal·ìsm *n* 〘動〙(直立)二足歩行, 二足性.
bi·pe·dal·i·ty /bàɪpədǽləti/ *n* BIPEDALISM.

B

bi·pétal·ous *a* 〔植〕 花弁が2つある, 二弁の.
bi·phásic *a* 2つの相をもつ, 二相の; 〔植〕 二相の《生活環の中に胞子体世代と配偶体世代の両方を有する》.
bi·phényl *n* 〔化〕 ビフェニル (=*diphenyl*) 《2つのフェニル基からなる無色の結晶化合物》.
bi·pínnate *a* 〔植〕 〈葉が〉二回羽状複葉の《羽状複葉が葉柄の両側にある》. ♦ **~·ly** *adv*
bí·plàne *n* 〔空〕 複葉機 (cf. MONOPLANE).
bí·pòd *n* 《自動小銃などを載せる》二脚の台.
bi·pólar *a* **1** 二極ある; 二つの極圏の, 〔生態〕 両極(性)の; 〔生〕 双極の〈神経細胞〉; 二極化した, 二大勢力に分化した〈世界など〉, 正反対の〈性質・見解〉. **2** 〔電〕 二極式の; 〔電子工〕 バイポーラの《P型, N型の両半導体を用いた; 正負両方の電荷担体を用いたトランジスターの[に関する]》. **3** 〔精神医〕 双極性の ♦ **bì·polárity** *n* 二極性; 〔生態〕 両極性. **~·ize** *vt* **bi·pòlar·izátion** *n*
bipólar (afféctive) disórder 〔精神医〕 双極性(感情)障害《躁状態と鬱状態が交互にあらわれる気分障害; 今日 manic depression に代わる用語として使われる》.
bip·py /bípi/, **bib·by** /bíbi/ *n* 《俗》《特定しない》身体の一部, 《特に》尻. ● BET one's **~**.
bí·prìsm *n* 〔光〕 (フレネルの)複プリズム (=*Fresnel biprism*).
bì·propéllant *n* 〔空〕 二元推進剤, バイプロペラント.
BIPS /bíps/ bank Internet payment system インターネットによる銀行口座決済システム.
bi·pýramid *n* 〔晶〕 両錐体 (DIPYRAMID). ♦ **bì·pyrámidal** *a*
bi·quádrate *n* 〔数〕 4乗したもの, 四乗冪(べき).
bì·quadrátic 〔数〕 *a* 四次の, 四乗冪の; 双二次の. ► *n* 四乗冪; 四次[双二次]方程式 (=**~ equátion**).
bi·quárter·ly *a* 3か月に2回起こる[発行の].
bi·quínary *a* 二五(にご)進法《二進法と五進法の併用》.
bi·rácial *a* 二人種《特に 黒人と白人》の[よりなる]. ♦ **~·ìsm** *n*
bi·rádial *a* 〔生〕 二放射相称の.
bi·rádical *n* 〔化〕 二端遊離基.
bi·rámous, -rámose *a* 二枝[二叉]よりなる, 二枝形の.
birch /bə́:rʧ/ *n* 〔植〕 カバノキ, カバ (=**~ trèe**) 《カバノキ属の各種》; 樺材, 真樺 (=**bírch·wòod**); [the] 樺の枝むち《何本かの枝を束ねたもの または1本の枝; 不良学童などを罰する》; [the] (枝むちによる)むち打ち. ► *a* 樺の; 樺材でできた. ► *vt* 枝むちで打つ, むち打つ. [OE *bi(e)rce*; cf. G *Birke*]
Birch バーチ **John ~** (1918–45) 《米国の宣教師・軍人; 第二次大戦中 中国で反日・反共のための諜報活動に従事, 戦後すぐに共産党の手で殺された; 彼の活動を記念して米国の反共組織 John Birch Society が創設された (1958)》.
bírch·bàrk *n* 樺の樹皮(で作ったカヌー).
bírch bèer バーチビール《スイートバーチ油・ササフラス油などで風味をつけた炭酸飲料》.
bírch·en 《古》 *a* BIRCH; 樺の枝むちの.
Bírch·er *n* JOHN BIRCH SOCIETY の会員[同調者]. ♦ **Bírch·ìsm** *n* **Bírch·ist, Bírch·ite** *n, a*
bírch fàmily 〔植〕 カバノキ科 (Betulaceae).
bírch pàrtridge 《カナダ》 RUFFED GROUSE.
bírch ròd 樺の枝むち (the birch).
bird /bə́:rd/ *n* **1** 鳥 《AVIAN *a*》; 猟鳥《シャコ・キジなど》; 《バドミントンの》羽根 (shuttlecock); *《俗》《軍人の階級章の》ワシ; CLAY PIGEON: A ~ in the hand is worth two in the bush. 《諺》 手中の一羽はやぶ中の二羽の価値がある《a bird in the hand は「現実の利益, 確実なもの」, birds in the bush は「不確実なもの」》/ *B~s* in their little nests agree. 《諺》 小さな巣の鳥たちは仲よくする《賛美歌の一節》/ It is a foolish [an ill] ~ that soils [fouls] its own nest. 《諺》 自分の巣をよごすのはばかな鳥だ《身近のこと[仲間]を大切にせよ》/ (as) free as a ~ 《口》 自由気ままで. **2 a** 《口》 人, やつ; 熱狂者; *《俗》 男の同性愛者, ゲイ, ホモ: a weird ~ 変なやつ / OLD BIRD, RARE BIRD. **b** ''《俗》 女の子, 娘, 女友だち, いい女, フィアンセ, 恋人: my ~ かわいい子. [burd との混同から] **3** 《俗》 誘導弾, 飛行機, ヘリ(コプター), ロケット, 人工衛星, 通信衛星, 宇宙船《など》. **4** ''《俗》 服役刑, 刑期, ムショ《韻俗 birdlime=time から》: do (one's) ~ ⇨ 成句. **5** [the] 《俗》 **a** 《観客・聴衆がたてる》あざけりの声, やじ; 舌を出して両唇の間でブーと音をたてるあざけり (RASPBERRY): give sb *the* ~ 人にブーイングを浴びせる, 罵倒する; 人に肘鉄を食わす; 人を首にする / get *the* (big) ~ やじられる, ブーイングを浴びる; 肘鉄を食う; 首になる. **b** *中指を立てて見せる侮蔑のしぐさ (FINGER): give sb *the* ~ =give sb the FINGER / flip (sb) the [a] ~. **6** 〔料理〕 詰め物を鶏肉などの薄切り肉で巻いて弱火で煮込んだ料理. **7** 〔ゴルフ〕 BIRDIE. ● **A little ~ told me (that...)** 《口》 (...だと)ある人から聞いた《秘密などの出所を明らかにしない言い方; *Eccles* 10: 20》: hear from *a little* ~ (*that* ...) / *A little* ~ whispered in my ear (*that*...). **~s of a feather** 同じ羽毛の鳥; [°*derog*] 似たような連中, 同類: *B~s of a feather* flock together. 《諺》 類をもって集まる, 類は友を呼ぶ. **do (one's) ~** ''《口》 服役する, 刑期をつとめる (⇨ *n* 4). **eat like a ~** ついばむほどしか食べない. **for the ~s** 《口》 つまらない, ばかげた, くだらない: That's (strictly) *for the ~s*. そんなのは全くばかばかしい. **have a ~** 《俗》 気が立っている, ひどくおこって[悲しんで]いる. **kill two ~s with one stone** 一石で二鳥を殺す, 一挙両得する. **like a ~** ほがらかに〈歌う〉; いそいそと〈働く〉; 《口》 〈機械・車が〉快調に. **make a (dead) ~ of...** 《豪》 ...を確保する. **on the ~** 《俗》 衛星放送で. **the ~ has [is] flown** 《口》《捜している》相手がいなくなった, 囚人が脱走した. **the ~s and the bees** 《口》《子供に教える》性の基礎知識.
► *vi* **1** 鳥を捕える, 鳥猟をする, 鳥を撃つ. **2** 野鳥を観察する, バードウォッチングをする.
[OE *brid*<?; 現在の語形は ME における音位転換による]
Bird 1 バード **Larry (Joe) ~** (1956–) 《米国のバスケットボール選手》. **2** バード《Charlie PARKER のニックネーム; Yardbird ともいう》.
bírd bànd* 《野鳥の標識にする》足環(あし), 足輪, リング (bird ring'').
bírd·bànd·ing* *n* 鳥類標識(法) (bird ringing'') 《移動状況調査のため鳥の脚に足輪を付けて放す》.
bírd·bàth *n* 小鳥の水浴び用水盤, バードバス.
bírd·bràin *n* 《口》 ばか, 軽率なやつ, 落ちつきのないやつ; SCATTERBRAIN. ♦ **~ed** *a*
bírd·càge *n* 鳥かご; 《俗》 さい振り壺; *《俗》 留置所, 安宿[どや]のねぐら; 〔アメフト〕 防護マスク. ● **have a** MOUTH **like the bottom of a ~**.
bírd·càll *n* 鳥が友を呼ぶ声; 鳥のまね声; 《鳥寄せの》鳥笛.
bírd chèrry 〔植〕 エゾノウワミズザクラ.
bírd cìrcuit 《俗》 ゲイバー巡り.
bírd-clàw *a* 鳥のつめのようにやせ細った.
bírd còlonel *《軍俗》 大佐 (CHICKEN COLONEL).
bírd còurse 《カナダ学生俗》 簡単に単位の取れる科目, 楽勝科目 (gut course).
bírd-dòg* 《口》 *vi* BIRD DOG をつとめる; 監視する. ► *vt* 懸命に捜し出す; しつこくあとをつけて探偵する; 細かく調べる; 〈人〉の恋人を横取りする.
bírd dòg* 1 鳥猟犬 (gundog). **2** 《口》 捜し屋, 《タレント・スポーツ選手などの》スカウト, 情報の聞き込み人, 探偵; 《俗》 デートの相手を横取りするやつ; *《俗》《ダンスパーティーの時に》若い女性に付き添う年輩の女性, お目付. **3** *《俗》 戦闘機, 要撃[迎撃]機; *《俗》《航空機の》自動方向探知器; *《軍学校俗》 軍規監視局.
bírd-dògging* 《口》 *n* じっと見張ること; デートの相手を横取りすること.
bírd-èat·ing spíder 〔動〕 トリクイグモ (tarantula).
bírd·er *n* 鳥類捕獲人; 野鳥(生態)観察者, バーダー.
bírd·èye *n* 〔植〕 プリムローズ; ''刻みタバコの一種.
bírd-èyed *a* 鳥のような眼を有する; 鳥目模様のある; 〈馬が〉驚きやすい.
bírd fàncier 愛鳥家; 小鳥屋.
bírd·fàrm *n**《軍俗》 航空母艦, 空母.
bírd flù AVIAN INFLUENZA.
bírd-fòot *n* (*pl* **~s**) 〔植〕 BIRD'S-FOOT.
bírd gràss 〔植〕 **a** ニワ[ミチ]ヤナギ (knotgrass). **b** オオスズメノカタビラ (rough bluegrass).
bírd·hòuse *n* 《小鳥の》巣箱; 《動物園などの大型の》鳥小屋, 鳥の家.
bírd·ie /bə́:rdi/ *n* **1** 《口》 (小)鳥さん, とっと; 女の子; *《バドミントンの》シャトル(コック) (shuttlecock); [*pl*]*《俗》 BIRD LEGS: Watch the ~! 小鳥さんを見て! 《写真を撮る合図のことば》. **2** 〔ゴルフ〕 バーディー《一つのホールで, 基準打数 (⇨ PAR[1]) より1打少ないスコア》. ● **hear the ~s sing** 《俗》《ノックアウトを食らって》意識がない, 《夢見ごこちに》のびている. ► *a**《俗》 ひどく変わった, 妙ちきりんな, けったいな (=*birdy*). ► *vt* 〈ホールを〉バーディーであがる.
birdieback ⇨ BIRDYBACK.
bírd·ing* *n* 野鳥観察, 探鳥, バードウォッチング.
bírd lèg *《俗》 細い脚.
Bírd·Lìfe Internátional バードライフ・インターナショナル《野性鳥類およびその生息環境の保護を目的に活動する国際的な非政府組織; 旧称 International Council for Bird Preservation》.
bírd·lìke *a* 《動きの軽快さ・造りのもろさなどで》小鳥のような, 小鳥をおもわせる.
bírd·lìme *n* **1** 鳥もち; 捕えるもの, わな. **2** ''《韻俗》 刑期 (time): do one's ~ おつとめをする. ► *vt* 鳥もちで捕える; ...に鳥もちを塗る.
bírd·lòre *n* バードロア《鳥類に関する事実と俗信》.
bírd lòuse 〔昆〕 ハジラミ (biting louse) 《鳥に寄生》.
bírd·màn /, -mən/ *n* 鳥類研究者; 野鳥観察者 (bird-watcher); 剝製師; 鳥を捕る[売る]人; (小)鳥を飼う人, (小)鳥の面倒をみる人; 《口》 鳥人, 飛行家 (aviator).
bírd nèsting 鳥の巣探し (bird's-nesting).
bírd of fréedom [the] 自由の鳥《米国国章のハクトウワシ; ⇨ BALD EAGLE》.
bírd of íll ómen 不吉の鳥; 常に不吉なことを口にする人, 悪い知らせを持ってくる人; 不運な人.
bírd of Jóve [the] ユピテルの鳥《ワシ》.
bírd of Júno [the] ユーノーの鳥《クジャク》.
bírd of Minérva [the] ミネルヴァの鳥《フクロウ》.

bírd-of-páradise *n* 〔植〕ゴクラクチョウカ, ストレリチア (=**bírd-of-páradise flòwer**)《南アフリカ原産》.
bírd of páradise 〔鳥〕フウチョウ科の各種の鳥《ニューギニアおよびその周辺の諸島産》; [the B- of P-] 〔天〕ふうちょう座 (風鳥座) (*L* Apus).
bírd of pássage 渡り鳥; 一時的滞在者, 放浪者.
bírd of péace 平和の鳥, ハト (dove). [Noah の洪水の話から]
bírd of préy 〔鳥〕猛禽 (=*raptor*)《ワシ・タカ類, 時に フクロウなど》.
bírd of Wáshington [the] BALD EAGLE.
bírd of wónder [the] 不死鳥 (PHOENIX).
bírd pèpper 〔植〕キダチトウガラシ, シマトウガラシ《米国南西部から南米北部にかけて産する野生の小さなトウガラシ》.
bírd rìngˈˈ BIRD BAND.
bírd rìngingˈˈ BIRDBANDING.
Bírd's /bə́ːrdz/ 〔商標〕バーズ《粉末状のカスタードの素》. [Alfred *Bird* (1811–78) 英国の化学者]
bírd sànctuary 鳥類保護区.
bírd's bèak 〔建〕鳥嘴(ちょうし)《仕口の一種》.
bírd·sèed *n* **1**《飼鳥用の》粒餌(つぶえ); *《俗》朝食用の乾燥シリアル; 《俗》はした金. **2** *《俗》[*euph*] ばかげたこと, ナンセンス《BS=bullshit から》.
Birds·eye /bə́ːrdzàɪ/ バーズアイ **Clarence ~** (1886–1956)《米国の実業家・発明家; 食品の急速冷凍法を開発; General Foods Co. を設立 (1924)》.
Bírds Èye 〔商標〕バーズアイ《米国製の冷凍食品》. [↑]
bírd's-èye *a* 上から見おろした, 鳥瞰的な; 概観的な; 鳥目模様の; BIRD'S-EYE MAPLE で作った. ► *n* **1** 〔植〕明るい色の小さな花をつける各種の植物: **a** BIRD'S-EYE PRIMROSE. **b** ˈˈGERMANDER SPEEDWELL. **2**《鳥目まだらのある》刻みタバコ; 《織物の》鳥目模様; 鳥目織り, バーズアイ; 《木材の》鳥目杢(もくめ)《斑点》; *《俗》薬(やく)入りの小さな包み.
bírd's-èye chílli バーズアイ(チリ)《辛味の強い小型トウガラシ》.
bírd's-èye máple **1** 〔植〕サトウカエデ材の一種《鳥目状の斑点がある》. **2** *《黒人俗》明るい褐色の肌をした黒人女《特に セクシーな女性》.
bírd's-èye prímrose 〔植〕セイヨウユキワリソウ《欧州・西アジア・モンゴル産》.
bírd's-èye spéedwell 〔植〕カラフトヒヨクソウ (germander speedwell).
bírd's-èye víew 鳥瞰図; 《口》概観, 大要.
bírd's-fòot *n* (*pl* **~s**) 〔植〕鳥の足に似た葉や花をもつ植物《特に 莢果が似ているマメ科のヒメツノウマゴヤシやミヤコグサなど》.
bírd's-fòot férn 〔植〕イヌウラジロシダ属のシダ《熱帯アメリカおよび米国太平洋岸産》.
bírd's-fòot tréfoil 〔植〕セイヨウミヤコグサ《欧州・地中海地域原産; マメ科》.
bírd's-fòot víolet 〔植〕トリアシスミレ《米国東部産; てのひら状に裂けた葉をつける》.
bírd·shìt *《俗》*n* やたらいばりちらすこと; くそおもしろくないこと, こうるさい規則 (chicken shit).
bírd shòt 鳥猟用散弾.
bírd's mòuth 〔木工〕樋部倉矧(ひぶくらはぎ).
bírd's-nèst *vi* 鳥の巣捜しをする《主に 卵をとるため》. ♦ **~·ing** *n* 鳥の巣捜し.
bírd's nèst **1** **a** 鳥の巣; 燕の巣, 燕巣(えんそう)《料理用》; 〔釣〕《リールの糸の》もつれ (backlash). **b** [B- N-] 鳥の巣《北京国家体育場の愛称; オリンピック北京大会 (2008) のメインスタジアム》. **2** 〔植〕**a** YELLOW BIRD'S NEST. **b** GIANT BIRD'S NEST.
bírd's-nèst férn 〔植〕シマオオタニワタリ《旧世界の熱帯に分布する常緑性のシダ; 木の幹に着生した葉の塊りが鳥の巣のように見える》.
bírd's-nèst fúngus 〔菌〕チャダイゴケ《同科の小型のキノコの総称》.
bírd's-nèst órchid [orchis] 〔植〕サカネラン《ラン科の腐生植物》.
bírd's nèst sòup 《中華料理の》燕巣スープ.
bírd·sòng *n* 鳥の鳴き声.
bírd's-pèpper *n* 〔植〕マメグンバイナズナ.
bírd spìder 〔動〕オオツチグモ, トリクイグモ (tarantula).
bírd strìke バードストライク《航空機と鳥の群れの衝突》.
Bírds·ville Tràck /bə́ːrdzvìl-/ [the] バーズヴィル道《South Australia, Queensland 両州の州境にある Birdsville から南西に進み, South Australia 州東部の鉄道の終点 Marree に至る乾燥と炎熱で悪名高い道路》.
bírd tàble 《庭などの》野鳥の餌台《特に 冬期の》.
bírd tùrd *《俗》*n* くだらないやつ, いやなやつ, いけすかないやつ, くそったれ, ばか野郎; あほらしいこと, ナンセンス (bullshit). ► *a* くだらない, いまいましい, いやな.
bírd wàlk 野鳥観察会, 探鳥行.
bírd-wàtch·er *n* **1** 野鳥観察者 (birder), 探鳥者, バードウォッチャー. **2** *《俗》ミサイルの発射試験を見守る人[記者]; ˈˈ《俗》《公園などで》女の子を眺めて楽しむ人.
bírd-wàtch·ing *n* 探鳥, バードウォッチング《野鳥の生態観察》. ♦ **bírd-wàtch** *vi*
bírd·wìng *n* 〔昆〕トリバネアゲハ, (古くは)トリバネチョウ《アジア・オーストラリアの熱帯地方にすむ大型の色あざやかなアゲハチョウ; トリバネアゲハ属のほか, アカエリトリバネアゲハ属, キシタアゲハ属を含む; cf. QUEEN ALEXANDRA'S BIRDWING》.
bírd·wòman *n* 《口》女性飛行家.
bírd-wòod *n* *《俗》マリファナ; 紙巻きタバコ.
bírdy *a* 鳥のような; 猟鳥の多い; 〈猟犬が〉鳥捜しのうまい; *《俗》BIRDIE.
bírdy·bàck, bírd·ie- *n* バーディバック《貨物を積載したトラックトレーラーの飛行機輸送; cf. PIGGYBACK》.
bì·refríngence *n* 〔光〕複屈折 (=*double refraction*). ♦ **bì·refríngent** *a*
bi·reme /báɪrìːm/ *n* 《古代ギリシア・ローマの》二橈漕(にとうそう)船《櫓を両舷それぞれ 2 段に配したガレー船》.
bi·ret·ta, ber·ret·ta /bərétə/ *n* 〔カト〕法冠, ビレッタ《聖職者の四角い法帽》. [It or Sp (dim)<L *birrus* cape]
Bir·git /bíərgət/, **Bir·git·ta** /bɪərgítə/ [Saint] 聖ビルイッタ《スウェーデンの修道女 Saint BRIDGET の別称》.
biri ⇨ BIDI.
biri(y)ani ⇨ BIRYANI.
birk[1] /bə́ːrk/ *n* 《スコ》BIRCH. ♦ **~·en** *a*
birk[2] ⇨ BERK.
Birk·beck /bə́ːr(k)bèk/ バークベック **George ~** (1776–1841)《英国の医師・教育家; London Mechanics' College (のちの Birkbeck College) を創設, 初代学長 (1823–41)》.
Bir·ken·head /bə́ːrkənhèd, ⏑⏑⏑/ **1** バーケンヘッド《イングランド北西部 Mersey 川河口に臨む市; 対岸は Liverpool; 造船業が盛んだったところ》. **2** バーケンヘッド **Frederick Edwin Smith,** 1st Earl of ~ (1872–1930)《英国の保守党の政治家・法律家; 法務長官 (1915–18), 大法官 (1919–22)》.
Bir·ken·stock /bə́ːrkənstɑ̀k/ 〔商標〕ビルケンシュトック《平底の革製サンダル》.
Birk·hoff /bə́ːrkɔ̀(ː)f, -kɑ̀f/ バーコフ **George David ~** (1884–1944)《米国の数学者; 微分方程式・天体力学などに業績がある》.
birk·ie /bə́ːrki, bíərki/ 《スコ》*n* 生意気な気取り屋; 男, やつ. ► *a* 《スコ》元気のいい, 活発な.
birl /bə́ːrl/ *vt* **1 a** 《米・スコ》〈硬貨を〉こまのようにくるくる回す (spin); 〈硬貨を〉拠出する. **b** *〈浮いた丸太を〉足でくるくる回す. **2** 《スコ》〈酒を〉つぐ, 〈人〉に酒を強いる (=*birle*). **3** 《口》からかう, やじる. ► *vi* **1** 《米・スコ》くるくる回転しながら進む; *《特に 丸太乗り競争に出て》丸太回しをする. **2** 《スコ》いっしょに酒を飲む, 飲み騒ぐ (=*birle*). ► *n* **1** 回転, 旋回; くるくる回る音, 旋回音, 回転音. **2** 《豪口》試み (⇨ BURL[2]), 《two-up などでの》賭け: have a ~ 賭けをする. ♦ **~·er** *n* [? (*birr*+*whirl*)]
birle /bə́ːrl/ *vt, vi* 《スコ》BIRL.
bírl·ing *n* 丸太乗り《浮いている丸太に乗って足で回転させる》.
Bir·man /bə́ːrmən/ *n* BURMAN; 〔猫〕バーマン《眼色と被毛はシャム猫に近いが足の先端が白いミャンマー産出の長毛の猫》.
Bir·ming·ham **1** /bə́ːrmɪŋəm/ バーミンガム《イングランド中西部 West Midlands 州の工業都市で, 英国第 2 の大都市; 俗称 Brum, 略 Birm.》. **2** /bə́ːrmɪŋhæ̀m/ バーミングハム《Alabama 州中北部の工業都市》.
Bírmingham Síx [the] バーミンガムの六人組《1974 年に英国 Birmingham の 2 軒のパブが爆破され 21 人の死者を出した事件の犯人とされた 6 人のアイルランド人; 1975 年に終身刑判決をうけたが無罪の主張を続け, 91 年に釈放された》.
Bír·nam Wóod /bə́ːrnəm-/ バーナムの森《スコットランド東部のかつての王室御料林; Shakespeare, *Macbeth* でこの森が動かなければ敗れることはないと魔女が Macbeth に予言した》.
bir·ne /bíərnə; bə́ːnə/ *n* ビルヌ, とっくり (BOULE[2]). [G]
Bi·ro /báɪəroʊ/ 〔英商標〕バイロー《ボールペン》. [László *Biró* (1900–85) ハンガリーの発明者]
Bi·ro·bi·dzhan /bɪ̀roʊbɪʤɑ́ːn, -ʤǽn/ ビロビジャン《**1)** シベリア東部にあるユダヤ人自治州 (Jewish AR) の別称 **2)** その州都》.
Bi·ron /bíːrɔ̀ːn/ ビロン **Ernst Johann ~** (1690–1772)《ドイツ人政治家; 本名 Büh·ren /*G* býːrən/; ロシア女帝 Anna (在位 1730–40) の下で恐怖政治を行なった》.
birr[1] /bə́ːr/ 《主にスコ》*n* 力, 勢い; 《特に》風の力, 攻撃の勢い; 強打, 攻撃; ビューンという回転音. ► *vi* ビューンと音をたてる[たてて動く]. [OE *byre* strong wind and ON *byrr* favoring wind]
birr[2] /bə́ːr, bíər/ *n* (*pl* ~, **~s**) ビル《エチオピアの通貨単位: =100 cents》. [Ethiopic]
birse /bíərs, bə́ːrs/ 《スコ》*n* 剛毛(の房), ひげ; 怒り.
birth /bə́ːrθ/ *n* **1 a** 出生, 誕生, 生誕 (NATAL *a*); 出産; 《古》生まれたもの: the date of one's ~ 生年月日 / place of ~ 出生地 / from (one's) ~ 生まれつき / at ~ 生まれた時は / She had two at a ~. ふたごを産んだ. **b** 《事物の》出現, 始まり, 起こり (origin): the ~ of a nation 国家の誕生. **2** 生まれ, 素姓, 家柄, 出自; よい家柄: a man of ~ and breeding 生まれも育ちもよい人 / a man of ~ 家柄のよい

人 / be of good [noble] ～ 良家[貴族]の出である / of no ～ 家柄のよくない, 身分の低い / A woman of no ～ may marry into the purple. 女は氏なくして玉の輿(こし)に乗る. ● **by ～** 生まれは; 生まれながらの. **give ～ to**…を生む; …の原因となる. ► *vt* **1** 起こす, 始める, 生み出す (originate). **2** 《英方・米口》 産む. ► *vi* 《英方・米口》子を産む, 出産する. ► *a* 生みの, 実の: one's ～ mother 実母. [ON *byrth*; ⇨ BEAR[2]]

bírth canàl 産道.
bírth certìficate 出生証明書.
bírth contròl 産児制限, 受胎調節; 避妊(具).
bírth-contròl pìll 経口避妊薬 (=*oral contraceptive, the pill* [*Pill*]).
bírth·dàte *n* 生年月日; 創設[創立]記念日.
bírth·dày *n* 《毎年の》誕生日, 《創立・創設などの》記念日 (cf. BIRTHDATE): When is your ～?—It's (on) December 18. / her 15th ～ / Happy ～ to you! / the ～ boy [girl] 《口》 今日が誕生日の男子[女子].
bírthday bòok 《知人・友人の》誕生日記入帳.
bírthday càke バースデーケーキ 《中に指輪などを入れておく古くからの習慣がある》.
bírthday hónours *pl* [the, °the B- H-] 〖英〗 御生誕記念叙位叙勲 《国王[女王]の公式誕生日に国家功労者に対して与えられる (baron, baronet, knight などの) 称号や勲章》.
bírthday sùit [*joc*] 素肌: in one's ～ まる裸で.
bírth dèfect 〖医〗 先天的欠損症 《口蓋裂・フェニルケトン尿症など》.
bírth·ing *n* 《特に 自然分娩で》 子を産むこと, 出産.
bírthing chàir 〖産科〗 分娩椅子 《座位出産のための椅子》.
bírthing pòol 水中出産用プール, バースプール.
bírthing ròom 出産室, 分娩室 《病院などの一区画で, 通例 分娩の際に家族や友人などが立ち会えるような家庭的雰囲気のある部屋》.
bírth·màrk *n* 母斑 (nevus); 特徴, 特質. ► *vt* [[u]*pass*] …にあざをつける.
bírth mòther 生みの母, 実母 (cf. ADOPTIVE mother, FOSTER MOTHER).
bírth·nìght *n* 生まれた日[誕生日]の夜; 《国王の》生誕祝賀.
bírth pàng [[u]*pl*] 陣痛; [*pl*] [*fig*] 産みの苦しみ.
bírth pàrent 実の親, 生みの親 (biological parent).
bírth pìll 経口避妊薬, ピル.
bírth·plàce *n* 生地, 出生地, 生家 《略 bpl.》, 生まれ故郷; [*fig*] 源, 発生地.
bírth·ràte *n* 出生率, 出産率.
bírth·rìght *n* 生得権 《長子相続権・相続[世襲]財産など》. ● **sell one's ～ for a mess of pottage** [**a pottage of lentils**] 一椀のあつもののために家督権を売る, 一時的利益のために永久的利益を手放す 《*Gen* 25: 29–34》.
bírth·ròot *n* 〖植〗 エンレイソウ属の各種草本 (trillium), 《特に》 PURPLE TRILLIUM 《ユリ科; アメリカ先住民は根を安産の薬とした》.
bírth sìgn 〖占星〗 誕生宮 《誕生時に太陽が通過していた宮》.
bírth·stòne *n* 誕生石 《生まれ月を象徴する宝石で, かつて霊力があるとされた》. ★ 各月の誕生石は次のとおり: 1 月 garnet; 2 月 amethyst; 3 月 bloodstone or aquamarine; 4 月 diamond; 5 月 emerald; 6 月 pearl, moonstone or alexandrite; 7 月 ruby; 8 月 sardonyx or peridot; 9 月 sapphire; 10 月 opal or tourmaline; 11 月 topaz or citrine; 12 月 turquoise, lapis lazuli or zircon.
bírth·wèight *n* 出生時体重, 出産体重.
bírth·wòrt *n* 〖植〗 ウマノスズクサ 《芳香をもつ根が安産の薬になるとされたウマノスズクサ属の各種のつる草》.
bírthwort fàmily 〖植〗 ウマノスズクサ科 (Aristolochiaceae).
Birt·wis·tle /bə́ːrtwìs(ə)l/ バートウィスル Sir **Harrison** ～ (1934–) 《英国の作曲家》.
bi·ry·a·ni, bi·ri·(y)a·ni /bìriɑ́ːni/ *n* 〖インド料理〗 ビリヤニ 《サフランかターメリック (turmeric) で香味をつけたライスといっしょに調理した肉[野菜]料理》. [Urdu＜Pers (*biriyān* fried)]
bis /bís/ *adv* 二回 《数字などが 2 度現われることを指示する》; 〖楽〗 反復して. ► *int* アンコール (encore). [It＜L＝twice]
bis- /bís/ *comb form* 「両方」「二(回)」 《主に化学用語》. [L ↑]
bis. bissextile. **BIS** °Bank for International Settlements ♦ 〖英〗°Department for Business, Innovation and Skills.
Bisayan ⇨ VISAYAN.
Bisayas ⇨ VISAYAN ISLANDS.
Bis·cay /bískèɪ, -ki/ VIZCAYA. ■ **the Báy of ～** ビスケー湾 《フランス西岸とスペイン北岸にはさまれた大西洋の入江》.
Biscaya ⇨ VIZCAYA.
Bis·cay·an /bɪskáɪən, -kéɪ-/ *n* **1** 《スペインの》 Vizcaya 県民, ビスカヤ人, バスク人. **2** バスク語 (Basque); 《バスク語の》 ビスカヤ方言. ► *a* BASQUE.
Bis·cáyne Báy /bɪskéɪn-/ ビスケーン湾 《Florida 州南東部 Miami の南西にある大西洋の入江; 南部は国立公園に指定されている》
bis·cot·ti /bəskɑ́ti/ *n pl* (*sg* **-cot·to** /-toʊ/) ビスコッティ 《アニスやハシバミで香りをつけたイタリア起源のクッキー》. [It]
bis·cuit /bískət/ *n* (*pl* **～s, ～**) **1 a** ビスケット 《通例 《英》 ではたねをふくらませずに焼いた焼き菓子 (クラッカー・クッキーの類), 《米》 ではベーキングパウダーなどでたねをふくらませて焼いた小さくて柔らかなまるいパン (スコーン (scone) の類) を指す》. **b** ビスケット色, [°*a*] きつね色(の). **2** 素焼. **3** 〖木工〗 ビスケット 《2 つの木材をその両側からはめ込んで接合する楕円形の木製薄片》. **4** [u]《軍俗》 《3 個で一人分となる》 茶色い四角のマットレス; 《音溝がプレスされる前の》 レコード盤原料塊 (preform); *《俗》 レコード; *《俗》 頭, 顔; *《俗》 コイン, 小銭; *《俗》 女; *《俗》 銃; *《黒人俗》 尻; *《俗》 小さい人, ちび. ● **take the ～** [u]《口》 take the CAKE. ♦ **～y** *a* [OF＜L BIS, *coctus* (pp) ＜*coquo* to cook)]
bíscuit tortóni /, bískwi-/ ビスキュイ・トルトーニ 《砕いたビスケットなどを載せたアイスクリーム》.
bíscuit wàre 素焼の器; 土器.
bis dat qui cito dat /bís dɑ́ːt kwi kítoʊ dɑ̀ːt/ 直ちに与えるものは 2 倍与える. [L; Francis Bacon のことば]
B-ISDN 〖通信〗 broadband ISDN.
bise /bíːz/ *n* アルプスおろし, ビーズ 《スイス・南フランス・イタリアで吹く Alps からの乾いた寒い北風[北東風]》. [F]
bi·sect /baɪsékt, ━━/ *vt* 二分する; 〖数〗 二等分する; 横切る, …と交差する (intersect, cross). ► *vi* 〈道が〉二つに分かれる; 交差する. ♦ **bi·séc·tion** /, ━━━/ *n* **bi·séc·tion·al** *a* **-al·ly** *adv* [L *sect- seco* to cut]
bi·sec·tor /báɪsèktər, ━━━/ *n* 二分するもの; 〖数〗 《線分・角などの》 二等分線.
bi·sec·trix /baɪséktrɪks/ *n* (*pl* **-tri·ces** /bàɪsektráɪsiz/) 〖晶〗 《光軸角の》 二等分線, 光軸角等分線; BISECTOR.
bi·ségment *n* 〖数〗 《線分の》 二等分された線.
bi·sérial *a* 〖植・動〗 二列(配列)の, 二連の.
bi·sérrate *a* 〖植〗 (二)重鋸歯(きょし)状の; 〖昆〗 〈触角が〉両側に鋸歯を有する, 双鋸歯状の.
bi·séxual *a* (男女[雌雄])両性の; 雌雄同体[同株]の; 両性の心性をもつ, 両性に対し性的欲求をもつ, 両性的な, 両性素質の (cf. MONOSEXUAL): a ～ flower 両性花 / ～ reproduction 両性生殖 / ～ libido 両性的リビドー. ► *n* 両性動物, 雌雄同体[同株] (hermaphrodite); 両性愛者. ♦ **bi·sexuálity, ～·ism** *n* **～·ly** *adv*
bish[1] /bíʃ/ *n* 《俗》 間違い, へま: make a ～. [C20＜?]
bish[2] *n* 《俗》 BISHOP.
Bish·kek /bɪʃkék/ ビシケク 《キルギス共和国の首都; 別称 Pishpek, 旧称 Frunze (1926–91)》.
Bi·sho /bíːʃoʊ/ ビショ 《南アフリカ共和国南部 Eastern Cape 州の町・州都; 旧 Ciskei の首都》.
bish·op /bíʃəp/ *n* **1** 監督, 司教, 主教 《キリスト教会の上位聖職者; プロテスタントでは「監督」, カトリックでは「司教」, 正教会・英国教会では「主教」と訳すのが通例; その管区は diocese という; 関連形容詞 EPISCOPAL; cf. ARCHBISHOP》; 〖モルモン教〗 監督; 〖仏教〗 僧正. **2** 〖チェス〗 ビショップ 《司教冠 (miter) 形で将棋の角行に当たるコマ》. **3** ビショップ 《ポートワインにオレンジとクローヴで香りをつけて温めた飲料》. **4** 〖鳥〗 キンランチョウ (=～ **bìrd**) 《ハタオリドリ科; アフリカ産》. [OE＜L＜Gk *episkopos* overseer; ⇨ EPISCOPAL]
Bishop ビショップ (1) **Elizabeth ～** (1911–79) 《米国の詩人; *North & South: A Cold Spring* (1955)》 (2) **John Michael ～** (1936–) 《米国の微生物学者; ノーベル生理学医学賞 (1989)》.
bish·op·ric /bíʃəprɪk/ *n* 監督[主教, 司教]職; 監督[主教, 司教]区; bishop の住まい; 〖モルモン教〗 監督会.
Bíshops' Bíble [the] 主教聖書 《Canterbury 大主教 Matthew Parker を主幹に国教会主教たちを委員として Great Bible を改訂したもの (1568); 欽定訳 (AV) の底本に指定された》.
bíshop's-càp *n* 〖植〗 **a** MITERWORT. **b** STAR CACTUS.
bíshop sléeve ビショップスリーブ 《下方が広く, 手首でギャザーして締めた袖》.
bíshop's lèngth 58×94 インチ大 《画布の大きさ》.
bíshop's-mìter *n* 〖昆〗 ウズラカメムシ.
bíshop's ríng **1** 司教[主教]の指輪 《右手中指にはめ, 教区と結婚している意を表わす》. **2** [B- r-] 〖気〗 ビショップ環 《火山爆発・核爆発などによる塵のため太陽周辺に現われる淡い赤褐色の光冠》.
bíshop súffragan SUFFRAGAN BISHOP.
bíshop's-wèed *n* 〖植〗 GOUTWEED.
Bisitun ⇨ BEHISTUN.
bisk ⇨ BISQUE[3].
Bis·kra /bískrə, -krɑː/ ビスクラ 《アルジェリア北東部 Sahara 砂漠北縁のオアシス町》.
Bis·la·ma /bɪslɑ́ːmə, bísləmɑ̀ː/ *n* ビスラマ語 《ヴァヌアツ (Vanuatu) の国語; 原地メラネシア語のピジン変種》.
Bis·ley /bízli/ ビズリー 《イングランド南部 Surrey 州の村; National Rifle Association の射撃場があって各種競技会が定期的に開かれ, 中でも Queen's Prize が有名》.
Bis·marck /bízmɑːrk/ **1** /*G* bísmark/ ビスマルク **Otto** (**Eduard Leopold**) **von ～, Fürst von ～** (1815–98) 《ドイツの政治家; プロイセン首相 (1862–90); ドイツ統一を遂行してドイツ帝国宰相となる (1871); 'the Iron Chancellor' (鉄血宰相) と呼ばれた》. **2** ビズマーク

《North Dakota 州の州都; Missouri 川に臨む》. ♦ **～·ian** *a*

Bísmarck Archipélago [the] ビズマーク諸島《New Guinea の北東にあり, パプアニューギニアに属する》.

Bísmarck hérring〔料理〕ニシンのマリネ.

Bísmarck Ránge [the] ビズマーク山脈《New Guinea 島北東部の山脈; 最高峰 Mt Wilhelm (4509 m)》.

Bísmarck Séa [the] ビズマーク海《New Guinea 北東海岸と Bismarck 諸島の間に広がる海》.

bis·mil·lah /bɪsmílə/ *int* 神かけて!《イスラム教徒の誓言》.

bis·muth /bízməθ/ *n*〔化〕ビスマス, 蒼鉛(そうえん)《金属元素; 記号 Bi, 原子番号 83》. ♦ **～·al** *a* [G *Wismut*<?]

bísmuth glánce 輝ビスマス鉱 (bismuthinite).

bis·mu·thic /bɪzmʌ́θɪk, -mjú:-/ *a*〔化〕ビスマス (V) の, 第二ビスマスの; ビスマスの.

bis·muth·in·ite /bɪzmʌ́θənàɪt, bízməθə-/ *n*〔鉱〕輝(き)蒼鉛鉱, 輝ビスマス鉱.

bísmuth·ous *a*〔化〕ビスマス (III) の, 第一ビスマスの; ビスマスの.

bísmuth oxychlóride〔化〕オキシ塩化ビスマス《主に おしろい·顔料用》.

bísmuth subchlóride BISMUTH OXYCHLORIDE.

bísmuth subnítrate〔化〕次硝酸ビスマス《医薬·うわぐすり用》.

bísmuth sub·sa·líc·y·late /-sʌ̀bsəlísəlèɪt/〔化〕次サリチル酸ビスマス《下痢止め薬; 胸やけ·消化不良·悪心にも用いられる》.

bi·son /báɪs(ə)n, *-z(ə)n/ *n* (*pl* ～)〔動〕バイソン, ヤギュウ (野牛)《アメリカバイソン (American bison [buffalo]) またはヨーロッパバイソン (wisent, European bison)》. [L<Gmc]

bi·son·tine /báɪs(ə)ntàɪn, *-z(ə)n-/ *a* バイソン (bison) の(ような).

Bisotun ⇨ BEHISTUN.

bis·phenol A /bís — éɪ/〔化〕ビスフェノール A《エポキシ樹脂·ポリカーボネート樹脂などの原料; 内分泌攪乱物質とされる》. [フェノール 2 分子 (bis) とアセトン (A) の縮合で生じることから]

bisque[1] /bísk/ *n* ビスク《テニス·クロッケー·ゴルフで弱いほうに与えられる 1 点, 1 ストロークのハンディキャップなど》. [F<?]

bisque[2] *n* 素焼の陶器[小像]; ビスク焼き《人形用などの素焼の白磁》; ビスク《素焼陶器の白っぽい肌色》. [BISCUIT]

bisque[3], **bisk** /bísk/ *n* ビスク《**1**) エビ[カニ, 鳥肉, 裏ごしした野菜など]のクリームスープ **2**) 砕いたクルミ または マカロン (macaroon) のはいったアイスクリーム》. [F<?]

Bis·quick /bískwɪk/〔商標〕ビスクイック《ホットケーキ·ビスケットなどを焼くための小麦粉ミックス》.

Bis·sau /bɪsáu/ ビサウ《ギニアビサウ西部の港町で, 同国の首都》.

bis·sel /bís(ə)l/ *n**《俗》ちょっと, 少し (bit). [Yid]

bis·sex·tile /baɪsékstəl, bɪ-, -tàɪl; bɪsékstàɪl/ *n, a* 閏年(うるうどし)(の)《略 bis.》: the ～ day =BISEXTUS.

bis·sex·tus /baɪsékstəs, bɪ-/ *n* 閏日(うるうび)《2 月 29 日》. [L *bissextus dies* (*sextus* sixth); 3 月 1 日の 6 日前の 2 月 24 日が閏年に 2 回あったことから]

bist /bɪst/ *v*《南西イング》BE の二人称単数現在形.

bi·stabílity *n* 双安定.

bi·stáble *a*〈回路が〉2 つの安定状態を有する, 双安定の.

bi·stàte *a* 二国(間)の, 二州(間)の; 国境の〈地域などが〉, 州境の.

bi·státic rádar バイスタティックレーダー《送信機と受信機との間に距離をおいたレーダーシステム》.

bis·ter | **-tre** /bístər/ *n* ビスタ《すすで造った絵画用着色顔料》; ビスタ色の水彩えのぐ; [°〈*a*〉] ビスタ色, 焦げ茶色. [F<?]

bís·tered | **-tred** *a* ビスタで着色した, ビスタ色の; 浅黒い.

Bis·to /bístou/〔商標〕ビスト《英国製のグレービーソース (gravy) の素; 粉末》.

bis·tort /bístɔ̀:rt, ─́─/ *n*〔植〕タデ属の各種の草本 (polygonum),《特に》イブキトラノオ (=*adder's-wort*). [F<L (*tortus* (pp)〈*torqueo* to twist)]

bis·tou·ry /bístəri/ *n*〔外科〕折り込みメス, 柳葉刀(りゅうようとう)《細長いメス》.

bistre ⇨ BISTER.

bi·stro /bí:strou, bís-/ *n* (*pl* ～**s**) ビストロ《**1**) 小さなレストラン[居酒屋, バー] **2**) ナイトクラブ》. ♦ **bi·stró·ic** *a* [F]

bi·súlcate *a* 溝が 2 本ある;〔動〕分趾(蹄)の (cloven).

bi·súlfate *n*〔化〕重硫酸塩.

bi·súlfide *n* DISULFIDE.

bi·súlfite *n*〔化〕重亜硫酸塩.

Bisutun ⇨ BEHISTUN.

bí·swing *a, n*〔服〕《動きを楽にするために》背の両わきにプリーツをつけた, バイスイングの(ジャケットなど).

bì·symmétric, -ical *a*〔植〕左右相称の.

bit[1] /bít/ *n* **1 a** くつわ;《くつわの》はみ: take the ～〈馬が〉はみを受ける. **b** 抑制[拘束](するもの). **2**《道具類の》先端部分;《錐(きり)·ドリルの》穂先, ビット; はんだごての先;《かんなの》刃; [*pl*]《やっとこなどの》つかむ部分;《鍵の》かかり, 歯;《パイプ·葉巻の》吸い口. ● **chomp [champ, chafe] at the ～** [通例 進行形で]《口》出発[前進, 開始]したがってじりじりする《もとは馬についていったもの》. **draw ～** 手綱を引いて馬を止める; 速力をゆるめる; 控えめにする. **off the ～**〈馬が〉はみをはずして《乗り手が手綱をゆるめて自由にギャロップするにまかせて》. **on the ～**〈馬が〉はみにかかって《乗り手が手綱を軽く引き締め, 馬が出走態勢が整って[スムーズに走って]》. **take [get, have] the ～ between [in] the [one's] teeth [mouth]** 決然として事に当たる; 反抗して手に負えない, 勝手な行動をする. ► *vt* (-tt-)〈馬〉にはみをふくませる; はみに慣らす; [*fig*] 抑制[拘束]する;〈鍵〉にかみ合わせの歯を刻む. [OE *bite* (⇨ BITE); cf. G *Biss*]

B

bit[2] *n* **1 a** 小部分, 小片;《食べ物の》ひと口, おいしいもの少々;《風景画の》小品; 少し, 僅少〈*of*〉. **b** 小銭; *《口》12 セント半: a sixpenny ～ 6 ペンス銀貨 / two ～**s** 25 セント (=a quarter). **2**《口》ちょっと(の間);《俗》懲役刑, 刑期. **3 a***《口》おきまりの出し物;《口》端役(はやく), ちょい役 (=*bit part*); *《俗》演じてみせること, まね, '演技'. **b**《口》[特定の限定語を伴って] (例の)しぐさ, ふるまい; *《ジャズ俗》姿勢, 生き方. **4**《口》〈…に関する〉こと, 事柄, 事態, 状況, (話の)部分, ところ〈*about, concerning*〉: I don't believe in this fitness ～. この手のフィットネスの話は信用できないね / Tell me the ～ *about* how you got into trouble. トラブった時のことを話してみて. **5** [*pl*]ᴴ《口》性器. **6**《俗》女, 女の子. ● **a ～** [〈*adv*〉] 少しだけ, いくらか, やや (a little): Wait *a* ～. ちょっと待て / I wish I were *a* ～ younger. もうちょっと若かったらよいのだが. **a ～ and a sup** 少量の食べ物. **a ～ much** 少し度がすぎる, ちょっとひどすぎる[やりすぎだ, 多すぎる]. **a ～ of…** 一片の…, 少量の…《a PIECE of… と同様, 一般に不可算名詞の前に用いられるが, それより「少量」の意が強く, いっそう口語的》: *a* ～ *of* land [patience, etc.] わずかな土地[忍耐など]. **a ～ of a…** やや…, ちょっとした…, ちっちゃな…;《口》かなりの (quite a)〈ばか〉: He is *a* ～ *of a* poet. 少し詩ができる. **a ～ of blood** 純血種(の馬). **a ～** OFF. **a ～ of** ROUGH. **a ～ of the action** =a PIECE of the action. **a ～ on the side**《口》浮気, 不義;《口》副収入: have *a* ～ *on the side* 浮気する. **a good [fair] ～** 相当長い間, 相当な量; ずっと〈年上など〉. **a little ～** わずかに《時として無意味な添えことば》. **a (little) ～ of** ALL RIGHT. **a nice ～ (of…)** かなりたくさん(の…). **a [sb's] (nice) ～ of goods [skirt, stuff, fluff, crumpet, tail, mutton]**《俗》(きれいな)女の子, (性的)魅力のある女;《俗》セックス. **～ by ～ =by ～s** 少しずつ, 徐々に. **～s and pieces [bobs]** はんぱもの;《会話などの》断片, はしばし;《俗》所有物, あれやこれや; *《俗》寄せ集め, 入りまじったもの, ごちゃごちゃしたもの. **～s of…** ちっぽけな〈家具·子供など〉. **do a ～**《俗》〈囚人が〉服役する;《俗》《ショーなどで》ちょい役を演じる. **do one's ～**《口》おのれの分を尽くす, 応分の寄付[奉仕]をする. EVERY **～**. **give sb a ～ of** one's MIND. **have a ～**《卑》性交する, アレする. **in ～s** ばらばら[こなごな]に (to pieces). **just a ～**ᴴ《口》[強意語] そのとおり, まさに. **more than a ～** かなり, 相当に. **not a ～ (of it)** 少しも…でない, とんでもない, どういたしまして. **not…one little ～** 少しも[全く]…ない. **quite a ～**《口》大いに, たくさん. **take a ～ of** DOING. **the whole ～**《口》(あれやこれや)すべて. **to ～s** ばらばら[こなごな]に; 細かく;《口》ひどく〈興奮する〉: fall *to* ～*s* こわれる, ばらばらになる / TEAR[2] *to* ～*s* / THRILLed *to* ～*s*. [OE *bita* (↑); cf. G *Bissen*]

bit[3] *v* BITE の過去·過去分詞.

bit[4] *n* ビット《**1**) 情報の基本単位 **2**) 二進法における 0 または 1 **3**)〔電算〕BAUD》. [*bi*nary dig*it*]

bi·tártrate *n*〔化〕酸性酒石酸塩, 重酒石酸塩.

bít bànger*《俗》細部まで責任をもって決定するコンピュータープログラム作成者.

bít-bùcket *n* [the]《俗》《想像上の》消えたデータの納まるところ: go into *the* ～〈データが〉消える.

bitch /bítʃ/ *n* **1**《犬·オオカミ·キツネの》雌. **2**《俗》 **a** [ᴴ*derog*] 女, いやな[意地の悪い, ふしだらな]女, あま, 'めす犬' (opp. *bastard*); *《自分の》女, スケ, ガールフレンド; *《トランプやチェスの》クイーン, 'めす'. **b** 意地[口]の悪いホモ[男], ホモ野郎; *迷惑な[手に負えない]野郎, むずかしいやつ. **c** いやなこと[もの], むずかしいこと[もの]; みごとなこと[もの]: a real ～ とてもむずかしい[いやな, 大変な] こと[やつ] / Life's a ～. 人生はままならない. **d** 不平, 不満, 文句. ● **a [one] ～ of a…**《俗》どえらい…, すごい…, とんでもない… (hell of a…). **It's a ～.***《俗》そりゃえらい[大変な]ことだ. **make a ～ of…**ᴴ《俗》…をだいなしにする. **pitch a ～**《俗》ぐちる, ぼやく. ►《口》*vi* 不平[文句]を言う (=～ and moan)〈*about* sth, *at* sb〉; みだら[意地悪]である. ►《俗》*vt* だいなしにする, ぶちこわす〈*up*〉; …にみだらなこと[意地悪]をする; だます (: ～ sb *out of* sth); …について不平を言う. ● **～ off** *《俗》おこらせる. ♦ **～·er** *n*《俗》不平家. [OE *bicce*]

bítch bòx INTERCOM; *《軍俗》ラウドスピーカー.

bítch·ery *n*《俗》意地の悪い[横柄な]ふるまい.

bítch gòddess [the]《世俗的·物質的な》成功.

bitch·in', bitch·en /bítʃən/, **bítch·ing***《俗》*a* すごい, すばらしい, 最高の; ひどい, 最悪の. ● **You guys bitchin'?** *《俗》やあやあ どうした, 元気にしてる? ► *adv* えらく, とても, すごく.

bítch kìtty*《俗》不愉快な女, 嫌われ女; *《俗》困難な[いやな]任務; *《俗》きわめてすばらしい[楽しい]もの, とてもいいこと. ● **It's a ～.** =It's a BITCH.

bítch làmp《ぼろぎれを灯芯にした空き缶利用の》簡易ランプ (=*slut lamp*).

bítch pàrty《俗》HEN PARTY.

B

bítch sèssion *《俗》BULL SESSION; *《俗》《職場集会などの》苦情提出集会.

bítchy *a* 《口》意地の悪い, 性悪な, たち[態度]が悪い, いやな, 文句の多い, 不機嫌な, 傲慢な; *《俗》すてきな, いきな, しゃれた (classy)《1930年代のことば》; 《俗》性的に挑発的な, セクシーな. ◆ **bítch·i·ly** *adv* **-i·ness** *n*

bite /báɪt/ *v* (**bit** /bít/; **bit·ten** /bítn/, **bit**) *vt* **1 a** かむ, かみ切る 〈*off*〉; 《刃物などで》切り込む, 刺し殺す; 〈カ・ノミなどが〉刺す (sting), 食う; 〈カニが〉はさむ; つかむ: ONCE *bitten*, twice shy. **b** 〈歯車が〉かみ合う, 〈錨が地に〉かかる, 〈万力が〉締めつける. **2** 〈寒さが〉…にしみる; 〈からしなどが〉刺激する; 〈霜などが〉いためる; 〈酸などが〉腐食させる, 食刻する. **3** [*pass*] 《口》だます; 《豪俗・米俗》…から金などをねだる[借りる] 〈*for*〉: ~ sb *for* money. **4** *《俗》 **a** 盗む, コピーする, まねする, パクる. **b** 逮捕する, パクる. **5** 《口》悩ます, 心配させる, いらいらさせる: What's *biting* [*bitten*] you? なにを悩んで[おこって]いるの, いったいどうしたの? ► *vi* **1** かむ, かみ[食い]つく 〈*at*〉; しっかりつかむ; 《すべらずに》安定する, ふんばりがきく; 〈歯車が〉かみ合う; 〈刀剣が〉手ごたえがある; 〈のこぎり・やすりなどが〉効く: If you cannot ~, never show your teeth. 《諺》かみつけないなら歯を見せるな《無理な威嚇はやめておけ》/ ~ into…に食い込む; 腐食する. **2 a** 〈酸が〉効く, 《食刻法》腐食する 〈*in*〉; ヒリヒリする, 刺激する, 効く. **b** 〈諷刺が・批判などが〉身にこたえる, 感情を傷つける; 〈政策・状況などが〉深刻な影響をもたらす. **3** 〈魚が〉餌に食いつく; 〈人が〉(だましに)ひっかかる, 手に乗る; 誘い[提案]に応じる. **4** 《口》《なぞなぞ・推測などで》わからないと認める, 降参する: I'll ~, who is it? 降参するよ, いったいだれなの?. **5** 《俗》〈人・動物が〉威嚇的な態度をとる, つっかかる. **6** *《俗》〈もの・ことが〉むかつく, 腹が立つ, ひどい (suck): That [It] ~*s*. それはひどい. ● **be (much) bitten over [with]**…に夢中になる[ほれ込む, かぶれる]. **~ at**…にかみつく[あたりちらす]. **~ back** 《唇をかんで》〈ことばを〉控える; 反撃に出る, 言い返す 〈*at*〉. **~ into**…にかぶりつく; 〈ひもなどが〉…に食い込む; 〈寒さなどが〉…の身にしみる; 〈酸が〉…の表面を腐食する. **B~ me [it, this]!** *《俗》うるせえ, 引っ込んでろ. **~ off** かみ切る, 食い取る; 〈番組を〉刈り込む. **~ off more than** one **can chew** 《口》手に余ることをもくろむ, 大仕事に手を出す. **~ off** one**'s own head** 人を害しようとしてかえってやられる. **~ on**…に食いつく; 《口》…のことをよく考える; *《俗》〈人の〉まねをする: have something to ~ *on* 取り組む[考える]べき問題がある. **~ (on) the** BULLET. **~ sb's head off** 《口》むきになって反駁する, 食ってかかる, あたりちらす. **~ the** BIG ONE. **~ the** DUST. **~ the hand that feeds** one 飼い主の手をかむ, 恩をあだで返す. sb **won't ~** 《口》〈人が〉怖くない.
► *n* **1 a** かむこと; 《釣》〈魚が〉餌につくこと, 食い, あたり; [*fig*] 誘惑に乗ること: at one ~ ひと口で / take a ~ at…にかみつく, かじる. **b** 《上下の歯の》咬合(こう); 《機》かみ合い, つかみ; 《工作機械の刃の工作物への》食い込み; 《やすり・ジッパーなどの》摩擦面. **2 a** ひとかじり; 《口》食べ物(のひと口); 少量; 軽食: a ~ of bread ひと口のパン. **b** *《口》《一回分の》支払額, 分担額 (cut); [the] *《俗》出費, 費用: TAX BITE. **c** 短い抜粋, 断片, SOUND BITE. **3 a** かみ傷, 咬創(こう), 刺傷; 凍傷; 《酸の》腐食(作用); 《銅版画版の》腐食液へのひとさらし. **b** 激しい痛み; 刺激性; 辛辣味. **c** 《文体などの》切れ味, 効力, 説得力; 《風・大気の》身にしむ寒さ. **4** 《古俗》詐欺(師), ペテン(師). ● **~ and sup** 簡単な食事. **~(s) at [of] a** CHERRY. **put the ~ on**…*《口》…から〈金などを〉借りよう[取ろう]とする, 強引に要求する 〈*for*〉. **take a ~ out of**…を大幅に減じる. [OE *bītan*; cf. G *beissen*]

bíte plàte 《歯》咬合床《プラスチックとワイヤーによる歯列矯正器》; 《歯》保定装置《歯列矯正後のあごまたは歯をその位置に保定する装置》.

bit·er /báɪtər/ *n* **1** かむ人[動物, もの]; [*pl*] *《俗》歯; すぐ餌に食いつく魚: Great barkers are no ~*s*. 《諺》ほえたてる犬はかみつかない. **2** [次の句以外では《廃》] だます人: The ~ is bitten [bit]. 《諺》だますつもりがだまされる, ミイラ取りがミイラになる. **3** *《俗》泥棒.

bíte-sìze, -sìzed *a* ひと口大の〈食べ物〉; とても小さい[短い], (小さくて)取り組みやすい分量の〈課題など〉.

bíte·wìng *n* 咬翼《歯科用レントゲンフィルムで, 上下の歯冠を同時に写すために付けられている翼状物》.

bít gàuge 《木工など》ビットゲージ《ある深さに達したときビットを止める装置》.

bít·grìnd·ing *n* *《電算俗》データの入力処理.

Bi·thyn·ia /bəθíniə/ ビテュニア《古代小アジア北西部 Marmara 海, 黒海に面してあった王国》. ◆ **Bi·thýn·i·an** *a, n*

bit·ing /báɪtɪŋ/ *a* かむ, 食いつく; 鋭い, 痛烈な; 身を切るような〈寒風〉; ヒリヒリする; 腐食性の: have a ~ tongue ひどい皮肉を言う. ◆ **~·ly** *adv* 刺すように; 痛烈に, 辛辣に. **~·ness** *n*

bíting hóusefly 《昆》サシバエ (stable fly).

bíting lòuse 《昆》ハジラミ (=*bird louse*).

bíting mídge 《昆》ヌカカ《ヌカカ科の蚊の総称; フィラリア病など各種伝染病を媒介》.

bít·màp *n* 《電算》ビットマップ《画像をディスプレー上のピクセルの行列[マトリックス]によって表わし, 各ピクセルのビットの組合わせで表現したもの; そのような画像表現方式》; ビットマップファイル.

bít·màpped *a* 《電算》ビットマップによる[された], ビットマップ形式の.

BITNET /bítnèt/ 《電算》BITNET《米国の大学間で広く使われた広域ネットワークの一つ》. [*B*ecause *I*t's *T*ime *Net*work]

Bi·to·la /bí:t(ə)ljà:/, **Bi·tolj** /bí:tòʊl(jə), -tɔ̀ɪ/ ビトラ (*Turk* Monastir)《マケドニア南部の市》.

bi·tónal *a* 《楽》2つの異なる調性を用いる, 複調性の, 両調性の. ◆ **bì·tonálity** *n*

bít pàrt 端役(はやく), ちょい役 (bit).

bít pàrty 《俗》HEN PARTY.

bít plàyer 端役, ちょい役.

bít ràte 《電算》ビット転送[処理]速度, ビットレート.

Bit·rex /bítrɛks/ 《商標》ビトレックス《洗剤などに添加するにがみのある合成有機化合物; 誤飲防止用》.

bit·ser ⇨ BITZER.

bít-slìce *a* 《電算》〈中央処理装置 (CPU) が〉ビットスライスの《8ビット, 16ビットなど処理単位の異なるユニットの組合わせで構成された》.

bít·stòck *n* 《回し錐(きり)の》回し柄 (brace).

bít·strèam *n* 《電算》ビットストリーム《バイト単位などでなくビット単位で送られるデータ》.

bit·sy /bítsi/ *a* 《口》ちっちゃい, ちびっちゃい, かわいらしい.

bitt /bít/ 《海》*n* 《船の甲板の》係柱, ビット; BOLLARD. ► *vt* 〈綱を〉係柱に巻きつける. [? LG; cf. LG, Du *beting*, ON *biti* beam]

bit·te /bítə/ *int* [依頼] どうか, すみませんが; [勧誘・許可] どうぞ; [謝辞などに対して] どういたしまして. [G]

bitten *v* BITE の過去分詞.

bit·ter /bítər/ *a* **1 a** にがい (opp. *sweet*). **b** 膚を刺す(ような), ひどい〈寒さ〉. **2** 痛恨の, 痛切な, つらい; 苦しい, 苦痛を伴う; 苦痛を表わした, つらそうな; 激烈な, 熱烈な; 憎悪に満ちた; 怒りがおさまらぬ思いで, くやしくて, 憤慨して; 手きびしい, 痛烈な; 皮肉っぽい, 恨みがましい: a ~ disappointment 激しい落胆 / ~ experience にがい経験 / ~ tears 悲痛の涙 / ~ enemies 恨み重なる敵同士 / a ~ smile にがにがしい笑い / ~ words 辛辣なことば[せりふ] / be [feel] ~ *about*… くやしい[肚のいえぬ]思いだ. ► *adv* BITTERLY: It's ~ cold. 身を切るように寒い. ► *n* **1** [the] にがさ, にがみ. **2** ″ビター (=**~ béer**)《ホップの効いたにがみビール; 普通は冷やさず飲む; cf. MILD》; [*pl*] ビターズ, 苦味酒, 苦味チンキ《薬草[香草]で香味付けした酒; カクテルなどの味付け用, また健胃剤》: gin and ~*s* ビターズ入りジン. **3** [°*pl*] 苦しさ, 苦: take the ~ with the sweet 苦も楽とともに受け入れる / the SWEETS and ~*s* of life. ► *vt* にがくする: ~*ed* ale にがみビール. ◆ **~·ly** *adv* にがく; ひどく, いたく; 痛烈に, 残酷に; にがにがしげに. **~·ness** *n* にがさ, にがみ; 苦しさ, 悲痛; 辛辣; いやみ, 皮肉. [OE *biter* <? Gmc **bītan* to BITE]

bítter álmond 苦扁桃, ビターアーモンド《1) 扁桃油・苦扁桃水の原料となる苦仁種のアーモンド 2) その木; cf. SWEET ALMOND》.

bítter áloes [<*sg*>] 蘆薈(ろかい)汁 (aloes).

bítter ápple 《植》COLOCYNTH.

bítter·brùsh *n* 《植》北米西部のバラ科の低木《冬期の重要飼料植物》.

bítter cassáva 《植》ニガキャッサバ《キャッサバの苦味種; 青酸の含有量が多い; 塊根は熱帯で重要な澱粉源》.

bítter·crèss 《植》タネツケバナ属の各種草本《アブラナ科》.

bítter cùp にがみ杯《quassia の木で作った杯; これを用いると飲み物ににがみが移る》.

bítter dógbane 《植》北米原産のピンクの花が咲くキョウチクトウ科バシクルモン属の多年草.

bítter ènd[1] 《海》《係索や錨鎖の船内側の》末端. [*bitter* turn of cable around the BITTS]

bítter énd[2] 最後の最後, 究極, 果て. ● **to [till, until] the ~** 最後まで(耐えて), 死ぬまで, あくまで〈戦うなど〉. ◆ **bítter-énd·er** *n* 《口》あくまで屈しない[主張をまげない]人. [↑; *bitter* (a) か]

bítter góurd 《植》ニガウリ (BITTER MELON).

bítter·ish *a* にがみをおびた, ほろにがい.

Bítter Lákes *pl* [the] ビター湖《エジプト北東部 Suez 地峡にある2つの連続する湖 Great Bitter Lake および Little Bitter Lake》.

bítter lémon″ ビターレモン《レモン風味の炭酸飲料》.

bit·ter·ling /bítərlɪŋ/ *n* 《魚》ヨーロッパタナゴ. [G]

bítter mélon 《植》ニガウリ, ツルレイシ, ゴーヤ (=*balsam pear*, *bitter gourd*, *karela*).

bit·tern[1] /bítərn/ *n* 《鳥》**a** サンカノゴイ《同属の各種; サギ科》. **b** ヨシゴイ《同属の各種》. [OF *butor*]

bittern[2] *n* 《化》にがり, 苦汁. [*bittering*; ⇨ BITTER]

bítter·nùt (hìckory) 《植》ビターナット《北米東部原産クルミ科ペカン属の高木; 果核がにがい》.

bítter órange 《植》ダイダイ (⇨ SOUR ORANGE).

bítter píll にがい丸薬. ● **a ~ (to swallow)** しなければならないいやなもの[事].

bítter pít 《植》《リンゴ・ナシなどの》苦痘病《果実に褐色の斑点を生じる》.

bítter prìnciple 《化》苦味質《植物体中のにがみ成分》.

bítter·ròot *n* 《植》赤い美しい花が咲くスベリヒユ科レウィシア属の多年草《北米西部原産; 根はインディアンが食用とする》.

Bítterroot Ránge [the] ビタールート山脈《Rocky 山脈の一部で

Idaho 州と Montana 州の境界をなす》.

bítter rót 〘植〙炭疽病, 苦腐れ病.

bítter·swèet *a* 〈味など〉ほろにがい, 〈チョコレートが〉甘みをおさえた; 楽しくまたつらい; 濃い赤みがかった色の. ▶ *n* **1** にがみのまじった甘さ, 苦痛を伴う喜び. **2**〘植〙**a** セイヨウヤマホロシ (=*woody nightshade*)《ヒヨドリジョウゴに似たナス科の半つる性多年草; ユーラシア・北アフリカ原産, 北米にも帰化; 花は青紫, 果実は卵円形で赤色, 植物体は有毒》. **b** 北米産ニシキギ科ツルウメモドキ属のつる性落葉低木. **3** 濃い赤みがかったオレンジ色. ♦ **~·ly** *adv* **~·ness** *n*

bítter·wèed *n*〘植〙にがみを含んだ各種の植物《ヒメムカシヨモギ・ブタクサ・マツバハルシャギクなど》.

bítter·wòod *n*〘植〙ニガキ《熱帯産; 健胃剤 '苦木末' を採る》; ニガキ, カシア木(ぼく), カッシア (quassia).

bít·ting *n*《錠に差し込む》鍵の合い形, きりぬき.

bit·tock /bítək/ *n*《スコ》わずか (a little bit).

bit·ty[1] /bíti/ *a* **1**"[°*derog*] 小部分からなる, 断片の寄せ集め的な, まとまりのない. **2**〈液体など〉皮[沈澱物など]のある: ~ milk 上皮のできた牛乳 / ~ paint おりのあるペンキ. ♦ **bít·ti·ness** *n* [*bit*[2]]

bitty[2] *a**《幼児・口・方》ちっちゃい (cf. LITTLE BITTY). [(*little*) *bitty*＜? *little bit*]

bi·tu·men /bət(j)úːmən, baɪ-; bítʃə-/ *n* **1 a** 瀝青(れきせい), ビチューメン; 《古代小アジアでセメント・モルタルとして使った》アスファルト. **b** アスファルトから製する透明褐色顔料[塗料]; 暗褐色. **2** [the]《豪口》アスファルト道路, [the B-] ザ・ビチューメン《Northern Territory の Darwin と Alice Springs を結ぶ道路》. ♦ **bi·tú·mi·nòid** *a* [L]

bi·tu·mi·nize /bət(j)úːmənàɪz, *baɪ-/ *vt* 瀝青化する; …にアスファルトを混ぜる; 瀝青で処理する; 〈放射性廃棄物を〉アスファルト固化する. ♦ **bi·tù·mi·ni·zá·tion** *n*

bi·tu·mi·nous /bət(j)úːmənəs, *baɪ-/ *a* 瀝青質の; 瀝青炭の.

bitúminous cóal 瀝青炭, 軟炭 (=*soft coal*).

bitúminous páint ビチューメン塗料《さび止め・防水用ペイント》.

bít·wìse *a, adv*〘電算〙ビットに関する[関して], ビットごとの[に].

bit·zer, bit·ser /bítsər/《豪口》*n* 雑種犬; 寄せ集めて作ったもの. [*bits* and pieces]

bì·uníque *a*《2 つの集合の項の間で》両方向に一対一の対応関係がある; 〘言〙二方向唯一性の《音素表示と音声表示とが一対一の対応関係にある》. ♦ **~·ness** *n*

bi·u·ret /bàɪjərét, ⌣⌣⌐, baɪjúərət/ *n*〘化〙ビウレット (=*allophanamide, carbamylurea*)《尿素を加熱して製する化合物で, 無色の針状晶》. [*bi-, -uret*]

bi·va·lence /baɪvéɪləns, bívə-/ *n*〘化・生〙二価; 〘論〙《真または偽の》二値: principle of ~〘論〙二値原理. ♦ **-len·cy** *n*

bi·vá·lent /, bívə-/ *a*〘化〙二価の; 〘生〙二価(染色体)の. ▶ *n*〘生〙二価染色体.

bí·vàlve *n* 二枚貝. ▶ *a* 二枚貝の; 〘植〙〈果実など〉両弁の. ♦ **bí·vàlved** *a*

bi·váriate *a*〘数・統〙二変数の.

biv·ou·ac /bívuæ̀k, -vwæ̀k/ *n* 露営(地), 野営(地), ビバーク; 野宿(の場所); 《廃》《奇襲に対する》夜の警戒: go into ~ 露営する. ▶ *vi* (**-acked; -ack·ing**) 露営する; (一時的に)避難する. ▶ *vt* …に一時的な宿営所を提供する. [F＜?G *beiwacht* (BY, WATCH)]

biv·vy /bívi/《俗》*n* 小さなテント[避難所]. ▶ *vi* 野営[露営]する 〈*up*〉. [*bivouac*]

bi·wéek·ly *a, adv* 隔週の[に] (fortnightly)《刊行物では多くこの意味》; 週 2 回の[に]《輸送スケジュールなどでは多くこの意味; ほかでは SEMIWEEKLY を用いる》. ▶ *n* 隔週刊行雑誌; 週 2 回の刊行物 (semiweekly).

bí-wìring *n*〘音響〙バイワイヤリング, バイワイヤ接続《音質向上のため低音用と高音用のスピーカーをそれぞれ別のケーブルでアンプとつなぐ配線》.

bi·yéar·ly *adv, a* 2 年に一度(の) (biennial(ly)); 年に 2 度(の)《この意味では semiyearly, semiannual(ly), biannual(ly) を用いる》.

Biysk, Biisk /bíːsk/ ビースク《ロシア, 西シベリア南部, Altay 地方東部の市》.

biz /bíz/ *n*《口》BUSINESS, 業界; 《俗》麻薬用の注射器具(一式); 〘インターネット〙biz《ニュースグループの一つ; 新商品情報などを扱う》: the rag ~ 服飾業界 / SHOWBIZ / ~ speak ビジネスことば, 業界語 / Good ~! すてきだ, うまい! ● **be the ~**"《口》今はやりだ.

bi·zarre /bəzáːr/ *a* 奇怪な (grotesque), 一風変わった, 変てこな; 〈色・スタイルなど〉とっぴな; 奇想天外の〈結末など〉. ▶ *n* 不規則な縞(しま)模様の花. ♦ **~·ly** *adv* **~·ness** *n* [F=handsome, brave ＜Sp and Port＜Basque=beard]

bi·zar·re·rie /bəzàːrəríː/ *n* 怪奇(なもの), グロ. [F]

bi·zar·ro *a, n* /bəzáːrou/*《口》BIZARRE, 奇抜な(もの), 突拍子もない(もの).

bizazz ⇨ BIZZAZZ.

Bi·zer·te /bəzɔ́ːrti; *F* bizɛrt/, **Bi·zer·ta** /bəzɔ́ːrtə/ ビゼルト《チュニジア北部の港町; ビゼルト湖 (**Láke ~**) に通じる水路の入口に位置し, 地中海に臨む》.

Bi·zet /bizéɪ; bíːzèɪ; *F* bizɛ/ ビゼー **Georges ~** (1838–75)《フランスの作曲家; オペラ *Carmen* (1875)》.

bi·zónal *a* 二国共同統治地区の; [B-]《第二次大戦後の西ドイツの》米英二国両占領地区の.

bí·zòne *n*《政治・経済的に一単位をなす》二地区, 《特に》二国共同統治地区. [逆成＜↑]

bi(z)·zazz /bəzǽz/ *n**《俗》PIZZAZZ.

biz·zy /bízi/ *n*"《俗》ポリ公, おまわり, デカ (busy).

BJ Bachelor of Journalism.

Björ·ne·borg /bjɔ́ːrnəbɔ̀ːri/ ビエルネボリー《PORI のスウェーデン語名》.

Bjørn·son /bjɔ́ːrns(ə)n/ ビョルンソン **Bjørnstjerne Martinius ~** (1832–1910)《ノルウェーの詩人・劇作家・小説家; ノーベル文学賞 (1903)》.

BJP〘インド〙Bharatiya Janata Party インド人民党《民族主義政党》.

bk (*pl* **bks**) bank ♦ (*pl* **bks**) book ♦ break ♦ brook. **Bk**〘化〙berkelium. **bkg** banking ♦ bookkeeping. **bkgd** background. **bklr** °black letter. **bks** banks ♦ barracks ♦ books. **bkt** basket ♦ bracket.

BL /bìːél/ BL《かつての英国国有の自動車メーカー; 前身は民族資本系会社の合併になる British Leyland Motor Corp.》.

bl barrel(s). **bl.** bale ♦ black ♦ block ♦ blue. **BL, B/L**〘商〙°bill of lading. **BL** Bachelor of Law(s) ♦ Bachelor of Letters ♦ baseline ♦ breadth-length ♦ °British Legion ♦ °British Library ♦〘医〙°Burkitt's lymphoma.

blaas·op /bláːsɔ̀p/ *n*《アフリカ》フグ (globefish). [Afrik]

blab /blǽb/ *vi, vt* (**-bb-**) 〈秘密を〉ペラペラしゃべる 〈*off, out, around*〉; くだらないことをしゃべる. ▶ *n* おしゃべり(する人). ♦ **bláb·by** *a* [imit; (v)＜(n)]

bláb·ber *vi, vt, n* ペチャクチャしゃべる; おしゃべり《人・行為》.

blábber·mòuth *n*《口》おしゃべり, 秘密をしゃべる者. ▶ *vt*《俗》〈秘密を〉ペラペラしゃべる.

black /blǽk/ *a* **1 a** 黒い, 黒い色の; 〈手・衣服などが〉(黒く)よごれた; 〈空・深い水などが〉黒ずんだ, どす黒い, 暗黒の (dark); 〈コーヒー・紅茶が〉ミルク[クリーム]を入れない, ブラックの; まっ暗な; 〈スキーのスロープが〉上級者向けの, むずかしい《黒い標識で示される; cf. GREEN》: (as) ~ as coal [the devil, ebony, ink, pitch, soot] まっ黒で / (as) ~ as the ace of spades《口》まっ黒で, ひどくきたない / The devil is not so ~ as he is painted.《諺》悪魔も絵に描かれるほどまっ黒ではない《全くの悪人というものはいない》. **b** 黒衣の; 皮膚の黒い, 浅黒い, [°B-] 黒人の, アメリカ黒人(特有)の, 《豪》アボリジニーの; 黒毛の, 青毛の〈馬〉: the ~ [*B*~] races 黒色人種 / ~ literature《アメリカ》黒人文学 / ~ music / BLACK ENGLISH / This is a ~ store.「この店は黒人の店です」《しばしば 黒人による略奪防止のための掲示》. **c***《商売など》黒字の (opp. *red*). **2 a** 希望[光明]のない, 暗い (gloomy), 重苦しい; 不吉な; 《文学などの分野で》冷酷でグロテスクな諷刺の (cf. BLACK COMEDY, BLACK HUMOR): ~ despair 暗澹(あんたん)たる絶望 / a ~ outlook 暗い見通し / look on the ~ side 悪い面ばかり見る, 悲観する. **b**《宣伝で》敵国(民)の士気低下をねらった (cf. BLACK RADIO); 秘密情報作戦の; 機密扱いの. **3 a** 険悪な, むっとした; 肚黒い, 邪悪な; 悪魔の, 魔術の: (as) ~ as thunder [thundercloud] ひどくおこって / ~ in the face《努力・激怒で》顔が紫色になって, 血相を変えて / get ~ looks from…にむっとされる, …の不興をこうむる / a ~ lie 害意を含んだうそ. **b** 不名誉な, 非難さるべき: ~ ingratitude よくよくの恩知らず. **c** 闇値の; 闇取引の. **d**"《労働組合による》ボイコットの対象の〈仕事・商品など〉; "スト破り (blackleg) の, スト破りによってなされる. **4** 太くて低い, 野太い〈声〉. **5***《口》生粋の, 全くの. ● **He is *not* as [so] ~ as he is painted.** 評判ほど悪い男ではない《悪魔をまっ黒に描くことから; cf. 1a 諺》. **go ~**《気絶して》〈あたりが〉まっ暗になる. **look ~** むっとしている, にらむ 〈*at, on*〉; 〈事態が〉険悪である.

▶ *n* **1** 黒, 黒色; 黒えのぐ, 黒色染料, 黒インキ, 墨: Two ~*s* do not make a white.《諺》人もやっているからといって自分の悪事が正当化されるわけではない. **2** 黒いもの: **a** [°B-] 黒人, アメリカ黒人 (Afro-American)《今日では軽蔑語ではない; cf. NEGRO, NIGGER》; 《豪》アボリジニー (Aborigine). **b** 黒衣, 黒装束; [《スコ》では *pl*] 喪服; 《馬の》黒毛, 青毛; 黒毛[青毛]の馬; 黒菌: be in ~ 黒い服[喪服]を着ている. **c** [the] 《簿記の》黒字 (⇨ 成句); 黒色斑点, 黒いしみ. **d** [°B-]《チェス・チェッカーの》黒(の持ち手); 《snooker 用の》黒ボール; 《ルーレットの》黒(の仕切り); 《弓の標的の》黒い輪《中心から 3 番目》. **e** クロスグリ (black currant) のリキュール, カシス. **3** 暗黒, 闇. **4** [the]"《労働組合による》ボイコット. ● **bat down on ~s***《放送俗》《白文字をのせるために》テレビ画像の黒を一様のトーンにする. BLACK AND WHITE. **~ or white** 白か黒か, 《二者中で》徹底的にどちらかに. **in the ~**《商売が》黒字で: get [go] *into the* ~ 黒字になる. **prove that ~ is white=talk ~ into white=swear ~ is white** 黒を白と言いくるめる. **put the ~ on…**《俗》…をゆする (blackmail). **put up a ~**"《俗》(ひどい)間違いをする.

▶ *vt* **1** 黒くする, よごす; 〈靴など〉磨く; 〈ストーブなど〉に黒磨きをかける; なぐって〈人の目〉に黒いあざをつくる. **2**"〈労働組合が商品・業務など〉のボイコットを宣言する. **3**《俗》ゆする (blackmail). ▶ *vi* **1** 黒くなる; 靴[ストーブなど]を磨く. **2**"ボイコットする. ● **~ out** (1) 黒で塗りつぶす, 暗くする[なる]; …の明かり[電気]を消す, 灯火管制する; 〈地域を〉停電にする; 〘劇〙(舞台を)暗転する. (2) 一時視覚[意識, 記憶]を失わせる[失う]. (3)〈ラジオ送信を〉妨害する, 〈電話・送信が〉だめになる; 《戦時にニュースの》報道管制をする; *〈スポーツイベント[特定地域]の〉《テレビ》放送を停止する (cf. BLACKOUT); ストをしてテレビの放映を止める. (4) 消す, 消し去る (blot out). (5) 止める, 停止する; 〈バーゲンセール・割引などを〉一定期間停止する[撤回する].
[OE *blæc*<?; cf. OHG *blah* black]

Black 1 ブラック (1) **Hugo (La Fayette)** ~ (1886–1971) 《米国の政治家・法律家; 合衆国最高裁判所陪席裁判官 (1937–71); Bill of Rights を重んじ, 憲法を厳密に解釈した》 (2) Sir **James (Whyte)** ~ (1924–2010) 《英国の薬理学者; ノーベル生理学医学賞 (1988)》. **2** [the] BLACK RIVER.

bláck advánce *《遊説先についてまわっての》選挙演説妨害.

bláck África ブラックアフリカ《アフリカ大陸, 特に Sahara 以南の黒人が優勢な部分》.

bláck álder 〘植〙 **a** 北米東部原産のモチノキの一種 (winterberry). **b** セイヨウイソノキ《欧州原産クロウメモドキ科の落葉低木》.

black·a·moor /blǽkəmùər/ [ᵘ*derog*] *n* 黒人, 《特に》アフリカ黒人; 色の黒い人. [-*a*-<?]

bláck-and-blúe *a* 《打撲で》青黒くなった, 青あざになった; 《口》精神的に傷を負った.

bláck-and-tán *a* 〘犬〙〈テリヤなどが〉黒地に褐色のぶちの; [ᵒBlack-and-Tan] *白人と黒人の比例代表制を唱える (opp. *lily-white*); 白人・黒人両方が頻繁に出入りする. ► *n* 白人・黒人両方が出入りするナイトクラブ.

bláck and tán 1 [ᵒB- and T-] 〘米史〙《南部の》白人と黒人の比例代表制を唱えた共和党員. **2** ᴵᴵエールで割った黒ビール; *《俗》白黒混血の人; 黒地に褐色のぶちの動物, 〘犬〙 MANCHESTER TERRIER.

bláck-and-tàn cóonhound 〘犬〙 ブラックアンドタンクーンハウンド《被毛が黒と褐色の, アライグマ猟用の大型犬》.

Bláck and Táns [the] 〘英史〙 ブラック・アンド・タンズ, 黒茶組《Sinn Fein 党に率いられた民衆の反乱 (1919–21) を鎮圧するためアイルランドに派遣された, 英国政府が臨時召集した特別警察隊; 残虐非道ぶりで悪名高い; カーキ色と黒色の制服を着用していた》.

bláck-and-tàn térrier MANCHESTER TERRIER.

bláck-and-whíte *a* 書き物[印刷物]になった; 黒と白(と)の(ぶちの); ペン画の; 単色の; 白黒の〈写真・テレビ〉; 白か黒[善か悪, 右か左]かと割り切った, 単純明快な〈判断など〉.

bláck and whíte 1 墨絵, セピア絵; 印刷, 筆写, 黒白の複写; 《テレビの》白黒像, モノクロ写真. **2** *《口》警察(の車); *《俗》バニラアイスクリーム入りチョコレートソーダ[チョコレートミルクセーキ]; *《俗》クリームを添えたコーヒー. **3** 《韻俗》夜, 今夜 (night, tonight). ● **in ~** (1) 書き物[書面]にして, 印刷して: put down *in* ~ 〈契約などを〉書面[文書]にする. (2) 善か悪かで, 白か黒かで: see sth *in* ~ 〈物事を〉単純に割り切って考える / evidence *in* ~ 明白な証拠.

bláck-and-whíte wárbler 〘鳥〙 シロクロアメリカムシクイ《北米産; 樹幹を走る》.

Bláck Ángus 〘畜〙 ABERDEEN ANGUS.

bláck ápe 〘動〙 クロザル《Celebes 島産》.

bláck árt [ᵒthe ~s] 《邪悪な》魔法, 黒魔術, 妖術 (black magic); [*joc*] 肚黒い手法.

black-a-vised /blǽkəvàɪst, -zd, -vì:st/ *a* 《古・方》暗い顔つきの, 顔の浅黒い.

bláck-bàcked gúll 〘鳥〙 背の黒いカモメ (cf. GREAT [LESSER] BLACK-BACKED GULL).

bláck-bàg jób *《口》《連邦捜査官などの》情報入手のための不法侵入.

bláck·bàit·er *n* *《俗》黒人につらく当たる人間.

bláck·bàll *vt* …に反対投票する, 《特に》〈人〉の入会に反対票を投ずる; 《クラブから》除名する, 《社会から》排斥する; ボイコットする. ► *n* 《新加入などへの》反対投票; 《反対投票を示す》黒球. ♦ **~·er** *n* 反対投票者.

bláck báss 〘魚〙 ブラックバス《北米原産サンフィッシュ科オオクチバス属の数種の淡水魚; 特に LARGEMOUTH BASS と SMALLMOUTH BASS; 釣用, 食用》.

bláck béan 1 《ラテンアメリカ地域で食される》黒いインゲンマメ, ブラックビーン; 《日本料理などで使う》黒豆. **2** 〘植〙 モレトンワングリ (= *bean tree, Moreton Bay chestnut*) 《豪州北東部原産のマメ科の常緑樹; 種子は食用, 材は家具用》.

bláck bèar 〘動〙 **a** アメリカグマ, アメリカクロクマ. **b** ツキノワグマ, ヒマラヤグマ (=*Himalayan black bear*).

bláck béarberry 〘植〙 ウラシマツツジ《北極圏のツツジ科の落葉小低木》.

Bláck·bèard 黒ひげ《大西洋[アメリカ沿岸]を荒した英国の海賊 Edward Teach (1680–1718) の俗称》.

bláck béast BÊTE NOIRE.

Bláck Béauty ブラックビューティー《Anna Sewell 作の同名の小説 (1877) の主人公・語り手である馬》.

bláck bèetle 〘昆〙 ORIENTAL COCKROACH.

bláck-bèllied plóver 〘鳥〙 ダイゼン (大膳) (=*gray plover*) 《チドリ科の猟鳥; 全北区に分布》.

bláck bèlt 1 **a** 《土壌が肥沃な》黒土帯, [the, ᵒthe B- B-] 《Alabama, Mississippi 両州の》沃土地帯. **b** [the, ᵒthe B- B-] 《都市・米国南部の》黒人地帯. **2** /ˊ‒ ˊ‒/ 〘柔道など〙 黒帯(の人); 達人 (expert).

bláck·bèrry /, -b(ə)ri; -b(ə)ri/ *n* 〘植〙 ブラックベリー (1) キイチゴ属の黒または黒紫の果実; 食用 2) その木; セイヨウヤブイチゴなど; ⇨ BRAMBLE): (as) plentiful as ~. ► *vi* ブラックベリーを摘む: go *~ing*.

bláckberry lìly 〘植〙 ヒオウギ《アヤメ科》.

Bláck Bétsy 《野球俗》バット.

bláck bíle 〘中世医学〙 黒胆汁《憂鬱の原因と考えられた; ⇨ HUMOR》; 憂鬱.

bláck-bìlled mágpie 〘鳥〙 アメリカカササギ.

bláck bíndweed 〘植〙 ソバカズラ《欧州原産のタデ属のつる草》.

bláck bírch 〘植〙 北米産のカバノキ: **a** SWEET BIRCH. **b** RIVER BIRCH.

bláck·bìrd *n* **1** 雄がまっ黒な各種の鳴鳥: **a** ᴵᴵクロウタドリ《欧州・北アフリカ・東南アジア産のツグミ; ヒタキ科》. **b** *ムクドリモドキ科の各種, 《特に》クロムクドリモドキ (grackle) 《北米産》. **2** 〘史〙 奴隷船に誘拐されたカナカ人[黒人]. ► *vi* [ᵘ~ing] 《奴隷にするため》カナカ人[黒人]をさらう. ► *vt* 誘拐して奴隷として売る. ♦ **~·er** *n* 奴隷貿易の従事者; 奴隷船. **~·ing** *n*

bláck·bòard *n* 黒板.

bláckboard jùngle 暴力教室, 暴力学園.

bláck·bódy, bláck bódy *n* 〘理〙 黒体 (=*full radiator*) 《すべての波長の放射を完全に吸収する仮想物体》.

bláckbody radiàtion 〘理・天〙 黒体放射.

bláck bòok えんま帳, ブラックリスト帳, 要注意人物名簿; *《俗》女友だちの住所録 (=*little black book*); *《俗》好ましい人物[事物]の(秘密)リスト; *《俗》敵対的企業買収の方法・事例のリスト. ● **in sb's ~s** 人ににらまれて, 人に評判が悪くて.

bláck bóttom 1 ブラックボトム《尻を激しくくねらせて踊るダンス; 1920 年代に米国で流行》. **2** 《米国南部の町の》黒人が居住する低地帯.

bláck bóx 《口》ブラックボックス (1) 内部の構造を考慮せずユニットとして見た回路網; 一般に, 中身の全然わからない装置 2) 航空機に取り付けるフライトレコーダー 3) 地下核爆発探知の封印自動地震計); 《俗》秘密, 機密.

bláck·bòy *n* 〘植〙 ススキノキ (⇨ GRASS TREE).

bláck bréad 黒パン《ライ麦製》.

bláck-bròwed *a* まゆの濃い; 陰気な[こわい]顔をした.

bláck brýony 〘植〙 ヤマノイモ科タムス属のつる性多年草 (⇨ BRYONY).

bláck búck 〘動〙 **a** ブラックバック (=*sasin*) 《インド産の中型羚羊》. **b** SABLE ANTELOPE 《アフリカ産》.

bláck búlgar 〘菌〙 ゴムタケ《柄のないカップ状の黒いキノコ》.

bláck bún 《スコ》ブラックバン《パイ生地などで包んだ, こってりした黒っぽいフルーツケーキ; 新年に食べる》.

Black·burn /blǽkbərn/ 1 ブラックバーン《イングランド北西部 Manchester の北北西にある市》. **2** [Mount] ブラックバーン山《Alaska 州南部 Wrangell 山地の最高峰 (4996 m)》. **3 Elizabeth H(elen)** ~ (1948–) 《オーストラリア生まれの米国の生物学者; ノーベル生理学医学賞 (2009)》

bláck·bùtt *n* 幹の下部の樹皮が黒ずんだユーカリノキ.

bláck bútter 〘料理〙 BEURRE NOIR.

bláck cáb ᴵᴵブラックキャブ《英国の公認タクシー; その運転手は公的な審査に合格し, 組織化されている》.

bláck cálla 〘植〙 ブラックカラー《サトイモ科アラム属》.

bláck cámp *《俗》《囚人の大半が黒人の》黒人刑務所.

bláck·càp *n* **1** 〘鳥〙 頭部の黒い鳴鳥, 《欧州の》ズグロムシクイ, 《アメリカの》CHICKADEE, 《北米の》WILSON'S WARBLER. **2** 〘植〙 *クロミキイチゴ (black raspberry) (=~ **ràspberry**); 〘植〙 ガマ (cattail).

bláck càp 《英国の裁判官が儀式などの際にかぶる四角い》黒帽《かつては死刑宣告の際にも着用した》.

bláck-cápped *a* 〈鳥が〉頭部の黒い, 頭黒(ずぐろ)の.

bláck-càpped chíckadee 〘鳥〙 アメリカコガラ (=*willow tit*) 《シジュウカラ科; 北米東部産》.

Bláck Cárib ブラックカリブ (GARIFUNA).

bláck cásh *《俗》BLACK MONEY.

bláck cáttle 《古》黒牛《スコットランド種およびウェールズ種の食用牛》.

bláck cáucus * [ᵒB- C-] 《議会などにおける》黒人市民権運動家グループ.

bláck chérry 〘植〙 **a** SWEET CHERRY. **b** ブラックチェリー《北米原産のサクラ属の落葉高木; 白い花を総状花序につけ, 果実はジャムなどに利用; 材は家具・パネル・楽器などに使用》. **c** 黒実サクランボの木.

bláck·còat *n* [ᵘ*derog*] 聖職者, 牧師; ᴵᴵ事務職者, 知的職業人; *《俗》葬儀屋. ♦ **bláck-còat·ed** *a* ᴵᴵ事務職の, 知的職業の.

bláck·còck *n* 〘鳥〙 BLACK GROUSE 《特に その雄》.

bláck cód 〘魚〙 ギンダラ (sablefish).

bláck còde [ᵒB- C-] 〘米史〙 黒人法, 奴隷法 (1) 南部の奴隷州で奴隷制を規制していた南北戦争前の州法 2) 南北戦争直後に旧アメリカ(南部)連合国 (Confederate States of America) の州で新たに解放された奴隷の自由を制限し，白人優位を維持することを目的とした立法).

bláck cóffee ブラックコーヒー (=*café noir*)《ミルク・クリームを入れないコーヒー; cf. WHITE COFFEE》.

bláck cóhosh〔植〕ブラックコホッシュ, アメリカショウマ《キンポウゲ科サラシナショウマ属の多年草; 米国東部地方原産》.

bláck cómedy ブラックコメディー《ブラックユーモアを特徴とする喜劇》.

bláck cónsciousness《南ア》《黒人差別政策と戦っていくという》黒人としての(政治的)自覚, 黒人意識.

bláck cótton, bláck còtton sóil 黒綿土, レグール《Deccan 高原の玄武岩に由来する黒い草原土壌》.

Bláck Còuntry [the] ブラックカントリー《イングランド中部の Birmingham を中心とする大工業地帯; Black の名称は黒煙と煤から》.

bláck ców *《俗》ルートビアーフロート《root beer とバニラアイスクリームで作るソーダ飲料》; *《俗》ROOT BEER; *《俗》チョコレートミルク; *《俗》バニラアイスクリーム入りチョコレートソーダ (black and white).

bláck cráppie〔魚〕ブラッククラッピー (=*calico bass, speckled perch, strawberry bass*)《Mississippi 川流域主産の食用・釣魚用のサンフィッシュの一種》.

bláck-crèst·ed mónkey〔動〕SIMPAI.

bláck-cròwned níght hèron〔鳥〕ゴイサギ《ほぼ全世界に分布する夜行性のサギ》.

bláck cúrrant〔植〕クロ(フサ)スグリ《欧州原産; 果実はジャム用, また cassis の原料》.

bláck·dàmp *n*《炭坑内の》窒息ガス (=*chokedamp*).

bláck déath [ᵒthe B- D-] 黒死病《14 世紀にアジア・ヨーロッパに流行した疫病; 腺ペストと考えられ, ヨーロッパの人口の約 3 分の 1 が犠牲になったといわれる》; ペスト.

bláck díamond〔鉱〕黒ダイヤ (CARBONADO[1]); [*pl*] 石炭; 黒褐色赤鉄鉱; *《スキーのゲレンデの》上級者向けスロープ[コース]《黒い菱形のマークで標示される》.

bláck díet 囚人に水も食料も与えない刑罰, 断食刑.

bláck diséase〔獣医〕《羊の》伝染性壊死(ᵉ)性肝炎.

bláck dísk ブラックディスク《CD に対して, 昔ながらのレコード盤》.

bláck dóg 憂鬱, 気落ち, 落ち込み: under the ～ (気が)ふさいで.

bláck dráft 複方センナ(合剤), ウィーン飲料《下剤》.

bláck dúck〔鳥〕ガンカモ科の黒い鳥: **a** アメリカガモ《北米北部産》. **b** クロガモ (scoter). **c** クビワキンクロ (ring-necked duck). **d** マミジロカルガモ《豪州・ニュージーランド産の猟鳥》.

bláck dwárf〔天〕黒色矮星《光を全く放出しない矮星》.

bláck éagle〔鳥〕**a** クロコシジロイヌワシ《アフリカ産》. **b** イヌワシ (golden eagle) の幼鳥.

bláck-èared búshtit〔鳥〕オオグロヤブガラ《北米南部・中米産》.

bláck éarth 黒色土 (CHERNOZEM).

bláck ecónomy 闇の経済, 隠し所得の経済《主たる勤務以外の内職や非合法経済活動などによる税務申告されない収入, および企業・個人の隠し所得 (過少申告) が形成する経済; GNP に含まれない》.

bláck·en *vt, vi* 黒くする[なる], 暗くする[なる]; 汚名をきせる, 悪く言う, そしる. ● **～ the picture** 人[もの]を実際よりも悪く言う, あしざまに言う. ♦ **～·er** *n*

bláck énd〔植〕《特に セイヨウナシの》尻腐れ病.

bláck·ened *a* 唐辛子とスパイスをまぶしフライパンで強火で料理した.

Bláck Énglish《米国の》黒人英語.

bláck·en·ing *n* BLACKING.

Black·ett /blǽkət/ ブラケット **Patrick Maynard Stuart ～** (1897–1974)《英国の物理学者; ノーベル物理学賞 (1948)》.

bláck éye 1《打たれて[ぶつけて]できた》目のまわりの黒あざ;《口》ひどい打撃, 恥, 不名誉, 悪評; 敗北, 挫折: give sb a ～ 人をなぐって目のまわりにあざをつくる / give a ～ to... *...の信用[評判]を落とす / get a ～ なぐられて目のまわりにあざができる; 評判[信用]を落とす. **2** 虹彩のまっ黒な眼. ♦ **bláck-èyed** *a*

bláck-èye(d) péa [béan]〔植〕ササゲ (cowpea).

bláck-èyed Súsan〔植〕**1** 花の中心部が黒いキク科オオハンゴンソウ属の草本 (=*yellow daisy*): **a** アラゲハンゴンソウ, マツカサギク《北米中部・東部産; Maryland 州の州花》. **b** ルドベッキアセロティナ《米国南東部産》. **2** ヤハズカズラ《熱帯アフリカ原産のつる性植物》.

bláck·fàce *n* 黒綿羊; 黒人に扮した役者; 黒人の扮装[メイクアップ]; [ᵒ⟨*a*⟩]〔印〕肉太活字(の) (boldface).

bláck·fàced *a* 顔の黒い; 陰気な顔をした;〔印〕肉太活字の, ボールドの.

bláck·fèllow *n*《やや古》オーストラリア先住民, 黒人.

bláckfellow's bréad《豪》黒人のパン (=*native bread*)《サルノコシカケ科の大型菌の菌核; アボリジニーが食用とする》.

bláck-fìgure *n*〔美〕《古代ギリシアの》黒絵[黒像](式の壺)《絵柄を黒で描いたもの》.

bláck·fìn *n*〔魚〕北米五大湖産のコクチマス.

bláck·fìsh *n* **1**〔動〕ゴンドウクジラ (=*black whale, pilot whale*)《マイルカ科ゴンドウクジラ属の 2 種; マゴンドウクジラ, コビレゴンドウ》. **2**〔魚〕黒色の魚《スズキ, TAUTOG など》,《シベリアや Alaska の湖・川にすむ》クロウオ《外観はカワカマスに似る》; 産卵直後のサケ.

bláck-flág *vt*《ブラックフラッグで》〈ドライバーを〉ピットストップさせる.

bláck flág [the]《黒地に頭蓋骨と 2 本の交差した骨を白く抜いた》黒旗, 海賊旗 (Jolly Roger);《昔の死刑終了合図の》黒旗;《一般に》黒旗, 黒地の旗;〔自動車レース〕黒色旗, ブラックフラッグ《ルール違反のペナルティーとしてドライバーにピットストップを命じる旗》.

B

bláck·flỳ *n* 黒色[暗褐色]の昆虫,《特に》ブユ (=*buffalo gnat*), アザミウマ (thrips), アブラムシ (aphid).

Bláck·foot *n* **a** (*pl* -**fèet**, ～) ブラックフット族《大平原北西部の先住民; Montana 州および Alberta 州南部に住む; 近縁の Piegan, Blood, Siksika の 3 集団が同盟をなしていた》. **b** ブラックフット語《Algonquian 語族に属する》.

bláck-fòot·ed álbatross〔鳥〕クロアシアホウドリ (=*gooney, gooney bird*)《北太平洋産》.

bláck-fòoted férret〔動〕クロアシイタチ《北米内陸部草原産》.

Bláck Fórest [the] シュヴァルツヴァルト (*G* Schwarzwald)《ドイツ南西部 Baden-Württemberg 州の森林地帯》.

Bláck Fòrest cáke [gâteau] ブラックフォレストケーキ, シュヴァルツヴェルダー・キルシュトルテ《生クリームのはいったチョコレートケーキ; 時にはキルシュで香りをつけ, サクランボをはさみ込んだり上に載せたりしてある》.

Bláck Fríar〔カト〕ドミニコ会修道士《黒の修道服から; cf. BLACK MONK》.

Bláck Fríday a 黒の金曜日 (Good Friday)《キリストの受難を記念する復活祭前の金曜日で, 司祭は黒の祭服を着用することから》. **b** 魔の金曜日《不幸なできごとのあった金曜日》. **c** *黒字の金曜日《感謝祭の翌金曜日; クリスマス商戦の火ぶたが切って落とされる日》.

bláck fróst 黒霜《水蒸気が少なく気温が非常に低いときの霜で, 植物の葉・芽を黒くする; cf. WHITE FROST》.

bláck gáme〔鳥〕黒い猟鳥,《特に》BLACK GROUSE.

bláck gáng *《俗》機関室の船員たち.

bláck ghétto 黒人細民街, 黒人ゲットー.

bláck gínger 皮付きショウガの乾燥根茎 (=*coated* [*unpeeled, unscraped*] *ginger*) (opp. *white ginger*).

bláck gnát ブラックナット《マス釣り用の黒い毛針》.

bláck góld *《口》石油 (petroleum); *《口》ゴム (rubber).

bláck grám〔植〕URD.

bláck gróuse〔鳥〕クロライチョウ《西アジア・欧州産》.

black·guard /blǽgərd, -gɑ̀ːrd, blǽkgɑ̀ːrd/ *n* 不良, ごろつき, 悪党; 口ぎたない人;《廃》《貴族の屋敷・王家の》炊事場の使用人. ► *a* BLACKGUARDLY. ► *vt* ののしる, 罵倒する. ► *vi* げすのようにふるまう. ♦ **～·ism** *n* ならず者の言行,《特に》下品な物言い. **～·ly** *a, adv* ならず者の, 下品な; げすのように.

bláck guíllemot〔鳥〕ハジロウミバト《ウミスズメ科; 夏羽は黒色で翼に大きな白斑がある; 冬羽はほぼ白いまだら模様》.

bláck gúm〔植〕ヌマミズキ《北米東部原産》.

Bláck Hánd 黒手団《**1**) 19 世紀末から 20 世紀初頭に New York 市で活動したイタリア人の秘密犯罪結社 **2**) 19 世紀スペインの無政府主義者組織》; [ᵘb- h-] 秘密暴力[犯罪]組織. ♦ **bláck-hànd·er** *n*

bláck hát *《口》*n*《西部劇などの》悪党, 悪者, 悪役, 悪いやつ (cf. WHITE HAT); 悪党のしるし. ● **wear [put on] a ～** 悪党ぶりを発揮する, 悪党のようにふるまう. ► *vi* 悪役になる, 悪役をする.

bláck háw〔植〕黒い実のなるガマズミ属の低木.

Bláck Hàwk ブラックホーク (1767–1838)《アメリカ先住民 Sauk 族および Fox 族の指導者; 本名 Ma-ka-ta-i-me-she-kia-kiak; 土地の明渡しを拒んだため, 民兵・政府軍との戦闘 (1832) となり悲劇的な敗戦を喫した》.

bláck·hèad *n* 頭の黒い各種の鳥,《特に》スズガモ; 面皰(ᵐᵉⁿᵖᵒ), にきび (comedo);〔獣医〕黒頭病 (=*enterohepatitis*)《原虫によって起こる七面鳥などの伝染病》; 淡水魚のうろこ・えらについたムラサキガイなどの幼生.

bláck-hèad·ed grósbeak〔鳥〕チャバライカル《北米西部産; 雄の成鳥は頭部が黒い》.

bláck-hèaded gúll〔鳥〕頭部の黒い各種のカモメ (=*sea crow*) 《laughing gull など》.

bláck·hèart *n*〔植〕《野菜の》芯腐れ,《ジャガイモの》黒色芯腐れ;〔園〕黒サクランボ.

bláck·héart·ed *a* 肚黒い, 邪悪な (evil). ♦ **～·ly** *adv*

bláck héat〔理〕黒熱(温度)《赤熱(温度) (red heat) のすぐ下の温度で, ここで鉄・鋼が黒変する》.

Blàck·héath ブラックヒース《London 南東部の共有地; かつて追いはぎ (highwaymen) の出没で知られた》.

Bláck Hílls *pl* [the] ブラックヒルズ《South Dakota 州西部と Wyoming 州北東部にまたがる山群; 最高峰 Harney Peak (2207 m); ⇨ RUSHMORE》.

Bláck Hístory Mònth 黒人歴史月間《米国・カナダでは 2 月, 英国では 10 月に行なわれる黒人の歴史に関する月間啓蒙活動》.

bláck hóle 1〔天〕ブラックホール《超高密度・超強重力のため, 光や電波でもそこにはいったら脱出できないような領域で, 恒星進化の最終段階の一つとされる》. **2 a** ブラックホール《ものが跡形もなく消えてしまうところ; もの[金]を吸収・消費するばかりで何も産出しない怪物的存在》: a financial ～ 財政的ブラックホール《金ばかりかかって利益を生みそうもない事業・企画》. **b** 何もない[無の]空間: go into a ～ 行方不明になる, 消える. **c** «口»《望みのない》暗い穴(のような状況). **3** きたならしく狭苦しい場所; [the B- H-] BLACK HOLE OF CALCUTTA; [ˢB- H-] 監禁施設, 《特に》軍刑務所.

Bláck Hóle of Calcútta 1 [the] カルカッタの土牢《Calcutta の Fort William にあった狭い獄房; ここに 1756 年 6 月 146 人の英国人守備隊員が閉じ込められ, 123 人が暑さと酸素欠乏のために一晩で死んだ》: like the ～ 暑くて不快な. **2** ″«口» 居ごこちの悪いところ, ひどい人込み.

bláck hórehound 〘植〙 悪臭のあるシソ科の雑草.

bláck húmor ブラックユーモア《不気味なユーモア》.

bláck íce 《路面の》固い透明な薄氷, 透明氷; 〘海洋〙 黒氷《下の水の色を映すほど透明度の高い氷》; 泥のまじった氷.

bláck informátion 《銀行などが, 信用評価がマイナス[要注意]の個人について保有する》黒の信用情報.

bláck·ing *n* 黒くする[磨く]こと; 黒色塗料; 靴墨.

bláck ínk* 金銭的利益, もうけ, 黒字.

bláck·ish *a* 黒みがかった, 黒っぽい.

bláck ívory 〘史〙 アフリカ黒人奴隷《集合的》.

bláck·jàck* *n* **1** 《革で包んだ》棍棒; 《外側にタールを塗った》革製の大ジョッキ. **2** 〘植〙 **a** 木肌の黒いブナ科コナラ属の低木 (＝～ **òak**) 《北米産》. **b** コセンダングサ《キク科センダングサ属の雑草; 瘦果の先端にとげがあり, 俗にいう「ひっつき虫」の一種》. **3** 〘トランプ〙 **a** 二十一 (＝*twenty-one, vingt-et-un*) 《配られた手札の合計が 21 点, もしくは 21 点未満で 21 点により近い点を得たほうが勝ち》. **b** 《このゲームで最初に配られた 2 枚が》エースと 10 または 絵札の組合わせ (＝*natural*) 《21 点; すぐに勝ちとなる》. **c** スペードのエース. **4** 海賊旗 (black flag). **5** 〘鉱〙 閃亜鉛鉱 (sphalerite). ► *vt* 棍棒でなぐる; 脅迫する.

bláck japán 黒ワニス《ビチューメン (bitumen) を塗膜形成要素とするワニス》.

Bláck Jéw 黒いユダヤ人 (FALASHA).

bláck knight 黒い騎士《敵対的な会社乗っ取りを画策する個人・会社; cf. WHITE KNIGHT》.

bláck knót 〘植〙 黒こぶ病《スモモ・サクラの木に生じる》.

bláck lády 〘トランプ〙 スペードのクイーン.

bláck·lànd *n* 黒土《Texas 州などの》; [*pl*] 黒土地帯.

bláck·lèad″ /-lɛ̀d/ *n* 〘鉱〙 石墨(せきぼく), 黒鉛 (graphite). ► *vt* /⌐⌐, ⌐⌐/ …に黒鉛を塗る, 黒鉛で磨く.

bláck·lèg *n* **1** 《トランプ・競馬などの》詐欺師, いかさま師; ″スト破り, スト中の労働者の肩代り《人》. **2** 〘獣医〙 黒脚症, 気腫疽 (＝*black quarter*) 《子牛に多い》; 〘植〙 《ジャガイモ・キャベツなど基部の》黒脚病. ► ″*vt, vi* (…に対して)スト破りする; (*vt*) «俗» ボイコット[反対]する.

bláck-lègged tíck 〘動〙 北米産マダニ属のダニ《東部の DEER TICK もしくは西部の *Ixodes pacificus* を指し, いずれもライム病を媒介する》.

bláck léopard 黒ヒョウ.

bláck-létter *a* ブラックレターの; 不吉な, 不幸な. ● **a ～ day** 不吉な日, 厄日 (cf. RED-LETTER day).

bláck létter 〘印〙 ブラックレター, 黒字体, ドイツ文字, ひげ文字 (＝*Gothic, Old English, text*) 《写字体文字に似せて作られた初期の欧文活字書体で, 肉太の書体; 今でも時にドイツで用いる》; 黒字体の手書き文字.

bláck lìght 不可視光線, ブラックライト《赤外線と紫外線》; ブラックライト発光器.

bláck·lìght tràp BLACK LIGHT を用いた捕虫器.

bláck·lìst *n* ブラックリスト, 要注意人物[企業, 組織]一覧表: on sb's [the] ～ ブラックリストに載って. ► *vt* ブラックリストに載せる; *«俗»《仕事を与えなかったり商品をボイコットしたりして》社会から排斥する, ほす. ♦ **～·er** *n*

bláck lócust 〘植〙 ハリエンジュ, ニセアカシア《北米原産》.

bláck lùng* 黒肺塵症, 炭粉症 (＝**bláck lùng disèase**).

bláck·ly *adv* 黒く, 暗く, 暗黒に; 陰鬱に; おこったように; 邪悪に.

bláck mágic 1 黒魔術, 黒呪術, 妖術《悪魔の助けをかりた邪悪な魔術》. **2** [B- M-] 〘商標〙 ブラックマジック《黒い箱にはいった英国製のチョコレート》.

bláck máidenhair 〘植〙 ホウライシダ (Venushair).

bláck·màil *n* ゆすり, 恐喝; ゆすり取った金; «古» スコットランド国境で略奪を免れたい者に山賊が課した貢(みつぎ): emotional ～ 《相手に罪悪感・負い目を感じさせて何かをやらせようとする》感情に訴えての脅迫. ► *vt* 恐喝する; 〈人〉からゆすり取る; 恐喝して…させる 〈*into* doing〉. ♦ **～·er** *n* ゆすりをはたらく者.

bláckmail pìcketing 〘労〙 《ある工場などの少数派組合による》示威的ピケティング.

bláck mán 黒人; [the B- M-] «口» 悪魔, 《子供をおどかす》おばけ.

Bláck María 1 «口» 囚人護送車 (patrol wagon); *«俗» 霊柩車 (hearse). **2** 〘トランプ〙 ブラックマリア (**1**) ハートの札かスペードのクイーンを取らなかった者が勝ちとなるゲーム **2**) スペードのクイーン札).

bláck márk 黒星, 汚点: a ～ against him 彼にとって不名誉であること.

bláck-márket *vi, vt* 闇市場で買う[売る], 闇取引する.

bláck márket 闇取引; 私設市場, 闇市, 闇市場.

bláck marketéer [márketer] 闇商人, 闇屋.
♦ **bláck marketéering** 闇取引, 闇屋稼業.

Bláck Máss [ᵒb- m-] **1** 悪魔のミサ, 黒ミサ《悪魔崇拝者が正式ミサを茶番化する》. **2** 黒衣のミサ, 死者のためのミサ (requiem mass) 《司祭が黒衣を着る》.

bláck méasles [ᵁ〈*pl*〉] 〘医〙 黒色麻疹, 出血性麻疹.

bláck médic(k) 〘植〙 コメツブウマゴヤシ《緑肥・牧草用》.

bláck míca 〘鉱〙 黒雲母 (biotite).

Bláck Míke* «俗» 肉と野菜のシチュー.

bláck móld 〘植〙 (クロ)パンカビ (bread mold).

Bláck Mónday 1 [the] 暗黒の月曜日, ブラックマンデー (＝*Bloody Monday, Meltdown Monday*) 《1987 年 10 月 19 日月曜日, ニューヨーク証券取引所で株価が暴落し, 世界的株式不況の口火を切った; 時に 1929 年 10 月 28 日の月曜日をも指す; この日ニューヨーク証券市場でダウ工業平均が 13% の大幅下落を記録, 翌日 (Black Tuesday) も下落が止まらず》. **2** «古» EASTER MONDAY.

bláck móney 黒い金, ブラックマネー《所得申告をしない不正利得》; 隠し所得.

Bláck Mónk ベネディクト会修道士 (cf. BLACK FRIAR).

Bláck·more /blǽkmɔ̀ːr/ ブラックモア **R**(ichard) **D**(oddridge) ～ (1825–1900) 《英国の作家; *Lorna Doone* (1869)》.

Bláck Móuntains *pl* [the] ブラックマウンテンズ《North Carolina 州西部 Blue Ridge 山脈中の山群; アパラチア山脈中の最高の山系; 最高峰 Mt Mitchell (2037 m)》.

Bláck·mun /blǽkmən/ ブラックマン **Harry Andrew ～** (1908–99) 《米国の法律家; 合衆国最高裁判所陪席裁判官 (1970–94)》.

Bláck Múslim ブラックムスリム《NATION OF ISLAM の一員》.

bláck mústard 〘植〙 クロガラシ《アブラナ科》.

bláck nátionalist [ᵒB- N-] ブラックナショナリスト《白人から分離して黒人の自治による社会の米国内建設を唱える戦闘的な黒人集団の一員》. ♦ **bláck nátionalism** *n*

bláck-nècked cóbra 〘動〙 クロクビコブラ (＝*spitting cobra*) 《猛毒; アフリカ産》.

bláck-nècked stórk 〘鳥〙 セイタカコウ (＝*policeman bird*) 《インド・スリランカ・東南アジア・豪州・ニューギニア産コウノトリ科セイタカコウ属の鳥》.

bláck·ness *n* 黒いこと, 黒さ, 暗黒; NEGRITUDE; 凶悪; 険悪; 肚黒さ, 陰険; 陰鬱; BLACK HUMOR.

bláck níghtshade 〘植〙 イヌホオズキ《ナス科の雑草》.

bláck óak 〘植〙 樹皮または葉の黒っぽい各種のオーク.

bláck-on-bláck* *a* 黒人に対する黒人の〈犯行など〉.

bláck ópal 黒蛋白石, ブラックオパール.

bláck óperator* «俗» SECRET AGENT.

bláck·òut *n* **1** 停電; (完全)消灯《完全消灯する灯火管制; cf. BROWNOUT》; [*pl*] 灯火管制用の暗幕; 〘劇〙 舞台暗転; 暗転で終わる小喜劇[寸劇]. **2** 黒くらみ, 暗黒視症《急降下などの際に操縦士が陥る一時的視覚[意識]喪失》, 《一般に》一時的視覚[意識, 記憶]喪失. **3** 抹殺, 削除; 《戦時などの》ニュースの公表禁止, 報道管制; 《ストライキ・検閲などによる》放送中止, *《スポーツ行事などの入場者確保のための》(テレビ)放送停止[差し止め]; 一時的な無線信号の途絶; 《法律などの》(一時的)機能停止; 《チケットの特典・割引などの》無効期間.

Bláck Pánther 〘米〙 黒豹党員, ブラックパンサー《黒人解放運動の急進的政治組織 Black Panther Party (1966 年結成) の党員》.

Bláck Páper 〘英〙 黒書《白書に対して, 現行の制度・政策を批判した文書》.

bláck pártridge 〘鳥〙 クビワシャコ《南アジア・南欧産》.

bláck pépper 〘植〙 コショウ; 黒胡椒《コショウの実を乾かし殻ごと粉末にしたもの; cf. WHITE PEPPER》.

bláck pérch 〘魚〙 体表の黒い魚《スズキ・ウミタナゴなど》.

bláck plàte 黒板(くろいた)《腐食防止のめっきや上塗りをしていない鉄板》.

bláck·pòll, bláck-pòll wárbler *n* 〘鳥〙 ズグロアメリカムシクイ《北米産の鳴鳥》.

Bláck·pòol ブラックプール《イングランド北西部 Liverpool の北, Irish 海に臨む海岸リゾート地; Eiffel 塔を模した塔と夜景で有名》.

Bláck Pópe 黒い教皇《イエズス会総会長の俗称》.

bláck pówder 黒色火薬, ブラックパウダー《現在では, 主に花火の原料, 導火線の心薬に用いられる; cf. GUNPOWDER》.

bláck pówer [ᵒB- P-] ブラックパワー《(**1**) 1960 年代後半から 70 年代にかけて米国で起こった black nationalist の黒人解放運動(のスローガン); 握りこぶしを突き上げ力を誇示する **2**) «豪» アボリジニーの社会的地位を高める運動》.

Bláck Prínce [the] 黒太子 (⇨ EDWARD).

bláck púdding ブラックプディング《(**1**) ″BLOOD SAUSAGE **2**) 小麦粉・重曹・卵・糖蜜で作るデザート》.

bláck quárter 〘獣医〙 BLACKLEG.

bláck ráce 黒人種 (⇨ NEGROID).

bláck rácer〘動〙クロムチヘビ, ブラックレーサー《北米産》.
bláck rádio 偽装謀略ラジオ放送《敵側向けの後方攪乱放送》.
bláck ráil〘鳥〙クロコビトクイナ《南北アメリカ産; クイナ中の最小種》.
bláck ráspberry〘植〙クロミキイチゴ (=*blackcap*).
bláck rát〘動〙クマネズミ, イエネズミ《家を荒らす》.
bláck rát snàke〘動〙クロネズミヘビ《米国南東部にすむ大きな無毒ヘビ》.
bláck rhinóceros [rhíno]〘動〙クロサイ, ニカクサイ《アフリカで最も普通のサイ》.
Bláck Ríver [the] ソンダー川, 沱江(だこう)《ヴェトナム北西部を南東に流れる川; 上流は中国雲南省の把辺江 (Babian); Hanoi の北西でソンコイ川 (Red River) に合流する》.
Bláck Ród〘英〙黒杖(こくじょう)(門衛)官《正称 Gentleman Usher of the Black Rod; 内大臣府・上院に属する宮内官; STATE OPENING OF PARLIAMENT で重要な役目を果たす; 黒い職杖を持つことから》; 黒杖官《英連邦に属する国家の議会の同種の役人》.
bláck rót〘植〙黒腐れ(病), 黒菌病, 黒斑病.
bláck rúst〘植〙《麦などの》黒サビ病, 黒しぶ病.
bláck sálsify〘植〙キクゴボウ, キバナバラモンジン《ヨーロッパ産のキク科フタナミソウ属の多年草; 黄色い花が咲く; 肥大した根は食用》.
bláck sáltwort〘植〙ウミミドリ (sea milkwort).
Bláck Sásh [the]〘南ア〙ブラックサッシュ《市民権の侵害に抗議し, 被害者の支援活動を行なった婦人団体 (1955–94); 活動家は黒い幅広の肩帯をかけていた》.
Bláck Séa [the] 黒海《ヨーロッパ南東部とアジアの間の内陸海; 古代名 Pontus (Euxinus)》.
bláck séa dèvil〘魚〙ミツクリエリナガチョウチンアンコウ.
bláck séction ‖《労働党内の》ブラックセクション《黒人層の利益を代表する非行式グループ》.
Bláck Septémber 黒い九月《パレスティナアラブのテロ組織》.
♦ **Bláck Septémbrist** 黒い九月党員.
bláck shéep 黒羊; 悪漢, もてあまし者, 《一家の》厄介者, はみ出し者, のけ者: There's a ～ in every flock. 《諺》どの群れにも黒羊の一頭はいる, どこの家にも困り者はいるものだ.
Bláck·shìrt *n* 黒シャツ党員, ファシスト党[組織]員《特に イタリアの Fascist 党員, ナチスの親衛隊員, 英国のイギリスファシスト連合 (British Union of Fascists) の支持者; cf. BROWNSHIRT》.
bláck·shòe *n* *《俗》空母艦員.
bláck-shòuldered kíte〘鳥〙ハイイロトビ《アジア・アフリカ産》.
bláck skímmer〘鳥〙クロハサミアジサシ (=*sea crow, shearbill*)《北米東部沿岸産》.
bláck·smìth *n* 鍛冶屋; 蹄鉄(ていてつ)工, 装蹄師. ♦ **～·ing** *n*
bláck smóker〘地質〙ブラックスモーカー《超高温の海底温泉が黒煙状に噴出する, 煙突状の噴出口》.
bláck·snàke *n* **1**〘動〙《各種の》黒ヘビ, 《特に》クロムチヘビ, クロネズミヘビ (black rat snake)《ともに米国産, 無毒》. **2** *大むち《革で編んだ先細りの》.
Bláck Sóx Scàndal [the] ブラックソックス事件《1919 年の World Series で八百長の疑いがかけられ, 野球界を揺るがした事件》.
bláck spòt 1〘植〙黒点病, 黒斑病, 黒星病《など》. **2** ‖《道路の》危険箇所, 事故多発地点; ‖危険[問題]の多い場所, 要注意箇所.
bláck sprúce〘植〙クロトウヒ《北米産》; 黒唐檜材.
bláck squàll〘気〙黒雲はやて (cf. WHITE SQUALL).
Bláck·stòne /, ‖-stən/ **1** ブラックストン Sir **William** ～ (1723–80)《英国の法律家; イングランド法全体の基本を叙述した大著 *Commentaries on the Laws of England* (4vols., 1765–69) は, 英国のみならず米国でも法学教育の基礎に置かれ, 両国の法の発展に大きな影響を及ぼした》. **2** ブラックストン《シェリー・ジン・ビターズのアペリチフ》.
bláck·stràp *n* 安物ポートワイン; *BLACKSTRAP MOLASSES; ブラックストラップ《ラムと糖蜜を混ぜた飲み物》; *《俗》コーヒー.
bláckstrap molásses * 廃糖蜜《砂糖の結晶を分離し去ったあとに残る粘稠で黒っぽい最終的な糖液; アルコール原料・家畜飼料用》.
Bláck Stréam [the] 黒潮 (⇨ JAPAN CURRENT).
bláck stúdies *pl* (米国)黒人文化研究.
bláck stùff *《俗》アヘン; *《俗》《特に 白人男性の性の対象としての》黒人女; ‖《俗》TARMACADAM.
bláck stúmp [the]《豪》黒い切り株《文明社会の果てにあるという想像上の標識》. ● **beyond the ～** ずっと奥地で[へ], はるか僻地で, 片田舎で.
bláck swállowtail〘昆〙北米東部に多い翅に黄点をもつ黒アゲハ《幼虫はニンジン・パセリ類の葉を食害する》.
bláck swán〘鳥〙コクチョウ《豪州産》; 《古》とても珍しいもの, 珍中の珍.
bláck·tàil *n*〘動〙BLACK-TAILED DEER;〘鳥〙BLACK-TAILED GODWIT.
bláck-tàiled déer〘動〙**a** オグロジカ, ミュールジカ (mule deer). **b** (コロンビア)オグロジカ《北米産》.
bláck-tàiled gódwit〘鳥〙オグロシギ《欧州北部・アジア北部産》.
bláck-tàiled jáckrabbit〘動〙オグロジャックウサギ《米国南西部・メキシコ産》.
bláck tàr *《俗》ブラックタール《メキシコから持ち込まれる強力な精製ヘロイン; 単に tar ともいう》.
bláck téa《乾燥前に葉を完全発酵させた》紅茶; ミルクを入れない紅茶.
bláck térn〘鳥〙クロハラアジサシ.
bláck théater 黒人劇, ブラックシアター《脚本・監督・制作を黒人が行なう, 黒人社会を扱った演劇》.
bláck·thòrn *n* **1 a**〘植〙スピノサスモモ, ブラックソーン (=*sloe*)《サクラ属のリンボクの一種; 欧州・西アジア原産; 早春に葉に先がけて白い花を咲かす; 果実はスロージンの香味料用》. **b** そのステッキ. **2**〘植〙《北米東部の各種の》サンザシ (hawthorn).
bláckthorn wínter ‖ ブラックソーン (blackthorn) の咲く冬《冷たい北東風が吹く早春の一時期》.
bláck-tíe *a*〈パーティーが〉BLACK TIE の着用が必要な.
bláck tíe《略式男子夜会服 dinner jacket に着用する》黒の蝶ネクタイ (cf. WHITE TIE); 略式男子用夜会服.
bláck·tòp * *n* 道路舗装用の瀝青物質, 《特に》アスファルト; [the] アスファルト道路. ► *vt* アスファルトで舗装する.
bláck·tòwn *n* 黒人の町, ブラックタウン《都市の中で黒人住民が大半を占める地区》.
bláck tràcker《豪》《警察が捜索に使う》アボリジニーの捜索者.
bláck tréacle ‖ 廃糖蜜 (treacle).
Bláck Túesday 暗黒の火曜日《米国の株式市場が大暴落した 1929 年 10 月 29 日; Great Depression の先駆け》.
bláck twítch〘植〙イングランドのスズメノテッポウの一種《雑草》.
bláck vélvet 1 ブラックベルベット《スタウト (stout) とシャンパンのカクテル》. **2**《俗》《セックスの対象として見た》黒人女, 《豪》先住民の女.
Bláck Vólta [the] ブラックヴォルタ川《ガーナとブルキナファソの国境の一部をなす VOLTA 川の支流》.
bláck vómit〘医〙《重態のときの》黒色(嘔)吐物; 黒色(嘔)吐物のある重い病状; 黒吐病《黄熱病など》.
bláck vúlture〘鳥〙**a** クロハゲワシ《旧世界産》. **b** クロコンドル《新世界産》.
Bláck·wàll hítch ブラックウォール結索《綱をかぎに掛けて引っ張ると締まる結び目》.
bláck wálnut〘植〙クログルミ《北米産のクルミの一種; 果実は食用, 材は暗褐色の堅材》.
Bláck Wárrior [the] ブラックウォリアー川《Alabama 州西部を南西に流れて Tombigbee 川に合流する》.
Bláck Wátch [the] 英国陸軍スコットランド高地連隊 (Royal Highland Regiment).
bláck·wàter *n*〘医・獣医〙黒尿症;〘医〙BLACKWATER FEVER.
bláck wáter (工場)廃水, 《トイレからの》汚水, 《台所からの》下水 (cf. GRAY WATER).
bláckwater féver〘医〙黒水熱《熱帯熱マラリアに起因する合併症で, ヘモグロビン尿と腎障害を特徴とする》.
Black·well /blǽkwὲl, -wəl/ ブラックウェル **Elizabeth** ～ (1821–1910)《イングランド生まれの米国の医師; 米国で女性として最初に MD の学位を取得》.
bláck whále〘動〙**a** セミクジラ (southern right whale). **b** ゴンドウクジラ (blackfish). **c** マッコウクジラ (sperm whale).
bláck wídow〘動〙クロゴケグモ《南北アメリカ産の世界一猛毒のクモ; 雌は黒く雄よりはるかに強大》.
bláck wíldebeest〘動〙WHITE-TAILED GNU.
bláck·wòod *n*〘植〙黒褐色の良材が採れるマメ科の樹木《豪州産アカシア属の木, アフリカ産ツルサイカチ属のアフリカン・ブラックウッド, インド産ツルサイカチ属のインディアン・ローズウッドなど》.
Blackwood ブラックウッド **William** ～ (1776–1834)《スコットランドの出版人; 出版社 William Blackwood & Sons を創業した (c. 1816)》.
Bláckwood convéntion〘ブリッジ〙ブラックウッド規則《ビッドを試みる際, それに先立って, 4 または 5 のノートランプをビッドしてパートナーにエースまたはキングの数を答えさせる取決め》. [Easley F. *Blackwood* 20 世紀の米国人考案者]
bláck·wòrk *n* ブラックワーク《白や淡色の布に黒い糸で刺した刺繍》.
blácky *n*《口》黒い鳥[動物].
blad·der /blǽdər/ *n* **1 a** [the]〘解・動〙嚢(のう), 《特に》膀胱 (urinary bladder); [the] 浮嚢, 《魚の》うきぶくろ; 《動物の》膀胱を加工した袋[浮袋]; 《フットボールなどの》ゴム製の内袋. **b**〘植〙嚢, 胞嚢 (cyst), 《海草などの》気胞; 火[水]ぶくれ. **2** ふくれた[中身が空の]もの; うぬぼれ屋, おしゃべり屋. **3** *《俗》新聞. ● **empty** one's **～** 排尿する. PRICK **a [the] ～**. ♦ **～·like** [OE *blǣdre*; ⇨ BLOW[1]]
bládder cámpion〘植〙シラタマソウ (=*cowbell, rattlebags, rattlebox*)《ナデシコ科》.
blád·dered *a* ‖《口》酔っぱらって.
bládder fèrn〘植〙ナヨシダ.
bládder kèlp《ホンダワラなど》気胞のある海藻.
bládder két·mia /-kétmiə/, **bládder két·mie** /-kétmi/〘植〙ギンセンカ (flower-of-an-hour).
bládder·nòse *n*〘動〙ズキンアザラシ (hooded seal).

B

bládder·nùt *n* 〘植〙ミツバウツギ属の各種の低木[小高木]; ミツバウツギ属の蒴果.
bládder of lárd 《膀胱で作った》ラード袋; 《俗》太っちょ, でぶ, はげ.
bládder sènna 〘植〙ボウコウマメ《地中海周辺原産》.
bládder wòrm 〘動〙嚢虫《条虫の嚢状の幼虫》.
bládder·wòrt *n* 〘植〙タヌキモ属の各種の食虫植物.
bládder wràck 〘植〙ヒバマタの類の海草《肥料用》.
blád·dery *a* 嚢 (bladder) のような; 気胞のある; (膀胱状に)ふくらんだ.
blade /bléɪd/ *n* **1 a** 刃, 刀身; かみそりの刃 (razor blade); 剣, ナイフ, あいくち. **b** 《草の》葉, 葉身, 葉片. **2** 平たい[刃のような]部分; かい[オール]の水かき; 《プロペラ・タービンなどの》翼, ブレード, 羽根; 《ブルドーザーの》排土板, 土工板, ブレード; 肩甲骨; 《信号機の》腕木; 《スケート靴の》ブレード; 〘考古〙石刃(せきじん), ブレード, ラーム《剝片石器の一種》; [*pl*] 《豪》羊毛刈り用手ばさみ; 〘音〙舌端; 単冠の鶏の冠[とさか]のいちばん後ろの部分. **3 a** 剣客 (swordsman); *《病院俗》外科医; アイススケート選手[走者]. **b** 威勢のよい[さっそうとした]男, 世慣れた[如才のない]若い男, 若者; *《俗》ホモ: a knowing ～ 心得顔の男. ● **eat one's corn in the ～** 先の収入をあてにして金をつかう. **in the ～** (穂が出ない)葉のうちに. ► *vt, vi* インラインスケートでスケートをする; ブレードをもったブルドーザーなどで地ならしする. ♦ **～·like** *a* **blád·er** *n* インラインスケーター. **blád·ing** *n* [OE *blæd*; cf. BLOW[3], G *Blatt*]
bláde àpple 〘植〙モクキリン(の果実) (⇨ BARBADOS GOOSEBERRY).
bláde·bòne *n* 肩甲骨 (scapula); 肩甲骨のところを横に切った肉.
blad·ed /bléɪdəd/ *a* **1** [°*compd*] 葉片[刃, 刀身, 羽根] (blade) のある: broad-～ leaves. **2** 〘晶〙薄くて平らな形の, 刃形の.
bláde gràder 地ならし機, グレーダー (grader).
bláde·lètte, -lèt *n* 〘考古〙小石刃(せきじん), ブレードレット, ラメル《剝片石器の一種》.
bláde slàp ブレード音《ヘリコプターのローターブレードの規則的な回転音》.
blae /bléɪ/ 《スコ》*a* 暗い青[青みがかった灰色, 鉛色]の. ► *n* 青みがかった灰色の軟らかい粘板岩.
bláe·bèrry /bléɪbèri, -b(ə)ri; -b(ə)ri/ *n* 《スコ・北イング》BILBERRY.
blag /blǽg/ 《口》*n* 強盗, 強奪; 巧みな話[うそ]で手に入れること. ► *vt* (…から)強奪する, 盗む; 巧みな話[うそ]で手に入れる, せしめる: ～ one's way in…にまんまとはいり込む. ♦ **blág·ger** *n* [C19<?]
Bla·go·vesh·chensk /blɑ̀:gəvéʃ(ʧ)ənsk/ ブラゴヴェシチェンスク《シベリアの Amur 川沿岸の市》.
blague /blɑ́:g/ *n* ごまかし, でたらめ; 悪ふざけ, いたずら, からかい. [F]
bla·gueur /blɑgə́:*r*/ *n* 冗談[ばかなこと]を言う人, ほら吹き.
blah /blɑ́:/ 《口》*n* **1** でたらめ, ばかばかしいこと, たわごと (＝**bláh-blàh**). **2** [the ～s] いやーな[つまらない]感じ, 倦怠, 消沈, 憂鬱. ► *int* ばかばかしい, くだらない! ► *a* つまらない, くそおもしろくもない; まずい (unappetizing); いやーな, げんなりした〈気分〉; *酔っぱらった. ► *vi* ばからしいことを言う, だぼらを吹く. ♦ **～·ly** *adv* [imit]
bláh-blàh-bláh 《口》*adv* …などなど, 等々, うんぬん (and so on). ► *n* でたらめ, たわごと. [*blah*]
blain /bléɪn/ *n* はれもの, 膿疱; 〘獣医〙《馬の》舌疽. [OE *blegen*]
Blaine /bléɪn/ ブレーン《男子名》. [Celt ＝thin, lean]
Blair /blέə*r*/ **1** ブレア《男子名》. **2** ブレア **'Tony' ～** [**Anthony Charles Lynton ～**] (1953–　)《英国の政治家; 労働党党首 (1994–2007); 首相 (1997–2007)》. ♦ **～·ìsm** *n* **～·ite** *n, a* [Celt＝(dweller near) a field or level land]
Bláir Hòuse ブレアハウス《White House 近くの米国大統領の迎賓館》.
Blake /bléɪk/ ブレーク (**1**) **'Eubie' ～** [**James Hubert ～**] (1883–1983)《米国のラグタイムピアニスト・作曲家》(**2**) **Peter ～** (1932–　)《英国の pop art の画家》(**3**) **Robert ～** (1599–1657)《イングランドの海軍軍人; Cromwell の下で王党派・オランダ・スペインと戦った》(**4**) **William ～** (1757–1827)《英国の詩人・画家・神秘思想家; *Songs of Innocence* (1789), *Songs of Experience* (1794), *Jerusalem* (1820)》. ♦ **Blak·ean, Blake·ian** /bléɪkiən/ *a* ブレーク (William Blake) (風)の.
Bla·key /bléɪki/ **1** ブレイキー **Art ～** (1919–90)《米国のジャズドラマー; 黒人; バンド Jazz Messengers のリーダー》. **2** 〘英商標〙ブレイキー《靴底に付ける保護金具》.
blam /blǽm/ *int* バーン, ズドン《銃などの音》, バタン《ドアを勢いよく閉める音など》. [imit]
blame /bléɪm/ *vt* **1 a** とがめる, 非難する 〈*for* sth〉: He ～*d* me *for* the accident. 事故の責任はわたしにあると責めた / He knew that he had only himself to ～. 自分が悪いのだ[責める相手は自分しかない]ということを彼は知っていた / A bad workman always ～*s* his tools. 《諺》へたな職人は腕不足を道具のせいにする / I don't ～ you. 《口》《仕方なかったのだから》きみを責めはしないよ, 無理もないよ. **b** 《口》〈罪・責任を〉〈人に〉負わせる, …のせいにする: Don't ～ it *on* me. ぼくのせいにしては困る / *B*～ it on… 《もとはといえば》…のせいだ, 文句があるなら…に言ってくれ. **2** [DAMN の婉曲語]*《俗》呪う: *B*～ this rain! いまいましい雨だ! ● **be to ～** 〈…に対して〉責任がある 〈*for*〉: I *am to* ～. わたしが悪い. **B～ it!** *《俗》くそいまいましい! **B～ me if I** do [don't]. ＝(**I'm**) **～d if I** do [don't]. する[しないでおく]ものか! ► *n* **1** 非難, とがめ; 責任: incur ～ *for*…のため非難をまねく / bear [take] the ～ *for*…の責めを負う / lay [put, place] the ～ *on* sb (*for* …) 人に(…の)責任を負わせる / a culture of ～ 《問題解決ではなく》(人を)責める文化[風土]. **2** 《古》罪, あやまち. ♦ **blám·able, ～-able** *a* とがむべき, 非難さるべき. **-ably** *adv* [OF; ⇨ BLASPHEME]
blamed /bléɪmd/ 《口》*a* [DAMNED の婉曲語] いまいましい: I've a pain in every ～ joint. 関節という関節がみな痛い. ► *adv* [強意] べらぼうに.
bláme·ful *a* 非難すべき, とがむべき; 非難をこめた, 批判的な. ♦ **～·ly** *adv* **～·ness** *n*
bláme gàme [**gàming**] 非難合戦, 責任のなすり合い, 泥仕合い.
bláme·less *a* 非難するところのない, 罪がない, 潔白な. ♦ **～·ly** *adv* **～·ness** *n*
bláme·wòrthy *a* とがむべき, 非難に値する〈ふるまい〉. ♦ **-wòrthiness** *n*
Bla·mey /bléɪmi/ ブレーミー Sir **Thomas** (**Albert**) ～ (1884–1951)《オーストラリアの軍人; 太平洋戦争で, 太平洋南西部における連合国側地上軍の司令官》.
Blanc /*F* blɑ̃/ **1** ブラン (**Jean-Joseph-Charles-**)**Louis** ～ (1811–82)《フランスの社会主義者・歴史家》. **2 a** [Mont] ⇨ MONT BLANC. **b** [Cape] ブラン岬 (**1**) チュニジア最北端の岬 **2**) モーリタニアにある大西洋に突出した岬; 別称 Cape Blanco》.
blanc de blanc(s) /blɑ́:ŋk də blɑ́:ŋk; *F* blɑ̃ də blɑ̃/ (*pl* **blanc de blancs** /—/) ブラン・ド・ブラン《黄金または黄緑色のブドウ果実を用いて造った白ワインあるいは発泡ワイン》. [F＝white from whites]
blánc de chíne /-də ʃí:n/ [°blanc de Chine] 中国製白磁器《置物など》. [F＝white of China]
blanc fixe /blǽŋk fíks; blɑ́:ŋk-/ 沈降硫酸バリウム, 永久白《印刷インキ・塗被紙・ゴム・リノリウムなどに用いる白色顔料》. [F]
blanch /blǽnʧ; blɑ́:nʧ/ *vt* **1** 白くする, 漂白する (bleach); 《恐怖・寒さで》青白くする; 〈野菜など〉軟白(栽培)する; 〘冶〙酸で洗って[スズめっきで]光らせる: ～ a coin 硫酸溶液でコインを洗ってきれいにする. **2** 《皮をむきやすくするために》〈トマト・アーモンドなど〉湯に浸す, 湯むきする, 〈野菜・肉など〉湯がく, 湯通しする. ► *vi* 〈人・顔が〉青ざめる, まっ青になる 〈*at*〉. ● **～ over** よく見せかける, 糊塗する. ♦ **～·er** *n* [OF; ⇨ BLANK]
Blanch(e) /blǽnʧ; blɑ́:nʧ/ ブランチ《女子名》. [OF<Gmc＝white]
Blánche of Castíle ブランシュ・ド・カスティーユ (1188–1252)《フランス王 Louis 8 世の妃; 息子 Louis 9 世の幼少期と十字軍遠征の間に摂政をつとめた》.
blanc·mange /bləmɑ́:nʤ, -mɑ́:ʒ; -mɔ́nʒ, -ʤ/ *n* ブラ(ン)マンジェ《牛乳をゼラチンまたはコーンスターチで固めたデザート》: shake like a ～ ぶるぶる震える. [OF＝white food (*manger* to eat)]
blan·co[1] /blǽŋkoʊ/ *n* ブランコ《特に 英国陸軍でベルトなどに塗る白色または類似の色にした塗料》. ► *vt* …にブランコを塗る. [〘商標〙*Blanco*<F *blanc* BLANK]
blanco[2] *n* (*pl* **～s**)*《俗》白人, 白いの. [Sp]
Blanco [Cape] ブランコ岬《モーリタニアの BLANC 岬の別称》.
bland /blǽnd/ *a* **1** 《態度などが》穏やかな, ものやわらかな, 優しい, おとなしい; あたりさわりのない, そつがない; 感情を表わさない, 平気な〈顔の〉. **2** 刺激のない, マイルドな; 味[風味]のない, 淡白な, うまみに欠ける; おもしろみのない, 味気ない (insipid), 退屈な. ♦ **～·ly** *adv* **～·ness** *n* [L *blandus* smooth]
blan·da /blɑ́:ndə/, **be·lan·da** /b(ə)lɑ́:ndə/ *n* オランダ人. [Malay]
blánd·i·fỳ *vt* 穏やかに[優しく]する; 退屈に[味気なく]する. ♦ **blànd·i·fi·cá·tion** *n*
blan·dish /blǽndɪʃ/ *vt, vi* おだてる, うまく説得[感化]する, 丸め込む. ♦ **～·er** *n* **～·ing·ly** *adv* [OF<L (*blandus* smooth)]
blándish·ment *n* [ᵘ*pl*] おだて, 甘言, 誘惑.
blank /blǽŋk/ *a* **1** 白紙の, 空白の; 〘商〙白地(式)の, 無記名の; 〈CD-ROM, テープなどが〉書込みのない, 未使用の; 《古》無色の, 白色の, 青白い: a ～ sheet of paper 白紙 1 枚 (cf. *a* ～ SHEET[1]) / a ～ form 書入れ用紙 / a ～ space 余白; 空き地 / ～ media 空の[書き込まれていない]メディア[媒体]. **2 a** 〈空間など〉空(から)の (empty), うつろな, がらんとした; 〈壁など〉窓[明かり採り, 装飾などの]のない: a ～ window めくら窓《装飾的に窓をかたどっただけのもの》/ ～ wall 窓[ドアなど]のない壁. **b** 内容がからっぽの, 空虚な; 《手元にトランプの》カードがない. **3** 未完成の, 仕上げのしてない, 刻み目の切ってない〈鍵など〉 **4** ぼんやり[ぽかんと]した; 無表情の, 理解[関心]を示さない: look ～ / My mind went ～. 頭の中がまっ白になった. **5** 純然たる, 全くの: ～ terror 全くの恐怖. **6 a** [明示を避けて] 某…, ○○: the ～ regiment

○○連隊. **b** [ののしり語 (damn, damned, bloody など) の代用; 臨時の動詞としても用いる] «俗»: a ~ idiot 大ばか者 / *B~* him [it, etc.]! いまいましい! ★ しばしば '—' のように記して blank, blanky, blanked, blankety または something などと読む.
► *n* **1 a** 空白, 余白; 白紙; «英では古» 書式用紙; 白紙投票: fill in the ~*s* 書式の空欄を埋める; 足りない情報を補う / an application ~ 申込用紙 / in ~ 空白のままで, 白地式で. **b** «廃» 標的の中心部, 《一般に》的, 目標. **c** ブランク《刻印してない硬貨, 刻み目の切っていない鍵などの金属素材片》, 《物の形に切っただけの》未完成品, 半製品; 〖ドミノ〗片面[両面]になにもない牌. **2 a** 空(から)くじ; 〖銃〗空包 (blank cartridge); «俗» 弱い[薄めた]薬(やく), にせの薬. **b** 空虚, 虚脱; できごとのない時間; (手元に)ある組札がない状態 (void). **3 a** 空白を示すダッシュ. ★ ダッシュの読み方: Mr. — of — place＝Mr. *B~* of *B~* place 某地の某氏. **b** «俗» [ののしり語の代用語; しばしば '—' と記す; ⇨ *a* 5b]: He's an incorrigible ~. 度しがたい××だ. ● **be firing [shooting] ~s** «口» 〈男が〉《精子が少ない[無い]などで》性交しても妊娠させられない, '空砲を撃つ'; 達成したいことがうまくできない. **draw a ~** [★ 時に a を省略] 空くじを引く; 反応を引き出せない, (結果が)はずれである; 見つけられない, 思い出せない. **shoot a ~＝shoot ~s** *«黒人俗» つまらない[的を射ない]ことを言う, ばか話をする.
► *vt* 消す, 無効にする 〈*out*〉; 《記憶から》消し去る, (意図的に)忘れる 〈*out*〉; 空(から)にする; 封鎖する 〈*off*〉; *無得点に押える, 零敗させる; 〖機〗ダイス型で金属板から圧断する 〈*out*〉; ‖«俗» 〈人を〉無視する, 相手にしない; *«俗» 殺す, 消す. ► *vi* しだいにぼんやりする 〈*out*〉; 〈記憶・印象など〉薄れてゆく 〈*out*〉; 意識を失う, ぼやっとする 〈*out*〉; «口» 急に思い出せなくなる 〈*out*〉.
♦ **~·ly** *adv* ぼんやりして; 《理解しなくて》うつろな表情で; きっぱり(と). **~·ness** *n* 〔OF *blanc* white; cf. G *blank* bright, clean〕

blánk·bòok* *n* 白紙[未記入]帳簿.

blánk cártridge 〖銃〗空包 (opp. *ball cartridge*).

blánk chéck 《金額未記入の》白地式小切手; 署名白紙; «口» 好き勝手にする自由, 自由行動権: give [write] sb a ~ 人の自由にさせる.

blánk determinátion 空(定量)試験 (BLANK TEST).

blánk endórsement 白地[無記名式]裏書.

Blan·kers-Koen /blɑ́ːŋkərskùːn/ ブランカースクーン **'Fanny' ~ [Francina ~]** (1918–2004) 《オランダの女子陸上競技選手; オリンピック London 大会 (1948) の短距離種目で 4 個の金メダルを獲得》.

blan·ket /blǽŋkət/ *n* 毛布; 〈馬の〉胴掛け; 一面におおうもの, 被覆; 《オフセット印刷機の》(ゴム)ブランケット《版面から紙面に印刷するときに転写の仲介をする, 胴の表面に巻きつけたゴムシート》; 〖理〗ブランケット《原子炉の炉心またはその周囲に置かれた燃料親物質の層》; *«俗» パンケーキ, ホットケーキ; *«俗» タバコの巻き紙: a ~ of fog [snow] 一面の霧[雪] / WET BLANKET / TOSS sb in a ~. ● **be born on the wrong side of the ~** «今はまれ» 庶子として生まれる. **on the ~** ‖«俗» 〈Maze 刑務所に収容されているアイルランド共和主義支持者が〉毛布をまとって《政治犯扱いをうけないのに抗議して囚人服を拒否するもの》. ► *a* 総括[包括, 全面]的な, 一律の; 無条件の, 無制限の: a ~ bill [clause] 総括的議案[条項] / a ~ policy 〖保〗包括契約 / a ~ visa 《寄港地で税関の発行する》包括査証. ► *vt* **1 a** 毛布でおおう; 一面におおう 〈*in*, *with*〉: Smog ~*s* the city＝The city is ~*ed in* smog. **b** 〈法律・率などが〉…に一様に適用される; 一括して含める. **c** «古» 《罰として》毛布に載せて胴上げする. **2** 妨害する, じゃまする; 〖海〗〈帆走船が〉〈他船〉の風上に出て風をさえぎる; 〈事件を〉もみ消す; 〖通信〗強力な電波で〈信号を〉妨害する. ♦ **~·like** *a* 〔OF; ⇨ BLANK〕

blánket bàth‖ SPONGE BATH.

blánket bòg 〖地理〗ブランケット型泥炭地《冷涼湿潤気候の比較的平坦な地域を広くおおいつくす, 強酸性で貧栄養の泥炭地》.

blánket chèst* 毛布箱《毛布・寝具などを入れる底の深い上げぶた付きの箱形の入れ物; 底部にひきだしを備える場合もある》.

blánket drìll «軍俗» 睡眠; «俗» 寝ること, セックス.

blánket fínish 〖陸上・競馬〗競技者全員[全競走馬]の僅差のゴールイン, だんご状のフィニッシュ.

blánket·flòwer *n* 〖植〗テンニンギク (gaillardia).

blánket·ing *n* 毛布地; 〖通信〗掩蔽(えんぺい), 電波妨害, ブランケッティング; «古» 《毛布による》胴上げ.

blánket ròll 《食器・私物などを包み込んだ》丸めた携帯用毛布[寝具].

blánket-stìtch *vt* ブランケットステッチで縫う.

blánket stìtch ブランケットステッチ《ボタンホールステッチよりも目の広いもの》.

blánket wèed 〖植〗**a** アオミドロ《アオミドロ属の糸状の緑藻; 淡水産》. **b** シオグサ《シオグサ属の糸状の緑藻; 波打ち際の岩上に群生する》.

blank·ety(-blank) /blǽŋkəti(blǽŋk)/ «口» *a*, *adv* くそいまいましい《DAMNED, BLOODY の代用》. ► *n* ばかもん, ばか野郎; あれ, どこやら《直接口にしたくないことばの代用》: Stick it up your ~ (＝ass).

blánk·ing plàte 《開口部や隙間をふさぐ》おおい板, ふた.

blánk sláte TABULA RASA.

blánk tést 〖化〗空(から)試験, 対照試験 (＝*blank determination*) 《試料を入れずに同じ条件で定量分析などを行なうこと》.

blánk vérse 〖韻〗《通例 弱強五歩格の》無韻詩, ブランクヴァース (opp. *rhymed verse*).

blánky‖ *a* «口» 空白が多い; «俗» DAMN(ED).

blan·quette /blæŋkɛ́t; *F* blɑ̃kɛt/ *n* 〖料理〗ブランケット《子牛肉[子羊肉, 鶏肉, ロブスターなど]のホワイトソース煮込み》: ~ de veau /-də vóu/＝~ of veal 子牛肉のブランケット. 〔F BLANKET〕

Blan·quism /blɑ́ːŋkìz(ə)m/ *n* ブランキ主義, ブランキスム《社会主義国家は労働者自身が権力を奪取することによってのみ成立すると主張》. 〔Louis-Auguste *Blanqui* (1805–81) フランスの社会主義者・革命家〕

Blan·tyre /blǽntàɪər/ ブランタイア《マラウィ南部にある同国最大の市》.

blap /blǽp/ *«俗» *vt* たたく, なぐる. ► *n* わずかなこと, 一瞬; ボイン, ボカッ《鈍い打撃音》, ブッ《放屁の音》.

blare /blɛ́ər/ *vi*, *vt* 〈らっぱなど〉鳴り響く, 鳴らす; 大声で叫ぶ, わめき[書き]たてる 〈*out*〉. ► *n* 《らっぱなどの》音, 音響; おたけび; まばゆい光彩; けばけばしさ, どぎつさ. 〔MDu *blaren* (imit)〕

bla·ri·na /blərάɪnə, -ríːnə/ *n* 〖動〗ブラリナトガリネズミ (＝~ **shrèw**) 《北米産》.

blar·ney /blάːrni/ *n* お世辞, 甘言, おべっか; たわごと, ナンセンス. ► *vt*, *vi* お世辞を言う; 甘言で口説く. 〔Blarney 城; cf. BLARNEY STONE〕

blárney·lànd *n* [*joc*] IRELAND.

Blárney Stòne [the] ブラーニー石《アイルランド南西部 Cork の近くの Blarney 城にある石; これにキスするとお世辞がじょうずになるという》. ● **have kissed the ~** お世辞がうまくなる.

Blas·co Ibá·ñez /blάːskou ibάːnjeɪs/ ブラスコ・イバーニェス **Vicente ~** (1867–1928) 《スペインの小説家》.

bla·sé, -se /blɑːzéɪ; ⌐⌐/ *a* 《人生の快楽に慣れすぎて》感動を忘れた, 熱意[関心]を失った; 世慣れた; 無関心な. 〔F〕

blas·pheme /blæsfíːm, *⌐⌐/ *vt* 〈神や神聖なもの〉に不敬[ばちあたり]なことを言う, 冒瀆(ぼうとく)する; …の悪口を言う, ののしる. ► *vi* 不敬なことを言う 〈*against* God〉. ♦ **blas·phém·er** *n* 冒瀆者. 〔OF, ＜Gk; cf. BLAME〕

blas·phe·mous /blǽsfəməs/ *a* 不敬な, 冒瀆(ぼうとく)的な, ばちあたりな. ♦ **~·ly** *adv* **~·ness** *n*

blas·phe·my /blǽsfəmi/ *n* 神への不敬, 冒瀆(ぼうとく), 瀆神; ばちあたりのことば[行為].

blast /blǽst; blάːst/ *n* **1 a** 一陣の風, 突風, 爆風, 噴射した空気[蒸気など]; *«俗» 放屁. **b** ひと吹き; 送風, 《炉への》通風; らっぱ・警笛などを吹くこと[音]; [〈*int*〉] ブーッ, ピピーッ, ピリリリ. **c** 《炭鉱などの》爆発(事故); 爆破, 発破; 《一回分の》発破薬. **d** 一陣の風がもたらすもの《みぞれなど》; 《風による植物の》枯れ病; 毒気. **2 a** «口» 《感情の》爆発, 激しい非難; 突然の災厄, 打撃. **b** «俗» (飲み騒ぐ)パーティー (cf. BLAST PARTY); «俗» 楽しいと時[体験]; *«俗» とびきりすばらしい[おもしろい]もの; *«俗» 大満足, スリル. **c** *«俗» 麻薬[興奮剤]の使用[吸入]; «俗» 麻薬(注射)の効きめ, 快感 (rush). **d** 〖野球など〗豪打, 猛打, 長打, 《特に》ホームラン; *«俗» 《げんこつでの》一撃, 強打. **3** «俗» 大失敗; ‖[〈*int*〉] 《怒り・いらだちを表わして》ちくしょう!: *B~* and damnation! こんちきしょう! ● **a ~ from the past** «口» 昔はやったもの, なつかしいもの. **at a [one] ~** ひと吹きに, 一気に. **at full ~＝(in) full ~** 盛んに送風中で; 〈ラジオなど〉音量を(いっぱいに)上げて, 〈ガスレンジなど〉全開にして; 全力を挙げて, 全力で. **give sb a ~** «口» 人をきびしくしかる, 非難する. **in [out of] ~** 〈熱風炉が〉作動して[休んで]. **put the ~ on** sb *«俗» 人を激しく非難する; *«俗» 人をなぐる; «俗» 人を撃ち殺す, 射殺する.
► *vt*, *vi* **1 a** 発破をかける, 爆発させる, 爆破する; 爆破して除去する[切り開く]. **b** 〈ロケットなどを〉噴射して発進させる; 猛スピードで進む. **c** 撃つ, 銃撃する (shoot); 〖スポ〗〈ボールを〉強く打つ, かっ飛ばす; 〖ゴルフ〗《explosion shot で》ボールをバンカーの外に打ち出す 〈*out*〉; *«俗» 《げんこつで》なぐる, ぶんなぐる; *«俗» こてんぱんにやっつける. **d** …に猛攻を加える, 激しく非難する; 呪い倒す: *B~* it [him, etc.]! «俗» ちくしょう, くたばっちまえ! **2** 〈名誉・希望など〉だいなしにする[なる]; 《風など, または病害で》枯らす, しおれさせる, いためる. **3 a** 〈らっぱなど〉吹く; 鳴り響く, 鳴り響かせる; 〈声を〉張りあげる. **b** *«俗» 麻薬を使う, マリファナを吸う. ● **~ away** (続けざまに)撃つ; 〈音楽などが〉けたたましく鳴る; «口» しかりつける, どやす. **~ off** 〈ロケット・ミサイルなど〉打ち上げる[離昇する]; «俗» 去る, 出て行く 〈*for*〉; 《噴射によって》…から除去する; «口» BLAST away.
〔OE *blǣst*＜Gmc (**blǣs-* to blow)〕

blast- /blǽst; blάːst/, **bla·sto-** /blǽstou, -tə; blάːs-/ *comb form* 〖生〗「胚」「芽」 〔Gk *blastos* sprout〕

-blast /blæ̀st; blὰːst/ *n comb form* 〖生〗「胚」「芽」; 〖解〗「芽球」「芽細胞」: epi*blast*, erythro*blast*. 〔↑〕

blást cèll 〖解〗芽細胞.

blást·ed *a* しおれた, 枯れた, 霜の害をうけた; «文» 雷に撃たれた; ついえた〈望み〉; «口» 一文無しの; «口» いまいましい, べらぼうな, ひどい (damned); «口» 《酒・麻薬に》酔っぱらった. ► *adv* いまいましく, ひどく.

B

B

blas·te·ma /blæstíːmə/ *n* (*pl* **~s, -ma·ta** /-tə/) 〘生〙芽体, 芽株; ANLAGE. ♦ **blas·té·mal, -mat·ic** /blæstəmǽtɪk/, **-té·mic** /-tíːmɪk, -tém-/ *a*

blást·er *n* 発破工; 〘ゴルフ〙ブラスター《バンカー用の打面の広いクラブ》; *《俗》小銃, ガン; *《俗》ガンマン; *《俗》ラジカセ (ghetto blaster).

blást-frèeze *vt* 《冷却空気を循環させて》急速冷凍する.

blást fùrnace 高炉, 溶鉱炉.

blást-fùrnace cemént 高炉セメント (SLAG CEMENT).

blást·hòle *n* 発破薬を詰めた穴.

-blas·tic /blǽstɪk/ *a comb form* 〘生〙「…な[…個の]芽[胚, 芽球, 芽細胞]をもつ」: hypo*blastic*, *monoblastic*, diplo*blastic*. [*-blast*]

blast·ie /blǽsti; bláːs-/ *n* 《スコ》小鬼, こびと.

blást·ing *n* 爆破, 発破; 《らっぱなどの》音, 響き; 霜などが草木を枯らすこと; 《口》〘通信〙過負荷による音のひずみ; 《俗》しかりとばすこと, 大目玉.

blásting càp (爆破用)雷管.

blásting gèlatin 爆発性ゼラチン《綿火薬をニトログリセリンに溶かした強力爆薬; 主に海底作業用》.

blasting party ⇨ BLAST PARTY.

blásting pòwder 発破用爆薬, 黒色火薬.

blást injèction 〘機〙空気噴射《圧搾空気によって燃料を霧状にし, 直接シリンダーに注入すること》.

blas·tis·si·mo /blæstísəmoʊ; blɑːs-/ *a, adv* *《俗》きわめて強い[強く], フォルティシモの[で]. [*fortissimo* にならって *blast* から]

blást·ment *n* 《古》BLASTING; 害毒.

blasto- /blǽstoʊ, -tə; bláːs-/ ⇨ BLAST-.

blásto·chỳle *n* 〘発生〙胞胚腔液.

blásto·còel(e) 〘生〙*n* 割腔, 分割腔 (=*segmentation cavity*); 胞胚腔. ♦ **blàs·to·cóel·ic** *a*

blásto·cỳst *n* 〘生〙胚盤胞.

blásto·dèrm *n* 〘生〙胚盤葉, 胚葉盤《脊椎動物の部分割する端黄卵において盤状に配列した卵割細胞の層》; 〘生〙胞胚葉.

blásto·dèrm·ic vésicle 〘生〙胞胚, 胚盤胞 (blastocyst).

blásto·dìsc, -dìsk *n* 〘発生〙胚盤 (=*germinal disc* [*disk*]).

blást-òff *n* 《ロケット・ミサイルなどの》離昇, 発射, 打上げ; *《俗》射精.

blàsto·génesis *n* 〘生〙胚(子)発生, 芽体発生《1) 芽体から個体が発生すること 2) 胚形質による遺伝形質の伝達; cf. PANGENESIS 3) 小リンパ球が芽細胞様の大細胞に形態変換すること》. ♦ **-genétic** *a*

blas·to·ma /blæstóʊmə/ *n* (*pl* **-ma·ta** /-tə/, **~s**) 〘医〙芽細胞腫, 芽(球)腫. [*-oma*]

blásto·mère *n* 〘生〙割球, 卵割球. ♦ **blàs·to·mér·ic** /-mér-/ *a*

blàsto·mýcete /, -maɪsíːt/ *n* 〘菌〙不完全酵母菌, ブラストミセス.

blàsto·mýcin *n* 〘医〙ブラストマイシン《北アメリカブラストミセス症病原菌の発育産物無菌液を濃縮したもので, 皮膚反応の指示薬とされる》.

blàsto·mycósis *n* 〘医〙分芽菌症, ブラストミセス症. ♦ **-mycótic** *a*

blásto·pòre *n* 〘生〙原口. ♦ **blàs·to·pó·ral** /-pɔ́ːrəl/, **-pór·ic** /-pɔ́ːrɪk/ *a*

blásto·sphère *n* 〘生〙胞胚 (blastula); BLASTOCYST. ♦ **blàsto·sphéric** *a*

blásto·spòre *n* 〘菌〙分芽胞子, 芽状胞子《発芽によって生じる菌類の休眠胞子》.

blást [blásting] pàrty *《俗》マリファナパーティー.

blást pìpe 送風管; 排気管.

blas·tu·la /blǽstʃələ/ *n* (*pl* **~s, -lae** /-lìː/) 〘発生〙胞胚. ♦ **-lar** *a* **blàs·tu·lá·tion** *n* 胞胚形成.

blat[1] /blǽt/ *vi, vt* (-tt-) 〈子羊・子牛が〉鳴く; 耳ざわりな音を出す; 《口》〈人が〉騒々しくしゃべる; ᵘ《口》すっとんで行く, 〈車を〉飛ばす; ᵘ《俗》発砲する. ► *n* 子羊などの鳴き声; 騒々しいおしゃべり. [imit]

blat[2] /bláːt/ *n* 《俗》賄賂. [Russ]

blat[3], **blatt** /blǽt/ *n* *《俗》新聞. [G *Blatt* sheet (of paper)]

bla·tant /bléɪtnt/ *a* **1** 騒々しい, やかましい; あくどい, ずうずうしい, けばけばしい. **2** 露骨な, あからさまな, 臆面もない: a ~ lie / a ~ disregard. ♦ **blá·tan·cy** *n* **~·ly** *adv* [?Sc *blatand* bleating; Spenser, *Faerie Queene* の造語]

blate /bléɪt/ 《スコ》*a* 臆病な; おそい, 鈍い.

blath·er /blǽðər/ *vi, vt* たわごとをしゃべる, ぺちゃくちゃしゃべる. ► *n* 騒がしいおしゃべり, たわごと. ♦ **~·er** *n* [ON *blathra* to talk nonsense (*blathr* nonsense)]

bláther·skite /-skàɪt/, **-skate** /-skèɪt/ *n* おしゃべり, ほら吹き, 自慢屋; くだらぬおしゃべり, たわごと.

blat·ter /blǽtər/ *vi* 《口》パラパラ[バラバラ, カタカタ]と当たる[動く, 音をたてる]; 《方》ペラペラしゃべる.

blau·bok /bláʊbɑ̀k/ *n* 〘動〙ブルーバック (=*blue buck*)《1800 年ごろ絶滅した南アフリカ産の小型の羚羊》. [Afrik]

Blaue Rei·ter /bláʊə ráɪtər/ [Der ~] ブラウエライター, 青騎士《1911 年 Wassily Kandinsky と Franz Marc が組織したドイツ表現主義画家の集団》.

Bla·vat·sky /bləvǽtski, -váː-/ ブラヴァツキー **Helena Petrovna** ~ (1831–91)《ロシア出身の神智学者; 旧姓 Hahn; 神智学協会 (Theosophical Society) を創立した (1875)》.

blaw /blɔ́ː/ *v* (**~ed; blawn** /blɔ́ːn/) 《主にスコ》BLOW[1].

blax·ploi·ta·tion /blæksplɔɪtéɪʃ(ə)n/ *n* 《特に映画制作における》黒人の商業的利用. [*blacks*+*exploitation*]

blaze[1] /bléɪz/ *n* **1 a** 《比較的大きい》炎, 火炎; 火事, 火災; 閃光, 強い輝き: in a ~ 一面の火となって / a forest ~ 森林火災 / the ~ of noon 真昼の輝き. **b** まばゆいもの; 《名声の》発揚; かっと燃え立つこと, 激発: the ~ of fame かくかくたる名声 / a ~ of temper 憤怒 / in a ~ of passion 烈火のようにおこって. **2** [*pl*] 《口》地獄 (hell); [疑問詞の強意] 一体全体: Go to ~*s*! ちくしょう, くたばっちまえ! / to ~*s* with…なんか知ったことか / What [Who] *the* [*in*] ~*s* do you mean? いったい何[だれ]のことだ / BLUE BLAZES. ● **…as ~s** *《俗》大いに[ものすごく, ひどく]…. **like ~s** 《口》猛烈に, ばりばり〈仕事をする〉. ► *vi* **1** 燃え立つ; 輝く, 光る 〈*with*〉; 撃ちまくる, 乱射する, 〈銃が〉火を吹く; 激怒する, かっとなる: ~ *up* パッと燃え上がる; 激怒する 〈*at*〉. **2** 爆走する; *《俗》去る. ► *vt* 燃やす, 焼く; 輝かす; はっきりと示す. ● **~ away** [**off**] どんどん発射する, 撃ちまくる 〈*at*〉; 《口》〈仕事を〉どんどんやる, 早口に[興奮して]話す. **~ down** (**on**…) 〈太陽・ライトなどが〉(…に)照りつける. **Let's ~** ⇨ Let's BOOGIE[2]. [OE *blæse* torch; cf. BLAZE[3]]

blaze[2] *vt* 広く知らせる, 公表する: ~ abroad [about] 触れまわる. [MLG, MDu *blāzen* to BLOW[1]; cf. BLAST]

blaze[3] *n* 《牛馬の顔面の》流星, 'ほし'; 《白っぽい》髪のしま; 《樹皮を削ったりしてつけた》道しるべ, なた目; 木に目印のついた(踏み分け)道. ► *vt* 〈木〉に目印をつける; 〈道など〉切り開く. ● **~ a** [**the**] **trail** [**way, path**] 道しるべ[先鞭]をつける, 先導的役割を果たす. ♦ **bláz·er**[1] *n* [C17<?]

bláze órange 明るいオレンジ色, ブレイズオレンジ (safety orange).

blaz·er[2] /bléɪzər/ *n* **1** 〘服〙ブレザー《背広型でカジュアルなジャケット》. **2** *注目を集める人[もの], やり手; 《食物の》保温皿; 《口》猛烈に暑い日. [BLAZE[1]]

blaz·ing /bléɪzɪŋ/ *a* 燃える(ような), 光り輝く; 強烈な〈暑さ〉, 猛烈な〈スピード〉, 激しい〈口論など〉; 見え透いた〈うそ〉, はなはだしい; 〘狩〙〈獣の遺臭が〉強烈な; ᵘ《口》激怒した: a ~ indiscretion 大醜態 / a ~ scent 〘狩〙強烈な遺臭. ♦ **~·ly** *adv*

blázing stár **1** 〘植〙派手な花をつける各種の植物: **a** 北米原産のキク科リアトリス属の各種草本《赤紫色の頭花を穂状に密につけるキリンギクなど》. **b** 北米原産シレンゲ科メントゼリア属の数種の草本. **2** 《古》彗星 (comet); 《古》衆目を集める人物, 注目の的.

bla·zon /bléɪz(ə)n/ *n* 《古》紋章 (coat of arms); 紋章解説[記述]; [*fig*] 誇示. ► *vt* **1** 言い触らす, 公表する 〈*abroad, forth, out*〉. **2 a** 《色を使って》描く; 飾りたてる; 見せびらかす; …に光輝を添える, 発揚する. **b** 〈盾〉に紋章を描く; 紋章で飾る; 〈紋章を〉解説する. ♦ **~·er** *n* **~·ing** *n* **~·ment** *n* [OF *blason* shield<?]

blázon·ry *n* 紋章記述[描画法]; 紋章; 壮観; 誇大な装飾, 見せびらかし.

bld blond(e) • blood. **bldg** building. **bldr** builder.

bleach /blíːtʃ/ *vt* 漂白する, しみ抜きする 〈*out*〉; 《漂白するように》…から〈実体・活性などを〉取り去る 〈*of*〉. ► *vi* 白くなる; 〈サンゴが〉白化する. ► *n* 漂白剤; 漂白度; 漂白. ♦ **~·able** *a* [OE *blǣcan* to whiten<Gmc (**blaik-* white); cf. BLEAK[1]]

bleached /blíːtʃt/ *a* 漂白した: ~ cotton さらし木綿.

bléach·er *n* **1** 漂白者, 漂布業者; 漂布器[剤]. **2** [ᵘ*pl*] *《通例屋根のない》階段状の観覧席(の観衆), 外野席.

bléach·er·ite* *n* 外野席の見物人.

bléach·ery *n* 漂白場.

bléach·ing *n* 漂白(法); 《サンゴの》白化. ► *a* 漂白する, 漂白性の.

bléaching pòwder さらし粉.

ble·ah /bliáː, blɛ-/ *int* ベーッ, アカンベー, ヘヘーンだ, イーだ; オエーッ《吐き気》. [imit]

bleak[1] /blíːk/ *a* **1** 荒涼とした, 吹きさらしの; 寒い, 身を切るような: a ~ wind 寒風. **2** 寒々とした, 殺伐とした; 〈状況が〉希望のない, きびしい; 〈表情が〉冷たい, きびしい; 非常に簡素な, 峻厳な; ᵘ《方》青白い: ~ prospects 見込みのない先行き. ♦ **~·ly** *adv* **~·ness** *n* [*bleach*, *blake* (obs) pale (ON *bleikr*); ⇨ BLEACH]

bleak[2] *n* 〘魚〙ブリーク《欧州産のコイ科の川魚; うろこの色素は模造真珠の原料》. [? ON; ⇨ BLEACH]

bléak·ish *a* どこか寒々しい.

blear /blíər/ *a* 《涙などで》〈目が〉かすんだ, うるんだ; ぼんやりした, ぼやけた. ► *vt* 〈目を〉かすませる, うるませる; 〈輪郭など〉ぼんやりさせる. ► *vi* ぼんやりと眺める. [ME *blere* to make dim; cf. MHG *blerre* blurred vision]

bléar-èyed *a* BLEARY-EYED.

bléary *a* 《疲れ・眠気などで》〈目・視力が〉かすんだ; ぼんやりした; 疲れはてた. ♦ **bléar·i·ly** *adv* **-i·ness** *n*

bléary-èyed *a* 《寝不足・深酒・感情などで》目がぼんやりした[かすんだ, うるんだ]; 愚鈍な, 目先のきかない; *《俗》目のとろんとした, 酔っぱらった.

Bleas·dale /blíːzdèɪl/ ブリーズデール **Alan** ~ (1946–)《英国の劇作家・脚本家・小説家》.

bleat /blíːt/ *vi, vt* 〈羊など〉メーと鳴く; 羊のような声を出す; クンクンいう; ペチャクチャたわごと[泣きごと]を言う〈*out*〉. ► *n* 羊などの鳴き声(に似た音); たわごと, 泣きごと, ぐち. ♦ **~·er** *n* メーと鳴く羊[ヤギ, 子牛]. [OE *blǣtan* (imit)]

bleb /blέb/ *n* 《小さな》水ばれ, 水疱, ブレブ; 泡, 気泡; 泡状物; 〚細胞〛《細胞表面の》泡状突起. ♦ **~·by** *a* [BLOB]

blech /blέx, bléʧ/, **bletch** /bléʧ/ *int* 《俗》オエッ, ウェーッ, ヒェッ, ゲッ, ウヘッ, チョッ, くそっ《嘔吐・不快・嫌悪などを表わす発声》. [imit]

bleed /blíːd/ *v* (**bled** /bléd/) *vi* **1 a** 出血する; 血を流す, 死ぬ〈*for* one's country〉: ~ *at* the nose 鼻血を出す / ~ to death 失血死する / ~ like a (stuck) PIG¹. **b** 心痛する〈*for*〉: I ~ [My heart ~*s*] *for* him. 彼のことを思うと心が痛む / make sb's heart ~ 人の心を痛ませる. **c** 法外な金を払う, 金をしぼられる. **2 a** 〈木が〉樹液を出す, 溢泌(いっぴつ)する; 〈液体が〉流れ出る; 〈染色した色が〉にじみ出す, 浸出する. **b** 泣き出す. **3** 〚印〛〈図版などが〉裁ち切りにされる《仕上げ裁ちで図版などの一部が切り落とされてしまうように印刷される》〈*off*〉. ► *vt* **1** 〈人・動物〉から血を取る; 放血させる, …に瀉血(しゃけつ)を行なう《かつての医術での治療法》; …に血の出る思いをさせる. **2** 《口》…から金(など)をしぼり取る; 〈金を〉急激に失う: ~ sb *for* every penny he/she has 人から一銭残らずしぼり取る / ~…dry [white] ⇨ 成句. **3** 〈木が樹液を〉出す; …から樹液を採る; 〚機〛…から液体[空気など]を抜く[逃がす], 抽気する; 徐々に減らす[落とす]〈*off*〉; 徐々に破壊する[弱らせる]. **4** 〚印〛〈図版などを〉裁ち切りにする, 〈ページなどを〉裁ち切りにする. ● **~…white [dry]** …から金[もてる資力]をすっかりしぼり取る. ► *n* 〚印〛裁ち切り図版[ページ], 《その》裁ちしろ; 〚機〛BLEEDER; 出血; *《黒人俗》同胞, 黒人 (blood). ► *a* 〚印〛裁ち切りの〈ページなど〉. [OE *blēdan* (⇨ BLOOD); cf. G *bluten*]

bléed·er *n* **1 a** 血を抜き取る人, 《かつての》瀉血医. **b** 《口》血の出やすい人, 血友病患者 (hemophiliac). **2** ᴵᴵ《俗》[ᵁ*derog*] たかり, (いやな)やつ, 野郎: a ~ of a [an]… ᴵᴵ[*derog*] ひどく厄介な…. **3** 〚電子工〛ブリーダー抵抗器 (=**~ resistor**); 〚機〛ブリーダー, 抽気口, 吹出し弁 (=**~ vàlve**). **4** 《野球俗》ボテンヒット.

bléeder's disèase 血友病 (hemophilia).

bléed·ing *a* 出血する; 心痛する; ᴵᴵ《俗》[強意] ひどい, 忌まわしい (bloody). ► *adv* ᴵᴵ《俗》ひどく (very). ► *n* 出血; 放血, 瀉血; 抽気; 〚植〛出液.

bléeding édge [the] 《技術開発の》最先端: on *the* ~ of…の最先端で. ● **bléeding-édge** *a*

bléeding héart **1** 〚植〛コマクサ属の各種草本, 《特に》ケマンソウ (=*lyreflower*)《ケシ科》. **2** [*derog*] 大げさに同情してみせる人, DO-GOODER.

bléed·ing-hèart pìgeon 〚鳥〛ヒムネバト《フィリピン産; 胸の一部が傷ついたように赤い》.

bléed vàlve [nìpple] 〚機〛BLEEDER.

bleep¹ /blíːp/ *n* ピーッという信号音, ブリープ; 〚放送〛《不都合なことばを消すための》(ピーッという)電子音; ピーッ, チョン, ×× (=*blip*) 《fucking, damned, bloody など卑猥な語・好ましくない語を削除[省略]したことを示す婉曲語法として用いる》; ᴵᴵポケットベル (bleeper). ► *vi* bleep を発する; ᴵᴵポケットベルで呼ぶ〈*for*〉; 〚放送〛bleep で消す; ××する《fuck などの代用語》. ► *vt* ᴵᴵポケットベルで〈人を〉呼ぶ; [ᵒ~ out] 〚放送〛〈不都合なことばなどを〉(電子音で)消す, 消去する (=*blip*). [imit]

bleep² *int* ヘーッ, おやまあ《無意味な間投詞の代わりに使う》.

bléep·erᴵᴵ *n* ポケットベル (=*bleep*).

bléep·ing *a* ××の, なにの (=*blipping*)《好ましくない語の代用として用いる》.

Ble·fus·cu /blɪfʌ́skju/ ブレファスキュー《Swift, *Gulliver's Travels* 中 Lilliput の対岸にある島; 対仏諷刺とされる》.

blel·lum /blέləm/ *n* 《スコ》話し好きのなまけ者.

blem·ish /blémɪʃ/ *n* きず, 欠点 (defect); 汚点; *[*euph*] にきび, 吹出物 (pimple): without ~ 完全な[に]. ► *vt* [ᵒ*pass*] 傷つける, そこなう; 汚す. ♦ **~·er** *n* [OF *ble(s)mir* to make pale]

blench¹ /bléntʃ/ *vi* ひるむ, たじろぐ, すくむ. ► *vt* 見て見ぬふりをする; 避ける (avoid). ♦ **~·er** *n* **~·ing·ly** *adv* [OE *blencan* to deceive; のちの意味は BLINK の影響]

blench² *vi, vt* 白く[まっ青に]なる[する]. [BLANCH]

blend /blénd/ *vt, vi* (**~·ed**, 《詩》**blent** /blént/) よく混ぜ合わせる, 混和する〈*in, into, together*〉; 〈茶・酒・タバコなど〉調合する, ブレンドする; 混ぜる, 混ざる〈*with*〉; 融合[融和]する〈*with*〉; 〈色が〉溶け合う; 〈毛皮〉の先を染める: *~ed* fabric 混紡(織物). ● **~ in** 調和[調合]する[させる], うまく溶け込む[溶け込ませる]〈*with*〉. ► *n* 混合(物); 中間移行色, 混色; 〚言〛混成語《例: brunch (← *breakfast*＋*lunch*) / smog (← *smoke*＋*fog*)》; 〚言〛子音群《同一音節内の 2 個以上の子音の連続》. ♦ **~·ed** *a* [?ON *blanda* to mix]

blende /blénd/ *n* 〚鉱〛閃亜鉛鉱 (sphalerite); 《明るい光沢のある》硫化金属鉱物. [G (*blenden* to deceive); galena に似ながら鉛を含まないための命名]

blénded fámily 〚社〛混合家族《再婚などのため, 夫婦と以前の結婚によって生まれた子供たちとから構成される家族》.

blénded whískey ブレンデッドウイスキー.

blénd·er *n* BLEND する人[機械]; 《料理用の》ミキサー (liquidizerᴵᴵ); 〚機〛配合機, ブレンダー.

blénd·ing *n* 混合, 調合(法); 〚言〛混成, 混成語 (⇨ BLEND).

blénding inhéritance 〚遺〛融合遺伝.

Blen·heim /blénəm/ **1** ブレニム (*G* Blindheim)《ドイツ南部 Bavaria 州の村; スペイン継承戦争で Marlborough 公に率いられたイングランド・オーストリア連合軍が, フランス・バイエルン連合軍を破った地 (1704)》. **2 a** 〚園〛ブレニム (=**~ Òrange**)《黄金色のリンゴ》. **b** 〚犬〛ブレニムスパニエル (=**~ spàniel**)《愛玩犬》.

Blénheim Pálace ブレニム宮殿《イングランド Oxford の近くにある大邸宅 (country house); 18 世紀初め Blenheim における戦勝を記念して Marlborough 公のために建てられた》.

blen·ni·oid /bléniɔ̀ɪd/ *a, n* 〚魚〛(イソ)ギンポの類の(魚).

blen·nor·rhea /blènəríːə/ *n* 〚医〛膿漏(のうろう), 淋病.

blen·ny /bléni/ *n* 〚魚〛イソギンポ《総称》. [L<Gk=mucus; そのぬるぬるしたうろこから]

blent *v* BLEND の過去・過去分詞.

bleo·mý·cin /blìːə-/ *n* 〚薬〛ブレオマイシン《土壌菌から採る抗生物質で, 皮膚癌・舌癌・肺癌治療に用いる》.

bleph·ar- /bléfər/, **bleph·a·ro-** /bléfəroʊ, -rə/ *comb form* 「まぶた」「まつげ」「鞭毛」 [Gk]

bleph·a·rism /bléfərɪz(ə)m/ *n* 〚医〛眼瞼痙攣.

bleph·a·ri·tis /blèfəráɪtəs/ *n* 〚医〛眼瞼炎.

blépharo·plàst *n* 〚生〛毛基体, 生毛体《繊毛・鞭毛基部の小体》.

blépharo·plàsty *n* 〚医〛眼瞼形成(術).

blépharo·spàsm *n* 〚医〛眼瞼痙攣《眼輪筋の収縮による痙攣性まばたき》. [*blephar-*]

Blé·ri·ot /*F* blerjo/ ブレリオ **Louis** ~ (1872–1936)《フランスの飛行家; 飛行機で最初にイギリス海峡を越えた (1909)》.

bles·bok /blésbɑ̀k/, **-buck** /-bʌ̀k/ *n* 〚動〛ブレスボック《顔に大きな白斑のある南アフリカ産の羚羊》. [Afrik]

bles·mol /blésmɔ̀(ː)l, -mòʊl, -mɑ̀l/, **bles mole** /-mòʊl/ *n* 〚動〛デバネズミ《南アフリカ産》. [Afrik]

bless /blés/ *vt* (**~ed** /-t/, **blest** /blést/) **1 a** (神に祈って)神聖にする, 〈食物などを〉清める, 清めて(神に)ささげる: ~ bread at the altar パンを祭壇にささげて清める. **b** 〈聖職者が〉…のため神の恵みを祈る, 祝福する; 〈神を〉賛美する, あがめる; 〈幸運を〉感謝する: ~ one's child 子供の幸福を祈る / I ~ him *for* his kindness. 彼の親切を心から感謝している / *B~* the Lord, O my soul. 〚聖〛わが魂よ主をたたえよ (*Ps* 103: 1) / ~ one's stars《よい星の下に生まれたと》天祐を感謝する. **c** [ᵒ*pass*] 〈神が人に〉恵みをたれる; …に十字を切る; 《古》〈家・国土などを〉守護する: May this country always *be ~ed with* prosperity. この国が常に繁栄できますよう / She *is ~ed with* good children. 子宝に恵まれている. **d** 幸せにする, …に幸運をもたらす. **2 a** [感嘆の表現をなして] 《口》: (God) ~ me [my life, my soul, my heart]! = (Lord) ~ my soul! = *B~* your heart alive! = *I'm ~ed [blest]*! おやおや, しまった, とんでもない《いずれも驚き・怒り》/ (God) ~ you! (あなたに神の)祝福あれ; お大事に《相手がくしゃみしたときにいう》; どうもありがとう; ありがたや, やれやれ; おやまあ, まあかわいそうに; こんちくしょう, 勝手にしやがれ, ばかめ《など》/ (God) ~ his [your, etc.] soul [heart]! = (God) ~ him [you, etc.]! これはこれは, まあまあ!《感謝・いたわりの気持などを表わす; 赤んぼや子供については (God) ~ his (little) cotton socks. ともいう》. **b** [反語的にののしりの表現となって]: (I'm) ~*ed [blest]* if I know! そんなこと知るものか《*~ed* は反語で cursed の意》. ● **~ oneself** 《古》《額から胸にかけて十字を切って》神の祝福を祈る《God ~ me! という》; まあよかったと思う. **not have a penny to ~ oneself with** お金は全然もっていない《幸運を祈って 1 ペニー銅貨でてのひらに十字を切ったことから》. ► *int* ᴵᴵまあ, これはこれは!《驚き・感謝・愛情・同情などを示す》. [OE *blētsian* to consecrate (*blōd* blood); '血でしるす' の意; 意味変化は L *benedico* の訳として用いられたため]

bléss·ed /-əd/, 《詩》**blest** /blést/ *a* **1** 神聖な, 清められた, 天(国)にいる, 〚カト〛福者となった《列福された (beatified) 人の称号》; 恵まれた, しあわせな; 楽しい, ありがたい: my father of ~ memory 今は亡きわが父上 / the ~ (ones) 天国の諸聖徒, 〚カト〛福者 / ~ ignorance '知らぬが仏' / ISLANDS OF THE BLESSED. **2** 《口》[*iron*] 忌むべき, ひでえ, できそこないの《しばしば 単なる強意語》: every ~ book ありとあらゆる本. ♦ **bléss·ed·ly** *adv* 幸いにも.

bléssed evént [*joc*] おめでた《出産》; [*joc*] 新生児.

bléss·ed·ness *n* 受福状態, 祝福, 幸い: single ~ [*joc*] 独身生活《Shak., *Mids N D* 1.1.78》.

Bléssed Sácrament [the] 聖餐のパン《聖体》.

Bléssed Vírgin (Máry) [the] 処女[童貞]聖マリア, 聖母マリア《略 BVM》.

bléss·ing *n* 祝福(のことば); 食事前[後]の祈り; 天恩, 天恵, 幸福;

ありがたいもの; 賛同, 承認 (approval): give… one's ～ …に祝福を与える, …を是認する / It's a ～ (that…) (…は)ありがたい[なによりだ]. ● **a ～ in disguise** 姿を変えた祝福《不幸に見えて実はありがたいもの》. **ask [say] a ～** 食前[食後]の祈りをする (cf. *say a* GRACE). **count** one's **～s** 《不平を言う前に》いい事を数えあげる, 悪い事ばかりではないと思う. SCOTCH BLESSING. **with my ～** 《口》どうぞ, 喜んで《同意の表現》.

blest /blést/ *v* BLESS の過去・過去分詞. ► *a* ⇨ BLESSED.

blet /blét/ *n* 熟れすぎた果実の腐り.

bletch ⇨ BLECH.

blet·cher·ous /blétʃ(ə)rəs/ 《ハッカー》 *a* 見苦しい, デザインの悪い, むかつく, うんざりする; 〈問題など〉厄介な, 始末に負えない. [*bletch*]

bleth·er /bléðər/ *n, vi, vt* BLATHER.

bléther·skàte *n* BLATHERSKITE.

bléu chèese /blú:-/ BLUE CHEESE.

BLEVE /blévi/ boiling liquid expanding vapor explosion 沸騰液体膨張蒸気爆発, ブレビー《高圧のタンクに亀裂がはいり, 液化ガスが沸騰して起こる爆発》.

blew *v* BLOW[1,3] の過去形.

blew·it, blew·itt /blú:ət/ *n* BLEWITS.

blew·its /blú:əts/ *n* 〔菌〕 オオムラサキシメジ (＝*blueleg*)《食菌》.

Bli·da /blí:də/ ブリダ《アルジェリア北部の市》.

Bligh /bláɪ/ ブライ **William ～** (1754–1817)《英国の海軍軍人; 乗組員が反乱を起こした時 (1789) の Bounty 号の艦長; 反乱によりボートに置き去りにされたが, 奇跡的に生還》.

blight /bláɪt/ *n* **1** 〔植〕 胴枯れ病, 葉枯れ病, 焼き枯れ病; 胴[葉]枯れ病の病因《細菌・ウイルス・大気汚染など》; "《特に 果樹に害を与える》アブラムシ, アリマキ (aphid). **2 a** 傷つける[そこなう, 破壊する]もの; 《士気・希望などを》くじくもの[人], 暗い影: cast [put] a ～ on…の上に暗い影を落とす. **b** 《都市の》荒廃(地域): urban ～. ► *vt* 〈植物を〉枯らす, しおれさせる (wither up); 破壊する, 荒廃させる; 〈希望など〉をくじく, そこなう (ruin). ► *vi* 枯れる. [C17<?]

blíght·bìrd *n* 〔鳥〕《豪州・ニュージーランドで》果樹の害虫を食うメジロ, アブラムシ鳥.

blíght·er *n* 害をもたらす人[もの]; "《口》いやなやつ[もの], ひどいやつ, 悪党; "《口》やつ.

Blighty /bláɪti/ [ˢb-] "《軍俗》 *n* 英本国; 《第一次大戦で》本国送還となるほどの負傷《a ～ one [two, etc.] と等級がある》; 帰国休暇. [Hindi＝foreign, European]

bli·mey /bláɪmi/ *int* "《俗》おや, ちくしょう, くそっ, とんでもない (cor blimey). [(*God*) *blind me!*]

blimp /blímp/ *n* **1** 小型軟式飛行船, ブリンプ, 《一般に》気球; 撮影カメラの防音カバー; 《俗》太っちょ, でぶ. **2** [ºB-] COLONEL BLIMP. ● **Have a ～!** *《俗》楽しい[よい]年を過ごされるように《blimp (軟式飛行船) を動かしている会社 Goodyear Tire and Rubber 社にかけたことば》. ► *vi* 《口》太る 〈*up*〉: She started to ～ *up* at age 14. ● **～ out** 《口》大食いする (overeat). ♦ **～·ish** *a* [C20<?]

blimped /blímpt/ *a* *《俗》飲みぶくれした, 酔っぱらった.

blímp·ish *a* [ºB-] COLONEL BLIMP の[みたいな]. ♦ **～·ly** *adv* **～·ness** *n*

blin /blín/ *n* (*pl* **bli·ni, bli·ny** /blí:ni, blíni, bləní:/, **bli·nis** /blí:niz, blíniz, bləní:z/)〔ロシア料理〕ブリヌイ《そば粉のパンケーキ; サワークリームやバターを塗り, キャビア・塩漬けニシン・スモークサーモンなどと共に食べる》. [Russ]

blind /bláɪnd/ *a* **1 a** 目の見えない[不自由な], 盲の, 盲目の, 盲人の; [the, 〈*pl*〉] 盲人たち (opp. *the seeing*): a ～ man 盲人 / ～ *in* one eye＝～ *of* an [one] eye 片目が見えない《of を用いるのは文語的》/ ～ *in* the right [left] eye / go [become] ～ 目が見えなくなる, 失明する / (as) ～ as a bat [beetle, mole] 全く[よく]目が見えない, 盲目同然で / In the country of *the* ～, the one-eyed is king. 《諺》盲人の国では片目は王様, '鳥なき里のこうもり' / There's none so ～ as those that will not see. 《諺》見ようとしない者がいちばん盲目 / If *the* ～ lead *the* ～, both shall fall into the ditch. 〔聖〕もし盲人が盲人を手引きするなら, 二人とも穴に落ち込むであろう《よく知らないで人に教えるものではない; *Matt* 15: 14》. **b** 〔空〕計器だけによる: ～ flight [flying] 計器飛行 (instrument flight [flying]). **c** 〈テスト・実験が〉盲検(方式)の《ヒントになるようなものや, 予備知識を実験者[被験者]に伏せて行なわれる; cf. SINGLE-[DOUBLE-]BLIND》. **2** 無学な; 〈欠点・美点・利害などを〉見る目のない, 見えない, 気づかない, 知らない 〈*to*〉: ～ *to* the beauties of nature 自然の美がわからない / ～ *to* all arguments まるで議論を受けつけない[がわからない]. **3 a** 盲目的な, やみくもな; 理性を失った; 《俗》酔った: *in* (his) ～ haste やたらに急いだため, あわてた拍子に / ～ impulse むこうみず, めくら滅法 / ～ loyalty 盲目的な忠誠 / ～ rage 見境のない怒り / get ～ 酔っぱらう / ～ to the world 正体もなく酔って. **b** 目的のない, 機械的な: ～ forces 無目的にはたらく力. **4 a** 目に見えない, 隠れた; 見通しのきかない〈角・カーブ〉; 判読しがたい, 〈郵便物が〉宛先がはっきりしない; 〈生垣が〉密生した, 通り抜けられない; 行き止まりの; 開口部[窓]がない, 塗り込められた; 《ホモ俗》包茎の: a ～ ditch 隠し溝. **b** 〔園〕花[果実]にならない; 〔料理〕〈パイ皮が〉中身を詰めないで焼いた; 〔製本〕空(から)押しの: a ～ bud 盲芽(めくら)《花も実も生じない芽》. **c** 〔工〕〈リベットその他の留め金が〉差し込むと先端が広がって抜けない方式の, 盲…, ブラインド…. ● **not a ～ (bit of)** "《口》少しも…ない: *not* take *a* ～ *bit of* notice まるで気にも留めない. **the ～ leading the ～** 盲人が盲人を手引きする状況 (⇨ 1a 用例参照). **turn a ～ eye** 見て見ぬふりをする, 見のがす, 目をつむる 〈*to* sth〉.
► *adv* 盲目的に; ひどく; むこうみずに; 盲検方式で; *《俗》完全に, 全く, きっぱり; 〔空〕計器によって〈飛ぶ〉. ● **～ drunk** 《口》泥酔して(いる). **fly ～** 計器飛行をする; 《口》わけもわからないで事をする. **flying ～** 《俗》酔った, 酔っぱらった. **go (into…) ～** よく事情もわからず(…に)取りかかる. **go it ～＝go ～ on** めくら滅法にやる. ROB [STEAL] sb ～. SWEAR ～.
► *vt* 盲目にする, 失明させる; 目隠しする; 暗くする; …より強く輝く; (おおい)隠す; 〈新舗装道路〉に砂利を詰めて隙間をつぶす; …の目をくらませる; だます, ごまかす, …の判断力[分別]を失わせる 〈*to* sth〉. ► *vi* "《俗》車をぶっ飛ばす (go blindly); *《俗》完璧にやる[知っている].
● **～ with science** "知識をひけらかして眩惑する[混乱させる].
► *n* **1** おおい隠すもの; 日よけ, ブラインド, 窓のよろい戸; VENETIAN BLIND; 人の目をくらます[そらす]ために使われるもの[人], おとり, ごまかし, 口実; 《潜伏している人の》代理人; *《特に 猟師の》潜伏所; BLIND BAGGAGE; [*pl*] 《馬の》側面目隠し (blinders): draw [pull down] the ～(*s*) 窓のブラインドを引く[下ろす]. **2** 〔トランプ〕ポーカーで手を見る前に行なう賭け; BLIND DATE; *《俗》罰金; *《俗》宛先不明の郵便物; "《俗》酒宴: go on a ～飲み騒ぐ. ● **ride the ～(s)** *《浮浪者俗》手荷物車 (blind baggage car) の連結部に乗る.
[OE *blind*; cf. G *blind*]

blínd·age *n* 〔軍〕《塹壕内の》防弾壁.

blínd álley 袋小路, 行き止まり; [*fig*] 見込みのない局面[職業, 研究 など]: be up a ～ 《口》行き詰まっている.

blínd bággage (càr) *〔鉄道〕手荷物[郵便]車《前方に抜ける通路[ドア]がない》; 《俗》手荷物車の連結部《しばしば 浮浪者の潜伏場所となった》.

blínd (cárbon) cópy 〔電算〕ブラインドカーボンコピー (⇨ BCC).

blínd cóal 盲炭《無煙炭》.

blínd dáte ブラインドデート《第三者の紹介による面識のない男女のデート》; ブラインドデートの相手.

blínd drág *《俗》BLIND DATE.

blínd·ed *a* *《俗》《麻薬・酒に》酔っぱらった, へべれけの.

blínd·er *n* **1** 目を見えなくする人[もの]; 視野の狭い人. **2** [*pl*] *《頭部馬具に付けて外方視野を遮断する》側面目隠し, 遮眼帯 (＝*blinkers*); [*pl*] 判断[理解]の妨げ, 目隠し. **3** "《口》至難の[すばらしい]もの, 絶妙のファインプレー: play a ～ "すばらしい技を見せる[演技をする]. **4** "《俗》どんちゃん騒ぎのパーティー: go [be] on a ～.

blínd·fìsh *n* 〔魚〕めくら魚, 盲目魚《ドウクツギョ科の魚などのように無視力のものや, 眼のない深海魚など; cf. CAVEFISH》.

blínd flýing 〔空〕INSTRUMENT FLYING.

blínd·fòld *vt* 目隠しする; 見えない[わからない]ようにする; 目をくらます, 欺く. ► *n* 目隠し布; 視界[知覚]を妨げるもの. ► *a, adv* 目隠しされた[して]; 〔チェス〕盤面を見ない(で); めくら滅法な[に]: can do sth ～ 《口》目隠しされてもできる.

blínd·fòld·ed *adv* 目隠しされて (blindfold).

Blínd Fréddie 《豪口》めくらのフレディー《無能の骨頂とされる想像上の人物》: ～ could see that! そんなことは誰だってわかるぞ!

blínd gód [the] 盲目の神《愛の神 Eros, Cupid》.

blínd gút 盲腸 (cecum); 一端が閉塞した腸管.

Blind·heim /*G* blíntham/ ブリントハイム《BLENHEIM のドイツ語名》.

blínd hóokey 〔トランプ〕銀行遊び (banker) の一種.

blínd·ing *a* 目がくらむような, まばゆい〈光〉; 視界をさえぎるほどの〈雨・雪〉; 閃光のような, 突然の〈ひらめき・理解〉; 強烈な, すさまじい〈痛みなど〉; "《口》すばらしい, 絶妙な. ► *n* BLIND になる[する]こと; 新舗装道路の隙間を埋めるための土砂, これを埋める作業; 〔土木〕沈床 (mattress). ♦ **～·ly** *adv* 非常に, きわめて: ～*ly* obvious 全く明白で.

blínd·ly *adv* 盲目的に, むやみに; 何も見えない(みたいな)状態で; 行き止まりになって, 袋小路になって: stare ～ ぼんやりと見つめる.

blínd·man" /-mən/ *n* (*pl* **-men** /-mən/) BLIND-READER.

blíndman's búff [blúff*] /-mænz-/ 目隠し遊び, めくら鬼《目隠しをした鬼が自分を押したり突いたりする仲間をすばやくつかまえて名をあてる遊び》.

blíndman's hóliday 《古》薄明 (twilight).

blínd múnchies *pl* *《俗》むしょうに食べたい気持, 空腹感 (munchies).

blínd·ness *n* 盲目, 〔医〕盲, 失明; 無分別; 文盲; 無知.

blínd píg *《口》もぐり酒場 (blind tiger).

blínd pòol 委任企業同盟.

blínd-pòp *vt* *《俗》BLINDSIDE.

blínd-rèad·er" *n* 《郵便局の》宛名判読係.

blínd règister 〔英〕《福祉目的の》視覚障害者名簿.

blínd róad 草深い路, 草におおわれた路.

blínd shéll 不発弾; 〔貝〕ミジンギリギリツツガイ科の貝 (＝*tube shell*).

blínd·sìde* *vt* …に見えない側からぶつかる[当たる]; ‹相手›の無防備のところ[弱点]を打つ[つく]; [ᵁ*pass*] 不意討ちをくらわす, 虚をつく.
blínd síde 《片目の人が》見えない側; 見て[注意して]いない側; 弱点, 隙, 無防備のところ; [the]〘ラグビー〙ブラインドサイド (cf. OPEN SIDE). ● **on the ～** 弱い部分で, 予期せぬところで.
blínd·sìght *n* 盲視《光源や他の視覚的刺激を正確に感じ取る盲人の能力》.
blínd sígnature〘電算〙ブラインド署名《署名する文書の内容を見ることができないままに(受理の証明などのために行なう)デジタル署名》.
blínd snàke〘動〙メクラヘビ《熱帯産》.
blínd spòt 《網膜の》盲点, 盲斑; 不案内の領域, 弱み;〘通信〙受信困難な地域; 《劇場・道路などの》見にくい[聞こえにくい]場所.
blínd stággers [‹*sg*/*pl*›]〘獣医〙暈倒(うんとう)病, 回旋病《セレン中毒など》; [‹*sg*/*pl*›] よろめきを伴うめまい, 《俗》酩酊.
blínd-stàmp *vt* ‹表紙に›空(から)押しする. ♦ **-ing** *n*
blínd stàmp〘製本〙《表紙の》空押し.
blínd·stìtch *vt* 隠し縫いにする.
blínd stítch 隠し縫い, ブラインドステッチ.
blínd·stòry, -stòrey *n* 窓なしの階, ブラインドストーリー, トリフォリウム《教会堂の明かり採り下の廊下》.
blínd tíger*《口》もぐり酒場 (＝*blind pig*); *《俗》安物ウイスキー, 粗悪な酒.
blínd Tóm 《野球俗》塁審.
blínd-tòol *vt* BLIND-STAMP.
blínd trúst 《公職にある個人の株式・不動産などの》運用白紙委任《私益をはかる行為によって公益がそこなわれないように運用を受託者に任せること》.
blínd·wòrm *n*〘動〙ヒメアシナシトカゲ (＝*slowworm*)《欧州産》; 《古》ADDER[2].
bling /blíŋ/, **blíng·blíng** 《口》*n* キンキラ宝石類; 高価[派手な]装飾品[服装など].
bling·er /blíŋgər/ *n**《俗》すばらしいもの, ものすごいもの.
blini, blinis *n* BLIN の複数形.
blink /blíŋk/ *vi* **1 a** まばたきする, 目をしばたたく[パチクリする]; 目を細くして見る, まばたきしながら見る; 見て驚く ‹*at*›; ひるむ, 臆する, 屈する《★ 対決場面で「まばたきする」のは相手の視線を持ちこたえられない弱さのあらわれ, と見る解釈から》; 《廃》ちらっと見る. **b** ‹灯火・星など›明滅する. **2** 見て見ぬふりをする, 見のがす ‹*at*›. ► *vt* **1 a** ‹目を›しばたたく; ‹涙を›まばたきして払う[こらえる] ‹*away, back, from*›. **b** ‹光を›明滅させる; 光を明滅させて‹信号›を送る. **2** 見て見ぬふりをする, 無視[黙認]する. ● **before you can ～** 《口》すぐに, あっという間に. **～ the fact**ᵁ《口》事実[現実]に目をつぶる. **without ～ing an eye [eyelid, eyelash]** 顔色ひとつ変えずに, 平然として. ► *n* まばたき; 一瞬, 瞬間; きらめき, ちらつき; 《英・スコ》ちらっと見ること;〘気〙ICE-BLINK, SNOWBLINK;〘気〙WATER SKY. ● **in the ～ of an eye**＝**in a ～** 瞬時に, 瞬く間に. **on the ～** 《口》調子が悪くて, 不調で; 《俗》病気で, 死んで; *《俗》飲み騒いで, 酔っぱらって. [Du *blinken* to shine と BLENCH[1] の異形 *blenk* より]
blínk·ard *n* 《古》始終まばたきをする人, 目の悪い人; 鈍物.
blínk·er *n* **1** まばたきをする人; 色目をつかう女; *明滅信号灯《踏切などの警戒標》; *点滅式方向指示器 (winkerᵁ). **2** [*pl*] 《馬の》側面目隠し (blinders); [*pl*] 《競走馬の》側面目隠し付きフード; 《俗》目; 《俗》BLACK EYE; [*pl*] 《俗》ちりよけめがね; [*pl*] 判断[理解]の妨げ, 目隠し (blinders). ● **be [run] in ～s** [*fig*] 周囲の形勢がわからずにいる[走る]. ► *vt* ‹馬›に目隠しをする.
blínk·ered *a* 側面目隠しを付けた; 視野の狭い, 狭量な, 偏狭な.
blínk·ie *n**《俗》にせめくら乞食.
blínk·ing *a* 瞬く; 明滅する; ᵁ《口》全くの, ひでえ. ► *adv* 《口》非常に, とても, すごく. ♦ **～·ly** *adv*
blinks /blíŋks/ *n* (*pl* ～)〘植〙ヌマハコベ (＝*water chickweed*) (＝**blínking chìckweed**).
blínky *a* いつも目をしばたく, まばたきする癖のある; *《中部》‹ミルク・ビールが›やや酸っぱい, 酸敗した (sour). ► *n**《俗》フリーベース (free-base) の吸入具 (＝*winky*).
blin·tze /blínts(ə)/, **blintz** /blínts/ *n* ブリンツ《薄いパンケーキでチーズ・ジャムなどをくるんで焼いたユダヤ料理》. [Yid]
bliny *n* BLIN の複数形.
blip /blíp/ *n* **1** ブリップ《**1)** レーダースクリーンに現われた光点・山形パルス **2)** オシロスコープ上のトレース》; ピッ[ピーッ]という音 (bleep);〘放送〙《blip したための》音声のとぎれ; ピッ, チョン, ××(BLEEP[1]). **2** 《数値などの》一時的な急上昇[急下降], 一時的な逸脱[異常]. **3** 少量, 少数, 少額, わずか; 《俗》一時のささいなこと, ちょっとしたこと; *《俗》5 セント. ► *《俗》*a* すぐれた, すばらしい; いかしてる, ナウい (hip). ► *v* (**-pp-**) *vt* ポンとたたく[打つ];〘放送〙BLEEP[1]. ► *vi* ピッ(ピッ)という; *《俗》侵入[侵害]する《レーダースクリーンの上のブリップから》; ‹数字が›急上昇[急下降]する, ‹経済指標が›一時的に変動する. ● **～ off** *《俗》殺す, 射殺する. [imit]
blíp jòckey *《軍俗》探知用の電子装置を監視する人, レーダー係.
blíp·ping *a* BLEEPING.
blíp·vèrt /-vǝ̀ːrt/ *n* ブリップ広告《ほんの数秒間のテレビコマーシャル》. [*blip*＋advert[2]]
bliss /blís/ *n* 無上の[天上の]喜び, 至福, 幸福; 天国; 天国にいること. ► *v* [次の成句で]: **～ out** 《口》至福を味わう, 恍惚となる[ならせる]. [OE *bliss*; ⇨ BLITHE; 意味は *bless* の影響]
Bliss ブリス **Sir Arthur (Edward Drummond)** ～ (1891–1975) 《英国の作曲家; 王室楽長 (1953–75)》.
blíssed(-óut) 《俗》*a* 至福の, うっとりした, 恍惚とした; 《酒・麻薬で》酔った.
blíss·ful *a* 至福の, 喜びに満ちた; 《現実に気づかないで》満足した, おめでたい. ♦ **～·ness** *n*
blíssful ígnorance 《現実の不条理・不平等・不正などに気づかない》しあわせな無知: in ～ 知らぬが仏で ‹*of*›.
blíss·ful·ly *adv* 幸いにも, おめでたいことに; このうえなく, すばらしく: ～ unaware ‹危険・不幸などを›思ってもみないで, つゆ知らず ‹*of, that*› / ～ happy [sunny].
blíss nìnny*《俗》至福のばか, 恍惚となった[ボケっとして見える, 白痴のように見える]者.
blíss·òut *n**《俗》至福, 恍惚, 陶酔, 高揚.
B-list /bíː—/ *n* B 級の有名人, そこそこの有名人.
blis·ter /blístǝr/ *n* **1 a** 《皮膚の》水[火]ぶくれ, 水疱, 疱疹. **b** 《塗装面の》ふくれ, 痘痕(とうこん), ブリスター; 《金属やプラスチックの表面の》ふくれ, ブリスター, がま肌;〘植物病理〙《葉の》ふくれ;〘医〙発疱剤,〘軍〙糜爛(びらん)剤《lewisite など》;〘空・鉄道〙ブリスター《爆撃機・車両などの胴体から突き出た透明な部分で銃座などにあてる》; RADOME; 《アルコール水準器中の》動く気泡; 《blister pack の》プラスチックカバー;〘写〙かえる肌《フィルム・印画紙の膜面の水ぶくれ現象》. **2** 《口》不快な人物, いやなやつ; *《俗》女, 売春婦, 女乞食. **3** 《俗》召喚状 (summons). ► *vt, vi* …に水[火]ぶくれをつくる, 水[火]ぶくれにする[なる]; ‹皮肉・批判などで人を›傷つける, くさらせる; 《俗》…に召喚状を出す. [?OF *blestre, blo(u)stre* swelling, pimple]
blíster bèetle〘昆〙ツチハンミョウ科の各種の甲虫《分泌液は皮膚に水疱や炎症を生じさせる》, 《特に》ゲンセイ (Spanish fly) (の類)《乾燥させ粉末にして発疱剤に用いる》.
blíster còpper〘冶〙粗銅.
blíster·fòot *n**《軍俗》歩兵《第一次大戦時の用語》; *《俗》《受持ち区域を》巡回する警官.
blíster gàs〘軍〙糜爛(びらん)[発疱]性ガス (vesicant).
blíster·ing *a* 水[火]ぶくれを起こさせる; 痛烈な‹批判など›, 猛烈な‹ペースなど›. ► *adv* 激しく, 猛烈に; 非常に. ► *n*⁺《塗装面などの》ふくれ. ♦ **～·ly** *adv*
blíster pàck ブリスターパック (＝*bubble pack*)《商品を台紙上に透明材でパックした包装》.
blíster plàster〘医〙発疱硬膏.
blíster rùst〘植〙《松の》こぶ病, 発疹サビ病.
blíster stèel〘冶〙浸炭鋼, ブリスター鋼.
blís·tery *a* 水疱のある, 火ぶくれだらけの.
BLit ⇨ BLITT.
blithe /bláɪð/ *a* 《詩・文》しあわせな, 陽気な, 楽しい, 楽天的な; 能天気な, 無頓着な: a ～ spirit 楽天家 / a ～ disregard for…に対する能天気な無関心. ♦ **～·ly** *adv* **～·ness** *n* [OE *blīthe* happy; cf. BLISS]
blith·er /blíðǝr/ *n, v* BLATHER.
blíther·ing *a* たわいもないことをしゃべる; 《口》どうしようもない, 全くの, 見下げはてた: a ～ idiot.
blíthe·some /-θ-, -ð-/ *a* 《詩》陽気な, 快活な. ♦ **～·ly** *adv* **～·ness** *n*
BLitt, BLit [L *Baccalaureus Litterarum*] Bachelor of Letters [Literature].
blitz /blíts/ 《口》*n* BLITZKRIEG; [the B-]《1940–41 年のドイツ空軍による》ロンドン大空襲; 空襲; 《一般に》電撃作戦, 猛攻撃, 大キャンペーン; *《軍俗》重要会議;〘アメフト〙ブリッツ (＝*red dog*)《ラインバッカーの位置からパッサーをブロックしに突っ込むこと》. ► *vt* …に電撃的攻撃をかける, 猛攻する; だいなしにする (destroy); *こてんこてんにやっつける, 圧勝する; *〘トランプ〙《gin rummy で》‹相手を›無得点にしておく;〘アメフト〙‹ラインバッカーがパッサーめがけて›突っ込む, ‹ラインバッカー›に突っ込むよう指示する; *《軍俗》《検査に備えて》‹真鍮ボタンを›磨く, ‹兵舎などを›きれいにする; *《俗》‹講義・試験を›サボる. ► *vi*〘アメフト〙ブリッツをかける; 勢いよく進む, 突進する. ● **～ out***《俗》…にショックを与える, 動顛させる. ► *a* 電撃的な: ～ tactics 電撃作戦 / a ～ sale 《客を殺到させるような》大奉仕売出し. ♦ **～·er** *n*
blitzed /blítst/ *《俗》*a* [°～ out]《酒・麻薬で》酔っぱらった; 疲れはてた, くたくたになった, へばった.
blitz·krieg /blítskrìːg/ *n* 電撃戦; 大空襲; 電撃的集中攻撃[砲撃] (cf. SITZKRIEG); *《俗》《誘惑や借金のため》人の気をひくための一言, '電撃作戦', 《女性への》猛アタック. [G＝lightning war]
bliv·it /blívǝt/ *n**《俗》余計な[煩わしい]もの, 厄介もの.
blixed /blíkst/ *a**《俗》少し酔って, ハイで.
Blix·en /blíːksǝn/ ブリクセン Baroness **～-Fi·necke** /-fíːnǝkǝ/ ⇨ Isak DINESEN.
bliz·zard /blízǝrd/ *n* ブリザード《**1)** 長期にわたる暴風雪 **2)** 粉雪を伴う冷たい強風》; [*fig*] 突発, 殺到; 《古》殴打; 《古》(一斉)射撃. ♦ **～y, ～·ly** *a* [? imit]

blízzard hèad *«俗»《テレビ放送で照明を落とさなければならないほどの》まばゆいばかりの金髪女優.

blk black ♦ block ♦ bulk.

BL La·cer·tae object /bí:èl ləsá:rti ―/〘天〙とかげ座 BL 型天体《電波や光が時間変動を示すクエーサーに似たコンパクトな天体で, スペクトルに明瞭な輝線・吸収線を示さないもの》. ［初め変光星としてとかげ座 (Lacerta) BL 星とされた］

BLM〘米〙°Bureau of Land Management.

BLMC British Leyland Motor Corporation (⇨ BL).

bloat[1] /blóʊt/ *vt, vi*《水・空気などで》ふくれさせる, 膨張する; …に腹部膨張を起こす; 詰め込む; おだてる. ► *n*〘獣医〙鼓脹(症)《牛や羊に多発する消化不良の一種》; *«口»《人員・出費の》無用の膨張; ふくれる[ふくれさせる]人[もの]; *«俗» 酔っぱらい (drunkard). ► *a* ふくれた. ［*bloat* (obs) swollen, soft and wet＜?ON *blautr* soft, soaked］

bloat[2] *vt*〈ニシンなどを〉燻製にする.

blóat·ed *a* **1** ふくれた; 不相応に大きくなりすぎた, 肥大した〈組織など〉; 肥満した (obese); うぬぼれた, 傲慢な. **2** 燻製の〈ニシン〉.

blóat·er[1] *n* 燻製ニシン[サバ] (=*buckling*).

bloater[2] *n*〘魚〙北米五大湖産のコクチマスの一種.

blóat·wàre *n* «電算口»《リソースを食う》水ぶくれソフト.

blob /bláb/ *n*《インクなどの》しみ, 斑点;《ワックスなどの半固体の》小塊, ぶよっ[どろっ]とした塊り;《ペンなどの》小滴, しずく; ‖«俗»《クリケットで打者の》零点;《魚の》水をはねる音; 形の定かでない[ぼやっとした]もの; «俗» 取るに足らぬ者, 能なし, 役立たず, あほう; *«俗» でぶ, 太っちょ; ‖«俗» 死体, 交通事故の犠牲者; *«俗» 失敗, へま, ミス. ► *v* (-bb-) *vt* BLOT[1]. ► *vi* *«俗» 失敗する, ミスる. ♦ **blóbbed** *a* **blóbby** *a* ［imit; cf. BLEB］

blób·ber-lìpped /blábər-/ *a* 突き出た厚ぼったい唇をした.

Blo·bel /blóʊbəl/ ブローベル **Günter** ～ (1936–)《ドイツ生まれの米国の生物学者; 細胞内におけるタンパク質輸送の仕組みの発見によりノーベル生理学医学賞 (1999)》.

bloc /blák/ *n* ブロック《政治・経済上の共通目的のため提携した国家・団体》, 圏, 連合; *《特定の問題での超党派的な》議員連合: ～ economy ブロック経済 / the dollar ～ ドルブロック. ［F; ⇨ BLOCK］

Bloch /blák; G blɔ́x/ **1** ブロッホ, ブロック (**1**) **Ernest** ～ (1880–1959)《スイス生まれの米国の作曲家; ユダヤ色が強い作品を書いた》(**2**) **Felix** ～ (1905–83)《スイス生まれの米国の物理学者; ノーベル物理学賞 (1952)》. **2** ブロック **Marc** ～ (1886–1944)《フランスの歴史家; レジスタンス運動に参加し, ドイツ軍に殺害された》.

block /blák/ *n* **1 a** 塊り, 片; 木塊, 木片;〘林〙短材, 玉(たま). **b** [*pl*]《おもちゃの》積み木 (brick);《建築用》ブロック. **c** 台木, 台盤; まな板, 肉切り台; 断頭台; 薪割り台; 乗馬台; 造船台;《靴磨きの》足台; [ᵁthe ～s]《短距離走の》スターティングブロック (starting block); 競売台; 帽子型; かつら台;《印刷・型押し用の》版, 版木; 支持強化材. **2** 一つの単位[まとまり]をなすもの: **a** *一街区, ブロック《都市で四辺を道路で囲まれた一区画》, 街区の一辺の距離, ブロック; «豪» 分譲区画, ブロック《初期移住民に分譲した広い 1 地区》: a building occupying an entire ～ 一街区全体を占める建物 / It's two ～*s* away. 2 ブロック先です. **b** ‖ひと棟の大きな建築; ひと並びのテラスハウス; 建物(群)の中の特定部分: a ～ of flats ‖ひと棟のアパート / the laboratory ～《建物群の中の》実験棟,《建物の中の》実験室部分. **c** はぎ取り帳, ブロックメモ;〘郵〙ブロック《切手 4 枚(以上)一組として刷られた四角のシート》;《株式・予約席などの》まとまった数量, ひとまとまり〈*of* shares〉: a ～ *of* time《ある目的に使う》まとまった時間. **d**《枠付きの》滑車;《エンジンの》CYLINDER BLOCK;〘電算〙ブロック《(**1**) フローチャート上の記号 **2**) 1 単位として扱われるワード群 **3**) 一定の機能を担う記憶装置の構成部分》;《絵画などで》塗りつぶした均一面, 地. **e**〘政〙BLOC. **3 a** 障害(物)《混雑して動けない諸車など》, じゃま物,〘競技〙妨害, ブロック;〘クリケット〙ブロック《バッターがバットを休めている[ボールを止める]位置》;〘鉄道〙閉塞(区間), 閉塞物 (cf. BLOCK SYSTEM). **b**〘医〙ブロック《神経などの障害・遮断》,《特に》心(しん)ブロック (heart block);〘医〙遮断麻酔;〘心〙途絶, 阻害, ブロック. **c**〘英議会〙《法案に対する》反対声明. **4 a** «俗»《人の》頭. **b** ばか者, 鈍物, まぬけ (blockhead); 無感覚な人, 不人情な人.

● **a** BLOCK AND TACKLE [FALL(S)]. **a** CHIP[1] **off the old ～.** **be slow off the ～s** «口» 反応がおそい, 機敏さに欠けている. **cut ～s with a razor** もったいないことをする, 英才をつまらないことに用いる. **go [come] to the ～** 斬罪(ざんざい)になる; 競り[競売]に出される. **have been around the ～ (a few times)** «俗» 世の中を知って[経験を積んで]いる, うぶではない. **in the ～** ひとまとめにして, 一括して, 総括的に. **knock sb's ～ off** «口» ぶんなぐる, ぶちのめす. **lose [do (in)] one's ～** «豪俗» がっかりする, おこる, 興奮する. **off one's ～** «俗» 気が違って, おこって. **on the (auction) ～** 売り[競売]に出て: go *on the* ～ 売りに出される / put…*on the* ～ …を売りに出す. **on the chopping ～** *«俗» 窮地に陥って. **put a ～ [the ～s] on**…を阻止する. **put the ～s to** sb *«俗»〈男が〉…と性交する.

► *a* 塊りの; 街区の, 区画に分けた;〘速記〙《宛名・見出しなどで》頭字を下げない.

► *vt* **1 a**〈道など〉ふさぐ, 閉塞[閉鎖, 封鎖]する, さえぎる; [ᵁ*pp*]〘経〙封鎖する;〘医〙〈神経を〉遮断する, ブロックする: The railroad was ～*ed* by the snow. 鉄道は雪のため不通となった / (Road) *B～ed*《掲示》通行止め / ～ (*up*) the sidewalk *with* bicycles and things 自転車や物を置いて歩道をふさぐ / ～*ed* currency 封鎖通貨. **b**〈進行・行動を〉妨げる, 阻止する, …の障害となる;〘競技〙〈相手・プレーを〉ブロックする;〘クリケット〙〈ボールを〉WICKET の直前でバットで打ち止める: His wife's sickness ～*ed* his plans for the party. パーティーに備えて準備していたいろいろな計画が妻の病気でだめになった. **c**〘英議会〙〈法案〉に反対を声明する. **d**〘鉄道〙閉塞式 (block system) で〈列車〉を走らせる. **2 a**〈帽子を〉型取りする (shape);〈本の表紙を〉打ち出す (emboss); block で支持強化する;〈行〉の端をそろえる. **b**〘劇〙演出する〈*out*〉. **3**〘電算〙《一回の操作で読める[書ける]ように》〈隣接するデータを〉一か所に集める, ブロックする. ► *vi*〘競技〙相手を妨害する, ブロックする;《心理的な》途絶が起こる. ● **～ in** 閉塞する;〈色〉で埋める, 塗りつぶす;《一つの単位として》加える, 追加する;〈車〉が出られないように駐車する, 車でふさぐ;《絵などの》図取りをする. **～ off**〈道路などを〉ふさぐ, 遮断する; 妨げる. **～ out** (**1**)〈光・音・視界などを〉さえぎる;〈記憶などを〉遮断する, 思い出さないようにする; …の進入[審議]を阻止する;〈写真のネガ・謄写版原紙の一部を〉おおって写らない[出ない]ようにする. (**2**) …の輪郭を描く; …の概略の計画を立てる. **～ up** ふさぐ; じゃまする;〈人を〉便秘させる; 台盤に上げる.
［OF＜MDu＜?］

block·ade /blɑkéɪd/ *n*《港などの》封鎖;《交通・通信などの》妨害;〘医〙阻害, 遮断; ふさぐもの: break [lift, raise] a ～ 封鎖を破る[解く] / run a ～ すばやく[こっそり]封鎖をくぐる / an economic ～ 経済封鎖. ► *vt* 封鎖する; さえぎる, 妨害する. ♦ **block·ád·er** *n* 封鎖する人[もの], 閉塞船. ［*ambuscade* にならって *block* から］

blockáde-rùnner *n* 封鎖破りの船[船員]; 密航者, 密航船. ♦ **-rùnning** *n*

blóck·age *n* 詰まること, 詰まり, 閉塞: a ～ in an artery.

blóck and táckle [fáll(s)] [〈*sg*〉] 滑車装置, 複滑車; *«俗» 自分の行動を規制する者《妻・上司など; フットボールの用語から》.

blóck associàtion*《住みやすい町づくりのための》街区[ブロック]町内会.

blóck·bòard *n* 合板, ベニヤ板.

blóck bòok 木版刷りの本, 木版本.

blóck bóoking《チケット・席・部屋などの》まとめ予約, ブロック予約.

blóck·bùst *vt*〈白人の土地などを〉BLOCKBUSTING で売りに出させる.

blóck·bùst·er *n* «口» 大型高性能爆弾; «口» 圧倒的[驚異的]なもの, どえらいもの, 超大作, 大ベストセラー, 大ヒット作, 大当たり; *BLOCKBUSTING にたずさわる不動産屋.

blóck·bùst·ing *n* *ブロック破壊商法《ある街区の不動産所有者を標的に, 黒人など少数民族の流入を理由にして地価下落の不安をあおり, 安値で売却させて転売する地上げ行為》. ► *a* «口» 力強い, 圧倒する.

blóck càpital ブロック体 (block letter) の大文字, 続け字体でない大文字.

blóck chàin ブロックチェーン《リンクをピンで接続しただけの, 自転車などのチェーン》.

blóck clùb*街区[ブロック]クラブ, 町内会.

blóck dìagram〘地質〙ブロックダイヤグラム《地殻を直方体ブロックに切った模型図》; ブロック(線)図《電器・コンピューターなどの構成単位や一連の作業の各過程を四角形で示し, これらを線でつないだもの》.

blocked /blákt/ *a* ふさがった;〘心〙(思考が)途絶した; «俗» 酔っぱらった.

blócked shóe《バレエダンサーの》トウシューズ.

blóck·er *n* **1** BLOCK する人[もの]. **2**〘アメフト〙ブロッカー《相手に体当たりするプレーヤー》. **3**〘生化〙遮断薬[因子]《β 遮断剤 (beta-blocker) など》. **4** «豪»《South Australia, Victoria 両州で》ブドウ園経営者 (=*blockie*). **5** ‖«俗» 山高帽 (bowler hat).

blóck·frònt *n*《机・たんすなどの》中央が左右両端より引っ込んだ正面; 街区[ブロック]の正面.

blóck grànt《中央政府から地方政府に支給される》定額交付金.

blóck gràph〘数〙ブロックグラフ《縦の棒グラフ; 特に 単位となる正方形を積み上げる形のもの》.

blóck·hèad *n* あほう, のろま, 鈍物, ばか者. ♦ **～·ed** *a*

blóck hèater 蓄熱ヒーター (=*storage heater*)《電力需要の少ない時刻に蓄電してあとで放電するヒーター》.

blóck·hòle *n*〘クリケット〙BLOCK.

blóck·hòuse *n* 小要塞, トーチカ;《もと》銃眼があり二階が張り出した木造要塞; 角材で造った家; コンクリートで補強した避難所, ブロックハウス《ロケット基地近くの人員器材保護用鉄筋ビル》.

blóck·ie *n* «豪» ブドウ園経営者 (blocker).

blóck·ing capàcitor〘電〙阻止コンデンサー.

blóck·ish *a* 鈍い, 退屈な, 愚鈍な, 頑固な; 木塊[ブロック]のような; 荒造りの. ♦ **～·ly** *adv* **～·ness** *n*

Blóck Ísland ブロック島《Rhode Island 州本土の南方沖にある島; 夏の行楽地》.

blóck làva〘地質〙塊状溶岩.

blóck lètter ブロック体《1) 太さが一定でひげ飾りのない字体[活字]: T, t など 2) 特に その大文字(体), 続け字体でない大文字; block capital ともいう》.
blóck lìne 滑車用ロープ[ケーブル].
blóck mòuntain 〘地質〙 地塊山地.
blóck mòve 〘電算〙 ブロック移動《編集中の文書のひとまとまりをなす部分の移動》.
blóck pàrty ブロックパーティー《あるブロックの交通を遮断して野外で行なう町内の祭》.
blóck plàne 横削り用小型かんな, 木口用かんな.
blóck prìnt 木版刷りによる文字[絵, 模様].
blóck prìnting 木版印刷; 版木捺染法.
blóck prògramming 〘ラジオ・テレビ〙 ブロックプログラミング《同種の番組を同じ時間帯にまとめること》.
blóck relèase 《英国やヨーロッパの》 社外研究制度《研究に専念させるため職員の職務を一定期間免除する制度》.
blóck sèction 〘鉄道〙 閉塞区間.
blóck·shìp *n* 《航路を使用不能にするため沈める》 閉塞船.
blóck sìgnal 〘鉄道〙 閉塞信号.
blóck sỳstem 〘鉄道〙 閉塞方式《一区間に一列車だけ通す衝突回避法》.
blóck tín スズ地金.
blóck tỳpe 〘印〙 ブロック体 (block letter).
blóck vòte ブロック投票《代議員にその代表する人数分の票数値を与える投票方法; その一票》.
blócky *a* ずんぐりした; 角型の; 塊りからなる; 〈写真など〉濃淡[明暗]のむらがある. ♦ **blóck·i·ness** *n*
blóc vòte BLOCK VOTE.
blodge /blɑ́ʤ/ *n* 斑点, しみ, ぶち; できもの. [imit]
Bloem·ber·gen /blú:mbə̀:rgən/ ブルームバーゲン **Nicolaas** ~ (1920–)《オランダ生まれの米国の物理学者; レーザー光線による分光学を開発; ノーベル物理学賞 (1981)》.
Bloem·fon·tein /blú:mfəntèɪn, -fɑn-/ ブルームフォンテイン《南アフリカ共和国中部 Free State の市・州都; 同国最高裁判所の所在地》.
blog /blɑ́g/ *n* 〘電算〙 ブログ (=*weblog*)《随時記述の追加が容易にでき, テンプレートのデザインにしたがって(通例 日付順に)表示されるウェブページ》. ► *vi, vt* ブログに書き込む. ♦ **blóg·ger** *n* ブログ作者, ブロガー. **blóg·ging** *n*
Bloggs ⇨ JOE BLOGGS.
blógo·sphère /blɑ́gə-/ *n* [the] 《口》 ブログの世界, ブログ界, ブロゴスフィア.
Blois /*F* blwa/ ブロア《フランス中北部の Loire 川に臨む市; Loir-et-Cher 県の県都》.
Blok /blɑ́k/ ブローク **Aleksandr Aleksandrovich** ~ (1880–1921)《ロシアの詩人》.
bloke /blóuk/ *n* **1** ''《口》 男, やつ (fellow). [Shelta] **2** *《韻俗》 コカイン (coke).
bloke·ish, blok·ish /blóukɪʃ/, **blokey** /blóuki/ *a* ''《口》 [ˢ*derog*] 普通の男がよくやるような[にありがちな], ありふれた. ♦ **~·ness** *n*
blond(e) /blɑ́nd/ *a* 金髪の, 〈毛髪が〉うすいとび色の; 肌が色白で血色のいい, ブロンドの (fair) (opp. *dark*) (cf. BRUNET(TE)); 〈家具(材)など〉うすい色の. ★ 女性の場合は通例 blonde, 男性の場合は blond とつづる. ► *n* ブロンドの人, 金髪の女性; BLONDE LACE; 黄色がかったうす茶色, 灰色がかった濃黄色: DUMB BLONDE. ♦ **~·ness** *n* [F<L *blondus* yellow]
Blon·del /blɑndél/; *F* blɔ̃dɛl/ **1** ブロンデル《12 世紀フランスの吟遊詩人; イングランドの Richard 獅子心王のお付き・友人》. **2** ブロンデル **François** ~ (1618–86)《フランスの建築家・数学者; Paris の Saint-Denis 門の設計者》.
blónd(e) láce ブロンドレース《フランス製の絹レース》.
Blon·die /blɑ́ndi/ ブロンディー《Chic Young 作の新聞連載漫画; サラリーマンの夫 Dagwood と金髪のチャーミングな妻 Blondie の家庭をコミカルに描いたもの》.
Blon·din /blɑ́ndin; *F* blɔ̃dɛ̃/ ブロンダン, ブロンディン **Charles** ~ (1824–97)《フランス人の綱渡り師; 本名 Jean-François Gra·ve·let /*F* gravlɛ/; Niagara の滝の上を, 目隠ししたり竹馬に乗ったりして渡った》.
blónd·ish *a* ブロンドがかった.
blood /blʌ́d/ *n* **1 a** 血; 血液; 生血, 《一般に》生命; 《下等動物の》体液: You cannot get ~ from [out of] a stone [turnip]. 《諺》 石[かぶ]をしぼっても血は出ない《持っていない人間から同情[援助, 金など]は得られない》 / SHED² ~ / give [donate] ~ 献血する / give one's ~ for one's country 国家に一命をささげる / the ~ drains from [rushes to] one's face 顔から血の気が引く[顔がサッと赤くなる] / ~, sweat, and tears 血と汗と涙《努力の象徴》. **b** 赤い樹液, (赤い)果汁; *《俗》 ケチャップ. **2 a** 流血; 殺人(罪); 犠牲: a man of ~ 人殺し, 冷血漢. **b** 煽情小説, やくざ小説 (blood-and-thunder story). **3** 血潮, 血気, 激情; 気質; 《廃》 肉欲: one's ~ is up ⇨ 成句 / BAD [ILL] BLOOD. **4 a** 純血, 〘畜〙 純血種; 血統, 家柄, 生まれ, 名門; 血縁; [the] 王族: HALF BLOOD, FULL BLOOD, BLUE BLOOD / be of the same ~ 同族[同系]である / *B*~ is thicker than water. 《諺》 血は水より濃い, 他人よりは身内 / *B*~ will tell. 血は争われないものだ / a prince [princess] of the ~ 王子[王女], 親王[内親王]. **b** *《黒人》 同胞, 兄弟, アメリカ黒人 (black American); *《俗》《ギャングの》 仲間, 兄弟. **5 a** 《古》 粋(いき)な若者, だて男, しゃれ者, ダンディー; *《俗》 学校行事などに活発な学生, 学内の人気者. **b** 新しい血, 若い人材: NEW BLOOD / YOUNG BLOOD. ● **after** sb's **~** *or* **out for** (sb's) **~** 人をやっつけるつもりで. **~ on the carpet** '' 激しい対立, 反目, 流血の事態《誇張表現》. **~ on the floor** 《熾烈な争いのあとの》 感情的なしこり. **curdle [chill, freeze]** sb's **[the] ~** = **make** sb's **~ curdle [chill, freeze]** 血も凍る思いをさせる, ぞっとさせる. **draw ~** 傷をつける, (人の)血を出す; 傷つける, おこらせる. **fresh ~** 新メンバー, '新しい血'; 新進気鋭の人びと. **get in [into]** sb's **~** 人の気持[望み]にぴったり合う, 肌に合う. **get…out of** sb's **~** 人の気分を一掃する[から抜けきる]. **get [have]** one's **[**sb's**] ~ up** 激怒する[人を激怒させる]. **have a rush of ~ to the head** 頭に血が上る, かっとする. **have ~ in** one's **eyes** 殺気立っている. **have** (sb's) **~ on** one's **hands [head]** 人の死[不幸]に対し責任がある. **in cold [cool] ~** 冷酷に, 冷静に, 平気で, 平然と〈人を殺すなど〉. **in hot [warm] ~** 激怒して. **in** one's **[the] ~** 親譲り[先祖伝来]の資質となって, 資質の一部となって: have music *in my* ~ 音楽の血が流れている / Politics is *in his* ~. 根っからの政治家だ. **let ~** 放血する. **like getting ~ from [out of] a stone [*turnip]** ほとんど不可能で[な], どだい無理な[で] (⇨ *n* 1 《諺》). **make** sb's **~ boil [run cold]** 憤激させる[ぞっとさせる]. one's **~ is up** 血がたぎっている, 戦闘態勢にある. one's **~ will be on** sb 死んで人にたたる: *My* ~('*ll*) *be on* your head! おれが死んだらおまえにたたるぞ! **smell [scent] ~** 敵の弱点[急所]に気づく. **stir the [**sb's**] ~** 興奮[発奮]させる. **sweat ~** 《口》 懸命にやる; 《口》 とても心配する, やきもきする. **taste ~** 〈猟犬・野獣などが〉血を味わう; 勝利[成功]の味を知る, 味をしめ(て攻勢に出)る. **to the last drop of** one's **~** 命のあらんかぎり. **too** RICH **for** sb's **~**. **use** one's **~** *《俗》 体を熱くする, 温まる. **warm** sb's **~** 人の体を温める, くつろがせる.
► *vt* **1** 〈猟犬〉に血を味わわせる[かがせる], 〈狩りをする人・兵を〉流血に慣れさせる; [ᵒ*pass*] 〈人〉に新しい経験をさせる. **2** 血で汚す, …に血をつける. **3** 《古》 …から瀉血(しゃけつ)[放血]する [bleed].
[OE *blōd*; cf. BLEED, G *Blut*]
Blood *n* (*pl* ~, ~**s**) ブラッド族《Blackfoot 同盟をなした北米先住民の部族》.
blóod-and-gúts 《口》 *a* 暴力と流血の; 激しい, 激烈な, 強烈な.
blóod and gúts 《口》 暴力と流血, バイオレンスアクション; 《口》 争い, 反目.
blóod and íron 軍事力. ● **the ~ policy** 《Bismarck の》 鉄血政策《the Man of *Blood and Iron* は鉄血宰相 Bismarck》.
[G *Blut und Eisen*]
blóod-and-thúnder *a* 〈劇・小説・映画など〉暴力や流血ざたの, バイオレンスの, 煽情的な: a ~ novel.
blóod and thúnder 流血と暴力.
blóod bànk 血液銀行; (銀行)保存血.
blóod·bàth *n* 血の粛清, 大量殺戮, 大虐殺 (massacre); 大激戦; 《従業員などの》 大量解雇[追放]; 《口》 潰滅的な事態; 経済的大恐慌.
blóod bòosting BLOOD DOPING.
blóod bòx *《俗》 救急車 (ambulance).
blóod-bráin bàrrier 〘医〙 血(液)脳[脳血液]関門《略 BBB》.
blóod bróther 血を分けた兄弟; 血盟した兄弟分; *《黒人》 同胞, 黒人. ♦ **blóod brótherhood** *n*
blóod cèll 血球 (hemocyte): a red [white] ~ 赤[白]血球.
blóod·chìll·ing *a* BLOODCURDLING.
blóod chìt ''《俗》 許可証; *《俗》 血書《米軍飛行士が身に着けている, 自分を助けた者には報酬を与える旨を書いた布片》.
blóod clòt 〘医〙 血栓, 血餅.
blóod còrpuscle BLOOD CELL.
blóod còunt 血球算定(法), 血球計算; 血球数.
blood-CSF barrier /-— sì:èséf —-/ 〘医〙 血液(脳脊)髄液関門. [*CSF*=*c*erebro*s*pinal *f*luid]
blóod·cùrdler *n* センセーショナルな話[記事, 本 など].
blóod·cùrdling *a* ぞっとさせる, 血も凍るような.
blóod dònor 〘医〙《輸血用血液の》 給血者, 献血者.
blóod dòping 血液ドーピング (=*blood packing* [*boosting*])《競技者が競技に先立って自分自身のあるいは家族の血液を注射すること; 赤血球を増加させることによって血液の酸素供給能力を高めるのが目的》.
blóod-dròp ém·lets /-émləts/ (*pl* ~) 〘植〙 ニシキミゾホオズキ.
blóod·ed *a* 純血の〈家畜など〉; ''戦闘を経験した〈軍隊〉, 《一般に》新しい経験をした; [*compd*] …な血[気質]をもった: cold-*blooded*.
blóod fèud 血讐《流血の復讐を繰り返す二族間の反目; cf. BLOOD VENGEANCE》.
blóod·fìn *n* 〘魚〙 ブラッドフィン《南米原産カラシン科の熱帯魚; 銀色の体に血の色をしたひれをもつ》.

blóod flùke 〘動〙住血吸虫 (schistosome).
blóod gròup 血族; 血液型 (＝*blood type*).
blóod·guìlt, -guìltiness *n* 流血の罪, 殺人の罪.
blóod·guìlty *a* 人殺しの, 殺人罪の, 殺人犯の.
blóod hèat 《人体の》血温《平均 37°C》.
blóod hòrse *n* 純血種の馬, 《特に》サラブレッド.
blóod·hòund *n* 〘犬〙ブラッドハウンド《耳の長い英国原産の獣猟犬・警察犬》; 《口》しつこくつけねらう人, 探偵.
blóod·hòuse *n* 《豪俗》いかがわしい[やばい雰囲気の]パブ[ホテル].
blóod·ing *n* 《主に英》〘狐狩〙血塗り式《初めてキツネが殺されるのを見た人の顔にその血を塗る狩猟家仲間入りの儀式》; 《口》《一人前と認める》成人式.
blóod knòt 〘釣〙筒形結び《釣糸などの結び方の一つ》.
blóod·less *a* 血の気のない, 青ざめた; 血を流さない, 無血の; 冷血の, 無情な; 熱情[元気]のない: a ～ coup 無血クーデター / a ～ surgery 無血手術. ♦ **～·ly** *adv* **～·ness** *n*
Blóodless Revolútion [the] 〘英史〙無血革命 (GLORIOUS REVOLUTION).
blóod·lètting *n* 〘医〙瀉血(しゃけつ), 放血 (PHLEBOTOMY); [*joc*]《戦争・ボクシングなどの》流血 (bloodshed); 《人員・予算などの》きびしい削減[縮小].
blóod·lìne *n* 血統《特に家畜の》.
blóod·lùst *n* 流血への欲望, 血に飢えること.
blóod mèal 血粉《飼料や肥料になる》.
blóod·mobìle* *n* 移動採血車.
blóod mòney 人の血を流して得た金; 死罪犯引渡し賞金, 犯人[殺人犯]通報者への報奨金; 近親を殺された人への慰藉料[賠償金]; 殺人謝礼金; 《空軍俗》敵機撃墜賞与; *《俗》血のにじむような苦労をして稼いだ金.
blóod òrange ブラッドオレンジ《果肉の赤い各種のオレンジ; その樹木》.
blóod pàcking BLOOD DOPING.
blóod phèasant 〘鳥〙ベニキジ, クモマキジ《胸元が血のように赤い; インド・中国の山岳地帯産》.
blóod plàsma 〘解〙血漿.
blóod plàtelet 〘解〙血小板 (＝*thrombocyte*).
blóod pòisoning 〘医〙敗血症 (septicemia).
blóod póor *a* 非常に貧しい (poverty-stricken).
blóod prèssure 〘生理〙血圧: take [check] sb's ～ 人の血圧を計る.
blóod pròducts *pl* 〘医〙血液製剤.
blóod púdding BLOOD SAUSAGE.
blóod pùrge 死の追放, 血の粛清《政党または政府による不純分子の絶滅》.
blóod ràin 空中の塵によって赤く染まった雨.
blóod·réd *a* 血で赤く染まった; 血のように赤い.
blóod rèd 濃い赤色.
blóod relátion [rélative] 血族, 肉親.
blóod revènge 血の復讐 (BLOOD VENGEANCE).
blóod·ròot *n* 〘植〙 **a** 根茎から赤い乳液を出すケシ科サングイナリア属の多年草 (＝*redroot*, *sanguinaria*)《北米産》. **b** ᴵᴵTORMENTIL.
blóod róyal [the] 王族: of *the* ～ 王族で.
blóod sàusage* ブラッドソーセージ (＝*blood pudding*) (black puddingᴵᴵ)《多くの豚血を含む黒ずんだソーセージ》.
blóod sèrum 〘生理〙血清.
blóod·shèd, -shèdding *n* 流血(の惨事), 血の雨(を降らすこと), 殺害, 虐殺: vengeance for ～ 仇討ち.
blóod·shòt *a* 〈目が〉充血した.
blóod spàvin 〘獣医〙静脈膨脹による飛節内腫.
blóod spòrt [ᵁ*pl*] 流血を伴うスポーツ《狩猟・闘牛など》.
blóod·stàin *n* 血痕.
blóod·stàined *a* 血[血痕]のついた; 血まみれの, 血染めの; 殺人罪[犯]の; 虐殺の.
blóod·stòck *n* サラブレッド(の競走馬)《集合的》; 《一般に動物の》純血種《集合的》.
blóod·stòne *n* 〘宝石〙血石, 血玉髄, ブラッドストーン (＝*heliotrope*)《3月の BIRTHSTONE》; HEMATITE.
blóod·strèam *n* 《人体内の》血流(量); [*fig*] 活力, 必須のもの[こと]; [*fig*] 主流, 大動脈.
blóod sùbstitute 〘医〙代用血液, 血液代用剤.
blóod·sùck·er *n* 吸血動物, 《特に》ヒル (leech); 吸血鬼, 強欲非道な人. ♦ **blóod·sùck·ing** *a, n*
bloodsucking bát 〘動〙VAMPIRE BAT.
blóod sùgar 血糖《血液中のブドウ糖; その濃度》.
blóod-tést *vt* 〘医〙…に血液検査を施す.
blóod tèst 〘医〙血液検査.
blóod thìnner 〘医〙血液希釈薬《血液の凝固を阻害することにより血栓 (blood clot) の形成を妨げるために用いる薬; ワーファリンなど》. ♦ **blóod-thìnning** *a*
blóod·thìrsty *a* 血に飢えた; 残忍な. ♦ **-thìrstily** *adv* 血に飢えて; 残忍に(も). **-thìrstiness** *n*

blóod transfùsion 〘医〙輸血.
blóod tỳpe 血液型 (blood group).
blóod-tỳping *n* 《個人の》血液型決定, 血液型分類(法); 血液型.
blóod vèngeance 流血の仕打ちに対する流血の復讐, 血の復讐 (cf. BLOOD FEUD).
blóod vèssel 血管. ● **burst a ～** 血管を破裂させる; 《口》猛烈に興奮する.
blóod vòlume 〘医〙血液量, 血量《体内の全血液量》.
blóod wàgon ᴵᴵ《俗》救急車 (ambulance).
blóod·wòod *n* 〘植〙木質・樹液の赤い各種の樹木《豪州産のユーカリの一種, 熱帯アメリカ産マメ科のアカミノキやシタン属の木など》.
blóod·wòrm *n* 赤みをおびた環形動物《釣り餌のミミズなど》; 赤いボウフラ, 赤虫; 《馬の大腸に寄生する》円虫.
blóod·wòrt *n* 根に赤色の色素をもつアマリリス近似の熱帯植物 (＝*redroot*); 根や葉の赤い植物.
blóody *a* **1** 血の(ような); 血のまじった; 血の出る, 〘医〙観血性の, 血によごれた, 血まみれの; ちなまぐさい, 殺伐な, 残虐な, むごたらしい; 血の色をした, 紅い: ～ work 虐殺. **2** ᴵᴵ《口》[強意語] ひどい, どえらい《しばしば b—dy と伏せ字にする; cf. BLOOMING》: a ～ fool / What the ～ hell did you do that for? なんでまたそんなことをしやがったんだ. ● **～ [bloodied] but unbowed** 痛手を負っても屈服することなくて (⇨ UNBOWED). **call a** SPADE[1] **a ～ shovel.** **not a ～ one** [強意] ただの一つも…ない. ► *adv* ᴵᴵ《口》ひどく, やけに, やたら, すごく: all ～ fine みんなてえそうけっこうだよ. ► *vt* 血でよごす, 血まみれにする, 血で染める, 《強打・事故などで》出血させる; 真紅に染める; 害する, 傷つける. ♦ **blóod·i·ly** *adv* 血まみれになって, 無残に. **-i·ness** *n* 血まみれ; 残虐. [OE *blōdig*; ⇨ BLOOD]
blóody fíngers (*pl* ～) 《俗》ジギタリス (foxglove).
blóody flúx 赤痢 (dysentery).
blóody hánd 〘紋〙赤い手《Ulster の紋章で, 英国の准男爵の記章; cf. RED HAND OF ULSTER》.
Blóody María* ブラディマリア《テキーラとトマトジュースで作る飲み物》. [*Bloody Mary* をまねた語]
Blóody Máry **1** 流血(好き)のメアリー《カトリックの女王 Mary 1 世に対するプロテスタントからのあだ名; プロテスタントに対する容赦ない弾圧から》. **2** (*pl* ～**s**) ブラディメリー《ウオツカとトマトジュースで作る飲み物》.
blóody-mínd·ed *a* 残忍な, 残虐な; ᴵᴵ《口》わざと意地悪する[無愛想な], つむじまがりの, 気むずかしい. ♦ **～·ly** *adv* **～·ness** *n*
Blóody Mónday [the] 血まみれの月曜日 (BLACK MONDAY).
blóody múrder*《俗》完敗, 潰滅; 殺人的な[つらい]仕事; [次の成句で] 怒り[恐怖]の叫び. ● **cry [scream, yell] ～***《俗》cry blue MURDER.
blóody shírt 血染めのシャツ《復讐の表徴》, 敵意をあおるもの: wave the ～ 〘米政治〙党派的な敵愾心をあおる.
Blóody Súnday [the] 血の日曜日《**1**) ロシア革命初期の 1905 年 1 月 22 日 St. Petersburg において軍が労働者に発砲した **2**) 1887 年 11 月 13 日, 投獄されたアイルランド出身議員 William O'Brien の釈放を求めて London の Trafalgar 広場に集まった群集に対して官憲が発砲した事件 **3**) 1972 年 1 月 30 日, 北アイルランドの Londonderry で旧教徒のデモ行進に対して警備の兵士が発砲し, 死者 13 名を出した事件; 兵士らが処罰されなかったため旧教徒の不満が増大して暴力行為が増え, 英政府による直接統治のきっかけになった》.
bloo·ey, bloo·ie /blúːi/ *《俗》*a* 調子がおかしい (out of order); 酔っぱらった: go ～ 調子が狂う, だめになる. [C20<?]
bloom[1] /blúːm/ *n* **1 a** 《特に観賞用植物の》花 (cf. BLOSSOM, FLOWER); 花《集合的》. **b** 開花(期), 花盛り, まっ盛り; [the] 最盛期, 盛り; 《ほお・肌などの》赤み, さくら, 健康な色つや, 新鮮味: in [out of] ～ 咲いて[散って]いる / in full ～ 花盛りで, まっ盛りで / the ～ of youth 青春 / in the ～ of beauty 美しい盛りで. **2** 《ある種の果実・葉の表面に生じる》蠟状の粉, 白粉, 果粉, ブルーム; 《ワニス・ラッカーの》曇り, ブルーム (＝*chill*); 《新鋳硬貨の》粉を吹いたような表面, ブルーム; 《チョコレートの》ブルーム; 〘放送〙ブルーム《テレビカメラに映る物体の過度の反射光》; 《録音された音の》豊かさ, 輝かしさ; 〘鉱〙華(か); 水の華《プランクトンの異常発生》; 《ワインの》芳香 (bouquet): cobalt ～ コバルト華. ● **take the ～ off** 新鮮味をなくす. ► *vi* 花が咲く, 開花する《比喩的にも》; 植物が繁茂する; 栄える, 盛りになる[である]; 〈女性など〉血色[顔色]がいい 〈*with* health〉; 熱で輝く; 突然[大量に]現われる, 異常発生する; 〈湖沼・海など〉水の華ができる, 赤潮になる; 〈光沢のあるものが〉曇る; 〘放送〙〈物体が〉ブルームを起こす. ► *vt* 開花させる; 曇らせる; ᴵᴵ〘写・光〙〈レンズ〉にコーティングする; 《廃》栄えさせる. ♦ **～·less** *a* [ON *blóm*; ⇨ BLOW[3]]
bloom[2] *n* 〘冶〙(大)鋼片, ブルーム《鋼塊を分塊圧延[鍛造]した半製品》; 《炉から出した》塊鉄. ► *vt* 〈鋼塊を〉ブルームにする. [OE *blōma*]
Bloom ブルーム **Leopold ～** 《James Joyce, *Ulysses* の主人公; Molly Bloom の夫で, ユダヤ系の広告取り》.
bloom·ary /blúːməri/ *n* BLOOMERY.
bloomed ᴵᴵ /blúːmd/ *a* 〘写・光〙〈レンズが〉コーティングした (＝*coated*).

blóom·er[1] *n* 花を咲かせる植物 (: an early ～); 人生の最盛期にある人; 《口》 失策, どじ, へま, ボカ; ⁿブルーマー《上部に割れ目を入れた中型の食パン》: pull a ～ しくじる, どじを踏む. [*bloom*[1]; cf. *blooming error*]

bloomer[2] *n* ブルーマー, ブルマー《(**1**) [*pl*] ひざのところでギャザーにした女性の体育用半ズボン **2**) [*pl*] 《口》 女子用パンツ; 下着 **3**) 足首でギャザーにしたゆったりしたズボンをスカートの下に重ねてはくスタイルの昔の婦人服》; *ゴルフズボン (cf. PLUS FOURS): a pair of ～*s*. [Amelia Jenks *Bloomer* (1818–94) 米国の社会改革家・女権拡張論者]

blóomer bòy *《俗》 パラシュート降下隊員.

blóom·ery *n* 塊鉄炉, 塊鉄工場.

Blóom·field ブルームフィールド **Leonard** ～ (1887–1949)《米国の言語学者》. ♦ **Bloom·fíeld·ian** *a, n*

blóom·ing *a* 花盛りの; 咲き誇る; 若い盛りの, 健康そうな, はつらつとした; ⁿ《口》 ひどい, 途方もない《BLOODY の代用語》. ► *adv* ⁿ《口》 ひどく, 途方もなく. ♦ **～·ly** *adv*

Bloom·ing·dale's /blú:mɪŋdèɪlz/ ブルーミングデール《New York 市 Manhattan にある米国有数の百貨店》.

blóoming mìll 分塊圧延機[工場].

Bloo·ming·ton /blú:mɪŋtən/ ブルーミントン《Indiana 州中南西部の市; Indiana 大学 (1820) の所在地》.

Blooms·bury /blú:mzb(ə)ri/ ブルームズベリー《London 都心部 Camden 区の住宅・文教地区; British Museum, London 大学本部などがある》.

Blóomsbury gròup [the] ブルームズベリーグループ《20 世紀の初頭 Virginia and Leonard Woolf 夫妻, Bertrand Russell, J. M. Keynes, E. M. Forster, Lytton Strachey などを中心に Bloomsbury に集まっていた文学者・知識人の集団; Victoria 時代の道徳や価値観を批判し, 芸術や社会の進歩を信じた》.

blóomy *a* 満開の; 〈果実など〉粉を吹いている; 若い美と力にあふれた, 花咲く.

bloop /blú:p/ *n* *《テープやサウンドトラックの》(ヒューヒューという)不快な雑音, ブループ; 雑音防止用マスク《フィルムの継ぎ目に当てる》; 『野』 ポテンヒット; *《口》 失敗. ► *vi* ヒューヒューいう; 《口》 失敗をやらかす. ► *vt* ...の雑音を止める; 《野球俗》 〈ボールを〉内野をやっと越すように打つ[打ってヒットとする]; *《俗》 打つ, 腕を振りまわしてなぐる. ► *a* 《野球俗》 内野をかろうじて越える, テキサス性の. [imit]

blóop·er *n* **1** 《野球俗》 高く弧を描くスローカーブ; 《野球俗》 ポテン[テキサス]ヒット; *《俗》 振りまわしたげんこつでの殴打[一撃], ガツンと一発見舞うこと. **2** *《口》《人前での》 大失敗, へま: make [pull] a ～ 失敗をやらかす / a ～(*s*) show 《テレビなどで》 NG 特集, 失敗談集, 珍プレー集, 迷場面集. **3** 近所のラジオに雑音を起こさせるラジオ.

blos·som /blásəm/ *n* **1 a** 《特に 果樹の》 花 (cf. BLOOM[1], FLOWER); 《一本の木・全体の木の全部の》 花: apple ～*s* リンゴの花 / come into ～ 〈木などが〉花が咲き出す / bring... into ～ 〈木など〉の花を咲かせる. **b** ⁿ《俗》 [*iron*] 女性; VENETIAN PINK. **2** 開花(期), 花時, 盛り; 青春, 将来性[春秋]に富むこと; [the] 《発展・成長などの》 頂点, 全盛期. ● **in ～** 花が咲いて. **in full ～** 満開で; 頂点に達して: a cherry tree *in full* ～ 満開の桜の木. **(my) little ～** かわいい子, 愛人. ► *vi* 〈木など〉花を開く, 花が咲く 〈*out, forth*〉; 〈場所が〉花が咲き乱れる; 成長[発展]する, 花開く, 生まれる 〈*out, forth, into*〉; 〈少女など〉女らしい体になってくる 〈*out, forth*〉; 〈町などが〉大きく[生まれ]変わる 〈*with*〉; 快活[活発]になる 〈*out*〉; 〈パラシュートが〉開く: ～ (*out*) *into* a statesman りっぱな政治家に成長する. ♦ **～·less** *a* **blós·somy** *a* 花盛りの; 花のような. [OE (*n*) *blōstm(a)*; cf. BLOOM]

blóssom-ènd ròt 『植』《トマトの》 尻腐れ.

blóssom-hèad·ed párakeet 『鳥』 コセイインコ《インド・セイロン原産》.

blot[1] /blát/ *n* **1** 《インク・泥などの》 よごれ, しみ; 《人格・名声などの》 きず, 汚点, 汚名 〈*on*〉: a ～ *on* one's ESCUTCHEON. **2** 『生化』 ブロット《SOUTHERN BLOT, WESTERN BLOT など》. ● **a ～ on the landscape** 景観をそこねるもの, 玉にきず. ► *vt, vi* (**-tt-**) ...に汚点をつける, よごす; 塗りつぶす; 消滅する; 《吸取り紙などで》〈書いた物を〉乾かす; 〈インクを〉吸い取る 〈*up*〉, 〈吸取り紙が〉吸い取る; 〈インクが〉にじむ; しみになる; 『生化』 ブロットに固定する; 《廃》 〈紙を〉書き損じる, 〈くだらないことを〉書きなぐる; 《廃》 ...に汚名をきせる (mar). ● **～ out** 〈文字などを〉消す; 〈景色などを〉おおい隠す, 見えなくする, 不鮮明にする; (記憶から)消し去る; 全滅させる, 抹殺する, 破壊しつくす. **～ one's** COPYBOOK. [?Scand; cf. Icel *blettr* spot, stain]

blot[2] *n* 《backgammon でポイントに 1 個しかなく》 相手のコマにヒットされやすいコマ; 《古》《議論などの》 弱点. [C16<?; cf. Du *bloot* naked]

blotch /blátʃ/ *n* できもの, 瘡(かさ); 大きなしみ; 欠陥, 欠点; 『植』《葉や果実の》 汚斑, 病斑; 『植』 汚斑病, 褐斑病. ► *vt* できものだらけにする; (しみで)よごす. ♦ **～ed** *a* しみのついた. [*plotch* (obs) と BLOT[1] の混成か]

blótchy *a* できもの[しみ]のような; できもの[しみ]だらけの. ♦ **blótch·i·ly** *adv* **-i·ness** *n*

blót·ter *n* 吸取り紙 (blotting paper); 吸取り紙の台; *記録簿, 控え(帳); 《俗》 LSD を染み込ませた吸い取り紙 (＝～ **ácid**), LSD; *《俗》 大酒飲み: a police ～ 《警察の》 逮捕記録簿, 事件簿.

blot·tesque /blatésk, blə-/ *a* 『画』 なぐり書きの, 雑に作られた〈芸術作品など〉.

blót·ting pàd 吸取り紙つづり.

blótting pàper 吸取り紙 (＝*blotter*)《インク用》.

blot·to /blátou/ 《俗》 *a* へべれけに酔って, 酔いつぶれて; 疲れきって, へとへとで, 〈機械が〉具合が悪くて, いかれて. ► *n* *強烈な酒. [C20 <?; *blot*[1] からか]

blouse /bláus, -z; -z/ *n* 『服』《婦人・幼児用の》 ブラウス; 《欧州の農民などが着る》 コートのようなゆるく長い上着; *《軍隊・警察などの》 制服の上着; 《船乗りの》 ジャンパー. ► *vt, vi* 〈胴着など〉ブラウス風にゆったりしたひだになってたれる(ように作る). ● **big girl's ～** ⁿ《俗》 めめしい男, 軟弱男. [F<?]

bloused /bláuzd/ *a* 〈婦人服が〉ウエストから上をブラウスふうにたるませた.

blous·on /bláusàn; blú:zàn; *F* bluzɔ̃/ *n* 『服』 ブルゾン, ジャンパー.

blousy /bláuzi/ *a* BLOWSY.

blo·vi·ate /blóuvièɪt/ *vi* 《気取って, 自慢げに》 一席ぶつ, まくしたてる. ● **blò·vi·á·tion** *n* [? *blow*[1], *-i-*, *-ate*[1]]

blow[1] /blóu/ *v* (**blew** /blú:/; **blown** /blóun/, ⇨ *vt* 7) *vi* **1 a** [多くは it を主語として] 〈風が〉吹く; 吹き荒れる: *It* is ～*ing* hard. 強い風が吹いている / There was a wind ～*ing* from the west. 西風が吹いていた. **b** 風に吹かれて飛ぶ[散る], 吹きまくられる, ゆらめく: The papers *blew off* [*away*]. 書類が風で飛んだ. **2 a** 息を吹く; 〈ファンなどが〉送風する, ガスを吹き出す; あえぐ, 息切れがする; 〈鯨など〉水[潮]を吹く; *《俗》 タバコ[麻薬]を吸う: There she ～*s*! 《船上で》 そら鯨だぞ. **b** 〈オルガン・笛など〉鳴る; 口笛を吹く; 《ジャズ俗》 演奏する《吹奏楽器に限らない》; 《卑》 尺八[陰門舐啜]する 〈*on* sb〉. **c** 〈ハエなどが〉卵[幼虫]を産みつける. **3** 《米口・豪口》 ほらを吹く, 自慢する (boast). **4** 爆発する; 《俗》 激怒する. **5 a** 〈タイヤなど〉パンクする 〈*out*〉; 破裂する; 〈かんづめなど〉中のガスでふくらむ; 『電』 〈ヒューズが〉とぶ, 〈電球・真空管など〉だめになる, フィラメントが切れる 〈*out*〉. **b** 《口》 むだ金をつかう; 《俗》 しくじる, へまをやる, ふいにする. **6** 《俗》 (急に[ひそかに])立ち去る, ずらかる: *B*～! 出て行け, 出てってちょうだい! **7** 《豪俗》 『競馬』 〈馬が〉賭け率が上がる. **8** *《俗》 いやったらしい, むかつく, 鼻持ちならない, ひどく粗末である, なってない.

► *vt* **1 a** 〈風が〉...に吹きつける, 吹き飛ばす: I had my hat *blown* off. 風で帽子を吹き飛ばされた / The yacht was *blown out of* its course. ヨットは風で針路からはずれた. **b** ...に息[風]を吹き込む; 〈息・タバコの煙を〉吐く; 〈キスを〉投げる; 吹いてふくらませる, 〈シャボン玉・ガラスなどを〉吹いて作る; 〈火を〉吹いておこす; 〈ふいご〉に送風する; 〈馬などに〉ひと息入れさせる. **c** 〈卵を〉吹いて中身を出す; 〈鼻を〉かむ; 〈ハエなどが〉...に卵[幼虫]を産みつける: ～ one's nose 鼻をかむ. **d** ほめちぎる, 慢心させる. **2 a** 〈笛・らっぱなどを〉吹く, 吹奏する; 《管楽器で》〈音を〉吹く; 〈クラクションを〉鳴らす; 《ジャズ俗》 〈楽器を〉演奏する; [各種の名詞を目的語にして] *《俗》《うまく》 演じる, やる, 作る: ～ great conversation 座談の名手だ. **b** 《俗》 〈麻薬を〉吸う, やる; 《卑》 ...に尺八[陰門舐啜]をする, 口でやる: ～ a stick [hay, jive, pot, tea, etc.] マリファナを吸う. **3 a** 爆破する 〈*up*〉, (爆発・銃撃で)吹き飛ばす 〈*off*〉; [ᵘ*pass*] 〈馬などを〉息切れさせる: ～sb's head *off* 人の頭を銃で撃って殺す. **b** 〈タイヤを〉パンクさせる; 破裂させる. **c** 〈弾丸などを〉撃つ, 射抜く; *〈ボールを〉力いっぱい[猛スピードで]投げる. **d** 《俗》 圧勝する. **4 a** 〈ヒューズを〉とばす, 〈電球など〉のフィラメントを切る, だめにする; 『電算』 〈PROM, EPROM〉にプログラムを書き[焼き]込む. **b** *《口》 しくじる, だいなしにする, 〈チャンス・賞などを〉ふいにする; *《口》 〈せりふを〉忘れる, とちる. **c** *《俗》 〈契約の一部・仕事などを〉破棄する. **5 a** 〈うわさを〉流す, 広める; *《俗》 〈秘密を〉ばらす, 〈人を〉密告する, 裏切る. **b** 《口》 〈金を〉ばらまく, 濫費する; 《口》 〈人に〉おごる, 奮発する 〈*to*〉. **6** 《口》 ...から(急に[ひそかに])立ち去る, ずらかる: ～ town 町をずらかる. **7** (*pp* は **blówed**) 《口》 呪う (damn): *B*～ it! ＝Oh, ～! いまいましい, チェッ, しまった / *B*～ me! *ちくしょう, くそったれ《困惑・怒りを表わす》 / *B*～ me (down)! ⁿヒェーッ, えええっ, なんだって, あーあ《驚きを示す》 / *B*～ the expense! 費用なんかかまうな / *B*～ you, Jack! おまえ[あんた]のことなんか何とも思っちゃいないよ / "Isn't it pretty?"—"*B*～ pretty!" きれいじゃないか—とんでもない!

● **～ about** 〈葉が〉風で散る. **～ a** CLOUD. **～ apart** 爆破する; ...のうそ(など)をあばく. **～ away** (*vt*) 吹き払う, さらってゆく (cf. *vi* 1 b); 《俗》 射殺する, バラす, 消す; すっかり感心[興奮]させる, 驚倒させる (stun); 完全にやっつける, ...に完勝する. (*vi*) *《俗》 立ち去る. **～ cold** 《俗》 関心のないそぶりをする, 冷たくあしらう. **～ down** 吹き倒す, 吹き落とす; 〈ボイラー内の熱湯を〉排出する. **～ high, ～ low** どんなことがあっても. **～ hot and cold** よく気が変わる, 気まぐれである 〈*about, on*〉《Aesop の物語から》. **～ in** 〈溶鉱炉に〉送風する; 〈風が〉吹き込む; 〈油井(ゆせい)など〉噴き出し始める; 〈戸など〉風圧で内側にたわむ; 〈窓が〉内側へ吹き破られる, 〈窓を〉内側へ吹き破る; 破裂して中へへこむ; *《俗》 浪費する; 《口》 ひょっこり現われる, 到着する. **～ into**...へ息を吹き込む; 《口》 ...へひょっこりやって来る: ～ *into* town. **～ it** *《俗》 ふいにする, パーにする. **B～ it out (your ear [ass, asshole, barracks bag, B-bag, tailpipe])!** *《俗》 何をぬかすか, ほざけ, 行っちまえよ, くそくらえ, ざけんな《怒り・侮蔑の表現》. **～ off** (*vt*) 〈蒸気・湯を〉ボイラーから噴出させる; 〈圧力を〉抜く, 逃がす, 放出する; 〈帽子などを〉吹き飛ばす, 〈ちりを〉吹き払う, 吹き清める; ⇨ *vt* 3a; *《俗》無視する, 相手にしない, ないがしろにする, サボる; *《口》すっぽかす; 《口》…との恋愛関係を終わらせる; *《俗》〈試験を〉わざとしくじる; *《俗》だまくらかす, ペテンにかける; 《競争で》〈相手に〉まさる. (*vi*) 〈バルブなどが〉吹っ飛ぶ; ˈˈ《俗》おならをする; *《俗》のらくらする, ぐずぐずする; *《口》鬱憤を晴らす, おこる. **～ off** STEAM. **～ on**…をやっつける, 不評判にする, つまらなくする, 古臭くする, …の陰口をきく; ˈˈ《口》《競技で》〈審判が選手〉にペナルティーを宣する. **B～ on it!** *《口》落ちつけ, ゆっくりやれ, 力むな. **～ out** (*vt*) 吹き消す; 《風を吹きつけて》〈管などを〉きれいにする; 〈よごれなどを〉吹き飛ばす; 〈窓を〉外に吹き飛ばす; 〈タイヤを〉破裂[パンク]させる; 〈ヒューズを〉とばす; 〈溶鉱炉〉の送風を止める; [～ *-self*] 〈あらし・風が〉吹きやむ, やむ, 静まる, おさまる; 〈馬を〉歩かせる, 運動させる《筋肉をほぐしたり筋肉の硬直を避けたりするため》; 膨張させる; *《俗》殺す, 射殺する; 〈身体などを〉ひどく痛める; 《俗》〈恋人を〉拒絶する, はねつける; *《口》…に楽勝する; 《俗》取り消す, 中止する (cancel). (*vi*) 〈灯火が〉風で吹き消える, 〈電気器具が〉止まる; 〈窓が〉外へ吹き破られる; 〈タイヤが〉パンクする; 〈ヒューズが〉とぶ (⇨ *vi* 5a); 〈あらしが〉吹きやむ, 〈口論・論争など〉おさまる; 息切れがする; 膨張する; 〈ガス・油田などが〉噴出する, 突然噴き出す; 《俗》たらふく食う, ばか食いする; *《俗》浪費する. **～ out of the water** 《口》…のうそをあばく; 《口》完全に[こてんぱんに]やっつける, …に楽勝する, 撃沈する; *《俗》〈人を〉仰天させる, どぎもを抜く. **～ over** (*vi*) 吹き倒される; 〈暴風が〉通り過ぎる, 吹きやむ, 静まる; 〈危機・風説が〉無事に去る, 立ち消えになる. (*vt*) 吹き倒す, 吹き飛ばす; びっくりさせる. **～ one's** COOL. **～ sb's cover** 《俗》人の正体をばらす. **～ short** あえぐ. **～ [fluff] one's lines** 〈俳優が〉自分のせりふを忘れる, とちる. **～ sb's** MIND. **～ one's own trumpet [horn]** 《口》自画自賛する, 自己宣伝をする, 大ぼらを吹く, ひけらかす. **～** one's **top [cap, cork, lid, lump, noggin, roof, stack, topper, wig,** etc.] 《口》激怒する, 怒りを爆発させる; 《口》熱狂[熱中]する, ひどく興奮する, 気が狂う, 《麻薬などで》〈頭・ふるまいが〉おかしくなる, すっ飛ぶ; *《俗》自殺する; *《俗》やたらにしゃべる; *《俗》《演奏などを》めちゃめちゃにうまくやる. **～ through** 《豪口》急いで立ち去る. **～ to blazes [glory, kingdom come]** 《爆発物で》〈人を〉吹き飛ばす[殺す]. **～ to pieces [smithereens]** こなごなに爆破する[吹き飛ばす]. **～ up** (*vt*) 吹き起こす; [it を主語にして] 〈あらしなどを〉起こす; ふくらませる, 〈タイヤ〉に空気を入れる; 爆破する; だめにする; 《口》しかりとばす; 《口》〈写真・地図など〉引き伸ばす; 《口》〈うわさなど〉大げさに言う. (*vi*) 爆発[破裂]する, 突発する, 〈暴風が〉吹きつのる, ひどくなる; 《爆発で》破壊される, 吹き飛ぶ; 〈計画などが〉だいなしになる; 空気がいっぱいにはいる; ふくれあがる; 生じる, 発生する, 持ち上がる; 《口》激怒する, かっとなる, かんしゃくを起こす 〈*at*〉, 我を忘れる, あわてる; *《演劇俗》せりふを忘れる[とちる]. **～ up in sb's face** 〈計画など〉だいなしになって人の面目をつぶす, ぶざまに吹きとぶ. **～…(wide) open** 《口》〈秘密・不正などを〉明るみに出す, ばらす; 《口》〈新人などが競技[勝負]〉の行方をわからなくさせる. **～ with the wind** 一貫した行動方針を維持できない, 風向きしだいである. **I'm [I'll be] ～ed if**…だったら首をやる (Damn me!). **Look what the wind's blown!** 《口》[*joc*] おやだれかと思ったら《挨拶》.

► *n* **1 a** 一陣の風; 暴風; 《口》外気にあたること, (戸外)散歩: get a ～ 風にあたって涼む / go for a ～ 納涼[散歩]に出かける. **b** ひと吹き; 《楽器の》吹奏; 〘冶〙《溶鉱炉への》送風(の時間), 送風の間に精錬される鋼鉄の量; 〘機〙吹出し; 《鯨の》潮吹き; 鼻をかむこと; 産卵, ハエなどの卵; *《俗》銃: give one's nose a good ～ 鼻をしっかりとかむ. **c** *《俗》騒動; 《俗》にぎやかなパーティー; *《俗》挨拶, 合図. **2** 《口》自慢; 《俗》ほら, ほら吹き《人》. **3** *《俗》《ヘロイン・コカインなどを》吸うこと; *《俗》コカイン. **4** 〘電算〙《PROM や EPROM へのプログラムの》書き込み, 焼き込み.
[OE *blāwan*; cf. G *blähen*]

blow[2] *n* 強打; 殴打; 急襲; [*fig*] 打撃, 不幸, 痛手, ショック: deal a ～ between the eyes 眉間(みけん)に一撃を加える / strike a ～ 一撃を加える 〈*at*〉 / The first ～ is half the battle. 《諺》第一撃は戦いの半ば《先手必勝》/ a fine ～ to sb's conceit 思い上がりに対する痛棒 / come as a terrible ～to… 大きな打撃となる. ● **at ～s** なぐり合い[格闘]をして. **at [with] one [a (single)] ～** 一撃のもとに; 一挙に, たちまち. **～ by ～** 詳細に〈報告する〉(cf. BLOW-BY-BLOW). **come [fall] to ～s** なぐり合い[けんか]を始める 〈*over*〉. **get a ～ in** 《口》うまく打ちあてる; 《口》議論で点数を稼ぐ. **land a ～** 《口》打撃を加える; 《口》きちんと主張する, 論証する. **strike a ～ for [against]**…に加勢[反抗]する. **the ～ falls** 《恐れていた[予期しない]》事が起こる. **without (striking) a ～** 労せずして, 苦もなく.
[C15 *blaw* (dial)<?]

blow[3] 《古・詩》*vi*, *vt* (**blew** /blúː/; **blown** /blóun/) 花が咲く, 咲かせる. ► *n* (咲き乱れた)花; 開花 (: in (full) ～); 盛観, 壮観.
[OE *blōwan*; cf. BLADE, BLOOM[1]]

blów·bàck *n* **1** 《砲撃時の》後方へのガス漏れ; 吹戻し, ブローバック《ガス圧が銃の遊底を後退させる方式》. **2** *想定外の結果, 望まれない反響[リアクション]. **3** 《縮写したものの》拡大複写. **4** 《秘密情報部員が外国で流したデマの》本国への逆輸入.

blów·bàll *n* 〘植〙《タンポポなどの》綿毛のついた種子の球, 絮球(じょきゅう).

blów-bòy *n* *《軍俗》らっぱ吹き《人》.

blów·bỳ *n* 〘車〙ブローバイ《**1**) ピストンとシリンダーの間隙からのガス漏れ **2**) その漏れたガスをシリンダー内に戻す装置》.

blów-by-blów *a* 詳細な: a ～ account [description] 詳細な記事 〈*of*〉.

blów còck 《ボイラーの》排気コック.

blów·dòwn *n* **1** 風で樹木が吹き倒されること; 風で吹き倒された樹木, 風倒木(ふうとうぼく); 風で木が倒れている場所. **2** ブローダウン《破裂による容器・配管の内容物噴出》.

blów-drìed *a* 髪をブローして乾かしながら整えた; 見かけはきちんとしているが薄っぺらな感じの, 表面をきれいに取りつくろった(だけの).

blów-drỳ *vt*, *vi*, *n* ドライヤーでブローして整える(こと). ◆ **blów-drỳ·er** *n* ヘアドライヤー

blow·en /blóuən, bláuən/ *n* *《俗》(ふしだらな)女, 売春婦.

blów·er *n* 吹く人; ガラス吹き工; 送風機[装置], ブロワー; SNOW-BLOWER; ヘアドライヤー; *《俗》過給機 (supercharger); 〘魚〙フグ (puffer fish); [the] 《口》クジラ (whale); 〘炭鉱〙裂け目からのメタンガスの噴出; *自慢屋; ˈˈ《口》電話; *《俗》ハンカチ; *《俗》コカイン(使用者); *《俗》紙巻きタバコ (cigarette): on the ～ ˈˈ《口》電話口に出て, 電話して.

blów·fìsh *n* 〘魚〙フグ (puffer fish).

blów·flỳ *n* 死肉や傷口に産卵するクロバエ科の各種のハエ.

blów·gùn *n* 吹矢筒; 噴霧器.

blów·hàrd *n*, *a* *《口》《口数の多い》自慢屋(の), 大言を吐くやつ, 多弁で自己主張の強い人.

blów·hòle *n* 《鯨・イルカの》噴気孔; 《トンネルなどの》通風孔, 換気口; 《アザラシなどが息をするために上がってくる》氷の割れ目; 《凍った水面にあけた》釣り穴; 《鋳物の》ガス孔[あな], 気泡, 巣, ブローホール; 《しぶきを吹き上げる》海辺の岩の割れ目.

blow·ie /blóui/ *n* 《豪口・米口》BLOWFLY.

blów-ìn *n* 《豪口》歓迎できない新来者, よそ者.

blów·ing *n* 通気孔 (vent) から出るガス音[蒸気音]; 《プラスチックなどの中空製品の》吹込み形成 (＝*blow molding*); *《俗》ジャズ演奏: a ～ session ブローイングセッション《ミュージシャンが集まって自由に演奏を展開するセッション》.

blówing àdder 〘動〙HOGNOSE SNAKE.

blówing càt *《俗》ジャズミュージシャン.

blów jòb 《卑》口でやること, FELLATIO, CUNNILINGUS; *《俗》ジェット機.

Blów Jóe *《俗》兵, 下士官 (enlisted man).

blów·làmp ˈˈ *n* BLOWTORCH.

blów·mobìle *n* プロペラ式の雪上車.

blów mòlding 《プラスチックなどの》吹込み形成 (blowing).

blown[1] /blóun/ *v* BLOW[1] の過去分詞. ► *a* **1** ふくれた; 〈牛・羊などが〉胃が膨満した, 鼓脹症になった; 息切れした, 疲れた; ハエ[《特に》クロバエ]が卵を産みつけた; 吹いて作った. **2** こわれた, 荒廃した, だめになった, いたんだ; できそこないの; 作動しない; 〈ヒューズなど〉溶けた, 切れた. **3** *《俗》過給機を取り付けた〈エンジン〉. **4** [º～ away, ～ out, ～ up] *《俗》《酒・麻薬に》酔っぱらって.

blown[2] *v* BLOW[3] の過去分詞. ► *a* 満開の (full-blown).

blówn glàss 吹きガラス(の器具[工芸品]).

blówn-in-the-bóttle *a* 本物の (genuine).

blówn óil 吹込み油(ゆ)《脂肪油を加熱しつつ空気を吹き込んで粘性を増した油》.

blów·òff *n* 吹き出し, 吹き飛び; 《口》《感情の》噴出, 激発; 噴出(装置); 《価格などの》一時的急騰; 吹出し管[コック]; 《俗》自慢屋 (blowhard); 《争いなどに突入する前の》とどめ, クライマックス; *《俗》けんか, 争い; *《俗》呼び物, 《大道売りなどでほかの客をひきつける》最初の客, サクラ; *《俗》たやすい[朝めし前の]こと, ちょろいもの; *《俗》のらくら者, サボり屋.

blów·òut *n* **1** 破裂; 《タイヤの》破裂, (急激な)パンク; 破裂孔; 《ヒューズの》とぶこと, 溶断; 〘電〙《磁界によるアークの》吹消し (＝magnetic ～); 〘機〙吹出し; 〘空〙FLAMEOUT; 《油井などの》噴出(による枯渇); 〘医〙動脈瘤; 〘地質〙風食による凹地. **2** 《口》大ごちそう, 食べたり飲んだりのどんちゃんパーティー, 大宴会; 特価セール, 大特売 (～ **sále**). **3** *《口》怒りの爆発, 口論; *《俗》《盗みの》失敗; *《俗》群衆, 人出; *《俗》一蹴, 楽勝.

blów·pìpe *n* 《化学分析などに用いる》吹管(すいかん); 《ガラス工用》吹管, 吹きざお (＝*blowtube*); 〘医・動〙《腔内清浄用の》吹管; 吹矢筒; 《バグパイプの》管, ブローパイプ; (酸素アセチレン)トーチ; *《俗》ライフル銃.

blow·sy /bláuzi/ *a* BLOWZY.

blów·tòp *n* *《俗》かっとなる人, かんしゃく持ち.

blów·tòrch *n* 《鉛管工用の》ブローランプ (＝*blowlamp*); *《俗》ジェット機[エンジン], ジェット戦闘機.

blów·tùbe *n* 《ガラス工用の》BLOWPIPE; 吹矢筒 (blowgun).

blów·ùp *n* 破裂, 爆発; 《口》《写真の》引伸ばし, 引伸ばし写真; 《口》むかっ腹, 激怒, けんか; 《口》破産, 破滅, 崩壊. ► *vi* *《俗》かんかんにおこる; *《俗》せりふを忘れる, とちる.

blów-ùp *a* ふくらませることのできる (inflatable), ふくらませて使う.

blów-wàve *n* ブローウェーブ《髪をドライヤーで乾かしながら整える方法[ヘアスタイル]》. ► *vt* 〈髪を〉ブローウェーブ法で整える.

blówy *a* 風の強い; 風の影響[作用]をうけやすい, 吹き飛びやすい, 吹きさらしの.

blowzed /bláuzd/ *a* BLOWZY.

blow·zy /bláuzi/ *a* **1** 〈特に 女が〉赤ら顔で(太っていて)うすぎたない; 〈部屋など〉取り散らかした, むさくるしい; 〈頭髪が〉ぼうぼうの, もじゃもじゃの, くしを入れていない; 〈身なりなど〉だらしない. **2** 〈計画など〉周到な配慮に欠けた, 杜撰(ずさん)な, 荒削りの, 大ざっぱな. ♦ **blówz·i·ly** *adv* **-i·ness** *n* [blowze (obs) beggar's wench<?]

BLS Bachelor of Liberal Studies ♦ Bachelor of Library Science ♦〘米〙Bureau of Labor Statistics.

BLT, b.l.t. /bíːèltíː/ *n**《口》ベーコン・レタス・トマトサンド. [*b*acon, *l*ettuce and *t*omato sandwich]

blub /blʌ́b/ *vi* (-bb-)"《口》おいおい泣く, 泣きはらす. [↓]

blub·ber *n* **1** 《鯨などの》皮脂層; 《人の》余分な脂肪, 贅肉(ぜいにく); クラゲ (sea blubber). **2** おいおい泣くこと, 泣きじゃくり. ► *vi, vt* おいおい泣く; 泣きながら言う 〈*out*〉; 〈目・顔を〉泣きはらす. ► *a* 〈唇・ほおなど〉厚ぼったい, ぼってりとした. ♦ **~·er** *n* [? imit]

blúbber·bèlly *n* 《口》でぶ, 太っちょ, 肥満した人.

blúbber bùtt*《俗》(尻の大きい)でぶ.

blúb·bered *a* 泣きはらした〈顔〉.

blúbber·gùt(s) *n**《口》でぶ (blubberbelly).

blúbber·hèad *n* 《俗》鈍いやつ, ばか (blockhead).

blúb·bery *a* 脂肪太りの; 泣きはらした, 厚ぼったい.

blu·cher /blúːʧər, -kər/ *n* ブルーチャー《**1**) 舌革と爪革とが一枚革の, ひもで締める靴 **2**) 古風な編上げの半長靴》.

Blü·cher /blúːkər; G blʏ́çər/ ブリュッヒャー **Gebhard Leberecht von ~**, Prince of Wahlstatt (1742–1819)《プロイセンの元帥; Waterloo における勝利 (1815) に貢献》.

bludge /blʌ́ʤ/《俗》*vi, vt* 《売春婦の》ヒモをやる; 《豪》仕事をサボる, 責任のがれをする; 《豪》いそうろうする, たかる 〈*on*〉; 《豪》せしめる, 巻き上げる. ► *n* 楽な仕事. ♦ **blúdg·er** *n* 《売春婦の》ヒモ; 《豪》いそうろう, なまけ者, たかる[ずるをする]やつ. [逆成 < *bludgeon*]

bludg·eon /blʌ́ʤ(ə)n/ *n* 棍棒; 攻撃[強圧]の手段. ► *vt, vi* 棍棒で打つ; いじめる, おどす, 強圧的に強いる; やりこめる: be ~ed *to* death 撲殺される / ~*into* submission おどして屈伏させる. ♦ **~·er** *n* [C18<?]

blue /blúː/ *a* **1 a** 青い; 藍(あい)色の, 紺(こん)色の, 空色の; 青衣の. **b** 〈肌など〉土色の 〈*with* cold, fear, etc.〉; 《動物の外皮が》青みがかった灰色の; *《俗》酔った; 〈風など〉寒い; 〈スキーのコースが〉初心者用の, 2 番目にやさしい (cf. GREEN). **2** 憂鬱な, 悲観した; 陰鬱な; 〘楽〙ブルースの: look ~ ふさいでいる; 気分が悪そうだ; 〈形勢が〉思わしくない. **3** 党員の, "《特に》保守党 (Tory) の; 《文》〈女性が〉学問のある, インテリの; 厳格な, 堅苦しい. **4** 下品な, ばちあたりな, わいせつな, エロの, ひどい: ~ jokes きわどい冗談 / ~ language 卑猥なことば / BLUE MOVIE. ● **~ in the face** 《激怒・激情などで》顔が青くなって. **like** BLUE MURDER. **till all's ~** 遠ざかる船が青い水に消えるまで; いつまでも: drink *till all's* ~ 酔いつぶれるまで飲む. **Turn ~!***《俗》くそくらえ. **turn the air ~**"《口》きたないことばを吐く, ひどくののしる. **until** [**till**] one **is ~ in the** FACE.

► *n* **1** 青, 藍, 紺, 空色; 青色えのぐ, 藍色染料《など》; ブルー《Yale, Oxford, Cambridge, Harrow, Eton などの校色》: DARK [OXFORD] BLUE, LIGHT [CAMBRIDGE] BLUE / pale ~ 薄青. **2** 青いもの. **a** [the] 青海, 青空; はるかかなた, 遠方; *《俗》天国. **b** 紺のラシャ[生地, 衣服]; [*pl*] 青い衣裳[制服]; [the B-s]〘英〙ブルーズ《Royal Horse Guards の愛称; 青色の制服から; ⇨ BLUES AND ROYALS》; *《南北戦争の》北軍(兵士); Oxford [Cambridge] 大学の代表選手の青章, 選手, 《一般に》大学のスポーツ; 《口》BLUE RIBBON (: win a ~): (the) ~ and (the) gray 《南北戦争で》北軍と南軍 / win [get] one's ~ 選手になる. **c** 〘昆〙羽の青いシジミチョウ; BLUEFISH; *《俗》[*derog*] まっ黒な黒人. **d** 《洗濯用の》青み剤 (bluing); 《snooker 用の》青ボール; 《弓の標的の》青い輪《中心から 2 番目》. **e** [the, the B-]〘英史〙青色艦隊 (cf. RED[1]). **f** 《豪口》《交通違反などの》呼出し状. **g** BLUE CHEESE. **h** 《俗》アンフェタミン錠; *《俗》10 ミリグラムのバリウム (Valium) 錠. **3** [~s] ⇨ BLUES. **4 a** (英国)保守党員 (Tory); BLUESTOCKING; *《俗》まじめ学生; 《俗》警官. **b** [B-] 《豪口》赤毛《人》; 《豪俗》けんか; 《豪口》へま, どじ. ● **~ on ~**〘軍〙友軍誤射[誤爆]の[による], 自軍同士の《軍事演習で青色(旗)が友軍を示すことから》. BOLT[1] **from the ~**. **in the ~** へんぴな所に: TRAVELS *in the* ~. **into the ~** どこか遠くに, 知らないところへ: disappear [vanish, go off] *into the* ~ 突如[どこへとも知れず]消え去る. **out of the ~** にわかに, だしぬけに: come *out of the* ~ 突然[どこからともなく]現われる. **the boys** [**men**] **in ~** 警官, 巡査; 水兵; *《南北戦争の》北軍.

► *vt* 青色にする, 青みをつける; 〈白い服を〉青み剤 (bluing) で洗う; 《俗》〈金銭・財産を〉濫費する. ► *vi* 青色になる, 青くなる.

♦ **~·ly** *adv* [OF<Gmc; cf. G *blau*]

blúe alért 青色防空警報《警戒警報第 2 段階》.

blúe and whíte*《口》警察(の車) (cf. BLACK AND WHITE).

blúe-and-yèllow macáw 〘鳥〙ルリコンゴウインコ《南米原産》.

blúe asbéstos 青石綿 (crocidolite).

blúe bàby **1** 〘医〙青色児《先天性心疾患または肺疾患によりチアノーゼ (cyanosis) を呈して生まれた子供》. **2***《俗》LSD.

blúe·bàck hérring 〘魚〙ブルーバックヘリング《北米大西洋産の遡河性のニシン科アロサ属の魚; 背は暗青色》.

blúeback sálmon 〘魚〙ベニマス, ベニザケ.

blúe bádge 〘英〙ブルーバッジ, 青バッジ《**1**) 車の窓に貼る障害者用駐車許可証[シール] **2**) 政府認定の観光ガイド (~ guide) に与えられる記章》.

blúe·bàg *n* 《白い洗濯物の》青み(づけ)剤《の小袋》(⇨ BLUING).

blúe bág 〘英〙青袋《法廷弁護士が法服を入れる布袋; cf. RED BAG》.

blúe bálls *pl* [〈*sg*〉]《卑》**1** 《激しく興奮していながら射精しなかったときの》下腹部のうずき, 睾丸の痛み. **2** 性病, 《特に》淋病, 鼠蹊リンパ肉芽腫.

Blúe·bèard 青ひげ (*F* Barbe-bleue)《フランスの伝説で無情残忍で次々に 6 人の妻を殺したという男 Raoul》; [°b-] 残酷で変態的な夫, 何度も結婚しては妻を殺害する男.

blúe·bèat *n* 〘楽〙スカ (SKA).

blúe·bèll *n* 〘植〙青い鐘形の花が咲く各種の植物: **a** 《スコ・米》キキョウ科ホタルブクロ属の各種 (bellflower), 《特に》イトシャジン (harebell). **b** (イングリッシュ)ブルーベル (=*wild hyacinth*)《ユリ科の球根性の多年草; 欧州西部原産; 森・やぶ・ヒースなどに群生する》. **c** [*pl*] ムラサキ科ハマベンケイソウ属の多年草 (VIRGINIA BLUEBELLS).

♦ **~ed** *a*

blúe·bèlls-of-Scótland *n pl* 〘植〙イトシャジン (harebell).

blúe·bèrry /, -b(ə)ri; -b(ə)ri/ *n* 〘植〙ブルーベリー《**1**) ツツジ科スノキ属の青または青黒い色の液果をつける各種の低木 **2**) その果実; 食用》.

blúe·bìll* *n* 〘鳥〙スズガモ (scaup duck).

blúe bìlly 《NZ口》DOVE PRION.

blúe·bìrd *n* **1** 〘鳥〙ルリツグミ《北米産ヒタキ科ルリツグミ属の各種の鳴鳥》. **2***《黒人俗》おまわり.

Blúe Bírd [the] 青い鳥《幸福のシンボル》. [Maeterlinck の詩劇 (1909)から]

blúe-bláck *n, a* 濃い[暗い]藍色(の), ブルーブラック(の).

blúe blázes [*euph*] 地獄, HELL《間投詞・強意語としても用いる》: What in ~ are you doing? 一体全体何をやってるんだ?

blúe blóod **1** 貴族の血統: have [with] ~ in one's veins. **2** /—́ —̀/ 貴族; [the] 貴族階級, 名門. ♦ **blúe-blóod·ed** *a*

blúe·blòssom *n* 〘植〙ソリチャ属の青い花をつける低木 (=*California lilac*)《米国太平洋岸原産; クロウメモドキ科》.

blúe·bònnet *n* **1** 《もと スコットランドの》青色の縁なし帽 (=*Balmoral*); bluebonnet をかぶった人, 《特に》スコットランド人[兵]. **2** 《スコ》ヤグルマギク (cornflower); *青花のルピナス《Texas 州の州花》.

blúe bòok [°B- B-]〘英〙青書《議会または政府の報告書》; *ブルーブック《青表紙の政府刊行物》; *《口》紳士録; *国家公務員名簿; *《俗》名簿, リスト; *大学の試験答案用紙《青色表装で小冊子形式》; *大学試験; [B- B-]〘商標〙『ブルーブック』《型と製造年とによる中古車市場価格便覧》; 《一般に》市場価格便覧.

blúe·bòttle *n* **1** 〘植〙ヤグルマギク (bachelor's button); 〘植〙ムスカリ (grape hyacinth); 〘昆〙アオバエ (=~ **flý**)《胴が青色に光る大型の各種のクロバエ》; 《豪・南ア》デンキクラゲ (Portuguese man-of-war). **2**"紺色制服の人, 《特に》警察官.

blúe bòx **1***ブルーボックス《長距離通話を無料化する違法の装置》. **2** /—́ —̀/ ブルーボックス《リサイクル用品収集用の青いプラスチック製の箱》.

blúe bóy **1***《俗》警官. **2** [The B- B-]『青衣の少年』《Thomas Gainsborough が描いた肖像画 (c. 1770)》.

blúe bùck 〘動〙BLAUBOK.

blúe bùtcher 〘植〙EARLY PURPLE ORCHID.

blúe·càp *n* BLUEBONNET; 〘鳥〙アオガラ (blue tit); 〘鳥〙ルリオーストラリアムシクイ《豪州産》.

blúe cátfish 〘魚〙ブルーキャットフィッシュ (=**blúe cát, blúe chànnel cát** [**cátfish**])《米国 Mississippi 川流域に生息する大型のナマズ》.

blúe chéer*《俗》LSD[1].

blúe chèese ブルーチーズ《青カビによって熟成したチーズ》.

blúe chìp 〘トランプ〙青色のポーカーチップ《通例 高い点数用; cf. WHITE CHIP》; 〘証券〙確実優良な株式, 優良株; 優良事業[企業]; すぐれたもの, 一流[一級]品, 好評なもの, 値打のあるもの; 一流選手.

♦ **blúe-chìp** *a* 確実優良な〈証券〉(cf. GILT-EDGED); すぐれた, 一流の, 値打のある.

blúe-chìpper *n**《俗》一流の[優秀な]人[組織], 一流品, 一級品.

blúe·còat *n* 紺色制服の人《南北戦争時代の北軍兵など》; *《俗》警官; "(青い服の)慈善学校生徒.

blúecoat bóy [**gírl**] bluecoat school の男子[女子]生徒, 慈善学校生徒.

blúecoat schóol 《英国の各種の》慈善学校; [B- S-] CHRIST'S HOSPITAL.

blúe cód 〘魚〙ニュージーランド産トラギス属の緑青色の海産食用魚 (=*pakirikiri*, *patutuki*, *rawaru*, *rock cod*).

blúe cóhosh〘植〙ルイヨウボタン(類葉牡丹)《メギ科の多年草; 東アジア産と北米東部産の 2 亜種がある》.
blúe-cóllar *a*《作業服を着用する職業の》賃金[肉体]労働者の, ブルーカラーの (cf. WHITE-COLLAR); 地味な; 地道に努力する: ～ workers ブルーカラー労働者.
blúe cópperas〘化〙硫酸銅 (copper sulfate).
blúe córn〘園〙ブルーコーン《穀粒が青黒いトウモロコシの品種; 特に米国南西部で栽培される》.
blúe cráb〘動〙ブルークラブ, アオガニ《特に 米国東海岸産のワタリガニ; 食用》.
blúe cráne〘鳥〙ハゴロモヅル (＝*Stanley crane*)《アフリカ産の青灰色の大型のツル; 南アフリカ共和国の国鳥》.
Blúe Cróss〘米〙ブルークロス《特に 被用者とその家族を対象とした健康保険会社; 1929 年設立; 1982 年 Blue Shield と提携, Blue Cross and Blue Shield Association となる》.
blúe cùrls (*pl* ～)〘植〙**a** 北米産シソ科トリコステマ属の各種植物《花糸が湾曲し主に青色の花をつける》. **b** ウツボグサ (self-heal).
blúe dáhlia ありえないもの, 珍中の珍.
Blúe Dánube [The]『美しく青きドナウ』《Johann Strauss (子) 作曲のワルツ (1867); 原題 *An der shönen blauen Donau*》.
blúe dévil *«俗» BLUE HEAVEN.
blúe dévils *pl* ふさぎ, 憂鬱; 震顫譫妄(しんせんせんもう)症.
blúe dóe〘動〙雌のアカカンガルー.
blúe dóg, blúe dòg Démocrat *ブルードッグ(民主党員)《南部出身の保守的民主党員》.
blúe dúck **1**〘鳥〙アオヤマガモ《ニュージーランドの渓流に生息するカモ; 羽毛は濃い青灰色》. **2**《豪俗》期待はずれ, 失敗, むだ.
blúe éarth〘鉱〙KIMBERLITE.
blúe énsign〘英〙《青地で左上部に英国国旗を入れた》政府傭船旗; 英海軍予備艦旗 (cf. RED ENSIGN, WHITE ENSIGN).
blúe-éyed *a* 目の青い, 青い目の; *«口» 白人の[による]; «カナダ俗» 英国系の; *«口» 無邪気な, 世間知らずの.
blúe-èyed bóy ˈˈ«口» 目をかけられている若者, お気に入りの男, 秘蔵っ子 (fair-haired boy*).
blúe-èyed dévil *«黒人俗» [*derog*] 白人.
blúe-èyed gráss〘植〙ニワゼキショウ属の各種草本 (＝*satin-flower*)《アヤメ科; 青い花をつける》.
blúe-èyed Máry〘植〙ハナルリソウ《ワスレナグサに似た多年草》.
blúe-èyed sóul ブルーアイドソウル《白人が黒人のブルース唱法をまねて歌うソウルミュージック》.
blúe fílm ブルーフィルム (BLUE MOVIE).
blúe·fìn *n*〘魚〙クロマグロ (＝～ **túna**).
blúe·fìsh *n*〘魚〙**a** アミキリ《ムツ科の食用魚》. **b** 黒っぽい魚, 青魚《特に POLLACK など》.
blúe fít ˈˈ«口» すごいショック, 仰天, ひどいいらだち.
blúe flág **1**〘植〙青い花のアヤメ《特に 北米東部産の *Iris versicolor*》. **2** [B- F-] ブルーフラッグ《EU の基準に合格した海水浴場を有するリゾート地に与えられる認定証》. **3**〘自動車レース〙青色旗, ブルーフラッグ《後続車が追い越しをかけてきていることを表わす》. **4** [*pl*] *«俗» LSD.
blúe flíck ブルーフィルム (blue movie).
blúe flú《特に 警官の》SICK-OUT.
blúe fóx〘動〙青ギツネ《**1**) ホッキョクギツネの青色型 **2**) その青色の毛皮; 珍重される》.
blúe fúnk ˈˈ«口» ひどくこわがること; *«俗» 落ち込み, 鬱: in a ～ びくびくもの(で), おびえて; 落ち込んで.
blúe gás〘化〙ブルー水性ガス《炭化水素を加えるなどの処理をしておらず, 青白い炎を示す water gas》.
blúe·gìll /-gɪ̀l/ *n*〘魚〙ブルーギル《サンフィッシュ科の食用魚・釣り魚; Mississippi 川流域産》.
blúe góose〘鳥〙アオハクガン (＝*bald-headed brant, blue wavey*)《北米産; ハクガンの青色型で頸が白く, 体は暗青色》.
blúe gráma〘植〙GRAMA GRASS.
blúe·gràss *n* **1**〘植〙イチゴツナギ属の各種の草《洋芝・牧草用; イネ科》, 《特に》KENTUCKY BLUEGRASS. **2**〘楽〙ブルーグラス《米国南部のテンポの速いカントリーミュージック; ギター・バンジョー・フィドルなどで演奏する》. **3** [the B-] BLUEGRASS REGION [COUNTRY].
Blúegrass Règion [Cóuntry] [the] ブルーグラス地方《Kentucky 州の中部地方》.
Blúegrass Stàte [the] ブルーグラス州《Kentucky 州の俗称》.
blúe-grèen álga〘植〙藍藻(らんそう)(植物), 藍色植物 (＝*cyanobacterium*).
blúe grósbeak〘鳥〙ルリイカル《中米産》.
Blúe Grótto [the] 青の洞窟《イタリア, Naples 湾の Capri 島北岸にある海洞; 日が差し込むと海の色が反射してあざやかな青い光に満たされる》.
blúe gróund〘鉱〙KIMBERLITE.
blúe gróuse〘鳥〙アオライチョウ《北米西部産》.
Blúe Gúide ブルーガイド《英国の青色装丁の旅行案内叢書; 1918 年創刊》.
blúe gùm〘植〙ユーカリノキ属の各種の木 (eucalyptus).
blúe·hàir *n**«俗»《髪を青く染めた》おばあさん, 老婦人.
blúe·hèarts *n* (*pl* ～)〘植〙北米産の青い花をつけるゴマノハグサ科の多年草.
blúe héaven *«俗» アモバルビタール剤, ブルーヘヴン《青い錠剤または青いカプセル入りの中枢神経系抑制薬》; *«俗» LSD.
blúe héeler〘犬〙ブルーヒーラー (AUSTRALIAN CATTLE DOG).
blúe héll *«俗» きわめて厄介な[始末に負えない]状況, 一大苦境.
blúe hélmet《国連の》国際休戦監視部隊員.
Blúe Hén Stàte [the] 青いめんどり州《Delaware 州の俗称》.
blúe héron〘鳥〙アオサギ, 《特に》オオアオサギ (great blue heron).
Blúe Hóuse [the] 青瓦台(せいがだい)《韓国大統領官邸》.
blúe húckleberry〘植〙DANGLEBERRY.
blúe íce ブルーアイス《飛行機から捨てられ, 地上に青い氷となって落ちる廃水》.
blueing, blueish ⇨ BLUING, BLUISH.
blúe·jàck *n*〘植〙米国南部産のカシ(の木); 〘化〙硫酸銅 (copper sulfate).
blúe·jàcket *n* 水兵.
blúe jày〘鳥〙アオカケス《北米産》.
blúe jèans * *pl* ブルージーンズ, ジーパン (jeans)《青いデニム製のズボン・オーバーオール》. ◆ **blúe-jèaned** /-ʤìːnd/ *a*
Blúe Jòhn 青蛍石, ブルージョン《Derbyshire 主産》.
blúe làw * [ᵒ*pl*]《植民地時代のニューイングランドにあった清教徒的な》厳格法; 日曜日安息法《日曜日に労働・娯楽・商売などを規制する法律》.
blúe·lèg *n*〘菌〙オオムラサキシメジ (blewits).
blúe líght《信号用》青花火.
blúe lìne〘アイスホッケー〙ブルーライン《センターラインと平行にリンクを 3 等分する 2 本の線の一つ》.
blúe·lìner *n*〘アイスホッケー〙ディフェンス選手.
blúe líps (*pl* ～)〘植〙オオバナコリンソウ《シソ科》.
blúe mán *«俗» 制服警官.
Blúe·màntle *n*〘英〙ブルーマントル《紋章院の紋章官補 (pursuivants) の一人》.
blúe márlin〘魚〙ニシクロカジキ《大西洋暖海の大型カジキ》.
blúe máss〘薬〙青塊, 水銀練剤《水銀をグリセリンや蜂蜜などで練ったもの; これで BLUE PILL を作る》.
blúe méany *«俗» 毛嫌い[つまはじき]されるやつ, 血も涙もない人非人, げじげじ野郎, ろくでなし, 畜生.
blúe métal 道路用に砕いた青石 (bluestone).
blúe móld 青カビ《ペニシリウム属の菌類; cf. GREEN MOLD》; 〘植〙青カビ病《ツユカビ属の菌の一種によるタバコの若木の病気》.
Blúe Mónday «口»《週の仕事が始まる》憂鬱な月曜日; Lent の前の月曜日.
blúe móon «口» 非常な長期間; 《同じ月に 2 度の満月があるときの》2 度目の満月; *«俗» 娼家, 赤線地帯. ● **once in a ～** ごくまれに, めったに…しない.
blúe móor gràss〘植〙イングランド北部などの石灰質土壌に生育するイネ科の草本.
Blúe Móuntains *pl* [the] ブルー山脈《**1**) Oregon 州北東部と Washington 州南東部にまたがる **2**) ジャマイカ島東部の山脈; 最高峰は Blue Mountain Peak (2256 m); 斜面で Blue Mountain コーヒーが栽培されている **3**) オーストラリア南東部 New South Wales 州東部の高原で, 大分水嶺山脈 (Great Dividing Range) の一部》.
blúe móvie ポルノ[ピンク]映画, ブルーフィルム.
blúe múrder «俗» 怒り[恐怖]の声, 大騒ぎ, 叫喚; *«俗» 完敗, 潰滅: there will be ～ if…したら大騒ぎになるだろう. ● **cry blue** MURDER. **like ～** ものすごい速さで, 全速力で.
blúe mússel〘貝〙ヨーロッパイガイ《欧州・北米などに分布; 従来, 地中海原産で世界の温帯域に広がる「ムラサキガイ」と誤認されていた; 食用にするものは一般に「ムール貝」(moule) と呼ばれる》.
blúe·ness *n* 青いこと, 青さ.
Blúe Níle [the] 青ナイル川《エチオピアの Tana 湖付近に発し, 同湖を経てスーダンにはいり, 北北西に流れて Khartoum で White Nile 川と合流して Nile 川本流となる; cf. ABBAI》.
blúe·nòse *n* **1** *«口» 清教徒的な人, 極端な道徳家[堅物]. **2** [B-] 青鼻《カナダ Nova Scotia 州人, 特に漁師の俗称; 冬に寒い気候から》. ◆ **blúe·nòsed** *a*
blúe nòte〘楽〙ブルーノート《ブルースに特徴的に表われる音; 半音下げられた 3 度または 7 度, 時に 5 度のこと》.
Blúe Nún〘商標〙ブルーナン《ドイツの Rheinhessen (ライン川左岸) 地域で英国向けに製造される甘口の白ワイン (Liebfraumilch); 廉価》.
blúe páges *pl* *《電話帳の》官公庁の部.
blúe péncil《訂正・削除をする》(青)鉛筆; 《出版物などの内容の》削除, 改変, 検閲. ◆ **blúe-péncil** *vt* **blúe pénciller** 訂正[削除]者, 校正者.
blúe pénguin〘鳥〙コガタペンギン (LITTLE PENGUIN).
Blúe Péter **1** [the, ˢthe b- p-]〘海〙出帆旗《青地の中央に白の正方形を入れた旗で, 商船の出帆準備完了を示す》. **2**「ブルーピーター」《BBC テレビの子供向け教育娯楽番組 (1958–)》.

blúe píke〘魚〙北米五大湖産の walleye の一種《絶滅種》.
blúe píll 青汞(せいこう)[水銀]丸剤《下剤; cf. BLUE MASS》.
blúe pípe*《俗》静脈 (cf. RED PIPE).
blúe pláque〘英〙ブルー・プラーク《イングランドで, 建築物の外壁などにはめ込まれ, 歴史上の著名人や事件とその建物・場所との関連を記した円形の青い銘板; 1860 年代に始まり, 現在は English Heritage によって運営されている》.
blúe plàte* *n*《各種料理を一皿に盛れる》仕切りつきランチ皿. ► *a* メインコース (たとえば肉と野菜) が一つのメニュー項目として供される特別価格の〈定食〉: a ～ lunch [special].
blúe·pòint *n*〘貝〙アメリカガキ, バージニアガキ《生食用の小型のカキ (oyster)》. [*Blue Point* Long Island の岬]
blúe pòint *a, n*〘猫〙四肢・耳・尾などの先端が濃い青灰色の(シャムネコ), ブルーポイント(の).
blúe póinter〘魚〙**a** ホオジロザメ《大型で獰猛な人食いザメ》. **b**《豪》アオザメ《大物として漁夫がねらう》.
blúe·prìnt *n* 青写真; 詳細な計画, 基本的な枠組み[構想] 〈*for*〉; 原型 (model). ► *vt* 青写真に撮る; …の(詳細な)計画を立てる.
blúe·prìnt·ing *n* 青写真(法).
blúe rácer〘動〙ブルーレーサー《クロヘビ (blacksnake) の亜種; 米国中部産》.
blúe ríband [ríbband] BLUE RIBBON.
blúe-ríbbon *a* 最高級の, 精選された, 第一級の, 卓越した(メンバーからなる).
blúe ríbbon《ガーター勲章の》青リボン; 最高の名誉[賞], 一等賞; 《禁酒会員の》青リボン記章; 〘海〙《北大西洋を最速平均時速で渡った船のマストに掲げる》青色長大のリボン; 栄誉のしるし: win a ～ 一等賞を取る.
blúe-ríbbon júry [pánel]〘米法〙資質者陪審《通常の資格要件のほか一定の資質・社会的地位・職業などの特別要件を満たす者から選ばれる特別陪審 (special jury)》.
Blúe Rìdge Móuntains *pl* [the] ブルーリッジ山脈《アパラチア山脈東部の支脈; Pennsylvania 州南部から Georgia 州北部に延びる; 最高峰 Mt Mitchell (2037 m)》.
blúe rínse 青のしらが染め; しらがを青く染めた老婦人《身ぎれいにして社会活動をする富裕層の婦人を含意》. ♦ **blúe-rínsed** *a*
blúe-róan *a*〈馬など〉地色が黒の糟毛(かすげ)の.
blúe róck〘鳥〙ROCK PIGEON.
Blúe Ród〘英〙青杖官《St. Michael and St. George 爵勲士の宮内官; 正式名は **Géntleman Úsher of the Blúe Ród**》.
blúe rúin《口》下等のジン; *《俗》破滅.
blúe rúnner〘魚〙ブルーランナー (＝*hardtail*)《大西洋暖海のシマアジの一種》.
blues /blúːz/ *n pl* **1** [ᵘthe, 〈*sg/pl*〉]《口》気のふさぎ, 憂鬱: be in [have (a fit of)] *the* ～ 気がふさいでいる / get *the* ～ 憂鬱になる, 気がふさぐ, めいる / sing *the* ～ 元気がない, 憂鬱だ. **2** [〈*sg/pl*〉] ブルース《米国南部黒人民謡から起こった歌・楽曲の一形式で, 主として悲痛な心情を歌う》: sing a ～ ブルースを(1 曲)歌う / sing [love] *the* ～ ブルースを歌う[が好きだ]《音楽形式に言及》. **3**《米国海軍[陸軍, 空軍]の》青色の軍服.
Blúes and Róyals *pl* [the]〘英〙ブルーズ・アンド・ロイヤルズ《1969 年 Royal Horse Guards (愛称 'Blues') と Royal Dragoons ('Royals') が合併してできた近衛騎兵連隊; Life Guards と共に Household Cavalry を構成する》.
Blúes Bróthers *pl* [the] ブルースブラザーズ《1977 年 New York 市で Jake Blues と Elwood Blues の 2 人がテレビ番組 'Saturday Night Live' のため冗談でつくったバンド》.
blúe schíst〘岩石〙青色片岩(せいしょくへんがん), 藍閃石(らんせんせき)片岩《高圧で比較的低温の下で生成された変成岩》.
blúe scréen ブルースクリーン《**1**)〘テレビ〙クロマキー (chromakey) による合成技術; また, それに使う単一色の背景 **2**)〘電算〙Windows が起動できない致命的なエラーを示す青地の画面》.
blúe shárk〘魚〙ヨシキリザメ.
blúe shéep〘動〙アオヒツジ, ブルーシープ (BHARAL).
Blúe Shíeld〘米〙ブルーシールド《非営利目的の医療保険会社; 1939 年設立; ⇨ BLUE CROSS》.
blúe·shíft *n*〘光〙青方偏移《種々の原因でスペクトル線の波長が短いほうへずれること》. ♦ **～·ed** *a*
blúe-ský《口》*a* (ほとんど)無価値な〈証券〉; 現実性を欠く, 空論的な, 現実に縛られない〈研究・思考など〉. ► *vi* /⌐—⌐—/ ブレーンストーミングを行なう.
blúe-ský làw*青空法《不正証券取引禁止法》.
blúe sláte SLATE BLUE.
blúes·man /-mən/ *n* ブルース演奏者[歌手], ブルースマン.
blúe spót〘医〙青斑 (MONGOLIAN SPOT).
blúe sprúce〘植〙アメリカハリモミ, コロラドトウヒ, プンゲンストウヒ (＝*Colorado spruce*)《北米西部産》.
blúes-róck *n* ブルースロック《ブルース調のロック音楽》.
blúe stáin〘植〙青変病《*Ceratocystis* 属の菌による針葉樹の病気; 辺材が青く変色し, 経済価値が減少する》.
blúe státe* 民主党支持の強い州 (cf. RED STATE).
blúe stéllar óbject〘天〙青色恒星状天体《感知できるほど電波を放射しない》.
blúe·stèm *n*〘植〙**a** ヒメアブラススキ (＝*big bluestem*)《北米産イネ科メリケンカルカヤ属の草本; 乾草・牧草用》. **b** LITTLE BLUESTEM.
blúe·stòcking *n* [ᵒ*derog*] 文芸趣味の女, 学才をちらつかせる女, インテリ女性, 青鞜(せいとう). ♦ **～·ism** *n* [18 世紀 London の文芸サロンの指導的人物の中に正式な黒でなく青靴下を履いた者がいたことから]
blúe·stòne *n* **1** 青石, ブルーストーン《粘土質砂岩; 建築・敷石用》; 豪州産の青い玄武岩《建築用》; ブルーストーン《Stonehenge の内側のサークルを構成している小ぶりの dolerite の石》. **2** 硫酸銅.
blúe strággler〘天〙青色はぐれ星《星団に含まれる一群の星のうち, H-R 図上で他の主系列星に比べ例外的に青く明るいもの》.
blúe stréak*《口》電光, 電光のように速いもの[人]; *《口》《ことばの》絶え間ない流れ, 過剰: talk [yell] a ～ しゃべりまくる, わめきちらす / like a ～ 非常に速く.
blúe stúff〘鉱〙KIMBERLITE.
blúe súccory〘植〙ルリニガナ (＝*Cupid's-dart*)《欧州南部原産; 観賞用として花壇などに植える; 古代ギリシア人は花を媚薬とした》.
blúe sùit [ᵘ*pl*] *《俗》警官.
bluesy /blúːzi/ *a* ブルース (blues) 的な[調の], ブルージーな.
blu·et /blúːət/ *n*〘植〙ヒナソウ, トキワナズナ (＝*innocence, quaker-ladies*) (innocents*)《アカネ科の草本; 米国原産》.
blúe táng〘魚〙あざやかな青色のニザダイ科の魚《Bermuda 海域からブラジルにかけて生息》.
blúe·thròat *n*〘鳥〙オガワコマドリ《欧州・アジア産》.
blúe·tìck *n* [ˢB-]〘犬〙ブルーティック《米国産の白と黒のまだら模様の快足の猟犬》.
blúe tít〘鳥〙アオガラ《シジュウカラ科; 欧州に広く分布》.
blúe·tòngue *n* **1**〘獣医〙ブルータング《充血・チアノーゼ・点状出血・口辺上皮の腫脹を伴う, 特に 羊のウイルス病》. **2**〘動〙アオジタトカゲ《同属のトカゲの総称; 豪州・インドネシア・パプアニューギニア産》.
Blúe·tòoth〘電算〙ブルートゥース《デジタル機器間の, マイクロ波による無線通信技術》. [Harold *Bluetooth* (c. 910–c. 985) デンマークを統一してキリスト教に改宗した王: 統一者, 文化の橋渡し役ということにちなんで, Ericsson 社がコードネームとして使ったことから]
blu·ette /blúːət/ *n*〘植〙BLEWITS.
blúe vèin《豪》BLUE CHEESE.
blúe véin·er《俗》青筋立ったペニス, 張りまら.
blúe vélvet*《俗》ブルーベルベット《アヘン安息香チンキと抗ヒスタミン剤ピリベンザミンの混合注射剤》.
blúe vín·n(e)y /-víni/ ブルーヴィニー《スキムミルクで造った Dorset 産の青カビチーズ》.
blúe vítriol《古》〘化〙胆礬(たんばん), 硫酸銅.
blúe wáter 大海原 (open sea). ♦ **blúe-wàter** *a*
blúe-wàter schóol*《戦略の》海軍万能唱道派.
blúe wávey〘鳥〙BLUE GOOSE.
blúe·wèed *n*〘植〙**a** シベナガムラサキ (＝*viper's bugloss*). **b** 青緑[灰緑]の葉をしたヒマワリ属の一種.
blúe whále〘動〙シロナガスクジラ (＝*sulphur-bottom*).
blúe wíldebeest〘動〙BRINDLED GNU.
blúe-wìnged téal〘鳥〙ミカヅキシマアジ《北米産》.
blúe-wìnged wárbler〘鳥〙アオバネアメリカムシクイ.
blúe·wòod *n*〘植〙クロウメモドキ科の低木《Texas 州西部・メキシコ北部原産》.
blúe wrén〘鳥〙ルリオーストラリアムシクイ (bluecap).
bluey /blúːi/ *n*《豪古》毛布, 《特にブッシュを旅行する人が携帯する》SWAG[1], 《一般に》衣類を詰めた旅行かばん; 《豪口》赤毛の人《あだ名》; 《豪口》召喚状; 《豪口》牛追い犬 (cattle dog); 《軍俗》《海外駐留兵と本国の通信者が無料で入手できる》青い航空便箋; ᵘ《俗》5 ポンド札. ► *a* 青みがかった, 青っぽい.
blúe-yéllow blíndness〘医〙青黄色盲 (TRITANOPIA).
bluff[1] /blʌ́f/ *a* **1** 絶壁の, 険しい, 切り立った; 幅が広くずんぐりした. **2** 率直な, 飾りけのない, あけっぴろげな. ► *n*《川・湖・海に面する幅の広い》絶壁, 断崖, 切り立った岬; 《カナダ》《草原の》木立. ♦ **～·ly** *adv* **～·ness** *n* [C17<?]
bluff[2] *n* 虚勢, はったり, こけおどし, からいばり(屋): make a ～＝play a game of ～ おどしつける. ● **call sb's ～**〘トランプ〙はったりと見て相手に手札を公開させる; [*fig*] 人のはったりに対して実行[証明]を迫る. ► *vt* こけおどしをかける; だます; …のふりをする (feign); 〘ポーカー〙《悪いカードしかないのに》賭けたりする; …にはったりをかける: ～ sb *into doing* おどして…させる / ～ sb *out of*… 人をおどして…を取り上げる. ► *vi* 虚勢を張る, はったりをかける, 人をおどす. ● **～ it out**《口》はったりを通す[で切り抜ける]. **～ one's way out (of…)** (…を)はったりで切り抜ける. ♦ **～·er** *n* [Du *bluffen* to brag; ポーカー用語で 'to blindfold' の意]
Bluff ブラフ《ニュージーランド南島南端の町で, Invercargill の外港》.
blu·ing, blue- /blúːɪŋ/ *n*《生地の黄ばみ防止のための洗濯用》青み(づけ)剤[粉]; 灰色の頭髪に銀色がかった青みを与えるリンス剤; 〘冶〙青焼法《鋼鉄表面の青い酸化皮膜の形成》.
blu·ish, blue- /blúːɪʃ/ *a* 青みをおびた, 青っぽい. ♦ **～·ness** *n*

Blum /blúːm/ ブルム **Léon** ～ (1872–1950)《フランスの政治家; 首相 (1936–37, 38, 46–47); 同国初の社会主義者の首相として 1936–37 年 人民戦線内閣を率いた》.

Blum·berg /blʌ́mbə̀ːrg, blúːm-/ ブランバーグ **Baruch S(amuel)** ～ (1925–2011)《米国のウイルス学者; オーストラリア抗原を発見, これが B 型肝炎をひき起こすウイルスの一部であることを証明した; ノーベル生理学医学賞 (1976)》.

Blun·den /blʌ́ndən/ ブランデン **Edmund** (**Charles**) ～ (1896–1974)《英国の詩人·批評家》.

blun·der /blʌ́ndər/ *n* ばかな間違い, 大失敗, へま. ► *vi* 大失策[失態]をやる ‹*in doing*›; まごつく, まごまご歩く ‹*about, around, along*›; つまずく ‹*against, into*›. ► *vt* やりそこなう, うっかり…する; うっかり[へまをして]言う: ～ one's way よたよた進む. ● **～ away one's chances** うっかり好機をのがす. **～ into** [**on**]…をひょっこり見つける. **～ out** ‹秘密など›うっかり口に出す. ♦ **～·er** *n* **～·ing** *a* へまな, ぎこちない. **～·ing·ly** *adv* [?Scand; cf. MSwed *blundra* to shut eyes]

blun·der·buss /blʌ́ndərbʌ̀s/ *n* らっぱ銃《17–18 世紀ごろの筒先の太い短銃》; へまをする人, とんま; [ˢ‹*a*›] 拙速, やみくもな(やり方). [Du *donderbus* thunder gun; 語形は *blunder* との連想]

blunge /blʌ́ndʒ/ *vt* ‹陶土を›水を混ぜてこね合わせる.

blung·er /blʌ́ndʒər/ *n* 陶土をこねる人, 陶土こね機, 混合容器, プランジャー.

blunk /blʌ́ŋk/ *vt* 《スコ》だめにする, しくじる.

blunt /blʌ́nt/ *a* **1** 鈍い, なまくらの (opp. *sharp*); 鈍感な: BLUNT INSTRUMENT. **2** 無遠慮な; 直截な, 単刀直入の, 率直な: a ～ refusal (to do…) にべもない拒否 / let's be ～ 率直に言いましょう《言いにくいことを言う時の前置き》. ► *n* 短い太針; *《俗》マリファナを詰めた葉巻タバコ; 《古·俗》現ナマ. ► *vt, vi* 鈍くする[なる], 鈍らせる, 鈍る. ♦ **～·ly** *adv* 無遠慮に; 単刀直入に, 率直に, あからさまに: to put it ～*ly*=put ～*ly* はっきり言えば, 率直に[ありていに]言って. **～·ness** *n* [?Scand; cf. BLUNDER]

Blunt ブラント (**1**) **Anthony** (**Frederick**) ～ (1907–83)《英国の美術史家·ソ連のスパイ》 (**2**) **Wilfrid Scawen** ～ (1840–1922)《英国の詩人·旅行家》.

blúnt ínstrument 鈍器; 不器用なやり方, 精妙さを欠く手段.

Bluntsch·li /blúntʃli/ ブルンチェリ **Johann Kaspar** ～ (1808–81)《スイスの法学者》.

blúnt tráuma 〘医〙鈍器による創傷, 鈍的外傷[損傷].

blur /blə́ːr/ *n* かすみ, くもり; はっきり見えないもの; 不鮮明な記憶; 〘写〙ぼけ, 不鮮明; 《映像の》ぼかし; にじんだ跡, にじみ, よごれ, しみ, 色斑; 汚点; ブーンという音 (hum): a ～ of human voice ぼんやり聞こえる人声. ► *vt, vi* (**-rr-**) ぼんやりさせる, 不鮮明になる, ぼやける; ‹映像の一部を›ぼかす; 目をくもらせる, 目がかすむ; ‹書き物に›インクをにじませる, インクがにじむ; よごす, よごれる; 汚す: be *blurred* ‹印刷物など›ぼやけている / ～ out ぼやけさせる, 消し去る / ～ the line [difference, distinction] *between*…の間の境界線[違い, 区別]をぼやけさせる. ♦ **blúr·ring·ly** *adv* [C16 ‹?BLEAR]

blurb /blə́ːrb/ 《口》 *n* 《新刊書のカバーなどに印刷する》自賛的広告, 推薦広告, 袖広告; 誇大宣伝. ► *vt, vi* (…の)推薦広告をする. [Gelett Burgess の造語]

blúr·ry *a* よごれた; ぼやけた, ぼんやりした. ♦ **blúr·ri·ly** *adv* **-ri·ness** *n*

blurt /blə́ːrt/ *vt* だしぬけに[うっかり, 衝動的に]言う, 口走る ‹*out*›. ♦ **～·er** *n* [? imit]

blush /blʌ́ʃ/ *vi* 顔を赤らめる, ‹顔が›赤くなる ‹*at* a joke, *with* embarrassment›; 恥じる ‹*for* shame›; ‹つぼみ·空など›赤らむ, ばら色になる: I ～ *for* your mistake. きみの間違いにはこちらが赤面する / I ～ *to* own it. 恥ずかしいがそれは本当なのだ. ► *vt* 赤面して示す; 赤くする. ► *n* **1** 赤面; 《ばら色の》赤らみ; 紅潮; 紅; ほお紅 (blusher); BLUSH WINE. **2**《ニス·ラッカーなど乳白色の》かぶり, ブラッシング (=*blushing*). **3** 一見, 一瞥(ᶦᵗ) (⇨ 成句). ● **at** [《まれ》**on**] (**the**) **first ～** 一見して, 一見したところでは, 最初の印象では. **put sb to the ～** 《古》赤面させる, 面目を失わせる. **spare** [**save**] **sb's ～es** 人に恥ずかしい思いをさせないようにする: *Spare* my ～*es*. そうおだてるな. ► *a* ばら色の. ♦ **～·ing·ly** *adv* 赤面して, 恥ずかしそうに. **～·less** *a* [OE *blyscan* to redden (*blȳsa* flame)]

blúsh·er *n* **1** 顔を赤らめる人. **2** ほお紅, ブラッシャー. **3**〘菌〙ガンタケ, イロガワリテングタケ《触れると色が黄色から赤に変わる食用のキノコ》.

blúsh·ful *a* 赤面する, はにかむ, 恥ずかしがる; 赤らんだ.

blúsh·ing *a* ほおを染めた; 慎み深い. ► *n* 赤面; 《ニス·ラッカーなどの》かぶり (blush).

blúshing bùnny *《俗》Welsh rabbit にトマトまたはトマトスープを加えたもの.

blúsh-òn *n* ほお紅 (blusher).

blúsh wíne ブラッシュワイン《薄いピンク色のワイン》.

blus·ter /blʌ́stər/ *vi, vt* ‹風·波が›荒れ狂う, 吹きすさぶ; ‹人がたけり狂う, どなりちらす, 息まく ‹*at*›, どなりつける ‹*out, forth*›; どなって押しやる[強いる]: ～ *oneself into* anger かっとおこる. ► *n* 吹き荒れ; 大騒ぎ; どなりつけること, 怒号, おどし; 大げさ[得意げ]な話し(ぶり). [C16 (imit)]

blúster·er *n* どなる人, 雷おやじ, いばりちらす人.

blúster·ing *a* 吹き荒れる, 荒れ模様の; どなりちらす, いばりちらす, 息まく. ♦ **～·ly** *adv*

blúster·ous, blús·tery *a* BLUSTERING.

Blu-Tack /blúːtæ̀k/ 〘英商標〙ブルータック《再使用可能な青色の可塑性·粘着性素材》.

Blu·to /blúːtou/ ブルート《POPEYE の敵役; 巨体でひげづらの乱暴者》.

Blvd, blvd boulevard.

B lymphocyte /bíː ─/ 〘生理〙B リンパ球 (B cell). [*b*one-marrow-derived]

Bly·ton /bláɪtn/ ブライトン **Enid** (**Mary**)～ (1897–1968)《英国の児童文学作家·詩人; Famous Five や NODDY シリーズをはじめ Secret Seven など数多くの冒険小説·探偵小説の分野で活躍した》.

BM /bìːém/ *n**《俗》くそったれ, いけすかないやつ (shit). [*b*owel *m*ovement]

bm beam. **b.m., BM** °board measure ♦《口》°bowel movement. **BM** [L *Baccalaureus Medicinae*] Bachelor of Medicine ♦ Bachelor of Music ♦ °ballistic missile ♦ °basal metabolism ♦ [L *Beata Maria*] °Blessed Virgin ♦〘測〙°bench mark ♦ °Brigade Major ♦ °British Museum ♦ °bronze medal. **B/M, BM** bill of material(s). **BMA** British Medical Association 英国医師会《1832 年創立》. **BME** Bachelor of Mechanical Engineering ♦ Bachelor of Mining Engineering ♦ Bachelor of Music Education. **BMI** °body mass index. **BMJ** British Medical Journal 英国医学会会報《BMA の週報; 1840 年創刊》. **BMOC** BIG MAN on campus.

B movie /bíː ─/〘映〙B 級映画 (B picture).

BMP 〘電算〙ビットマップ方式 (⇨ BITMAP) の画像データファイルを示す拡張子.

BMR °basal metabolic rate. **BMS** Bachelor of Marine Science. **BMT** Bachelor of Medical Technology.

BMus Bachelor of Music ♦ °British Museum.

BMV [L *Beata Maria Virgo*] Blessed Mary the Virgin.

BMW /bíːèmdʌ́b(ə)lju/ *n* BMW《ドイツ BMW 社製の乗用車·オートバイ》. [G *B*ayerische *M*otoren *W*erke=Bavarian Motor Works]

BMX /bíːèméks/ *n* 自転車モトクロス (bicycle motocross) (用自転車).

bn beacon ♦ been ♦ billion. **Bn** Baron ♦ Battalion.

BN Bachelor of Nursing ♦ banknote ♦ Bureau of Narcotics.

BNA °Bakhtar News Agency.

B'nai B'rith /bənéɪ bríθ, -bəríːθ/ ブナイ·ブリス (=～ **Internátional**)《1843 年 New York 市で設立の最大·最古の国際的ユダヤ人組織; 教育·文化·生活改善·医療·人権·人種などの問題にかかわる活動をする; 関連組織に Anti-Defamation League (ADL), B'nai B'rith Youth Organization などがある; 略 BB》. [Heb= sons of the covenant]

BNC connector /bíːènsíː ─/〘電〙BNC コネクター《同軸ケーブル用》. [*B*ayonet *N*eil-*C*onecelman または *b*ayonet *n*avy [*n*ut] *c*onnector]

BNDD 〘米〙Bureau of Narcotics and Dangerous Drugs《司法省の》麻薬局《現在は DEA》. **BNFL** °British Nuclear Fuels.

BNP °British National Party.

BNS Bachelor of Naval Sciences.

bo[1], **boh** /bóu/ *int* バー, ワッ《子供などを驚かす発声》. ● **can't say ～ to a goose** ひどく気が弱い. [imit]

bo[2] *n* (*pl* **～es**)*《俗》浮浪者 (hobo).

bo[3] *《俗》*n* (*pl* **～s**) [*voc*] 相棒, 兄弟, おまえ(さん); 《浮浪者·囚人の同性愛の対象となる》若者, 少年, 稚児. [?*bozo* or *hobo*]

BO /bìːóu/ *n* **1**《口》体臭 (body odor), わきが. **2***《俗》HBO《ケーブルテレビのチャンネル; 偽悪語》.

b.o., BO °back order ♦ best offer ♦〘劇〙°box office ♦ °branch office. **b.o., b/o, B/O**〘簿〙brought over 繰越し ♦〘証券〙°buyer's option.

boa /bóuə/ *n* **1 a**〘動〙ボア《獲物を締め殺す各種の大型ヘビ; boa constrictor, anaconda, python など》. **b** ボア《婦人用毛皮または羽毛[絹]製襟巻》. **2** [ᵘthe]《snake よりも変動幅の大きい》拡大共同変動為替相場制, ボア. [L]

bo·ab /bóuæ̀b/ *n*《豪》BAOBAB.

Bo·ab·dil /bouɑːvdíːl/ ボアブディル《MUḤAMMAD XI のスペイン語名》.

BOAC British Overseas Airways Corporation 英国海外航空協会《BA の前身》.

bóa constrìctor 〘動〙ボアコンストリクター《獲物を締め殺す熱帯アメリカの大型ヘビ》; 《広く》BOA.

Bo·ad·i·cea /bòuədəsíːə/ ボアディケア (d. 61 or 62)《Iceni 族の女王; ローマ人支配に反旗を翻し, 彼らを撃破したが, 最後に敗れ, 自殺; 別称 Boudicca》.

boak ⇨ BOLK.

Bo·a·ner·ges /bòuənə́ːrdʒiz/ **1** [‹*pl*›]〘聖〙ボアネルゲ《Zebedee の 2 子 James と John にイエスが与えた「雷の子ら」の意のアラム語のあだ

名; *Mark* 3: 17). **2** [<*sg*>] 大声[熱弁]の演説家[説教師].

boar /bɔ́ːr/ *n* (*pl* ～, ～**s**) 《去勢しない》雄豚 (cf. HOG); 雄豚の肉; 〖動〗イノシシ (wild boar); モルモット[アライグマ]の雄: ～*'s* head イノシシの頭《クリスマスその他めでたい時のごちそう》. [OE *bār*; cf. OHG *bēr*]

board /bɔ́ːrd/ *n* **1 a** 板; 《特定の目的のための》板, ボード; 黒板; 標識板; 掲示板; 《立会場の》相場表示板; 台, 盤; 配電盤; 〖電算〗ボード, 基盤; チェス盤; アイロン台, 台板; 飛込み板 (diving board), 踏切り板 (springboard); 柵; [*pl*] ホッケーリンクの板塀, ボード; 〖バスケ〗バックボード; 〖バスケ〗リバウンド; 《波乗りの》サーフボード; 《スケートボードの》ボード (＝*deck*); [*pl*] スキー板: a ～ fence *板塀. **b** [the ～s] 舞台 (stage). **2 a** 厚紙, ボール紙, 台紙, 板紙 (cf. CARDBOARD, PASTEBOARD); 〖製本〗ボール表紙. **b** [*pl*] *《俗》トランプのカード; *《俗》《劇場の》入場券. **c** 〖トランプ〗ボード《**(1)** stud poker で表に向けた全プレーヤーの手札 **2)** ブリッジで表に向けた代わりに出したカード》. **3** 《古》食卓; 食事, 賄い: ～ and lodging 宿泊と食事, 賄い付き下宿 / BED [ROOM] AND BOARD. **4 a** 会議(用)のテーブル; 会議, 評議員会, 役員会, 委員会; "証券[商品]取引所(の立会場): a ～ of directors 取締役会, 役員会, 理事会 / a ～ of trustees 評議会, 理事会 / a ～ of governors 役員会, 理事会 / CHAIRMAN of the ～ / SCHOOL BOARD / the BIG BOARD. **b** 連盟; 《官庁の》庁, 院, 局, 部. **c** [°*pl*]*《委員会が実施する》試験: pass the ～*s*. **5 a** 舷, 舷側; 船内. **b** 〖海〗風上に向かう針路, ひと間切りの区間. **6** 《豪》羊毛刈取り小屋の床: a full ～ (小屋の)羊毛刈取り職人全員 / a BOSS over [of] the ～. **7** 《廃》境界, 縁, 端《今は seaboard のみ》.

● **above ～** ⇨ ABOVEBOARD. **across the ～***(**1**)〖競馬〗優勝 (win), 2 着 (place), 3 着 (show) の全部にわたって: bet *across the* ～. (**2**) 一律に; あらゆる点[方面]で. **～ and** [**by, on**] **～** 〖海〗〈両船が〉相並んで. **come on ～** 帰船[帰艦]する. **fall** [**run**] **on ～ of** …と衝突する; …を攻撃する. **go** [**pass**] **by the ～** 〈マストなどが〉折れて船外に落ちる; 顧みられない, 忘れられる; 〈計画が〉全く失敗する; 災難にあう. **go on** [**tread, walk**] **the ～s** 舞台を踏む, 俳優になる. **make ～s** 〖海〗間切る (tack). **on ～** (**1**) 船上に (opp. *on shore*), 船内[機内]に, 車中に; 仲間で, (チームの)一員で: go *on* ～ 乗船[乗車]する / have…*on* ～ 積んでいる / take…*on* ～ 積み込む, 乗船させる / take [get, bring] sb *on* ～ 人をメンバーに加える / climb *on* ～ 乗り込む; 同調する. (**2**) 《野球俗》塁上に; 《口》〈騎手が〉騎乗して. (**3**) [<*prep*>] 〈船・飛行機・列車・バスなど〉の中へ[に]: *on* ～ (a) ship 乗船して / come [go] *on* ～ (a) ship 乗船する / get [jump] *on* ～ the train [car] 列車[車]に乗る[飛び乗る]. **on even ～ with**…と舷を並べて; …と同等の条件で. SWEEP **the ～. take on ～** 飲む, 飲み込む; 〈仕事などを〉引き受ける; 〈考えなどを〉受け入れる, 理解する; 〈考え・問題などを〉検討する; ⇨ *on* BOARD.

► *vt* **1** …に板を張る, 板でふさぐ[囲う]. **2** 賄う, 下宿させる; 〈ペット・動物などを〉《一時的に》よそに預ける. **3** 〈船・飛行機・列車・バスなど〉に乗り込む; 搭乗[乗船, 乗車]させる; 《古》《襲撃のため》〈船〉の舷側に横付けする; 〈商船〉に乱入する; 〖アイスホッケー〗〈選手を〉ボードにはねとばす; 面接官の前に〈候補者を〉連れてくる. **4** 《廃》…に近づいて話しかける.

► *vi* **1** 乗船する, 搭乗する; [進行形で]〈飛行機・船が〉搭乗[乗船]させる: Now *B~ing* 搭乗手続中《掲示》. **2** 〈…で〉食事を取る; 下宿[寄宿]する 〈*at* so much a week〉. **3** スノーボードですべる; 〖アイスホッケー〗ボディーチェックのときボードに相手をはねとばす; 〖海〗〈帆船が〉間切る (tack). ● **～ off** 板張りにして[板で囲って]隠す. **～ out** 外食する; 〈貧しい子供を〉他家[寄宿舎]に預ける, 〈ペットを〉よそに預ける. **～ up** [**over**] 板で囲う[おおう]. **～ with**…の家に下宿する.

[OE *bord* plank; cf. G *Bort*; 意味は ME 期 F *bord* で補強される]

bóard-and-bátt(en) *n* 〖建〗目板羽目(めいたばめ), 目板打ち《下見板 (siding) の一種で, 板 (board) を張り, その継ぎ目に外側から目板 (batten) を打つもの》.

bóard-and-shíngle *n* 《カリブ》板壁板屋根の小農家.

bóard chàirman 取締役会長 (chairman of the board).

bóard chèck 〖アイスホッケー〗ボードチェック《リンクのボードに相手をぶつけるボディーチェック》.

bóard·er *n* 下宿人; 寮生, 寄宿生 (cf. DAY BOY); スノーボーダー; スキーヤー; スケートボーダー; 《敵船への》斬り込み要員.

bóarder bàby* ボーダーベビー《両親が養育能力[資格]に欠けるために無期限に病院に留め置かれる幼児・児童》.

bóard exàms* [**examinàtions***] *pl* 資格試験; 大学入学資格試験.

bóard fòot ボードフット《板材測定単位: 1 フィート平方で厚さ 1 インチの板の体積; 略 bd.ft.》.

bóard gàme 《チェスなどのように》盤上でコマを動かすゲーム, ボードゲーム.

bóard·ing *n* 板張り, 床張り, 板囲い; 板《集合的》; 下宿; 乗船, 乗車, 搭乗.

bóarding brìdge 《空港の》(旅客)搭乗橋.

bóarding càrd 《旅客機の》搭乗券.

bóard·ing·hòuse, bóarding hòuse *n* 賄い付き下宿屋, 食事付き民宿; 寄宿舎.

bóardinghouse réach*《食卓で遠くにあるものを, 人に頼まず》自分で手を伸ばして取ること.

bóarding òfficer 船内臨検士官[税関吏]; 訪問士官《入港の軍艦を儀礼的に訪問する士官》.

bóard·ing-òut *n* 外食(すること); 《孤児や捨て子を》里子に出すこと; 〖英福祉〗委託介護《福祉対象者の介護を受入れ家庭やボランティア施設に委託し, 自治体がその費用を負担する制度》.

bóarding pàss 《航空機の》搭乗券.

bóarding ràmp 《航空機の》昇降台, タラップ (ramp).

bóarding schòol 全寮制の学校, 寄宿学校 (cf. DAY SCHOOL).

bóarding shìp 臨検船《中立国などの船舶に停船を命じ, 禁制品の有無などを調べる》.

bóard·lìke *a* BOARD のような; 硬直した.

bóard·man /-mən/ *n* BOARD で働く人; /-mæ̀n/ 評議員, 委員. ♦ **bóard(s)·man·shìp** *n*

bóard méasure ボード計量法, ボードメジャー《BOARD FOOT を単位とする木材の体積測定法; 略 b.m.》.

Bóard of Ádmiralty [the] 〖英〗海軍委員会 (⇨ ADMIRALTY BOARD).

bóard of educátion*教育委員会.

bóard of eléctions* 選挙管理委員会.

bóard of éstimate 〖米〗《New York 市などの》財務委員会《市長・市議会議長・収入役で構成》.

Bóard of Góvernors of the Féderal Resérve Sỳstem [the] 〖米〗連邦準備制度理事会 (⇨ FEDERAL RESERVE BOARD).

bóard of héalth 〖米〗《地方自治体の》(公衆)衛生局, 衛生課.

bóard of tráde **1 a***商業会議所. **b** 商品取引所. **2** [the B- of T-] 〖英〗商務委員会《近世以降, 通商・貿易問題を担当した政府の一部局》.

bóard of tráde únit 商工(電力)単位《1 kilowatt-hour に相当する法定単位; 略 BTU》.

bóard·ròom *n* 役員会議室; 《証券取引所の》立会場.

bóard rúle ボード定規《板の容積測定用》.

bóard·sàil·ing *n* WINDSURFING. ♦ **bóard·sàilor** *n*

bóard schòol 〖英〗公立小学校《1902 年廃止》.

bóard shòrts *pl* 《サーファーがはくような, ひざ丈の》水泳パンツ, ボードショーツ.

bóard wáges *pl* 《住込み使用人への》報酬の一部としての食事と部屋; 《通勤の使用人などに給する》食事宿泊手当.

bóard·wàlk* *n* 板張りの道, 板道, 《湿地・砂地などの》木道, 《海岸などの》板張り遊歩道.

bóardy *a* 《口》堅い (stiff).

bóar·fìsh *n* 口の突き出た魚《ヒシダイ・カワビシャなど》.

bóar·hòund *n* 猪狩りの大型猟犬《グレートデーンなど》.

bóar·ish *a* 雄豚のような; 残忍な (cruel); 肉欲的な (sensual). ♦ **～·ly** *adv* **～·ness** *n*

boart, boartz ⇨ BORT.

Bo·as /bóuæz/ ボアズ **Franz ～** (1858–1942) 《ドイツ生まれの米国の文化人類学者; 米国人類学の父と目される》. ♦ **Bo·as·ian** /bouǽziən, -ʒ(i)ən/ *a*

boast[1] /bóust/ *vi, vt* 自慢する, 得意そうに話す, 豪語する 〈*of, about, that*〉; (誇りとして)もつ, 有する; 《古》賛美する: The village ～*s* (*of*) a fine castle. その村はりっぱな城を誇る / The office ～*s* only one desk and an old-fashioned chair. 事務所には机が一つと古風な椅子しかない / ～ (*oneself*) *of* one's country お国自慢をする / ～ one*self* (to be) a good swimmer 泳ぎがうまいと言って自慢する / not much to ～ *of* あまり自慢にならない / In God we ～ われらは神を賛美し《*Ps* 44: 8》. ● **～ it** 自慢をする. ► *n* 誇り, 自慢(のたね): make a ～ of…を誇る. ♦ **～·er**[1] *n* 自慢家, ほら吹き. **～·ing·ly** *adv* 自慢そうに. [AF <?]

boast[2] *vt* 〖石工・彫〗《石などを荒削り用のみで》荒削りする. ♦ **～·er**[2] *n* 〖石工〗荒削り用のみ, 平のみ (drove). [C19 <?]

boast[3] *n* 〖スカッシュ〗ボースト《ボールが側面の壁に当たってから前面の壁に当たるショット》. [? F *bosse* protuberance]

bóast·ful *a* 自慢する, 得意げな, 自賛の 〈*of*〉. ♦ **～·ly** *adv* **～·ness** *n*

boat /bóut/ *n* **1** 《比較的小型の》船, 艇, 舟艇, ボート《rowboat, sailboat, steamboat, motorboat など; cf. SHIP》; 《口》船, 大型船 (ship); 潜水艇; *《俗》自動車, 大型車: go by ～ 船で行く / take a ～ for…行きの船に乗る / FERRYBOAT, FISHING BOAT, LIFEBOAT. **2** 舟形の容器; 〖教会〗舟形聖香入れ; *《俗》大きな靴: a gravy ～. **3** 《韻俗》つら (boat race). ● **be (all) in the same ～** 《口》同じ苦境にある, 運命[危険など]を共にする. BURN[1] one**'s ～s. float** sb**'s ～** 《口》〈もの・ことが〉人の気に入る, 人を興奮させる. **fresh** [**just**] **off the ～***《俗》F.O.B. **give** [**get**] **the ～***《俗》追い出す[追い出される], はねつける[はねつけられる], 首にする[される]. **miss the ～** 《口》船に乗り遅れる, 好機を逸する, しくじる; 理解しそこなう. **push the ～ out** スタートする; "《口》(奮発して)盛大に祝う, 気前よく金をつかって楽しくやる. **rock the ～** 《口》平静な状態をかき乱す, 波風を立てる. **take to the ～s** 《難破船から》救命ボートで脱出する; [*fig*] 急に仕事を放棄する. ► *vi, vt* 《通例 舟遊びで》ボートに乗る[をこぐ], ボートで行く; 船に乗せる[載せる]; 船で運ぶ. ● **～ it** ボート

で行く. **B~ the oars!** 《号令》オール収め! ♦ **~·like** *a* [OE *bāt*; cf. ON *beit*]
bóat·able *a* 〈川などが〉航行できる, ボートで渡れる.
bóat·age *n* はしけ料; 小舟運搬力[積載量].
bóat·bill *n* 〔鳥〕 **a** ヒロハシサギ (=**bóat-billed héron**)《熱帯アメリカ産》. **b** ヒロハシ (broadbill)《旧世界産》.
bóat bùg 〔昆〕 **a** ミズムシ. **b** マツモムシ (back swimmer).
bóat·buìld·er *n* ボート建造人, 船大工. ♦ **bóat·buìld·ing** *n*
bóat dèck 端艇甲板, ボートデッキ《救命ボートを設置》.
bóat drìll 〔海〕救命ボート訓練.
boa·tel /boutél/ *n* ボーテル《**1**) 自家用ボートをもつ人のために桟橋を備えた海浜・湖畔・川岸などのホテル; cf. MARINA **2**) ホテルとして営業する船》. [*boat*+*hotel*]
bóat·er *n* 船乗り; 舟遊びをする人; STRAW BOATER.
bóat fàll 〔海〕端艇吊索(ちょうさく), 揚艇索.
bóat flỳ 〔昆〕BOAT BUG.
bóat·fùl *n* 船一杯分の数[量].
bóat hòok 《ボートを引き寄せたりする》かぎざお.
bóat·hòuse *n* 艇庫; 《社交場としても用いる》舟小屋, ボートハウス.
bóat·ie *n* 《豪》ボートを(所有して)乗りまわす人, ボート好き; ヨット愛好者.
bóat·ing *n* ボートこぎ, 帆走, モーターボート乗り, 舟遊び; 小舟による運送業: a ~ party 舟遊びの一行 / go ~ 舟遊びに行く.
bóat·lìft *n, vt* 船舶[ボート]輸送(する). [*airlift* からの類推]
bóat·lòad *n* 船一杯分の船荷[乗船客], 一船の(最大)積載量; 船荷; 多量, 多数: a ~ of corn.
bóat·man /-mən/ *n* (貸し)ボート屋; ボート商人; ボートのこぎ手; 船頭, 舟子; 小舟[ボート]の操作が巧みな人, 船乗り; 〔昆〕WATER BOATMAN.
bóat·man·shìp /-mən-/, **bóats-** *n* 漕艇術.
bóat nàil 3–10 インチの丸頭の角形大釘.
bóat nèck [nèckline] 〔服〕ボートネック《ゆるやかなラインで, やや横広に開いた浅い舟底型の襟ぐり》. ♦ **bóat-nècked** *a*
bóat pèople *pl* 漂流難民, ボートピープル; 船上生活者.
bóat ràce **1** ボートレース; [the B- R-]《Oxford 対 Cambridge の》大学対抗ボートレース《Thames 川で毎年 3 月か 4 月に 7 km のコースで行なわれる》. **2***《俗》八百長競馬[レース]; 《韻俗》お顔, つら (face) (=*boat*).
bóat shòe ボートシューズ《甲板上ですべりにくいようゴム底にしたモカシンタイプの靴》.
Bóat Shòw [the] ボートショー《毎年 1 月 London の Earls Court で開かれるヨットとボートの国際展示会》.
boatsmanship ⇨ BOATMANSHIP.
bóat spìke 舟釘 (barge spike).
boat·swain /bóus(ə)n, bóutswèin/ *n* 甲板長, 《かつての》水夫長; 《軍艦の》掌帆長. ★bos'n, bo's'n, bosun, bo'sun ともつづる.
bóatswain's chàir 〔海〕ボースンチェア《高所で作業するときのロープでつるす腰掛け板》.
bóatswain's pìpe 〔海〕《甲板長の》ボースンコール.
bóat·tàil *n* 〔空〕ボートテール《ロケットの機体のように後端部が細くなる機体》; 〔鳥〕BOAT-TAILED GRACKLE.
bóat-tàiled gráckle 〔鳥〕オナガクロムクドリモドキ (=*boattail*)《米国南部・メキシコ産》.
bóat tràin 臨港列車《船便に連絡する(急行)列車》.
bóat·wrìght *n* 船大工.
bóat·yàrd *n* 艇庫《小型船やヨットを修理・収納・製作する》.
Boa Vis·ta /bóuə ví:ʃtə/ ボアヴィスタ《ブラジル北部 Roraima 州の州都; Rio Branco 右岸に位置》.
Boaz /bóuæz/ 〔聖〕ボアズ《Ruth の 2 度目の夫; *Ruth* 4: 13》.
bob[1] /báb/ *n* ひょいと動く[動かす]こと, 急に引く動作; ちょこんとするお辞儀; うなずき; 《スコ》ダンス, ボブ. ► *vi, vt* (**-bb-**) 《ひょいひょいと》上下に動く[動かす, 振れる, はねる]; ちょこんとお辞儀する 〈*at*〉; ぐいと引く, ちょいと押す: ~ one's head 頭をひょいと下げる《会釈・うなずきなど》/ ~ a greeting 軽く挨拶する. ● **~ and weave** 《ボクシングなどで》ひょいひょいと体をかわす; 直接的な対応を避ける, のらりくらりの対応をする. **~ for apples [cherries]** つるして[浮かべて]あるリンゴ[サクランボ]を口でくわえようとする《ゲーム》. **~ up** ひょいと立つ; ひょいと(また)現われる, すぐに浮き上がる; 元気よく立ち上がる: ~ *up* again (like a cork) 元気に立ち直る, 勢いを盛り返す. [ME <? imit]
bob[2] *n* **1 a** 《女性・子供の, 肩までくらいの長さで切りそろえた》ショートヘア, 断髪, おかっぱ (bobbed hair), ボブ; 《リボン・撚り糸・髪の毛などの》結び目, ねじり, 結び髪, 巻き毛 (curl); BOB WIG; 《犬・馬の》断尾(だんび)した尾, 切り尾. **b** 《ロ・英方》ふさ, 束; 《スコ》小さな花束. **2** ボッブ《スタンザの最後の 2–3 音節の短い行》; 《古》短行の繰返し: BOB AND WHEEL. **3 a** 《魚釣りの》うき (float); 〔釣〕じゅずこ, すずこ餌; 《振子などの》おもり. **b** つまらない[くだらない]もの. **4** BOBSLED, BOB SKATE, SKIBOB. ► *vt* (**-bb-**) 断髪[おかっぱ, ショートカット, ボブ]にする; 短く切る. ► *vi* じゅずごで釣る; bobsled に乗る. [ME<? Celt]
bob[3] *n* (*pl* ~)"《ロ》《かつての》SHILLING, 《十進法の》5 ペンス; *《俗》1 ドル. ● **a few ~** "《ロ》ちょっとした金, 大金. **not short of a ~ or two** 《英・豪》金に不自由しない, 懐が暖かい. [C19<?]
bob[4] *n* 軽打; 《廃》げんこつの一撃. ► *vt* (**-bb-**) 軽くたたく. [ME *bobben* to rap (↓)]
bob[5] 〔鳴鐘〕 *n* 鐘を鳴らす順を変えること; 《一組 6, 8, 10 または 12 の鐘で鐘の順を変えて鳴らす》変打法. [BOB[1]]
bob[6] *n, vt* 《皮革・フェルトなどの円盤を使った回転式の》金属つや出し器(で磨く). [C19<?]
bob[7] 《英方・廃》 *vt* だます; ばかにする; だまし取る, ちょろまかす. ► *n* ごまかし, ペテン; 愚弄. [OF *bober* to deceive]
Bob ボブ《男子名; Robert の愛称》. ● **(and) ~'s [b~'s] your uncle!** "《ロ》万事 OK!
bo·bac, -back /bóubæk/ *n* 〔動〕ボバクマーモット, ステップマーモット, タルバガン《東欧・モンゴルなどの》. [Pol]
Bob·a·dill /bábədìl/ ボバディル《Ben Jonson, *Every Man in His Humour* 中の盛り場の顔役で, 大ぼら吹きなくせに臆病な軍人》.
Bo·ba·di·lla /bòubədí:(j)ə/ ボバディヤ **Francisco de ~** (d. 1502)《スペインの軍人; 1500 年 Santo Domingo 島で部下を処刑していた Columbus を逮捕してスペインに送還した》.
bób (and) whéel ボブホイール《スタンザの最後の 2–3 音節の 1 行 (bob) とそれに続く 2–5 行の付属部 (wheel)》.
bobbed /bábd/ *a* 切り尾の, 断尾した; 断髪の[にした], ショートカットの: ~ hair.
bob·be·jaan /bábəjà:n/ *n* 《南ア》ヒヒ (baboon). [Afrik]
bób·ber[1] *n* BOB[1] する人[もの]; 《釣りの》うき.
bobber[2] *n* bobsled に乗る人[の選手].
bob·bery /bábəri/ *n* 寄せ集めの猟犬 (=~ **pàck**); 《ロ》大騒ぎ: raise a ~ 大騒ぎをひき起こす. ► *a* 寄せ集めの〈猟犬〉; 《ロ》騒々しい, 興奮しやすい.
Bob·bie /bábi/ ボビー《**1**) 男子名; Robert の愛称 **2**) 女子名; Barbara, Roberta の愛称》.
bob·bin /bábən/ *n* 糸巻き, ボビン; ドアの掛け金についたひも付きかんぬき; 〔電〕《コイルを巻く》ボビン, コイル; 細い組みひも. [F<?]
bob·bi·net /bàbənét, ← — ⌐/ *n* ボビネット《メッシュが六角の機械製網織物》. [*bobbin*, *net*]
bob·bing /bábɪŋ/ *n* bobsled [skibob] に乗ること, ボビング.
bóbbin làce ボビンレース《型紙の図案に従って要所要所をピンで固定しながら, 細長い棒状の糸巻に巻かれた何本もの糸で織り上げる手工芸レース》.
bób·bish *a* 《俗》上機嫌の, 元気な, 活発な. [BOB[1]]
Bob·bitt /bábət/ 《俗》 *n* ペニス. ► *vi* 《猟奇的に》ペニスを切り取る. ► *vt* …から男らしさを奪う, 去勢する. [夫のペニスを切り取った Mrs. Lorena *Bobbitt* から]
Bóbbitt·ry *n**《俗》《ペニス切断まで認める》過激なフェミニズム.
bob·ble /báb(ə)l/ *n, vi, vt**《ロ》間違い, へま(をやる), 〔球技〕ジャッグル[ファンブル](する); 《小刻みに》上下に動く(こと); 《衣服の飾り・縁取り用の》毛糸(など)の小玉; [*pl*] 小玉付きのヘアゴム[髪留め]. ♦ **bób·bly** *a* [(dim)<BOB[2]]
bóbble hàt ボンボンの付いたぴったりした毛糸の帽子.
bóbble·hèad dòll 首振り人形.
Bob·by /bábi/ **1** ボビー《男子名; Robert の愛称》. **2** [b-]"《ロ》警官, 巡査, おまわりさん. [Sir *Robert* PEEL]
bóbby càlf 生後すぐ屠殺される子牛.
bóbby-dàzzler *n*"《方・ロ》すばらしい[人目をひく, みごとな]もの[人], 《特に》魅力的な娘.
bóbby pìn* アメリカピン, アメピン, ヘアピン《隙間のない, ごく一般的なヘアピン》.
Bóbby Sháf·to /-ʃǽftou/ ボビー・シャフトー《英国の伝承童謡の主人公; 航海に出て行った美男子》.
bóbby sòcks [sòx]* *pl* ボビーソックス《十代の少女が履いたくるぶしの上までのソックス; 1940–50 年代に流行》. [BOB[2]; *bobby pin* の影響あるか]
bóbby-sòx·er, -sòck·er *n* 《若者の流行に合わせる》十代[ローティーン]の女の子, 思春期の小娘.
bób·càt *n* 〔動〕BAY LYNX.
bo·bèche, -beche /boubéʃ, -béɪʃ/ *n* 《ろうそくの》蠟受け《通例環状ガラス製》. [F]
bób·flòat *n* 〔釣〕コルクに羽を差し通した小さいうき.
Bo·bi·gny /*F* bobiɲi/ ボビニ《フランス北部, Seine-Saint-Denis 県の県都; Paris 北東郊外に位置》.
bob·let /bábl ət/ *n* 2 人乗り BOBSLED. [*bob*[2]]
bo·bo /bóubou/ *n* [[S]B-] ブルジョアのボヘミアン《米国の新上流階級の人》. [*bourgeois*+*bohemian* 2000 年の造語]
Bo·bo-Diou·las·so /bóuboudjulǽsou/ ボボディウラッソ《ブルキナファソ西部の市》.
bo·bol /bábɔ̀:l/ 《カリブ》 *n* 上司と共謀して行なう公金詐欺. ► *vi* 上司と共謀して公金詐欺をはたらく.
bob·o·link /bábəlìŋk/ *n* 〔鳥〕ボボリンク (=*ricebird*, *reedbird*)《ムクドリモドキ科の鳴鳥; 北米主産》. [imit]
bo·bo·tie, -tee /bóubəti, bəbóuti, bubúti/ *n* ボボティ《**1**)《南ア》カレー・スパイスで味付けしたこま切れ肉料理 **2**) 牛乳・パン粉・アーモンド・タマネギ・タバスコなどで作るプディング状の料理》. [Afrik]

bob·owl·er /bábàulər/ *n* 《中部イング》大きな蛾(が).
Bo·bruysk, Ba- /bəbrúːɪsk/ ボブルイスク《ベラルーシ中東部, Berezina 川に臨む市; 第二次大戦の戦場》.
bób skàte 平行した 2 枚ブレードのアイススケート.
bób·slèd | -slèigh *n*, *vi* 二連ぞり[ボブスレー](に乗る). ♦ **-slèd·der** *n*
bób·slèd·ding | -slèigh·ing *n* ボブスレー競技[操法, 遊び].
bób·stày *n* 〘海〙第一斜檣(しょう)控え, ボブステー.
bob·sy-die /bábzidàɪ/ *n* 《NZ口》大騒ぎ: kick up ~ 大騒ぎを始める / play ~ 大騒ぎをする.
bób·tàil *n* 切り尾; 断尾した馬[犬, 猫]; OLD ENGLISH SHEEPDOG; 端を切り詰めたもの; *《俗》トレーラーのないトラック, 尻切れトラック; *《軍俗》不名誉除隊 (dishonorable discharge); [the] 社会のくず (⇨ RAGTAG AND BOBTAIL). ► *a* 切り尾の, 断尾した; 端を切り詰めた; 不十分な, 不完全な. ► *vt* 〈馬・犬など〉の尾を短く切る, 断尾する; 切り詰める. ► *vi* *《俗》トレーラーなしのトラックを運転する. ♦ **~ed** *a*
bób vèal 幼牛[胎牛]の肉.
bób·wèight *n* 〘機〙釣合いおもり (balance weight).
bob·white /báb(h)wáɪt/ *n* 〘鳥〙コリンウズラ, ボブホワイト (=*colin*, *partridge*, *quail*) (=~ **quàil**)《北米産; 猟鳥》. [imit]
bób wìg 《英国宮廷で用いられた》ショートヘアの短いかつら.
bo·cac·cio /bəkáːʧ(i)òu/ *n* (*pl* **~s**) 〘魚〙ボッカチオ《フサカサゴ科メバル属の食用魚; California 州沿岸に多い》. [AmSp; G. *Boccaccio* の影響あり]
bo·cage /bouká:ʒ/ *n* 《フランス北部などの》野原や林などが混在する田園風景; 《つづれ織り・陶器などの》森や林の装飾的デザイン. [F]
boc·a·sin /bákəsən/ *n* 上等のバックラム.
Boc·cac·cio /bouká:ʧ(i)òu; bə-/ ボッカッチョ **Giovanni** ~ (1313–75)《イタリアの作家; Petrarch と共にルネサンス人文主義の基礎をつくった; *Decameron* (1353)》.
Boc·che·ri·ni /bàkəríːni/ ボッケリーニ **Luigi** ~ (1743–1805)《イタリアの作曲家》.
boc·cie, -ci, -ce /báʧi/ **, -cia** /báʧə/ *n* [ᵁ⟨*sg*⟩] ボッチ《イタリアの LAWN BOWLING》. [It =balls]
Boc·cio·ni /bouʧóuni/ ボッチョーニ **Umberto** ~ (1882–1916)《イタリアの画家・彫刻家; 未来派の代表者》.
Boche, Bosche /báʃ/ *n*, *a* [ˢb-] 《俗》[*derog*] ドイツ人[兵](の), ドイツ野郎(の), 悪党(の). [F=rascal]
Bo·chum /G bó:xʊm/ ボーフム《ドイツ西部 North Rhine-Westphalia 州の工業都市》.
bóck (béer) /bák(-)/ ボックビール《**1**) ドイツ製の強い黒ビール **2**) フランスでは軽いビール》. [G *bockbier* と *Einbecker bier* beer from Einbeck の部分訳]
bock·ing /bákɪŋ/ *n* 粗織りラシャ《もと床張り用など》.
bo·cor /boukɔ́ːr/ *n* 《ハイチ》《ヴードゥーの》魔術師, 呪医.
bod /bád/ *n* *《口》BODY, 《特に》いい体[体格]; 《主に英口》人, やつ; ˈˈ《俗》いらいらさせるやつ, むかつく野郎: an odd ~.
BOD °biochemical oxygen demand ♦ °biological oxygen demand.
bo·dach /bóudaːx/ *n* 《スコ・アイル》田舎者, (無骨な)じいさん; 幽霊, おばけ.
bo·da·cious* /boudéɪʃəs/ *a* 《南部・中部》紛れもない; 《口》注目すべき, すごい, 大胆な, みごとな; 《口》セクシーな, 肉感的な. ♦ **~·ly** *adv* [*b*old+aud*acious*]
boddhisattva ⇨ BODHISATTVA.
bode[1] /bóud/ *vt* …の前兆となる; 《古》予告する, 予言する: The crow's cry ~*s* rain. カラスが鳴くのは雨の前兆だ. ► *vi* 前兆である: ~ ill [well] 凶兆[吉兆]だ, 縁起が悪い[よい] ⟨*for*⟩. ★ 通例 悪い前兆に用いる. [OE *bodian* (*boda* messenger)]
bode[2] *v* BIDE の過去形.
Bo·de /bóudə/ ボーデ **Johann Elert** ~ (1747–1826)《ドイツの天文学者》.
bóde·ful *a* 前兆となる; 不吉な.
bo·de·ga /boudéɪgə; -díː-/ *n* ワイン貯蔵室, ワイン蔵; ワイン酒場, 居酒屋, バー; 《特に ヒスパニック系の》食品雑貨店; *《俗》酒類販売店, 酒屋. [Sp; ⇨ APOTHECARY]
bóde·ment *n* 前兆, 兆候; 予言.
Bo·den·see /G bó:dnze:/ ボーデン湖《CONSTANCE 湖のドイツ語名》.
Bó·de's láw /bóudəz-/ 〘天〙ボーデの法則《惑星の太陽からの平均距離が 0, 3, 6, 12, 24, 48, 96, …という級数に 4 を加えたもので表わせるという経験法則; 天王星まではかなりよくあてはまる》. [J. E. *Bode*]
bodge /báʤ/ ˈˈ《口》*vt* へたに作る, ぶざまに修理する ⟨*up*⟩. ► *n* へたくそな仕事[修理]. [*botch*[1] の変形]
bodg·er /báʤər/**, bodg·ie**[1] /báʤi/ 《豪口》*a* 下等な, 無価値の; 偽りの, にせものの. ► *n* くだらない人; 偽名を使っている人; 偽名, 別名.
bodgie[2] *n* 《豪口》不良《通例 1950 年代の若者》.
bodgy /báʤi/ *a* ˈˈ《俗》できそこないの, ぽんこつの, いかれた.
Bodh Ga·ya /bɔ́(ː)d gáɪɑː/ ボードガヤー《インド北東部 Bihar 州南西部の町; 釈迦が菩提樹の下で悟りを開いた地; 別称 Buddh Gaya》.
Bo·dhi·dhar·ma /bóudɪdə́ːrmə/ 菩提達磨, 達磨 (d. 532?)《中国禅宗の開祖》.
bo·dhi·satt·va, bod·dhi- /bòudɪsʌ́tvə, -sǽt-/ *n* 菩薩. [Skt]
bó·dhi trèe /bóudi-/ 〘植〙テンジクボダイジュ (pipal).
bodh·rán, -ran /bɔ́ːraːn, -rən; báuraːn, ーーˊ/ *n* 〘楽〙バウロン《ヤギ革を張ったアイルランドの片面太鼓》.
bod·ice /bádəs/ *n* 《婦人・子供服の》胴部, 身ごろ《腰から上部》; (若い)婦人用の胴着, ボディス《袖なし》; 《古》コルセット, ボディス (stays, corset)《本来は鯨鬚(げいしゅ)製》. [(*pair of*) *bodies* の変形]
bódice rìpper 《ラブシーンと暴力を特色とした》官能歴史ロマンス, ボディスリッパー. ♦ **bódice-rìpping** *a*
-bódied *a comb form*「…な体[胴体, ボディー] (body) をもつ」: LONG-BODIED, FULL-BODIED.
bódi·less *a* 体[胴体] (body) のない; 実体のない.
bódi·ly *a* 身体 (body) の, 肉体上の (opp. *mental*); 具体的な, 有形の: ~ exercise 体操 / ~ fear 身体に対する危害のおそれ. ► *adv* 肉体のままで; 有形[具体]的に, 実際に; 自身で; そっくり, まるごと, ことごとく: ~ present その場に居合わせて / lift sb ~ 人を体ごと持ち[抱き]上げる.
bod·ing /bóudɪŋ/ *a* 前兆の[となる]; 不吉な. ► *n* (不吉な)前兆 (omen). ♦ **~·ly** *adv*
bod·kin /bádkən/ *n* 大針, 編み針; ひも通し, ボドキン; 千枚通し; 《長い》束髪ピン; 〘印〙誤植活字を押し出すための錐; 《古》2 人の間にはさまれた人; 《廃》短剣. ● **sit [ride, travel] ~** 2 人の間に押し入って[はさまって]すわる[乗って行く]. [ME<? Celt]
Bod·léi·an Líbrary /bádliən-, badlíːən-/ [the] ボドレー図書館《17 世紀に Sir Thomas Bodley が再興した Oxford 大学の世界屈指の大図書館; 単に the **Bodleian**, 《口》the **Bodley** /bádli/ ともいう; 略 **Bod. Lib., Bodl.**》. [Sir Thomas *Bodley* (1545–1613) 英国の外交官・愛書家]
Bod·min /bádmən/ ボドミン《イングランド南西部 Cornwall 州の町》.
Bo·do·ni /bədóuni/ **1** ボドニ **Giambattista** ~ (1740–1813)《イタリアの印刷業者・活字書体考案者; 近代的活字製作の草分けの一人》. **2** 〘印〙ボドニ《G. Bodoni の考案した活字体》.
body /bádi/ *n* **1 a** 身体, 体軀, 体《CORPOREAL *a*》; 肉体 (opp. *mind*, *soul*, *spirit*); 死体, 遺体: a healthy ~ 健康な身体 / get a ~ *《俗》人を殺す, バラす. **b** 《口・方》人; 《俗》セクシーな女性; 《犯人などの》身柄: a good sort of ~ 好人物. **2 a** 《人間・動物の手足を除いた》胴体, 体, 軀(く), ボディー; 《衣服の》胴部, 胴衣; ˈˈBODYSUIT《下着》; 《木の》幹. **b** [the] 《物の》本体, 主要部; 胴体, 車体, 機体, 船体, ボディー; 《楽器の》胴; 《聖堂の》身廊, ネーヴ (nave); 〘印〙《活字の》体(たい), ボディー (=*shank*); 《活字の》腹から背までの高さ; 《陶器の》生地. **c** [the] 《法律・文学作品・記事などの》本文, 《演説や手紙の》主体, 主文. **3 a** 《人・ものの》集まり(の大部分), 塊り; [a ~] (大)多数, 多量 ⟨*of*⟩; 〘地質〙ひと塊り, 塊(かい): a ~ *of* evidence 一連の証拠 / a large ~ of water 大水域. **b** 統一体, 組織体; 団体; 部隊; 集合(体), 〘法〙法人: the student ~ (of a college) (大学の)全学生 / a professional ~ 専門職業団体. **4** 実質, 密度, 濃度; 《酒などの》こくみ, ふくらみ, こく, ボディー; 《音色の》豊かさ; 《髪の》豊かさ, はり, 《布地の》こし; 《油・グリースなどの》粘性; 《インキ・えのぐなどの》体質《アルミナ白などの顔料》: a wine of full ~ こくのあるワイン / This cloth has ~. この布は(しっかりとした)こしがある / a play with little ~ 内容のない脚本. **5** 〘数〙立体; 〘理〙物体, …体: a solid ~ 固体 / CELESTIAL BODY. ● **~ and soul** 肉体と精神; 身も心も, 完全に; *《俗》恋人, 愛人: own sb ~ *and soul* 人を完全に支配下におく. **heirs of one's ~** 直系相続者. **here [there] in ~, but not in spirit** 心ここにあらず, うわのそらで. **in a ~** 一団となって: resign *in a* ~ 総辞職する / come [go] *in a* ~ 一団となって来る[出かける]. **in ~** 自身で, 親しく. **keep ~ and soul together** [*joc*] やっと生きていく, 露命をつなぐ. **know where the bodies are buried** 《俗》悪事[醜聞, いやなことなど]の秘密を知っている. **over my** DEAD **~.** **the** FRUIT **of the ~.** **the other ~** *《俗》他院, あちらさん《上院[下院]議員にとっての下院[上院]》. ► *vt* **1** 具体化する (embody); 表象する, 心に描く ⟨*forth*⟩. **2** ⟨油⟩の粘性を増す. ● **~ out** 敷衍(ふえん)する. [OE *bodig*<?; cf. OHG *botah* body]
bódy àrmor 《警察・軍隊の》防弾服, 防弾チョッキ.
bódy àrt ボディーアート《飾りたてるなどして人体自体を美術の材料とする芸術の一様式; 写真などで記録することが多い》. ♦ **bódy àrtist** ボディーアーティスト.
bódy bàg **1** 《ゴムなどの, ファスナー付きの》遺体袋《特に 戦場・事故現場からの運搬用》; 寝袋. **2** *《俗》ボディーバッグ《ヘロインの一種》.
bódy blòw 〘ボク〙ボディーブロー; したたかな一撃, 痛撃, 大打撃, 非常な失望.
bódy·bòard *n* ボディーボード《小型のサーフボード; 腹ばいに乗って波に乗る》. ► *vi* ボディーボードでサーフィンをする. ♦ **bódy·bòarder** *n*
bódy brùsh ボディーブラシ《馬などの手入れに使う》.

bódy-buìld *n* 《特徴ある》体格, 体の造り.
bódy·buìld·er *n* ボディービルをする人; ボディービル用具; 滋養食; 車体製作者.
bódy·buìld·ing *n* ボディービル.
bódy bùnker 《機動隊などが用いる》防弾用の盾 (=*body shield*).
bódy bùrden 《放射性物質や毒物の》体内蓄積物[有害物質].
bódy càvity 〔動〕体腔《体壁と内臓間の空所》.
bódy-cèntered *a* 〔晶〕体心の《単純格子の中央にも格子点がある》: the ~ lattice 体心格子.
bódy chèck 〔アイスホッケー〕体で妨げること, ボディーチェック; 〔レス〕(相手の動きを)全身で止めること. ♦ **bódy·chèck** *vt, vi*
bódy clòck 〔動〕体内時計.
bódy·clòthes *n pl* ボディークローズ《体にぴったりフィットするシャツやドレス》.
bódy còlor 《宝石などの》実体色 (cf. SURFACE COLOR); 《えのぐ・ペンキの》体質顔料; 〔動〕体色.
bódy córporate 〔法〕法人 (corporation).
bódy còunt 戦死者総数; 《事件などの》死者数, 犠牲者数; 《広く》人員総数, 総員, 出席者数.
bódy dàncing TOUCH DANCING.
bódy dòuble 《映画・テレビのヌードシーンなどに出演する》代役, ボディーダブル.
bódy drùg*《卑》肉体に作用する麻薬《ヘロインなど; opp. *head drug*》.
bódy dysmórphic disòrder 〔精神医〕身体醜形障害, 醜形恐怖《自分の身体に外観上の欠陥があると思い込む精神障害; 略 BDD》.
bódy Ènglish ボールなどが思いどおりの方向へ飛ぶよう念じてプレーヤー[観衆]がとる反射的動作; 《そうした動作に影響されたかのような》ボールなどの不自然な動き; 身振り手振り, ジェスチャー.
bódy flùid 〔生理〕体液.
bódy·guàrd *n* 護衛, ボディーガード《1 人ないし数人》; 随行員; お付きの人(びと) (retinue).
bódy hèat 〔生理〕体熱, 動物熱 (animal heat).
bódy-hùgging *a* FIGURE-HUGGING.
bódy ìmage 〔心〕身体像, 身体心象.
bódy jèwel ボディージュエル《着衣の上からでなく直接肌身に着ける飾り物》.
bódy lànguage 身体言語, ボディーランゲージ《言語を使わないコミュニケーションの手段で, 身振り・表情など》.
bódy-lìne (bòwling) 〔クリケット〕打者すれすれの速球《おどかすため》.
bódy lòuse 〔昆〕ヒトジラミ, 《特に》コロモジラミ (=*cootie*).
bódy máss índex ボディーマス指数, 体型指数《体重 (kg) を身長 (m) の 2 乗で割った値; 肥満度を表わす; 22 が標準といわれる; 略 BMI》.
bódy mechànics 身体力学《(女性の)身体機能の調整・耐久力・バランスなどを向上させる組織的運動》.
bódy mìke* ボディーマイク, ラペルマイク《服の襟などに目立たないように付ける小型ワイヤレスマイク》.
bódy òdor 体臭《特に わきが; 略 BO》.
Bódy of Chríst キリストの体《1) キリストを長とする信徒の集まり, キリスト教会; *1 Cor* 12: 27 2) 聖別されたパン》.
bódy pàck*《俗》ボディーパック《薄いゴムの袋に詰めた麻薬を飲み込むなど, 身体内部に麻薬を隠して密輸する方法》. ♦ **bódy-pàck** *a, vi* **bódy-pàck·er** *n*
bódy pàint ボディーペイント《さまざまな形や模様を体に描くペイント・化粧料》.
bódy pìercing ボディーピアシング《耳たぶ以外の部位にピアス用の穴をあけること》.
bódy plàn 〔造船〕正面線図《正面からみた大船体各部の横断面を示す; cf. HALF-BREADTH PLAN, SHEER PLAN》.
bódy pólitic [the] 政治団体, 統治体, 《特に》《一国の》国民, 国家 (State); 《古》法人 (corporation).
bódy-pòpping *n* ボディーポッピング《ロボットのようなぎくしゃくした動きを特徴とするダンス》. ♦ **bódy-pòpper** *n*
bódy prèss 〔レス〕ボディープレス《ホールドの一つで, 体重を用いてあおむけになった相手を押えつけること》.
bódy scànner 〔医〕ボディースキャナー《断層 X 線透視装置》.
bódy scìssors [《sg》]〔レス〕ボディーシザーズ《マットに寝て両脚で相手のボディーを締めあげる技》.
bódy scrùb ボディスクラブ《1) 全身用洗浄クリーム 2) あかすり》.
bódy-sèarch *vt* 《警察などが》…のボディーチェック[身体捜査]を行なう. ♦ **bódy sèarch** 身体捜査.
bódy sèrvant 従者 (valet).
bódy-shàke *n* 《俗》SKIN SEARCH.
bódy·shèll *n* 《自動車の》車体外殻, ボディーシェル.
bódy shìeld 《警察官などの用いる》護身用具; 防弾用の盾 (body bunker).
bódy shìrt ボディーシャツ《1) シャツとパンティーがひと続きの女性用衣服 2) 体にぴったりフィットするシャツ[ブラウス]》.
bódy shòp 1 自動車車体工場《修理や製作をする》. 2《俗》《熟練[専門技能]を要しない労働力を大量に供給する》職業紹介所, 人材派遣会社, 職業学校. 3《俗》トレーニングジム, アスレチッククラブ. 4《俗》独身男女向きのバー, ハントバー (singles bar, dating bar); 《俗》体を売る[売春の]店, 売春仲介業の店. 5 [The B- S-] ボディーショップ《英国で創業された化粧品店チェーン》.
bódy slàm 〔レス〕ボディースラム《相手を抱え上げて背中からマットに投げ落とす技》. ♦ **bódy-slàm** *vt*
bódy snàtcher 〔史〕死体泥棒 (resurrectionist)《墓をあばいて死体を解剖用に売る》; 《俗》葬儀屋; *《俗》誘拐犯; 《俗》担架を運ぶ人; 《俗》幹部社員[職員]引抜き会社, 幹部専門のヘッドハンター.
bódy stòcking ボディーストッキング《脚部[つまさき]から上半身までつながった, 体にフィットする薄手の下着》.
bódy·sùit *n* ボディースーツ《1) 水着型でぴったり胴をおおうパンティー付きのシャツ・スポーツウェア 2) ブラジャーとガードルがひと続きとなった補整下着; 《英》では単に body ともいう》.
bódy·sùrf *vi* サーフボードなしで波乗りする, ボディーサーフィンをする. ♦ **~·er** *n*
bódy swèrve 《サッカーなどで》相手をかわしながら進むこと; 《スコ》いやなことを避けて通ること, 回避: give the meeting a ~. ♦ **bódy-swèrve** *vt*
bódy tèmperature 体温.
bódy tràck 〔鉄道〕並列素線《平行軌道》.
bódy wàll 〔動〕《体腔の外側の》体壁.
bódy wàrmer 《キルティングまたは中に詰め物をした》袖なしの防寒着, ボディーウォーマー.
bódy·wàsh *n* ボディーウォッシュ, ボディーソープ《体を洗うための液体石鹸》.
bódy wàve 1 実体波《地震波のうち, 地球の内部に侵入していく波; cf. SURFACE WAVE》. 2 ボディーウェーブ《カールさせないパーマネントウェーブ》.
bódy·wèar *n* ボディーウェア《軽く, 通例 伸縮性のある生地で作られた体にぴったりした衣服; レオタード・ボディースーツなど》.
bódy·wòrk *n* 車体; 車体製作[修理]; ボディーワーク《指圧・マッサージをはじめとする特殊技術を使う治療法》.
bódy wràp 〔美容〕ボディーラップ《美容効果のある成分を体に塗ってその上を温湿布状におおって行なう美容痩身術》.
boehm·ite /béɪmàɪt, bə́:r-/ *n* 〔鉱〕ベーマイト《ボーキサイトの主成分》. [Johann *Böhm* (1895–1952) ドイツの化学者]
Boe·ing /bóʊɪŋ/ ボーイング(社) (The ~ Co.)《米国の航空機メーカー》.
Boe·o·tia /bióʊʃ(i)ə/ ボイオティア (*ModGk* Voiotia)《ギリシア中東部の地方; アッティカ (Attica) の北西に位置; 古代にはテーバイの主導のもとに都市同盟 (the Boeotian League) が編成され, 政治上重要な地位を占めた》.
Boe·ó·tian *a* ボイオティア(人)の; 退屈な, 愚鈍な. ► *n* ボイオティアの住民; 《古代ギリシア語の》ボイオティア方言; 鈍感な人, 鈍物; 文学・芸術に無理解な人.
Boer /bɔ́:r, bʊ́ər/ *n* ブール人, ボーア人《南アフリカのオランダ系の移住民》; [ᵘb-] Afrikaner (の農場主). [Du=farmer; cf. BOOR]
boe·re·wors /bʊ́ərəvɔ̀:rs/ *n* 《南ア》ブールヴォース《香辛料をたっぷり使った長い手作りソーセージ》. [Afrik *boer* farmer + *wors* sausage]
Bóer Wár [the] ブール戦争《南アフリカの支配をめぐるブール人と英国との間の戦争 (1880–81, 1899–1902)》.
Bo·ethi·us /boʊí:θiəs/ ボエティウス **Anicius Manlius Severinus** ~ (c. 480–524)《ローマの哲学者;『哲学の慰め』》.
boeuf bour·gui·gnon /*F* bœf burgiɲɔ̃/ 〔料理〕ブフ・ブールギニョン (=**boeuf à la bour·gui·gnonne** /*F* -a la burgiɲɔn/)《角切り牛肉を赤ワイン・タマネギ・マッシュルームといっしょに煮込んだもの》. [F=beef of Burgundy]
B of E °Bank of England.
boff[1] /bɑ́f/《俗》*n**大笑い(させるジョーク); *大評判[大当たり]の劇[映画, 唄など], ヒット(曲など); げんこつ[平手打ち]の一発; 性交, 一発; ″おしり, けつ. ● **throw a ~ into**…と性交する, 一発やる (copulate). ► *vi, vt* (…と)性交する; *ワッと笑う, ゲッと吐く; 打つ, なぐる, あたる. ● **~ out*** お金をなくす, 一文無しになる. [? *box office*]
bóff·er *n**《俗》性交する男, すけこまし, 女たらし.
bof·fin /bɑ́fən/, **boff**[2] /bɑ́f/ *n*″《口》科学者, 《特に 軍事の》研究家. [C20<?; Dickens, *Our Mutual Friend* または William Morris, *News from Nowhere* 中の *Mr. Boffin* からか]
bof·fo /bɑ́foʊ/《俗》*a* 大成功の, 大当たりの, 大評判の, みごとな; 絶賛の〈批評〉; 大きな〈笑い〉. ► *n* (*pl* **~s, ~es**) BOFF[1]; 1 ドル; 1 年(の刑期). [*boff*[1]]
bof·fo·la /bɑfóʊlə/ *n**《俗》BOFF[1].
Bó·fors (gùn) /bóʊfɔ̀:rz(-), bú:-; -fəz(-)/ 〔軍〕ボフォース高射砲《第二次大戦で用いられた口径 40 mm の自動高射機関砲》. [*Bofors* スウェーデンの火器工場]
bog /bɑ́(:)g, bɔ́g/ *n* 1 沼, 沢, 湿地, 湿原, 泥沼. 2″《口》便所, トイレ; 《豪俗》排便: a public ~ 公衆便所 / have a ~ 便所を使う.

● **make a ～ of**… ‖《俗》…をめちゃめちゃにする. ► *vt, vi* (-gg-) 泥沼に沈める[はまる]; 阻害する, 停滞させる[する]; ‖《俗》排便する: be [get] *bogged down* 泥沼にはまり込む; 停頓[停滞]する, 行き詰まる / get *bogged down in*… [*in* doing]…(の中)で[…するのに]動きがとれなくなる. ● **～ in**《豪口》勢いよく仕事に取りかかる; 食べ始める. **～ into**…に勢いよく取りかかる; …を食べ始める. **～ off** [*impv*] ‖《俗》あっちへ行け, とっととうせろ. **～ up** ‖《俗》めちゃめちゃ[だいなし]にする. [Ir or Gael *bogach* (*bog* soft)]

bo·gan[1] /bóugən/ *n*《カナダ》POKELOGAN.

bogan[2] *n*《豪俗》退屈な[だめな]やつ, ばか者.

bo·gard /bóugɑ̀:rd/ *vi, vt**《俗》BOGART.

Bo·garde /bóugɑ̀:rd/ ボガード Sir **Dirk** ～ (1921–99)《英国の俳優; 映画 *Death in Venice* (ベニスに死す, 1971)》.

Bo·gart /bóugɑ̀:rt/ *n* ボガート **Humphrey** (**DeForest**) ～ (1899–1957)《米国の映画俳優; 愛称 'Bogey'; ハードボイルド映画のスター; *Casablanca* (カサブランカ, 1942), *The African Queen* (アフリカの女王, 1951)》. ► *vt, vi* [°b-]*《俗》**1** 強引に進む; …に乱暴な態度をとる, おどす; おどし取る. **2**〈マリファナタバコを〉ゆっくりと吸う《回しのみするときに一人分以上を吸う; Humphrey Bogart のタバコの吸い方から》;《一般に》一人占めする; 時間かせぎをする.

bóg àrum〘植〙ヒメカイウ, ミズイモ《サトイモ科》.

bóg ásphodel〘植〙キンコウカ属の多年草《湿地に多い; ユリ科》.

Bo·ğaz·köy /bòu(g)ɑ:zkóɪ/ ボアズキョイ《小アジア中央部の村; 古代 Hittite 王国の首都遺跡がある》.

bóg·bèan *n*〘植〙ミツガシワ (buckbean).

bog body ⇨ BOG MAN.

bóg bútter〘鉱〙ボグバター《アイルランドの泥炭地に生じるバター状の鉱脂》.

bóg còtton〘植〙COTTON GRASS.

bóg dèal BOG PINE, BOG OAK.

bo·gey[1], **-gy, -gie** /bóugi/ *n* **1**〘ゴルフ〙ボギー《一つのホールで, 基準打数 (⇨ PAR[1]) より 1 打多いスコア; 古くは(特に《英》では)基準打数のことをいった》;《競技会などで演技の》基準数値. **2** /, *búgi, *bú:-/ おばけ, 幽霊; BOGEYMAN; 人に付きまとうもの; 不安; 困ったこと, いらいらの原因: the ～ of inflation インフレの不安. **3**《俗》刑事, 警官;《軍俗》《敵と思われる》国籍不明機[飛行物体], 敵機; ‖《口》乾いた鼻くそ. ► *vt* [-gey]〘ゴルフ〙〈ホールを〉ボギーであがる. [? COLONEL BOGEY: (*Old*) *Bogey* the Devil; cf. BOGLE]

bogey[2], **-gie**《豪俗》*n* ひと泳ぎ, 水浴び; 水浴び場. ► *vi* 水浴びする. [(Austral)]

bogey[3] ⇨ BOGIE[1].

bógey hòle《豪》水泳に使う自然の池, 天然プール.

bógey·màn, bógy·màn /, *búgi-, *bú:gi-/ *n* 子取り鬼《子供をおどしたり, すかしたりするときに用いる》; 恐ろしいもの, 嫌われ者, (恐るべき)怪物.

bog·gart /bágərt/ *n*《北イング》ボガート《いたずらな妖精[幽霊]》.

bog·gle[1] /bág(ə)l/ *v*《口》*vi, vt* **1** びくっ[ぎくり]とする; びっくりする[させる], 呆然とする[させる]: the mind [imagination] ～*s* たまげる ‹*at*› / ～ the [sb's] mind 驚倒させる / MIND-BOGGLING. **2** ためらう, ひるむ ‹*at, about*›. **3** しくじる, へま[不手際]をやる. ► *n* boggle すること; ためらい; へま, しくじり. [?*boggle* (dial) BOGEY[1]]

boggle[2] ‖ *n* BOGLE.

bóg·gy *a* 沼地の, 泥の深い, 沼沢の多い. ♦ **bóg·gi·ness** *n*

bóg-hòpper *n**《俗》アイルランド(系)人.

bóg-hòuse bàrrister《俗》BARRACK-ROOM LAWYER.

bo·gie[1], **bo·gy, bo·gey** /bóugi/ *n* ‖〘鉄道〙ボギー《車軸が転向する台車》; ボギー車《車両》; ‖トロッコ;《インド》客車,《客車の》仕切り客室;《戦車の》無限軌道内輪; 丈夫な低床式台車; 六輪トラックの 4 個の駆動後輪, ボギー. [C19<?]

bogie[2] ⇨ BOGEY[1,2].

bóg Ìrish [*derog*] アイルランド者(もん).

bóg ìron (**òre**)〘鉱〙沼(しょう)鉄鉱《多孔質の褐鉄鉱》.

bóg·lànd *n* 湿地, 湿原, 沼沢地.

bo·gle /bóug(ə)l, bág(ə)l/ ‖《方》*n* 幽霊, おばけ, こわいもの; かかし.

bóg màn [**bòdy**]〘考古〙泥炭地で発掘されたミイラ状遺体 (cf. LINDOW MAN).

bóg mòss〘植〙ミズゴケ《ミズゴケ属の総称》.

bóg mỳrtle〘植〙ヤチヤナギ (SWEET GALE).

Bog·ners /bágnərz/ *n pl**《俗》スキーズボン. [*Bogner's* スキー用品メーカー]

Bog·nor Re·gis /bágnər rí:ʤəs/ ボグナーリージス《イングランド南部 West Sussex 州南西部の, イギリス海峡に臨む保養地》. [1929 年 George 5 世がこの地で健康を回復したため *Regis* が付いた]

bóg òak 泥炭地に埋もれて黒色化したオークその他の木材.

BOGOF, bogof /bágəf/ buy one, get one free 一つ買うともう一つおまけ.

Bog·o·mil /bágəmɪl/, **-mile** /-màɪl/ *n* ボゴミール派の人《10 世紀中葉に起こったバルカン半島・小アジアを中心とする中世キリスト教の二元論的異端; 新約・詩篇・預言書以外はサタンの作品とみなす》. ♦ **Bógomil·ìsm** *n* [Gk<?; 一説にこの異端説を説いた 10 世紀のブルガリアの司祭の名から]

bó·gong (**mòth**) /bóugɔ̀(:)ŋ(-), -gɑ̀ŋ(-)/〘昆〙豪州産のモンヤガの一種《アボリジニーはこれをペーストにして食べる》. [Mt *Bogong* オーストラリア Victoria 州の最高峰]

Bo·gor /bóugɔ:r/ ボゴール《Java 島西部の市; 植物園が有名; 旧称 Buitenzorg》.

bóg òrchid〘植〙湿原生のラン,《特に》ヤチラン.

Bo·go·tá /bòugətá:, *-tɔ́:, *ーーー/ ボゴタ《コロンビアの首都; 公式名 ～, D.C. (Distrito Capital); アンデス山中の高原, 標高約 2600 m に位置》.

bóg pìne 泥炭地に埋もれたマツ材 (=*bog deal*).

bóg-pòcket *n**《俗》けちんぼう, 節約家.

bóg ròll ‖《口》トイレットペーパーのロール; ‖《俗》事務[コンピューター]処理で出てきたプリントアウト.

bóg rósemary〘植〙ヒメシャクナゲ (=*marsh andromeda, moorwort*).

bóg rùsh〘植〙**a** ノグサ[ヒゲクサ]類《カヤツリグサ科》. **b** イグサ, イ(藺).

bóg spàvin〘獣医〙《馬の》飛節軟腫[腫脹].

bóg-stándard *a* ‖《口》全く規格どおりの, まるで普通の.

bóg·tròtter *n* [*derog*] アイルランド人;《廃》沼沢地の居住者[放浪者].

bogue[1] /bóug/ *《俗》*a* 薬(やく)が切れて[欲しくて]; にせの, BOGUS; けたくそ悪い, むかむかする, へどが出るような. ► *n* 薬が切れた状態, 禁断症状. ► *vi* [次の成句で]: **～ out** さえなくなる, おかしくなる.

bogue[2] *n, vi**《俗》紙巻きタバコ(を吸う), タバコ(をやる). [Humphrey *Bogart*; 映画で頻繁に喫煙したことより]

bo·gus /bóugəs/ *a* **1** にせものの, いんちきの, 本物じゃない: a ～ concern いんちき[幽霊]会社. **2***《俗》無知な, 遅れている, 野暮な, 古臭い, いかさない. **3***《俗》すばらしい, すてきな. ► *n*《廃》にせ金造りの装置;《廃》にせ金. ● **～·ly** *adv* **～·ness** *n* [C19<?]

bógus cáller にせ訪問員《正規の職員であると詐称して盗み目的で住居侵入をはかる者》.

bóg vìolet〘植〙ムシトリスミレ《花はすみれ色》.

bóg·wòod *n* 泥炭地に埋もれた木材, BOG OAK.

bogy ⇨ BOGEY[1], BOGIE[1].

boh ⇨ BO[1].

Bo Hai, Bo·hai /bóu hái/, **Po Hai** /; póu-/ 渤海(ぼっかい)(ボーハイ)《黄海の一部で, 山東半島と遼東半島に囲まれた湾; 別称 直隷湾 (Gulf of Zhihli)》.

bo·hea /bouhí:/ *n* [°B-] 武夷(ぶい)茶《中国福建省の武夷山周辺産の紅茶で, 今では劣等品》;《一般に》紅茶 (black tea).

bo·heme /bouhí:m/ *n**《俗》《女性の》ボヘミアン風の身なり[スタイル]《たっぷりした服, ロングスカート, 歩きやすい靴, 化粧なし, といったもの》.

Bo·hème /*F* boɛm/ [La]『ラ・ボエーム』《Puccini の 4 幕のオペラ (初演 Turin, 1896)》.

Bo·he·mia /bouhí:miə/ **1** ボヘミア (*Czech* Čechy, *G* Böhmen)《チェコ西部の地方; 旧王国; ☆Prague》. **2** [°b-] 社会のしきたりにとらわれずに生きる人びとの居住区域.

Bo·hé·mi·an *a* ボヘミアの; ボヘミア人[語]の; [°b-] 放浪的な, 社会のしきたりにとらわれない, 奔放な. ► *n* **1** ボヘミア人; ボヘミア語 **2** [°b-] **a** 放浪者, ジプシー. **b** 社会のしきたりにとらわれずに生きる人, ボヘミアン《特に 作家・芸術家》. ♦ **～·ìsm** *n* [°b-] ボヘミアン的気質[生活], しきたりにとらわれない主義.

Bohémian Bréthren *pl* [the] ボヘミア兄弟団 (=*Unitas Fratrum*)《Jan Hus の流れを汲むプロテスタントの一派; 1467 年 Bohemia で結成; cf. MORAVIAN CHURCH》.

Bohémian Fórest [the] ボヘミアの森 (*G* Böhmerwald)《Bavaria と Bohemia の境の山地》.

Bohémian gláss ボヘミアガラス《**1**) 彫刻を施した光彩豊かなガラス **2**) 無水ケイ酸を多量に含む, 化学容器用硬質ガラス》.

Böhm /*G* bǿ:m/ ベーム (**1**) **Jakob** ～=Jakob BÖHME (**2**) **Karl** ～ (1894–1981)《オーストリアの指揮者》.

Böh·me /*G* bǿ:mə/ ベーメ **Ja·kob** /*G* já:kɔp/ ～ (1575–1624)《ドイツの神秘思想家・哲学者》.

Böh·mer·wald /*G* bǿ:mərvalt/ ベーマーヴァルト《BOHEMIAN FOREST のドイツ語名》.

Böhm flute /ーー ーー/〘楽〙ベームフルート《ドイツのフルート奏者 Theobald Böhm (1794–1881) が発明した鍵機構のフルート》.

bo·ho /bóuhou/ *n, a* (*pl* **～s**)《口》《社会のしきたりにとらわれない》ボヘミアン(の) (Bohemian).

Bo·hol /bouhɔ́:l/ ボホル《フィリピン中南部 Mindanao 島の北, Visayan 諸島の島》.

bo·hor /bóuhɔ:r/ *n*〘動〙ボーホール《東アフリカ産の小型のリードバック》. [Amh]

Bohr /bɔ́:r/ ボーア (**1**) **Aage N**(**iels**) ～ (1922–2009)《デンマークの物理学者; Niels の子; ノーベル物理学賞 (1975)》 (**2**) **Niels** (**Henrik David**) ～ (1885–1962)《デンマークの原子物理学者; ノーベル物理学賞 (1922)》.

Bóhr effèct〘生理〙ボーア効果《血液酸素解離曲線上に現われる二酸化炭素の影響》. [Christian *Bohr* (1855–1911) デンマークの生理学者]

boh·ri·um /bɔ́:riəm/ *n* 〘化〙 ボーリウム《人工放射性元素; 記号 Bh, 原子番号 107》.

Bóhr màgneton 〘理〙 ボーア磁子《磁気モーメントを表わす単位》. [Niels *Bohr*]

Bóhr thèory ボーア理論《Niels Bohr の原子構造論》.

bo·hunk /bóʊhʌ̀ŋk/ *«俗» *n* [*derog*] 東欧・中欧出身の移民(労働者); がさつなやつ, 無器用なやつ, でくのぼう, まぬけ. [*Bo*hemian + *Hung*arian]

Bo·iar·do /bɔɪɑ́:rdoʊ, boʊjɑ́:r-/ ボイアルド **Matteo Maria** ~, Conte di Scandiano (1441?–94)《イタリアの詩人;『恋せるオルランド』(1467–94)》.

boil[1] /bɔ́ɪl/ *vi, vt* **1 a** 沸騰する[させる], 沸く, 沸かす, 煮沸する; 煮える, 煮る; 煮詰まる, 煮詰める, 煮込む 〈*away*〉; ゆだる, ゆでる; 〈絹糸などを〉練る: ~ the POT[1]. **b** 激昂[激怒]する, 興奮する: be ~*ing with* anger [rage] 憤激している / sb's blood ~*s* 血が煮えくり返る. **2** 〈水など〉ほとばしる, 泡立つ; 〈人など〉飛び出る; 沸き立つ, 沸き上がる: come ~*ing* through the door ドアから飛び出してくる. ● **~ away** 沸騰して蒸発する, 沸騰させて蒸発させる, 煮立ててくアルコール分などを〉除く; 〈やかんなど〉沸騰しつづける. **~ down** 煮詰める, 煮詰まる 〈*to*〉; 要約する, 要約される, 縮める 〈*to*〉; «口» つまるところ〈…と〉なる 〈*to*〉. **~ dry** 〈液体が〉沸騰してなくなる; 〈鍋・料理など〉煮立ってからからになる. **~ forth** 口から泡を飛ばして説く. **~ sb in oil** *«俗» こっぴどくしかる[懲らしめる], さんざんに油をしぼる. **~ out** [**off**] 煮て除く, 煮て〈染色を〉抜く. **~ over** 噴きこぼれる; 《自制心を失って》思わずかっとなる; 〈争いなどが〉拡大する, 広がる, 〈暴動などに〉発展する 〈*into*〉. **~ the** BILLY[1]. **~ up** 煮え立つ, 煮立てる; 〈紛争が〉起こる, 起ころうとしている, 〈怒りなどが〉ふつふつと沸き立つ; 煮沸(消毒)する; 〈食物を〉煮る (cook); «豪» お茶をいれる. **put sth on to ~** 〈鍋に入れたスープ・野菜などを〉火にかけて沸かす[ゆでる, 煮る]. ► *n* **1** 沸騰, 煮沸; 沸点: take sth off the ~ ‖〈沸いているものを〉火からおろす. **2** 《早瀬などの》渦, 水が渦を巻いて泡立っている所; 〘釣〙 ライズ《餌や毛針へ食いつこうとする魚の急浮上》. **3** *海産物 (特に エビ・カニ・貝類) の鍋料理(を食べるパーティー); *海産物の鍋料理用の調合調味料: seafood ~. ● **be on** [**at**] **the ~** 沸騰している. **bring** [**come**] **to the**‖ [**a***] **~** 沸騰させる[し始める], 煮立たせる[煮立つ]; [*fig*] 危機的事態に追いやる[至る]; *激怒させる[する]: *bring* the water *to a* full [rolling] ~ お湯をぐらぐら沸騰させる. **go off the ~** 沸騰しなくなる; 熱気[やる気など]がさめる. ♦ **~·able** *a* **~·ing·ly** *adv* [OF < L *bullio* to bubble (*bulla* bubble)]

boil[2] *n* はれもの, おでき, 〘医〙 癤(せつ), ねぶと (furuncle). ● **lance a ~** はれものをランセットで切開する; 〈不正・陰謀などを〉あばく 〈*of*〉; 〈敵愾心・緊張などを〉和らげる, …の悪化を食い止める [OE *bȳl(e)*; cf. G *Beule*]

Boi·leau(-Des·pré·aux) /*F* bwalo(depreo)/ ボアロー(-デプレオー) **Nicolas** ~ (1636–1711)《フランスの批評家・詩人; 古典主義の文学理論 *L'Art Poétique* (1674)》.

boiled /bɔ́ɪld/ *a* 煮沸した, ゆでた; *«俗» 腹を立てて, かんかんになって; «俗» 酔っぱらった.

bóiled dínner* 肉と数種の野菜の合わせ煮料理.

bóiled dréssing 卵黄を加え熱して濃くしたサラダドレッシング.

bóiled óil ボイル油(ゆ)《乾性油に乾燥剤を加えて加熱し, 乾性を高めたもの; 塗料原料油》.

bóiled rág *«俗» BOILED SHIRT.

bóiled shírt 胸部を固く糊づけした礼装用ワイシャツ; *«俗» 堅苦しいやつ[態度], もったいぶったばか者.

bóiled swéet‖ HARD CANDY.

bóil·er *n* **1** 煮沸する人; 煮沸器《釜・鍋など》; ボイラー, 汽罐; 給湯タンク; 煮物に適する食物《野菜・ひな鳥など》. **2** [°old ~]‖«口» 魅力のない女, おばさん.

bóil·er·màker *n* **1** ボイラー製造[修理]人. **2** *ボイラーメーカー (= **~ and his hélper**)《ビールを chaser にして飲むウイスキー, または ビール割りウイスキー》; *«俗» BOILERMAKER'S DELIGHT.

bóilermaker's delíght *«俗» 安ウイスキー, 強い酒, 密造酒.

bóil·er·plàte *n* **1** ボイラー板(いた), ボイラー鋼板《圧延鋼板》. **2** *〘報道〙《小部数発行の新聞などに同時に売られる》ステロ版のニュース[特集, 論説もの など]; *〘報道〙 陳腐な記事; 《契約書・保証書などの》定型的文言; 決まりきったことば; «口» 《ワープロで作成する通信文などの》反復して使用する文句. **3** 《足掛かりがまるでないような》平滑な岩壁; 《しばしば 氷片のまじった》圧し固められた凍った雪. **4** 〘空〙 ボイラー飛行模型. **5** *BOILERMAKER《ウイスキー》.

bóiler ròom ボイラー室; *«俗» 《証券・商品・不動産などの(しばしば詐欺的な)売込み, または取立てなどで》集中的電話作戦を行なう部屋[事業所] (= **bóiler shòp**); *«俗» たまり場, 温床.

bóiler scàle 《ボイラーの中にできる》湯あか.

bóiler·sùit *n* COVERALL, OVERALL.

boi·lie /bɔ́ɪli/ *n* ボイリー《コイ釣用の, 香りをつけた球形の釣り餌》.

bóil·ing *n* 沸騰, 煮沸; 一回分の煮物. ● **the whole ~** «俗» すべて, 一切合財. ► *a* 煮え[沸き]立つ; 沸き返るような; 煮えるような, うだるように暑い; 〈怒りなどが〉激しい, 猛烈な; 《怒りなどで》煮えくり返るほどの, 激昂した. ► *adv* 沸き立つほどに, ひどく, 激しく (very): ~ hot 沸騰して; «口» 猛烈に熱い / ~ mad «口» 激怒して.

bóiling flàsk 〘化〙 FLORENCE FLASK.

bóil·ing-òff *n* 〘繊維〙 BOILOFF.

bóiling pòint 〘理〙 沸点《略 bp》; 激怒(する時); 事柄[事態]が危機に達する点: heat [bring] sth to ~ …を沸騰させる / at the ~ かんかんになって / have a low ~ すぐに腹を立てる.

bóiling tùbe 《科学実験に使う》大型の試験管.

bóiling wàter reáctor 〘原子力〙 沸騰水型軽水炉《略 BWR》.

bóil·òff *n* **1** 《発射台上のロケットの推薬の貯槽内での》沸きこぼれ, 蒸発損, ボイルオフ. **2** 〘繊維〙 精練, ボイリングオフ (=*boiling-off*)《**1)** 絹練り織物から糊・蠟・脂肪などの不純物を除去すること **2)** 生糸を湯につけてゴム質を除く '絹練り' 'デガミング' のこと》.

bóil·òver *n* 煮えこぼれること, ふきこぼれ; «豪» 《競馬などでの》番狂わせ.

bóil-ùp *n* «豪口» お茶をいれること.

boing /bɔ́ɪŋ/ *int* ボイン, ボーン《跳んだりはずんだりする音[様子]》; [°boing-boing] *«俗» ボインボイン《性的魅力がある女性を見て急激に気持が高まった時の発声[高まる様子]》. ► *vt* *«俗» …とセックスする. [imit]

boink* /bɔ́ɪŋk/ *vt, n* «俗» (…と)セックスする; BONK.

bóink·er *n* *«俗» セックスを伴うデート.

bois brû·lé /bwɑ́: bruléɪ/ [°B- B-] «カナダ» インディアンとフランス系カナダ人との混血の人. [CanF=burnt wood]

bois d'arc /bóʊ dɑ̀:rk/ (*pl* **~s, ~**) OSAGE ORANGE.

Bois de Bel·leau /*F* bwa də belo/ ベローの森《BELLEAU WOOD のフランス語名》.

Bois de Bou·logne /*F* bwa də bulɔɲ/ ブーローニュの森《Paris 西部の大公園, もと 森林; Au·teuil /*F* otœj/, Longchamp の競馬場がある》.

bois de vache /bwɑ̀: də vǽʃ/ 野牛の乾燥糞《北米で 18–19 世紀に燃料とした》. [AmF=cow's wood]

Boi·se /bɔ́ɪsi, -zi/ ボイシ《Idaho 州の州都》.

boi·se·rie /*F* bwazri/ *n* 鏡板(かがみいた)《室内の壁用》.

Bois-le-Duc /*F* bwaldyk/ ボアールーデュク《's-HERTOGENBOSCH のフランス語名》.

bois·ter·ous /bɔ́ɪst(ə)rəs/ *a* **1** 荒れ狂う〈風・海など〉, 大荒れの. **2** 〈人が〉荒々しい; 騒がしい, 元気いっぱいの; «廃» 粗末な, 荒い, 強靭な, がっしりした, 丈夫な, かさばった. ♦ **~·ly** *adv* **~·ness** *n* [変形 < ME *boistous* < ?]

boîte /bwɑ́:t/ *n* (*pl* **~s** /-(s)/) 《小さな》ナイトクラブ, キャバレー, レストラン. [F=box]

Bo·i·to /bɔ́ɪtoʊ, bɔ́:i-/ ボイト **Arrigo** ~ (1842–1918)《イタリアの作曲家・台本作家; オペラ *Mefistofele* (1868) のほか, Verdi の *Otello*, *Falstaff* の台本を書いた》.

BOJ °Bank of Japan.

Bo·ja·dor /bɑ́ʤədɔ̀:r/ [Cape] ボハドル岬《アフリカ北西部 Western Sahara 南西部の大西洋に突き出た岬》.

Boj·er /bɔ́ɪər/ ボーイエル **Jo·han** /joʊhɑ́:n/ ~ (1872–1959)《ノルウェーの小説家》.

bojie ⇨ BOOJIE.

B.O. juice /bí:óʊ ―/ *«俗» 体臭除去液, デオドラント. [*b*ody *o*dor]

Bo Juyi 白居易 (⇨ BAI JUYI).

bok-bok /bɑ́kbɑ̀k/ *n* «南ア» 2 組でする馬跳び (leapfrog) の一種. [Afrik=goat-goat, buck-buck]

bok choy /bɑ́k ʧɔ́ɪ, -ʤɔ́ɪ/ 体菜(たいさい), チンゲンサイ, パクチョイ (=*pak choi*).

boke[1] /bóʊk/ *n* *«俗» 鼻 (nose).

boke[2] ⇨ BOLK.

bo·ke(h) /bóʊkèɪ, -kɛ/ *n* ボケ (blur), ボケ味(み)《写真のピントが合っていない部分のぼけの具合》. [Jpn]

Bók glòbule /bɑ́k-/ 〘天〙 ボックの胞子, ボックグロビュール《明るい星雲などを背景に小さな円形に見える暗い天体; 星間物質が収縮して星になる前のものとされる》. [Bart J. *Bok* (1906–83) オランダ生まれの米国の天文学者]

Bokhara ⇨ BUKHARA.

bok·ken /bɑ́kən/ *n* 《剣道の》木剣, 木刀. [Jpn]

bok·ma·kier·ie /bɑ̀kməkíri/ *n* 〘鳥〙 キノドミドリヤブモズ《南アフリカ産》. [Afrik (imit)]

Bok·mål /búkmɔ̀:l, bóʊk-/ *n* ブークモール (=*Riksmål*)《デンマーク語の文語をしだいに改良してでき上がったノルウェーの二大公用語の一つ; cf. NYNORSK》. [Norw=book language]

bo·ko /bóʊkoʊ/ *n* (*pl* **~s**) «俗» 鼻, 《人の》頭.

bo·koo, bo·ku /bóʊkú:/ *a* *«俗» 多くの, たくさんの, いっぱい (many). [F *beaucoup*]

Boks·burg /bɑ́ksbɜ̀:rg/ ボクスブルク《南アフリカ共和国 Gauteng 州 Johannesburg の東にある町; 金生産の中心地》.

bo·la /bóʊlə/, **-las** /-ləs/ *n* (*pl* **bo·las** /bóʊləz/, **bo·las·es**) 石[鉄の玉]の付いた投げ縄《南米で先住民やカウボーイが獣の脚に投げつけてからませる》; 〘服〙 BOLO TIE. [AmSp < Sp *bola* ball]

Bo·lán Páss /boʊlɑ́:n-/ [the] ボーラーン峠《パキスタン中西部

Quetta の南東にある峠; 最高点は標高約 1800 m》.

bo·lar /bóʊlər/ *a* 〖地質〗ボール (bole) の.

bola tie ⇨ BOLO TIE.

Bol·bi·ti·ne /bàlbətáɪni/ ボルビティネ《ROSETTA の古代名》.

bold /bóʊld/ *a* **1 a** 大胆な, 果敢な, 豪胆な (daring); ずぶとい, てすぎた, 不遜な; 〈着想・描写など〉奔放な; 《廃》自信のある, 確信した: put a ～ FACE on… / (as) ～ as brass 実にずうずうしい. **b** 〖印〗肉太の, ボールドの (boldfaced): ～ lines 太い線. **2** 際立った; 〈海岸など〉切り立った, 険しい (steep); *《俗》みごとな; すばらしい: in ～ relief くっきりと浮かび上がって. ● **I'll be ～ to** say…=**I make ～ to** [**make so ～ as to**] say… 失礼ながら[大胆にも, あえて]…と申し上げる: If I may be *so* ～ *as to* speak frankly, that is quite absurd. **make ～ with**… 大胆にも…に手をつける, …を失敬する. ► *n* BOLDFACE: *in* ～ 太字で. ♦ **～·ly** *adv* 大胆に, ずうずうしく(も); はっきりと. **～·ness** *n* 大胆さ, ずぶとさ, 押しの強さ; 奔放自在, 豪放; 目立つ[際立つ]こと. [OE *bald* brave; cf. G *bald* soon]

bóld·fàce 〖印〗*n, a* 肉太活字(の), ボールドフェース (opp. *lightface*); 肉太活字による印刷. ♦ **～d** *a*

bóld-fáced *a* ずうずうしい, 鉄面皮の.

Bol·dre·wood /bóʊldərwʊ̀d/ ボールダーウッド **Rolf ～** (1826–1915)《オーストラリアの小説家; 本名 Thomas Alexander Browne; *Robbery Under Arms* (1882–83)》.

bole[1] /bóʊl/ *n* 木の幹, 樹幹, 樹身. [ON *bolr*; cf. BALK]

bole[2] *n* 〖地質〗ボール《玄武岩などが分解してできる, 紅土質粘土を含む鮮紅色の蠟状物》. [BOLUS]

bo·lec·tion /boʊlékʃ(ə)n/ *n* 〖建〗浮出し(繰形(くりかた)).

bo·le·ro /bəléəroʊ/ *n* (*pl* ～**s**) **1** ボレロ《3/4 拍子の軽快なスペイン舞踊; その曲》. **2** /, ‖bɑ́lə-/ 短い上着《婦人用》, ボレロ. [Sp]

Bo·lé·ro /*F* bɔlero/ 『ボレロ』《Maurice Ravel 作曲のバレエ音楽 (初演 Paris, 1928)》.

bo·lete /boʊlíːt/ *n* 〖菌〗アミタケ[イグチ]科 (Boletaceae) のキノコ《総称》, 《特に》BOLETUS.

bo·le·tus /boʊlíːtəs/ *n* (*pl* ～·**es**, **-ti** /-tàɪ/) 〖菌〗ヤマドリタケ属 (*B-*) の各種のキノコ《cep など》.

Bo·leyn /bʊlín, -líːn, bʊ́lən/ ブリン **Anne ～** (1507–36)《イングランド王 Henry 8 世の 2 番目の妃で, Elizabeth 1 世の母; 姦通罪のゆえをもって処刑された》.

Bol·ger /bóʊlʤər/ ボルジャー **James Brendan ～** (1935–)《ニュージーランドの政治家; 首相 (1990–97)》.

bo·lide /bóʊlàɪd, -ləd/ *n* 〖天〗(爆発)火球, 爆発流星.

Bo·ling·broke /bálɪŋbrʊ̀k, bʊ́l-/ **1** ボリングブルック《イングランド王 Henry 4 世の姓》. **2** ボリングブルック **Henry St John,** 1st Viscount ～ (1678–1751)《英国の政治家; Tory 党の領袖, のち Sir Robert Walpole の率いる Whig 党に対する反対派を指導》.

bo·li·var /bəlíːvàːr, bálәvər/ *n* (*pl* ～**s**, **-va·res** /bɑ̀ləvɑ́ːrèɪs/) ボリバル《ベネズエラの通貨単位: =100 centimos; 記号 B》.

Bo·lí·var /bálәvàːr, -vər, bəlíːvàːr/ **1** ボリバル **Si·món** /simóʊn/ ～ (1783–1830)《南アメリカの独立運動指導者; 異名 'the Liberator' (解放者); Bolivia はその名にちなむ》. **2** [Cer·ro /séəroʊ/ ～] ボリバル山《ベネズエラ東部 Ciudad Bolívar の南方にある山 (615 m); 鉄鉱石を産出; 旧称 La Parida》; [Pi·co /píːkoʊ/ ～] ボリバル山《ベネズエラ西部の山 (5007 m); Cordillera Mérida および同国の最高峰》. **3** *《俗》ピストル.

Bo·liv·ia /bəlíviə/ **1** ボリビア《南米中西部の国; 公式名 Plurinational State of Bolivia (ボリビア多民族国); 首都は La Paz および Sucre (公式首都)》. **2** [b-] ボリビヤ《柔らかい毛織布》. ♦ **Bo·lív·i·an** *a, n* ボリビア(人)の; ボリビア人.

bo·liv·i·a·no /bəlìviáːnoʊ/ *n* (*pl* ～**s**) ボリビアノ《ボリビアの通貨単位: =100 centavos; 記号 B》.

bol·ix /bálɪks/ *vt, n* 《俗》BOLLIX.

bolk, boke, boak /bóʊk/ ‖《方》*vi, vt* ゲッ[ウェッ]とやる, 吐く, げっぷをする. ► *n* 嘔吐, げっぷ.

boll[1] /bóʊl/ *n* 〖植〗蒴(さく), ボール《綿花・亜麻などのまるい莢(さや)》. [Du; cf. BOWL[1]]

boll[2] *n* 《スコ》ボール《(**1**) 容積単位: =2–6 bushels **2**) 重量単位: =140 pounds》. [↑]

Böll /bǿːl; *G* bœ́l/ ベル **Heinrich** (**Theodor**) ～ (1917–85)《ドイツの作家; ノーベル文学賞 (1972)》.

Bol·land·ist /báləndɪst/ *n* 〖カト〗ボランディスト《イエズス会の *Acta Sanctorum* (聖人伝集) の編集委員のこと; この作業を始めたベルギーのイエズス会士 Jean Bolland (1596–1665) にちなむ》.

bol·lard /bálərd/ *n* 〖海〗《桟橋などの》繋船(けいせん)柱, ボラード; 〖海〗BITT; ‖車両の侵入防止のための杭, 車止めのポール. [BOLE[1]]

bol·li·to mis·to /bɔːlíːtoʊ míːstoʊ/ (*pl* **bol·li·ti mis·ti** /-líːti míːsti/) 〖料理〗ボリート・ミスト《ラム・子牛肉・ソーセージなどの混合肉と野菜を煮た料理》. [It]

bol·lix /bálɪks/, **-lox** /-ləks/ 《俗》*vt* 混乱させる, だいなしにする 〈*up*〉; 〈試験など〉に失敗する 〈*up*〉. ► *n* 混乱; ごったまぜ; BOLLOCKS; 《アイル》あほ, くず. [*ballocks*]

bol·lock, bal·lock /bálək/ *vt* ‖《俗》叱りつける, どやしつける.

bóllock·ing *n* ‖《俗》きつい叱責, どやしつけること, 大目玉: get [give sb] a ～ どなりつけられる, どなりつける.

bol·locks, bal·locks /báləks/ ‖《俗》*n pl* きんたま (cf. BALL[1] 3); ナンセンス, たわごと, くだらないこと, [〈*int*〉] くだらん, ばか言え, ケッ: a load of ～ 全くのナンセンス. ● **make a ～ of**…をだいなしにする. ► *vt* 混乱させる, めちゃくちゃ[だいなし]にする 〈*up*〉.

bol·locky /báləki/ *a* 《豪俗》すっ裸の, すっぽんぽんの.

bollox ⇨ BOLLIX.

bóll wéevil 1 〖昆〗ワタミハナゾウムシ《綿花の害虫》. **2 a** *《俗》共和党の政策を支持する保守的な南部民主党議員 (cf. GYPSY MOTH). **b** *《俗》組合非加入の[組合員にとって都合の悪い]労働者, 新入り.

bóll·wòrm *n* 〖昆〗**a** CORN EARWORM. **b** 綿の実を食う蛾の幼虫.

Bol·ly·wood /báliwʊ̀d/ 《口》ボリウッド《インドの映画産業; Bombay (Mumbai) が中心》. [*B*ombay+H*ollywood*]

bo·lo[1] /bóʊloʊ/ *n* (*pl* ～**s**) 《フィリピンの》MACHETE に似た長くて重い片刃の刀. [Sp<(Philippines)]

bolo[2] *n* (*pl* ～**s**) *《軍俗》射撃の最低基準に達しない兵士, へたなライフル射手; *《軍俗》無能な兵士; [ᵁB-] 裏切り者, 敗北主義者. ► *vi* *《軍俗》射撃の最低基準に到達しない. [Paul *Bolo* (1918 年死刑) 親ドイツのフランス人スパイ; のちに Bolshevik と関連づけられた]

bolo[3] *n* (*pl* ～**s**) *《ボク俗》大きく弧を描くパンチ, アッパーカット. [C20 <?]

bolo[4] *n* 〖服〗BOLO TIE.

Bo·lo·gna /bəlóʊnjə/ **1** ボローニャ《イタリア北部 Emilia-Romana 州の州都; 中世の自治都市で, ヨーロッパ最古の大学がある; 古代名 Bononia》. **2** ボローニャ **Giovanni da ～**=GIAMBOLOGNA. **3** [b-] *ボローニャソーセージ (=**bológna sàusage**)《牛・豚肉製の大型のスモークソーセージ》. **4** [b-] 《俗》BALONEY. ■ the **Univérsity of ～** ボローニャ大学《1088 年に Bologna に設立されたヨーロッパ最古の大学の一つ》. ♦ **Bo·ló·gnan** *a, n*

Bo·lo·gnese /bòʊlən(j)íːz, -s, ‖-néɪz/ *a* ボローニャ(人)の, ボローニャ方言の; 《イタリアの彫刻家》Bologna(派)の; 〖料理〗ボローニャ風の, ボロネーゼの《挽肉などをトマトやタマネギと煮込んだソースを添えた》. ► *n* ボローニャ人.

bó·lo·gràph /bóʊlə-/ *n* 〖理〗ボロメーターによる記録. ♦ **bò·lo·gráph·ic** *a*

bo·lom·e·ter /boʊlámətər/ *n* 〖理〗ボロメーター《電磁放射エネルギー測定用の抵抗温度計》. ♦ **bo·lóm·e·try** *n* **bo·lo·met·ric** /bòʊləmétrɪk/ *a* **-ri·cal·ly** *adv* [Gk *bolē* ray of light]

boloney ⇨ BALONEY.

bó·lo tìe /bóʊloʊ-/, **bóla tìe** ボロタイ, ループタイ《飾りのすべり具で留めるだけの紐(ひも)タイ》. [BOLA に形が似ている]

Bol·se·na /boʊlséɪnə/ [Lake] ボルセナ湖《イタリア中部 Latium 州北西部の火山湖》.

Bol·she·vik /bóʊlʃəvɪ̀k, bɔ́ːl-, bál-, -vìːk; bɔ́lʃəvɪ̀k/ *a, n* (*pl* ～**s**, **Bòl·she·ví·ki** /-víki, *-víː-/) ボリシェヴィキ(の)《十月革命で政権を握った, ロシア社会民主労働党の多数派の一員; cf. MENSHEVIK》; 《特にソ連の》共産党員(の); [ˢb-] [*derog*] 過激派(の), アカ(の). [Russ =member of majority (*bol'she* greater)]

Bol·she·vism /bóʊlʃəvɪz(ə)m, bɔ́ːl-, bál-; bɔ́l-/ *n* [ᴼb-] ボリシェヴィキの政策[思想]; ソ連共産主義. ♦ **-vist** *n, a*

bol·she·vize /bóʊlʃəvàɪz, bɔ́ːl-, bál-; bɔ́l-/ *vt* ボリシェヴィキ化する, 赤化する. ♦ **bòl·she·vi·zá·tion** *n*

Bol·shie, -shy /bóʊlʃi, bɔ́ːl-, bál-; bɔ́l-/ [ᴼb-] 《口》*a, n* BOLSHEVIK; [*derog*] 急進的な, 左翼(の), アカ(の); ‖手に負えない, 反抗的な; [*derog*] ソ連人. ♦ **Ból·shie·ness** *n*

Ból·shoi Bállet /bóʊlʃɔɪ-, bɔ́ːl-, bál-; bɔ́l-/ [the] ボリショイバレエ団《Moscow の Bolshoi 劇場所属のバレエ団; 創立 1776 年》.

Bólshoi Théatre [the] ボリショイ劇場《バレエで有名な Moscow の代表的劇場; 1824 年設立》.

bol·són /boʊlsóʊn/ *n* 〖地理〗《米国南西部の》乾燥盆地, ボルソン. [Sp]

bol·ster /bóʊlstər/ *n* **1 a** 《pillow を載せる》長枕. **b** 《ソファーや壁際で背もたれにする》クッション. **2** 《摩擦を減らしたり重さを支えたりする》当て物, 受けクッション; 〖建〗支持物, 枕ばり, 枕, ボルスター, 《イオニア式柱頭の》渦巻間の接合部; 石や煉瓦を切る広刃のたがね. ► *vt, vi* 〈病人などを〉長枕で支える 〈*up*〉; 〈自信・議論など〉補強[強化]する, 支える 〈*up*〉; 〈気分などを〉高める; 枕で打つ[戦う]. ♦ **～·er** *n* [OE *bolster* cushion<Gmc (**bolg-* to swell); cf. G *Polster*]

bolt[1] /bóʊlt/ *n* **1 a** 《ドアなどの》差し[スライド]錠; 《ドアロックの》舌, 締まり; かんぬき, 桟; 《銃の》遊底. **b** 《製材前の》原木, 短い丸太, 短材, 玉(たま). **2** ボルト, 締め釘, ねじくぎ. **3 a** 噴出 〈*of*〉; 駆け出し; 脱走, 高飛び; 欠席, 《会合からの》抜け出し; *脱党, 離党, 自党の方針[公認候補]拒否. **b** 思いがけないできごと, ハプニング. **4** 《布・壁紙の》ひと巻き, 一反, 《ヤナギの細枝の》ひと束 〈*of*〉; 〖製本〗小口, 袋小口, ボルト《折り重ねた印刷済みの紙の三方の端; ここを裁断してページが開くようにする》. **5** 電光, 稲妻 (thunderbolt) (=**a ～ of líghtning**); 《crossbow で射る》太矢. ● **do a ～** 《口》逃げ出す, ずらかる. (**like**) **a ～ from** [**out of**] **the blue** [**sky**] 青天の霹靂(へきれき)(のように). **make a ～ for**…に向かって急ぐ, 駆け出す; 逃げ出す. **make a ～ for it** 急に逃げ去る. **shoot one's ～** [しばしば完了形で] 太矢を射放つ; 持てる力を出しつくす, 金を使いつくす: My ～ *is shot*.=I have *shot* my ～. 力は出しつくした, できるだけのことはした / A fool's ～ *is* soon *shot*. «諺» 愚者はすぐ奥の手を出す《すぐ行き詰まる》. ► *vi* **1 a** 駆け出す, 飛び出す; 〈馬が〉逸走する; 逃亡[高飛び]する; 飛び込む, 逃げ込む 〈*into*〉; *«俗» 立ち去る, 行く, 出かける. **b** *脱党[脱退, 脱会]する, 自党の方針[候補]を拒否する. **2** 食べ物をうのみにする, 急いでのみ込む 〈*down*〉. **3** 〈ドアなど〉差し錠で締まる; ボルトで固定される. **4** 〚植〛 〈野菜など〉薹(とう)立ちする, 抽薹(ちゅうだい)する. ► *vt* **1** 差し錠[かんぬき]で閉ざす; ボルトで固定する[締める] 〈*down, to, together*〉. **2** 〈食べ物を〉《急いで》のみ込むようにして食べる, うのみにする 〈*down*〉. **3 a** だしぬけに言う, ペラペラしゃべる 〈*out*〉. **b** 〈狐・ウサギなどを〉穴から追い出す; «古» 射る. **4** *…から脱党[脱退, 脱会]する, …の支持を拒否する. **5** 〈布・壁紙を〉巻く. ● **～ in** [**out**] 《錠で閉ざして》閉じ込める[締め出す]. **～ up** 締め切る. ► *adv* まっすぐに, 直立に[して]; «古» だしぬけに. ● **～ upright** 背をまっすぐに, しゃちこばって: sit [stand] ～ *upright*. [OE *bolt* crossbow for throwing bolts or arrows<?; cf. G *Bolzen*]

bolt[2], **boult** /bóʊlt/ *vt* 〈小麦粉などを〉ふるい分ける; 精査する. ● **～ to the** BRAN. [OF<?]

bólt-àction *a* 手動式の遊底のある〈ライフル銃〉.

bólt bòat 荒海に耐える外洋ボート.

bólt·er[1] *n* 逸走する馬; 脱走者; *脱党[脱会]者, 党議違背者; «豪口» 《試合・競走で》勝ち目のないやつ, 思いがけず勝つやつ[馬]; «古» 脱獄囚. ► *vi**«海軍俗» 〈飛行機が〉空母に着艦しそこなう.

bolter[2] *n* ふるい分ける人[もの]; ふるい (sieve). [*bolt*[2]]

bólt hèad ボルトの頭; MATRASS.

bólt-hòle" *n* 《特に 追い詰められた動物の》抜け穴; 逃げ込み場所, 逃亡場所[手段], 安全な場所.

bólt·ing *n* ボルトで固定すること, ボルト締め; 食べ物をうのみにすること; 逃亡; 〚植〛 薹(とう)立ち, 抽薹(ちゅうだい).

bólting clòth 篩絹(ふるいきぬ) 《製粉用・捺染用など》.

Bol·ton /bóʊltn/ ボルトン 《イングランド北西部 Manchester の北西にある町; 14 世紀以来毛織物取引の中心地, のちに 綿紡績業の中心》.

bólt-òn *a* 〈車の部品など〉ボルト締めの; 簡単に追加できる.

bol·to·nia /boʊltóʊniə/ *n* 〚植〛 アメリカギク, ボルトーニア 《アメリカギク属 (*B*-) の多年草の総称》. [James *Bolton* (1735–99) 英国の植物学者]

bólt-òperated *a* 遊底作動式の〈銃〉.

bólt·ròpe *n* 〚海〛 ボルトロープ 《帆の周辺の補強ロープ》; 《一般に》上質のロープ, 強いロープ.

Boltz·mann /*G* bɔ́ltsman/ ボルツマン **Ludwig** (**Eduard**) ～ (1844–1906) 《オーストリアの物理学者; 統計力学の発展に貢献した》.

Bóltzmann's cònstant 〚理〛 ボルツマン定数 (=**Bóltzmann cònstant**) 《気体定数をアボガドロ数で割ったもの》.

bol·us /bóʊləs/ *n* 丸い塊り; 〚獣医〛 大きい丸薬; 〚薬〛 大型丸剤; 〚医〛 ボーラス 《静脈内に一度に大量注入される薬剤》; 食塊 《ひと口にのみ下す, かんだ食物の軟塊》; *«俗» 医者; いやなもの 《苦言など》; 〚地質〛 BOLE[2]. [Gk=clod]

Bo·lyai /bóʊljɔɪ/ ボーヤイ (**1**) **Farkas** ～ (1775–1856) 《ハンガリーの数学者; 平行線論を研究》 (**2**) **János** ～ (1802–60) 《ハンガリーの数学者; Farkas の子; 非ユークリッド幾何学の建設者の一人》.

Bol·za·no /boʊltsáːnoʊ, -záː-/ ボルツァーノ (*G* Bozen) 《イタリア北東部 Trentino-Alto Adige 州の町》.

bo·ma /bóʊmə/ *n* «東アフリカ・南アフリカ» 柵囲い(で囲まれた囲い地); «東アフリカ» 《警察・軍隊の》哨所; «東アフリカ» 治安判事事務所. [Swahili]

Boma ボーマ 《コンゴ民主共和国西部の Congo 川に臨む河港都市; 16 世紀に奴隷市場として建設された》.

bomb /bám/ *n* **1 a** 爆弾, 手榴弾; [the] 原爆, 水爆, 核兵器; 〚地質〛 火山弾 (=*volcanic bomb*); 〚釣〛 《固定用の》ナス型おもり. **b** 《高圧》噴射[噴霧]容器, ボンベ, スプレー容器; 《放射性物質の》運搬[貯蔵]用鉛容器. **c** *«俗» 自動車, HOT ROD; «豪俗» 古い自動車, ぼろ車; «俗» (太い)マリファナタバコ. **2 a** 爆弾的なもの; 突発事件; *«俗» 爆弾発言; [the ～ *or* da ～] *«俗» すっげえもの, すばらしいもの, 驚くべきもの; «アメフト俗» ロングパス[キック]; 〚バスケ〛 ロングシュート; 〚野〛 ホームラン; 〚ジャズ〛 ボム 《ドラマーがたたく突然のアクセント》. **b** *«口» 《ショー・演劇などでの》大へま, 大失態, 大失敗. **c** "大当たり, 大成功 (⇨ 成句); "«口» ひと財産, 大金: make a ～ "大もうけする / earn [cost, spend] a ～ "大金を稼ぐ[がかかる, をつかう]. ● **drop a ～** 衝撃を与える, ひどく動揺させる. **go down a ～** «口» 大成功する, 大いにうける 〈*with* sb〉. **go down like a ～** «口» 大きなショックである. **go** (**like**) **a ～** "«口» 大当たり[大成功]する; «口» 〈車が〉よく走る, 高速が出る. **lay a ～** «俗» 爆弾を投下する; *«俗» 〈芸人・出し物が〉失敗する, まるでうけない. **look like a ～ has hit it** «口» ひどく散らかっている, ぐちゃぐちゃだ. **put a ～ under** sb «口» 人に催促する, せかす. ► *vt* …に爆弾を投下する, 爆撃[爆破]する; «口» (めちゃめちゃに)やっつける; 〚野〛 長打する; *«口» …に失敗する; *«俗» とてもうまくやる. ► *vi* 爆弾を投げる[落とす]; 爆破を行なう; *«口» 失敗する, まるでだめだ; «口» 疾走する; «俗» (スプレー)ペンキでらくがきする; 〚電算〛 〈プログラム・システムが〉作動しない, (ぶっ)とぶ 〈*out*〉. ● **～ out** 空襲で〈町を〉破壊する; [°*pass*] 空襲で(家[職域]から)追い出す 〈*of*〉; *«俗» 失敗する; «俗» 退学[首]になる 〈*of*〉. **～ up** [°*pass*] 〈飛行機に爆弾を積み込む. [F<It, <Gk *bombos* hum]

bom·ba·ca·ceous /bàmbəkéɪʃəs/ *a* 〚植〛 キワタ[パンヤ]科 (Bombacaceae) の.

bom·bard *vt* /bambáːrd/ 砲撃[爆撃]する, 砲爆撃する 〈*with* shells〉; 質問[不平, 嘆願, 花束]攻めにする 〈*with* questions etc.〉; 〚理〛 〈原子など〉に衝撃を与える. ► *n* /ㄧㄧ/ 射石砲 《最古の大砲》; 〚楽〛 ボンバード 《オーボエ族の低音域の大型木管楽器》; 〚楽〛 ボンバルド(ン) (=*bombardon*) 《オルガンの低音リードストップ》. ♦ **～·er** /bambáːrdər/ *n* [F<L=stone-throwing engine; ⇨ BOMB]

bom·barde /boʊmbáːrd, bam-; bɔ́mbàːd/ *n* 〚楽〛 BOMBARD.

bom·bar·dier /bàmbərdíər/ *n* 《爆撃機の》爆撃手; «英・カナダ» 砲兵下士官; 〚昆〛 BOMBARDIER BEETLE; «カナダ» スノーモービル; «古» 砲兵.

bombardíer béetle 〚昆〛 ホソクビゴミムシ.

bombárd·ment *n* 砲撃; 〚核物〛 衝撃, ボンバード: aerial [artillery] ～ 空爆[砲撃].

bom·bar·don /bámbərdòʊn, -dən, bambáːrdn/ *n* 〚楽〛 ボンバルドン (**1**) ショーム (shawm) 属の低音楽器 **2**) バスチューバ; 主に 軍楽隊用 **3**) オルガンの低音リードストップ (bombard)).

bombasine ⇨ BOMBAZINE.

bom·bast /bámbæst/ *n* 大言壮語, 豪語, 誇張, こけおどし; «古» パッド[詰め物]用の柔らかい綿《など》. ► *a* «古» 大げさな. ♦ **～·er** *n* [*bombace* cotton wool<F<L; ⇨ BOMBAZINE; *-t* は添え字]

bom·bas·tic /bambǽstɪk/ *a* 誇大な, 大げさな, 大言壮語の, こけおどしの, 豪語する. ♦ **-ti·cal·ly** *adv*

bom·bax /bámbæks/ *a* 〚植〛 キワタ[パンヤ]科の.

Bom·bay /bambéɪ/ **1** ボンベイ (**1**) インド西部の旧州; ☆Bombay; 1960 年 Gujarat, Maharashtra 両州に分かれた **2**) MUMBAI の旧称). **2** 〚猫〛 ボンベイ 《American shorthair と Burmese の交配による, 黒い被毛と金色の眼をもつ猫》. **3** 〚商標〛 ボンベイ 《英国製のドライジン》.

Bómbay dúck 〚魚〛 テナガミズテング 《ハダカイワシ類の小魚; インド近海主産; 干し肉はカレー料理用》. [変形く *bombil* 魚の名]

Bómbay Ísland ボンベイ島 《インド西部 Bombay (Mumbai) 市がある小島; 現在は半島化》.

Bómbay míx ボンベイミックス 《ヒヨコマメの粉で作った揚げヌードル, レンズマメ, ピーナッツ, 野菜, などを混ぜたスパイスの効いたインドのスナック》.

bom·ba·zine, -sine /bàmbəzíːn, ㄧㄧ/ *n* ボンバジーン 《縦糸が絹, 横糸がウステッドの綾織り; 黒色に染め以前はしばしば婦人用喪服地》. [F, <Gk (*bombux* silk)]

bómb bày 《爆撃機の》爆弾倉.

bómb calorìmeter 〚化〛 ボンベ熱量計.

bómb dispòsal 不発爆弾撤去; 不発弾起爆: a ～ squad 不発弾処理班.

bombe /bám(b); *F* bɔ̃ːb/ *n* ボンブ (=**～ gla·cée** /ㄧ glæséɪ/) 《メロン形の容器に数種のアイスクリームを層にして詰めたもの》. [F=bomb]

bom·bé /bambéɪ/ *a* 〈家具が〉ふくらみのついた. [F]

bombed /bámd/ *a* 爆撃[空爆]をうけた; [°～ out] «俗» 《酒・麻薬で》酔っぱらって, ぶっとんで.

bómbed-òut *a* 空襲で焼け出された; 爆撃で破壊された; 荒廃した.

bomb·er /bámər/ *n* 爆撃機; 爆弾兵, 爆弾投下者, 爆破者, 爆弾犯[テロリスト]; 〚バスケ〛 長距離シューター; «海軍俗» ポラリス潜水艦; «俗» マリファナタバコ; *«俗» いい加減に作ったカクテル; 〚服〛 BOMBER JACKET.

bómber jàcket 〚服〛 ボマージャケット 《ウエストと袖口をゴム編みでしぼった革製ジャンパー(型ジャケット)》.

bómb-hàppy *a* «口» 爆弾[戦闘]ノイローゼの.

bom·bic /bámbɪk/ *a* カイコ (silkworm) の.

bom·bi·nate /bámbənèɪt/, **-late** /-lèɪt/ *vi* ブンブンいう[うなる] (buzz, drone). ♦ **bòm·bi·ná·tion, -bi·lá-** *n*

bómb·ing *n* 爆撃; 爆破; [*fig*] 《相手などを》やっつけること: a ～ plane 爆撃機.

bómbing rùn BOMB RUN.

bom·bi·ta /bɔːmbíːtɑː/ *n**«俗» ボンビタ 《アンフェタミン錠[カプセル]》. [Sp=small bomb]

bómb·let *n* 小型爆弾, 《クラスター爆弾の》子弾.

bómb·lòad *n* 《一機の》爆弾搭載量.

bom·bora /bambɔ́ːrə/ *n* «豪» サンゴ暗礁《の上を流れる危険な潮流》. [(Austral)]

bómb·pròof *a, n* 防弾の, 爆弾に耐える; きわめてがんじょうな, 耐久性にすぐれた; 堅固な〈理論など〉; 防空壕[シェルター] (=～ shelter). ► *vt* 防弾(式)にする.

bómb ràck 《飛行機の》爆弾(懸吊)架.

bómb rùn 《目標確認から爆撃までの》爆撃航程[行程].

bómb scàre 《爆破物を仕掛けたという》爆弾テロ予告(による恐怖).

bómb·shèll *n* 爆弾 (bomb); 砲弾 (shell); センセーションを起こす人[もの], 爆弾発言, 寝耳に水のできごと, 突発事件; «口» セクシーな美女: like a ～ 突発的に; すばらしく, とてもうまくいって / drop a ～ 爆

弾発言をする / a blonde 〜 金髪の美女. ● **explode a 〜** あっといわせる.

bómb shèlter 爆撃退避所, 防空壕.

bómb·sìght *n* 〔空〕爆撃照準器.

bómb sìte 空襲被災地域; ひどく散らかった場所.

bómb squàd 《警察の》爆発物[爆弾]処理班; 爆弾テロ調査班; 〔アメフト〕爆撃部隊《危険を伴うプレーの時に駆り出される予備チーム》.

bom·by·cid /bάmbəsəd, -sìd/ *n, a* 〔昆〕カイコガ科 (Bombycidae) の(各種の蛾).

BOMC °Book-of-the-Month Club.

bo·moh /bóumou/ *n* 《マレーシア》医療師, 呪医. [Malay]

Bo·mu /bóumu/, **Mbo·mou** /əmbóumu/ [the] ムボム川《コンゴ民主共和国と中央アフリカ共和国の国境を西流して Uele 川に合流し, Ubangi 川を形成》.

bon /bɔ́(:)n, bάn/ *a* 良い. ● **no 〜** 《軍俗》だめ (no good). [F＝good]

Bon[1] /bɔ́:n/, **Bön** /bóun/ *n* ボン教《仏教普及以前にチベットで広く行なわれていたシャーマニズム的宗教》; ボン教僧侶.

Bon[2] /bάn/, **O-Bon** /oubάn/ *n* 盆, お盆 (＝*Festival of the Dead, Lantern Festival*) 《日本の仏教行事》. [Jpn]

Bon[3] /bάn/ [Cape] ボン岬《チュニジア北東部の岬; 第二次大戦中の 1943 年 5 月ドイツ軍が連合軍に降伏した地》.

Bo·na /bóunə/ [Mount] ボーナ山《アラスカ南部 Wrangell 山地の山 (5005 m)》.

bo·na·ci /bòunəsí:/ *n* 〔魚〕スズキ属の黒い食用魚. [Sp]

bo·na fide /bóunə fáidi, -fáid, bάnə-/ *a, adv* 善意の[で], 誠実な[に], 真正な[に] (opp. *mala fide*): a 〜 offer 〔法〕《欺罔(ぎもう)の意思のない》真正な[善意の]申し込み. [L＝in good faith]

bóna fí·des /-fáidì:z/ 〔法〕善意, 誠意 (opp. *mala fides*); [°〈*pl*〉] 真正性; [°〈*pl*〉] 信用証明, 真正性を立証するもの (credentials); [°〈*pl*〉] 資格[実績]証明. [L＝good faith]

Bon·aire /bənέər/ ボネール《西インド諸島南部, ベネズエラ北西岸沖の島; オランダ本土に属する特別自治体》.

bon ami /*F* bɔnami/ (*fem* **bonne amie** /—/) (*pl* **bons amis** /*F* bɔ̃zami/) 友だち; 恋人, 愛人.

bo·nan·za /bənǽnzə/ *n* 富鉱帯, ボナンザ; 大当たり, 福運; 大金, 巨額; 多量; 《農場の》当たり年; 宝庫; 〔証券〕思いがけないぼろもうけ, 当たった大やま; [〈*a*〉] 大当たりの; 見ごたえのある娯楽. ● **in 〜** 鉱脈が豊富で; 大当たりで. [Sp＝calm sea, fair weather (L *bonus* good)]

Bo·na·parte /bóunəpὰ:rt/ ボナパルト (*It* Buonaparte) 《Napoleon 1 世と兄弟の出た Corsica 島の一家》: (1) **Jérôme 〜** (1784–1860) 《Napoleon 1 世の弟; Westphalia 王 (1807–13)》 (2) **Joseph 〜** (1768–1844) 《Napoleon 1 世の兄; Naples 王 (1806–08), スペイン王 (1808–13)》 (3) **Louis 〜** (1778–1846) 《Napoleon 1 世の弟, 3 世の父; オランダ王 (1806–10)》 (4) **Lucien 〜** (1775–1840) 《Napoleon 1 世の弟; Canino 皇太子》.

Bó·na·pàrt·ìsm *n* ナポレオン支持; ナポレオン流の独裁政治, ボナパルティスム.

Bó·na·pàrt·ist *n, a* ナポレオンの支持者(の), ボナパルト主義者《Napoleon 1 世, 3 世, その王朝の支持者》.

bo·na per·i·tura /bóunə pèrətúərə/ 〔法〕滅ぶる財物. [L]

bon ap·pé·tit /*F* bɔnapeti/ 十分に召し上がってください, 召し上がれ. [F＝(I wish you) a good appetite]

Bonar Law ⇨ LAW.

bo·na va·can·tia /bóunə vəkǽntiə/ *pl* 〔法〕無主物《明白な所有主のない動産》. [L＝ownerless goods]

Bon·a·ven·tu·ra /bὰnəvènt(j)úərə/, **-ture** /bὰnəvéntʃər, ⌐—⌐—/ [Saint] 聖ボナヴェントゥラ (c. 1217–74) 《イタリアのスコラ哲学者; 通称 'the Seraphic Doctor' (熾(し)天使的博士); 祝日 7 月 15 日 (もと 14 日)》.

bon·bon /bάnbὰn/ *n* 糖菓, 《特に》《ナッツ・ゼリーなどを糖菓やチョコレートで包んだ》ボンボン; 《一般に》甘すぎるもの; 愉快な[楽しい]もの; かんしゃく玉 (cracker). [F (BON)]

bon·bon·nière /bὰnbəníər; *F* bɔ̃bɔnjɛ:r/ *n* ボンボン入れ; 菓子屋《人・店》. [F]

bonce[‖] /bάns/ *n* 大型はじき石; 《俗》頭 (head).

bond[1] /bάnd/ *n* **1 a** 結ぶ[縛る]もの, ひも, 帯. **b** [*pl*] 束縛するもの, 縄目, 鎖, かせ: break [burst] one's 〜*s* 束縛を脱する. **c** 接着剤, 結合剤, ボンド; 接合材, 粘結剤. **d** 接着, 接合状態 〈*between*〉. **e** 〔化〕原子の手, 《原子などの》結合, 価標, ボンド. **f** 〔石工〕《石・煉瓦などの》組積(そせき)構造[工法]: ENGLISH BOND. **2** 結びつき, きずな, 契り, 結束 〈*between, with*〉: a 〜 of friendship 友情のきずな / family 〜*s* 家族のきずな / share a common 〜 共通のつながりを有する. **3 a** 〔法〕契約, 約定: enter into a 〜 *with*...と契約を結ぶ. **b** (捺印金銭)債務証書, 証文; 保証証書[契約]; 違約金, 保証金, *保釈金; 《英では古》保証人: give 〜 (to do...) *《俗》(...すべき)保証を与える / on 〜 保釈金を払って / go sb's 〜 人の保証人に立つ. **c** 公債証書, 債券, 社債: a public [government] 〜 公債[国債] / TREASURY BOND / a 〜 issue 債権発行, 社債発行 / call a 〜 公債[社債]償還の通告をする. **d** ボンド紙 (bond paper). **4** 保税倉庫留置; *BONDED WHISKEY: bottled in 〜 〈ウイスキーなど〉保税倉庫にはいって / (take) out of 〜 保税倉庫から(出して). ● **in 〜s** 禁固されて. **sb's word is (as good as)** his/her **〜** 口にした約束は証書も同じ《絶対に守る》.
► *vt* **1** 保税倉庫に預ける; 担保に入れる, 抵当に置く; 〈借入金を〉債券に振り替える; 〈被用者など〉に保証契約をする; ...の保証人になる. **2** 結合する; 〈石・煉瓦を〉組み積みする, つなぐ, 接着する; 〈樹脂を〉繊維で固める; 基盤に埋め込む; 〔化〕結合する; ...との緊密な情緒的関係を確立する. ► *vi* 〈石・煉瓦が〉固着[付着]する, 接着できる 〈*together*〉; 固まる; 緊密な結びつき (bonding) を確立する, きずなを深める 〈*with*〉. ♦ **〜·able** *a* [BAND[1]]

bond[2] *a* [[U]*compd*] 《古》奴隷の, とらわれの. ► *n* 《廃》農奴, 奴隷. [OE *bonda*＜ON＝husbandman; cf. HUSBAND]

Bond ⇨ JAMES BOND.

bónd·age *n* 農奴の境遇, 賤役; とらわれの身, 奴隷の身分; 《行動の自由の》束縛, 屈従; 《情欲・麻薬などの》奴隷であること; 《SM プレイで》縛り, 緊縛: in 〜 (to...) (...に)とらわれて, (...の)奴隷となって / the house of 〜 〔聖〕奴隷の家《ファラオのもとでユダヤ人が奴隷として拘束されていたエジプトのこと; *Exod* 13: 3》. ♦ **bónd·ag·er** *n* 《中世の》農奴, 隷農, 小作人

bónd·ed *a* **1** 公債[債券]で保証された; 担保付きの; 保税倉庫留置の; 保税品の. **2** 織物どうしを貼り合わせてできた: 〜 jersey.

bónded débt 社債発行借入金, 長期負債.

bónded góods *pl* 保税貨物.

bónded wárehouse [stóre[‖]**]** 保税倉庫《関税の支払いが済むまで輸入貨物を留め置く倉庫》.

bónded whískey 〔米〕保税瓶詰めウイスキー《瓶詰め前に最低 4 年は政府管理下にあった 100 プルーフすなわちアルコール分 50% の生のウイスキー》.

bónd ènergy 〔化〕結合エネルギー《原子が結合を生成するときに放出する熱量》.

bónd·er *n* 保税貨物預け主; 〔建〕BONDSTONE.

bond·er·ize /bάndəràiz/ *vt* 〈鉄鋼を〉リン酸被膜化する, ボンデライズする《防食皮膜生成法》. [商標 *Bonderized*]

bónd·hòld·er *n* 公債証書[社債券]所有者.

Bon·di /bάndài/ ボンダイ《オーストラリア南東部 Sydney 南東郊外の町; 海岸 〜 **Béach** はサーフィンのメッカ》. ♦ **give sb b〜** 《豪》人を激しく攻撃する. **shoot through like a 〜 tram** 《豪俗》すぐに立ち去る, ずらかる.

bónd·ing *n* 《bonded warehouse [store] への》留め置き; 〔建・石工〕組積み; 接合, ボンド接着; 〔電〕結合, 接続; 〔電子工〕ボンディング《半導体チップと外部との接続》; 〔化〕《原子の》結合; 〔歯〕ボンディング《歯の表面の変色[損傷]した箇所に耐久性のある樹脂質の物質を固定する技術》; 〔人〕《絶えず共同生活を送ることなどによる母子などの》緊密な結びつき.

bónd lèngth 〔理・化〕結合距離《結合した 2 原子核間の距離》.

bónd·màid *n* 《古》女奴隷; 無賃で働かされる女.

bónd·man /-mən/ *n* 奴隷, 農奴; 無賃で働かされる男.

bónd pàper ボンド紙《上質紙; 証券などの用紙に適する》.

bónd sèrvant 無賃で働かされる者; 奴隷.

bónd sèrvice 奴隷[農奴]のつとめ.

bónd·slàve *n* 奴隷.

bónds·man[1] /-mən/ *n* BONDMAN.

bondsman[2] *n* 〔法〕(捺印金銭債務証書に基づく)保証人 (surety). ♦ **bónds·wòman** *n fem*

bónd·stòne *n* 〔建〕つなぎ石, 控え石, 控え取り.

Bónd Strèet 《London の》ボンド街《宝飾店・画廊など高級店が並ぶ商店街》.

bon·duc /bάndʌ̀k/ *n* 〔植〕KENTUCKY COFFEE TREE.

bónd·wàsh·ing *n* 金縁[一流]証券脱税操作.

bónd·wòman *n* (*pl* **-wòmen**) 女奴隷[農奴]; 無賃で働かされる女.

bone[1] /bóun/ *n* **1 a** 骨, 硬骨; 骨質, 骨組織; [*pl*] 身体, 体; [*pl*] 死骸, 骸骨; 肉の付いた骨《犬の喜ぶ餌》; ちょっと人を喜ばせるもの, 手なずける手段: 〜 structure 骨構造; 骨格 / a horse with plenty of 〜 骨格のよい馬 / (as) dry as a 〜＝BONE-DRY / old 〜*s* 老体, 老骨 / Hard words break no 〜*s*. 《諺》きついことばならけがはない / lay one's 〜*s* 埋葬される, 死ぬ / SKIN and 〜*s* / BAG OF BONES. **b** 髄, 本質, 核心, 核; [[U]*pl*] 《心の》奥底; 《基本的な》枠組, 骨格; (精神的)傾向, 性向: the main 〜 骨子 / BARE BONES / not have a bad 〜 in one's body 悪い性質をかけらももっていない. **2** 骨をおもわせる[でできた]もの. **a** 骨状のもの《象牙・くじらひげなど》; 《卑》(勃起した)ペニス (cf. BONE-ON). **b** [〜s, 〈*sg*〉] 骨[象牙など]で作ったもの, 骨の役目をするもの《傘の骨・コルセットの張り骨など》; [*pl*] 《口》さいころ; 《アフリカなどで占いに使う》骨札; [*pl*] ボーンズ《指の間にはさんで打ち鳴らす骨や木でできたリズム楽器》; *《俗》1 ドル, 1 ドル銀貨, [°*pl*] お金. **c** BONE WHITE; 明るいベージュ色. **3 a** [*pl*] *《俗》やせっぽち. **b** *《俗》くそ勉強家, ガリ勉家. **c** [〜s, 〈*sg*〉] 《俗》外科医, 医者. **d** [〜s *or* (Mr.) B-s, 〈*sg*〉] 《minstrel show で》ボーンズを鳴らす END MAN. **4** 《口》争いのたね[原因]. ● **a 〜 in** her **teeth** 船首にまともに当たる波. **a** BONE OF CONTENTION. **bred in the 〜** もって生まれた〈性分〉, 生まれつきの[で]: What *is bred in the* 〜 will never come out of the flesh. 《諺》《祖先から受け継いだ》生まれつきの性質は抜きがたいもの. **cast (in) a ～ between**…の間に不和を起こさせる. **close to [near] the ～** 金に窮した; 〈ジョークなど〉きわどい, 〈評言など〉あけすけな. **cut [pare]…to the ～** 〈費用・サービスなどを〉ぎりぎりまで切り詰める[下げる], …から余計[不要]なものをそぎ落とす; 〈人〉の感情をひどく害する; 〈寒風などが〉…の骨身にこたえる. **feel [know] in one's ～s** 〈…ではないかと〉直感的に思う[わかる], 〈…と〉確信する 〈*that*〉. **have a ～ in one's leg [throat]** 足[のど]に骨を立てている《行け[言え]ないときの言いわけ》. **have a ～ to pick with**…に対して言うことがある, …と話をつけなければ[けんかしなければ]ならない. **jump (on) sb's ～s** *《俗》人を猛烈[執拗]に口説く, 性交[暴行]する. **make [have] no ～s about [of] (doing)**…(するの)にこだわらない, …が平気だ[を平気でやる]; 隠さない, 認める. **Make no ～s about it, …** 《口》確かに, 間違いなく, いいかい本当のことだよ《陳述を強める》. **make old ～s** [^{U}*neg*] 《古風》長生きをする. **my old ～s** 老骨(のわたくし), 老生. **near the ～** ⇨ close to the BONE. **No ～s broken!** たいしたことはないよ. **on [off] the ～** 〈肉・魚が〉骨付きで[骨を取り除いて]. **pick over the ～s** 《よい物を得ようと》注意深く調べる, めぼしいものをあさる. **point the ～ at** 《豪》先住民が骨で〈人〉を指してその死や病気を願う呪文を唱える; …の不幸を願う, …に不幸をもたらす; 〈罪人〉を指さす. **roll the ～s** クラップス (craps) をやる. **spare ～s** 骨惜しみする. **throw a ～** 相手をなだめるために譲歩する. **to the ～** 骨(の髄)まで; 徹底的に: chilled [frozen] *to the ～* 凍えきって / chill sb *to the ～* 人をぞっとさせる / work one's FINGERS *to the ～*. **without more ～** それ以上こだわらずに.

► *vt* **1** 〈鶏・魚など〉の骨を抜く; 〈胸衣・傘など〉に骨を入れる; 〖園〗…に骨粉を施す. **2** 〈ブーツ・バットなどを〉《表面をなめらかにするために》骨(など硬いもの)でこする. **3** 《俗》ねだる; *《俗》悩ます, しつこく付きまとう; 《俗》盗む (steal); 《豪口》…に不運をまねく[望む]. ► *vi* *《口》《特定の目的で》懸命にやる, 猛勉強する, 詰め込む, おさらいする 〈*up* (*on* a subject)〉; *《俗》性交する 〈*away*〉; *《俗》借金を返す 〈*up*〉. ● **～ out** *《俗》立ち去る, 出かける.

► *adv* 徹底的に, 全く: ～ tired [weary] すっかり疲れて[いやになって] / be ～ idle [lazy] きわめて怠惰だ.

[OE *bān*; cf. G *Bein*]

bone² *n* *《俗》トロンボーン (trombone).

Bone ボーン Sir **Muirhead** ～ (1876–1953)《スコットランドのエッチング作家・画家》.

Bône /*F* bo:n/ ボーヌ《ANNABA の旧称》.

bóne àsh 骨灰(こっかい)《磁器・乳白ガラス・肥料用》.

bóne bèd 〖地質〗骨層《動物の骨・魚鱗などを多量に含む薄い地層》.

bóne-bènd·er *n* *《俗》医者.

bóne blàck [chàr] 骨炭《脱色吸収剤・顔料》.

bóne-brèak·er *《俗》 *n* 医者; ひどく骨の折れる仕事; レスラー.

bóne cèll 〖解〗骨細胞 (osteocyte).

bóne-chìll·ing *a* 非常に寒い; 骨も凍るような, 戦慄的な.

bóne chína 骨灰(こっかい)磁器, ボーンチャイナ《骨灰またはリン酸カルシウム入りの軟質磁器》.

bóne condùction 〖医〗《聴力の》骨伝導, 骨導.

bóne-cràck·er, -crùsh·er *n* *《俗》レスラー.

boned /bóund/ *a* 骨が…の; 鯨骨を入れた; 骨を抜き取った; 骨粉を施肥した: big-～ 骨太の.

bóne-drý *a* からからに乾いた, 乾燥しきった, ひからびた, 〈井戸など〉干上がった; *《口》絶対禁酒の, 酒抜きの.

bóne dùst BONEMEAL.

bóne èarth BONE ASH.

bóne-èat·er *n* *《俗》犬.

bóne fàctory *《俗》病院, 墓地.

bóne·fìsh *n* 〖魚〗 **a** ソトイワシ《釣り魚・食用》. **b** タイセイヨウカライワシ (ladyfish). ♦ **～·ing** *n*

bóne·hèad 《口》 *n* まぬけ, へまなやつ, ばんくら, ボーンヘッド; へま. ► *a* ばかな, へまな; 《大学》基礎のできていない学生のための, 遅進学生向けの 〈授業・コース〉: ～ play 《野球などの》ボーンヘッド.

bóne·hèad·ed *a* 《俗》まぬけの. ♦ **～·ness** *n*

bóne·less *a* 骨のない; 骨抜きした; 締まりのない〈文章〉.

bóne màrrow 〖解〗骨髄 (marrow) (cf. RED MARROW, YELLOW MARROW).

bóne·mèal *n* 骨粉 (=*bone dust*)《肥料・飼料》.

bóne of contèntion 争いのたね, 不和のもと.

bóne òil 骨油(こつゆ)《獣骨を乾留して採る悪臭のある液体》.

bóne-òn *《卑》 *n* 勃起(したペニス) (hard-on), 上反り: have a ～ おっ立つ. ► *a* 性欲旺盛な, 熱くなった.

bóne òrchard 《俗》墓地.

bon·er /bóunər/ *n* **1** 《衣服の》骨張り工; 《かんづめやソーセージなどにしか使えない》劣等食肉用の動物. **2** 《俗》ばかばかしい間違い, へま, どじ; 《野球俗》ボーンヘッド; *《俗》ガリ勉家; 《俗》勃起(したペニス), 立ちまら: pull [make] a ～ へまをやる.

Boner ⇨ BONNER.

bóne·sèek·er *n* 〖生・医〗骨親和性元素, 向骨性物質《体内で骨に向かう傾向のある放射性同位元素》. ♦ **bóne·sèek·ing** *a*

bóne·sèt *n* 〖植〗キク科ヒヨドリバナ属の数種の草本, 《特に》北米産ヒヨドリバナ属の一種 (=*agueweed, thoroughwort*)《骨折治療に効くとされた多年草》.

bóne·sètter *n* 接骨師, 骨接ぎ《通例 有資格の医師ではない》.

bóne·sètting *n* 接骨(術), 骨接ぎ.

bóne·shàker *n* 《口》[*joc*] ガタガタする[旧式な]乗物《ゴムタイヤなしの自転車など》.

bóne shàrk 〖魚〗ウバザメ (basking shark).

bóne spàvin 〖獣医〗骨肥大飛節内腫.

bóne·tòp *n* *《俗》まぬけ (bonehead).

bóne tùrquoise 〖鉱〗歯トルコ石 (odontolite).

bóne whìte 骨白, ボーンホワイト《灰色がかったり薄いとび色がかった白など》.

bóne·wòod *n* 〖植〗シマトベラ (cheesewood).

bon·ey /bóuni/ *a* BONY.

bóne·yàrd *n* 《自動車など》修理不能物[がらくた]置場; 《口》墓場 (cemetery).

bón·fìre /bán-/ *n* 《戸外での催し・祝い・合図などの》大かがり火, 《野天でがらくたなどを焼く》たき火; *《俗》タバコ(の吸いさし): make a ～ of…を焼き捨てる. [*bone, fire*; 骨を燃やしたことから]

Bónfire Nìght 〖英〗たき火の夜 (GUY FAWKES NIGHT).

bong¹ /bɔ́(:)ŋ, báŋ/ *n* ボーン, ゴーン《鐘・ゴング・呼び鈴などの音》; ゴツン, ポカッ《頭をたたいたりする音》. ► *vi, vt* 〈鐘・ゴングなどが〉(ゴーンと)鳴る, 鳴らす 〈*out*〉. ● **～ out** 《口》《ピアノで》〈曲を〉弾き鳴らす. ► *a* *《俗》すぐれた, すばらしい. [imit]

bong², bhong /bɔ́(:)ŋ, báŋ/ *n* 《マリファナ用の》水パイプ; *《俗》《水パイプを使った》マリファナのひと吸い. ► *vi, vt* *《俗》(水パイプを)吸う; *《俗》(ビールを)樽からホースを使って飲む. ● **～ on** 《豪俗》水パイプのマリファナパーティーに出る. [C20＜?]

bónged(-òut) *a* *《俗》《特に 水パイプを使って吸った》麻薬[マリファナ]でふらふらになった. [*bong²*]

bon·go¹ /bɔ́(:)ŋgou, báŋ-/ *n* (*pl* ～, ～**s**) 〖動〗クチグロスジカモシカ, ボンゴ《赤い栗色に白い縞(しま)のある美しい羚羊; アフリカ産》. [cf. Bangi *mbangani*, Lingala *mongue*]

bongo² *n* (*pl* ～**s**, ～**es**) ボンゴ (=～ **drùm**)《2 個一組に連結されたラテン音楽用小太鼓》. ♦ **～·ist** *n* ボンゴ奏者. [AmSp]

bongo³ *n* (*pl* ～**s**) 《俗》頭のけが. [? BONG¹]

Bongo ボンゴ **Omar** ～ (1935–2009)《ガボンの政治家; 本名 Albert-Bernard ～; 大統領 (1967–2009)》.

bon·goed /bɔ́(:)ŋgoud, báŋ-/ *a* *《俗》酔っぱらった.

Bóngo the Béar 熊のボンゴ《一輪車に乗っている漫画の熊》.

bon goût /*F* bɔ̃ gu/ よい趣味 (good taste).

bon gré, mal gré /*F* bɔ̃ gre mal gre/ いやでもおうでも, しかたなく.

bon·ham /bánəm/ *n* 《アイル》小さい豚, 子豚 (piglet). [Ir *banbh* pig の方言形]

Bon·heur /*F* bɔnœ:r/ ボヌール **Rosa** ～ (1822–99)《フランスの動物画家》.

Bon·hoef·fer /*G* bó:nhœfər, bán-/ ボーンヘッファー **Dietrich** ～ (1906–45)《ドイツのルター派神学者; Hitler 暗殺計画に関与, 処刑された》.

bon·ho(m)·mie /bànəmí:, bòun-/ *n* 温容, 快活さ, 気さくさ. [F (*bonhomme* good fellow)]

bon·ho·mous /bánəməs/ *a* 温容の, 快活な. ♦ **～·ly** *adv*

bo·ni·a·to /bòuniá:tou/ *n* (*pl* ～**s**) 《肉色の白い》サツマイモ (sweet potato). [Sp]

bon·i·face /bánəfəs, -fèis/ *n* 《好人物で陽気な》宿屋[食堂, ナイトクラブ]の主人. [*Boniface* Farquhar, *The Beaux' Stratagem* に出る Lichfield の宿屋の主人]

Boniface **1** [Saint] 聖ボニファティウス (c. 675–754)《イングランドの伝道者; 本名 Winfrid または Wynfrith; ドイツに布教, the Apostle of Germany (ドイツの使徒) と呼ばれる; 祝日 6 月 5 日》. **2** ボニファティウス ～ **VIII** (c. 1235 or 40–1303)《ローマ教皇 (1294–1303); 本名 Benedict Caetani; フランス王 Philip 4 世と対立, 中部イタリア Anagni で襲われ, 退位を迫られた》. **3** ボニファス, ボニフェイス《男子名》. [L=doer of good]

bon·ing /bóuniŋ/ *n* 骨を除くこと, 骨抜き, 除骨; 〖園〗骨粉を施すこと; コルセットなどに入れる骨.

bóning knìfe 《魚や肉の》骨取り用小型ナイフ.

Bon·ing·ton /bániŋtən/ ボニントン (1) Sir **Chris(tian John Storey)** ～ (1934–)《英国の登山家》 (2) **Richard Parkes** ～ (1801–28)《英国の画家》.

Bó·nin Ìslands /bóunən-/ *pl* [the] 小笠原諸島. [「無人」のなまり]

bo·nis avi·bus /bóuni:s á:wibùs/ 吉兆をもって. [L]

bon·ism /bániz(ə)m/ *n* 善世説《この世は善であるとする楽天主義; cf. MALISM》. ♦ **-ist** *n, a*

Bo·ni·ta /bəní:tə/ ボニータ《女子名》. [F, Sp=good, pretty]

bo·ni·to /bəní:tou, -tə/, **-ta** /-tə/ *n* (*pl* ～, ～**s**) 〖魚〗ハガツオ・スマの類の各種: a dried ～ かつおぶし. [Sp]

bon·jour /*F* bɔ̃ʒu:r/ *int* こんにちは!

bonk /báŋk/ 《俗》 *vt, vi* バン[ガン, ゴツン, ボイーン]と打つ[たたく, なくる, ぶつかる]; 〈頭を〉ぶつける, 〈人〉の頭をなぐる; バン[ガン, ゴツン, ガタガタ]音をたてる; ''(…と)性交[セックス]する, 'やる'. ► *n* バン[ガン]という音; 一撃, 一発; ''性交, セックス. [imit]

bónk·bùster *n* ''《口》《露骨な性描写の多い》性愛小説, アダルトロマンス. [*bonk*, block*buster*]

bon·kers /báŋkərz/ 《俗》 *a* 気が狂った[て], いかれた, 夢中で (crazy); (少し)酔って: go ~ 狂う / stark staring ~ 完全に狂って. [頭に一発 (bonk) くることからか]

bon mar·ché /*F* bɔ̃ marʃe/ *a* 安い, 安価な.

bon mot /bán móu; *F* bɔ̃ mo/ (*pl* **bons mots** /-móuz; *F* —/, ~**s**) うまい冗談, うがったことば, 名言, 至言, 名文句. [F=good saying]

Bonn /bán; *G* bɔ́n/ ボン《ドイツ西部 North Rhine-Westphalia 州の市; 統合以前の西ドイツの首都》.

Bon·nard /*F* bɔna:r/ ボナール **Pierre** ~ (1867–1947)《フランスの画家》.

bonne /bɔ́(:)n, bán/ *n* 《フランス人の》子守り《女性》, 女中. [F=good]

bonne amie ⇨ BON AMI.

bonne bouche /bɔ(:)n bú:ʃ, ban-/ (*pl* ~**s**, **bonnes bouches** /—/) 《最後に食べる》ひと口の珍味. [F=good mouth]

bonne chance /*F* bɔn ʃɑ̃:s/ 幸運を祈る. [F=good chance]

bonne femme /bɔ(:)n fǽm, ban-/ *a* 家庭料理風に調理した, ボンファム風の: fillet of sole ~. [F=(in the manner of) a good housewife]

bonne foi /*F* bɔn fwa/ 誠意, 善意. [F=good faith]

bonne for·tune /*F* bɔn fɔrtyn/ (*pl* **bonnes for·tunes** /—/) 幸運, 成功.

bonne grâce /*F* bɔn grɑ:s/ (*pl* **bonnes grâces** /—/) 善意, 熱意.

bonne nuit /*F* bɔn nɥi/ おやすみ (Good night!).

Bon·ner, Bon·er /bánər/ ボナー **Edmund** ~ (c. 1500–69)《イングランドの聖職者; Mary 1 世時代の旧教反動を推進した London 主教》.

bon·net /bánət/ *n* **1** ボンネット《つけひもをあごの下で結ぶ婦人・幼児用帽子》; 《スコ》男子用縁なし帽 (Scotch cap); 《スコ》ウール地の柔らかな縁なし帽; *WARBONNET; 〖紋〗《図上の宝冠にかぶせた》ビロードの頭巾. **2** おおい, 傘, ふた《煙突帽・火の粉止めなど》; ''《自動車の》ボンネット (hood*); 〖海〗ボンネット《帆の面積を広げるための継ぎ足し帆布》. **3** 《俗》共謀者, ぐる, サクラ. ● **a** BEE **in one's** ~. ► *vt* 〈人〉の帽子をつぶして目に押しかぶせる; 〈火などを〉おおい消す; …に帽子[おおい]をかぶらせる: a ~*ed* woman ボンネット姿の女性. ► *vi* 脱帽して敬意を表わす. [OF (*chapel de*) *bonet*]

Bon·net /bɔ:néi/ ボネ **Georges-Étienne** ~ (1889–1973)《フランスの政治家・外交官; 外相 (1938–39) としてナチスドイツに対する宥和政策を推進した》.

bónnet·hèad (shàrk) 〖魚〗ウチワシュモクザメ (=*shovelhead*).

bónnet mònkey [macàque] 〖動〗ボンネットモンキー (=*capped macaque, crown monkey*)《インド産の小型のサル》.

bon·net rouge /bɔ:néi rú:ʒ/ (*pl* **bon·nets rouges**, ~**s** /—/) 《フランス革命の過激派のかぶった》赤い自由帽; 革命党員, 過激主義者. [F]

bonnie ⇨ BONNY.

Bon·nie /báni/ ボニー《女子名》. [ME=pretty<OF<L=good]

Bónnie and Clýde ボニーとクライド《米国の強盗・殺人犯 Bonnie Parker (1910–34), Clyde Barrow (1909–34); 二人で犯行を繰り返し, 最後は Texas Ranger らの待伏せにあって銃殺された; のちに同名の米国映画 (俺たちに明日はない, 1967) に描かれた》.

Bónnie Prìnce Chárlie すてきなチャーリー殿下《英国の王位僭称者 Charles Edward STUART の愛称》.

bon·ny, -nie /báni/ *a* 《スコ・北イング》美しい, 愛らしい, ハンサムな, かわいい; 陽気な, 健康的な; りっぱな, すばらしい, けっこうな; 丸々した〈赤んぼ〉. ► *adv* 《口》快く, いい感じで, うまく. ♦ **bón·ni·ly** *adv* **-ni·ness** *n* [C16<?; F *bon* good からか]

Bonny ■ the **Bight of** ~ ボニー湾《BIAFRA 湾の別称》.

bon·ny·clab·ber /bániklæ̀bər/ *n* 《アイル, 米北部・中部》CLABBER.

bo·no·bo /bənóubou, bánəbòu/ *n* 〖動〗ボノボ, ピグミーチンパンジー (=*pygmy chimpanzee*)《Congo 川南部に生息; 人間に最も近い動物とされる》. [(Afr)]

Bo·no·nia /bənóuniə/ ボノニア《BOLOGNA の古代名》.

Bon·por·ti /bounpɔ́:rti/ ボンポルティ **Francesco Antonio** ~ (1672–1749)《イタリアの作曲家》.

bon·sai /bounsái, ⌐⌐, bá:n-/ *n* (*pl* ~) 盆栽. [Jpn]

bon·sela /bansélə/, **ban-** /ba:n-/ *n* 《南ア》贈り物, プレゼント; チップ, 駄賃; 《買物の》おまけ; 賄賂. [Bantu]

bons marchés BON MARCHÉ の複数形.

bon·soir /*F* bɔ̃swa:r/ *int* 今晩は!

bon·spiel /bánspì:l, -spəl/ *n* 《スコ》《クラブ間や都市対抗の》カーリング (curling) 試合.

bon·te·bok /bántəbàk/, **bont·bok** /bántbàk/ *n* 〖動〗ボンテボック《南アフリカ産の赤褐色の大型羚羊》. [Afrik]

Bon·tem·pel·li /bòuntɛmpéli/ ボンテンペッリ **Massimo** ~ (1878–1960)《イタリアの小説家・劇作家》.

bón·te quàgga /bánti-/ 〖動〗BURCHELL'S ZEBRA. [Afrik]

bon ton /bán tán; *F* bɔ̃ tɔ̃/ (*pl* ~**s**) 上品, 優美; よいしつけ, 育ちのよさ; 好ましいこと; 上流社会. [F=good tone]

bo·nus /bóunəs/ *n* **1** ボーナス, 特別賞与《★ 日本のように定期的に社員全員に支給されるものではなく, 英米では業績・技術によって規定以外に支給される》; ''特別配当金; *退役軍人特別支給金; 割戻金; 《企業に対する政府の》助成金; 《契約に対する》割増金, プレミアム; 〖スポ〗ボーナス《入団契約に際して, 俸給に上積みされる契約金》; ''《口》賄賂, 鼻薬: added ~ 追加特典, おまけ / a Christmas ~. **2** 思いがけない贈り物[喜び, しあわせ]; おまけ, 景品. ► *int**《俗》すごい, やったー. [L=good (thing)]

bónus divídend 特別配当.

bónus gòods *pl* 報奨物資.

bónus íssue'' 無償新株.

bónus plàyer 〖野〗ボーナスプレーヤー《プロ球団から将来を見込まれて多額の契約金をもらうアマチュア選手》.

bónus stòck 〖証券〗ボーナス株, 特別配当株《**1**) 優先株または社債の購入者におまけとして贈られる株式 **2**) 株式の引受業者などに報奨として贈られる株式》.

bónus sỳstem [plàn] ボーナス制度《一定量を超える仕事を達成した労働者に対する報奨金支払い制度》.

bon vi·vant /bàn vivá:nt; *F* bɔ̃ vivɑ̃/ (*pl* ~**s** /—/, **bons vi·vants** /-vá:n(t)s, -vá:nz; *F* —/) 美食家, 食道楽の人, グルメ; ぜいたく者, 享楽家; つきあっておもしろい人. [F=good liver (*vivre* to live)]

bon vi·veur /*F* bɔ̃ vivœ:r/ BON VIVANT.

bon vo·yage /*F* bɔ̃ vwaja:ʒ/ 楽しい旅, つつがない旅; [〈*int*〉] 道中ご無事に, ご機嫌よう!

bonx·ie /báŋksi/ *n* 《スコ》オオトウゾクカモメ (great skua).

bony /bóuni/ *a* 骨質の, 骨性の, 骨のような; 骨の多い; 骨太の; 骨ばった, やせこけた; 不毛な, やせた. ♦ **bón·i·ness** *n*

bóny fìsh 〖魚〗硬骨魚類の魚 (teleost) (cf. CARTILAGINOUS FISH, JAWLESS FISH).

bóny lábyrinth 〖解〗《側頭骨の》骨(こつ)迷路, 骨性迷路.

Bon·ynge /bánɪŋ/ ボニング **Richard** ~ (1930–)《オーストラリアの指揮者; ソプラノ Joan Sutherland の夫》.

bóny spávin 《馬の手根骨の》(骨炎性)飛節内腫.

bonza ⇨ BONZER.

bonze /bánz/ *n* 《仏教の》坊主, 和尚, 僧. [F or Port<Jpn<Chin]

bon·zer /bánzər/, **-za** /-zə/ *a*, *n* 《豪口・米口》とてもすてきな(もの), とびきりの(もの). [C20 <? *bonanza*]

bon·zo /bánzou/ *《俗》 *a* 気が狂った: drive sb ~ 人を発狂させる. ► *n* 狂ったやつ, いかれたやつ. [*bonza* anything excellent <? *bonanza*]

boo[1] /bú:/ *int*, *n* (*pl* ~**s**) ブー, ワッ《おどかし・不賛成・軽蔑などを表わす; 特に やじる声》; ブーという声; [[u]*neg*]《一般に》音. ● **can't [wouldn't] say** ~ **to a goose** 《口》とても臆病で文句も言えない. ► *vt*, *vi* (…に)ブーという, やじる, けなす, おどかす; ブーといって[やじって]退場させる 〈*off*〉. ► *a**《俗》すぐれた, みごとな. [imit]

boo[2] *n**《俗》マリファナ. [黒人英語 *jabooby* からか]

boo·ay, boo·(h)ai /bú:ài/ *n* 《NZ口》へんぴな田舎[地方], 片田舎, 奥地. ● **up the** ~ 全く迷って, 完全に間違って.

boob[1] /bú:b/ *n* 《俗》まぬけ, お人よし; *《俗》野暮天, 俗物, 無教養者; ''《口》へま, 失敗; *《俗》留置場. ► *vi*, *vt* ''《口》(…で)へまをやる, しくじる. ♦ ~**·ish** *a* [*booby*]

boob[2] *n* [[u]*pl*]《口》おっぱい, 乳房 (breast).

bóob bòb *《俗》BOOB JOB.

boo·bi·al·la /bù:biǽlə/ *n* 《豪》〖植〗 **a** ナガバアカシア (golden wattle). **b** ハマジンチョウ.

boob·ie[1], **bub·bie**[1] /bú:bi, búbi/ *n* [[u]*pl*]*《俗》おっぱい, パイオツ. [*boob*]

boo·bie[2], **bu·bie**, **bub·bie**[2] /bú:bi/, /búbi/ *n**《俗》おまえ《親愛の情をこめた表現》. [Yid *bubele*]

bóo-bìrd *n**《俗》やじを飛ばす観客, やじり屋.

bóob jòb 《俗》豊胸手術 (=*boob bob*).

boo·boi·sie /bù:bwà:zí:/ *n* 《俗》まぬけども, ばか者階級.

boo-boo, boo·boo /bú:bù:/ *n* (*pl* ~**s**) 《幼児》ちょっとしたけが《打ち身, すり傷など》; *《俗》へま, 失策; *《俗》1 ドル; [*pl*]*《俗》きんたま. [? *boohoo*]

bóo·book (òwl) /bú:bùk(-)/ 〖鳥〗ニュージーランドアオバズク (=*mopoke, morepork*). [imit]

bóob tràp *《俗》ナイトクラブ.

bóob tùbe **1** 《口》[the]*バカタレ管, テレビ. **2** ''《伸縮性素材で作られた, 肩ひもなしの》筒型の女性用胴着 (tube top*).

boo·by[1] /bú:bi/ *n* **1** まぬけ, ばか, 子供っぽいやつ; 最下位の人[チーム], びり. **2** 〖鳥〗 **a** カツオドリ《熱帯海域産》. **b** アカオタテガモ (ruddy duck). ［Sp *bobo*＜L *balbus* stammering］

boo·by[2] /búbi/ *n* 《俗》おっぱい.

bóoby hàtch 〘海〙《木製の》艙口蓋(そうこうがい); 《俗》気違い病院; *《俗》留置場; ″《俗》WORKHOUSE.

bóoby prìze ブービー賞, 最下位賞; 《際立って劣った行為などに対する》最低賞.

bóoby-tràp *vt* …にまぬけ落としを仕掛ける; …に偽装爆弾[地雷]を仕掛ける.

bóoby tràp まぬけ落とし《半開きの戸の上に物を載せ最初にはいる人の頭上に落とすいたずら》; 偽装爆発物[地雷]; 謀略, 陰謀, わな.

boochie ⇨ BOOJIE.

boodie ⇨ BOODY.

boo·dle /bú:dl/ 《俗》 *n* 集団, 連中, やつら; 《非合法の》収益, 賄賂, 買収金; 大量, 多量, 《特に》大金; *《一般に》金, ぜに; *甘いもの, お菓子, ごちそう; ぶんどり品; 腐敗看守[警官]; *〘トランプ〙MICHIGAN; 《古》にせ金; *ケーキ: the whole KIT[1] and ～. ► *vi, vt* 《〈人〉から》金をだまし取る[収賄する]; 〈〈人〉に〉贈賄する; *《俗》いちゃいちゃする, ネッキングする (neck). ♦ **bóo·dler** *n* 収賄者. ［Du *boedel* possessions］

boo·dy, boo·die /bú:di/ *《俗》 *n* 尻, けつ, ヒップ, ASS[2]; いやなやつ[もの].

bóof·hèad /búf-, bú:f-/ 《豪俗》 *n* あほう, とんま, まぬけ; 頭でっかち, 大頭《人・動物》.

boog /bú:g/ *vi* *《俗》踊る. ［*boogie-woogie*］

boo·ga·loo /bù:gəlú:/ *n* ブーガルー《2 拍子のダンスの一種》. ► *vi* ブーガルーを踊る; *《俗》ぶらつく, ふざける, からかう. ［*hullabaloo* などにならって *boog* からか］

boog·er /búgər/ *n* BOGEYMAN; 《口》人, やつ, もの; *《俗》鼻くそ.

boog·er·boo /bùgərbú:/ *《黒人俗》 *vi, vt* ごまかす, ふりをする. ► *n* ごまかし屋, いんちき野郎.

boo·gey /búgi, bú:-/ *v* BOOGIE[2].

bóogey·màn *n* BOGEYMAN.

boo·gie[1] /búgi, bú:gi/ *n* *《俗》[*derog*] 黒人; 《卑》梅毒; *《俗》鼻くそ; *《俗》腫瘍; *《軍俗》敵機. ［? 変形＜*booger* bogeyman］

boogie[2] *n* BOOGIE-WOOGIE; ブギ《(1) ダンスに適したビートの効いたロック (2) ロック[ポップ]ミュージックに合わせて踊ること, またそうしたダンスパーティー》; *《俗》尻, けつ. ► *vi, vt* 《口》大いに楽しむ, 浮かれる, パーティーをやる; 《俗》ブギを踊る; *《俗》ブレークダンスを踊る (break-dance); *《俗》性交する; *《卑》肛門性交をする; *《俗》(あわてて)仕事に取りかかる; *《俗》立ち去る, 行く. ● **～ down (to…)** *《俗》(…へ)(急いで)行く. **get down and ～** *《口》楽しくやる, 楽しむ. **Let's ～ [cruise, blaze].** *《俗》さあ行こうぜ.

bóogie bòard *《俗》スケートボード (skateboard); サーフボード (surfboard), 《腹ばいで乗る》短いサーフボード.

bóogie bòx 《俗》ポータブルカセットプレーヤー, (大型)ラジカセ (ghetto blaster).

bóogie·màn *n* (*pl* **-mèn**) BOGEYMAN.

boo·gie-woo·gie /bùgiwúgi, bù:giwú:gi/ *n* **1** 〘楽〙ブギウギ《左手で 8 分音符のベースリズムを刻むピアノによるブルース》. **2** *《黒人俗》梅毒. ► *vi* *《黒人俗》思いきり楽しむ.

boo·gy /búgi, bú:-/ *v* BOOGIE[2].

boohai ⇨ BOOAY.

boo·hoo /bù:hú:/ *vi, n, int* 《口》ワーワー泣き騒ぐ(こと), ワーン, エーン, オイオイ. ［imit］

boo·jie /bú:ʤi, búʤi/ *《俗》 *n* 中流階級の黒人《集合的にも》; 《一般に》中流階級の人. ► *a* 中流階級の, 中産階級的な. ★ **bo·jie** /bóuʤi/, **boo·chie** /bú:ʧi/, **booj** /bú:ʤ/, **boo·jy** /bú:ʤi/, **bour·gie** /búərʤi/, **bu·zhie** /bjú:ʒi/ などの異形がある. ［*bourgeois*］

boo·jum /bú:ʤəm/ *n* **1** ブージャム《Lewis Carroll の詩 *The Hunting of the Snark* (1876) に登場する架空の危険な生き物》. **2** 〘植〙ブージャムツリー《メキシコ北西部の乾燥地帯に生育するとげをもつ多肉植物で, 長寿の落葉高木; ocotillo の近縁種》.

book /búk/ *n* **1 a** 本, 書物, 書籍; 雑誌; 電子ブック; 著述, 著作: read [write] a ～ / a ～ of the hour きわもの本 / *B～s* and friends should be few but good. 《諺》書物と友人とは数少なくて良いものであるべきだ. **b** [the, °the B-] 聖書: the GOOD BOOK / KISS *the* ～ / swear on *the B～* / People of *the B～* ⇨ 成句. **c** 巻, 編, 《聖書中の》書: *B～* I 第一巻 / the *B～* of Job ヨブ記. **2** (本の形に)綴じ込んだもの. **a** 名簿, 電話帳; ノート, 帳面; 小切手帳; 綴じ込み式の回数券[切手, マッチ]; 〘劇〙BOOK FLAT: be in the ～ 電話帳に載って[出て]いる / a ～ of matches. **b** [*pl*] 会計簿, 帳簿: keep ～*s* 帳簿をつける / do the ～*s* 帳簿をつける, 記録をつける / shut the ～*s* 取引を中止する. **c** 賭け帳, 賭け業, 賭元 (bookmaker) (の営業所). **d** [*pl*] 《会社などの》顧客名簿, 《会社などから派遣される人の》登録簿: on sb's ～*s* 《芸能エージェンシーなどの》登録簿に載って. **e** *《俗》《警察署の》業務日誌. **3** 《歌劇の》歌詞 (libretto); 《劇の》台本; 《楽団[音楽家]の》レパートリー. **4 a** 知識[規範]の源 (cf. OPEN [CLOSED] BOOK); [*pl*] 学科, 科目: the ～ of Nature 自然の教え. **b** [the] 基準(法), 規範 (⇨ 成句 by [according to] the ～). **c** [the] 《問題の処理に関する》情報, 知恵, 〘スポ〙《選手の扱いに関する》対策, 指示 〈*on*〉. **5** 〘トランプ〙6 枚そろえ《これを超えた分から得点になる》; 《商品の》ひと包み, 《タバコの葉などの》ひと山. **6** 申し開き; [the] *《俗》終身刑, 厳罰, 容赦ない非難 (⇨ 成句 bring sb to ～, throw the ～ at); [a ～] *《俗》懲役 1 年(の刑).

● **at** one's **～s** 勉強中で. **bring** sb **to ～** 責める, 人に弁明[説明]を求める; 調べる (detect). **by [according to] the ～** 規則[型]どおりに; 典拠に基づいて, 正確に: go [play it] *by the* ～ 規則どおりに行なう[ふるまう] / speak *by the* ～ 型にはまったしゃべり方をする; 正確に言う. **close the ～** 〈不幸なできごと・関係など〉終らせる, ピリオドを打つ 〈*on*〉; 〈捜査など〉打ち切る 〈*on*〉. **close the ～s** 帳簿を締め切る; 〈…との〉商取引をやめる 〈*on*〉; CLOSE the book. **come to ～** 罪[過失]の償いをさせられる. **come to the ～** 《口》《陪審員をつとめる前に》宣誓する. **cook the ～s** 《口》帳簿を改竄(かいざん)する[ごまかす]. **every** TRICK **in the ～.** HIT **the ～s.** **in** sb's **～** 人の意見[判断]では. **in the good [bad, black] ～s of** sb＝**in** sb's **good [bad, black] ～s** 人に気に入られて[嫌われて, 警戒されて]. **keep** sb's [one's] **name on the ～s** 大学[クラブなど]の一員として認めている[認められている]. **like a ～** 《口》十分に, すっかり, 正確に; 注意深く: know…*like a* ～ …を熟知している / read sb *like a* ～ 人の意図[心]が手に取るようにわかる / speak [talk] *like a* ～ 詳しく[切り口上で, 四角ばって]話す. **make [keep, open] a ～** 〘競馬など〙賭けを引き受ける 〈*on*〉 (cf. BOOKMAKING). **make [keep] ～** *＝make a BOOK; 賭ける, 請け合う 〈*on*〉. **not in the ～** 禁止されて. **off the ～s** 帳簿外で. **one for the ～(s)** 異例の[注目すべき]こと. **on the ～s** 記録されて, 名簿に載って; 〈法律が〉《一国などの》法体系の一部となって. **People of the B～** 啓典の民《特にユダヤ人およびキリスト教徒; イスラム教徒側からの呼称》. **suit [fit]** one's [sb's] **～** ″意にかなう. **take a** LEAF **out of** sb's **～.** **take kindly to** one's **～s** 学問が好き. **take [strike]** sb's **name off the ～s** 人を除名する[退学させる]. **the B～ of B～s** 書物の中の書物, 聖書 (the Bible). **throw the ～ (of rules) at…** に最も重い罪を負わす; きびしく罰する[しかる]. **without ～** 典拠なしで〈言う〉; そらで. **wrote the ～** よく知っている, 詳しい 〈*on*〉.

► *a* 本の; 書物による; 帳簿上の.

► *vt* **1 a** 《記録簿などに》〈名前などを〉記録[記帳]する, 控える. **b** 〈部屋・席・チケットなどを〉予約する, 手配する; …のために(部屋・席などを)予約する; 〈出演者などを〉予約する; 〈会合などを〉予定表に入れる, 予定する: ～ sb a flight 人のために飛行機の便を予約[手配]する / ～ a band バンド(の出演)を予約する / be fully ～*ed* [～*ed up*, ～*ed* solid] 〈ホテル・劇場など, また出演者などが〉予約でいっぱいだ. **2 a** 警察の記録に記入する, …の調書をとる, …を告発する: be ～*ed* (for it) つかまって抜け出せない. **b** ″《サッカーなどで》〈審判が反則をした選手〉の名前[反則数]を控える. **3** 〈人〉に約束させる: I want to ～ you not *to* tell anyone. だれにも言わないと約束をしてもらいたい / be ～*ed for* sth [*to* do…] …の約束がある, …することになっている. ► *vi* **1** 名前を登録する; 切符を買う; 申し込む, 予約する 〈*for* the play〉. **2** 《俗》〈試験前の学生などが〉勉強に精を出す, ガリ勉する. **3** 《俗》《特に 急いで》立ち去る, 走る (leave, depart). ● **be ～ed out** 〈劇場・ホテルが〉全席[全室]予約済みである. **～ in** (*vi, vt*) (〈人〉のために)ホテルの部屋を予約する 〈*at*〉; ″《空港・ホテルで》チェックインする[させる]. **～ into** (*vi, vt*) (〈人〉のために)(〈ホテル〉の)部屋を予約する. **～ it** *《学生俗》急いで立ち去る, さっさと行く; *《学生俗》猛勉強する; *《俗》[*impv*] 確信する, 信頼する, あてにする. **～ off** 《一定の勤務時間後に》退社する; *《サボタージュの意思表示として》欠勤する; 《カナダ》(病気などで)出勤しない旨雇用主に届け出る. **～ out** 《ホテルを》チェックアウトする[して出る]; 〈本・物品を〉署名して借り出す. **～ through** 《乗換えなどを含む》切符を〈…まで〉通して買う 〈*to*〉. **～ up** 〈ホテルなどを〉予約でいっぱいにする (⇨ *vt* 1b).

♦ **～·er** *n* **～·fùl** *n* ［OE *bōc*; cf. BEECH, G *Buch*; OE の複数形は *bēc*, 現在の形は -(*e*)*s* 語尾の類推による］

bóok·able *a* 予約できる; ″《サッカーで》〈反則が〉記録対象の《審判が反則者名を控える悪質な反則についていう》; *〈犯罪が〉記録対象の, 記録簿に記載されるべき《犯罪者を逮捕できる犯罪についていう》.

bóok accòunt 交互計算勘定 (＝*current account*)《同一取引先に対する債権・債務の相殺》.

bóok àgent 書籍販売者.

bóok·bìnd·er *n* 製本屋[人]: ～'*s* cloth 製本用クロス.

bóok·bìnd·ery *n* 製本所.

bóok·bìnd·ing *n* 製本, 製本業, 製本術.

bóok bùrning 焚書(ふんしょ), 禁書; 思想統制.

bóok·càse *n* 本箱, 書棚.

bóok clùb ブッククラブ《新刊書頒布会》; 読書サークル, 読書会 (＝*book group*).

bóok·cròss·ing *n* ブッククロッシング《2001 年米国の Book-Crossing.com が始めた, ゲーム感覚の古本リサイクル活動; 読み終わった本に同サイトから発行される番号ラベルを貼って公共の場に放置し, 日時・場所を報告, それを見て本を拾った者がまた報告して続けてゆく》.

♦ **bóok·cròss·er** *n*

bóok dèaler 書籍商.

booked /búkt/ *a* 記帳した; 契約した; 予定された; ″〈切符が〉売られた, 予約(済み)の; 《俗》つかまった, 逃げられない.

bóok·ènd *n* ブックエンド, 本立て. ► *vt* 《口》はさむ, …の前後にくる: be ~*ed* by…の間にはさまれる.

Bóok·er Príze /búkər-/ [the] ブッカー賞《英国の文学賞; 英国, アイルランドおよび英連邦の作家を対象に, 英語で書かれた最優秀の小説作品に毎年授与されるもの; 1969 年創設; 正式名称 (2002 年以降) は the Man Booker Prize for Fiction》. [*Booker* McConnell Ltd. 賞金の出資者である英国の食品会社]

bóok flàt 〔劇〕《背景用の》蝶番(ちょうつがい)式の張物.

bóok gròup 読書会 (book club).

bóok hànd 典籍体《印刷術の発達以前に書籍の正式な筆写に用いた格式のある書体》.

bóok·hòld·er *n* 書見台.

bóok·hùnt·er *n* 本をあさる人, 猟書家.

book·ie /búki/ *n* 《口》《競馬などの》BOOKMAKER.

bóok·ing *n* 帳簿記入, 記帳; 《席などの》予約 (reservation); 出札; 出演契約, 講演の予約.

bóoking àgent* 《ホテルなどの》予約係; 出演契約進行係.

bóoking clèrkǁ 出札係; 《ホテルなどの》予約係.

bóoking hàllǁ 《駅などの》出札所のあるホール.

bóoking òfficeǁ 《鉄道・劇場などの》出札所, 切符[チケット]売場 (ticket office*).

bóok·ish *a* 書物(上)の; 本好きの; 読書の, 文学的な; 書物だけの学問[知識]の; 書物[学問]に凝った; 衒学的な; 堅苦しい, 文語的な; 学者臭い. ♦ **~·ly** *adv* **~·ness** *n*

bóok jàcket 本のカバー[ジャケット] (dust jacket).

bóok·kèep·ing *n* 簿記, 記帳: ~ by single [double] entry 単式[複式]簿記. ♦ **bóok·kèep·er** *n* 帳簿係, 記帳者.

bóok·lànd *n* 〔英史〕勅許保有地, ブックランド《charter (特権状) によって譲渡された土地で, 地代だけ納めればよい; opp. *folkland*》.

bóok-lèarn·ed /-lə̀ːrn(ə)d/ *a* 机上学問の, 実地に疎い.

bóok lèarning 《実際の経験からでなく》書物から学んだこと; 学問, 学校教育.

bóok·let *n* 小冊子, パンフレット (pamphlet).

bóok·lòre *n* BOOK LEARNING.

bóok lòuse 〔昆〕チャタテムシ (=*deathwatch*)《同目の昆虫の総称》, 《特に》コナチャタテ《古書・標本などの害虫》.

bóok·lòver *n* 本好き, 愛書家.

bóok lùng 〔動〕書肺《クモ類の呼吸器官》.

bóok·màker *n* **1** 賭け屋, 賭元(かけもと), 私営馬券業者, ブックメーカー (=*bookie*)《競馬などの賭けを引き受けて配当金を支払う業者》. ★ 競馬やドッグレースのほかに, スポーツ競技・選挙結果・文学賞の行方などさまざまなものが賭けの対象となる. ブックメーカーの営業所は betting shop. **2** 本を作る人《印刷・製本業者, 編集者など》. ♦ **-màking** *n*

bóok·man /-mən, -mæ̀n/ *n* 読書人, 文人, 物書き, 学者; 《口》本屋, 出版人[屋], 製本屋, ブックマン.

bóok·màrk *n* しおり (=**bóok·màrk·er**); 蔵書票 (BOOKPLATE); 〔インターネット〕ブックマーク, しおり《頻繁に参照するページの URL を登録してすぐに呼び出せるようにしたもの》. ► *vt* 〈ホームページを〉ブックマークする[に加える]《URL を登録してすぐ呼び出せるようにする》; *《俗》メモする, 覚えておく.

bóok-màtch *vt* 〔木工〕木目が対称をなすようにはぐ.

bóok màtches *pl* 《二つ折りの》紙マッチ, ブックマッチ.

bóok·mobìle* *n* 移動図書館, ブックモビール (mobile libraryǁ)《自動車》.

bóok mùslin ブックモスリン《**1**) 製本用モスリン **2**) かつての薄地高級白モスリン》.

bóok nòtice (新刊)書籍案内[批評], 新刊案内.

bóok òath 聖書にかけての誓言[呪い].

bóok of accóunt 会計帳簿, 元帳; [*pl*] 商業帳簿.

Bóok of Chánges [the] 易経 (I Ching).

Bóok of Cómmon Práyer [the] 祈禱書《英国教会系の礼拝の公認式文; Prayer Book ともいう; 最初のものは 1549 年に編纂; 3 度の改訂をへて 1662 年の改訂版が一般化し, 現在でもおおむね変わっていない; 略 BCP; その巻末に収められた「詩篇」は 1539 年の Great Bible 訳によっている》.

bóok of hóurs [the, ˢthe B- of H-] 〔カト〕時禱書, 〔ギ正教〕時課経《canonical hours に読むべき祈りと聖務日課を記したもの》.

bóok of lífe [the] 〔聖〕生命(いのち)の書《天国にはいるべき人の名を記したもの; *Rev* 3: 5》; [B- of L-] 〔南ア〕経歴書《身分証明書の役割をする個人の包括的履歴を記した書類; 白人のみを対象に 1972 年導入されたが, 82 年以降全国民に拡大》.

Bóok of Mórmon [the] モルモン書《1830 年に出版された Joseph Smith の手になるモルモン教会の聖典》.

Bóok of Ódes [Sóngs] [the] 『詩経』(SHIH CHING).

bóok of oríginal éntry 〔簿〕原始記入簿, 仕訳(しわけ)帳 (journal), 日記帳 (daybook).

Bóok of the Déad [the] 死者の書《古代エジプトで副葬品とした死後の世界への案内書》.

Bóok-of-the-Mónth Clùb ブック・オブ・ザ・マンス・クラブ《米国最大のブッククラブ; 会員に優良図書を廉価で通信販売する; 1926 年設立; 略 BOMC》.

bóok of wórds 《歌劇・芝居の》台本; 《俗》指令書, 指示書.

bóok pàge 《新聞などの》読書欄, 書評欄《のあるページ》.

bóok·pèople *n* 出版人.

bóok·plàte *n* 蔵書票, 書票 (=*ex libris*)《書物の見返しに貼る, 持主の名などを記した装飾的なラベル》; 蔵書票印刷用の版.

bóok pòst 〔英〕書籍郵便《特別低料金で書籍を郵送する制度》.

bóok·ràck *n* 書架; 書見台 (bookstand).

bóok ràte 〔米〕書籍郵便[小包]料金.

bóok·rèst *n* 書見台 (bookstand).

bóok review (新刊)書評; 書評欄; 書評誌[紙]. ♦ **bóok reviewer** *n* **bóok reviewing** *n*

bóok scòrpion 〔動〕カニムシ, アトビサリ《擬蠍(ぎかつ)類; 古書などを害する》.

bóok·sèll·er *n* 書籍販売業者, 本屋.

bóok·sèll·ing *n* 書籍販売(業).

bóok·shèlf *n* 書棚, 本棚; [*fig*] 《個人の》蔵書.

bóok·shòp *n* 書店, 本屋 (bookstore).

bóok·shỳ *a* 本を読みたがらない.

bóok-slìdeǁ *n* 自在書架.

bóok·smàrts *n**《俗》知識, 学問.

bóok socíetyǁ BOOK CLUB.

bóok·stàck *n* 《図書館などの》書架.

bóok·stàll *n* (古)本の露店[屋台店]; ǁ《駅・空港・街頭などの》書籍新聞雑誌売場 (newsstand).

bóok·stànd *n* 本箱; 書見台; BOOKSTALL.

bóok·stòre* *n* 書店, 本屋 (=*bookshop*).

book·sy /búksi/ *a* 《口》学者臭い[気取りの] (bookish).

bóok·tèll·er *n* 《録音用に本を音読する》朗読者.

bóok tòkenǁ 図書券.

bóok tòur 自著の宣伝旅行.

bóok tràde 出版業《出版・印刷・販売を含めて》.

bóok-tròugh *n* V 字型書籍展示棚.

bóok vàlue 〔会計〕帳簿価格, 簿価 (略 b.v.; opp. *market value*); 《帳簿上の総資産から総負債などを差し引いて計算された》会社の純資産額, 簿価; 一株当たりの純資産額 (=*book value per share*)《会社の純資産額を発行済株式数で割った値》.

bóok·wòrk *n* **1** 書籍印刷《新聞・雑誌または端物(はもの)印刷と区別して; cf. JOB WORK》. **2** 書籍[教科書]による研究《実験・実習に対して》; SCHOOLWORK; 事務, 簿記, PAPERWORK.

bóok·wòrm *n* 〔昆〕シミ, 《特に》コナチャタテ; 《口》本の虫, 読書狂, 勉強好き.

Boole /búːl/ ブール **George** ~ (1815–64)《英国の数学者・論理学者》.

Bool·ean /búːliən/ *a* 〔数・論〕ブールの. ► *n* 〔電算〕BOOLEAN OPERATOR. [↑]

Bóolean álgebra 〔数・論〕ブール代数.

Bóolean operátion 〔電算〕ブール演算《論理演算》.

Bóolean òperator 〔電算〕ブール演算子《論理演算子: AND, OR, NOT》.

boom[1] /búːm/ *n* **1** ドカーンと鳴る音, ブーンと鳴く声, とどろき; [〈*int*〉] ブーン, ドカーン, ドーン, ゴーン, バババーン, ダダーン, ボイーン《強い衝撃・破裂の音》. **2** にわか景気, 人気, ブーム〈*in* sth〉(opp. *slump*); 《政党候補者などの》人気急騰; 《町などの》急激な発展; 《経済の》繁栄(期), 好況(期), 高度成長(期): a war ~ 軍需景気. **3***《俗》ステレオラジカセ, カーステレオ; 《俗》パーティー. ► *a* にわか景気の, 急上昇の. ► *vi, vt* **1** ドカーンと鳴る[とどろく], ドドーッと響く; ブーンと鳴く; 声高に[鳴り響くように]言う[発する]〈*out*〉; 〈ハチが〉ブンブンうなる; *《俗》ラジカセを鳴らす. **2** にわかに景気づく[づかせる], 〈町・州などが〉急激に発展する[発展させる], 〈数・大きさが〉急増する, 人気が沸く[を沸かせる]; 《広告などで》人気をあおる; 〈候補者を〉かつぐ: ~ sb *for* chairman. **3** 強く蹴る[打つ]: ~ a punt. [imit]

boom[2] *n* 〔工〕張出し棒, 《デリックの》ブーム; 〔海〕帆桁, ブーム; 〔林〕網場(あば)(の網)《流下材を誘導するため川に張り渡す》; 《港口・河川などの》防材(区域); 囲われた材木; みおぐい; 防油柵, オイルフェンス; 〔空〕尾部支材 (=tail ~); 〔空〕《空中授油用の》ブーム; 〔映・ラジオ・テレビ〕ブーム《マイクロホン・カメラ・照明灯などの操作用可動アーム》. ● **lower [drop] the ~** 《口》〈…を〉きびしく非難する, 罰する, 取り締まる〈*on*〉; *《俗》ノックアウトパンチを繰り出す; *《俗》人の成功をじゃまする. ► *vt* ブームで〈帆(の裾)を〉張る; 〈港口・川・湖〉に防材[網場]を置く; 起重機で(動かすように)あやつる[運ぶ]. ► *vi* 全速力で航行する; 勢いよく動く. [Du; ⇨ BEAM]

boom[3] *n* 《南アフロ》マリファナ, はっぱ. [Du=tree; cf. G *Baum*]

bóom-and-búst *n* 好景気と不景気の交替.

bóom bàby ベビーブームに生まれた人.

bóom-bòom*《俗》*n* うんち, 排便; 性交, はめはめ; ピストル, 小口径のライフル.

bóom bòx*《口》大型ステレオラジカセ (ghetto blaster).

bóom càr 《俗》ブームカー《出力の大きなステレオを備え, ボリュームを上げて走る車》.

bóom càrpet ブームカーペット (=*bang zone*)《超音速飛行機の衝撃波による轟音 (sonic boom) の被害地域》.

bóom còrridor 超音速飛行帯[路].

bóom·er *n* **1** *《俗》景気をあおる人; *新興地などに押しかける移住者; *《俗》土地開発の主唱者; *《口》渡り労働者; 《口》ベビーブーム時代に生まれた人 (baby boomer). **2** 《豪口》《同類の中で》大きな[傑出した]もの; 大波; 《豪》雄の大カンガルー; ヤマビーバー (mountain beaver)《北米産》. **3** *《俗》女たらし, 女好き. **4** *《口》ミサイル搭載潜水艦, 原子力潜水艦.

boo·mer·ang /búːməræ̀ŋ/ *n* ブーメラン《オーストラリア先住民の'く'の字形に曲がった木製の飛び道具で, 曲線を描いて投げた人の所に戻る》; [*fig*] 本人にはね返る議論[攻撃など], やぶへび. ► *vi* 投げた人の所へはね返る ‹*on*›; もとの場所に戻る; やぶへびになる; *《俗》親元に戻ってくる. [(Austral)]

bóomerang kìd [chìld] 《いったん家を出たあとで戻ってきて親元に同居する》ブーメランキッド, 出戻り娘[息子].

Bóomer Stàte [the] ブーマー州《Oklahoma 州の俗称》.

bóom·ing *a* ブーンと鳴る[響く], とどろきわたる, ‹人が›大声の; にわか景気の; 力の込められた, 強烈な‹サーブ・キックなど›: a ~ voice / a ~ salesman / ~ prices 暴騰する物価.

boom·kin /búːmkən/ *n* 〘海〙 BUMPKIN[2].

boom·let* *n* 小景気, ちょっとした[小型の]ブーム.

bóom pàth BOOM CARPET.

bóom shòt 〘映・テレビ〙ブームショット《大きな半径で作動するカメラブームを用いカメラを床全面に操作してとるショット》.

boom·slang /búːmslɑ̀ːŋ, -slæŋ/ *n* (*pl* **-slange** /-slɑ̀ːŋə/, **~s**) 〘動〙ブームスラン《熱帯アフリカのツルヘビの一種; 毒蛇》. [Afrik=tree snake]

bóom·ster *n* BOOMER.

bóom stìck *《俗》渡りの鉄道労務者; *《俗》銃; [*pl*] *《俗》ドラムのばち.

bóom·tòwn *n* 新興都市, にわか景気に沸き立つ町.

bóom vàng 〘海〙帆船の帆桁を下げて帆の形を調節する設備.

boom·va·ring /bumfɑ́ːrɪŋ/ *n* 《南ア》TREE FERN.

boomy /búːmi/ *a* 経済的ブームの; 活況の; ‹再生音が›低音[ブーム]を効かせた. ♦ **bóom·i·ness** *n*

boon[1] /búːn/ *n* ありがたいもの, たまもの, 恩恵 ‹*to, for*›; 《古》頼むこと, 頼みごと: be [prove] a great ~ to...にとって恵みとなる / ask a ~ of sb 人にお願いをする / Water is a ~ in the desert, but the drowning man curses it. 《諺》欲しいものは無く欲しくないものは余っているものだ. [ME=prayer<ON]

boon[2] *a* 陽気な, 楽しい; 《古・詩》親切な, 優しい, 順調な. [OF *bon*<L *bonus* good]

bóon compánion 気の合う仲間, 親友.

bóon·dàgger *n* *《俗》腕っぷしの強い女, 男役のレズ.

boon·dock·er /búːndɑ̀kər/ *n* *《俗》**1** 好んでへんぴな所で生きて[働いて]いる者. **2** [*pl*] がんじょうな編上げ靴[軍用ブーツ].

boon·docks /búːndɑ̀ks/ *《口》*n pl* [the] 森, ジャングル; [the] 未開の奥地, へんぴな土地, 山奥. ♦ **bóon·dòck** *a* [Tagalog *bundok* mountain]

boon·dog·gle /búːndɑ̀g(ə)l/ *《口》*n* **1** 革の編みひも《ボーイスカウトの帽子のバンドなど》; 細工物. **2** 役に立たない仕事, むだな事業[出費]《公共事業など》. ► *vi* むだな仕事[事業]をする. ► *vt* 欺く, だます; 欺こうとする, だまそうとする. ♦ **-dòg·gler** *n*

Boone /búːn/ ブーン **Daniel ~** (1734–1820)《アメリカ西部開拓の先駆者; Kentucky, Missouri 地方を探検した》.

bóon·fèllow *n* 愉快な[気の合う]仲間.

boong /búːŋ/ *n* 《豪俗》[*derog*] オーストラリア[ニューギニア]の先住民, 黒人, 有色人. [(Austral)]

boon·ga·ry /búːŋgəri/ *n* 〘動〙カオグロキノボリカンガルー《豪州 Queensland 産》. [(Austral)]

boon·ies /búːniz/ *n pl* [the] *《口》奥地 (boondocks).

boor /búər/ *n* 田舎者, 小百姓; 粗野な男, 野暮な男; オランダ人[ドイツ人, 外国人]小作農; [B-] BOER. [LG or Du=farmer; cf. BOWER[3]]

bóor·ish *a* 百姓風の; 野卑な, 粗野な, 無骨な, 無粋な. ♦ **~·ly** *adv* **~·ness** *n*

boose /búːz/ *n, vi* BOOZE.

booshwa(h) ⇨ BUSHWAH.

boos·i·asm /búːziæ̀zm/ *n* *《俗》乳房, おっぱい (breast). [*bosom*+*enthusiasm*]

boost /búːst/ *n* 押し上げ, あと押し, 尻押し; 後援, 力添え, 推奨; 宣伝活動, 販売促進; 増加, 増強, 上昇, 向上; *《俗》盗み, かっぱらい, 万引き: give sb a ~ (up) 人の尻押しをする / give sb a ~ 人を励ます[元気づける]. ► *vt* 押し上げる ‹*up*›; ‹生産・売上げなどを›増やす, 増加[増大]させる, ‹自信・士気などを›高める; 後援[あと押し]する, あおる; ほめる, 持ち上げる, 宣伝する; ...の電圧を上げる; *《俗》盗む, かっぱらう, 万引きする: ~ prices 相場を押し上げる. ► *vi* *《俗》盗む. [C20<?]

bóost·er *n* **1** あと押しする人[もの], 後援者; *《口》熱狂的支持者[称賛者]; *《俗》万引き, こそ泥; 《大道売りなどの》サクラ: a confidence ~ 自信を高めるもの. **2** 〘電〙昇圧機; 〘ラジオ・テレビ〙増幅器, ブースター (amplifier); 《薬莢・ダイナマイトなどの》補助装薬, 伝導薬; 《薬の》追加抗原刺激; 〘医〙BOOSTER SHOT; 〘薬〙効果促進剤, 共力薬 (synergist); BOOSTER ROCKET.

bóoster càble 〘車〙ブースターケーブル.

booster cushion ⇨ BOOSTER SEAT.

booster dose ⇨ BOOSTER SHOT.

bóost·er·ìsm *n* 熱烈な支持, 激賞; *《都市・観光地の》推賞宣伝. ♦ **bóost·er·ish** *a* 売込みをねらった, 宣伝めいた, 押しつけがましい.

bóoster ròcket ブースターロケット (launch vehicle).

bóoster sèat [cùshion] 《子供を適当な高さにすわらせるために椅子[車の座席]の上に置く》補助椅子, チャイルドシート, ブースターシート[クッション].

bóoster shòt [dòse] 追加抗原[ブースター](投与)量.

bóoster stàtion 〘放送〙《親局の送信波を増幅し再送信する》ブースター局.

bóost-glìde véhicle 〘空〙ブースト滑空飛翔(ひしょう)体《ロケットで打ち上げ, ロケット燃料が尽きてからは滑空する》.

boot[1] /búːt/ *n* **1 a** ブーツ, 深靴, (半)長靴《通例 くるぶし以上の深さのある各種の靴; 《英》ではサッカーシューズ・バスケットシューズなども boot の範疇にはいる; cf. SHOE》: a pair of ~*s* ブーツ 1 足 / hiking ~*s* ハイキング[登山]靴 / rubber ~*s* ゴム長靴 / high ~*s* ʺ長靴 / laced ~*s* 編上げ靴 / pull on [off] one's ~*s* ブーツを引っ張って履く[脱ぐ] / Over shoes, over ~*s*. 《諺》毒を食わば皿まで. **b** 《馬の》脚おおい; 《脚様のものを包み保護する》おおい; 〘植〙花序をおおうさや. **c** 〘史〙足締め刑具; *《駐車違反車などを動けなくする》車輪固定具 (Denver boot). **2 a** ʺ《自動車の》トランク (trunk*); 《コンバーティブル型の車の》幌の収納部(のカバー); 《御車台の》防護カバー; 《自動車タイヤの内側の》補強張り. **b** 《リードパイプオルガンの》ブーツ. **3 a** [the] 蹴ること (kick); [the] 《俗》お払い箱, 解雇, 放逐; [the] *《俗》紹介: give sb [get] *the* ~ 《俗》解雇[絶交]する[される] / get the order of *the* ~ ʺ《俗》首になる, ふられる《Order of the Bath などのもじり》. **b** 《口》興奮, スリル, 愉快 (kick), 一時の楽しみ: I got a ~ out of swimming. 水泳はとてもおもしろかった. **4 a** *《海軍・海兵隊の》新兵, 新米 (cf. BOOT CAMP). **b** *《俗》黒んぼ; ʺ《俗》見苦しいやつ; [*pl*] ⇨ BOOTS. **5** 〘野〙《内野での》失策, ファンブル. **6** 〘電算〙《コンピューターの》起動, 立ち上げ, ブート.

● **another [different] pair of ~s** ⇨ SHOE. BET one**'s ~s. ~s and all** 《豪口》一意専心に, 懸命に. BOOTS AND SADDLES. **~s on the ground** 《軍俗》《戦地に投入される》地上軍 (ground force), 実働部隊. **die in** one**'s ~s**=DIE[1] with one's ~*s* on. **fill sb's ~s**=fill sb's SHOES. **get [grow] too** BIG[1] **for** one**'s ~s. hang up** one**'s ~s** 《口》引退する. **in sb's ~s**=in sb's SHOES. **knock ~s*** 《俗》性交する, やる. **lace sb's ~s*** 《俗》人に知らせる[教える, 気づかせる]. LICK sb**'s ~s. like old ~s** 《俗》激しく. **put[stick] the ~ in** ʺ《口》倒れている相手に蹴りを入れる; ʺ《口》(窮地にある相手を)さらに痛めつける, 残酷に扱う. **shake [quake] in** one**'s ~s** びくびくする, 不安におののく (shake in one's shoes). **sink into [to]** one**'s ~s** ‹心・気分などが›沈む. **the ~ is on the other foot [leg]** ʺ立場[状況]は逆転した (the shoe is on the other foot*). **wipe** one**'s ~s on**...をひどく侮辱する. **with** one's HEART **in** one**'s ~s. Your** MOTHER **wears army ~s!**

► *vt, vi* **1** ...にブーツを履かせる; ブーツを履く; 足締め刑具で拷問にかける; ‹出走馬›に騎乗する; [ʺ*pass*] *‹駐車違反車›に車輪固定具を取り付ける (clampʺ). **2 a** けとばす; 〘アメフト〙キックする (kick). **b** 《口》追い出す, 解雇する ‹*out* (*of*)›; *《俗》非難する; *《俗》‹人・ものを›紹介する, 知らせる. **3** 〘野〙‹ゴロを›ファンブルする; 《俗》へまで‹チャンスを›逸する, ふいにする ‹*away*›; *《俗》(麻薬を)注射器の中で血液と混ぜながら静脈注射する; *《俗》吐く (vomit). **4** 〘電算〙‹コンピューターを›起動する, 立ち上げる, ブートする ‹*up*›; 〘電算〙‹コンピューターが›起動する, 立ち上がる, ブートする, 作動し始める; 〘電算〙‹プログラムを›コンピューターの主記憶にロードする (bootstrap); 〘電算〙‹プログラムが›ロードされる.

● **~ it*** 《俗》歩く; *《俗》へまをやらかす.

► *a** 《俗》新参の, 経験の浅い.

► *int* ボーン, ボイーン, ボカッ, ガーン《特に 蹴る音》.

♦ **~·able** *a* [ON *bóti* or OF *bote*<?]

boot[2] *n* 《古》救助, 救済; 《方》《交換するための》おまけ; 《廃》利益 (profit). ● **to ~** おまけに (besides). ► *vi, vt* [通例 it を主語として] 《古》利する, 役立つ: What ~*s it* to weep? 泣いて何になるか. [OE *bōt*<Gmc **bōtō* remedy; cf. BETTER, BEST]

boot[3] *n* 《古》戦利品 (booty).

bóot·blàck *n* 《街頭の》靴磨き (shoeblack)《人》.

bóot bòy ʺ《俗》BOVVER BOY; ʺ《靴磨きなどをした》下働きの子供, BOOTS.

bóot càmp 《口》《米海軍・海兵隊の》基礎訓練キャンプ, 新兵訓練所; *《青少年犯罪者のための, 軍隊式の》矯正施設[プログラム]; *《俗》きびしい訓練施設.

bóot-cùt *a* ブーツカットの‹ズボン›《ブーツを履きやすいように裾の少し広がった》.

bóot dìsk 〘電算〙起動ディスク (=*startup disk, system disk*)《起動時に必要なシステムファイルを格納したディスク》.

bóot·ed *a* 靴を履いた; 〘鳥〙脛骨に羽毛の生えた; 〘鳥〙脛骨がブーツ

状の角質の鞘(さや)に包まれた. ● **～ and spurred** [°*joc*] 旅の用意[戦う準備]ができて.

boo·tee, -tie[1] /butíː, búːti/ *n* ブーティー《**1**) /*búːti/ 赤ちゃん用の毛糸編み[布製]の靴 **2**) くるぶしをおおう程度の婦人[子供]用ブーツ [オーバーシューズ] **3**) 保温[保護など]用に足[靴]をすっぽり包むようにはく, 柔らかい素材の履物》.

bóot·er *n* **1** 《口》フットボール[サッカー]選手. **2***《俗》酒の密造者 [密売人, 密輸者].

bóot·ery *n* 靴屋《店》.

Bo·ö·tes /bouóutiz/ 〔天〕うしかい座 (牛飼い座) (Herdsman).

bóot-fàced *a* 顔つきのきびしい, むっつりした, さえない顔の, 表情のない.

bóot fàir″ CAR BOOT SALE.

booth /búːθ; -ð, -θ/ *n* (*pl* **～s** /-ðz, -θs/) **1** 《展示会場などの》小室, ブース; 《マーケットなどの》売店, 屋台店; 模擬店. **2** 電話ボックス (telephone booth); 《投票場の》記入用間仕切り (polling booth); 《喫茶店・レストラン・LL などの》ボックス, 仕切り席; 切符売場; 録音室, 放送用ブース. **3** 仮小屋, 小屋掛け; 哨舎, 番小屋 (sentry box). [ON (*bóa* to dwell); cf. BOND[2], BOWER[1]]

Booth ブース (**1**) **Ballington ～** (1857–1940) 《William の次男; 救世軍と類似した組織 Volunteers of America を創設 (1896)》 (**2**) **Edwin Thomas ～** (1833–93) 《J. B. ～ の子; 米国の俳優》 (**3**) **Evangeline Cory ～** (1865–1950) 《William の第 7 子; 米国救世軍で活動, 大将 (1934)》 (**4**) **John Wilkes ～** (1838–65) 《Lincoln 大統領を殺害した米国の俳優; J. B. ～ の子》 (**5**) **Junius Brutus ～** (1796–1852) 《英国生まれの米国の俳優》 (**6**) **William ～** (1829–1912) 《救世軍 (Salvation Army) を創始した英国の牧師; 初代大将 (1878–1912)》.

Bóo·thia Península /búːθiə-/ [the] ブーシア半島《カナダ北部 Baffin 島の西方の半島; 北端が北米大陸の最北端 (71°58′); 東の Baffin 島, Melville 半島との間はブーシア湾 (the **Gúlf of Bóothia**)》.

bóot híll*《西部》《撃ち合いで死んだ人を葬った》開拓地の墓地, 無縁墓地. [cf. DIE[1] in one's *boots*]

bóot hòok ブーツフック《乗馬靴を履くときにこれをつまみ革にかけて引っ張る長柄のフック》.

bóot·hòse *n* ブーツを履くとき[代わり]に履く長靴下.

Booth·royd /búːθrɔ̀ɪd/ ブースロイド **Betty ～** (1929–) 《英国の政治家; 初の女性下院議長 (1992–2000)》.

bootie[1] ⇨ BOOTEE.

bóo·tie[2] /búːti/ *n**《俗》BOOTLEGGER.

bootie[3] *n**《俗》BOODY.

bóot·jàck *n* V 字形の長靴用靴脱ぎ具.

bóot·làce″ *n* 《ブーツ用の》靴ひも (⇨ BOOTSTRAP 成句).

bóotlace fùngus 〔菌〕ナラタケ (HONEY FUNGUS).

bóotlace tìe″ ブーツレースタイ《1950 年代に流行した細いネクタイ》.

bóotlace wòrm 〔動〕黒褐色のリボン状をしたミドリヒモムシの一種《欧州の沿岸に生息; 体長が 13 m 以上にもなる》.

Boo·tle /búːtl/ ブートル《イングランド北西部 Liverpool 郊外の港町》.

bóot·lèg *vi, vt* **1** (酒などを)密造[密売, 密輸]する; 〈酒を〉違法に所持する; …の海賊盤を作る[販売する]. **2** 〔アメフト〕ブートレッグプレーをする. ► *n* **1** 密造[密売, 密輸]酒; もぐりの品, 海賊版. **2** 〔アメフト〕ブートレッグプレー《クォーターバックが味方の選手にボールを渡すとみせ自分の腰に隠して走る》. **3** 長靴の脚部. **4***《俗》コーヒー. ► *a* 密造[密売, 密輸]された; 海賊版の, 違法の, もぐりの; 〔アメフト〕ブートレッグプレーの. ♦ **bóot·lègger** *n* 密造[密売, 密輸]者; 海賊版業者.

bóotleg tùrn サイドブレーキで後輪をロックしておいてハンドルを切ってする自動車の急旋回, 'スピンターン'.

bóot·less *a* 無益な, むだな. ♦ **～·ly** *adv* **～·ness** *n* [BOOT[2]]

bóot·lìck *vi, vt* 《口》(…に)おべっかをつかう, へつらう (cf. LICK sb's *boots*). ► *n* おべっかつかい. ♦ **～·er** *n*

bóot·lòad·er *n* 〔電算〕ブートストラップローダー.

bóot·màker *n* 靴屋, 靴工, ブーツメーカー.

bóot pòlish 靴墨.

bóot·print *n* 《あとに残った》靴跡, 靴形.

boots /búːts/ *n* (*pl* ～)″ブーツ《靴磨き・荷物運びなどの雑用をするホテルの使用人》; *《俗》靴磨きの少年; *《俗》黒んぼ (boot); *《俗》《CB 無線用の》違法ブースター[リニア増幅器].

Boots ブーツ《英国のドラッグストアのチェーン店》.

bóot sàle″ CAR BOOT SALE.

bóots-and-áll *a* 《豪口》懸命の, 懸命に行なった.

bóots and sáddles [〈*sg*〉]《米国の昔の騎兵隊の》乗馬編隊の召集らっぱ.

bóot·stràp *n* **1** 《履くときにブーツを引っ張り上げるための》つまみ革; [*pl*] 自助努力 (⇨ 成句). **2** 〔電算〕ブートストラップ《予備命令によりプログラムを主記憶にロードする方法; またそのための小さなプログラム (bootstrap program)》. ● **pull** [**haul**] **oneself up by one's** (**own**) **～s** [**bootlaces**]=**lift** [**raise**] **oneself by the** [**one's** (**own**)] **～s** 独力でやり遂げる. ► *a* 自動(式)の, 自給の; 独力[自力]の. ► *vt* 〔電算〕ブートストラップで〈プログラムを〉主記憶に入れる; 独力で進む. ● **～ oneself** 独力でなし遂げる 〈*to, out of*〉. ♦ **bóot·stràpper** *n* 独立独行の野心家, 独力で成功した人.

bóot·stràp·ping *n* 《外部からの資本をほとんど用いない》独力での起業.

bóotstrap prògram 〔電算〕ブートストラッププログラム《起動時に最初にコンピューターの主記憶に読み込まれて OS などを読み込むプログラム》.

bóot-tàg″ *n* 《靴の》つまみ革 (bootstrap).

bóot tòpping 〔海〕**1** 水線部《満載喫水線と軽荷喫水線との間の船体外面》. **2** 水線塗料 (=**bóot tòp**) 《船体の水線部に塗るペイントの帯》.

bóot tràining*《口》《海軍・海兵隊などの》新兵訓練(期間).

bóot trèe BOOTJACK; 靴型 (shoe tree) 《型くずれを防ぐため脱いだ靴の中へ入れる》.

boo·ty[1] /búːti/ *n* (陸上での)戦利品; 略奪品, ぶんどり品; 《口》《勝ち取った, または(買物などで)手に入れた》価値あるもの, '戦利品'. ● **play ～** 仲間と共謀して相手をだます. ♦ **～·less** *a* [G=exchange<?]

booty[2] *n* (*pl* **boo·ties**)*《口》お尻, けつ. ● **shake one's ～** 激しく踊る.

boo·ty·li·cious /bùːtɪlíʃəs/ *a**《口》〈女性が〉性的魅力のある. [*booty*[2], *delicious*]

bóo-wòrd *n* いわれのない恐怖をひき起こすことば.

booze /búːz/ 《口》*vi* 酒[大酒]を飲む, 酒盛りをする 〈*up*〉. ● **～ it** (**up**) 強い酒をがぶ飲みする, 大酒を飲む. ► *n* 酒, 強い酒, ウイスキー; 飲酒, 飲み騒ぎ, 酒盛り. ● **hit the ～***《俗》大酒を飲む, 酒におぼれる (hit the bottle). **on the ～** 飲みつづけて[まわって]; 酔っぱらって. [*bouse*[1]<MDu=to drink to excess]

bóoze àrtist《豪俗・米俗》酔っぱらい, のんだくれ.

boozed /búːzd/ *a* [°～ up]*《俗》酔っぱらって.

bóoze fìghter*《俗》BOOZEHOUND.

bóoze·hòund *n**《俗》のんべえ, 大酒飲み.

booz·er /búːzər/ 《口》*n* 大酒飲み《人》; 《英・豪》酒場, パブ (pub).

booz·er·oo /bùːzərúː/ 《NZ俗》*n* 飲み騒ぎ; 安酒場.

bóoze-ùp *n* 《英俗・豪俗》酒盛り, 飲み騒ぎ.

boozy /búːzi/ 《口》*a* 酔った (drunk); 大酒を飲む, しょっちゅう酔って. ♦ **bóoz·i·ly** *adv* **-i·ness** *n*

bóozy-wóozy *a**《俗》酔っぱらった.

bop[1] /báp/ *n* **1 a** 〔楽〕バップ (=*bebop*) 《1940 年代に始まった革新的なジャズスタイル》. **b** ごまかし, でたらめ; わけのわからない隠語. **2**″《口》《ポップミュージックの》ダンス, ダンスパーティー. ► *vi* (**-pp-**) **1** 《俗》《気楽に》行く, 出かける 〈*on down*〉, 歩く 〈*along, off*〉. **2** 《口》《バップに合わせて》踊る, ダンスする. ● **～ off***《俗》立ち去る. [be*bop*]

bop[2] 《俗》*n* げんこつ[棍棒]での一撃; [〈*int*〉] ボカッ《強打}; *《暴走族などの》渡り合い, 乱闘; *性交; *麻薬の 1 回分[丸薬]: drop a ～ (丸薬の)麻薬を飲む. ● **throw a ～ into…** 《俗》…と性交する, 一発やる. ► *vt, vi* (**-pp-**) げんこつ[棍棒]でなぐる; *けんかする; *負かす, やっつける; *…と性交する. [BOB[4]]

BOP °balance of payments ♦ 〔冶〕°basic oxygen process ♦ °Boy's Own Paper.

bóp càp*《俗》APPLEJACK CAP.

bo·peep /boupíːp/ *n* **1** いないいないバー (peekaboo) 《物陰から急に顔を出し Bo! といって子供を驚かせる》; 《豪口》見る[のぞく]こと. **2** ″《韻俗》眠り (sleep). ● **play ～** いないいないバーをする; 〈政治家など〉変幻自在の行動をする. [*bo* int]

Bo-peep /boupíːp/ [Little ～] ボーピープ《英国の伝承童謡の, 番をしていて羊に逃げられてしまった女の子》.

bóp glàsses *pl**《俗》角[鼈甲(べっこう)]縁の眼鏡.

Bo·phu·that·swa·na /bòuputɑːtswáːnə/ ボプタツワナ《南アフリカ共和国北部の一群の飛び地からなっていた Bantustan; ☆Mmabatho; 1977 年南ア政府が独立を承認したが, 国際的に認知されることなく 94 年南ア共和国に再統合》.

bóp·per *n* バップのミュージシャン, バッパー; バップファン (bopster); 《俗》TEENYBOPPER; 《俗》(最近の)事情に明るいやつ, わかってるやつ. [*bop*[1]]

bóp·ping *n* BOP[1] すること; *《タクシー運転手俗》不正メーターで法外な料金をふっかけること《Philadelphia での用語》.

bop·py /bápi/ *a**《俗》元気のいい, にぎやかな.

bóp·ster *n* バップのミュージシャン; バップ狂.

BOQ 〔米軍〕bachelor officers' quarters.

bor- /bɔ́ːr/, **boro-** /bɔ́ːrou, -rə/ *comb form* 「ホウ素 (boron)」

bor. borough.

bo·ra[1] /bɔ́ːrə/ *n* 〔気〕ボラ《アドリア海東岸地方に吹き降りてくる北または北東の冷たい乾燥した風》. [It (dial)<L *boreas*]

bora[2] *n* 《豪》《先住民の》男子成人式. [(Austral) *bōr, būr* girdle]

Bo·ra-Bo·ra /bɔ́ːrəbɔ́ːrə/ ボラボラ《南太平洋のフランス領 Society 諸島の島》.

borac ⇨ BORAK.

bo·rac·ic /bərǽsɪk/ *a* **1** 〔化〕BORIC. **2** ″《韻俗》一文無しで, すって

んてんて《~ and lint＝skint と押韻》. ［BORAX］
borácic ácid〘化〙ホウ酸 (boric acid).
bo·ra·cite /bɔ́:rəsàɪt/ *n*〘鉱〙方硼(ほう)石, 方硼鉱.
borack ⇨ BORAK.
bor·age /bɔ́(:)rɪʤ, bɑ́r-, bʌ́r-/ *n*〘植〙ルリヂサ, ボリジ《青い花を咲かせる一年草; 葉は香味用》. ［OF＜L＜Arab＝father of sweat; 発汗剤として用いたことから］
bórage fàmily〘植〙ムラサキ科 (Boraginaceae).
bo·rag·i·na·ceous /bəræ̀ʤənéɪʃəs/ *a*〘植〙ムラサキ科 (Boraginaceae) の.
bor·ak, -ac(k) /bɔ́(:)ræk, bɑ́r-, -rək/ *n*《豪俗》からかい, たわごと, ナンセンス: poke (the) ~ at…をからかう. ［(Austral)］
bo·ral /bɔ́:rəl/ *n*〘化〙ボーラル《B_4C とアルミニウムの混合体で放射線遮蔽材》.
bo·rane /bɔ́:rèɪn/ *n*〘化〙ボラン《水素化ホウ素の総称》; ボランの誘導体. ［*boron*］
Bo·rås /buróus/ ブロース《スウェーデン南西部 Göteborg の東にある市; 織物産業の町》.
bo·rate /bɔ́:rèɪt/ *n*〘化〙ホウ酸塩[エステル]. ► *vt* ホウ酸塩[ホウ酸, ホウ砂]で処理する. ♦ **bó·ràt·ed** *a* ホウ砂[ホウ酸]を混ぜた.
bo·rax /bɔ́:ræks, -rəks/ *n* **1**〘化〙ホウ砂. **2***《俗》安物, 趣味の悪いもの[商品]; *《俗》うそ, ごまかし; 《豪俗》BORAK. ► *a**《俗》安物の, 劣った, 金ピカの. ［OF＜L＜Arab＜Pers］
bórax hòney ホウ砂蜂蜜《薬用合剤》.
Bor·a·zon /bɔ́:rəzɑ̀n/〘商標〙ボラゾン《ダイヤモンドとほぼ同硬度で耐熱度もすぐれた窒化ホウ素の研磨剤》.
bor·bo·ryg·mus /bɔ̀:rbərígməs/ *n* (*pl* **-mi** /-màɪ/)〘医〙腹鳴. ♦ **bòr·bo·rýg·mal, -mic** *a*
Bor·deaux /bɔ:rdóu/ **1** ボルドー《フランス南西部の Garonne 川に臨む河港都市; Gironde 県の県都》. **2** (*pl* ~ /-z/) [°b-] ボルドー《ボルドー地方産の赤 (⇨ CLARET) または 白のワイン》; ワインカラー. ♦ **Bor·de·lais** /bɔ̀:rd(ə)léɪ/ *n* ボルドーの人, ボルドー市民.
Bordéaux mìxture〘農薬〙ボルドー液《殺菌剤》.
bor·del /bɔ́:rdl/ *n*《古》BORDELLO.
bor·de·laise /bɔ̀:rd(ə)léɪz/ *a*〘料理〙ボルドレーズソースを添えた: lobster ~. ［F＝of Bordeaux］
bordeláise sàuce [°B-]〘料理〙ボルドレーズ《赤ワインと冬ネギで風味をつけたブラウンソース》.
bor·del·lo /bɔ:rdélou/ *n* (*pl* ~**s**) 娼家, 売春宿 (brothel). ［It］
Bor·den /bɔ́:rdn/ ボーデン (**1**) **Lizzie** (**Andrew**) ~ (1860–1927)《1892 年 Massachusetts 州で両親を斧で殺害したが, 裁判で無罪となった女性》 (**2**) Sir **Robert** (**Laird**) ~ (1854–1937)《カナダの政治家; 首相 (1911–20)》.
bor·der /bɔ́:rdər/ *n* **1 a** へり, 縁, 端; 縁取り. **b** 畦(あぜ); 庭園の一部[歩道]を縁取る花壇, 境栽, ボーダー. **c**《衣服などの》縁飾り;《印刷物の》欄外飾り, 花形(はながた), 輪郭罫(けい);〘電算〙《表などの》罫線. **2 a** 国境(線), 境界(線) 〈*between, with*〉; 国境地方, 辺境: cross the ~ 国境を越える / close [seal] a ~ 国境を封鎖する / a ~ army 国境警備軍 / B~ Agency〘英〙入国管理局 / ~ control ″《空港などでの》入国審査, パスポート検査(窓口). **b** [the, °the B-]: **1**) [ᵘthe B-s] イングランドとスコットランドの境界地方 **2**) 北アイルランドとアイルランド共和国の国境 **3**) 米国とメキシコの国境 **4**) 米国とカナダの国境 **5**) 南アフリカ共和国 Eastern Cape 州の East London 周辺の地域. **c** [B-s] ⇨ BORDERS. **3** [〈*a*〉] 縁の, 境をなす, 境に近い. ● **on the ~ of**…の辺境に; 今にも…しようとして. **south of the ~***《口》うまくいかないで, 拒否されて, だめで. ► *vt, vi* **1** (…の)境をなす, 接する 〈*on*〉; …に近似する 〈*on*〉; …しようとする 〈*on*〉: His remark ~*ed on* the ridiculous. 意見はばかばかしいものに近かった. **2** 縁をつける, 縁取る. ♦ **~ed** *a* 縁取った, 縁のある, 有縁の. **~·er** *n* 国境地帯の住民[で生まれた人]《特に イングランド・スコットランド国境にいう》; 縁取りをする人. **~·ing** *n* 境を設けること; 縁取り. **~·less** *a* ［OF＜Gmc; ⇨ BOARD; cf. BORDURE］
Bórder cóllie〘犬〙ボーダーコリー《英国作出の中型牧羊犬; イングランドとスコットランドの境界地域に多いタイプ》.
bórder cròssing《国境にある》出入国手続き所, 国境検問所.
bor·de·reau /bɔ̀:rdəróu/ *n* (*pl* **-reaux** /-róu(z)/) 詳細な覚書[メモ];〘保〙再保険報告書, (再保険)ボルドロー《再保険に出す側が再保険者に定期的に送付する元受内容や再保険料などの明細書》. ［F］
bór·dered pít〘植〙有縁壁孔《壁孔 (pit) の開孔部周縁が張り出し肥厚して狭まったもの》.
bórder·lànd *n* [the] 国境(地); 紛争地; 周辺部; [the] どっちつかずの状態[領域] 〈*between* sleeping *and* waking〉. ► *a* BORDERLINE.
Bórder Léicester〘畜〙ボーダーレスター種(の羊)《Leicester と Cheviot の交配種で, 元来 スコットランドとイングランドの国境地帯で作出された; 早熟性・産肉性・産毛性にすぐれ, 交配種造成用品種として重要》.
bórder·lìne 国境線, 境界線 〈*between*〉. ► *a* 国境(近く)の; 境界線上の, 決めにくい; 基準に達しない: a ~ case どっちつかずの事例, きわどいケース;〘精神医〙境界例《神経症と精神病との境界にある場合など》/ a ~ joke きわどい冗談[しゃれ]. ► *adv* ほぼ, ほとんど.
bórder prìnt〘織〙ボーダープリント《布の織端にそれに平行にデザインしたプリント柄[地]》.
Bór·ders ボーダーズ州《スコットランド南部の旧州 (region); ☆Newtown St. Boswells》.
Bórder Stàtes *pl* [the] 境界諸州 (**1**)〘米史〙南部の奴隷制度採用諸州のうち, 脱退よりは妥協に傾いていた州: Delaware, Maryland, Virginia, Kentucky, Missouri; 南北戦争では Virginia を除いて北部側についた **2**) 米国のカナダに接する諸州: Montana, North Dakota など》.
Bórder térrier〘犬〙ボーダーテリア《英国原産の被毛のかたい小型のテリア》.
Bor·det /*F* bɔrdɛ/ ボルデ **Jules**(**-Jean-Baptiste-Vincent**) ~ (1870–1961)《ベルギーの細菌学者・免疫学者; 免疫学・血清学の分野で業績をあげた; ノーベル生理学医学賞 (1919)》.
Bor·di·ghe·ra /bɔ̀:rdɪgérə/ ボルディゲーラ《イタリア北西部 Liguria 州の町》.
bor·dure /bɔ́:rʤər/ *n*〘紋〙《盾形周囲の》へり, 縁取り.
bore[1] /bɔ́:r/ *vt*《きり・ドリルなどで》…に穴をあける; 〈穴・トンネルを〉あける, くりぬく, 掘り抜く 〈*through*〉;〘機〙〈穴を〉中ぐりする《切削具で穴を広げる》;〘競馬〙鼻先を突き出して〈ほかの馬を〉押しのける: ~ one's way *through* the crowd 人込みの中を押し分けて行く. ► *vi* **1** 穴をあける 〈*through, into*〉; 試掘する; 穴があく; 《縦坑・井戸を》掘る;〘機〙中ぐりする, 中ぐり加工を行なう. **2** 押し分けて進む 〈*on, to*〉; 〈馬が首を〉突き出る. ● **~ into**… 〈目が〉…を穴のあくほど[じっと]見つめる. ► *n* **1** 口径, 内径, ボア; 《パイプ・チューブなどの》穴, 内腔, 銃腔, 砲腔. **2**《ドリルなどで掘った》穴, 試錐孔, 試掘穴, 穿孔; 《豪》《乾燥地の家畜用》掘抜き井戸. **3** 穴あけ具, 穿孔機, 掘削機. ［OE *borian*; cf. G *bohren*］
bore[2] *vt* 退屈させる, うんざりさせる 〈*by, with*〉: ~ sb to death [tears]＝~ sb out of his mind [skull]＝~ sb right [stiff] ほとほと退屈させる / ~*d* stiff [rigid, silly] 死ぬほど退屈して. ● **~ the** PANTS **off.** ► *n* うんざりさせる[退屈な]人[もの]. ［C18＜?］
bore[3] *n*《Amazon 河口などに起こる》潮津波, 海嘯(かいしょう), 暴漲湍(ぼうちょうたん), ボア. ［? ON *bára* wave］
bore[4] *v* BEAR[2] の過去形.
bo·re·al /bɔ́:riəl/ *a* 北風の; 北の; [ᵘB-]〘生態〙北方(帯)の, 亜寒帯の, 北方林[針葉樹林]帯の〈動植物〉; [ᵘB-]〘地質〙ボレアル期の《北ヨーロッパで後氷期の第 2 気候期; 9000–7500 年前の温暖・乾燥期》; [ˢB-] BOREAS の.
Bo·re·as /bɔ́:riəs/〘ギ神〙ボレアース《北風の神》; 《詩》北風, 朔風.
bore·cole /bɔ́:rkòul/ *n* KALE.
-bored /bɔ̀:rd/ *a comb form* …口径の〈銃〉.
bore da /bɑ́rɛ dɑ̀:/ *int*《ウェールズ》おはよう (good morning). ［Welsh *bore* morning, *da* good］
bóre·dom *n* 退屈; 退屈なこと.
bor·ee /bɔ́:ri/ *n*《豪》材の堅いアカシアの一種. ［(Austral)］
bo·reen /bɔ:rí:n/ *n*《アイル》小道, 小路.
bóre·hòle *n*《地層・地質調査用, 石油・水脈などの探査用の》ボーリング穴, 鑿井(さくせい), 試錐孔, ボアホール; ″《小さな》掘抜き井戸; 《豪》《牛の》水飲み場.
Bo·rel /*F* bɔrɛl/ ボレル (**Félix-Édouard-Justin-**)**Émile** ~ (1871–1956)《フランスの数学者》.
bor·er /bɔ́:rər/ *n* 穴をあける人[器具], 穿孔器, きり, たがね; 木や果実に穴をあける虫, 穿孔(性)動物《キクイムシ・フナクイムシなど》;〘魚〙メクラウナギ (hagfish)《他の魚の体の中に侵入して内部を食いつくす》;〘考古〙石錐.
bóre·scòpe *n* ボアスコープ《鏡やプリズムを使った円筒内部を検査する装置》.
bóre·some *a* 退屈な, うんざりする. ♦ **~·ly** *adv*
Borg /bɔ́:rg/ ボルグ **Björn** (**Rune**) ~ (1956–)《スウェーデンのテニス選手; Wimbledon の男子シングルスで 5 年連続優勝 (1976–80)》.
Bor·ges /bɔ́:rhèɪs/ ボルヘス **Jorge Luis** ~ (1899–1986)《アルゼンチンの作家》.
Bor·ghe·se /bɔ:rgéɪseɪ, -zeɪ/ ボルゲーゼ《イタリアの貴族の一門; もとは Siena の一族だが, 16 世紀に Rome に移り, 1605 年には教皇 Paul 5 世を出すに至った》.
Borg·holm /bɔ́:rghòum, bɔ́rjhɔ̀:lm/ ボリホルム《スウェーデン南東部 Öland 島西岸の港町; リゾート地》.
Bor·gia /bɔ́:rʤɑ:, -ʤə, -ʒə/ ボルジア (**1**) **Cesare** ~ (1475 or 76–1507)《イタリアの枢機卿・専制政治家; Rodrigo (教皇 Alexander 6 世) の庶子; Machiavelli が『君主論』で理想的専制君主として扱った》 (**2**) **Lucrezia** ~ (1480–1519)《Rodrigo の娘; 3 度の政略結婚を強いられ, 最後に Ferrara 公妃として芸術・科学を保護した; 多くの悪徳も伝わる》 (**3**) **Rodrigo** ~ ⇨ ALEXANDER VI.
Bor·glum /bɔ́:rgləm/ ボーグラム (**John**) **Gut·zon** /gʌ́ts(ə)n/ ~ (**de la Mothe**) (1867–1941)《米国の彫刻家; Rushmore 山腹に 4 大統領の巨大な頭像を彫った》.
bo·ric /bɔ́:rɪk/ *a*〘化〙ホウ素 (boron) の; ホウ素を含む: ~ ointment ホウ酸軟膏. ［BORAX］
bóric ácid〘化〙ホウ酸.
bo·ride /bɔ́:ràɪd/ *n*〘化〙ホウ化物.

bor·ing[1] /bɔ́ːrɪŋ/ *a* うんざりするような, 退屈させる. ♦ **~·ly** *adv* **~·ness** *n*

boring[2] *a* 穿孔用の. ► *n* 穿孔, 中ぐり; 〘鉱〙ボーリング, 試錐; [*pl*] 錐(きり)くず.

bóring màchine ボーリング機械, 穿孔機; 中ぐり工具, 中ぐり盤.

bóring mìll 〘機〙ボーリングミル, 中ぐり機《主として大型の金属ブロックに大きな穴をあける中ぐり盤》.

bóring tòol 〘機〙《穴の内を削る》中ぐりバイト.

Bo·ris /bɔ́(ː)rəs, bár-/ **1** ボリス《男子名》. **2** ボリス (**1**) ~ **I** (d. 907)《ブルガリアのハーン[のちに公] (852–889); ブルガリア最初のキリスト教君主》(**2**) ~ **III** (1894–1943)《ブルガリア王 (1918–43)》. [Russ＝stranger, fighter]

Bóris Gódunov ボリス・ゴドゥノフ《ロシア皇帝 Boris GODUNOV をモデルにした Pushkin の同名の戯曲 (1825), Mussorgsky のオペラ (1868–72) の主人公》.

bork /bɔ́ːrk/ *vt* [°B-]〈公人・候補者などを〉《特にメディアを通じて》批判にさらす, 攻撃する. [Robert H. *Bork* (1927–) 合衆国最高裁判所陪席裁判官に指名されたが 1987 年に上院で任命を拒否された]

Bor·laug /bɔ́ːrlɔ̀ːg/ ボーローグ **Norman** (**Ernest**) ~ (1914–2009)《米国の農学者; 緑の革命 (green revolution) を推進; ノーベル平和賞 (1970)》.

bor·lót·ti bèan /bɔːrláti-/ ボーロッティ豆《インゲンマメの一種; 生では小斑のあるピンク色がかった茶色, 調理後は茶色; ヨーロッパ南部・東アフリカ・台湾に産する》. [It (pl)＜*borlotto* kidney bean]

Bor·mann /bɔ́ːrmɑːn/ ボルマン **Martin** (**Ludwig**) ~ (1900–?45)《ナチスドイツの政治家; Hitler の側近》.

born /bɔ́ːrn/ *v* BEAR[2] の過去分詞: Eliza Gerrard (~ Eliza Riley) エライザ・ジェラード (旧名エライザ・ライリー). ● **be** ~ 生まれる: *be* ~ rich [a poet] 金持[詩人]に生まれる / *be* ~ and bred [raised] 生まれ育つ. **be** ~ **again** 生まれ変わる, 更生する. **be** ~ **before** one's **time** 時代に先んずる; 生まれるのが早すぎる. **be** ~ **of God** 神から生まれる. **be not** ~ **yesterday** 昨日今日生まれたわけではない, やすやすとはだまされない. ► *a* 生まれながらの, 天成の; (…するように)生まれついて 〈*to do*〉; [*compd*] …生まれの, …に由来[起因]する; [副詞を伴って] 生まれた, 生じた: a ~ writer 生まれながらの作家 / a ~ loser 失敗するように生まれついたやつ / be ~ to lose 生まれながら負けるべく運命づけられている / French-~ / a poverty-~ crime 貧しさによる犯罪 / recently ~ infants 新生児. ● ~ **and bred** 生粋の, 生え抜きの: He is a Parisian ~ *and bred*. 生粋のパリっ子だ. ~ (**out**) **of**…に由来する, 起因する. **in all** one's ~ **days** «口» 生まれてこのかた《強調句》. **there's one** ~ **every minute** «口» だまされるやつはいつもいる, カモはあとをたたない.

Born /*G* bɔ́rn/ ボルン **Max** ~ (1882–1970)《ドイツ生まれの英国の物理学者; ノーベル物理学賞 (1954)》.

bórn-agáin *a* 《特にキリスト教徒が, 激しい宗教的体験によって》生まれ変わった, 信仰を新たにした《*John* 3: 3 のイエスのことば Except a man be born again, he cannot see the kingdom of God. に言及したもの》; 信念を新たにした, 再生[新生, 再開]した; ひたむきな: a ~ Christian 生まれ変わったキリスト教徒, ボーンアゲインクリスチャン.

borne *v* BEAR[2] の過去分詞.

bor·né /bɔːrnéɪ/ *a* (*fem* **-née** /—/) 心の狭い, 視野の狭い, 偏狭な. [F＝limited]

-borne /bɔ̀ːrn/ *a comb form*「…によって運ばれる[伝えられる]」: air*borne*, soil*borne*.

Bor·ne·an /bɔ́ːrniən/ *a* ボルネオ(人)の. ► *n* ボルネオ人.

Bor·neo /bɔ́ːrniòʊ/ ボルネオ《Malay 諸島最大の島; マレーシア (⇨ SARAWAK, SABAH), インドネシア (⇨ KALIMANTAN), ブルネイの 3 国に分かれる》.

bor·ne·ol /bɔ́ːrniɔ̀(ː)l, -òʊl, -àl/ *n* 〘化〙竜脳, ボルネオール. [↑, *-ol*]

Born·holm /bɔ́ːrnhòʊ(l)m/ ボルンホルム《バルト海にあるデンマーク領の島; ☆Rönne》.

Bórnholm disèase 〘医〙ボルンホルム病《流行性胸膜痛症》. [↑; この病気が初めて報告された]

born·ite /bɔ́ːrnàɪt/ *n* 〘鉱〙斑銅鉱. [Ignaz von *Born* (1742–91) オーストリアの鉱物学者]

Bor·no /bɔ́ːrnoʊ/ ボルノ《ナイジェリア北東部の州; ☆Maiduguri》.

Bor·nu /bɔ́ːrnu/ ボルヌー《ナイジェリア北東部の地方; 13 世紀ころイスラム教徒のカネム-ボルヌー (Kanem-Bornu) 帝国が成立, 19 世紀まで続いた》.

bo·ro- /bɔ́ːroʊ, -rə/ ⇨ BOR-.

Bo·ro·bu·dur /bɔ̀ːrəbədʊ́ər/ ボロブドゥール《インドネシアの Java 島中部にある 8 世紀建造の仏教遺跡》.

Bo·ro·din /bɔ̀(ː)rədíːn, bàr-/ ボロディン **Aleksandr** (**Porfiryevich**) ~ (1833–87)《ロシアの作曲家・化学者》.

Bo·ro·di·no /bɔ̀(ː)rədíːnoʊ, bàr-/ ボロディノ《ロシア西部 Moscow の西 110 km にある村; Napoleon 軍と Kutuzov の率いるロシア軍が戦った地 (1812; 前者が勝利)》.

bòro·hýdride *n* 〘化〙ホウ水素化物《還元剤》.

bo·ron /bɔ́ːràn/ *n* 〘化〙ホウ素《非金属元素; 記号 B, 原子番号 5》. ♦ **bo·rón·ic** *a* [*bor*ax＋*carbon*]

bóron cárbide 〘化〙炭化ホウ素, 〘機〙ボロンカーバイド《研磨剤》.

bo·ro·nia /bəróʊniə/ *n* 〘植〙ボロニア《香り高い赤紫・白の花の咲くミカン科ボロニア属 (*B*-) の各種低木; 豪州産》. [Francesco *Borone* (1769–94) イタリアの植物学者]

bóron nítride 〘化〙窒化ホウ素《セラミック・超硬材料》.

bòro·sílicate *n* 〘化〙ホウケイ酸塩; BOROSILICATE GLASS.

borosílicate gláss 〘化〙ホウケイ酸ガラス《耐熱ガラス器具用》.

Bo·ro·tra /*F* bɔrɔtra/ ボロトラ **Jean**(**-Robert**) ~ (1898–1994)《フランスのテニス選手》.

bor·ough /bɔ́ːroʊ, bʌ́r-; bʌ́rə/ *n* **1**〘英〙**a**《勅許状により特権を有する, 地方の》特権都市, 自治都市, バラ (＝*municipal borough*). **b**《国会議員選挙区としての》都市選挙区 (＝*parliamentary borough*): buy [own] a ~ «古» 選挙区を買収する[制する] / POCKET BOROUGH, ROTTEN BOROUGH. **c**《London の》自治区, バラ (cf. GREATER LONDON). **d** [the B-] SOUTHWARK. **2**〘米〙**a** 自治町村. **b**《New York 市の》自治区, 独立区《Manhattan, the Bronx, Brooklyn, Queens, Staten Island の 5 つ; cf. GREATER NEW YORK》. **c**《Alaska 州の》郡《米国他州の county に相当》. **3**〘NZ〙小自治体. **4**〘史〙城市, 都市. [OE *burg* fort, walled town; cf. BURGH, G *Burg*]

bórough cóuncil 〘英〙《borough の称を保ってきた, 地方の》バラ議会《議長の称号は 'mayor'》.

bórough Énglish 〘英法〙末子相続制《個人の不動産をすべて男性末子に相続させる慣行; 1925 年廃止》.

bórough hàll バラ庁舎 (⇨ BOROUGH).

Bor·ro·mi·ni /bɔ̀(ː)rəmíːni, bàr-/ ボロミーニ **Francesco** ~ (1599–1667)《イタリアの建築家・彫刻家; バロック様式の代表的建築家》.

bor·row /bɔ́(ː)roʊ, bár-/ *vt, vi* **1 a** 借りる 〈*from, of*〉 (opp. *lend*): ~*ed* PLUMES. **b** 借用[拝借]する, 取り入れる, 借入する, 〈外国の語を〉借用する 〈*from*〉: words ~*ed from* French フランス語からの借用語. **c**《引き算で》(上の位から)下ろす, 借りる. **d** 土取場 (borrow pit) から取る. **2**〘ゴルフ〙グリーンの傾斜[風など]によるボールのそれを見込んで打つ. **3** «方» 貸す (lend). ● ~ TROUBLE. ► *n* 《埋立て・盛土用の》土砂; 〘ゴルフ〙グリーンの傾斜(など)によるボールのそれ(を見込んで打つこと); «廃» 借用. ♦ **~·er** *n* 借手, 借用者: Neither a ~*er* nor a lender be. «諺» 借手にも貸手にもなるな《Shak., *Hamlet* 1: 3 より》. [OE *borgian* to give a pledge (*borg* pledge)]

Borrow ボロー **George** ~ (1803–81)《英国の作家・旅行家; *Lavengro* (1851), *The Romany Rye* (1857)》.

bór·rowed líght 間接光《特に直接の採光のない室内に, 隣接する部屋や廊下の窓などからはいってくる光》; 《間接光を採るための》明かり採り窓.

bórrowed tíme 《命拾いしたあとなどの》思いがけなく延びた命, 猶予された時間, 借り物の時間: be (living) on ~ からくも生き延びている.

bórrow·ing *n* 借りること, 借用; [*pl*] 借金, 借入金; 借りたもの, 《特に》借用語, 借用した句.

bórrowing pòwer [°*pl*] 借入能力, 借入可能金額.

bórrow pìt 〘土木〙《埋立て・盛土用の》土取場(どとりば).

Bors /bɔ́ːrs, -z/ [Sir]〘アーサー王伝説〙ボールス卿《**1**) Lancelot の甥で, 円卓の騎士 **2**) Arthur 王の庶子》.

Bor·sa·li·no /bɔ̀ːrsəlíːnoʊ/ ボルサリーノ (＝~ **hàt**)《広縁の柔らかいフェルト製の男子帽》. [It; 製造者の名から]

borscht, borsht /bɔ́ːrʃt/, **bors**(**c**)**h, bortsch** /bɔ́ːrʃ/, **borshch** /bɔːrʃtʃ/ *n* ボルシチ《ロシア式の赤カブ入りシチュー》.

bórscht bèlt [**cìrcuit**] [the; °the B- B-] ボルシチベルト, ボルシチサーキット《New York 市北方の Catskill 山地のユダヤ人避暑地, および当地に関係する劇場・ナイトクラブ》.

Bör·se /*G* bœ́rzə/ *n* 《ドイツの》証券取引所.

bor·stal /bɔ́ːrstl/ *n* [°B-]〘英〙《かつての》少年院 (＝~ **institùtion**)《15–20 歳の犯罪者を収容》. ► *a* 少年院(出)の. [*Borstal* この種の少年院が初めて設置 (1902) された Kent 州 Rochester の近くの村]

Bórstal sỳstem ボースタル式非行少年再教育制度.

bort, boart /bɔ́ːrt/, **boartz, bortz** /bɔ́ːrts/ *n* ボルト《下等なダイヤモンド》; ダイヤくず《研磨・切削用》. ♦ **bórty** *a*

bortsch ⇨ BORSCHT.

bor·zoi /bɔ́ːrzɔ̀ɪ/ *n* 〘犬〙ボルゾイ (＝*Russian wolfhound*)《ロシア産の脚の長い大型の猟犬》. [Russ (*borzyi* swift)]

bos ⇨ BOSS[4].

Bosc /bɑ́ːsk/ *n* 〘園〙ボスク《大きな黄緑色の西洋ナシ (pear) の一品種》.

bos·cage, -kage /báskɪdʒ/ *n* «文» やぶ, 茂み, 木立.

Bosch /bɔ́(ː)ʃ, báʃ/ **1** ボッシュ **Carl** ~ (1874–1940)《ドイツの工業化学者; ノーベル化学賞 (1931)》. **2** ボス **Hieronymus** ~ (c. 1450–1516)《オランダの画家; 怪奇的・悪魔的幻想画を描いた》.

bosch·bok, bosh- /báʃbàk, -bʌ̀k/ *n* BUSHBUCK.

Bosche ⇨ BOCHE.

Bósch pròcess 〘化〙ボッシュ法《Carl Bosch が発明した空中窒素固定法》.

bosch·vark /báʃvὰːrk/ *n* 〔動〕カワイノシシ《南アフリカ産》.

Bos·co /bóːskoʊ/ ボスコ Saint **John** ～ (1815–88)《イタリアのカトリック司祭; サレジオ会 (the Salesian Order) の創設者; Don Bosco ともいう》.

B

Bose /bóʊs, bóːs, bóːʃ/ ボース (1) Sir **Ja·ga·dis** /ʤʌ̀gədíːs/ **Chandra** ～ (1858–1937)《インドの物理学者・植物生理学者》 (2) **Satyendra Nath** ～ (1894–1974)《インドの数学者・物理学者; Einstein と協力して Bose-Einstein statistics を導いた》 (3) **Subhas Chandra** ～ (1897–1945)《インドの政治家; Gandhi を支え, 反英インド独立運動を進めた》.

Bóse-Éinstein cóndensate 〔理〕ボース-アインシュタイン凝縮物.

Bóse-Éinstein condensátion 〔理〕ボース-アインシュタイン凝縮《ボース-アインシュタイン統計 (Bose-Einstein statistics) にしたがう粒子系を低温にしたとき, 巨視的な数の粒子が運動量 0 の状態に凝縮する現象》.

Bóse-Éinstein statístics 〔理〕《整数のスピンをもつ粒子のしたがう》ボース-アインシュタイン統計 (=*Bose statistics*)《光子などの粒子が同じエネルギー準位にいくらでもはいれることに基づく; cf. FERMI-DIRAC STATISTICS》.

Bóse statístics 〔理〕ボース統計 (BOSE-EINSTEIN STATISTICS).

bosey ⇨ BOSIE.

bosh[1] /báʃ/ *n* «口» たわごと; [⟨*int*⟩] «口» ばかな! ► *vt* ‖«学生俗» ばかにする, ひやかす. [Turk=empty]

bosh[2] *n* 朝顔《溶鉱炉のシャフトの下方傾斜部》; 熱した金属の冷却槽; 銅精錬の際のシリカ質析出物; «ウェールズ南部» 台所の流し, 洗面台. [C17<?]

boshbok ⇨ BOSCHBOK.

bósh shòt ‖«俗» だめな[失敗する]企て.

bo·sie, -sey /bóʊzi/ *n* «豪»〔クリケット〕GOOGLY[2].

bosk /básk/ *n* 《低木の》小さな林, 茂み. [*bush* の異形]

boskage ⇨ BOSCAGE.

bos·ker /báskər/ *a* «豪俗» りっぱな, すばらしい.

bos·ket, bos·quet /báskət/ *n* 茂み, 森; 植込み.

Bós·kop mán [ráce] /báskὰp-/ 〔人〕ボスコプ人《更新世後期の南アフリカ人; Bushman や Khoikhoi の祖先と推定される》.
♦ **bos·kop·oid** /báskəpɔ̀ɪd/ *a* [*Boskop* 最初に人骨が発掘された南ア共和国 North-West 州の地名]

bosky /báski/ «文» *a* 樹木の茂った, 茂みのある, 陰のある[多い]; 森の.

bo·s'n, bo'·s'n /bóʊs(ə)n/ *n* BOATSWAIN.

Bos·nia /bázniə/ ボスニア《バルカン半島西部の地域; Herzegovina と共にボスニア-ヘルツェゴヴィナを形成する》.

Bósnia and Herzegovína ボスニア-ヘルツェゴヴィナ《バルカン半島西部の国; ☆Sarajevo; 1946–92 年ユーゴスラヴィアの構成共和国》.

Bós·ni·an *a* ボスニア(人)の; ボスニア語の. ► *n* ボスニア人; ボスニア語.

bos·om /bʊ́zəm, *búː-/ *n* **1** (*pl* ～**s**) **a** 胸 (chest); 《女性の》胸, バスト, [ᵘ*pl*] 乳房: her ample ～ 彼女の豊かな胸 / flaunt one's ～ 《女性が》胸を誇示する. **b** 《衣類の》胸部, *シャツの胸; 懐(ふところ), 内懐. **2** 《海・湖水などの》広い表面: on the ～ of the ocean 大海のまん中に. **3 a** 《情のありかとしての》胸, 胸中, 情, 愛情: keep in one's ～ 胸に秘めておく / a friend of one's ～ 親友 / the wife of one's ～ 愛妻 / in the ～ of one's family 一家水入らずで. **b** 内部, 奥まった所 ⟨*of* the earth etc.⟩. ● **take...to one's ～** [ᵒ*joc*] …を愛情をもって[温かく]迎える[扱う]; 妻にする, 親友にする. ► *a* **1** 胸の, 胸部の. **2** 親しい, 懇意な: a ～ friend [pal, buddy] 親友. ► *vt* 胸に抱きしめる; 胸に隠す. [OE *bōsm* breast; cf. G *Busen*]

bósom chùm «俗» シラミ; *«俗» ネズミ (rat).

-bós·omed *a comb form*「…な胸 (bosom) をした」: small-*bosomed*, flat-*bosomed*, full-*bosomed*.

bósom frìend *«俗» 心の友, 酒; «俗» シラミ.

bós·omy *a* こんもり盛り上がった⟨丘⟩; 胸の豊かな⟨女性⟩.

bos·on /bóʊsὰn, -zὰn/ *n* 〔理〕ボソン, ボゾン《スピンが整数の素粒子・複合粒子》. [Satyendra N. *Bose*]

Bos·po·rus /básp(ə)rəs/, **-pho-** /-f(ə)-/ [the] ボスポラス海峡《黒海と Marmara 海の間, トルコの欧州部とアジア部を分かつ; ⇨ Io》; [b-] 海峡. ♦ **Bós·po·ran** /-pərən/ *a*

bos·que /báskeɪ/ *n**«南西部» 木立, 茂み, 森. [Sp]

bosquet ⇨ BOSKET.

boss[1] /bɔ́(ː)s, bás/ «口» *n* ボス, 親分, 親方, 上役, 上司, 主人, 社長, 所長, 主任, 監督《など》; [*joc*] 細君; *[*derog*] 政党の領袖[親玉], 政界のボス; あるじ, ぬし; 大立者; *最高の人[もの]: show (sb) who's ～ «口» (人に)誰が実権をもっているかを思い知らせる / You're the ～. «口» あなたが決めてくれ, あなたに従うよ. ● **be one's own ～** 《人に雇われずに》独立して働いている. **～ over [of] the board** «豪» 羊毛刈取り所 (board) の監督. ► *vt* …のボス[親方, 親玉]になる, 取り仕切る, 監督する; あごで使う ⟨*around, about*⟩. ► *vi* ボス[親分]となる, ボス[親分]である; 親分風を吹かす, いばりちらす, 偉そうにする. ● **～ the** SHOW. ► *a* 主要な, 第一の, トップの, かしらの; «俗» 流行の, すてきな, すばらしい. [Du *baas* master]

boss[2] *n* 突起, こぶ; 《装飾的な》打出し突起部; 《盾の真ん中にある》いぼ状の鋲; 〔建〕浮出し(飾り); 《製陶などで用いる》柔らかいパッド; 〔機〕ボス《(1) シャフトの補強部 (2) プロペラのハブ[中央部]》; 〔地質〕ボス《地下でできて, 現在は露出している丸い火成岩塊》. ► *vt* **1** boss で飾る, EMBOSS[1]; ⟨磁器の表面を⟩ boss で処理する. **2** 《鉛管工事で》⟨鉛などの金属板を⟩つちで打って不規則な表面に合わせる. ♦ **～ed** *a* 浮出しのついた; いぼのついた. [OF<?; cf. It *bozza* swelling]

boss[3]*, **bos·sy***, **-si*** /bɔ́(ː)si, bási/ *n* 子牛, 雌牛; [bossy]*«食堂俗» 牛肉, ビーフ, ギュウ: ～ in a bowl ビーフシチュー. [C19 (Eng dial)<?; cf. L *bos*]

boss[4], **bos** /bɔ́(ː)s, bás/ *n, vt, vi* ‖«俗» 見当違い(をする), へま(をやる). [C19<?]

BOSS /bɔ́(ː)s, bás/ 〔南ア史〕Bureau of State Security 国家保安局 (1969–80)《公安警察の一部局》.

bos·sa no·va /básə nóʊvə/ 〔楽〕ボサノバ《(1) サンバのリズムにモダンジャズの要素を採り入れたブラジル生まれの音楽 (2) ボサノバに合わせて踊るダンス》. [Port=new trend]

bóss·bòy *n* «南ア» アフリカ人労働者のボス.

bóss còcky «豪俗» 労働者を雇い自分も働く農場主; (いばりちらす)ボス.

bóss·dom *n* 政界ボスたること; 政界ボスの影響範囲; ボス政治.

bos·set /bɔ́(ː)sət, bás-/ *n* 若いアカシカの枝角の第一枝.

bós(s)-èyed ‖«口» *a* 片目しかよく見えない; やぶにらみの (cross-eyed); 曲がった, 不正な.

bóss·hèad *n**«俗» 《仕事の上の》長, チーフ, 親方 (boss).

bossi ⇨ BOSS[3].

bóss·ìsm* *n* ボス制度, ボスの政党支配, ボス政治.

bóss làdy «口» 《女性の》BOSS[1], 女ボス.

bóss màn «口» BOSS[1].

bóss-shòt *n* へたなねらい[企て]: make a ～ (*at*...).

bóss trìck *«俗» 《売春婦の》金持ちの客.

Bos·suet /*F* bɔsɥɛ/ ボシュエ **Jacques-Bénigne** ～ (1627–1704)《フランスのカトリックの司教・説教家》.

bóssy[1] *a* 親分風を吹かせる, いばりちらす. ♦ **boss·i·ly** *adv* **bóss·i·ness** *n*

bossy[2] *a* 突起した, ふくらんだ; 浮出しのついた (bossed); ⟨犬が⟩肩肉の発達しすぎた.

bossy[3] ⇨ BOSS[3].

bóssy·bòots *n* ‖«口» いばりちらす人, しょっちゅう人に指図する人.

bos·thoon /bɑsθúːn/ *n* «アイル・米» 田舎者, のろま, とんま. [Ir-Gael *bastūn* イグサのむち<AF=stick]

bost·ing /bástɪŋ/ *a* ‖«方» すばらしい, 申し分ない, 上々の. [<? *bursting*]

Bos·ton /bɔ́(ː)st(ə)n, bás-/ **1** ボストン《(1) Massachusetts 州の州都; Massachusetts 湾に臨む港湾都市 (2) イングランド東部 Lincolnshire の市》. **2** ボストン《(1) ワルツに似た社交ダンス (=～ dip, ～ waltz) (2) 19 世紀にはやったトランプ遊び; 2 組のカードを使って 4 人で行なう》. ♦ **Bòs·ton·ése** /-íːz, -s/ *a*

Bóston àrm 〔医〕ボストン義手《Massachusetts 州 Boston で開発された神経パルスを感知して作動する義手》.

Bóston bàg ボストンバッグ.

Bóston báked béans *pl* ボストン風ベークトビーンズ《インゲン豆と塩漬け豚肉を煮込み, 赤砂糖やケチャップで調味した Boston の名物料理》.

Bóston Bráhmin ボストンの旧家・名門の人, ボストン・ブラーミン《Beacon Hill あたりの高級住宅地に住む上流人》.

Bóston brówn brèad ボストン・ブラウンブレッド《蒸しパンの一種》.

Bóston búll 〔犬〕BOSTON TERRIER.

Bóston cràb 〔レス〕ボストンクラブ, '逆エビ固め'《相手の両足[片足]を取ってうつ伏せに返し背に圧力を加えるホールド》.

Bóston créam píe ボストン・クリームパイ《丸型のケーキを割ってクリームかカスタードを詰めたもの; 通例 チョコレートをかぶせてある》.

Bóston férn 〔植〕ボストンタマシダ《下垂性で優美》.

Bóston Glóbe [The]『ボストングローブ』《Boston 市で発行されている朝刊紙》.

Bos·to·ni·an /bɔ(ː)stóʊniən, bɑs-, -njən/ *a* ボストン(市民)の. ► *n* ボストン市民.

Bóston ívy* 〔植〕ツタ (蔦), ナツヅタ, モミジヅタ (=*Japanese ivy*).

Bóston léttuce 〔野菜〕ボストンレタス《頭は丸く盛り上がり葉は黄みがかる》.

Bóston márriage ボストン結婚《特に 19 世紀のニューイングランドで, (共同生活をしている)二人の女性の親密な友情をいう》.

Bóston Mássacre [the]〔米史〕ボストン虐殺事件《1770 年 3 月 5 日 Boston 市駐留英軍と市民の衝突; 独立革命への導火線となった事件の一つ》.

Bóston pínk 〔植〕SOAPWORT.

Bóston rócker ボストン型揺り椅子, ボストンロッカー《背もたれの高い木製のロッキングチェア》.

Bóston Téa Pàrty [the]〔米史〕ボストンティーパーティー《1773

年 12 月 16 日, 英国政府が東インド会社救済のため同社の茶をアメリカに無税で輸出させたことに反対する Samuel Adams 一派がインディアンに変装して Boston 港の英国船を襲い, 船中の茶箱を海に投げ捨てた事件》.

Bóston térrier〘犬〙ボストンテリア (=*Boston bull*)《Massachusetts 州原産の, bulldog と bull terrier の交配種》.

bo·sun, bo'·sun /bóus(ə)n/ *n* BOATSWAIN.

Bos·well /bázwèl, -wəl/ **1** ボズウェル **James** ~ (1740–95)《スコットランドの法律家・作家; London に出て文壇の大御所 Samuel Johnson の知遇を得, その伝記を書いた; *The Life of Samuel Johnson* (1791)》. **2** 忠実な伝記作家. ♦ **Bos·well·ian** /bɑzwéliən/ *a* ボズウェルらしい; ボズウェル流の.

Bóswell·ìze *vi, vt* ボズウェル流に書く, 細大漏らさず書く, 賛美して書く.

Bós·worth Fíeld /bázwərθ-/〘英史〙ボズワースフィールド《イングランド中部 Leicestershire の古戦場; バラ戦争の最後の戦い (1485) が行なわれ, Richard 3 世は敗死し, Henry Tudor が勝って Henry 7 世となった》.

bot[1], **bott** /bát/ *n*〘昆〙ウマバエ[ヒツジバエ] (botfly) のうじ; [the ~s, ⟨*sg*⟩]〘獣医〙ボッツ症《bot が牛馬の胃に寄生して起こる》. [ScGael *boiteag* maggot]

bot[2]《豪口》*vt, vi* たかる, ねだる, 無心する ⟨*on* sb⟩. ► *n* たかり屋, ねだり屋. ● **on the ~ for**…をねだろうとして. [*botfly*]

bot[3] *n*〘インターネット〙ボット《(1) MUD や IRC で, プログラムが表示する実在しない人物 2) INTELLIGENT AGENT》. [ro*bot*]

bot. botanic ♦ botanical ♦ botanist ♦ botany ♦ bottle ♦ bottom ♦ bought.

bo·ta /bóutə/ *n*《ワインなどを入れる, ヤギ革製の》革袋; ボタ《スペインで用いる 500 リットル入りワイン樽》. [Sp]

botan. botanical.

bo·tan·ic /bətǽnɪk/ *a* BOTANICAL. [F or L<Gk (*botanē* plant)]

bo·tan·i·ca /bətǽnɪkə, bou-/ *n* ボタニカ《voodoo や Santeria にかかわる薬草やお守りを売る店》. [Sp=botanical]

bo·tán·i·cal *a* 植物の; 植物学(上)の; 植物性の⟨薬品⟩; 《園芸種でなく》野生(種)の. ► *n*〘薬〙植物性薬品《草・根・木皮・葉の類》. ♦ **~·ly** *adv* 植物学上, 植物学的に.

botánic(al) gàrden 植物園.

bot·a·nist /bát(ə)nɪst/ *n* 植物学者.

bot·a·nize /bát(ə)nàɪz/ *vi* 植物を採集[実地研究]する. ► *vt* ⟨一地域⟩の植物を調査する, 植物学的目的で踏査する. ♦ **bót·a·nìz·er** *n*

bot·a·ny /bát(ə)ni/ *n* 植物学; 《一地方の》植物(全体); 植物生態; 植物学書[論文]: geographical ~ 植物地理学. [*botanic*; -*y* は *astronomy* などの類推]

Bótany Báy ボタニー湾《オーストラリア南東部 Sydney の南に位置する入江で, 1770 年 Captain Cook がオーストラリアで最初に上陸したところ; 1787 年英国の流刑植民地になったが, 翌年最初の囚人たちは誤って現在の Sydney に上陸させられた》.

Bótany (wóol) ボタニーウール《豪州産極上メリノ羊毛》.

bo·tar·go /bətá:rgou/ *n* (*pl* **~es, ~s**) からすみ (BOTTARGA). [It (obs)<Arab]

botch[1] /bátʃ/ *n* ぶざまなつぎはぎ(部分); 乱雑な寄せ集め, ごたまぜ; へたな仕事[細工] (=**bótch-ùp**); *ボッチ《劣等なオパール石》. ● **make a ~ of**…をだいなしにする[しくじる]. ► *vt* ぶざまに繕う ⟨*up*⟩; 《不手際で》だいなしにする ⟨*up*⟩; 間に合わせ的にまとめる, やっつける. ♦ **bótch·er** *n* へたな職人. **bótch·ery** *n* 見苦しいつぎはぎ, へたな修繕; 不細工. **bótchy** *a* つぎはぎした; ぶざまな; へたな. [ME<?]

botch[2] *n*《方》はれもの, おでき. [AF; cf. BOSS[2]]

bótched *a* 不できの, 段取りの悪い, 失敗した, まずった. [*botch*[1]]

bótch·wòrk *n* ぶざまな仕事, ぞんざいな仕事.

bo·tel /boutél/ *n* BOATEL.

bot·fly /bátflàɪ/ *n*〘昆〙ヒツジバエ, ウシバエ, ウマバエ《ヒツジバエ科・ウマバエ科のハエの総称; 幼虫は bot》.

both /bóuθ/ *a, pron* 両方(の), 双方(の), どちら(の…)も, 二つ[二人]とも. ★ both は定冠詞・指示形容詞・所有形容詞・ほかの形容詞に先行する: I want ~ books [~ the books, ~ these books]. / *B*~ my brothers are dead.=My brothers are ~ dead. / *B*~ of them [*《非標準》The ~ of them] are doctors.=They are ~ doctors. どちらも医者です (cf. *Neither* of them is a doctor. どちらも医者ではない) / ~ our fathers《口》わたしたち二人の父 (the fathers of ~ of us). ● **~ ways** ⇨ WAY[1]. **not ~** 両方ではない《片方だけ》: I do *not* know ~ of them. 両方は知らない. ► *adv, conj* [次の成句で]: **~…and** [and の強調形; 否定形は NEITHER…nor] 二つながら, …も…も; のみならずまた: *B*~ brother *and* sister [*B*~ he *and* she] are dead. 兄も妹も死んでいる / ~ good *and* cheap 良くてまた[かつ]安い / ~ by day *and* by night 昼もまた夜も / He was ~ a poet *and* an artist. 詩人でありまた芸術家でもあった. ★ both A and B の形式では A と B とは同じ品詞の語または同じ形が望ましい; また 時には ~ A and B and C と 3 つ以上のこともある: ~ God and man and beast. you and me ~《口》自分もそうだ, こちらもご同様. [ON *báthir*; 前半は OE *bēgan, bā* both に当たり, -*th* は本来 定冠詞 (cf. G *bei-de* both the)]

Bo·tha /bóutə, bú(ə)tə/ ボータ (**1**) **Louis** ~ (1862–1919)《南アフリカの軍人・政治家; 南アフリカ連邦の初代首相 (1910–19)》 (**2**) **P(ieter) W(illem)** ~ (1916–2006)《南アフリカ共和国の政治家; 首相 (1978–84)・大統領 (1984–89)》.

Both·am /báθəm/ ボサム Sir **Ian** (**Terence**) ~ (1955–)《英国のクリケット選手》.

Bo·the /bóutə/ ボーテ **Walter** (**Wilhelm Georg Franz**) ~ (1891–1957)《ドイツの物理学者; ノーベル物理学賞 (1954)》.

both·er /báðər/ *vt* **1** 悩ます, 煩わせる, うるさがらせる, じゃまする; …に不快[苦痛]を与える; 困らせる: ~ one*self* [one's head, one's brains] [[U]*neg*] 心配する ⟨*about*⟩ / Stop ~*ing* her while she's busy. 彼女が忙しい時にうるさくするのはよしなさい / Don't ~ me with [about] such a demand. そんな要求で困らせないでくださいよ / Don't ~ her for [to give you] money. お金をくれと言って彼女を悩ませないでくださいよ / Could I ~ you to open this bottle? すみませんがこのびんを開けていただけませんか / Sorry to ~ you, but…《人に頼みごとをするときに》ご面倒ですが…, おじゃましてすみませんが… / It ~*s* me that…ということが気になる / (It) won't [doesn't] ~ me any [at all]. わたしは全然かまいません / I'm not ~*ed* (*about*…) (…のことは)かまわない[どうでもよい]. **2** "《古風》《軽く》呪う《軽いいらだちを表わす》: *B*~ the mosquitoes! この蚊め! / *B*~ you! うるさいったら! / (Oh,) ~ it! チェッ, うるさい, いまいましい, もう! ► *vi* 苦にする, 思い悩む ⟨*about, with*⟩; [*neg*] わざわざ…する ⟨*to* do, (*about*) do*ing*⟩: Don't ~ (*about* me [*with* it])! かまわないでください / Don't ~ *to* wait [(*about*) wait*ing*] for me. お待ちいただかなくてけっこうです. ● **cannot be ~ed** (**to** do)=**not ~** (**to** do)《口》《面倒[おっくう]がって》…しようとしない, いちいち[わざわざ]…しない[できない]. HOT **and ~ed.** ► *n* 面倒, 厄介; [a ~] 面倒くさい事, 厄介な人; "騒ぎ, いざこざ ⟨*with* sb *about* sth⟩; "《俗》BOVVER: go to (all) the ~ *of* do*ing*… わざわざ…する / it's no ~ お安いご用です / save sb the ~ 人の手間を省く / no ~ "《口》たやすく, 簡単に / a spot of ~ ちょっとした面倒[厄介事]. ● **in ~** "《俗》危険なめにあって, トラブルに巻き込まれて. ► *int* "《古風》いやだ, 面倒な: Oh! *B*~! ああ[まあ]いやな! [C18 Anglo-Ir<? *pother*]

both·er·a·tion /bàðəréɪʃ(ə)n/ *n* 人を悩ますこと; 煩わしさ, じれったいこと. ► *int* いまいましい, うるさい! : (Oh,) ~! チェッ!

bóther·some *a* うるさい, 厄介な, 面倒な.

bóth hánds *pl* *《俗》両手 (ten), 10 ドル, 10 年の懲役.

Both·nia /báθniə/ ■ the **Gúlf of ~** ボスニア湾《バルト海北部のスウェーデンとフィンランドにはさまれた海域》.

Both·well /báθw(ə)l, báð-, -wèl/ ボスウェル **James Hepburn,** 4th Earl of ~ (1535?–78)《スコットランドの貴族; スコットランド女王 Mary の 3 度目の夫; Mary の 2 度目の夫 Darnley 卿の殺害を画策したとされる; 獄死》.

bothy, both·ie /báθi/ *n*《スコ》小屋《農場労働者などの》.

bót·nèt *n*〘電算〙ボットネット《ハッカーが攻撃のためにばらまいたボット (bot) 群; 指令を受けてセキュリティー攻撃を行なったり, スパム送信・情報収集・ワーム配布をしたりする》.

bo·tog·e·nin /boutáʤənən, bàtəʤénən/ *n*〘生化〙ボトゲニン《メキシコ産のヤマノイモから採るステロイドサポゲニン》.

bot·o(n)·né(e) /bátənèɪ/ *a*〘紋〙⟨十字が⟩こぶつきの, クローバー状の. [F]

Bo·tox /bóutàks/ *n*〘商標〙ボトックス《ボツリヌス毒素製剤; 特に目のまわりの皮下に注射してしわを取るのに用いる》. ► *vt* [[U]*pass*] …に Botox を注射する.

bó trèe /bóu-/〘植〙テンジクボダイジュ (PIPAL). [Sinhalese *bogaha* (*bo* perfect knowledge, *gaha* tree)]

bot·ry·oi·dal /bàtriɔ́ɪdl/, **-oid** /bátriɔ̀ɪd/ *a* ブドウのふさ状の, ブドウ状の.

bot·ry·o·my·co·sis /bàtrioumàɪkóusəs/ *n*〘医〙ボトリオミセス症《ブドウ球を病原体とするウマ・ウシ・ヒトなどの化膿性肉芽腫性感染症》.

bot·ry·ose /bátriòus/ *a* BOTRYOIDAL; RACEMOSE.

bo·try·tis /bətráɪtəs, bou-/ *n* **1**〘菌〙ボトリチス《糸状菌類ハイイロカビ属 (*B*-) の菌類; いくつかは植物の菌類病の因となる》. **2**〘ワイン〙貴腐(きふ) (POURRITURE NOBLE). ♦ **bo·try·tised** /boutráɪtəst/ *a* [NL (変形)<Gk *botrus*]

bots〘獣医〙⇨ BOT[1].

Bot·swa·na /bɑtswá:nɑ:/ **1** ボツワナ《アフリカ南部の国; もと英国保護領の Bechuanaland, 1966 年独立し, 英連邦の一員となる; 公式名 Republic of ~ (ボツワナ共和国); ☆Gaborone》. **2** (*pl* ~) ボツワナ人. ♦ **Bot·swá·nian, -swá·nan** *n, a*

bott[1] ⇨ BOT[1].

bott[2] bottle.

bot·tar·ga /boutá:rgə/ *n*《マグロ・ボラなどの卵から作る》からすみ, ボッタルガ (=*botargo*). [It<Arab]

botte /bát/ *n*〘フェン〙突き. [F]

Bot·ti·cel·li /bàtəʧéli/ ボッティチェリ **Sandro** ~ (1445–1510)《イ

タリアの画家; フィレンツェルネサンス最大の画家の一人;『春』『ヴィーナスの誕生』).

bot·tine /bətíːn, bɑ-/ *n* ボティーヌ《女性用・子供用の深靴で, 履き口がボタンやひもで開閉できる》. [F (dim)＜*botte* boot]

bot·tle[1] /bátl/ *n* **1 a** 瓶(びん), とっくり, ボトル(容器); 1 瓶(の量); 《古》《酒類・油などを入れた》革袋: an ink ～ インク瓶 / a ～ of wine ワイン1瓶 / bring a ～ 《パーティーに》お酒を持参する / new WINE[1] in old ～*s*. **b** 哺乳瓶 (＝*nursing bottle*) (に入れたミルク); ガスボンベ; 湯たんぽ (hot-water bottle); 《男子病人用の》尿瓶(しびん): bring a child up on the ～ 子供をミルクで育てる. **c**〔理〕MAGNETIC BOTTLE; *《俗》電線[通信線]用ガラス絶縁体; 《俗》真空管. **2** [the] 酒, 飲酒(癖); [a ～] ウイスキー; *《俗》のんだくれ (drunkard): be fond of *the* ～ 酒が好きだ / over *a* [*the*] ～ 飲みながら〈話す〉/ take to *the* ～ 飲酒にふける[大酒を飲む]ようになる. **3 a** ‖《韻俗》尻, けつ (arse)《bottle and glass と押韻》. **b** ‖《口》度胸, 勇気, やる気: lose one's ～ / have the ～ *to* do…する度胸がある / gotta lotta ～＝have got a lot of ～ 度胸満点だ, 元気いっぱいだ. **c** [the] *《俗》売春, 《特に》ホモ売春. **4** ‖《俗》**a** かき集めた金, 金の分け前[取り分]. **b**《海軍》叱責, 戒告.

● **crack** [**break**] (**open**) **a ～** 《口》酒瓶をあける, 祝杯をあげる. **fight a ～** *《俗》酒をくらう. **hit the ～** 《口》大酒を飲む, 酒におぼれる; 《俗》酔っぱらう. **like one's ～** 酒好きである. **on the ～** 《口》酒浸りで, 大酒飲みで. ► *vt* **1** 瓶詰めにする; ‖〈果物・野菜を〉瓶で保存する; 〈ガスを〉ボンベに詰める. **2**《俗》捕える. **3** ‖《俗》瓶を持って攻撃する, 瓶でたたく; ‖《海軍俗》叱責する, 戒告する. ► *vi* **1** *《俗》大酒を飲む, 飲みすぎる. **2** ‖《俗》金を集める. ● **～ it** ‖《口》おじけづく, ひるむ. **B～ it!** *静かに! **～ off** (樽から)瓶に詰め替える. **～ out** ‖《口》気おくれする, ひるむ; 手を引く, あきらめる〈*of*〉. **～ up** 瓶に密封する; 閉じ込める, 封じる; 〈怒り・不平などを〉抑える; 隠す. [OF＜L (dim)＜BUTT[3]]

bottle[2] *n* ‖《方》《乾草・わらの》束: look for a NEEDLE in a ～ of hay. [OF (dim)＜*botte* bundle＜Gmc]

bóttle-àche 《俗》*n* 二日酔い; 震顫譫妄(しんせんせんもう)症.

bóttle bàby 人工乳育ちの赤ちゃん; *《俗》大酒飲み, アル中.

bóttle bànk 空き瓶回収ポスト[ボックス]《リサイクル用》.

bóttle blònd *《俗》金髪に染めた人.

bóttle·brùsh *n* 瓶洗いブラシ;〔植〕ブラシノキ, ボトルブラシ, 'キンポウジュ'《瓶ブラシ状の赤花をつけるフトモモ科カリステモン[ブラシノキ]属などの低木の総称; 豪州原産》.

bóttle clùb ボトルクラブ《自分の酒を買って預けておき通常の閉店時刻を過ぎてから行く会員制クラブ》.

bót·tled *a* 瓶[ボトル]詰めの, 瓶入りの; ボンベ入りの〈ガス〉; 《俗》酔っぱらった: ～ beer 瓶ビール (cf. DRAFT BEER) / ～ cocktail 瓶詰めのカクテル.

bóttled gás 携帯用ボンベ入りガス; 液化石油ガス, LPG (＝*bottle gas*).

bóttle-fèed *vt, vi* (乳児を)人工栄養[ミルク]で育てる (cf. BREAST-FEED). ♦ **bóttle-fèd** *a*

bóttle·fùl *n* 瓶一杯(の量) (bottle): a ～ of whiskey.

bóttle gàs BOTTLED GAS.

bóttle glàss 瓶ガラス《暗緑色の粗製品》.

bóttle gòurd〔植〕ユウガオ, ヒョウタン《ウリ科; いわゆる '夕顔' はヒルガオ科のヨルガオ》.

bóttle gréen 暗[濃]緑色 (deep green).

bóttle·hòld·er *n* 瓶を支える装置[台], ボトルホルダー; ボクシング選手の付添人, セコンド; 後援者, 助手.

bóttle-màn *n* *《俗》のんべえ, 酔っぱらい.

bóttle màn ボトルマン《路上で人にぶつかってワインのボトルを落とし, 高額な弁償金を要求するゆすり》.

bóttle·nèck *n* **1** 瓶の首; 狭い通路[街路]; 交通渋滞部分; 進行を妨げる人[もの]; [*fig*] 隘路(あいろ), 窮地, ネック. **2**〔楽〕ボトルネック《**1)** ブルースなどのギター演奏に用いる瓶の首 **2)** 瓶の首や金属棒を用いてグリッサンド効果を出すギター奏法の一つ (＝**～ guitàr**)》. **3**〔生〕《遺伝的多様性の減少につながる》個体数の激減. ► *vt* …の進行を妨げる, 妨害する. ► *vi* 妨げられる, 遅れる. ► *a* 狭い, 細くくびれた.

bóttleneck inflàtion〔経〕ボトルネックインフレーション《一部の産業における生産要素の不足が隘路となって波及的に生じる物価上昇》.

bóttle·nòse *n*〔動〕**a** BOTTLENOSE DOLPHIN. **b** BOTTLENOSE WHALE.

bóttle nòse 《俗》(赤い)とっくり鼻. ♦ **bóttle-nòsed** *a*

bóttlenose dólphin [**pórpoise**]〔動〕バンドウイルカ (＝**bóttle-nòsed dólphin** [**pórpoise**])《しばしば水族館などに飼われ, 曲芸をする》.

bóttlenose [**bóttle-nòsed**] **whále**〔動〕トックリクジラ《小型》.

bóttle-o(h) /-òʊ/ *n* (*pl* **～s**) 《豪俗》空瓶買い《人》.

bóttle òpener 《ビール瓶などの》栓抜き.

bóttle pàrty 酒持込みのパーティー[宴会].

bót·tler *a, n* 瓶詰めする人[装置]; 飲料メーカー, ボトラー; 《豪口》すてきな(人[もの]).

bóttle shòp 《豪・南ア》酒類販売店[コーナー], 酒屋《瓶・缶入りの酒類を販売する; 店内での飲酒はできない》.

bóttle-stòpper *n* 《韻俗》おまわり, ポリ公 (copper).

bóttle stòre 《南ア・豪》BOTTLE SHOP.

bóttle trèe〔植〕ボトルツリー, ビンノキ, 壺形樹《幹が壺形または瓶形に肥大した各種植物; アフリカの BAOBAB, 豪州産アオギリ科ツボノキ属の一種など》.

bóttle-wàsh·er *n* 瓶洗い職人; 《口》下働き, 雑役係 (factotum); 洗瓶機. ● **chief** [**head**] **cook and ～** 《口》何から何まで取り仕切っている人, '社長兼小使'.

bót·tling *n* 瓶[ボトル]詰め(工程), ボトリング; 瓶入りの飲み物, 《特に》ワイン.

bot·tom /bátəm/ *n* **1** 底, 底部, 底面; 深部. **a**《海・川・井戸などの》底; [ᵁ*pl*] *BOTTOMLAND; 《鉱山の》最下層; 残留物, おり, かす: lie in [at, on] the ～ of the lake 湖底に横たわる. **b**《椅子の》座部; 《口》お尻 (buttocks). **c** 最下部, 基部, 下のほう, 《山の》ふもと; 《ページの》下部; 《木の》根元; ボトム《下半身に着る衣服; ツーピースの下半分》, [ᵁ*pl*]《パジャマなどの》ズボン; [*pl*] *《俗》靴 (shoes);〔農〕犁体(りたい)《耕耘(こううん)機の plow の部分》. **d**《道・入江などの》奥, 行き詰まり; 《畑などの》隅. **e**〔海〕船殻(せんこく) (hull), 《特に水線下の》船腹, 船底; 《文》〔商〕船舶, 《特に》貨物船. **f**〔理〕ボトム《**1)** BOTTOM QUARK **2)** BOTTOM CHARGE》. **2 a** 根本, 根底, 基礎; 実質; [ᴼ*derog*] 根源; 《織維の染色前の》基礎染料, 下染め; 《バンドの》低音楽器《集合的》. **b** 底力; 《馬などの》耐久力, 根気. **3** 最下位, 末席, びり;〔野〕《回の》裏 (opp. *top*);〔野〕下位打者《打順で 7–9 番の 3 人》;〔証券〕大底: start at the ～ 底辺[いちばん下のレベル]から始める. **4** [〈*a*〉] 底の, いちばん下の, 底辺の; 水底に生息する; 最後の, びりの; 根本的な〈原因など〉: the ～ price 底値 / the ～ rung《社会階級などの》最下層 / the ～ man (on the totem pole) 《俗》下っぱ / come ～ 最下位になる.

● **at** (**the**) **～** 心底(は); 実際は. **at the ～ of**…のふもと[脚部, 裾]に; 〈問題など〉の根底にあって; …の原因で. **～s up** *《卑》尻を上げて, 後背位[肛門性交]で. **B～s up!** 《口》飲みほしたまえ, 乾杯! **～ up** [**upward**] さかさまに. **from the ～ of the barrel** [**heap**] 《口》《残りかすのような》劣悪な人たち[もの]の中から(の). **from the ～ up** 最初から, すっかり. **get to the ～ of**…の真相をきわめる. **go to the ～** 沈む; 探究する. **hit** [**scrape, touch**] **～** 水底に触れる, 坐礁する; 《口》底を打つ, 最低になる; 最悪の事態を経験する. **knock the ～ out of**…〈箱など〉の底を打ち抜く; 〈証拠・議論・計画など〉を打破する, 根底から覆す, …の支えを奪う; 〈相場など〉に大底をつけさせる, …を暴落させる. **reach the ～**〔商〕底を入れる. **send**…**to the ～** …を沈める. **stand on** one's **own ～** 独立[自営]する. **The ～ drops** [**falls**] **out** (**of**…) (相場・価格などの)基盤[従来の底値]がくずれる, (相場・価格が)大底をつく; 〈人にとって〉(一日などが)不愉快なものになる〈*for*〉: *The* ～ has *dropped out of* the price of tin. **the** TOP[1] **and ～ of it. to the ～** 底[根底]まで: search [examine] *to the* ～ くまなく捜す, 徹底的に調べる.

► *vt* **1** …に底を付ける, 〈椅子〉に座部を付ける. **2 a** 底まで降ろす; 《豪》《鉱脈などに達するまで》〈地面・坑を〉掘る. **b** …の真相をきわめる. **c** *《俗》〈ビールなどを〉飲みほす. **3** 〈…に〉基づかせる〈*on*〉. ► *vi* **1** 〈船など〉底に達する[触れる]; 〈物価など〉底を入れる; 《豪》《鉱脈などに》達する〈*on*〉. **2** 基づく〈*on*〉. ● **～ out** 底に達する, 底を打つ;〔証券など〕〈市場が〉大底に達する, 底入れする.

♦ **～·er** *n* [OE *botm* ground; cf. G *Boden*]

Bottom ボトム **Nick ～**《Shakespeare, *A Midsummer Night's Dream* に登場する Athens の織工》.

bóttom chàrge〔理〕ボトム荷《bottom quark のもつ属性》.

bóttom dòg UNDERDOG.

bóttom dóllar 最後に残った金, なけなしの金. ● BET one's **～**.

bóttom dráwer ‖《結婚の用意に衣類・装身具などをしまっておく》たんすのひきだし (cf. HOPE CHEST); [sb's] 嫁入り支度の品.

-bót·tomed *a comb form*「BOTTOM が…な」「…な底の」: flat-*bottomed*.

bóttom-ènd *n* *《俗》《エンジンの》ボトムエンド《クランク軸・メインベアリング・コンロッドの大端部》.

bóttom-fèed·er *n* **1** 底魚 (bottom fish). **2** 最低の地位[ランク]の者; 他人を犠牲にして[他人の不運によって]金もうけをしようとする者; 人間性のげすな部分に訴えようとする者.

bóttom-fèed·ing *n* 一番下のレベルで活動すること, 最低のことをして稼ぐこと.

bóttom fermentátion 下面[底面]発酵《酵母が発酵液の底に蓄積するラガービールなどのゆっくりした発酵》.

bóttom fìsh 底魚 (groundfish).

bóttom fìsher BOTTOM-FEEDER《人》.

bóttom fìshing 底釣り; 《株など》底値で買うこと; BOTTOM-FEEDING.

bóttom gèar ‖〔車〕ローギヤ, ファーストギヤ.

bóttom hòuse 《カリブ》《柱上高床家屋の》床下(の召使部屋).

bóttom·ing *n* 下染め; 靴底仕上げ作業; 《道路舗装の》路盤用材《砂利・砕石など》.

bóttom·lànd* *n* 《川沿いの》(沖積層)低地.

bóttom·less *a* BOTTOM のない; 座部のない〈椅子〉; 底なしの, 底

知れぬ, 非常に深い; 限りない; ((レストランで)) お代わり自由の〈飲み物〉; ((topless に対して)) 全裸の, ヌードの; ヌードが売り物の〈バーなど〉: a ~ mystery 全くのなぞ. ♦ **~·ly** *adv* **~·ness** *n*

bóttomless pít **1** [the] 底知れぬ所 ((悪霊・悪魔の住居; cf. *Rev* 20: 1–3)); 地獄. **2** ((通例 厄介なことを)) 絶えず生み出すもの, 精根[財産, 方策]を尽きさせるもの. **3** ((俗)) 絶えず[ひどく]腹をすかしている者.

Bot·tom·ley /bátəmli/ ボトムリー **Horatio** (**William**) ~ (1860–1933) ((英国の実業家・ジャーナリスト・下院議員; 事業のために募集した資金の償還に失敗して実刑を受けた)).

bóttom-lìne *a* 損得勘定だけを問題にした; 実利的な, 現実主義の.

bóttom líne **1 a** [the] ((企業の収益報告の)) 最下行, 帳尻 ((純益または純損を表示する)); ((口)) ((計上された)) 収益, 損失, 経費. **b** [the] ((口)) (最終)結果, 結末, 総決算; ((口)) 最終決定, 結論; ((口)) 最重要事項, 要点, 肝心なこと; ((口)) ((大きな)) 転換点: the ~ is that… 要するに…, 実は…. **c** ((受け入れられる)) 最低額, 妥協ライン, ぎりぎりの線[条件]. **2** ((女性の)) ヒップの線.

bóttom·mòst *a* いちばん下の, いちばん深い所の; 最後の; 最も基本的な.

bóttom quàrk 〔理〕 ボトムクォーク (=*b quark*) ((クォークの一種; Υ 粒子の構成要素; 記号 b)).

bóttom róund 〔牛肉〕 腿肉の外側肉.

bot·tom·ry /bátəmri/ 〔海法〕 *n* 船舶担保冒険貸借. ► *vt* 〈船舶〉の船舶担保冒険貸借契約をする.

bóttom sàwyer ((木挽き穴の)) 下挽き人 (=*pit sawyer*).

bóttom·sèt bèd 〔地質〕 底置層 ((三角州の基底部をなす; 前置斜面の沖に堆積する泥やシルトからなる層)).

bóttom-úp *a* **1** 庶民[非専門家, 組織の最下位]の[に関する, から起こった], 下から(上へ)の〈運動など〉. **2** 〈論理展開など〉基礎的な原理から出発して全体を組み立てる方式の (cf. TOP-DOWN).

bóttom-ùp prócessing 〔電算〕 上昇型処理, ボトムアップ式処理 ((個々の情報を順次処理していく処理方式; 処理が済んだ部分は結果が確定する)).

bóttom wáter ((海・湖沼などの)) 低層水.

bóttom wòman *((俗)) ((ポン引きが抱える売春婦のうちで)) 最もたよりになる[客がよくつく]女.

Bot·trop /bátràp/ ボトロップ ((ドイツ西部 North Rhine-Westphalia 州の市)).

bot·ty /báti/ *n* (*pl* **bot·ties**) ((口)) お尻.

bot·u·lin /báʧələn/ *n* 〔生化〕 ボツリヌス毒素, ボツリン (=*botulinum* [*botulinus*] *toxin*) ((ボツリヌス菌によって産生される, ボツリヌス中毒を起こす神経毒)).

bot·u·li·num /bàʧəláɪnəm/, **-nus** /-nəs/ *n* 〔菌〕 ボツリヌス菌 ((胞子をつくるグラム陽性の嫌気性桿菌; ボツリヌス毒素をつくり出す)). ♦ **-lí·nal** *a*

botulínum [botulínus] tóxin 〔生化〕 ボツリヌス菌毒素 (BOTULIN).

bot·u·lism /báʧəlìz(ə)m/ *n* 〔医〕 ボツリヌス中毒 ((特に 食物中のボツリヌス毒素によってひき起こされる食中毒; 急性の麻痺症状を呈する)). [G (L *botulus* sausage)]

Bot·vin·nik /bátvɪnɪk/ ボトヴィンニク **Mikhail Moiseyevich** ~ (1911–95) ((ソ連のチェスプレーヤー; 世界チャンピオン (1948–57, 58–60, 61–63))).

Boua·ké /*F* bwake/ ブアケ ((コートジヴォアール中南部の商業都市)).

bou·bou[1] /bú:bù:/ *n* 〔鳥〕 ヤブモズ (=~ **shríke**) ((アフリカ産)).

boubou[2] *n* ブーブー ((マリ・セネガルなどアフリカ諸国の, 布を巻きつけたような長い服)). [(Western Africa)]

bou·chée /buʃéɪ/ *n* 〔料理〕 ブーシェ ((肉・魚肉入りのひと口パイ)). [F=mouthful]

Bou·cher /*F* buʃe/ ブーシェ **François** ~ (1703–70) ((フランスのロココ様式の画家)).

Bouches-du-Rhône /*F* buʃdyro:n/ ブシュ-デュ-ローヌ ((フランス南東部の Provence-Alpes-Côte d'Azur 地域圏の県; ☆Marseilles)).

Bou·ci·cault /bú:sɪkòʊ/, **Bour-** /búər-/ ブーシコー **Dion** ~ (1820 or 22–90) ((アイルランドの劇作家・俳優; 後半生は米国で過ごした; 本名 Dionysius Lardner Boursiquot)).

bou·clé, -cle /bukléɪ; bú:klèɪ/ *n* わな撚(よ)り糸, ブークレ (=~ **yàrn**); ブークレ織り. [F=buckled, curled]

bou·clée /bú:klèɪ/ *n* 〔玉突〕 ((スタンダードブリッジで)) 人指し指と親指でつくるキューを通すための輪. [F=curled]

Bou·dic·ca /budíkə; bú:dɪkə, bóʊ-/ ブーディッカ ((BOADICEA の別名)).

bou·din /budǽn; *F* budɛ̃/ *n* ブーダン ((1) 豚の血と脂肪入りソーセージ **2)** 豚肉または魚介と米を混ぜて詰めたスパイシーなケージャン (Cajun) ソーセージ)). [LaF]

Boudin ブーダン **Eugène-Louis** ~ (1824–98) ((フランスの画家; 外光の中での風景画の制作により, Monet などに影響を与え, 印象主義の先駆とされる)).

bou·doir /bú:dwà:r, búd-, -dwɔ̀:r/ *n* 婦人の私室, 閨房(けいぼう). [F=sulking place (*bouder* to sulk)]

bóudoir gránd 〔楽〕 ブドワールグランド ((奥行が 5–6 フィートの家庭用グランドピアノ)).

bouf·fant /bufá:nt, bú:fà:nt; *F* bufɑ̃/ *a* 〈袖・ひだ・ヘアスタイルなど〉ふくらませた, ふくれた. ► *n* 逆毛を立てて頭髪全体をふくらませたヘアスタイル. [F (*bouffer* to swell)]

bouffe /bú:f/ *n* OPÉRA BOUFFE. [F]

bou·gain·vil·l(a)ea /bù:gənvíljə, bòʊ-, bʊ̀g-, -ví:(j)ə/ *n* 〔植〕 イカダカズラ, ブーゲンビレア ((オシロイバナ科イカダカズラ属 (*B*-) の低木・小高木)). [↓]

Bou·gain·ville /bú:gənvɪ̀l; *F* bugɛ̃vil/ **1** ブーゲンヴィル **Louis-Antoine de** ~ (1729–1811) ((フランスの航海者; 南太平洋を探検)). **2** /, bóʊ-, búg-/ ブーゲンヴィル ((太平洋南西部にある Solomon 諸島で最大の島; パプアニューギニア領)).

bough /báʊ/ *n* 大枝, ((特に)) 主枝: Don't cut the ~ you are standing on. ((諺)) 自分の足の下の枝は切り落とすな ((現在役に立っているものを軽率に捨てるな)). ♦ **~ed** *a* [OE *bōg* shoulder, branch; cf. BOW[2]]

bóugh·pòt *n* 大型の花瓶; ″花束.

bought /bɔ́:t/ *v* BUY の過去・過去分詞. ► *a* ((自家製でなく)) 店で買った (store-bought), 既製の.

bought·en /bɔ́:tn/ ((方)) *a* 店で買った, 店屋物の, 既製の (bought); 人工の〈歯〉.

bóughy *a* 枝の多い, 多枝の.

bou·gie /bú:ʒì:, -ʤì:/ *n* 〔医〕 ブジー, 消息子 ((尿道・食道狭窄などを広げる器具)); 〔医〕 坐剤, 坐薬 (suppository); ろうそく. [F<Arab *Bougie* (↓) では蠟の取引があったことから]

Bou·gie /*F* buʒi/ ブージー ((BEJAÏA の旧称)).

bouil·la·baisse /bù:jəbéɪs, ⌐—⌐; *F* bujabɛs/ *n* **1** 〔料理〕 ブイヤベース ((サフラン入りの魚肉・貝類の煮込み料理; フランス南部, 特に Marseilles の名物)). **2** 寄せ集め, 雑集.

bouil·li /bují:/ *n* ゆで肉, 蒸し肉. [F=boiled]

bouil·lon /bú:(l)jàn, bʊ́(l)-, bʊ́ljən; bú:jɔ̃:(ŋ), bwí:-, -jɔ̀n/ *n* 〔料理〕 ブイヨン ((牛肉・鶏肉などからとる澄ましスープ)); ((細菌培養用の)) 肉汁. [F (*bouillir* to boil)]

Bouil·lon /*F* bujɔ̃/ ブーヨン ((ベルギー南東部の, フランス国境に近い町で, Ardennes 高地にある観光・保養地)).

bóuillon cùbe 固形ブイヨン, 固形スープの素.

bóuillon cùp ((両側に取っ手の付いた)) ブイヨンスープ用カップ.

Bou·lan·ger /*F* bulɑ̃ʒe/ ブーランジェ (**1**) **Georges** ~ (1837–91) ((フランスの軍人・政治家; 陸相 (1886–87); 第三共和政下で反議会主義的運動を指導, 政府に追われ (1889), 逃亡して自殺)) (**2**) **Nadia** ~ (1887–1979) ((フランスの作曲家・教育者; 弟子に Elliott Carter, Aaron Copland, Darius Milhaud などがいる)).

bou·lange·rie /*F* bulɑ̃ʒri/ *n* パン製造所, パン屋, ブーランジェリー.

boul·der /bóʊldər/ *n* ((侵食で角が取れた)) 大岩, 離れ岩, 玉石; 〔地質〕 巨礫(きょれき) ((直径が 256 mm より大)). ♦ **~ed** *a* **bóul·dery** *a* [boulderstone<Scand; cf. Swed (dial) *bullersten*]

Boulder ボールダー ((Colorado 州中北部 Denver の北西にある市; University of Colorado がある)).

bóulder clày 〔地質〕 巨礫粘土, 漂礫土.

Bóulder Dám [the] ボールダーダム ((HOOVER DAM の旧称)).

bóulder·ing *n* **1** 〔登山〕 ボールダーリング ((訓練またはスポーツとしての大岩登り)). **2** 玉石を敷き詰めた舗道, 玉石舗道.

boule[1] /bú:l/ *n* BOULES; BOULLE.

boule[2] *n* ブール, とっくり (=*birne*) ((合成宝石, 特に 人造サファイア[ルビー]の洋ナシ形の原石)). [F=ball]

bou·le[3] /bú:li, buléɪ/ *n* 〔ギリシア〕 (立法)議会, 国会; ブーレー ((古代ギリシアの立法会議)). [Gk=senate]

boules /bú:l; *F* bul/ *n* [〈*sg*〉] ブール ((**1**) 鉄球を用いてするフランスの球ころがし遊び **2)** ルーレットに似た賭けゲーム)). [F (pl); ⇨ BOULE[2]]

bou·le·vard /búləvà:rd, bú:lə-; bú:ləvà:d, -và:r/ *n* **1** 広い並木街路, ブルヴァール, *((しばしば 植込みを両側または中央に設けた)) 大通り ((略 Blvd)). **2** *ブールヴァード ((**1**) 通りと歩道の間に設けられた芝生地帯[植栽] **2)** 中央分離帯 (median strip)). ► *a* 娯楽を第一として作られた. [F<G; ⇨ BULWARK; もと 破壊した砦の上に造った舗道]

bou·le·var·dier /bʊ̀ləvà:rdjéɪ, bù:-, -díər; bù:l(ə)vá:dieɪ/ *n* ((Paris の)) ブルヴァールをうろつく[のカフェによく出入りする]人; ((一般に)) MAN-ABOUT-TOWN. [F (↑)]

boule·ver·se·ment /*F* bulvɛrsəmɑ̃/ *n* 転覆; 大混乱, 大騒動. [F]

Bou·lez /*F* bulɛ:z/ ブーレーズ **Pierre** ~ (1925–) ((フランスの作曲家・指揮者)).

boulle, buhl /bú:l, bjú:l/, **bóulle·wòrk, búhl·wòrk** *n* ブール細工, 象眼細工(の家具). [André-Charles *Boul(l)e* (1642–1732) フランスの家具製作家]

Bou·logne /bʊlóʊn, -lɔ́ɪn; -lɔ́ɪn; *F* bulɔɲ/ ブーローニュ(-シュル-メール) (=**~-sur-Mer** /*F* -syrmɛ:r/) ((フランス北部のイギリス海峡に臨む市・港町)).

Boulogne-Bil·lan·court /*F* -bijɑ̃ku:r/, **-sur-Seine** /*F* -syrsɛn/ ブーローニュ-ビヤンクール, ブーローニュ-シュル-セーヌ ((フランスの

首都 Paris 南西郊外の Seine 川に臨む市).
boult ⇨ BOLT[2].
Boult ボールト Sir **Adrian** (**Cedric**) ~ (1889–1983)《英国の指揮者》.
boul·ter /bóultər/, **bul-** /bʌ́ltər/ *n* はえなわ《多くの釣針を付けた釣糸》.
Boul·war(e)·ism* /búːlwərìz(ə)m/ *n*〖労〗ブルワリズム《団体交渉における経営側の一発回答方式》. [Lemuel R. *Boulware* (1895–1990) 米国 GE 社の労務担当重役]
Bou·mé·di·enne /bumèdiɛ́n/ ブーメディエン **Houari** ~ (1927–78)《アルジェリアの軍人・政治家; クーデターで Ben Bella を倒したのちに大統領 (1965–78)》.
bounce[1] /báuns/ *vi, vt* **1 a** はね上がる, はずむ; はねさせる, はずませる, はねる, 《椅子などから》跳び上がる〈*up*〉; はねまわる〈*about*〉, 飛びはねるように歩く; はね返る〈*back*〉, 〈光や音が〉(…に当たって)反射[反響]する〈*off, from*〉; はね返らせる〈*off*〉. **b**〖野〗内野手の前で落ちるように打つ. **c** «口»〈小切手が〉不渡りとして戻ってくる (cf. RUBBER CHECK); «口»〈不渡りになる小切手を〉振り出す. **d**〈E メールが〉送信者に戻ってくる, 自動返送される〈*back*〉; 〈E メールを〉自動返送する〈*back*〉. **2** 飛び込む〈*into*〉; 飛び出す〈*out, out of*〉; あわただしく行く[来る]. **3 a** «口» 追い出す, 首にする; "«俗» 乱暴に扱う, ぶったたく; «廃» 打つ, たたく. **b** «口» せきたてる, 強いる〈*into doing* [sth]〉; "«俗» おどす, おどして手に入れる; «俗» だまくらかす, だまして取る〈*out of*〉; "«口» 自慢する, 大言を吐く. ● **~…around** «口»〈計画などを〉あれこれ考えて討議する〈*with* sb〉. **~ back** (すぐに)立ち直る, 《病気から》回復する; 〈相場・価格などが〉持ち直す, 反騰する. **~ back and forth**〈複数の人が〉〈考えを〉あれこれ検討する **~ for**…*«俗» …を支払う, おごる, ごちそうする. **~** sth **off** (**of**) sb «口» 《反応をみるために》〈人に〉〈考えなどを〉ぶつけてみる. **~ out with**…と言い放つ. ► *n* **1 a** はずみ, はね返り, 反発力; 反発, 急な回復 (rebound), 《価格の》反騰; «CB 無線俗» 戻り, 復路; 急上昇, はね上がり (spring); 《競技場地面の》ボールをはずませる力, はずみ; 《髪の毛の》張り, こし. **b** [〈*int*〉] ボンボン, トントン, ピョンピョン《はずむ[はねる]音・様子》. **2** "ほら, からいばり; «口» 元気, 気力, バイタリティー. **3** [the] «口» 追い出し, 追放, 解雇, 放逐: get [give] *the* ~ 追い出される[出す], 首になる[する]; 《恋人などに》捨てられる[捨てる]. **4**〖ジャズ〗バウンス《ミディアムテンポのジャズ演奏に特徴的な躍動感のあるビート》. ► *adv* とぶように; 突然, やにわに. [ME *bunsen* to beat, thump<? imit or LG *bunsen*, Du *bons* thump]
bounce[2] *n*〖魚〗ニシツノザメ《フランス近海主産》. [? ↑]
bóunce·able" *a* いやにいばる, けんか好きな.
bóunce·bàck *n* 反響 (echo, reflection); 《株価などの下落後の》(急)反発.
bòunce·bàck·abílity *n* "«口» 《負けても立ち直る》しぶといド根性, なにくそ精神.
bounced /báunst/ *a*〖電算〗《E メールが相手に届かず》返ってきた.
bóunce-òn *n**«俗» 性行為, セックス.
bounc·er /báunsər/ *n* **1** 巨大な人[もの]; はねとぶ人[もの]; 〖野〗内野手の前でバウンドした打球; 〖クリケット〗BUMPER. **2** «口» 《劇場・料理店・ナイトクラブなどの》用心棒, 迷惑客の追出し係; «口» 大ぼら吹き, 自慢家, 生意気なやつ. **3** "«口» 大うそ; «俗» 不渡り小切手; *«俗» にせ[偽造]小切手. **4** *«俗» 《貨物列車の》車掌車 (caboose).
bounc·ing /báunsɪŋ/ *a* よくはずむ; 元気のいい; たくましい; 巨大な, 巨額の; ほら吹きの. ♦ **~·ly** *adv*
bóuncing Bét [**Bétty, Béss**]〖植〗サボンソウ (soapwort).
bóuncing bómb〖軍〗反跳爆弾《地面・水面に落下してはね上がり, ころがってから爆発する; 第二次大戦中に英国の Barnes Wallis が開発, ダム破壊に使用された》.
bóuncing pówder*«俗» コカイン (cocaine).
bouncy /báunsi/ *a* 元気のいい, 快活な; 弾力のある; よくはずむ. ♦ **bóunc·i·ly** *adv* **bóunc·i·ness** *n*
bóuncy-bóuncy *n* «卑» [*joc*] 性交: play ~ *on* sb.
bóuncy cástle" バウンシーカースル, ふわふわ城《空気でふくらませた大きなお城の形などの遊具で, その中[上]で子供がとびはねたりして遊ぶ》.
bound[1] /báund/ *v* BIND の過去・過去分詞. ► *a* **1 a** 縛られて; 結びつけられて〈*up, together*〉; 〖化〗束縛された: ~ hand and foot 手足を縛られて. **b** 装丁した, 表紙を付けた: ~ *in* cloth 布綴じの / half-[whole-]~ 背革[総革]装の. **2 a** 束縛[制約]をうけて〈*by*〉; 年季奉公の契約をしてある〈*to* a carpenter〉; 〖文法〗拘束(形)の (⇨ BOUND FORM). **b** [*pred*; (be) ~ to do] 義務がある; 確かに…するはず〈*to* succeed〉; «口» 決意して (determined): *be* (in) duty [honor] ~ *to* say so 義務から[名誉にかけても]そう言わねばならない / *be* ~ by law *to* do… 法により…する義務を負っている / be ~ and determined 堅く決意している. **3** 閉じ込められて, 拘束されて: snow*bound*, wind*bound*, desk*bound*, home*bound*. **4** 便秘して. ● **be ~ up in**…にかかりっきりである, 夢中である, 深入りしている. **be ~ up with**…と利害を同じくしている; …と密接な関係である. **I'll be ~.＝I'm ~.** «口» 請け合うよ, きっとだ.
bound[2] *vi, vt* はずむ, はずませる, はね返る, はね返らせる; はねとぶ, はね上がる, 跳び上がる; 跳んで行く; 〈波が〉おどる: ~ away 跳び去る / ~ upon…に跳びかかる. ► *n* はずみ, はね返り; 跳躍; «詩» 躍動: at a (single) ~ 一躍して / by LEAPs and ~*s* / on the ~ 〈球が〉はずんで / with one ~ 一躍して. [F *bondir*<L (*bombus* hum)]
bound[3] *n* [[u]*pl*] 境界(線), 限界; [[u]*pl*] 限度, 範囲; [*pl*] 国境地, 境界線内の土地, 区域; 〖数〗《上または下の》界 (: LOWER BOUND, UPPER BOUND): BEAT the ~*s* / go beyond [outside] the ~*s* of…の範囲を超える, …の埒(ら)[度]を超える / keep within ~*s* 制限内にとどまる; 度を超えない / put [set] ~*s* to…を制限する / It is within [not beyond] the ~*s* of possibility that…はありそうなことだ, …かもしれない. ● **know no ~s** 限度がない, とどまるところを知らない. **out of ~s** 立入り禁止の[で]〈*to, for*〉; 禁じられて; 制限[限度, 度]を超えて, 法外で; 〖スポ〗規定の競技区域外の[で]. ► *vt* [[u]*pass*]〈地域を〉限る, …の境界となる, …に境界をつける[示す]; …の境界を明らかにする, 〈国などの〉境界がどこにあるかを言う; [[u]*pass*] 制限する〈*by*〉. ► *vi* 境を接する〈*on*〉. [OF<L *bodina, butina* <?]
bound[4] *a* **1** …行きの; 〈人が〉…へ行くところで, …に向かって〈*for, to*〉; «古» 用意ができた: a train (~) *for* Paris パリ行きの列車 / The train is ~ *for* Dover. ドーヴァー行きだ / outward ~ 外国行きの, 往航の (opp. *home(ward)-bound*) / be ~ *for* disaster 災難にあうのは必至で. **2** [*compd*] …行きの, …を目指す: north ~ / college-~ 大学進学志望の. [ON *búinn* (pp)〈*búa* to get ready; *-d* は BOUND[1] との連想]
bound·a·ry /báund(ə)ri/ *n* 境界, 境界線; [[p]*pl*] 限界; 〖クリケット〗境界線, 境界線打(による得点)《4 点または 6 点となる》; «豪» 羊[牛]の牧畜場の境界: form the ~ *between* the two houses 両家の境界をなす / pass a ~ 《越えてはならない》一線を越える / push back [extend] the *boundaries* of…の限界を押し広げる / know no *boundaries* 限界を知らない. [*limitary* などにならって *bound*[3] より]
Bóundary Commìssion [the]〖英〗選挙区委員会《人口変動に対処すべく定期的に選挙区の見直しを行なう法定機関》.
bóundary làyer〖理〗境界層《流体内の物体の表面近くで流体の流れが遅れる薄い領域》.
bóundary làyer fènce〖空〗境界層(隔)板《後退翼表面の境界層が翼端方向に流れてはがれることがもたらす翼端失速を防ぐために, 翼上面翼弦方向に垂直に取り付けられている低い板》.
bóundary lìne 境界線; 〖紋〗PARTITION LINE.
bóundary rìder «豪» 牧畜場見まわり係.
bóund·ed *a* **1** 境界のある, 限界[制限]のある. **2**〖数〗有界の (**1**) 関数の値や数列の項の絶対値が一定数を超えない **2**) 関数の変動が無限大でない). ♦ **~·ness** *n*
bound·en /báundən/ *a* 義務的な; 必修の; «古» 恩をうけて〈*to* sb *for* sth〉: one's ~ duty 本分. [(pp)〈BIND]
bóund·er *n* **1** "«古風・口» 《道徳的に》下劣な人物, 成り上がり者, 無作法者. **2** とんだりはねたりしながら進んで行く人[動物], 〖野〗ゴロ (grounder). ♦ **~·ish** *a* **~·ish·ly** *adv*
bóund fórm〖文法〗拘束形式《それ自体で独立しては用いられず, 他の形式の一部としてのみ用いられる言語形式: 例 work*ed* の *-ed*, work*er* の *-er*; cf. FREE FORM》.
bóund·less *a* 無限の, 限りのない, 果てしない, 渺茫(びょうぼう)たる. ♦ **~·ly** *adv* 限りなく, 果てしなく. **~·ness** *n*
boun·te·ous /báuntiəs/ «文» *a* 寛大な, 恵み深い; 豊かな. ♦ **~·ly** *adv* **~·ness** *n* [BOUNTY]
boun·tied /báuntid/ *a* 奨励金を受けた; 奨励金の出る.
boun·ti·ful /báuntɪfəl/ «文» *a* 気前のよい, 寛大な; 豊かな, 豊富な. ★ ⇨ LADY BOUNTIFUL. ♦ **~·ly** *adv*
boun·ty /báunti/ *n* **1** 恵み深さ, 気前よさ, 寛大: share in the ~ of…の恩恵に浴する. **2** 賜物(たまもの); 賞与, 賞金, 報奨金, 《政府などの》奨励[補助, 助成]金〈*on, for*〉; 《入隊勧誘の》特別手当: KING'S [QUEEN'S] BOUNTY, QUEEN ANNE'S BOUNTY. **3** 収穫物. [OF<L (*bonus* good)]
Bounty **1** [the] バウンティ号《英国の軍艦; 艦長は William Bligh; 1789 年南太平洋を航行中に乗組員の暴動が発生; 反乱派は艦長らをボートに置き去りにしたのち, 若干の Tahiti 島先住民と共に無人島 Pitcairn 島に新社会を形成した》. **2**〖商標〗バウンティ《ココナッツ入りチョコレートバー》.
bóunty bàr"«俗» 白人をまねる黒人, 白人に迎合する黒人《チョコレートバー Bounty より; 外側は黒で中が白いことから; cf. COCONUT》.
bóunty hùnter 報奨金目当てに犯罪者狩りをする人, 賞金稼ぎ; 報奨金目当てに猛獣狩りをする人.
bóunty jùmper* 《南北戦争当時の》金だけもらって脱走する志願兵.
bou·quet /boukéɪ, bu-/ *n* **1 a** 《式典用ないし贈り物としての》花束, ブーケ; 大仕掛けの花火. **b** ほめことば, 賛辞: throw ~*s* 称賛する. **c** 取りまとめたもの, …の花束: ~ *of* songs 名曲のメドレー. **2** 《ワインなどの独特な》香り, 芳香, 香気, ブーケ; 《演技・文芸作品などの》香気, 気品. [F (*bois* wood)]
bouquét gar·ní /-gaːrníː/ (*pl* **bouquets gar·nis** /-z gaːrníː/) ブーケガルニ《香りを添えるためにシチューやスープに入れるパセリ・タイム・月桂樹の葉など香草の束》. [F＝garnished bouquet, tied bunch of herbs]
bouque·tière /bùk(ə)tjέər, -tiέər/ *a*〖料理〗野菜を添えた. [F＝girl who sells flowers]

bou·que·tin /bú:kətən/ *n* 〔動〕 ALPINE IBEX.

bou·qui·niste /*F* bukinist/ *n* (*pl* **~s** /—/) 古書籍商, 古本屋.

Bour·ba·ki /*F* burbaki/ ブルバキ **Nicolas ~** 《1933 年から活動を始めたフランスの数学者グループの筆名》.

bour·bon /bə́:rbən/ *n* バーボン(ウイスキー) (=**~ whiskey**) 《もとは Kentucky 州 Bourbon 郡産; トウモロコシが全体の 51% 以上, それにモルト・ライ麦のはいったマッシュから造ったもの; cf. CORN WHISKEY》.

Bour·bon /búərbən, bə́:r-/ **1 a** [the ~s] ブルボン家《ヨーロッパの王家の一つ; フランス (1589–1792, 1814–30), スペイン (1700–1808, 1814–68, 1874–1931, 1975–), Naples-Sicily などを支配》. **b** ブルボン **Charles** de ~, Duc de ~ (1490–1527) 《フランスの軍人; 大元帥 (1515)》. **c** ブルボン王家の人. **2** [ˢb-] *保守反動家, 《特に 南部出身の》保守反動的な民主党員. **3** 〔園〕 ブルボンローズ (=**~ róse**) 《芳香の四季咲きバラ》. **4** ″BOURBON BISCUIT. ◆ **~·ism** *n* ブルボン王家支持; *極端な保守主義.

Bóurbon bíscuit″ ブルボンビスケット《チョコレートクリームを間にはさんだチョコレート風味のビスケット》.

Bour·bon·nais /*F* burbɔnɛ/ ブルボネ《フランス中部 Burgundy の西方の旧州; ☆Moulins; Bourbon 王家の発祥の地》.

Bourcicault ⇨ BOUCICAULT.

bour·don /búərdn, bə́:r-/ *n* 〔楽〕 **a** ブルドン, ドローン (drone) 《(長く持続する)低音》. **b** ブルドン《**1**) パイプオルガンなどの最低音管[弦] **2**) バグパイプの低音音栓の一つ **3**) 一組の鐘の最低音の鐘》.

Bóurdon gàuge ブルドン管圧力計《半円状・渦巻状などの中空の管内の圧力が増すと管が伸びようとすることを利用した圧力計》. [Eugène *Bourdon* (1808–84) フランスの水力工学者]

bourg /búərg/ *n* 町 (town); 城下町; 《フランスの》市(いち)の立つ町 (market town). [OF BOROUGH]

bour·geois¹ /búərʒwɑ̀:/ *n* (*pl* ~ /-(z)/) **1 a** 中産階級の市民. **b** 《地主や農家・給料生活者に対して》商工業者; 《中世の》町の自由民. **2** 有産者, ブルジョア《資本主義社会の支配階級の構成員; cf. PROLETARIAN》; [*derog*] 凡俗で物質主義的な人, ブルジョア根性の者. **3** [*pl*] BOURGEOISIE. ► *a* 中産階級の[的な], ブルジョア(根性)の, 資本主義の. [F; ⇨ BURGESS]

bour·geois² /bərʤɔ́ɪs/ *n* 〔印〕 ブルジョア《9 ポイント活字; ⇨ TYPE》. [↑]

Bour·geois /*F* burʒwa/ ブルジョア **Léon(-Victor-Auguste)** ~ (1851–1925) 《フランスの政治家; 国際連盟で活躍; ノーベル平和賞 (1920)》.

bour·geoise /búərʒwɑ̀:z/ *n, a* BOURGEOIS¹ の女性形.

bour·geoi·sie /bùərʒwɑ:zí:/ *n* (*pl* ~) [the] 市民階級, 中産階級, 商工業階級, 有産階級, ブルジョアジー (cf. PROLETARIAT). [F]

bour·geoi·si·fy /buərʒwɑ́:zəfàɪ/ *vt, vi* ブルジョア化する. ◆ **bour·gèoi·si·fi·cá·tion** *n*

bourgeon ⇨ BURGEON.

Bourges /*F* burʒ/ ブールジュ《フランス中部 Cher 県の県都》.

Bour·get /*F* burʒɛ/ **1** LE BOURGET. **2** ブールジェ **Paul(-Charles-Joseph)** ~ (1852–1935) 《フランスの批評家・詩人・小説家》.

bourgie ⇨ BOOJIE.

Bour·gogne /*F* burgɔɲ/ ブルゴーニュ《**1**) BURGUNDY のフランス語名 **2**) フランス中東部の地域圏; Côte-d'Or, Nièvre, Saône-et-Loire, Yonne の 4 県からなる》.

Bour·gui·ba /buərgí:bə/ ブルギーバ **Habib ibn Ali** ~ (1903–2000) 《チュニジアの政治家; 大統領 (1957–87); 穏健な社会主義路線を唱えた》.

Bour·gui·gnon /*F* burgiɲɔ̃/, **-gnonne** /-ɲɔn/ *a* [ᵒb-] 〔料理〕 ブルゴーニュ風の《タマネギ・キノコ・赤ワインのソースを用いる》.

Bourke /bə́:rk/ バーク《オーストラリア New South Wales 州北部 Darling 川に臨む町》. ● **(out the) back of [o']** ~ 《豪口》 奥地のまだ奥(で), すごくへんぴな所(で[に]).

Bóurke-Whíte バーク-ホワイト **Margaret** ~ (1906–71) 《米国の写真家; 第二次大戦, 大恐慌下の南部, 南アフリカの採鉱作業などの報道写真を撮った》.

bourn(e)¹ /bɔ́:rn, búərn/ *n* 《南イング》 小川. [BURN²]

bourn(e)² *n* 《古》 限界, 境界; 《古》 目的地, 到達点; 《廃》 領域. [BOUND³]

Bourne·mouth /bɔ́:rnməθ, búərn-/ ボーンマス《イングランド南部のイギリス海峡に臨む保養都市》.

bour·non·ite /bɔ́:rnənàɪt/ *n* 〔鉱〕 車骨(しゃこつ)鉱《アンチモン・鉛・銅の鉱石》. [Count J. L. de *Bournon* (1751–1825) フランスの鉱物学者]

Bourn·ville /bɔ́:rnvɪ̀l/ **1** ボーンヴィル村《1880 年ごろチョコレート工場の経営者でクエーカーであった George Cadbury (1839–1922) と Richard Cadbury (1835–99) の兄弟が自分たちの工場の労働者のために Birmingham 郊外に建設した福祉村》. **2** 〔商標〕 ボーンヴィル《チョコレート》.

bour·rée /buréɪ, bú:rèɪ; búərèɪ/ *n, vi* ブーレ(を踊る) 《gavotte に似た古いフランス・スペインの 4/4 拍子の舞曲[踊り]》; PAS DE BOURRÉE. [F]

bour·ride /buərí:d, bə-/ *n* 〔料理〕 ブーリッド《煮汁に卵黄でとろみをつけニンニクを効かせたブイヤベースに似た魚の煮込み》. [Prov]

bourse /búərs/ *n* [B-] 《欧州大陸, 特に Paris の》証券取引所; 《コイン・郵便切手などの》売り立て. [F=PURSE]

Bour·sin /bursǽn; búəsæ̃/ 〔商標〕 ブルサン《フランス産のソフトチーズ》.

bour·tree″ /búərtrì:/ *n* 〔植〕 セイヨウニワトコ.

bouse¹ /bú:z, báuz/ *vi, n* 《口》 BOOZE.

bouse², **bowse** /báuz/ *vt, vi* 〔海〕 テークルで引っ張る.

boushwa(h) ⇨ BUSHWAH.

bousouki ⇨ BOUZOUKI.

bou·stro·phe·don /bù:strəfí:dn, -dàn, bàu-/ *n, a, adv* 《古代の》犂耕(れいこう)体(書式)(の[に]), 牛耕式(の[に]) 《左から右に次は右から左へと交互に行を進める書き方》. ◆ **-phe·don·ic** /-fidánɪk/ *a* [Gk (*bous* ox, STROPHE, *-don* (adv suff))]

bousy /bú:zi/ *a* 《古》 BOOZY.

bout /báut/ *n* ひと勝負, 《ボクシングなどの》試合 ‹*with*›; 発作, 発症; ひとしきり…している間; 《畑の耕作などの》一往復; 《ヴァイオリンなどの》胴体のカーブ: a ~ of work ひと仕事 / a long ~ of illness 長いこと続いた病気 / a drinking ~ ひとしきりの痛飲, 酒宴 / have a ~ *with* …と勝負をする. ● **in this [that]** ~ この[あの]時に. ► *vt* 《鋤で》一往復ずつ‹畑を›耕す. [? *bought* (obs) bending; cf. BIGHT]

bou·tade /butá:d/ *n* 《感情の》爆発, 突発, 突発的行動 (outburst, sally); 気まぐれ. [F *bouter* to thrust]

bou·tique /butí:k/ *n* 《小規模の》専門店, ブティック《特に 高価な流行婦人服やアクセサリーなどを売る洋品店やデパート内の売場》; 小規模の専門会社, 特化型の小企業: a pension ~ 《年金資金の運用を専門とする》年金ブティック. ► *a* 質の高い品物[サービス]を限られた客に提供する, 特化型の. [F=small shop; cf. BODEGA]

boutíque hotèl ブチホテル《質の高いサービスを提供する小規模でしゃれたホテル》.

bou·ti·quier /bù:tikjéɪ/ *n* ブティックの所有者, 店主. [F]

bou·ton /butɔ́:n; bú:tən/ *n* 〔解〕 神経繊維末端, ボタン (=*end foot*). [F=(terminal) button]

bou·ton·néuse fèver /bù:tɔ:nɔ́:z-/ 〔医〕 ボタン熱, ブトヌーズ熱《ダニが運ぶリケッチアの感染による発疹熱; 地中海地域・アフリカ・インドなどの地方病》.

bou·ton·niere /bù:t(ə)nír, -tənjér; butɔ̀niéər/ *n* ブートニエール, ブートニア (buttonhole″) 《ボタンホールに差す飾り花》. [F *boutonnière*]

Bou·tros-Gha·li /bú:trousgá:li; -trɔs-/ ブトロス-ガリ **Boutros** ~ (1922–) 《エジプトの外交官; 国連事務総長 (1992–96)》.

bouts-ri·més /bù:riméɪ(z); *F* burime/ *n pl* 〔韻〕 和韻, 題韻詩《与えられた韻に合わせて作った詩》.

bou·var·dia /buvá:rdiə/ *n* 〔植〕 カンチョウジ (寒丁字), ブバルディア《アカネ科カンチョウジ (*B*-) 属の多年草の総称》. [Charles *Bouvard* (1572–1658) フランスの医師]

Bou·vet Island /bú:veɪ —/ ブーヴェ島《喜望峰の南南西約 2400 km の南大西洋に位置するノルウェー領の島》.

Bou·vi·er (des Flan·dres) /bù:vièɪ(dəflǽndərz); *F* buvje (de flɑ̃:dr)/ [ᵒb- (d- F-)] 〔犬〕 ブーヴィエ(・デ・フランドル) 《ベルギー原産の強大な牧畜犬》.

bou·zou·ki, -sou- /buzú:ki/ *n* (*pl* **-kia** /-kiə/, **~s**) ブズーキ《マンドリンに似たギリシアの弦楽器; 特に フォークに用いる》. [ModGk]

Bovary ⇨ MADAME BOVARY.

bo·vate /bóuvèɪt/ *n* ボヴェート (=*oxgang, oxgate*) 《中世イングランドの地積単位: 1/8 carucate に相当, 10–18 エーカー》.

Bo·vet /bouvéɪ/ ボヴェ **Daniel** ~ (1907–92) 《スイス生まれのイタリアの薬理学者; ノーベル生理学医学賞 (1957)》.

bo·vi- /bóuvə/ *comb form* 「牛」 [L; ⇨ BOVINE]

bo·vid /bóuvəd/ *a, n* 〔動〕 ウシ科 (Bovidae) の(動物).

bo·vine /bóuvàɪn, -vì:n/ *a* 〔動〕 ウシ亜科 (Bovinae) の; 牛のような; 鈍感な, 鈍重な. ► *n* 〔動〕 ウシ亜科の動物. ◆ **~·ly** *adv* **bo·vin·i·ty** /bouvínəti/ *n* [L (*bov- bos* ox)]

bóvine éxtract *《俗》 牛エキス, 牛乳.

bóvine grówth hòrmone ウシ成長ホルモン《雌牛の成長と牛乳生産を調節する成長ホルモン; 遺伝子操作をうけたバクテリアから多量に採取されるこれと同じホルモン; 略 BGH》.

bóvine somatotrópin 〔獣医〕 ウシソマトトロピン (bovine growth hormone) 《略 BST》.

bóvine spóngi·fòrm encephalópathy 〔獣医〕 牛スポンジ様脳症, ウシ海綿状脳症 (=*mad cow disease*) 《脳組織がスポンジのようになる成牛の神経性疾患; 行動・姿勢に異常をきたし, 死に至る; 餌に含まれる感染性タンパク質 prion が原因とされる; 略 BSE》.

Bov·ril /bávrəl/ **1** 〔商標〕 ボブリル《スープストック・飲み物などに用いる牛肉エキス》. **2** [ᵒb-] 《豪俗》 ナンセンス, ばかげたこと; ″[*joc*] BROTHEL.

bov·ver /bávər/ *n* ″《俗》 《不良グループによる》騒乱, けんか, 乱闘. [*bother* の cockney 形からか]

bóvver bòot ″《口》 ボバーブーツ《底に大きな鋲を打ちつまさきに鉄を付けたけんか用の蹴り靴》.

bóvver bòy ″《俗》 **1** 《特異なかっこうをした》不良少年, スキンヘッドのチンピラ, 愚連隊のメンバー (=*boot boy*). **2** 厄介なことをするために呼ばれた人, トラブル処理屋.

bow[1] /báʊ/ *vi* **1** 腰をかがめる, お辞儀する, 〈男が〉脱帽して会釈する 〈*to* sb〉; 《古・方》かがむ, 曲がる. **2** 〈圧力・要求などに〉屈する, 応じる 〈*to* a decision [sb's demands, etc.]〉: ~ *to* the inevitable 《状況を》やむを得ないものとして受け入れる. **3** デビューする, 初登場する: The new season will ~ this fall. ► *vt* **1 a** 〈ひざ・腰を〉かがめる, 〈頭・首を〉下げる, たれる; 《古・方》かがめる, 曲げる: with head [shoulders] ~*ed* 頭を垂れて[背を丸めて]. **b** 〈謝意・同意を〉お辞儀をして示す: ~ one's thanks. **c** 会釈して案内する 〈*into*〉, 会釈して送り出す 〈*out of*〉. **2** [°*pass*] 《重荷などが》押しつぶす; 〈体を〉曲げる, 〈意志を〉まげる 〈*down*〉, 従わせる: be ~*ed down* with age 年のせいで腰が曲がっている / be ~*ed down* with [by] care 心配で気がくじける. ● **~ and scrape** お辞儀と共に右足を後ろに引く; ばか丁寧なふるまいをする, ぺこぺこする. **~ down** お辞儀をする 〈*to*〉; 屈服する 〈*to, before*〉. **~ in** 会釈して迎え入れる. **~ out** 会釈して送り出す[退場する] 〈*of*〉; 退職[退場]する, 辞任[勇退]する 〈*as* president〉; 敗退する; 手を引く, (中途で)降りる[やめる] 〈*of*〉. **~ oneself out** 長上の人に礼をして退席する. **~ the** KNEE **to….** **~ to the porcelain altar** *《俗》吐く (vomit) 《the porcelain altar は便器》. ► *n* お辞儀: give a ~ お辞儀する / make a ~ 敬礼する 〈*to*〉 / ~ and scrape 敬礼しながら右足を後ろに引くこと (⇨ *v* 成句). ● **make one's ~** お目見得する; 退場[引退]する. **take a** [**one's**] **~** 〈演技者が〉喝采に対しお辞儀する; 賞賛を(すなおに)受ける. [OE *būgan* to bend; cf. BOW[3], G *biegen*]

bow[2] /báʊ/ *n* [°*pl*] 船首, 艦首, 舳(へさき) (opp. *stern*); 機首; BOW OAR: a lean [bold] ~ とがった[平たい]船首. ● **a shot across the** [**sb's**] **~s** 〖海〗威嚇射撃; [*fig*] 警告. **~s on** まっしぐらに. **~s under** 思うように進まない; めんくらって. **down by the ~** 〖海〗〈船が〉舳を下にして(沈みかかって). **on the ~** 船首の方向に《正面から左右 45 度以内に; cf. *on the* QUARTER》. [LG, Du; ⇨ BOUGH]

bow[3] /bóʊ/ *n* **1** 弓 (cf. ARROW); 弓の射手, [*pl*] 射手 (archers) 《集合的》; 弓のひと弾き. **2** 弓形(のもの); 湾曲, 《文字などの》曲線, カーブ 《楽器の》弓 (fiddle bow); 《馬の鞍の》前輪; 虹 (rainbow); 蝶形リボン, 蝶ネクタイ, ボウ(タイ); 蝶結び; BOW COMPASS(ES); *《眼鏡の》フレーム, つる; 《はさみなどの》指を入れる輪, 《鍵の》つまみ; BOW WINDOW: tie sth in a ~ …を蝶結びにする. ● **draw a ~ at a venture** あてずっぽうを言う《*1 Kings* 22: 34》. **draw** [**pull**] **the** LONGBOW. **have two** STRINGS [**another** STRING, etc.] **to one's ~.** ► *vt, vi* 弓のように曲がる[曲げる]; 弓[楽弓]を使う; 〈ヴァイオリンを〉弾く (⇨ BOWING[2]); 〈楽譜に〉運弓法を記入する. [OE *boga*; cf. BOW[1], G *Bogen*]

Bow /bóʊ/ ボウ **Clara ~** (1905–65) 《米国の映画女優; 1920 年代にセクシーな魅力により 'It girl' として人気を呼んだ》.

bów-and-árrow squàd *《俗》[°*derog*] 弓矢班《武器を携行しない警察の部署およびその仕事》.

bów-àrm /bóʊ-/ *n* BOW HAND.

bów-bàck(ed) /bóʊ-/ *a* 猫背の, せむしの.

Bów bélls /bóʊ-/ *pl* [°B- B-] ボウ教会の鐘《London の Bow Church (正式名 St. Mary-le-Bow) の鐘; 一般にこの鐘の聞こえる範囲内で生まれた者が生粋の COCKNEY とされた》: He was born within the sound of ~. 旧市内 (the City) に生まれた生粋のロンドン子だ.

bów chàser /báʊ-/ 艦首砲.

bów collèctor /bóʊ-/ 〖鉄道〗《屋根の上の》弓形集電器, ビューゲル.

bów còmpass(es) /bóʊ-/ (*pl*) ばねコンパス, 小円規.

Bowd·ler /bóʊdlər, báʊd-; báʊdl-/ バウドラー **Thomas ~** (1754–1825) 《英国の文人; *Family Shakespeare* (1818) の編集者として「家庭で声を出して読むのに適当ではない語や表現を削除した」ため不名誉な名を残している》.

bowd·ler·ize /bóʊdləràɪz, báʊd-; báʊd-/ *vt* 〈著作物〉の不穏当[野卑]な部分を削除修正する; 《文体・内容などの点で》…に勝手な変更を加える, 改竄(かいざん)する. ♦ **bówd·ler·ìsm** *n* 勝手な削除修正. **-ìz·er** *n* **bòwd·ler·izá·tion** *n* [↑]

Bów·doin Cóllege /bóʊdn-/ ボードンカレッジ《Maine 州 Brunswick にある私立のリベラルアーツ・カレッジ; 1794 年創立》.

bów drìll /bóʊ-/ 弓錐(ゆみぎり).

bowed[1] /báʊd/ *a* 曲がった, 頭をたれた. [*bow*[1]]

bowed[2] /bóʊd/ *a* 弓をもった; 弓の形をした. [*bow*[3]]

bow·el /báʊ(ə)l/ *n* **1** [°*pl*] 腸(の全体), はらわた (the intestines, guts); 腸(の一部): bind [loosen, move] one's ~*s* 下痢を止める[通じをつける] / One's ~*s* are open. 通じがある / have loose ~*s* 下痢する / the large [small] ~ 大[小]腸. **2** [*pl*] 《特に 大地の》内部, 内奥 〈*of* the earth〉; [*pl*] 《古》《人の》情け, あわれみの心(の宿る部分). ● **get one's ~s in an uproar** *《俗》やたらと興奮[心配]する, 動揺する, やきもきする. ► *vt* (**-l-** | **-ll-**) …のはらわたを取る (disembowel).
♦ **~·less** *a* [OF<L *botulus* sausage]

bówel càncer 〖医〗大腸癌.

Bow·ell /bóʊəl/ ボーエル Sir **Mackenzie ~** (1823–1917) 《英国生まれのカナダの政治家; 首相 (1894–96)》.

bówel mòvement 排便, 便通, お通じ; 糞便《略 BM》.

Bow·en /bóʊən/ ボウエン **Elizabeth** (**Dorothea Cole**) **~** (1899–1973) 《アイルランド生まれの英国の作家; *The Death of the Heart* (1938), *The Heat of the Day* (1949)》.

bow·er[1] /báʊər/ *n* 木陰(の休息所), 亭, あずまや; 《文・詩》《中世の邸宅・城の》婦人の私室, 閨房(けいぼう); 《詩》雅趣のある田舎家; 《古》寝室. ► *vt* 枝でおおう (embower). ♦ **~ed** *a* 木陰の, 緑陰の. [OE *būr* dwelling; cf. G *Bauer* birdcage]

bower[2] *n* 船首錨(いかり) (=**~ ànchor**); 船首錨の索 (=**~ càble**). [*bow*[2]]

bower[3] *n* 最高の札《トランプの euchre の切り札; ジャック》: the best ~ ジョーカー / the right ~ 切り札のジャック / the left ~ 切り札のジャックと同色の他のジャック. [G *Bauer* peasant, jack at cards; cf. BOOR]

bower[4] *n* 腰をかがめる人, 頭を下げる人; 屈服者. [*bow*[1]]

bow·er[5] /bóʊər/ *n* 《ヴァイオリンなど》弓を用いる弦楽器奏者. [*bow*[3]]

bówer·bìrd /báʊər-/ *n* 〖鳥〗ニワシドリ《同科の鳥の総称; 豪州・ニューギニア産》; 《豪》がらくたを集める人. [*bower*[1]]

bow·ery[1] /báʊ(ə)ri/ *a* 亭[あずまや]のある; 木陰の多い, 緑陰の, 木の葉の茂った. [*bower*[1]]

bowery[2] *n* **1** 《植民地時代の》オランダ人の農場. **2 a** [the B-] バワリー(街)《New York 市の大通りの一つ; 安酒場や安宿のある地域》. **b** 飲み屋が多くて浮浪者のたむろする区域. [Du (*bouwen* to farm); cf. BOOR]

bów fàst /báʊ-/ 〖海〗船首の係留索.

bów·fin /bóʊ-/ *n* 〖魚〗アミア, ボウフィン (=*dogfish, mudfish*) 《北米中部・東部産の淡水魚; 原始的な特徴を残した古代魚の生き残り》.

bów·frònt /bóʊ-/ *n, a* 《家具前面の》曲面状張り出し[凸面](のある); 〖建〗《窓の》弓型張出し(のある). ♦ **~·ed** *a*

Bów Gróup /bóʊ-/ [the] バウグループ《英国保守党の有力な若手党員グループ; 1951 年 London の Bow and Bromley Club で最初の会合を開いたことから》.

bów hànd /bóʊ-/ 弓手(ゆんで)《左手》; 楽器の弓を持つ手《右手》. ● **on the ~** 的をはずれて.

bów·hèad (**whàle**) /bóʊ-/ 〖動〗GREENLAND WHALE.

bów·hùnt /bóʊ-/ *vi, vt* 弓(矢)で狩る.

bów·hùnt·ing /bóʊ-/ *n* 《スポーツとしての》弓矢による狩り[狩猟], ボウハンティング. ♦ **bów·hùnt·er** *n*

Bow·ie **1** /bóʊi/ ボウイ **David ~** (1947–) 《英国のロック歌手・作詞作曲家; 本名 David Jones》. **2** /búːi, bóʊi/ ブーイ, ボウイ **James ~** (1796–1836) 《米国の軍人; メキシコ政府への反対運動を指導, Texas 軍のスコア大佐となるが, Alamo の戦いで戦死》.

bów·ie (**knìfe**) /búːi(-), bóʊi(-)/ 《もと アメリカ開拓時代の》さや付き猟刀, ボウイナイフ. [James *Bowie*]

Bówie Stàte /búːi-, bóʊi-/ [the] ボウイ州《Arkansas 州の俗称》.

bów·ing[1] /báʊ-/ *a* お辞儀をする; たわむ: a ~ acquaintance 軽く会釈を交わす程度の面識, わずかななじみ; 顔見知り(程度)の知り合い.

bów·ing[2] /bóʊ-/ *n* 〖楽〗《弦楽器の》運弓法, ボーイング.

bów·knòt /bóʊ-/ *n* 2 体 (loops) と 2 手 (ends) の飾り結び, 引き結び, 蝶結び.

bowl[1] /bóʊl/ *n* **1 a** 深い半球状の器, 椀(わん), 茶碗, 鉢, ボウル; 《古・詩》《ワインなどの》大杯; [*fig*] 酒宴: over the ~ 酒を飲みながら, 宴席で. **b** 《椀・鉢の》中身, 一杯分; *《俗》スープ一杯. **c** 優勝杯, 記念杯《固有名につける》. **2 a** 《パイプの》火皿, 《はかりの》皿, 《スプーンの》くぼみ; 流し, 便器; 盤; 窪地; *《俗》マリファナを吸うパイプ. **b** *野外円形競技場[集会場]. **3** 《シーズンオフの》招待チームによるフットボール試合 (BOWL GAME): SUPER BOWL. ♦ **~ed** *a* **~·fùl** *n* bowl 一杯(分). **~·lìke** *a* [OE *bolle* cup; cf. OS *bollo*]

bowl[2] *n* **1 a** ボウル《**1)** ボウルズ (bowls, lawn bowling*) で使う木または硬質ゴム製の球; ころがした時にカーブするよう偏球または偏重に作ってある **2)** skittles で使う球または円盤 **3)** ボウリングの球》. **b** 〖ボウル・クリケット〗投球; 投球の番. **2** [~s, 〈*sg*〉] ボウルズ《ボウルをころがす球技: **1)** LAWN BOWLING **2)** SKITTLES **3)** NINEPINS, TENPINS》. **3** 《機械の》ローラー, 胴. ► *vi* 球[ボウル]をころがす; ボウリング[ボウルズ]をする; 〖クリケット〗投球する; 《車輪などで》ころころ進む; するすると[すべるように]進む 〈*along*〉. ► *vt* **1** 〈球を〉ころがす; 《ボウリングで》〈1 ゲームを〉投げ終える, …のスコアを出す (: ~ 200); 《車などで》なめらかに動かす; 〖クリケット〗〈球を〉投げる; BOWL out. **2** 〈動いている物体が〉突き倒す, 突き飛ばす. ● **~ down** 球で〈ウィケットを〉打ち倒す; 《俗》やっつける. **~ off** 〈ウィケットの横木を〉打ち落とす. **~ out** 〈打者を〉アウトにする, 《打者をアウトにして》〈相手チームを〉退ける; BOWL down. **~ over** 〖ボウル〗打ち倒す; 《一般に》(ぶつかって)突き倒す, 打ち倒す; [°*pass*] 《口》ひどく驚かせる, 驚嘆させる; 感心させる. ♦ **~ed** *a* [F<L *bulla* bubble]

bowl·der /bóʊldər/ *n* BOULDER.

bów·lèg /bóʊ-/ *n* [°*pl*] 《両ひざが離れる》内反膝(しつ), O 脚; [*pl*] *《軍俗》騎兵. ♦ **bów·lègged** *a* O 脚の, がにまたの.

bówl·er[1] *n* ボウラー; 〘クリケット〙投手. [*bowl*[2]]
bowler[2]'' *n* 山高帽子 (=～ **hát**) (derby (hat)*). [William *Bowler* 1850年に考案した London の帽子屋]
bow·ler[3] /báulər/ *n* 《ダブリン方言》犬. [? (*bow*wow+*howler*)]
bówler-hátted'' *a* 山高をかぶった; 《俗》除隊した.
Bowles /bóulz/ ボウルズ **Paul** (**Frederick**) ～ (1910-99)《米国の作家・作曲家; モロッコに定住; 西洋文明の退廃による疎外・絶望・異常な性を描いた小説で知られる》.
bówl gàme 〘アメフト〙ボウルゲーム《公式戦で好成績を残したチームを招待してポストシーズンに開催する大学アメリカンフットボール特別試合; たとえば4大ボウルゲーム Rose Bowl, Orange Bowl, Cotton Bowl, Sugar Bowl》.
bow·line /bóulən, -làɪn/ *n* 〘海〙《帆船の》はらみ綱, ボウライン; BOWLINE KNOT. ● **on a** ～ 〘海〙帆を詰め開きにして. [*bow*[2]]
bówline knòt もやい結び, ボウラインノット (=*bowline*).
bówl·ing *n* ボウリング《NINEPINS, TENPINS, LAWN BOWLING, SKITTLES など》; 〘クリケット〙投球: go ～ ボウリングをしに行く.
bówling àlley 〘ボウル〙レーン (lane); [°*pl*] ボウリング場《bowling green, またはレーンのある建物》.
bówling àverage 〘クリケット〙ボウリングアベレージ《投手の許した点を彼の得たウィケット数で除したもの》.
bówling bàll ボウリング用のボール.
bówling crèase 〘クリケット〙投手線.
bówling grèen ボウリンググリーン《芝生の LAWN BOWLING 場》.
bow·man[1] /báumən/ *n* 前オールのこぎ手, 艇首漕手, おもて手, バウ (cf. STROKESMAN).
bow·man[2] /bóumən/ *n* 弓の射手, 弓術家 (archer).
Bów·man's cápsule /bóumənz-/ 〘解〙《腎臓糸球体を包む》ボーマン嚢(のう). [Sir William *Bowman* (1816-92) 英国の外科医]
bów nèt /bóu-/ 《lobster を捕る》細枝編みのかご; 《木の弓を利用した》捕鳥網.
bów òar /báu-/ 《ボートの》前オール; 前オールのこぎ手.
bów pèn /bóu-/ からす口用スプリングコンパス.
bów·pòt /báu-/ *n* BOUGHPOT.
bów sàw /bóu-/ 弓のこぎり, 回しのこ.
bowse ⇨ BOUSE[2].
bow·ser[1] /báuzər/ *n* ''給水車, 《航空機などへの》給油車, 《水上機への》給油ボート; 《豪》《ガソリンスタンドの》給油ポンプ. [商標]
bow·ser[2], **-zer** /báuzər/ 《俗》*n* ブス, ぞっとしない女 (cf. BOW-WOW); 《女用の》付け恥毛 (merkin).
bówser bàg* DOGGIE BAG.
bów shòck /báu-/ 〘宇・天〙バウショック《太陽風と惑星磁場の相互作用による惑星間空間に起こる衝撃波》.
bów·shòt /bóu-/ *n* 矢の届く距離, 矢ごろ《約300メートル》.
bow·sie /báuzi/ *n* 《アイル》がらの悪いやつ, ごろつき, 乱暴者.
bow·sprit /báusprìt; bóu-/ *n* 〘海〙第一斜檣, やり出し, バウスプリット《帆船の船首に突き出しているマスト状円材》. [*bow*[3]]
Bów Strèet /bóu-/ ボウ街, ボウストリート《London の中央警察裁判所 (police court) がある通り; また 同裁判所》.
Bów Strèet rúnner [**ófficer**] ボウ街逮捕班員《London で最初の警察隊の一員; 1748年小説家・劇作家として知られる Henry Fielding が Bow Street に事務所を置く治安判事に任命されて組織; 1830年代半ばまで存続》.
bów·string /bóu-/ *n, vt* 弓のつる(で絞殺する); 軽く丈夫なひも, 弦.
bówstring hèmp 〘植〙《アジア・アフリカ産の各種の》チトセラン, サンセベリア (sansevieria); 《その葉の繊維から作る》サンセベリア麻.
bów thrùster /báu-/ 〘海〙船首推進機, 船首プロペラ.
bów tíe /bóu-/ 蝶ネクタイ, ボウタイ; 蝶ネクタイの形をしたもの, ボウタイパスタ; 《野球俗》BRUSHBACK.
bów wàve /báu-/ 〘海〙船首波; 〘理〙SHOCK WAVE; 〘宇・天〙BOW SHOCK.
bów wèight /bóu-/ 〘弓〙ポンド重量で表わした弓の強さ.
bów wíndow /bóu-/ 〘建〙弓形の張出し窓, 弓形張出し窓; 《口》太鼓腹《妊婦にも用いる》. ♦ **bów-wíndowed** *a*
bow·wow /báuwàu, ―⌐/ *int* ワンワン; ヤーイヤーイ《やじの声》. ► *n* **1** 犬のほえ声; 《幼児》ワンワン (dog); わいわい騒ぎ; 傲慢, 居丈高. **2** *《俗》フランクフルトソーセージ; 《俗》ブス, 魅力のない女, 鬼瓦; 《俗》失敗, さえない[つまらん]もの; *《俗》銃; [*pl*] *《俗》足 (feet). ● **go to the** ～**s** 《俗》おちぶれる. ► *a* 《俗》高飛車な, 横柄な; 《俗》さえない. ► *vi* ほえる. [imit]
bow·wows /báuwàuz, ―⌐/ *a* *《俗》美しい, みごとな, 魅力的な.
bow·yang /bóujæŋ/ *n* [°*pl*] 《豪》ズボンをひざの下で縛るひも. [E *bowy-yanks* (dial) leather leggings]
bow·yer /bóujər/ *n* 弓師, 弓職; 《古・詩》射手, 弓術家.
bowzed /báuzd/ *a* *《俗》酔っぱらった (boozed).
box[1] /báks/ *n* **1 a** 箱; *〘郵便〙私書箱 (post-office box); 郵便受け[箱] (letter box); 《新聞広告に対する読者の投書などを入れる》箱; [the] MONEY BOX (cf. STRONGBOX); 《口》金庫 (safe); *《俗》《銀行の》金庫室, 貴重品保管室; 《口》棺 (coffin). **b** 一箱の分量[中身] (boxful); ''贈り物, 《特に》CHRISTMAS BOX: a ～ *of* biscuits ビスケット1箱. **2 a** 《劇場などの》枡(ます), 特等席; 〘法廷〙陪審席, 証人席; 《馬車の》御者席[台]; 《馬車の》本体; 《車の》荷台; 《うまやなどの》ひと仕切り (box stall). **b** 番小屋, 詰所; 信号所, 交番; ''電話ボックス; 狩猟小屋; *《俗》警察署の電話交換手, 交換(台). **c** 〘野〙ボックス《投手・打者・捕手・一塁[二塁]コーチの定位置》; [the] 〘アイスホッケー・サッカー〙PENALTY BOX; ''BOX JUNCTION. **3 a** 《紙などに描いた》四角(形); 《文書などの》囲み(記事); 《ボウリングなどのスコア用紙の》ます (frame). **b** 《社交ダンスの》ボックスステップ (=*box step*)《床に四角形を描くように足を運ぶステップ》. **4** 《機械などの》保護[収納]ケース, 囲い, 枠; 《クリケット選手などの》プロテクター; 《窓の》戸袋; 活字盤の一仕切り; 〘農〙《樹液を採るため幹にあけた》穴. **5** 《箱型の》機器, 《独立した》電子機器; *《俗》弦楽器, ギター, ピアノ, アコーディオン《など》; *《口》レコードプレーヤー; *《口》ラジカセ (boom box); [the] ''《口》テレビ; BOX CAMERA; *《口》ICEBOX, 冷蔵庫; 《自動車の》GEARBOX; 発信機; 《箱型の》家屋, ビル: on *the* ～ テレビに出て(いる), テレビで〈見る〉. **6** 〘電算〙ボックス, 箱 (**1**) 画面上の枠で囲まれた領域; プログラムがユーザーに特定の入力を要求する場合などに現われるもの **2**) コンピューター, ワークステーションなど). **7** *《俗》わかってないやつ (square), あほう; *《俗》口 (mouth); 《俗》女性器; 《ホモ俗》男性器, 《ズボンの上からわかる》あれのふくらみ. **8** 《豪》[°*fig*] 羊の群れがまざり合ってしまうこと, 混乱. **9** 《俗》苦境, 進退きわまった状態, にっちもさっちもいかない状態, 八方ふさがり. ● **a little** ～ **of a place** ちっぽけな所. **be a** ～ **of birds** 《豪口》いい気分である, しあわせだ, 元気だ. ～ **and needle** 〘海〙羅針儀. **go home in a** ～ *《俗》死ぬ, 殺される. **in a** (**bad** [**hot, tight**]) ～ 《口》途方に暮れて, 進退きわまって, 困って. **in the same** ～ 同じ状態[境遇]で. **in the wrong** ～ 所を間違えて; 困った事をしでかして. LIVE[1] **out of a** ～. (**one**) **out of the** ～ 《豪口》すばらしい(人[もの]). **out of one's** ～ 《俗》おつむがいかれて; 《俗》《酒・麻薬で》酔って, ハイになって. **put sb in a** ～ *《俗》殺す. (**right**) **out of the** ～ 箱から取り出してすぐに《購入した商品がすぐに使用できることについていう》. **think outside** (**of**) [**think out of**] **the** ～ 型にはまらずに[別の角度から]考える.
► *a* *《俗》死んだ, ご臨終で (dead).
► *vt, vi* **1** 箱に入れる, 箱詰めする; 閉じ込める 〈*into*〉, 取り囲む; 〘建〙《板・木摺で》〈建造物を〉囲う, 隠す. **2** 《豪》BOX up (2); 〈ペンキを〉2つの容器の間で移して混ぜる. **3** …に箱を設置する[取り付ける]. **4** 〘海〙BOXHAUL. **5** *《俗》死ぬ; *《俗》殺す: ～*ed* on the table 手術中に死んだ. ● ～ **about** しばしば方向を変えて航行する. ～ **in**=BOX up (1); 〈人を〉困難な立場に追い込む; 《そばに駐車して》〈他の車を〉動けなくする, …の行動の自由をしばる; 〈他の走者〉の進路をふさぐ. ～ **off** 仕切る, 隔離する; 船首を転じる. ～ **the compass** 〘海〙羅針儀の方位《32点》を順々に読み上げる; 一周してもとに戻る, 〈意見・議論が〉堂々巡りする; 当初と正反対になる. ～ **up** (**1**) 箱詰めにする; 狭い所へ押し込む; ''〈書類を〉法廷に提出する. (**2**) 《豪》[°*fig*] 〈羊のいろいろな群れが[を]〉まざり合う[まざり合うままにする]. (**3**) [*impv*] 《口》静かにしろ!
♦ ～**·lìke** *a* [OE<?L *buxis* (*pyxis* box of boxwood)]
box[2] *n* 〈耳を〉平手[こぶし]で打つこと, 張り手: give [get] a ～ *on* the ear(s) 横っつらをなぐる[なぐられる]. ► *vi, vt* げんこつで打つ; (…と)なぐり合う, (…と)ボクシングの試合をする 〈*with*〉: ～ sb's ears=～ sb *on* the ears 人の横っつらをなぐる. ● ～ **clever** ''《俗》賢明に行動する, 頭を使う. ～ **it out** 勝負がつくまでなぐり合う. [ME<?; cf. Du *boken* to shunt]
box[3] *n* 〘植〙**a** ツゲ(黄楊, 柘植), 《特に》セイヨウツゲ《欧州・地中海地域原産ツゲ科の常緑低木; 生垣, トピアリー; 材は彫刻材・器具材など》. **b** 《豪》《材がツゲ材に似た》ユーカリノキ《など》. [OE<L *buxus*]
Bóx and Cóx'' *n, vi* 同時に同一場所[職場など]に居合わせることがない(二人). ► *a, adv* 代わるがわるの[に]; すれちがいの[に]. [英国の劇作家 John M. Morton (1811-91) の一幕喜劇 (1847) 中に出る, 知らずに同室を借りて昼夜交互に勤める二人の人物から]
bóx·bàll *n* ボックスボール《ゴムボールを2人が手で打ち合う, テニスを簡単にした子供の遊び》.
bóx barràge 〘軍〙対空十字砲火[箱形弾幕]; 三方からの一斉攻撃.
bóx bèam 〘建〙BOX GIRDER.
bóx bèd 《周囲を囲んだ》箱型寝台; 《折りたたみ式で, たたむと箱形になる》箱寝台.
bóx·bèrry /, -b(ə)ri; -b(ə)ri/ *n* 〘植〙**a** ヒメコウジ (wintergreen). **b** ツルアリドオシの近縁種 (partridgeberry)《北米産》.
bóx·bòard *n* ボール箱を作る板紙, ボール紙.
bóx càlf ボックス革《子牛革の一種》. [J. *Box* 19世紀末の London の靴屋]
bóx cámera 箱型カメラ.
bóx cànyon *《西部》崖の切り立った深い峡谷.
bóx·càr* *n* **1** 〘鉄道〙有蓋車 (goods wagon'', box wagon''). **2** *《軍俗》大型貨物機[爆撃機]. **3** [*pl*] 《俗》**a** 《dice で》6ぞろ《2つとも6が出ること》. **b** 大きな足, でかい靴. ► *a* 《口》巨大な, 巨額の, ばかでかい: ～ profits / ～ figures [numbers] 巨大な数, とてつもない数字.
bóx clòth ボックスクロス《うす茶色厚地メルトンラシャ》.

bóx còat ボックスコート《(1) もとは御者の着た厚いラシャ製のオーバー (2) 箱のような感じのストレートなシルエットのコート》.
bóx cùtter カッターナイフ.
bóx dràin 箱形下水溝[排水溝].
boxed /bákst/*《俗》*a* [°～ up] 酔った; [°～ up] 刑務所に入れられた; 死んだ. ● **～ in**《俗》身動きできなくて, なにもできなくなって.
boxed set ⇨ BOX SET.
bóx èlder 〔植〕トネリコバノカエデ, ネグンドカエデ (＝*ash-leaved maple*)《北米原産》.
box·en /báks(ə)n/ *a*《古》ツゲ(材)の(ような). [*box*[3]]
bóx-ènd wrénch* BOX WRENCH.
bóx·er[1] *n* ボクサー, 拳闘家; ‖《俗》シルクハット (top hat); [*pl*] BOXER SHORTS; 〔犬〕ボクサー; [B-]〔中国史〕義和団員, [the B-s] 義和団, 義和拳: the *B*~ Rebellion [Rising] 義和団の乱 (1900). [*box*[2]]
boxer[2] *n* 箱製造人; 箱詰めする人; 箱詰め機械. [*box*[1]]
box·er·cise /báksərsàɪz/ *n*〔商標〕ボクササイズ《ボクシングのトレーニングを取り入れたフィットネス運動法》.
bóxer's èar CAULIFLOWER EAR.
bóxer shòrts* *pl* ボクサーショーツ, トランクス (＝*boxers*)《ウエストにゴムバンドを縫い付けた, ゆったりした男子用パンツ》.
bóx·fìsh *n*〔魚〕ハコフグ (＝*trunkfish*)《色あざやかで小型》.
bóx fràme 箱枠; 〔建〕(耐力)壁式構造.
bóx·ful *n* 箱一杯: a ～ of books.
bóx gìrder 〔建〕ボックス形大梁, 箱形断面梁 (＝*box beam*).
bóx·hàul *vt, vi*〔海〕下手小回しにする.
bóx·hòld·er *n*《劇場・競馬場などの》枡席をもっている人; 《郵便局の》私書箱を借りている人.
bóx·ing[1] *n* 箱詰め(作業); 製函材料; 箱形のおおい[包装, 木枠]; 窓枠, 《窓の》戸袋; 屋根下地板張り, 野地(のじ)板張り. [*box*[1]]
boxing[2] *n* ボクシング, 拳闘. [*box*[2]]
Bóxing Dày クリスマスの贈り物の日《12 月 25 日 (Christmas Day) 以後の最初の平日; 英国や英連邦の一部でこの日郵便配達員・ごみ清掃員・使用人などに CHRISTMAS BOX を与える慣習がある; bank holidays の一つ》.
Bóxing Dày sàle‖ ボクシングデーセール《クリスマスの翌日のバーゲンセール》.
bóxing glòve ボクシング用グラブ.
bóxing màtch ボクシング試合.
bóxing rìng ボクシング試合場, リング.
bóxing wèights *pl* ボクサーの体重による階級. ★ プロの weight limits (重量制限) は次のとおり: minimum (105 lb, 47.627 kg)—light flyweight (108 lb, 48.988 kg)—flyweight (112 lb, 50.802 kg)—super flyweight (115 lb, 52.163 kg)—bantamweight (118 lb, 53.524 kg)—super bantamweight (122 lb, 55.338 kg)—featherweight (126 lb, 57.153 kg)—super featherweight (130 lb, 58.967 kg)—lightweight (135 lb, 61.235 kg)—super lightweight (140 lb, 63.503 kg)—welterweight (147 lb, 66.678 kg)—super welterweight (154 lb, 69.853 kg)—middleweight (160 lb, 72.575 kg)—super middleweight (168 lb, 76.204 kg)—light heavyweight (175 lb, 79.379 kg)—cruiserweight (200 lb, 90.719 kg)—heavyweight (無制限).
bóx ìron 《内部に焼けた鉄などを入れる》箱型アイロン.
bóx jèllyfish 〔動〕立方クラゲ, アンドンクラゲ (sea wasp).
bóx jùnction‖〔道路〕《黄色い線を引いた》停車禁止の交差点《先が詰まっている時は青信号でも進入できない》.
bóx·kèep·er *n*《劇場の》ボックス係, さじき係.
bóx kìte 箱型だこ.
bóx lòom 〔紡〕杼替(ひがえ)織機.
bóx lùnch* 箱詰め弁当 (packed lunch‖); 《卑》クンニリングス.
bóx·màn /, -mən/*《俗》*n* (専門の)金庫破り; 《blackjack で》プロのカードディーラー; 賭博場の会計係, クルピエ (croupier).
bóx nùmber 〔郵〕私書箱番号; 《広告主に対するアンケートなどを新聞社気付で送る際に宛名代わりに用いる》新聞広告番号.
bóx-òffice *a*《口》興行面での; 興行的にもうかる[当たる]: a ～ hit [success, riot, smash] 大当たり / a ～ disappointment 期待はずれの興行.
bóx òffice 《劇場・スタジアムなどの》切符売場; 切符の売上げ, 《興行の》上がり, 興行収益; 《興行・出演者の》客を呼び込む力, 人気(を高める要素); 客を呼び込める興行[演者]; 動員観客数: This recital will be good ～. このリサイタルは人気を呼びそうだ.
bóx of trìcks 《口》よくできた装置, 精巧な機器; BAG OF TRICKS.
bóx pèw 〔教会〕ボックス仕切りの信者席.
bóx plàit BOX PLEAT.
bóx plèat 《スカートなどの》箱ひだ. ♦ **bóx-plèat·ed** *a*
bóx ròom ‖《箱・トランク・使わない家具などを入れる》小部屋, 納戸.
bóx scòre 《野球などの》ボックススコア《出場選手名・ポジション・成績などのデータを罫(けい)で囲んで示した記録》; 摘要 (summary).
bóx séat 《馬車の》御者席; ボックスシート《枡席(ますせき)や特別観覧席の中の座席》; 《ものがよく見える》有利な位置[立場]. ● **in the ～**《豪口》最も有利な地位で, 出世を遂げて.
bóx sèt 1 〔劇〕額縁舞台, ボックスセット《三面の壁と天井からなる部屋のセット》. 2 [or **bóxed sèt**]《商品の》箱入りセット, ボックスセット: a four-CD ～ 4 枚組 CD ボックス.
bóx sòcial* 《募金のための》弁当 (box lunch) 競売会.
bóx spànner‖ BOX WRENCH.
bóx sprìng 《寝台の》ボックススプリング.
bóx stàll 《牛舎・厩舎(きゅうしゃ)内の》ひと仕切り.
bóx stèp ボックスステップ (BOX[1]).
bóx sùpper* 《教会などでの》親睦会《女子信者の作った弁当を競りにかけ, 売上げを教会活動資金とする》.
bóx·thòrn *n*〔植〕クコ (matrimony vine).
bóx·trèe *n*〔植〕ツゲ (box).
bóx tùrtle [tòrtoise] 〔動〕アメリカハコガメ《北米産; 腹甲の前端部と後端部が蝶番式になっていて, 甲羅を閉じることができる》.
box·ty /báksti/ *n* ボクスティ, ジャガイモパンケーキ《すりおろした生のジャガイモと小麦粉で作るアイルランドのパンケーキ》.
bóx-ùp *n*《豪》[°*fig*] いろいろな羊群のまざり合い, 混乱 (cf. BOX[1] *up*).
bóx wàgon 《無蓋の》箱型荷車[ワゴン]; ‖〔鉄道〕有蓋車 (boxcar*).
bóx wàllah 《インド》商人, 行商人.
bóx·wòod *n* ツゲ材; ツゲ.
bóx·wòrk *n* ボックスワーク《洞穴の天井に多い方解石のあざやかな網状鉱床》.
bóx wrènch* ボックスレンチ (ring spanner‖)《ボルトヘッドやナットを保持する六角形などの穴をもったレンチ》.
bóxy *a* 箱みたいな, 角張った, 四角な. ♦ **bóx·i·ness** *n*
boy /bɔ́ɪ/ *n* 1 **a** 男の子, 少年《17, 18 歳まで》; 若者; 《男の》生徒, 学生: *B*~*s* will be ～*s*. 《諺》男の子はやっぱり[いつまでたっても]男の子《いたずら[あぶないこと, ろくでもないこと]をするものだ》. **b** [ˢ⟨*a*⟩]《単純で元気な》少年のような人; 未熟な人: a ～ lover [husband] 若い愛人[夫]. 2 **a** [°one's]《年齢に関係なく》息子 (son), [the ～s] 一家の息子たち: He has two ～*s* and one girl. **b**《口》男 (fellow); [ᵘ*pl*]《俗》連中, 仲間; [the ～s]《口》飲み[遊び]友だち, 《俗》よた者たち; [the ～s]《口》追従[支持]者たち, 取巻き; [the ～s] ‖《スポーツの》チームのメンバーたち: a local ～ 地元[その土地生まれ]の男 / a city ～ 都会[町]の男 / a nice ～ いい男 / quite a ～ りっぱな男 / like a GOOD ～ / How's my [the] ～? 《口》ご機嫌いかが, 元気かい? / the science ～*s* 科学者連中 / the big business ～*s* 大企業家連 / BOYS IN THE BACKROOM / JOBS for the ～*s*. **c** [*pl*] 兵士たち, 兵隊, 《特に》戦闘員. **d** 《若い》愛人, 恋人《男》; [one's] お気に入り; *《俗》受身役のホモ, 女っぽいホモ. **e** 《雄犬や雄馬に呼びかけて》おい, おまえ. 3 [ˢ*derog*] 給仕, ボーイ, 小僧, ポーター; 《原地人の》召使; *《俗》[*derog*]《年齢にかかわらず》黒人の男. 4 〔海〕見習い水夫[漁師, 水兵]. 5 [～s, ⟨*sg/pl*⟩] ボーイズ《(1) 少年服の 8-20 号のサイズ (2) このサイズの衣服》. 6 [the]《俗》息子, せがれ (penis); 《俗》ヘロイン; [the]《古俗》シャンパン. ● **～'s play** 児戯(に等しい容易な事). **my ～** [*voc*]《わが子に》ねえおまえ, 《友だちに》やあきみ, 《犬・馬に》おい! **one of the ～s**《口》みんなとにぎやかにするのが好きな男, 同好[わが党]の士; *《俗》《どこにでもいるような》普通の男(の子). **That's the [my] ～!**《口》よくやった, いいぞ, よしよし, えらい. **the ～** NEXT DOOR. **the ～s uptown** *《俗》市政界のお偉方; 《勢力をふるっている》悪者集団. **the** OLD BOY. **yellow ～s**《俗》金貨.
► *int* [°oh, ～!]《口》よう, ほんとに, 無論, やれやれ, あーあ, おっ, すごい, ワー, ワーイ, すてき, うまいぞ, さあて, しめしめ, さあ《愉快・驚き・落胆などを表わす発声; cf. ATTABOY》.
[ME＝servant<?; 一説に L *boia* fetter からの動詞 pp 'fettered']
bóy-and-gírl *a* 少年少女の, 幼い⟨恋⟩.
bo·yar(d) /bóɪər(d), boujɑ́ːr(d)/ *n*〔史〕《ロシアの》大貴族; 《もとはルーマニアの》特権貴族. [Russ]
bóy bànd ボーイバンド《少年たちからなるポップグループ; 歌や踊りが主で, 楽器演奏や作曲はあまりしない》.
boy·chik, -chick /bɔ́ɪʧɪk/ *n**《俗》男の子, 少年, 若者, 男 (boy, fellow). [Yid＝little boy]
Boy·cott /bɔ́ɪkɑ̀t, ‖-kət/ *n* 1 ボイコット (1) **Charles Cunningham** ～ (1832–97)《アイルランドの土地差配人; 土地同盟 (Land League) による, 差配人との関係を断つという戦術に苦しめられた》 (2) **Geoffrey** ～ (1940–)《英国のクリケット選手》. 2 [b-] ボイコット, 不買同盟, 排斥. ► *vt* [b-] ボイコットする, 不買同盟で苦しめる, 排斥する. ♦ **bóycott·er** *n*
Boyd /bɔ́ɪd/ 1 ボイド《男子名》. 2 ボイド (1) **Arthur (Merric Bloomfield)** ～ (1920–99)《オーストラリアの画家・彫刻家・陶芸家》 (2) **Martin (à Beckett)** ～ (1893–1972)《オーストラリアの小説家》. [Gael＝light]
Boy·er 1 /bɔ́ɪər/ ボイヤー **Paul D(elos)** ～ (1918–)《米国の生化学者; アデノシン三リン酸の合成と分解に関する酵素の先駆的研究により, ノーベル化学賞 (1997)》. 2 /*F* bwaje/ ボアイエ **Charles** ～ (1897–1978)《フランスの映画俳優; 通称 'the great lover'》.
boyf /bɔ́ɪf/ *n* ‖《口》BOYFRIEND.
bóy·frìend *n* ボーイフレンド, 男友だち, 彼氏, 愛人.

Boyg /bɔ́ɪg/ *n* 恐ろしいもの, 悩みのたね, 無形の敵. [Norw *boig* bugbear]
bóy·hòod *n* 少年時代, 少年期; 少年たち, 少年社会.
bóy·ish *a* 男の子らしい[みたいな], 元気な; 子供じみた, おとなげない, 幼稚な. ◆ **〜·ly** *adv* **〜·ness** *n*
boy·la /bɔ́ɪlə/ *n* 《豪》《先住民の》祈禱師, 魔術師.
Boyle /bɔ́ɪl/ ボイル (1) **Robert** 〜 (1627–91)《アイルランド生まれの英国の物理学者・化学者; Boyle's law を発見, 近代的な元素の理論の先駆となる粒子論を唱えた》 (2) **Willard S(terling)** 〜 (1924–2011)《カナダ生まれの米国の物理学者; ノーベル物理学賞 (2009)》.
Bóyle's láw 〘理〙ボイルの法則 (=*Mariotte's law*)《一定温度では気体の圧力と体積とは反比例する》. [↑]
bóy-mèets-gírl *a* 紋切り型のロマンスの, お定まりの, ボーイミーツガールの〈恋物語など〉.
Boyne /bɔ́ɪn/ [the] ボイン川《アイルランド東部 Leinster 地方を流れて Irish 海に注ぐ》. ■ the **Báttle of the 〜** ボイン河畔の戦い《イングランド王 William 3 世が, 復位をねらう James 2 世と彼を支持するカトリック勢力を破った戦い (1690); ⇨ ORANGEMEN'S DAY》.
boyo /bɔ́ɪoʊ/ *n* (*pl* **bóy·os**) [ᵘ*voc*] 《英口・アイル》 BOY, LAD; *《口》男, やつ (fellow). [*boy, -o*]
Bo·yó·ma Fálls /bɔɪóʊmə-/ *pl* [the] ボヨマ滝《コンゴ民主共和国北東部, Congo 川上流の 7 つの滝からなる; 全長約 100 km, 落差合計 60 m; 旧称 Stanley Falls》.
bóy rácer ᴴ《口》少年レーサー《馬力を増強した車を高速で乗りまわす若者》.
Bóys' Brigáde 〘英〙少年隊《1883 年キリスト教会により創設された少年のための組織; 従順・尊敬・自尊をモットーとする》.
Bóy Scòut **1** ボーイスカウト《Scout Association, Boy Scouts of America などの団員; 英国では Boy Scouts が 1908 年に, 米国では Boy Scouts of America が 1910 年に創設された; cf. GIRL SCOUT》. **2** [ᵒb- s-] *《俗》《行動や価値観が》ボーイスカウト的な人, 世間知らず, 理想主義者, 善行の人, おせっかいやき.
bóy·sen·bèrry /bɔ́ɪz(ə)n-, -s(ə)n-; -b(ə)ri/ *n* 〘植〙ボイゼンベリー《各種の blackberries と raspberries の交配新種; その果実》. [R. *Boysen* (fl. 1923) 作出した米国の園芸家]
bóys in the báckroom *pl* [the]《口》《政治の世界などで》陰の決定集団, 裏方, 参謀, 側近, 黒幕.
bóy's-lòve ᴴ *n* 〘植〙 SOUTHERNWOOD.
Bóys' Ówn *a* (冒険物語の主人公のように) 勇敢な. [↓]
Bóy's Ówn Páper [The]『ボーイズ・オウン・ペーパー』《BOP として知られた英国の少年雑誌 (1879–1967); 19 世紀の冒険小説の隆盛をつくった》.
bóys·tòwn 《俗》*n* ホモが集まる一帯, ゲイ地区; [B-] ボーイズタウン《West Hollywood のゲイ地区》.
Bóys' Tówn 少年の町, ボーイズタウン《1917 年に Edward J. Flanagan 神父が Nebraska 州 Omaha に建設した孤児たちのための教護院 Father Flanagan's Home for Boys から発展した町; 現在も少年たちの手で運営されている》.
bóy tòy 男の子のおもちゃになっている女の子; きれいな[かわいい]少年; おもちゃになっている男の子 (toyboy).
bóy wónder 《異常に知能[技能]のすぐれた》天才少年; [B- W-] 驚異の少年, ボーイ・ワンダー《Batman のアシスタント Robin の異称》.
Boz /bɑ́z/ ボズ《Charles DICKENS のペンネーム》.
Boz·caa·da /bòuzʤɑːdɑ́ː/ ボズジャーダ, ボズジャ島《TENEDOS 島の現代トルコ語名》.
Bo·zen /*G* bóːtsn/ ボーツェン《BOLZANO のドイツ語名》.
bo·zo /bóuzou/ *n* (*pl* **〜s**) *《口》やつ, 野郎, 男, とんま, まぬけ. [C20<?; 一説に Sp *vosotros* you (pl), It=lump]
bózo fìlter *《俗》ボゾフィルター《コンピューターネットワークから自動的にばか者どもを排除する架空のフィルター》.
bp 〘生化〙ᵒbase pair(s) ◆〘証券〙ᵒbasis point(s) ◆ bishop ◆ ᵒboiling point. **bp.** baptized ◆ birthplace. **Bp** Bishop. **BP** 〘野〙batting practice ◆ ᵒbeautiful people ◆ before the present (: 60,000 years BP [B.P.] (現在から) 6 万年前) ◆ below PROOF ◆ ᵒBlack Panther ◆ ᵒblood pressure ◆ blueprint ◆ ᵒboiling point ◆ British Petroleum ブリティッシュ・ペトロリアム(社)《2001 年から BP p.l.c. が正式名》◆ British Pharmacopoeia 英国薬局方. **B/P, bp, BP** bills payable 支払手形. **BPC** British Pharmaceutical Codex. **BPD, bpd** barrels per day. **BPE** Bachelor of Physical Education. **BPh** Bachelor of Philosophy. **BPH** 〘医〙ᵒbenign prostatic hyperplasia [hypertrophy]. **BPharm** Bachelor of Pharmacy. **BPhil** [L *Baccalaureus Philosophiae*] Bachelor of Philosophy.
bpi 〘電算〙bits [bytes] per inch ビット[バイト]/インチ《磁気テープなどの情報記憶密度の単位》.
B picture /bíː ─/《制作費をかけない》B 級映画.
bpl. birthplace. **bpm** beats per minute 拍毎分《音楽のテンポや人体の脈拍数の単位》. **BPO** ᵒbusiness process outsourcing. **BPOE** Benevolent and Protective Order of Elks エルクス慈善保護会《1867 年米国で創立された》. **BPR** business process re-engineering 業務革新. **bps** 〘電算〙bits [bytes] per second ビット[バイト]毎秒《情報伝達量[速度]の単位》.
b.pt. ᵒboiling point. **BPW** Board of Public Works ◆〘米〙Business and Professional Women's Clubs.
Bq 〘理〙becquerel(s).
b quark /bíː ─/ 〘理〙 BOTTOM QUARK.
br. branch ◆ brand ◆ brass ◆ brig ◆ bronze ◆ brother ◆ brown.
b.r. ᵒbank rate. **Br** 〘化〙bromine. **Br.** Breton ◆ Britain ◆ British ◆〘宗〙Brother. **BR** bats right ◆ bedroom(s) ◆ Brazil ◆ ᵒBritish Rail [もと Railways].
B/R, b.r., BR bills receivable 受取手形.
bra[1] /brɑ́ː/ *n* ブラ《BRASSIERE の省略形》;〘車〙 NOSE MASK.
bra[2] *n* 〘理〙ブラ (=**〜 vèctor**)《ヒルベルト空間で KET とエルミート共役なベクトル; 〈| で表わす》. [*bracket*]
braai /bráɪ/《南ア》*vt, vi*《野外で》直火で〈肉などを〉焼く, バーベキューにする. ► *n* BRAAIVLEIS. [Afrik *braai* to roast]
braai·vleis /bráɪflèɪs/ *n*《南ア》BARBECUE. [Afrik=grilled meat (*braai* to grill, *vleis* meat)]
braa·ta /brɑ́ːtə/, **braa·tas** /-təs/, **brough·ta(s)** /brɔ́ːtə(s)/ *n*《カリブ》おまけ《客が食料を買ってくれた時の》.
Bra·ban·çon /*F* brabɑ̃sɔ̃/ *n* ブラバンソン (1)〘畜〙ベルギーで作出された農耕馬 2)〘犬〙毛のなめらかな GRIFFON》.
Bra·ban·çonne /*F* brabɑ̃sɔn/ [la]「ラ・ブラバンソンヌ」《ベルギーの国歌》.
Bra·bant /brəbǽnt, -bɑ́ːnt, brɑ́ːbənt/ ブラバント (1) ヨーロッパ西部の旧公国; 現在南部はベルギーの Antwerp, Brabant 両州, 北部はオランダの North Brabant 州 2) ベルギー中部の旧州; ☆Brussels; 1995 年 Flemish Brabant, Walloon Brabant 両州と Brussels 首都地域に分割された》.
brab·ble /brǽb(ə)l/《古》*vi*《つまらないことで》口論する. ► *n* 口論. ◆ **bráb·bler** *n* [imit]
Brab·ham /brǽbəm/ ブラバム **'Jack'** 〜 [Sir **John Arthur** 〜] (1926–)《オーストラリアのカーレーサー・カーデザイナー; F1 世界チャンピオン (1959, 60, 66)》.
brá bùrner 《口》[*derog*] 戦闘的ウーマンリブ活動家, ブラ焼きフェミニスト. [示威としてブラジャーを焼いたことから]
brac·cate /brǽkèɪt/ *a* 〘鳥〙脚が全部羽毛でおおわれた.
brace /bréɪs/ *vt* **1 a** …に突っ張りをする, …に筋かい[斜材]を入れる; 強化[補強]する〈*up*〉. **b** 引き締める; ぴんと張る, 〈弓に弦を〉張る; しっかり縛る[くくる]; ブレースでくくる (⇨ *n*); ズボン吊りで支える〈*up*〉;〘海〙〈帆・帆桁を〉操桁索で回す[動かす]〈*about, around*〉. **2** 〈足などを〉踏ん張る; 元気をつける, 緊張させる; 〈みずから〉の決意[覚悟]を固める, 肚をくくる, 〈意志を〉固める; *《軍俗》〈新兵など〉に気をつけの姿勢をとらせる: 〜 *oneself against*…に体を押しつけて踏ん張る[突っ張る] / 〜 *oneself for*…〈衝撃・対決など〉に備え(て気を引き締め)る / be 〜*d to do*…する覚悟を固める. **3** *《俗》…に立ち向かう; *《俗》〈人〉に(近づいてきて)金をせがむ; 《俗》しつこく悩ます. ► *vi* 備える, 対策を講じる〈*for*〉; 元気を出す〈*up*〉; 身構える〈*for*〉: 〜 *for* the worst 最悪の事態に備える. ● **〜 up** 奮起させる[する]; *酒で元気をつける: 〜 *oneself up* 元気を出す[出させる], 奮起する[させる]. ► *n* **1 a** 突っ張り, 支柱, 〘建〙《部材間に斜めに渡す》筋かい, 方杖(ほうづえ), ブレース; かすがい; 受金物; BRACE AND BIT (の曲がり柄); 〘医〙《体の部分を固定する》ブレース, 装具, 固定器, 副木(ふくぼく), 添え木, [*pl*] *カリパス副木 (calipersᴴ); [ᵒ*pl*] 〘歯〙歯列矯正器. **b** ᴴ《車体をバネにつるす》吊革; 《太鼓を締める》革ひも, 締め糸; 〘海〙操[転]桁索(こうさく); [ᵘ(a pair of) 〜s] ᴴズボン吊り (suspenders*). **2 a** 〘印〙ブレース《{, }, または ─》, ブラケット《[または]》, 〘楽〙ブレース《2 つ以上の五線をつなぐ括弧》, つながれた五線. **b** (*pl* 〜) 一対(のもの[人]) (pair), 《猟鳥・猟獣の》つがい: ten 〜 of ducks カモ 10 つがい. **3** エネルギーを引き出すもの, 士気を高めるもの; 《英口・米軍俗》こちこちの気をつけの姿勢. ● **splice the** MAIN BRACE. [OF<L *bracchia* arms; (v) は OF *bracier* to embrace も影響]
bráce and bít 曲がり柄ドリル, 繰り子錐, クリックボール.
bráce·let *n* 腕輪, ブレスレット; [*pl*]《口》手錠 (handcuffs); *《俗》《足首に付ける》モニター用無線送信器. ◆ **〜·ed** *a* 腕輪を付けた. [F (dim) < *bracel* < L (BRACCHIUM)]
brácelet wàtch ブレスレットウォッチ《特に 女性用の小型腕時計》.
bráce posìtion 《飛行機内で緊急着陸時の衝撃に備えた》ブレースポジション《両腕で頭をかばい, 前かがみになる体勢》.
brac·er[1] /bréɪsər/ *n* 支持する[緊張させる]もの; 締めるもの, 締めひも, 張り索(づな), 帯; 《口》興奮性飲料, 酒 (pick-me-up); 元気づけるもの. [*brace*]
bracer[2] *n* 《アーチェリー・フェンシングの》アームガード, 弓篭手(ゆごて); 《よろいの》腕甲. [OF (*bras* arm, *-ure*)]
bra·ce·ro /brɑːséərou/ *n* (*pl* **〜s**) 《米国に働きに来る》メキシコ人季節農場労働者, ブラセーロ. [Sp=laborer]
bráce ròot 〘植〙 PROP ROOT.
brach /brǽʧ/, **brach·et** /brǽʧət/ *n* 《古》猟犬の雌.
bra·chi- /brǽkɪ, bréɪ-/, **bra·chio-** /brǽkiou, bréɪ-, -kiə/ *comb form*「腕」 [L; ⇨ BRACIUM]
brachia *n* BRACHIUM の複数形.

B

bra·chi·al /bréɪkiəl, brǽk-/ *a* 腕の, 上腕の; 腕に似た, 腕状の〈付属器官など〉: ~ artery. ► *n* 腕の部分, 上腕.
bra·chi·ate /bréɪkiət, -èɪt, brǽk-/ *a* 〖植〗交互対枝の (cf. DECUSSATE); 〖動〗有腕の. ► *vi* /-èɪt/ 〈樹上性のサルが〉腕渡り[ブラキエーション]する. ♦ **brà·chi·á·tion** *n* **brá·chi·à·tor** *n* 腕渡りをする動物《テナガザルなど》.
bra·chif·er·ous /brækíf(ə)rəs/ *a* 〖動〗腕のある, 有手の.
bràchio·cephálic *a* 〖解〗上腕と頭との.
brachiocephálic ártery [trúnk] 〖解〗腕頭動脈, 無名動脈 (innominate artery).
brachiocephálic véin 〖解〗腕頭静脈, 無名静脈 (innominate vein).
bráchio·pòd *n, a* 〖動〗腕足動物, 腕足類(の)《腕足動物門 (Brachiopoda); シャミセンガイ・ホウズキガイなど》.
bráchio·sàur, bràchio·sáurus *n* 〖古生〗ブラキオサウルス《北米・東アフリカのジュラ紀の竜脚類》.
bra·chis·to·chrone /brækístəkròʊn/ *n* 〖理〗最速降下線.
bra·chi·um /bréɪkiəm, brǽk-/ *n* (*pl* **bra·chia** /-kiə/) 〖解〗上腕; 〖植〗腕状部[突起]; 〖動〗腕. [L=arm]
brachy- /brǽkɪ/ *comb form*「短い」 [Gk]
bràchy·cephálic *a, n* 〖人〗短頭の(人)《頭指数が 80 を超える; opp. *dolichocephalic*》.
bràchy·cèph·a·li·zá·tion /-sèfələzéɪʃ(ə)n; -làɪ-/ *n* 〖人〗短頭化.
bràchy·céphaly *n* 〖人〗短頭; 〖医〗短頭(蓋)(症). ♦ **-céph·alous** *a*
bra·chyc·er·ous /brəkísərəs/ *a* 〖昆〗短い触角をもつ, 短角の.
bràchy·cránial, -crá·nic /-kréɪnɪk/ *a* 〖人〗短頭蓋(ずがい)の《頭蓋示数が 80 を超える; opp. *dolichocranial*》. ♦ **brachy·cra·ny** /brǽkikrèɪni/ *n*
bràchy·dáctyly, -dactýlia, -dác·tyl·ism /-dǽktəlɪz(ə)m/ *n* 《手足の》短指(症). ♦ **-dáctylous, -dactýlic** *a*
bra·chyl·o·gy /brækíləʤi/ *n* 簡潔表現; 〖文法〗要語省略《構文上必要な語句の省略; 例 This is as good (as) or better than that. の 2 度目の as の省略》.
bráchy·odònt *a* 〖動・医〗短冠歯の, 短歯性の《歯冠が短い》.
bra·chyp·ter·ous /brækíptərəs/ *a* 〖昆〗短翅(たんし)型の.
bràchy·thérapy *n* 〖医〗小線源療法, ブラキセラピー《前立腺癌などで放射性物質を治療部位に留置して直近から放射線を当てる》.
brachy·ural /brækijúərəl/ *a* 〖動〗短尾類の.
brachy·uran /brækijúərən/ 〖動〗*a* 短尾類の. ► *n* 短尾類の甲殻動物《カニなど》. ♦ **-urous** /-júərəs/ *a*
brac·ing /bréɪsɪŋ/ *a* 新鮮な衝撃を与える, 刺激的な; 元気をつける, すがすがしい〈そよ風など〉. ► *n* 〖建〗突っ張り, 筋かい, 支柱, ブレーシング《集合的》; 元気づけ, 刺激. ♦ **~·ly** *adv*
bra·ci·o·la /brɑːʧ(i)óʊlə/, **bra·ci·o·le** /-lèɪ/ *n* 〖料理〗ブラチオラ《肉や野菜を薄切り牛肉で巻いてワインで煮た料理》. [It (dim)< *brace* live coal]
brack[1] /brǽk/ *vi, vt* 《俗》ゲーッと吐く. [imit]
brack[2] *n* BARMBRACK.
bráck-bràin *n**《俗》愚かなやつ, まぬけ, ばか. ♦ **~ed** *a* [?*brack* crack; ?G *brack* inferior goods]
brack·en /brǽk(ə)n/ *n* 〖植〗大きなシダ, 《特に》ワラビ (蕨); ワラビの茂み. [ON]
brack·et /brǽkət/ *n* **1**〖建〗持送り, 腕木, 腕金; 張出し棚受け《L 字形アーム》, 電灯受け; 張出し棚, 張出しガス管[ランプ受け]. **2 a** [ᵘ*pl*] 〖印〗角(かく)型括弧, ブラケット (square bracket) ([ ]), 《一般に円括弧 ( ), 山括弧 〈 〉も含む》括弧《数学・音楽ではブレース { } も含む》: in ~*s* 括弧にはいって. ★ 単数形は対になった記号の一方を意味する. 円括弧は round bracket または parenthesis, 山括弧は angle bracket という. **b**〖スケート〗ブラケットターン; ᵘ《俗》鼻: punch up the ~ ᵘ《俗》鼻づらに一発かます. **c**《年齢・収入など》共通項で一括されるグループ, 課税所得に基づく階層区分: the low [high] income ~ 低[高額]所得者層. **d**《トーナメント試合における》組合わせ表 (=~ **shèet**): fill out the ~ (sheet) トーナメントの勝敗を予想する. **e**《砲から標的までの正確な距離を測るための》夾叉(きょうさ)射撃一発分; 夾叉距離. ► *vt* **1** …に bracket を付ける; 括弧に入れる[でくくる]; ひとまとめに扱う, 一括する; 〈標的〉に夾叉射撃をする. **2** 考慮の対象外に置く; 〈見積もり〉の限界を定める. **3**《望ましい露光を得るために》段階露出で〈写真を〉撮る. [F or Sp<L *bracae* breeches]
brácket crèep 〖経〗所得階層の漸昇, ブラケットクリープ《インフレによって名目賃金が増加するため納税者が徐々に税率の高いほうの課税区分へ押し上げられていくこと》.
brácket·ed *a* 〖印〗字画 (stroke) と曲線で続けた〈セリフ〉.
brácketed blénny 〖魚〗ガンネルギンポ (gunnel).
brácket fòot 《たんすなどの家具の》持送り式の脚.
brácket fùngus 〖菌〗樹幹などに棚状に重なり合って生える肉質・木質の担子菌 (=*shelf fungus*)《サルノコシカケなど》.
brácket·ing *n* **1**〖建〗腕木, 腕金, 持送り, 張出し棚受け, ブラケット《集合的》. **2**〖写〗段階露出.
brack·ish /brǽkɪʃ/ *a* 塩気のある, 汽水性の; まずい, 不快な: ~ water 半塩水, 淡海水, 汽水. ♦ **~·ness** *n* [*black* (obs)< MLG, MDu *brac*]
Brack·nell /brǽkn(ə)l/ **1** ブラックネル《イングランド南部 Berkshire 東部の市》. **2** [Lady] レディー ブラックネル《Oscar Wilde の戯曲 *The Importance of Being Earnest* に登場する社交婦人》.
brac·o·nid /brǽkənɪd/ *n, a* 〖昆〗コマユバチ科 (Braconidae) の(各種のハチ).
bract /brǽkt/ *n* 〖植〗包葉(ほうよう), 苞(ほう), 保護葉. ♦ **~·ed** *a* [L *bractea* thin sheet]
brac·te·al /brǽktiəl/ *a* 〖植〗包葉の(ような).
brac·te·ate /brǽktiət, -èɪt/ *a* 〖植〗包葉のある. ► *n* 〖考古〗打ち延ばした金属板 (通例 金か銀) の飾り.
brac·te·o·late /brǽktiələt, -lèɪt/ *a* 〖植〗小包葉のある.
brac·te·ole /brǽktiòʊl/, **bráct·let** *n* 〖植〗小苞, 小包葉.
brad /brǽd/ *n* 無頭釘; 《頭部が鉤状の》かい折れ釘; *ブラッド (paper fastenerᵘ)《ヘッドについた 2 本のとがった部分を紙に通し, 外側に折り曲げて書類を綴じる文具》. ► *vt* (**-dd-**) …に brad を付ける[で留める]. [ME *brad* goad<ON=spike]
brád·àwl *n* 〖木工〗小錐(きり)《釘・ねじくぎの穴をあける》.
Brad·bury /brǽdbèri, -b(ə)ri; -b(ə)ri/ **1** ᵘ《口》1 ポンド紙幣, 10 シリング紙幣《ともに旧紙幣》. [Sir John S. *Bradbury* (1872–1950) 英国の財務次官] **2** ブラッドベリー (1) **Malcolm (Stanley)** ~ (1932–2000)《英国の作家; 長篇小説 *The History Man* (1975)》 (2) **Ray (Douglas)** ~ (1920–2012)《米国の SF 作家; *Fahrenheit 451* (1953)》.
Brad·dock /brǽdək/ ブラドック **Edward** ~ (1695–1755)《英国の軍人; アメリカ駐在英軍司令官, 現在の Pittsburgh にあった Duquesne 要塞に進撃したが, フランス・インディアン連合軍の急襲をうけ, 大敗, みずからも負傷して死亡》.
Brad·ford /brǽdfərd/ **1** ブラッドフォード **William** ~ (1590–1657)《イングランド生まれの初期アメリカの植民地指導者; Pilgrims と共に新世界に渡り (1620), Plymouth 植民地総督》. **2** ブラッドフォード《イングランド北部 Leeds の西の工業都市; 14 世紀来羊毛工業, 18 世紀来ウステッド取引の中心》.
Brádford sỳstem 〖紡〗ブラッドフォードシステム《長い繊維を扱う梳毛糸紡績法》.
Brád·le·ian /, brædlíːən/ *a* ブラッドリー (F. H. Bradley) の, 絶対的観念論の.
Brad·ley /brǽdli/ **1** ブラッドリー (1) **A(ndrew) C(ecil)** ~ (1851–1935)《英国の批評家; F. H. ~ の弟; *Shakespearian Tragedy* (1904)》 (2) **F(rancis) H(erbert)** ~ (1846–1924)《英国の哲学者; 功利主義に反対し絶対的観念論の立場に立つ; *Ethical Studies* (1876), *Appearance and Reality* (1893)》 (3) **Henry** ~ (1845–1923)《英国の英語学者・辞書編集者; *The Oxford English Dictionary* の編者の一人》 (4) **James** ~ (1693–1762)《英国の天文学者; 光行差を発見 (1728)》 (5) **Omar N(elson)** ~ (1893–1981)《米国の陸軍将校》. **2** ブラッドリー《男子名》. [OE=broad meadow]
Brádley·an /, brædlíːən/ *a* BRADLEIAN.
Brad·man /brǽdmən/ ブラッドマン **'Don'** ~ [Sir **Donald George** ~] (1908–2001)《オーストラリアのクリケット選手》.
bra·doon /brədúːn/ *n* BRIDOON.
Brad·shaw /brǽdʃɔː/ *n* 〖英〗ブラッドショー鉄道旅行案内書《1839 年から 1961 年まで年 1 回発行の Britain 諸島全域の列車時刻表》. [George *Bradshaw* (1801–53) 発行者]
Brad·street /brǽdstrìːt/ ブラッドストリート **Anne** ~ (c. 1612–72)《イングランド生まれのアメリカの詩人; 旧姓 Dudley; *The Tenth Muse Lately Sprung Up in America* (1650) はアメリカ文学史上最初の詩集》.
bra·dy- /brǽdɪ, bréɪ-/ *comb form*「おそい」「鈍い」「短い」 [Gk *bladus* slow]
Bra·dy /bréɪdi/ ブレイディー **Mathew B.** ~ (1823?–96)《米国の写真家; 北軍に従って撮影を行ない, 南北戦争の写真による歴史をまとめた》.
Brády Àct [the] 〖米〗ブレイディー法《拳銃の購入予定者の身元を迅速に事前調査することを定めた連邦法; 1994 年発効; 1981 年の Reagan 大統領暗殺未遂事件で重傷を負った報道補佐官 James Brady の名から》.
bràdy·cárdia *n* 〖医〗徐脈 (cf. TACHYCARDIA).
bràdy·kinétic *a* 動作[運動]緩慢な.
bràdy·kínin *n* 〖生化〗ブラジキニン《9 個のアミノ酸からなるキニンで血管拡張作用がある》.
brády·sèism *n* 〖地物〗緩慢地動.
brady·tely /brǽdətèli/ *n* 〖生〗緩進化 (cf. HOROTELY, TACHYTELY).
brae /bréɪ/ 《スコ》*n* 丘; 《川沿いの》山腹; 堤の斜面; 下り坂; [*pl*] 丘陵地帯. [ON *brá* eyelash; cf. BROW]
Brae·burn /bréɪbəːrn/ *n* ブレイバーン《ニュージーランド産生食用リンゴの品種》. [最初に商業栽培された果樹園の名から]
brae·heid /brɛhíːd/ *n* 《スコ》丘[坂]の上, 頂上.
Brae·mar /breɪmáːr/ ブレーマー《スコットランド北東部の村; 近くに

英王室の Balmoral Castle がある; 毎年 **Bráemar Gáthering** と呼ばれる競技会が開催されて丸太投げ・レスリングや民族舞踊などが行なわれ, 王族も出席する; cf. HIGHLAND GATHERING》.

Bra·ford /bréɪfərd, brá:-/ *n* 〘畜〙ブラフォード種(の牛)《Brahman と Hereford の交配による肉牛》.

brag /brǽg/ *vt, vi* (-gg-) 自慢する, 得意げに話す, 豪語する 〈*of, about, that*...〉: They ～ most who can do least. 《諺》いちばんできない者がいちばん自慢する / be nothing to ～ *about* 自慢できたものではない, たいしてよくない. ► *n* 自慢, 豪語, ほら, うぬぼれ; 自慢のもの, 自慢話; 自慢屋, ほら吹き (braggart); 〘トランプ〙ブラッグ《poker に似た古いゲーム》: make ～ *of*...を自慢する. ► *a* (**brág·ger; brág·gest**) 自慢してもよい, すばらしい, 一級の; 《古》自慢する; 《古》元気な, 生きいきした: a ～ crop すばらしい収穫. ♦ **brág·ger** *n* 自慢屋. **brág·ging·ly** *adv* 自慢げに, 偉そうに, 大いばりで. **brág·gy** *a* ［ME＝spirited, boastful＜?］

Bra·ga /brá:gə/ ブラガ《ポルトガル北西部 Porto の北北東にある市; 中世には大司教所在地となり, 以後ポルトガルの宗教中心地の一つ》.

Bra·gan·ça /brəgǽnsə/, **Bra·gan·za** /brəgǽnzə/ **1** ブラガンサ《ポルトガルの王家 (1640–1910), ブラジルの皇帝家 (1822–89)》. **2** ブラガンサ《ポルトガル北東部, スペインとの国境付近にある市; Bragança 家の居城が残る》.

Bragg /brǽg/ ブラッグ Sir **William** (**Henry**) ～ (1862–1942), Sir (**William**) **Lawrence** ～ (1890–1971)《英国の物理学者父子; 共同で X 線による結晶解析研究を行ない, ノーベル物理学賞 (1915)》.

brag·ga·do·cio /brægədóuʃ(i)òu, -ʧi-, -siòu/ *n* (*pl* **-ci·òs**) 大自慢屋; 大自慢, 虚誇; 傲慢, 生意気. ［*brag* と It (augment) *-occio* より; Spenser の造語 (1590 年)］

brag·gart /brǽgərt/ *n, a* 大自慢家(の). ♦ **～·ly** *adv*

brággart·ìsm *n* 大自慢, 豪語.

brág·ging rìghts *pl* 自慢ができる権利, 得意になることができる権利.

Brágg's láw 〘理〙《結晶の X 線反射についての》ブラッグの法則. ［Sir W. H. *Bragg*, Sir W. L. *Bragg*］

Bra·gi /brá:gi/, **-ge** /-gə/ 〘北欧神話〙ブラーギ《Aesir の一人で, 詩と音楽をつかさどる神》.

brág-ràgs *n pl* *《俗》勲章.

Brahe /brá:, brá:hi, -hə/ ブラーエ **Ty·cho** /tí:kou, táɪ-/ ～ (1546–1601)《デンマークの天文学者》.

Brahm, Bram /brá:m/ *n* 〘ヒンドゥー教〙BRAHMA.

Brah·ma, Bra·ma /brá:mə/ *n* **1** 〘ヒンドゥー教〙 **a** 梵《世界の最高原理》. **b** ブラフマン《Vishnu, Siva と共に 3 主神の一人で創造神; ⇨ TRIMURTI》. ★ a, b いずれも Brahman ともいう. **2** [Brahma] /, bréɪmə, *brǽmə/ **a** 〘牛〙BRAHMAN. **b** 〘鶏〙BRAHMAPUTRA. ［Skt＝creator］

Brah·man /brá:mən/ *n* **1 a** ブラーフマン, バラモン, 婆羅門《インド四姓中の最高階級である司祭者層; ⇨ CASTE》. **b** 梵 (Brahma); ブラフマン (Brahma). **2** /, *bréɪ-, *brǽm-/ **a** インド牛, インドのコブウシ (zebu)《聖牛とされるインドの家畜》. **b** 〘畜〙ブラーマン (＝*Brahminy bull*)《インド牛を品種改良した米国南部産のウシ; 乾燥に強くダニがつきにくい》. ★ 1, 2 とも Brahmin ともいう. ［Skt (*brahman* priest)］

Brah·ma·na /brá:mənə/ 『ブラーフマナ』《VEDA 本文に対する説明と注釈の書》.

Brah·ma·nee, -ni /brá:məni/ *n* バラモン婦女子.

Brah·man·ic /brɑ:mǽnɪk/, **-i·cal** *a* バラモン(教)の.

Bráhman·ìsm *n* バラモン(教). ♦ **-ist** *n* バラモン教徒.

Brah·ma·poo·tra /brà:məpú:trə/ *n* 〘鶏〙BRAHMAPUTRA.

Brah·ma·pu·tra /brà:məpú:trə/ **1** [the] ブラフマプトラ川《チベットのヒマラヤ山中 から Zangbo 川として発し, インド北東部を通り, バングラデシュ (Jamuna 川と呼ばれる) で Ganges デルタに至る》. **2** [ᵒb-] 〘鶏〙ブラーマ種(の鶏) (＝*Brahma*)《インド原産の大型肉用種》.

Brah·min /brá:mən/ *n* BRAHMAN 1; /, *bréɪ-, *brǽm-/ BRAHMAN 2; *《口》[ˢ*derog*] 教養人, インテリ, 《特に》ニューイングランドの旧家出の人: BOSTON BRAHMIN. ♦ **Brah·mín·ic, -i·cal** *a* ［Skt］

Bráhmin·ìsm *n* BRAHMANISM; インテリ風.

Bráh·mi·ny búll /brá:məni-/ 〘畜〙BRAHMAN.

Bráhminy kíte 〘鳥〙インド[シロガシラ]トビ (＝*Pondicherry eagle*)《インドから豪州にかけて分布》.

Brah·mo /brá:mou/ *n* (*pl* ～**s**)《梵を唯一神とする近代ヒンドゥー教改革派》ブラフマサマージ派の人. ♦ **～·ìsm** *n* ［Bengali *Brahmo Samāj* church of Brahma］

Brahms /brá:mz/ ブラームス **Johannes** ～ (1833–97)《ドイツの作曲家》. ★ ⇨ BRAHMS AND LISZT. ♦ **～·ian** *a*

Bráhms (and Líszt) *a* "《韻俗》酔っぱらって (pissed).

Bra·hui /brɑhú:i/ *n* **a** (*pl* ～, ～**s**) ブラーフーイー族《Baluchistan 東部の遊牧民》. **b** ブラーフーイ語《ドラヴィダ諸語の一つ》.

braid /bréɪd/ *n* **1** 編んだ頭髪, 三つ編みの髪, 弁髪. **2** 組みひも, 打ちひも, さなだ, モール, ブレード《髪に用いるリボン・バンド》; 《俗》海軍の高級将校連; 〘電〙編組: gold [silver] ～ 金[銀]モール / straw ～ 麦わらさなだ. ► *vt* 組む, 編む; 組み糸で飾る; 〈髪を〉おさげにする, 三つ編みにする; 《文》リボンで〈髪を〉結ぶ; 混ぜる. ► *vi* 編み合わさったように流れる[曲折する]. ♦ **bráid·er** *n* 打ちひもを編む人; 組みひも機. **bráid·ing** *n* 組みひも, 打ちひも《集合的》; モール刺繍. ［OE *bregdan* to move quickly, weave; cf. OHG *brettan* to draw sword］

bráid·ed *a* 組みひもで装飾した; 《3 本以上のより糸を》編んで作った; 《川の流れなどが》網目状になった.

bráided rúg 三つ編みしたひもを楕円形[円形, 長方形]にかがり合わせたじゅうたん, 三つ編みラグ[マット].

brail /bréɪl/ *n* [ᵘ*pl*] 〘海〙絞り綱; きんちゃく網などから魚を漁船に上げるたも網. ► *vt* 〈帆を〉絞る 〈*up*〉; 革ひもで縛る. ［OF＜L *bracale* girdle; ⇨ BRACKET］

Bră·ila /brəí:lə/ ブライラ《ルーマニア東部の Danube 川に臨む市》.

Braille /bréɪl/ *n* **1** /*F* braj/ ブライユ **Louis** ～ (1809–52)《フランスの教育者; 点字法を発明した盲人》. **2** [ᵘb-] ブライユ点字(法) (cf. FINGER READING): write in *b*～ ブライユ点字で書く. ► *vt* [ᵘb-] ブライユ点字にする[印刷する].

bráille cèll ブライユセル《盲人の大脳皮質に電気刺激を与えることによって, 触れなくても点字が読めるようにする実験で知覚の 1 単位をなす光視の集まり》. ［↑］

bráille·wrìter *n* [ᵒB-] (ブライユ式)点字ライター.

braill·ist /bréɪlɪst/ *n* ブライユ点字 (braille) を書くのに熟練した人; ブライユ点字を書くのを職業とする人, ブライユ点訳者.

brain /bréɪn/ *n* **1 a** 脳, 大脳, 脳髄《CEREBRAL *a*》; [ᵒ*pl*] 頭脳, 知力, 知能: have (good) ～*s* [a (good) ～] 頭がよい / He doesn't have much ～(*s*). 頭がよくない. **b** [*pl*]《食用の》動物の脳. **c**《脊椎動物の脳に相当する》無脊椎動物の神経中枢. **d**《ミサイルなどの》頭脳部門, 《電子計算機などの》中枢部. **2** 《口》頭のいい人, 知的な人, 学者; [ᵘ*pl*] 《口》知的指導者, ブレーン, *ボス; *《俗》探偵, 刑事, デカ: You ～? このばかめ / call in the best ～*s* 広く人材を集める / He's the ～*s* behind the scheme. 彼はその立案者だ. ● **beat** [**cudgel, drag, rack**] **one's** ～(**s**) (**out**) 《口》脳みそをしぼる, 考え抜く 〈*about* sth〉. **beat one's ～s out** *《俗》しゃにむにがんばる 〈*to* do〉. **beat** [**bash**] **sb's ～s out** 《口》頭をひどくなぐる[なぐって殺す]. **blow sb's ～s out** 《口》《銃で》頭を撃ち抜く. **blow one's ～s out**＝**blow out one's ～s** 《口》《銃で》自分の頭を撃ち抜く; *《俗》がつがつ働く. **fuck** [**screw**] **sb's ～s out** *《卑》...と延々とセックスする, やりまくる. **get one's ～s fried** *《俗》《長時間日光浴をしすぎて》日射病にかかる; *《俗》麻薬で陶酔する. **have** [**get**]...**on the** [**one's**] ～ 《口》...に熱中している, ...が頭から離れない. **have one's ～ on a leash** *《俗》酔っぱらっている. **make one's ～ reel** 〈信じがたい話・事実などが〉人を仰天[びっくり]させる. **not have ～s enough to walk and chew gum at the same time** [**to come in out of the rain**] *《口》なんにも知らない (not have enough sense to come in from the rain). **pick** [**suck**] **sb's ～**(**s**) 《口》人の知識を聞き出す, 考えを利用する, 知恵を借りる. **one's ～s out** [〈*adv*〉] *《俗》目いっぱい, がんがん, むちゃくちゃ, しゃかりきになって: beat *one's* BRAINS *out*. **turn sb's ～** 人の頭を変にさせる, 人を慢心[有頂天に]させる: have one's ～ *turned* 頭が変になる. ► *vt* ...の脳を打ち砕く[打ち砕いて殺す]; 《俗》...の頭をなぐる[一撃する]. ［OE *brægen*; cf. Du *brein*］

bráin attàck 〘医〙脳卒中 (stroke).

bráin·bòx **1** 頭蓋 (cranium); 《俗》頭 (head); "《口》頭のいいやつ; "《口》知能, 知性; 《口》電算機, コンピューター. **2** *《俗》《引き船の》操縦席; *《俗》《貨物列車の》車掌車.

bráin bùcket *《俗》CRASH HELMET.

bráin-bùrned *a* *《俗》麻薬で頭がいかれた, ヤクぼけの.

bráin·càse *n* 頭蓋 (＝*brainpan*).

bráin cèll 〘解〙脳細胞; 《口》知力, 脳みそ.

bráin·chìld *n* 《口》頭脳の産物, 独自の考え, 創見, 発明, 発案; *《俗》着想のいい人, アイディアマン.

bráin còral 〘動〙ノウサンゴ (脳珊瑚)《造礁サンゴの一種類; 群体の表面が脳の皺状をなす》.

bráin dàmage 〘医〙脳損傷.

bráin-dèad *a* 脳死(状態)の; 《口》無能な, ばかみたいな; 《口》〈組織・機械などが〉うまく機能しない, 役立たずの.

bráin dèath 〘医〙脳死 (cerebral death).

bráin-derìved neurotrópic fàctor 〘生理〙脳誘導神経向性因子《脳の神経細胞間の連関を構成するのに不可欠なタンパク質》.

bráin dìsh *《俗》ヘルメット.

bráin dràin 《口》《外国・競争会社などへの》頭脳流出. ♦ **bráin dràin·er** 《口》流出頭脳《学者》. **bráin-dràin** *vi, vt* 《口》頭脳流出させる[する].

bráin dùmp *《電算俗》(詳細に)話す[説明する]こと: do a ～.

Braine /bréɪn/ ブレイン **John** (**Gerard**) ～ (1922–86)《英国の小説家; 処女作 *Room at the Top* (1957) で脚光を浴び, Angry Young Men を代表する作家の一人となった》.

-brained /bréɪnd/ *a comb form*「脳が...な」: mad-*brained*, pea-*brained*.

bráin·ery *n* *《俗》大学.

bráin-fàde *《俗》*n* 頭がパーになりそうな退屈, 眠くなるほどの長い時間. ► *vi* 頭が混乱する.

B

bráin fàg 脳神経衰弱, 精神疲労.
bráin fèver 脳炎 (encephalitis), 《特に》馬脳脊髄炎.
bráin-fèver bìrd 〘鳥〙チャバラカッコウ《インド産》.
bráin frèeze 非常に冷たいものを口にしたとき頭部に感じる刺すような痛み (＝*ice-cream headache*).
bráin-fried *a**《俗》BRAIN-BURNED.
bráin gàin 頭脳流入 (cf. BRAIN DRAIN).
bráin hòrmone 《昆虫の脳から分泌される》脳ホルモン; 《俗用》《セロトニンなど脳内で産出ないしは作用する各種の》脳ホルモン.
brain·i·ac /bréɪniæ̀k/ *n**《口》非常に頭のいい人, 頭脳人間.
bráin·ish *a* 《古・スコ》性急な, おこりっぽい.
bráin·less *a* 脳なしの, 愚かな. ◆ **～·ly** *adv* **～·ness** *n*
bráin lìfe 《brain death に対し, 生命の始まりとなる》脳生.
bráin óne*《俗》最も初歩的な理解力[思考力], 最低限の頭脳: not have ～ 全くの脳なしだ, 完全にパーだ.
bráin·pàn *n* 頭蓋 (braincase); *頭.
bráin·pìck·ing *n* 《口》人の知恵[アイディア, 情報]を盗むこと. ◆ **bráin-pìck·er** *n*
bráin·pòwer *n* 知力; 頭脳集団, 知識人たち.
bráin scàn 〘医〙脳走査写真[図], ブレーンスキャン《brain scanner による X 線図》.
bráin scànner 〘医〙脳走査装置, ブレーンスキャナー《脳腫瘍などを診断する CAT スキャナー》.
bráin-scràtch·er *n* 《口》BRAINTEASER.
bráin·sìck *a* 気の違った; 精神異常に由来する. ◆ **～·ly** *adv* **～·ness** *n*
bráin stèm 〘解〙脳幹《間脳・中脳・橋および延髄》.
bráin·stòrm *n* 《突然の》精神錯乱; ‖《口》《一時的な》頭の混乱, 惑乱; *《口》インスピレーション, 突然の妙案, ひらめき, 突拍子もない考え; BRAINSTORMING. ► *vi* ブレーンストーミングをする. ► *vt* 〈懸案などを〉ブレーンストーミングをして検討する. ◆ **～·er** *n*
bráin·stòrm·ing *n, a* 創造的集団思考法(の), ブレーンストーミング(の)〈会議など〉.
bráins trùst‖《ラジオ・テレビの番組などの》専門解答者グループ; BRAIN TRUST.
bráin sùrgeon 脳外科医: You don't have to be a ～ to do .... 《口》...するのに脳外科医である必要はない, ...はそんなにむずかしいことじゃない.
bráin sùrgery 脳外科(手術); 《口》特別むずかしいこと: It's not ～. 《口》脳の手術じゃあるまいし, たいしてむずかしいことじゃない.
bráin tàblet*《俗》タバコ.
bráin-tàp *n* *《口》人のアイディアを盗むこと, BRAIN-PICKING.
bráin·tèaser, -twìster *n* 《解くのに》頭を使うもの《パズルなど》, 難問, 奇問. ◆ **-tèas·ing** *a*
bráin tìckler*《俗》麻薬の丸剤, 麻薬ピル.
bráin trùst ブレーントラスト《政府などの顧問団; F. D. Roosevelt 大統領が設けたものが有名》. ◆ **bráin trùster** ブレーントラストのメンバー.
bráin tùmor 〘医〙脳腫瘍.
bráin·wàsh·ing *n* 洗脳《強制的思想改造; cf. MENTICIDE》; 《セールスなどの》説得. ◆ **bráin·wàsh** *vt, n* 洗脳(する). **bráin-wàsh·er** *n* [Chin 洗脳]
bráin wàve 〘医〙脳波; 脳波電流; 《口》インスピレーション, 名案.
bráin·wòrk *n* 頭脳労働; 頭脳のはたらき, 秩序立った思考.
bráin·wòrk·er *n* 頭脳労働者.
brainy /bréɪni/ *a* 《口》頭のいい, 頭が切れる, 頭脳明晰な. ◆ **bráin·i·ness** *n*
braird‖ /brɛ́ərd/ *n* 芽生え, 新芽. ► *vi* 芽がもえ出る, 新芽が出る.
braise /bréɪz/ *vt* 《油 (fat) で炒めて》蒸し煮にする. ► *n* 蒸し煮にした料理. [F (*braise* live coals)]
bráis·ing stèak 蒸し煮[煮込み]用牛肉.
brak /brǽk/ *n* 《南ア》雑種の犬.
brake[1] /bréɪk/ *n* [°*pl*] ブレーキ, 制動機[装置]; 妨げ[歯止め](となるもの), 抑制 〈*on*〉; ポンプの長柄 (pump brake); 《ボブスレーの》ブレーキ係 (brakeman): apply [put on] the ～*s* [°*fig*] ブレーキをかける / a ～ *on* change 変化に対する抑制. ● **hit the ～s** 急ブレーキを踏む. LOCK[1] **the ～s. put the ～s [a ～] on**...にブレーキをかける, ...を抑制する. **ride the ～***《口》いつもブレーキペダルに足を載せておく. **slam [jam] the ～s on** 《口》強く急ブレーキを踏む. **stand on one's ～s**《口》車のブレーキを強く踏み込む. ► *vt, vi* brake を操作する, ブレーキをかける; ブレーキがかかる; ...に制動装置[ブレーキ]を取り付ける: ～ hard [sharply] 急ブレーキをかける. ◆ **～·less** *a* ブレーキのない. [?*brake* (obs) machine handle or bridle; cf. MDu *braeke*]
brake[2] *n* やぶ, 草むら. [OE *bracu*, MLG *brake* branch, stump]
brake[3] *n* 大まぐわ, 砕土機 (＝～ **hàrrow**); パン粉のこね機; ヤナギの皮むき器; 〘紡〙荒梳(あらす)ぐし《繊維を分離するため麻などの木質部を破砕する歯のついた機械》; ブレーキ《板金を曲げ加工する機械》. ► *vt* 〈亜麻・麻などを〉すく. [MLG, MDu＝flax brake; ⇨ BREAK]
brake[4], **bráke fèrn** *n* 〘植〙 **a** ワラビ (bracken). **b** イノモトソウ. [BRACKEN; *-en* を複数語尾と誤ったものか]
brake[5] ⇨ BREAK[3].
brake[6] *n* 《廃》拷問台 (rack). [C16<?; BREAK[3] からか]
brake[7] *v* 《古》BREAK[1] の過去形.
bráke·age *n* ブレーキをかけること, 制動作用; 制動能力; 制動装置.
bráke bànd 〘機〙制動帯, ブレーキバンド[帯].
bráke blòck 〘機〙ブレーキ片, 制輪子 (＝*brake shoe*).
bráke chùte BRAKE PARACHUTE.
bráke dìsc 〘機〙ブレーキディスク.
bráke drùm 〘機〙ブレーキドラム[胴].
bráke fàde 〘機〙ブレーキフェード現象《使いすぎでブレーキが効かなくなること》.
brake fern ⇨ BRAKE[4].
bráke flùid 《油圧ブレーキの》ブレーキ液.
bráke hórsepower ブレーキ馬力, 軸馬力, 軸出力《略 bhp》.
bráke light 《自動車後尾の》ブレーキライト (stoplight).
bráke line 《油圧ブレーキの》ブレーキライン.
bráke lining 〘機〙ブレーキライニング[裏張り].
bráke·man /-mən/ *n* 〘鉱・鉄道〙制動手 (brakesman‖); *《列車の》補助車掌; 《ボブスレーの》ブレーキ係.
bráke pàd ブレーキパッド《ディスクブレーキのディスクに押しつけられるパッド》.
bráke pàrachute 〘空〙制動傘, ブレーキパラシュート《着陸滑走距離短縮のためのもの》.
bráke pèdal 〘機〙ブレーキペダル.
bráke shòe 〘機〙ブレーキシュー[片] (brake block); 《自転車のブレーキの》制輪子《ゴムのブレーキパッドを固定している金具》.
brákes·man‖ /-mən/ *n* BRAKEMAN.
bráke vàn‖〘鉄道〙制動装置付きの車, 緩急車.
brak·ie /bréɪki/ *n**《俗》《列車の》制動手, BRAKEMAN.
Brak·pan /brǽkpæ̀n/ ブラクパン《南アフリカ共和国 Gauteng 州, Witwatersrand にある町; 金採掘の中心》.
braky /bréɪki/ *a* やぶ[茂み, 草むら]の多い. [*brake*[2]]
brá·less /brɑ́:-/ *a* ブラジャーをつけない, ノーブラの.
Bram ⇨ BRAHM.
Br. Am. °British America.
Brama ⇨ BRAHMA.
Brám·ah lòck /brɑ́:mə-, *brǽm-/ ブラマ錠《鍵の前後方向の動きで作動する》. [Joseph *Bramah* (1748–1814) 英国の発明家]
Bra·man·te /brəmɑ́:nti, -teɪ/ ブラマンテ **Donato** ～ (1444–1514)《イタリア盛期ルネサンスの建築家》.
bram·ble /brǽmb(ə)l/ *n* 〘植〙キイチゴ《バラ科キイチゴ属の各種; 果実 (drupelets) は赤・黒・だいだい・白などに熟し食用; raspberry, blackberry, dewberry などの種類があり, 《英》では特に blackberry を指す》; 《キイチゴに似た》とげのある灌木[つる植物], いばら《dog rose など》. ► *vi* [通例 -ing 形で]‖キイチゴ摘みをする. ◆ **brám·bly** *a* イバラのような[の多い]. [OE *bræmbel, brēmel* brier; cf. BROOM]
bram·bling /brǽmblɪŋ/ *n* 〘鳥〙アトリ (＝**brámble fìnch**).
Brám·ley('s sèedling) /brǽmli(z)-/ 〘園〙ブラムリー《料理用の大型リンゴ》. [Matthew *Bramley* 1850 年ごろ最初に栽培したとされる英国の肉屋]
Bramp·ton /brǽm(p)tən/ ブランプトン《カナダ Ontario 州南東部 Toronto の西にある市》.
bran /brǽn/ *n* 《穀類の》ふすま, ぬか; ふすま飼料. ● **sift [bolt] to the ～** 詳しく調べる. ► *vt* 《皮をなめすときなど》ふすまを入れた水に浸す[でゆでる]. ◆ **brán·ner** *n* [OF<?]
Bran 〘ケルト神話〙ブラン《ブリテン王》.
Bran·agh /brǽnə/ ブラーナ **Kenneth** ～ (1960–)《英国の俳優・監督》.
branch /brǽntʃ; brɑ́:ntʃ/ *n* **1** 枝《大枝にも小枝にもいう; bough, limb は大枝, twig は小枝; cf. SPRIG, SPRAY[2]》: ROOT[1] and ～ / The highest ～ is not the safest roost. 《諺》いちばん高い枝が最も安全なねぐらとはいえない《高位にあれば危険も多い》. **2** 枝に分かれたもの, 枝状のもの: **a** 派生物, 分派; 支脈, 支流, 支線; *《南部・中部》小流 (creek); *真水 (branch water); 消火ホースのノズル. **b** 分家; 分館, 支店 (＝～ office), 支部, 支局, 出張所; 部門, 分課, 分科: a ～ of study 一学科. **c** 語派; 〘電算〙分岐, ブランチ《プログラムの判断により実行されるプログラムの一部》; 〘理〙《放射性核種の崩壊系列の》分岐; 〘数〙《双曲線などの》分枝, 枝; 〘電〙枝路. ► *vi* 枝を出す[広げる] 〈*forth, out*〉; 枝に分かれる, 分岐する 〈*away, off, into*〉; 派生する, 発展する 〈*from*〉; 〘電算〙分岐命令を実行する. ► *vt* 枝分かれさせる; 分割する, 分ける; ...に花模様[葉柄]の刺繍をする. ● **～ off** (...から)わき道[枝道]にはいる. **～ out** 枝を出す; 活動[事業, 関心]を広げる[が広がる] 〈*into*〉; 〈話が〉枝葉にわたる: ～ *out* on one's own 《商売で》独立する. ◆ **～ed** *a* 枝のある; 枝分かれした. **～·like** *a* **～·less** *a* [OF<L *branca* paw]
bránched cháin 〘化〙《炭素鎖の》枝分かれ鎖, 有枝鎖 (opp. *straight chain*).
bran·chi- /brǽŋkɪ/, **bran·chio-** /brǽŋkioʊ, -kiə/ *comb form* 「えら」 [L<Gk (↓)]

bran·chia /brǽŋkiə/ *n* (*pl* **-chi·ae** /-kìiː, -kiàɪ/) えら, 鰓 (gill). ♦ **brán·chi·al** *a* えらの; えらに関する. **brán·chi·ate** /-kiət, -kièɪt/ *a* えらのある. [Gk]

bránchial árch 〘動・発生〙 鰓弓(さいきゅう), えら弓(ゆみ), 鰓弧(さいこ) (=*gill arch*)《(1) 魚類および両生類の幼生で, 咽頭の両側に対をなして並んだ弓状の骨または軟骨の一つ; えらを支えるはたらきをする (=*gill bar*) 2) 脊椎動物の個体発生で, 胚の咽頭部の側壁に並んでできる弓状のひだ》.

bránchial cléft 〘動〙 鰓裂(さいれつ), えら孔(あな), 鰓孔(さいこう)《魚類および両生類の幼生の鰓弓 (branchial arches) の間の数対の孔; 口からはいった水がここを通って外部に出る》.

bránchial póuch 〘発生〙 鰓嚢(さいのう) (=*gill pouch, pharyngeal pouch*)《脊椎動物の胚で, 咽頭部の側壁に生じる数対の膨出した嚢状部》.

bránch·ing *n* 分岐, 分枝; 〘理〙《放射性核種の》分岐崩壊; 〘化〙 枝分かれ; 支店の開設. ► *a* 枝を出した, 分岐した.

bránching fràction 〘理〙 分岐比《放射性核種などが特定の仕方で崩壊する割合》.

bránch instrùction 〘電算〙 分岐命令《プログラム中で, 条件によって次に実行すべき部分を選択する命令》.

bran·chio·pod /brǽŋkiəpɑ̀d/ *n, a* 〘動〙 鰓脚(さいきゃく)類の(動物)《ホウネンエビ・ミジンコなど》. ♦ **-chi·op·o·dan** /brǽŋkiɑ́pədən/, **-op·o·dous** /-ɑ́pədəs/ *a*

bran·chi·os·te·gal /brǽŋkiɑ́stɪgəl/ *n* 〘魚〙 鰓条骨(さいじょうこつ), 鰓皮輻(さいひふく) (=〜 **ràY**)《硬骨魚の鰓蓋(さいがい)に続く膜に並ぶ放射状の骨の一つ》. ► *a* 鰓条骨の, 鰓皮輻の. [*steg-*]

bránch·let *n* 小さい分枝, 末端枝.

bránch·lìne, bránch líne *n* 〘鉄道〙 分岐線路, 支線, 岐線.

bránch òffice 支店 (cf. HOME OFFICE).

bránch òfficer 〘英海軍〙《1949 年以降の》准尉.

bránch prediction 〘電算〙 分岐予想《マイクロプロセッサーが, プログラムの条件分岐の結果を予想してその後の演算の準備をすること》.

bránch wàter *小川・クリークなど(から)の水, 引き水; 《炭酸水でない》水割り用の水.

bránchy *a* 枝の多い, 枝の茂った.

Bran·co /brǽŋkou, -ku/ [the Rio 〜] ブランコ川《ブラジル北部を南流して Negro 川に合流》.

Bran·cu·si /brænkúːsi/ ブランクーシ **Constantin** 〜 (1876–1957)《ルーマニアの彫刻家; Paris で活動》.

brand /brǽnd/ *n* **1** 商標 (trademark), 銘柄, ブランド; 《特定の》銘柄品, 製品 (make); 品質, 種類 (variety): one's own 〜 of humor 独自のユーモア. **2 a** 燃えさし, 燃え木; 《詩》たいまつ; 燃え木状のもの《稲妻など》; 焼きごて; 《詩》剣. **b** 《所有者を示すため家畜に押した》焼き印; 《犯罪者が押された》烙印(らくいん); 汚名 (disgrace); 〘植〙 サビ病菌: the 〜 of Cain カインの烙印, 殺人の罪. ● **a 〜 (plucked) from [out of] the burning [fire]** 〘聖〙 回心して罪から救われた人 (cf. *Zech* 3: 2, *Amos* 4: 11); 危難をのがれた人. ► *vt* [°*pass*] …に商標をつける; …に烙印[焼き印]を押す; …に汚名をきせる; …に感銘を与える, 強く印象づける: be 〜*ed* (as) a traitor 反逆者の烙印を押される / It is 〜*ed* on [in] my memory. 記憶に焼きついている. [OE *brand* fire, torch<Gmc (**bran-* to BURN¹)]

bran·dade /*F* brɑ̃dad/ *n* 〘料理〙 ブランダード《魚, 特に干ダラにオリーブ油・香味料などを加え, すってクリーム状にしたもの; パンなどに塗って食べる》. [F<Prov (pp)〈*branda* to shake]

bránd·ed *a* 《所有者を示す》焼き印を押された〈牛など〉; 商標[ブランド名]の付いた, ブランドものの〈商品など〉.

Bran·deis /brǽndàɪs, -z/ ブランダイス **Louis (Dembitz)** 〜 (1856–1941)《米国の法律家; ユダヤ人として初の合衆国最高裁判所陪席裁判官 (1916–39)》.

Bran·den·burg /brǽndənbə̀ːrg; *G* brándnburk/ ブランデンブルク《(1) ドイツ北東部にあった選帝侯領; Hohenzollern 家のもとで発展し, プロイセン王国を形成 2) ドイツ北東部の州; ☆Potsdam 3) 同州の市》.

Brándenburg Gáte [the] ブランデンブルク門 (*G* Brandenburger Tor)《Berlin の Unter den Linden 通りの西端にある凱旋門》.

bránd·er *n* 焼き印[ブランド]押し《人・器械》.

Bran·des /brɑ́ːndəs/ ブランデス **Georg (Morris Cohen)** 〜 (1842–1927)《デンマークのユダヤ系文芸史家・文明批評家》.

brán·died *a* ブランデーに浸した[で風味をつけた].

bránd ìmage ブランドイメージ《消費者・顧客が特定のブランド(品)に対していだくイメージ》; 《ある人[物]に対していだく》一般的なイメージ[印象].

bránd·ing *n* ブランド戦略, ブランド作り, ブランディング《商品またはサービスを特定のブランド名で認知してもらえるようなやり方で販売促進していくこと》.

bránding ìron 焼き金, 烙鉄.

bránd ìron 《炉の中の》薪載せ台.

bran·dish /brǽndɪʃ/ *vt* 〈刀剣・槍などを〉《威嚇的に》振りまわす; 振りかざす, 得意げに示す. ► *n* 《武器などを》振りまわすこと; 大げさな誇示. ♦ **〜·er** *n* [OF (*brand* sword blade<Gmc)]

bránd lèader ブランドリーダー, トップブランド《同一種類の商品中いちばん売れているか, あるいは消費者にベストとみなされているブランド》.

brand·ling /brǽn(d)lɪŋ/ *n* 〘動〙 シマミミズ; 鮭の子 (parr).

bránd lóyalty 商標(に対する)忠誠, ブランドロイヤルティー《特定ブランドに対する消費者の選好の度合い, ブランドへのこだわり》.

bránd nàme ブランド名, 商標名 (trade name); ブランド品; 《ある分野での》有名人, 名士. ♦ **bránd-nàme** *a* 商標付きの; 定評のある, 名の通った: a 〜 item ブランド品 / a 〜 college 有名大学.

bránd-néw /, brǽn-/ *a* 真新しい, 新品の; 製作したばかりの; 生まれた[はいった]ばかりの, 新任の. ♦ **〜·ness** *n*

Bran·do /brǽndou/ ブランド **Marlon** 〜 (1924–2004)《米国の俳優; 映画 *On the Waterfront* (波止場, 1954), *The Godfather* (ゴッドファーザー, 1972)》.

bran·dreth, -drith /brǽndrəθ/ *n* 木枠; 《樽や乾草などを掛ける》三脚うま; 井戸の周囲の柵.

Bránds Hátch /brǽndz-/ ブランズハッチ《イングランド南東部 Kent 州西部にある自動車レースサーキット》.

Brandt /brǽnt/ ブラント (1) **'Bill'** 〜 [**William** 〜] (1904–83)《英国の写真家》 (2) /, brɑ́ːnt/ **Georg** 〜 (1694–1768)《スウェーデンの化学者; コバルトを発見, 命名した (1730)》 (3) /, brɑ́ːnt/ **Willy** 〜 (1913–92)《ドイツの政治家; 社会民主党党首 (1964–87); 首相 (1969–74); 独自の東方政策でデタントに寄与した; ノーベル平和賞 (1971)》.

Brand X /–– éks/ **1** 銘柄 X《ある品物の引立役にされる匿名の競合品》. **2** [b- x] *《俗》マリファナ, マの字. **3** [b- x] *《軍俗》X 章《歩兵(連隊)の記章; 交差したライフルが図柄》.

bran·dy /brǽndi/ *n* ブランデー《ワインあるいは他の果汁発酵液を蒸留した酒》: 〜 and water ブランデーの水割り / APPLE BRANDY. ► *vt* …にブランデーを混ぜる[で味をつける], ブランデーに漬ける; …にブランデーを与える. [*brand(e)wine*<Du *brandewijn* burnt (i.e. distilled) wine]

brándy-and-sóda *n* ソーダ入りブランデー《略 B and S, B & S》.

brándy·bàll ″*n* ブランデー入り糖菓.

brándy-bòttle ″*n* 〘植〙 コウホネの一種.

brándy bùtter ″ブランデーバター《バターと砂糖を混ぜ合わせてクリーム状にし, ブランデーで香りをつけたもの; クリスマスプディングやミンスパイにつける; cf. HARD SAUCE》.

brándy páwnee 《インド》BRANDY and water.

brándy snàp ブランデースナップ《ブランデーで香りをつけたショウガ入りクッキー》.

Brándy·wìne [the] ブランディワイン《Pennsylvania 州南東部と Delaware 州北部を流れる小川; Howe の率いる英軍が Washington の率いる米軍を破った地 (1777)》.

brane /bréɪn/ *n* ブレイン《(1)〘天〙ある種の宇宙論で, 人類の存在する三次元宇宙を高次元宇宙の中に埋め込まれた膜状の実体とみなしたもの 2)〘理〙素粒子の弦理論の弦の端が載る対象》. [*membrane*]

Bran·gus /brǽŋgəs/ 〘商標〙 ブランガス《(1) Brahman と Angus をそれぞれ 3/8, 5/8 含む無角・黒色の肉牛 2) 規格に合致するそれらの交配種の子孫 3) それらを作出するための純粋種の Brahman [Angus]》.

branigan ⇨ BRANNIGAN.

branks /brǽŋks/ *n pl* 鉄製のくつわ (bridle) (=*scold's bridle*)《昔英国では口やかましい女にこれをかぶせた》.

brank·ur·sine /brǽŋkə́ːrs(ə)n/ *n* 〘植〙 BEAR'S-BREECH.

branle /brǽnl, brɑ́ːnl; *F* brɑ̃ːl/ *n* ブランル《古いフランス舞踊で, 今はフランス系カナダ人の間にみられる; その舞曲》.

brán-néw /brǽn-/ *a* BRAND-NEW.

bran·ni·gan*, **bran·i·gan*** /brǽnɪgən/ *n* 飲み騒ぎ (spree), 痛飲, (ひとしきり)ふけること; いざこざ, つまらぬ口論.

brán·ny *a* ふすまの(ような), ふすま入りの.

brán píe BRAN TUB.

Bráns-Dícke thèory /brǽnzdíki-, brǽns-/ 〘理〙 ブランズ-ディッケ理論 (=*scalar-tensor theory*)《一般相対性理論の拡張理論; 重力場による電磁波の進路の曲がりを Einstein 理論より少なく予測する》. [Carl H. *Brans*, Robert H. *Dicke* ともに米国の物理学者]

Bran·son /brǽns(ə)n/ **1** ブランソン Sir **Richard (Charles Nicholas)** 〜 (1950–)《英国の実業家; 多国籍企業 Virgin Group を築いた》. **2** ブランソン《Missouri 州南西部の市; リゾートタウンで, カントリー・アンド・ウェスタンの中心地》.

Brán·ston Píckle /brǽnst(ə)n-/ 〘商標〙 ブランストンピックル《チャツネ (chutney)》.

bránt* /brǽnt/ *n* (*pl* 〜, 〜**s**) 〘鳥〙 シジュウカラガン属のガン, 《特に》コクガン (=*bernicle (goose)*) (=〜 **gòose**)《北米・北欧産》. [C16 <?]

Brant ブラント《男子名》. [Scand=sword]

bran·tail ″/brǽntèɪl/ *n* 〘鳥〙 サンショクアメリカムシクイ (redstart).

Brant·ford /brǽntfərd/ ブラントフォード《カナダ Ontario 州南東部の市》.

Bran·ting /brǽntɪŋ/ ブランティング **Karl Hjal·mar** /jɑ́ːlmɑ̀ːr/ 〜 (1860–1925)《スウェーデンの政治家; 首相 (1920, 21–23, 24–25); 国際連盟のスウェーデン代表 (1922–25); ノーベル平和賞 (1921)》.

B

Bran·tôme /F brɑ̃to:m/ ブラントーム **Pierre de Bourdeille,** Abbé and seigneur de ~ (c.1540–1614)《フランスの軍人·回想録作家》.

brán tùb″ ふすま桶 (=*bran pie*)《ふすまの中に小玩具などのプレゼントを忍ばせておき, パーティーなどで子供に手探りでつかませる》.

Braque /F brak/ ブラック **Georges** ~ (1882–1963)《フランスの画家; Picasso とキュビスムを創始》.

bras /brá:z/ *n* BRA の複数形.

brash[1] /bréʃ/ *a* **1 a** がむしゃらな, 猛烈な; せっかちな, 軽率な, 考え[慎み]のない, ぶしつけな. **b** あつかましい, 生意気な, 傲慢な, 居丈高な. **c** やけに威勢のいい[活気のある]. **2** 耳ざわりな, けたたましい〈音〉; けばけばしい. **3**〈木材が〉もろい, 折れ[割れ]やすい (brittle). ◆ **~·ly** *adv* **~·ness** *n* [? RASH[1]]

brash[2] *n* むねやけ; 《スコ》にわか雨; 吹出物 (rash); 《岩石などの》破片の塊り[堆積]; 《海や河に浮かぶ》砕氷塊[群] (=~ **ice**); 《刈り込んだ植木の》枝くず. [C16<? imit]

bráshy *a*〈木材が〉もろい (brash). ◆ **brásh·i·ness** *n*

brasier, brasilein, brasilin ⇨ BRAZIER[1,2], BRAZILEIN, BRAZILIN.

Bra·sil /brəzíl/ **1** ブラジル《BRAZIL のポルトガル語つづり》. **2** [b-] BRAZIL.

Bra·síl·ia /brəzíljə/ ブラジリア《ブラジルの首都; 他の行政区域と共に連邦地区を構成》.

Bra·şov /brɑ:ʃɔ́:v/ ブラショフ (*Hung* Brassó)《ルーマニア中部の工業都市; 13 世紀の初めドイツ騎士団が建設; 旧称 (Oraşul) Stalin (1950–60)》.

brass /brǽs; brá:s/ *n* **1 a** 真鍮(しんちゅう), 黄銅; やや赤みをおびた黄色, 真鍮色. **b** 真鍮製品《器具·飾り·記念牌·馬具飾り (horse brass) など》; [the ~(es)]〔楽〕ブラス, 金管(楽器)《集合的》, 《楽団の》金管セクション; 〔機〕軸受金[メタル]; 撃ちがら薬莢. **c** ″《口》金 (money); まがいもの, にせ宝石; 《俗》売春婦. **2** 《口》大した自信, ずうずうしさ, 鉄面皮: (as) BOLD as ~ / have the ~ *to* do ずうずうしくも…する. **3** [(the)] 《口》高級将校連 (brass hats), 《一般に》高官連, お偉方 (high [top] brass). ● DOUBLE **in ~.** ► *a* 真鍮製の; 金管楽器の; 真鍮色の: a ~ plate 真鍮板[標札] / a ~ sky 黄銅色の空. ► *vt, vi* **1** …に真鍮をきせる. **2** 《俗》支払う〈*up*〉. [OE *bræs*<?]

bras·sage /brǽsɪʤ/ *n* 貨幣鋳造料, 鋳貨税.

Bras·saï /F brasaj/ ブラッサイ (1899–1984)《ハンガリー出身のフランスの詩人·彫刻家·写真家; 夜の Paris の街景や娼婦の写真, Picasso や Henry Miller らの芸術家の肖像写真で知られる》.

bras·sard /brəsá:rd, brǽsà:rd/, **bras·sart** /brǽsà:rt, brəsá:rt/ *n* 《よろいなどの》腕甲(わんこう); 腕章.

bráss bálls *pl**《卑》度胸, きんたま, 肝っ玉, ずぶとさ: have the ~ to do…する度胸がある.

bráss bánd 《金管楽器中心の》吹奏楽団, ブラスバンド.

bráss·bóund /, ˊ—ˋ/ *a* 真鍮で縁を飾った[補強した]; 因習的な, 頑固な; 《口》凝り固まった, こちこちの; あつかましい, 鉄面皮の.

bráss-cóllar *a**《口》根っからの, 政党支持をまげない: a ~ Democrat《米国南部の》保守的な[生粋の]民主党員.

brassed /brǽst; brá:st/ *a* [[U]~ off] ″《口》飽きあきして, うんざりして〈*with*〉, アタマにきて〈*at*〉.

bras·se·rie /bræ̀s(ə)rí:; brǽs(ə)ri/ *n* 《庶民的な》フランス料理店, ブラスリー. [F=brewery (*brasser* to brew)]

bráss fárthing ″《口》わずかの金, わずかばかり: not CARE a ~.

bráss hát 《口》高級将校, '金ピカ帽', 《一般に》偉いさん, 有力者.

bras·si·ca /brǽsɪkə/ *n* 〔植〕アブラナ属 (*B-*) の各種蔬菜《ブロッコリー·キャベツ·カリフラワー·ナタネなど》. [L=cabbage]

bras·si·ca·ceous /bræ̀səkéɪʃəs/ *a* 〔植〕アブラナ科 (Brassicaceae) の.

brass·ie, brassy, brass·ey /brǽsi; brá:si/ *n* 〔ゴルフ〕ブラッシー《WOOD[1] の 2 番》.

bras·siere, -sière /brəzíər; brǽsiər, brǽz-/ *n* 《下着·水着などの》ブラジャー《省略形 BRA のほうが一般的》. [F]

bras·sin /brǽsən/ *n* 〔生化〕ブラシン《植物細胞の分裂·伸長·拡大を促進する植物ホルモン》. [*brassica*, *-in*; アブラナの花粉から抽出されたことから]

bráss ínstrument 〔楽〕金管楽器, ブラス.

bráss knúckles* [〈*sg/pl*〉] メリケン(サック), 拳鍔(けんつば) (=*knuckle duster*)《格闘のため指関節にはめる金属片》.

bráss mónkey [次の成句で]: **cold enough to freeze the balls off a ~** ″《口》大変な寒さだ. **it's ~s [~ weather]** ″《口》ものすごく寒い.

bráss néck″《口》ずうずうしさ, 鉄面皮: have the ~ *to* do.

Bras·so /brǽsou; brá:sou/ 〔商標〕ブラッソ《英国製の, 真鍮などに用いる金属磨き剤》.

Bras·só /brɔ́:ʃou/ ブロッショー《BRAŞOV のハンガリー語名》.

bráss pláte 《ドア·門などに付けた》真鍮銘板[表札].

bráss rágs″ *pl* 《水兵·水夫の》磨き布. ● **part ~** 《海俗》仲たがいする〈*with*〉《友だちは brass rags を共用するもの》.

bráss ríng*《口》大もうけ[大成功]のチャンス; *《口》《目標としての》富, 成功, (高い)地位.

bráss rùbbing 真鍮記念牌[墓像]の拓本(をとること).

bráss tácks *pl* 真鍮鋲; 《口》肝心な事. ● **get [come] down to ~** 《口》肝心な事柄に触れる, 本題に取りかかる, 核心にはいる.

bráss·wàre *n* 真鍮製品.

bráss wìnds *pl* ブラス[金管]楽器類. ◆ **bráss-wìnd** *a*

brássy[1] *a* 真鍮質[製]の; 真鍮色の; 金管楽器(音)の; 見かけ倒しの; 《口》あつかましい, 恥知らずな, けばけばしい; 耳ざわりな〈音〉, 騒々しい. ◆ **bráss·i·ly** *adv* **-i·ness** *n* [*brass*]

brassy[2] ⇨ BRASSIE.

brat[1] /brǽt/ *n* [*derog*] 子供, ちび, (不作法な)小僧[あまっ子], ガキ, 若造; 職業軍人の息子[娘], 《俳優など》特殊な職業人の子供. ◆ **brát·tish** *a* **-tish·ness** *n* **brát·ty** *a* **-ti·ness** *n* [Sc *bratchart* hound または *brat* rough garment からか]

brat[2] *n* ″《方》仕事着, 前掛け (apron); ″《方》ぼろ (rag); 《スコ》《煮た牛乳やかゆなどの上にできる》薄皮 (scum). [OE *bratt* cloak]

brat[3] /brǽt, brá:t/ *n**《口》BRATWURST.

Bra·ti·sla·va /bræ̀təslá:və, brɑ̀:-/ ブラティスラヴァ (*G* Pressburg, *Hung* Pozsony)《スロヴァキア南西部 Danube 川に臨む同国の首都》.

brát pàck *n* 《口》《成功して》注目を集めている若い有名人連中《映画スターなど》. ◆ **brát pàck·er** *n* [*rat pack* にならって brat[1] より]

Bratsk /brá:tsk/ ブラーツク《ロシア, 東シベリア南部 Irkutsk の北北東にある市; Angara 川に大水力発電所 (~ **Dám**) の建設が始まると急速に発展した》.

Brat·tain /brǽtn/ ブラッタン **Walter H(ouser)** ~ (1902–87)《米国の物理学者; ノーベル物理学賞 (1956)》.

brat·tice /brǽtəs, -ɪʃ/ *n* 《鉱坑の》通風仕切り, 張出し; 板張り《機械類を囲む》; 《中世要塞が包囲攻撃をうけたときの》木造胸壁. ► *vt* …に仕切り[張出し]を作る〈*up*〉. ◆ **brát·tic·ing** *n* BRATTISHING.

brat·tish·ing /brǽtɪʃɪŋ/ *n* 〔建〕透かし彫り; 〔鉱〕通風仕切り.

brat·tle /brǽtl/ 《主にスコ》*n, vi* ガタガタ[ゴロゴロ, ドンドン](鳴る); バタバタ(走る). [? imit]

brat·wurst /brǽtwə:rst, -vùərst, -vʊ̀ʃt, -vùst; brá:twə:st/ *n* ブラートヴルスト《豚肉(と子牛肉)のソーセージ; 油または直火で焼いて食べる》. [G (OHG *brāto* meat without waste, *Wurst* sausage)]

Brau·chitsch /G bráuçɪʧ/ ブラウヒッチ (**Heinrich Alfred Hermann**) **Walther von** ~ (1881–1948)《ドイツの陸軍将校; オーストリア·チェコ占領, ポーランド侵攻, 英国·ソ連進攻などを指揮》.

Brau·del /broudɛ́l/ ブローデル **Fernand** ~ (1902–85)《フランスの歴史学者》.

Braun /bráun/ ブラウン (**1**) **Eva** ~ (1910–45)《Hitler の愛人; Hitler と結婚し, 直後に共に自殺》(**2**) (**Karl**) **Ferdinand** ~ (1850–1918)《ドイツの物理学者; 無線電信の進歩に寄与; ノーベル物理学賞 (1909)》(**3**) **Wernher** (**Magnus Maximilian**) **von** ~ (1912–77)《ドイツ生まれの米国のロケット技術者》.

braun·ite /bráunàɪt/ *n* ブラウン鉱, 褐マンガン鉱. [A. E. *Braun* (1809–56) Gotha の財務官·鉱物学者]

Braun·schweig /G bráunʃvaɪk/ ブラウンシュヴァイク《BRUNSWICK のドイツ語名》.

braun·schwei·ger /bráunʃwàɪgər, -swàɪ-/ *n* [°B-] ブラウンシュヴァイクソーセージ《燻製レバーソーセージ》. [G]

Bráun tùbe 《まれ》ブラウン管 (cathode-ray tube). [K. F. *Braun*]

bra·va /brá:vɑ:, —ˊ/ *n* BRAVO[1]《女性に対する喝采》.

bra·va·do /brəvá:dou/ *n* (*pl* **~es, ~s**) 虚勢, 強がり, からいばり; むこうみず. ► *vi* 虚勢を張る. [Sp; ⇨ BRAVE]

Brá·vais làttice /brǽvèɪ-, brəvéɪ-/ 〔晶〕ブラベ格子《14 種に分類した空間格子》. [August *Bravais* (1811–63) フランスの物理学者]

brave /bréɪv/ *a* **1** 勇敢な, 勇気ある, 気丈な. **2**《文》派手な, 着飾った, はなやかな; すばらしい, すぐれた, りっぱな: BRAVE NEW WORLD. ● **a ~ show** すばらしい光景, 見もの, 壮観〈*of*〉; 強そうに見せかけること, 強がり〈*of*〉. ► *n* 勇士; 《北米インディアンの》戦士; 《古》乱暴者, 刺客; 《古》BRAVADO. ► *vt*〈危険·死を〉顧みない, ものともしない; 《廃》派手にする, 飾りたてる: ~ the elements 悪天候をものともしない. ► *vi* 《古》自慢する, いばる. ● **~ it out** 《疑惑·非難をものともせず》勇敢に押し通す. ◆ **bráv·er** *n* **~·ness** *n* [F<It or Sp BRAVO[2]]

bráve·ly *adv* 勇敢に; りっぱに; 景気よく.

Bráve Nèw Wórld **1**『すばらしい新世界』《Aldous Huxley の小説 (1932); 物質的欠乏と肉体的苦痛がなくなり家族関係も消滅した未来社会を, そこに適応できない自然児の眼を通して描いた逆ユートピア小説》. **2** [b- n- w-] 未来社会, 将来の状況[発展]; 《最近になって変わった》新しい状況, 最近の発展, 新たな展開. [Shak., *The Tempest* の中の (Prospero の娘) Miranda のせりふ (5.1.183) から]

brav·ery /bréɪv(ə)ri/ *n* **1** 勇敢 (⇨ COURAGE), 勇壮. **2**《文》華美, 華やかさ, きらびやかさ, 派手な色; 着飾り; 美服.

bra·vis·si·mo /brɑ:vísəmòu/ *int* BRAVO[1]. [It (super)< *bravo*[1]]

bra·vo[1] /brɑ́:vou, ─ ́/ *n* (*pl* **~s, -vi** /-vi/) **1 a** 喝采の叫び. **b** [〈*int*〉] うまいぞ, いいぞ, でかした, ブラボー. ★ イタリア語では bravo は男子に, brava は女性に, bravi はグループに用いる. **2** [B-] ブラボー《文字 b を表わす通信用語; ⇨ COMMUNICATIONS CODE WORD》. ► *vt, vi* 〈歌手などに〉喝采の声を浴びせる, ブラボーと叫ぶ. [F<It]

bra·vo[2] /brɑ́:vou/ *n* (*pl* **~s, ~es, -vi** /-vi/) 壮士, 刺客, 暴漢. [It<L BARBAROUS]

Bravo ⇨ Río Bravo.

bra·vu·ra /brəv(j)úərə/ *n* 〔楽〕ブラヴーラ《巧妙・華麗・勇壮な演奏・技巧(を要する楽節[曲])》; 勇壮華麗. ► *a* 勇壮華麗な, 技巧を誇示した; きらびやかな, はでばでしい. [It=bravery]

braw /brɔ́:, brɑ́:/ 《スコ》 *a* 美しい服装をした; りっぱな, きれいな; よい (good). ► *adv* 非常に. ♦ **~·ly** *adv*

brawl[1] /brɔ́:l/ *vi* 口論[けんか]する; どなりたてる; 〈川が〉ごうごうと流れる. ► *n* 口論, わいわいげんか, 《街頭の》けんか騒ぎ; 《口》どんちゃん騒ぎ; 騒音, 喧噪. ♦ **~·er** *n* けんか[口論]する人; 騒がしい人. **~·ing** *a* **~·ing·ly** *adv* [Prov; cf. BRAY[1]]

brawl[2] BRANLE.

bráwly *a* けんか[騒ぎ]を起こしがちな; 騒々しい, うるさい.

brawn /brɔ́:n/ *n* **1** 筋肉; 筋力, 腕力. **2** 赤身の肉; ‖《味付けした》(雄)豚肉; ‖HEADCHEESE. ● **brain before ~** 力より頭. [OF<Gmc=roast flesh]

bráwn dràin 《肉体労働者・スポーツ選手などの》筋肉流出 (cf. BRAIN DRAIN).

bráwny *a* 筋肉のたくましい; 強壮な; 硬く腫(は)れた〈足など〉. ♦ **bráwn·i·ly** *adv* **-i·ness** *n*

Bráx·ton Hícks contràctions /brǽkstən-/ *pl* 〔医〕ブラクストン・ヒックス収縮《妊娠期における子宮の間欠的収縮》. [J. *Braxton Hicks* (1823–97) 英国の婦人科医]

braxy /brǽksi/ *n, a* 〔獣医〕羊炭疽(たんそ)《悪性水腫菌による羊の急性感染病; 胃・腸の炎症を起こして死ぬ》; 羊炭疽の(羊).

bray[1] /bréɪ/ *n* ロバの鳴き声; 耳ざわりならっぱの音, いやな騒音; 騒々しいむだ話[抗議], わめき; 《軽蔑・あざけりの》大きな笑い声. ► *vi, vt* 〈ロバなどが〉いななく; 〈らっぱなどが〉耳ざわりに鳴る[鳴らす]; (軽蔑して)大声で笑う, わめく, どなる 〈*out*〉: ⇨ ASS[1] 《諺》. ♦ **bráy·er**[1] *n* [OF *braire*<? Celt]

bray[2] *vt* 《古》すりつぶす, つき砕く; 〈印刷インクを〉薄くのばす; 《北イング》〈人・ものを〉強打する. ♦ **brayer**[2] *n* 〔印〕手刷りローラー. [OF *brier*<Gmc; cf. BREAK[1]]

Bray ブレイ《アイルランド東部 Wicklow 県の町; 海岸保養地》.

Bráy·ton èngine /bréɪtn-/ 〔機〕ブレイトン機関《ガスタービン機関の一種》. [G. B. *Brayton* 19 世紀の米国の技師]

Braz. Brazil(ian).

bra·za /brɑ́:θɑ:, -sɑ:/ *n* (*pl* **~s** /-s/) ブラサ《アルゼンチンの長さの単位: ≒ 1.732 m》.

braze[1] /bréɪz/ 《廃》*vt* 真鍮でつくる, …に真鍮をかぶせる; 《真鍮のように》堅くする; 真鍮色にする. ♦ **bráz·er** *n* [*brass*]

braze[2] 〔冶〕*vt* 《真鍮鑞などで》鑞(ろう)付けする. ► *n* 鑞付け結合. [F (*braise* live coals)]

bra·zen /bréɪz(ə)n/ *a* **1** 真鍮製の; 《真鍮のように》堅い; 真鍮の色をした. **2** 耳ざわりな, 騒々しい; あつかましい. ► *vt* 〈非難・追及などに〉決然と[ずうずうしく]対決する. ● **~ it** [**the affair, the business, the matter,** etc.] **out** [**through**] 平然と対処する, ずうずうしく押し通す. ♦ **~·ly** *adv* ずうずうしく, あつかましく(も). **~·ness** *n* ずうずうしさ, あつかましさ. [OE *bræsen*; ⇨ BRASS]

brázen áge [the] 〔ギ神〕青銅時代 (⇨ GOLDEN AGE).

brázen-fáced *a* 恥知らずな, 鉄面皮な, ずうずうしい. ♦ **-fác·ed·ly** /-féɪsədli/ *adv* ずうずうしく(も).

bra·zier[1], **bra·sier** /bréɪʒər; -ziər, -ʒər/ *n* 《木炭・石炭を使用する》火鉢; 《上部に肉などを焼くグリル[鉄板]のついた》こんろ, バーベキュー用グリル. [F; ⇨ BRAISE]

brazier[2], **brasier** *n* 真鍮細工師. [*glass* : *glazier* にならって *brass* よりか]

brá·ziery *n* 真鍮細工(場).

Bra·zil[1] /brəzíl/ **1** ブラジル (*Port* Brasil)《南米の国; 公式名 Federative Republic of ~ (ブラジル連邦共和国); ☆Brasília》. **2 a** [°b-] BRAZIL NUT. **b** [°b-] BRAZILWOOD. **c** [b-] brazilwood から採れる赤色染料 (=**b~ réd**).

Braz·il[2] /brǽz(ə)l/ ブラジル **Angela** ~ (1868–1947)《英国の児童文学作家; 少女小説・学校物語で知られる》.

bra·zil·ein /brəzíliən/ *n* 〔化〕ブラジレイン《染料とされる鮮紅色板状晶》.

Brazíl·ian *n* ブラジル人, ブラジリアンワックス脱毛《恥毛の狭い中心部のみを残す》. ► *a* ブラジル(人)の.

bra·zil·ian·ite /brəzíljənàɪt/ *n* 〔鉱〕銀星石, ブラジリアナイト《ガラス光沢のある黄緑色の結晶; 宝石とする》. [*-ite*; Brazil で発見されたことから]

braz·i·lin, bras- /brǽzələn, brəzílən/ *n* 〔化〕ブラジリン《ブラジル木から採る鮮黄色の物質; 染料・指示薬用》.

Brazíl nùt [°b-] 〔植〕ブラジルナッツ《**1**) ブラジル原産サガリバナ科の広葉常緑高木; 堅い殻に包まれた丸い果実の中に 20 個ほどの種子を含み, その仁を食用に, 殻を民芸品に利用 **2**) その仁》.

brazil red ⇨ BRAZIL[1].

brazíl·wòod, Brazíl wòod *n* ブラジルスオウ材, ブラジル木(ぼく)《ブラジル原産》.

Braz·os /brǽzəs/ [the] ブラゾス川《Texas 州中部を南東に流れてメキシコ湾に注ぐ》.

Braz·za·ville /brǽzəvìl, brɑ́:zəvì:l/ ブラザヴィル《コンゴ共和国の首都; Congo 川が湖沼状になった Malebo Pool の西岸に位置する河口都市》.

BRB 《E メールなどで》be right back すぐ戻ります. **Br. Col.** °British Columbia. **BRE** Bachelor of Religious Education ♦ °business reply envelope.

breach /brí:tʃ/ *n* **1 a** 《法・義務・約束などの》違反, 不履行, 侵害: be *in* ~ *of* the rules 規則に違反している / material ~ 〔法〕重大な契約違反. **b** 絶交, 不和; 中断. **2 a** 《防御・警備体制などの》突き崩し, 突破: a serious security ~ 警備体制が破られた深刻な事態 [一件]. **b** 《壁・とりでなどの》裂け目, 突破口; 〔海〕砕け波, 寄せ波 (surge); 〈鯨が〉水面におどり出ること; 《廃》裂傷, 破壊: Once more unto the ~, dear friends. もう一度突破口へ, 諸君もう一度だ《Shak., *Hen V* 3.1.1》. ● **fill the ~** 代理[代役]をする. **heal the ~** 仲直りさせる. **stand in the ~** 攻撃の矢面に立つ; 難局に当たる. **step into the ~** 急場を助ける, 代理をつとめる, 代役をする. **throw** [**fling**] **oneself into the ~** 進んで救いの手を差し伸べる[代わりをつとめる]. ► *vt* 〈城壁・防御線を〉破る; 〈法・義務・約束などを〉破る. ► *vi* 〈鯨が〉水面におどり出る. [OF<Gmc; ⇨ BREAK[1]]

bréach of clóse 〔英法〕不法土地侵入 (trespass).

bréach of cónfidence 〔法〕守秘義務違反.

bréach of confidentiálity 〔法〕守秘義務関係破壊.

bréach of cóntract 〔法〕契約違反.

bréach of dúty 〔法〕義務違反.

bréach of fáith 信義違反.

bréach of príson 〔法〕《暴力を用いての》脱獄 (=*prison breach*).

bréach of prívilege 〔法〕《立法機関などの議員の》議会の特権侵害.

bréach of prómise 〔法〕約束違反, 約束不履行, 《特に》婚姻約束違反.

bréach of secúrity セキュリティーを破って侵入する[秘密を入手する]こと.

bréach of the péace 〔法〕平和破壊(罪), 治安紊乱(罪).

bréach of trúst 〔法〕信託(義務)違反; 《口》背任.

bread /bréd/ *n* **1** パン (cf. ROLL, LOAF[1]); 食物, 糧(かて); 生計: a loaf of ~ パン 1 個 / DAILY BREAD / earn [gain] one's ~ パンを得る, 生計を立てる / beg one's ~ 乞食をする / Man shall not live by ~ alone. 〔聖〕人の生くるはパンのみによるにあらず《*Matt* 4: 4, *Deut* 8: 3; ことわざ化して Man cannot live by bread alone. ともいう》/ The ~ never falls but on its buttered side. 《諺》パンが落ちるときはきまってバターを塗った面が下. **2** 《口》金, ぜに, 現ナマ (=*dough*); *《俗》雇い主, ボス. ● BREAD AND BUTTER. **~ and salt** パンと塩《歓待の象徴》. **~ buttered on both sides** 安楽[ぜいたく]な境遇. **break ~** パンを裂く, 食事をする; 聖餐礼を受ける: *break ~ with*… と食事を共にする, …のごちそうになる. **butter both sides of one's ~** 《口》同時に両方から利益を得る. **cast** [**throw**] **one's ~ upon the waters** 報酬を求めずに人のために尽くす, 陰徳を積む《*Eccles* 11: 1》. **eat the ~ of affliction** [**idleness**] 悲惨な[無為の]暮らしをする. **in good** [**bad**] **~** 幸福[不幸]に暮らして. **know which side one's ~ is buttered** (**on**) 自己の利害にさとい. **out of ~** 《俗》仕事にあぶれて. **take** (**the**) **~ out of sb's mouth** 人の生計の道を奪う. **the ~ of life** 〔聖〕命の糧(かて)《*John* 6: 35》. **the greatest** [**best**] **thing since sliced ~** 《口》[*joc*] 最高[最上]の人[もの], すばらしい人[もの]. **want one's ~ buttered on both sides** ‖《俗》法外な要求をする. ► *vt* …にパン粉をまぶす; 〈人〉にパンを与える. ♦ **~·ed** *a* パン粉をまぶした[まぶしてフライにした]. **bréady** *a* [OE *brēad* bit, crumb; cf. G *Brot*]

bréad-and-bútter *a* **1 a** 〈仕事などが〉生計のための, 糊口のための; 金だけのための. **b** 金になる; 〈運動選手・売り物などが〉たよりにできる, あてになる, 基盤となる, 実際向きの. **c** 生活基盤にかかわる, 基本的な. **2** 《口》通俗の, ありふれた, 平凡な, 月並みな. **3** 歓待を感謝する〈手紙〉; 《口》食い気盛りの, 未成年の, 純真な, かよわい: a ~ letter [note] もてなしに対する礼状 / a ~ miss 食い気一方の(まだ色気のない)小娘.

bréad and bútter **1** [〈*sg*〉] バター付きのパン; [one's] 必要な食物; [one's] 生活の支え, 糊口(ここう)の道: ⇨ QUARREL 《諺》. **2** [〈*int*〉] *《口》ブレッドアンドバター, 離れまじ《2 人で歩いていて, 間に柱などがはいって一時離れるときに言うおまじない》.

bréad-and-bùtter púdding ブレッドアンドバター・プディング《薄切りのパンをバター・ドライフルーツなどを間にはさんで何枚か重ね, 卵・牛乳・砂糖・スパイスを混ぜたソースに浸して焼き上げたもの》.

bréad and chéese チーズを添えたパン; 簡単な食事; 生計, 暮らし.

bréad and círcuses *pl*《大衆の気をそらすため政府などが供する》食物と娯楽; [*fig*] 潜在的不満をそらすための姑息な手段.
bréad and mílk 沸かした牛乳に浸したパン.
bréad and scrápe ちょっぴりバターの付いたパン.
bréad and wáter 非常に粗末な食事.
bréad and wíne《ミサ・聖餐式に用いる》パンとぶどう酒 (Eucharist); 聖餐(式).
bréad·bàsket *n* パンかご《食卓用》; «口» 胃袋, おなか; 穀倉地帯; «俗» 小型爆弾・焼夷弾を内蔵した大型の投下爆弾.
bréad bìnᵘ パン容器, パン入れ.
bréad·bòard *n* **1** パンこね[切り]台. **2** 電気[電子]回路の実験用組立盤, ブレッドボード; ブレッドボード上に組んだ実験回路 (=〜 **mòdel**). ► *vt, vi* (回路などを)ブレッドボード上に組む, 実験用組立見本を作る. ♦ **〜·ing** *n*
bréad·bòx *n* パン[パイなど]入れ, パン容器.
bréad·crùmb *n* [ᵘ*pl*] パン粉. ♦ **〜ed** *a* パン粉をつけた[まぶした].
bréad flòur パン用小麦粉, 強力(きょうりき)粉.
bréad·frùit *n* **1** パンノキの実《メロン大で果肉の主成分は澱粉》; 〖植〗パンノキ (=〜 **trèe**)《ポリネシア原産; クワ科》. **2**«南ア» BREAD TREE《ソテツ科》.
bréad·hèad *n* «口» 金で動かされるやつ, 金を稼ぐことにとらわれた人, 実利主義者.
bread knìfe パン切りナイフ.
bréad·less *a* パン[食べ物]のない. ♦ **〜·ness** *n*
bréad·lìne *n*＊無料で食料の配給を受ける窮民[失業者]の列; ᵘ最低生活水準: on the 〜 最低生活水準で暮らして, 貧困で.
bréad mòld 〖植〗パンカビ, 《特に》クロパンカビ.
bréad·nùt *n* 西インド諸島産クワ科の木《実でパンを作る》.
bréad pàlm 〖植〗BREAD TREE《ソテツ》.
bréad·ròot *n* 北米産マメ科オランダビユ属の多年草(の根) (=*prairie turnip*)《根は肥大し多量の澱粉を含み, 食用》.
bréad sàuce 〖料理〗ブレッドソース《ミルクにパン粉・タマネギ・スパイスなどを加えて作るチキンやターキー用の濃厚なソース》.
bréad·stìck *n* 細い棒状の堅焼きパン, スティックパン.
bréad·stùff *n* [ᵒ*pl*] パンの原料《麦・麦粉など》; パン.
breadth /brέtθ, brέdθ/ *n* **1** 幅; 広さ; 横幅で測るもの, 《布の》本幅もの: be five feet in 〜 幅5フィートある / to a hair's 〜＝to a HAIRBREADTH. **2**《考えなどの》広さ, 寛容さ; 締まりのないこと; 〖美〗雄大さ; 〖論〗外延: 〜 of mind 心のゆとり. ♦ **〜·less** *a* [*brede* (obs)＜OE *brǣdu*; ⇨ BROAD; *-th* is *length* などの類推]
bréadth·wàys, -wìse *adv, a* 横に[の].
bréad trèe 〖植〗**a** パンノキ (breadfruit). **b** マンゴー (mango). **c** バオバブ (baobab). **d** 熱帯アフリカから南アフリカに分布するソテツ科オニソテツ属の木 (=*bread palm*)《幹から食用の澱粉が採れる》.
bréad·wìnner *n* 一家の稼ぎ手; 家業; 生計を立てる手段[わざ], 商売道具. ♦ **-wìnning** *n* 生計費を稼ぐこと.
break[1] /bréɪk/ *v* (**broke** /bróʊk/; **bro·ken** /bróʊk(ə)n/, «古・方» **broke**, cf. *vt* 3b) *vt* **1 a** こわす, わる, 砕く; だめにする; 破る; (二つに)折る; 骨折[脱臼]する; 〈皮膚を〉痛める; 〈血管・水疱を〉破裂させる: 〜 a cup *in* [*to*] pieces カップをこなごなに砕く / 〜 the skin 皮膚を傷つける. **b**〈そろったもの・まとまったものを〉分ける, ばらにする, くずす; 〈テントを〉取りはずす, たたむ; 〖ボク〗…にブレークを命ずる; 〖ジャーナリズム〗〈記事を〉《特に 次のページではない》別のページに続ける, 割る; 〈散弾銃・ライフル銃・拳銃を〉二つに折る; 〖音〗〈母音〉の割れ (breaking) を起こす: 〜 a set 一そろいのものを分ける, ばらで売る / 〜 a banknote 紙幣をくずす / 〜 CAMP[1]. **c** 中絶[遮断]する; 〈行き詰まりなどを〉打破する, 終わらせる; 〈調和・平和・沈黙・単調さ・魔力などを〉破る, 乱す; 〈足並み・均一性などを〉乱す; 〖電〗〈回路・電流を〉切る, 開く, 遮断する, 絶つ (opp. *make*[1]); 〖電算〗〈プログラムを〉デバッグのため実行を中断させる: 〜 one's JOURNEY / 〜 an electric circuit 電気の回路を断つ / 〜 one's FAST[2] / 〜 a strike ストライキをやめさせる[つぶす]; 《ストライキ終了後》仕事を再開する / 〜 sb's sleep 人の眠りを妨げる / 〜 steps 〖軍〗歩調をくずす, [*impv*] 歩調やめ / 〜 ranks ⇨ RANK[1]. **d**〈習慣・癖を〉断つ, やめる; 〈人〉に〈習慣を〉やめさせる 〈*of*〉: tried to 〜 him *of* drinking 彼の飲酒癖をやめさせようとした. **e**〖野球など〗〈カーブを〉投げる, カーブさせる; 〖玉突〗〈玉を〉初キューで散らす, ブレイクで割る. **2 a** あける, 切り開く; 耕す, 開墾する; …を破って出る, 脱する; «古» …に押し入る; 〈魚などが〉〈水面上〉に飛び上がる; 〈帆・旗などを〉広げる, 揚げる; 〈汗を〉かく: 〜 a package 小包をあける / 〜 a way [path] 道を切り開く / 〜 prison 脱獄する / 〜 and enter 〈建造物〉に不法侵入する (⇨ BREAKING AND ENTERING) / 〜 a house 家宅へ侵入する / 〜 a cloud 〈飛行機が〉雲間を通過する. **b**〈禁・限界・記録などを〉破る, 〈法律・規則・約束などを〉犯す, 破る; 〖ゴルフ〗〈特定の打数を〉切る: 〜 one's promise [word] 約束を破る. **c** 知らせる, 明かす, 伝える; 〈ニュースを〉報道する, 公表する; ＊«古» 〈冗談を〉言う, 飛ばす (crack): 〜 a secret 秘密を打ち明ける/ 〜 the bad news (gently) 悪い知らせを(うまく)伝える. **d**〈タレントなどを〉売り込む, 〈営業活動・企画などを〉展開する. **e**〈暗号などを〉解読する, 解く; 〈事件などを〉解決する (solve); 〈アリバイなどを〉くずす. **3 a**〈敵を〉破る, 散らす; 〖テニス〗〈相手のサービスゲーム〉に勝つ, ブレークする; 〖アメフト〗〈ランを〉達成する. **b** (⁺*pp* **broke**; cf. BROKE *a*) 〈人を〉破滅[破産]させる. **c** 解職する; 降等する; …から任務[特典]を奪う; 〈遺言を〉法的に無効にする. **d**〈風・衝撃・落下などの〉力をそぐ, 食い止める, 弱める; 〈気力・誇り・健康・体力などを〉くじく, 消耗させる; 服従させる; 〈動物を〉ならす: 〜 one's [sb's] fall 落下の衝撃を弱める / 〜 one's [sb's] heart 悲嘆に暮れる[させる], 失恋する[させる] / 〜 wild colts *to* the saddle 野生の子馬を鞍にならす. **e** …の価値[価格]を急落させる.
► *vi* **1 a** こわれる, 砕ける, われる, 折れる, 〈綱などが〉切れる; 〈波が〉砕ける 〈*against*〉; 〈泡が〉消える; 〈はれものが〉口があいてつぶれる; 〈羊水が〉出る, 破水する; 〈機器が〉正しく作動しなくなる, こわれる. **b**〈クリームが〉《攪拌中に液体と脂肪に》分離する; 分類される, 分かれる; 折りたためる, (二つに)折れる; 〖音〗〈単母音が〉二重母音化する, 割れを起こす; 〖ボク・レス〗クリンチ[ホールド]を解いて分かれる, ブレークする 〈*away*〉. **c** 中断する, とぎれる; 関係を絶つ, 絶交する 〈*with*〉; 休憩する 〈*for* tea〉; 《休暇のあと》帰船しない; 〈霧・闇など〉消散する; 〈雲が〉切れる; 〈天気が〉晴れる; 〈霜が〉解ける; 〖電算〗〈プログラムが〉デバッグのため実行を中断する. **2 a** 押し進む; 飛び出す, 現われる; 〈魚などが〉水面上に飛び上がる; ＊突進する 〈*for, to*〉; 脱出する; 侵入する; 〖玉突〗初キューを突く, ブレイクする; 〖競馬〗出発点を出る, スタートする; 《harness racing で》〈馬が〉(速歩の)歩調を保てない[破る], ギャロップで駆け始める; 〖競技〗フライングする. **b** 急に始まる, にわかに起こる; 急に方向を変える; ＊«口» 〈事態が〉展開する; 急に人気が出る[成功を収める], ブレイクする; 〈天気などが〉急変する, 〈声の質が〉変わる; 涙声になる; 〈あらし・叫びなど〉突発する; 〈相場が〉暴落する; 〈熱が〉下がり始める; 《夜が》明ける; 〈つぼみが〉ほころびる, 〈枝が〉芽吹く; 〖植〗突然変異を起こす (mutate, sport); 〖野球など〗〈ボールが〉カーブする: Laughter *broke from* the crowd. 群衆の間からどっと笑い声が起こった / Day [Dawn] 〜*s*. 夜が明ける / The boy's voice has *broken*. 声変わりした / Things are 〜*ing* well for him. 事態は彼にとって良い方に向かっている. **c**〖ジャーナリズム〗報道される, 公表される, 〈記事の種が〉新しい展開を見せる: a 〜*ing* story. **3 a**〈軍隊・戦線などが〉乱れる, 敗走する; くじける, つぶれる, 弱る; 破産する (cf. *vt* 3b). **b**〈体・健康が〉衰える, 弱る; 悲しみ[絶望など]にうちひしがれる: sb's heart 〜*s* 胸の張り裂ける思いをする. **4**〖テニス〗ブレークする, 相手のサービスゲームに勝つ. **5** ブレークダンスを踊る (break-dance).
● **〜 away** (*vt*) 取りこわす; 〈大きなものから〉切り離す 〈*from*〉; 〈習慣などを〉急にやめる. (*vi*) 逃げる, 離れる, はずれる; 〈主題・仲間などから〉はずれる, 離脱する, 〈親から〉自立する, 政治的に独立する 〈*from*〉; BREAK one*self* away; 晴れる; 〖スポ〗敵のゴールへ突進する[を急襲する]; 〖競馬〗合図前にスタートを切る. **〜 back** 折れ込む; 《相手の守備を混乱させるため》急に逆の方向に走る; 《クリケットの球が打者の外側から》曲がって飛び込む. **〜 down** (*vt*) こわす, 解体する; 〈抵抗・障害などを〉打破する, 打ち砕く, 〈内気・敵意などを〉乗り越える, 克服する; 〈人を〉屈服させる; «豪口» 〈よくない事を〉やめる; 〈結果などを〉(細かく)分析[分類]する, 〈事を〉かみくだいて説明する; 〈金額などを〉分割する; 《保管や輸送のために》分解する; 《化学的に》分解する 〈*into*〉: *B〜 it down!* やめろ, でたらめはもうよせ, 人をばかにするのはやめろ. (*vi*) 〈機械などが〉これる, 故障する; 〈連絡などが〉切れる; 停電する; 〈秩序・抵抗などが〉くずれる, 〈会談・計画などが〉失敗に終わる; 〈人が〉取り乱す, 泣きくずれる; 屈服する, 自白する; 降参する, 折れる; 精神的に参る, 気落ちする; 〈健康などが〉衰える; 〈馬が〉下肢の腱を切る[痛める]; 《化学的に》分解される, (細かく)分析[分類]される 〈*into*〉; 〈馬が〉けづめ突起 (fetlock) の部分を損傷する. **〜 even** 損得なしになる, 五分五分[とんとん]になる (cf. BREAK *n*). **〜 forth** 吹き出る, どっと出てくる 〈*from*〉; 突発する; 叫び出す; ペラペラとしゃべり出す. **〜 free** 逃げ出す, 脱走する 〈*from*〉; 離れる, はずれる 〈*from*〉; 〈親から〉自立する 〈*from, of*〉; 奪い取る, 取りはずす 〈*from*〉. **〜 in** 侵入する, 押し入る; 侵害する 〈*on*〉; さえぎる, 《話に》割り込む; 手始めに…する, 世に出る 〈*as*〉; ＊«俗» 牢にはいる; 押し込む, 押し破る; 〈馬を〉調教する, ならす, 〈人を〉仕込む 〈*to*〉; 〈動物・品物・自動車などを〉使いならす, 〈靴を〉履きならす; «豪» 〈処女地を〉開墾する. **〜 in on** 〈人〉を襲う; 〈話など〉に割り込む, 中断する; ふと胸に浮かぶ: 〜 *in on* sb at his home 人の家に踏み込む. **〜 into…** こわれて[われて]…になる; …に侵入[乱入]する; 〈話〉をさえぎる, 割り込む, …をじゃまする; 突然…し始める; 〈馬・群れなど〉急に〈疾走など〉を始める; «口» 〈新しい職業・地位・分野〉にうまくはいり込む; 〈時間など〉に食い込む; 〈金〉をくずしてつかう, 〈高額貨幣〉をくずす, 〈たくわえなど〉に不本意ながら手をつける: 〜 (*out*) *into* tears [a smile] ワッと泣き出す[急ににっこりする] / 〜 *into* song 突然歌い出す. **〜 it up** ＊«俗» 《賭博で》相手が賭けを継続できないほど勝つ, 巻き上げる, 破産させる; ⇨ BREAK up 用例. **〜 loose** 脱出する, 離れ去る 〈*from*〉; はずれる 〈*from*〉; 〈親から〉自立する; ゆるめる, 自由にする 〈*from*〉; «俗» いい気になる, 調子に乗る. **〜 luck** ＊«俗» 〈売春婦が〉その日[夜]の最初の客をつかまえる. **〜 no** SQUARES. **〜 off** 折り[ちぎり]取る; 折れる, 裂ける; 〈話などを〉急にやめる; 〈交渉を〉打ち切る; 交友[愛人]関係をやめる, 別れる 〈*with*〉: 〜 *off from*…と絶交する / 〜 *off* relations *with* a country 国と関係を絶つ / 〜 *off* an engagement 婚約を解消する / 〜 it *off* 恋愛関係を終わらせる, 恋人と別れる. **〜 on**…に突然現われる; 〈波が〉…に打ち寄せる; 〈真理などが〉…を照らす: 〜 *on* the scene 現場に突然現われる. **〜 open** こじあける; こわして開く. **〜 out** 脱出[脱走, 脱獄]する 〈*of*〉; 〈旧習などから〉脱け出る 〈*of*〉; ＊«俗» 立ち去る (leave); 不意に[激しく]…し出す 〈*into*; *in* tears, cries, etc.〉; 〈叫び声・笑いなどを〉発する 〈*with*〉, おこり出す 〈*with* oaths *at* sb〉; 〈戦争・流行病・火事が›突発[発生]する; 始まる, ‹金鉱が›操業を始める; 《祝い事などで》‹取っておきの酒などを›出す; 取り出す ‹*from, of*›; ‹データの一部を›抜き出す; 用意する, 準備する; ‹にきびなどが›発疹する, ‹人が›発疹する ‹*in* a rash, *with* measles›; ‹汗が›吹き出る, ‹人が›汗だらけになる ‹*in* a sweat›; ‹揚げた旗を›広げる; 引き出す; 荷物などを降ろす; 類別する; *《俗》…という状況である, …のようである. **~ over** ‹波が›ぶつかって…の上を越える; [*fig*] ‹喝采などが›‹人›に浴びせられる. **~ oneself away** 《しばらく》‹仕事などから›離れて休む ‹*from*›. **~ short (off)** ポキリと折れる, 中断する. **~ one's** WRISTS. **~ the** BACK **of.** **~ the** THREAD. **~ through** (…を)通り抜ける; (障害などを)突破する, 克服する; 《難問を克服して》大きく前進[大発見を]する; ‹遠慮などを›取り除く; ‹法律などを›破る; ‹太陽などが›(…の間から)現われる. **~ up** (*vt*) ばらばらにする, 粉砕する; 解体する, 分解する; ‹仕事・文章などを›分割する ‹*into*›; ‹所帯を›たたむ; 解散する, ‹群集を›追い散らす, ‹けんか・会などを›やめさせる, 終わらせる; 中断する; 仲たがいさせる, ‹夫婦など›別れさせる; ‹鶏などを›切り裂く; 掘り起こす; 衰弱させる; 精神的に苦しめる, 打ちのめす, がっくりさせる; 《口》大いにおもしろがらせる[笑わせる]: *B~ it up!* 《けんかを》やめろ; 解散しろ, どいてどいて《人だかりで警官が言う》. (*vi*) ばらばらになる, くずれる; 分割される ‹*into*›; ‹雲などが›散らばる, ‹霧が›はれる, ‹霜が›溶ける; 解散する, お開きになる; ‖‹学校・生徒などが›休暇に入る; 〘アメフト〙スクラムを解く; ‹関係などが›終わりになる, 解消する, ‹友情などが›こわれる, 仲たがいする ‹*with*›, ‹夫婦などが›別れる; [ᵁ*prog*] 《携帯電話などで》声が聞き取れなくなる; 衰弱する; 精神的に参る, がっくりする; 《口》笑いころげる ‹*with* laughter›; ‹天気が›変わる. **~ with**…との関係[交わり]を絶つ, ‹慣習・伝統などと›と決別する. MAKE **or ~.**

► *n* **1 a** われ, 破壊, 破損; 骨折; 分裂; 〘ボク・レス〙ブレーク, 「ブレーク」の命令. **b** 裂け目; 折れ目; 〘鉱〙断層, 亀裂; 〘地質〙遷移点, ブレーク. **c** 《口》失態, 過失, へま, 失言; 〘ボウル〙ミス, ブロー《1 回のフレームで 10 ピン全部を倒せないこと》: make a (bad) ~ 失言をする, へまをやる. **d** 波が砕けるところ《サーフィンをする》. **2 a** 断絶, 中断, とぎれ; 決別 ‹*with*›; 〘電〙断線, 《回路の》遮断(器) (opp. *make*); 〘電算〙《プログラムのデバッグのための》実行の中断, ブレーク: make a clean ~ *with*…ときっぱり別れる[手を切る] / a ~ in the conversation 話のとぎれ / without a ~ 絶え間なく, 休みなしに. **b** 〘印〙段落(の空き); [*pl*] 〘印〙SUSPENSION POINTS; 〘韻〙行間休止 (caesura); 《単語の》分綴箇所; 〘ジャーナリズム〙《別の欄[ページ]に続けるための》記事の中断箇所; 〘海〙船楼端. **3 a** 《仕事の間の》休憩, 小休止, 休み時間 (: COFFEE BREAK); 〘ラジオ・テレビ〙STATION BREAK: have [take] a ~ 休憩する / give sb a ~ ひと休みさせる (cf. 成句). **b** 休暇: a weekend ~ / the Christmas ~. **4 a** 突破; 突進; 脱走, 《特に》脱獄; FAST BREAK; 〘テニス〙ブレーク《相手のサービスゲームに勝つこと》. **b** 〘競馬・競技〙スタート; 〘玉突〙突き始め, ブレイク, 連続の得点; [ᴼ‹*int*›]*《CB 無線で》交信開始. **c** 夜明け: at (the) ~ of day 夜明けに. **5 a** 《口》チャンス, つき; 運, 幸運, 不運: an even ~ 《口》五分五分, あいこ (cf. BREAK *even*) / a lucky ~ 幸運 / TOUGH BREAK / get a (good) ~ 運がよい; 好機をつかむ / get a bad ~ 運が悪い / get the ~*s* 運がいい, ついてる / Those are [Them's] the ~*s*. それが運命だ, しかたがない / The ~*s* are against him. 彼はついていない. **b** 優遇措置, 特別な配慮: receive special ~*s* from the government 政府の優遇措置を受ける. **6 a** 変化, 急変, 急転; 《相場の》暴落; 《心身の》衰弱 (breakdown); 《思春期の》声変わり; 声(の質)の突然の変化; 〘植〙突然変異 (sport); 〘野球など〙カーブ; 《馬が》規定の歩様で歩かないこと; 《harness racing で, 速歩から駆け足などへの》ペースの変化: a ~ in the weather 天候の変化. **b** 変わり目, 分岐点; 〘楽〙《声域の》転換点; 〘ジャズなど〙ブレイク《ソロ演奏の楽節; 通例 即興で行ない, その間ほかの奏者は演奏を中断する》. **7** ブレーク (BREAK DANCING). ● **give [cut]** sb **a ~** (1) 《口》チャンスを与える, 大目に見る; 《口》からかう[いじめる]のをやめる: Give me a ~! いいかげんにしてくれ, もうたくさんだ, やめろ! (2) ⇨ *n* 3a. **make a ~** ⇨ *n* 1c, *n* 2a; 逃走する; ‹…に向かって›突進する, 逃げ出す ‹*for*›. **make a ~ for it** 《口》脱出[脱走]を企てる.

♦ **~·less** *a* [OE *brecan*; cf. G *brechen*]

break[2] *n* BRAKE[1].

break[3], **brake** *n* 幼馬調教用の特殊な馬車; 大型四輪馬車の一種. [C17 ‹?*brake* framework ‹ ?]

bréak·able *a* われ[こわれ]やすい, もろい. ► *n* [ᵁ*pl*] こわれやすいもの. ♦ **-ably** *adv* **~·ness** *n*

bréak·age *n* 破損; 破損箇所; 〘遺〙《染色体の》切断; [ᵁ*pl*] 破損物; 破損高, 破損見越し[賠償]高.

bréak and éntry 〘法〙不法(目的)侵入 (breaking and entering).

bréak·awày *n* **1 a** 《仲間からの》離脱, 離脱者; 《主義などからの》転向; 《伝統からの》遊離. **b** 〘競走〙《スタート合図前の》フライング, 《時に》スタート; 〘スポ〙ブレークアウェイ《(1)〘アイスホッケー〙敵から逃げてゴールに向けて突進すること (2)〘バスケ〙速攻 (fast break) (3)〘サッカー・ラグビーなど〙ボールを持っての敵のゴールへの突進 (4)〘自転車〙突然加速して集団から抜け出ること》. **c** 《豪》《水の匂いをかぎつけたりした家畜の》暴走; 《豪》群れを離れる家畜《羊・牛など》. **2** 分離, 切断; 〘劇〙《すぐこわれるように作った》小道具, 装置, 張り子. ► *a* 離脱[転向]した; 押したりすればすぐこわれる‹張り子の棒など›, 《危険防止のため》曲がりやすい, こわれやすく作った; 〘スポ〙ブレークアウェイ(から)の; *《俗》反抗的な, 因襲にとらわれない, 型にはまらない, 型破りの.

bréak bàll 〘玉突〙ブレイクボール《14–1 [ストレートプール]で, 14 個の的球を順次ポケットに入れて最後に残し, 次の突き始めて最初にポケットに入れるべき球》.

bréak·bèat, bréak bèat *n* [ᵁ*pl*] 〘楽〙ブレイクビーツ《(1) ドラムのビートをサンプリングして切れ目なく反復させたもの (2) それを用いたヒップホップやダンスミュージック》.

bréak·bòne fèver 〘医〙デング熱 (dengue).

bréak-bùlk *a* 貨車貨物を送り先別に荷分けする, 混載仕分けの, ブレークバルクの.

bréak dàncing [dànce] ブレークダンス (=*break, breaking*) 《逆立ちして頭でぐるぐる回るようなアクロバティックな動作が多い, サウンドにのって踊るダンス》. ♦ **bréak-dànce** *vi* **bréak-dàncer** *n*

bréak·dòwn *n* **1** 故障; 破損; 崩壊; 没落, 瓦解; 〘電〙絶縁破壊: family ~ 家庭崩壊. **2** 《交渉などの》中絶, 頓挫; 挫折, がっくりくること, 衰弱; 神経衰弱 (nervous breakdown). **3 a** 《消化による食物の》分解; 《化》《成分・元素などの》分析. **b** 分類 (classification); 内訳, 明細; 分業; 〘冶〙あら延べ. **4** ブレークダウン《米国の活発な黒人系ジャズダンス; その音楽》.

bréakdown gàng 救難[応急]作業隊.

bréakdown tèst 耐久[耐力, 破壊]試験.

bréakdown vàn [trùck‖, lòrry‖] 救難(作業)車, レッカー車 (tow truck*).

bréakdown vòltage 〘電〙(絶縁)破壊電圧; 〘半導体〙降伏電圧.

bréak·er[1] *n* **1 a** こわす人, 破壊者, 破砕者; ‖《自動車や船の》解体処理業者; [ᴼ*compd*] 《約束・規則などの》違反者; 救難作業隊員. **b** 《石炭などの》破砕機, 砕炭機, 破砕場; 開墾[新開]プラウ (=*breaking plow*); 〘紡〙《亜麻の》粗打(あらうち)機. **c** 《海岸・暗礁などの》砕け波, 砕浪, 白波. **2** 〘電〙遮断器, (サーキット)ブレーカー; ブレーカー《放送中に不適切な発言などを消すために流す歌》; 《自動車タイヤの踏み面 (tread) の》補強帯, ブレーカー. **3** ならす[服従させる]人, 《馬が人を乗せるようにする》調教師 (=**bréaker-ìn**). **4** 《CB 無線》《あるチャンネルを使って》交信をしようとする人; [‹*int*›] 交信求む. **5** ブレークダンスの踊り手, ブレークダンサー. [*break*[1]]

brea·ker[2] /bréɪkər/ *n* 《救命ボートなどに積む》水樽. [Sp *barrica* cask ‹ F]

bréaker pòint 〘電〙遮断点, ブレーカーポイント《ガソリンエンジンの点火系の一次回路電流を遮断するために用いる低圧の接点》.

bréak·er-ùpper *n**《俗》break up させる者[もの].

bréak-éven *a* 収支とんとんの, 損益なしの. ► *n* 〘会計〙損益分岐点 (=**bréak-éven pòint**); 収支とんとんの決算.

bréak-éven chàrt 〘会計〙損益分岐(点)図表.

bréak-fàll *n* 《柔道などの》受身.

break·fast /brékfəst/ *n* 朝食: be at ~ 朝食中 / have a good ~ 十分な朝食をとる / a wedding ~ 結婚式の朝餐 / (If you) sing before ~, (you will) cry before night. 《諺》朝から歌っていると日暮れまでには泣くことになる《はしゃぎすぎを戒めることば》. ● **~ of champions***《俗》《朝食の代わりに取る》朝酒の一杯. **have** sb **for ~** 《俗》こてんぱんにやっつける, なんなくひねりつぶす. **shoot [spill, toss, lose] one's ~** 《俗》もどす, ゲロを吐く. ► *vi* ‹…の›朝食を食べる ‹*on*›. ► *vt* ‹人›に朝食を出す. ♦ **~·er** *n* [*break*[1] to interrupt, FAST[2]]

bréakfast cèreal [fòod] 朝食用の加工食品《コーンフレーク・オートミールの類》.

bréakfast nòok 《台所の一角などの》軽食用コーナー.

bréakfast ròom 居間 (morning room).

bréakfast tàble 朝食用の食卓.

bréakfast télevision 朝のテレビ《出勤前の人が朝食を取りながら見る時間帯のテレビ番組》.

bréakfast tìme 朝食時間《通例 7: 30–9: 00 a.m.》.

breakfast TV /–́– tìːvíː/ 《口》BREAKFAST TELEVISION.

bréak fèeding 《NZ》牧草地分割式給餌《電動式の柵で牧草地を区切って行なう管理放牧》.

bréak·frònt *a* ‹家具が›ブレイクフロントの《両端の線より中央部が一段前に突き出た》. ► *n* ブレイクフロントの戸棚[書棚].

bréak-ìn *n* 《家・部屋に》押し入ること, 侵入, 押込み, 夜盗; (使い)ならすこと, 試運転, 試演; ならし[試用]期間. ► *a* 使いならすための, 試運転の.

bréak·ing *n* 破壊; 〘電〙断線; 〘音〙割れ《単母音の二重母音化》; 〘馬〙調教; BREAK DANCING.

bréaking and éntering [éntry] 〘法〙住居[建物]を破壊し侵入すること[犯罪], 不法(目的)侵入, 住居侵入 (housebreaking).

bréaking bàll 〘野〙われるボール, カーブ (curve).

bréaking càrt 馬の調教用の二輪馬車.

bréaking néws 《テレビ・ラジオの》最新ニュース; ニュース速報.

bréaking of bréad EUCHARIST.

bréaking plòw 開墾[新開]プラウ (breaker).

bréaking pòint 破壊点《膨張・圧力への抵抗などの限界点》, 極限; 《忍耐などの》限界点, ぎりぎりいっぱい.

bréaking strèngth 破壊強さ《張力による破壊に抵抗する能力》.

bréak lìne 〖印〗行末空きの行《パラグラフの最終行》.

bréak·nèck *a* 危険きわまる, 異常な速さの: at ~ speed.

bréak·òff *n* 急に止まる[やめる]こと; 決裂.

bréak·òut *n* **1**《病気などの》突然の発生, 突発; 吹出物; 集団脱獄[脱走]; 〖軍〗包囲突破; 〖サッカーなど〗突然の反攻[反撃]. **2** 明細, 内訳. ► *a* **1** *《口》にわかに大人気の, 突然ブレークした. **2**《討論のために大グループを分けた》小グループの, 分会の: a ~ session.

bréak·òver *n* 〖新聞・雑誌〗記事が他ページへ続く部分 (cf. JUMP).

bréak pòint **1**《ある過程での》中止点, 休止点, 折点, 区切り点; [breakpoint]〖電算〗区切り点, ブレークポイント. **2**〖テニス〗ブレークポイント《サーブを受ける側が次の得点をあげればゲームを取れる状態》.

Break·spear /bréɪkspɪ̀ər/ ブレークスピアー **Nicholas** ~ 《ローマ教皇 ADRIAN 4 世の本名》.

bréak·thròugh *n* 〖軍〗突破(作戦); 《科学・技術の》飛躍的な前進[進歩], 画期的成功, 《行き詰まった交渉の》進展, 現状打破[打開], 突破口, ブレークスルー; 解明; 〖動・遺〗突破個体. ► *a* 躍進的な, 新境地を開くような, 画期的な.

bréakthrough blèeding 〖医〗破綻出血《正常な日数を超えて持続する月経出血; エストロゲンを含む経口避妊薬の副作用による》.

bréak·ùp *n* **1 a** 分散; 解体; 崩壊; 《春先の河川・港の》解氷. **b** 解散, 散会, 決裂; 《結婚などの》関係が切れること, 絶縁, 別れ, 破綻; 《学期末の》終業; 終わり. **2** 衰弱; 《口》悲しみに打ちのめされること; 《俗》《役者が》笑いで締まりがつかなくなること.

bréakup vàlue 清算価値《企業の各部門を独立したものとみなして評価した額の合計; 継続企業 としての評価と対比される》; 〖会計〗一株当たりの帳簿価格.

bréak·wàter *n* 《港などの》防波堤.

bréak·wìnd, bréak·wèather *n* 《豪》WINDBREAK.

bream[1] /bríːm/ *n* (*pl* ~, ~s) 〖魚〗 **a** ブリーム《欧州産; コイ科の淡水魚》. **b** タイ科の魚, PORGY. **c** 《淡水産の》サンフィッシュ (sunfish), 《特に》BLUEGILL. [OF < Gmc]

bream[2] *vt* 《昔の船で》〈船底を〉焼き焦がして掃除する, たでる. [? LG; cf. BROOM]

Bream ブリーム **Julian** (**Alexander**) ~ (1933–)《英国のギタリスト・リュート奏者》.

breast /brést/ *n* **1** 胸 (chest), 前胸部; 胸前(きょうぜん), 胸肉; 《衣服の》胸部; 胸中; 心情; 乳房, [*fig*] 滋養のもと: BEAT[1] one's ~ / a troubled ~ 悩む心 / suck the ~ 〈赤んぼが〉おっぱいを吸う / give a child the ~ 子供におっぱいを与える. **2**《ふくらんだり, 湾曲して》胸に似た部分; 《手すりなどの》けた腹; 〖鉱〗切羽(きりは) (face); 〖鉱〗あご面: the mountain's ~ 山腹. ● **make a clean ~ of it** [**the whole thing**] すっかり白状する[打ち明ける]. **past the ~** 乳離れして. **soothe the savage ~** 怒り[反抗心など]を静める《William Congreve の悲劇 *The Mourning Bride* (1697) からの引用に由来》. ► *vt* **1 a** 胸に受ける; 〈波を〉ついて進む; 〈ゴールテープ〉に胸を突き出す, 胸で切る; 〈坂を〉登る, 〈山〉の頂に登る: ~ the tape テープを切る, 一着になる. **b** …に大胆に当たる, 立ち向かう; 克服する, 打ち勝つ. **2**〈衣類〉に胸を付ける. ► *vi* かき分けるように進む[近寄る]. ● **~ it out** あくまで抵抗する. ♦ **~·less** *a* [OE *brēost*; cf. G *Brust*]

bréast·bànd *n* 《馬の》胸帯.

bréast-bèat·ing *n, a* 胸をたたいて大げさに感情を示す(こと)《自慢・吹聴・後悔・悲嘆など; cf. BEAT[1] one's breast》.

bréast·bòne *n* 胸骨 (sternum).

bréast-déep *adv, a* 胸まで(ある).

bréast drìll 胸当錐(むなあてぎり), 胸当てドリル, 胸ボール.

bréast·ed *a* 胸部を付けた: a single-[double-]~ coat ボタンを一[二]列に付けた上着.

bréast-fèd *a* 母乳育ちの: ~ babies.

bréast-fèed *vt, vi* 〈赤んぼを〉母乳で育てる, 授乳する (cf. BOTTLE-FEED); 《口》甘やかす. ♦ **~·ing** *n, a* 母乳養育(の).

bréast hàrness 《首輪なしで》胸帯 (breastband) でつないだ馬具.

bréast-hígh *adv, a* 胸まで(の); 〖狩〗猟犬が首を立てて追いかけるほど強い〈匂い〉.

bréast ímplant 《乳房再建手術・豊胸手術で乳房に埋め込む》乳房インプラント.

bréast·pìece *n* 〖ユダヤ教〗BREASTPLATE.

bréast·pìn *n* 《服の胸元や襟元の》飾りピン, ブローチ.

bréast·plàte *n* 《よろいの》胸当て; 《馬具の》むながい; 《breast drill, boring tool 用の》胸当て; 胸板, 羽目板; 《カメの》腹甲; 〖ユダヤ教〗《祭司長が着用する》胸当て (=*breastpiece*).

bréast·plòw *n* 胸当て芝刈り機.

bréast pòcket 胸部のポケット, 胸ポケット.

bréast pùmp 搾乳器.

bréast·ràil *n* 《船側・窓前の》手すり, らんかん.

bréast·stròke *n, vi* 平泳ぎ(で泳ぐ). ♦ **-stròk·er** *n*

breast·sum·mer /brésəmər, *brés(t)sʌ̀mər/ *n* 〖建〗大まぐさ.

bréast wàll 〖土木〗《自然堤の》胸壁, 腰壁.

bréast whèel 前掛け水車.

bréast·wòod *n* 《柵仕立て果樹の主枝から出る》分かれ枝.

bréast·wòrk *n* **1**〖軍〗《急造の, 一時的な》胸墻(きょうしょう), 胸壁, 胸土; 〖海・建〗BREASTRAIL. **2** [*pl*] *《俗》《女性の》オッパイ; 《俗》乳房の愛撫.

breath /bréθ/ *n* **1** 息, 呼吸, 息づかい; 一回の呼気[吸気], ひと息; 《寒い朝などの》白く見える息, 呼気; 瞬間; 〖音〗無声(音), いき (opp. *voice*): get one's ~ ひと息つく[入れる] / have bad [foul] ~ 息が臭い, 口臭がある. **2** そよぎ, ささやき; 発語 (utterance); 香りの漂い, 香気; かすかな徴候, しるし (hint): a ~ of air [wind] / There is not a ~ of suspicion. 疑いの「う」の字もない. **3** 生命 (life); 活力. ● **above** one's **~** 声を出して. **a ~ of fresh air** すがすがしい風のそよぎ; さわやかな外気(を入れる[吸い込む]こと); [*fig*] 爽快な人[もの], 新風. **as long as** one **has ~** 命あるかぎり, 死ぬまで. **at a ~** 一気に. **below** one's **~** ひそひそと, 小声で〈話す〉. **catch** one's **~** ひと息入れる, 息をつく, ひと休みする; 息をのむ, はっとする: I don't have time to *catch my* ~. ひと息つく暇もない. **draw a deep** [**long**] **~**=take a deep [long] BREATH. **draw ~** 息を吸い込む; 生きている, 生存する. **draw** one's **~** 息を吸い込む, 息をする. **fight for ~** 息も絶え絶えになる, 息苦しい. **first draw ~** 《文》生まれる. **get** one's **~** (**back**) (**again**) 《運動のあとなどに》呼吸が整う. **give** [**yield**] **up** one's **~**=give up the GHOST. **have no ~ left** 息が切れる, 息切れする. **hold** [**keep**] one's **~** (一時)息を止める; 息を詰める, かたずをのむ: *Hold your* ~. (聞いて)驚くな, いいかい / Don't *hold your* ~. 《口》そう待ち構えるな, 少し気長に待て, そんなにあせるな. **in one** [**a**] **~** ひと息に, 一気に; 一斉に; まず第一に; in the same BREATH. **in the next ~** それに続いて, 一方で. **in the same ~** 一方で, その口で〈言うなど〉; 《二つの正反対の陳述に言及して》同時に: They are not to be mentioned *in the same* ~. それらは同日の談ではない, 比較にならない. **knock the ~** [**wind**] **out of** sb [sb's **body**] 《強打して》人の息を詰まらせる; あっと驚かせる. **lose** one's **~** 息切れがする. **out** [**short**] **of ~** 《運動・病気などで》息を切らして: run one*self out of* ~ 走って息を切らす. **save** one's **~**=《口》**save** [**keep**] one's **~ to cool** one's **porridge** 余計な口出しを控える, むだ口をきかない. one's **last** [**dying, final**] **~** 最期, 今はの際: with one's *last* BREATH. **spend** one's **~**=waste one's BREATH. **stop** sb's **~** 《口》息の根を止める, 殺す. **take** (**a**) **~** ひと息つく, ひと休みする. **take** [**draw**] **a deep** [**long**] **~** 《次に何かを言ったりしたりする前に》ひと息をつく, 深呼吸する. **take** sb's **~** (**away**) 人の息を切らす; 《驚きなどで》人を息もつけぬようにする, はっとさせる. **the ~ of life**=**the ~ of** one's **nostrils** 《生きているあかしとしての》息; 活力のもと; ぜひ必要な[貴重な]もの; 人の喜ぶ[熱中する]もの. **to the last ~** 最期まで, 死ぬまで. **under** one's **~**=below one's BREATH. **waste** one's **~** むだなことばを費やす, (言っても)むだな忠告をする. **with bated ~** 息をころして, かたずをのんで, 気がかりで. **with every** (**other**) **~** 繰り返し, 何度も〈口にするなど〉. **with one ~**=in one BREATH. **with the** [one's] **last ~** 今はの際に; 最期まで, 死ぬまで〈主張する〉. [OE *brǣth* odor, vapor<Gmc<IE (**bhrē-* to burn)]

breath·able /bríːðəb(ə)l/ *a* 呼吸に適した; 空気や湿気を通す, 通気性の(ある)〈生地など〉. ♦ **brèath·abílity** *n*

breath·alyze /bréθəlàɪz/ *vt* Breathalyzer で検査する.

Bréath·alỳz·er 〖商標〗ブレサライザー《飲酒[酒気]検知器》. [*breath*+*analyzer*]

breathe /bríːð/ *vi* **1** 呼吸する; 息を吐く; 生きている; 息をつく, 休息する, 息抜きする (rest); 〖楽〗息継ぎをする, ブレスする: ~ deeply [hard, heavily] 深く[激しく]息をつく / ~ *in* [*out*] (息を)吸い込む[吐き出す] / ~ *into*…に息を吹き込む / ~ *on*… ⇨ 成句 / Let me ~. ひと息つかせてくれ, もうその辺にしてくれ / hardly have time to ~ ほとんど息つくひまもない. **2**〈風が〉そよぐ, 〈香りが〉漂う; しのばせる, 暗示する 〈*of*〉; 〈特質などが〉感知される, 息づく; 《廃》香気を放つ, 匂う. **3 a**〈素材が〉空気や湿気を通す, 通気性がある. **b**〈皮膚が〉酸素を吸収して発汗する, 呼吸する. **c**〈ワインが〉呼吸する《開栓後 外気に触れて香りが引き出される》. **d**〈内燃機関が〉空気を燃焼に使う. ► *vt* **1 a** 呼吸する, 吸う; 〈空気・蒸気などを〉吸い込む 〈*in*〉. **b**〈息などを〉吐き出す 〈*out*〉; 〈生命・自信などを〉吹き込む: ~ (new) life *into*…. **c**〈馬など〉に息をつがせる, 休ませる. **d** 運動させる, 疲れさせる, 息切れさせる. **2 a**〈香気などを〉放つ. **b** ささやく(ように言う[祈るなど]); 〈態度などが気持などを〉表わす, 示す. ● **as long as** one **~s** 命あるかぎり. **~** (**easily** [**freely**]) **again**=**~ easy** [**easier, easily, freely**] ほっとする, 安堵する. **~ a word against**…に一言不平を漏らす. **~ down** sb's NECK. **~ fire** 激怒する, 悪態をつく. **~ fire and slaughter** [**venom, brimstone,** etc.] おどし文句をがなりたてる, 悪態を吐きちらす, 毒づく《*Acts* 9: 1》. **~ on**…に息を吹きかける; 《文》…を汚す, 曇らせる; 《俗》〈銀行などを〉襲う. **~ one's last** 息を引き取る, 死ぬ. LIVE[1] **and ~.** **not ~ a word** [**syllable**] 〈…については〉一言も漏らさない, 秘密を守る 〈*about*〉: (I) wo*n't* ~ *a word* (of it). 秘密は漏らしません. [ME; ⇨ BREATH]

breathed /bréθt, bríːðd/ *a* [*compd*] 呼吸[息]が…な; 〖音〗無声音の, 「いき」の (voiceless).

breath·er /bríːðər/ *n* **1** [[U]*compd*] 呼吸する人[動物], 生き物; *息

切れしたボクサー; «俗»《電話をかけて》卑猥な呼吸音を聞かせるやつ: HEAVY BREATHER. **2** «口» しばしの休息, 息つぎ; «口»《困難な試合[仕事]の前の楽な》息抜き試合[仕事]: have [take] a ～ ひと休みする[ひと息入れる]. **3**《潜水艦などの》空気補給装置,《内燃機関のクランクケースなどの》通風[通気]孔, 息抜き, ブリーザー. **4** «口» 息切れさせるもの, 急激な運動.

bréath gròup〘音〙呼気段落, ブレスグループ《ひと息に発声する音群》.

bréath·hòld dìving《アザラシ・イルカなどの》閉息潜水.

breath·ing /bríːðɪŋ/ *n* **1 a** 呼吸, 息づかい; ひと息, ひと呼吸(する間); 休息, 休止;《空気の》かすかな動き, 浮動, 微風. **b** 発言, ことば. **c** 感化, 霊感. **2** 大望 (aspiration), あこがれ. **3** 息をはずませる運動. **4**〘音〙気息音, 気音符 (ʻ または ʼ; cf. ROUGH [SMOOTH] BREATHING). ▶ *a* 呼吸する, 息づく, 生きた; 息づくような. ♦ **～·ly** *adv*

bréathing capàcity 呼吸容量, 肺活量 (vital capacity).

bréathing spàce [spèll, tìme, ròom] 息つくひま, 休息[熟考]の機会, 動く[働く]余裕: have a ～.

bréathing tùbe〘医〙呼吸チューブ.

bréath·less /bréθ-/ *a* 息を切らした; 息をつかないで, 息をころして; 息もつけないほどの; «詩» 死んだ; 息苦しいほどの, そよとの風もない, よどんだ: with ～ anxiety はらはらして / with ～ interest かたずをのんで / at a ～ speed 息もつかせぬ速さで. ♦ **～·ly** *adv* **～·ness** *n*

bréath mìnt 口臭を消すミントキャンディー.

bréath·tàker *n* はっと息をのむようなもの[できごと].

bréath·tàking *a* 思わず息をのむ, はらはらさせる, はっとさせる; 驚くべき, 並はずれた, すごい: ～ achievement めざましい業績 / a ～ cruelty 衝撃的な残忍さ. ♦ **～·ly** *adv*

bréath tèst《運転者などに対する》酒気検知(法), 呼気検査. ♦ **bréath-tèst** *vt*

breathy /bréθi/ *a* 気息の交じる; 声量の乏しい;〘音〙気息の, 気息音[質]の. ♦ **bréath·i·ly** *adv* **-i·ness** *n*

brec·cia /brétʃ(i)ə, bréʃ-/ *n*〘岩石〙角礫岩(かくれきがん).

brec·ci·ate /brétʃièɪt, bréʃ-/ *vt* …を角礫岩化する;〈岩を〉砕く. ♦ **brèc·ci·á·tion** *n* 角礫化作用.

Brecht /brékt; *G* bréçt/ ブレヒト **Bertolt ～** (1898–1956)《ドイツの劇作家・詩人; マルクス主義的立場に立ち, 抒事的演劇を唱えて伝統演劇から離脱; *Die Dreigroschenoper* (1928)》. ♦ **～·ian** *a, n*

Brecknockshire ⇨ BRECONSHIRE.

Brec·on /brékən/, **Breck·nock** /-nɑ̀k, -nək/ ブレコン, ブレクノック《**1**) ウェールズ南東部の町 **2**) ＝BRECONSHIRE》.

Brécon Béacons *pl* [the] ブレコンの烽火(のろし)《Brecon の町の南にある2つの砂岩の丘 (最高点 886 m); 中世にここでのろしをあげた; 現在は国立公園 **Brécon Béacons Nátional Párk** の一部》.

Brécon·shire, Brécknock- /-ʃɪər, -ʃər/ ブレコンシャー, ブレクノックシャー《ウェールズ南東部の旧州》.

bred /bréd/ *v* BREED の過去・過去分詞. ▶ *a* 育ちが…な, …育ちの: ill-*bred*, well-*bred*.

Bre·da /bréɪdə; bríːdə/ ブレダ《オランダ南部 North Brabant 州の市; イングランド王 Charles 2 世が亡命中滞在した》.

brede /bríːd/ «古» *n, vt* BRAID.

bréd-in-the-bóne /-(ə)n-/ *a* 生まれつきの, 根っからの, 抜きがたい; 深く傾倒した, 決意の堅い, 堅忍不抜の, 揺らぐことのない〈信者など〉. ★ ⇨ bred in the BONE «諺».

bree, brie /bríː/ *n* «スコ»《物を煮た》煮汁, スープ.

breech *n* /bríːtʃ/ 尻, 臀部; 太もも;〘機〙滑車の底部, ブリーチ; 砲尾, 銃尾;〘産科〙BREECH DELIVERY, BREECH PRESENTATION. ▶ *vt* /brítʃ/〈男の子〉に(半)ズボン (breeches) をはかせる; /bríːtʃ/〈砲・銃〉に砲尾[銃尾]をつける. [OE *brōc* の複数形 *brēc* を ME 期に単数としたもの]

bréech bìrth〘産科〙骨盤位出産 (breech delivery).

bréech·blòck *n*《砲尾の》閉鎖機, 尾栓;《銃の》遊底.

bréech·clòth, -clòut /, brítʃ-/ *n* LOINCLOTH.

bréech delìvery〘産科〙骨盤位分娩, 逆子(さかご).

bréeched /, brítʃt/ *a* (半)ズボン (breeches) をはいた.

breech·es /brítʃəz, bríː-tʃ-/ *n pl* 乗馬用[宮廷儀式用]のズボン; «口» ズボン, 半ズボン; «口» ズボン下. ● **get [grow] too** BIG[1] **for one's ～.** WEAR[1] **the ～.**

Bréeches Bíble [the] ももひき聖書《GENEVA BIBLE の俗称》. [*Gen* 3: 7 に, Adam と Eve がイチジクの葉で作った *breeches* (AV では aprons) で前を隠したとあることから]

bréeches bùoy〘海〙ズボン形救助ブイ, 二叉ブイ.

bréech·ing /, brítʃ-/ *n*《馬の》尻帯;《羊・ヤギ・犬の》尻と後脚の短い剛毛;〘海軍〙《かつての大砲の》駐退索《発砲の際砲の後退を防ぐ索》; 砲尾部, 銃尾部.

bréech·less *a*〈男の子が〉まだ(半)ズボンをはかない.

bréech·lòad·er *n* 後装銃[砲], 元込め銃.

bréech-lòad·ing *a*〈銃が〉後装式の, 元込めの.

bréech presentàtion〘産科〙臀位《分娩時に胎児の臀部[足]が先進する胎位》.

breed /bríːd/ *v* (**bred** /bréd/) *vt* **1**〈動物が子を〉産む, つくる; 卵から〈ひなを〉かえす. **2 a**〈家畜・魚などを〉繁殖させる, 飼育する; つがわせる, 交配する; 受精させる. **b** 人工受粉で〈植物(の新品種)を〉作り出す,〈品種を〉改良する; 増殖炉で〈核分裂物質を〉増殖する. **3**〈人を〉養育する, しつける, 仕込む: be *bred to* the law＝be *bred as* [*to be*] a lawyer 法律家として育てられる. **4**〈不和など〉ひき起こす (cause), かもす;〈土地が〉生み出す, …の発生源となる. ▶ *vi* **1** 子を産む;〈動物が〉繁殖する; 動植物を繁殖させる; [*derog*]〈人が〉育つ; 産み出される, 発生する. **2** 仕込む, 育てる; つがう, 交尾する; 種を採る. ● BORN **and bred. bred in the** BONE. **～ in and in [out and out]** 同種[異種]繁殖を行なう, 常に近親[近親以外]と結婚する. **～ out** 品種改良によって〈特定の性質を〉除去する, 育種して除く. ▶ *n*《動植物の》品種, 血統; 種族, 人種; 品質; 種類; 類型;《ワインの》気品; *«俗» [*derog*] 合いの子 (half-breed): a dying [rare] ～ 今日では珍しいタイプ(の人). ● BEST OF BREED. BREED OF CAT. [OE *brēdan* to produce or cherish a BROOD; cf. G *brüten*]

bréed·er *n* **1** 種畜, 繁殖する動物[植物]; «ホモ俗» ホモでない者, 既婚のホモ. **2 a** 養育者, 飼育者, ブリーダー; 品種改良家, 育種家; 発起人, 張本人. **b**《不満などの》種, 原因. **3** BREEDER REACTOR.

bréeder reàctor [pìle] 増殖型原子炉, 増殖炉.

bréed·ing *n* **1** 繁殖; 飼育, 飼養; 品種改良, 育種;〘理〙増殖(作用): SELECTIVE BREEDING. **2** 家系, 血統; 保育, 養育, しつけ; «古» 教育; りっぱな行儀作法, 育ち. ● **～ in the line** 同種異系の繁殖.

bréeding gròund [plàce] 飼養場, 飼育所, 繁殖する所;《ある状況・事柄の》発生場所[環境], 温床 〈*for*〉.

bréeding pònd 養魚池.

bréeding sèason 繁殖期, 繁殖季節.

bréed of cát (*pl* **～s**) «口» 種類 (kind, sort), (…な)タイプのもの, 種族: a different ～ from… / a new ～.

Bréed's Híll ブリーズヒル《Boston の Bunker Hill に隣接する丘; いわゆる 'Bunker Hill の戦い' (1775) の実際の戦場》.

breeks /bríːks, bríks/ *n pl* «スコ» BREECHES.

breen /bríːn/ *n, a* 茶色がかった緑色(の). [*brownish*＋*green*]

breeng·er /bríːndʒər/ *n* «スコ中西部» せっかちな人.

breeze[1] /bríːz/ *n* **1** そよ風, 微風, 軟風; 海陸風《昼間は海風, 夜間は陸風》;〘海・気〙弱風《時速 4–31 マイルの風; ⇨ BEAUFORT SCALE》: There was not much of a ～. そよとの風もなかった. **2** "'波風', けんか, 言い争い, ごたごた; «口» うわさ: kick up a ～ 騒動を起こす. **3** *«口» たやすい[造作ない]こと, 朝めし前. ● BURN[1] **the ～.** **fan the ～** *«俗» shoot the BREEZE; 空振りする. **get [have, put] the ～ up** «口» びくびくする. **hit the ～** «俗» 立ち去る. **in a ～** «口» 楽々と, 苦もなく: win (a race) *in a* ～ 楽勝する. **shoot [bat] the ～** *«口» おしゃべりする, だべる, だぼらを吹く. ▶ *vi* **1** そよそよと吹く. **2** «口» さっさと[軽やかに]歩く, すいすいと[のんきに]進む 〈*along, off*〉; «口» 勢いよくはいり込む, 乱入する 〈*in, into*〉; *«俗» さっと立ち去る, うせる 〈*away, off, out*〉; *«俗» 逃げる, 脱獄する. ● **～ in** «口» さっそうと[ふと, たまたま]姿を現わす; 人の話に割り込む;〘スポ〙楽勝する. **～ off** *«俗» 黙る; ⇨ *vi* 2. **～ through** «口» さっと通過する; 難なくこなす; ざっと目を通す. **～ up** 風力が強くなる. ♦ **～·less** *a* 風のない. **～·like** *a* [? OSp and Port *briza* northeast wind]

breeze[2] *n* 粉炭, コークス粉(こ); 燃え殻 (cinders)《セメントなどの混合材料》. [F; ⇨ BRAISE]

breeze[3], **bréeze flỳ** *n* «古・方» アブ (gadfly). [OE *briosa* <?]

bréeze blòck " CINDER BLOCK. [*breeze*[2]]

bréeze·wày *n* 建物間の屋根付き通路.

breezy /bríːzi/ *a* **1** 微風(性)の; そよ風の吹く, 風通しのよい. **2** さわやかな, 快活な, 堅苦しさのない; のんきな, 気安い; «口» 軽い(内容の)〈会話〉. ♦ **bréez·i·ly** *adv* **-i·ness** *n*

Bre·genz /*G* bréːgɛnts/ ブレゲンツ《オーストリア Vorarlberg 州の州都で, Constance 湖に臨む保養地》.

breg·ma /brégmə/ *n* (*pl* **-ma·ta** /-tə/)〘人〙冠矢(かんし)交差点, 前頂, ブレグマ《頭蓋計測点の一つ》. ♦ **-mat·ic** /brɛgmǽtɪk/ *a*

breg·oil /brégɔ̀ɪl/ *n* ブレゴイル《製紙廃棄物; 流出石油を吸わせて回収するのに用いる》.

Bre·guét hàirspring /brəgéɪ-/〘時計〙ブレゲ(ット)ひげぜんまい. [A. L. *Breguet* (1747–1823) フランスの時計製作者]

bre·hon /bríːhɑ̀n/ *n*《古代アイルランドの》裁判官《しばしば世襲であった》.

brei[1], **brey** /bréɪ/ *vi* «南ア»《特に アフリカーンス語で》r をのどに響かせて話す. [bray[1]]

brei[2] /bráɪ/ *n*〘生理・医〙粥(かゆ), ブライ《実験用に組織を砕いてどろどろにしたもの》. [G＝pap, pulp]

brek·ker /brékər/ *n* [°～s] "«口» 朝食 (breakfast).

brek·kie, -ky /bréki/ *n* «口» 朝食 (breakfast).

Brel /brɛ́l/ ブレル **Jacques ～** (1929–78)《ベルギー生まれのシャンソン歌手》.

bre·loque /brəlóʊk/ *n* ちょっとした飾り物《時計の鎖やリボンなどに付ける印章・磁石など》. [F]

Bre·men /brémən, bréɪ-; bréɪ-; *G* bréːmən/ ブレーメン《**1**) ドイツ北西部の州; Bremen, Bremerhaven の両市からなる **2**) Weser 川に臨む, 同州の州都 **3**) ドイツ北部, Weser 川下流と Elbe 川下流の間にあった公国》.

B

Bre·mer·ha·ven /brέmərhὰ:v(ə)n; bréɪ-; G bre:mərhá:fn/ ブレーマーハーフェン《ドイツ北西部, Weser 河口に位置する Bremen の外港都市; Bremen 州の飛び地》.

brems·strah·lung /brέmʃtrὰ:ləŋ/ n 〘理〙 制動放射. [G＝braking radiation]

Bren ⇨ BREN GUN.

Brén càrrier 〘軍〙 ブレン式軽機搭載の偵察用装甲自動車. [*Br*no チェコの原産地, *En*field のちの製造地である英国の町]

Bren·da /brέndə/ ブレンダ《女子名》. [Scand＝brand or sword]

Bren·dan /brέndən/ [Saint] 聖ブレンダン (c. 484 or 486–578)《ケルト系の聖人; 修道院を創設; 地上の楽園を求めて大航海を行なったと伝えられ, 中世の伝説 Navigatio Sancti Brendani (聖ブレンダーヌス航海記) のもととなった; 祝日 5 月 16 日》.

Bren·del /brέndl/ ブレンデル **Alfred** ~ (1931–)《チェコ生まれのオーストリアのピアニスト》.

Brén (gùn) /brέn(-)/ ブレン銃《第二次大戦で英軍が用いた軽機関銃の一種》.

Bren·nan /brέnən/ ブレナン **William** (**Joseph**) ~(, **Jr.**) (1906–97)《米国の法律家; 合衆国最高裁判所陪席裁判官 (1956–90)》.

Bren·ner /brέnər/ ブレンナー **Sydney** ~ (1927–)《南アフリカ生まれの生物学者; 器官発生と細胞のプログラム死に関する遺伝学的制御の研究によりノーベル生理学医学賞 (2002)》.

Brénner Páss [the] ブレンナー峠《アルプス東部, オーストリアとイタリア国境にある (1371 m)》.

brent‖ /brέnt/, **brént gòose**‖ n 〘鳥〙 BRANT.

Brent 1 ブレント《London boroughs の一つ》. 2 ブレント《男子名》. [OE＝steep hill]

Bren·ta /brέntə/ [the] ブレンタ川《イタリア北部を南東に流れ Venice の南でアドリア海に注ぐ》.

Bren·ta·no /brɛntá:noʊ/ ブレンターノ **Clemens** (**Maria**) ~ (1778–1842)《ドイツの後期ロマン派詩人; Achim von Arnim と民謡集 *Des Knaben Wunderhorn* (少年の魔法の角笛, 1805–08) を編集した》.

br'er /brə́:r/ n BROTHER《米国南部の黒人のなまり》.

Brér Rábbit /brə́:r-/ ウサギどん《UNCLE REMUS 物語に登場する主人公のウサギ; 知恵と機知とで敵の動物たちを手玉にとる; ほかに **Brér Fóx, Brér Wólf** などが登場する》.

bre·sao·la /brɛsóʊlə, brɪzóʊ-; brɛsáʊ-/ n ブレザオラ《塩漬けして干した牛肉のスライスにオリーブ油・レモン汁・黒コショウをかけたもの》. [It]

Bre·scia /bréʃə, bréɪ-/ ブレシア《イタリア北部 Lombardy 州東部にある市; 古代名 Brixia》.

Breslau ⇨ WROCŁAW.

Bres·son /F brɛsɔ̃/ ブレッソン **Robert** ~ (1901–99)《フランスの映画監督・脚本家》.

bres·sum·mer /brέsəmər/ n BREASTSUMMER.

Brest /brέst/ ブレスト《⑴ フランス北西部 Brittany 半島の先端部にある港湾都市 ⑵ ベラルーシ南西部 Bug 川に臨む市; 旧称 **Brest-Li·tovsk** /—lɪtɔ́:fsk/》. ■ the **Tréaty of Brést-Litóvsk** ブレストリトフスク条約《第一次大戦末期の 1918 年 3 月, 同盟国側とソヴィエト・ロシアがブレストリトフスクで締結した講和条約》.

Bre·tagne /F brətaɲ/ ブルターニュ《⑴ BRITTANY のフランス語名 ⑵ フランス西部の地域圏; Côte-du-Nord, Finistère, Ille-et-Vilaine, Morbihan の 4 県からなる》.

breth·ren /bréð(ə)rən/ n pl [BROTHER の複数形] 1《男の》同胞, 信者仲間, 同業者《brothers を使うこともある; 形式ばった呼び掛けに用いることもある》. 2 [B-]〘キ教〙兄弟団《18 世紀ドイツ敬虔主義に由来する諸教派; 特にダンカー派 (Dunkers)》.

Bret·on[1] /brétn; F brətɔ̃/ a ブルターニュ (BRITTANY) (人)の; ブルトン語の. ► n ブルターニュ人; ブルトン語, ブルターニュ語《ケルト諸語の一つ; 使用者人口は約 50 万》. [F; ⇨ BRITON]

Bre·ton[2] /F brətɔ̃/ ブルトン **André** ~ (1896–1966)《フランスのシュールレアリスト詩人》.

Bréton láce ブレトンレース《太い糸で刺繍をしたレース》.

Bre·tonne /brətá:n/ a ブルターニュ (Brittany) 風の: ~ sauce ブルターニュソース《茶色になるまで炒めたタマネギを入れたブラウンソース》. [F]

Brét·ton Wóods Cònference /brétən-/ [the] ブレトンウッズ会議《第二次大戦中の 1944 年, New Hampshire の Bretton Woods で 44 か国参加のもとに開かれた連合国通貨金融会議; IMF 協定と IBRD 協定を採択した》.

Bret·wal·da /brɛtwɔ́:ldə/ n 〘英史〙大王, ブリトン王《初期アングロサクソン時代の全イングランドの王》.

bre·tyl·i·um /brətíliəm/ n 〘薬〙ブレチリウム《トシラート (tosylate) の形で投与される抗不整脈薬; 頻拍や心室細動の治療に用いる》. [? *bromobenzyl*＋*dimethylammonium*]

bret·zel /brétsəl/ n PRETZEL.

Breu·er /brɔ́ɪər/ ブロイアー ⑴ **Josef** ~ (1842–1925)《オーストリアの神経科医; ヒステリーを催眠浄化法で治療した》 ⑵ **Marcel**(-**Lajos**) ~ (1902–81)《ハンガリー生まれの米国の建築家・家具デザイナー; 国際様式 (International Style) の代表的存在》.

Bréuer chàir 〘家具〙ブロイアーチェア《Marcel Breuer がデザインした CESCA CHAIR, WASSILY CHAIR など》.

Breug(h)el ⇨ BRUEGHEL.

breve /brí:v, brέv/ n 〘印〙短音記号 (˘; 母音の上に付けて短母音・短[弱]音節を示す; 例 ă, ŏ; cf. MACRON);〘楽〙二全音符 (⇨ NOTE);〘史〙勅令, 令状;〘カト〙教皇令書 (BRIEF). [*brief* の異形]

bre·vet /brɪvέt; brέvɪt/〘陸軍〙n, a 名誉進級(による); 名誉進級辞令. ► vt (-tt- | -t(t)-) 名誉進級させる. ♦ **~·cy** n 名誉(進級)階級. [F (dim)‹ *bref*; ⇨ BRIEF]

bre·vet d'in·ven·tion /F brəvɛ dɛ̃vɑ̃sjɔ̃/ 発明特許. [F＝certificate of invention]

brevi- /brévə-/ *comb form*「短い」 [L; ⇨ BRIEF]

bre·vi·ary /brí:vjəri, brévjə-, *-vièri/ n 1 [°B-]〘カト〙聖務日課書; [°B-]《カトリック教会以外の》日読祈禱書; [the, °the B-] 聖務日課 (Divine Office). 2 要約, 抄, 抄本. [L＝summary; ⇨ ABBREVIATE]

bre·vier /brəvíər/ n 〘印〙ブレビヤ《8 ポイント活字; ⇨ TYPE》.

brèvi·pénnate a 〘鳥〙短翼の.

brèvi·róstrate a 〘鳥〙くちばしの短い, 短嘴(たんし)の.

brev·i·ty /brévəti/ n《時の》短さ;《表現の》簡潔さ: the ~ of human life 人生のはかなさ / for ~'s sake 簡潔のために / *B*~ is the soul of wit. 簡潔は知恵の神髄, 機知は簡潔が肝心, 言は簡を尊ぶ《Shak., *Hamlet* 2. 2. 90》. [AF; ⇨ BRIEF]

brew /brú:/ vt 1 ‹ビールなど›醸造する (cf. DISTILL); ‹飲料を›調合する, 煎じる, ‹茶・コーヒーを›いれる ‹*up*›. 2 ‹陰謀を›たくらむ, ‹波乱を›起こす ‹*up*›. ► vi 1 醸造する[される]; ‹茶・コーヒーが›はいる; ‖《口》茶[コーヒー]をいれる ‹*up*›: You must drink as you have ~*ed*.《諺》自分で蒔いた種は自分で刈らねばならぬ《身から出たさび, 自業自得》. 2 ‹いやなことが›起ころうとしている, 準備されている: Mischief [A storm] is ~*ing* (*up*). いたずらがたくらまれている[あらしが起ころうとしている] / There's trouble ~*ing*. 問題が持ち上がっている. ► n 1 醸造物[酒],《特に》ビール,《口》ビール一杯[ひと缶, 一本]; 煎じたもの, 紅茶, コーヒー;《一回の》醸造高; 造り, 品質; (ビール)醸造: WITCHES' BREW / the first ~ of tea 紅茶の一番出し / quaff a ~ ビールを一杯飲む. 2 混合, 配合, ミックス ‹*of*›. ● **suck** (**some**) ~ *《俗》ビールを飲む. ♦ **~·er** n ビール醸造者[会社]. [OE *brēowan*; cf. G *brauen*]

bréw·age n 醸造酒,《特に》ビール; ビール醸造(法).

brewed /brú:d/ a *《俗》酒に酔って, できあがって: get ~.

Brewer's『ブルーアーズ』《*Brewer's Dictionary of Phrase and Fable* の略称; 語句の起源を神話・歴史・宗教・芸術などとの関連で説明する参考書で, 1870 年に英国人聖職者・教師 Ebenezer Brewer (1810–97) が初版を出し, 今日も改訂を重ねている》.

bréwer's dròop‖ [*joc*] 酒の飲みすぎによる不能.

bréwer's gráins pl ビール粕《豚の飼料》.

Bréwer's móle 〘動〙モグラヒミズ (＝*hairy-tailed mole*)《北米東部産》. [Thomas M. *Brewer* (1814–80) 米国の鳥類学者]

bréwer's yéast ビール酵母《ビタミン B 複合体が採れる; cf. BAKER'S YEAST》.

bréw·ery n ビール醸造所[工場], ビール会社.

brew·ha(·ha) /brú:hὰ:(hὰ:)/ n *《俗》ビール(一杯).

bréw·hòuse n BREWERY.

bréw·ing n (ビール)醸造(業); 醸造量[高];〘海〙暴風雨の前触れ.

brew·is /brú:əs, brú:z/《方》n 肉汁 (broth); 肉汁[スープなど]に浸したパン.

bréw·màster n《ビール工場の》醸造(工程)責任者, 醸造監督.

bréw·òut n *《俗》ビールパーティー.

bréw·pùb* n 醸造(所)酒場, ブルーパブ《⑴ MICROBREWERY ⑵ ビール工場敷地内で自家製ビールを飲ませる酒場》.

bréws bróthers pl *《俗》ビールを飲む(男子)学生. [*Blues Brothers* のもじり]

brew·ski(e), -sky /brú:ski/ n *《俗》ビール(一杯[ひと缶, 一本]).

bréw·ster n《古・方》BREWER; *《俗》ビール飲み《人》; *《俗》ビール(ひと缶).

bréwster sèssions‖ pl 酒類販売免許認可会議.

bréw·ùp n‖《口》お茶をいれること, 'お茶'.

brey ⇨ BREI.

Brey·er /bráɪər/ ブライアー **Stephen** (**Gerald**) ~ (1938–)《米国の法律家; 合衆国最高裁判所陪席裁判官 (1994–)》.

Brezh·nev /brέʒnὲf/ 1 ブレジネフ **Leonid Ilyich** ~ (1906–82)《ソ連の政治家; 共産党書記長 (1964–82; 66 年以前は第一書記)・最高会議幹部会議長 (1960–64, 77–82)》. 2 ブレジネフ《NABEREZHNYE CHELNY の旧称》.

Brézhnev Dóctrine [the] ブレジネフドクトリン《1968 年のソ連のチェコ軍事介入を正当化しようと Brezhnev が提出した考え: 東欧社会主義圏の安全のため, 一国の主権は全体の利益の前に制限されるべきであるとする》.

Bri·an /bráɪən/ ブライアン《男子名》. [Celt＝?; cf. BRYAN]

Brían Bo·rú /-bərú:, -bɔ:-/ ブライアン・ボルー (941–1014)《アイルランドの大王 (high king) (1002–14)》.

Bri·and /F briɑ̃/ ブリアン **Aristide** ~ (1862–1932)《フランスの政治家; 第一次大戦後首相を 11 回, 外相を 10 回つとめ, 平和外交を展開; ノーベル平和賞 (1926); cf. KELLOGG-BRIAND PACT》.

Briansk ⇨ BRYANSK.

bri·ar[1], **-er** /bráɪər/ *n* イバラ, バラ[シオデ, キイチゴなど](のやぶ[小枝]); *《俗》やすり, 弓のこ: ~*s* and brambles イバラのやぶ. [OE *brǣr, brēr*<?]

briar[2], **-er** *n*〘植〙エイジュ(栄樹), ブライアー《地中海沿岸原産ツツジ科エリカ属の低木または小高木; 根はパイプ材》; ブライアーパイプ. [F *bruyère* heath; 語形は↑に同化]

bri·ard /briáːr(d)/ *n* [°B-]〘犬〙ブリアール《フランス産の大型·長毛の牧羊犬》. [*Brie* フランス北東部の一地方]

Bri·ar·e·us /braɪέəriəs/〘ギ神〙ブリアレオース《百手の巨人の一人; ⇨ HECATONCHIRES》. ♦ **Bri·ár·e·an** *a*

bríar-hòpper *n**《俗》農民.

bríar·ròot *n* ブライアーの根; ブライアーパイプ.

bríar ròse〘植〙ヨーロッパノイバラ (dog rose).

bríar·wòod *n* ブライアー材.

bri·ary /bráɪəri/ *a* イバラの生い茂った (⇨ BRIAR[1]).

bribe /bráɪb/ *n* 賄賂, 袖の下; 誘惑するもの, おとり: take a ~ 収賄する. ► *vt, vi* 賄賂で誘惑する[抱き込む], 買収する, 《子供をお菓子などで》つる; 買収して…させる ‹*into doing*›; 贈賄する, …におとりを使う. ♦ **bríb·able, bríbe-** *a* 賄賂のきく, 買収できる. [OF *briber* to beg<?]

brib·ee /braɪbíː/ *n* 収賄者.

bríbe·gìver *n* 贈賄者 (briber). ♦ **-giving** *n* 贈賄.

brib·er /bráɪbər/ *n* 贈賄者.

brib·ery /bráɪb(ə)ri/ *n* 贈賄, 収賄, 贈収賄, 賄賂罪: commit ~ 贈賄[収賄]する.

bríbe·tàker *n* 収賄者 (bribee). ♦ **-tàking** *n* 収賄.

BRIC /brík/ Brazil, Russia, India, and China (cf. BRICs).

bric-a-brac, -à- /bríkəbræ̀k/ *n* 骨董品, 古物《集合的》; 装飾的小物《集合的》. [F *à bric et à brac* (obs) at random]

Brice /bráɪs/ **1** ブライス **Fanny** ~ (1891–1951)《米国の歌手·喜劇女優; *Ziegfeld Follies* のスター》. **2** ブライス《男子名》.

brick /brík/ *n* **1 a** 煉瓦; BRICK RED: a house of ~ 赤煉瓦の家. **b** 煉瓦の形をしたもの, 四角い塊り《パン·磚茶(たんちゃ) (brick tea)·アイスクリームなど》; 《俗》《煉瓦状に固めた》1 kg のマリファナ; ˈˈ《おもちゃの》積み木; BRICK CHEESE. **c** [the ~s, ‹*sg*›]*《俗》舗道, 歩道, 街路, 刑務所の外, 娑婆(しゃば). **2**《旧口》(気持の)いいやつ, 頼もしいやつ, 好漢. **3**《口》酷評, 侮辱: throw ~*s* at…を酷評する. **4***《バスケ俗》ミスショット; *《俗》失敗, へま. ● **a ~ short of a load**《口》‹人がちょっと変な[いかれた]. **a few** [two, three, etc.] **~s shy** [**short**] **of a load***《俗》ちょっと(おつむが)足りない, まぬけで, ばかで. **beat the ~s***《俗》《特に 職を求めて》街を歩く. **be like talking to a ~**《口》馬の耳に念仏みたいだ. **be shitting ~s**《卑》ひどくおびえる[落ちつかない], びびりまくる. **drop a ~**《口》不用意なことを言う[する], へまをやる, しくじる. **drop** sth [sb] **like a** HOT **~.** **go** (**and**) **chew ~s** [*impv*]《俗》うせろ, 消えてしまえ; 《俗》静かにしろ, 黙れ. **have a ~ in** one's **hat**《俗》酔っている. **hit the ~s***《口》外へ[街へ]出る; *《俗》シャバへ出る; *《俗》ストで職場放棄をする; *《俗》‹失業者·浮浪者が›街をうろつく. **like a ~**=**like** (**a load** [**a ton, a hundred, a pile**] **of**) **~s**《口》猛烈に, 活発に, 猛烈な勢いで: come down on sb *like a ton of ~s* 人をどやしつける ‹*for doing*› / hit *like a ton of ~s* 衝撃を与える, どぎもを抜く. **make ~s without straw** 必要な材料[資料]もなく事を始める, 不可能なことを試みる《*Exod* 5: 7》. **one ~ shy of a load** =*《俗》a few BRICKs shy of a load. **press the ~s***《警察俗》歩いてパトロールする; *《俗》街をぶらつく. **shit a ~**《卑》えらく固いくそをする; 《卑》かっかする, 頭にくる; [‹*int*›]《卑》くそったれ, いまいましい, ちっきしょう, チョッ. **shit ~s**《卑》やっとのことでくそをひり出す; 《卑》かっかする (shit a brick). **walk the ~s** *《警察俗》歩いてパトロールをする.
► *a* 煉瓦の; 煉瓦造り[敷き]の; 煉瓦色の. ● **knock** [**bang, run,** etc.] one's **head against a ~** WALL. **see through a ~** WALL.
► *vt* 煉瓦を敷く, 煉瓦で囲む ‹*in*›, 煉瓦でふさぐ ‹*in, up*›. 煉瓦でおおう ‹*over*›, 煉瓦建築[造り]にする. ► *vi**《俗》失敗する, つぶれる. ● **be ~ing** one**self** ˈˈ《卑》ひどく心配している[不安である], びびっている.
[MLG, MDu<?; cf. OF *brique*<E]

bríck àgent*《俗》最下級の FBI 職員, FBI のぺえぺえ[下っぱ, 使い走り].

bríck-and-mórtar, brícks-and-mórtar *a* ‹販売会社などが›実店舗のある, 現場でサービスを提供する《特に オンラインサービスに対していう; cf. CLICK-AND-MORTAR》.

bríck·bàt *n* 煉瓦のかけら, 《特に 飛び道具としての》煉瓦のつぶて, 《一般に》つぶて; [*fig*] 酷評, 侮辱.

bríck-buìlt *a* 煉瓦造りの.

bríck chéese*ブリックチーズ.

bríck dùst 煉瓦くず, 煉瓦粉.

bríck·fìeldˈˈ *n* BRICKYARD.

bríck·fìeld·er *n*〘気〙ブリックフィールダー《豪州各地の暑い乾燥した北風; もとは Sydney の寒い南風》.

bríck·hòuse *n**《俗》オッパイの大きな女, 巨乳《人》.

bríck·ie *n*《口》BRICKLAYER.

bríck·kìln *n* 煉瓦焼き窯.

bríck·làyer *n* 煉瓦職人 (=*brickmason*); 《バスケ俗》シュートのへたな人.

bríck·làying *n* 煉瓦積み, 煉瓦工事.

brick·le /brík(ə)l/ *a*《方》もろい, こわれやすい (brittle).

bríck·màker *n* 煉瓦製法[工法]研究家; 煉瓦成型機係. ♦ **bríck·màking** *n* 煉瓦製造.

bríck·màson *n* BRICKLAYER.

bríck nòg [**nògging**] 木骨煉瓦積み.

bríck réd 赤煉瓦色, 黄色[茶色]がかった赤.

brícks and mórtar ビル, 建物, 住宅. ★ ⇨ BRICK-AND-MORTAR.

bríck téa 磚茶(たんちゃ)《茶の葉を四角い塊りに固めたもの; 削って用いる》.

bríck·tòp *n**《俗》赤毛の人[頭].

bríck venéer《豪》外壁を薄い煉瓦積みでおおった木造の建物.

bríck wáll 煉瓦壁; 大きな障壁, 越えがたい壁 (⇨ WALL 成句).

bríck·wòrk *n* 煉瓦積み[工事]; 積まれた煉瓦《塀など》.

bríck·wòrks *n* (*pl* ~) 煉瓦工場.

brícky *a* 煉瓦の(ような), 煉瓦製の. ► *n*《口》煉瓦職人 (bricklayer).

bríck·yàrd **1** 煉瓦工場. **2** [the B-] ブリックヤード《INDIANAPOLIS MOTOR SPEEDWAY の俗称》.

bri·co·lage /brìːkouláːʒ, brìk-/ *n* あり合わせのものを利用して作ること[作ったもの], 雑物利用(の作品), ブリコラージュ: culinary ~. [F=(doing) odd jobs]

bri·cole /brɪkóul, brík(ə)l/ *n*〘玉突〙空(から)クッション; 《コートテニスで》球の側壁からのはね返り; はね返り, 不意討ち; 《古代·中世の》投石器, 石弓. [OF<?]

bri·co·leur /F brikɔlœːr/ *n* BRICOLAGE をする人. [F=handyman]

BRICs /bríks/ *pl* [the] ブリックス《新たな経済成長国としてのブラジル·ロシア·インド·中国 (BRIC) を集団として複数名詞化した語; 近年は BRICS と表記して South Africa を加えている》.

brid·al /bráɪdl/ *a* 花嫁の, 新婦の; 婚礼の, 新婚者用の. ► *n* 婚礼, 結婚式. ♦ **~·ly** *adv* [OE *brȳd-ealu* wedding feast (BRIDE, *ealu* ALE drinking)]

brídal pàrty《結婚式での》新婦側の出席者.

brídal régistry*結婚祝い登録簿《ギフトショップなどに置く新郎新婦が望む結婚祝い品の一覧; 祝い品の重複を避ける意味もある》.

brídal shòwer*ブライダルシャワー《花嫁になる女性に贈り物をするパーティー》.

brídal sùite《新婚夫婦用の》ホテルのスイートルーム.

brídal wrèath〘植〙シジミバナ, コゴメバナ《バラ科シモツケ属》.

bride[1] /bráɪd/ *n* 花嫁, 新婦 (opp. *bridegroom*): Happy is the ~ the sun shines on.《諺》結婚式に日が照るのはさい先がよい. ● **the B~ of the Sea** 海の花嫁《VENICE のこと》. [OE *brȳd*; cf. G *Braut*]

bride[2] *n*《刺繍·レース編みの》ブライド (=*tie*)《輪型·棒型 または結び目型にした, 模様間のつなぎの糸》; 《ボンネットの》飾りあごひも. [F=bridle<? Gmc]

Bride [Saint]《アイルランドの》Saint BRIDGET.

bríde·càke *n* WEDDING CAKE.

bride·groom /bráɪdgrùːm, -grùm/ *n* 花婿, 新郎 (opp. *bride*). [OE *brȳdguma* (BRIDE, *guma* man); 語形は GROOM に同化したもの]

bríde-prìce *n* 婚資《売買婚において男が女の家に支払う貨幣·貴重品·食料など; 時にそれに代わる労役》.

bríde's bàsket 銀めっきの台座のある取っ手付き色ガラス製装飾鉢. [19 世紀に結婚の贈り物とされたことから]

brides·maid /bráɪdzmèɪd/ *n* 新婦付添いの(若い)女性 (cf. MAID [MATRON] OF HONOR, BEST MAN, GROOMSMAN); 《口》第二位の者, 次点者, 二番手, もう一歩で目標を達成できない者: Always a [the] ~, never a [the] bride.《諺》いつも二番手. [*bridemaid*]

brides·man /bráɪdzmən/ *n* BEST MAN.

bríde wèalth BRIDE-PRICE.

bride·well /bráɪdwɛ̀l, -wəl/ *n*《古》刑務所, 矯正院. [*Bridewell* ロンドンの矯正院]

bridge[1] /brídʒ/ *n* **1 a** 橋, 橋梁; 架橋, 橋梁工事; 〘海〙船橋, ブリッジ, 艦橋; 〘米鉄道〙信号装置用跨線橋 (gantry): build ~*s* 橋渡しをする, 《友好的な》関係を確立する, 関連づける ‹*between, across*› / build [throw] a ~ across [over] a river 川に橋をかける / Don't cross the [a] ~ [your ~*s*] until you come [get] to it [them].《諺》取越し苦労するな. **b** 結合[中継]するもの; かけはし, 仲立ち; 中間的存在. **2** 橋状のもの; 鼻ばしら (=the ~ of the nose); 《眼鏡の》ブリッジ; 《弦楽器の》柱(じ), こま; 〘歯〙橋(架工)義歯, ブリッジ; 〘玉突〙ブリッジ, レスト《キューを支える手の構え, または その代用器具》; 〘レス〙ブリッジ. 3〘電〙ブリッジ, 電橋;〘電〙橋絡, ブリッジ《多すぎるはんだによる端子間などのショート》;〘電子工〙ブリッジ (=〜 **cìrcuit**)《4つの素子を2つずつ並列な2つの分枝に接続したもので, 各分枝の中間を出力につなぐ回路網; cf. BRIDGE RECTIFIER, WHEATSTONE BRIDGE》;〘楽〙経過部, BRIDGE PASSAGE,《ジャズ・ポピュラー音楽の》ブリッジ (=*channel*, *release*), MIDDLE EIGHT;〘化〙橋状結合, ブリッジ《橋形に結合する原子(団)または基》;〘放送〙《場面転換の時に》つなぎに流すもの《音楽など》;〘電算〙《2つの LAN を接続する》ブリッジ. ● **a 〜 of gold=a golden 〜**《敗軍の》容易な退路; 難局打開策. **be a 〜 too far** 〈目標・企画などが〉達成[実現]がむずかしい, 〈見通しが〉暗い. BURN[1] **one's 〜s (behind one). cross that 〜 when one comes to it** 問題が持ち上がったらその時に対処する, 取越し苦労をしない. **cross the 〜** ことを決行する. ► *a* 〈衣類が〉高級品メーカーによる格安商品の. ► *vt* **1** 〈川〉に橋をかける, 架橋する; 橋で結ぶ; 橋をかけて〈道を〉造る;〘電〙橋絡する. **2** 〈溝などを〉埋める; 乗り越える[させる]〈*over*〉: 〜 the GAP / 〜 *over* many difficulties 多くの難関を乗り越える. ♦ **〜·able** *a* 架橋できる; 〈ギャップ・溝が〉埋めることのできる, 〈相違が〉克服しうる. **〜·less** *a* [OE *brycg* (n); cf. G *Brücke*]

bridge[2] *n* 〘トランプ〙ブリッジ《4人が2組に分かれ, 13回のうち何トリックに勝つか予想して賭ける; 4人のうち1人の手札は dummy として卓上に開かれる》,《特に》CONTRACT BRIDGE. [C19<?]

bridge-and-túnnel *a**《口》マンハッタン (Manhattan) へ通勤する, 郊外在住の, 都会的でない《島外からマンハッタン島へは橋やトンネルを使うことから》.

brídge·bòard* *n* 〘建〙《階段の段板を受け支える段形の》ささら桁(げた).

brídge·buìld·er *n* 橋をかける人;《対立する二者・二国間などの》橋渡しをする人, 調停役. ♦ **brídge-buìld·ing** *n*

brídge finàncing BRIDGE LOAN.

brídge·hèad *n* 〘軍〙橋頭堡《橋・隘路(あいろ)などの敵陣側に設けた拠点; cf. BEACHHEAD》; 前進基地, 足掛かり; 橋の末端付近.

brídge hòuse 〘海〙船橋楼室, 船橋甲板室.

brídge làmp カードテーブル用のフロアランプ.

brídge lòan* つなぎ融資 (bridging loan")《長期貸付金の実行待ち, 不動産売却代金の入金待ちなどの期間の当座の資金不足を補う融資》.

brídge of ásses ASSES' BRIDGE.

brídge of bóats 舟橋(しゅうきょう).

Brídge of Síghs [the] 嘆きの橋《**1**) Venice の罪人が刑務所へ引かれるとき渡った懸橋 **2**) New York 市の Tombs 刑務所に通じる橋 **3**) Cambridge 大学 St. John's College の Cam 川にかかる橋 **4**) Oxford 大学 Hertford College の通りにかかる橋》.

brídge pàssage 〘楽〙経過句《ソナタなどの主題と主題のつなぎの小楽句》.

Brídge·pòrt ブリッジポート《Connecticut 州南西部 Long Island 海峡に臨む港湾都市》.

brídge rèctifier 〘電〙ブリッジ整流器《4つのダイオードをブリッジに組んだ形の全波整流器》.

brídge ròll" 小型のロールパン.

Brid·ges /brídʒəz/ ブリッジズ **Robert (Seymour) 〜** (1844–1930)《英国の詩人; 桂冠詩人 (1913–30)》.

Bridg·et /brídʒət/ **1** ブリジェット《女子名; アイルランド人に多い; 愛称 Biddy》. **2** [Saint] **a** 聖ブリギッド (d. c. 524–528)《アイルランド Kildare の女子修道院長; 別称 Bride, Brigid, Brigit, Brighid; 同国の守護聖人; 祝日2月1日》. **b** 聖ビルイッタ (c. 1303–73)《スウェーデンの修道女; 別称 Birgit, Birgitta; 同国の守護聖人; 祝日7月23日[もと10月8日]》. [Celt=strength]

brídge tàble ブリッジテーブル (CARD TABLE).

Brídget Jónes ブリジット・ジョーンズ《理想の恋人を探し求める平凡な30代の独身女性; Helen Fielding の小説 *Bridget Jone's Diary* (1996) の主人公に由来》.

brídge tòwer 橋塔.

Brídge·tòwn ブリッジタウン《バルバドスの首都》.

brídge tràin 〘軍〙架橋縦列.

brídge-tùnnel *n* 《河口域などの》橋とトンネルとが続く道路.

brídge·wàrd *n* 橋番.

brídge·wàre *n* 〘電算〙ブリッジウェア《互換性が完全でないシステム間の橋渡しをするソフトウェアまたはハードウェア》.

brídge·wòrk *n* 橋梁[架橋]工事; 橋梁建設業;〘歯〙橋[架工]義歯;〘歯〙ブリッジ技工.

bridg·ing /brídʒɪŋ/ *n* 架橋;〘建〙つっぱり;〘電〙橋路;〘電算〙ブリッジング《LAN 間を bridge でつなぐこと》.

brídging advànce [fìnance] BRIDGE LOAN.

brídging lòan" BRIDGE LOAN.

Bridg·man /brídʒmən/ ブリッジマン **P(ercy) W(illiams) 〜** (1882–1961)《米国の物理学者; ノーベル物理学賞 (1946)》.

bri·die /bráɪdi/ *n* 《スコ方》肉とタマネギのはいった三角パイ.

bri·dle /bráɪdl/ *n* **1** 《馬を御すための》頭部馬具, 頭絡《おもがい・くつわ・手綱の総称》;〘海〙添え索, 添えロープ;《凧(たこ)の》糸目《これに揚げ糸を結ぶ》;〘機〙添え金;〘電〙縁つなぎ;〘解・動〙小帯 (=*frenulum*): a horse going well up to his 〜 勇んで進む馬. **2** 拘束(物), 抑制, 束縛. ● **bite on the 〜**《御しがたい馬のように》いらいらする. **draw 〜** 手綱を引いて馬を制する; [*fig*] 自制する. **give the 〜 to** …=**lay the 〜 on the neck of**…の手綱をゆるめる; …を自由に活動させる. **off [on] the 〜**=off [on] the BIT[1]. **set a 〜 on**…を抑制する. ► *vt*, *vi* **1** 〈馬〉に頭部馬具を付ける; 〈欲望などを〉抑制する, 〈ことばなどを〉慎む. **2** 《憤然として》《あごを引いて》頭をキッと上げる: She 〜*d* (*up*) *at* the remark. [OE *brīdel*; cf. BRAID]

brídle brìdge 馬橋《車は通れない狭い橋》.

brídle hànd 手綱を持つ手《通例 左手》.

brídle rèin 《馬の》手綱(たづな).

brídle·wày, brídle pàth [ròad, tràil] *n* 乗馬道《馬車・荷車・自動車は通れない乗馬・歩行者用の公道》.

brídle·wise* *a* 〈馬が〉手綱に慣らされた.

bri·doon /brədú:n, braɪ-/ *n* 《はみ鎖の》小勒(こぐつわ).

brie ⇨ BREE.

Brie /brí:/ **1** ブリー《フランス北東部 Paris の東の地方; ☆ Meaux》. **2** [ˢb-] ブリー《白色で柔らかい Camembert に似た表面熟成チーズ; Brie 地方特産》.

brief /brí:f/ *a* **1** 短時間の, しばらくの, 短命な; 短い. **2** 簡潔な (concise); そっけない. ● **〜 and to the point** 簡にして要を得た. **to be 〜** 手短かに言えば, 要するに (in short).
► *n* **1 a** 摘要, 概要, 要約; 短い記事[文章]. **b**〘法〙訴訟事件摘要書; 訴訟事件;"《口》(法廷)弁護士: take a 〜 訴訟事件を引き受ける / have plenty of 〜*s* 〈弁護士が〉事件の依頼が多い. **c** 《権限・任務などを規定する》指示(事項); [*fig*] 任務, 権限;〘空軍〙《出撃前に飛行士に与える》簡潔な指示: stick to your 〜. 指示されたことだけをやればよい. **d**〘カト〙教皇小書簡, 小勅書 (=*breve*) 〈*to*〉(BULL[2] より略式);《廃》令状, 書簡. **2** [*pl*] ブリーフ《股下の短いパンツ, 男子用も女子用もこの名で呼ぶ》. ● **hold a [no] 〜 for** 〈人を〉弁護する[しない], 〈人・案を〉支持する[しない]. **in 〜**=to be BRIEF; 手短かに, 簡単に (in a few words). **make 〜 of**…をさっさと[速やかに]片付ける.
► *vt* **1** 〈人〉に(十分な)指示[情報]を与える, 前もって十分に実地指導する, …に要旨を説明する 〈*on*, *about*〉;〘軍〙要旨説明の場で〈作戦などを〉討議する. **2** …の摘要を作る, 要約する. **3**〘英法〙〈弁護士 (barrister)〉に訴訟事件摘要書による説明をする; 〈人〉に弁護を依頼する.
♦ **〜·ness** *n* 簡単, 簡潔;《時の》短さ, はかなさ. **〜·er** *n* [OF<L *brevis* short]

bríef bàg BRIEFCASE; "弁護士の折りかばん.

bríef·càse *n* 《主に 革製の》書類かばん, ブリーフケース.

brief·ie /brí:fi/ *n**《俗》短編映画.

bríef·ing *n* 簡潔な状況説明[指令], 要約した報告, 要点の説明;《行動を起こす前の》最終打合わせ.

bríef·less" *a* 訴訟依頼人のない, はやらない〈弁護士〉.

bríef·ly *adv* 簡単に, 短く, あっさり; 手短かに言えば, 要するに; 一時的に, 暫時: to put it 〜 簡単に言えば.

bríef of títle 〘米法〙権原要約書 (abstract of title).

Bri·enne /brién/ ブリエンヌ《**1**) フランス北東部 Champagne 地方, Troyes の北北東にあった伯爵領; 10–18世紀 Brienne 家が支配 **2**) その首都》.

Bri·enz /briénts; *G* brí:ɛnts/ ブリエンツ《スイス Bern 州南東部の町; ブリエンツ湖 (the **Láke of 〜**) 北東岸に位置する景勝地》.

brier ⇨BRIAR[1,2].

brig[1] /bríg/ *n* 〘海〙ブリグ型帆船《2本マストで横帆を装備》;*《軍艦内の》監禁室;*《軍俗》営倉;*《俗》《一般に》刑務所: a 〜 rat *《俗》囚人. [*brigantine*]

brig[2] *n*, *vt* (-gg-) 《スコ・北イング》BRIDGE[1].

Brig. Brigade ♦ Brigadier.

bri·gade /brɪgéɪd/ *n* 〘軍〙旅団 (⇨ ARMY); 大部隊;《軍隊式編成の》団体, 隊, 組;《口》《ある目的・特徴をもった》集団, 連中: BUCKET BRIGADE. ► *vt* (旅団[組]に)編成する; ひとまとめにする, 結びつける. [F<It=company (*briga* strife)]

brigáde májor 〘英陸軍〙旅団副官.

brig·a·dier /brìgədíər/ *n* 〘英軍〙准将《大佐と少将との中間で旅団長をつとめる》;〘米軍〙BRIGADIER GENERAL;〘史〙《Napoleon 1世の軍の》(騎兵[砲兵])伍長.

brigadíer géneral **1**〘米軍〙准将, 代将《大佐と少将との中間; ⇨ AIR FORCE, ARMY, MARINE CORPS; 略 Brig. Gen.》. **2**〘英軍〙BRIGADIER の旧称.

Brig·a·doon /brìgədú:n/ ブリガドゥーン《Alan J. Lerner と Frederick Loewe 共作の同名ミュージカル (1947) で描かれたスコットランドの町; 100年に一度姿を現わす》; 牧歌的な土地, 現実離れしたところ.

brig·a·low /brígəlòu/ *n* 《豪》アカシアの木《特に Queensland に叢生しているのが知られる》.

brig·and /brígənd/ *n* 山賊 (bandit), 略奪者. ♦ **〜·age, 〜·ry** *n* 山賊行為, 略奪. **〜·ish** *a* 山賊のような. [OF<It; ⇨ BRIGADE]

brig·an·dine /brígəndì:n/ *n* 《小札(こざね)を重ねた中世の》胴甲(どうよろい).

brig·an·tine[1] /brígəntì:n, -tàɪn/ *n* 《2本マストの》ブリガンティン型帆船 (BRIG[1] より小型); HERMAPHRODITE BRIG. [OF or It; ⇨ BRIGAND]

brigantine[2] *n* BRIGANDINE.
Brig. Gen. °Brigadier General.
Briggs /brígz/ ブリッグズ **Henry** ～ (1561–1630)《イングランドの数学者》.
Brighid /brí:d/ [Saint]《アイルランドの》Saint BRIDGET.
bright /bráɪt/ *a* **1 a** 明るい〈日光など〉, 輝く〈星など〉, 晴朗な〈天気〉: ～ and clear 快晴の[で]. **b** あざやかな, 明るい〈色〉, さえた (opp. *dull*); *《黒人俗》膚の色が濃くない: ～ red 鮮紅色. **c** 透明な〈液体〉, 澄んだ〈声・音〉; 明白な〈証拠など〉. **2** 光栄ある, 輝かしい; 明るい, 有望な: ～ prospects [hope] 輝かしい前途[希望]. **3 a** ほがらかな, 快活な, 元気な, 晴れやかな[希望に輝く]〈顔〉; ぱっちりとした〈目など〉; 美しい: ～ and breezy 生きいきとした, 元気な. **b**〈子供などが〉利発な, 聡明な, 頭のいい (clever); [°*iron*] 気のきく; うまい〈考え〉; 〘海〙油断のない: (as) ～ as a button ‖《口》快活で利発な / keep a ～ lookout 油断なく監視する. ● **～ and early**《晴ればれと》朝早く; 早ばやと, 早めに. **～ in the eye** ‖《俗》ほろ酔い機嫌で. **look on** [**see**] **the** ～ SIDE (**of things**) ► *adv* BRIGHTLY: The sun shines ～. ► *n*《古・詩》輝き, 光明, 光輝 (brightness, splendor); [*pl*] 明るい色; [*pl*] *《車の》ハイビーム; *《俗》日中, 昼間; *《黒人俗》色があまり黒くない黒人, 白黒混血児; 〘油絵〙明彩をつけるための細い平筆. [OE *beorht*; cf. OS, OHG *beraht*]
Bright ブライト **John** ～ (1811–89)《英国の政治家; 自由貿易を唱え, Richard Cobden と共に反穀物法同盟を指導》.
brìght·en *vt, vi* **1** 輝かせる, 明るくする[なる]〈*up*〉; 磨く; 〈空・天候などが〉晴れてくる〈*up*〉. **2** 晴ればれとさせる, 有望にする; 〈気分が〉晴れやかになる〈*up*〉.
bríght·en·er *n* 増白剤 (fluorescent brightener); 〘冶〙光沢剤《電気めっきにおいて光沢のあるめっきをつくるために電解浴に入れる添加剤》.
bríght·en·ing àgent 増白剤 (fluorescent brightener).
bríght-éyed *a* 明るい色の目をした; 〈若者など〉純情そうな, 純真な; 非現実的な. ● **～ and bushy-tailed**《口》張り切った, 元気いっぱいの, やる気満々の.
bríght·ish *a* やや明るい.
bríght líghts *pl* [the]《口》歓楽街, 大都会(のはなやかさ).
bríght-lìne *vt* *《俗》強調する, 抜き出す. ► *a*《特に 法的判断における》単純明確な区分線となる.
bríght-lìne spéctrum 〘理〙輝線スペクトル.
bríght·ly *adv* 明るく; 輝かしく; 明敏に; 楽しそうに, ほがらかに.
bríght·ness *n* 輝き, 輝度, 明るさ, 〘色彩〙明度; 光明, 光輝; 光度; あざやかさ; 聡明; 快活.
Brigh·ton /bráɪtn/ ブライトン《**1**) イングランド南部の イギリス海峡に臨む町; 18 世紀に海水浴場として栄え, ROYAL PAVILION も造営された; 現在も英国有数の行楽地》**2**) オーストラリア南東部 Victoria 州南部, Melbourne の南郊外にある町》.
Bríght's disèase 〘医〙ブライト病《タンパク尿と浮腫を伴う腎炎》. [Richard *Bright* (1789–1858) 英国の内科医]
bríght spárk ‖《口》[‖*iron*] 切れ者, 賢い人, 才人.
bríght spécimen ‖《俗》ばかなやつ.
bríght spót《ほかに比べて》楽しいこと[時間], 《悪い状況での》良い点, 救い, 明るい材料.
bríght·wòrk *n*《機械や船の》磨いて光らせた金具[部分]; 磨いてニスだけで仕上げた木工部《手すりなど》.
Brig·id /bríʤəd/ **1** /, brí:jɪd/ [Saint]《アイルランドの》Saint BRIDGET. **2** ブリジッド《女子名》. [⇨ BRIDGET]
Brig·it /bríʤət/ **1** /, brí:jɪt/ [Saint]《アイルランドの》Saint BRIDGET. **2** ブリジット《女子名》.
brill[1] /bríl/ *n* (*pl* ～) 〘魚〙欧州産のヒラメ. [ME＜?]
brill[2] *a* ‖《口》とてもいい, すばらしい, すごい (brilliant).
bril·lan·te /brəlá:nti/ *a, adv* 〘楽〙はなやかな[に], ブリランテ. [It]
Bril·lat-Sa·va·rin /brijá:sǽvərən; *F* brijasavarɛ̃/ ブリヤ-サヴァラン **Anthelme** ～ (1755–1826)《フランスの政治家・美食家; *Physiologie du goût* (1825)》.
bril·liance /bríljəns/, **-cy** *n* 光輝; 光明, 光沢; 明敏さ, すぐれた才能, 冴え; 〘楽〙音の輝かしさ, 音色の明るさ; 〘オーディオ〙ブリリアンス《高域の再生度》; 〘理〙輝度 (luminance).
bríl·liant *a* **1** 光り輝く〈宝石・日光など〉, 燦爛(さんらん)たる, 目もあやな; あでやかな, 際立った; 〘楽〙〈音色など〉輝かしい, 明るい, ブリランテの. **2** りっぱな, はなばなしい, 赫々(かくかく)たる; 才気あふれる, (頭の)冴えた, きれる; ‖《口》とてもいい, すばらしい, 最高の: ～ exploits すばらしい偉業 / a ～ idea すばらしい考え. ► *n* 〘宝石〙ブリリアントカット(のダイヤモンド[宝石]); 〘印〙ブリリアント《3½ ポイント活字; ⇨ TYPE》. ♦ **～·ly** *adv* きらきらと, あかあかと, 燦爛と; あざやかに, 水際立って. **～·ness** *n* [F (*briller* to shine＜It＜?)]
bríllíant cùt 〘宝石〙ブリリアントカット《**1**) 多面でよく輝き, 削りのむだを少なくしたカット; girdle を境に上の crown 部と下の pavilion 部に分かれる; クラウン部には最も大きな table, その周囲の 8 つの star facets, そこからガードルまで伸びる 8 つの main facets, ガードル周囲の 16 の girdle facets がある; パヴィリオン部は 16 の girdle facets, 8 つの main facets, culet からなる **2**) そのダイヤモンド[宝石]》. ♦ **bríl-liant-cùt** *a*

bril·lian·tine /bríljəntì:n/ *n* ブリリアンティン《頭髪用香油の一種》; *ブリリアンティン《綿・毛交織の光沢仕上げの織物; 夏服・裏地用》. ♦ **～d** *a* ブリリアンティンをつけた. [F; ⇨ BRILLIANT]
Bril·lo /brílou/ *n* **1** 〘商標〙ブリロ《洗剤がついているスチールウール製のたわし; **Brillo pàd** ともいう》. **2** *《俗》強く縮れた髪, もじゃもじゃ頭, 黒人. ► *a* [b-] ブリロ状の, 針金[剛毛]状の, ごわごわした.
Bril·louín scàttering /brì:juǽ-/ 〘理〙ブリュアン散乱《フォノンによる光の散乱》. [Léon N. *Brillouin* (1889–1969) フランス生まれの米国の物理学者]
Bríll's disèase /brílz-/, **Bríll-Zíns·ser disèase** /-zínsər-/ 〘医〙ブリル(-チンサー)病《軽症発疹チフス》. [Nathan E. *Brill* (1859–1925) 米国の医師, Hans *Zinsser* (1878–1940) 米国の細菌学者]
brim[1] /brím/ *n*《器物・くぼみなどの》縁, へり; 《帽子の》つば; *《俗》帽子 (hat); 《古》水際: full [filled] to the ～ あふれんばかりに. ► *vt, vi* (**-mm-**) いっぱいに注ぐ; あふれそうになる, (満ち)あふれる〈*over*〉. ● **～** (**over**) **with**〈活気・喜びなど〉で満ちあふれる: He was *brimming over with* health and spirits. 元気がはちきれそうだった. ♦ **～·less** *a* 縁[へり]のない. **brím·ming** *a* あふれんばかりの. **brím·ming·ly** *adv* [ME＜?; cf. MHG *brem* border]
brim[2] *n*《米・豪》BREAM[1].
brím·fúl, -fúll *a* 縁までいっぱいの, あふれそうな; 涙でいっぱいの〈目〉: a ～ cup of tea / ～ *of* ideas 才気あふれる. ♦ **-fúl·ly** *adv*
-brimmed /brímd/ *a comb form*「つば (brim) が…の」: a broad-*brimmed* hat.
brím·mer *n* なみなみとついだコップ[グラスなど], 満杯.
brim·stone /brímstòun/ *n* 硫黄 (sulfur); 燃える硫黄, 地獄の火 (hellfire); 〘昆〙シロチョウ科の各種のチョウ (sulphur butterfly) (＝～ **bùtterfly**), 《特に》ヤマキチョウ《欧州産》; 《古》短気な女, がみがみ女. ● **～ and treacle** 硫黄糖水《昔の小児用解毒剤》. FIRE **and ～**. ♦ **brím·stòny** *a* [? OE *bryne* burning, STONE]
brímstone mòth 〘昆〙シャクガ科の鮮黄色の蛾.
brind·ed /bríndəd/ *a*《古》BRINDLED.
Brin·di·si /bríndəzi, brí:n-/ ブリンディジ《イタリア南東部 Apulia 州の港湾都市; ローマ時代の重要な港, 十字軍の基地; 古代名 Brundisium》.
brin·dle /bríndl/ *n*《地が灰色[茶色]の》ぶち, まだら, とらふ, すだれ; ぶちの動物[犬]; [〈*a*〉] BRINDLED. [逆成く↓]
brín·dled *a* まだらの, ぶちの, すじのはいった. [*brinded* branded ＜*brended*＜*brend*＜? Scand]
bríndled gnú 〘動〙オグロウィルドビースト, ウシカモシカ (＝*blue wildebeest*)《東南アフリカ産》.
brine /bráɪn/ *n* 塩水, 鹹水(かんすい) (salt water); 〘化〙塩性溶液, ブライン; [the]《詩》海水, 海, 塩湖; 《詩》(からき)涙: the foaming ～ 荒海. ► *vt* 塩水につける. ♦ **brín·er** *n* **brín·ish** *a* **brín·ish·ness** *n* [OE *brȳne*＜?]
Bri·néll hárdness /brɪnél-/ 〘工〙ブリネル硬さ[硬度]《金属の硬度を表示する方式》. [Johan A. *Brinell* (1849–1925) スウェーデンの技術者]
Brinéll hárdness nùmber 〘工〙ブリネル(硬さ)数 (＝**Brinéll nùmber**)《ブリネル試験による硬さの数値》.
Brinéll machìne 〘工〙ブリネル硬さ測定機.
Brinéll tést 〘冶〙ブリネル(硬さ)試験《鋼球を押しつけたときのへこみによる金属の硬さ測定法》.
bríne pàn 塩釜; 製塩坑.
bríne pìt 塩坑, 塩井戸.
bríne shrìmp 〘動〙アルテミア, ブラインシュリンプ《鰓脚(さいきゃく)類ホウネンエビモドキ科; 塩水湖に生息する; 乾燥耐久卵を孵化させて魚の餌にする》.
bring /bríŋ/ *vt* (**brought** /brɔ́:t/) **1 a** [二重目的語を伴って] 持ってくる; 連れて[伴って]くる; 《方》…に同行する, エスコートする: *B*～ me the book.＝*B*～ the book *to* me. / *B*～ him *with* you to see me. あの方を連れてお訪ねください / Did you ～ your umbrella *with*? 《口・方》傘もってきたか. **b**〈物が収入・利益などを〉もたらす; 《いくらに》売れる: ～ a good price よい値に売れる / Her tutoring *brought* her a good income. 家庭教師でいい収入をあげた. **2 a** 来させる, 招来する, もたらす: What ～*s* you here? 何の用でここへ来ましたか, どうしてこちらに? / ～ a smile *to* sb's face 人をにっこりさせる. **b**〈状態などに〉もってくる, 至らせる: *B*～ five cups of water *to* a boil. 5 カップの水を沸騰させてください / ～…*to* LIFE / ～ sb *to* TERMS. **c**〈人を〉〈…へ〉導く; (…する)気にさせる: which ～*s* me to the (main) point そこで重要な点だが《肝心な話に移るときの前置き》/ I cannot ～ my*self* to do it. どうしてもそれをする気になれない. **3**〈訴訟などを〉提起する, 起こす; 〈議論を〉持ち出す: ～ a charge [charges, a case] *against* sb. ► *vi* *《中部》産出する.
● **～ about** ひき起こす; なし遂げる; 〘海〙〈船を〉反対方向に向ける. **～ along** 持ってくる, 〈友人などを〉連れてくる〈*to*〉; 〈天候などが〉〈作物などを〉生育[生長]させる; 〈生徒・選手・学業などを〉向上させる. **～ sb around** 人を連れて〈…を〉訪問する〈*to*〉; 〈自覚などに〉人を引き入れる, 〈自説などに〉賛同させる〈*to*〉; 正気づかせる, 健康を回復させる; 〈人〉の機嫌を直す; 〘海〙BRING about. **～ sth around** 持ってくる, 《別の側へ〉移動させる, 〈車などを〉回す 〈to〉; 〈話題などを〉〈…に〉向ける; 配る. **～ away** 〈印象などを〉持ち帰る 〈from〉; 〈…から物を〉持ってくる, 離す 〈from〉. **～ back** 戻す, 連れ戻す; 持ち帰る; (呼び)返す, 復位させる, 復活させる; [ᵁneg] 生き返らせる; 思い出させる; 再び〈話題などに〉立ち返らせる 〈to〉: ～ it all *back* なにもかも思い出させる. **～ sb back out** 《カーテンコールで》〈出演者を〉ステージに呼び戻す. **～ sb [sth] before…** 人を…に出頭させる; 〈問題などを〉…に提起する. **～… crashing down (around** sb) 〈事が〉…をだいなしにする, 崩壊[崩落]させる. **～ down** 〈荷物などを〉降ろす; 《程度など》落とす, 下げる 〈to〉; 〈飛行機を〉着陸させる; 〈人・物を〉倒す; 〈獲物を〉撃ち落とす[倒す], 射落とす, 〈敵機を〉撃墜する; 〈敵を〉倒す, 〈政府などを〉打倒する; 〈人を〉殺す, 傷つける; 破滅させる; 〈物価を〉下げる; 〈商人〉に〈…まで〉まけさせる 〈to〉; 〈誇りを〉くじく; 〈記録・物語を…まで〉続ける 〈to〉; 繰り越す; 〈災い・罪を〉もたらす 〈*on* one's head〉; 〈人を〉《週末などに》連れてくる; «俗» 〈自信家などを〉しゅんとさせる, 〈人〉の気をめいらせる, 落ち込ませる; *«俗» 〈人〉の麻薬体験を終わらせる. **～ down the** HOUSE. **～ forth** 生じさせる, 産む; 〈芽を〉出す, 〈実を〉結ぶ; 発表する, 提出する. **～ forward** 〈案・論を〉提出する; 公けにする; 繰り上げる; 〖簿〗次ページへ繰り越す. **～ home** 〈騎手が馬を〉勝たせる. **～ home the bacon [the groceries*]** «口» 生活費を稼ぐ; «口» 成功[入賞]する, 賞を持ち帰る, 勝つ, 期待どおりの成果をあげる. **～…home to** sb …を人に痛感させる; 人を〈罪に〉服させる. **～ in** 持ち込む; 〈援助者を〉引き入れる, 〈ゲストを〉迎える 〈on〉; (例として)提起する; 〈…の利益を〉生ずる; 稼ぐ; 〈油井などに〉産出させる; 〖ブリッジ〗〈ロングスーツ〉でいくつもトリックを稼ぐ; 〈風習を〉輸入する; 〈陪審が〉〈評決を〉答申する; 〈法案など〉提出する; 警察署へ連れていく; 〖野〗生還させる, かえす. **～…into life [the world, being]** 《母として》〈子を〉生む, 《助産師として》〈子供を〉取り上げる; 《広く》…を生む, 生み出す. **～ it** «野球俗» 豪速球を投げる; *«俗» うまいプレーをする. **Bring it on!** «口» いっちょうやるか, かかって来い. **～ it on oneself** みずから不幸をまねく, 自業自得だ. **～ off** 運び去る; 救い出す; なし遂げる, やり遂げる, やってのける; «卑» …にオルガスムをひき起こす, いかせる. **～ on** 持って[連れて]くる, もたらす; 〈演者などを〉舞台に登場させる; 〈人・学業などを〉向上させる; 〈植物など〉の成長[生育]を促す; 〈病気・戦争などを〉ひき起こす; …に〈災いなどを〉まねく; 〈話題などを〉持ち出す; 〖クリケット〗投球させる; «俗» 〈人を〉そそる, その気に[ムラっと]させる. **～ out** 〈…から〉持ち[連れ]出す 〈*of, from*〉; 舞台に登場させる 〈*on* stage〉; 発表する, 〈ことばを〉発する; 出版する; 〈俳優・歌手を〉世に出す; 〈娘を〉社交界に出す; 上演する; うちとけさせる; 〈色・性質などを〉現わす; 〈意味を〉明らかにする; 〈人から真相などを〉引き出す 〈*of*〉; 〈能力などを〉発揮させる, 引き出す (: ～ *out* the best [worst] *in* sb); 〈天候などが花を〉開かせる; ᴴ〈組合が労働者〉にストライキをさせる, 〈使用者が労働者〉のストライキを挑発する; 回航する. **～ sb out in…** ᴴ〈食べ物などが〉人(の皮膚)に〈発疹などを〉生じさせる, 〈事が〉人を…の状態[気持]にする. **～ sb out of himself** 〈引っ込み思案の人を〉積極的になるように仕向ける. **～ over** 《海外などから》連れてくる 〈*from, to*〉; 引き渡す 〈to〉; 〈味方などに〉引き入れる, 〈別の考えなどに〉賛同させる 〈to〉; 改宗させる; 〖海〗〈帆を〉転じる **～ round**＝BRING around; 〈話を〉〈別の話題に〉向けさせる 〈to〉. **～ through** 連れて[持って]はいる, 運び入れる〈困難・試験・病気などを〉切り抜けさせる, 〈病人の一命を救う. **～ to** (**1**) [to は *adv*] /─ tú:/ 正気づかせる; 停船させる[する]. (**2**) [to は *prep*] …の金額[値段]になる; 〈知識・経験などを仕事〉に当てる. **～…to** BEAR². **～ together** 《本などの形に》まとめる; 《一か所に》集める; 〈特に 男女を〉結び合わせる; 団結[共同]させる, 合意[和解]させる: ～ a party all *together* 会合をうまくまとめる. **～…to** PASS. **～ sb to himself** 我にかえらせる, 正気づかせる. **～ under** 鎮圧[抑制]する; 〈部属・権力・支配など〉の下に置く. **～ up** 上げる, 連れていく 〈*to, as far as*〉; 舞台に上げる 〈*on* (the) stage〉; 育てる; 〈…するように〉しつける 〈*to* do〉; ᴴ«口» しかる; 〈論拠・話題・案など〉持ち出す, 〈人を〉推薦する 〈*for*〉; ᴴ吐く, もどす; *«俗» 〈金を〉吐き出す, しぶしぶ渡す; 急に[ぴたりと]止める[止まる], 立ちすくませる, たじろがせる 〈*short, sharp(ly)*〉; 〈議員に〉発言を許す; 直面[対決]させる 〈*against*〉; 〈計算を〉繰り越す; 〈警察などが〉《裁判に》出頭させる, 起訴する; 〈部隊・物資を〉《前線へ》送り込む, 繰り出す; 〖海〗投錨させる[する]; 要求水準に到達させる: be *brought up* on a diet of junk food ジャンクフードを食べて育つ.
♦ **bríng·er** *n* ［OE *bringan*; cf. G *bringen*］

bríng and búy (sàle) ᴴ持寄り売買バザー《各自持ち寄った品を仲間同士で売買して売上金を慈善などに用いる》.

bríng·dòwn* *n* 失望, 落胆, 期待はずれ, がっかり(させるもの), 酷評, 総スカン; «俗» 気をめいらせる人[もの, こと], 陰気な人; 現実に引き戻すもの[こと]. ► *a* «俗» 不満足な, 無能な, 気をめいらせる.

bríng·ing-úp *n* 養育, しつけ.

brin·jal, -jaul /brínʤɔ:l, -ʤ(ə)l/ *n* «インド・アフリカ» ナス (eggplant). ［Port＜Arab＜Pers＜? Skt］

brink /bríŋk/ *n* 《崖(がけ)などの》縁; 《山などの》頂, 最高点; 水際, 水辺; 川岸; [*fig*] 間際, 瀬戸際, 崖っぷち: on [at, to] the ～ of… 今にも…て, …の瀬戸際に / to [on] the ～ of the grave 死に瀕して / go over the ～ 極端に走る / tip sb over the ～ 正気を失わせる, 絶望させる / bring [pull]…back from the ～…を危機から救う 〈*of*〉 / shiver on the ～ 《いざという時に》ためらう. ［ON (OIcel *brekka* slope)＜?］

brínk·man·shìp, brínks- /-mən-/ *n* 《危険な状態をぎりぎりまで押し進める》瀬戸際政策.

brin·ny /bríni/ *n* «豪幼児» 石ころ, 投げた石.

briny /bráıni/ *a* 塩水の, 海水の; 海の; 塩からい (salty); «詩» 涙の. ► *n* [the] «口» 海, 大洋 (＝«文» the ～ **déep**). ♦ **brín·i·ness** *n* ［BRINE］

Bri-Ny·lon /bráınáılən, -lɑ̀n/ 〖商標〗ブライナイロン《英国製のナイロン製品》. ［*Bri*tish *Nylon* Spinners, メーカーの旧称］

brio /brí:oʊ/ *n* 生気, 活気, 活発: CON BRIO. ［It］

bri·oche /brióʊʃ, -ɔ́(:)ʃ, -ɑ́ʃ/ *n* ブリオッシュ《バター・卵入りの甘くて軽いパン》. ［F］

bri·o·lette /brì:əlét/ *n* ブリオレット《表面全体に三角形の小面をつけた涙滴状のダイヤモンド[宝石]》. ［F］

briony ⇨ BRYONY.

bri·quet(te) /brıkét/ *n* 《粉炭やおがくずなどを固めて造る小さな煉瓦型の》煉炭, ブリケット; 《型に入れて作った》ブロック, 塊(かい). ► *vt* (-tt-) 〈粉炭などを〉煉炭にする. ［F (dim)＜BRICK］

bris /brís/ *n* 〖ユダヤ教〗割礼, ブリット (＝*brith, Brith Milah*)《伝統的に生後 8 日目に行なう; *Gen* 17: 11–12》. ［Heb＝covenant (of circumcision)］

bri·sance /brızá:ns; brí:zəns; *F* brizɑ̃:s/ *n* 《爆薬の》猛度, 破壊力. ♦ **-sant** /-t; *F* -zɑ̃/ *a* 破壊力の強い.

Bris·bane /brízbən, -bèın/ ブリズベーン《オーストラリアの東部 Queensland 州の州都; Brisbane 川に臨む; 同川の河口に近い港湾都市》.

Brísbane quándong 〖植〗豪州産のホルトノキ科の一種《白色の堅材を産作, 果実は食用》.

brisé /brizéı, brí:zèı/ *n* 〖バレエ〗ブリゼ《片足で跳び上がって両脚を空中で打ち合わせ, 両足で降りるステップ》. ► *a* 〈扇が〉ブリゼ式の, ブリーツ式の《象牙・鼈甲(べっこう)などの薄板をつないだもの》. ［*F* (*briser* to break)］

brise-bise /brí:zbì:z/ *n* 《窓の下半分をおおう》半カーテン.

Bri·se·is /braısí:əs/ 〖ギ神〗ブリーセーイス《夫を殺した Achilles の妾となったが, さらに Agamemnon に奪われた》.

brise-so·leil /brì:zsoʊléı; *F* brizsɔlɛj/ *n* 〖建〗日よけ, ブリーズソレーユ (＝*sunbreak, sunbreaker*).

brisk /brísk/ *a* 〈人・態度が〉活発な, 元気のよい, きびきび[はきはき]した; ぶっきらぼうな, そっけない〈口調など〉; 〈商売が〉活況の (opp. *dull*); 小気味のよい, 〈大気・天気など〉爽快な, 心地よく寒い[風の強い]; 〈味などが〉ピリッとする; 鋭い; 〈飲料が〉盛んに泡立つ. ► *vt, vi* 活気づける[づく], 勇み立つ 〈*up*〉. ♦ **brísk·en** *vt, vi* **～·ly** *adv* 元気よく, 活発に; 景気よく. **～·ness** *n* ［? F BRUSQUE］

bris·ket /brískət/ *n* 《動物の》胸部(の肉), 胸前(きょう), ブリスケット; 牛の胸肉, ブリスケ; ᴴ«方» 《人の》胸. ［F］

bris·ling /brísliŋ, bríz-/ *n* 〖魚〗スプラット (sprat)《特にノルウェー産の, 燻製にして, 油漬けでかんづめにしたもの》. ［Norw and Dan＝sprat］

Bris·sot (de War·ville) /*F* briso (dvarvil)/ ブリソ(・ド・ヴァルヴィル) **Jacques-Pierre** ～ (1754–93)《フランスのジャーナリスト・革命家; ジロンド党の党首と目されたが, 穏健主義が疑惑を生み, 処刑された》.

bris·tle /brís(ə)l/ *n* [ᵁ*pl*] 《豚などの》剛毛; 堅く短い毛《剃った後にすぐ伸びたあごひげ, 短く刈った頭の毛など》; 《ナスなどの》とげ, 刺毛, 剛毛; 《ブラシなどの》毛, 荒毛: set up one's [sb's] ～s 憤激する[させる]. ► *vi, vt* **1 a** 〈毛髪など〉逆立つ 〈*up*〉, 〈毛を〉逆立てる. **b** おこる, いらだつ 〈*at*〉; いらだたせる; 〈怒り・勇気などを〉奮い起こす 〈*up*〉: ～ *with* anger かっとおこり出す. **2** 密生する, 充満する, 林立する 〈*with*〉; …に剛毛を植える: This subject [Our path] ～*s with* difficulties. この問題[前途]には困難が山積している. ♦ **～·lìke** *a* ［? OE* *brystel* (*byrst* bristle, *-le*); cf. BIRSE］

brístle-bìrd *n* 〖鳥〗ヒゲムシクイ《豪州産》.

brístle·còne píne 〖植〗イガゴヨウ《球果の鱗片が著しくとがった米国西部産のマツ》.

brís·tled *a* 剛毛のある[多い]; 逆立った.

brístle gràss 〖植〗エノコログサ《イネ科》.

brístle·tàil *n* 〖昆〗総尾目の昆虫, シミ(類)《シミ・イシノミなどの総称》.

brístle·wòrm *n* 〖動〗多毛虫 (polychaete).

bris·tling /brísliŋ/ *n* BRISLING.

bris·tly /brís(ə)li/ *a* 剛毛質の; 剛毛の多い; 密生した; 直立した, 逆立った; おこりっぽい, けんか腰の. ♦ **brís·tli·ness** *n*

brístly lócust 〖植〗ハナエンジュ (＝*rose acacia, moss locust, mossy locust*)《北米原産》.

Bris·tol /bríst(ə)l/ **1** ブリストル《イングランド南西部の Avon 川に臨む市; Avon 川河口に貿易港がある; 旧 Avon 州の州都》. **2** [b-s] ᴴ«俗» 乳房, おっぱい《押韻俗語 Bristol Cities＝titties から》. **3** ブリストル《英国 Bristol 社製の乗用車》. ♦ **Bris·to·li·an** /brıstóʊliən, -ljən/ *n*

Brístol bòard ブリストル(紙)《上質の板紙・画用紙》.

Brístol Chánnel [the] ブリストル湾[海峡]《ウェールズ南部とイングランド南西部との間》.

Brístol Créam 〔商標〕ブリストルクリーム《Bristol 市の Harveys 社の甘口シェリー》.

Brístol díamond ブリストルダイヤモンド《Bristol 付近産の水晶》.

Brístol fàshion *pred a* きちんと整頓されて, きれいになって: SHIPSHAPE and ~.

Brístol gláss ブリストルガラス《半透明の装飾器用色ガラス, 特に濃青色のもの》.

Brístol Mílk 〔商標〕ブリストルミルク《Bristol 市の Harveys 社のこくのあるシェリー》.

brit, britt /brít/ *n* (*pl* ~) ニシンの幼魚, 小さなニシン, 《一般に》稚魚; ヒゲクジラ類の餌になる動物プランクトン. ［C17＜?］

Brit 《口》 *n* 英国人. ► *a* 英国の (British).

Brit. Britain ♦ British.

Brit·ain /brítn/ ブリテン, 英国 (GREAT BRITAIN, UNITED KINGDOM), 《かつての》大英帝国 (British Empire) 《略 Br., Brit.》: GREATER BRITAIN, NORTH BRITAIN. ■ **the Báttle of ~** ブリテンの戦い《1940 年7–10 月, イングランド南東部および London 上空における英独空軍間の戦闘; 英軍の勝利によってドイツの英本土侵入作戦は挫折》.

Bri·tan·nia /brətǽnjə, -niə/ **1 a** ブリタンニア《**1**) ローマの属州だった Great Britain 南部の名称 **2**) GREAT BRITAIN または BRITISH EMPIRE の女性擬人的ラテン語名》. **b** ブリタンニア像《Great Britain または British Empire を象徴するかぶとをつけ, 盾と三叉のほこを持った女人像》. **2** 〔冶〕 BRITANNIA METAL. **3** ブリタニア《1987 年に初めて発行された英国金貨; 日常使用されるものではなく投資の対象とされる》. **4** ブリタニア《英国の住宅金融共済組合の一つ》. ［L］

Británnia mètal [ˢb-] 〔冶〕ブリタニア(メタル)《スズ・アンチモン・銅からなる各種白色合金》.

Británnia Róyal Nával Còllege [the] ブリタニア海軍兵学校, 英国王立海軍兵学校《Devon 州 Dartmouth にある》.

Británnia sìlver 〔冶〕ブリタニアシルバー《純度約 96% の銀》.

Bri·tan·nic /brıtǽnık/ *a* 大ブリテンの, 英国の (British): His [Her] ~ Majesty 英国国王[女王]陛下《略 HBM》.

Brít Awàrds [the] ブリットアワード[アワーズ]《英国のポピュラー音楽界の祭典; 1977 年から毎年 London で行なわれているもので, その年の最優秀の歌手やグループに賞が与えられる》.

britch·es /brítʃəz/ *n pl* *《口》(半)ズボン (⇨ BREECHES).

brith /brít, bríθ, brís/ *n* 〔ユダヤ教〕 BRIS. ［Heb＝covenant］

Bríth Mi·lah /-milá:, -mí:lɑ:/, **Brit Milah** /brít-/ [ˢb-m-] 〔ユダヤ教〕割礼, ブリット・ミラ (BRIS). ［Heb＝covenant of circumcision］

Brit·i·cism /brítəsìz(ə)m/ *n* イギリス英語特有の語[語法], 英国語法 (cf. AMERICANISM).

Brit·ish /brítıʃ/ *a* 大ブリテンの, 英国の; 《アメリカ英語などに対して》イギリス英語の; 英国人の; 英連邦の; 古代ブリトン族 (the Britons) の; ブリトン語の. ► *n* [the] 英国人, 英国民, 英連邦民 (＝the ~ people); ブリトン語《古代ブリトン人が使用したケルト語》; BRITISH ENGLISH. ● **The best of ~!** 《口》(まあ)しっかりやりたまえ (Good luck!) 《しばしば 見込みのないときに》. ♦ **~·ness** *n* ［OE *Bryttisc* (*Bryt* BRITON, *-ish*)］

Brítish Acádemy [the] 英国学士院, ブリティッシュアカデミー《人文学 (哲学・歴史学・言語学) の研究・発展を目的として 1901 年設立; 略 BA》.

Brítish Áirports Authòrity [the] 英国空港管理社《英国の主要空港 7 つを所有し, その管理・運営を行なう企業; 略 BAA》.

Brítish Áirways 英国航空, ブリティッシュエアウェイズ (~ Plc) 《英国の航空会社; 本社 London; 国際略称 BA》.

Brítish América 英領アメリカ《**1**) BRITISH NORTH AMERICA **2**) 南北アメリカおよび隣接の地域にあるすべての英国の属領》.

Brítish Antárctic Térritory 英領南極地域《南大西洋の South Shetland, South Orkney 両諸島および南極の Graham Land よりなる英国植民地; 一部についてアルゼンチン・チリ両国が領有を主張している》.

Brítish ànti-léwisite DIMERCAPROL.

Brítish Áss [the]ᴵᴵ《俗》 BRITISH ASSOCIATION.

Brítish Associátion [the] 英国科学振興会《科学の進歩・発展, 科学知識の普及を目的として 1831 年設立; 全名 British Association for the Advancement of Science; 略 BA》.

Brítish Associátion thrèad 〔機〕 BA ねじ《英国のかつてのねじやまの規格; 0 番から 25 番まであった》.

Brítish Bechuánaland 英領ベチュアナランド《アフリカ南部 Molopo 川と Orange 川の間にあった旧英領植民地; 1895年南アフリカ連邦に併合され, 現在 南アフリカ共和国の一部》.

Brítish Bóard of Fílm Classificàtion [the] 英国映画等級指定委員会《1912 年に設立された民間組織; もと British Board of Film Censors; 現在は U, PG, 12, 15, 18, Restricted 18 の 6 段階に映画を分類・指定している; 略 BBFC》.

Brítish Bróadcasting Corporàtion [the] イギリス放送協会《英国の公営放送; 1927 年設立; 略 BBC; もと Company (1923–27)》.

Brítish Cameróons 英領カメルーン《アフリカ西部の旧英国信託統治領; 1961 年北部はナイジェリアに, 南部はカメルーン共和国に加わった》.

Brítish Cívil Áirworthiness Requìrements *pl* 英国民間耐空性基準《英国の航空機設計基準》.

Brítish Cóal ブリティッシュコール(社), 英国石炭公社 (~ Corp.) 《英国の国営石炭会社; 1946 年設立; 略 BC; 87 年まで National Coal Board といった; 1997 年解散》.

Brítish Colúmbia ブリティッシュコロンビア《カナダ西部, 太平洋岸の州; ☆Victoria; 略 BC》. ■ **the Univérsity of Brítish Colúmbia** ブリティッシュコロンビア大学《Vancouver にある公立大学; カナダ最大規模の大学の一つ》. ♦ **Brítish Colúmbian** *a, n*

Brítish Cómmonwealth (of Nátions) [the] イギリス連邦《the COMMONWEALTH の旧称》.

Brítish Cóuncil [the] 英国文化振興会, ブリティッシュカウンシル《海外での英語の普及と英国の生活と文化の紹介を目的とする英国政府後援の組織; 1934 年創設》.

Brítish dóllar 英国ドル《かつて英帝国が連邦内で通用させる目的で発行した各種銀貨》.

Brítish Èast África 英領東アフリカ《アフリカ東部の旧英国保護領: Kenya, Uganda, Zanzibar, Tanzania》.

Brítish Émpire [the] イギリス帝国, 大英帝国《かつての英本国および植民地・保護領・自治領すべてを含む領土; 現在の英連邦 (the Commonwealth) の前身》.

Brítish Énglish イギリス英語 (cf. AMERICAN ENGLISH).

Brítish·er* *n* 英国人, 英本国人.

Brítish Expedítionary Fórce [the] 英国海外派遣軍《1906 年に編成され, 14 年元帥 John French の指揮下にフランスに送られた正規軍; 39 年 第二次大戦時にもフランスに送られ, Dunkirk で敗れたが, 後半期には活躍した; 略 BEF》.

Brítish Fílm Ínstitute [the] 英国映画協会《映画制作奨励のために 1933 年設立; National Film Theatre を運営; 略 BFI》.

Brítish Gás 英国ガス(社) (~ plc) 《英国のガス生産・供給会社; もと 1948 年設立の国営公社で, 1986 年民営化》.

Brítish Guiána 英領ギアナ《GUYANA の旧称》.

Brítish gúm 〔生化〕 DEXTRIN.

Brítish Hóme Stòres *pl* ブリティッシュ・ホームストアズ《英国の諸都市に店舗をもつ, 衣料品・家庭用品中心の大手チェーンストア; 略 BHS》.

Brítish Hondúras 英領ホンジュラス《中米の国 BELIZE の旧称》.

Brítish Índia 英領インド《英領であったインドの 17 州; 1947 年インド・パキスタンの独立で解消》.

Brítish Índian Ócean Tèrritory [the] 英領インド洋領土《Chagos 諸島からなる; 1976 年までは, 現在セーシェルに属する Aldabra, Farquhar, Desroches の各島群も含まれた》.

Brítish Ísles *pl* [the] イギリス諸島, ブリテン諸島《Great Britain, アイルランド, および Man 島など周辺の島々》.

Brítish·ìsm *n* BRITICISM; 英国人特有の習慣[風習, 性格, 特徴など], 英国人気質.

Brítish Ísraelite 英国人はイスラエルの失われた 10 支族 (lost tribes of Israel) の子孫であるとする宗教団体の人.

Brítish Légion [the] 英国在郷軍人会《第一次大戦およびそれ以後の戦争に従軍した人びとの福祉を目的に 1921 年に設立された》.

Brítish Líbrary [the] 英国図書館《British Museum の図書館部門など, 4 つの組織体が合併し, 1973 年に発足した英国の国立図書館; 略 BL》.

Brítish Líons *pl* [the] ブリティッシュ・ライオンズ《国際大会に出場する Rugby Union の連合王国代表チーム》.

Brítish Maláya 英領マラヤ《Malay 半島および Malay 諸島における旧英国保護領》.

Brítish Muséum [the] 大英博物館《London にある国立博物館; Sir Hans Sloane の蔵書とコレクションを基にして 1753 年に設立された; 1973 年に図書館部門は British Library の一部となる》.

Brítish Nátional Pàrty [the] 英国国民党《英国の極右政党; 1982 年 National Front からの分離派として結成; 略 BNP》.

Brítish Nòrth América 英領北アメリカ《旧大英帝国領としてのカナダおよびその属領・属州》.

Brítish Núclear Fúels [the] 英国核燃料会社 (~ plc) 《英国政府が出資する特殊会社》.

Brítish Ráil 英国(国有)鉄道《略 BR; 旧称 British Railways; 1994–97 年にかけて分割民営化された》.

Brítish shórthair 〔猫〕ブリティッシュショートヘアー《短毛のイエネコ; American shorthair よりずんぐりして, 被毛が密》.

Brítish Sólomon Íslands *pl* [the] 英領ソロモン諸島《Bougainville, Buka 両島を除く Solomon 諸島, Santa Cruz 諸島よりなる旧英国保護領; ☆Honiara (Guadalcanal 島)》.

Brítish Somáliland 英領ソマリランド《アフリカ東部, Aden 湾に臨む旧英国保護領; 今はイタリア領ソマリランドと共にソマリア共和国となる》.

Brítish stándard 《British Standards Institution が定める》英国規格, 英国標準[工業]規格.

Brítish Stándards Institùtion [the] 英国規格協会《1901 年設立; 略 BSI; cf. KITEMARK》.

Brítish stándard tìme 英国標準時《GMT より 1 時間早く, 中央ヨーロッパ標準時と一致する; 1968 年 2 月より実施, 71 年 10 月 GMT に復帰; 略 BST》.

Brítish Stéel ブリティッシュスチール(社)(～ plc)《英国の鉄鋼メーカー; 1967 年に設立された国営会社 British Steel Corp. が 88 年に民営化されたもの; 略 BS》.

Brítish súmmer tìme 英国夏時間《3 月末から 10 月末まで UTC より 1 時間繰り上げた時間; 略 BST》.

Brítish Télecom ブリティッシュ・テレコム (⇨ BT).

Brítish thérmal ùnit 英国熱量単位, 英熱単位《1 ポンドの水を華氏 40 度から 1 度上昇させるに必要な熱量: =252 cal; 略 btu, Btu, BTU, BThU》.

Brítish Tógoland 英領トーゴランド (⇨ TOGOLAND).

Brítish Únion of Fáscists [the] イギリスファシスト連合《Sir Oswald Mosley が 1932 年設立》.

Brítish Vírgin Íslands *pl* [the] 英領ヴァージン諸島《Virgin 諸島の東半部; ☆Road Town》.

Brítish wárm 《軍用の》厚地短外套.

Brítish Wáterways (Bòard) [the] 英国水路協会《英国の水路[運河]総計 2000 マイル (3200km) を管理する公共団体; 略 BW(B)》.

Brítish Wèst África 英領西アフリカ《西アフリカに散在した旧英国植民地・保護領・委任統治領の総称; 現在のナイジェリア・シェラレオネ・ガンビアなどを含む一帯》.

Brítish Wèst Índies *pl* [the] 英領西インド諸島《英連邦に属する西インド諸島の諸国家および英領の島》.

Brit Milah ⇨ BRITH MILAH.

Brit·on /brítn/ *n* **1** ブリトン人《ローマが進攻した時 Britain 島の南部に住んでいたケルト族の一派》. **2** 英国人, 大ブリテン人《Great Britain に生まれた人またはその住人》; 英連邦臣民. [OF<L *Britton-Britto*<OCelt]

Brít·pòp *n* ブリットポップ《1990 年代に流行した英国人グループによるポップ音楽; Beatles などの影響をうけている; 代表的アーティストは Oasis や Blur》.

brits·ka, britz·(s)ka /brítskə/ *n* ブリツカ《折りたたみ式幌付きの無蓋馬車》. [Pol]

britt ⇨ BRIT.

Brit·ta·ny /brít(ə)ni/ **1** ブルターニュ, ブリタニー (*F* Bretagne)《フランス北西部, イギリス海峡と Biscay 湾の間の半島》. [Anglo-Saxon 人の侵入をのがれた Britain 島の Celt 人が渡ってきたことから] **2**〖犬〗ブリタニースパニエル (=～ **spániel**)《ポインターとスパニエルの交配種》.

Brit·ten /brítn/ ブリテン (**Edward**) **Benjamin** ～, Baron ～ of Aldeburgh (1913–76)《英国の作曲家》.

brit·tle /brítl/ *a* **1 a** 堅いがもろい, 砕けやすい, 割れやすい; こわれ[そこなわれ]やすい. **b** 傷つきやすい; 安定を欠く, もろい〈友情・平和・性格など〉; はかない, 移ろいやすい; 《廃》滅ぶべき, 死すべき運命の. **2** 温かみ[情, 優しさ]を欠く, ドライな. **3**〈音が〉短く鋭い; 〈声・笑いなどが〉こわばった, かたい. **4**〖医〗不安定型の〈糖尿病(患者)〉《血中グルコース濃度が不安定かつ大幅に変動する》. ► *n* 堅果入りカルメ焼き, 豆板: peanut ～. ► *vi* もろい, もろくなる; ぼろぼろにくずれる, くだける (crumble). ♦ **～·ly, brít·tly** *adv* **～·ness** *n* ⁺脆性(ぜいせい), 脆弱性, もろさ. [ME (Gmc **brut-* to break up)]

bríttle bóne disèase〖医〗OSTEOPOROSIS.

bríttle·bùsh *n*〖植〗米国南西部およびメキシコの砂漠地帯に生えるキク科 *Encelia* 属の各種の植物《花は頭花で, 心花は黄色または紫色, 辺花は黄色》.

bríttle fràcture〖金属〗脆性(ぜいせい)破壊.

bríttle stàr〖動〗クモヒトデ類, 蛇尾類《テヅルモヅル・クモヒトデなど》.

Brit·ton·ic /brɪtánɪk/ *a, n* BRYTHONIC.

Brit·vic /brítvìk/〖商標〗ブリトヴィック《英国製の清涼飲料》.

Brix /bríks/ *a, n* BRIX SCALE (の).

Brix·ia /bríksiə/ ブリクシア《BRESCIA の古代名》.

Bríx scále /brík(s)-/ ブリックス(分度)計《溶融砂糖の比重を計る》. [A. F. W. *Brix* (d. 1890) ドイツの発明家]

Brix·ton /bríkstən/ ブリクストン《London 南部の多人種居住地区; アイルランド人, アフリカ系カリブ人が多い》.

brize /bríːz/ *n* BREEZE[1].

brl barrel. **BRN** Bahrain.

BRNC °Britannia Royal Naval College.

Br·no /bə́ːrnou/ ブルノ (*G* Brünn)《チェコ南東部, Moravia 地方の中心都市》.

bro /bróu, brʌ́/ *《口》*n* (*pl* **～s**) 兄, 弟, 兄弟 (brother); 《黒人同士で用いて》兄弟, 黒人; 《一般に》友だち, 仲間, 相棒; 人, 男, やつ.

bro. /bróu/ (*pl* **bros.**) brother (⇨ BROS.).

broach /bróuʧ/ *n* 焼き串; 《樽などの》穴ぐり器; 穴あけ錐;〖建〗ブローチ《四角い塔の上の八角尖塔 (broach spire) の四隅をおおう三角錐状の部分》;〖機〗ブローチ《穴ぐりに用いる工具》; ブローチであけた穴; 《燭台の》ろうそくをさす釘;〖歯〗根管針, ブローチ; BROOCH. ► *vt* 〈樽など〉に口をあける, 樽[瓶など]に口をあけて〈酒を〉出す; broach で〈穴を〉あける, 大きくする; 〈鉱脈を〉掘る; 〈話・考えを〉切り出す, 持ち出す 〈*with* [*to*] sb〉;〖海〗〈船を〉《危険なほど》急激に横向きにする 〈*to*〉. ► *vi* 水面に出る, 浮上する;〖海〗〈船が〉急激に舷側を風に向ける 〈*to*〉. [OF; ⇨ BROOCH]

bróach·er *n* REAMER; 発議者, 提唱者.

bróach spìre〖建〗八角尖塔 (⇨ BROACH).

broad /brɔ́ːd/ *a* **1 a**〈幅が〉広い, 広々とした (opp. *narrow*) ★ wide が距離に重きをおくのに対し, broad は表面の広がり[幅]を強調する: 5 ft ～ (=in breadth) 幅 5 フィート. **b** 幅広い, 多様なもの[人]を含む; 寛大な, 包容力の大きい: ～ appeal 幅広い人気. **c** 一般の, 大ざっぱな, 概略の; 適用範囲の広い, 緩やかな〈規制など〉: a ～ outline 概略, 概要 / in a ～ sense 広義で. **d**〖音〗開口音の (⇨ BROAD A). **2 a** いっぱいにあふれた〈明るさ〉; 明白な; あからさまな: in ～ DAYLIGHT / a ～ grin [smile] 満面の笑み / in a ～ Scots accent スコットランドなまりまる出しで / ～ distinction 明らかな違い / make ～ hints that …だとあからさまにほのめかす. **b** 露骨な; 下卑た, みだらな; 《廃》無遠慮な. ● **as ～ as it is [it's] long**"《口》結局同じで, 大差がない, どっちもどっちで. ► *adv* BROADLY: ～ awake すっかり目をさまして / speak ～ 田舎弁まる出しで話す. ► *n* **1** 広い部分[もの]《手のたなごころなど》; [°*pl*]"《川が広がってできた》湖, 沼 (⇨BROADS). **2***《口》[ᵘ*derog*] 女《男が使う》; *《俗》ふしだらな女, 売春婦. [OE *brād*; cf. G *breit*]

B-road /bíː—/ *n* 《英国の》B 道路, 二級道路《しばしば 2 本の A-ROAD や高速道路 (motorway) をつなぐ田野横断の連絡道路; B1 のように番号がついている》.

broad a /—́ éɪ/〖音〗開いた a 音《half /hɑ́ːf/ などの /ɑː/》.

bróad·àcre *a* 《豪》大規模農業(用)の.

bróad árrow 矢じりの太い矢; 太い矢じり印《英国官有物におす》.

bróad·àx, -àxe *n* まさかり.

bróad·bànd〖通信〗*a* 広帯域の; ブロードバンドの《ADSL や光ファイバーを用いた広帯域の高速ネットワーク通信の》.

bróad·bànd·ing *n*〖経営〗《生産性向上のための各労働者の》作業分担領域の拡大.

bróad bèan ソラマメ (=*fava bean*)《豆および植物; cf. VETCH》.

bróad·bìll *n* くちばしの広い鳥《スズガモ・ハシビロガモなど》;〖鳥〗ヒロハシ《アフリカ・熱帯アジア産のあざやかな色をしたヒロハシ科の鳥の総称》;〖鳥〗ヒラハシ《ヒタキ族; 南太平洋産》;〖魚〗メカジキ (swordfish).

bróad-billed sándpiper〖鳥〗キリアイ《シギ科》.

bróad-blòwn *a* 〈花が〉満開の.

bróad·brìm *n* つばの広い帽子; [B-] *《口》クエーカー教徒 (Quaker). ♦ **bróad-brìmmed** *a* つば広の.

bróad·bròw *n* 《口》趣味の広い人 (cf. HIGHBROW).

bróad-brùsh *a* おおまかな, 大づかみの, 大体の.

bróad·càst *vt, vi* (～, ～·ed) **1** 放送[放映]する; テレビ[ラジオ]番組に出る;〖電算〗ブロードキャストする; 〈うわさなどを〉広める, 言い触らす; 〈秘密などを〉うっかり漏らす: ～ a speech [a concert, the news]. **2** 〈種子などを〉ばらまく, 散布する. ► *n* **1** 放送, 放映; 《一回の》放送[放映]; 放送番組: a ～ of a baseball game 野球放送 / listen to a ～ 放送を聴く. **2** 《種子などの》散布. ► *a* **1** 放送の, 放送された[される]; 一般に広まった〈うわさなど〉: today's ～ program 今日の放送番組. **2** ばらまきの, 散布した. ► *adv* ばらまいて, 広く: scatter [sow] ～ 散布する, ばらまく. ♦ **～·er** *n* 放送者[会社, 局]; キャスター; 放送装置; ばらまき器, 播種機, 散布器.

bróad·càst·ing *n, a* 《ラジオ・テレビの》放送(の), 放映(の): radio ～ ラジオ放送 / a ～ station 放送局.

Bróadcasting Compláints Commìssion [the]〖英〗放送苦情委員会《ラジオ・テレビ番組に関する苦情に対処する民間団体》.

Bróadcasting Hóuse 英国放送協会 (BBC) 本部, BBC 放送会館《London 中心部の通り Portland Place にある》.

Bróadcasting Stándards Còuncil [the]〖英〗放送基準審議会《テレビ・ラジオの番組やコマーシャルを監視して, 性や暴力の描写その他不適切なところはないかチェックする政府設立の機関》.

bróadcast joùrnalism 放送ジャーナリズム.

bróadcast sàtellite 放送衛星.

Bróad Chúrch *n, a* 広教会(の)《英国教内の自由主義[リベラル]派》; [°b- c-]"広教会的な(政治)団体《多様な信条・意見・背景をもつ人びとからなるグループ》. ♦ **Bróad Chúrchman** 広教会派の人.

bróad·clòth *n* ブロード(クロス)《1) 各種の広幅織物; cf. NARROW CLOTH 2) 広幅の高級黒ラシャで, もと男子服用 3) *POPLIN》.

bróad·en *vt, vi* 広げる, 広がる, 拡張[拡大, 拡幅]する 〈*out*〉; 〈笑みが顔に広がる; 〈なまりが〉強くなる: ～ one's mind 見聞を広める.

bróad-fáced *a* 顔幅の広い.

bróad gáuge〖鉄道〗広軌 (⇨ STANDARD GAUGE).

bróad-gáuge(d) *a* **1**〖鉄道〗広軌の. **2** 幅広い, 広範な; 大局を見る, 視野[見識]の広い.

bróad hátchet 幅広の刃の手おの.

bróad·ish *a* やや広い, 広めの.

bróad jùmp*[the] 幅跳び (long jump). ♦ **bróad jùmper** 幅跳び選手.

bróad·lèaf *n* 広葉タバコ《葉巻用》; 《NZ》葉の広いミズキ科の木.

► *a* BROAD-LEAVED: a ～ tree 広葉樹.
bróad-léaved, -léafed *a* 〘植〙広葉の; 広葉樹の.
bróad-lèaved plántain 〘植〙オニオオバコ.
bróad·lòom *a* (無地の)広幅織りの. ► *n* 広幅じゅうたん. ◆ **～ed** *a*
bróad·ly *adv* **1** 広く, あまねく; おおまかに. **2** 露骨に, 無遠慮に, おおっぴらに; 満面で, にこにこと〈笑う〉; 方言で; 下品に. ● **～ speaking** 大ざっぱに言えば, 概して.
bróad-mínd·ed *a* 心の広い, 寛大な, 寛容な, 偏見のない. ◆ **～·ly** *adv* **～·ness** *n*
bróad móneyᴵᴵ 広義の通貨, ブロードマネー《通貨供給量 (money supply) の M3 の俗称; cf. NARROW MONEY》.
Bróad·mòor ブロードムア(収容所)《イングランド南部 Berkshire の Windsor 南西約 20 km にある特別病院で, 精神異常の犯罪者の収容施設; 1863 年設立》.
bróad·ness *n* **1** 幅の広さ《この意では breadth が普通》; 広大. **2** 露骨, あからさま; 《方言・なまりの》まる出し; 下品.
bróad pénnant [péndant] 〘海軍〙代将旗, 司令官旗; 《商船隊先任船長・ヨット協会会長などの》燕尾旗.
bróad réach 〘海〙ブロードリーチ《真横よりやや後方から風を受けての帆走》. ◆ **bróad-réach** *vi* ブロードリーチで帆走する.
Broads /brɔ́:dz/ [the] ブローズ《イングランド東部 Norfolk および Suffolk 地方の湖沼(地帯); 網目状に川で結ばれ舟で航行できる, 探鳥・釣り・ヨットなどの行楽地》.
bróad·scàle *a* 広範囲の, 幅広い.
bróad séal [the] 英国国璽(ᵏᵒᵏᵘʲⁱ) (Great Seal); 《一般に》国璽.
bróad·shèet *n* **1** ᴵᴵ《tabloid 判と区別して》大判の新聞《ほぼ 15×24 インチ [38×61 cm]; かつては高級紙の代名詞だったが, 今日多くの高級紙はタブロイドサイズに移行している》. **2** ブロードサイド(に印刷されたもの) (broadside)《広告など》.
bróad·sìde *n* **1 a** 舷側; 〘海軍〙舷側砲《集合的》; 片舷斉射; [*fig*] 悪口の一斉攻撃; [〈*a*〉] 一斉に行なう: ～ on [to] (…に)舷側を向けて, (…を)横切って, (…に)側面から. **b** 《家屋などの》広い側面. **2 a** ブロードサイド《**1**) 片面刷りの大判の印刷物 **2**) 折りたたみ印刷物》. **b** ブロードサイドに印刷された広告《など》; 16–17 世紀イングランドで片面刷りの紙に印刷して売られた民謡[通俗的な歌] (=～ **bállad**). **c** 《切ったり折ったりする前の》紙の標準サイズ. ● **～ on** 横向きに, 側面を手前に向けて. ► *a* 側面(へ)の. ► *adv* 舷側[側面]を〈ある方角に〉向けて 〈*to*〉; まともに側面に〈突き当たるなど〉; 見境なく, やたらに (indiscriminately); 一斉に. ► *vt* …の側面に衝突する[ぶつかる]; 一斉に攻撃する.
bróad sìlk ブロードシルク《服地・裏地用の広幅絹》.
bróad-spéctrum *a* 〘薬〙広域(抗菌)スペクトルの; 用途の広い, 多目的の: ～ antibiotic 広域抗生物質.
bróad strókes [the] *《口》概要, あらまし, 基本の事実.
bróad·swòrd *n* 広刃の刀, だんびら (=*backsword*).
bróad·tàil *n* カラクール(の毛皮) (⇨ KARAKUL).
bróad·wày *n* 大通り, 目抜き通り. ► *adv* BROADWAYS.
Broadway *n* ブロードウェー《**1**) New York 市の Manhattan 島をやや斜めに南北に走る通り; 中ほどは劇場・歓楽街で, 一名 Great White Way ともいう **2**) New York 市の商業演劇界; cf. OFF BROADWAY》. ► *a* ブロードウェーの. ◆ **～·ite** *n*
Bróadway bóy *《俗》派手にめかしこんだ三流賭博師[女たらし].
bróad·wàys *adv* BROADWISE.
bróad·wìfe *n* 〘米史〙自分の所有主と夫の所有主が別の女奴隷. [*abroad wife*]
bróad·wìse *adv* 横に. ► *a* 横なりの.
Bróad·wòod ブロードウッド《英国のピアノメーカー (John Broadwood & Sons Ltd); 1728 年創立; 1817 年 Beethoven にピアノを作ったことで知られる》.
broast* /bróust/ *vt, vi* (肉などを)あぶり焼きにする. [*broil*+*roast*]
Brob·ding·nag /brábdɪŋnæ̀g/, **-dig-** /-dɪg-/ ブロブディングナグ《Swift, *Gulliver's Travels* の巨人国》.
Bròb·ding·nág·ian *a* ブロブディングナグ(人)の; 巨大な (gigantic). ► *n* 巨人.
Bro·ca /bróukə; *F* brɔka/ ブローカ **Paul** ～ (1824–80)《フランスの外科医・人類学者; 脳の言語中枢を発見》.
bro·cade /broukéɪd/ *n* 金襴, ブロケード《綾地・しゅす地に多彩なデザインを浮織りした紋織物》. ► *vt* ブロケードにする. ◆ **-cád·ed** *a* [Sp and Port *brocado*<It (*brocco* twisted thread)]
Bróca's àrea 〘解〙ブローカ野(ʸᵃ)《下前頭回にあり, 運動性言語中枢がある》.
broc·a·telle, -tel /bràkətél/ *n* ブロカテル《浮織りの brocade》. [F<It=gold tinsel]
broc·a·tel·lo /bràkətélou/ *n* ブロッカテッロ《装飾用色紋入り大理石; イタリア・スペイン産》.
broc·co·li /brák(ə)li/ *n* **1** 〘野菜〙**a** ᴵᴵブロッコリー (=*sprouting broccoli*)《花蕾(ᵏᵃʳᵃⁱ)が緑色のものがもっとも一般的だが, ほかに白色種・紫色種もある》. **b** ウインターブロッコリー (=*winter broccoli*)《ヨーロッパで広く栽培されている品種で, カリフラワーに似て花蕾が白色; ただし, より大きく耐寒性に富む》. **2** *《俗》マリファナ, はっぱ. [It (pl)<*broccolo* cabbage top (dim)<*brocco*; cf. BROACH]
bróccoli ràbe [ràab, ràb] /-rὰ:b/ 〘野菜〙ITALIAN TURNIP.
broch /bráx/ *n* 〘考古〙円塔《Orkney 諸島, Shetland 諸島, Hebrides 諸島, およびスコットランド本土に残存する石造の円塔》. [burgh の変形]
bro·ché /brouʃéɪ/ *n, a* ブロッシェ(の)《表面に柄を織り出した絹などの織物》. [F]
bro·chette /brouʃét/ *n* 串, 焼き串であぶるもの: EN BROCHETTE. [F=skewer]
bro·chure /brouʃúr; bráuʃuər, -ʃər/ *n* 《業務案内などの》パンフレット, 小冊子. [F=stitching (*brocher* to stitch)]
brochúre sìte パンフレットサイト《会社・製品の概要や広告を掲載した簡単なウェブサイト》.
brockᴵᴵ /brák/ *n* アナグマ (badger): a stinking ～. [OE *brocc*<Celt]
brock·age /brákɪʤ/ *n* 不完全鋳造貨.
Brock·en /brákən/ ブロッケン《ドイツ中北部 Harz 山地の最高峰 (1142 m); 伝説によると Walpurgis Night (5 月 1 日の前夜) に魔女が集まるという》.
Brócken spécter [bów /-bóu/**]** ブロッケンの妖怪[怪物]《太陽を背に山頂などに立つとき雲の上に映る自分の影で, しばしば 頭部のまわりに光環が見える》. [↑]
brock·et /brákət/ *n* 2 歳の雄のアカシカ (cf. PRICKET); 〘動〙マザマジカ《中南米産の小型のシカ; 角は分枝しない》.
Brock·house /brákhàus/ ブロックハウス **Bertram Neville** ～ (1918–2003)《カナダの物理学者; ノーベル物理学賞 (1994)》.
broc·o·li /brák(ə)li/ *n* BROCCOLI.
brod·dle /brádl/ *vt* 《ヨークシャー》突く, 突き刺す.
bro·der·er /bróudərər/ *n* 《古》EMBROIDERER.
bro·de·rie an·glaise /broud(ə)rí: ɑ̀:ŋgléɪz/ ブロドゥリ・アングレーズ《目打ちをしてまわりを刺繍するアイレットワークのこと》. [F=English embroidery]
bro·die /bróudi/ [ˢB-] *《俗》*n* 飛込み, 《特に》投身自殺; 大失敗, へま. ► *vi* 失敗する, ポカをやらかす; 飛び降り自殺をする. [Steve *Brodie* 1886 年 Brooklyn Bridge から East River に飛び込んだと称した新聞売りの少年]
Brod·sky /brádski/ ブロツキー **Joseph** ～ (1940–96)《ロシア生まれの詩人; 米国に亡命 (1972); 生・死・存在の意味といった普遍的主題を扱う; ノーベル文学賞 (1987)》.
Broed·er·bond /brú:dərbὰnd, -bὰnt/ 〘南ア〙ブルーダーボント《アフリカーナー民族主義者の政治的秘密結社》; 《いかがわしい目的の》秘密組織. [Afrik=band of brother]
brog /brág/ 《スコ・北イング》*n* 小錐(ᵏᵒᵍⁱʳⁱ) (bradawl), 突き錐 (awl); 木の枝, 木切れ, 棒. ► *vt* 突く, 突き刺す. [変形<? *brod*²]
bro·gan /bróugən, -gæn/ *n* ブロガン《くるぶしまでの深さの丈夫な作業用革靴》. [Ir Gael (dim)<BROGUE¹]
Bro·gan /bróugən/ ブローガン Sir **Denis (William)** ～ (1900–74)《英国の歴史学者・政治学者》.
Brog·lie /bróugli; *F* brɔj/ ド ブロイ (**1**) **Louis-Victor(-Pierre-Raymond) de** ～, 7th Duc de ～ (1892–1987)《フランスの物理学者; 量子論を研究し, 波動力学の発展に貢献した; ノーベル物理学賞 (1929)》 (**2**) **Maurice de** ～, 6th Duc de ～ (1875–1960)《前者の兄; フランスの物理学者; X 線を研究》.
brogue¹ /bróug/ *n* ブローグ《**1**) ウィングチップで穴飾りの付いた堅牢な革靴 **2**) アイルランドやスコットランドで履いた粗革製の靴》; BROGAN. [Gael and Ir *brōg*<ON]
brogue² *n* 地方なまり, 《特に》アイルランド[スコットランド]なまり. [C18<?; ↑ からか]
broi·der /brɔ́ɪdər/ *vt, vi* 《古・詩》EMBROIDER.
broi·dery /brɔ́ɪd(ə)ri/ *n* 《古・詩》EMBROIDERY.
broil¹ /brɔ́ɪl/ *vt* 〈肉を〉*直火(ʲⁱᵏᵃ)で焼く, 焙焼(ᵇᵃⁱˢʰᵒᵘ)する, あぶる (grill). ► *vi* 〈肉が〉焼ける; [*fig*] 〈炎熱が〉焼けつく, 焼けつくように暑い; [*fig*] 熱くなる, かっとなる. ► *n* 直火で焼く[あぶる]こと; てり焼き, あぶり肉, 焼肉; 炎熱; [*fig*] 興奮状態. ◆ **～·ing** *a* 焼けつくような, 炎暑の. **～·ing·ly** *adv* 焼けつくように. [OF *bruler* to burn]
broil² 《古》*n, vt, vi* けんか(する), 口論(する), 騒ぎ[騒ぐ]; 混乱させる, 巻き添えにする. [*broil* (obs) to muddle<OF *brouiller* to mix]
bróil·er¹ *n* *あぶる人[器具], グリル (grill, gridiron); 焼肉用の若鶏, ブロイラー (=～ **chìcken**); 《口》焼けつくような暑い日. [*broil*¹]
broiler² *n* けんか好きな人, 大騒ぎを起こす人.
bróiler hòuse ブロイラー用鶏舎, ブロイラー舎.
bro·kage /bróukɪʤ/ *n* 《古》BROKERAGE.
broke /bróuk/ *v* BREAK¹ の過去・古体[方言]過去分詞. ► *a* **1** 《口》破産した, 無一文の (penniless) (cf. BREAK¹ *vt* 3b); 調教された, ならされた: dead [flat, stone, stony] ～ 全く無一文で, すっからかんで / go ～ 無一文になる, 破産する. **2** 《方》BROKEN: new ～ ground 新開墾地. ● **～ to the curb** *《俗》顔がまずい, どうしようもなく醜い, 見られたものではない. **go for ～** 《口》死力を尽くす, 一発勝負をかける. **if it ain't ～, don't fix it** 《口》これていないなら直すことはない, 無理して変える必要はない (cf. let well (enough)

ALONE). ～ to the wise [world] ‖《口》全く無一文で. ► *n* 〖紙〗損紙.

bro·ken /bróuk(ə)n/ *v* BREAK¹ の過去分詞. ► *a* **1 a** こわれた, 砕けた, 破れた, 裂けた; けがをした, 骨折した: a ～ soldier 傷痍軍人. **b** はしたの, 半端の; 不完全な, 欠のある: ～ money はした金 / ～ numbers 端数, 分数 / ～ meat 食べ残しの肉, 残飯 / ～ time 半端な時間, 合間. **c** 〖音〗二重母音として発音される〈母音〉. **2** 侵害された, 破られた: a ～ promise 破られた約束. **3 a** くじけた, 衰弱した, うちひしがれた. **b** 破産した, つぶれた; 破綻した〈家庭・結婚など〉: a ～ man 敗残の人, 破産者 / BROKEN HOME. **c** *《口》降等された, 地位を下げられた. **d** 〈馬が〉調教された 〈*in*〉. **4 a** 中断された, 妨げられた; 〈眠り・ことばなど〉断続的な, とぎれがちの, たどたどしい: a ～ sleep とぎれとぎれの眠り / ～ cloud 空の 5-9 割をおおう雲. **b** 〈地表が〉でこぼこの(ある), 波状の: ～ water 立ち騒ぐ波, あだ波. **c** めちゃめちゃな; 文法に反した, ブロークンな; 〈チューリップの花が〉ウイルスに冒されて不規則な模様をした: ～ weather 定まらない[不順な]天候 / speak ～ English 怪しげな英語を話す. ♦ **～·ly** *adv* とぎれとぎれに, とぎれがちに〈話すなど〉. **～·ness** *n*

bróken árm *《俗》食べ残し, 食いかけ.

bróken árrow *《俗》核兵器がらみの事故.

bróken chórd 〖楽〗分散和音.

bróken cóal 直径 3-4³/₈ インチ大の無煙炭 (⇨ ANTHRACITE).

bróken cólor 〖美〗点描(画法).

bróken cónsort 〖楽〗ブロークンコンソート《さまざまな型の楽器のアンサンブル》.

bróken-dówn *a* 打ち砕かれた, 潰滅した (ruined); 健康をそこねた, 衰弱した; 〈馬が〉脚を痛めた, 《特に》腱を故障した; 〈機械など〉だめになった, こわれた, 使い古した.

bróken-field *a* 〖アメフト〗ブロークンフィールドの《ボールキャリアーが, 広く散らばったタックラーを, しばしばブロッカーの助けをかりずにすばやく方向を変えながらかわしていく》: a ～ runner / ～ running.

bróken héart 失意, 絶望, 傷心, 失恋.

bróken·héart·ed *a* 悲嘆に暮れた, 失意の, 傷心の. ♦ **～·ness** *n*

Bróken Híll ブロークンヒル《オーストラリア南東部 New South Wales 州西部の市; 鉛・銀などの採鉱地》.

bróken hóme 欠損家庭, こわれた家庭《死亡・別居・離婚などによって片親または両親が欠如している家庭》.

bróken líne 破線《---; cf. DOTTED LINE》; 《車線の境界を示す》破線《車線変更が可能なことを表わす》.

bróken lót 〖証券〗端株 (odd lot).

bróken-nòse crówd [the] *《俗》犯罪組織, 暴力団.

bróken pédiment 〖建〗中断三角切妻, ブロークンペディメント《完全な三角形とならずに頂部が切れた形のペディメント》.

bróken récord *《口》こわれたレコード盤(みたいに同じことばかり繰り返す人[もの]): like a ～.

bróken réed 折れた葦, いためる葦 (=*bruised reed*)《弱い人, たよりにならない人[もの]; *Matt* 12:20, *Isa* 36:6》.

bróken whíte 〖染〗割り白(じろ).

bróken wínd 〖獣医〗《馬の》慢性閉塞性肺疾患 (COPD) (cf. WIND-BROKEN).

bróken-wínd·ed *a* 息切れする; 慢性閉塞性肺疾患の〈馬〉.

bro·ker /bróukər/ *n* ブローカー, 株式仲買人 (cf. DEALER); 仲立人, 仲介人[業者], 周旋人, 仲介役; *《政財界の》大物調停役, 黒幕 (power broker); ‖古物商; 質屋 (=*pawnbroker*); ‖《差し押え物件の》評価販売人: a ～ house 証券会社. ► *vt* 仲立する, 仲介[周旋]する; *黒幕[実力者]としてまとめる, 調停する. ♦ **～·ing** *n* [AF *brocour* broacher (of cask), one who sells<?]

bróker·age *n* 仲立[仲介](業), 周旋(業), 取り次ぎ; 仲立[仲介]業者, 証券会社; 仲立[仲介]手数料, 口銭.

bróker-dèaler ‖*n* ブローカー・ディーラー《手数料を取って証券の受託販売をする仲立業務と自己勘定での売買を共にする証券業者》.

bró·kered* *a* BROKER によって仲介された[まとめられた]: a UN-～ ceasefire accord 国連の仲介による停戦協定.

brok·ing /bróukɪŋ/ *n, a* ‖仲介(業)(の), 仲買(業)(の).

brol·ga /brálgə/ *n* 《豪》〖鳥〗ゴウシュウヅル (=*Australian crane, native companion*). [(Austral)]

brol·ly ‖/bráli/ *n* 《口》傘; 《俗》パラシュート. [um*brella*]

brom- /bróum/, **bro·mo-** /bróumou, -mə/ *comb form*「臭素」[Gk; ⇨ BROMINE]

bro·mal /bróumæl/ *n* 〖薬〗ブロマール《鎮痛・催眠剤》.

bro·mance /bróumæns/ *n* 男同士の(かたい)友情. ♦ **bro·man·tic** /broumǽntɪk/ *a* [*bro*+*romance*]

bro·mate /bróumèɪt/ *n* 〖化〗臭素酸塩. ► *vt* 臭素で処理する.

Brom·berg /*G* brɔ́mbɛrk/ ブロムベルク《BYDGOSZCZ のドイツ語名》.

bróme(·gràss) /bróum(-)/ *n* 〖植〗スズメノチャヒキ属の各種《牧草や乾草にする; イネ科》.

bro·me·lain /bróumələn, -lèɪn/, **-lin** /-lən, broumí:-/ *n* 〖生化〗ブロメライン, ブロメリン《パイナップルの果汁から得られるタンパク質分解酵素》.

bro·me·li·a·ceous /broumì:liéɪʃəs/ *a* 〖植〗アナナス[パイナップル]科 (Bromeliaceae) の. [Olaf *Bromelius* (1639-1705) スウェーデンの植物学者]

bro·me·li·ad /broumí:liæ̀d/ *n* 〖植〗アナナス《アナナス科の植物の総称》.

bromelin ⇨ BROMELAIN.

brom·e·o·sin /broumí:əsən/ *n* 〖化〗ブロムエオシン (eosin)《赤色蛍光染料》.

bro·mic /bróumɪk/ *a* 〖化〗臭素を含む, 臭素性の.

brómic ácid 〖化〗臭素酸.

bro·mid /bróuməd/ *n* 〖化〗臭化物 (bromide).

bro·mide /bróumàɪd/ *n* **1** 〖化〗臭化物, 《特に》臭化カリウム《写真材料; もと鎮静・催眠剤》; ブロマイド印画紙写真[印刷]. **2** 陳腐な考え[話], 月並みななぐさめのことば; 退屈な人. [*bromine, -ide*]

brómide pàper 〖写〗ブロマイド(印画)紙.

bro·mid·ic /broumídɪk/ *a* 臭化物中毒の; 《口》月並みな, 退屈な, 平凡な, 陳腐な. ♦ **-i·cal·ly** *adv*

bro·min·ate /bróumənèɪt/ *vt* 〖化〗臭素で処理する, 臭素(酸塩)と化合させる (bromate). ♦ **bro·mi·ná·tion** *n* 臭素化.

bro·mine /bróumì:n, -mən/ *n* 〖化〗臭素《非金属元素; 記号 Br, 原子番号 35》. [F *brome* (<Gk *brōmos* stink), *-ine²*]

bro·mism /bróumɪz(ə)m/, **bro·mi·nism** /bróumənɪz(ə)m/ *n* 〖医〗臭素[ブロム]中毒.

bro·mize /bróumàɪz/ *vt* 〖化〗臭素[臭化物]で処理する.

Brom·ley /brámli/ ブロムリー《London boroughs の一つ; Greater London 南東部》.

bro·mo /bróumou/ *n* (*pl* ～**s**) 〖薬〗ブローモ《頭痛薬》.

bròmo·críp·tìne, -crýp- /-kríptì:n, -tən/ *n* 〖薬〗ブロモクリプチン《プロラクチンの分泌過剰を抑制する》.

bròmo·deòxy·úridine *n* 〖生化〗ブロモデオキシウリジン《異質染色質領域に染色体破損を起こすチミジン類似体; 略 BUdR》.

bro·mo·form /bróuməfɔ̀:rm/ *n* 〖化〗ブロモホルム《無色の液体; chloroform に似た匂いと味があり, 有毒》.

Brómo Sèlt·zer /-sèltsər/ 〖商標〗ブロモセルツァー《鎮痛剤》.

bròmo·thýmol blúe 〖化〗ブロモチモールブルー (BROMTHYMOL BLUE).

bròmo·úracil *n* 〖生化〗ブロモウラシル《変異原性を有するピリミジン類似体; チミンの代わりに容易に DNA に取り込まれる》.

Brómp·ton còcktail [mìxture] /brámptn-/ 〖薬〗ブロンプトン合剤 (=**Brómpton's còcktail [mìxture]**)《強力な鎮痛用混合剤》. [? *Brompton* Hospital この薬を癌患者のために開発したロンドンの病院]

brom·thýmol blúe /bròum-/ 〖化〗ブロムチモールブルー (=*bromothymol blue*)《酸性で黄色, アルカリ性で青色を示す指示薬》.

bro·my·rite /bróuməràɪt/ *n* 〖鉱〗臭銀鉱.

bronc, bronk* /bráŋk/ *n* 《口》BRONCO; 《方》性悪な馬; 《俗》《男色の》稚児 (catamite).

bronch- /bráŋk/, **bron·cho-** /bráŋkou, -kə/ *comb form*「気管支」[Gk; ⇨ BRONCHUS]

bronchi *n* BRONCHUS の複数形.

bron·chi- /bráŋki/, **bron·chio-** /bráŋkiou, -kiə/ *comb form*「気管支 (bronchial tubes)」 [NL ⇨ BRONCHUS]

bronchia *n* BRONCHIUM の複数形.

bron·chi·al /bráŋkiəl/ *a* 〖解〗気管支の. ♦ **～·ly** *adv*

brónchial ásthma 〖医〗気管支喘息(ぜんそく).

brónchial catárrh 〖医〗気管支カタル.

brónchial pneumónia BRONCHOPNEUMONIA.

brónchial trèe 〖解〗気管支樹《気管支が肺内部で分岐を重ねてできた樹状構造》.

brónchial tùbe [ᵘ*pl*] 〖解〗気管支《2 本に分かれ, さらに樹枝状に分かれて肺胞に達する; cf. BRONCHUS, BRONCHIUM》.

bron·chi·ec·ta·sis /bràŋkiéktəsəs/ *n* 〖医〗気管支拡張(症). ♦ **-ec·tat·ic** /-ɛktǽtɪk/ *a*

bron·chi·ole /bráŋkiòul/ *n* 〖解〗細気管支. ♦ **bròn·chi·ó·lar** *a*

bron·chi·ol·i·tis /bràŋkiouláɪtəs/ *n* 〖医〗細気管支炎.

bron·chit·ic /braŋkítɪk/ *a* 〖医〗気管支炎(性)の. ► *n* 気管支炎患者.

bron·chi·tis /braŋkáɪtəs/ *n* 〖医〗気管支炎. [*bronchus, -itis*]

bron·chi·um /bráŋkiəm/ *n* (*pl* **-chia** /-kiə/) 〖解〗気管支《bronchus の分枝》.

bron·cho /bráŋkou/ *n* (*pl* ～**s**) BRONCO.

bróncho·cèle *n* 〖医〗甲状腺腫 (goiter).

bròncho·constríction *n* 〖医〗気管支収縮.

bròncho·constríctor *n* 〖薬〗気管支収縮薬[剤]. ► *a* 気管支収縮性の.

bròncho·dilátor *n* 〖薬〗気管支拡張薬. ► *a* 気管支拡張(性)の. ♦ **-dilátion** *n*

bròncho·génic *a* 気管支の[に関する, に起こる].

bron·chog·ra·phy /braŋkágrəfi/ *n* 〖医〗気管支造影[撮影](法). ♦ **bron·cho·graph·ic** /bràŋkəgrǽfɪk/ *a*

bròncho·pneumónia *n* 〘医〙気管支肺炎 (=*bronchial pneumonia*). ♦ **-pneumónic** *a*

bròncho·púlmonary *a* 〘解〙気管支肺の.

brónch·o·scòpe *n, vt* 〘医〙気管支鏡(で検査する). ♦ **bron·chos·co·py** /braŋkáskəpi/ *n* 気管支鏡(検査)法. **bron·chós·co·pist** *n* **bròn·cho·scóp·ic** /-skáp-/ *a*

bróncho·spàsm *n* 〘医〙気管支痙攣(けいれん). ♦ **bròncho·spástic** *a*

bron·chot·o·my /braŋkátəmi/ *n* 〘医〙気管支切開(術).

bron·chus /bráŋkəs/ *n* (*pl* **-chi** /-kàɪ, *-kì:/) 〘解〙気管支《気管の主要な2本の分枝; 広く BRONCHIAL TUBE を指すこともある; cf. BRONCHIUM》. [Gk=windpipe]

bron·co /bráŋkoʊ/ *n* (*pl* **~s**) **1** *ブロンコ《全く[ほとんど]ならされていない放牧野馬; 北米西部平原産》. **2**《カナダ》イギリス人《特に 移住して来た》. **3** *《俗》新米ホモ, 慣れていない若いの. [Sp=rough]

brónco·bùst·er *n* *《口》ブロンコをならすカウボーイ (=**brónco-pèel·er, -snàpper, -twìst·er**); *《俗》ロデオで暴れ馬を乗りこなすカウボーイ, 荒馬乗り; *《ホモ俗》少年をあさるホモ.

bronk ⇨ BRONC.

Brøn·sted acid, Brön- /bránstɛð —, brénstèd-/ 〘化〙ブレーンステッド酸《陽子すなわち水素イオンを相手に与える物質としての酸; 陽子供与体》. [Johannes Nicolaus *Brønsted* (1879–1947) デンマークの物理化学者]

bront- /bránt/, **bron·to-** /brántoʊ, -tə/ *comb form*「雷」《特に巨大動物などの分類名をつくる》. [Gk (*brontē* thunder)]

Bron·të /bránti, -teɪ/ ブロンテ **Charlotte ~** (1816–55), **Emily** (**Jane**) **~** (1818–48), **Anne ~** (1820–49)《英国の小説家三姉妹; Yorkshire の寒村 Haworth に牧師の娘として生まれ, それぞれに文才を発揮した; 長女 Charlotte (筆名 Currer Bell) は *Jane Eyre* (1847), 次女 Emily (筆名 Ellis Bell, 詩人でもある) は *Wuthering Heights* (1847), 三女 Anne (筆名 Acton Bell) は *The Tenant of Wildfell Hall* (1847) で特に知られる》: the ~ sisters ブロンテ三姉妹.

brònto·sáurus, brónto·sàur *n* 〘古生〙雷竜, ブロントサウルス (=*apatosaurus, thunder lizard*)《北米ジュラ紀の巨大な草食爬虫類》.

Bronx /bráŋ(k)s/ **1** [ᵘthe] ブロンクス《New York 市北部の自治区 (borough); Manhattan 島の北東, 本土にある》. **2** ブロンクス (=**~ còcktail**)《ジンにベルモット・オレンジ果汁を加えたカクテル》. ♦ **~·ite** *n*

Brónx chéer *《口》ブーイング (RASPBERRY).

bronze /bránz/ *n* 青銅, ブロンズ; 《一般に》銅合金; 青銅製品, 銅像; 銅メダル (bronze medal); 金粉 (=**~ pòwder**); 黄みがかった褐色, ブロンズ色(えのぐ). ► *a* ブロンズ製[色]の: a ~ statue 銅像 / ~ skin ブロンズ色の皮膚. ► *vt, vi* **1** ブロンズのようにする, ブロンズ色にする[なる], …にブロンズ光沢をつける; 〈人を〉日焼けさせる; 日に焼ける. **2** 無情[鉄面皮]にする[なる]. ♦ **~d** *a* 青銅をかぶせた; 日焼けした〈顔〉. **brónz·er** *n* ⁺肌を日焼けしたように見せる化粧品. [F<It]

Brónze Àge [the] 〘考古〙青銅器時代 (cf. STONE [IRON] AGE); [the b- a-] 〘ギ神〙BRAZEN AGE.

brónze [brónzed] diabétes 〘医〙青銅(色)糖尿病 (hemochromatosis). [病状を示す皮膚の色から]

brónze médal 銅メダル《3等賞》.

brónze·smìth *n* 青銅細工師.

Brónze Stár (Mèdal) 〘米軍〙青銅星章, ブロンズスター《空中戦以外の勇敢な行為をした者に授ける》.

brónze·wìng *n* 〘鳥〙ニジバト (=**brónze·wìnged pígeon, ~ pìgeon**)《翼に金属光沢斑のあるオーストラリア区の各種のハト》.

bronz·ing /bránzɪŋ/ *n* 《木の葉などの》褐色化, 退色, 変色; 《肌の》日焼け; 〘染〙かぶり.

Bron·zi·no /brɔːndzí:noʊ/ [Il ~ /ì:l-/] イル・ブロンジーノ (1503–72)《Florence のマニエリスムの画家》.

bronz·ite /bránzàɪt/ *n* 〘鉱〙古銅輝石.

brónzy *a* 青銅[ブロンズ]の(ような); ブロンズ色の.

broo /brú:/ *n* [次の成句で]: **on the ~** 《スコ口》失業手当をもらって. [*bureau* '社会保険庁']

brooch /bróʊtʃ, *brú:tʃ/ *n* ブローチ. [F *broche* BROACH<L]

brood /brú:d/ *n* 一かえりのひな, 一巣(ひとす)のひな, ひと腹の仔, 同腹, 〘動〙時期別産子群; 蜂の子; [ᵒ*joc*] 《一家の》子供たち; 同族, 同類, 種類: sit on ~ 《古》巣ごもる; 沈思黙考する / a ~ of thieves 泥棒の仲間. ► *vi* **1** 卵を抱く, 巣につく, 就巣する; 孵化(ふか)する (hatch). **2** 〈雲・夕闇・沈黙など〉静かにおおう, たれこめる, のしかかる 〈*over, on*〉. **3** じっと考え込む; くよくよする, 気に病む 〈*on, over, about*〉; 鬱状態である, 落ち込んでいる; たくらむ. ► *vt* 〈卵を〉抱く, 〈ひなを〉温める[かえす]; 〈考えなど〉心にいだく. ► *a* 繁殖用に飼育される. ♦ **~·ing** *a* 陰鬱な, 鬱然たる, 不気味な **~·ing·ly** *adv* [OE *brōd*; cf. G *Brut*]

brόod bìtch 繁殖用の雌犬, 経産雌(し)《繁殖に使われた雌犬》.

bróod·er *n* **1 a** 《養鶏用の》育雛(いくすう)器, 《子豚などを暖房育成する》保育小屋; 《育雛器などの》給温装置, ブルーダー. **b** 卵を抱く鳥. **2** 思いにふける人.

bróod hèn 《繁殖用の》卵を抱くめんどり, 抱卵鶏.

bróod·màre *n* 子をはらませるために飼う牝馬.

bróod pàrasitism 〘鳥〙《カッコウなどの》托卵, 育児寄生.

bróod pàtch 〘鳥〙INCUBATION PATCH.

bróod pòuch 〘動〙**a** 《ある種のカエル・魚の》卵嚢. **b** 育児嚢 (marsupium).

bróody *a* **1** 巣につきたがっている; 多産の; ⁿ《口》〈女性が〉自分の子供を欲しがっている. **2** 考え込む, むっつりした, ふさぎこんだ, 鬱々とした. ♦ **bróod·i·ly** *adv* **-i·ness** *n* ⁺就巣性. [*brood*]

brook[1] /brύk/ *n* 小川《しばしば地名に用いる》; 〘魚〙BROOK TROUT. [OE *brōc* torrent<?; cf. G *Bruch* marsh]

brook[2] *vt* [ᵘ*neg/inter*]《文》〈批判・異議・干渉などを〉許す, …に耐える. ♦ **~·able** *a* [OE *brūcan* to use, enjoy; cf. G *brauchen*]

Brook ブルック **Peter** (**Stephen Paul**) **~** (1925–)《英国の演出家・映画監督》.

Brooke /brύk/ **1** ブルック (**1**) Sir **Alan Francis ~** ⇨ 1st Viscount ALANBROOKE (**2**) Sir **James ~** (1803–68)《英国の軍人; Sarawak のブルック王国 (Brooke raj, 1841–1946) 初代国王 (1841–63)》 (**3**) **Rupert** (**Chawner**) **~** (1887–1915)《英国の詩人; 第一次世界大戦に従軍し, ギリシアの Skyros にて病死; 詩集 *1914 and Other Poems* (1915)》. **2** ブルック **Dorothea ~** 《George Eliot, *Middlemarch* の女性主人公; 聖職者・学者である夫との不毛の結婚に失望し, 夫の死後, そのいとこで若く情熱的な芸術家と結婚する》.

Bróoke Bónd 〘商標〙ブルックボンド《London の Brooke Bond Group plc (1869年創業) 製の紅茶》.

Bróok Fárm ブルックファーム《米国の超絶主義者たちが Massachusetts 州 West Roxbury に建設した空想社会主義による実験的共同体 (1841–47)》.

Brook·há·ven Nátional Láboratory /brʊkhéɪv(ə)n-/ [the] ブルックヘイブン国立研究所《New York 州 Long Island にある原子核物理学研究所》.

brook·ie /brύki/ *n* *《俗》BROOK TROUT.

Bróok·ings Institùtion /brύkɪŋz-/ [the] ブルッキングズ研究所《Washington, D.C. にある米国の民間研究機関; 商人 Robert S. Brookings (1850–1932) が1927年設立; 政治・経済・外交政策などに関する研究・教育を行なう》.

brook·ite /brύkàɪt/ *n* 〘鉱〙板(いた)チタン石. [Henry J. *Brooke* (1771–1857) 英国の鉱物学者]

bróok·let *n* 細流, 小川.

bróok·lìme *n* 〘植〙クワガタソウ属の各種の草[低木]. [OE (BROOK[1], *hleomoce* 草の名)]

Brook·lyn /brύklən/ ブルックリン《Long Island の南西端にある New York 市の自治区 (borough)》. ♦ **~·ìte** *n*

Bróoklyn Brídge [the] ブルックリン橋《New York 市の Brooklyn と Manhattan 島を結ぶ吊橋》. ● **sell sb the ~** *《取引で》人をだます, 口車に乗せる.

Brook·lyn·ese /brὺkləní:z, -s/ *n* ブルックリン[ニューヨーク](なまり)のことば《bird, third などの母音を /ɔɪ/ と発音する》.

Bróoklyn sìde [the] 〘ボウル〙《ピンに向かって》レーンの左側.

Brook·ner /brύknər/ ブルックナー **Anita ~** (1928–)《英国の作家・美術史家; 小説 *Hôtel du Lac* (1984)》.

Brooks /brύks/ ブルックス (**1**) **Gwendolyn** (**Elizabeth**) **~** (1917–2000)《米国の詩人・作家; *Annie Allen* (1949, Pulitzer 賞), *Riot* (1969); 黒人女性として初の Pulitzer 賞受賞者で, 同じく黒人女性初の米国議会図書館詩顧問桂冠詩人 (1985–86)》 (**2**) **Mel ~** (1926–)《米国の喜劇映画俳優・監督・脚本家; 本名 Melvin Kaminsky》 (**3**) **Phillips ~** (1835–93)《米国聖公会の主教》 (**4**) **Van Wyck ~** (1886–1963)《米国の批評家・文芸史家》.

Bróoks Ránge [the] ブルックス山地《Alaska 州北部を東西に走る山地》.

bróok tròut 〘魚〙**a** カワマス (=*speckled trout, squaretail*)《イワナ属; 北米東部原産》. **b** BROWN TROUT.

bróok·wèed *n* 〘植〙ハイハマボッス (water pimpernel) の一種《ユーラシア産》.

broom /brú:m, brύm/ *n* ほうき; 〘植〙エニシダ《マメ科エニシダ属およびヒトツバエニシダ属の主として観賞用低木》, 《特に》エニシダ (Scotch broom); *《俗》やせっぽち: A NEW BROOM sweeps clean. ● **get [have] a ~ up one's ass [butt]=get [have] a ~ in one's tail** *《俗》仕事熱心である, 懸命に働く《両手がふさがっていても尻の穴にほうきを差し込んで掃除をするほどだ, の意》. ► *vt* 掃く, 掃除する; 〈コンクリートの表面などを〉はけで仕上げる. ► *vi* *《俗》去る, 《特に》逃げる, ずらかる. ♦ **bróomy** *a* エニシダの多い[生い茂る]. [OE *brōm* brushwood; cf. BRAMBLE]

bróom·bàll *n* ブルームボール《スティックとパックの代わりにほうきとバレー[サッカー]ボールを用い, スケート靴は履かずに行なう一種のアイスホッケー》. ♦ **~·er** *n*

bróom·còrn* *n* 〘植〙ホウキモロコシ, ブルームコーン《穂をほうきやブラシとして利用するモロコシ (sorghum)》.

broom·ie /brú:mi/ *n* 《豪口》《羊毛刈取り作業場の》ほうきで掃除をする係.

bróom·ràpe *n* 〘植〙ハマウツボ属の各種寄生植物.

bróomrape fàmily〘植〙ハマウツボ科 (Orobanchaceae).
bróom·stìck *n* 柄つきのほうき, ほうきの柄《魔女はこれにまたがって空を飛ぶ》;*《俗》《自分の》女房, かみさん, 愚妻;*《俗》やせっぽち.
● **marry** [**jump**] **over the** ～ 結婚式(のまねごと)をする, 手軽に結婚する.
Broon·zy /brúːnzi/ ブルーンジー **'Big Bill'** ～ [**William Lee Conley** ～] (1898–1958)《米国の黒人ブルースシンガー・ギタリスト》.
bros. /brʌðərz, (*joc*) bràs, -z; brɔ̀s, -z/ brothers: Smith *Bros.* & Co. スミス兄弟商会.
brose /bróuz/ *n* ブローズ《オートミールなどに熱湯・牛乳などをかけたスコットランド風のかゆ》. ♦ **brósy** *a* [変形<? Sc *bruise* broth < BREWES]
broth /brɔ́(ː)θ, bráθ/ *n* (*pl* ～**s** /-s, brɔ́ːðz/)《肉・魚・骨また野菜などの》煮出し汁, だし汁, ブイヨン; だし汁で作る薄いスープ;《細菌培養の》肉汁, 培養液. ● **a** ～ **of a boy**《アイル》快男児. **a** CHIP[1] **in** ～. ♦ **bróthy** *a* [OE *broth*<Gmc (**bru*- to BREW)]
broth·el /brɔ́(ː)θəl, bráθ-/ *n* 売春宿, 淫売宿;《豪》きたならしい[ごみごみした]所. [*brothel(-house)*<ME *brothel* worthless fellow (OE *brēothan* to go to ruin)]
bróthel crèepers *pl*[‖]《俗》クレープ底の靴《通例 スエード革製》.
broth·er /brʌ́ðər/ *n* **1 a** 兄弟, 兄, 弟《FRATERNAL *a*》; HALF BROTHER; STEPBROTHER;《男性の》親族, 縁者, 同族の者《聖書のヘブライ語法》: one's elder [younger] ～ 兄[弟]. **b** 親友, 同僚, 仲間, 同期生; 同胞;*《口》《特に黒人間で》黒人, 兄弟 (soul brother); [*voc*] [君主・裁判官同士で] 友邦君主, 卿;《俗》[*voc*] (よう)兄弟, 兄さん, あんた: ～*s* in arms 同志, 戦友. **c** 同類, 同種(のもの). **2 a** (*pl* °**breth·ren** /bréð(ə)rən/) 同一教会員, 同一組合員, 同業者, (fraternity の)(正)会員《など》: a ～ of the brush [quill] 画家; ペンキ屋[著述家]. **b**〘カト〙聖職に就かない修道士, 平修士, [B-]《特に教育・医療などに従事する》単式誓願修道会の修道士. ● **Am I my** ～**'s keeper?**〘聖〙わたしは弟の番人でしょうか《弟 Abel を殺した Cain が, Abel の所在を主に訊かれた時に答えたことば; *Gen* 4: 9》. ► *int*《俗》《驚き・嫌悪・失望の発声》おいおい, おやまあ, いまいましい, ウヘッ, やだなあ. ► *vt* 兄弟[同胞]とする[として扱う]; brother と呼ぶ; 組合《など》に入れる[加える]. [OE *brōther*; cf. G *Bruder*]
bróther-gérman *n* (*pl* **bróthers-**)《古》同父母兄弟.
bróther·hòod *n* **1** 兄弟の間柄; 兄弟の縁[愛情], 友愛; 兄弟分; 仲間であること, 連帯. **2** 協会, 組合;*《口》(鉄道)労働組合. **3 a** 同業者《集合的》; 連中: the legal ～法曹団. **b** 修道士, 教団員《集合的》. [ME *brotherrede*<OE *brōther-rǣden* fellowship; 語尾は *-hood*, *-head* の影響]
bróther-in-làw *n* (*pl* **bróthers-in-làw**) 義兄[弟].
Bróther Jónathan[‖] 米国政府; 米国 (the United States); 米国国民; (典型的な)米国人《1700 年代英国軍人が呼んだあだ名; 今は Uncle Sam のほうが普通; ⇨ JOHN BULL》.
bróther·ly *a* 兄弟の, 兄弟らしい; 友情にあつい, 親身な, 親密な, 親愛の: ～ love 兄弟愛, 同朋愛. ► *adv* 兄弟のように, 兄弟らしく; 親身に, 親密に. ♦ **-li·ness** *n* 兄弟の情愛; 友愛.
bróther úterine 同母異父の兄[弟].
brough·am /brúː(ə)m, *bróu(ə)m/ *n* ブルーアム《(1) 1 頭立て四輪箱馬車 2) 運転台に屋根がない初期の箱型自動車 3) 運転席が外にある初期の電気自動車》.
brought *v* BRING の過去・過去分詞.
broughta(s) ⇨ BRAATA(s).
brou·ha·ha /brúːhàːhàː, ⏑⏑⏑, bruháːhàː/ *n* 大騒ぎ, ごうごうたる非難, センセーション. [F]
brout·er /brúːtər/ *n*〘電算〙ブルーター《データの送り先によって router または bridge としてはたらく装置》.
brow[1] /bráu/ *n* **1** [[u]*pl*] まゆ, まゆ毛 (eyebrow); 眉上弓(びじょうきゅう)《まゆ毛が生えている眼窩上の隆起部》. **2** ひたい, 額 (forehead); 顔つき, 表情, 相貌;《口》知能程度: mop [wipe] one's ～ 額(の汗)をぬぐう / knit [furrow, wrinkle] one's ～ 額にしわを寄せる《knit one's brows (⇨ 成句) と類似の表現》/ one's ～ darkens 陰鬱[険悪]な表情になる. **3** 崖っぷち; 山[坂]の上, 突端, 端(は);《北イング方》急な坂道: on the ～ of a hill 山の上に. ● **by the** SWEAT **of one's** ～. **knit one's** ～**s** まゆを寄せる, 顔をしかめる《心配・苦慮・不審・困惑・不機嫌・熟考などの表情》. [OE *brū*; cf. ON *brūn* eyebrow]
brow[2] *n* GANGPLANK.
brów àgue 偏頭痛 (migraine).
bro·wal·lia /brəwáːliə/ *n*〘植〙ナス科ルリマガリバナ属 (*B*-) の各種植物《青・紫または白い花をつける》. [John *Browallius* (1707–55) スウェーデンの神学者・博物学者, *-ia*]
brów àntler《鹿の》一番根元の枝角(えだつの).
brów·bànd *n*《馬の》額革.
brów·bèat *vt* 威圧する, おどす, どなりつける ‹*into doing*›. ♦ ～**·er** *n*
-browed /bráud/ *a comb form*「…なまゆをした」
brown /bráun/ *a* **1** 褐色の, 茶色の, とび色の;《肌が》褐色の, 浅黒い; 日焼けした: (as) ～ as a berry《日焼けなどで》褐色[小麦色]の(肌をして) / ～ ware《普通の》陶器. **2**《俗》不機嫌な, うんざりした; *《俗》反環境保護の《green に対立する》. ● **do**…～ きつね色に[こんがり]焼く; [‖]《俗》うまくだます (cheat): *done* ～ こんがり焼けて; まんまとだまされて. **do**…**up** ～《口》すっかり[りっぱに]仕上げる. ► *n* **1 a** 褐色, 茶色, ブラウン; 褐色えのぐ[染料]: light ～ 明るい茶色 / ～ eyes 褐色[とび色]の目. **b** 褐色のもの《衣服・蝶・玉突きの球など》; 褐色肌の人,《南ア》混血の人; BROWN BEAR; BROWN TROUT; *《学生俗》butterscotch のソース; [‖]《俗》銅貨;《卑》肛門《中身の色から》. **2** [the] 飛ぶ鳥の群れ: fire into *the* ～ 飛ぶ鳥の黒い群れに向かってでたらめに発砲する; [*fig*] めくら撃ちする. ► *vt, vi* 褐色にする[なる]; ‹パンなどを›きつね色に[焦げめがつく程度に]焼く; 黒ずませる[黒ずむ];《卑》(…に)肛門性交する. ● ～ **off** [[u](be) ～ed off]《俗》不機嫌にする, うんざりさせる, (気持を)くさらせる ‹*with*›; *《俗》おこらせる. ～ **out** *警戒灯火管制をする; *‹節電のため電灯を›暗くする; *《口》‹電灯などが›《電圧低下で》暗くなる. ♦ ～**·ness** *n* [OE *brūn* dark, shining; cf. G *braun*]
Brown 1 ブラウン (1) **Ford Mad·ox** /mǽdəks/ ～ (1821–93)《英国の画家》(2) **Herbert Charles** ～ (1912–2004)《英国生まれの米国の化学者; ノーベル化学賞 (1979)》(3) **James** ～ (1933–2006)《米国の黒人ソウルシンガー・ソングライター・プロデューサー・編曲家》(4) (**James**) **Gordon** ～ (1951–)《英国の政治家; 財務相 (1997–2010), 首相 (2007–2010); 労働党》(5) **'Jim'** ～ [**James Nathaniel** ～] (1936–)《米国のプロフットボール選手》(6) **John** ～ (1800–59)《米国の奴隷制反対論者; あだ名 'Old Brown of Osa·wat·o·mie' /òusəwátəmi/; 1859 年 Harpers Ferry の兵器廠を襲って死刑になった》(7) **Lancelot** ～ (1715–83)《英国の造園家; あだ名 'Capability Brown' 英国式風景庭園の技法の確立者》(8) **Michael S**(**tuart**) ～ (1941–)《米国の遺伝学者; ノーベル生理学医学賞 (1985)》(9) **Robert** ～ (1773–1858)《スコットランドの植物学者; Brownian movement を発見》. **2** ブラウン (1) **Charlie** ～ ⇨ CHARLIE BROWN. (2) FATHER BROWN. ● **astonish the** ～**s** 偏見のある隣人にショックを与える. ～**, Jones, and Robinson** ありふれた人たち《英国中流階級の人びと》.
brówn Ábe*《俗》1 セント銅貨 (penny). [*Abraham* Lincoln の肖像がついていることから]
brówn ádipose tíssue 褐色脂肪組織 (BROWN FAT).
brówn ále ブラウンエール《マイルドな黒ビール; 瓶詰め》.
brówn álga〘植〙褐藻(類の海藻).
brówn·bàck *n*〘鳥〙《背が褐色の, 夏期の》DOWITCHER.
brówn-bàg* *vt, vi* [°～ it] **1**《仕事や学校に》茶色の紙袋などに入れて弁当を持って行く. **2**《酒は売らないが飲むのに必要な炭酸水・水・グラスなどのそろっているレストランやクラブなどに》酒を持ち込む. ► *a* brown-bag する;《茶色の紙袋に入れた》持参の‹弁当・昼食›; 持参の弁当を食べながらの‹会合など›. ► *n* 紙袋に入れた弁当.
♦ **brówn bágging** *n*
brówn bágger* **1** BROWN-BAG する人. **2**《俗》二目と見られぬ[目もあてられない]ほど醜いやつ, 超どブス, 鬼瓦. [「頭から茶色の紙袋をかぶって顔を隠すべき者」の意]
brówn bát〘動〙ホオヒゲコウモリ属・クビワコウモリ属の褐色のコウモリ.
brówn béar〘動〙**a** ヒグマ《欧州・アジア産》. **b** アメリカクマ, アメリカクロクマ《北米産》.
brówn bélt〘柔道など〙茶帯(の人)《black belt の下》.
brówn Bétty [[s]b- b-] ブラウンベティー《リンゴ・砂糖・パン粉・バター・香料などで作るプディング》.
brówn bómber《豪口》《New South Wales 州で》交通監視官, 駐車違反取締まり警官.
Brówn Bómber '褐色の爆撃機'《ヘビー級ボクサー Joe LOUIS のあだ名》.
Brówn Bòok〘英〙ブラウンブック《エネルギー省が 1974 年以降発行している, 英国の石油備蓄・探査・需要などに関する年次報告書》. [表紙の色から]
brówn bòttle flú*《俗》(ビールによる)二日酔い.
brówn bréad *n* 黒パン, 全粒粉製のパン;*暗褐色の蒸し[焼き]パン. ► *a*[‖]《韻俗》死んで (dead).
brówn cóal 褐炭 (lignite).
brówn cóat〘建〙中塗り.
Brówn decísion [the]〘米〙ブラウン判決《公立学校においての人種差別は違憲であるとする, 1954 年に合衆国最高裁判所が下した判決; ⇨ BROWN V. BOARD OF EDUCATION OF TOPEKA》.
brówn dwárf〘天〙褐色矮星《核反応を開始し熱と光を発生するには小さすぎる冷えた暗い天体》.
Browne /bráun/ ブラウン (1) **Charles Farrar** ～ (1834–67)《米国のユーモリスト; 筆名 Ar·te·mus /áːrtəməs/ Ward》(2) **Hablot Knight** ～ (1815–82)《英国の挿画家; Dickens の作品のさしえを担当》(3) Sir **Thomas** ～ (1605–82)《イングランドの医師・作家; *Religio Medici* (医師の宗教, 1643)》.
brówn éarth 褐色土, ブラウンアース《湿潤温帯地域の, 主に森林植生下に発達する土壌; brown soil とは別》.
browned /bráund/ *a**《俗》頭にきて (browned-off).
brówned-óff[‖]《口》*a* うんざりして, いやけがさして; 頭にきて, かりかりして.
brówn èye《俗》**1** 肛門, 尻めど, アヌス; *《通例 男性間の》肛門性交. 2 [*pl*] おっぱい (big brown eyes).
brówn-èyed Súsan 〘植〙 ミツバオオハンゴンソウ《キク科オオハンゴンソウ属の多年草; 北米東部原産; 花の中央部が暗い色をしている》.
brówn fát 〘生理〙 褐色脂肪(体) (=*brown adipose tissue*) 《胎児・新生児や(冬眠)動物の体内の体温維持組織》.
brówn·fìeld(s) *a, n* 再開発用地(の) 《特に 汚染され, 遊休化した土地; cf. GREENFIELD》.
brówn fórest sòil 褐色森林土 《湿潤温帯の落葉広葉樹林(と針葉樹林の混合林)の下にできる成帯性土壌》.
brówn gòods *pl* 褐色もの 《テレビ・ビデオ・音響機器・パソコンなど伝統的に褐色仕上げの家電製品; cf. WHITE GOODS》.
brówn háckle 〘釣〙 ブラウンハックル 《クジャク胴に金色のテール (tail) と褐色のハックル (hackle) を付けた毛針》.
brówn hát ‖《卑》 BROWN-HATTER.
brówn-hátter *n* ‖《卑》 ホモ野郎, 男色者, おかま掘り.
brówn-hèad·ed cówbird 〘鳥〙 COWBIRD.
brówn hématite 〘鉱〙 褐鉄鉱 (limonite).
brówn-hóle *vi, vt* *《卑》 (…に)肛門性交する.
brówn hólland 〘織維〙 未漂白のホランド, ブラウンホランド.
brówn hyéna 〘動〙 カッショクハイエナ (=*strand wolf*) 《アフリカ南部に生息する暗灰色のハイエナ》.
Brówn·ian móvement [mótion] [the] 〘理〙 《流体中の微粒子の》ブラウン運動. [Robert *Brown*]
brown·ie /bráuni/ *n* **1** 〘伝説〙 ブラウニー 《特に スコットランドで, 夜間に現われてひそかに農家の手まわり仕事をするという小妖精》. **2** ブラウニー 《四角いチョコレートケーキ》; *《俗》 マリファナ入りのチョコレートケーキ; 《豪》 干しブドウ (currants) 入りのパン. **3** *《俗》 交通整理[駐車違反取締まり]の係官. **4** [B-] ブラウニー **(1)** 〘英〙 Guide Association の 7-10 歳の団員 (=**B~ Guìde**); BROWN OWL の指導をうける **2)** 〘米〙 Girl Scouts の年少団員); *《俗》 おべっかつかい (cf. BROWNIE POINT). **5** [B-] 〘商標〙 ブローニー 《Eastman Kodak 社の簡単なカメラ》. [small *brown* man, -IE]
Brównie Guìder ‖ ブラウニー団 (Brownie Guides) の成年指導員 (cf. BROWN OWL).
Brównie pòint ブラウニー (Brownie) がほうびとしてもらう得点; [ᵒb- p-] [ᵘ*pl*] 《口》 上の者に取り入って得た(とみなされる)信用[引立て]: get [earn, gain, score, win] ~*s* 信用[評価]を高める, '点数'を稼ぐ.
brówn·ing *n* 褐色着色剤, ブラウニング 《グレービー (gravy) などに焦げ色をつけるための焦がした小麦粉やカラメルなど》; 〘植〙 褐変(症); BROWN COAT.
Brow·ning[1] ブラウニング **(1) Elizabeth Barrett** ~ (1806-61) 《英国の詩人; Robert の夫人》 **(2) Robert** ~ (1812-89) 《英国の詩人; *The Ring and the Book* (1868-69)》.
Browning[2] *n* ブローニング自動ピストル (=~ **automátic pístol**); ブローニング自動小銃 (=~ **automátic rífle**) 《略 BAR》; ブローニング機関銃 (=~ **machíne gùn**). [J. M. *Browning* (1855-1926) 米国の火器製作者]
brówn·ish *a* 茶色がかった (browny).
Brówn·ìsm *n* ブラウン主義 《今日の会衆派教会主義 (Congregationalism) の母体となったイングランドのピューリタン Robert Browne (1550?-1633) の教説》. ♦ **-ist** *n*
brówn jòb ‖《俗》 軍人, 兵士, 軍隊.
brówn lúng (disèase) 〘医〙 BYSSINOSIS.
brówn-nòse 《口》 *vt, vi* (…の)ご機嫌を取る, ごまをする, へつらう, へいこらする. ► *n* ご機嫌取り, おべっかつかい, 追従者. ♦ **brówn-nòser** *n* [cf. LICK sb's ass]
brówn·òut* *n* (警戒)灯火管制 《減灯する; cf. BLACKOUT》; 《節電のための》電圧低減, 点灯制限, 電力供給の一時的削減, 電圧低下.
brówn ówl **1** 〘鳥〙 モリフクロウ (tawny owl). **2** [ᵘB- O-] 《英国・カナダなどの》ブラウニー団 (Brownie Guides) の成年指導員 《女性; 正式には Brownie Guider という》.
brówn páper 《包装用の》褐色紙.
brówn pélican 〘鳥〙 カッショクペリカン 《北米・中南米産; 体色は茶色で, 頭部が白または黄色まじりの白》.
brówn pówder 褐色火薬 《銃砲用》.
Brówn Pówer ブラウンパワー 《メキシコ系米国人の政治運動; cf. BLACK POWER》.
brówn rát 〘動〙 ドブネズミ (=*Norway rat, water rat*) 《アジア中央部原産》.
brówn récluse (spíder) 〘動〙 イトグモ属のクモの一種 (=*violin spider*) 《米国中部・南部産の毒グモ; 頭胸部にヴァイオリン形の模様がある》.
brówn ríce 玄米.
brówn rót 〘植〙 褐色腐れ, 灰星病 《菌類によるリンゴ・モモ・サクランボなどの病気で, 果実が腐る》; 赤腐れ, 褐色腐朽 《サルノコシカケなどの菌類による木材腐朽の一種》.
brówn sáuce 〘料理〙 ブラウンソース (ESPAGNOLE).
brówn·shìrt *n* [ᵒB-] ナチ (Nazi), 《特に》突撃隊員 (storm trooper) 《制服が褐色; cf. BLACKSHIRT》; 《一般に》極右団体員, ファシスト, ネオナチ: the ~*s* ナチス党. [G *Braun hemd*]
brówn snáke 〘動〙 **a** コブラモドキ 《オーストラリア産のコブラ科の毒ヘビ》. **b** デケイヘビ 《北米産のナミヘビ科の小型の無毒ヘビ》.
brówn sóil 褐色土 《温帯乾燥地の成帯性土壌》.
brówn-stàte *a* 〈リネンなど〉染めてない.
brówn·stòne *n* 赤褐色の砂岩, ブラウンストーン 《特に米国東部で建築材料》; ブラウンストーンを正面に張った建物 (=~ **frònt**) 《特に New York 市のアパート建物》.
brówn stúdy 夢想 (reverie), 黙想: be in a ~ ぼんやり物思いにふけっている; 《時に》ただぼんやりしている. [*brown*=dark, gloomy]
brówn súgar 赤砂糖; *《俗》 ヘロイン; *《俗》 黒人 《特に 黒人の男友だち, 女友だちを指す》.
Browns·ville /bráunzvìl, -vəl/ ブラウンズヴィル 《Texas 州南部 Rio Grande 河口左岸の港湾都市》.
Brówn Swíss 〘牛〙 ブラウンスイス 《スイス原産の乳牛》.
brówn-tàil móth, brówn·tàil 〘昆〙 シロバネドクガ 《皮膚にかゆみを生じ, 幼虫は樹木に大害を与える毒蛾》.
brówn thrásher [thrúsh] 〘鳥〙 チャイロツグミモドキ 《米国東部産の鳴鳥》.
brówn thúmb* 植物栽培の才能に欠けること[人]. [cf. GREEN THUMB]
brówn tówhee 〘鳥〙 ムジトウヒチョウ 《北米西部産》.
brówn trée snàke 〘動〙 ミナミオオガシラ 《オーストラリア・ニューギニア・ソロモン諸島産のナミヘビ科の大型有毒の樹上性ヘビ; Guam 島に持ち込まれ, 現地の生態系を破壊した侵略的外来種として知られる》.
brówn tróut 〘魚〙 ブラウントラウト 《欧州原産のマス》.
Brówn Univérsity ブラウン大学 《Rhode Island 州 Providence にある共学の私立大学; 1764 年創立; Ivy League の一つ》.
Brówn v. Bóard of Educátion of Topéka /-vìː-, -vəːrsəs-/ 〘米〙 ブラウン対トピーカ教育委員会事件 《学校教育における黒人差別をめぐる歴史的事件; 1954 年 5 月 17 日合衆国最高裁判所は全員一致で公立学校における黒人差別を禁止する判決を下した; これにより, 黒人を「分離はするが平等な施設を提供する」(⇨ SEPARATE but equal) ことを合法とした 1896 年の Plessy v. Ferguson 事件における最高裁判決は覆されたことになり, 一連の黒人差別撤廃の法改正の契機となった; cf. BROWN DECISION》.
brówn·wàre *n* 褐色釉陶磁器; 《原始的な》褐色陶器.
brówny *a* 茶色っぽい (brownish).
brów·ridge *n* 《眼の上部の》眉弓(びきゅう) (superciliary ridge).
brows·abil·i·ty /bràuzəbíləti/ *n* 〘電算〙 閲覧可能なこと; 閲覧しやすいこと; 《データベースの》一覧可能性 《検索条件を指定せずにレコードを一覧できること》.
brows·able /bráuzəb(ə)l/ *a* 〘電算〙 閲覧可能な; 《ウェブサイトなどの構造がうまく作ってあって》閲覧しやすい.
browse /bráuz/ *n* 《本などを》拾い読みすること; 《商品などを》ひやかして歩くこと; 《家畜の飼料としての》若葉, 新芽, 若枝; 若芽を食うこと. ► *vi, vt* **1 a** 〈本・雑誌など〉拾い読みする 〈*through, over*〉; 《めぼしいものはないかと》見てまわる, 眺める, ひやかす 〈*among* sth, *around, in* a shop [library]〉. **b** 〘電算〙 〈ウェブページ・データなどを〉《ディスプレー上で》ブラウズする, 閲覧する, 《データベースやファイルシステムにおいて検索条件を指定せずに》〈データを〉一覧する, 《オブジェクト指向言語において》〈データ構造を〉調べる. **2** 〈家畜が〉若葉[若芽]を食う 〈*on*〉, かじり取る, 食い取る; 〈草・若枝などを〉食う; 放牧して(自由に)食べさせる. [*brouse*<OF *brost* bud]
brówse mòde 〘電算〙 ブラウズモード **(1)** 個々のコンテンツを表示するのではなく, サムネイル画像などを一覧するモード **2)** データベースで検索条件を指定せずにレコードを順次閲覧できるモード **3)** 編集できない閲覧専用モード》.
brόws·er /bráuzər/ *n* 拾い読みする人; ひやかす人; 若葉を食う牛[鹿]; 《簡単に必要なレコードを見つけられるようにした》開放式レコードケース; 〘インターネット〙 閲覧ソフト, ブラウザー (=*Web browser*).
Broz /brɔ́ːz, bróuz/ ブローズ **Josip** ~ (TITO の本名).
brrr... /brrr.../ *int* ブルブルッ 《寒さ・恐れを示す》. [imit]
BRU Brunei.
Bru·beck /brúːbèk/ ブルーベック **'Dave' ~ [David Warren ~]** (1920-2012) 《米国のジャズピアニスト・作曲家; ヒット曲 'Take Five'》.
bru·bru /brúːbrùː/ *n* 〘鳥〙 ヒメヤブモズ (=~ **shrike**) 《アフリカ産》. [(Afr)]
Bruce /brúːs/ **1 a** ブルース 《男子名》. **b** [*joc*] ブルース 《英国人によるオーストラリア人男性の一般呼称》. **2** ブルース **(1) Lenny** ~ (1925-66) 《米国のコメディアン; 性・宗教・人種などについて, タブーに挑戦するようなジョークをとばした》 **(2) Robert (the)** ~ ⇨ ROBERT I **(3) Stanley Melbourne** ~, 1st Viscount ~ of Melbourne (1883-1967) 《オーストラリアの政治家; 首相 (1923-29)》. [OF *Brieuse* (family name)]
bru·cel·la /bruséla/ *n* (*pl* **-cel·lae** /-séli/, ~**s**) 〘菌〙 ブルセラ菌 《*B*~ 属の菌の総称》.
bru·cel·lo·sis /brùːsəlóusəs/ *n* (*pl* **-ses** /-sìːz/) 〘獣医・医〙 ブルセラ病[症] (=*Bang's disease*) 《ブルセラ菌の作用で動物に流産させ, 人にはマルタ熱 (Malta fever) を起こす》.
Bruch /*G* brúx/ ブルッフ **Max** ~ (1838-1920) 《ドイツの作曲家》.
bru·cine /brúːsìːn, -sən/ *n* 〘薬・化〙 ブルシン 《マチンから採る有毒ア

ルカロイド; 作用はストリキニーネに似ている》.

bru·cite /brúːsàɪt/ *n* 〘鉱〙水滑石, ブルーサイト. [Archibald *Bruce* (1777–1818) 米国の鉱物学者]

Brücke /G brýkə/ [die ~] ブリュッケ《ドイツの表現主義画家グループ (1905–13)》. [G=bridge]

Bruck·ner /brúknər/ ブルックナー (**Josef**) **Anton** ~ (1824–96) 《オーストリアの作曲家》. ♦ **Bruck·ner·ian** /brùknέəriən/ *a*

brud /brʌ́d/ *n**《俗》BROTHER.

Brue·ghel, -gel, Breu·g(h)el /brɔ́ɪg(ə)l, brúː-/ ブリューゲル (1) **Jan** ~ (1568–1625)《フランドルの画家で, the Elder の子; 静物画・風景画で知られる》 (2) **Pieter** ~ (c.1525 or 30–69)《Jan の父; 通称 'Brueghel the Elder'; 16 世紀フランドル最大の画家で, 風景画・農民生活の諷刺画で有名》 (3) **Pieter** ~ (1564–1638)《前者の子; 通称 'Brueghel the Younger'; 地獄の絵で知られる》.

Bruges /brúːʒ; F bryːʒ/ ブリュージュ《BRUGGE のフランス語名》.

Brug·ge /brúgə, brʌ́gə, brýxə/ ブリュッヘ《ベルギー北西部 West Flanders 州の州都; 中世に毛織物業が発達, のちハンザ同盟の中心》.

bruh /brə́ː/ *n**《俗》BROTHER.

bru·in /brúːən/ *n*《童話などに登場する》クマ(君). [Du=brown: 中世の動物寓意詩 *Reynard the Fox* に登場する熊の名から]

bruise /brúːz/ *n* 挫傷, 打撲傷, 打ち身, あざ; きずあと; 《植物・果物などの》押し[ぶつけ]きず, 傷み; 《革や岩石の表面の》かすり傷; 《心の》きず: a ~ *on* the arm 腕の打ち身. ► *vt* **1** …に傷[打撲傷]を与える; さんざんなぐる. **2**〈人(の気持)を〉傷つける; 《古》不具にする. **3**〈金属・木材などへこませる; 〈薬剤・食物を〉つき砕く; 〈葉や果実を〉押しつぶす; 《俗》《狩猟で》むちゃに乗りまわす *‹along›*. ► *vi* 傷をつける, 挫傷を与える; 打ち身[あざ, 傷み]ができる. [OE *brȳsan* to crush; AF *bruser*, OF *bruisier* to break で意味が強化]

bruised /brúːzd/ *a* 傷つけられた; *《俗》酔っぱらった.

brúised réed BROKEN REED.

bruis·er /brúːzər/《口》*n* ボクサー; 乱暴者, いかつい大男; 乱暴な騎手; 《議論で》激しくまくしたてる人.

bruis·ing /brúːzɪŋ/ *a* 打撲傷を負わせる(ような); 〈争いなどが〉熾烈な, 猛烈な. ► *n* 打ち身, あざ (bruises); 《果物などの》きず, 傷んだところ; 《自信・名声につけられた》きず. ♦ **~·ly** *adv*

bruit /brúːt/ *n* /, brúːi/〘医〙《心》雑音; 《古》風説; 《古》騒ぎ, 騒音. ► *vt* [ᵁpass]《英では古》〈うわさを〉広める, 喧伝する *‹about, abroad›*. ♦ **~·er** *n* [F=noise (*bruire* to roar)]

Bru·lé, Brû·lé /bruléɪ/ *n* (*pl* ~, ~s) ブルレ族《Dakota 族に属するインディアンの一部族》; [ˢb-] BOIS BRÛLÉ.

Brumᴴ /brʌ́m/ ブラム《イングランド Birmingham の俗称》. [*Brummagem*]

Bru·maire /F brymɛːr/ *n* 霧月(きりづき), ブリュメール《フランス革命暦の第 2 月: 10 月 22 日–11 月 20 日; ⇨ FRENCH REVOLUTIONARY CALENDAR》.

bru·mal /brúːməl/ *a*《古》冬の(ような), 冬季の, 荒涼たる.

brum·by, -bie /brʌ́mbi/ *n*《豪》荒馬, 野馬.

brume /brúːm/ *n*《詩》霧, もや (fog, mist). [F]

Brum·ma·gem /brʌ́mɪʤəm/ *n, a* **1** ブラマジェム《イングランド BIRMINGHAM の俗称》. **2** [ᵒb-] いかもの(の), 安っぽい(もの), けばけばしい(もの). [*Birmingham* のなまり; 昔にせ金や安物が作られた]

Brummell ⇨ BEAU BRUMMELL.

Brum·mie, -my /brʌ́mi/ ᴴ《口》*n* BIRMINGHAM 市民, ブラミー; バーミンガム方言[なまり]. ► *a* バーミンガム(から)の; [brummy]《豪俗》にせものの, 安っぽい.

bru·mous /brúːməs/ *a* 霧の深い, かすんだ.

brunch /brʌ́nʧ/ *n, vi*《口》《昼食兼用の》おそい朝食, ブランチ(を取る). [*b*reakfast+l*unch*]

brúnch còat《豪》ブランチコート《短くゆったりとした軽いガウン》.

Brun·di·si·um /brəndíziəm/ ブルンディシウム《BRINDISI の古代名》.

Brundt·land /brúntlæ̀nd/ ブルントラント **Gro Harlem** ~ (1939–)《ノルウェーの政治家・医師 (女性); 首相 (1981, 86–89, 90–96); 世界保健機関 (WHO) 事務局長 (1998–2003)》.

Bru·nei /brunáɪ, brúːnàɪ/ ブルネイ《Borneo 島北西岸の国; 公式名 State of ~ Darussalam /dɑ̀ːrəsəlɑ́ːm/ (ブルネイ-ダルサラーム国); もと英国保護領, 1984 年に独立; ☆Bandar Seri Begawan》. ♦ **Bru·néi·an** *a, n*

Bru·nel /brunέl/ ブルネル (1) **Isambard Kingdom** ~ (1806–59)《英国の土木・造船技術者; 定期的に大西洋横断航海を行なう最初の外輪船 Great Western 号を建造し (1838), Clifton Suspension Bridge を設計した》 (2) Sir **Marc Isambard** ~ (1769–1849)《前者の父; フランス生まれの英国の発明家・技術者; Thames 川河底トンネルを開削 (1825–43)》.

Bru·nel·le·schi /brùːn(ə)lέski/, **Bru·nel·les·co** /-koʊ/ ブルネレスキ, ブルネレスコ **Filippo** ~ (1377–1446)《Florence の建築家》.

Bru·ne·tière /brùːnətjέər; F bryntjɛːr/ ブリュンティエール (**Vincent de Paul-Marie-**)**Ferdinand** ~ (1849–1906)《フランスの批評家》.

bru·nette, -net /brunέt/ *a, n* ブルネットの(女性[人])《茶または黒っぽい髪(と, 時に浅黒い肌)の人; cf. BLOND(E)》. ★ 通例 白人女性についていう. 男性について用いる場合は brunet とつづるのが普通. [F (dim)‹*brun* BROWN]

brung /brʌ́ŋ/ *v*《方》BRING の過去・過去分詞.

Brun·hild /brúːnhɪlt, -hɪ̀ld/ ブルンヒルト《Nibelungenlied に出る女傑の女王; Siegfried の策略により競争に敗れ, Gunther 王の妻となる; 北欧神話の Brynhild に対応》.

Brun·hil·de, -da /brunhíldə/ ブルンヒルデ, ブルンヒルダ《女子名》. [Gmc=breastplate+battle]

Brü·ning /G brýːnɪŋ/ ブリューニング **Heinrich** ~ (1885–1970)《ドイツの政治家; 首相 (1930–32)》.

bru·ni·zem /brúːnəzὲm, -ʒɔ̀ːm/ *n*《Mississippi 川流域の》黒土. [?; 一説に F *brun* brown, *-zem* (‹*chernozem*)]

Brünn /G brýn/ ブリュン《BRNO のドイツ語名》.

Brünn·hil·de /brunhíldə, ⏤⏤; G brynhíldə/ ブリュンヒルデ (1) Wagner の『ニーベルングの指輪』の女性主人公; 父 Wotan に炎で包まれるが Siegfried に救出される Valkyrie (2) =BRUNHILD》.

Bru·no /brúːnoʊ/ **1** ブルーノ《男子名》. **2** ブルーノ **Giordano** ~ (1548–1600)《ルネサンス期イタリアの哲学者; 汎神論的モナド論を唱えたが, 異端者として火刑にされた》. [It‹Gmc=brown]

Bru·no·ni·an /brunóʊniən/ *n* Brown 大学出身者.

Bruns·wick /brʌ́nzwɪk/ ブラウンシュヴァイク (G Braunschweig) (1) ドイツ中北部の旧公国・旧共和国; 現在 Lower Saxony 州の一部 (2) ドイツ中北部 Lower Saxony 州の市; 旧 Brunswick 公国・共和国の首都》.

Brúnswick bláck 黒色ワニスの一種.

Brúnswick blúe [ᵒb-] ブランズウィックブルー《鉄青 (iron blue) と多量の硫酸バリウムからなる顔料》; 紺青色 (Prussian blue). [G *Braunschweiger blau* の訳]

Brúnswick gréen ブランズウィックグリーン《銅塩からなる緑色顔料》. [G *Braunschweiger grün* の訳]

Brúnswick líne [the] ブラウンシュヴァイク系《英国の HANOVER 王家》.

Brúnswick stéw ブランズウィックシチュー《鶏肉とウサギ肉などの両方または一方と野菜との煮込み; もともとはリスの肉を使った煮込みをいった》.

brunt /brʌ́nt/ *n*《攻撃などからの》衝撃, 打撃; 《重圧などの》大半; 《古》猛攻: bear [take, suffer] the ~ of…の矢面に立つ, …から最大の重圧[被害]を受ける. [ME‹?]

Bru·sa /brusɑ́ː, brúːsə/ ブルサ《BURSA の旧称》.

bru·schet·ta /bruʃέtə, -skέ-/ *n*〘イタリア料理〙ブルスケッタ《オリーブ油に浸したパンにトマトやハーブを乗せて焼いたガーリックトースト》.

brush[1] /brʌ́ʃ/ *n* **1 a** はけ, 刷毛, ブラシ, 《塵取り用の》小ぼうき; ブラシがけ; *《俗》ひげ; 《俗》《女性の》陰毛: Give it another ~. もう一度ブラシをかけろ. **b** 毛筆; 画筆, 絵筆; [the] 画法, 画風; [the] 画家連: *the* ~ of Turner ターナーの画風. **c** [ᵁpl]〘楽〙ブラシ《先がブラシ状になったドラムスティック》. **d**《羽毛・髪などの》ふさ, 《穀粒の先の》毛, 《男子帽の》ふさ飾り. **e**〘電〙刷子, ブラシ, BRUSH DISCHARGE. **2**《キツネの》尾《狐狩りをする者が手柄の記念に保存する》. **3 a** 掠(かす)り; 《馬の脚などの》すりむけ. **b** 間一髪の経験[出会い], 小競り合い: have a ~ *with*…と小競り合いする / have a ~ *with* death 死ぬようなめにあう / have a close ~ *with* the law あやうく法に触れそうになる. **c** [ᵁthe] *《俗》一蹴, 肘鉄 (brush-off): give sb the [a] ~ *《俗》人を無視する, あっさり首[袖]にする / get the ~ *《口》拒絶される, はねつけられる, すげなくされる, 一蹴される. **4**《豪口》女の子, 女, [the] 女ども. ● **at a ~** 一挙に. **at the first ~** 最初の小衝突で; 最初に. ► *a* ブラシのような; *《俗》ひげを生やした.
► *vt* **1** …にブラシをかける, (はけで)はく, …にはけ[筆]で塗る; ブラシで払う, 払いのける, 払い落とす *‹away, off, etc.›*; ブラシをかけて…にする. **2** かする, かすって通る, 疾走する *‹by, past, through›*; …(の表面)を軽く[サッと]なでる; *《俗》けんかをする, やっつける. ► *vi* **1** 歯を磨く; 髪にブラシをあてる. **2** すれ合う, すれすれに通る; 疾走[疾駆]する. ● **~ against**…をかする. **~ aside** 払いのける; 〈批判・問題などを〉一蹴する, 無視する. **~ away** 涙を払う; BRUSH aside. **~ back**〘野〙…に BRUSHBACK を投げる. **~ down**《手・ブラシで》〈衣服など〉のほこり[よごれ]を払い落とす; 《口》〈子供などを〉しかる. **~ off** (…から)《ブラシで》〈ほこりなどを〉払いのける[落とす], 〈ほこりなどが〉落ちる; 《口》〈問題・警告などを〉あっさり片付ける, 〈人を〉無視する, はねのける, …に肘鉄を食わす. **~ on**〈ペンキを〉はけで塗る. **~ over** 軽く塗る; 刷(は)く; 〈重要問題など〉にさっさと触れる. **~…to one side** …を一蹴[無視]する (brush aside). **~ up**…にブラシ[磨き]をかける, (…の)身じまいする; (練習して)上達させる, (…の腕前に)磨きをかける: ~ *up* (*on*) one's English 英語を上達させる[ブラッシュアップする]. ♦ **~·er** *n* [OF *brosse*]

brush[2] *n*《米・豪》やぶ, 低木林, 雑木林; 《豪》大森林; BRUSHWOOD; [the] *《口》未開拓地, 奥地, 僻地. [OF (↑)]

brùsh·abílity *n*《えのぐ・ペンキの》塗りやすさ, のりのよさ.

brúsh·bàck *n*〘野〙ブラッシュバック, ブラッシュボール《バッターをのけぞらせるビーンボールまがいの速球》.

brúsh bòrder〘解〙刷子縁《類上皮細胞の原形質膜の微小絨毛》.

brúsh bùrn かすり傷, 擦過傷(さっかしょう).
brúsh cùt 《頭髪の》短い刈り方.
brúsh dìscharge 〔電〕ブラシ放電《コロナ放電の一種》.
brushed /brʌ́ʃt/ *a* けば立て加工[処理]の〈毛織物など〉; 〔冶〕ブラシ研磨の.
brúsh·fìre *a* 〈戦闘が〉小規模な, 局地的な: ～ wars 限定戦, 局地戦.
brúsh fìre やぶ火事《森林の大規模なものに対して》; 小競り合い, 紛争, いざこざ.
brúsh-fòot·ed bútterfly 〔昆〕タテハチョウ科のチョウ.
brúsh hàrrow 丈夫な枝で作ったまぐわ, 柴ハロー.
brúsh hòok BUSH HOOK.
brúsh·ing *a* さっと通る; 敏活な, 速い: ～ gallop 疾駆. ► *n* ブラシがけ, ブラッシング; はけ塗り; [*pl*] 掃き集めた物.
brúsh·lànd *n* 低木林地.
brúsh·less *a* ブラシを使う必要のない.
brúsh-òff *n* [ᵒthe]《口》そっけない拒絶[解雇], 肘鉄, 追い払うこと, 無視: give [get] *the* ～ 肘鉄をくらわす[食う], 袖にする[される], 冷たくあしらう[あしらわれる].
brúsh-pèncil *n* 絵筆.
brúsh·stròke *n* はけづかい, 《絵筆の》筆づかい; 一筆で画面に置かれた絵の具.
brúsh-tàil(ed) pórcupine 〔動〕フサオヤマアラシ.
brúshtail (póssum) 〔動〕フクロギツネ《豪州産クスクス科フクロギツネ属の有袋類数種の総称; 吻は先がとがり, 尾は毛でおおわれ先端が裸出している; 毛皮が珍重されて乱獲され, 現在は保護動物》.
brúsh tùrkey 〔鳥〕ツカツクリ (megapode), 《特に》ヤブツカツクリ (＝*scrub turkey*)《豪州産》.
brúsh·ùp *n* 《知識・技能を》上達させること, 磨きをかける[記憶を新たにする]こと, ブラッシュアップ; 小さな欠点[きず]の除去[修正], 仕上げ; 身づくろい: have a wash and ～ 《手や顔を洗って》身づくろいする.
brúsh whèel 〔機〕ブラシ車《掃除または研磨用》.
brúsh wòlf* 〔動〕コヨーテ (coyote).
brúsh·wòod *n* 《刈ったり木から落ちたりした》しば, そだ, 残材; 《低木の》茂み, 下生え.
brúsh·wòrk *n* 絵画; 画風; 〔美〕筆づかい, 筆致, タッチ, ブラッシュワーク; 〔ジャズ〕ブラシワーク《ドラム奏者のブラシ (brushes) さばき》.
brúshy[1] *a* はけのような, もじゃもじゃした. ♦ **brúsh·i·ness**[1] *n*
brushy[2] *a* やぶにおおわれた. ♦ **brushiness**[2] *n*
brusque, brusk /brʌ́sk; brúːsk, brʊ́sk/ *a* 《態度・話し方が》ぶっきらぼうな, ぞんざいな, 無愛想な. ♦ **～·ly** *adv* **～·ness** *n* [F ＜It (*brusco* sour)]
brus·que·rie /brʌ̀skəríː; brúːskərìː, brʊ́s-/ *n* そっけなさ, ぞんざいさ, 無愛想. [F (↑)]
Brus·sels /brʌ́s(ə)lz/ **1** ブリュッセル (Flem **Brus·sel** /brʏ́səl/, F **Bru·xelles** /*F* brysɛl/)《ベルギーの首都; NATO, EU などの本部が置かれている》. **2** [〈*pl*〉] BRUSSELS SPROUTS. ♦ **Bru·xel·lois** /*F* brysɛlwa/ *a, n*
Brússels cárpet ブラッセルカーペット《機械製じゅうたんの一種》.
Brússels classificátion 〔図書〕UNIVERSAL DECIMAL CLASSIFICATION.
Brússels gríffon 〔犬〕ブラッセルグリフォン《ベルギー系グリフォンの愛玩用品種》.
Brússels láce ブラッセルレース《アップリケの付いた, もと手編み, 今は機械編みの高級品》.
Brússels spróut, Brússel spróut **1** [ᵘ*pl*] 芽キャベツ. **2** 《韻俗》ボーイスカウト団員 (Boy Scout).
brut /brúːt; *F* bryt/ *a* 〈シャンパンが〉(最も)辛口の, 甘みのない, ブリュットの.
bru·tal /brúːtl/ *a* **1 a** 残忍な, 粗暴な; むちゃな; きびしい, 容赦のない; 直截な, 痛烈な: ～ frankness 容赦のない率直さ. **b** 肉欲的な; 《古》獣の(ような), 獣的な, 畜生のような. **2** ひどい, 不快な; *《俗》すごくいい. ♦ **～·ly** *adv* [F or L; ⇨ BRUTE]
brútal·ism *n* 獣性, 残忍; 〔建〕ブルータリズム《様式化した近代建築のスタイルを破る配管の露出・打放しコンクリート壁など 1950 年代以降の大胆なスタイル》. ♦ **-ist** *a, n*
bru·tal·i·ty /brutǽləti/ *n* 野蛮, 残忍性, 無慈悲; 残忍な行為, 蛮行.
brútal·ize *vt, vi* 獣的にする[なる], 残忍[無情, 非人間的]にする[なる]; 〈人〉に残忍な仕打ちをする. ♦ **brùtal·izátion** *n*
brute /brúːt/ *n* 獣, 畜生; 人非人, 人でなし, 《口》嫌われ者; [the] 《人間の》獣性, 《特に》獣欲; [the ～s] 獣類《人間に対して》: a ～ of a husband 獣のような夫. ► *a* 動物の, 獣の, 理性[知性]のない; 無生物の; 無感覚な, 非情な, やみくもな; 獣のような, 野蛮な (savage), 粗暴な; 肉欲的な; 厳然たる: the ～ creation 《人間に対して》動物 (the animals) / ～ courage 蛮勇 / ～ force [strength] (単に)物理的な力, 力ずく / ～ fact 厳然たる[むきだしの]事実. ♦ **～·hòod** *n* [F＜L *brutus* heavy, stupid]
brut·i·fyᴵᴵ /brúːtəfàɪ/ *vt* BRUTALIZE.
brut·ish /brúːtɪʃ/ *a* 獣のような; 野蛮な; 理性[知性]を欠く, 愚鈍な; 感受性の欠如した; 肉欲的な. ♦ **～·ly** *adv* **～·ness** *n* 野蛮.
bru·tum ful·men /brúːtəm fúlmən/ 虚勢, 大言壮語. [L＝insensible thunderbolt]
Bru·tus /brúːtəs/ ブルトゥス (**1**) **Lucius Junius ～**《前 6 世紀のローマの政治家; 共和制開始に貢献》 (**2**) **Marcus Junius ～** (85–42 B.C.)《ローマの政治家で, 共和主義者; Caesar 暗殺の首謀者》.
brux /brʌ́ks/ *vi* 歯ぎしりをする. [逆成 ＜*bruxism*]
Bruxelles ⇨ BRUSSELS.
brux·ism /brʌ́ksɪ̀z(ə)m/ *n* 〔医〕歯ぎしり.
bry- /bráɪ/, **bryo-** /bráɪoʊ, bráɪə/ *comb form*「苔(こけ)」 [Gk]
Bry·an /bráɪən/ **1** ブライアン《男子名》. **2** ブライアン **William Jennings ～** (1860–1925)《米国の法律家・政治家; 通称 'the (Great) Commoner'; 民主党・人民党の指導者, 3 度大統領候補に立ったが (1896, 1900, 1908) いずれも敗れた》. [Celt＝strong]
Bry·ansk, Bri- /briáːnsk/ ブリャンスク《Moscow の南西にある市》.
Bry·ant /bráɪənt/ **1** ブライアント (**1**) **'Bear' ～** [**Paul William ～**] (1913–83)《米国の大学フットボールコーチ》 (**2**) **William Cullen ～** (1794–1878)《米国の詩人・編集者》. **2** ブライアント《男子名》.
Bryce /bráɪs/ ブライス **James ～**, Viscount ～ (1838–1922)《英国の法学者・政治家・歴史家; 駐米大使 (1907–13); *The American Commonwealth* (1888)》.
Brýce Cányon Nátional Párk ブライスキャニオン国立公園《Utah 州南部; 浸食作用による奇岩で有名》.
Bryl·creem /brílkrìːm/ 〔商標〕ブリルクリーム《英国製のヘアクリーム; 1950 年代に流行》. ♦ **～d** *a* [*brill*iantine＋*cream*]
Bryn·hild /brínhɪ̀ld/ 〔北欧神話〕ブリュンヒルト《Sigurd が魔法の眠りを解いた Valkyrie で, のちに Sigurd を殺害させる; ⇨ BRUNHILD》.
Bryn·ner /brínər/ ブリンナー **Yul ～** (1920?–85)《Sakhalin 生まれの米国の映画俳優; 坊主頭と精悍な容貌で人気を得る》.
bry·ol·o·gy /braɪɑ́lədʒi/ *n* 蘚苔(せんたい)学, コケ類学, コケ植物学; 《一地域の》コケ類. ♦ **-gist** *n* **brỳ·o·lóg·i·cal** *a*
bry·o·ny, bri- /bráɪəni/ *n* 〔植〕**a** ブリオニア《ユーラシア産ウリ科ブリオニア属 (*Bryonia*) の各種多年生つる植物で, 赤または黒の液果をつける; 英国産の *B. dioica* (＝*white bryony*) など》. **b** ヤマノイモ科タムス属のつる植物《ヨーロッパに唯一のヤマノイモ科の植物で, black bryony ともいう; 果実は赤い液果で有毒, イモは黒い》.
bryo·phyl·lum /bràɪəfíləm/ *n* 〔植〕KALANCHOE, 《特に》セイロンベンケイ(ソウ)《しばしば葉の縁に不定芽を生じて繁殖する》. [*bry-*]
brýo·phỳte *n* 〔植〕蘚苔類 (Bryophyta) の各種のコケ, コケ植物(類). ♦ **brỳo·phýtic** *a*
brỳo·zóan *a, n* 〔動〕コケムシ綱 (Bryozoa) の; コケムシ (＝*moss animal*)《水中の石や植物にコケのように付着する》.
Bryth·on /bríθən, -ɑ̀n/ *n* ブリソン人《昔ブリテン島南西部に住んだケルト族の一派》, ブリソン語を話す人; BRITON.
Bry·thon·ic /brɪθɑ́nɪk/ *a* ブリソン人[語]の. ► *n* ブリソン語《ケルト語の一派で Welsh, Cornish, Breton を含む; cf. GOIDELIC》.
Brześć nad Bu·giem /bəʒέsts nɑːd búːgjɛm/ ブジェシュチュ・ナド・ブギエム《ベラルーシの BREST のポーランド語名》.
BS, bs /bìːέs/ *《俗》*n* BULLSHIT. ► *vt* おだてて[うそをついて]だます[だまそうとする].
b/s, b.s., B/S, BS °balance sheet ♦ °bill of sale. **BS** °*Bachelor of Science ♦ ᴵᴵBachelor of Surgery ♦ bishop suffragan ♦ Blessed Sacrament ♦ British Standard(s). **BSA** Boy Scouts of America. **BSAE** Bachelor of Science in Aeronautical Engineering ♦ Bachelor of Science in Agricultural Engineering ♦ Bachelor of Science in Architectural Engineering. **BSArch** Bachelor of Science in Architecture.
BSB Bachelor of Science in Business.
BSc [L *Baccalaureus Scientiae*] °ᴵᴵBachelor of Science.
BSCE Bachelor of Science in Chemical Engineering.
BSCh Bachelor of Science in Chemistry.
B-school /bíː-⌒/ *n* 《口》《総合大学の》BUSINESS SCHOOL.
B scope /bíː ⌒/ 〔電子工〕B スコープ《方位角と距離を同時に示す陰極線スコープ》.
BSE °bovine spongiform encephalopathy. **BSEc, BSEcon** Bachelor of Science in Economics. **BSE(d)** Bachelor of Science in Education. **BSEE** Bachelor of Science in Electrical Engineering ♦ Bachelor of Science in Elementary Education. **BSer** *《俗》°bullshit artist.
BSET Bachelor of Science in Engineering Technology.
B-setting /bíː-⌒/ *n* 〔写〕バルブ設定《シャッターボタンを押している間, シャッターが開いたままになる設定》. [この操作にかつて *b*ulb (ゴムの球) を使ったことから]
BSFor Bachelor of Science in Forestry.
BSI °British Standards Institution.
B-side /bíː-⌒/ *n* 《レコードの》B 面(の曲) (flip side).
B-size *a* B 判の《紙の寸法の規格; ANSI 規格では 11×17 インチ [タブロイド版]大; cf. A-SIZE》.
bskt basket. **BSkyB** /bíːskàɪbíː/ BSkyB《英国の衛星放送会社; 1990 年設立; 単に Sky ともいう》. [*British Sky Broadcasting*] **BSL** Bachelor of Science in Linguistics ♦ British

Sign Language. **BSME** Bachelor of Science in Mechanical Engineering. **bsmt** basement. **BSN** Bachelor of Science in Nursing. **BSO** °blue stellar object.
BSP 〘インド〙Bahujan Samaj Party 大衆社会党.
B **B Special** /bíː ―/ B 特殊部隊員《かつての北アイルランドの, 主にプロテスタント勢力による臨時警察部隊の隊員》.
BST °Bering standard time♦°bovine somatotropin♦°British standard time♦°British summer time.
BSW Bachelor of Social Work.
Bt /bìːtíː/ *n* 〘菌〙BT 菌 (THURINGIAN BACILLUS); BT 剤《BT 菌の産生する毒素を利用した殺虫剤; 鱗翅目昆虫の幼虫に有効》.
Bt baronet.
BT /bìːtíː/ BT《英国最大の電信電話会社; もと逓信公社の一部であったが, 1984 年民営化され British Telecom plc となり, 91 年に正式社名を BT と変更》.
BT 〘軍〙°basic training♦°board of trade.
BTA British Tourist Authority 英国政府観光庁《観光産業を奨励し管理する国営企業; 1969 年設立》.
BTEC /bíːtɛ̀k/ 〘英〙BTEC (資格)《各種の実務科目に関係する認定職業資格; BTEC は Business and Technology Education Council (実務技術教育審議会) の略で職業教育資格認定機関》.
B-test /bíː―/ *n* 《Breathalyzer による》酒気検査.
BThU °British thermal unit(s). **BTO, bto** °big-time operator. **B2B** /bíːtəbíː/ business-to-business《インターネットを使った企業間の取引についていう》.
B2C /bíːtəsíː/ business-to-consumer《インターネットを使った企業と消費者間の取引についていう》.
btoom /btúːm/ *int* ドカーン《爆発音など》. [imit]
btry battery. **Btu, BTU** °British thermal unit(s).
BTU °"board of trade unit. **BTW, btw** (E メールなどで) by the way. **bu.** bureau♦bushel(s). **Bu** 〘化〙butyl.
BU °Brown University. **BUAV** British Union for the Abolition of Vivisection 英国動物実験廃止連盟.
bub[1] /bʌ́b/ *n* [ᵁ*voc*]*《口》若いの, きみ《通例 目下に対して》; 《豪俗》赤んぼ.
bub[2] /búb, búːb/ *n* 《俗》おっぱい (boob).
bu·bal, -bale /bjúːbəl/, **bu·ba·lis** /-ləs/ *n* 〘動〙ハーテビースト《アフリカ産の各種羚羊》. ♦ **bú·ba·line** /-làɪn, -lən/ *a* bubal に似た; buffalo に似た.
bub·a·leh /búbələ/ *n**《俗》おまえ, きみ《親愛の表現》. [Yid=little grandmother]
Bu·bas·tis /bjubǽstəs/ ブバスティス《古代エジプト Nile デルタの Zagazig 付近にあった都市; 猫頭の女神 Bastet の崇拝の中心地》.
bub·ba /bʌ́bə/ *n**《南部口》BROTHER《愛称・呼びかけとして用いる》; [°B-]*《俗》南部の無教養な白人男, 《ステレオタイプ化された》南部白人.
bub·bette /bəbɛ́t/ *n* [°B-]*《俗》《ステレオタイプ化された》南部の白人女性, BUBBA の女性版.
bubbie ⇨ BOOBIE[1,2].
bub·ble /bʌ́b(ə)l/ *n* **1 a** 泡, あぶく; 《炭酸水・ガラスなどの中の》気泡; 《アルコール水準器の》気泡. **b** 半球形[半円筒形]のもの, 《テニスコート・プールなどをおおう透明の》ドーム構造物, バブル, BUBBLE CANOPY, BUBBLETOP; BUBBLE CAR; バブル《泡状にして円くした女性のヘアスタイル》; 《漫画の》吹出し (balloon); MAGNETIC BUBBLE; BUBBLE MEMORY. **2** 泡立ち, 煮えたぎること; 泡立つ[煮えたぎる]音; 《感情などの》急な高まり; [*pl*]*《俗》シャンパン (champagne). **3** 実体のないもの; 夢のような計画[野心]; 《過熱投機により資産価値が実体から異常に遊離した》あぶく事業, バブル; 見せかけ, 詐欺 (fraud): the ~ bursts バブルがはじける / a ~ company バブル会社 / SOUTH SEA BUBBLE. **4** [the ~s]*《俗》楽しいこと, 遊興(三昧). **5**《口》保護された[免除された, 独特の]区域[産業など]; 防衛[保護, パトロールなど]できる区域, 管轄区域. ● **blow ~s** シャボン玉を吹く; 空想にふける. **burst sb's [the] ~** 人の幻想を打ち砕く. **on the ~***《決勝に残れるかどうかなど》あやうい立場にいて. PRICK **a [the] ~.** ► *vi, vt* **1** 泡立つ, 泡になって(吹き)出る, 沸騰する ‹*up*›; 泡立たせる; ‹泉など›ふつふつと湧く, 沸き立つ, 沸きかえる, 泡立って流れる. **2** ‹…で›満ちあふれる, 一杯である ‹*with*›; 活気づく, ペラペラしゃべる: ~ *with* laughter 笑いはしゃぐ. **3***《口》‹赤んぼ›にゲップをさせる. **4**《古》だます ‹one *into* doing›. ● **~ over** 泡立ちあふれる; ‹興奮などが›沸き立つ, 頂点に達する; ‹人が›‹興奮などで›沸き立つ, ‹…を›大いに示す ‹*with*›. **~ under** 沸騰の手前である, ‹レコードなどが›上位ランキングにはいりそうである, もう少しで人気沸騰となりそうである. **~ up** 増大する, 高まる, 盛り上がってくる. [ME (? imit)]
búbble and squéak" 刻んだキャベツとジャガイモ(と肉)の炒めもの《名称は炒める時の音から》; たわいもないほら; 《韻俗》ギリシア人 (Greek).
búbble bàth 泡立て浴剤; 泡ぶろ, バブルバス.
búbble bràin 《俗》からっぽ頭, 脳タリン, ピーマン, あほ (bubblehead).
búbble-bùtt *n* *《俗》《自動車の》丸みをおびた後部.
búbble cànopy 〘空〙水滴形風防, バブルキャノピー.
búbble càr バブルトップの車 (=*bubbletop*)《小型で通例三輪》.
búbble chàmber 〘理〙泡箱(あわばこ)《粒子検出装置》.
búbble-chàser *n**《軍俗》爆撃機.
búbble dànce バブルダンス《風船を使って踊るソロのヌードダンス; cf. FAN DANCE》. ♦ **búbble dàncer** バブルダンスのダンサー; *《俗》皿洗い(人).
búbble domàin MAGNETIC BUBBLE.
búbble ecónomy バブル経済.
búbble flòat 〘釣〙玉浮き《球状中空の浮き; キャスティングを容易にするため中に水を入れることもある》.
búbble·gùm *n* **1** [°bubble gum] 風船ガム; 明るいピンク色 (=~ pínk). **2** バブルガム (=~ mùsic)《単純な繰返しの多い歌詞の子供向けロック音楽》. ► *a* 子供向けの: ~ fashion.
búbblegum machìne*《俗》《パトカーの屋根の》赤灯, フラッシュ灯.
búbble·gùmmer* *n* 《十代前半くらいの》子供; 子供向けロック[バブルガム]の演奏者.
búbblegum sèt [the] *《俗》十代前半のティーンエージャー, じゃりの連中.
búbble·hèad*《俗》*n* まぬけ, 脳なし, ばか; シャンパンを大量に飲むやつ. ♦ **~·ed** *a*
búbble·jèt prìnter 〘電算〙バブルジェットプリンター《インクジェットプリンター (ink-jet printer) の一方式; 熱を用いてインクを噴出する》.
búbble mèmory 〘電算〙バブルメモリー《磁気バブル (magnetic bubble) を利用した主としてハードディスク登場以前のメモリー》.
búbble pàck BLISTER PACK; BUBBLE WRAP.
búbble pòint 〘化〙泡立ち点, バブルポイント《液体混合物を加熱していった時, 泡が出始める温度》.
búb·bler *n* 噴水式水飲み器; 〘化〙バブラー《液体中を細かい気泡として気体を通過させる装置》; 〘魚〙淡水ドラム (freshwater drum).
búbble shèll 〘貝〙ナツメガイ科の貝《薄い巻物状の殻をもつ海産の貝》.
búbble·tòp *n* バブルトップ《自動車などのドーム形の透明屋根》; バブルトップの車 (bubble car) (=~ càr).
búbble umbrélla ドーム形の透明雨傘.
búbble wàter*《俗》発泡酒, シャンパン.
búbble wràp 《われもの梱包用などの》発泡ビニールシート, バブルラップ (=*bubble pack*). ★ 米国では Bubble Wrap として商標.
búb·bly *a* 泡の多い, 泡立つ; 泡のような, 半球状の; 活気のある, うきうきした. ► *n* [°the]《口》シャンパン, 発泡性ワイン.
búbbly-jòck *n* 《スコ》七面鳥の雄.
bub·by[1] /bʌ́bi/ *n* [ᵁ*voc*]*《口》君, おまえ, 兄弟 (bub).
bub·by[2] /búbi, búːbi, bʌ́bi/ *n* 《俗》おっぱい.
Bu·ber /búːbər/ ブーバー **Martin** ~ (1878–1965)《オーストリア生まれのイスラエルのユダヤ人哲学者; *Ich und Du* (1923)》.
bubie ⇨ BOOBIE[2].
bub·kes /búbkəs, búp-, bʌ́p-/, **bup·kes, bup·kus, bup·kis** /bʌ́pkəs, búp-/ *《口》*n* ほんのわずか, 取るに足らぬ量; 無, ゼロ. [Yid<Russ=beans]
bu·bo /b(j)úːboʊ/ *n* (*pl* **~es**) 〘医〙横痃(おうげん), よこね《淋病・梅毒などによる鼠蹊部のリンパ節の炎症性腫大》. ♦ **bu·bon·ic** /b(j)ubɑ́nɪk/ *a* [L<Gk *boubōn* groin]
bubónic plágue 〘医〙腺ペスト.
bu·bon·o·cele /b(j)ubɑ́nəsìːl/ *n* 〘医〙鼠蹊(そけい)ヘルニア. [Gk]
búbs gràde 《豪俗》小学 1 年; 《豪俗》保育園.
bu·bu /búːbùː/ *n* BOUBOU[2].
Bu·ca·ra·man·ga /bùːkərəmɑ́ːŋgə/ ブカラマンガ《コロンビア北部 Bogotá の北北東にある市》.
buc·cal /bʌ́k(ə)l/ *a* 頰(ほお)の, 頰側の; 口の, 口内の: the ~ cavity 頰面窩洞(かどう). ♦ **~·ly** *adv* [L *bucca* cheek]
buc·ca·neer, -nier /bʌ̀kəníər/ *n* 海賊《特に 17 世紀西インド諸島でスペインの船舶や植民地を襲った者》; 冒険的な人, 政界[実業界]の山師. ► *vi* 海賊をはたらく. ♦ **~·ing** *a* 冒険[ベンチャー]的な, 山師的な. **~·ish** *a* [F (*boucaner* to cure meat on a *boucan* (i.e. barbecue))<Tupi]
buc·ci·nal /bʌ́ksən(ə)l/ *a* 《形または音が》トランペットに似た.
buc·ci·na·tor /bʌ́ksənèɪtər/ *n* 〘解〙頰筋(きょうきん). ♦ **buc·ci·na·to·ry** /bʌ́ksənətɔ̀ːri, -nèɪt(ə)ri; -nèɪt(ə)ri/ *a*
buc·co·língual /bʌ̀koʊ-/ 〘解〙*a* 頰舌(きょうぜつ)の; 《歯の》頰舌側の. ♦ **~·ly** *adv*
Bu·cel·las /b(j)uséləs/ *n* ブセラス《ポルトガルの Lisbon 近郊 Bucellas 産の白ワイン》.
Bu·cen·taur /bjuséntɔ̀ːr/ *n* ブチェンタウロ《Venice 共和国総督の坐乗船; 昇天節に指環を海に投げて Venice とアドリア海との結婚の儀式を行なった》.
Bu·ceph·a·lus /bjuséfələs/ ブケパロス《Alexander 大王の軍馬》; [b-]《古》乗用馬, 勇ましい馬, 駻馬(かんば).
Buch /*G* búːx/ *n* (*pl* **Bü·cher** /*G* býːçər/) 本 (book).
Buch·an /bʌ́kən, bʌ́xən/ バカン Sir **John** ~, 1st Baron Tweeds·muir /twíːdzmjʊ̀ər/ (1875–1940)《スコットランドの政治

家・歴史家・作家; カナダ総督 (1935–40); *The Thirty-Nine Steps* (1915) などの冒険小説で知られる》.

Bu·chan·an /bjukǽnən, bə-/ **1** ブキャナン (**1**) **James** ～ (1791–1868)《米国第 15 代大統領 (1857–61); 民主党》(**2**) **James M(cGill)** ～ (1919–　)《米国の経済学者; ノーベル経済学賞 (1986)》. **2** ブキャナン《リベリア西部の港町》.

Bu·cha·rest /b(j)úːkərèst; ⁀⁀⁀/ ブカレスト (*Romanian* Bucureşti)《ルーマニアの首都》.

Bu·chen·wald /*G* búːxnvalt/ ブーヘンヴァルト《ドイツ中部 Thuringia 州, Weimar の近郊の村; ナチ強制収容所のあった地 (1937–45)》.

Bu·cheon, Puch'ŏn /búːʧʌn/ 富川(プチョン)(ふせん)《韓国北西部 Seoul と仁川 (Incheon) の間にある市》.

Buch·man /búkmən, bʌ́k-/ ブックマン **Frank N(athan) D(aniel)** ～ (1878–1961)《米国の宗教家》. ◆ **～·ism** *n* [*derog*] ブックマン主義[運動] (⇨ MORAL RE-ARMAMENT). **～·ite** *n* ブックマン主義者.

Buch·ner /búːknər, búk-; *G* búːxnər/ ブフナー **Eduard** ～ (1860–1917)《ドイツの化学者; 生きている細胞がなくても発酵が起こることを発見; ノーベル化学賞 (1907)》.

Büch·ner /*G* býːçnər/ ビュヒナー **Georg** ～ (1813–37)《ドイツの劇作家; 表現主義の先駆と目される》.

Büch·ner funnel /búːknər ⁀⁀, búk-/ 〘化〙ブフナー漏斗. [Ernst *Büchner* 19 世紀のドイツの化学者で発明者]

bu·chu /b(j)úːk(j)u/ *n* 〘植〙ブッコノキ《アフリカ産のミカン科の低木》; その乾燥葉《医薬・ブランデー香料用》. [Zulu]

Buch·wald /bʌ́kwɔ̀ːld, búk-/ バックウォルド **Art(hur)** ～ (1925–2007)《米国のコラムニスト》.

buck[1] /bʌ́k/ *n* **1 a** 雄鹿 (stag), バック (cf. DEER); 《シカ・羊・レイヨウ・ウサギ・ネズミなどの》雄 (opp. *doe*); レイヨウ《南アフリカ産》. **b** バックスキン (buckskin) (の製品), [ᵘ*pl*] バックスキンの靴. **2**《口》男, 元気な若者, [*voc*] おい, 若いの; *《俗》インディアン[黒人]の男[若者]; 《古》しゃれ者, ダンディー; *《俗》下っぱ兵, 二等兵 (buck private); 《俗》若いギャング, 若い暴力団員; *《ホーボー俗》カトリックの司祭. **3** 木挽(こ)台 (sawhorse) (＝*sawbuck*); 支持台[枠]; 〘体操〙VAULTING HORSE. **4**《米口・豪口》1 ドル (dollar), 金, 金銭; *《俗》100 ドル(の賭け金); RAND[2]; RUPEE: big ～*s* 大金 / make a quick ～＝make a FAST BUCK. ● **in the ～s***《俗》《たくさん》金がある. **like a** MILLION **～s. old ～** おいきみ. ► *a* 雄の; 《俗》男の; *《軍俗》最下級の: a ～ party *《俗》男だけの会合 / BUCK PRIVATE / BUCK SERGEANT. ► *vt* 〈丸太などを〉切る, 挽(ひ)く. [混成; OE *bucca* male goat (＜ON), OE *buc* male deer (＜Gmc)]

buck[2] *vi, vt* **1**〈馬が〉(急に背を曲げて)はね上がり〈乗り手や荷を〉振り落とそうとする; *《口》〈車などが〉急に動く: ～ off〈馬が人や荷を〉はね落とす / ～ sb off a horse 落馬させる. **2 a**《口》執拗に反対[抵抗]する, 逆らう〈*at, against*〉: ～ the system 体制[慣例]に逆らう / ～ the trend 一般の動向とは別の動きを見せる. **b**《英では方》頭[角]で突く (butt); けとばす〈*at*〉; 〘アメフト〙ボールを持って敵陣に突入する; 上の者に取り入る. **3**《口》励ます, 元気づける〈*up*〉; 努力する. **4** 渡す, 回す; 〈重い物を〉(機械で)動かす, 積む. ● **～ for…***《口》〈昇進などを〉得ようと躍起になる. **～ one's ideas up**ᴵᴵもっと気を引き締める. **～ up**《口》[ᵒ*impv*] 元気を出す[出させる]; 急ぐ[急がせる]; 改善する, めかしこませる. ► *n* 馬の急なはね上がり; はね上がる力; 《豪口》試み, 企て. ● **give it a ～＝have a ～ at** it やってみる, 試す. [ME ^]

buck[3]ᴵᴵ *n* うなぎおとし, 簗(やな). [C19＜?]

buck[4] *n* 車体. [?*bouk* (obs) belly＜OE]

buck[5] *n* 談話; ほら, 自慢話. ► *vi, vt* しゃべる; ほらを吹く, 自慢する〈*about*〉. [Hindi]

buck[6] *n* **1**〘ポーカー〙カードの配り番のしるし; 《ギャンブルで》点数などを忘れないためのしるし, 《一般に》目印, マーク. **2** [the]《口》《意思決定の》責任. ● **pass the ～**《口》責任[面倒など]を転嫁する[押しつける]〈*to*〉. **the ～ stops here** [**with** sb]《口》責任は引き受けた[…にある]. ► *vt* 〈書類・問題などを〉回す, 渡す, 押しつける〈*to*〉. [C19＜?]

buck[7] *adv**《口》完全に: ～ naked すっ裸で. [C20＜?]

Buck 1 バック (**1**) **Linda B.** ～ (1947–　)《米国の生理学者; におい受容体と嗅覚システムの発見によりノーベル生理学医学賞 (2004)》(**2**) **Pearl** ～ (1892–1973)《米国の作家; 旧姓 Sy·den·strick·er /sáɪdnstrɪ̀kər/; *The Good Earth* (1931, Pulitzer 賞); ノーベル文学賞 (1938)》. **2** バック《Jack London, *The Call of the Wild* (1903) の主人公; 飼い犬であったが, さらわれて Alaska のゴールドラッシュに夢をかける男たちのそり犬として売られ, 野生にかえった》.

búck·age *n**《俗》金(かね).

búck-and-wíng* *n* 黒人のダンスとアイルランド系のクロッグダンスの入りまじった複雑な速いタップダンス.

buck·a·roo, buck·er·oo /bʌ́kərùː, ⁀⁀⁀/*《西部》*n* (*pl* ～**s**) カウボーイ; BRONCOBUSTER; *《古俗》やつ, 男, やっこさん (fellow, guy).

búck bàsket 洗濯物かご.

búck·bèan *n* 〘植〙ミツガシワ (＝*bogbean, marsh trefoil*)《ミツガシワ科の湿性の多年草》.

búck·bòard* *n* 《前後の車輪の車軸の上に板を渡してその上に座を乗せた形態の》四輪馬車.

búck búck *int* 《めんどりの》コッコッ. [imit]

búck·càrt *n* 二輪荷馬車.

bucked /bʌ́kt/ *a* 《口》元気づいた, 喜んだ, 得意になった.

buck·een /bʌ̀kíːn/ *n* 《アイル》気位だけ高く育ちのよくない貧乏な青年貴族, 富豪や貴族のまねをする貧乏青年.

búck·er *n* 《乗り手を振り落とす癖のある》はね馬; *《俗》上の者に取り入る人間, 出世に懸命なやつ; *《俗》カウボーイ.

buck·et /bʌ́kət/ *n* **1 a** バケツ; 手桶; 《ポンプの》吸い子; バケツ状のもの, 《水車の》水受け, 《タービンの》水出口, バケット; 〘電〙動翼, バケット; 《浚渫(しゅんせつ)機・バケットエレベーター・ベルトコンベヤーの》バケット; 〘バスケ〙バスケット, ゴール (: score a ～); BUCKET SEAT. **b** BUCKETFUL; [*pl*]《口》大量, 多量: ～*s* of rain [tears, etc.] 大量の雨[涙など] / The rain comes down *in* ～*s*. 土砂降りの雨が降る / cry [weep] ～*s* 大泣きする / sweat ～*s* 大汗をかく. **2**《俗》尻, けつ; 《俗》車, 船, 《特に》ぼろ車[船]; *《海軍俗》駆逐艦; 《野球俗》バッターボックスの最後部; *《俗》便所. **3***《俗》醜い[いやな]女, ブス; *《俗》いやなやつ. **4** [the]《韻俗》刑務所, ムショ《bucket and pail＝jail と押韻》. ● **a** DROP **in the ～. by the ～**ᴵᴵ《口》大量に: buy sth *by the* ～. **For crying in a ～!** ⇨ CRY. **go to hell in a ～** ＝*《口》**go to hell in a** HANDBASKET. **kick the ～**《口》[ᵒ*joc*] 死ぬ, くたばる. **make the ～***《俗》まずい立場になる.
► *vt, vi* **1**〈水を〉バケツで汲む[運ぶ, 注ぐ, かい出す]〈*up, out*〉; ᴵᴵ《口》〈雨が〉土砂降りに降る. **2**ᴵᴵ《口》〈馬・自動車を〉乱暴に飛ばす〈*along*〉; ᴵᴵ《口》急ピッチでこぐ; あちらこちらうろうろする; ガタガタ進む; 《口》猛スピードを出す, 急いで進む, 急ぐ (hurry). **3***《俗》だます; 《bucket shop などで》〈客の注文を〉のむ. ● **～ about**ᴵᴵ〈あらしの中の舟などが〉激しく揺れる. **～ down**ᴵᴵ《口》〈雨が〉激しく降る. [AF＜?OE *būc* pitcher, *-et*]

búcket brigàde 《消火のための》バケツリレーの列; 協力して緊急事態に対処する人びと.

búcket convèyor [**càrrier**] 〘機〙バケットコンベヤー《循環チェーンに運搬バケットを取り付けたもの》.

búcket èlevator 〘機〙バケットエレベーター《鉱山などで使う運搬部分がバケットの昇降機》.

buck·et·er /bʌ́kətər/, **-e·teer** /bʌ̀kətíər/ *n* もぐりの仲買人.

búcket·fùl *n* (*pl* ～**s**, **búck·ets·fùl**) バケツ一杯(の量); 大量. ● **raining** [**coming down**] (**in**) **bucketsful** 土砂降りで.

búcket·hèad *n**《俗》まぬけ, とんま.

búcket·ing *n* ノミ[呑]行為《証券会社が客の注文を市場に通さずみずから相手方になって売買を成立させる不法行為》.

búcket làdder 〘機〙バケットラダー《循環する鎖に取り付けた一連のバケット》.

búcket lìst 《俗》生きている間にやっておきたいことの一覧[リスト]. [イディオム *kick the bucket* および米国映画 *The Bucket List* (最高の人生の見つけ方, 2007) に由来]

búcket·lòad *n* BUCKETFUL.

búcket of bólts*《俗》おんぼろ自動車[飛行機], ぽんこつ.

búcket sèat バケットシート《スポーツカー・飛行機などの, 体がすっぽりはまる一人用座席》.

búcket shòp 〘証券〙もぐりの仲買店, ノミ屋; 《非合法の》賭博場; 格安チケット[航空券]販売店; ディスカウントショップ; 《もと》バケツから酒を酌み出して飲ませた酒場.

búck·èye *n* 〘植〙《北米産の》トチノキ《トチノキ属の落葉高木または低木の総称; 黄や赤または白い花をつける; Ohio 州の州木であるオハイオトチノキ (Ohio buckeye) などを含む》; トチの実; [B-] オハイオ州人《俗称》; 〘昆〙アメリカタテハモドキ; [B-] バックアイ種(の鶏)《米国産; 卵は褐色》. ► *a**派手で野暮ったい.

Búckeye Stàte [the] トチノキ州《Ohio 州の俗称》.

búck fèver*《口》《猟の初心者が感じる》獲物を見つけたときの興奮.

búck géneral*《俗》《米陸軍の》准将 (brigadier general).

búck·hòrn *n* 鹿の角 (＝*buck's horn*)《ナイフの柄などに使う》; 〘植〙鹿の角をおもわせるオオバコ, セリバオオバコ, ヘラオオバコ (＝⁀ **plàn·tain**)《欧州原産》.

búck·hòund *n* 〘犬〙バックハウンド《鹿狩り用小型犬》.

Búck House [the]ᴵᴵ《口》BUCKINGHAM PALACE.

buck·ie /bʌ́ki/ *n* 《スコ》**1** 巻貝; ヨーロッパバイ (whelk). **2** つむじまがり, てこずらせるやつ, 頑固者. [変形く? L *buccinum* shellfish used in dyeing purple]

Buck·ing·ham /bʌ́kɪŋəm/ **1** BUCKINGHAMSHIRE. **2** バッキンガム (**1**) **George Villiers,** 1st Duke of ～ (1592–1628)《イングランドの廷臣・政治家; James 1 世, Charles 1 世の寵臣》(**2**) **George Villiers,** 2nd Duke of ～ (1628–87)《前者の子; Charles 2 世の政治顧問団 Cabal の一員》.

Búckingham Pálace バッキンガム宮殿《London の St. James's Park の西端にある英国王の居所; 1703 年 John Sheffield (1st Duke of Buckingham and Normandy) (1648–1721) が建て, 1762 年王室が購入し, 1821–36 年に John Nash が建てなおし, 20 世紀初頭に部分的改築が施された》.

Búckingham·shire /-ʃɪər, -ʃər/ バッキンガムシャー《イングランド

中南東部の州; Buckingham, Bucks ともいう; ☆Aylesbury》.

búck·ish *a* 〈馬が振り落とそうとする; めかし屋の, おしゃれの; 雄ヤギのような, いやな匂いのする, 好色な. ♦ **~·ly** *adv*

búck·jùmp *vi, n* 馬が(乗り手を振り落とそうとするとき)背を曲げてはね上がる(こと) (buck); 《急にガクガクと》はねる[跳ぶ](こと).

búck·jùmp·er *n* 《主に豪》 BUCKER (の乗り手).

búck knèe [ᵘ*pl*] 〔獣医〕《馬などの》内側に曲がったひざ, 内湾膝(ひざ) (=*calf knee*).

buck·le /bʌ́k(ə)l/ *n* **1** 《ベルト・かばん・靴などの》バックル, 留め金, 締め金, 尾錠(びじょう); 〔機〕胴締め. **2** 《金属・のこぎりの刃・木材などの》ねじれ, ゆがみ, よじれ, しわ, 坐屈; 《古》縮れた巻き毛. **3** バックル《ブルーベリーなどのはいったコーヒーケーキ》. **4**ᴵᴵ《韻俗》ユダヤ人 (Jew) (=**~ my shóe**). ► *vt* **1** バックル[留め金]で留める[締める] 〈*up, down*〉; バックルで装着する[身に着ける] 〈*on*〉: ~ one's seat belt = ~ one*self* in シートベルトで(席に)体を固定する / ~ *on* one's skis スキー板をバックルで留めてはく. **2** 曲げる, ゆがませる, くずす. **3***《ティーンエージャー俗》ぶんなぐる. ► *vi* **1** バックルで締まる[留まる]. **2** 本気で取りかかる 〈*down, to*〉 (⇨ 成句). **3** 曲がる, ゆがむ, たわむ, つぶれる 〈*under*〉; くずれる, 屈する, へたる 〈*under* pressure, *to* (sb)〉: His legs [knees] ~*d* (*under* him). ひざががくりと折れた. ● **~ down (to…)** (〈仕事〉に)本気で取りかかる, 取り組む, 身を入れる《down を省いて ~ *to* a task のようになることもある》. **~ oneself to**…に奮励して当たる. **~ to** [to /túː/ は *adv*] 身を入れて[力を合わせて](仕事に)取り組む. **~ up** シートベルトを着用する. ♦ **~d** *a* バックル付きの; *《ティーンエージャー俗》酔い. **~·less** *a* [OF<L *buccula* cheek strap (of helmet);「くずれる」の意は F *boucler* to bulge より]

buck·ler /bʌ́klər/ *n* 《左手に持ったり付けたりする》円形の盾(たて); 防護物 (protector); 《船の》チェーン[ホース]パイプふた; 〔動〕《アルマジロなどの》甲; 〔植〕BUCKLER FERN. ► *vt* 防護する (defend).

búckler fèrn 〔植〕SHIELD FERN.

Buck·ley /bʌ́kli/ バックリー **William F(rank) ~, Jr.** (1925–2008) 《米国の保守派の政治評論家・雑誌編集者・作家》.

Búckley's (chánce [hópe]) 《豪口》まずないチャンス, 見込みなし.

buck·ling /bʌ́klɪŋ/ *n* BLOATER[1].

buck·min·ster·ful·ler·ene /bʌ́kmɪnstərfùlərìːn/ *n* 〔化〕バックミンスターフラーレン (⇨ FULLERENE).

búck nígger*《俗》黒人の男.

bucko /bʌ́koʊ/ *n* (*pl* **búck·oes**) 《俗》いばりちらすやつ; 《俗》仲間, ダチ, 野郎; [ᵒ*voc*]《アイル》若者 (lad), ねえきみ (fellow). ► *a* 《俗》いばりちらす. [*buck*[1]]

búck pàsser 《口》責任のがれをする者.

búck-pàss·ing *n, a* 《口》責任転嫁[のがれ](をする).

búck prívate*《俗》下っぱ兵, 二等兵, 兵卒.

buck·ra /bʌ́krə/*《南部》*n* [ᵒ*derog*] 白人《主に黒人の用語》; 主人, だんな.

buck·ram /bʌ́krəm/ *n* バックラム《糊・にかわなどで固くした亜麻布; 衣服の芯や製本用》; 《古》堅苦しさ; 見せかけの強さ: (as) stiff as ~ ひどく堅苦しい. ● **men in ~** = **~ men** 架空の人物. ► *a* バックラムの; 《古》堅苦しい; 見かけ倒しの. ► *vt* バックラムで丈夫にする; 《古》…に見かけ倒しの威容を与える. [OF *boquerant*‹?*Bokhara* 中央アジアの町]

búck rárebit [rábbit]ᴵᴵ 落とし卵を載せた Welsh rabbit.

Búck Rógers *n* バック・ロジャーズ《1929 年に始まった Phil Nowlan (1888–1940) 作の米国で初の SF 漫画および主人公の名》. ► *a* SF 的な, 未来社会を描く, ハイテクを駆使した.

Bucks /bʌ́ks/ BUCKINGHAMSHIRE.

búck·sàw *n* 大枠のこぎり《枠の片側を両手で持ち, 木挽(こびき)台の木を切る》.

búck sèrgeant*《軍俗》軍曹《最下級の sergeant》.

Búck's Fízzᴵᴵ [ᵒb- f-] **1** バックスフィズ《シャンパンとオレンジジュースを混ぜた飲み物》. **2** 《上流韻俗》興奮(状態) (tizz): be in an utter ~. [*Buck's* ロンドンのクラブ]

buck·shee /bʌ́kʃi, bʌ̀kʃíː/ 《俗》*n*ᴵᴵ特別[追加]支給品; ᴵᴵ意外なもうけもの, たなぼた. ► *a, adv* 無料の[で], ただの[で]; 追加(支給)の, 余った, 余分の. [BAKSHEESH]

búck's hòrn BUCKHORN.

búck·shòt *n* (*pl* ~, ~s) 鹿弾(しかだま)《大粒の散弾》. ► *a* 広範囲にわたる, 手当たりしだいの.

búck·skìn *n* **1 a** 鹿革, バックスキン《羊の黄色のなめし革にもいう》. **b** 〔織〕バックスキン《なめし革のような風合に仕上げ加工した丈夫なしゅす織りの綿織物[毛織物]》. **2 a** 《古》鹿革服を着た人《しばしば アメリカ植民地初期の奥地の人》; [*pl*] 鹿革の半ズボン[靴, スーツなど]; [ᵒB-] 《独立戦争当時の》米国兵《俗称》. **b***鹿革色の馬《尾とたてがみは黒色》. ► *a* buckskin の; 灰色がかった黄色をした.

búck·skìnned *a* バックスキンの服を着た, 鹿革をまとった.

búck slìp 〔軍〕連絡用[付箋]メモ.

búck's pàrty [nìght, tùrn] 《豪》結婚式の前夜に新郎を囲んで男だけで行なうパーティー (stag party).

búck·tàil *n* 〔釣〕鹿の尾などの毛で作った擬似餌(ぎじ).

búck·thòrn *n* 〔植〕**a** クロウメモドキ属の各種低木[小高木]《時に樹皮は薬用》. **b** 米国南部産のアカテツ科の木.

búckthorn bàrk セイヨウイソノキの樹皮, フラングラ皮《下剤》.

búckthorn fàmily 〔植〕クロウメモドキ科 (Rhamnaceae).

búck·tóoth, búck tóoth *n* 出っ歯, そっ歯. ♦ **búck-tóothed** *a*

búck·wàgon *n* BUCKBOARD.

búck·whèat *n* 〔植〕ソバ(の実), 蕎麦《タデ科》; そば粉 (=**~ flòur**); *BUCKWHEAT CAKE. [Du=beech wheat]

búckwheat bràid* 〈リボンを結んだ〉短いおさげ髪.

búckwheat càke そば粉のパンケーキ.

búckwheat còal 直径 9/16 インチ以下の無煙炭 (⇨ ANTHRACITE).

búck·whèat·er *n**《俗》初心者, 新米.

búckwhèat fàmily 〔植〕タデ科 (Polygonaceae).

búcky·bàll /bʌ́ki-/ *n* 〔化〕バッキーボール《FULLERENE を構成する球状分子》. [R. *Buck*minster Fuller, -*y*[3]]

búcky·tùbe *n* 〔化〕NANOTUBE.

bu·col·ic /bjukɑ́lɪk/ *a* 羊飼い[牛飼い]の, 牧夫の; 田舎の, 牧歌的な. ► *n* [ᵘ*pl*] 牧歌, 田園詩; 田園詩人; [*joc*] 田舎の人, 農夫, 羊飼い. ♦ **-i·cal** *a* **-i·cal·ly** *adv* [L<Gk (*boukolos* herdsman)]

Bucovina ⇨ BUKOVINA.

Bu·cu·reş·ti /bùːkəréʃt(i)/ ブクレシュティ《BUCHAREST のルーマニア語名》.

bud[1] /bʌ́d/ *n* **1** 《植物の》芽, つぼみ; 発芽(期); 〔動〕《下等動物の》芽, 子芽, 芽体; 無性芽 (gemma), 原基 (primordium); 〔解〕芽状突起; *《俗》マリファナ, はっぱ. **2** 未成物; 子供; 小娘, 若造; *社交界に出たての少女. ● **come into ~** 〈木が〉芽を出す. **in (the) ~** 芽吹いて, つぼみをもって. **nip [check, crush]…in the ~** …をつぼみのうちに摘み取る; 未然に防ぐ. ► *vi, vt* (**-dd-**) つぼみをもつ, 芽[つぼみ]をもたせる; 〈*out*〉; 伸び[発達し]始める; 若い, 将来がある; 〔園〕芽接ぎする; 〔植〕《無性芽生殖で》生み出す. ● **~ off from**…から分離する. ♦ **búd·der** *n* **~·lìke** *a* [ME<?; Gmc か]

bud[2] *n* [ᵘ*voc*]*《口》BUDDY.

Bud **1** バッド《男子名》. **2** バド《BUDWEISER の略・愛称》; [b-]*《俗》《一般に》ビール.

Bu·da·pest /búːdəpèst; b(j)ùːdəpést/ ブダペスト《ハンガリーの首都; 1872 年 Danube 川東岸の Buda 市と西岸の Pest 市が合併して成立》.

búd·da·hèad /búdə-/ *n**《俗》BUDDHAHEAD.

búd·ded *a* 芽吹いた, つぼみをもった; 芽接ぎした.

Bud·dha /búːdə, búdə/ [the] 仏陀(ぶっだ), ブッダ《釈迦牟尼(しゃかむに)の尊号; cf. GAUTAMA》; 釈迦像, 仏像; [ˢb-] 悟りの境地に達した人, 覚者(かくしゃ). [Skt=enlightened (pp)‹*budh* to know]

búddha·hèad *n**《俗》アジア(系)人.

Búddha·hòod *n* 仏教の悟りの境地, 菩提(ぼだい).

búddha stìck 《俗》マリファナタバコ, ブッダスティック.

Buddh Ga·ya /búd gáɪɑː/ ブッダガヤー《BODH GAYA の別称》.

Bud·dhism /búːdìz(ə)m, búd-/ *n* 仏教, 仏道.

Bud·dhist /búːdɪst, búd-/ *n, a* 仏教徒(の), 仏教の, 仏陀の: a ~ temple 寺院.

Búddhist cròss [the] 卍(まんじ).

Bud·dhis·tic /budístɪk, bu-/, **-ti·cal** *a* BUDDHIST. ♦ **-ti·cal·ly** *adv*

búd·ding *a* 芽を出しかけた; [*fig*] 現われかかった, 売出し中の, 新進の: a ~ beauty つぼみの花, うら若い娘 / a ~ poet 詩人の卵. ► *n* 発芽, 芽生え, 発蕾(はつらい); 《無性生殖の一型としての》出芽, 分芽; 〔園〕芽接ぎ(法).

bud·dle /bʌ́dl/ *n, vt* 〔鉱〕バッドル洗鉱槽(で洗う). ♦ **búd·dler** *n*

bud·dle·ia /bʌ́dliə, bʌ̀dlíːə/ *n* 〔植〕フジウツギ属 (*B-*) の各種の小高木[低木], 《特に》クサフジウツギ, ブッドレア《花は藤色・紅・白など; 蝶がよく集まるので butterfly bush ともいう; 中国原産》. [Adam *Buddle* (1662–1715) 英国の植物学者]

bud·dy /bʌ́di/ *n* **1** 《口》友だち, 親友, 仲間, 相棒, [*voc*] きみ, あんた, だんな; 《buddy system で》二人組の一人, パートナー; エイズ患者《など》のボランティアの介助者. **2** [B-] バディー《男子名》. ► *vi* 《口》仲よくなる, 組になる 〈*up*〉: ~ *up to* sb 人と仲よくなる, 人に取り入る / ~ *up with* sb 人と組になる[協力する]. [? *brother* or *butty*[2]]

búddy-búddy 《口》*a* ひどく親しい, 大の仲よしの; なれなれしい. ► *n* 親友; *《俗》敵, いやなやつ; なれなれしいやつ. ► *vi* 大の仲よしである; なれなれしくする; 取り入る.

búddy fìlm [mòvie, pìcture] 《2 人の》男の友情を扱った映画.

Búddy pòppy*《俗》Memorial Day に第一次大戦の復員軍人が売る紙で作ったヒナゲシ.

búddy sèat*《オートバイの》サイドカー; 権力のある地位.

búddy stòre*《軍俗》給油船[機, 基地].

búddy sỳstem バディー方式《**1)** キャンプ・登山などで二人ずつ組になって互いに相手の安全に責任をもち合う方式 **2)** 友人や味方を有力な地位に任命すること》.

Bu·den·ny /budjɔ́ːni, -déni/ ブジョーヌイ **Semyon Mikhaylovich ~** (1883–1973)《ロシアの軍人; ロシア革命で名を揚げ, 赤軍騎

兵隊を指揮; 陸軍元帥 (1935)》.

budge[1] /bʌ́ʤ/ *vi, vt* [°*neg*] (ちょっと)動く, 動かす, 身動きする; 意見[考え]を変える, 譲歩する; 〈人〉に考えを変えさせる, 譲歩させる: He wouldn't ～ an inch. / No one could ～ the heavy box. / wouldn't ～ *on* the issue その問題に関しては一歩も譲ろうとしない / ～ up ‖[over*] 《口》 席を詰める, 場所をあける. ♦ **búdg·er** *n* [F *bouger* to stir]

budge[2] *n* 小羊の毛皮《以前大学のガウンの飾りに用いた》. ► *a* 小羊の毛皮で作った[縁取りした, 裏打ちした]; 《古》 堅苦しい, もったいぶった. [AF＜?]

budge[3] *n* 《古俗》 酒, ウイスキー. [?; cf. BUDGET]

Budge バッジ **Don(ald)** ～ (1915–2000)《米国のテニス選手; 1938年史上初の四大大会制覇をなし遂げた》.

budg·er·ee /bʌ́ʤərìː, búʤ-/ *a* 《豪口》 よい, みごとな.

budg·er·i·gar /bʌ́ʤ(ə)rigàːr/, **budg·er·ee·gah** /-gàː/ *n* 〘鳥〙 セキセイインコ (＝*grass parakeet, lovebird*)《豪州原産》. [(Austral)＝good cockatoo]

budg·et /bʌ́ʤət/ *n* **1** 予算; 予算案[額]; [the B-] 〘英〙《財務大臣が下院に提出する》予算案; 《一般に》運営費, 家計, 生活費: *within* [*over*] ～ 予算内で[予算を超えて] / open [introduce] the ～ 予算案を議会に提出する. **2 a** 《一定の》たくわえ, 供給, 相当の量; たくわえの中身[明細]; 《エネルギーや水などの, 特定の状況で》見込まれる量; 収支; 《古》《物の》集まり, 《手紙・書類などの》一束 (bundle): his ～ of knowledge 彼の有する知識(の中身) / a ～ of letters 一束の手紙. **b** 《古・方》 袋, 財布(の中身). **3** [〈*a*〉] [*euph*] 安い, (お)買い得の: ～ prices 特価 / the ～ floor 特売場. ● **balance the** ～ 収支が見合うようにする. **on a** ～ (限られた)予算で, 予算を切り詰めて, 支出を抑えて. ► *vt, vi* 予算に計上する[組む], 予算を編成する, (…の)資金計画を立てる 〈*for*〉; 〈時間など〉の詳しい予定を立てる: ～ *for* the coming year 来年度の予算を立てる. ♦ **～·er** *n* BUDGETEER.

búdget·àry /; -(ə)ri/ *a* [ME＝pouch＜OF (dim)〈*bouge*＜L *bulga* bag]

búdget accòunt‖ 《デパートなどの》月賦クレジット; 《銀行の》自動支払い口座.

búdget crùnch* 《口》 BUDGET SQUEEZE.

Búdget Dày 〘英〙 予算の日《財務相 (Chancellor of the Exchequer) が議会[下院]で予算案についての演説を行なう日; 3 月ないし 4 月に行なわれる》.

bud·ge·teer /bʌ̀ʤətíər/ *n* 予算を組む人, 予算委員; 予算の枠に縛られている[固執する]人.

Búdget Mèssage 〘米〙 予算教書《大統領が毎年 1 月に議会に提出する予算案》.

búdget plàn‖ BUDGET ACCOUNT.

búdget squèeze きびしい財政状態, 緊縮予算.

budg·ie /bʌ́ʤi/ *n* 《口》 BUDGERIGAR.

búd gràfting 〘園〙 芽接ぎ.

búd·hèad *n** 《黒人俗》 ビールの飲み助.

búd·let *n* 幼芽, 小芽, 小さいつぼみ.

bud·mash, bad- /bʌ́dmàːʃ/ *n* 《インド》 悪漢.

búd mutàtion 〘園〙 枝変わり, 芽条突然変異.

bu·do /búːdou/ *n* 武道. [Jpn]

búd scàle 〘植〙 芽鱗(がりん) (scale).

búd spòrt 〘園〙 枝変わり[芽条突然変異]の変異部.

Bud·weis /*G* búːtvais/ ブトヴァイス《ČESKÉ BUDĚJOVICE のドイツ語名》.

Bud·wei·ser /bʌ́dwaɪzər/ 〘商標〙 バドワイザー《ラガービール》.

búd·wòod *n* 〘園〙 芽接ぎ用の若枝.

búd·wòrm *n* 芽を食う毛虫[青虫], 《特に》 SPRUCE BUDWORM.

bue·nas no·ches /bwénaːs nóːʧes/ *int* おやすみなさい. [Sp＝good night]

buénas tár·des /-táːrdes/ *int* こんにちは. [Sp＝good afternoon]

Bue·na·ven·tu·ra /bwènəvènt(j)úərə, bweì-/ ブエナベントゥラ《コロンビア西部, 太平洋岸の市・港町》.

Bue·na Vis·ta /bwéinə víːstə/ ブエナビスタ《メキシコ北東部 Coahuila 州, Saltillo 付近の村; メキシコ軍が米国軍に敗退した地 (1847)》.

Bue·no /bwénu/ ブエヌ **Maria Ester Audion** ～ (1939–)《ブラジルのテニス選手; Wimbledon で優勝 (1959, 60, 64)》.

Bue·nos Ai·res /bwéinəs ǽriz; bwéinɒs áɪriz/ **1** ブエノスアイレス《アルゼンチンの首都》. **2** [Lake] ブエノスアイレス湖《Andes 山脈南部, アルゼンチンとチリの国境にある湖》.

bue·nos di·as /bwénoːs díːaːs/ *int* こんにちは, おはよう. [Sp＝good day]

Búer·ger's disèase /bɚ́ːrgərz-/ 〘医〙 バーガー病《閉塞性血栓血管炎》. [Leo *Buerger* (1879–1943) 米国の医師]

bu·fa·di·en·o·lide /bjùːfədaɪénəlàɪd/ *n* 〘生化〙 ブファジェノリド《bufalin を含むステロイドホルモンの総称》.

bu·fa·lin /bjúːfələn/ *n* 〘生化〙 ブファリン《ヒキガエルの毒から抽出され, 心臓に対してジギタリス様の効果をもつステロイド》.

buff[1] /bʌ́f/ *n* **1 a** もみ革, バフ (buff leather); もみ革製軍服; [the B-s] 《英国の》 East Kent 連隊. **b** 淡黄褐色, バフ色. **c** バフ《物を磨く[研磨する]のに用いる, 柔らかい布や革で表面をおおった道具[棒, 回転輪]》. **2** [the] 《口》《人間の》素肌, 裸: in *the* ～ 裸で / be stripped to *the* ～ まっ裸になる. **3** 《口》 ファン, …狂, 凝り屋, 通, 専門家, マニア. ► *a* バフで作った; バフ色の; 《口》 すっ裸の; *《口》 体を鍛えてある, 筋骨たくましい《**buffed** /bʌ́ft/, **buffed out** ともいう》. ► *vt* (バフ[もみ革]で)磨く, バフがけする 〈*down, up*〉; 〈革を〉柔軟にする; バフ色[淡黄褐色]に染める. ● ～ **(out)*** 《ティーンエージャー俗》 筋肉をつける, ボディビルをする. ～ **up*** 《口》 《筋力トレーニングなどで》体を鍛える. ～ **(up)*** 《俗》《特に 退院させる前に》病状を実際より良いようにカルテに手心を加えて書く; *《ハリウッド俗》 愛想よくする, 人に取り入る. ♦ **～·able** *a* [C16＝buffalo＜?F *buffle*]

buff[2] *vt* …の力を弱める. ► *vi* 緩衝器のはたらきをする. ► *n* 《古・方》 打つこと, なぐること: BLINDMAN'S BUFF. [imit]

buff[3] *n** 《俗》 BUFFALO.

buf·fa·lo /bʌ́fəlòu/ *n* (*pl* ～(**e**)**s**, ～) **1 a** 〘動〙 スイギュウ (水牛) (water buffalo); 〘動〙 アメリカヤギュウ, (アメリカ)バイソン (＝*bison*) 《北米産》; 〘動〙 アフリカスイギュウ (Cape buffalo). **b** アメリカバイソンの肉《食用》. **c*** BUFFALO ROBE. **2** 〘魚〙 コイに似た北米淡水産の魚 (＝*buffalo fish*)《サッカー科》. **3**‖ バッファロー《1822 年創設の友好慈善団体 Royal Antediluvian Order of Buffaloes の会員》. **4*** 《俗》 太った女, デブ女. ►* 《俗》 *vt* 困惑させる, めんくらわせる, ごまかす (baffle); (虚勢を張って)おどす; だます, 利用する. [Port＜L＜Gk *boubalos* antelope, wild ox]

Buffalo バッファロー《New York 州北西部, Erie 湖東岸の港湾都市; Niagara 川に臨む》. ♦ **Bùf·fa·ló·ni·an** *n*

búffalo bèan 〘植〙 マメ科ゲンゲ属の一種《北米西部産; 花は紫色, さやは食べられる》.

búffalo·bèrry *n* 〘植〙 北米産のグミ《赤い果実は食用》.

Búffalo Bíll バッファロービル《William F. CODY のあだ名》.

búffalo bùg 〘昆〙 ハナマルカツオブシムシ (carpet beetle).

búffalo bùsh 〘植〙 BUFFALOBERRY.

búffalo bùtt* 《俗》 ケツのでかいやつ, でか尻.

búffalo chìps *pl* buffalo などの乾燥牛糞《燃料用》.

búffalo fìsh 〘魚〙 BUFFALO.

búffalo gnàt 〘昆〙 **a** ブユ (blackfly). **b** ノサシバエ (horn fly).

búffalo gòurd 〘植〙 米国中部・南西部の乾燥地産のカボチャ《ペポカボチャに関連する野生種の一つ; 宿根草で, 根は澱粉質に富み, 種子から油を採る》.

búffalo gràss 〘植〙 **a** 米国中部平原の牧草. **b** GRAMA. **c** 《豪》 SAINT AUGUSTINE GRASS

búffalo hèad* 《俗》 5 セント玉.

Búffalo Índian PLAINS INDIAN.

búffalo jùmp バッファロージャンプ《かつて北米のプレーンズインディアンがバイソンの群れを駆りたてて落とした崖; 殺して食料にするため》.

búffalo mòth ハナマルカツオブシムシ (carpet beetle) の幼虫.

búffalo plàid 〘紡〙 バッファロープレード《通例 赤と黒の 2 色の織り糸を交差させて作った大きな格子縞(の布地)》.

búffalo ròbe* バッファローローブ《毛を付けたままの野牛皮のひざ掛け[ラグ]》.

búffalo sóldier 〘米史〙 バッファロー・ソルジャー《南北戦争後に西部で軍務に服した黒人兵 (騎兵・歩兵)》. ★ Bob Marley の同名の曲で歌われている. [Kiowa 語からの翻訳; 黒人の縮れ毛とバッファローの頭部の毛との類似から]

búffalo wèaver 〘鳥〙 ウシ[オニ]ハタオリ《アフリカ産》.

Búffalo wìngs *pl* バッファローウイングズ《鶏の手羽を揚げてスパイスの効いたソースをからめ, セロリの茎を添えブルーチーズのソースをかけて出す料理》. [New York 州 *Buffalo* のレストランから広まった]

búff-brèast·ed sándpiper 〘鳥〙 コモンシギ《北米東部産》.

búff·còat *n* もみ革服, バフコート.

buffed ⇨ BUFF[1] *a.*

búff·er[1] *n* 緩衝器[装置] (bumper); 〘電〙 緩衝増幅器; 緩衝物, 《敵対勢力の間で》盾となる人; 調停者; BUFFER STATE; 緩衝剤, 〘化〙 BUFFER SOLUTION; 〘生態〙 緩衝動物《常食される動物の代替動物》; 〘経〙 破産防止のための準備金[有価証券]; 〘電算〙 バッファー(記憶). ● **hit the ～s**‖ 失敗する. ► *vt* …の buffer としてはたらく, …の衝撃を和らげる; 〘化〙 緩衝剤で処理する, 〈アスピリン〉に制酸薬を調合する; 〘電算〙 〈データを〉一時記憶領域へ移す[入れる], バッファーリングする. [? BUFF[2]]

buffer[2] *n* 磨く道具, 研ぎ棒, バフ車 (buffing wheel), 爪磨き; 《刃物の》研ぎ師, バフ[磨き]工: an electric floor ～. [*buff*[1]]

buffer[3] *n* ‖《口》 やつ (fellow), [°old ～] 愚かな[無能な, 旧式な]老人, じいさん; ‖《俗》 〘海〙 水夫[掌帆]次長. [? ME *buffer*[1] stammerer]

Buf·fer·in /bʌ́fərən/ 〘商標〙 バファリン《鎮痛・解熱剤》. [*buffer*ed asp*irin*]

búffer solùtion 〘化〙 緩衝液.

búffer stàte 緩衝国《敵対する 2 大国間の小国》.

búffer stòck 〘経〙《供給変動に備える》緩衝在庫.

búffer zòne 緩衝地帯; BUFFER STATE; 分離帯.

buf·fet[1] /bʌ́fət/ *n* 《手・こぶしでの》打撃 (blow), 打ちのめすこと; ぶつかる[当たる]もの《風波など》, 《風波・運命などに》もまれること, 虐待;

〖空〗BUFFETING. ► *vt* 《手・こぶしで》打つ, 打ちのめす; 〈波・風などが〉…に繰り返しぶつかる; …と戦う, に抵抗する; 〈波・運命などが人を〉もむ, 翻弄する 〈*about*〉; あちこちへ[次々と]移す 〈*from, to*〉. ► *vi* 〈人が荒波・不運などと〉苦闘する 〈*with*〉; 戦いながら[苦闘しながら]進む 〈*along*〉; 〈飛行機が〉設計速度を超えて震動する. ♦ **～·er** *n* ［OF (dim) < *bufe* blow］

buf·fet[2] /bəféɪ, bu-; búfeɪ/ *n* **1 a** 《軽食を出す》カウンター, テーブル; 《列車内・駅構内の》食堂, 軽食堂, ビュッフェ; ⁑BUFFET CAR. **b** バイキング料理. **c** [〈*a*〉] ビュッフェ式の, バイキング式の: a ～ meal. **2** /, ⁑bʌ́fɪt/ 食器棚 (sideboard); /bʌ́fi(t)/ 《北イング》低いスツール. ［F=stool<?］

Buf·fet /*F* byfɛ/ ビュッフェ **Bernard** ～ (1928–99) 《フランスの画家・彫刻家》.

buffét càr⁑ 軽食堂車, ビュッフェ車.

búffet·ing /bʌ́fət-/ *n* 乱打; 〖空〗バフェッティング (＝*buffet*) 《飛行中の航空機の機体各部に生じた乱気流が尾翼や胴体後部にあたって起こる震動》.

búffing whèel 《革・布などを巻いた, 金属研磨用の》バフ車, 研磨輪 (＝*buff wheel*).

búff lèather 主に牛革の丈夫な柔らかいなめし革.

búf·fle·hèad /bʌ́f(ə)l-/ *n* 〖鳥〗ヒメハジロ (＝*butterball, spirit duck*) 《北米の潜水ガモ》; 《方》愚か者. ♦ **～·ed** *a* 《方》ばかな.

buf·fo /bú:fou/ *n* (*pl* **-fi** /-fi/, **～s**) 《歌劇の》道化役者, ブッフォ. ► *a* 滑稽な, 喜劇的な. ［It］

buf·fo·la /bʌ̀fóulə/ *n**《俗》 BOFFOLA.

Buf·fon /*F* byfɔ̃/ ビュフォン **Georges-Louis Leclerc,** Comte de ～ (1707–88) 《フランスの博物学者》.

buf·foon /bəfú:n/ *n* 道化 (clown); 下卑た冗談を言う者; 粗野[無教養]な人: play the ～ おどける. ► *vi* おどける. ♦ **～·ery** *n* たわけ, おどけ. **～·ism** *n* **～·ish** *a* ［F<It (L *buffo* clown)］

búff stìck 《四角の棒になめし革などを張って指の爪などを磨く》とぎ棒.

búff-tìp (mòth), búff-tìpped mòth 〖昆〗ユーラシア産の大型のシャチホコガの一種 《前翅の先端が淡黄褐色で, 翅を閉じると折れた小枝そっくりに見える》.

búff whèel BUFFING WHEEL.

búffy *a* 淡黄褐色の; *《俗》酔っぱらった.

búffy còat 〖生化〗軟膜 《血液の凝固が遅れるときの上層膜》.

bu·fo·ten·ine /bjù:fəténì:n, -nən/ *n* 〖生化〗ブホテニン 《ヒキガエルなど両生類の皮膚腺分泌液やキノコ・熱帯植物から得られる有毒アルカロイドで, 幻覚作用, 血管収縮作用がある》.

bu·fo·tóxin /bjù:fə-/ *n* 〖薬〗ブホトキシン 《ヒキガエルの一種の皮膚腺から得られる毒素》. ［*bufo-* (BUFO)］

bu·fu /bú:fu/ *n**《学生俗》ホモ, 男色者, おかま. ［*butt fucker*］

bug[1] /bʌ́g/ *n* **1 a** 昆虫 (insect), 虫 《クモ・ムカデなども含む》; ナンキンムシ, ゴキブリ, アタマジラミ 《など》; 〖昆〗半翅目[カメムシ目] (Hemiptera) の昆虫 (＝*true bug*). **b** 《口》微生物, 病原菌, 黴菌(ばいきん). **c** 《口》《感染しやすい軽い》病気: catch [get, pick up] a ～ 《風邪などの》病気にかかる. **2 a** 《機械などの》欠陥, 故障; 〖電算〗誤り, バグ. **b** *《俗》不機嫌, 腹立ち. **3 a** 《俗》防犯ベル; 《口》盗聴器, 隠しマイク; *《俗》電信機のキー 《上下でなく左右に作動する半自動式のもの》. **b** *《俗》小型自動車, フォルクスワーゲン (Beetle); *《俗》月面車; *《俗》ホットロッド(のドライバー). **c** 毛針, 虫針; *《俗》《工場などで使う》大ひしゃく, 大るつぼ; *《俗》《大道商人の商う》安物雑貨, 小物. **d** *《印刷俗》星印, アステリスク 《*》(⇨ 5a), 《出版物などに小さく刷り込む》ユニオンショップマーク, 商標[著作権]記号, シンボルマーク. **4 a** 《口》熱中する人, …の虫, …狂; 《口》(一時的な)熱中, 取りつかれること; 《俗》流行, はやり; *《俗》キじるし, 気違い: a movie ～ 映画狂 / get [have] the SF ～ SF に夢中になる[である]. **b** 偉い人; 《古》偉ぶる人. **c** *《俗》《特に刑務所で》精神科医, カウンセラー. **d** *《学生俗》娘, 女の子. **5** *《俗》**a** 〖競馬〗見習い騎手(に与えられるハンディキャップ 《5 ポンドの重量減》), 勝ったことのない馬 《プログラムの当該騎手[馬]に付される星印 (⇨ 3d) から》. **b** 《トランプ札の》ジョーカー, 《ポーカーで》自由札 (wild card). **6** *《俗》極秘の合図[情報]. ● **be [get] bitten by the…～** 《口》…に熱中する. **～ in (sb's) ear** *《俗》うわさ, ゴシップ, 情報; 妄想. **have a ～ up (one's) ass [nose]** *《卑》妄想をいだいている, ある考えに取りつかれている; *《卑》虫の居所が悪い, おこりっぽい; *《卑》落ちつかない, そわそわしている. **put a ～ in sb's ear** *《口》人にある考えを吹き込んで警告する, それとなく知らせてやる, ほのめかす. ► *v* (**-gg-**) *vt* **1 a** 《口》…に防犯ベル[盗聴器]をつける; 〈人を〉盗聴する; 《口》〈人を〉いらいらさせる, うるさく悩ます, …にしつこく頼む. **b** *《俗》〈人の〉精神鑑定をする, 精神異常[責任能力欠如]と鑑定する. **2** *《俗》〈植物の〉害虫を除く. ► *vi* 動揺する, 落ちつきを失う 〈*out*〉. ● **～ up** ⁑《俗》動揺させる, いらつかせる. ［C17<?］

bug[2] *n* 《廃》悪霊, 鬼, おばけ. ［ME *bugge*<?Welsh *bwg* ghost; cf. BUGBEAR］

bug[3] *vi**《俗》(**-gg-**) [次の成句で]: **～ off** [°*impv*] 立ち去る, 行っちまう. **～ out** 退却[撤退]する, 逃げる 《もと軍俗》; (急いで)去る; あわてふためく, パニックになる; 狂う, おかしくなる; 責任のがれをする, 逃げる 〈*on, of*〉. ［*bugger*[1]］

bug[4]* *v* (**-gg-**) *vi* 《驚いて》〈目の玉が〉飛び出る 〈*out*〉. ► *vt* 〈目を〉みはらせる, 大きく開かせる.

Bug /bú:g/ [the] ブーグ川 《**1**) ウクライナ南西部を南東に流れ, 黒海の Dnieper 入江に注ぐ the Southern ～ **2**) ウクライナ西部に発し, ポーランド中部で Vistula 川に合流する the Western ～》.

bug·a·boo, bug·ga·boo /bʌ́gəbù:/ *n* (*pl* **～s**) 恐ろしい化け物 (bugbear, bogey); 《いわれのない》心配のたね. ［*bugbear* の方言］

bu·ga·loo /bù:gəlú:/ *n, vi* BOOGALOO.

Bu·gan·da /b(j)ugǽndə/ ブガンダ 《19 世紀に現在のウガンダ南東部にあった Ganda 族の王国; ☆Kampala》.

Bu·gat·ti /bugá:ti/ ブガッティ **Ettore Arco Isidoro** ～ (1881–1947) 《イタリアの自動車製造業者》.

búg bàg⁑《俗》寝袋.

búg·bàne *n* 〖植〗サラシナショウマ属の各種多年草 《悪臭のある白花の一種をナンキンムシ除けに用いた; キンポウゲ科》.

búg·bèar *n* 《悪い子を食べてしまう》おばけ, 化け物; いわれなく恐ろしいもの; 悩みのたね, 困り者. ［*bug*[2] bogy］

búg bòy *《俗》見習い騎手.

búg dòctor *《俗》《刑務所の》精神科医.

búg·èye *n* バッグアイ 《Chesapeake 湾でカキ取りなどに用いる 2 本マストの平底のカヌー》.

búg-èyed *a* 出目の (cf. BEM); 目をまるくした, びっくりした.

bugged /bʌ́gd/ 《俗》*a* *頭がおかしい, 精神異常の; おこった, いらいらした; 盗聴器を仕掛けられた. ● **～ up** *《俗》混乱した, めんくらった, 取り乱した, あわてふためいた, 狼狽した. ［*bug*[1]］

bug·ger[1] /bʌ́gər, búg-/ *n* 《俗》BUGGERY をする者 (sodomite); 《俗》げす, 卑劣なやつ; 《俗》[時に親しみをもって] 野郎, やつ 《人間以外にも用いる》; 《俗》いやなこと, 厄介なもの (: be a ～); [a ～; °*neg*] ⁑《俗》ちょっと, 少し; *《俗》鼻くそ. ● **I don't give a ～.** ちっともかまわない, 全く平気. **play silly ～s** 《俗》ばかなまね[困ったこと]をする. ► *vt* **1** 《卑》…と buggery を行なう. **2** 《俗》へとへとにする; ⁑《俗》だいなし[めちゃめちゃ]にする 〈*up*〉; 《俗》DAMN: ～ it [me, etc.]! くそっ, ちきしょう, チョッ / I'll be ～*ed*. これは参った, たまげた / I'll be ～*ed* if I do it. そんなことしてたまるか / *B～ed* if I know…なんか知るか, 知るわけねえ. ● **～ about [around]** ⁑《俗》(*vi*) ばかなふるまいをする, 〈…を〉もてあそぶ; あちこちうろうろする, バタバタ忙しくする, むだをする. (*vt*) 〈人を〉厄介な問題に巻き込む, 困らせる; だいなしにする 〈*with*〉. **～ off** [°*impv*] ⁑《俗》さっと立ち去る, うせる. **B～ this for a lark [a game of soldiers]!** 《口》うんざりだ, もうたくさんだ! ［MDu<OF<L *Bulgarus* Bulgarian heretic］

bugger[2] *n* 《俗》盗聴器を仕掛ける者, 盗聴のプロ. ［*bug*[1]］

búgger àll ⁑《俗》何にもないこと, 皆無 (nothing).

bùgger·átion *n* ⁑《卑》BUGGERY; ⁑《俗》だいなし, 混乱, めちゃくちゃ.

búg·gered 《俗》*a* へとへとになった, へばった; 仰天した, ショックをうけた.

bug·gery /bʌ́gəri, búg-/ *n* 男色(罪), 肛門性交(罪), 獣姦(罪), SODOMY; ⁑《卑》畜生道 (hell), 破滅. ● **Go to ～.** ⁑《卑》行っちまえ. **It's all to ～.** ⁑《卑》めちゃくちゃ[だめ]になった. **like ～** ⁑《卑》非常に激しく[速く, 熱心に], ひどく, むちゃくちゃ; ⁑《卑》決して[絶対]…ない[しない]: Will he do it?—*Like* ～ he will. やるかな?—やるわけねえよ. **Will I ～…!** ⁑《卑》…(する)ものか!

Búg·gins' tùrn⁑ /bʌ́gɪnz-/ 年功序列制. ［*Buggins* 漠然と不特定の人物］

búg·gy[1] *a* 虫だらけの; 〖電算〗〈プログラムなど〉バグのある, バグだらけの; 《俗》気がふれた, ばかな; 《俗》〈目が〉出目の. ［*bug*[1]］

buggy[2] *n*⁑一頭立て軽装二輪馬車; *バギー 《一[二] 頭立て四輪馬車》; *《俗》自動車, 《特に》古い[ぼろい]車; 《特殊な》自動車, バギー (cf. BEACH BUGGY); ベビーカー, バギー (baby buggy) 《箱ベッド型または腰掛け型》; 小型運搬車, カート; *《俗》《鉄道貨物列車の》車掌車 (caboose), 《時に》展望車. ［C18<?］

búggy-whìp *a* *《俗》旧式の, 時代遅れの, 古臭い.

búggy whìp *《俗》ひょろ長い自動車用アンテナ.

búg·hòuse 《俗》*n* *精神病院; ⁑みすぼらしい映画館. ► *a* *気がふれた, ばかげた: a ～ fable ばかげた話[事] / go ～ 頭が変になる, 狂う.

Búghouse Squáre* 歩行者を集めてアジ演説や説教を行なう街角[公園の遊歩道].

búg·hùnt·er *n* 《口》昆虫学者, 昆虫採集家. ♦ **-hùnt·ing** *n*

Bu·gi /bú:gi/, **Bu·gi·nese** /bʌ̀gəní:z, -s/ *n* **a** (*pl* **～, ～s**) ブギス族 《Celebes 島南西部の先住民》. **b** ブギス語.

búg jùice* 《俗》安酒, 粗悪なウイスキー; *《俗》色つきソフトドリンク; *《俗》ガソリン; *《俗》タバコのやに.

bu·gle[1] /bjú:g(ə)l/ *n* 《軍隊などの》らっぱ; 角笛; 《俗》鼻. ► *vt, vi* らっぱを吹く; らっぱを吹いて鳴らす[召集する]; 〈雄の大鹿が〉さかり声を発する. ［ME=buffalo, <L *buculus* young bull (dim) < *bos* ox］

bugle[2] *n* [°*pl*] ビューグル 《ガラス[プラスチック]の管玉; 婦人服に縫いつけて飾りとする》; [〈*a*〉] BUGLED. ［C16<?］

bugle[3] *n* 〖植〗キランソウ属の各種草本, 《特に》セイヨウキランソウ, ヨウシュジュウニヒトエ 《シソ科》. ［L *bugula*］

búgle càll 集合らっぱ(の音).

bú·gled *a* ビューグル装飾の付いた.

búgle hòrn 猟師の角笛, 角らっぱ (bugle).
bú·gler *n* らっぱ手, らっぱ兵.
bú·glet *n* 小らっぱ.
búgle·wèed *n* 〔植〕 **a** シロネ属の各種草本 (＝*water horehound*) (＝**búgle·wòrt**)《薬用になるという; シソ科》. **b** キランソウ (bugle). **c** ムラサキセンダイハギ (wild indigo).
bu·gloss /bjúːglɔ̀(ː)s, -glɑ̀s/ *n* 〔植〕 アンチューサ属[ウシノシタグサ属]などムラサキ科の青い花を咲かせる各種草本. [F or L＜Gk＝ox-tongued]
búg mòney *《俗》 数当て賭博 (policy) で賭けられた金.
bug·ol·o·gy /bʌ̀gɑ́ləʤi/ *n* *虫の研究 (entomology), 生物学 (biology).
bu·gong /búːgɔ̀(ː)ŋ, -gɑ̀ŋ/ *n* BOGONG.
búg·òut *《軍俗》 *n* 退却, 敗走; 敵前逃亡(者), 脱走者; 逃げるやつ, サボり屋.
búg ràke ‖《俗》 くし (comb).
bugs /bʌ́gz/ *n* *《学生俗》 生物学. ► *pred a* *《俗》 (気が)狂って, いかれて (crazy).
Búgs Búnny **1** バッグス・バニー《米国の漫画キャラクターのウサギ; (公式には) 1940 年 Warner Brothers のアニメ映画に初登場; いたずら好きでニンジンが大好物で, ハンターの Elmer Fudd をいつもからかう; 口ぐせは Eh, what's up, Doc?》. **2** [b- b-] ‖《韻俗》 金 (money).
búg·sèed, búg·wèed *n* 〔植〕 カワラヒジキ《アカザ科》.
búg sprày 《口》 虫除けスプレー.
bug·sy /bʌ́gzi/ *a* *《俗》 気が狂って, いかれて (crazy). [*bugs*]
búg tèst *《刑務所俗》 心理テスト, 精神鑑定; 知能検査.
buhl(work) ⇨ BOULLE.
buhr[1] /bɔ́ːr/ *n* BUHRSTONE.
buhr[2] *n* 《金属の》 ばり (burr).
búhr·stòne *n* 〔岩石〕 ブーアストン《石臼に用いられる珪質岩》; ブーアストンの石臼.
bu·i·bui /búɪbúɪ/ *n* ブイブイ《アフリカ東岸地方で, イスラム教徒の婦人がショールとして用いる黒い布》. [Swahili]
Bu·ick /bjúːɪk/ *n* **1** ビュイック《米国製の自動車; 現在は GM の Buick Motor 部門が作る》. **2** [b-] 《俗》 嘔吐, ゲロ. ► *vi* [b-] 《俗》 ゲロを吐く. [David D. *Buick* (1854–1929) 米国の自動車製作者]
build /bíld/ *v* (**built** /bílt/, 《古・詩・方》 **~·ed**) *vt* **1 a** 建てる, 建造[建設]する, 築く, 造る《通例 家・橋・船・鉄道・道路など大きなものに用いる, 小さいものには 'make'》: be *built* up of...でできている. **b** 築き上げる, 樹立[確立]する; 〈議論を〉(うち)立てる; 〈火を〉おこす; 〈料理などを〉作る; 〈服を〉仕立てる; 創作[創出]する. **2** 《ゲームで》 文字で〈単語〉をつくる; *《俗》 カモに仕立てる; *《俗》 誇張する, 予言する, でっちあげる. ► *vi* **1** 家などを建てる; 建築[建設]業に従事する; 〈鳥が〉巣を作る. **2** 拡大[増大]する, 〈関心などが〉高まる, 進展する; 〈雲が〉わき立つ, 〈風などが〉強まる; 〈ゲームが〉盛り上がる: Controversy is *~ing over*...をめぐる議論が高まっている. ● **be ~ing** 〈家などが〉建築[建設]中である《His house is being built. のほうが正式》. **be built [made] that way** [°*neg*] 《人間が》 そんなふうにできている, そういう人柄[性格]だ. **~(...)around...** [°*pass*] ...を中心に造る; 〈事を〉〈考え・事実などに〉基づかせる. **~ down (1)** 徐々に削減する, 計画的に廃棄する. **(2)** 〈交通量が〉減少する. **~ in** [°*pass*] 〈戸棚などを〉組み入れる, 作り付けにする; 〈条件・特質などを〉組み込む, 盛り込む; 〈人を〉組織[計画]に加える; 建物で囲む. **~...into...** [°*pass*] 〈壁など〉に〈戸棚などを〉組み入れる; 〈契約など〉に〈条件などを〉組み込む. **~(...)on (1)** 〈希望・議論などを〉...に基づかせる; 〈成果など〉をもとに事を進める; ...をあてにする: ~ one's hopes *on* 〈事・人〉に望みをかける. **(2)** 〈...に〉...の建て増しをする 〈*to*〉. **~ out** 建て増す, 増築する 〈*onto*〉. **~ over** 〈土地を〉建物でふさぐ. **~ round** 建物で囲む. **~ up** (*vt*) 建物で囲む; 〈地域を〉建物でふさぐ (⇨ BUILT-UP); 〈資金・兵力などを〉〈...になるまで〉集める, 増やす 〈*to*〉; 〈圧力・抵抗などを〉強める 〈*to*〉; 〈富・事業・名声・人格などを〉築き上げる, 確立する; 改造する; 更新[復興]する, 〈健康・体力などを〉増進する, 〈体格を〉鍛え上げる; 〈スターなどを〉養成する; 《新製品・新人などを売り出す前に》 宣伝する, 売り込む 〈*into*〉; 《口》 持ち上げる, ほめそやす; 〈チームなど〉の士気を高める; 《...に備えて》 〈人〉に〈心の〉準備をさせる 〈*for*〉. (*vi*) 積み重なる, 蓄積する, 高まる, 強まる, 増大する, 発達する 〈*to*〉; 〈交通などが〉渋滞を起こす; 〈感情が〉つのる, 鬱積する; 次第に(大きくなって)...になる 〈*to*〉; 〈人が〉〈ある話[行動]のために〉徐々に準備(工作)をする 〈*to*〉. **~ (up) into...** 〈素材を〉...に作り上げる; 《まとまって》 ...になる[仕上がる].
► *n* 造り, 構造; 体格, からだつき; 《クライマックスへ向かう》 盛り上がり; *《俗》 収益が増えつづけているショー; *《俗》 カモに仕立てること: a man of sturdy ~.
[OE *byldan* (*bold* dwelling place); cf. BOWER[1], BOOTH]
búild·able *a* 建築に適した, 建築[建設]可能な〈土地など〉.
búild-dòwn *n* 〔軍〕 ビルドダウン《新しい兵器を一つ導入するたびに旧型兵器をいくつか廃棄する方式の軍備縮小》. [(核)戦力の build-up (質的な増強) をはかりながら兵器の数量の削減を目指すところから]
búild·er *n* **1** 建築(業)者, 建設業者, 施工者, 建造者, 工務店, ビルダー; *《俗》 コック (stewbuilder): a master ~ 《大工の》 棟梁. **2** 増進する人[もの]; 《洗浄剤・石鹸などに加える効力増進用》 研磨剤, ビルダー.
búilder's knòt 〔海〕 巻結び (clove hitch).
búilders' mèrchant ‖ 建築[建設]資材業者.
búild·er-ùpper *n* *《俗》 強化するもの, 《評価・自信などを》 高めるもの.
búild·ing *n* **1** 建築物, 建造物, 建物, 営造物, ビルディング; [*pl*] 付属建造物《納屋・うまやなど》. **2** 建てる[築く]こと, 建築, 建造, 構築: a ~ contractor 建築請負人 / a ~ area 建築面積, 建坪.
búilding and lóan association 〔米〕 建築貸付組合《SAVINGS AND LOAN ASSOCIATION の旧称》.
búilding blòck 建築用ブロック; 《複雑なものを構成する》 構成単位[要素]; 《おもちゃの》 積み木.
búilding còde 〔建・土木〕 建築(基準)法規.
búilding còntractor 建設[建築]請負業者, 建設[建築]業者 (builder).
búilding lèase 建築敷地の賃貸借(期限).
búilding lìne 《建築物の位置を規制する》 建築線.
búilding pàper 〔建〕 《壁・屋根・床などの下に張る》 防水紙, 建材用紙.
búilding sìckness 〔医〕 SICK BUILDING SYNDROME.
búilding sìte 建設用地, 建設地, 建設現場.
búilding socìety 〔英〕 住宅金融組合《米国の貯蓄貸付組合 (savings and loan association) に相当する金融機関; 組合員から受け入れた資金を原資として住宅購入・改良のための抵当融資を行なってきたが, 1986 年の法改正により多くは銀行に転換した》.
búilding tràdes *pl* 建築業, 建築諸職《大工職・煉瓦職・鉛管職など》.
búild·ùp *n* **1** 増強, 強化, 増大; 蓄積, 集積, 高まり; 《物質の》 付着, 沈着; 兵力増強, 部隊の結集, 《作戦要員の》 集合: a military ~ 軍事増強. **2** 《新製品・新人などの》 前宣伝, 事前の売込み, 事前 PR, 前評判の高まり; 準備, 予備工作; 元気づけ, 励まし; 《劇の内容を盛り上げる》 筋: give sb a ~ 宣伝で人の評判を高める.
built /bílt/ *v* BUILD の過去・過去分詞. ► *a* 組立ての; 〔海〕 組み合わせた, 寄せ木の; [*compd*] ...で製造された, ...製の (: American-~ cars); 《口》 しっかりした[がんじょうな]造りの; 《口》 姿の美しい, いい体をした, グラマーな; [*compd*] からだつきが...の. ● **~ like a brick outhouse [shithouse]** 《俗》 がっしりした, いい体をした.
búilt cáne 〔釣〕 SPLIT CANE.
búilt envíronment [the] 構築環境《自然環境に対して, 人の手によるすべての建造物》.
búilt-ín *a* はめ込みの, 作り付けの〈書棚など〉, 組み込まれた, 内蔵の〈アンプ〉; そなわった, 生まれつきの〈性格〉; すでに確立された: the ~ stabilizer 〔経〕 自動安定装置, ビルトインスタビライザー / a ~ swimming pool 地面に掘り込まれたプール. ► *n* 作り付けの備品[家具, 《豪》 戸棚]; 《商品などに付いている》 付属品, 込みの性能[サービス].
búilt-ìn fónt 〔電算〕 《プリンターの》 内蔵フォント (＝*resident font*).
búilt-ìn fúnction 〔電算〕 組込み関数《スプレッドシートプログラムにあらかじめ登録されている関数》.
búilt-úp *a* **1** 組み立てた, 盛り上げた, 層を重ねて作った, 積層の, 補強してより丈夫にした: a ~ heel 《革などを何層にも積み上げた》 積み上げヒール, ビルトアップヒール / a ~ neckline 《首に沿って立ち上がった》 ビルトアップネックライン, ハイネック. **2** 〈地域が〉建て込んだ: a ~ area (既成)市街地.
buird·ly /búər(d)li/ *a* 《スコ》 がっしりした (sturdy).
Bu·is·son /*F* bɥisɔ̃/ ビュイッソン **Ferdinand-Édouard ~** (1841–1932) 《フランスの教育学者・政治家; ノーベル平和賞 (1927)》.
buist /býst/ 《スコ》 *n* 箱; 塗剤箱《羊用》; 《羊・牛などの》 所有主マーク. ► *vt* 〈羊・牛〉に所有主マークをつける.
Bui·ten·zorg /báɪtnzɔ̀ːrg/ ボイテンゾルフ《BOGOR の旧称》.
Bu·jum·bu·ra /bùːʤəmbúərə/ ブジュンブラ《ブルンジの首都; Tanganyika 湖岸の港町; 旧称 Usumbura》.
Bu·ka /búːkə/ ブーカ《Solomon 諸島の Bougainville 島の北にある島; パプアニューギニア領》.
Bu·ka·vu /bukɑ́ːvu/ ブカヴ《コンゴ民主共和国東部 Kivu 湖の南西岸にある市; 旧称 Costermansville》.
Bu·kha·ra /bukɑ́ːrə, -kǽrə, -hɑ́ː-, -hǽrə/, **Bu·kho·ro** /bukɔ́ːrə/, **Bo·kha·ra** /boukɑ́ːrə/ **1** ブハラ, ボハラ **(1)** 中央アジア, ウズベキスタン南東部の市 **2)** 16 世紀初頭に始まるブハラを中心としたイスラム国家》. **2** BUKHARA RUG. ♦ **Bu·khá·ran, Bo-** *a, n* ブハラ[ボハラ](人)の; ブハラ[ボハラ]人.
Bukhára rùg ブハラ[ボハラ]じゅうたん《黄褐色あるいは赤色の地にさまざまな八角形の模様を施したトゥルクメンじゅうたん》.
Bu·kha·rin /buxɑ́ːrən/ ブハーリン **Nikolay Ivanovich ~** (1888–1938) 《ソ連共産党の指導者; コミンテルン書記長 (1926–29); 党機関紙 *Pravda*, 政府機関紙 *Izvestiya* の編集長を歴任; Stalin により粛清された》.
Bu·ko·vi·na, Bu·co- /bùːkəvíːnə/ ブコヴィナ《ヨーロッパ中東部, カルパティア山脈東部の丘陵地帯; 北部はウクライナ, 南部はルーマニア領》.
Bu·kow·ski /bjukáuski; -kɔ́f-, -káu-/ ブコフスキー **Charles ~** (1920–94) 《ドイツ生まれの米国の詩人・作家; アルコール中毒者・娼婦・できごころによる犯罪などを素材にした前衛的な作家》.

Bul /bú:l/ *n* ブール《古代ヘブライ暦の第 8 月; のちの HESHVAN に相当》. [Heb]

Bu·la·wayo /bù:lɑ:wɑ́:joʊ, búləwéɪoʊ/ ブラワヨ《ジンバブウェ南西部の市》.

bulb /bʌ́lb/ *n* **1**《広く》球根,〘植〙《ユリ・ネギなどの》鱗茎, 球茎 (cf. CORM); 球根植物. **2** 球, 球状のもの; 球状部, ガラス玉, 電球, 真空管, バルブ;《温度計などの》球; スポイトのゴム;〘解〙球 (: the ～ of a hair 毛球), 延髄 (=～ of the spinal cord);〘写〙バルブ《ボタンを押している間, シャッターが開放状態で放すと閉じるカメラ機構》;〘海〙BULBOUS BOW. **3***《俗》うすらばか, ぼんくら (dim bulb). ► *vi* 球根をなす, 球根状にふくらむ: ～ up〈キャベツなど〉結球する. ♦ **～ed** *a* BULBOUS. [L<Gk=onion]

bul·ba·ceous /bʌlbéɪʃəs/ *a* 球根[球茎] (bulb) (状) の;〘植〙球根性の.

bul·bar /bʌ́lbər, *-bɑ̀:r/ *a*〘植〙球根の, 鱗茎の;〘解〙球の, 延髄の.

búlb flỳ〘昆〙幼虫が球根を食害するハナアブ,《特に》スイセンハナアブ.

bul·bif·er·ous /bʌlbíf(ə)rəs/ *a*〘植〙球根[鱗茎]を生ずる.

búlb·i·fòrm /bʌ́lbə-/ *a* 球根状の.

bul·bil /bʌ́lbəl, -bɪ̀l/, **bul·bel** /bʌ́lbəl, -bɛ̀l/ *n* **1**〘植〙肉芽, 珠芽(しゅが), 鱗芽, 小鱗茎, むかご (=*bulblet*)《ヤマノイモ・オニユリなどの葉腋(ようえき)にある無性芽で, これで繁殖する》;《球根のわきにできる》側球. **2**〘菌〙小型菌核《ある種の菌がつくる菌核に似た菌糸細胞の丸い塊り》.

búlb·let *n*〘植〙BULBIL.

búlb mìte〘動〙ネダニ《球根に穴をあける害虫》.

bul·bo·cav·er·no·sus /bʌ̀lboʊkævərnóʊsəs/ *n* (*pl* **-si** /-sàɪ, -si:/)〘解〙球海綿体筋.

bul·bo·spon·gi·ó·sus múscle /bʌ̀lboʊspʌ̀nʤióʊsəs-, -spɑ̀n-/ BULBOCAVERNOSUS.

bùlbo·uréthral glánd〘解〙尿道球腺 (Cowper's gland).

bul·bous /bʌ́lbəs/ *a* 球根[球茎]の; 球根から育つ[をつける]; 球根状の, ふくれた: a ～ nose だんご鼻. ♦ **～·ly** *adv*

búlbous bów /-báʊ/〘海〙球状船首.

bul·bul /búlbʊ̀l/ *n*〘鳥〙ブルブル《ペルシアの詩にしばしばうたわれた鳴鳥; ナイチンゲールと考えられている》; 歌手, 詩人;〘鳥〙ヒヨドリ科の各種の鳥《アジア・アフリカ産》. [Pers<Arab]

Bulg. Bulgaria(n).

Bul·ga·kov /bulgɑ́:kəf/ ブルガーコフ **Mikhail Afanasyevich** ～ (1891–1940)《ソ連の作家・劇作家; 1960 年代まで作品の大半が発禁となっていた; 代表作『巨匠とマルガリータ』(1966–67 年出版)》.

Bul·ga·nin /bulgǽnən/ ブルガーニン **Nikolay Aleksandrovich** ～ (1895–1975)《ソ連の政治家; 首相 (1955–58)》.

bulgar ⇨ BULGUR.

Bul·gar /bʌ́lgɑ̀:r, búl-/ *n*, *a* BULGARIAN; ブルガール人《東欧南部にいたチュルク系の遊牧民; その一派が 7 世紀に現在のブルガリアの基礎を築いた》.

Bul·gar·ia /bʌlgέəriə, bùl-/ ブルガリア《ヨーロッパ南東部の国; 公式名 Republic of ～ (ブルガリア共和国); ☆Sofia》.

Bul·gár·i·an *a* ブルガリア(人)の; ブルガリア語の. ► *n* ブルガリア人; ブルガリア語《南スラヴ語の一つ》.

bulge /bʌ́lʤ/ *n* **1**《樽などの》胴; ふくらみ;《船側外板の外側に設けた》膨出部, ふくれ出し, バルジ (bilge)《船体を防護し安定性を増す》;〘軍〙《戦線の》突出部 (salient); *《俗》《尻・腹・胸など》肥満を示す出っ張り, 脂肪, 贅肉(ぜいにく): the ～ keel《船の》中腹. **2** ふくれあがり, 膨張, 隆起; [*fig*]《数・量・出生率の》一時的増加;《俗》有利, 優勢, リード. ● **get** [**have**] **the ～ on**…《俗》…を負かす, …にまさる. ► *vi*, *vt* ふくれる, ふくらむ (swell)〈*out*〉; 突き出る, はみ出る, 隆起する, ふくらませる; 盛り上がらせる; 満ちて[詰まって]いる〈*with*〉;《古》湾曲部[船底]に漏れ口をつくる (bilge): *bulging* eyes 出目. ● **～ at the** SEAMS. ♦ **búlg·ing·ly** *adv* [OF<L *bulga* bag; cf. BUDGET]

Bulge ■ the **Báttle of the ～** **1** バルジの戦い《第二次大戦最後のドイツ軍の大反攻 (1944); 連合軍がベルギー北東部に追い詰められた; ドイツ軍は 1945 年 1 月までに退却》. **2** [*joc*] 肥満との戦い. [ドイツ軍西部戦線が一時的に大きく突出したことによる呼称]

bulg·er /bʌ́lʤər/ *n*〘ゴルフ〙バルジャー《凸面の wood のクラブ》.

bul·gur, -ghur, -gar /bʌ́lgər, búl-/ *n* ブルグル (=～ **whèat**)《トルコおよびその周辺地域の, 小麦を湯がいてから乾燥させて粗挽きした食品》. [Turk]

bulgy /bʌ́lʤi/ *a* ふくらんだ, 隆起した. ♦ **búlg·i·ness** *n* [*bulge*]

-bu·lia /bjú:liə/ *n comb form*〘医〙「意欲の(…な)状態」: hyper*bulia* 過剰意欲. [NL (Gk *boulē* will)]

bu·lim·a·rex·ia /bjulɪ̀mərέksiə/ *n*〘医〙過食無食症《病的飢餓と食欲不振を交互に繰り返す精神障害》. ♦ **bu·lìm·a·réx·ic** *a* [*bulimia*, *-a-*+*anorexia*]

bu·lim·ia /b(j)ulí:miə, -lím-/ *n*〘医〙食欲異常亢進, 大食, 過食(症); BULIMIA NERVOSA; 異常な読書欲. ♦ **bu·lím·ic** *a*, *n*

bulímia ner·vó·sa /-nərvóʊsə/〘精神医〙神経性食欲亢進(症), 神経性過食症.

bulk[1] /bʌ́lk/ *n* **1** 大きさ, 体積, かさ;《本の, 表紙を除いた》厚み, 束(つか); 大量; [the] 大部分, 大半, 大多数; 体 (body), 体軀,《特に》巨体; 大きなもの[塊り, 姿]: *the* ～ *of* his debt 彼の負債の大部分. **2** 食物繊維, 繊維食物 (FIBER). **3** 船倉; ばら荷, 積荷 (cargo). ● **break ～** 積荷を降ろし始める. **in ～** (**1**)〈穀類など〉ばらで, ばら荷の: load *in* ～ ばらで積む / laden *in* ～ ばら積みで. (**2**) 大量に: sell *in* ～ (船倉にあるまま)まとめて売る. ► *a* ばらの, ばらになっている物の, ばら荷を扱う, 全部の, 大量の: ～ order 大量注文 / ～ section《食料品店などの》はかり売り[ばら売り]コーナー. ► *vi*, *vt*〈金額などが〉かさばる, ふくれる〈*up*〉; ふくらませる〈*out*〉; まとめる, 集める, 混ぜる; まとまる, 塊りになる; 山と積む;〈品物を〉かさばって見えるようにする〈*up*〉, 大きさが…である[に達する];〈紙・厚紙・糸などが〉《一定重量に対して》…のかさがある[になる], …の厚さがある[になる];《船荷の》容積を評価する[確かめる]. ● **～ large** [**small**] 大きく[小さく]見える, 重要らしい[らしくない]〈*in*〉. **～ up**《規模・重要性など》大きくなる[する];《筋肉がついて》大きくなる, 重くなる; 大きく[たいそうなものに]見せる. ['cargo' の意は<OIcel; 'mass' などの意は *bouk* (obs) belly の変形か (cf. BUCK[4])]

bulk[2] *n*《古》建築の張出し部分,《商店の前の》張出し売場, 張出し台 (stall). [?ON *bálkr* partition]

búlk búy clùbᴮ 共同購入の会, まとめ買いクラブ.

búlk búying 大量買付け, 一括購入《通例 割引価格での》. ♦ **búlk-búy** *vt*, *vi*

búlk càrrier〘海〙ばら積み貨物船, バルクキャリヤー (=*bulker*)《穀物・石炭などの貨物を包装せずにそのまま運送できる単層船》.

búlk·er *n*《口》BULK CARRIER.

búlk·hèad /, bʌ́lkɛ̀d/ *n*《船・航空機の中の》隔壁;《水・火などの》防護壁, 遮断壁, 防水壁; 護岸; *《地下階段口の》開き戸,《階段の頭・エレベーターの垂直空間上部などの》箱状建造物《おおい・屋根・天窓などの役目をなす》. ♦ **～·ed** *a*

búlk·ing *n* かさの増大, かさ増し《特に 掘り出された土砂の量が, できた穴の容積より大きくなること》.

búlk máil* 多量の同一印刷物の局払い料金割引郵便.

búlk módulus〘理〙体積弾性率.

búlk prodùction* 大量生産.

búlk stràin〘理〙体積ひずみ.

búlky *a* かさのある, かさばった, かさ高な, 分厚い; 太った, 巨体の; 巨大な, 扱いにくい;〈織物などが〉厚い,〈糸などが〉太い (thick), かさ高加工した;〈衣類が〉弾力性のある厚い織地[太い糸]の, かさ高な, バルキーな. ♦ **búlk·i·ly** *adv* **-i·ness** *n*

bull[1] /búl/ *n* **1 a**《去勢してない》雄牛 (cf. BULLOCK, OX)《TAURINE *a*》; [the B-]〘天〙おうし座 (牡牛座), 金牛宮 (Taurus): The ～ must be taken by the horns.《諺》牛と闘うには角をつかめ《恐るべき者に対するにはまともにぶつかるほうがかえってよい》/ HUNG like a ～. **b**《巨獣の》雄 (opp. *cow*);《飼いならされた》象;《牽引用の》去勢牛; BULLDOG, BULL TERRIER: a ～ whale=a whale-～ 雄鯨. **2 a**《大きさ・強さなどに関して》雄牛のような男; *《俗》機関車;《証券・商品取引などで》買方, 強気筋 (opp. *bear*); *《俗》おまわり, 刑事, ポリ公, サツ, デカ, 看守; *《俗》頭目, かしら, 親分, 親方, ボス (boss);《俗》BULL DYKE. **b** [B-] JOHN BULL. **3 a** 金的 (bull's-eye); *《俗》《トランプの》エース; *《俗》ブルダラム (Bull Durham)《刻みタバコの人気ブランド》. **b** [bullshit の *euph*]《俗》大口, ほら;《俗》うそっぱち, でたらめ;《俗》たわごと, ばかげたこと[仕事]; ᴮ《軍俗》くそまじめに磨く[働く]こと, 無用の規律. ● **a ～ and cow**《韻俗》《特に 夫婦の》口げんか, いがみ合い, 犬食わず (row). **a ～ in a china shop** はた迷惑の乱暴者,《微妙な時に》計画[話など]をぶちこわしてしまう者. **full of ～** *《俗》間違って, うそだらけの, 大げさな, ほら吹きの. **like a ～ at a** (**five-barred**) **gate** 猛烈に〈攻める, 突進する〉. **put the ～ on**…《俗》…に圧力をかける, …を締めつける, …に居丈高になる. **score a ～**=hit the BULL'S-EYE. **shoot** [**sling, throw, fling**] **the ～**《俗》たわいもない事を言う, ベラベラしゃべる, 雑談する, だぼらを吹く. **spread the ～**《俗》自慢話をする, だぼらを吹く. **take** [**seize**] **the ～ by the horns** 恐れずに[敢然と]難局に当たる. **the ～ of the woods** *《俗》重要人物, 偉ぶるやつ.

► *a* 雄の; 雄牛の(ような); 大型の; *《俗》強力な;〘証券〙買方の, 強気の: BULL MARKET.

► *vi*, *vt* **1** 押し進む; …に対し乱暴にする: ～ ahead 前方へ進む / ～ one's way 反対を押し切って進む. **2**〈雌牛が〉さかりがつく, 雄牛を受け入れる;〈雌牛〉に種付けする;《俗》〈女〉と性交する. **3**〘証券〙買いあおる,《高価になるよう》〈株・市場〉の操作をする. **4***《口》…にはったりをかける; 大口をたたく, ほらを吹く, 自慢をする; かつぐ; ᴮ《軍俗》〈靴・装備など〉に磨きをかける.

[ON *boli*]

bull[2] *n*〘カト〙《ローマ教皇の》大勅書, 公開勅書 (cf. BRIEF); 教皇大勅書の封印 (bulla); 布告, 勅令. [OF<L BULLA]

bull[3] *n* もっともらしいが不合理なことば (=*Irish bull*). [C17<?]

bull[4] *n* 空(から)になった酒樽に水を注いで作った飲み物. [C19<?]

Bull ブル **Ole** /óʊlə/ **Bornemann** ～ (1810–80)《ノルウェーのヴァイオリン奏者》.

bull. bulletin.

bul·la /búlə/ *n* (*pl* **bul·lae** /-lì:, -làɪ/) **1** 公文書用封印,《特に》教皇大勅書 (bull) の封印, ブッラ《円盤形の鉛の封印》. **2**《古代ローマ人の》首からつるした小箱《魔除けなどを入れた》,《広くローマ人の服などの》ペンダント様の飾り. **3**〘医〙ブラ, 気腫性[肺胞内]嚢胞, 水疱;〘動〙骨胞《動物の骨にみられる水泡状の突起》. [L=bubble, boss]

bul·lace /búləs/ *n* 〔植〕ドメスチカスモモ, ヨーロッパスモモ. ［OF＜Romanic＝sloe］

Bul·la·ma·kan·ka /bùləməkǽŋkə/ *n* 《豪》《想像上の》遠くにある町, どこか奥地にある町. ［ピジン *bulla macow* bully beef からの造語か］

búll ànt BULLDOG ANT.

bul·late /búlèɪt, -ət, bʌ́l-/ *a* 〔解・動・植〕水疱様突起のある, 水疱様に突起した. ［L *bulla* bubble］

búll·bàit·ing *n* 牛攻め, 牛いじめ《昔の英国で犬をけしかけて牛を殺した残酷な見世物》.

búll bàr ブルバー《衝突による破損防止のために自動車の前部に取り付ける金属製の格子》.

búll·bàt *n* 〔鳥〕アメリカヨタカ (nighthawk).

búll bày 〔植〕タイサンボク (evergreen magnolia).

búll bìtch ブルドッグの雌; 《俗》男みたいな女.

búll blòck ブルブロック《針金をダイスを通して引き抜きながらドラムに巻き取る機械》.

búll·bòat*n* 牛皮舟, 皮舟.

búll·brìer *n* 〔植〕アメリカ産のユリ科シオデ属の各種の草本《かつてはインディアンの食用》.

búll·càlfᴵᴵ *n* 雄子牛; まぬけ.

búll còok*《俗》《牧場・きこりのキャンプなどの》雑用係, 手伝い, 料理人(助手).

búll·dag·ger /-dæ̀gər/ *n**《俗》BULL DYKE.

búll dànce 男だけのパーティー (stag party).

bull dike ⇨ BULL DYKE.

búll·dòg *n* 〔犬〕ブルドッグ《もとは bullbaiting 用につくられた; 英国あるいはイングランドの象徴として用いられることがある》; 勇敢で粘り強い人物, 不屈の人; 《口》《Oxford, Cambridge 大学の》学生監補佐; 《俗》短銃身のピストル; BULLDOG CLIP; *《新聞の》早朝版 (bulldog edition). ► *a* ブルドッグのような, 勇猛で粘り強い: the ～ breed ブルドッグ人種, 英国人《俗称; cf. JOHN BULL》. ► *vt* 勇猛に行動[攻撃]する; *《焼き印をおすためなどに》〈牛を〉角をつかみ首をひねって倒す; *《俗》大げさに言う. ♦ **búll·dòg·ger** *n* **-dòg·ging** *n*

búlldog ànt 《豪》〔昆〕ブルドッグアリ, ギハハアリ (＝*soldier ant*)《ギハハアリ属の強力な針をもつ危険なアリ; 体長 2.5 cm》.

búlldog bònd 〔証券〕ブルドッグボンド《英国の債券市場において, 国際機関や外国の政府・企業がポンド建てで発行する債券》.

búlldog clìp 〔英商標〕ブルドッグクリップ《強力な紙ばさみ》.

Búlldog Drúm·mond /-drʌ́mənd/ ブルドッグ・ドラモンド《英国の大衆作家 Sapper の戦争小説に出る英国の軍人上がりの愛国的ヒーローで, 敵方スパイと戦う》.

búlldog edìtion* 新聞の早朝版《遠隔地向け》.

búll·doze /búldòuz/ *vt* ブルドーザーでならす[片付ける]; 〈法案・提言などを〉強引に通す 〈*through*〉; 《口》おどしつける, ごり押し[無理強い]する: ～ sb *into* doing 有無を言わせず人に…させる. ► *vi* ブルドーザーを運転する; 《ブルドーザーのように》押し進む, 強引に前進する 〈*into, through*〉; 《口》おどしをやる.

búll·dòz·er *n* ブルドーザー; ブルドーザー前部の鉄鋼板, ブレード; 《口》ブルドーザーを動かす人; 《口》威嚇者; *《俗》連発ピストル (revolver).

búll·dùst 《豪》*n* 《奥地の》細かいほこり; [*euph*] BULLSHIT.

bull dỳke, búll dìke*《俗》[°*derog*] 男役のレズ, しゃぐま《特に荒っぽいイメージのレズをいう》.

búll·er *n*ᴵᴵ《俗》《Oxford, Cambridge 大学の》学生監補佐 (bulldog).

bul·let /búlət/ *n* **1** 銃弾, 弾丸; 《広く》弾薬筒 (cartridge): take a ～ 撃たれる, 弾を受ける. **2** 弾丸状のもの. **a**〔印〕《箇条書きの頭などに置く》太い中黒 (＝*bullet point, centerd dot*)《•》; 小球; [*pl*] *《俗》《堅い》豆; 《薬の》カプセル; 《釣糸の》おもり (plumb); *《俗》リベット, 鋲. **b**〔野〕速球, 弾丸ライナー, 〔テニス〕強打, 〔アメフト〕強いパス; 《スケートボード俗》弾丸滑降(姿勢); *《俗》ヒットチャートを急上昇中のディスク. **c**〔米政治〕全部同一政党に投じられた速記投票; *《俗》《トランプの》エース; *《警察俗》禁固一年の刑. ● **bite (on) the ～** 歯を食いしばって耐える《もと野戦での麻酔なしの手術時の慣習から》. **dodge a [the] ～***《口》かろうじて惨事を免れる. **get [give] the ～** 《口》首になる[する]. **like a ～ out of [from] a gun** 《口》猛烈なスピードで, すぐに. **out of ～s** 《撃ちつくして》銃弾がなくなって; 打つ手がなくなって, 万策尽きて. **shit ～s***《卑》SWEAT BULLETS. **sweat ～s***《俗》びくびくする, 冷や汗をかく; *《俗》汗水たらして働く, しゃかりきになる. ► *vi* 飛ぶように進む. ● **～ up***《俗》ヒットチャートを急上昇する. ♦ **～·ed** *a* 弾丸状の; 銃弾のはいった. ［F(dim)＜*boule* ball＜L *bulla* bubble］

búllet bàit*《俗》弾丸のえじき《若い兵士など》.

búllet bìter*《俗》ひどくつらい[やっかいな]こと[状況].

búllet·hèad *n* 丸頭(の人); 《口》ばか者, 頑固者. ♦ **～·ed** *a* 小さくて丸い頭の.

bul·le·tin /búlətn, -tən/ *n* 告示, 掲示; 報告, 公報, 会報, ニューズレター; 学会誌, 紀要; 短いニュース, 速報; 戦況報告; 《病人の》容態書; 小新聞; 《ニュース・天気予報などの》定時放送. ► *vt* 告示[掲示]する; bulletin で知らせる. ［F＜It (dim)＜BULL²］

búlletin bòard*掲示板 (notice boardᴵᴵ); 〔電算〕ELECTRONIC BULLETIN BOARD.

búllet lòan 満期一括返済融資, 一括返済ローン《返済期限前に元本の分割返済を行なわない融資》.

búllet pòint 太い中黒 (⇨ BULLET)(で示された箇条書きの各項目).

búllet·pròof *a* 防弾の; 《口》失敗のない, 完璧な, 非の打ちどころのない〈システム・予算など〉; 無敵の: a ～ jacket [vest] 防弾服[チョッキ]. ► *vt* 防弾にする.

búllet-stòpper *n**《俗》海兵隊員.

búllet tràin 弾丸列車, 《日本の》新幹線.

búllet·wòod *n* バラタ(ノキ) (bully tree) の材; 〔植〕バラタ(ノキ) (bully tree).

búll·fèst *n**《俗》集まって雑談をすること, 雑談が中心の討論会, BULL SESSION. ［*songfest* にならったもの; 多くの bullshit が飛び交うことから］

bull fíddle*《口》DOUBLE BASS. ♦ **búll fíddler** *n*

búll·fìght *n* 闘牛. ♦ **～·er** *n* 闘牛士; *《俗》(からっぽの)貨車. **～·ing** *n* 闘牛.

búll·fìnch¹ *n* 〔鳥〕ウソ《ユーラシア産; 頭の上と尾は黒, 背は灰色で, 雄は胸が赤い》, 《広く》ウソ属の各種小鳥《アトリ科》.

búll·fìnch² *n* 《側に溝のある》高い生垣; ᴵᴵ〔馬〕騎乗した馬が飛越(ひえつ)できないほど高くて厚い障害物.

búll·fròg *n* **1**〔動〕ウシガエル, 食用ガエル《北米原産》. **2***《俗》男のヒッチハイカー.

búll gùn 標的重速ライフル銃.

búll·hèad *n* **1** 頭の大きい魚《ナマズ・カジカなど》. **2** ばか者, 頑固者, わからず屋, 石頭; *《俗》車掌; *《古俗》5 セント, ニッケル貨.

búll·héad·ed *a* 頑固な, 強情な, わからず屋の; ばかな. ♦ **～·ly** *adv* **～·ness** *n*

búll hèader 〔建〕隅丸煉瓦.

búll·hòckey *n**《俗》BULLSHIT.

búll·hòrn *n* 携帯拡声器, ハンドマイク; 軍艦の拡声器. ► *vt**スピーカーで演説する[言う]; [*fig*] 声高に言う.

Bul·li /búlàɪ/ *n* 《豪》クリケットの 2 つのウィケット (wicket) 間に用いる土. ［New South Wales 州南岸の町］

bul·lion /búljən/ *n* 金塊, 銀塊, 金[銀]地金, なまこ, ブリオン; 《広く》地金; BULLION FRINGE; ブリオンレース《金糸または金銀糸のコードで作った刺繡[レース]》. ［AF＝mint (OF *bouillon* の変形; cf. BOIL¹)］

búllion frìnge 金[銀]モール, ブリオン.

búllion·ìsm *n* 〔経〕重金主義, 硬貨主義. ♦ **-ist** *n*

Búllion Stàte [the] 金塊州《Missouri 州の俗称》.

búll·ish *a* 《たくましさなどの点で》雄牛のような; 頑固な; 愚かな; 〔証券〕強気の (opp. *bearish*); 楽観的な, 強気の 〈*on, about*〉: a ～ market 上がりぎみの相場, 高相場. ♦ **～·ly** *adv* **～·ness** *n*

búll kèlp 太平洋・南極海産の大型の褐藻[コンブ].

búll màrket 〔証券〕上げ相場, 強気市場 (cf. BEAR MARKET).

búll·mástiff /, bʌ́l-/ *n* 〔犬〕ブルマスチフ《bulldog と mastiff の交配種で番犬》.

Búll Móose 《Theodore Roosevelt が 1912 年の大統領選に際して組織した》革新党 (Progressive Party) の党員[支持者], ブルムース. ［雄のヘラジカが党のシンボルだった］

Búll Móos·er /-mú:sər/ BULL MOOSE.

búll·nèck *n* **1** 雄牛の首の革. **2**〔鳥〕首の太いカモ《アカオタテガモなど; 北米産》.

búll néck 太く短い首, 猪首(いくび). ♦ **búll·nécked** *a* 猪首の.

búll·nòse *n* 〔獣医〕《豚の》壊死(えし)性鼻炎; 〔建〕《煉瓦・タイル, または壁の角の》丸面, ブルノーズ.

búll nóse だんご鼻, 丸みのある先端. ♦ **búll·nósed**

bul·lock /búlək/ *n* 去勢牛(雄); 雄の子牛. ► *vi* 《豪口》雄牛のように働く, 精力的に働く. ► *vt* 突き進む: ～ one's way. ［OE *bulluc* (dim)＜BULL¹］

búllock-càrt *n* 去勢した雄牛に引かせる荷車.

Búllock [Búllock's] óriole 〔鳥〕ブロックムクドリモドキ《ボルチモアムクドリモドキ (northern oriole) の北米西部産の亜種》. ［William *Bullock* 19 世紀英国の博物学者］

búllock pùncher 《豪》BULL PUNCHER.

búllock's-hèart *n* 〔植〕ギュウシンリ(牛心梨) (＝*custard apple*).

búl·locky *a* 去勢牛のような; 《豪》牛追いの. ► 《豪》*n* 牛追い(人); 牛追い業; 乱暴なことば.

búll-of-the-bóg *n* 〔鳥〕サンカノゴイ (bittern).

bul·lous /búləs/ *a* 〔医〕水疱性の, 水疱のような.

búll·pèn *n* [ˢbull pen] **1 a** 牛の囲い場. **b***《口》留置場, 拘置所, ブタ箱; *《俗》陸軍刑務所, 営倉; *《俗》《伐採キャンプの》寝棚部屋, 飯場(はんば); *《俗》男子学生寮; *《学生俗》ガールフレンドの家[寮]の応接間[室]《男の子がここで品定めされる》. **c** 間仕切りのない仕事場, 大部屋のオフィス. **2**〔野〕ブルペン, 《チームの》救援投手陣.

búll pìne PONDEROSA PINE.

búll pòintᴵᴵ《口》有利な点, 強み (advantage).

B

búll·pòut *n* 〖魚〗ナマズ (bullhead)《特に 北米産の》. [*bull*head＋*pout*]
búll-pùcky /-pʌ̀ki/ *《俗》 *n* 牛の糞; たわごと, でたらめ, ナンセンス (bullshit).
búll pùncher 《豪》カウボーイ, 牛追い.
búll·pùp *n* ブルドッグの子.
búll ràck 《CB 無線俗》家畜運搬トラック.
búll·rìng *n* 闘牛場;《昔の英国で》牛攻め (bullbaiting) を見せた場所;《競馬やオートレース用の》楕円形短走路.
búll-ròar·er *n* うなり板 (＝*thunderstick*)《豪州先住民·アメリカインディアンなどの儀式用楽器; 子供のおもちゃにも同種のものがある》.
búll rùn 《株式市場の》強気相場, 上昇相場.
Búll Rùn [the] ブルラン《Virginia 州北東部の小さな川; 南北戦争時, 付近で 2 度の戦闘があり (Bull Run の戦い, 別称 Manassas の戦い), 共に南軍が勝利をおさめた (1861, 62)》.
bullrush ⇨ BULRUSH.
búll rùsh *n* 〖アメフト〗ブルラッシュ《守備選手による直進的ラッシュ》. ♦ **búll-rùsh** *vi*
búll sèssion *《口》《インフォーマルな》ディスカッション, 自由討議; ‖《軍俗》掃除や靴磨きなどに励む時期.
búll's-èye *n* **1 a** 標的の中心, '金的'《通例 黒色》. **b** 標的の中心に命中した矢[弾丸]; 命中, 的中;《口》的を射た発言[行為];《口》決定的なもの, 急所 (crux); [B-, ‹*int*›] 命中, そのとおり, 図星. **2 a** 半球レンズ; 半球レンズ付きの角灯; 円形の穴,《明かり採りの》円窓;《はっか風味の》あめ玉;〖海〗一つ目滑車;《吹いて作ったガラス板の中央の》円形の厚み[ゆがみ]. **b** 〖気〗《低気圧の》中心,《台風などの》目. **c** 《豪》キントキダイの一種《すばらしい食材とされている》. ● **hit the ～＝score** [**make**] **a ～** 金的を射る, 大当たりを取る, 大成功を収める, 図星をさす.
búll's-èye wíndow 〖建〗《明かり採りなどの》円窓; ブルズアイ《中央に bull's-eye の残る手吹きガラス板をはめた昔の窓》.
bul(l)sh /búlʃ/ *n* 《豪俗》ばかなこと (nonsense); ‖《俗》《特に 軍隊の構内の掃除で》過度に細かい点に気を配ること.
búll·shìt 《卑》*n* たわごと, でたらめ, ナンセンス, だぼら, おべんちゃら, [‹*int*›] ばかな, うそつけ, ほざけ; ‖《軍》《教練·清掃·銃器磨きなどを》くそまじめにやること. ► *vi, vt* たわごと[ばか]を言う, …にうそをつく, かつぐ, (…に)こけおどし[かっこつけ, はったり]を言う; だべる.
búllshit àrtist *《卑》名うてのほら吹き, でたらめ野郎.
búll·shìt·ter *n* *《卑》BULLSHIT ARTIST.
búll·shòt* *n* ジン[ウオツカ]とブイヨンで作る飲み物. [*bouillon*＋*shot*]
búll·smòke *n* *《俗》BULLSHIT.
búll snàke 〖動〗パインヘビ, ネズミクイ (＝*gopher snake, pine snake*)《北米産; ネズミの天敵として有名な大型ヘビ》.
búll·stàll·er *n* *《俗》仕事で足を引っ張る無能なやつ.
búll's wóol 《豪俗》NONSENSE, HUMBUG; *《俗》盗んだ衣類.
búll térrier 〖犬〗ブルテリア《ブルドッグとテリアの交配種》.
búll thìstle 〖植〗**a** アメリカオニアザミ (＝*spear thistle*)《欧州原産だがアメリカで雑草化している》. **b** ワルナスビ (horse nettle).
búll tòngue *n* すきべら《開墾地の綿花栽培用のすき》. ► *vt, vi* すきべらで耕す.
búll tròut 〖魚〗**a** ‖ブラウントラウト (sea trout). **b** オショロコマ (Dolly Varden).
búll·whàck* *n, vi, vt* 牛追いむち(で打つ). ♦ **～·er*** *n* 牛追い.
búll·whìp *n* 牛追いむち《生皮を編んだ長いむち》. ► *vt* bullwhip で打つ.
búll·wòrk *n* 《口》つらい肉体労働, 強い体力のいる仕事, 単調な骨折り仕事.
bul·ly[1] /búli/ *n* **1 a** 暴漢, あばれ者; 弱い者いじめをする者, いじめっ子, ガキ大将; 用心棒. **b** 売春婦を食い物にする男, ヒモ,《古》ポン引き;《古》いいやつ;《古》SWEETHEART, DARLING; ‖《方》仲間: A ～ is always a coward.《諺》いばるやつはきまって臆病者だ. **c** *《鉄道俗》保線工夫. **2** 《豪》〖魚〗COCKABULLY. ● **play the ～** いばりちらす. ► *a* 威勢のいい, 陽気な; *《口》すばらしい (excellent, first-rate): my ～ boy [*voc*] おいきみ. ► *int* 《口》[満足·賞賛·喜びを表わす] うまい, でかした, やった, いいぞ. ● **B～ for you** [**him, etc.**]! 《口》[*iron*] すごいなあ, すごいじゃないの, そりゃけっこうなことだね. ► *vt, vi* いじめる, おどす, いばりちらす: ～ sb *into* [*out of*] doing… 人をおどして…させる[…をやめさせる]. ● **～ up to…** *《俗》…へまっすぐ進む[つかつかと歩み寄る]. [C16＝fine fellow, swaggering coward＜? MDu *boele* lover; 本来は親愛のことば]
bully[2] *n* かんづめ[塩漬け]牛肉, コーンビーフ (＝**～ bèef**). [F＝boiled beef; ⇨ BOIL[1]]
bully[3] *n* 〖ホッケー〗ブリー《試合開始[再開]時やストライキングサークル内で防御側に反則のあったときなどインプレーする方法》;〖サッカー〗競り合い, ブリー《通例 ゴールエリアで何人かの選手が行なうボールの激しい奪い合い》. ► *vi* ブリーをする ‹*off*›. [C19＜?]
búlly·bòy *n* ごろつき, 用心棒,《特に》政治ごろ.
búlly-òff *n* BULLY[3].
bully púlpit 《個人の考えを説き広める道具としての》公職の権威,《地位を利用した》自己宣伝の機会. [*bully* first-rate, admirable; Theodore Roosevelt 大統領が pulpit を White House に, 会衆を国民にたとえたもの]
bul·ly·rag /búlirӕg/ *vt, vi* (**-gg-**) 《口》おどす, しつこくいじめる[悩ます], いたぶる. [C18＜?]
búlly trèe 〖植〗バラタ(ノキ) (BALATA).
buln-buln /búlnbùln/ *n* 《豪》LYREBIRD. [imit]
Bü·low /*G* bý:lo/ ビューロー **Bernhard** (**Heinrich Martin Karl**) **von ～**, Fürst von ～ (1849–1929)《プロイセンの政治家; ドイツ帝国宰相 (1900–09)》.
bul·rush, bull- /búlrʌ̀ʃ/ *n* 〖植〗**a** ホタルイ属の各種の大きなイグサ《カヤツリグサ科》. **b** ‖ガマ (cattail). **c** 〖聖〗パピルス (papyrus)《*Exod* 2: 3, *Isa* 18: 2》. ● **seek a knot in a ～** ⇨ RUSH[2]. [? *bull*[1] large, coarse＋*rush*[1]; cf. *bull*frog, *bull* trout]
bulsh ⇨ BULLSH.
bulter ⇨ BOULTER.
Bult·mann /búltmà:n/ ブルトマン **Rudolf** (**Karl**) **～** (1884–1976)《ドイツの新約学者·プロテスタント神学者; 新約聖書の '非神話化' を提唱》. ♦ **Bult·mann·ian** /bʊltmá:niən/ *a*
Bu·lu·wayo /bù:ləwéɪoʊ, -wáɪ-/ BULAWAYO.
bul·wark /búlwərk, -wɔ̀:rk, *bʌ́l-/ *n* とりで, 堡塁(ほうるい); [‖*pl*] 舷墻(げんしょう), ブルワーク; 防波堤; 防護者[物], 大きな支えとなる人[もの], 防壁 ‹*against*›. ► *vt* とりでで固める; 擁護[防備]する. [BOLE[1], WORK]
Bul·wer /búlwər/ ブルワー (**William**) **Henry Lytton** (**Earle**) **～**, Baron Dal·ling /dǽlɪŋ/ and Bulwer (1801–72)《英国の外交官; 通称 Sir Henry ～; 小説家 Edward Bulwer-Lytton の兄》.
Búlwer-Lýtton ブルワーリットン (⇨ LYTTON).
Búl·wer's pétrel /búlwərz-/ 〖鳥〗アナドリ《熱帯産; ミズナギドリ科》. [James *Bulwer* (1794–1879) 英国の聖職者·博物学者]
bum[1] /bʌ́m/ *n* **1 a** 《口》浮浪者, なまけ者, 飲んだくれ, ごくつぶし, フーテン; *《俗》ふしだらな女, 安売春婦: a ～ on the plush 金持ちのなまけ者. **b** 《口》のらくらした生活;《口》飲み騒ぎ, 放蕩, 自堕落. **2** 《口》**a** 《スポーツ·遊びに》入れ込んでいるやつ, プロもどき, …狂 (: a ski [jazz] ～);《金持ちのファンに》寄生している有名選手. **b** だめなやつ[選手, 馬], 期待はずれの男, 甲斐性なし; 役に立たない[くだらない]もの; [*joc*] 男, やつ (guy). **3** *空(から)の郵便袋. ● **on a ～** *《俗》飲み騒いで. **on the ～** 浮浪して; こわれて: go *on the* ～ 浮浪生活をする, 世間の厄介になる. ► *vi, vt* (**-mm-**) 《口》**1** のらくらして暮らす, 浮浪[放浪]する ‹*around, about*›; 物乞いして生きる, 人の厄介になる; 飲んだくれる. **2** 物乞いして手に入れる, ねだる; …に物乞いする, ねだる; ヒッチハイクする: ～ cigarettes (*from* [*off* (*of*)] sb) (人に)タバコをねだる / ～ a ride [one's way] to Odessa. **3** 《俗》だいなしにする, だめにする (ruin, spoil); *《俗》落ち込む, 気落ちする (bum out). **4** 《電算俗》‹プログラムなどを›改良[手直し]する. ● **～ along** 《車などで》(道路を)ぶらぶら行く. **～ out** *《俗》‹人を›落ち込ませる, がっかりさせる, くさらせる; *《俗》落ち込む, 気落ちする, くさる; *《俗》‹麻薬などで›不快な経験をする ‹*on*›. ► 《口》*a* だめな, まずい, 値打[効力]のない, 役立たずの, やくざな; 不快な, ひどい; でたらめの, うその, いんちきな; ‹足などが›よく動かない, 故障した: a ～ check 不良[偽造]小切手 / BUM TRIP / BUM RAP / BUM STEER / a ～ knee. [略 または 逆成 ‹*bummer*[1]›]
bum[2] *n* ‖《口》お尻(の穴), けつ; BUM-BAILIFF. ● **～ and tit** ‖《俗》お尻とおっぱい,《一般に》異性愛行為《略 B and T》. **～s on seats** ‖《口》《コンサートなどの》観客(動員数). [ME *bom*＜?]
búm·bàg ‖ *n* ウエストバッグ (fanny pack*). [*bum*[2]; のちに *bum*[1] とも結びつけられた]
bùm-báiliff *n* 〖英史〗[*derog*] けつベイリフ《債務者の逮捕, 令状送達などを任務とする最下層のベイリフ》. [*bum*[2]: 後ろから人に近づくことから].
bum·ber·shoot /bʌ́mbərʃù:t/ *n* *《口》傘 (umbrella). [*um*brella＋para*chute*]
bum·ble[1] /bʌ́mb(ə)l/ *vi* ‹ハチなど›ブンブンいう, ブーンとうなる; ボソボソ[モゴモゴ]しゃべる. [*boom*[1], *-le*]
bumble[2] *vi* 大失策をやる; どもりながらしゃべる; つっかえながら進む, よろよろ歩く. ► *vt* しくじる, やりそこなう;《廃》‹人›に文句を言う. ● **～ through**…を無器用に進む, つっかえながらやっていく. ► *n* へま, 失策; 混乱, ごたまぜ. ♦ **búm·bler** *n* **búm·bling·ly** *adv* [*bumble*[1], *bumble*[3]; 一説に bungle＋stumble または *boom, bum* から]
bumble[3] ‖ *n* 尊大な小役人. [Dickens, *Oliver Twist* の教区吏 *Bumble* から; もと 'jumble, blunderer' の意]
búmble·bèe *n* 〖昆〗マルハナバチ《同属のハチの総称》.
búmble·dom *n* 小役人の尊大さ; 小役人連中. [BUMBLE[3]]
búmble·fòot *n* 趾瘤(しりゅう)(症)《鶏の足の裏がはれる》.
búmble·pùppy *n* 〖トランプ〗へぼなホイスト (whist) (のプレーヤー); ゴム球を柱に吊ってラケットで打ち合う遊戯.
búm·bling[1] *n* へま, しくじり, 失策, 間違い, どじ. ► *a* へまな, どじな, 間の抜けた, 不器用な.
bumbling[2] *a* いやに尊大な, いばりちらす.
bum·bo /bʌ́mboʊ/ *n* (*pl* **～s**) ラム酒に甘味·香気を加えた飲み物.
búm·bòat /bʌ́m-/ *n* 《停泊中の船に食品·雑貨を売る》物売り舟.
búm bòy ‖《俗》ホモの相手, 稚児, おかま, かげま.

Bum·bry /bʌ́mbri/ バンブリー **Grace** ～ (1937-)《米国のメゾソプラノ・ソプラノ; 黒人》.
bumf, bumph /bʌ́mf/ ‖《口》 *n* トイレットペーパー, けつふき; [*derog*] 文書, 書類, 印刷物. [*bum*² *fodder*]
búm·flùff *n* ‖《口》 [*derog*]《少年の》生え始めたひげ, ちょぼひげ.
búm fòdder ‖《俗》 BUMF.
búm·frèezer ‖《俗》 *n* イートン校の制服の上着 (Eton jacket); 短いジャケット.
búm·fùck *vt, vi* *《卑》(…と)肛門性交する (ass-fuck).
bùm·fúzzle *《南部》 *vt* 混乱[当惑]させる, まごつかせる; だます.
búm·hòle *《俗》 *n* 尻の穴; いやなやつ, ばか.
bu·mi·pu·tra /bù:mɪpú:trə/ *n*《マレーシアで, 中国人と区別して》本土人, マレー人. ♦ **bù·mi·pù·tra·izá·tion** *n* マレー化 (政策). [Malay=son of the soil]
bum·kin /bʌ́mkən/ *n* BUMPKIN².
bum·ma·lo /bʌ́məlòu/ *n* (*pl* ～**s**)〖魚〗BOMBAY DUCK. [? Marathi]
bum·ma·ree ‖ /bʌ̀mərí:/ *n*《Billingsgate の》魚売り;《Smithfield 肉市場の》認定荷かつぎ屋《自営》.
bum·med /bʌ́md/ *a* [ᴾ～ out] *《俗》 失望して, うんざりして, 落ち込んで, くさって.
bum·mer¹ /bʌ́mər/ *n* *《俗》 なまけ者, のらくら者, たかり屋;《採石場・鉱山などの》コンベヤー係, バンマー; *《南北戦争時の》CAMP FOLLOWER. [G *bummler* loafer]
bummer² *《俗》 *n*《麻薬・幻覚剤の作用による》不快な体験; いやな体験[状況], いやなやつ, 期待はずれ, さんざんな目, 失望, 失敗, [‹*int*›] がっかり, チクショー, くそったれ! [*bum*¹, *-er*¹]
bum·ming /bʌ́mɪŋ/ *a* *《俗》 気がめいって, 落ち込んで.
bum·my /bʌ́mi/ *《俗》 *a*《体の》加減の悪い; ‹食べ物が›いたんだ, 熟れすぎた.
búm-òut *n* *《俗》《人を》やさしい仕事に就けること.
bump¹ /bʌ́mp/ *n* **1 a** 衝突; ドン, バタン, ドスン, ゴツン; ‖《口》《軽い》自動車事故; ‖〖ボートレース〗追突(しての勝利); 車の動揺;〖空〗突風《気流激変による不規則な風》,《突風による》飛行機の動揺. **b** *《俗》《ストリップショーなどで》腰の突き出し動作; [the] バンプ《体をぶつけ合うロックのダンス》: ～*s* and grinds《踊り子が踊るときなどの》腰を突き出しくねるように回す動作. **2** 出っ張り, ふくらみ, こぶ (swelling);《路面の》でこぼこ;《口》《妊婦の》突き出た腹; [*pl*]《口》乳房;〖骨相〗《頭蓋の》隆起; 頭相; (頭相に現われた)才能, 能力, 感覚. **3 a** *降格, 降等; *《口》解職, 解任; [the] *《俗》殺し, 殺人: give sb [get] *the* ～ 殺す[殺される]. **b**《口》昇進;《口》昇給;《価格・入学者数などの》上昇: get the ～ *to* full professor 正教授に昇任する. **4** *《俗》一杯やる[ひっかける]こと: have a ～ of whisky. **5** *《ティーンエージャー俗》パーティー. ● **have a ～ of**…の能力[才能]がある: He *has no* ～ *of* music. 音楽の才能は全くない. **like a ～ on a log**《口》なまけて, 何もしないで, 無反応で.
► *adv* バタンと, ドスンと, ドンと, ゴツンと: come ～. ● **things that go ～ in the night** [*joc*] 夜中にドスンと音をたてるもの《化け物・怪異現象》.
► *vt, vi* **1 a** (ドンと)ぶつかる[ぶつける], バタンと打ち当たる[当てる], 衝突する ‹(*up*) *against, into*›; ‖〖ボートレース〗追突する ‹*against, into, on*›; バタンと落とす[落ちる] ‹*down, on* sth›;《凹凸をなくすために》‹板金›に圧力を加える. **b** ‹車が›ガタガタ揺れて通る ‹*along*›; ガタガタ動く;〖クリケット〗‹投げたボールが›高くはね上がる; グツグツ煮えたぎる. **c** *《俗》《踊りで挑発的に》腰を前に突き出す (: ～ and grind);《ロックの》バンプを踊る; *《俗》妊娠させる; *《学生俗》…とセックスする. **2 a** 座席から押しのける; 揺らして動かす[ずらす]; *《口》職[地位]から追い出す (oust), 首にする; *《俗》負かす, 殺す, 死ぬ. **b** (…への旅行を)取りやめる; ‹飛行機の旅客›に予約の解約[バンピング]をする. **3**《口》…の値段[給料, 賭け金など]を上げる ‹*up*›, 昇進させる ‹*to*›. ● **～ along**《口》とぎれとぎれに[ぎくしゃくしながら](なんとか)進む; ほぼ一定の水準で推移する. **～ into**…にぶつかる;《口》‹人›にばったり出会う, でくわす. **～ off** ぶつけて落とす;《口》殺す, 片付ける, バラす; *《俗》死ぬ, くたばる. **B～ that!** *《俗》《間違いをして》なかったことにして, ごめん. **～ up**《口》急増させる, ‹物価・給料などを›上げる, ‹点数などを›増やす, ‹人を›格上げする; [ᵁ*pass*] *《口》昇進させる; …に損傷を与える: ～ *oneself up* けがをする. **Let's ～ this place!** ここから出ようよ, 行こうや.
♦ **～·ing** *n*〖化〗突沸《沸騰が局部的に急激に起こること》. [imit]
bump² *n*《響きわたる》サンカノゴイの鳴き声. ► *vi* ‹サンカノゴイが›鳴く. [imit]
búmp bàll〖クリケット〗バウンドした打球《捕球してもアウトにならない》.
búmp·er¹ *n* **1 a** 緩衝器, バンパー; *《俗》連結器;《俗》《つまさきを分厚いゴムでおおった》テニスシューズ, 野球靴. **b** たたく[打つ]人[機械]; *《俗》ストリッパー. **c**〖クリケット〗胸や顔の高さにはね上がるように投げたボール. **d**〖馬〗障害馬用平地レース, バンパーレース (＝**～ ràce**)《障害レース用の若い馬を慣らすために障害物を置かずに行なう》. **2 a**《口》特別に大きいもの;《乾杯の時などの》満杯; 豊作;《劇場などの》大入り(満員);《WHIST¹ で》三番勝負で先に得た 2 勝. **b** [*pl*] ‖《俗》《女性の》胸. **3**〖テレビ・ラジオ〗《番組とコマーシャルの間の》つなぎ, バンパー《音楽・映像・語りなどが挿入される》: ～ music. **4** *《俗》出世していく黒人.
► *a* 特別に大きな[みごとな], 豊作の: a ～ crop 豊作 / a ～ year 豊年. ► *vt, vi* ‹酒など›なみなみとつぐ;《乾杯に満杯を》飲みほす; 乾杯する. [*bump*¹]
bumper² *n*《豪口》タバコの吸い殻: not worth a ～ 役に立たない. [*butt*¹, *stump*, *-er*¹]
búmper càr バンパーカー《遊園地などの, ぶつけ合いをする小さな電気自動車; cf. DODGEM》.
búmper guàrd * バンパーガード (overrider‖)《ほかの自動車のバンパーとからむのを防止するためバンパーの両側に付いている靴状部》.
búmper stìcker《車の》バンパーステッカー《広告・スローガンなどを刷り込んである》.
búmper strìp * BUMPER STICKER.
búmp·er-thùmp·er *n* *《俗》《ちょっとした》車の事故.
búmp·er-to-búmp·er *a* 車が延々とつながった, 数珠つなぎの, 渋滞した: ～ traffic.
bumph ⇨ BUMF.
búmp·ing pòst《鉄道の》車止め.
búmping ràce ‖〖ボート〗追突レース《前艇にタッチするか, こぎ抜けば勝ち》.
bump·kin¹ /bʌ́m(p)kən/ *n* 田舎者, 野暮天. ♦ **～·ish** *a* **～·ly** *adv* [? Du *boomken* little tree or MDu *bommekijn* little barrel]
bumpkin² *n*〖海〗バンプキン《(1) 帆の裾を張り出すために船内から突き出した短い円材 (2) 索具用の張出し棒》. [↑]
búmp-òff *n* *《俗》殺し, 殺人.
búmp stàrt ‖ JUMP-START;《俗》一気に行動に駆りたてること, 一気にしかけるスタート. ♦ **búmp-stàrt** *vt*
búmp sùpper ‖ BUMPING RACE の祝勝晩餐会.
bump·tious /bʌ́m(p)ʃəs/ *a* 傲慢な, 横柄な. ♦ **～·ly** *adv* **～·ness** *n* [*bump*¹; *fractious* をまねた戯言]
búmpy *a* ‹道など›でこぼこのある, こぶだらけの; ‹車・飛行機の旅が›ガタガタ揺れる (: a ～ ride); ぎくしゃくしたリズムの;〖空〗突風のある; 平坦でない, 多難な‹生涯など›: a ～ road でこぼこ道; 苦難の道.
♦ **búmp·i·ly** *adv* **-i·ness** *n*
búm-ràp *vt* *《俗》…にぬれぎぬをきせる; *《俗》…に不当な非難を浴びせる.
búm ráp *《口》いわれのない告発[断罪], ぬれぎぬ; *《口》不当な非難[悪評]: get a ～.
búm-rúsh *vt* *《口》…に襲いかかる, 殺到[突進]する; *《俗》つまみ出す, たたき出す.
búm's rúsh [the]《口》強制的に立ち退かすこと; [the] *《口》《さっさと》追い払うこと, 追い出し: give [get] *the* ～ つまみ出す[出される]; 追い払う[追い払われる].
búm stéer *《口》誤った指示[指図, 情報]: give [sell] sb a ～ 人に間違って教える, 人を誤らせる ‹*on*›.
bum·sters ‖ /bʌ́mstərz/ *n pl* バムスターズ《尻の割れ目が見えるくらい股上が浅いローライズジーンズ[パンツ]》.
búm·sùck·ing *n* ‖《俗》ごますり, くそへつらい, おべっか. ♦ **búm-sùck·er** *n*
búm trìp *《俗》BAD TRIP.
bun¹ /bʌ́n/ *n* **1** パン《(1)《米》では小さな丸パンまたはロールパン (ハンバーガー用の丸パンなど) (2)《英》では小さな丸い菓子パンまたはケーキで, ドライフルーツを入れたものが典型的; スコットランドでは, リッチなフルーツケーキまたは干しぶどう (currant) パン》: HOT CROSS BUN. **2**《bun 状の》束髪;《豪俗》山高帽 (bowler hat); [*pl*] *《口》《人の》尻 (buttocks); ‖《俗》女性器. **3**《俗》酔い, 酒を飲んでの上機嫌, 酩酊.
● **do one's ～s off**《俗》精力的に[猛然と, ものすごく]…する: work *one's* ～*s off* / We're freezing *our* ～*s off*. すごく寒い. **bust one's ～s** *《俗》せっせと働く, 懸命にやる. **do one's ～** かんしゃくを起こす. **get [have, tie] a ～ on**《俗》酔っぱらう; *《俗》麻薬が効いている. **have a ～ in the** OVEN. **take the ～** ‖《俗》take the CAKE. [ME<?]
bun² *n* リス[ウサ]ちゃん (cf. BUNNY). [ScGael=scut of rabbit]
BUN〖生化〗blood urea nitrogen 血液尿素窒素.
Bu·na /b(j)ú:nə/〖商標〗ブナ《一種の合成ゴム》.
Bun·bury /bʌ́nb(ə)ri/ バンブリー《Oscar Wilde, *The Importance of Being Earnest* の主人公 Algernon がでっちあげた病気がちの架空の友人; この名を口実に, 主人公はどこかに出かけたり約束をすっぽかしたりする》.
bún-bùst·er *n* *《俗》どえらい[きつい, 難儀な]任務[仕事].
bunce /bʌ́ns/ *n* ‖《俗》もうけもの, (思いもかけぬ)割り前.
bunch /bʌ́ntʃ/ *n* **1 a** ふさ (cluster); 束; 花束; *《俗》札束, 大金: a ～ of grapes [keys] 一ふさのブドウ[一束の鍵]. **b** [a ～] *《口》大量, たくさん, [‹*adv*›] 大いに, ずっと: a ～ of money 大金 / a ～ happier ずっと幸せで / Thanks a ～. ありがとさん, [*iron*] おおきにお世話さま. **2**《口》仲間, 連中, 一団, 一味, グループ; *《牛馬の》群れ: a ～ of friends 友人仲間 / My colleagues are a great ～. 私の同僚はすばらしい人たちだ. **3** こぶ, 隆起; [*pl*] ‖ 後頭部で左右 2 つに分けて束ねた髪型. ● **a ～ of calico** *《俗》女. **a ～ of fives**《口》こぶし, 手, パンチ: give sb *a* ～ *of fives* パンチをくれる. **a whole ～**＝**whole ～es** [‹*adv*›] *《俗》全部, すっかり, おおいに, ひどく. **the**

best [pick] of the ～《一群の中の》ほかよりましなもの[人]. ► *vt, vi* 束ねる, 〈家畜などを〉一団に集める, 一団になる 〈*up, together*〉; 〈手を〉こぶしに固める, 〈紙を〉丸める 〈*up*〉; こぶになる, こぶ(状)にする; …にひだをつける; ひだになる; 〔野〕〈ヒットを〉集中する; *《俗》立ち去る.

B

búnch·bèrry /, -b(ə)ri; -b(ə)ri/ *n* 〔植〕ゴゼンタチバナ (＝*dwarf cornel*)《ミズキ科ミズキ属の常緑草本》.

Bunche /bʌ́ntʃ/ バンチ **Ralph Johnson** ～ (1904–71)《米国の外交官; 国連の調停官としてパレスティナ紛争の解決に尽力 (1948–49); ノーベル平和賞 (1950)》.

búnch·er *n* BUNCH するもの; *《俗》犬泥棒 (dognapper); 〔電子工〕《電子流の》入力空洞, バンチャー.

búnch·flòwer *n* 〔植〕緑がかった花をつけるユリ科シライトソウ属の草花《米国原産》.

búnch·gràss *n* 〔植〕束生するイネ科の各種の草, 束状草類, 矮生草, バンチグラス《ネズミノオ・エゾムギ・ウシクサなど》.

búnch·ing *a* ひどく込み合った, 数珠つなぎの〈車〉.

búnch lìght 《照明の》束光.

búnchy *a* ふさのある, ふさ状の; 束になった; こぶ状の. ♦ **búnch·i·ly** *adv* **-i·ness** *n* ふさ状; 隆起.

bun·co, -ko /bʌ́ŋkou/ *《口》*n* (*pl* ～**s**) 詐欺; ペテン, いかさまの賭け勝負《特にトランプ》. ► *vt* ペテンにかける.

búnco àrtist *《俗》詐欺師, いかさま師.

buncombe ⇨ BUNKUM.

búnco stèerer *《口》いかさま師(のおとり), サクラ.

bund[1] /bʌ́nd/ *n* 《アジア諸国の》海岸通り, バンド; 《インド》堤防, 築堤; 埠頭(ふとう). [Pers]

bund[2] *n* BANDH.

Bund /búnd, bʌ́nd; *G* búnt/ *n* (*pl* ～**s**, **Bün·de** /*G* býndə/) [ºb-] 連盟, 同盟; 《1867–71 年の》北ドイツ連邦; 《1936 年米国でドイツ系米人が組織した》親独[ナチ]協会; 《1897 年ロシアで組織された》ユダヤ人社会民主主義労働者協会; [b-] 政治団体; [b-]*《俗》《悪党などの》一味 (gang). ♦ ～**·ist** *n*

Bun·da·berg /bʌ́ndəbə̀:rg/ ブンダバーグ《オーストラリア東部 Queensland 州南東部の市; 製糖の中心地》.

Bun·del·khand /búndlkɑ̀nd/ ブンデルカンド《インド中北部 Madhya Pradesh の北部を占める地域; Yamuna 川の水源がある》.

bun·der /bʌ́ndər/ *n* 《インド》港, 埠頭. [Pers]

búnder bòat 沿岸・港湾内用の船.

Bun·des·bank /*G* búndəsbaŋk/ ドイツ連邦銀行《ドイツの中央銀行》.

Bun·des·rat /búndəsrɑ̀:t/ *n* 《ドイツの》連邦参議院; 《オーストリアの》連邦議会; 《スイスの》連邦評議会《最高行政機関》; 〔史〕連邦参議院《ドイツ帝国 (1871–1918) を構成した各邦からの代表議員の議会》. [G]

Bun·des·tag /búndəstɑ̀:g/ *n* 《ドイツの》連邦議会; 〔史〕連邦議会《ドイツ連邦 (1815–66) の議会》. [G]

bundh ⇨ BANDH.

bun·dle /bʌ́ndl/ *n* **1 a** 束《FASCICULAR *a*》; 巻いたもの; 包み; 〔植・解〕《繊維組織・神経の》管束(かんそく), 束(そく): a ～ of letters [firewood] 手紙[たきぎ]の一束 / a ～ of blanket 巻いた毛布 / a ～ of clothes 一包みの衣服. **b** [a ～]《口》大金; *《俗》麻薬[マリファナ]の 5 ドルの包み (nickel bag) 25 個: make *a* ～ 大もうけする / cost *a* ～ たいへん金がかかる / drop *a* ～ 《俗》《賭博などで》大金をする, 大損する; *《俗》〈人に〉大金をつぎ込む, 〈物に〉大金をつかう 〈*on*〉. **c** 一括して提供されるもの, 《関連商品やサービスを込みで販売する》包括商品, バンドル: a software ～. **2** 一群のもの, …の集合 〈*of*〉; [*fig*] …の塊り(のような人) 〈*of*〉; ˈ《俗》けんか, 闘争; *《俗》いい女: a ～ of problems たくさんの問題 / a ～ *of* NERVES / a ～ *of* charms 魅惑的な女, 艶なる女. ● **a ～ of fun [laughs]** 《口》[º*iron*] とても愉快な人[もの]. **a ～ of joy**＝**a ～ from heaven** 《俗》赤ちゃん (baby). **go a ～ on…** [ᵁ*neg*]《口》…が大好きである, …に熱狂する. **drop one's ～** 《豪口》うろたえる; 希望を失う, 屈服する. ► *vt, vi* **1** 包み[束]にする, 荷物をまとめる 〈*up*〉; くくる, 包む; 〈子供を〉(外套などに)くるむ, …に着せる 〈*in, into*〉; ごちゃごちゃに投げ込む 〈*into, in*〉; さっさと行く[行かせる], さっさと立ち去る[追いやる] 〈*off, out, away*〉; 〈子供を〉〈ベッド〉につかせる 〈*in, into*〉; 〈製品・サービスを〉一括[パッケージ]販売する, 同梱する, バンドルする 〈*with*〉; 着衣のまま同じ床に寝る (⇨ BUNDLING); *《俗》(〈少額の政治献金を〉)大金にとりまとめる. **2** ˈ《俗》争う; 乱闘する. ● **～ off** 〈荷物を〉送る 〈*to*〉. **～ up** 温かそうにくるまる, 十分着込む [着せる] 〈*in, into*〉; 《口》…に決着[けり]をつける. ♦ **bún·dler** *n* [? OE *bindele* a binding or LG and Du *bundel*]

búndle of Hís /-hís/ 〔解〕ヒス束, 房室束 (atrioventricular bundle). [Wilhelm *His* (1863–1934) ドイツの解剖学者]

búndle shèath 〔植〕維管束鞘(しょう).

bún·dling *n* **1** 着衣同衾(どうきん), バンドリング《婚約中の男女が着衣のまま同じ床に寝るウェールズやニューイングランドの昔の習慣》. **2** 《関連する商品の》一括販売, パッケージ[抱合わせ]販売.

bundobust ⇨ BANDOBUST.

Bundt /bʌ́nt, búnt/ 〔商標〕バント, ブント《側面に溝のはいったドーナツ状のケーキ焼き皿》.

Búndt càke [ºb-] ブントケーキ《ドーナツ状のケーキ》.

bun·du /búndu/ *n* [the]《南ア》辺地, 僻地. [Bantu]

búndu bàshing 《ジンバブウェ俗》草原暮らし[の旅].

búnd·wàll *n* 原油(精製物)タンクの防災壁《流出などの事故に備えタンクの外側に土またはコンクリートで築く》.

bun·dy /bʌ́ndi/ 《豪》*n* [ˢB-] タイムレコーダー (time clock). ● **punch the ～** 《口》仕事を始める; 《口》定職に就いている. ► *vi* タイムレコーダーを押す, 出勤する 〈*on*〉, 退出する 〈*off*〉. ● **～ off** 《刑務所俗》死ぬ《特に 薬物の過量摂取で》. [商標]

bún·fight ˈ《俗》ティーパーティー (tea party), [*iron*] (公式の)行事; ˈ《俗》言い争い.

bung[1] /bʌ́ŋ/ *n* **1 a** 《樽の》栓; 樽口; 《屠殺獣の》盲腸, 肛門. **b** (酒類)醸造者; パブの主人. **2** 《俗》うそ; ˈ《俗》一撃, 強打. ► *vt, vi* **1** 栓をする; 〈栓などを〉押し込む 〈*in, into*〉; [ᵁ*pass*]《口》〈穴・鼻・排水口などを〉ふさぐ, 詰まらせる 〈*up*〉: My nose is [I'm] all ～*ed up*. (かぜで)鼻がすっかり詰まっている. **2** ˈ《口》〈物を〉無造作に投げる, ほうる, 置く: *B*～ me that pen. そのペンをぼくによこしてくれ. **3** 《俗》強くたたいて[ぶつけて]へこませる 〈*up*〉. ● **～ off**＝BUNK[3] off. **～ over** ˈ《口》手渡す, 回す. **～ up** 《俗》なぐる, 袋だたきにする, 傷つける, 大破させる. [MDu *bonghe*]

bung[2] *a* 《豪口》死んで, 破産して, だめで, これれて, 無益で: go ～ 死ぬ, 破産する, これる, 失敗する. [(Austral)]

bung[3] ˈ《口》*n* 心付け, チップ; 賄賂, 袖の下. ► *vt* 〈人〉にチップ[賄賂]を与える. [C16＝a purse<? OE *pung*]

bun·ga·loid /bʌ́ŋgəlɔ̀ɪd/ *a* [ᵁ*derog*] バンガロー風の, バンガローの多い[だらけの].

bun·ga·low /bʌ́ŋgəlòu/ *n* 《比較的小さな》平屋建ての家, バンガロー《《米》ではしばしば屋根裏部屋がある》; 《インド》ベランダに囲まれた平屋. [Gujarati<Hindi＝of Bengal]

bun·ga·ro·tóxin /bʌ̀ŋgərou-/ *n* 〔生化〕ブンガロトキシン《アマガサヘビ属のヘビ毒から単離される acetylcholine の作用を遮断する神経毒》.

bun·gee /bʌ́ndʒi/ *n* バンジー(コード) (＝～ **còrd** [**ròpe**])《荷物を荷台に固定したりショックを吸収させたりするためのゴムロープ, また bungee jumping 用ゴムロープ; 両端にフックが付いているものが一般的》; ˈ《口》消しゴム, 弾性ゴム.

búngee jùmping バンジージャンプ《橋の上などの高所と足首などを伸縮性のあるロープで結び, 飛び降りて恐怖感を味わうスポーツ》. ♦ **búngee jùmp** *n, vi* **búngee jùmper** *n*

bung·er /bʌ́ŋər/ *n* 《豪俗》花火.

búng fòdder *《俗》けつふき, トイレットペーパー.

búng-hó *int* 乾杯!; 元気でな, さよなら! 《別れの挨拶》.

búng·hòle *n* 樽の栓口; *《卑》肛門. ► *vi* *《卑》肛門性交をする.

bun·gie /bʌ́ndʒi/ *n* ˈ《俗》BUNGEE.

bun·gle /bʌ́ŋg(ə)l/ *vt, vi* へたに作る, やりそこなう, しくじる; へまをやる 〈*up*〉. ► *n* 不手際, 不細工(な仕事); へま, しくじり: make a ～ of…をだめにする. ♦ **bún·gler** *n* へまをやる人, 無器用者. **～·some** *a* 無器用な, へまな, 不細工な. [imit; cf. BUMBLE[1]]

bún·gling *a* へたな, へまな, 不器用な: a ～ carpenter たたき大工. ► *n* へま, しくじり, 不手際. ♦ **～·ly** *adv*

búngy /bʌ́ndʒi/ ˈ《俗》*n* BUNGEE; チーズ.

Bu·nin /bú:n(j)ən, -n(j)ì:n/ ブーニン **Ivan Alekseyevich ～** (1870–1953)《ロシアの詩人・小説家; ノーベル文学賞 (1933)》.

bun·ion /bʌ́njən/ *n* 〔医〕腱膜瘤, バニオン《母趾球の滑液包腫脹》. [OF *buignon* (*buigne* bump of head)]

bunk[1] /bʌ́ŋk/ *n* **1** 《船・列車・兵舎などの》(狭い)作り付け寝台, 寝棚; BUNK BED; 《口》寝台, ベッド; 《広く》宿泊所, 寝る所. **2** 《牛の》かいば桶, 飼槽; *《トラックなどに渡した》立体横木, 横木付きの木材運搬車. ► *vi* 寝棚に寝る; 《口》泊まる, 寝る, ごろ寝する 〈*down*〉. ► *vt* bunk に載せる; 〈人〉に寝所を与える. ● **～ up** ベッド[寝室]を共にする 〈*with*〉; ˈ《俗》性関係をもつ 〈*with*〉; ˈ《俗》〈人〉が登るのを手伝う, 尻押しする. [C19<?; *bunker* の略か]

bunk[2] 《口》*n* うそ, ナンセンス, でたらめ, ごまかし. ► *vt* …にでたらめを言う, だます. [*bunk*um]

bunk[3] ˈ《口》*vi* 逃げる, 逃走する, ずらかる; 欠席する, サボる 〈*off*〉. ► *vt* 〈授業などを〉欠席する, 休む. ► *n* [次の成句で]: **do a ～** 急いで立ち去る, 逃げる, 消える, 黙っていなくなる. [C19<?; *bunk*[1] to occupy a bunk か]

búnk bèd 二段ベッド(の一段).

bun·ker /bʌ́ŋkər/ *n* **1** 《固定した》大箱, 石炭びつ; 《船の》燃料庫. **2** 〔ゴルフ〕バンカー《凹地で砂地の障害区域》, 《一般にコース上の》障害物; 〔軍〕掩蓋陣地, 掩蔽壕(えんぺいごう); 地下シェルター; 隠れ家. ► *vt* **1** 〈船〉に燃料を補給する[積み込む]; 〈積荷を〉船から倉庫に移す. **2** [ᵁ*pass*]〔ゴルフ〕バンカーに打ち込む, バンカーに打ち込んだために〈プレーヤーを〉困らせる; [*fig*] …の進行を妨げる, 難儀させる: *be* badly ～*ed* (バンカーにつかまって)困っている. **3** …に bunker(s) を備え付ける[装備する]. ► *vi* 船に燃料を積み込む. ♦ **～·ing** *n* 《船舶・自動車の》燃料補給[積み込み], バンカリング. **～ed** *a* [C19<?; cf. Sc *bonkar* chest, box]

Bunker 1 ⇨ ARCHIE BUNKER. **2** [the]《スペインの Francisco Franco 政権下の》超保守派政治家と官僚との連合.

Búnker Híll バンカーヒル《Boston 郊外の Charlestown にある丘;

1775年6月17日, 独立戦争最初の本格的交戦があったところ(実際の戦闘の地は隣接の Breed's Hill)》.
Búnker·ìsm *n* ARCHIE BUNKERISM.
búnker mentálity 掩蔽壕的精神構造《批判を受け容れず, 頑強に自己(集団)の保全につとめる心理》.
búnk fatìgue [hàbit]*《軍俗》睡眠.
búnk flỳing*《空軍俗》飛行の話, 大げさな飛行談.
búnk·hòuse* *n* 《季節労務者・牧場労働者・材木伐採人などの泊まる》小屋, 飯場.
búnk·ie, búnky *n* 《口》BUNKMATE, 仲間.
búnk·màte *n* 寝棚を共にする人, 隣り寝棚の人.
bunko ⇨ BUNCO.
bun·kum, -combe /bʌ́ŋkəm/ *n* 《人気取りのための》政治家のくだらない演説; くだらない話, 駄弁, ナンセンス, たわいない事. [*Buncombe* North Carolina 州の地名; 1820年ごろの同地選出の議員の演説より]
búnk-ùp *n*ᴵᴵ《口》登る手伝い, 尻押し; ᴵᴵ《俗》さっさと[こっそり]する性交.
bun·nia /bʌ́njə/ *n* 《インド》《菜食主義の》商人 (banyan). [Hindi]
bun·ny /bʌ́ni/ *n* **1** 《小児語》ウサちゃん (=～ **ràbbit**), リスちゃん (cf. BUN[2]). **2 a** 《俗》《性的関心の対象としての》若い女, 女の子; *《俗》つきあいが目的でスポーツをする[趣味をもつ]女の子 (cf. SKI BUNNY, BEACH BUNNY); バニーガール (=～ **gìrl**)《ウサギのコスチュームを着けたナイトクラブのホステス》; 《卑》《lesbians のための》売春婦; *《俗》男娼, おかま. **b** 《俗》ばか, まぬけ, カモ. **c** 《口》[形容詞を付けて](…な)人: He was not a happy ～. 彼は満足してはいなかった. **d** *《俗》〘バスケ〙レイアップシュート (layup). **3***《俗》チーズトースト(のチーズ) (Welsh rabbit); ᴵᴵ《俗》おしゃべり, だべり (cf. RABBIT[1]). ● **fuck like a ～** 《卑》さっさと[せっせと]セックスする. **quick like a ～** 《俗》すばやく, せかせかと. ► *a* スキーの初心者用[向き]の〈スロープなど〉. [*bun*[2]]
Bunny バニー《女子名》. [(dim); ⇨ BERNICE]
búnny fòod*《俗》ウサギの餌, 生野菜 (rabbit food).
búnny fùck*《卑》*n* せわしないセックス. ► *vi* せわしなく[そそくさと]セックスする; ぐずぐずする.
búnny-grùb *n*ᴵᴵ《俗》《サラダ用の》生野菜.
búnny-hòp *vi, vt* **1** しゃがんだ姿勢で跳ぶ, うさぎ跳びをする; 〈乗物を〉ぐいと前に動かす; 〈障害物を〉飛び越える. **2** バニーホップを踊る. ► *n* **1** うさぎ跳び, かえる跳び; 《自転車などに乗ったまま行なう》ジャンプ. **2** バニーホップ《列になって飛び跳ねるようなステップで踊るダンス》.
búnny hùg バニハッグ《ragtime のリズムに合わせてしっかりと抱き合って踊る20世紀初頭に流行した米国の社交ダンス; その音楽》.
búnny slòpe*《スキー場の》初心者用ゲレンデ, 緩斜面 (=**búnny hìll**) (nursery slopeᴵᴵ).
búnny sùit*《俗》《宇宙飛行士・核施設作業員などの》防護服.
bu·no·dont /bjúːnədɑ̀nt/ *a, n* 〘動〙丘状歯[鈍頭歯]をもつ(動物)《歯冠咬合面に低い丸みをおびた咬頭がある臼歯をもつ; opp. *lophodont*》. [NL *Bunodonta* (*bun-* hill, *-odont*)]
Bun·ra·ku /bunrɑ́ːku/ *n* [ᵒb-] 文楽. [Jpn]
Bun·sen /bʌ́nsən; *G* búnzn/ ブンゼン **Robert Wilhelm ～** (1811–99)《ドイツの化学者; Kirchhoff と共に分光分析法を研究, これを使って鉱泉中からセシウム・ルビジウムを発見した》.
Búnsen búrner ブンゼンバーナー. [↑]
bún strùggle 《俗》ティーパーティー (bunfight).
bunt[1] /bʌ́nt/ *vt, vi* 《頭または角で》突く, 押す (butt); 〘野〙バントする; 〘空〙バントさせる[する]. ► *n* 頭突き, 角突き; バント(したボール); 〘空〙バント《逆宙返りの前半分に続けて半横転を行なう飛行》: a two-strike ～ スリーバント. ♦ **～·er** *n* [C19<? *butt*[4]]
bunt[2] *n* 《魚網の》きんちゃく部; 横帆の中央部; 帆桁に納めた帆の中央のふくらんだ部分. [C16<?]
bunt[3] *n* 《小麦などの》(なまぐさ)黒穂病; 黒穂病菌 (smut). [C18<?]
bun·tal /bʌ́ntl/ *n* バンタル《フィリピンのタリポットヤシの葉の細かい繊維; 帽子を作る》. [Tagalog]
Bunter ⇨ BILLY BUNTER.
bun·ting[1] /bʌ́ntɪŋ/ *n* 《薄い》旗布; 《祝いなどのための装飾用の》(細長い)旗, 幔幕(まく)《集合的》; 《一般に》旗 (flags); 国旗の装飾; *《赤ちゃんの》おくるみ. [C18<?]
bunting[2] *n* 〘鳥〙**a** ホオジロ科の各種の小鳥, 《特に》オオジュリン (reed bunting), ユキホオジロ (snow bunting). **b** コウウチョウ (cowbird). **c** ボボリンク (bobolink). [ME<?]
bùnt·lìne /, -lən/ *n* 〘海〙バントライン《横帆の裾を引き揚げる索》. [*bunt*[2]]
Buñ·uel /bùnwél; bùːnjuél, ⸗⸗⸗/ ブニュエル **Luis ～** (1900–83)《スペインの映画監督; *Le Charme discret de la Bourgeoisie* (ブルジョワジーの秘かな愉しみ, 1972)》.
bun·ya (bun·ya) /bʌ́njə (bʌ́njə)/ 〘植〙ヒロハノナンヨウスギ (=**búnya pìne**)《豪州原産の常緑針葉樹; 種子は食用になる》. [(Austral)]
Bun·yan /bʌ́njən/ **1** バニヤン **John ～** (1628–88)《イングランドのピューリタンの説教者・作家; *The Pilgrim's Progress* (天路歴程, 1678)》. **2** バニヤン **Paul ～** ⇨ PAUL BUNYAN.
Bùnyan·ésque *a* John BUNYAN 流[風]の; PAUL BUNYAN 流[風]の, 途方もなく大きい[巨大]な.
bun·yip /bʌ́njɪp/ *n* 〘豪伝説〙ブンイップ《沼沢地にすみ人を食う野獣》; 《豪》詐欺師 (impostor). [(Austral)]
buo·na not·te /bwɔ́ːnɑː nɔ́ːttɛ/ *int* おやすみなさい. [It=good night]
Buo·na·par·te /bwɔ̀ːnəpɑ́ːrti/ ブオナパルテ《BONAPARTE のイタリア語名》.
buo·na se·ra /bwɔ́ːnɑː sɛ́rɑː/ *int* 今晩は. [It=good evening]
buon gior·no /bwɔ́ːn ʤɔ́ːrnoː/ *int* おはよう (Good morning), こんにちは (Good day). [It]
buoy /bɔ́ɪ, *búːi/ *n* 〘海〙ブイ, 浮標; 救命ブイ (life buoy). ► *vt* 浮かす, 浮かべておく 〈*up*〉; …にブイを付ける; [*fig*] 支える, 元気づける, 〈望みなどを〉つなぐ 〈*up*〉; 浮標で示す 〈*out*〉. ► *vi* 浮く, 浮き上がる (float) 〈*up*〉. [MDu<?OF *boie* chain]
buóy·age *n* 浮標設置[標識]; 浮標 (buoys); 係船浮標使用料.
buoy·an·cy /bɔ́ɪənsi, *búːjən-/, **-ance** *n* 浮力; 浮揚性, 〘空〙静浮力; 楽天的な性質, 快活さ, 《打撃などから》回復する力; 価格騰貴の傾向.
buóyancy àid 《水上スポーツ用の》救命ベスト.
buóyancy bàg [ᵁ*pl*] 〘空・宇〙FLOTATION BAG.
buóy·ant *a* 浮揚性のある; 軽快な, 弾むような, うきうきさせる; 楽天的な; 回復力のある; 〈価格が〉上がりぎみの; 〘市場〙先行きの明るい, 買気ある: in a ～ mood うきうきした気分で / a ～ economy 浮揚感のある経済. ♦ **～·ly** *adv*
buóyant fórce 〘理〙浮力.
buóyant míne 〘軍〙浮遊水雷, 敷設機雷.
Bupa /b(j)úːpə/ ブパ《英国最大の医療保険会社; 病院も経営; 1947年設立》. [旧称 British United Provident Association の略から]
bu·piv·a·caine /bjupívəkèɪn/ *n* 〘薬〙ブピバカイン《白色の結晶粉末; 局所麻酔剤》.
bupkes, -kus, -kis ⇨ BUBKES.
bup·pie /bʌ́pi/ *n* バッピー《黒人の yuppie》. [black+*yuppie*]
bu·pres·tid /bjupréstəd/ *n* 〘昆〙タマムシ《タマムシ科の甲虫の総称; 幼虫は牛・馬に寄生するものもある》.
bu·pro·pi·on /bjupróupiɑ̀n, -ən/ *n* 〘薬〙ブプロピオン《塩酸塩を抗鬱薬として, また禁煙補助の目的で用いる》.
bur ⇨ BURR[1,2,3].
bur. bureau ♦ buried. **BUR** Burma.
bu·ra /burɑ́ː/ *n* 〘気〙BURAN.
bu·ran /burɑ́ːn/ *n* 〘気〙ブラン《シベリア・中央アジアで吹く北東の暴風; 冬は猛吹雪と寒気, 夏は砂あらしを伴う》. [Russ<Turk]
Bu·ray·dah, -rai·da /buráɪdə, -réɪ-/ ブライダ《サウジアラビア中北部のオアシス町》.
burb /bɔ́ːrb/ *n* [ᵁthe ～s]《口》郊外 (suburb). [短縮]
Bur·bage /bɔ́ːrbɪʤ/ バーベッジ **Richard ～** (1567?–1619)《イングランドの俳優; Shakespeare と親交があった》.
Bur·bank /bɔ́ːrbæ̀ŋk/ バーバンク **Luther ～** (1849–1926)《米国の園芸品種改良家》.
búrbed óut /bɔ́ːrbd-/ *a**《俗》中産階級の, ブルジョアの, 見えを張る, 気取った. [*Burberry coat*; または <*suburban*]
Bur·ber·ry /bɔ́ːrb(ə)ri, *-bèri/ 〘商標〙バーバリ《英国 Burberrys 社製のレインコート; タータンチェックの裏地付きのものが代表的》.
bur·ble /bɔ́ːrb(ə)l/ *vi* 泡立つような音をたてる, ブクブク[ゴボゴボ]いう; (早口に)とりとめもなくブツブツしゃべる, よく聞きとれないようなことをしゃべる 〈*away, on*〉; 〘空〙〈気流が〉乱流となる, 剝離する: ～ *with* mirth クックッと笑う / ～ *with* rage ぷんぷんおこる. ► *vt* ブツブツとりとめもなくしゃべる. ► *n* ブクブクいう音; ブツブツいうこと; クックッ笑うこと; 〘空〙《気流の翼面からの》剝離 (=*separation*). ♦ **búr·bler** *n* **-bly** *a, adv* [C19 (imit)]
búrble pòint 〘空〙剝離迎角, 剝離点, 失速角.
bur·bot /bɔ́ːrbət/ *n* 〘魚〙カワメンタイ《タラ科の淡水魚》. [OF]
Búr·chell's zébra /bɔ́ːrʧəlz-/ 〘動〙シマウマ《アフリカ中部・東部平原産》. [William J. *Burchell* (c. 1782–1863) 英国の博物学者]
Burck·hardt /*G* búrkhart/ ブルクハルト **Jacob (Christopher) ～** (1818–97)《スイスの歴史家; *Die Kultur der Renaissance in Italien* (1860)》.
burd /bɔ́ːrd/ *n* 《スコ》淑女 (lady), おとめ (maiden).
bur·den[1] /bɔ́ːrdn/ *n* **1** 荷, 《特に》重荷 (ONEROUS *a*); 荷物の運搬; 《船の》積載力, 積載量: a ship of ～ 貨物船 / BEAST OF BURDEN / a ship of 800 tons ～ 800トン積みの船. **2** 負担, 義務, 責任, 重責; 心配, 苦しみ, 難渋: be a ～ *to* [*on*]…の負担[重荷, 足手まとい]となる / shoulder a [the] ～ (of sth) (…の)重荷[責任]を担う / tax ～ 税負担, 支払い税額. **3** 〘医・生〙負荷量 (=*load*)《寄生虫・有害物質・癌などの生体内総量》. **4** 〘鉱〙被覆岩, 表土 (overburden). ● **bear the ～ and heat of the day** いちばんつらい仕事に耐える (cf. *Matt* 20: 12). ► *vt* …に荷を負わせる, 負担させる; 悩ます, 苦

しめる: be ~*ed with* heavy taxes 重税に苦しむ. [OE *byrthen*; ⇨ BIRTH]

burden[2] *n* 《歌の》折り返し (chorus, refrain); はやし歌; 《bagpipe の》低音(管); [the] 《詩・本などの》主題, 《演説などの》要旨, 趣旨; 《古》(低音の)伴奏: like the ~ of a song 繰り返し繰り返し. [OF *bourdon* bass horn ‹ imit]

búr·dened *a* 《海》〈船舶が避航義務のある, 先行権のある船に譲歩しなければならない (cf. PRIVILEGED).

búrden of próof 《法》立証[挙証]責任 (L *onus probandi*): discharge a ~ 立証責任を果たす / The ~ is *on* the prosecution. 立証責任は訴追側にある.

búrden·some *a* 耐えがたい負担となる, 煩わしい, 厄介な, お荷物の, つらい, 難儀な. ♦ **~·ly** *adv* **~·ness** *n*

bur·dock /bə́ːrdɑ̀k/ *n* 《植》ゴボウ《キク科ゴボウ属の各種》. [BUR[1], DOCK[3]]

bu·reau /bjúərou/ *n* (*pl* **~s, -reaux** /-z/) **1** 《官省の》局; 事務局, 《新聞社・通信社などの》編集局; [the B-] 連邦捜査局 (the FBI): a ~ of information *案内所, 受付 / TRAVEL BUREAU. **2** "ひきだし付きの書き物机; *衣裳[整理]だんす (chest of drawers) 《しばしば上に鏡が付いている》. [F=baize covering, desk (*bure, buire* dark brown)]

bu·reau·cra·cy /bjuərɑ́krəsi/ *n* 官僚政治[主義, 制度, 支配]; 官僚式の煩雑な手続き; 官僚《集合的》; 《組織の》政策策定集団, 事務局.

bu·reau·crat /bjúərəkræ̀t/ *n* 官僚, 役人; 官僚主義者.

bu·reau·crat·ese /bjùərəkrætíːz, -s/ *n* 《抽象的・専門的・迂言的表現を随所に含む》お役所ことば, 官僚語法.

bù·reau·crát·ic *a* 官僚政治の, 官僚的な, お役所的な. ♦ **-i·cal·ly** *adv* 官僚的に.

búreaucrat·ìsm *n* 官僚主義[気質].

bu·reau·cra·tize /bjuərɑ́krətàɪz/ *vt* 官僚体制[組織]にする, 官僚政治化する, 官僚化する. ♦ **bu·rèau·cra·ti·zá·tion** *n*

bureau de change /*F* byro də ʃɑ̃ːʒ/ (*pl* **bureaux de change** /*F* —/) 両替所, 外貨交換所.

Búreau of Índian Affáirs [the] 《米》インディアン局《内務省の一部局; 略 BIA》.

Búreau of Lánd Mánagement [the] 《米》土地管理局《内務省の一部局; 国有地の管理を主たる業務とする; 略 BLM》.

Bu·reau Ve·ri·tas /*F* byro veritɑːs/ [le /*F* lə/ ~] フランス船級協会, ビューロー・ヴェリタス《1828 年創立; 略 BV》.

bureaux *n* BUREAU の複数形.

bu·ret(te) /bjuərét/ *n* 《化》ビュレット《精密な目盛り付きの分析用ガラス管》. [F]

bur·fi /bə́ːrfi/, **bar·fi** /bɑ́ːrfi/ *n* 《インド》バルフィー《牛乳の固形分に砂糖を加えて熱し, 冷ましてから菱形または正方形に切った菓子; カルダモンで風味をつけたりナッツを入れたりすることが多い》. [Hindi]

burg /bə́ːrg/ *n* 《史》城塞, 《防壁をめぐらした》城市 (fortified town); "BOROUGH; *《口》町 (city, town).

-burg /bə̀ːrg/, **-burgh** /bə̀ːrə, b(ə)rə, bə̀ːrg; b(ə)rə, bə̀ːg/ *n suf*「市」「町」《しばしば 地名に用いる》: Johannes*burg*, Pitts*burgh*. [⇨ BOROUGH, BURGH]

bur·gage /bə́ːrgɪʤ/ *n* 《古英法》自治都市土地保有(態様)《borough の市民権を有する人が貨幣地代を支払って領主から許された権利; たとえば borough English のような特殊な慣習法が適用された》; 《古スコ法》国王直轄自治都市土地保有(態様)《自警に参加した代償となった》. [L BURGESS]

Bur·gas /buərgɑ́ːs/ ブルガス《ブルガリア南東部, 黒海の入江に臨む港湾都市》.

bur·gee /bə́ːrʤìː, ⌐⌐/ *n* 《ヨット・商船の》三角旗, 二叉旗. [F *bourgeois* (dial) shipowner; cf. BURGESS]

Bur·gen·land /bə́ːrgənlæ̀nd; *G* .búrgnlant/ ブルゲンラント《オーストリア東部の州; ☆Eisenstadt》.

bur·geon, bour- /bə́ːrʤ(ə)n/ 《文》*vi* 芽吹く, もえ出る, 開花する 〈*forth, out*〉; [*fig*] 芽生える, 急速に成長[発展]する 〈*forth, out*〉. ► *n* 芽, 若枝 (shoot). ♦ **~·ing** *a* 芽吹き始めた; 新興の, 成長著しい, 伸びゆく. [OF<L *burra* wool]

burg·er /bə́ːrgər/ *n* 《口》バーガー《**1**) HAMBURGER **2**) ハンバーガーふうのサンドイッチ》; 《俗》かすり傷. ● **flip ~s** 《口》ファストフード店で働く.

Bur·ger /bə́ːrgər/ バーガー **Warren E(arl)** ~ (1907–95)《米国の法律家; 合衆国最高裁判所首席裁判官 (1969–86)》.

Bür·ger /*G* býrgər/ ビュルガー **Gottfried August** ~ (1747–94)《ドイツの抒情詩人》.

-bur·ger /bə̀ːrgər/ *n comb form*「…を使ったハンバーガー式のパン」「…製のハンバーガー」: fish*burger*, cheese*burger* / Wimpy*burger*. [*hamburger* にならったもの]

búrger bàr" バーガーバー《ハンバーガーをカウンター形式で供する店》.

búrger-flìp *vi* *《俗》ファストフード店で働く(ような低賃金で働く). ♦ **búrger-flìpper** *n*

Búrger Kíng バーガーキング《米国 Burger King 社系列のハンバーガーのチェーン店》.

bur·gess /bə́ːrʤəs/ *n* 《古》市民, 自治都市市民; 《史》都市選出議員《自治都市または大学選出代議士》; 《米史》《Virginia, Maryland 両植民地の》植民地議会下院 (House of Burgesses) 議員. [OF<L (*burgus* BOROUGH)]

Burgess バージェス (**1**) **Anthony** ~ (1917–93)《英国の作家・批評家; ディストピア小説 *A Clockwork Orange* (1962)》 (**2**) (**Frank**) **Gelett** ~ (1866–1951)《米国のユーモア作家・挿画家》 (**3**) **Guy** ~ (1911–63)《英国のスパイ; 1951 年 Donald Maclean と共にソ連に逃亡; CAMBRIDGE SPIES の一人》.

burgh /bə́ːrou, bʌ́r-, bə́ːrg; bʌ́rə/ *n* 《スコ》《特許状を与えられた》自治都市; 《古》BOROUGH. ♦ **~·al** *a* [Sc]

-burgh ⇨ -BURG.

bur·gher /bə́ːrgər/ *n* BOROUGH の市民; 中産階級の市民; 《特にオランダ・ドイツの都市の》市民; 《南ア》ブール人の共和国の市民; [B-] スリランカにおけるオランダ[ポルトガル]系入植者の子孫: solid ~*s* 堅実な市民[人びと]. [G or Du (*burg* borough)]

Burgh·ley, Bur·leigh /bə́ːrli/ バーリー **William Cecil**, 1st Baron ~ (1520–98)《イングランドの政治家; Elizabeth 1 世に仕え, 指南役として彼女の政治を補佐した功臣》.

Búrghley Hòuse バーリーハウス《イングランド東部 Lincolnshire の Stamford の近くにある後期エリザベス様式の邸宅; Cecil 家の本邸で, 1961 年以降毎年 three-day event の大会 Burghley Horse Trials が行なわれている》.

bur·ghul /bərgúːl/ *n* BULGUR. [Pers]

bur·glar /bə́ːrglər/ *n* 不法目的侵入者, 強盗, 夜盗; *《俗》詐欺師. ★ 《英》では burglar を夜間の, housebreaker を昼間の '押入り強盗' として区別していたが, 今日この区別はあいまいになっている. [AF *burgler*]

búrglar alàrm 《建物の》侵入警報機.

bur·glar·i·ous /bə̀ːrglέəriəs/ *a* 不法目的侵入(罪)の, 夜盗(罪)の. ♦ **~·ly** *adv* 夜盗の目的で.

búrglar·ìze* *vt, vi* 〈建物〉に不法目的で侵入する, …に押し入って盗みをはたらく; (…に対して)不法目的侵入[夜盗](罪) (burglary) を犯す. ★ 《英》では通例 burgle という.

búrglar·pròof *a* 夜盗よけの, 盗難防止の〈金庫室など〉.

búr·gla·ry *n* 《法》不法目的侵入(罪), 《特に》押込み, 夜盗(罪).

bur·gle" /bə́ːrg(ə)l/ *v* BURGLARIZE. [逆成 ‹ *burglar*]

búr·go·màster /bə́ːrgə-/ *n* **1** 《オランダ・オーストリア・ドイツ・ベルギーなどの》市長. **2** 《鳥》シロカモメ (glaucous gull). [Du *burgemeester* (⇨ BOROUGH); 語尾は *master* に同化]

bur·go·net /bə́ːrgənèt, -nət, ⌐⌐⌐/ *n* 《16–17 世紀の》面頰の付いた軽装かぶと.

bur·goo /bə́ːrgùː, bərgúː/ *n* (*pl* **~s**) 《船乗りの食べる》オートミール (porridge); 堅パンと糖蜜をいっしょに料理したもの; *《方》肉と野菜の濃いスープ; burgoo が出されるピクニック[野外パーティー].

Bur·gos /búərgòus/ ブルゴス《**1**) スペイン北部 Castile and Leon 自治州の県 **2**) その県都; ゴシック大聖堂がある》.

Bur·goyne /bərgɔ́ɪn, bə́ːrgɔ̀ɪn/ バーゴイン **John** ~ (1722–92)《英国の陸軍将校・劇作家; 愛称 'Gentleman Johnny'; アメリカ独立戦争で軍司令官となったが Saratoga で降伏 (1777)》.

bur·grave /bə́ːrgrèɪv/ [°B-] 《ドイツ史》 *n* 城主; 《12–13 世紀の》都市の軍事長官.

Bur·gun·di·an /bərgʌ́ndiən/ *a* BURGUNDY (の住民)の. ► *n* ブルゴーニュの住民; 《史》ブルグント族《ゲルマンの一族》.

Bur·gun·dy /bə́ːrgəndi/ **1** ブルゴーニュ (*F* Bourgogne)《フランスの東部の Saône 川西岸の地方; もと公国; ☆Dijon》. **2** [°b-] バーガンディ, ブルゴーニュ《ブルゴーニュ地方産の各種ワイン(普通は赤)》, 《一般に》赤ワイン; [°b-] (暗い)赤ワイン色, バーガンディ. **3** 《史》ブルグント王国《6 世紀初めに成立》; 《史》ブルゴーニュ王国《13 世紀以降 Arles 王国と呼ばれる》, ブルゴーニュ公国《Arles 王国の一部》.

burhel ⇨ BHARAL.

bur·i·al /bέriəl/ *n* 埋葬, 葬式; 埋めること; 埋葬地, 墓: the ~ at sea 水葬. [BURY]

búrial càse* 棺 (casket).

búrial gròund [plàce] 埋葬地, 墓地.

búrial mòund 《特に 北米インディアンの》埋葬塚.

búrial sèrvice 埋葬式.

búrial socìety 葬儀[埋葬]費保険組合.

Buriat ⇨ BURYAT.

Bú·ri·dan's áss /bjúərəd(ə)nz-/ **1** ビュリダンのロバ《等距離の所に等質等量の乾草を置けばロバはどちらを先にするか迷いつづけて餓死するに至る》. **2** 優柔不断な人物, 煮えきらないやつ. [Jean *Buridan* 14 世紀のフランスの哲学者]

bur·ied /bérid/ *vt* BURY の過去・過去分詞. ► *a**《俗》終身刑[長期刑]に服している; *《俗》独房に監禁された.

bur·i·er /bériər/ *n* 埋葬者; 埋葬道具.

bu·rin /bjúərən, *bə́ːr-/ *n* 《銅版用などの》彫刻刀, たがね, ビュラン; 彫刻の作風[様式]; 《考古》ビュラン《後期旧石器文化に特徴的なのみ状の石器》. ♦ **~·ist** *n* (銅板)彫刻師 (engraver). [F]

burk ⇨ BERK.

bur·ka, -kha, -qa /búərkə, bə́ːr-/ *n* ブルカ《イスラム教徒の女性

が人前で着る頭からすっぽりおおうベールの一種). [Hindi＜Arab]

burke /bə́:rk/ *vt* 《きずあとを残さないように》締め殺す; 〈議案などを〉握りつぶす, 闇に葬る; 〈うわさなどを〉もみ消す; そらす, かわす. ♦ **búrk·er** *n* [William *Burke*]

Burke 1 バーク (1) **Edmund** ～ (1729–97)《英国の政治家・政治理論家; 近代的保守主義の先駆; *Reflections on the Revolution in France* (1790)》 (2) **Robert O'Hara** ～ (1820–61)《アイルランドの探検家; オーストラリア大陸を初めて縦断した探検隊のリーダー》 (3) **William** ～ (1792–1829)《アイルランド出身の猟奇殺人者; 下宿屋の主人 William Hare と共に解剖用の死体を売る目的で 15 人を殺害し, 絞首刑になった》. **2** 《口》 雄弁家. **3** ˈ《口》 BURKE'S PEERAGE.
♦ **Búrk·ean, -ian** *a* Edmund Burke の(政治思想の).

Búrke's Lánded Géntry 『バーク・ジェントリー年鑑』《貴族ではないが, それに準ずる地位の土地所有者たちに関する情報を提供》.

Búrke's Péerage 『バーク貴族名鑑』《アイルランドの系図学者 John Burke (1787–1848) が 1826 年に創刊; 1847 年より年刊; 英国の貴族に関する情報を提供; cf. DEBRETT'S》.

burkha ⇨ BURKA.

Bur·ki·na Fa·so /bərkí:nə fá:sou, bur-; bə:kí:nə fǽsou/ ブルキナファソ《アフリカ西部の内陸国; 旧称 Upper Volta; ☆Ouagadougou》. ♦ **Bur·kí·nan** *a, n*

Búr·kitt('s) lymphóma [túmor] /bə́:rkət(s)-/ 【医】 バーキットリンパ腫《アフリカの子供に多い悪性リンパ腫》. [Dennis P. *Burkitt* (1911–93) 英国の外科医]

burl[1] /bə́:rl/ *n* 《糸・毛布などの》節玉(ふしだま), バール; *《樹木の》節, こぶ; 節のある木で作ったベニヤ. ► *vt* 節玉を除いて〈布を〉仕上げる, 節取りする. ♦ **～ed** *a* 節[こぶ]のある, 節で木目のゆがんだ. [OF＝tuft of wool (dim)＜*bourre*]

burl[2], **birl** 《豪口》 *n* 試み; 車に乗ること: give it a ～ やってみる. [? *birl* (dial) twist or turn]

burl. burlesque.

bur·la·de·ro /bùərlədέərou, bə̀:r-/ *n* (*pl* ～s) ブルラデロ《闘牛場の壁と平行に作られた闘牛士が逃げ込むための板柵》.

bur·lap /bə́:rlæp/ *n* バーラップ (＝*hessian*) (1) 黄麻繊維の目の粗い布; 製袋・包装用など 2) これに似た衣料・室内装飾用の軽い布); [the] *《俗》 [*joc*] 寝床. [C17＜?]

bur·le·cue /bə́:rlikjù:/ *n* *《俗》 [°*joc*] バーレスク (burlesque).

Burleigh ⇨ BURGHLEY.

bur·lesque /bərlέsk/ *a* おどけた, 道化の; 戯作的な; *バーレスクの.
► *n* 戯作, 狂文, 狂詩, 戯画; 笑劇, 茶番劇; *バーレスク《ストリップを呼び物にする笑劇》; 低級なもじり, 茶化し. ► *vt, vi* (まねて)茶化す, 戯画化する, 道化る, おどける. ♦ **bur·lésqu·er** *n* **～·ly** *adv* [F＜It (↓)]

bur·let·ta /bùərlétə, bə̀:r-/ *n* バーレッタ《18–19 世紀英国で行なわれた全部歌からなる喜歌劇》. [It (dim)＜*burla* jest]

bur·ley[1] /bə́:rli/ *n* [°B-] バーリー (＝～ **tobácco**)《Kentucky, Ohio 南部地方産の薄葉タバコ》. [*Burley* 栽培者の名からか]

burley[2] ⇨ BURLY[2].

burley[3] ⇨ BERLEY.

bur·ley·cue, -li- /bə́:rlikjù:/ *n* *《俗》 BURLESQUE.

Bur·ling·ton /bə́:rlɪŋtən/ バーリントン (1) カナダ Ontario 州南東部の Ontario 湖に臨む市 2) Vermont 州北西部の市》.

Búrlington Hòuse バーリントンハウス《London の Piccadilly にある建物; Royal Academy などの本部がある》.

bur·ly[1] /bə́:rli/ *a* たくましい, がんじょうな; ぶっきらぼうな, 無愛想な; *《俗》 めちゃむずかしい, 油断ならない, あぶない. ♦ **búr·li·ly** *adv* **-li·ness** *n* [ME *borli(ch)*＜? OE **būrlic* fit for the BOWER[1]]

burly[2], **-ley** *n* *《俗》 BURLESQUE.

Bur·ma /bə́:rmə/ ビルマ《MYANMAR の旧称》.

Bur·man /bə́:rmən/ *n, a* BURMESE.

bur·man·ni·a·ceous /bərmæ̀niéɪʃəs/ *a* 【植】 ヒナノシャクジョウ科 (Burmanniaceae) の. [Johannes *Burmann* (1707–79) オランダの植物学者]

búr márigold 【植】 キク科タウコギ属の各種多年草.

Búrma Róad [the] ビルマルート, 滇緬(てんめん)公路《ビルマのラシオ (Lashio) に発し, 中国の昆明 (のちに重慶) に至る自動車道路; 日中戦争中の 1939 年に完成し, 42 年まで連合軍の中国内陸部への補給路だった》.

Bur·mese /bə̀:rmí:z, -s/ *a* ビルマ(人)の. ► *n* (*pl* ～) ビルマ人; ビルマ語《シナチベット語族》; BURMESE CAT.

Búrmese cát 【猫】 ビルマネコ, バーミーズ《シャムネコに似ているが毛は金茶色》.

burn[1] /bə́:rn/ *v* (～**ed** /-d/, **burnt** /bə́:rnt/)《過去・過去分詞は *burned, ˈburnt が普通; 形容詞用法では米英ともに BURNT》.
► *vi* **1 a** 燃える; 焼ける, 焦げる, 焦げ臭い; やけどする, 日に焼ける (sunburn); 〈日が〉照りつける; 燃え立つ 〈*up*〉, 輝く; 〈明かりが〉ついている, 点灯している. **b** 【化】 燃焼[酸化]する, 【理】 〈核燃料が〉分裂[融合]する. **c** 《俗》 タバコを吸う. **d** 《古》 焼け死ぬ, 火刑に処される; *《俗》 電気椅子にかけられる; 地獄に落ちる. **2 a** 燃えるように感じる; 〈舌・口・のどが〉ヒリヒリする, ひりつく 〈*with* pepper〉; [通例 進行形で] 〈人が〉高熱がある, ひどく熱い, 〈耳・顔が〉ほてる 〈*up, with* fever〉. **b** 興奮する, 燃える 〈*with* love, desire, rage〉; [通例 進行形で] 熱中する 〈*with* ardor〉, 熱心に〈…を〉求める 〈*for, to* do〉; *《ジャズ俗》 最高の演奏をする, 白熱のアドリブをやる. **c** かっとなる, 腹を立てる, 頭にくる. **d** 《クイズなどで答に近づいて》いま一息だ, くさいぞ. **e** 〈ことば・印象など〉心に焼き付く, 焼き付けられる. **3 a** 〈ロケットエンジンが〉噴射する; *《俗》 急行する 〈*up*〉; 《口》 車を飛ばす 〈*along, through, up*〉. **b** 《卑》 性病に感染する; *《俗》 いんちき薬(?)をつかませる; *《俗》 失望する. **4** 【トランプ】 《口》 不要な札を捨てる[交換する].
► *vt* **1 a** 燃やす, 焼く, たく, 焼却する; 〈ガスなどを〉点火する, 〈ろうそくを〉ともす. **b** あぶる; 焼き焦がす, カリカリに焼く 〈*to* a crisp〉; *《俗》 料理する, 〈食べ物を〉温める; やけどさせる; 〈日が〉…に照りつける, 日焼けさせる (sunburn); ヒリヒリさせる: ～ one*self* やけどする / Once ～*ed* [*burnt*], twice shy. 《諺》 一度やけどをすると今度は慎重. **c** 〈炉・エンジンなどが〉燃料として使う, 燃焼させる; 〈脂肪・カロリーなどを〉消費する, 燃焼させる 〈*off, up*〉; 【化】 燃焼[酸化]させる; 【ロケット】 燃焼させる, 噴射させる; 【理】 〈ウランなどを〉燃焼させる; 〈機器などが〉〈電力を〉消費する: ～ 30 watts 30 ワット電気を食う. **d** 《俗》 〈タバコ・マリファナを〉吸う, 吹かす. **2 a** 〈焼き印・銘を〉焼きつける 〈*into, in*〉; 〈穴を〉焼いて[焦がして]つくる; 焼き固める, 〈煉瓦・石灰・炭などを〉焼く, 焼いて造る 〈clay *to* bricks〉; 〈傷・病的部分などを〉焼灼(しょうしゃく)する 〈*away, off, out*〉: Money ～*s* a hole in the pocket. 《諺》 金は持てばつかってしまうものだ / ～ wood *into* charcoal 木を焼いて炭にする. **b** 【電算】 〈PROM, EPROM〉 にプログラムを書き[焼き]込む; 〈CD (など光学ディスク)〉にデータを記録する, '焼く', 〈データを〉 CD (など)に焼く; *《軍俗》 …のコピーをとる, 複写する. **c** *《卑》 …に性病をうつす. **3** 火あぶりに処する; *《俗》 電気椅子にかける; *《俗》 殺す, 射殺する: *be burnt* alive [at the stake] 火あぶりにされる; [*fig*] きびしく罰せられる. **4** …の心を燃え立たせる; *《口》 かっとさせる, おこらせる, 頭にこさせる 〈*up*〉; *《俗》 いびる, いびり出す, こきおろす, いたぶる; *《俗》 〈チンピラが敵対グループ(の者)〉とやり合う, 襲う. **5** 《俗》 **a** *《競技で》 出し抜く, …のうわてを行く; *うまくだます, 詐取する, [*pass*] うまいこと口車に乗せる; *借りる, もらう, 請う; *《黒人》 うまく[てきぱき]やる: get ～*ed* うまくだまされる[してやられる]. **b** [ᵘ*pass*] 《事業・社交などにおいて》…に損失をこうむらせる, 幻滅させる. **c** *〈時間を〉過ごす, つぶす. **6** *《俗》 〈野球のボールを〉すごいスピードで投げる, ビューッと投げる. **7** *《俗》 〈秘密捜査員など〉の正体を暴露する. **8** 【トランプ】 《口》 〈不要な札を〉捨てる[交換する].
● **be ～ing to** do…したくてむずむずする. **～ a hole in sb's pocket** 〈金が〉つかわれたがっている《人が金をつかいたくてうずうずしている; cf. *vt* 2a 《諺》》. **～ away** 燃えきる; 焼け落ちる; 焼き払う; 燃えつづける. **～ down** (1) 火勢が衰える. (2) 全焼する, 焼け落ちる; 焼き尽くす, 焼き払う. (3) *《俗》 へこます, …に恥をかかせる; *《俗》 撃つ. **～ in** 【写】 〈印画紙の一部を〉(ほかよりも)強く焼き付ける (opp. *dodge*); [*fig*] 心に強く焼きつける; 【電算】 〈新しいソフトなどを〉《数時間作動させて》動作検査する, 慣らす, バーンインする. **～ into**…を腐食する; 〈心・記憶に〉焼きつく, 焼きつける. **～ low** 火勢が衰える. **～ off** ⇨ *vt* 1c; 焼き払う; 野焼きする; 熱して〈汚点などを〉除く; 〈ペンキなど〉熱ではがす[はがれる]; *《太陽の熱で》〈霧が[を]〉消散する[させる]; *《俗》 おこらせる. **～ one** *《俗》 《樽などから》ビールをグラス一杯つぐ. **～ one in [over]** 《野球俗》 速球を投げる. **～ out** 焼きつくす[つぶす]; [*pass*] 〈車・建物など〉の内部を焼きつくす; 燃え尽きる; 疲れはてる, '燃え尽きる'; 疲れはてさせる; 〈モーター・コイルなどを[が]〉焼き切る[切れる]; 〈ロケットなどが〉燃料を使い切る; 火で追い出す: We were *burnt out* (*of* house and home). 焼け出された. **～** RUBBER[1]. **～ one's boats**＝**～ one's bridges** (**behind** one) 退却の道を断つ, 背水の陣をしく. **～ one's bridges in front of** one みずから苦難をまねく. **～ one*self* out** 燃え尽きる; 精力を使いはたす. **～ one's money** 金をつかいはたす. **～ the breeze** *《俗》 全速力で走る, 《車を》フルスピードで走らせる. **～ the earth [wind]** *全速力で行く. **～ the water** たいまつをともしてサケを突く. **～ together** 焼き合わせる. **～ to the ground** 全焼する. **～ up** 焼きつくす[払う]; パッと燃え立つ; 〈隕石・ロケットなどが〉《大気圏に突入して》燃え尽きる; 〈車がガソリンを〉食う; ⇨ *vi* 2a, *vt* 1c; 《口》 〈車が道路を〉ぶっ飛ばす, 《車で》暴走する; *《俗》 《記録を》更新する; *《口》 おこらせる, おこる; 《俗》 しかりつける; *《俗》 電気椅子にかける; *《俗》 徹底的に捜す[やる]; *《俗》 だます, カモにする, カモる: ～ *up* the CINDERS. **～ (up) the road** 《口》 車をぶっ飛ばす, 大急ぎの旅をする (cf. *vi* 3a). **B～ you!** くたばれ, こんちくしょう! **have** (money etc.) **to ～** 《口》 (金などが)あり余る.
► *n* **1** 《火による》やけど, 火傷 (cf. SCALD[1]); 《やけどのような》すり傷; 焼け跡, 焼野原; *焼失地帯; *樹木を焼き払って開拓した土地. **2 a** ひと焼き; 焼け(焦がし); 《俗》 喫煙, タバコ (cigarette); 《燃料の》燃焼; 【ロケット】 燃焼(時間), 噴射; 《俗》 自動車レース. **b** 焼けるような感覚; [the] 《激しい運動の後の》筋肉の焼けるような感覚[痛み]; *《俗》 《麻薬注射後の》快感: Go for the ～. 死物狂いでやれ. **3** 《俗》 詐欺, ペテン. **4** *《俗》 頭にくること, かっとなること, 熱くなること (⇨ SLOW BURN); *《俗》 侮辱, けなし. **5** *《俗》 ドラッグをやる[酒を飲む]やつ, BURNOUT.
[OE *birnan* (vi), *bærnan* (vt); ME 期は音位転換形 *brenne* が主流で, 今の形は 16 世紀から]

burn[2] *n* 《スコ》 小川 (brook, rivulet). [OE *burna*; cf. BOURN[1]]

búrn·able *a, n* 焼く[あぶる, 焦がす]ことができる(もの), 可燃性の(ごみ).

búrn àrtist 《俗》人をだますやつ, 詐欺師, いんちき薬(ヤク)をつかませる売人; 《俗》密告者.

búrn-bág* *vt* 〈文書を〉BURN BAG に入れる.

búrn bàg* 焼却廃棄すべき機密文書を入れる袋.

búrned-óut *a* **1** 燃え尽きた; 〈車・建物などが〉内部がまる焼けになった; 消耗しきった, 疲れきった; *《俗》《麻薬の効き目が消えて》虚脱した; *《口》麻薬でだめになった; 《俗》薬(ヤク)が効かないようになった: a ～ case 燃え尽きた人. **2** 火災で住居[職など]を失った, 焼け出された.

Búrne-Jónes /bə́ːrn-/ バーン-ジョーンズ Sir **Edward Coley** ～, Baronet (1833–98)《英国の画家; 後期ラファエル前派の作家で, ステンドグラス・タペストリーのデザイナー; 友人 William MORRIS の意匠にも協力; もとの姓は Jones》.

búrn·er *n* **1** 焼く人; 燃焼器, バーナー; 《ストーブ・ガスレンジの》火口(ひぐち); 《ジェットエンジンの》燃焼室, 《燃焼室の》噴射口, バーナー; 点火物; 《石油ランプ・ガス灯の》ほくち; *《俗》電気椅子; 〖電算〗CD [DVD] 書き込み[焼き込み]装置: a charcoal ～ 炭焼き《人》/ BACK [FRONT] BURNER. **2***《俗》最高[ダントツ]にうまいやつ; *《アメフト俗》パスを受けてから数ヤードだけすごく速い選手.

bur·net /bərnét, bə́ːrnət; bə́ːnət/ *n* 〖植〗ワレモコウ《バラ科ワレモコウ属の各種の多年草》; 〖昆〗BURNET MOTH. [*burnet* (obs) dark brown＜OF; ⇨ BRUNETTE]

Bur·net /bərnét, bə́ːrnət/ バーネット Sir (**Frank**) **Macfarlane** ～ (1899–1985)《オーストラリアのウイルス学者; ノーベル生理学医学賞(1960)》.

búrnet mòth 〖昆〗マダラガ科の各種の蛾, 《特に 欧州の》ムツモンベニモンマダラ.

búrnet ròse SCOTCH ROSE.

búrnet sàxifrage 〖植〗白[ピンク]の花をつけるセリ科ミツバグサ科の植物.

Bur·nett /bərnét, bə́ːrnət/ バーネット **Frances Eliza** ～ (1849–1924)《英国生まれの米国の作家; 旧姓 Hodgson; *Little Lord Fauntleroy* (小公子, 1886)》.

búrnett·ìze *vt* 〈材木・帆布などに〉塩化亜鉛溶液を加圧浸透させる, バーネット化する. [Sir William *Burnett* (1779–1861) スコットランドの医師・発明家]

Bur·ney /bə́ːrni/ バーニー **'Fanny'** ～ [**Frances** ～] (1752–1840)《英国の小説家・日記作者; 結婚して Madame d'Arblay; *Evelina* (1778)》.

Búrn·ham scàle /bə́ːrnəm-/ 〖英〗バーナム給与等級(表)《1924 年以降, 国庫補助を受ける学校の教員に適用》. [Lord *Burnham* (1862–1933) この表の採用勧告をした委員会 (Burnham committee) の委員長]

búrn·ie *n**《俗》吸いさしのマリファナタバコ, 仲間と分けて吸う一本のマリファナタバコ.

búrn-ìn *n* 〖電算〗バーンイン《(**1**) 新しいコンピューターを出荷する前に一定時間連続稼働させてメモリーチップなどに欠陥のないことを確認すること **2**) ＝GHOSTING》.

búrn·ing *a* 燃え[焼け, 焦げ]ている; 焼けるような, 熱い; 燃えるような, 鮮烈な〈色など〉; 激しい, 強烈な; はなはだしい〈恥辱など〉; 重大な, 火急の, 焦眉の: a ～ scent 獣の強い遺臭 / a ～ issue [question] 喫緊の問題. ► *n* 燃焼; 灼熱; (大)火災; 《陶器・セラミックの》焼成; 焼損; 煆焼(かしょう)《工業生産過程の予備段階として鉱石や岩石を加熱して揮発性物質を除いたり酸化したりすること》. ♦ **～·ly** *adv*

búrning búsh **1** 〖聖〗燃え尽きることのない柴(しば)《*Exod* 3: 2–4》. **2 a** 〖植〗コシダ属の各種のシダ. **b** ヨウシュハクセン (⇨ FRAXINELLA). **c** ニシキギ属の数種の低木の総称《wahoo など》. **d** ホウキギ (summer cypress).

búrning ghàt 《ヒンドゥー教徒の》川辺の火葬場.

búrning glàss 天日(採り)レンズ《集光レンズ》.

búrning móuntain 火山 (volcano).

búrning òil 燃料油 (fuel oil).

búrning òut*《俗》《年配の薬物中毒者が》自発的に薬物をやめること.

búrning pòint [the] 〖理〗燃焼点 (fire point).

bur·nish /bə́ːrnɪʃ/ *vt, vi* 〈金属などを〉磨く (polish); 研ぐ; 光らせる, つや出しする, 光る; …に磨きをかける; 磨きがきく〈*well, badly*, etc.〉; 〖印〗〈網版(あみはん)など〉につやべらがけをする. ► *n* 磨かれた表面; つや, 光沢. ♦ **～·er** *n* 磨く[研ぐ]人, 研磨器. **～·ing** *a, n* [OF; ⇨ BROWN]

Burn·ley /bə́ːrnli/ バーンリー《イングランド北西部, Lancashire 東部の工業都市》.

búrn-òff *n* 焼き払い; 草木を焼き払って土地を開くこと.

bur·nous(e), -noose /bərnúːs, ˈˈ-z/ *n* バーヌース《アラビア人などのフード付き外衣》. ♦ **-nóused, -nóosed** *a* [F＜Arab＜Gk *birros* cloak]

búrn·òut *n* **1** 〖空〗《エンジンの》燃焼終了(点), 《ロケットの》《推薬の》燃えきり(点), バーンアウト; 〖機・電〗《過熱による》焼損. **2** 《過労やストレスからくる肉体的・精神的な》燃え尽き; 燃え尽きた人; 《口》(能力的に)だめになった人; 《口》麻薬でいかれた人, ドラッグによる廃人; *《口》《特に ティーンエージャーの》ドラッグ[アルコール]濫用者. **3***《俗》ひどい退屈, 飽きあきすること, 我慢できなくなること. **4***《ホットロッド俗》改造車の高速走行レース; 《ドラッグレース俗》高速走行.

búrnout velòcity 《ロケットの》燃えきり速度.

burns /bə́ːrnz/ *n pl**《俗》SIDEBURNS.

Burns バーンズ (**1**) **George** ～ (1896–1996)《米国のコメディアン; 本名 Nathan Birnbaum; いつも葉巻を持ち, 妻 Gracie Allen とコンビを組んでラジオ・テレビ・映画に出演》(**2**) **Robert** ～ (1759–96)《スコットランドの国民詩人; 主としてスコットランド語で恋愛詩・自然詩・諷刺詩を書いた; 'Auld Lang Syne', 愛国的な 'Scots, Wha Hae', 魔女伝説を扱った 'Tam o' Shanter' など》. ♦ **～·ian** *a*

burn·sides* /bə́ːrnsàɪdz/ *n pl* バーンサイドひげ《ほおひげと口ひげを続け, あごは剃ってある》. [Ambrose E. *Burnside* (1824–81) 南北戦争の北軍の指揮官]

Búrns Níght バーンズ生誕夜《Robert Burns の生誕を祝う 1 月 25 日; Burns の詩の朗読, スコットランドの伝統音楽やダンス, 伝統料理 (haggis など) と乾杯などで本国および世界各地のスコットランド人が祝う》.

burnt /bə́ːrnt/ *v* BURN[1] の過去・過去分詞. ► *a* 焼いた, 焦げた; やけどした; 〈顔料など〉焼いてつくった; *《俗》ひどい, 見込みがない: A ～ child dreads the fire. 《諺》やけどした子は火を恐れる《一度痛いめにあうと慎重になる》.

búrnt álmond [ᵘ*pl*] アーモンド糖菓《焦がした砂糖で固めたアーモンド》.

búrnt álum 焼きミョウバン.

búrnt córk 焼きコルク《顔などを黒く塗る》.

búrnt líme 生石灰 (quicklime).

búrnt ócher べんがら.

búrnt óffering **1** 燔祭(はんさい), 焼いた[全焼の]いけにえ, 焼きつくすささげ物 (＝**búrnt sácrifice**)《祭壇上で動物・食べ物を焼いて神にささげる》. **2** 《口》[*joc*] 焦げた[焼きすぎた]食べ物.

búrnt órange やや赤みがかったオレンジ色.

búrnt-óut *a* BURNED-OUT.

búrnt pláster 焼き石膏.

búrnt siénna 代赭(たいしゃ); 代赭色, 赤土色.

búrnt-tìp órchid 〖植〗オルキスウスツラタ《円錐状総状花序の先端部が暗い赤褐色をした小型のラン》.

búrnt úmber 焼きアンバー《焦げ茶色顔料》; 焦げ茶色.

búrn-ùp *n* 〖空〗《空気の抵抗により》ロケットが燃え尽きること; 〖理〗《核燃料の》燃焼度, バーンアップ《核燃料の燃焼した割合》; 《俗》車[オートバイ]をぶっ飛ばすこと, 暴走.

búrny *a* 焼ける[燃える]ような, 焦げたような, 焼けるように熱い.

búr òak 北米中部・東部産のオーク(材).

Bü·ro·land·schaft /G byróːlantʃaft/ *n* ビューロランドシャフト《事務所向けレイアウト; 固定壁に替えて, ついたて・植物などを仕切りとして用いて, 多種類のレイアウトを許容した室内設計》. [G＝office landscape]

bu·roo /bərúː/ *n* (*pl* **～s**) 《スコ・アイル》《政府の》失業保険給付事務機関. ● **on the ～** 失業保険の給付を受けて.

burp /bə́ːrp/ 《口》*n* ゲップ (belch); [〈*int*〉] ゲップ, ゲホッ; [*pl*]*《俗》酒, ビール. ► *vi* ゲップが出る. ► *vt* 《授乳後などに》〈赤ちゃん〉にゲップをさせる; 〈ゲップ〉を出す; 〈悪口などを〉吐く, 言う. [imit]

búr pàrsley 〖植〗セリ科アンスリスクス属[シャク属]の一年草《wild chervil に近縁》.

bur·pee /bə́ːrpi/ *n* バーピー《立った姿勢からスクワットスラスト (squat thrust) を 1 回やって再び立ち上がる運動》. [Royal H. *Burpee* (b. 1897) 米国の心理学者]

búrp gùn* ゲップ銃, バープガン《高速連続発射の, ドイツの Schmeisser 式短機関銃》, 《一般に》短機関銃. [発射音から]

burqa ⇨ BURKA.

burr[1], bur[1] /bə́ːr/ *n* **1** ばり, かえり, まくれ《切断したり, 穴抜きしたりするとき, 金属片に残る薄いぎざぎざ》; 鋳ばり; リベットを打ち込む前にはめる座金 (washer); 板金から抜いた一定形状の製品用素材. **2** [ᵘbur] 《クリ・ゴボウなどの》いが, 《ワタの》蒴果, 《ホップの》毬果; いがのある植物[果実など], ひっつき虫; くっつくもの; 厄介者: a ～ in the throat のどにつかえるもの. **3** 小型のフライス《ばりの除去, 凹所の加工に用いる》; [ᵘbur] 〖医〗バー(ドリル)《外科・歯科用の小さなドリル》; バードリルの穿子(せんし). **4** 《樹木の》節《装飾合板に用いる》; 鹿の角の小冠. ● **～ under the saddle** [**up one's rear end**]*《俗》絶えざる頭痛のたね, いつまでもはた迷惑な人[もの]. ► *vt* …にぎざぎざをつける; 〈金属〉からばりを取り除く. [Scand; cf. Dan *burre burr*]

burr[2], bur[2] *n* 〖音〗口蓋垂[のどびこ]顫動音(せんどうおん) (uvular *r*; 記号は /ʀ/); 〖音〗舌先顫音 r《スコットランド英語の r など》; ブーン[ビュー]という音. ► *vt, vi* 口蓋垂[舌先]顫動音に発音する; 不明瞭に発音する; ブーン[ビュー]と音をたてる. ♦ **～·er** *n* [imit]

burr[3], bur[3] *n* BUHRSTONE. [*burr*[1]]

Burr バー (**1**) **Aaron** ～ (1756–1836)《米国の政治家; 副大統領 (1801–05); 決闘で Alexander Hamilton に致命傷を負わせた (1804) あと Mississippi 河畔に共和国を建設しようとして失敗》(**2**) **Raymond** ～ (1917–93)《カナダ生まれの俳優; テレビの 'Perry Mason' の弁護士役で成功 (1957–65)》.

bur·ra /bə́ːrə, bʌ́rə; bʌ́rə/ *a* 《インド》大きな, 重要な, 偉い: a ～ sahib 高官, 大だんな. [Hindi＝great].

Búrra Dín «インド» クリスマス. ［Hindi＝Great Day］
bur·ra·mys /bə́ːrəməs, bʌ́r-; bʌ́r-/ *n* 〘動〙チビヤマポッサム, ブーラミス《豪州産のネズミに似た小型の有袋類; 稀少種》.
bur·ra·wang /bə́ːrəwæ̀ŋ, bʌ́r-; bʌ́r-/, **-wong** /-wɑ̀ŋ/ *n* 〘植〙オニザミア, 《特に》ネジレオニザミア《豪州原産; ソテツ科; 実は有毒だが加工して食用とする》. ［Mt *Burrawang* オーストラリア New South Wales 州の山］
búrr cèll 〘医〙有棘赤血球, 金米糖状赤血球.
búrr cùt *«俗» CREW CUT.
burred /bə́ːrd/ *a* 《手ざわりが》ざらざらした, 粗い, ぎざぎざの, チクチク刺す; いが[とげ]のある. ［*bur*[1]］
búr rèed 〘植〙ミクリ《ミクリ属の各種; ガマに似て水沢に生じ, いがのある実をつける》.
Búrrell Collèction [the] バレルコレクション《1944 年 スコットランドの海運王 Sir William Burrell (1861–1958) が Glasgow 市に寄贈した絵画・タペストリー・陶磁器および青銅製品のコレクション》.
Bur·ren /bə́ːrən, bʌ́rən; bʌ́rən/ [the] バレン《アイルランド西部 Clare 県北西部の氷河カルスト台地; 野生の花・洞窟・ドルメンなどで知られる》.
búrr·fish *n* 〘魚〙ハリセンボン科イシガキフグ属の数種の魚.
búrr·hèad *«俗» *n* [*derog*] チリチリ頭, 縮れっ毛, 黒んぼ; 《特に 黒人の》囚人仲間, 同囚者.
bur·ri·to /bəríːtoʊ/ *n* (*pl* **~s**) ブリート, ブリトー《肉・チーズなどを tortilla で包んで焼いたメキシコの料理》. ［AmSp＜Sp (dim)＜*burro*］
bur·ro* /bə́ːroʊ, bʊ́r-, bʌ́r-; bʊ́rəʊ, bʌ́r-/ *n* (*pl* **~s**) ロバ, 《特に 荷物を運ばせる》小型のロバ. ［Sp］
búrr òak BUR OAK.
bur·role /bəróʊl/ *«俗» *n* 耳 (ear); 立ち聞きする人; 通報者; 物乞い《行為》. ● **on the ~** [**bur·ro·la** /bəróʊlə/] *«俗» 犯罪者[お尋ね者]としてあちこちさまよって, 流れ者暮らしをして.
Bur·roughs /bə́ːroʊz, bʌ́r-; bʌ́r-/ バローズ (**1**) **Edgar Rice ~** (1875–1950)《米国の小説家; *Tarzan of the Apes* (1914) に始まる Tarzan もので知られる》(**2**) **John ~** (1837–1921)《米国のナチュラリスト・詩人》(**3**) **William S**(**eward**) **~** (1914–97)《米国の小説家; beat generation を代表する作家の一人; *Junkie* (1953) とその続篇 *Naked Lunch* (1959) で, 自身の麻薬中毒の体験をシュールリアリスティックに描いた》.
bur·row /bə́ːroʊ, bʌ́r-; bʌ́r-/ *n* **1**《キツネ・ウサギ・モグラなどの掘った》穴, 巣穴, 潜穴; 隠れ場. **2**《寄生虫の体内移行により組織[皮下]にできた》トンネル, 穴, 匐痕. ► *vt, vi* **1** 〈穴を〉掘る 〈*in, into, under*, etc.〉, 〈地面〉に穴を掘る; 掘って作る; 掘って進む; 穴に住む; もぐり込む; 〈頭などを〉すり寄せる, もぐり込ませる; «古» 隠す 〈*oneself*〉: **~** one's way 穴を掘って進む / **~** (*down*) *beneath* [*under*] the blankets 毛布にもぐり込む / **~** one's hand *into* a pocket for money ポケットに手を入れて金を採る. **2**《掘る[掘り返す]ように》探る, 探す; [*fig*] 突っ込んで調査をする 〈*in* the library *for* a book, *into* sb's past〉. ♦ **~·er** *n* 穴を掘る人, 穴居性の動物. ［*borough* の変形か］
búrrow·ing ówl 〘鳥〙アナホリフクロウ (＝*ground owl*)《地中に穴を掘ってすむ; 南米・北米の草原地帯産》.
búrr·stòne /bə́ːr-/ *n* BUHRSTONE.
bur·ry /bə́ːri/ *a* いが (bur) のある; いがのような; チクチクする (prickly); 口蓋垂顫動音 (burr) が特徴的にあらわれる, 〈話し方など〉不明瞭な.
bur·sa /bə́ːrsə/ *n* (*pl* **~s, -sae** /-sìː, -sàɪ/) 〘解〙包, 嚢(のう), 《特に》滑液包[嚢]; BURSA OF FABRICIUS. ♦ **búr·sal** *a* ［L＝bag; cf. PURSE］
Bur·sa /bʊərsɑ́ː, bə́ːrsə/ ブルサ《トルコの小アジア半島北西部の市; 古代ビチュニア (Bithynia) の王都; 旧称 Brusa》.
búrsa of Fa·brí·cius /-fəbríʃ(i)əs/ 〘鳥〙ファブリキウス嚢《総排出腔の内側の腸壁が胚期にふくらんでできた小嚢》. ［Johann C. *Fabricius*］
bur·sar /bə́ːrsər, -sɑ̀ːr/ *n* 《大学などの》経理部長, 出納長 (treasurer); 《大学の》給費生: the **~**'*s office* *《大学の》会計課. ♦ **~·ship** *n* bursar の地位[役目]; 大学の奨学金. ［F or L; ⇨ BURSA］
bur·sar·i·al /bərsέəriəl/ *a* 会計責任者の, 会計課の, 財務担当の; 給費の.
bur·sa·ry /bə́ːrs(ə)ri/ *n* 《大学などの》会計課(の部屋), 財務担当部門[部局]; ᴵᴵ大学の奨学金 (scholarship), 奨励金.
Bur·schen·schaft /*G* bʊ́rʃnʃaft/ *n* 大学学友会.
burse /bə́ːrs/ *n* **1** 〘カト〙ブルサ《聖体布を入れる聖布嚢》; 貴重品入れ(小袋) (purse); [the B-] 王位取引所 (the Royal Exchange); «廃» 証券取引所 (bourse). **2**《スコットランドの大学で》給費基金, 奨学金 (bursary).
bur·sec·to·my /bərséktəmi/ *n* 〘医〙滑液嚢切除(術). ♦ **bur·séc·to·mìze** *vt*
búr·sèed *n* STICKSEED.
bur·ser·a·ceous /bə̀ːrsəréɪʃəs/ *a* 〘植〙カンラン科 (Burseraceae) の. ［J. *Burser* (1593–1649) ドイツの植物学者］
bur·si·con /bə́ːrsɪkɑ̀n/ *n* 〘生化〙バーシコン《昆虫の脱皮後, クチクラになめし現象 (tanning) を起させるホルモン》.
búr·si·fòrm /bə́ːrsə-/ *a* 〘解・動〙袋の形をした, 袋状の.
bur·si·tis /bərsáɪtəs/ *n* 〘医〙滑液包[嚢]炎.
burst /bə́ːrst/ *v* (**~**) *vi* **1 a** 破裂する; 爆発[炸裂]する (explode); 〈堤防などが〉決壊する; 〈剣・槍などが〉《衝撃などで》折れる, 割ける; 〈戸・ふたなど〉急に開く; 〈泡・栗(くり)などが〉はじける, 〈つぼみが〉ほころびる: The door **~** *open.* 戸が勢いよくパッと開いた / **~** *with* laughter 爆笑する. **b** 〈胸が〉《あふれる感情で》張り裂ける, つぶれる (break). **c** «俗» 〈会社・事業などが〉つぶれる (cf. BUST[2]). **2** 〈あらしが〉ドッと起こる; 〈雲など〉急に晴れる; 突然現われる 〈*forth, into, out, upon, through*〉. **3** [進行形で] **a** いっぱいになる, (いっぱいで)はちきれそうだ 〈*with*〉: a man **~***ing with* ideas アイディアが満ちみちた男 / be **~***ing with* health 健康ではちきれんばかりである / be **~***ing with* joy [pride] うれしさ[誇らしさ]で胸がいっぱいである / I'm **~***ing* (*for* a pee)! «口»《トイレに行きたくて》もれそうだ. **b** «口»《…したくて》うずうずする 〈*to* do〉. ► *vt* 破裂させる; 裂く; 〈戸などを〉押し破る[開く] (: **~** open); 引きちぎる; 〈堤防を〉こえて氾濫する; 破って〈穴などを〉あける; 〘電算〙〈穴あき連続用紙などを〉一枚ずつに分ける, ばらばらにする: **~** buttons with food 満腹でボタンがはじけ飛ぶ. ● **~ at the SEAMS.** **~ away** 破裂する. **~ forth** 突然現われる; 飛び出す; 突発する. **~ in** 〈戸などが〉内側にパッと開く; 突然はいってくる, 押し入る; 突然口をはさむ 〈*with*〉. **~ in on…** 《いきなりはいってきて》…のじゃまをする; 〈話〉をさえぎる. **~ into** 〈部屋など〉に乱入する; 突然…し出す: **~** (*out*) *into* laughter [tears] ドッと笑い[ワッと泣き]出す / **~** *into* flame(s) パッと燃え出す / **~** (*out*) *into* blossom 〈木・花が〉一斉に開花する / **~** *into* life 急に活発になる / 突然活動し出す / The canaries **~** *into* song. カナリアが一斉にさえずり出した. **~ on**＝BURST upon. **~ onto**…に突然現われる: He first **~** *onto* the pop scene ten years ago. 10 年前ポップスの世界に突然現われた. **~ out** 〈…から〉飛び出す 〈*of*〉; 突然現われる; 突発する (⇨ OUTBURST *n*); 〈大声などを〉急に発する 〈*with* a scream〉; 絶叫する; 突然…し出す: **~** *out* laugh*ing* [cry*ing*] ドッと笑い[ワッと泣き]出す. **~ out of** 〈衣服など〉が着られ[はけ]なくなるほど大きくなる. **~** oneself (過労で)体をこわす. **~ one's sides with laughter** [**laughing**] 腹の皮をよじって笑う, 抱腹絶倒する. **~ one's way** 急いで進む. **~ through**(…を)突き破って通る, 突破する. **~ up** 破裂させる[する]; «俗» 破産する《この意味では通例 BUST[2] up》. **~ upon**…に突然現われる; …を襲う; 〈真理などが〉急にひらめく: **~** *upon* the view 突然見えてくる / **~** *upon* the scene (場に)突然現われる. FIT[1] **to ~.**
► *n* **1 a** 破裂, 爆発 (explosion); 硝煙; 破裂個所, 裂け穴; 突発, 噴出: a **~** *of* laughter ドッと起こる笑い / a **~** *of* anger 怒りの爆発. **b** 〘理〙バースト《宇宙線によって一度に多量にイオンが発生すること》; 〘通信〙バースト《受信信号強度の突然の増大》; 〘通信〙バースト《ひと続きのデータを一気に送ること》; 〘自動車レース〙バースト《タイヤの表面が剝離したり, 裂け目などができて, 激しい勢いで空気が抜けること》. **2 a** ひと奮発, 一気, 《馬の》ひと駆け; 《道楽の》ひとしきり; 集中射撃, 連続発射弾数: put on a **~** of speed 一気に加速する. **b** «口» 飲み騒ぎ: be [go] on the **~** 飲み騒ぎをする. **c** 突然視界に開ける光景: a **~** *of* color 色彩のほとばしり. ● **at a** [**one**] **~** 一気に; ひと奮発して. ［OE *berstan* to break; cf. G *bersten*; ME 期は音位転換形 *bresten* が主流で, 今の形は 16 世紀から］
búrst·er *n* 破裂[爆発]させる人[もの] (cf. BUSTER); 炸薬; バースター《連続用紙を一枚ずつに分ける機械》; 〘天〙X-RAY BURSTER; «豪» BUSTER.
búrst·ing chàrge [**pòwder**] 炸薬(さくやく).
búrsting hèart 〘植〙STRAWBERRY BUSH.
búr·stòne /bə́ːr-/ *n* BUHRSTONE.
búrst-pròof *a* 《ドアロックなど》強い衝撃に耐える.
búrst-ùp *n* «俗» BUST-UP.
búrsty *a* **1** «口» 間欠的にどっと起こる. **2** 〘通信〙バースト的な《データ伝送が一様でなく, 一時に大量に送られる》; バースト伝送の.
Burt /bə́ːrt/ バート《男子名; Albert, Bertram, Burton, Herbert などの愛称》.
bur·then[1] /bə́ːrð(ə)n/ *n*, *vt* «古» BURDEN[1].
burthen[2] *n* BURDEN[2].
bur·ton[1] /bə́ːrtn/ *n* 〘海〙バートン (＝**~ tàckle**)《block が 1, 2 個の小型巻上げ滑車装置》: SPANISH BURTON. ［C18＜?］
burton[2] *n* [次の成句で]: **go for a ~** [**B~**] ᴵᴵ«口» こわれる, 役立たずになる, (消え)うせる, 死ぬ. ［C20＜?; *Burton* (i.e. Burton upon Trent) ale からか］
Burton 1 バートン (**1**) **Richard ~** (1925–84)《ウェールズ生まれの英国の俳優》(**2**) Sir **Richard** (**Francis**) **~** (1821–90)《英国の探検家・オリエント学者; ヨーロッパ人として初めて Tanganyika 湖を発見; *The Arabian Nights* の全訳をなし遂げた》(**3**) **Robert ~** (1577–1640)《イングランドの神学者・著述家; 筆名 Democritus Junior; *Anatomy of Melancholy* (憂鬱の解剖, 1621)》. **2** バートン《男子名; 愛称 Burt》.
Búrton upon [**on**] **Trént** バートン・アポン・トレント《イングランド中西部 Staffordshire 東部の町; ビール醸造が盛ん》.
Bu·run·di /bʊrúːndi, -rʊ́n-/ ブルンジ《アフリカ中東部の国; 公式名

Republic of ～ (ブルンジ共和国); ☆Bujumbura; 独立前は Urundi). ♦ **～·an** *a, n*

búr·wèed *n* 〘植〙 いがのある実を生じる雑草《オナモミ・ゴボウなど》.

bury /béri/ *vt* **1 a** 葬る, 埋葬する; 〈司祭が〉…の埋葬式を行なう: have *buried* (sb) 〈親族などを〉失った, …に死別した / be *buried* at sea 水葬に付される. **b** 埋める, 埋蔵する, 埋設する, 〈砂・灰の中に〉いける, 沈める; 〈手を〉突っ込む, 〈ナイフなどを〉突き刺す, 〈銃弾を〉打ち込む; (おおい)隠す, 埋没させる: ～ one's face [head] *in* one's hands 両手で顔をおおう[頭を抱える] / ～ one's hands *in* one's pockets 両手をポケットに突っ込む / He *buried* him*self in* the country. 田舎に身を潜めた / *buried* treasure 埋蔵された財宝 / a *buried* pipe 埋設管. **c** 〘バスケ・サッカー・ゴルフ〙〈シュート・パットを〉決める; 〘トランプ〙〈見えたカードなどを〉積札の中に入れる《ゲームから除外する》. **d** …に圧勝する; *《俗》…に長期刑[独房禁固]を宣告する. **2 a** 〈仲たがい・過去などを〉忘れる, 葬ってしまう: ～ one's differences 意見の相違を水に流す. **b** [*pass*/～ *-self*] 没頭させる: *be buried in* thought [grief] 思いにふける[悲しみに沈む] / ～ one*self in* one's studies [books] 研究に没頭[専念]する / *be buried under* a pile of work 山なす仕事に圧倒されている. ● **be buried alive** 生き埋めにされる; [*fig*] 世に忘れられる, 埋もれる. **～ away** 埋葬する; 隠す. **～ one's head in the** SAND. **B～ yourself!** *《俗》まっぴらだ, くそくらえだ. [OE *byrgan* to raise a mound, hide (Gmc **bergan* to shelter); cf. *burial*; 発音は Kent 方言, つづりは南部方言から]

Bury ベリー《イングランド北西部 Manchester の北北東にある町》.

Bur·yat, -iat /buərjá:t, bùəriá:t/ *n* **a** (*pl* ～, ～**s**) ブリヤート族《Buryatiya 共和国に居住するモンゴロイド》. **b** ブリヤート語.

Bur·ya·ti·ya /buərjá:tijə/, **Bur·yat·ia** /-tiə/ ブリヤート共和国《ロシア, 南シベリアの Baikal 湖東方の共和国; 南はモンゴルと接する; ☆Ulan-Ude》.

búry·ing *n* 埋葬 (burial).

búrying bèetle 〘昆〙 モンシデムシ (＝*gravedigger*).

búrying gròund [plàce] 埋葬地, 墓地.

Búry Saint Édmunds /-seɪnt-, -sənt-; -sənt-/ ベリー・セント・エドマンズ《イングランド南東部 Suffolk 州の町》.

bus /bʌ́s/ *n* (*pl* **～·es, *bús·ses**) **1** バス, 乗合自動車, スクールバス, TROLLEYBUS; 乗合馬車; エアバス (airbus); 《口》《一般に》乗物《特に 古くてガタガタになった自家用車・飛行機・船など》; *《警察俗》救急車; 〘宇〙 小型宇宙船や切離し式探査機を搭載した母機, バス; 多弾頭式ミサイル: have a face like the back of a ～ "《俗》ひどくまずいつらをしている. **2** *小型手押車, *《レストランなどで》食器を運ぶワゴン; *BUSBOY. **3** 〘電〙 母線(ぼせん), バス (＝～ **bàr**); 〘電算〙 バス (＝*highway*)《計算機中で信号を伝達するための複数の線路からなる伝送路》; 〘電算〙《コンピューターネットワークの》幹線, 主ケーブル, バス (＝*backbone*). ● **drive the ～＝drive the porcelain [big, great white] ～＝ride the porcelain ～** *《俗》《特に 酔っぱらって》便器の中に吐く; [ride the porcelain bus の形で] 《俗》下痢をする, 腹を下す, ピーピーになる. **miss the ～**＝miss the BOAT. **put on a crosstown ～** *《黒人俗》わざと間違えさせる, 故意に惑わす. ► *v* (**～ed, búsed** /-t/; **～·ing, bús·sing**) *vi* バスに乗る[で行く]; busboy [busgirl] として働く: ～ to school. ► *vt* バスで運ぶ; 《特に 人種差別廃止の手段として》〈生徒を〉バスで学校に運ぶ, バス通学させる; *《俗》《レストランなどで》〈食器を〉片付ける, 下げる 〈*up*〉, 〈テーブル〉から食器を下げる. ● **～ it** 《口》バスで行く. [omni*bus*]

bus. business.

Bu·san /bú:sá:n, ⏤⏤; -sǽn/, **Pu·san** /pú:sá:n, bú:-, ⏤⏤; -sǽn/ 釜山(プサン)(ふざん)《韓国の南東端にある港湾都市で, 同国第 2 の大都市》.

bús·bòy* *n* 《ホテルやレストランの》ウェイターの助手, 皿洗い《テーブルを整えたり食器を下げたりする》.

bus·by /bʌ́zbi/ *n* バズビー《毛皮製高帽; 英国軽騎兵または騎砲兵の礼装帽》; 《口》BEARSKIN《帽子》. [C18<?]

bús·càr *《軍俗》*n* 思いがけない喜び, 予想外のいいもの; 親友; 借りた金, 借金; 賄賂, 買収金.

bús condùctor バスの車掌; 〘電〙 母線 (bus).

bu·se·ra /busérə/ *n* 《ウガンダ》ブセラ《(1) 雑穀で造った酒; 蜂蜜を混ぜることもある (2) 雑穀で作った雑炊》.

bús·gìrl* *n* ウェイターの女性助手 (⇨ BUSBOY).

bush[1] /bʊ́ʃ/ *n* **1 a** 灌木, 低木 (shrub); [°the] やぶ, 薮, 茂み; 低木林地 (bushland): One beats the ～, and another catches the birds. 《諺》鳥を追い出す者があり, これを捕る者がある《労する者と上がりを吸い上げる者とがある》. **b** キヅタ (ivy) の枝《昔は tavern の看板》; 《廃》居酒屋: Good wine needs no ～. 《諺》名酒に看板は要らない. **2** [°the] 《豪・アフリカ》《叢林・森林におおわれた広大な》未開地, 奥地, へんぴな開拓地, ブッシュ; 《カナダ》小規模の植林地; [the ～es] 《口》地方, 田舎; *《俗》BUSH LEAGUE. **3** ふさふさした毛; キツネの尾 (brush); *《俗》ひげ (beard, whiskers); *《俗》アフロ (Afro); 《俗》《特に 女性の》恥毛, 茂み, 陰部; 《俗》女; *《俗》マリファナ. ● BEAT **around [about] the ～**. **beat the ～es** *あちこち捜してまわる, 懸命に捜し求める. **go ～** 《豪》(都市を離れて)奥地へはいる, 《一般に》姿をくらます, いなくなる; 乱暴になる. **take to the ～** 《文明に背を向けて》森にはいる, 田舎暮らしをする; 山賊になる. ► *a* 奥地の, 田舎の; 田舎臭い; しろうと臭い, 二流の, 凡庸な〈仕事など〉《bush-league から》; 未開地用の; 低く密生した: a ～ plane (未開地用)小型軽飛行機. ► *vt* **1** 〈猟場・猟鳥を〉低木で保護する《網で密猟されないように》; 〈植物を〉低木で保護する[囲む, 支える]; brush harrow でならす. **2** *《口》疲れきらせる: I'm ～*ed*. ► *vi* 灌木のようになる, 群がり生える 〈*out*〉; 《豪》森林に野宿する (＝～ **it**). [OE **bysc* (<ON), ON and OF *bos(c)*]

bush[2] *n* 〘電・機〙 BUSHING. ► *vt* …に bushing を付ける. [Du; ⇨ BOX[1]]

Bush ブッシュ (1) **George (Herbert Walker) ～** (1924–2018)《米国第 41 代大統領 (1989–93); 共和党》 (2) **George W(alker) ～** (1946–)《米国第 43 代大統領 (2001–09); 共和党; 前者の子》.

búsh bàby 〘動〙 ブッシュベビー (GALAGO).

búsh bállad 《豪》ブッシュバラッド《オーストラリアの未開拓地の生活などをうたった詩・フォークソング》.

búsh básh 《豪》*vi* 《既成の道路を走らず》ブッシュ地帯を車で走行する; ブッシュ地帯をクロスカントリーで歩く.

búsh bàsil 〘植〙 メボウキの栽培変種.

búsh bèan* ツルナシインゲン(マメ) (cf. POLE BEAN).

búsh-bèat·ing *n* *《俗》徹底捜査[探索].

búsh bìtch *《俗》醜い女, ブス, すべた.

búsh·bùck *n* 〘動〙 ブッシュバック《南アフリカ産の羚羊》.

búsh canàry 〘鳥〙《豪》《各種の》鳴鳥, 《特に》: **a** キイロモフアムシクイ. **b** ニュージーランドムシクイ. **c** ノドジロセンニョムシクイ (WHITE-THROATED WARBLER).

búsh cárpenter 《豪》仕事が雑な職人, たたき大工.

búsh càt 〘動〙 SERVAL.

búsh clòver 〘植〙《数種の》ハギ《マメ科》.

búsh còat BUSH JACKET.

búsh·cràft *n* 《主に豪》未開地で暮らす方法[生活の知恵].

búsh crìcket 〘昆〙 キリギリス.

búsh dòg 〘動〙 ヤブイヌ《南米北部産》.

bushed[1] /bʊ́ʃt/ *a* やぶ[茂み]でおおわれた; 《豪》やぶの中で道に迷った; 混迷[当惑]した; 《口》疲れきった; 《カナダロ》奥地の一人住まいで頭がおかしくなった.

bushed[2] *a* BUSHING を有する.

Bū·shehr /buʃéər/ ブーシェフル《イラン南西部の, ペルシア湾に臨む港湾都市》.

bush·el[1] /bʊ́ʃ(ə)l/ *n* **1** ブッシェル《＝4 pecks, 英ブッシェル (imperial bushel) で約 36.37 liters, 8 gallons; 米[旧英]ブッシェル (Winchester bushel) で約 35.24 liters; 略 bu.》; 1 ブッシェル容器; ブッシェル重量: Hide not your light under a ～. 《諺》ともした明かりを升の下に置くな《謙遜しすぎるな; *Matt* 5: 15》. **2** 《測り知れないほどの》多量, 多数 〈*of*〉. ● **hide** one**'s light [candle] under a ～** 自分の才能や業績を隠す, 謙虚にする. **measure** sb**'s corn by** one**'s own ～** 自分の尺度で人を測る. [OF]

bushel[2]* *vi, vt* (**-l-** | **-ll-**) 仕立て直す, 繕う. ♦ **～·man** /-mən/, **～·(l)er** *n* 《衣服の》仕立て直し屋, 《特に》裁縫師助手. [?G *bosseln* to do odd jobs]

búshel·age /-ɪdʒ/ *n* ブッシェル数.

búshel·bàsket *n* 1 ブッシェル容量の丸かご.

búshel·fùl *n* ブッシェル容器一杯, 1 ブッシェル.

búsh·er *《俗》*n* BUSH LEAGUER; 初心者; 田舎者.

búsh·fìght·ing *n* ゲリラ戦. ♦ **búsh·fight·er** *n* 遊撃兵, ゲリラ兵.

búsh·fìre *n* 《特に オーストラリアの》森林火災.

búsh flỳ 〘昆〙 豪州産の小型のイエバエ.

búsh frùit 灌木になる実《特に currants, raspberries, gooseberries など》.

búsh gràss 〘植〙 ヤマアワ《湿った粘土質の土壌に生育する高さ 1–1.5 m のアシに似た植物》.

búsh·hàmmer *n* びしゃん《打面がぼつぼつの石材表面仕上げ用の槌》. [びしゃんは 'bushhammer' の発音転訛]

búsh hàrrow BRUSH HARROW.

búsh hàt ブッシュハット《つば広の帽子で, オーストラリア軍の制帽》.

búsh hèn 〘鳥〙 **a** ハイバラクイナ《豪州北東部, New Guinea などの湿地帯にすむ》. **b** 《NZ》ニュージーランドクイナ (weka).

búsh·hòg *vi* *《南部・中部》土地の木や茂みを取り払う.

búsh hòok* なたがま.

búsh hòuse 《豪》やぶの中の小屋, 庭の小屋.

Búsh Hòuse /, "⏤ ⏤/ ブッシュハウス《London の Aldwych にある建物; 1940 年以来 BBC 海外放送部がある》.

bu·shi·do /bú:ʃɪdòu, bú:-/ *n* [°B-] 武士道. [Jpn]

bush·ie /bʊ́ʃi/ *n* 《豪》BUSHY.

búsh·ing *n* **1** 〘電〙 套管, ブッシング; 〘機〙 入れ子, 軸受筒, ブシュ (bush). **2** 《俗》《初めは極端に安くする》強引な販売.

búsh jàcket ブッシュジャケット《パッチポケット 4 個・ベルト付きの長いシャツ風の綿のジャケット》.

búsh·lànd *n* 《grassland, woodland に対し》低木林地; 未開墾地 (bush).

búsh làrk 〘鳥〙 ヤブヒバリ《旧世界に分布》.

búsh làwyer 1〘植〙ニュージーランド産のキイチゴの一種. 2《豪口》しろうと法律家.

búsh-lèague*《口》*a* MINOR LEAGUE の; へたな, しろうと臭い, さえない, 二流の.

búsh lèague*《俗》MINOR LEAGUE;《一般に》二流の者[集団], 二流どころ. ◆ **búsh lèaguer** *n*

búsh lìma〘植〙《つる性に対して》矮性(わいせい)ライマメ.

búsh lìne 1《カナダ》北部叢林地帯を飛ぶ定期航空路. 2《NZ》叢林限界《高山で叢林が成立できる限界線》.

búsh lòt《カナダ》森林地.

búsh·man /-mən/ *n* (*pl* **-men** /-mən/) 1《豪》叢林地居住者[旅行家], 内陸労働者, 田舎者; 森林事情通. 2 [B-] **a** ブッシュマン《南部アフリカ Kalahari 砂漠付近に住む種族》. **b** ブッシュマン語《Khoisan 語族に属する》. ◆ **～·shìp** *n* BUSHCRAFT.

búsh·màster *n*〘動〙ブッシュマスター《熱帯アメリカ産の 3 m に達する巨大な毒ヘビ》.

búsh·mèat *n*《食べるために殺した》野生動物の肉.

búsh mèdicine《豪・カリブ》民間伝承療法.

búsh òyster《豪》《食用としての》羊[牛]の睾丸.

búsh paròle*《俗》脱獄(者).

búsh patròl*《俗》1 ペッティング, ネッキング, 性交. 2 ブッシュパトロール《キャンパスを巡回して茂みでペッティングをしているカップルを追いたてること》.

búsh·pìg *n* 1〘動〙カワイノシシ《アフリカ南部産》. 2*《俗》BUSH BITCH.

búsh pìlot カナダ北部や Alaska の叢林地帯を飛ぶ小型機の飛行士; 地上からの航法援助を受けずに飛ぶことに慣れた飛行士.

búsh·rànger *n* 1《豪》叢林地に隠れ住む脱獄囚[山賊, 野盗];《豪口》節操のない人物[企業], あこぎなやつ[会社];《豪口》詐欺師. 2 *森林地[辺境]の住人. ◆ **-rànging** *n*

búsh·ròpe *n*〘植〙LIANA.

búsh shìrt ブッシュシャツ《BUSH JACKET と同じスタイルの, パッチポケット付きのゆったりした綿のシャツ》.

búsh shrìke〘鳥〙**a** ヤブモズ《アフリカ産》. **b** アリドリ (antbird)《熱帯アメリカ産》.

búsh sìckness〘獣医〙未開墾地病《土壌中のコバルト不足による動物の病気》.

búsh tèa〘植〙アフリカ南部のマメ科の植物; ブッシュティー《その葉(で作る飲み物)》.

búsh tèlegraph《太鼓・のろしなどで行なう》ジャングル通信法[網];《主に豪》《警察の動きなどに関して犯罪者間で行なわれた》口づての情報伝達, 口コミ; 情報[うわさ]のすばやい伝達網[伝播].

búsh·tit *n*〘鳥〙ヤブガラ《エナガ科ヤブガラ属; 北米西部産; 長くたれさがる美しい巣を作る》.

búsh tràm《NZ》《労働者や材木の移動用の》未開地の鉄道, 森林鉄道.

búsh·vèld *n*《南アフリカの》ブッシュ地帯; [ᵁthe B-] Transvaal の暑い乾燥地帯 (lowveld).

bush·wa(h), boosh-, boush- /búʃwɑː, -wɔː/《俗》*n* くだらん事 (nonsense); [〈*int*〉] くだらん! [bullshit の代用語として F *bois-de-vache* dried cow dung より]

búsh·wàlk《豪》*n* ブッシュ地帯の徒歩旅行[ハイキング], ブッシュウォーク;《オーストラリア先住民の》WALKABOUT. ► *vi* 徒歩旅行[ブッシュウォーク]に行く;〈先住民が〉WALKABOUT に出かける. ◆ **～·er** *n* **～·ing** *n*

búsh wàrbler〘鳥〙ウグイス《ヒタキ科ウグイス属の鳴鳥の総称》.

búsh·whàck *vt* *待ち伏せて攻撃する, …に奇襲をかける. ► *vi* 森[やぶ]を切り開いて進む; *川岸のやぶを引っ張って船を動かす;《米・豪》ブッシュ地帯を歩き[動き]まわる; 未開地に住む; *《やぶを利用して》奇襲する, へんぴな地域でゲリラとして戦う. ◆ **～·ing*** *n* 叢林地帯の旅行; ゲリラ(作)戦. [逆成〈*bushwhacker*]

búsh·whàcked *a*《口》疲れきった.

búsh·whàck·er *n* やぶを切り開く人, ブッシュ地帯を歩きまわる人, 叢林地の住人;《豪俗》田舎者;〘米史〙南北戦争時の南部連邦側のゲリラ兵; ゲリラ兵, 山賊; なたがま (bill).

búsh wrèn〘鳥〙ヤブサザイ《ニュージーランド産》.

búshy *a* 低木[灌木]の生い茂る, やぶの多い; 草むら状の;〈毛が〉ふさふさした,〈髪が〉くしゃくしゃして, もじゃもじゃの; 毛むくじゃらの. ► *n*《豪》叢林地[奥地]の住人 (bushman) (=*bushie*);《豪口》田舎者, 無骨者. ◆ **búsh·i·ly** *adv* **-i·ness** *n*

Búshy Párk ブッシーパーク《London 西郊 Hampton Court の北側にある公園; 中央を南北に有名な Chestnut Avenue が貫く; もと Henry 8 世の鹿狩り場だったところで, 今でも鹿が放し飼いになっている》.

búshy-tàiled *a* 毛のふさふさした (⇨ BRIGHT-EYED).

bus·i·ly /bízəli/ *adv* 忙しく; せっせと; うるさく.

busi·ness /bíznəs, *-z/ *n* 1 **a** やるべき仕事, 職務, 務め, 本業, 本分 (duty)〈*to* do, do*ing*〉; 用事, 用件; 議事日程 (agenda); 役割, 機能; 分野; [*neg*] (関係[干渉]する)権利, 筋合, 必要: *B*～ before pleasure.《諺》遊ぶよりはまず仕事 / Everybody's ～ is nobody's ～.《諺》共同責任は無責任 / That's my ～. それはわたしのする事だ / Mind your own ～. 余計なお世話だ, 引っ込んでろ / (I'm just) minding my own ～.《「何してるの」との質問に答えて》仕事一筋だ; なんだっていいだろ / know one's own ～ おせっかいをしない / That's *not* your ～.＝That's *no* ～ of yours.＝That's *none* of your ～.＝What ～ is that of yours? それはあなたの知ったことではない《干渉無用》/ What is your ～ here?＝What ～ have you here? 何の用でここへおいでですか / the ～ of the day (議事)日程 / proceed to [take up] ～ 議事日程にはいる / Any other ～? ほかに何か(議論すべきことはありませんか) / LETTER[1] of ～ / You *have no* ～ *to* interfere [*no* ～ interfer*ing*] in the matter. 干渉する権利はない. **b** 事務, 業務, 仕事, 執務, 営業; 職業, 家業: a matter of ～ 事務上の事 / a place [house] of ～ 営業所, 事務所 / a doctor's ～ 医業 / What (line of) ～ is he in? ＝ What's his ～? 彼の仕事は何ですか. **c**〘劇〙しぐさ, 所作 (＝piece of ～, stage ～). **d** [*euph*] 排便, 用足し, 小用;《俗》《特に 室内ペットの》排泄物. 2 **a** 商売, 商業, 事業, 実業, ビジネス; 取引, 売買〈*with*〉, 顧客(数); 商況; 業界: be connected in ～ *with*…と商売上の取引がある / be *in* ～ ⇨ 成句 / *B*～ is ～. 商売は商売《寛容とか感情は禁物》/ How's ～? 商売[仕事]はどう? / There's no ～ like show ～. ショービジネスほどすてきな商売はない / *B*～ is brisk. 商売は活況を呈している / a man of ～ 事務家, 実務家; 実業家, 企業人 (businessman). **b** 店, 会社, 商社, 企業; のれん: BIG BUSINESS / close [set up, open] a ～ 閉店[開業]する / sell one's ～ 店[のれん, 権利]を売る / He has a ～ in New York. ニューヨークに店をもっている. 3 **a** 事柄, 事件 (affair), 成り行き;《口》厄介なこと,《漠然と》もの, こと; : an awkward ～ 厄介な事柄 / a strange ～ 変なこと / What a ～ it is! ほんとになんて(厄介な)ことだ. **b** [the]《俗》用具《麻薬注射に必要な注射器・脱脂綿など, また その代用品》. **c** [the]ᵁ《俗》最高[うってつけ]のもの[人]. 4 活動;《廃》忙しいこと, 多忙 (busyness).

● **at ～** 執務中で, 店に出て, 出勤して. **be back in ～** 営業[仕事, 活動]を再開している, 平常業務に戻っている. **be in ～**〈会社などが〉営業している;《口》準備万端である, あとは始めるだけだ. **be in the ～ of doing**… [ᵁ*neg*] …するつもりである: I'*m not in the* ～ *of doing* …する(などという)つもりはない. **be nobody's ～**《話題に持ち出したりしないで》ほっておいたほうがよいことだ. **～ as usual**《何か支障があるにせよ》業務平常どおり; 事態はあいかわらず. **come [get] to ～** 仕事にかかる; 要件[本題]に取りかかる. **do ～** 商売をする; 取引する〈*with*〉: do a great [a stroke of] ～ 大[ひと]もうけする / *do* good ～ 繁盛する. **do one's ～** [*euph*] 用足しする《排便または排尿》. **do sb's ～ (for him)＝do [make] the ～ for** sb 人をやっつける, 往生させる. **do the ～**《口》必要なことをする, 用が足りる; ᵁ《口》セックスをする. **get about the ～ of doing**…し始める. **get down to ～** 本気で仕事にかかる; 本論にはいる. **get the ～**《口》ひどいめにあう, こっぴどくしかられる;《俗》消される (be killed). **give…the ～**《俗》…に最大限の努力を払う;《口》〈人を〉ひどいめにあわせる, いじめる, しかる, 裏切る, だます;《俗》殺す. **go [be] about one's ～** 自分のすべきことをする: *Go about your* ～! さっさと(出て)行け, 行ってしまえ! **go into ～** 実業界にはいる. **Good ～!** でかした! **go to ～** 事務につく, 出勤する. **in ～**《口》商売をして, 取引をして;《口》仕事があって, 活動を始める準備ができて;《口》うまくいって. **know one's ～** 専門家である, 精通している. **like nobody's ～**《口》猛烈に, すごく, すばらしく. **make a great ～ of it** 難事と思う, もてあます. **make it one's ～ to** do…することを引き受ける, みずから進んで…する, 必ず…する. **one's man of ～** 代理人 (agent), 法律顧問 (solicitor). **mean ～**《口》本気だ[でやる] (be serious). **on ～** 商用で, 仕事で, 所用で: go to town [New York] *on* ～ / No admittance except *on* ～. 無用の者はいるべからず. **out of ～** 廃業[失業]して: go [put] *out of* ～ 廃業する[廃業に追い込む]. **send [see]** sb **about his ～** 追い払う; 解雇する. **take care of ～** [ᴼ*pres p*] *《俗》事態にうまく対処する, やるべきことをやる, うまくやる. **talk ～** まじめな話をする; *《俗》口説く, モーションをかける.
[OE *bisignis*; ⇨ BUSY]

búsiness administràtion* 経営管理学, 経営学, 企業管理論.

búsiness àgent ᵁ(業務)代理店; *《労組の》交渉委員.

búsiness càrd 業務用名刺.

búsiness clàss《旅客機の座席の等級で》ビジネスクラス (＝*executive class*)《ファーストクラスのすぐ下の等級》.

búsiness còllege ビジネスカレッジ《パソコン・簿記などの実務教育を行なう》.

búsiness cỳcle 景気循環 (trade cycleᵁ).

búsiness district《都市計画などの》商業地域.

búsiness educàtion 職業[実務]教育.

búsiness ènd《口》《会社などの》営業面; [the]《口》《工具・武器などの》用をなす部分, 鋭い[危険な]部分,《時に》銃口: *the* ～ of a tin tack 鋲の先.

búsiness Ènglish ビジネス英語, 商業英語.

búsiness ènvelope BUSINESS SIZE ENVELOPE.

Búsiness Expánsion Schème〘英〙事業拡大計画《小規模な新規事業にかかる経費に対する税の優遇制度》.

búsiness hòurs *pl* 執務[営業]時間.

búsiness·lìke *a* 事務的な, 実際的な, 能率的な, てきぱき事を運ぶ; まじめな, 本気の, 意図的な; 〈衣服·家具など〉実用的な.
búsiness lòunge ビジネスラウンジ《ビジネスクラス利用客用のサービスをそなえた, 空港のラウンジ》.
búsiness lùnch ビジネスランチ《商談を兼ねた食事会》.
búsiness machìne 事務機器《計算器など》.
búsiness·màn *n* 実業家, ビジネスマン, 経営者, 商人; 実務家.
búsinessman's bòunce *《俗》軽快なテンポのダンス[ポピュラー]音楽.
búsinessman's rìsk やや高い危険率を伴う投資《先行きの高値と売買収益を見込んで, または 収入よりは税金対策の目的で行なう株式投資など》.
búsiness òffice 《会社·事業所などの》事務所.
búsiness pàrk‖ ビジネスパーク《会社や倉庫, 小規模な工場などが集合している, 通例郊外にある地区》.
búsiness·pèople *n pl* 実業家.
búsiness·pèrson *n* 実業家, 経営者, ビジネスパーソン.
búsiness plàn 事業計画.
búsiness pròcess òutsourcing ビジネスプロセスアウトソーシング《自社の業務の企画·設計·運営まで一括して外部委託すること; 略 BPO》.
búsiness replỳ càrd 商用返信はがき.
búsiness replỳ ènvelope 商用返信封筒《宛名があらかじめ印刷された料金受取人払いの封筒》.
búsiness replỳ màil* 商用返信郵便物《business reply card [envelope] を用いる》.
búsiness schòol BUSINESS COLLEGE; 経営学大学院, ビジネススクール.
búsiness sìze ènvelope $9\frac{1}{2}$ インチ×$4\frac{1}{8}$ インチの大きさの封筒 (=*business envelope*).
búsiness·spèak *n* ビジネス関係の専門用語, 商(売)用語.
búsiness stùdies *pl* 経営などの実務訓練, 実務研修.
búsiness sùit* ビジネススーツ (lounge suit‖)《上下または三つぞろい》.
búsiness-to-búsiness *a* 〈企業間の取引が〉インターネットを介して行なわれる《略 B2B》.
búsiness tràveler 仕事[出張]で旅行する人, ビジネス旅客.
búsiness·wòman *n* 女性実業家[経営者], ビジネスウーマン.
bús·ing, bús·sing *n* バス輸送, 《特に》*強制バス通学(制度)《公立学校内の生徒の人種的均衡をはかるために学童を居住区域外の公立学校にバス通学させること》.
busk[1] /bʌ́sk/ *n* 《コルセットの》胸部の張り枠《くじらひげ·木·鋼条製》; 《古·方》張り枠コルセット. [OF<?OIt *busco* splinter, stick<Gmc]
busk[2]‖ *vi* 大道芸をする, 路上で音楽(など)をやる (⇨ BUSKER). ● **~ it** 《口》即興でやる. ♦ **búsk·ing** *n, a* [=(obs) to peddle<?F *busquer* (obs) to seek]
busk[3] 《スコ·北イング》*vt, vi* 用意する, 支度する (prepare); 飾る, 着せる: *B*~! さあ支度しなさい. [ON *búask* (rflx)<*búa* to prepare; cf. BOUND[4]]
busk·er‖ /bʌ́skər/ *n* 大道芸人, 路上のミュージシャン, バスカー《歌·演奏·寸劇などで通行人などを楽しませ, 帽子や缶を回して喜捨を求める》. [BUSK[2]]
bus·kin /bʌ́skən/ *n* **1** 〔主に史〕半長靴, 編上げブーツ; 《古代ギリシアの悲劇役者が履いた》底の厚い編上げブーツ (cothurnus). **2** [the] 悲劇 (tragedy), 悲劇調[精神]. ● **put on the ~s** 悲劇を書く[演じる].
bús·kined *a* BUSKINS を履いた; 悲劇の, 悲劇的な, 悲劇向きの; 〈口調など〉品位のある, 高尚な.
busky /bʌ́ski/ *a* 《古·詩》BOSKY.
bús làne バス専用車線, バスレーン.
bús lìne バス路線; バス会社.
bús·lòad *n* バスいっぱいの乗客, バス一台分(の人数).
bús·man /-mən/ *n* バスの運転手[乗務員].
búsman's hóliday 《口》ふだんの仕事と同じようなことをして暮らす休暇[休日]. [バスの代わりに自分の車を運転することから]
Bu·so·ni /b(j)uzóuni/ ブゾーニ **Ferruccio Benvenuto ~** (1866–1924)《イタリアのピアニスト·作曲家》.
bús pàss‖ バス乗車証, バスパス《高齢者用の無料パス, 通学用の割引パス, 一定地域内自由乗降パスなど》.
buss[1] /bʌ́s/ *n, vt, vi* **1** 《方·米口》(…に)キス(する). **2***《俗》話をする, うわさする 〈*about*〉. [? imit or *bass* (obs) to kiss; cf. F *baiser*<L]
buss[2] *n* 2本マストの漁船; 荷舟. [OF<ON]
buss[3] *n, vi, vt**《俗》BUS.
bús sèrvice 《特定地域の》バスの便.
busses* *n* BUS の複数形.
bús shèlter‖ 屋根のあるバス停[バス待合所].
bús stàtion バス発着所, バスターミナル.
bús stòp バス停留所, バス停.
bússy *n**《俗》バス運転手.

bust[1] /bʌ́st/ *n* 半身像, 胸像; 上半身; 《女性の》胸, 胸囲, バスト. [F<It<?]
bust[2] *vi, vt* (~·ed, ~) **1 a** 《口》破裂[爆発, パンク]する[させる]; 《口》こわす, つぶす, 砕く, 破る (break), 割る, 折る (fracture); *《俗》〈金庫などを〉破る, 押し入る. **b** *《口》〈一発〉見舞う, なぐる (hit) (: ~ sb one); *《俗》〈ライバルのギャングを〉追っ払う. **2** 《口》破産[破滅]する[させる] (cf. BURST); だめになる; (*vt*) だいなしにする, しくじる; 落第する[させる]; 〔ポーカー〕straight [flush] を作るのにしくじる; 《blackjack などで》制限を超えてしまって失敗する; *《口》降等する, 降格させる (demote) (: ~ sb *to* private). **3** *〈野馬などを〉ならす (cf. BRONCO-BUSTER); 〈信託会社を〉小さい会社に分ける. **4** [ᵘ*pass*] 《口》(現行犯で)逮捕する, 挙げる; 《口》〈特に 警察が〉急襲する, …に手入れをする, 家宅捜索する (raid); *《俗》〈人を〉密告する, さす. ● **~ on...** 《俗》…をなぐりつける, たたきのめす; 《俗》…をきびしく批判する[叱責する]; 《俗》…をからかう, あざける; 《俗》…を密告する (inform on). **~ out** *《口》急に…し出す; *《口》にわかに萌(ᵉ)え出る; *《俗》脱け出す, 脱獄する[させる], ずらかる 〈*of* prison〉; 《俗》《落第して》退学になる, 退学させる; *《俗》《特に クラップス賭博で》有り金をすっかりする[失う], 〈人〉の有り金をすっかり[そっくり]巻き上げる; *《口》強く非難する, 責めたてる; *《口》〈物を〉《しまっておいた場所から》取り出す. **~ up** 《口》爆発する, ぶちこわす, 〈事業·会社など〉つぶす[つぶれる]; 終わらせる; 《口》〈休暇·会合などを〉だいなしにする, (…の関係を)打ちこわす; ‖《口》けんかする; ‖《口》別れる, 離婚する; 《俗》〈人を〉ぶちのめす. **~... wide open** *《俗》〈不正·秘密などを〉明るみに出す, ばらす. FIT[1] **to ~**. **or ~** [先行する句や文を強調して]《口》絶対, 必ず(…する).
► *n* **1** 《口》失敗, 破産, 破綻; 《口》だめな人[もの], 役立たず, 敗北者; 《口》トランプのまずい手; *《俗》落第[除籍]通知, 降等命令. **2** 《口》不況; 《俗》逮捕 (arrest), 検挙; 《俗》《警察の》急襲, 手入れ (raid); [the]*《俗》警察; *《口》強打, パンチ. **3** 《口》飲み騒ぎ, 飲み会; *《方》のんだくれ: on the ~ 飲酒にふけって. **4** 《俗》押し入ること, 夜盗; 《俗》脱走, 脱獄.
► ‖《口》*a* こわれた; 破産した, 無一文の; 逮捕されて. ● **go ~** 《口》無一文になる, 〈事業が〉失敗する, 破産[倒産]する, 破綻する.
♦ **~·able** *a* こわれそうな[やすい]. [BURST]
Bus·ta·man·te y Sir·vén /bustɑmɑ́ːnteɪ i sɪərvén/ ブスタマンテ·イ·シルベン **Antonio Sánchez de ~** (1865–1951)《キューバの法学者; 国際私法に関する Bustamante 法典の起草者》.
bus·tard /bʌ́stərd/ *n* 〔鳥〕ノガン《猟鳥》. [AF<L *avis tarda* slow bird]
bústard quàil 〔鳥〕ミフウズラ (button quail).
búst·ed *a* **1** 《口》こわれた, われた, 折れた; 《口》故障した; 〈馬など〉ならした. **2** 《口》**a** 破産した, 金がない. **b** 逮捕された, 《悪いことをしている最中に》つかまった. **c** 降等[降格]された. **3***《俗》酔っぱらった, のんだくれた.
bústed flúsh 〔ポーカー〕フラッシュくずれ, ぶた; 《口》期待はずれ, 役立たず.
bus·tee, bus·ti, bas·ti /bʌ́stiː/ 《インド》*n* 部落, 集落; スラム街 (slum). [Hindi=dwelling]
búst·er *n* **1 a** [ᵒ*compd*] 破壊する人[もの]; *TRUSTBUSTER; 《俗》《激しい》墜落; 《俗》BLOCKBUSTER. **b** 鋤(ˢ) (plow); *BRONCO-BUSTER. **2** 《口》すばらしいもの, 巨大なもの; 大男, 大柄な男の子, 巨漢; 非常に丈夫な子; 《俗》底抜け騒ぎ; よく騒ぐ[飲み騒ぐ]人; 《俗》威勢のいい[生きのいい]やつ; *《ストリート俗》弱い[信用ならない]ギャング仲間. **3** [ᵒB-, *voc*]《口》おいきみ, あんた, 兄さん《多少の軽蔑または敵対心を表わす》. **4** 強風; 《豪》(サザリー)バスター (=(*southerly*) *burster* [*buster*])《猛暑のあと豪州南東部をよく見舞う冷たい強風》. ● **come a ~**=come a CROPPER. [BURSTER]
Búster Brówn バスター·ブラウン《米国の漫画家 Richard Felton Outcault (1863–1928) の漫画 (1902–09) 中の猛烈ないたずら小僧》.
búst·hèad*《俗》*n* 強い密造ウイスキー, 安酒; 酔っぱらい, のんだくれ, きすもろ.
busti ⇨ BUSTEE.
bus·tic /bʌ́stɪk/ *n* 〔植〕熱帯アメリカ産のアカテツ科の木《黒の堅材が採れる》.
bus·tier /bùːstiéɪ, -tjéɪ; bʌ́stiər, bús-; *F* bystje/ *n* 〔服〕ビュスチエ, ビスチェ《ストラップレスのぴったりした短い婦人用下着; もとはストラップレスロングブラジャー》. [F (BUST[1])]
búst·ing óut*《黒人俗》*a* うまくやっている, 調子がいい; かっこいい, 魅力的である.
bus·tle[1] /bʌ́s(ə)l/ *vi, vt* 大騒ぎする; 《(…を)あちこち》せわしく動く[働く] 〈*about, around*〉; 〈場所が人·活気などで〉あふれる, 満ちている, にぎわう, ワサワサする 〈*with*〉; 騒がせる; せきたてる: ~ *up* せっせと働く, 急ぐ. ● **~ off** 大急ぎで出て行く; 〈人を〉追いたてる. ► *n* 大騒ぎ, 大騒動; ざわめき: be in a ~ 騒いでいる, 雑踏している. ♦ **bús·tler** *n* 大騒ぎする人. [? *buskle* (freq)<BUSK[3]]
bustle[2] *n* 〔服〕バスル (=*tournure*)《**1**) スカート[ドレス]の後腰部を張り出させるのに用いるパッド·枠などの腰当て **2**) 腰当てで張り出させた, またはたっぷりした布を後腰部にまとめてつくったふくらみ》. [C18<?; cf. G *Büschel* bunch]
bústle·bùtt *n**《俗》張り切り屋, 仕事の虫.

búst·line *n* バストライン《(1) 女性の胸の輪郭[形状], 胸の線 2) 衣服の胸をおおう部分》.

bús·tling *a* 忙しそうな, あわただしい; 騒がしい, ざわめいた, 雑踏した. ♦ **~·ly** *adv*

bús topòlogy 〘電算〙 バストポロジー《ネットワークを構成する装置 (node) の接続方式の一つ; 両端が終端された 1 本の幹線に各装置を接続する》.

búst-òut *《俗》 *n* **1** いかさま賭博でカモがすってんてんになること; [*pl*] いかさまさい (loaded dice); 破産, 《信用詐欺による》計画倒産《会社を乗っ取り大量の商品を掛け買いしたあとすぐに売り払ってドロン[破産宣告]する》. **2** 脱走, 脱獄. ► *vi, vt* 賭博[《特に》いかさまのさいころ賭博]ですってんてんになる[させる].

búst-ùp 《口》 *n* **1** 破裂, ぶちこわし; 破産; 解散. **2** ᴵᴵ口げんか, ひと悶着, (取返しのつかない)大げんか; 騒動, 大騒ぎ; ᴵᴵ関係の破綻, 離婚; 飲み騒ぎ (spree).

bústy *a* バストの大きい (bosomy), 巨乳の. ♦ **búst·i·ness** *n*

bu·sul·fan /bjusʌ́lfən/ *n* 〘薬〙 ブスルファン《慢性骨髄性白血病に用いる抗腫瘍薬》. [*bu*tane+*sulf*onyl]

bu·suu·ti /busúːti/ *n* 《ウガンダ》 ブスーティー《袖が短く襟ぐりの四角い長い婦人服》. [Luganda]

bús·wày *n* バス専用道路[車線].

busy /bízi/ *a* **1 a** 忙しい, 多忙な, 暇のない; せっせと働く[…している], …に余念がない ‹*with* one's work, *at* work; work*ing*; 《まれ・文》 *in* work*ing*›: a ~ man 忙しい人 / ~ season 繁忙期, 書入れ時 / (Have you been) keeping ~? (このところ)忙しい?, 調子はどう?《挨拶のことば》/ (I've) been keeping (my*self*) ~. このところ忙しくてね《近況を聞かれての応答》/ too ~ do*ing*…してばかりいる / *Busiest* men find the most time. 《諺》 多忙な人ほど時間を見つけるものだ / If you want something done, ask a ~ person. 《諺》 何かをやってもらいたいなら忙しい人に頼め / (as) ~ as a bee [beaver] せっせと働いて. **b** おせっかいな (officious): be ~ *in* other men's affairs 人の世話をやく. **2** *《電話・回線が》話し中の; ‹部屋など›使用中の: Line's ~. お話し中です (Number's engaged.ᴵᴵ). **3 a** 混んだ, 混雑した, 人通り[交通量]の多い, 繁華な: a ~ street. **b** ‹飾り・模様など›ごてごて[ごちゃごちゃ]した, 凝りすぎた: a ~ painting. ● **busier than a one-armed paperhanger [a tall horse in flytime]** *《口》 このうえなく忙しい. **~ idleness** つまらない事に忙しそうに[あくせく]すること. **get ~** *仕事に取りかかる; *《俗》 セックスをする. ► *vt* [ᴿ~ -*self*] 忙しくする, 忙しく働かせる: ~ one*self* [one's hands] *with* [*in, at, about*]…=~ one*self* (*in*) do*ing*…で忙しい. ► *vi* せわしなく動く. ► *n* 《俗》 刑事, デカ (detective). [OE *bisig*<?; cf. Du *bezig*]

búsy bée **1** 非常な働き手, 働き者. **2** *《俗》 フェンシクリジン (phencyclidine) の粉末《獣医用麻酔薬; 鼻でかいだりシガレット状に紙に巻いて吸ったりして麻薬として用いる》.

búsy·bòdy *n* おせっかいな人, 世話やき, でしゃばり: I don't want to sound like a ~, but… おせっかいするつもりはありませんが….

búsy Lízzieᴵᴵ 〘植〙 ホウセンカ (garden balsam).

búsy·ness *n* 忙しさ, 多忙: the ~ of a bee. ★ BUSY の名詞. BUSINESS とは発音・意味が分化した.

búsy signal [tòne] 〘電話〙《「話し中」を示す》話中(わちゅう)信号.

búsy·wòrk *n* 仕事中という見てくれのための仕事, 遊ばせておかないためだけに課す作業.

but[1] /bət, bʌ̀t, bʌ́t/ *conj* **1** [等位接続詞] **a** しかし, けれども: He is poor ~ honest. / I didn't go, ~ he did. **b** …のほかには, …を除いては: All ~ he are present. 彼のほかはみな出席だ (cf. ALL *but*=almost). **c** [前の否定語と関連して] (…ではなく)て: It is *not* a pen, ~ a pencil. / *not* a sword ~ peace. **2** [従属接続詞] **a** [否定的構文に続いて] …でない… (that…not), …しないでは (if…not): He is *not such* a fool [*not so* foolish] ~ (that) he can tell that. それぐらいのことがわからないほどのばかではない / It *never* rains ~ it POURS (=without pouring). / *Nothing* would do ~ I must come. どうしてもぼくが行かなければおさまるまい. **b** 《文》 [否定的な語 doubt, deny, hinder などがさらに打ち消されている場合] ~ (that)=THAT: I have [There is] *no doubt* ~ *that* you will succeed. きみが成功することは疑いない《同じ意味で I have no doubt *what* you will succeed. は口語または卑語》. **c** [否定・修辞疑問に用いた say, know, be sure などのあとに] BUT that, 《口》 BUT what=that…not: Who *knows* ~ *that* he may be right? 案外彼の言うとおりかもしれない / Who *knows* ~ *what* the sun may still shine. まだ日が照り出さないとは限らない. **3 a** [感動表現のあとに, また 単独で強調的に]: Heavens, ~ it rains! いや実にひどい雨だ / I say! *B~* you had a narrow escape! 全くよくも命拾いをしたもんだ / *B~* she's beautiful! いや美人だなあ! **b** [話題の転換] さて, ところで: *B~* now to your proposal. で, きみの提案だが. **c** [驚き・意外などを表わして] でも, だって: *B~* why? でもなぜ?

► *adv* **1** ただほんの…だけ (only); 《口》 [強意語] 全く, 断然, 本当に (⇨ 成句 BUT good): He is ~ a child. ほんの子供にすぎない / I have ~ just seen him. たった今会ったばかり / Do it ~ quick! さっさとやるんだ! **2** ともかく, ただ…するだけのこと (at least); 《豪》 でも, やはり (however): I can ~ try. ともかくやってみるさ.

► *prep* **1** [all, last または否定語のあとで] …を除いて, …のほか (except): last ~ one 最後から 2 番目に[の] / next ~ one 一つおいたその次[隣] / *All* ~ him were drowned. 彼以外はみんなおぼれた / It is *nothing* (*else*) ~ (only) a joke. ほんの冗談にすぎない. **2** [but that の形で] …でなかったら, …を除外すれば (unless): *B~ that* I saw it, I could not have believed it.

► *rel pron* [否定構文に続いて] …でない(者) (that…not): There is *not one* ~ knows (=who does not know) that. それを知らない者はない.

► *n* 例外, 反対, 異議: You must go at once and no ~*s* about it. すぐ行きなさい—文句を言わないこと. ● IFS **and [or] ~s.**

► *vt* 「しかし」と言う.

● **~ for**…がなかったなら; …を別にすれば (except for): *B~ for* his help, I should have failed. / *B~ for* his laziness, he would be a good man. 無精者でなかったらいい男だが. **~ good** 《口》 こっぴどく, しこたま, 徹底的に. **B~ me no ~s.=Not so many ~s, please.** 「しかし, しかし」の連発はご免だよ《B~ は臨時動詞, ~s は臨時名詞としての用法》. **~ that…** (1) ⇨ *prep* 2. (2) ⇨ *conj* 2b. (3) ⇨ *conj* 2c. **~ then [yet]** しかし, いやそれどころか, 一方, さらに. **~ then (again)** しかしまた, その反面, だって (⇨ then AGAIN). **~ what** 《口》 BUT that (2) (3). **cannot (choose)** ~ do ⇨ CAN[1]. **Excuse me [Beg (your) pardon], (~)…** すみませんが[失礼ですが]…《この but は無意味》. **It shall go hard ~…** どうあっても…せずにはおかない. **never…~…** …すれば必ず…する (⇨ *conj* 2a). **not ~…=not ~ that…=not ~ what…** だからといって…しないというわけではないが: *Not ~ that* he believes it himself. もっとも彼自身それを信じていないと言うのではないが. NOTHING **~….** **Not that** I dislike the work, **~ that** I have no time. 仕事が嫌いなわけでなく時間がないのです. **Oh [Ah], ~** (I did go). [相手の言を反駁して] いや行ったんだよ. **Yes, ~** I did go. いや行ったんです.

[OE *be-ūtan, būtan*=outside, without (BY, OUT)]

but[2] /bʌ́t/ 《スコ》 *n* 《2 室の家の》表の間, 《特に》台所. ● **~ and ben** 表の間と奥の間(と); 家中全部; 《表の間[台所]と奥の間からなる》二部屋(ふたま)の家, 粗末な家. ► *a* 外(側)の. ► *prep* WITHOUT; …の外(側)に[へ] (outside): ~ the house [‹*n*›] 台所, 入口に近い部屋. ► *adv* 家の外で[へ], 表の間[入口に近い部屋]で[へ], 台所で[へ]. [*but*[1] outside]

bu·ta·caine /bjúːtəkèɪn/ *n* 〘薬〙 ブタカイン《硫酸塩は眼科・耳科用局所麻酔剤》.

bu·ta·di·ene /bjùːtədáɪìːn, -daɪíːn/ *n* 〘化〙 ブタジエン《可燃性ガス; 合成ゴム製造に用いる》.

Bu·ta·gas /bjúːtəgæ̀s/ 〘商標〙 ブタガス《高圧ボンベに入れたブタン》.

bu·tane /bjúːtèɪn/ *n* 〘化〙 ブタン《燃料ガス》. [*buty*l, *-ane*]

bu·tane·di·ó·ic ácid /bjuːtèɪndaɪóuɪk-/ 〘化〙 ブタン二酸, コハク酸 (succinic acid). [*di-*[1], *-oic*]

bu·ta·no·ate /bjùːtənóuèɪt/ *a* 〘化〙 ブタン酸塩[エステル] (butyrate).

bu·ta·nó·ic ácid /bjùːtənóuɪk-/ 〘化〙 ブタン酸 (butyric acid).

bu·ta·nol /bjúːt(ə)nɔ̀(ː)l, -nòul, -nɑ̀l/ *n* 〘化〙 ブタノール (butyl alcohol)《butane から誘導》.

bu·ta·none /bjúːtənòun/ *n* 〘化〙 ブタノン《可燃性のケトン; 溶媒として, また 合成樹脂の製造に用いる》.

Bu·ta·ri·ta·ri /bʊtɑ̀ːritɑ́ːri/ ブタリタリ《MAKIN の別称》.

bu·tat /butúːt/ *n* BUTUT.

Bu·ta·zol·i·din /bjùːtəzɑ́lədən/ 〘商標〙 ブタゾリジン《phenylbutazone 製剤》.

bút-bòy *n* *《俗》 反対ばかりするやつ, あまのじゃく.

butch /bʊ́tʃ/ *n* **1** *《男の》短い角刈り, 《女の》断髪 (=*butch haircut*). **2** 《俗》 **a** [ᴾ*voc*] すごくタフな[乱暴な]男, 手ごわいやつ[女]; 男役のレズ, たち (opp. *femme*), たくましいホモの男; おとこおんな. **b** [*derog*] *医者; *《列車・劇場内などの》売り子 (butcher). **c** *失敗, へま. ► *a* 《俗》《見るからに》男っぽい; ‹同性愛者が›男役の; ‹女が›男みたいな. ► *vt* *《俗》 だいなしにする, だめにする. [?逆成 ‹ *butcher*]

Butch ブッチ《男子名》.

butch·er /bʊ́tʃər/ *n* **1 a** 肉屋; 屠殺者, 畜殺者: a ~('s) shop 肉屋. **b** [*fig*] 虐殺者, 殺戮(さつりく)者; むやみに人を殺す指揮官[裁判官, 支配者]; [*derog*] 《俗》 外科医, 床屋; へぼ職人. **2** *《列車・劇場内などの》物売り; 売り子. **3** 〘釣〙 毛針. ● **the ~, the baker, the candlestick maker** さまざまの商売の人. ► *a* 《豪》 機嫌が悪い (crook). ► *vt* **1** 食用に‹動物を›屠殺する; ‹人・動物などを›大量に殺す, 虐殺[殺戮]する; 死刑にする. **2** [*fig*] だいなし[ぶちこわし]にする. ★ ⇨ BUTCHER'S. ♦ **~·er** *n* [OF; ⇨ BUCK[1]]

bútcher-bìrd *n* 《口》 モズ (shrike)《俗称; 速贄(はやにえ)の習性から》; 〘鳥〙 モズガラス《豪州・ニューギニア産》.

bútcher-blòck *a* 寄せ木の, 集積材の‹テーブルなど›.

bútcher blòck **1** ブッチャーブロック, 集積材, 寄せ木《かえで材やオーク材などの細長い板を縞になるよう明暗交互に接着して作った木の平板; 肉屋 (butcher) のまな板 (chopping block) に似ているところから》. **2** 色・模様をブッチャーブロックに似せた素材《ビニールなど》.

bútcher-bòot *n* 上端の折り返し部のない長靴.

bútcher knìfe* 肉切り庖丁 (=**bútcher's knìfe**ᴵᴵ).

B

bútcher lìnen ブッチャーリネン《レーヨンまたはレーヨンと綿で作った丈夫な厚手の手織りの服地; もとは肉屋が前掛けに用いた亜麻布》.
bútcher·ly *a* 屠殺者のような; [*fig*] 残忍な (cruel).
bútcher of Lýons [the] リヨンの虐殺者《Klaus BARBIE のあだ名》.
bútcher pàper 包肉用紙.
bútch·er's *n* **1** 肉店, 肉屋. **2** [butchers ともつづる]"《韻俗》(ひと目)見ること (a look)《butcher's hook＝look と押韻》: have [take] a ～ at…を見る. ► *a* [butchers ともつづる]《豪韻俗》おこって (angry), 具合が悪くて (ill)《butcher's hook＝crook と押韻》: go ～ (hook) at…に腹を立てる / be ～ おこっている.
bútcher's bìll 肉屋の勘定書; [*fig*] 戦死[遭難死亡]者人名表.
bútcher's bròom *n* 〘植〙ナギイカダ (＝*knee holly*)《ユリ科の常緑小低木; 小枝で肉屋用のほうきを作る》.
bútcher's hòok **1**《肉屋で肉をつるす》S 字形の鉤. **2**"《韻俗》ひと目 (a look) (⇨ BUTCHER'S).
bútcher shòp 肉屋; *《俗》病院.
bútcher('s) mèat 《魚肉・鳥肉・ベーコンなどに対して》獣肉.
bútcher wàgon *《俗》救急車.
bútch·ery *n* "屠殺所, 食肉処理場 (slaughterhouse); 肉屋; 畜殺業, 食肉処理(業); 虐殺, 殺生; だいなしの大へま, ぶちこわし.
bútch háircut BUTCH.
bute /bjúːt/ *n**《俗》PHENYLBUTAZONE, [°B-] BUTAZOLIDIN.
Bute /bjúːt/ **1** ビュート **(1)** スコットランド南西部の旧州 (＝**～·shire** /-ʃɪər, -ʃər/); Clyde 湾のいくつかの島からなった; ☆Rothesay **2)** スコットランド南西岸沖 Clyde 湾の西側にある島; ビュート水道 (the **Kýles of ～**) により本土と隔てられる》. **2** ビュート **John Stuart,** 3rd Earl of ～ (1713–92)《英国の政治家; George 3 世治世の初期に勢力をふるった; 首相 (1762–63)》.
Bu·te·nandt /búːt(ə)nàːnt/ ブテナント **Adolf (Friedrich Johann)** ～ (1903–95)《ドイツの生化学者; ノーベル化学賞 (1939); ナチスによって辞退させられたが第二次大戦後にあらためて受賞》.
bu·tene /bjúːtìːn/ *n* 〘化〙ブテン (butylene).
bu·tene·di·ó·ic ácid /bjutìːndaɪóuɪk-/ 〘化〙ブテン二酸《無色結晶》.
bu·teo /bjúːtiòu/ *n* (*pl* **-te·òs**) 〘鳥〙ノスリ《ワシタカ科ノスリ属 (*B*-) の鳥の総称》. ♦ **bu·te·o·nine** /bjutíːənàɪn, bjúːtiə-, -nən/ *a, n* [L hawk]
Bu·tey·ko /butéɪkou/ *a* ブテイコ法の《喘息を軽減するための呼吸法》. [Konstantin *Buteyko* (1923–2003) ロシアの生理学者]
Bu·the·le·zi /bùːtəléɪzi/ ブテレジ **Mangosuthu G(atsha)** ～ (1928–)《南アフリカの Zulu 族の指導者・政治家; Inkatha 自由党議長 (1990–); 内相 (1994–2004)》.
but·le /bʌ́tl/ *vi**《口》BUTLER.
but·ler /bʌ́tlər/ *n* 執事, 使用人頭《酒室・食器・配膳などを管理する》; 〘英史〙宮内省酒類管理官. ● **what the ～ saw** 執事が見たもの《見てはいけないもの》. ► *vi* butler をつとめる. [OF＝cupbearer; ⇨ BOTTLE]
Butler バトラー **(1) Joseph** ～ (1692–1752)《英国の神学者・作家》 **(2) Nicholas Murray** ～ (1862–1947)《米国の教育学者; Columbia 大学学長 (1901–45); ノーベル平和賞 (1931)》 **(3) Samuel** ～ (1612–80)《英国の諷刺詩人; ⇨ HUDIBRAS》 **(4) Samuel** ～ (1835–1902)《英国の哲学的作家・諷刺家; ⇨ EREWHON》.
bútler's pàntry 食器室, 配膳室《台所と食堂の間の》.
bútler's trày バトラートレー《蝶番の付いた側面を開くと楕円形になるように作られた長方形の盆》.
but·lery /bʌ́tləri/ *n* BUTLER'S PANTRY; BUTTERY².
But·lins /bʌ́tlənz/ バトリン休暇村《英国の休暇村 (holiday camp) チェーン; 南アフリカ生まれの実業家 Billy Butlin (1899–1980) が 1936 年 Skegness に始め, ほかにも広げた; 多くは海岸にあり, 娯楽施設が整っている》.
Bu·ton /búːtɔ̀ːn/, **Bu·tung** /-tùŋ/ ブトン, ブトゥン《インドネシアの Sulawesi 島南東岸沖にある島》.
Buts·kel·lism /bʌ́tskəlɪ̀z(ə)m/ *n* 〘英政治〙バツケリズム《2 大政党の双方が受け入れることのできる(経済)政策を採用すること》. [R. A. *Butler* (1902–82) 保守党政治家, Hugh Gait*skell* (1906–63) 労働党政治家; 1950 年代に前後して蔵相をつとめ, 同じような政策を行なった]
bu·tsu /bʊ́tsu, búː-/ *n* 仏像; [B-] 釈尊, 釈迦牟尼 (Buddha). [Jpn 仏]
butt¹ /bʌ́t/ *n* **1 a**《道具・武器の》太い方の端, 石突き,《刀・槍の》こじり,《銃床の》床尾,《釣りざおの》手元(てもと),《材木・板の》元口,《はしごの》基部. **b**《船の外板の》突き合わせ部, 横縁(よこえん);〘建〙BUTT JOINT; 蝶番, BUTT HINGE. **c** 豚の肩端の肉; 樹木の根元; 葉柄の基部; 丸太切れ;《木の》切り株; 手のひらの付け根《手首に近い部分》; ホースの末端(の結合器具). **2**《米口・方》尻, けつ (buttocks), 肛門. ★ 成句表現では しばしば ass の代用 (e.g. **work one's ～ off**＝work one's ASS off); ここにない成句については ⇨ ASS². **3 a** 残片 (butt end);《タバコの》吸いさし,《ろうそくの》使いかけ;《俗》タバコ, もく (cigarette); [B-s, ⟨*int*⟩]*《俗》おれのだ, おれの番だぞ!《路上のタバコの吸い殻を見つけたときの発声から》. **b***《俗》《刑期・兵役期間の》残り, 最後の年. **4** 背皮, バット《最も厚くて丈夫; ベルト・靴などに用いる》. ● **bust one's ～***《俗》必死にやる, うんとがんばる. **clip a [the] ～***《俗》《残りをあとで吸うために》紙巻タバコをつまんで消す. **make sb's ～ pucker***《俗》人を怖がらせる, びびらす. ► *vt* ⟨丸太など⟩の端を(四角に)切る; ⟨タバコを⟩もみ消して[踏みつぶして]吸いさしにする. [Du *bot* stumpy; cf. BUTTOCK]
butt² *n* **1**《からかい・批評などの》的, 対象; *《俗》いやなやつ[こと]: make a ～ of sb 人をあざける. **2** [ᵘ*pl*] 安土(あづち)《的をかける盛土》; 標的 (target); [*pl*] 射的場 (range); 〘鳥猟〙《猟者の》隠れるための壁台, 隠れ穴;《古》目標;《廃》限界, 限度: BUTTS AND BOUNDS. ► *vt, vi* 《端と端とを》密着[接合]する ⟨*up*⟩; 隣接する, 接する, 寄り掛かる ⟨*up; to, on, against*⟩. [OF *but* goal<?]
butt³ *n* 大酒樽 (large cask); 〘液量単位〙バット《英国では 108–140 gallons, 米国では 126 gallons》. [OF<L *buttis*]
butt⁴ *vt, vi* 頭[角]で突く[押す]; (頭を)突き出す, ぶつかる ⟨*against, into*⟩; 突出する ⟨*on, out*⟩; ⟨歯車が⟩(かみ合わずに)歯先がぶつかり合う: The goat ～*ed* the man *in* the stomach. 角で男の腹を突いた. ● **～ heads***《口》意見が対立する, 激論を戦わす ⟨*with* sb, *over* an issue⟩. **～ in**《口》⟨人の事や話⟩にくちばしを入れる, 干渉[じゃま]する, でしゃばる ⟨*on, to*⟩. **～ into**《口》⟨話など⟩にくちばしをはさむ. **～ out**《俗》[ᵘ*impv*] 口出しするのをやめる; *《俗》《特に 急に[不意に]》立ち去る. ► *n* 頭突き; 〘フェン〙突き. ► *adv* 頭押しで; 非常な勢いで; *《俗》非常に, きわめて, 実に: run ～ into…にまっしぐらに飛び込む / BUTT NAKED [UGLY]. [AF<Gmc**buttan* to sprout]
butt⁵ *n* 〘魚〙ヒラメ, カレイ,《特に》オヒョウ (halibut). [MDu]
butte*/bjúːt/ *n* ビュート《孤立した山・丘》. [F＝knoll, mound]
Butte ビュート《Montana 州南西部の市; Rocky 山脈中の高原に位置; 付近は鉱物資源が豊富》.
bútt-ènd *vi* 〘アイスホッケー〙スティックの柄先で相手を突く.
bútt ènd 太いほうの端;《銃の》床尾; 杭頭; 残部, 残片;《横材の》接合部;《木材の》木口.
bútt-ènd Chárlie*《空軍俗》TAIL-END CHARLIE.
but·ter¹ /bʌ́tər/ *n* **1 a** バター, 牛酪;《パンに塗る》バターに似たもの;《常温で固体の》植物油: apple ～ リンゴジャム / peanut ～ ピーナッツバター. **b** バター状の物質; 金属塩化物. **2**《口》おだて, おべっか. ● **lay on the ～** おべっかをつかう. **(look as if) ～ would not melt in one's mouth**《口》虫も殺さぬ顔つきをしている, 猫をかぶっている. ► *vt* …にバターを塗る; バターを塗るように塗る; バターで味をつける; *《口》BUTTER up: Fine words ～ no PARSNIPS. ● **～ up**《口》おだてる, ほめそやす. **～ up to…**《口》おだてて…に取り入ろうとする. ♦ **～·less** *a* [OE *butere*<L<Gk *bouturon*]
bútt·er² *n* 撞(つ)く人[もの]; 頭で突く獣. [*butt*⁴]
bútter-and-égg màn*《俗》金離れのいい中流実業家, 金持ちの投資家,《田舎から出てきた》単純で金のある実業家,《特に 舞台興行の》パトロン.
bútter-and-éggs *n* (*pl* ～) 〘植〙ホソバウンラン (＝*toadflax*)《ゴマノハグサ科; 濃黄・淡黄 2 色の花を咲かせる》.
bútter·bàll *n* **1** バターボール《小球状にした 1 回分のバター》. **2** 〘鳥〙ヒメハジロ (bufflehead), アカオタテガモ (ruddy duck). **3**《口》太った人, おでぶ.
bútter bàr*《軍俗》少尉 (second lieutenant).
bútter bèan 〘植〙 **a** ライマメ (lima bean)《米南部・中部では乾燥させた大きなライマメをいう》; SIEVA BEAN. **b** インゲンマメ, サンドマメ (kidney bean, wax bean). **c** 軟莢[若莢]インゲン (green shell bean).
bútter·bòat *n* 舟形バターソース入れ.
bútter·bùr *n* 〘植〙フキの一種《かつてその葉でバターを包んだ》.
bútter chìp バター用の銘々皿.
bútter clàm 〘貝〙バタークラム《ウチムラサキガイと同属の北米太平洋岸産の貝》.
bútter còoler バタークーラー《卓上用バター冷蔵容器》.
bútter·crèam *n* バタークリーム (＝*butter icing*)《バターと砂糖などを強くかきまぜて作るクリームで, ケーキなどに用いる》.
bútter·cùp *n* **1** 〘植〙キンポウゲ属[ウマノアシガタ属]の各種, 金鳳花, ラナンキュラス《キンポウゲ科; 多くの種が鮮黄色の花をつけ, 湿った土地を好む》. **2***《俗》かわいい女の子.
búttercup fàmily 〘植〙キンポウゲ科.
bútter dìsh 《卓上用》バター皿.
bútter·fàt *n* 乳脂肪《牛乳中の脂肪; バターの主要成分》.
bútterfat chèque [the]《NZ》酪農場の年間総現金収入.
bútter·fìngered *a* よく物を取り落とす, 無器用な, へまな; "〘クリケット〙よくボロリと落球する.
bútter·fìngers *n* (*pl* ～) よく物を取り落とす人, 不注意な[不器用な, そそっかしい]人; "《クリケットで》落球する野手.
bútter·fìsh *n* 〘魚〙《特に スズキ亜目マナガツオ科の》ぬるぬるする各種の魚: **a** バターフィッシュ《米国大西洋岸産; マナガツオ科》. **b** ガンネルギンポ (gunnel).
but·ter·fly /bʌ́tərflàɪ/ *n* **1** 〘昆〙チョウ, 蝶; 移り気な人,《特に》うわついたおしゃれ女; 着飾りすぎた人: a social ～ 社交界の蝶 / Take not a musket to kill a ～.《諺》蝶一匹殺すに銃は要らぬ《大げさなことはするな》. **2** [the] 〘泳〙バタフライ (＝**～ stròke**); 〘アイスホッケー〙バタフライ《ゴールキーパーの防御スタイル; 両膝を氷につけ両脚を広げる》; 〖医〗バタフライ (=~ **bàndage**)《蝶の形に広げられる粘着テープ》: do the ~ バタフライ(泳法)で泳ぐ. **3** [ᵘ*pl*]《口》《緊張・不安などによる》落ちつかない気持, 心配: have [get, feel] *butterflies* (in one's [the] stomach [tummy]) 不安で落ちつかない, どきどきする, 気おくれする / give sb *butterflies* in his stomach 人を不安にさせる. ● **break a ~ on a** [**the**] WHEEL. ► *vi, vt* 蝶のように飛びまわる, 転々とする; 〈肉を〉蝶の羽のように切り開く. [OE (BUTTER¹, FLY²)]

bútterfly bàll 《野球俗》ふわっとしたゆるい球, ナックルボール (=*butterfly pitch*).

bútterfly bòmb 蝶形爆弾《チョウのように羽を開きゆっくり落ちる撒布爆弾》.

bútterfly bùsh 〖植〗クサフジウツギ (⇨ BUDDLEIA).

bútterfly chàir バタフライチェア《鉄パイプなどのフレームにカンバスを張った椅子》.

bútterfly cὸllar 《アイル》WING COLLAR.

bútterfly dàmper 〖機〗蝶形弁, バタフライダンパー.

bútterfly dìagram 〖天〗蝶形図《11 年周期の太陽黒点の緯度分布の変化を図示したもの》.

bútterfly effèct [the, ˢthe B- E-] 〖数〗バタフライ効果《カオス (chaos) の分野の用語; 小さな力が長期的には大きな系に大規模な影響を及ぼすこと; たとえば, ある場所でのチョウのはばたきが他の場所であらしを起こすという考え方》.

bútterfly·er *n* バタフライの選手.

bútterfly fìsh 〖魚〗**a** チョウのような魚《イソギンポ・セミホウボウ・チョウチョウウオ・ミノカサゴなど》. **b** バタフライフィッシュ《西アフリカ産の熱帯魚; 大きく発達した胸びれをもつ》.

bútterfly flὸwer 〖植〗ムレゴチョウ, シザンサス (schizanthus).

bútterfly kìss ウインクしてまつげで相手のほおなどをなでること.

bútterfly knìfe バタフライナイフ《2 本の柄が両側から刀身をはさんで収容する方式の折りたたみナイフ》.

bútterfly mìnd 一つのことに集中できない精神状態, ふわふわした気分.

bútterfly nèt 捕蝶網, 捕虫網.

bútterfly nùt 〖機〗蝶ナット (wing nut).

bútterfly òrchid 〖植〗**a** ヨーロッパ原産のツレサギソウ属のラン. **b** 南米原産のオンシジウム属の着生ラン《チョウをおもわせる黄色と赤の大きな花をつける》.

bútterfly pìtch *《野球俗》BUTTERFLY BALL.

bútterfly tàble バタフライテーブル《袖付きの折りたたみ長円形テーブル; 不用の時は両袖が蝶番で下にぶらさがる》.

bútterfly vàlve 〖機〗蝶形弁, バタフライ弁.

bútterfly wèed 〖植〗ヤナギトウワタ, 宿根パンヤ (=*orange milkweed, pleurisy root*)《だいだい色のあざやかな花をつけるガガイモ科の多年草; 北米原産》.

bútterfly wíndow 《自動車の》三角窓.

bútter·hèad *n* **1** 〖野菜〗バターヘッド(型)レタス (=~ **lèttuce**) (=*butter lettuce*)《葉が柔軟で, 結球がゆるい》. **2** *《黒人俗》《黒人の》名折れ, 恥さらし; *《俗》まぬけ, とんま, がさつ者.

bútter ìcing BUTTERCREAM.

but·ter·ine /bʌ́tərən/ *n* オレオマーガリン《一部を牛乳から造った人造バター》.

bútter·ing *n* 《煉瓦積みする前に》煉瓦の垂直面にモルタルを塗ること; 《口》おだて.

but·ter·in·sky /bàtərínski/ *n* 《俗》BUTTINSKY.

but·ter·is /bʌ́tərəs/ *n* 《蹄鉄工の》ひづめ削り具.

bútter knìfe バターナイフ《バター皿からバターを取る》; BUTTER SPREADER.

bútter lèttuce 〖野菜〗バターレタス (BUTTERHEAD).

bútter·mìlk *n* バターミルク《**1**) 攪乳 (churning) 後, 牛乳[クリーム]からバターを取り去った残りの液体 **2**) 牛乳にバクテリアを添加して作った発酵乳》; 淡黄色, クリーム色.

bútter mùslinᴵᴵ 目の粗い薄い綿布 (cheesecloth).

bútter·nùt *n* **1** 〖植〗バタグルミ, シログルミ (=*white walnut*)《北米東部産のクルミ》. **2** うすい茶色; [*pl*] バタグルミから得た染料で茶色に染めたホームスパンのズボン[オーバーオール]; 〖米史〗《南北戦争時の》南軍兵, 南部連合支持者《茶色に染めたホームスパンの軍服から》. **3** バターナッツ (SOUARI NUT).

bútternut squàsh とっくり形の栗(くり)カボチャの一種《皮はなめらかで色は淡黄色, 果肉はオレンジ色》.

bútter of ársenic ヒ素バター (arsenic trichloride).

bútter of tín 塩化第一スズ.

bútter of zínc ジンクバター《軟膏状の塩化亜鉛》.

bútter pàt 一人分のバター片《装飾的な形にしたものや 1/4 ポンド棒から切り分けたもの》; BUTTER CHIP.

bútter prìnt バタープリント《**1**) バターの塊りに飾りの型を押すための木型 **2**) バターに押した木型》.

bútter sàuce バターソース《溶かしバター・小麦粉・卵黄・レモン汁などで作る》.

bútter·scòtch *n* バタースコッチ《**1**) バターと赤砂糖で作るキャンディー **2**) その味をつけた褐色のシロップ》; 黄褐色, 淡褐色.

bútter sprèader バタースプレッダー《パンにバターを塗る丸刃のナイフ; cf. BUTTER KNIFE》.

bútter trèe 〖植〗バターノキ《種子からバター状物質が得られる各種の樹木; シアバターノキ (shea tree) など》.

bútter·wèed *n* 〖植〗黄色い花をつける野草《ヒメムカシヨモギ・ノボロギク・サワギクなど》.

bútter·wòrt *n* 〖植〗ムシトリスミレ《総称; タヌキモ科》.

bút·tery¹ *a* バターのような, バター風味の; バターを含んだ[塗った]; 《口》おだての, おべっかの. ♦ **bút·ter·i·ness** *n* バターに似ていること; バターを含むこと.

buttery² *n* ワイン類貯蔵室; 《方》食料品貯蔵室 (pantry); 《英国の大学などで》食料品の貯蔵室兼売店. [AF (?*butt*³)]

búttery hàtch BUTTERY² から食堂に食品を送る渡し口[ハッチ].

bútt·fùck *《卑》*n* 肛門性交, ケツかき (ass-fuck); ホモ男; げす野郎. ► *vt, vi* (…と)肛門性交する, ケツかきする.

búttfuck bùddy *《卑》親友, ダチ公 (asshole buddy).

bútt·hèad *n* *《俗》ばか, まぬけ.

bútt hìnge 背出し蝶番《最も普通の蝶番》.

bútt·hòle *《卑》*n* 肛門, ケツの穴; ばか野郎, くそったれ (asshole).

buttie ⇨ BUTTY¹.

bútt-ìn *n* *《俗》さして口をするやつ, おせっかい屋.

butt·in·sky, -ski /bətínski/ *n* 《俗》割込み屋, さしでがましいやつ, でしゃばり, おせっかい屋. [*butt*⁴ *in*, *-sky* (スラヴ系男性名に普通の語尾)]

bútt jòint 〖建〗突合わせ継手, 突付け《横材を重ねないで頭と頭とを単に突き合わせた接合法; cf. LAP JOINT》.

bútt·kìcker *n* *《俗》有能なやつ, できるやつ.

but·tle /bʌ́tl/ *vi* [*joc*] BUTLER をする 〈*for*〉.

butt·leg·ging * /bʌ́tlègɪŋ/ *n* 《脱税の》タバコ密売. ♦ **-lèg·ger** *n* [*butt*¹ cigarette+boot*legging*, *-legger*]

bútt·lòad *n* [a ~] *《俗》たくさん, どっさり 〈*of*〉.

bútt náked *a* *《口》全裸で, すっぽんぽんで.

but·tock /bʌ́tək/ *n* [*pl*] 臀部, 尻 (nates)《GLUTEAL *a*}, (四足獣の)臀部 (rump); [ᵘ*pl*] 〖海〗船尾; 〖レス〗腰投げ. ► *vt* 〈人〉に腰投げをかける. [*butt* ridge, *-ock*]

but·ton /bʌ́tn/ *n* **1** 《服の》ボタン; [~s, 〈*sg*〉]ᴵᴵ《口》《金ボタンの制服を着た》給仕, 召使, ボーイ (⇨ BUTTONS): a boy in ~*s* 給仕服の少年[ボーイ] / (as) cute as a ~ 《口》とてもかわいい. **2** ボタンに似たもの: **a** 押しボタン (push button); [*fig*]《核戦争などを開始させる》押しボタン, 《人にある種の反応を起こさせる》押しボタン (⇨ push [press] sb's BUTTONS). **b** 〖電算〗《画面上の選択できる》ボタン. **c** *《通例 円形の》バッジ (badgeᴵᴵ), 《俗》警官のバッジ[盾形の記章]; [~(s)] *《俗》警官; 丸くて小さい菓子[飾り]; 《時計の》竜頭(りゅうず); TURN BUTTON; 〖ボート〗《オールの》すべり止め《オール受けと接触する部分に巻いてある革》; 〖冶〗《融解後にるつぼの底に残る》金属粒. **d** 〖フェン〗《試合刀の》先革; 《俗》あごの先端, チン; ガラガラヘビの尾の先端. **e** 芽, つぼみ; 若いキノコ, BUTTON MUSHROOM; *《俗》《幻覚剤としてかむ》MESCAL BUTTON; *《俗》少量の薬(?); 《俗》陰核, さね (clitoris); *《方》赤ん坊, 少年, 若者. **3** [ᵘ*neg*] つまらぬもの, ほんの少し. **4 a** *《俗》コマーシャル終了時に使う効果音[音楽]. **b** *《俗》《朗誦などの》結末, 《冗談などの》さわり, おち, きめの部分: get [come] to the ~. ● **at the touch of a ~** ボタン操作ひとつで, いとも簡単に. **be a ~ short** 少し(知恵が)足りない. **bust** one's **~s** *《俗》これみよがしに自慢して悦に入る. **have some** [**a few**] **~s missing** *《口》頭がおかしい, 狂っている, いかれてる, 変人である, 頭のネジがはずれている. **hold** [**take**] sb **by the ~** 人を引き留めて長話をする (buttonhold). **not care a ~** 《口》少しもかまわない. **not have all** one's **~s** 正気でない, 能[知恵]がない. **not worth a ~** ᴵᴵなんの価値もない. **on the ~** *《ボクシング俗》あごに命中して; *《口》きっかり, ぴったり (precisely), 定刻に; *《口》敏腕な, 積極的な. **push** [**press**] sb's **~s** 《口》人を刺激する, 人をおこらせる; 《口》人を性的に興奮させる. **push** [**press, touch**] **the ~** ボタンを押す《電流を通すため》; [*fig*] 事の糸口[きっかけ]をつくる: *push the* PANIC BUTTON. **push** [**press**] **the right ~s** 《口》人の心をつかむ, 望みの反応を引き出す, 人を喜ばす.
► *vt* …にボタンを付ける; …にボタンをかける; ボタンで留める[閉じる]; ぴたりと閉じる, 閉め切る 〈*up*〉. ► *vi* ボタンで留まる, ボタンがかかる: This coat does not ~. ボタンがかからない. ● **~ down** *《俗》〈事実などを〉確かめる, 確定する, …だと判断する 〈*as*〉; *《俗》〈建物など〉きちんと鍵をかける, 整頓する; *《俗》《仕事を》ちゃんと仕上げる, 準備する, 準備を完了させる. **~ into** [**in**] ボタンをかけて(ポケットなどに)しまい込む. **~ it** 《口》口を閉じる, 静かにしている. **~** (**up**) one's **lip** [**mouth**] [°*impv*] 《口》口をつぐむ. **~ up** ボタンをかけて閉じる, きちんとボタンを(全部)かける, ボタンがかかる; 〈口・財布の口などを〉固く閉じる; 《口》口をつぐむ; *《俗》〈建物など〉きちんと鍵をかける, 〈物を〉安全にしまう; 《口》〈命令・任務などを〉上首尾に遂行する; 《口》〈協定などを〉最終的なものにする, まとめる: ~ *up* to the chin ボタンをあごまでかけている, 詰襟服を着ている / *B~ it up.* 黙ってろ.
♦ **~ed** *a* ボタンをした; 黙り込んだ. **~·er** *n* **~·less** *a* **~·like** *a* [OF<Gmc=sprout]

bútton-bàck *a* 〈椅子・ソファーなど〉ボタンバックの《背もたれの布や革をボタンで留めてデザインしたもの》.

bútton·bàll *n* 〔植〕 **a** スズカケノキ (plane) (＝～ **trèe**)《ボタン状の実をつける》. **b** BUTTONBUSH.
bútton bàr 〔電算〕 ボタンバー《コンピューターの画面上でプログラムをすばやく起動するために使用するボタンを並べたもの》.
bútton-bòot" *n* ボタン留めブーツ.
bútton·bùsh *n* 〔植〕 タマガサノキ, アメリカヤマタマガサ《北米原産アカネ科ヤマタマガサ属の落葉低木; 白い球形の花をつける》.
bútton chrysánthemum 《庭先などの》小花のキク.
bútton dày 〔豪〕 ボタンデー《街頭募金の日; 募金者にボタンやバッジを付ける; cf. TAG DAY, FLAG DAY》.
bútton-dòwn *a* **1** ボタンダウンの〈襟・シャツ〉《襟の先端をボタンで身ごろに留める》. **2***《服装・行動などの面で》型にはまった, 独創性のない, 保守的な (＝**búttoned-dòwn**). ► *n* ボタンダウンのシャツ.
bútton èar 〔犬〕 ボタン耳 (＝*drop ear*)《完全に前にたれて内側を隠してしまっている耳》.
búttoned-úp *a* 無口な, うちとけない, とりすました; きちんとした, 堅実な; 周到な; 〈仕事が〉上首尾の, うまくいった.
bútton èye 小さな丸い目.
bútton·hòld *vt* 〈人を〉引き留めて長話をする; 〈人〉の注意をひく. ♦ **～·er** *n* 長話する人 (buttonholer).
bútton·hòle *n* ボタンホール, ボタン穴; "ボタンホールに差す飾り花 (boutonniere). ► *vt* **1** …にボタンホールをつける, …の穴かがりをする. **2** 引き留めて長話をする《buttonhold のなまり》. ♦ **-hòl·er** *n* *《ミシンの》ボタン穴かがり器, ボタンホーラー.
búttonhole stìtch ボタンホールステッチ《ボタンの穴かがり》; 飾り縫い.
bútton·hòok *n* ボタンかけ《靴などのボタンを穴に通すとき用いた鉤形の器具》; 〔アメフト〕 ボタンホック《レシーバーがまっすぐにダウンフィールドを走り突然スクリメージラインの方へターンする攻撃プレー》.
bútton màn*《俗》《マフィアなどの》下っぱ組員, 三下, '兵隊' (soldier). [*button boy* page]
bútton·mòld *n* くるみボタンの台《骨・木・金属などの円板でその上に布や革をかぶせてボタンにする》.
bútton múshroom 菌傘の開かない小さい若いマッシュルーム, ツクリタケ《普通にマッシュルームと呼ばれる栽培キノコ》.
bútton nòse 小さくて丸い鼻. ♦ **bútton-nòsed** *a*
bútton-òn *a* ボタン付きの, ボタンで留める.
bútton plàyer*《俗》 BUTTON MAN.
bútton quàil 〔鳥〕 ミフウズラ (＝*hemipode, bustard quail*)《旧世界に分布》.
But·tons /bʌ́tnz/ バトンズ《特に おとぎ芝居 (pantomime) の *Cinderella* に登場する仕着せを着た召使のニックネーム》. [仕着せの上着のボタン列から]
bútton snákeroot 〔植〕 **a** ユリアザミ, リアトリス (blazing star)《北米原産; キク科》. **b** ヒゴタイサイコ属[エリンジギウム属]の各種のとげのある草本《セリ科》.
bútton sòldier*《俗》 BUTTON MAN.
bútton stìck 《軍服などの》ボタン磨きのスティック《磨くときに服が汚れないようボタン列のボタンだけ頭を出す穴があけてある道具》.
bútton-thròugh" *a* 〈衣服が〉上から下までボタンで留める.
bútton tòw 《ポールの下端に円い座席を取り付けた》一人乗りスキーリフト.
bútton trèe 〔植〕 **a** 熱帯のシクンシ科の木の一種. **b** スズカケノキ (plane).
bútton·wòod *n* 〔植〕 **a** スズカケノキ (plane). **b** BUTTON TREE.
bút·tony *a* ボタンのような; いっぱいボタンの付いた.
bútt pàck*《口》 ウエストポーチ (fanny pack).
bútt plàte 《銃の床尾の》床尾板.
but·tress /bʌ́trəs/ *n* 〔建〕 控え壁, 扶壁, バットレス; 支えるもの[人]; 《山の》張り出した部分[岩稜], バットレス; 《馬のひづめの》爪板(ᵗᵃⁱ)のかかと側に突出した部分; 樹幹の広くなった基部. ► *vt* 控え壁で支える[補強する] 〈*up*〉; 支える, 支持[支援, 強化]する 〈*up; with, by*〉. ♦ **～ed** *a* [OF (*ars*) *bouterez* thrusting (arch); ⇨ BUTT[4]]
búttress ròot 〔植〕《インドゴムノキ・マングローブなどの》板根(ᵇᵃⁿᵏᵒⁿ).
búttress thrèad 〔機〕 のこ歯ねじ.
bútts and bóunds *pl* 〔法〕《土地の》境界線.
bútt shàft 《矢じりのない》射的用の矢.
bútt·stòck *n* 銃床.
bútt stràp 〔機〕 目板(ᵐᵉⁱᵗᵃ)《突合わせ継手締結用の補助板》.
bútt úgly *a**《口》 実に醜い, 見られたものではない.
bútt wèld 突合わせ溶接[鍛接]. ♦ **bútt-wèld** *vt*
but·ty[1], **-tie** /bʌ́ti/ *n* 《北イング》 サンドイッチ: a bacon ～.
butty[2] *n* **1**"《口》《炭鉱の》仲間, 仕事仲間 (workmate); 〔史〕《鉱山労働者と鉱山主との間を仲介する》仲介(代理)人 (middleman). **2** 《他船によって曳航(ᵉⁱᵏᵒᵘ)される》はしけ (＝～ **bòat**). [? *booty* sharing; cf. *play* BOOTY]
bútty gàng 請負組《大工事(の一部)に共同で取り組み, 仲間で利益を分配しあう》.
Bu·tu·an /bətúːɑ̀ːn/ ブトゥアン《フィリピンの Mindanao 島北東部の市》.
Butung ⇨ BUTON.
bu·tut /butúːt/ *n* (*pl* **～s, ～**) ブトゥート《ガンビアの通貨単位: ＝1/100 dalasi》. [(Gambia)]
bu·tyl /bjúːtl; -tàɪl, -tɪl/ *n* 〔化〕 ブチル(基); 《口》 BUTYL RUBBER. [L (BUTTER[1], *-yl*)]
bútyl ácetate 〔化〕 酢酸ブチル.
bútyl álcohol 〔化〕 ブチルアルコール《有毒性の無色の液体; 有機合成用・溶媒》.
bútyl áldehyde 〔化〕 BUTYRALDEHYDE.
bútyl·àte *vt* 〔化〕 〈化合物〉にブチル基を導入する. ♦ **bùtyl·átion** *n* ブチル基導入.
bútylated hydròxy·ánisole 〔化〕 ブチル化ヒドロキシアニソール, BHA《油脂の酸化防止剤》.
bútylated hydròxy·tóluene 〔化〕 ブチル化ヒドロキシトルエン, BHT《油脂の酸化防止剤》.
bu·tyl·ene /bjúːt(ə)lìːn/ *n* 〔化〕 ブチレン (＝*butene*)《エチレン系炭化水素の一つ》.
bútyl nítrite ISOBUTYL NITRITE.
bútyl rùbber 〔化〕 ブチルゴム《ガス不透過性合成ゴム》.
Bu·tyn /bjúːt(ə)n/ 〔商標〕 ブチン《硫酸ブタカイン (butacaine sulfate) 製剤》.
bu·tyr- /bjúːtər/, **bu·ty·ro-** /bjúːtəroʊ, -rə/ *comb form* 「酪酸の (butyric)」
bu·tyr·a·ceous /bjùːtəréɪʃəs/ *a* バター性の, バターに似た; バターを含んだ[生ずる].
bu·ty·ral /bjúːtəræ̀l/ *n* 〔化〕 ブチラール《ブチルアルデヒドのアセタール》.
bùtyr·áldehyde *n* 〔化〕 ブチルアルデヒド (＝*butyl aldehyde*)《樹脂製造用》.
bu·tyr·ate /bjúːtərèɪt/ *n* 〔化〕 酪酸塩[エステル].
bu·tyr·ic /bjutírɪk/ *a* 〔化〕 酪酸の, 酪酸を生じる; バターの[から得られる].
butýric ácid 〔化〕 酪酸.
bu·tyr·in /bjúːtərən/ *n* 〔化〕 ブチリン《バター中に存在する無色の液体酪酸グリセリンエステル》.
bùtyro·phe·nóne /-fənóʊn/ *n* 〔薬〕 ブチロフェノン《特に 統合失調症治療に用いる抗精神病薬 (haloperidol など)》. [*butyric, phen-, -one*]
bu·ty·ryl /bjúːtərəl/ *n* 〔化〕 ブチリル《酪酸から誘導される 1 価の酸基》.
bux·om /bʌ́ksəm/ *a* 〈女性が〉肉付きのよい, 豊満な; 胸の豊かな; 《古》 快活な, 陽気な; 《廃》 従順な; 《廃》 柔軟な, しなやかな. ♦ **～·ly** *adv* **～·ness** *n* 豊麗, 豊満; 快活. [ME *buhsum* pliable (BOW[1], -SOME[1])]
Bux·te·hu·de /bùkstəhúːdə/ ブクステフーデ **Dietrich ～** (1637–1707)《デンマークのオルガン奏者・作曲家; ドイツで活躍し, J. S. Bach, Handel に影響を与えた》.
buy /báɪ/ *v* (**bought** /bɔ́ːt/) *vt* **1** 買う, 購入する (opp. *sell*); 〈金で…が〉買える; *《俗》 雇う, 《金を払って》借りる: ～ him a book＝～ a book *for* him / ～ *oneself* a new hat 自分の新しい帽子を買う / ～ it *for* a dollar [*at* 2 dollars a piece] 1 ドルで[1 個 2 ドルで]買う / ～ sth *at* a store [*for* cash, *on* credit] 物を店で[現金で, 掛けで]買う / ～ sth *from* [*of*] sb 人から物を買う / (Could I) ～ you a drink? 一杯おごろうか《おどけて, 来客に酒などを勧める時にも言う》/ Money cannot ～ happiness. 金で幸福は買えない / *B*～ American. *〔標語〕 国産品優先[愛用]. **2** 《賄賂で》買収する (bribe), 抱き込む; [ᵘ*pass*] 《犠牲を払って》獲得する; 〔主に神学〕…(の罪)をあがなう (redeem, ransom); *《俗》 やり遂げる: Victory is dearly *bought*. 勝利には高価な犠牲が払われる / ～ time by equivocation ことばを濁して時間をかせぐ. **3** 《口》 〈意見・話などを〉受け入れる, 是認する, 信じる, 買う (accept): I won't ～ that nonsense [your theory]. そんなばかなことは信じられない[きみの説は買えないね]. **4***《俗》 [*neg*] 見込む, 獲得する, 得る; *《俗》 〈行為などを〉する, なし遂げる: *can't* ～ a job とうてい仕事にはありつけないだろう. ► *vi* 買物をする, 買う, 買手になる, 買手である. ● **～ back** 買い戻す 〈*from*〉. **～ down** 〈住宅ローンの利率を〉buy-down により割り引く. **～ in** (*vt*) "買い込む, 買い付ける, 買いだめする, 仕入れる; (競売で付け値が安いので)〈売主が品物を〉買い戻す, 自己落札する. (*vi*) 〔取引〕 買い埋めをする; ⇨ BUY oneself in. **～ into…** (1) ⇨ BUY oneself into (2) 《口》 〈考えなど〉を受け入れる, 信じる (3) 《豪》 〈議論・けんかなど〉に巻き込まれる. **～ it** 《口》《なぞ・質問が解けないで》投げ出す, 手を引く; (事故で)死ぬ, 戦死する: I'll ～ *it*. わからない, 降参する, 教えて. **～ off** 〈ゆすりなどを〉金を与えて追い払う, 金を払って免れる[…から手を引かせる], 買収する; 免除金を出して〈人を〉(軍務などから)救う. **～ off on…** *《軍俗》 〈意見などを〉受け入れる, …に賛成する. **～ out** 〈事業などを〉買収する; 買い占める; 〈人〉の株[権利]を買い占める; 免除金を出して〈人を〉〈兵役などから〉解放してやる 〈*of*〉: ～ *oneself out* 金を払って兵役を免除してもらう. **～ out sb's** CONTRACT. **～ over** 買収する. **～…over sb's head** 《競売で》人より高い値をつけて…を買い取る. **～ (oneself** [**one's way**]**) in** [**into…**] 株[権利など]を買って《会社・クラブなど》に)はいる, (…の)株主[会員]になる. **～ one's way out** 賄賂をつかってうまく免れる 〈*of*〉. **～ the** BIG ONE. **～ up** 《思うさま》買い上げる, 買い占める; 《株を買い上げるなどして》〈会社などを〉接収する. **stay**

bought «俗»《賄賂をもらったりして》いつまでもちゃんと顔を立て通す, 寝返らない.

► *n* 買うこと (buying); «口» 買物, 掘出し物: It's a ～. それは掘出し物だ / a bad ～ つまらない買物 / a good ～ (安い)買物, 買い得品 (a bargain) / a best ～ 一番のお買い得品. ● **on the ～** 盛んに買い付けて.

♦ **～·able** *a* [OE *bycgan*]

búy-and-búst operátion *«俗»《麻薬の》おとり捜査《私服捜査員が薬を買って売人を挙げる》.

búy·bàck *a* 買戻しの, バイバックの《特に 石油生産量のうちの産油国が主張する権利分を石油会社が買い戻すことに関していう》. ► *n* 買戻し,《特に》自社株の買戻し.

búy-dòwn *n* 金利買下げ, バイダウン《高金利時などに物件の販売促進のために開発業者・建築業者などが融資者にあるまとまった額を前払いすることにより, 当初数年間の住宅ローン金利の引下げを取り決めること》.

búy·er *n* 買手, 買方, 買主, 消費者 (opp. *seller*); 仕入れ係, 仕入れ[購買]部長, 買付け人, バイヤー: a head ～ 仕入れ担当主任 / ～s' association 購買組合 / Let the ～ beware. «諺» 買手は用心せよ《買ってからでは手遅れ; cf. CAVEAT EMPTOR》.

buyer's [búyers'] màrket 買手市場《供給が需要を上回り買方有利な市場; cf. SELLER'S MARKET》.

búyer's òption 〖証券〗買付け選択権《将来の決められた時に決められた価格で株式を買う契約において買手に与える, それ以前の任意の時点で市場価格で株式を買う権利》.

búyers' strìke 同盟不買.

búy-ìn *n* **1**〖証券〗処分買い《売手側が期日に証券を引き渡すことが不能になったとき, 買手側が第三者からその証券を買う行為》;〖取引〗買埋め;《自社株の》買戻し;《競売品の》買戻し, 自己落札. **2** «口» 賛同, 承認, 受け入れ.

búy·ing pòwer 購買力 (purchasing power).

búy-òff* *n*《製品やサービスに関する》全権利の買占め; 買い切り契約の人《タレントなど》.

búy·òut *n*〖経〗買占め; 買取り,《企業の》買収 (acquisition);《雇用契約の》買取り(オファー), 早期退職勧奨: a ～ package 早期退職一時金.

Buys Bal·lot's Law /báɪs bəlάts —, bɔ́ɪs-/ ボイス・バロットの法則《北半球で風を背にうけて立つと, 左方の気圧は右方より低い, 南半球では逆》. [C. H. D. *Buys Ballot* (1817–90) オランダの気象学者]

Bu·zău /bəzóu, -záu/ ブザウ《ルーマニア南東部 Bucharest の北東にある市》.

buzhie ⇨ BOOJIE.

buz·ka·shi /búːzkάːʃi/ *n* ブズカシ《死んだヤギ[子牛]を馬に乗って奪い合うアフガニスタンの国技》. [Pashto]

Buzo /búzou/ ブゾー **Alexander John ～** (1944–2006)《オーストラリアの劇作家》.

buzz[1], **buz** /bʌ́z/ *int* 古臭い話だ! [やめ! の imit か]

buzz[2] *vi* **1 a**〈ハチ・機械など〉ブンブン[ジージー]いう〈*about, over, in, out, among*〉;〈頭・耳が〉ガンガンする, 耳鳴りがする; 忙しく動きまわる〈*about, around, along*〉; ガヤガヤいう, ざわつく〈*with*〉; ヒソヒソ[ゴソゴソ]話す; あれこれ取り沙汰する;〈うわさが〉飛ぶ. **b** ブザーを鳴らす: ～ *for* sb ブザーで人を呼ぶ. **2** «口» 急いで行く, 飛ばす, 立ち去る〈*off, along*〉. **3**《薬物で》気分が高揚する. ► *vt* **1 a**〈うわさなどを〉こっそり[ヒソヒソ声で]話す[広める]; *«口»〈人〉にこっそり教える. **b** «口»〈人〉に電話をかける;〈人〉にブザーで合図する, ブザーで呼ぶ. **2 a**〈羽などを〉ブンブン鳴らす; «口» ヒュッと投げる, ほうり投げる. **b**〖空〗〈建物など〉の上空をすれすれに飛ぶ, 警告的に〈飛行機〉に接近して飛ぶ. **c** *«口» ミキサーにかける. **3 a** ˈ〈酒瓶を〉傾けつくす; *«俗»〈町・酒場など〉で飲み騒ぐ; *«俗» 酔わせる. **b** *«俗» …にうれしがらせを言う, 得意がらせる, ヨイショする. **4** *«俗» …に[で]物乞いをする; *«俗» 盗む,〈人〉から奪う. **5** *«俗» 殺す. ● **～ along** [°*impv*] *«俗» 急いで去る, 行ってしまう, 出かける, 消えうせる; *«俗» 車を飛ばす. **～ in** 不意に[さっと]はいる; *«俗» 到着する, やってくる; *«俗» 電子ロックを開けて〈人を〉中に入れてやる. **～ off** [ˈ*impv*] «口» 急いで去る, 行ってしまう, 出かける, 消えうせる; 電話を(ガチャンと)切る (ring off). **What's ～in' (cousin)?** *«俗» いったい何事?, 何の騒ぎ?, どうしたの? ► *n* **1 a** (ブンブンいう)うなり; ブーン《ハチなどの羽音》;《機械の》騒音;〖電〗バズ, ブザーの合図, ブザーによる呼び出し;〖空〗低空飛行による警急合図. **b** ガヤガヤ[ヒソヒソ, ボソボソ](いう声); むだ話, うわさ, ゴシップ, 世評; «口» 電話(の呼び出し) (: give me a ～); *«俗» ほおにさっとする優しいキス: the ～ is *that*… うわさによれば…であるらしい. **c** あわただしい活動, 活気; [a ～] «俗» (ぞくぞくするような)快感, 陶酔感, 酔い, 高揚, 熱狂: get a ～ out of… で快感を覚える, …を愉快に思う / give sb a ～. **2**〖昆〗ケブカキイロコガネ《欧州産》; *円鋸(まるのこ) (buzz saw); ˈBUZZWIG; *«俗» パトカー.

● **have a ～ on** «俗» 酔っている. [imit]

buz·zard[1] /bʌ́zərd/ *n* **1**〖鳥〗ˈノスリ (buteo); *コンドル, カラカラ《など》《猛禽》; *«俗»《食事に出された》鶏, 七面鳥; *«俗»《陸海軍将校の》ワシの記章. **2** [°old ～] «俗» 卑しむべきやつ, 老いぼれ, つむじまがり. [OF<L BUTEO]

buzzard[2] *n* ˈ«方» ブンブンいう虫. [BUZZ[1]]

búzzard còlonel *«陸軍俗» 大佐 (chicken colonel).

búzzard mèat *«俗» 死体, 死人; *«俗» 命運の尽きた人[もの], ぽんこつ, 駄馬; *«軍俗» 鶏肉, 七面鳥の肉.

Búz·zards Báy /bʌ́zərdz-/ バザーズ湾《Massachusetts 州南東部 Cod 岬基部南岸の大西洋の入江》.

búzz bòmb ブンブン爆弾, 爆鳴弾《第二次大戦末期にドイツ軍が英国に向けて発射した無人飛行機型爆弾 V-1 号のあだ名; 飛行中のパルスジェットエンジンの騒音から》.

búzz bòok *«俗» ベストセラー, 話題の本.

búzz-bùggy *n* *«俗» 車, カー (=*buzz-wagon*).

búzz-búzz *n*《競技場観客席などの》ワイワイ, ガヤガヤ.

búzz cùt《頭髪の》五分刈り, 丸刈り, スポーツ刈り (crew cut).

♦ **búzz-cùt** *a*

buzzed /bʌ́zd/ *a* [°～ up] *«俗» 少々酔った, ほろ酔いの.

búzz·er *n* **1** ブンブンいう虫; 汽笛, サイレン;〖電〗ブザー;《クイズ番組などでの》解答ボタン; ˈ«俗» 電話; «NZ» 電動かんな; «俗» 信号兵; *«俗» 警官のバッジ. **2** ブザー[サイレン, 汽笛]の音. ● **at the ～**《バスケなど》試合[ゲーム]終了時に.

búzz·ing *a* ブンブン[ガヤガヤ]いう; «俗» 酔っぱらって. ♦ **～·ly** *adv*

búzz·kìll *n* *«口» 楽しみをそこなう人[物], 興ざめなやつ.

búzz phràse *«俗»《しろうとを感心させるような》専門的言いまわし, 今はやりの言い方, BUZZWORD.

búzz sàw* 円鋸(まるのこ) (circular saw). ● **monkey with the ～** *«俗» 危険なことに手を出す, 災難をまねく. **run into a ～** *«俗» 厄介な事態に陥る, 激しい抵抗にあう.

búzz sèssion 小グループの非公式の話し合い.

búzz-wàgon *n* *«俗» BUZZ-BUGGY.

buzz·wig ˈ/bʌ́zwìg/ *n* 毛のふさふさした大かつら(をつけた人),《特に》身分のある人 (bigwig).

búzz·wòrd *n*《しろうとを煙にまく》専門語, 商売上の[仲間うちの]通用語; 流行語っぽい専門用語, 今はやりの言い方.

búzzy *a* «口»〈場所・雰囲気が〉活気がある.

b.v. 〖会計〗°book value.

BV [L *Beata Virgo*] °Blessed Virgin ♦ °Bureau Veritas.

B.V. 英国の詩人 James THOMSON (1834–82) の筆名.

BVD /bíːvìːdíː/〖商標〗BVD《男性用下着》; [～s, *pl*] *«俗» 男性用下着 (=*beeveedees*). [*Bradley, Voorhies, and Day* メーカー]

BVI °British Virgin Islands.

B vitamin /bíː —/〖生化〗B ビタミン《ビタミン B 複合体に属する各種ビタミン》.

BVM [L *Beata Virgo Maria*] °Blessed Virgin Mary.

bvt brevet. **BW** bacteriological warfare ♦ °biological warfare ♦ °bread and water ♦ °British Waterways.

BW, B/W, b/w〖写・テレビ〗°black and white.

bwa·na /bwάːnə/ *n* [°*voc*] «東アフリカ» だんな, ブワナ (master, sir, boss). [Swahili]

bwang /bwǽŋ/ *int* ビョンビョン, ビーン《やや重たいはね方などを示す》. [imit]

BWB °British Waterways Board. **BWC** Biological Weapons Convention 生物兵器禁止条約. **BWI** °British West Indies. **BWOC** *«俗» big woman on campus《大学・高校の》人気女子学生 (cf. BMOC). **BWR** °boiling water reactor.

BWV [G]〖楽〗Bach Werke-Verzeichnis《Wolfgang Schmieder (1901–90) による J. S. Bach の作品総目録番号》.

bx box. **BX** /bìːέks/〖米海軍・米空軍〗°base exchange.

by[1] *prep* /baɪ, bə, bɪ, bàɪ/ **1 a** [位置] …のそばに[で], …のかたわらに[の], …の手元に; …の部分で; …の近くに; *«俗» …の店で〈買う など〉: I haven't got it *by* me. 今手元にない / seize sb *by* the hand 人の手をつかむ / a house *by* the seaside 海浜の家 / We'll get it *by* Macy's. メイシーで買おう. ★ at は通例 ある目的をもって「そばに」の意: The car is *at* the gate. 車は門に来ている. **b** [方位] …寄りの: North *by* East 東寄りの北, 北微東《N と NNE の間》. **2** [通過・経路] …のそばを〈通る〉; …に沿って〈行く〉, …を通って[経由して]: go *by* me [the church] わたし[教会]のそばを通り過ぎる / drive *by* the highway 街道を通ってドライブする / pass *by* the river 川辺を通る / travel *by* (way of) Italy イタリア経由で旅行する. **3 a** [手段・方法・媒介・原因など] …によって, …で: send *by* mail 郵便で送る / go [travel] *by* bus [boat, bicycle, plane, rail(way), steamer, train, etc.] / go *by* water [air] 水路[空路]で行く / *by* land [sea] 陸路[海路]で / *by* doing… することによって / *by* REASON of. **b** [判断の規準] …によって, …に従って: five o'clock *by* my watch わたしの時計で 5 時 / judge sb *by* appearances 人を外見で判断する. **c** [動作主] …によって;〈特定の雄親, 特に 雄馬〉の子として生まれた (cf. OUT OF): America was discovered *by* Columbus. / be made [written, etc.] *by* John Smith / a novel *by* Scott / He had a child *by* his former wife. 先妻の子が一人いた / a colt *by* Bold Ruler. **4** [時] **a** [期限] (いつ)までには (not later than): finish *by* the evening / *by* the time… の時にはすでに. **b** [期間] …の間: I work *by* day and study *by* night. 昼は働き夜は勉強する. **5 a** [計量の単位] …によって, …単位で: board *by* the month 月ぎめで下宿する / sell *by* the yard [gallon] 1 ヤール[ガロン]いくらで売る / pay a worker *by* the piece 1 個いくらで職人に払う / *by* the hundred＝*by* (the) hundreds 何百となく / get worse *by* the minute 刻一刻と悪くなる. **b** [程度] (いくら)だけ; (どの程度)まで; (どんな)に; 《主にスコ》…と比較して: miss the train *by* a minute 1 分の差で列車に乗り遅れる / increased *by* 20 percent 20% 増加した / better *by* far はるかにまさる / win *by* a boat's length 1 艇身の差で勝つ. **c** (いくつ)ずつ, …あて, …ごとに: drop *by* drop 一滴一滴と / little *by* little 少しずつ / one *by* one 一つずつ / *by* degrees 少しずつ, 徐々に / step *by* step 一歩一歩と / two *by* two 2 人ずつ. **d** [乗除]: multiply [divide] 8 *by* 2＝8×2 [8÷2] / What's 36 divided *by* 4? 36÷4 はいくつですか / a room 12 ft *by* 15 (ft) (幅)12 フィートに(長さ)15 フィートの部屋. **6** [関係] **a** …に関していえば, …は: *by* birth [name, trade] 生まれ[名前, 職業]は / a Japanese *by* birth 生まれは日本人 / cousins *by* blood 血の続いたいとこ / It's OK *by* me. ぼくはだいじょうぶだよ. **b** …に対して, …のために: do right *by* sb 人を正当に扱う / Do to others as you would be done *by*. 人にしてもらいたいように人に為せ. **7** [誓言・祈願] 〈神〉の御名にかけて, 〈神〉に誓って: swear *by* God that…ということを神かけて誓う. ● **by** ITSELF. **by** ONESELF.

► *adv* /báɪ/ **1 a** [静止位置] [°*compd*] そばに, かたわらに, 付近に; *他人の家に[へ]: a *by*stander 《cf. stand *by*》/ DROP [STOP] *by*. **b** わきに; 取りのけて: keep sth *by* 手元に置く / put [lay, set] sth *by* しまっておく, たくわえる. **2** [通過・経過] 通って, 過ぎて: go *by* 通り過ぎる / Time goes *by*. 時は経つ / in days gone *by* 昔は. ● **by and by** /báɪmbáɪ/ やがて, じきに, まもなく (before long); 《廃》直ちに, 今すぐ《cf. *Mark* 6:25》. **by and** LARGE. **by the by** ⇨BYE².
［OE *be* near, at; cf. G *bei*］

by² ⇨ BYE¹,².

by-and-bý *n* [the] 未来, 将来 (future).

By·att /báɪət/ バイアット Dame **A**(**ntonia**) **S**(**usan**) ～ (1936–) 《英国の小説家・評論家; Margaret Drabble の姉; 小説 *Possession* (1990)》.

bỳ-a-whísker *a* 《俗》〈得票などが〉ほとんど差のない, 僅差の, きわどい.

bý-bìdder *n* 《競売の》空競り人, サクラ. ♦ **bý-bidding** *n*

bý-blòw *n* とばっちり, そばづえ; 私生児.

by-by ⇨ BYE-BYE¹,².

bý·càtch *n* 漁網にかかった目的としない海洋生物, 付随漁獲物, 混獲.

Byd·goszcz /bídgɔ̀ːʃ(tʃ)/ ビドゴシチ (*G* Bromberg)《ポーランド中北西部の工業都市》.

bye¹, by /báɪ/ *int* 《口》さよなら, バイ! (good-bye): *B*~ now! *《口》じゃ, さよなら!

bye², by *n* (*pl* **byes** /-z/) 二の次の事[もの], 枝葉; 〘クリケット〙バイ《打球が打者 (batsman) と守備者 (wicketkeeper) とを通り越した場合の得点》; 《シードやくじ運などによる》不戦勝(の資格); 〘ゴルフ〙《マッチプレーで勝負がつき》プレーする必要のなくなった残りのホール. ● **by the** ～ ついでながら, 時に. **draw a** ～ 不戦勝を得る. **take a** ～ *《俗》要らないと言う[断わる], 〈…を〉取らないことにする, パスする 〈*on* sth〉. ► *a* **1 a** [°*compd*] 付随的な, 副次的な, 付属的な: *by*-effect 副次的効果. **b** [°*compd*] 本道をはずれた: *by*-passage わき道. **c** 内密の; 間接の. **2** 《スコ》済んだ, 過ぎ去った. ［*by*¹］

býe-bỳe¹, bý-bỳ¹ *n* 別れ, バイバイ. ► *adv* 外へ. ● **go** ～ 《口・幼児》出かける. ► /, ─ ─/ *int* 《口》バイバイ! (Good-bye!). ［*bye*¹］

bye-bye², by-by² *n, adv* 《幼児》ねんね(に) ((to) sleep). ● **go to** ～(**s**)＝**go** ～ ねんねする. ［imit; 子守歌の中のことばから］

Byelarus ⇨ BELARUS.

bý-elèction, býe- *n* 《英国議会などの》補欠選挙 (cf. GENERAL ELECTION).

býe·lìne *n* 〘サッカー〙ゴールライン (byline).

Byelorussia ⇨ BELORUSSIA.

bŷe·lòw *adv, int* 《子守歌で》静かに, シーッ! (Hush!).

bý-ènd *n* 第二目的, 副次目的; 私心; 断片.

Bý·er·ly Túrk /báɪərli-/ バイアリー・ターク《1700 年ごろもたらされ, 英国のすべてのサラブレッドの祖先となった 3 頭の種馬の一頭; ほかの 2 頭は Darley Arabian と Godolphin Arabian [Barb]》. ［Captain *Byerly* この馬をトルコから持ち帰った英国人］

bý-fòrm *n* 《単語などの》副次形式, 異形.

bý·gòne *a* 過去の, 昔の; すたれた, 時代遅れの: ～ days 過ぎし日, 昔. ► *n* [*pl*] 過去(の事); 過去の人[もの], 古道具; 時代[流行]遅れ: Let ～*s* be ～*s*. 《諺》過去の事は水に流せ. ［GO *by*］

bý-jòb *n* 副業.

bylander ⇨ BILANDER.

bý-làne *n* わき道, 横町.

bý·làw, býe·làw *n* 《地方公共団体の》条例; 社則, 会則, 内規; 《本則に対し》付則, 細則, 定款. ［ME (*bī* village, *laue* law); cf. BYRLAW］

by·li·na /bəlíːnə/ *n* (*pl* **by·li·ny** /-ni/, ～**s**) ブイリーナ《ロシアの民衆の間で伝承された英雄叙事詩》. ［Russ＝what has been］

bý·lìne *n* 《鉄道の》並行線; *《新聞・雑誌の》記事標題下の筆者名を記す行; 二次的な地位, 傍系; 〘サッカー〙《ゴール両側の》ゴールライン (＝*byeline*). ► *vt* 署名入りで書く. ♦ **bý·lìner** *n* 署名記事を書く記者.

by·low /báɪlòʊ/ *n**《俗》大型ポケットナイフ. ［*barlow*］

bý·nàme *n* またの名, 異名, あだ名《特に 同じ名 (given name) の人を区別するための名》; 姓.

Byng /bíŋ/ ビング (**1**) **George** ～, 1st Viscount Tor·ring·ton /tɔ́(ː)rɪŋtən, tár-/ (1663–1733)《英国の海軍大将》 (**2**) (**Julian Hedworth**) **George** ～, 1st Viscount ～ of Vimy (1862–1935)《英国の軍人; 第一次大戦で司令官; カナダ総督 (1921–26)》.

BYO /bíːwàɪóʊ/ *n* 酒類の持込みができる酒類販売免許のないレストラン; 酒類持参のパーティー, BYOB. ［*bring your own*］

BYOB, b.y.o.b. bring your own bottle [booze, beer]《パーティーの案内状などで》酒各自持参のこと.

bý·pàss *n* 自動車用迂回路, バイパス; 〘電〙側路; 《ガス・水道の》側管, 補助管; 〘医〙副行路, 側副路, バイパス; 〘医〙バイパス形成手術 (＝～ operation). ► *vt* 迂回する; …に迂回させる; 〈液体・ガスを〉側管に通す; …に側路[側管]をつける; 〘医〙副行路で置き換える, …にバイパスを形成する; 素通りする, 無視する (ignore); 出し抜く; 回避する.

býpass condènser [capàcitor] 〘電〙側路蓄電器, バイパスコンデンサー.

býpass èngine 〘空〙バイパスエンジン (TURBOFAN).

bý·pàss·er *n* 《古》通行人, 通りすがりの人 (passerby).

býpass ràtio 〘空〙《ターボファンエンジンの》バイパス比.

bý·pàst *a* 過ぎ去った, 過去の (bygone).

bý·pàth *n* 間道, 横道 (byway); 私道, 横町: the ～ of history 側面史.

bý·plày *n* わき演技; 支流的事件.

bý-plòt *n* 《小説・戯曲の》わき筋.

bý-pròduct *n* 副産物, 副生成物; 《予期せぬ》副産物 〈*of*〉.

byr billion years.

Byrd /bə́ːrd/ バード (**1**) **Richard Evelyn** ～ (1888–1957)《米国の海軍少将・極地探検家; 1926 年に北極点上空を, 29 年に南極点上空をいずれも世界で初めて飛行した》 (**2**) **William** ～ (1543–1623)《イングランドのオルガン奏者・作曲家; 多くの宗教音楽を作曲》.

Býrd Lànd バードランド (MARIE BYRD LAND).

Byrds /bə́ːrdz/ [the] バーズ《Los Angeles で結成されたフォークロックの草分け的グループ (1964–73)》.

byre /báɪər/ *n* 牛小屋. ［OE *bȳre*; cf. BOWER¹］

byr·law /bíərlɔ̀ː/ *n* 《イングランド北部・スコットランドの地方で境界線・耕作日・入会権などについての》地方慣例法規. ［ON］

byr·nie /bə́ːrni/ *n* 《昔の》鎖鎧(くさりよろい).

bý·ròad *n* わき道; 間道.

By·ron /báɪərən/ **1** バイロン《男子名》. **2** バイロン **George Gordon** ～, 6th Baron ～ (1788–1824)《英国のロマン派詩人; 通称 Lord ～; 熱血漢として知られ, 多くの恋愛問題を起こした末, ギリシア独立戦争支援のため現地に赴き, 病死した; *Childe Harold's Pilgrimage* (1812–18), *Don Juan* (1819–24)》. ♦ **Býron·ìsm** *n* ［OF＝cowman］

By·ron·ic /baɪránɪk/ *a* バイロン風[ばり]の《悲壮でしかもロマン的》; 〈男性が〉肌の浅黒い美男の, 神秘的な, 憂わしげな. ♦ **-i·cal·ly** *adv*

bys·si·no·sis /bìsənóʊsəs/ *n* (*pl* **-ses** /-sìːz/) 〘医〙綿繊維肺沈着(症), 綿肺(症).

bys·sus /bísəs/ *n* (*pl* ～**·es, -si** /-sàɪ, -si/) 《古代の》目の細かい布[亜麻布]《エジプト人がミイラを包んだ布といわれる》; 〘貝〙足糸(そくし)《イガイなどの二枚貝がそれによって体を岩などに固着させる強靭な繊維の束》. ♦ **býs·sal** *a* ［Gk］

bý·stànd·er *n* 居合わせた人, 傍観者, 見物人. ［STAND *by*］

býstander effèct 傍観者効果, 野次馬の無関心《犯罪や他人の不幸を群集の一員として目撃した場合には, みずから手を差し伸べようとする気持がそれだけ薄らぐこと》.

bý·strèet *n* 横町, 裏通り.

bý-tàlk *n* 余談, 雑談.

byte /báɪt/ *n* 〘電算〙バイト《一単位をなす二進数字 (bit) の集まり; 通例 8 ビット》. ［*bit*⁴ と *bite* からの造語］

bý-the-wínd sàilor 〘動〙カツオノカンムリ《暖海にすむクラゲの一種; 帆状突起の付いた楕円盤型の傘で浮き, 風を受けて移動する》.

bý-tìme *n* 余暇.

By·tom /bíːtɔːm, bí-/ ビトム (*G* Beuthen)《ポーランド南西部 Silesia 地方の工業都市》.

bý·wàlk *n* 私道, 小路, わき道.

bý·wày *n* 側道, 間道; 横道; [the ～s] あまり知られていない[副次的な]側面[分野] 〈*of*〉.

by·wo·ner /báɪvòʊnər, béɪ-/ *n* 《南ア》小作人.

bý·wòrd *n* よく言われることば, ことわざ (proverb); 典型, 見本, 名高いもの, '代名詞' 〈*for, of*〉; 物笑い, 嘲笑の的; 常套句, きまり文句, 口ぐせ; 《まれ》《軽蔑的な》あだ名, 異名: the Court of Chancery became a ～ *for* administrative delay 大法官府裁判所は行政的遅延の代名詞となった.

bý-wòrk *n* 副業, 内職.

bý-your-léave *n* 許可願い (cf. *by* [*with*] *your* LEAVE²): with-

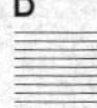

out so much as a ～「失礼ですが」とも言わないで.

byzant ⇨ BEZANT.

Byz·an·tine /bíznti:n, -tàɪn, bəzǽn-, baɪzǽn-/, **By·zan·ti·an** /bɪzǽnʃ(i)ən, -tiən/ *a* **1** ビザンティウム (Byzantium) の; ビザンティン帝国の; 東方正教会の; BYZANTINISM の. **2** [ᵒb-] **a** 入り組んだ, ひどく込み入った (labyrinthine). **b** 権謀術数[陰謀]を事とする, 面従腹背の. **c** 融通のきかない. **3**〔建・美〕ビザンティン様式の. ► *n* ビザンティウム[ビザンティン帝国]の住民; [b-] BEZANT. ［F or L］

Býzantine árchitecture ビザンティン建築《5-6 世紀ごろ Byzantium を中心に起こった様式》.

Býzantine Chúrch [the] ビザンティン教会, 東方正教会 (EASTERN ORTHODOX CHURCH).

Býzantine Émpire [the] ビザンティン帝国《中世のローマ帝国; 1453 年滅亡; ☆Constantinople》.

By·zan·tin·esque /bəzæ̀ntənésk/ *a* 《建築・芸術の》ビザンティン風の.

By·zan·tin·ism /bəzǽntənìz(ə)m/ *n* ビザンティン風;〔宗〕《宗教上の》国家至上権主義.

By·zán·tin·ist *n* ビザンティン(文化)研究者, ビザンティン学者.

By·zan·ti·um /bəzǽnʃ(i)əm, -tiəm/ ビザンティウム《のちに CONSTANTINOPLE, 現在は ISTANBUL》.

BZ /bì:zí:/ BZ《軍用の錯乱性毒ガスの一種のコード名》.

BZZ ブーブー, ビビーッ《おもちゃの笛やブザーなどの音》; ブーン《ミツバチの羽音など》.

C

C, c /síː/ *n* (*pl* **C's, Cs, c's, cs** /-z/) シー《英語アルファベットの第 3 字》; C [c] の表わす音; C 字形(のもの); 3 番目(のもの); 〘楽〙ハ音, ハ調 (⇨ A)(: HIGH C / MIDDLE C); 〘楽〙4 分の 4 拍子の記号; 〘数〙第 3 の既知数; [C] 《俗》COCAINE; 《学業成績で》C, 可, 丙 (cf. D); 成績が可である人[もの]; 〘ローマ数字〙100 [L *centum*]; *《俗》100 ドル; 〘電算〙《十六進数の》C《十進法で 12》; 《卑》cunt; [C]〘電算〙C《米国の Bell 研究所で開発されたプログラミング言語》; [C]《乾電池のサイズの》C《日本の単 2 に相当》; [C]《E メールなどで》see.
c [*c*] °speed of light.
c. 〘光〙candle(s) ♦ carat ♦ carbon (paper) ♦〘クリケット〙caught (by) ♦ cent(s) ♦ centi- ♦ centime(s) ♦ centimeter(s) ♦ century, centuries ♦ circa ♦ city ♦ cloudy ♦ cold ♦ college ♦ colt ♦〘楽〙°common time ♦ cost ♦ cup ♦〘理〙curie(s) ♦ current. **c., C.** calorie ♦〘野〙catcher ♦ center ♦ (*pl* **cc., CC.**) chapter ♦ cubic. **C** 〘電〙capacitance ♦〘化〙carbon ♦ Celsius ♦ centigrade ♦〘電〙coulomb(s) ♦ Cuba ♦〘生化〙cytosine. **C.** Cape ♦ Catholic ♦ Celtic ♦〘英〙°Command Paper《second series, 1870–99》♦ Conservative.
© copyright(ed).
c/- 《豪》care of 気付.
Ca /káː/ *n* 《病院俗》癌 (cancer).
ca' /kɔ́ː, káː/ *v, n* 《スコ》CALL.
ca. circa. **Ca** 〘化〙calcium.
CA California ♦ °Central America ♦ certified acupuncturist ♦ °Chartered Accountant ♦ Chief Accountant ♦〘心〙°chronological age ♦ °Coast Artillery ♦ °College of Arms ♦ commercial agent ♦ °consular agent ♦〘英〙°Consumers' Association ♦ Controller of Accounts ♦ °Court of Appeal.
C/A, CA 〘経・簿〙°capital account ♦ °credit account ♦ °current account. **CAA** 〘英〙°Civil Aviation Authority.
Caaba ⇨ KAABA.
caa·tin·ga /káːtɪŋɡə/ *n* カーティンガ《ブラジル北東部の半乾燥地の植生で, とげをもつ低木と発育を阻害された木からなる》.
cab[1], **kab** /kǽb/ *n* 〘聖〙カブ《ヘブライの乾量単位: ≒2 liters; *2 Kings* 6:25》. [Heb=vessel]
cab[2] *n* タクシー (taxicab); 辻馬車; 貸馬車; 一頭立て二輪幌馬車 (cabriolet): take a ～=go by ～ タクシー[辻馬車]で行く. ● **(the) first ～ off the rank** 《豪口》先頭をきって何かをする人[もの], (何でも)最初に手を出す人, 一番手. ► *vi* (**-bb-**) タクシー[辻馬車]で行く. ● **～ it** タクシー[辻馬車]で行く. [*cabriolet*]
cab[3] *n* 《機関車などの》運転室; 《トラック・起重機などの》運転台; 《空港管制塔の》管制席; *《エレベーターの》ケージ. [*cab*in]
cab[4] ‖《俗》*n* 虎の巻, あんちょこ. ► *v* (**-bb-**) *vi* 虎の巻を使う. ► *vt* 盗む, くすねる. [*cab*bage[2]]
cab[5] *n* 《口》キャブ《ギターアンプ用キャビネット》. [*cab*inet]
Cab *n* [°c-] CABERNET SAUVIGNON.
CAB 〘英〙°Citizens Advice Bureau ♦〘米〙Civil Aeronautics Board 民間航空委員会.
ca·bal /kəbǽl/ *n* **1** 陰謀; 秘密結社, 徒党; 《作家・芸術家などの》同人グループ: a ～ inside a corporation 社長の追い落としを謀るグループ. **2** [the C-]〘英史〙カバル (1667–73)《Charles 2 世治下の非公式の政治顧問団; 5 人からなり, その名 *C*lifford, *A*shley, *B*uckingham, *A*rlington, および *L*auderdale の頭文字を組み合わせてこう呼ばれた》. ► *vi* (**-ll-**) 陰謀を企てる[たくらむ]; 徒党を組む 〈*against*〉. ♦ **-bál·ler** *n* 陰謀者. [F<L (↓)]
cab·a·la, cab·ba·la(h) /kəbáːlə, *kǽbə-, ‖kæbáː-/ *n* [°C-] KABBALAH
ca·ba·let·ta /kæ̀bəlétə, kàː-/ *n* 〘楽〙カバレッタ《**1**) オペラ中の短い簡潔な歌 **2**) アリアや二重唱の速いテンポで歌われる終結部》. [It]
cab·a·lism, cab·ba- /kǽbəlìz(ə)m/ *n* [°C-] カバラ主義; 《一般に》秘教. ♦ **cáb·(b)a·list** /, kəbáː-/ *n* カバラ主義者; 秘教[秘義]に通じた人. **càb·(b)a·lís·tic** *a* **-ti·cal·ly** *adv*
Ca·ba·llé /kæ̀bəljéɪ/ カバリェ **Montserrat** ～ (1933–)《スペインのソプラノ》.
ca·bal·le·ro /kæ̀bəl(j)éərou/ *n* (*pl* ～**s**) 《スペインの》紳士; 騎士; *《南西部》騎手 (horseman); *《南西部》女性のお供をする男, 《女性に対する》求愛者. [Sp; ⇨ CAVALIER]
Caballero ⇨ LARGO CABALLERO.
ca·ba·llo* /kəbáɪou/ *n* (*pl* ～**s**) 《南西部》馬; 《俗》ヘロイン. [Sp; ⇨ CAVALIER]
ca·bana, -baña /kəbǽn(j)ə/ *n* 小屋; 《浜辺・プールサイドなどの》簡易更衣所. [Sp; ⇨ CABIN]
cabána sèt カバーニャセット《ゆるい半ズボンと半袖の上着からなる男性用ビーチウェア》.
Ca·ba·na·tuan /kàːbənətwáːn/ カバナトゥアン《フィリピンの Luzon 島中南部の市》.
ca·bane /kəbǽn/ *n* 〘空〙吊り柱; 〘登山〙《高山の》山小屋. [F CABIN]
cab·a·ret /kæ̀bəréɪ; ⏑⏑⏑/ *n* キャバレー, ナイトクラブ; キャバレーの余興[フロアショー]; 《古》酒屋. [F=wooden structure, tavern]
cab·as /kǽbə; *F* kaba/ *n* 《麦わら・革などで編んだ》女性用小物入れ[バッグ].
cab·bage[1] /kǽbɪʤ/ *n* **1 a** キャベツ; キャベツヤシの葉芽: (as) large [big] as a ～ とても大きな. **b** 《俗》紙幣, 札; 《卑》女性性器. **2** ‖《口》何事にも興味を示さない人, 無気力人間; ‖《口》《障害などで》自立できない人. ► *vi* 《キャベツ状に》結球する. [ME *cabache*<OF *caboche* head<?]
cabbage[2] *n*‖ 盗み布《仕立屋がごまかす服地の余り》; ‖《一般に》盗み取られたもの; ‖《俗》虎の巻, カンニングペーパー. ► *vt, vi* 盗む, くすねる; ‖《俗》カンニングする. [? OF *cabas* cheating, theft]
cábbage bùg 〘昆〙HARLEQUIN BUG.
cábbage bùtterfly 〘昆〙シロチョウ, 《特に》モンシロチョウ (cf. CABBAGEWORM).
cábbage flỳ 〘昆〙キャベツハナバエ《CABBAGE MAGGOT の成虫》.
cábbage·hèad 《口》*n* 大きな丸い頭; 愚か者, ばか.
cábbage lèaves *pl* *《俗》札 (greenbacks).
cábbage lèttuce 〘野菜〙タマチシャ, タマレタス.
cábbage lòoper 〘昆〙イラクサギンウワバ《幼虫がキャベツなどを食害するヤガ》.
cábbage màggot 〘昆〙キャベツハナバエの幼虫《ハナバエ科のハエの一種の幼虫で, キャベツなどを食害する》.
cábbage mòth 〘昆〙**a** ヨトウガ《ヤガ科》. **b** コナガ (DIAMONDBACK MOTH).
cábbage nèt キャベツゆで網.
cábbage pàlm 〘植〙キャベツヤシ《葉芽を食用とするヤシ; 西インド諸島のセダカダイオウヤシ, ブラジルのワカバキャベツヤシ, 豪州のオーストラリアビロウなど》.
cábbage palmètto 〘植〙アメリカパルメット (=*palm cabbage*)《Florida, South Carolina 両州の州木》.
Cábbage Pàtch Kìds 〘商標〙キャベツ畑人形《1983 年秋から 84 年初頭に米国で大流行した, とぼけた顔をした赤ん坊の縫いぐるみ人形》. [子供に対して「赤ん坊はキャベツから生まれる」と説明することがあることから]
cábbage-ròot flỳ 〘昆〙キャベツハナバエ《CABBAGE MAGGOT の成虫; 広義には成虫に限らない》.
cábbage ròse 〘植〙セイヨウバラ《カフカス原産》.
cábbages and kíngs *pl* 《議論・会話などの》さまざまな話題《Lewis Carroll, *Through the Looking-Glass* から》.
cábbage·tòwn *n* 《カナダ》スラム街 (slum).
cábbage trèe 葉芽が食用になる各種のヤシ.
cábbage whìte 〘昆〙CABBAGE BUTTERFLY.
cábbage·wòrm *n* 〘昆〙アオムシ《特に cabbage butterfly の幼虫; キャベツの葉を食べる》.
cab·bagey, cab·bagy /kǽbɪʤi/ *a* キャベツのような.
cabbala, cabbalism ⇨ CABALA, CABALISM.
cab·bie, cab·by /kǽbi/ *n* 《口》CABDRIVER. [*cab*[2]]
cáb·drìver *n* タクシー運転手; 辻馬車の御者.
Cab·ell /kǽbəl/ キャベル **James Branch** ～ (1879–1958)《米国の作家・諷刺家; cf. JURGEN》.
ca·ber /kéɪbər, káː-/ *n* 《スコ》たるき (rafter); 丸太投げ用の材木《松・モミなど》: tossing the ～ 丸太投げ《スコットランド高地で行なわれる競技; 重い丸太を投げて距離を争う》. [Gael *cabar* pole]
Cab·er·net /kæ̀bərnéɪ; ⏑⏑⏑/ *n* [°c-] カベルネ《**1**) CABERNET SAUVIGNON **2**) 黒ブドウの品種》. [F]
Cábernet Fránc /-fráːŋk/ [°c- f-] カベルネ・フラン《**1**) フランスの Loire 川流域とイタリア北東部で栽培されるワイン用黒ブドウの品種 **2**) それで造るワイン》.
Cabernet Sau·vi·gnon /kæ̀bərnéɪ souvinjɔ̃; ⏑⏑⏑ ⏑⏑⏑/ [°c- s-] カベルネ・ソーヴィニヨン《**1**) フランスの Bordeaux 地方で栽培されている赤ワイン用の黒ブドウの品種; イタリアなどヨーロッパや米国 California 州・南米・オーストラリアなどでも栽培されている **2**) 同種のブドウで造る辛口赤ワイン》.
cab·ette /kæbét/ *n* 女性タクシー運転手.

Cabeza de Vaca ⇨ NÚÑEZ CABEZA DE VACA.
cab·e·zone /kǽbəzòun/, **-zon** /-zɑ̀n/ *n* 〖魚〗カベゾン《北米太平洋岸産のカジカ科の魚》. [Sp]
CABG 〖医〗coronary-artery bypass graft 冠(状)動脈バイパス移植(術)[移植片].
ca·bil·do /kəbíldou/ *n* (*pl* **~s**) *«南西部»《大聖堂などの》参事会会議場 (chapter house);《旧スペイン植民地諸国の》町会, TOWN HALL. [Sp<L=small head]
Ca·bi·mas /kɑbí:mɑs/ カビマス《ベネズエラ北西部 Maracaibo 湖北東岸の市》.
cab·in /kǽbən/ *n* 小屋 (hut), 丸木小屋; *簡易宿泊施設; ˈˈ〖鉄道〗信号所;〖海〗船室, キャビン;〖空〗キャビン, 機室《飛行機の乗員室・客室・貨物室など》;《宇宙船の》船室; *トレーラーの居室; ˈˈ《トラック・起重機などの》運転台 (cab): ~ deluxe 特等船室. ► *vi, vt* 小屋に住む; 小屋[狭い所]に閉じこもる[閉じ込める]. [OF<L=hut]
cábin attèndant 《旅客機・客船の》客室乗務員.
cábin bàggage 機内持込み手荷物.
cábin bòy キャビンボーイ《一・二等船室・船長室・艦長室・高級船員付きの給仕》.
cábin càr CABOOSE.
cábin-clàss *a, adv* キャビンクラス[特別二等]の[で].
cábin clàss 《客船の》キャビンクラス, 特別二等《first class の下, tourist class の上; 上下 2 階級の場合は上級》.
cábin còurt 《街路沿いの》モーテル (motel).
cábin crèw 《飛行機の》客室乗務員.
cábin crùiser キャビンクルーザー (=*cruiser*)《行楽[レース]用モーターボート[ヨット]; 居室・調理施設が完備している》.
Ca·bin·da /kəbíndə/ カビンダ《アンゴラの北の飛び地; 本国とはコンゴ民主共和国の一部で隔てられる》.
cáb·ined *a* 船室のある; 窮屈な.
cab·i·net /kǽb(ə)nət/ *n* **1** 飾りだんす《貴重品入れ》; 収納家具, 陳列用ガラス戸棚, 飾り棚; 飾り棚に集めた収集品 (collection);《ラジオ・ステレオ・テレビなどの》キャビネット, CONSOLE[2]. **2 a** 会議室; 官房; «古» 閣議室; ˈˈ閣議; [ºC-] 内閣 (cf. SHADOW CABINET)《**1**) 国家の行政権を担当する最高機関 **2**) 大統領・元首などに対する助言機関; 米国では国務省以下の各省の長官によって組織される》. **b** 温度と湿度を調節した部屋,《特に》生物標本培養室; «古»《私用の》小室 (closet),《博物館などの》小陳列室. **3** ˈˈ〖写〗キャビネ判《おおむね 10 cm×15 cm》. **4** «ニューイング» MILK SHAKE. ► *a* 内閣の; 私室用の (private), 小型の; 飾りだんすの; 家具(製作)用の; 家具師[指物(さしもの)師]の作った; 家具師[指物師]向きの[が用いる]; キャビネ判の. [(dim)<*cabin*; F *cabinet* の影響]
cábinet bèetle 〖昆〗カツオブシムシ (dermestid).
Cábinet cóuncil [méeting] 閣議.
cábinet edítion 〖製本〗キャビネ版《図書館版 (library edition) より小さく, 普及版 (popular edition) より大きい美しい小型版》.
cab·i·ne·teer /kæ̀b(ə)nətíər/ *n* «口» 内閣の一員, 閣僚.
cábinet·màker *n* 高級家具職人, 指物師; [*joc*] 組閣中の首相. ♦ **cábinet·màking** *n*
cábinet mínister [ºC- M-]《英国などの》閣僚.
Cábinet Òffice [the]〖英〗内閣府《政府の一部局で, 首相を補佐し, 内閣の行政事務や公務員の管理を扱う》.
cábinet órgan 持ち運びのできる小型オルガン《reed organ など》.
cábinet phótograph キャビネ判写真.
cábinet piáno 小さいアップライトピアノ.
cábinet projèction 〖製図〗キャビネット投影(法)《斜投影の特殊な場合; 対象物の正面が投影面に平行で, 奥行きを短く表示する》.
cábinet pùdding キャビネットプディング《パン・スポンジケーキに牛乳・卵などを加えた一種のプディング》.
cábinet reshúffle 内閣改造.
cábinet·ry *n* CABINETMAKING; CABINETWORK.
cábinet wìne 高級(ドイツ)ワイン, キャビネットワイン.
cábinet·wòrk *n* 高級木工家具, 指物; 高級家具製作.
cábin fèver* 閉所熱《長期にわたる孤立した[閉所での]生活に起因する過敏症[情緒不安定]》.
cábin gìrl 《ホテル・モーテルの》メイド.
cábin·màte *n* キャビンの同室者.
cábin pàssenger 一・二等船客.
cábin shìp 船室が一種類だけの客船, キャビンシップ.
cabio ⇨ COBIA.
ca·ble /kéɪb(ə)l/ *n* **1** 鋼索, ケーブル, 太索(ふとづな), 大索(たいさく);〖海〗錨鎖(びょうさ);〖電〗被覆電線;〖電〗海底ケーブル;〖海〗CABLE LENGTH;〖建〗綱形装飾;〖編物〗CABLE STITCH. **2 a** 国際[海外]電報,《海底ケーブル・無線・電話回線・通信衛星などによる》国際通信(文), 外電, 海底電信 (cablegram): a ~ message 外電 / send a ~ 外電[国際電報]を打つ / by ~ 国際電報で, (海底)電信で / diplomatic ~*s* 外交公電. **b** ケーブル[有線]テレビ (cable television). ● **cut one's ~s** 周囲との関係を絶つ, 背水の陣をしく. ► *vi, vt* 海底電信で伝える; …に海外電報を打つ; ケーブルテレビの受信地区にする, ケーブルテレビに加入させる; cable をつける[で縛る];〖建〗…に綱形装飾をつける; ケーブル(状)にする, 撚(よ)り合わせる. ● **jump the ~** «俗» 上がったバッテリーにブースターケーブルで充電する[充電して車を発車させる]. ♦ **cá·bler** *n* [OF<L *caplum* halter<Arab]
cáble addrèss 外電略号, 電信略号.
cáble càr ケーブルカー.
cáble·càst *vt, vi* 有線テレビで放送する. ► *n* 有線テレビ放送. ♦ **~·er** *n* **~·ing** *n*
cáble·gràm *n* CABLE 2a.
cáble-knìt *a* ケーブルニットの《縄編みのニット製品》.
cáble-láid *a* 〖海〗〈索が〉九つ撚(よ)りの (=*hawser-laid*): a ~ rope.
cáble lèngth 〖海〗一鏈(れん)《通例 100 fathoms または 120 fathoms;〖米海軍〗219.6 m,〖英海軍〗185.4 m》.
cáble lìft スキーリフト (ski lift).
cáble mòdem 〖電算〗ケーブルモデム《ケーブルテレビの回線を利用したインターネット接続用モデム》.
cáble mòlding 〖建〗《ロマネスク建築などの》縄形繰形(なわがたくりかた).
cáble ràilway [ràilroad, ròad] ケーブル鉄道.
cáble-réady *a* 〈テレビ受像機・ビデオレコーダーが〉CATV 用コンバーター内蔵の, ケーブルテレビ対応型の.
cáble relèase 〖写〗ケーブルレリーズ《カメラに触れずにシャッターをきるためのワイヤー》.
ca·blese /kèɪbəlí:z, -s/ *n* 〖新聞〗電報文体.
cáble shìp 〖海〗海底電線敷設船, ケーブル(敷設)船.
cáble's lèngth CABLE LENGTH.
cáble-stàyed brídge 〖土木〗斜張橋(しゃちょうきょう)《橋脚上に立てた塔から斜めに張ったケーブルで桁(けた)を吊って支えた橋》.
cáble stìtch 〖編物〗縄編み《縄目模様をなす》.
ca·blet /kéɪblət/ *n* 細めのケーブル《特に周囲 10 インチ以下の九つ撚(よ)りの綱》.
cáble tànk ケーブルタンク《ケーブル敷設船に備えた海底ケーブル収納用防水タンク》.
cáble télevision 有線テレビ, ケーブルテレビ《略 CATV》.
cáble tòols *pl* ケーブルツール《試掘装置で, rod の代わりにケーブルで bit と地上装置を結びつけ衝撃力で穴を掘るもの》.
cáble tràm CABLE CAR.
cáble tràmway 架空索道《主に 物を運ぶ》.
cáble trànsfer* 電信為替 (telegraphic transferˈˈ).
cable TV /—— tì:ví:/ ケーブルテレビ (cable television).
cáble·vìsion *n* CABLE TELEVISION.
cáble·wày *n* 空中ケーブル, 索道.
cá·bling *n* 〖電〗ケーブル布線, より合わせ(ケーブル).
cáb·man /-mən/ *n* CABDRIVER,《特に》辻馬車の御者.
ca·bob /kəbɑ́b/ *n* KEBAB.
cab·o·chon /kǽbəʃɑ̀n; *F* kabɔʃɔ̃/ *n* 〖宝石〗カボション《切り子面をもうけず頂部を丸く磨いた宝石》; カボションカット. ● **en ~** カボションカットに(した): a ruby cut *en* ~. ► *adv* カボションカットに. [F (dim)<CABBAGE[1]]
ca·bo·clo /kəbó:klu, -klou, -bóu-/ 〖ブラジル〗*n* (*pl* **~s**)《白人社会に同化した》インディオ;《白人または黒人との》混血インディオ.
ca·bom·ba /kəbɑ́mbə/ *n* 〖植〗カボンバ属[フサジュンサイ属] (C-) の各種水中植物,《特に》ハゴロモモ《スイレン科; よく金魚・熱帯魚の飼育鉢に入れる》. [Sp]
ca·boo·dle /kəbú:dl/ *n* «口» 一群の人[もの], 群れ, 集まり. ● **the whole ~**=the whole KIT[1] (and ~). [?*kit and boodle*]
ca·boose /kəbú:s/ *n* **1** *《貨物列車の》車掌車; *«俗» 尻, けつ. **2** 《商船の上甲板の》調理室 (galley); 小甲板室; 戸外天火(てんぴ); *«口» CALABOOSE; «カナダ»《伐採人などが使用する》移動式の小屋[飯場]. **3** 最後のもの[人]; *«俗» 末っ子; *«俗»《集団性交で》しんがりの男. [Du<?]
Ca·bo·ra Bas·sa /kəbó:rə bǽsə/ カボラ・バッサ《モザンビーク北西部 Zambezi 川にあるダムおよび大水力発電所》.
ca·boshed /kəbɑ́ʃt/ *a* 〖紋〗〈動物の頭部が〉頸を全く見せないで顔面のみを正面に向けた.
Cab·ot /kǽbət/ カボット (**1**) **John ~** (*It* Giovanni Ca·bo·to /kɑ:bóutou/) (c. 1450–c. 99)《イタリア生まれの探検航海家; ヴェネツィアからイングランドに帰化, 1497 年北米東海岸に到達, 英国のカナダに対する主権の主張の根拠とされた》(**2**) **Sebastian ~** (*It* Sebastiano Caboto) (c. 1476–1557)《John の子で, 探検航海家・地図製作者; イングランド・スペイン宮廷に仕えた》.
cab·o·tage /kǽbətɑ̀:ʒ/ *n* 沿岸貿易;《外国船・外国機の》近海[国内]運航(権); 国内運航を自国船[機]に限定する運航権制限. [F (*caboter* to sail along the coast)]
ca·bo·tin /*F* kabɔtɛ̃/ *n* (*fem* **-tine** /*F* -tin/) どさ回りの役者, 大根役者.
Ca·bral /kəbrɑ́:l/ カブラル **Pedro Álvares ~** (1467 or 68–1520)《ポルトガルの航海家; ブラジルを発見 (1500 年 4 月 22 日)》.
cáb rànkˈˈ CABSTAND.
ca·bré /kæbréɪ/ *a* 〖紋〗〈馬が〉あと足ではね上がった. [F]
cab·ree /kəbrí:, kǽbri/ *n* 〖動〗PRONGHORN.
ca·bret·ta /kəbrétə/ *n* カブレッタ(レザー)《手袋・靴用の羊皮革》. [Port and Sp *cabra* goat]

ca·bril·la /kəbrí:(j)ə, -brílə/ *n* 〘魚〙地中海・California 沿岸・大西洋西部暖海産のハタ科の魚《マハタ属, パララブラクス属など》. ［Sp］

Ca·bril·lo /kəbrílou/ カブリリョ **Juan Rodríguez** ～ (d. 1543)《ポルトガル生まれのスペインの探検航海家; ポルトガル語名 João Rodrigues Ca·bril·ho /kəbrí:jou, -brílou/; スペインに雇われ, メキシコ西岸を北上して, California を発見した》.

Ca·bri·ni /kəbrí:ni/ カブリーニ Saint **Frances Xavier** ～ (1850–1917)《米国の修道女; 通称 'Mother Cabrini'; ローマカトリック教会によって列聖された最初の米国市民; イタリアに生まれ, 1880 年イエズスのみ心の女子宣教会 (Missionary Sisters of the Sacred Heart) を設立》.

cab·ri·ole /kǽbriòul/ *n* 《家具の》猫脚《Anne 女王時代の家具の特色》; 〘バレエ〙キャブリオール《跳躍の一種; 片足を空中に伸ばし, 他方の足でそれを打つ》. ［F (⇨ CAPRIOLE)］

cab·ri·o·let /kæ̀briəléɪ/ *n* キャブリオレ《**1**) たたみ込みの幌が付いているクーペ (coupé) 型自動車 **2**) 一頭立て二輪幌馬車》. ［F＝goat's leap (↑); その軽快な動きから］

cáb·stànd* *n* タクシー乗り場.

cáb tòut" タクシーの手配と荷物の積み降ろしを仕事とする人.

cáb·tràck *n* 無人タクシー《高架軌道を定時運行する未来の都市交通機関》.

cac- /kǽk/, **caco-** /kǽkou, -kə/ *comb form*「悪」「誤」［Gk *kakos* bad］

ca·ca, ka·ka /ká:kɑ̀:/ *n, vi* **1** 《幼児・俗》うんち(する). **2***《俗》ヘロイン, 《時に》不純物入りのコナ, インチキヘロ, くずナコ, くそペイ. ［CACK²］

Ca·ca·hua·míl·pa Cáverns /kɑ̀:kəwəmílpə-/ *pl* [the] カカワミルパ洞窟群《メキシコ南部 Guerrero 州北東部 Taxco の北にある大天然洞窟群》.

ca' can·ny /kɔ: kǽni, kə-/ *vi* 《スコ》用心して[ゆっくり]行く (cf. CANNY); "怠業する. ► *n* "やりすぎないこと, 《労働者の》怠業, サボタージュ; [〈*a*〉]《スコ》中庸の, 慎重な: a ～ policy 中道政策. ［Sc *call canny* to proceed warily］

ca·cao /kəkéɪou, -ká:ou, *-káu/ *n* (*pl* ～s) 〘植〙カカオ, カカオノキ (＝*chocolate tree*)《熱帯アメリカ原産; アオギリ科》; カカオの実, カカオ豆 (＝*cocoa bean*) (＝～ **bèan**)《ココア・チョコレート・カカオバターの原料》. ［Sp＜Nahuatl *caca*(*uatl* tree)］

cacáo bùtter カカオバター (COCOA BUTTER).

cacáo pòwder カカオパウダー《カカオの実から油をしぼり取ったあとの残留物の粉末》.

cac·cia·to·re /kɑ̀:tʃətɔ́:ri, kæ̀tʃ-/, **-ra** /-rə/ *a* [後置]〘料理〙カッチャトーレ《トマト・マッシュルームを香草・香辛料などと共に煮込んだ》: chicken ～. ［It＝hunter］

Cá·ce·res /ká:sərèɪs/ カセレス《**1**) スペイン西部 Extremadura 自治州の県 **2**) その県都; 1142–1229 年の間 Moor 人に支配された》.

ca·cha·ca, -ça /kəʃá:sə/ *n* カシャーサ《ブラジル産のラム酒》. ［Port＝rum］

cach·a·lot /kǽʃəlɑ̀t, -lòu/ *n* 〘動〙マッコウクジラ (sperm whale). ［F＜Sp and Port＜?］

cache /kǽʃ/ *n* 《食料や弾薬などの》隠し場所, 貯蔵所; 隠してある物《武器・貴金属など》; 〘電算〙キャッシュ (cache memory): make (a) ～ of…をたくわえる. ► *vt* (隠し場所に)たくわえる, 隠す; 〘電算〙〈データを〉キャッシュに入れる. ［F (*cacher* to hide)］

cachectic ⇨ CACHEXIA.

cáche mèmory 〘電算〙キャッシュメモリー《CPU と主記憶 (memory cache) あるいはディスクと主記憶 (disk cache) の間に置かれる高速のバッファーメモリー》.

cáche·pòt /, kǽʃ(ə)pòu/ *n* 飾り鉢《植木鉢を入れておく》.

ca·chet /kæʃéɪ; ⌐⌐/ *n* **1 a** 封印 (seal); 公認の印; 品質保証票: put one's ～ on…を可と決裁する. **b** 優秀であること[威信]を示す特徴[特質]; (高い)地位, 声望, '箔'. **2**〘郵〙標語などを用いた消印, 記念スタンプ; 消印に用いた標語[意匠]. **3**〘医〙カシェ剤 (wafer capsule). ［F (*cacher* to hide, press)］

ca·chex·ia /kəkéksiə, kæ-/, **-chexy** /-kéksi/ *n* 〘医〙悪液質, カヘキシー《癌・結核・梅毒などの慢性疾患による不健康状態》; 《精神などの》不健全状態; 道徳の低下, 頽廃: cancerous ～ 癌性悪液質. ♦ **ca·chéc·tic** /-tɪk/, **-chéx·ic** /-sɪk/ *a* ［*cac-*, Gk *hexis* habit］

cach·in·nate /kǽkənèɪt/ *vi* 《文》(むやみに)大声で笑う, ばか笑いする, 呵々大笑する. ♦ **càch·in·ná·tion** *n* **cach·in·na·to·ry** /kǽkənətɔ̀:ri; kæ̀kɪnéɪt(ə)ri/ *a*

cach·o·long /kǽʃəlɔ̀(:)ŋ, -lɑ̀ŋ/ *n* 〘鉱〙美(び)蛋白石.

ca·chot /*F* kaʃo/ *n* 土牢. ［F］

ca·chou /kǽʃu:, ⌐⌐, kəʃú:/ *n* 口中香錠; CATECHU.

ca·chu·cha /kətʃú:tʃə/ *n* カチューチャ《Andalusia 地方のボレロに似たソロダンス; その音楽》. ［Sp］

ca·cique /kəsí:k/ *n* **1** 《特に 西インド諸島・中南米のインディオの》族長, 酋長; 《スペイン・ラテンアメリカの》地方政界のボス. **2**〘鳥〙ツリスドリ《熱帯アメリカ産; ムクドリモドキ科》. ♦ **ca·cíqu·ism** *n* cacique による支配, ボス政治. ［Sp＜Carib］

cack[1] /kǽk/ *n* かかとのない柔らかい革底の靴《幼児用》. ［?］

cack[2] *n, vi* 《方・俗》うんち, 糞(をする); *《俗》吐く, もどす; *《俗》殺す. ［L *caco* to void］

cáck-hánd·ed "《口》 *a* 左利きの; へたくそな, ぎこちない.

cack·le /kǽk(ə)l/ *n* クワックワッ, ガーガー《特に卵を産み落としたあとのめんどりの鳴き声》; おしゃべり; かん高い笑い. ● **cut the ～ (and come to the horses** ['**osses** /ɔ́səz/])"《口》むだ話をやめて本気で始める, ずばり本題にはいる. ► *vi, vt* クワックワッ[ガーガー]と鳴く; ペチャクチャしゃべる 〈*out*〉; ケラケラ[キャッキャッ]笑う. ♦ **cáck·ler** *n* クワックワッと鳴く鳥; おしゃべり《人》. ［?MLG, MDu *kākelen* (imit)］

cáckle·bèrries and grúnts /, -b(ə)riz-/ 《俗》ベーコンエッグ (bacon and eggs).

cáckle bròad 《俗》おしゃべり女; 《俗》上流社会の女, 成金女.

caco- /kǽkou, -kə/ ⇨ CAC-.

caco·de·mon, -dae- /kæ̀kədí:mən/ *n* 悪霊, 悪鬼 (demon) (opp. *agathodemon*); 悪人. ♦ **càco·d(a)e·món·ic** /-dɪmánɪk/ *a* ［Gk］

caco·de·mo·nia /kæ̀koudɪmóuniə/, **-de·mo·no·ma·nia** /-dì:mənouméɪniə/ *n* 悪霊憑依(ひょう).

cáco·dòxy *n* 《宗教上の》誤った説[教え].

cac·o·dyl /kǽkədìl; -dàɪl/ 〘化〙 *n* カコジル(基) (＝～ **gròup** [**ràd·ical**])《砒素を含む 1 価の置換基》; カコジル《2 個のカコジル基からなる不快臭のある無色液体》. ♦ **càc·o·dýl·ic** /-díl-/ *a* ［G＜Gk＝ill smelling］

cacodýlic ácid 〘化〙カコジル酸《有毒の結晶; 除草剤・染料・香水製造用》.

caco·epy /kǽkouèpi, kəkóuəpi/ *n* 悪い[不正]発音(法) (opp. *orthoepy*). ［Gk］

caco·ë·thes, -e- /kæ̀koui:θiz/ *n* 《特に 悪いことに対する》抑えがたい欲求, 悪癖, 悪習, …狂 (mania) 〈*for*〉. ［L (Gk CAC-, ETHOS)］

cacoëthes scri·ben·di /—— skrɪbéndi, -dàɪ/ やみがたい執筆欲.

càco·génesis *n* 種族退化; 〘医〙発生[発育]異常. ♦ **-génic** *a*

càco·gén·ics *n* [〈*sg/pl*〉]〘生〙劣生学 (dysgenics); CACOGENESIS.

ca·cog·ra·phy /kækɑ́grəfi/ *n* 悪筆 (opp. *calligraphy*); 誤ったつづり (opp. *orthography*). ♦ **-pher** *n* **càco·gráph·i·cal, -gráph·ic** *a*

ca·col·o·gy /kækɑ́lədʒi/ *n* ことば[発音]の誤用[誤り].

cac·o·mis·tle /kǽkəmɪs(ə)l/, **-mix·le** /-mì(k)s(ə)l/ *n* 〘動〙カコミスル (＝*civet cat, ringtail*)《アライグマ科; 米国南西部・メキシコ産》. ［AmSp＜Nahuatl］

ca·coon /kəkú:n/ *n* 〘植〙モダマの一種《熱帯原産のマメ科植物; その豆は装飾に用いる》.

ca·coph·o·nous /kækɑ́fənəs, kə-/, **càco·phónic** *a* 耳ざわりな; 〘楽〙不協和音の. ♦ **-nous·ly** *adv*

ca·coph·o·ny /kækɑ́fəni, kə-/ *n* 耳ざわりな[不快な]音, 騒音 (opp. *euphony*); 〘楽〙不協和音 (dissonance), カコフォニー. ［F＜Gk (*caco-*, *phōnē* sound)］

cac·ta·ceous /kæktéɪʃəs/ *a* 〘植〙サボテン科 (Cactaceae) の.

cac·tal /kǽkt(ə)l/ *a* サボテン (cactus) の.

cac·toid /kǽktɔɪd/ *a* サボテン様の.

cac·tus /kǽktəs/ *n* (*pl* ～·es, -ti /-tàɪ/) 〘植〙サボテン; *《俗》ウバタマ, ペヨーテ (peyote, mescal)《メスカリンを含むサボテンの一種》. ［L＜Gk＝cardoon］

cáctus dàhlia 〘植〙カクタス咲きダリア.

cáctus jùice *《俗》サボテン酒 (tequila).

Cáctus Lèague [the]〘野〙カクタスリーグ, サボテンリーグ《Arizona 州でキャンプを張る Diamondbacks, Cubs, White Sox, Reds, Indians, Rockies, Royals, Angels of Anaheim, Dodgers, Brewers, Athletics, Padres, Giants, Mariners, Rangers の 15 球団の総称》.

cáctus wrèn 〘鳥〙サボテンミソサザイ《北米南部産》.

ca·cu·men /kəkjú:mən/ *n* 頂点, 絶頂.

ca·cu·mi·nal /kækjú:mən(ə)l, kə-/ *a* 〘医〙後屈した; 〘音〙そり舌(音)の (retroflex). ► *n* 〘音〙そり舌音, 反転音.

cad /kǽd/ *n* [*derog*] 礼儀知らず[恥知らず]な男, ごろつき, 不良; "《方》手伝いの人; "《学生俗》《学生と区別して》地元の人, 町の少年; 《廃》バスの車掌. ［*caddie*＝army cadet］

Cad *n**《口》キャデラック (Cadillac).

CAD /kǽd/ *n* 〘電算〙キャド《コンピューターを使った設計・製図システム》. ［*c*omputer-*a*ided *d*esign］

ca·das·tral /kədǽstrəl/ *a* 地籍図の, 土地台帳の; 地籍の: a ～ survey 地籍測量. ♦ **～·ly** *adv*

ca·das·tre, -ter /kədǽstər/ *n* 地籍図. ［F＜L *capitastrum* 人頭税台帳 (*caput* head)］

ca·dav·er /kədǽvər, -dá:-, -déɪ-/ *n* 《特に 解剖用の》死体 (corpse). ♦ **ca·dav·er·ic** /kədǽv(ə)rɪk/ *a* ［L (*cado* to fall)］

ca·dav·er·ine /kədǽvərì:n/ *n* 〘生化〙カダベリン《タンパク質が腐敗する時にできる無色のプトマイン》.

ca·dav·er·ous /kədǽv(ə)rəs/ *a* 死体の(cadaveric); 死体[墓場]を連想させる; 死体のような, 青ざめた, やせこけた. ♦ **~·ly** *adv* **~·ness** *n*

Cad·bu·ry /kǽdbèri, -b(ə)ri; -b(ə)ri/ 〘商標〙 キャドベリー《英国 Cadbury Schweppes 社製のチョコレートなど》.

CAD/CAM /kǽdkæ̀m/ computer-aided design/computer-aided manufacture コンピューター援用設計・製造, キャドキャム.

cad·die, cad·dy /kǽdi/ *n* 〘ゴルフ〙 キャディー; CADDIE CART; 《スコ》 雑用係, 使い走り. ► *vi* キャディーとして働く ‹*for*›. [Sc＜F CADET]

Caddie ⇨ CADDY.

cáddie càrt [càr] 〘ゴルフ〙 クラブ運搬用 2 輪手押し車; 《荷物運搬用の》小さな手押し車.

cad·dis[1], **cad·dice** /kǽdəs/ *n* カディス《梳毛(そもう)の糸[ひも, リボン, 縁取りテープ, 生地]》. [ME＝cotton wool＜?OF]

caddis[2], **caddice** *n* CADDISWORM; CADDIS FLY. [C17＜?]

cáddis flỳ 〘昆〙 トビケラ《総称》.

cád·dish *a* 野卑な, 下劣な. ♦ **~·ly** *adv* **~·ness** *n*

cáddis·wòrm *n* 〘昆〙 イサゴムシ《トビケラ (caddis fly) の幼虫; 釣りの餌》.

Cad·do /kǽdou/ *n* **a** (*pl* ~, ~**s**) カドー族《以前 Louisiana 州, Arkansas 州, 東部 Texas 州に居住したが, 現在は Oklahoma 州に居住するインディアン》. **b** カドー語.

cad·dy[1] /kǽdi/ *n* 茶入れ, 茶缶, 茶筒 (tea caddy); 《衣類や道具などの》収納ケース[箱], 容器; 〘電算〙 キャディー《CD-ROM をドライブに入れるときに用いたケース》. ♦ **~·less** *a* [CATTY[2]]

caddy[2] ⇨ CADDIE.

Cad·dy, Cad·die /kǽdi/ *n* [°c-] *《口》 キャデラック (Cadillac).

cade[1] /kéɪd/ *a* ‹家畜の子が›母親に捨てられて手飼いにされた. [*cade* (dial) pet lamb＜ME＜?]

cade[2] *n* 〘植〙 ケードネズ《ヒノキ科ネズミサシ属の一種; 地中海地方原産》. [OF＜L *catanus*]

Cade ケード **'Jack'** ~ [**John** ~] (d. 1450)《イングランドの反乱指導者; Henry 6 世の失政に対して Kent で反乱を起こし, London にはいったが, 反乱軍解散後, 殺害された》.

-cade /kèɪd, kéɪd/ *n comb form*「行列」「見世物」: aqua*cade*, motor*cade*. [caval*cade*]

ca·delle /kədɛ́l/ *n* 〘昆〙 コクヌスト《穀倉を荒らす甲虫》.

ca·dence /kéɪdns/ *n* 《ことばの》韻律; 《踊りや行進の》拍子; 抑揚; 《文末などの》下降調; 《自然界の》リズミカルな音; 《詩》《風の》音; 〘楽〙 終止形, カデンツ《終止に至る和音の流れ; cf. CADENZA》; 〘軍〙 歩調. ♦ **~d** *a* 韻律的な. [OF＜It＜L (*cado* to fall)]

cá·den·cy *n* CADENCE; 分家の家系; 分家[次男(以下)]の身分.

cádency màrk 〘紋〙 分家であることを表わすしるし (＝*mark of cadency*).

cá·dent *a* リズムのある; 《古》 落ちる.

ca·den·tial /keɪdɛ́nʃ(ə)l/ *a* CADENCE の, 《特に》終止法の; CADENZA の.

ca·den·za /kədɛ́nzə/ *n* 〘楽〙 カデンツァ《楽曲の終止の前にはさまれた, 演奏のむずかしい自由な独奏[独唱]の部分》; 《芸術作品, 特に文学作品中の》際立ってあざやかな部分. [It; ⇨ CADENCE]

cáde òil カデ油, ケードオイル (juniper tar).

ca·det /kədɛ́t/ *n* 《陸海空軍学校や警察学校の》生徒; 士官[幹部]候補生《英では通例 Gentleman C~ という》; 練習生, 見習い; 《NZ》 牧羊業の見習い; 次男(以下の息子), 弟, 末の弟; 分家(の一員); *《俗》 ポン引き (pander): a naval ~ 海軍兵学校生徒 / a ~ teacher 教育実習生 / a ~ family [branch] 分家. ♦ **~·shìp** *n* [F ((dim)＜L *caput* head)]

Cadet *n* 《帝政ロシアの》立憲民主党員, カデット. [Russ *Kadet* (Constitutional Democrat の意の省略語)]

cadét blúe 灰色をおびた青.

cadét còrps 《英国の学校で》学生軍事教練隊.

Ca·dette /kədɛ́t/ *n* カデット《ガールスカウトの 11–14 歳の団員; ⇨ GIRL SCOUT》 [*cadet, -ette*]

cadge /kǽʤ/ *vi, vt* 《口》 乞食をする, ‹タバコなどを›ねだる, たかる ‹*from, off*›; ″《方》 行商する. ► *n* 《口》 物乞い; 〘鷹狩〙 鷹かご《目隠しした鷹を乗せて狩り場へ運ぶ木枠》. ● **on the ~** 《口》 物乞いして, たかって. ♦ **cádg·er** *n* 《口》 人に物をねだる人, 乞食; 《スコ》 畜産品を町で売り町の品を農村で売る商人; 《スコ》 行商人. [C19＝?to carry, bind＜?; cf. Sc *cadger* carrier (ME *caggen* to tie)]

cadgy /kǽʤi/ 《スコ》 *a* 陽気な; 浮気な, 好色な.

cadi ⇨ QADI.

Cad·il·lac /kǽd(ə)læ̀k/ **1** 〘商標〙 キャデラック《米国製の高級乗用車; 現在は GM の一部門が作る》. **2** *《口》 高級品, 最上のもの; [ˢc-] *《俗》 強い麻薬, (1 オンスの)ヘロイン, コカイン, PCP.

ca·dit quae·stio /ká:dət kwáɪstiòu/ 問題は終わった, これ以上討議する必要なし. [L]

Cá·diz /kədíz, kéɪdəz, ká:dəz/ カディス《(1) スペイン南西部 Andalusia 自治州の県 (2) その県都, 大西洋のカディス湾 (the **Gúlf of ~**) に臨む港町; 紀元前 1100 年ごろフェニキア人の植民地として建設; 16–18 世紀アメリカとの貿易の拠点; 古代名 Gadir, Gades》.

Cad·me·an /kædmí:ən/ *a* 〘ギ神〙 CADMUS の.

Cadméan víctory カドモスの勝利《犠牲の大きな勝利; cf. PYRRHIC VICTORY》.

cad·mi·um /kǽdmiəm/ *n* 〘化〙 カドミウム《金属元素; 記号 Cd, 原子番号 48》. ♦ **cád·mic** *a* [L *cadmia*]

cádmium céll カドミウム電池.

cádmium órange カドミウムオレンジ《オレンジ色に近い黄色(顔料)》.

cádmium réd カドミウム赤, カドミウムレッド《鮮赤色》.

cádmium súlfide 〘化〙 硫化カドミウム《黄色の結晶; 顔料の原料, またトランジスター・太陽電池などに利用》.

cádmium yéllow カドミウム黄, カドミウムイエロー《硫化カドミウムを主成分とする黄色顔料》; 鮮黄色.

Cad·mus /kǽdməs/ 〘ギ神〙 カドモス《竜を退治しテーバイ (Thebes) を創建した勇士》.

ca·dre /kǽdrèɪ, ká:-, -dri; ká:dər/ *n* **1** 構造, 組織, 骨組み (framework). **2** 〘軍〙 幹部; 《集団の》幹部, 中核(となる人びと)《特に共産党などの細胞》; 中核グループの一員, 幹部. [F＜It＜L *quadrus* square]

ca·du·ce·us /kəd(j)ú:siəs, -ʃəs/ *n* (*pl* **-cei** /-siàɪ/) 使者の杖《神々の使者 Hermes [Mercury] のしるしの杖; 2 匹の蛇が巻きつき, 頂に双翼がある; 平和・医術の表象》. ♦ **ca·dú·ce·an** *a* [L (Gk *kērux* herald)]

ca·du·ci·ty /kəd(j)ú:səti/ *n* 老衰; はかなさ; 〘植〙 早落性; 〘動〙 脱落性.

ca·du·cous /kəd(j)ú:kəs/ *a* 〘植〙 ‹葉など›早落性の (opp. *persistent*); 〘動〙 脱落性の; はかない. [L (*cado* to fall)]

CAE computer-aided engineering コンピューター援用エンジニアリング.

caecal ⇨ CECAL.

cae·cil·i·an /sɪsíljən, -sí:-, -síliən/ *n* 〘動〙 アシナシイモリ, ハダカヘビ《アシナシイモリ目の両生類の総称; 熱帯産》. ► *a* アシナシイモリ類の.

caecitis, caecum, etc. ⇨ CECITIS, CECUM, etc.

Cæd·mon /kǽdmən/ キャドモン《7 世紀に活動したイングランドの最初の宗教詩人》. ♦ **-mo·ni·an** /kædmóuniən/ *a*

Cae·li·an /sí:liən/ [the] カエリウスの丘 (＝the ~ **Híll**)《SEVEN HILLS OF ROME の一つ》.

Cae·lum /sí:ləm/ 〘天〙 ちょうこくぐ座(彫刻具座) (Sculptor's Tool, Graving Tool).

Caen /*F* kɑ̃/ **1** カン《フランス北西部の工業都市; Calvados 県の県都》. **2** CAEN STONE.

caen(o)- ⇨ CEN-.

Cáen stòne カン石《クリーム色の軟質建築用石; Caen 産》.

cae·o·ma /sióumə, *kaɪ-/ *n* 〘植〙 無被銹子(じゅう)器.

Caer·dydd /kaɪərdí:ð/ カイルディーズ《CARDIFF のウェールズ語名》.

Caer·nar·fon, -von /kɑ:rná:rvən; kə-/ カーナーヴォン《ウェールズ北西部 Gwynedd 州の Menai 海峡に臨む港町・保養地・州都; 13 世紀の古城がある》.

Caernárvon·shire /-ʃɪər, -ʃər/ カーナーヴォンシャー《ウェールズ北西部の旧州; 略 **Caerns.**》.

Caer·phil·ly /kɑ:rfíli, keər-/ **1** ケアフィリー《ウェールズ南東部 Cardiff の北にある町》. **2** カーフィリー《もと Caerphilly 特産の白いマイルドな半硬質チーズ》.

caes·al·pin·i·a·ceous /sèzælpìniéɪʃəs/ *a* 〘植〙 ジャケツイバラ科 (Caesalpiniaceae) の.

Cae·sar /sí:zər/ **1** カエサル, シーザー (**Gaius**) **Julius** ~ (100–44 B.C.)《ローマの将軍・政治家; Gaul を征服, 内乱に勝利をあげて単独でローマを支配 (46–44); 改革に着手するが, 共和制を守ろうとする勢力の手に倒れた》: *Caesar*'s wife must be above suspicion. カエサルの妻たる者は疑惑をまねく行為があってはならない《Plutarch が Caesar のことばとして伝える》. **2** 《一般に》ローマ皇帝; [°c-] 帝王 (cf. KAISER, CZAR), 専制君主 (autocrat); 俗界の支配者[権力者]《*Matt* 22:21》. **3** ″《俗医》 帝王切開 (Caesarean section). **4** シーザー《男子名》. ● **appeal to ~** 最高権力者に訴える; 総選挙で国民に訴える. [L]

Cae·sa·rea /sì:zərí:ə/ カエサレア《(1) イスラエル北西部の古代の港町; ローマ領パレスティナの首都; Herod 大王が建設 (2) [°~ **Maz·a·ca** /-mǽzəkə/] KAYSERI の古代名》.

Cae·sar·e·an, -i·an /sɪzέəriən/ *a* カエサルの; (ローマ)皇帝の; 専制君主的な; CAESAREAN SECTION の[による]. ► *n* カエサル派の人; 専制政治論者[支持者]; CAESAREAN SECTION.

Caesárean séction [bírth, operátion] [°c-] 〘医〙 帝王切開(術). [Julius *Caesar* がこの方法で生まれたという伝説から]

Caesaréa Phí·lip·pi /-fíləpàɪ, -fəlípàɪ/ カエサレア・フィリッピ《シリア南西部 Hermon 山の南西麓にあったパレスティナの古代都市; 現在 Ban·i·yas /bæ̀nɪjǽs/ 村のある地》.

Cáesar·ìsm *n* 皇帝政治主義; 帝国主義 (imperialism); 独裁君主制 (autocracy). ♦ **-ist** *n*

Cae·sar·o·pa·pism /sì:zəroupéɪpɪz(ə)m/ *n* 皇帝教皇主義《(1) 俗権の首長による国家および教会に対する至上権の保有[行使] (2) 教権に対する俗権[帝権, 国権]優位(の政体)》. ♦ **-pist** *n*

Cáesar sálad シーザーサラダ《レタス・ガーリック・アンチョビー・クルトンに, オリーブ油・半熟卵・レモン・粉チーズを加えたもの》. [メキシコの Tijuana 市にあるレストラン *Caesar's* より]
Cáesar wéed 〘植〙ボンテンカ《熱帯産アオイ科の低木; 繊維が強くロープなどに用いる》.
Cae·se·na /səzíːnə/ カエセナ《CESENA の古代名》.
cae·si·ous /síːziəs, *káɪ-/ *a* 〘植〙青灰色の.
caesium ⇨ CESIUM.
caes·pi·tose, ces- /séspətòʊs/ *a* 〘植〙群生[束生]する, 株状になる.
cae·su·ra, ce- /sɪzjúərə, ‖-zúərə, *-ʒúrə/ *n* (*pl* ~s, -rae /-ri/) 〘韻〙行中休止; 〘古典韻〙詩脚内の語の間の切れ目; 〘楽〙句読(くとう)《フレーズ間の切れ目》; 休止, 切れ目. ♦ **c(a)e·sú·ral** *a* [L (*caescaedo* to cut)]
Cae·ta·no /kaɪtáːnoʊ/ カエターノ **Marcello José das Neves Alves** ~ (1906–80)《ポルトガルの政治家; 首相 (1968–74); クーデターで失脚》.
CAF, c.a.f. °cost and freight.
ca·fard /kɑːfáːr/ *n* 《特に熱帯地方における白人の》極度の憂鬱. [F=cockroach, hypocrite]
ca·fé, ca·fe /kæféɪ, kə-; kǽfeɪ, -fi/ *n* **1** カフェ; 《軽い食事のできる》喫茶店, レストラン; *バー, キャバレー, ナイトクラブ. **2** コーヒー. [F=coffee(house)]
CAFE /kæféɪ/ 〘米〙corporate average fuel economy メーカー別平均燃費《自動車の燃費効率改善目標を策定するためのもの》.
café au lait /—— oʊ léɪ/ カフェオレ; うすいコーヒー色. [F=coffee with milk]
café brû·lot /—— brùːlóʊ/ (*pl* ~s /-z/) カフェブリュロ《砂糖・香料およびオレンジの皮などを加えたコーヒーで, ブランデーを入れ火をつけて供する》. [F=burned brandy coffee]
café car /—— ——/ 〘鉄道〙カフェカー《通常中央にキッチンがあって, その両側の一方を食堂, 他方をラウンジ・喫煙室などに用いる車両》.
café chan·tant /F kafe ʃɑ̃tɑ̃/ (*pl* ~s, **cafés chantants** /——/) 音楽・歌を聞かせるカフェ (cabaret).
café coronary /—— ——/ カフェコロナリー《食べ物がつかえたときに起こる, 冠動脈血栓症に似た状態》.
café curtain /—— ——/ カフェカーテン《カーテンロッドに通したリングでつるされる, 通例 窓の下部だけおおう短いカーテン》.
café fil·tre /—— fíːltrə/ フィルターを用いて入れたコーヒー. [F]
café noir /—— nwáːr/ ブラックコーヒー (black coffee)《ミルク[クリーム]を入れない(濃い)コーヒー》; デミタス一杯のブラックコーヒー (demitasse). [F]
café roy·ale /—— rɔɪjǽl/ カフェロイヤル[ロワイヤル] (=*coffee royal*)《コニャック・レモン皮・砂糖, 時にシナモンを加えたブラックコーヒー》.
café society /—— ——/ 《特に New York 市の》一流カフェ[レストラン]やナイトクラブの常連.
caf·e·te·ria /kæ̀fətíəriə/ *n* カフェテリア《セルフサービスの食堂; 社員食堂, 学食》. ► *a* カフェテリア方式の; 必要とする[好みの]ものだけを選べる: ~ (benefit) plans *《企業が提供する》選択型福利厚生制度 / a ~ Catholic *《俗》《戒律などを勝手に解釈する》ご都合主義カトリック信者. [AmSp=coffee shop]
cafetéria-stỳle *a* カフェテリア方式の (cafeteria).
café thé·â·tre /—— teɪáːtrə/ (*pl* **cafés thé·âtres** /——/) 演劇喫茶, カフェ・テアートル《実験演劇やハイブラウな講演の場》. [F]
caf·e·tière ‖/kæ̀fətjέər/ *n* カフェティエール《金属のフィルターの付いたピストンでコーヒーの出しがらを底に押し下げるコーヒーポット》.
caf·e·to·ri·um */kæ̀fətɔ́ːriəm/ *n* 《学校などの》食堂兼講堂. [*cafe*teria+audi*torium*]
caff /kæf, kéɪf/ *n* ‖《俗》CAFÉ.
caf·fe·ic /kæfíːɪk/ *a* コーヒーの, カフェインの.
caf·fein·at·ed /kǽfənèɪtəd/ *a* カフェイン含有の.
caf·feine, -fein /kæfíːn, ——; ——/ *n* 〘化〙カフェイン. ♦ **-fein·ic** /kæfíːnɪk, kæ̀fiíːnɪk/ *a* [F; ⇨ COFFEE]
caf·fe·in·ism /kǽfi(ə)nɪ̀z(ə)m/ *n* カフェイン中毒.
caf·fe lat·te /kǽfeɪ láːteɪ; -lǽteɪ/ カフェラッテ, カフェラテ《同量のホットミルクを入れたエスプレッソコーヒー》. [It *latte* milk]
caffè macchiato /—— ——/ カフェマキアート (MACCHIATO).
caf·fe·ol /kǽfiɔ̀(ː)l, -òʊl, -àl/ *n* カフェオール《コーヒーを炒(い)るときにできる芳香性の油》.
CAFOD /kǽfɑ̀d/ 〘英〙カトリック海外開発機関[基金] (Catholic Agency [もと Fund] for Overseas Development)《カトリックの信仰に基づき低開発国の発展に寄与することを目的とする慈善組織》.
caf·tan, kaf·tan /kǽftæn, ——, kɑːftáːn/ *n* カフタン《トルコ人・アラブ人などの着る帯の付いた長袖の長衣》; カフタン調ドレス. [Turk]
ca·fu·so /kəfúːzoʊ/ *n* (*pl* ~s) 《ブラジルで》黒人とインディオとの混血児. [Port]
cag /kæg/ *n* 〘登山〙CAGOULE.
CAG 〘米海軍・海兵隊〙carrier air group 空母航空団.
Ca·ga·yan /kɑ̀ːgəjáːn, ———/ [the] カガヤン川《フィリピンの Luzon 島北東部を北流する同島最長の川; 別称 Rio Grande de Cagayan》.
cage /kéɪʤ/ *n* **1** 鳥かご; おり; 捕虜収容所; 鉄格子の監房; おり状の囲い, 《エレベーターの》はこ, かご, ケージ, 《クレーンの》運転室; 《銀行の》窓口; *《俗》車, バン; 〘理〙ケージ《原子・イオンを取り込むことができる結晶中の空隙》. **2** 〘野〙捕手用マスク, バッティングケージ; 《ホッケーなどの》ゴール; 《俗》バスケットボール(のゴール). **3** 《建物の》鉄骨構造; 《大型の》屋内練習場[競技場]; 砲架. **4** 〘服〙ケージ《格子柄の透けた生地で作ったゆったりしたワンピースで, 体にフィットしたドレスの上に重ねて着る》. ● **rattle ~s** 《俗》動揺させる, ゆさぶりをかける, 覚醒[変革]を促す. **rattle sb's ~** 《俗》人を動揺させる, おこらせる, いらだたせる; 《俗》人を大騒ぎ[混乱]に巻き込む. ► *vt* かご[おり]に入れる[で飼う]; 〘スポ〙〈ボール・パックを〉(ゴールに)シュートする; *ねだる, たかる (cadge): a ~*d* bird かごの鳥. ● **~ in** [°*pass*] 閉じ込める, 拘束する. **~ up** 投獄する, 収監する. ♦ **~·fùl** *n* [OE<L *cavea*]
Cage ケージ **John** (**Milton**) ~ (1912–92)《米国の前衛的な作曲家; 偶然性の音楽 (chance music) などによって 20 世紀半ばの音楽界に影響を与えた》.
cáge bìrd かごに飼う鳥, 飼鳥.
cáge·ling *n* かごの鳥.
cag·er /kéɪʤər/ *《口》*n* バスケットボールの選手; 酔っぱらい.
cáge ràttler *《俗》動揺[刺激]を与える人, 変革を求める人.
cáge·wày *n* 〘鉱〙エレベーターのケージ用ガイドロープ[ワイヤー]; エレベーターの上下する立坑.
ca·gey, ca·gy /kéɪʤi/ 《口》*a* (**-gi·er; -gi·est**) 用心深い, 慎重な; 抜け目のない; 賢明な, 利口な. ♦ **-gi·ly** *adv* **-gi·ness, -gey·ness** *n* [C20<?]
cág-hánd·ed /kǽg-/ *a* ‖《方》CACK-HANDED.
Ca·glia·ri /káːljəri/ カリアリ《イタリア Sardinia 島南部の港町で, Sardinia 自治州の州都》.
Ca·glio·stro /kæljóːstroʊ, kɑː-/ カリオストロ Count **Alessandro di** ~ (1743–95)《イタリアの詐欺師; 本名 Giuseppe Balsamo; フランス革命前夜に Paris の上流社会で暗躍したが, 異端とされ獄死》.
cag·mag /kǽgmæ̀g/ *n* ‖《俗》くだらんこと, たわごと.
Cag·ney /kǽgni/ キャグニー **James** ~ (1899–1986)《米国の映画俳優; ギャング映画のスター; ミュージカルやコメディーもこなした》.
ca·goule ‖/kəgúːl/ *n* カグール《風を通さない薄くて軽い(ひざまでの)アノラック》.
CAGS Certificate of Advanced Graduate Study.
Ca·guas /káː(g)wàːs/ カグアス《プエルトリコ中東部の町》.
cagy ⇨ CAGEY.
ca·hier /kɑːjéɪ, kæ-, kaɪéɪ/ *n* 《議会などの》議事録, 報告書; 折丁《製本のために折った印刷紙》; 仮綴じのパンフレット[ノートブック]. [F; ⇨ QUIRE]
ca·hill /káːhɪl, kéɪ-/ *n* 〘釣〙カーヒル《擬餌針(ぎじばり)の一種》.
ca·hín·ca ròot /kəhíŋkə-/ 熱帯アメリカ産のアカネ科の植物の根《ヘビ毒の解毒剤・利尿剤》. [Port<Tupi]
Ca·hó·kia Móunds /kəhóʊkiə-/ *pl* [the] カホキア土塁跡《Illinois 州の East St. Louis の東北東にある有史前インディアンの土塁跡で最大のもの》.
ca·hoot /kəhúːt/ *n* [°*pl*] 《口》共同, 共謀. ● **go ~=go in ~** 《口》山分けにする; 共同でやる. **in ~(s)** 《口》共謀して, ぐるになって 〈*with* sb; *over* sth〉. [C19<?; F *cahute* cabin, hut からか]
Ca·hors /F kaɔːr/ カオール《フランス中南部 Lot 県の県都; Toulouse の北方, Lot 川に臨む》.
ca·hot /kɑːhóʊ/ *n* 《カナダ》雪道にできる雪のうね[こぶ, でこぼこ]《乗物でその上を通ると大きく揺れる》; 無舗装道路のでこぼこ (thank-you-ma'am). [F]
ca·how, co·how(e) /kəháʊ/ *n* 〘鳥〙バミューダミズナギドリ (=*Bermuda petrel*)《Bermuda 島特産の絶滅しかけた珍鳥》. [imit]
Ca·hui·lla /kəwíːə/ *n* **a** (*pl* ~, ~s) カウィヤ族《もとは California 州南部に居住していた先住民》. **b** カウィヤ語《Uto-Aztecan 語族に属する》.
CAI computer-aided[-assisted] instruction コンピューター援用教育.
Cai·a·phas /káɪəfəs, kéɪ-/ カヤパ《イエスの裁判を主宰した大祭司; *Matt* 26: 57》.
Cái·cos Íslands /kéɪkəs-/ *pl* [the] カイコス諸島《西インド諸島の英領 Turks and Caicos 諸島の一部》.
caid /kɑːíːd/ *n* 《北アフリカで》族長, 裁判官, 上級官吏.
cail·ced·ra /kaɪlsédrə/ *n* マホガニーに似た西アフリカ産の高木《建具材; 樹皮に強壮成分を含む》.
cail·leach, -liach /kǽljəx/ *n* 《アイル・スコ》老婆, ばば, しわくちゃ婆さん. [OIr=nun (*caille* veil)]
cai·man, cay- /kéɪmən, keɪmǽn, kaɪmǽn/ *n* 〘動〙カイマン《中米・南米産の *Caiman* 属の各種のワニ》. [Sp and Port<Carib]
cáiman lìzard 〘動〙カイマントカゲ《南米の沼地にすむ半水生の大きなトカゲ (全長 1.2 m に達する); 平たい尾の上に 2 列の突起が並んでいてワニに似る》.
cain, kain /kéɪn/ *n* 〘スコ史・アイル史〙物納地代.
Cain **1** 〘聖〙カイン《Adam と Eve の長子; 弟 Abel をねたみこれを殺し

た; *Gen* 4). **2** 兄弟殺し, 人殺し. ● RAISE **~**.
cai·na·na /kaɪnáːnə/ *n* カイナーナ《ブラジル産のアカネ科の植物; 根は毒ヘビのかみ傷治療に用いる》.
Caine /kéɪn/ ケイン (1) Sir **Michael** ~ (1933–)《英国の映画俳優; 本名 Maurice Joseph Micklewhite, Jr.》 (2) Sir (**Thomas Henry**) **Hall** ~ (1853–1931)《英国の作家; Man 島を背景に数々のロマンス作品を書いて人気を得た》.
-caine /kèɪn, kéɪn/ *n comb form*「人造アルカロイド麻酔薬」: procaine. [G; ⇨ COCAINE]
Cáin·ìte *n* カイン派《グノーシス派の一派の人; 善悪の判断を逆転させ, Cain などを義人とする》;〘聖〙《LAND OF NOD に住んだ》カインの末裔(まつえい).
cai·no·génesis /kàɪnoʊ-/ *n* CENOGENESIS.
Cai·no·zóic, Kai- /kàɪnə-/ *a, n* CENOZOIC.
cai·pi·ri·nha /kàɪpəríːnjə/ *n* カイピリーニャ《ブラジルのサトウキビ原料の蒸留酒をライムと砂糖で調味したカクテル》.
ca·ïque, ca·ique /kɑːíːk, kaɪíːk, káɪk/ *n* 《トルコの》軽舟;《地中海東部で用いられる》小帆船. [Turk]
ça ira /*F* sa ira/「サ・イラ」《フランス革命時の流行歌; 歌詞に ça ira (=it will go) のリフレインがある》.
caird /kέərd/ 《スコ》 *n* 渡りいかけ屋; 浮浪人 (vagabond).
Cairene ⇨ CAIRO.
cairn /kέərn/ *n* 石塚, 道程標, ケルン; CAIRN TERRIER. ♦ **~ed** *a* [Gael]
cairn·gorm /kέərngɔ̀ːrm/ *n* 〘鉱〙 黒[煙]水晶, カーンゴーム (= *smoky quartz*) (=**~ stòne**). [↓]
Cáirngorm Móuntains *pl* [the] ケアンゴーム山地《スコットランド北東部 Grampian 山脈の一部; 最高峰は Ben Macdhui (1309 m)》.
Cairns /kέərnz/ ケアンズ《オーストラリア北東部 Queensland 州北東部の市・港町; Great Barrier Reef や熱帯雨林地域への観光の玄関口》.
cáirn térrier 〘犬〙 ケアンテリア《スコットランド原産》.
Cai·ro **1** /káɪəroʊ/ カイロ《エジプトの首都》. **2** /kέəroʊ/ ケアロ《Illinois 州南端の市》. ♦ **Cai·rene** /kaɪəríːn/ *a, n* カイロの; カイロ市民.
cais·son /kéɪs(ə)n, -sɑ̀n, ‖kəsúːn/ *n* 〘工〙 潜函, ケーソン;《沈没船を浮揚させる》浮き箱;《ドックなどの入口を閉める》浮きとびら, ケーソン;《水中の船体修理に用いる》ケーソン; 〘建〙《天井の》格間(ごうま); 〘軍〙《通例 2 輪の》弾薬車, 弾薬箱; ケーソン《昔 地雷として使用した爆薬入りの箱》. [F; ⇨ CASE²]
cáisson disèase 〘医〙 ケーソン病, 潜函病, 潜水夫病 (decompression sickness).
Caith·ness /kéɪθnɪs, kèɪθnέs/ ケースネス《スコットランド北部の旧州; 略 **Caith.**》.
cai·tiff /kéɪtəf/ 《古・詩》 *n* 卑怯者, 卑劣漢, 臆病者. ► *a* 卑怯な, 卑劣な. [OF < CAPTIVE]
Cait·lin /kéɪtlən/ ケイトリン《女子名; Cathleen, Kathleen のアイルランドで用いられる形》.
caj /kǽʒ/ *a* 《俗》 CAS.
Ca·ja·mar·ca /kɑ̀ːhəmáːrkə/ カハマルカ《ペルー北西部にある同名県の県都》.
Ca·jan /kéɪʤ(ə)n/ *n* **1** ケージャン人《Alabama 州南西部および Mississippi 州南東部の白人とインディアンおよび黒人の混血人》. **2** CAJUN.
caj·e·put /kǽʤəpət, -pʊ̀t/ *n* 〘植〙 **a** カユプテ (=*paperbark*)《東南アジア原産フトモモ科の常緑樹》: ~ oil カユプテ油《薬用》. **b** CALIFORNIA LAUREL. [Malay]
ca·jole /kəʤóʊl/ *vt, vi* おだてて…させる, 言いくるめる; うまいことを言って巻き上げる; 甘言でだます, 丸め込む: ~ sb *into* [*out of*] do*ing* 人をおだてて…させる[…をやめさせる] / ~ sb *out of* sth = ~ sth *out of* sb 人を口車に乗せて物を巻き上げる. ♦ **ca·jól·er** *n* **ca·jól·ery** *n* 甘言, おべっか, 口車. **~·ment** *n* **ca·jól·ing·ly** *adv* ことば巧みに. [F=to coax<?]
ca·jón /kɑːhóʊn/ *n* (*pl* **-jon·es** /-neɪs/) *《南西部》 両側が切り立った深い峡谷. [AmSp]
Ca·jun /kéɪʤ(ə)n/ *n* **a** ケージャン人《Acadia から移住したフランス人の子孫である Louisiana 州民》. **b** ケージャン語. ► *a* ケージャンの[に関する, 特有な];《料理・調理が》ケージャン風の,《チリなどの》香辛料が効いている. [<*Acadian*]
caj·u·put /kǽʤəpət, -pʊ̀t/ *n* CAJEPUT.
Cak·chi·quel /kɑ̀ːkʧikél, ⏑⏑⏑/ *n* **a** (*pl* **~, ~s**) カクチケル族《グアテマラ南部に住むマヤ系のインディオ》. **b** カクチケル語.
cake /kéɪk/ *n* **1** ケーキ; *パンケーキ, ホットケーキ; 油で揚げた小さなパイ; 《スコ》 オートミール製固焼きビスケット (oatcake);《魚のすり身などの》平たく固めたもの. **2**《固形物の》一個, ひと塊り; 堅い層, もろくなっている堆積物; ‖《俗》 札束, 大金; [the] *《俗》 金, ぜに: a ~ of soap 石鹸一個. **3** 円グラフ; 《卑》 女性性器; 《俗》 セクシーな女; 《俗》 伊達男, 女たらし; 《黒人俗》 やつ (person). **4** 《俗》 たやすいこと (a piece of cake). ● **a piece of ~** 《口》 楽なこと, ちょろいこと; 《俗》 いい女: It's *a piece of* ~. そんなの簡単さ, 朝めし前だ. **divide** [**cut**] **the ~** 利益を分ける. **a slice** [**cut, share**] **of the ~** 《口》 利益の分け前. **ice** [**put the icing on**] **the ~** *《俗》 勝利[好結果]を確実なものにする, だめを押す. **You can't have** [**eat**] **your ~ and eat** [**have**] **it** (**too**). 《口》 菓子は食えばなくなる《両方いいことはできない》. **let them eat ~** 《パンがなければ》ケーキでも食べさせなさい《Marie Antoinette のことばとされる; 人びとの実情[かかえる問題]を理解していない人を言い表わす》. **like** HOTCAKES. **One's ~ is dough.** 《俗》 計画は失敗した. **take the ~** [**biscuit**‖, **bun**‖] 《口》 [ᵒ*iron*] 一番[第一位]になる, 並はずれている, 際立っている; ひどくずうずうしい, 最低だ: That *takes the* ~. これ以上の(妙な)ことはないね, (あれには)全くあきれる. **the land of C~s** ‖スコットランド. ► *vt, vi* 固める, 固まる; 〈壁・髪・衣服などに〉…を固まりつかせる 〈*on*〉, 〈泥・油などで〉…を固く[厚く]おおう 〈*with*〉: The mud ~*d* [was ~*d*] *on* the shoes. / The shoes were ~*d with* [*in*] mud. [ON *kaka*; cf. G *Kuchen*]
cáke èater *《俗》 やさ男, プレーボーイ.
cáke flòur 《グルテン分の少ない》上質精選小麦粉.
cáke fòrk ケーキ用フォーク《一本の歯叉が他よりも幅広く小さなナイフのような形をしている》.
cáke·hòle *n* ‖《俗》 口 (mouth).
cáke ìnk 棒状に固めたインク, 墨.
cáke jòb 《俗》 楽な仕事.
cáke màkeup 固形[ケーキ]ファンデーション.
cáke mìx ケーキミックス, ケーキのもと《商品》.
cáke pàn [**tin**‖] ケーキパン《ケーキを焼く金属の皿》.
cákes and ále 美菓と美酒; 楽しいものずくめ; 人生の快楽; 浮かれ騒ぎ. [Shak., *Twel N* 2: 3]
cáke·wàlk *n* **1** ケーキウォーク (1) ケーキを賞品とするアメリカ黒人起源の優美でオリジナルな歩きぶりを競う競技 2) 前者から発展した, そっくり返った姿勢で高くステップするダンス; その音楽》. **2** 《口》 (意外に)簡単なこと; 《口》 朝めし前, 一方的な競争[試合]. ► *vi* ケーキウォークを催す[踊る], ケーキウォークに参加して[のように]歩く. ♦ **~·er** *n*
cak·ey, caky /kéɪki/ *a* ケーキのような; 固まった.
cak·ra /ʧʌ́krə/ *n* CHAKRA.
cal (small) calorie(s). **cal.** calendar ♦ caliber. **Cal** (large) calorie(s) **Cal.** California.
CAL computer-aided[-assisted] learning コンピューター援用学習.
calabar ⇨ CALABER.
Cal·a·bar /kǽləbɑ̀ːr, ⏑⏑⏑/ カラバル《ナイジェリア南東部 Cross River 州の州都》.
Cálabar bèan 〘植〙 カラバルマメ (=*ordeal bean*)《熱帯アフリカ産; 豆からフィソスチグミン (physostigmine) を得る; 猛毒があり, 先住民の間で被告の罪を試すときに用いられた》.
Cálabar pòtto 〘動〙 アンワンチボ (ANGWANTIBO).
cal·a·bash /kǽləbæ̀ʃ/ *n* 〘植〙 **a** ヒョウタン, ユウガオ (1) ウリ科 2) その実, その実で作ったさかずき・パイプ・楽器など》. **b** CALABASH TREE. [F<Sp<?Pers=melon]
cálabash trèe 〘植〙 ヒョウタンノキ《ノウゼンカズラ科の高木; 熱帯アメリカ原産; 果皮は堅く, 容器として用いる》.
ca·la·ba·za /kæ̀ləbáːzə, -sə/ *n* 〘植〙 ニホンカボチャ. [Sp]
cal·a·ba·zil·la /kæ̀ləbəsíːljə/ *n* メキシコ・米南西部産の野生のカボチャ《熟していない果肉は石鹸の代用, 根は薬用》.
cal·a·ber, -bar /kǽləbər/ *n* リスの毛皮《イタリア産のものは茶色, シベリア産は灰色》.
cal·a·boose /kǽləbùːs/ *n* *《口》 刑務所, 留置場.
cal·a·bre·se‖ /kǽləbrìːs, -z, kæ̀ləbréɪzi, -si/ *n* ブロッコリー (broccoli).
Ca·la·bria /kəléɪbriə, -láː-; -lǽb-, -láː-/ カラブリア (1) イタリア南部の州; イタリア半島の'長靴のつまさき'を占める; ☆Catanzaro 2) イタリア南東端 Apulia 州南部地方の古代名》. ♦ **-bri·an** *a, n*
ca·la·di·um /kəléɪdiəm/ *n* 〘植〙 カラジウム《サトイモ科カラジウム属 (*C-*) の各種観葉植物》,《特に》ニシキイモ. [NL<Malay]
Ca·lah /kéɪlə/ カラ《古代アッシリアの首都 (*Gen* 10: 11–12); Tigris 川に臨む; 現在のイラク Mosul の南東の Nimrud の地; 別称 Kalakh, Kalhu》.
Ca·lais /kæléɪ; kǽleɪ, kǽli; *F* kalɛ/ カレー《フランス北部の Dover 海峡に臨む市・港町; 百年戦争中の 1347 年から Mary 1 世時代の 1558 年まで英領》. ■ le **Pas de ~** /*F* lə pɑ də-/ カレー海峡《Strait of DOVER のフランス語名》.
cal·a·lu, -loo /kæ̀ləlúː, ⏑⏑⏑/ *n* (*pl* **~s**) 《カリブ》 キャラルー《サトイモ科クサントソーマ属の植物; 葉は食用》; CALLALOO.
cal·a·man·co /kæ̀ləmǽŋkoʊ/ *n* (*pl* **~es**) キャリマンコ《16–19 世紀のつやのある毛織物》; キャリマンコ製の服.
cal·a·man·der /kǽləmæ̀ndər, ⏑⏑⏑⏑/ *n* カキ属の木の材,《特に》黒檀の一種 (=**~ wòod**)《セイロン島産; 高級家具材》.
cal·a·mari /kɑ̀ːləmáːri, kǽləmèri; kæl-/ *n* カラマリ《イタリア料理などで用いるイカ; しばしば揚げ物にする》. [It]
cal·a·mary /kǽləmèri; -məri/, **cal·a·mar** /kǽləmɑ̀ːr/ *n* 〘動〙 イカ (squid).
ca·la·ma·ta /kɑ̀ːləmáːtə, kæ̀l-/ *n* [ᵒC-] KALAMATA.
Ca·la·mián Íslands /kɑ̀ːləmiáːn-/ *pl* [the] カラミアン諸島

《フィリピン西部 Mindoro 島と Palawan 島の間にある島群》.

ca·lám·i·fòrm /kəlǽmə-/ *a* 葦(あし)の形をした.

cal·a·mine /kǽləmàɪn, -mən/ *n* 〖鉱〗異極鉱; ᴵᴵ〖鉱〗菱(りょう)亜鉛鉱 (smithsonite); カラミン《酸化第二鉄の混じった酸化亜鉛; ローション・軟膏として皮膚の消炎に用いる》. [F<L; L *cadmia* の変形 (⇨ CADMIUM)]

cálamine lòtion カーマイン[カラミン]ローション《日焼け・皮膚のかゆみに用いる》.

cal·a·mint /kǽləmɪ̀nt/ *n* 〖植〗カラミント《セリ科カラミンタ属の各種多年草》, 《特に》レッサーカラミント.

cal·a·mite /kǽləmàɪt/ *n* 〖古生〗蘆木(ろぼく)《トクサの類の古生代の化石植物》.

ca·lam·i·tous /kəlǽmətəs/ *a* 不幸な, 災難の多い, いたましい. ♦ **~·ly** *adv* **~·ness** *n*

ca·lam·i·ty /kəlǽməti/ *n* 不幸, 災難, 惨状; 悲惨なできごと, 災害, 惨禍: the ~ of war 戦禍. [F<L]

calámity hòwler* 惨状の到来を予言をする人.

Calámity Jáne カラミティー・ジェーン《米国開拓時代の射撃の女名手 Martha Jane Burke (1852?–1903) の通称; 生前から雑誌などで紹介された伝説的な存在》.

calámity shòuter* CALAMITY HOWLER.

cal·a·mon·din /kæ̀ləmɑ́ndən/ *n* 〖植〗トウキンカン, シキキツ, カラマンシー《ミカン属の木; 中国南部原産》; トウキンカンの実 (=~ **órange**). [Tagalog]

cal·a·mus /kǽləməs/ *n* (*pl* **-mi** /-màɪ, -mìː/) 〖植〗ショウブ (sweet flag); ショウブの根茎; 〖植〗トウ《ヤシ科トウ属 (*C*-) の各種; 熱帯アジア産》; 〖鳥〗羽柄(うへい), 翮(かく) (quill).

ca·lan·do /kɑːlɑ́ːndoʊ/ *adv, a* 〖楽〗しだいに速度と音を減じて[減じる], カランドで[の]《略 cal.》. [It=slackening]

ca·lan·dra /kəlǽndrə/ 〖鳥〗クロエリコウテンシ (=~ **làrk**)《ヒバリ科; 他の鳥の鳴き声をまねるので飼鳥にもされる; 欧州産》.

ca·lan·dria /kəlǽndriə/ *n* カランドリア《CANDU 型原子炉の炉心; 重水減速材・燃料アセンブリを収容する》.

ca·lao /kəláʊ/ *n* 〖鳥〗アカエリサイチョウ (=*rufous hornbill*)《南アジア産》. [Sp<Tagalog]

CalArts °California Institute of Arts.

ca·la·scio·ne /kæ̀ləʃóʊni/ *n* 〖楽〗カラシオーネ《リュートに似た 2 弦または 3 弦のイタリアの楽器》.

ca·lash /kəlǽʃ/ *n* カラッシュ《幌付きの軽二輪馬車》; CALÈCHE; カラッシュ帽子《馬車の幌のように折りたためる骨が入れてある》; 幌. [F CALÈCHE]

cal·a·thea /kæ̀ləθíːə/ *n* 〖植〗カラテア《主に熱帯アメリカ産クズウコン科カラテア属 (*C*-) の各種多年草; 葉に斑のはいった彩りの美しいものがあり, 観葉植物とされる》. [NL (*calathus*)]

cal·a·thus /kǽləθəs/, **-thos** /kǽləθɑ̀s/ *n* (*pl* **-thi** /-θàɪ, -θìː/) カラトス《古代ギリシア・エジプトの美術で, 頭に載せた朝顔形の果物かご; 豊作の象徴》.

cal·a·ver·ite /kæ̀ləvέəràɪt/ *n* 〖鉱〗カラベライト《テルル金鉱石》. [*Calaveras* California 州の地名]

calc- /kǽlk/, **cal·ci-** /kǽlsə/, **cal·co-** /kǽlkoʊ, -kə/ *comb form*「石灰」「カルシウム(塩)」 [G *kalk*<L CALX]

calc. calculate(d).

cal·ca·ne·al /kælkéɪniəl/ *a* かかとの; 〖解〗踵骨 (calcaneus) の.

cal·ca·neo·cú·boid lígament /kælkèɪnioʊkjúːbɔɪd-/ 〖解〗踵(しょう)立方靱帯《足根の踵骨と立方骨とを結合する》.

cal·ca·ne·um /kælkéɪniəm/ *n* (*pl* **-nea** /-niə/) 〖解〗CALCANEUS; 〖鳥〗calcaneus に類似した跗蹠(ふしょ)骨の突起.

cal·ca·ne·us /kælkéɪniəs/ *n* (*pl* **-nei** /-niàɪ/) 〖解〗踵骨(しょうこつ).

cal·car[1] /kǽlkɑ̀ːr/ *n* (*pl* **-car·ia** /kælkέəriə/) 〖動〗けづめ (spur), けづめ状突起; 〖植〗距(きょ). ♦ **cal·ca·rate** /kǽlkərèɪt/ *a* [L (*calx* heel)]

calcar[2] *n* フリット窯(がま)《釉薬(ゆうやく) フリットを溶融する炉》; 焼きなまし煆焼(かしょう)炉. [It<L; ⇨ CALX]

cálcar ávis /-éɪvəs, -ɑ́ː-/ (*pl* **calcária ávi·um** /-éɪviəm, -ɑ́ː-/) 〖解〗鳥距《側脳室の後角における 2 つの隆起の低いほうのもの》.

cal·car·e·ous, -car·i·ous /kælkέəriəs/ *a* 〖化〗石灰石の, 石灰質の; 石灰質土壌に生育する. ♦ **~·ly** *adv* **~·ness** *n* [CALX]

calcáreous spár 〖鉱〗CALCITE.

cal·ca·rif·er·ous /kæ̀lkəríf(ə)rəs/ *a* 〖動・植〗距(きょ)[けづめ, とげ, 針]のある.

cal·ca·rine /kǽlkəràɪn/ *a* けづめ形の, 距形の; 〖解〗距の.

cálcarine súlcus [físsure] 〖解〗鳥距溝《大脳皮質内側面後部の深裂》.

Cal·ca·vel·la /kæ̀lkəvélə/ *n* カルカベラ《ポルトガル産の甘口白ワイン》.

calced /kǽlst/, **cal·ce·ate** /kǽlsièɪt, -siət/ *a* 〈修道士などが〉靴を履いた (opp. *discalced*).

calcedony ⇨ CHALCEDONY.

cál·ce·i·fòrm /kǽlsiə-, kælsíːə-/ *a* 〖植〗スリッパ状の.

cal·ce·o·lar·ia /kæ̀lsiəlέəriə/ *n* 〖植〗キンチャクソウ, カルセオラリア (=*slipper flower, slipperwort*)《ゴマノハグサ科キンチャクソウ属 (*C*-) の各種草本》. [NL (L *calceolus* (dim)<CALCEUS)]

cal·ce·o·late /kǽlsiəlèɪt/ *a* CALCEIFORM. ♦ **~·ly** *adv*

calces *n* CALX[1,2] の複数形.

cal·ce·us /kǽlsiəs/ *n* (*pl* **-cei** /-siàɪ, -sìː/) カルケウス《古代ローマ人の革ひもで編み上げたサンダル》. [L=shoe]

Cal·chas /kǽlkəs/ 〖ギ神〗カルカース《トロイア (Troy) 遠征のギリシア軍における最大の予言者》.

calci- /kǽlsə/ ⇨ CALC-.

cal·cic /kǽlsɪk/ *a* カルシウムの; カルシウムを含む, 石灰質の.

cal·ci·cole /kǽlsəkòʊl/ *n* 〖生態〗好石灰植物. ♦ **cal·cic·o·lous** /kəlsíkələs/ *a*

cal·ci·co·sis /kæ̀lsəkóʊsəs/ *n* (*pl* **-co·ses** /-sìːz/) 〖医〗石灰症《石灰岩塵の吸入による塵肺症》. [*calci-, -cosis* (<*silicosis*)]

cal·cif·er·ol /kælsífərɔ̀(ː)l, -ròʊl, -ràl/ *n* 〖生化〗カルシフェロール《ビタミン D_2 のこと》.

cal·cif·er·ous /kælsíf(ə)rəs/ *a* 〖化〗炭酸カルシウムを含む[生じる].

cal·cif·ic /kælsífɪk/ *a* 〖動・解〗石灰性の, 石灰性にする, 石灰を分泌する.

cal·ci·fi·ca·tion /kæ̀lsəfəkéɪʃ(ə)n/ *n* 石灰化, 石灰沈着[変性]; 《土壌の》石灰集積作用; 石灰化した物質[部位].

cal·ci·fuge /kǽlsəfjùːʤ/ *n* 〖生態〗嫌石灰植物. ♦ **cal·cif·u·gous** /kælsífjəgəs/ *a*

cal·ci·fy /kǽlsəfàɪ/ *vt, vi* 石灰性にする[なる], 石灰化する; [*fig*] 硬化する, 固まる. [CALX]

cal·ci·mine /kǽlsəmàɪn, -mən/ *n* カルシミン《水性塗料の一種》. ► *vt* …にカルシミンを塗る. ♦ **-mìn·er** *n*

cal·ci·nate /kǽlsənèɪt/ *vt, vi* CALCINE.

cal·ci·na·tion /kæ̀lsənéɪʃ(ə)n/ *n* 〖化〗煆焼(かしょう), (石灰)焼成; 〖冶〗焼鉱法; 煆焼の産物; 酸化鉱.

cál·ci·nà·tor *n*《放射性廃棄物処理をする》煆焼炉.

cal·cine /kǽlsàɪn, *–´–/ *vt* 煆焼(かしょう)する《物質を溶融温度以下で加熱して, 揮発性成分を除去する》; 灰[ぼろぼろの粉]になるまで焼く: ~*d* alum 焼きミョウバン / ~*d* lime 生石灰. ► *vi* 焼けて生石灰[酸化物]になる. ► *n* /–´–, –´–/ カルサイン《焼鉱》. ♦ **cal·cin·able** /kǽlsənəb(ə)l/ *a* [OF or L; ⇨ CALX]

cál·cined gýpsum 〖化〗焼き石膏 (plaster of Paris).

cal·ci·no /kælʧíːnoʊ/ *n* カルチノ《カイコの病気; これにかかって死ぬと, ひからびて白墨状になる》.

cal·ci·no·sis /kæ̀lsənóʊsəs/ *n* (*pl* **-ses** /-sìːz/) 〖医〗石灰(沈着)症.

cal·ci·phy·lax·is /kæ̀lsəfəlǽksəs/ *n* (*pl* **-phy·lax·es** /-sìːz/) 〖医〗抵抗性カルシウム形成. ♦ **-lac·tic** /-lǽktɪk/ *a* **-ti·cal·ly** *adv*

cal·cite /kǽlsàɪt/ *n* 〖鉱〗方解石《劈開(へきかい)・複屈折が顕著》. ♦ **cal·cit·ic** /kælsítɪk/ *a* [G; ⇨ CALX]

cal·ci·to·nin /kæ̀lsətóʊnən/ *n* 〖生化〗カルシトニン (=*thyrocalcitonin*)《甲状腺 C 細胞から分泌され, 血中のカルシウムやリン酸の量を下げるホルモン》.

cal·cit·ri·ol /kælsítriɔ̀(ː)l, -òʊl, -ɑ̀l/ *n* 〖生化〗カルシトリオール《コレステロールから派生したホルモンで, カルシウムの作用・摂取に機能するビタミン D 複合体; 骨粗鬆(そしょう)症・骨折の治療のために製剤される》. [? *calci*um, *triol*]

cal·ci·um /kǽlsiəm/ *n* 〖化〗カルシウム《金属元素; 記号 Ca, 原子番号 20》. [CALX, *-ium*]

cálcium ársenate 〖化〗ヒ酸カルシウム《殺虫剤》.

cálcium cárbide 〖化〗炭化カルシウム.

cálcium cárbonate 〖化〗炭酸カルシウム《石灰岩・大理石・方解石などの成分》.

cálcium (chánnel) blòcker 〖薬〗カルシウム(経路)遮断薬[(チャネル)ブロッカー]《カルシウムイオンの平滑筋細胞内への移入を抑制する薬剤; 狭心症・不整脈の治療に用いる》.

cálcium chlóride 〖化〗塩化カルシウム《安価で, 融雪剤として, また氷とともに寒剤にするほか広く用いられる》.

cálcium cyánamid(e) 〖化〗カルシウムシアナミド《農業用石灰窒素の主成分》.

cálcium flúoride 〖化〗フッ化カルシウム《天然には蛍石として存在》.

cálcium glúconate 〖化〗グルコン酸カルシウム《無味・無臭の白色結晶性粉末[顆粒]; カルシウム補給剤とする》.

cálcium hýdrate CALCIUM HYDROXIDE《主に商用語》.

cálcium hýdride 〖化〗水素化カルシウム (=*hydrolith*).

cálcium hydróxide 〖化〗水酸化カルシウム, 消石灰《モルタル・しっくいの原料, 水の軟化などに用いる》.

cálcium hypochlórite 〖化〗次亜塩素酸カルシウム《漂白・殺菌用》.

cálcium lìght カルシウム光 (LIMELIGHT).

cálcium nítrate 〖化〗硝酸カルシウム《肥料・硝酸塩製造用》.

cálcium óxalate 〖化〗シュウ酸カルシウム《水に不溶な白色結晶; 多くの植物細胞や動物に存在するが, 時に尿中に排出されたり尿結石となったりする》.

cálcium óxide 〘化〙 酸化カルシウム, 生石灰 (quicklime)《モルタル・しっくいの原料, また 製陶用など》.
cálcium phósphate 〘化〙 リン酸カルシウム, リン酸石灰《主なもの: **1**) リン酸二水素カルシウム; 肥料・ベーキングパウダーに使用 **2**) リン酸一水素カルシウム; 薬剤・飼料添加剤に使用 **3**) リン酸三カルシウム; 肥料に使用 **4**) 燐灰石; 天然に産出; 燐灰岩・骨格・歯の主たる構成物》.
cálcium própionate 〘化〙 プロピオン酸カルシウム《食パンの防腐剤》.
cálcium sílicate 〘化〙 ケイ酸カルシウム《ポルトランドセメントの主要成分》.
cálcium súlfate 〘化〙 硫酸カルシウム, 石膏.
cálc-sìnter /kǽlk-/ *n* 〘地質〙 石灰華 (travertine).
calc·spar /kǽlkspɑ̀ːr/ *n* 〘鉱〙 方解石 (calcite).
cálc-tùfa, cálc-tùff *n* 〘地質〙 石灰華《多孔性炭酸カルシウムの沈澱物》.
cal·cu·la·ble /kǽlkjələb(ə)l/ *a* 計算[予測]できる; 信頼できる, あてになる. ♦ **-bly** *adv* **càl·cu·la·bíl·i·ty** *n*
cal·cu·late /kǽlkjəlèɪt/ *vt* **1** 計算する; 算定する: ~ a solar eclipse 日食(の時刻)を算出する / ~ the cost of repairs *into* the total 修理代を合計に算入する / The cost is ~*d at* a million dollars. 費用は 100 万ドルと見積もられている. **2 a** 推定[推測]する, 予測する; *《口》〈…と〉思う: I ~ you are right. きみの言うとおりだと思う. **b** 計画する, 設計する, 《ある目的に》当てる 〈*for*〉; *《方》〈…する〉つもりである 〈*to do*〉: His remarks are ~*d* to impress the girls. あんなこと言って女の子の気をひこうって魂胆なんだ. ► *vi* 計算する, 算定する; 見込む, あてにする, 《口》 思う: You can ~ *on* success. きみは成功できるよ. [L; ⇨ CALCULUS]
cál·cu·làt·ed *a* 計算された; 成功・失敗の可能性を計算したうえでの (cf. CALCULATED RISK); 考え抜かれた; 計画された, 故意の; 〈…に〉適した 〈*for*〉; …しそうな (likely) 〈*to* succeed〉: a ~ crime 計画的犯罪. ♦ **~·ly** *adv* **~·ness** *n*
cálculated rísk 予測される危険[失敗]: take a ~.
cál·cu·làt·ing *a* 計算用の; 打算的な, 抜け目のない, ちゃっかりした. ♦ **~·ly** *adv*
cálculating machìne 計算機.
cal·cu·la·tion /kæ̀lkjəléɪʃ(ə)n/ *n* 計算(の結果); 推定, 予測; 熟慮; おもわく, 打算: political ~. ♦ **~·al** *a*
cál·cu·là·tive /, -lə-/ *a* 計算的な, 計算上の; 打算的な, 勘定高い; 抜け目のない; 計画的な.
cál·cu·là·tor *n* 計算者, 計算機; 計算表; 打算的な人.
cál·cu·li·fòrm /kǽlkjələ-/ *a* 小石状の.
cal·cu·lous /kǽlkjələs/ *a* 〘医〙 結石病の, 結石のある.
cal·cu·lus /kǽlkjələs/ *n* (*pl* **-li** /-làɪ, -lìː/, **~·es**) **1** 〘医〙 石, 結石; 歯石 (tartar): gastric [urethral] ~ 胃石[尿道結石]. **2** 計算法; 〘数〙 微(分)積分法[学]; 〘論〙《代数学の記号や演算を用いた》計算論法. **3** [*fig*] 計算, 思惑, 戦略(の策定). [L＝small stone used in reckoning, abacus ball]
cálculus of fínite dífferences 〘数〙 差分法.
cálculus of variátions 〘数〙 変分法.
Cal·cut·ta /kælkʌ́tə/ カルカッタ《KOLKATA の旧称》. ♦ **Cal·cút·tan** *a, n*
Calcútta Cúp [the] カルカッタカップ《イングランドとスコットランドのラグビー対抗戦の勝者に与えられるトロフィー》.
cal·dar·i·um /kældɛ́əriəm/ *n* (*pl* **-ia** /-iə/) 《古代ローマの浴場 (thermae) の》高温浴室, カルダーリウム (cf. FRIGIDARIUM). [L＝hot bath (*calidus* hot)]
Cál·de·cott Mèdal /kɔ́ːldəkɑt-/ [the] コールデコットメダル《米国の児童文学賞; 毎年 前年に出版されたなかで最もすぐれた絵本の作家に贈られる》. [Randolph *Caldecott* (1846–86) 英国の挿画家]
Cal·der /kɔ́ːldər/ コールダー **Alexander** (**Stirling**) ~ (1898–1976)《米国の造形作家; 金属片・木片などを使うモビールの創始者》.
cal·de·ra /kældɛ́ərə, -díər-, kɔ́ːldərə/ *n* 〘地質〙 カルデラ《火山性の窪地》. [Sp＝CALDRON]
Cal·de·rón de la Bar·ca /kɑ̀ːldəróʊn deɪ lə bɑ́ːrkə, -rɔ́ːn-/ カルデロン・デ・ラ・バルカ **Pedro** ~ (1600–81)《スペインの劇作家・詩人; スペイン演劇の黄金時代の中心的存在》.
cal·do ver·de /kǽldoʊ vɛ́ərdeɪ, kɑ́ː-, kɔ́ː-, -di/ カルド・ヴェルデ《ジャガイモ・チリメンキャベツの千切り・ソーセージで作ったポルトガルのスープ》. [Port＝green soup]
cal·dron /kɔ́ːldrən/ *n* 大釜, 大鍋; 沸騰する釜; 《戦争・暴動になりかねない》騒然たる[不穏な]状況. [AF＜L CALDARIUM]
Cald·well /kɔ́ːldwɛ̀l, -wəl/ コールドウェル **Erskine** ~ (1903–87)《米国の小説家; *Tobacco Road* (1932)》.
ca·le·an /kǽliɑ̀ːn, ⏑–⏑/ *n* 《ペルシアの》水ギセル (water pipe). [Pers]
Ca·leb /kéɪləb/ **1** ケーレブ《男子名》. **2** 〘聖〙 カレブ, カルブ《Moses により Canaan に送られたスパイのひとり; *Num* 13: 6》. [Heb＝dog]
ca·lèche, -leche /kəlɛ́ʃ, -lǽʃ/ *n* 《カナダ》《Quebec で用いられる》前部に御者席のある二輪馬車; CALASH. [F＜G]
Cal·e·do·nia /kæ̀lədóʊniə/ 《古・詩》 カレドニア《SCOTLAND のラテン語名》. ♦ **Càl·e·dó·ni·an** *a, n* [L＜Celt]
Caledónian Canál [the] カレドニア運河《スコットランド北部の Great Glen を通り, 大西洋と北海を連絡する現在は主として遊覧船用》.
cal·e·fa·cient /kæ̀ləféɪʃ(ə)nt/ *a* 暖める, 熱を起こす, 熱感を与える. ► *n* 引熱薬《塗ると熱感を与えるカラシなど》.
cal·e·fac·tion /kæ̀ləfǽkʃ(ə)n/ *n* 熱を起こすこと; 温熱状態. ♦ **càl·e·fác·tive** *a*
cal·e·fac·to·ry /kæ̀ləfǽkt(ə)ri/ *n* 修道院で休憩室に当てられた暖房部屋. ► *a* 熱を起こす; 熱を伝導する.
ca·len·dal /kəlɛ́nd(ə)l/ *a* CALENDS の[に関する].
cal·en·dar /kǽləndər/ *n* **1** 暦, カレンダー; 暦法 (cf. GREGORIAN [JEWISH, JULIAN, FRENCH REVOLUTIONARY, ISLAMIC, ROMAN] CALENDAR): SOLAR [LUNAR] CALENDAR. **2** *日程表, 予定表, 手帳; 年中行事表; 〘キ教〙 祝日表; 《公文書の》年次目録, 一覧表 (list); 法廷日程; *《議会の》議事日程; ″《大学などで出す》要覧, 便覧 (catalog*); 《廃》 手引. **3** *《俗》 月 (month). ► *vt* 暦[年表]に記入する; 日付と内容に従い〈文書を〉一覧表[目録]にする. ► *a* カレンダーの[による]; カレンダーの写真[絵]のように俗っぽい. [OF＜L; ⇨ CALENDS]
cálendar àrt カレンダーにつけるような通俗絵画[写真].
cálendar clòck 暦時計《日・週・月・年も刻む》.
cálendar dáy 暦日《0 時から 0 時までの 24 時間》.
cálendar mónth 暦月《暦に定めたひと月; ついたちからみそかまで》.
cálendar wàtch 暦時計《日・週・月・年も刻む腕時計・懐中時計》.
Cálendar Wédnesday カレンダー水曜日《米国下院で, どの委員会も議事日程にない法案を提出できる水曜日》.
cálendar yéar 暦年《暦に定めた 1 年: グレゴリオ暦では 1 月 1 日から 12 月 31 日まで; cf. FISCAL YEAR》; 1 年間.
cal·en·der[1] /kǽləndər/ *n* 〘機〙 カレンダー《布・ゴム・紙などの仕上げ工程でつや出しをしたり, 薄くしたり, 平滑性を高めたりするためのロール機械》. ► *vt* カレンダーにかける. ♦ **~·er** *n* [F＜?]
calender[2] *n* 〘イスラム〙 カランダル《神秘主義教団の遊行修道者》. [Pers]
ca·len·dric /kəlɛ́ndrɪk, kæ-/, **-dri·cal** *a* CALENDAR の[に関する, に用いる].
cal·ends, kal- /kǽləndz, kéɪ-/ *n* [⟨*sg/pl*⟩] 《古代ローマ暦の》ついたち. ● **on** [**at, till**] **the Greek ~** いつまで経っても決して…ない (never); 永久に (forever)《古代ギリシア暦には calends という呼称がない》. [OF＜L *calendae* (**kal-* to proclaim); 月々の日時を触れまわったことから]
ca·len·du·la /kəlɛ́nʤələ/ *n* 〘植〙 キンセンカ属 (*C-*) の各種草本《キク科》, 《特に》キンセンカ (pot marigold); キンセンカの乾燥花《昔は薬・調味料とされた》.
cal·en·ture /kǽlənʧʊ̀ər, -ʧər/ *n* 〘医〙 熱射病, 熱帯熱, カレンチュア《昔 船乗りが熱帯海洋でかかるものとされていた》. [F＜Sp (L *caleo* to be warm)]
ca·les·cent /kəlɛ́s(ə)nt/ *a* 徐々に暖かくなる; 熱くなる.
calf[1] /kǽf; kɑ́ːf/ *n* (*pl* **calves** /-vz/) **1** 子牛; 《象・カバ・サイ・鯨・鹿などの》幼獣; (*pl* **~s**) 子牛革 (calfskin): bound in ~＝CALF-BOUND. **2** 《口》 愚かな若者, まぬけ; 《氷河や氷山からくずれ出た》分離氷塊. ● **in** [**with**] **~** 〈雌牛などが〉子をはらんで. **kill the fatted ~** ⇨ FAT. **shake a wicked** [**mean**] **~** [**hoof, leg**] 《俗》 うまく踊る, ダンスが好きだ. ♦ **~·lìke** *a* [OE *cælf*; cf. G *Kalb*]
calf[2] *n* (*pl* **calves**) ふくらはぎ, こむら. [ON＜?]
cálf·bòund *a* 子牛革装丁の〈本〉.
cálf·doz·er /-dòʊzər/ *n* 小型ブルドーザー.
cálf·kìll *n* 家畜に有害とされているヒースの類の各種植物.
cálf knèe [ᵘ*pl*] BUCK KNEE.
cálf·less *a* ふくらはぎの細い.
cálf lòve 《口》 幼な恋 (＝*puppy love*).
cálf lỳmph 子牛リンパ液.
cálf's-fòot jélly /-vz-, -fs-/ 〘料理〙 子牛足ゼリー《子牛の足を煮て得たゼラチンで作る》.
cálf·skìn *n* 子牛革.
cálf's-snòut /-fs-/ *n* 〘植〙 アレチキンギョソウ (WEASEL'S-SNOUT).
cálf's tòoth 乳歯 (milk tooth).
Cal·ga·ry /kǽlgəri/ カルガリー《カナダ Alberta 州南部の市》. ♦ **Cal·gar·i·an** /kælgɛ́əriən/ *n*
Cal·gon /kǽlgɑ̀n/ 〘商標〙 カルゴン《硬水軟化剤》.
Cal·houn /kælhúːn/ カルフーン **John C**(**aldwell**) ~ (1782–1850)《米国の政治家; 副大統領 (1825–32), 国務長官; 州権論を主張, 奴隷制を支持し, 終生南部を擁護した》.
Ca·li /kɑ́ːli/ カリ《コロンビア南西部の市》.
cali- /kǽlə/ ⇨ CALLI-.
Cal·i·ban /kǽləbæ̀n/ **1** キャリバン《Shakespeare, *The Tempest* に登場する半獣人》. **2** 醜悪で野蛮な男.
cal·i·ber | **-bre** /kǽləbər, ″kəlíː-/ *n* **1** 《管や筒の》内径, 《銃砲の》口径, 《弾丸の》直径: a .45-~ revolver 45 口径のリボルバー《口径が 0.45 インチ》. **2** 度量, 才幹, 器量, 人徳; 《事物の》価値(の度合い);

品質: a man of high [excellent] ～ 手腕家, すぐれた人物 / books of this ～ この程度の本. [F＜It＜Arab＝mold]
cál·i·bered | -bred *a* 口径が…の.
cal·i·brate /kǽləbrèɪt/ *vt* **1** …の口径 (caliber) を測定する; …の目盛りを定める, 度盛りをする, 較正(きょう)する; 〈火砲の射程[精度]を決定[調整]する. **2** 《厳密に》測定[推定]する; 〈実験結果を〉調整する.
♦ **-brà·tor** *n* 口径[目盛り]測定器.
C
càl·i·brá·tion *n* 口径測定; 目盛り定め, 度盛り, 較正(きょう); [*pl*] 目盛り.
calices *n* CALIX の複数形.
ca·li·che /kəlíːtʃi/ *n* 〘地質〙カリーチ 《**1**) 乾燥地帯の石の多い土壌に形成される炭酸カルシウムの皮殻 **2**) チリやペルーに多い硝酸ナトリウムによる膠結沖積土》. [AmSp]
cal·i·cle /kǽlɪk(ə)l/ *n* 〘生〙小杯状部[器官], 〘解·動〙CALYCULUS, 〘植〙EPICALYX. ♦ **ca·lic·u·lar** /kəlíkjələr/ *a*
cal·i·co /kǽlɪkòu/ *n* (*pl* ～s, ～es) ꜀キャラコ, 平織りの白木綿; *サラサ《種々の模様を捺染した綿布》; 《もと》インド綿布; *まだらの動物; 《俗》女. ► *a* ꜀キャラコの; *サラサの; *サラサ模様の, まだらの, 《特に》〈猫が〉三毛の: a ～ cat 三毛猫. [CALICUT]
cálico·bàck *n* 〘昆〙HARLEQUIN BUG.
cálico bàss /-bæ̀s/ 〘魚〙**a** クロマスの一種 (BLACK CRAPPIE). **b** ハタ科の一種 (kelp bass).
cálico bùg 〘昆〙HARLEQUIN BUG.
cálico bùsh 〘植〙アメリカシャクナゲ (mountain laurel).
cálico prìnting サラサ捺染.
Cal·i·cut /kǽlɪkət/ カリカット《インド南西部 Kerala 州の Malabar 海岸にある市; 植民地時代ヨーロッパ貿易の重要基地; かつてキャラコ (calico) の産地; 別称 Kozhikode》.
ca·lif /kéɪləf, kǽl-/ *n* CALIPH.
Calif. California.
ca·lif·ate /kéɪləfèɪt, kǽl-, -fət/ *n* CALIPHATE.
Cal·i·for·nia /kæ̀ləfɔ́ːrnjə/ カリフォルニア《米国太平洋岸の州; ☆Sacramento; 略 Calif., Cal., CA》. ■ **the Gúlf of ～** カリフォルニア湾《メキシコ北西部 Baja California と本土との間の細長い湾》. **the Univérsity of ～** カリフォルニア大学《California 州の州立大学; 1868 年創立; Berkeley, Davis, Irvine, Los Angeles, Merced, Riverside, San Diego, San Francisco, Santa Barbara, Santa Cruz の 10 のキャンパスに分かれる》.
♦ **-fór·nian** *a, n*
Califórnia cóndor 〘鳥〙カリフォルニアコンドル《California の海岸山脈産; 国際保護鳥》.
Califórnia córnflakes *pl* 《俗》コカイン, 粉雪, ナコ.
Califórnia Cúrrent [the] カリフォルニア海流《米国太平洋岸を南流する寒流》.
Califórnia fúchsia 〘植〙カリフォルニアフクシア《California 周辺原産》.
Califórnia gúll 〘鳥〙カリフォルニアカモメ《米国西部平原産; 害虫を捕食する》.
Califórnia Ínstitute of the Árts カリフォルニア芸術大学《California 州 Valencia にある私立大学; 1961 年芸術系教育機関の統合によって創立; 略称 CalArts》.
Califórnia Ínstitute of Technólogy [the] カリフォルニア工科大学《California 州 Pasadena にある私立の理工系総合大学; 1891 年創立; 通称 Caltech》.
Califórnia láurel 〘植〙カリフォルニアゲッケイジュ (＝*bay tree, Oregon myrtle, spice tree*) 《クスノキ科の常緑樹; 米国太平洋沿岸原産》.
Califórnia lílac 〘植〙BLUEBLOSSOM.
Cal·i·for·ni·ana /kæ̀ləfɔ̀ːrniáːnə, -ǽnə/ *n pl* カリフォルニア誌《California の地理·歴史·文化などを扱った文献》.
Califórnia nútmeg 〘植〙California 産のカヤの一種《イチイ科》.
Califórnia póppy 〘植〙ハナビシソウ, 金英花《黄色い花をつけるケシ科植物; 北米西部原産; California の州花》.
Califórnia quáil 〘鳥〙カンムリウズラ《米国西部海岸地帯産》.
Califórnia rósebay 〘植〙ピンクの花をつけるシャクナゲ (＝*pink rhododendron*) 《米国太平洋沿岸原産》.
Califórnia séa lìon 〘動〙カリフォルニアアシカ《北米太平洋岸産およびガラパゴス諸島に生息するアシカ; 訓練されてサーカスで活躍する》.
Califórnia stóp 《俗》《自動車の》一時停止無視: make a ～ 速度を落としながら一時停止の標識を無視して走り抜ける.
Califórnia súnrise 《俗》カリフォルニアサンライズ《MDMA の通称の一つ》; CALIFORNIA SUNSHINE.
Califórnia súnshine 《俗》LSD.
Califórnia tílt *《俗》《ホットロッドなどで》後部の車高を前部に比して極端に高くした車(のスタイル), 'ヒップアップ'.
Cal·i·for·ni·cate /kæ̀ləfɔ́ːrnəkèɪt/, **-for·ni·ate** /-fɔ́ːrnièɪt/ *vt* 《都市化によって》…の景観をそこなう, 過剰に開発する; 《道徳的·社会的に》カリフォルニア風に堕落させる, カリフォルニアかぶれにする.
♦ **Cal·i·fòr·ni·cá·tion** *n*
Cal·i·for·nio /kæ̀ləfɔ́ːrniòu/ *n* (*pl* **-ni·òs**) California の最初のスペイン系入植者(の子孫).
cal·i·for·nite /kæ̀ləfɔ́ːrnàɪt/ *n* カリフォルニア石《翡翠(ひすい)に似た California 産の鉱物》.
cal·i·for·ni·um /kæ̀ləfɔ́ːrniəm/ *n* 〘化〙カリホルニウム《放射性元素; 記号 Cf, 原子番号 98》.
cal·i·ga /kǽlɪɡə/ *n* (*pl* **-gae** /kǽləgàɪ, -dʒìː/) 《古代ローマの》軍靴, カリガ; 司教の靴下.
Ca·lig·a·ri /kəlíɡəri/ [Dr.] カリガリ博士《ドイツの恐怖映画 *Das Kabinett des Dr. Caligari* (カリガリ博士, 1919) の主人公》.
ca·lig·i·nous /kəlídʒənəs/ *a* 《古》かすんだ, 暗い, はっきりしない.
caligraphy ⇨ CALLIGRAPHY.
Ca·lig·u·la /kəlíɡjələ/ カリグラ (A.D. 12–41) 《ローマ皇帝 Gaius Caesar (37–41) のあだ名; 残酷と浪費で恨まれ暗殺された》. [少年期に *caliga* を履いていた]
Cal·i·mere /kǽləmɪ̀ər/ [Point] カリメール岬《インド南東岸 Tamil Nadu 州東部の, Palk 海峡に臨む岬》.
Cal·i·na·go /kæ̀lənáːɡou/ *n* カリナゴ語《Carib 語族の一つ; 小アンティル諸島および中央アメリカで使用される》.
cal·i·ol·o·gy /kæ̀liɑ́lədʒi/ *n* 鳥の巣学[研究].
cal·i·pash, cal·li- /kǽləpæ̀ʃ, ⌣–⌣́/ *n* 海ガメ (turtle) の背肉《緑色でスープ用の珍味》.
cal·i·pee, cal·li- /kǽləpìː, ⌣–⌣́/ *n* 海ガメの腹肉《薄黄色膠状(こうじょう)の珍味》. [?WInd]
cal·i·per | cal·li- /kǽləpər/ *n* [ᵘ(a pair of) ～s] パス, カリパス, 測径(両脚)器; 《ディスクブレーキの》キャリパー; 紙[板紙]の厚さ, 木の太さ; 〘医〙CALIPER SPLINT. ► *vt, vi* カリパスで測る. ♦ **～·er** *n* [変形＜*caliber*]
cáliper còmpass 片カリパス; コンパスカリパス, カリパス付きコンパス.
cáliper rùle はさみ尺, カリパス付き物差し.
cáliper splint 〘医〙カリパス副木《足裏からパッド入り腿バンドまでを 2 本の金属棒でつないで体重が脚にかからないようにしたもの》.
cáliper squàre 〘機〙ノギス (＝*slide caliper*).
ca·liph /kéɪləf, kǽl-/ *n* ハリーファ, カリフ 《**1**) Muhammad の後嗣(こう); 初期イスラム国家の首長 **2**) イスラム世界の最高権威者の称号; のちにオスマン朝トルコ国王 Sultan の称号; 今は廃止》. ♦ **～·al** *a* カリフの. [OF＜Arab＝successor (of Muḥammad)]
cá·liph·ate /kéɪləfèɪt, kǽl-, -fət/ *n* カリフの位[統治], カリフ領. [*-ate*[3]]
cal·i·sá·ya (bàrk) /kæ̀ləséɪə(-), -sáɪə(-)/ (ボリビア)キナノキの皮, 黄キナ皮 (＝*yellow cinchona [bark]*) 《キニーネの原料》.
cal·is·then·ics, cal·lis- /kæ̀ləsθénɪks/ *n* [‹sg/pl›] 徒手[柔軟, 美容]体操; [‹sg›] 徒手[柔軟, 美容]体操法. ♦ **-thén·ic, -i·cal** *a* [Gk *kallos* beauty, *sthenos* strength, *-ic*]
ca·lix /kéɪlɪks, kǽl-/ *n* (*pl* **cal·i·ces** /kéɪləsìːz, kǽl-/) 杯, 聖杯, カリス (cup); CALYX. [L＝cup; cf. CALYX]
calk[1] /kɔ́ːk/ *n* 《すべり止めのための》蹄鉄[靴底]のスパイク. ► *vt* …にスパイクを付ける; スパイクで切る[傷つける]. [?*calk*in]
calk[2] *v, n* CAULK[1].
calk[3] *vt* 敷き写す, 《トレースして》…の輪郭を写す. [F *calquer* to trace; cf. CALQUE]
cálk·er[1] *n* CAULKER.
calker[2] *n* 《スコ》CALKIN.
cal·kin /kɔ́ːkən, kǽlkən/ *n* 《すべり止めの》蹄鉄のスパイク.
call /kɔ́ːl/ *vt* **1 a** 大声で言う[呼ぶ], 叫ぶ ‹out›; 〈名簿などを〉読み上げる ‹off›; 〈フライトの搭乗開始を告げる; 〘放送〙…に呼びかける (broadcast to); よび起こす (awake): *C*～ me at 7. 7 時に起こしてください. **b** …に電話をかける; …に信号を送る, 呼ぶ: Could I have him ～ you? 彼に電話させましょうか《電話がかかってきた当人が不在のときの返答》/ What number are you ～*ing?* 何番におかけですか《相手がかけ間違いをしていると思ったときの表現》. **2 a** 呼び出す, 招く; 〈人を〉《裁判所などに》召喚する; 《鳴き声をまねて》〈鳥を〉おびき寄せる; 〈神が〉〈聖職·天職に〉召す ‹to›; *《俗》〈人〉に挑む, 挑戦する: ～ the doctor 医者を呼ぶ / ～ an actor 俳優を喝采して舞台に呼び戻す / *C*～ me a taxi.＝*C*～ a taxi *for* me. タクシーを呼んでください / ～ sb *forward* 《列の中などから》人を前へ呼び出す. **b** 〈会を〉招集する; 審議[裁判]にかける: The meeting will be ～*ed for* May 10. 5 月 10 日に会は招集される / ～ a case to court. **c** 〈試合を〉中止させる: a ～*ed* game コールドゲーム. **3 a** 命じる; 〈ストなどを〉指令する; 〈政府·首相が選挙を〉施行する; 〘スクエアダンス〙〈次のフィギュアを〉指示する; 〘野〙《サインや指令を出して》〈試合を〉運ぶ, 進める; 〘電算〙《プログラム中で》〈サブルーチンを〉呼ぶ, コールする; 《スコ》〈車·動物を〉駆る. **b** 〈タイムを〉かける, 要求する; 〈貸金などの〉返済を請求する; 《株式·社債の応募者に》〈払い込み追徴〉の支払いを求める; 《繰上げ償還のために》〈債券などの〉提出を求める; 〘トランプ〙…に手札を見せるよう請求する, コールする; 〈カード·組札を〉要求する. **c** …に説明[釈明, 証拠]を求める ‹on›; 《英では方》非難する, とがめる ‹on›; 〈虚偽·虚勢を〉あばく. **4 a** [目的補語を伴って]〈…を〉〈…と〉名づける, 呼ぶ, 称する; …を…呼ばわりする; …を…とみなす[考える, 仮定する]: He ～*ed* his child John. 息子をジョンと命名した / Chaucer is ～*ed* the Father of English poetry. チョーサーは英詩の父と呼ばれている / as we ～ it いわゆる / ～ it a DAY / You owe me $205, but let's ～ it $200. 貸したのは 205 ドルだが 200 ドルという

ことにしよう / You may ~ him a scholar. 彼は学者だといってよい / I ~ that mean. それはけちくさいよ / if you can ~ it that […] 《口》(それを)そんなふうに[…と]言えるかどうかわからないが / Is that what you ~ it? 《口》《驚き・怒りなどを表わして》なんという言い方だ! / (Now) that's what I ~ music. 《口》それ[これ]こそ本物の音楽だ / What do you ~ it […]? 《口》それは[…は]なんて言ったっけ《名前を思い出せない時》. **b** 予言[予測]する, 言い当てる; 〘スポ〙〈審判が打球・投球・選手などに判定を下す; 〘玉突〙(突きの結果を)コール[宣言]する[させる]; 〈コイン投げの結果を予想して言う; 〘ブリッジ〙BID[1]: The game is too close to ~ 接戦で勝敗の予測がつかない. **c** 《豪》〈レースを〉実況放送する.

► *vi* **1 a** 呼びかける 〈*to* sb〉; 大声で言う[呼ぶ], 叫ぶ, (救いを求めて)大声をあげる 〈*out*〉; 〈鳥などが〉鳴く, 〈らっぱが〉鳴る; 《豪》《競馬などの》実況放送をする. **b** 電話する 〈*to*〉: Who's ~*ing*? 《電話で》どちらさまですか. **2** "訪問する, 立ち寄る, 〈物売りなどが〉来る 〈*at* a house, *on* sb〉 (cf. 成句); 〈汽車[汽船]が〉停車[寄港]する 〈*at*〉: *C*~ again. またお寄りください《店員などの表現》. **3 a** 合図を鳴らす; 〘スクエアダンス〙次のフィギュアを指示する; 《スコ》駆る (drive). **b** 〘トランプ〙特定カードを要求する, 手札を見せるよう請求する.

● **~ after** 〈人〉にちなんで命名する: He was ~*ed* Tom *after* his uncle. おじの名をとってトムと名づけられた. **~ around** *あちらこちらに電話をかける. **~ away** [[U]*pass*] 《別のところへ》呼び出す, 呼んでよそへ行かせる 〈*from*〉; 〈気を〉散らす. **~ back** (〈電話をくれた人〉に)あとで[折り返し]電話する; (〈人〉に)もう一度電話する, 電話しなおす; 呼び返す; 〈応募者などを〉《面接などに》再び呼ぶ; "再び訪れる; 思い出させる; 〈製品などを〉回収する; 取り戻す, 返還させる; 〈体力などを〉回復する; 取り消す: I'll ~ *back* later. あとで電話します. **~ by** "《口》(…に)《途中で》立ち寄る: ~ *by at* the shops. **~ down** 下へ向かって〈警告などを〉大声で言う; 降りてくるように言う, 呼び下ろす[出す]; ひき起こす; 《文》〈天恵・天罰などを〉降したまえと祈る 〈*on*〉; きびしく注意する, 叱責する 〈*for*〉; 《俗》酷評する; *《俗》〈相手〉に挑戦する; 〘軍〙〈砲撃などを〉加えるように命令する: ~ *down* God's anger on sb's head. **~ for** …を要求する, 要する; 大声で呼ぶ, (喝采して)〈俳優などを〉呼び出す; "…を迎えに[取りに]行く, 呼び[誘い]に立ち寄る; *〈天候などを〉予報する: That comment was not ~*ed for*. あのコメントは余計だった / ~ *for* the coach *to* resign コーチに辞任を求める / (a parcel) to be left till ~*ed for* 留置(小包). **~ forth** 〈人を〉前へ呼び出す; 〈事が, 能力・批判などを〉よび起こす, 生ぜしめる; 〈勇気などを〉奮い起こす. **~ in** 呼び戻す; 〈医者などを〉呼び入れる[寄せる]; 〈助けを〉求める; 〈通貨・貸金などを〉回収する, …の返却を要求する; 〈連絡・注文などを〉電話で伝える; 《ラジオ・テレビ番組に》電話をかける; 〈会社などに〉電話を入れる 〈*to*〉; 〈…に〉立ち寄る, 寄港する 〈*at, on*〉: ~ *in a favor* 恩返しを求める. **~ …in** [**into**] **question** [**doubt**] …に疑いを差しはさむ, 異議を唱える. **~ in** SICK[1]. **~ sth into** BEING. **~ off** 〈スト・計画などを〉取りやめる, 中止する; 〈約束などを〉取り消す; 手を引く; 去らせる; 〈人・犬〉に(…の)攻撃[追跡]をやめさせる; 〈注意を〉そらす; 読み上げる. **~ on** …を訪ねる; …に求める, 要求する, 頼む; 使う, 用いる; *〈生徒など〉に当てる, …を指す 〈*on*〉: ~ *on* sb *for* a speech [*to* speak sth] 人に演説をするよう求める / ~ *on* all one's strength 全力をあげる. **~ out** 大声を出す, 叫ぶ 〈*to* sb〉; 叫び求める 〈*to* sb *for* help〉; 大声で言う; 招集する; 誘い出す; 〈相手〉に挑戦する, 決闘を申し込む; 〈労働者を〉ストに駆り出す; 〈軍隊・消防隊を〉出動させる; CALL forth; 〘野〙〈アンパイアが〉…にアウトを宣告する; *病欠の電話をする; *〈食物を〉電話で注文する 〈*for*〉; *〈人を〉批難する 〈*for*〉. **~ over** 呼び寄せる 〈*to*〉; 〈名簿・リストなどを〉読み上げる, 点呼する. **~ round** "〈家を〉訪問する, 立ち寄る 〈*at*〉. **~ …one's own** …を我が物とする, 自由にする: I have nothing to ~ *my own*. 無一物だ / a moment [minute, second] to ~ one's *own* 自分の自由になる時間, ひとりになる時間. **~ together** 呼び集める. **~ …to** MIND. **~ up** 上に向かって呼ぶ; 〈人を〉呼び出す, 召喚する; *(…に)電話をかける; 思い出させる[出す]; 奮い起こす; 〈兵を〉召集する; 〈部隊を〉動員する; 〘野〙《マイナーリーグから》〈選手を〉大リーグに昇格させる; ナショナルチームのメンバーに選ぶ; 〘電算〙〈データ・プログラムを〉呼び出す, 検索する; 〈霊などを〉呼び出す; 提案する, 上程する: be ~*ed up* 応召する. **~ it etc. what** [**which**] **you** will etc. 何であれ, どう呼ぼうとも. **Don't ~** [**ring**] **ús, we'll ~** [**ring**] **yóu.** 電話をくれなくてもいい, こちらからかけるから. **what one ~s…＝what we** [**you, they**] **~…＝what is ~ed…** いわゆる…: He is *what you* ~ a young prince. いわゆる貴公子だ.

► *n* **1 a** 呼ぶこと, 呼びかけ; 呼び声, 叫び (cry, shout) 〈*for* help〉; 搭乗開始のアナウンス; 《俳優などの舞台への》呼び戻し, アンコール; 《鳥などの》鳴き声; 《鳥などをおびき寄せるための》鳥などの鳴き声のまね; 呼び子, 《らっぱ・呼笛・角笛などの》(合図の)音; 《豪》《競馬などの》実況放送. **b** 《電話・無線などで》相手の呼び出し, 呼(こ); CALL SIGN: give sb a ~ 人に電話する / make a ~ 電話をする / receive a ~ 電話を受ける / return a ~ 折り返し電話する / Hold my ~*s*. 電話があってもつながないで(用件を聞いておいて)くれ. **c** 《旗・灯などの》信号, 合図; 《審判による》判定, コール; 《コイン投げなどの結果の》予想; 《口》決定, 決断, 見きわめ; 〘テニス〙《任意の時点の》スコア; 〘スクエアダンス〙《フィギュアの》指示; 〘アメフト〙コール《各ダウンの最初にオフェンスあるいはディフェンスに出すシグナル》: Good ~! 《口》いい判断だ, 至当だ, よくやった / make the ~ 決める / an easy [a tough] ~ 容易[困難]な判断. **2 a** 点呼 (roll call); 招集, 召集, 召喚; 《軍の》召集; 《聖職などへの》就任依頼, 招き; "《バリスターとしての》資格付与; 練習のための俳優と撮影隊の召集; 〘劇〙稽古時間の掲示; 〘電算〙《サブルーチン・関数の》呼び出し: ~ to quarters 〘軍〙帰営らっぱ / get the ~ *《俗》任命[指名]される. **b** 神のお召し, 召命, 使命, 天職: feel a ~ to be a minister [to the ministry] 聖職に就く使命を感ずる. **c** 誘惑, 魅力: feel the ~ of the sea [the wild] 海[野性]の魅力にひきつけられる. **3** 短い訪問; 《御用聞き・郵便配達員などが》立ち寄ること; 寄港, 汽車の停車: make [pay] a ~ *on* sb 人を訪問する / a place of ~ 寄港地, 停車地. **4 a** 要請, 依頼 〈*for*〉; 要求(されること); 需要 〈*for*〉; 《ホテルのフロントへの》何時に起こせという依頼: have many ~*s on* one's time [income] いろいろなことに時間をとられる[金がかかる] / leave a ~ *for* 7: 30 7時半に起こしてくれと頼んでおく. **b** [[U]*neg/inter*] 要求, 必要; 義務 〈*to* do, *for* sth〉; 生理的欲求 (call of nature): You have no ~ *to* interfere. きみが口を出す必要はない / There's no ~ *for* sarcasm. いやみを言わなくてもいいじゃないか / a ~ *to* action 緊急に行動する必要性. **c** 〘商〙《株式・社債の》払い込み請求; 繰上げ[随時]償還; 《取引所の》立会(たちあい); 〘証券〙コール, 買付選択権 (＝~ option) 《特定の基礎資産を一定期間中に所定の価格で買い付けることができる権利; cf. PUT[1]》; 〘トランプ〙手札請求, コール: a ~ *on* shareholders *for* payment 株主への払い込み請求. **5** *《俗》《麻薬の》効き始め, 快感; *《俗》シチュー.

● **(above and) beyond the ~ of duty** 職務範囲を越えて. **answer** [**obey**] **the ~** (**of duty**) (使命感・義務感などの)呼びかけに答える. **at** [**on**] **~** 請求次第支払われる, すぐ手にはいる; (医者などが)待機して: money *at* [*on*] ~ 〘商〙CALL MONEY. **at one's ~** 呼び声に応じて; 待機して; 自由に使える. **~ to arms** ⇨ ARM[2]. **have first ~ on…** を優先的に利用[入手]できる. **have the ~** 非常に需要がある, 人気がある. **pay a ~** 《口》[*euph*] トイレへ行く. **take a ~** 〈俳優が〉歓呼に答える《幕前に出て一礼する》. **within ~** 呼べば聞こえる所に; 電話[無線]で連絡できる所に; 待機して.

[OE *ceallian*＜ON *kalla*]

CALL /kɔ́ːl/ computer-assisted language learning コンピューター支援言語学習, コール.

cal·la /kǽlə/ *n* 〘植〙**a** CALLA LILY **b** ミズイモ (water arum).

cáll·able *a* 呼ぶことのできる; 〘商〙請求次第支払われる, 期日前に償還しうる.

Cal·la·ghan /kǽləhən, -hæ̀n/ キャラハン (**Leonard**) **James ~**, Baron ~ of Cardiff (1912–2005) 《英国の政治家; 首相 (1976–79); 労働党》.

cal·laïs /kǽliəs; kǽleɪ/ *n* 〘考古〙カライス, カレナイト《西ヨーロッパ新石器時代後期[青銅器時代初期]の遺跡からビーズや装飾具として出土する緑色の石》.

cáll alàrm 非常呼出し装置《障害者や一人住まいの老人などが監視センターに緊急信号を送る装置》.

cálla lìly 〘植〙オランダカイウ, カラー (＝*arum lily*).

cal·la·loo, -lou /kǽləlùː, ⏑—⏑/ *n* CALALU; キャラルー《calalu とタマネギ・カニ肉で作ったスープ・シチュー》.

cáll-and-respónse *a* 〈歌い方・演奏が呼びかけと応答(形式)の, 掛け合いの, コールアンドレスポンスの.

Cal·la·net·ics /kæ̀lənɛ́tɪks/ 〘商標〙キャラネティクス《小さな動きを繰り返して行なうエクササイズ》. [*Callan* Pinckney (1939–) (考案者である米国のフィットネス指導者)＋athl*etics*]

cal·lan(t) /kɑ́ːlən(t), kǽl-/ *n* 《スコ》若者, 少年.

Ca·llao /kəjɑ́ːoʊ, -jáʊ/ カヤオ《ペルー西部の市・港町; Lima の外港としてその西方に位置する》.

Cal·las /kǽləs/ カラス **Maria ~** (1923–77) 《米国生まれのソプラノ; ギリシア系》.

cal·la·thump /kǽləθʌ̀mp/ *n* *《口》CALLITHUMP.

cáll·bàck *n* 《欠陥車などの》回収 (recall); 《一時帰休中の労働者の》呼び戻し; 〘劇〙再オーディション, 二次面接; 顧客再訪問; 折り返し電話; 〘電算〙コールバック《通信において, いったん切った相手からのアクセスを復活すること; 相手の身元を確認しセキュリティーを高める方法》.

cáll bèll 呼び鈴.

cáll bìrd 〘狩〙おとりの鳥 (decoy).

cáll-bòard *n* 《稽古の予定を楽屋裏に掲示したり, 鉄道の乗務当番表を貼り出したりする》告知板.

cáll bòx *郵便私書箱の一種; "公衆電話ボックス (telephone booth); *《道路わきに設置してある》緊急連絡用電話.

cáll·bòy *n* 俳優呼出し係; ホテルのボーイ (page, bellboy*).

cáll bòy コールボーイ《call girl の男性版》.

cáll càrd 〘図書〙図書請求票 (call slip).

cáll cènter コールセンター《電話による注文・問い合わせなどに集中的に対応する部署》.

cáll-dày *n* 〘英〙《Inns of Court で》弁護士資格が与えられる日.

cáll divèrt 《電話の》転送サービス.

cáll-dòwn *n* 《俗》叱責, 大目玉.

cálled stríke 〘野〙見のがしのストライク.

call·ee /kɔ̀ːlíː/ *n* 呼ばれる人; 訪問される人.

ca·lle·jón /kɑːl(j)ɛxɔ́ːn/ *n* (*pl* **-jo·nes** /-xóʊneɪs/) 小路; 闘牛場

と観覧席との間の狭い通路. ［Sp］

cáll·er[1] *n* 訪問者, 来訪者; 呼出し人, 召集者, 招き手; 電話をかける人, 発呼者; 〘スクエアダンス〙 フィギュアの指示を与える人; 《賭博で》数を読み上げる人.

cal·ler[2] /kǽlər/ 《スコ》 *a* 〈食物, 特に魚が〉新鮮な; 〈空気·風·天気が〉すがすがしい. ［変形＜ME *calver*＜?OE *calwer* curds］

cáller dìsplay ᴴCALLER ID.

caller ID /—— àɪdí:/ 発信者番号通知サービス, ナンバーディスプレー (＝**cáller identificàtion**).

Cal·les /ká:jeɪs/ カジェス **Plutarco Elías ～** (1877–1945) 《メキシコの軍人·政治家; 大統領 (1924–28); 軍隊を近代化; 国民革命党 (制度的革命党に発展)を結成》.

cal·let /kǽlət/ *n* 《スコ》 売春婦; ᴴ《方》 口やかましい意地悪女 (shrew).

cáll for vótes 投票の呼びかけ.

cáll fórwarding 自動転送 《ある番号にかかってきた通話が, 自動的にあらかじめ指定された番号につながる電話サービス》.

cáll gìrl コールガール.

cáll hòuse コールガールのいる売春宿.

cal·li- /kǽlə/, **cal·lo-** /kǽloʊ, -lə/, **cali-** /kǽlə/, **calo-** /kǽloʊ, -lə/ *comb form* 「美しい」「白い」「美」: *cal(l)igraphy*. ［Gk (*kallos* beauty)］

Cal·lic·ra·tes /kəlíkrətì:z/ カリクラテス 《前 5 世紀のギリシアの建築家; Ictinus と共に Parthenon を造営した》.

cálli·gràm *n* カリグラム 《主題にふさわしい図形に詩行を並べた詩》.

cal·li·graph /kǽləgræ̀f; -grɑ̀:f/ *vt* 達筆[装飾書法]で書く.

cal·lig·ra·pher /kəlígrəfər/, **-phist** *n* 代書人, 筆耕; 能書家, 書家.

cal·lig·ra·phy, ca·lig- /kəlígrəfi/ *n* 能書, 能筆 (opp. *cacography*); 書道; (装飾)書法; 筆跡, 書; 装飾文字; 〘美〙 カリグラフィー 《絵画における書道的表現》. ♦ **-li·graph·ic** /kæ̀ləgrǽfɪk/, **-i·cal** *a* **-i·cal·ly** *adv* ［Gk］

Cal·lim·a·chus /kəlíməkəs/ カリマコス 《**1**》 前 5 世紀のギリシアの彫刻家 **2**》 (c. 305–c. 240 B.C.) ギリシアの文学者·詩人; Alexandria 図書館で目録を完成》.

cáll-ìn* *n, a* 視聴者が電話で参加する(番組).

cáll·ing *n* **1** 呼ぶこと, 叫び; さかりのついた牝猫の鳴き声. **2** 招待, 招集; 神のお召し, 召命, 天職; 職業 (profession); 《なすべき務めに駆りたてる》強い衝動: He is a carpenter *by* ～. 職業は大工. **3** 訪問, 寄港, 停車. ● **betray one's ～** お里が知れる.

cálling càrd*名刺 (visiting card); *[*fig*] 《人·物の》痕跡, あと, 足跡, 《だれ[何]であるかを明らかにする》しるし; ᴴPHONECARD.

cálling cràb 〘動〙 シオマネキ (fiddler crab).

cálling hàre 〘動〙 ナキウサギ (pika).

cáll-ìn pày* 出勤手当 《前もって仕事がないことを知らされずに出勤した労働者に支払われる》.

Cal·li·o·pe /kəláɪəpi/ **1** 〘ギ神〙 カリオペー 《書板と鉄筆を持ち叙事詩をつかさどる女神; ムーサたち (the MUSES) の一人》. **2** [c-] /, kǽliòʊp/ *蒸気オルガン (＝*steam organ* [*piano*]) 《市(ⁱᶜʰⁱ)や蒸気船などで用いた, 蒸気で鳴らす鍵盤楽器の一種》.

cal·li·op·sis /kæ̀liɑ́psəs/ *n* (*pl* ～) 〘植〙 COREOPSIS 《特に *Coreopsis* 属の栽培用一年生草本》.

callipash ⇨ CALIPASH.

callipee ⇨ CALIPEE.

calliper ⇨ CALIPER.

cal·li·pyg·ian /kæ̀ləpídʒ(i)ən/, **cal·li·py·gous** /kæ̀ləpáɪgəs/ *a* 美しく均斉のとれたお尻をした.

cal·li·sec·tion /kæ̀ləsékʃ(ə)n/ *n* 《麻酔をかけた動物の》無痛生体解剖.

cal·li·ste·mon /kæ̀ləstí:mən/ *n* 〘植〙 カリステモン, ブラシノキ (bottlebrush) 《フトモモ科カリステモン属 (*C-*) の低木》.

Cal·lis·the·nes /kəlísθənì:z/ カリステネス (c. 360–328 B.C.) 《ギリシアの哲学者·歴史家》.

callisthenics ⇨ CALISTHENICS.

Cal·lis·to /kəlístoʊ/ 〘ギ神〙 カリストー 《Artemis に従ったニンフ; Zeus に愛されたため Hera により熊にされ, のちにおおぐま座になった》; 〘天〙 カリスト 《木星の第 4 衛星; cf. GALILEAN SATELLITES》.

cal·li·thump /kǽləθʌ̀mp/ *n**《口》 騒がしく街頭を練り歩くパレード. ♦ **càl·li·thúmp·ian** *a, n* ［逆成＜(a)＜*gallithumpian* (dial) 18 世紀に選挙妨害した人たち］

cáll jòint* 《俗》 CALL HOUSE.

cáll lètters* *pl* 〘通信〙 CALL SIGN.

cáll lòan 〘商〙 短期融資, 当座貸し, コールローン (＝*demand loan*) 《任意に回収·返済できる融資》.

cáll màrk 〘図書〙 CALL NUMBER.

cáll màrket 〘商〙 コール市場.

cáll mòney 〘金融〙 コールマネー 《要求ありしだい随時返済条件の銀行融資で, 通例 証券[手形]ブローカーに対するもの》.

cáll-nìght *n* 〘英〙 CALL-DAY の晩.

cáll nòte 〘鳥〙 地鳴き 《さえずり (song) に対して》.

cáll nùmber 〘図書〙 請求番号 (cf. PRESSMARK).

cal·lo- /kǽloʊ, -lə/ ⇨ CALLI-.

cáll of náture [the] 野性の誘惑, 大自然の呼び声; 人間[動物]の本性, 自然の欲求: answer [obey] a [the] ～ 手洗いに行く.

cáll-ònᴴ *n* コールオン 《港湾労働者の雇用法の一つ; 仕事を求める労働者が親方から声がかかるのを並んで待つ》.

cal·lop /kǽləp/ *n* 〘魚〙 GOLDEN PERCH.

cáll òption 〘証券〙 コールオプション, 買付選択権 (CALL).

cal·lose /kǽlòʊs, -z/ *n* 〘植〙 カロース 《細胞中の炭水化物で篩孔(ˢʰᵢᵏᵒᵘ)に栓をするもの》.

cal·los·i·ty /kəlɑ́səti, kæ-/ *n* 〘医〙 皮膚肥厚, 胼胝(ᵇᵉⁿᶜʰⁱ) (callus); 〘植〙 硬点 《植物体の硬化した部分》; 無感覚, 無情, 冷淡. ［F or L (CALLUS)］

cal·lous /kǽləs/ *a* **1** 〈皮膚が〉硬く肥厚した, 胼胝(ᵇᵉⁿᶜʰⁱ)状の, たこができた. **2** 〈心が〉無感覚な, 無神経な, 思いやりのない, 冷淡な, 無情な; 平気な: ～ *to* ridicule 笑われても平気で. ► *vt, vi* 硬くする[なる]; 無感覚にする[なる]. ► *n* CALLUS. ♦ **～·ly** *adv* 冷淡に, 無情に, 平気で. **～·ness** *n* ［L or F (CALLUS)］

cál·loused /kǽləst/ *a* 皮膚が硬くなった, たこができた, 〘医〙 胼胝(ᵇᵉⁿᶜʰⁱ)状[性]の.

cáll-òutᴴ *n* 呼び出し, 出動させること, (修理などの)出張.

cáll-òver *n* 点呼 (roll call); ᴴ競馬の賭元の会合 《次のレースの出走馬を読み上げ, 勝馬の予想を立てて賭けを行なう》.

cal·low /kǽloʊ/ *a* 未熟な, 青二才の; 〘鳥〙 羽毛がまだ生えない (unfledged). ► *n* 《アイル》 低湿の牧草地; 〘昆〙 不整成虫. ♦ **～·ly** *adv* **～·ness** *n* ［OE *calu* bare, bald; cf. L *calvus* bald］

cáll ràte 〘商〙 コールレート 《コールローンの利率》.

cáll shèet コールシート 《映画·テレビの毎日の撮影予定表》.

cáll sìgn [sìgnal] 〘通信〙 呼び出し符号, コールサイン.

cáll slìp 〘図書〙 図書請求票 (＝*call card*).

cal·lu·na /kəlú:nə/ *n* 〘植〙 ギョリュウモドキ 《ツツジ科; cf. HEATHER》.

cáll-ùp *n* 召集令; 召集; 《ナショナルチームなどへの》召集選出; 召集兵 (draft); 《マイナーリーグから》メジャーリーグに昇格した選手.

cal·lus /kǽləs/ *n* 〘医〙 胼胝(ᵇᵉⁿᶜʰⁱ), 皮膚肥厚, たこ; 〘解〙 《骨折骨片周囲にできる》仮骨; 〘植〙 癒傷組織, カルス. ► *vi* callus を形成する. ► *vt* …に callus を形成させる. ［L］

cáll wáiting キャッチホン 《通話中に他着信があったとき, 中断して第三者との通話を可能にする電話サービス》.

calm /kɑ́:(l)m; kɑ́:m/ *a* 〈海·天候などが〉穏やかな, 静かな; 〈心·気分など〉平静な, 落ちついた; 平穏な; 《口》 ずうずうしい: It's ～ of him to expect my help. わたしの助けを期待するとは彼もずうずうしい. ► *n* なぎ; 〘海·気〙 静穏 《時速 1 マイル未満, 1 km 未満; ⇨ BEAUFORT SCALE》; 平穏なひと時; 冷静, 沈着: the ～ before the storm あらしの前の静けさ / a dead [flat] ～ 大なぎ / the region of ～ 《赤道付近の》無風帯. ► *vt* 〈怒り·興奮·事態を〉鎮める, 〈人·生き物を〉落ちつかせる 〈*down*〉: ～ one*self* 気を落ちつける. ► *vi* 〈海·気分·政情などが〉鎮まる, 〈人·生き物が〉落ちつく 〈*down*〉. ［OF, ＜Gk *kauma* heat; 'a rest during the heat of the day' の意; *-l-* は L *calor* heat より］

calm·a·tive /kɑ́:(l)mətɪv, kǽlmə-/ *a, n* 〘医〙 SEDATIVE.

cálm·ly *adv* 穏やかに, 静かに; 冷静に, 落ちついて, 平然と.

cálm·ness *n* 平穏, 冷静, 沈着: with ～＝CALMLY.

cal·mod·u·lin /kælmɑ́dʒəlɪn; -djʊ-/ *n* 〘生化〙 カルモジュリン 《さまざまな細胞機能を調節するカルシウム結合タンパク質》. ［*cal*cium, *modul*ate, *-in*[1]］

cálmy *a* 《古·詩》 CALM.

ca·ló /kəlóʊ/ *n* カロ 《米国南西部でメキシコ系の若者が話す隠語·英語まじりのスペイン語》. ［Sp］

calo- /kǽloʊ, -lə/ ⇨ CALLI-.

cal·o·mel /kǽləmɛ̀l, -məl/ *n* 〘化〙 甘汞(ᵏᵃⁿᵏᵒᵘ), 塩化水銀 (I), カロメル (＝*mercurous chloride*). ［?Gk *kalos* beautiful, *melas* black］

cal·o·res·cence /kæ̀lərés(ə)ns/ *n* 〘理〙 熱発光 《赤外線照射によって可視光線が現われること》.

Cál·or gàs /kǽlər-/ 〘商標〙 キャラーガス 《英国 Calor Gas Ltd. 製のボンベに詰めた液化ブタンガス; 家庭·キャンプ用》.

cal·o·ri- /kǽlərɪ/ *comb form* 「熱 (heat)」 ［L (*calor* heat)］

ca·lor·ic /kəlɔ́(:)rɪk, -lɑ́r-/ *n* 〘理〙 熱素; 《古》 熱 (heat). ► *a* 熱の; カロリーの. ♦ **-i·cal·ly** *adv* ［F; ⇨ CALORIE］

cal·o·ric·i·ty /kæ̀lərísəti/ *n* 〘生理〙 温熱力 《体内で熱を生じ体温を保つ力》.

cal·o·rie, -ry /kǽl(ə)ri/ *n* **1** 〘理〙 カロリー 《熱量の単位; 略 cal》: **a** グラム[小]カロリー (＝gram [small] ～), 15 度カロリー (＝4.1855 J; 1 気圧下で 1 g の水の温度を 14.5°C から 15.5°C まで上げるのに要する熱量; 略 cal). **b** 平均カロリー (＝mean ～) (＝4.1897 J; 1 気圧下で 1 g の水を 0°C から 100°C に高めるのに要する熱量の 1/100). **c** 国際(蒸気)表カロリー (＝international (steam) table ～) (＝4.1868 J; 平均カロリーに最も近い). **2** 〘生理·栄養〙 (キロ[大])カロリー (＝*kilocalorie*) (＝large [great] ～) (略 Cal); 1 キロカロリーに相当する食物. ［F (L *calor* heat, *-ie*)］

ca·lor·i·fa·cient /kəlɔ̀(:)rəféɪʃ(ə)nt, -lɑ̀r-/ *a* 〈食物が〉熱を生じる.

cal·o·rif·ic /kæ̀lərífɪk/ *a* 熱を生じる, 発熱の; 熱[カロリー]の, 熱に関する; 《口》高カロリーの. ♦ **-i·cal·ly** *adv*
calorífic válue [pówer] 発熱量.
ca·lor·i·fi·er /kəlɔ́(ː)rəfàɪər, -lár-/ *n* 《蒸気による》液体加熱器, 温水器.
cal·o·rim·e·ter /kæ̀lərímətər/ *n* 熱量計.
cal·o·rim·e·try /kæ̀lərímətri/ *n* 熱量測定(法), 測熱. ♦ **càl·o·ri·mét·ric** /, kəlɔ̀(ː)rə-, -lɑ̀r-/ *a* **-ri·cal·ly** *adv*
cal·o·rist /kǽlərɪst/ *n* カロリスト《熱は弾性の流体であるという 18 世紀の説の支持者》.
cal·o·rize /kǽləràɪz/ *vt* 《冶》高温で〈鉄系金属〉表面にアルミニウムを拡散浸透させる[被(き)せる], カロライジングする.
calory ⇨ CALORIE.
cal·o·so·ma /kæ̀ləsóumə/ *n* 《昆》オサムシ科の各種昆虫《マイマイガ・ヨトウムシなどの天敵》.
ca·lot /kəlɑ́t/ *n* カロ《小さい縁なしの婦人帽・兵隊帽》.
ca·lotte /kəlɑ́t/ *n* カロット (skullcap), 《特に》ZUCCHETTO; 《建》小さい丸屋根[丸天井].
cal·o·type /kǽlətàɪp/ *n* カロタイプ《ヨウ化銀を感光剤として用いる 19 世紀の写真術》; カロタイプ写真.
cal·o·yer /kǽləjər, kəlɔ́ɪər; kǽlɔ̀ɪər/ *n* 《東方教会の》聖職者, 修道士.
cal·pac, -pack /kǽlpæ̀k, ─ ́/ *n* 《トルコ・イランなどの》羊皮[フェルト]の大きな黒い縁なし帽子. [Turk]
Cal·pe /kǽlpi/ カルペ《Rock of GIBRALTAR の古代名》.
calque /kǽlk/ *n* なぞり, かたどり; 語義借用; 翻訳借用(語句) (LOAN TRANSLATION). ► *vt* 〈語の意味を〉他の言語の類似の語の意味にならってつくる; CALK[3]. [F=tracing]
Cal·ta·nis·set·ta /kɑ̀ːltənɪsétə, kæ̀l-/ カルタニセッタ《イタリア Sicily 島中部の市》.
Cal·tech /kǽltɛ̀k/ °California Institute of Technology.
cal·trop, -trap /kǽltrəp, kɔ́ːl-/, **-throp** /-θrəp/ *n* **1** 鉄菱《地上にまいて敵騎兵の進撃をはばんだり, タイヤをパンクさせたりする》. **2** 《植》ヒシの類のいが[とげ]のある実を結ぶ植物: **a** [~s, 〈*sg/pl*〉] ムラサキイガヤグルマギク (star thistle). **b** ヒシ (water chestnut). **c** ハマビシ (puncture vine). [OE<L]
cáltrop fàmily 《植》ハマビシ科 (Zygophyllaceae).
ca·lum·ba /kəlʌ́mbə/ *n* コロンボ《アフリカ原産のツヅラフジ科の植物の根; 強壮薬・利尿薬》.
cal·u·met /kǽljəmɛ̀t, -mət/ *n* 《アメリカインディアンの》長いパイプ (=*peace pipe*, *pipe of peace*)《平和の象徴》: smoke the ~ together 和睦する. [F (L *calamus* reed)]
ca·lum·ni·ate /kəlʌ́mnièɪt/ *vt* そしる, 中傷[誹謗]する. ♦ **-à·tor** *n* **ca·lùm·ni·á·tion** *n* [L *calmnior* to accuse falsely]
ca·lum·ni·a·to·ry /kəlʌ́mniətɔ̀ːri; -nièɪt(ə)ri/ *a* CALUMNIOUS.
ca·lum·ni·ous /kəlʌ́mniəs/ *a* 中傷的な. ♦ **~·ly** *adv*
cal·um·ny /kǽləmni/ *n* 中傷, 誹謗, 讒言(ざんげん). ► *vt* 中傷する. [L=trickery, cunning; ⇨ CALUMNIATE]
cal·u·tron /kǽljətrɑ̀n/ *n* 《理》カルトロン《電磁方式によるウラン同位体分離装置》.
Cal·va·dos /kæ̀lvədɔ́(ː)s, -dóus, -dɑ́s, ─ ─ ́/ **1** カルヴァドス《フランス北西部 Basse-Normandie 地域圏のイギリス海峡に臨む県; ☆Caen》. **2** [[s]c-] カルヴァドス《同地方産のりんご酒を蒸留して造るブランデー》.
Calvadós Réef カルヴァドス岩礁 (F **Ro·chers du Cal·va·dos** /*F* rɔʃe dy kalvado:s/)《フランス北部, イギリス海峡の Orne 川河口域にある長い岩礁》.
cal·var·i·um /kælvέəriəm/ *n* (*pl* **-var·ia** /-riə/) 《解》頭蓋(ずがい)冠. ♦ **cal·vár·i·al, -vár·i·an** *a*
Cal·va·ry /kǽlv(ə)ri/ **1** 《聖》カルヴァリ《キリストはりつけの地で Jerusalem 近傍の丘; *Luke* 23: 33; 別名 Golgotha》. **2** [c-] キリストはりつけの像; 激しい苦痛と苦悶を伴う経験. [L *calvaria* skull (*calvus* bald); Gk *Golgotha* のなぞり]
Cálvary cròss 《紋》カルヴァリー十字《三段の台上に載ったラテン十字》.
calve /kǽv; kɑ́ːv/ *vi, vt* 〈牛・鹿・鯨などが〉子を産む, 分娩する; 〈氷河・氷山が〉(氷塊を)分離する. ♦ **~d** *a* 〈牛などが〉子を産んだことのある. **cálv·er** *n* 子をはらんだ牛. [OE *cealfian*; ⇨ CALF[1]]
Cal·vert /kǽlvərt/ カルヴァート (1) Sir **George** ~, 1st Baron Baltimore (1580?–1632)《イングランドの政治家; カトリック信仰の聖域とすることを目的に北米 Maryland に植民地の建設を計画した》 (2) **Leonard** ~ (1606–47)《George の子; 政治家; Maryland 植民地の初代総督 (1634–47)》.
calves *n* CALF[1,2] の複数形.
Cal·vin /kǽlvən/ **1** カルヴィン《男子名》. **2 a** カルヴァン **John** ~ (1509–64)《フランス生まれのスイスの神学者・宗教改革者》. **b** カルヴィン **Melvin** ~ (1911–97)《米国の化学者; CALVIN CYCLE を解明, ノーベル化学賞 (1961)》. [L=bald]
Cálvin cỳcle 《生》カルヴィン回路《光合成生物および一部の化学合成生物における基本的な炭酸同化回路; 明反応でつくられたエネルギーによって炭酸固定を行なう》. [M. *Calvin*]
Cálvin·ism *n* 《神学》カルヴァン主義《神の絶対性・聖書の権威・神意による人生の予定を強調する》. ♦ **-ist** *n, a* **Càl·vin·ís·tic, -ti·cal** *a* **-ti·cal·ly** *adv*
cal·vi·ti·es /kælvíʃiìːz/ *n* (*pl* ~) 《医》禿頭(とくとう)(症).
calx[1] /kǽlks/ *n* (*pl* ~**·es, cal·ces** /kǽlsìːz/) 《化》金属灰; 《古》(生)石灰 (lime). [L *calc- calx* lime<?Gk *khalix* pebble, limestone]
calx[2] *n* (*pl* **calces**) かかと (heel).
ca·ly·cate /kéɪləkèɪt, kǽl-/ *a* 《植》萼(がく)のある, 有萼の.
ca·ly·ce·al /kèɪləsíːəl, kæ̀l-/ *a* CALYX の.
calyces *n* CALYX の複数形.
ca·lýc·i·fòrm /kəlísə-/ *a* 《植》萼の形をした, 萼状の.
ca·lyc·i·nal /kəlísən(ə)l/ *a* CALYCINE.
ca·ly·cine /kéɪləsàɪn, kǽl-/ *a* 《植》萼(がく)の; 萼状の.
ca·ly·cle /kéɪlək(ə)l, kǽl-/ *n* 《植》副萼, 外萼; CALYCULUS.
ca·ly·coid /kéɪləkɔ̀ɪd, kǽl-/ *a* 《植》萼に似た, 萼様の.
ca·lyc·u·late /kəlíkjəlèɪt, -lət/ *a* 杯状組織を有する.
ca·lyc·u·lus /kəlíkjələs/ *n* (*pl* **-li** /-lɑ̀ɪ, -lìː/) 《解・動》杯(はい)《味蕾(みらい)・眼杯など》; EPICALYX.
Cal·y·don /kǽlədɑ̀n, -dən; -dən/ カリュドン《ギリシア Aetolia の古都》. ♦ **Cal·y·do·ni·an** /kæ̀lədóuniən/ *a*
Calydónian bóar [the] 《ギ神》カリュドンの猪《Calydon の王が Artemis に犠牲を供するのを忘れたため女神が遣わした狂暴な猪で Meleager に殺された; この猪狩りを Calydonian hunt という》.
Calydónian húnt [the] 《ギ神》カリュドンの猪狩り (⇨ CALYDONIAN BOAR).
ca·lyp·so /kəlípsou/ *n* (*pl* ~**s**, ~**es**) カリプソ《(1) トリニダード島で生まれた黒人の音楽; 歌詞は, しばしば 即興で, 諷刺を特徴とする (2) このスタイルの歌》. ♦ **ca·lỳp·só·ni·an** /, kæ̀lɪp-/ *a, n* カリプソの(歌手[作曲者]). [C20<?]
Calypso 1 《ギ神》カリュプソー《海のニンフ; *Odyssey* では巨神 Atlas の娘; Odysseus がオーギュギア (Ogygia) 島に漂着したとき 7 年間引き止めた》. **2** 《天》カリプソ《土星の第 14 衛星》. **3** [c-] (*pl* ~**s**) 《植》ホテイラン (=*fairy-slipper*)《北半球産のホテイラン属の地生ラン; 花茎の先に桃色・紫・黄が混じった美しい花を 1 個つける》.
ca·lyp·ter /kəlíptər, kǽləp-/ *n* 《昆》《双翅類の》冠弁 (alula); 《植》CALYPTRA.
ca·lyp·tra /kəlíptrə/ 《植》*n* カリプトラ《コケ類の胞子嚢を保護する組織》; 《花や実の》かさ; 根冠 (root cap). ♦ **-trate** /kəlíptrèɪt, -trət, kǽləp-/ *a*
ca·lyp·tro·gen /kəlíptrəʤən, -ʤɛ̀n/ *n* 《植》根冠形成層, 原根冠.
ca·lyx /kéɪlɪks, kǽl-/ *n* (*pl* ~**·es, ca·ly·ces** /-ləsìːz/) 《植》萼(がく) (cf. SEPAL); 《解》杯(はい), 《特に》腎杯; 《動》《ウミユリなどの》萼部. [L<Gk=husk]
cályx sprày 《花弁が落ちてから萼が閉じるまでの間にリンゴ・ナシなどの果樹に振りかける》殺虫噴霧液.
cályx tùbe 《植》萼筒(がくとう) (hypanthium).
cal·za·da /kɑːlsɑ́ːðɑː, -θɑ́ː-/ *n* 舗装道路; 《ラテンアメリカで》大通り. [Sp]
cal·zo·ne /kælzóun, -zóuni; -tsóuni, -zóu-/ *n* (*pl* ~, ~**s**) カルツォーネ《チーズとハムを詰めて半円形に折り重ねたパイ》. [It (sg)< *calzoni* trousers; 形の類似から]
cam[1] /kǽm/ *n* 《機》カム《回転運動を往復運動に変える, あるいはその逆を行なう》. [Du *kam* comb]
cam[2] *n* CAMERA, 《特に》VIDEO CAMERA.
cam[3] *n**《俗》CAMBODIAN RED.
Cam [the] カム川《イングランド中東部 Cambridgeshire を流れ, Ouse 川に合流する; 別称 Granta》.
CAM computer-aided manufacturing ♦ 《植》crassulacean acid metabolism (⇨ CAM PLANT).
Ca·ma·cho /kɑːmɑ́ːʧou/ カマチョ **Manuel Ávila** ~ ⇨ ÁVILA CAMACHO.
Ca·ma·güey /kæ̀məgwéɪ/ カマグエイ《キューバ中東部の市》.
ca·ma·ïeu /*F* kamajø/ *n* (*pl* **ca·ma·ïeux** /—/) 単色画(法), カマユー; 《古》カメオ (cameo).
ca·mail /kəméɪl, kǽmeɪl/ *n* 《甲冑》錣(しころ).
ca·ma·lig /kəmɑ́ːlɪg/ 《フィリピン》*n* 倉庫; 小屋. [Tagalog]
cam·an·cha·ca /kæ̀mənʧɑ́ːkə/ *n* 《ペルー・チリ沿岸の》濃霧. [AmSp]
ca·ma·ra·de·rie /kæ̀m(ə)rǽd(ə)ri, kɑ̀ːm(ə)rɑ́ː-; kæ̀mərɑ́ː-/ *n* 友情, 友愛; 仲間意識. [F (COMRADE)]
Ca·margue /kɑːmɑ́ːrg/ [La /lɑ̀ː/] ラ・カマルグ《フランス南部 Rhône 川下流のデルタ地域》.
cam·a·ril·la /kæ̀mərílə, -ríː(j)ə/ *n* 非公式[私設]の顧問団; 陰謀を謀るグループ, 秘密結社; 小会議室. [Sp]
cam·a·ron /kæ̀məróun, kǽmərən/ *n* 淡水産のクルマエビの一種.
cam·as, -ass /kǽməs/ *n* 《植》**a** ヒナユリ《米国西部原産》. **b** DEATH CAMAS. [Chinook]

Cam·ay /kǽmeɪ/〘商標〙キャメイ《米国製の石鹸; 表面にカメオ (cameo) を模したモールドがある》.
Camb. Cambridge.
Cam·ba·cé·rès /*F* kɑ̃baserɛs/ カンバセレス **Jean-Jacques-Régis de** ～, Duc de Parme /*F* parm/ (1753–1824)《フランスの政治家・法律家; Napoleon 1 世の法律顧問で, ナポレオン法典の編纂主任》.
Cam·bay /kæmbéɪ/ カンベイ《KHAMBHAT の別称》. ■ **the Gúlf of** ～ カンベイ湾《KHAMBHAT 湾の別称》.
cam·ber /kǽmbər/ *n* 反り, むくり《道路・甲板・梁材の凸状の湾曲》;《道路・鉄道・競輪場などの》傾斜, 勾配 (bank, cant);〘車〙キャンバー《前輪を上開きにすること; cf. TOE-IN》;〘空〙キャンバー, 矢高(やたか), 反り《翼断面中心線の上反り》. ► *vt, vi* 上反りにする[なる]. [F＝arched＜L *camurus* curved]
Cam·ber·well /kǽmbərwɛ̀l, -wəl/ キャンバーウェル《(1) 以前の London の行政区の一つ; 現在 Southwark の一部 (2) オーストラリアの Melbourne 東郊の住宅都市》.
Cámberwell bèauty〘昆〙キベリタテハ (mourning cloak).
cam·bio /kǽmbiòʊ/ *n* (*pl* **-bi·òs**)《特に ラテン諸国で》通貨交換. [It＝change]
cam·bism /kǽmbɪ̀z(ə)m/ *n* 為替理論[業務].
cam·bist /kǽmbɪst/ *n* 為替業務に通じた人; 為替売買人, 両替商; 各国通貨度量衡比較表. ♦ **～·ry** *n* 国際通貨論; 為替業. [F]
cam·bi·um /kǽmbiəm/ *n* (*pl* **～s, -bia** /-biə/)〘植〙形成層. ♦ **cám·bi·al** *a* [L＝exchange]
Cam·bo /kǽmboʊ/ *a* CAMBODIAN.
Cam·bo·dia /kæmbóʊdiə/ カンボジア《インドシナ半島南東部の国; 公式名 Kingdom of ～ (カンボジア王国); ☆Phnom Penh》.
Cam·bó·di·an *n* カンボジア人; クメール語 (Khmer). ► *a* カンボジア(人)の.
Cambódian réd*《俗》《赤褐色の》カンボジア産マリファナ.
cam·bo·gia /kæmbóʊʤiə/ *n* 藤黄(とうおう) (⇨ GAMBOGE).
cam·boose /kæmbúːs/ *n*《かつてのカナダの》伐採人小屋.
Cam·bo·zo·la /kæ̀mbəzóʊlə/〘商標〙カンボゾーラ《カマンベール (Camembert) の表面とゴルゴンゾーラ (Gorgonzola) の中側をもったドイツ産の軟らかいブルーチーズ》.
Cam·brai /kæmbréɪ; *F* kɑ̃brɛ/ カンブレー《フランス北東部の紡績の町》. ■ the **Léague of** ～ カンブレー同盟《教皇 Julius 2 世, 神聖ローマ皇帝 Maximilian 1 世, フランス王 Louis 12 世, Aragon 王 Ferdinand 5 世が, 1508 年 Cambrai で締結; トルコに対抗するとみせかけて, Venice 共和国の打倒・分断をねらったものだが, 10 年 Julius がヴェネツィアと結んで瓦解》. the **Tréaty of** ～ カンブレー条約《フランス王 Francis 1 世と神聖ローマ皇帝 Charles 5 世の間の戦いを終結させた和約 (1529); イタリアにおけるスペイン (Habsburg 家) の覇権を確認; cf. Treaty of CATEAU-CAMBRESIS》.
cam·brel[‖] /kǽmbrəl/ *n* GAMBREL.
Cam·bria /kǽmbriə/《古・詩》カンブリア《WALES のラテン語名》. [L＜Welsh; ⇨ CYMRIC]
Cám·bri·an *a* ウェールズの;〘地質〙カンブリア紀[系]の. ► *n* ウェールズ人 (Welshman); [the]〘地質〙カンブリア紀[系] (⇨ PALEOZOIC).
Cámbrian Móuntains *pl* [the] カンブリア山地《ウェールズを南北に走る; 最高峰 Snowdon (1085 m)》.
cam·bric /kéɪmbrɪk/ *n* キャンブリック《亜麻糸・綿糸で織った薄地の平織物》. [Flem *Kamerijk*＝F *Cambrai* 北フランスの産地]
cámbric téa*ケンブリックティー《牛乳を湯で薄め, 砂糖と時に少量の紅茶を加えたお茶代わりの温かい小児用の飲み物》.
Cam·bridge /kéɪmbrɪʤ/ ケンブリッジ《(1) イングランド東部の市; Cambridgeshire の州都で, Cam 川に臨む大学町; 中世ラテン語名 Cantabrigia; 略 Cam., Camb.; cf. CANTABRIGIAN (2) CAMBRIDGESHIRE (3) Massachusetts 州の東部 Boston の西にある市; Harvard 大学や MIT の所在地 (4) カナダ Ontario 州南東部, Toronto の南西にある市》. ■ the **Univérsity of** ～ ケンブリッジ大学《イングランドの Cambridge にある大学; Oxford 大学と共に伝統を誇り, その歴史は 13 世紀にさかのぼる》.
Cámbridge blúe 淡青色, ケンブリッジブルー (cf. OXFORD BLUE) (⇨ LIGHT BLUES); 大学からケンブリッジブルーの制服を与えられた人, ケンブリッジ大学代表[選手].
Cámbridge Certíficate [the] ケンブリッジ英語検定(試験)《Cambridge 大学の試験委員会が実施する外国語としての英語の能力検定試験》.
Cámbridge Fóotlights [the] ケンブリッジフットライツ《英国 Cambridge 大学の演劇サークル; コメディアンを多数輩出している》.
Cámbridge·shire /-ʃɪər, -ʃər/ ケンブリッジシャー《イングランド東部の州; ☆Cambridge》.
Cámbridge spíes *pl* [the] ケンブリッジスパイ団《1930 年代に英国の機密情報をソ連に漏洩した Cambridge 大学出身者からなるスパイ集団; 1951 年に発覚し, 60 年代にはいって全容が明らかになった》.
Cámbridge Univérsity ケンブリッジ大学 (⇨ University of CAMBRIDGE).
Cámbridge Univérsity Préss ケンブリッジ大学出版局《Cambridge 大学の出版部; 1534 年設立; 略 CUP》.
Cambs. Cambridgeshire.
Cam·by·ses /kæmbáɪsiz/ カンビュセス ～ **II** (d. 522 B.C.)《アケメネス朝ペルシアの王 (529–522 B.C.); Cyrus 大王の長子; エジプトを征服 (525)》.
cam·cord·er /kǽmkɔ̀ːrdər/ *n* カメラ一体型 VTR, カムコーダー《レコーダーと一体になったビデオカメラ》. [*camera-recorder*]
Cam·den /kǽmdən/ **1** カムデン, キャムデン《(1) London boroughs の一つ (2) New Jersey 州南西部の市; 市の西を流れる Delaware 川の対岸は Pennsylvania 州 Philadelphia 市》. **2** カムデン, キャムデン **William** ～ (1551–1623)《イングランドの古物研究家・歴史家; イングランド初の総合的な風俗史 *Britannia* (1586) を著わした》.
Cámden Tówn カムデンタウン《London の北西にある地; アイルランドからの移民やキプロス系ギリシア人が洋服屋・靴屋・カフェの経営者などとして住みついた; Dickens が少年時代を過ごした場所》.
Cámden Tówn Gròup [the]〘英〙カムデンタウン・グループ《20 世紀初め, CAMDEN TOWN を拠点に活躍した Walter Sickert, Augustus John らに代表される後期印象派の画風で知られる画家たち》.
came[1] *v* COME[1] の過去形.
came[2] /kéɪm/ *n*《格子窓やステンドグラス窓のガラスを支える》鉛製の細い桟. [C17＜?]
cam·e·ist /kǽmiɪst/ *n* 宝石彫刻師, カメオ細工師; カメオ収集家.
cam·el /kǽm(ə)l/ *n*〘動〙ラクダ《ヒトコブラクダ (dromedary) とフタコブラクダ (Bactrian camel)》;〘海〙浮き箱, 浮き防舷; 黄褐色, [〈*a*〉] 黄褐色の, ラクダ色の. ● **swallow a** ～ 信じられない[途方もない]ことを聞き入れる[のむ] (*Matt* 23: 24). [OE＜L＜Gk＜Sem]
cámel·bàck *n* ラクダの背; ボイラーの上に運転室がある蒸気機関車;〘家具〙キャメルバック《椅子やソファーの, 中央が山なりに湾曲した背もたれ》;《タイヤ用の》加硫しない再生ゴム.
cámel bìrd〘鳥〙ダチョウ (ostrich).
cámel crìcket〘昆〙カマドウマ (cave cricket).
cam·el·eer /kæ̀məlíər/ *n* ラクダ追い《人》; ラクダ騎兵.
cámel hàir CAMEL'S HAIR. ♦ **cámel-hàir** *a*
cam·e·lid /kǽməlɪd/ *n*〘動〙ラクダ科 (Camelidae) の動物《ラクダ・ラマ・アルパカ・グアナコなど》.
cámel-jàmmer *n*《俗》[*derog*] ラクダ追い《アラブ人》.
ca·mel·lia, ca·me·lia /kəmíːljə/ *n*〘植〙ツバキ《ツバキ科の花木の総称; ツバキ・サザンカなど》. [Georgius Josephus *Camellus* [Georg Joseph *Kamel*] (1661–1706) モラヴィア人イエズス会宣教師・植物学者]
ca·mel·o·pard /kəmέləpɑ̀ːrd, kǽmələ-/ *n*〘紋〙長い曲がった角のあるキリンに似た動物の紋章; [C-]〘天〙きりん座 (Camelopardalis);《古》キリン (giraffe).
Ca·mel·o·par·da·lis /kəmὲləpɑ́ːrd(ə)ləs/, **Ca·mel·o·par·dus** /kəmὲləpɑ́ːrdəs/〘天〙きりん座 (Giraffe).
Cam·e·lot /kǽməlɑ̀t/ **1**〘アーサー王伝説〙キャメロット《Arthur 王の宮廷のあった町》. **2** [*fig*] 牧歌的幸福に満ちた時代[場所, 雰囲気]《たとえば Kennedy 政権時代の Washington など》. **3** キャメロット《英国の国営宝くじ (National Lottery) を運営する会社》.
cámel·ry *n*〘軍〙ラクダ(騎兵)隊.
cámel's hàir ラクダ毛(もう), キャメルヘア《(1) ラクダの毛 (2) その代用品; リスの尾の毛など (3) ラクダの毛で作った毛織物; 羊毛を混ぜることもある; 黄褐色で軽く肌ざわりが柔らかい》.
cámel's-hàir brùsh リスの尾の毛の画筆.
cámel's nòse* ほんの一部, 氷山の一角.
cámel spìder〘動〙SUN SPIDER.
cámel wàlk キャメルウォーク《1920 年代に流行したラクダの歩き方に似たダンス》.
Cam·em·bert /kǽməmbὲər/ *n* カマンベール(チーズ) (＝～ **chéese**)《表面を熟成させた軟らかいチーズ》. [Normandy の原産地]
Ca·me·nae /kəmíːni/ (*sg* **Ca·me·na** /-nə/)〘ロ神〙カメーナたち《ギリシアのムーサたち (the MUSES) と同一視される水のニンフ》.
cam·eo /kǽmiòʊ/ *n* (*pl* **cám·e·òs**) カメオ《女性の頭部などの浮彫りを施した瑪瑙(めのう)・貝殻など》; カメオ細工 (cf. INTAGLIO); 簡潔で印象的な描写, 珠玉の短篇, 名場面;《名優がしばしば一場面だけ演じる》味のある端役[脇役] (＝～ **ròle**); 短い出演 (＝～ **appèarance**). ► *a* 印象的な端役の: a ～ performance. ► *vt* …にカメオ細工を施す; 浮彫りにする. [OF and L]
cámeo glàss カメオガラス《カメオ風に浮彫りを施した工芸ガラス》.
cámeo wàre カメオウェア《古典を主題としたカメオ風の浅浮彫りを施した jasperware》.
cam·era /kǽm(ə)rə/ *n* **1** 写真機, カメラ; テレビカメラ; CAMERA OBSCURA: The ～ cannot lie.《諺》カメラはうそをつかない. **2** (*pl* **～s, cam·er·ae** /kǽmərìː, -ràɪ/) 丸天井の部屋, 判事の私室; ローマ教皇庁会計院. ● IN CAMERA. **Kill** ～**!***《俗》カメラを(回すのを)止めろ, 写すな! **on** [**off**] ～〘テレビ・映〙生(なま)のカメラの前で[からはずれて], 本番の撮影で[本番でなくて]. [L＝CHAMBER]
cámera crèw カメラクルー, 撮影隊《チームで活動する映画・テレビなどの撮影スタッフ》.

cámera-èye *n* 精確公平な観察[報道](能力).
cam·er·al /kǽm(ə)rəl/ *a* 判事私室の; 国家財政および国事(をつかさどる会議)に関する.
cam·er·a·lism /kǽm(ə)rəlìz(ə)m/ *n* 〖経〗カメラリズム《17-18 世紀ドイツで発展した重商主義》. ◆ **-list** *n* **càm·er·al·ís·tic** *a* カメラリズムの; 国家財政の.
cámera lú·ci·da /-lú:sədə/ カメラルシダ《プリズム・鏡, 時に顕微鏡を備えた器具で, 平面に虚像を出す自然物写生装置》. [L=light chamber]
cámera·màn /, -mən/ *n* カメラマン, 《映画・テレビの》撮影技師; カメラ屋.
cámera ob·scú·ra /-ɑbskjúərə/ 《写真機などの》暗箱; 《かつての写生用の》暗室; 写真機, カメラ. [L=dark chamber]
cámera·pèrson *n* 《映画・テレビの》撮影技師.
cámera·phòne *n* カメラ付き携帯電話.
cámera-rèady *a* 〖印〗撮影するばかりに準備した, カメラレディーの〈活字組版など〉.
cámera-rèady cópy 〖印〗《製版にまわす》写真撮影用校了紙 (=*mechanical*).
cámera-shỳ *a* 写真を撮られるのをいやがる, 写真嫌いの.
cámera tùbe 〖テレビ〗撮像管.
cámera·wòman *n* 《映画・テレビの》女性撮影技師.
cámera·wòrk *n* カメラ使用(法)[技術], カメラワーク.
cam·er·ist /kǽm(ə)rɪst/ *n* 《口》カメラ使用者, 写真家.
cam·er·len·go /kæ̀mərléŋgou/, **-lin-** /-líŋ-/ *n* (*pl* ~s) 〖カト〗カメルレンゴ《教皇の侍従・財務官; 教皇座空位時の代行者》. [It=chamberlain]
cam·er·lin·gate /kæ̀mərlíŋgət/ *n* 〖カト〗カメルレンゴ職.
Cam·er·on /kǽm(ə)rən/ カメロン, キャメロン (1) **David** (**William Donald**) ~ (1966–)《英国の政治家; 首相 (2010–); 保守党》(2) **James** (**Francis**) ~ (1954–)《カナダ生まれの米国の映画監督・脚本家; 壮大な SF 作品を得意とする; *Titanic* (タイタニック, 1997), *The Terminator* (ターミネーター, 1984, 91, 2003, 09) シリーズ, *Avatar* (アバター, 2009)など》(3) **Julia Margaret** ~ (1815–79)《英国の写真家; Tennyson や Darwin, Carlyle, Longfellow などの写真で著名》(4) **Richard** ~ (c. 1648–80)《スコットランドの牧師; カメロン派 (Cameronians) の創始者》.
Cam·er·o·ni·an /kæ̀məróuniən, -njən/ *n, a* 〖キ教〗カメロン派(の)《Richard Cameron の創始した教派の信徒; スコットランドで長老主義擁護の誓約を結んだ Covenanters の一派》.
Cámeron of Loch·íel /-lɑkí:l, -xí:l/ ロヒールのカメロン (1) **Donald Cameron** (1695?–1748)《スコットランド高地 Cameron 族の長; 通称 'the Gentle Lochiel'》(2) Sir **Ewen Cameron** (1629–1719)《Cameron 族の長; Donald の祖父; Stuart 家のイングランド王 Charles 2 世, James 2 世を支持; 勇猛をもって知られた》.
Cam·er·oon, -oun /kæ̀mərú:n, ˈˈ⌐–⌐/ **1** カメルーン《アフリカ中西部の, ギニア湾に臨む国; 公式名 Republic of ~ (カメルーン共和国); ☆Yaoundé; cf CAMEROONS》. **2** [Mount Cameroon] カメルーン《カメルーン西部にある活火山 (4100 m)》.
Càm·er·óo·nian *a, n* カメルーン共和国の[人, 国民]; 旧カメルーン地域の[人, 住人].
Cam·er·oons /kæ̀mərú:nz, ˈˈ⌐–⌐/ カメルーン《アフリカ西部ギニア湾北東部に臨む地域で, もとは英国委任統治領とフランス委任統治領に分かれていたが, 現在はナイジェリアとカメルーン共和国に属する》.
cám gèar 〖機〗カムギア《シャフトが偏心した歯車》.
Ca·mi·guin /kæ̀məgí:n/ カミギン (1) フィリピン北部 Luzon 島の北の島; 火山 Camiguin 山 (793 m) がある 2) フィリピン南部 Mindanao 島の北, Mindanao 海にある火山島; 一州をなす》.
ca·mik /kɑ́:mɪk/ *n* KAMIK.
cam·i·knick·ersˈˈ /kǽmənɪ̀kərz/, **-knicks**ˈˈ /-nɪ̀ks/ *n pl* キャミニッカーズ, キャミニックス《キャミソールとショーツのつながった婦人用肌着》. ◆ **cám·i·knìck·er** *a*
Ca·mil·la /kəmílə/ **1** カミラ《女子名》. **2** 〖ロ神〗カミラ《ヴォルスキ族 (Volsci) の娘で, 女神 Diana の寵児; Aeneas たちと戦った足の速い女傑》. [L=freeborn attendant at a sacrifice]
Ca·mille /kəmí:l/ カミール《女子名》. [F (↑)]
ca·mion /kǽmiən; *F* kamjɔ̃/ *n* 《低い 4 輪の》大型荷馬車 (dray); 軍用トラック; バス.
ca·mi·sa /kæmí:sə/ *《南西部》 *n* シャツ; スリップ.
cam·i·sa·do /kæ̀məséɪdou, -sɑ́:-/, **-sade** /kæ̀məséɪd/ *n* (*pl* **-does, -dos, -sàdes**) 《古》夜襲, 夜間攻撃.
ca·mise /kæmí:z, -s/ *n* ゆるいシャツ; 上っ張り; 化粧着.
cam·i·sole /kǽməsòul/ *n* キャミソール (1) 女性の上半身用の短いスリップ状の下着 2) 婦人用の短い化粧着》; 長袖の拘束衣. [F]
cam·let /kǽmlət/ *n* キャムレット (1) 中世のアジアでラクダ毛やアンゴラ山羊毛から作られた織物 2) ヨーロッパでこれに似せて絹・羊毛から作られた織物 3) 光沢のある薄地平織りの毛織物》; キャムレットの衣服.
cam·le·teen /kæ̀mlətí:n/ *n* キャムレットに似せた生地.
cam·mie /kǽmi/ *n* CAMOUFLAGE; [*pl*] 迷彩服.
camo /kǽmou/ *a* まだら模様の, 迷彩模様の. ► *n* (*pl* ~s) まだら[迷彩]模様(の布[服]). [*camo*uflage, -*o*]
Ca·mões /kəmóuĩʃ/, **Cam·o·ëns** /kǽmouənz, kəmóuənz; kǽməuəns/ カモンイス **Luíz** (**Vaz**) **de** ~ (c. 1524 or 25–80)《ポルトガルの国民的詩人》.
ca·mo·gie /kəmóugi/ *n* カモーギー《アイルランドで女性によって行なわれるホッケーに似た球技》.
cam·o·mile /kǽməmàɪl/ *n* CHAMOMILE.
ca·moo·di /kæmú:di/ *n* 《カリブ》〖動〗ANACONDA.
Ca·mor·ra /kəmɔ́(:)rə, -mɑ́rə/ *n* カモッラ《19 世紀イタリアの Naples で勢力をふるった犯罪組織》; [c-] 不正秘密結社, 犯罪組織. ◆ **-mór·rist** *n* [?Sp=dispute]
Ca·mor·ris·ta /kɑ̀:mɔːrí:stə/ *n* (*pl* **-ti** /-rí:sti/) カモッラ党員; [c-] 不正秘密結社員.
Ca·mó·tes Séa /kəmóutèɪs-/ [the] カモテス海《フィリピン中部 Leyte 島の西, Camotes 島の南の海域; 第二次大戦末期の空・海戦の舞台》.
cam·ou·flage /kǽməflɑ̀:ʒ, -dʒ/ *n* 〖軍〗偽装, カムフラージュ; 〖空〗迷彩; 〖動〗隠蔽的擬態, 保護色; ごまかし, 変装. ► *a* 迷彩の. ► *vt, vi* カムフラージュする; 隠蔽(工作)する, ごまかす. ◆ **~·able** *a* **-flàg·er** *n* **càm·ou·flág·ic** *a* [F (*camoufler* to disguise<It)]
ca·mou·flet /kæ̀məfléɪ, ⌐–⌐/ *n* 〖軍〗敵の雷坑を爆破するための地雷; 地下爆発(による地下孔). [F]
ca·mou·fleur /kǽməflə̀:r, ⌐–⌐/ *n* 偽装係[員].
camp[1] /kǽmp/ *n* **1 a** 《軍隊・ボーイスカウト・登山隊などの》野営(地), キャンプ; 駐留地(の営舎); 野営テント; *山荘: make [pitch, set up] (a) ~ テントを張る, 野営する. **b** キャンプする人たち, テント集団, 野営隊. **c** 軍隊生活, テント生活, キャンプ. **d** キャンプ《シーズン前に選手たちが行なう一連のトレーニング》. **2** (捕虜・難民などの)収容所; 《豪》寄せ集めた牛・羊の集合[休息]所; 《南ア》農場内の柵で囲んだ牧草地; *《西部》《採鉱・材木伐り出しのための》飯場, 炭鉱[鉱山]町. **3** 《主義・宗教などの》同志, グループ, 陣営, *分会. ● **be in the same** [**the enemy's**] ~ 同志[敵側]である. **break** [**strike**] (**a**) ~ テントをたたむ, 野営を撤収する. **go to** ~ キャンプへ行く; 寝る. **have a** ~ 《口》しばらく休む. **set up** ~ ⇨ 1a; 《生活・作業などができるように》(所帯)道具を持ち込む[並べる]. **take into** ~ 我が物とする; 負かす; だます; 殺す. ► *vi* テントを張る, 野営する, キャンプする; キャンプのように粗末に暮らす; 腰を落ちつける, とどまる; 〈報道陣が〉現場に張りつく; 《豪》〈家畜が〉《休むために》集まる: go ~*ing* / ~ in a room all day 一日中部屋にいる. ► *vt* 〈軍隊などを〉野営させる; …に一時的な宿を提供する. ● ~ **out** 野営する, テントの中で[戸外で夜を]過ごす; 仮住まいをする; 〈報道陣が〉現場に張りつく. [F<It<L *campus* level ground]
camp[2] 《口》 *n* ホモ; ホモの誇張された女性的な身振り; 滑稽なくらいにわざとらしい[てらいの目立つ, 場違いな, 時代がかった]もの[演技, 作品]. ► *a* 気取った; めめしい; おかしなほど誇張した[時代がかった]; ホモの, おかまっぽい. ► *vi, vt* (わざと)気取って[オーバーに, おかまっぽく]ふるまう[行なう]. ● ~ **it up** 《口》わざと目立つ[オーバーな]ふるまいをする; ホモ的なところを見せびらかす; らんちきパーティーに出る. ~ **up** 《口》おかしなほどオーバーに[俗うけするように]〈芝居・場面・演技などを〉演じる. [C20<?]
cAMP /kǽmp/ *n* 〖生化〗CYCLIC AMP.
Camp キャンプ **Walter** (**Chauncey**) ~ (1859–1925)《米国のフットボールコーチ; ヨーロッパのラグビーのルールなどを改め, 現在のアメリカンフットボールの基礎を築いた》.
Cam·pa·gna /kæmpɑ́:njə/ **1 a** ローマ平原 (=~́ **di Ró·ma** /-di róumə/)《Rome 市周辺の平原; 英語名 Roman ~》. **b** [c-] 平原. **2** [c-] 軍事行動 (campaign).
cam·paign /kæmpéɪn/ *n* **1 a** 《一連の戦略的な》軍事行動, …方面作戦, 作戦行動《ある目的を達成するための一連の作戦》: the Burma ~ ビルマ方面作戦. **b** 従軍, 出征: on ~ 従軍して, 出征中. **2** (社会的・商業的)運動, 勧誘, キャンペーン; 遊説; 選挙戦: a political ~ 政治運動 / a ~ *for* funds [*against* alcohol, *to* combat crime] 募金[禁酒, 犯罪防止]運動 / sales ~ キャンペーンセール / a ~ chairman 選対委員長. ► *vi* 出征する; 運動をする 〈*for, against*〉: go ~*ing* 従軍する; 遊説する. ◆ **~·er** *n* 従軍者; 老兵 (veteran): an old ~*er* 古つわもの, 老練家. [F=open country<It<L; ⇨ CHAMPAIGN]
campáign bùtton キャンペーンボタン《候補者の名前, 写真やスローガンなどを入れた円いプレートで, 支持者が胸などに付ける》.
campáign chèst 政治運動資金, 選挙資金 (campaign fund); 両側に取っ手の付いた小型たんす.
Campáign for Núclear Disármament [the] 〖英〗核兵器廃絶運動《1958 年英国で設立された反核運動組織; 略 CND; cf. ALDERMASTON》.
campáign fùnd 《通例 寄付による》選挙資金.
campáign rìbbon [**mèdal**] 従軍記章.
campáign tràil 選挙運動の旅: hit the ~ (地方)遊説に出る / on the ~ 遊説中で.
cam·pa·ne·ro /kæ̀mpənéərou/ *n* (*pl* ~s) 〖鳥〗スズドリ (bell-bird). [Sp=bellman]
Cam·pa·nia /kæmpéɪnjə, -niə/ カンパニア《イタリア南部の肥沃な州; ☆Naples》. ◆ **Cam·pá·nian** *a, n*

C

cam·pán·i·fòrm /kæmpǽnə-/ *a* 鐘形の.
cam·pa·ni·le /kæmpəní:li, *-ní:l/ *n* (*pl* ~**s**, **-li** /-li/) 鐘塔, カンパニーレ《通例 聖堂とは別棟(ぶ)》; cf. BELFRY. [It (*campana* bell)]
cam·pa·nol·o·gy /kæ̀mpənɑ́lədʒi/ *n* 鳴鐘術; 鋳鐘術. ♦ **-gist** *n* 鳴鐘師; 鋳鐘師. **càm·pa·no·lóg·i·cal** *a* [L (*campana* bell)]
cam·pan·u·la /kæmpǽnjələ/ *n* 〘植〙カンパニュラ属[ホタルブクロ属] (*C-*) の各種草本 (bellflower). [L (dim) < *campana* bell; cf. -ULE]
cam·pan·u·la·ceous /kæmpæ̀njəléɪʃəs/ *a* 〘植〙キキョウ科 (Campanulaceae) の.
cam·pan·u·late /kæmpǽnjələt, -lèɪt/ *a* 〘植〙釣鐘状の.
Cam·pa·ri /kɑːmpɑ́:ri, kæm-/ 〘商標〙カンパリ《イタリアの Campari 社製のリキュール》.
cámp bèd /; ─́ ─̀/ キャンプベッド《折りたたみ式の持ち運びできるベッド》.
Camp·bell /kǽmb(ə)l, kǽməl/ キャンベル (1) **Alexander** ~ (1788–1866)《アイルランド生まれの宗教家; 米国で父 **Thomas** ~ (1763–1854) と共に the DISCIPLES OF CHRIST を設立した》(2) Sir **Colin** ~, Baron Clyde (1792–1863)《英国の陸軍元帥; Indian Mutiny を鎮圧した (1857–58)》(3) **Donald Malcolm** ~ (1921–67)《英国のレーサー; Sir Malcolm の子; 1950, 60 年代に水上・陸上のスピード記録をうち立てたが, 事故死》(4) **John George Edward Henry Douglas Sutherland** ~, 9th Duke of Argyll (1845–1914)《英国の政治家; カナダ総督 (1878–83)》(5) **Joseph** ~ (1904–87)《米国の比較神話学者; *The Hero with a Thousand Faces* (1949)》(6) Sir **Malcolm** ~ (1885–1948)《英国のレーサー; Donald の父; 水上・陸上でスピード記録を次々に破った》(7) Mrs. **Patrick** ~ (1865–1940)《英国の女優; 旧名 Beatrice Stella Tanner》(8) **Thomas** ~ (1777–1844)《スコットランドの詩人; 戦争詩で知られる》.
Cámpbell-Bán·ner·man /-bǽnərmən/ キャンベル-バナマン Sir **Henry** ~ (1836–1908)《英国の政治家; 首相 (1905–08)》.
Cámpbell·ìte *n* [°*derog*] キャンベル派の者 (Disciple). [Thomas and Alexander CAMPBELL]
Cámpbell Sóup キャンベルスープ(社) (~ Co.)《米国の加工食品メーカー》.
Cámpbell-Stókes recòrder キャンベル-ストークス日照計《球形レンズにより目盛り上にできた焦げ跡から日照時間を測る装置》.
cámp chàir キャンプチェアー《簡単な折りたたみ椅子》.
cámp·cràft *n* キャンプ生活法.
Càmp Dávid キャンプデーヴィッド《Maryland 州の Ca·toc·tin /kətɑ́ktɪn/ 山地にある米国大統領専用別荘》.
Càmp Dávid Accòrds *pl* [the] キャンプデーヴィッド合意《1978 年 9 月 Camp David で Carter 米大統領, Sādāt エジプト大統領, Begin イスラエル首相の間で成立した, 中東和平問題をめぐるエジプト・イスラエル間の合意》.
cámp dràft 《豪》馬に乗って群れから一頭の子牛を駆り出してコースを走らせる競技.
cam·péa·chy wòod /kæmpí:tʃi-/ LOGWOOD.
Cam·pe·a·dor /kɑ̀:mpeɪɑ:ðɔ́:r/ *n* [El /ɛl/] 勇士, 闘将《El CID の異名》. [Sp=Champion]
Cam·pe·che /kæmpí:tʃi, -péɪtʃeɪ/ カンペチェ (1) メキシコ南東部 Yucatán 半島西部の州 2) その州都; Campeche 湾に臨む港町》. ■ the **Báy of** ~ カンペチェ湾《メキシコ湾の南西部》.
cámp·er *n* キャンプをする人, キャンプ生活者, キャンパー; キャンプ用自動車[トレーラー], キャンピングカー (=~ **vàn**). ★ ⇨ HAPPY CAMPER.
cámp·er·shìp *n* 《少年少女に与えられる》キャンプ参加補助金. [*scholarship* にならったもの]
cam·pe·si·no /kæ̀mpəsí:noʊ/ *n* (*pl* ~**s**) 《ラテンアメリカの》田舎の人; 《ラテンアメリカの》インディオ農民[農業労働者]. [Sp]
cam·pes·tral /kæmpéstrəl/ *a* 野原の, 原野の; 田舎の.
cámp fèver 野営熱《特に発疹チフス》.
cámp·fìre *n* キャンプファイア; *キャンプファイアを囲む集まり[懇親会].
Cámp Fìre [the] キャンプファイア《少年少女の健全な人格形成を目的とした米国の組織; 1910 年に創設された団体 Camp Fire Girls が母体》.
cámp fòllower 非戦闘従軍者《商人・洗濯婦・売春婦など》; 《特定の集団・理論への》部外の共鳴者[同調者]; 《私利のために》特定の人[集団, 主義]に従う人.
cámp·gròund* *n* キャンプ地, キャンプ場; 野営集会地.
cam·phene /kǽmfi:n/ *n* 〘化〙カンフェン《樟脳合成工程中に得られるテルペンの一つ》; CAMPHINE.
cam·phine /kǽmfi:n/ *n* 〘化〙カンフィン《テルペンチンとアルコールの混合物で, かつて発光体として用いた》.
cam·phire /kǽmfàɪər/ *n* 《古》HENNA.
cam·phol /kǽmfəl, -fɔ:l/ *n* 〘化〙竜脳 (borneol). ♦ **-phol·ic** /kæmfɑ́lɪk/ *a*
cam·phor /kǽmfər/ *n* 〘化〙樟脳(しょうのう); 〘医〙カンフル, カンファー《強心薬・皮膚刺激薬》. ♦ **-pho·ra·ceous** /kæ̀mfəréɪʃəs/ *a* [OF or L < Arab < Skt]
cam·phor·ate /kǽmfərèɪt/ *vt* 樟脳[カンフル]で処理する, …に樟脳を入れる, カンフル化する.
cám·phor·àt·ed óil 〘薬〙樟脳化油.
cámphor bàll 樟脳の玉《虫よけ用》.
cam·phor·ic /kæmfɔ́(:)rɪk, -fɑ́r-/ *a* 樟脳(入り)の, 樟脳から抽出した.
camphóric ácid 〘化〙樟脳酸.
cámphor ìce 〘薬〙樟脳軟膏《樟脳・パラフィン・鯨蠟(げいろう)・ひまし油などでつくる》.
cámphor òil 樟脳油, カンフル油《香料・医薬用》.
cámphor trèe [làurel] 〘植〙**a** クスノキ. **b** リュウノウジュ《Malay, Sumatra, Borneo 産》.
campi *n* CAMPUS の複数形.
Cam·pi /kɑ́:mpi/ カンピ **Galeazzo** ~ (1477–1536)《イタリア Cremona の画家; 息子の **Giulio** (1502–72), **Antonio** (1536–c. 91), **Vincenzo** (1536–91) も画家》.
Cam·pi·gnian /kæmpí:njən/ *a, n* 〘考古〙カンピニー文化(期)(の)《西欧の中石器時代後期・新石器時代初期》.
cam·pim·e·ter /kæmpímətər/ *n* 視野計. [*campi-* (L CAMPUS), *-meter*]
cam·pim·e·try /kæmpímətri/ *n* 〘眼〙(中心)視野測定(法).
Cam·pin /kɑ́:mpɪn/ カンピン **Robert** ~ (c. 1378–1444)《フランドルの画家; 初期フランドル派の宗教画の大家; フレマールの画家 (Master of Flémalle) と同一視される》.
Cam·pi·nas /kæmpí:nəs/ カンピナス《ブラジル南東部 São Paulo 州東部の市》.
cámp·ing *n* キャンプ(生活), 野営.
cam·pi·on /kǽmpiən/ *n* 〘植〙センノウ属・シレネ属などナデシコ科の各種の多年草. [その葉で CHAMPION の冠を編んだ]
Campion カンピオン, キャンピオン (1) Saint **Edmund** ~ (1540–81)《イングランドのイエズス会士・殉教者; Elizabeth 1 世への陰謀を企てたかどで処刑された》(2) **Jane** ~ (1954–)《ニュージーランドの映画監督; *The Piano* (ピアノ・レッスン, 1993)》(3) **Thomas** ~ (1567–1620)《イングランドの詩人・音楽家; リュート歌曲集 *Books of Ayres* (4 vols., 1601–17)》.
CAM plant /kǽm ─̀/ 〘植〙CAM 植物《夜間にだけ炭酸固定をする型の代謝 (crassulacean acid metabolism ベンケイソウ型有機酸代謝) を行なうベンケイソウ科などの植物》.
cámp mèeting* 野外集会《しばしば 数日間にわたって野外またはテントで行なわれる伝道集会》.
cam·po /kǽmpoʊ, kɑ́:m-/ *n* (*pl* ~**s**) [ᵁthe] カンポ《多年草や矮性(わいせい)木本の点在する南米の大草原》. [AmSp]
Cam·po·bel·lo /kæ̀mpəbéloʊ/ カンポベロ《カナダ南東岸沖 Fundy 湾の島》.
cam·po·de·id /kæmpóʊdiəd/ *n* (*pl* ~, ~**s**) 〘昆〙ナガコムシ科の昆虫.
Cam·po For·mio /kǽmpoʊ fɔ́:rmiòʊ/ カンポフォルミオ《イタリア北東部 Friuli-Venezia Giulia 州の村; フランスとオーストリアの休戦条約締結地 (1797); 現在 **Cam·po·for·mi·do** /kæ̀mpoʊfɔ́:rmədòʊ/》.
Cam·po Gran·de /kǽmpu grǽndi/ カンポグランデ《ブラジル南西部 Mato Grosso do Sul 州の州都》.
cámp-òn *n* 〘電話〙キャンプオン《交換台などで話し中の通話が終わりしだい自動的にその番号につながるようにする機能》.
campong ⇨ KAMPONG.
cam·po·ree* /kæ̀mpərí:/ *n* キャンポリー《Boy Scouts または Girl Scouts の地方大会; cf. JAMBOREE》. [*camp*+*jamboree*]
Cam·pos /kǽmpəs/ カンポス《ブラジル東部 Rio de Janeiro 州東部の市》.
cam·po san·to /kǽmpoʊ sǽntoʊ, kɑ́:mpoʊ sɑ́:ntoʊ/ (*pl* **cám·pos sán·tos, cám·pi sán·ti** /-pi sǽnti, -sɑ́:n-/) *《南西部》共同墓地. [It, Sp]
cámp·òut *n* キャンプ[テント]生活, 野営.
cámp òven 《豪》キャンプオーブン《3 本の脚が付いたキャンプ用の鉄の大鍋; ふたの上におき火が載せられるよう凹みがついている》.
cámp pìe 《豪》缶詰め肉.
cámp ròbber 〘鳥〙カナダカケス (Canada jay)《キャンプ地から食物を盗む習性がある》.
camp·shedᴵᴵ /kǽmpʃɛ̀d/, **-shot**ᴵᴵ /-ʃɑ̀t/ *n* 〘土木〙堤防護岸.
cámp shìrt キャンプシャツ《通例 2 つの胸ポケットの付いた, オープンカラーの半袖のシャツ》.
cámp·sìte *n* 野営地; キャンプ場; *《キャンプ場の》テント一張り分の場所, テント場.
cámp·stòol *n* キャンプスツール《X 形の脚に帆布を張った折りたたみ式の腰掛け》.
cámp·to·sàur /kǽmptə-/ *n* 〘古生〙カンプトサウルス《ジュラ紀後期の小型の二足恐竜》.
camp·to·the·cin /kæ̀mptoʊθí:sən/ *n* 〘薬〙カンプトセシン《中国

産のヌマミズキ科の落葉樹カンレンボクの木部のエキスまたはそれと等しい特性をもつ合成薬品; 中国で癌治療薬として使われてきた》.
cam·pus /kǽmpəs/ *n* (*pl* ~·es, **-pi** /-pàɪ, -piː/) 《大学などの》敷地および建物, 構内, キャンパス; 学園, 大学; 《古代ローマの競技・軍事教練・集会などのための》広場: ~ activities [life] 学生活動[生活] / *on* (the) ~ 大学(構内)で / a hospital ~ / live off ~ 〈学生が〉キャンパスの外(の住宅)で暮らす / BIG MAN on ~. ► *vt* 〈学生を〉キャンパス[寮]からの外出禁止の罰に処する. [L=field; cf. CAMP[1]]
cámpus bùtcher 《俗》女子学生に優しい男子学生; 《俗》女子学生キラー.
cámpus quèen* 《俗》キャンパスの女王《人気のある美人女子学生》.
cámpus schòol LABORATORY SCHOOL.
cámpus univèrsity" キャンパスユニバーシティー《すべての建物が同じ敷地内にある大学》.
campy /kǽmpi/ 《口》*a* CAMP². ♦ **cámp·i·ly** *adv* **-i·ness** *n*
cam·py·lo·bac·ter /kæmpɪloubǽktər, kæmpìlə-/ *n* 〔菌〕カンピロバクター《カンピロバクター属 (*C*-) のグラム陰性の螺旋状桿菌; 家畜の流産やヒトの食中毒の原因となる》. [Gk *kampulo-* (*kampulos* bent)]
cam·pyl·o·drome /kæmpíləդròum/ *a* ACRODROME.
cam·py·lot·ro·pous /kæmpɪlátrəpəs/ *a* 〔植〕〈胚珠が〉湾生の.
CAMRA /kǽmrə/ カムラ《1971 年に創設された英国の有志団体 Campaign for Real Ale の略称; 大量生産方式のビールは本来の味を失っているとして, 伝統的な real ale (=draught beer) の製造・消費の促進を図っている》.
Cam Ranh /kǽm rǽn/ カムラン《ヴェトナム南東部の市・港町; 南シナ海の入江カムラン湾 (~ **Báy**) を抱く半島に位置する; ヴェトナム戦争で米軍が基地として使用》.
cám·shàft *n* 〔機〕カム軸.
cám·stòne 《スコ》*n* 白く緻密な石灰石; 暖炉・壁などを白くするのに使う白色粘土.
Ca·mus /kɑːmúː; *F* kamy/ カミュ **Albert** ~ (1913–60) 《フランスの作家; *L'Étranger* (1942), *La Peste* (1947), *Caligula* (1945); ノーベル文学賞 (1957)》.
cám whèel 〔機〕カム輪.
cam·wood /kǽmwùd/ *n* 〔植〕カムウッド《熱帯アフリカ産の堅い赤褐色の木, その材; 赤色染料を採る》.
can[1] /k(ə)n, kǽn/ *v auxil* (*p* **could**) (否定形は **can·not** /kǽnɑt, kənát, kænát; kǽnɔt, -nət, kænɔ́t/, ***can not** 《やや文語的で強意的》, 《口》**can't** /kǽnt; kɑ́ːnt/) **1** [能力] …(することが)できる (be able to): He ~ swim. / The child *can't* walk yet. / I will do what I ~ /kǽn/. 《本動詞 do の省略》できることは何なりといたします. ★ この意味の過去は COULD よりも was [were] able to が普通: I [He] *was able to* swim. **2** [許可・軽い命令・依頼] …してよい: You ~ go. きみは行ってよい[行きなさい] / *C*~ I speak to you a moment? ちょっとお話してもいいでしょうか / Why *can't* I go to the dance? どうしてダンスに行ってはいけないの / May I go?—No, you *can't* go today. 行ってもいいですか—きょうはだめです. ★ May I…? が正式であるが, 《口》では *C*~ I…? という傾向が強い; 同様に軽い禁止には cannot が好まれる / *C*~ you help me? 手伝ってくれる? **3** [可能性] ありうる; [疑問] …はずがあろうか; [否定] …はずがない (cf. MAY[1]): Anybody ~ make mistakes. だれでも間違えることはある / He ~ be rude enough to do so. やつならそんな失礼なことをしかねない / How ~ we be so cruel? どうしてそんなひどいことができよう / *C*~ it be true? いったい本当かしら / It *cannot* be true. 本当のはずがない / She *cannot* have done such a thing. 彼女がそんなことをしたはずがない.
● **as…as ~ be** このうえもなく…だ: I am *as* happy *as* ~ *be*. **~ but** (=only) do ただ…しうるのみ. **C~ do.** 《口》できます, ぜひやります. **~ do nothing but** do=**~ not (help) but** do=**~ not choose but** do=**~ not help** doing せざるをえない, そうするほかはない《上の 2 形の混成した ~ not help but も同じ意味》. **cannot away with…** 《古》…が我慢できない. **How ~** /kǽn/ you [he, etc.]? きみ[彼など]はなんてひどい! ; よくまあ…なことができるな. **No ~ do.** 《口》できません.
► *vt* 《古》…をする[作る]ことができる; 《廃》知っている (know).
► *vi* 《古》知っている 〈*of*〉.
[OE *can(n)* (一・三人称単数直説法現在) 〈*cunnan* to know〈 IE; 過去形 *could* (〈OE *cūthe*) の *-ld* は SHOULD, WOULD の類推; cf. KEN, UNCOUTH]
can[2] /kǽn/ *n* **1 a** "《取っ手・ふた・口付きの》金属製容器; *ブリキ缶, 《かんづめの》缶 (tin"): a coffee [milk] ~ / a garbage ~ / LIVE[1] out of ~*s*. **b** CANFUL; *《俗》1 オンスのマリファナ. **2** [ᵘthe] 《俗》刑務所, 留置場, ブタ箱; *《俗》便所, トイレ; *《俗》浴室 (bathroom); *《俗》頭 (head); *《俗》尻 (buttocks); [ᵘ*pl*] *《俗》ミルク缶, おっぱい (breasts); 《俗》水中爆雷; 《俗》駆逐艦; *《俗》車, ホットロッド (hot rod); [*pl*] *《俗》ヘッドホン. ● **carry [take] the ~ (back)** 《口》《自分の責任でないことで》(全面的に)責任を取らされる, 人の責めを負う《軍隊での当番兵のビール運びから》. **get [have] a ~ on** 《俗》酔う. **in the ~** 《口》〈映画・ビデオが〉(封切りできるばかりに)用意ができて, リリース待ちで; 完成して, 合意に達して, 決定[確定]して. **pass the ~ to…** "《俗》…に責任を押しつける. **tie a [the] ~ to [on]…** 《俗》お払い箱にする; …を除く. ► *vt* (**-nn-**) **1** かんづめ[瓶詰め]にする; 〈核燃料を〉密封する; 《口》〈ゴルフボールを〉打ってホールに入れる; 《口》〈バスケットボールを〉シュートする; 《俗》録音する. **2** *《俗》首にする, やめさせる; 《俗》やめる, よす; *《俗》ブタ箱にぶち込む; "《俗》酔わせる: *C*~ the chatter. おしゃべりはやめろ. ● **C~ it!** *《俗》やめろ, うるさい, 黙れ! [OE *canne* can, cup]
can[3] /kǽn/ *n* *《俗》CANVASBACK 〔鳥〕.
can. canceled ♦ cancellation ♦ cannon ♦ canto.
Can. Canada ♦ Canadian.
Ca·na /kéɪnə/ 〔聖〕カナ《水をぶどう酒に変えたイエス初の奇跡が行なわれた Galilee の町; *John* 2:1, 11》.
Ca·naan /kéɪnən/ 〔聖〕**1 a** カナン《PALESTINE に相当する古代の地域で, 神が Abraham とその子孫に約束した土地; *Gen* 12:5–7》. **b** 約束の地, 理想郷, 楽園. **2** カナン《Ham の第 4 子; *Gen* 9:18》.
Cánaan·ìte *n, a* カナン人(じん)(の)《イスラエル人来住以前のセム系住人》; カナン語(の).
Ca·naan·it·ic /kèɪnənítɪk/ *a* CANAANITE; カナン語群の《セム語派に属する Canaanite, Phoenician, Hebrew など》.
Ca·naan·it·ish /kéɪnənàɪtɪʃ/ *a* CANAANITIC.
ca·ña·da /kənjáːdə, -njǽdə/ *《西部》*n* 水のかれた河床; (深く小さい)峡谷. [Sp]
Can·a·da /kǽnədə/ カナダ《北米の国; ☆Ottawa》. [F〈Iroquoian (Huron)=village, settlement]
Cánada bálsam カナダバルサム《balsam fir から採る上質の含油樹脂; 検鏡標本用接着材》; 〔植〕BALSAM FIR.
Cánada blúegrass 〔植〕コイチゴツナギ (wire grass).
Cánada Dày カナダデー《カナダ自治記念日; 7 月 1 日; 旧称 Dominion Day》.
Cánada góose 〔鳥〕シジュウカラガン, カナダガン.
Cánada jáy 〔鳥〕カナダカケス (=*camp robber*).
Cánada líly 〔植〕MEADOW LILY.
Cánada lýnx 〔動〕カナダオオヤマネコ (⇨ LYNX).
Cánada máyflower 〔植〕カナダマイヅルソウ (=*wild lily of the valley*) 《北米東部原産; ユリ科》.
Cánada róbin 〔鳥〕ヒメレンジャク (cedar waxwing).
Cánada thístle 〔植〕セイヨウトゲアザミ.
Ca·na·di·an[1] /kənéɪdiən/ *a, n* カナダの; カナダ人(の).
Canadian[2] [the] カナディアン川《New Mexico 州北東部に発し, Oklahoma 州東部で Arkansas 川に合流する》.
Ca·na·di·a·na /kənèɪdiáːnə, -ǽnə, -éɪnə/ *n* カナダ(史)資料集, カナダ誌; カナダ製家具[織物, 民芸品]; カナダ民話[逸話]集.
Canádian bácon* カナディアンベーコン (back bacon") 《豚の腰肉の塩漬け燻製; 脂身が少ないのが特徴; cf. STREAKY bacon》.
Canádian Énglish カナダ英語.
Canádian Fálls [the] 《NIAGARA FALLS の》カナダ滝.
Canádian fóotball カナディアンフットボール《カナダ版のアメリカンフットボール; 1 チーム 12 人, 110×65 ヤードの球技場でプレーする》.
Canádian Fóotball Lèague [the] カナディアンフットボールリーグ《カナダのプロフットボール連盟; 1958 年結成; 東部地区 4 球団と西部地区 4 球団で構成; 両地区優勝者同士のチャンピオン戦は Grey Cup と呼ばれる; 略 CFL》.
Canádian Frénch *n, a* カナダフランス語《フランス系カナダ人の話すフランス語》; フランス系カナダ人の.
Canádian hémlock 〔植〕EASTERN HEMLOCK.
Canádian·ìsm *n* カナダ人気質[精神]; カナダ特有の習慣[事物]; カナダへの忠誠, カナダに対する誇り, カナダ主義; カナダ英語特有の語法[語句], カナダ語法.
Canádian lýnx 〔動〕カナダオオヤマネコ (⇨ LYNX).
Canádian póndweed 〔植〕カナダモ (waterweed).
Canádian Shíeld [the] カナダ楯状(じゅん)地 (=*Laurentian Highlands* [*Plateau, Shield*]) 《Hudson 湾を中心にカナダの東部および中部の大部分を占める地域に広がる安定陸塊; 先カンブリア紀の岩石からなる》.
Canádian whískey カナディアンウイスキー《ライ麦が主原料》.
Ca·na·di·en /*F* kanadjɛ̃/ *n, a* (*fem* **-enne** /*F* -ɛn/) フランス系カナダ人(の).
ca·nai·gre /kənáɪgri; -gər/ *n* 〔植〕米国南部・メキシコ北部産のギシギシの一種《根はタンニンに富む》.
ca·naille /kənéɪl; *F* kanɑːj/ [*derog*] *n* [the] 下層民, 愚民; 無産者.
can·a·kin /kǽnɪkən/ *n* CANNIKIN.
ca·nal /kənǽl/ *n* 運河, 水路; 長い入江; 《火星の》'運河'; 〔解・植〕管, 導管 (duct); 〔動〕巻貝の殻口にある細長い半管状突出. ► *vt* (**-l(l)-** | **-ll-**) …に運河を開く. [OF or It〈L *canalis*]
canál bòat 《平底で細い》運河舟 (cf. NARROW BOAT).
canál-buìlt *a* 〈船が〉運河航行に適した.
Ca·na·let·to /kæ̀n(ə)létou/ カナレット (1697–1768) 《イタリアの画家・版画家; 本名 Giovanni Antonio Canal; 精細な Venice, London の風景画で知られる》.

can·a·lic·u·lar /kæ̀n(ə)líkjələr/ *a* 〘解・植〙小管の(ような), 小管をそなえた.
can·a·lic·u·late /kæ̀n(ə)líkjələt, -lèɪt/, **-lat·ed** /-lèɪtəd/ *a* 〘植〙《シュロの葉柄のように》縦溝(たてみぞ)のある, 樋(とい)状の.
can·a·lic·u·lus /kæ̀n(ə)líkjələs/ *n* (*pl* **-li** /-lài, -lì:/) 〘解・植〙小管, 細管, 小溝.
ca·nál·i·fòrm /kənǽlə-/ *a* 溝状の, 管状の.
ca·nal·iza·tion /kæ̀n(ə)ləzéɪʃ(ə)n; -laɪ-/ *n* 運河開設, 運河化; 運河[水路]系; 《水・ガス・電気などの》配管系統, 管系; 導管配送; 〘医〙《新生血管による血栓部の》疎通; 〘医〙促通《伝導化》.
ca·nal·ize /kǽn(ə)làɪz/ *vt* …に運河を開く[水路をつける, 出口を与える]; 《ある方向に》導く, 集中する〈*into*〉; 〘医〙疎通[促通]させる. ► *vi* 水路に流れ込む; 〘医〙疎通する.
ca·nál·(l)er *n* 運河船; 運河船船員.
canál rày 〘電〙カナル線, 陽極線 (positive ray).
canál wàter [次の成句で]: **suck ～** *《俗》困った[面倒な]ことになる, やっかいなめにあう.
Canál Zòne [the] パナマ運河地帯 (=**Panáma Canál Zòne**) 《1903 年以降米国の永久租借地であったが, 1979 年 10 月から米国・パナマ両国が管理, 99 年末にパナマに返還された; 略 CZ》.
can·a·pé /kǽnəpi, -pèɪ/ *n* カナッペ《薄いパンにキャビア・チーズなどを載せた前菜の一種》; ソファー. [F=sofa]
Canara, Canarese ⇨ KANARA, KANARESE.
ca·nard /kənɑ́:rd; *F* kana:r/ *n* 流言, 虚報; 〘空〙先尾翼, カナード《主翼前方の水平安定板・操縦翼面》; 先尾翼機, カナード機. [F=duck]
Canáries Cúrrent [the] カナリア海流《大西洋をスペイン沖から Canary 諸島方面へ流れる寒流》.
ca·nary /kənέəri/ *n* **1 a** 〘鳥〙カナリヤ (=**～ bìrd**) 《飼鳥》; CANARY YELLOW. **b** 《俗》女性歌手, 歌姫; 《俗》女(の子); 《俗》密告者 (cf. SING); *《俗》《黄色の》カプセル入りのネンブタール (Nembutal); 《豪》《かつての》囚人, かごの鳥 (=**～ bìrd**) 《黄色の囚人服から》. **c** カナリー《16 世紀の陽気な宮廷舞踊》. **2** カナリーワイン《Canary 諸島産の白ワイン》. ● **put the** CAT[1] **among the canaries.** ► *a* カナリヤ色の. [*Canary* (*Islands*) はローマ時代大型犬 (L *canis* dog)で有名だった]
canáry-còlored *a* CANARY YELLOW.
canáry créeper 〘植〙カナリヤヅル《ノウゼンハレン科キンレンカ属; ペルー・エクアドル原産》.
canáry gràss 〘植〙**a** カナリアクサヨシ《イネ科クサヨシ属の草本; Canary 諸島原産; 種子は飼鳥の餌》; クサヨシ. **b** コショウソウ《アブラナ科》.
Canáry Íslands *pl* [the] カナリア諸島《アフリカ北西岸沖にある諸島; スペインの自治州をなし, Las Palmas, Santa Cruz de Tenerife の 2 県からなる》. ♦ **Ca·nar·i·an** /kənέəriən/ *a, n*
canáry sèed カナリアクサヨシ (canary grass) の種子《鳥の餌》; オオバコの実.
Canáry Whárf カナリーウォーフ《London 東部の再開発地域 Docklands の一部; ビジネス街; もとは Canary 諸島との貿易に使われた波止場》.
canáry yéllow カナリヤ色《明るい[穏やかな]緑がかった黄色, または穏やかな黄色》.
ca·nas·ta /kənǽstə/ *n* 〘トランプ〙カナスタ《**1**) ラミーの類 **2**) 同位札 7 枚の組合わせ》. [Sp=basket]
ca·nas·ter, ka- /kənǽstər/ *n* 南米の粗悪な刻みタバコ.
Ca·nav·er·al /kənǽv(ə)rəl/ [Cape] ケープカナヴェラル《Florida 半島中部大西洋側の岬; NASA の宇宙船打上げ基地 John F. Kennedy Space Center がある; 旧称 Cape Kennedy (1963–73)》.
Can·ber·ra /kǽnb(ə)rə, -bèrə; -b(ə)rə/ キャンベラ《オーストラリアの首都; Australian Capital Territory にある》. ♦ **-ran** *n*
cán bùoy 〘海〙カンブイ《水上部が円筒形の浮標》.
canc. canceled ♦ cancellation.
can·can /kǽnkæ̀n/ *n* カンカン(踊り). [F<?]
cán-càrrier *n* 《俗》責任を取る[責めを負う]人 (cf. carry the CAN[2]).
can·cel /kǽns(ə)l/ *vt, vi* (**-l-** | **-ll-**) **1** 帳消しにする, 棒引きにする〈*out*〉; 〘印〙削除する; …に消印をおす; 使用済みの印をつける: a *～ed* stamp [check] 使用済みの切手[小切手]. **2** 取り消す, 解除[解約, 解消]する, 無効にする, キャンセルする; 中止する: ～ a latecomer *out of* the pageant 遅れて来た者の行列への参加を取り消す. **3** 〘数〙〈分数の共通因子・方程式の左右の項を〉消す; 相殺(そうさい)する, 清算する, 帳消しにする〈*out*〉; 〈効果を〉打ち消す; *〘楽〙〈変位記号を〉取り消す. **4** 《俗》殺す〈*out*〉. ● **～ out** 〈…への〉出場を取り消す〈*of*〉(cf. 2). ► *n* **1** 取消し; (契約の)解除. **2** 《印刷物の》削除部分; 差し替え部分[ページ]; 差し替え用のページ[紙片]; 消印. **3** *〘楽〙本位記号 (natural sign). ♦ **cán·cel·able, -cel·la-** *a* **cán·cel·(l)er** *n* +消印器. [F<L; ⇨ CHANCEL]
can·cel·late /kǽns(ə)lèɪt, -lət, kænsélət/, **-lat·ed** /kǽns(ə)lèɪtəd/ *a* 四つ目格子状の, 網目状の, 方眼組織の; 〘解〙CANCELLOUS.
can·cel·la·tion, -ce·la- /kæ̀ns(ə)léɪʃ(ə)n/ *n* 取消し, 取りやめ, 中止; 欠航; 《契約の》解除, 解約, キャンセル; 〘数〙消約; 消印; 相殺, 打消し.
can·cel·lous /kǽns(ə)ləs, kænséləs/ *a* 〘解〙海綿状の, 網目状の: ～ bone 海綿骨質 / a ～ tissue 海綿状組織.
can·cer /kǽnsər/ *n* **1** 〘医・植〙癌, 癌腫; 《社会の》積弊: get ～ 癌にかかる / breast [(large) bowel, liver, prostate, stomach] ～ 乳[大腸, 肝臓, 前立腺, 胃]癌. **2** [C-] 〘天〙かに座(蟹座) (Crab) 《星座》, 《十二宮の》巨蟹(きょかい)宮 (⇨ ZODIAC); [C-] かに座生まれの人 (=*Cancerian*): TROPIC OF CANCER. ► *vt* 癌のようにむしばむ. ♦ **～ed** *a* 癌にかかった. [L=crab]
cáncer·àte *vi* 癌になる, 癌性になる.
cáncer gène 〘遺〙腫瘍(形成)遺伝子 (oncogene).
Can·cer·ian /kænsέəriən, -síər-/ *n* かに座生まれの人.
can·cero·génic, -ceri- /kæ̀nsərə-/ *a* 〘医〙発癌(性)の (carcinogenic).
cáncer·ous *a* 癌の(ような); 癌にかかった. ♦ **～·ly** *adv*
càncer·phóbia, can·cero- /kæ̀nsərə-/ *n* 癌恐怖(症).
cáncer·ròot *n* 〘植〙ハマウツボの一種.
cáncer stìck 《俗》タバコ (cigarette).
can·cha /kɑ́:ntʃɑ:/ *n* ハイアライ (jai alai) のコート; 家畜の囲い地; 闘鶏場. [Sp=court, yard]
cán·cri·fòrm /kǽŋkrə-/ *a* カニに似た; 癌のような.
can·crine /kǽŋkràɪn, -krən/ *a* カニのような.
can·cri·zans /kǽŋkrəzæ̀nz, kǽŋk-/ *a* 〘楽〙逆行の《主題が前進的にではなく後退的に繰り返される》: CANON CANCRIZANS. [L (pres p) < *cancrizo* to go backward like crab]
can·croid /kǽŋkrɔ̀ɪd/ *a* 〘動〙カニ (crab) に似た; 〘医〙癌様の. ► *n* 〘医〙カンクロイド, 類癌《表皮癌》.
Can·cún /kæ̀nkú:n/ カンクン《メキシコ南東部 Yucatán 半島北東岸沖の島にあるリゾート》.
Can·dace /kǽndəs, kǽndəsì:, kændéɪsi/ **1** キャンダス, キャンダシー, キャンデーシ《女子名》. **2** カンダケ《上 Nubia にいた古代エチオピアの女王の称号; *Acts* 8:27–38 には Candace に使える宦官が使徒 Philip から受洗し, 信者になったことが記されている》. [L<Gk=glowing]
can·de·la /kændí:lə, -délə/ *n* 〘光〙カンデラ《光度の単位; 記号 cd》. [L=candle]
can·de·la·bra /kæ̀nd(ə)lɑ́:brə, -lǽb-/ *n* 枝付き燭台; CANDELABRUM の複数形. [L (↑)]
candelábra trèe 〘植〙枝付き燭台形の木《熱帯アフリカ産のトウダイグサ科同属の木や南米産のパラナマツなど》.
can·de·la·brum /kæ̀nd(ə)lɑ́:brəm, -lǽb-/ *n* (*pl* **-bra, -brums**) 枝付き燭台.
can·de·lil·la /kæ̀ndəlí:(j)ə/ *n* 〘植〙メキシコ周辺産のトウダイグサ科の低木《ワックスが採れる》.
can·dent /kǽndənt/ *a* 《まれ》白熱した; ほのかに輝く.
can·des·cence /kændés(ə)ns/ *n* 白熱, 光り輝く白さ.
can·dés·cent *a* 白熱の. ♦ **～·ly** *adv*
c & f, C and F °cost and freight.
Can·dia /kǽndiə/ カンディア《Crete 島北岸の古都; 別称 Heraklion, Herakleion; 現代ギリシア語名 Iráklion》.
can·did /kǽndəd/ *a* **1** 率直な, 腹蔵のない; 誠実な, ごまかしのない; 歯に衣きせぬ, 手きびしい; 《写真などで》気取らない, ポーズをとっていない (cf. CANDID CAMERA): a ～ friend 友人顔していやなことをずけずけ言って喜ぶ人 / to be quite [perfectly] ～ (with you) 率直に言えば / a ～ photograph スナップ写真. **2** 偏見のない, 公平な (fair): Give me a ～ hearing. 公平に聞いてください. **3** 《英では古》白い; 《古》汚れを知らぬ. ► *n* スナップ写真. ♦ **～·ly** *adv* 率直に; 率直に言うと. **～·ness** *n* [F or L *candidus* white; ⇨ CANDLE]
can·di·da /kǽndədə/ *n* 〘菌〙カンジダ《酵母に似た不完全菌類カンジダ属 (*C*-) の各種の菌; 特に 口腔・膣・腸管に存在し, 通常は人体に害を及ぼさないが, 場合によりカンジダ症をひき起こす; 特に 鵞口瘡(がこうそう)や YEAST INFECTION の原因となる *C. albicans*》. [L (fem) < CANDID]
Candida **1** キャンディダ《女子名》. **2** キャンディダ《G. B. Shaw の同名の戯曲 (1897) の主人公である牧師の妻》. [L=gleaming white]
can·di·da·cy /kǽndədəsi/ *n* 立候補〈*for*〉.
can·di·date /kǽndədèɪt, -dət/ *n* 候補者〈*for* president, presidency〉; 志願者, 受験者〈*for* a school〉; たぶん…になりそうな人[もの]: a ～ *for* fame [wealth] 将来名[財]をなしそうな人 / a prime ～ *for* relegation 降格の有力候補 / a ～ *for* the PhD=a PhD ～ 博士論文提出資格. ♦ **～·ship** /, -dət ⌣-/ *n* [F or L=white-robed (CANDID); ローマでは公職候補者は白衣を着た]
can·di·da·ture[n] /kǽndədətʃər, -tʃʊ̀ər/ *n* CANDIDACY.
cándid cámera 隠し撮り用カメラ, どっきりカメラ. ♦ **cándid-cámera** *a*
Can·dide /*F* kɑ̃did/ 『カンディド』《Voltaire の哲学小説 (1759); 主人公 Candide は世界の善性を信じる純真な (candide) 青年で, 作品は Leibniz らの楽天的世界観を諷したもの; 流浪の身となった彼は戦争・大地震・異端審問などに遭遇するが, 哲学的無関心によりあらゆる害悪に耐える》.

can·di·di·a·sis /kæ̀ndədáɪəsəs/ *n* (*pl* **-ses** /-sìːz/) 〘医〙 カンジダ症 (=*moniliasis*).
Candie ⇨ CANDY.
can·died /kǽndid/ *a* 砂糖漬けの, 砂糖煮の; (氷砂糖状に)固まった; 口先のうまい; *《俗》 コカイン中毒になった.
Can·di·ote /kǽndiòut/, **-ot** /-ət, -ɑ̀t; -ɔ̀t/ *a* クレタ島 (Crete) の, 《特に》 Candia 市の. ► *n* クレタ島人.
can·dite /kǽndàɪt/ *n* 〘鉱〙 青尖晶石, カンダイト. [*Candy* (現在 *Kandy*) スリランカの地名]
can·dle /kǽnd(ə)l/ *n* ろうそく; ろうそく形のもの; 〘光〙 CANDELA; 〘光〙 INTERNATIONAL CANDLE; 〘光〙 CANDLEPOWER: You cannot burn the ~ at both ends. 《諺》 ろうそくの両端を燃やすことはできない, 逆のことを同時にはできない / Light not a ~ to the sun. 《諺》 太陽にろうそくは要らない《明々白々の事を説明するな》. ● **burn the ~ at both ends** 《仕事も遊びも》 多忙な生活を送る, 無理をする. **can't** [**be not fit to**] **hold a ~** [**stick**] **to**… 《口》 …の足元にも及ばない, …とは比べものにならない. **hold a ~ to the devil** 悪事に荷担する. **not worth the ~** ˈˈ割に合わない: The game is *not worth the* ~. **sell by the ~** [**by inch of ~**] 小ろうそくが燃え切るまでに落札する方式で競売する. ► *vt* 《卵の検査のように》 ろうそくの灯に透かして調べる. ♦ **cán·dler** *n* [OE *candel* lamp, light <L *candela* (*candeo* to shine, be white)]
cándle·bèam *n* 《古い教会で》 献灯のろうそくを立てる梁; 照明用のろうそくを立てる吊り下げ式の角材.
cándle·bèrry *n* 〘植〙 **a** ククイノキ (candlenut). **b** シロヤマモモ (wax myrtle). **c** ベーラムノキ (bayberry).
cándleberry mỳrtle 〘植〙 シロヤマモモ (wax myrtle).
cándle còal CANNEL COAL.
cándle ènds *pl* ろうそくの燃えさし; けちけちためたくだらないもの.
cándle·fìsh *n* 〘魚〙 ユーラカン (EULACHON), ギンダラ (sablefish) 《北太平洋産の食用魚; 脂肪が多く, 干したものはろうそくの代用となる》.
cándle-fòot *n* (*pl* **cándle-fèet**) 〘光〙 FOOT-CANDLE.
cándle·hòld·er *n* CANDLESTICK.
cándle hòur 〘光〙 燭時《光度の時間積分の単位》.
cándle·lìght *n* ろうそくの明かり; やわらかい人工照明; 灯ともしごろ, たそがれ, 夕方.
cándle·lìght·er *n* 《儀式に用いる長柄の》 ろうそくともし; 《結婚式などで》 ろうそくをともす人.
cándle·lìt, -lìght·ed *a* ろうそくに照らされた, ろうそくをともした.
Can·dle·mas /kǽndlməs, -mæ̀s/ *n* 〘カト〙 聖燭節 (=~ **Dày**) 《2 月 2 日, 「聖母マリア清めの祝日」 (Purification of the Virgin Mary); ろうそく行列を行なう》.
cándle-mèter 〘光〙 METER-CANDLE.
cándle·nùt *n* ククイノキの堅果《原地民は乾燥させて糸を通してつなぎ, ろうそくとして用いる》; 〘植〙 ククイノキ《Malay 主産; アブラギリ属》.
cándle·pìn *n* キャンドルピンズ用のピン; [~s, 〈*sg*〉] キャンドルピンズ《両端が少し細くなったピンを用いるボウリング》.
cándle·pòwer *n* (*pl* ~) 〘光〙 燭, 燭光; CANDELA.
cándle·snùff·er *n* ろうそく消し《器具》.
cándle·stànd *n* 《candlestick を高く支える》 大燭台.
cándle·stìck *n* 燭台, ろうそく立て.
cándle trèe 〘植〙 **a** (シロ)ヤマモモ (wax myrtle). **b** ククイノキ (candlenut).
cándle·wìck *n* ろうそくの芯; キャンドルウィック (=**cándle·wìck·ing**) 《(1) 粗く撚(よ)った太くて柔らかい木綿の刺繡糸 (2) その刺繡を施した無漂白のモスリンで, ベッドカバーなどに使われる》.
cándle·wòod *n* 多脂の木《ocotillo など》; ろうそく代わりに燃やす多脂の木片《集合的》.
c&m, C&M 〘商〙 °care and maintenance.
cán-dó *a* 《口》 やる気[意欲]のある, 積極的な, 前向きな. ♦ **cán-dó-ism** *n*
can·dock /kǽndɑ̀k/ *n* 〘植〙 スイレン (water lily).
Can·dolle /*F* kɑ̃dɔl/ カンドル **Augustin-Pyrame de** ~ (1778–1841) 《スイスの植物学者; 科学的方法による新しい植物分類を行なった》.
can·dom·blé /kæ̀ndoumbléɪ/ *n* カンドンブレ《アフリカ的要素とカトリック的要素を習合させたブラジルの憑依(ひょう)宗教》.
can·dor | **-dour** /kǽndər, -dɔ̀ːr/ *n* 虚心坦懐, 率直さ; 公平無私; 《古》 親切; 《英では古》 白さ; 《廃》 純真無垢. [F or L *candor* whiteness; ⇨ CANDLE]
Candragupta ⇨ CHANDRAGUPTA.
Candra Gupta ⇨ CHANDRA GUPTA.
CANDU, Candu /kǽndùː, ⌐⌐/ Canada Deuterium Uranium カナダ型重水炉.
C & W °country and western.
can·dy /kǽndi/ *n* 氷砂糖 (=*sugar candy*); *キャンディー (sweetsˈˈ) 《taffies, caramels, chocolates の類》; 《口》 たわいない楽しみ; *《俗》 麻薬, コカイン, ハシーシ, LSD (に浸した角砂糖), バルビツール剤: a piece of ~ / mixed *candies* / visual ~ 目の保養 / ARM CANDY. ● **like taking ~ from a baby** 《口》 赤子の手をひねるような, いとも簡単な. ► *vt, vi* 〈果物など〉砂糖(液)漬けにして煮込む, …に砂糖をまぶす[かける]; 氷砂糖状に固める[固まる]; 甘くする, 口当たりをよくする. [C18 (*sugar*) *candy*<F<Arab (*kand* sugar)]
Candy, -die キャンディー《女子名; Candace, Candida の愛称》.
cándy àpple* **1** TOFFEE APPLE. **2** キャンディーアップル(レッド) (=*candy-apple red*) 《光沢のあるあざやかな赤》.
cándy-àss *n**《卑》 いくじなし, へなちょこ野郎, 腰抜け.
cándy-àssed *a**《卑》 いくじなしの, へなちょこの.
cándy bàr* キャンディーバー《棒状のタフィー・チョコレートなど》.
cándy bùtcher* 《列車・競技場観客席の》 菓子売り.
cándy·flòssˈˈ *n* 綿菓子 (cotton candy*); 見かけ倒しの[あやふやな]もの.
cándy màn*《俗》 麻薬の売人 (pusher).
cándy pùll [**pùlling**]* キャンディープル《タフィー (taffy) を作るパーティー》.
cándy stòre* 菓子屋《タバコ・雑誌なども売る》; 《俗》 酒屋; 《俗》 素朴な夢がかなう場所; 《俗》 なわばり. ● **like a kid in a ~*** うきうき[わくわく]して, 大はしゃぎで.
cándy strìpe キャンディーストライプ《無地に明るい一色だけの縞(しま)模様》. ♦ **cándy-strìped** *a*
cándy strìper*《口》 ボランティアとして看護師の助手をするティーンエージャー. [赤白の縞の制服から]
cándy·tùft *n* 〘植〙 キャンディタフト《アブラナ科イベリス属の各種》. [*Candia, tuft*]
cane[1] /kéɪn/ *n* **1** 籐(とう)製のステッキ; ˈˈ軽い細身のステッキ; 棒; むち《懲罰用》; ケーン《ガラス細工に使われるような細いガラス棒》. **2** 《籐・竹・シュロ・サトウキビなどの》 茎; サトウキビ (sugarcane), モロコシ (sorghum); 《用材としての》 籐類; アズマザサ属の各種の竹[笹], 木性禾本(かほん); 《キイチゴ・バラなどの》 木質茎[幹]. ● **get** [**give**] **the ~** 《懲罰として》 むちで打たれる[打つ]. ► *vt* むち打つ; 《口》 手荒に扱う, …に悪態をつく; ˈˈ《口》 負かす, たたく; 籐で作る. [OF, <Gk *kanna* reed]
cane[2] *n**《俗》 コカイン (cocaine).
cane[3] *n*ˈˈ《方》 (雌)イタチ.
Ca·nea /kəníːə, kæníə/ カニア (ModGk **Kha·niá** /xɑːnjɑ́ː/) 《Crete 島の中心都市・主要港; 古代名 Cydonia》.
cáne bòrer 〘昆〙 幼虫がキイチゴ・サトウキビなどの茎を食害する各種甲虫の総称.
cáne·bràke, -brèak *n* 籐[竹, サトウキビなど]の茂み.
cáne cháir 籐椅子.
cáne còrn 《俗》 自家製(コーン)ウイスキー.
cáne·cùtter *n**《南部》 ササキリ (SWAMP RABBIT).
cáne frùit 〘植〙 ブラックベリー・ラズベリーなどの総称《木質茎植物の実》.
cáne gràss 〘植〙 カゼクサ, ススメガヤ《など》.
cáne knìfe サトウキビ刈り取り用ナイフ.
ca·nel·la /kənélə/ *n* 〘植〙 ハッケイ《西インド諸島産の肉桂に似た木》; 白桂皮《香味料・薬用》.
can·e·phor(e) /kǽnəfɔ̀ːr/, **ca·neph·o·ra** /kənéfərə; -níːfə-/, **-neph·o·rus** /-rəs/, **-ros** /-rəs/ *n* (*pl* **-phòr(e)s, -neph·o·rae** /-rìː/, **-ri** /-ràɪ/, **-roe** /-rìː/) 《古代ギリシアで Bacchus 神などの祭礼に参加した》 かごを頭に載せたおとめ; 〘建〙 かごを頭に載せた女人像柱. [Gk (*kaneon* basket)]
cáne pìece 《カリブ》 サトウキビ畑.
can·er /kéɪnər/ *n* 籐椅子作り《人》.
cáne ràt 〘動〙 **a** アフリカタケネズミ (=*ground pig*). **b** HUTIA.
ca·nes·cent /kənés(ə)nt, kæ-/ *a* 白くなりかかった, 白っぽい, 灰白色の; 〘植〙 灰白色の軟毛[微毛]でおおわれた.
cáne sùgar 甘蔗(かんしょ)糖, 蔗糖 (cf. SUGARCANE).
Ca·nes Ve·nat·i·ci /kéɪniz vənætəsàɪ/ 〘天〙 りょうけん座 (猟犬座) (Hunting Dogs) 《北斗七星付近にある小星座; 渦巻銀河 M51, 球状星雲団 M3 などがある》.
cáne tòad 〘動〙 オオヒキガエル (=Queensland ~) 《熱帯アメリカ原産; サトウキビ畑の害虫駆除の目的で世界各地に移入されたが, 繁殖しすぎてそれ自体有害生物化している》.
cane·ton /*F* kantɔ̃/ *n* アヒルの子.
cáne tràsh サトウキビのしぼりかす《燃料用》.
Ca·net·ti /kənéti/ カネッティ **Elias** ~ (1905–94) 《ブルガリア生まれの英国の作家; 作品はドイツ語で発表; 小説 *Die Blendung* (1935, 英訳 *Auto-da-Fé*); ノーベル文学賞 (1981)》.
cáne·wàre *n* 淡黄色[黄色]の陶磁器の一種.
cáne·wòrk *n* 籐細工(品).
CanF °Canadian French.
can·field /kǽnfìːld/ *n* キャンフィールド《数列をつくっていくひとりトランプ (solitaire) の一種》.
Canfield キャンフィールド **Dorothy** ~ ⇨ Dorothy FISHER.
cán·fùl *n* (*pl* ~**s, cáns·fùl**) 缶一杯(の量); 缶の中身.
cangue, cang /kǽŋ/ *n* 首かせ《中央に穴のある約 1 メートル平方の板; もと中国で用いた》. [F<Port *canga* yoke]
cán·hòuse *n**《俗》 売春宿, 淫売屋.

ca·níc·o·la féver /kəníkələ-/〖医·獣医〗カニコラ熱, 犬熱《スピロヘータ目の細菌レプトスピラによる胃腸の炎症と黄疸を伴うヒト・イヌの伝染病》.
Ca·nic·u·la /kəníkjələ/〖天〗天狼(てんろう)星, シリウス (Sirius).
ca·níc·u·lar *a* 天狼星の; 真夏の: ～ days＝DOG DAYS.
can·i·cule /kǽnəkjùːl/ *n* DOG DAYS.
can·id /kǽnəd, kéɪ-/ *n*〖動〗イヌ科 (Canidae) の動物《イヌ・オオカミ・ジャッカル・コヨーテなど》.
can·i·kin /kǽnɪkən/ *n* CANNIKIN.
ca·nine /kéɪnàɪn, ˈˈkǽnàɪn/ *a*〖動〗イヌ科の; 犬の, 犬のような: with a kind of ～ devotion 全く従順な[献身的な]態度で. ► *n*〖動〗イヌ科の動物; [*joc*] 犬 (dog); 犬歯, 糸切り歯 (＝～ **tòoth**). ● **blow for ～s** *《ジャズ俗》〈トランペッターが〉最高音域で演奏する. [F or L (*canis* dog)]
cánine distémper〖獣医〗犬ジステンパー (distemper).
cánine mádness《古》狂犬病 (rabies).
cánine týphus CANICOLA FEVER.
can·ing /kéɪnɪŋ/ *n* むち打ち; 《口》負かすこと, やっつけること; 《口》手荒に扱うこと: get a ～ 《口》やっつけられる, たたかれる, 手荒な扱いをうける.
ca·ní·ni·fòrm /keɪnáɪnə-, kənínə-/ *a* 犬歯形の.
Ca·ni·no /kɑːníːnoʊ/ カニーノ《イタリア中西部 Lazio 州の村; 1814年 Lucien Bonaparte の公国となった》.
can·ions /kǽnjənz/ *n pl*〖服〗キャニオンズ《エリザベス朝などに流行した, ひざ下丈のズボンの裾に巻く男性用ひざ飾り》. [CANYON]
Ca·nis /kéɪnəs, kǽn-/ *n* [*C-*]〖動〗イヌ属.
Cánis Májor〖天〗おおいぬ座 (大犬座) (Great Dog)《主星 Sirius は全天中で最も明るい》.
Cánis Mínor〖天〗こいぬ座 (小犬座) (Little Dog).
can·is·ter, can·nis- /kǽnəstər/ *n* 缶(かん), キャニスター《茶・コーヒー・タバコ・砂糖・小麦粉・35mm フィルムなどを入れる》;〖カト〗パテナ, 聖杯《聖餐用のパン入れ》; 《防毒マスクの》吸収罐《濾過用物質のはいっている部分》; 箱型電気掃除機; 映画フィルムの容器;〖軍〗《大砲の》散弾 (＝～ **shòt**), 散弾の弾体. [L<Gk *canastron* wicker basket; ⇨ CANE]
cánister bòmb ボール爆弾 (pellet bomb).
can·ker /kǽŋkər/ *n* **1 a**〖医〗潰瘍(かいよう), 《特に》口腔潰瘍;〖獣医〗《馬の》蹄癌; 《犬・猫などの》慢性外耳炎; 《廃》壊疽(えそ) (gangrene). **b**〖植〗潰瘍, 癌腫病, 腐爛病, 根瘤病. **2**《一般に》害毒; 《心に食い入る》悩み. **3**《古》CANKERWORM; 《方》錆(さび), 緑青(ろくしょう); 《方》ヨーロッパノイバラ (dog rose). ► *vt, vi* 腐食する; 毒する[される]; 徐々に破壊[崩壊]する; 《廃》ただれ(させ)る. [OE *cancer* and OF<L CANCER]
cán·kered *a* CANKER にかかった; 根性の腐った, たちの悪い; 気むずかしい, 意地の悪い.
cánker·ous *a* CANKER の(ような); canker を生じる; 腐敗[腐食]させる.
cánker ràsh〖医〗猩紅(しょうこう)熱《のどの潰瘍を伴う》.
cánker·ròot *n*〖植〗ミツバオウレン (goldthread).
cánker sòre〖医〗小さい潰瘍, 《特に》口唇潰瘍, 口角糜爛(びらん).
cánker·wòrm *n*《各種の》シャクトリムシ《果樹の害虫》.
can·na /kǽnə/ *n* **1**〖植〗カンナ《カンナ科カンナ属 (*C-*) の各種》. **2** ANTIQUE RED. [L; ⇨ CANE]
can·nab·ic /kənǽbɪk, kæ-/ *a* タイマ (cannabis) の.
can·na·bi·di·ol /kæ̀nəbədáɪɔ̀(ː)l, -òʊl, -ɑ̀l/ *n*〖化〗カンナビジオール《大麻 (*Cannabis sativa*) に含まれるフェノール; 生理的に不活性だが, 酸により THC になる》. [*-diol*]
can·na·bin /kǽnəbən/ *n*〖化〗カンナビン《大麻から採る樹脂状物質で, 麻酔剤・鎮痛剤に用いる; cf. CHARAS》.
can·na·bi·noid /kǽnəbənɔ̀ɪd, kənǽb-/ *n*〖化〗カンナビノイド《大麻の化学成分の総称》.
can·na·bi·nol /kənǽbənɔ̀(ː)l, -nòʊl, -nɑ̀l, kǽnə-/ *n*〖化〗カンナビノール《生理学的に不活性のフェノール; マリファナの有効成分 THC の親化合物》. [*cannabin, -ol*]
can·na·bis /kǽnəbəs/ *n*〖植〗タイマ (大麻) (hemp)《アサ属 (*C-*)》; 大麻, カンナビス《タイマから製した[に由来する]精神活性のある物質[薬物]の総称; GANJA, HASHISH, MARIJUANA, THC など》. [L<Gk]
can·na·bism /kǽnəbìz(ə)m/ *n* 大麻中毒(症).
cánnabis rèsin 大麻樹脂《雌大麻の花頂から採る粘液; cannabin を含む》.
Can·nae /kǽni/ カンナエ《イタリア南東部の古代都市; Hannibal がローマ軍に勝利した地 (216 B.C.)》.
Can·na·nore /kǽnənɔ̀ːr/, **Ka·na·nur** /kɑ̀nənʊ́ər/ カナノール《インド南西部 Kerala 州北部, Malabar 海岸にある町》.
Cánnanore Íslands *pl* カンナノール諸島《LACCADIVE ISLANDS の別称》.
canned /kǽnd/ *v* CAN² の過去・過去分詞. ► *a* かんづめ[瓶詰め]にした; 《口》あらかじめ用意[録音]された; *《俗》陳腐な, おきまりの; *《映画俗》撮影済みの; 《俗》酔っぱらった; 《俗》〈計画など〉放棄された: ～ music 録音された音楽 / ～ laughter《効果音として》録音された笑声. [*can²*]
cánned ców *《俗》缶入りミルク, コンデンスミルク.
cánned góods *pl* かんづめ品; [〈*sg*〉]《俗》処女, 童貞.
cánned héat 携帯燃料《固形アルコールなど》.
cán·nel (còal) /kǽnl(-)/ 燭炭《油・ガスを多量に含む》.
can·nel·lí·ni (bèan) /kæ̀nəlíːni(-)/ カネリーニ豆《大型の白インゲンマメ》.
can·nel·lo·ni /kæ̀n(ə)lóʊni/ *n* [〈*sg/pl*〉] カネロニ《**1**) 円筒形のパスタに挽肉・魚肉・チーズ・野菜を詰めて焼くイタリア料理 **2**) 中に甘いクリームを詰め, パウダーシュガーをかけて供するロールパスタ》.
can·nel·oid /kǽnəlɔ̀ɪd/ *a* 燭炭に似た.
can·ne·lure /kǽn(ə)l(j)ʊ̀ər/ *n* 円筒・円柱の表面を縦に走る溝; 《銃弾の》薬莢圧入溝; 《抵抗を減らすための》弾帯溝.
cán·ner *n* かんづめ工, かんづめ業者; *かんづめ用にしかならない肉質の劣る牛[牛肉].
cán·nery *n* かんづめ工場; 《俗》ムショ, ブタ箱.
Cannes /kǽn/ カンヌ《フランス南東部 Côte d'Azur にある避寒地; 毎年国際映画祭 (Cannes International Film Festival) が開かれる》.
can·ni·bal /kǽnəb(ə)l/ *n* 人を食う人間, 食人者; 共食いをする動物; *《俗》共食い (sixty-nine). ► *a* 人を食う; 共食いをする. [*Canibales* (pl)<Sp<Carib]
cánnibal·ìsm *n* 食人風習; 共食い; 《同種の鳥の中などでの》しりつつき, キャニバリズム; 残忍. ♦ **can·ni·bal·is·tic** /kæ̀nəbəlístɪk/ *a* **-ti·cal·ly** *adv*
cánnibal·ìze *vt* 〈生きた動物〉の肉を食べる; 〈車両・機械などから〉生かせる部品を取りはずす;〖軍〗〈他の部隊〉から武器[弾薬, 兵員など]を取り上げる[引き抜く]; 〈他の工場・企業〉から工具[設備, 人員など]を取り上げる[引き抜く]; 〈同一会社が売り出した類似品が〉〈従来品(の売上げ)を〉食う; 〈他の作家・作品〉から盗用する. ► *vi* 食人する, 共食いする; 《他の部隊・企業のために》部隊[企業など]をつぶす. ♦ **cànni·bal·izátion** *n*
can·nie /kǽni/ *a, adv*《スコ》CANNY.
can·ni·kin /kǽnɪkən/ *n* 小さい缶, コップ; ˈˈ《方》手桶.
can·ning /kǽnɪŋ/ **n* かんづめ[瓶詰]化, かんづめ[瓶詰]製造.
Canning キャニング (**1**) **Charles John** ～, 1st Earl ～ (1812–62)《英国の政治家; セポイの反乱当時 (1857) のインド総督, のちに初代副王》 (**2**) **George** ～ (1770–1827)《前者の父; Tory 党の政治家; 外相 (1822–27), 首相 (1827)》 (**3**) **Stratford** ～, 1st Viscount Stratford de Red·cliff /rɛ́dklɪf/ (1786–1880)《英国の外交官; トルコに駐在し, 西欧化政策運動などに影響を及ぼした》.
Cánning Básin キャニング盆地《Western Australia 州の乾燥盆地》.
cannister ⇨ CANISTER.
can·no·li /kənóʊli, kæ-/ *n* [〈*sg/pl*〉] カンノーリ《小麦粉を練って延ばし筒形に丸めて揚げたものに刻んだ果物の砂糖漬けやリコッタチーズを詰めた Sicily の菓子》. [It]
can·non /kǽnən/ *n* (*pl* ～, ～**s**) **1 a** 大砲, カノン砲《今は gun が普通》; 《特に》飛行機搭載用機関砲, 機銃; *《俗》銃, ピストル. **b**〖機〗二重軸;〖動〗CANNON BONE; 《馬などの》脚の砲骨部; 《馬の》丸くつわ (＝～ **bìt**); 鐘の吊手. **2** ˈˈ〖玉突〗キャノン(による得点) (carom*); *《俗》スリ (pickpocket). ► *vi* 大砲を撃つ; ˈˈ〖玉突〗キャノンを突く; ˈˈ勢いよくぶつかる 〈*against, into, with*〉, 突き当たってはね返る. ► *vt* 砲撃する; ˈˈ〖玉突〗キャノンにする; *《俗》…でスリをはたらく. [F<It＝great tube (CANE);〖玉突〗キャノンの意は CAROM から]
can·non·ade /kæ̀nənéɪd/ *n* 連続砲撃; 激しい攻撃[非難]. ► *vt, vi* 激しく砲撃[攻撃, 非難]する.
cánnon·bàll *n*《旧式な》球形砲弾; 《一般に》砲弾《今は shell が普通》; ひざをかかえた飛込み; 《口》急行列車, 急行便; 《口》〖テニス〗《強くて速い》弾丸サーブ. ► *vi* *《俗》弾丸のように速く走る; ひざをかかえて飛び込む. ► *a* 《口》猛烈に速い, 強烈な, 弾丸….
cánnonball trèe〖植〗ホウガンノキ《南米のサガリバナ科の高木; 果実は大きく球形で堅皮に包まれ, 果肉で飲料を作る》.
cánnon bòne〖動〗《有蹄動物の》砲骨, 馬脛骨.
cánnon cràcker 大型花火.
can·non·eer /kæ̀nəníər/ *n* 砲手, 砲兵. ♦ **～·ing** *n* 砲術; 砲兵心得.
cánnon fòdder 砲弾のえじき《兵士たち》; 《組織の》使い捨て要員.
Cánnon·ism* *n* 下院議長の職権濫用. [Joseph G. *Cannon* (1836–1926) 米国の政治家]
cánnon nèt 射出捕獲網《獲物が所定の位置に来ると数個の射出装置により網が広がって捕獲するもの》.
cánnon·ry *n* 砲《集合的》; 連続[一斉]砲撃.
cánnon-shòt *n* 砲弾; 砲撃; 大砲の射程.
cannot *v auxil* CAN¹ の否定形《★ can not と 2 語に分けるのは強調や対比の場合のみ》.
can·nu·la /kǽnjələ/ *n* (*pl* ～**s**, **-lae** /-lìː, làɪ/)〖医〗カニューレ, 套管(とうかん)《患部に入れて液の導出や薬の注入に用いる》.
can·nu·lar /kǽnjələr/ *a* カニューレ状の; 管状の.
can·nu·late /kǽnjələt, -lèɪt/ *a* CANNULAR. ► /-lèɪt/ *vt* …にカニューレを挿入する.
can·nu·la·tion /kæ̀njəléɪʃ(ə)n/ *n*〖医〗カニューレ挿入, 挿管(法).

can·ny /kǽni/ *a* **1** 抜け目のない, さかしい; 目先のきく; 思慮深い, 慎重な; 倹約家の, つましい; じょうずな; 《スコ》秘術[魔術]にたけた. **2** 《スコ・北イング》なかなかいい (good, nice)《是認を表わす》; 《スコ》穏やかな, おとなしい; 《スコ》静かな, 気持のよい; 《スコ》幸運な; [ᵘneg]《スコ》だいじょうぶな. ► *adv* 《スコ》注意深く; 静かに (cf. CA' CANNY); 《スコ》かなり, 相当に. ♦ **cán·ni·ly** *adv* **-ni·ness** *n* [*can*¹]

ca·noe /kənúː/ *n* カヌー, 丸木舟: Paddle your own ~. 《諺》自分のカヌーは自分でこげ《人をたよるな》. ● **paddle** one's **own** ~ 《口》独立独歩でやっていく. ► *vi, vt* (~d; ~·ing) カヌーをこぐ, カヌーで行く[運ぶ] ‹*from, to*›. ♦ **~·able** *a* **~·ist** *n* カヌーのこぎ手. **ca·no·er** /kənúːər/ *n* [Sp and Haitian]

canóe bìrch 〘植〙PAPER BIRCH. [樹皮をカヌー作りに用いるため]

canóe bùrial 《北米太平洋岸のインディアンの》カヌー葬.

canóe slàlom カヌースラローム《ゲートを次々にくぐるカヌー競技》.

canóe·wòod *n* TULIPWOOD.

cán of córn [a (tall) ~]《野球俗》簡単に捕れる高いフライ《食料品屋が高い棚の缶製品を取るときに棒を使って簡単に手の上に落として取ったことから》.

cán of wórms もろもろの災いの源 (Pandora's box); *《俗》ひどくそわそわしている人. ● **open** (**up**) **a** ~ (わざわざ)厄介[面倒, 複雑]な問題を表に出す.

ca·no·la /kənóʊlə/ *n* [ᴼC-]〘園〙キャノーラ, カノーラ《カナダで育成・栽培されているセイヨウアブラナの一変種; エルカ酸が少なく, キャノーラ油 (canola oil) を採る》; CANOLA OIL. [*Can*ada *o*il, *l*ow *a*cid]

canóla òil キャノーラ[カノーラ]油《キャノーラ (canola) の種子から得る食用油; 単不飽和脂肪酸に富む》.

can·on¹ /kǽnən/ *n* **1 a** 〘神学〙教理典範, カノン《キリスト教的信仰および行為の規準》; 教会の法規, 教会法, カノン法. **b** 規範, 規準 (criterion); 規範[規準]集; 《まれ》法規. **c** 〘楽〙カノン《規則的な模倣による対位的作曲形式》. **2 a** 《外典に対して》(聖書)正典, 正典目録; 《偽作に対して》真作品(目録); 容認された作品群, キャノン: the Books of the *C*~=CANONICAL books. **b** 《カトリック教会公認の》聖人表. **3** [the C-]〘カト〙ミサ典文《サンクトゥス (Sanctus) から聖体拝領までのミサ聖祭の主要部分》. **4** 〘印〙キャノン《48 ポイント活字; ⇨ TYPE》. [L<Gk *kanōn* rule]

canon² *n* 司教座[主教座]聖堂参事会員; CANON REGULAR; 《中世の》修道会の会員. [OF<L=one living under rule (↑)]

canon³ *n* 鐘の吊手 (cannon); ᴴ〘玉突〙CANNON.

cañon ⇨ CANYON.

cánon cáncrizans 〘楽〙蟹形[逆行]カノン (crab canon).

cánon·ess *n* 律修修女; 女子聖堂参事会員.

ca·non·ic /kənɑ́nɪk/ *a* CANONICAL.

ca·nón·i·cal *a* **1** 正典と認められた; 教会法に基づく; 司教座[主教座]聖堂参事会員の; 〘楽〙カノン形式の: the ~ books (of the Bible) 正典. **2** 規範的な; 最も簡単明瞭な図式にした. ► *n* [*pl*] 《正規の》聖職服, 法衣. ♦ **~·ly** *adv*

canónical fórm 〘数〙標準形《行列・方程式などの扱いやすい最も単純な形》; 〘言〙基準形《一言語の音韻などの特徴的な型》.

canónical hóurs *pl* **1** 〘キ教〙聖務日課の(七[八])定時課, (定)時課, 時禱《一日 7 [8] 回の祈禱時: MATINS (with lauds) 朝課 (賛課を含む), prime 一時課, t(i)erce 三時課, sext 六時課, nones 九時課, VESPERS 晩課, compline 終課》. **2** 《英国教会で》結婚式挙行時間《現在は午前 8 時から午後 6 時まで》. **3** 適切な時間, 潮時.

canónical létters *pl* 昔キリスト教聖職者が信仰のあかしに交換した手紙《特に旅行中異教徒でないことを証明するため》.

canónical púnishment 教会法に基づく刑罰《破門・罷免・苦行など》.

canónical sín 《初期教会で》教会法により極刑に値するとされた罪《偶像崇拝・殺人・姦淫・邪教信仰など》.

ca·non·i·cate /kənɑ́nəkèɪt, -ɪkət/ *n* CANONRY.

can·on·ic·i·ty /kæ̀nənísəti/ *n* 教会法に合致すること; 正典たること[資格], 正典性.

ca·nón·ics *n* 〘神学〙正典論.

cánon·ist *n* 教会法学者 (=*canon lawyer*).

can·on·is·tic /kæ̀nənístɪk/, **-ti·cal** *a* 教会法(上)の; 教会法学者の.

cánon·ìze *vt* 聖者の列に加える, 列聖する; 正典と認める; 賛美する; …に教会の認可を与える, 公認する. ♦ **cànon·izátion** *n*

cánon láw [the] 教会法, カノン法.

cánon láwyer CANONIST.

cánon régular (*pl* **cánons régular**) 〘カト〙律修司祭, 立誓共住司祭.

cánon·ry *n* 聖堂参事会員職; 聖堂参事会員禄; 聖堂参事会員《集合的》.

ca·noo·dle /kənúːdl/ *vi, vt* 《俗》抱きしめる, 愛撫する, いちゃつく. [C19<?].

cán òpener* 缶切り (tin openerᴴ); 《俗》金庫破りの道具.

Ca·no·pic /kənóʊpɪk, -nɑ́p-/ *a* カノープス (Canopus) の.

canópic jár [**úrn, váse**] [ᴼC-] カノープスの壺《(1) 古代エジプトでミイラの内臓を納めた壺で, ふたが人頭形 (2) 死者を焼いた灰を入れる壺》.

Ca·no·pus /kənóʊpəs/ **1** カノープス《古代エジプトの海港; Alexandria の北東, 現在の Abu Qir 村の地にあり Ramses 2 世の名を刻んだ碑が発見された》. **2** 〘天〙カノープス《りゅうこつ座 (Carina) の α 星で, Sirius に次ぎ, 全天第 2 位の輝星》.

can·o·py /kǽnəpi/ *n* 天蓋(てんがい); 天蓋のようにおおうもの; 大空; 《出入口・観覧席などにかかる》日よけ, ひさし; 〘建〙天蓋形のひさし, キャノピー; 〘空〙《操縦席上の透明な》円蓋, 天蓋, キャノピー; 《パラシュートの》傘体(さんたい); 林冠《森林の枝葉が茂っている最上層の広がり》: under the ~ of smoke 煙におおわれて / the blue ~ 青空. ● **under the** ~…? *一体全体《疑問詞を強調》: What [Where] *under the* ~…? ► *vt* 天蓋でおおう. ♦ **cán·o·pied** *a* 天蓋付きの. [L<Gk=mosquito net (*kōnōps* gnat)]

ca·no·rous /kənɔ́ːrəs, kǽnərəs/ *a* 音調[音色]のよい (melodious), 響きわたる. ♦ **~·ly** *adv* **~·ness** *n*

Ca·nos·sa /kənɑ́sə/ カノッサ《イタリア北部の村; 1077 年この地で神聖ローマ皇帝 Henry 4 世が教皇 Gregory 7 世に屈服した》. ● **go to** ~ 屈従する, わびを入れる.

ca·no·tier /kæ̀noʊtjéɪ/ *n* キャノティエ, かんかん帽《麦わらを軽く編んだ帽子》. [F=sailor]

Ca·no·va /kənóʊvə, -nɔ́ː-/ カノーヴァ **Antonio** ~ (1757–1822)《イタリアの新古典主義の彫刻家; 教皇 Clement 13 世, 14 世の墓碑, Napoleon 像など》.

cán-shàker *n**《俗》資金を集める人.

Can·so /kǽnsoʊ/ [Cape] カンソー岬《カナダ Nova Scotia 半島北東端》. ■ **the Stráit** [**Gút**] **of** ~ カンソー海峡《Nova Scotia 半島と Cape Breton 島の間の狭い海峡》.

canst /kənst, kǽnst/ *v auxil* 《古》THOU¹ に伴うときの CAN¹ の古形.

cant¹ /kǽnt/ *n* もったいぶった偽善的なことば, 口先だけのお説教, 御託(ごたく); 《政党などの》おざなりの標語; 一時的な流行語, きまり文句; 《一部の人が仲間うちで使う》通語, 隠語 (jargon); 《特に乞食などの》哀れっぽい調子のことば; 乞食の隠語; 《廃》宗教的階級・宗派に特有なことばづかい: a ~ phrase 通りことば, 流行文句 / thieves' ~ 泥棒の隠語. ► *vi* 偽善的なことばづかいをする, 信心家ぶった言い方をする; 隠語を用いる; 哀れっぽい嘆願するような調子で言う. [? CHANT; もと托鉢僧の乞食歌]

cant² *n* 《結晶体・堤防などの》斜面; 斜角; 傾斜; 割り材; (傾かせる)ひと押し[突き], (人や物を倒す)突然の揺れ; 〘鉄道〙カント《カーブで外側のレールが高くなっていること》; 《廃》隅(すみ) (corner, niche). ► *a* 斜面のある; かどを切り落とした; 傾いた, 傾斜した. ► *vt, vi* 傾ける, 傾く, ひっくり返す[返る] ‹*over*›; 傾斜する; 斜めに押す[突く]; かどを切る, 斜めに切り落とす ‹*off*›; 〘海〙‹船が›斜行する ‹*round, across*›; ᴴ《船の突然の傾きなどで》投げ出す, ほうる. [MLG, MDu=edge, side]

cant³ *a* 《スコ・北イング》元気な, 生きいきした, 活発な. [? MLG *kant* bold, merry]

can't can not の短縮形.

Cant. ᴼCanticle of Canticles ♦〘聖〙Canticles ♦ Cantonese.

Can·tab /kǽntæb; ─ ́/ *n* 《口》CANTABRIGIAN.

Cantab. [L *Cantabrigiensis*] [学位のあとに付けて] of Cambridge University.

can·ta·bi·le /kɑːntɑ́ːbəlèɪ, kæntǽbəli; kæntɑ́ːbɪli/ 〘楽〙*a, adv* 歌うような[に], カンタービレの[で]. ► *n* カンタービレ様式(の曲[楽節, 楽章]). [It=singable]

Can·ta·bria /kæntéɪbriə; -tǽb-/ カンタブリア《スペイン北部の自治州・県; ☆Santander》.

Can·tá·bri·an Móuntains /kæntéɪbriən-/ *pl* [the] カンタブリア山脈《スペイン北部および北西部, Biscay 湾岸の近くを東西に連なる》.

Can·ta·brig·ia /kæ̀ntəbríʤ(i)ə/ カンタブリギア《CAMBRIDGE の中世ラテン語名》.

Càn·ta·bríg·i·an *a, n* Cambridge 市の(住民); Cambridge [Harvard] 大学の(在学生[出身者, 校友]).

Can·ta·brize /kǽntəbràɪz/ *vi* CAMBRIDGE (大学)をまねる, ケンブリッジ化する.

Can·tal /kɑːntɑ́ːl/ **1** カンタル《フランス中南部 Auvergne 地域圏の県; ☆Aurillac》. **2** [C-] カンタル《同地方産の硬質チーズ》.

can·ta·la /kæntɑ́ːlə/ *n* カンタラ《(1) 熱帯アメリカ産リュウゼツラン科アガーベ属の多肉植物 (2) その硬質の繊維で, 粗硬ロープ用; cf. MAGUEY》.

can·ta·lev·er /kǽnt(ə)lèvər/, **-liv·er** /-lìvər/ *n, v* CANTILEVER.

can·ta·loup(e) /kǽnt(ə)lòʊp; -lùːp/ *n* **1** 〘植〙**a** カンタロープ (=*rock melon*)《南欧に多いメロンの一種; 香りがよく, 果肉はだいだい色》. **b** MUSKMELON. **2** 《俗》野球のボール. [F (*Cantaluppi*: ローマに近い原産地)]

can·tan·ker·ous /kæntǽŋk(ə)rəs, kən-/ *a* 意地悪な, つむじまがりの, けんか腰の, 狷介(けんかい)な; 扱いにくい, 御しにくい. ♦ **~·ly** *adv* **~·ness** *n* [? Ir *cant* outbidding, RANCOROUS; 一説に ME *conteckour* contentious person]

can·tar /kɑːntɑ́ːr/ *n* KANTAR.

can·ta·ta /kəntɑ́ːtə, kæn-/ *n* 〘楽〙カンタータ《独唱部・二重唱部・

合唱部からなる声楽曲》. [It *cantata* (*aria*) sung (air); ⇨ CHANT]

Can·ta·te /kæntéɪti, -tá:-/ *n* 〖聖〗 詩篇 98 (からなる聖歌)《'Cantate Domino' (主にむかってうたえ) で始まる》.

can·ta·tri·ce /kà:ntətrí:tʃeɪ; *F* kɑ̃tatris/ *n* (*pl* ~s /-tʃeɪz; *F* —/, **-tri·ci** /-trí:tʃi/) 女性歌手, 歌姫, 《特に》 女性オペラ歌手. [It and F]

C

cánt bòard 傾斜板; 〖建〗 広小舞(ひろこまい).

cánt bòdy 〖海〗 斜肋骨部, カント部.

cánt dòg PEAVEY.

cánt·ed wáll 〖建〗 斜壁《他の壁と斜角をはさむ》.

can·teen /kæntí:n/ *n* **1 a** 《工場・学校などの》 大食堂, カフェテリア; 《工場・学校などの》 売店; 《被災地などの》 炊出し[給食]センター; 移動飲食店. **b** 〖英軍〗 酒保 《米では通例 PX という》; 《軍隊向けの》 飲食[娯楽]施設: a dry [wet] ~ 酒を売らない[売る]酒保. **2 a** 飯盒(はんごう), 水筒; 携帯食器. **b** ″食器[食卓用金物]箱(に収めた食器[食卓用金物]ひとそろい). [F<It=cellar]

cantéen cùlture″ 《警察の内部にあるとされる》 保守的・差別的思考[行動]様式 《内部告発の禁止・性[人種]差別(の黙認)など》.

can·te hon·do [jon·do] /ká:nteɪ hɔ́(:)ndoʊ, -ti-/ カンテホンド 《フラメンコの一種で, 最も深刻な感情を表わすもの》. [Sp=deep song]

can·ter[1] /kǽntər/ *n* 〖馬〗 普通駆け足 (⇨ GALLOP), キャンター, キャンターで乗ること: at a ~ 普通駆け足で. ● **win at [in] a ~** 〈競走馬が〉楽勝する. ► *vi*, *vt* 普通駆け足で乗る; 〈馬を〉ゆっくり駆けさせる; 〈馬が〉普通駆け足で行く 〈*along*〉. [*Canter*bury pace, gallop, trot, etc.; Canterbury 詣での巡礼の馬の速さから]

canter[2] *n* もったいぶった話し方をする人, 偽善者; 調子をつけてものを言う者; 乞食; 隠語を用いる人. [*cant*[1]]

Can·ter·bury /kǽntərbèri; -b(ə)ri/ **1** カンタベリー (**1**) イングランド南東部 Kent 州の市; 英国教総本山 Canterbury Cathedral の所在地; cf. YORK **2**) ニュージーランド南島中東部, 太平洋の湾カンタベリー湾 (~ **Bight**) に臨む地区; ☆Christchurch). **2** [°c-] キャンタベリー《楽譜・本などを収納する仕切りの付いた台》. ♦ **Càn·ter·bú·ri·an** /-bjʊ́əriən/ *a*

Cánterbury bèll 〖植〗 フウリンソウ《キキョウ科》. [花が Canterbury 巡礼の馬の鈴に似ることから]

Cánterbury làmb″ ニュージーランド産の羊[羊肉] 《ニュージーランドではそのうちの特定の質のもの》.

Cánterbury Pílgrim CANTERBURY TALES に登場する巡礼者; 〖NZ史〗 Canterbury 地区の Christchurch への初期入植者.

Cánterbury tále [stóry] 長ったらしい物語; 作り話, でたらめな話.

Cánterbury Táles [The] 『カンタベリー物語』《Chaucer 作の主に韻文からなる物語集 (1387–1400, 未完); カンタベリー詣での巡礼が順番に話しをする》.

cánt fràme 〖海〗 斜肋骨.

can·thar·i·din /kænθǽrədən/ *n* 〖化〗 カンタリジン 《ゲンセイ (cantharis) にみられる揮発性の結晶化合物で, カンタリスの発疱素》. [F (L *cantharis*)]

can·tha·ris /kǽnθərəs/ *n* (*pl* **can·thar·i·des** /kænθǽrədì:z/) 〖昆〗 ゲンセイ (SPANISH FLY); [cantharides, 〈*sg*/*pl*〉] 〖薬〗 カンタリス 《Spanish fly の粉末からつくる反対刺激薬; もと催淫剤》.

can·tha·rus /kǽnθərəs/ *n* (*pl* **can·tha·ri** /-rài, -ri/) カンタロス 《古代ギリシア・ローマの器形の一つ; 2 つの取っ手のついた, 通例 陶製の高脚杯》; 《教会入口の》 聖水盤 (stoup). [L or Gk]

can·tha·xan·thin /kæ̀nθəzǽnθɪn/ *n* 〖生化〗 カンタキサンチン 《食品着色料として使用するカロチノイド》.

Can Tho /kɑ́n tóʊ, kǽn-/ カントー 《ヴェトナム南部 Mekong 川に臨む都市》.

cánt hòok かぎてこ, 木回し 《丸太材処理用; peavey に似るが先がとがっていない》.

can·thus /kǽnθəs/ *n* (*pl* **-thi** /-θàɪ/) 〖解〗 眼角 《眼の左右の隅》. ♦ **cán·thic** *a*

can·ti·cle /kǽntɪk(ə)l/ *n* 祈禱書聖歌, 賛美歌; 詠頌, 頌歌; [the C-s, 〈*sg*〉] 〖聖〗 ソロモンの歌, 雅歌 (Song of Solomon). [OF or L (dim) < *canticum* CHANT]

Cánticle of Cánticles [the] 〖ドゥエー聖書〗 ソロモンの歌, 雅歌 (Song of Solomon).

can·ti·ga /kæntí:gə/ *n* カンティーガ 《13–14 世紀にスペイン・ポルトガルで作られた抒情短詩》. [Sp and Port]

Can·ti·gny /*F* kɑ̃tiɲi/ カンティニ 《フランス北部 Amiens の南の村; 第一次大戦時米軍が初めて参戦した地 (1918年 5 月 18日)》.

can·ti·le·na /kæ̀ntəlí:nə/ *n* 〖楽〗 カンティレーナ 《声楽, 時に器楽の抒情的な旋律》. [It]

can·ti·le·ver /kǽnt(ə)lì:vər, *-lèvər/ *n* 〖建〗 片持ち梁(ばり); 〖空〗 片持ち翼(よく). ► *vt* 〈梁などを〉片持ちにする. ► *vi* 《片持ち梁のように》 一端が飛び出す. [C17<?]

cántilever brìdge 〖土木〗 ゲルバー橋(きょう).

cántilever sprìng 〖機〗 《特に自動車の》 片持ちばね.

can·til·late /kǽnt(ə)lèɪt/ *vt*, *vi* 〈聖書のことばを〉単旋聖歌風に詠唱する, 朗唱する (chant). ♦ **càn·til·lá·tion** *n* 朗詠, 詠唱, カンティレーション.

can·ti·na /kæntí:nə/ *n* *《南西部》 酒場; 《イタリアの》 酒場; *《南西部》 鞍の前橋に付けた小袋. [AmSp]

cant·ing /kǽntɪŋ/ *a* もったいぶった口調の, 偽善的口ぶりの; 物乞いのような調子の; 暗示的な, 《特に》 《紋章・蔵書票などで》 図柄が家名[所有者名など]を暗示する.

cánting àrms ALLUSIVE ARMS.

cánting còin 樽のころがりを防ぐための三角形の木片.

can·ti·no /kæntí:noʊ/ *n* (*pl* ~s) 〖楽〗 《リュート・ヴァイオリンなどの》 最高音部の弦.

can·tle /kǽntl/ *n* 鞍尾(あんび) 《鞍(くら)の後部の弓なりの部分》; *切り取った一部, 切れはし.

cant·let /kǽntlət/ *n* 小片, 断片.

cán't-mìss *a*, *n* *《俗》 有望な[確実な, だれもが認める]もの[人, 競走馬].

can·to /kǽntoʊ/ *n* (*pl* ~s) 《詩歌の》 篇, カントー 《小説などの chapter に当たる》; 〖楽〗 主旋律 (cantus); 《古》 旋律, 歌曲; 《スポ俗》 《競技の》 ひと区切り 《野球の inning, ボクシングの round など》. [It=song<L CANTUS; cf. CHANT]

cánto fér·mo /-fɜ́:rmoʊ/ CANTUS FIRMUS. [It]

can·ton *n* /kǽnt(ə)n, -tàn; -tɔ̀n/ **1** 《スイス連邦の》 州, 《フランスの》 小郡 《arrondissement の小区分で, いくつかの communes からなる》. **2** /; kǽntən/ 〖紋〗 カントン 《盾形の紋地の(向かって左の)上端の小区画, 旗の旗ざお側上端の一区画; 通例 長方形》. **3** 《廃》 区 (division), 部 (section). ► *vt* **1** /kəntóʊn, -tán; kəntú:n/ 〈軍隊など〉に宿舎を割り当てる, 宿営させる. **2** /kǽnt(ə)n, -tàn; kæntɔ́n/ 州[小郡]に分ける, 分割[分離]する. ♦ **~·al** /, kæntán(ə)l/ *a* **~·al·ìsm** *n* 州[小郡]分割制度. [OF=corner; ⇨ CANT[2]]

Can·ton **1** /kǽntàn, —⌐; kæntɔ́n/ カントン (広東) (⇨ GUANGZHOU). **2** /kǽnt(ə)n/ カントン 《Ohio 州北東部の市》.

Cánton chína 広東焼き 《磁器; 白地・青模様》.

cánton crépe [°C-] 広東クレープ 《絹または人絹》.

Cánton enámel 広東琺瑯(ほうろう) 《リモージュ (Limoges) 焼きに似た中国産の琺瑯製品》.

Can·ton·ese /kæ̀nt(ə)ní:z, *-s/ *a* 広東の; 広東語[人]の; 広東料理の. ► *n* (*pl* ~) 広東人; 広東語; 広東料理.

cánton flánnel [°C-] COTTON FLANNEL.

Cánton gínger カントンジンジャー (=*stem ginger*) 《上質の砂糖漬けショウガ》.

Canton Island ⇨ KANTON ISLAND.

can·ton·ment /kæntóʊnmənt, -tán-; kəntú:n-/ *n* 〖軍〗 宿営(地); 《もと駐インド英軍の》 兵営. [F; ⇨ CANTON]

Cánton Ríver [the] ZHU (珠江) の別称.

Cánton wàre 広東焼き 《特に 18–19 世紀に広東から積み出された各種の陶磁器》.

can·tor /kǽntər; -tɔ:r/ *n* カントル (**1**) 聖歌隊の先唱者 **2**) ユダヤ教礼拝の先唱者・独唱者》. [L=singer; ⇨ CHANT]

Can·tor /kǽntɔ:r/ カントル **Georg** ~ (1845–1918) 《ドイツの数学者; 集合論を創始》.

can·tor·ate /kǽntərət/ *n* CANTOR の地位[職, 任期]; 先唱者[独唱者]たち.

can·to·ri·al /kæntɔ́:riəl/ *a* 《聖歌隊の》 先唱者の; 教会内陣北側の (=*cantoris*) (opp. *decanal*).

can·to·ris /kæntɔ́:rəs/ *a* CANTORIAL; 〖楽〗 《交唱で》 北側聖歌隊の歌うべき (opp. *decani*). ► *n* 北側聖歌隊.

cánt pùrchase 鯨の脂肪皮をとるときに使う複滑車 《捕鯨船のマストの先と鯨の首の脂肪層に斜めに入れた切れ目のそれぞれにつける》.

cánt·ràil″ *n* 客車の屋根を支える角材.

can·trip /kǽntrəp/ *n* 《スコ》 魔女のいたずら, まじない; ″いたずら, わるさ.

can·tus /kǽntəs/ 〖楽〗 *n* (*pl* ~ /, -tù:s/) CANTUS FIRMUS; 主旋律; カントゥス 《15–16 世紀の多声楽曲》. [L=singing, song]

cántus fír·mus /-fɜ́:rməs, -fíər-/ (*pl* **cántus fír·mi** /-mi/) 〖楽〗 定旋律 《対位法作曲の基礎となる旋律; 単旋聖歌の旋律など》. [L=fixed song]

cántus plá·nus /-pléɪnəs/ PLAINSONG. [L]

canty /kǽnti/ *a* 《スコ・北イング》 陽気な, 活発な, 愛想のよい.

Ca·nuck /kənʌ́k/ *《口》 *n* CANADIAN, 《特に》 FRENCH CANADIAN (cf. JOHNNY CANUCK); [*derog*] CANADIAN FRENCH.

can·u·la /kǽnjələ/ *n* (*pl* ~s, **-lae** /-lì:/) CANNULA.

Ca·nute, Cnut, Knut /kən(j)ú:t/ クヌート, カヌート (c. 994–1035) 《イングランド王 (1016–35); 通称 ~ the Great; デンマーク王子に生まれ, イングランドに侵攻して王に選ばれ, のち, デンマーク王 (1018–35), ノルウェー王 (1028–35) も兼ねた》. [Dan; cf. G *Kint*, Saxon *kind* kind]

Ca·nu·tism /kən(j)ú:tɪz(ə)m/ *n* カヌート主義 《あくまで変化に抵抗しよう[を押しとどめよう]とする姿勢[やり方]》. [↑]

can·vas[1], **-vass**[1] /kǽnvəs/ *n* **1 a** 帆布, ズック, キャンバス. **b** 《サーカス・軍隊・キャンプの》 テント, おおい 《時に集合的》; サーカス. **c** 〖海〗 全帆; 〖ボートレース〗 キャンバス 《布でおおってある艇首および艇尾の甲板部》; [the] ボクシング[レスリング]リングの床, マット. **2 a** 画布, カンバス; カンバスに描いた絵, 油絵 (oil painting); 刺繍やつづれ織り用の布: a ～ by Turner ターナーの油絵. **b** 歴史[小説]の叙述の背景. ● (win) **by a ～** わずかの差で(勝つ)《ボートレースの用語から》. **on the ～** 《ボクシングで》ダウンして; 《一般に》負けそうになって. **under ～** ″〈軍隊が〉野営して; 〈船が〉帆を揚げて (under sail): *under* full [light] ～ 全帆[補助帆]を張って. ► *vt* …に canvas を張る[付ける]; 《廃》《ふざけて・罰として》帆布にくるんで放り投げる; 《廃》なぐる, 打ちのめす. ♦ **～·lìke** *a* [OF＜L; ⇨ CANNABIS]

cánvas·bàck *n* 〖鳥〗オオホシハジロ《北米産》; 《俗》何度もダウンする[しょっちゅうノックアウト負けになる]ボクサー.

cánvas bàck 《俗》浮浪者, 渡り労働者; 《俗》《都会に出てきたばかりの》ぽっと出の若者; 《俗》所持品をズックの袋に入れて背負っている人.

can·vass², **-vas²** /kǽnvəs/ *vt*, *vi* **1** 〈選挙区を〉遊説してまわる, 〈選挙民〉に投票を勧誘する, 〈票・支持などを〉集めにまわる, 選挙運動をする 〈*for* votes〉; 勧誘する, 注文取りにまわる: ～ *for* insurance [subscriptions] 保険[購読契約]の勧誘をする. **2** 詳細に調べる; 〈問題を〉討議する; 《古》徹底的に論難する, こきおろす; 世論調査をする; *〈投票を〉点検する. ► *n* **1** 勧誘, 依頼; 選挙運動, 戸別訪問, 遊説. **2** 調査, 討議; *投票の点検; 世論調査. ♦ **～·er** *n* 運動員, 勧誘員, 注文取り; 点検者; *投票点検員 (scrutineer″).
[CANVAS¹; 動詞のもとの意味は 'to toss in a sheet, shake up, agitate']

cánvas shóe ズック靴.

cany /kéɪni/ *a* 籐(とう) (cane) の, 籐製の, 籐状の, 籐の茂った.

can·yon, ca·ñon /kǽnjən/ *n* 深い峡谷, 大峡谷, キャニオン; 《ビルなどの》谷間(の大通り). [Sp *cañón* tube; ⇨ CANE]

càn·yon·éer·ing *n* CANYONING.

cányon·ing *n* キャニオニング《渓谷で, ロープを使って下降したり, 泳いだり, いかだに乗ったりしながら下流に進んでいくスポーツ》.

Cányon·lànds Nátional Párk キャニオンランズ国立公園《Utah 州南東部にあり地質学上興味深い峡谷・奇岩がある》.

can·zo·na /kænzóunə, -tsóu-/ *n* (*pl* **-ne** /-neɪ/) CANZONE.

can·zo·ne /kænzóuni, kɑːntsóuneɪ; kæntsóuni/ *n* (*pl* **～s** /-z/, **-ni** /-ni/) カンツォーネ《**1**) 中世イタリア・Provence の抒情詩 **2**) それによる声楽曲 **3**) イタリアのポピュラーソング》. [It]

can·zo·net /kæ̀nzənét/, **-net·ta** /-nétə/ *n* (*pl* **～s, -net·te** /-néti/) 〖楽〗カンツォネッタ《madrigal に似るが, より簡単な(無伴奏)合唱曲》; 軽い小歌曲.

Cao Dai /káu dáɪ/ カオダイ《1920 年ごろヴェトナムに起こった信仰集団; その信仰は仏教・キリスト教など諸宗教の要素を合わせもち, 孫文, Churchill などを聖人とした雑多なもの; フランスおよび日本の支配下において民族運動の一勢力となった》. ♦ **Cao·dá·ism** /-dáɪɪz(ə)m/ *n*

caou·tchouc /káuʧùk, -ʧùːk, ─́─/; *F* kautʃu/ *n* カウチューク《天然ゴム, 生ゴム》. [F＜Carib]

Cao Xue·qin, Ts'ao Hsüeh-ch'in /tsáu ʃuéʧín/ 曹雪芹(そうせっきん) (c. 1724–63)《中国, 清中期の小説家;『紅楼夢』》.

Cao Zhan, Ts'ao Chan /tsáu ʤáːn/ 曹霑(そうてん)《曹雪芹 (Cao Xueqin) の名; 雪芹は字号》.

cap¹ /kǽp/ *n* **1** (縁なし)帽子, キャップ (cf. HAT); 《階級・職業・所属団体などを示す》特殊帽, 制帽; ″《代表チームの》選手帽, 《代表チームの》選手(経歴); 《枢機卿の》法冠 (biretta); 《大学の》角帽 (mortarboard): throw up one's ～ 大喜びで帽子を放り上げる / If the ～ [*《口》the shoe] fits, wear it. 《諺》そのことばに思い当たるなら自分の事と思うがよい《★ しばしば wear it は省略》/ Where is your ～? (坊や)お辞儀は? / PULL ～*s* / CAP AND BELLS / CAP AND GOWN / COLLEGE CAP / a steel ～ 鉄かぶと (helmet) / He won seven England ～*s*. イングランド代表として 7 試合に出場した. **2** 《形状・位置・用途が》帽子に似たもの. **a** 《油田の》キャップロック; ふた, キャップ, 《瓶の》口金; 《電球の》口金; 《歯の》金冠; ″ペッサリー, キャップ (cervical cap); 《靴の》つまさき (toe cap); ひざの皿, 膝蓋(しつがい)骨 (kneecap); 摩滅したタイヤにかぶせた新しい踏み面 (tread). **b** 山頂; 波の上部, 波頭; 《キノコの》傘 (pileus); 《コケ類の》蘚帽 (calyptra); 鳥の頭(の毛); 〖建〗柱頭; 〖建〗冠木(かむき); 《電柱の》傘金; 〖海〗檣帽(しょうぼう). **c** 雷管 (percussion cap); 《電子管の》キャップ; 《おもちゃのピストル用の》紙雷管. **d** 〖数〗キャップ《集合の交わり[積集合]を表わす記号 ∩; cf. CUP》. **e** 後産(あとざん)の一部《新生児誕生時に頭に付着している》. **f** 〖生化〗キャップ《細胞[ウイルス, 分子]の一方の端に結合した分子[原子団]の集まり》. **g** *《卑》フェラチオ, クンニリングス. **3** *天井, 《支出・借入金などの》上限, キャップ 〈*on*〉; 最高 (top): an emissions ～ 《二酸化炭素の》排出上限 (⇨ CAP-AND-TRADE) / put [place] a ～ on…に上限をもうける / the ～ of fools 大ばか大将. **4** ″狩りの会費《会員以外の参加者から集める》. **5** 筆記[包装]用紙の各種のサイズ. ● **blow one's ～** ＝BLOW¹ one's top. **～ in hand** [*fig*] へりくだって, 謙虚に; ぺこぺこして (humbly). **get [win] a ～** ″選手になる (⇨ *n* 1 用例). **pop a ～** 《俗》銃を発射する. **put on one's thinking [considering] ～** 《口》熟考する, 落ちついて考える. **send the ～ round** 帽子を回して寄付金を集める. **set one's ～ at [for] sb** 《口》《結婚相手[愛人]にしようとして》〈男〉の気を引こうとする. **snap one's ～** *《俗》ひどく興奮する, 取り乱す, おたおたする.
► *v* (**-pp-**) *vt* **1 a** …に帽子をかぶせる; 《スコ》…に学位を授ける; 《NZ》学位授与のしるしとして…に帽子をかぶらせる; ″〈競技者を〉代表チームのメンバーに加える. **b** 〈人〉に脱帽する. **2** 〈器具〉にふたなどをかぶせる[取り付ける]; 〈歯〉に金[人工]冠をかぶせる; …の上をおおう; 〈催し〉の最後を飾る. **3** 〈冗談・逸話・引用句などを〉競って出す; しのぐ, うわてに出る: ～ a joke *with* an even funnier one. **4** 〈歳出など〉の上限を課す, …の歳出を規制する. **5** 〖生化〗…にキャップを形成する. ► *vi* 脱帽する 〈*to* sb〉: I was *capped to* by a stranger. 知らない人から敬礼された. ● **～ off** 《俗》終える, 済ます. **～ the climax** 度を超す, 予期以上のことをする; 意表に出る, 上の上をいく. **～ verses** 尻取り詩で答える《前の人の verse の最後[最初]の文字で始まる verse で答える》. **to ～ (it) all** 《口》挙句のはてに.
[OE *cæppe* cope, hood＜L *cappa*＜? *caput* head]

C

cap² *n*, *vt* (**-pp-**) 大文字 (capital letter) (で書く[印刷する]).

cap³ 《俗》*n* 《ヘロイン・LSD などの》薬(やく)のカプセル (capsule). ● **bust a ～** ヘロイン[麻薬]をうつ. **pop a ～** カプセルにはいった麻薬を飲む. ► *vt*, *vi* (**-pp-**) (薬(やく)のカプセルを)開ける[使う], (薬を)買う; 《俗》〈粉状の麻薬を〉カプセルに詰める, …のカプセルを作る. ● **～ out** *《俗》《マリファナや麻薬で》一時的に意識を失う.

cap⁴ *n* 《スコ》木の器[コップ]. [Sc *cop*＜CUP]

cap⁵ *vt* (**-pp-**) 《スコ》〈船を〉略奪する, ぶんどる; わなに掛ける; 《廃》逮捕する. [AF *caper* to seize]

cap⁶ 《口》*n* かしら, キャップ; [*voc*] 大将, 親方, だんな《相手にこびようとして使う》. [*Cap*tain]

cap⁷ *n* (株式)時価総額, (自己)資本総額 (capitalization): small-～ stock 小型株.

cap. capacity ♦ capital ♦ capitalize(d) ♦ capital letter ♦ captain.

CAP 〖米〗Civil Air Patrol ♦〖軍〗combat air patrol 戦闘空中哨戒 ♦ Common Agricultural Policy《EU の》共通農業政策.

ca·pa /káːpɑː/ *n* 《闘牛士の》ケープ; 高級キューバタバコ. [Sp]

Capa /kǽpə/ キャパ **Robert ～** (1913–54)《ハンガリー生まれの米国の報道写真家; 本名 Andrei Friedmann》.

ca·pa·bil·i·ty /kèɪpəbíləti/ *n* 能力, 権限 〈*of* action, act*ing*〉; 才能, 手腕 〈*for* be*ing* taught, *to* do〉; 可能性; [*pl*] 伸びる素質, 将来性; 性能; 〖電〗可能出力: beyond [within] the *capabilities* of… の能力を超えて[能力の範囲内で] / a nuclear ～ 核戦力.

Ca·pa·blan·ca /kɑ̀ːpɑːbláːŋkɑː/ カパブランカ **José Raúl ～** (1888–1942)《キューバのチェスプレーヤー; 世界チャンピオン (1921–27)》.

ca·pa·ble /kéɪpəb(ə)l/ *a* **1 a** 有能な, 手腕のある (able); 〈…に必要な〉実力[資格]のある 〈*for*〉: a ～ teacher [linguist] 有能な教師[言語学者]. **b** 〖法〗所有権[資格]のある. **2 a** 〈人が〉…の[する]力[能力, 傾向]のある, 〈…を〉あえてする, 〈…を〉しかねない 〈*of*〉: Tell me what you are ～ *of*. きみにできることを言ってください / He is a man ～ *of* (do*ing*) anything. どんなことでもできる[やりかねない]男だ. **b** 〈事物・事情が〉可能な, 〈…に〉耐えうる, 〈…を〉許容する 〈*of*〉: The novel is ～ *of* various interpretations. いろいろの解釈が可能である. **3** 《廃》広範な, 包括的な. ♦ **-bly** *adv* うまく, じょうずに. **～·ness** *n* [F＜L＝able to take in (*capio* to hold)]

ca·pable de tout /*F* kapabl d(ə) tu/ 何でもできる[やりかねない], 予測がつかない.

ca·pa·cious /kəpéɪʃəs/ *a* 広々とした; 大きい; 包容力のある (receptive). ♦ **～·ly** *adv* **～·ness** *n* [L *capao-* *capax* (*capio* to hold)]

ca·pac·i·tance /kəpǽsət(ə)ns/ 〖電〗*n* 《系の》電荷をたくわえる性質; 静電[電気]容量, キャパシタンス《記号 C》; キャパシタンスをもつ回路要素.

ca·pac·i·tate /kəpǽsətèɪt/ *vt* …に能力[資格, 権限]を与える, …に〈…が〉できるようにする 〈*for*, *to* do〉; 法的に適格にする; 〖生理〗〈精子〉に受精能を獲得させる; 《古》〈…することを〉可能にする 〈*to* do〉.
♦ **ca·pác·i·tà·tive** *a* CAPACITIVE. **ca·pác·i·tà·tor** *n* CAPACITOR. **ca·pàc·it·á·tion** *n* 能力[資格](付与); 《精子の》受精能獲得. [CAPACITY]

ca·pac·i·tive /kəpǽsətɪv/ *a* 〖電〗容量性の. ♦ **～·ly** *adv*

capácitive reáctance 〖電〗容量性リアクタンス.

ca·pac·i·tor /kəpǽsətər/ *n* 〖電〗コンデンサー, 蓄電器.

ca·pac·i·tron /kəpǽsətràn/ *n* 〖電〗キャパシトロン《静電結合により始動する水銀整流器》.

ca·pac·i·ty /kəpǽsəti/ *n* **1 a** 吸収力; (最大)収容力: The auditorium has a seating ～ *of* 800. 講堂には 800 人分の座席がある. **b** 容積; 容量; 〖理〗熱容量; 〖電〗CAPACITANCE; 〖電〗最大出力; 〖電算〗記憶容量. **2 a** 受容力, 理解力; 才能, 能力, 力量 〈*to* do, *of* do*ing*, *for* sth〉; 《工場などの》(最大)生産能力: a man of great ～ 大手腕家. **b** 〖法〗《法的な》資格, (行為)能力; 立場, 役割: ～ to action 〖法〗訴訟能力 / *in the* ～ *of* a friend 友人として / *in* my ～ *as* (a) critic [mayor] 批評家[市長]としてのわたくしの立場から / *in* a civil ～ 一市民として. ● **at (full) ～** 全生産能力をあげて, フル操業で. **in ～** 法律上の権能をもった. **to ～** 最大限に, いっぱいに: filled *to* ～. ► *a* 収容能力いっぱいの, 最大限の: play to a ～ house [audience] 満員の客を前に演じる. [F＜L; ⇨ CAPACIOUS]

cáp and béllls 道化師 (fool, jester) の鈴付き帽 (cf. FOOL's

CAP); 《鈴付き帽を含めた》伝統的な道化師服.

cáp and gówn 《大学教師・学生の》式服式帽 (academicals) 《特に 学位授与式の時に着用する》.

cáp-and-tráde *n* 〘環境〙 キャップ・アンド・トレード, 上限付き取引 《温暖化ガス排出権取引制度 (emission(s) trading) の方式; 国・企業などに排出量の上限が定められ, 排出権を売買してそれを達成するもの》.

C

cap-a-pie, cap-à-pie /kæ̀pəpíː, -péɪ/ *adv, a* 頭のてっぺんからつまさきまで, 全身: be armed ～ 完全に武装して. [OF]

ca·par·i·son /kəpǽrəs(ə)n/ *n* 馬の飾り衣装; 《一般に》きらびやかな盛装. ► *vt* [ᵁ*pass*] 盛装させる. [F＜Sp＝saddlecloth; ⇨ CAPE[2]]

cáp clòud 《山頂にかかる》笠雲(かさぐも).

Cap·com /kǽpkɑ̀m/ *n* 《飛行中の宇宙飛行士と宇宙基地で交信する》地上通信士. [*Cap*sule *Com*municator]

Cap d'An·tibes /*F* kap dɑ̃tib/ アンティーブ岬 《フランス南東部 Côte d'Azur 海岸にある岬; 岬基部東岸に保養地・小港 Antibes がある》.

cape[1] /kéɪp/ *n* **1** 岬 (headland). **2 a** [the C-] CAPE OF GOOD HOPE; [the C-] WESTERN CAPE. **b** [the C-] CAPE COD; [ᶜC-] CAPE COD COTTAGE. **3** CAPESKIN. [OF＜Prov＜L CAPUT]

cape[2] *n* ケープ 《肩からゆったり下がる袖なしのコート》; 《鶏などの》襟羽, 岬羽(こう); *狩で仕留めた獲物の頭部から首の皮. ► *vt* 〈闘牛を〉ケープをひらつかせて興奮させる[あやつる]; 《剥製を作るために》〈獲物〉の頭部・首の皮を剝ぐ. ♦ **～d** *a* [F＜L *cappa* CAP[1]]

ca·pe·a·dor /kɑ̀ːpiədɔ́ːr, kɑːpeɪɑːðɔ́ːr/ *n* (*pl* **～s, -do·res** /-ðɔ́ːreɪs/) 〘闘牛〙 カペアドール 《赤いケープで牛をあやつる, 闘牛士の補助役》. [Sp (CAPA)]

Cápe ànteater 〘動〙 ツチブタ (aardvark).

Cápe àsh 〘植〙 アフリカ南部産センダン科の木.

Cápe bòy 黒白混血の南アフリカ人.

Càpe Bréton Ìsland ケープブレトン島 《カナダ Nova Scotia 州の北東部の島; その北東端が **Cápe Bréton**》.

Cápe bùffalo 〘動〙 アフリカスイギュウ (＝*African buffalo*) 《大型で, 時に獰猛》.

Cápe canàry 〘鳥〙 キガシラカナリア 《アフリカ南部原産》.

Càpe Canáveral ケープカナヴェラル (⇨ CANAVERAL).

Cápe càrt 《南ア》 幌付き 4 人乗りの二輪馬車.

Ca·pec·chi /kəpéki/ カペッキ **Mario R(enato)** ～ (1937-) 《イタリア生まれの米国の遺伝学者; マウスの特定の遺伝子に変異を起こさせる原理を発見した功績によりノーベル生理学医学賞 (2007)》.

Cápe còbra 〘動〙 ケープコブラ (＝*geelslang*) 《南アフリカ産》.

Càpe Cód **1** ケープコッド, コッド岬 《Massachusetts 州南東部の L 字形の半島; 1620 年 Pilgrims が 上陸した地, 現在はリゾート; L 字形の内側がケープコッド湾 (**Cápe Còd Báy**)》. **2** CAPE COD COTTAGE.

Cápe Còd cóttage ケープコッドコテージ 《一階[一階半]建ての木造小型住宅で, 傾斜の急な切妻屋根と中央の大きな煙突を特徴とする》. [*Cape Cod* によく見られる]

Cápe Còd túrkey 《俗》 タラ (codfish).

Càpe Còlony ケープ植民地 (⇨ CAPE OF GOOD HOPE).

Cápe Cólored *a, n* (*pl* **～, ～s**) 《南ア》 《特に Cape 地方に居住してアフリカーンスまたは英語を第一言語とする人について》白人と有色人種との混血の(人).

Cápe còwslip 〘植〙 ラケナリア 《熱帯アフリカ原産ユリ科ラケナリア属の各種》.

Cápe cràwfish 〘動〙 南アフリカ沿岸のイセエビの一種.

Cápe dòctor 《南ア》 夏の強い南東風 《海へ病原菌を吹き払ってくれるという》.

Cápe Dútch *n* ケープオランダ語 《今は Afrikaans という》; [the, 〈*pl*〉] ケープオランダ人. ► *a* ケープオランダ人の; ケープダッチの 《切妻と白い壁を特徴とする 18 世紀 Cape 植民地でよく行なわれた建築様式, さらに Cape 地方の伝統的な家具様式についていう》.

ca·peesh /kəpíːʃ/ *vi**《俗》 COPPISH.

Cápe Féar [the] ケープフィア川 《North Carolina 州中部・南東部を南東に流れて大西洋に注ぐ》.

Cápe Fláts ケープフラッツ 《南アフリカ共和国の Cape 半島と本土をつなぐ低地》.

Cápe gòoseberry 〘植〙 ブドウホオズキ, ケホオズキ, シマホオズキ 《南米熱帯原産》.

Cápe hèn 〘鳥〙 オオクロミズナギドリ.

Càpe Hórn ホーン岬 (⇨ HORN[2]).

Càpe Hórn·er /-hɔ́ːrnər/ Cape Horn を回る船.

Cápe húnting dòg 〘動〙 リカオン (AFRICAN WILD DOG).

Cápe jàsmine [jèssamine] 〘植〙 クチナシ, ヤエクチナシ 《中国・日本原産》.

Ča·pek /tʃɑ́ːpèk/ チャペック **Karel** ～ (1890–1938) 《チェコの劇作家・作家・演出家》.

Cápe Kénnedy ケープケネディ (⇨ CANAVERAL).

cápe·let[1] *n* ケープレット 《肩に掛けるだけの小さなケープ》.

cap·e·let[2] /kǽpələt/ *n* 馬の脚の関節部にできる腫物.

cap·e·lin /kǽp(ə)lən/ *n* 〘魚〙 カラフトシシャモ, キャペリン 《北海道以北の太平洋や北大西洋に広く分布》.

cap·e·line /kǽpəlìːn, -lən/ *n* キャペリン 《柔らかく幅広のつばのある婦人用帽子》; 《頭部・肩・切断断端をおおう》帽子状包帯; 〘史〙 中世弓手のかぶった鉄製小帽子.

Ca·pel·la /kəpélə/ 〘天〙 カペラ 《ぎょしゃ座の α 星》.

ca·pel·li·ni /kæ̀pəlíːni/ *n pl* カペッリーニ 《極細パスタ》. [It (dim)＜*capello* hair]

Cápe Maláy [Múslim] 《南ア》 ケープマレー人[ムスリム] 《主として Western Cape 州に居住する, 主にアフリカーンス語を話すイスラム教徒》.

Cápe màrigold 〘植〙 DIMORPHOTHECA.

Cápe of Gòod Hópe [the] **1** 喜望峰 《南アフリカ共和国南部の岬》. **2** ケープ州 《南アフリカ共和国南部の旧州; 別称 Cape Province; ☆Cape Town; 南アフリカ連邦 結成 (1910) 以前は英国の植民地で, Cape Colony といった; 現在は Eastern Cape 州, Northern Cape 州, Western Cape 州, North-West 州に分かれている》.

Cápe Península ケープ半島 《南アフリカ共和国南部の Cape Town の都市域が広がる半島; 南端は Cape of Good Hope》.

Cápe pìgeon 〘鳥〙 マダラフルマカモメ 《南極海域産; ミズナギドリ科》.

Cápe prìmrose 〘植〙 STREPTOCARPUS.

Càpe Próvince [the] ケープ州 (⇨ CAPE OF GOOD HOPE).

ca·per[1] /kéɪpər/ *vi* はねまわる, 戯れる. ► *n* はねまわること; 《口》 酒盛り, どんちゃん騒ぎ; 《口》 悪ふざけ, いたずら; 《俗》 不法行為, 組織犯罪, 《特に》窃盗, 強盗; 《口》 《荒唐無稽な》犯罪映画; 《豪口》 職, 仕事; 《豪口》 行動, ふるまい. ● **cut a ～ [～s]** 《口》 興奮しておどりまわる, はねまわる, ふざけちらす, 狂態を尽くす. ♦ **～·er** *n* [*cap*riole]

caper[2] *n* **1** 〘植〙 フウチョウボク属の植物 《フチョウソウ科》, 《特に》ケーパー. **2** ケーパー, ケッパース 《その花のつぼみ・若い果実の酢漬け; ソースやドレッシングの味付け用》. [L＜Gk *kapparis*; 語形は *-is* を pl と誤ったため; cf. CHERRY, PEA]

caper[3] *n* 《古》 私掠船(の船長). [Du (*kapen* to privateer)]

cap·er·cail·lie /kæ̀pərkéɪl(j)i/, **-cail·zie** /-kéɪlzi/ *n* 〘鳥〙 ヨーロッパオオライチョウ, キバシオオライチョウ (＝*cock of the wood, mountain cock, wood grouse*) 《旧世界産のライチョウ類で最大》. [Gael ＝horse of the wood]

Ca·per·na·ite /kəpə́ːrniàɪt/ *n* カペナウム人(じん); 化体説 (transubstantiation) の信者 《特に 聖書に書いてある教義に執着する人びと; *John* 6: 53–59》.

Ca·per·na·um /kəpə́ːrniəm/ カペナウム 《Galilee 湖の北西岸にあった古代 Palestine の町; *Matt* 4: 12–17》.

cáper spùrge 〘植〙 ホルトソウ 《地中海地方・西南アジア原産トウダイグサ科の二年草; 種子は有毒で漢方薬に用いられ, 茎・葉からは乳液が出る; 北米にも帰化》.

Cápe rùby ケープルビー 《南アフリカ産の紅柘榴石》.

capes /kéɪps/ *n pl* 《スコ》 脱穀後も殻のついているトウモロコシ; 十分にひいていない穀物; 穀物が十分乾燥していない時に粉ひきから出てくるひき割り粉.

Cápe sàlmon 〘魚〙 GEELBEC.

cápe·skìn *n* ケープスキン 《**1**) もと南アフリカ産の羊の皮 **2**) 軽く柔らかな羊皮製品; 手袋・外套など》.

Cápe Smòke 南アフリカ Cape 地方で昔造られたブランデー.

Cápe spàrrow 〘鳥〙 ケープスズメ, ホオグロスズメ (＝*mossie*) 《南アフリカ原産》.

Ca·pet /kéɪpət, kǽp-; *F* kapɛ/ カペー **Hugh [Hugues]** ～ (938?–996) 《フランス王 (987–996); カペー朝の祖》.

Ca·pe·tian /kəpíːʃən/ *a, n* 〘史〙 《987–1328 年間のフランスの》カペー朝の(人[支持者]) (cf. CAROLINGIAN, MEROVINGIAN).

Càpe Tòwn, Cápe·tòwn ケープタウン 《南アフリカ共和国 Western Cape 州南西部の港湾都市・州都, 同国の立法上の首都》. ♦ **Cape·to·ni·an** /keɪptóuniən/ *n*

Càpe Vérde /-və́ːrd/ カーボヴェルデ 《西アフリカのセネガル西方海上の同諸島 (**Càpe Vérde Íslands**) からなる国; 公式名 Republic of ～ (カーボヴェルデ共和国); 1975 年にポルトガルから独立; ☆Praia》. ♦ **Cápe Vérd·ean** *a, n*

cápe·wòrk *n* 《闘牛士の》ケープさばき.

Cápe wrén wàrbler 〘鳥〙 ゴマフハウチワドリ (＝*tinktinkie*) 《アフリカ南部産》.

Càpe Yórk Península [the] ケープヨーク半島 《オーストラリア北東部 Queensland 州の半島; その先端が同国本土の最北端 York 岬》.

cáp·fùl *n* (*pl* **～s**) キャップ一杯(の量). ● **a ～ of wind** 〘海〙 《不意に船体を傾けて吹き去る》一陣の風.

cáp gùn CAP PISTOL.

caph ⇨ KAPH.

Cap-Ha·i·tien /kæ̀phéɪʃən/ カパイシアン (F **Cap-Ha·ï·tien** /*F* kapaisjɛ̃, -tjɛ̃/) 《ハイチ北部の市・港町》.

ca·pi·as /kéɪpiəs, kǽp-; -æs/ *n* 〘法〙 拘引令状.

capibara ⇨ CAPYBARA.

cap·il·la·ceous /kæ̀pəléɪʃəs/ *a* 毛状[糸状]の; CAPILLARY.

cap·il·lar·i·ty /kæ̀pəlǽrəti/ *n* 毛(細)状; 〘理〙 毛管現象 (＝*cap-*

illary action); CAPILLARY ATTRACTION.
cap·il·láro·scòpe /kæ̀pəlǽrə-/ *n* 〘医〙毛細管顕微鏡.
cap·il·la·ros·co·py /kæ̀pəlɑráskəpi/ *n* 〘医〙毛細管顕微鏡検査.
cap·il·lary /kǽpəlèri; kəpíl(ə)ri/ *a* 毛状の; 毛管(現象)の; 〘解〙毛細(血)管の: a ~ vessel 毛細管. ► *n* 毛細(血)管; 小さな穴, 細孔. [L (*capillus* hair)]
cápillary áction 〘理〙毛管現象 (capillarity).
cápillary attráction 〘理〙毛管引力.
cápillary béd 〘解〙毛細血管床.
cápillary electrophorésis 〘化〙毛細管電気泳動《毛細管中で行なう, 微量試料の高効率の分離技術; 略 CE》.
cápillary jóint 毛管接合《管の接合法で, わずかに大きめの管に別の管を差し込み, 間隙に蠟を毛管現象によって流す方法》.
cápillary repúlsion 〘理〙毛管斥力(せきりょく).
cápillary túbe 《温度計などの》毛(細)管.
ca·píl·li·fòrm /kəpílə-/ *a* 〘植〙毛髪状の; 髪に似た.
cap·il·li·ti·um /kæ̀pəlíʃiəm/ *n* (*pl* **-tia** /-ʃiə/) 〘生〙《変形菌類の胞子形成の分割前に生じる》細毛体.
ca·pish /kəpí:ʃ/ *vi**《俗》COPPISH.
capita *n* CAPUT の複数形.
cap·i·tal[1] /kǽpətl/ *n* **1** 首都, 首府, 都; 中心地 ‹*of*›: the rubber ~ ゴム産業の中心地. **2** 資本(金); 元金, 元手, たくわえ; 《口》現金, 金; 資本家階級: 5% interest *on* ~ 元本に対する 5 分の利子 / *C*~ and Labor 労資 / ~ and interest 元本と利子, 元利. **3** かしら文字, 大文字 (=~ **létter**)《A, *A*, B, *B* など; opp. *small letter*》: in ~*s* 大文字で / SMALL CAPITAL. ● **make ~ (out) of**…を利用する, …に乗じる. ► *a* **1 a** 最も重要な, 主要な; 〈都市が〉首位の, 中央政府のある; ᴵᴵ《口》第一級の, すばらしい, みごとな: a ~ city [town] 首都 / *C*~*!* すてき, うまい! / a ~ idea 名案. **b** 〈罪が〉死に値する; 重大な, とんでもない: a ~ crime [offense] 死罪; [*joc*] とんでもない悪事 / a ~ error 大変なあやまち. **2** 資本[元金]の: a ~ fund 資本金. **3** 大文字の. ● **with a ~** A [B, C, etc.] 本物の, まことの, 全くの, 特筆大書すべき: a Conservative *with a* ~ C 根っからの保守主義者 / mean *with a* ~ M. ★ 強調すべき語に該当する大文字をつける. ◆ **~·less** *a* [OF<L; ⇨ CAPUT]
capital[2] *n* 〘建〙《円柱や角柱の柱身の上にある》柱頭. [OF<L (dim) ‹ CAPUT]
cápital accóunt 〘国際収支〙資本勘定 (cf. CURRENT ACCOUNT); 〘会計〙資本(金)勘定; [*pl*] 純資産勘定.
cápital ásset [°*pl*] 〘会計〙資本的資産, 固定資産《FIXED ASSET のほか, 特許権・商標権などの無形資産も含む; opp. *current asset*》.
cápital expénditure 〘会計〙資本的支出《1 会計年度を超えて利益をもたらす支出で, 具体的には固定資産の取得・改良費のこと; cf. REVENUE EXPENDITURE》.
Ca·pi·tal Fe·de·ral /kɑ̀:pətɑ́:l fèɪdərɑ́:l/ 連邦区 (⇨ FEDERAL DISTRICT).
cápital gáin 〘商〙資本利得, キャピタルゲイン《有価証券・資産を売却して得た利得》.
cápital gáins distribùtion 《投資(信託)会社が株主に払う》資本利得配分.
cápital gáins tàx 資本利得税, キャピタルゲイン税《略 CGT》.
cápital góods *pl* 〘経〙資本財《商品生産のための機械類など; cf. PRODUCER GOODS》.
cápital-intènsive *a* 大きな資本を要する, 資本集約的な (cf. LABOR-INTENSIVE).
cápital invéstment 資本投資, 設備投資.
cápital·ìsm *n* 資本主義.
cápital·ist *n* 資本家; [ˢ*derog*] 大金持; 資本主義者. ► *a* 資本を保有する; 資本主義の, 資本主義的な, 資本主義者の; 資本の: a ~ country 資本主義国.
cap·i·tal·is·tic /kæ̀p(ə)t(ə)lístɪk/ *a* 資本家的な; 資本主義的な. ◆ **-ti·cal·ly** *adv*
cápitalist róad 《中国の》走資派の政策[目標].
cápitalist róad·er 《中国の》走資派《毛沢東時代に「資本主義の道を歩む実権派」を非難していった呼称》.
cap·i·tal·iz·a·tion /kæ̀pət(ə)ləzéɪʃ(ə)n; -làɪ-/ *n* **1** 資本化, (将来)収益の資本還元, 《資本・投資の》現在価値化; 資本総額; 負債総額; 自己資本総額, 出資総額; 《発行済み株式の》時価総額; 《収入・年金の》資本見積もり, 現価計上; 《会社・事業への》投資. **2** 大文字使用.
capitalizátion ìssue 〘証券〙資本金組入れ発行, 無償増資[発行].
cápital·ìze *vt* **1 a** 〈準備資金などを〉(使える)資本に換える, 資本化する; 〈会社・事業〉に投資する; 〈収益・財産〉の資本還元を行なう, 現在価値を算出する; 〈負債を〉株式に換える; 《会社定款によって》〈会社〉の株式発行総数を決定する; 〘会計〙〈支出を〉資産勘定に計上する: highly [well] ~*d* 巨額の資本を投入した. **b** 利用する, …に乗じる. **2** 大文字で書く[印刷する]; 大文字で始める. ► *vi* 利用する, 〈…に〉つけいる ‹*on*›. ◆ **-iz·er** *n*
cápital lèvy 資本課徴, 資本税.
cápital lòss 〘商〙資本損失, キャピタルロス《資産, 特に固定資産の売却価額が取得価額より低い場合に生じる損失》.
cápital·ly *adv* すばらしく, みごとに; 大いに, 主として; 死刑を含むようなやり方で, 極刑で: punish ~.
cápital márket 〘金融〙資本市場《株式や公社債の取引によって長期資金の需給が行なわれる市場; 1 年までの短期資金の貸借が行なわれる MONEY MARKET と対比される》.
cápital óutlay CAPITAL EXPENDITURE.
cápital prójeet 《長期で大型の》設備投資[生産能力増強]計画.
cápital púnishment 死刑, 極刑.
cápital shìp 〘海軍〙主力艦《装備・排水量が最大級の軍艦; 戦艦・巡洋艦・航空母艦など》.
cápital síns *pl* DEADLY SINS.
cápital stóck* 資本金《会社定款により株式会社が発行する株の総額》; 株式額面資本総額; 〘経〙資本ストック; 普通株.
cápital strúcture 《企業の》資本構成.
cápital súm 〘保〙《支払われる保険金の》最高額; 一時払い保険金.
cápital súrplus* 資本剰余金 (share premiumᴵᴵ)《株式払込金が額面を超過する金額など企業収益以外のものから生じる剰余金》.
cápital térritory 首都圏.
cápital tránsfer tàx 〘英〙資本承継税, 資本移転税《1974 年遺産税 (estate duty) に代わって採用された租税; 生前贈与と相続に課税; 86 年相続税 (inheritance tax) に取って代わられた》.
cap·i·tate /kǽpətèɪt/ *a* 〘植〙頭状(花序)の; 〘生〙有頭の. ► *n* 〘解〙有頭骨, 小頭骨 (=~ **bòne**).
cáp·i·tàt·ed *a* 人頭払い[請負]方式の, 頭割り医療費の《医療提供者が, 実際に提供する医療にかかわりなく, HMO などから患者 1 人当たり定額の支払いを受ける方式》.
cap·i·ta·tion /kæ̀pətéɪʃ(ə)n/ *n* 《払いの》頭割り, 《診療報酬の》人頭払い[請負]方式《低額払い方式》; 人頭税 (poll tax). [F or L=poll tax; ⇨ CAPUT]
capitátion grànt 人頭補助金《各人均一》.
cap·i·tel·lum /kæ̀pətéləm/ *n* (*pl* **-tel·la** /-lə/) 〘解〙《上腕骨などの》小頭. [NL (dim) ‹ CAPUT]
Cap·i·tol /kǽpətl/ **1** [the] **a** カピトリウム《古代ローマの Jupiter の神殿; CAPITOLINE Hill にあった》. **b** カピトリウムの丘. **2** [the] 米国連邦議会議事堂; [the, ᵘthe c-] 《米国の》州議会議事堂 (statehouse): on both sides of *the C*- *上下両院で, 両院が協力して. [OF<L; ⇨ CAPUT]
Cápitol Híll **1** [the] CAPITOLINE Hill. **2** キャピトル ヒル《Washington, D.C. の連邦議会議事堂のある丘》; 米国連邦議会.
Cap·i·to·li·an /kæ̀pətóuliən/ *a* CAPITOLINE.
Cap·i·to·line /kǽpətəlàɪn, ᴵᴵkəpítə(ʊ)-/ *a* カピトリウム (Capitol) の; カピトリウムの神々[丘]の. ► *n* [the] カピトリウムの丘 (=the ~ **Híll**)《古代ローマの Jupiter 神殿のあった丘で, SEVEN HILLS OF ROME の一つ》.
capitula *n* CAPITULUM の複数形.
ca·pit·u·lant /kəpítʃələnt/ *n* CAPITULATE する人.
ca·pit·u·lar /kəpítʃələr/ *a* 〘植・解〙CAPITULUM の; 〘キ教〙参事会 (chapter) の. ► *n* 〘キ教〙CAPITULARY. [L CAPITULUM]
ca·pit·u·lary /kəpítʃəlèri; -ləri/ 〘キ教〙*a* CAPITULAR. ► *n* 参事会員; [*pl*] 《特にフランク王国の》法令集.
ca·pit·u·late /kəpítʃəlèɪt/ *vi* 〘軍〙(条件付きで)降伏[開城]する ‹*to*›; しぶしぶ受け入れる[認める] ‹*to*›; 《古》交渉する. ◆ **ca·pít·u·là·tor** *n* [L=to draw up under headings; ⇨ CAPITULUM]
ca·pit·u·la·tion /kəpìtʃəléɪʃ(ə)n/ *n* 条件付き降伏[開城]; [*pl*] 降伏文書; [*pl*] 《治外法権など外国人居住者に対する特権を取り決めた》政府間協定; 要項一覧表; 《会議・条約などの》合意事項箇条書[覚書].
capitulátion·ìsm *n* 投降[降伏]主義《特に 西側に寝返った共産主義者の姿勢を指す》. ◆ **-ist** *n*
ca·pit·u·la·to·ry /kəpítʃələtɔ̀:ri; -lèɪt(ə)ri/ *a* CAPITULATION の[に基づく].
ca·pit·u·lum /kəpítʃələm/ *n* (*pl* **-la** /-lə/) 〘植〙頭状花序; 《大型菌類の》傘; 〘解〙(骨)小頭. [L (dim) ‹ CAPUT]
ca·piz /kɑpí:z, kæ-/ *n* 〘貝〙ナミマガシワガイ科[マドガイ科] *Placuna* 属の海産二枚貝, 《特に》マドガイ《西太平洋・インド洋に分布し, 特にフィリピンに多い; 殻はランプの笠や装飾品などに利用される》. [?]
Cap·lets /kǽpləts/ 〘商標〙カプレット, キャプレット《カプセル形の錠剤》.
cap·lin /kǽplən/, **cap·ling** /-lɪŋ/ *n* CAPELIN.
cáp·lòck *n* 燧発(すいはつ)銃 (flintlock) に似た先込め銃.
cap'n /kǽpm/ *n* 《口・方》CAPTAIN.
ca·po[1] /kéɪpoʊ, kɑ́:-/ *n* (*pl* **~s**) 〘楽〙カポ (=*capotasto*)《ギターなどの全部の弦のピッチを同時に上げるために指板に取り付ける器具》. [It]
ca·po[2]* /kɑ́:poʊ, kǽp-/ *n* (*pl* **~s**) 《Mafia の》支部長 (captain). [It=head]
capoc ⇨ KAPOK.
Ca·po di Mon·te /kɑ́:poʊ di mɑ́nti; kǽpəʊ di mɔ́nteɪ, -ti/ カ

C

ボディモンテ磁器《18 世紀に Naples 市北部の Capodimonte で作られた装飾的な磁器・磁器像》.

Ca·po·dis·tria /kæpədístriə, kɑ̀:pədí:s-/ カポディーストリア《KOPER のイタリア語名》.

ca·po di (tut·ti) ca·pi /ká:pou di (tú:ti) ká:pi/ マフィアの巨頭, ドン, 大立者; 《一般に》大物. [It]

ca·po·ei·ra /kɑ̀:pouéirə/ *n* カポエイラ《ブラジルで行なわれる男性の舞踊; アフリカ起源で護身と踊りの両面をもつ》.

C

cáp of líberty LIBERTY CAP.

cáp of máintenance 捧持の式帽《もと高官の標章; 現在では英国国王戴冠式の際に御前に捧持される》.

ca·pon /kéipən, -pɑ̀n/ *n* 《食用の》去勢鶏, 肥育鶏; 《俗》めめしい男, ホモ野郎《しばしば cuckold にたとえられる》. ♦ **~·ize** *vt* 〈雄鶏を〉去勢する. [OE *capun*<OF<L *capon- capo*]

ca·po·na·ta /kɑ̀:pənɑ́:tə/ *n* カポナータ《ナス料理の一種; しばしば前菜や付け合わせとして食べる》. [It]

Ca·pone /kəpóun/ (アル·)カポネ **Al(phonse)** ~ (1899–1947)《米国のギャングの首領; 禁酒法時代に Chicago を中心に大組織を動かした; 顔の傷跡から 'Scarface' とも呼ばれた; ⇨ ST. VALENTINE DAY MASSACRE》.

cap·o·nier /kæ̀pəníər/ *n* 要塞の堀にかかる屋根付き通路.

cap·o·ral[1] /kǽp(ə)rəl, kæ̀pərǽl; kæ̀pərɑ́:l/ *n* カポラル《安い刻みタバコ》. [F (*tabac du*) *caporal* tobacco (of corporal[1]); '上等' の意]

cap·o·ral[2] /kæ̀pərǽl, kɑ̀:pərɑ́:l/ *n**《南西部》放牧農場の主人[管理人補佐]. [Sp]

cap·o·re·gime /kæ̀pourɪʒí:m/ *n**《俗》マフィアの副支部長《CAPO[2] の次位》.

Ca·po·ret·to /kɑ́:pourétou/ カポレット《KOBARID のイタリア語名》.

ca·pot /kəpɑ́t, -póu/ *n* 《PIQUET で》全勝. ► *vt* 〈相手に〉全勝する.

ca·po·ta·sto /kɑ̀:poutɑ́:stou/ *n* (*pl* **~s, ca·pi·ta·sti** /-pitɑ́:sti/) 〘楽〙カポタスト (CAPO[1]). [It]

ca·pote /kəpóut/ *n* フードの付いたコート; カポート《ひも付きボンネットの一種》; 《軽装馬車の》折りたたみ式屋根. [F (dim)‹CAPE[2]]

Ca·po·te /kəpóuti/ カポーティ **Truman** ~ (1924–84)《米国の作家; *Other Voices, Other Rooms* (1948), *Breakfast at Tiffany's* (1958), *In Cold Blood* (1966)》.

cap·pa /kǽpə/ *n* (*pl* **cap·pae** /kǽpeɪ, -i/) カッパ《修道士・修道女などがはおる袖なし外套》.

Cap·pa·do·cia /kæ̀pədóuʃ(i)ə; -siə/ カッパドキア《小アジア東部地方の古称; 馬の産出で知られた; ☆Caesarea (Mazaca)》. ♦ **Càp·pa·dó·cian** *a, n*

cáp pàper 薄葉包装紙; カップ《筆記用紙のサイズ》.

cap·pa·ri·da·ceous /kæ̀pərədéiʃəs, kəpæ̀rə-/ *a* 〘植〙フウチョウソウ科 (Capparidaceae) の.

cápped hóck /kǽpt-/ 〘獣医〙《馬の》飛節腫.

cápped macáque 〘動〙BONNET MONKEY.

cap·pel·let·ti /kæ̀pəléti/ *n pl* カッペレッティ《挽肉やチーズを詰めた帽子状の小さなパスタ》. [It]

cáp·per *n* CAP[1] を作る[売る]人; cap する人[装置], ふた締め機; *《俗》《値を競り上げる》サクラ (by-bidder), 《ばくち打ちの》おとり (decoy); *《俗》終わり, 頂点; *《俗》きわめつけ(のジョーク), 《笑い話などの》おち.

cap·pie /kǽpi/ *n* 《スコ》ICE-CREAM CONE; 小さなコップ.

cáp·ping *n* CAP[1] するもの; 支出[徴収]額の上限設定; 〘地質〙表土, 《鉱脈の上にある》焼け, キャッピング; 〘建〙頂材, 笠, キャッピング.

cáp pìstol おもちゃのピストル.

cáp plàte HEADPLATE.

cap·puc·ci·no /kɑ̀:p(j)ətʃí:nou, kæ̀p-/ *n* (*pl* **~s**) カプチーノ《**1**) 泡立てたホットミルクかクリームを加えたエスプレッソコーヒー; しばしばシナモンで香りをつける **2**) ラムかブランデーを加えた熱いココア》. [It]

Cap·ra /kǽprə/ キャプラ **Frank** ~ (1897–1991)《米国の映画監督; ヒューマニズムを基調とした笑いと涙の映画を得意とした》. ♦ **Càpra·ésque** *a*

cap·re·o·late /kǽpriəlèɪt, kəprí:-/ *a* 〘植〙巻きひげのある; 〘解〙巻きひげ状の.

cap·reo·mýcin /kæ̀priə-/ *n* 〘薬〙カプレオマイシン《結核治療用の抗生物質》.

Ca·pri /kæprí:, kɑ́:pri; kǽp-/ **1** カプリ《イタリア Naples 湾の島》. **2** カプリ《もと Capri 島産の, 通例 白ワイン》; [[u]capris] CAPRI PANTS.

cap·ric /kǽprɪk/ *a* ヤギ (goat) の(ような).

cápric ácid 〘化〙カプリン酸 (DECANOIC ACID).

ca·pric·cio /kəprí:tʃiòu, -tʃou/ *n* (*pl* **-ci·òs, -pric·ci** /-prí:tʃi/) 〘楽〙奇想曲, カプリッチョ; 奇想画, 空想画; 気まぐれ (caprice), 戯れ. [It=sudden start, horror]

ca·pric·ci·o·so /kəprì:tʃióusou, -zou/ *a, adv* 〘楽〙奇想的な[に], 気まぐれな[に], カプリッチョーソ. [It (↑)]

ca·price /kəprí:s/ *n* 気まぐれ, むら気; 気まま; 空想的な作品; 〘楽〙カプリス (capriccio). [F<It CAPRICCIO]

ca·pri·cious /kəpríʃəs, -prí:-/ *a* 気まぐれな, 移り気の, 当てにならない; 《廃》機知のある, 空想的な. ♦ **~·ly** *adv* **~·ness** *n*

Cap·ri·corn /kǽprɪkɔ̀:rn/ 〘天〙やぎ座 (山羊座) (Goat) 《星座》, 《十二宮の》磨羯(まかつ)宮 (⇨ ZODIAC); やぎ座生まれの人: TROPIC OF CAPRICORN. [OF<L (*caper* goat, *cornu* horn)]

Cap·ri·cor·ni·an /kæ̀prɪkɔ́:rniən/ *n* やぎ座生まれの人. ► *a* やぎ座の, 磨羯宮の.

Cap·ri·cor·nus /kæ̀prɪkɔ́:rnəs/ CAPRICORN.

cap·ri·fi·ca·tion /kæ̀prəfəkéɪʃ(ə)n/ *n* 〘園〙カプリフィケーション《食用イチジクの受粉を促す技法》.

cap·ri·fig /kǽprəfɪg/ *n* 〘植〙カプリイチジク《南欧・小アジア原産》.

cap·ri·fo·li·a·ceous /kæ̀prəfòuliéɪʃəs/ *a* 〘植〙スイカズラ科 (Caprifoliaceae) の.

cáp·ri·fòrm /kǽprə-/ *a* ヤギの形をした[に似た].

cap·rine /kǽpràɪn/ *a* ヤギ (goat) の(ような). [L (*capri caper* goat)]

cap·ri·ole /kǽpriòul/ *n* 跳躍, とびはね; 〘馬〙カプリオール《後肢を後ろに蹴り, できるだけ伸展させる垂直跳躍》; 〘バレエ〙CABRIOLE. ► *vi* capriole を行なう. [F<It=to leap (↑)]

Cap·ri·ote /kǽpriòut, kɑ́:p-, -riət/ *n* カプリ島民.

caprí pánts /kəprí:-/ *pl* [[o]C-] カプリパンツ (=*capris*)《全体に細身の七分丈の女性用ズボン》.

cap·ro·ate /kǽprouèɪt/ *n* 〘化〙カプロン酸塩[エステル]. [*caproic*, *-ate*[3]]

cáp·ròck *n* 〘地質〙キャップロック, 帽岩《**1**) 油田やガス田で石油やガスが逃げないように被覆している緻密かつ細粒で不浸透性の地層 **2**) 岩塩ドームの不透水性石膏》.

ca·pró·ic ácid /kəpróuɪk-/ 〘化〙カプロン酸 (hexanoic acid).

cap·ro·lac·tam /kæ̀proulǽktəm/ *n* 〘化〙カプロラクタム《白色結晶; ナイロンの原料》.

ca·prýl·ic ácid /kəprílɪk-/ 〘化〙カプリル酸 (octanoic acid).

caps. capitals [capital letters] ♦ capsule.

Cap·sa /kǽpsə/ カプサ《GAFSA の古代名》.

cap·sa·i·cin /kæpséɪəsən/ *n* 〘化〙カプサイシン《トウガラシの果実の辛味成分》.

cáp scrèw 〘機〙押えねじ (tap bolt).

Cap·si·an /kǽpsiən/ *a, n* 〘考古〙カプサ文化(期)(の)《南欧・北アフリカの旧石器時代後期・中石器時代初期の文化》. [チュニジアの Capsa=Gafsa 付近に標準遺跡がある]

cap·si·cum /kǽpsɪkəm/ *n* 〘植〙トウガラシ属 (*C-*) の各種 (pepper) (の実) 《ナス科》; 唐辛子《香辛料・胃腸刺激薬》. [?L CASE[2]]

cap·sid[1] /kǽpsəd/ *n* 〘生〙キャプシド《ウイルスの核酸を包むタンパク質の外殻》. ♦ **~·al** *a* [F<L *capsa* box]

capsid[2] *n* 〘昆〙メクラカメムシ科の各種, メクラガメ《植物の害虫》. [NL *Capsus*]

cap·size /kǽpsàɪz, ⏑⏑/ *vt, vi* 〈船を[が]〉ひっくり返す[返る], 転覆させる[する]. ► *n* 転覆. ♦ **cap·síz·al** *n* [Sp *capuzar* to sink by the head (*cabo* head, *chapuzar* to dive)]

cáp slèeve キャップスリーブ《肩先が隠れる程度の短い袖》. ♦ **cáp-slèeved** *a*

cáps lòck 〘電算〙キャップスロック《文字列全体を大文字で入力するためのキー》.

cáp·so·mère /kǽpsə-/ *n* 〘生〙キャプソメア《CAPSID[1] の構成単位》.

cap·stan /kǽpstən, -stæ̀n/ *n* 〘海〙車地(しゃち)《錨や円材を巻き揚げる装置》; 《テープレコーダーの》キャプスタン. [Prov (*cabestre* halter<L *capio* to seize)]

cápstan bàr 車地棒《capstan を回すための棒》.

cápstan làthe タレット旋盤 (turret lathe).

cáp·stòne *n* 笠石, 冠石 (=*topstone*); 絶頂, 極致.

cap·su·lar /kǽpsələr; -sju-/ *a* CAPSULE の[状の]; CAPSULATE.

cap·su·late /kǽpsəlèɪt, -lət; -sju-/**, -lat·ed** /-lèɪtəd/ *a* CAPSULE になった[はいった]. ♦ **càp·su·lá·tion** *n*

cap·sule /kǽpsəl, -sul; -sjul/ *n* **1 a** カプセル; 分離できる小さな容器; 《ガラス瓶の》口金; 〘空〙《軍用機などの》カプセル《密閉した乗員室; 脱出用にもなる》; 宇宙カプセル (space capsule). **b** 〘化〙《蒸発用の》小皿. **2** 〘解〙被膜, 嚢, 包, 《大脳の》内包 (internal capsule); 《細胞の》莢膜(きょうまく); 〘植〙蒴(さく), 蒴果; 《コケ類の》胞子嚢 (=*pyxidium*, *theca*). **3** 要約. ► *a* 要約した; ごく小さい, 小型の. ► *vt* **1** …に capsule をつける, capsule に入れる. **2** 要約する. [F<L *capsula* small box; ⇨ CASE[2]]

cápsule hotèl 《日本の》カプセルホテル.

cap·su·li·tis /kæ̀psəláɪtəs; -sju-/ *n* 〘医〙《水晶体などの》被膜炎, 包炎.

cap·sul·ize /kǽpsəlàɪz; -sju-/ *vt* CAPSULE.

cap·su·lot·o·my /kæ̀psəlɑ́təmi; -sju-/ *n* 〘医〙嚢[包]切開《特に白内障などの手術における水晶体被膜の切開》.

Capt. Captain.

cap·tain /kǽptən/ *n* **1 a** 長, 頭領 (chief), 指揮者; 《陸海軍の》名将, 軍師, 司令官: the great ~*s* of antiquity 古代の名将たち. **b** 〘陸軍〙大尉 (⇨ ARMY); 〘海軍・米沿岸警備隊〙大佐 (⇨ NAVY); 〘空軍〙大尉 (⇨ AIR FORCE); 〘海兵隊〙大尉 (⇨ MARINE CORPS). **2 a** 船長, 艦長, 艇長, 《船の各部署の》長; 《民間航空機の》機長. **b** 《チー

ムの》主将, キャプテン; ᵁ級長; 組長, 団長, 支部長; 消防署長[隊長]; *《警察の》分署長, 警部 (⇨ POLICE); *給仕長, ボーイ長 (bell captain); *地方選挙の党指揮者; 有力者, 大物, 大立者; *《南部》[親しい呼びかけ] 大将 (cf. COLONEL).: a ~ of industry 大物実業家, 産業界の大立者. ● **come C~ Armstrong** 《俗》《騎手が》八百長をやる. **come C~ Stiff over**… 《俗》…に高慢である. ► *vt* …の主将になる, 〈…を〉統率する. ♦ **~·cy** *n* captain の地位[職, 任期, 管轄区]. **~·ship** *n* captain の資格; 統率の才. [OF<L=chief; ⇨ CAPUT]

Cáptain Cóok 《NZ》 CAPTAIN COOKER.

Cáptain Cóoker 《NZ》 イノシシ (wild boar).

cáptain géneral (*pl* **cáptains gén-**, **~s**) 〔軍〕 総司令官, 司令長官; ᵁ(砲兵隊)名誉将校.

Cáptain Hóok フック船長《J. M. Barrie, *Peter Pan* に登場する海賊船の船長; ワニに右腕を食いちぎられ, 代わりに鉄のかぎの手がついている》.

Cáptain Kírk カーク船長《SF ドラマ 'Star Trek' で, 宇宙船 Enterprise 号の冷静沈着な指揮官である宇宙連邦軍大佐》.

cáptain of the héad(s) 《海俗》 便所掃除係.

cáptain's bèd キャプテンズベッド《横にひきだしの付いた浅い箱の上にマットレスを置いたベッド》.

cáptain's bíscuit 〔海〕 上等堅パン (hardtack).

cáptain's chàir キャプテンズチェア《座部がサドルシート (saddle seat) で, 背もたれが低く湾曲している肘掛け椅子》.

cáptain's màst 〔米海軍〕《船員の懲戒処分について》艦長が行なう審理[裁判] (=*mast*).

cáptain's wàlk WIDOW'S WALK.

cap·tan /kǽptæ̀n/ *n* 〔農薬〕 キャプタン《合成有機殺菌剤》.

cap·ta·tion /kæptéɪʃ(ə)n/ *n* 画策, 人気取り, おもねり.

cap·tion /kǽpʃ(ə)n/ *n* **1** 《新聞・論説などの》表題, 《章・節・ページなどの》見出し; 《さしえの》説明文 (legend), ネーム, キャプション; 《映像の》字幕 (subtitle); 〔法〕《法律文書の》頭書(とうしょ). **2** 《古》 逮捕. ► *vt* …にタイトル[字幕, 説明]をつける. ♦ **~·less** *a* [L (*capt-capio* to take); cf. CAPTIVE]

cap·tious /kǽpʃəs/ *a* すぐに欠点をあげつらう, けちをつけたがる, 揚げ足取りの; 人を惑わそうとする. ♦ **~·ly** *adv* **~·ness** *n* [OF or L (↑)]

cap·ti·vate /kǽptəvèɪt/ *vt* …の心を奪う, 魅惑[魅了]する, とりこにする, うっとりさせる; 《古》 捕える. ♦ **-và·tor** *n* **cáp·ti·vàt·ing** *a* 魅惑的な, 蠱惑(こわく)的な. **-vàt·ing·ly** *adv* **càp·ti·vá·tion** *n*

cap·tive /kǽptɪv/ *a* **1 a** 捕虜の, 捕えられた, 捕われの; 閉じ込められた; 自由に移動できない (cf. CAPTIVE BALLOON); [*fig*] とりこになった, うっとりした: take [hold] sb ~ 人を捕虜にする[しておく] / lead sb ~ 人を捕虜にして引き立てる; とりこにする, 魅了する. **b** 《独立を装っているものの》他の支配下に置かれた; 自由な選択[離脱]がしにくい状況に陥った: a ~ audience いやでも聞かされる聴衆《スピーカーを備えたバスの乗客など》. **2** 親会社専用の, 専属の. ► *n* 捕虜; 捕われの動物; 《恋などの》とりこ 〈*to*〉. [L (*capt- capio* to take)]

cáptive ballóon 係留気球 (cf. FREE BALLOON).

cáptive bólt 家畜銃《内挿された打撃棒を発射して動物を気絶させる; 屠殺前に用いる》.

cáptive márket いやでも買わざるをえない購買者, 商品選択の余地のない市場, 専属市場《ホテルや空港内の店舗の潜在的購買者層など》.

cáptive tèst [fíring] 《ミサイル・ロケットエンジンなどの》地上噴射試験, 固定テスト.

cap·tiv·i·ty /kæptívəti/ *n* 捕われ(の状態[期間]); [the C-] バビロニア捕囚 (Babylonian captivity); 《廃》 捕虜《集合的》: in ~ 捕われの身で, 監視されて; 〈野生動物が〉捕獲された状態で.

cap·to·pril /kǽptəprɪ̀l/ *n* 〔薬〕 カプトプリル《抗高血圧薬として用いる白色の粉薬; ACE 抑制薬 (ACE inhibitor) の一つ》. [mer*capt*-, *pro*line, *-il*]

cap·tor /kǽptər, -tɔ̀:r/ *n* 捕える人, 捕獲者, 誘拐者, 監禁者; 賞品獲得者; 獲物を捕えた動物. ♦ **cap·tress** /kǽptrəs/ *n fem*

cap·ture /kǽptʃər/ *vt* **1 a** 捕える; 逮捕する; 攻め落とす, 占領する; 《ゲームで》〈相手のコマなどを〉とる; 〔理〕〈原子核・素粒子などが素粒子を〉捕獲する. **b** 〈できごと・場面などを〉《映像などに》記録する; 〈雰囲気などを〉巧みに表現する: ~ her beauty on canvas 彼女の美しさをカンバスに定着させる. **c** 〈注意・関心などを〉とらえる. **d** 〔電算〕〈場面などを〉データとしてコンピューターに取り込む, 捕捉する; 〈実行中のプログラム・ディスプレー画面の状態を〉(捕捉して)記録する, 〈キーストロークを〉(捕捉して)記憶する. **2** ぶんどる; 〈賞品・票・タイトルを〉獲得する; 〔地理〕《川が他の川の上流部を》争奪[斬首]する. ► *n* 捕獲, 生け捕り; 獲得; 逮捕; 《敵地の》占領; 捕獲物, ぶんどり品; 《チェスなどで》相手のコマをとる手; 〔理〕(放射性)捕獲; 〔地理〕争奪, 斬首 (=*piracy*)《隣り合う 2 河川の一方が他方の上流の河流を奪うこと》; 〔電算〕《データの》捕捉, 取り込み. ♦ **cáp·tur·able** *a* **-tur·er** *n* [F<L; ⇨ CAPTIVE]

cápture the flág 旗取りゲーム《相手チームの旗を奪って捕虜にならないように陣地へ戻る》.

Cap·ua /kǽpjuə/ カプア《イタリア南部 Campania 州北西部の町; 古代アッピア街道が通り, 戦略上重要な地点》. ♦ **Cáp·u·an** *a, n*

ca·puche /kəpú:tʃ, -pú:ʃ/ *n* フード, 《特に》カプッチョ《カプチン会修道士が用いる長いとがったフード》. ♦ **~d** *a* [It (↓)]

Cap·u·chin /kǽpjəʃən, -tʃən/ *n* 《フランシスコ会の一派の》カプチン会(修道)士; [c-] 婦人用フード付き外衣; [c-] 〔動〕オマキザル属の各種, 《特に》ノドジロオマキザル《中米・南米産; 頭頂部の毛が修道士のフードに似る》; [ᵁc-] 〔鳩〕カプチン《頭と首にフード状の羽の生えた品種の家バト》. [F<It (*cappuccio* cowl < *cappa* CAPE[2])]

Cap·u·let /kǽpjələt/ キャプレット《Shak., *Romeo and Juliet* 中の Juliet の家名; ⇨ MONTAGUE》.

ca·put /kéɪpət, kǽpət/ *n* (*pl* **ca·pi·ta** /kǽpətə/) 〔解〕頭 (head); 《骨・筋の》頭, 骨頭, 筋頭. [L *capit- caput* head]

cáput mór·tu·um /-mɔ́:rtʃuəm/ (*pl* **cápita mór·tua** /-mɔ́:rtʃuə/) 〔錬金術〕蒸留[昇華]かす.

cap·y·ba·ra, cap·i- /kæ̀pɪbǽrə, -bá:rə/ *n* 〔動〕カピバラ, ミズブタ (=*water hog*)《南米の川辺にすむ, 体長がしばしば 1.2 m を超える齧歯(げっし)類中最大の動物》. [Tupi]

car /ká:r/ *n* 自動車 (automobile, motorcar), 乗用車, 車; 路面電車 (streetcar, tramcar); 荷馬車, トロッコ; 特殊車両, …車; *《一般に》鉄道車両, 客車 (passenger car), 貨車 (freight car) (⇨ CARRIAGE, VAN[2], WAGON, COACH); [the ~s] *列車 (the train); 《詩・文》 戦車 (chariot); *《エレベーターの》はこ, ケージ; 《飛行船・気球・空中ケーブルなどの》ゴンドラ, 吊りかご: by ~ 自動車で / take a ~ 車に乗る. ● **to BEAT[1] the ~s.** WRAP one's **~ around**…. ♦ **~·less** *a* [AF<L<OCelt]

car. carat(s). **CAR** °Central African Republic ♦ Civil Air Regulations 民間航空規則.

Cara /kǽrə, kérə; ká:rə/ キャラ《女子名》. [It=dear one<Celt]

ca·ra·bao /kà:rəbá:ou, -béɪ-, kæ̀r-/ *n* (*pl* **~s**, **~**) 〔動〕 WATER BUFFALO. [Philippine Sp<Malay]

Car·a·bas /kǽrəbæ̀s/ **1** [Marquis de ~] カラバス侯爵《Charles Perrault の *Le Chat botté* (=*Puss in Boots*) 中の猫の主人で, 見えっぱりの超保守主義者》. **2** [Marquess of ~] カラバス侯夫人《Thackeray, *The Book of Snobs* (1848) 中の見えっぱりの破産者》.

car·a·bid /kǽrəbəd, kərǽbəd/ 〔昆〕 *n* オサムシ (ground beetle) 《オサムシ科 (Carabidae) の各種の甲虫》. ► *a* オサムシ科の.

car·a·bin /kǽrəbən/ *n* 騎銃 (carbine); 《古》 CARABINEER.

car·a·bine /kǽrəbàɪn/ *n* 騎銃 (carbine).

car·a·bi·neer, -nier /kæ̀rəbəníər/ *n* 騎銃兵; [The C-s] 〔英軍〕 近衛第 6 竜騎兵連隊 (the 6th Dragoon Guards) の別称.

car·a·bi·ner, kar- /kæ̀rəbí:nər/ *n* 〔登山〕 カラビナ《ピトンの穴とザイルをつなぐ長円または D 字型の金属環》. [G]

ca·ra·bi·ne·ro /kæ̀rəbənéərou, kà:-/ *n* (*pl* **~s**) 《スペインの》国境警備兵; 《フィリピンの》税関吏, 沿岸警備官. [Sp]

ca·ra·bi·nie·re /kæ̀rəbənjéəreɪ, kà:r-/ *n* (*pl* **-ri** /-ri/) 《イタリアの》国防省警察官, 憲兵. [It]

car·a·cal /kǽrəkæ̀l/ *n* 〔動〕 カラカル (=*desert lynx*)《アフリカ・アジア産の, キツネよりやや大きい夜行性のヤマネコ》; カラカルの毛皮. [F<Turk]

Car·a·cal·la /kæ̀rəkǽlə/ カラカラ (188–217)《ローマ皇帝 (211–217); 本名 Marcus Aurelius Antoninus; 残酷と放恣をもって知られる; 暗殺された》.

ca·ra·ca·ra /kà:rəká:rə, kæ̀rəkǽrə, kæ̀rəkərá:/ *n* 〔鳥〕 カラカラ《米国南部から南米に分布する足の長い死肉食を好むハヤブサ科の鳥数種; カラカラ (=common ~) はメキシコの国鳥》. [Sp and Port<Tupi (imit)]

Ca·ra·cas /kərǽkəs; -rá:-/ カラカス《ベネズエラの首都》.

carack, carac ⇨ CARRACK.

car·a·cole /kǽrəkòul/, **-col** /-kàl/ *n, vi, vt* 〔馬〕 半旋回(する[させる]); 旋回[跳躍]の動作; 〔建〕 らせん階段.

Caractacus ⇨ CARATACUS.

caracul ⇨ KARAKUL.

Ca·ra·doc /kərá:dɔ:g, -dək; kərǽdək, kǽrədɔ̀k/, **-dog** /kərá:dɔ:g, kərǽdɔg/ カラドック, カラドッグ《CARATACUS のウェールズ[ケルト]語名》.

ca·rafe /kərǽf, -rá:f/ *n* カラフ《水・ワインを入れる卓上用のガラス瓶》; 《ガラス製の》コーヒーポット. [F<It<Sp<Arab=drinking vessel]

car·a·ga·na /kæ̀rəgá:nə/ *n* 〔植〕 ムレスズメ属 (*C-*) の各種の花木《アジア東北部原産; マメ科》.

carageen ⇨ CARRAGEEN.

ca·ram·ba /kərá:mbə:/ *int* チェッ, いまいましい, これは, エッ, ヘー《いらだち・驚きの発声》. [Sp]

car·am·bo·la /kæ̀rəmbóulə/ *n* 〔植〕 ゴレンシ, ヨウトウ, カランボー(ラ)《東南アジア原産カタバミ科の果樹; 果実は楕円形の漿果で, 5 本の稜があり, 横断面は星形, star fruit ともいう》. [Port<Marathi]

car·a·mel /kǽrəməl, -mɛ̀l/ *n* 焼き砂糖, カラメル《着色料またはプディングなどの味付け料》; キャラメル(1 個); カラメル色, 淡褐色. ► *a* カラメル色の. ♦ **~·ize** *vt, vi* カラメルにする[なる], カラメル化する. **càramel·izátion** *n* [F<Sp]

ca·ran·gid /kərǽndʒəd, -gəd/ *a, n* 〔魚〕 アジ科 (Carangidae) の(魚).

ca·ran·goid /kərǽŋgɔ̀ɪd/ *a, n* CARANGID.

ca·rapa /kərǽpə/ *n* 〖植〗センダン科カラパ属 (*C-*) の各種の木《ホウガンヒルギ・ニリスホウガンなど; 熱帯産》.

car·a·pace /kǽrəpèɪs/ *n* 〖動〗《カメ類の》背甲, 《甲殻類の》甲皮, 甲殻; 《心の》鎧(よろい), 仮面. [F＜Sp]

car·at /kǽrət/ *n* カラット《宝石の衡量単位: =200 mg》; *KARAT. [F＜It＜Arab＜Gk=fruit of carob (dim)＜*keras* horn]

Ca·rat·a·cus /kərǽtɪkəs/, **Ca·rac·ta·cus** /kərǽk-/ カラタクス, カラクタクス (*Welsh* Caradoc, Caradog)《ブリトン人の族長; ローマ軍に抵抗した (A.D. 43–50) が敗れて捕えられた》.

Ca·ra·vag·gio /kæ̀rəvá:dʒiòu, -dʒou, -ʒou/ カラヴァッジョ **Michelangelo da ～** (1571–1610)《イタリアの画家; 本名 Michelangelo Merisi; バロック様式の創始者》. ♦ **Ca·ra·vag·gesque** /kæ̀rəvɑ:dʒésk/ *a*

car·a·van /kǽrəvæ̀n/ *n* 隊商, キャラバン; 荷物を運ぶ動物の列; 列をなして進む一団の車両; 《ジプシーなどの》幌馬車; 大型の有蓋自動車, ワゴン車; ‖自動車で引く移動住宅, キャンピングトレーラー (trailer*). ► *vi* (**-vanned, -vàned; -vàn·ning, -vàn·ing**) caravan で旅をする[休暇を過ごす]. ♦ **cár·a·vàn·ning** *n* キャンピングカー旅行[生活]. [F＜Pers]

cáravan·er, car·a·van·eer /kæ̀rəvæníər, -və-/ *n* caravan で旅をする人 (caravanner).

car·a·van·ette‖ /kæ̀rəvænét/ *n* MOTOR CARAVAN.

cár·a·vàn·ner *n* caravan で旅をする人; ‖トレーラーを引いてキャンプに行く人.

cáravan párk [síte]‖ トレーラーキャンプ場.

car·a·van·sa·ry /kæ̀rəvǽns(ə)ri/, **-se·rai** /-s(ə)ràɪ/ *n* (*pl* **-ries, -ràis, -rài**) 隊商宿, キャラバンサライ《広い中庭がある》; 大きな宿屋[ホテル]; 隊商, 旅の一団. [Pers; cf. SERAI]

car·a·vel, -velle /kǽrəvèl/ *n* カラベル船 (=*carvel*)《15–16 世紀ごろスペイン・ポルトガルなどで使われた軽快な帆船》. [F＜Port＜Gk=horned beetle, cray fish]

car·a·way /kǽrəwèɪ/ *n* 〖植〗ヒメウイキョウ, キャラウェー《セリ科; 欧州原産》; ヒメウイキョウの実, キャラウェー(シード) (=**～ sèed**)《パンなどの着香料として, また 駆風薬として用いる》. [Sp＜Arab]

carb[1] /ká:rb/ *n* «口» CARBURETOR.

carb[2] *«口» *n* [ᵁ*pl*] 炭水化物 (carbohydrate) (を多量に含む食品)《ジャガイモ・パスタ・パンなど》. ► *vi* 《スポーツの前などに》炭水化物をたっぷり取る 〈*up*〉.

carb- /ká:rb/, **car·bo-** /ká:rbou, -bə/ *comb form*「炭素」 [L; ⇨ CARBON]

car·ba·chol /ká:rbəkɔ̀(:)l, -kòul, -kɑ̀l/ *n* 〖薬〗カルバコール《副交感神経興奮薬; 獣医用・緑内障用》.

cár bàg 《車で旅行中衣服がしわになったりほこりをかぶったりしないようにしまっておく》細長い衣裳かばん.

car·ba·mate /ká:rbəmèɪt, kɑ:rbǽmèɪt/ *n* 〖化〗カルバミン酸塩[エステル]; カーバメート(系薬)剤《殺虫剤》.

car·ba·maz·e·pine /kɑ̀:rbəmǽzəpì:n/ *n* 〖薬〗カルバマゼピン《三叉神経痛・癲癇(てんかん)治療用の抗痙攣(けいれん)薬》.

car·bám·ic ácid /kɑ:rbǽmɪk-/ 〖生化〗カルバミン酸.

carb·amide /ká:rbəmàɪd, kɑ:rbǽməd/ *n* 〖生化〗カルバミド《尿素 (urea) または その誘導体》.

carb·ámidine /kɑ:rb-/ *n* 〖化〗カルバミジン (guanidine).

càrb·amíno *a* 〖化〗カルバミン酸誘導体の.

car·ba·myl /ká:rbəmɪ̀l/, **-bam·o·yl** /kɑ:rbǽmouɪ̀l/ *n* 〖化〗カルバモイル, カルバミル《カルバミン酸から誘導される 1 価の酸基》.

càrbamyl·úrea *n* 〖化〗カルバミル尿素 (BIURET).

carb·an·ion /kɑ:rbǽnàɪən, -àɪɑ̀n/ *n* 〖化〗カルボアニオン《炭素陰イオン; cf. CARBONIUM》.

cár·bàrn* *n* 《電車・バスの》車庫.

car·ba·ryl /ká:rbərɪ̀l/ *n* 〖農薬〗カーバリル《広範囲殺虫剤》. [*carb*amate+*aryl*]

car·ba·zole /ká:rbəzòul/ *n* 〖化〗カルバゾール《染料・樹脂の合成原料》.

car·be·cue /ká:rbəkjù:/ *n* カーベキュー《廃車を火の上で回転させながら圧縮する装置》. [*car*+*barbecue*]

cár bèd カーベッド《車の座席におけるよう作られた幼児用ポータブルベッド》.

car·bene /ká:rbì:n/ *n* 〖化〗カルベン《二硫化炭素に溶け, 四塩化炭素に溶けない bitumen》.

car·ben·i·cil·lin /kɑ̀:rbɛnəsílən/ *n* 〖薬〗カーベニシリン《ペニシリンの一種; 緑膿菌などグラム陰性菌に抗菌力を示す》.

car·be·nox·o·lone /kɑ̀:rbənɑ́ksəlòun/ *n* 〖薬〗カルベノキソロン《胃潰瘍の治療に用いる消炎剤》.

car·bide /ká:rbàɪd/ *n* 〖化〗炭化物, カーバイド, 《特に》CALCIUM CARBIDE; 焼結炭化物《超硬合金》. [*carbon*, *-ide*]

car·bim·a·zole /kɑ:rbíməzòul/ *n* 〖薬〗カルビマゾール《甲状腺機能亢進症の治療薬》.

car·bine /ká:rbàɪn, *-bì:n/ *n* カービン銃; 《昔の》騎兵銃, 騎銃. [C17 *carabine*＜F=weapon of the carabin]

car·bi·neer /kɑ̀:rbəníər/ *n* CARABINEER.

car·bi·nol /ká:rbənɔ̀(:)l, -nòul, -nɑ̀l/ *n* 〖化〗カルビノール《メチルアルコール(から誘導したアルコール)》.

car·bo /ká:rbou/ *n* (*pl* **～s**) [ᵁ*pl*] *«口» CARB[2].

carbo- /ká:rbou, -bə/ ⇨ CARB-.

càrbo·cátion *n* 〖化〗カルボカチオン (CARBONIUM ION).

càrbo·cýclic *a* 〖化〗炭素環式の.

car·bo·hol·ic /kɑ̀:rbəhɔ́(:)lɪk, -hɑ́l-/ *n* 炭水化物をやたら食べたがる人, 炭水化物好き. [*carbo*hydrate+alco*holic*]

càrbo·hý·drase /-háɪdrèɪs, -z/ *n* 〖生化〗カルボヒドラーゼ《炭水化物の加水分解[合成]を触媒する酵素》.

càrbo·hýdrate *n* 〖化〗炭水化物; [ᵁ*pl*] 炭水化物系の食品.

car·bo·late /ká:rbəlèɪt/ 〖化〗*n* 石炭酸塩. ► *vt* 石炭酸で処理する. ♦ **cár·bo·làt·ed** *a*

car·bol·fuch·sin /kɑ̀:rbɔ̀(:)lf(j)ú:ksən, -bɑ̀l-/ *n* 〖化〗石炭酸フクシン《フクシンの混合溶液; 顕微鏡標本の染色用》.

car·bol·ic /kɑ:rbɑ́lɪk/ 〖化〗*a* コールタール性の. ► *n* 石炭酸 (phenol); CARBOLIC SOAP. [*carbo-*, *-ol*, *-ic*]

carbólic ácid 石炭酸《化学用語としては PHENOL》.

carbólic sóap 石炭酸石鹸《弱酸性》.

car·bo·line /ká:rbəlì:n/ *n* 〖化〗カルボリン《$C_{11}H_8N_2$ の分子式をもつ各種の異性体で多くのアルカロイド中にみられる》.

car·bo·lize /ká:rbəlàɪz/ *vt* PHENOLATE.

cárbo·lòad *vi* 炭水化物をため込む《マラソンなど消耗するスポーツの前に炭水化物を多量に摂取する》; *«学生俗» ビールを飲む. ♦ **～·ing** *n*

Car·bo·loy /ká:rbəlɔ̀ɪ/ 〖商標〗カーボロイ《タングステン・炭素・コバルトを含む超硬合金》.

cár-bòmb *vt* 自動車爆弾で攻撃[破壊]する. ♦ **cár bòmber** *n*

cár bòmb 自動車爆弾《自動車に仕掛けられた爆弾; 爆弾を仕掛けた自動車》.

càrbo·mýcin *n* 〖薬〗カルボマイシン《抗生物質; グラム陽性菌やリケッチアなどに抗菌性を示す》.

car·bon /ká:rbən/ *n* 〖化〗炭素《記号 C, 原子番号 6》; 〖電〗炭素棒; 〖電〗《電池の》炭素電極; カーボン紙; CARBON COPY; 〖環境〗《地球温暖化に関する複合語で》二酸化炭素 (carbon dioxide). [F＜L *carbon- carbo* charcoal]

car·bo·na·ceous /kɑ̀:rbənéɪʃəs/ *a* 炭素(質)の; 石炭[木炭](状)の; もろくて色が黒い (carbonous).

car·bo·nade /kɑ̀:rbənéɪd, -ná:d/ *n* CARBONNADE.

car·bo·na·do[1] /kɑ̀:rbənéɪdou, -ná:-/ *n* (*pl* **～s, ～es**) 〖鉱〗カルボナード, 黒ダイヤ (=*black diamond*)《ブラジル主産の不純金剛石; 研磨・切断用, 試錐(すい)用》. [Port=carbonated]

carbonado[2] «古» *n* (*pl* **～s, ～es**) 切れ目を入れてあぶり焼きにした肉片[魚肉]. ► *vt* 〈肉などを〉切れ目を入れてあぶり焼きにする; 切り刻む (hack). [Sp; ⇨ CARBON]

car·bo·na·ra /kɑ̀:rbəná:rə/ *n* [しばしば後置] カルボナーラ《ゆでてすぐに, ベーコン, おろしたパルメザンチーズ, 卵, 黒コショウなどとあえたパスタ料理》: spaghetti ～. [It]

cárbon àrc 〖電〗炭素アーク; アーク灯.

Car·bo·na·ri /kɑ̀:rbəná:ri/ *n pl* (*sg* **-ro** /-rou/) カルボナリ《19 世紀初めのイタリア急進共和主義者の結社; のちに青年イタリア党に吸収された》. [It=charcoal burners]

car·bon·a·ta·tion /kɑ̀:rbənətéɪʃ(ə)n/ *n* CARBONATION.

car·bon·ate /ká:rbənèɪt, -nət/ *n* 〖化〗炭酸塩[エステル]: ～ of lime [soda] 炭酸石灰[ソーダ]. ► *vt* /-nèɪt/ 炭酸塩化する; 炭化する; 炭酸(ガス)で飽和させる: ～*d* drinks 炭酸飲料 / ～*d* water ソーダ水.

càr·bon·á·tion *n* 〖化〗炭酸塩化; 〖化〗炭酸飽和; 〖化〗炭化 (carbonization); 〖製糖〗炭酸法《清澄法の一つ》.

car·bon·a·tite /kɑ:rbɑ́nətàɪt/ *n* 〖岩石〗カーボナタイト《炭素を豊富に含む貫入岩; 組成は石灰岩・花崗岩に似る》. [*carbonate*, *-ite*]

cárbon bisúlfide 〖化〗CARBON DISULFIDE.

cárbon blàck 〖化〗カーボンブラック《黒色顔料》.

cárbon chàin 〖化〗炭素鎖.

cárbon-còpy *a* そっくりな. ► *vt* …の精確な写しをとる, 複写する.

cárbon cópy カーボンコピー《**1**) カーボン紙による写し **2**) 名宛人以外に送られる E メールの写しで, 宛先が明示されているもの; 略 cc, c.c., CC; cf. BCC》; [*fig*] そっくりの人[もの], 生き写し, 再来.

cárbon crèdit 〖環境〗炭素クレジット《京都議定書に基づく温室効果ガス排出枠の単位; 排出権[量]取引 (emissions trading) において売買単位となる》.

cárbon cỳcle [the] 《生物圏における》炭素循環[輪廻(りんね)]; 〖天〗CARBON-NITROGEN CYCLE.

cárbon dàting 放射性炭素年代測定法, 炭素 14 法, カーボンデーティング (=*carbon-14* [*radiocarbon*] *dating*)《^{14}C (半減期 5730 年) による年代測定法》. ♦ **cárbon-dáte** *vt*

cárbon díamond CARBONADO[1].

cárbon dióxide 〖化〗二酸化炭素, 炭酸ガス.

cárbon dióxide snòw 〖化〗DRY ICE.

cárbon disúlfide 〖化〗二硫化炭素 (=*carbon bisulfide*)《溶媒》.

cárbon emìssions *pl* 炭素排出物《車・工場などから排出される二酸化炭素と一酸化炭素》.
càrbon·étte *n* «NZ» 石炭粉を圧縮して丸めた燃料, 豆炭.
cárbon fìber 炭素繊維, カーボンファイバー《軽くて強度・耐熱性にすぐれる; 補強材として利用》.
cárbon fòotprint 《日常生活・業務に伴う》炭酸ガス[二酸化炭素]排出量.
carbon 14 /⌐— fɔːrtíːn/ 〘化〙 炭素 14 (=*radiocarbon*)《質量数 14 の炭素の放射性同位体; 記号 ^{14}C, C^{14}; β 崩壊半減期 5730 年; トレーサーにするほか, 考古学・地質学における年代決定に用いる》.
carbon-14 dating /⌐— ⌐— —⌐/ CARBON DATING.
car·bon·ic /kaːrbánɪk/ *a* 〘化〙 炭素の, (4 価の)炭素の[を含む], 炭素 (IV) の.
carbónic ácid 〘化〙 炭酸.
carbónic ácid gàs 炭酸ガス (carbon dioxide).
carbónic an·hý·drase /-ænháɪdrèɪs, -z/ 〘生化〙 炭酸脱水酵素.
car·bon·if·er·ous /kàːrbəníf(ə)rəs/ *a* 石炭[炭素]を生じる[含む]; [C-] 〘地質〙 石炭紀[系]の: the *C*~ period [strata, system] 石炭紀[層, 系]. ► *n* [the C-] 石炭紀[系] (⇨ PALEOZOIC).
car·bon·ite /káːrbənàɪt/ *n* カルボナイト《発破用の爆薬》.
car·bo·ni·um /kaːrbóʊniəm/ *n* 〘化〙 カルボニウム(イオン) (=~ ion)《炭素陽イオン; cf. CARBANION》.
cárbon·ize *vi, vt* 炭化する; 炭になる[する]; 炭素処理する; …にカーボンブラックを付着させる. ♦ **~d** *a* 炭化した. **càrbon·izátion** *n* 炭化; 石炭乾留; 着炭.
cárbon knòck 《エンジンの》不完全燃焼により生じるノッキング音.
cárbon·less *a* 炭素のない; カーボン紙不要の, ノー[ノン]カーボンの.
cárbon mícrophone 炭素マイクロホン《音圧による炭素粒の接触抵抗の変化を利用したマイク》.
cárbon monóxide 〘化〙 一酸化炭素.
cárbon monóxide pòisoning 〘医〙 一酸化炭素中毒.
car·bon·nade /kàːrbənéɪd, -náːd/ *n* カルボナード《牛肉とタマネギをビールで煮込んだ料理》. [F=meat grilled over hot coals].
cárbon-néutral *a* カーボンニュートラルな《**1**)〈バイオ燃料などが〉二酸化炭素の増加を招来しない **2**)〈企業・活動などが〉炭素排出量に見合う対策を施す》.
cárbon-nítrogen cỳcle [the] 〘天〙 炭素(-窒素)サイクル (=*carbon cycle, nitrogen cycle*)《太陽などの恒星エネルギーを説明する核反応系列》.
cárbon òffsetting 炭酸ガス排出量削減[相殺]《二酸化炭素の排出を直接的に減らす代わりに温室効果ガス削減プロジェクトや植林などを通じて排出分を相殺すること》.
cárbon·ous *a* 炭素を含む, 炭素から誘導した, 炭素状の; もろくて色が黒い.
cárbon pàper カーボン紙; カーボン印画紙.
cárbon pròcess [prìnting] 〘写〙 カーボン印画法.
cárbon sìnk カーボンシンク《温室効果ガスを吸収すると考えられる森林・緑地・海洋など》.
cárbon spòt 〘宝石〙 カーボンスポット《ダイヤモンド中の黒点》; 硬貨上の小黒点.
cárbon stàr 〘天〙 炭素星《スペクトル型により恒星を分類した一つ; 炭素を多く含み低温赤色》.
cárbon stèel 〘冶〙 炭素鋼 (opp. *alloy steel*).
cárbon tàx 〘環境〙 炭素税, 二酸化炭素排出税.
cárbon tetrachlóride 〘化〙 四塩化炭素《溶剤・冷媒》.
carbon 13 /⌐— θəːrtíːn/ 〘化〙 炭素 13《質量数 13 の炭素の同位体; 記号 ^{13}C, C^{13}; 核磁気共鳴を利用した分光法のトレーサーに使う》.
cárbon tìssue 〘写〙 カーボン印画紙.
cárbon tràding (二酸化炭素)排出権[量]取引.
carbon 12 /⌐— twélv/ 〘化〙 炭素 12《炭素の安定同位体; 記号 ^{12}C, C^{12}; 原子量尺度の基準とされる》.
car·bon·yl /káːrbənɪ̀l, -nìːl/ *n* 〘化〙 カルボニル(基) (=~ **ràdical** [**gròup**]); 金属カルボニル. ♦ **càr·bon·ýl·ic** /-nílɪk/ *a* [*-yl*]
car·bon·y·la·tion /kaːrbànəléɪʃ(ə)n/ *n* 〘化〙 カルボニル化.
cárbonyl chlóride 〘化〙 塩化カルボニル (phosgene).
cár bóot sàle ″ トランクセール (=*boot sale*)《参加者が車のトランクに積んで持ち寄った品々を販売するバザー古物市(ふるものいち)》; cf. GARAGE SALE, SWAP MEET》.
car·bo·ra /kaːrbɔ́ːrə/ «豪» *n* コアラ (koala); 感潮河川 (tidal river) にすむオーストラリアの木食い虫.
car·bo·rane /káːrbərèɪn/ *n* 〘化〙 カルボラン《carbon, boron, hydrogen の化合物》.
cár·bòrne *a* 車で来た[運ばれた]; 車載の.
Car·bo·run·dum /kàːrbərʌ́ndəm/ 〘商標〙 カーボランダム《炭化ケイ素の研磨剤; 金剛砂など》. [*carbon*+*corundum*]
car·boxy- /kaːrbáksɪ/, **car·box-** /-báks/ *comb form* 「カルボキシル基 (carboxyl)」
carbòxy·hemoglóbin *n* 〘生化〙 カルボキシヘモグロビン《血液中でヘモグロビンと一酸化炭素とが結びついたもの》.
car·box·yl /kaːrbáksəl/ *n* 〘化〙 カルボキシル(基) (=~ **ràdical** [**gròup**]). [*carbo-, oxy-*², *-yl*]
car·box·yl·ase /kaːrbáksəlèɪs, -z/ *n* 〘生化〙 カルボキシラーゼ《カルボキシル基の脱離・添加反応を行なう酵素》.
car·box·yl·ate /kaːrbáksəlèɪt, -lət/ 〘化〙 *n* カルボン酸塩[エステル]. ► *vt* /-lèɪt/ 〈有機化合物〉にカルボキシル基を導入する. ♦ **car·bòx·yl·átion** *n* カルボキシル化.
car·box·yl·ic /kàːrbàksílɪk/ *a* 〘化〙 カルボキシル基をもつ.
carboxýlic ácid 〘化〙 カルボン酸.
carbòxy·mèthyl·céllulose *n* 〘化〙 カルボキシメチルセルロース《セルロースの酸エーテル誘導体; ナトリウム塩として濃化剤・乳化剤・安定剤に用い, また 膨脹性下剤・制酸剤ともする》.
carbòxy·péptidase *n* 〘生化〙 カルボキシペプチダーゼ《プロテアーゼの一つ》.
car·boy /káːrbɔ̀ɪ/ *n* 箱[かご]入り大型ガラス瓶《腐蝕性液体を入れる》. [Pers]
cár brà 〘車〙 NOSE MASK.
car·bun·cle /káːrbʌŋk(ə)l/ *n* **1** 〘医〙 癰(よう), カルブンケル; ″見るに耐えない建物. **2** 〘宝石〙《カボション (cabochon) 形に磨いた》ざくろ石, カーバンクル; «廃»《一般に》赤い宝石《ルビーなど》; 茶色がかった赤; 深紅. [OF<L=small coal; ⇨ CARBON]
cár·bùn·cled *a* 癰(よう)の; 癰にかかった; ざくろ石をはめた; ざくろ石のように赤く輝く.
car·bun·cu·lar /kaːrbʌ́ŋkjələr/ *a* CARBUNCLE の; カルブンケル様の; 赤い, 赤く炎症を起こした.
car·bu·ra·tion ″ /kàːrbjəréɪʃ(ə)n/ *n* CARBURETION.
car·bu·ret /káːrb(j)ərèɪt, -rèt; -rèt, ⌐⌐—⌐/ *vt* (-t- | -tt-) 炭素と化合させる, 〈空気・ガス〉に炭素(化合物)を混入する. [*carbon, -uret*]
cárburet·ant *n* 水性ガスなどの発熱量を高めるために用いられるもの, 増熱剤《ガソリン・ベンジンなど》.
cár·bu·rèt·ed | -rèt·ted *a* キャブレター (carburetor) のついた.
car·bu·re·tion /kàːrb(j)əréɪʃ(ə)n, -réʃ-; -réʃ-/ *n* 炭化, 《内燃機関などの》気化.
car·bu·re·tor /káːrb(j)ərèɪtər/ | **car·bu·ret·tor, -ret·ter** /⌐⌐— rétər/ *n* 〘機〙 気化器, キャブレター; *«俗» 大麻喫煙具《空気を混入する方式の》.
car·bu·ri·za·tion /kàːrb(j)ərəzéɪʃ(ə)n; -ràɪ-/ *n* 〘化〙 炭化; 増炭; 〘冶〙 浸炭 (cementation), 与炭.
car·bu·rize /káːrb(j)əràɪz/ *vt* 炭素と化合させる, 〘冶〙 浸炭する; …に炭素(化合物)を混入する (carburet).
car·by /káːrbi/ *n* «豪口» CARBURETOR.
car·byl·amine /kàːrbələmíːn/ *n* 〘化〙 ISOCYANIDE.
car·byne /káːrbàɪn/ *n* 〘化〙 カーバイン, カルビーン《単結合と三重結合が交互に含まれる鎖状炭素の結晶形》. [*carb-, -yne*]
car·ca·jou /káːrkəʤùː, -ʒùː/ *n* 〘動〙 WOLVERINE.
car·ca·net /káːrkənət, -nèt/ *n* «古» 金[宝石]の装飾用ネックレス[襟, ヘアバンド, 鎖].
cár càrd 《電車・バスなどの》車内広告.
cár càrrier 自動車運搬船.
car·cass, «英» **car·case** /káːrkəs/ *n* **1 a** 《鳥獣の》死体, むくろ; «俗» [*derog*] 人の死体, [*joc/derog*] 人体, 図体; 《屠殺した獣の頭・四肢・毛皮・内臓などを除いた》胴体, 屠体(とたい), 《鳥の》がら. **b** 形骸, 残骸 〈*of*〉. **2** 《家屋・船舶などの》骨組; カーカス《タイヤ胴を形成する枠組》; *«俗» 古タイヤ; 焼夷弾. ● **to save one's ~** 命惜しさに. [AF<?]
cárcass méat 生肉《かんづめ肉に対して》.
Car·cas·sonne /*F* karkasɔn/ カルカソンヌ《フランス南部 Aude 県の県都; 中世の城郭が残る》.
cárcass tràde ″ «俗» アンティーク家具を偽造するために老朽化した家具の骨組みを取りはずして作りなおすこと.
car·ce·ral /káːrs(ə)rəl/ *a* «詩・文» 獄舎の. [L *carcer* prison]
car·char·o·don /kaːrkǽrədàn/ *n* 〘魚〙 ホオジロザメ属 (*C-*) の各種のサメ《熱帯の巨大な人食いザメ; 鋭利な三角形の歯をもつ》.
cár chàse カーチェイス《パトカーなどによる逃走車の追跡》.
Car·che·mish /káːrkəmɪ̀ʃ, kaːrkíːmɪʃ/ カルケミシュ《トルコ南部, シリア国境近くの Euphrates 川沿岸にある古代ヒッタイトの都市遺跡; バビロニア軍がエジプト軍を破った (605 B.C.) 古戦場》.
car·cin- /káːrsən/, **car·ci·no-** /káːrsənoʊ, -nə/ *comb form* 「カニ」「腫瘍」「癌」 [Gk; ⇨ CARCINOMA]
càrcino·embryónic ántigen 〘医〙 癌胎児性抗原《一部の癌患者の血液および胎児の腸組織にみられる糖タンパク; 略 CEA》.
car·cin·o·gen /kaːrsínəʤ(ə)n, káːrs(ə)nəʤèn/ *n* 〘医〙 発癌(性)物質. [*carcinoma, -gen*]
càrcino·génesis *n* 〘医〙 発癌(現象).
càrcino·génic *a* 発癌(性)の. ♦ **-ge·níc·i·ty** /-ʤənísəti/ *n* 発癌性.
car·ci·noid /káːrs(ə)nɔ̀ɪd/ *n* 〘医〙 類癌腫, カルチノイド.
car·ci·nol·o·gy /kàːrs(ə)nálәʤi/ *n* 甲殻類学.
car·ci·no·ma /kàːrs(ə)nóʊmə/ *n* (*pl* **-ma·ta** /-tə/, **~s**) 〘医〙 癌腫, 癌《上皮性の悪性腫瘍》. [L<Gk (*karkinos* crab)]
car·ci·no·ma·to·sis /kàːrs(ə)nòʊmətóʊsəs/ *n* (*pl* **-ses**

/-sì:z/)〘医〙癌腫症, 癌症《癌細胞が分散・転移し, 各所で同時進行する》.

car·ci·no·ma·tous /kà:rs(ə)nóumətəs, -nám-/ *a*〘医〙癌(性)の: a ~ lesion 癌の病巣.

càrcino·sarcóma *n*〘医〙癌肉腫.

cár còat カーコート《ドライブ用の七分丈のコート》.

cár cràsh《車の》衝突事故;《人にカタルシスを与えるような》大混乱, 大失敗.

C

car-crash TV /–⁀– ⁀– tì:ví:/《つい見てしまう》悪趣味なテレビ番組.

card[1] /ká:rd/ *n* **1 a** カード; はがき (postcard); 招待状, 案内状 (invitation card); 挨拶状 (greeting card); 名刺 (visiting card); クレジットカード (credit card); テレフォンカード; スポーツカード《プロ野球選手などの写真を印刷したカード; 通例 裏にデータが載っている》; 入場券;《ゴルフなどの》スコアカード (scorecard);〘電算〙カード《punch card, memory card など》;〘電子工〙カード《電子回路を組み込んだプリント基板で, コンピューターなどの装置に差し込むもの》(: EXPANSION CARD, VIDEO CARD); ''厚紙 (pasteboard); [*pl*]《口》《雇用者側が預かる》被雇用者に関する書類;〘海〙COMPASS CARD: a wedding ~ 結婚案内状. **b** 目録表, 献立表, ワインリスト;《スポーツ・競馬の》プログラム, 番組表. **c**《スポーツ・競馬の》番組, 催し物, 試合: DRAWING CARD. **2 a**《トランプの》カード (playing card); [~s, 〈*sg*/*pl*〉] トランプゲーム; [the ~s] 占いカード, タロットカード: a pack of ~*s* トランプ一組 / play ~*s* トランプをする / be at ~*s* トランプをしている. **b** 策, 手段; 立場, 主張: a doubtful [safe, sure] ~ 怪しい[安全な, 確かな]手段[もくろみ] / play the race [feminist] ~《選挙などで》人種問題を利用する[フェミニズムを標榜する]. **3**〈…な〉人物, やつ;《口》利口者;《口》一風変わった人, おどけた人;《俗》一回分の麻薬: a knowing [queer] ~ 抜け目のない[変わった]やつ.

● **a ~ short of a deck**《口》〈人がちょっと変な[頭が足りない]. **ask for one's ~s**''《口》辞職を申し出る. CARDS AND SPADES. **get [be given] one's ~s**''《口》首になる. **go through the (whole) ~**《口》あらゆることを考慮する. **have a ~ up one's sleeve** 奥の手がある. **have all the ~s in one's hand** 有利な立場にある. **hold all the ~s** すべて自分の思うままにできる. **in [on''] the ~s**《口》起こり[あり]そうで《おそらくトランプ占いから》: Marriage isn't *in* [*on*] *the* ~*s*. 結婚は考えられない. **leave one's ~** 名刺を置いて帰る〈*on* sb〉《正式訪問の代わり》. **make a ~**〘トランプ〙競技者を一巡して場に出された札に特定の札で勝つ. **mark sb's ~**''《俗》人に教えてやる, 指摘する; 人に警告する. **pack ~s with** sb《古》〈人〉と奸計をはかる. **play one's best [trump, strongest, winning] ~** とっておきの手を用いる, 切り札を出す. **play [keep, hold] one's ~s close to one's [the] chest**＝**play one's ~s close to one's [the] vest**《口》隠し立てする, 自分の手の内を明かさない. **play one's ~s right [well, badly]**《口》事をちゃんと[うまく, へたに]処理する. **play one's last ~** 最後の手段をとる, 奥の手を使う. **put [lay (down), place] (all) one's ~s on the table** 計画を公開する, もくろみをさらけ出す, 種を明かす. **show one's ~s**＝show one's HAND. **speak by the ~** 確信をもって[明確に]話す. STACK **the ~s**. **the (correct) ~** 正しい[しかるべき]もの: That's *the* ~ for it. まさにそれだ. **throw [fling] up one's ~s** 持ち札を投げ出す, 計画を捨てる.

► *vt* **1** カードに[で]留める; カードに記載する; スコアにつける;《ゴルフで》〈あるスコアを〉出す; …にカードを付ける[配る, 出す]: get [be] red ~*ed*《サッカーで》レッドカードをもらう, 退場処分を受ける. **2***《俗》〈人〉に身分証明書の呈示を求める. [OE *carte* paper for writing on＜OF＜L *charta*＜Gk＝papyrus leaf]

card[2]〘紡〙*n* すきぐし; けばだて機; CARDING MACHINE.

► *vt* すく; …のけばを立てる. [OF＜Prov (*cardar* to tease＜L *caro* to card)]

Card.〘カト〙Cardinal.

carda·hol·ic /kà:rdəhɔ́(:)lɪk, -hál-/ *n* クレジットカードを使って浪費する人, クレジットカード中毒者.

car·dam·i·ne /ka:rdǽmənì:, ká:rdəmàɪn/ *n*〘植〙タネツケバナ属 (*C-*) の各種植物.

car·da·mom /ká:rdəməm, -màm/, **-mum** /-məm/, **-mon** /-mən, -màn/ *n*〘植〙**a** ショウズク, カルダモン《**1**) インド原産 ショウガ科の多年草 **2**) 香味料・薬用とするその実》. **b** ビャクズク《マレー・スマトラ原産 ショウガ科; 種子はカルダモンの代用》. [F or L＜Gk (*amōmon* a spice plant)]

Cárdan jòint /ká:rdæn-/〘機〙カルダン継手《自在継手》. [↓]

Car·da·no /ka:rdá:nou/ カルダノ **Girolamo** ~ (1501–76)《イタリアの数学者・医学者・占星術師; 英語名 Jerome Cardan;『大技法』は近代代数学の基礎を据えた著述》.

Cárdan shàft〘機〙カルダン軸[シャフト]《両端または一端にカルダン継手の付いたシャフト》. [↑]

card·bòard *n* 厚紙, 板紙, ボール紙, 段ボール; [*fig*] 実質のないもの. ► *a* 厚紙[ボール紙]でできた, 平たい; [*fig*] 真実性に欠ける, 生きいきとしていない, 実質のない, こわばった. ♦ **~·y** *a*

cárdboard cíty ''《口》段ボールの町《ホームレスの人たちが段ボール箱をねぐらとする地域》.

cárdboard cútout《厚紙に印刷し, 立てかけて飾る, 有名人や人気キャラクターの》切り抜き写真[絵];《小説や映画の》リアリティーを欠く[ばかげた]人物.

cárd-càrry·ing *a* 会員証を持った;《団体・組織, 特に共産党の》正規の会員[党員]である; 正真正銘の, 典型的な. ♦ **cárd-càrrier** *n*《組織の》正規会員.

cárd càse 名刺入れ; カード箱, カードケース.

cárd càtalog [càtalogue]* カード式目録.

cárd·ed *a*《カナダ》〈アマチュア選手が〉政府の資金援助を受けて.

Cár·de·nas /ká:rd(ə)nà:s/ **1** カルデナス **Lázaro** ~ (1895–1970)《メキシコの軍人・政治家; 大統領 (1934–40)》. **2** カルデナス《キューバ北西部の市》.

card·enol·ide /ka:rdí:n(ə)làɪd/ *n*〘生化〙カルデノリド《ある種の milkweed などの植物から得る特徴的な環状構造をもつ有機化合物; 強心作用がある》. [*cardiac butenolide* ring]

cárd·er〘紡〙*n* すく人, けばだて職人; 梳毛(そもう)機, けばだて機. [*card*[2]]

cárd fìle CARD CATALOG; CARD INDEX.

cárd gàme トランプゲーム, カードゲーム.

cárd·hòld·er *n* カード保有者,《特に》クレジットカード保有者.

car·di- /ká:rdɪ/, **car·dio-** /ká:rdiou, -diə/ *comb form*「心臓」[Gk; ⇨ CARDIAC]

car·dia /ká:rdiə/〘解〙*n* (*pl* **-di·ae** /-diì:/, ~**s**) 噴門《胃の入口》; 噴門口.

-car·dia[1] /ká:rdiə/ *n comb form*「心臓活動」「心臓位置」: tachy*cardia*. [NL; ⇨ CARDIAC]

-cardia[2] *n comb form* -CARDIUM の複数形.

car·di·ac /ká:rdiæ̀k/ *a*〘医〙心臓(性)の, 心(性)の; 心臓病の; 噴門の. ► *n* 心臓病患者;《口》心筋梗塞; 強心薬 (cordial). [F or L＜Gk *kardia* heart]

car·di·a·cal /ka:rdáɪək(ə)l/ *a* CARDIAC.

cárdiac arrést [fáilure]〘医〙心(拍)停止.

cárdiac ásthma〘医〙心臓(性)喘息.

cárdiac glýcoside〘薬〙強心配糖体《植物から採る強心薬》.

cárdiac masságe〘医〙心(臓)マッサージ.

cárdiac múscle〘解〙心筋.

cárdiac neurósis〘医〙心臓神経症 (＝*effort syndrome*).

car·di·al·gia /kà:rdiǽlʤ(i)ə/〘医〙*n* 胸やけ (heartburn); 心臓痛.

car·di·ant /ká:rdiənt/ *n* 強心剤.

car·die, -dy /ká:rdi/ *n*''《口》カーディガン (cardigan).

Car·diff /ká:rdəf/ カーディフ《ウェールズ南部の市・海港で, ウェールズの首都; 別に州も構成; ウェールズ語名 Caerdydd》.

car·di·gan /ká:rdɪgən/ *n* カーディガン (＝**~ swèater**). [7th Earl of *Cardigan* 着用していたケープから]

Cardigan *n* **1** CARDIGANSHIRE. **2** カーディガン(伯爵) **James Thomas Brudenell, 7th Earl of ~** (1797–1868)《英国の軍人; クリミア戦争中の 1854 年 Balaklava で軽騎兵の突撃を指揮, 大きな犠牲を出した; Tennyson の 'The Charge of the Light Brigade' (1855) に歌われている》. **3**〘犬〙CARDIGAN WELSH CORGI.

Cárdigan Báy カーディガン湾《ウェールズ西岸の St. George's 海峡に臨む湾》.

Cárdigan·shire /-ʃɪər, -ʃər/ カーディガンシャー《ウェールズ西部 Cardigan 湾に臨む旧州, ☆Cardigan》.

Cárdigan Wélsh córgi〘犬〙カーディガンウェルシュコーギー (＝*Cardigan*)《耳の先がまるく, 前足が少し湾曲している, 尾の長い Welsh corgi》.

Car·din /ka:rdǽn; ká:dæ̃, -dæn/ カルダン **Pierre ~** (1922–)《フランスのファッションデザイナー》.

car·di·nal /ká:rd(ə)n(ə)l/ *a* **1** 基本的な; 主要の (main);〘占星〙基本相の《白羊・巨蟹・天秤・磨羯の 4 宮に関係した; cf. FIXED, MUTABLE; ⇨ ZODIAC》;〘数〙計数論的な;〘動〙二枚貝の蝶番の. **2** 深紅の, 緋(ひ)色の. ► *n* **1 a**〘カト〙枢機卿(すうききょう)(すうきけい)《ローマ教皇の次に位する高位聖職者で, 教皇によって任命され, 枢機卿会 (Sacred College) の一員として教皇の顧問・補佐に当たる; 緋の衣と帽子を着ける》. **b** 深紅, 緋色; カーディナル《フードの付いた本来緋色の女性用の短い外套》;〘鳥〙カージナル, ショウジョウコウカンチョウ (＝**~ bìrd, ~ grósbeak**). **2** [[U]*pl*] CARDINAL NUMBER. ♦ **~·ly** *adv* **~·shìp** *n* CARDINALATE. [OF＜L＝that which something depends (*cardin- cardo* a hinge)]

cárdinal·àte /, -ət/〘カト〙*n* 枢機卿の職[地位, 権威]; 枢機卿《集合的》.

cárdinal bèetle〘昆〙アカハネムシ.

cárdinal bíshop〘カト〙司教枢機卿《枢機卿の第 1 位階》.

cárdinal déacon〘カト〙助祭枢機卿《枢機卿の第 2 位階》.

cárdinal fìsh〘魚〙テンジクダイ.

cárdinal flòwer〘植〙ベニバナサワギキョウ.

cárdinal húmors *pl* [the] 四体液 (⇨ HUMOR).

car·di·nal·i·ty /kà:rd(ə)nǽləti/ *n*〘数〙濃度《一対一対応がつけられるという意味で測った集合の元の個数》.

cárdinal númber [númeral] 基数《one, two, three など;

cf. ORDINAL NUMBER)); 〘数〙集合数, カージナル数《CARDINALITY を表わす数》.
cárdinal póints *pl* 方位点《羅針盤上の基本方位; 北南東西 (N,S,E,W) の順で呼ぶ》.
cárdinal príest 〘カト〙司祭枢機卿《枢機卿の第 3 位階》.
cárdinal's hát GALERO.
cárdinal sín 重大罪《DEADLY SINS の一つ》; [°*joc*] 許しがたいあやまち[愚行].
cárdinal spíder 大型のクモ, 《特に》タナグモ.
cárdinal vícar 〘カト〙教皇代理枢機卿《ローマ司教としての教皇の総代理》.
cárdinal vírtues *pl* [the] 首徳, 枢要徳《古代哲学では justice, prudence, temperance, fortitude の 4 徳目, しばしばこれに THEOLOGICAL VIRTUES を加えて 7 徳目》.
cárdinal vówels *pl* [the] 〘音〙基本母音《各言語の母音の性質を記述するための基準として設定された人為的母音; 8 個の第一次基本母音 (the primary ～) と 10 個の第二次基本母音 (the secondary ～) からなる》.
cárd-ìndex *vt* …のカード索引を作る; 系統立てて綿密に分析[分類]する.
cárd ìndex カード(式)索引.
cárd·ing 〘紡〙 *n* 梳綿(そめん), 梳毛, カーディング; CARDING MACHINE.
cárding èngine" CARDING MACHINE.
cárding machìne 〘紡〙梳綿機, 梳毛機.
cárding wòol カーディングウール《紡毛紡績用の短い羊毛; cf. COMBING WOOL》.
car·dio /ká:rdiou/ *a* 一時的に心拍数を高めるための (cardiovascular). ► *n* 心臓血管運動.
cardio- /ká:rdiou, -diə/ ⇨ CARDI-.
càrdio·accélerator 〘薬〙 *a* 心活動促進性の. ► *n* 心活動促進剤. ♦ **càrdio·acceleràtion** *n*
càrdio·áctive *a* 〘医〙心(臓)作用性の: ～ agent 心(臓)作用薬. ♦ **càrdio·actívity** *n*
càrdio·centésis *n* 〘医〙心臓穿刺(術).
càrdio·círculatory *a* 〘医〙心(臓)循環器系の.
càrdio·dynámics *n* 心臓力学《心臓活動に関する科学》. ♦ **càrdio·dynámic** *a*
càrdio·génic *a* 〘医〙心臓性の; 《胚の》心臓発生の: ～ shock 心臓性ショック.
cárdio·gràm *n* 〘医〙心拍(動)曲線, カルジオグラム.
cárdio·gràph *n* 〘医〙心拍(動)記録器, カルジオグラフ. ♦ **càr·dio·gráph·ic** *a* **car·di·og·ra·pher** /kà:rdiágrəfər/ *n* **càr·di·óg·ra·phy** *n* 心拍(動)記録(法), カルジオグラフィー.
car·di·oid /ká:rdiòɪd/ *n* 〘数〙心臓形, カージオイド. ► *a* 心臓形の, カージオイドの; カーディオイドマイク《正面の音だけを拾う指向性マイク》.
car·di·ol·o·gy /kà:rdiálədʒi/ *n* 〘医〙心臓(病)学. ♦ **-gist** *n* **càr·dio·lóg·i·cal** *a*
càrdio·még·a·ly /-mégəli/ *n* 〘医〙MEGALOCARDIA.
car·di·om·e·ter /kà:rdiámətər/ *n* 〘医〙心臓計. ♦ **càr·di·óm·e·try** *n* 心臓計検査法.
càrdio·myópathy *n* 〘医〙心筋症.
car·di·op·a·thy /kà:rdiápəθi/ *n* 〘医〙心臓病.
càrdio·plégia *n* 〘医〙心臓麻痺《心筋収縮の中断; 心臓手術において化学物質を投入するなどによって一時的に心拍を停止させること》.
càrdio·protéctive *a* 心臓保護の, 心保護的な.
càrdio·púlmonary *a* 〘医〙心肺の.
cardiopúlmonary resuscitátion 〘医〙《心拍停止後の》心肺機能回復[蘇生]法《略 CPR》.
càrdio·réspiratory *a* 〘医・生理〙心肺(機能)の.
càrdio·sclerósis *n* 〘医〙心硬化症.
cárdio·scòpe *n* 〘医〙心臓鏡.
cárdio·spàsm *n* 〘医〙噴門痙攣. ♦ **càrdio·spástic** *a*
càrdio·tachómeter *n* 〘医〙心拍タコメーター.
càrdio·thorácic *a* 〘医〙心臓と胸部の[に関する], 心胸(郭)の.
càrdio·tónic 〘薬〙 *a* 強心性の. ► *n* 強心薬.
càrdio·tóxic *a* 〘医〙心臓(に対して)毒性の(ある). ♦ **càrdio·toxícity** *n* 心臓毒性.
càrdio·váscular *a* 〘解〙心(臓)血管の; 一時的に心拍数を高めるための: ～ disease 心(臓)血管疾患.
càrdio·vérsion *n* 〘医〙電気(的)除細動, カルジオバージョン《不整脈治療のために電気ショックを与えること》.
cárdio·vert /-və̀:rt/ *vt* …に心臓除細動を施す.
cárdio·vèrt·er *n* 電気除細動機.
car·di·tis /ka:rdáɪtəs/ *n* 〘医〙心臓炎, 心炎.
-car·di·um /ká:rdiəm/ *n comb form* (*pl* **-car·dia** /ká:rdiə/)「心臓」: endo*cardium*. [cf. -CARDIA[1]]
cárd kèy カードキー (KEY CARD).
cárd·mèmber *n* クレジットカードの会員, カード会員.
car·don, -dón /ká:rdàn, ─´/ *n* 〘植〙プリンチュウ(武倫柱)《California 南部からチリにかけて生育するパキケレウス属の巨大な刺だらけのハシラサボテン》. [AmSp]
car·doon /ka:rdú:n/ *n* 〘植〙カルドン《南欧原産アーティチョークの一種; キク科; 葉柄は軟白して食用とする》.
Car·do·so /ka:rdóuzu/ カルドーゾ **Fernando Henrique** ～ (1931–)《ブラジルの社会学者・教育者・政治家; 大統領 (1995–2003)》.
Car·do·zo /ka:rdóuzou/ カードーゾー **Benjamin Nathan** ～ (1870–1938)《米国の法律家; New York 州最高上訴裁判所裁判官, 合衆国最高裁判所陪席裁判官 (1932–38);「法は社会の変化に適応すべし」とするプラグマティズムの法思想の代表者》.
cárd·phòne" *n* カード式公衆電話.
cárd·plày·er *n* トランプをする人, (プロの)トランプ師.
cárd plàying トランプをすること.
cárd pùnch 〘電算〙カード穿孔(せんこう)機; KEYPUNCH.
cárd rèader 〘電算〙カード読取り機.
cárd·ròom *n* トランプ用の部屋.
cárds and spádes *pl* 《相手に許す》大幅な[気前のいい]ハンディキャップ.
cárd shàrk トランプの名人; CARDSHARPER.
cárd·shàrp(·er) *n* トランプ詐欺師. ♦ **-shàrp·ing** *n* トランプ詐欺, いかさまトランプ.
cárd swìpe 磁気カード読取り装置.
cárd tàble トランプ用テーブル《通例 脚が折りたたみ式の正方形の小テーブル》.
cárd trày 名刺受け.
car·du·a·ceous /kà:rdʒuéɪʃəs/ *a* 〘植〙ヤハズアザミ科 (Carduaceae) の.
Car·duc·ci /ka:rdú:tʃi/ カルドゥッチ **Giosuè** ～ (1835–1907)《イタリアの詩人; ノーベル文学賞 (1906)》.
cárd vòte [vòting]" カード投票《労働組合などの会議で代議員が代表する人数に応じた票数をもって投票する》.
cardy ⇨ CARDIE.
care /kéər/ *n* **1** 心配, 気がかり, 懸念; [°*pl*] 心配事, 心労, 気苦労, 悩みのたね: not have a ～ in the world 心配事が何もない / Few people are free of ～. 心配のない人は少ない / *C*～ killed the CAT[1]. / I know the heavy ～*s* of my family. 家族の非常な気苦労はわかっています. **2** 注意, 関心, 配慮, 心づかい; 手入れ; 世話, 保護, 介護, ケア; "《公的機関による》保育; 関心事, 責任, 用事: exercise ～ 気を配る / give ～ to…に注意[配慮]する; …の世話をする[面倒をみる] / medical ～ 医療 / tender loving ～ [[s]*joc*] 手厚く愛情のこもった世話[手入れ]《略 TLC》/ That shall be my ～. それはわたしが引き受けた / My first ～ is…. 第一になすべきことは…だ. ● **～ of**…気付, (だれそれ)方《略 c/o》. **have a ～** 《古風》用心[注意]する. **in ～ of**"=CARE of. **in the ～ of**…に預けられて, …に世話[管理]されて; …を預かって, 世話して. **leave to the ～ of**…に託す[預ける]. **place [put]** sb **under the ～ of**…に人の世話を頼む. **take ～** 用心する, 気をつける; 取り計らう ‹*with, to* do, *that*›: *Take* ～! 気をつけて《別れの挨拶》/ *Take* ～ *that* you don't catch cold. かぜをひかないように気をつけてください. **take ～ of**… (1) …を世話する, 大事にする: *Take* good ～ *of* yourself. お体を大切に. (2) 《口》…の面倒をみる, …にチップを与える, …を(引き受けて)処理[始末]する; …の支払いを引き受ける; 《口》やっつける, 殺す, 片付ける: That *takes* ～ *of* that. それでその問題は片付いた / Let me *take* ～ *of* that. それはぼくに払わせてくれ. **take…into ～** 《施設などに》保護する, 入れる; …の後見人[保護者]をする. **with ～** 苦心して; 取扱い注意《荷扱いの注意書》.
► *vi* **1 a** [°*neg/inter*] 心配する, 気にかける, 関心をもつ, かまう ‹*for, about*›: Who ～*s*? だれがかまうものか / See if I ～! わたしの知ったことか / He does *not* ～ *about* dress. 身なりをかまわない / be beyond [past] *caring* (*for*…) ‹人が(…のことを)もはやかまわなくなっている / I do*n't* ～ what happens now. もう何が起ころうとかまわない / (Do you) ～ if I join you? 同席してもかまいませんか / I do*n't* ～ if I go. 《口》ぼくは行ってもいい. **b** 世話する, …の面倒をみる, 看護する, …の手入れをする, 大切に扱う ‹*for*›. **2** [*neg/inter*] 愛する, 好む, 欲する ‹*for, to* do›: I do*n't* much ～ *for* music. 音楽はあまり好きでない / She does*n't* ～ *for* him. 彼を愛していない / (Would you) ～ *for* another (one)? もう一杯[お代わりは]いかがですか / I should*n't* ～ *for* him *to be* my daughter's husband. あの人に娘婿になってもらいたくない / *C*～ *to* tell me? わたしに話してくれる? / Would you ～ *to* comment? コメントをいただけませんでしょうか / Perhaps someone would ～ to explain this to me? どなたかこのことを説明していただけませんか / as if I ～ 《口》わたしはかまわない[気にしない] / What does she ～ if…? 《口》彼女は…だろうと全然気にしない. ● **～ nothing for [about]**…は好まない; …にまるで頓着しない. **couldn't [could*] ～ less** 《口》少しも気にしない, 気にもかけない. **for all [what]…～(s)** 《口》‹…しても›…の知ったことではない《無関心》: He may die *for all* I ～. やつが死のうとおれの知ったことか. **not ～ a bit [a (brass) farthing, a button, a damn, a fig, a jot, a pin, a rap, a straw, two straws, twopence, etc.]** 《口》ちっともかまわない, 気にしない《無価値なものを副詞的に用いて否定を強調》.
[OE *caru* concern, sorrow]

CARE, Care /kέər/ ケア《国際救援協会; Brussels に本部をおく民間援助組織; 第二次大戦後ヨーロッパへ援助物資を送る会として米国で発足, 今はアジア・アフリカ・ラテンアメリカの諸国にも援助を行なう》: ~ packages ケア荷物 / ~ goods ケア物資. [*C*ooperative for *A*ssistance and *R*elief *E*verywhere]

cáre and féeding 身のまわりの世話と食事をさせること, 面倒をみること; 保守・管理, メンテナンス.

cáre and máintenance 〖商〗《建物・船舶・機械などの》待機維持《恒常的整備点検により随時使用可能の状態にあること; 略 c&m, C&M》.

cáre assistant 《病院などの》介護師, ケアワーカー.

cáre attèndant 〖英福祉〗《重度障害者のために派遣される》ホームヘルパー.

cáre·clòth *n* ケアクロス《中世英国の結婚式で新郎新婦の頭の上方に掛けた布》.

ca·reen /kərí:n/ 〖海〗 *vt, vi* 〈船を〉傾ける; 《傾けて》〈船を〉修理[塡隙(てんげき), 清掃]する; 〈船が〉傾く; *〈車が〉傾きながら[左右に揺れながら]進む[走る]; *すごいスピードで進む[走る], 疾走する 〈*down, along, off*〉; 〈状況などが〉…に傾く (career). ► *n* 傾船; 《古》傾船修理: on the ~ 船が傾いて[傾けられて]. [F<It<L *carina* keel]

caréen·age *n* 傾船; 傾船修理費[所].

ca·reer /kəríər/ *n* **1 a** 経歴, 生涯: the remarkable ~ of these men この人びとのみごとな生涯. **b** 身を立てる道, 職業 〈*in, as*〉; 出世: enter upon a political ~ 政界にはいる / pursue a ~ *in* journalism ジャーナリズムの道を歩む / make a ~ 出世する. **c** [〈*a*〉] 専門的訓練をうけた, 生涯の仕事としての職業にある; 生涯(通算)の: a ~ diplomat 本職[生え抜き]の外交官 / a ~ soldier 職業軍人 / his 735th ~ home run 通算 735 号ホームラン / a good ~ move 賢明な転職. **d** [~s; 〈*a*〉] ''職業に関する, キャリアアップの: a ~*s* adviser キャリアアドバイザー / ~*s* guidance 就職[転職]ガイダンス. **2 a** 経路, 道: the sun's ~ 太陽の軌道 / in mid ~ 途中で, 最中に. **b** 速い[激しい]前進(運動), 疾走, 驀進(ばくしん). ● **in [at] full ~** 全速力で, 破竹の勢いで. **make a ~ out of**…を生涯の仕事にする; 年がら年中…のようなばかをしてかす. ► *vi, vt* 疾走する[させる]; 〈車が〉抑えがきかない状態で疾走する, 暴走する; 〈経済などが〉急展開する. [F<It<Prov=road for vehicles<L CAR]

caréer brèak ''《旅行や育児のための》一時休職.

caréer còach 職業相談員, キャリアカウンセラー.

caréer gàpper 《旅行やボランティア活動のために》長期休暇を取る人.

caréer gìrl [wòman] キャリアガール[ウーマン].

caréer·ism *n* (立身)出世(第一)主義. ♦ **-ist** *n*

caréer·man /-mən/ *n* 職業人; 本職の外交官.

caréers màster ''《中等学校の》職業[進路]指導教師. ♦ **caréers mìstress** *fem*

Caréers Òfficer ''《生徒などに対して職業指導を行なうよう正式に養成された》職業指導教官.

caréer strùcture ''役職構造, 昇進のシステム.

cáre·frèe *a* 気苦労のない, 屈託がない, のんきな, 楽しい; 気にかけない, 無頓着な. ♦ **~·ness** *n*

cáre·ful /-f(ə)l/ *a* **1** 〈人が〉注意[用心]深い, 慎重な 〈*to* do, *that*…, *what*…〉; 〈やり方など〉念入りな; 注意する, 気をつける 〈*about, of*〉, 気づかう 〈*for, of*〉; 倹約して: Be ~ not *to* [*that* you don't] drop it. 落とさないよう用心なさい / Be ~ *what* you eat [say]. 食べ物[言うこと]に注意しなさい / Be ~ *of* [*with*] the knife. ナイフの扱いに気をつけなさいよ / be ~ *with* money お金を大切にする / Be ~. 気をつけて《別れの挨拶》/ a ~ piece of work 苦心の作 / a ~ workman きちょうめんな職人. **2** 《古》心配している; 《古》不安をかきたてる. ♦ **~·ly** *adv* 注意深く; 入念に; 苦心して. **~·ness** *n*

cáre·gìver* *n* 《児童・病人などの》世話[ケア]をする人, 面倒をみる人, 養護者, 介護者. ♦ **cáre·giving** *n*

cáre hòme 介護ホーム.

cáre in the commúnity ''《政府の政策としての》在宅ケア.

Ca·rel /ká:rəl/ カレル《男子名》. [? CAROL]

cáre làbel 《衣料品などに付した》取扱い法表示ラベル.

cáre-làden *a* CAREWORN.

cáre·less *a* **1** 不注意な, 軽率な; 気にかけない, 無頓着な 〈*of, about*〉; いいかげんな, うかつな, そんざいな: a ~ worker 不注意な職人 / a ~ mistake ケアレスミス, 不注意による誤り. **2** 自然な, 巧まない; のんきな, 気楽な (carefree); 《廃》重んじられていない, 無視された. ♦ **~·ly** *adv* 不注意に, うっかり; ぞんざいに; 気楽に. **~·ness** *n*

cáre·lìne *n* 利用者[顧客]問い合わせ受付電話, 電話相談サービス.

Car·en /kǽrən/ カレン《女子名》. [⇨ KAREN]

ca·rene /kərí:n/ *n* 水とパンのみの 40 日の断食《かつて司教が聖職者・平信徒に, 大修道院長が修道士に課した》.

Ca·ren·tan /*F* karɑ̃tɑ̃/ カランタン《フランス北西部 Cotentin 半島基部の港町; 第二次大戦の激戦地》.

cáre òrder ''〖法〗子供の保護命令《裁判所が地方自治体に親に代わって子供の世話をすることを命じるもの》.

cáre pàckage ケアパッケージ《**1**》援助を必要とする人びとに送る食糧・衣料などの生活必需品を詰めた包み **2**) 寮生活者などに親などが送る, 食物・お金などを入れた小包》. [CARE が送った援助物資の包みから]

car·er /kέərər/ *n* ''世話をする人, CAREGIVER.

ca·ress /kərés/ *n* 慈愛の情[行為]; 愛撫《キス・抱擁など》. ► *vt* 愛撫する, なでる《しばしば 比喩的に声や音楽などについて用いられる》; 機嫌を取る; 暖かくもてなす. ♦ **~·able** *a* 愛撫したくなるような. **~·er** *n* **~·ing** *a* **~·ing·ly** *adv* 愛撫して, かわいがって; いつくしむように. [F<It<L (*carus* dear)]

ca·res·sant /kərésənt/ *a* 《詩》優しく愛撫する.

caréss·ive *a* 愛撫する(ような); 甘えた. ♦ **~·ly** *adv*

Cáre Súnday 四旬節 (Lent) の第 5 日曜 (=*Carling Sunday*).

car·et /kǽrət/ *n* 〖校正〗脱字記号《挿入箇所を示す∧》. [L=is lacking (*careo* to lack)]

cáre·tàker *n* 《公共施設・家屋などの》管理人, 差配人; ''《ビル・学校などの》用務員 (janitor*); 世話人, 後見人. ► *a* 〈政権・経営など〉暫定的な: a ~ government. ♦ **cáre·tàke** *vt, vi* **cáre·tàking** *n*

cáretaker spèech 養育者ことば (motherese).

Ca·rew /kərú:/ カルー (**1**) **Rod(ney Cline Scott)** ~ (1945–)《パナマ出身のプロ野球選手; 強打者》(**2**) **Thomas** ~ (1594 or 95–1639 or 40)《イングランドの王党派詩人 (Cavalier poet)》.

cáre wòrker '' 介護師, ケアワーカー.

cáre·wòrn *a* 悩み疲れた[やつれた].

car·ex /kέərèks/ *n* (*pl* **car·i·ces** /-əsì:z/) 〖植〗スゲ《カヤツリグサ科スゲ属 (*C-*) の草本の総称》.

Car·ey /kέəri/ ケアリー (**1**) **George (Leonard)** ~, Baron ~ of Chifton (1935–)《英国の聖職者; Canterbury 大主教 (1991–2002)》(**2**) **Peter** ~ (1943–)《オーストラリアの小説家; *Oscar and Lucinda* (1988), *True History of the Kelley Gang* (2001)》.

Cárey Strèet 1 ケアリー街《かつて London の破産裁判所 (Bankruptcy Court) があった》. **2** ''破産(状態): end up in ~ 破産する / bring sb into ~ 人を破産させる.

cár·fàre* *n* 電車賃, 汽車賃, バス代, タクシー代.

car·fax'' /ká:rfæks/ *n* 《主要道路の》十字路, 交差点, 辻《しばしば地名に用いる》.

cár fèrry カーフェリー《**1**) 列車・貨車・自動車を運ぶ連絡船 **2**) 海洋・湖沼を渡る自動車を運ぶ飛行機》.

cár flòat 鉄道車両運送用のはしけ.

cár frìdge 《豪》携帯用アイスボックス.

carfuffle ⇨ KERFUFFLE.

cár·fùl *n* (*pl* ~**s**) 車一台分(の量), 車一杯.

car·go /ká:rgou/ *n* (*pl* ~**es**, ~**s**) 船荷, 積荷, 貨物; 大荷物: ship [discharge] the ~ 船荷を積む[降ろす]. [Sp; ⇨ CHARGE]

cárgo bòat [shìp] 貨物船.

cárgo cùlt [°C- C-] 《Melanesia 特有の》積荷崇拝《現代文明の産物を満載した船または飛行機に乗って祖先たちが帰り, 労働の必要がなくなって白人の支配から自由になる日が訪れるという信仰》.

cárgo lìner 貨物輸送機[輸送船].

cárgo pànts *pl* カーゴパンツ《両もも脇などにまちのある大型ポケットが付いたゆったりしたズボン》.

cárgo plàne (貨物)輸送機.

cárgo pòcket 〖服〗カーゴポケット《容量の大きい大型ポケット; 通常フラップ付きでまちが付いている》.

cár guàrd 《南ア》車の盗難監視員.

cár hìre 自動車の賃借[レンタル]: a ~ company レンタカー会社[業者].

cár·hòp *《口》 *n* 《車まで食事を運ぶ》ドライブインレストランのウェイター[ウェイトレス]. ► *vi* carhop として働く.

Car·ia /kέəriə/ カリア《古代小アジア南西部のエーゲ海に面する地方; ☆Halicarnassus》.

car·i·ad /kǽriæd/ *n* 《ウェールズ》君, お前, あなた《愛情を込めた呼びかけ》.

car·i·ama /kæ̀riǽmə/ *n* 〖鳥〗**a** アカノガンモドキ《ブラジル南部産》. **b** ハイイロノガンモドキ《アルゼンチン北部産》.

Car·i·an /kέəriən/ *n* カリア人; カリア語. ► *a* カリアの, カリア人[語]の.

Car·ib /kǽrəb/ *n* **a** (*pl* ~, ~**s**) カリブ人《スペイン人に征服される以前, カリブ海の Lesser Antilles 諸島および南アメリカ北部に住んでいた先住民》. **b** カリブ語. [Sp<Haitian]

Car·i·ban /kǽrəbən, kərí:bən/ *n* カリブ語族《南アメリカの Guiana 地方に集中するほか, 一部がベネズエラ東部, コロンビア, Amazon 川の南のブラジルに分布するアメリカインディアンの言語群》.

Car·ib·be·an /kæ̀rəbí:ən, kəríbiən/ *a* カリブ人の, カリブ海の. ► *n* カリブ人 (Carib); [the] カリブ海 (Caribbean Sea); [the] カリブ海地域.

Caribbéan Séa [the] カリブ海.

Cár·ib·bee bàrk /kǽrəbì:-/ 熱帯アメリカ・西インド諸島産のアカネ科の数種の木の皮《キナ皮の代用品》.

Car·ib·bees /kǽrəbì:z/ *pl* [the] カリブ諸島 (LESSER ANTILLES の別称).

ca·ri·be /kərí:bi/ *n* 〘魚〙ピラニア (piranha). ［Sp］

Cár·i·boo Híghway [Róad] /kǽrəbù:-/ [the] カリブー街道《カナダ南西部 British Columbia 州の Fraser 川に沿って, 下流の Yale から Cariboo 山脈中に通じる 400 マイルにわたる馬車道; 同地のゴールドラッシュ中の 1862–65 年に造られたが, 今日では近代的なハイウェーが走る》.

Cáriboo Móuntains *pl* [the] カリブー山脈《カナダ西部 British Columbia 州中東の山脈; 最高峰 Mt Sir Wilfrid Laurier (3521 m)》.

car·i·bou /kǽrəbù:/ *n* (*pl* ～, ～**s**) 〘動〙カリブー《北米のトナカイ》. ［CanF＜AmInd］

Cáribou Èskimo カリブーエスキモー《カナダ北部 Barren Grounds のエスキモー人》.

cáribou mòss 〘植〙REINDEER MOSS.

car·i·ca·ture /kǽrɪkət(j)ùər, -ʧùər, *-ʧə:r/ *n* カリカチュア, 諷刺漫画, 諷刺文; 漫画化; へたな模倣; 誇張[歪曲](して描かれたもの) 〈*of*〉: make a ～ of…を戯画化[滑稽化]する. ► *vt* 漫画風に描く, 諷刺的に描写する. ♦ **càr·i·ca·túr·al** /, ⁻⁻⁻⁻⁻/ *a* **cár·i·ca·tùr·ist** *n* 諷刺漫画家. ［F＜It (*caricare* to load, exaggerate); cf. CHARGE］

carices *n* CAREX の複数形.

CARICOM /kǽrəkàm/ Caribbean Community and Common Market カリブ共同体[共同市場], カリコム《1973 年発足》.

car·ies /kέəriz/ *n* (*pl* ～) 〘医〙カリエス; 〘歯〙齲蝕(うしょく)《虫歯》: ～ of the teeth 虫歯. ［L］

car·il·lon /kǽrəlàn, -lən; kəríljən/ *n* カリヨン (1) 教会などの鐘楼に据え付けた, 鍵盤や機械仕掛けで奏される一組の鐘 2) カリヨンの効果を出すオルガンのストップ》; 鉄琴, カリヨン (glockenspiel); カリヨンの曲. ► *vi* カリヨンを奏する. ♦ ～**·ist** *n* ［F (Romanic＝peal of four bells)］

car·il·lon·neur, -lo·neur /kæ̀rələnə́:r, kæ̀riə-, kərìljə-/ *n* カリヨン奏者.

ca·ri·na /kəráɪnə, -rí:-/ *n* (*pl* ～**s**, **-nae** /-nì:, -rí:nàɪ/) 〘鳥〙胸峰; 〘植〙舟弁, 竜骨弁; 〘解〙竜骨, カリナ; 〘昆〙隆縁; [C-] りゅうこつ座(竜骨座) (Keel) (⇨ ARGO). ♦ **ca·rí·nal** *a* ［L＝keel］

car·i·nate /kǽrənèɪt, -nət/ *a* 〘生・地質〙竜骨状の; 〘鳥〙胸峰のある, 胸峰類の: ～ fold 〘地質〙竜骨褶曲. ► *n* 胸峰類の鳥《真鳥類中の飛翔鳥類; cf. RATITE》. ♦ **cár·i·nàt·ed** *a* **càr·i·ná·tion** *n*

car·ing /kέərɪŋ/ *a* 関心をもつ, 気づかう, 思いやりのある; 福祉の[に関係した]: a ～ society《弱者に対して》思いやりのある社会 / ～ professions 福祉関係の職業. ► *n* 思いやり; 介護, 養護: be beyond [past] ～ ⇨CARE *vi* 1a. ♦ ～**·ly** *adv*

ca·rín·i·fòrm /kərínə-/ *a* 竜骨 (carina) 状の.

Ca·rin·thia /kərínθiə/ ケルンテン (*G* Kärnten)《オーストリア南部の州; 湖・保養地が多い; ☆Klagenfurt》. ♦ **Ca·rín·thi·an** *a, n*

ca·rin·u·la /kərínjələ/, **car·i·nule** /kǽrən(j)ù:l/ *n* 〘解・動〙小竜骨.

cario- /kέəriou, -ə/ *comb form*「カリエス (caries)」「齲食(うしょく)」

car·i·o·ca /kæ̀rióukə/ *n* **1** [C-] カリオカ (＝**Càr·i·ó·can**)《Rio de Janeiro 生まれの人[市民]》. **2** カリオカ《社交ダンス用のサンバ; その曲》. ［Port＜Tupi］

càrio·génic *a* 〘医〙カリエス[齲食(うしょく)]を生じさせる, 齲食原生の.

car·i·ole, car·ri- /kǽriòul/ *n* 一頭立ての小型馬車 (cf. CARRYALL); 屋根付き荷車; 《カナダ》犬引きのトボガンそり.

càrio·státic *a* 〘歯〙齲食(うしょく)[虫歯]の発生を抑制する.

car·i·ous /kέəriəs/ *a* 〘医〙カリエスの; 齲食(うしょく)の〈歯〉; 《一般に》腐食した. ［L; ⇨ CARIES］

ca·ri·so·pro·dol /kəràɪsəpróudɔ̀(:)l, -dòul, -dàl/ *n* 〘薬〙カリソプロドール《鎮痛剤・筋弛緩剤》.

car·i·tas /kǽrətæ̀s, ká:rətà:s/ *n* 愛, カリタス (charity). ［L］

car·i·ta·tive /kǽrətèɪtɪv, -tət-/ *a* 慈悲深い, 慈憐の.

cár·jàck·ing *n* 車乗っ取り, カージャック. ♦ **-jack** *vt* **-jàck·er** *n*

cár jòckey* 駐車場[ガレージ]の車の出し入れ係.

cark[1] /ká:rk/ 《古》*vt, vi* 悩ませる, 悩む. ► *n* [特に ～ and care として] 悩み, 心労; 心配のたね. ［OF; ⇨ CHARGE］

cark[2] *vi* 《豪口》死ぬ, だめになる. ［? *kark* to caw; カラスと死肉との連想か］

cárk·ing *a* 不安な, 心配な, 煩わしい, 厄介な; 〈人が〉いらいらしている, 心配している, 苦労している, けちな. ［*cark*[1]］

cárk·ing cáre 《古》気苦労, 心労.

cár knòcker 鉄道車両検査[修理]係.

carl, carle /ká:rl/ *n* 《スコ》男 (fellow); 《スコ》野人, たくましい男; 《古・方》粗野な男, 下賤の者, 百姓, 田舎者 (churl).

Carl /ká:rl/ カール《男子名》. ［Gmc＝man; ⇨ KARL, CHARLES］

Car·la /ká:rlə/ カーラ《女子名》. ［It (fem)＜*Carlo* CARL］

Carle·ton /ká:rlt(ə)n/ カールトン Sir **Guy** ～, 1st Baron Dorchester (1724–1808)《英国の軍人; 北米における英陸軍総司令官 (1782), Quebec 総督 (1775–77, 86–91)》.

Cárleton Cóllege カールトン大学《Minnesota 州 Northfield にある私立のリベラルアーツカレッジ; 1866 年創立》.

Cár·ley flòat /ká:rli-/ 〘海〙カレー式救命ゴムボート. ［Horace S. *Carley* (1838–1918) 考案した米国人］

car·line[1], **-lin** /ká:rlən/ *n* 《スコ》女, 老婆, 魔女. ［ON *kerling* (cf. CARL)］

car·line[2] /ká:rlən, -làɪn/ *n* 〘植〙チャボアザミ (＝～ **thìstle**).

car·ling /ká:rlɪŋ, -lən/, **car·lin(e)** /-lən/ *n* 〘造船〙部分的縦梁(じゅうりょう), カーリング.

car·lings /ká:rlɪŋz/ *n pl*"《廃・方》炒り豆.

Cárling Súnday 炒り豆の日曜日 (CARE SUNDAY)《この日に炒り豆を食べる習慣があった》.

cárl·ish *a* 《方・古》CHURLISH.

Car·lisle /kɑ:rláɪl, ⁻⁻/ カーライル《イングランド北西部 Cumbria 州の州都; ラテン語名 Luguvall(i)um》.

Car·lism /ká:rlɪz(ə)m/ *n* 〘スペイン史〙カルロス主義《カルロス (Don Carlos) 家の王位継承権を主張する主義・運動》; 〘フランス史〙シャルル (10 世) 派の運動 (⇨ CHARLES X). ♦ **-list** *n, a*

cár·lòad *n* 車一台分, 貨車一両分; *カーロード《CARLOAD RATE で輸送するための最小トン数; 略 c.l.》; 大量, 多数 〈*of*〉: a ～ *of* fun [excuses] 数々の楽しみ[言いわけ].

cár·lòad·ings* *n pl* 《一定期間内の》貨物量《貨車数》.

cárload ràte* カーロードレート《大口貨物に適用する割安な運賃率》.

Car·los /ká:rləs, -lòus; -lɔs/ **1** カーロス, カルロス《男子名》. **2** ドン カルロス (1) Don ～ (1788–1855)《スペイン王 Charles 4 世の次子; 王位を要求; cf. CARLISM》 (2) Don ～ **de Aus·tria** /-ðeɪ áustriɑ:/ (1545–68)《スペインの皇太子; Philip 2 世の長男; Schiller の悲劇, Verdi の歌劇 *Don Carlos* の主人公として知られる》. ［Sp; ⇨ CHARLES］

Car·lo·ta /kɑ:rlóutə, -látə/ カルロタ (1840–1927)《メキシコ皇帝 Maximilian の妃》.

Car·lot·ta /kɑ:rlátə/ カーロッタ, カルロッタ《女子名》. ［It; ⇨ CHARLOTTE］

Car·lo·vin·gi·an /kɑ̀:rləvínʤ(i)ən/ *a, n* CAROLINGIAN.

Car·low /ká:rlòu/ カーロー (1) アイルランド南東部の県 2) その県都》.

Car·lo·witz /ká:rləwɪ̀ts/ *n* カルロヴィッツ《東欧産の甘口赤ワインの一種》. ［産地の一つであるセルビアの都市の名］

Carlsbad ⇨ KARLSBAD.

Cárls·bad Cáverns Nátional Párk /ká:rlzbæd-/ カールズバッド・キャヴァーンズ国立公園《New Mexico 州の南東部; 大鍾乳洞がある》.

Cárlsbad plúm カールズバッドプラム《濃い藍色のデザート用プラム; 砂糖漬けにする》.

Carls·berg /ká:rlzbə̀:rg/ 〘商標〙カールスバーグ《デンマーク製のラガービール》.

Carls·son /ká:rlsən/ カールソン **Arvid** ～ (1923–)《スウェーデンの薬理学者; ドーパミンが重要な神経伝達物質であることを実証し, ノーベル生理学医学賞 (2000)》.

Carl XVI Gustaf /⁻⁻ ðə síkstì:nθ ⁻⁻/ カール 16 世グスタヴ (1946–)《スウェーデン王 (1973–)》.

Carl·ton /ká:rlt(ə)n/ **1** カールトン《男子名》. **2** カールトン **Steve(n Norman)** ～ (1944–)《米国のプロ野球選手; 左腕投手》. ［OE ＝peasant's farm］

Cárlton Clùb [the] カールトンクラブ《London にある英国保守党のクラブ》.

Car·lyle /kɑ:rláɪl, ⁻⁻/ **1** カーライル **Thomas** ～ (1795–1881)《スコットランド生まれの評論家・思想家・歴史家; *Sartor Resartus* (1833–34), *The French Revolution* (1837), *On Heroes, Hero-Worship and the Heroic in History* (1841)》. **2** カーライル《男子名》. ♦ **Car·lýl·ean, -ian** *a* カーライル(風)の. **Càr·lỳl·ése** *n* カーライル風の文体. **Car·lýl·ism** *n* カーライル(的)思想; カーライル風の文体. ［?Gmc＝fortified city］

car·ma·gnole /kɑ̀:rmənjóul; ⁻⁻⁻/ *n* **1** カルマニョール《フランス革命のころ流行した歌》; カルマニョールダンス. **2** カルマニョール《幅広の折返し襟のついた短い上着, また この上着と黒のズボンと赤い帽子と三色の帯からなる衣裳; フランス革命参加者が着用》. ［F; 占領地イタリアの Carmagnola か］

cár·màker *n* 自動車製造業者, 自動車メーカー.

cár·man /-mən/ *n**電車の運転士[車掌]; *車両点検整備士; "幌付きトラックの運転手; "荷馬車の御者.

Car·ma·na /kɑ:rméɪnə, -mǽnə, -má:nə/ カルマーナ《KERMAN 市の古代名》.

Car·ma·nia /kɑ:rméɪniə, -njə/ カルマニア《KERMAN 州の古代名》.

Car·mar·then /kɑ:rmá:rð(ə)n; kər-/ **1** カマーザン《ウェールズ南西部の港町; ノルマン時代の城趾がある》. **2** カマーザン Marquis of ～ ⇨ Duke of LEEDS.

Carmárthen·shire /-ʃɪər, -ʃər/ カーマーザンシャー《ウェールズ南西部の州; ☆Carmarthen》.

Carmathians ⇨ QARMATIANS.

Car·me /ká:rmi/ 〘天〙カルメー《木星の第 11 衛星》.

Car·mel /ká:rməl/ **1** [Mount] カルメル山《イスラエル北西部の小山

地; 最高点 546 m; *1 Kings* 18: 19》. **2** カーメル《女子名》. [Heb＝garden (of God)]

Car·mela, -mel·la /kɑːrmélə/ カーメラ《女子名; CARMEL の異形》. [↑; *-a* は Sp, It]

Car·mel·ite /kάːrməlàɪt/ *n* **1** カルメル会(修道)士 (＝*White Friar*)《12 世紀に Carmel 山で始められたカトリック托鉢修道会の修道士》, カルメル会修道女 (cf. DISCALCED). **2** カーメライト《通例 ねずみ色かベージュの平織毛織物》. ► *a* カルメル会の. [F or L (Mt *Carmel*)]

Car·men /kάːrmən; -mèn/ **1** カーメン《男子名; 女子名》. **2** /*F* karmɛn/ カルメン《Mérimée の同名の小説 (1845) およびそれに基づく Bizet の歌劇 (1875) の主人公; 奔放なジプシーの女》. [Sp＜L＝song, Heb *carmel* (⇨ CARMEL)]

Cármen de Pat·a·gó·nes /-deɪ pæ̀təgóʊnəs/ カルメン・デ・パタゴネス《アルゼンチン東部, Buenos Aires の南西の町》.

car·min·a·tive /kɑːrmínətɪv, kάːrmənèɪtɪv; kάːmɪnə-/ *a* 〘医〙 胃腸内のガスを排出する, 駆風の. ► *n* 駆風薬. [F or L (*carmino* to heal by CHARM)]

car·mine /kάːrmàɪn, -mən/ *n, a* カルミン《エンジムシから抽出した紅色色素; cf. COCHINEAL》; 洋紅色[カーマイン](の). [F or L; ⇨ CRIMSON]

car·min·ic /kɑːrmínɪk/ *a* CARMINE.

carmínic ácid 〘化〙 カルミン酸《カルミンの色素成分; 染料・着色料》.

Car·mo·na /kərmóʊnə/ カルモナ **António Óscar de Fra·go·so** /-də frəgóʊzu/ ～ (1869–1951)《ポルトガルの軍人・政治家; 大統領 (1928–51); António Salazar を首相に選び (1932), 長期にわたって政権を維持させた》.

car·mot /kάːrmət/ *n* カーモット《賢者の石 (philosophers' stone) の成分であると信じられた物質》.

Cár·na·by Strèet /kάːrnəbi-/ カーナビー通り《London の Regent Street の東にあるショッピング街; 1960 年代に若者のファッションの中心だったところ》.

Car·nac /*F* karnak/ カルナック《フランス北西部 Bretagne 地方 Morbihan 県の町; 付近に有名な巨石文化遺跡 (メンヒル・ドルメン・テュミュリュス (tumulus) など) がある》.

car·nage /kάːrnɪʤ/ *n* 大虐殺, 殺戮; 死体, 死骸《集合的》; 大惨事; 危機的状況: financial ～ 金融危機. [F＜It; ⇨ CARNAL]

car·nal /kάːrn(ə)l/ *a* 肉体の, 肉感的な; 肉欲的な; 現世的な, 浮世の: ～ appetite 性欲. ♦ **～·ly** *adv* **car·nal·i·ty** /kɑːrnǽləti/ *n* **～·ize** *vt* 肉欲[世俗]的にする. [L (*carn- caro* flesh)]

cárnal abúse 〘法〙 強制猥褻《特に 少女に対する強姦》.

cárnal·ìsm *n* 肉欲[現世]主義.

cárnal knówledge 〘法〙 性交 (sexual intercourse): have ～ of...と性交する.

car·nall·ite /kάːrn(ə)làɪt/ *n* 〘鉱〙 光鹵(ろ)石, カーナライト, カーナル石. [Rudolf von *Carnall* (1804–74) ドイツの鉱山技師]

Car·nap /kάːrnæ̀p, -næp/ カルナップ **Rudolf** ～ (1891–1970)《ドイツ生まれの米国の哲学者; 論理実証主義を世に広めた》.

car·nap·(p)er /kάːrnæ̀pər/ *n* 自動車泥棒. [*car*＋kid*napper*]

car·nas·si·al /kɑːrnǽsiəl/ 〘動〙 *a* 〈食肉動物の歯が〉肉を裂くのに適した; 裂肉歯の. ► *n* 裂肉歯.

Car·nat·ic /kɑːrnǽtɪk/ カーナティック《インド南部の地域; もとカナラ族 (Kanarese) の国; 現在は Tamil Nadu 州と Andhra Pradesh の一部》. ► *a* カルナータカ音楽の《インドの古典音楽で, 北部のヒンドゥスターニー音楽 (Hindustani music) に対して南部の様式》.

car·na·tion /kɑːrnéɪʃ(ə)n/ *n, a* 〘植〙 カーネーション《ナデシコ科》; 肌色(の), 肉色(の), 淡紅色(の); 深紅色(の). [F＜It＜L＝fleshiness; ⇨ CARNAL]

car·nau·ba /kɑːrnɔ́ːbə, -náʊ-/ *n* 〘植〙 ブラジルロウヤシ《南米産》: CARNAUBA WAX. [Port]

carnáuba wàx カルナウバ蠟《ブラジルロウヤシの葉から採る; 主につや出し用》.

cár navigàtion カーナビゲーション, カーナビ《GPS 衛星からの電波方向を測定して得られる現在位置と地図データを組み合わせて表示するシステムによる自動車運転支援》.

Car·né /*F* karne/ カルネ **Marcel** ～ (1909–96)《フランスの映画監督》.

car·ne asa·da /kάːrneɪ əsάːdə/ カルネアサーダ《中南米の焼肉料理》. [Sp＝grilled meat]

Car·neg·ie /kάːrnəgi, kɑːrnéɪgi, -négi/ カーネギー (**1**) **Andrew** ～ (1835–1919)《スコットランド生まれの米国の鉄鋼王で慈善家》 (**2**) **Dale** ～ (1888–1955)《米国の著述家; *How to Win Friends and Influence People* (1936)》.

Cárnegie Háll カーネギーホール《New York 市にあるコンサートホール; 1890 年鉄鋼王 Andrew Carnegie の資金で建てられた》.

Cárnegie Méllon Univérsity カーネギー・メロン大学《Pennsylvania 州 Pittsburgh にある私立大学; 1967 年に Carnegie Institute of Technology (1900 年 Andrew Carnegie の寄付によって創立) と Mellon Institute of Industrial Research (1913 年 Andrew Mellon の寄付によって創立) の統合により設立》.

Cárnegie ùnit 〘教育〙 カーネギー単位《中等学校において 1 科目を 1 年間履修した場合に与えられる; 初め Carnegie 教育振興財団が定義した》.

car·ne·lian /kɑːrníːljən/ *n* 〘鉱〙 紅玉髄, カーネリアン. [OF]

car·ne·ous /kάːrniəs/ *a* 多肉質の; 肌色の.

car·net /kɑːrnéɪ; ⌐⌐; *F* karnɛ/ *n* カルネ《欧州諸国を車で通過するときの無関税許可証》; 《バス・地下鉄の》回数券; 切手帳.

car·ney[1] /kάːrni/ *‖《口》 vt* CAJOLE. ► *a* ずる賢い. ► *n* おだて, 口先の賞賛, 口車. [C19＜?]

carney[2], **car·nie** /kάːrni/ *n**《俗》 CARNY[1].

Cár·nic Álps /kάːrnɪk-/ *pl* [the] カルニッシュアルプス (*G* Karnische Alpen)《イタリア北東部とオーストリア南部との国境をなすアルプス山脈の一系; 最高峰 Kellerwand 山 (2781 m)》.

car·ni·fy /kάːrnəfàɪ/ *vt, vi* 〘医〙 肉様化する, 肉変する.

Car·nio·la /kὰːrnióʊlə/ カルニオラ《スロヴェニア南部および西部の, Istria 半島の北東にある地域; もと オーストリアの公国》. ♦ **Càr·nió·lan** *a*

car·ni·tine /kάːrnətiːn/ *n* 〘生化〙 カルニチン《筋肉中に塩基性成分として存在し, 脂肪酸がミトコンドリアの膜を透過する際に関与する》.

car·ni·val /kάːrnəv(ə)l/ *n* 謝肉祭, カーニバル《カトリック教国で四旬節 (Lent) の直前一週間の祝祭》; ばか騒ぎ, 大浮かれ; *巡回ショー[サーカス] (funfair‖); お祭; 催し物, 大会; *学校祭《資金集めを目的として各種ゲームなどを行なう》; 《豪》 スポーツ大会: the ～ of bloodshed 流血の狂乱. ► *a* カーニバルのような, お祭り騒ぎの, 派手な ♦ **～·lìke** *a* [It＜L＝shrovetide (CARNAL, *levo* to put away)]

càrnival·ésque *a* 《無秩序・型破り・非日常・活力などを特徴とする点で》 カーニバルのような; 〈抗議行動・映画などが〉既存の権威・秩序を揶揄するような.

cárnival glàss [°C-] カーニバルガラス《真珠光沢仕上げの押し型ガラス; 20 世紀初頭の米国でさまざまな色のものが大量生産された》. [カーニバルの露店で賞品として使われた]

car·niv·o·ra /kɑːrnív(ə)rə/ *n pl* 食肉動物《集合的》.

car·ni·vore /kάːrnəvɔ̀ːr/ *n* 肉食動物 (cf. HERBIVORE); 食虫植物; 《菜食主義者に対して》肉食の人. ♦ **car·niv·o·ral** /kɑːrnív(ə)rəl/ *a* [*carnivorous* の逆成か]

car·niv·o·rous /kɑːrnív(ə)rəs/ *a* 〘生〙 〈動物が〉肉食性の; 〈植物が〉食虫の; 食肉動物の, 食虫植物の. ♦ **～·ly** *adv* **～·ness** *n* **car·nív·ory** *n* 肉食, 食虫. [L; ⇨ CARNAL, -VOROUS]

car·no·saur /kάːrnəsɔ̀ːr/ *n* 〘古生〙 カルノサウルス, 食肉竜《二足歩行の大型肉食恐竜; ティラノサウルス・アロサウルス・メガロサウルスなど》.

car·nose /kάːrnòʊs, ⌐⌐/ *a* 多肉質の.

Car·not /kɑːrnóʊ; *F* karno/ カルノー (**1**) **Lazare(-Nicolas-Marguerite)** ～ (1753–1823)《フランスの軍人・政治家; 物理学者 Sadi ～ の父》 (**2**) **(Marie-François-)Sadi** ～ (1837–94)《フランスの政治家; 大統領 (1887–94)》 (**3**) **(Nicolas-Léonard-)Sadi** ～ (1796–1832)《フランスの物理学者; Carnot cycle を考案した》.

Carnót cỳcle 〘理〙 カルノーサイクル《連続した 4 可逆過程からなる熱機関のサイクル; cf. STIRLING CYCLE》. [Sadi *Carnot*]

Carnót èngine 〘理〙 カルノーエンジン《カルノーサイクルを示すための理論上のエンジン》.

car·no·tite /kάːrnətàɪt/ *n* 〘鉱〙 カルノー石[鉱], カーノット石《ウラニウム原鉱》. [Marie A. *Carnot* (1839–1920) フランスの鉱山監督官]

Carnót's théorem [prínciple] 〘理〙 カルノーの原理《カルノーサイクルの熱効率は高熱源と低熱源の温度差を高熱源の温度で除したものに等しいという原理》.

car·ny[1] /kάːrni/ *《俗》 *n* 巡回ショー[サーカス] (carnival); 巡回ショーで働く人, 巡回サーカス芸人; 巡回ショー芸人の隠語. [*carni*val, *-y*[3]]

carny[2] *vt, a, n*‖《口》 CARNEY[1].

car·ob /kǽrəb/ *n* 〘植〙 イナゴマメ(のさや) (＝*algarroba*) (＝～ **bèan**)《地中海沿岸原産》.

ca·roche /kəróʊʧ, -ʃ; -rɔ́ʃ/ *n* カローチェ《16 世紀のイタリアで流行した高級馬車》.

car·ol /kǽrəl/ *n* 祝歌, カロル, キャロル, 《特に》 CHRISTMAS CAROL; 《詩》 鳥のさえずり; 歌を伴った中世の円舞. ► *vi, vt* (-l- | -ll-) 楽しく歌う, 楽しそうに言う; 祝歌を歌う, 《特に》クリスマスキャロルを合唱しながら外を歩く: go ～*ing*. ♦ **cár·ol·(l)er** *n* **cár·ol·(l)ing** *n* [OF＜?]

Carol **1** キャロル (**1**) 男子名 **2**) 女子名; Caroline の愛称にも用いる). **2** カロル (**1**) ～ **I** (1839–1914)《初代ルーマニア国王 (1881–1914)》 (**2**) ～ **II** (1893–1953)《ルーマニア国王 (1930–40); 独裁をしくが, 第二次大戦で退位, 亡命》. [CHARLES]

Car·ole /kǽrəl/ キャロル《女子名》. [(fem)＜CAROL]

Car·o·le·an /kæ̀rəlíːən/ *a* CAROLINE.

Car·o·li·na[1] /kæ̀rəláɪnə/ カロライナ《米国南部大西洋岸地方[英国植民地 (1663–1729)]; 現在の North Carolina 州, South Carolina 州 (この 2 つをしばしば the ～s という), Georgia 州 および Florida 州北部を含む》.

Ca·ro·li·na[2] /kὰːrəlíːnə/ カロリナ《Puerto Rico 北東部 San Juan の東にある市》.

Carolína állspice〔植〕クロバナロウバイ（=*strawberry shrub*）《米国南東部原産》.

Carolína jéssamine [jásmine]〔植〕カロライナジャスミン（YELLOW JESSAMINE）.

Carolína párakeet〔鳥〕カロライナインコ《米国南東部にいたが, 1904 年絶滅》.

Carolína pínk〔植〕スピゲリア（⇨ PINKROOT）.

Carolína ráil〔鳥〕カオグロクイナ（sora）《北米産》.

Carolína wrén〔鳥〕チャバラミソサザイ《北米産》.

Car·o·line /kǽrəlàɪn, -lən/ *n* キャロライン, キャロリン《女子名; 愛称 Carrie, Lynn》. ► *a* Charles の,《特に》イングランド王 Charles 1 世[2 世](時代)の; CHARLEMAGNE (時代)の. ［F (dim)＜ CAROL］

Cároline Íslands *pl* [the] カロリン諸島《フィリピン東方の西太平洋の諸島; 西部の諸島はパラオ共和国に, 東部はミクロネシア連邦に属する》.

Cároline scrípt カロリング朝風の書体, カロリング体.

Car·o·lin·gi·an /kæ̀rəlínʤ(i)ən/ *a, n* **1**〔史〕《751–987 年のフランスの, 752–911 年のドイツの, または 774–961 年のイタリアの》カロリング朝の(人[支持者]) (cf. CAPETIAN, MEROVINGIAN). **2** カロリング朝風の(書体). ［F *carlovingien* (*Karl* Charles); *Merovingian* にならったもの］

Car·o·lin·i·an /kæ̀rəlíniən/ *a* CAROLINA の; キャロライナ森林地帯の《カナダ Ontario 州南部から米国 South Carolina 州にかけて広がるモクレン科ユリノキ属の落葉広葉樹を中心とする森林地帯》.

cárol sèrvice キャロルサービス《クリスマスキャロルを歌うことを中心とする礼拝》.

cárol sìnging キャロルシンギング《クリスマスに, 特にグループで家々を回り, キャロルを歌って寄付を集めること》. ♦ **cárol sìnger** *n*

car·o·lus /kǽrələs/ *n* (*pl* ～**es**, **-ro·li** /-làɪ/) カロルス《Charles 王発行の硬貨; 英国では特に Charles 1 世時代の金貨》. ［L *Carolus* Charles］

Car·o·lyn /kǽrələn/ キャロリン《女子名; 愛称 Lynn》. ［It CAROLINE］

car·om* /kǽrəm/ *n* **1 a**〔玉突〕キャロム《**1)** キャロムビリヤードで, 手球が続けて 2 つ以上の的球にあたること, =cannon″ **2)** ポケットビリヤードで, 的球を別の的球にあててポケットに入れるショット, キャノン(ショット); cf. COMBINATION SHOT》. **b**〔玉突〕キャロム(ビリヤード)(=～ **bìlliards**)《複数の的球にあてることによって得点する, ポケットのないテーブルで行なう競技の総称; 4 つ球やスリークッションなど》. **2** ぶつかってはね返ること. **3** [～s, ⟨*sg*⟩] カロム, キャロム《角に玉受けのある正方形の盤の上で, 2 人または 4 人でする玉はじきゲーム; 商標 Carroms から》. ► *vi, vt* ⟨球が⟩キャロムになる; ぶつかってはね返る⟨*off*⟩; ぶつけてはね返らせる⟨*off*⟩. ［変形＜*caram*bol＜Sp *carambola* ゴレンシ(の実)］

Ca·ro·ní /kɑ̀:rɑní:/ [the] カロニ川《ベネズエラ東部を北流し, Orinoco 川の河口付近で同川に合流する川》.

Cá·ro's ácid /kɑ́:rouz-, kǽr-/〔化〕カロー酸 (peroxysulfuric acid). ［Heinrich *Caro* (1834–1910) ドイツの化学者］

Ca·ros·sa /*G* karɔ́sa/ カロッサ **Hans** ～ (1878–1956)《ドイツの作家・詩人》.

car·o·tene /kǽrətì:n/ *n*〔生化〕カロチン, カロテン《代表的なカロチノイド; 異性体 beta-～ が最も広く存在する》.

car·o·ten·emia /kæ̀rət(ə)ní:miə/ *n*〔医〕カロチン血(症). ［NL (*carotin*, *-emia*)］

ca·rot·e·noid /kərát(ə)nɔ̀ɪd/〔生化〕*n* カロチノイド, カロテノイド《カロチンなど動植物体の赤黄色素; cf. LIPOCHROME》. ► *a* カロチン様の, カロチノイドの; カロチノイドを含む.

ca·rot·ic /kərátɪk/ *a* 無感覚[人事不省] (stupor) の; CAROTID.

ca·rot·id /kərátəd/ *a*〔解〕頸動脈の. ► *a* 頸動脈 (=～ **àrtery**) ♦ ～**·al** *a* ［F or L＜Gk (*karoō* to stupefy); ここを押えると stupor を起こすとされた］

carótid bòdy〔解〕頸動脈小体.

carótid sìnus〔解〕頸動脈洞.

car·o·tin /kǽrət(ə)n/ *n* CAROTENE.

ca·rot·in·oid /kərát(ə)nɔ̀ɪd/ *n, a* CAROTENOID.

ca·rous·al /kəráuz(ə)l/ *n* 大酒盛り; CAROUSEL.

ca·rouse /kəráuz/ *vi, vt* 痛飲する; 飲み騒ぐ;《廃》飲みほす: ～ it 大いに飲む. ► *n* 大酒盛り;《古》《酒の》大量のひと飲み, 一気に飲みほす祝杯. ♦ **ca·rous·er** *n* **ca·róus·ing** *n* ［G *gar aus* (*trinken* to drink) right out］

car·ou·sel, car·rou- /kæ̀rəsél, -zél, ⌐—⌐/ *n**回転木馬, メリーゴーラウンド;《流れ作業用・荷物運搬用の》円形コンベヤー; 回転ラック;《スライド映写機用の》回転式スライドトレー;〔史〕カラセル《騎士がさまざまな隊形を組んで武技を披露した馬上競技大会》. ［F＜It］

carp[1] /kɑ́:rp/ *vi* しょっちゅう文句を言う, 口やかましくとがめだてする, 不平を並べる⟨*at, about*⟩. ► *n* 文句, 不平, あら探し. ♦ **cárp·er** *n* ［ME=to talk, say, sing＜ON *karpa* to brag; 現代の意味は 16 世紀 L *carpo* to pluck at, slander の影響］

carp[2] *n* (*pl* ～**s**, ～)〔魚〕コイ; コイ科の魚; コイに似た魚. ［OF＜Prov or L］

carp-[1] /kɑ́:rp/, **car·po-** /kɑ́:rpou, -pə/ *comb form*「果実」［Gk; ⇨ -CARP］

carp-[2] /kɑ́:rp/, **car·po-** /kɑ́:rpou, -pə/ *comb form*「手根(しゅこん)(骨) (carpus)」［Gk; ⇨ CARPUS］

-carp /kɑ̀:rp/ *n comb form*「果実」「果実の一部」: schizo*carp*, peri*carp*. ［NL＜Gk (*karpos* fruit)］

car·pac·cio /kɑ:rpɑ́:ʧiòu, -ʧou/ *n* (*pl* **-ci·os**) カルパッチョ《生の牛肉や魚をスライスしてソースをかけた料理》. ［It (*filetto*) *Carpaccio*; ↓］

Carpaccio カルパッチョ **Vittore** ～ (c. 1460–1525 or 26)《イタリアのヴェネツィア派の画家;『聖女ウルスラ伝』(連作, 1490–95) など》.

car·pal /kɑ́:rp(ə)l/〔解〕*a* 手根(骨)の. ► *n* 手根骨部. ［*carpus*］

car·pa·le /kɑ:rpéɪl, -pǽl, -pɑ́:-/ *n* (*pl* **-lia** /-liə/)〔解〕手根骨.

cárpal túnnel〔解〕手根トンネル, 手根管.

cárpal túnnel sỳndrome〔医〕手根管症候群《手・指の疼痛・異常感覚を伴う; 略 CTS》.

cár pàrk″ 駐車場 (parking lot*).

Car·pá·thi·an Móuntains /kɑ:rpéɪθiən-/ *pl* [the] カルパティア山脈《ヨーロッパ中東部, スロヴァキアとポーランドの国境からルーマニア北部・中部に至る山系》.

Carpáthian Ruthénia カルパティアルテニア (RUTHENIA).

car·pe di·em /kɑ́:rpɛ dí:ɛm, -dáɪɛm, -əm/《将来の憂患を思わず》今を楽しめ. ［L=enjoy the day (*carpo* to seize)］

car·pel /kɑ́:rp(ə)l/ *n*〔植〕心皮, 雌蕊(ずい)葉 (cf. PISTIL). ♦ **cár·pel·lary** /-pəlèri; -l(ə)ri/ *a* 心皮に属した[を形成する, を含んだ]. **cár·pel·late** /-pəlèɪt, -lət/ *a* 心皮を有する. ［F or L＜Gk *karpos* fruit］

Car·pen·tar·ia /kɑ̀:rp(ə)ntέəriə/ ■ the **Gúlf of** ～ カーペンタリア湾《オーストラリア北部 Arafura 海の浅い湾》.

car·pen·ter /kɑ́:rp(ə)ntər/ *n* 大工;〔劇〕大道具方;〔海〕《船の》営繕係: a ～*'s* shop 大工の仕事場 / a ～*'s* rule 折尺 / a ～*'s* square さしがね / the ～*'s* son (ナザレの)大工の子, イエス. ► *vi, vt* 大工仕事をする; (大工仕事で)組み立てる; [*fig*] ⟨台本などを⟩機械的に組み立てる. ♦ ～**·ing** *n* CARPENTRY. ［AF＜L=wagon maker (*carpentum* wagon)］

cárpenter ànt〔昆〕オオアリ《枯れ木に巣くう害虫》.

cárpenter bèe〔昆〕クマバチ, ヒメハナバチ《共に樹木に穴をあけて産卵する》.

cárpenter bìrd〔鳥〕ドングリキツツキ《California 産; 頭が赤く, 木の穴にドングリをため込む》.

Cárpenter Góthic [°c- g-] カーペンターゴシック《19 世紀中ごろの米国の建築様式; 手持ちの材料と技術を使って本来のゴシック様式を模倣したもの》.

cárpenter mòth〔昆〕ボクトウガ.

cárpenter pànts *pl* カーペンターパンツ《もともと大工の作業着としてつくられた工具用ポケットやループの付いたゆったりしたパンツ》.

cárpenter [cárpenter's] scène〔劇〕《舞台装置を整えるため舞台先端で演じられる》時間かせぎ場面;《その場面で使う》舞台隠しのたれ幕.

cárpenter wòrm *n*〔昆〕ボクトウガの幼虫《樹木の害虫》.

Car·pen·tier /*F* karpɑ̃tje/ カルパンティエ **Georges** ～ (1894–1975)《フランスのボクサー; 通称 'Gorgeous Georges'; ライトヘビー級チャンピオン (1920–22)》.

car·pen·try /kɑ́:rpəntri/ *n* 大工職; 大工仕事, 木工; 木工品;《文学作品・楽曲の》構成(法).

car·pet /kɑ́:rpət/ *n* **1** じゅうたん, カーペット (cf. RUG); 敷物: a ～ of flowers もうせんを敷いたような一面の花. **2**《爆弾などの》集中投下地域. **3**〔昆〕羽に斑紋のあるシャクガ科の蛾. ● **a figure in the** ～ すぐに見分けがたい模様. **laugh at the** ～*《俗》(じゅうたんに)もどす, 吐く. **on the** ～ 討議中で, 考究中で;《口》《叱責のために》呼び出されて, しかられて (cf. DANCE the carpet): call sb *on the* ～ 人を呼びつける. **pull the** ～ **[rug(s)] (out) from under**…があてにして[支えとして]いるものを急に取り払う, …の足元をすくう. **step off the** ～*《俗》結婚する. **sweep [brush, push] under [underneath, beneath] the** ～ **[rug]**《口》⟨都合の悪いものを⟩人が見過ごす[忘れる]ように隠す.
► *vt* **1** ⟨床など⟩にじゅうたんを敷く; (花などで)おおう, …に敷き詰める. **2**″《口》しかる. ♦ ～**·ed** *a* ［OF or L＜It=woolen counterpane (L *carpo* to pluck)］

cárpet·bàg *n* カーペットバッグ《19 世紀に米国で広く使われたカーペット地の旅行かばん》. ► *a**carpetbagger 式の. ► *vi**carpetbagger 風にふるまう; *軽装で旅行する.

cárpet·bàgger [*derog*] *n**《特に南北戦争後南部に渡った》渡り政治屋, 一旗組; *《西部》いんちき銀行家; よそ者事業家[政治家], 輸入候補者; ″住宅金融組合 (building society) の駆け込み口座開設者《組合が銀行化されて配当が得られるのをあてこんでいる》. ♦ ～**y** *n*

cárpetbag stèak カーペットバッグステーキ《分厚いステーキの一部に切れ目を入れてカキを詰めた料理》.

cárpet·bèat·er *n* じゅうたんたたき《人・道具》.

cárpet bèd〔園〕もうせん花壇.

cárpet bèdding〘園〙もうせん花壇植え込み(法).
cárpet bèetle〘昆〙カツオブシムシ,《特に》ヒメ(マル)カツオブシムシ (=*carpet bug*)《幼虫が毛織物をむしばむ》.
cárpet bòmb *vt, vi*〈地域を〉じゅうたん爆破する; …に繰り返し[広範な]キャンペーンを行なう. ◆ **cárpet bòmbing** *n*
cárpet bùg〘昆〙CARPET BEETLE.
cárpet dànce《舞踏フロアーのない所での》略式舞踏.
cárpet gràss 米国南部産の日照りに強い芝.
cárpet·ing *n* 敷物材料, じゅうたん地; 敷物類.
cárpet knìght [*derog*] 実戦経験のない軍人; [*derog*]《古》やさ男.
cárpet mòth〘昆〙モウセンガ, ジュウタンガ (=*tapestry moth*)《幼虫がじゅうたんや毛織物を食害するヒロズコガ科の小さなガ; 世界中に分布する》.
cárpet pỳthon [snàke]〘動〙カーペットパイソン[ニシキヘビ], ジュウタンニシキヘビ《豪州・ニューギニア産のニシキヘビ》.
cárpet ràt《俗》幼児, 赤ん坊, ガキ (rug rat).
cárpet ròd《階段の》じゅうたん押え(金棒) (stair rod).
cárpet shàrk〘魚〙オオセ《体が平たく背に白と茶の模様のあるテンジクザメ科 (特にオオセ属)の数種のサメ》.
cárpet slìpper 毛織地のスリッパ,《一般に》HOUSE SLIPPER.
cárpet snàke〘動〙CARPET PYTHON.
cárpet swèeper じゅうたん掃除機[掃除人].
cárpet tàck《頭の平たい》じゅうたん留め鋲.
cárpet tìle カーペットタイル《カーペット材で作ったタイル》.
cárpet·wèed *n*〘植〙クルマバザクロソウ《ザクロソウ科; 熱帯アメリカ原産》.
cárpetweed fàmily〘植〙**a** ツルナ科 (Aizoaceae). **b** ザクロソウ科 (Molluginaceae).
cárpet yàrn じゅうたん織糸.
car·phol·o·gy /kɑːrfɑ́lədʒi/ *n*〘医〙捜衣摸床, 撮空摸床《高熱・危篤状態のとき指でふとんをつまもうとする症状》.
cár phòne 自動車電話.
carpi *n* CARPUS の複数形.
-car·pic /kɑ́ːrpɪk/ *a comb form* -CARPOUS.
cárp·ing *a* うるさく批判する[文句を言う], 非を鳴らす, 口やかましい: a ～ tongue 毒舌. ◆ **～·ly** *adv*
carpo- /kɑ́ːrpoʊ, -pə/ ⇨ CARP-[1,2].
càrpo·génic *a* 結実性の.
càrpo·gónium *n* (*pl* **-nia**)〘植〙造果器《紅藻の造卵器》. ◆ **-gó·ni·al** *a*
cárpo·lìte *n* 化石果実, 種子化石.
car·pol·o·gy /kɑːrpɑ́lədʒi/ *n* 果実(分類)学. ◆ **-gist** *n* 果実学者. **càr·po·lóg·i·cal** *a*
càrpo·mèta·cárpus *n*〘鳥〙腕掌骨.
cár·pòol *vt*〈道路などを〉交替で運転しながら進む; カープールで〈子供などを〉運ぶ[送る]. ► *vi* カープールに加わる[を実施する]. ◆ **cár·pòol·er** *n*
cár pòol* カープール《**1**) 通勤などで交替で各自の車を運転し他を同乗させる自動車の相乗り利用[グループ] **2**) メンバーが共同で使えるように企業などの所有している複数の車》.
car·poph·a·gous /kɑːrpɑ́fəgəs/ *a* 果実食性の.
cárpo·phòre *n*〘植〙《フウロソウ科植物などの花軸の》心皮間注(しんぴかんちゅう);《高等菌類の》子実体.
cár·pòrt *n*《差掛け屋根の》簡易車庫, カーポート.
cárpo·spòre *n*〘植〙果胞子. ◆ **càrpo·spóric** *a*
-car·pous /kɑ́ːrpəs/ *a comb form*「…な[…個の]果実を有する」: syn*carpous*, mono*carpous*. ◆ **-car·py** /kɑ̀ːrpi/ *n comb form* [⇨ -CARPUS]
cárp·sùck·er *n*〘魚〙北米産サッカー科のコイに似た大型淡水魚.
car·pus /kɑ́ːrpəs/ *n* (*pl* **-pi** /-pàɪ, -pi/)〘解〙手根(しゅこん), 手首 (wrist); 手首の骨, 手根骨;〘動〙《四足獣の》腕骨(わんこつ);〘動〙《節足動物の》腕節. [NL<Gk=wrist]
-car·pus /kɑ́ːrpəs/ *n comb form*「…な果実をつける植物」 [L<Gk; ⇨ CARPEL]
carrᴵᴵ /kɑ́ːr/ *n* 沼地, 湿原; 湿地の林,《特に》ハンノキ林.
Carr カー (**John**) **Dickson** ～ (1906–77)《米国の探偵小説作家; 長く英国に在住し, Carter [Carr] Dickson の名でも作品を発表》.
car·rack, car·ac(k) /kǽrək, -ɪk/ *n*〘史〙《14–16 世紀のスペイン人・ポルトガル人の》武装商船 (cf. GALLEON).
car·ra·geen, car·a-, -gheen /kǽrəgìːn/ *n*〘海藻〙トチャカ (=*Irish moss*)《ツノマタ属の紅藻; 北大西洋産》; CARRAGEENAN. [*Carragheen* アイルランド Waterford に近い産地]
car·ra·geen·an, -in, -gheen·in /kærəgíːnən/ *n* カラギーナン, カラゲナン《海藻トチャカ・ツノマタなどから採るコロイド; ゼリー・乳製品などの安定剤・肝油乳化剤・細菌培養基》.
Car·ran·tuo·hill, Car·raun·too- /kærəntúːəl/ カラントゥーアル《アイルランド南西部 Kerry 県にある同国の最高峰 (1041 m)》.
Car·ran·za /kərǽnzə, -rɑ́ːn-/ カランサ **Venustiano** ～ (1859–1920)《メキシコの政治家・革命家; 大統領 (1917–20)》.
Car·ra·ra /kərɑ́ːrə/ カララ《イタリア北西部 Tuscany 州北西部の町; 大理石の産出で有名》.
car·re·four /kǽrəfʊ̀ər, ⸗⸗⸗/ *n* 四つ辻, 交差点 (crossroads); 広場 (square).
car·rel, -rell /kǽrəl/ *n*〘図書〙(書庫内の)個人用閲覧席[室];〘史〙修道院の書斎. [変形<*carol* cloister room]
Car·rel /kərέl, kǽrəl/ カレル **Alexis** ～ (1873–1944)《フランスの外科医・生物学者; 血管縫合術を発展させた業績でノーベル生理学医学賞 (1912)》.
Car·re·ras /kərέərəs/ カレーラス **José** ～ (1946–)《スペインのテノール》.
car·reta /kərέtə/ *n**《南西部》粗末な二輪の荷車, カレッタ. [Sp]
Car·rhae /kǽri/ カラエ《メソポタミア北部の古代都市; 現在のトルコ南東部 Urfa の南南東に当たる》.
car·riage /kǽrɪdʒ/ *n* **1 a** 乗物, 車; 馬車《主に四輪自家用》; ᴵᴵ(鉄道)客車 (car*); 乳母車 (baby carriage): a ～ and pair [four] 二[四]頭立ての四輪馬車. **b**〘機〙運び台, 往復台, 可動台部; 砲架 (gun carriage);《廃》剣吊り: a typewriter ～ タイプライターのキャリッジ《用紙を動かす部分》. **2 a** 運搬, 輸送〈*of* goods, *by* sea〉; ᴵᴵ運賃, 送料: ～ *on* parcels 小荷物の運賃. **b**《病原体の》保有, 保菌(状態). **c**〘動議の〙通過. **d**《廃》荷物;《廃》趣旨, 意味. **3 a** 身のこなし, 姿勢, 態度 (bearing): have an elegant [an erect] ～ 立ち居ふるまいがしとやかだ[姿勢がまっすぐだ]. **b**《古》取扱い, 運営, 行動. [OF; ⇨ CARRY]
cárriage·able *a* PORTABLE; 馬車の通れる〈道〉.
cárriage bòlt 根角ボルト, ステップボルト.
cárriage clòck《初期の》旅行用携帯時計.
cárriage còmpany [fòlk]《口》自家用車族.
cárriage dòg 馬車犬 (coach dog)《DALMATIAN の異名》.
cárriage drìve《大邸宅の門から玄関に至る》車道;《公園内の》馬車道.
cárriage fórwardᴵᴵ *adv* 運賃[送料]受取人払いで (cf. COLLECT[1]).
cárriage frée [páid] *adv* 運賃[送料]発送人払いで.
cárriage lìne COACH LINE.
cárriage pòrch 車寄せ.
cárriage relèase〘タイプライター〙キャリッジリリース《キャリッジの固定をはずす機能[レバー]》.
cárriage retùrn〘タイプライター〙LINE SPACE LEVER;〘電算〙復帰, 改行復帰, リターンキー.
cárriage tràde 上流顧客との取引; 上流顧客, 自家用車階級, 富裕階級の人びと.
cárriage·wày *n* 車道, 馬車道 (roadway); ᴵᴵ自動車道.
cárriage wràpper 馬車用ひざ掛け.
car·rick /kǽrɪk/ *n* CARRACK.
cárrick bènd〘海〙キャリックベンド《ロープの端と端をつなぐ結び方の一種》.
cárrick bìtt〘海〙ウインドラス柱 (windlass bitt).
Car·rick·fer·gus /kærɪkfə́ːrgəs/ キャリクファーガス《北アイルランド東部の行政区》.
Car·rick-on-Shan·non /kǽrɪkɑnʃǽnən, *-ɔːn-/ キャリック・オン・シャノン《アイルランド中北部の町; Leitrim 県の県都》.
Car·rie /kǽri/ キャリー《女子名; Caroline の愛称》.
car·ried /kǽrid/ *a* 運ばれた;《スコ》夢中になった, うっとりした.
car·ri·er /kǽriər/ *n* **1 a** 運搬人; *郵便配達人; 新聞配達(人); 運送業者, 運輸会社《鉄道・汽船・航空会社などを含む》;《俗》麻薬の運び屋[売人];〘鳥〙CARRIER PIGEON: COMMON [CONTRACT] CARRIER / a ～'s note 貨物引換証. **b** 運搬車, 運搬設備[機械], キャリヤー; 航空母艦, 空母 (aircraft carrier);《自転車などの》荷物台; 配水溝; 移動滑車; CARRIER BAG: a baby [light, regular] ～ 小型[軽, 正式]空母. **c** 通信会社, 電話会社. **d** 保険業者, 保険会社. **2 a**〘医〙《病原体の》保有者, 保菌者, キャリアー;〘生〙保毒植物;〘遺〙保因者, 担体. **b**〘薬〙《殺虫剤・薬物の希釈剤などに用いる》基剤;《えのぐなどの》基剤;〘化〙担体《有用物質を安定に保持する物質: **1**) 反応系で触媒を担持する物質 **2**) クロマトグラフィーで固定相となる液体を保持する物質; また分析対象を移動させる不活性気体》;〘化〙担体, キャリヤー《目的物質とともに行動させるための物質: **1**) トレーサーなどの微量放射性物質を混入させる非放射性物質 **2**) 微量元素の沈澱・抽出に用いる, 性質の同じ元素 **3**) 窒素・リンなどの栄養元素を含む化学肥料やその成分 **4**) 染料の拡散と吸収を促進するための染色助剤》. **c**〘理〙(荷電)担体, キャリヤー《半導体で電荷の移動を担う電子または正孔》;〘通信〙搬送波 (carrier wave). [*carry*]
cárrier bàgᴵᴵ SHOPPING BAG.
cárrier-bàsed *a* 艦載の, 艦上発進の (cf. LAND-BASED).
cárrier-bòrne *a* 航空母艦積載の: a ～ aircraft 艦載機 / a ～ bomber 艦上爆撃機.
cárrier nàtion 運輸国, 海運国.
cárrier pìgeon 伝書バト; 肉垂の大きい家バト.
cárrier ròcket 運搬ロケット.
cárrier transmìssion〘通信〙搬送波伝送.
cárrier wàve〘通信〙搬送波.
carriole ⇨ CARIOLE.
car·ri·on /kǽriən/ *n* 腐肉, 死肉; 腐敗; きたないもの, 汚物. ► *a*

腐肉のような, いやな; 腐肉を食う. ［OF＜L *caro* flesh; cf CARNAL］

cárrion bèetle〘昆〙シデムシ《シデムシ科の甲虫の総称》.

cárrion cròw〘鳥〙ハシボソガラス.

cárrion flòwer〘植〙花に腐肉臭のある各種の植物《シオデ[サルトリイバラ]属・スタペリア属の植物など》.

Car·roll /kǽrəl/ **1** キャロル (**1**) **Charles** ～ (1737–1832)《米国独立革命の指導者; 独立宣言に署名した一人》(**2**) **Lewis** ～ (1832–98)《英国の童話作家; 本名 Charles Lutwidge Dodgson; 本業は Oxford 大学数学講師; *Alice's Adventures in Wonderland* (1865), *Through the Looking-Glass* (1872)》. **2** キャロル《男子名; 女子名》. ◆ **Car·roll·ian** /kæróʊliən/ *a* ［L *Carolus*; ⇨ CHARLES］

car·rom /kǽrəm/ *n, vi* CAROM.

car·ro·ma·ta /kæ̀rəmɑ́:tə/ *n* カロマータ《フィリピン諸島の一頭立て二輪馬車》. ［Philippine Sp］

car·ron·ade /kæ̀rənéɪd/ *n* カロネード砲《18 世紀後半から 19 世紀の海戦用の短い大砲》. ［*Carron* 最初にこれが作られたスコットランドの地］

cár·ron òil /kǽrən-/ カロン油《亜麻仁(あまに)油と石灰水とを混ぜたやけどの薬》.

car·rot /kǽrət/ *n*〘野菜〙ニンジン; [*fig*] 説得の手段, 餌, ほうび; [*pl*]《俗》赤毛(の人). ● **(the)** ～ **and (the) stick** おどしとすかし, 飴(あめ)と鞭(むち) (cf. BIG STICK). ［F, ＜Gk］

càrrot-and-stíck *a* ニンジンと鞭(むち)の, 褒美と罰の, 飴(あめ)と鞭の.

cárrot flỳ, cárrot rùst flỳ〘昆〙幼虫がニンジンの根に巣くうハネオレバエ科のハエ.

cárrot·tòp *n*《俗》赤毛の人, 'ニンジン'《しばしば 愛称》.
◆ **-tòpped** *a*

cár·roty *a* ニンジン色の;《俗》〈毛が〉赤い (orange red);《俗》赤毛の. ◆ **cár·rot·i·ness** *n*

carrousel ⇨ CAROUSEL.

car·ry /kǽri/ *vt* **1 a** 運ぶ, 運送する (transport); *《南部》連れて行く, 同伴する;〘アイスホッケー〙ドリブルする: ～...on one's back [shoulder] ...を背負って[かついで]行く / ～ a baby in one's arms 赤ん坊を抱いて行く. **b**〈話などを〉伝える;〈病気・遺伝子などを〉持っている, 伝える, 媒介する;〈水路を〉通す: ～ the news ニュースを伝える / ～ live 生中継する / Metals ～ heat easily. 金属は熱をよく伝える. **c**〈動機・旅費・時間などが人を〉行かせる,《ある状態に》至らしめる: Business *carried* me to America. 商用で米国へ行った. **2 a** 携える, 帯びる, 所有する, 所持する; 担持する; 記憶にとどめておく; [通例 進行形で]〈子供を〉身ごもっている;〈容器・かばんなどが〉収容する[できる];〈品物を〉店に置く, 扱う, 売る: ～ a stick in one's hand 手にステッキを持って行く / ～ a gun 銃を携行している / be ～*ing* her third child 3 人目の子を宿している. **b**〈帆を〉揚げる;〈新聞などが〉*(定期的に)〈記事を〉載せる, (定期的に)放送する,〈商品の箱・ラベルなどが〉〈警告・情報などを〉載せている. **c**〈権利・義務・罰・危険などを〉伴う, 招来する,〈利子を〉生む;〈商品などが〉〈保証・保険を〉付けられている;《痕跡・属性などとして》もつ: ～ a scar きずあとがある / ～ authority 権威を有する / ～ WEIGHT. **3 a**〈重量を〉支える;〈...ポンド〉の圧力に耐える; (一身に)担う, 支える: ～ the burden of leadership 指導者の重責を担う / Those columns ～ the roof. 柱が屋根を支えている / He *carries* that department. あの部は彼でもっている. **b**〈頭・体などを〉ある姿勢にする; [～ *-self*] ふるまう: ～ one's head high 頭を高くもたげている, 背筋をしゃんと伸ばしている / ～ *oneself* well [beautifully] りっぱにふるまう. **c**《資金的に》維持する, 支援する;〈商品など〉の維持費(＝金利・保険料など)を負担する,〈人〉の責任などを担う, 引き継ぐ;〈部下・敵などを〉寛大に扱う;〈家畜を〉養う;《リスト・記録に》記載する;〈勘定[顧客]を〉帳簿に債務[債務者]として記録する: The ranch will ～ 1000 cattle. この牧場は牛 1000 頭を飼える. **d**〈旋律を〉保つ,〈主旋律を〉受け持つ. **4 a**〈道路などを〉延長する;〈建物を〉拡張[増築]する;〈戦争を〉拡大する;〈仕事・議論などを〉《ある方向に・ある点まで》進める: ～ the task *to* completion 仕事を完成させる / ～ the joke too far 冗談の度を過ごす. **b**〘簿〙《次のページへ》繰り越す;〈...に〉信用貸しする, 掛け売りをする;《足し算で》〈数を〉1 桁繰り上げる. **c**〘ゴルフ〙〈打球が〉一打で越す;〘狩〙〈臭跡を〉追う, たどる. **5 a**〈主張を〉通す, [ᵁ*pass*]〈動議を〉通過させる;〈候補者を〉当選させる: ～ one's point 自分の主張を通す. **b**〈酒を〉乱れないで飲む;〈年齢を〉隠す, 隠し通す: ～ one's liquor 酒がいける. **6 a** 奪う, 勝ち取る (win);〘軍〙〈要塞などを〉攻め落とす; *《選挙に》勝つ,〈ある選挙区・議会を〉制する: ～ the DAY / ～ Ohio《選挙で》オハイオ州で勝つ. **b** ...に強い影響を与える, 感動[納得]させる: ～ the house 満場の喝采を博する.

► *vi* **1 a** 物を持ち運ぶ; 運送業を営む;《俗》麻薬を所持する;《俗》武器を携える, ハジキを持つ. **b** [通例 進行形で] 妊娠している, 太りすぎている: You are ～*ing* an extra few pounds. 贅肉が数ポンドあります. **c**〈履物・ひづめなどに土が〉くっつく (stick);〈土地が〉臭跡を残す. **d**〈馬などが〉頭をもたげる. **2 a**〈音響・弾丸などが〉達する, 伝わる, 届く; 読者[聴衆]に伝わる;《ゴルフなどで》〈球が〉(力強く[正確に])飛ぶ: Her voice *carries* far. 彼女の声はよくとおる. **b**〈動議が〉通過する. **c**〈猟犬が〉臭跡を追う. **3**〈プレーヤーが〉チーム勝利の原動力となる;〘ボク〙弱い相手を強く見せるため手を抜いて闘う.

● ～ **about** ＝CARRY around. ～ **[sweep] all [everything, the world] before** one 破竹の勢いで進む. ～**...along**〈事が〉...に《仕事・競技などを》続行させる(励みになる);〈洪水などが〉運び去る; 持ち運ぶ. ～ **around**〈傘・書類(入れ)などを〉《あちこち》持ち歩く〈*with* one〉;〈子供を〉連れ歩く;〈故人など〉のことを思いつづける. ～ **away** さらって行く, 持ち去る;〘海〙〈マストなどを〉失う; [ᵁ*pass*] ...に我を忘れさせる, ...の心を奪う; ...の命を奪う (carry off): get *carried away* 流される; 調子に乗りすぎる; 夢中になる, 興奮する / The bridge was *carried away* in the flood. 橋は洪水で流れ去った. ～ **back** 運び返す;〈事が〉...に〈昔を〉思い起こさせる〈*to*〉; 控除する. ～ **down** 取り下ろす;〘簿〙CARRY forward. ～ **forward**〈事業などを〉進展させる;〘簿〙《次ページ[次欄]へ》繰り越す;〈損失・休暇などを〉次期へ回す, 持ち越す〈*to*〉. ～ **it** 勝利を得る. ～ **off** かどわかす, さらう;〈賞品などを〉獲得する;〈むずかしい仕事・微妙な問題を〉やってのける;〈病気が〉〈人〉の命を奪う; 取りつくろう: ～ it *off* well 困難にめげずりっぱにやる,《へまなどを》うまくごまかす. ～ sb **off his feet** ⇨ FOOT. ～ **on** (**1**)《乗物に》〈荷物を〉持ち込む; 続ける,《一時中断のあと》続行する;《同じ方向に》歩き続ける;〈商売を〉営む;〈会議などを〉開く, 行なう;〈事業・伝統などを〉引き継ぐ;〘海〙《天候の割に》過度に帆を張って進む: ～ *on* as usual [as one is] そのまま続ける / ～ *on with* one's work 仕事を続ける. (**2**)《口》騒ぎたてる, 取り乱す, かっとなる, けんかする〈*at*〉; 長々と[興奮して]話す〈*about*〉; [通例 進行形で]《古》〈男女が〉ふざける (flirt), 不倫する〈*with*〉. ～ **out** 実行する, 実施する; なし遂げる,〈命令を〉遂行する; 最後まで続ける. ～ **over**〘簿〙CARRY forward;〈商品などを〉持ち越す;〈損失を〉次期へ繰り越す〈*to*〉;〘ロンドン証券取引所〙〈決済を〉繰り延べる;〈痛み・ストレスなどが〉持ち越す,〈資産・権利が〉受け継がれる; 継続する, 残る. ～ **one's** BAT[1]. ～ **sword**〘軍〙'肩へ刀(とう)' をする. ～ **the** BALL[1]. ～ **the** CAN[2]. ～ **the** WAR[1] **into the enemy's camp [country].** ～ **things (off) with a high** HAND. ～ **through** なし遂げる, やり抜く;〈人〉に《病気・難関などを》切り抜けさせる; *〈...を〉なし遂げる, 達成する〈*on, with*〉; いつまでも続く[残る]: Your encouragement will ～ her *through*. あなたの励ましがあれば彼女はがんばり抜くでしょう. ～**... with** one ...を携える, 伴う; ...を記憶している;〈聴衆・多数を〉納得させる, ...の支持を得る[得ている].

► *n* **1** 運搬, 輸送;〘アメフト〙キャリー《ボールをもって走ること》. **2**《銃砲の》射程;〘ゴルフ〙キャリー《ボールの飛距離》; *二水路間の陸上運搬,《その》陸路. **3**〘軍〙《旗の》携行姿勢;〘軍〙'肩へ刀' ['になえ銃(つつ)'] の姿勢: at the ～ 肩へ刀[になえ銃]をして. **4**《加算で一つ上の桁に》繰り上がった数. **5** *《俗》担架の必要なけが人;《俗》所持している麻薬. ［AF and ONF *carier*; ⇨ CAR］

car·ry·all /kǽriɔ̀:l/ *n* **1** [CARIOLE のなまり] *一頭立て軽馬車 (cf. CARIOLE); *両側に向かい合う座席のあるバス; STATION WAGON. **2** [*carry*＋*all*] 大型バッグ, キャリーオール;〘土木〙キャリオール《土砂・砕石などを搬出する機械》.

cárry-bàck* *n* 繰戻し(額)《所得税負担軽減措置の一つ》.

cárry-còtᴵᴵ *n*《乳児の》持ち運び用ベッド.

cárry flàg〘電算〙キャリーフラッグ《加算や減算の結果桁上げ[借り]が起こったか否かを示す 1 ビットのデータ》.

cárry·fórward *n*〘税務会計〙CARRYOVER.

cárry·ing *a*〈声が〉よく通る;《インド》妊娠した;《俗》麻薬[銃]を所持して; ᴵᴵ《俗》金をたんまり持って, ふところがあたたかで.

cárrying capàcity 積載量;〘生態〙(環境)収容力《一地域の動物扶養能力[個体数]》,《牧草地などの》牧養力.

cárrying chàrge〘商〙ᴵᴵ《管理・運送の》諸掛かり; 繰越し日歩; *月賦販売割増金.

cárry·ing-ón《口》*n* (*pl* **cárry·ings-ón**) ばかな[けしからぬ]ふるまい, ばか騒ぎ; みだらな行為, いちゃつき, 不倫.

cárrying plàce《カナダ》《水路間の》連水陸路, 船越し.

cárrying tràde 運送業, 海運業.

cárry-òn *n*《飛行機の乗客の》機内持込み手荷物; ᴵᴵ《口》CARRYING-ON. ► *a* 機内持込みの〈荷物〉.

Cárry Ón fìlm〘英〙キャリーオンフィルム《1960–70 年代に制作された一連の喜劇映画; セックスや下ネタをちりばめたドタバタ喜劇; *Carry On Nurse, Carry On Columbus* など》.

cárry·out《米・スコ》*n* 持ち帰り用の料理(を売る店) (takeout).
► *a* 持ち帰り用の(料理を売る).

cárry·òver *n*《商品・賞金などの》持ち越されたもの; 繰越金(額); 以前のものからの影響, なごり;〘簿〙《次ページ[欄]への》繰越し;〘商〙繰越し取引;〘税務会計〙損失の繰越し《次期の課税利益から控除されるもの》;〘ロンドン証券取引所〙CONTANGO.

carse /kɑ́:rs/ *n*《スコ》川岸沿いの沖積土低地.

cár sèat チャイルドシート;《一般に》自動車の座席.

carsey ⇨ KARZY.

cár-shàringᴵᴵ *n* カーシェアリング《通勤・通学などのために車を共同使用すること》.

cár·sìck *a* 乗物に酔った. ◆ **cár sìckness** 乗物酔い.

Car·so /kɑ́:rsoʊ/ カルソ《KRAS のイタリア語名》.

Car·son /kɑ́:rs(ə)n/ **1** カーソン《男子名; 女子名》. **2** カーソン (**1**) **Edward Henry** ～, Baron ～ (1854–1935)《英国の法律家・政治家; 法務長官, 海軍大臣を歴任; アイルランド出身だが, アイルランド自

治 (Home Rule) に反対した》 (**2**) **Johnny** ～ (1925–2005)《米国のコメディアン・テレビ司会者; 'The Tonight Show' (1962–92) などショー番組の司会を担当, King of Late Night Television の異名を得た》 (**3**) **'Kit'** ～ [**Christopher** ～] (1809–68)《米国西部の猟師・道案内人; 探検家 John C. Frémont のガイドなどで西部開拓に貢献; 米国の代表的な folk hero》 (**4**) **Rachel** (**Louise**) ～ (1907–64)《米国の海洋生物学者・科学評論家; *Silent Spring* (1962) によって農薬・化学薬品の危険を広く知らせた》. [家族名より]

C

Cárson Cíty カーソンシティー《Nevada 州の州都》.

Car·stensz /ká:rstənz/ [Mount] カルステンツ山《PUNCAK JAYA の旧称》.

carsy ⇨ KARZY.

cart[1] /ká:rt/ *n* 荷馬車《二輪または四輪; cf. WAGON》; 《一頭立て二輪の》軽馬車, 《二輪の》荷車; 小型車両[運搬車], 手押し車, カート; *ショッピングカート; *《食事を運ぶ》ワゴン: Don't put the ～ before the horse. 《諺》馬の前に荷車をつなぐな《事の前後を誤るな》. ● **in the** ～ "《口》ひどいめにあって, 困って. **on the water** ～=《俗》on the (water) WAGON. **put** [**set, get, have**] **the** ～ **before the horse** 事の順序を誤る, 本末を転倒する; 原因と結果を取り違える. ► *vi, vt* (荷車で)運ぶ; 荷車を使う; 《廃》荷馬車に乗せ市中を引きまわす; 《俗》〈扱いにくいものを〉遠くまで運ぶ; 〖クリケット〗強打する; 《俗》《競技で》楽勝する. ● ～ **about** [**round**] 《口》持ちまわる. ～ **away** [**off**] 《口》(ぞんざいに)運び[持ち, 連れ]去る: *C*～ your*self away* [*off*]! あっちへ行ってくれ. [ON *kartr* cart, OE *cræt* がおそらく AF, ONF *carete* (dim) ‹ *carre* CAR の影響をうけたもの]

cart[2] *n* 《口》CARTRIDGE.

cárt·age *n* 荷車運搬; 荷車運賃.

Car·ta·ge·na /kà:rtəgéɪnə, -héɪ-/ カルタヘナ (**1**) コロンビア北西部の市・港町; 16 世紀には異端審問と奴隷貿易の中心; 今は同国の石油輸出港 **2**) スペイン南東部の市・港町; 銀・鉛の積出し港として Carthage 時代から繁栄》.

Car·ta·go /kɑ:rtá:goʊ/ カルタゴ《コスタリカ中部の市; 首都 San José の南東に位置し, 1823 年まで同国の首都》.

Car·tan /*F* kartɑ̃/ カルタン **Élie-Joseph** ～ (1869–1951)《フランスの数学者》.

carte[1] /ká:rt/ *n* 〖フェン〗QUARTE.

carte[2] /ká:rt; *F* kart/ *n* カルテ; 献立表, メニュー; 《スコ》トランプ; 《廃》地図. [F=CARD[1]]

Carte ⇨ D'OYLY CARTE.

carte blanche /ká:rt blá:ntʃ; *F* kartəblɑ̃:ʃ/ (*pl* **cartes blanches** /ká:rts-; *F* —/) 白紙委任状《署名だけして自由記入を許す》; 白紙委任, 全権; 〖トランプ〗《piquet で》絵札が 1 枚もない手《10 点がつく》: give ～ to...に自由行動を許す; ...に白紙委任する. [F=blank paper]

carte de vi·site /ká:rt də vɪzí:t, -vi-/ (*pl* **cártes de visíte** /ká:rt(s)-/) 〖写〗手札型写真《5.7×9.5 cm》; 名刺《代わりの写真》. [F]

carte d'iden·ti·té /*F* kart didɑ̃tite/ 身分証明書. [F]

carte du jour /ká:rt də ʒʊ́ər/ (*pl* **cartes du jour** /ká:rt(s)-/) MENU. [F=card of the day]

car·tel /kɑ:rtél/ *n* **1** 〖経〗企業連合, カルテル; 〖政〗《共通目的のための》政治団体連合 (bloc); 《中南米などで》麻薬を扱う密売組織, カルテル: a cocaine ～ コカインカルテル. **2** 〖国際法〗捕虜交換協定(書); 決闘状, 挑戦状. [G‹F‹It (dim) ‹ CARD[1]]

cártel·ize *vt, vi* カルテルにする[なる], カルテル化する. ♦ **càrtel·izátion** *n*

cárt·er *n* 荷馬車屋.

Car·ter カーター (**1**) **Angela** ～ (1940–92)《英国の小説家; 神話・民話・童話のモチーフを書き換え, ブラックユーモアやエロティシズムに彩られた作品を書いた; 短篇集 *The Bloody Chamber and Other Stories* (1979), 長篇 *Wise Children* (1984)》 (**2**) **'Benny'** ～ [**Bennett Lester** ～] (1907–2003)《米国のジャズサックス奏者・作曲家》 (**3**) **Elliott** (**Cook**) ～(, **Jr.**) (1908–)《米国の作曲家》 (**4**) **Howard** ～ (1874–1939)《英国のエジプト学者; Tutankhamen 王の墓を発掘》 (**5**) **'Jimmy'** ～ [**James Earl** ～, **Jr.**] (1924–)《米国第 39 代大統領 (1977–81); 民主党; ノーベル平和賞 (2002)》 (**6**) **Nick** ～ ⇨ NICK CARTER.

Car·ter·et /ká:rtərèt/ カータレット **John** ～, Earl Granville (1690–1763)《英国の政治家; Walpole 内閣を攻撃, 瓦解させ (1742), 国務卿として実質的に内閣を主導した》.

Cárter Fámily [the] カーターファミリー《米国のカントリーミュージックのバンド; **A**(**lvin**) **P**(**leasant**) **Carter** (1891–1960), その妻 **Sara** (1898–1979), A. P. の義理の妹 **Maybelle Carter** (1909–78) の 3 人で結成, Appalachian 山地の民謡を歌って人気を博した》.

Car·te·sian /kɑ:rtí:ʒ(ə)n; -ziən/ *a* デカルト (Descartes) の. ► *n* デカルトの学徒, デカルト派. ♦ ～**·ìsm** *n* [L *Cartesius* Descartes のラテン語名]

Cartésian coórdinate 〖数〗デカルト座標.

Cartésian coórdinate sỳstem 〖数〗デカルト座標系.

Cartésian díver [**dévil**] もぐり人形《ガラス管に入れた人形が圧力の関係で浮き沈みする装置》.

Cartésian pláne 〖数〗デカルト平面.

Cartésian próduct [**sét**] 〖数〗デカルト積, 直積.

cárt·fùl *n* (*pl* ～**s**) 荷車[荷馬車]一台分.

Car·thage /ká:rθɪdʒ/ カルタゴ《アフリカ北岸, 現在の Tunis の北東にあったフェニキア人の植民市; ポエニ戦争 (Punic Wars) (264–146 B.C.) でローマに亡ぼされ属州となった》. ♦ **Car·tha·gin·ian** /kà:rθədʒínjən, -dʒíniən/ *a, n*

Carthagínian péace 敗者にきびしい和平条約.

cárt·hòrse *n* 荷馬車馬.

Car·thu·sian /kɑ:rθ(j)ú:ʒ(ə)n; -ziən/ *a, n* カルトゥジオ会の(修道士)《カルトゥジオ会は, 1084 年聖 Bruno によって創設された純粋に観想的な隠修士の生活を実践する修道会》; CHARTERHOUSE SCHOOL の(生徒[校友]). [L; ⇨ CHARTREUSE]

Car·tier /ká:rtièɪ, kɑ:rtjéɪ/ **1** カルティエ (**1**) Sir **George-Etienne** ～, Baronet (1814–73)《カナダの政治家; John A. Macdonald との連立内閣の首相 (1857–58, 58–62); カナダ連邦を主張, フランス系カナダ人の説得に当たった》 (**2**) **Jacques** ～ (1491–1557)《フランスの航海者・探検家; St. Lawrence 川を踏査, これがのちにフランスのカナダに対する領有権主張の根拠となった》. **2** 〖商標〗カルティエ《フランスの宝飾店 Cartier 製のアクセサリー・時計など》.

Cartier-Bres·son /*F* -brɛsɔ̃/ カルティエ-ブレッソン **Henri** ～ (1908–2004)《フランスの写真家》.

car·ti·lage /ká:rt(ə)lɪdʒ/ *n* 〖解〗軟骨; 軟骨組織. [F‹L]

cártilage bòne 〖解〗軟骨性(硬)骨, 置換骨, 原始骨.

car·ti·lag·i·noid /kà:rt(ə)lǽdʒənɔ̀ɪd/ *a* 軟骨様の.

car·ti·lag·i·nous /kà:rt(ə)lǽdʒənəs/ *a* 軟骨(性)の.

cartilaginous físh 〖魚〗軟骨魚類の魚 (cf. BONY FISH, JAWLESS FISH).

Cart·land /ká:rtlənd/ カートランド Dame (**Mary**) **Barbara** (**Hamilton**) ～ (1901–2000)《英国の作家; 恋愛小説・歴史小説・歴史人物伝・健康法の本など 700 冊を超える著書がある》.

cárt·lòad *n* 荷車[荷馬車]一台の荷, 一駄; 《土などの》1/3 立方ヤード; 《口》大量 ‹*of*›.

cár·to·gràm /ká:rtə-/ *n* 統計地図, カルトグラム.

car·tog·ra·phy /kɑ:rtágrəfi/ *n* 地図作成(法), 地図(作成)学. ♦ **-pher** *n* **càr·to·gráph·ic, -i·cal** *a* **-i·cal·ly** *adv* [F (*carte* map, CARD[1])]

car·to·man·cy /ká:rtəmæ̀nsi/ *n* トランプ占い. ♦ **-cer** *n* トランプ占い師.

car·ton /ká:rtn/ *n* **1** カートン, ボール箱; 《牛乳などの》蠟紙[プラスチック]製の容器; カートン[ボール箱]の中身; ボール紙 (cardboard). **2** 標的の白星《bull's-eye の中の白星》; 的中弾. ► *vt, vi* carton に入れる, carton を作る. [F; ⇨ CARTOON]

Carton カートン **Sydney** ～《Dickens, *A Tale of Two Cities* に登場する弁護士; 愛する女のために, その夫の身代わりになって死刑に処せられる》.

car·ton·nage /kà:rt(ə)ná:ʒ; ká:t(ə)nɪdʒ/ *n* 《エジプトのミイラを包んだ》棺; 棺材《亜麻布とパピルスをしっくいで固めたもの》.

car·toon /kɑ:rtú:n/ *n* (時事)漫画, 戯画《通例 1 コマ》; 続き漫画 (comic strip); 漫画映画, アニメーション (animated cartoon); 〖美〗《等身大の》下絵; コンピューター打ち出しの画像; [‹*a*›]《表現・演技などが》紋切り型の(もの), 漫画チックな(もの). ► *vt, vi* 漫画化する, 漫画をかく; 下絵をかく. ♦ ～**·ing** *n* ～**·ist** *n* 漫画家; 下絵かき. ～**·like** *a* ～**y** *a* [It; ⇨ CARD[1]]

cartóon·ish *a* 漫画的な, 戯画的な, 漫画に似た. ♦ ～**·ly** *adv*

cár·tòp *a* 車の屋根に載せて運ぶのに適当な(大きさと重さの).

cár·tòp *vt, vi* 自動車の屋根に載せて運ぶ.

car·toph·i·ly /kɑ:rtáfəli/ *n* CIGARETTE CARD の蒐集. ♦ **car·tóph·i·list** *n*

cár·tòpper *n* 自動車の屋根に載せて運べる小ボート.

car·touch(**e**) /kɑ:rtú:ʃ/ *n* **1** カルトゥーシュ (**1**) バロック建築様式に多い渦形装飾 **2**) 中にエジプト象形文字で国王・神の名が書かれている楕円形の花枠》. **2** 薬包 (cartridge). [F=cartridge‹It; ⇨ CARD[1]]

car·tridge /ká:rtrɪdʒ/ *n* 弾薬(筒), 薬包, カートリッジ; 〖写〗パトローネ (cassette); フィルム 1 本; (テープ)カートリッジ; 火薬筒; 《レコードプレーヤーのアームの先端の》カートリッジ; 粉末[液体, ガスなど]のはいった詰め替え用小容器, カートリッジ; 〖電算〗カートリッジ《コンピューター用の磁気テープまたはディスクを収めた容器》; 《テレビゲーム用の》カートリッジ. [C16 ↑ の変形]

cártridge bàg 弾薬嚢.

cártridge bèlt 弾帯; カートリッジベルト《腰に水筒などをつけるのに使うベルト》.

cártridge bòx 弾薬筒入れ, 弾薬箱.

cártridge càse 薬莢, ケース; CARTRIDGE BOX.

cártridge chàmber 《銃の》薬室.

cártridge clìp 《火器の》挿弾子(そうだん).

cártridge pàper 薬包紙; 包装紙; "安物画用紙.

cártridge pèn カートリッジ式万年筆.

cárt ròad, cárt tràck, cárt·wày 《荷車しか通れないような》細いでこぼこ道[田舎道].

car·tu·lary /ká:rʧəlèri; -ləri/ *n* 記録集[簿]; 証書登録簿, 特許状[地券]台帳 (chartulary); 特許状[地券]保管所, 《一般に》記録文書保管所.

cárt·whèel *n* 《荷車などの》車輪; 腕立て側転, 横転; 〖空〗逆U字飛行; 大型硬貨《ドル銀貨など》; カートホイール《つばの広い婦人帽》; 《俗》車輪錠, カートホイール《表面に × じるしの刻み目のあるアンフェタミン[デキセドリン]でつぶしやすい》: turn ~*s* 腕立て側転をする. ▶ *vi* 腕立て側転をする; 車輪のように動く[回る]. ♦ **~·er** *n*

cártwheel flòwer 〖植〗GIANT HOGWEED.

cárt whìp 《荷馬車引きが使う》太いむち.

cárt·wright *n* 車大工.

Cartwright カートライト **Edmund** ~ (1743–1823)《英国の発明家; 力織機 (power loom) を作った (1785)》.

car·u·cate /kǽrəkèɪt, -kət/ *n* 〖英史〗カルケート《8 連畜の犂で1年間に耕せる基準耕地; イングランドでの土地および地租査定の単位; 地域によって異なるが約 40–120 エーカーで, ほぼ 100 エーカー》.

car·un·cle /kǽrʌ̀ŋk(ə)l, kərʌ́ŋ-/ *n* 〖動〗肉阜(にくふ)《とさか・肉垂など》; 〖植〗種阜, カルンクラ《胚珠の珠孔付近にある小突起》; 〖医〗丘, 小丘. ♦ **ca·run·cu·lar** /kərʌ́ŋkjələr/, **ca·rún·cu·lous** *a* caruncle (状)の. **ca·run·cu·late** /-lət, -lèɪt/ *a* caruncle(s) のある.

Ca·ru·so /kərú:soʊ, -zoʊ/ カルーゾー **Enrico** ~ (1873–1921)《イタリアのテノール; ベルカントの典型といわれる唱法で一世を風靡した》.

car·va·crol /ká:rvəkrɔ̀(:)l, -kròʊl, -kràl/ *n* 〖化〗カルバクロール《タイム油などに含まれている液体フェノール; 防腐・殺菌剤用》. [NL *carvi* caraway, *acris* acrid, *-ol*]

carve /ká:rv/ *vt* 〈食卓で肉などを〉切り分ける; 〈木・石などをある形に〉刻む 〈*into* strange shapes〉; 浸食作用で〈ある地形を〉形成する; 刻んで〈像を〉造る, 彫刻する 〈*out of*, *from*, *in* stone〉; 〈文字などを〉刻みつける 〈*into*, *on* a tree〉; 〈道路・運命などを〉切り開く; 〖スキー〗〈ターンを〉カービングターンで行なう: ~ one's way 進路を開拓する 〈*to* renown〉. ▶ *vi* 肉を切り分ける; 彫刻業に従事する. ● **~ for** one**self** 勝手にふるまう. **~ out** 切り取る, 切り開く: ~ *out* a [one's] way 進路を開拓する / ~ *out* a way through the enemy 敵中に血路を開く / ~ *out* a career for one*self* 自力でキャリアを築く. **~ up** 〈肉を〉切り分ける; [*derog*] 〈遺産・領地などを〉分割する; ″《俗》《ナイフ・かみそりなどで》切りつける; ″《口》〈人〉の車の前に突然割り込む; ″《俗》だます (cheat). [OE *ceorfan* to cut, slay]

car·vel /ká:rv(ə)l, -vɛ̀l/ *n* CARAVEL.

cárvel-bùilt *a* 〈ボートが〉平張りの (cf. CLINKER-BUILT).

carv·en /ká:rvən/ 《古・詩》 *v* CARVE の過去分詞. ▶ *a* 彫刻した.

carv·er /ká:rvər/ *n* 彫刻者; 肉を切る人; 肉切りナイフ; [*pl*] 肉切りナイフと大型フォーク; ″《食卓上席の》肘掛け椅子《肉を切り分ける主人の席》.

Car·ver /ká:rvər/ カーヴァー (1) **George Washington** ~ (c. 1861?–1943)《米国の植物学者》 (2) **John** ~ (c. 1576–1621)《Mayflower 号で北米に渡った Pilgrim Fathers の一人; Plymouth 植民地の初代知事》 (3) **Raymond** ~ (1938–88)《米国の短篇作家・詩人》.

Cárver cháir* カーバー椅子《背に縦横 3 本ずつ棒のある丸材で作られた重い椅子》. [John *Carver*]

carv·ery″ /ká:rvəri/ *n* 客の求めに応じてローストビーフなどを切り分けて提供するレストラン.

cárve-ùp ″《俗》 *n* [*derog*] 《もうけなどの》分配, 《領地などの》分割; 詐欺; ナイフやかみそりを持ってするけんか; 運転手の道路でのけんか.

carv·ing /ká:rvɪŋ/ *n* 彫刻, 彫像; 彫刻術; 彫り物, 彫刻物; 肉の切り分け, 切り盛り.

cárving fòrk 切り盛り用大フォーク.

cárving knìfe 切り盛り用大ナイフ.

car·vone /ká:rvòʊn/ *n* 〖化〗カルボン《淡黄色の油状液; 芳香料》.

cár wàsh 洗車場, 洗車機, カーウォッシュ; 洗車.

Cary /kέəri/ **1** ケアリー (1) **Alice** ~ (1820–71)《米国の詩人》 (2) (**Arthur**) **Joyce** (**Lunel**) ~ (1888–1957)《アイルランド生まれの英国の小説家; 三部作 *Herself Surprised* (1941), *To be a Pilgrim* (1942), *The Horse's Mouth* (1944)》 (3) **Henry Francis** ~ (1772–1844)《英国の詩人; Dante の翻訳で知られる》 (4) **Phoebe** ~ (1824–71)《米国の詩人; Alice の妹》. **2** ケアリー《男子名》. [家族名より]

cary- /kǽri/, **car·yo-** /kǽrioʊ, -iə/ ⇨ KARY-.

car·y·at·id /kæ̀riǽtəd/ *n* (*pl* **~s**, **-i·des** /kæ̀riǽtədì:z/) 〖建〗女人像柱 (cf. ATLAS, TELAMON).

car·y·o·phyl·la·ceous /kæ̀rioʊfəléɪʃəs/ *a* 〖植〗ナデシコ科 (Caryophyllaceae) の; ナデシコのような(筒状萼をもつ).

car·y·op·sis /kæ̀riάpsəs/ *n* (*pl* **-ses** /-sì:z/, **-si·des** /-sədì:z/) 〖植〗穀果, 穎果(えいか).

carzey ⇨ KARZY. [変形＜It *casa* house]

cas /kǽʒ/ 《俗》 *a* リラックスした, 気張らない (casual); いかす, すてきな, よい (good, all right, fine).

CAS certificate of advanced study.

ca·sa /ká:sə/ *n** 《南西部》家, 住居. [Sp and It ＝house＜L ＝cottage]

CASA 〖豪〗Civil Aviation Safety Authority 民間航空安全局.

ca·sa·ba, cas·sa·ba /kəsá:bə/ *n* 〖植〗カサバ (＝~ **mèlon**) 《果皮の黄色い冬メロンの一種》. [Turk]

Ca·sa·blan·ca /kæ̀səblǽŋkə/ **1** カサブランカ (*Arab* Dar el Beida) 《モロッコ北西部, 大西洋岸の港湾都市; 同国最大の都市》. **2** 『カサブランカ』《米国映画 (1942); Casablanca を舞台に, 第二次大戦の裏話を反ナチス的ムードで描いたメロドラマ; Humphrey Bogart, Ingrid Bergman 主演》.

Casablánca Cònference [the] 〖史〗カサブランカ会談《1943 年 1 月の Casablanca での Churchill と Roosevelt との会談; Sicily 島侵攻を決定》.

cas·al /kéɪs(ə)l/ *a* 〖文法〗格 (case) の.

Ca·sals /kəsá:lz, -zá:lz/ カザルス **Pablo** ~ (1876–1973)《スペイン生まれのチェロ奏者・指揮者; J.S.Bach の作品のすぐれた解釈で知られる》.

Ca·sa·no·va /kæ̀zənóʊvə, kæ̀s-/ **1** カサノーヴァ **Giovanni Giacomo** ~ (, Chevalier de **Seingalt**) (1725–98)《イタリアの冒険家・作家; 度重なる投獄, 恋愛遍歴などで有名; *Mémoires* (1826–38)》. **2** 女たらし, 色好み.

cas·a·reep /kǽsərì:p/ *n* CASSAREEP.

Ca·sau·bon /kəsɔ́:bən/ *F* kazobɔ̃/ カゾボン **Isaac** ~ (1559–1614)《フランスの神学者・古典学者》.

cas·bah, kas- /kǽzbὰ:, ká:z-/ *n* [ᶜC-] **1** 《北アフリカ諸都市の》城, 城砦, 館(やかた), 宮殿, カスバ. **2 a** [the] カスバ《要塞都市の旧市街, 特に ナイトクラブや娼家のある地区; Algiers のものが有名; cf. MEDINA》. **b** カスバの迷路のように入り組んだ所[もの]. [F＜Arab]

cas·ca·bel /kǽskəbɛ̀l/ *n* 〖軍〗《砲口装填式平射砲の》砲尾の乳頭状突起; 砲尾部; 鈴, カスカベル; カスカベル《マイルドな辛さの小さい赤トウガラシ》. [Sp＝small bell]

cas·cade /kæskéɪd/ *n* **1** 小さい滝 (cf. CATARACT), 階段状に連続した滝; [*fig*] ほとばしり; 一連のもの 〈*of*〉: a ~ of words. **2 a** 滝状のもの《レースなど》; 〖園〗懸崖作り. **b** 〖電〗縦続; 〖機〗翼列; 〖理〗(電磁)カスケード (cascade shower); 〖理〗核子カスケード; 〖化〗《液体を段階的に次の容器に移す》カスケード; 〖生化〗カスケード《酵素群などの順次的活性化によって生体情報の信号を増幅していく課程》; カスケード《組織において, 情報をトップから下のレベルへと順次伝えていくこと, また そのための連絡会》. ▶ *vi* 滝になって落ちる. ▶ *vt* 滝のように落とす; 〖電〗縦続接続する; 順送りに伝える; 〈作業を〉段階的に行なう. [F＜It＝to fall; ⇨ CASE[1]]

Cascáde Ránge [the] カスケード山脈《California 州北部からカナダの British Columbia 州に至る山脈; 最高峰 Mt Rainier (4392 m)》.

cascáde shòwer 〖理〗カスケードシャワー《高エネルギーの電子が物質層に入射したとき, 光子の生成, 光子による電子対生成の過程が反復されて, 多数の電子を増殖する現象》.

Cas·ca·di·an /kæskéɪdiən/ *a* 〖地質〗カスケードの《北米大陸の太平洋岸の山脈を隆起させた新生代の一連の地殻変動についていう》.

cas·cara /kæskǽrə, -ká:rə/ *n* CASCARA BUCKTHORN; CASCARA SAGRADA. [Sp＝bark]

cascára búckthorn 〖植〗カスカラ (＝*bearwood*)《クロウメモドキ属; 米国太平洋沿岸原産》.

cascára sa·grá·da /-səgrá:də, -gréɪ-/ カスカラサグラダ《cascara buckthorn の樹皮; 緩下剤》. [Sp＝sacred bark]

cas·ca·ril·la /kæ̀skəríla, -rí:(j)ə/ *n* 〖植〗カスカリラ《トウダイグサ科ハズ属の低木; 西インド諸島産》; カスカリラ樹皮 (＝~ **bàrk**)《香気の強い健胃薬》. [Sp (dim)＜CASCARA]

case[1] /kéɪs/ *n* **1 a** 場合, 事例; 事件, 問題: in such ~*s* そんな場合に / in either ~ いずれにせよ / a common ~ よくある例 / a ~ of not knowing what else to do ほかに何をしたらいいかわからない状況 / a ~ of having to やむをえない[ほかにどうしようもない]状況 / a murder ~ 殺人事件 / a ~ *between* them 彼らの間の問題 / a ~ *of* conscience 良心にかかわる問題. **b** 〖医〗症例; 患者, 病人 (patient); 《口》変わり者, 扱いにくいやつ, ませた子供, 滑稽な人, ばか: explain one's ~ 病状を説明する / twenty new ~*s* of flu 流感新患者 20 名 / He is a ~. やつは番外[変わり者]だ. **c** 〖法〗判例; 訴訟事件 (suit); 主張, 言い分, 論拠, (説得力のある)議論: win [lose] a ~ 勝訴[敗訴]する / in the ~ of *Plessy* v. *Ferguson* プレッシー対ファーガソン事件において / the ~ *for* the defendant 被告側の主張 / state one's ~ 自己の言い分[立場]を陳述する / have a ~ 《勝訴する》十分な論拠がある / have [build, assemble] a ~ (*against* sb) 人に不利な証拠をもっている[集める] / the ~ *for* conservatism 保守主義擁護論. **2 a** 事実, 実情, 真相: That's [That's not] the ~. 事実はそのとおり[そうでない] / It's always the ~ *with* him. 彼はいつもそうなんだ / Such being the ~, I can't pay the money. こういう実情だから金は払えない. **b** 事情, 立場, 状態, 境遇: in sorry ~ 悲境に / in good [evil] ~ 暮らし向き[健康状態など]がよく[悪く] / Circumstances alter ~*s*. 《諺》事情によって立場[事態]も変わる. **3** 〖文法〗格 (⇨ NOMINATIVE, OBJECTIVE, POSSESSIVE, GENITIVE, DATIVE, ACCUSATIVE). **4** 《俗》《異性に対する》のぼせあがり, 色恋ざた: He has quite a ~ *on* her. 彼女にすっかりのぼせている.

● **as is often the ~** (**with**…に)よくあることだが. **as the ~ may be** 場合により, 事情しだいで. **as the ~ stands** 現状では.

be on the ～ «口» 事に対処している; 事件を担当している. ～ by ～ その場その場で, ケースバイケースで. a ～ in point 適例, 好例. come [get] down to ～s *«口» 要点にはいる; 審理する. drop a ～ 訴訟を取り下げる. a HARD CASE. in any ～ どんな場合でも, いずれにせよ, とにかく. in ～ ⇨ just in CASE. in ～ [‹conj›] …する場合の用心に, …するといけないから; …する場合には, もし…ならば (if). in ～ of…の場合には, …の用心に: *in ～ of* need まさかの時には / *in ～ of* my not seeing you もしお目にかかれなかった時は. in nine ～s out of ten 十中八九. in no ～ 決して…ない. in that ～ その場合は, (もし)そうなら[なれば]. in the ～ of…に関しては; …の場合は. just in ～ 万一に備えて; [‹conj›] …するといけないので: It's advisable to bring a copy of your doctor's prescription *just in ～*. 念のため医師の処方箋のコピーを携行してくるとよい. lay the ～ 陳述する. make (out) a ～ 証拠を挙げて主張[弁護, 反対]する ‹*that*; *for*, *in favor of*; *against*›. off sb's ～ *«俗» 人に干渉しないで, 口うるさくしないで: Get *off my* ～! ほっといてくれ! on sb's ～ *«俗» 人に干渉して, 口うるさくして, 批判して: get *on* sb's ～ 人にうるさくする. put [set] the ～ 説明する ‹*to* sb›; ‹…と›仮定[提案]する ‹*that*›.
[OF＜L *casus* fall (*cas- cado* to fall)]

case[2] *n* **1 a** 箱, 外箱, ケース, 容器, 筒, …入れ (: a jewel ～); ″スーツケース; «ナイフの» さや; 袋; かばん; 上包み; «窓などの» 枠, ケース; «時計の» 側; 薬莢(やっきょう), 弾薬筒, ケース; 製本用に完成した表紙; 〖印〗活字ケース (cf. UPPER [LOWER] CASE). **b** 一箱(の量), 一組, ひとそろい, «特に» 一対: a ～ of wine ワイン一箱 «1 ダース入り». **2** ″«俗» 売春宿; ″«俗» トイレ. **3** *«俗» «犯行前の» 下見. ► *vt* **1** case に入れる, おおう ‹*in*›; 包む ‹*with*›, …にかぶせる ‹*up*, *over*›. **2** *«俗» 調べる, «特に 犯行が目的で» 下見[下調べ]する ‹*out*›: ～ the joint «俗» 場所を調べる, 下見する. [OF＜L *capsa* box (*capio* to hold)]

cáse àce *«トランプ俗» «特に stud poker で, エースが 3 枚配られたあとの» 4 枚目[最後]のエース.

ca·se·ase /kéɪsiès, -z/ *n* 〖生化〗カゼアーゼ «カゼイン分解酵素».

ca·se·ate /kéɪsièɪt/ *vi* 〖医〗乾酪化する, チーズのようになる.

cà·se·á·tion *n* «結核などの» 乾酪化[変性], チーズ化, カゼイン変性.

cáse bày 〖建〗ケースベイ «天井梁(はり)相互間の空間».

cáse·bèar·er *n* 〖昆〗«絹糸などの» 保護繭(まゆ)を作る幼虫.

cáse·bòok *n* ケースブック «1) 法律・医学などの判例・症例・事例集 2) 特定テーマに関する一次・二次資料に注・練習問題・手引を加えた書物; 論文の資料など».

cáse bòttle 角瓶 «箱詰め用».

cáse·bòund *a* 〖製本〗厚紙表紙装の, ハードカバーの.

cáse-by-cáse *a* 個別的な, その場その場の: on a ～ basis.

cásed fráme 〖建〗箱枠 (box frame) «窓・ドアなどの».

cásed gláss 色被(き)せガラス, ケースガラス (=*case glass*).

cáse-dòugh *n* *«俗» «非常用に取っておく» 小額の金.

cáse ènding 〖文法〗格語尾.

ca·se·fy /kéɪsəfàɪ/ *vt*, *vi* チーズ質にする[なる].

cáse glàss CASED GLASS.

cáse gòods 収納家具 «本箱・食器棚など; また そのセット»; 箱詰め[ケース売り]商品 «かんづめ・酒類・ミルクなど».

cáse gràmmar 〖言〗格文法 «動詞と名詞との統語的・意味的関係を体系的に記述することを目指した文法; この文法では名詞の格 (case) はその名詞が文中で果たす統語的・意味的役割に応じて決定されるとする».

cáse-hàrden *vt* 〖冶〗…の表面を硬化させる, …に焼きを入れる (cf. FACE-HARDEN); [*fig*] 鉄面皮[無神経]にする.

cáse-hàrdened *a* 焼きを入れた; 鉄面皮な, 無神経な.

cáse hìstory 事例史, 病歴 (=*case record* [*study*]) «特定の個人や集団の病歴・環境などの記録で内科・精神病の治療や社会事業で用いる».

ca·se·id·in /keɪsíːədən/ *n* 〖生化〗カゼイジン «乳汁中につくられ, ある種の感染症に対する免疫を与える物質».

ca·sein /kéɪsìːn, -siən, *keɪsíːn/ *n* 〖生化〗カゼイン «リンタンパク質の一種; 乳タンパク質の主成分».

ca·sein·ate /keɪsíːneɪt, kéɪsɪnèɪt/ *n* 〖生化〗カゼイン塩 «カゼインとカルシウムやナトリウムなどの金属との化合物».

ca·sein·o·gen /keɪsíːnəʤən, -siín-/ *n* 〖生化〗カゼイノゲン «乳液中のタンパク質; 凝固して casein となる».

cáse knìfe さや入りナイフ (sheath knife); 食卓用ナイフ.

cáse làw 判例法 (cf. STATUTORY LAW).

cáse·lòad *n* «裁判所・福祉事務所・病院などにおける一定期間の» 取扱い件数.

case·mate /kéɪsmèɪt/ *n* «塁壁を屋根で防護した» 穹窖(きゅうこう)砲台; «艦上の» 砲郭. ♦ **cáse·màt·ed** *a* [F＜It]

case·ment /kéɪsmənt/ *n* «蝶番で開閉する» 開き窓の窓枠; «そのような» 開き窓 (=～ **wíndow**) (cf. SASH WINDOW); «詩» 窓; 枠, ケース, おおい. ♦ **～·ed** *a* [ME=hollow molding; ⇨ CASE[2]]

Casement ケースメント Sir **Roger** (**David**) ～ (1864–1916) «アイルランドの独立運動家; 祖国独立にドイツの力を借りようとして反逆罪で処刑された».

cásement clòth ケースメント(クロス) «平織りの綿織物で, 主にカーテン用薄地».

cáse mèthod 〖法〗CASE SYSTEM.

cáse nòte *«俗» 1 ドル(札).

ca·se·ose /kéɪsiòus, -z/ *n* 〖生化〗カゼオース «カゼインの加水分解・消化による生成物».

ca·se·ous /kéɪsiəs/ *a* 〖生化〗チーズ様[状, 質]の, 乾酪性の.

cáse rècord CASE HISTORY.

ca·sern, -serne /kəzə́ːrn/ *n* 兵舎. [F]

Ca·ser·ta /kəzéərtə, -zə́ːr-/ カセルタ «イタリア南部 Campania 州の町; Garibaldi のイタリア統一運動の中心地».

cáse-sènsitive *a* 〖電算〗大文字・小文字を区別する.

cáse shòt 散弾; 榴散弾 (shrapnel).

cáse stàted 〖英法〗事実記載書, 〖米法〗合意事実記載書 (=*stated case*).

cáse stùdy /; ―́ ―́/ 事例研究, ケーススタディ «個人・家族・集団・地域社会または文化などの一単位について, その発達と環境との関係を分析研究する»; CASE HISTORY.

cáse sỳstem 〖法〗判例主義教育(法) (=*case method*).

casette ⇨ CASSETTE.

cáse·wòrk *n* ケースワーク «社会生活上の問題をみずから解決するのが困難な個人・家族に個別的に援助を行なう社会事業の実践方法の一つ». ♦ **～·er** *n* ケースワーカー.

cáse·wòrm *n* 〖昆〗**a** 体のまわりに巣を作る幼虫 «ミノムシなど». **b** イサゴムシ (caddisworm).

Ca·sey /kéɪsi/ ケーシー «男子名». [Ir=brave]

Cásey Jónes ケーシー・ジョーンズ «列車事故で死んだ Kentucky 州 **Cay·ce** /kéɪsi/ 生まれの機関士 (本名 John Luther Jones (1864–1900)) を歌ったフォークソングの主人公».

cash[1] /kǽʃ/ *n* 現金, 正金, キャッシュ; 現金同等物 «貨幣・小切手など; opp. *credit*»; «口» 金(かね); «廃» 金庫: short of ～ 現金を切らして, 支払いにさしつかえて / Take the ～, and let the credit go. «諺» 名を捨てて実を取れ. ● **～ down** 〖商〗即金で, 即時払いで. **～ in [on*] hand** 現金手持ち高; [～ in hand] ″現金での支払い. CASH ON DELIVERY. **～ on the nail [barrel (head)]** 即金で. **in [out of] ～** 現金を持って[切らして]; 現金で. ► *a* 現金払いの. ► *vt* ‹手形などを›現金に引き換える; 〖ブリッジ〗‹見込みのある札を›出してトリックを得る. ● **be ～ed up** «豪口» 金をたっぷり持っている. **～ in** 現金に換える, 換金する; «口» もうける; 清算する, けりをつける ‹*on*›; [°～ it in] «口» 死ぬ «元来はポーカーを終えるときの表現». **～ in on…** «口» …を(十分に)利用する, つけこむ. **～ in one's chips [checks]** ⇨ CHIP[1] [CHECK]. **～ out** *現金化する, 換金する; 預金をおろす; CASH[1] up. **～ up**″ 当日分の売上げを合計する; «口» ‹必要な金を›出す. ♦ **～·able** *a* [F=box or It＜L; ⇨ CASE[2]]

cash[2] *n* (*pl* ～) 〖史〗«中国・南インド・東南アジアの» 小銭, 穴あき銭. [Port＜Tamil＜Skt]

Cash キャッシュ **Johnny** ～ (1932–2003) «米国のカントリー・シンガーソングライター, ギタリスト; 'giant of country music' と呼ばれたカントリーシンガーの大御所的存在».

cásh accòunt 〖商〗現金勘定.

cásh-and-cárry *a*, *adv* 配達なしの現金(払い)持ち帰り制の[で]: a ～ business [market]. ► *n* 現金(払い)持ち帰り制(の店); 現金問屋; 〖取引〗キャッシュ・アンド・キャリー «商品・証券などを現物で買って先物市場で売る裁定取引».

cashaw ⇨ CUSHAW.

cásh·bàck *n* キャッシュバック «1) 代金の一部を顧客に返金するサービス 2) ″現金割引 (: ～ price) 3) ″スーパーなどでデビットカードで買物をすると一定限度の現金を口座から引き出せるサービス».

cásh bàr «パーティーなどでの» 有料バー (cf. OPEN BAR).

cásh·bòok *n* 〖簿〗現金出納帳.

cásh·bòx *n* 銭箱, 金庫; [*pl*] 富 (wealth).

cásh·bòy *n* «小売店の» 現金取次係.

cásh càrd ″キャッシュカード.

cásh càrrier «銀行など店内の» 現金輸送装置.

cásh còw «口» もうかる事業(部門) [商品], ドル箱; 金づる.

cásh crèdit 〖金融〗当座貸し, 当座貸越し.

cásh cróp 換金作物 (=*money crop**) «すぐ現金化できる農作物; タバコ・綿など; 自家消費用に対していう». ♦ **cásh cróp·ping** 換金目的の作物栽培.

cásh cústomer 現金客.

cásh dèsk ″«売店・食堂などの» レジ, 勘定台.

cásh díscount 〖商〗現金割引 «即時[指定日以前]の現金払いに適用する割引; その割引高».

cásh dispènser″ 現金自動支払機, キャッシュディスペンサー, CD 機 (=**cásh-dispènsing máchine**) (automatic teller machine).

cásh·dràw·er *n* «金銭登録器などの, 硬貨や紙幣を分類して入れる» 現金入れ引出し.

cashed /kǽʃt/ *a* *«俗» «肉体的・精神的に» 消耗した, 疲れきった, «金銭的に» すっからかんの; *«俗» ‹マリファナが›有効成分が失われた.

Cash·el /kǽʃəl/ カッシェル «アイルランド南部 Tipperary 州中部の

町; カッシェルの岩 (the **Róck of ～**) (109 m) と呼ばれる 12 世紀の城や大聖堂などの廃墟がある丘陵のふもとにある》.

cash·ew /kǽʃuː, kəʃúː, ‖kæʃúː/ *n* 〘植〙 カシュー《熱帯アメリカ原産のウルシ科の高木》; カシューナッツ (=～ **nùt**). [Port＜Tupi]

cáshew àpple カシューアップル《カシューナッツの花柄の肥厚した部分; 酸味があり, 生食・料理用》.

cáshew fàmily 〘植〙 ウルシ科 (Anacardiaceae).

cásh flòw **1** 〘会計〙 現金流出入, 現金収支, キャッシュフロー《企業・プロジェクトが一定期間に受け取る現金と支出する現金, または前者から後者を引いた残り》. **2** 〘証券〙 キャッシュフロー《税引純利益に減価償却費を加えた額; 通例 1 株当たりで表わし, 財務健全度の指標とする》. **3** *《俗》 現金収入, 現金.

cash·ier[1] /kæʃíər/ *n* 出納係; 《商店・食堂などの》レジ係, 会計係; 《米国の銀行の》支配人. [Du or F; ⇨ CASH[1]]

cash·ier[2] /kæʃíər, kə-/ *vt* 〈士官を〉罷免[免職, 解雇]する; 捨て去る (discard). [Flem＝to disband, revoke＜F; ⇨ QUASH]

cashíer's chèck * 〘銀行〙 自己宛小切手, 預金小切手, 預手(よて)《銀行支配人が自行宛てに振り出す小切手》.

cásh-ìn *n* 《貯蓄債券などの》償還.

cásh-in-hánd ‖ *a* 〈支払いが〉現金での; 〈客が〉現金払いの.

cásh·less *a* 現金のない; 現金の要らない, キャッシュレスの.

cáshless socíety 《クレジットカードの利用や自動振込みシステムなどによる》現金不要の社会, キャッシュレス社会.

cásh machìne 現金自動支払機[預払機] (cash dispenser, automated teller machine).

cásh màrket 〘商〙 現金(取引)市場 (=*spot market*)《商品取引の決済がその取引時点で行なわれる市場; cf. FUTURES MARKET》.

Cash·mere /kǽʃmìər, *kǽʒ-, ‖kæʃmíər/ *n* **1** KASHMIR. **2** [c-] /*⌐―⌐/ カシミヤ《**1**) インド Kashmir 地方産のヤギの毛・毛糸・毛織物 **2**) 柔らかい綾織りの織物》; カシミヤ製ショール《など》.

Cáshmere góat 〘動〙 KASHMIR GOAT.

cásh néxus 《人間関係成立の主要因になっている》金銭的結びつき.

cásh on delívery *n, a, adv* 〘商〙 代金引換え渡し(で), 現金払い(で), 代引き(で)《略 COD》.

ca·shoo /kəʃúː; kǽʃùː/ *n* CATECHU.

cásh-òut *n* 現金化, 換金.

cásh pàyment 現金払い.

cásh·pòint ‖ *n* 現金自動支払機 (cash dispenser), キャッシュコーナー; 現金取引の店.

cásh prìce 〘商〙 現金払い値段.

cásh ràtio 〘銀行〙《支払い準備のための, 総預金に対する》現金比率.

cásh règister 〘商〙 金銭登録器, レジ(スター).

cásh-stàrved *a* 資金難にあえぐ, 金に困っている.

cásh-stràpped *a* 資金難に陥った, 金に困っている.

cas·i·mere /kǽsəmìər, *kǽz-/ *n* CASSIMERE.

Cas·i·mir /kǽzəmìər/ キャジミア《男子名》. [Pol＝proclamation of peace]

Ca·si·mir-Pé·rier /kǽzəmìərpérièɪ/ カジミールペリエ **Jean(-Paul-Pierre)** ～ (1847–1907)《フランスの政治家・実業家; 首相 (1893–94), 大統領 (1894–95)》.

cas·ing /kéɪsɪŋ/ *n* **1** 包装《箱・さや・袋・筒など》; 包装材; 囲い, おおい; 《タイヤのチューブを包む》外被, ケーシング; 《ソーセージの》皮, ケーシング《牛・豚・羊などの腸や代用品》; 〘服〙 ケーシング《重ねた布に 2 本の平行なステッチをかけてひもや芯を通すようにしたもの》. **2** 窓[ドア]の枠, 窓枠, ドア縁; ケーシング《掘削した油井・井戸に入れ, 内枠とする綱管》; 縁, 額縁. [*case*[2]]

cásing knìfe 壁紙用ナイフ.

ca·si·no /kəsíːnoʊ/ *n* (*pl* ～**s**) カジノ《公認の賭博場》, 娯楽集会所, ダンス[ミュージック]ホール; イタリアの夏[田舎]の別荘; 〘トランプ〙 カジノ (=*cassino*)《数合わせ式に 21 点早く取れば勝ち》. ► *a* 〘料理〙〈カキなどが〉貝殻の片方の上にピーマンとベーコンを載せて焼いた[炒った]: oysters ～. [It (dim)＜CASA]

Ca·si·quia·re, Cas·si- /kɑ̀ːsikjɑ́ːreɪ/ [the] カシキアレ川《ベネズエラ南部を流れる川; Negro 川上流と Orinoco 川を連絡する自然の運河》.

ca·si·ta /kəsíːtə/ *n* 《メキシコ・米》 カシータ《**1**) 小さな家 **2**) リゾートホテルなどの付属のバンガロー》. [Sp (dim)＜CASA]

cask /kǽsk; kɑ́ːsk/ *n* 樽, 桶; 一樽(の量): a ～ of cider りんご酒一樽. ► *vt* 樽[桶]に入れる. ♦ **cásky** *a* [F or Sp (*casco* helmet)]

cásk bèer 樽ビール《樽の中で伝統的な方法によって醸成し, 保存されたドラフトビール》.

cásk-condìtioned *a* 〈ビールが〉樽内熟成の《濾過・殺菌ほか加工処理をせずに飲む》.

cas·ket /kǽskət; kɑ́ːs-/ *n* 小箱《宝石・貴重品を入れる》; *ひつぎ, 棺 (coffin); ‖納骨箱; [the C-] 《豪》 GOLDEN CASKET. ► *vt* casket に入れる. [OF CASSETTE の AF 変形か]

Cas·lon /kǽzlən/ **1** カズロン **William** ～ (1692–1766)《英国の活字鋳造家; カズロン書体を創案 (1720–26), 読みやすさと簡素な活字スタイルがうけ, 18 世紀末まで欧米で広く用いられた》. **2** 〘印〙 カスロン《欧文活字書体の一つ; William Caslon が創製したオールドローマン体》.

Cas·par /kǽspər, ‖-pɑ̀ːr/ **1** キャスパー《男子名》. **2** カスパル《キリストを礼拝に来た三博士の一人とされる; cf. BALTHAZAR, MELCHIOR》. [Pers＝treasure]

Cas·pár·i·an stríp /kæspέəriən-/ 〘植〙《内皮の細胞膜の》カスパリー線. [Robert *Caspary* (1818–87) ドイツの植物学者]

Cáspar Mílquetoast キャスパー・ミルクトースト《H. T. Webster (1885–1953) の 1920 年代のアメリカ漫画 *The Timid Soul* に登場する, 白い口ひげをたくわえ, ひょろりとやせた気弱な老人》; *MILQUETOAST.

Cas·per /kǽspər/ キャスパー《アメリカ漫画のキャラクターで, 人なつっこいおばけ; 1945 年漫画映画でデビュー》. ● **be c～** *《口》 帰る, おいとまする, 消える.

Cás·pi·an Gátes /kǽspiən-/ *pl* [the] カスピアン峠《カスピ海西岸 Caucasus 山中の, Derbent 付近にある峠》.

Cáspian Séa [the] カスピ海.

Cáspian térn 〘鳥〙 オニアジサシ《大型》.

casque /kǽsk/ *n* 〘史〙 かぶと; 〘動〙《サイチョウのくちばしなどの》かぶと状突起. ♦ **～d** *a* [F＜Sp; ⇨ CASK]

Cass /kǽs/ キャス《**1**) 女子名; Cassandra の愛称 **2**) 男子名》.

cassaba ⇨ CASABA.

cas·sa·da /kəsɑ́ːdə/ *n* CASSAVA.

Cas·san·dra /kəsǽndrə/ **1** カッサンドラ《女子名; 愛称 Cass, Cassie》. **2 a** 〘ギ神〙 カッサンドラー《トロイア王 Priam と Hecuba の娘; Apollo から予言能力を授かったが, 彼を拒んで報復を受け, その予言はだれにも信じてもらえなかった》. **b** 凶事の[世にいれられない]予言者.

cas·sa·reep /kǽsərìːp/ *n* 〘料理〙 キャサリープ《ニガカッサバの汁を煮詰めて作った調味料; 特に西インド諸島で使われる》.

cas·sa·ta /kəsɑ́ːtə/ *n* カッサータ《**1**) 果物・ナッツのはいったアイスクリーム **2**) リコッタ (ricotta), 砂糖漬けの果物, チョコレートのはいったケーキ》. [It]

cas·sa·tion[1] /kæséɪʃ(ə)n, kə-/ *n* 〘法〙 廃棄, 破棄.

cassation[2] *n* 〘楽〙 カッサシオン《18 世紀の小規模なセレナード; しばしば 戸外で演奏された》. [G *Kassation*; もと 'serenade' の意の学生俗語からきた方言]

Cas·satt /kəsǽt/ カサット **Mary** ～ (1844–1926)《フランスで印象派として活動した米国人画家》.

cas·sa·va /kəsɑ́ːvə/ *n* 〘植〙 タピオカノキ, イモノキ, キャッサバ《熱帯産; トウダイグサ科イモノキ属》; キャッサバ澱粉《タピオカ (tapioca) の原料》. [Taino; 語形は F *cassave* の影響]

Cás·se·grain télescope /kǽsəgrèɪn-/ カセグレン式望遠鏡《反射望遠鏡の一形式》. [N. *Cassegrain* 17 世紀フランスの天文学者]

Cassel ⇨ KASSEL.

cas·se·role /kǽsəròʊl/ *n* キャセロール《蒸焼き鍋》; キャセロール料理《料理して鍋ごと食卓に出す》; 〘化〙 柄付き鍋: EN CASSEROLE. ► *vt, vi* キャセロールで調理する[の中で煮える]. [F (dim)＜*casse*＜Prov＜L＜Gk *kuathion* little cup]

cas·sette, ca·sette /kəsét, kæ-/ *n* 《録音・録画用の》カセット(テープ); 〘写〙《ロールフィルムを入れた》パトローネ, フィルムカセット; 《宝石などを入れる》小箱; 〘窯〙 SAGGER; 〘遺伝〙 カセット《構造単位として移動・挿入可能な DNA 断片》. [F＜It (dim)＜*cassa*＜L CASE[2]]

cas·sia /kǽʃə, kǽsiə/ *n* 〘植〙 カワラケツメイ属 (*C-*) の各種の木《マメ科》; 〘植〙 ケイ, トンキンニッケイ《クスノキ属》; 桂皮(けいひ)《肉桂の代用品》. [L＜Gk＜Heb]

cássia bàrk, cássia-bàrk trèe 〘植〙 ケイ (Chinese cinnamon)《クスノキ属》.

cássia fístula カシア果《ナンバンサイカチ (drumstick tree) の乾燥莢果(きょうか)》; cf. CASSIA PULP》.

cássia òil カシア油《ケイの枝や葉から得られる黄色または褐色の揮発性の油; 甘味が強くシナモンのような香りがあり, 食物の香味料・香水の材料などに使用する》.

cássia pùlp カシア果 (cassia fistula) の果肉《下剤》.

Cas·sie /kǽsi/ キャシー《女子名; Cassandra の愛称》.

cássie pàper 〘紙〙 カシー《輸送などで破損した, 梱包紙束の外側の紙》.

cas·si·mere /kǽsəmìər, *kǽz-/ *n* カシミヤ《綾織りで梳毛(そもう)の洋服生地》.

Cas·sin /F kasɛ̃/ カサン **René-Samuel** ～ (1887–1976)《フランスの法律家・政治家; 世界人権宣言 (1948) の中心的起草メンバー; ヨーロッパ人権裁判所所長(1965–68); ノーベル平和賞 (1968)》.

cas·single /kæsíŋg(ə)l/ *n* カシングル《両面に 1 曲ずつ収めたカセットテープ》. [*cassette*＋*single*]

Cas·si·ni /kəsíːni/ カッシーニ **Gian Domenico** ～ (1625–1712)《イタリア生まれのフランスの天文学者; フランス語名 Jean-Dominique ～; カッシーニ間隙 (Cassini division) を発見した》.

Cassíni division, Cassíni's divísion 〘天〙 カッシーニ間隙《Gian D. Cassini が発見した, 土星の A 環と B 環の間の暗部》.

cas·si·no /kəsíːnoʊ/ *n* (*pl* ～**s**) 〘トランプ〙 CASINO.

Cassino カッシーノ《イタリア中部 Latium 州 Monte Cassino のふもとの町》.

Cás·sin's áuklet /kǽs(ə)nz-/ 〘鳥〙 アメリカウミスズメ《北米太平

洋岸産). ［John *Cassin* (1813–69) 米国の鳥類学者］

Cas·sio /kǽsiou/ キャシオー《Shakespeare, *Othello* で Othello の副官に起用された Iago のライバル》.

Cas·si·o·do·rus /kæ̀siədɔ́:rəs/ カッシオドルス **Flavius Magnus Aurelius** ～ (c. 490–c. 585)《ローマの政治家・著述家・修道士; 東ゴート王に仕えた》.

Cas·si·o·pe·ia /kæ̀siəpí:ə/ 〘ギ神〙カッシオペイア《エチオピアの王妃で Andromeda の母》; 〘天〙カシオペア座.

Cassiopéia's Cháir [the] 〘天〙カシオペアの椅子《カシオペア座中の 5 星》.

Cassiquiare ⇨ CASIQUIARE.

Cas·si·rer /kɑ:sí:rər/ カッシーラー **Ernst** ～ (1874–1945)《ドイツのユダヤ系哲学者; シンボルをもつ動物としての人間の文化を究明; *Die Philosophie der symbolischen Formen* (1923–29)》.

cas·sis[1] /kæsí:s, kə-/ *n* 〘植〙クロフサスグリ (black currant); カシス《クロフサスグリで造ったフランスの甘い酒》. ［F］

cas·sis[2] /kæsí:, kǽsí:s/ *n* カシ《Marseilles の近くにある Cassis で生産されるワイン》.

cas·sit·er·ite /kəsítəràɪt/ *n* 〘鉱〙スズ石 (＝*tinstone*)《スズの原鉱》.

Cas·sius Lon·gi·nus /kǽʃ(i)əs lɑ̀nʤáɪnəs, kǽs(i)əs-/ カッシウス(・ロンギヌス) **Gaius** ～ (d. 42 B.C.)《ローマの将軍; 一時 Caesar の部下となるが, Brutus らと謀って Caesar を暗殺した》.

cas·sock /kǽsək/ *n* 司祭平服, カソック《聖職者や聖歌隊員, また教会業務を助ける平信徒が着用する足まで達する長衣》; [the] [*fig*] 聖職; 聖職者. ♦ **～ed** *a* ［F＝long coat＜It＝horseman's coat＜?Turkic＝nomad; cf. COSSACK］

cas·sou·let /kæ̀səléɪ, -lét/ *n* カスレー《豚肉・羊肉・ソーセージなど種々の肉を加えた白インゲンの煮込み》. ［F］

cas·so·wary /kǽsəwɛ̀əri/ *n* 〘鳥〙ヒクイドリ《豪州・北部ニューギニア産; エミューに近縁の大型の平胸類の鳥で, 無飛力》. ［Malay］

cast /kæst; kɑ́:st/ *v* (～) *vt* **1 a** 投げる (throw); 〈さいを〉振る; 〈網を〉打つ; 〈釣糸・釣針を〉投げる, キャストする; 〈錨を〉おろす; 〈票を〉投じる; 《レスリングで》〈相手を〉倒す. **b** 〈目を〉向ける, 〈光を〉放つ, 〈影を〉落とす 〈*on, over*〉; 〈疑い・中傷などを〉投げかける, 負わせる 〈*on, over*〉: ～ an eye 一瞥(いちべつ)する / ～ a new light *on* the subject その問題に新たな光を投げかける / ～ a spell *on*…に魔法をかける, …を魅了する. **c** 土を掘って〈溝・盛り土などを〉作る. **2 a** 放り出す, 除去する; 放棄する; 〈衣服を〉脱ぐ; 〈ヘビが皮を〉脱ぐ; 〈鹿が角を, 鳥が羽毛を〉落とす; 〈馬が蹄鉄を〉落とす: He ～ the idea from his mind. その考えを捨てた. **b** 〈獣が子を〉早産する; 〈樹が果実を〉熟さないうちに落とす. **c** 解雇[解職]する (dismiss); 〈受験者などを〉不合格にする; 〈法廷・相手が〉敗訴させる: be ～ in a suit 敗訴する. **3** 〈溶かした金属を〉鋳造する, 型にとる; 〘印〙ステロにとる, 電気版にする 〈*into*〉; 〈像を〉鋳る: ～ metal *into* a bell 金属を鋳て鐘を造る / ～ a statue *in* bronze 青銅で像を造る. **4 a** 適当な形[順序]に配列する. **b** 〈俳優〉に役を振り当てる, 〈劇〉の配役をする; 《実生活で》〈人を〉…(のタイプ)とみなす 〈*as*, in the role of〉, 〈ことを〉…とみなす 〈*as*〉: ～ sb *as* Ophelia 人にオフィーリア(役)を振り当てる / Meg was ～ *for* the part of Cinderella. メグはシンデレラの役を振られた / ～ the plan *as* an attack on religion. その計画を宗教に対する攻撃とみなす. **c** 計算する, 加算する; 〈十二宮図を〉繰る; 〈十二宮図を繰って運勢を〉占う; 《古》…するつもりである, 意図する (intend), 決心する 〈*to do*〉: ～ accounts 計算する. **5** ねじる, そらせる; 〘海〙〈船を〉下手回しにする. **6** 〈結び目・縫い目を〉つくる. **7** 〘狩〙〈猟犬〉に臭跡を捜させる. ► *vi* **1** 投げる; さいころを投げる; 釣糸[釣針]を投げる 〈*for* fish〉; [U]《方》吐く (vomit); [U]《方》実を結ぶ. **2** 鋳造される, 型にとられる. **3** 計算する, 加算する; 《廃》推測する. **4** 〘狩〙〈猟犬が〉臭跡をかぎまわる; 〘海〙〈船が〉下手回しになる.

● **～ about** ＝CAST around; 〘海〙風下へ針路を変える. **～** ADRIFT. **～ around** 《身のまわりで》捜す, 捜しまわる 〈*for*〉; 思いめぐらす, 思案する 〈*for* means of escape, *to* do, *how*〉. **～ ashore** 岸へ打ち上げる. **～ aside** 退ける; 廃する. **～ away** 除く, 退ける; [[U]*pass*] 難破[漂流]させる; むだにする. **～ back** 回顧する; 投げ返す; 立ち返る. **～ behind** 追い越す. **～…behind one's back** 〘聖〙…を受けつけない. **～ beyond the moon** 勝手な推測をする. **～ by** 投げ捨てる, 排斥する. **～ down** 投げ落とす[倒す]; 〈目などを〉下に向ける, 伏せる; [[U]*pass*] 落胆させる. **～ forth** 追い出す. **～ in (one's lot) with**…と運命を共にする. **～** (sth) **in sb's teeth** (ある事で)人を面責する. **～ loose** 解き放つ; 放たれる. **～ off** 放棄する, 見捨てる; 〈汚名を〉返上する, 〈衣服を〉脱ぎ捨てる; 〈猟犬を〉解き放つ; 〘海〙〈索を〉解き放つ, 〈つないだ船を〉出す; 〈人が〉索を解く; 〈船が〉出帆する; 〘編物〙目を止める (finish off) (＝**～ off stitches**); 〘印〙〈原稿を〉組みページに見積もる; (人と)絶縁する; 〘スクエアダンス〙パートナーを回転させたあと踊りの列の外側へ出てまた戻る. **～ on** すばやく着る; 〘編物〙《編み始めの》目を立てる (＝**～ on stitches**). **～ out** 投げ出す; 追放する; 魔除けで追い出す; 捨てる; 《スコ》仲たがいする, けんかする. **～ round**＝CAST around. **～ oneself on**…にたよる. **～ up** 〈目を〉上に向ける; 〈土を〉盛り上げる, 〈土塁を〉築く; 合計する; 吐く; 〈岸などへ〉打ち上げる; 〈不快なことを〉思い出させる, 持ち出す.

► *n* **1 a** 投げること; 石投げ; 《投網(とあみ)・測鉛の》投下; 《釣糸・釣針などの》投げ, キャスト; 投げられる距離, 《特に》弓の射程; さいころのひと振り, その目; 運試し: a good ～ 釣り[投網]の好適地 / the last ～ 最後の運試し. **b** 投げ[捨て]られた[られる]もの; 〘鳥〙ペリット (⇨ PELLET); 〘動〙虫 (worm) が排泄する土, 糞; 《昆虫の》脱け殻; 鷹匠が一回に放つ鷹の数; 鋳造一回分の金属; [U]〘釣〙はりす (leader). **c** 視線を向けること; 目つき, 表情; 斜視: have a ～ in the left eye 左の目が軽いやぶにらみだ. **2 a** 鋳型; 鋳造物; ギプス包帯; 〘医〙(尿)円柱; 〘古生〙雄型(おがた)《鉱物の沈着により生物の型が復元された化石》. **b** 《ものの作られた》型, 形態, 配置; 〘劇〙配役, [the] 出演の俳優たち, キャスト; 〘絵画〙カーテン類の配置: an all-star ～ スター総出演. **c** 計算, 加算, 足し算; 予測, 推測. **3 a** 《顔だち・性質などの》特色, 気質: the ～ of countenance [mind] 顔だち[気だて]. **b** 色合い; 傾向, 気味: a yellowish ～ 黄みがかった色. **4** 《車に人を》途中で乗せること (lift); 《スコ》助け: give sb a ～ 人を途中から車に乗せる. **5** 〘狩〙猟犬などが臭跡を求めてかぎまわること: make a ～ 〈猟犬が〉左右を鼻で探る 〈*for* the scent〉. ● **a ～ of thousands** [*joc*] 多数の人びと.

♦ **～·able** *a* **càst·abílity** *n* ［ON *kasta*］

Cas·ta·lia /kæstéɪliə/ 〘ギ神〙カスタリア《Parnassus 山腹にあった Apollo と Muses の神泉》; 《一般に》詩の霊泉.

♦ **Cas·tá·li·an** *a* CASTALIA の; 詩的な (poetic).

Cas·ta·ly, -lie /kǽstəli/ CASTALIA.

cas·ta·net /kæ̀stənét/ *n* [[U](a pair of) ～s] カスタネット. ［Sp (dim)＜*castaña*; ⇨ CHESTNUT］

cást·awày *a, n* (投げ)捨てられた(もの); 難破した(人); 世間から見捨てられた(人), 無頼の(徒); 《古》神から見放された(人), 失格者.

cást·dòwn *a* DOWNCAST.

caste /kǽst; kɑ́:st/ *n* **1** カースト《インドの世襲的階級; 四大カーストは Brahman (司祭者), Kshatriya (王族・武士), Vaishya (庶民), Sudra (賤民)》. **2** 階級制; 排他的[特権]階級; 〘昆〙階級, カスト《社会性昆虫が集団の中で果たす固有の職能形態》. ● **lose ～** 社会的威信[面目]を失う, おちぶれる. ♦ **cást(e)·ism** カースト制度, 階級[身分]制. ［Sp and Port＝lineage, race＜*casto* pure; ⇨ CHASTE］

Cas·te·lar y Ri·poll /kɑ:steɪlɑ́:r i ripóulja/ カステラル・イ・リポリ **Emilio** ～ (1832–99)《スペインの政治家・作家; 共和主義者で, 第一共和国の大統領をつとめた (1873–74)》.

Cas·tel Gan·dol·fo /kɑ:stél gɑ:ndɔ́:lfou; kæstəl gændɔ́lfəu/ カステル・ガンドルフォ《ローマの南東, Albano 湖畔の村; ローマ教皇の避暑地》.

Cas·tel·lam·ma·re di Sta·bia /kɑ:stɛ̀ləmɑ́:reɪ di stɑ́:bjə/ カステランマレ・ディ・スタビア《イタリア南西部の, Naples 湾に臨む海港・保養地; Vesuvius の噴火 (79 B.C.) で埋没した保養地スタビアイ (Stabiae) のあった地》.

cas·tel·lan /kǽst(ə)lən, kæstélən/ *n* 城主, 城代.

cas·tel·la·ny /kǽst(ə)lèɪni/ *n* CASTELLAN の職務[地位]; 城に属する領地と権限.

cas·tel·lat·ed /kǽst(ə)lèɪtəd/ *a* 城郭風の; 城のある[多い], 城を支える; 胸壁のようなぎざぎざのある. ［CASTLE］

cástellated nút 〘機〙菊ナット, 溝つきナット.

cas·tel·la·tion /kæ̀st(ə)léɪʃ(ə)n/ *n* 城郭建築; 胸壁; 胸壁取付け.

Cas·te·llón /kɑ̀:stəljóun/ カステリョン《スペイン東部 Valencia 自治州の県; ☆Castellón de la Plana》.

Castellón de la Pla·na /—́ dɛ lə plɑ́:nə/ カステリョン・デ・ラ・プラナ《Castellón 県の市・県都; Valencia の北東に位置》.

Ca·stel·lo·ri·zo /kɑ̀:stəlɔ́:rəzòu/ カステロリゾ《KASTELLÓRIZON の英語名》.

Ca·stel·ros·so /kɑ̀:stɛ̀lrɔ́:sou/ カステルロッソ《KASTELLÓRIZON のイタリア語名》.

Cas·tel·ve·tro /kæ̀stlvétrou, kɑ:stɛ̀l-/ カステルヴェトロ **Lodovico** ～ (c. 1505–71)《イタリアの文芸批評家》.

cáste màrk 《インド人の》額につけるカーストのしるし.

cást·er *n* **1** 投げる人; 計算者; 配役係; 鋳造者, 鋳物師; 〘印〙活字鋳造機, キャスター. **2** [castor ともつづる] **a** 《ピアノ・椅子などの》脚輪, キャスター. **b** 《振りかけ用に細かな穴のあいた》食卓用調味料入れ; 薬味スタンド (cruet). **3** 〘車〙キャスター(角)《kingbolt の傾斜》. ［*cast*］

Cáster·brìdge キャスターブリッジ《Thomas Hardy の小説 *The Mayor of Casterbridge* (1886) の舞台となっている町; Dorchester がモデルとされる》.

cáster sùgar[II] CASTOR SUGAR.

cas·ti·gate /kǽstəgèɪt/ *vt* 折檻する; 酷評する, きびしく非難する; 添削する. ♦ **-gà·tor** *n* **cás·ti·ga·tò·ry** /-gətɔ̀:ri; -gèɪt(ə)ri/ *a* **càs·ti·gá·tion** *n* ［L＝to reprove; ⇨ CHASTE］

Ca·sti·glio·ne /kɑ̀:stiljóuneɪ/ カスティリョーネ Conte **Baldassare** ～ (1478–1529)《イタリアの外交官・作家; *The Courtier* (1528) で理想的宮廷生活を描いた》.

Cas·tile /kæstí:l/ **1** カスティリャ (Sp **Cas·ti·lla** /kɑ:stí:(l)jɑ:/) (**1**) 中世イベリア半島の王国 **2**) スペイン中部から北部にかけての地方; 旧カスティリャ王国の中心部》. **2** CASTILE SOAP.

Castíle sóap [[S]c-] カスチール石鹸《**1**) オリーブ油と水酸化ナトリウムを原料とする刺激の少ない硬質石鹸 **2**) これに類似の石鹸》.

Cas·til·ian /kæstíljən/ *n* **a** カスティリャ人,《広義に》スペイン人 (Spaniard). **b** カスティリャ語《カスティリャで話される方言》;《カスティリャ語に基づく》標準スペイン語. ► *a* カスティリャ(人[語])の.

Castilla-La Man·cha /―́― la: má:nʧɑ:/ カスティリャ-ラ・マンチャ《スペイン中部の自治州・歴史的地域; Albacete, Ciudad Real, Cuenca, Guadalajara, Toledo の 5 県からなる; ☆Toledo》.

Castilla la Nue·va /―́― la: nwéıvɑ:/ カスティリャ・ラ・ヌエバ《NEW CASTILE のスペイン語名》.

Castilla la Vie·ja /―́― la: vjéıhɑ:/ カスティリャ・ラ・ビエハ《OLD CASTILE のスペイン語名》.

Castilla y Le·ón /―́― i leıóun/ カスティリャ・イ・レオン《スペイン北部の自治州・歴史的地域; Ávila, Burgos, León, Palencia, Salamanca, Segovia, Soria, Valladolid, Zamora の 9 県からなる; ☆Valladolid》.

cást·ing *n* **1** 投げること, 放棄;〔釣〕キャスティング《ロッドとリールを使って水面に釣糸を投げること》;〔狩〕《獲物が通ったばかりの場所で》猟犬を放つこと; 鋳込み, 鋳造; 配役; 計算. **2** 鋳物;〔鳥〕ペリット (⇨ PELLET); ミミズの糞 (worm cast); ヘビの脱け殻.

cásting cóuch*《俗》配役決定のソファー《配役担当責任者 (casting director) の事務所にあるといわれるソファー; しばしば役をつける代償にセックスを求める場所とされる》.

cásting diréctor《劇・映画などの》配役担当責任者.

cásting nét〔漁〕投網(とあみ) (cast net).

cásting vóte [vóice]〔法〕決定票, キャスティングボート《賛否同数の時または賛否同数にするために裁判長[議長]が投じる一票》.

cást-íron *a* 鋳鉄の; [*fig*] 頑健な, 強壮な; [*fig*] 剛直な, きびしい; [*fig*] 覆せない, 強力な: a ～ will 不屈の意志 / a ～ guarantee 絶対的な保証 / have a ～ stomach 丈夫な胃袋を持っている, 胃が丈夫だ / have ～ balls*《俗》大胆不敵だ, むこうみずだ.

cást íron〔冶〕鋳鉄.

cást-íron plánt〔植〕ハラン (aspidistra).

cas·tle /kǽs(ə)l; ká:s(ə)l/ *n* **1** 城, 城郭; 大邸宅, 館 (mansion); 安全な場所;〔チェス〕城将 (rook); [the C-]"ダブリン城《もとのアイルランド政庁またその総督邸》: An Englishman's house [home] is his ～.《諺》英国人の家は彼らの城である《家庭・私生活の不可侵をいう》. **2**《中世の戦艦の》船首楼;《象の背に載せた》やぐら. ► *vt, vi* (…に)城を築く, 城で固める; 城[安全な場所]に落ちつかせる;〔チェス〕城将で〈王を〉守る, キャスリングする. [AF＜L *castellum* (dim)＜*castrum* fort]

Castle キャッスル **Vernon** (**Blythe**) ～ (1887–1918)《米国の舞踊家; 英国出身; 妻の Irene Foote (1893–1969) と共に one-step, turkey trot を創始するなど, 社交ダンスに革命をもたらした》.

Cas·tle·bar /kæ̀s(ə)lbá:*r*; kà:s(ə)l-/ カースルバー《アイルランド北西部 Mayo 県の県都》.

cástle-build·er *n* 空想家.

Cástle Cátholic 英国の北アイルランド支配を支持するカトリック教徒《北アイルランドで反対派が軽蔑的にいう》.

cás·tled *a* 城で固めた; 城構えの; 城の多い.

Cástle Hóward ハワード城《イングランド北部 North Yorkshire の York の北東にある広壮なバロック風邸宅》.

cástle in the áir [in Spáin] 空中楼閣, 空想: build *castles in the air* 空想にふける.

cástle nùt〔機〕《割りピンを差し込み穴つきボルトに留める》溝付きナット.

cástle púdding ダリオール型 (dariole) に入れて蒸した[焼いた]プディング.

Cast·le·reagh **1** /kǽs(ə)lrèı; ká:s(ə)l-/ カースルレー《北アイルランド東部 Belfast の南東に隣接する地区》. **2** ⇨ Robert STEWART.

Cástle·ròbin bòmb《過激派の作る, 信管をはずせないようにした》仕掛け爆弾. [C20; *Castle* (＝Catholic)＋round *robin* か]

cást nèt〔漁〕投網(とあみ) (＝*casting net*).

cást·òff *n* 捨てられたもの[人]; [ᵘ*pl*] お古, お下がり《衣服など》;〔印〕カストオフ《原稿からページ数・行数を計算すること; 概算ページ数》.

cást-òff *a* 脱ぎ捨てた, 着古した; 捨てられた: ～ clothes.

cas·tor[1] /kǽstə*r*; ká:s-/ *n*〔動〕ビーバー, 海狸(かいり); 海狸香 (castoreum); ビーバーの毛皮; BEAVER《帽子》; キャスター《ビーバーより軽めの外套生地》. [F or L＜Gk＝beaver]

castor[2] *n* CASTER 2. ► *a*《豪俗》すばらしい, ちょっといかした.

Castor **1**〔ギ神〕カストール (⇨ CASTOR AND POLLUX). **2**〔天〕カストル《ふたご座 (Gemini) の α 星》.

Cástor and Póllux〔ギ神〕カストールとポリュデウケース (＝*Dioscuri*)《Leda の双生の息子; Castor の父は Tyndareus, Pollux の父は Zeus; 二人は Zeus によりふたご座 (Gemini) に変えられた》.

cástor bèan〔植〕CASTOR-OIL PLANT (の実).

cas·to·re·um /kæstɔ́:riəm/ *n* 海狸香, カストリウム (＝*castor*)《薬品・香水の原料》.

cástor óil ひまし油《下剤・化粧品原料・潤滑油》. [C18＜?; 医療用として *castor*[1] に取って代わったためか]

cástor-óil àrtist《軍俗》医者.

cástor-óil plànt〔植〕トウゴマ, ヒマ (＝*castor bean, palma Christi*).

cástor sèed トウゴマ (castor-oil plant) の実.

cástor sùgar" キャスター糖《調味料入れ (caster) から振り出して使える細かいグラニュー糖[粉末白砂糖]》.

cas·tra·me·ta·tion /kæ̀strəmətéıʃ(ə)n/ *n*〔軍〕布陣法.

cas·trate /kǽstrèıt; ―́―/ *vt* **1** …の精巣[卵巣]を除去する, 去勢する (geld);〈花〉の雄蕊(ゆうずい)を除去する. **2** …の活力を奪う, 骨抜きにする;〈書籍・演劇など〉の不穏当な箇所を削除する. ► *n* 去勢された人[動物]. ♦ **-trà·tor, -tràt·er** *n* **cas·trá·tion** *n* 去勢, 精巣除去[摘出]; 無力化, 弱体化, 骨抜き; 削除訂正. **cas·tra·to·ry** /kǽstrətɔ̀:ri; -t(ə)ri/ *a* [L *castro* to emasculate]

castrátion cómplex〔精神分析〕去勢コンプレックス.

cas·tra·to /kæstrá:tou, kə-/ *n* (*pl* **-ti** /-ti/)〔楽〕カストラート《17–18 世紀, 少年の声域を保つため去勢した歌手》. [It (pp)＜*castro* to CASTRATE]

Castres /ká:str(ə)/ カストル《フランス南部 Tarn 県の町》.

Cas·tries /kǽstrì:z, -s/ カストリース《セントルシア (St. Lucia) の首都》.

Cas·tro /kǽstrou, ká:s-/ **1** カストロ **(1) Cipriano** ～ (1858–1924)《ベネズエラの軍人・独裁者; 大統領 (1902–08)》 **(2) Fi·del** /fidɛ́l/ ～ **Ruz** (1926–)《キューバの政治家; 首相 (1959–76), 国家評議会議長 (元首, 1976–2008); ラテンアメリカの社会主義革命の象徴的存在》 **(3) Inés de** ～ (1323?–55)《スペインの貴族の女性; Dom Pedro (のちの Peter 1 世) の愛人となるが, 父王 Afonso 4 世の命で殺害された; その悲話は多くの詩・戯曲に取り上げられている》 **(4) Raúl** ～ **Ruz** (1931–)《キューバの政治家; 国家評議会議長[元首]・首相 (2008–)》. **2***《俗》あごひげ,《特に》カストロ(首相ばりの豊かな)ひげ. ♦ **～·ism** *n* カストロ (Fidel Castro) 主義. **～·ite** *n* カストロ主義者.

Cas·trol /kǽstrɔ̀(:)l, -tròul, -tràl/〔商標〕カストロール《自動車・オートバイなどに使われるエンジンオイル》. [*castor oil*]

Ca·strop-Raux·el, Ka·strop- /ká:strɔ̀(:)práuksəl, -tròp-/ カストロプ-ラウクセル《ドイツ西部 North Rhine-Westphalia 州の工業都市》.

cást stéel〔冶〕鋳鋼.

cást stóne〔建〕成形模造石, 擬石《自然石を模して作る, 細かい砂を混ぜたコンクリート製の建築用石材》.

ca·su·al /kǽʒuəl/ *a* **1** 偶然の, 思いがけない: a ～ meeting at the station 駅での偶然の出会い / a ～ visitor ひょっこりやって来た訪問客. **2** 時たまの, 不定期の; その時々の, 臨時の: ～ labor 臨時仕事, 自由労働 / ～ sex 行きずりのセックス. **3** 不用意な, でたらめな, あてにならない, 無頓着な, のんきな: a very ～ sort of person 大の気まぐれ者 / a ～ remark ふと出た[でまかせの]ことば. **4** さりげない; ちょっとした, 軽い; 四角ばらない; くつろいだ;〈衣服が〉略式の, ふだん着の, カジュアルな: a ～ acquaintance ちょっとした知り合い. **5** 外来の (adventive). ► *n* **1** 自由労働者, 日雇い[季節]労働者 (＝**～ láborer**)《通例 時間給》; 浮浪人;"臨時保護を受けている人;*分遣兵, 待機者. **2** [*pl*] ふだん着, カジュアルウェア (＝**～ clóthes**), カジュアルシューズ (＝**～ shóes**);"カジュアル族《ブランドものでカジュアルな服装をした若者; フーリガンに多い》. **3** 外来植物[動物] (adventive). ♦ **～·ly** *adv* 偶然, 何気なく, 不用意に, ふと. **～·ness** *n* [OF and L; ⇨ CASE[1]]

cásual Fríday* カジュアル・フライデー (dress-down Friday")《カジュアルな服装での勤務が認められている金曜日》.

cásual hòuse〔英〕慈善救貧院.

cásual·ìsm *n* 偶然が支配する状態;〔哲〕偶然論《世界の生成も変転も偶然によるものとする説; cf. TYCHISM》.

càsual·izátion" *n*《従業員の》臨時雇用化. ♦ **cásual·ìze**" *vt*《常用雇用から》臨時雇用に切り替える.

cásual·ty *n* **1 a**《天災・事故・不況などによる》負傷者, 犠牲者, 被害者, 巻き添え〈*of*〉; 損害;〔軍〕損耗人員《死亡・負傷・疾病・拘留・捕虜・行方不明によって戦力とならなくなった兵員》, [*pl*] 損耗人員数, 人的損害: heavy *casualties* 多数の死傷者. **b**"《口》CASUALTY DEPARTMENT. **2**〔保〕事故, 災害; 不慮の災難, 奇禍;《古》偶然(性). [L (casual); royalty などの類推]

cásualty depàrtment"《病院の》救急医療室[病棟] (＝**cásualty wàrd**").

cásualty insùrance*〔保〕災害保険, 新種保険 (accident insurance")《火災保険・海上保険以外の保険》.

cásual wàrd"《救貧院の》浮浪者一時収容室.

cásual wàter〔ゴルフ〕カジュアルウォーター《降雨などによってコースにできた偶然のたまり水》.

ca·su·a·ri·na /kæ̀ʒ(u)ərí:nə; -sj(u)ə-/ *n*〔植〕モクマオウ属 (*C-*) の高木[低木]《豪州・太平洋諸島原産モクマオウ科; トキワギョリュウなど; 枝は細長く, 葉は退化して細鱗片状》.

ca·su·ist /kǽʒuıst; -zju-/ *n*〔哲〕決疑論者; 詭弁家 (sophist). ♦ **cà·su·ís·ti·cal, -tic** *a* **-ti·cal·ly** *adv* [F＜Sp; ⇨ CASE[1]]

cásuist·ry *n*〔哲〕決疑論; 詭弁, こじつけ.

ca·sus bel·li /kéısəs bélàı, ká:səs bɛ́li:/ (*pl* ～) 戦争の原因, 戦争開始(正当化)事由, 戦争事由. [NL＝occasion of war]

ca·sus foe·de·ris /kéısəs fédərıs, -fí:-, ká:səs fɔ́ıdərıs/ (*pl* ～)〔国際法〕条約該当事由《条約に規定されている事由[場合]》. [NL＝case of the treaty]

C

ca·sus omis·sus /kɑ́:səs oumísəs, kéisəs-/ (*pl* **ca·sus omis·si** /kɑ́:səs oumísàı, kéisəs oumísì:/) 〖法〗遺漏事項《制定法などに規定がなくコモンローの規律を受ける事項》. [NL=case omitted]

cat[1] /kǽt/ *n* **1** 猫, イエネコ (=*domestic cat*)《FELINE *a*》; 〖動〗ネコ科の各種の動物《lion, tiger など》; 猫の皮: A ～ has nine lives. 《諺》猫には九生[命が九つ]ある《容易に死なない》/ A ～ may look at a king. 《諺》猫でも王様が見られる《卑賤な者にも相応の権利はあるもの; マザーグースから》/ Care killed the [a] ～. 《諺》心配は身の毒《九生ある猫でさえ心配のため死ぬ》/ Curiosity killed the ～. 《諺》好奇心もほどほどに / (as) curious as a ～ ひどくせんさく好きな / When the ～'s away, the mice will [do] play. 《諺》鬼の居ぬ間に命の洗濯 / All ～*s* are grey in the dark.=At night all ～*s* are grey. 《諺》暗闇では猫はすべて灰色《美貌などは一皮むけば同じこと》/ There are more ways of killing a ～ than by choking it with cream. 《諺》クリームで窒息させるだけが猫の殺し方とはかぎらない《方法はさまざまだ; 簡単に There's more ways than one to kill [skin] a ～. ということが多い》. ⇨ CHESHIRE CAT, KILKENNY CATS. **2 a** 《口》(陰口をきく)意地悪女, 性悪女; 悪意のあるゴシップ; すぐひっかく子供. **b** 夜盗, CAT BURGLAR; *《俗》浮浪者, 渡り労務者; 《俗》売春婦; 《卑》おまんこ, ねこちゃん (pussy), 毛まん (muff). **c** 《俗》ジャズミュージシャン, ジャズ狂; *《俗》しゃれ者, 遊び人; 《俗》人, やつ, 仲間 (guy). **3** CAT-O'-NINE-TAILS; 両端のとがった木片《TIPCAT 遊戯用》; TIPCAT; 〖海〗錨を吊るための滑車; 〖海〗CATHEAD; 〖海〗CATBOAT; 〖魚〗ナマズ (catfish); [the ～'s] 《俗》CAT'S MEOW; 六脚器《三脚で立つ》; [°C-] *《俗》キャデラック (Cadillac)《車》.

● **(as) nervous as a ～ on a hot tin roof** *《口》えらく神経質で. **be enough to make a ～ laugh [speak]** 《口》ひどくおかしい, これはすてきだ《上等な酒など》. BELL[1] **the ～.** FIGHT **like ～ and dog.** **Has the ～ got your [his etc.] tongue?** 《口》口がないの?, なぜ黙っているの? HOLY **～s?** **let the ～ out of the bag** 《口》つい秘密を漏らす《袋に入れた猫を豚と称して売ったことからという》. **like a ～ on hot bricks**"=***like a ～ on a hot tin roof** 《口》そわそわして. **look like something the ～ (has) brought [dragged] in** 《口》[ᵘ*joc*] ぼろぼろの[だらしない, みすぼらしい]様子をしている. **look like the ～ that ate [swallowed] the canary** ="**look like the ～ that got [stole] the cream** とても満足した様子をしている, ご満悦である. **Look what the ～('s) brought [dragged] in!** おやおや, なんて格好なんだ《ずぶぬれなどの格好で[思いがけずに]はいってきた人に驚いて言う》. **not have [be] a ～ in hell's [a ～'s] chance** 《口》まるきりチャンス[見込み, 機会]がない 〈*of doing*〉. **not be [have enough] room to swing a ～** とても窮屈だ, 狭苦しい. **play** CAT AND MOUSE. **put [set] the ～ among the pigeons [the canaries]**"《口》騒ぎ[内紛]をひき起こす(ようしむける). **rain** CATS AND DOGS. **see [watch] which way the ～ jumps=wait for the ～ to jump** 《口》日和見(ひより)をする, 形勢を観望する. **shoot the [a] ～** 《俗》ゲーッと吐く. **Suffering ～s!** ⇨ SUFFER. **turn ～ in the pan** 裏切る, 変節する. **Who's 'SHE' the ～'s mother?**

► *v* (-tt-) *vt* むちで打つ; 〖海〗〈いかりを〉水面から吊錨(ちょうびょう)架へ吊り上げる. ► *vi* **1** 《俗》吐く, もどす (vomit). **2** 《俗》ぶらぶらする; 《俗》セックスの相手を探しまわる, ナンパする 〈*around*〉: go *catting*. **3** *《黒人俗》人目を盗むように動く, こっそりと動く.

[OE *catt(e)* and AF *cat*<L *cattus*; cf. G *Katze*]

cat[2] *n* 《口》双胴船 (catamaran).

cat[3] *n* 《口》触媒コンバーター (catalytic converter).

Cat 〖商標〗キャット《無限軌道式トラクター (Caterpillar tractor)》.

cat- /kǽt/, **cata-** /kǽtə/, **cath-** /kǽθ/, **kat-** /kǽt/, **kata-** /kǽtə/ *pref*「下 (opp. *ana-*)」「反」「誤」「側」「全」 [Gk=down]

cat. catalog(ue) ♦ catalyst. **CAT** /kǽt/ °clear-air turbulence ♦ /kǽt/ °computed [computerized] axial tomography ♦ computer-aided[-assisted] testing コンピューター援用検査.

catabasis ⇨ KATABASIS.

cat·a·bol·ic /kæ̀təbɑ́lık/ *a* 〖生化〗異化(作用)の. ♦ **-i·cal·ly** *adv*

ca·tab·o·lism, ka- /kətǽbəlìz(ə)m/ *n* 〖生化〗《物質代謝における》異化(作用) (cf. ANABOLISM). [*cata-*, Gk *ballō* to throw]

ca·tab·o·lite /kətǽbəlàıt/ *n* 〖生化〗異化生成物, カタボライト.

ca·tab·o·lize /kətǽbəlàız/ *vt, vi* 〖生化〗代謝作用で分解する, 異化する.

càta·cáustic 〖数・光〗*a* 反射火線[焦線, 火面]の (cf. DIACAUSTIC). ► *n* 反射火線[焦線, 火面].

cat·a·chre·sis /kæ̀təkrí:səs/ *n* (*pl* **-ses** /-sì:z/) 〖修〗(連語的)混用, 濫喩, 比喩の濫用《例: to take arms against a sea of troubles (*Hamlet* 3.1.59)》; 《語の》誤用. ♦ **-chres·tic** /-kréstık/, **-ti·cal** *a* **-ti·cal·ly** *adv* [L<Gk (*khraomai* use)]

cata·cla·sis /kæ̀təkléısəs/ *n* (*pl* **-ses** /-sì:z/) 〖地質〗《岩石の》圧砕(作用), カタクラシス. ♦ **càta·clás·tic** /-klǽs-/ *a* 圧砕の[による], カタクラスチックな〈岩石〉.

cat·a·clasm /kǽtəklæ̀z(ə)m/ *n* 破裂, 分裂 (disruption).

càta·clínal *a* 〖地質〗地層傾斜の方向に下降する (opp. *anaclinal*): a ～ river.

cat·a·clysm /kǽtəklìz(ə)m/ *n* 大洪水 (deluge); 〖地質〗地殻の激変; 《政治的[社会的]な》大変動. ♦ **càt·a·clýs·mic, -clýs·mal** *a* 大規模な, 破壊的な, 潰滅的な; 《口》すさまじい. **-clýs·mi·cal·ly** *adv* **-clýs·mist** *n* CATASTROPHIST. [F,<Gk (*kluzō* to wash)]

cat·a·comb /kǽtəkòum, "-kù:m/ *n* [ᵘ*pl*] 地下墓地; [the ～s, the C-s] 《ローマの》カタコンベ《初期キリスト教徒の迫害時には避難所・礼拝所にもなった》; 地下通路(網); [*fig*] 複雑に入り組んだ事柄. [F<L<?]

càta·dióptric *a* 〖光〗反射屈折の[によって生じる, を伴う], カタディオプトリックの.

ca·tad·ro·mous /kətǽdrəməs/ *a* 〖魚〗降河(回遊)性の《淡水にすむ魚が産卵のために川を下って海に行く; cf. ANADROMOUS, DIADROMOUS》.

cat·a·falque /kǽtəfæ̀lk, -fɔ̀:(l)k/ *n* 棺台; 棺車; 〖カト〗カタファルク《埋葬後のミサで死者の象徴として使われる棺形の工作物》. [F<It<?; cf. SCAFFOLD]

Cat·a·lan /kǽt(ə)lən, -læ̀n/ *n* **a** カタルーニャ人. **b** カタルーニャ語《Romance 諸語の一つで, アンドラ (Andorra) の公用語》. ► *a* カタルーニャ(人[語])の. [F<Sp]

cat·a·lase /kǽt(ə)lèıs, -z/ *n* 〖生化〗カタラーゼ《過酸化水素を水と酸素に分解する酵素》. ♦ **càt·a·lát·ic** /-lǽt-/ *a* カタラーゼの.

cat·a·lec·tic /kæ̀t(ə)léktık/ *a* 〖韻〗最後の詩脚に音節を欠く, 韻脚不完の. ► *n* 欠節詩句.

cat·a·lep·sy /kǽt(ə)lèpsi/, **cat·a·lep·sis** /kæ̀t(ə)lépsəs/ *n* 〖精神医〗強硬症, カタレプシー《受動的に与えられた姿勢を長時間保持するもので, 統合失調症患者などに起こる》. ♦ **càt·a·lép·tic** *a, n* **-ti·cal·ly** *adv* [F or L<Gk *cata-*(*lēpsis* seizure)]

cat·a·lex·is /kæ̀t(ə)léksəs/ *n* (*pl* **-lex·es** /-sì:z/) 〖韻〗欠節詩句.

Cat·a·lí·na (Ísland) /kæ̀t(ə)lí:nə(-)/ [the] カタリーナ(島) (⇨ SANTA CATALINA).

catalo ⇨ CATTALO.

cat·a·log, -logue | -logue /kǽt(ə)lɔ̀(:)g, -lɑ̀g/ *n* **1** カタログ, 目録; 〖図書〗CARD CATALOG; 〖図書〗出版目録; *《大学で出す》要覧, 便覧 (calendar"). ★《米》でもよく catalogue を (特に「要覧」の意味では) 用いる. **2** 《悪いことの》連続: a ～ *of* disasters うち続く災害. ► *vt, vi* (…の)目録を作る; 目録に載せる[載る]; 列挙する. ♦ **cát·a·lòg(u)·er** *n* カタログ編集者. [F, <Gk *cata-*(*legō* to choose)=to enroll]

catalogue rai·son·né /─ rèız(ə)néı/ (*pl* **catalogues rai·son·nés** /-g(z)-/) 《書物・絵画の》解題付き類別目録. [F=reasoned catalog]

Cat·a·lo·nia /kæ̀t(ə)lóuniə/ カタルーニャ, カタロニア (Sp **Ca·ta·lu·ña** /kɑ̀:t(ə)lú:njə/) 《スペイン北東端のフランス・地中海に接する地方・自治州; Barcelona, Girona, Lleida, Tarragona の 4 県からなる; ☆Barcelona; 古くから分離独立運動が盛ん》. ♦ **-ló·ni·an** *a, n*

ca·tal·pa /kətǽlpə, -tɔ́:l-/ *n* 〖植〗キササゲ属 (*C-*) の各種の木 (=*Indian bean*). [Creek=head with wings]

ca·tal·y·sis /kətǽləsəs/ *n* (*pl* **-ses** /-sì:z/) 〖化〗触媒作用, 接触反応; [*fig*] 第三者によって促進された人[勢力]の間の反応. ♦ **cat·a·lyt·ic** /kæ̀təlítık/ *a* **-i·cal·ly** *adv* [Gk *cata-*(*lusis*<*luō* to set free)=dissolution]

cat·a·lyst /kǽt(ə)ləst/ *n* 〖化〗触媒; 《大きな変化の》要因, 契機 〈*for*〉. [*analysis*: *analyst* の類推で↑から]

catalýtic convérter 触媒コンバーター《自動車の排気ガス中に含まれる有害成分を無害化する装置》.

catalýtic crácker 《石油精製の》接触分解器 (=*cat cracker*).

catalýtic crácking 〖化〗接触分解(法)《触媒を用いて石油を分解する方法で, 熱分解 (thermal cracking) よりもオクタン価の高いガソリンが生産される》.

cat·a·lyze /kǽt(ə)làız/ *vt* 〖化〗〈反応を〉触媒作用によって促進する, 触媒する; 誘発[刺激]する; 変革する. ♦ **cát·a·lỳz·er** *n* CATALYST. [*analyze* の類推で *catalysis* から]

cat·a·ma·ran /kæ̀təmərǽn/ *n* **1** 二連小舟, 双胴船, カタマラン; 材木を結び合わせただけのいかだ; 《カナダ》材木運搬用の大きなそり. **2** 《口》ギャーギャー言うやつ, 《特に》がみがみ女, 意地悪女. [Tamil=tied wood]

Ca·ta·mar·ca /kɑ̀:təmɑ́:rkə/ カタマルカ《アルゼンチン北西部, 同名の州の州都》.

cat·a·me·nia /kæ̀təmí:niə/ *n* [〈*sg/pl*〉] 〖生理〗月経 (menses). ♦ **-mé·ni·al** *a* [Gk=monthly]

cat·a·mite /kǽtəmàıt/ *n* 稚児(ちご)《ホモの相手》. [L<Gk=Ganymede, cupbearer of Zeus]

cat·a·mount /kǽtəmàunt/ *n* 山猫《特に オオヤマネコ (lynx), ピューマ (cougar) など》. [↓]

càt·a·móuntain, càt-o'- *n* 山猫《特に ヒョウやヨーロッパヤマネコ》; 乱暴でけんか好きの人. [ME *cat of the mountain*]

cat·a·nan·che /kæ̀tənǽŋki/ *n* 〖植〗ルリニガナ《同属 (*C-*) の草本の総称; キク科》.

cát-and-dóg *a* 仲の悪い; 投機的な: lead a ～ life 〈夫婦が〉けん

かばかりして暮らす / ～ stocks 騰落激しい不安定株.

cát and móuse 猫とネズミによってくりひろげられるような行動《(1) 殺す前に獲物をもてあそぶこと 2) 追いつ追われつの状況; かわすこと, はぐらかし, など》: play ～ with…をもてあそぶ, なぶり者にする, いたぶる; 《つかまえる前に》泳がせる. ♦ **cát-and-móuse** *a*

Ca·ta·nia /kətéɪnjə, -tá:-/ カターニア《Sicily 島東部 Etna 山の近くにある市・港町; 古代名 **Cat·a·na** /kǽtənə/》.

Ca·tan·za·ro /kà:tà:nzá:roʊ/ カタンザロ《イタリア南部 Calabria 州の州都》.

cat·a·phat·ic /kæ̀təfǽtɪk/ *a* 〘神学〙〈神を知ることが〉肯定法による (opp. *apophatic*).

ca·taph·o·ra /kətǽfərə/ *n* 〘文法〙後方照応 (⇨ ENDOPHORA). [Gk (*pherō* to carry)]

cat·a·pho·re·sis /kæ̀təfərí:səs/ *n* (*pl* **-ses** /-sì:z/) ELECTROPHORESIS. ♦ **-pho·ret·ic** /-fərétɪk/ *a* **-i·cal·ly** *adv*

cat·a·phor·ic /kæ̀təfɔ́(:)rɪk, -fár-/ *a* 〘文法〙後方照応的な, 進行指示の (opp. *anaphoric*)《例 I said *this* / *as follows*》. ♦ **-i·cal·ly** *adv*

cáta·phỳll *n* 〘植〙低出葉《鱗片葉・子葉など》.

càta·plásia, kàta- *n* 〘生〙《細胞・組織の》降生, 降形成. ♦ **-plás·tic** *a*

cat·a·plasm /kǽtəplæ̀z(ə)m/ *n* 〘医〙湿布, パップ (poultice).

cat·a·plexy /kǽtəplèksi/ *n* 〘医〙脱力発作, カタプレクシー《情動性興奮に続く発作性脱力症状》. ♦ **càt·a·pléc·tic** *a*

cat·a·pult /kǽtəpʌ̀lt, -pʊ̀lt/ *n* 弩(いしゆみ); ᴮ《おもちゃの》ぱちんこ (slingshot*); 〘空〙カタパルト《空母の飛行機射出機》; グライダー始走器; 《まれ》《飛行機からの》脱出装置. ► *vt, vi* 弩で射る; ᴮぱちんこで撃つ; 発射する; 《猛烈な勢いで》投げ出す 〈*over, into*, etc.〉: The movie ～*ed* him *into* the limelight [*to* stardom]. その映画で一躍脚光を浴びた[スターの座についた]. ♦ **càt·a·púl·tic** *a* [F or L＜Gk]

cat·a·ract /kǽtərækt/ *n* **1** 大滝, 瀑布 (cf. CASCADE); 豪雨, 洪水 (deluge), 奔流; 〘機〙《ポンプの》水力節動機; 《廃》水口 (waterspout). **2** 〘医〙白内障; 《水晶体の》混濁部. ♦ **càt·a·rác·tous** *a* [L＜Gk＝down rushing; 〘医〙は 'portcullis' (obs) の意からか]

cátaract bìrd 《豪》ROCK WARBLER.

ca·tarrh /kətá:r/ *n* 〘医〙カタル, 《特に》鼻[咽喉]カタル; はなみず. ♦ **～·al** *a* カタル性の. **～·al·ly** *adv* [F, ＜Gk (*rheō* to flow)]

cat·ar·rhine /kǽtəràɪn/ *a, n* 〘動〙狭鼻猿類の(サル); 〘人〙狭鼻をもつ(ヒト).

catárrh·ous *a* 《古》カタル性の (catarrhal).

ca·tas·ta·sis /kətǽstəsəs/ *n* (*pl* **-ses** /-sì:z/) 〘劇〙カタスタシス《(1) 悲劇の大詰め (catastrophe) に至る直前の錯節部 2) 劇のクライマックス; ⇨ PROTASIS》.

ca·tas·tro·phe /kətǽstrəfi/ *n* 突然の大変動, 大災害; 大失敗; 破滅, 破局, カタストロフィー; 《悲劇の》大詰め; 《地殻の》激変 (cataclysm); 〘数〙《catastrophe theory で扱われる》不連続的事象, 破局. ♦ **cat·a·stroph·ic** /kæ̀təstráfɪk/ *a* **-i·cal·ly** *adv* [L＜Gk *cata-*(*strophē* turning)]

catástrophe thèory 〘数〙破局[カタストロフィ]の理論《地震や株の暴落など突然の大きな変化を説明するための幾何学理論》.

ca·tas·tro·phism /kətǽstrəfìz(ə)m/ *n* 〘地質〙激変説, 天変地異説. ♦ **-phist** *n* 激変説支持者 (＝*cataclysmist*).

cata·to·nia, kata- /kæ̀tətóʊniə/ *n* 〘精神医〙緊張病, カタトニー.

cata·ton·ic /kæ̀tətánɪk/ *a* 緊張病性の; 動き[表情]のない. ► *n* 緊張病患者. ♦ **càta·tón·i·cal·ly** *adv*

Ca·taw·ba /kətɔ́:bə/ *n* **1 a** (*pl* ～, ～**s**) カトーバ族《North Carolina および South Carolina に住んでいたインディアン》. **b** カトーバ語. **2** [the] カトーバ川《North Carolina 西部から南流して South Carolina 州にはいり, 以降 Wateree 川と呼ばれる》. **3** [ᶜc-] 〘園〙カトーバブドウ《赤色ブドウ》; カトーバワイン.

cát bèar 〘動〙ショウパンダ (lesser panda).

cát·bìrd *n* 〘鳥〙**a** ネコマネドリ《マネシツグミ科; 北米産》. **b** ネコドリ《ニワシドリ科; 豪州産》.

cátbird sèat *《口》有利な[支配的な]立場, うらやむべき地位. ● **sitting in the ～** 《口》sitting PRETTY.

cát blòck 〘海〙吊錨(ちょうびょう)滑車.

cát·bòat *n* 〘海〙キャッチボート《船首に立てた 1 本マストに縦帆をつけた幅の広い小ボート》.

cát·brìer *n* 〘植〙シオデ属の各種 (＝*greenbrier*)《サルトリイバラなど》.

cát·buìlt *a* キャッチボートのように建造した.

cát bùrglar 2 階の窓などから忍び込む泥棒, くも.

cát·càll *n* 《不満の気持を示す》やじ, 鋭い口笛; 《通りすがりの女性への》ひやかしの口笛[ことば]. ► *vi, vt* やじる. ♦ **～·er** *n*

catch /kǽtʃ/ *v* (**caught** /kɔ́:t/) *vt* **1 a** 捕える, 取り押える 〈*in* a trap; *by* the hand〉, 逮捕する; 〈…している所[現場]を〉押える, 見つける 〈sb do*ing* [*in* the act of, *at* sth]〉: ～ sb *in* (tell*ing*) a lie 人のうそを見破る / Don't let me ～ [I don't want to ～] you doing it again. 二度と同じことをしてくれるな / ～ sb at it 人を現行犯でつかまえる / You won't [wouldn't] ～ sb do*ing*…. 人は…なんかやらない / ～ the symptoms 微候を発見する. **b** [ᵁ*pass*] 〈甘言などが〉欺く, だます. **2 a** 〈手などを〉つかむ, 握る, 抱く; しっかりつかまえる. **b** 〈打球・フライなどを〉捕る, 捕球する; 〈投手〉の捕手をやる; 〈パス・攻撃などを〉受け止める; 〈光を〉浴びる, 〈物が〉〈風・波・しずくなどを〉受ける: ～ a blow on the arm 攻撃を腕で受け止める. **c** 〈機会を〉利用する, とらえる. **d** ちょっと[すばやく]とる: ～ glimpse of a friend 友人をちらっと見る / ～ a nap ちょっと眠る. **3 a** …に追いつく; 〈乗物〉に乗る; 〈乗物〉に間に合う (opp. *miss, lose*). **b** 《口》〈演劇・映画・番組などを〉見る, 聞く. **c** 《口》…と面会する, 会う, つかまえる: *C*～ you later. 今度あったときに話すよ, あとでね. **4 a** 〈あらしなどが〉襲う; 〈落下物・打撃・波・風・光などが〉…にあたる; なぐる, 打つ: be *caught in* a shower [*by* a storm] にわか雨[あらし]にあう / A stone *caught* me *on* the nose. 石がわたしの鼻にあたった / ～ him one [a blow] *in* the eye＝～ him *in* the eye *with* a blow 彼の目に一撃くらわす. **b** 〈人〉の注意をひく, 〈心・耳目を〉とらえる: ～ sb's attention 人の注意をひく / Beauty ～*es* the eye. 美しいものは目にとまる. **c** 〈罰などを〉受ける, くらう. **5** 〈火を〉呼ぶ, 引く; 〈火が〉…に燃え移る; 〈病気・熱情〉に感染する, かかる, かぶれる 〈*from* sb〉: ～ (a) cold かぜをひく. **6** 《釘などに》〈コート・帽子を〉掛ける, からませる; 〈釘が裾などを〉ひっかける, 〈ドアが指などを〉はさむ; 〈裾などが釘など〉にひっかかる, からみつく: ～ one's coat *on* a hook 上着をかぎにひっかける. **7 a** [ᵁ*neg, inter*] 聞き取る, 理解する: I could not ～ what he said. / ～ a melody メロディーをのみ込む. **b** 〈作家・作品が対象・美などを〉とらえる, とらえて表現する. **8** [*pass*] 《口》妊娠させる: *be* [*get*] *caught* 妊娠する.

► *vi* **1** 捕えようとする; 〘野〙捕手をやる. **2** 〈病気が〉うつる; 火がつく; 〈エンジンが〉かかる; 〈作物が〉根付く; 広がる: This match will not ～. このマッチはつかない. **3 a** ひっかかる, はさまる 〈*in, on*〉: This lock will not ～. この錠はどうしてもかからない. **b** 〈声が〉のどにつかえる. **4** *《警察俗》デスクワークをやる, 内勤をやる, 電話番をする. **5** 《ホモ俗》ケツ[オカマ]を掘られる.

● **～ as catch can** しゃにむに組みつく, なんとかしてつかまえる. **～ at** … 〈物〉をつかもうとする; 〈意見など〉に飛びつく. **～ away** さらってゆく. **～ sb cold** 《口》人の不意をつく. **～ sb dead** [*neg*, ᵁ*pass*] 《口》人の見られたくないところ[聞かれたくないこと]を見る[聞く]: would *not* be *caught* DEAD. **～ HOLD¹ of.** **～ in (at the waist)** 《ベルトなどで》〈衣服〉のウエストを詰める. **～ it** 《口》〈通例 子供が〉しかられる, 罰をうける. **C～ me (at doing it)!** ぼくがそんなことをするものか, いやだよ. **～ on** 〈…を〉つかまえる 〈*to*〉; 知る, 気づく; 〈…(の意味)を〉理解する 〈*to*〉; 〈…の間で〉人気を博する, うける, 広まる 〈*with*〉; 〈仕事などを〉会得[習得]する 〈*to*〉; 《口》仕事にありつく, 雇われる. **～ out** [°*pass*] 〘野・クリケット〙捕球して〈打者を〉アウトにする; ᴮ〈人〉の誤りを見つける, 〈人〉の偽りを見破る; [ᵁ*pass*] ᴮ〈人を〉困った立場に追いやる. **～ oneself** 急に口をつぐむ[するのをやめる]. **～ the Speaker's eye** 〘議会〙発言を許される. **～ up** パッと取り上げる, 《網などで》捕える; ᴮ〈人〉に追いつく; 〈…に〉追いつく 〈*with, to, on*〉; 〈遅れた仕事・睡眠不足などを〉取り戻す 〈*on, with*〉; 〈新しい情報を〉知る, 〈ニュースに〉追いつく 〈*on, with*〉; …に〈新しい情報を〉知らせる 〈*on*〉; 〈人と〉近況を話し合う 〈*with*〉; 〈悪人などを〉《つかまえて》処罰する, 逮捕する 〈*with, on*〉; 〈病気・悪行・過去などが〉〈人に〉悪い結果をもたらす 〈*with, on*〉; 《俗》麻薬常用をやめる, 薬を断つ; 〈話し手を〉批評[質問]でじゃまする; 理解する; 〈衣服の裾・髪などを〉上げて留める; 〈衣服・髪などを〉〈機械・枝など〉にひっかける, 巻き込む 〈*in*〉; [°*pass*] 〈群集・事件などに〉巻き込む, 〈活動・考えに〉夢中にさせる, 没頭させる 〈*in*〉; *《西部》〈馬を〉用意する: ～ *up with* sb＝ᴮ～ sb *up* 人に追いつく / ～ *up on* [get caught *up on*] one's homework 宿題の遅れを取り戻す / Oh, please ～ me *up* (*on* it). ぜひ(その話を)聞かせて. **～ sb with…** 〈人が〉〈盗品など〉を所持しているところを見つける.

► *n* **1 a** 捕えること; 〘野・クリケット〙キャッチボール; 捕手 (catcher): a good [poor] ～ じょうずな[へたな]捕手. **b** 捕えたもの; 捕獲高, 漁獲高, 水揚げ, 上がり; 《豪》BELL SHEEP: (get) a good ～ 大漁(である). **c** 《口》望ましいもの[人], 掘出し物; 《財産・地位がある》うまい結婚相手: a good ～ よい結婚相手《など》. **2 a** 引金, 留め金, 受け, 取っ手, 〘機〙《回転などの》止め. **b** 《口》《人をひっかける》落とし穴, 陥穽(かんせい), わな, 盲点; 呼び物: This question has a ～ in it. この問題には落とし穴がある / What's the ～? どんな落とし穴があるのか, 何か難点があるか / a great ～ 人気者. **3** 《声・息の》ひっかかり, つかえること 〈*in* one's voice, throat〉. **4** 〘楽〙キャッチ《17-18 世紀に英国で流行した輪唱曲; 歌詞はきわどいものが多い》; 断片 (fragment): ～*es* of a song 歌のところどころ. **5** 《作物の十分な》発芽. ● **by ～es** 折々, 時々. **no ～＝not much of a ～** たいしたことのない代物, 割に合わないもの. **play ～** キャッチボールをする; 協力する (play ball) 〈*with*〉.

♦ **catch·able** *a* [AF＜L *capto* to try to catch (*capio* to take)]

cátch·àll* *n* 雑多なものを入れる容器[場所]; 多様な状況[場合]に対応できるようにつくられたもの《語句・法律など》; 《化学工業で蒸発釜の頂部に付ける》捕汁器, キャッチオール. ► *a* いろいろなものを収納できる; 多様な対応が可能な.

cátch-as-càtch-cán *n* フリースタイル[ランカシャー式]レスリング (cf. CATCH *as catch can*); 《口》なりふりかまわずやらなくてはならない時. ► *a, adv* 《口》手段を選ばない[選んでいられない], 手当たりしだいの[に], 計画性のない, 行き当たりばったりの[に], その日暮らしの[に].

cátch bàsin 集水溝, 排水ます; 《排水孔の》ごみ止め, 目皿.
cátch cròp 〔農〕間作作物. ♦ **cátch cròpping** 間作.
cátch dòg *《南東部》キャッチドッグ《家畜などを捕えて集める[駆り集める]犬》; *《俗》身代わり, 犠牲.
cátch dràin 《山腹の》水受け溝.
catch-'em-alive-o /kǽtʃəməláɪvoʊ/ *n* "はえ取り紙.
cátch·er *n* 捕える人[もの]; 〔野〕捕手; 〔捕鯨〕キャッチャーボート (=〜 **bòat**); 〔電子工〕《速度変調管の》キャッチャー《出力側の空洞共振器》.
cátcher rèsonator 〔電子工〕速度変調管 (klystron).
cátch·flỳ *n* 〔植〕茎などの粘液に虫が粘着することがある植物, 《特に》マンテマ属・センノウ属の各種《ナデシコ科; ムシトリナデシコなど》.
cátch·ing *a* 伝染性の, うつる; 魅力のある, 心を奪う, 魅惑的な.
cátching pèn 《豪》毛を刈る羊を入れておく囲い.
cátch lìne 標語, うたい文句; 〔印〕(欄外)見出しを含む行; 〔印〕前後より短い行; 〔印〕《印刷作業のためゲラに書き込み, あとで削除する》表題; 観客にうけるせりふ.
cátch·ment *n* 集水(量); 集水池; CATCHMENT AREA.
cátchment àrea [bàsin] 《川などの》集水域, 集水面積, 流域; 〔電〕流域面積; 《病院の患者や学校の生徒の》通院[通学]範囲[圏], (誘致)圏域.
cátch·òut *n* 看破; あてはずれ.
cátch·pènny *a* 安ピカの, きわもの的な, 俗受けをねらった. ► *n* きわもの.
cátch·phràse *n* はやりことば, うたい文句, きまり文句, 標語, キャッチフレーズ.
cátch pìt 集水溝.
cátch·pòints *n pl* "〔鉄道〕暴走車などを止めるために脱線させるポイント.
catch·pole, -poll /kǽtʃpòʊl/ *n* 《古》執達吏《借金不払人を捕えたりした下級官吏》.
cátch quèstion かまをかける質問.
cátch stìtch 〔服〕千鳥がけ, キャッチステッチ.
Catch-23* /— twèntiθríː/ *n* CATCH-22.
catch-22 /— twèntitúː/ [°C-] *n* (*pl* 〜**'s**, 〜**s**) のがれようのない不条理な状況[規則], 八方ふさがりの状況, 手の打ちようのない状態 (=〜 **situàtion**); 板ばさみ, ジレンマ, 行き詰まり; 期待とはうらはらな結果をもたらすやり方; 《人をひっかける》落とし穴 (catch), わな. [*Catch-22* (1961) 米国の作家 Joseph Heller の小説]
catch·up* /kéṭʃəp, kǽtʃ-/ *n* KETCHUP.
cátch-ùp *n, a* 追い上げ(のための), 巻返し[遅れの取戻し] (をねらった): play 〜 (ball) 巻返しをはかる.
cátch·wàter *n* 集水路 (=〜 **dràin**) 《傾斜地の水流方向の変更・灌漑を目的とする》.
cátch·wèight *n, a* 〔競技〕無差別級[制](の).
cátch·wòrd *n* 標語, スローガン; 《辞書などの》欄外見出し語 (guide word); せりふのきっかけ; 〔印〕つなぎことば《ページの終わりに印刷した次ページの第一語》.
cátchy *a* 人気に投じやすい, うけそうな, 注意をひきやすい, 憶えやすい〈メロディー・タイトルなど〉; 《相手が》ひっかかり[迷い]やすい; 断続的な, 気まぐれな. ♦ **cátch·i·ly** *adv* **-i·ness** *n*
cát-clàw ⇨ CAT'S-CLAW.
cát cràcker CATALYTIC CRACKER.
cát cràcking CATALYTIC CRACKING.
cát dàvit 〔海〕キャット[アンカー]ダビット《吊錨(ちょうびょう)用》.
cát distèmper ネコジステンパー (PANLEUKOPENIA).
cát dòor CAT FLAP.
cate /kéɪt/ *n* [ᵘ*pl*] 《古》美味, 美食. [*acate* (obs); ⇨ CATER]
Ca·teau-Cam·bré·sis /kɑːtóʊkɑ̃ːbreɪzíː/ [le /lə/] カトー・カンブレジ《フランス北部 Cambrai の東北東に位置する町; 通称 le Cateau》. ■ **the Treaty of Cateau-Cambrésis** /— — — —/ カトー・カンブレジ条約《イタリア支配をめぐるフランスとスペイン間の紛争を終結した条約 (1559); フランスが譲歩し, イタリアにおけるスペイン Habsburg 家の覇権が確立した》.
cat·e·che·sis /kæ̀təkíːsəs/ *n* (*pl* **-ses** /-sìːz/) 〔キ教〕教理口授[教授]法.
cat·e·chet·i·cal /kæ̀təkétɪk(ə)l/, **-chet·ic** 〔キ教〕*a* 問答式の; 教理問答の. ♦ **-i·cal·ly** *adv*
càt·e·chét·ics *n* 〔キ教〕教理教授学.
cat·e·chin /kǽtəkɪn, -tʃɪn/ *n* 〔化〕カテキン《カテキュー (catechu) の結晶性成分; フラボノイドの一種; 皮なめし・染色に用いる》.
cat·e·chism /kǽtəkɪz(ə)m/ *n* 〔キ教〕教理問答, 公開問答; 教理問答書, カトリック[公教]要理; 問答形式の提要; 綿密な試問, 尋問; 矢継ぎばやの質問; 問答式の教授; 《答え方が型にはまっている点などで》教理問答のようなもの. ● **put sb through a** [his] 〜 人をきびしく問いただす. ♦ **càt·e·chís·mal** *a* [L<Gk; ⇨ CATECHIZE]
cat·e·chist /kǽtəkɪst/ *n* 〔キ教〕CATECHISM によって教義を授ける人, 伝道師, 教師; 尋問する人.
càt·e·chís·tic, -ti·cal 〔キ教〕*a* 伝道師の, 教師の; 教理問答の. ♦ **-ti·cal·ly** *adv*
cat·e·chize /kǽtəkàɪz/ *vt* 問答式に教える; 試問する; 細かく問いただす, 尋問する. ♦ **-chìz·er** *n* **càt·e·chi·zá·tion** *n* [L<Gk (*katēkheō* to make hear < *cata-*, *ēkheō* to sound)]
cat·e·chol /kǽtəkɔ̀(ː)l, -tʃɔ̀(ː)l, -kòʊl, -tʃòʊl, -kɑ̀l, -tʃɑ̀l/ *n* 〔化〕カテコール (**1**) CATECHIN **2**) PYROCATECHOL).
cat·e·chol·amine /kæ̀təkɔ́(ː)ləmìːn, -kóʊl-, -kɑ́l-/ *n* 〔生化〕カテコールアミン《アドレナリン・ノルアドレナリン・ドーパミンなどのアミン類; ホルモン・神経伝達物質のはたらきがある》.
cat·e·chol·amin·er·gic /kæ̀təkɔ̀(ː)ləmɪnə́ːrdʒɪk, -kòʊl-, -kɑ̀l-/ *a* 〔生化〕カテコールアミンの関与する[を放出する, の媒介する].
cat·e·chu /kǽtətʃùː, -ʃùː/ *n* カテキュー《皮なめし・染色・収斂(しゅうれん)剤などに用いる生薬で, ペグ阿仙薬または GAMBIER》. [Malay]
cat·e·chu·men /kæ̀təkjúːmən; -mèn/ *n* 〔キ教〕洗礼志願者; 入門者, 初心者. [OF or L; ⇨ CATECHIZE]
cat·e·go·ri·al /kæ̀tɪgɔ́ːriəl/ *a* 範疇 (category) の.
categórial grámmar 〔言〕範疇文法《Yehoshua Bar-Hillel (1915-75) その他が提唱した形式文法; 文と名詞が基本的範疇で, 他のすべての範疇と関係はこの二つから統語上の分布に基づいて導かれる》.
cat·e·gor·i·cal /kæ̀təgɔ́(ː)rɪk(ə)l, -gɑ́r-/, **-gor·ic** *a* **1** 断定的な, 絶対的な, 断言的な, 明確な; 〔論〕定言的な: a 〜 yes [no] 明確なイエス[ノー]. **2** 範疇(はんちゅう)に属する, 分類別の. ♦ **-i·cal·ly** *adv* 絶対的に, 断定的に, きっぱりと. [*category*]
categórical impérative 〔倫〕至上命令《良心の絶対無条件的道徳律; Kant の用語; cf. HYPOTHETICAL IMPERATIVE》; 〔論〕定言的命令.
cat·e·go·rize /kǽtɪgəràɪz/ *vt* 類別する, 分類する. ♦ **càt·e·go·ri·zá·tion** *n*
cat·e·go·ry /kǽtəgɔ̀ːri; -g(ə)ri/ *n* 〔哲・論・言〕範疇, カテゴリー; 種類, 部類, 部門, 《強度・規模などの》等級: fall into two major *categories* 2 つに大別される / a 〜 five storm* 第 5 カテゴリー[最大級]の暴風雨. [F or L<Gk=statement, accusation]
Category A" /— éɪ/ *a* A 範疇の (**1**) 〈薬物が〉使用・販売すると最も重い刑罰の対象となる; heroin, cocaine, LSD など **2**) 〈囚人が〉きわめて危険とみなされ, 常時監視, 最大級の警備を要する; 〈監獄が〉そのような囚人を収容する》.
Category D" /— díː/ *a* D 範疇の《〈囚人が〉十分信用でき, 開放施設に収容できる; 〈監獄が〉そのような囚人を収容する》.
cátegory kìller カテゴリーキラー《分野を特化して量販を行ない, 近隣の小売店を縮小・廃業に追い込む大型チェーン店》.
cátegory mistàke 〔哲・論〕範疇誤認.
cat·eléctrode /kæt-/ *n* 〔電〕CATHODE.
ca·te·na /kətíːnə/ *n* (*pl* **-nae** /-ni/, 〜**s**) 鎖; 連鎖; 〔キ教〕聖書注釈集《諸注釈の抜粋を集成したもの》; 〔地質〕カテナ《特定の気候区内で母材は類似するが, 地形と排水状況の違いのため異なった一連の土壌》. [L=chain]
ca·te·nac·cio /kɑ̀ːtənɑ́ːtʃioʊ/ *n* 〔サッカー〕カテナッチオ《ディフェンスフォーメーションの一つ; 4 人構成のバックスにスイーパーを配する》. [It=door chain]
cat·e·nane /kǽtənèɪn/ *n* 〔化〕カテナン《2 個以上の多員環が化学結合によらずに鎖状につながった化合物》.
cat·e·nary /kǽtənèri; kətíːnəri/ *n, a* 〔数〕懸垂線(の), 垂曲線(の), カテナリー(の); カテナリー《電車の架線を吊る吊架線(ちょうかせん), 吊橋に渡されたケーブルなど》. ♦ **càt·e·nár·i·an** /-néər-/ *a*
cátenary brìdge 吊橋.
cat·e·nate /kǽtənèɪt/ *vt* 鎖状に連結する, 連鎖させる; 暗記する. ► *a* CATENULATE. ♦ **càt·e·ná·tion** *n*
cat·e·na·tive /kǽt(ə)nèɪtɪv, -nə-; -nə-/ 〔文法〕*a* 連鎖した〈動詞〉. ► *n* 連鎖動詞 (=〜 **vérb** [**auxíliary**]) 《準動詞をあとに従える実動詞》.
cat·e·noid /kǽt(ə)nɔ̀ɪd/ *n* 〔数〕懸垂面.
ca·ten·u·late /kətέnjələt, -lèɪt/ *a* 〔生〕鎖状の, 鎖生した〈群体〉.
ca·ter[1] /kéɪtər/ *vi, vt* **1** 〈(パーティーなどに)料理を提供する, 仕出し[配膳]をする: 〜 (*for* [*at*]) sb's wedding / Weddings 〜*ed for*. 婚礼の仕出しいたします《広告》. **2** 用命に応じる, 要求を満たす, サービス[娯楽]などを提供する 〈*for*, *to*〉; 迎合する 〈*to*〉; "考慮する 〈*for*〉: TV programs 〜*ing for* [*to*] young viewers [popular tastes] 子供用[万人向き]のテレビ番組. [AF *acatour* buyer (L *capto* to CATCH)]
cater[2] *n* 《トランプの》4 の札; 《さいころの》4 の目. [F *quatre* four]
cat·er·an /kǽtərən/ *n* 《昔のスコットランド高地の》不正規兵, 山賊. [?Sc Gael *ceathairneach* robber]
catercorner ⇨ CATTY-CORNER.
cáter-còusin *n* 親友, 仲間.
cáter·er *n* 配膳業者, 仕出し屋, ケータリング業者; ホテル[レストラン]の主人[支配人]. ♦ **cáter·ess** *n fem*
Ca·te·rí·na de' Médici /kɑ̀ːteɪríːnɑː deɪ-/ カテリーナ・デ・メディチ《CATHERINE DE MÉDICIS のイタリア語名》.
cáter·ing *n* 配膳業, 仕出し業, ケータリング; 配膳業者が提供する料理[飲み物など].
cat·er·pil·lar /kǽtərpɪ̀lər/ *n* **1 a** イモムシ, 毛虫《チョウ・ガの幼虫》. **b** 《古》強欲者, 人を食い物にする者. **2** 〔機〕無限軌道(車); [C-] 〔商標〕キャタピラー《米国 Caterpillar Inc. の無限軌道式トラクター). [?AF<OF *chatepelose* hairy cat (CAT¹, PILE³); 語形・意味上 *piller* ravager が影響]

cáterpillar-èat·er *n* 〘鳥〙 TRILLER.

cáterpillar hùnter 〘昆〙 カタビロオサムシ《毛虫を常食する》.

cáterpillar tràck [trèad] 《トラクター・戦車などの》無限軌道.

cat·er·waul /kǽtərwɔ̀ːl/ *vi* 〈発情期の猫が〉ギャーギャー鳴く; 《猫のように》いがみ合う, がなり合う; 〈男が〉色欲にふける. ► *n* ギャーギャー鳴く声; いがみ合い(の声). ♦ **~·ing** *n, a* [CAT¹, *-waul* (imit)]

Cates·by /kéɪtsbi/ ケーツビー (1) **Mark ~** (1679?–1749)《英国の博物学者》 (2) **Robert ~** (1573–1605)《イングランドの陰謀家; Gunpowder Plot (1605) の首謀者》.

cát-èyed *a* 猫のような目の; 暗がりで目が見える.

cát·fàcing, cát·fàce *n* 《猫の顔を思わせるような》果物の奇形 [虫食い].

cát·fàll *n* 〘海〙 吊錨(ちょう)索.

cát·fìght *n* 《特に 女の》いがみ合い (cf. DOGFIGHT). ♦ **~·ing** *n*

cát·fìsh *n* 〘魚〙 **a** ナマズ. **b** オオカミウオ (wolffish). ● **Suffering ~!** ⇨ SUFFER.

cát·fìt *n* 《俗》《怒り・失望などで》かーっとなること, 激怒.

cát flàpᴵᴵ キャットフラップ《戸口の下に設けられた猫専用のドア》.

cát-fòot *vi* 忍び足で歩く.

cát fòot 猫足《短くて丸みをおびた引き締まった足》; 《猫のように》音をたてずに歩ける足.

cát·gùt *n* ガット, 腸線《弦楽器やラケットに用いる》; [*derog/joc*] ヴァイオリン, 弦楽器.

cath- /kǽθ/ ⇨ CAT-.

cath. cathedral ♦ cathode. **Cath.** Catholic.

Cath·ar /kǽθɑːr/ *n* (*pl* **-a·ri** /kǽθəràɪ, -rìː/, **~s**) カタリ派の信徒《特に 中世後期の禁欲的で二元論的なキリスト教の一派に属する人》. ♦ **-a·rism** /-θərɪ̀z(ə)m/ *n* **-a·rist** *n, a* **Càth·a·rís·tic** *a*

Cath·a·ri·na, Cath·e- /kæ̀θəráɪnə/, **Cath·a·rine** /kǽθ(ə)rən/ キャサライナ, キャサリン《女子名; 愛称 Cathy, Kate, Kit, Kitty》. [⇨ CATHERINE]

ca·thar·sis /kəθɑ́ːrsəs/ *n* (*pl* **-ses** /-sìːz/) **1** 〘哲〙 カタルシス《作為的経験, 特に 悲劇による感情浄化; Aristotle の用語》; 〘精神分析〙 浄化法, カタルシス; 〘精神分析〙 解除反応. **2** 〘医〙 瀉下(しゃ), 便通; 〘医〙 開通法. [L<Gk (*katharos* clean)]

ca·thar·tic /kəθɑ́ːrtɪk/ *a* 瀉下性の, 通利性の; カタルシスの. ► *n* 瀉下薬, 便通薬, 下剤. ♦ **-ti·cal·ly** *adv* [L<Gk (↑)]

cát·hàul *vt* 《俗》《執拗に》詰問[尋問]する, 難詰する.

Ca·thay /kæθéɪ/ 《古・詩》キャセイ, 支那 (China). [L<Turk; 中国史上の「契丹」]

cát·hèad *n* 〘海〙 《へさきの両側の》吊錨(ちょう)架.

ca·thect /kəθékt, kæ-/ *vt* 〘精神分析〙 〈特定の対象・人物・観念〉に心的エネルギーを備給する, 充当する.

ca·thec·tic /kəθéktɪk, kæ-/ *a* CATHEXIS の.

ca·the·dra /kəθíːdrə/ *n* (*pl* **-drae** /-driː/) 司教座, 主教座, 聖座, カテドラ; 司教の管区; 権威の座; 《大学教授の》講座, 椅子. [L<Gk *kathedra* seat]

ca·the·dral /kəθíːdrəl/ *n* 司教[主教]座聖堂, 大聖堂 (=~ church) 《BISHOP の座がある聖堂で, 各教区 (diocese) の中央会堂》; 《一般に》大聖堂; 殿堂 〈*of*〉: a ~ of sports [learning]. ► *a* CATHEDRA をもつ; 大聖堂の(ある); 大聖堂所属の; 権威ある; 〈婦人の礼装用の服が〉床までたれさがって後ろにひきずるほど長い(丈の). [OF or L (↑)]

cathédral céiling 〘建〙 カテドラル型天井《梁(はり)がむきだしになっていて, 傾斜した屋根の側面が見える天井》.

cathédral cíty 大聖堂のある町.

ca·thep·sin /kəθépsən/ *n* 〘生化〙 カテプシン《大部分の動物組織にあるタンパク質分解酵素》. [Gk]

Cath·er /kǽðər/ キャザー **Willa (Sibert) ~** (1873–1947)《米国の作家; 大平原における開拓者とフロンティアの生活を地方色豊かに描いた; *My Ántonia* (1918), *A Lost Lady* (1923)》.

Catherina ⇨ CATHARINA.

Cath·e·rine /kǽθ(ə)rən/ **1** キャサリン《女子名; 愛称 Cathy, Kate, Kit, Kitty》. **2** 《ロシアの女帝》エカチェリーナ, エカテリーナ (1) **~ I** (1684–1727)《Peter 大帝の妃, 女帝在位 1725–27》 (2) **~ II** (1729–96)《在位 1762–96; 通称 '~ the Great'》. **3** [Mount] カテリナ山《(Gebel KATHERINA の別称》. [L *Catharina*<Gk *Aikaterina* 殉教聖人の名; cf. Gk *katharos* pure]

Cathe·rine de Mé·di·cis /–́ də mèɪdisíːs, -médətʃi/, **Cátherine de' Médici** /-də-/ カトリーヌ・ド・メディシス (1519–89)《フランス王 Henry 2 世の妃で, Francis 2 世, Charles 9 世, Henry 3 世の母; Medici 家の出で, イタリア語名 Caterina de' Medici; Francis, Charles の摂政 (1560–74); St. Bartholomew の日の虐殺を行なった》.

Cátherine Hóward キャサリン・ハワード (c. 1520–42)《イングランド王 Henry 8 世の第 5 王妃; 以前の奔放・放埒な生活が王の知るところとなり, 処刑された》.

Cátherine of Alexándria [Saint] アレクサンドリアの聖カタリナ《4 世紀初頭のエジプト Alexandria の伝説的キリスト教殉教者; 祝日 11 月 25 日》.

Cátherine of Áragon キャサリン・オヴ・アラゴン (1485–1536)《イングランド王 Henry 8 世の最初の妃; スペインの王女で Mary 1 世の母; 王の Catherine との結婚無効の申請を教皇が認めなかったことがイングランド宗教改革のきっかけになった》.

Cátherine of Bragánza キャサリン・オヴ・ブラガンサ (1638–1705)《イングランド王 Charles 2 世の妃; ポルトガルの Bragança [Braganza] 朝の開祖 John 4 世の王女》.

Cátherine of Siéna [Saint] シエナの聖カテリーナ (1347–80)《イタリアの守護聖人, ドミニコ会の第三会修道女, 神秘家; 教皇の Avignon からローマへの帰還に貢献; 教会博士, ヨーロッパの守護聖人》.

Cátherine Párr キャサリン・パー (1512–48)《イングランド王 Henry 8 世の第 6 王妃; 王の最後の妃》.

Cátherine whèel 周囲にスパイク型の突起のある車輪; 〘紋〙 車輪図形; 〘建〙 車輪窓 (wheel window); [ºc-] 輪転[回転]花火 (pinwheel); 側転 (cartwheel): turn ~s 側転する. [St *Catherine* of Alexandria]

cath·e·ter /kǽθ(ə)tər/ *n* 〘医〙 カテーテル《尿道・血管・腔などに挿入する管; cf. BALLOON CATHETER》: a ureteral [suction] ~ 尿管[吸引用]カテーテル. [L<Gk (*kathiēmi* to send down)]

cátheter·ìze *vt* 〘医〙 …にカテーテルを入れる. ♦ **càtheter·izátion** *n* カテーテル法.

cath·e·tom·e·ter /kæ̀θətɑ́mətər/ *n* カセトメーター《2 点間の垂直・水平距離を遠くから精密測定する光学器械》.

ca·thex·is /kəθéksəs, kæ-/ *n* (*pl* **-thex·es** /-sìːz/) 〘精神分析〙 カテクシス, カセクシス, 充当, 備給《心的エネルギーが特定の対象・人物・観念に結びつけられること》; 備給された心的エネルギー.

Cathie ⇨ CATHY.

cath·io·der·mie /kæ̀θiədə́ːrmi/ *n* カティオデルミー《特殊なジェルを顔に塗って電流を通し, オゾンを発生させて皮膚を洗浄する美顔術》. [*cath*ode, *io*n, *derm*, *-ie*]

Cath·leen /kǽθliːn, ‿–́/ キャスリーン《女子名》. [Ir; ⇨ CATHERINE]

cáth·òd·al *a* 〘生〙 陰極 (cathode) の[に引きつけられる]. ♦ **~·ly** *adv*

cath·ode /kǽθòʊd/ *n* 〘電〙 《電子管・電解槽の》陰極, カソード (opp. *anode*); 《一次電池・蓄電池の》正極. [Gk=descent (*cata-*, *hodos* way)]

cáthode dárk spàce 〘理〙 陰極暗部 (CROOKES DARK SPACE).

cáthode fòllower 〘電〙 陰極接地型増幅回路.

cáthode ràỳ 〘電〙 陰極線.

cáthode-rày oscílloscope 〘電〙 陰極線オシロスコープ.

cáthode-rày tùbe 〘電〙 陰極線管, ブラウン管《略 CRT》.

ca·thod·ic /kæθɑ́dɪk, -θóʊ-/ *a* 陰極の (cathode) の. ♦ **-i·cal·ly** *adv*

cathódic protéction 〘冶〙 《鉄鋼材料の》陰極保護, カソード防食.

ca·thódo·gràph /kəθɑ́də-/ *n* 陰極線写真.

cath·o·do·luminéscence /kæ̀θədoʊ-, kəθɑ̀də-/ *n* 〘電子工〙 カソードルミネセンス《陰極線によって生じる燐光性あるいは蛍光性の光》.

cát·hòle *n* 〘海〙 キャットホール《船尾に 2 つある穴; そこに通した索をたぐって船を後退させる》.

Cath·o·lic /kǽθ(ə)lɪk/ *a* **1 a** (ローマ)カトリック教会の《プロテスタント (Protestant) 教会に対して》; 英国教会高教派の, アングロカトリックの (Anglo-Catholic). **b** 西方教会 (Western Church) の《ギリシアの Orthodox 教会に対して》. **c** 《東西教会に分裂前の》全キリスト教会の. **2** [c-] 普遍的な, 一般的な; 万人が関心をもつ, 万人に共通の; 〈趣味・関心が〉幅広い, 広汎な; 包容的な, おおらかな: ~ in one's tastes 趣味が広い. ► *n* **1** 旧教徒; 《特に》ローマカトリック教徒 (Roman Catholic). ★ ローマカトリック教徒自身は単に Catholic といい, アングリカンなど非ローマカトリック教徒は Roman Catholic ということが多い. **2** 全キリスト教徒. [OF of L<Gk=universal (*cata-*, *holos* whole)]

Cátholic Áction 〘カト〙 カトリックアクション《教会の指導と委任に基づき平信徒が聖職者の使徒職を助ける活動》.

ca·thol·i·cal·ly /kəθɑ́lɪk(ə)li/ *adv* 普遍的に, 広く, 包括的に; カトリック教的に; 寛容に, 寛大に.

Cátholic Apostólic Chúrch [the] カトリック使徒教会《19 世紀イングランドで設立されたキリスト再臨を期待した一派; 初期の運動に大きな影響を与えたスコットランドの聖職者 Edward Irving (1792–1834) の名にちなんで Irvingites とも呼ばれる》. ♦ **Cátholic Apostólic** *a*

ca·thol·i·cate /kəθɑ́ləkèɪt, -lɪkət/ *n* CATHOLICOS 管区[管轄権].

Cátholic Chúrch [the] カトリック教会; 全キリスト教会, 公同教会 (=*Church Catholic*).

Cátholic Emancipátion 〘英史〙 カトリック解放《カトリックの政治的・社会的権利の回復運動; カトリック解放法 (Catholic Emancipation Act) (1829) によって, 下院議員に選ばれるようになり, 一部を除く高級官職につく権利を認められて, 解放がほぼ達成された》.

Cátholic Epístles *pl* [the]〘聖〙公同書簡《James, Peter, Jude および John が一般信徒にあてた七教書》.
Ca·thol·i·cism /kəθáləsìz(ə)m/ *n* カトリック主義[教], カトリシズム; カトリック教信仰; [c-] CATHOLICITY.
cath·o·lic·i·ty /kæ̀θəlísəti/ *n* 普遍性, 公同性; おおらかさ; [C-] カトリック教義 (Catholicism), カトリック教信仰.
ca·thol·i·cize /kəθáləsàız/ *vt, vi* 一般的にする[なる], 公同化する; [C-] カトリック教徒にする[なる].
Cátholic Kíng〘史〙カトリック王《スペイン国王の異称; his Catholic Majesty ともいう》.
cátholic·ly *adv* CATHOLICALLY.
ca·thol·i·con /kəθálıkən, -ləkàn/ *n* 万能薬, 万病薬. [F; ⇨ CATHOLIC]
ca·thol·i·cos /kəθálıkəs/ *n* (*pl* **-i·cos·es, -coi** /-ləkɔ̀ı/) [ºC-]《一部の東方教会, 特に アルメニア教会・ネストリウス教会の》総大主教.
Cátholic Revíval [the] OXFORD MOVEMENT.
cath·o·lyte /kǽθəlàıt/ *n*〘化〙陰極液,〘電池〙カソード液 (opp. *anolyte*).
cát hòok〘海〙吊錨(ちょうびょう)フック.
cát·hòuse *n*《俗》売春宿; *《俗》簡易宿泊所, 安宿, どや (flophouse); *《ジャズ俗》バレルハウス (barrelhouse).
Cath·ryn /kǽθrən/ キャスリン《女子名》. [⇨ CATHERINE]
Cathy, Cath·ie /kǽθi/ キャシー《女子名; Catherine, Catharine の愛称》.
cát ìce《水のひいたあとなどに残った》薄氷, うすらい.
Cat·i·li·na /kæ̀t(ə)láınə/, **-i·line** /kǽt(ə)làın/ カティリナ (*L* Lucius Sergius Catilina) (108?–62 B.C.)《ローマの政治家; Cicero 政府転覆の陰謀事件を起こしたが失敗》.
Cat·i·li·nar·i·an /kæ̀t(ə)lənέəriən/ *a* カティリナ (Catilina) の(ような);《特に 反政府的な》陰謀の. ► *n* 陰謀者,《特に》カティリナ陰謀事件の参画者.
cat·ion /kǽtàıən/ *n*〘化〙カチオン, 陽イオン (opp. *anion*). ♦ **-ion·ic** /kæ̀taıánık/ *a* **-i·cal·ly** *adv* [*cata-, ion*]
cátion exchànge 陽イオン交換《土壌学では base exchange という》.
catiónic detérgent〘化〙陽イオン活性剤, 陽性洗剤 (=*invert soap*).
cat·kin /kǽtkən/ *n*〘植〙《ヤマモモ科・ブナ科・ヤナギ科などの》尾状花序, 花穂(かすい) (=*ament*). [Du=kitten; ⇨ CAT[1]]
cát làdderˈˈ 傾斜屋根の作業に使うはしご.
cát·làp *n*ˈˈ《俗》水っぽい飲み物.
cát·lìck *n*ˈˈ《口》おざなりな[いいかげんな]洗い方.
cát·lìke *a* 猫のような; すばしこい; 忍び足の.
Cat·lin /kǽtlən/ カトリン **George** ~ (1796–1872)《米国の画家・作家; 先住民の生活を描いた絵画を残した》.
cát·ling *n* 小猫, 子猫;〘医〙切断刀;《弦楽器の》腸線.
cat·lin·ite /kǽtlənàıt/ *n* カトリン粘土 (=*pipestone*)《Missouri 川上流に産する硬化粘土; 先住民がタバコ用パイプに使用した》. [George *Catlin*]
cát màn 夜盗, CAT BURGLAR; CATSKINNER.
cát·mìnt *n*〘植〙CATNIP.
cát·nàp *n, vi* うたた寝(をする) (doze).
cát·nap(·per) /-næ̀p(ər)/ *n* 猫泥棒《特に 研究所に売るために盗む者》. [*kidnapper* にならったもの]
cát·nip *n*〘植〙イヌハッカ (=*catmint*)《猫が好んで食べる》; [*fig*]ˈˈ好ましいもの[事, 状況].
Ca·to /kéıtou/ カトー **Marcus Porcius** ~ (**1**) (234–149 B.C.)《ローマの将軍・政治家; 通称 '~ the Elder [the Censor]' (大カトー)》(**2**) (95–46 B.C.)《前者の曾孫; 政治家・ストア哲学者; 通称 '~ the Younger' (小カトー)》.
cat-o'-mountain ⇨ CAT-A-MOUNTAIN.
cát-o'-níne-tàils /kǽtə-/ *n* (*pl* ~) 9 本のひもを付けたむち; *〘植〙CATTAIL.
ca·top·trics /kətáptrıks/ *n* 反射光学 (cf. DIOPTRICS). ♦ **ca·tóp·tric, -tri·cal** *a* **-tri·cal·ly** *adv*
cát rìg〘海〙キャット帆装, キャットリグ《1 本マスト 1 枚帆》.
♦ **cát-rigged** *a*
Ca·tri·o·na /kətrí:ənə, kæ̀trióunə/ カトリオナ《女子名》. [Ir; ⇨ CATHERINE]
cáts and dógs *adv* [主に次の成句で]: **rain** ~《口》雨が土砂降りに降る. ► *《俗》*n pl* がらくた株; がらくた, くだらぬ商品.
cát's bàlls [the]《俗》CAT'S MEOW.
CAT scan /sí:èıtí: ⏤, kǽt-/〘医〙CAT スキャン《CAT scanner によるコンピューター X 線体軸断層写真; それによる検査》. [*CAT* (*c*omputerized *a*xial *t*omography)]
CAT scanner /sí:èıtí: ⏤, kǽt-/〘医〙CAT スキャナー《コンピューター X 線体軸断層撮影装置》.
CAT scanning /sí:èıtí: ⏤, kǽt-/〘医〙コンピューター X 線体軸断層撮影法.
cát's-clàw, cát·clàw *n*〘植〙**a** ウングイスカティ《アメリカ原産ノウゼンカズラ科ドクサンタ属のよじのぼり植物; 頂端の小葉が爪状の巻きひげとなる》. **b** アメリカ原産マメ科キンキジュ属の小高木・低木《托葉の変形した小さいとげにおおわれている; 豆果はらせん形にねじれていて, 種子は黒色》. **c** とげのあるアカシア属などの低木.
cát's crádle 綾取り(でつくる形); 複雑なもの; 複雑.
cát scràtch disèase [fèver]〘医〙猫ひっかき病《発熱・倦怠・リンパ腺腫瘤などを伴う; ウイルス病とされる》.
cát's-èar *n*〘植〙ユーラシア・アフリカ北部・南米産キク科エゾコウゾリナ属の数種の多年草,《特に》ブタナ《欧州原産の雑草で, 米国西部にも帰化している》.
Cáts·èye〘商標〙キャッツアイ《ヘッドライト光を反射する道路標識用のガラス玉》.
cát's-èye *n*〘鉱〙猫目石《金緑石の一種》;《目の玉のように》同心円をもつビー玉.
cát's èyebrows [the]《俗》CAT'S MEOW.
cát's-fòot *n* (*pl* **-fèet**)〘植〙**a** カキドオシ (ground ivy). **b** エゾノチチコグサ属の各種植物.
Cáts·kill Móuntains /kǽtskìl-/ *pl* [the] キャッツキル山地《New York 州南東部 Hudson 川の西の山地; Appalachian 山系の一部; リゾート地; Washington Irving の短篇 'Rip Van Winkle' の舞台》.
Cát·skin キャットスキン《英国における Cinderella と同型の昔話の女性主人公; 猫の皮を着ていたためこう呼ばれた》.
cát·skìnner *n*《俗》トラクター操縦者.
cát's mèatˈˈ猫の餌肉《串に刺した馬肉・くず肉; cf. DOG'S MEAT》; 下等肉: a *cat's-meat* man 猫の餌肉売り《cat's meat をはしょって "Smeat" と大声で売り歩く》.
cát's mèow [the]《俗》すばらしい人[もの], すてきな人, とてもいいもの.
cát's nùts [the]《俗》CAT'S MEOW.
cát's pajàmas [the]《俗》CAT'S MEOW.
cát's-pàw *n* だしに使われる者, 手先;〘海〙猫足風《さざなみを立てる程度の微風》;〘海〙キャッツポー《フックに索端を掛ける留め方の一つ》: make a ~ of...を手先に使う.
cát's-tàil *n* **1**〘植〙**a** アワガエリ属の各種,《特に》オオアワガエリ (timothy). **b** ガマ (cattail). **2**〘植〙尾状花序 (catkin).
cát·stìck *n*《TIPCAT や TRAPBALL 遊び用の》打棒, バット.
cát·stìtch *n* CATCH STITCH.
cát·sùit *n* キャットスーツ《体にフィットした上下つなぎの服》.
cat·sup* /kǽtʃəp, kǽtʃ-, kǽtsəp/ *n* KETCHUP
cát's whìsker〘通信〙CAT WHISKER; [the ~s]《俗》CAT'S MEOW.
cat swing ⇨ CAT TRAIN.
Catt /kǽt/ キャット **Carrie** (**Clinton Chapman**) ~ (1859–1947)《米国の女権運動家; 旧姓 Lane; 女性に参政権を認めた合衆国憲法第 19 修正の制定に力があった》.
cát·tàil *n**〘植〙ガマ (=*reed mace*)《沼沢地に生える》.
cat·ta·lo, cat·a·lo /kǽt(ə)lòu/ *n* (*pl* ~s, ~es)〘動〙カタロ《家畜牛とアメリカ野牛の交配種; 牛より強健だが繁殖力はない》. [*cattle*+*buffalo*]
Cat·ta·ro /ká:təròu/ カッタロ《KOTOR のイタリア語名》.
cat·tery /kǽtəri/ *n* 猫飼育所, 猫舎, 猫預かり施設.
cattie ⇨ CATTY[2].
cát·tish *a* 猫のような; [*fig*] ずるい, 陰険な, 意地の悪い (catty).
♦ **~·ly** *adv* **~·ness** *n*
cat·tle /kǽtl/ *n pl* 牛, 畜牛 (cows and bulls);《古》家畜 (livestock); [*derog*] 人間ども, 畜生ども, 虫けら;《古》害虫: ~ and sheep 牛と羊 / These ~ are hungry. [AF *catel*; ⇨ CAPITAL[1], CHATTEL]
cáttle brèeding 牧畜(業).
cáttle càkeˈˈ《家畜用の》濃厚飼料塊.
cáttle càll 集団[公開]オーディション.
cáttle clàss [*joc*]《旅客機の座席の》最安[最低]クラス.
cáttle dòg《豪》牛追いの犬.
cáttle drìve《CB 無線俗》交通渋滞.
cáttle ègret〘鳥〙アマサギ, ショウジョウサギ《アジア南部・アフリカ・欧州南部・南米北部・北米に分布》.
cáttle grìdˈˈ CATTLE GUARD.
cáttle grùb〘昆〙ウシバエ(の幼虫).
cáttle guàrd* 家畜脱出防止溝 (cattle gridˈˈ)《柵囲いの切れ目に設ける, 浅い溝に桟などを渡したもの; しばしば gate の代用とする》.
cáttle lèader《牛を引く》鼻輪.
cáttle-lìft·er *n* 牛泥棒《人》. ♦ **cáttle-lìft·ing** *n*
cáttle·man /-mən, -mæ̀n/ *n* 牛飼い, 牛追い; *《牛の》牧場主, 牧畜業者.
cáttle màrket 家畜市場; ˈˈ《俗》メス牛の品評会(場)《美人コンテストやナイトクラブのこと》.
cáttle pèn 牛小屋; 家畜囲い.
cáttle pìece 牛の絵.
cáttle plàgue〘獣医〙牛疫 (rinderpest).
cáttle pròd 牛追い棒《電流が通っている》.

cáttle rànch* 牛の大放牧場.
cáttle rànge* 牛の放牧地.
cáttle rùn 牧場.
cáttle rùstler* 牛泥棒; 《俗》《スーパーマーケットの肉を盗んで転売する》肉泥棒.
cáttle shòw 畜牛品評会; *《俗》政治家の品評会《党大会など選挙候補者が政見を表明し統率能力を発揮する機会》.
cáttle stòp 《NZ》CATTLE GUARD.
cáttle tìck 〔動〕ウシマダニ属の一種《テキサス熱を媒介する》.
cáttle trùck" 〔鉄道〕家畜車 (stockcar*); 超満員の乗物.
cat·tleya /kǽtliə, kætléɪə, -líːə/ *n* 〔植〕カトレア《カトレア属 (*C-*) の洋ラン》. [William *Cattley* (1788–1835) 英国の植物愛好家]
cát tràin 《カナダ》キャタピラー式雪上車で牽引する一連のそり (=**cát swìng**)《荷物運搬用》.
cat·ty[1] /kǽti/ *a* 猫のような; 抜き足差し足の (stealthy); 《特に女性の言動に関して》ずるい, 陰険な, 辛辣な, 意地悪な, 意地の悪いうわさをする. ◆ **-ti·ly** *adv* **-ti·ness** *n*
cat·ty[2], **cat·tie** /kǽti/ *n* カティー《**1**) 中国・東南アジアの重量単位: ≒ 1⅓ pounds (約 600 g) **2**) 中国の標準単位: =1.1023 pounds (500g)》. [Malay]
cátty-càt *n**《黒人卑》おまんこ, 子猫ちゃん, 毛まん (cat).
cat·ty-cor·ner, cat·er- /kǽtikɔ̀ːrnər, kǽtə-/, **-cor·nered** /-nərd/ *a, adv**対角線上の[に], はすに.
Ca·tul·lus /kətʌ́ləs/ カトゥルス **Gaius Valerius** ~ (c. 84–c. 54 B.C.)《ローマの抒情詩人; 愛や憎しみなどの感情を巧みに歌った》.
CATV °cable television ◆ °community antenna television.
cát·wàlk *n* キャットウォーク《**1**) 劇場の舞台裏, ダムや橋梁などの高所に設置された狭い通路; 主に係員・作業員用 **2**) ファッションショーなどの張出し舞台; ファッションショー[業界]》.
cát whìsker 〔通信〕針電極, ねこひげ線.
cau·been /kɔːbíːn/ *n* 《アイル》帽子, ベレー帽.
Cau·ca /káʊkə/ [the] カウカ川《コロンビア西部を北流して Magdalena 川に合流》.
Cau·ca·sia /kɔːkéɪʒə, -ʃə; -ziə, -ʒə/ カフカス, コーカサス《ヨーロッパ南東部の黒海とカスピ海にはさまれた地域; Caucasus 山脈によって北方の Ciscaucasia, 南方の Transcaucasia に二分される》.
Cau·cá·sian *a* カフカス地方[山脈]の; カフカス人の; 白色人種の; 〔言〕カフカス諸語の. ► *n* カフカス人; CAUCASOID; 〔言〕カフカス諸語《カフカス地方の諸語のうち印欧語・アルタイ語系の言語を除いたもの; グルジア語はその一つ》.
Cau·cas·ic /kɔːkǽsɪk, -zɪk/ *a* CAUCASIAN; CAUCASOID.
Cau·ca·soid /kɔ́ːkəsɔ̀ɪd/ *a, n* 〔人〕コーカソイドの(人)《ヒトの三大集団の一つである白色人種》.
Cau·ca·sus /kɔ́ːkəsəs/ カフカス, コーカサス (CAUCASIA).
Cáucasus Ín·di·cus /-índɪkəs/ カウカスス・インディクス《HINDU KUSH の古代名》.
Cáucasus Móuntains *pl* [the] カフカス山脈《ヨーロッパ南東部, ロシア・グルジア・アゼルバイジャン・アルメニアにまたがる山系》.
Cau·chy /koʊʃíː; *F* koʃi/ コーシー **Augustin-Louis** ~, Baron ~ (1789–1857)《フランスの数学者; 関数論の先駆》.
Cauchý sèquence /, kóʊʃi-/ 〔数〕コーシー列《間隔が限りなく小さくなる数列[点列]》.
cau·cus /kɔ́ːkəs/ *n* 党員[派閥]集会, 党議員総会, 党幹部会議, コーカス《政策作成・候補指名などを討議する》; 《集会に出席する》党員集団, 党議員団, 幹部グループ; 派閥, 会派. ► *vi* コーカスに集まる, コーカスを開く. [C18<?Algonquin=adviser]
cau·da /káʊdə, kɔ́ː-/ *n* (*pl* **-dae** /-dìː/) 〔解・動〕尾, 尾部, 尾状付属器. [L=tail; coda と同語源]
cau·dad /kɔ́ːdæ̀d/ *adv* 〔動〕尾の方に (opp. *cephalad*).
cáuda equí·na /-ɛkwíːnə, -ikwáɪnə/ (*pl* **cáudae equí·nae** /-ɛkwíːnàɪ, -ɛkwáɪniː/) 〔解・動〕馬尾(ば)《ウマの尾様の糸状体束として脊髄管内に延びている上部仙骨神経の神経根》.
cau·dal /kɔ́ːdl/ *a* 〔解・動〕尾部 (cauda) の, 尾側の, 尾方の. ◆ **~·ly** *adv*
cáudal fín 〔魚〕尾びれ (=*tail fin*).
cau·date /kɔ́ːdèɪt/, **-dat·ed** /-dèɪtəd/ *a* 〔動〕尾 (cauda) のある, 有尾の; 尾状器官をもつ; 〈葉が〉尾形(びけい)の. ◆ **cau·dá·tion** *n*
cáudate núcleus 〔解〕尾状核《側脳室の全体に接した, アーチ状の灰白質》.
cau·dex /kɔ́ːdɛ̀ks/ *n* (*pl* **~·es, cau·di·ces** /-dəsìːz/) 〔植〕植物体の軸部《茎・幹・根も含む》; 《ヤシ・シュロの》挺幹(ていかん); 《多年生草本の》木質部. [L=tree trunk]
cau·di·llis·mo /kàʊði(l)jíːzmoʊ/ *n* CAUDILLO の支配体制, 軍事独裁. [Sp (↓)]
cau·di·llo /kaʊðíː(l)joʊ/ *n* (*pl* **~s**) 《スペイン語圏諸国の》軍事独裁者, カウディーリョ, 《ゲリラの》リーダー; 《軍事力をもつ》政界のボス; [El C-] 総統《Francisco FRANCO[1] の称号》. [Sp (CAPUT)]
Cáu·dine Fórks /kɔ́ːdàɪn-, -dìːn-/ [the] カウディネ山道《イタリア南部, アペニノ山中にある狭い道; Benevento と Capua をつなぐ道の途中にある; ローマ軍がサムニウム軍 (Sammites) に敗れた地 (321 B.C.)》.
cau·dle /kɔ́ːdl/ *n* 《英では古》コードル《パン・かゆに卵・砂糖・香料・ワインまたはビールを入れた温かい滋養飲料; 産婦・病人用》. [OF=gruel<L (*calidus* warm)]
caught *v* CATCH の過去・過去分詞.
caul /kɔ́ːl/ *n* **1** 〔解〕**a** 大網 (greater omentum). **b** コール《出産時に時々胎児の頭をおおっている羊膜の一部; 昔は幸福をもたらすものとされ, 水難除けのお守りとした》. **2** コール《ぴったりした室内用婦人帽[ヘアネット]》. [F *cale* small cap]
caul- /kɔ́ːl/, **cau·li-** /kɔ́ːlə/, **cau·lo-** /-loʊ, -lə/ *comb form* 「茎 (stem, stalk)」 [L<Gk]
Cau·lain·court /kòʊlæ̃kúər/ コランクール **Armand(-Augustin-Louis) de** ~, Marquis de ~, Duc de Vicence (1773–1827)《フランスの軍人・外交官; 外相 (1813–14); Napoleon 指揮の主な戦いに従い, *Mémoires* を残した》.
cauld /kɔ́ːld, káːld, kɔ́ːd/ *a, n* 《スコ》COLD.
cauld·rife /kɔ́ːldrɪf, -raɪf, káːld-, kɔ́ːd-/ 《スコ》*a* 冷たい, 寒い, 冷えびえする; 寒がりの; 冷淡な, よそよそしい. [*cauld*]
caul·dron /kɔ́ːldrən/ *n* CALDRON.
cau·les·cent /kɔːlɛ́s(ə)nt/ *a* 〔植〕茎のある, 有茎の.
Caul·field /kɔ́ːlfiːld/ コールフィールド《オーストラリア Victoria 州南部 Melbourne 南東郊の住宅都市》.
cau·li·cle /kɔ́ːlɪk(ə)l/ *n* 〔植〕《胚(はい)内の》幼茎.
cau·lic·o·lous /kɔːlíkələs/ *a* 〔植〕他の植物の幹[茎]に育つ, 茎上発生の: ~ fungi.
cau·li·flórous /kɔ̀ːlə-/ *a* 〔植〕幹[古い枝]に花をつける, 幹生花[茎生花]をつける. ◆ **cáu·li·flò·ry** *n*
cau·li·flow·er /kɔ́(ː)lɪflàʊər, kál-/ *n* 〔野菜〕ハナヤサイ, カリフラワー《アブラナ科》; カリフラワー状のもの《雲など》; 《スコ》ビールの泡. [*cole-florie*<F *chou fleuri* flowered cabbage; 語形は *cole* と *flower* に同化]
cáuliflower chéese 〔料理〕カリフラワーチーズ《カリフラワーにチーズソースを添えた料理》.
cáuliflower éar 《ボクサーなどの》つぶれた耳.
cau·li·flow·er·et /kɔ̀(ː)lɪflàʊərɛ́t, kàl-/ *n* 〔野菜〕ひと口大のカリフラワー, カリフラワーレット.
cau·line /kɔ́ːlàɪn, -lən/ *a* 〔植〕茎生の, 茎上の (cf. RADICAL).
cau·lis /kɔ́ːləs/ *n* (*pl* **-les** /-liz/) 〔植〕《草本の》茎.
caulk[1] /kɔ́ːk/ *vt* 《まいはだ(槙皮)などを詰めて》〈船・船板の隙間〉の水漏れを防ぐ, 〈窓枠の隙間・パイプの継ぎ目などを〉ふさいで水[空気]が漏らないようにする, 填隙(てんげき)する; かしめる, コーキン(グ)する. ► *vi* 《俗》眠る, ひと眠りする 〈*off*〉; 《俗》ひと休みする, ひと息入れる 〈*off*〉. ► *n* かしめ用資材 (=*caulking*); 《俗》短い睡眠, ひと眠り (nap). [OF=to tread, press with force<L *calco* to tread (*calx* heel)]
caulk[2] *n, vt* CALK[1].
cáulk·er *n* まいはだ(槙皮)を詰める人; かしめ工, コーキン工; 〔工〕かしめ工具; 《俗》ほんのひと口の酒.
cáulk·ing *n* 〔工〕かしめ, コーキン(グ); 填隙(てんげき); コーキング材: a ~ iron かしめたがね.
cau·ri /kɔ́ːri/ *n* (*pl* **~s**) コーリ《ギニア共和国の旧通貨単位: =1/100 syli》.
caus. causative.
caus·able /kɔ́ːzəb(ə)l/ *a* ひき起こされる.
caus·al /kɔ́ːz(ə)l/ *a* 原因の, 原因に関する; 原因となる (causative); 〔論・文法〕原因を示す; 《まれ》ある原因から生じた: ~ relation 因果関係 / a ~ conjunction 原因を示す接続詞《because など》. ► *n* 〔文法〕原因を示す語[形式]. ◆ **~·ly** *adv* 原因となって.
cau·sal·gia /kɔːzǽldʒiə/ *n* 〔医〕灼熱痛, カウザルギー. ◆ **cau·sál·gic** *a*
cau·sal·i·ty /kɔːzǽləti/ *n* 因果関係; 因果律; 作因.
cau·sa si·ne qua non /káʊsɑː sìːneɪ kwɑː nóʊn/ 不可欠条件, 必要原因. [L]
cau·sa·tion /kɔːzéɪʃ(ə)n/ *n* 原因; 因果関係 (causality); 因果説; ひき起こすこと.
causátion·ìsm *n* 因果説. ◆ **-ist** *n*
caus·a·tive /kɔ́ːzətɪv/ *a* 原因となる, …をひき起こす 〈*of*〉; 〔文法〕原因表示の, 使役の (cf. FACTITIVE): ~ verbs 使役動詞《cause, make, let など》. ► *n* 〔文法〕使役動詞, 使役形. ◆ **~·ly** *adv* 原因として, 使役的に. **~·ness** *n*
cause /kɔ́ːz/ *n* **1** 原因; 原因となる人[物]; 理由; 根拠; 動機: ~ and effect 原因と結果, 因果 / FIRST CAUSE / without good ~ 正当な理由もなく / show ~ 正当な理由[十分な根拠]を示す / ~ *for* anxiety [alarm] 不安[心配]のたね. **2** 大義, 大目的, 主義, …運動, 〈…の〉ため 〈*for, of*〉; 福祉, 利益: in the ~ *of* freedom 自由のために / fight *for* [champion] a good ~ 大義のために戦う / the temperance ~ 禁酒主義[運動] / Men are blind in their own ~. 《諺》人は信ずる事のためには盲目である《他の立場などわからなくなる》. **3** 訴訟(事件); 《訴訟の》申し立て, 言い分; [*fig*] 決定を要すること, 論争: plead one's ~ 訴訟の理由を申し立てる. ● **(all) in a good ~** 大義のために, りっぱな目的のために. **make common ~ with** …と提携する, 協力する, 共同戦線を張る 〈*against*〉. ► *vt* …の原因となる, ひき起こす; 〈人〉に〈心配などを〉与える, もたらす; 〈人〉に…させる〈*to* do〉: be ~*d* by…に起因する. [OF<L *causa* reason, lawsuit]
'cause /kɔ́:z, kʌ́z, kəz; kɔ́z, kəz/ *conj, adv* 《口》 BECAUSE.
cáuse-and-effect *a* 原因と結果の, 因果(関係)の.
cause cé·lè·bre /kɔ́:z səlέbrə, -seɪ-; *F* ko:z selɛbr/ (*pl* **causes cé·lè·bres** /—/) 有名な(裁判)事件[論争]; 大きな論議をよび起こす問題[事件]. [F=famous case]
C **cáuse·less** *a* 原因[いわれ]のない; 偶発的な. ♦ **~·ly** *adv*
cáuse lìst 〖法〗 事件目録《公判待ちの訴訟のリスト》.
cáuse of áction 〖法〗 訴訟原因, 訴因; 訴権.
caus·er /kɔ́:zər/ *n* ひき起こす人[もの]; 原動者.
cau·se·rie /kòʊz(ə)rí:/ *n* 閑談, よもやま話, おしゃべり (chat); 《新聞・雑誌の》随筆, 漫筆, 《特に》文芸閑話. [F (*causer* to talk)]
cause·way /kɔ́:zwèɪ/ *n* 《低湿地に土を盛り上げた》土手道; コーズウェイ《湖沼の砂洲を横切る長い橋》; 《車道より高い》歩道; 幹線道路《特にローマ人が Britain 島に造ったもの》. ► *vt* …に土手道を設ける, 玉石などを敷く. ♦ **~ed** *a* [↓+way]
cau·sey /kɔ́:zi/ *n* 土手道, 《高い》歩道 (causeway); ᴮ《方》幹線道路 (causeway). [ME *cauce*<ONF *caucié* (L CALX[2]); 「かかとで踏み固めたもの」の意]
Causses /*F* kɔs/ コース《フランス中南部 Massif Central の南縁に広がる石灰岩高原地帯》.
caus·tic /kɔ́:stɪk/ *n* 腐食薬, 焼灼(しょうしゃく)薬; SODIUM HYDROXIDE; 〖光〗火線 (=~ **cúrve**), 火面 (=~ **súrface**): common ~ 硝酸銀 / LUNAR CAUSTIC. ► *a* 〈批評・人が〉辛辣な, 手きびしい; 腐食性の (corrosive), 焼灼性の, 苛性の; 〖光〗火線の, 火面の. ♦ **-ti·cal·ly** *adv* **caus·tic·i·ty** /kɔ:stísəti/ *n* 腐食性, 苛性度; 辛辣さ; 舌を焼くような辛さ. [L<Gk (*kaustos* burnt<*kaiō* to burn)]
cáustic álkali 〖化〗苛性アルカリ.
cáustic líme 生石灰 (quicklime).
cáustic pótash 苛性カリ (potassium hydroxide).
cáustic sóda 苛性ソーダ (sodium hydroxide).
cau·ter /kɔ́:tər/ *n* 焼きごて; 〖医〗焼灼器.
cau·ter·ant /kɔ́:t(ə)rənt/ *a* 腐食性の. ► *n* 焼灼[腐食]性物質; 焼灼器.
cáuter·ize *vt* 腐食させる; 焼灼する; 〈良心などを〉麻痺させる, 〈感情などを〉押し殺す. ♦ **càuter·izátion** *n* 〖医〗焼灼(法[術]); 〖医〗腐食. [F,<Gk (*kautērion* branding iron<*kaiō* to burn)]
cau·tery /kɔ́:t(ə)ri/ *n* 〖医〗焼灼, 焼灼法[術]; 焼灼器《焼きごてなど》; 焼灼薬: moxa ~ 灸.
cau·tion /kɔ́:ʃ(ə)n/ *n* **1** 用心, 慎重; 警戒; 《スコ》担保, 保証; 〖スコ法〗/ 《米》保証書, 保証人: by way of ~ 用心[念]のため / with ~ 用心して, 慎重に / use [exercise] ~用心する / *C*~ is advised. ご注意願います / a word of ~ 一言注意. **2** 警告 (warning); 〖軍〗《号令の》予令; ᴮ《警察官などによる, 不起訴釈放時の》訓戒《今後その者に別の犯罪の容疑が生じた際にはこの事件の事情が斟酌される旨の警告》; 〖英法〗《警察官などによる, 逮捕時の》警告《犯罪嫌疑に関する陳述の必要のないこと, また任意の陳述は公判で証拠として用いることの通知》: be let off [be dismissed] with a ~ 訓戒をうけて釈放される. **3** 《口》警戒を要する事物[人]; 《古》おもしろい[変わった]もの[人], 見もの: Well, you're a ~! 驚くべき人物だ! ► *vt* …に警戒[注意]させる, 警告する; 〈被疑者などに〉訓戒[警告]を与える (⇨ *n*): He was ~*ed against* speeding [not *to* drive too fast]. スピードを出しすぎないよう警告された. ► *vi* 警告[忠告, 勧告]をする. [OF<L (*caut-caveo* to take heed)]
cáution·àry /; -(ə)ri/ *a* 警告的な; 担保[保証]の: a ~ tale 訓戒物語, 教訓話.
cáution mòney 《英国の大学などで損害に備えて学生に預金させる》保証金.
cau·tious /kɔ́:ʃəs/ *a* 用心深い, 慎重な〈*about, of, in*〉: be ~ not to do…しないよう用心する. ♦ **~·ly** *adv* **~·ness** *n* [*ambition*: *ambitious* にならって *caution* から]
Cau·ve·ry /kɔ́:vəri/, **Ka·ve·ri** /, kɑ́:-/ [the] カーヴェリ川《インド南部を東流し, デルタを形成して Bengal 湾に注ぐ》.
Cáuvery Fálls *pl* [the] カーヴェリ滝《Cauvery 川の滝; Karnataka, Tamil Nadu 州境にある》.
cav. cavalier ♦ cavalry ♦ cavity.
ca·va[1] /kɑ́:və/ *n* カバ《Catalonia 産のスパークリングワイン》.
cava[2] ⇨ KAVA.
Ca·va·fy /kəvɑ́:fi/ カヴァフィ(ス) **Constantine** ~ (1863–1933) 《Alexandria に住んだギリシアの詩人; ⇨ KAVÁFIS》.
cav·al·cade /kæ̀v(ə)lkéɪd, *ˊ-ˋ-/ *n* 乗馬隊; 騎馬[馬車]行進; 《車・船などの》行列; ものごとの進展[連続], 場面の展開 〈*of*〉; 星の運行. [F<It; ⇨ CHEVALIER]
Ca·val·can·ti /kɑ̀:vɑ:lkɑ́:nti/ カヴァルカンティ **Guido** ~ (c. 1255–1300) 《イタリアの詩人; Dante の親友; 甘味な清新体 (dolce stil nuovo) で詩作した》.
cav·a·let·ti /kæ̀vəléti/ *n* [〈*sg/pl*〉] 〖馬術〗CAVALLETTI.
cav·a·lier /kæ̀vəlíər, *ˊ-ˋ/ *n* **1** 《英では古》騎士, ナイト (knight); [C-] 〖英史〗騎士派《Charles 1 世時代の王党派; 1642–51 年の内乱では円頂派 (Roundheads) と対立した》. **2** だて男; 《ダンスの》パートナー《男性》; 《女性に付き添う》護衛者 (escort). ► *a* **1 a** 傲慢な, 尊大な. **b** こだわらない, 無頓着な. **2** 貴族的な; [C-] 騎士派の; [C-] 王党派詩人の (⇨ CAVALIER POETS). ► *vt* 〈女性〉に付き添う. ► *vi* 女性の付添い役[パートナー]をつとめる; 騎士のようにふるまう. ♦ **~·ly** *adv, a* 騎士らしく[らしい], 騎士気取りで[の]; 無頓着に[な]; 傲慢に[な]. **~·ness** *n* **~·ism** *n* [F<It; ⇨ CHEVALIER]
Ca·va·lie·ri /kɑ̀:vɑ:ljéəri/ カヴァリエリ **Francesco Bonaventura** ~ (1598–1647) 《イタリアの数学者》.
cávalier Kìng Chárles spániel 〖犬〗キャバリア・キング・チャールズ・スパニエル《英国原産の, 愛玩用スパニエルから発達した小型の犬; 体毛は長い絹糸状で, 普通は白色に栗色の斑がある; 耳・脚・尾・足に飾り毛がある; King Charles spaniel よりやや大きい》.
Cávalier Párliament [the] 〖英史〗騎士議会《Charles 2 世の王政復古時代の王党派である騎士が絶対多数を占めた議会 (1661–79); CLARENDON CODE を成立させ国教体制を確立した》.
Cávalier póets *pl* [the] 王党派詩人《17 世紀半ばのイングランドの Charles 1 世の宮廷を中心とした Herrick, Carew, Lovelace, Suckling などの抒情詩人たち》.
ca·val·la /kəvǽlə/ *n* (*pl* ~, ~**s**) 〖魚〗**a** アジ科の各種食用魚 (=**ca·val·ly** /kəvǽli/). **b** サワラの類の食用魚 (cero). [Sp]
cav·al·let·ti /kæ̀vəléti/ *n* [〈*sg/pl*〉] 〖馬術〗カバレッティ《障害馬調教用の, 高さ調整のできる障害》. [It=little horse]
cav·al·ry /kǽv(ə)lri/ *n* 機動性をもつ地上部隊, 《特に》機甲部隊 (cf. AIR CAVALRY); 騎兵《集合的》; 騎兵隊, 騎馬隊; 《廃》馬術; [the] [*joc*] 《困った時の》救いの神, 救世主: heavy [light] ~ 重[軽]騎兵. [F<It (*cavallo*<L *caballus* horse)]
cávalry·man /-mən, -mæ̀n/ *n* 騎兵.
cávalry twìll キャバルリーツイル《ズボンなどに用いられる堅い撚(よ)り糸の丈夫な毛織物》.
Cav·an /kǽvən/ カヴァン (**1**) アイルランド北部の県 **2**) その県都》.
ça va sans dire /*F* sava sɑ̃ di:r/ 言うまでもなく, もちろん. [F=it goes without saying]
ca·vate /kéɪvèɪt/ *a* 岩に掘った[穴をあけた].
cav·a·ti·na /kæ̀vətí:nə, kɑ̀:-/ *n* 〖楽〗カヴァティーナ《アリアより短い詠唱曲; 歌謡的性格をもつ器楽曲》. [It]
cave[1] /kéɪv/ *n* **1** ほら穴, 洞穴, 横穴, 洞窟; 《地下の》貯蔵室, 貯蔵してある物; 《俗》暗い部屋, 小さな[窓のない]事務所: the ~ period 穴居時代. **2** [<the cave of Adullam; cf. *1 Sam* 22: 1–2] ᴮ《政党からの》脱党(組), 分離[離党](派). ► *vt, vi* **1** ほら穴にする, …にほら穴を掘る; 《口》ほら穴を探検する. **2** ᴮ脱党[離党]する. ● **~ in** (*vi*) 〈土地・屋根・天井が〉陥没する, くずれ落ちる, 〈壁・帽子などが〉へこむ; 屈服[譲歩]する (give in), 力尽きてくずおれる 〈*to*〉. (*vt*) へこませる, 崩壊させる. [OF<L (*cavus* hollow)]
ca·ve[2] /kéɪvi/ ᴮ《学生俗》*int* (先公が来た)気をつけろ! ► *vt* …の見張りをする. ● **keep ~** 見張りをする. [L *caveo* to beware]
cave[3] /*F* ka:v/ *n* 地下のワイン貯蔵室, ワインセラー; 地下の小さな音楽喫茶[キャバレー]. [*cave*[1]]
cáve àrt 《石器時代の》洞窟芸術.
ca·ve·at /kǽviæ̀t, kéɪv-, *kǽvià:t, *kɑ́:vià:t/ *n* 〖法〗予告記載《手続き差し止め通告・発明特許権保護願いなど》; 警告; 補足説明, 断わり書き, 但し書き: enter [file, put in] a ~ against…に対する差し止め願いを出す. ► *vi* 〖法〗差し止め願いを出す. ♦ **ca·ve·a·tor** /kéɪvièɪtər/ *n* [L=let him beware]
cáveat émp·tor /-ém(p)tɔ̀:r, -tər/ 〖商〗買主の危険負担, 買手注意《略 c.e.》. [L=let the BUYER beware]
cáveat léc·tor /-léktɔ̀:r/ 読者の危険負担, 読者注意. [L=let the reader beware]
cáve bèar 〖古生〗ドウクツグマ《旧石器時代の動物》.
ca·ve ca·nem /kɑ́:weɪ kɑ́:nèm/ 犬に注意. [L]
cáve crìcket 〖昆〗カマドウマ (camel cricket).
cáve dràwing 洞窟絵画 (CAVE PAINTING).
cáve dwèller 《特に 先史時代の》穴居人; [*fig*] 原始人; 《口》都市のアパートの居住者. ♦ **cáve dwèlling** 穴居生活.
cáve·fìsh *n* 〖魚〗洞窟魚《通例 眼は退化して無視力; cf. BLINDFISH》.
cáve-ìn *n* 落盤, 陥没(個所); 屈服.
cav·el /kǽv(ə)l, kéɪ-/ 《スコ・北イング》*n* くじ (lot); くじによる財産の分け前, 土地の割当て. ► *vi, vt* (くじで)割り当てる. [MDu]
cáve lìon 〖動〗ドウクツライオン《今は絶滅》.
Ca·vell /kǽvəl, kəvél/ キャヴェル **Edith Louisa** ~ (1865–1915) 《英国の看護師; 第一次大戦でドイツ軍がベルギーを占領した際, 英国・フランス・ベルギーの将兵を脱出させたかどでドイツ軍に処刑された》.
cáve·màn /, -mən/ *n* 《石器時代の》穴居人; 《特に 女性に対して》粗暴な男, 野人; *《俗》《通例 ディフェンスが弱い》荒っぽい強打のボクサー. ♦ **-wòman** *n fem*
cav·en·dish /kǽvəndɪʃ/ *n* 板タバコ《甘味を加えて圧縮した(かみ)タバコ》. [最初の製造者の名か]
Cavendish キャヴェンディッシュ (**1**) **Henry** ~ (1731–1810) 《英国の物理学者・化学者; 空気の成分の決定, 水素の発見, 水の組成の決定などの業績がある》 (**2**) **Spencer Compton** ~, 8th Duke of

Devonshire (1833–1908)《英国の政治家》 (3) Sir **William** ~ (1505?–57)《イングランドの政治家》 (4) **William** ~, 1st Duke of Devonshire (1640–1707)《イングランドの政治家》.

Cávendish Láboratory [the] キャヴェンディッシュ研究所《英国 Cambridge 大学の物理学研究所; 1874 年創設》. [Henry *Cavendish*]

cáve pàinting 《穴居人による》洞窟絵画.

cav·er /kéɪvər/ *n* 洞窟[洞穴]探検家.

cav·ern /kǽvərn/ *n* 洞, 洞窟, 洞穴, ほら穴《特に大きなもの》; 暗い巨大な空間; 〘医〙《体内組織にできる》空洞. ► *vt* 洞窟に入れる; …にほら穴を掘る[つくる] ‹*out*›. ♦ **cáv·erned** *a* ほら穴[空洞]になった. [OF or L *caverna*; ⇨ CAVE¹]

cav·er·nic·o·lous /kæ̀vərnɪ́kələs/ *a* 洞窟[洞穴]に生息する: ~ animals 洞穴動物.

cávern·ous *a* ほら穴のような, くぼんだ; ほら穴[空洞]の多い; 〘動・解〙‹組織が›海綿性の (=*erectile*); ‹音が›ほら穴から出るような: a ~ room 大きな部屋. ♦ **~·ly** *adv*

cav·e(s)·son /kǽvəsən/ *n* 〘馬具〙鼻勒(びろく) (noseband).

ca·vet·to /kəvétou, kɑː-/ *n* (*pl* **-ti** /-ti/) 〘建〙小えぐり《断面が四半円形の凹面繰形(くりかた)》. [It]

cav·i·ar(e) /kǽviɑ̀ːr, ⌐‿⌐/ *n* キャビア《チョウザメの 'はらこ' の塩漬け》; 珍味; 最高級品, 逸品. ● **~ to the general** 《文》俗うけしない逸品, 猫に小判《Shak., *Hamlet* 2.2.457》. [It<Turk]

cav·i·corn /kǽvəkɔ̀ːrn/ *a* 〘動〙洞角(どうかく)を有する. [L CAVE¹, *cornu* horn]

ca·vie /kéɪvi/ *n* 《スコ》鶏小屋. [Du or Flem]

cav·il /kǽv(ə)l/ *v* (-l- | -ll-) *vi* けちをつける, あら探しをする ‹*at*, *about*, *with*›. ► *vt* …にけちをつける. ► *n* 揚げ足取り, あら探し. ♦ **cáv·il·(l)er** *n* [F<L (*cavilla* mockery)]

cav·ing /kéɪvɪŋ/ *n* 陥没; 《スポーツ・趣味としての》洞窟[洞穴]探検 (spelunking).

cav·i·tary /kǽvətèri; -t(ə)ri/ *a* 空洞のある, うつろな; 〘医〙空洞形成(性)の: ~ tuberculosis 空洞性結核.

cav·i·tate /kǽvətèɪt/ *vi*, *vt* (…に)空洞[気胞]をつくる.

cav·i·ta·tion /kæ̀vətéɪʃ(ə)n/ *n* 〘機〙キャビテーション《1) スクリューなどの後方にできる流体中の真空部 2) そのような真空部が崩壊するときにコンクリート・金属などに生じる孔食や腐食》; 〘医〙《疾患による体組織内の》空洞形成, 空洞化; 空洞. [CAVITY]

Ca·vi·te /kəvíːti/ カヴィテ《フィリピンの Luzon 島南部 Manila 湾のカヴィテ半島 (the ~ **Península**) にある市》.

cav·i·ty /kǽvəti/ *n* 空洞, うつろ, 《虫歯の》穴, 虫歯; 〘解〙腔(こう)(くう); 〘解〙窩(か), 窩洞; CAVITY RESONATOR: the mouth [nasal] ~ 口腔[鼻腔] / ~ margin 窩縁. [F or L; ⇨ CAVE¹]

cávity blòck 〘建〙中空壁用ブロック.

cávity rèsonator 〘電子工〙空洞共振器 (=*resonant cavity*, *rhumbatron*).

cávity wàll‖ 〘建〙中空壁 (=*hollow wall*) 《内部に中空層のある壁》: ~ insulation 断熱材.

ca·vo·lo ne·ro /kɑ́ːvəlòu néərou; kǽv-/ 黒キャベツ, カヴォロネロ《Tuscany 料理の食材》. [It=black cabbage]

ca·vo-relíevo, -rilíevo /kɑ̀ːvou-, kèɪ-/ *n* (*pl* **~s**, **-vi**) 〘彫〙SUNK RELIEF. [It=hollow relief]

ca·vort /kəvɔ́ːrt/ *vi* ‹馬などが›はねる, はねまわる; 遊び戯れる, はしゃぎまわる, いちゃつく. [?*curvet*]

Ca·vour /kəvúər, kɑː-/ カヴール Conte **Camillo Benso di** ~ (1810–61)《イタリアの政治家; Savoy 家の下におけるイタリア統一に尽力, 新イタリア王国を建設し, 初代首相 (1861)》.

CAVU 〘空〙ceiling and visibility unlimited.

ca·vy /kéɪvi/ *n* 〘動〙テンジクネズミ, モルモット (guinea pig).

caw /kɔ́ː/ *vi*, *n* ‹カラスが›カーカー鳴く(声). [imit]

cawk /kɔ́ːk/ *vi* ‹鷹が›つがう.

Caw·ley /kɔ́ːli/ コーリー **Evonne** (**Fay**) ~ (1951–)《オーストラリアの女子テニス選手; 旧姓 Goolagong; Wimbledon (1971, 80), 全豪オープンで優勝 (1974–77)》.

Cawn·pore /kɔ́ːnpɔ̀ːr, ⌐‿/ カウンポール《KANPUR の英語名》.

Ca·xi·as /kəʃíːəs/ **1** カシーアス **Luiz Alves de Lima y Silva,** Duque **de** ~ (1803–80)《ブラジルの軍人・政治家》. **2** カシーアス《1) ブラジル北東部 Maranhão 州の市 2) DUQUE DE CAXIAS 3) 別名 **~ do Súl** /-də súːl/; ブラジル南部 Rio Grande do Sul 州の市》.

Cax·ton /kǽkst(ə)n/ **1** カクストン **William** ~ (c. 1422–91)《イングランド最初の印刷業者》. **2** カクストン本; カクストン活字体.

cay /kéɪ, kíː/ *n* 《特に 西インド諸島の》洲, 小島, 洲島. [Sp *cayo*]

cay·enne /kaɪén, keɪ-, ⌐‿/ *n* CAYENNE PEPPER. [Tupi *kyynha*; 語形は ↓ に同化]

Cay·enne /kaɪén, keɪ-/ カイエンヌ《フランスの海外県 French Guiana の市・港町・県都; もと流刑地》.

cayénne pépper /, ⌐‿⌐‿/ (粉)唐辛子《香辛料》; 〘植〙トウガラシ (hot pepper).

Cayes /kéɪ; *F* kaj/, **Aux Cayes** /*F* o-/, **Les Cayes** /*F* le-/ (オ・)カイ, レ・カイエ《ハイチ南西部のティブロン (Tiburon) 半島にある市・港町》.

Cay·ley¹ /kéɪli/ ケーリー (1) **Arthur** ~ (1821–95)《英国の数学者》 (2) Sir **George** ~, 6th Baronet (1773–1857)《英国の技術者; 人を乗せて飛ぶことのできるグライダーを初めて制作し (1853), のちに飛行機製造に使われる設計原理を定式化した; 英国航空界の父と呼ばれる》.

Cayley² *n* ケーリー岩《月面の高地の凹所を満たしている物質で表面がなめらかで明るい色の角礫(かくれき)岩質》. [*Cayley* plain それが初めて見つけられた月面の場所]

cayman ⇨ CAIMAN.

Cáy·man Íslands /kéɪmən-/ *pl* [the] ケイマン諸島《西インド諸島西部, ジャマイカの北西にある島群; 英国の属領; 中心地は主島 Grand Cayman にある George Town》. ♦ **Cay·man·ian** /keɪmǽniən/ *a*, *n*

Ca·yu·ga /keɪ(j)úːgə, kaɪ-, kiúː-, kjúː-/ *n* **a** (*pl* ~, **~s**) カユーガ族《New York 州の Cayuga 湖の近くに住んでいたインディアン; 他の 4 部族と Iroquois League を構成した》. **b** カユーガ語.

Cayúga Láke カユーガ湖《New York 州中西部の湖; Finger Lakes の一》.

Cay·use /káɪ(j)ùːs, ⌐‿/ *n* **1 a** (*pl* ~, **~s**) カイユース族《Washington, Oregon 州に住むインディアン》. **b** カイユース語. **2** [c-]* 《西部》カイユース《小馬の一種》.

ca·za /kəzɑ́ː/ *n* 《トルコの》郡《vilayet の下位区分》. [Turk]

cazh /kǽʒ/ *a* 《俗》CAS.

ca·zique /kəzíːk/ *n* CACIQUE.

CB /sìːbíː/ *n* CITIZENS(') BAND; 市民バンド無線装置, CB ラジオ.

c.b. °center of buoyancy. **Cb** 〘化〙columbium ♦〘気〙cumulonimbus. **CB** °Cape Breton ♦〘英〙Companion (of the Order) of the Bath ♦〘軍〙construction battalion (⇨ SEABEE).

C battery /síː ⌐‿/ 〘電〙C 電池《グリッド偏倚(へんい)電圧用; ⇨ A BATTERY》.

CBC Canadian Broadcasting Corporation カナダ放送協会 ♦〘医〙°complete blood count. **CBD** cash before delivery 代金前払い, 前金 ♦ central business district《都市の》中心商業地(区).

CBE Commander of (the ORDER OF) THE BRITISH EMPIRE ♦ Companion of the Order of the British Empire.

CB·er /sìːbíːər, -bíər/ *n** 《口》市民ラジオ (citizens band radio) 使用者, CB 無線通信者.

CBI computer-based instruction ♦ Confederation of British Industry 英国産業連合.

C-bias /síː ⌐‿/ *n* 〘電子工〙GRID BIAS.

CBO 〘米〙Congressional Budget Office 議会予算局.

C-bomb /síː ⌐‿/ *n* COBALT BOMB.

CBS /síːbìːés/ CBS (~ Inc.)《米国三大ネットワークの一つ; レコード・出版にも進出; 1927 年設立, 29 年 Columbia Broadcasting System, Inc. となり, 74 年から現在名; 本社 New York 市》.

CBT °Chicago Board of Trade. **CBW** chemical and biological warfare [weapons] 生物化学戦[兵器].

cc /sìːsíː/ *vt* (**cc's**; **cc'd**; **cc'ing**) …に carbon copy で E メールを送る.

cc, c.c. cubic centimeter(s). **cc, c.c., CC** °carbon copy [copies]. **cc.** [L *capita*] chapters. **Cc** 〘気〙cirrocumulus. **CC** °Chamber of Commerce ♦ chief clerk ♦ °circuit court ♦ °city council ♦ closed-captioned ♦ °Cocos Islands ♦ °common carrier ♦ °community college ♦ Companion of the Order of Canada ♦ °Competition Commission ♦ °country club ♦ °county clerk ♦ °county commissioner ♦〘英〙°county council ♦〘英〙°county councillor ♦ °county court ♦ ‖cricket club.

CCA 〘米〙°Circuit Court of Appeals. **CCC** Civilian Conservation Corps. **CCD** °charge-coupled device ♦ Confraternity of Christian Doctrine. **CCI** [F *Chambre de commerce internationale*] °International Chamber of Commerce.

CCITT [F *Comité consultatif international télégraphique et téléphonique*] 国際電信電話諮問委員会《ITU-T の前身》.

CCJ °county court judgment.

CCK 〘生化〙cholecystokinin.

C-clamp /síː ⌐‿/ *n* 〘機〙しゃこ万力, C 形バイス《C 形をしたクランプ》.

C clef /síː ⌐‿/ 〘楽〙ハ音記号《中音部記号; cf. ALTO CLEF, SOPRANO CLEF, TENOR CLEF; ⇨ CLEF》.

C.Cls 〘米〙°Court of Claims.

CCM /sìːsìːém/ *n** 《黒人俗》現金, 現ナマ. [*c*old *c*ash *m*oney]

CCR 〘米〙Commission on Civil Rights 市民権[公民権]委員会《人種・宗教・年齢・障害・出身などに基づく差別についての訴えを調査し, 大統領・連邦議会さらには一般に情報提供することを任務とする(ただし執行権能は有しない)連邦の独立機関; 1957 年法で創設》.

CCS 〘環境〙carbon capture and storage 二酸化炭素回収・貯留.

CCTV °closed-circuit television.

CCTV image /sìːsìːtìːvíː ⌐‿/ 監視[防犯]カメラの映像.

CCU cardiac care unit ♦ °coronary care unit ♦ critical care unit.

ccw counterclockwise.

CD /sìːdíː/ *n* COMPACT DISC.

cd candela(s) ♦ candle ♦ cord. **c.d.** °cash discount ♦ °cum dividend. **Cd** 〘化〙 cadmium. **Cd.** 〘英〙 °Command Paper 《third series; 1900–18》. **CD** 〘簿〙 carried down ♦ °certificate of deposit ♦ °civil defense ♦ °corps diplomatique ♦ °current density.

CD burner /síːdíː ―/ CD WRITER

CDC 〘米〙°Centers for Disease Control and Prevention ♦ 〘英〙 Commonwealth Development Corporation.

CDD certificate of disability for discharge.

CD4 /síːdìːfɔ́ːr/ *n* 〘生化〙 CD4 《T4 細胞の表面にある大型糖タンパク; HIV が付着しやすい》. [*c*luster of *d*ifferentiation]

CD-I /síːdìːáɪ/ *n* 〘電算〙 CD-I 《CD を記録媒体とした音声・画像・テキストデータ・プログラムなどの記録・再生フォーマット》. [*c*ompact *d*isc *i*nteractive]

Cdn Canadian. **CDN** Canada.

cDNA /síːdìːénéɪ/ *n* 〘生化〙 cDNA 《メッセンジャー RNA と相補的な塩基配列をもつ DNA》. [*c*omplementary]

CDO °collateralized debt obligation.

CDP certificate in data processing.

CD player /síːdíː ―/ COMPACT DISC PLAYER.

CDR, Cdr 〘軍〙 Commander.

CD-R /síːdìːáːr/ *n* 〘電算〙 CD-R 《記録可能な; 書き換えはできない》. [*c*ompact *d*isc＋*r*ecordable]

Cdre 〘軍〙 Commodore.

C drive /síː ―/ 〘電算〙 C ドライブ 《コンピューターの主要ハードディスク装置》. [かつて A, B はフロッピー用だった]

CD-ROM /síːdìːrám/ *n* 〘電算〙 CD-ROM 《読出し専用のコンパクトディスク》.

CD-ROM XA /síːdìːrám èksέɪ/ 〘電算〙 CD-ROM XA 《ADPCM 形式で音声データを記録した CD-ROM; その規格》. [*CD-ROM* E*x*tended *A*rchitecture]

CD-RW /síːdìːàːrdʌ́b(ə)ljuː/ *n* 〘電算〙 CD-RW 《書き換えが可能な CD》. [*c*ompact *d*isc *r*e*w*ritable]

CD single /síːdíː ―/ CD シングル 《ポピュラーソングを 1, 2 曲収めた, 通例 8 センチのコンパクトディスク》.

CDT 〘米〙°central daylight time ♦ Craft, Design, and Technology 工芸・デザイン・技術 《英国の学校の教科》.

CDU 〘ドイツ〙 [G *Christlich-Demokratische Union*] キリスト教民主同盟 《ドイツの保守政党; 1945 年結成》.

CD-video /síːdíː ―/ *n* CD ビデオ 《CD に動画 (最大 5 分) や静止画を記録する規格; 略 **CDV**》.

CDW °collision damage waiver.

CD writer /síːdíː ―/ CD 書き込み装置, CD ライター.

c.e. 〘商〙°caveat emptor ♦ compass error. **Ce** 〘化〙 cerium.

CE °capillary electrophoresis ♦ °chemical engineer ♦ °Christian Era ♦ °Church of England ♦ °civil engineer ♦ °Common Entrance ♦ °Common Era ♦ Communauté Européenne 《EC [EU] 諸国内で販売されている製品についているサービスマークで, 生産地と安全性を表示》 ♦ Corps of Engineers.

CEA °carcinoembryonic antigen ♦ College English Association ♦ 〘米〙°Council of Economic Advisers.

Ce·a·nan·nus Mór /sìːənǽnəs mɔ́ːr/ シーアナナスモー 《アイルランド東部 Meath 県の町; 旧称 KELLS》.

ce·a·no·thus /sìːənóʊθəs/ *n* 〘植〙 ソリチャ 《アメリカ産クロウメモドキ科ソリチャ属 (*C-*) の低木・小高木》.

Ce·a·rá /sèɪərάː/ セアラ (**1**) ブラジル北東部の大西洋に臨む州; ☆Fortaleza **2**) FORTALEZA の別称》.

cease /síːs/ *vi, vt* やむ, 終わる; やめる, よす 〈*from* do*ing*, *from* strife, do*ing*, *to* do〉; 《廃》 死に絶える.: The snow ～*d*. 雪がやんだ / ～ work*ing* / ～ *to* be novel 珍しくなくなる / never ～*to* amaze sb いつも人を驚かせる / ～ and desist 停止する 《法律分野における表現》. ► *n* [次の成句で] 中断. ● **without** ～ 絶え間なく. [OF＜L *cesso* (freq) ‹ *cedo* to yield]

céase and desíst òrder 《不当競争・不当労働行為に対する》 停止命令.

céase-fíre *n* 停戦, 休戦; 「撃ち方やめ」の号令[合図] (cf. *cease* FIRE).

céase·less *a* 絶え間のない. ♦ **～·ly** *adv* **～·ness** *n*

ceas·ing /síːsɪŋ/ *n* 中止, 中絶: without ～ 絶えず.

Ceau·șes·cu /ʧaʊʃέsku/ チャウシェスク **Nicolae** ～ (1918–89) 《ルーマニアの政治家; 大統領 (1974–89); ソ連圏にありながら自主独立路線を強化; 1989 年東欧社会主義が崩壊, 民主化運動のなかで逮捕, 処刑された》.

ce·bid /síːbɪd/ *n* 〘動〙 オマキザル科 (Cebidae) のサル 《新世界のサルの大部分が含まれる》.

Ce·bu /seɪbúː, sɪ-/ セブ (**1**) フィリピン中部 Visayan 諸島にある島 **2**) 同島東部の市・港町》.

ceca *n* CECUM の複数形.

ce·cal, cae- /síːk(ə)l/ *a* 〘解〙 盲腸の (cf. CECUM); 行き止まりの. ♦ **～·ly** *adv*

ce·cec·to·my /sɪsέktəmi/ *n* 〘医〙 (部分的)盲腸切除(術). [*cec-*]

Ce·ce·lia /sɪsíːljə, -síl-/ セシリア 《女子名; ⇨ CECILIA》.

Cech /ʧέk/ チェック **Thomas Robert** ～ (1947–) 《米国の生化学者; RNA に触媒作用があることを発見, ノーベル化学賞 (1989)》.

Če·chy /ʧέxi/ チェヒ 《BOHEMIA のチェコ語名》.

cé·ci·fòrm /síːsə-/ *a* 盲腸の形をした.

Ce·cil **1** /síːs(ə)l, sέs(ə)l; sέs(ɪ)l, sís(ɪ)l/ セシル 《男子名》. **2** /sέs(ə)l, sís-/ セシル (**1**) (**Edgar Algernon**) **Robert Gascoyne-**～, 1st Viscount ～ of Chel·wood /ʧέlwʊ̀d/ (1864–1958) 《英国の政治家; 3 代 Salisbury 侯の三男 ノーベル平和賞 (1937)》 (**2**) Lord (**Edward Christian**) **David Gascoyne-**～ (1902–86) 《英国の文芸批評家・伝記作家》 (**3**) **Robert** ～, 1st Earl of Salisbury and 1st Viscount Cran·borne /krǽnbɔ̀ːrn/ (1563–1612) 《イングランドの政治家; Elizabeth 1 世, James 1 世の下で首席国務卿をつとめた》 (**4**) **Robert Arthur Talbot Gascoyne-**～ ⇨ SALISBURY (**5**) **William** ～ ⇨ BURGHLEY. **3** [ˢc-] *《俗》 コカイン (cocaine). [L＝blind]

Ce·cile /səsíːl, sεsíːl, ―́ ―́, sέs(ə)l/ セシール, セシル 《女子名》. [F; ⇨ CECIL]

Ce·ci·lia /sɪsíːljə, -síl-/ **1** セシリア 《女子名; 愛称 Cis, Cissie, Sis》. **2** [Saint] 聖カエキリア, 聖チェチリア, 聖セシリア 《3 世紀のローマの殉教者で, 音楽家の守護聖人; 祝日 11 月 22 日》. [(fem) ‹ CECIL]

Cec·i·ly /sέsəli; sís-/ セシリー 《女子名》. [(fem) ‹ CECIL]

ce·ci·tis, cae- /sisáɪtəs/ *n* 〘医〙 盲腸炎.

ce·ci·ty /síːsəti/ *n* 《文》 [*fig*] 盲目.

ce·co·pexy /síːkəpèksi/ *n* 〘医〙 盲腸固定(術).

ce·cro·pia /sɪkróʊpiə/ **1** 〘植〙 ケクロピア 《熱帯アメリカ原産ケクロピア科同属 (*C-*) の木本の総称; 成長が速い先駆植物; アリ植物として有名で, 多くはアリとの共生関係にある》. **2** 〘昆〙 セクロピアサン, アカスジシンジュサン (＝～ **móth**) 《北米産ヤママユガ科のガ》.

Ce·crops /síːkràps/ 〘古ギ伝説〙 ケクロプス 《アテナイの建設者で, Attica の初代の王; アッティカの大地から生まれたとされ, 上半身は人間, 下半身は蛇の形に描かれる》.

ce·cum, cae- /síːkəm/ *n* (*pl* **-ca** /-kə/) 一端が開口した空洞, 〘解〙 盲嚢(もうのう), 《特に》 盲腸. [L (*intestinum*) *caecum* (*caecus* blind); Gk *tuphlon enteron* の訳]

CED 〘米〙 Committee for Economic Development.

ce·dant ar·ma to·gae /kéɪdàːnt àːrmə tóʊgàɪ/ 武器は市民服に譲るべし 《Wyoming 州の標語; Cicero のことば》. [L]

ce·dar /síːdər/ *n* 〘植〙 **a** ヒマラヤスギ, シーダー 《マツ科》. **b** 《これに似た》 クロベ属・ヒノキ属・ビャクシン属の樹木. **c** CEDARWOOD. **d** インドマホガニー (toon). ♦ **ce·dary** *a* [OF, ＜Gk]

cédar-ápple rùst 〘植〙 ビャクシン-リンゴ赤星病 (＝*cedar rust*) 《ビャクシン類とリンゴ・ナシ類の近接によってサビ菌が付着して感染する病気》.

cédar·bìrd *n* 〘鳥〙 ヒメレンジャク (cedar waxwing).

cédar chést* 《毛織物や毛皮をしまう》 シーダー製の箱.

ce·darn /síːdərn/ *a* 《古・詩》 シーダー(製)の.

cédar of Lébanon 〘植〙 レバノンスギ (＝*Lebanon cedar*) 《レバノン・シリア・トルコ南部産ヒマラヤスギ属の一種》.

Cédar Rápids シーダーラピッズ 《Iowa 州東部の市》.

cédar wáxwing 〘鳥〙 ヒメレンジャク (＝*Canada robin, cedarbird*) 《北米産》.

cédar·wòod *n* シーダー材 《特に red cedar 材; 虫を寄せつけないので衣裳だんすなどの内張りに用いる》.

cede /síːd/ *vt* 《条約などで正式に》 〈権利を〉譲る, 〈領地を〉割譲する, 引き渡す 〈*to*〉; 〈論点を〉認める. ♦ **céd·er** *n* [F or L *cess- cedo* to yield; cf. CEASE]

ce·di /séɪdi/ *n* (*pl* ～, ～**s**) セディ 《ガーナの通貨単位: ＝100 pesewas; 記号 ¢》.

ce·dil·la /sɪdílə/ *n* セディラ, セディーユ 《ç のように c の下に添えて /s/ 音を示す符号; 例 façade》. [Sp (dim) ‹ *zeda* letter Z]

Ced·ric /sέdrɪk, síːd-/ セドリック 《男子名》. [Celt＝chief(tain)]

ce·du·la /séʤələ/ *n* 《スペイン系諸国で》 命令書, 証明書; 《中南米で》 国庫証券; 《フィリピンで》 登記税(証書). [Sp＝schedule]

cee /síː/ *n* 《アルファベットの》 C [c]; [ᵁC-] 《俗》 コカイン (cocaine).

Cee·fax /síːfæks/ 〘商標〙 シーファックス 《BBC のテレテキスト放送》. [*see fax* に *see facts* の意をかけたもの]

cée sprìng C SPRING.

cef·tri·ax·one /sὲftràɪǽksòʊn/ *n* 〘薬〙 セフトリアキソン 《非経口[注射用]のセフェム系抗生物質; 腸管感染症・淋菌性尿道炎・化膿性髄膜炎などの治療薬》.

cei·ba /séɪbə/ *n* 〘植〙 パンヤノキ, カポックノキ 《パンヤ科; 熱帯産の落葉高木》; カポック (KAPOK). [Sp]

ceil /síːl/ *vt* 〈部屋〉の天井を張る; 〈船〉の内張りをする. [?L *celo* to hide]

cei·lidh /kéɪli/ *n* 《スコ・アイル》 物語りと歌と踊りの夕べ[集い]. [Gael]

ceil·ing /síːlɪŋ/ *n* **1** 天井; 天井板; 《船の》 内張り板: a fly *on* the ～ 天井のハエ. **2** 《価格・賃金などの》 上限, 許容範囲[限度], '天井' (opp. *floor*): a price ～ 価格の上限 / ～ prices 最高価格 / set a ～

on…に上限を定める / GLASS CEILING. **3**〔空〕ABSOLUTE CEILING; 〔空〕SERVICE CEILING; 視界限度; 〔気・空〕雲底高度, 最低雲高, シーリング (cf. CEILOMETER). ● **hit [go through] the ～** «口» 〈価格などが〉許容限度を超えて急騰する, 大幅に上がる; «口» かんかんになる, かっとなる, 頭にくる. ♦ **～ed** *a* [*ceil*]

céiling lìght 〔気〕雲照灯《夜間にシーリングを測定するための一種のサーチライト》.

céiling ròse 〔電〕円形配線台, ローゼット (＝*rosette*)《天井灯を取り付ける陶器製のコード吊り》.

ceil·om·e·ter /silámətər/ *n* 〔気・空〕雲高計, シーロメーター (cf. CEILING).

cein·ture /sǽnʧər; *F* sɛ̃tyːr/ *n* サンチュール《腰のベルト》.

cel, cell /sél/ *n* セルロイド (celluloid); セル《アニメーション用の絵を描くための透明なセルロイドのシート》.

Ce·la /θéɪlɑː/ セラ **Camilo José ～ Trulock** (1916–2002)《スペインの作家; 小説『パスクアル・ドゥアルテの家族』(1942); ノーベル文学賞 (1989)》.

cel·a·don /sélədɑ̀n/ *n* 青磁; 青磁色《うすい灰緑色 (＝**～ grèen**), または うすい灰青色 (＝**～ blùe**)》. [Honoré d'Urfé 作 *L'Astrée* の主人公の牧人の名]

Ce·lae·no /səlíːnoʊ/ 〔ギ神〕ケライノー《PLEIADES の一人》; 〔天〕セレノ《Pleiades 星団の一星》.

Ce·lan /tseɪlɑ́ːn/ ツェラーン **Paul ～** (1920–70)《ルーマニア出身のドイツ系ユダヤ人の詩人; 本名 Paul Antschel; ナチスによる迫害体験を反映した作品をドイツ語で発表した》.

cel·an·dine /séləndàɪn, -dìːn/ *n* 〔植〕**a** クサノオウ (＝greater ～)《ケシ科》. **b** ヒメリュウキンカ (＝lesser ～)《キンポウゲ属の一種; 黄花》. [OF, ＜Gk (*khelidōn* the swallow); *-n-* については cf. PASSENGER]

Cel·a·nese /sélənìːz, ⌐ ─ ⌐; ⌐ ─ ⌐/ 〔商標〕セラニーズ《人絹の一種》.

ce·la va sans dire /*F* s(ə)la va sɑ̃ diːr/ 言うまでもない. [F＝it goes without saying]

-cele, -coele /sìːl/ *n comb form* 〔医〕「…の腫瘍 (tumor)」「…のヘルニア (hernia)」: varico*cele*, cysto*cele*. [Gk *kēlē* tumor]

ce·leb /səléb/ *n* «口» 有名人, 名士, セレブ (celebrity).

Cel·e·bes /séləbìːz, səlíːbiz/ セレベス, スラウェシ《インドネシア中央部 Greater Sunda 列島の島; Borneo 島の東に位置する大島》. ♦ **Cèl·e·bé·sian** /-ʒən/ *a*

Célebes Séa [the] セレベス海《Celebes, Borneo, Mindanao 3 島に囲まれた海域》.

cel·e·brant /séləbrənt/ *n* 《ミサ・聖餐式の》司式者, 挙式者《司祭》; 宗教式典の参加者; 祝賀者《この意味では celebrator が普通》.

cel·e·brate /séləbrèɪt/ *vt* **1** 〈儀式・祝典を〉挙行する, 〈ミサや聖餐式を〉執り行なう; 祝う, 記念する; 《詩や音楽で》〈勇士・勲功などを〉ほめたたえる 〈*for*〉. **2** [～ *-self*] 公けにする, 公表する. ► *vi* 祝典[祭式]を催す, 吉事を祝う, 祝賀行事を行なう; «口» 陽気に浮かれ騒ぐ. ♦ **cél·e·brà·tive** *a* **cél·e·brà·tor, -bràt·er** *n* 祝賀者. **ce·leb·ra·to·ry** /səlébrətɔ̀ːri; -t(ə)ri/ *a* [L (*celebri- celeber* renowned)]

cél·e·bràt·ed *a* 名高い, 高名な 〈*for*〉. ♦ **～·ness** *n*

cel·e·bra·tion /sèləbréɪʃ(ə)n/ *n* 祝うこと, 祝賀; 祝賀会, 祝典; 聖餐式(の執行), 挙式; 賞揚: in ～ of…を祝って.

ce·leb·ri·ty /səlébrəti/ *n* 名声, 高名; 有名人, 名士. ♦ **～·hòod** *n* 名士性, 高名. [F or L; ⇨ CELEBRATE]

celébrity chéf ″《テレビなどで活躍する》セレブの料理人[シェフ].

ce·leb·u·tante /səlébjutɑ̀ːnt/ *n* セレブタント《デビュー直後からセレブ扱いされている女性[女優]》. [*celebrity*＋*debutante*]

ce·ler·i·ac /səlériæ̀k, -líər-/ *n* 〔植〕根用セロリ, セルリアック (＝*celery root*)《カブ状の肥大根を食用とする》.

ce·ler·i·ty /səlérəti/ *n* «詩・文» 《行動の》敏速, 機敏, 迅速. [F ＜L (*celer* swift)]

cel·ery /sél(ə)ri/ *n* 〔植〕**a** オランダミツバ, セロリ, セルリ. **b** セキショウモ (tape grass) (＝**～ gràss**). [F *céleri*＜It＜L＜Gk *selinon* parsley]

célery càbbage 白菜 (Chinese cabbage).

célery pìne 〔植〕エダハマキ《マキ科; オーストラリア・ニュージーランド産; 葉状枝をもつ》.

célery ròot 根用セロリ (CELERIAC).

célery sàlt セロリソルト《すりつぶしたセロリの種子と食塩を混ぜて作った調味料》.

célery sèed セロリの種子《乾燥して薬味とする》.

célery-tòp pìne 〔植〕CELERY PINE.

ce·les·ta /səléstə/ *n* 〔楽〕チェレスタ《鉄琴のような音を出すピアノに似た楽器》. [F＜L (↓)]

ce·leste /səlést/ *n* **1** 空色; 〔楽〕VOIX CÉLESTE; CELESTA. **2** [C-] セレスト《女子名》. [F＝heavenly＜L (*caelum* heaven, sky)]

ce·les·tial /səléstʃəl/ *a* **1** 天国[天界]の(ような), 神々しい (divine); この世のものでない; すばらしい, 最高の. **2** 天[天空]の, 天体の (cf. TERRESTRIAL); [C-] 《昔の》中国(人)の (Chinese): a ～ map 天体図 / a ～ being 天人. ► *n* 天人; [C-] [°*joc*] 中国人; 空色, スカイブルー (＝**～ blúe**). ♦ **～·ly** *adv* 天上界のもののように, 神々しく. **～·ness** *n* [OF＜L (↑)]

celéstial bódy 天体.

Celéstial Cíty [the] 〔聖〕天の都, エルサレム (*Rev* 21: 2, 10).

celéstial díscharge *«病院俗» 《患者の》死亡.

Celéstial Émpire [the] 天朝, 中国王朝 (Chinese Empire).

celéstial equátor 〔天〕天の赤道.

celéstial glóbe 《天球上の星座の位置を示す》天球儀.

celéstial guídance 〔空〕天測誘導.

celéstial híerarchy [the] 〔キ教〕天軍九隊, 聖秩. ★ 天使の 9 階級は上から seraphim, cherubim, thrones (上級三隊), dominions [dominations], virtues, powers (中級三隊), principalities, archangels, angels (下級三隊)《virtues と principalities は入れ替わりがある》.

celéstial horízon 〔空〕天文水平, 天空地平線.

celéstial látitude 〔天〕《黄道座標の》黄緯(こうい).

celéstial lóngitude 〔天〕《黄道座標の》黄経(こうけい).

celéstial márriage 永遠の結婚《モルモンの神殿で執り行なわれ, この世のみならず永遠に結ばれるとする》.

celéstial mechánics 天体[宇宙]力学.

celéstial navigátion 〔海・空〕天測航行[航法] (＝*astronavigation, celonavigation*)《天体観測により自己の位置を確かめながら航行する》.

celéstial óbject CELESTIAL BODY.

celéstial póle 〔天〕天(球)の極.

celéstial sphére 〔天〕天球.

cel·es·tine /séləstàɪn, -tìːn, -tən/ *n* CELESTITE.

Cel·es·tine /séləstàɪn, sɪléstàɪn/ セレスタイン《女子名》. [(dim) ＜ CELESTE]

cel·es·tite /séləstàɪt, səléstàɪt/ *n* 〔鉱〕天青石《天然硫酸ストロンチウムが成分》. [G *Zölestin*]

Ce·lia /síːljə/ シーリア《女子名》. [(dim); ⇨ CECILIA]

ce·li·ac, coe- /síːliæ̀k/ *a* 〔解〕腹腔の. ► *n* セリアック病患者.

céliac disèase [sprúe] 〔医〕小児脂肪便症, セリアック病.

céliac pléxus 〔解〕腹腔神経叢 (solar plexus).

cel·i·ba·cy /séləbəsi/ *n* 独身(生活); 《宗教上の誓いによる》独身主義; 禁欲. ♦ **cel·i·ba·tar·i·an** /sèləbətéəriən/ *a* [F or L (*caelib- caelebs* unmarried)]

cel·i·bate /séləbət/ *n* CELIBACY; 《宗教上の誓いによる》独身[禁欲]主義者; 独身者. ► *a* 独身(主義) (celibacy) の, 禁欲(主義)の.

cell /sél/ *n* **1** 小室, 房(ぼう). **a** 《刑務所の》監房, 部屋, 独房: a condemned ～ 死刑囚独房. **b** 《修道院内の》修道者独房; 《大修道院の》付属(女子)小修道院. **c** «詩» 伏屋(ふせや); 墓. **2** 〔昆〕《ハチの巣の》巣室; 〔昆〕翅室; 〔解〕蜂巣; 〔植〕花粉嚢(のう); 《気球の》ガス袋. **3 a** 〔生・解〕細胞; [(the) ～s] 脳細胞; [*fig*] 《共産党などの組織の》細胞, 支部: ～*s* of the brain 脳細胞. **b** 〔電算〕セル《1) ビット記憶素子 2) 表計算ソフトの表の升(ます)》; 〔数〕胞体; 〔気〕細胞, セル《まとまって動く大気の部分》; 〔通信〕セル《セルラー電話システムのサービスエリアにおける小さな区画》; «口» CELL PHONE. **4** 〔電〕電池《cell が集まって battery となる》; 〔化〕電解槽; 〔電〕FUEL CELL; 《発電所・変電所の》隔室. ► *vi* 独房暮らしをする, 小室にこもる. ♦ **～·lìke** *a* [OF or L *cella* storeroom]

cel·la /sélə/ *n* (*pl* **cel·lae** /séliː/) 〔建〕セラ, ケラ《ギリシア・ローマの神殿の神像安置所》. [↑]

cel·lar /sélər/ *n* **1** 地下室, 穴蔵, 室(むろ), セラー, ケラー《食料品, 特にワインの貯蔵所》; ワインの貯蔵; ″COAL CELLAR: keep a good [small] ～ ワインのたくわえが豊富[貧弱]. **2** [the] *«口» 《リーグなどの》最下位: in *the* ～ 最下位で, びりで. ● **go through the ～** *«口» 急に下がる, 急激に落ち込む. ► *vt* 地下室にたくわえる. [AF＜L *cellarium* storehouse; ⇨ CELL]

céllar·age *n* 地下室の広さ; 地下室《集合的》; 地下室保管料.

céllar-dwèll·ers *n**«口» 最下位のチーム, びりっけつ(チーム).

céllar·er *n* 《修道院などの》食料品係; ワインセラー管理者 (cellarman). ♦ **céllar·ess** *n fem*

cel·lar·et(te) /sèlərét/ *n* ワインボトル[酒瓶]戸棚, ワインキャビネット.

céllar·man /-mən/ *n* 《ホテル・大酒舗の》地下(貯蔵)室係, セラーマン; ワイン商.

céllar·màster *n* セラーマスター《ワイン貯蔵室の管理責任者》.

céllar sàsh 〔建〕セラーサッシ《水平に 2, 3 の仕切りをもつ比較的小型の窓枠》.

céllar·wày *n* 地下室の入口《特に 地下室に通じる家の外の階段吹抜き》.

cel·late /séleɪt/ *a* CELL(s) を有する (celled).

céll biòlogy 細胞生物学.

céll·blòck *n* 《刑務所の》監房[独房]棟.

céll bòdy 〔解〕菌体, 細胞体.

céll cỳcle 〔生〕細胞サイクル, 細胞周期, 分裂周期[サイクル]《1 回の細胞分裂から次の細胞分裂までの周期; cf. M PHASE, S PHASE》.

céll divìsion 〔生〕細胞分裂 (cf. MEIOSIS, MITOSIS).

Cel·le /*G* tsélə/ ツェレ《ドイツ北部 Lower Saxony 州の市; Han-

nover の北東に位置; リューネブルク (Lüneburg) 公の居城が残る).
celled /séld/ *a* [*compd*] …な[…個の]細胞 (cell) をもつ.
céll fùsion〘生〙細胞融合.
cell·ie /séli/《俗》*n* CELLMATE; CELL PHONE.
cél·li·fòrm /sélə-/ *a* CELL の形をした.
Cel·li·ni /ʧəlíːni/ チェリーニ **Benvenuto ~** (1500–71)《イタリアの彫刻家・金細工師; 波瀾に満ちた生涯を語った自叙伝がある》.
C **cel·list, 'cel-** /ʧélɪst/ *n* チェロ奏者, チェリスト.
céll lìne〘生〙細胞系《初代培養から植え継いで得られた培養細胞》.
céll lìneage〘生〙細胞系譜《個々の割球が卵割し, 一定の器官へと分化していく発生の道すじ》.
céll·màte *n* 同房者.
céll-mèdiated immúnity 細胞(媒介)性免疫《主に T 細胞によって媒介される免疫; cf. ANTIBODY-MEDIATED IMMUNITY》.
céll mèmbrane〘生〙細胞膜, 原形質膜 (plasma membrane).
cel·lo, 'cel- /ʧélou/ *n* (*pl* **~s, cel·li** /ʧéli/) **1**〘楽〙チェロ. **2** [C-]〘インターネット〙チェロ《MOSAIC と並ぶ WEB BROWSER の草分け》. [violon*cello*]
cel·lo·bi·ose /sèləbáiòuz, -s/ *n*〘生化〙セロビオース《セルロースの分解で得られる二糖類; 細菌学で試薬に用いる》.
cel·loi·din /səlɔ́ɪd(ə)n/ *n* セロイジン《顕微鏡検査などに用いる切片固定剤》.
cel·lo·phane /séləfèɪn/ *n* セロハン《英国では商標》. [*cell*ulose, *-o-*, *-phane*; DIAPHANE にならったもの]
céllophane nòodles *pl* 春雨 (bean threads).
cel·lose /sélòuz, -s/ *n* CELLOBIOSE.
céll phòne *携帯電話 (=*mobile phone, cellular phone*).
céll plàte〘植〙《娘(じょう)細胞間の》細胞板(ばん).
céll sàp〘生〙細胞液《空胞を満たす》; CYTOSOL.
céll thèory〘生〙細胞説《細胞が生物の構造・機能の基本単位であり, 生物はすべて自律的細胞からなるとする》.
céll thèrapy 細胞療法 (=*cellular therapy*)《羊の胎児の組織から得た細胞の懸濁液を注射して行なう回春術》.
cel·lu·lar /séljələr/ *a* **1** 細胞の[からなる], 細胞質[性]の; 細胞を取り扱う. **2** 細胞状の, 多孔性の〈岩〉; 〈織物・衣服が〉粗目の; 独房使用の: ~ confinement 独房監禁. **3**〘通信〙セル方式の, セルラー…《サービスエリアを小さな区画 (cell) に分割してそれぞれに中継局を設ける方式の無線電話システムについていう》. ► *n* CELL PHONE. ♦ **cel·lu·lar·i·ty** /sèljəlǽrəti/ *n* 細胞質[状], 細胞性. **~·ly** *adv* [F or L; ⇨ CELLULE]
céllular engineéring 細胞工学.
cel·lu·la·rized /séljələràɪzd/ *a* (たくさんの)小さな区画に分かれた, 小区画式の.
céllular phóne セルラー電話, 携帯電話 (cell phone).
céllular rádio セルラー無線.
céllular respirátion〘生〙細胞呼吸《酵素が細胞内の酸素や養分に作用してエネルギーを発生させる作用; その老廃物が二酸化炭素》.
céllular télephone CELLULAR PHONE.
céllular thérapy CELL THERAPY.
cel·lu·lase /séljəlèɪz, -s/ *n*〘生化〙セルラーゼ《セルロース分解酵素》.
cel·lu·late /séljəlèɪt/, **-lat·ed** /-lèɪtəd/ *a* 細胞状の, 多孔性の.
cel·lule /séljul/ *n*〘解〙小細胞. [F or L *cellula*]
cel·lu·lite /séljəlàɪt, -lìːt/ *n* セルライト《腰・臀部・腿の皮下脂肪の塊り》.
cel·lu·li·tis /sèljəláɪtəs/ *n*〘医〙蜂巣炎, 小胞炎, フレグモーネ.
cel·lu·loid /séljəlɔ̀ɪd/ *n* **1** セルロイド. **2** アニメ制作用の透明なシート, セルロイド; 映画フィルム; 映画. ► *a* セルロイドの; 映画の. [もと商標; *cellulose, -oid*]
cel·lu·lo·lyt·ic /sèljəloulítɪk/ *a*〘生化〙セルロースを加水分解する, セルロース分解性の.
cel·lu·lose /séljəlòus, -z/ *n*〘化〙繊維素, セルロース; 酢酸[硝酸]セルロースを用いた塗料, ラッカー. [F (*cellule, -ose*)]
céllulose ácetate〘化〙酢酸セルロース.
céllulose nítrate〘化〙硝酸セルロース, 硝化綿 (nitrocellulose).
cel·lu·los·ic /sèljəlóusɪk, -zɪk/ *a* セルロースの[でできた]: ~ fiber. ► *n* セルロースでできた物質, セルロース誘導体.
cel·lu·lous /séljələs/《まれ》*a* 細胞の多い; 細胞からなる, 細胞性の.
céll wàll〘生〙細胞壁.
celly /séli/ *n*《俗》CELL PHONE.
ce·lom /síːləm/ *n* COELOM.
ce·lo·navigátion /síːlou-, sél-/ *n*〘海・空〙天測航法 (celestial navigation).
ce·lo·sia /sɪlóuʒ(i)ə/ *n*〘植〙ケイトウ《熱帯亜熱帯産ヒユ科ケイトウ属 (*C-*) の一年草の総称》. [NL<? Gk *kēleos* burning; 炎のような姿から]
Cel·o·tex /sélətèks/〘商標〙セロテックス《建築用の絶縁・防音ボード》.
Cel·si·us /sélsiəs, -ʃəs/ *a* 摂氏[セ氏]の (centigrade)《略 C; cf. FAHRENHEIT》: ~ scale 摂氏目盛 / a ~ thermometer 摂氏温度計 / 20°*C*=twenty degrees ~ 摂氏 20 度. [Anders *Celsius* (1701–44) スウェーデンの天文学者]
celt /sélt/ *n*〘考古〙《有史以前の》石斧, 金属斧. [?L *celtes* chisel]
Celt /kélt, sélt/, **Kelt** /kélt/ *n* ケルト族《もとイギリス諸島・スペインから小アジアにかけて住んでいたインド-ヨーロッパ語系諸族の一支族》; ケルト人《現代のゲール人 (Gael), 高地スコットランド人, アイルランド人, ウェールズ人, コーンウォール人 (Cornishman), ブルターニュ人 (Breton)》. [L<Gk]
Celt- /kélt, sélt/, **Cel·to-** /kéltou, sél-, -tə/ *comb form*「ケルト (Celt)」
Celt. Celtic.
CELTA" /séltə/ Certificate in English Language Teaching to Adults《Cambridge 大学が授与する》成人外国人のための英語教師養成講座修了証明書.
Cèlt·ibéria ケルトイベリア地方《古代スペインの内陸高地地方》.
Cèlt·ibérian *a* 古代ケルトイベリア地方の, ケルトイベリア人の. ► *n* ケルトイベリア人; ケルトイベリア語.
Celt·ic /kéltɪk, sélt-/, **Kelt·ic** /kéltɪk/ *a* ケルト族の; ケルト語(派)の; ケルト文化の: ~ literature ケルト文学. ► *n* ケルト諸語[語派]《インド-ヨーロッパ語族に属し, Irish Gaelic, Scottish Gaelic, Welsh, Breton などを含む; 言語的特徴により Brythonic と Goidelic の 2 派に分けられる》.
Céltic Chúrch [the] ケルト教会《597 年に聖アウグスティヌス (St Augustine) がイングランドに渡って布教を始める以前のイギリス諸島に存在した教会の汎称》.
Céltic cróss ケルト十字《ラテン十字の 4 本の腕と交差する輪のついた十字》.
Céltic frínge [édge] [the] ケルト外辺(人)《イングランドの外辺に住む Scots, Irish, Welsh および Cornish; またその居住地域》.
Céltic hárp〘楽〙CLARSACH.
Celt·i·cism /kéltəsìz(ə)m, sélt-/ *n* ケルト語的語法[表現]; ケルト人的習慣; ケルト人気質.
Célt·i·cist *n* ケルト語[文化]研究家[専門家].
Céltic Revíval [the] ケルト文化復興運動 (IRISH RENAISSANCE).
Céltic Séa [the] ケルト海《アイルランドの南, Cornwall の西の海域》.
Céltic twílight [°the] ケルトの薄明《アイルランド民話の, おとぎ話の世界のような神秘的な雰囲気; アイルランド文芸復興の別名になった》. [W. B. Yeats の民話集 (1893) の題名から]
cel·ti·um /sélʃiəm, -tiəm/ *n* HAFNIUM.
cel·tuce /séltəs/ *n* セルタス《セロリとレタスを交配した野菜》; セルタス料理. [*cel*ery+let*tuce*]
cem·ba·lo /ʧémbəlòu/ *n* (*pl* **-ba·li** /-li/, **~s**)〘楽〙チェンバロ (HARPSICHORD); DULCIMER. ♦ **cém·ba·list** *n* [It clavi*cembalo*]
ce·ment /sɪmént/ *n* セメント; コンクリート (concrete); 接合[接着]剤; [*fig*] 結合, きずな;〘解〙CEMENTUM;《歯科用》セメント;〘地質〙膠結物;〘冶〙セメント《浸炭用の木炭粉・砂など》. ► *vt, vi* セメントで固める[結合する]; 接着する 〈*on, onto, together*〉; …にセメント[コンクリート]を塗る 〈*over*〉; 〈友情・団結など〉固める[固まる], 強化する, 不動のものにする[なる]. ♦ **~·er** *n* **~·less** *a* [OF<L=quarry stone (*caedo* to cut)]
ce·men·ta·tion /sìːmèntéɪʃ(ə)n/ *n* セメント結合; 接合;〘冶〙浸炭, セメンテーション《鉄を木炭粉中で熱し鋼をつくる方法》.
cemént city *《俗》共同墓地 (cemetery).
cemént·hèad *《俗》*n* ばか, ぼんくら;《ホッケーなどで》荒っぽいプレーヤー.
ce·ment·ite /sɪméntàɪt/ *n*〘冶〙セメンタイト《一炭化三鉄》.
ce·men·ti·tious /sìːmèntíʃəs/ *a* セメント質[性]の.
cemént kimòno [òvercoat] *《俗》セメント着物[コート]《死体を川などに沈めて処理するため, 樽などに入れてセメントで固めたもの》.
cemént mìxer セメントミキサー (concrete mixer).
ce·men·tum /sɪméntəm/ *n*〘解〙《歯の》セメント質.
cem·e·tery /sémətèri; -tri/ *n* 墓地, 埋葬地,《特に 教会付属でない》共同墓地 (cf. CHURCHYARD). [L<Gk=dormitory (*koimaō* to put to sleep)]
CEMF〘電〙counter electromotive force 逆起電力.
cen- /síːn/, **ce·no-** /síːnou, sén-, -nə/, **caen-** /síːn, *káɪn/, **cae·no-** /síːnou, *káɪ-, -nə/ *comb form*「新しい」「新奇な」[Gk *kainos* new]
cen. central ♦ century.
cen·a·cle, coe- /sénɪk(ə)l/ *n* **1**《通例 二階の》晩餐の間; [C-]《キリストが最後の晩餐をした》高間(たかま). **2**《作家などの》同人 (coterie); 同人の集会所;〘カト〙黙想所《特に 最後の晩餐の聖母修道会 (Society of Our Lady of the Cenacle) の指導のもとにある女性用の》. [OF<L (*cena* supper)]
Cen·ci /ʧénʧi/ チェンチ **Beatrice ~** (1577–99)《イタリアの貴族の女性; 残酷な父親の仕打ちに耐えかね, 継母・兄弟とはかって父親を殺したために捕えられて処刑された》.
Cen·de·ra·wa·sih /ʧèndərəwáːsi/ [**Te·luk** /téluk/ ~] チェンドラワシ湾《New Guinea 島西部, インドネシアの Papua, West Papua 両州北部の湾; 別称 Sarera 湾, 旧称 Geelvink 湾》.

-cene /sìːn/ *a comb form* 〘地質〙「新しい」: Eocene. ［Gk; ⇨ CEN-］

cenesthesia, -thesis ⇨ COENESTHESIA.

ce n'est que le pre·mier pas qui coûte /*F* snɛk lə prəmje pa ki kut/ 費用がかかる[むずかしい]のは最初の一歩だけだ.

CEng 〘英〙 Chartered Engineer.

Cenis ⇨ MONT CENIS.

ceno- /síːnoʊ, sén-, -nə/ ⇨ CEN-.

ce·no·bite, coe- /síːnəbàɪt, sénə-/ *n* 共住修道士《修道院で共同生活を送る》. ♦ **cé·no·bìt·ism** *n* 修道院制, (共住)修道士の生活. **cè·no·bít·ic, -i·cal** /-bít-/ *a* (共住)修道士の; 修道院生活[制]の (cf. EREMITIC). ［F or L＜Gk (*koinos* common, *bios* life)］

cenobium ⇨ COENOBIUM.

cèno·génesis, còe-, càe- *n* 〘生〙 変形発生, 新形発生《先祖のもっていなかった形質が現われること; cf. PALINGENESIS》. ♦ **-genétic** *a* **-genétical·ly** *adv*

cèno·spécies, còe- *n* 〘生〙 集合種, 共同種, 総合種《自然状態では隔離されているが, 遺伝子交換が可能な生態種の集まり》.

céno·sphère /sénə-/ *n* セノスフェア《冷却時にガスを取り込んだ煅焼(かしょう)粘土の肉薄のガラス状球; 超高圧に耐え, 軽いので深海探査・宇宙船に利用される》. ［*ceno-* (Gk *kenos* empty), *sphere*］

ceno·taph /sénətæ̀f; -tàːf/ *n* 《遺骸とは別の場所に建てた》死者の記念碑; [the C-] 《London の Whitehall にある第一次・第二次大戦の》戦没者記念碑. ［F＜L (Gk *kenos* empty, *taphos* tomb)］

ce·no·te /sɪnóʊti/ *n* セノーテ《メキシコの Yucatan 半島に多い, 底に水がたまっている石灰岩の深い穴 (sinkhole); かつてマヤ族がいけにえを投げ込んだ》. ［Sp＜Maya］

Cèno·zóic, Càe- 〘地質〙 *a* 新生代の (cf. PALEOZOIC); 新生界の. ► *n* [the] 新生代《地質時代の区分の一つ; 中生代 (Mesozoic) につづき現在に至る時代》; [the] 新生界《新生代の地層》.

cense /séns/ *vt* 《香をたいて》…のあたり[前]を芳香で満たす, …に焼香する. ［OF *encenser* to incense[1]］

cen·ser /sénsər/ *n* 香炉, 吊り香炉《宗教儀式の時, 鎖の吊手を振って用いる》. ♦ **～·less** *a* ［AF; ⇨ INCENSE[1]］

cen·sor /sénsər/ *n* 《出版物・映画・信書などの》検閲官; 批評者, 非難者; 〘古ロ〙 戸口総監[調査官], 監察官, ケンソル《戸口・財産調査, 風紀取締まりなどをつかさどった》; 《Oxford 大学の》学生監; 〘精神分析〙 CENSORSHIP. ► *vt* 検閲する, 〈文書などを〉検閲して修正する[一部削除する, 発禁処分に付す] 〈*out*〉. ♦ **～·able** *a* 検閲にひっかかるような. **cen·so·ri·al** /sensɔ́ːriəl/, **-ri·an** /-riən/ *a* ［L (*censeo* to assess); 〘精神分析〙 の意は G *Zensur* censorship の誤訳］

cen·so·ri·ous /sensɔ́ːriəs/ *a* きわめて批判的な, 難癖をつけたがる, 口やかましい. ♦ **～·ly** *adv* **～·ness** *n*

cénsor·shìp *n* 検閲官の職[職権, 任期]; 検閲(の方針[計画, 制度]); 《古代ローマの》ケンソルの職[権限, 任期]; 〘精神分析〙 検閲《無意識的願望が意識または前意識にはいってくるのを抑制する機能》.

cén·sur·able *a* 非難すべき[に値する]. ♦ **-ably** *adv*

cen·sure /sénʃər/ *n* 非難, とがめ, 譴責(けんせき); 《古》見解, 判断: pass a vote of ～ 不信任案を可決する. ► *vt* **1** 非難する, とがめる, 譴責する; 〈批評家が〉酷評する: ～ sb *for* committing a fault 誤りを犯したことをとがめる. **2** 《廃》評価する, 判断する. ♦ **-sur·er** *n* ［OF＜L; ⇨ CENSOR］

cen·sus /sénsəs/ *n* 人口調査, 国勢[市勢]調査, センサス; 全数[個体数]調査; 〘古ロ〙 戸口・財産調査: take a ～ (of the population) 人口[国勢]調査をする. ► *vt* …の人口を調査する. ［L; ⇨ CENSOR］

cénsus tàker 国勢調査員.

cénsus tràct* 《大都市の》人口調査標準地域, 国勢調査単位.

cent /sént/ *n* **1** 《単位としての》100: PERCENT / ～ per ～ 100 パーセント, 10 割; 例外なく. **2** セント《通貨単位: (1) DOLLAR [EURO] の 1/100 (2) エチオピア, スリナム, シエラレオネ, スワジランド, 南アフリカ, スリランカ, モーリシャス, セーシェル, ケニア, タンザニア, ウガンダ, ソマリア, 香港, 台湾でそれぞれの基本通貨単位の 1/100》; *《俗》ドル (dollar). **3** 1 セント硬貨; はした金: not have a RED CENT / TWO CENTS. **4** 〘楽〙 セント《semitone の 1/100》. ● **like thirty ～s** 《俗》安っぽい, 無価値な. ［F or It or L CENTUM[1]］

cent- /sént, sáːnt/ ⇨ CENTI-.

cent. centigrade ♦ centimeter ♦ central ♦ centum ♦ century.

Cent Central.

cen·tal[‖] /séntl/ *n* センタル (hundredweight)《重量単位: ＝100 lb; 略 ctl》.

cent·are /séntɛ̀ər, -tàːr/, **cen·ti-** /séntiɛ̀ər/ *n* センチアール《＝1/100 are＝1m²; 記号 ca.》.

cen·tas /séntàːs/ *n* (*pl* **-tai** /-tàɪ/, **-tu** /-tùː/) センタス《リトアニアの通貨単位: ＝1/100 litas》. ［Lith; cf. *cent*］

cen·taur /séntɔ̀ːr/ *n* 〘ギ神〙 ケンタウロス《半人半馬の怪物》; 名騎手; 二面性のある人[もの]; [the C-] 〘天〙 CENTAURUS. ［L＜Gk ＜?］

cen·tau·rea /sentɔ́ːriə/ *n* 〘植〙 セントーレア属[ヤグルマギク属] (*C-*) の各種の草花.

cen·tau·ro·mach·ia /sentɔ̀ːroʊmǽkiə/, **-rom·a·chy** /sèntɔːrɑ́məki/ *n* ケンタウロスの戦い《しばしば画題とされた》.

Cen·tau·rus /sentɔ́ːrəs/ 〘天〙 ケンタウルス (Centaur)《南半球の星座》.

cen·tau·ry /séntɔ̀ːri/ *n* 〘植〙 **a** シマセンブリ属の草本《リンドウ科》. **b** 米国東部産のシマセンブリに近縁の草本 (＝American ～).

cen·ta·vo[1] /sentáːvoʊ/ *n* (*pl* **～s**) センタボ《通貨単位: (1) PESO の 1/100 (2) エルサルバドル, ニカラグア, ホンジュラス, ペルー, グアテマラ, ボリビアでそれぞれの基本通貨単位の 1/100 (3) エクアドルの旧通貨単位 SUCRE の 1/100》. ［Sp; ⇨ CENTUM[1]］

cen·ta·vo[2] /sentáːvu, -voʊ/ *n* (*pl* **～s**) センタヴォ《ブラジル, サントメ・プリンシペ, カーボヴェルデ, モザンビークでそれぞれの基本通貨単位の 1/100》. ［Port＜Sp; ↑］

CENTCOM /séntkɑ̀m/ 〘米軍〙 Central Command 中東司令部, 中央軍《中東・北アフリカで作戦を展開するために 1979 年緊急展開部隊 (Rapid Deployment Force) として設立された陸軍・空軍・海軍・海兵隊の師団からなる攻撃軍》.

cen·te·nar·i·an /sènt(ə)nɛ́əriən/ *a, n* 百歳以上の(人) (⇨ QUADRAGENARIAN); 百年(祭)の.

cen·te·nary /senténəri, sént(ə)nèri; sentíːn(ə)ri, -tén-/ *a* 百周年記念日[祭]の; 百(年)の, 百年ごとの; 百年続く. ► *n* 百周年記念日, 百年(記念)祭; 百年間. ★ 二百年祭から千年祭まで順に: (2) bicentenary＝du·cén·ary /d(j)u-/, (3) tercentenary＝tre·cén·ary /trɪ-/＝tricentenary, (4) quatercentenary＝quad·rin·gén·ary /kwɑ̀drɪn-/, (5) quincentenary＝quingenary＝quingentenary, (6) sexcentenary＝ses·cén·ary /sɛs-/, (7) septingentenary, (8) octocentenary＝oc·tin·gén·ary /ɑ̀ktən-/＝octingentenary, (9) nongenary, (10) millenary. ［L (*centeni* hundred each ＜ CENTUM[1])］

cen·ten·ni·al /senténiəl/ *a* 百年ごとの; 百年間の; 百年祭の, 百歳(以上)の. ► *n* 百周年記念日(の祝祭), 百年祭. ♦ **～·ly** *adv* 百年ごとに. ［*biennial* にならって *centum*[1] より］

Centénnial Stàte [the] 百年祭州《Colorado 州の俗称》. ［独立宣言百周年 (1876) に成立したことから］

cen·ter | **-tre** /séntər/ *n* **1 a** 中心; 中央, まん中; 中枢, 核心; 《果物・キャンディー・チョコレートなどの》芯. **b** 中心地; 総合施設, (…)センター; 《影響・勢力などの》源泉, 出所, 中心; 《興味・関心などの》中心; 〘生理〙 中枢: an amusement ～ 歓楽街 / urban ～ 都心 / the medical ～ 中央病院, 医療センター / the ～ of things 活動の中心(地), 中枢 / a propaganda ～ プロパガンダの出所. **2 a** 〘軍〙 中央部隊 (cf. WING); 〘野・アメフトなど〙 センター; センターへのボール[打球]: the ～ forward [halfback]. **b** [°the C-] 〘政〙 中道(派), 穏健派 (cf. the LEFT[1], the RIGHT); 中道派の見解[立場]. **3** 〘建〙 迫枠(せりわく); 〘機〙 センター《**1**) 工作物を支える軸 **2**) それを受ける工作物のくぼみ》. **4 a** [the (Red) Centre] 《オーストラリア大陸の》中央部. **b** [Centre] /*F* sɑ̃ːtr/ サーントル《Paris の南西, フランス中心部の地域圏; Cher, Eure-et-Loir, Indre, Indre-et-Loire, Loiret, Loir-et-Cher の 6 県からなる》. ● **at the ～ of**…の中心に位置して; 〈スキャンダル・論争など〉に深く関与して. **have a soft ～** 芯が弱い[もろい, やわだ]《人の性格についていう》. **set**…**on ～***〘建〙 柱などの中心から…の間隔におく. ► *a, adv* 中心の[に], 中心における. ● FRONT **and ～. left, right, and ～＝right, left, and ～** 《口》そこいら中に, やたらに. ► *vt* 中心[中央]に置く; …に中心をつける; 〈レンズ〉の光学的中心と幾何学的中心とを一致させる; …の中心点を見いだす; 集中させる 〈*on, in*〉; 〘サッカー・ホッケー〙 〈ボール・パックを〉センター[相手ゴール前]へ蹴る[飛ばす], センタリングする, 〘アメフト〙 SNAP. ● **be ～ed in [on, around]**…を中心に行なわれる, …をめぐって展開する, …が舞台である. ► *vi* 一点に集まる, 集中する 〈*around, about, at, on, in*〉; センタリングする: The story ～*s on* a robbery. 物語は盗難事件を中心に展開する. ［OF or L＜Gk＝sharp point］

cénter báck 〘球技〙 センターバック《バレーボール・サッカーなどでバックラインの中央に位置するプレーヤー》.

cénter bìt 〘機〙 回し錐(ぎり).

cénter·bòard *n* 〘海〙 《船底に取り付けた》自在竜骨, センターボード.

cén·tered *a* **1 a** 中心にある; [°*compd*] (…な)中心をもつ: a dark-～ coneflower. **b** [°*compd*] 〘建〙 心(円)のある: a 3-～ arch. **c** [*compd*] (…を)中心[的, 対象]とした: consumer-～. **2** 集中した[された]. **3** 《情緒的・精神的に》安定した, バランスのとれた. ♦ **～·ness** *n*

céntered dót 〘印〙 太い中黒 (bullet); 中点 《·》.

cénter fíeld 〘野〙 センター(の守備位置).

cénter fíelder 〘野〙 センター, 中堅手.

cénter-fìre *a* 〈弾薬筒が〉基底部中央に雷管のある, 中心起爆式の (cf. RIMFIRE); 〈銃砲が〉中心起爆式弾薬筒用に作られた.

cénter·fòld *n* 《雑誌の》折り込み見開きページ, センターフォールド; 見開きページに載っているヌード写真[モデル].

cénter fórward 〘サッカー・ホッケーなど〙 センターフォワード《フォワードのうち中央にいるプレーヤー》.

cénter hálf(back) 〘サッカー・ホッケーなど〙 センターハーフ《ハーフバックのうち中央にいるプレーヤー》.

cénter·ing | -tr(e)- *n* **1** 中央に配置すること,《文字列などの》中央そろえ. **2**〔建〕仮枠, 迫枠(せりわく).
cénter-léft *n, a*〔政〕中道左派(の): the ~ coalition.
cénter·líne *n* 中心線, 中央線, センターライン.
cénter·mòst /, "-məst/ *a* まん中の.
cénter of attráction〔理〕引力の中心; [*fig*] 人気の的.
cénter of búoyancy〔理〕浮力(の)中心, 浮心.
cénter of cúrvature〔数〕曲率中心.
cénter of éxcellence 中核的研究機関, センターオブエクセレンス《略 COE》.
cénter of flotátion〔海〕浮面心.
cénter of grávity〔理〕重心;〔理〕CENTER OF MASS; [*fig*] 興味[活動など]の中心.
cénter of máss [inértia]〔理〕質量中心, 重心.
cénter-of-máss sỳstem〔理〕重心系《系の重心の運動量がゼロになるようにとった座標系》.
cénter of préssure〔理·空〕圧力中心.
cénter of sýmmetry〔晶〕対称中心《結晶中にあって反対側の結晶面やかどを結ぶすべての直線を 2 等分する点》.
cénter·pièce *n* 中央に位置するもの,《特に》食卓中央の飾り物, テーブルセンター《レース·花鉢など》; 最重要事項[課題], 主眼: the ~ of his policy 彼の政策のかなめ.
cénter·plàte *n*〔海〕金属のセンターボード, 心皿(しんざら).
cénter púnch〔機〕センターポンチ《ドリルで穴をあけるときに中心位置にしるしをつける工具》.
cénter-ríght *n, a*〔政〕中道右派(の): the ~ administration.
cénter-sècond *n*《文字盤の中心の軸に時針·分針と共に秒針をもつ》中央秒針(のある時計).
Cénters for Diséase Contròl and Prevéntion [the]〔米〕疾病(予防)管理センター《疾病撲滅·疫学研究·教育を目的とする連邦政府の機関; 本部 Georgia 州 Atlanta; 略 CDC》.
cénter sprèad《雑誌·新聞の》中央見開きページ(の記事[広告, ヌード写真]).
cénter stáge *n, a, adv* 舞台の中央(の[に]); 中心的な位置(の[に]), 関心[注目]の的(の[に]): take ~ 注目を集める.
cénter thrée-quàrter〔ラグビー〕センタースリークォーターバック《スリークォーターバックのうち中央のプレーヤー; 2 人》.
cénter whèel〔時計〕二番車《時計のがんぎに至る歯車を動かす第 1 の歯車で, 1 時間に 1 回転する》.
cen·tes·i·mal /sɛntɛ́səm(ə)l/ *a* 百分法の, 百進法の (cf. DECIMAL). ► *n* 百分の 1. ♦ **~·ly** *adv* [L *centesimus* hundredth; ⇨ CENTUM[1]]
cen·te·si·mo[1] /sɛntɛ́səmòu/ *n* (*pl* **~s**) センテシモ《通貨単位: (1) ウルグアイで 1/100 peso, パナマで 1/100 balboa (2) チリの旧通貨単位: =1/100 escudo》. [Sp]
cen·te·si·mo[2] /ʧɛntɛ́zəmòu/ *n* (*pl* **-mi** /-mì:/) チェンテジモ《イタリア·サンマリノ·ヴァチカンの旧通貨単位: =1/100 lira》. [It]
cen·te·sis /sɛntí:səs/ *n* (*pl* **-ses** /-sì:z/)〔医〕穿刺(せんし)《注射針などで組織に孔をつくること, また その孔で排液すること》. [NL<Gk (*kentō* to prick)]
cen·ti- /sɛ́ntə, sá:n-/, **cent-** /sɛ́nt, sá:nt/ *comb form*「100」「1/100」,〔単位〕センチ《=10^{-2}; 記号 c》. [L CENTUM[1]]
centiare ⇨ CENTARE.
cénti·bàr *n*〔気〕センチバール《=1/100 bar; 記号 cb》.
cen·ti·grade /sɛ́ntəgrèɪd, sá:n-/ *a* 百分度の, 摂氏の (Celsius)《記号 C; 水の氷点と沸点の間を 100 等分した尺度; cf. FAHRENHEIT》: a ~ thermometer 摂氏温度計 / ~ scale 百分目盛, 摂氏目盛 (Celsius scale). ► *n* センチグラード《角度の単位: =1/100 grade》. [F]
cénti·gràm,《英》**-gramme** *n* センチグラム《=1/100 gram; 記号 cg》.
cen·tile /sɛ́ntàɪl, -t(ə)l/ *n* PERCENTILE.
cénti·lìter *n* センチリットル《=1/100 liter; 略 cl, cL》.
cen·til·lion /sɛntíljən/ *n, a* センティリオン(の)《10^{303}; 英ではかつて 10^{600} を表わした》. ★ ⇨ MILLION.
cen·time /sá:ntì:m, sɛ́n-; *F* sɑ̃tim/ *n* (*pl* **~s** /-z; *F* —/) サンチーム《通貨単位: (1) FRANC の 1/100 (2) アルジェリア, モロッコ, ハイチ, ヴァヌアツでそれぞれの基本通貨単位の 1/100》.
cénti·mèter | -tre *n* センチメートル《=1/100 meter; 記号 cm》.
céntimeter-grám-sécond *a*〔理〕《長さ·質量·時間について》センチメートル-グラム-秒単位系の, cgs 単位系の.
cènti·métric wáve〔電〕センチメートル波《波長が 1–10 cm [SHF] の電波》.
cénti·millionáire *n* 1 億ドル[1 億ポンドなど]以上の金持, 億万長者.
cen·ti·mo /sɛ́ntəmòu/ *n* (*pl* **~s**) センチモ《スペイン系諸国の通貨単位: ベネズエラ, コスタリカ, パラグアイでそれぞれの基本通貨単位の 1/100》. [Sp]
cénti·mòrgan *n*〔遺〕センチモルガン《同一染色体上の遺伝子間の相対距離の単位: =1/100 morgan》.
cen·ti·pede /sɛ́ntəpì:d/ *n*〔動〕唇脚類の節足動物《ムカデ類》. [F or L (*centi-*, PES)]
cénti·pòise *n*〔理〕センチポアズ, センチポイズ《=1/100 poise; 記号 cP》.
cénti·sècond *n* センチセコンド《=1/100 秒》.
cénti·stère *n* センチステール《=1/100 m^3》.
cent·ner /sɛ́ntnər/ *n* ツェントネル《重量単位: (1) ドイツ·スカンディナヴィア半島で 110.23 pounds [50 kg] (2) ロシアなどで 100 kg》. [G<L CENTENARY]
cen·to /sɛ́ntou/ *n* (*pl* **-to·nes** /sɛntóuniz/, **~s**) 寄せ集め詩文《名詩句のつづり合わせ》; 寄せ集め曲;《一般に》寄せ集め. [L=patchwork garment]
CENTO /sɛ́ntou/ *n* 中央条約機構《英国·イラン·パキスタン·トルコ; 1959 年成立, 79 年英国以外が脱退して事実上解体》. [*Cen*tral *T*reaty *O*rganization]
centr- /sɛ́ntr/, **cen·tri-** /sɛ́ntrə/, **cen·tro-** /sɛ́ntrou, -rə/ *comb form*「中心」[L]
centra *n* CENTRUM の複数形.
cen·tral /sɛ́ntrəl/ *a* 中心の, 中央の, 中部の;《町[地域]の中心にあるので》便がよい; 穏健な, 中道の; 中枢の, 主要な, 重要な, 中心的な ⟨*to, in*⟩; 中枢神経系の;〔音〕中舌の; 椎体 (centrum) の: the ~ figure《絵画·劇などの》中心[主要]人物 / ~ government 中央政府 / be ~ *to*…の中心にある, …にとって最重要である. ► *n* **a** 本部, 本社, 本省, 本局《など》. **b***電話交換局[交換手]: get ~ 交換局を呼び出す. ♦ **~·ly** *adv* 中央に[で, から], 中心部に[で, から]; 中心的に, 集中的に; 主に, とりわけ⟨重要な⟩. [F or L; ⇨ CENTER]
Céntral Áfrican Repúblic [the] 中央アフリカ共和国《☆ Bangui; 旧称 Central African Empire (中央アフリカ帝国, 1976–79)》.
Céntral Amérca 中央アメリカ《メキシコの南の国境からコロンビアの北の国境までの地域》. ♦ **Céntral Américan** *a, n*
céntral ángle〔数〕中心角.
céntral bánk 中央銀行《主に銀行·政府と取引し, 通貨調節·金融統制·外国為替集中決済などの機能をもつ: 連邦準備銀行 (FRB)·イングランド銀行·日本銀行など》. ♦ **céntral bánker** *n*
Céntral Bélt [the] セントラルベルト《スコットランドの Glasgow から Edinburgh に至る工業地帯》.
céntral cásting*《映画スタジオの》配役担当部門, エキストラ[端役]の手配業者. ● **(straight) from [out of] ~** 型にはまった, 典型的な, いかにも…タイプの.
céntral cíty《大都市圏の》中心都市, 核都市 (=*core city*)《人口の密集, 産業の集中, 貧民の多いことなどが特徴》.
Céntral Commíttee [the] (共産党の)中央委員会.
Céntral Críminal Cóurt [the]〔英〕中央刑事裁判所《Greater London で犯された犯罪および他の裁判所から移送される事件について審理する刑事法院; 通称 'Old Bailey'》.
céntral cýlinder〔植〕中心柱 (stele).
céntral dáylight tìme [°C-]〔米·カナダ〕中部夏時間《CENTRAL (STANDARD) TIME の夏時間; 略 CDT》.
céntral dógma〔遺〕セントラルドグマ《遺伝情報の伝達·発現に関する中心仮説; 遺伝情報は不可逆的に DNA から RNA に転写され, RNA はタンパク質合成において鋳型としてはたらくとする; cf. TEMINISM》.
Céntral Éurope 中央ヨーロッパ, 中欧.
Céntral Européan tìme 中央ヨーロッパ標準時《UTC より 1 時間早い; 略 CET》.
céntral héating セントラルヒーティング.
Cen·tra·lia /sɛntréɪliə/ セントラリア (Centre)《オーストラリア大陸中央部奥地; Alice Springs を中心とする地方》. [*Central*+Aus*tralia*]
Céntral Índia (Àgency) [the] 中央インド地方行政府《1947 年まで英国の政治的監督下にあったインド中北部の 89 の小国家連合》.
Céntral Intélligence Àgency [the]〔米〕中央情報局《諜報活動を行なう大統領直属の機関; 1947 年設立; 略 CIA》.
céntral·ìsm *n* 中央集権制[主義]. ♦ **-ist** *n, a* **cèn·tral·ís·tic** *a*
cen·tral·i·ty /sɛntrǽləti/ *n* 中心たること; 求心性.
céntral·ìze *vt* 中心に集める;〈国家を〉中央集権制にする. ► *vi* 中心に集まる, 集中する. ♦ **-ìz·er** *n* **cèntral·izátion** *n*
Céntral Ka(r)roo ⇨ KAROO.
céntral límit thèorem〔数〕中心極限定理.
céntral lócking セントラルロッキング《自動車の運転席のドアをロックするとほかのすべてのドアが同時にロックされる方式》.
céntral nérvous sỳstem〔解·生理〕中枢神経系.
Céntral Óffice of Informátion [the]〔英〕中央広報局《政府の国の内外に向けた広報活動をつかさどる機関; 略 COI》.
Céntral Párk セントラルパーク《New York 市 Manhattan 島の中央部にある公園; 面積 3.4 km^2》.
Céntral Pówers [the] 同盟国《(1) 第一次大戦までの, いわゆる三国同盟 (1882 年) を結んでいたドイツ·イタリア·オーストリア-ハンガリー

2) 第一次大戦中のドイツ・オーストリア-ハンガリー, 時にトルコ・ブルガリアを含む).
céntral prócessor 〔電算〕 CENTRAL PROCESSING UNIT.
céntral prócessing ùnit 〔電算〕 中央処理装置 《略 CPU》.
céntral projéction 〔製図〕 中心投影(法) 《ある1点から出る直線による投影; cf. PARALLEL PROJECTION》.
Céntral Próvinces and Be·rár /-beɪrá:r, -bə-/ 中央諸州およびベラール《インド中部の旧州; 1950 年に再組織されて Madhya Pradesh となった》.
céntral resérve [reservátion]" 《道路の》 中央分離帯 (median strip*).
céntral resérve cìty bánk 〔米〕 中央準備市銀行《central reserve cities (New York, Chicago の 2 市) にある連邦準備加盟銀行》.
céntral (stándard) tìme [°C-] 〔米・カナダ〕 中部標準時《UTC より 6 時間おそい; ⇨ STANDARD TIME; 略 C(S)T》.
Céntral Sudánic 〔言〕 中央スーダン語群《コンゴ民主共和国北東部・ウガンダ北部・南スーダン・チャド・中央アフリカ共和国などで話されるナイル-サハラ語族 (Nilo-Saharan) に属する言語群》.
céntral súlcus 〔解〕 《大脳の》 中心溝 (=*fissure of Rolando*).
céntral téndency 〔統〕 中心傾向《平均値 (mean) や 中央値 (median) といった統計分布の代表値》.
céntral téndon 〔解〕 《横隔膜の》 中心腱.
Céntral Válley [the] セントラルヴァリー《California 州中部の Sacramento 川および San Joaquin 川の流域; Sierra Nevada と Coast Ranges の間を南北に細長く広がる; ワインの産地》.
centre, centreing ⇨ CENTER, CENTERING.
Cen·trex /séntrèks/ 〔商標〕 セントレックス《内線と外線の通話が直通でできるオフィスなどでの電話通信システム》.
centri- /séntrə/ ⇨ CENTR-.
cen·tric /séntrɪk/, **-tri·cal** *a* 中心の, 中枢的な; 中心に向かう, 集中する; 〔生理〕 神経中枢の[からの]; 〔生〕 動原体 (centromere) の[をもつ]; 〔植〕 中心目 (Centrales) の[に類似した]. ◆ **-tri·cal·ly** *adv* **cen·tric·i·ty** /sentrísəti/ *n*
-cen·tric /séntrɪk/ *a comb form* 「…の[に]中心をもつ」「…中心の」: helio*centric*.
cen·trif·u·gal /sɛntrífjəg(ə)l, "sèntrɪfjú:-/ *a* (opp. *centripetal*) 中心を離れようとする, 遠心性[力]の; 遠心力利用の; 《中央集権に対して》 分離主義(者)的な: ~ inflorescence 〔植〕 遠心花序 / ~ nerves 〔生理〕 遠心性神経. ► *n* 遠心機 (centrifugal machine) (のドラム); [°*pl*] CENTRIFUGAL SUGAR. ◆ **~·ly** *adv* [NL (CENTER, *fugio* to flee)]
centrífugal bráke 〔機〕 遠心ブレーキ.
centrífugal clútch 〔機〕 遠心クラッチ.
centrífugal fórce 〔理〕 遠心力 (cf. CENTRIPETAL FORCE).
centrífugal·ìze *vt* CENTRIFUGE. ◆ **centrìfugal·izátion** *n*
centrífugal machíne 〔機〕 遠心機《遠心式の送風機・圧縮機・濾過機・分離機など》.
centrífugal púmp 〔機〕 遠心[渦巻]ポンプ.
centrífugal séparator 〔機〕 遠心分離機.
centrífugal súgar 分蜜糖 (=*centrifugal*) 《遠心分離機によって水分を取り除いた砂糖》.
cen·trif·u·ga·tion /sèntrəfjʊgéɪʃ(ə)n/ *n* 遠心分離, 遠心沈澱法, 遠沈.
cen·tri·fuge /séntrəfjù:ʤ/ *n* 〔機〕 遠心機. ► *vt* …に遠心力を作用させる; 遠心分離機にかける.
cèntri·lóbular 〔解・医〕 *a* 小葉中心(性)の; 肺の二次小葉の中心部を冒す.
centring ⇨ CENTERING.
cen·tri·ole /séntriòʊl/ 〔生〕 *n* 中心小体, 中心粒, 中心子《centrosome の中心にある小器官》; CENTROSOME.
cen·trip·e·tal /sɛntrípətl, "sèntrɪpí:tl/ *a* (opp. *centrifugal*) 中心に近づこうとする, 求心性の (afferent); 求心[向心]力利用の; 中央集権化に向かう: the ~ thickening (of a cell) 求心的肥厚 / ~ acceleration 〔理〕 求心加速度. ◆ **~·ly** *adv* [NL (CENTER, *peto* to seek)]
centrípetal fórce 〔理〕 求心力, 向心力 (cf. CENTRIFUGAL FORCE).
cen·trist /séntrɪst/ *n, a* [°C-] 中間政党の(党員); 中道主義者(の). ◆ **cén·trìsm** *n* 中道主義, 中道政治.
centro- /séntroʊ, -rə/ ⇨ CENTR-.
cen·tro·bar·ic /sèntrəbǽrɪk/ *a* 重心の[に関する, をもつ].
cèntro·clínal *a* 〔地質〕 〈地層が〉あらゆる方向から一点に向かって傾斜した, ドーム状構造の.
cen·troid /séntrɔ̀ɪd/ *n* 〔理〕 重心, 質量中心, 図心, 中心軌跡. ◆ **cen·tról·dal** *a*
cèntro·lécithal *a* 〔生〕 〈卵が〉心黄の, 心卵黄の《卵黄が卵の中心に集中しているもの; cf. TELOLECITHAL》.
céntro·mère *n* 〔生〕 動原体《染色体の第一くびれ部にある小粒》. ◆ **cèntro·mér·ic** /-mírɪk, -mér-/ *a*
céntro·sòme 〔生〕 *n* 中心体《細胞の中心小体 (centriole) を取り囲む小器官》; CENTRIOLE. ◆ **cèntro·sómic** *a*
céntro·sphère *n* 〔地質〕 地球の中心; 〔生〕 中心球《細胞の中心小体のまわりの細胞質が分化した層》.
cèntro·symmétric, -rical *a* 中心対称(性)の.
cen·trum /séntrəm/ *n* (*pl* ~**s, -tra** /-trə/) 中心 (center); 震源; 〔解〕 中心; 〔解〕 椎体(ついたい) (cf. VERTEBRA); 〔植〕 《トクサ属の茎の》 中空部; 〔植〕 (子嚢果)中心体. [L]
cénts-òff* *a* クーポン券(持参者に対する)割引方式の.
centu CENTAS の複数形.
cen·tum[1] /séntəm/ *n* 百 (hundred): ~ per ~ 100 パーセント, 10 割 (cent per cent). [L]
cen·tum[2] /kéntəm, -tùm, sén-/ *a* ケントゥム語の《印欧基語の「百」を意味する語の語頭の子音が先史時代に口蓋化しなかった言語: Hellenic, Italic, Celtic, Germanic, Anatolian, Tocharian の諸語; cf. SATEM》. [↑]
cen·tum·vir /sɛntʌ́mvər, kɛntúmvìər/ *n* (*pl* **-vi·ri** /sɛntʌ́mvəràɪ, kɛntúmvərì:/) 〔古ロ〕 《民事法廷の》 百人法院裁判官. [L (CENTUM[1], *vir* man)]
cen·tu·ple /séntəp(ə)l, -t(j)ù:-; -tju-/ *a, n* 百倍の; 百倍量. ► *vt* 百倍する. ★ ⇨ QUADRUPLE.
cen·tu·pli·cate /sɛnt(j)ú:pləkèɪt/ *vt* 百倍する; 百通刷る. ► *n, a* /-kət, -kèɪt/ 百倍(の); 百通(の): in ~ 百部刷りの[に].
cen·tu·ri·al /sɛntjúəriəl, *-túr-/ *a* 百年の, 一世紀の; 世紀の変わり目の; 〔ローマ史〕 百人隊[組] (century) の.
cén·tu·ried *a* 何世紀も続く; 非常に古い.
cen·tu·ri·on /sɛntjúəriən, -ʧúər-, *-túr-/ *n* 〔ローマ史〕 百人隊長《百人隊 (century) の隊長》. [L (↓)]
cen·tu·ry /sénʧ(ə)ri/ *n* **1** 一世紀, 100 年. **2** 100 個; 〔ローマ史〕 百人隊《もと 100 人の歩兵を一隊とし 60 隊をもって legion を組織した》; 〔ローマ史〕 百人組, ケントゥリア《投票の単位》; 〔クリケット〕 センチュリー, 100 点 (100 runs); 100 ヤード[マイル]競走; *《俗》 100 ドル[ポンド]. **3** [C-] 〔印〕 センチュリー《欧文活字体の一種》. ► *a* CENTENNIAL. [L *centuria*; ⇨ CENTUM[1]]
céntury nòte *《俗》 100 ドル札.
céntury plànt 〔植〕 アオノリュウゼツラン (=*American aloe*). [100 年に一度花が咲くとされた]
CEO °chief executive officer.
ceorl /ʧéɪɔ̀:rl; ʧéəl/ *n* 〔英史〕 借地自由人, チェオルル《アングロサクソンの最下層自由民》. [OE; ⇨ CHURL]
Ce·os /sí:ɑ̀s/ セオス《KEOS 島の古代名》.
cep /sép/, **cèpe, cepe** /sép, sí:p/ *n* 〔菌〕 ヤマドリタケ, セープ (=*porcini*) 《食用キノコ》.
ceph·al- /séfəl/, **ceph·a·lo-** /séfəloʊ, -lə/ *comb form* 「頭」 [Gk; ⇨ CEPHALIC]
-cephala *n comb form* -CEPHALUS の複数形.
ceph·a·lad /séfəlæ̀d/ *adv* 〔動〕 頭の方に (opp. *caudad*).
ceph·a·lal·gia /sèfəlǽlʒ(i)ə/ *n* 〔医〕 頭痛 (headache).
ceph·a·lex·in /sèfəléksən/ *n* 〔薬〕 セファレキシン《セファロスポリン系の半合成抗生物質; 作用はペニシリンに類似》. [*cephalo*sporin, *-ex-* (恣意的挿入辞), *-in*]
-cephali *n comb form* -CEPHALUS の複数形.
ce·phal·ic /səfǽlɪk, kɛ-/ *a* 頭の, 頭部の, 頭側の. ◆ **-i·cal·ly** *adv* [F, <Gk (*kephalē* head)]
-ce·phal·ic /səfǽlɪk, kɛ-/ *a comb form* 「…の頭を有する」: doli*chocephalic*. ◆ **-ceph·a·lism** /séfəlìz(ə)m/, **-ceph·a·ly** /séfəli/ *n comb form*
cephálic índex 〔人〕 頭長幅指数, 頭指数《頭幅の頭長に対する百分比; cf. CRANIAL INDEX》.
ceph·a·lin /kéfələn, séf-/ *n* 〔生化〕 ケファリン (phosphatidylethanolamine).
-cephalism ⇨ -CEPHALIC.
ceph·a·li·tis /sèfəláɪtəs/ *n* ENCEPHALITIS.
ceph·a·li·za·tion /sèfələzéɪʃ(ə)n; -laɪ-/ *n* 〔動〕 頭化《重要器官の頭部集中傾向》.
ceph·a·lo·chor·date /sèfələkɔ́:rdèɪt/ *a, n* 〔動〕 頭索類の(脊索(せきさく)動物) 《ナメクジウオなど》.
céphalo·cìde *n* 知識人に対する集団虐殺, 頭脳殺し.
ceph·a·lom·e·ter /sèfəlɑ́mətər/ *n* 頭部測定器.
ceph·a·lom·e·try /sèfəlɑ́mətri/ *n* 〔人〕 頭部測定(法) (cf. CRANIOMETRY). ◆ **cèph·a·lo·mét·ric** *a*
Ceph·a·lo·nia /sèfəlóʊnjə, -niə/ ケファリニア (ModGk **Ke·fal·li·nía** /kèfəlɑní:ə/) 《ギリシア西岸沖, イオニア諸島最大の島》.
cèphalo·pélvic dispropórtion 〔医〕 児頭骨盤不均衡《胎児の頭部と母体の骨盤の関係》.
ceph·a·lo·pod /séfələpɑ̀d/ *n* 〔動〕 頭足動物《イカ・タコなど》. ► *a* 頭足類の. ◆ **-lop·o·dan** /sèfəlɑ́pədən/ *a, n* 頭足類の(動物). [*cephal-*, *-pod* PES]
ceph·a·lo·rid·ine /sèfəlɔ́(:)rədì:n, -lár-/ *n* 〔薬〕 セファロリジン《セファロスポリン (cephalosporin) より誘導される広域抗生物質》.
ceph·a·lo·spo·rin /sèfələspɔ́:rən/ *n* 〔薬〕 セファロスポリン《セファロスポリウム属の不完全菌からつくる抗生物質》.

cèphalo·spó·ri·nase /-spɔ́:rənèɪs, -z/ *n* 〖生化〗セファロスポリナーゼ《セファロスポリンを不活性化する酵素》.

ceph·a·lo·thin /séfələθən/ *n* 〖薬〗セファロチン《セファロスポリン (cephalosporin) 類似の半合成広域抗生物質; ペニシリン耐性ブドウ球菌にも有効》.

cèphalo·thórax *n* 〖動〗頭胸部《甲殻類などの》.

ceph·a·lous /séfələs/ *a* 〖動〗頭をもった, 有頭の.

-ceph·a·lous /séfələs/ *a comb form* -CEPHALIC.

-ceph·a·lus /séfələs/ *n comb form* (1) (*pl* **-ceph·a·li** /séfəlàɪ/)「(特定のタイプの)頭部異常」: hydro*cephalus*. (2) (*pl* **-cephali, -ceph·a·la** /séfələ/)「…なタイプの頭部をもつ生物」: Acantho*cephala* 鉤頭虫類. [Gk]

-cephaly ⇨ -CEPHALIC.

Cé·phe·id (vàriable) /sí:f(i)ɪd(-), séf-/ 〖天〗ケフェイド[ケフェウス型]変光星.

Ce·phe·us /sí:fjù:s, sí:fiəs, sé-/ 〖天〗ケフェウス座《北極星とはくちょう座の中間》; 〖ギ神〗ケーペウス《Ethiopia 王; Cassiopeia の夫で Andromeda の父》.

cer- /síər/, **ce·ro-** /síəroʊ, -rə/ *comb form*「蠟 (wax)」 [L *cera* wax]

ce·ra·ceous /səréɪʃəs/ *a* 蠟のような, 蠟状の.

Ce·ram, Se- /séɪrà:m, sɪrǽm/ セラム《インドネシア東部 Molucca 諸島中部の島》.

ce·ram·al /sərǽməl, -réɪ-, sérəmæ̀l/ *n* 〖冶〗CERMET.

ce·ram·ic /sərǽmɪk, ᵁkə-/ *a* 窯業(ようぎょう)の, 製陶の, セラミックの; 窯業[セラミック]製品の, 陶磁器の: the ~ industry 窯業 / ~ manufactures 瀬戸物, 陶磁器. ► *n* [~s, ⟨*sg*⟩] 窯業, 陶磁, セラミックス; 窯業製品, 陶磁器, セラミック. [Gk (*keramos* pottery)]

cerámic hób 《電磁調理器などの》セラミック製調理板[プレート].

ce·ram·i·cist /sərǽməsɪst/ *n* CERAMIST.

cerámic óxide セラミック酸化物《高温超伝導物質》.

cer·amide /sέərəmàɪd, síər-, sərǽmàɪd/ *n* 〖生化〗セラミド《スフィンゴシン (sphingosine) に脂肪酸を結合させてつくるアミド; 動植物の組織に少量だが広範囲に存在》.

cer·a·mist /sérəmɪst, sərǽm-/ *n* 窯業家, 陶芸家, セラミックス専門家[研究家].

ce·rar·gy·rite /sərá:rʤəràɪt/ *n* 〖鉱〗角銀鉱《銀の原鉱》.

ce·ras·tes /sərǽstiz/ *n* (*pl* ~) 〖動〗ツノクサリヘビ (＝*horned viper*).

ce·ras·ti·um /sərǽstiəm/ *n* 〖植〗ミミナグサ属 (*C-*) の各種草本《ナデシコ科》.

cer·at- /sérət/, **cer·a·to-** /sérətoʊ, -tə/, **ker·at-** /kérət/, **ker·a·to-** /kérətoʊ, -tə/ *comb form*「角(つの)」; [ᵁkerat(o)-]「角質」「角状組織」「角膜」 [Gk *kerat- keras* horn]

ce·rate /síərèɪt, -rət/ *n* 〖薬〗蠟膏(ろうこう).

ce·rat·ed /síərèɪtəd/ *a* 蠟引きの, 蠟で処理した.

cer·a·tite /sérətàɪt/ *n* 〖古生〗セラタイト《ケラチテス目 (Ceratitida) のアンモナイト; 山と刻みのはいった谷からなる縫合線を特徴とする; 三畳紀に繁栄した》.

ce·rat·o·dus /sərǽtədəs, sèrətóʊdəs/ 〖魚〗*n* ケラトドゥス属 (*C-*) の各種の肺魚(の化石); ネオケラトドゥス属の肺魚《オーストラリアハイギョ (BARRAMUNDA) 一種のみオーストラリア Queensland 州に生息》.

cer·a·toid /sérətɔ̀ɪd/ *a* 角(つの)形の, 角状の, 角の; 角質の.

cer·a·top·si·an /sèrətápsiən/ *n, a* 〖古生〗角竜亜目 (Ceratopsidae) の(恐竜), 角竜 (＝*horned dinosaur*).

ceratose ⇨ KERATOSE.

Cer·be·re·an /sərbíəriən, sə̀:r-/ *a* CERBERUS の(ような); 厳重で恐ろしい.

Cer·ber·us /sə́:rb(ə)rəs/ 〖ギ神・ロ神〗ケルベロス《地獄 (Hades) の番犬; 頭が 3 つで尾はヘビ; cf. CHARON》; [ᵒc-] 門番, 管理人. ● **throw** [**give**] **a sop to** ~ 《文》賄賂をつかう, 懐柔する.

-cer·cal /sə́:rk(ə)l/ *a comb form*「…尾の」: diphy*cercal*, hetero*cercal*. [Gk CERCUS]

cer·car·ia /sərkέəriə/ *n* (*pl* **-car·i·ae** /-riì:/, ~s) 〖動〗有尾幼虫, 尾虫, セルカリア, ケルカリア《吸虫類の幼虫》. ♦ **cer·cár·i·al** *a* **cer·cár·i·an** *a, n*

cer·cis /sə́:rsəs/ *n* 〖植〗ハナズオウ属 (*C-*) の各種花木.

cer·co·pi·the·cine /sə̀:rkoʊpíθəsàɪn, -sì:n/ *a, n* 〖動〗オナガザル亜科 (Cercopithecinae) のサル(の)《マカクザル・マンガベイ・ヒヒ・オナガザルなど》.

cer·co·pith·e·coid /sə̀:rkəpíθəkɔ̀ɪd/ *a, n* 〖動〗オナガザル上科 (Cercopithecoidea) の(サル)《ヒヒ・ニホンザル・マンドリル・テングザルなどの旧世界ザル》.

cer·cus /sə́:rkəs/ *n* (*pl* **-ci** /-sàɪ, -kàɪ/) 〖昆〗尾角(びかく), 尾葉《最後の体節から伸びる一対の突起; 感覚器官としてのはたらきをする》. [L <Gk *kerkos* tail]

cere /síər/ *n* 〖鳥〗《くちばしの》蠟膜(ろうまく). ► *vt* ⟨死体を⟩蠟引き布で包む.

ce·re·al /síəriəl/ *a* 穀類の: ~ protein 穀物タンパク. ► *n* [ᵁ*pl*] 穀物, 穀類, 禾穀(かこく)類; 穀草; 穀物食品, シリアル《朝食用オートミール・コーンフレークの類》. [L; ⇨ CERES]

céreal léaf bèetle 〖昆〗クビボソハムシの一種《穀物の害虫》.

cer·e·bel·lum /sèrəbéləm/ *n* (*pl* ~**s**, **-la** /-lə/) 〖解〗小脳. ♦ **cèr·e·bél·lar** *a* [L (dim) < CEREBRUM]

ce·rebr- /sérəbr, sərí:br/, **ce·re·bro-** /sérəbroʊ, -brə, sərí:-/ *comb form*「脳」「大脳」 [L CEREBRUM]

cerebra *n* CEREBRUM の複数形.

cer·e·bral /sérəbrəl, sərí:-/ *a* 〖解〗大脳の, 脳の; 《文学・音楽が》感情より知性に訴える, 知的な; 思索的な, 哲学的な; 〖音〗そり舌(音)の (retroflex). ► *n* 〖音〗反転音, そり舌音. ♦ ~**·ly** *adv*

cérebral áccident 〖医〗脳卒中.

cérebral anémia 〖医〗脳貧血.

cérebral córtex 〖解〗大脳皮質 (cf. NEOCORTEX).

cérebral déath 〖医〗脳死 (brain death).

cérebral dóminance (大脳)半球優位(性).

cérebral hémisphere 〖解〗大脳半球.

cérebral hémorrhage 〖医〗脳出血.

cérebral hyperémia 〖医〗脳充血.

cérebral pálsy 〖医〗脳性(小児)麻痺. ♦ **cérebral-pálsied** *a*

cérebral thrombósis 〖医〗脳血栓(症).

cérebral váscular áccident CEREBROVASCULAR ACCIDENT.

cer·e·brate /sérəbrèɪt/ *vi* 脳[頭]を使う, 考える. [逆成く↓]

cèr·e·brá·tion *n* 大脳作用, 思考(作用), 思索: unconscious ~ 無意識的大脳作用.

cer·e·bric /sérəbrɪk, sərí:-/ *a* 脳の, 大脳の.

cer·e·bri·tis /sèrəbráɪtəs/ *n* 〖医〗脳炎.

cerebro- /sérəbroʊ, -brə, sərí:-/ ⇨ CEREBR-.

cer·e·bro·side /sérəbrəsàɪd, sərí:-/ *n* 〖生化〗セレブロシド《神経組織中の糖脂質》.

cèrebro·spínal /, sərí:-/ *a* 脳脊髄の.

cerebrospínal flúid 〖解〗髄液, 脳脊髄液.

cerebrospínal meningítis 〖医〗(脳脊)髄膜炎 (＝**cerebrospínal féver**).

cèrebro·tónia /, sərì:-/ *n* 〖心〗頭脳(緊張)型《やせ型の人に多い非社交的で内攻的な気質; cf. SOMATOTONIA, VISCEROTONIA》. ♦ **-tónic** *a*

cèrebro·váscular /, sərì:-/ *a* 〖解〗脳血管の.

cerebrováscular áccident 〖医〗脳血管発作《略 CVA》.

cer·e·brum /sérəbrəm, sərí:-/ *n* (*pl* ~**s**, **-bra** /-brə/) 〖解〗大脳; 終脳 (telencephalon). [L]

cére·clòth /síər-/ *n* 《死体を包む》蠟引き布.

Cer·e·dig·i·on /kèrədígiən/ ケレディギオン《ウェールズ西部 Cardigan 湾に臨む州; 旧 Cardiganshire に相当; ☆Aberaeron》.

cere·ment /síərmənt, sérə-/ *n* CERECLOTH; [ᵒ*pl*] 《英では古》埋葬するときに死者に着せる衣服, きょうかたびら (winding-sheet).

cer·e·mo·ni·al /sèrəmóʊniəl/ *a* 儀式上[用]の, 儀式ばった; 正式の, 公式の (formal); ⟨地位・役割が⟩儀礼的な, 名目上の. ► *n* 儀式, 典礼; 礼儀; 〖カト〗儀式次第, 儀式書; 《廃》礼服. ♦ ~**·ly** *adv* 儀式[形式]的に. ~**·ness** *n*

ceremónial·ìsm *n* 儀式[形式]尊重主義. ♦ **-ist** *n*

cer·e·mo·ni·ous /sèrəmóʊniəs/ *a* 形式的な, おごそかな; 礼儀正しい; 儀式ばった, 堅苦しい: ~ politeness ばか丁寧さ. ♦ ~**·ly** *adv* ~**·ness** *n*

cer·e·mo·ny /sérəmòʊni; -məni/ *n* **1** 儀式, 式典, 式: a funeral [wedding] ~ 葬式[結婚式] / a graduation ~ 卒業式 / MASTER OF CEREMONIES. **2** 《社交上の》礼儀, 礼式, 形式, 堅苦しさ; 虚礼: There's no need for ~ between friends. 友人どうしで四角ばる必要はない. ● **stand on** ~ 儀式ばる, [ᵁ*neg*] 体面を重んじる, 堅苦しい. **with** ~ 儀式ばって, 丁重に, 仰々しく. **without** ~ 儀式ばらずに, 無造作に. [OF or L *caerimonia* religious worship]

Ce·rén·kov efféct /ʧər(j)éŋkəf-/ [the] 〖理〗チェレンコフ効果《帯電粒子が物質中で光速以上で動くとき電磁波を放射すること》. [Pavel A. *Cherenkov*]

Cerénkov radiàtion [**lìght**] 〖理〗チェレンコフ放射《CERENKOV EFFECT によって生じる電磁波》.

ce·re·ol·o·gy /sìəriálədʒi/ *n* ミステリーサークル (crop circle) の研究[調査]. ♦ **-gist** *n*

ce·re·ous /síəriəs/ *a* 《古》蠟 (wax) の(ような).

Ce·res /síəriz/ **1** 〖ロ神〗ケレス《豊作の女神; ギリシアの Demeter に当たる》. **2** 〖天〗セレス《準惑星の一つ; 小惑星 1 番》.

cer·e·sin /sérəsən/ *n* 〖化〗セレシン《無定形の蠟状物質》.

ce·re·us /síəriəs/ *n* 〖植〗ケレウス属[ハシラサボテン属] (*C-*) の各種のサボテン《米国西部から熱帯アメリカ原産》. [L＝wax candle]

ce·ria /síəriə/ *n* 〖化〗セリア (CERIUM OXIDE).

ce·ric /síərɪk, sér-/ *a* 〖化〗(4 価の)セリウムを含む, セリウム (IV) の.

céric óxide 〖化〗酸化セリウム (CERIUM OXIDE).

ce·rif·er·ous /səríf(ə)rəs/ *a* 蠟を生み出す.

ceri·man /sérəmæ̀n, -mà:n, ⏑⏑⌣/ *n* 〖植〗ホウライショウ, デンシンラン, モンステラ (＝(*Swiss*) *cheese plant*)《中米原産のサトイモ科の多年生つる性植物》. [AmSp]

ceriph ⇨ SERIF.

ce·rise /sərí:z, -s/ *n, a* 赤, 赤い, サクランボ色(の). ［F＝CHERRY］

ce·rite /síəràɪt/ *n* 〘鉱〙セル石, セライト《セリウムなどの含水ケイ酸塩》.

ce·ri·um /síəriəm/ *n* 〘化〙セリウム《希土類元素; 記号 Ce, 原子番号 58》. ［*Ceres* asteroid, *-ium*］

cérium mètal 〘化〙セリウム金属.

cérium óxide 〘化〙酸化セリウム, 《特に》二酸化セリウム (＝**cérium dióxide**)《製陶・ガラス研磨用》.

cer·met /sə́:rmèt/ *n* 〘冶〙サーメット (＝*ceramal*)《セラミックスと金属との複合材料; 硬さ・耐熱性および靭性(じんせい)がともにすぐれ, 耐熱材料・工具などに用いられる》. ［*ceramic*＋*metal*］

CERN /sə́:rn/ Organisation européenne (旧称 Conseil européen) pour la recherche nucléaire 欧州原子核研究機構, セルン, サーン《1952 年設立; 本部 Geneva 郊外》.

Cernăuţi ⇨ CHERNIVTSI.

cer·nu·ous /sə́:rn(j)uəs/ *a* 〘植〙〈花・つぼみなど〉下方にたれる, 垂下(性)の (pendulous).

ce·ro /síərou, sέər-/ *n* (*pl* ～, ～**s**) 〘魚〙サワラ属の食用魚・スポーツフィッシュ, オオサワラ (＝*cavalla, pintado*)《大西洋西部の暖海産; サバ科》. ［Sp］

cero- /síərou, -rə/ ⇨ CER-.

ce·roc /sərάk/ *n* セロック《フランスから広まった, ペアで踊る快活で情熱的なダンス; jive が起源とされる》.

céro·gràph *n* CEROTYPE.

ce·rog·ra·phy /sɪrάgrəfi/ *n* 蠟刻術; 蠟を用いる絵[版画, 彫刻].

cèro·plástic *a* 蠟模型術の; 蠟型細工の.

cèro·plástics *n* 蠟模型術, 蠟型法; [〈*sg/pl*〉] 蠟細工 (waxworks).

ce·rót·ic ácid /sərάtɪk-, -róu-/ 〘化〙セロチン酸 (＝*hexacosanoic acid*)《蜜蠟中のエステルとして存在する》.

céro·type *n* 蠟版画 (の版木[銅版]).

ce·rous /síərəs/ *a* 〘化〙(3 価の)セリウムの[を含む], セリウム (III) の; 蠟膜(質)の.

Cer·re·do /səréɪdou/ [Torre de] セレド山《スペイン北部 Cantabrian 山脈の最高峰 (2648 m)》.

cer·ro /sέrou/ *n* (*pl* ～**s**)*《南西部》丘 (hill), 頂 (peak). ［Sp＝hill］

Cérro de Pás·co /-də pǽskou/ セロデパスコ《**1**) ペルー中部 Lima の北東にある高峰 (4602 m) **2**) その斜面にある町; 世界で最も高所にある町の一つ (4338 m)》.

Cérro de Pún·ta /-pú:ntə/ セロデプンタ《プエルトリコ中部, セントラル山脈 (Cordillera Central) にある同島最高の山 (1338 m)》.

Cérro Gór·do /-gɔ́:rdou/ セロゴルド《メキシコ東部 Veracruz とその北西の Xalapa の間の山道; メキシコ戦争で, 米国軍がメキシコ軍を破った地 (1847)》.

cert /sə́:rt/ "《俗》*n* 現実に起こること[結果]; 《競馬の》本命: a dead [an absolute] ～ 絶対確かなこと. ［*certain*(ty)］

cert. certificate ♦ certification ♦ certified ♦ certify.

cer·tain /sə́:rtn/ *a* **1** [*pred*] 確かで(ある), 確信して(いる); きっと…する (sure) 〈*that, of, about, to* do〉: It is ～ *that*…は確かだ / I am [feel] ～ *that*…は確かだと思う / He *is* ～ *of* victory. 彼は勝利を確信している / He *is* ～ *to* succeed. きっと成功する (It is ～ that he will succeed.)《確信しているのは話し手》/ *Are* you ～ *of* that? それは確かですか. **2** 〈事が〉確実な, 確かな, 信頼できる; 必然的な, 避けられない; 〈知識・技術などが〉正確な; 《廃》不動の: a ～ remedy for the disease / the ～ advance of age and decay / His touch on the piano is very ～. 彼のピアノのタッチは非常に正確だ. **3 a** 確定した, (ある)一定の (definite): at a ～ place 一定の場所に. **b** [*attrib*] 《はっきり言わずに》ある…, いくらかの, 相当の: a ～ Mr. Smith スミスさんとかいう人 / *C*～ people missed that joke. そのジョークがわからない人もいた / It has a ～ elegance. どことなく優雅だ / a woman of a ～ description いかがわしい商売の女 / a lady of a ～ age 年配のご婦人 / to a ～ extent ある程度(まで) / make a ～ profit いくらかの利益を上げる. ★ わかっているが言わないほうがよいとき, 言いたくないときなどに用いる (cf. SOME *a* 3). **c** [〈*pron*〉, 〈*pl*〉] 若干数: *C*～ of my friends are against the plan. ● **for** ～ 確かに, 疑いなく; 《俗》確かだ: I don't know *for* ～. はっきりとは知らない / That's *for* ～. **in a** ～ CONDITION. **make** ～ 確かめる; 確実にする: I'll *make* ～ *of the train times.* 列車の時刻を確かめておきましょう / *Make* ～ (*that*) the train leaves at ten. 列車が 10 時に出ることを確かめておきなさい / I'll *make* ～ (*that*) this doesn't happen again. こんなことは二度と起こらないようにします. ［OF＜L *certus* sure, settled］

cértain·ly *adv* 確かに, 間違いなく, 《返答で》もちろんです, 承知しました, いいですとも, そうでしょうとも《米では SURE を多く用いる》: He will ～ come. きっと来る / *C*～ not! とんでもない; 《否定文を受けて》まさにそのとおり.

cer·tain·ty /sə́:rtnti/ *n* **1 a** 《客観的な》確実性. **b** 確実なもの[こと]; 必然的な事物; あてにしてよさそうなこと[人]. **2** 確信 (conviction) 〈*of, that*…〉. ● **bet on a** ～ 《通例 不正に》初めから確実と知っていて賭ける. **for [of] a** ～ 確かに, 疑いなく. **with** ～ 確信をもって; 確実に.

Cert Ed 〘英〙Certificate in Education.

cer·tes /sə́:rtiz, sə́:rts/ *adv* 《古》CERTAINLY.

cér·ti·fì·able *a* 保証[証明]できる, 確実な; 精神異常と認定しうる; 《精神的に》異常な, 気違いじみた. ♦ **-ably** *adv*

cer·tif·i·cate /sərtífɪkət/ *n* 証明書, 証書; 免許状, 免状; *卒業証(明)書; 証券, STOCK [SHARE] CERTIFICATE; 《審査機関によって与えられる》映画の等級《視聴可能年齢の指定》: a health [birth] ～ 健康[出生]証明書 / a ～ of competency 適任証書; 《船員の》海技免状 / a ～ of efficiency [good conduct] 適任[善行]証 / a ～ of merit 〘米軍〙有功証 / MEDICAL CERTIFICATE / a teacher's ～ 教員免許状. ► *vt* /-kèɪt/ 証明書で認定する, …に証明書を与える, …に免許状を交付する: a ～*d* teacher 有資格教員, 正教員. ♦ **cer·tif·i·ca·to·ry** /sərtífɪkətɔ̀:ri; -t(ə)ri/ *a* 証明となる. ［F or L; ⇨ CERTIFY］

certíficate authòrity 〘電算〙認証機関, 認証局《電子証明書 (digital certificate) を発行し, 管理する機関》.

certíficate of depósit 預金証書; 譲渡可能定期預金証書《略 CD》.

certíficate of incorporátion 法人設立証明書; 会社定款.

certíficate of indébtedness 債務証書.

certíficate of órigin 《輸入品などの》原産地証明(書).

certíficate of stóck 株券.

cer·ti·fi·ca·tion /sə̀:rtəfəkéɪʃ(ə)n/ *n* 証明, 認証, 検定, 保証; 証明書; 証明書下付, 賞状授与.

certificátion màrk 証明標章[商標]《商品・サービスの産地・材料・製造方法・品質などを検査機関が証明するマーク》.

cér·ti·fied *a* 証明[認証, 保証]された; 証明書[免許状]のある; 支払いの保証された, 裏書のある; 《法的に》精神異常者と認定された.

cértified accóuntant 〘英〙認許会計士《Association of Chartered Certified Accountants (認許会計士勅許協会) の会員; 同協会のかなりの会員が企業内会計士》.

cértified chéck 支払保証小切手.

cértified máil*配達証明郵便 (cf. REGISTERED MAIL).

cértified mílk*保証牛乳《公的基準に合致した工場で加工される》.

cértified públic accóuntant*公認会計士《略 CPA》.

cer·ti·fy /sə́:rtəfàɪ/ *vt* 《文書で》証明する, 〈事実・任命などを〉認証する; 精神異常と認定する; 確認する; 認定する, 免許状を与える; 〈人〉に〈…を〉保証する 〈*of*〉; *〈小切手〉の支払いを保証する: This is to ～ that…なることを本状により証明する / His report was *certified* (as) correct. 彼の報告は正確だと証明された. ► *vi* 保証[証言]する 〈*to* a fact〉; 証人となる 〈*for* sb〉. ♦ **cér·ti·fì·er** *n* ［OF＜L; ⇨ CERTAIN］

cer·ti·o·ra·ri /sə̀:rʃ(i)əréri, -rά:ri | sə̀:ʃiəréəraɪ, -tiə-/ *n* 〘法〙《上位裁判所が下位裁判所に命じる》移送令状, 記録提出令状 (＝*writ of certiorari*). ［L＝to be informed］

cer·ti·tude /sə́:rtət(j)ù:d/ *n* 確信, 《主観的な》確信感; 確実性. ［L; ⇨ CERTAIN］

ce·ru·le·an /sərú:liən/ *a, n* 空色(の). ［L *caeruleus* (*caelum* sky)］

cerúlean blúe セルリアンブルー《明るい鮮明な青または緑がかった青》.

ce·ru·lo·plas·min /sərù:louplǽzmən/ *n* 〘生化〙セルロプラスミン《血漿中の, 銅を結合している青色のアルファグロブリン; 銅の輸送の調節にかかわる》.

ce·ru·men /sərú:mən/ *n* 〘生理〙耳垢(じこう) (＝*earwax*).

ce·ru·mi·nous /sərú:mənəs/, **-mi·nal** /sərú:mən(ə)l/ *a* 〘生理〙耳垢の, 耳垢を分泌する.

cerúminous glànd 〘解〙耳道腺.

ce·ruse /sərú:s, síərù:s/ *n* 《白色顔料としての》鉛白; おしろい. ［OF＜L］

ce·rus·site /síərəsàɪt, *sərʌ́sàɪt/ *n* 〘鉱〙白鉛鉱, セルサイト.

Cer·van·tes /sərvǽnti:z/ セルバンテス **Miguel de ～ Saavedra** (1547–1616)《スペインの作家; 『ドン・キホーテ』(*Don Quixote*, 1605, 15)》.

cer·van·tite /sərvǽntàɪt/ *n* 〘鉱〙アンチモニー赭(しゃ), セルバンタイト. ［*Cervantes* スペイン北西部の町］

cer·ve·lat /sə́:rvəlæ̀t, -lὰ:/ *n* セルヴラー, セルベラート《大きな燻製ソーセージ; 牛肉・豚肉製》. ［F＜It］

cer·ve·za /sərvéɪsə/ *n* ビール (beer). ［Sp］

cer·vic- /sə́:rvək/, **cer·vi·ci-** /sə́:rvəsə/, **cer·vi·co-** /sə́:rvəkou, -kə/ *comb form*「くび」「頸(けい)(部)」 ［L CERVIX］

cer·vi·cal /sə́:rvɪk(ə)l, "sərváɪ-/ 〘解〙*a* 頸 (cervix) の, 頸部の, 子宮頸の; 頸管の.

cérvical cáp 子宮頸キャップ《避妊の目的で子宮頸にかぶせる小型のゴム[プラスチック]製キャップ》.

cérvical sméar "〘医〙頸管塗抹(標本), 頸管スミア (Pap smear).

cervices *n* CERVIX の複数形.

cer·vi·ci·tis /sə̀:rvəsáɪtəs/ *n* 〘医〙子宮頸炎.

cèrvico·thorácic *a* 〘解〙頸胸の.

cèrvico·váginal *a* 〘解〙子宮頸と膣の, 頸膣の.

cer·vi·cum /sə́ːrvɪkəm/ *n* 〘昆〙 頸部《頭部と前胸との間の柔軟な部分》.

cer·vid /sə́ːrvəd/ *a, n* 〘動〙 シカ科 (Cervidae) の(動物).

Cer·vin /*F* sɛrvɛ̃/ [Mont] セルヴァン山《MATTERHORN のフランス語名》.

cer·vine /sə́ːrvàɪn/ *a* シカ (deer) の(ような); 濃褐色の.

cer·vix /sə́ːrvɪks/ 〘解〙 *n* (*pl* **-vi·ces** /sərváɪsiz, sə́ːrvəsìːz/, **~·es**) くび, 頸, 頸部; 子宮頸 (=**~ úte·ri** /-júːtəràɪ/). [L]

Cé·saire /seɪzɛ́ər/ セゼール **Aimé(-Fernand-David)** ~ (1913–2008)《西インド諸島のフランス領 Martinique 島の詩人·劇作家·政治家; Léopold Senghor と共に黒人の文化的復権を訴えて negritude を提唱した》.

Ce·sar·e·an, -i·an /sɪzɛ́əriən/ *n* [ˢc-] CAESAREAN SECTION. ► *a* [ˢc-] CAESAREAN.

Ce·sar·e·vitch /səzɑ́ːrəvɪ̀tʃ/, **-witch** /-wɪ̀tʃ/ *n* **1** ロシア皇太子 (cf. CZAR). **2** 〘英競馬〙 チェザーレヴィチ《毎年秋に Newmarket で開催されるハンディキャップレース》.

Cés·ca chàir /tʃéskə-/ チェスカ椅子 (=*Breuer chair*)《1928 年 Marcel Breuer によってデザインされた肘付き[《時に》肘なし]椅子; ステンレス[クロム]のパイプ枠などが特徴》. [Breuer の娘 *Cesca* にちなむ]

Ce·se·na /tʃəzéɪnə/ チェゼーナ《イタリア北部 Emilia-Romagna 州の市》.

ce·si·um, cae- /síːziəm/ *n* 〘化〙 セシウム《金属元素; 記号 Cs, 原子番号 55; 光電管に用いられる》. [L *caesius*, *-ium*]

césium clòck セシウム時計《原子時計の一種》.

cesium 137 /-– wʌ́nθəːrtisév(ə)n/ 〘化〙 セシウム 137《セシウムの放射性同位体; 記号 [137]Cs》.

cesium 133 /-– wʌ́nθəːrtiθríː/ 〘化〙 セシウム 133《セシウムの同位体; 記号 [133]Cs; 原子時計に用いられる》.

Čes·ké Bu·dě·jo·vi·ce /tʃéskə búdjəːvətsə/ チェスケ·ブデヨヴィツェ (*G* Budweis)《チェコの Bohemia 南部の市》.

cespitose ⇨ CAESPITOSE.

cess[1], **sess** /sés/ *n* **1** "《俗》 地方税; 《スコ》 地租; 《インド》 物品税, 特別税. **2** 〘アイル史〙 総督による取立て[賦課]; 《広く》 徴発, 賦課. ► *vt*" …に課税する, 罰金を科する. [? *assess*]

cess[2] *n* [通例 次の成句で] 《アイル》 運 (luck). ● **Bad ~ to**…! …なんかどうにでもなれ! [? *cess*[1]]

cess[3] *n* CESSPOOL.

ces·sa·tion /sɛséɪʃ(ə)n/ *n* 中止, 休止, 停止: the ~ of hostilities [arms] 休戦 / smoking ~ 禁煙. [L; ⇨ CEASE]

ces·ser /sésər/ *n* 〘法〙 (権利の)消滅《抵当の期間などが終わること》. [AF or OF; ⇨ CEASE]

ces·sion /séʃ(ə)n/ *n* 《領土の》割譲, 《権利の》譲渡, 《財産などの》譲与; 譲られたもの[権利, 領土, 財産など]. [OF or L; ⇨ CEDE]

céssion·àry /; -(ə)ri/ *n* 〘法〙 譲り受け人 (assignee).

céss·pìpe /sés-/ *n* 排水パイプ. [*cesspool*+*pipe*]

cess·pit /séspɪ̀t/ *n* 《ビルの地下などの》汚水槽, 汚物だめ; "《社会悪の》たまり場, 巣. [*cesspool*+*pit*]

cess·pool /séspùːl/ *n* 《ビルの地下などの》汚水槽; 《社会悪の》たまり場, 巣: a ~ of iniquity 罪悪の巣. [? *cesperalle*<*suspiral* vent, water pipe<OF=air hole (⇨ SUSPIRE); 語形は pool に同化]

ces·ta /séstə/ *n* セスタ《jai alai で前腕にはめる木と籐でできた捕球·投球用具》. [Sp=basket]

c'est-à-dire /*F* sɛtadiːr/ *adv* すなわち. [F=that is to say]

c'est au·tre chose /*F* sɛtoːtrə ʃoːz/ それは別問題だ.

cesti *n* CESTUS[1] の複数形.

c'est la guerre /*F* sɛ la gɛːr/ それが戦争だ, 戦争とはそんなものだ. [F=that is war]

c'est la vie /*F* sɛ la vi/ それが人生だ, 人生とはそんなものだ. [F=that is life]

ces·tode /séstòʊd/ *n* 〘動〙 条虫, サナダムシ (tapeworm). ► *a* 条虫類の. [*cestus*[1]]

ces·toid /séstɔ̀ɪd/ *n* 〘動〙 条虫. ► *a* 条虫様の.

c'est plus qu'un crime, c'est une faute /*F* sɛ ply kœ̃ krim sɛtyn foːt/ それは罪であるだけでなくて失策である.

Ces·tri·an /séstriən/ *a* CHESTER の.

ces·tus[1] /séstəs/ *n* (*pl* **ces·ti** /-tàɪ/) 〘ギ神·ロ神〙 アプロディーテー[ウェヌス] (Aphrodite [Venus]) の帯《愛情を起こさせる飾りがあったという》; 《女性, 特に花嫁の》帯. [L=girdle, belt<Gk]

cestus[2] *n* 〘古ロ〙 拳闘籠手(こて). [L (*caedo* to strike)]

cesura ⇨ CAESURA.

cet- /síːt/, **ce·to-** /síːtoʊ, -tə/ *comb form* 「鯨」 [L<Gk; ⇨ CETACEAN]

CET °Central European time. **CETA** /síːtə/ 〘米〙 Comprehensive Employment and Training Act.

ce·ta·cean /sɪtéɪʃ(ə)n/ *a, n* 〘動〙 クジラ目(もく) (Cetacea) の(動物). ♦ **ce·tá·ceous** *a* [L<Gk *kētos* whale]

ce·tane /síːtèɪn/ *n* 〘化〙 セタン《石油中に含まれる無色油状の炭化水素》.

cétane nùmber [ràting] 〘化〙 セタン価《ディーゼル燃料の発火性を示す; 普通のディーゼルエンジンはセタン価 45 以上を必要とする; cf. OCTANE NUMBER》.

Ce·ta·tea Al·bă /tʃətɑ́ːtiə ɑ́ːlbə/ チェタテア·アルバ《BELGOROD-DNESTROVSKY のルーマニア語名》.

cete /síːt/ *n* 《アナグマの》群れ, 集団.

cet·er·ach /sétəræ̀k/ *n* 〘植〙 SCALE FERN.

ce·te·ra de·sunt /kéɪtərɑ̀ː déɪsʊ̀nt/ その他のものは欠けている, 残部紛失. [L=the rest is missing]

ce·te·ris pa·ri·bus /sétərəs pǽrəbəs, kéɪt-/ ほかの事情が同じならば《略 cet. par.》. [L]

ce·tic /síːtɪk/ *a* クジラの; 鯨脳[鯨蠟]から採った.

ce·tin /síːtn/ *n* 〘生化〙 セチン《鯨蠟の主成分》; パルミチン酸セチル.

Ce·ti·nje /tsét(ə)njèɪ/ ツェティニェ《モンテネグロの市·古都》.

ce·tol·o·gy /sitɑ́lədʒi/ *n* 〘動〙 鯨学. ♦ **-gist** *n* **cè·to·lóg·i·cal** *a*

cet. par. °ceteris paribus.

ce·tri·mide /síːtrəmàɪd, sét-/ *n* セトリミド《消毒剤·洗浄剤》.

cets, sets /séts/ *n pl* *《俗》 鎮痛剤 Darvocet の錠剤.

Cette /*F* sɛt/ セット《SÈTE の旧称》.

Ce·tus /síːtəs/ 〘天〙 くじら座 (Whale). [L]

cé·tyl álcohol /síːt(ə)l-, "-tàɪl-/ 〘化〙 セチルアルコール《蠟状の結晶性アルコール; 薬品·化粧品製造用》.

CEU continuing education unit.

Ceu·ta /séɪùːtə, séʊtɑː/ セウタ《モロッコ北部 Gibraltar の対岸にあるスペインの市·港; 1580 年以降スペインの飛び地で軍事基地がある》.

CEV °Contemporary English Version.

Cé·vennes /*F* sevɛn/ セヴェンヌ《フランス中南部 Massif Central 南東端の山脈》.

ce·vi·che /səvíːtʃeɪ, -tʃi/ *n* SEVICHE.

ce·vi·tám·ic ácid /sìːvàɪtǽmɪk-/ 〘化〙 セビタミン酸 (ascorbic acid).

Ce·wa /tʃéɪwɑː/ *n* (*pl* ~, **~s**) チェワ族 (CHEWA).

Cey·lon /sɪlɑ́n, *seɪ-/ セイロン (*Sinhalese* Lanka) 《**1**) インド亜大陸南東岸沖の島 **2**) SRI LANKA の旧称》. ♦ **Cey·lon·ese** /sèɪlənìːz, sìː-, sèl-, -s/ *a, n*

Ceylón móss 〘植〙 オゴノリ属の海藻《寒天の原料》.

Ce·yx /síːɪks/ 〘ギ神〙 ケーユクス《トラキスの王で, ALCYONE の夫》.

Cé·zanne /seɪzǽn; *F* sezan/ セザンヌ **Paul** ~ (1839–1906)《フランスの画家; 後期印象派の代表的存在》. ♦ **Cé·zann·esque** /seɪzæ̀nésk, sèɪzænésk/ *a*

cf. 〘製本〙 calf (skin) ♦ [L *confer*] compare. **c.f., c/f, CF** 〘簿〙 carried forward. **Cf** 〘化〙 californium. **CF** °centrifugal force ♦ 〘英〙 Chaplain to the Forces ♦ °coefficient of friction ♦ °cystic fibrosis. **CF, c/f, c.f.** °cost and freight.

CFA franc /síːèféɪ –/ アフリカ金融共同体フラン, CFA フラン《ベニン·コートジヴォアール·ニジェール·セネガル·トーゴ·ブルキナファソなど西アフリカのいくつかの国で使用されている通貨》. [F *Communauté financière africaine* African Financial Community]

CFC /síːèfsíː/ *n* 〘化〙 CHLOROFLUOROCARBON. **CFE** 〘英〙 College of Further Education. **CFI** Certified Flight Instructor ♦ Chief Flying Instructor. **CFI, c.f.i.** cost, freight and insurance. **CFL** °Canadian Football League. **cfm, c.f.m.** cubic feet per minute. **CFO** Chief Financial Officer 最高財務責任者. **CFP** Certified Financial Planner 公認投資コンサルタント. **cfs, c.f.s.** cubic feet per second.

CFS 〘医〙 °chronic fatigue syndrome. **CFTC** °Commodity Futures Trading Commission. **cg** centigram(s). **CG** °Captain General ♦ °chorionic gonadotropin ♦ °Coast Guard ♦ °Coldstream Guards ♦ Commanding General ♦ °Commissary General ♦ °computer graphics ♦ Democratic Republic of the Congo ♦ °Consul General. **CG, cg, c.g.** °center of gravity. **CGH** °Cape of Good Hope. **CGI** 〘インターネット〙 Common Gateway Interface《ウェブサーバーが外部のプログラムを利用する規格; この規格で書かれたスクリプトが, フォームを解釈して適宜外部プログラムを利用しながらウェブページを実現する》♦ 〘電算〙 computer-generated imagery [images] CG による画像(製作). **cGMP** °cyclic GMP. **cgs, c.g.s.** centimeter-gram-second: ~ units. **CGS** 〘英〙 Chief of the General Staff 参謀総長.

CGT °capital gains tax ♦ [F *Confédération générale du travail*] (フランス)労働総同盟. **ch.** 〘測〙 chain(s) ♦ champion ♦ chaplain ♦ chapter ♦ 〘チェス〙 check ♦ chestnut ♦ chief ♦ child ♦ children ♦ church. **c.h.** °candle hour(s) ♦ °central heating.

Ch. Chapter ♦ China ♦ Chinese ♦ 〘楽〙 °choir organ. **CH** 〘英〙 °Companion of Honour ♦ [F *Confédération Helvétique*] Switzerland. **CH, c.h.** clearinghouse ♦ courthouse ♦ customhouse.

cha /tʃɑ́ː/ *n* "《俗》 茶 (tea).

chaat /tʃɑ́ːt/ *n* チャート《ゆでた野菜または生の果物にスパイスをきかせたインド料理》. [Hindi]

chab·a·zite /kǽbəzàɪt/ *n* 〘鉱〙 斜方沸石, 菱沸石.

Cha·blis /ʃæblíː, ʃə-, ʃɑː-, ʃǽbli/ *n* (*pl* ~ /-z/) シャブリ《**1**)

Burgundy の Chablis 地方産の辛口白ワイン **2)** やや辛口でソフトな白の California ワイン》.

cha·bouk, -buk /ʧɑ́ːbʊk/ *n* 《中近東の》馬むち《しばしば人の体刑用とする》. [Urdu<Pers]

Cha·bri·er /ʃɑ̀ːbriéɪ, ʃæ̀b-/ シャブリエ **(Alexis-)Emmanuel ~** (1841–94)《フランスの作曲家》.

Cha·brol /ʃɑːbrɔ́ːl/ シャブロル **Claude ~** (1930–2010)《フランスの映画監督; スリラーを得意とした》.

chace /ʧéɪs/ *v, n* 《古》 CHASE[1].

cha·cha /ʧɑ́ːʧɑ̀ː/ *n* 《インド》 おじ, 伯父, 叔父. [Hindi]

cha-cha /ʧɑ́ːʧɑ̀ː/, **cha-cha-cha** /ˊ-ˊ-ˊ/ *n* チャチャチャ《中南米に始まった速いリズムの舞踊(曲)》. ► *vi* チャチャチャを踊る. [AmSp (Cuba)]

cha·cha·la·ca /ʧɑ̀ːʧəlɑ́ːkə/ *n* 〖鳥〗 ヒメシャクケイ《ホウカンチョウ科; 中米・北米南部産》. [Sp<Nahuatl]

cha·cham /xɑ́ːxəm/ *n* HAHAM.

chac·ma /ʧǽkmə/ *n* 〖動〗 チャクマヒヒ (=~ **babóon**)《アフリカ南部のサバンナに生息する体が暗色の大型ヒヒ》. [Khoikhoi]

Chaco ⇨ GRAN CHACO.

cha·conne /ʃəkɔ́(ː)n, -kɑ́n/ *n* シャコンヌ《**(1)** ラテンアメリカからスペインに伝えられた古い舞曲 **2)** ゆっくりとしたテンポの3拍子の変奏形式による曲》. [F<Sp]

cha·cun à son goût /*F* ʃakœ̃ a sɔ̃ gu/ おのおの自分の好みがある, 蓼(たで)食う虫も好きずき.

chad /ʧǽd/ *n* チャド, 穿孔くず《パンチカードに穴をあけたときに生じる小紙片》. ♦ **~·less** *a* [C20; *chaff*[1] からか]

Chad[1], (F) **Tchad** /ʧǽd/ **1** チャド《アフリカ中北部の内陸国; 公式名 Republic of ~ (チャド共和国); ☆N'Djamena》. **2** [Lake] チャド湖《チャド・カメルーン・ニジェール・ナイジェリアにまたがる》. **3** 〖言〗 CHADIC. ♦ **Chád·ian** *a, n*

Chad[2] /ʧǽd/ [Mr.] チャド氏《第二次大戦中に人気があった, 塀などの上から首を出して, 'Wot, no beer?' などと言って物資の払底などに抗議している人の漫画》. [C20<?]

Chad[3] チャド《男子名》. [Gmc]

Chad·ic /ʧǽdɪk/ *n, a* 〖言〗 チャド諸語(の)《Afro-Asiatic 語族に属し Chad 湖の南および西の地域で用いられる; 代表は Hausa 語》.

cha·dor, -dar /ʧʌ́dər/ *n* チャードル《インド・イランで女性がベールやショールとして用いる大きな布》. [Hind<Pers]

Chad·wick /ʧǽdwɪk/ チャドウィック **Sir James ~** (1891–1974)《英国の物理学者; 中性子を発見; ノーベル物理学賞 (1935)》.

chae·bol /ʧéɪbɑ̀l/ *n* (*pl* **~, ~s**) 《韓国の》財閥, コングロマリット.

Chae·ro·nea /kèrəníːə/ カイロネイア《ギリシア Boeotia 西部の古代都市; マケドニアの Philip がアテナイ・テーバイ軍に (338 B.C.), Sulla が Mithridates に (86 B.C.) 勝利した地》.

chaet- /kíːt/, **chae·to-** /kíːtou, -tə/ *comb form* 「毛 (bristle, hair)」 [↓]

chae·ta /kíːtə/ *n* (*pl* **-tae** /-tìː/) 〖動〗 剛毛 (seta). ♦ **-tal** *a* [Gk *khaitē* long hair]

chae·tig·er·ous /kitíʤ(ə)rəs/, **-toph·o·rous** /kitɑ́f(ə)rəs/ *a* 〖動〗 剛毛をもった.

chae·to·gnath /kíːtɑ̀gnæ̀θ/ *n* 〖動〗 毛顎動物, ヤムシ (ARROWWORM). ► *a* 毛顎動物の.

chae·to·pod /kíːtəpɑ̀d/ *n* 〖動〗 毛足類の動物《ゴカイ・ミミズなど》.

chafe /ʧéɪf/ *vt* こすって暖める; すりへらす (abrade); すりむく; いらだたせる (irritate). ► *vi* 〈動物がおりなどに〉体をこすりつける 〈*against*〉; 〈波などが〉激しく当たる, ぶつかる 〈*against*〉; こすれる, すりへる, すりむける; いらいらする, いらだつ 〈*under, at, over*〉. ● **~ at the** BIT[1]. ► *n* すり傷(の痛み); こすること, 摩擦; いらだち: in a ~ いらいらして. [OF<L *calefacio* to make warm (*caleo* to be hot)]

cha·fer /ʧéɪfər/ *n* 〖昆〗 コガネムシ. [OE *ceafor*]

chaff[1] /ʧǽf; ʧɑ́ːf/ *n* 穀類の殻, もみがら; 切りわら《牛馬飼料》, まぐさ; 〖植〗 《草花の》苞(ほう); [*fig*] つまらないもの, がらくた; 〖軍〗 チャフ《レーダー妨害用に空中散布する金属片》: There is no wheat without ~. 《諺》 殻のない小麦はない《真価はくだらない外観の下に隠れている》/ You cannot catch old birds with ~. 《諺》 もみがらで年をとった鳥は捕えられない《老練の者はだませない》. ● He is not to be **caught with ~.** やすやすとだまされる男でない. **separate** [**sort**] **the** WHEAT **from the ~.** ► *vt* 〈わらなどを〉切る, 刻む. [OE *ceaf*=OHG *keva* husk]

chaff[2] *n* ひやかし; *《俗》 ばか話, ほら. ► *vt, vi* ひやかす, からかう. ♦ **~·er**[1] *n* [? *chafe*]

cháff·cùtter *n* まぐさ切り, わら切り(器).

chaf·fer[2] /ʧǽfər/ *vt* 値切る 〈*down*〉; 交換する, 取引する; 《廃》 売買する. ► *vi* 掛け合う (haggle); "雑談する (chat). ► *n* 《古》 値段の掛け合い. ♦ **~·er** *n* [OE (*ceap* bargain, *faru* journey)]

chaf·finch /ʧǽfɪnʧ/ *n* 〖鳥〗 ズアオアトリ《旧北区の鳴鳥》. [OE (*chaff*[1], *finch*)]

cháff·wèed *n* 〖植〗 ルリハコベの一種《白またはピンクの小さな花をつける》.

cháffy *a* もみがら (chaff) だらけの[の多い], もみがらのような; つまらない. ♦ **cháff·i·ness** *n*

cháf·ing dìsh /ʧéɪfɪŋ-/ 《料理・食物保温用》こんろ付き卓上鍋.

cháfing gèar 〖海〗 すれ止め《索具などのすれ合う所に当てる古帆布・革きれ類》.

Cha·gall /ʃəgɑ́ːl, -gǽl/ シャガール **Marc ~** (1887–1985)《ロシア生まれのフランスの画家》.

Chá·gas' disèase /ʃɑ́ːgəs(əz)-/ 〖医〗 シャーガス病, アメリカトリパノソーマ症 (=(*South*) *American trypanosomiasis*)《中南米に見られる鞭毛虫の感染による疾患でサシガメにより媒介される》. [Carlos *Chagas* (1879–1934) ブラジルの医師]

Chag·a·tai /ʧægətáɪ/ **1** チャガタイ (d. 1241)《13–14 世紀中央アジアのチャガタイハーン国の創始者; Genghis Khan の第2子》. **2** チャガタイ語《中央アジアで用いられたチュルク語系の文字言語》.

Chá·gos Archipélago /ʧɑ́ːgəs-/ *pl* [the] チャゴス諸島《インド洋中央部にある島群; 主島 Diego Garcia; 1965 年より英国のインド洋領土の一部》.

Cha·gres /ʧɑ́ːgrəs, ʧǽg-/ [the] チャグレス川《パナマ運河地帯を流れる》.

cha·grin /ʃəgrín; ʃǽgrɪn/ *n* 無念, くやしさ, 失望: to sb's ~=to the ~ of sb 人にとって残念なことには. ► *vt* [ᵁ*pp*] くやしがらせる, 残念がらせる: be [feel] *~ed at*…をくやしがる. [F<?]

Cha·gua·ra·mas /ʧɑ̀ːgwərɑ́ːməs/ チャグアラマス《西インド諸島 Trinidad 島北西部 Port of Spain の西の地域; チャグアラマス湾 (~ **Báy**) に臨み, 第二次大戦中 米海軍基地があった》.

Cha·har /ʧɑ́ːhɑ́ːr/ チャハル(察哈爾)《中国北部の旧省 (1928–52); ☆Kalgan; 現在の内モンゴル自治区中東部および河北省北西部の地域を管轄した》.

chai /ʧáɪ/ *n* チャイ《茶の葉・ミルク・砂糖・スパイスをいっしょに煮て作るティー》; 《インド》 茶.

Chai·ma /ʧáɪmə/ *n* **a** (*pl* **~, ~s**) チャイマ族《ベネズエラの海岸に住むカリブ人の一種族》. **b** チャイマ語.

chain /ʧéɪn/ *n* **1 a** 鎖; 《自転車の》チェーン; TIRE CHAIN; DOOR CHAIN; 首飾り; 《官職のしるしとして首にかける》鎖: keep bulls on a ~ 雄牛を鎖につないでおく / A ~ is no stronger than its weakest link. 《諺》 鎖の強さは最も弱い輪によって決まる. **b** [ᵁ*pl*] 束縛の鎖, きずな, 拘禁 (captivity): be in ~*s* 〈囚人・奴隷が〉獄舎につながれている. **2 a** ひと続き, 連鎖(状のもの) 〈*of*〉; 〖地理〗 脈, 帯, 系: a ~ *of* mountains=a mountain ~ 山脈 / HUMAN CHAIN / a ~ *of* events 一連のできごと. **b** 《連鎖経営の銀行・劇場・ホテル・小売店などの》連鎖組織体, チェーン 〈*of*〉. **c** "不動産売買の連鎖《新規購入の条件である自己物件の売却がままならない状況の連鎖》. **d** 《豪》 《屠畜場の》屠体移動レール; 《豪》 《屠畜場の》作業チーム. **e** 〖電〗 回路; 〖化〗 (炭素)鎖; 〖生〗 《細菌の》連鎖; CHAIN SHOT; [*pl*] 〖海〗 投鉛台. **3** 〖測〗 チェーン《測鎖 (=距離測量用の鎖), または 測鎖による距離測定の単位; 100 links で 1 チェーンとし, 現在では特に次の 2 つのいずれかを指す **1)** Gunter's [surveyor's] ~: 66 フィート [20.1 m] **2)** engineer's ~: 100 フィート [30.48 m]》; 〖海〗 海事チェーン (=nautical ~)《=15 feet》. ● **off the ~** 《豪・口》 束縛がなくて. **pull** [**jerk, rattle**] **sb's ~** *《俗》 人を困らせる, 悩ます, いらいらさせる; *《俗》 人をだます, 一杯食わす. **yank sb's ~** *《俗》 人をいじめる, 困らせる, 挑発する, おちょくる. ► *vt* **1** …に鎖をかける, 鎖でつなぐ 〈*up, down*〉; 束縛する 〈*to*〉: be ~ ed *to* a [one's] desk デスクワークに拘束される. **2** 測鎖で測る. **3** *《俗》 〈計画などを〉めちゃめちゃにする (chainsaw). ► *vi* **1** 鎖でつながる[連結する]. **2** *《俗》 続けざまにタバコを吸う (chain-smoke). ♦ **~·less** *a* 鎖[束縛]のない. [OF<L *catena*]

Chain チェーン **Sir Ernst Boris ~** (1906–79)《ドイツ生まれの英国の生化学者; ペニシリンの治癒的性質を発見, ノーベル生理学医学賞 (1945)》.

cháin·age *n* 測鎖または巻尺で測定した長さ, チェーン数.

cháin àrmor CHAIN MAIL.

cháin·bèlt *n* チェーンベルト《金属の輪をつないだベルト》.

cháin bèlt 《自転車などの》歯車用チェーン.

cháin bràke 〖機〗 鎖ブレーキ.

cháin brèak 〖ラジオ・テレビ〗 チェーンブレーク (=*station break*)《支局で入れる短い広告》.

cháin brìdge 〖建〗 鎖吊橋.

cháin càble 〖海〗 錨鎖(びょうさ).

cháin còupling 〖機〗 鎖継手(つぎ).

cháin-drìnk *vi, vt* たてつづけに飲む.

cháin drìve 〖機〗 《動力の》チェーン駆動[伝動, ドライブ]; チェーン駆動システム. ♦ **cháin-driven** *a*

chaî·né /ʃenéɪ, ʃeɪ-/ *n* 〖バレエ〗 シェネイ《小さな回転動作を繰り返しながら舞台を横に移動すること》. [F]

cháin gàng 《構外作業などで》一本の鎖につながれた囚人たち.

cháin gèar 〖機〗 チェーン歯車.

cháin-gràte stòker, cháin gràte 〖機〗 鎖床ストーカー, チェーングレートストーカー《ボイラーに石炭を無限軌道式に送り込む装置》.

cháin hàrrow 〖農〗 チェーンハロー《トラクターで引く棒の部分に多くの鎖を付けたハロー》.

cháin·let *n* 小鎖.

cháin lètter 連鎖手紙《受取人が順次指名された数名の人に写しを出す; 不幸の手紙など》.
cháin lìghtning 鎖電《ジグザグの連鎖状の稲妻》; *《方・俗》安ウイスキー, 密造ウイスキー.
cháin-lìnk fènce チェーンリンクフェンス《スチールワイヤをダイヤモンド状のメッシュに編んだフェンス》.
cháin lòcker 〔海〕錨鎖(びょうさ)庫, チェーンロッカー.
cháin màil **1** 鎖かたびら (=*chain armor*). **2** チェーンメール, 連鎖メール《受取人に同内容の手紙[メール]を複数の人びとに出すことを求める手紙 (chain letter) や E メール (**cháin è-mail**)》.
cháin·man /-mən/ *n* 〔測〕チェーンを持つ人, 測量助手.
cháin mèasure 〔測〕チェーン尺[系]《chain を基準とする測量用の長さの単位系》.
cháin mòlding 〔建〕鎖の形をした繰形(くりがた).
cháin of béing 存在の鎖《すべての実在が完全さの順序に従って連なる階層》.
cháin of commánd 指揮[命令]系統.
chain·o·mat·ic /ʧèɪnəmǽtɪk/ *n, a* 《微重量を精確に計測するための》鎖天秤(てんびん)(を用いた), チェイノマティック(の).
cháin pìckerel 〔魚〕クサリカワカマス《北米東部産; 体側に鎖状の斑がある》.
cháin pìpe 〔海〕鎖管, チェーンパイプ《揚錨機から錨鎖庫に至る, 錨鎖を通すためのパイプ》.
cháin plàte [ᵘ*pl*]〔海〕チェーンプレート《舷側に shrouds (静索) を取り付ける金属板》.
cháin prìnter チェーンプリンター《高速印字機の一種》.
cháin pùmp 〔機〕鎖ポンプ.
cháin-reàct *vi* 〔理〕連鎖反応を起こす. ♦ **~·ing** *a*
cháin-reàct·ing píle 〔理〕連鎖反応炉, 原子炉.
cháin reàction 〔理〕連鎖反応; 《一般に》連鎖反応.
cháin reàctor 〔理〕連鎖反応装置.
cháin rùle 〔数〕《合成関数の微分などの》連鎖法則.
cháin·sàw *vt, vi* チェーンソーで切る[を使用する]; *《俗》〈計画などを〉めちゃめちゃにする, ぶちこわす.
cháin sàw 〔林〕チェーンソー《伐採用携帯電動鎖のこ》.
cháin shòt 鎖弾(くさりだま)《昔海戦で帆柱などを破壊するのに用いられた鎖でつないだ大砲の砲弾》.
cháins·man /-mən/ *n* 〔海〕投鉛手 (leadsman).
cháin-smòke *vi, vt* 続けざまに〈タバコを〉吸う. ♦ **cháin-smòker** *n* チェーンスモーカー.
cháin stìtch 〔手芸〕チェーンステッチ, 鎖縫い, 鎖編み. ♦ **cháin-stìtch** *vt*
cháin stòre チェーンストア (multiple store[ᴵᴵ]).
chain·wale /ʧéɪnwèɪl, ʧǽnl/ *n* CHANNEL².
cháin·whèel *n* 《自転車などの》鎖(歯)車, スプロケット.
cháin·wòrk *n* 鎖細工; 〔手芸〕鎖模様.
chair /ʧέər/ *n* **1 a** 椅子; [the] *《口》電気椅子(による死刑) (electric chair); 〔史〕椅子かご (sedan chair): sit on a ~ 椅子にすわる / take a ~ 着席する / get *the* ~* 電気椅子送りになる[で死刑になる] / send [go] to *the* ~ *死刑に処する[処せられる] / Pull up a ~. どうぞおすわりください. **b** チェア《**1**) レールを支えて枕木などに留める金属ブロック **2**) 壁を越すパイプの支持ブロック・ソケット **3**) コンクリート流し込み時に鉄筋を支持する金物》. **2 a** 《オーケストラ・バンドにおける》演奏家の席, ポジション. **b** 《大学の》講座; 大学教授の職 (professorship). **c** [the] 議長席[職], 会長席[職], ᴵᴵ市長の職, *知事[大統領]の職; 議長, 会長, 学科長 (chairperson) 〈*of*〉: *C~! C~!* 議長! 議長! 《議場整理の要求》 / in *the* ~ 議長席に着いて, 議長をつとめて / address [support] *the* ~ 議長に呼びかける[を支持する] / appeal to *the* ~ 議長の裁決を求める / leave *the* ~ 議長席を去る, 閉会する / take *the* ~ 議長席に着く, 司会する, 開会する; 就任する. ● **above** [**below**] **the ~** ᴵᴵ〈市会議員などが〉市長の経歴があって[なくて]. **fall off** one's **~** びっくりする. ► *vt* **1** 《特に権威ある》椅子に着かせる. **2** 《口》…の議長をつとめる, 〈会を〉司会する. **3** ᴵᴵ椅子に載せるようにしてかつぎまわる《胴上げの類》. ♦ **~·less** *a* [OF, <Gk; ⇨ CATHEDRAL]
cháir·bèd *n* 長椅子兼用寝台, ソファーベッド.
cháir·bòrne *a* 《口》《戦地勤務や戦闘任務ではなく》地上勤務の, 非戦闘[後方]勤務の; 机上[研究室]での. [*chair*+airborne]
cháir·bòund *a* 車椅子にたよっている.
chair càr 〔米鉄道〕PARLOR CAR; リクライニングシートを２脚ずつ両側に備えた客車.
cháir·lìft *n* チェアリフト《**1**) スキーヤー・観光客用 **2**) 車椅子に乗った人を階から階へ運ぶ装置》.
cháir·man /-mən/ *n* (*pl* **-men**) **1 a** 議長, 座長, 司会者, 会長, 委員長; 《大学の》学科長[主任]: ~ of the board 取締役会長. ★ 今日ではしばしば性差別的とされ, chair, chairperson を代わりに使う. **b** 《国家の》首席: *C~* Mao Zedong 毛沢東主席. **2** 車椅子 (Bath chair) を押す人; 《sedan chair の》かごかき. ► *vt* (**-n-** | **-nn-**) 〈会を〉司会する; 〈委員会などの〉の議長[委員長]をつとめる; 〈会社などの〉の会長[頭取]をつとめる; …の学科長[主任]をつとめる. ♦ **~·shìp** *n* chairman の職; chairman をつとめるための力量.
cháir·pèrson *n* 議長, 司会者, 会長, 委員長 (cf. CHAIRMAN); 《大学の》学科長[主任].
cháir ràil 〔建〕腰長押(なげし)《室内にぐるりとめぐらした腰羽目最上部のモールディング; 椅子の背があたって壁を傷めることがないようにするための造作》.
cháir·sìde *a* 《歯科診察室の》患者の椅子のわきの: a dental ~ assistant.
cháir·wàrm·er *《俗》*n* 椅子にすわってばかりいて活動しない人; 《坐業的な仕事で》仕事に身を入れない者, なまけ者; 客ではないのにホテルのロビーに居すわっている人.
cháir·wày *n* CHAIRLIFT.
cháir·wòman [ˢ*derog*] *n* 女性議長[司会者, 会長, 委員長] (⇨ CHAIRMAN).
chaise /ʃéɪz/ *n* 遊覧馬車《軽装二輪[四輪]馬車》; 《古》駅伝馬車 (post chaise); *CHAISE LONGUE. [F *chaire* CHAIR の異形]
chaise longue /ʃéɪz lɔ́(ː)ŋ, ʧéɪz-/ (*pl* **chaise(s) longues** /ʃéɪz lɔ́(ː)ŋz, ʧéɪz-/) シェーズロング《**1**) 縦長の座の片側に肘掛けのついた椅子 **2**) *ふつう戸外で使う, 寝椅子 (sunlounger)》. [F]
cháise lóunge CHAISE LONGUE.
chaise per·cée /*F* ʃɛːz pɛrse/ 便器の組み込まれた椅子, 寝室用便器. [F=pierced chair]
Chait /ʧáɪt/ *n* 〔ヒンドゥー暦〕一月, チャイト《グレゴリオ暦で 3–4 月; ⇨ HINDU CALENDAR》. [Skt]
chait·ya /ʧáɪtjə, -ʧə/ *n* 《インド》聖所, 《特に》仏舎利塔, チャイトヤ (cf. STUPA). [Skt]
Chak·kri /ʧɑ́ːkkríː/ チャクリ《タイの現王朝; 1782 年 Rama 1 世 Chao Phraya Chakkri が創始》.
chak·ra /ʧʌ́krə/ *n* 《インドで》太陽や支配者を象徴する輪; 《シク教徒が飛び道具として用いた》縁の鋭い円盤; 〔ヨガ〕チャクラ《生命のエネルギーの集積するいくつかの点》. [Skt]
cha·la·za /kəléɪzə, -lǽzə/ *n* (*pl* **~s, -zae** /-ziː/) 〔動〕卵帯, カラザ; 〔植〕合点《胚乳の珠皮と珠心との接点》. ♦ **cha·lá·zal** *a*
cha·la·zi·on /kəléɪziən, -ɑ̀n/ *n* (*pl* **-zia** /-ziə/) 〔眼〕霰粒(さんりゅう)腫《マイボーム腺の炎症によって眼瞼にできる腫脹》. [Gk (dim) < *khalaza* hailstone]
chalc- /kǽlk, kǽls/, **chal·co-** /kǽlkoʊ, -kə/ *comb form*「銅」「黄銅」「青銅」 [F & L<Gk (*khalkos* copper)]
chal·can·thite /kælkǽnθàɪt/ *n* 〔鉱〕胆礬(たんばん)《天然の硫酸銅》.
Chal·ce·don /kǽlsədɑ̀n, kælsíːdn; kǽlsɪd(ə)n, -dɔ̀n/ カルケドン《小アジア北西部, Bosporus 海峡をはさんで Byzantium の対岸にあった古代都市; 現代名 Kadiköy》. ■ the **Cóuncil of ~** カルケドン公会議《Chalcedon で開かれた第 4 回公会議 (451); キリストには神性しかないとする単性論を退け, 神性と人性を認めた》.
Chal·ce·do·ni·an /kæ̀lsədóʊniən/ *a* Chalcedon の, カルケドン公会議 (Council of Chalcedon) の. ► *n* カルケドン信条[信経]信奉者.
chal·ced·o·ny, cal- /kælséd(ə)ni, kǽlsədòʊ-/ *n* 〔鉱〕玉髄, カルセドニー. ♦ **chal·ce·don·ic** /kæ̀lsədɑ́nɪk/ *a* [L<Gk]
chal·cen·ter·ic /kælséntərɪk/, **-ter·ous** /-t(ə)rəs/ *a* 青銅の内臓をもった, タフな. [Gk; ⇨ CHALCO-]
chal·cid /kǽlsəd/ *n* 〔昆〕コバチ, 《特に》アシブトコバチ (=**~ flỳ** [**wàsp**]).
Chal·cid·i·ce /kælsídəsìː/ カルキディキ (ModGk **Khal·ki·dhi·kí** /kɑ̀ːlkiðikí/)《ギリシア北東部の半島》.
Chal·cis /kǽlsəs/ カルキス (ModGk **Khal·kís** /kɑːlkíːs/)《ギリシア中部 Euboea 島西岸にある同島の中心市; 古代多くの植民地を建設》. ♦ **Chal·cid·i·an** /kælsídiən/ *a, n*
chalco- /kǽlkoʊ, -kə/ ⇨ CHALC-.
chal·co·cite /kǽlkəsàɪt/ *n* 〔鉱〕輝銅鉱, カルコサイト.
chal·co·gen /kǽlkəʤən/ *n* 〔化〕カルコゲン《酸素・硫黄・セレン・テルルの総称》.
chal·co·gen·ide /kǽlkəʤənàɪd/ *n* 〔化〕カルコゲニド《カルコゲンの二元化合物》.
chal·cog·ra·phy /kælkɑ́grəfi/ *n* 銅版彫刻術. ♦ **-pher** *n* **-co·graph·ic** /kæ̀lkəgrǽfɪk/, **-i·cal** *a*
chal·co·lite /kǽlkəlàɪt/ *n* TORBERNITE.
Chal·co·lith·ic /kæ̀lkəlíθɪk/ *a* AENEOLITHIC.
chal·co·py·rite /kæ̀lkəpáɪəràɪt/ *n* 〔鉱〕黄銅鉱.
Chal·da·ic /kældéɪɪk/ *a, n* CHALDEAN.
Chal·dea, -daea /kældíːə/ カルデア《古代バビロニアの南部地方; 現在のイラク南部》; BABYLONIA. [L<Gk<Assyr]
Chal·dé·an *a* カルデアの; カルデア人[語, 文化]の; カルデア式占星術の; カルデア教会の. ► *n* **1 a** カルデア人《Tigris, Euphrates 川流域から起こり, バビロニアを支配するようになった古代セム人; 占星・占いに通じていた》. **b** カルデア語. **2** 占星家. **3** カルデア教会の信徒《イラン・イラクなどに拡がるカトリック東方教会の信徒》.
Chal·dee /kǽldìː; kældíː/ *a, n* CHALDEAN; BIBLICAL ARAMAIC.
chal·dron /ʧɔ́ːldrən/ *n* チョルドロン《古い乾量単位; 現在は英国で石炭の量目 (約 36 bushels) として用いるのみ》. [OF]
cha·let /ʃæléɪ, ⌐–/ *n* 《スイスアルプスの》羊飼いの山小屋, シャレー

《屋根の突き出たスイスの田舎家》; シャレー風の家[小屋]. ［SwissF］
Chal·fie /ʧǽlfi/ チャルフィー **Martin** ～ (1947–　)《米国の生化学者; 緑色蛍光タンパク質 (GFP) を生化学的標識として応用する手法の研究によりノーベル化学賞 (2008)》.
Cha·lia·pin /ʃəljáːpin, -ən/ シャリアピン **Fyodor Ivanovich** ～ (1873–1938)《ロシアのバス歌手》.
chal·ice /ʧǽləs/ *n* 杯, 《特に》聖杯, カリス; 〘植〙杯状花: POISONED CHALICE. ［OF＜L CALIX］
chálice cèll GOBLET CELL.
chál·iced *a* 〈花が〉杯状[鐘形]の; 〈植物が〉杯状花を有する; 杯にはいっている.
chal·i·co·sis /kæ̀ləkóusəs/ *n* (*pl* **-ses** /-sìːz/) 〘医〙石(粉)症, 石肺症《石工などが石の粒子を吸い込むことによって起こる肺塵症》. ［Gk *khalix* pebble］
chal·i·co·there /kǽləkouθìər/ *n* 〘古生〙カリコテリウム《新第三紀に生息した奇蹄類の動物; 馬に似るがかぎづめを有する》.
chalk /ʧɔ́ːk/ *n* **1 a** チョーク, 白墨, 色チョーク《crayon 画用》; 〘玉突〙チョーク《キュー先のタップのすべり止め用》: a (piece of) ～ チョーク 1 本 / tailor's ～＝FRENCH CHALK / (as) white as ～ 〈顔が〉蒼白で. **b** 《点数などの》チョークで付けた記号; ᵁ《勝負の》得点; 《俗》人気馬. **2** 白亜, 胡粉(ごふん); 〘地質〙白亜層, [the C-] チョーク《イングランド南東岸などの上部白亜系の泥灰質の層》. **3** *《俗》粉乳. ● **(as) different [like] as ～ from [and] cheese** ᵁ(外面は似て実質は)全く異なる, 全然別な. **by a long ～＝by long ～s＝by ～s** ᵁ《口》はるかに, 断然 (by far): not *by a long* ～ 全然. **not know ～ from cheese** 善悪の見分けがつかない. **walk one's ～(s)** 《俗》立ち去る. **walk the ～ (line [mark])** *厳密に命令に従う, 慎重にふるまう《水夫が酔っていないことを示すのに, デッキにチョークでかいた線の上を歩かされたことから》. ► *a* **1** チョークで書かれた[できた]. **2** 《競馬俗》勝つと予想されている, 人気馬の; 人気馬だけに賭ける. ► *vt* **1** チョークで書く[しるしをつける]; チョークで白く塗る. **2** ᵁ白亜と混ぜる[で処理する]. ► *vi* 粉を吹く, 〈ペンキが〉チョーキングを起こす (flour). ● **～ it up** 公表[公告]する; 〈…〉の勘定[つけ]にする 〈*to* sb('s account)〉. **～ one up** 〈相手に〉まさる, 〈…より〉優位に立つ 〈*on*〉. **～ out** (チョークで)輪郭を描く; 計画する. **～ sb's hat** *《俗》《汽車の》無賃乗車を許す. **～ up** (1) 《黒板などに》チョークで書く; 〈得点などを〉記録として書き留める, 記録する; 《口》心にとどめる; 〈得点・勝利などを〉得る, おさめる, 〈記録などを〉達成する, 積む, 〈損失を〉累積する. (2) …を〈…の〉せいにする 〈*to*〉, …を〈…の〉罪とする 〈*against*〉; ᵁ《口》〈飲み代などを〉〈…に〉支払わせる. **～…up to experience** 〈失敗などを〉《以後の教訓として》前向きにとらえる. ［OE *cealc*＜L CALX］
chálk and tálk 板書と教師の話が中心の伝統的教授法.
chálk bèd 〘地質〙白亜層.
chálk·bòard* *n* 黒板《通例 緑または黒》.
chálk·er *n**《黒人俗》白人みたいにふるまう黒人, やたら白人とつきあう黒人.
chálk·fàce *n* 教育現場, 教室. ［*coalface* にならったもの］
chálk pìt [quàrry] 《チョーク採取の》白亜坑.
chálk·stòne *n* 〘医〙痛風結節《指の関節などに発生》.
chálk strìpe チョークストライプ《暗い地に描いた細く白い縦縞模様》. ♦ **chálk-strìpe, -strìped** *a*
chálk tàlk* 黒板を使って行なう話[講演, 講義].
chálky *a* 白亜に富む, 白亜質の; チョークのような, 粉っぽい; チョークのように白い, 白亜色の. ♦ **chálk·i·ness** *n*
chal·la(h), hal·lah /háːlə, xáː-/ *n* 〘ユダヤ教〙ハッラー, ハラー《安息日 (Sabbath) や祝祭日に食べる特製パン; 通例 生地を編んで焼き上げる》. ［Heb］
chal·lenge /ʧǽlənʤ/ *n* **1** 挑戦, チャレンジ; 挑戦状 〈*to*〉; 《決闘・試合の》申し込み: issue a ～ 挑戦する / take up the ～ 挑戦に応じる / fling down a ～ *to* sb 人に挑戦状をたたきつける. **2 a** 説明の要求; とがめ, 難詰; 誰何(すいか)《歩哨の 'Halt! Who goes there?'「止まれ! だれか」》; 〘狩〙《臭跡を見つけての》猟犬の叫び声. **b** 異議(申し立て); 《人・行為・物の》適法性[資格]に対する異議申し立て; 〘法〙《陪審員・裁判官に対する》忌避: pose [present] a ～ 異議を唱える 〈*to*〉; 〈事が〉疑念を生む 〈*to*〉. **3** やりがいのある仕事, 意欲をそそる課題, 努力目標, 難題; 野心作: face a ～ 難題に立ち向かう. **4** 〘医〙攻撃《免疫反応の抗原投与, または予防接種の病原菌投与》; 〘電子工〙呼びかけ. **5** [C-] 《競技会の名称として》…チャレンジ. ● **rise to [meet] the ～** 難局にうまく対処する. ► *vt* **1 a** 挑戦する; 〈論戦・試合などを〉申し込む; 〈人〉に…するよう挑む[要求する]: ～ sb *to* a race [*to* do …] 人に競走を[…することを]挑む. **b** 〈賞賛・注意などを〉促し求める, 〈関心を〉喚起する; 刺激する, 〈難題などが人〉の能力を試す. **2 a** [ᵁ*pass*] 誰何する. **b** 〈正当性・権威などを〉疑う; 調べる, 吟味する; 〘医〙…の免疫性をテストする, 攻撃する. **3** 〈人(の陳述)〉に異議を申し立てる; …の適法性[資格]に異議を申し立てる; 〘法〙〈陪審員・裁判官を〉忌避する, 〈証拠などを〉拒否する: ～ sb *on* his statement. ► *vi* **1** 挑戦する. **2** 〈猟犬が〉臭跡をかぎつけてほえる. **3** 異議申し立てをする.
♦ **～·able** *a* ［OF＜L; ⇨ CALUMNY］
chállenge cùp 〘競技〙挑戦杯.
chál·lenged *a* [*euph*] 困難を背負った, 不自由な, ハンディのある: PHYSICALLY CHALLENGED / visually ～ 目の不自由な / vertically-～ 垂直方向にハンディのある, 背の低い.
chállenge flàg 〘競技〙挑戦旗.
chál·leng·er *n* **1** 挑戦者; 誰何(すいか)する人; 〘法〙忌避者. **2** [C-] チャレンジャー《米国のスペースシャトルの第 2 号機; 1986 年打上げ直後に爆発・炎上し, 乗員 7 名が全員死亡》.
chál·leng·ing *a* 挑戦的な; 能力を試すような, むずかしい; 意欲をかきたてる, 人の気をそそる, 思考を刺激する, 興味深い, やりがいのある; 魅力的な: a ～ school [*euph*] 教育困難校, 底辺校. ♦ **～·ly** *adv*
chal·lis /ʃǽli; ʃǽli(s)/, **chal·lie** /ʃǽli/ *n* シャリ織り《軽く柔らかい婦人服地の一種》. ［人名 *Challis* か］
Chal·mers /ʧáː(l)mərz, ʧǽl-/ チャーマーズ, チャルマーズ **Alexander** ～ (1759–1834)《スコットランドのジャーナリスト・伝記作家・編集者; *General Biographical Dictionary* (32 vols., 1812–17)》.
chal·one /kǽlòun, kéɪ-/ *n* 〘生理〙ケイロン, カローン《組織から分泌され, その組織の細胞分裂を特異的に抑制するとされる物質》.
Châ·lons-sur-Marne /*F* ʃalɔ̃syrmarn/ シャロン-シュル-マルヌ《フランス北東部 Marne 川に臨む市; Attila がローマ軍に敗れた地 (451 A.D.); 短縮形 Châlons》.
Cha·lon-sur-Saône /*F* ʃalɔ̃syrsoːn/ シャロン-シュル-ソーヌ《フランス中東部 Saône 川に臨む工業都市; 短縮形 Chalon》.
cha·lu·meau /ʃæ̀ljəmóu/ 〘楽〙*n* (*pl* **-meaux** /-z/) シャリュモー《(1) シングルリードの木管楽器; クラリネットの前身 (2) クラリネットの最低音域 (＝～ **régister**)》; SHAWM. ［F］
cha·lu·pa /ʧəlúːpə/ *n* 〘メキシコ料理〙チャルパ《トルティーヤの一種で, 小さな舟形のもの; 中に肉・トマト・チーズ・タマネギなどを詰める》. ［MexSp＜Sp＝boat］
chalutz ⇨ HALUTZ.
cha·lyb·e·ate /kəlíbiət, -líː-, -èɪt/ *a* 〘化〙〈鉱泉・薬が〉鉄塩を含んだ. ► *n* 〘薬〙鉄剤; 鉄泉《鉄塩を含む鉱泉》. ［L (*chalybs* steel＜Gk)］
chal·y·bite /kǽləbàɪt/ *n* 〘鉱〙菱(りょう)鉄鉱 (siderite).
cham[1] /kǽm/ *n* KHAN[1] の古形. ● **the Great C～** 韃靼(だったん)[タタール]王; 文壇の大御所《特に Dr. Johnson》.
cham[2] /ʃǽm/ *n* 《俗》シャンパン (champagne).
Cham /ʧǽm/ *n* **a** (*pl* ～, ～**s**) チャム族《カンボジアおよびヴェトナム中部のインドネシア系種族》. **b** チャム語.
cha·made /ʃəmáːd/ *n* 〘軍〙《昔の》談判[降伏]申し込みの合図《太鼓・らっぱの》; 退却の合図. ［F＜Port］
cha·mae·le·on /kəmíːljən/ *n* CHAMELEON; [C-] 〘天〙カメレオン座 (Chameleon).
chám·ae·phỳte /kǽmɪ-/ *n* 〘植〙地表植物《寒期・乾期の抵抗芽が地上 30 cm 以下にある植物》.
Cham·bal /ʧʌ́mbəl/ [the] チャムバル川《インド中部の川; Vindhya 山脈に発し, 東流して Yamuna 川に合流する》.
cham·ber /ʧéɪmbər/ *n* **1 a** 《英では古》部屋, 《特に》寝室. **b** [*pl*] ᵁ(独身者向きの)貸室, アパート《大きな建物の中でいくつかの部屋がひと続きで一区画となっている》. **2 a** 《公邸などの》応接室. **b** [*pl*] 判事室, 《特に 英国法学院 (Inns of Court) 内の》弁護士の事務所. **c** 《NZ》《屠殺場の》冷凍室. **3** 会議室; 会館 (hall); 会議所, 議場, 議会, 議院 (⇨ LOWER [UPPER] CHAMBER); 評議会, 会議. **4** 《銃の》薬室; 《リボルバーの》弾倉の仕切り; 《動植物体内の》小室, 穴, 房; 〘機〙《空気・蒸気などの》室. **5** CHAMBER POT; 《廃》CHAMBERMAID. ► *vt* **1** 部屋に閉じ込める. **2** 〈銃がある種の弾丸を〉装填できる. ► *a* 秘密の[に行なわれる]; 室内向きの; 室内楽(演奏)の. ［OF＜L *camera*＜Gk *kamara* vault］
chámber concert 室内楽演奏会.
chámber cóuncil 秘密会議.
chámber cóunsel ᵁ法律顧問 (＝*office lawyer*) (＝**chámber cóunsellor**)《法廷に出ない弁護士》; 《弁護士の》私見, 鑑定.
chám·bered *a* CHAMBER のある; 〈墓が〉埋葬室のある; [*compd*] …(な)室のある.
chámbered náutilus 〘貝〙オウムガイ (nautilus).
chámber·er *n* 《古》婦人の部屋に足しげく通う男, 情夫.
chámber·hànd *n* 《NZ》《屠畜場の》冷凍室係.
cham·ber·ing /ʧéɪmb(ə)rɪŋ/ *n* 浮気, 私通.
cham·ber·lain /ʧéɪmbərlən/ *n* 国王私財官, 宮内官, 侍従; 《王家・貴族家の》家令; 《市町村の》収入役; 〘カト〙教皇の名誉随員 CAMERLENGO: LORD [LORD GREAT] CHAMBERLAIN.
♦ **～·shìp** *n* ［OF＜L (*chamber*, *-ling*[1])］
Chamberlain チェンバレン (1) **(Arthur) Neville** ～ (1869–1940)《英国の保守党政治家; 首相 (1937–40); ナチスドイツに対して宥和(ゆうわ)政策 (appeasement) を採った》 (2) **Charles Joseph** ～ (1863–1943)《米国の植物学者》 (3) **(George) Richard** ～ (1934–　)《米国の俳優》 (4) **Houston Stewart** ～ (1855–1927)《英国生まれのドイツの哲学者; いわゆるアーリア人の文化的・人種的優越性を主張したその理論は Hitler はじめナチスに影響を与えた; Richard Wagner の娘婿》 (5) **John (Angus)** ～ (1927–　)《米国の抽象表現主義の彫刻家》 (6) **Joseph** ～ (1836–1914)《英国の実業家・政治家; Austen, Neville の父》 (7) Sir **(Joseph) Austen** ～ (1863–1937)《英国の保守党政治家; Neville ～ の異母兄; 外相 (1924–29); Locarno 条約成立までの貢献によりノーベル平和賞 (1925)》 (8) **Owen**

～ (1920–2006)《米国の核物理学者; 反陽子を発見し, ノーベル物理学賞 (1959)》 (9) **Wilt(on Norman)** ～ (1936–99)《米国のバスケットボール選手; あだ名 'Wilt the Stilt'; 身長 2 m 16 cm, センターとして活躍》.

chámber·màid *n* 《ホテルの》客室係のメード《寝室を掃除し, ベッドを整える》; *女中, 手伝い (housemaid).

chámber mùsic 室内楽.

chámber of cómmerce [ˢC- of C-] 商業会議所; *《俗》売春宿; *《俗》おまる (chamber pot), トイレ.

Chámber of Députies [the]《フランス・イタリアの》下院《フランスでは 1946 年以前のもの; cf. NATIONAL ASSEMBLY》.

chámber of hórrors [the C- of H-] 恐怖の部屋《Madame Tussaud's の, 犯罪者像や拷問の道具などが陳列してある地下室》; 《一般に》恐怖の部屋; 恐怖を起こさせる場所[もののコレクション].

chámber òrchestra 室内管弦楽団.

chámber òrgan 〘楽〙小型パイプオルガン.

chámber pòt 寝室用便器, しびん, おまる. ● WIN¹ **the solid gold ～.**

Cham·bers /ʧéɪmbərz/ チェンバーズ (1) **Robert** ～ (1802–71)《スコットランドの出版人・著述家; 兄の William (1800–83) と共に Edinburgh に W. & R. Chambers 社を設立し, 百科事典などを出版》 (2) **Whittaker** ～ (1901–61)《米国のジャーナリスト・ソ連側のスパイ; 本名 Jay Vivian ～; 機密情報を国務省の Alger Hiss から得たと証言した (1948) が, Hiss がこれを否認し, 偽証罪をめぐる裁判となった》 (3) Sir **William** ～ (1723–96)《英国の建築家; London の Somerset House (1776), Kew Gardens 植物園の中の塔などを設計》.

Cham·ber·tin /ʃɑ̀:mbərtǽn; ʃɔ̃bɛtæ̃/ *n* シャンベルタン《Burgundy 産の赤ワイン》.

chámber tòmb 〘考古〙チェンバートゥーム《後期新石器時代から青銅時代の墓室をもった墓趾》.

Cham·bé·ry /ʃɑ̃:beríː/ シャンベリー《フランス南東部アルプス山中の市; Savoie 県の県都》.

Cham·bord /ʃɑ̃:bɔ́:r/ **1** シャンボール《フランス中北部 Tours の北東の村; ルネサンス様式の古城が有名》. **2** シャンボール **Henri(-Charles-Ferdinand-Marie) Dieudonné d'Artois,** Comte de ～, Duc de Bordeaux (1820–83)《フランスの王位要求者; Charles 10 世の孫に当たり, Bourbon 王家最後の子孫》.

cham·bray /ʃǽmbrèɪ, -bri/ *n* シャンブレー《白横糸と色つき縦糸で霜降り効果を出した織物》.

cham·bré /*F* ʃɑ̃bre/ *a* 〈赤ワインが〉室温にまで温めた.

cham·cha /ʧʌ́mʧə/ *n* 《インド》おべっか使い, 手先. [Hindi]

cha·me·leon /kəmí:ljən/ *n* **1** 〘動〙カメレオン; 〘動〙アノールトカゲ (anole); 〘動〙AMERICAN CHAMELEON; 無節操な人, 気まぐれな人; 外見がよく変わる人. **2** [the C-]〘天〙カメレオン座 (Chamaeleon). ♦ **-le·on·ic** /kəmì:liánɪk/ *a* カメレオンのような; 移り気な. **～·lìke** *a* [L<Gk=ground lion (*khamai* on the ground, *leōn* lion)]

chametz ⇨ HAMETZ.

cham·fer /ʧǽmfər/ *vt* 〈木材・石材〉のかどをそぐ, 面取りをする; *…に丸溝を彫る. ► *n* 面《木材・石材などの稜角を削り取った部分》; *丸溝. [逆成〈*chamfering*<F *chamfrain* (CANT², *fraint* broken)]

cham·fron, -frain /ʧǽmfrən, ʃǽm-/ *n* 〘甲冑〙《中世の軍馬の》馬面(ばめん). [OE *chanfrein*]

cha·mi·sa /ʃəmí:sə/ 〘植〙 *n* **a** 米国西部・メキシコ産のハマアカザ属 (saltbush) の一種《アカザ科》. **b** RABBIT BUSH.

cha·mise /ʃəmí:s/ *n* 〘植〙California 産バラ科アデノストマ属の低木《白い小花をふさにつけ深い茂みをつくる》.

cha·mi·so /ʃəmí:soʊ/ *n* CHAMISA; CHAMISE.

chám·my¹ /ʃǽmi/ *n* シャミ革 (chamois).

chammy² *n* 《俗》CHAM².

cham·ois *n* **1** /ʃǽmi, ʃæmwɑ́:; ʃǽmwɑ:/ (*pl* ～, **-oix** /-(z)/) **a** 〘動〙シャモア《欧州・カフカス地方産の羚羊》. **b** 淡黄褐色 (=～ **yéllow**)《セーム革の色から》. **2** /ʃǽmi/ (*pl* ～, **-oix** /-z/) セーム革, シャミ革, シャモア (=～ **lèather**)《シャモア・羊などから取る柔らかい革》; シャモアクロス《セーム革に似せた起毛綿織物》; 研磨・洗浄用セーム革; 灰色がかった黄色. ► /ʃǽmi/ *vt* 〈皮を〉なめす; セーム革で磨く. [F]

cham·o·mile /kǽməmàɪl, -mì:l/ *n* 〘植〙**a** ローマカミツレ[カミルレ]《ヨーロッパ原産キク科ローマカミツレ属の多年草; 頭花を苦味薬にする》. **b** カミツレ属・ローマカミツレ属の数種の草本, 《特に》カミツレ, カミルレ《地中海地方原産キク科の一年草・薬草》. [OF, <Gk=earth apple; その香りから]

Cha·mo·nix /ʃæ̀məní:, ʃǽməni; *F* ʃamɔni/ シャモニー《フランス東部 Mont Blanc 北麓の観光の町・登山基地; Mont Blanc 北西のシャモニー谷の奥に位置する》.

Cha·mor·ro¹ /ʃəmɔ́:roʊ; -mɔ́r-/ *n* **a** (*pl* ～, ～**s**) チャモロ族《Guam 島など Mariana 諸島の先住民》. **b** チャモロ語《オーストロネシア語族に属する》.

Chamorro² チャモロ **Violeta Barrios de** ～ (1929–)《ニカラグアの新聞社主・政治家; 大統領 (1990–97)》.

champ¹ /ʧǽmp, *ʧɑ́mp, *ʧɔ́:mp/ *vi, vt* **1 a** 〈馬が〉歯を鳴らして食う; 〈まぐさを〉ムシャムシャかむ (chomp); 〈くつわを〉(いらだって)バリバリかむ; 馬のようにムシャムシャ食う. **b** 《スコ》つぶす, 踏みつぶす. **2** いらだつ. ● **～ at the** BIT¹. ► *n* ムシャムシャかむこと[音]; 歯ぎしり; 《北アイル》チャンプ《マッシュポテトとネギの料理》. [C16<? imit]

champ² /ʧǽmp/ *n* 《口》CHAMPION; 《口》できるやつ, やり手; *《俗》いいやつ, たよりがいのあるやつ.

cham·pac, -pak /ʧǽmpæk, ʧʌ́mpək/ *n* 〘植〙キンコウボク《ヒマラヤ原産モクレン科オガタマノキ属の花木で美しい木目がある》. [Hindi and Skt]

cham·pagne /ʃæmpéɪn/ *n* **1 a** シャンパン《Champagne 地方の特に白のスパークリングワイン; これに類するワイン》. **b** シャンパン色《緑黄色または琥珀(こはく)色》. **2** [C-] シャンパーニュ《フランス北東部の地方・旧州》.

Cham·pagne-Ar·denne /ʃæmpéɪnɑ:rdén; *F* ʃɑ̃paɲardɛn/ シャンパーニュ-アルデンヌ《フランス北東部の地域圏; Ardennes, Aube, Haute-Marne, Marne の 4 県からなる; 中世の伯爵領》.

champágne cùp シャンパンカップ《シャンパンに果物などで甘味や香りを加えて冷やした飲料》.

champágne sócialist [*derog*] 生活ぶりが贅沢な社会主義者, ブルジョア社会主義者. ♦ **-sócialism** *n*

champágne trìck 《俗》《売春婦の》金持ち客.

cham·paign /ʃæmpéɪn, ˈʧǽmpeɪn/ *n* 《文》平野, 平原; 《古》戦場. ► *a* 平原の. [OF<L *campania*; ⇨ CAMP¹]

cham·pers /ʃǽmpərz/ *n* ᵘ《口》シャンパン (champagne).

cham·per·tous /ʧǽmpərtəs/ *a* 〘法〙訴訟援助の約束のある: a ～ contract.

cham·per·ty /ʧǽmpərti/ *n* 〘法〙《利益分配の特約の付いた》訴訟援助. [AF<OF=share of profit]

cham·pi·gnon /ʃæmpínjən, ʧæm-; ʃǽmpinjɔ̃:/ *n* シャンピニオン, マッシュルーム (button mushroom)《欧州原産マツタケ科の食用キノコ》. [F]

Cham·pi·gny-sur-Marne /*F* ʃɑ̃piɲisy:rmarn/ シャンピニー-シュル-マルヌ《Paris の南南東郊外の Marne 川に臨む町》.

cham·pi·on /ʧǽmpiən/ *n* **1** 《競技の》選手権保持者, 優勝者, チャンピオン: the swimming ～ 水泳の優勝者. **2** 《人・主義などのために闘う》闘士, 擁護者; 《昔の》戦士. ► *a* 最優秀の, チャンピオンの; 《口・北イング》一流の, すばらしい; 《口》このうえない, 最高の: the ～ dog 最優等賞の犬 / a ～ idiot 大ばか. ► *adv* 《口・北イング》みごとに, すばらしく. ► *vt* …の闘士[擁護者]として働く, 擁護する; 《古》…に挑戦する. [OF<L *campion- campio*; ⇨ CAMP¹]

Chámpion of Éngland [the] KING'S CHAMPION.

chámpion·shìp *n* **1** 選手権, 優勝; 優勝者の地位; [ᵘ*pl*] 選手権大会, 決勝戦: the ～ flag [cup] / the ～ point 〘テニス〙優勝戦のマッチポイント. **2** 擁護 〈*of*〉.

Chámpionship Sèries 〘野〙チャンピオンシップシリーズ《American League と National League のチャンピオンを決めるプレーオフ; それぞれ ALCS, NLCS と略される》.

Chámpions Lèague チャンピオンズリーグ《一大陸内のプロサッカーチームの覇者を決めるリーグ戦; 普通 UEFA 主催のヨーロッパ・チャンピオンズリーグをいう》.

Cham·plain /ʃæmpléɪn; *F* ʃɑ̃plɛ̃/ **1** シャンプラン **Samuel de** ～ (c. 1567–1635)《フランスの探検家; Quebec を建設し, 新世界におけるフランス植民地の基礎を固めた》. **2** [Lake] シャンプレーン湖《New York 州と Vermont 州との州境の湖; 北端はカナダにかかる》.

champ·le·vé /ʃæ̀mpləvéɪ; *F* ʃɑ̃ləve/ *a* シャンルヴェの《金属板に装飾図様を彫り, 彫ったくぼみにエナメルを詰めて焼き付ける; cf. CLOISONNÉ》. ► *n* シャンルヴェ七宝.

Cham·pol·lion /*F* ʃɑ̃pɔljɔ̃/ シャンポリオン **Jean-François** ～ (1790–1832)《フランスの歴史家・言語学者; エジプト学の父; Rosetta stone の碑文を解読》.

Champollion-Fi·geac /*F* -fiʒak/ シャンポリオン-フィジャク **Jacques-Joseph** ～ (1778–1867)《フランスの考古学者》.

Champs Ély·sées /*F* ʃɑ̃zelize/ シャンゼリゼ《Paris の大通りで一流の商店街; 北側に Élysée 宮 (大統領官邸) がある》. [F=Elysian fields]

chan. channel.

cha·na, chan·na /ʧʌ́nə/ *n* 《インド》ヒヨコマメ, チャナー豆 (chickpea). [Hindi]

chance /ʧǽns; ʧɑ́:ns/ *n* **1 a** 偶然, 運, めぐり合わせ (fate)《FORTUITOUS *a*》: pure [sheer] ～ 全くの偶然 / If ～ will have me king … 万一わたしが運よく王になれたら… / Let ～ decide. (どうなるかは)運にまかせよう / *C*～ governs all. すべては運しだいである / GAME OF CHANCE. **b** できごと; 《古》不慮のできごと[災難]. **2** 勝ち目, 成算, 勝算, 可能性; [*pl*] 見込み (prospects): The ～*s* are against [in favor of] him. 形勢は彼に不利[有利]だ / have no [a good] ～ (of winning) 勝算がない[十分ある] / even ～ 五分五分の見込み / (The) ～*s* are (that)… 《口》おそらく…だろう. **3 a** 機会; 好機, きっかけ 〈*for, to* do〉: jump at [grab] a ～ チャンスに飛びつく, きっかけをつかむ / the ～ of a lifetime 〈*of* doing, *to* do〉〈…する〉一生にまたとない好機 / when you get a ～ 機会があれば《相手に物事を頼むときの表現》/ let the ～ slip by 好機を逸する / Give me a ～! チャンスをくれ, 最

後までやらせてくれ. **b**〘野〙刺殺[捕殺]の好機;〘クリケット〙打者をアウトにする好機. **4 a** 危険 (risk), 冒険, 賭け: run a ～ of failure 失敗を覚悟でやってみる. **b** 宝くじの抽選券. **5** *«口» 不定の数[量]〈*of*〉: a smart [powerful] ～ *of* apples たくさんのリンゴ. ● **a** FAT **～.** **Any ～ of…?** «口» …を(して)もらえますか: *Any* ～ *of* a beer? ビールを1杯もらえる? **as ～ will [would] have it** 偶然にも, 運のめぐり合わせで, たまたま. **be in with a ～** "«口»〈人が〉(…する)見込みがある〈*of doing*〉. **by ～** たまたま, 思いがけなく, 偶然に: *by* any ～ もしかして, ひょっとして / *by* some ～ なにかのはずみで / *by* the merest ～ ほんの偶然で. **C～ would be a fine thing.** "«口» そうできれば[そうなれば]願ったりかなったりだが. **fancy** one's [sb's] **～s** «口» 成功を信じている. **give…half a ～** [if 節で] …に少しでも機会を与えれば, [*neg*] …に少しも機会を与えない. **have [not have] a ～ in hell (of doing)** (…する)わずかな見込みがある[もない]. **leave…to ～**〈事を〉成り行きにまかせる: *leave* nothing *to* ～ 運[成り行き]まかせにしない, 周到に準備する. MAIN CHANCE. **No ～!** «口» そんなことはありっこない, そんなはずはない! **Not a ～!** *«俗» いや (No!), だめだ; «口» No CHANCE! OFF CHANCE. **on the ～ of [that]**…をひそかに予期[希望]して. **stand a (good [fair]) ～ (of doing)** (…する)見込みが(十分)ある. **stand no ～ against**…に対して勝ち目がない. **take a ～＝take ～s** 危険を冒す, いちかばちか賭けてみる. **take a** [one's] **～ on [with]**…(であること)に賭ける: We will *take a* ～ *on* the weather and have the party outdoors. 晴天に賭けて屋外でパーティーを開く. **take** one's **～(s)** 運にまかせてやってみる; 機会を最大限に利用する. **watch** one's **～** しかるべき時(の到来)を待つ.

► *a* 偶然の, 予期せぬ, たまたまの: a ～ hit まぐれあたり / a ～ customer 通りすがりの[ふりの]客 / a ～ meeting 思いがけない出会い.

► *vi* **1** [it を主語として] 偶然起こる (happen): *It* ～*d* that…. たまたま…であった. **2** はからずも…する: I ～*d to* do…. 偶然…した.

► *vt* やってみる, 運にまかせてやる. ● **～ it** «口» 運を天にまかせてする. **～ on [upon, across]** «文» …に偶然出会う, …をふと発見する. **～ one's arm [luck]** "«口・まれ»《失敗を覚悟のうえで》やってみる. **～ the consequence** 成否を運[天]にまかせる.

[OF (L *cado* to fall)]

chánce chìld 私生児.

chánce·ful *a* できごとの多い; «古» 運しだいの, 危険な.

chan·cel /ʧǽns(ə)l; ʧɑ́:n-/ *n* 《聖堂・礼拝堂の》内陣, チャンセル《元来 東端の祭壇の置かれた部分を指す語だが, 一般には聖職者と聖歌隊の席を含んだ東側一体を指す》. [OF＜L *cancelli* crossbars, grating]

chan·cel·lery, -lory /ʧǽns(ə)ləri; ʧɑ́:n-/ *n* CHANCELLOR の地位[官庁, 法廷, 事務局]; 大使[領事]館事務局.

chan·cel·lor /ʧǽns(ə)lər; ʧɑ́:n-/ *n* **1**〘英〙**a** 大法官 (LORD CHANCELLOR). **b** 財務[大蔵]大臣 (CHANCELLOR OF THE EXCHEQUER). **c** ランカスター公領尚書 (CHANCELLOR OF THE DUCHY OF LANCASTER). **2 a**《ドイツ・オーストリアの》首相. **b** 大学総長《英国では名誉職 (cf. VICE-CHANCELLOR); 米国では多くは President という》. **c**〘米〙《一部の州の》エクイティー裁判所裁判官. **d** "大使館一等書記官; «古» 国王[王子, 貴族]の秘書. **3**〘英国教〙チャンセラー《主教の代理として公文書の作成・保存を行なう》;〘カト〙聖庁尚書院長. ♦ **～·shìp** *n* chancellor の職[任期]. [OE *canceler*＜AF＜L *cancellarius* porter, secretary; ⇨ CHANCEL]

Cháncellor of Éngland [the]〘英〙大法官 (LORD CHANCELLOR).

Cháncellor of the Dúchy of Láncaster [the]〘英〙ランカスター公領尚書[公領相]《ランカスター公としての国王を代表し, 通例 無任所の閣僚となる; もと同公領のエクイティー裁判所大法官》.

Cháncellor of the Exchéquer [the]〘英〙財務府長官, 財務[大蔵]大臣《かつては財務裁判所 (Court of Exchequer) の国王付きの判事》.

chánce-médley *n*〘法〙過失殺人 (cf. CHAUD-MEDLEY); 偶然の行為.

chánce-mèt *a* 偶然出会った.

chánce mùsic 偶然性の音楽《John Cage らが始めた作曲・演奏に偶然性を採り入れた音楽》.

chanc·er /ʧǽnsər; ʧɑ́:n-/ "«俗» *n* ぶきっちょなやつ, だめなやつ; あぶないこと[賭け]をやってみるやつ.

chan·cery /ʧǽns(ə)ri; ʧɑ́:n-/ *n* [C-]〘英〙大法官府, 大法官府裁判所, 大法官府部《元来は国璽保管者としての大法官 (Lord Chancellor) が主宰した国王の書記局, のちに大法官のエクイティー上の裁判権を行使した裁判所, 今は高等法院 (High Court of Justice) の一部 (＝**～ Divìsion**)》;〘米〙エクイティー裁判所; エクイティー (equity); 公文書保管庁;〘英〙勲爵士位記録保管所;〘カト〙聖庁尚書院; 大使館[領事館]事務局 (chancellery). ● **in ～**〘法〙エクイティー裁判所に訴訟中の, 大法官の支配下の;〘レス・ボク〙頭を相手のわきのしたにかかえ込まれて; [*fig*] 絶体絶命になって: a ward *in* ～〘法〙大法官府における被後見人. [*chancellery*]

Chan-chiang 湛江 (⇨ ZHANJIANG).

chan·cre /ʃǽŋkər/ *n*〘医〙下疳(げかん); «俗» 性病. [F＜L *cancer*]

chan·croid /ʃǽŋkrɔ̀ɪd/ *n*〘医〙軟性下疳 (＝*soft chancre*). ♦ **chan·crói·dal** *a*

chan·crous /ʃǽŋkrəs/ *a*〘医〙下疳性の.

chancy, chanc·ey /ʧǽnsi; ʧɑ́:n-/ *a* «口» あぶなっかしい (risky);《結果・成り行きの》予測できない;〈人が〉気まぐれな; «スコ» 幸運な. ♦ **chánc·i·ly** *adv* **-i·ness** *n* [*chance*]

Chan·da /ʧʌ́ndə/ チャンダ (CHANDRAPUR の旧称).

Chan·dan·na·gar /ʧʌ̀ndənʌ́gər/ チャンダンナガル (CHANDERNAGORE).

chan·de·lier /ʃæ̀ndəlíər/ *n* シャンデリア. ♦ **chàn·de·líered** *a* [F; ⇨ CANDLE]

chan·delle /ʃændél; *F* ʃɑ̃dɛl/〘空〙*n* 急上昇方向転換, シャンデル. ► *vi* シャンデルを行なう. [F＝candle]

Chan·der·na·gore /ʧʌ̀ndərnəgɔ́:r/ チャンデルナゴル《インド東部 West Bengal 州, Kolkata の北にある市; もとフランスの植民地シャンデルナゴル (1686–1950)》.

Chan·di·garh /ʧʌ́ndigər/ チャンディーガル《インド北部 Delhi の北方にある市; 連邦直轄地で, Punjab 州および Haryana 州の州都; 1950 年代に Le Corbusier によって都市計画が行なわれた》.

chan·dler /ʧǽn(d)lər; ʧɑ́:n-/ «英では古» *n* ろうそく製造販売人; 雑貨商《ろうそく・油・石鹸・ペンキ・油類などを売る》; 商人; 船舶雑貨商 (ship chandler). [AF, OF; ⇨ CANDLE]

Chandler チャンドラー **Raymond ～** (1888–1959)《米国のハードボイルド探偵小説家; 私立探偵 Philip MARLOWE を創造》.

Chándler pèriod [the]〘地物〙チャンドラー周期《チャンドラー揺動 (Chandler wobble) の周期; 416 日から 433 日の間》.

Chándler wóbble [the]〘地物〙チャンドラー揺動, 自由揺動《地球の自転軸のふらつきの一成分》. [Seth C. *Chandler* (1846–1913) 米国の天文学者]

chán·dlery «英では古» *n* 雑貨 (⇨ CHANDLER); 雑貨販売業, 荒物店, 雑貨店; 雑貨[ろうそく]置場.

Chan·dra·gup·ta /ʧʌ̀ndrəgúptə/, **Can·dra-** /kʌ́ndrə-/ チャンドラグプタ (d. 297? B.C.)《インドのマウリヤ朝 (Maurya) の開祖; ギリシアでは Sandrocottus として知られた》.

Chan·dra Gup·ta /ʧʌ́ndrə gúptə/, **Can·dra Gup·ta** /kʌ́ndrə-/ チャンドラグプタ **～ II**《グプタ朝第 3 代の王 (在位 c. 380–c. 415); グプタ朝の最盛期をもたらした》.

Chan·dra·pur /ʧʌ̀ndrəpúər/ チャンドラプル《インド中部 Maharashtra 州東部の市; 12–18 世紀には Gond 王朝の首都; 旧称 Chanda》.

Chan·dra·se·khar /ʧʌ̀ndrəʃéɪkɑ:r, ʃɑ̀:ndrəséɪkɑ:r/ チャンドラセカール **Subrahmanyan ～** (1910–95)《インド生まれの米国の天体物理学者; 天体の進化過程の研究でノーベル物理学賞 (1983)》.

Chandrasékhar lìmit [the]〘天〙チャンドラセカール限界《進化の終末近くにある星が重すぎて白色矮星にはならずに崩壊して中性子星またはブラックホールになる限界質量》. [↑]

Cha·nel /ʃənél, ʃæ-/ シャネル **Gabrielle ～** (1883–1971)《フランスの服飾デザイナー; 通称 'Coco'; シャネルスーツ・香水 (特にシャネル 5 番) で有名》.

Cha·ney /ʧéɪni/ チェイニー **Lon ～** (1883–1930)《米国の映画俳優; 本名 Alonso ～; ぶかっこうな人物や怪物などに扮し, 'Man of a Thousand Faces' といわれた; *The Hunchback of Notre Dame* (ノートルダムのせむし男, 1923)》.

Chang 長江 (⇨ CHANG JIANG).

Chang·an /ʧɑ́:ŋɑ́:n; ʧæŋ-/ 長安《西安 (XI'AN) の旧称》.

Changchiakow, -k'ou 張家口 (⇨ ZHANGJIAKOU).

Chang-chou, Changchow 漳州 (⇨ ZHANGZHOU).

Ch'ang-chou 常州 (⇨ CHANGZHOU).

Chang·chun /ʧɑ́:ŋʧún; ʧæŋ-/ 長春(ちょうしゅん)(チャンチュン)《中国吉林省の省都》.

Chang·de /ʧɑ́:ŋdə́:/, **-teh** /; ʧæŋtéɪ/ 常徳(じょうとく)(チャンドー)《中国湖南省北部の市》.

change /ʧéɪnʤ/ *n* **1** 変化, 変遷; 変更; [the] CHANGE OF LIFE;《月の》満ちかけ,《特に》新月になること; [*pl*] *«俗» 著しい態度[考え]の変化[変更]; [*pl*] *«俗» 苦しみ, 困難, 不愉快な経験; «廃» 変わりやすさ, 気まぐれ, 移り気: a ～ for the better 改良, 進歩, 栄転 / a ～ in the weather 天候の変化 / a ～ of seasons 季節の移り変わり / ～ and decay 変化と衰退, 有為転変 / undergo ～*s* 移り変わる, 変遷する / work a ～ 変化を起こす / in one's ～ 更年期で[に] / A ～ is as good as a rest. «諺» 変化は休息と同じくらいいいものだ / There is nothing permanent except ～. «諺» 変化のほかは変化せぬものなし. **2 a** 取替え, 交替, 異動; 乗換え;《リレーの》バトンタッチ; [°C-, 'C-] "取引所 (exchange): a ～ (of clothes) (衣服の)着替え / a ～ of cars [buses, trains] 乗換え / on *C*～ 取引所で. **b** 気分転換; 転地 (change of air): for a ～ 気分転換に, (いつものことの)代わりに, たまには / go away for a ～ 転地に出かける / a ～ *from* the routine 日々の仕事からの気分転換. **3** 両替銭; 釣銭; 小銭; *«俗» 金, 銭(ぜに), 現ナマ: Can you give [make*] me ～ for a £5 /fáɪvpàund/ note? 5 ポンド札でお釣りがありますか / have three dollars in ～ 小銭で 3 ドル持っている / small ～ 小銭 / Let me hold some ～. ちっとばかし金を恵んでくれないかい / keep the ～. つりは取っておきなさい. **4** [°*pl*]〘楽〙

種々順序を変えた鳴鐘法 (cf. CHANGE RINGING), 転調; 〘数〙 順列 (permutations); 《中国の》 易(えき) (cf. BOOK OF CHANGES). ● **and ～** [価格などの数字のあとに用いて端数を示す]*《口》 (それに)加えて数セント, …と少々: 10 bucks *and* ～ 10ドル少々. **A PIECE of ～. get no [little] ～ out of [from]** sb ᵁ《口》 《仕事・議論などで》 人をやっつけそこなう; …から何も聞き出せない. **give** sb **～** 人のために尽くす; しっぺ返しする. **give** sb **[get] short ～** 《口》 そっけなくする[される] (cf. SHORTCHANGE). **go through ～s** *《俗》 一所懸命にがんばる; *《俗》 さまざまな感情的苦しみを味わう. **make a ～** 変更する, 変化をもたらす; これまでとは違ったものになる, '見違える', 気分転換になる. **ring the ～s** 種々順序を変えて鐘を鳴らす; 〈…を〉手を替え品を替えてする[着る, 述べる] 〈*on*〉. **take the [one's] ～ out of**…に報復する. **the ～ of tide** 潮の変わり目; 危機.

► *vt* **1** 変える, 変化させる: ～ one's mind 考え直す / ～ one*self into*…に化ける[変装する]. **2 a** 替える, 改める; ᵁ〈買った商品を〉取り替える; 乗り換える: ～ soiled clothes *for* [*into*] clean ones よごれた衣服をきれいなのに着替える / ～ a baby [bed] おしめ[シーツ]を替える / ～ buses [trains] for London ロンドン行きのバス[列車]に乗り換える / *C*～ trains at Liverpool. リヴァプールで乗り換えです / get ～*d* 着替える. **b** 交換する 〈*with*〉: ～ houses [places, seats] *with* sb 人と家[場所, 席]を交換する. **3 a** 〈他の通貨に〉両替する, 〈小額に〉くずす 〈*into, for*〉: ～ euros *into* sterling / ～ a dollar *for* ten dimes. **b** 〈小切手・為替を〉現金にして払い戻す. **4** *《口》 〈動物を〉去勢する.

► *vi* **1** 変わる 〈*to, into, from*〉; 〈月・潮が〉変わる; 〈声が〉低い声域に変わる, 声変わりする: Winter ～*s to* spring. 冬は春に変わる / The wind has ～*d*. 風向きが変わった. **2** 乗り換える 〈*for*〉; 〈…に[…を]〉着替える 〈*into* [*out of*]〉; 《車のギアを》 入れる, 入れ換える (shift*) 〈*into* second gear〉: All ～! ᵁどなたもお乗り換え! / ～ at Oxford *for* Birmingham オックスフォードでバーミンガム行きに乗り換える / ～ *into* flannels フラノのズボンにはき替える. ● **～ around** 〈…の〉置き場所を変える. **～ back** もと(の形[状態, 性格など])に戻る, 再び着る[履く] 〈*to, into*〉; もとに戻す. **～ down** 〘車〙 ギアを低速へ入れ換える. **～ off** ほかの人と交替で働く; 別々のことを交互にやる. **～ over** 〈2 人が〉位置[立場, 役割]を変える, 交替する, 移る; 《競技で》 〈2 チームが〉コート[サイド]を替える; 《制度・方針・職業などを》 切り替える, 〈機械などが〉切り替わる 〈*from, to*〉: ～ *over from* gas *to* electricity ガスを電気に切り替える. **～ round**＝CHANGE over; ＝ᵁCHANGE around; 〈風が〉 《向きが》 変わる 〈*from, to*〉. **～ up** 変更する; 〘野〙 チェンジアップを投げる; 〘車〙 ギアを高速へ入れ換える.

[OF＜L *cambio* to barter＜? Celt]

chánge·able *a* 〈天気など〉変わりやすい; 可変性の, 変えられる; 気まぐれな; 色[外見]が変化して見える. ♦ **chànge·abílity** *n* 変わりやすい性質, 不安定; 可変性. **-ably** *adv* **～·ness** *n*

chánged *a* 以前と違う[異った]: a ～ man 別人.

chánge·ful *a* 変化に富む; 変わりやすい, 不安定な.
♦ **～·ly** *adv* **～·ness** *n*

chánge gèar 〘機〙 変速機, 変速装置; 換え歯車.

chánge·less *a* 変化のない; 不変の, 定まった (constant).
♦ **～·ly** *adv* **～·ness** *n*

chánge·ling *n* 取替え子 《こっそり他の赤ん坊に取り替えられた子供》; 《神隠しの》 取替え子 (＝*elf child*) 《さらった子の代わりに妖精たちが残す醜い子》; 小さくて醜い人; 《古》 変節者; 《古》 低能. [*-ling*¹]

chánge·màker *n* (貨幣)両替機.

chánge of fáce [frónt] 態度[方針]の変更: make a sudden ～ 態度を急変させる.

chánge of héart 心変わり, 変心, 転向: have a ～ 自説[立場]を変える, 改宗する.

chánge of lífe [the] 更年期 (climacterium), 月経閉止期, 閉経期 (menopause). ♦ **chánge-of-lífe** *a* 更年期の: a ～ baby 親が年をとってから生まれた子供.

chánge of páce 《気分転換のために》 ずっと続けていたことを突然中断して別のことをすること; 〘野〙 CHANGEUP.

chánge of vénue 〘法〙 裁判地の変更 《事件を他の地域管轄に移すこと; cf. change the VENUE》.

chánge of vóice 《思春期の》 声変わり.

chánge·òver *n* 移行, 《政策・社会理念などの》 転換 〈*to*〉; 《内閣などの》 改造; 《形勢の》 逆転; 《設備の》 切替え, 《製品の》 転換; 《リレー競走の》 バトンタッチ (takeover); 〘スポ〙 チェンジコート, チェンジエンド 《競技中の 2 チームのサイドの入れ替わり》.

chánge pòcket 《財布・ポケット内の》 小銭用ポケット.

chánge pòint 〘測〙 盛換(もりかえ)点, 換点 (turning point).

chánge pùrse* 小銭入れ, 財布.

chang·er /ʧéɪnʤər/ *n* 変更[改変]する人; 交換する人; よく意見[気持]の変わる人; RECORD CHANGER; 《廃》 両替屋 (money changer).

chánge rìnging 〘鳴鐘〙 転調鳴鐘(法), チェンジ(リンギング) (＝*peal ringing*) 《調子の異なる数個一組の釣鐘を, 鐘と同数の撞(つ)き手が一組となって, 一定の順序に従って打って, 変化に富む美しい音を打ち出す鳴鐘術》. ♦ **chánge rìnger** *n*

chánge·ròom* *n* 更衣室.

chánge·ùp *n* 〘野〙 チェンジアップ (＝*change of pace*) 《打者のタイミングをはずすために速球と同じモーションで投げるスローボール》; *《俗》 変化, 様変わり.

chánge whèel 〘機〙 換え歯車 (change gear).

Chang Hsüeh-liang 張学良 (⇨ ZHANG XUELIANG).

Chánging of the Guárd [the] 衛兵交替 《London の観光アトラクションの一つ; 毎朝 Buckingham Palace の前庭と Whitehall の Royal Horse Guards 司令部前で行なわれる, 赤い制服と黒い毛皮の帽子の衛兵の交替儀式》.

chánging ròom ᵁ 更衣室 (changeroom), ロッカールーム (locker room); 試着室.

Chang Jiang /ʧá:ŋ ʤiá:ŋ/, **Chang (Kiang)** /; ʧǽŋ (kjǽŋ)/ 長江 《揚子江 (Yangzi Jiang) の正称》.

Changkiakow 張家口 (⇨ ZHANGJIAKOU).

Chang·sha /ʧá:ŋʃá:, ᵁʧǽŋ-/ 長沙(ちょうさ)(チャンシャー) 《中国湖南省の省都》.

Changteh 常徳 (⇨ CHANGDE).

Chang Tso-lin 張作霖 (⇨ ZHANG ZUOLIN).

Chang·won /ʧá:ŋwán/ 昌原(チャンウォン)(しょうげん) 《韓国南東部, 慶尚南道の市・道庁所在地》.

Chang·zhou /ʧá:ŋʤóu/, **Ch'ang-chou** /, ʧǽŋʧáu/ 常州(じょうしゅう)(チャンチョウ) 《中国江蘇省南部の市; 旧称 武進 (Wujin)》.

chank /ʧǽŋk/ *《俗》 *n* 下疳 (chancre), 梅毒; 淫売 (prostitute).

Chankiang 湛江 (⇨ ZHANJIANG).

channa ⇨ CHANA.

chan·nel¹ /ʧǽnl/ *n* **1 a** 河床, 川底; 水路, 河道 《河川・港湾・海峡の深水部》; 〘空〙 水上滑走路. **b** 海峡 《strait より大》; [the C-] イギリス海峡 (English Channel). **c** 水管, 導管. **d** 《柱・敷居などの》 溝 (groove); 〘機〙 溝形鋼 (channel iron); 〘ボウル〙 ガター (GUTTER¹). **e** 〘生〙 《液体が流れる》 管状通路; 〘生化〙 チャンネル, チャネル 《生体膜上にあって特定のイオンの透過を調節する通路; 膜を貫通する孔をもつタンパク質分子により形成される; cf. ION CHANNEL》. **f** *《俗》 《麻薬をうつ》 静脈. **2 a** [ᵒ*pl*] 《伝達・通商などの》 経路, ルート; 手段, 《感情・エネルギーなどの》 はけ口 〈*for*〉; 《思想・行動などの》 道筋, 方向: diplomatic ～*s* 外交ルート / ～*s* of trade 貿易ルート / go through (the proper) ～*s* 正規の手続きを経る[踏む]. **b** 《通関審査のための》 通路[ブース]: GREEN CHANNEL, RED CHANNEL. **3 a** 〘放送〙 チャネル 《割り当てられた周波数帯; その周波数帯の番組》. **b** 〘電〙 チャネル, 伝送路 《電気信号の通路》; 〘電〙 チャネル 《電界効果トランジスターのソースとドレインの間の半導体の層》; 〘電算〙 チャネル 《紙テープにパンチした穴の送り方向の行》. **4** 霊媒 (medium). **5** 《ジャズ・ポピュラー音楽で》 チャネル (bridge). ● **change the ～** 《俗》 話題を変える. ► *vt* (**-l-** | **-ll-**) …に水路をつくる[開く]; …に溝を掘る; 〈水路などを〉開く; [ᵁ*pass*] 水路で運ぶ; 〈情報などを〉伝達する; 〈精力・金などを〉注ぐ 〈*into*〉; 導く, ある方向へ向ける 〈*into*〉; …の霊媒となる, …(の霊)が乗り移ったかのようだ, …を彷彿とさせる; *《俗》 〈薬(やく)を〉静注する; 《ホットロッダー俗》 〈車を〉フレームのレールがはまる溝付きの部材を使って車体が低くなるように改造する. ● **～ off** 水路で〈水を〉流す[排水する]; 〈資源などを〉消耗する. ♦ **-nel(l)ed** *a* 溝のある. [OF＜L CANAL]

channel² *n* [ᵁ*pl*] 〘海〙 横静索(よこせいさく)留板 (＝*chainwale*) 《マストの横静索の斜度を拡大する張出し材》. [*chainwale* (CHAIN, WALE); cf. GUNNEL¹]

chánnel bàr 〘機〙 CHANNEL IRON.

chánnel bàss 〘魚〙 チャンネルバス (＝*red drum, redfish*) 《アメリカ大西洋岸産のニベ科の釣魚・食用魚》.

chánnel·bìll 〘鳥〙 オオオニカッコウ (＝**chánnel·bìlled cúckoo**) 《豪州産》.

chánnel blàck チャネルブラック (＝*gas black*) 《溝形鋼のような金属の背面に天然ガスの炎を接触させ, すすとして析出するカーボンブラックをかき取って集めたもの》.

chánnel càtfish [càt] 〘魚〙 チャネルキャットフィッシュ, ブチナマズ 《アメリカナマズ科; 米国・カナダで重要な食用魚》. [川の channel にいることから]

Chánnel Cóuntry [the] チャネルカントリー 《オーストラリア Queensland 州南西部から一部 South Australia 州と New South Wales 州北西部にまたがる地域》.

chán·nel·er | -nel·ler *n* 霊媒 (medium).

chánnel gòose 〘鳥〙 カツオドリ (gannet).

chánnel-hòp *vi* ᵁ《リモコンで》 テレビのチャンネルを頻繁に変える (channel surf); イギリス海峡 (English Channel) を越えて頻繁[短期間]に往復する. ♦ **chánnel-hòpping** *n* **-hopper** *n*

chánnel·ing *n* **1** 〘理〙 チャネリング 《加速したイオンビームの単結晶への入射方向が結晶軸[面]に平行であるとき, 入射イオンの透過率が顕著に増大する現象》. **2** チャネリング 《霊的存在と人間とを媒介すること》.

chánnel ìron 〘機〙 溝形(みぞがた)鋼 (＝*channel* (*bar*)).

Chánnel Íslands *pl* [the] チャンネル諸島 《**1**) California 州の南西岸沖に連なる島群; 北に Santa Rosa, Santa Cruz 島を中心とする群, 南に Santa Catalina, San Clemente 島を中心とする群がある; 別称 Santa Barbara Islands **2**) イギリス海峡南部, フランス北西岸近くの島群; Jersey, Guernsey, Alderney, Sark その他の島々からなる英国王室保護領; 略 CI》.

chánnel·ìze *vt* …に水路を開く; …に溝を掘る; 水路で運ぶ, 向ける (channel); 〈流れを〉水路を通してまっすぐにする. ◆ **chànnel·izátion** *n*
chánnel sùrf·ing 《リモコンで》テレビチャンネルを次々に換えること. ◆ **chánnel sùrf** *vi* **chánnel sùrfer** *n*
Chánnel Túnnel [the] 海峡トンネル《英仏を結ぶ海峡トンネル; 1994 年開業》.
Chánnel Túnnel Ráil Lìnk 海峡トンネル連絡鉄道《HIGH SPEED 1 の旧称; 略 CTRL》.
chánnel-zàpping *n* CHANNEL SURFING.
chan·nery /ʧǽn(ə)ri/ *a* 〘土壌〙流路埋積砂礫(されき)の《15% 以上 90% 未満の平べったい砂岩・石灰炭・片岩を含む》.
chan·son /ʃǽnsən; *F* ʃɑ̃sɔ̃/ *n* (*pl* **~s** /-(z)/) 《フランスの》歌, 小唄, シャンソン.
chan·son de geste /*F* ʃɑ̃sɔ̃ də ʒɛst/ (*pl* **chansons de geste** /—/) 《11–13 世紀に北フランスの詩人たちが作った中世フランスの》武勲詩. [(O)F=song of heroic deeds]
chan·son·nier /*F* ʃɑ̃sɔnje/ *n* シャンソン作者; 《キャバレーで歌う》シャンソン歌手.
chant /ʧǽnt; ʧɑ́:nt/ *n* **1** 《群衆が唱える[叫ぶ]》繰り返しのことば[文句], シュプレヒコール, 〘スポ〙チャント《ファンやサポーターが叫ぶ[歌う]応援のフレーズ》. **2** 歌 (song); 聖歌, 聖詠歌, チャント; 詠唱, 賛詠; 詠唱調, 単調な話し方[歌]: GREGORIAN CHANT. ► *vt* 〈歌・聖歌を〉歌う; 《詩歌に詠じて》賛美する; 〈スローガンを〉繰り返し唱える. ► *vi* 詠唱する; 単調な調子で話を繰り返す; 《詩》歌う. [OF<L *canto* (freq) < *cano* to sing]
chan·tage /ʧɑ́:ntɪʤ; *F* ʃɑta:ʒ/ *n* ゆすり (blackmail).
chánt·er *n* **1** 詠唱者; 聖歌隊員 (chorister); 《聖歌隊の》先唱者 (cantor); 供養堂でミサを詠唱する司祭. **2** 《バグパイプの》指管. **3** 《古俗》いんちき博労(ばくろう).
chan·te·relle /ʃæ̀ntərél, ʃɑ̀:n-; ʃɑ̀:n-/ *n* 〘菌〙アンズタケ《欧州で最も好まれる食用キノコ》. [F]
chan·teuse /ʃæntú:z, -tɑ́:*rz*/ *n* (*pl* **-téus·es** /-z(əz)/) 《特にナイトクラブの》女性歌手. [F]
chan·tey, chan·ty /ʃǽnti, ʧǽn-; ʧɑ́:n-/ *n* 《水夫が錨を揚げる時などの》はやし歌 (=(*sea*) shanty).
chan·ti·cleer /ʧæ̀ntəklíə*r*, ʃæ̀n-/, **-te·cler** /-klέə*r*/ *n* 《文》雄鶏(cock)《*Reynard the Fox*, Chaucer の *Canterbury Tales* 中の 'Nun's Priest's Tale' などに登場する》; ″《古俗》陰茎. [OF=clear singer; ⇨ CHANT]
Chan·til·ly /ʃæntíli; *F* ʃɑ̃tiji/ *n* **1** シャンティイ《Paris の北北東にある町; かつてレース編みと磁器で知られた》. **2** シャンティイ(レース) (=**~ láce**)《絹などの糸で縁取ったボビンレース; ドレス・掛け布用》. ► *a* 〈クリームが〉薄く甘味をつけてホイップした; ホイップクリームを添えた.
Chantílly créam シャンティイクリーム《甘み[香料]を加えたホイップクリーム》.
chánt·ing fàlcon [gòshawk] 〘鳥〙ウタオオタカ《アフリカ産》.
chan·tress /ʧǽntrəs; ʧɑ́:n-/ *n* 《古・詩》歌姫. [(fem) < *chanter*]
chan·try /ʧǽntri; ʧɑ́:n-/ *n* 〘カト〙《冥福を祈ってもらうための》寄進; 〘カト〙寄進によって建てられた供養堂 (=**~ chàpel**); 《教会堂付属の》特別礼拝堂. [OF=singing; ⇨ CHANT]
chanty ⇨ CHANTEY.
Cha·nu(k)·kah /xɑ́:nəkə, hɑ́:-/ HANUKKAH.
Chao·'an /ʧáuɑ́:n/ 潮安(ちょうあん)(チャオアン)《CHAOZHOU の旧称》.
Chao K'uang-yin 趙匡胤(ちょうきょういん) (⇨ ZHAO KUANGYIN).
cha·ol·o·gy /keɪɑ́ləʤi/ *n* 〘数・理〙カオス論, カオス理論 (chaos theory). ◆ **-gist** *n*
Chao Phra·ya /ʧau práɪə, -prɑ:jɑ́:/ [the] チャオプラヤー川《タイ中西部を南流してタイ湾に注ぐ; 別称 Menam》.
cha·os /kéɪɑ̀s/ *n* **1 a** 《天地創造以前の》混沌(こんとん) (cf. COSMOS); 無秩序, 大混乱; 無秩序な集団, ごちゃごちゃ混ざったもの: The flood left ~ behind it. 洪水のあとは大混乱であった / in ~ 混沌として, 大混乱で. **b** 〘数・理〙カオス《系の挙動が, 初期条件のわずかな違いで結果が大きく変化するため, 事実上予測不可能になること》; CHAOS THEORY. **c** 《廃》深い割れ目[穴], 深淵. **2** [C-] 〘ギ神〙カオス《天地ができて最初に生まれたとされる神》. [F or L<Gk=vast chasm, void]
cháos thèory 〘数・理〙カオス理論 (⇨ CHAOS).
◆ **cháos thèorist** *n*
cha·ot·ic /keɪɑ́tɪk/ *a* 混沌とした; 無秩序な, 大混乱の; 〘数・理〙カオス(理論)の. ◆ **-i·cal·ly** *adv* [*erotic* などの類推で *chaos* から]
chao·tro·pic /kèɪətróupɪk, -trɑ́p-/ *a* カオトロピックな《水の構造を壊乱するような》: ~ ion カオトロピックイオン. [*chaos*, *-tropic*]
Chao·zhou, -chow /ʧáuʤóu/ 潮州(ちょうしゅう)(チャオチョウ)《中国広東州東部の市; 旧称 Chao'an》.
chap[1] /ʧǽp/ *n* [″*pl*] ひび, あかぎれ; ひび割れ, 亀裂, 裂け目. ► *vt*, *vi* (**-pp-**) **1** 〈寒気・霜が〉…にひび[あかぎれ]をきらす; 〈手などが〉荒れる, ひび[あかぎれ]がきれる; 〈地面〉にひびが生じる; 〈土地が〉干上がってひびがはいる. **2** 《スコ・北イング》打つ, たたく, 〈時計が時報を〉打つ; 《スコ・北イング》戸をたたく, ノックする. **3** *《俗》〈人を〉おこらせる, いらだたせる.
◆ **chápped** *a* ひび[あかぎれ]ができた; *《俗》腹を立てて, かっとなって, 頭にきて. [ME<?; cf. MLG, MD *kappen* to chop off]
chap[2] *n* ″《口》男, やつ (fellow); *《南部・中部》子供, 赤ん坊; ″《方》買手, 顧客. ● **old ~** [*voc*] ″《口》やあ, やあきみ. [*chap*man]
chap[3] /ʧɑ́p, ʧǽp/ *n* CHOP[3].
chap[4] /ʧɑ́p, ʧǽp/ *n* 《古》CHOP[4].
chap. chapter.
Cha·pa·la /ʧəpɑ́:lə/ [Lake] チャパラ湖《メキシコ中西部 Guadalajara の南東, Jalisco 州と Michoacán 州にまたがるメキシコ最大の湖》.
chap·a·ra·jos, -re- /ʃæ̀pəréɪous, -rɑ́:-/ *n pl* CHAPS. [AmSp]
chap·ar·ral /ʧæ̀pərǽl, ʃæp-, -rél/ *n* *《南西部》矮性(わいせい)カシの木のやぶ; 《一般に》踏み込みにくいやぶ; 〘生態〙チャパラル《California 州南部に特徴的な硬葉半低木林からなる植生》. [Sp (*chaparra* evergreen oak)]
chaparrál bird [còck] 〘鳥〙ROADRUNNER.
chaparrál pèa 〘植〙California 州でやぶをなすマメ科植物の一種.
cha·pa·ti, -pat·ti /ʧəpɑ́:ti, -pǽti/ *n* (*pl* **~s, ~es**) チャパーティー《小麦粉を発酵させずに練り, 鉄板で焼くパン; 北インドで日常食べる》. [Hindi]
cháp·bòok *n* 呼び売り本《昔 呼び売り商人 (chapman) が売り歩いた物語・俗謡などの小冊子》.
chape /ʧéɪp, ʧǽp/ *n* 《刀のさやの》こじり; 革帯を押えるバックルの背部. [OF=hood; ⇨ CAP[1]]
cha·peau /ʃæpóu, ʃə-; ˊーˋ/ *n* (*pl* **-peaux** /-(z)/, **~s**) 帽子; 《特に》軍帽. ● **C~ bas** /-bɑ́:/! 脱帽! [F; ⇨ CAP[1]]
chapeau bras /—brɑ́:/ (*pl* **chapéaux brás**) シャポーブラ《18 世紀に軍人や外交官などが用いた, 折りたたんで脇にはさむことのできる三角帽》. [F]
chap·el /ʧǽp(ə)l/ *n* **1 a** 《教会の, また 学校・病院・宮殿・大邸宅などの》礼拝堂, チャペル; ″《非国教徒の》教会堂 (cf. CHURCH); 〘スコ〙《カトリックの》教会堂. **b** 《学校でチャペルの》礼拝式: keep [miss] a ~ チャペルに出席[欠席]する. **c** 《王族のチャペルの》聖歌隊, 楽隊. **2** 葬儀施設, 《その》葬儀室. **3** 印刷工場; 印刷工組合: FATHER [MOTHER] OF THE CHAPEL. ► *a* ″《口》非国教徒の (Nonconformist): ~ folk / I'm ~. [OF<L (dim) < *cappa* cloak; もと St. Martin's cloak を *cappellani* (chaplains) が祭った sanctuary をいう]
chápel·gò·er″ *n* 非国教徒.
Chápel Híll チャペルヒル《North Carolina 州北部の町; University of North Carolina (1789) の所在地》.
cha·pelle ar·dente /*F* ʃapɛl ardɑ̃:t/ ろうそくやたいまつをともした貴人の遺骸仮安置所. [F=burning chapel]
chápel·màster *n* CHOIRMASTER.
chápel of éase 支聖堂, 司祭出張聖堂.
chápel of rést 《葬儀施設の》葬儀室, 霊安室 (chapel).
chápel róyal (*pl* **chápels róyal**) 王宮付属礼拝堂; [C- R-] 〘英国教〙王室礼拝堂.
chápel·ry *n* 礼拝堂管轄区.
chap·er·on, -one /ʃǽpəròun/ *n* **1** 《若い女性が社交界に出る時の》付添い《多くは年輩の女性》; *行儀作法の監督を任された人, お目付け役. **2** シャペローン《15 世紀ころ用いたクラウンから長い布が下がるターバンのような帽子》. **3** 〘生化〙(分子)シャペロン (=*molecular chaperone*)《非共有結合によるタンパク質の正しい構造形成を助けるが, それ自体は最終的な構造体の要素とならないタンパク質》. ► *vt* …に付き添う (escort). ► *vi* 付添いをする. [F=hood, chaperon (dim) < *chape* cope; cf. CAPE[2]]
cháp·er·on·age *n* 付き添うこと, 付き添い.
cháp·ess *n* ″《口》女. [*chap*, *-ess*[1]]
cháp·fàllen *a* あごを出した; しょげた, 元気のない.
chap·i·ter /ʧǽpətə*r*/ *n* 〘建〙柱頭 (capital).
chap·lain /ʧǽplən/ *n* 礼拝堂付き牧師[司祭], チャプレン; 軍隊付き[従軍]牧師[司祭]; 施設付き牧師[司祭]; 《公共機関・クラブなどで》宗教行事を行なうために任命された人; 《参事会司祭の司式の》補助司祭. ● **See the ~.** *《俗》つべこべ言うな, 黙れ. ◆ **~·cy** *n* 礼拝堂; CHAPLAINSHIP. **~·shìp** *n* chaplain の職[任期]. [OF<L; ⇨ CHAPEL]
chap·let /ʧǽplət/ *n* 花[葉]の冠; 首飾り; 〘カト〙ロザリオ(の一連); 〘カト〙ロザリオの祈り; 〘建〙数珠つなぎ; 〘冶〙中子(なかご) (core) 押え.
◆ **~·ed** *a* [OF (dim) < CHAPEL; ⇨ CAP[1]]
Chap·lin /ʧǽplən/ チャップリン Sir **Charles Spencer ~**, **'Charlie' ~** (1889–1977)《英国の映画俳優・脚本家・制作者; *The Gold Rush* (1925), *Modern Times* (1936), *The Great Dictator* (1940), *Limelight* (1952)》. ◆ **~·ésque** *a* チャップリン的な.
chap·man /ʧǽpmən/ *n* (*pl* **-men** /-mən/) ″行商人, 呼び売り商人; 《古》商人; 《古》買手, 顧客. [OE *cēapman* (CHEAP, *man*)]
Chapman チャップマン **George ~** (1559?–1634)《イングランドの劇作家・詩人; Homer の華麗かつ迫力のある翻訳で知られる》.
chap·pal /ʧǽp(ə)l/ *n* インドの革製サンダル. [Hindi]
Chap·pa·quíd·dick Ísland /ʧæ̀pəkwídɪk-/ チャパキディック島《Massachusetts 州南東部 Nantucket 湾の Martha's Vineyard 島の東方にある島; 1969 年 Edward Kennedy 上院議員の車

C

が橋から転落し, 同乗の女性秘書が溺死するという事件が起きた地》.
chap·pie, -py[1] /ʧǽpi/ «口» *n* やっこさん《CHAP[2] の愛称》; ちびさん.
chappy[2] *a* ひび[あかぎれ]のきれた. [*chap*[1]]
chaps /ʃǽps, ʧǽps/ *n pl* チャップス (＝*chaparajos*)《カウボーイがはく尻の部分がない革のオーバーズボン》.
Cháp·Stìck〘商標〙チャップスティック《薬用リップスティック》.
chap·tal·ize /ʃǽptəlàɪz/ *vi, vt*《ワイン醸造で》(〈発酵前[中]のブドウ液に〉) 補糖する, 加糖する. ♦ **chàp·tal·i·zá·tion** *n* 補糖, シャプタリゼーション, シャプタリザシヨン. [Jean-Antoine *Chaptal* (1756–1832) フランスの政治家・化学者]
chap·ter /ʧǽptər/ *n* **1**《書籍・論文の》章《略 chap., cap., ch., c.》;《人生・歴史などの》重要なひと区切り, 一幕, 一時期; 話題, 挿話; ‖《一連の》できごと, 連続 〈*of*〉: a ～ *of* disasters [accidents] うち続く惨事[不幸] / begin a new ～ in one's life 新たな人生を始める. **2**《cathedral または collegiate church の》聖堂参事会《その会員は canons で, dean が監督する》;《修道会・騎士団などの》総会; 教務院. **3** *《同窓会・クラブの》支部, 分会,《印刷工の》支部組合. ● **to** [**till**] **the end of the ～** 終わりまで; 永久に. ► *vt*〈書物を〉章に分ける. [OF＜L; ⇨ CAPITAL[1]]
chápter and vérse《聖書の何章何節というような》正確な出典[典拠, 出所],《言説の》はっきりした根拠; 詳細;《一連の》規定; [〈*adv*〉] ことばどおり正確に, こと細かに, 細部に至るまで: give [quote] ～ *for*…に対する正確な出所[典拠]を示す.
chapter 11 [**XI**] /── ɪlév(ə)n/〘米〙《1978 年の連邦改正破産法の》第 11 章《自発的破産申請による会社更生を規定する; 日本の会社更生法に相当》: file ～ 第 11 章の適用を申請する / ～ bankruptcy 第 11 章による破産.
chápter hòuse [**ròom**] 参事会会議場, チャプターハウス (cf. CHAPTER); *《大学の fraternity [sorority] の》寮, 支部会館.
chápter rìng《時刻を表示する数字・記号がしるされている》時計の文字盤上の輪状部.
chapter 7 /── sév(ə)n/〘米〙《1978 年の連邦改正破産法の》第 7 章《清算型破産手続きについて定めている》.
char[1] /ʧɑ́ːr/ *vt, vi* (-rr-)〈木を〉炭にする, 黒焦げにする[なる]; 焦がす. ► *n* 木炭 (charcoal),《製糖用の》骨炭. [?逆成＜*charcoal*]
char[2] ‖ *v* (-r- | -rr-) «口» *vi* 家庭内の雑用をする, 掃除婦として働く. ► *vt*〈家〉の掃除婦をする;〈雑用を〉する. ► *n* 掃除婦 (charwoman); [[U]*pl*]《家庭内の》雑用 (chore). [OE *cerr* a turn, *cierran* to turn; cf. CHORE]
char[3], **charr** /ʧɑ́ːr/ *n* (*pl* ～**s**, ～)〘魚〙チャー《イワナ・カワマスの類の淡水魚》. [C17＜?]
char[4] *n* ‖«口» TEA. [Chin *ch'a*]
chara /ʃǽrə/ *n* ‖«俗» CHARABANC.
char·a·banc, char-à-banc ‖ /ʃǽrəbæ̀ŋ/ *n*《昔の》大型遊覧バス, シャラバン. [F *char à bancs* carriage with seats]
char·a·cin /kǽrəsən/, **-cid** /-səd/ *n, a*〘魚〙カラシン科の各種の熱帯魚.
char·ac·ter /kǽrɪktər/ *n* **1**《物の》特徴, 特質, 特性;《一般に》性質;〘遺〙形質; 種類 (kind): the ～ of desert area 砂漠地域の特質 / a face without any ～ 特徴のない顔 / assume (an international) ～ (国際的)性質[性格]をおびる / different in ～ 性質が違う / trees of a peculiar ～ 一種変わった木. **2 a**《個人・国民の》性格; 品性, 人格, 人柄; 気骨: the ～ of Napoleon ナポレオンの性格 / the English ～ イギリス人の国民性 / a man of fine [mean] ～ 品性のりっぱな[下劣な]人 / a man of ～ [no ～] 気骨のある[ない]人 / ～ building 人間形成 / He has a weak ～. 弱い性格の持主だ. **b** 身分, 資格 (status), 地位. **3**《際立った特性をもつ》人物;《小説などの》登場人物,《劇の》役,《漫画の》キャラクター; «口» 変わり者, 妙なやつ; 個性的な[おもしろい]人; «口» 人, やつ (person); 性格描写[短描]: the leading ～ 主役 / a public ～ 公人 / a historical ～ 歴史的人物 / an international ～ 国際的な人物 / His uncle is quite a ～. 彼のおじはだいぶ変わっている[変人だ]. **4 a** 評判, 名声 (reputation); 令名: He has a ～ *for* honesty. 正直者だと評判だ / give sb a good [bad] ～ 人をほめる[けなす]. **b**《前雇主が使用人に与える》人物証明書, 推薦状 (testimonial): a servant with a good ～ りっぱな推薦状をもった召使. **5 a** 文字 (letter);《ある言語の》文字, アルファベット; 筆跡, 字体; 暗号記号 (cipher); 符号 (mark), 記号 (symbol);《魔術・占星術の》記号;〘通信〙字号;〘電算〙文字, キャラクター: a Chinese ～ 漢字 / in the German ～ ドイツ文字で / write in large [small] ～*s* 大きい[小さい]字で書く / a musical ～ 楽譜記号. **b**〘カト〙《秘跡の消えない》霊印. ● **clear one's** [**sb's**] **～** 自分への[人への]疑いを晴らす. ***in*** [***out of***] **～** その人らしく[らしくなく], 役にはまった[不向きな], 柄に合った[合わない]: go *out of* ～ 柄にないことをする. ***in the ～ of***…の資格[役割]で; …役に扮して: *in the* ～ *of* Ambassador 大使として[の資格で]. ► *a*〈俳優が〉性格的な; 性格俳優としての資格が求められる: CHARACTER ACTOR / CHARACTER PART. ► *vt* «古» 彫りつける; «古» 描写する, CHARACTERIZE. [OF＜L＝mark, distinctive quality＜Gk＝instrument for marking]
cháracter àctor〘劇・映〙性格俳優《特異な人物を演じる》. ♦ **cháracter àctress** *fem*
cháracter àrmor〘心〙性格のよろい《内面の弱さを隠すために見せる防衛; Wilhelm Reich の用語》.
cháracter assassinàtion《有名人士の信用を傷つけるための》中傷, 讒謗(ざんぼう), 誹謗, 人身攻撃.
cháracter còde〘電算〙文字コード.
cháracter disòrder 性格異常.
cháracter·ful *a* 特徴[性格]の表われた; 著しい特色のある, 性格の強い. ♦ **～·ly** *adv*
char·ac·ter·is·tic /kæ̀rɪktərístɪk/ *a* 特徴のある, 独特の; 〈…に〉特有な 〈*of*〉: be ～ *of*…の特性を示している. ► *n* 特質, 特徴, 特性, 特色;〘数〙《対数の》指標;〘数〙《体(たい)の》標数. ♦ **-ti·cal·ly** *adv* 特質上; 特徴[特色]として, 特徴的に, 典型的に.
characterístic cúrve〘理・写〙特性曲線.
characterístic equátion〘数〙特性方程式.
characterístic fúnction〘数〙特性関数 (eigenfunction).
characterístic polynómial〘数〙特性多項式.
characterístic radiátion〘理〙《元素に固有の波長をもつ》特性放射,《特に》CHARACTERISTIC X-RAY.
characterístic róot〘数〙特性根 (eigenvalue).
characterístic válue〘数〙特性値 (eigenvalue).
characterístic véctor〘数〙特性ベクトル (eigenvector).
characterístic velócity〘ロケット〙特性速度.
characteristic X-ray /── éks──/ [[U]*pl*]〘理〙特性 X 線《原子の内殻準位に電子が落ちる際に放出される, 元素に固有な波長をもつ X 線》.
chàracter·izátion *n* 特徴の描写, 性格[特色]づけ,《小説・演劇などにおける》性格描写.
cháracter·ize *vt* …の特徴[性格]を述べる, 性格づける 〈*as*〉; …の特徴である, 特色づける: be ～*d* by…の特徴がある.
cháracter·less *a* 特性[特色]のない; 人物証明書のない.
char·ac·ter·ol·o·gy /kæ̀rɪktərɑ́ləʤi/ *n* 性格学. ♦ **-o·log·i·cal** /kæ̀rɪkt(ə)rəlɑ́ʤɪk(ə)l/ *a* **-i·cal·ly** *adv*
cháracter pàrt〘劇・映〙性格役.
cháracter prìnter〘電算〙キャラクタープリンター (SERIAL PRINTER).
cháracter recognìtion〘電算〙文字認識《手書き・印刷・タイプなどの文字を認識してコンピューターのコードに変換すること》.
cháracter refèrence《従業員が離職するとき雇主が与える》人物証明書.
cháracter skètch 性格描写(の小品).
cháracter tỳpe〘心〙性格類型.
cháracter wìtness〘法〙性格証人《原告または被告の評判・素行・徳性などについて証言する人》.
char·ac·tery /kǽrɪkt(ə)ri, kərǽk-/ «主に詩» *n*《思想伝達の手段としての》文字[記号]の使用;《一言語の》使用文字《集合的》.
char·ac·to·nym /kǽrɪktənɪ̀m/ *n* 小説などの登場人物の特有の性格を示す名前《Caspar Milquetoast など》.
cha·rade /ʃəréɪd; -rɑ́ːd/ *n* なぞ掛けの詩[絵, 動作]で表わすことば; ジェスチャーゲームで演じる動作; [～s, 〈*sg/pl*〉] ジェスチャーゲーム, シャレード, [*fig*] 見え透いたうそ[言いわけ, ごまかし], へたな芝居. [F＜Prov＝conversation (*charra* chatter)]
cha·ran·go /ʧərǽŋgoʊ/ *n* (*pl* ～**s**) チャランゴ《Spanish America で用いる, 胴がアルマジロなどの殻でできたギターに似た楽器》. [Sp]
cha·ras /ʧɑ́ːrəs/, **chur·rus** /ʧʌ́rəs/ *n* チャラス《**1**) 大麻の頂花から出る粘性物質で幻覚成分を含む; cf. CANNABIN **2**) 喫煙用にこれを固めたもの, ＝HASHISH》; *«俗» コカイン. [Hindi]
chár·bròil* *vt*〈肉を〉炭火であぶる[焼く]. ♦ **～·er** *n* [*charcoal* ＋*broil*]
char·coal /ʧɑ́ːrkòʊl/ *n* 炭, 木炭;《デッサン用の》木炭; 木炭画 (＝ **～ dràwing**); 炭色; *«俗» [*derog*] 黒人. ► *a* 炭色の, チャコール色の. ► *vt* 木炭で書く[描く]; 炭火であぶる[焼く]. ♦ **～y** *a* [ME＜?; cf. Gael *ceara* red]
chárcoal bíscuit ‖《消化を助けるために》木炭をまぜたビスケット[堅パン].
chárcoal blòssom *«俗» [*derog*] 黒人女.
chárcoal bùrner 炭焼き人; 木炭ストーブ[こんろ]; [C- B-] CARBONARI.
chárcoal gráy チャコールグレー《黒に近い灰色》.
chárcoal lìly *«俗» [*derog*] 黒人女.
chárcoal nìgger *«俗» [*derog*] まっ黒な黒人.
Char·cot /ʃɑːrkóʊ, ──/ シャルコー **Jean-Martin ～** (1825–93)《フランスの神経病学者; 近代神経病学を創始, 筋萎縮性側索硬化症[シャルコー病]の記述などで知られる》.
char·cu·te·rie /ʃɑːrkùːtəríː; *F* ʃarkytri/ *n*《フランスの》豚肉店, 肉加工食品店; 肉加工食品《ソーセージ・ハム・ベーコン・パテなど》. [F＜OF (*chair* meat)]
chard[1] /ʧɑ́ːrd/ *n*〘野菜〙フダンソウ, トウヂシャ (＝*leaf beet, seakale beet, Swiss chard, white beet*) (⇨ BEET). [F]
chard[2] /ʃɑ́ːrd/ *n* CHARDONNAY.
Char·din /*F* ʃardɛ̃/ シャルダン **Jean-Baptiste-Siméon ～** (1699–1779)《フランスの静物画・風俗画家》.

Char·don·nay /ʃàːrdnéɪ; ʃáːdnèɪ/ *n* [°c-] シャルドネ《(1) フランス東部 Côte-d'Or 県を原産地とする白ワイン用ブドウ 2) 同品種のブドウから造る白の辛口ワイン》.

chare /ʧέər/ *n, v* 《主に英》 CHAR².

cha·ren·tais /ʃæ̀rəntéɪ; ╱╱╱/ シャランテ《果肉がオレンジ色の小型メロン》. [↓]

Cha·rente /*F* ʃarɑ̃ːt/ **1** シャラント《フランス西部, Poitou-Charentes 地域圏の県; ☆Angoulême》. **2** [the] シャラント川《フランス西部を流れ Biscay 湾へ注ぐ》.

Cha·rente-Ma·ri·time /*F* ʃarɑ̃tmaritim/ シャラント-マリティム《フランス西部, Poitou-Charentes 地域圏の県; ☆La Rochelle》.

charge /ʧáːrʤ/ *vt* **1 a**〈支払いを〉(…に) 負担させる,〈代価を〉請求する,〈税を〉かける;〈人など〉に請求する: ~ 90 cents a dozen *for* eggs 卵の代金を1ダース 90 セントの割で請求する / ~ a tax *on* an estate 地所に税金をかける / ~ sb *with* the cost of repairs 人に修理代を請求する / Parking is ~*d at* $10 per day. 駐車料金は1日10ドルです. **b**〈…の〉借方に記入する,〈品物などを〉貸し付ける, つけにする 〈*to*〉: *C*~ these cigars (*up*) *to* my account [(*up*) *to* me]. この葉巻はわたしの勘定につけておいてください. **c***…の代金をクレジットカードで払う〈*on* a credit card〉. **2 a**〈義務・責任などを〉負わせる, 課す; 委託する (entrust): Law ~*s* policeman *with* keeping order. 法律は警官に秩序維持の責任を課している / ~ one*self with*… みずから…の任に当たる, …の責任を引き受ける / We ~*d* him *with* a heavy task. 彼に重大な任務を託した. **b** 命じる (command);〈裁判官・司教などが〉説示[諭示]する: I ~ you *to* act at once. すぐ行動するよう命じる. **c**〈人を〉告発する, 非難する; 非難して言う〈*that*〉: ~ sb *with* a crime 人に罪を負わせる, 人を罪で告発する. **d**〈罪・失敗などを〉〈…の〉せいにする〈*to*〉. **3**〈敵を〉襲う, 突撃する (attack);〘スポ〙〈相手〉にチャージする;〈武器を〉構える: *C*~ bayonets! 着剣! **4 a** …に詰める, 装塡する (fill, load)〈*up*〉, ″〈グラスを〉満たす; 充電する〈*up*〉;〈水など〉に炭酸ガスを加える; 《古》…に積み込む;〘紋〙…に紋章をつける, 紋章としてつける: ~ a gun (*with* shot) 銃に弾丸を込める. **b**〈ある感情・気分で〉満たす〈*with*〉. ► *vi* **1** 値を言う; 支払いを請求する〈*for*〉. **2** 突撃する, 突然[勢いよく]進む,〘スポ〙チャージする〈*at*, (*down*) *on*〉: ~ *out of* a house 家から飛び出す. **3**〈猟犬が〉命令でする. **4** *《俗》スリル[興奮]を覚える. ● **be ~d with**… (1) …で充満している. (2) …の責任を負う, …を任されている. (3) …の嫌疑をうける. **~ off** (1) 損失として差し引く; *…のせいにする, …に帰する〈*to*〉: ~ *off* a mistake *to* experience あやまちも経験とみなす. (2) 《口》勢いよく飛び出して行く. **~ up** (1) ⇨ *vt* 1b; *…のせいにする (charge off). (2) 充電する;〈電池が〉充電される; 興奮[熱中]させる, 煽動する;〈芝居などを〉活気づかせる.

► *n* **1** 請求金額, 代価 (price), 料金〈*for, of*〉; [°*pl*] (諸)掛かり; 負担, 課徴金, 税金〈*on*〉; CHARGE ACCOUNT; 借方記入;〘法〙″担保権;《図書の》貸出し記録: an account [a bill] of ~*s* 諸費用計算書 / ~*s* forward [paid] 諸掛かり先払い[支払い済み] / free of ~ 無料で / at a ~ of…の費用で / at one's own ~ 自費で / at no extra ~ 追加料金なしで / No ~ for admission. 入場無料 / make a ~ (値段[費用]は)いくらと言う. **2 a** 義務, 任務, 責任; 委託, 保護, 管理: a first ~ on…に対する最優先の要請, 第一に求められること. **b**《聖職者の》受持ち教区, 教区民; 受託物, 託された人《託児所の子供, 病院の患者など》;《廃》荷物, 重荷. **3** 訓令, 諭示, 説示; 告発, 告訴, 問責〈*of, against*〉; 非難〈*of, that*〉;〘キ教〙告諭;〘法〙説示《陪審が評決を出すための審議にはいる前に裁判官が陪審に事件の法律問題を説明すること; その説明》: DROP the ~*s* / FACE a ~ / press [prefer] ~*s* ⇨ 成句. **4 a**〘軍〙突撃, 攻撃, 進軍らっぱ[太鼓];〘スポ〙チャージ. **b** 推進力, 迫力. **5 a** 充電; 電荷 (electric charge);《俗》(感情的な)力, スリル, 快感, 興奮;《俗》《オルガスム時の》発射液, 精液,《卑》勃起. **b**《一発分の》装薬, 弾薬;《俗》《薬物の》一服, 注射;《容器・機械に対する》供給量, 投入量;〘紋〙《盾の》紋章, 紋 (bearing). **c**《俗》マリファナ, くさ. ● **bring a ~ (of theft) against** sb 人を(窃盗罪で)告発する. **get a ~ from [out of, by]**… 《口》…を楽しむ, …にスリル[喜び]を感じる. **give** sb **a ~** 《口》人を楽しませる, 興奮させる. **give** sb **in ~** ″人を警察に引き渡す. **give** sth **in ~ to** sb 物を人に預ける. **have ~ of**…を預かっている; …を引き受ける, 受け持つ. **in ~ (of**…を) 管理して, 担当して; [in ~] ″捕えられて: the priest [curate] *in* ~ 教区牧師 (vicar) の職務を果たす聖職者 / the nurse *in* ~ *of* the patient その患者の担当の看護師 / the teacher [doctor] *in* ~ 担任教師[主治医] / put sb *in* ~ *of*…〈人を〉…の責任者にする,〈人〉に託す / take sb *in* ~〈警察が〉人を逮捕[保護]する. **in full ~** まっしぐらに. **in the ~ of**＝**in** sb**'s ~** …に預けられている: the patient *in the* ~ *of* the nurse [*in her* ~] その看護師[彼女]に託されている患者. **lay a ~** 非難する; 起訴[告発]する. **lay** sth **to** sb**'s ~** 事を人の責任にする. **make a ~ against**…を非難する. **on a [the] ~ of**…＝**on ~s of**…の罪を問われて. **press [prefer] ~s** 起訴[告発]する〈*against*〉. **put** sb **on a ~** 人の起訴に踏み切る. **put** sth **under [in]** sb**'s ~** 物を人に預ける. **return to the ~**〈突撃・議論を〉やりなおす. **take ~** 《口》制御できなくなる; 主導権を握る, 責任を引き受ける. **take ~ of**…を預かる, 担任する;〈感情が〉支配する, とらえる.
[OF＜L (*carrus* CAR)]

char·gé /ʃɑːrʒéɪ; ╱╱/ *n* CHARGÉ D'AFFAIRES. [F]

chárge·able *a*〈人が〉(罪で)責めを負うべき〈*for* [*with*] theft〉;〈費用が〉(特定の人[勘定]に)請求できる[すべき]〈*on* sb; *to* an account〉;〈税が〉(物品に)課せらるべき〈*on* goods〉;〈人が〉(教区などの)保護を受けるべき〈*to* a parish〉;《古》《経済的に》負担になる.
♦ **-ably** *adv* **~·ness** *n*

chárge accòunt* 掛け売り勘定 (credit account″);《俗》保釈金の入手法;《俗》保釈金を積んでくれる人[機関].

chárge-a-plàte /-ə-/ *n* クレジットカード.

chárge-càp″ *vt*〈地方自治体〉の地域社会税 (community charge) 徴収額に上限を課す.

chárge càrd CREDIT CARD.

chárge càrrier〘理〙電荷担体 (carrier).

chárge conjugàtion〘理〙荷電共役変換《粒子を反粒子にする》.

chárge-còupled [chárged còupled] devíce〘電子工〙電荷結合素子《略 CCD》.

chárge cùstomer 掛け売り客; 信用取引先.

charged /ʧáːrʤd/ *a* CHARGE された; 緊張した, 張りつめた; 熱のこもった, 感情的な;〈話題などが〉非常に刺激的な, 論議を呼びそうな; [ᵘ~ up]《俗》麻薬に酔った; [ᵘ~ up] 興奮した, 気合いがはいった; 荷電[帯電]した: emotionally ~ rhetoric ひどく感情的な語り口.

char·gé d'af·faires /ʃɑːrʒèɪ dəfέr; ʃæ̀ːʒeɪ dæfέər, -də-/ (*pl* **char·gés d'-** /ʃɑːrʒèɪ(z)-; ʃáːʒeɪ(z)-/) 代理大使[公使]; 公使代弁. [F＝in charge of affairs]

chárge dènsity〘理〙電荷密度.

chárged párticle bèam〘理〙荷電粒子線.

chárge·hànd″ *n* 職長 (foreman); 組長《職長の次に位する職人》.

chárge nùrse″《病棟などの》主任看護師.

chárge of quárters*《夜間・休日の》保営係[当番]下士官, 当直(下士官)《略 CQ》.

Chárge of the Líght Brigáde [The]「軽騎兵突撃の詩」《クリミア戦争中 Balaklava での英軍騎兵隊の突撃 (1854) をうたった Tennyson の詩 (1855)》.

chárge plàte CHARGE-A-PLATE.

charg·er¹ /ʧáːrʤər/ *n* 突撃者;《銃砲の》装塡手, 装薬器; 充電器; 将校の乗馬, 騎馬, 軍馬,《詩》《一般に》馬; *《俗》《ホットロッドの》ドライバー.

char·ger² *n*《肉を載せる平たい》大皿. [AF]

chárge·shèet *vt*《インド》起訴犯罪者名簿に記入する, 起訴する.

chárge shèet《警察の》起訴用犯罪者名簿; 起訴状.

chár·grìll *vt, vi*〈肉・魚を〉強火で焼く;〈肉・魚が〉強火で焼かれる: ~*ed* king salmon 強火で焼いたキングサーモン.

Chari ⇨ SHARI.

char·i·ness /ʧέərinəs/ *n* 用心深さ, 慎重, 細心の注意; 用心深く守られた状態, 完全無欠.

Chár·ing Cróss /ʧǽrɪŋ-/ チャリングクロス《London の中心部, Strand 街の西端, Trafalgar 広場の手前にある繁華な広場》.

Cháring Cròss Róad チャリングクロスロード《Charing Cross から北に延びる道; 古書店・レコード店が多い》.

Cháring Cròss Státion チャリングクロス駅《London の中心部にある幹線のターミナル駅》.

char·i·ot /ʧǽriət/ *n*《古代の, 通例 馬で引く》(二輪の)戦車;《18 世紀の》四輪軽馬車; 荷馬車; りっぱな車;《詩》壮麗な乗物, 花馬車;《俗》(旧式の)自動車. ►《文》*vt, vi* 戦車を駆る; 馬車で運ぶ. [F (augment)＜*char* CAR]

char·i·o·teer /ʧæ̀riətíər/ *n* 戦車 (chariot) の御者; [the C-]〘天〙ぎょしゃ座 (Auriga).

Char·is /kǽrɪs/ キャリス《女子名》. [Gk＝grace]

char·ism /kǽrìz(ə)m/ *n* (*pl* **~s**) CHARISMA.

cha·ris·ma /kərízmə/ *n* (*pl* **~s, -ma·ta** /-tə/) **1**〘神学〙聖霊の賜物, カリスマ. **2** カリスマ的資質《一般大衆の強い支持を得る非凡な(統率)能力》; カリスマ的存在. [L＜Gk (*kharis* grace)]

char·is·mat·ic /kæ̀rəzmǽtɪk/ *a* カリスマ的な;〘カト〙カリスマ派の《治癒の力など信者に聖霊がもたらす超自然力を強調する一派; プロテスタントの Pentecostal に当たる》;《まれ》神の寵愛をうけた. ► *n* カリスマ派の信者. ♦ **-i·cal·ly** *adv*

charismátic móvement カリスマ運動《カトリック・聖公会ほかのキリスト教会における, 異言・いやしの奇跡など聖霊の賜物を重視しようとする運動》.

char·i·ta·ble /ʧǽrətəb(ə)l/ *a* 慈善の, 公益のための; 慈善団体[活動]として公認された; 寛大な, 気前のよい; 寛容な, 思いやりのある: a ~ corporation 公益法人 / ~ status″ 慈善団体としての資格.
♦ **-bly** *adv* **~·ness** *n*

char·i·ty /ʧǽrəti/ *n* **1 a** 博愛, 慈悲心, 思いやり, 仁愛; 寛容; 慈善(行為), 義捐(ぎえん)金, 施し: *C*~ begins at home.《諺》慈愛はわが家から始まる / a ~ child 養育院の子供 / a ~ hospital 慈善病院 / (as) cold as ~ とても寒い; きわめて冷淡な《形式的慈善を皮肉った表現》. **b** 慈善事業, チャリティー; 慈善団体; 養育院, 施療院: leave money to *charities* 慈善事業に金を遺贈する. **2**〘キ教〙愛, 愛徳, 隣人愛, カリタス (Christian love): *C*~ covers a multitude of sins.

《諺》愛は多くの罪をおおう《*1 Pet* 4: 8》;《俗に》慈善は多くの罪をつぐなう. **3** [C-] チャリティー《女子名》. ● **in** [**out of**] **～ with**...を哀れと思って. ◆ **～·less** *a* ［OF＜L *caritas* (*carus* dear)］

chárity bòy 慈善学校の男子生徒.

chárity càrd 慈善カード, AFFINITY CARD.

Chárity Commìssion [the]〘英〙チャリティ委員会《慈善活動の認可と監督を担当する政府組織》.

chárity dàme 《俗》格安で[ただで]させる女, しろうと売春婦 (＝*charity moll*).

chárity gìrl 慈善学校の女子生徒;《俗》CHARITY DAME.

chárity mòll 《俗》CHARITY DAME.

chárity schòol 《昔の》慈善学校.

chárity shòpǁ チャリティーショップ (thrift shop*)《慈善の目的で中古品などを売る店》.

chárity shòt [**tòss**] 《バスケ俗》フリースロー.

chárity stàmp 慈善切手.

chárity strìpe [**lìne**] 《バスケ俗》フリースローライン.

chárity wàlk 慈善募金のための徒歩行進, チャリティーウォーク.

cha·riv·a·ri /ʃìvəríː, ─ ─ ─, ʃərìv-; ʃàːrìváːri/ *n* SHIVAREE.

chark /ʧáːrk/ *vt* 焼いて木炭[コークス]にする. ► *n*ǁ《方》木炭, コークス, 燃え殻. ［*charcoal* を chark coal としたものか］

char·ka, -kha /ʧáːrkə, ʧə́ːr-/ *n* 《インド》紡ぎ車, 糸車 (spinning wheel). ［Hindi］

chár·làdyǁ *n* CHARWOMAN.

char·la·tan /ʃáːrlət(ə)n/ *n* 知ったかぶりをする人, 食わせもの, ペテン師; にせ医者. ［F＜It＝babbler］

char·la·tan·ic /ʃàːrlətǽnɪk/ *a* いんちきの, にせの.

chárlatan·ìsm *n* CHARLATANRY.

chárlatan·ry *n* いんちき, かたり.

Char·lee /ʧáːrli/ チャーリー《女子名》.

Char·le·magne /ʃáːrləmèɪn/ シャルルマーニュ, カール大帝 (Charles the Great) (742–814)《フランク王 (768–814), 西ローマ帝国皇帝 (800–814); 神聖ローマ帝国皇帝 Charles 1 世とも数えられる》.

Char·lene /ʃɑːrlíːn/ シャーリーン《女子名》. ［(fem); ⇨ CHARLES］

Charle·roi /ʃáːrlərɔ̀ɪ, -rwàː/ シャルルロア《ベルギー南西部 Hainaut 州の市; 炭鉱·鉄鋼業など産業中心地》.

Charles /ʧáːrlz/ **1** チャールズ《男子名; 愛称 Charley, Charlie, Chuck》. **2** チャールズ (**1**) **～ I** (1600–49)《イングランド王 (1625–49); James 1 世の次子; 専制政治を行ない, 議会と対立, ピューリタン革命をまねいて処刑された》(**2**) **～ II** (1630–85)《イングランド王 (1660–85); Charles 1 世の子; ピューリタン革命期の亡命後, 帰国して王政復古 (Restoration) を達成; 宗教的対立が続く中, 親カトリック政策をとって名誉革命の遠因をつくった》(**3**) Prince of Wales (1948–)《英国女王 Elizabeth 2 世の長子; 英国皇太子》. **3** カール (**1**) **～ I** ⇨ CHARLEMAGNE (**2**) **～ I** (1887–1922)《オーストリア皇帝, (Charles IV として) ハンガリー皇帝 (1916–18); 最後のオーストリア-ハンガリー皇帝》(**3**) **～ II** (823–877)《通称 'the Bald' (禿頭王); (Charles I として) 西フランク王 (843–877), 西ローマ帝国皇帝 (875–877)》(**4**) **～ III** (879–929)《西フランク王 (893–923); 通称 'the Simple' (単純王); Robert 1 世に王位を奪われた》(**5**) **～ IV** (1316–78)《神聖ローマ帝国皇帝 (1355–78), ボヘミア王 (1346–78);「金印勅書」(Golden Bull) (1356) を発布》(**6**) **～ V** (1500–58)《神聖ローマ帝国皇帝 (1519–56), (Charles I として) スペイン王 (1516–56); Hapsburg 王国を引き継ぐが, プロテスタント勢力·トルコ·フランスと対立, オランダ·スペインは息子 Philip 2 世に, 皇帝位は弟 Ferdinand 1 世に託して引退》(**7**) **～ XIV John** (1763–1844)《スウェーデン·ノルウェー王 (1818–44); 本名 Jean-Baptiste Bernadotte; もとはフランスの元帥》(**8**) **～ XII** (1682–1718)《スウェーデン王 (1697–1718); 北方戦争で各地を転戦し, ロシア侵略をはかったが大敗 (1708), 自国の大国としての地位を失墜させた》(**9**) カール (1771–1847)《オーストリア大公; 軍の再編成を行ない, 対 Napoleon 戦争 (1813–15) で勝利をおさめた》. **4**《フランス王》シャルル (**1**) **～ IV** (1294–1328)《通称 'the Fair' (端麗王); 在位 (ナバラ王 ～I としても) 1322–28》(**2**) **～ V** (1338–80)《通称 'the Wise' (賢明王); 在位 1364–80; 百年戦争初期の戦闘で失われた領土を回復, 王国を復興させた》(**3**) **～ VI** (1368–1422)《通称 'the Mad' (狂気王), 'the Beloved' (最愛王); 在位 1380–1422》(**4**) **～ VII** (1403–61)《在位 1422–61; Charles 6 世の子; 百年戦争の間占領されていた土地からイングランド軍を撃退, 君主国としての行政機構を整えた》(**5**) **～ IX** (1550–74)《在位 1560–74; Henry 2 世と Catherine de' Medici の子; Catherine の圧力をうけて St. Bartholomew の日の虐殺を命じた》(**6**) **～ X** (1757–1836)《在位 1824–30; 王政復古期の極右王党派で王位にあって反動政策を押し進めた; cf. CARLISM》. **5** カルロス (**1**) **～ I**《スペイン王 (1516–56); 神聖ローマ皇帝 CHARLES 5 世》(**2**) **～ II** (1332–87)《ナバラ王 (1349–87); 通称 'the Bad' (邪悪王)》(**3**) **～ II** (1661–1700)《スペイン王 (1665–1700); Hapsburg 家最後のスペイン王》(**4**) **～ III** (1716–88)《スペイン王 (1759–88); ナポリ王 (～ VII として, 1734–59) からスペイン王として迎えられた; 啓蒙専制君主》(**5**) **～ IV** (1748–1819)《スペイン王 (1788–1808); 3 世の子; フランス革命政府と戦って敗れ, のち Napoleon 1 世に屈服, 退位》. **6** [Prince] シャルル (1903–83)《ベルギー国王 Leopold 3 世の弟; 摂政 (1944–50)》. **7** チャールズ **Ray ～** (1930–2004)《米国の黒人ソウル·シンガーソングライター; 盲目; 本名 Ray Charles Robinson》. **8**《俗》コカイン;*《俗》白人 (cf. CHARLIE). ［Gmc＝man］

Chárles Álbert カルロ·アルベルト (1798–1849)《イタリア国家統一時代 (Risorgimento) のサルデーニャ王 (1831–49)》

Charles de Gaulle Airport /ʃáːrl də gòʊl ─́─, -gɔ̀ːl-/ シャルル·ド·ゴール空港《Paris の北東にある国際空港; 1974 年開港》.

Chárles Édward Stúart チャールズ·エドワード·スチュアート (⇨ Charles Edward STUART).

Chárles Mar·tél /-mɑːrtél/ カール·マルテル (688?–741)《メロヴィング朝フランク王国の宮宰 (714–41); Charlemagne の祖父; Martel は「鉄槌」の意; フランク族の全領土を支配下に統合; Poitiers でイスラム勢力を撃退した》.

Chárles Ríver [the] チャールズ川《Massachusetts 州東部を流れ, Boston 湾に注ぐ; 河口域は Boston と Cambridge の境界をなす》.

Chárles's láw〘熱力学〙シャルルの法則 (＝*Gay-Lussac's law*)《定圧力の気体の体積は絶対温度に比例するという法則》. ［J. A. C. *Charles* (1746–1823) フランスの物理学者］

Chárles's Wainǁ /ʧáːrlz(əz) wéɪn/ [the]〘天〙チャールズの荷車 (Triones, Wagon)《北斗七星 (big dipper) のこと》. ［「(隣の星) Arcturus の荷車」の意のはずだったが King Arthur (L *Arturus*) が Charlesmagne と混同された］

Charles·ton /ʧáːrlstən/ *n* **1** チャールストン (**1**) West Virginia 州の州都; Kanawha 川に臨む **2**) South Carolina 州南東部の市·港町; 南部の交易の拠点として栄えた; cf. FORT SUMTER》. **2**〘ダンス〙チャールストン《つまさきを内側に向けひざから下を強く外側に蹴って踊る 1920 年代に米国ではやったダンス; Charleston, S.C. より》. ► *vi* チャールストンを踊る.

Charle·ville-Mé·zières /*F* ʃarlvilmezjɛːr/ シャルルヴィル-メジエール《フランス北東部 Meuse 川両側の双子都市が合併してできた都市; Ardennes 県の県都》.

Charley ⇨ CHARLIE.

Chárley Cóke [ºC- c-]*《俗》コカイン, コカイン中毒者.

Chárley Góon*《俗》おまわり, ポリ公.

chárley hòrse*《口》《足·腕などの》筋肉痛, こり: get [have] a ～.

Chárley's Áunt『チャーリーのおば』(Brandon Thomas の笑劇 (1892); 老女のかっこうをして友人のおばと偽った男の話》.

Charley Wheeler ⇨ CHARLIE WHEELER.

Char·lie, -ley /ʧáːrli/ **1** チャーリー《男子名; Charles の愛称》. **2 a** [ºc-]ǁ《俗》ちょっと足りない男, ばか: a proper [right] ～ まったくのばかもん, どアホ. **b** [ºc-] 夜警, 夜回り (night watchman). **c** [ºc-]《米俗·豪俗》ベトコン (Victor Charlie),《一般に》敵. **d***《黒人俗》白人, [*voc*] 白人さん (＝Mister C～), 白人社会. **3 a** [ºc-; *pl*]《俗》おっぱい; [*pl*]ǁ《俗》きんたま. **b** [ºc-]《豪韻俗》女の子 (girl). **4** チャーリー《文字 c を表わす通信用語; ⇨ COMMUNICATIONS CODE WORD》; [*pl*]*《軍俗》C RATIONS; [ºC-]《俗》コカイン, コカイン中毒者. ● **～ is dead.**ǁ《俗》下着が見えてるよ《子供がいうことば》.

Chárlie Brówn チャーリー·ブラウン《Charles Schulz の漫画 *Peanuts* の主人公; ツルリとした頭の, 何をやってもだめで人生の悲哀をたたえたような柔和で孤独な少年》.

Chárlie Ìrvine*《黒人俗》ポリ公 (＝*Irvine*).

Chárlie Nébs /-nébz/*《黒人俗》警察, サツ, おまわり.

Chárlie [**Chárley**] **Whéeler** 《豪韻俗》女の子 (sheila). ［*Charles Wheeler* (1881–1977) 裸体画を描いた画家］

char·lock /ʧáːrlɑ̀k, -lək/ *n*〘植〙ノハラガラシ (＝*corn* [*field, wild*] *mustard*). ［OE *cerlic*＜?］

Char·lotte /ʃáːrlət/ **1** シャーロット《女子名; 愛称 Lola, Loleta, Lolita, Lotta, Lotte, Lottie, Lotty》. **2** シャーロット《E. B. White の児童向け物語 *Charlotte's Web* (1952) に登場する美しい灰色のクモ》. **3** シャルロット《メキシコ皇帝 Maximilian の妃 CARLOTA》. **4** シャーロット《North Carolina 州南部の市》. **5** [c-] シャルロット《果物·クリームなどをカステラ[パン, ビスケット]に入れて焼いたケーキ; デザート用》. ［F (fem dim); ⇨ CHARLES］

Chárlotte Amá·lie /-əmáːljə/ シャーロットアマリエ《米国領 Virgin 諸島の中心都市; 旧称 St. Thomas》.

Char·lot·ten·burg /*G* ʃarlɔ́tnbʊrk/ シャルロッテンブルク《Berlin の一地区; もと独立都市》.

chárlotte rússe /-rúːs/ ロシア風シャルロット《外側がスポンジケーキ, 内側がババロアのデザート》.

Chárlotte·tòwn シャーロットタウン《カナダ南東部 Prince Edward Island 州の州都》.

Charl·ton /ʧáːrlt(ə)n/ チャールトン (**1**) **'Bobby' ～** [Sir **Robert ～**] (1937–)《英国のサッカー選手》(**2**) **'Jack' ～** [**John ～**] (1935–)《Bobby の兄; サッカー選手》.

charm[1] /ʧáːrm/ *n* **1** 魅力 (fascination); 魔力 (spell); [º*pl*]《特に女の》性的魅力, なまめかしさ: He is under the ～. 魔力をかけられている / He fell a victim to her ～*s*. 女の色香に迷った. **2 a** 呪文, まじない; 護符, お守り, 魔除け ⟨*against*⟩: a lucky [good luck] ～ 幸運のお守り. **b**《時計の鎖·腕輪などの》小さな飾り物, チャーム. **c** [*pl*]

*《俗》ぜに (money). **3**〘理〙チャーム《ハドロンを区別する物理量の一種》. ● **like a ～**《口》魔法にかかったように, 不思議に, みごとに: work *like a* ～〈事が〉もののみごとに功を奏す[運ぶ]. ► *vt, vi* **1 a** うっとりさせる, 魅する; 喜ばせる; 魅力をもつ: be *～ed with*…にうっとりする / Goodness often *～s* more than mere beauty. みめより気だて. **b** 魔力をかけて…させる, うまうまと〈秘密·同意などを〉引き出す〈*out of*〉. **c**〈蛇を〉訓練して使う (tame). **2** 呪文[お守り]で危害から護る. **3**〈薬など〉よく効く. ♦ **～·less** *a* **～·less·ly** *adv* **～·less·ness** *n* ［OF＜L *carmen* song］

charm[2] *n*‖《方》《鳥などの》入りまじった歌声[さえずり],《子供などの》混じり合った声, ガヤガヤ言う声;‖《方》アトリ[フィンチ] (finch) の群れ. ［変形＜*chirm*］

charmed /ʧɑ́ːrmd/ *a* **1** 魅せられた; 本当に喜んで, うれしさでいっぱいの. **2** 魔法をかけられた; 呪われた; 魔法[通力]で守られた. **3**〘理〙チャーム (charm) をもつ. ● **lead [live, have] a ～ life** 強運に恵まれている; しあわせな生活をおくる. ► *int*《古風》《初対面の挨拶で》お会いできて光栄です.

chármed círcle 排他的集団, 特権階級.

chármed lífe 不死身: lead [have, bear] a ～ 不死身である.

chármed quárk CHARM QUARK.

chárm·er *n* 魔法使い; 魅力的な人[女], あだっぽい女; 誘惑者, 女たらし; 蛇使い.

char·meuse /ʃɑːrm(j)ùːz; ʃɑːmúːz/ *n* シャルムーズ《しゅすに似た絹織物》.

Char·mi·an /ʧɑ́ːrmiən, ʃɑ́ːr-/ チャーミアン, シャーミアン《女子名》. ［Gk＝source of joy］

chárm·ing *a* 魅力的な, すてきな; 楽しい; 一見人当たりがよい; [〈*int*〉] [*iron*] ひどい, 'けっこうな'. ♦ **～·ly** *adv* **～·ness** *n*

chárm offènsive《主に政治の世界での》ご機嫌取り作戦, 愛想攻勢.

char·mo·ni·um /ʧɑːrmóuniəm/ *n* (*pl* ～)〘理〙チャーモニウム《チャームクォークとチャーム反クォークからなる粒子》.

chárm quàrk〘理〙チャームクォーク《クォークの一種; 電荷 +2/3, バリオン数 1/3, ストレンジネス 0, チャーム +1 を有する, 記号 *c*》.

chárm schòol チャームスクール《女性に社交術·話術·美容·エチケットなどを教える学校》.

char·nel /ʧɑ́ːrnl/ *n* 納骨堂, 遺体安置所 (＝**～ hòuse**). ► *a* 納骨堂になっている; 死を暗示する, 恐ろしい, ぞっとする. ［OF＝burying place (L CARNAL)］

Cha·ro(l)·lais /ʃæ̀rəléɪ/ *n* シャロレー《フランス原産の大型の白牛; 主に食肉や交配用》. ［原産地名］

Char·on /kéərən, -rɑ̀n/ **1**〘ギ神〙カローン《三途(さんず)の川 (Styx) の渡し守; その番犬は Cerberus》. **2** [*joc*] 渡し守 (ferryman). **3**〘天〙カロン《1978 年発見された冥王星の第 1 衛星》. ● **～'s boat [ferry]** 臨終のお迎え. **have one foot in ～'s ferry [boat]** 棺桶に片足突っ込んでいる.

char·o·phyte /kǽrəfàɪt/ *n*〘植〙シャジクモ《シャジクモ綱 (Charophyceae) の各種の緑藻類 (stonewort); スギナに似た形をした淡水産藻類》. ［NL (*Chara, -phyte*)］

Char·pak /ʃɑːrpɑ́ːk/ シャルパク **Georges** ～ (1924–2010)《フランスの物理学者; ポーランド生まれ; 素粒子を検出するための多線式比例計数箱を開発, ノーベル物理学賞 (1992)》.

Char·pen·tier /*F* ʃarpɑ̃tje/ シャルパンティエ (1) **Gustave** ～ (1860–1956)《フランスの作曲家; オペラ *Louise* (1900)》 (2) **Marc-Antoine** ～ (1634–1704)《フランスの作曲家; オラトリオなどの宗教音楽や劇音楽がある》.

char·poy /ʧɑ́ːrpɔ̀ɪ/ *n*《インドの》簡易ベッド. ［Hindi］

char·qui /ʧɑ́ːrki, ʃɑ́ːr-/ *n* チャルキ《ブラジルなどの乾燥肉》. ［Sp＜Quechua］

charr ⇨ CHAR[3].

charred /ʧɑ́ːrd/ *a* 黒焦げの.

char·rette /ʃərét/ *n*《仕事, 特に建築設計の完成に向けての》最後の追い込み;《外部の専門家を交えての》鳩首協議, 協議会. ［F］

char·ro /ʧɑ́ːrou/ *n* (*pl* **～s**) チャーロ《手の込んだ民族衣裳をまとったメキシコの騎手·カウボーイ》. ［Sp］

char·ry /ʧɑ́ːri/ *a* 木炭のような.

chart /ʧɑ́ːrt/ *n* **1** 図, 図表, グラフ; 海図, 水路図, 航空図; 天気図;〘占星〙天宮図 (horoscope): a physical ～ 地勢図 / WEATHER CHART. **2**〘医〙病歴, カルテ. **3 a** [the ～s]《ポピュラー音楽 CD の》週間ベストセラー表, ヒットチャート: in *the ～s* ヒットチャートに載って. **b**《俗》《競走馬の》成績表;《ジャズ俗》編曲, 楽譜. ● **off the ～s** *《俗》計る[量る, 測る, 図に作る]ことができないほど大きい[多い, 重い], とてつもない. ► *vt*〈海域·水路など〉の地図を作る, 海図に記す; 図表[グラフ, チャート]にする, 図表で示す;《発展や変化について》記録する, 跡づける; 計画する〈*out*〉. ► *vi* ヒットチャートにランクされる. ♦ **～·able** *a* ［F＜L *charta* CARD[1]］

char·ta·ceous /kɑːrtéɪʃəs/ *a* 紙の(ような), 紙質の.

chárt·bùst·er *n* ベストセラー(CD).

char·ter /ʧɑ́ːrtər/ *n* **1 a**《主権者たる国王や政府が発する, 自治都市·大学·会社などを設立し一定の権限を付与するための》特許状;《協会·組合の》支部設立許可状: the Great *C*～＝MAGNA CHARTA. **b** 特権, 特別免除. **2** 憲章 (constitution), 宣言書; [the C-] 国連憲章 (＝C～ of the United Nations): ATLANTIC [PEOPLE'S] CHARTER. **3 a**《船·バス·飛行機などの》貸借[用船]契約(書), チャーター (＝*charter party*); チャーター便, チャーター機[船]. **b**〘英法〙捺印証書 (deed), 譲渡証書. ► *a* チャーター契約の; チャーター用の. ► *vt* **1** …に特許状を与える, 特許状によって設立[認可, 譲渡]する;‖…に免許を与える. **2**〈船を〉用船契約で雇う;〈飛行機·車などを〉借り上げる, チャーターする. ♦ **～·able** *a* ［OF＜L *chartula* (dim)＜CHART］

chárter·age *n* 賃貸借契約,《特に》用船契約; 用船料, チャーター料.

chárter còlony〘米史〙特許植民地《英国王から個人·貿易会社などに下付された特許状によって建設された Virginia, Massachusetts, Connecticut, Rhode Island など》.

chár·tered *a* **1** 特許を受けた, 公認の;‖勅許状 (royal charter) を受けた団体に所属する: ～ librarian [surveyor etc.] / a ～ libertine 天下御免のわがまま者 / ～ rights 特権. **2** 用船契約をした; 貸切りの〈バス·飛行機〉.

chártered accóuntant〘英〙勅認会計士《Institute of Chartered Accountants (勅認会計士協会) の会員》.

chártered cómpany〘英〙特許会社《もと貿易振興のため国王の特許状によって設立された会社; 今日では特許状は特殊な組織に限られる傾向がある》.

chárter·er *n* 用船契約者, 用船主.

chárter flìght《飛行機の》チャーター便.

Chárter·hòuse カルトゥジオ会修道院 (Carthusian monastery); [the] チャーターハウス養老院《1611 年 London のカルトゥジオ会修道院跡に建てられた》; CHARTERHOUSE SCHOOL. ● **a sister of the ～** 口数の少ない妻《修道院の修業がきびしく常に無言を義務づけられたことから》.

Chárterhouse Schóol チャーターハウス·スクール《チャーターハウス養老院に併設され, のち Surrey 州 God·al·ming /gɑ́d(ə)lmɪŋ/ に移された public school》.

chárter mémber* 《団体·クラブなどの》創立メンバー. ♦ **chárter mémbership** *n*

chárter pàrty 用船契約(書)《略 CP, C/P》; 用船者.

chárter schòol〘米〙チャータースクール《教師·親·地域が地方自治体や国の認可を受けて設立し, 公的資金によって運営される独立学校》.

Charter 77 /-— sèv(ə)ntisév(ə)n/ 憲章 77《1977 年チェコスロヴァキアの反体制派が人権擁護や言論の自由を訴えて発表した宣言》.

chárt hòuse〘海〙海図室 (＝*chart room*).

Char·tism /ʧɑ́ːrtɪ̀z(ə)m/ *n*〘英史〙チャーティスト運動《人民憲章 (People's Charter) (1838) の達成を目指した労働者の運動 (1838–48)》. ♦ **-tist** *n, a* ［L *charta* charter, *-ism*; 'People's Charter' より］

chárt·ist *n* 株式チャート分析者, 線師, 罫線家; 地図作成者 (cartographer).

chárt·less *a* 海図のない; 海図にない. ♦ **～·ly** *adv*

chart·og·ra·phy /ʧɑːrtɑ́grəfi, kɑːr-/ *n* CARTOGRAPHY.

Chartres /ʃɑ́ːrt, ʃɑ́ːrtr(ə); *F* ʃartr/ シャルトル《フランス中北部, Paris の南西にある市; ゴシック式大聖堂が有名》.

Char·treuse /ʃɑːrtrúːz, -s; -trɔ́ːz/ *n* **1** カルトゥジオ会修道院. **2**〘商標〙シャルトルーズ《フランスのカルトゥジオ会本院で製造法を伝えてきた最高級のリキュールで, 緑と黄の 2 種がある》. **3** [c-] 黄色がかった薄緑, シャルトルーズ《リキュールの色から》. **4** [c-] ゼリー寄せ, シャルトルーズ《果物[肉, 野菜]をゼリーで固めた料理》

Char·treux /ʃɑːrtrúːs, -z/ *n* (*pl* ～)〘猫〙シャルトルー《フランスで改良された青みがかったグレー系の毛色のネコ》.

chárt ròom〘海〙CHART HOUSE.

chárt-tòpper *n* ヒットチャートでトップのもの, チャートトップ《曲·CD·グループなど》.

chárt-tòpping *a* ヒットチャートでトップの, チャートトップの.

char·tu·lary /kɑ́ːrʧəlèri, ʧɑ́ːr-; -ləri/ *n* CARTULARY.

chár·wòman *n* [°*derog*]《ビルなどの》掃除婦《今日では cleaner を使う》,‖日雇い雑役婦[家政婦], 派出婦.

chary /ʧéəri/ *a* (**more ～, chár·i·er; most ～, chár·i·est**) **1** 用心深い, 慎重な〈*of doing*〉; 遠慮がちな; 惜しむ, 渋る (sparing)〈*of*〉; えり好みの強い. **2**《古》高価な, 貴重な, 大切な. ♦ **chár·i·ly** *adv* ［OE *carig* sorrowful, grievous; ⇨ CARE］

Cha·ryb·dis /kərɪ́bdəs/ **1**〘ギ神〙カリュブディス《海の渦巻の擬人化された女怪》. **2** カリブディス《Sicily 島沖合いの渦巻; 舟を呑むと伝えられる; ⇨ SCYLLA》.

chas /ʧǽz/, **chez** /ʧéz/ *n pl* *《俗》マッチ (matches).

Chas. Charles.

chase[1] /ʧéɪs/ *vt* **1** 追う, 追跡[追撃]する (pursue); 狩る (hunt); 探し求める, 追求する〈*down*〉; 狩り出す, 追い立てる, 追い出す, 追い払う〈*away, off, out*〉; 追い込む〈*in, into*〉;〘野〙〈ピッチャーを〉ノックアウトする. **2**《口》入手しようと努力する, 追いかける;《口》〈女〉にしつこく言い寄る;《廃》悩ます. **3**《口》〈強い酒〉のあとに chaser を飲む. ► *vi* あとを追う〈*after*〉;《口》駆けまわる (run), 急ぐ (hasten); *《口》女を追いかける. ● ~ **about** せわしげに動きまわる. ~ **around** [**round**] «口» 走りまわる, 〈女を〉追いまわす 〈*after* girls〉; «口» 遊びまわる 〈*with*〉. ~ **down** *«口» 見つけ出す[出そうとする]; 〈強い酒〉のあとに《chaser として》〈…を〉飲む 〈*with*〉. ~ **up** «口» 〈人・情報などを〉《急いで》探し出す[出そうとする], 追いかける; «口» 追及する, …に問いただす, 催促する 〈*about*〉. (**go**) ~ **oneself** [ᵘ*impv*] «口» 立ち去る, 逃げる: *Go* (and) ~ your*self!* あっちへ行け, とっとと消えうせろ. ► *n* **1 a** 追跡, 追撃; 《映画の》追跡場面; 追求, 探求 〈*for*〉: give ~ to …を追う, 追撃する / in ~ of…を追って. **b** [the] 追われる獣[船など]. **2 a** [the] 狩猟; 狩猟家 《集合的》. **b** "私有の猟場 《chace ともつづる; cf. FOREST, PARK》; 猟場の権利. **3** STEEPLECHASE 《競馬》. **4** 〚コートテニス〛 チェース 《返しそこなったボールのリバウンド; 場所交替して同じリバウンド地点を越えた所でリバウンドさせれば得点となり, 失敗すれば相手の得点となる》. ● **cut to the** ~ «俗» 要点に的をしぼる, 本題にはいる: *Cut to the ~!* さっさと要点を言え! **lead sb** (**on**) **a** (**hard** [**merry**]) ~ 追跡者をうんと走らせる, さんざんてこずらせてからつかまる; 骨を折らせる. [OF<L *capto*; ⇨ CATCH]

chase[2] *vt* 〈金属〉に打出し模様[装飾]を施す, 〈模様を〉打出しにする; …に宝石をはめ込む. [?ME *enchase*<F; ⇨ CASE[2]]

chase[3] *n* 溝, みぞすじ (groove); 〚建〛《壁面の》縦溝; 〚軍〛 前身 《砲身の砲耳から砲口まで》; 〚印〛 チェース 《活字をその内側に結びつける締め版枠》. ► *vt* …に溝[くぼみ]をつくる; 〈ねじやまを〉 チェーサー (chaser) で切る. [F=enclosed space<L *capsa* CASE[2]]

Chase チェース (**1**) **Chevy** ~ (1943–) 《米国のコメディアン・俳優; 本名 Cornelius Crane ~》 (**2**) **Salmon Portland** ~ (1808–73) 《米国の政治家・法律家; 合衆国最高裁判所首席裁判官 (1864–73)》.

cháse gùn 〚海軍〛 追撃砲.

cháse pòrt 〚海軍〛 追撃砲門.

chas·er[1] /ʧéɪsər/ *n* **1** 追っ手; 追撃者; 狩猟家 (hunter); 〚空軍〛 追撃機; 〚海軍〛 駆潜艇; 〚海軍〛 追撃砲; *女の尻を追う男; STEEPLECHASER; *«俗» 看守; «俗» 進捗監督者, せきたて役. **2** «口» チェーサー 《«主に米» 強い酒の直後に飲む軽い飲み物; ウイスキーのあとのビール・水など; «主に英» 弱い酒のあとに飲む強い酒》; 〚劇〛 《観客入れ替えのために流す》 音楽, 短い映画. [*chase*[1]]

chaser[2] *n* 彫金師. [*chase*[2]]

chaser[3] *n* 〚機〛 チェーサー 《ねじ切り工具》; ねじ切り工. [*chase*[3]]

Chasid ⇨ HASID.

chas·ing /ʧéɪsɪŋ/ *n* 《金属の》 打出し模様.

chasm /kǽz(ə)m/ *n* **1** 《地面・岩などの》 深い割れ目; 深い穴; 隙間 (gap); 《感情・意見などの》 隔たり, 溝 〈*between*〉. **2** 欠陥. ♦ **~ed** *a* 割れ目のできている. **chás·mal, chás·mic** *a* **chásmy** *a* chasm の多い; chasm のような. [L<Gk *khasma* opening]

chas·mog·a·my /kæzmágəmi/ *n* 〚植〛 開放花形成 (cf. CLEISTOGAMY). ♦ **chàs·mo·gám·ic, chas·móg·a·mous** *a* [*-gamy*]

chasse /ʃǽs, ʃáːs/ *n* 《コーヒー・タバコなどのあとの》 口直しのリキュール. [F]

chas·sé /ʃæséɪ; ⌐—⌐/ *n* 〚ダンス・バレエ・スケート〛 シャッセ 《急速なすり足》. ► *vi* (**~d**; **~·ing**) シャッセで踊る; «口» SASHAY. [F]

Chas·se·las /ʃǽs(ə)lὰː/ *n* シャスラ (**1**) ワイン用または生食用の白ブドウの品種 **2**) それから造ったワイン). [フランス Mâcon 付近の村]

chasse·pot /ʃǽs(ə)pou/ *n* シャスポー銃 《元込め銃》. [Antoine A. *Chassepot* (1833–1905) フランスの発明者]

chas·seur /ʃæsə́ːr/ *n* フランスの追撃兵 《軽装備の歩兵・騎兵》; 猟師; 制服の従者. ► *a* 〚料理〛 シャスールソースの[で調理した] 《白ワイン・マッシュルームなどを加えた, ドミグラスソースの一種》. [F=huntsman]

Chassid ⇨ HASID.

chas·sis /ʃǽsi, ʧǽsi/ *n* (*pl* ~ /-z/) 《自動車などの》 シャシー, 車台; 砲架; 《飛行機の》 胴体かまち; 《砲架がその上で前後に動く》 架台; 〚ラジオ〛 シャシー 《セットを組み込むフレーム》; «俗» 《特に女の》 からだつき, からだ. [F<L; ⇨ CASE[2]]

chaste /ʧéɪst/ *a* **1** 純潔な, 貞節な; 独身の (celibate); «俗» 処女の. **2** 《思想・行動が》 慎み深い, 控えめな; 《趣味・様式などが》 上品な; 簡素な, 質素な. ♦ **~·ly** *adv* **~·ness** *n* [OF<L *castus* chaste]

chas·ten /ʧéɪs(ə)n/ *vt* [ᵘ*pass*] 懲らしめる; 〈熱情などを〉抑制する, 〈気性などを〉和らげる, 〈人を〉おとなしくさせる, 神妙にさせる; 〈思想・文体などを〉洗練する. ♦ **~ed** *a* おとなしくなった; 洗練された, 練れた; 懲罰をうけた. **~·er** *n* [*chaste*(v)<OF]

cháste trèe 〚植〛 チェストツリー, 貞操木(ぼく) (AGNUS CASTUS).

chas·tise /ʧæstáɪz/ *vt* 厳しく批判[非難]する, 叱責する 〈*for*〉; «文» 《むちなどでたたいて》 懲罰する, 折檻する; «古» 洗練する (chasten); «古» 抑制する (chasten). ♦ **chastíse·ment** /, ʧǽstəz-/ *n* **chas·tís·er** *n* [CHASTEN]

chas·ti·ty /ʧǽstəti/ *n* 純潔; 貞節, 貞操; 《行動・動機の》 つつましやかさ, 清純; 《文体・趣味の》 簡素; 《人格の》 高潔.

chástity bèlt 貞操帯.

chástity swòrd 貞操剣 《同じベッドで寝る男女の間に置く剣》.

chas·u·ble /ʧǽz(j)əb(ə)l, -səb(ə)l/ *n* 〚キ教〛 カズラ, チャズブル, 上祭服 《ミサの式服で司祭が alb の上に着る袖のない祭服》. [OF<L *casubla* < *casula* hooded cloak (dim) < *casa* cottage]

chat[1] /ʧǽt/ *n* **1** うちとけた軽い話[会話], おしゃべり; チャット 《ネットワーク上でのリアルタイムのメッセージのやりとり》: have a ~ *with*…と雑談する. **2** 〚鳥〛 **a** よくさえずるヒタキ科ツグミ族の各種の鳴鳥. **b** 《豪州産の各種の》 ゴウシュウヒタキ. ► *vi* (**-tt-**) 《くつろいで》 談笑[雑談]する 〈*away*〉; ペチャクチャしゃべる; 〚電算〛 チャットする: ~ *over* a cup of tea お茶を飲みながらおしゃべりする. ● **~ up** "«口» …になれなれしく[ある魂胆をいだいて]話しかける. [*chat*ter]

chat[2] *n* **1** 〚植〛 尾状花序 (catkin); 〚植〛 翼果 (samara); 〚植〛 穂状花序 (spike). **2** «俗» シラミ (louse). [F *chat* cat; 尾の連想]

châ·teau /ʃætóu; ⌐—⌐/ *n* (*pl* **~x** /-(z)/, **~s**) 《フランスの》 城 (castle); 大邸宅 (mansion), 別荘; シャトー 《フランスのワイン産地のブドウ園》. [OF; ⇨ CASTLE]

cha·teau·bri·and, -ant /ʃætoʊbriɑ́ː/ *n* [ᵒC-] 〚料理〛 シャトーブリアン 《ヒレ肉のいちばん太い部分を使ったステーキ》. [↓の料理長の考案という]

Cha·teau·bri·and /*F* ʃatobriɑ̃/ シャトーブリアン **François-Auguste-René de** ~, Vicomte de ~ (1768–1848) 《フランスの作家・外交官; ロマン主義文学の先駆者》.

Châ·teau d'Y·quem /*F* ʃato dikɛm/ シャトーディケム 《フランス Bordeaux の南にある Sauternes 地区産の白ワイン; 貴腐化による天然甘口ワインの極上品》.

châ·teau en Es·pagne /*F* ʃato ɑ̃n ɛspaɲ/ CASTLE IN SPAIN.

Châ·teau·neuf-du-Pape /*F* ʃatonœfdypap/ *n* シャトーヌフ-デュ-パープ 《フランス南東部 Avignon の北の Rhone 川沿いで造られる赤[白]ワイン》.

Châ·teau·roux /*F* ʃatoru/ シャトルー 《フランス中部 Indre 県の県都》.

Châ·teau-Thier·ry /*F* ʃatotjɛri/ シャトー-ティエリ 《フランス北部の町; 第一次大戦の激戦地》.

château wine /⌐—⌐—/ シャトーワイン 《フランス産の優良ワイン》.

chat·e·lain /ʃǽt(ə)lèɪn/ *n* 城主, 城代 (castellan).

chat·e·laine /ʃǽt(ə)lèɪn/ *n* 城主の奥方; 女城主; 大邸宅の女主人; 女主人 (hostess); シャトレーヌ 《帯[ベルト]飾りの鎖; もと女性が鍵などをつけて腰に下げた》. [F<L CASTELLAN]

chát gròup 《ネットワーク上の》 チャット仲間[グループ].

Chat·ham /ʧǽtəm/ **1** チャタム (**1**) イングランド南東部 Medway 一元的自治体 (地理的・歴史的 Kent 州にある) の港町; 海軍の造船所があった **2**) カナダ Ontario 州南東部, St. Clair 湖の東にある市). **2** チャタム 1st Earl of ~ ⇨ Elder PITT.

Chátham Ísland チャタム島 《SAN CRISTÓBAL 島の別称》.

Chátham Íslands *pl* [the] チャタム諸島 《太平洋南部のニュージーランド領の島群》.

chát·lìne" *n* おしゃべり電話 《複数の通話者が同時に会話できる電話サービス》.

cha·toy·ant /ʃətɔ́ɪənt/ *a* 色彩[光沢]の変化する, 変彩の〈絹織物・宝石など〉. ► *n* 光沢の変化する宝石. ♦ **-ance, -an·cy** *n* [F (*chatoyer* to change luster like a CAT's eye)]

Chatrian ⇨ ERCKMANN-CHATRIAN.

chát ròom 〚電算〛 《ネットワーク上の》 チャットルーム.

chát shòw" TALK SHOW.

Chat·ta·hoo·chee /ʧætəhúːʧi/ [the] チャタフーチー川 《Georgia 州北東部から南西に流れ, 同州と Alabama 州との境を南流して Seminole 湖に流入する》.

Chat·ta·noo·ga /ʧæt(ə)núːgə/ チャタヌーガ 《Tennessee 州南東部の Tennessee 川に臨む市; TVA の開発による工業の中心都市; 南北戦争の古戦場》.

chat·tel /ʧǽtl/ *n* 〚法〛 動産; 所持品; [*pl*] 家財; 奴隷: goods and ~s 家財道具. [OF; ⇨ CATTLE, CAPITAL[1]]

cháttel hòuse 《バルバドスで》 移動式の木造住宅.

cháttel mòrtgage* 動産抵当.

cháttel pérsonal (*pl* **cháttels pér-**) 〚法〛 純粋動産.

cháttel réal (*pl* **cháttels réal**) 〚法〛 不動産的動産 《定期賃借権など》.

chat·ter /ʧǽtər/ *vi* **1** ペチャクチャしゃべる, おしゃべりする 〈*about*〉; 〈鳥が〉さえずる; 〈サルが〉キャッキャッ鳴く: Who ~*s* to you will ~ of you. «諺» 人のうわさをきみに語る者はきみのうわさもするだろう / ~ *away* [*on*] ペチャクチャしゃべりつづける[たてる]. **2** 〈小川が〉サラサラと流れる; 〈機械などが〉ガタガタ音をたてる, 〈切削工具が〉びびる; 《寒さ・恐怖で》〈歯が〉ガチガチ鳴る: This cold weather makes my teeth ~. この寒さで歯がガチガチ鳴る. ► *n* おしゃべり; キーキー鳴く声; 《小川の》 せせらぎ; 《機械などの》 ガタガタ[カタカタ]いう音, 《歯の》 ガチガチ鳴る音; 《機械の》 びびり, CHATTER MARK; チャター 《社会活動家たちの間で交わされる電話や無線通信など; 特に, 諜報機関が盗聴・傍受の対象としている, テロリストら反社会的集団のメンバー間のもの》. ♦ **~y** *a* [ME (imit)]

chat·te·ra·ti /ʧætərάːti/ *n pl* [*derog*] CHATTERING CLASSES.

chátter·bot /-bὰt/ *n* 〚電算〛 チャターボット, 会話ロボット 《入力された文を解析して, あいづちや聞き返しを行ない, 入力者と会話らしきものをするプログラム》. [*chatter*+*robot*]

chátter·bòx *n* «口» おしゃべり《人・子供》.
chátter·er *n* おしゃべりする人;〔鳥〕スズメ目の各種の鳥《特にレンジャク・カザリドリなど》.
chátter·ing clásses *pl* [the] "おしゃべり階級, 喋々階級《政治・社会などの問題について, 特にリベラルな発言をする中上流階級の知識人; working class をもじった造語》.
Chat·ter·jee, -ji, Cat·ter·ji /ʧáːtərʤi/ チャテルジー **Bankim Chandra** ～ (1838–94)《インドの作家・詩人》.
Chat·ter·ley /ʧǽtərli/ [Lady] チャタレー夫人《D. H. Lawrence, *Lady Chatterley's Lover* の主人公で, 夫 Sir Clifford は半身不随; 猟場の番人 Mellors と交渉をもつ》.
chátter màrk〔機〕《振動で削り面に生じる》びびり模様;〔地質〕チャッターマーク《氷河の侵食による岩石表面の不規則な浅い横溝》.
chátter·pìe *n* «俗» CHATTERBOX.
Chat·ter·ton /ʧǽtərtn/ チャタトン **Thomas** ～ (1752–70)《英国の詩人; 擬古体の詩文がのちのロマン派詩人から高く評価された; 17 歳で自殺》.
chát·ty[1] *a* (°**chát·ti·er; -ti·est**) おしゃべりな, 話し好きの; うちとけた〈話しなど〉; 会話体の. ♦ **chát·ti·ly** *adv* **-ti·ness** *n* [*chat*[1]]
chatty[2] *n*《インドの》陶器の水入れ. [Hindi]
chát-ùp *n* "«口» 遊び半分に異性に声をかけること, ちょっかいを出すこと (come-on*): a ～ line 異性を誘惑するきっかけのせりふ, ナンパことば.
Chau·cer /ʧɔ́ːsər/ チョーサー **Geoffrey** ～ (c. 1340–1400)《イングランドの詩人; 近代英詩の創始者; *The Canterbury Tales* (1387?–1400), *Troilus and Criseyde* (1382–85)》.
Chau·ce·ri·an /ʧɔːsíəriən/ *a* CHAUCER の[に関する]. ► *n* チョーサー風の詩を書く人《特に 15 世紀の一群のスコットランド詩人》; チョーサー賛美者; チョーサー研究家[学者].
chaud·froid /*F* ʃofrwa/ *n* ショーフロワ《(**1**) 魚・肉の汁やホワイトソースなどにゼラチンを加えたソース (**2**) 魚・肉にこれをかけて冷やし固めた料理》. [F=hot-cold]
cháud-mèdley /ʃóud-/ *n*〔法〕激情殺人 (cf. CHANCE-MEDLEY).
chau(f)·fer /ʧɔ́ːfər/ *n* チョーファ《底に火格子があって上があいた, 持ち運びできる小さなこんろ[ストーブ]》.
chauf·feur /ʃóufər, ʃoufə́ːr/ *n* お抱え運転手. ► *vt* …の(お抱え)運転手をつとめる, お抱え運転手として〈車を〉運転する. ► *vi* お抱え運転手として働く. [F=stoker]
chauf·feuse /ʃoufə́ːz/ *n*《お抱えの》女性運転手. [F]
chaul·moo·gra /ʧɔːlmúːgrə/ *n*〔植〕ダイフウシノキ《インド地方産イイギリ科の樹木; 大風子油を採る》. [Bengali]
chaulmóogra òil 大風子油《chaulmoogra の種子から採る油脂, もとハンセン病の治療薬とした》.
Chau·mont /*F* ʃomɔ̃/ ショモン《フランス北東部 Haute-Marne 県の県都》.
Chaun·cey /ʧɔ́ːnsi/ チョーンシー《男子名》. [F<?]
chaunt /ʧɔ́ːnt, ʧáːnt/ *n, v* «古» CHANT.
cháunt·er *n* «古» CHANTER.
chausses /ʃóus/ *n pl*《中世の》すねよろい. [OF]
chaus·sure /*F* ʃosyːr/ *n* 履物 (footgear, shoe).
chau·tau·qua /ʃətɔ́ːkwə/ *n* [°C-] ショトーカ《1874 年 New York 州南西端の Chautauqua 湖畔で始められた成人教育機関 Chautauqua Institution にならって 19 世紀末から 20 世紀初頭にかけて盛んに成人教育活動を行なった組織; しばしば野外・テントで講演会・音楽会・演劇なども開催した》.
Chau·temps /*F* ʃotɑ̃/ ショータン **Camille** ～ (1885–1963)《フランスの政治家; 首相 (1930, 33–34, 37–38); 人民戦線内閣で首相をつとめたが, のちにナチスドイツへの降服を唱えた》.
chau·vin /ʃóuvən/ *n* 軍国的栄光賛美者; ナポレオン崇拝の老軍人. [Nicholas *Chauvin*: Cogniard 兄弟作 *La Cocarde Tricolore* (1831) 中の, Napoleon を崇拝した愛国軍人]
Chau·vin /ʃouvǽ̃/ ショーヴァン **Yves** ～ (1930–)《フランスの化学者; 有機合成におけるメタセシス反応と呼ばれる手法の開発でノーベル化学賞 (2005)》.
chau·vin·ism /ʃóuvənìz(ə)m/ *n* [*derog*]《異性に対する》同性の優越主義,《特に》MALE CHAUVINISM; 盲目的愛国[排他]主義 (cf. JINGOISM); 極端な一辺倒. ♦ **-ist** *n, a* **chàu·vin·ís·tic** *a* **-ti·cal·ly** *adv* [F (CHAUVIN)]
chav /ʧǽv/ *n* "«俗»《不良っぽい》若いの, チンピラ, ガキ, ヤンキー《Burberry のチェックのシャツや野球帽などのファッションが典型とされる》.
Chavannes ⇨ PUVIS DE CHAVANNES.
Cha·vez /ʧáːvèz, ʃáː-, ʃəvéz/ チャベス, シャベズ **Cesar** (**Estrada**) ～ (1927–93)《米国の労働運動指導者; メキシコ系の農民を組織化して National Farm Workers Association を結成 (1962)》.
Chá·vez /ʧáːvəs, -vèz/ チャベス (**1**) **Carlos** (**Antonio de Padua**) ～ (**y Ramírez**) (1899–1978)《メキシコの指揮者・作曲家》(**2**) **Hugo** (**Rafael**) ～ (**Frías**) (1954–)《ベネズエラの政治家; 大統領 (1999–); 反米左翼主義で知られる》.
chaw /ʧɔ́ː/ *vt* **1** «方»(ムシャムシャ)かむ (chew). **2***«俗» くだくだしゃべる. **3***«方・俗» やっつける ⟨*up*⟩; *«方・俗» いじめる, どやす; *«方・俗» 困らせる. ► *n* «方» **1** 一かみ(の量); クチャクチャかむもの[かみタバコ]の一かみ. **2***[*derog*] アイルランド人. ● **get a ～ on** sb*«方» 人をつかまえる. [*chew*]
cháw·bàcon *n* [*derog*] 無骨な田舎者, いなかっぺ.
cháw-hèad *n* *«俗»《かみタバコなどを》いつもクチャクチャかんでいるやつ.
chawl /ʧɔ́ːl/ *n* «インド»《大きなビルを区割りした》安アパートの賃貸住居.
chay /ʧáɪ, ʧéɪ/ *n*〔植〕アカネムグラ; アカネムグラの根《赤色染料を採る; 東インド産》. [Tamil-Malayalam]
cha·yo·te /ʧaːjóuti, ʧaɪ-/ *n*〔植〕ハヤトウリ, チャヨテ (=～ **squàsh**) (=*christophene, mirliton*)《メキシコ原産》. [Sp<Nahuatl]
cha·zer·ay, -zer·ei /xàːzəráɪ, ⏤⏤⏤/ *n, a**«俗» KHAZERAY.
cha(z)·zan ⇨ HAZAN.
ChB [L *Chirurgiae Baccalaureus*] Bachelor of Surgery.
CHD〔医〕°coronary heart disease.
ChE °Chemical Engineer.
C-head /síː⏤/ *n**«俗» コカイン使用者, LSD (入り角砂糖)常用者 (cubehead).
cheap /ʧíːp/ *a* **1 a** 費用[金]のかからない, 〈品物など〉安い, 安価な (opp. *dear*); 割安の; 〈店など〉安売りの: a ～ ticket 割引切符 / a ～ trip(per) "《鉄道などの》割引旅行(者) / (as) ～ as DIRT / ～ labor 低賃金労働. **b** 〈通貨など〉《インフレなどのため》購買力の低下した, 安い; 低金利の. **2 a** 安っぽい, 安直な, ちゃちな, つまらない; 容易に手にはいる; 〈言動が〉誠意のない; «口» 〈女が〉すぐ寝る: hold…～ 〈人の命・生活などを〉安くみる, みくびる / Life is ～ there. そこでは人命が軽んじられている / make one*self* (too) ～ 自分を安っぽくする / a ～ victory 楽勝 / a ～ thrill お手軽に得られるスリル[興奮, 刺激] / ～ remarks 心ない批評 / CHEAP SHOT. **b***«口» けちな (stingy). ● **～ and cheerful** "安いけれど悪くはない. **～ and nasty** "安かろう悪かろうの. **～ at half the price** "«口» [*joc*] ひどく高い; 割安の, 買い得の. **～ at** [**for***] **the price** その値段でも安い, そのくらい払っても高くはない. **C～ is ～.** 安かろう悪かろう. **dirt ～** «口» ばか安の. **feel ～** きまりの悪い[恥ずかしい]思いをする, しょげる. **get off ～** 罪が軽くて済む. ► *adv* 安く (cf. CHEAPLY): buy [sell] things ～ 物を安く買う[売る] / buy ～ and sell dear 安く買って高く売る / going ～ «口» 安い値で売られて / not come ～ 金がかかる, 高くつく. ► *n* «廃» 安売り. ● **on the ～** 安く, 安あがりで (cheaply). ♦ **～·ish** *a* 安っぽい. **～·ish·ly** *adv* **～·ly** *adv* ["*fig*] 安く, 安価に (cf. CHEAP *adv*). **～·ness** *n* [*cheap* (obs) price, bargain<OE *cēap* barter, purchase; 形容詞は *good cheap* favorable bargain より]
chéap·en *vt, vi* **1** 安くする[なる], 値を負ける; «古» …の値を聞く[交渉する], 値切る. **2** 安っぽくする; みくびる, 軽んじる. ♦ **～·er** *n*
cheap·ie /ʧíːpi/ *«口» *n* 安物,《特に》安っぽい映画. ► *a* 安っぽい.
chéap·jàck, -jòhn *n* [ˢ-J-]《競り下げ売りをする》大道商人,《安物売りの》呼び売り商人, 行商人 (hawker). ► *a* 安っぽい, 劣悪な; 安物販売[製造]をする; 破廉恥[無節操]な.
chéap móney〔金融〕低利資金, チープマネー.
cheapo /ʧíːpou/ *a* «口» *a* 安い, 安物の, 安っぽい (cheap) (cf. EL CHEAPO). ► *n* (*pl* **～s**) 安物, 粗悪品.
chéap·shìt *a**«俗» 安くて劣悪な, 安かろう悪かろうの.
chéap shót*«口»《特にプレーヤーが接触し合うスポーツで, 無防備の相手に対する》卑劣なラフプレー; *«口» 人の弱味につけこむ批評, 不当な批評[攻撃]. ♦ **chéap-shót** *vt**«口» …の弱味につけこんで攻撃する, …に弱い者いじめをする.
chéap-shót àrtist*«俗» 卑劣な言動をするやつ, 弱い者いじめをするやつ.
Chéap·sìde チープサイド《London の the City の一街区・通り; 中世には市場》.
chéap·skàte *n* «口» けちんぼ, しみったれ, ちんけなやつ.
chéap stérling〔金融〕チープスターリング《かつてのイギリス非居住者所有のボンドで公定レートより安く売られた》.
cheat /ʧíːt/ *vt, vi* **1** だます; だまして取る; ごまかす, 不正をはたらく, かたる; 浮気をする; «古» 〈退屈・悲しみなどを〉紛らす: ～ sb (*out*) *of* sth 人をだまして物を取る / ～ sb *out of* do*ing* だまして事ができないようにする / ～ sb *into* work*ing* 人をだまして働かせる / ～ *at* cards トランプでいかさまをする / ～ *in* an examination 試験でカンニングをする / ～ *in* business 商売で不正をする. **2** うまくのがれる[免れる]. ● **～ on…** «口» 〈妻・夫・恋人〉に隠れて浮気する, 裏切る; ごまかす, 反故にする: His wife was ～*ing on* him while he was away. 彼の奥さんは彼の留守中に浮気をしていた / ～ *on* taxes 税金をごまかす. ► *n* **1** 詐欺, 詐取 (fraud), ずる; 詐欺師; カンニング;《コンピューターゲームなどの》裏技, 抜け穴; いかさまトランプ. **2**〔植〕カラスノチャヒキ (=*chess, ryebrome*)《イネ科の雑草》. ♦ **～·ing·ly** *adv* [*escheat*]
chéat·er *n* 詐欺師, ペテン師; [*pl*]*«俗» めがね, サングラス; *«俗» コンドーム; [*pl*]*«俗»《体型をよく見せるための》パッド; *«俗»《裏にしるしをつけた》いかさま(トランプ)札.
chéat·gràss *n*〔植〕ウマノチャヒキ《スズメノチャヒキ属の草; 外観が

穀草に似た丈夫な野草; 穀物畑や牧草地に雑草として生えることがある》.

chéat shèet*《俗》カンニングペーパー; SWINDLE SHEET.

chéat stìck*《俗》計算尺, 計算機, 賃金計算表.

che·bec /ʧɪbɛ́k/ *n* 〘鳥〙 LEAST FLYCATCHER. ［imit］

Che·bok·sa·ry /ʧèbὰksáːri/ チェボクサリ《ヨーロッパロシア中東部 Chuvashiya 共和国の市・首都で, Volga 川に臨む河港都市》.

Che·by·shev /ʧɛbəʃɔ́ːf/ チェビショフ, チェビシェフ **Pafnuty Lvovich** ～ (1821–94)《ロシアの数学者》.

Chebyshév's inequálity 〘統〙チェビシェフの不等式《確率変数の平均値に対する偏差の絶対値が標準偏差の *k* 倍よりも大きくなる確率は $1/k^2$ に等しいか または より小さいことを示す不等式》.

chechako ⇨ CHEECHAKO.

Che·chen /ʧəʧɛ́n, ʧɛ́ʧ(ə)n/ *n* **a** (*pl* ～, ～**s**) チェチェン族《主に Chechnya に居住する民族; イスラム教徒》. **b** チェチェン語《Caucasus 諸語に属する》.

Chech·nya, -nia /ʧɛʧnjáː, ʧɛ́ʧnjə/ チェチニヤ《ヨーロッパロシア南東部, 大カフカス山脈の北斜面に位置する共和国; 1992 年 Ingushetia 共和国と分離; ☆Grozny》.

check /ʧɛ́k/ *v, n, a, int* ► *vt* **1 a** 照合する, 調査する; 確認する, チェックする; 検査する: ～ sb's statements 人の陳述の真偽を確かめる / ～ a copy *against* the original 写しを原文と照合する / ～ sb *through* the gate 人をチェックして門を通す / ～ the car *for* signs of damage 車にきずあとがないか調べる / ～ *that* the brakes work properly ブレーキが正しく作動することを確かめる. **b***…に照合のしるしをつける (tick[U]); …に市松[チェック]模様をつける; 〘農〙 CHECKROW. **c** 《俗》見る, …に注意を払う. **2 a** 食い止める, はばむ; 〘ホッケー〙〈敵側プレーヤーを〉チェックする: ～ sb *in* his course 人の行く手をはばむ. **b** 抑制する; 〘海〙〈張り索を〉抑えて徐々にゆるめる: ～ inflation / ～ one's anger 怒りを抑える. **c** 〘チェス〙〈キングに〉チェックをかける; 〈上官が〉…に小言を言う, しかる: ～ the king 王手する. **3 a***《一時的に》置く, 預ける, 預かる. **b** …にチッキをつける; *チッキ[手荷物]で〈物を〉預ける[送る]〈*through*; *to*〉; *領収証と引換えに渡す. **4** 裂く, 割る.
► *vi* **1** 調べる, チェックする〈*on, into, for*〉; *符合[一致]する〈(*up*) *with*〉. **2 a**《障害にあって》急に止まる; 〈猟犬が〉臭跡を失って立ち止まる; 〘鷹狩〙〈タカが〉目的の獲物を追うのをやめて他の小物に向かう〈*at*〉. **b** 〘ポーカー〙チェックする《次の者が増額できないようにするために前の者と同額しか賭けない》. **3***小切手を振り出す. **4** ひび割れができる. **5**《廃》怒る, 腹を立てる〈*at*〉.
● **～ and balance** 行き過ぎを抑えて均衡をとる. **～ back** あとでもう一度調べる[尋ねる]〈*on, with*〉. **～ in** (*vi*)《ホテル・空港などに到着して》記帳する, チェックインする (: ～ *in at* a hotel); *《口》《タイムレコーダーで記録して》出勤[就業]する, 到着する; 訪問する, 立ち寄る〈*on*〉; *〈上司などに〉連絡を入れる〈*with*〉; *《俗》死ぬ. (*vt*) …のために〈ホテルに〉予約を取る〈*at*〉; 〈客などの〉到着を記録する; チェックして[手続きをして]〈本・荷物などを〉受け入れる[預ける, 返す]; 〈届いた品物を〉確認[チェック]する. **～ in on…** 中へはいって…を調べる. **～ into…** ⇨ *vi*; *《口》(記名して)…へはいる, 〈ホテル〉にチェックインする, 出勤する, …に到着する; 調査する. **～ it** [[U]*impv*] *《俗》出ていく, 行っちまう. **～ off** 記入[照合, 検討]済みのしるしをつける, リストから削除する; 〈組合費を〉天引きする; 〘アメフト〙オーディブルによってチームにプレーの変更を伝える. **～ on** 〈数・年齢・有無などを〉を調査[照会]する, 〈人の安否などを〉確認する. **～ out** (*vi*)《ホテル・*スーパーなどで》勘定を払うなどして出る, チェックアウトする; 《タイムレコーダーで記録して》退社[退所]する; *《口》立ち去る; 抜け出す〈*of*〉, 見放す〈*on*〉; 《俗》辞職する; 《俗》死ぬ; *《口》《調査して》正確であることがわかる, 〈事実などと〉正しく一致する〈*with*〉; 能力[性能]テストに合格する. (*vt*) 〈客などの〉出発を記録する; *チェックして[手続きをして]〈本・荷物などを〉貸し出す[請け出す, 借り出す]〈*of, from*〉; *《口》《品定めのため》じっくり見る, 点検する, 検討する, 確かめる; *《スーパーなどのレジで合計額を計算して》商品[買物]の代金を〈客〉から受け取る: *C～* it *out*! 見てみろよ. **～ over**…を徹底的に調べる. **～ that***《口》《前言を取り消して》訂正します, 取消し, 今のなし, もとい: At five, no, ～ *that*, at four this afternoon, …. **～ through**(…) (…を)調べる, 〈校正刷りなどを〉照合[チェック]する: ～ *through* the proofs. **～ up** 照合する, 調査する〈*on* reports etc.〉; *〈仕事の能率・正確さ・量などを〉検査する; …の終点までの搭乗[運送]手続きをすます〈*to*〉. **～ with**… *…と符合[一致]する (⇨ *vi*); …に問い合わせる; 〈医師〉の診察をうける.
► *n* **1 a** 検査, 試験; 照合, 調査; 照合の基準: a ～ for health 健康診断 / do a ～ 調べる, 検査する〈*on*〉/ make a ～ 点検する, チェックする〈*of, on*〉. **b***照合のしるし (tick[U])《記号 ✓ など》; 市松模様, チェック(柄の一つ); チェックの織物. **2 a***小切手 (cheque[U]); 受取り総額; 《米・スコ》《商店・食堂などの》(会計)伝票, 勘定書, 請求書 (bill[U]): draw a ～ 小切手を振り出す. **b** 預り証, 引換券; *《トランプなどの》数取り (counter). **3 a** 突然の妨害, 阻止, 急止; 頓挫, 〘狩〙《鷹[犬]の》獲物[臭跡]追跡の中断; 〘チェス〙《相手のキングに対する》チェック; 〘ホッケー〙チェック《相手チームのプレーをブロックすること; cf. BODY CHECK》; 《軍隊などの》牽制, 阻止; 抑制〈*on*〉; 《古》譴責, 叱責 (Shak): CHECKS AND BALANCES. **b** 止めるもの[人]; 留め具, 留め綱, ブレーキ, 栓, 〘釣〙《リールの》ラチェット《など》; 〘楽〙《ピアノの》チェック《弦を打ったあとキーが解放されるまでハンマーを押えておく, アクションの一部》. **4**《木材などの》割れ, 裂け目 (split). **5***《俗》少量の麻薬, 薬(ヤク)の一服.
● **cut** (sb) **a ～***《俗》(人に)小切手を書く[切る]. **hand** [**pass, cash**] **in one's ～s** ばくちの数取りを胴元に返す, 現金に換える; 《口》死ぬ. **in ～** 〘チェス〙王手をかけられて. **keep a ～ on** 〈所説など〉の当否[真偽]を確かめておく, …の調査を続ける; …の動きを阻止しつづける. **keep** [**hold**]…**in ～** …を食い止める, 抑える.
► *a* **1** 照合(用)の, チェック(用)の. **2** 市松模様の, チェックの: a ～ suit チェックのスーツ.
► *int* **1***《口》よろしい, わかった, そのとおり, OK. **2** 〘チェス〙王手, チェック!
◆ **chéck·less** *a*
［OF＜L＜Arab＜Pers＝king (is dead); ⇨ CHECKMATE］

chéck·able *a* チェック[確認, 照合]できる; 〈預金口座が〉小切手を振り出すことのできる.

chéck àction 〘楽〙チェックアクション《弦を 2 度打たないようにするためのピアノの仕組み》.

chéck·bàck *n*《特に 前にさかのぼってする》点検, 検査.

chéck bèam 〘空〙チェックビーム《操縦者が着陸前に位置を確認するため発射される電波》.

chéck bìt 〘電算〙検査ビット, チェックビット (＝*check digit*)《ビット情報の伝達・蓄積において誤りがあるかどうかを確認するために用いる》.

chéck·bòok *n* 小切手帳.

chéckbook jóurnalism 小切手ジャーナリズム《センセーショナルな内容のインタビューなどに大金を払って独占記事にするジャーナリズム》.

chéck·bòx *n* 〘電算〙チェックボックス《GUI 環境で, オプションが選択されているかどうかを示す欄; クリックで選択/非選択を変更できる》.

chéck càrd *チェックカード《指定額までの小切手を支払うことを保証する銀行発行のカード》.

chéck créw《俗》黒人・白人混成作業チーム.

chéck dìgit 〘電算〙 CHECK BIT.

checked /ʧɛ́kt/ *a* **1** 市松模様の, チェックの. **2** 〘音〙〈音節が〉子音で終わる, 閉音節の; 〈母音が〉抑止性の.

chéck·er[1] *n* **1 a** 市松模様, チェック; [*pl*] 〘石工〙 CHECKERWORK. **b** CHECKERS; チェッカーのコマ. **c**《古》CHESSBOARD. **2** 〘植〙ナナカマド (service tree) (＝**～ trèe**). ► *vt* 市松模様[チェック]にする; …に色とりどりに変化を与える; …に変化を与える. ［ME＝chessboard＜AF EXCHEQUER; ⇨ CHECK］

checker[2] *n* CHECK する人, チェック係, チェック装置; 《スーパーの》レジ, 出納係; 携帯品一時預かり所の係員.

Checker チェッカー **'Chubby'** ～ (1941–)《米国のロックンロールシンガー; 本名 Ernest Evans; 'The Twist' (1960)》.

chécker·bèrry *n* 〘植〙ヒメコウジ(の赤い実) (＝*teaberry*) (cf. WINTERGREEN).

chécker·blòom *n* 〘植〙キンゴジカモドキ属の一種《紫色の花をつけるアオイ科の多年草; 米国西部原産》.

chécker·bòard* *n* チェッカー盤; チェッカー盤のような模様のあるもの; 《俗》黒人・白人混住地区. ► *vt* チェッカー盤状に並べる[そろえる].

chéck·ered *a* 市松模様の, チェックの; 色とりどりの; 変化に富んだ: a ～ career 波乱に富んだ生涯.

chéckered flág チェッカー(ド)フラッグ《自動車レースの最終段階で首位車以下全完走車に対して振る黒と白の市松模様の旗》.

check·er·oo /ʧɛ̀kərúː, ⌣⌣⌣/ *n* (*pl* ～**s**)《俗》市松模様のもの.

chéck·ers* *n* [[U]〈*sg*〉] チェッカー (draughts[U])《チェス盤上で各 12 個のコマを用いて 2 人でするゲーム》. ● **play ～**《俗》《映画館で》〈ホモが〉相手を求めて次々席を移動する.

chécker·wìse *adv* チェック[市松模様]式に.

chécker·wòrk *n* 市松模様の細工; 〘石工〙格子積み; [*fig*] 変化に富んだこと[もの], 《人生の》浮沈.

chéck·hòok *n* 《CHECKREIN の端を引っ掛ける鞍の》引っ掛けかぎ.

chéck-ìn *n* 《宿泊客・乗客としての》ホテル到着[搭乗]の登録(手続き), チェックイン; チェックインカウンター (＝**～ cóunter***, **～ désk**[U]).

chéck índicator 〘電算〙チェック標識《チェック項目の異常の有無を示すランプ・データなど》.

chécking accóunt* 当座預金(口座), 小切手勘定.

chécking prògram 〘電算〙チェック[検査]プログラム《プログラミングなどの誤りを検出するためのプログラム》.

chéckless socíety CASHLESS SOCIETY.

chéck lìne CHECKREIN; 〘海〙チェックライン.

chéck·lìst *n**照合表, チェックリスト; 選挙人名簿.

chéck màrk*照合のしるし, チェックマーク (check)《✓など》.
◆ **chéck·màrk** *vt*

check·mate /ʧɛ́kmèɪt/ *int* 〘チェス〙詰み!《単に Mate! ともいう》.
► *n* 〘チェス〙王手詰み, チェックメート; 行き詰まり, 挫折, 敗北.
► *vt* 〘チェス〙王手詰みにする, 詰める; 行き詰まらせる, 失敗させる.
［OF＜Pers＝king is dead］

chéck nùt 〘機〙 LOCKNUT.

chéck·òff *n* 労働組合費の天引き; *返還金や配当の一部を政治運動資金などに寄付すること; 自動拳銃[小銃].

chéck·òut *n* 《ホテルなどを》引き払うこと[時刻], チェックアウト;

《スーパーなどの》レジ(カウンター)(=～ **còunter**); 《機械などの使用前の》点検; 《航空機などの》操作に慣れること.
chéck·pòint *n* 《通行者・車の》検問所; 《工程・手順などにおける》チェックポイント; 〘空〙標識となる地形, チェックポイント.
Chéckpoint Chárlie チェックポイント・チャーリー《1961–90 年東西 Berlin の境にあった, 外国人が通行可能な唯一の検問所》; 《敵対勢力間にある》検問所.
chéck ràilᴵᴵ〘鉄道〙GUARDRAIL.
chéck·rèin *n* 《馬の頭を下げさせないための》止め手綱; 2 頭の馬のはみを結ぶ手綱; [*fig*] 牽制手段.
chéck·ròll *n* CHECKLIST.
chéck·ròom* *n* 携帯品一時預かり所 (=*cloakroom, left-luggage office*ᴵᴵ).
chéck·ròw* *n* 〘農〙正条うね《トウモロコシの畑のように苗と苗の間隔を前後左右同一にしたもの》. ► *vt* 正条[碁盤目]うねに植え付ける.
chécks and bálances *pl* 抑制と均衡《政府各部門において, 自部門の権限に抵触する他部門の決定・施策を修正または無効にできる権限を付与することにより, 各部門の力に制限を加え均衡を保つ; 米国政治の基本原則》.
chéck·strìng *n* 《車内で引いて下車を合図する》合図ひも.
chéck stùb 給料小切手の明細; 小切手帳の控えの部分.
chéck·sùm *n* 〘電算〙検査合計, チェックサム《誤り検出のためにデータに付加される, 一定のデータのまとまりの和》.
chéck·tàker *n* 《劇場などの》集札人.
chéck tràding 小切手販売《消費者信用の一形式; 消費者が小売商と提携する金融会社から小切手を割賦で買い, それで購入代金を払うもの》.
chéck·ùp *n* 照合, 監査, 検査; 健康診断; 《機械の》分解検査, 点検: a ～ committee (会計)監査委員(会).
chéck vàlve 〘機〙逆止め弁, 逆止(ぎゃく)弁.
chéck·wèigh·man /-mən/, **-wèigh·er** *n* 《採炭量によって賃金を支払う炭鉱の》坑夫代表計量監査人.
chéck·wrìter *n* 小切手金額印字器, チェックライター.
chécky *a* 〘紋〙チェック模様の.
Ched·dar /ʧédər/ **1** チェダー《イングランド南西部 Somerset 州の北部にある村; 近くの ～ **Górge** は Mendip 丘陵を貫く峡谷で, 鍾乳洞と石灰岩地帯特有の植物相で知られる》. **2** [ᵒc-] チェダーチーズ (=～ **chéese**)《なめらかな組織をした硬質チーズ; 原産地 Cheddar にちなむ》. ● HARD CHEDDAR.
chedd·ite /ʧédàit, ʃéd-/ *n* チェダイト《塩素酸カリを油性物質と混合してつくる爆薬》. [*Chedde* フランス Savoy 地方の町; 最初につくられた地]
cheder ⇨ HEDER.
Che·diák-Hi·gá·shi sỳndrome /ʃeɪdjá:khigá:ʃi-/ 〘医〙チェディアック-東症候群《常染色体性劣性遺伝による疾患; 色素欠乏・白血球の顆粒の奇形・細菌症に感染しやすくなるなどの症状を呈する》. [Moises *Chediak*, 東音高 キューバ・日本の医学者]
Che·du·ba /ʧədú:bə/ チェドゥーバ《ミャンマーの西の Bengal 湾にある小島; 石油の埋蔵地》.
ChеE ᵒChemical Engineer.
chee·ba /ʧí:bə/ *n**《俗》マリファナ.
chee·cha·ko, che- /ʧiʧá:kou, -ʧɔ́:-/ *n* (*pl* ～**s**)《Alaska や北西太平洋岸で》新入り, 新参者. [Chinook]
chee-chee /ʧí:ʧì:, ⌐⌐/《英・インド》*n* [*derog*] 欧亜混血人 (Eurasian); 欧亜混血人の使うきざな[不正確な]英語.
cheek /ʧí:k/ *n* **1** ほお; 《器物・開口部などの》側面; 《ドア・門扉の》側柱; 《俗》尻 (buttock): dance ～ to～ ほおを寄せ合ってダンスする. **2**《口》生意気なことば; 生意気: None of your ～! 生意気なことを言うな / have a ～ ずうずうしい, 生意気だ / have the ～ to do [say] … 生意気にも…する[と言う] / What ～! = The ～ of it! なんというあつかましさ! ● **～ by jowl** 密接して, 緊密に; 親しくして, 懇意で ⟨*with*⟩. **to one's own ～** 自分の専用に. **turn the other ～** (仕返しをせずに) 人の仕打ちをうける, 《ひどい仕打ちに対して》仕返しをしようとしない《*Matt* 5: 39》. **with one's tongue in one's ～** = (**with**) TONGUE **in ～**. ► *vt*ᴵᴵ《口》生意気に言う, …に生意気な態度をとる. ● **～ it** 生意気に押し通す. **～ up** 生意気な返事をする. ♦ **～·fùl** *n* [OE *cēace*; cf. Du *kaak*]
chéek·bòne *n* ほお骨, 頬骨(きょうこつ) (zygomatic bone): high ～*s* 高いほお骨《英米では特に女性の気品や威厳のある顔立ちの一特徴とされる》.
-cheeked /ʧí:kt/ *a* [*compd*] …なほおをした: rosy- ～.
chéek·pìece *n* 《ライフル・散弾銃の銃床の》ほお当て部; 馬のくつわの両側にある棒; CHEEK STRAP.
chéek pòuch 《リス・サルなどの》ほお袋.
chéek stràp 《頭絡 (bridle) の》ほお革《側部革ひも》.
chéek tòoth 臼歯 (molar).
chéeky *a*《口》《憎めない[ほほえましい]程度に》生意気な, 小生意気な, あつかましい, ずうずうしい; ⟨ブルドッグなど⟩ほおのよく発達した. ♦ **chéek·i·ly** *adv* **-i·ness** *n*
cheep /ʧí:p/ *vi, n* **1** ⟨ひな鳥が⟩ピヨピヨ[チーチー]と鳴く(声); ⟨ネズミなど⟩チューチュー鳴く(声); 一言言う, ひと声発する. **2** [ᵁ*neg*] しるし, ことば, 音: *not* a ～ from her. [imit; cf. PEEP²]
chéep·er *n* 《ウズラ・ライチョウなどの》ひな; 幼児, 赤んぼ.
cheer /ʧíər/ *n* **1 a** 喜びを与えるもの, 励まし, 慰め; 喝采, 歓声, 歓呼; 声援; *応援の掛け声; 歓待, 歓迎: give a ～ 喝采する / three ～*s* 《Hip, hip, hurrah! を 3 回唱えることによって示す》盛大な歓呼[激励] ⟨*for*⟩ (cf. HIP⁴) / two ～*s* [*joc*] ᴵᴵ気休め程度の励まし, さめた熱意, 条件付き賛成 ⟨*for*⟩. **b** [C-s!, ⟨*int*⟩]《口》乾杯; ᴵᴵ《口》さよなら; /, ᴵᴵʧíz/ ᴵᴵ《口》ありがとう. **2** 気分, 機嫌; 陽気; 元気; 《古》表情, 顔つき; 《廃》顔: What ～? 《病人などに》ご機嫌はいかが? (How do you feel?) / Be of good ～! 《文》元気を出して, しっかりせよ / with good ～ 喜んで, 快く. **3** 《お祭り・お祝いの》食べ物, ごちそう: Christmas ～ クリスマスのごちそう / enjoy [make] good ～ 楽しくごちそうを食べる / The fewer the better ～. 《諺》ごちそうは小人数ほどいい. ► *vt, vi* **1** 励ます, 慰める (comfort) ⟨*up*⟩; 喜ばせる, 元気づける ⟨*up*⟩; 元気づく; 声援する; 喝采する; ⟨部屋など⟩明るく[はなやかに]する[なる] ⟨*up*⟩: ～ sb (*on*) *to* victory 人を声援して勝利に導く / *C～up!* 元気を出せ. **2** 《廃》…な気分である: How ～'st thou, Jessica? 《Shak., *Merch V* 3.5.75》. ♦ **～·er** *n* 喝采する人, 応援者. [OF＜L *cara* face ＜Gk]
chéer·ful *a* **1** 機嫌のいい, 元気のいい, 陽気な; 心からの, 快く…する, 物惜しみしない: ～ obedience 喜んで従うこと / a ～ giver 喜んで物を与える人. **2** 気を引き立てるような, 愉快な, 楽しい; 気持のよい⟨部屋など⟩. ♦ **～·ly** *adv* 機嫌よく, いそいそと, 気持よく. **～·ness** *n*
chéer·ing *a* 人を喜ばせる, 元気づける.
cheer·io /ʧìərióu/ *int* ᴵᴵ《口》失敬, ではまた《別れの挨拶》; おめでとう《乾杯》, 万歳! ► *n* 《NZ》チェリオ《小さいソーセージの一種》. [*cheery, -o²*]
Cheer·i·os /ʧíəriòuz/ *pl* 〘商標〙チェリオス《オート麦入りの朝食用シリアル; 小さなリング状》.
chéer·lèad·er *n* チアリーダー; 《人・組織・運動などへの》熱心な支持者.
chéer·lèad·ing *n* チアリーダーによる応援; 熱狂的支援, 音頭取り. ► *a* チアリーディングの. ♦ **chéer·lèad** *vt, vi*
chéer·less *a* 喜びのない, 陰気な, わびしい. ♦ **～·ly** *adv* **～·ness** *n*
chéer·ly *adv* 《古》CHEERFULLY; [⟨*int*⟩] 〘海〙元気でやろう! 《水夫の励ましの声》. ► *a* 《古》/〘海〙CHEERFUL.
cheero /ʧíərou/ *int* ᴵᴵ《口》CHEERIO.
cheery /ʧíəri/ *a* 上機嫌の, 陽気な, 元気のいい. ♦ **chéer·i·ly** *adv* 元気よく, 陽気に. **-i·ness** *n*
Chéery·ble Bróthers /ʧíərib(ə)l-/ *pl* チアリブル兄弟《Dickens, *Nicholas Nickleby* の慈悲深いふたごの兄弟》.
cheese¹ /ʧí:z/ *n* **1** チーズ; 《一定の形に固めた》チーズ (1 個); チーズ状のもの; SKITTLE BALL; *《野球俗》速球; 《俗》恥垢 (smegma); *《俗》ゲロ, へど; *《俗》たわごと, うそ, ばかげたこと, ばか話; 安っぽい[うすぎたない]もの: BREAD AND CHEESE. **2***《俗》魅力的な女の子. ● **chew the ～***《俗》吐く, ゲロる. **cut the ～** 《俗》おならする (fart). **get one's ～***《俗》目標を達成する, 報いられる. HARD CHEESE. **make ～s** ⟨女が⟩腰を低くかがめて挨拶する; 回転してスカートをふくらませる《女児の遊戯》. **make the ～ more binding***《俗》事態を混乱させる[紛糾させる, こじらせる]《チーズが「便秘を起こす」(binding) と信じられていることから》. **Say ～!** 《写真を撮るときに》はいチーズ[笑って]. ► *a**《俗》卑怯な, 腰抜けの. ► *vt**《俗》吐く ⟨*up*⟩; 《俗》おならをする. [OE *cȳse*＜L *caseus*]
cheese² *vt* [主に成句で]《口》STOP. ● **C～ it!** よせ; 気をつけろ; 逃げろ! ► *vi* 《刑務所俗》へいこらする. ● **～ off** 《俗》⟨…に⟩うんざりさせる, おこらせる ⟨*with*⟩. [C19＜?; *cease* か]
cheese³ [the] 《俗》*n* そのもの, 第一級のもの; 重要人物: That's *the* ～. (まさに)それだ, もってこいのものだ / This car is certainly *the* ～. この車はまさに第一級品だ / BIG CHEESE, WHOLE CHEESE. [? Urdu *chīz* thing]
chéese·bòard *n* チーズボード《**1**) チーズを切るためのボード **2**) 各種のチーズを載せた盆 **3**) チーズの盛合せ》; CHEESE VAT のふた.
chéese·bòx *n**《俗》郊外の小さな安い建売り住宅.
chéese·bùrger *n* チーズバーガー《チーズを載せた hamburger》.
chéese·càke *n* 〘菓子〙チーズケーキ; 《俗》女性の(セミ)ヌード写真 (leg art), チーズケーキ (cf. BEEFCAKE); 《俗》ピンナップガール, セクシーな美人, いい女; 《俗》女性のセックスアピール, 曲線美, 脚線美.
chéese·clòth *n* チーズクロス (butter muslinᴵᴵ)《もとチーズを包んだ目の粗い薄地の綿布で, 現在では食品をこしたり, 衣類・カーテンなどにも用いる》.
chéese cùtter **1** チーズカッター《特に 針金を板に取り付けたもの; 針金を下げてチーズを切る》. **2** 船員のバッジをつけずにかぶる四角いまびさしのある帽子. **3** 〘海〙チーズカッター《centerboard の一種; 使用するとき底から降ろす》.
cheesed /ʧí:zd/ *a* [ᵁ～ off] ᴵᴵ《俗》退屈しきって, うんざりして, げんなりして ⟨*with*⟩.
chéese-èat·er *n* 《俗》《警察への》通報者, くいつき (rat).
chéese flỳ 〘昆〙チーズバエ《チーズに集まる; ⇨ CHEESE SKIPPER》.
chéese-hèad *n* 《ねじなどの》ずんぐりした丸い頭; 《俗》ばか. ♦ **chéese-hèad(·ed)** *a*

chéese hòpper [màggot] 〘昆〙 CHEESE SKIPPER.
chéese·màker *n* チーズをつくる人, チーズ製造業者.
chéese mìte 〘動〙 アシブトコナダニ《チーズ・干し肉などにつく》.
chéese·mònger *n* チーズ屋《バター・卵も売る》.
chéese·pàring *n* チーズの削りくず; [*pl*] へそくり; つまらないもの; けち, しみったれ. ► *a* けちくさい (stingy).
chéese plànt 〘植〙 CERIMAN.
C **chéese plàte** チーズ皿[盆]《直径約 13-15 cm》;《上着用の》大ボタン.
chéese rènnet 〘植〙 カワラマツバ (yellow bedstraw).
chéese scòop [tàster] チーズすくい《食卓用》.
chéese skìpper 〘昆〙 チーズバエ (cheese fly) の幼虫 (=*cheese hopper* [*maggot*])《終齢幼虫は体を曲げて跳びはねる》.
chéese stèak 〘料理〙 チーズステーキ《溶かしチーズと揚げたタマネギを載せた薄切りステーキを長いロールパンの上に載せたステーキサンド》.
chéese stràw チーズストロー《小麦粉に粉チーズを混ぜて焼いた細長いペストリー》.
chéese vàt [tùb] チーズバット《チーズ製造用の型》.
chéese whíz*《俗》*a* 古臭い, ダサい. ► *n* [*derog*] ブス, イモブス.
chéese·wòod *n* 〘植〙 シマトベラ, トウソヨゴ (=*bonewood*)《豪州東部原産》; シマトベラ材《黄色の堅材》.
cheesy /ʧíːzi/ *a* チーズのような, チーズの風味のある; チーズ入りの;《俗》低級な, おそまつな, うすぎたない, 安っぽい;《俗》にせの, 偽善的な《'Say cheese!' で作り笑いすることから》: a ～ grin うそっぽい笑い. ♦ **chées·i·ly** *adv* **-i·ness** *n*
chee·tah, chee·ta, che·tah, chi·ta /ʧíːtə/ *n* 〘動〙 チーター (=*hunting leopard* [*cat*])《南アジア・アフリカ産》. [Hindi<? Skt=speckled]
Chee·ver /ʧíːvər/ チーヴァー **John** ～ (1912-82)《米国の小説家》.
Chéez Whíz 〘商標〙 チーズウィス《米国製のチーズペースト・チーズソース》.
chef /ʃéf/ *n* 料理長, コック長, シェフ;《広く》料理人, コック. ► *vi* シェフ[コック長]をつとめる. ♦ **～·dom** *n* [F=head; ⇨ CHIEF]
chef de ca·bi·net /ʃéf də kæbɪnéɪ/ (*pl* **chefs de ca-** /ʃéf(s)-/)《フランスの大臣の》官房長. [F=office head]
chef d'œu·vre /ʃeɪ dɜ́ːvr, -vər; *F* ʃɛdœːvr/ (*pl* **chefs d'œu·vre** /ʃeɪ-; *F* —/) 傑作.
Chefoo 芝罘 (⇨ ZHIFU).
chéf's sálad シェフサラダ《レタス・トマト・セロリにゆで卵や細切りの肉・チーズなどを加えた量のあるサラダ》.
cheil(o)- /káɪl(oʊ)/ ⇨ CHIL-.
chéilo·plàsty *n* 〘外科〙 唇形成(術). ♦ **chèilo·plástic** *a*
cheir(o)- ⇨ CHIR-.
Cheju 済州 (⇨ JEJU).
Che·ka /ʧékɑː, ʧéɪ-/ *n* 非常委員会, チェーカ《最初のソヴィエト政治警察; 反革命・サボタージュおよび投機取締まり非常委員会 (1917-22) のこと; のち GPU に移行》. [Russ *Chrezvychaynaya Komissiya* Extraordinary Commission]
Che·k(h)ov /ʧékɔ(ː)f, -v/ チェーホフ **Anton Pavlovich** ～ (1860-1904)《ロシアの劇作家; 短篇の名手》. ♦ **Che·k(h)o·vi·an** /ʧɛkóʊviən/ *a*
Chekiang 浙江 (⇨ ZHEJIANG).
che·la[1] /kíːlə/ *n* (*pl* **-lae** /-liː/) 〘動〙《エビ・カニ類の》はさみ. [NL<L or Gk=claw]
che·la[2] /ʧéɪlɑː; -lə/ *n* 〘ヒンドゥー教〙《宗門の》弟子. [Hindi=servant]
che·late /kíːlèɪt/ *a* 〘動〙 はさみ (chela) をもっている; はさみ状の; 〘化〙 キレート団の. ► *vt, vi* 〘化〙 (〈金属〉と化合して)キレート環を形成する, キレート化する. ► *n* 〘化〙 キレート(化合物). ♦ **ché·làt·able** *a* **ché·là·tor** *n* 〘化〙 キレート化剤.
ché·làt·ing àgent 〘化〙 キレート試薬.
che·la·tion /kiléɪʃ(ə)n/ *n* 〘化〙 キレート化, キレーション; CHELATION THERAPY.
chelátion thèrapy キレート療法《キレート化剤を投与して体内の金属とキレートを形成させ, 金属の毒性や生理的活性を失わせる療法; 鉛中毒などの治療に用いられる》.
che·lic·era /kəlísərə/ *n* (*pl* **-er·ae** /-rìː/) 〘動〙 鋏角(きょうかく)《鋏角類の第 1 対の頭部付属肢で他の節足動物の大顎に相当》. ♦ **che·líc·er·al** *a* 鋏角の.
che·lic·er·ate /kəlísərèɪt, -rət/ *a* 〘動〙 鋏角をもつ. ► *n* 鋏角類の節足動物.
che·lif·er·ous /kəlíf(ə)rəs/ *a* 〘動〙 はさみを生じる.
ché·li·fòrm /kíːlə-, kélə-/ *a* 〘動〙 はさみ状の, はさみに似た.
ché·li·pèd /kíːlə-, kélə-/ *n* 〘動〙《エビ・カニ類の》はさみ肢, 鋏脚. [*-ped*]
Chel·le·an, -li·an /ʃéliən/ *a, n* 〘考古〙 シェル文化(期)(の)《ABBEVILLIAN の旧称》. [*Chelles* Paris 東部にある前期旧石器時代の遺跡]
Chelms·ford /ʧé(l)mzfərd/ チェルムズフォード《イングランド南東部 Essex 州の州都》.
Chel·ny /ʧɛlní:/ チェルヌイ《NABEREZHNYE CHELNY の旧称》.
che·loid /kíːlɔɪd/ *n, a* KELOID.
che·lo·ne /kɛlóʊni/ *n* 〘植〙 ジャコウソウモドキ属 (*C*-) の多年草 (turtlehead).
che·lo·ni·an /kɪlóʊniən/ *a, n* 〘動〙 カメ (turtle) (のような).
chelp /ʧélp/ "《方》 *vi* ペチャクチャしゃべる; 〈小鳥などが〉さえずる (chirp). [C19<? *chirp*+*yelp*]
Chel·sea /ʧélsi/ チェルシー《旧 London の Metropolitan boroughs の一つ; Thames 川北岸 Westminster の西の地区; 現在は Kensington and Chelsea の一部》: the Sage of ～ ⇨ SAGE[1] / dead as ～ 廃人になって.
Chélsea bóot チェルシーブーツ《側面にゴム布のはいったブーツ; 1960 年代に London の Chelsea 地区の芸術家たちが履いた》.
Chélsea bùn チェルシーバン《シナモン・干しブドウ入りの渦巻形のパン》.
Chélsea chìna [wàre] チェルシー焼き《18 世紀に Chelsea で製造された軟磁器》.
Chélsea Flówer Shòw [the] チェルシーフラワーショー《1913 年以来毎年 5 月下旬に London の Chelsea Royal Hospital の庭園で 開かれるフラワーショー》.
Chélsea pénsioner 〘英〙 チェルシー廃兵院入院者《伝統的に夏は赤色, 冬は紺色のコートを着用している》. [↓]
Chélsea (Róyal) Hóspital [the] チェルシー王立廃兵院《1682 年 London の Chelsea に Charles 2 世が創建した老兵の収容施設; Christopher Wren が設計》.
Chélsea tráctor "[*joc*] チェルシートラクター《街なかで乗り回される大型四輪駆動車》.
Chel·ten·ham /ʧélt(ə)nəm/ **1** チェルトナム《イングランド南西部 Gloucestershire の町; 鉱泉の保養地として発展; 名門パブリックスクール Cheltenham College (1841), Cheltenham Ladies' College (1853) や競馬で知られる》. **2** チェルテナム《活字の一種》.
Chéltenham Góld Cúp [the] チェルトナム・ゴールドカップ《イングランドの Cheltenham で 1924 年以降 通例 毎年 3 月に開催される競馬; 賞が金杯なのでこう呼ばれる》.
Chel·to·ni·an /ʧɛltóʊniən/ *a, n* CHELTENHAM の; Cheltenham 生まれの人[町民]; CHELTENHAM (Ladies') College の(卒業[在校]生).
Che·lya·binsk /ʧɛljáːbənsk/ チェリャビンスク《ロシア中西部 Ural 山脈東斜面にある工業都市; 鉄道交通の要衝》.
Che·lyu·skin /ʧɛljúːskən/ [Cape] チェリュスキン岬《シベリア北部 Taymyr 半島の北端; アジア大陸の最北端 (北緯 77°35')》.
chem- /kíːm, kém/, **chemo-** /kíːmoʊ, *kémoʊ, -mə/, **chemi-** /kíːmɪ, *kémɪ, -mə/ *comb form*「化学」 [NL; ⇨ CHEMIC]
chem. chemical ♦ chemist ♦ chemistry.
Chem·a·ku·an /ʧɛməkúːən/ *n* チェマクアン族語《Washington 州の, モース (Mosan) 語族に属する語族》.
ChemE °Chemical Engineer.
chem·ic /kémɪk/ *a* 《詩》 CHEMICAL;《古》 ALCHEMIC. [F or L ALCHEMY]
chem·i·cal /kémɪk(ə)l/ *a* 化学の; 化学的な, 化学作用の; 化学薬品[物質]の[を用いる]; 化学的手段で検出できる: ～ analysis 化学分析 / ～ combination 化合 / a ～ formula 化学式 / ～ industry 化学工業 / ～ textile 化学繊維 / ～ weapons 化学兵器. ► *n* (化学)薬品, 化学物質;《俗》 薬物, 麻薬: FINE [HEAVY] CHEMICAL / AGROCHEMICAL. ♦ **～·ly** *adv* [↑, *-al*[1]]
chémical abùse 薬物濫用. ♦ **chémical abùser** *n*
chémical affínity 〘化〙 (化学)親和力.
chémical bálance 〘化〙 化学天秤《特に分析用》.
chémical blónde *《俗》 金髪に染めた女, ケミカルブロンド.
chémical bónd 〘化〙 化学結合.
chémical dàting 〘考古〙 化学的年代測定法《試料中の(光学異性体などの)化学組成から年代を推定する方法》.
chémical digéstion 〘生〙 化学的消化作用《胃酸や消化酵素などによって食物を分解し, 腸に吸収する過程》.
chémical engineéring 化学工学. ♦ **chémical enginéer** 化学工学(技術)者.
chémical equátion 〘化〙 化学反応式[方程式].
chémical kinétics 〘化〙 (化学)反応速度論.
chémical láser 〘光〙 化学レーザー《電気エネルギーよりむしろ化学反応のエネルギーを使う》.
Chémical Máce 〘商標〙 ケミカルメース (⇨ MACE).
chémical machíning 〘冶〙 化学的切削加工.
chémical péel(ing) ケミカルピール[ピーリング], 化学的表皮剝離(法)《化学薬品を用いて顔の皮膚の表皮をはがし, しわ・しみ・にきびなどを除去する美容整形[治療法]》.
chémical poténtial 〘理〙 化学ポテンシャル《系のある成分の増減に対応する自由エネルギーの変化》.
chémical reáction 化学反応.
chémical shíft 〘理〙 化学シフト, ケミカルシフト《NMR (核磁気共鳴) の共鳴周波数が, 化学的結合状態の相違に起因する原子核周囲の電子の遮蔽効果の大小に応じて偏移する現象》.
chémical tóilet 化学処理式トイレット.
chémical tréatment 化学処理; 薬品処理.
chémical wárfare 《毒ガスなどを使う》化学戦.
chémical wéapon 化学兵器.
chem·i·co- /kémɪkoʊ, -kə/ *comb form* CHEM-. [NL; ⇨ CHEMICAL]
chèmico-phýsical *a* 物理化学の.
chemi·luminéscence /kèmi-, kì:mi-/ *n* 化学ルミネセンス《化学反応において生じる低温発光現象; 略 CL》. ♦ **-cent** *a*
che·min de fer /ʃəmæ̀n də féər/ (*pl* **che·mins de fer** /—/) 〖トランプ〗シュマンドフェール《baccarat の一種》. [F=railroad; ゲームの展開の速さから]
chemi·osmótic /kèmi-, kì:mi-/ *a* 〖生化〗化学浸透圧の《細胞内のミトコンドリア・葉緑体でエネルギー物質 ATP が生成される機構について, 水素イオンの動きで生じる膜内外の水素イオンの濃度差がひき起こす電気化学的エネルギーによって説明する説についていう》.
che·mise /ʃəmí:z/ *n* シュミーズ, スリップ《婦人用肌着》; シフトドレス《胴はぎのないシュミーズのような型のドレス》. [OF＜L *camisia* shirt]
chem·i·sette /ʃèmɪzét/ *n* シュミゼット《**1**) 袖なしの短いブラウス **2**) ドレスの前襟ぐりをふさぐために着用したレース飾りの胸衣》. [F (dim) ＜↑]
chem·ism /kémɪz(ə)m, kí:-/ *n* 《まれ》化学作用, 化学的性質, 化学機構.
che·mi·sorb /kémɪsɔ̀:rb, kí:-, -zɔ̀:rb/, **che·mo-** /kémə-, kí:-/ *vt* 〖理・化〗化学吸着する. ♦ **chè·mi·sórp·tion** *n* 化学吸着.
chem·ist /kémɪst/ *n* 化学者; ″薬剤師, 薬種商, 薬種屋 (druggist*); 《廃》ALCHEMIST. [C16 *chymist*＜F＜L; ⇨ ALCHEMY]
chem·is·try /kéməstri/ *n* **1 a** 化学; 化学的性質; 化学現象[作用]: applied ~ 応用化学. **b** (複雑な)作用[現象], 不思議な変化. **2** 《口》 **a** 性質; 性格, 気質. **b** 相性; 親近感, 共感, 親和力. [*chemist*, *-ry*]
chémist's (shóp)″ 薬局 (drugstore*).
chemi·type /kémətàɪp/ *n* 化学腐食凸版(とつ).
chem·my /ʃémi/ *n* 《口》CHEMIN DE FER.
Chem·nitz /kémnɪts, -nəts/ ケムニッツ《ドイツ東部 Saxony 州の市; 中世から織物の町として知られた; 旧称 Karl-Marx-Stadt (1953–90)》.
che·mo /kí:moʊ/ *n* 《口》CHEMOTHERAPY.
chemo- /kí:moʊ, *kémoʊ, -mə/ ⇨ CHEM-.
chèmo·attráct·ant *n* 〖生〗化学誘引物質.
chèmo·áutotroph *n* 〖生〗化学合成独立栄養生物.
chèmo·àuto·tróphic *a* 〖生〗化学合成独立栄養の: ~ bacteria 化学合成独立栄養細菌. ♦ **-ical·ly** *adv* **-autótrophy** *n* 化学合成独立栄養.
chémo·cep·tor /-sèptər/ *n* CHEMORECEPTOR.
chèmo·hétero·tròph *n* 〖生〗化学合成有機栄養生物. ♦ **-hètero·tróphic** *a*
chèmo·immùno·thérapy *n* 〖医〗化学免疫療法.
chémo·kine /-kàɪn/ *n* 〖免疫〗ケモカイン《サイトカイン (CYTOKINE) のうち白血球の走化性・化学運動性をもつ因子群; 分子中の 4 つのシステイン (CYSTEINE) の存在形式によって 4 つのサブファミリーに分類され, それらの生物活性は多様》.
chèmo·kinésis *n* 〖生〗化学運動性, ケモキネシス《化学物質の刺激による生体の移動運動の活性化》. ♦ **-kinétic** *a*
chémo·nàsty *n* 〖植〗化学傾性, 傾化性.
chèmo·núclear *a* 核放射[核融合]による化学反応の, 核化学の: a ~ reactor 化学用原子炉.
chèmo·nucleólysis *n* 〖医〗化学的髄核分解《椎間板疾患の治療法》.
chèmo·prevéntion *n* 〖医〗化学的予防《癌の発生や増殖を防ぐために化学物質を用いること》. ♦ **-prevéntive** *a*
chèmo·prophyláxis *n* 〖医〗化学(的)予防(法)《疾病予防に化学薬剤を使用すること》. ♦ **-prophyláctic** *a*
chèmo·recéption *n* 〖生理〗化学受容. ♦ **-recéptive** *a* **-receptívity** *n*
chèmo·recéptor *n* 〖生理〗化学受容器《化学的刺激に反応する感覚器官》.
chèmo·sénsing *n* 〖生理〗化学的感覚.
chèmo·sénsory *a* 〖生化〗化学的感覚の.
chem·osmósis /kì:m-, kèm-/ *n* 化学的浸透作用, 化学浸透. ♦ **-osmótic** *a*
chemosorb ⇨ CHEMISORB.
chémo·sphère *n* 化学圏《光化学反応が起こる上部成層圏以上の大気圏》.
chémo·stàt *n* 〖菌〗恒成分培養槽, ケモスタット.
chèmo·stérilant *n* 化学不妊剤, 不妊化剤《昆虫などの生殖能を破壊する》.
chèmo·sterilizátion *n* 化学不妊. ♦ **-stérilize** *vt*
chèmo·súrgery *n* 化学外科(療法). ♦ **-súrgical** *a*
chèmo·sýnthesis *n* 〖生〗化学合成. ♦ **-synthétic** *a*
chèmo·táxis *n* 〖生〗走化性, 化学走性《化学的刺激によって起こる(集団的)移動運動》. ♦ **-táctic** *a* **-tical·ly** *adv*
chèmo·taxónomy *n* 〖生〗化学分類《生化学的な構成の異同による動植物の分類》. ♦ **-mist** *n* **-taxonómic** *a*
chèmo·therapéutic, -tical *a* 化学療法の. ► *n* 化学療法薬. ♦ **-tical·ly** *adv*
chèmo·thérapy *n* 〖医〗化学療法《化学薬品による疾患の治療》. ♦ **-pist** *n* 化学療法医.
chémo·tròph *n* 〖菌・生〗化学合成生物《光によらず, 無機物または有機物を酸化する化学反応によりエネルギーを得る生物》. ♦ **chè·mo·tróphic** *a*

C

che·mot·ro·pism /kɪmátrəpɪz(ə)m, kɛ-, kèmoʊtróʊpɪz(ə)m/ *n* 〖生〗化学向性[屈性], 向化[屈化]性《化学的刺激によって起こる生物の方向決定運動》. ♦ **chèmo·trópic** *a*
chem·pa·duk /ʧémpədʌ̀k/ *n* 〖植〗コバラミツ, ヒメハラミツ《マレーシア産のクワ科の常緑樹; 果実は食用》. [Malay]
Che·mul·po /ʤəmúlpoʊ/ 済物浦(チェムルポ)(さいもっぽ)《仁川 (INCHEON) の旧称》.
chem·ur·gy* /kémərʤi, kəmə́:r-/ *n* 農産化学, ケマージー. ♦ **che·múr·gic** *a* **-gi·cal·ly** *adv* [*-urgy*]
Che·nab /ʧənáːb/ [the] チェナブ川《ヒマラヤ山脈に発し, パキスタンで Sutlej 川に合流》.
Chen-chiang 鎮江 (⇨ ZHENJIANG).
Che·ney /ʧéɪni, ʧí:-/ チェイニー **'Dick'** ~ [**Richard Bruce** ~] (1941–)《米国の政治家; 副大統領 (2001–09); 共和党》.
Cheng-chou, Chengchow 鄭州 (⇨ ZHENGZHOU).
Cheng·de /ʧʌ́ŋdə́:/, **Cheng·teh** /; ʧéŋtéɪ/ 承徳(しょうとく)(チョントー)《中国河北省の市》.
Cheng·du /ʧʌ́ŋdú:/, **Cheng·tu, Ch'eng-tu** /; ʧéŋtú:/ 成都(せいと)(チョントゥー)《中国四川省の省都》.
Ché·nier /ʃeɪnjéɪ/ シェニエ **André(-Marie) de** ~ (1762–94)《フランスの詩人; ロマン派の先駆として評価された;『牧歌』『悲歌』》.
che·nille /ʃəní:l/ *n* シュニール糸, 毛虫糸《**1**) ビロード状に毛を立てた再織の飾り糸 **2**) これに似せて作った糸》; シュニール織物《カーテン・カーペット用など》. [F=hairy caterpillar＜L; ⇨ CANINE]
che·nin (blanc) /*F* ʃənɛ̃ (blɑ̃)/ [ºC- (B-)] シュナンブラン《**1**) フランスの Loire 地方で栽培されている白ワイン用の白ブドウ; 米国 California 州やオーストラリアにも移植栽培されている **2**) シュナンブラン種のブドウで造る良質の白ワイン》.
Chen·nai /ʧénnàɪ/ チェンナイ《インド南部 Tamil Nadu 州の州都・港湾都市; 旧称 Madras》.
Chen·nault /ʃənɔ́:lt/ シェンノート, シェノールト **Claire Lee** ~ (1890–1958)《米国の陸軍航空隊軍人; 駐中陸軍航空隊司令官として第 14 航空隊を指揮 (1943–45)》.
che·no·pod /kí:nəpàd, kén-/ *n* 〖植〗アカザ科の植物.
che·no·po·di·a·ceous /kì:nəpòʊdiéɪʃəs/ *a* 〖植〗アカザ科 (Chenopodiaceae) の.
Chen·sto·khov /ʧénstəkɔ̀:f, -v/ チェンストホフ《CZĘSTOCHOWA のロシア語名》.
Cheong·ju, Ch'ong·ju /ʧʌ́ŋʤú:/ 清州(チョンジュ)(せいしゅう)《韓国中部, 忠清北道の市・道庁所在地》.
cheong·sam /ʧɔ́:ŋsɑ̀:m/ *n* チョンサン(長衫), チャイナドレス《襟が高く, スカートの片側にスリットのはいった女性用の中国服》. [Chin]
Che·ops /kí:ɑ̀ps/ ケオプス《KHUFU のギリシア語名》.
Cheph·ren /kéfrən/ ケフレン《KHAFRE のギリシア語名》.
cheque″ /ʧék/ *n* 小切手 (check*); 《豪》《契約労働に対する》賃金, 《農産物の》売上高. [CHECK]
chéque accòunt″ 《銀行または住宅金融組合 (building society) の》小切手用口座, 当座預金口座.
chéque·bòok″ *n* CHECKBOOK.
chéque càrd″ CHECK CARD.
che·quer″ /ʧékər/ *n*, *vt* CHECKER[1].
Che·quers /ʧékərz/ チェカーズ《London の北西, Buckinghamshire 中部にある首相の地方官邸》.
cher /ʃéər/ 《俗》*a* 魅力的な; 流行に詳しい, 今ふうの感覚をもった. [F=dear]
Cher[1] /*F* ʃɛ:r/ **1** [the] シェール川《フランス中部を流れる Loire 川の支流》. **2** シェール《フランス中部 Centre 地域圏の県; ☆Bourges》.
Cher[2] /ʃéər/ シェール (1946–)《米国のポップシンガー・女優; 1960–70 年代 夫 Sonny Bono と Sonny and Cher の名でデュオ活動; 映画 *Moonstruck* (月の輝く夜に, 1987)》.
Cher·bourg /ʃéərbʊ̀ər(g); *F* ʃɛrbu:r/ シェルブール《フランス北西部の, イギリス海峡に臨む港町》.
cher·chez la femme /*F* ʃɛrʃe la fam/ 女を捜せ《事件の裏に女がいる》. [F=look for the woman]
cher·eme /kérì:m/ *n* 手話素《American Sign Language の基本単位》.
Cher·e·mis(s) /ʧèrəmís, -mí:s, ⌐—⌐/ *n* **a** (*pl* ~, ~·**es**) チェレミス族, マリ族 (=*Mari*)《特にロシアの Mari El 共和国を中心とする

Volga 川中流域に住むウゴル族). **b** チェレミス語, マリ語《フィン-ウゴル語派に属する》.
Che·rem·kho·vo /ʧəréṃkəvə, ʧɛrəmkɔ́ːvə/ チェレムホヴォ《ロシア, 東シベリア南部の Irkutsk の北西にある市》.
Che·ren·kov /ʧəréŋkəf/ チェレンコフ **Pavel Alekseyevich** ～ (1904–90)《ソ連の物理学者; チェレンコフ効果 (Cerenkov effect) を発見, ノーベル物理学賞 (1958)》.
Cherénkov effèct CERENKOV EFFECT.
Cherénkov radiàtion CERENKOV RADIATION.
ché·rie /F ʃeri/ *n* **1** (*masc* **ché·ri** /—/)《女性に向かって》かわいい人, ダーリン; 恋人. **2** [C-] シェリー《女子名》. [F＝dear]
cher·i·moya /ʧɛrəmɔ́ɪ(j)ə, ʧɪər-/ *n* 〖植〗チェリモヤ《南米ペルー・エクアドルのアンデス高地原産バンレイシ科の常緑小高木; 緑色の果実は世界三大美果の一つともいわれ, 各地で栽培される》. [Sp]
cher·ish /ʧérɪʃ/ *vt* 大事にする; 大事に育てる; 〈思い出を〉なつかしがる; 〈希望を〉いだく 〈*for*〉, 〈恨みを〉いだく 〈*against*〉. ♦ **～·able** *a* **～·er** *n* [OF (*cher* dear＜L *carus*)]
chér·ished *a* 大切にしまって[とって]おいた; 〈ナンバープレートが〉文字・数字の組合わせが所有者自選の, 愛用ナンバーの.
Cher·kessk /ʧərkésk/ チェルケスク《ロシア, 北 Caucasus の Karachay-Cherkessia 共和国の首都》.
Cher·nen·ko /ʧɛərnjéŋkou/ チェルネンコ **Konstantin Ustinovich** ～ (1911–85)《ソ連の政治家; 共産党書記長 (1984–85)・最高会議幹部会議長 (1984–85)》.
Cher·ni·hiv /ʧɛərníːhiu/, (Russ) **Cher·ni·gov** /ʧɪərníːgəf/ チェルニヒウ, チェルニゴフ《ウクライナ北部の古都; 11 世紀 Chernigov 公国の首都》.
Cher·niv·tsi /ʧɪərníftsi/, (Russ) **Cher·nov·tsy** /ʧɛərnɔ́ːftsi/ チェルニウツィ, チェルノフツィ (Romanian **Cer·nă·u·ţi** /ʧɛərnəúːtsi/, *G* **Czernowitz**)《ウクライナ西部, ルーマニアとの国境に近い Prut 川に臨む市》.
Cher·no·byl /ʧərnóub(ə)l, ʧɛər-/ チェルノブイリ《ウクライナ北部の原子力発電所地区; 1986 年 4 月 26 日, 発電所の原子炉で大事故が発生, 広範囲の放射能汚染をもたらした; ウクライナ語名 Chornobyl》. [Russ＝wormwood]
cher·no·zem /ʧɛrnəʒɔ́ːm, -zém; ʧɑ́ːnouzɛm/ *n* チェルノジョーム土(ど) (＝*black earth*)《ヨーロッパロシアや北米中央部などの, 冷温帯・亜湿潤気候のステップの肥沃な黒い成帯性土壌》. ♦ **-zém·ic** *a* [Russ]
Cher·ny·shev·sky /ʧɛərnɪʃéfski/ チェルヌイシェフスキー **N(ikolay) G(avrilovich)** ～ (1828–89)《ロシアの批評家・小説家; 長篇社会小説『何をなすべきか』(1863)》.
Cher·o·kee /ʧérəkìː, ⏑⏑⏑/ *n* **a** (*pl* ～, ～**s**) チェロキー族《今日の Tennessee, North Carolina 州の地に居住していたインディアン; Oklahoma に強制移住させられた》. **b** チェロキー語.
Chérokee Nátion [the]〖米史〗チェロキー国《19 世紀初めに Cherokee 族が設立した部族自治国家; 地域内の Georgia 州で金鉱が発見されたことなどから白人側による排除の圧力が強まり, 1838 年に Oklahoma への強制移動 (⇨ TRAIL OF TEARS) が行なわれた》.
Chérokee ròse〖植〗ナニワイバラ《中国南部原産の芳香の白色花をつけるつる性バラ; 米国 Georgia 州の州花》.
che·root /ʃərúːt, ʧə-/ *n* 両切り葉巻, 《俗》葉巻.
chérries júbilee 黒いサクランボを載せたバニラアイスクリーム《ブランデーまたはキルシュヴァッサーをかけ, 火をつけて出す》.
cher·ry /ʧéri/ *n* **1 a** サクランボ《古くから cuckoo と結びつけられているのは, 鳴きやむ前に cherry の実の食事を 3 回取ると伝えられていたため》: Never make two bites of a ～. 《諺》サクランボを二口に食べるな《一気にできることは一気にやれ》. **b**〖植〗サクラ《サクラ属の各種の木》; さくら材. **c** サクランボ色《穏やかな赤》. **d***《俗》《パトカーの》赤い回転灯. **2**《俗》処女膜; 《俗》処女性, 童貞 (virginity); 《俗》処女, 童貞(virgin); *《俗》初心者, 新米; *《俗》《補充兵として前線に送られる》実戦経験のない新兵, 童貞部隊員: lose one's ～ 花を散らす. ● **a bowl of cherries** [*neg*] 愉快な[楽しい]こと: Life is not (just) *a bowl of cherries*. 人生はいいことずくめじゃない, 楽あれば苦あり. **bite(s) at [of] the [a]** ～《やりなおし・再挑戦の》試み, 機会: have [get, take] two *bites at the* ～《同じことに》二度挑戦する / be given another [a second] *bite at the* ～ 再度機会を与えられる. **cop [pop]** sb's ～《俗》人の処女[童貞]を奪う, 花を散らす. **have** one's ～《俗》処女[童貞]である, 経験がない; 《俗》未経験である, 未使用である, 試されたことがない. **the** ～ **on the cake** [(**the**) **top**] 花を添えるもの, 予想外のいい[うれしい]こと. ► *a* **1** サクランボ色の; さくら材製の. **2**《俗》処女[童貞]の; 《俗》未経験の, 新米の, 使った[試した]ことのない, 新品同様の. ♦ **～·lìke** *a* [ONF *cherise*＜L＜?Gk *kerasos*; *-se* を複数語尾と誤ったもの; cf. PEA[1]]
Cherry チェリー《女子名》. [*cherry*, または *Charity* の愛称]
chérry àpple [cràb]〖植〗SIBERIAN CRAB.
chérry bèan〖植〗ササゲ.
chérry bìrch〖植〗チェリーバーチ (SWEET BIRCH).
chérry blòssom サクラの花; さくら色.
chérry bòb" 柄の根元で 2 個つながったサクランボ.
chérry bòmb サクランボ大の赤いかんしゃく玉.
chérry brándy チェリーブランデー《サクランボをブランデーに浸して作った甘いリキュール》.
chérry fàrm*《俗》軽犯罪者教化農場.
chérry làurel〖植〗**a** セイヨウバクチノキ《欧州南東部原産の常緑低木》. **b** ゲッキツ (＝*laurel cherry*)《米国南部原産; ミカン科》.
Chérry Òrchard [The]『桜の園』《Anton Chekhov の最後の戯曲 (1904)》.
chérry pèpper〖植〗チェリー群のトウガラシ, チェリートウガラシ《きわめて辛みの強い丸い小さな実をつける》.
chérry-pìck *vt, vi* 〈最良のもの[人]を〉選び取る, えりすぐる; (...から)いいとこ取りする.
chérry pìcker **1** チェリーピッカー《**1**) 積み上げた丸太などから 1 本ずつ持ち上げる移動式クレーン **2**) 人を上げ下げする移動クレーン》. **2** cherry-pick する人; 《俗》稚児さん (catamite); *《俗》処女[若い女]好きの男.
chérry-pìck·ing *n* サクランボ摘み; *《口》自分に都合のいい[有利な]部分だけ選択すること, つまみ食い, いいとこ取り.
chérry píe チェリーパイ《サクランボ入りのパイ》; "〖植〗ヘリオトロープ (⇨ HELIOTROPE); 《俗》わけないこと.
chérry-pìpe *a* "《韻俗》《性的に》その気になって (ripe).
chérry plùm〖植〗ミロバランスモモ (＝*myrobalan*).
chérry rèd 鮮紅色; "《俗》BOVVER BOOT.
chérry sàlmon〖魚〗サクラマス《太平洋西部産のタイヘイヨウサケの一種; 河川型はヤマメ》.
chérry·stòne *n* サクランボの種; 取るに足らぬもの; 〖貝〗(小さな)ホンビノスガイ.
chérry tomàto〖園〗チェリートマト《ひと口大のミニトマト》.
chérry tòp*《俗》赤灯(あかとう)車, パトカー; *《俗》LSD.
Chérry Trèe Láne [the] さくら通り《London の架空の地名; この 17 番地に Mary Poppins が乳母をしていた Banks 家がある》.
chérry·wòod *n* さくら材 (cherry).
cher·so·nese /kɔ́ːrsənìːz, -s/ *n* **1**《古・詩》半島 (peninsula). **2** [the C-] **a** CIMBRIAN CHERSONESE. **b** GOLDEN CHERSONESE. **c** TAURIC CHERSONESE. **d** THRACIAN CHERSONESE. [L＝peninsula (↓)]
Cher·so·ne·sus /kəːrsəníːsəs/ ケルソネソス《CHERSONESE の古代名》.
chert /ʧɑ́ːrt, ʧǽt/ *n*〖鉱〗チャート《ほとんどが無水ケイ酸からなる硬い堆積岩》. ♦ **chér·ty** *a* [C17＜?]
cher·ub /ʧérəb/ *n* **1** (*pl* ～**s, cher·u·bim** /-bìm/) **a**〖聖〗ケルビム《神に仕えて玉座を支えたり, 守護霊となったりする天上の存在; *Gen* 3: 24, *Ezek* 1, 10》. **b**〖神学〗智天使, ケルビム《九天使中の第 2 位で知識をつかさどる; ⇨ CELESTIAL HIERARCHY》. **2** (*pl* ～**s**)〖美〗《翼の生えた愛らしい》天使童子; まるまる太った愛らしい幼児, 行儀のよい子; 童顔の人; 無邪気な人. ♦ **～·lìke** *a* [OE *cherubin* and Heb]
che·ru·bic /ʧərúːbɪk/ *a* ケルビムの(ような); ふくよかな〈顔つき〉. ♦ **-bi·cal·ly** *adv*
Che·ru·bi·ni /kèrəbíːni, kèɪru-/ ケルビーニ (**Maria**) **Luigi** (**Carlo Zenobio Salvatore**) ～ (1760–1842)《イタリアの作曲家》.
cher·vil /ʧɑ́ːrvəl/ *n*〖植〗**a** チャービル《**1**) セリ科シャク属の一年草; 葉はスープ・サラダ用 **2**) ニンジンに似た根を取るセリ科カエロフィルム属の二年草》. **b** SWEET CICELY. [OE *cerfille*＜L＜Gk]
cher·vo·nets /ʧərvɔ́ːnəts/ *n* (*pl* **-von·tsi** /-vɔ́ːntsi/) チェルヴォネッツ《ソ連の通貨単位: ＝10 rubles》. [Russ]
Cher·well /ʧɑ́ːrwəl/ [the] チャーウェル川《イングランド中部 Northamptonshire から Oxfordshire を南流し, Oxford で Thames 川に流れ込む》.
Cher·yl /ʧérəl, ʃér-/ チェリル, シェリル《女子名》. [? *Cherry, Charlotte*]
Ches. Cheshire.
Ches·a·peake /ʧésəpìːk/ チェサピーク《Virginia 州南東部 Norfolk の南にある市》.
Chés·a·peake Báy チェサピーク湾《Maryland 州と Virginia 州にはいり込んだ湾》.
Chésapeake Báy retríever〖犬〗チェサピークベイレトリーバー《Maryland 州で改良された鴨猟犬》.
che sa·rà, sa·rà /kéɪ sɑːrɑ́ː sɑːrɑ́ː/ なるものはなるようになる. [It＝what will be, will be]
Chesh·ire /ʧéʃər, -ʃɪər/ **1** チェシャー《イングランド西部の州; ☆Chester; 略 Ches.》. **2** CHESHIRE CHEESE.
Chéshire cát チェシャーキャット《Lewis Carroll, *Alice's Adventures in Wonderland* に登場する, 木の上でにやにや笑う猫; Alice と問答をしたあと, にやにや笑いだけを残して姿を消す》. ● **grin like a** ～《口》わけもなくにやにや笑う.
Chéshire chéese チェシャーチーズ《主にイングランド Cheshire で生産されるチェダー (cheddar) に似た硬質チーズ》.
Chéshire Hòme チェシャーホーム《Leonard Cheshire (1917–92) によって英国その他に設立された永久傷病者のための慈善施設 Cheshire Foundation Homes の一つ》.
Chesh·van /xéʃvən/ *n* HESHVAN. [Heb]
ches·il /ʧézəl/ *n* 砂利, 小石.

Chésil Bánk [Béach] チェジルバンク[ビーチ]《イングランド南西部 Dorset 州の砂利の海岸堤; Bridport から南東に Portland 島まで 18 km に及ぶ》.

ches·key /ʧéski/ *n* [ᵒC-] *《俗》[*derog*] チェスキー《チェコ系人; チェコ語》.

chess[1] /ʧés/ *n* チェス《盤上に各 16 個のコマ (chessman) を 2 人で動かす将棋に似たゲーム》. [OF＝CHECK; OF *esches* (pl) の頭音消失]

chess[2] *n* 〘軍〙舟橋 (pontoon bridge) にかける板. [ME *ches* tier ＜CHASSE]

chess[3] *n* 〘植〙スズメノチャヒキ属の雑草《イネ科》,《特に》カラスノチャヒキ (cheat, rye-brome). [C18＜?]

chéss·bòard *n* チェス盤《赤黒など二色交互に 64 の目がある》; 戦局.

ches·sel /ʧésəl/ *n* CHEESE VAT.

chéss·màn /, -mən/ *n* (*pl* **-mèn** /, -mən/) チェスのコマ, チェスマン《全 32 個の一つ》.

chéss píe チェスパイ《トウモロコシの粉·砂糖·バター·卵などをパイ皮に入れて焼いたカスタード様デザート; 米国南部の料理》.

chéss·pièce *n* CHESSMAN.

ches·sy·lite /ʃésəlàɪt/, **chés·sy còpper** /ʃési-, ʃesí:-/ *n* AZURITE.

chest /ʧést/ *n* **1** 胸郭 (thorax), 胸《PECTORAL *a*》: ～ trouble 胸の病気 / have (got) a bad ～ "《口》胸を病んでいる / a cold on the ～ 咳かぜ / a hairy, broad ～ 胸毛の生えた広い胸 / BEAT[1] one's ～. **2 a**《衣類·道具類·金·薬·茶などを貯蔵[運搬]する》(ふた付きの)大型の収納箱; CHEST OF DRAWERS; CHESTFUL. **b**《大学·病院·陸軍·政党など公共団体の》金庫; [*fig*] 資金: military ～ 軍資金. **c**《ガスなどの》密閉容器. ● **get**...**off one's ～** 〈問題·悩みを〉打ち明けて胸のつかえ[心の重荷]を下ろす. **have**...**on one's ～**《口》...が気にかかる. **play** [**keep, hold**] one**'s cards close to** one**'s** [**the**] **～** ⇨ CARD[1]. **puff** one**'s ～ out** 胸を張る. [OE *cest*＜L *cista* box＜Gk]

chést·ed *a* [*compd*] ...な胸をした: broad-[flat-]～ 胸の広い[平たい]. [↑]

Ches·ter /ʧéstər/ **1** チェスター《(1) Pennsylvania 州南東部の市 (2) イングランド北西部 Cheshire 州の州都; Dee 川に臨む; 今もローマ軍の造った壁をめぐらしている》. **2** チェスター《男子名》. [OE＝fortified town＜L *castra* camp]

chéster·bèd *n* 《主にカナダ》ソファーベッド《広げるとベッドになるソファー》. [*chester*field＋*bed*]

Chéster·fìeld **1** チェスターフィールド《イングランド中北部 Derbyshire の町; ねじれた尖頭のある 14 世紀の教会で有名》. **2** チェスターフィールド **Philip Dormer Stanhope,** 4th Earl of ～ (1694–1773)《英国の政治家·外交官·文人; 作法そのほかの心得について教えた書簡集 *Letters to His Son, Letters to His Godson* で知られる》. **3** [c-] **a** チェスターフィールド《厚い詰め物をした革張りの大きなソファー; しばしば肘掛けと背もたれが同じ高さ》;《カナダ》《一般の》ソファー. **b** チェスターフィールド《シングル前の比翼仕立てでベルベット襟の男性用コート》.

Chèster·fíeld·ian *a* CHESTERFIELD 卿風の; 貴族然とした (lordly), 優美な, 上品な, 慇懃(いんぎん)な.

Ches·ter·ton /ʧéstərt(ə)n/ チェスタトン **G**(ilbert) **K**(eith) ～ (1874–1936)《英国のカトリックの文筆家; 警抜な着想と逆説的な筆法とで有名; FATHER BROWN を生み出した》. ♦ **Chès·ter·tón·ian** /-tóʊniən/ *a*

Chéster Whíte 〘豚〙チェスターホワイト《早熟性白豚》. [*Chester* Pennsylvania 州の原産地]

chést·fùl *n* (*pl* ～**s**) 大箱一杯の量.

chést hàrdware 《軍俗》胸の勲章.

chést nòte CHEST VOICE.

chest·nut /ʧés(t)nət/ *n* **1** クリの実;《各種の》クリの木 (＝**～ trèe**); 栗材; HORSE CHESTNUT. **2** 栗色; 栗色の動物, 栗毛(の馬)《体色が茶色または赤茶色で, たてがみ·尾および四肢が同じか明るい色合いの馬》. **3** [ᵘold～]《口》古臭い[陳腐な]しゃれ[話], 聴きあきれた音楽, 言い古されたことわざ. **4** 〘獣医〙《馬の足の内側にできる》附蟬(ふせん). ● **drop** sth [sb] **like a** HOT **～**. **pull** sb**'s ～s out of the fire** 《口》人のために火中の栗を拾う, 人の手先に使われる. ► *a* 栗色の, 栗毛の〈馬〉; クリの木の(ような). [*chesten* (obs) (F＜Gk *kastanea*), NUT]

chéstnut blìght 〘植〙クリ胴枯れ病.

chéstnut-brèast·ed fínch 〘鳥〙シマコキン《飼鳥; 豪州原産》.

chéstnut cóal 直径 13/16–1⅝ インチ大の無煙炭 (⇨ ANTHRACITE).

chéstnut óak 〘植〙**a** チンカピンオーク (chinquapin oak). **b** 北米東部産のウラジロガシの一種.

chéstnut sóil 〘地質〙栗色土(くりいろど).

chést of dráwers 整理だんす.

chést of víols 〘楽〙チェスト·オヴ·ヴァイオルズ《トレブル 2, テナー 2, バス 2 からなる一組のヴァイオル; 17 世紀英国でアンサンブルに用いた》.

chést-on-chést *n* 《短脚付きの》重ねだんす (＝*tallboy*).

chést protèctor 《防寒用の》胸当て;《キャッチャーなどの》プロテクター.

chést règister 〘楽〙胸声声域.

chést-thùmping *n* (胸をたたく)大見え, 大言壮語.

chést tòne CHEST VOICE.

chést vòice 〘楽〙胸声《低音域の声; cf. HEAD VOICE》.

chésty 《口》*a* "胸部疾患をもつ[の徴候としての]; 胸部のよく発達した, 胸の大きい; *いばった, うぬぼれた. ♦ **chést·i·ly** *a* **chést·i·ness** *n*

Che·ta /ʧí:tə/ チータ《Tarzan 映画に登場するチンパンジー》.

chetah ⇨ CHEETAH.

cheth /xéɪt, xéɪθ, xét, xéθ/ *n* HETH.

Chet·nik /ʧétnɪk, ʧetní:k/ *n* チェトニク《セルビア民族独立運動グループの一員; 第一次大戦前はトルコに抵抗し, 両大戦中はゲリラ活動を展開した》. [Serb]

chet·rum /ʧí:trəm, ʧét-/ *n* チェトラム《ブータンの通貨単位: ＝1/100 ngultrum》.

Che·tu·mal /ʧèɪtumá:l/ チェトゥマル《メキシコ南東部 Quintana Roo 州の州都; Yucatán 半島南東岸のチェトゥマル湾 (**～ Báy**) に臨む港町》.

che·val de ba·taille /*F* ʃəval də bataːj/ (*pl* **che·vaux-** /*F* ʃəvo-/) 軍馬; 十八番, おはこ. [F＝battle horse]

che·val-de-frise /ʃəvǽldəfrí:z/ *n* (*pl* **che·vaux-** /ʃəvóʊ-/) [ᵘ*pl*] 〘軍〙《木製[鉄製]の胴部から何本も大釘がでた》防御柵《一種の逆茂木(さかもぎ)》; [ᵘ*pl*]《壁の上などの》忍び返し. [F＝horse of Friesland]

che·va·let /ʃəvǽleɪ/ *n* 《弦楽器の》こま;《吊橋の》構脚. [F (dim)＜*cheval* horse]

che·vál glàss [**mìrror**] /ʃəvǽl-/ 大姿見《鏡》.

chev·a·lier /ʃèvəlíər/ *n* 《フランスのレジオンドヌール勲位などの》勲爵士;《中世の》騎士; シュヴァリエ《フランスの最下位の貴族》;《フランスの貴族制度における》騎士; 義俠の人; 〘英史〙Old [Young] Pretender の称号. [OF＜L *caballarius* horseman (*caballus* horse)]

Che·va·lier /ʃəvǽljéɪ, -vɑ:-; ʃəvǽlièɪ/ シュヴァリエ **Maurice** ～ (1888–1972)《フランスの歌手·映画俳優; ミュージカルを映画のジャンルとして確立するのに貢献》.

che·va·lier d'in·dus·trie /*F* ʃəvalje dɛ̃dystri/ 山師, 詐欺師 (＝**chevalíer of índustry**).

cheval mirror ⇨ CHEVAL GLASS.

chevaux de bataille CHEVAL DE BATAILLE の複数形.

chevaux-de-frise *n* CHEVAL-DE-FRISE の複数形.

che·ve·lure /*F* ʃəvly:r/ *n* 頭髪; 〘天〙COMA.

chev·e·ron /ʃév(ə)rən/ *n* 〘紋〙CHEVRON.

che·vet /ʃəvéɪ/ *n* 〘建〙シュヴェー《特に フランス中世の大聖堂における, 半円形の歩廊に囲まれ, いくつものチャペルに通じる形式の後陣》.

chev·in /ʧévən/ *n* 〘魚〙チャブ (⇨ CHUB[1]). [OF]

chev·i·ot /ʧí:viət, ʧév-, *ʃév-/ *n* **1** チェビオット《(1) チェビオット羊毛織物 (2) 粗い紡毛または梳毛織物》. **2** [ᵘC-] チェビオット種(の羊)《Cheviot 丘陵原産の肉質·毛質のよい羊》.

Chéviot Hílls *pl* [the] チェヴィオット丘陵《イングランドとスコットランド間の丘陵地帯; 最高峰は Cheviot 山 (816 m)》.

Chev·ra Ka·di·sha /xɛvrá: kɑ:dɪʃá:, xévrə kɑ:díʃə/ ヘヴラカディシャ《ユダヤ人の葬儀互助会; 通例 ボランティアの人たちにより運営される》. [Heb ＝Holy Company]

chè·vre /ʃévr, ʃév(rə)/ *n* シェーヴル (goat cheese).

chev·rette /ʃəvrét/ *n* シェヴレット《子ヤギの薄手の革》.

Chev·ro·let /ʃèvrəléɪ, ⏑⏑⏑/ 〘商標〙シボレー《米国製の大衆車; 現在は GM の一部門が作る》.

chev·ron /ʃévr(ə)n/ *n* 《軍服·警官服の》山形袖章《∧, ∨; 勤務年数や階級などを示す》; 〘紋〙山形帯, 山形紋, シェヴロン; 〘建〙《繰形(くりかた)などの》山形. ♦ **～ed** *a* [OF＜L *caper* goat; cf. L *capreoli* pair of rafters]

chévron bòard 急カーブを示す道路標識《山形を連ねたサインで示す》.

chev·ro·tain /ʃévrətèɪn, -tən/, **-tin** /-tən/ *n* 〘動〙マメジカ, ネズミジカ (＝*mouse deer, anak kuching*)《熱帯アジア·西アフリカ産; 小型で角がない》. [F]

chevy /ʧévi/ *n, vt, vi* CHIVY.

Chevy /ʃévi/ *《口》CHEVROLET.

chew /ʧú:/ *vt, vi* **1** 〈食べ物を〉かむ 〈*on*〉; *《俗》食べる(ことができる); 《口》〈かみタバコを〉かむ: ～ (*away*) *at*...をかみつづける. **2** じっくり[とくと]考える, 熟考[沈思]する 〈*on, over*〉; 討論する 〈*over*〉; *《俗》おしゃべりをする. **3** *《口》きびしく責める, しかりつける 〈*out, up*〉. ● BITE **off more than** one **can ～**. **～ a lone drink** [**song, summer,** etc.] *《俗》ひとりさびしく酒を飲む[歌を歌う, 夏を過ごすなど]. **～ away** かみつくす, かじり取る. **～ off** かみ切る 〈*from, of*〉. **～** sb**'s ass** (**out**) *《卑》人をしかりつける (chew out). **～** sb**'s ear off** *《俗》長々とひとりごとを言う[しゃべる, 小言を言う]. **～ the** CUD. **～ the fat** [**rag**]《口》おしゃべりする, 雑談する; "《俗》議論する, ぶつくさ[ぐだぐだ]言う. **～ the** SCENERY. **～ up** かみつぶす[砕く];《機

械などがものをかんで》ずたずたにする, そこなう; …に楽勝する, 圧倒する; 消費する, 食いつぶす; ⇨ *vt.* ～ sb **up and spit them out** *《俗》人をこきおろす, 人につらく当たる. **like a piece of ～ed string** 《口》くたびれて弱くなった. ► *n* **1** 咀嚼(そしゃく); (かみタバコ)ひと口; 食べ物, 餌; チュー《かみくだいて食べる固い菓子; キャンディー・クッキーなど》. **2***《俗》横柄で人に嫌われるやつ. ♦ **～·able** *a* [OE *cēowan*; cf. G *kauen*]

Che·wa /ʧéɪwɑː/ *n* **a** (*pl* ～, ～**s**) チェワ族《マラウィ・ザンビア・ジンバブウェに住む黒人》. **b** チェワ語 (CHICHEWA).

chewed /ʧúːd/*《俗》 *a* おこった; 疲れきった; 打ち負かされた. ● **～ up** おこって; こてんぱんにやられて, 気がめいって.

chéw·er *n* かむ人; 《特に》かみタバコをかむ人; (問題を)よく考える人; 反芻動物.

chew·ie /ʧúːi/ *n* 《豪口》CHEWING GUM.

chéwing gùm チューインガム; *《俗》いいかげんな要領を得ない話.

chéw·ings *n pl* *《俗》食い物.

chéwing tobàcco かみタバコ.

che·wink /ʧɪwíŋk/ *n* 〘鳥〙ワキアカトウヒチョウ (towhee)《ホオジロ科の鳴鳥; 北米東部産》. [imit]

chéwy *a* かみでのある, よくかむ必要のある; かむのに適した; *《俗》中身のある, うまみのある. ♦ **chéw·i·ness** *n*

Chey·enne /ʃaɪǽn, -ɛ́n/ *n* **1 a** (*pl* ～, ～**s**) シャイアン族《合衆国の大平原地方に居住するインディアンの一族》. **b** シャイアン語《Algonquian 語族に属する》. **2** シャイアン《Wyoming 州の州都》.

Chéyne-Stókes bréathing [**respirátion**] /ʧéɪnstóuks-, ʧéɪni-/ 〘医〙チェーン[シェーン]-ストークス呼吸《深い呼吸と浅い呼吸が交互に現われる異常呼吸》. [John *Cheyne* (1777–1836) スコットランドの医師, William *Stokes* (1804–78) アイルランドの医師]

chez[1] /ʃeɪ; *F* ʃe/ *prep* …の家[店]で[に]; 《手紙で》…方; …といっしょに; …の間で. [F＜L *casa* cottage]

chez[2] ⇨ CHAS.

CHF 〘医〙°congestive heart failure. **ChFC** 〘米〙Chartered Financial Consultant《Pennsylvania 州の Bryn Mawr College が認定した》公認投資コンサルタント. **chg.** change ♦〘商〙charge.

Chhat·tis·garh /ʧətíːzgər; ʧæ̀tɪzgáːr/ チャッティースガル《インド中東部の州; 2000 年に Madhya Pradesh の南東部を分離して新設された; ☆ Raipur》.

chi[1] /káɪ/ *n* カイ, キー《ギリシア語アルファベットの第 22 字; Χ, χ》. [Gk]

chi[2], **ch'i, qi** /ʧíː/ *n* 〘中国哲学〙気. [Chin]

chi·ack, chy·ack /ʧáɪək, -æk/ 《豪俗》 *vt, vi* からかう, ばかにする. ► *n* からかうこと; 悪意のない冗談.

Chia-i, Chia·yi /ʤiáːíː/ 嘉義(かぎ)(チアイー)《**1**) 台湾中西部の県 **2**) その中心都市; 台湾最大の産糖地》.

Chia-mu-ssu ⇨ JIAMUSI.

Chi·an /káɪən/ *a* キオス (Chios) 島の; キオス島産の. ► *n* キオス島人; キアン《Chios 島産のワイン》.

Chiang Ching 江青 (⇨ JIANG QING).

Chiang Ching·kuo /ʤiáːŋ ʤíŋwóu, ʧǽŋ ʧíŋkwóu/, **Jiang Jing·guo** /ʤiáːŋ ʤíŋwóu/ 蔣経国(しょうけいこく)(チアンチンクオ) (1910–88)《中国の政治家; 蔣介石の長子; 中華民国(台湾)総統 (1978–88); 政治的民主化を容認》.

Chiang Kai·shek /ʤiáːŋ káɪʃék, ʧǽŋ-/, **Jiang Jie·shi** /ʤiáːŋ ʤiéɪʃíː/ 蔣介石(しょうかいせき)(チアンカイシェク) (1887–1975)《中国の軍人・政治家; 中華民国総統》.

Chiang Mai /ʤiáːŋ máɪ/, **Chieng·mai** /ʤiɛ́ŋ-/ チェンマイ《タイ北西部の市; Chao Phraya 川の支流 Pin 川に臨む; 旧ラーンナータイ (Lanna Thai) 王国の王都》.

Chi·a·ni·na /kìːəníːnə/ *n* (*pl* ～, ～**s**) 〘畜〙キアニナ《イタリア原産の大型の肉牛の品種; 赤身の肉が得られる》. [It (fem) (*Chiana* イタリア中部の河川流域)]

Chi·an·ti /kiáːnti, -ǽn-; -ǽn-/ **1** キアンティ《イタリア中部の山脈; アペニノ山脈 (Apennines) の一部》. **2** キアンティ《**1**) イタリア Tuscany 州産の, 主に赤のワイン **2**) 他の地域で生産されるこれと類似のワイン》.

Chiánti·shìre [*joc*] キャンティシャー《イタリア Tuscany 地方の俗称》.

Chían tùrpentine 〘化〙キオステレペンチン《テレビンノキから採る含油樹脂》.

chiao ⇨ JIAO.

Chi·a·pas /ʧiáːpəs/ チアパス《メキシコ南部の州; ☆Tuxtla Gutiérrez; 北東部に Maya の遺跡がある》.

chi·a·ro·scu·ro /kiàːrəsk(j)úərou/ *n* (*pl* ～**s**) 〘美〙キアロスクーロ《明暗の配合による表現》; キアロスクーロ画; 〘文芸〙明暗対照法; キアロスクーロ《重ね刷りによって同じ色の異なるトーンを出す 16 世紀の木版画の手法; その版画》; [〈*a*〉] 半分現われた. ♦ **-scú·rist** *n* キアロスクーロの画家. [It (*chiaro* clear, *oscuro* OBSCURE)]

chi·asm /káɪæz(ə)m, kíː-/ *n* CHIASMA; CHIASMUS.

chi·as·ma /kaɪǽzmə, ki-/ *n* (*pl* **-ma·ta** /-tə/, ～**s**) 〘解〙《特に視神経の》交差 (cf. OPTIC CHIASMA); 〘発生〙染色体交差, キアズマ. ♦ **chi·ás·mal, -ás·mic, -mat·ic** /kàɪəzmǽtɪk, kìː-/ *a*

chi·as·ma·typy /kaɪǽzmətàɪpi/ *n* 〘発生〙染色体交差.

chi·as·mus /kaɪǽzməs, ki-/ *n* (*pl* **-mi** /-màɪ/) 〘修〙交差対句法《Love's fire heats water, water cools not love. (Shak., *Sonnets*) のように対句を逆に並べ交差させるもの》. ♦ **chi·as·tic** /kaɪǽstɪk/ *a* [Gk＝crosspiece]

chi·as·to·lite /kaɪǽstəlàɪt/ *n* 〘鉱〙空(くう)晶石《不純物を含む紅柱石の一種》.

chiaus /ʧáus, -ʃ/ *n* 《トルコの》使者. [Turk]

chi·ba /ʧíːbə/ *n* *《俗》マリファナ.

Chib·cha /ʧíbʧə, -ʧɑː/ *n* **a** (*pl* ～, ～**s**) チブチャ族《コロンビアの Bogotá 高原に住んでいた, 絶滅した先住民》. **b** チブチャ語.

Chib·chan /ʧíbʧən/ *a, n* チブチャ語族(の)《コロンビア・中央アメリカの言語群; 大半が死語》.

chi·b(o)uk, -bouque /ʧəbúːk, ʃə-/ *n* 《トルコの》長ギセル. [F＜Turk]

chic /ʃíːk, ʃík/ *n* 《独特の》スタイル; 上品さ (elegance), いき. ► *a* シックな, あかぬけした, いきな. ♦ **～·ly** *adv* **～·ness** *n* [F＜?; G *Schick* skill または *chicane* か]

chi·ca /ʧíːkə/ *n**《口》女の子, 若い女性. [Sp]

Chi·ca·go /ʃəkáːgou, -kɔ́ː-; -káː-/ *n* **1** シカゴ《Michigan 湖に臨む Illinois 州の市; 略 Chi.》. **2** 〘トランプ〙MICHIGAN. ■ **the University of ～** シカゴ大学《Chicago にある私立の総合大学; 1890 年 John D. Rockefeller の寄付によって創立》. ► *a**《俗》ギャングのような《風体》. ♦ **～·an** *n* シカゴ市民.

Chicágo Bóard of Tráde [the] シカゴ商品取引所《Chicago 市にある商品先物取引所; 1848 年設立; 略 CBT, CBOT; 2007 年 CME と合併》.

Chicágo Mércantile Exchànge [the] シカゴ・マーカンタイル取引所《Chicago 市にある商品取引所・金融先物取引所; 1919 年設立; 略 CME; 2007 年 CBOT との合併で CME Group 傘下となった》.

Chicágo piáno*《俗》THOMPSON SUBMACHINE GUN.

Chicágo píneapple*《俗》小型爆弾, 手榴弾.

Chicágo Schòol [the] 〘建〙シカゴ派《1871 年の大火のあと, 高層ビル・ビジネスビル設計のために 1880–1910 年ごろに活躍した Chicago 在住の建築家たち; 装飾性を排し機能本意の設計をした; Louis Sullivan と John Wellborn Root など》.

Chicágo Tríbune [the] 『シカゴ・トリビューン』《Chicago 市で発行されている朝刊紙》.

chi·ca·lo·te /ʧìkəlóuti/ *n* 〘植〙シロアザミゲシ《メキシコ・米国南西部産》. [Sp＜Nahuatl]

Chi·ca·na /ʧɪkáːnə, ʃɪ-/ *n* チカーナ《メキシコ系米国人の女性; cf. CHICANO》. ► *a* チカーナの.

chi·cane /ʃɪkéɪn, ʧɪ-/ *n* 合法的な詭弁, ごまかし (chicanery); 〘ブリッジ〙切り札の一枚もない手(に与えられる点); 〘自動車レース〙シケイン《**1**) 減速を強いるためなどにコース上に設けられた障害物 **2**) ロードレースコースのジグザグのカーブ》. ► *vi* 詭弁を弄する. ► *vt* 〈人を〉だまして…させる[を取る]〈*into, out of*〉. ♦ **chi·cán·er** *n* 詭弁を弄する者. [F＝quibble]

chi·cá·nery *n* ずるい言い抜け, ごまかし; [ᵘ*pl*] 法律上のごまかし, ペテン.

chi·ca·nis·mo /ʧìkaːníːzmou, -nís-/ *n* チカーノ (Chicano) のもつ強い民族としての誇り, チカノ魂.

Chi·ca·no /ʧɪkáːnou, ʃɪ-/ *n* (*pl* ～**s**)*チカーノ《メキシコ系米国人; cf. CHICANA》. ► *a* チカーノの.

chiccory ⇨ CHICORY.

chi·cha /ʧíːʧə/ *n* チッチャ《南米・中米の, 発酵させたトウモロコシから造るビールに似た飲み物》. [Sp＜?Kuna]

Chích·a·gof Ísland /ʧíʧəgɔ̀ːf-/ チチャゴフ島《Alaska の Alexander 諸島の島》.

Chi·chén It·zá /ʧiʧén itsáː, -íːtsə/ チチェンイツァ《メキシコ南東部 Yucatán 州, Mérida の東南東にある村; Maya の都市遺跡がある》.

Chich·es·ter /ʧíʧəstər/ **1** チチェスター Sir **Francis** (**Charles**) ～ (1901–72)《英国のヨット航海者; 長さ 53 フィートの愛艇 Gipsy Moth IV で単独世界一周航海に成功 (1966–67)》. **2** チチェスター《イングランド南部 West Sussex 州の州都》.

Chi·che·wa /ʧɪʧéɪwɑː/ *n* 〘言〙チチェワ語《アフリカ中部の Chewa 族の言語; マラウィで部族間の共通語として用いられる; Bantu 諸語の一つ》. [*Chi-* the tongue of]

chi·chi[1] /ʃíːʃi, *ʧíːʧi/ *n* 派手な飾り; 気取り; CHIC. ► *a* 派手な; 気取った, 凝った; シックな, しゃれた. [F]

chi·chi[2] /ʧíːʧi/ 《俗》 *n* おっぱい; セクシーなもの[女]. ► *a* 性的にそくぞくさせる, セクシーな; ホモの. [C20＜?; 「乳」か]

Ch'i-ch'i-ha-erh ⇨ QIQIHAR.

Chi·chi·mec /ʧíːʧəmèk; ʧiːʧɪmék/ *n* **a** (*pl* ～, ～**s**) チチメク族《Aztec 族の興隆以前にメキシコにいた Nahuatl 族系の先住民族; Aztec 族はこの民族の一派であったと考えられる》. **b** チチメク語.

chick[1] /ʧík/ *n* ひよこ, ひな; 《愛称》子供; [the ～s] 《一家の》子供たち; 《口》[ᵒ*derog*] 若い娘, 女の子, ガールフレンド; 《俗》男娼; *《俗》刑務所の食い物; *《俗》ヘロイン. [*chicken*]

chick[2] *n* 《インド》すだれ. [Hindi]

chick·a·bid·dy /ʧíkəbìdi/ *n* 《幼児》 ピヨピヨ (chicken); 《愛称》こども, 赤ちゃん (child).

chick·a·dee /ʧíkədi/ *n* 〔鳥〕 コガラの類の各種の小鳥《アメリカコガラなど; 北米・メキシコ産》. [imit]

Chick·a·mau·ga /ʧìkəmɔ́:gə/ チッカモーガ《Georgia 州北西部の水路; 1863 年南軍勝利の激戦地》.

chick·a·ree /ʧíkərì:/ *n* 〔動〕 アカリス (red squirrel)《北米産》. [imit]

Chick·a·saw /ʧíkəsɔ̀:/ *n* **a** (*pl* ～, ～**s**) チカソー族《もとは現在の Mississippi, Alabama 州にいた北米先住民》. **b** チカソー語《Muskogean 語族に属する》.

chickee ⇨ CHIKEE.

chick·en /ʧíkən/ *n* **1** ひな鳥; 鶏のひな, ひよこ; 鶏肉, かしわ, チキン; 鶏, とり (fowl): Which came first, the ～ or the egg? 鶏が先か卵が先か (cf. CHICKEN-AND-EGG) / Don't count your ～*s* before they are hatched. 《諺》 卵が孵(かえ)らぬうちからひなを数えるな (cf. 成句). **2 a** 子供; 《俗》 若い女, 女の子; *《俗》 若い売春婦: She is no ～. 赤ん坊じゃない, 《口》 もう若くはない (cf. SPRING CHICKEN). **b** 《俗》 ホモの少年, 《ホモの》 稚児; 《俗》 臆病者, 弱虫, 青二才, ひよっこ; 《強盗・誘拐・詐欺などの》 被害者, いいカモ. **c** *《俗》 人, 《したたかな》 やつ: a tough old ～. **3** 《俗》 度胸比べ《互いに危険なゲームをして, 最初に抜けた者が chicken (臆病者) と呼ばれる》; *《陸軍俗》 大佐のワシをかたどった記章; *《俗》 こうるさい規則[規律]; *《俗》 やたらと権威を振りまわすこと (chickenshit); 《俗》 くだらん仕事, つまらぬこと, たわごと. **4** 《俗》 チンポコ. ● **C～s come home to roost.** =《口》 CURSES (, like ～*s*,) come home to roost. **choke the** [**one's**] ～ 《俗》〈男が〉マスターベーションする. **count one's ～s before they are hatched** 《口》 捕らぬ狸の皮算用をする. **game of ～** 脅し合い, にらみ合い; 度胸比べ. **get it where the ～ gets the chopper** 《口》 ひどくしかられる[罰せられる], ひどいめにあう. **go to bed with the ～s** 早寝する. **like a ～ with its head cut off*** [**a headless ～**"] やたら駆けずりまわって, あたふたして. **play ～** 度胸比べをする; *《俗》 戦う前に挑発し合う. ► *a* **1** 鶏肉の. **2 a** 子供の; 小さい. **b** 《俗》 こわがった, おじけづいた; 《俗》 臆病な, 弱虫の, 卑怯な, 卑劣な; *《俗》 こうるさい, いばりちらす (chickenshit); 《俗》 くだらない, つまらない. ► *vi* [次の成句で]: **～ out** 《口》 おじけづいて〈…から〉しりごみする[手を引く, 降りる] 〈*of*〉. [OE *cicen*; COCK[1] と同語源]

chícken-and-égg *a* 鶏が先か卵が先かの, 因果関係のわからない〈状況・問題など〉.

chícken brèast 1 〔医〕 鳩胸 (pigeon breast). **2** チキンブレスト《鶏の胸肉[ささみ](を加工したハム状の食品); 米国でサンドイッチの具としてポピュラー》. ♦ **chícken-bréast·ed** *a* 鳩胸の; "《俗》 ペチャパイの.

chícken brìck チキンブリック《鶏料理用の素焼き鍋》.

chícken bùtton *《俗》 非常用脱出ボタン; *《俗》 自爆ボタン (chicken switch).

chícken cac·cia·tó·re /-kɑ̀:ʧətɔ́:ri, -kæʧ-/ チキンカッチャトーレ《鶏をトマト・マッシュルーム・ピーマン・タマネギと煮込んだイタリア料理》.

chícken-chòker *n**《俗》 マスかき男.

chícken chòlera 家禽コレラ (fowl cholera).

chícken còlonel *《陸軍俗》《lieutenant colonel に対して》 大佐 (colonel). [ワシの記章から]

chícken còop 鶏舎; 〔狐狩〕《馬が chicken run の金網を飛び越しやすいように》 2 枚の板で金網をおおった装置. ● **rain ～s** *《俗》 ザーザー降りに降る《鶏舎の騒がしさの連想から》.

chícken fèed 家禽の飼料; 《口》 小銭, はした金; 《口》 つまらない[わずかな]こと: for ～ 《口》 はした金で, ただ同然で.

chícken fìght 《俗》 肩車で相手を水に落とし合う遊び.

chícken fìxings *pl**《口》 鶏肉の料理, ごちそう.

chícken-frìed stéak 〔料理〕 フライドチキン風ステーキ《小さめのステーキ用牛肉のフライ; 米国南部・南西部地方の料理》.

chícken hàwk 1 〔鳥〕 ハイタカ (accipiter) の類のタカ《ニワトリを襲うといわれる》. **2** *《俗》 少年をあさるホモ.

chícken·hèad *《俗》 *n* 脳タリン, ばか; チンピラ, ごろつき; ヤク代稼ぎの売春婦.

chícken·hèart *n* 臆病者, いくじなし.

chícken·hèart·ed *a* 臆病な, 小心な, いくじなしの; 神経質な, 細かい.

chícken Kíev キエフ風チキン《骨を取って味付けしたバターを詰めて揚げたチキンの胸肉》.

Chícken Líck·en /-líkən/ 「チキンリキン」《英国の古い童話の一つ; 森の中で頭にどんぐりが落ちてきたのを天が落ちてきたと思い込んだ若いめんどり Chicken Licken は友だちに危険を知らせ, 連れだって王様に報告しに出かけるが, 途中でキツネにだまされて全員食われてしまう》.

Chícken Líttle 1 「チキンリトル」《CHICKEN LICKEN の別タイトル》. **2** (確かな根拠なく)災害が間近であると警告する人物, 声高な[うるさい]悲観論者.

chícken-lìver *n* 臆病者, いくじなし.

chícken-lìvered *a* 気の弱い, 小心な, 臆病な.

chícken lòbster 子エビ.

chícken lòuse 〔昆〕 ニワトリハジラミ.

chícken mòney *《俗》 小銭, はした金 (chicken feed).

chícken pòwder *《俗》 AMPHETAMINE.

chícken pòx 〔医〕 水痘, 水疱瘡(みずぼうそう); 〔獣医〕 鶏痘 (fowl pox).

chícken quèen *《俗》 稚児好みのホモ.

chícken rùn 1 《金網フェンスの》 鶏の囲い場. **2** 《南アフ口》《将来の不安による》 南アフリカからの脱出.

chícken·shìt *《卑》 *n* 小心[臆病](者); ちょっぴり, ほんの少々; やたら細かい仕事, こうるさい規則; いばりちらすこと, 偉そうな態度; うそ, ペテン. ► *a* くだらない, つまらない; こうるさい, いばりくさった; 臆病な, 弱虫の. ► *vi* うそを言う, だます; 時間かせぎをする.

chícken snàke RAT SNAKE.

chícken sòup チキンスープ《しばしばユダヤ人を連想させる》; *《俗》 チキンスープ《火星における代謝活動の有無を調査するために用いるアミノ酸・ビタミンなどのはいった溶液》.

chícken swìtch *《俗》《宇宙船・戦闘機などの》 緊急脱出スイッチ; *《俗》《ロケットの》 自爆スイッチ; *《俗》 非常ボタン (panic button); *《俗》 パニック反応《助けを求める電話など》.

chícken tènder チキンテンダー《鶏の胸肉のフライ》: ～ sandwich [salad] チキンテンダーサンド[サラダ].

chícken thìef *《口》 けちな泥棒, こそ泥; *《口》《かつての》 物売りの川舟《舟があると鶏などを盗みやすくなるから》.

chícken tràcks *pl**《俗》 HEN TRACKS.

chícken wìre 《網目が六角形の》《鶏舎用》金網, チキンワイヤー.

chíck flìck [°*derog*/*joc*] 《若い女性にうけるような》《ラブロマンス》映画.

chick·ie[1] /ʧíki/ *n**《俗》 女の子.

chickie[2] *《俗》 *int* やめろ, 逃げろ. ► *n* 《犯罪中の》 見張り. ● **lay ～** 《窃盗・暴行などの》 見張り役をする.

chíck·let *n**《俗》 若い女, 女の子.

chíck·ling *n* ひな, ひよこ. [*chicheling* (dim)<ME and F *chiche*<L=chickpea]

chíck lìt 《口》 [°*derog*/*joc*] 若い女性向けの[若い女性の書いた]小説.

chíck màgnet BABE MAGNET.

chíck·pèa *n* 〔植〕 ヒヨコマメ《西アジア原産》.

chíck·wèed *n* 〔植〕 ハコベ, ミミナグサ(など)《ナデシコ科の小型で匍匐性の雑草; ハコベ属・ミミナグサ属・ノミノツヅリ属》, 《特に》 コハコベ《欧州原産とされ, 世界中に帰化》.

chíckweed wìntergreen 〔植〕 ツマトリソウ《ユーラシア原産; サクラソウ科; cf. STARFLOWER》.

Chi·cla·yo /ʧəkláɪoʊ/ チクラヨ《ペルー北西部の市》.

chi·cle /ʧík(ə)l, ʧíkli/ *n* チクル《サポジラ (sapodilla) の latex から採るチューインガムの原料》. [AmSp<Nahuatl]

chic·let /ʧíklət/ *n**《俗》 CHICKLET.

chi·co[1] /ʧí:koʊ/ *n* (*pl* ～**s**) 〔植〕 GREASEWOOD. [*chicalote*]

chico[2] /ʧíkoʊ/ *n* (*pl* ～**s**)*《口》 男の子, 若い男性. [Sp]

Chi·com* /ʧáɪkɑ̀m/ *n*, *a* [*derog*] 中国共産党員(の), 中共の. [*Chinese communist*]

chic·o·ry, chic·co- /ʧík(ə)ri/ *n* **a**"チコリー, キクニガナ《欧州原産; 葉はサラダ用, 根の粉末はコーヒー代用品》. **b***キクヂシャ (endive). [F, <Gk SUCCORY]

Chíc Sále [°c- s-]*《古俗》 屋外便所.

chide /ʧáɪd/ *vt*, *vi* 《文》 (**chid** /ʧíd/, **chíd·ed** /ʧáɪ-/; **chid, chid·den** /ʧíd(ə)n/, **chíd·ed**) しかる, 《通例》 優しくしかる, たしなめる; たしなめて…させる 〈*into doing*〉; 非難する 〈*for doing*〉; しかって追い出す 〈*from, away*〉; 〈風・猟犬など〉たけり狂う. [OE *cīdan* to contend, blame<?]

chief /ʧí:f/ *attrib a* 第一位の, 最高の; 主要な; 《スコ》 親密な: a ～ officer 〔海〕 一等航海士 / the ～ engineer [nurse] 技師[看護師]長 / the ～ thing to do まずなすべき重要なこと / the ～ difficulty 主たる難点. ► *adv* 《古》 主として, 特に: ～(*est*) of all なかんずく, 別して. ► *n* **1 a** かしら, 支配者; 上官, 上役, 局[部, 課, 所]長; 上司, ボス, チーフ: the ～ of police 〔米〕 警察本部長, 警察署長 / CHIEF OF STAFF / CHIEF OF STATE / the *C*～ of the Imperial General Staff 〔英〕 参謀本部総長 / CHIEF OF NAVAL OPERATIONS / the great white ～ "《俗》 上司, 部長, ボス. **b** 首長, 酋長, 族長. **c** [[u]C-] 〔海〕 一等機関士, 軍曹. **d***《俗》 だんな《見知らぬ人に対して》. **2** 〔紋〕 紋地の上部 1/3 の部分; 《物の》 主要部. **3** [the]*《俗》 LSD. ● **all** [**too many**] **～s and no** [**not enough**] **Indians** "《口》 大将ばかりで兵隊がいない《監理職[監督気取り]ばかり多くて動きのとれない状況や組織[チーム]についていう》. **in ～** (1) 最高位の, 長官の: EDITOR IN CHIEF / COMMANDER IN CHIEF. (2) 《古》 とりわけ, なかんずく. (3) 〔史〕 国王直属の, 直属受封の. ♦ **～·ship** *n* chief としての地位; chief の統治国. **～·dom** *n* chief の職[地位]; chief の統轄する地域[種族], 首長制社会. **～·less** *a* [OF<L *caput* head]

chíef cónstable 〔英〕 警察署長; 〔英〕《county などの》 警察管区長, 警察本部長.

Chíef Educátion Òfficer 〔英〕 教育長《Local Education Authority の主任行政官》.

Chíef Exécutive [the]*大統領; [the c- e-]*州知事; [the c- e-] 最高行政官; [c- e-] CHIEF EXECUTIVE OFFICER.

chíef exécutive ófficer 最高経営責任者《企業の組織・戦略・人事など経営に最終的責任をもつ役職で, 取締役会長 (chairman of the board), 社長, または代表取締役; 略 CEO; 通例 chief operating officer より上位》.

chíef inspéctor〔英〕警部《inspector の上, superintendent の下; ⇨ POLICE》.

chíef ítch and rúb*《俗》いちばん偉い人, ボス, 長.

chíef jústice 首席裁判官: *the C~ J~* of the United States 合衆国最高裁判所首席裁判官[長官].

chíef·ly *adv* 主として, もっぱら (mainly); 概して, 多く(は) (mostly); 特に, なかんずく. ► *a* かしらの, 首領の.

chíef máster sérgeant〔米空軍〕上級曹長 (⇨ AIR FORCE).

chíef máster sérgeant of the áir fòrce〔米空軍〕空軍最先任上級曹長.

chíef mínister《インド》州首相;《豪》準州首相.

chíef of nával operátions〔軍〕海軍作戦部長.

chíef of stáff〔軍〕陸軍[空軍]参謀長;〔軍〕陸軍[空軍]幕僚長; *《大統領の》首席補佐官.

chíef of státe [the] 国家元首, 国首《政府の長と区別して》.

chíef óperating ófficer 最高執行責任者《略 COO; cf. CHIEF EXECUTIVE OFFICER》.

chíef pétty òfficer〔海軍・米沿岸警備隊〕一等兵曹, 曹長 (⇨ NAVY).

Chíef Rábbi《英国などの》ユダヤ人コミュニティーの宗教上の最高指導者, ラビ長.

chíef superinténdent〔英〕警視正, 警視長 (⇨ POLICE).

chief·tain /ʧíːftən/ *n*《山賊などの》首領, 頭目;《Highland clan などの》首長, 族長; リーダー;《詩》指揮官. ♦ **~·cy, ~·shìp** *n* chieftain の地位[威厳, 役目, 支配]; chieftain 支配下の領域[人びと]. [OF＜L CAPTAIN; 語形は *chief* に同化]

chíeftain·ess *n* CHIEFTAIN の妻; 女首領.

chíef technícian〔英空軍〕曹長 (⇨ AIR FORCE).

chíef wárrant òfficer〔米軍〕上級准尉[兵曹長] (⇨ ARMY, NAVY, AIR FORCE, MARINE CORPS).

Chíef Whíp [the] 院内幹事長《英国国会の各政党指導者の一人; 上下両院のそれぞれに置かれ, WHIP を統括して規律委員長の役を果たし, 各党議員の会議参加や政党活動などを取り仕切る》.

chiel /ʧíːl/, **chield** /ʧíːld/ *n*《スコ》男, 若者, 子供.

Chiengmai ⇨ CHIANG MAI.

Ch'ien-lung 乾隆帝 (⇨ QIANLONG).

Chién wáre /ʧién-/, **Chién yáo** /-jáu/ 遷窯(せんよう)《中国宋代から伝わる炻器(せっき); 黒と茶のまだらの釉薬(ゆうやく)がかかり茶器として有名》. [遷安]

chiff·chaff /ʧífʧæf/ *n*〔鳥〕チフチャフ《ヒタキ科メボソムシクイ属の小鳥; 欧州産》. [imit]

chif·fon /ʃɪfán, ←/ *n* シフォン《きわめて薄い柔らかな生地の絹織物》; [*pl*] ドレスの飾りレース. ► *a* シフォンのような;〈パイ・ケーキ・プディングなど〉《泡立てた卵白などで》ふわっとした. [F (*chiffe* rag)]

chif·fo·nade, -fon·nade /ʃɪfənéɪd, -náːd/ *n* シフォナード《スープ・サラダ用などに各種野菜を細かく切ったもの》. [F]

chif·fo·nier, -fon·nier /ʃɪfəníər/ *n* シフォニア《(1) 高い西洋だんす; しばしば 上に鏡が付いている 2) 18 世紀の陶磁器陳列用飾り棚》. [F ↓]

chif·fon·nière /ʃɪfəníər; F ʃifɔnjɛːr/ *n* シフォニア《(1) ひきだしが 1 つ付いた小型テーブル 2) 浅いひきだしが数段付いた 18 世紀の作業テーブル》. [F＝rag picker]

chif·fo·robe /ʃífəròub/ *n* シフォローブ《整理だんすと洋服だんすが一つになったもの》. [*chiffo*nier＋ward*robe*]

Chif·ley /ʧífli/ チフリー **Joseph Benedict** ~ (1885–1951)《オーストラリアの労働党政治家; 首相 (1945–49)》.

chig·e·tai /ʧígətàɪ/ *n*〔動〕アジアノロバ《モンゴルからチベットを経てイラン北部まで分布する野生のロバ》. [Mongol＝long-eared]

chig·ger /ʧígər, ʤíg-/ *n*〔動〕ツツガムシ (＝*chigoe, red bug*)《幼虫は脊椎動物に寄生してツツガムシ病を媒介する》;〔昆〕スナノミ (chigoe). [変形＜*chigoe*]

chi·gnon /ʃíːnjɑ̀n/ *n* シニョン《後頭部やサイドで束ねてつくるまとめ髪》. [F＝nape of neck]

chig·oe /ʧígou, ʧíː-/ *n*〔昆〕スナノミ (＝*chigger*)《動物の皮膚に穿孔して吸血・産卵する; 熱帯アメリカ・アフリカ産》;〔動〕ツツガムシ (chigger). [Carib]

Chihli 直隷 (⇨ ZHILI).

Chi·hua·hua /ʧəwáːwɑː, ʃə-, -wə/ **1** チワワ《(1) メキシコ北部の州 2) その州都》. **2**〔犬〕チワワ《メキシコ原産の短毛の非常に小さな犬》.

chi·kee, chic·kee /ʧəkíː, ʧíki, ʧíː-/ *n* セミノール (Seminole) インディアンの高床式住居《吹抜けで, シュロの葉でふく》.

chik·un·gun·ya /ʧɪkəŋgúnjə, -kuŋ-/ *n*〔医〕チクングンヤ熱《アフリカやアジアにみられるデング熱と同様の熱病; 主として蚊の媒介するアルボウイルスによって感染する》.

chil- /káɪl/, **chi·lo-** /káɪlou, -lə/, **cheil-** /káɪl/, **chei·lo-** /-lou, -lə/ *comb form*「唇」 [Gk *kheilos* lip]

chil·blain /ʧílblèɪn/ *n* [ᵘ*pl*] 凍瘡, しもやけ《frostbite よりは軽い》. ♦ **~ed** *a* しもやけのできた〈手・足〉. [CHILL, BLAIN]

child /ʧáɪld/ *n* (*pl* **chil·dren** /ʧíldrən, *-dərn/) **1 a** 子供, 小児, 児童; 息子, 娘 (FILIAL *a*);《一般に》子; 胎児, 嬰児, 乳児, 幼児;《方》幼女, 女の子; 子供みたいな人; 未成年者;《古》CHILDE: The ~ is (the) father of [to] the man.《諺》子は人の父, '三つ子の魂百まで'《Wordsworth の句》/ *Children* should be seen and not heard.《諺》子供は顔は見せても声を出してはいけない《子供はおとなの前でみだりに口をきいてはならない》/ When *children* stand quiet they have done some ill.《諺》子供が黙っている時はなにか悪いことをしたのだ. **b** 子孫 (offspring) 〈*of*〉: a ~ *of* Abraham アブラハムの子, ユダヤ人. **2** 弟子 (disciple), 崇拝者〈*of*〉: a ~ *of* God 神の子《善人・信者》/ a ~ *of* the Devil 悪魔の子《悪人》/ a Marx's ~ マルクス崇拝者[かぶれ]. **3 a**《ある特殊な環境に》生まれた人,《ある特殊な性質に》関連ある人〈*of*〉: a ~ *of* fortune [the age] 運命[時代]の寵児 / a ~ *of* nature 自然児, 無邪気な人 / a ~ *of* sin 罪の子, 人 / a ~ *of* the Revolution 革命児. **b**《頭脳・空想などの》所産. ● **as a ~** 子供のころ. **from a ~** 子供のころからずっと. **this ~**《俗》おれ (I, me). **with ~**《文》妊娠している: be five months gone *with* ~ 妊娠 5 か月である / be great [heavy] *with* ~ 出産が間近である / be *with* ~ by...のたねを宿している / get a woman *with* ~ 女を妊娠させる. [OE *cild*, (pl) *cild*, *cildru*; ME 期 *brethren* の類推で -en が付加された]

Child チャイルド (**1**) **Francis J(ames)** ~ (1825–96)《米国の英文学者・バラッド研究家》(**2**) **Julia** ~ (1912–2004)《米国の料理研究家》(**3**) **Lydia Maria** ~ (1802–80)《米国の作家; 旧姓 Francis; 奴隷制廃止と婦人参政権の運動を行なった》.

chíld abùse 児童虐待《特に 親による性的虐待》.

chíld-bàtter·ing *n* 児童虐待行為. ♦ **-bàtter·er** *n*

chíld·bèar·ing *a, n* 妊娠から分娩までの過程(の[に関係する]), 妊娠および出産の: ~ age 妊娠可能年齢.

chíld·bèd *n* 産床, 産褥, 出産: die in ~ お産で死ぬ.

chíldbed féver 産床[産褥]熱 (puerperal fever).

chíld bénefit〔英〕《政府が給付する》児童手当.

chíld·bìrth *n* 分娩, 出産, 産 (parturition): die in ~〈女性が〉出産時に死亡する.

chíld·càre *n* 育児; 子供の世話; 児童養護《(1) 託児施設・ベビーシッターによる養育保護 2)〔英〕家庭の保護の外に置かれた児童に対する地方自治体による一時的保護》.

chíldcare cènter *保育所, 託児所.

childe /ʧáɪld/ *n*《古》若殿, 御曹子, 貴公子《特に 英国のバラード・ロマンスなどの登場人物の名につけられる》.

Childe チャイルド **V(ere) Gordon** ~ (1892–1957)《オーストラリア生まれの英国の人類学者・考古学者》.

Chílde Hárold ハロルド卿, チャイルド ハロルド《Byron の長篇物語詩 *Childe Harold's Pilgrimage* (1–2 巻 1812, 3 巻 1816, 4 巻 1818) の主人公》.

chíld endówment〔豪〕《政府が給付する》児童手当.

Chil·der·mas /ʧíldərməs; -mæs/ *n* HOLY INNOCENTS' DAY.

Chil·ders /ʧíldərz/ チルダーズ **Erskine H(amilton)** ~ (1905–74)《アイルランドの政治家; 大統領 (1973–74)》.

chíld guídance〔教育〕児童相談《環境不適応または知能の遅れた子供を精神医学の力をかりて治療すること》.

chíld·hòod *n* 幼時, 幼年時代, 幼児期, 小児期, 幼少期: SECOND CHILDHOOD.

chíld·ing《古》*a* 子供を生む; はらんでいる;〔植〕〈花が〉(親花のまわりに)子花をつける.

chíld·ish *a*〈おとなが〉子供じみた, 幼稚な, おとなげない (cf. CHILDLIKE);〈子供が〉子供らしい. ♦ **~·ly** *adv* **~·ness** *n*

chíld lábor〔法〕幼年労働《米国では 15 歳以下》.

chíld·less *a* 子供のない. ♦ **~·ness** *n*

chíld·lìke *a*《よい意味で》子供らしい, 無邪気な, すなおな (cf. CHILDISH). ♦ **~·ness** *n*

Chíld·Lìne〔英〕チャイルドライン《虐待などの悩みを抱える子供たちのための電話相談サービス》.

chíld·ly *a*《まれ》子供らしい (childlike). ♦ **-li·ness** *n*

chíld·mìnd·erᴵᴵ *n* チャイルドマインダー《子供を預かって世話する人; 厳密には 自治体に登録し, 8 歳未満の子供を有料で自宅に預かる人》. ♦ **-ing** *n*

chíld molèster 児童性虐待者, 小児性犯罪者.

chíld pródigy INFANT PRODIGY.

chíld·pròof *a* 子供が開けたりいじってこわしたりできないようになっている, 子供にとって安全な. ► *vt* 子供がいたずらできなくする, 子供に安全なものにする.

chíld psychólogy 児童心理学.

children *n* CHILD の複数形.

chil·dren·ese* /ʧɪldrəníːz, -s/ *n* 小児語, 幼児ことば.

Chíldren in Néed〔英〕困っている子供たち《テレビを通じて子供の援助を行なう, BBC が設立した慈善団体》.

Chíldren of Gód [the]〔キ教〕神の子供派《世の終末が近いとする一派で, コミューンに住んで厳格な生活を送る》.

chíldren of Ísrael *pl* ユダヤ人, ヘブライ人.

Chíldren's Dày 子供の日《プロテスタントの教会で行なう6月第2日曜日の祝い; 最初は1868年に米国で実施》.
chíldren's hòme 児童養護施設.
Chíldren's Pànel 〖スコ〗少年事件委員会《イングランドの少年事件法廷 (juvenile court) の機能にほぼ相当》.
chíld-resìst·ant *a* CHILDPROOF.
chíld's plày «口» 造作ないこと, 簡単なこと; «口» たかが知れたこと.
chíld suppòrt*《離婚後の親権者に支払われる》子供の養育費.
Chíld Suppórt Àgency 〖英〗児童援助庁《離婚した親からの養育費を査定して徴収する政府機関; 略 CSA》.
chíld wélfare 児童福祉.
chíld wífe 子供のような若い妻, 幼な妻.
chile ⇨ CHILI.
Chile /ʧíli/ チリ《南米太平洋岸の国; 公式名 Republic of ～ (チリ共和国); ☆Santiago》.
Chíl·e·an *a* チリの; 〖生物地理〗チリ亜区の《新熱帯地区》. ▶ *n* チリ人.
Chílean·ìze *vt* チリ化する, チリ政府の統制下に置く. ♦ **Chìle-an·izátion** *n*
Chíle-bèlls *n* (*pl* ～) 〖植〗ツバキカズラ, ユリカズラ (=*copihue*)《ユリ科のつる植物; チリの国花》.
Chíle píne 〖植〗チリマツ (monkey puzzle).
chíle [chíli] re·llé·no /-reɪjémoʊ/ *n* (*pl* **chíles [chílis] rellénos**) 〖メキシコ料理〗チレスレエノス《大型のチリに挽肉・野菜・チーズを詰めて衣をつけ, 揚げた料理; トマトソースをかける》.
Chíle saltpéter [níter] 〖鉱〗チリ硝石.
chili, chile, chil·li /ʧíli/ *n* (*pl* **chíl·ies, chíl·es, chíl·lies**) トウガラシ (hot pepper), チリペッパー (=**～ pèpper**)《香辛料》; 〖植〗ナガミトウガラシ, ロングペッパー《熱帯アメリカ原産》; チリパウダー; チリソース; チリ (CHILI CON CARNE); *«俗» [*derog*] メキシコ人. ▶ *a* *«俗» メキシコ(風)の: ～ food メキシコ風料理 / a ～ whore メキシコ人売春婦. [Sp＜Aztec]
chil·i·ad /kíliæ̀d, -əd/ *n* 一千; 一千年《期間》.
chil·i·arch /kíliɑ̀ːrk/ *n* 《古代ギリシアの》千人隊長.
chil·i·asm /kíliæ̀z(ə)m/ *n* 千年至福説(信奉) (millenarianism). ♦ **-ast** /-æ̀st/ *n* 千年至福説[王国]信奉者. **chìl·i·ás·tic** *a*
chíli-bòwl *«俗» *n* 極端に短い髪の刈り方, 坊主刈り; うすぎたないやつ, ばかなやつ.
chíli·bùrger *n* チリバーガー《チリコンカルネ (chili con carne) をかけたハンバーガー》.
chíll-cást *vt* 〖冶〗〈溶融金属を〉チル鋳造する《硬い密な表面を作るために, 溶かした金属を冷却した鋳型と接触させて急冷する》.
chíli còn cár·ne /-kɑ̀n kɑ́ːrni, -kən-/ チリコンカルネ《牛の挽肉・豆にトマトソース・チリパウダー (chili powder) を加えて煮込んだメキシコ料理》. [Sp=chili with meat]
chíli dòg チリドッグ《チリコンカルネ (chili con carne) をかけたホットドッグ》.
Chilien Shan 祁連山 (⇨ QILIAN SHAN).
chíli pòwder チリパウダー《粉末にしたトウガラシ》.
chíli sàuce チリソース《トウガラシとその他の香料入りのトマトソース》.
Chíl·koot Páss /ʧílkùːt-/ [the] チルクート山道《カナダ British Columbia 州北西部, Yukon 準州との境界近くで Coast 山脈を越えて米国 Alaska 州南東地区へ抜ける山道》.
chill /ʧíl/ *n* **1** 冷え, 冷気; 悪寒, 寒け: an autumn ～ in the air 秋の肌寒さ / I have a ～. 寒けがする / take [catch] a ～ 冷える, 寒けがする / get a ～ on the liver [stomach, etc.]《体が冷えて》肝臓[腹など]が不調になる. **2** 冷淡さ, ひややかさ, 興ざまし; ぞっとする気持, おじけ, 失意. **3** 〖冶〗CHILL MOLD. **4** 《鋳物の》冷硬表面[部]; 《ワニス・ラッカーの》曇り (bloom). **5** *«俗» 冷たいビール. ● **cast a ～ over** ...=**put a ～ on**...に水を差す, ...を興ざめさせる. **～s and fever** *おこり, 間欠熱. **put on the ～** *«俗» 《人に》冷たくふるまう. **put the ～ on** sb *«俗» 人を冷たくあしらう; «俗» バラす (murder). **send ～s [a ～] up [down]** sb's **spine=send ～s [a ～] up and down** sb's **spine** 背筋の凍る思いをさせる. **take the ～ off** 〈水・酒などを〉少し温める. ▶ *a* **1** ひやりとする; 冷える, 寒い, 凍える; 寒さに震えている. **2** «文» ひややかな, 冷淡な, すげない, よそよそしい; 気をめいらせるような. **3** *«俗» すてきな, すばらしい, かっこいい, いかす (cool); [°‹*adv*›] *«俗» 完全な[に], 正確な[に], 完璧な[に]. ▶ *vt, vi* **1 a** 冷やす; 〈食物を〉冷蔵する; 〈溶鉄を〉冷硬する. **b** 冷える; 寒けを覚える. **2 a** 〈熱意を〉くじく, 〈興を〉さます; ぞっとさせる; *«俗» 拒絶する, ...に冷たくする. **b** *«俗» 《計画・人に》懐疑的に[冷たく]なる, 熱がなくなる; *«俗» 人の言いなりになる, 無抵抗でつかまる; *«俗» CHILL out; «口» ぶらぶら過ごす, くつろぐ 〈*out*〉; «俗» 《ダンスで》平然とした動きを見せる. **3** *«俗» 〈争い・苦情などを〉収拾する; «俗» (なぐって)気絶させる; «俗» やる (kill); *«俗» おこらせる. **4** "«方» 〈冷えすぎた液体を〉温めて飲みごろにする. ● **～ out** ⇨ *vi*; «口» 冷静になる, 頭を冷やす, 落ちつく. **～ sb's action** *«俗» 人の動きを抑える, 人のじゃまをする. **～ sb's [the]** BLOOD. [OE *ciele*; cf. COLD, COOL]
Chi·llán /ʧijɑ́ːn/ チヤン《チリ中部の市》.
chilled /ʧíld/ *a* **1** 冷却した; 冷蔵の (cf. FROZEN); 〖冶〗冷硬した: ～ meat [beef] 冷蔵牛肉, チルドビーフ / ～ casting チルド鋳物 / ～ effect 冷硬効果. **2** «口» 落ちついた, くつろいだ (=**chílled-óut**); «口» すばらしい, クールな (chill).
chílled márgin 〖地質〗急冷周縁相, 急冷縁《貫入火成岩体において, 内部に比して急速に冷却したために細粒・ガラス質となった周縁部分》.
chíll·er *n* **1** 冷蔵室[係]; CHILL MOLD. **2** «口» ぞっとさせる物語[映画, 演劇など], ホラーもの.
chíll·er-díll·er /-dílər/ *n* *«俗» 恐怖もの, ホラーもの (chiller). [*dilly*[2]]
chíll fàctor WINDCHILL; 《漠然と》耐寒限度.
chilli ⇨ CHILI.
Chil·li /ʧíli/ CHILE.
chíll·i·ness *n* 冷気; 寒け; 冷淡.
chíll·ing *a* 冷える, 冷えびえする; *冷淡な, ひややかな; 熱意を冷ます; 恐ろしい; *«俗» とてもいい, すばらしい; *«俗» くつろいで, 冷静な. ♦ **～·ly** *adv* 冷えて; 冷淡に.
chíll mòld 〖冶〗チル[冷硬]鋳型, 冷やし金.
chíll·ness *n* CHILLINESS.
Chil·lon /ʃəlɑ́n, ʃílən/ シヨン《スイス Geneva 湖近くの古城; もと政治犯の牢獄; Byron の詩では /ʃílən, -ɔ̀n/》.
chíll·òut *a* 休憩用の, リラックスするための: a ～ area [zone]《クラブ・公共施設などの》休憩[リラックス]スペース. ▶ *n* チルアウト《リラクゼーション効果のあるゆったりした音楽》.
chíll pìll [次の成句で]: **take a ～** *«俗» 冷静になる, 落ちつく.
chíll·ròom *n* 冷蔵室; 《クラブ・企業・公共施設内の》休憩室, 娯楽室 (=**chíllout ròom**); 《インターネット上の》休憩室, リラックスサイト (=**chíllout ròom**)《ゲーム・画像・音楽などが楽しめる》.
chíll·some *a* CHILLY.
chil·lum /ʧíləm/ *n* 水ギセルの雁首; 《マリファナ用》水ギセル; じょうご形のクレーパイプ; 《タバコの》一服の量. [Hind＜Pers]
chílly *a* **1** 冷えびえする, うすら寒い, 冷たい〈日・天候など〉; 〈人が〉寒さを感じて: feel [be] ～ 寒い. **2** 冷淡な: a ～ greeting ひややかな挨拶. **3** 不気味な, ぞっとさせる. ▶ *adv* /ʧíl(l)i/ ひややかに. ♦ **chíll·i·ly** *adv* CHILLY. [*chill*]
chílly bìn «NZ口» 携帯用アイスボックス.
chilo- /káɪloʊ, -lə/ ⇨ CHIL-.
Chi·loé /ʧìloʊéɪ/ チロエ《チリ南西岸沖の島; 石炭埋蔵地》.
chi·lom·o·nad /kaɪlɑ́mənæ̀d/ *n* 〖生〗キロモナス属の無色の単細胞の藻類《よどんだ淡水にすみ, 光合成をせずに腐生動物性栄養を営むクリプトモナド (cryptomonad) で, 研究室の実験に用いられる》.
chí·lo·plàsty /káɪloʊ-/ *n* CHEILOPLASTY.
chi·lo·pod /káɪləpɑ̀d/ *n* 〖動〗唇脚類の節足動物 (centipede)《ムカデ・ゲジなど》.
Chi·lop·o·da /kaɪlɑ́pədə/ *n pl* 〖動〗唇脚類.
Chil·pan·cin·go /ʧìlpənsíŋgoʊ/ チルパンシンゴ (=**～ de Los Brá·vos** /-deɪ lɔːs brɑ́ːvɔːs/)《メキシコ南部 Guerrero 州の州都》.
chil·te·pin, -pine /ʧíltəpìːn/ *n* 〖植〗チルテピン《メキシコ・米国南西部に生える野生の小さく丸いトウガラシ》.
Chíl·tern Híllls /ʧíltərn-/, **Chil·terns** /ʧíltərnz/ *pl* [the] チルターン丘陵《イングランド中南部 London の北西を南西から北東方向に走る白亜質の丘陵; 最高地点 255 m; 自然美で知られる》.
Chíltern Húndreds *pl* [the] チルターン三郡《London の北西方 Chiltern Hills にある Stoke, Desborough, Burnham の3つの郡; 下院議員が合法的辞職の手続きとしてこの地の代官 (Stewardship of the ～) (現在は名目上の官職) を申し出る伝統がある》. ● **apply for [accept] the ～** "下院議員辞任を申し出る[を辞任する].
Chi·lu·ba /ʧəlúːbə/ *n* TSHILUBA.
Chi·lung /ʧíːlʊ́ŋ/, **Kee·lung** /kíːlʊ́ŋ/ 基隆(きりゅう)(キールン)《台湾北部の市・港町》.
chi·mae·ra /kaɪmíərə, kə-/ *n* CHIMERA; 〖魚〗ギンザメ《総称》.
chi·mae·ric "/kaɪmíərik, kə-, -mér-/ *a* CHIMERIC.
chi·mae·rism "/kaɪmíərìz(ə)m, kə-, káɪmərìz(ə)m/ *n* CHIMERISM.
chimb /ʧáɪm/ *n* CHIME[2].
Chim·bo·ra·zo /ʧìmbərɑ́ːzoʊ/ チンボラソ《エクアドル中部アンデス山脈の死火山 (6267 m)》.
Chim·bo·te /ʧɪmbóʊti/ チンボテ《ペルー中北部の市・港町》.
chime[1] /ʧáɪm/ *n* **1** 《調律した》一組の鐘, チャイム; [°*pl*] 管鐘《オーケストラ用の楽器》; [°*pl*] チャイムの鐘声: ring [listen to] the ～*s* チャイムを鳴らす[に聞き入る]. **2** 《ドア・時計などの》チャイム; チャイムの音, 《ラジオなどの》時報. **3 a** 諧音 (melody), 諧調 (harmony). **b** 調和, 一致: fall into ～ with...と調和する, 一致する / in ～ 調和して, 一致して / keep ～ with...と調子を合わせてゆく. ▶ *vt* **1** 〈一組の鐘を〉鳴らす; 《鐘で》...を奏でる; 〈時間を〉チャイムで知らせる; 鐘で〈人を〉呼ぶ 〈*to*〉: The bells ～*d* noon. 鐘が正午を知らせた. **2** 調子をつけて唱える, 繰り返して言う. ▶ *vi* **1** 〈一組の鐘・時計が〉鳴る; 調子をつけて唱える[繰り返す]: The bells ～*d* at noon. 鐘が正午に鳴り響いた. **2** 調和する, 一致する (agree) 〈*with, together*〉. ● **～ in** あいづちを打つ, 〈人・計画などに〉賛成[賛同]する 〈*with*〉; 《同意などを示すため》〈話に〉加わる, 〈歌に〉調子を合わせて加わる 〈*on, with*〉; 話に割り込んで

〈意見などを〉述べる 〈*with*〉, 〈…と言って〉割り込む 〈*that*〉; 〈…と〉調和する 〈*with*〉: They ~*d in on* the chorus [*with* cries of "Yes, yes"]. コーラスに調子を合わせて加わる[話に賛成して「そうだ, そうだ」と叫ぶ]. [ME *chym(b)e bell*＜?OE *cimbal(a)* CYMBAL]

chime[2] *n* 《樽の両端の》出縁(ぶち). [ME; cf. MDu, MLG *kimme* outer edge]

chi·me·nea /ʧìmənìːə, -néɪə/ チメネア《自立式の球根形陶製暖炉; 先細の短い煙突をもつ》. [Sp＝chimney]

chim·er[1] /ʧáɪmər/ *n* 鐘を鳴らす人, 鐘楽手.

chi·me·ra /kaɪmíərə, kə-/ *n* **1** [C-] **a** 〔ギ神〕キマイラ《頭はライオン, 胴はヤギ, 尾はヘビで火を吐く怪獣》. **b** 《広く》怪物; 妄想, 空想. **2** 〔生〕キメラ《2つ以上の異なる遺伝子をもつ組織が一個体を形成したもの》. [L＜Gk＝she-goat]

chi·mere /ʃəmíər, ʃə-/, **chim·er**[2] /ʃímər, ʃím-/ *n* シミアー《英国教の bishop が rochet の上に着用する黒の袖なしの長い法衣》. [↑の特別用法か]

chi·mer·ic /kaɪmíərɪk, kə-, -mér-/, **-i·cal** *a* 怪物的な; 空想的な, 妄想的な; [-ic]〔生〕キメラ (chimera) の[に関する]. ♦ **-i·cal·ly** *adv*

chi·me·rism /kaɪmíərɪz(ə)m, kə-, káɪmərɪz(ə)m/ *n* 〔生〕キメラ現象 (⇨ CHIMERA).

chi·mi·chan·ga /ʧìmiʧáːŋgə/ *n* 〔料理〕チミチャンガ《スパイスを効かせた肉などをトルティーヤ (tortilla) で包んで揚げたメキシコ料理》. [MexSp＜?]

Chimkent ⇨ SHYMKENT.

chim·ney /ʧímni/ *n* **1** 煙突; 《主に英》SMOKESTACK. **2** 煙突状のもの. **a** 《ランプの》ほや; 《方》暖炉; 《火山の》噴煙口. **b** 〔登山〕チムニー《岩壁中の縦方向の割れ目で, 体を入れて登りうる程度のもの》; 鉱柱《円筒状の富鉱体》; チムニー《海底で噴出する熱水中の鉱物が沈澱して生じた煙突状の鉱体》. ♦ **~·lìke** *a* [OF＜L＝(room) with a fireplace (*caminus* oven＜Gk)]

chímney brèast 炉胸《部屋の中の炉の突き出た部分》.

chímney càp 煙突の笠.

chímney còrner 《昔風の大きい壁炉の》炉隅 (＝*inglenook*)《暖かくて居ごこちのよい座席》; 炉端, 炉辺.

chímney jàck 回転式煙突笠.

chímney nòok CHIMNEY CORNER.

chímney·piece *n* MANTELPIECE.

chímney pòt チムニーポット《煙突頭部に付けた通風管》; "《口》高いシルクハット (chimney-pot hat).

chímney-pòt hàt "《古》高いシルクハット.

chímney stàck [stàlk] " 組合わせ煙突《屋根の上に出た多煙巣の煙突》; 孤立煙突.

chímney swàllow 〔鳥〕**a** エントツアマツバメ (chimney swift). **b** 《煙突に巣を作る》ツバメ (barn swallow).

chímney swèep(er) 煙突掃除人; 《方》CHIMNEY SWIFT.

chímney swìft 〔鳥〕エントツアマツバメ《北米産; しばしば煙突の中に巣を作る》.

chímney tòp 煙突の頂部, 煙突笠.

chi·mo·nan·thus /kàɪmənǽnθəs/ *n* 〔植〕ロウバイ属 (*C*-) の低木, 《特に》ロウバイ (winter sweet).

chimp /ʧímp, *ʃímp/ *n* 《口》チンパンジー (chimpanzee).

chim·pan·zee /ʧìmpænzíː, -pən-, *ʧɪmpǽnzi/ *n* 〔動〕チンパンジー《赤道アフリカ産》. [F＜Kongo]

Chi·mu /ʧimúː/ *n* **a** (*pl* ~, ~**s**) チムー族《Inca 族に征服されるまでペルーの北部沿岸に住み, 高度の文化をもっていた先住民》. **b** チムー語.

chi·mu·ren·ga /ʧìːmuréŋgə/ *n* 《アフリカにおける》解放戦争. [Shona＝strife]

chin /ʧín/ *n* **1** あご先, おとがい. **2** *《俗》だべり, おしゃべり. ● **be ~ deep** あごまで水につかって, 深くはまり込んで: *be ~ deep* in business [debt] 仕事に没頭している[借金で首がまわらない]. **~ in air** あごを突き出して. **keep** one's **~ up** 《口》気を落とさずにがんばる: *C~ up!* しっかりしろ. **lead with** one's **~** 《口》〈ボクサーが〉あごをノーガードでさらす; 軽率にふるまう[話す]. **stick [put]** one's **~ out** 《口》＝stick one's NECK[1] out. **take... [take it] (right) on the ~** [°*fig*] あご[急所]に〈打撃などを〉くらう; 〈失敗・処罰・悪口などを〉じっと耐え忍ぶ, 冷静に受け止める: He *took* a hard one [*it*] *on the* ~. きつい一発をくらった[打撃にじっと耐えた]. **up to the** [one's] **~**＝《口》up to the ears (⇨ EAR[1]) 深くはまり込んで, 深入りして; とても忙しくて; どっさり受け取って[もらって]. ► *v* (-nn-) *vt* **1** 〈ヴァイオリンなどを〉あご先で押える; あご先まで持ってくる; 《口》…のあごをなぐる, あごに一発くらわす: He *chinned* the bar 12 times. 鉄棒で懸垂を 12 回行なった / ~ one*self* 《鉄棒で》懸垂をする. **2** *《俗》…に話しかける. ► *vi* **1** *《俗》しゃべくる, うわさする. **2** 懸垂をする. [OE *cin(n)*; cf. G *Kinn*]

Chin *n* **a** (*pl* ~, ~**s**) チン族《ミャンマー南西部およびインド・バングラデシュの隣接地域の民族》. **b** チン語《チベット-ビルマ語族に属する》.

Ch'in ⇨ QIN.

Chin. China ♦ Chinese.

chi·na[1] /ʧáɪnə/ *n* 磁器; 陶磁器《cup, saucer, plate 類を総称的にいう》; *《食堂俗》お茶一杯; 《俗》歯 (teeth); *《俗》お金, ぜに; 《韻俗》友だち, ダチ公 (mate)《china plate と押韻》. [Pers; ⇨ CHINA]

chi·na[2] /káɪnə, kíːnə/ *n* CINCHONA.

Chi·na /ʧáɪnə/ *n* **1** 中国《公式名 People's Republic of ~ (中華人民共和国); ☆Beijing》. **2** 中華民国 (Republic of ~)《台湾; ☆Taipei》. ● **from ~ to Peru** 《文》世界中隅から隅まで. ► *a* 中国(産)の.

Chína àster 〔植〕エゾギク, アスター《中国北部原産》.

chína bàrk /káɪnə-, kíː-/ キナ皮 (＝*cinchona*).

chína·bèrry /; -b(ə)ri/ *n* 〔植〕**a** センダン (＝*china tree, azedarach, pride of China, pride-of-India*) (＝**~ trèe**). **b** メキシコ・西インド諸島・米国南部産のムクロジ属の木《果実は石鹸の代用となる》.

chína blúe チャイナブルー《明るい灰色がかった青》.

Chína Càt *《俗》強力なヘロイン.

chína chìn *《俗》《ボクサーの》弱いあご, ガラスのあご (glass jaw).

chína clày 高陵土, 陶土 (kaolin).

chína clòset 《瀬戸物を納める》瀬戸物戸棚.

Chína crépe CRÊPE DE CHINE.

Chína·gràph 〔商標〕チャイナグラフ《磁器・ガラスなどに書ける色鉛筆》.

Chína gràss 〔植〕カラムシ (RAMIE).

Chína ínk CHINESE INK.

Chína·man /-mən/ *n* **1** [°*derog*] 中国(系)人, シナ人《Chinese というのがよい》. **2** [°*derog*] *《俗》《商船の》洗濯係の水夫. **3** [°*derog*] *《俗》庇護者, スポンサー, 後ろ盾. **4** [c-] 《古》陶磁器売買[製造]業者; 〔クリケット〕左投手が右打者に投げる右にはずむボール.

Chína màn 〔人〕PEKING MAN.

Chínaman's chánce [a ~; [u]*neg*] *《口》わずかな[無きに等しい]可能性, かすかな望み.

chi·nam·pa /ʧənǽmpə, -náːm-/ *n* チナンパ《メキシコ・南米において, 湖や沼地を杭で囲い水草などを積み重ねた上に底の土壌を積み上げた浮き島; ここに穀類・野菜・花卉(き)などを栽培する》. [MexSp＜Nahuatl＝on reed mat]

Chinan 済南 (⇨ JINAN).

Chína òrange 〔植〕CALAMONDIN.

chína pláte 《韻俗》仲間 (mate).

Chína róse 〔植〕**a** コウシンバラ (＝*Bengal rose*)《中国原産》. **b** ブッソウゲ《フヨウ属の花木》.

Chína Séa [the] シナ海《East ~と South ~ を合わせた海域》.

Chína sílk チャイナシルク《平織りの軽い絹織物》.

chína stòne チャイナストーン《陶磁器素地のフラックスとする, 一部分解した花崗岩》.

Chína sýndrome チャイナシンドローム《原子炉の炉心溶融の結果, 溶融物が地中深く落下して地球の反対側の中国にまで達してしまうという想像上の大惨事》; 炉心溶解 (meltdown).

Chína téa シナ種の茶, シナ茶.

Chína·tòwn *n* 中国人街, 中華街, チャイナタウン.

chína trèe 〔植〕センダン (chinaberry).

chína·wàre *n* 陶磁器, 瀬戸物《集合的》.

Chína wàtcher 中国問題専門家, 中国通 (Pekingologist).

chína wédding 陶婚式《結婚 20 周年記念; ⇨ WEDDING》.

Chína whíte 《俗》ヘロイン; *《俗》フェンタニール (fentanyl)《催眠性がある》.

chín·bóne /, ─ ─/ *n* 〔解・動〕下あご (mandible)《特にヒトの下顎の中前部》.

chin·ca·pin /ʧíŋkəpɪn/ *n* CHINQUAPIN.

chinch /ʧínʧ/ *n* ナンキンムシ (bedbug). [Sp]

chínch bùg 〔昆〕**a** ヒメコバネナガカメムシ《北米産ナガカメムシ科の昆虫; 麦の害虫》. **b** BEDBUG.

chin·che·rin·chee /ʧìnʧərɪ(n)ʧíː, ʧìŋkə-, -rínʧi/, **chin·ke-** /ʧíŋkə-/ *n* 〔植〕オーニソガラム・シルソイデス《スイセンに似た白い花をつけるオーニソガラムの一種; ユリ科; 南アフリカ原産》.

chin·chil·la /ʧɪnʧílə/ *n* **1** 〔動〕**a** チンチラ《南米産の齧歯類》. **b** ねずみ色の毛の猫[ウサギ]. **2 a** チンチラの毛皮《ねずみ色で柔らかい高級品》. **b** *チンチラ織り《ふさふさとした毛織物; コート用》. [Sp (dim)＜*chinche* bug, CHINCH]

chinchílla ràt 〔動〕チンチラネズミ (abrocome).

chin-chin /ʧínʧín; ─ ─/ 《ピジン》"《口》*n* 丁寧な挨拶(のことば): ~ to Mr.…さんによろしく. ► *int* こんにちは, さよなら; 乾杯! ► *vt, vi* (-nn-) (…に)丁寧に挨拶する; 閑談する. [Chin *qingqing* (請請)]

Chin-chou, Chinchow 錦州 (⇨ JINZHOU).

chin·chy /ʧínʧi/ *a* *《中南部》しみったれな (stingy).

Chín·co·teague póny /ʃíŋkətìːg-, ʧíŋ-/ 〔馬〕シンコティーグポニー《Virginia 州の海岸沖にある一部の島々に生息している野生馬》.

chin·cough /ʧínkɔ̀(ː)f, -kɑ̀f/ *n* 《方》百日咳 (whooping cough). [CHINK[2]]

Chin·dit /ʧíndɪt/ *n* 《第二次大戦下のビルマにおける》英国突撃隊員.

Chin·dwin /ʧíndwín/ [the] チンドウィン川《ミャンマー北部の Irrawaddy 川の支流》.

chine[1] /ʧáɪn/ *n* ᴴ《方》狭く深い渓谷. [OE *cinu* chink[1], cavern]
chine[2] *n* 背骨; 《動物の》背骨(肉); 《山の》尾根; 〘海〙チャイン《船の側面と底面が交わる角》. ► *vt* …の背骨を切り開く. [OF *eschine* <Gmc and L SPINE]
chine[3] *n* CHIME[2].
chi·né /ʃɪnéɪ; ʃíːneɪ/ *a* 〈布地が〉シーヌの《縦糸を染めて織ったまだら模様》. [F (*chine* china)]
Chi·nee /ʧaɪníː/ *n* 《俗》[*derog*] 中国人. [↓]
Chi·nese /ʧaɪníːz, -s/ *a* 中国の; 中国製[産]の; 中国人の; 中国語の: the ~ classics 中国の古典, 漢文 / a ~ compliment 中国式お世辞《人の意見に払う儀礼的な敬意》. ► *n* (*pl* ~) 中国人; 中国語, 《特に》北京官話, 標準中国語 (mandarin); ᴴ《口》中国料理(店). [CHINA]
Chínese áce *《空俗》[*derog*] 一翼を低くして飛行機を着陸させるパイロット.
Chínese ánise 〘植〙ダイウイキョウ, トウシキミ (=*star anise*).
Chínese béan òil 大豆油 (soybean oil).
Chínese blóck 木魚.
Chínese bóxes *pl* 入れ子《一つの箱が一段大きい箱にぴったりはいるようになっている箱のセット》; 入れ子式のもの.
Chínese búrn 《口》チャイニーズバーン《相手の手首を両手でつかみ, 逆にひねって苦痛を与えること》.
Chínese cábbage 体菜(たいさい) (BOK CHOY); 白菜 (=*pe-tsai*).
Chínese cálendar 《もと中国で使用された》太陰暦《60 年を 1 周期とし, 1 年は 29–30 日からなる 12 か月からなり, 半周期ごとに閏月を置く; 2637 B.C. を紀元とする》.
Chínese cátfish 〘魚〙ヒレナマズ (PUNTAT).
Chínese chéckers [‹*sg*/*pl*›]「ダイヤモンドゲーム」《穴のあいた六星形の盤上のピンを自陣から反対側に移動する 2–6 人で行なうゲーム》.
Chínese chéstnut 〘植〙アマグリ, シナアマグリ.
Chínese Chíppendale 《家具の》中国風チッペンデール様式.
Chínese chíve [ᵁ*pl*] 〘植〙ニラ (garlic chive).
Chínese cínnamon 桂皮 (=*cassia bark*)《クスノキ科の常緑高木トンキンニッケイの樹皮》.
Chínese cópy 原物と欠点までそっくりのもの.
Chínese crésted 〘犬〙チャイニーズクレステッド《中国原産の, 胴に毛がなく頭部・尾・足にだけ毛が生えている, あるいは体が完全に毛でおおわれている犬》.
Chínese dáte 〘植〙サネブトナツメ.
Chínese éddo 〘植〙EDDO.
Chínese Émpire [the] 《1912 年以前の》(歴代の)中国王朝.
Chínese évergreen 〘植〙リョクチク (=*Japanese leaf*)《熱帯アジア原産のサトイモ科の観葉植物》.
Chínese fíre drìll [*derog*] 大混乱, 大騒動; 中国式火災訓練《赤信号で停止した車から大勢で飛び出し, 信号が青に変わるまでに車の反対側まで走って車内に戻る悪ふざけ》.
Chínese gélatin 寒天 (agar).
Chínese góng 銅鑼(どら) (gong).
Chínese góose 〘鳥〙**a** サカツラガン《野生; アジア北部産》. **b** シナガチョウ《飼鳥》.
Chínese góoseberry 〘植〙オニマタタビ, シナサルナシ, シナスグリ, キーウィ《長江沿岸地方から台湾にかけてを原産地とするマタタビ科のつる性落葉樹; これの栽培品種の果実が kiwifruit》; KIWIFRUIT.
Chínese hómer 《野球俗》遠くへ飛ばないホームラン.
Chínese ínk 墨, 墨汁 (India ink).
Chínese ísinglass 寒天 (agar).
Chínese lácquer 漆(うるし).
Chínese lánding *《空俗》[*derog*] 一翼を低くして行なう着陸.
Chínese lántern 《紙張りの》ちょうちん; 〘植〙ホオズキ.
Chínese lántern plànt 〘植〙ホオズキ (=*winter cherry*).
Chínese léaves *pl* CHINESE CABBAGE.
Chínese médicine 中国医学《薬草療法・鍼(はり)療法を含む中国の伝統医学; 英米では代替医療の一つ》.
Chínese ópera *《軍俗》[*derog*] とても手の込んだ行事[パレード], ややこしい指示.
Chínese pársley CILANTRO.
Chínese púzzle チャイニーズパズル《知恵の輪など複雑なパズル; cf. TANGRAM》; 難問.
Chínese réd 緋(ひ)色; *《俗》ヘロイン.
Chínese réstaurant sỳndrome 中華料理店症候群《中華料理を食べると現われる頭痛・めまい・動悸を伴う首・腕などの麻痺; グルタミン酸ソーダのためとされる》.
Chinése Revolútion [the] 中国革命《**1**) 1911 年の辛亥革命 **2**) 中国共産党による社会主義革命》.
Chínese sácred líly 〘植〙スイセン.
Chínese sáxophone 《俗》アヘンパイプ.
chínese shar-péi 〘犬〙SHAR-PEI.
Chínese tállow trèe 〘植〙ナンキンハゼ《種子から蠟を採る; 中国原産》.
Chínese thrée-pòint lánding *《空俗》《特にパイロットのミスによる》墜落.
Chínese tobácco *《俗》アヘン.
Chínese trée wàx CHINESE WAX.
Chínese Turkestán 中国領トルキスタン (=*Eastern Turkestan*)《中国の新疆ウイグル自治区に相当する地域; cf. RUSSIAN TURKESTAN》.
Chínese Wáll [the] 万里の長城 (the Great Wall of China); [C- w-] [*fig*] 《理解などの》大きな障害; [C- w-] 社内情報交換の壁《利害の対立やインサイダー取引を防ぐために証券会社などの部門間で機密情報の交換を禁止する行動規範》.
Chínese wáter dèer 〘動〙キバノロ (water deer).
Chínese wáter tòrture 額に水をたらして気を狂わせる拷問.
Chínese wáx シナ蠟, 虫白蠟, いぼた蠟 (=*insect wax*)《中国・インドのツノロウカイガラムシや中国・日本のイボタロウカタカイガラムシが分泌; ろうそく・つや出し用》.
Chínese whíspers ᴴ[‹*sg*›] 伝言ゲーム (RUMORS).
Chínese whíte 亜鉛白 (zinc white); *《俗》ヘロイン (China white).
Chínese wíndlass DIFFERENTIAL WINDLASS.
Chínese wóod òil 桐油 (tung oil).
Chínese yám 〘植〙ナガイモ《ヤマノイモの一種》.
chín·fèst *n* *《俗》おしゃべり, 雑談, 懇談.
ching /ʧíŋ/ *n* チーン(という音).
Ching, Ch'ing /ʧíŋ/ 〘中国史〙清 (QING).
Chin·gach·gook /ʧɪŋgǽʧguk, -gáː ʧ-/ チンガチグック《James Fenimore Cooper の *Leather-Stocking Tales* に出てくる Mohican 族の族長》.
Chinghai 青海 (⇨ QINGHAI).
Chingtao 青島 (⇨ QINGDAO).
Chingtechen 景徳鎮 (⇨ JINGDEZHEN).
chin·gus /ʧíŋgəs/ *n* *《俗》おちんちん (the penis).
Ching-yüan 清苑 (⇨ QINGYUAN).
Chín Hílls *pl* [the] チン丘陵《ミャンマー西部, アラカン山脈 (Arakan Yoma) の北部をなす山地》.
Ch'in-huang-tao 秦皇島 (⇨ QINHUANGDAO).
chink[1] /ʧíŋk/ *n* 《細い》裂け目, 割れ目, 隙間; 隙間からの光; 逃げ道, 抜け穴; わずかなもの: a ~ in the law / a ~ of doubt わずかな疑念. ● **a** [**the**] **~ in sb's armor** 《口》人のつけこまれやすい欠点, 弱味. **a ~ of light** 隙間から漏れる光;「一筋の光明」. ► *vt* *…の割れ目をふさぐ ‹*up*›. [C16; cf. CHINE[1]]
chink[2] *n* チリン, カチン《ガラスや金属の音》; 《古俗》銭, 現ナマ. ► *vt, vi* チリンと鳴らす[鳴る]. [imit]
Chink *n, a* 《俗》[*derog*] シナの, シナ人(の) (Chinese). [変形く *Chinese*; 語形はその細い目より *chink* との連想]
chin·ka·pin /ʧíŋkəpɪn/ *n* CHINQUAPIN.
chin·ka·ra /ʧɪŋkáːrə, ʧɪn-/ *n* (*pl* ~) 〘動〙インド(ドルカス)ガゼル. [Hindi]
chinkerinchee ⇨ CHINCHERINCHEE.
Chinkiang 鎮江 (⇨ ZHENJIANG).
chínky *a* 割れ目のある, 隙間の多い.
Chinky, Chink·ey, Chink·ie /ʧíŋki/ 《俗》*n* [*derog*] シナ人 (Chinese); ᴴ中華料理屋.
chín·less *a* あごの引っ込んだ; ᴴ《口》勇気[はっきりした目的]のない, 優柔不断な, 軟弱な.
chínless wónder ᴴ《口》《通例 良家の》ばか息子.
chín mùsic *《俗》雑談, おしゃべり; 《野球俗》やじ, 暴言; 《野球俗》ブラッシュボール, ビーンボール: make ~.
Chin·nam·p'o /ʧíː(n)náːmpóu/ 鎮南浦(チンナムポ)《南浦 (NAMP'O) の旧称》.
-chinned /ʧínd/ *a comb form*「…のあごをもつ」
Chin·ne·reth /kínərèθ/ ■ **the Séa of ~** 〘聖〙キンネレテの海, キネレト湖《旧約時代の the Sea of Galilee の呼称; cf. *Num* 34:11, *Josh* 12:3, 13:27》.
chín·ny *a* あご先の目立つ; *《口》よくしゃべる.
chi·no* /ʧíːnou, ʃíː-/ *n* (*pl* **~s**) チノ《軍服・労働服用カーキ色の木綿》; [*pl*] チノ地のズボン, チノパンツ. [CHINA or AmSp<?]
Chi·no- /ʧáɪnou, -nə/ *comb form*「中国」「シナ」(cf. SINO-): *Chino*-Japanese 中日の. [*China*]
chi·nois /ʃinwáː/ *n* 漉(こ)し器《台所用具》. [F]
chi·noi·se·rie /ʃinwáːzəri, ʃiːnwàːzəríː/ *n* シノワズリー《17–18 世紀にヨーロッパで流行した服装・家具・建築などにおけるシナ趣味》; シナ趣味の品物. [F (*chinois* Chinese)]
Chi·nook /ʃənúk, ʧə-, -núːk/ *n* (*pl* **~, ~s**) **1 a** チヌーク族《Columbia 川沿岸に住んでいた北米インディアン》. **b** チヌーク語; CHINOOKAN; CHINOOK JARGON. **2** [c-] チヌーク(風) (=*snoweater*)《Rocky 山脈の東側に吹き降ろす乾燥した暖風, または Washington, Oregon 両州に吹く湿気をおびた暖かい南西風》. **3** 〘魚〙CHINOOK SALMON.
Chinóok·an *a* チヌーク人[族, 語族]の. ► *n* チヌーク語族《Chinook 語を含む語族》.
Chinóok Járgon チヌークジャーゴン《チヌーク語と他のインディアン語に英語とフランス語が混じってできた言語; 北米北西部の太平洋岸で

先住民と白人の取引に用いられた》.

Chinóok sálmon 〘魚〙KING SALMON.

chin·qua·pin /ʧíŋkəpìn/ *n* 〘植〙ブナ科のクリ属・シイ属などの各種の木, 《特に》チンカピングリ (＝*dwarf chestnut*) 《米国南東部産》; チンカピングリ(など)の実《食用》. [Algonquian 起源の *chincomen* の変形; cf. *chechinkamin* chestnut]

chínquapin òak 〘植〙チンカピンオーク《米国東部産のカシ属の2種の木》.

chín rèst 〘楽〙《ヴァイオリンなどの》あごあて.

chinse /ʧíns/, **chintze** /ʧínts/ *vt* 〘海〙一時的に塡隙(てんげき)する. [*chinch* (dial) to fill up cracks]

Ch'in Shih Huang Ti /ʧín ʃí: hwáːŋ dí:/ 秦始皇帝 (SHI HUANGDI).

chín·stràp *n* 《帽子の》あごひも; CHINSTRAP PENGUIN.

chínstrap pénguin 〘鳥〙ヒゲペンギン《あごの下の黒い線が帽子のあごひものように見える》.

chín tùrret 《爆撃機やヘリコプターの》機首下の銃座.

chintz /ʧínts/ *n* チンツ《花柄などをプリントした光沢のある平織り綿布; カーテン・家具カバー・服地用; もとは染めたインド綿布をいった》. [*chints* (pl)<Hindi<Skt＝variegated]

chintzy *a* チンツ状の[で飾った]; *《口》安っぽい, あかぬけない, 野暮ったい; けちな. ♦ **chíntz·i·ly** *a* **-i·ness** *n*

chín-ùp *n* 〘体操〙懸垂 (＝*pull-up*): do twenty ～*s*. ► *a* [or **chíns-ùp**] 勇敢な, くじけない.

chín-wàg *n, vi* 《口》うわさ話[おしゃべり](をする).

Chinwangtao 秦皇島 (⇨ QINHUANGDAO).

Chiog·gia /kió:ʤə/ キオッジア《イタリア北東部 Veneto 州, Venetian 潟湖(せきこ)南端の小島にある市》.

chi·o·no·doxa /kàɪənoʊdáksə, kaɪànə-/ *n* 〘植〙チオノドクサ属 (*C-*) の各種《ユリ科; cf. GLORY-OF-THE-SNOW》.

Chi·os /káɪàs/ キオス (ModGk **Khí·os** /kí:ɔ:s/) (cf. CHIAN) 《**1**) エーゲ海東部のギリシアに属する島 **2**) 同島にある港町; 古代イオニア人の植民地》.

chip[1] /ʧíp/ *n* **1 a** 切れはし, かけら; 小片, 細片. **b** こっぱ; 《帽子・箱などを作る》経木(きょう); ‖経木で編んだかご (chip basket); ‖かご一杯分の量. **c** 《リンゴなどの》薄切り; *ポテトチップ; フライドポテト (French fry): ～*s* and dip チップスとソース. **d** 〘電子工〙チップ《集積回路を作り付けた半導体の細片》; 集積回路 (integrated circuit). **2** 《瀬戸物などの》欠け目, 欠け跡, 傷. **3 a** 数取り, チップ (counter); [*pl*] 《俗》銭 (money). **b** BARGAINING CHIP. **4 a** ひからびたもの; [ᵘ*compd*] 乾燥した動物の糞《燃料にすることがある》. **b** 無味乾燥なもの, つまらないもの: do not care a ～ for…をちっとも意に留めない / (as) dry as a ～ からからに乾いて; つまらない. **5** 〘ゴルフ・サッカー〙CHIP SHOT; 〘テニス〙バックスピンをかけたリターンショット. ● **a ～ in porridge [pottage, broth]** あってもなくてもよいもの. **a ～ off [of] the old block** 《口》[いい意味で] (父)親にそっくりな子. **buy ～s** 投資する. **carry [have] a ～ on one's shoulder** 《口》恨み[不満]をいだいている, けんか腰である, おこりっぽい. **cash in one's ～s** *ポーカーの数取り札を現金に換える; *《俗》商売の権利を売り払う; *《俗》取引などから手を引く, やめる, 「足を洗う」; 《俗》[*euph*] 死ぬ, 自殺する, 殺す. **～s with everything** 何の料理でもフライドポテト《食べ物などの趣味の悪さ, 低級さ (労働者階級っぽさ) をいった英国のキャッチフレーズ; Arnold Wesker の劇 (1962) のタイトルから一般化した》. **have had one's ～s** ‖《俗》失敗する, 打ち負かされる, 死ぬ, 殺される. **in the ～s** *《俗》うなるほど金のある, すごく裕福[幸運]な. **let the ～s fall where they may** 《自分の行動によって》結果がどうなろうとも[人がどう言おうと](かまわない). **pass [hand] in one's ～s** 《俗》[*euph*] 死ぬ. **when the ～s are down** 《口》きびしい試練にあうと, いざという時には.

► *v* (**-pp-**) *vt* **1 a** 《おのなどで》伐る, たたき伐る, こっぱにする; 〈氷を〉ぶっかく; ‖〈ジャガイモなどを〉細切りにする; 〈刃・縁・かどなどを〉かく, そぐ, 削る, はつる; 〈皿などの〉縁[かどなど]をかく[割る]; 〈銘などを〉彫る: (fried) *chipped* potatoes ‖フライドポテト, フレンチフライ. **b** 〈ひなが卵の殻を〉割る. **c** CHIP SHOT を打つ[蹴る]; 〘テニス〙バックスピンをかけて打ち返す. **2** ‖《口》からかう (banter). **3** 貢献する, 献金する; 〘賭博〙…にチップを張る. ► *vi* 〈石・陶器などが〉かける, そげ落ちる; CHIP SHOT を打つ[蹴る]; *《俗》時々薬(やく)をやる. ● **～ at**…に打ってかかる; …に毒づく. **～ away** 削り取る; 剝奪する 〈*from*〉; 欠け落ちる. **～ (away) at**…を少しずつ削り取る[くずす]; 少しずつ弱める[減少させる]. **～ in** 《口》(話・議論などに)口を出す, 〈意見などを〉差しはさむ 〈*with*〉, 〈…と言って〉割り込む 〈*that*〉; 《口》〈…のために〉〈金・時間などを〉提供する, 金を出し合う 〈*for, forward(s), on, to do*〉; 《口》賭けに加わる: ～ *in* (*with*) 5 dollars 《分担金として》5ドル払う / ～ *in on* a gift *for* Mary メアリーへ贈り物をする話にひと口乗る.
[OE *cipp* log, weaver's beam<?]

chip[2]* *vi* (**-pp-**) チュッチュッ[チッチッ]と鳴く (chirp). ► *n* チュッチュッ[チッチッ]と鳴く声《特に警戒する声》; カチッ(カチッ)《石のみの音など》. [imit]

chip[3] *n* 〘レス〙小股すくい. [? *chip*[1]]

chíp and PÍN ‖チップアンドピン《IC チップと認証番号を使った署名が不要のクレジットカードシステム[決済]》.

chíp-bàsed *a* 〘電子工〙チップを使用した[組み込んだ].

chíp bàsket 経木(きょう)で編んだかご (chip); ポテトチップを揚げる金網のかご.

chíp·bòard *n* ボール紙 (paperboard); 樹脂合板, チップボード, パーチクルボード.

chíp càrving 木に施す単純で荒削りの浮彫り.

Chip·e·wy·an, Chip·pe·wai·an, Chip·pe·wy·an /ʧìpəwáɪən/ *n* **a** (*pl* ～, ～**s**) チペワイアン族《カナダの Hudson 湾から Great Slave 湖にかけて および Alberta 州北部の北極圏に接する地域に居住するインディアン》. **b** チペワイアン語《Athabaskan 語群の一つ》.

chíp·hèad *n**《俗》コンピューターマニア.

chíp hèater 《豪》こっぱを燃料とする湯沸かし器.

chíp-kìck ‖〘ラグビー・サッカー〙*n* チップキック《短い上向きキック》. ► *vt, vi* チップキックする.

chíp lòg 〘海〙《速力を計る》手用測程儀.

chip·munk /ʧípmʌ̀ŋk/, **-muck** /-mʌ̀k/ *n* 〘動〙シマリス (＝*ground squirrel*) 《北米・アジア産のシマリス属の地上生リスの総称; 北米東部産のトウブシマリスなど》. [Algonquian]

chip·o·la·ta /ʧìpəlá:tə/ *n* チポラータ《**1**) (スパイスの効いた)小型ソーセージ **2**) その料理》. [F<It (*cipola* onion)]

chi·pot·le /ʧəpóʊtleɪ, ʧi-/ *n* (*pl* ～**s**) 〘メキシコ料理〙チポトレ《刺激の強いレッドペッパー; しばしば酢漬けにしてアペタイザーとして食用にするか, シチューやソースに加える》. [Nahuatl]

chíp pàn ‖フライドポテトなどを揚げる深鍋.

chípped *a* 〈陶器・グラス・歯が〉(縁の)欠けた.

chípped béef *《紙のように》薄く切った燻製牛肉.

Chip·pen·dale /ʧíp(ə)ndèɪl/ *n, a* チッペンデール風の(家具)《曲線が多く装飾的な意匠が特色》. [Thomas *Chippendale* (1718–79) 英国の家具師]

Chíp·pen·dàles [the] チッペンデールズ《米国の男性ストリッパーグループ》.

chip·per[1] /ʧípər/ *a* 元気のよい, 快活な; しゃれた[こぎれいな]身なりの; *《俗》酔っぱらって. ► *v* 《英では方》*vt* …に元気をつける 〈*up*〉. ► *vi* 元気を出す 〈*up*〉. [? *kipper* (N Eng dial) lively]

chipper[2] *vi* 〈鳥が〉チュッチュッ[チッチッ]と鳴く (chirp), チューチューさえずる (twitter); ペチャクチャしゃべる. [*chip*[2]]

chipper[3] *n* CHIP[1] する人[道具], はつり工; 《アイルロ》FISH-AND-CHIP SHOP; *《俗》時々薬(やく)をやる者.

Chip·pe·wa /ʧípəwà:, -wɔ̀:, -wə, *-wèɪ/ *n* **a** (*pl* ～, ～**s**) *チペワ族《OJIBWA 族の公文書名; みずからは ANISHINAABE を名のる》. **b** チペワ語 (Ojibwa).

Chippewaian, Chippewyan ⇨ CHIPEWYAN.

chippie ⇨ CHIPPY[2].

chíp·ping[1] *n* [ᵘ*pl*] 切れはし, こっぱ; [ᵘ*pl*] ‖砂利. [*chip*[1]]

chipping[2] *a* チュッチュッ[チッチッ]鳴く. [*chip*[2]]

chípping spàrrow 〘鳥〙チャガシラヒメドリ (＝*chippy*) 《ホオジロ科; 北米産》.

chíp·py[1] *a* こっぱの(多い); 《俗》無味乾燥な (dry); 《俗》二日酔いの; 《口・方》いらだった, おこりっぽい; 〘アイスホッケー〙攻撃的な, ラフなプレーをする, 乱闘の多い〈試合〉. ♦ **chíp·pi·ness** *n*

chip·py[2], **chip·pie** /ʧípi/ *n* **1** 〘鳥〙CHIPPING SPARROW; 〘動〙CHIPMUNK; 〘鉄道〙狭軌鉄道車. **2** ‖《口》FISH-AND-CHIP SHOP; 《NZ》ポテトチップス; ‖《俗》大工. **3** *《俗》弱い麻薬; *《俗》時たま麻薬をやる者 (＝～ **ùser**). **4** 《俗》気の多い女の子, 浮気女, 売春婦; 《俗》[*derog*] 女の子, あまっ子. **5** CHIP SHOT; 〘ゴルフ〙チッピー《グリーンまわりからのチップショットでホールインして非公式のゲームに勝つショット》; 《バスケ俗》ノーブロックのシュート. ► *vi, vt* *《俗》(薬(やく)を)時々やってみる; *《俗》いちゃつく. ● **～ around** *《俗》《性的に》相手かまわずやる, ふしだらである. **～ on**… *《俗》《性的に》〈男が〉…を裏切る.

chíppy-chàser *n**《俗》浮気な女[娼婦]をあさる男.

chíppy jòint 《俗》売春宿.

chips /ʧíps/ *n* [〈*sg*〉] 《俗》大工.

Chips [Mr.] チップス先生《James Hilton, *Goodbye, Mr. Chips* の主人公で, パブリックスクールの教師》.

CHIPS /ʧíps/ 〘商〙clearing house interbank payment system 手形交換所銀行間決済システム, チップス《ニューヨーク手形交換所協会が運営する国際金融取引の決済システム》.

chíp shòp ‖チップショップ (＝*fish-and-chip shop*) 《フィッシュアンドチップスを売る店》.

chíp shòt チップショット《**1**) 〘ゴルフ〙短く高く打ち上げるアプローチショット; ボールは着地後しばらくグリーン上をころがる; cf. PITCH SHOT **2**) 〘サッカー〙短い上向きキック **3**) 〘アメフト〙たやすいフィールドゴール, フィールドゴールのチャンス》.

Chi·qui·ta /ʧəkí:tə/ チキータ《女子名》. [Sp＝small]

chir- /káɪər/, **chi·ro-** /káɪəroʊ, -rə/, **cheir-** /káɪər/, **chei·ro-** /káɪəroʊ, -rə/ *comb form* 「手」 [Gk *kheir* hand]

Chi·rac /ʃirá:k/ シラク **Jacques (René)** ～ (1932–) 《フランスの政治家; 首相 (1974–76, 86–88), 大統領 (1995–2007)》.

chi·ral /káɪər(ə)l/ *a* 〘化〙キラルの《それ自身の鏡像の上に重ねることができない分子についていう》; 〘理〙カイラルな《右巻き粒子と左巻き粒子の

性質が同じでない》. ♦ **chi·ral·i·ty** /kaɪərǽləti, kə-/ *n* 〘化〙キラリティー; 〘理〙カイラリティー
chíral cénter 〘化〙キラル中心《有機分子で, 4 つとも異なった原子または基が結合している炭素原子》.
Chi-Rho /káɪróu, kí:-/ *n* (*pl* ~s) カイロー (=*Christogram*) 《Christ を意味するギリシア語 *ΧΡΙΣΤΟΣ* の最初の 2 文字からなる組合わせ文字 (☧); 教会の飾りなどに用いられる; cf. XP》.
Chir·i·ca·hua /ʧìrəká:wə/ *n* (*pl* ~, ~s) チリカワ族《Arizona 州の Apache 族》.
Chi·ri·co /kíríkòu, kí:-/ キリコ **Giorgio de** ~ (1888–1978)《ギリシア生まれのイタリアの画家; Carrà, Morandi と共に形而上派を創始》.
chir·i·moya /ʧìrəmɔ́ɪ(j)ə/ *n* 〘植〙CHERIMOYA.
Chi·ri·quí /ʧìrɪkí:/ チリキ《BARÚ の旧称》.
chirk /ʧə́:rk/*«口» *a* 元気のよい, 快活な (=**chírky**). ► *vi*, *vt* 元気づく[づける] ‹*up*›.
chirm /ʧə́:rm/ *vi* 〈鳥が〉チューチュー鳴く; 歌う, さえずる. ► *n* (チューチューいう)鳥の鳴き声. [OE *cierm* noise]
chiro- /káɪərou, -rə/ ⇨ CHIR-.
chi·rog·no·my /kaɪərágnəmi/ *n* 手相占い (palmistry).
chíro·gràph *n* 証書, 自筆証書.
chi·rog·ra·phy /kaɪərágrəfi/ *n* 筆法; 書体; CALLIGRAPHY. ♦ **-pher** *n* 書家. **chi·ro·graph·ic** /kàɪərəgrǽfɪk/, **-i·cal** *a*
chi·ro·man·cy /káɪərəmæ̀nsi/ *n* 手相占い (palmistry). ♦ **-màn·cer** *n* 手相見《人》.
Chi·ron /káɪəràn/ **1** 〘ギ神〙ケイローン《賢明・多才なケンタウロス (centaur) で, Achilles, Hercules, Asclepius などを教育した》. **2** 〘天〙キロン《1977 年, 土星と天王星の間に発見された直径約 160 km の小惑星様の天体》.
chi·ron·o·mid /kaɪəránəməd/ *n* 〘昆〙ユスリカ《総称》. ► *a* ユスリカ科の.
chi·rop·o·dy /kərápədi, ʃə-, kaɪər-/ *n* 足治療 (podiatry)《まめの処置・爪切りなど》. ♦ **-dist** *n* 足治療医. [*chiro*-, Gk *pod- pous* foot]
chi·ro·prac·tic /kàɪərəprǽktɪk/ *n*, *a* カイロプラクティック(の)《手技によって脊椎のゆがみ・ずれなどを矯正し, 神経機能の回復を目指す代替医療》. ♦ **chí·ro·pràc·tor** *n* [*chiro*-, Gk *prattō* to do]
chi·rop·ter /kaɪəráptər, ⏑⏑-/ *n* 〘動〙翼手類の動物, コウモリ (bat).
chi·rop·ter·an /kaɪəráptərən/ *a*, *n* 〘動〙翼手類 (Chiroptera) の(動物). ♦ **chi·róp·ter·ous** *a*
chirp /ʧə́:rp/ *n* チュッチュッ, チーチー《小鳥・虫などの鳴き声》. ► *vi*, *vt* チュッチュッ鳴く[さえずる]; かん高い声で元気よくしゃべる[話す]; «俗» 歌う; «俗»《警察などに》情報を漏らす, 知らせる, さす. [imit]
chírpy *a* チュッチュッさえずる(ような); «口» 陽気な, 快活な, 楽しそうな: (as) ~ as a CRICKET[1]. ♦ **chírp·i·ly** *adv* **-i·ness** *n*
chirr /ʧə́:r/ *n* チリッチリッ, チーチー《コオロギなどの鳴き声》. ► *vi* チリッチリッ[チーチー]と鳴く. [imit]
chir·rup /ʧírəp, ʧə́:rəp; ʧírəp/ *n* チュッチュッ《小鳥の声, 赤ん坊をあやす声, 馬を促す声》. ► *vi* チュッチュッという. ► *vt* チュッチュッといって…を表わす[示す]. ♦ **~y** *a* [変形 ‹ *chirp*]
chiru /ʧíru/ *n* 〘動〙チルー《チベット産のウシ科ヤギ亜科の動物; 雄に長く直立した角がある》.
chi·rur·geon /kaɪrə́:rʤ(ə)n/ *n* «古» 外科医 (surgeon). ♦ **chi·rúr·gery** *n* **chi·rúr·gic, -gi·cal** *a*
Chis·an·bop /ʧízənbàp/ 〘商標〙指算法《算数の初歩を教える, 指を使う計算法; 韓国人 Sung Jin Pai の発明》.
chis·el /ʧíz(ə)l/ *n* のみ, たがね; [the] 彫刻術. ● **full** ~ 全速力で. ► *v* (**-l-** | **-ll-**) *vt* **1** のみで彫る, 彫刻する: ~ sth *into* [*in*] sth / ~ sth *from* [*out of*] sth. **2** «口» 〈人〉にきたない手を使う, かたる, だます; «口» だまし取る; «俗» (恵んで)もらう: ~ sb *out of* sth = ~ sth *out of* sb 人をだまして物を奪う. ► *vi* **1** のみで彫る; «口» 干渉する ‹*in*, *in on*›. **2** «口» きたない手を使って目的を果たす ‹*for*›. ● **~ in** *«俗» 強引に割り込む. ♦ **chís·el·(l)er** *n* のみを使う人; 彫る道具; «俗» だます人, 詐欺師. [OF ‹ L (*caes- caedo* to cut)]
chís·el(l)ed *a* のみで彫刻した; 輪郭のはっきりした, よく整った; 筋骨隆々の; のみ (chisel) のような形の: a ~ face 彫りの深い顔.
chísel plòw 〘農〙チゼルプラウ《動物やトラクターに牽引させて, 耕土を反転することなしに表面より 30 cm ほど下の土壌をかきまぜるプラウ》.
Chis·holm /ʧíz(ə)m/ チザム **Shirley** ~ (1924–2005)《米国の政治家; 旧姓 St. Hill; 黒人女性初の連邦下院議員 (1969–83)》.
Chísholm Tráil [the] チザム交易路, チザムトレール《Texas 州 San Antonio から Kansas 州 Abilene に通じていた家畜の移動路; 南北戦争後, 1866 年から約 20 年間重要な役割を果たした》. [Jesse *Chisholm* (1806–68) Cherokee との混血の交易商]
Chi·şi·nău /kì:ʃənáu/ キシナウ《モルドヴァ中部の市・首都; 旧称 Kishinyov》.
chí-squàre /káɪ-/ *n* 〘統〙カイ二乗.
chí-squàre distribùtion 〘統〙カイ二乗分布, χ^2 分布.
chí-squàre tèst 〘統〙カイ二乗検定, χ^2 検定.
chit[1] /ʧít/ *n* 幼児; [*derog*] 生意気な小娘[子供], 娘っ子; 幼獣, 仔: a ~ of a girl 小娘. [ME=whelp, kitten; cf. CHIT[3]]
chit[2] *n* **1** 《客が署名する飲食などの》請求伝票, つけ; 受領証, 引換券; 小切手 (check), 手形; 《一般に》書付け, 証文: sign a ~《つけで払うため》伝票に署名する. **2** 短い手紙, 覚書, メモ; 《使用人に書いてやる》人物証明書. ● **call in** one's **~s** *«口» 借りを返してもらう, 見返りを求める. ► *vi* 伝票に署名する ‹*for*›. [C18 *chitty* ‹ Hindi ‹ Skt=mark]
chit[3] *n* 芽, 若芽 (sprout). ► *v* (**-tt-**) *vi* 芽が出る, 芽生える. ► *vt* 《明るく涼しい場所に置いて》〈ジャガイモを〉発芽させる, 《植え付け用に》〈ジャガイモ〉の芽を取る. [OE *cith* germ, sprout]
chita ⇨ CHEETAH.
Chi·ta /ʧɪtá:/ チタ《ロシア, シベリア南東部の市》.
chi·tal /ʧí:tl/ *n* 〘動〙アクシスジカ (axis deer). [Hindi]
chi·tar·ra /kɪtá:rə, ʧɪ-/ *n* 〘楽〙キターラ《イタリアの金属弦のギター》. [It ‹ Gk=lyre]
chi·tar·ro·ne /kì:tə́róuneɪ/ *n* (*pl* **-ni** /-ni/) 〘楽〙キタローネ《archlute のうち低音弦の長いもの》. [It (↑)]
chít·chàt *n*, *vi* «口» むだ話, おしゃべり(をする). [*chat* の加重]
chi·tin /káɪt(ə)n/ *n* 〘動〙キチン質《甲殻類・昆虫などの甲をつくる成分》. ♦ **~·ous** *a* キチン質の. [F ‹ Gk CHITON]
chít·lin cìrcuit /ʧítlən-/ 黒人の出演が呼び物の劇場やナイトクラブ. [chitterlings が黒人の料理とされることから]
chitlin(g)s ⇨ CHITTERLINGS.
chi·ton /káɪtn, -tàn/ *n* **1** 〘古ギ〙キトン《男女共に着用したチュニック風の衣服》. **2** 〘貝〙ヒザラガイ類の各種の貝 (=*coat-of-mail shell*, *sea cradle*). [Gk=coat of mail]
Chi·town /ʃáɪtàun, ʧáɪ-/*«俗» シカゴ (Chicago).
Chi·tral /ʧɪtrá:l/ **1** チトラール《パキスタン北部 Khyber Pakhtunkhwa 州の一地方; ☆Chitral》. **2** [the] チトラール川《パキスタン北部からアフガニスタンへ南西に流れ, Kabul 川に合流する》.
Chit·ta·gong /ʧítəgàŋ/ チッタゴン《バングラデシュ東部の Bengal 湾に臨む工業都市》.
chit·ter /ʧítər/ *vi* さえずる (chirp); "«方» 寒さで震える, 〈歯が〉寒さ[恐怖]でガチガチいう (chatter). [imit]
chit·ter·lings, chit·lings, chit·lins /ʧítlənz/ *n pl* 《豚・子牛などの》(食用)小腸; *[*joc*]《人の》はらわた, 臓腑. [ME ‹ ?]
chit·ty" /ʧíti/ «口» *n* 請求伝票 (chit); 受取, 引換券; 短い手紙, メモ.
Chít·ty-Chìt·ty-Báng-Bàng /ʧítiʧíti-/ チティチティバンバン《英国の作家 Ian Fleming の同名の児童向け物語 (1964) に登場する魔法の自動車; 空を飛んだりホバークラフトになったりする》.
Chi·tun·gwi·za /ʧì:tuŋgwí:zə/ チトゥンギザ《ジンバブウェ中北東部, Harare の南南東の市》.
Chiuchuan 酒泉 (⇨ JIUQUAN).
Chiu·si /kjú:si/ キウーシ《イタリア中部 Tuscany 州南東部の町; 古代名 Clusium》.
chiv /ʧív, ʃív/ «俗» *n* ナイフ, 短刀 (shiv). ► *vt* 短刀で刺す. [? Romany *chiv* blade]
chiv·al·ric /ʃəvǽlrɪk; ʃív(ə)lrɪk/ *a* 騎士道の; 騎士的な (chivalrous).
chiv·al·rous /ʃív(ə)lrəs/ *a* 騎士道の, 騎士制度の; 騎士のような, 非常に勇敢な, 豪胆な; 騎士道的な, 義侠的な; 女性に対して丁重な[献身的に尽くす]. ♦ **~·ly** *adv* **~·ness** *n*
chiv·al·ry /ʃív(ə)lri/ *n* 《中世の》騎士制度; 騎士道, 騎士道的精神[行為], 武侠《忠君・勇気・仁愛・礼儀などをモットーとし婦人を敬い弱きを助ける》; はなやかな紳士たち; 《中世の》重騎兵 (men-at-arms); «古» 武勇, 剛勇; «古» 武芸の腕前: the age of ~ 騎士道時代《ヨーロッパの 10–14 世紀》/ The age of ~ is dead. «諺» 格式ばった礼儀はもう守られていない, 騎士道の時代は終わった. [OF ‹ L; ⇨ CHEVALIER]
chiv·a·ree /ʃìvərí:, ⏑⏑-/ *n* SHIVAREE.
chive[1] /ʧáɪv/ *n* ["*pl*] 〘植〙エゾネギ, チャイブ, セイヨウアサツキ《ネギの一種; 若葉は薬味》. [OF ‹ L *cepa* onion]
chive[2] /ʧív, ʃív, ʧáɪv, ʃáɪv/ *n*, *vt* «俗» CHIV.
chivy, chiv·vy, chiv·ey /ʧívi/ *n* "狩りの叫び; "狩り, 追跡; "PRISONER'S BASE. ► *vt* うるさく悩ます, しつこくいじめる; 追いまわす, 狩り立てる; "せき立てる, …の尻をたたく ‹*along*, *up*; *into doing*›; 器用に動かす[取る]. ► *vi* 駆けまわる. [? *Chevy Chase*]
chiz /ʧíz/ *vi* *«学生俗» ゆったりする, 楽にする, 休む (relax).
chizz, chiz /ʧíz/ "«俗» *n* ずる, ペテン. ► *vt* (**-zz-**) だます, かたる. ► *int* «学童» やだなあ, ずるいよ. [*chisel*]
Ch. J. °Chief Justice.
Chka·lov /ʧká:ləf/ チカロフ《ORENBURG の旧称》.
Chlád·ni fígures /klá:dni-, klǽd-/ *pl* 〘理〙クラードニ図形 (SONOROUS FIGURES).
chlam·y·date /klǽmədèɪt/ *a* 〘動〙〈軟体動物など〉外套膜 (mantle, pallium) を有する.
chla·myd·e·ous /kləmídiəs/ *a* 〘植〙花被を有する: a ~ flower 有被花.
chla·myd·ia /kləmídiə/ *n* (*pl* **-i·ae** /-iì:/, ~s) 〘生〙クラミジア《クラミジア属 (*C-*) の偏性細胞内発育周期をもつ球状グラム陰性菌》; クラ

ミジア感染症. ♦ **chla·mýd·i·al** *a* [Gk *khlamus* mantle]

chlam·y·dom·o·nas /klæmədámənəs, -dəmóʊ-/ *n* 〘生〙 コナミドリムシ.

chla·mýdo·spòre /kləmídə-/ *n* 〘植〙 厚膜[厚壁]胞子. ♦ **chla·mỳdo·spóric** *a*

chla·mys /klǽməs, kléɪ-/ *n* (*pl* **~·es, chlam·y·des** /klǽmədì:z/) 〘古ギ〙 クラミス《肩で留める短いマント; 初め騎馬者が用い, のちに青年が常用した》. [L<Gk]

C

chlo·an·thite /klouǽnθàɪt/ *n* 〘鉱〙 砒ニッケル鉱.

chlo·as·ma /klouǽzmə/ *n* (*pl* **-ma·ta** /-tə/) 〘医〙 しみ, 褐色斑, 肝斑.

Chlod·wig /*G* kló:tvɪç/ クロートヴィヒ ~ **I** (CLOVIS 1 世のドイツ語名).

Chloe, Chloë /klóʊi/ **1** クローイ《女子名》. **2** クロエー《田園詩に出る羊飼いのおとめ; ⇨ DAPHNIS AND CHLOE》. [Gk=bloom, verdure]

Chlo·ette /klouét/ クロエット《女子名》. [F (dim)<↑]

chlor- /kló:r/, **chlo·ro-** /kló:rou, -rə/ *comb form*「塩素」「緑」[Gk *khlōros* green]

chlòr·acétic ácid CHLOROACETIC ACID.

chloracetophenone ⇨ CHLOROACETOPHENONE.

chlor·ácne *n* 〘医〙 塩素痤瘡.

chlo·ral /kló:rəl/ *n* 〘化〙 クロラール; CHLORAL HYDRATE. ♦ **~·ìsm** *n* クロラール中毒. [F (*chlor-*, *al*cool ALCOHOL)]

chlóral hýdrate 〘薬〙 抱水クロラール《睡眠薬・鎮静薬・麻酔薬》.

chlóral·ìze *vt* クロラールで処理する.

chlo·ral·ose /kló:rəlòus, -z/ *n* 〘薬〙 クロラロース《苦味がある結晶; 催眠作用がある》. ♦ **~d** *a*

chlo·ram·bu·cil /klɔ:rǽmbjəsìl/ *n* 〘薬〙 クロラムブチル《白血病・ホジキン病の治療用》.

chlo·ra·mine /kló:rəmì:n/ *n* 〘化〙 クロラミン《窒素と塩素を含む化合物; 局所消毒剤》.

chlor·am·phen·i·col /klɔ̀:ræmfénɪkɔ̀(:)l, -kòul, -kàl/ *n* 〘薬〙 クロラムフェニコール《広域抗生物質》.

chlo·ran·thy /kló:rænθi, ━ ━ ━/ *n* 〘植〙 緑花化《通常は花葉 (floral leaf) となるべきものが普通の葉となってしまう異常》. [Gk *anthos* flower]

chlor·ar·gyr·ite /klɔ:rá:rʤəràɪt/ *n* CERARGYRITE.

chlo·rate /kló:rèɪt, -rət/ *n* 〘化〙 塩素酸塩.

chlor·cy·cli·zine /klɔ:rsáɪkləzì:n, -zən/ *n* 〘薬〙 クロルシクリジン《塩酸塩として使用》.

chlor·dane /kló:rdèɪn/, **-dan** /-dæn/ *n* 〘薬〙 クロルデン《無臭の殺虫液》.

chlor·de·cone /kló:rdəkòun/ *n* 〘化〙 クロルデコン《猛毒の塩素化炭化水素; もと 殺虫剤として広く用いられた》.

chlor·di·az·epox·ide /klɔ̀:rdaɪæ̀zəpáksàɪd/ *n* 〘薬〙 クロルジアゼポキシド《塩酸塩を神経症・アルコール中毒の鎮静薬として用いる》.

chlo·rel·la /klərélə/ *n* 〘植〙 クロレラ属 (*C*-) の藻.

chlo·ren·chy·ma /klɔ:réŋkəmə/ *n* 〘植〙 葉緑組織.

chlor·hex·i·dine /klɔ:rhéksədàɪn, -dì:n/ *n* 〘化〙 クロルヘキシジン《塩酸塩・アセテートとして用いる》.

chlo·ric /kló:rɪk/ *a* 〘化〙 塩素 (V) の[から得た].

chlóric ácid 〘化〙 塩素酸.

chlo·ride /kló:ràɪd/ 〘化〙 *n* 塩化物; 塩化イオン.

chlóride of líme 〘化〙 さらし粉 (bleaching powder).

chlóride pàper 〘写〙 クロライドペーパー, ガスライト紙《感光度の低い, 密着用印画紙》.

chlo·ri·dize /kló:rədàɪz/ *vt* 塩素[塩化物]で処理する; 〈鉱石の金属を〉塩化物に変える.

chlo·ri·nate /kló:rənèɪt/ *vt* 〘化〙 塩素で処理[消毒]する. ♦ **-nà·tor** *n* **chlò·ri·ná·tion** *n* 塩素化, 塩素処理[消毒].

chló·ri·nàt·ed hydrocárbon 〘化〙 塩素化炭化水素《炭化水素の塩素誘導体の総称; 環境汚染物質としては最も長く残留する殺虫剤; DDT, dieldrin など》.

chlórinated líme CHLORIDE OF LIME.

chlo·rine /kló:rì:n, -rən/ *n* 〘化〙 塩素《記号 Cl, 原子番号 17》. [*chlor-*, *-ine*; その色から Sir H. Davy の造語]

chlórine dióxide 〘化〙 二酸化塩素《黄色みをおびた爆発性の気体; 小麦粉や紙の漂白, 水の脱臭剤に用いる》.

chlórine monóxide 〘化〙 一酸化塩素《常温・常圧で気体; オゾン層破壊物質》.

chlo·rin·i·ty /klɔ:rínəti/ *n* 〘海洋〙 塩素量《海水 1 kg 中に含まれる塩素・臭素・ヨウ素の全量のグラム数》.

chlo·rite[1] /kló:ràɪt/ *n* 〘化〙 亜塩素酸塩. [*chlorine*]

chlorite[2] *n* 〘鉱〙 緑泥石. ♦ **chlo·rit·ic** /klɔ:rítɪk/ *a* [*chlor-*]

chlor·mád·i·none (ácetate) /klɔ:rmǽdənòun(-)/ 〘薬〙 クロルマジノン(アセテート)《経口避妊薬; 略 CA》.

chlor·mer·o·drin /klɔ:rmérədrən/ *n* 〘薬〙 クロルメロドリン《水銀利尿薬》.

chloro- /kló:rou, -rə/ ⇨ CHLOR-.

chlòro·acétic ácid 〘化〙 (モノ)クロロ酢酸.

chlòro·àceto·phenóne, chlor·àceto- *n* 〘化〙 クロロアセトフェノン《催涙ガス溶液の成分》.

chloro·az·o·din /klɔ̀:rouǽzəd(ə)n/ *n* 〘薬〙 クロロアゾジン《外科消毒用》.

chlòro·bénzene *n* 〘化〙 クロロベンゼン《特異臭のある無色の液体; DDT などの有機合成用・溶剤》.

chlòro·brómide pàper 〘写〙 クロロブロマイド紙《引伸ばし用印画紙》.

chlòro·cárbon *n* 〘化〙 クロロカーボン《塩素と炭素からなる化合物; 四塩化炭素など》.

chlo·ro·dyne /kló:rədàɪn/ *n* 〘薬〙 クロロダイン《アヘン・クロロホルムなどを含む麻酔鎮痛薬》.

chlòro·flùoro·cárbon *n* 〘化〙 クロロフルオロカーボン《塩素化・フッ素化された炭化水素の総称; 慣用名フロン; 冷媒・噴霧剤・発泡剤に使われるが, オゾン層を破壊することから生産禁止に向かっている; 略 CFC》.

chlòro·flùoro·méthane *n* 〘化〙 クロロフルオロメタン《メタンから誘導されるクロロフルオロカーボンの一種; 略 CFM》.

chlo·ro·form /kló:rəfɔ̀:rm/ *n* 〘薬〙 クロロホルム《無色揮発性の液体; 麻酔薬》: put...under ~ ...にクロロホルム麻酔をかける. ► *vt* クロロホルムで麻酔する[処理する].

chlòro·génic ácid 〘化〙 クロロゲン酸《コーヒー豆・タバコ・茶などに含まれる》.

chlo·ro·hy·drin /klɔ̀:rəháɪdrən/ *n* 〘化〙 クロロヒドリン《塩素と水酸基とを隣接した炭素原子上にもつ有機化合物の類》.

chlòro·hỳdro·quinóne *n* 〘化〙 クロロヒドロキノン《有機合成や写真現像に用いる》.

Chlo·ro·my·ce·tin /klɔ̀:roumaɪsí:t(ə)n/ 〘商標〙 クロロマイセチン《クロラムフェニコール (chloramphenicol) 製剤》.

chlo·ro·phen·o·thane /klɔ̀:rəfénəθèɪn/ *n* 〘化〙 クロロフェノタン, DDT.

chlo·ro·phyl(l) /kló:rəfɪl/ *n* 〘植〙 葉緑素, クロロフィル《緑色植物で光合成を行なう色素; 特に 濃青色の **~ a** /━ èɪ/, または 濃緑色の **~ b** /━ bì:/ として存在する》. ♦ **chlò·ro·phýl·lose** /-fílòus/, **-phýl·lous** /-fíləs/ *a* 葉緑素(入り)の. [F CHLORO- (*phylle*<Gk *phullon* leaf)]

chlóro·phỳte 〘植〙 緑藻植物.

chlo·ro·phy·tum /klɔ̀:rəfáɪtəm/ *n* 〘植〙 オリヅルラン属 (*C*-) の各種の植物《ユリ科の熱帯性の草本》, 《特に》 オリヅルラン, ソトフオリヅルラン (spider plant).

chlo·ro·pic·rin /klɔ̀:rəpíkrən/ *n* 〘化〙 塩化ピクリン, クロロピクリン《殺虫殺菌剤; 軍用毒ガス用》.

chlóro·plàst *n* 〘植〙 葉緑体《葉緑素 (chlorophyll) を含み, 光合成の場となる》. ♦ **chlòro·plástic** *a*

chlòro·platínic ácid 〘化〙 HEXACHLOROPLATINIC ACID.

chlo·ro·prene /kló:rəprì:n/ *n* 〘化〙 クロロプレン《アセチレンと塩化水素から生じる無色の液体; 合成ゴムの原料》.

chlo·ro·quine /kló:rəkwàɪn, -kwì:n/ *n* 〘薬〙 クロロキン《マラリアの特効薬》.

chlo·ro·sis /kləróusəs, klɔ:-/ *n* (*pl* **-ses** /-sì:z/) 〘医〙 萎黄(いおう)病 (=*greensickness*); 〘植〙 退緑, 白化, クロロシス《元素の欠乏・ウイルス病などのために葉緑素が形成されない現象; cf. ETIOLATION》. ♦ **chlo·rót·ic** /-rát-/ *a* **-i·cal·ly** *adv*

chlòro·spinél *n* 〘鉱〙 緑尖晶石《緑色のスピネルで, 宝石ともする》.

chlòro·thíazide *n* 〘薬〙 クロロチアジド, クロロサイアザイド《利尿薬・抗高血圧薬》.

chlòro·tri·ánis·ene /-ǽnəsì:n/ *n* 〘薬〙 クロロトリアニセン《閉経期症候の治療に用いる》.

chlo·rous /kló:rəs/ *a* 〘化〙 塩素 (III) の[から得た].

chlórous ácid 〘化〙 亜塩素酸.

chlor·phe·nir·amine /klɔ̀:rfənírəmì:n/ *n* 〘薬〙 クロルフェニラミン《マレイン酸塩を抗ヒスタミン薬として用いる》.

chlor·pic·rin /klɔ:rpíkrən/ *n* CHLOROPICRIN.

chlor·prom·a·zine /klɔ:rprámәzì:n/ *n* 〘薬〙 クロルプロマジン《精神安定薬》.

chlor·prop·amide /klɔ:rprápəmàɪd, -próup-/ *n* 〘薬〙 クロルプロパミド《糖尿病の治療に用いられる経口血糖降下薬》.

chlor·pyr·i·fos /klɔ:rpírəfɑ̀s, -páɪ-/ *n* 〘農薬〙 クロルピリホス《有機リン系の殺虫・殺ダニ剤; 芝生・観葉植物などの殺虫剤; シロアリ駆除薬として多用されたが, 住宅への使用は禁止された》.

chlòr·tetracýcline *n* 〘薬〙 クロルテトラサイクリン《抗生物質の一種》.

chlor·thal·i·done /klɔ:rθǽlədòun/ *n* 〘薬〙 クロルサリドン《利尿剤》.

chm. 〘チェス〙 checkmate. **chm., chmn.** chairman.

ChM [L *Chirurgiae Magister*] Master of Surgery.

CHM 〘英〙 Commission on Human Medicines 医薬品委員会《2005 年設立; 前身は CSM》.

cho·áno·cỳte /kouǽnə-/ *n* 〘動〙 襟(えり)細胞 (collar cell).

Cho·as·pes /kouǽspiz/ [the] コアスペス川《KARKHEH 川の古代名》.

choc[1] /ʧák/ *n, a* ᴵᴵ《口》チョコレート(の). ［*choc*olate］

choc[2] *n**《俗》酒.

chocaholic ⇨ CHOCOHOLIC.

choc·cy /ʧáki/ *n* ᴵᴵ《口》チョコレート (chocolate), チョコ菓子.

cho·cha /ʧóuʧɑː/ *n**《卑》女性性器.

cho·cho /ʧóuʧou/ *n* (*pl* **～s**)《カリブ》CHOKO.

chóc-ìce, chóc-bàr ᴵᴵ *n* チョコレートで薄く包んだアイスクリームバー.

chock /ʧák/ *n* 輪止め, 枕くさび;〘空〙車輪止め, チョーク;〘海〙チョック, 止め木;〘登山〙チョック (nut). ► *vt* くさびで止める; ボートを止め木に載せる: ～ up a room (*with* furniture) 部屋に(家具を)ぎっしり詰め込む. ► *adv* ［通例 副詞または形容詞の前で］ぴったり, ぎっしり. ［? OF *co(u)che* log<?］

chocka /ʧákə/ *a* ぎっしり詰まって (chockablock).

chock·a·block /ʧákəblàk/ *a, adv*〘海〙《複滑車の》上下の滑車がぴったり引き寄せられて, 巻き上げきって;《口》ぎっしり詰まって, いっぱいで〈*with*〉.

chock·er /ʧákər/ *a* ᴵᴵ《俗》うんざりして, 不機嫌な;《豪口》ぎっしり詰まった;《豪口》酔っぱらった.

chock-full, chock·ful /ʧákfúl, *ʧák-/ *a* ぎっしり詰まった: a box ～ *of* candy / The theater is ～.

chóck·stòne *n*〘登山〙チョックストーン《チムニーにはまり込んだ岩塊》.

choco /ʧákou/ *n* (*pl* **chóc·os**) ᴵᴵ《俗》［*derog*］有色人, 黒人;《豪俗》《第二次大戦中の》民兵, 徴集兵. ［*choco*late soldier］

choc·o·hol·ic, choc·a- /ʧɔ́(ː)kəhɔ́(ː)lɪk, ʧàkəhálɪk/ *n* チョコ中毒者. ［*chocolate*, *-holic*］

choc·o·late /ʧɔ́(ː)k(ə)lət, ʧák-/ *n* **1** チョコレート; ［*pl*］チョコレート菓子; チョコレート飲料, ココア; チョコレート色: a bar of ～＝a ～ bar 板チョコ / a box of ～*s* チョコレート(菓子)一箱 / drink a cup of ～ チョコレートを一杯飲む. **2***《俗》ハシーシ. ► *a* チョコレートでできた[味をつけた, くるんだ]; チョコレート色の,《俗》黒人の. ［F or Sp<Aztec］

chócolate-bòx *n* チョコレートの化粧箱; ありふれた感傷的な絵. ► *a* ［ᵁ*attrib*］(一見)かわいらしい, きれいだがありふれた, 感傷的な.

chócolate chìp cóokie チョコレートチップ入りクッキー.

chócolate chìps *pl*《デザートなどに入れる》チョコレートチップス; *《俗》LSD.

chócolate créam チョコレートクリーム《フォンダン (fondant) をチョコレートで包み込んだ菓子》.

chócolate hìghway*《俗》尻の穴《anal intercourse で》.

chócolate mílk チョコレートミルク《チョコレートシロップあるいはココアで風味をつけたミルク》.

chócolate sóldier 兵隊の形をしたチョコレート; ［*fig*］実戦に加わらない[を嫌う]兵士, 非戦闘員.

chócolate spòt〘植〙赤色斑点病, チョコレート斑点病《茶色の斑点ができるソラマメなどのマメ科植物の菌類病》.

chócolate tíde*《俗》マリファナの一種.

chócolate trèe〘植〙カカオノキ (cacao).

cho·co·la·tier /ʧɔ̀(ː)k(ə)lətíər, ʧàk-; *F* ʃɔkɔlatje/ *n* (*pl* **～s** /-tíərz; *F* —/) チョコレートメーカー[販売業者], チョコレート店, ショコラティエ.

choc·o·laty, choc·o·lat·ey /ʧɔ́(ː)k(ə)ləti, ʧák-/ *a* チョコレート(製)の[に似た], チョコレートの風味がある.

Choc·taw /ʧáktɔː/ *n* **1 a** (*pl* **～, ～s**) チョクトー族《アメリカインディアンの一種族; 現在は Oklahoma 州に住む》. **b** チョクトー語. **c**《口》わけのわからないことば. **2** [ˢc-] チョクトー《フィギュアスケートのステップの一種》.

chog /ʧág/ *n*《北イング》《果物の》芯; *《俗》東部人, ニューイングランド人.

Chog·o·ri /ʧágəri/ チョゴリ, チョ(ル)ギル, 喬戈里《K2 峰の現地語名》.

Chog·yal /ʧágjàːl/ *n* チョギャル《Sikkim の統治者の称号》.

choice /ʧɔ́ɪs/ *n* **1** 選択, えり好み; 選択の自由, 選択権, 選択能力; 選択対象の種類《集合的》: You have your ～ between the two. 2 つのうち好きなほうをお取りなさい / exercise ～ 選択権を行使する / have no ～ えり好みしない; ほかに(採りうる)道のない / have no ～ but to do… せざるをえない / offer a ～ 自由に選ばせる / There is not much ～ between the two. 二者に優劣なし / have a wide ～ 種類が多い / The ～ is yours.＝It's your ～ 選択はお任せします. **2 a** 選んだ[選ばれた]もの; えり抜き, 粋; 選択候補《人・もの》: Which is your ～? どれにしますか / This is my ～. これにします / a natural [an obvious] ～ 選ばれて当然の人[もの] / the flower and ～ of the country 国の精華. **b***上(じょう)《肉, 特に牛肉の等級; prime (極上)と good (良)の間》. ● **at** ～ 好き勝手に. **by [out of]** ～ みずから選択して, 好きで(…する). **a** ～ **for the tokens**〘新聞〙大当たりの本. **for** ～ 選ぶとすれば. **from** ～ みずから進んで. **make (a)** ～ **of…** を選択する. **make [take] one's** ～ 好きなのを取る[選ぶ]. **of** ～ えり抜きの, 特別上等の. **…of one's** ～ 自分で選んだ…. **of one's own** ～ すき好んで. **through no** ～ **of sb's own** 本人の意思と無関係に. **without** ～ 無差別に. ► *a* **1** ［*attrib*］えりすぐった, 選び抜かれた; *《肉が》上(じょう)の: ～ remarks 適切な意見 / *choicest* fruit 特選果物 / a ～ spirit すぐれた人, 指導者. **2** えり好みする, 好みのうるさい: be ～ *of* food. **3**〈ことばが〉痛烈な, 攻撃的な: speak in ～ words 辛辣に言う. ♦ **～·ly** *adv* 精選して. **～·ness** *n* 精巧さ, 優良さ. ［OF (Gmc＝to CHOOSE)］

choi oy /ʧɔ́ɪ ɔ́ɪ/ *int**《軍俗》くそったれ, なんだっ, あーあ, チョッ! ［Vietnamese］

choir /kwáɪər/ *n* **1 a**《教会の》聖歌隊, クワイア (＝*quire*);《教会の》聖歌隊席《通例 chancel の中に置く》. **b** 合唱[舞踊]団; 同類の楽器の集まり; 歌う鳥の群れ. **2** 天軍九隊の一天使《天使の階級》. ● **join the** ～ **invisible** ［*euph*］天国に行く, 死ぬ. ► *a*〘教会〙聖務日課 (divine office) の朗唱を本職とする (opp. *lay*): ～ monks [nuns]. ► *vt, vi*《詩》〈鳥・天使など〉合唱する. ♦ **～·lìke** *a* ［OF<L CHORUS; cf. BRIER[1], FRIAR］

chóir·bòy *n*《聖歌隊の》少年歌手, 少年聖歌隊員. ♦ **chóir-gìrl** *n fem*

chóir lòft*《教会のギャラリーにある》聖歌隊席.

chóir·màster *n* 聖歌隊[合唱団]指揮者.

chóir òrgan〘楽〙合唱オルガン, クワイアオーガン《手鍵盤の一つ》.

chóir schòol 聖歌隊学校《大聖堂・教会が経営し, 少年聖歌隊員に一般教育を授ける学校》.

chóir scrèen《教会の》会衆席と聖歌隊席間の仕切り.

chóir stàll ［ᵁ*pl*］《教会の》聖歌隊席.

Choi·seul /ʃwɑːzə́ːl/ **1** ショアズール《太平洋南西部 Solomon 諸島の島; Bougainville 島の南西に位置する》. **2** ショアズール **Étienne-François de** ～, **Duc de** ～ (1719–85)《フランスの政治家; Pompadour 夫人の寵をうけ, 外相などとして Louis 15 世治政下に大きな権力をふるった》.

choi·sya /ʧɔ́ɪziə/ *n*〘植〙チョイシア《メキシコ原産のミカン科の観賞用低木; 香りのよい白い花をつける》. ［Jacques D. *Choisy* (1799–1859) スイスの植物学者］

Choisy(-le-Roi) /*F* ʃwazi(lərwa)/ ショアジー(-ル-ロア)《フランス北部 Paris の南南東, Seine 川左岸の町》.

choke /ʧóuk/ *vt* **1 a** 窒息させる;〈煙・涙などが〉人を〉むせさせる; 声を詰まらせながら言う. **b** 詰まらせる, ふさぐ〈*up*〉: The city was ～*d* (*up*) *with* cars. 町は大渋滞だった. **c**〈エンジン〉のチョークを引く. **2**〈植物を〉枯らす,〈火を〉消す. **3** ［*fig*］〈感情・涙などを〉抑える,〈成長・発展などを〉妨げる〈*off*〉. **4**〈バット・クラブなどを〉短めに握る〈*up*〉. ► *vi* **1 a** 息が詰まる, 窒息する, むせる; むせぶ;〈声が〉詰まる: ～ with rage 怒りのあまり口がきけなくなる / ～ *to* death 窒息死する / ～ *on* a fishbone 魚の骨をのどに詰まらせる[ひっかける]. **b**《口》あがる,《あがって》しくじる. **2**〈管などが〉詰まる, ふさがる;《電算俗》〈コンピューターが〉供給された情報を受け入れない. ● **～ back**〈感情・すすり泣きを〉抑える, 控える. **～ down**〈食べ物・薬を〉やっとのみ込む;〈感情・涙などを〉じっと抑える. **～ in***《俗》言うことを控える. **～ off**《のどを締めて》〈悲鳴などを〉止める;〈犬など〉ののどを押えて口にくわえている物を放させる;〈供給などを〉停止する,〈企て・討論などを〉やめさせる; CHOKE back;《口》〈人を〉思いとどまらせる, 締め出す;《口》〈…のことで〉しかりとばす〈*for*〉. **～…out of sb** 人をおどして〈情報を〉聞き出す. **～ the life out of…** を締め殺す; ［*fig*］〈商売など〉の息の根を止める. **～ up** (1) ⇨ *vt*. (2)《咳をして》〈のどにつかえていたものを〉吐き出す. (3)《感きわまって》ことばに詰まらせる;《感きわまって》ことばに詰まる, 絶句する, とちる;《緊張のあまり》立ち往生する, びびる. (4)《廃》締め殺す. **～ up on…***〈バット・ハンマーなどを〉短く持つ. ► *n* **1** 窒息; [the ～s]《口》DECOMPRESSION SICKNESS; むせぶこと[声]. **2** 窒息させるもの,《管などの》閉塞部 (chokebore); 銃腔の閉塞部を調節する絞り;〘機〙チョーク《ガソリンエンジンの空気吸入調節弁》; チョーク《油井などの流出口における流量を調節する絞り機構》;〘電〙チョーク (choke coil). **3** アーティチョークの頭花(の食用としない中心部). ［OE *ācēocian* to choke, burn out (*a*-[3], *cēace* CHEEK)］

chóke·bèrry *n*〘植〙チョークベリー《北米東部産のバラ科アロニア属［カナメモチ属］の落葉低木》; チョークベリーの渋い実.

chóke·bòre *n* 閉塞部 (CHOKE); CHOKE のある銃.

chóke chàin CHOKE COLLAR.

chóke·chèrry /, ⌐—⌐—/ *n* 渋味のある実(をつける野生のサクラ)《北米産》.

chóke còil〘電〙チョークコイル《直流は妨げずに, 高周波を阻止するコイル》.

chóke còllar 輪縄式首輪 (＝*choke chain*)《手に負えない犬を訓練したり押えたりする首輪で, あばれると締まる》.

choked /ʧóukt/ *a* 声が詰まった〈*of*〉; ᴵᴵ《口》うんざりして, 頭にきて〈*off, up*〉; *《俗》〈麻薬が〉まぜ物で効力を失って.

chóke·dàmp *n* 窒息性ガス (blackdamp).

chóke-fùll *a* CHOCK-FULL.

chóke hòld チョークホールド《背後から腕を回すなどして首を絞めること》; 完全な支配[管理]〈*on*〉.

chóke pòint《交通・航海の》難所, 隘路(あいろ), 要衝.

chok·er /ʧóukər/ *n* 息を止める[詰まらせる]もの; チョーカー《(1) 首にぴったりのネックレス 2) 幅の狭い毛皮の襟巻 3) 高い立ちカラー 4) ネクタイ》; *伐採した丸太を引くのに巻きつける鎖[ケーブル];《口》《緊張して》肝心な時に力を出せない人; *《俗》(火をつけた)紙巻きタバコ.

cho·ki·dar /ʧóukidɑ̀ːr/ *n* 《インド》 CHOWKIDAR.
chok·ing /ʧóukɪŋ/ *a* 息苦しい; (感動で)むせぶような; 〔電〕 塞流の. ► *n* 息詰まり. ♦ **~·ly** *adv*
chóking còil 〔電〕 チョークコイル (choke coil).
cho·ko /ʧóukou/ *n* (*pl* **~s**) 《豪》 ハヤトウリ.
cho·kra /ʧóukrə/ *n* [*derog*] 《インド》 使い走りの少年, 小僧. [Hindi]
C **choky**[1], **chok·ey** /ʧóuki/ *a* 息詰まる, むせるような; 〈人が強い感動をぐっと抑えるたちの. [*choke*]
choky[2], **chokey** *n* [the] 《インド・英俗》 留置場, 刑務所. [Hindi]
chol- /kóul, kál/, **cho·le-** /kóulə, kálə/, **cho·lo-** /kóulou, kál-, -lə/ *comb form* 〔生理〕「胆汁」 [Gk; ⇨ CHOLER]
cho·la /ʧóulə/ *n* チョーラ《**1**) スペイン人とインディオの混血の女性 **2**) 特にメキシコ系米国人の間で, CHOLO(s) とつきあう十代の娘を指す》. [AmSp]
chol·a·gogue /káləgɑ̀g, kóul-/ *n* 〔薬〕 胆汁排出促進薬, 胆汁(分泌)促進薬, 利胆薬. ♦ **chol·a·gog·ic** /kɑ̀ləgɑ́ʤɪk, kòul-/ *a* [F (-AGOGUE)]
chol·an·gi·og·ra·phy /kəlæ̀nʤiɑ́grəfi, kou-/ *n* 〔医〕 胆管造影[撮影](法). ♦ **chol·àn·gio·gráph·ic** *a* **chol·án·gio·gràm** *n*
cho·late /kóulèɪt/ *n* 〔化〕 コール酸塩[エステル].
chòle·calcíferol *n* 〔薬〕 コレカルシフェロール《動物の皮膚・羽毛などに存在するビタミン D_3》.
chóle·cỳst *n* 〔解〕 胆嚢 (gallbladder).
chòle·cýst·agògue *n* 〔生理〕 胆嚢刺激物質.
cho·le·cys·tec·to·mized /kòuləsɪstéktəmàɪzd/ *a* 〔医〕 胆嚢を切除した.
chòle·cystéctomy *n* 〔医〕 胆嚢切除(術).
chòle·cystítis *n* 〔医〕 胆嚢炎.
cho·le·cys·tog·ra·phy /kòuləsɪstɑ́grəfi/ *n* 〔医〕 胆嚢造影[撮影](法). ♦ **chò·le·cỳs·to·gráph·ic** *a*
chole·cys·to·kinétic /kòuləsɪstə-/ 〔生理〕 *a* 胆嚢運動促進の. ► *n* CHOLECYSTAGOGUE.
cho·le·cys·to·kí·nin(-pancreozỳmin) /kòuləsɪstəkáɪnən(-)/ *n* 〔生化〕 コレシストキニン (=*pancreozymin*)《小腸上部の粘膜から分泌され, 胆嚢収縮と膵酵素の分泌を促すホルモン》.
chòle·cystóstomy *n* 〔医〕 胆嚢フィステル形成(術).
chòle·lithiásis *n* 〔医〕 胆石症.
cho·lent /ʧɔ́ːlənt, ʧɑ́l-; ʧɔ́l-/ *n* チョレント《肉・インゲンマメ・野菜などを煮込んだユダヤ料理で, 安息日に食べる》. [Yid]
chol·er /kɑ́lər, kóu-/ *n* 《古・詩》 短気, かんしゃく; 《廃》 気むずかしさ; 《古》 YELLOW BILE; 《廃》 胆汁. [OF=bile, anger (Gk *kholē* bile)]
chol·era /kɑ́lərə/ *n* 〔医〕 コレラ; CHICKEN CHOLERA: Asiatic [Indian, algid, epidemic, malignant] ~ アジア[インド, 厥冷(けつれい)性, 流行性, 悪性]コレラ (真性コレラ) / English [summer] ~ イギリス[夏季]コレラ (CHOLERA MORBUS). [L<Gk (↑)]
chólera bèlt コレラ予防腹巻き《フランネルまたは絹製》.
chol·er·a·ic /kɑ̀ləréɪɪk/ *a* コレラ性の.
chólera in·fán·tum /-ɪnfǽntəm/ 〔医〕 小児コレラ.
chólera mór·bus /-mɔ́ːrbəs/ コレラ病《激しい腹痛・下痢・嘔吐を伴う胃腸炎の俗称》. [L=the disease cholera]
chol·er·ic /kɑ́lərɪk, kəlérɪk/ *a* かんしゃく持ちの, おこりっぽい; おこった (angry). ♦ **-i·cal·ly** *adv*
chòle·stásis *n* 〔医〕 胆汁鬱滞. ♦ **chòle·státic** *a*
cho·le·ster·ic /kòuləstérɪk, kəléstərɪk/ *a* 〔理〕 コレステリックの《液晶で, 細長い分子の長軸が一定方向に整列した層が, その整列方向を少しずつらせん状に変えながら積層した相についていう; cf. NEMATIC, SMECTIC》.
cho·les·ter·ol /kəléstərɔ̀(ː)l, -ròul, -rɑ̀l/, **cho·les·ter·in** /kəléstərən/ *n* 〔生理〕 コレステロール, コレステリン: high in ~ コレステロール値が高い. [*cholesterin* (*chol-*, Gk *stereos* stiff), *-ol*]
cho·les·ter·ol·emia /kəlèstəroulíːmiə/, **cho·les·ter·emia** /kəlèstəríːmiə/ *n* 〔医〕 コレステリン血(症), コレステロール血(症).
cho·le·styr·amine /koulèstərǽmìːn, kə-; kɔ̀ulɘstíərəmìːn/ *n* 〔薬〕 コレスチラミン《胆汁酸とキレート化合物を形成し, コレステロール過剰血症患者のコレステロール値を下げるのに用いる合成樹脂》. [*chole*sterol+*styrene*+*amine*]
cho·li /ʧóuli, kóu-/ *n* チョリ《インドのヒンドゥー教徒の女性の着る大きい襟ぐりで短袖のブラウス》. [Hindi]
cho·li·amb /kóuliæ̀m(b)/ *n* 〔韻〕 跛行(はこう)短長格 (=*scazon*)《短長六歩格の最後の詩脚が長々[長短]格で終わるもの》. ♦ **chò·li·ám·bic** /-bɪk/ *a* [L]
chó·lic ácid /kóulɪk-/ 〔生化〕 コール酸《胆汁酸の一つ》.
cho·line /kóulìːn, kál-, -lən/ *n* 〔生化〕 コリン《動植物に分布する塩基性物質; リン脂質の構成成分, アセチルコリンの前駆体として重要; 欠乏すると脂肪肝をきたす》.
cho·lin·er·gic /kɔ̀ulənɑ́ːrʤɪk/ *a* 〔医〕 コリン作用[作動]性の《**1**) アセチルコリン (acetylcholine) を遊離させる[によって活性化させる] **2**) アセチルコリンと同様の作用をする》: ~ agent コリン作用薬. ♦ **-gi·cal·ly** *adv*
cho·lin·ésterase /kòulən-/ *n* 〔生化〕 コリンエステラーゼ《**1**) ACETYLCHOLINESTERASE **2**) コリンエステルを加水分解する酵素で, 特に血漿中にみられる; pseudocholinesterase ともいう》.
cho·li·no·lyt·ic /kòulənoulítɪk/ *a* 〔薬〕 コリン遮断性の, 抗コリン性の. ► *n* コリン遮断薬.
chò·li·no·mimétic /kòulənou-/ *a* 〔生化〕 コリン様作用の. ► *n* コリン様作用剤.
chò·li·no·recéptor /kòulənou-/ *n* 《シナプス後部粘膜の》 コリン受容体.
chol·la /ʧɔ́uljɑː, ʧɔ́ɪjə/ *n* 〔植〕 ウチワサボテン (=**~ càtus**)《オプンチア属[ウチワサボテン属]の各種; 米国南西部・メキシコ産》. [AmSp<Sp=head]
chol·ler /ʧɑ́lər/ *n*[II]《方》 たれさがったあご, 二重あご.
Chol·ly /ʧɑ́li/ *n**《俗》 コカイン. [*Charlie* の異音つづり]
cho·lo /ʧóulou/ *n* (*pl* **~s**) チョーロ《**1**) スペイン人とインディオの混血の人 **2**) *《南西部》 [°*derog*] 下層のメキシコ(系)人 **3**) メキシコ系米国人の間で, 10 代の路上チンピラ》.
cholo- /kóulou, kál-, -lə/ ⇨ CHOL-.
chólo·lìth *n* 〔医〕 胆石 (gallstone).
Cho·lon /ʧəlán; *F* ʃɔlɔ̃/ チョーロン, ショロン《ヴェトナム南部の旧市; 現在は Ho Chi Minh City の一部》.
Cho·lu·la /ʧəlúːlə/ チョルラ《メキシコ南部 Puebla 州の町; ピラミッドをはじめとする古代遺跡がある》.
chometz ⇨ HAMETZ.
Cho·mo Lha·ri /ʧòumou lɑ́ːri/ チョモラーリ《ヒマラヤ山脈南東部, ブータンの北西境にそびえる山 (7314 m); チベット人の聖山》.
Cho·mo·lung·ma /ʧòuməlúŋmə/ チョモランマ, 珠穆朗瑪 《EVEREST 山のチベット語名》.
chomp /ʧámp/ *vt, vi, n* ムシャムシャ[モグモグ, クチャクチャ]かむ(こと) (champ) 〈(*away*) *on*〉. ● **~ at the bit** =champ at the BIT[1]. [imit]
chomp·ers /ʧámpərz/ *n pl* 《俗》 歯 (teeth).
Chom·sky /ʧámski/ チョムスキー (**Avram**) **No·am** /nóu(ə)m/ ~ (1928–)《米国の言語学者; 変形生成文法理論を提唱, 発展させた; 政治的発言や市民運動への参加でも知られる》. ♦ **~·an, -ski·an** *a, n*
chon /ʧán, ʧóun/ *n* (*pl* ~) チョン《韓国・北朝鮮の通貨単位: =1/100 won》. [Korean]
chondr- /kándr/, **chon·dri-** /kándrə/, **chon·dro-** /kándrou, -drə/ *comb form*「軟骨」「粒」 [Gk *khondros* grain]
chon·dral /kándrəl/ *a* 〔解〕 軟骨 (cartilage) の.
chon·dri·fy /kándrəfàɪ/ *vt, vi* 軟骨化する.
chon·drin /kándrən/ *n* 〔生化〕 軟骨質, 軟骨素.
chón·drio·sòme /kándriou-/ *n* 〔生〕 糸粒体, コンドリオソーム (mitochondrion). [*chondri-*]
chon·drite /kándràɪt/ *n* 〔鉱〕 球粒[球顆]隕石, コンドライト. ♦ **chon·drit·ic** /kandrítɪk/ *a*
chòndro·cránium *n* 〔解〕《胎児の》 軟骨性頭蓋.
chóndro·cỳte *n* 〔解〕 軟骨細胞.
chon·droid /kándrɔ̀ɪd/ *a* 〔解・医〕 軟骨様の.
chon·droi·tin /kandrɔ́ɪt(ə)n, -dróuət(ə)n/ *n* 〔生理〕 コンドロイチン《軟骨や腱などのムコ多糖類》.
chon·dro·ma /kandróumə/ *n* (*pl* **~s, -ma·ta** /-tə/) 〔医〕 軟骨腫.
chòndro·malácia *n* 〔医〕 軟骨軟化症, コンドロマラキア, コンドロマラチア (=*runner's knee*).
chòndro·skéleton *n* 〔解〕 軟骨格.
chon·drule /kándrùːl/ *n* 〔鉱〕 コンドリュール《chondrite に含まれている球状体》. [Gk *khondros* grain, cartilage]
Ch'ŏng·jin /ʧɔ́(ː)nʤín, ʧáŋ-/ 清津(チョンジン)(せいしん)《北朝鮮北東部, 日本海に臨む市》.
Ch'ŏngju 清州 (⇨ CHEONGJU).
Chong·qing, Ch'ung-ch'ing /ʧúŋʧíŋ/, **Chung·king** /ʧúŋkíŋ/ 重慶(じゅうけい)(チョンチン)《中国四川省南東部の市》.
Chŏn·ju 全州 (⇨ JEONJU).
chonk /ʧɔ́(ː)ŋk, ʧáŋk/ *int* ガン, ドシン, ガチャッ, ボトン, トン, スポッ《衝撃音》. [imit]
choo /ʧúː/ *int* クション, クショーイ (ahchoo). [imit]
choo·choo /ʧúːʧùː/ *n* 《口・幼児》 汽車ポッポ (puff-puff) (=**~ tràin**); [〈*int*〉] シュッシュッ; *《俗》 複数の男と一人の女で次々に行なう性交. ● **pull the ~** *《俗》 〈女が〉次々に相手を変えて性交する (pull a train). [imit]
choof /ʧúf/ *vi* 《豪俗》 行く. ● **~ off** 《豪俗》 行っちまう, ずらかる.
chook[1] /ʧúk/, **chook·ie** /ʧúki/ 《豪口》 *n* ひよこ, にわとり; [*derog*] 《若くはない》 女, おばさん: a silly old ~. [*chick*en; cf. CHUCK[3]]
chook[2] *vt* 《俗》 JUKE[3].
choom /ʧúm/ *n* [°C-] 《豪俗》 イギリス人, 英国兵.

choop /ʧúːp/ *int* 《インド》 CHUP.
choo·ra /ʧúərə/ *n* 《インド人の》先のとがった片刃の短剣. [Hindi]
choose /ʧúːz/ *vt* (**chose** /ʧóuz/; **cho·sen** /ʧóuz(ə)n/) **1** 選ぶ, 選択する; [補語を伴って] 選挙する (elect): ~ blue *for* the school color / Let us ~ him chairman. / Who [Whom] have you *chosen as* chairman? / There is nothing [not much] to ~ *between* them. 両者間に優劣はない[あまりない] / There is nothing to ~ from. 選ぶほどのものはない. **2**〈むしろ…するほうを〉選ぶ, 好む (prefer), …に決める (decide); …したいと思う; …が欲しい: ~ A before [over] B B よりも A を選ぶ / She *chose to* stay at home. うちにいることにした / I do not ~ to go. 行きたくない. ► *vi* **1** 選択する〈*among, between, from*〉: ~ *between* wealth and love 富か恋か一つを選ぶ. **2** 欲する, 望む: if you ~ お望みなら / as you ~ お好きなように / cannot ~ but ⇨ CAN[1]. ● **a woman's right to ~**《妊娠した女性の》産む産まないの選択権. **~ up (sides)***《口》《試合のため 2 人の主将がそれぞれ選手を選んで》2 つのチームをつくる, 選手の人選をする. PICK[1] **and ~.** [OE *cēosan*; cf. G *kiesen*]
choos·er /ʧúːzər/ *n* 選択者; 選挙人: BEGGARS cannot [must not] be ~*s*.
choosy, choos·ey /ʧúːzi/ *a* 《口》えり好みする, 好みがむずかしい[うるさい] (particular, fastidious, picky*): ~ *about* food 食べ物の好みがうるさい. ♦ **chóos·i·ly** *adv* **-i·ness** *n*
Cho Oyu /ʧóu oujúː/ チョーオユー《ネパール東部, ヒマラヤ山脈中の世界第 6 位の高峰 (8201 m)》.
chop[1] /ʧáp/ *v* (**-pp-**) *vt, vi* **1**《おの・なたなどで》ぶち切る, 伐る; 切り刻む〈(*up*) *into* pieces〉,《料理で》乱切りにする;〈綿の若木〉の除草と間引きをする: ~ *away* [*down, off*] wood 木を切り払う[切り倒す, 切り取る] / ~ one's way through the bushes やぶを切り開いて進む. **2** 短く鋭く打つ,〘テニス・クリケット〙〈ボールを〉切る (cf. CHOP STROKE),〘ボク〙…にショートブローを入れる; 手刀(てがたな)でたたく. **3**"《口》〈計画などを〉取りやめる,〈費用などを〉削る, ぶち切る; "《口》首[お払い箱]にする, 切る. **4**〈光線を〉チョップする《chopper にかける》. **5 a**《西アフリカロ》食う (eat). **b**《古》突然[激しく]動く[行動する]. ● **~ about** めった切りにする. **~ at**…をたたき切る, …に打ってかかる. **~ back**〈枝などを〉刈り込む; 不意に引き返す. **~ down**〈木などを〉切り倒す;〈案などを〉打ち砕く, つぶす;《口》《サッカーなどで》〈相手を〉倒す. **~ in [into]**〈会話などを〉突然さえぎる, さしで口をはさむ〈*with*〉. **~ off** 切断する, 切り放す[取る];〈人〉の話を急にさえぎる. **~ out [up]**〈地層が〉露出する. **~ upon**…《俗》…に偶然出くわす; …に襲いかかる. ► *n* **1** ぶち切る[たたき切る]こと; [°~s]《豪》木割り競技: take a ~ at sth 物をたたき切る. **2 a** 切り取った一片; チョップ, 厚切りの肉片《通例 あばら骨付き》;《俗・西アフリカロ》食い物; *粉砕穀物《家畜用飼料》: a mutton [pork] ~ 羊肉[豚肉]片. **b**《豪俗》分け前 (share): get [hop in for] one's ~ 分け前にあずかる[あずかろうとする]. **3 a**〘野〙高いバウンドの打球;〘テニスなど〙CHOP STROKE. **b**〘ボク〙チョップ;《空手などの》チョップ;《俗》げんこつの一撃, 一発;《俗》不快なことば[批評], 痛棒; [〈*int*〉] ブチッ, カッ, ガッ, バシッ, バチン《おの・空手チョップ・殴打などの音》. **4** 不規則な小波, 三角波(の立つ所);《廃》割れ目, ひび. ● **be for the ~**"《口》殺され[首になり]そうである; "《口》廃止[閉鎖]されそうである. **get the ~**"《口》殺される; "《口》首になる; "《口》削減される, ぶち切られる. **give…the ~**"《口》…を殺す; "《口》…を首にする; "《口》〈案などを〉葬り去る. [CHAP[1]]
chop[2] *vi, vt* (**-pp-**)〈風が〉急に変わる; 意見《など》を変える〈*about*〉; 代わりに与える; "《方》交換する;《廃》口答えする. ● **~ and change**"《口》〈計画・意見・職業が[を]〉ぐらぐら変わる[変える]〈*about*〉. **~ logic** 屁理屈をこねる (cf. CHOPLOGIC). **~ round [about]**〈風が〉急に変わる. ► *n* [次の成句で]: **~s and changes** 変転; 無定見, 朝令暮改. [? CHEAP]
chop[3] *n* [*pl*] あご (jaws); [*pl*] 口腔, 口, 口もと, ほお;《犬などの》あごからたれた肉;《万力などの》あご; [*pl*]《港湾・海峡・峡谷などの》入口; [*pl*]*《俗》《トランペット奏者の》唇・舌・歯の使い方 (embouchure), 演奏技巧, 音楽的才能; [*pl*]*《口》才能, 技能. ● **bat [beat, bump, flap] one's ~s [gums, jaw, jowls, lip]***《俗》《特にたわいないことを》おしゃべりする. **break [bust] (one's) ~s**《俗》しゃかりきにやる, がんばる (bust one's ass). **break [bust] sb's ~s***《俗》人を傷つける, 痛めつける, 苦しめる, 非難する. **~s of the Channel**《大西洋方面からの》イギリス海峡への入口. **lick one's ~s** 舌なめずりする, 舌なめずりして期待する〈*over*〉. [C16<?; CHAP[3]]
chop[4] *n*《インド・中国貿易における》官印, 出港[旅行]免状;《中国貿易で》品質[内容]を示す標章;《口》品質, 等級: the first [second] ~ 第一[第二]級(品). ● **no ~**《豪口》だめな (no good). **not much ~**《豪口》たいしたことない. [Hindi=stamp]
chop-chop /ʧápʧáp/ *adv, int*《ピジン・俗》早く早く. [Pidgin E *chop* quick; cf. *chopstick*]
chóp·fàllen *a* CHAPFALLEN.
chóp·hòuse[1] *n*《安い》焼肉レストラン. [*chop*[1]]
chophouse[2] *n*《以前の》中国税関. [*chop*[4]]
Cho·pin 1 /ʃóupæn; ʃɔ́pæ̃, ʃáu-; F ʃɔpɛ̃/ ショパン **Frédéric(-François) ~** (1810–49)《ポーランド生まれのピアニスト・作曲家; フランスに定住》. **2** /ʃóupæn/ ショパン **Kate ~** (1851–1904)《米国の小説家; もとの名 Katherine O'Flaherty》.
cho·pine /ʧəpíːn, ʃɑ-/, **chop·in** /ʧápən/ *n* チョピン《16–17 世紀に女性が用いた底を厚くした高靴; patten の一種》. [OSp]
chóp·lògic *n, a* 屁理屈(の) (cf. CHOP[2] logic).
chóp màrk《硬貨の重量などを証する》刻印. ♦ **chóp-màrked** *a*
chopped /ʧápt/ *a**《俗》〈自動車・オートバイなど〉改造した《車体を下げたり, ハンドルを上げたり, 部品を除去したりする》.
chópped líver 1〘料理〙チョップトレバー《タマネギ・ゆで卵とともに切り刻み味付けをしたレバー料理》. **2***《俗》めちゃめちゃに痛めつけられた[傷つけられた]やつ; [°*neg*]*《俗》取るに足らない人[もの], 雑魚(ざこ): That ain't ~. けっこうな額だ.
chópped tóp*《俗》チョップトトップ《車体の上部を取り去った改造自動車》.
chóp·per *n* **1** ぶち切る人[もの], おの, 鉈(なた), 肉切り庖丁 (cleaver);〘電子工〙チョッパー《直流や光電流を変調する装置》;《口》ヘリ (helicopter); [*pl*]《俗》歯, 入れ歯; *《俗》機関銃(を使うギャング); "《俗》ペニス. **2** 切られたもの,〘野〙高くバウンドする打球;《俗》改造バイク[自動車], チョッパー; [C-]〘商標〙チョッパー《オートバイのチョッパーに似せて高いハンドルを付けた少年向き自転車》. ● **get the ~**="《口》get the CHOP[1]. **give…the ~**="《口》give…the CHOP[1]. ► *vi, vt*《俗》ヘリで飛ぶ[運ぶ]. [*chop*[1]]
chópper-còpper *n* ヘリコプターでパトロールする警官.
chópper tòol〘考古〙チョッパートゥール《石を片側から打ちかいて刃にした石器》.
chóp·ping *a* **1** 三角波の立つ: ~ sea 逆浪. **2**〈子供が〉大きくて丈夫な. ► *n* たたき切り, 切り刻むこと; 木を切った空き地;〘テニス〙(ボールを)きること.
chópping blòck ["**bòard**] 物切り台, まないた. ● **on the chopping block** 解雇[削減, 廃止]されそうで.
chópping knife こま切り庖丁.
chóp·py[1] *a*〈風が〉絶えず[不規則に]変わる;〈市場など〉変動の多い. ♦ **-pi·ness**[1] *n* [*chop*[2]]
choppy[2] *a*〈水面が〉波立ち騒ぐ, 荒れる; 起伏がある; 急に動く, ピクピク動く;〈小説など〉まとまりの悪い;〈音楽が〉ぎくしゃくした, まとまりの悪い. ♦ **chóp·pi·ly** *adv* **-pi·ness**[2] *n* [*chop*[1]]
choppy[3] *a*〈手など〉ひびのできた. [*chop*[1]]
chóp shòp*《口》解体屋《盗んだ車を解体して部品を売る》.
chop·socky /ʧápsáki, ⌐⌐—/ *n* 空手[カンフー](映画).
chóp·stìck *n* [[U]*pl*] 箸(はし). [Chin 快子 の Pidgin E (*chop* quick, STICK[1])]
chóp·sticks *n* [〈*sg*〉]〘楽〙チョップスティックス《ピアノ連弾用の小ワルツ曲で, 子供が両手の人差し指で弾くもの》.
chóp stròke〘テニス・クリケット〙チョップストローク《たたき切るように打ってボールにひねりを与える》.
chop su·ey /ʧápsúːi/ チャプスイ《米国式の中国料理で, 刻み肉・ネギ・モヤシ・シイタケ・青豆などの煮込み》. [Chin 雑炊]
cho·ra·gus /kəréigəs, kə-/, **-re-** /-ríː-, -réi-/ *n* (*pl* **-gi** /-ʤàɪ, -gàɪ/, **~·es**)〘古ギ〙合唱団長《アテナイの Dionysus 祭の合唱団を自費で維持訓練した市民》;《一般に祭礼などの》音楽[余興]指揮者;《グループ・運動の》指導者;《Oxford 大学の》音楽教授代理.
♦ **cho·rag·ic** /kərǽʤɪk, -réi-, kɔː-/ *a* [L<Gk]
cho·ral *a* /kɔ́ːrəl/ 合唱隊 (chorus) の; 合唱曲の; 合唱の: Beethoven's *C*~ Symphony ベートーヴェンの合唱交響曲《第九交響曲》. ► *n* /kɔ́ːr(ə)l, kərǽl; kɔráːl/ CHORALE. ♦ **~·ly** *adv* 合唱で. [L; ⇨ CHORUS]
cho·rale /kərǽl, -ráːl, kɔ́ːrəl; kɔráːl/ *n*〘楽〙(合唱)聖歌,《特にドイツルター派教会賛美歌の》合唱曲, コラール; 合唱隊. [G *Choral*(*gesang*); L *cantus choralis* の訳]
chórale prélude /kɔ́ːrəl-/〘楽〙コラール前奏曲.
chóral·ist *n* 聖歌の歌手, 合唱隊員; コラール作曲者.
chóral sérvice《教会の》合唱礼拝.
chóral socíety 合唱音楽同好会, 合唱団.
chóral spéaking《韻文・散文などの美しさや意味を声の高低・強弱とかリズムなどの音楽的処理によって表現する》集団朗読, 唱和.
Cho·ras·mia /kərǽzmiə/ ホラズミア《古代ペルシア北部の Oxus 川流域からカスピ海にかけての地域にあった州; 12 世紀に興った Khwārizm 帝国の領土とほぼ同じ》. ♦ **Cho·rás·mi·an** *a, n*
chord[1] /kɔ́ːrd/ *n*《詩》《楽器の》弦;〘数〙弦;〘解〙索, 腱 (cord);〘空〙翼弦(線), コード;〘土木〙《橋のラーメンなどの》弦材. ● **strike [touch] a ~**〈人の〉共感を呼ぶ〈*with* sb〉; 何か思い出させる: *strike a* tender [sympathetic] ~ 心の琴線に触れる. **strike [touch] the right ~** 巧みに人の感情に訴える. ♦ **~·al**[1] *a* 弦の;〘解〙索の. [*cord* の L *chorda* による変形 (C16)]
chord[2] *n*〘楽〙和音, コード. ► *vi, vt* 調子が合う[を合わせる], 調和する[させる]; 和音を鳴らす. [ME *cord*<ACCORD; 語形は ↑ の影響]
chórd·al[2] *a*〘楽〙和音の[に似た];〘楽〙対位的構造より和声を重んじる.
chòr·da·méso·dèrm /kɔ̀ːrdə-/ *n*〘発生〙脊索中胚葉.
♦ **chòr·da·mèso·dérmal** *a*
chor·date /kɔ́ːrdèɪt, -dət/〘動〙*a* 脊索を有する; 脊索類の. ► *n* 脊索動物《脊椎動物と原索動物とを合わせていう》.

chórd·ing *n* 〔楽〕コーディング《1) 合唱の唱和の合っていること; 聖歌隊の訓練者の用語 2) 音程間の間隔をあけて演奏すること 3)*バンジョーなど伴奏楽器で和音を即興的にかき鳴らすこと》.
chor·do·ma /kɔːrdóumə/ *n* (*pl* ～s, -ma·ta /-tə/) 〔医〕脊索腫.
chór·do·phòne /kɔ́ːrdə-/ *n* 弦鳴楽器.
chórd òrgan 〔楽〕コードオルガン《左手でボタンを押して和音を出せる(電子)オルガン》.
chor·do·tónal /kɔ̀ːrdə-/ *a* 〔昆〕音響や振動に反応する, 弦音器官の.
chórd sỳmbol 〔楽〕《ジャズ・ポップス奏者などが用いる》コード記号《例: C7》.
chórd·wìse *a, adv* 〔空〕翼弦方向の[に].
chore /ʧɔ́ːr/ *n* 退屈な仕事, いやな仕事; [*pl*]《日常の定期的な》雑用, 家事《洗濯・掃除など》,《農場における》朝晩の家畜の世話. [CHAR², CHARE]
-chore /kɔ̀ːr/ *n comb form*「…植物」: anemo*chore*. [Gk]
cho·rea /kəríːə, kɔː-; kəríə/ *n* 〔医〕舞踏病, ヒョレア (St. Vitus's dance) (cf. HUNTINGTON'S CHOREA). ♦ **-re·ic** /kəríːɪk; kɔ-/ *a* [L<Gk; ⇨ CHORUS]
chóre bòy*《農場・キャンプなどの》炊事補佐; *いやな雑用を引き受ける者[係]; *《口》使いの少年, 使い走り.
cho·reg·ra·phy /kərégrəfi/ *n* CHOREOGRAPHY.
choregus ⇨ CHORAGUS.
cho·ré·i·fòrm /kəríːə-/ *a* 舞踏病に似た.
chóre·man /-mən/ *n*《工場などの》下働き.
cho·reo- /kɔ́ːriou, káriou, -riə/ *comb form*「舞踊」: *choreo*mania ダンス狂. [Gk *khoreia* choral dancing]
cho·reo·dráma /kɔ̀(ː)riou-, kàr-/ *n*《大勢で演じる》舞踊劇.
chó·reo·gràph /kɔ́(ː)riə-, kár-/ *vt* 振り付ける; [*fig*] 演出する. ► *vi* 振付けを担当する.
cho·re·og·ra·pher /kɔ̀(ː)riágrəfər, kàr-/ *n* 振付家, 振付師.
cho·re·og·ra·phy /kɔ̀(ː)riágrəfi, kàr-/ *n*《バレエの》舞踏法, 舞踊術, 振付け(法); 舞踊記譜法;《社交ダンス・ダンス場のダンスと区別して》ステージダンス; [*fig*] 演出. ♦ **chò·reo·gráph·ic** *a* **-i·cal·ly** *adv*
cho·re·ol·o·gy /kɔ̀(ː)riáləʤi, kàr-/ *n* 舞踊記譜法研究. ♦ **-gist** *n*
chó·reo·pòem /kɔ́(ː)riou-, kár-/ *n* 舞踊詩.
cho·ri·amb /kɔ́(ː)riæ̀m(b), kár-/ *n* CHORIAMBUS.
cho·ri·am·bus /kɔ̀(ː)riǽmbəs, kàr-/ *n* 〔韻〕強弱弱強格 (⊥××⊥), 長短短長格 (—◡◡—). ♦ **-ám·bic** *a*
cho·ric /kɔ́(ː)rɪk, kár-/ *a*《古代ギリシア劇などの》合唱曲[合唱隊](風)の. [L<Gk; ⇨ CHORUS]
chóric spéaking CHORAL SPEAKING.
cho·rine /kɔ́ːrìːn/ *n**《口》CHORUS GIRL.
cho·rio·allántois /kɔ̀ːriou-/ *n* 〔発生〕漿尿膜 (=**chorio-allantóic mémbrane**). ♦ **-allantóic** *a* 漿尿膜の[で発生した].
cho·rio·carcinóma /kɔ̀ːriou-/ *n* 〔医〕絨毛(じゅう)癌《子宮癌の一種》.
cho·ri·oid /kɔ́ːriɔ̀ɪd/ *a, n* 〔解〕CHOROID.
cho·ri·on /kɔ́ːriàn, -ən/ *n* 〔解〕絨毛(じゅう)膜; 〔動〕漿膜. ♦ **chò·ri·ón·ic** *a*
choriónic gonadotrópin 〔生化〕絨毛膜刺激ホルモン, 絨毛性ゴナドトロピン《1) 妊婦の尿中に現われるホルモン; 胎盤の絨毛膜でつくられ, 黄体ホルモンの生成を刺激する 2) 妊娠馬の尿から得る, このホルモン製剤; 略 CG》.
choriónic víllus 〔発生〕絨毛膜絨毛《絨毛膜から出ている分岐した円柱状突起で, 母体組織といっしょになって胎盤を形成する》.
choriónic víllus sàmpling 〔医〕絨毛生検《妊婦の子宮内の絨毛組織の生検; 胎児の遺伝的疾患の有無を調べる; 略 CVS》.
cho·ri·pétalous /kɔ̀ːrə-/ 〔植〕*a* POLYPETALOUS; 離弁花類の.
cho·ri·sis /kɔ́ːrəsəs/ *n* (*pl* **-ses** /-sìːz/) 〔植〕コリシス《発達過程で, 葉・花部が 2 個以上の部分に分かれること》.
cho·rist /kɔ́ːrɪst/ *n*《古》合唱隊員.
cho·ris·ter /kɔ́(ː)rəstər, kár-/ *n*《教会の》合唱隊員, 合唱者; 聖歌隊員,《特に》少年聖歌隊員 (choirboy); *聖歌隊長. [OF; ⇨ CHOIR]
cho·ri·zo /ʧəríːzou, -sou/ *n* (*pl* ～s) チョリソ《トウガラシ・ニンニクなどの香辛料を効かせたポークソーセージ》. [Sp]
C horizon /síː ―/ 〔地質〕C 層《B HORIZON の下のやや風化した地層》.
Chor·no·byl /ʧɔːrnóubəl/ チョルノブイリ《CHERNOBYL のウクライナ語名》.
cho·rog·ra·phy /kə(ː)rágrəfi, kə-/ *n* 地形図作成法; 地方地誌, 地勢(図). ♦ **-pher** *n* 地方地誌学者. **cho·ro·graph·ic** /kɔ̀(ː)rəgrǽfɪk, kàr-/, **-i·cal** *a* **-i·cal·ly** *adv*
cho·roid /kɔ́ːrɔ̀ɪd/ 〔解〕*n*《眼球の》脈絡膜 (=*choroid coat*). ► *a* 絨毛膜 (chorion) のような; CHOROIDAL.
cho·roi·dal /kərɔ́ɪdl/ *a* 〔解〕脈絡膜の.
chóroid còat 〔解〕脈絡膜 (choroid).
cho·roi·de·re·mia /kɔ̀ːrɔɪdəríːmiə/ *n* 〔医〕コロイデレミア《X 染色体劣性遺伝をする脈絡膜の進行性変性》.
chóroid pléxus 〔解〕脈絡膜叢《第三・第四側脳室の軟膜にある血管叢》.
cho·rol·o·gy /kəráləʤi/ *n* (生物)分布学. ♦ **-gist** *n* **cho·ro·log·ic** /kɔ̀(ː)rəláʤɪk, kàr-/, **-i·cal** *a*
chó·ro·pleth màp /kɔ́ːrəplèθ-; kɔ́r-/ コロプレスマップ《地域の特色を示すために陰影・着色・記号を用いた地図》.
chor·ten /ʧɔ́ːrtèn/ *n*《チベットの》ラマ教の寺院[記念碑]. [Tibetan]
chor·tle /ʧɔ́ːrtl/《文》*vi* (得意げに[うれしそうに])声高に笑う; 大得意になる (exult) 〈*about, over*〉. ► *vt* 声高らかに言う[歌う]. ► *n* 得意の高笑い. ♦ **chór·tler** *n* [*chuckle*¹+*snort*]
cho·rus /kɔ́ːrəs/ *n* **1 a** 合唱; 合唱曲;《歌曲の》折り返し, リフレーン; コーラス《ポピュラー音楽の主要部; 主旋律によるジャズの変奏》: a mixed ～ 混声合唱. **b** 一斉にわきおこる声[鳴き声, 音など]: a ～ *of* shouts [laughter] / a ～ *of* disapproval 異論噴出. **2** コーラス, 合唱隊; コーラス《ミュージカルやレビューで共演者たちをサポートする踊り手や歌い手の一団》;〔古ギ〕《宗教儀式・演劇の》合唱歌舞団, コロス;《エリザベス朝演劇で》コーラス《prologue と epilogue の部分の語り手》. **3** コーラス《複数の楽器が演奏しているような効果をもたらす音響装置》. ● **in ～** 声をそろえて, 一斉に. ► *vt, vi* 合唱する; 異口同音に言う. [L<Gk]
chórus bòy コーラスボーイ《ミュージカル・レビューに大勢で出て踊り歌う》; *《俗》女みたいな若い男.
chórus gìrl コーラスガール (⇨ CHORUS BOY).
chórus lìne コーラスライン《ミュージカルなどで一列に並んで歌って踊る集団》.
chórus màster 合唱指揮者.
Cho·rzów /kɔ́ːʒùːf, hɔ́ː-, -v/ ホジュフ《ポーランド南西部 Silesia 地方にある工業都市》.
chose¹ *v* CHOOSE の過去形.
chose² /ʃóuz/ *n* 〔法〕物, 財産: ～ in action 無体財産 / ～ in possession 有体財産. [F=thing]
chose ju·gée /*F* ʃoːz ʒyʒe/ (*pl* **choses ju-** /―/) 既決事件[事項] (res judicata); 言ってもむだな過ぎ去ったこと.
cho·sen /ʧóuz(ə)n/ *v* CHOOSE の過去分詞. ► *a* 選ばれた,《特に》神に選ばれた; 選択した: the ～ few 少数の選ばれた人《cf. *Matt* 22: 14》. ► *n* (*pl* ～) [the] 選ばれた人: his (own) ～ successor 彼(自身)が決めた後継者.
chósen ínstrument 個人[団体, 政府]がその利益のために助成する人[業者]; 政府助成航空会社.
chósen péople *pl* [the, °the C- P-, God's ～] 神の選民《ユダヤ人; *Exod* 19; *Deut* 14: 2; *1 Chron* 16: 13》.
cho·ta /ʧóutə/《インド》*a*《サイズが》小さな; 年少の; 重要度の低い, 下級の. [Hindi]
cho·ta haz·ri /ʧóutə háːzri/《インド》早朝の簡単な食事. [Hindi]
Cho·ta Nag·pur /ʧóutə náːgpùər/ チョータナグプール《インド東部 Jharkhand 州のほとんどと隣接する Orissa, West Bengal, Bihar, Chhattisgarh の一部にわたる高原》.
chotch·ke /ʧáʧki/*《俗》*n* くだらんもの; おもちゃ; お飾り; きれいな女の子. [Yid]
chott /ʃát/ *n* 北アフリカの浅い塩水湖(の干上がった湖底), シャット. [F<Arab]
chou /ʃúː/ *n* (*pl* **choux** /―, *-z/) **1** シュー《婦人帽またはドレスのキャベツの形をしたリボンの結び飾り》, ロゼット (rosette). **2** キャベツ; シュークリーム. [F=cabbage]
Chou 周 (⇨ ZHOU).
chou·croute /ʃukrúːt/ *n* シュークルート (SAUERKRAUT) (=～ **gar·níe** /-gaːrníː/). [F]
Chou Enlai 周恩来 (⇨ ZHOU ENLAI).
chough /ʧʌ́f/ *n* 〔鳥〕**a** ベニハシガラス (=*sea crow*)《欧州・北アフリカ・アラビア産; 足・くちばしが赤》. **b** キバシガラス (alpine chough). **c** オオツチスドリ (white-winged chough). [? imit]
Choukoutien 周口店 (⇨ ZHOUKOUDIAN).
chou·moel·lier /ʃəmáljər/ *n* 〔豪〕キャベツとコールラビ (kohlrabi) とケール (kale) のかけ合わせ《まぐさ用》. [F=marrow cabbage]
chouse¹ /ʧáus/ *vt*《口》だます, ちょろまかす 〈sb *of* [*out of*] sth〉. ►《米では古》*n* 詐欺(師);《だまされる》カモ. [Turk]
chouse² *vt**《西部》〈牛の群れを〉乱暴に追い立てる. [C20<?]
Chou-shan 舟山 (⇨ ZHOUSHAN).
choux *n* CHOU の複数形.
chóux [chóu] pástry /ʃúː-/ シュー皮用生地 (cream puff paste). [F *choux* (pl)<CHOU]
chow¹ /ʧáu/《口》*n* 食べ物 (food); 食事(時); [C-]《豪》[*derog*] シナ人 (Chinese). ● **blow ～***《俗》吐く, もどす. ► *vi, vt**《口》《がつがつと》食べる (eat), むさぼり食う: ～ *down on* pizza ピザをがつがつ食べる. [*chow*chow]
chow² *n* [°C-] CHOW CHOW.
chow³《俗》*int* やあ, こんちは; じゃあ, またね (ciao). [It]
chow·chow /ʧáuʧàu; ⊥⊥/ *n*《ダイダイの皮・ショウガを漬けた》中

華漬け; からし漬けのピクルス. [Pidgin E]

chów chòw [ᶜC- C-]〖犬〗チャウチャウ《中国原産の, 厚い被毛におおわれ, 広い頭蓋と口吻をもち, 青黒い舌・黒い口を特徴とする中型犬》. [Chin]

chow·der /ʧáʊdər/ *n* チャウダー《(1) 魚またはハマグリに牛乳・塩漬け豚肉・タマネギ・ジャガイモ・トマトなどを加えて煮込んだシチュー[スープ]; ニューイングランドや Newfoundland 地方の料理 (2) これと類似のスープ》. ► *vt* …のチャウダーを作る. [? F *chaudière* CAULDRON; cf. F *faire la chaudière*]

chówder·hèad *n* 《俗》うすのろ, あほう. ◆ **~·ed** *a*

chów hàll 《俗》食堂.

chów·hòund *n**《俗》大食漢, 大ぐらい.

chowk /ʧáʊk/ *n* 《インド》家屋内の中庭; 《町の中心部の》開けた場所, 広場, 大通り, 商店街. [Hindi]

chow·ki·dar /ʧáʊkidɑ̀ːr, ʧóʊ-/ *n* 《インド》見張, 門番, 警備員. [Hindi]

chów lìne*《口》《軍隊などで》食事をもらうための列.

chow mein /ʧáʊ méɪn/ チャーメン《五目焼きそば》.

chów·tìme *n* 《口》食事時間 (mealtime).

choz·rim /xɔːzríːm/ *n pl* 故国に戻るイスラエル人. [Heb=returnees]

CHP combined heat and power 熱電併給.

Chr. Christ ◆ Christian ◆〖聖〗Chronicles.

chre·ma·tis·tic /krìːmətístɪk/ *a* 貨殖の.

chrè·ma·tís·tics *n* 理財学, 貨殖論.

chres·ard /kríːsərd, krés-/ *n*〖生態〗有効水分《植物が吸収しうる土壌中の水分の量; cf. ECHARD》.

chres·tom·a·thy /krɛstɑ́məθi/ *n* 名文集《特に 外国語学習のために編集されたもの》.

Chré·tien /kreɪtjǽ/ クレティエン (**Joseph-Jacques-**)**Jean** ~ (1934–)《カナダの法律家・政治家; 首相 (1993–2003), 自由党》.

Chrétien de Troyes /-də trwáː/ クレティアン・ド・トロア (fl. 1165–80)《フランスの詩人; *Perceval* など Arthur 王伝説に基づく宮廷風騎士道物語はのちにしばしば翻訳・脚色された》.

Chrim·bo /krímboʊ/ *n* 《口》CHRISTMAS.

Chris /krís/ クリス《(1) 男子名; Christopher の愛称 (2) 女子名; Christiana, Christina, Christine の愛称》.

Chrisake ⇨ CHRISSAKE.

chrism /kríz(ə)m/ *n*〖キ教〗聖油, 聖香油《洗礼や堅信の秘跡の授与, 叙階式などに用いる祝別した油》; 塗油式. ◆ **chrís·mal** *a* [OE *crisma*<L *chrisma*<Gk=ointment]

chris·ma·tion /krɪzméɪʃ(ə)n/ *n* 聖油を注ぐこと; [ᶜC-]〖東方正教会〗堅信礼. [L (*chrisma* ointment)]

chris·ma·to·ry /krízmətɔ̀ːri; -t(ə)ri/ *n* 聖油入れ. ► *a* 塗油式の.

chris·mon /krízmɑ̀n/ *n* (*pl* **chris·ma** /-mə/, **~s**) CHI-RHO.

chris·om /krízəm/ *n* CHRISM; 幼児の洗礼服 (=~ **clòth**)《白衣》; CHRISOM CHILD.

chrísom chìld 無邪気な幼児; 生後 1 か月以内の子; 生後 1 か月以内で死んだ赤子.

Chris·sake(s), Chri·sake /kráɪseɪk/ *n* [ᵘfor ~]《口》頼むから, ほんとにもう, いやはや (for Christ's sake).

Chris·sie /krísi/ **1** クリッシー《女子名; Christiana, Christina, Christine の愛称》. **2**《豪俗》CHRISTMAS.

Christ /kráɪst/ *n* **1 a** [the]《ユダヤ人が待望した》救世主 (Messiah). **b** キリスト《救世主 (the Saviour) となって出現した JESUS の称号》,〖東方正教会〗ハリストス. **2** 完全で理想的な人間. **3**〖クリスチャンサイエンス〗キリスト《神の神性の具現であり, 肉に来て, 体にある誤りを滅ぼすもの》. **4** [強意語] GOD: wish [hope] to ~ that… ぜひ…であってほしい. ● **before ~** 西暦紀元前《略 B.C.》. **by ~**=by GOD. **~ KNOWS that….** **find ~** キリストを見いだす《キリスト教の真理を霊的に体験する》. **for ~'s** SAKE[1]. **in ~'s** NAME. **Suffering ~!** ⇨ SUFFER. **thank ~**=THANK God. ► *int*《卑》**1** まあ, とんでもない, やれやれ, たまげた, ウヘッ, ゲッ, ちくしょう!《驚き・怒り・失望などを表わす》. **2** 断じて, 絶対に: ~, no [yes]! [OE *Crist*<L<Gk=anointed one; Heb MESSIAH の訳]

Chris·ta·bel /krístəbɛ̀l/ **1** クリスタルベル《女子名》. **2** クリスタベル《S. T. Coleridge の詩 (1816 年刊行); その主人公》. [L<Gk=Christ's beauty]

Chris·ta·del·phi·an /krìstədélfiən/ *n, a* キリストアデルフィアン派の(信徒)《1848 年米国で John Thomas (1805–71) が創設した千年至福説を信奉する教派》. [CHRIST, Gk *adelphos* brother, *-ian*]

Chríst·àll-Jésus *int**《口》CHRIST.

Chríst chìld [the] 幼児キリスト.

Chríst·chùrch クライストチャーチ《ニュージーランド南島東岸の市》.

christ·cross /krískrɔ̀(ː)s, -krɑ̀s/《古》*n* クリスクロス《(1) hornbook などの, アルファベットの前に記した十字形 (2) そのアルファベット》; ×じるし《文字を知らない人が署名の代わりに用いる》.

chrístcross-rów *n*《古》ALPHABET.

chris·ten /krís(ə)n/ *vt* **1 a** 洗礼を施してキリスト教徒とする (baptize). **b** …に洗礼を施して命名する. **c**〈船など〉に名をつける (name). **2**《口》使い始める,〈新しい品物を〉おろして使う. ◆ **~·er** *n* [OE *crīstnian* to anoint with chrism (*crīsten* Christian)<L; ⇨ CHRISTIAN]

Chrísten·dom *n* キリスト教(世)界, キリスト教国; 全キリスト教徒; 《廃》CHRISTIANITY: the happiest man *in* ~ 世界中で一番しあわせな男. [OE]

chrísten·ing *n* 洗礼(式), 命名(式).

Chríst·hòod *n* キリスト[救世主]であること[事実]; キリストの性格[神性].

Chris·tian /krísʧən/ *a* **1** キリストの; キリスト教の; キリスト教徒の. **2** キリスト教徒らしい, 隣人愛を有する; 尊敬すべき, りっぱな; 《口》人間らしい, まともな. ► *n* **1 a** キリスト教徒, キリスト教信者, キリスト者(しゃ), クリスチャン; *ディサイプル教会 (the Disciples of Christ) の信徒. **b**《口》りっぱな人, 文明人; 《口・方》《動物に対して》人間. **2 a** クリスチャン《男子名》. **b** クリスチャン《Bunyan, *The Pilgrim's Progress* の主人公》. **3** クリスチャン **Charlie** ~ (1916–42)《米国のジャズギタリスト》. **4** クリスティアン ~ **X** (1870–1947)《デンマーク王 (1912–47), アイスランド王 (1918–44)》 ● **(as) cool [calm] as a ~ with aces wired***《俗》落ちつきはらって, 自信のある平静な態度で. [L *Christianus*<Gk=(follower) of CHRIST]

Chris·ti·a·na /krìstiǽnə; -ɑ́ːnə/ クリスティアーナ《女子名; 愛称 Chris, Chrissie, Tina; 異形 Christina, Christine》. [L (fem) < CHRISTIAN]

Chrístian Áction クリスチャンアクション《1946 年, 英国で社会問題にキリスト教の理想を生かそうと始められた教会内の運動》.

Chrístian Áid クリスチャンエイド《開発途上国への援助・救済を行なう英国の慈善団体》.

Chrístian Bróthers [the, 〈sg〉]〖カト〗キリスト教修士会《1684 年 St Jean-Baptiste de La Salle が貧しい家庭の児童の教育を目的として Reims に創立したキリスト教学校修士会 (Brothers of the Christian Schools) の通称》.

Chrístian búrial キリスト教会の儀式にのっとった埋葬, 教会葬.

Chrístian Démocrats *pl* [the] キリスト教民主党《ドイツ・イタリアなどの政党; キリスト教原理に基づく綱領をもち, 一般に保守的》. ◆ **Chrístian Democrátic** *a*

Chrístian éra [the] キリスト紀元, 西暦紀元.

Chris·tia·nia /krìsʧiǽniə, -ti-, -ɑ́ːniə; krìstiɑ́ːniə/ **1** クリスティアニア《OSLO の旧称》. **2** [ᶜc-]〖スキー〗クリスチャニア回転 (christie);〖スケートボード〗クリスチャニア《ボードにしゃがんで乗り, 片足を直角に突き出し, 両腕は左右に出す乗り方》.

Chrístian·ìsm *n* キリスト教主義.

Chris·ti·an·i·ty /krìsʧiǽnəti, -ti-; -ti-/ *n* キリスト教; キリスト教(徒)的信仰[精神, 性格]; CHRISTENDOM. [OF (*crestien* CHRISTIAN)]

Chrístian·ize *vt* [ᶜc-] キリスト教化する. ► *vi*《まれ》キリスト教徒になる. ◆ **-ìz·er** *n* **Chrìstian·izátion** *n*

Chrístian·ly *a, adv* キリスト教徒らしい[らしく].

chrístian náme [ᶜC-] 洗礼名, クリスチャンネーム (=*given name*)《洗礼の時につけられた名; ⇨ NAME》.

Chrístian Scíence キリスト教科学, クリスチャンサイエンス《1879 年 Mary Baker Eddy によって創立された米国のキリスト教の一派; 霊的法則が新約聖書の癒やしの基盤にあるとの確信に基づき, 祈りによる癒やしが今日も可能であるとする; 公式名 Church of Christ, Scientist 科学者キリスト教会》. ◆ **Chrístian Scíentist** *n*

Chrístian Scíence Mònitor [The]『クリスチャンサイエンス・モニター』《Boston 市で発行されている朝刊紙; Christian Science の機関紙としてスタートしたが, 評論や解説は国際的評価を得ている》.

Chris·tians·håb, -haab /krísʧənzhɔ̀ːb/ クリスチャンスホープ《グリーンランド西部の Disko 湾に臨む町》.

Chrístian sócialism キリスト教社会主義. ◆ **Chrístian sócialist** キリスト教社会主義者.

Chrístian yéar **1** 西暦暦年. **2**〖キ教〗教会暦年, キリスト教暦年 (=*Church* [*ecclesiastical*] *year*)《Advent に始まる暦年》.

chris·tie, chris·ty /krísti/ *n* [ᶜC-]〖スキー〗クリスチャニア回転 (=*Christiania*)《平行にそろえたスキーでする高速時の回転法》.

Christie **1** クリスティー《(1) 男子名; Christian の愛称 (2) 女子名; Christine の愛称》. **2** クリスティー Dame **Agatha** ~ (1890–1976)《英国の探偵小説作家; 本名 Agatha Mary Clarissa ~, 旧姓 Miller; 名探偵 Hercule POIROT や Miss MARPLE の生みの親》.

Chrís·tie's クリスティーズ《London の美術品競売商; 正式には Christie, Manson & Woods Ltd; 1766 年 James Christie (1730–1803) が創業》.

Chris·ti·na /krɪstíːnə/ **1** クリスティーナ《女子名》. **2** クリスティナ (1626–89)《スウェーデンの女王 (1632–54); Gustavus II Adolph の娘; 学芸を好み, 文人・芸術家を後見; 王位を放棄してカトリックに改宗, ローマに移り住んだ》. [CHRISTIANA]

Chris·tine /krɪstíːn, ᐟ⌣ー/ クリスティーン《女子名》. [CHRISTIANA]

Chris·tine de Pi·san /*F* kristin də pizɑ̃/ クリスティーヌ・ド・ピザン (1364–c. 1430)《フランスの詩人; 宮廷風恋愛詩, Charles 5 世の

評伝, 女性を擁護する著作など多彩な作品を残した》.

Chríst·in·gle /krístɪŋg(ə)l/ *n* クリスティングル《待降節の礼拝 (the ~ **sèrvice**) で子供たちが持つろうそく; 赤いリボンの付いたオレンジに立て, キリストを象徴する火をともす》.

Chríst·less *a* キリストの精神に背く, キリストを信じない.

Chríst·lìke *a* 《性格·心が》キリストのような. ♦ **~·ness** *n*

Chríst·ly *a* キリスト (Jesus Christ) の; キリストらしい.

C **Christ·mas** /krísməs/ *n* **1** クリスマス, キリスト降誕節[祭] (= *Christmas Day*)《12 月 25 日; 略 Xmas; ⇨ QUARTER DAYS》: GREEN [WHITE] CHRISTMAS / FATHER CHRISTMAS / sb's ~ and birthday come at once このうえなく幸せな[うれしい]こと / *Christmas* comes but once a year. 《諺》クリスマスは年に一度しか来ない《だから大いに楽しめ, 善行を施せなど》. **2** CHRISTMASTIDE. ● **cancel sb's ~** *《俗》人を殺す, バラす. ► *int* [°Holy ~] 《俗》CHRIST. [OE *Crīstes mæsse* (CHRIST, MASS²)]

Chrístmas bèetle 〔昆〕オーストラリア産のキンコガネムシの一種.

Chrístmas bónus 〔英〕クリスマスボーナス《クリスマスに国から老齢年金受給者に支給される一時金》.

Chrístmas bòx″ クリスマスの祝儀《使用人·郵便配達人などに与える; ⇨ BOXING DAY》.

Chrístmas bùsh 《豪》クリスマスの飾りつけにする低木, 《特に》クリスマスブッシュ《クノニア科の赤い実のなる低木》.

Chrístmas càctus 〔植〕クリスマスカクタス《シャコバサボテンとカニバサボテンの交雑種; 開花は冬で, 色は赤·ピンク·白·黄など; ブラジル原産》; シャコバサボテン (CRAB CACTUS)《開花は秋》; 《CB 無線俗》TRAFFIC TICKET.

Chrístmas càke″ クリスマスケーキ《クリスマスに食べる, マジパン (marzipan) と砂糖衣をかけたこってりしたフルーツケーキ》.

Chrístmas càrd クリスマスカード.

Chrístmas càrol クリスマス祝歌[キャロル].

Chrístmas clùb クリスマスクラブ《クリスマスの買物のために会員が定期的に積み立てる銀行口座》.

Chrístmas cràcker″ クリスマスクラッカー《小さなおもちゃなどが中にはいったクリスマスパーティー用のクラッカー; 2 人で引っ張って破裂させる》.

Chrístmas Dáy キリスト降誕日《12 月 25 日》.

Chrístmas dínner クリスマスディナー《伝統的なクリスマスデーの昼食; 英国では七面鳥·クリスマスプディング·ミンスパイなどとワインが普通で, クラッカーを鳴らしとんがり帽子をかぶって食事をする》.

Chrístmas disèase 〔医〕クリスマス病《血液凝固因子の先天性欠損によって起こる出血性症疾患》. [Stephen *Christmas* 最初の英国人少年患者]

Chrístmas Éve クリスマス前夜[イブ]《12 月 24 日(の夜)》.

Chrístmas fàctor 〔生化〕クリスマス因子 (=*factor IX*)《凝血に必要な血液成分の一つ; 欠乏するとクリスマス病 (CHRISTMAS DISEASE) を起こす》.

Chrístmas fèrn 〔植〕北米産イノデ属の常緑のシダ《冬期の飾りつけ用》.

Chrístmas flòwer 〔植〕**a** CHRISTMAS ROSE. **b** POINSETTIA.

Chrístmas hólidays *pl* [the] クリスマス休暇, 《学校の》冬休み.

Chrístmas Ísland クリスマス島 (**1**) KIRITIMATI 島の別称 **2**) Java 島西端の南方にある島; オーストラリア領》.

Chrístmas píe″ MINCE PIE.

Chrístmas prèsent クリスマスプレゼント.

Chrístmas púdding″ クリスマスプディング《クリスマスに食べるプディングで, 普通は plum pudding; 部屋を暗くして, かけたブランデーが燃えるのを楽しむことが多い》.

Chrístmas ròse 〔植〕クリスマスローズ《クリスマスのころ, 通例 白い花の咲くキンポウゲ科の多年草; 欧州原産》.

Chrístmas stócking クリスマスプレゼントを入れてもらう靴下《暖炉やベッドのかたわらに下げておく》.

Chríst·mas·sy, -masy *a* 《口》クリスマスらしい.

Chrístmas·tide, -tìme *n* クリスマス季節《Christmas Eve から元日まで, イングランドでは Epiphany (1 月 6 日) まで》.

Chrístmas trèe クリスマスツリー; 《豪》クリスマスの時期に花をつける木, 《特に》POHUTUKAWA; *CHRISTMAS TREE BILL; *《俗》《潜水艦の》管制室の制御盤; 〔石油〕クリスマスツリー《坑井のチュービングヘッドに取り付けるマニホルド》; *《俗》デキサミル (Dexamyl) カプセル, 赤と緑のカプセルにはいったバルビツール剤; *《俗》酔っぱらい《「酔っぱらった」の意の俗語表現 'lit up like a Christmas tree' に基づく》.

Chrístmas trèe bìll* クリスマスツリー法案《大統領が成立を望む法案に, 無関係なさまざまな riders が便乗的に付加されたもの; 大統領に item veto ができないことを利用している》.

Chrístmas trèe effèct 〔天〕クリスマスツリー効果《クエーサーなどの対象内部の異なる部分がランダムに明滅することにより対象が動いているように見える現象》.

Christmasy ⇨ CHRISTMASSY.

Chris·to /krístoʊ/ クリスト (1935–)《ブルガリア生まれの米国の美術家; 本名 Christo Javacheff; 日常品のほか, 歴史的建造物·岸壁·島などを巨大な布で梱包する》.

Chris·to- /krístoʊ, kráɪs-, -tə/ *comb form*「キリスト (CHRIST) の」

Chrìsto·céntric *a* キリスト中心の〈神学〉.

Chrísto·gràm *n* キリストを象徴する文字, 《特に》CHI-RHO.

Chris·tol·o·gy /krɪstáləʤi, kraɪs-/ *n* 〔神学〕キリスト論. ♦ **-gist** *n* キリスト論学者. **Chrìs·to·lóg·i·cal** *a* **-cal·ly** *adv*

Chris·toph·a·ny /krɪstáfəni/ *n* 《復活後の》キリスト顕現.

Chris·tophe /*F* kristɔf/ **1** クリストフ《男子名》. **2** クリストフ **Henri** ~ (1767–1820)《ハイチの独立運動指導者; のちにハイチ北部に国をつくって王となった (1811–20)》. [F; CHRISTOPHER]

chris·to·phene, -phine /krístəfiːn/ *n* 〔植〕ハヤトウリ (chayote).

Chris·to·pher /krístəfər/ **1** クリストファー《男子名; 愛称 Chris, Kit》. **2** [Saint] 聖クリストフォロス, 聖クリストファー (d. A.D. 250?)《小アジアの殉教者; 旅人の守護聖人で, 祝日 7 月 25 日; cf. SAINT CHRISTOPHER》. **3** クリストファー **Warren** (**Minor**) ~ (1925–2011)《米国の法律家; 国務長官 (1993–97)》. [Gk=Christ bearer]

Chrístopher Róbin クリストファー·ロビン《A. A. Milne の Pooh シリーズに登場する男の子》.

Chríst's Hóspital クライスツホスピタル《イングランド南東部 West Sussex 州 Horsham にあるパブリックスクール; 1552 年 Edward 6 世が London に設立した捨て子養育院が発展したもの; 伝統的な制服として紺のコートを着用したことから Bluecoat School とも呼ばれる》.

Chríst's-thòrn /kráɪs(ts)-/, **Chríst-thòrn** /kráɪs(t)-/ *n* 〔植〕キリストノイバラ (=*Jerusalem thorn*)《Palestine 地方産クロウメモドキ科ナツメの類の低木; キリストのイバラの冠がこの枝で作られたという》.

Chríst Withín 内なるキリスト (INNER LIGHT).

christy ⇨ CHRISTIE.

Chrísty Mínstrels /krísti-/ [the] クリスティーミンストレルズ《米国の歌手·俳優 Edwin P. Christy (1815–62) が組織して英米で好評を博した minstrel show の一座》.

-chro·ic /kroʊɪk/ *a comb form* -CHROOUS.

chrom- /kroʊm/, **chro·mo-** /kroʊmoʊ, -mə/ *comb form*「色」「色素」; 〔化〕「クロミウム」「《無色体に対して》有色化合物」[Gk CHROME]

chro·ma /kroʊmə/ *n* クロマ (**1**) 彩度 (saturation) **2**) 色相 (hue) と彩度を合わせた色の性質》. [Gk]

chro·maf·fin /kroʊməfən/ *a* 〔化〕クロム親和(性)の.

chróma·kèy *n* 〔テレビ〕クロマキー《青もしくは緑一色の背景の前で撮影した映像の背景部分だけを別の風景などに差し替えて合成する技術》. ► *vt* 〈画像を〉クロマキーで処理する.

chro·mat- /kroʊmǽt, krə-, kroʊmæ̀t/, **chro·mato-** /kroʊmǽtoʊ, krə-, kroʊmətoʊ, -tə/ *comb form*「色」「染色質」[Gk *khrōmat-* *khrōma* color]

chro·mate /kroʊmèɪt/ *n* 〔化〕クロム酸塩[エステル].

chro·mat·ic /kroʊmǽtɪk/ *a* **1** 色彩の, 着色[彩色]の; クロマ (chroma) の; 色あざやかな; 〔生〕染色性の: ~ printing 色刷り. **2** 〔楽〕半音階の; 〔楽〕変化音を多用する: ~ semitone 半音. ► *n* 〔楽〕ACCIDENTAL. ♦ **-i·cal·ly** *adv* [F or L<Gk; ⇨ CHROME]

chromátic aberrátion 〔光〕色(収)収差.

chromátic cólor 〔理〕有彩色 (opp. *achromatic color*).

chro·mat·i·cism /kroʊmǽtəsɪ̀z(ə)m/ *n* 半音階主義.

chro·ma·tic·i·ty /kròʊmətísəti/ *n* 〔光〕色度.

chromatícity coòrdinate 〔理〕色度座標.

chromatícity dìagram 〔理〕色度図.

chromátic·ness *n* 〔理〕知覚色度《色相と彩度とを共に考慮した色の属性》.

chro·mát·ics *n* 色彩論, 色彩学.

chromátic scále 〔楽〕半音階.

chromátic sígn 〔楽〕半音記号 (accidental).

chro·ma·tid /kroʊmətəd/ *n* 〔発生〕染色分体.

chro·ma·tin /kroʊmətən/ *n* 〔生〕《細胞核内の》染色質, クロマチン (cf. EUCHROMATIN, HETEROCHROMATIN). ♦ **chrò·ma·tín·ic** /-tín-/ *a*

chro·ma·tism /kroʊmətɪ̀z(ə)m/ *n* 彩色, 着色; 〔光〕CHROMATIC ABERRATION.

chromato- /kroʊmǽtoʊ, krə-, kroʊmətoʊ, -tə/ ⇨ CHROMAT-.

chromáto·gràm *n* 〔化〕色層列[系], クロマトグラム.

chromáto·gràph *n* 〔化〕クロマトグラフ《色層分析装置》. ► *vt* 〈物質を〉色層分析する. ♦ **chro·ma·tog·ra·pher** /kròʊmətágrəfər/ *n*

chro·ma·tog·ra·phy /kròʊmətágrəfi/ *n* 〔化〕色層分析, クロマトグラフィー. ♦ **chro·mato·graph·ic** /kroʊmæ̀təgrǽfɪk/ *a* **-i·cal·ly** *adv*

chro·ma·tol·o·gy /kròʊmətáləʤi/ *n* 色彩論 (chromatics); 色彩に関する論文.

chro·ma·tol·y·sis /kròʊmətáləsəs/ *n* 〔生〕染色質融解.

♦ -to·lyt·ic /kròumətəlítɪk/ *a*
chromatophil ⇨ CHROMOPHIL.
chromáto·phòre *n* 〔動〕色素胞《両生類・魚類などの皮膚にみられる色素細胞》;〔植〕色素体《光合成細菌の光合成膜小胞; chloroplast, chromoplast など》, クロマトフォア.
chromáto·plàsm *n* 〔植〕《藍藻類の》葉緑色素に富む細胞周辺部.
chro·ma·top·sia /kròumətápsiə/ *n* 〔医〕着色視症, 色視.
chromáto·scòpe *n* クロマトスコープ《数色の光線を混合色にする装置》.
chró·ma·tỳpe /króumə-/ *n* クロム写真(法).
chrome /króum/ *n* クロム (CHROMIUM); クロム顔料《chrome yellow など》; CHROME LEATHER; クロム合金でめっきしたもの《自動車の外装の一部など》. ► *vt* クロム化合物で処理する; CHROMIZE. ♦ **chrómed** *a* [F<Gk *khrōma* color]
-chrome /kròum/ *n comb form, a comb form*「…の色の(もの)」「色素」[↑]
chróme àlum 〔化〕クロムミョウバン《媒染・製革剤》.
chróme dòme 《俗》はげ頭(の人), やかん; 《俗》インテリ (egghead).
chróme gréen クロムグリーン《酸化第 2 クロムでつくる緑色顔料》.
Chro·mel /króuməl/〔商標〕クロメル《ニッケルとクロムの合金; 発熱装置および熱電対(ついい)に用いる》.
chróme léather クロム革《クロム法でなめしたもので主に靴の製造に用いる》.
chróme-nìckel *a* 〔冶〕クロムニッケルの〈スチール〉.
chróme póny *《俗》バイク, 単車.
chróme réd クロムレッド《塩基性クロム酸塩; 鮮麗な赤色顔料》.
chróme stéel 〔冶〕クロム鋼《クロムを含む各種の鋼》.
chróme yéllow 〔化〕黄鉛, クロムイエロー《クロム酸鉛を含む明るい黄色顔料》;〔色彩〕クロムイエロー.
chro·mic /króumɪk/ *a* 〔化〕クロム (III) の, 第二クロムの.
chrómic ácid 〔化〕クロム酸.
chro·mide /króumàɪd/ *n* 〔魚〕カワスズメ (cichlid).
chro·mi·nance /króumənəns/ *n* 〔光〕クロミナンス《ある色と同輝度の参照色との差異》.
chro·mite /króumàɪt/ *n* クロム鉄鉱;〔化〕亜クロム酸塩.
chro·mi·um /króumiəm/ *n* 〔化〕クロム, クロミウム《金属元素; 記号 Cr, 原子番号 24》. [CHROME]
chrómium dióxide 〔化〕二酸化クロム《黒色の強磁性半導体物質; 磁気テープに使用》.
chrómium pi·có·li·nate /-pɪkálənèɪt, -pík(ə)lɪ-/ ピコリン酸クロム, クロミウムピコリネート《2 型糖尿病・高血圧・肥満などの体質改善用ミネラルサプリメント》.
chrómium-plàte *vt* …にクロムめっきをする. ♦ **-plàted** *a* クロムめっきの[をほどこした]; うわべだけを飾った, 安っぽい.
chrómium pláte クロムめっき.
chrómium stéel 〔冶〕クロム鋼 (chrome steel).
chro·mize /króumàɪz/ *vt* …にクロムめっきをする.
chro·mo /króumou/ *n* (*pl* ~s) CHROMOLITHOGRAPH; 《豪俗》娼婦; 《俗》醜いやつ, いやなやつ.
chromo- /króumou, -mə/ ⇨ CHROM-.
chrómo·cènter *n* 〔植〕染色中央粒, 染色中心《ある種の細胞が分裂するときに核内に現われる異質染色質の塊り》.
chròmo·dynámics *n* クロモ力学 (QUANTUM CHROMODYNAMICS).
chro·mo·gen /króuməʤən/ *n* 〔化〕色(しょ)原体, クロモゲン《発色団のみを含む芳香族化合物で, これに助色団が導入されて染料になる》; 色素産生微生物.
chròmo·génic *a* 色を生じる, 色素産生(性)の; 色原体 (chromogen) の; 発色体の;〔写〕発色現像の, 発色現像した.
chrómo·gràph *n* CHROMOLITHOGRAPH.
chròmo·lítho·gràph *n* クロモ[多色]石版(せきばん)刷りの絵. ► *vt* クロモ石版術で印刷する. ♦ **-lithógraphy** *n* **-lithógrapher** *n* **-lithográphic** *a*
chro·mo·ly /króumàli/ *n* クロモリ《クロムとモリブデンを含んだ鋼鉄; 自転車のフレームなど軽量で強い部品に使用される》.
chrómo·mère *n* 〔発生〕染色(小)粒《これが連続して染色体を構成》. ♦ **-mer·ic** /kròuməmérɪk, -míər-/ *a*
chro·mo·ne·ma /kròuməní:mə/ *n* (*pl* **-ma·ta** /-tə/)〔発生〕染色糸, らせん糸. ♦ **-né·mal, -ma·tal** /-ní:mətl, -ném-/, **-ne·mat·ic** /-nɪmǽtɪk/ *a*
chrómo·phìl, chromáto·phìl *a, n* 〔生〕易染[好染]性の, クロム親和性の(細胞).
chrómo·phòbe *a* 〔生〕難染性の.
chrómo·phòre *n* 〔化〕発色団《有機化合物が染料となるために必要な要素》. ♦ **-phór·ic** *a*
chròmo·phóto·gràph *n* 天然色写真. ♦ **-photógraphy** *n*
chrómo·plàst *n* 〔植〕有色体《花や果実などの細胞内にある葉緑素以外の色素を含む色素体》.
chròmo·prótein *n* 〔生化〕色素タンパク質.
chrómo·sòme *n* 〔生〕染色体 (cf. CHROMATIN). ♦ **chrò·mo·só·mic** *a* **-sóm·al** *a* **-sóm·al·ly** *adv*
chrómosome màp 〔遺〕染色体地図《染色体上の遺伝子の位置を示した図》.
chrómosome nùmber 〔遺〕染色体数.
chrómo·sphère *n* 〔天〕彩層《太陽光球面のすぐ外側の白熱ガス層》. ♦ **chròmo·sphéric** *a* 彩層(状)の.
chrómo·tỳpe *n* 色彩豊かな色刷り; カラー写真.
chro·mous /króuməs/ *a* 〔化〕クロム (II) の, 第一クロムの.
chro·myl /króuməl, -mì:l/ *n* 〔化〕クロミル《2 価の基》.
chron- /krán, króun/, **chro·no-** /kránou, króu-, -nə/ *comb form*「時」[Gk; ⇨ CHRONIC]
chron. chronicle ♦ chronological(ly) ♦ chronology.
Chron. 〔聖〕Chronicles.
chron·ax·ie, -axy /króunæ̀ksi, krán-/ *n* 〔生理〕時値, クロナキシー《筋肉などを刺激する場合, 限界電圧の 2 倍の電流で極小収縮を起こさせるのに要する最小時間》.
chron·ic /kránɪk/ *a* **1 a** 長期にわたる;〔医〕慢性の (opp. *acute*); 持病持ちの: a ~ disease 慢性病. **b** 常習的な, 絶えざる; しつこい: a ~ smoker 病みつきの喫煙家. **2**《口》いやな, ひどい, 最悪の. ► *n* 慢性病患者, 持病持ち. ♦ **chrón·i·cal** *a* **-i·cal·ly** *adv* 慢性的に, 長引いて (persistently). **chro·nic·i·ty** /kranísəti, krou-/ *n* 《病気などの》慢性. [F, <Gk (*khronos* time)]
chrónic fatígue sỳndrome 〔医〕慢性疲労症候群 (= *myalgic encephalomyelitis, yuppie flu*)《頭痛・発熱・筋肉痛・鬱状態・リンパ腺の炎症・喉の痛み・アレルギー症状などの諸症状を伴って半年以上も続く極度の疲労状態; 略 CFS》.
chron·i·cle /kránɪk(ə)l/ *n* 年代記, 編年史; 記録, 物語; [C-] …新聞; [C-s, 〈*sg*〉]〔聖〕歴代志, 歴代誌《旧約聖書の The First [Second] Book of C~s (歴代志[歴代誌]上[下]); 略 Chr., Chron.》. ► *vt* 年代記に載せる, 記録に留める, …の歴史を書く[物語る]. ♦ **chrón·i·cler** *n* 年代記作者[編者]; 記録者. [AF, <Gk *khronika* (neut pl) annals; ⇨ CHRONIC]
chrónicle plày [hìstory] 史劇.
chrónic obstrúctive púlmonary disèase 〔医〕慢性閉塞性肺疾患《肺気腫・気管支炎など, 肺機能の低下に至るさまざまな肺臓の病気で, 特に原因がはっきりしないもの; 略 COPD》.
chrono- /kránou, króu-, -nə/ ⇨ CHRON-.
chròno·biólogy *n* 時間生物学《生体内に認められる周期的現象を扱う》. ♦ **-gist** *n* **-biológic, -ical** *a*
chróno·gràm *n* 年代表示銘《文中のローマ数字として扱える文字を数字として合わせると年代を示すもの; たとえば London で疫病の年 (1666) に護符として戸口に掲げた LorD haVe MerCIe Vpon Vs の数字を合わせると 50+500+5+1000+100+1+5+5=1666》; クロノグラフによる記録. ♦ **-gram·mat·ic** /krànəgrəmǽtɪk, kròu-/, **-i·cal** *a*
chróno·gràph *n* クロノグラフ《1) 時間を図形的に記録する装置 2) ストップウォッチ(の機能ももつ腕時計) 3) 弾丸・ロケットなどの飛行時間を測定する装置》. ♦ **chro·nog·ra·phy** /krənágrəfi/ *n* **chrò·no·gráph·ic** *a*
chro·nol·o·ger /krənáləʤər/ *n* 年代学者.
chro·no·log·i·cal /krànəláʤɪk(ə)l, kròu-/, **-ic** *a* 年代順の, 時系列的な; 年代学の: a ~ table 年表 / in ~ order 年代順に, 時系列的に. ♦ **-i·cal·ly** *adv* 年代順に, 時系列的に.
chronológical áge 〔心〕暦年齢《略 CA》.
chro·nol·o·gize /krənáləʤàɪz/ *vt* 年代順に配列する, …の年表を作る.
chro·nol·o·gy /krənáləʤi/ *n* 年代学, 編年学; 年代記, 年表, 年譜; 年代順配列. ♦ **-gist** *n* 年代学者. [NL (*chrono-*)]
chro·nom·e·ter /krənámətər/ *n* クロノメーター《船上における経度測定などに用いる精度の高い時計》; 《古》METRONOME.
chro·no·met·ric /krànəmétrɪk, kròu-/, **-ri·cal** *a* クロノメーターの[で測定した]. ♦ **-ri·cal·ly** *adv*
chro·nom·e·try /krənámətri/ *n* 時刻測定(法).
chro·non /króunàn/ *n* 〔理〕クロノン《仮説的な時間的量子で, 光子が電子の直径を横切るのに要する時間: 約 10^{-24} 秒》.
chron·o·pher /kránəfər/ *n* 時報装置.
chróno·scòpe *n* クロノスコープ《光速などを測る秒時計》.
chròno·thérapy *n* 〔医〕時間療法《覚醒と睡眠とのサイクルを変えて行なう不眠症の治療法》.
chròno·trópic *a* 〔生理・医〕《心拍などの》調律運動の速さに影響する, 変時性の.
-chro·ous /-⏑krouəs/ *a comb form*「…な色の」[Gk]
chrys- /krís/, **chry·so-** /krísou, -sə/ *comb form* 〔化・鉱〕「黄色の」「金色の」「金の」[Gk *khrūsos* gold]
chrys·a·lid /krísələd/ *a* サナギの. ► *n* CHRYSALIS.
chrys·a·lis /krísələs/ *n* (*pl* ~·es, **chry·sal·i·des** /krɪsǽlədì:z/)〔昆〕《特にチョウの》サナギ (cf. PUPA); 繭(まゆ), 蛹嚢(ようのう), 蛹殻(さなぎがら)(ようかく); [*fig*] 準備期, 過渡期. [L<Gk (*khrūsos* gold)]
chry·santh /krəsǽnθ/ *n* 《口》CHRYSANTHEMUM.
chry·san·the·mum /krəsǽnθəməm/ *n* 〔植〕キク(の花); [C-]

〘植〙キク属;《日本の皇室の》菊の紋. [L＜Gk＝gold flower (*chrys-*)]

Chry·sa·or /kraɪséɪɔːr, krɪ-/〘ギ神〙クリューサーオール《Poseidon と Medusa の子; 生まれた時に早くも黄金の剣を振りまわすほどに成長していた》.

chrys·a·ro·bin /krɪ̀sərόubən/ *n*〘薬〙クリサロビン《精製ゴア末 (Goa powder); 皮膚病外用薬》.

Chry·se·is /kraɪsíːəs/〘ギ神〙クリューセーイス《Apollo の神官 Chryses の娘; トロイア戦争の際に捕えられ Agamemnon に与えられたが, のちに父のもとへ戻された》.

chrys·elephántine /krɪ̀s-/ *a*〈ギリシア彫刻が〉金と象牙で装飾された: a ～ statue.

chry·sene /kráɪsiːn/ *n*〘化〙クリセン《タール中に存在する炭化水素の一つ》.

Chry·ses /kráɪsiːz/〘ギ神〙クリュセース《Apollo の神官; ⇨ CHRYSEIS》.

Chrys·ler /kráɪslər; kráɪz-/ **1** クライスラー **Walter Percy** ～ (1875–1940)《米国の自動車会社 Chrysler Corporation の創設者・社長》. **2** クライスラー《Chrysler 社製の自動車》.

chryso- /krísou, -sə/ ⇨ CHRYS-.

chrýso·bèryl *n*〘鉱〙金緑石, クリソベリル;《廃》帯黄金緑石.

chrys·o·col·la /krɪ̀səkálə/ *n*〘鉱〙珪孔雀(けいくじゃく)石, クリソコラ. [Gk *kolla* glue]

chrys·o·lite /krísəlàɪt/ *n*〘鉱〙クリソライト (olivine). [OF, ＜Gk (*-lite*)]

chrys·o·me·lid /krɪ̀səmélәd, -míː-/ *n, a*〘昆〙ハムシ; ハムシ科 (Chrysomelidae) の.

chry·som·o·nad /krəsámənæ̀d/ *n*〘動〙黄色鞭毛虫《ヒカリモ目[黄色鞭毛虫類] (Chrysomonadida) に属する植物性鞭毛虫》.

chrýso·phỳte *n*〘植〙黄金色(おうごんしょく)植物 (golden-brown alga).

chrys·o·prase /krísəprèɪz/ *n*〘鉱〙緑玉(りょくぎょく)髄, クリソプレーズ. [OF, ＜Gk (*prason* leek)]

Chry·sos·tom /krísəstəm, krɪsástəm/ クリュソストモス Saint John ～ (c. 347–407)《教父・聖書解釈学者, Constantinople 司教; 祝日 1 月 27 日》. [Gk＝golden-mouthed 説教が巧みだったことから]

chrys·o·tile /krísətàɪl/ *n*〘鉱〙温石綿《撓曲(とうきょく)性があり切れにくい》.

chtho·ni·an /θóuniən/ *a* CHTHONIC.

chthon·ic /θánɪk/ *a*〘ギ神〙地中[地下]に住む; 地下の神々の (cf. OLYMPIAN); 暗く原始的で神秘的な. [Gk *khthōn* earth]

Chu /ʧúː/ **1** [the] チュー川《カザフスタン南東部を流れる川; 天山山脈に源を発し, 西流して砂漠に消える》. **2** [the] 珠江 (⇨ ZHU). **3** チュー **Steven** ～ (1948–)《米国の物理学者; レーザー光による原子冷却トラップ法の開発によりノーベル物理学賞 (1997)》.

Ch'üan-chou, Chuanchow 泉州 (⇨ QUANZHOU).

Chuang-tzu 荘子 (⇨ ZHUANGZI).

Chuan Leek·pai /ʧwáːn líːkpáɪ/ チュワン・リークパイ (1938–)《タイの政治家; 首相 (1992–95, 97–2001)》.

chub[1] /ʧʌ́b/ *n* (*pl* ～, ～**s**)〘魚〙**a** チャブ (＝*chevin*)《コイ科の淡水魚; 欧州産》. **b** コイ科の *Gila* 属, *Nocomis* 属などの淡水魚. [ME ＜?]

chub[2] *n**《俗》テキサス人 (Texan). [C19＜?]

chu·bas·co /ʧubáːskòu/ *n* (*pl* ～**s**)〘気〙チュバスコ《中米西海岸の激しいスコール》. [Sp＜Port]

Chúbb /ʧʌ́b/〘商標〙チャッブ《こじあけようとするとボルトを動かないように固定する装置がついている錠; London の錠前屋 Charles Chubb (1779–1845) が発明した》.

chub·bette /ʧəbét/ *n**《俗》丸ぽちゃの女. [*chubby, -ette*]

chub·bo /ʧʌ́bou/ *n* (*pl* ～**s**)*《俗》太った人, 丸ぽちゃの人.

chúb·by *a*《口》まるまる太った; 丸ぽちゃの. ► *n* [*pl*]*《俗》美乳, いいおっぱい. ♦ **chúb·bi·ly** *adv* まるまる太って. **-bi·ness** *n* [*chub*[1], -y[4]]

Chu·but /ʧəbúːt, -vúːt/ [the] チュブト川《アルゼンチン南部 Patagonia 地方を東流し, 大西洋に注ぐ》.

Chu Chiang 珠江 (⇨ ZHU).

Chu-chou, Chuchow 株洲 (⇨ ZHUZHOU).

chuck[1] /ʧʌ́k/ *n* **1**《旋盤の》チャック, つかみ. **2** 牛[羊]の首まわりの肉; *《西部口》食べ物; *《口》食事; [the ～s]*《俗》CHUCK HABIT,《一般に》ひどい空腹: hard ～〘海〙堅パン. ► *vt* チャックにかける. ► *vi* *《俗》がつがつ[ばくばく]食う〈*down, out*〉. [*chock*]

chuck[2] *vt* **1** …(のあごの下)を軽く突く[たたく]: He ～*ed* me under the chin. **2 a**《口》ほうる, 投げる, 無造作に置く〈*in, into, on, out, over*〉;〘クリケット〙《ルールに違反して》投げる. **b**《口》捨てる, 処分する〈*out*〉;〈恋人など〉と別れる;《口》追い出す, 追放する〈*out*〉;《口》やめる, 投げ出す〈*in, up*〉. **c**《俗》吐く, もどす, あげる〈*up*〉. ● **be** ～**ing it down**‖《口》土砂降りである. ～ **away** 押しのける, 押しやる; (投げ)捨てる;《口》〈時間・金を〉空費する;〈機会を〉のがす (lose). ～ **in** 詰め込む;《豪口》寄付する. ～ **it** [*impv*]‖《俗》やめろ, よせ! ～ **off**《豪俗》あざわらう〈*at*〉. ～ **out** ⇨ *vt*;‖《口》〈議案・動議などを〉否決する;《口》(うっかり)しゃべる;《口》〈計画などを〉だめにする. ～ **over** …《俗》…と急に手を切る. ～ **oneself away on**…《口》《(他人からみて)くだらない者と結婚する, つきあう, …に時間[金, 労力など]を費やす. ～ one's HAND **in.** ～ one's WEIGHT **about** [**around**]. ～ **up the** SPONGE. ～ **you, Farley** (**and your whole famn damily**) [〈*int*〉]*《俗》てやんでえ, ばかやろう, くそくらえ《fuck you, Charley! (and your whole damn family) の変形》. ► *n* **1** あごの下を軽く突く[たたく]こと. **2** 突然の動き, ひょいとほうること; 放棄; [the]‖《口》解雇: get *the* ～ 首になる / give sb *the* ～ (突然)首にする; (急に)関係を断つ. **3** CHUCK-FARTHING. ♦ **～·er** *n* †*《俗》投手. [C16＜?; F *chuquer* to knock か]

chuck[3] *int, n* コッコッ《めんどりの鳴き声, 鶏を呼ぶ声》, シッシッ《馬を励ます声》;《古・方》いとしい者《子供・妻などに呼びかける愛称語》; ‖《方》鶏: C～, ～! ► *vi*〈めんどりなどが〉コッコッ[クックッ]という声を出す. ► *vt*〈人が鶏を〉コッコッと声を出して呼ぶ; 舌を鳴らして[シッシッと声を出して]〈馬を〉励ます. [ME (imit)]

chuck[4] *n*《カナダ西海岸》一面に水をたたえた所; 海, 港, 入江 (salt-chuck). [Chinook]

chuck[5] 《俗》*vt*《性的に》〈相手を〉欲しがる;〈女〉とやる. [? *chuck*[3]]

chuck[6] *n**《黒人俗》白人 (cf. CHARLES). [↓]

Chuck チャック《男子名; Charles の愛称》.

chuck-a-luck /ʧʌ́kəlʌ̀k/, **chuck-luck*** /ʧʌ́klʌ̀k/ *n* 砂時計型の金属の容器から振り出す 3 つのさいころの組合わせに賭けるゲーム.

chuck·a·lug /ʧʌ́kəlʌ̀g/ *vt, vi**《俗》CHUGALUG.

chuckawalla ⇨ CHUCKWALLA.

chúck·er-óut‖ *n*《劇場などの》用心棒 (bouncer).

chuck·ers /ʧʌ́kərz/ *n* [the] ものすごい空腹[食欲] (the chucks).

chúck-fàrthing *n*《一種の》穴一 (＝*pitch farthing*)《的に最も近くコインを投げた者が全コインを穴に投げ, はいった分を獲得する昔の遊び》.

chúck-fúll *a* CHOCK-FULL.

chúck hàbit [the]*《俗》《麻薬の禁断症状としての》すごい空腹感, 飢餓感; *《俗》監禁(の恐怖)から生じる精神異常. [*chuck*[1]]

chúck·hòle* *n*《道路・競技場などの》穴, くぼみ (pothole).

chúck hòrrors *pl* [the]*《俗》CHUCK HABIT.

chúck·ie, chúckie stàne [**stòne**]《スコ》*n*《ゲームなどで使う》丸い小石, なめらかな石; [*pl*] 丸い小石でするゲーム. [*chuck*[2], *-ie*]

chúck-ìn *n*《豪口》寄付.

chúck·ing-òut tìme‖《俗》《酒場など》閉店時間, '看板'.

chuck·le[1] /ʧʌ́k(ə)l/ *n* クスクス笑い, 含み笑い; クスクス, クックッ《抑えきれない笑い声》; コッコッ《めんどりがひなを呼ぶ声》. ► *vi* クスクス笑う, 静かに笑う, ひとり笑い[含み笑い]する, ほくそえむ〈*at, about, over* sth *with* delight〉, 悦に入る〈*at* one's success〉;〈流れなどが〉コロコロ音をたてる, さざめく; コッコッと鳴く (cluck). ♦ **～·some** *a* **chúck·ler** *n* **chúck·ling·ly** *adv* [*chuck*[3]]

chuckle[2] *a*《古》のろまな, 低能な, ぐずな. [? *chuck*[1]]

chúckle·hèad 《口》*n* ばか, 低能; 大頭. ♦ **～·ed** *a*

chuck-luck ⇨ CHUCK-A-LUCK.

chúck stèak 牛の首まわりの肉 (chuck).

chúck wàgon*《農場・牧場用の》炊事車; *《俗》道路わきの小さな食堂.

chuck·wal·la /ʧʌ́kwɑ̀lə/, **chuck·a-** /ʧʌ́kə-/ *n*〘動〙チャクワラ《米国南西部・メキシコ産のイグアナの一種; 食用になる》. [AmSp]

chuck-will's-wid·ow /ʧʌ́kwɪ̀lzwídou/ *n*〘鳥〙チャックウィルヨタカ《米国南部産》. [imit]

chud·dar, -der /ʧʌ́dər/ *n*《インド》CHADOR.

chud·dies /ʧʌ́diz/ *n pl*《口》《アジア系英国人の間で》ズボン下, パンツ.

chud·dy /ʧʌ́di/ *n*《豪俗》CHUTTY.

Chud·skoye Oze·ro /ʧutskɔ́ːjə ɔ́ːzərə/ チュド湖《PEIPUS 湖のロシア語名》.

chu·fa /ʧúːfə/ *n*〘植〙ショクヨウガヤツリ《地下にクワイのような食用になる塊茎ができる; tiger nut ともいう》. [Sp]

chuff[1] /ʧʌ́f/ *n* 田舎者, 無作法者. ♦ **～y** *a* [C17＝(obs) fat cheek＜?]

chuff[2] *n*《蒸気機関車などの》シュッシュッという音. ► *vi* シュッシュッという音をたてる[たてて進む]. [imit]

chúff bòx‖《俗》女性器, あそこ.

chúff chùms *pl*‖《俗》ホモのカップル, ホモだち.

chuffed /ʧʌ́ft/‖《口》*a* とても喜んで; 不機嫌で. [*chuff*[1]]

chuf·fle /ʧʌ́f(ə)l/ *vi, n*〈大型の猫が〉《小猫がのどを鳴らすように》低く(鼻を)鳴らす(音)《一種の挨拶》. [imit]

chúff-nùts *n pl*‖《俗》お尻の毛[陰毛]にこびりついたくそ.

chuf·fy /ʧʌ́fi/ *a*《方》まるまる太った;‖《方》粗野な, ぶっきらぼうな. [*chuff*[1]]

Ch'ü-fu, Ch'ü-fou 曲阜 (⇨ QUFU).

chug[1] /ʧʌ́g/ *n*《低速で動いているエンジンなどの》バッバッ[ダッダッ, バタバタ]という音. ► *vi* (-gg-) バッバッ[ダッダッ, バタバタ]と音をたてる[たてて進む]〈*along, up, down*〉. [imit]

chug[2]*《俗》*vt, vi* ゴクゴク飲む (chugalug). ► *n* 一気飲み.

chuga-chuga /ʧʌ́gəʧʌ̀gə/ *n**《俗》CHOOCHOO.

chug·a·lug /ʧʌ́gəlʌ̀g/ *vt, vi* (-gg-)*《俗》グビグビ[ゴクゴク]飲む, 一気飲みする. [imit]
chúg·ger[1] *n*〘釣〙ポッパー《水面に浮かべるプラグ (plug); 引いてやると音をたてる》.
chugger[2] *n*''《口》《特定の慈善団体のために(報酬を得て)寄付を集める》街頭募金家. [*ch*arity＋m*ugger*]
Chu Hsi 朱熹 (⇨ ZHU XI).
chu·kar /ʧəkɑ́ːr/ *n*〘鳥〙《インド原産の》アジアイワシャコ, 《広く》イワシャコ (＝*rock partridge*) (＝**～ pártridge**). [Hindi]
Chuk·chi, -chee /ʧúkʧi/ *n* **a** (*pl* ～, ～**s**) チュクチ族《シベリア北東部 Chukchi 半島を中心に居住している先住民》. **b** チュクチ語《男性と女性で発音が著しく異なることで知られる》.
Chúkchi Península /ʧəkɑ́tski-/ [the] チュクチ半島, チュコート半島《シベリア北東端の半島; Bering 海と Chukchi 海を分ける》.
Chúkchi Séa [the] チュクチ海, チュコート海《Bering 海峡の北で, 北極海の一部》.
Chu Kiang 珠江 (⇨ ZHU).
chuk·ka[1] /ʧʌ́kə/ *n* チャッカブーツ (＝**～ bòot**)《2-3 対の鳩目(はとめ)穴あるいはバックルとストラップがあるくるぶしまでのブーツ》. [*chukker*]
chukka[2] *n*〘ポロ〙CHUKKER.
chuk·ker, -kar /ʧʌ́kər/ *n*《インド》輪, 円 (circle);〘ポロ〙一回《7 分 30 秒; 8 回で一試合》. [Hindi＜Skt＝wheel]
chu·kor /ʧəkɔ́ːr/ *n* CHUKAR.
Chu·kót Ránge /ʧəkɑ́t-/ [the] チュコート山脈《シベリア北東端の山脈》.
Chu·la Vis·ta /ʧúːlə vístə/ チュラヴィスタ《California 州南西部 San Diego の南にある市》.
Chu·lym, -lim /ʧəlím/ [the] チュルイム川《シベリア西部を西流し, Tomsk の下流で Ob 川に合流する》.
chum[1] /ʧʌ́m/《口》*n* 仲よし, 親友《通例 男同士》, 《学生の》同室[同窓]の友; 同僚; *《俗》男, やつ (fellow), [*voc*] おまえさん, おにいさん, あんた《特に 初対面の人に対する少し敵意のある呼びかけ》: NEW CHUM / OLD CHUM. ► *v* (-mm-) *vi* 仲よくする〈*around with*〉; 仲よしになる〈*up with* [*to*]〉; 同室する〈*together, with*〉. ► *vt*《エディンバラ方言》〈人〉について行く. ♦ **～·ship** *n* [? *chamber follow*; もと Oxford 大学の学生俗語]
chum[2]* *n*《釣りの》まき餌. ► *vi, vt* まき餌をまく; まき餌で〈魚を〉寄せる. [C19＜?]
chum[3] *n*〘魚〙CHUM SALMON. [Chinook]
Chu·mash /ʧúːmæʃ/ *n* **a** (*pl* ～, ～**es**) チュマシュ族《California 南部沿海部に住んでいた先住民; 絶滅》. **b** チュマシュ語《Hokan 語群に属する》.
chum·ble /ʧʌ́mb(ə)l/ *vt, vi* かじる, かむ.
chúm-bùddy *n**《俗》大の親友, ダチ(公).
chúm·mage *n*《口》同室[合宿]すること; 同宿制度; 《同室者分担の》部屋代; ''《俗》仲間入り金.
chúm·mery *n* 仲間[同僚]の共同宿舎.
chúm·my《口》*a* 仲よしの, 親しい; つきあいがよい: get ～ *with*…と親しくなる. ► *n* 仲よし, 親友 (chum). ♦ **chúm·mi·ly** *adv* **-mi·ness** *n*
chump[1] /ʧʌ́mp/ *n* **1** 短い丸太ぎれ; 太くて丸い端; ''《羊などの》腰肉の太い方の端. **2**《口》頭;《口》すぐだまされるやつ, ばか (blockhead). ● **off one's ～**《口》頭がどうかして, 興奮して. [*ch*unk＋l*ump*]
chump[2] *vt, vi* ムシャムシャ食う. [*chomp*]
chúmp chànge《俗》わずかな金銭, はした金; 《ゲーム機などで使う》現金に交換されるメダル.
chúmp chòp'' チャンプチョップ《羊などの腰肉の太い方の端の厚切り肉片》.
chúmp·hèad *n**《俗》愚物, 能無し, ばか (blockhead).
chúmp·ing *n*《ヨークシャー方言》GUY FAWKES DAY のたき火のためのたきぎ集め.
chúm sàlmon〘魚〙サケ, シロザケ (＝*chum*) (dog salmon).
chun·der /ʧʌ́ndər/ *vi, n*《豪俗》へど(を吐く).
chúnder·ous *a*《豪俗》へどを吐きたくなる, いやな.
Chun Doo Hwan /ʤʌ́n dóu hwɑ́ːn/ 全斗煥(チョンドファン)(ぜんとかん) (1931–)《韓国の軍人・政治家; 大統領 (1980–88)》.
Ch'ung-ch'ing 重慶 (⇨ CHONGQING).
Chungjin 清津 (⇨ CHONGJIN).
Chungking 重慶 (⇨ CHONGQING).
chún·go bùnny /ʧʌ́ŋgou-/《俗》[*derog*] 黒人, 黒いの. [*jungle bunny* の誤発音]
chunk[1] /ʧʌ́ŋk/ *n*《チーズ・パン・肉片・木材などの》(大きい)塊, 厚切り;《口》かなりの部分[量]〈*of*〉; *ずんぐり[がっちり]した人[馬, 獣]; *《卑》性交: ～*s* [a ～] *of* data 相当量のデータ / big ～*s of* time 多大の時間 / a fine ～ of a man 大きくりっぱな体格の者. ● **blow** [**throw**] **～s** 吐く, もどす. **a ～ of meat***《卑》《セックスの対象としての》女, 男. ► *vt* **1** 塊に切る, 分ける. **2***《俗》投げる; …に物を投げつける; 〈たき火などを〉かきたてる〈*up*〉. ► *vi**《俗》吐く, もどす (vomit); *《俗》しくじる, へまをする. ● **～ up** ⇨ *vt* 2; *《俗》太る, 肉がつく. [変形＜*chuck*[1]]
chunk[2] *vi* カチャン[ガチャン, ガチン, ガツン]と音をたてる. ► *vt*《手前の地面を打って》〈ゴルフボール・ショットを〉打ちそこねる. ► *n* カチャン, ガチャン, ガチン, ガツン, ゴツン, ボチャン. [C19 imit]
chúnk·ing *n*〘心〙チャンキング《物事を記憶する際にいくつもの項目を一つの単位としてまとめる心のはたらき; いくつかの文字からなる単語を憶える場合など》.
chúnky *a* 短くて太い; ずんぐりした, がっちりした; 厚手の; 塊り[実の(断片)]のはいった: ～ soup チャンキースープ《具のたくさんはいったスープ》. ♦ **chúnk·i·ly** *adv* **-i·ness** *n*
Chun·nel /ʧʌ́n(ə)l/ [the]《口》CHANNEL TUNNEL. [*Ch*annel＋t*unnel*]
chun·ner /ʧʌ́nər/ *vi*《米・スコ》つぶやく, ブツブツ[ぶつくさ]言う (chunter).
chun·ni /ʧúni/ *n* チュニ《インド・南アジアで女性が頭や肩にかける長いスカーフ》. [Punjabi]
chun·ter'' /ʧʌ́ntər/ *vi* つぶやく, ブツブツ言う (mutter); ガタガタ音をたてて行く. [? imit]
chup /ʧúːp/ *int*《インド》静かに, 黙れ. [Hindi]
chu·pa·cab·ra /ʧùːpəkɑ́ːbrə; -kǽbrə/ *n* チュパカブラ《中米で一般に存在が信じられているヤギ・ニワトリなどを襲うという動物》. [Sp＝goatsucker＜*chupar* suck, *cabra* goat]
chu·pat·ty, -ti /ʧəpɑ́ːti, -pǽti/ *n* CHAPATTI.
chuppah, -pa ⇨ HUPPAH.
Chur /*G* kúːr/ クール (F **Coire** /*F* kwaːr/)《スイス東部 Graubünden 州の州都》.
Churban ⇨ HURBAN.
church /ʧɔ́ːrʧ/ *n* **1 a**《キリスト教の》教会(堂)《英国では国教の会堂にいう; cf. CHAPEL》: The nearer the ～, the farther from God.《諺》教会に近いほど神からは遠ざかる《教会経営と信仰生活は平行しがたい》. **b**《教会の》礼拝(れいはい) (service): go to [attend] ～ 礼拝に出席する / be at [in] ～ 礼拝中である / after ～ 礼拝後 / between ～*es* 礼拝の合間に. **c** [the C-] 聖職: go into [enter, join] *the* ～ 聖職に就く (take orders). **2** [°C-] **a** 教会, 教会組織, 教権《ECCLESIASTICAL *a*》: the separation of ～ and state 教会と国家の分離, 政教分離. **b** 教派, …教会. **c** 会衆 (congregation). **3** 信徒の組合, 教区. ● **talk ～** 宗教談義をする. ► *a* 教会の; 信徒で構成する; ''英国教の. ► *vt* **1** (ある儀式のために)教会に連れてくる[案内する]. **2**〈産後の女性〉のために出産感謝の礼拝を行なう. [OE *cirice*＜Gk *kurikon* Lord's (house); cf. G *Kirche*]
Church チャーチ **Frederick Edwin** ～ (1826–1900)《米国の風景画家; Hudson River 派の代表的存在》.
Chúrch Ármy [the] チャーチアーミー《英国教会の伝道奉仕団体; 1882 年 Wilson Carlile (1847–1942) が Salvation Army をモデルに創設》.
Chúrch Assémbly [the] 英国教会総会, 教会議会《英国教会に関する実際問題について協議・決裁した機関; 1919 年開設, 70 年 General Synod に吸収された; 正式名 the National Assembly of the Church of England》.
Chúrch Cátholic [the] CATHOLIC CHURCH.
Chúrch Commíssioners *pl* [the]〘英〙国教財務委員会《1948 年 Ecclesiastical Commissioners と Queen Anne's Bounty が合同してできた機関で, 英国教会の財産管理・運営をつかさどる》.
churched /ʧɔ́ːrʧt/ *a* 教会と関係のある[提携した], 教会加入[付属]の.
Chúrches of Chríst *pl* [the] キリストの教会《米国を中心とする保守的なプロテスタントの一派》.
chúrch fáther [°C- F-] 教父.
chúrch·gò·er *n* (習慣的に)教会に行く人, 熱心な礼拝出席者; ''(非国教に対して)国教徒. ♦ **chúrch·gò·ing** *n, a*
Chúrch Hóuse チャーチハウス《英国教会の General Synod の London 本部》.
church·ian·i·ty /ʧɔ̀ːrʧiǽnəti/ *n* 特定教会の慣習や利益に対する極端な執着.
Church·ill /ʧɔ́ːrʧɪl/ **1** チャーチル (**1**) **John** ～ ⇨ 1st Duke of MARLBOROUGH (**2**) Lord **Randolph** (**Henry Spencer**) ～ (1849–95)《英国の政治家》(**3**) **Winston** ～ (1871–1947)《米国の小説家》(**4**) Sir **Winston** (**Leonard Spencer**) ～ (1874–1965)《英国の政治家・著述家; Lord Randolph の息子; 首相 (1940–45, 51–55); 保守党; 第二次大戦勃発後首相となり, 強力な指導力を発揮して国を敗北の瀬戸際から勝利に導いた; 雄弁家・名文家としても知られ, ノーベル文学賞 (1953)》. **2 a** [the] チャーチル川《(**1**) カナダ東部 Labrador 南東から大西洋に流れる; 旧称 Hamilton River (**2**) カナダ中部 Saskatchewan 州北西部から, Hudson 湾に流れる》. **b** チャーチル《Churchill 川河口の Hudson 湾に臨む町》. ♦ **Chur·chíll·ian** *a* チャーチル(家)の(ような).
Chúrchill Fálls *pl* [the] チャーチル滝《カナダ東部 Labrador 南西部の Churchill 川の滝; 旧称 Grand Falls》.
chúrch·ing *n*〘キ教〙教会儀式を執り行なう[受ける]こと, 《特に》産後産婦の祝別式.
chúrch invísible [the] 見えない教会, 在天教会《地上および天国に在る真のキリスト教徒の総体で, これが真の教会とされた; opp. *church visible*》.

chúrch·ìsm *n* 教会儀式の固守, 教会主義; "国教主義.
chúrch kèy*《俗》先が三角にとがった(ビールの)缶切り.
chúrch·less *a* 教会のない, 無教会の; 無宗教の.
chúrch·ly *a* 教会の, 宗教上の; 教会にふさわしい; 教会に忠実な; 教会一辺倒の (churchy). ♦ **-li·ness** *n*
chúrch·man /-mən/ *n* 聖職者, 牧師; 《教会の》信者, 教会員; "国教会信徒. ♦ **~·shìp** *n* churchman の態度[信念, 生活]; [C-] "国教会の信徒であること.
chúrch mílitant [°C- M-] 戦闘の教会, 戦いの教会《現世にあって悪と戦っている地上の教会[信者たち]》.
chúrch mòde 〔楽〕 教会旋法.
chúrch mòuse 教会堂ネズミ《極貧のたとえに用いる》: (as) POOR as a ~.
chúrch músic 教会音楽, 聖楽.
Chúrch of Chríst, Scíentist [the] 科学者キリスト教会《CHRISTIAN SCIENCE Church の公式名》.
Chúrch of Éngland [the] 英国教会, イングランド教会, (英国)聖公会 (=*English Church*)《イングランドの国教会; Henry 8 世がローマ教皇の支配を離れて教会を国家に従属させた; カトリックとプロテスタントの両方の要素を含む》.
Chúrch of Gód [the] 神の教会《米国の種々のプロテスタント教会が用いている呼称; 本来は 19 世紀の信仰復興運動から生まれた名称で, 以来 多くのグループが教団名・教会名として用いている; Church of God in Christ, Church of God of Prophecy など》.
Chúrch of Íreland [the] アイルランド聖公会《アイルランド共和国および北アイルランドにおける独立のアングリカン教会》.
Chúrch of Jésus Chríst of Látter-dày Sáints [the] 末日聖徒イエスキリスト教会《MORMON 教会の公式名》.
Chúrch of Róme [the] ローマ教会 (=*Roman Catholic Church*).
Chúrch of Scótland [the] スコットランド教会《スコットランドの国教会; 長老派》.
Chúrch of the Bréthren [the] 同胞教会《18 世紀初めドイツに起こり, 迫害をうけて米国に移ったプロテスタントの一派; 米国では Dunkers あるいは German Baptist Brethren として知られる》.
chúrch paráde" 礼拝への往復の軍隊の行進; 礼拝後教会から出てくる盛装男女の列.
chúrch ràte 《イングランド・アイルランドで教区民に割り当てる》教会維持税《強制的徴収は 1868 年まで》.
chúrch régister 《教区民の洗礼・結婚・死亡を記した》教会記録簿.
chúrch schòol 《普通教育のための》教会立の学校; 《道徳・宗教教育のための》教会学校, 日曜学校 (Sunday school).
chúrch sèrvice 教会礼拝; 祈禱書 (service book).
Chúrch Slávic OLD CHURCH SLAVONIC.
Chúrch Slavónic 教会スラヴ語《古代教会スラヴ語から発達し, 土地の言語の影響をうけて地方によって異なるものとなった文章用および典礼用の言語の総称》.
chúrch-stàte *a* 教会と国家の, 宗教と政治の〈関係など〉: ~ separation 教会と国家の分離.
chúrch tèxt 〔印〕 BLACK LETTER.
chúrch tìme 礼拝時間.
chúrch triúmphant [°C- T-] 勝利[凱旋]の教会《現世にあって悪との戦いに勝って昇天した天上の霊魂》.
chúrch vísible [the] 見える教会, 現世の教会《中には真のキリスト教徒と偽りの信者が混在する; opp. *church invisible*》.
chúrch·wàrden *n* **1** 《聖公会の》教区委員《教会財産と金銭の管理をする平信徒》. **2** 吸管 (stem) の長いクレーパイプ.
chúrch·wòman *n* 女性教会員; "国教会の女性信徒.
chúrch wòrk 《平信徒の》教会のための仕事.
chúrchy *a* 教会に忠実な, 国教に凝り固まった; 教会のような. ♦ **chúrch·i·ness** *n*
chúrch·yàrd *n* 教会付属の庭[構内], 教会境内; 教会(付属)墓地 (cf. CEMETERY); [〈*a*〉] 〈咳が〉死の前触れのような: A green Christmas [Yule] makes a fat ~. 《諺》クリスマスに暖かで雪がない年は病気がはやり死人が多い.
chúrchyard bèetle 〔昆〕 ニワオサムシダマシ《ゴミムシダマシ科の黒い夜行性の甲虫; 地下室などで見られる; 欧州産》.
Chúrch yéar 〔キ教〕 CHRISTIAN YEAR.
chu·ri·dars /ʧú:rɪdὰ:rz/ *n pl* チュリダルス《インドで男女ともにはく足にぴったりしたズボン》. [Hindi]
chu·rin·ga /ʧʊríŋgə/ *n* (*pl* **~s, ~**) チュリンガ《オーストラリア先住民の用いるトーテム動物の彫られた石[木]の魔除け》. [(Austral)]
churl /ʧə́:rl/ *n* 野卑な男, がさつ者; けちんぼ, しみったれ; 《古》田舎者, 百姓; 〔英史〕 CEORL; 身分の低い男. [OE *ceorl* man, peasant; cf. G *Kerl*]
chúrl·ish *a* **1** 野卑な, 卑しい, がさつな; けちな, つむじまがりの; 《古》百姓の. **2** 〈土壌などが〉耕作しにくい, 手に負えない. ♦ **~·ly** *adv* **~·ness** *n*
churn /ʧə́:rn/ *n* 攪乳(かくにゅう)器, チャーン; "《牛乳運搬用の》大型缶; 異常に激しい活動, 激動; CHURN RATE. ► *vt, vi* **1 a** (攪乳器で)かきまわす, かきまわして〈バターを〉造る; 〈水・泥などを〉激しくかきまわす[かきたてる], はね上げる, 〈砂ぼこりなど〉巻き上げる 〈*up*〉; 激しくかきまわして〈泥などを〉作る; 〈波などが〉激しく岸を洗う, 〈風が波を〉わきかえらせる; 〈作業用の車などが〉〈地面・芝生などを〉デコボコにする 〈*up*〉; 〈スクリュー・車輪などが〉激しく回転する. **b** 〈胃が〉むかつく. **2** 〈考えなどが〉沸きかえる; "動揺させる 〈*up*〉; 〈感情が〉渦巻く; 〈群集などが〉動揺する; 〔証券〕《手数料獲得のために》〈顧客勘定〉で頻繁に売買する. ● **~ out** 《口》粗製濫造する, 大量に作り出す; 《口》機械的に演奏する. [OE]
chúrn dàsher [stàff] 攪乳装置, 攪乳棒.
chúrn·ing *n* 攪乳, チャーニング; 一回製造分のバター.
chúrn ràte チャーンレート《顧客[ユーザー]が他社のサービス[製品]に乗り換える率》.
churr /ʧə́:r/ *vi, n* チー[チリリ, チュルル, コロロ]と鳴く(声). [imit]
chur·ras·co /ʧʊrǽskoʊ/ *n* チュラスコ, シュラスコ《南米の牛肉バーベキュー料理》. [AmSp]
chur·ri·gue·resque /ʧʊ̀ərɪgərésk/ *a, n* [°C-] チュリゲレスクの(建築)《装飾過多を特徴とするスペインのバロック様式》. [José *Churriguera* (1665–1725) スペインの建築家]
chur·ro /ʧʊ́əroʊ, ʧú:roʊ/ *n* (*pl* **~s**) チュロ《ドーナツに似たスペイン・メキシコの細長い揚げ菓子》.
churrus ⇨ CHARAS.
chuse /ʧú:z/ *v* 《古》 CHOOSE.
chut /ʇ (舌打ち音), ʧʌ́t/ *int* チェッ《じれったさなどを表わす》. [imit]
chute, shute /ʃú:t/ *n* シュート《物をすべり落として送るための装置》; すべり台; ウォータースライド (waterslide); 急流; 滝; シュート《家畜を通す狭い通路》; 《口》 PARACHUTE; SPINNAKER: a ~ conveyor 自動滑送運搬装置 / a letter ~ レターシュート《郵便投下装置》. ● **go down the ~** ⇨ TUBE. **(right) out of the ~***《口》最初から, しょっぱなから. ► *vt* chute で運ぶ. ► *vi* chute で進む[を利用する]; 《口》 PARACHUTE. [F (L *cado* to fall)]
Chu Teh 朱徳 (⇨ ZHU DE).
chúte-the-chùte(s) *n* [〈*sg*〉] SHOOT-THE-CHUTE(S).
chúte-tròop·er *n* 《口》落下傘部隊兵.
chut·ist /ʃú:tɪst/ *n* 《口》 PARACHUTIST.
chut·ney, -nee /ʧʌ́tni/ *n* チャツネ《果物・酢・砂糖・香辛料で作るジャム状の甘酸っぱいインド料理用の薬味》. [Hindi]
chut·ty, -tie /ʧʌ́ti/ *n* 《豪俗》チューインガム.
chutz·pa(h), hutz- /hútspə, xúts-/ 《口》 *n* 勇気, 自信; あつかましさ, ずぶとさ, 厚顔無恥. [Yid]
Chúuk Íslands /ʧúk-/, **Trúk Íslands** /trʌ́k-, trúk-/ *pl* [the] チュウック[トラック]諸島《太平洋西部 Caroline 諸島中の火山島群; ミクロネシア連邦の一州をなす》.
Chu·vash /ʧʊvά:ʃ/ *n* **a** (*pl* **~, ~·es**) チュヴァシ族《ヨーロッパロシア中東部 Volga 川中流の Chuvashiya 共和国を中心に住む民族》. **b** チュヴァシ語《チュルク諸語 (Turkic) の一つ》.
Chu·vash·i·ya /ʧʊvά:ʃijə/, **Chu·vash·ia** /ʧʊvά:ʃiə/ チュヴァシア《ヨーロッパロシア中東部 Volga 川中流域の南側に位置する共和国; ☆Cheboksary》.
Chvós·tek('s) sígn /(xə)vɔ́:stὲk(s)-/ 〔医〕 クボステック徴候, 顔面神経現象《顔面神経をたたくことによって起こる顔面筋の痙攣》. [Franz *Chvostek* (1835–84) オーストリアの外科医]
chyack ⇨ CHIACK.
chy·la·ceous /kaɪléɪʃəs/ *a* 乳糜性の, 乳糜からなる.
chyle /káɪl/ *n* 〔生理〕 乳糜(にゅうび). ♦ **chý·lous** *a* [L<Gk *khulos* juice]
chy·lo·mi·cron /kàɪləmáɪkrὰn/ *n* 〔生理〕《脂肪が消化吸収される際の》乳状脂粒, カイロミクロン.
chy·lo·mi·cro·ne·mia /kàɪləmàɪkrəní:miə, -mìk-/ *n* 〔医〕 カイロミクロン血症《血液中のカイロミクロンの過剰》.
chy·lo·thórax /kàɪlə-/ *n* 〔医〕 乳糜(にゅうび)胸(症).
chyme /káɪm/ *n* 〔生理〕《胃消化による》糜粥(びじゅく), 糜汁, キームス. ♦ **chý·mous** *a* [L<Gk *khumos* juice]
chym·ist·ry /kímǝstri/ *n* 《古》 CHEMISTRY. ♦ **chým·ic** *a* **chým·ist** *n*
chy·mo·papáin /kàɪmoʊ-/ *n* 〔生化〕 キモパパイン《パパイヤの乳液から得られる酵素》.
chy·mo·sin /káɪməsən/ *n* 〔生化〕 キモシン (rennin).
chy·mo·trýpsin /kàɪmoʊ-/ *n* 〔生化〕 キモトリプシン《小腸でキモトリプシノーゲンから生成されるタンパク質分解酵素》. ♦ **-trýp·tic** *a*
chy·mo·trypsínogen /kàɪmoʊ-/ *n* 〔生化〕 キモトリプシノ(ー)ゲン《キモトリプシンの酵素前駆体; 膵臓から分泌され, トリプシンによりキモトリプシンに転化される》.
chy·pre /ʃí:pr(ə)/ *n* ビャクダン (sandalwood) から採った香水. [F =Cyprus]
chy·trid /káɪtrəd/ *n* 〔菌〕 ツボカビ《ツボカビ目 (Chytridiales) の淡水または土壌中にすむ腐生性の単細胞の菌類の総称》.
Ci 〔気〕 cirrus ♦ 〔理〕 curie. **CI** °cast iron ♦ certificate of insurance ♦ °Channel Islands ♦ °Chief Inspector ♦ °Communist International ♦ °corporate identity ♦ °Côte d'Ivoire. **Cia, cía.** [Sp *compañía*] company. **CIA** 〔米〕 °Central Intelligence Agency ♦ certified internal auditor 公認内部監査人.

CIAA 〘米〙 Central Intercollegiate Athletic Association.
cia·bat·ta /ʧəbáːtə/ *n* チャバッタ《オリーブ油を使ったしっとりと柔らかい食感のあるイタリアのパン》. [It=slipper]
Cia·no /ʧáːnou/ チアーノ **Galeazzo** ~, Conte di **Cor·tel·laz·zo** /kɔ̀ːrteɪllάːtsou/ (1903–44)《イタリアの政治家・外交官; Mussolini の娘と結婚し, 外相として日独伊三国同盟を締結》.
ciao /ʧáu/ *int* «口» やあ, どうも, じゃあ, またね《くだけた挨拶[別れ]のことば》. [It]
Cib·ber /síbər/ シバー **Colley** ~ (1671–1757)《英国の劇作家・俳優; 桂冠詩人 (1730–57); 喜劇 *Love's Last Shift* (1696), *The Careless Husband* (1705)》.
cib·ol /síbəl/ 〘植〙 *n* **a** ネギ (Welsh onion). **b** ワケギ (shallot). [F *ciboule* (L *cepa* onion)]
Cí·bo·la /síːbələ/ シボラ《現在の New Mexico 州北部の歴史的地域》. ■ the **Séven Cíties of** ~ シボラの七都市《16 世紀にシボラにあると伝えられた黄金都市; 伝説にひかれてスペイン人の探検が何度か行なわれた》.
ci·bo·ri·um /səbɔ́ːriəm/ *n* (*pl* **-ria** /-riə/)《祭壇や聖像などの》天蓋; 〘カト〙 聖体容器《ミサのパンを入れる容器》, 聖体容器を納める聖龕(せいがん), チボリウム. [L<Gk]
CIC °combat information center ♦ °Commander in Chief ♦ Counterintelligence Corps.
ci·ca·da /səkéɪdə, -káː-, saɪkéɪ-; sɪkáː-/ *n* (*pl* ~**s**, **-dae** /-diː/) 〘昆〙 セミ. [L]
ci·ca·la /səkáːlə/ *n* 〘昆〙 セミ (cicada). [It<L]
cic·a·trice /síkətrəs/ *n* (*pl* **-tri·ces** /sìkətráɪsiz/) CICATRIX. [OF or L]
cic·a·tri·cial /sìkətríʃ(ə)l/ *a* 〘医〙 瘢痕(はんこん)性の.
cic·a·tri·cle /síkətrìk(ə)l/ *n* 《卵の》胚盤 (blastodisc); 〘植〙 脱離痕 (CICATRIX).
ci·cat·ri·cose /səkǽtrəkòus, síkə-/ *a* 〘植〙 瘢痕様の.
cic·a·trix /síkətrìks, səkéɪ-/ *n* (*pl* **-tri·ces** /sìkətráɪsiz, səkéɪtrəsìːz/) 〘医〙 瘢痕《きずあとの新組織》; 〘植〙 《葉・種子が落ちて茎に残る》葉痕, 脱離痕; ほぞ, へた; 《樹木・植物の》傷痕. [L=sear<?]
cic·a·trize /síkətràɪz/ *vt* 〈傷〉に瘢痕を形成させる. ► *vi* 〈傷が〉瘢痕を生じて癒(い)える. ♦ **cìc·a·tri·zá·tion** *n* 瘢痕形成, 瘢痕化; 《傷の》治癒.
cic·e·ly /sís(ə)li/ *n* 〘植〙 セリ科の各種, 《特に》SWEET CICELY. [? L<Gk *seselis*; 語形は↓に同化]
Cicely シスリー《女子名》. [⇨ CECILIA]
Cic·e·ro /sísəròu/ **1** キケロ **Marcus Tullius** ~ (106–43 B.C.)《ローマの政治家・弁論家・哲学者; 三頭政治下で崩壊しかけた共和制を擁護したが, 捕えられて処刑された》. **2** [c-] 〘印〙 シセロ《pica (12 ポイント) よりやや大きい活字のサイズ》.
cic·e·ro·ne /sìsəróuni, ʧìʧə-/ *n* (*pl* **-ni** /-ni/)《名所旧跡などの》案内人《Cicero のような雄弁家の意》; 良き指導者. ► *vt* 〈旅行者などを〉案内する (guide). [It<L *Ciceron- Cicero*]
Cic·e·ro·ni·an /sìsəróuniən/ *a* キケロ流[風]の, 荘重典雅な; (キケロのように)雄弁な. ► *n* キケロ研究家; キケロ崇拝者. ♦ ~**·ism** *n*
cich·lid /síkləd/ *n* 〘魚〙 カワスズメ《南米・アフリカ・南アジア産の熱帯淡水魚; 観賞用》. ► *a* カワスズメ科の.
ci·cis·beo /ʧìʧəzbéɪou, səsísbiòu/ *n* (*pl* **-bei** /-béɪiː, -bìː/)《特に 18 世紀のイタリアの》夫のある女の公然の愛人, 男友だち. ♦ **cì·cis·bé·ism** /-béɪ-/ *n* [It]
cid /síd/ *n**«俗» LSD. [*acid*]
Cid /síd/ [El /ɛl/ *or* The] (エル) シッド (c. 1043–99)《カスティーリャの軍人・英雄; 本名 Rodrigo [Ruy] Díaz de Vivar; キリスト教の擁護者としてムーア人と戦い, その武功が叙事詩にうたわれた》. [Sp;「首領」の意]
cid, CID cubic inch displacement.
CID civil investigative demand 民事調査請求 ♦ (E メールなどで) consider it done ♦ 〘英〙 °Criminal Investigation Department.
-ci·dal /sáɪdl/ *a comb form*「殺す(力のある)」: insecti*cidal*. [↓]
-cide /sàɪd/ *n comb form*「殺すもの[人]」「殺し」: parri*cide*, insecti*cide*. [L *caedo* to kill]
ci·der /sáɪdər/ *n*" りんご果汁発酵飲料, りんご酒 (hard cider*); *圧搾果汁, 《特に》りんご果汁 (*sweet cider**). ★ 日本の'サイダー'は炭酸水 (soda pop). [OF, <Gk<Heb=strong drink]
cíder-cùp *n* サイダーカップ《りんご酒・リキュール・ソーダ水などを混合して氷で冷やした飲料》.
ci·der·kin /sáɪdərkən/ *n* 弱いりんご酒 (=*water cider*).
cíder prèss リンゴ圧搾器《cider 製造用》.
cíder vínegar りんご酢.
ci-de·vant /*F* sidvɑ̃/ *adv* 以前は, もとは (formerly). ► *a* もとの (former), 前の: a ~ governor. ► *n* 《フランス革命で爵位を奪われた》もと貴族; 過去の人[もの], 往年の勢力を失った人, 第一線を退いた人. [F=heretofore]
Cie, cie. [F *compagnie*] company.
Cie·cha·no·ver /ʧəkάnəvər/ チカノヴァー **Aaron J.** ~ (1947–)《イスラエルの生化学者; ユビキチン (ubiquitin) を介したタンパク質分解の発見によりノーベル化学賞 (2004)》.
cié·na·ga, cie·ne·ga /sjéɪnəgə, sjɛ́n-, sín-, -gàː/ *n**《南西部》《特に 山麓の湧泉(ゆうせん)によってできた》沼, 沼沢地 (swamp, marsh). [Sp (*cieno* mud)]
Cien·fue·gos /siɛ̀nfwéɪgous/ シエンフエゴス《キューバ中南部, シエンフエゴス湾 (~ **Báy**) に臨む市・港町》.
Cie·szyn /ʧɛ́ʃən/ チェシン《ポーランド南部 Carpathian 山脈のふもと, チェコとの国境に接する市; 1920 年以前は国境のチェコ側の町 Český Těšín と合わさった一つの都市だった; ドイツ語名 Teschen》.
CIF, c.i.f. °cost, insurance, and freight.
CIF central information file.
cig /síg/, **cig·gie, -gy** /sígi/ *n* «口» タバコ (cigarette, cigar, etc.).
ci·ga·la /səgάːlə/, **-gale** /-gάːl/ *n* セミ (cicada). [It]
ci·gar /sɪgάːr/ *n* 葉巻, シガー: a ~ box シガー箱《葉巻を入れて売る箱》/ a ~ case 葉巻入れ. ★ 両切りは cheroot という. ● **(close,) but no** ~ «口» もうちょっとで当たり[成功]だ, 惜しい, いまいちだ《射的などの賞品に葉巻が出たことから》. **Give** sb **a** ~! «口» 人が正しい[考えたようになった], 人の勝ちである. ♦ ~**·less** *a* [F or Sp<? Mayan]
cigár cùtter 葉巻の口を切る道具, シガーカッター.
cig·a·rette, «米» **-ret** /sìgərét, *ˊ-ˋ-ˋ/ *n* **1** (紙巻き)タバコ; 巻きぐすり《睡眠薬などを入れて吸う》: a ~ stub タバコの吸いさし. **2** [Cigarette] シガレット (CIGARETTE HULL). ● **a** ~ **with no name** *«俗» 無印タバコ, マリファナタバコ. [F (dim)‹ CIGAR]
cigarétte càrd タバコの箱にはいっているピクチャーカード.
cigarétte càse シガレットケース.
cigarétte ènd [bùtt] タバコの吸い口[吸い殻].
cigarétte gìrl 《レストラン・ナイトクラブの》タバコ売り娘.
cigarétte hòlder 紙巻きタバコ用小パイプ, シガレットホルダー.
Cigarétte hùll シガレット (=*Cigarette*)《内側発動機をつけたモーターボート》.
cigarétte lìghter (タバコ用)ライター.
cigarétte pànts *pl* シガレットパンツ《紙巻きタバコのように細身で折り目のないズボン》.
cigarétte pàper 紙巻きタバコ用薄紙.
cigár hòlder 葉巻用小パイプ.
cig·a·ril·lo /sìgərílou, -ríː(j)ou/ *n* (*pl* ~**s**) シガリロ《細巻きの軽い葉巻; またはタバコの葉で巻いた巻きタバコ》. [Sp (dim)‹ CIGAR]
cigár·let *n* シガーレット《細くて短い葉巻》.
cigár lìghter 《特に 車の》タバコ用ライター.
cigár-shàped *a* 葉巻形の.
cigár stòre タバコ屋.
cigár-stòre Índian タバコ屋の看板として店先に置いたインディアンの木彫りの像.
ciggie, ciggy ⇨ CIG.
ci-gît /*F* siʒi/ ここに眠る《墓石の, 名前の前に書くことば》. [F=here lies]
ci·gua·te·ra /sìːgwətérə, sìg-/ *n* 〘医〙 シガテラ《体内にシガトキシン (ciguatoxin) を蓄積した熱帯産の食用魚を食べて起こす中毒症》; シガテラ毒 (ciguatoxin). [AmSp (*cigua* sea snail)]
ci·gua·tóxin /sìːgwə-, sìg-/ *n* 〘生化〙 シガトキシン《シガテラ中毒 (ciguatera) の原因となる神経毒; 底生双鞭毛藻類の一種が生成, 通例 魚類中に含まれる》.
Ci·la·cap, Tji·la·tjap /ʧɪlάːʧàːp/ チラチャプ《インドネシア Java 島南海岸中部にある港町》.
ci·lan·tro* /səlάːntrou, -lǽn-/ *n* (*pl* ~**s**)《メキシコ料理で用いる》コリアンダー (coriander) (の葉). [Sp]
cil·ia /sílɪə/ *n pl* (*sg* **-i·um** /-iəm/) 睫毛(しょうもう), まつげ (eyelashes); 《葉・羽などの》細毛; 〘生〙 繊毛, 線毛. [L]
cil·i·ary /sílièri; -əri/ *a* 睫毛の; 細毛状の; 繊毛状の; 毛様(体)の.
cíliary bódy 〘眼〙 毛様体.
cíliary múscle 〘眼〙 毛様体筋.
cil·i·ate /síliət, -èɪt/ *n* 〘動〙 繊毛虫《ゾウリムシ・ラッパムシなど》. ► *a* 繊毛虫の; 睫毛[繊毛]のある. ♦ ~**·ly** *adv*
cil·i·at·ed /síliὲɪtɪd/ *a* CILIATE.
cil·i·a·tion /sìliéɪʃ(ə)n/ *n* 睫毛[繊毛]のあること; 睫毛, 繊毛《集合的》.
cil·ice /síləs/ *n* HAIRCLOTH; HAIR SHIRT.
Ci·li·cia /səlíʃ(i)ə/ キリキア《古代小アジア南東部の, Taurus 山脈と地中海の間の地方》. ♦ **Ci·lí·cian** *a, n*
Cilícian Gátes *pl* [the] キリキアの門 (*Turk* Gülek Bogaz)《トルコ南部の, Taurus 山脈の山道》.
cil·i·o·late /síliələt, -lèɪt/ *a* 〘生〙 繊毛のある.
cilium *n* CILIA の単数形.
cill /síl/ *n* SILL.
Ci·lu·ba /ʧəlúːbə/ *n* TSHILUBA.
Ci·ma·bue /ʧìːməbúːeɪ/ チマブーエ **Giovanni** ~ (c. 1240–c. 1302)《イタリアの画家; 中世初期のイタリアで主流をなしたビザンティン様式最後期の作家》.
cim·ba·lom, cym- /símbələm, tsím-/ *n* 〘楽〙 シンバロン《ハンガ

リージプシーの DULCIMER》. [Hung<It]

Cim·bri /símbràı, kímbri/ *n pl* キンブリー人《Jutland に興ったといわれるゲルマン民族; 紀元前 2 世紀の終わりに Gaul およびイタリアの北部に侵入したがローマ軍に滅ぼされた》. ◆ **Cím·bri·an** /-briən/ *a, n* **Cím·bric** /-brık/ *a*

Címbrian [Címbric] Chérsonese [the] ケルソネスス・キンブリカ《JUTLAND 半島の古代名》.

C

Ci·ment Fon·du /*F* simɑ̃ fɔ̃dy/〔商標〕シマンフォンデュ《アルミナセメント (aluminous cement)》.

ci·met·i·dine /saımétədìːn/ *n*〔薬〕シメチジン《ヒスタミンの拮抗薬で, 十二指腸潰瘍治療薬・制酸薬》.

ci·mex /sáımèks/ *n* (*pl* **cim·i·ces** /símәsìːz, sáı-/)〔昆〕トコジラミ, ナンキンムシ (bedbug). [L＝bug]

Cim·me·ri·an /səmíəriən/ *n* キムメリオス人《**1**) Homer の詩で世界の西の果ての暗黒の国に住むといわれた神話民族 **2**) 古代 Crimea に住み, 前 7 世紀に小アジアに侵入した遊牧民》. ► *a* キムメリオス人の, 暗黒の国の; 暗黒の: ～ darkness まっ暗闇.

Cimmérian Bósporus ボスポルス・キムメリウス《KERCH 海峡の古代名》.

Ci·mon /sáımən, -màn/ キモン (c. 510–451? B.C.)《アテナイの将軍・政治家; Miltiades の子; ペルシア戦争で活躍, 保守派・親スパルタ派として Pericles と対抗した》.

C in C, C-in-C °Commander in Chief.

cinch[1] /síntʃ/ *n* **1** *鞍帯, 《馬の》腹帯. **2** *《口》しっかりと握ること; 《口》ちょろいこと, 朝めし前; 《口》確実なこと[勝者], 間違いなしの'勝馬'. ► *vt* *〈鞍帯などを〉締める, 〈馬〉に腹帯を付ける 〈*up*〉; *《口》しっかりと握る[つかむ]; 《俗》確実にする. ► *vi* *鞍帯を締める 〈*up*〉. ● **have** sth **～ed** 《俗》〈物事〉の成功を確実にする, 好結果を間違いないものとする, …はきっとうまくいく. [Sp *cincha* saddle girth]

cinch[2] *n*〔トランプ〕シンチ《切り札の 5 の得点が最も高い seven-up の一種》. [? *cinch*[1]]

cínch·ers *n pl* *《俗》《車の》ブレーキ.

cin·cho·na /sıŋkóʊnə/ *n* **1**〔植〕キナノキ属 (*C-*) の各種の木《南米原産; アカネ科》. **2** キナ皮, シンコナ (＝*Peruvian bark*) (＝～ **bàrk**)《マラリアの薬キニーネを採る》. [Countess of *Chinchón* (d. 1641) スペインに輸入したペルー総督夫人]

cin·chon·ic /sıŋkánık/〔薬〕*a* キナ皮の[から得られる]. ► *n* キナ皮の薬用成分, キナ皮製剤.

cin·chon·i·dine /sıŋkánədìːn, -kóʊ-/ *n*〔薬〕シンコニジン《キナ皮から採るアルカロイド; キニーネの代用品》.

cin·cho·nine /síŋkənìːn/ *n*〔薬〕シンコニン《キナ皮から採るアルカロイド; キニーネの代用品》.

cin·cho·nism /síŋkənìz(ə)m/ *n*〔医〕シンコナ中毒, キニーネ中毒.

cin·cho·nize /síŋkənàız/ *vt* 〈マラリア患者などを〉シンコナで治療する; …にシンコナ中毒を起こさせる.

Cin·cin·nati /sìnsənǽti, *-tə/ シンシナティ《Ohio 州南西部の Ohio 川に臨む市》. ◆ **Cin·cin·nát·i·an** /-tiən/ *n, a*

Cin·cin·na·tus /sìnsənǽtəs, -néı-/ キンキンナトゥス (**Lucius Quinctius**) ～《前 5 世紀のローマの伝説的軍人・政治家; 前 458 年ローマがアエクイ人 (Aequi) に攻撃されたときに独裁官となり, 16 日で勝利をあげ農園生活にかえったという》.

cin·cin·nus /sınsínəs/ *n*〔植〕扇状集散花序.

Cin·co de Ma·yo /síŋkou də máıou, síːŋkou ðeı máːjou/ 五月五日(奉祝日)《メキシコ(系アメリカ)人が祝う対フランス戦勝記念日; cf. PUEBLA》.

cinc·ture /síŋ(k)tʃər/ *n* 取り巻くこと; 周縁地域; 帯 (girdle), ひも, 《特に》チングルム《聖職者がアルバ (alb) などの祭服を腰のところで締めるひも状の帯》;〔建〕円柱の頂部[足部]の輪. ► *vt* 帯で巻く; 取り巻く. [L (*cinct- cingo* to gird[1])]

cin·der /síndər/ *n* [[u]*pl*]《石炭などの》燃え殻, 炭殻; 消し炭; 《溶鉱炉から出る》スラグ (slag);〔地質〕噴石; [*pl*]《石炭や木の》灰 (ashes); CINDER PATH. ● **be burnt to a ～** 〈ケーキなどが〉黒焦げになる. **burn up the ～s** *《競走で》力走する. ► *vt* 燃え殻[おき, 灰]にしてしまう. ◆ **cín·dery** *a* 燃え殻の(ような); 燃え殻でいっぱいの[よごれた]. [OE *sinder* slag; 語形は語源的に関係ない F *cendre*, L *cinis* ashes に同化]

cínder blòck* シンダーブロック (breeze block[u])《セメントと石炭殻を混ぜて造った中空の建築用ブロック》.

cínder còne〔地質〕噴石丘.

Cin·der·el·la /sìndərélə/ **1 a** シンデレラ《まま子から王妃になった童話の女性主人公》. **b** まま子扱いされる者, 隠れた美人[逸材], 不当に軽視されるもの; 一躍注目の的となった人. **2** [the ～ (dance)] 夜 12 時に終わる小舞踏会.

cínder pàth 燃え殻を敷き詰めた小道[競走用トラック].

Cin·ders /síndərz/《口》CINDERELLA.

cínder sìfter 燃え殻[消し炭]ふるい.

cínder tràck 燃え殻を敷き詰めた競走用トラック.

Cin·dy /síndi/ シンディー《女子名; Cynthia の愛称》.

cine, ciné /síni, sínei/ *n* 映画 (motion picture); 映画館; CINEMATOGRAPHY. ► *a* CINEMATOGRAPHIC.

cine- /sínı, -ə/ *comb form*「映画 (cinema)」

cìne·àngio·cardiógraphy *n*〔医〕血管心(臓)映画撮影(法). ◆ **-cardiográphic** *a*

cìne·ángio·gràm *n*〔医〕血管心(臓)映画撮影図.

cìne·angiógraphy *n*〔医〕血管映画撮影(法). ◆ **-angiográphic** *a*

cine·ast /síniæ̀st, -əst/, **-aste** /-æ̀st/ *n* 映画作家, 映画人; 映画ファン. [F *cinéaste*]

cíne·càmera *n* 映画撮影機, シネ[映画]カメラ.

cíne·fìlm *n* 映画フィルム.

cìne·fluoróscopy *n*〔医〕蛍光像映画撮影(法).

cin·e·ma /sínəmə/ *n* [u]映画館 (movie theater*); (一本の)映画; [the] 映画 (movies*); [the] 映画制作[産業]: go to the [a] ～ 映画を見に行く. [F *ciné*matographe CINEMATOGRAPH]

cínema cìrcuit 映画の興行系列.

cínema còmplex シネマコンプレックス, シネコン.

cínema fàn 映画ファン.

cínema·gò·er *n* しばしば映画を見る人 (moviegoer).

cínema òrgan シネマオルガン《1910–30 年ごろ映画館に設置したオルガン; トーキーの出現ですたれた》.

Cínema·Scòpe〔商標〕シネマスコープ《アナモルフィックレンズを使用した映画のワイドスクリーン方式》.

cin·e·ma·theque /sìnəmətέk, ⌐⌐⌐⌐⌐/ *n*《前衛映画や古典的作品を専門に上映する》小映画館, フィルムライブラリー, シネマテック.

cin·e·mat·ic /sìnəmǽtık/ *a* 映画の; 映画化された. ◆ **-i·cal·ly** *adv*

cìn·e·mát·ics *n* 映画芸術.

cin·e·mat·ize /sínəmətàız/ *vt, vi* 映画化する.

cin·e·mat·o·graph[u] /sìnəmǽtəgræ̀f; -grɑ̀ːf/ *n* 映画撮影機; 映写機; 映画館; 映画上映; [°the] 映画制作技術. ► *vt* 映画にする; 映画カメラで撮影する. [F; ⇨ KINEMA]

cin·e·ma·tog·raph·er /sìnəmətágrəfər/ *n*〔映〕カメラマン, 映写技師.

cin·e·ma·tog·ra·phy /sìnəmətágrəfi/ *n* 映画撮影法[技術]. ◆ **cin·e·mat·o·graph·ic** /sìnəmæ̀təgrǽfık/, **-i·cal** *a* 映画の; 映写の. **-i·cal·ly** *adv*

cin·é·ma vé·ri·té /sínəmə vèrətéı/〔映〕シネマ・ヴェリテ《ハンドカメラや街頭録音などの手法によって現実をありのままに描き出す手法[映画]》. [F＝cinema truth]

cìne·micrógraphy *n* 顕微鏡映画撮影法.

cin·e·ole, -ol /síniòʊl/ *n*〔化〕シネオール (＝*eucalyptol*)《ユーカリノキなどの精油に含まれる樟脳様の香りがある液体; 去痰薬・香料》.

cíne·phìle[u] *n* 映画愛好家, 映画ファン. ◆ **cìne·phília** *n* 映画愛好, 映画熱.

Cine·plex /sínəplèks/〔サービスマーク〕シネプレックス《複数の映画館が集合している施設》.

cìne·projéctor[u] *n* 映写機.

Cin·e·rama /sìnərǽmə; -rάːmə/〔商標〕シネラマ《3 台のカメラを用いて凹面の大型スクリーンに映し出し立体効果をあげる映画の方式》. [*cinema*＋*panorama*]

cin·e·rar·ia /sìnərέəriə/ *n*〔植〕シネラリア, サイネリア《キク科の観賞植物; Canary 諸島原産》. [L (↓); 灰色の葉毛から]

cin·e·rar·i·um /sìnərέəriəm/ *n* (*pl* **-ia** /-iə/) 納骨所. [L (*ciner- cinis* ashes)]

cin·er·ary /sínərèri; -əri/ *a* 灰の; 灰入れの, 納骨の: a ～ urn 骨壺.

cin·er·a·tor /sínərèıtər/ *n* 火葬炉.

ci·ne·re·ous /sıníəriəs/ *a* 灰になった; 灰のような, 灰状の;〔生〕〈羽毛など〉灰色の.

cin·er·in /sínərən/ *n*〔化〕シネリン《ジョチュウギクの花に含まれる殺虫成分》.

cin·er·i·tious /sìnəríʃəs/ *a*《古》CINEREOUS.

ci·né-vé·ri·té /sinéıvèrətéı/ *n* CINÉMA VÉRITÉ.

Cin·ga·lese /sìŋgəlíːz, -s/ *a, n* SINHALESE.

cin·gle /síŋg(ə)l/ *n*《古》ベルト (belt), 帯 (girth).

cin·gu·late /síŋgjələt, -lèıt/ *a* 〈昆虫が〉帯状の色彩をもつ.

cíngulate gýrus〔解〕《脳の》帯状回.

cin·gu·lec·to·my /sìŋgjəléktəmi/ *n* CINGULOTOMY.

cin·gu·lot·o·my /sìŋgjəlátəmi/ *n*〔医〕帯状回切除(術)《ある種の精神病に対して施す》.

cin·gu·lum /síŋgjələm/ *n* (*pl* **-la** /-lə/)〔歯〕歯帯;〔解・動〕帯状束, 帯 (belt);〔植〕《珪藻類の》殻帯;〔動〕《ワムシの》外輪.

Cin·na /sínə/ キンナ **Lucius Cornelius** ～ (d. 84 B.C.)《ローマ共和政末期の政治家; Sulla 派に対抗した Marius 派の首領》.

cin·na·bar /sínəbὰːr/ *n* 辰砂(しんしゃ); 朱, 朱色 (vermilion);〔昆〕欧州産のヒトリガの一種 (＝～ **mòth**). ◆ **cin·na·bar·ine** /-bəràın, -bὰːrın/ *a* [L<Gk]

cin·nam·ic /sənǽmık/ *a* 桂皮の[から採った].

cinnámic ácid〔化〕ケイ皮酸《無色針状晶; 医薬・香料用》.

cin·na·mon /sínəmən/ *n* 桂皮, 肉桂皮, シナモン《香味料・薬用》; 肉桂色, 黄褐色; 肉桂の木《クスノキ属の各種》. ◆ **～y** *a* [OF, <Gk<Sem]

cínnamon bèar 〘動〙暗褐色のアメリカクロクマ.
cínnamon còlor 肉桂色, 黄褐色. ♦ **cínnamon-còlored** *a*
cínnamon fèrn 〘植〙ヤマドリゼンマイ.
cin·na·mon·ic /sìnəmánɪk/ *a* 肉桂の[に似た], 肉桂(質)の, 肉桂から採った.
cínnamon sèdge 〘昆〙エグリトビゲラ科のトビゲラ《釣人の用語》.
cínnamon stòne 〘鉱〙肉桂石 (=*essonite*).
cínnamon tòast シナモントースト《砂糖とシナモンを塗ったバタートースト》.
cinq-à-sept /*F* sɛ̃kasɛt/ *n* 夕方愛人のもとを訪れること. [F=five-to-seven]
cin·quain /sɪŋkéɪn, ⌐⌐, sǽŋkèɪn/ *n* 〘韻〙5 行からなるスタンザ[連], 五行(短)詩, 五行連.
cinq(ue) /síŋk/ *n* **1** 《トランプの》5 の札, 《さいころの》5 の目. **2** [cinques] 11 個の鐘でペアを 5 組つくって行なう転調鳴鐘(法). [OF<L *quinque* five]
cin·que·cen·tist /ʧìŋkwɪʧéntɪst/ *n* [°C-] 16 世紀のイタリアの芸術家[文学者], 十六世紀イタリア人.
cin·que·cen·to /ʧìŋkwɪʧéntou/ *n* [°C-] 《イタリア芸術の》十六世紀; 十六世紀イタリア美術[建築, 文学]. [It=500; 1500 年代の意で]
cinq(ue)·foil /síŋkfɔ̀ɪl, sǽŋk-/ *n* 〘植〙キジムシロ属の各種草本[低木] (=*potentilla*)《バラ科; キジムシロ・キンロバイ・オオヘビイチゴなど; 5 枚の小葉からなる複葉をつけるものが多い》; 〘建〙五葉[五弁]飾り, 梅鉢形装飾 (⇨ TREFOIL). [L (*folium* leaf)]
cinque·pace /síŋk(ə)pèɪs/ *n* サンクパ《5 ステップを中心とした 16 世紀の活発なダンス》. [C16 *cinquepas* (F *pas* paces)]
Cínque Pórts *pl* [the]〘英史〙《イングランド南海岸の》(特別)五港《もと Hastings, Romney, Hythe, Dover, Sandwich; 中世, 海軍力保持と沿岸防衛の責任を負った》. [OF<L=five ports]
CINS /sínz/ *n* 〘米〙監督を必要とする児童 (Child [Children] in Need of Supervision) (cf. JINS, MINS, PINS).
Cin·tra /síːntrə, sín-/ シントラ《SINTRA の旧称》.
Cin·za·no /ʧɪnzáːnou/ 〘商標〙チンザノ《イタリア産ベルモット》.
CIO chief information officer 最高情報責任者 ♦ °Congress of Industrial Organizations (⇨ AFL-CIO).
cion ⇨ SCION.
ciop·pi·no /ʧəpíːnou/ *n* チョッピーノ《魚貝類をトマト・赤ワイン・香辛料・香草などと煮込んだイタリア風シチュー》. [It]
CIP cataloging in publication.
Ci·pan·go /sɪpǽŋgou/ チパンゴ《中世ヨーロッパ人の間でアジアの東にあるといわれた島; Marco Polo によって Zipangu の名で紹介され, のちには Columbus が到達を試みた; 日本と同定されている》.
ci·pher, 《英》 **cy-** /sáɪfər/ *n* **1 a** 暗号(法); 暗号文; 暗号を解く[組む]鍵: in ~ 暗号の[で] / a ~ telegram 暗号電報 / a ~ key 暗号翻訳[作成]の鍵 / a ~ officer 暗号翻訳[作成]係. **b** 組合わせ文字, 《一種の》花押(かおう) (monogram). **2 a** 《記号の》ゼロ, 0; [*fig*] 取るに足らない人[もの]. **b** アラビア数字(による記数法): a number of five ~*s* 5 桁の数. **3** 《オルガンの》自鳴《故障》. ► *vi, vt* **1** 暗号を使う[にする], 暗号化する (opp. *decipher*). **2** 運算する ‹*out*›, 計算する; *《口》考え出す. **3** ‹オルガンが›自鳴する. [OF<L<Arab; ⇨ ZERO]
cípher àlphabet 暗号アルファベット《26 字のひとつひとつに他の文字で対応させた単式換字法によるアルファベット》.
cípher·tèxt *n* 《PLAINTEXT に対して》暗号文.
ci·pho·ny /sáɪfəni/ *n* 暗号電話法《信号を電気的に混乱させる》. [*ci*pher+tele*phony*]
cip·o·lin /sípələn/ *n* 雲母大理石, シポリン《白と緑の縞(しま)のはいったイタリア産大理石》. [It=little onion]
cip·ro·flox·a·cin /sìprəfláksəsən, -rou-/ *n* 〘生〙シプロフロキサシン《ニューキノロン系広域抗菌薬; 塩酸塩を処方する》.
cir., circ. circa ♦ circle ♦ circuit ♦ circular ♦ circulation ♦ circumference.
circ /sə́ːrk/ *n**《俗》CIRCUMCISION.
cir·ca /sə̀ːrkə, ⌐⌐/ *prep* およそ (about)《通例 年数に付ける: born *c.* 1620); 略 c., ca.》. [L]
cir·ca·di·an /sərkéɪdiən, -kǽd-, sə̀ːrkədáɪən, -díːən/ *a* 〘生〙‹活動のリズムが›約 24 時間の周期で変動する, ほぼ一日 1 回反復する, 概日(がいじつ)の: ~ rhythms 概日リズム. ♦ **~·ly** *adv* [L ↑, *dies* day]
cir·ca·lu·na·di·an /sə̀ːrkəlunáːdiən/ *a* 太陰日(び) (lunar day) ごとの, 24 時間 50 分間隔の.
cir·can·ni·an /sərkǽniən/, **cir·can·nu·al** /sərkǽnjuəl/ *a* 〘生〙約 1 年周期の, 概年(がいねん)の: ~ rhythm 概年リズム.
Circars ⇨ NORTHERN CIRCARS.
Cir·cas·sia /sərkǽʃ(i)ə; -siə/ チェルケス《Caucasus 山脈の北の, 黒海に臨む地域》.
Cir·cas·sian /sərkǽʃ(i)ən; -siən/ *n* **a** チェルケス人. **b** チェルケス語. ► *a* チェルケス地方[人, 語]の.
Circássian wálnut ペルシアグルミ材《高級家具・化粧単板》.
Cir·ce /sə́ːrsi/ 〘ギ神〙キルケー《Homer の *Odyssey* に登場する, 魔術で男を豚に変えたという魔女》; 妖婦. ♦ **Cir·ce·an** /sə́ːrsiən, sə̀ːrsíːən/ *a*
cir·ci·nate /sə́ːrs(ə)nèɪt/ *a* (連)環状の; 〘植〙蕨(わらび)巻きの. ♦ **~·ly** *adv*
Cir·ci·nus /sə́ːrsənəs/ 〘天〙コンパス座 (Compasses).
cir·ci·ter /sə́ːrsətər/ *prep* CIRCA. [L]
cir·cle /sə́ːrk(ə)l/ *n* **1 a** 円, 円周; 圏, 緯度(圏); GREAT CIRCLE; 《惑星の》軌道 (orbit): make a ~ ‹物体が›円を描く. **b** 円形のもの, 環, 輪 (ring), 円陣; 王冠 (crown); 環状道路[線]; 住宅街の環状道路; [C-] 《London の》地下鉄環状線; *環状交差路 (rotary), 円形広場; 《円形の》桟敷; サーカスのリング; 〘ホッケー〙STRIKING CIRCLE; 〘考古〙環状列石. **2 a** 仲間, 社会, …界; 《交友・活動・勢力・思想などの》範囲; 《神聖ローマ帝国下のドイツなどにおける》地区, 行政区画, クライス: the upper ~*s* 上流社会 / political ~*s* 政界 / literary ~*s* 文学界 / have a large ~ of friends 交際が広い. **b** 全系統, 全体: the ~ of sciences 学問の全系統. **3** 周期; 循環 ‹*of* the seasons›; 〘論〙循環論法, 悪循環 (vicious circle). **4** 〘天〙MERIDIAN CIRCLE. ● **come [turn]** FULL CIRCLE. **go [run] around in ~s** 堂々巡りする; いたずらに駆けずりまわる; すごく手間をかける. **in a ~** 円形で, 円陣をつくって; 循環論法で; in CIRCLES. **in ~s** 輪になって‹踊る›; 旋回して; 堂々巡りして(先に進まない): talk *in ~s* 堂々巡りの議論をする. **run ~s around** sb 《口》人よりずっとすぐれている, 人よりはるかに先を行っている. **square the ~** 与えられた円と同積の正方形を求める (⇨ QUADRATURE OF THE CIRCLE); [*fig*] 不可能な事を企てる. ► *vt, vi* 囲む; 回る, 回転する, 旋回する ‹*around*; *over*›; (…の周辺に)円を描く; 丸で囲む; 取り巻く ‹*around*, *about*›. ● **~ back** 大きく円を描いてもとに戻る. ♦ **cír·cler** *n* [OF<L (dim) *circus* ring]
círcle gràph 円グラフ (pie chart).
círcle jèrk*《卑》輪になって手淫をし合うパーティー; *《俗》実りのない[むだな]会, くだらない[ろくでもない]集まり.
cir·clet /sə́ːrklət/ *n* 小円; 《金・宝石などの》飾り環; 指輪; ヘッドバンド. [*-et*]
cir·cling /sə́ːrklɪŋ/ *n* 〘馬〙輪乗り.
círcling disèase 〘獣医〙旋回病《羊や牛のリステリア症 (LISTERIOSIS)》.
cir·clipᴵᴵ /sə́ːrklìp/ *n* サークリップ《シャフトなどの溝に環状にはめる止め輪》.
Cir·clo·ra·ma /sə̀ːrkləráːmə/ 〘商標〙サークロラマ《多数の映写機と多数のスクリーンを用いて観客の周囲に映像を映し出す方式》.
circs /sə́ːrks/ *n pl*ᴵᴵ《口》CIRCUMSTANCES.
cir·cuit /sə́ːrkət/ *n* **1** 一周すること, 巡回; 回遊旅行; 迂回: make a ~ of…を一周する[巡回する] / a ~ drive [blow, clout, wallop] 《俗》本塁打. **2 a** 巡回路; 迂回路; 周囲, 囲まれた地域, 範囲. **b** 自動車レースの走路, サーキット; 〘電・電子工〙回路, 回線 (cf. SHORT CIRCUIT); 《回路の》接続 (hookup): break [open] the ~ 回路を開く / close [make] the ~ 回路を閉じる. **3** 巡回裁判(区); 《説教師の》巡回教区: go on ~ 巡回裁判をする / ride the ~ ‹判事・牧師が›巡回する. **4** 《野球・フットボールなどの》連盟, リーグ; 《劇場・映画館などの》興行系列, チェーン; 〘スポ〙巡回トーナメント, [the] 巡回トーナメント参加選手; 一連の会合[パーティー]. ● **clout [hit] for the ~** 《野球俗》ホームランをかっとばす. ► *vi, vt* 巡回[迂回]する, 周囲を回る. ♦ **~·al** *a* [OF<L (*circum-*, *it- eo* to go)]
círcuit bìnding 〘製本〙DIVINITY CIRCUIT BINDING.
círcuit blòw 《野球俗》ホームラン (=*circuit clout*, *circuit wallop*).
círcuit bòard 〘電子工〙回路基板 (board).
círcuit brèaker 〘電〙回路遮断器.
círcuit clòut 《野球俗》CIRCUIT BLOW.
círcuit cóurt 巡回裁判所; 〘米〙連邦巡回裁判所《1911 年廃止》.
círcuit cóurt of appéals 〘米〙連邦巡回控訴院《1948 年 COURT OF APPEALS と改称された》.
círcuit jùdge 巡回裁判判事.
cir·cu·i·tous /sərkjúːətəs/ *a* 回り道の; まわりくどい, 遠まわしの. ♦ **~·ly** *adv* **~·ness** *n* [L; ⇨ CIRCUIT]
círcuit rìder*《開拓時代に馬で回ったメソジスト教会の》巡回牧師.
círcuit·ry 〘電〙*n* 回路の詳細設計; 回路構成(要素).
círcuit slùgger 《野球俗》ホームランバッター.
círcuit tràining サーキットトレーニング.
círcuit wàllop 《野球俗》CIRCUIT BLOW.
cir·cu·i·ty /sərkjúːəti/ *n* 遠回り, 遠まわし, まわりくどさ.
cir·cu·lar /sə́ːrkjələr/ *a* **1** 円形の, 環状の; 円を描く; 底面が丸い, 丸底の: a ~ staircase 回り階段. **2** 循環性の; 循環論法の; 巡回の; 回覧する: a ~ argument 循環論証[論法] (cf. ARGUE 成句) / a ~ ticket 回遊切符 / a ~ letter 回状. **3** 遠まわしの. ► *n* 《多くの人に送る》同文案内状, 広告, ちらし; 引き札. ♦ **cir·cu·lar·i·ty** /sə̀ːrkjəlǽrəti/ *n* 円環状; 循環性. **~·ly** *adv* 円形[環状]に, 循環的に, 回覧的に. **~·ness** *n* [OF<L; ⇨ CIRCLE]
círcular bréathing 〘楽〙円環[循環]呼吸《サックス奏者などが, 鼻から吸い込んだ吸気をそのまま呼気として楽器に吹き込んで音をとぎれなく発生させるようにする呼吸法》.

círcular díchroism〔光〕円偏光二色性《光学活性体のもつ, 右回りと左回りの円偏光に対して吸収が異なる性質》; 円偏光二色性分光分析.
círcular fíle [the]《俗》(紙)くずかご, '円形ファイル' (wastebasket).
círcular fúnction〔数〕円関数 (trigonometric function).
círcular·ìze *vt* 円形にする; …に回状を配る, 回覧をまわす; …に意見[支持]を求める; 流布させる. ♦ **-iz·er** *n* **cìrcular·izátion** *n*
círcular méasure〔数〕弧度法.
círcular míl 円ミル《直径 1 mil (＝0.001 inch) の円の面積をもってする針金などの断面積の測定単位》.
círcular nóte 循環信用状《数行の取引銀行に宛てた信用状 (letter of credit)》.
círcular pláne〔木工〕そりかんな (＝*compass plane*).
círcular polarizátion〔光〕円偏光.
círcular sáw 円鋸(まるのこ) (＝*buzz, buzz saw*); 円鋸の歯.
círcular tóur[英] 回遊[周遊]旅行 (round trip).
círcular tríangle 円弧三角形《各辺が円弧》.
cir·cu·late /sə́:rkjəlèɪt/ *vi* **1**〈血液などが〉循環する 〈*in, through, on*〉;〔数〕〈小数が〉循環する; 円運動をする; *巡回する 〈*among, through*〉; 〈杯が〉次々に回る. **2**〈空気などが〉よどみなく流れる; 〈うわさなどが〉流布する, 広まる 〈*through*〉; 《パーティーなどで》歓談して回る 〈*among* the guests〉; 〈新聞などが〉配布される; 〈貨幣が〉流通する. ► *vt* **1**〈水・空気などを〉循環[流通]させる 〈*through*; *to*〉. **2**〈うわさなどを〉触れまわる; 〈新聞などを〉配布する; 〈通貨を〉流通させる. **3**〈手紙・図書を〉回覧させる 〈*through*〉; 〈酒などを〉回す. ♦ **cír·cu·làt·able** *a* **cír·cu·là·tive** /, -lə-/ *a* 循環[流通]性の. [L; ⇨ CIRCLE]
cír·cu·làt·ing cápital 流動資本 (cf. FIXED CAPITAL).
círculating décimal〔数〕REPEATING DECIMAL.
círculating líbrary RENTAL LIBRARY; 《小図書館・学校などで回し読みする》回読文庫, 巡回図書館.
círculating mèdium 通貨.
cir·cu·la·tion /sə̀:rkjəléɪʃ(ə)n/ *n* **1**《血液・水・空気などの》循環: have a good [bad] ～ (血液の)循環がよい[悪い]. **2 a** 流通; 流布, 伝達. **b** 普及高, 《特に新聞の》発行部数, 売れ行き;〔図書〕貸出し(冊数): The paper has a large [small, limited] ～. その新聞は発行部数が多い[少ない]. **c** 通貨, 流通手形《集合的》. ● **in ～** 流通[流布]して; 《口》〈人が〉(社交的に)活動して, 自由に交際して: back *in* ～ 再び出回って, 〈図書が〉貸出し可能で; 日常生活に戻って, 《離婚後など》デートする生活に戻って. **put…into ～** …を流通させる[広める]. **out of ～** 流通[流布]しなくなって; 《口》〈人が活動していないで, つきあいを絶って.
cír·cu·là·tor *n* 《報道・病毒などの》流布者, 伝達者, 伝搬者; 《貨幣の》流通者; 循環器;〔数〕循環小数.
cir·cu·la·to·ry /sə́:rkjələtɔ̀:ri; -t(ə)ri/ *a* 循環の, 循環系の.
círculatory sỳstem〔解〕循環系《血液やリンパ液を流す動物体内の管系》.
cir·cum- /sə́:rk(ə)m/ *pref*「周」「回」「諸方に」「取り巻く」 [L *circum* (prep) round, about]
cir·cum·am·bi·ent /sə̀:rk(ə)mǽmbiənt/ *a* 《特に 空気・液体が》取り巻いている, 周囲の; まわりくどい. ♦ **～·ly** *adv* **-ence, -cy** *n*
cir·cum·am·bu·late /sə̀:rk(ə)mǽmbjəlèɪt/ *vt, vi* 歩きまわる, 巡回する; 遠まわしに言う[探る]. ♦ **-ambulátion** *n* 周行, 巡行; 遠まわし, 婉曲. **-ámbulatory** *a* 周行する, 巡回する; 遠まわしの, 婉曲な.
cir·cum·bend·i·bus /sə̀:rk(ə)mbéndəbəs/ *n* 《まれ》[*joc*] 大回り道, まわりくどい言い方 (circumlocution).
círcum·cènter *n*〔数〕外心.
círcum·cìrcle *n*〔数〕外接円.
cir·cum·cise /sə́:rk(ə)msàɪz/ *vt* …に割礼を行なう, 〈男子〉の包皮を切除する, 〈女子〉の陰核を切除する;〔聖〕〈心などを〉清める《*Jer* 4:4》. ♦ **-cis·er** *n* [OF＜L (*caedo* to cut)]
cir·cum·ci·sion /sə̀:rk(ə)mshíʒ(ə)n/ *n* **1 a** 割礼《特にユダヤ教・イスラム教の儀式》; 《包茎の》環状切除(法). **b** 女子割礼, 陰核切除 (＝*female circumcision*). **c**〔聖〕心の清め. **2** [the C-] キリスト割礼祭《1月1日》. **3** [the]〔聖〕**a** 割礼をうけた者, ユダヤ人 (Jews) (＝the **péople of the ～**). **b** 神に選ばれた[心の清らかな]人たち.
cìrcum·denudátion *n*〔地質〕周辺削剝[浸食]《堅い岩の核を山という形で露出させるような浸食》.
cir·cum·fer·ence /sərkʌ́mf(ə)r(ə)ns/ *n* 円周; 周辺, 周囲, 周線; 境界線. ♦ **cir·cum·fer·en·tial** /sə:rkʌ̀mf(ə)rénʃ(ə)l/ *a* 円周の, 周囲の; 婉曲な. **-tial·ly** *adv* [OF＜L (*fero* to carry)]
cir·cum·flex /sə́:rk(ə)mflèks/ *a*〔音〕曲折的な, 曲折アクセント (circumflex accent) の付いた (cf. ACUTE, GRAVE);〔解〕弓状湾曲した, 回旋した (bent). ► *n* CIRCUMFLEX ACCENT. ► *vt* 〈母音を〉曲折する; …に曲折アクセントを付ける. [L (⇨ FLEX); Gk *perispōmenos* drawn around の訳]
círcumflex áccent 曲折アクセント《^, ˜, ˆ の符号》.
cir·cum·flu·ent /sərkʌ́mfluənt, sə̀:rkəmflú:ənt/, **-flu·ous** /sərkʌ́mfluəs/ *a* 環流性の; 周囲を環流している. ♦ **-flu·ence** *n*
cir·cum·fuse /sə̀:rk(ə)mfjú:z/ *vt* **1**〈光・液・気体などを〉周囲に放散[拡散]する 〈*round, about*〉. **2** …の周囲を取り巻く[おおう] 〈*with*〉. ♦ **-fu·sion** /-fjú:ʒ(ə)n/ *n*
cìrcum·galáctic *a* 銀河の周囲の[を回る].
cìrcum·glóbal *a* 地球を巡る. ♦ **～·ly** *adv*
cìrcum·gýrate *vi* 回転する; 巡る.
cìrcum·gyrátion *n* 回転; とんぼ返り; やりくり算段.
cir·cum·ja·cent /sə̀:rk(ə)mdʒéɪs(ə)nt/ *a* 周辺の. ♦ **-cence** *n* [L (*jaceo* to lie)]
cìrcum·líttoral *a* 海岸線の, 海岸周辺の.
cir·cum·lo·cu·tion /sə̀:rk(ə)mloʊkjú:ʃ(ə)n/ *n* まわりくどさ; 婉曲な言い方; 言いのがれ, 言い抜け. ♦ **～·al, ～·àry** /; -(ə)ri/ *a* **～·ist** *n* **cìr·cum·lóc·u·to·ry** /-lákjətɔ̀:ri; -t(ə)ri/ *a* まわりくどい; 婉曲な. [F or L; Gk PERIPHRASIS の訳]
cìrcum·lúnar *a*〔天〕月を巡る, 月を囲む.
cìrcum·merídian *a*〔天〕子午線(付近)の.
cir·cum·nav·i·gate /sə̀:rk(ə)mnǽvəgèɪt/ *vt* 〈世界を〉周航する; 迂回する. ♦ **-nàv·i·gá·tion** *n* **-náv·i·gà·tor** *n* 周航者, 世界一周旅行者.
cìrcum·nútate *vi*〔植〕〈巻きひげが〉回旋する. ♦ **-nutátion** *n* 《茎・巻きひげなどの》回旋運動, 回旋転頭運動.
cìrcum·ócular *a* 眼の周囲の.
cìrcum·plánet·àry /; -(ə)ri/ *a* 惑星を取り囲む, 惑星を巡る, 惑星周辺の.
cìrcum·pólar *a*〔天〕北極[南極]の周囲を巡る, 周極の; 極付近の, 周極性の: ～ stars 周極星.
cìrcum·rótate *vi* 輪転[回転]する. ♦ **-rotátion** *n*
cir·cum·scis·sile /sə̀:rk(ə)msísəl, -àɪl/ *a*〔植〕横周裂開の.
cir·cum·scribe /sə̀:rk(ə)mskráɪb, ⌐⌐⌐/ *vt* [^{u}*pass*] 制限[制約, 限定]する; …のまわりに境界線を描く; 境界線で囲む; …の限界[範囲]を定める;〔数〕外接させる (*opp. inscribe*): a ～*d* circle 外接円. ♦ **-scríb·able** *a* **cír·cum·scrìb·er** *n* [L (*script- scribo* to write)]
cir·cum·scrip·tion /sə̀:rk(ə)mskrípʃ(ə)n/ *n* 限界; 制限, 限定; 定義; 範囲; 周辺(の物質);〔数〕外接; 《貨幣の》周辺の銘刻. ♦ **cir·cum·scríp·tive** *a* **-tive·ly** *adv*
cìrcum·sólar *a* 太陽を巡る[囲む], 太陽周辺の.
cir·cum·spect /sə́:rk(ə)mspèkt/ *a* 用心深い, 慎重な, 用意周到な 〈*about, in*〉. ♦ **～·ly** *adv* **～·ness** *n* CIRCUMSPECTION. [L (*spect- specio* to look)]
cir·cum·spec·tion /sə̀:rk(ə)mspékʃ(ə)n/ *n* 慎重さ, 用意周到さ. ♦ **-spec·tive** /-spéktɪv/ *a* CIRCUMSPECT.
cir·cum·stance /sə́:rk(ə)mstæ̀ns, -stəns/ *n* **1 a** [^{u}*pl*] 《周囲の》事情, 情況, 環境, 境遇: *C~s* alter cases. 《諺》情況が行動[対応]の仕方を変える / force of ～ 環境の力, よんどころない外部事情 / (the) creature of ～*(s)* 境遇に左右される者 / It depends on ～*s*. それは(時と)場合による / under [in] the ～*s* こんな事情では[だから] / under [in] no ～*s* どんなことがあっても…ない. **b** [*pl*] (経済的な)境遇, 暮らし向き: in bad [needy, reduced] ～*s* 貧しい暮らしで / in easy [good] ～*s* 楽な暮らしで; 順調で. **c** 《事件の》証拠上の状況. **d** 付随的な事柄, 本質的でないもの. **e** 《事情を構成する》一つの事実[できごと]; *[形容詞を伴って]《…な》もの[人]: a lucky ～ 幸運な事柄 / a mere [remote, poor] ～ つまらない[取るに足らない]もの[人] / the whole ～*s* 一部始終. **2** 《事の》次第, 詳細: with much [great] ～ 詳細に. **3** 儀式ばったこと (ceremony), ものものしさ: pomp and ～ ものものしい行列や儀式《Shak., *Othello* 3.3.354》/ without ～ 儀式ばらずに, 手軽に. ● **not a ～ to…** *《俗》…と比べたら取るに足らない. [OF or L (*stantia*＜*sto* to stand)]
cír·cum·stànced /, -stənst/ *a* (ある)事情[経済的境遇]にある: be differently [well, awkwardly] ～ 違った[都合のよい, 困った]立場にある / thus ～ こうした事情で.
cir·cum·stan·tial /sə̀:rk(ə)mstǽnʃ(ə)l/ *a* **1 a** 〈証拠などが〉《その時の》場合[事情]による, 情況的な. **b** 付随的な, 偶然な. **2** 詳細な (detailed). **3** 儀式ばった. ♦ **～·ly** *adv* 情況により; 偶然に; つぶさに. **cir·cum·stan·ti·al·i·ty** /sə̀:rk(ə)mstæ̀nʃiǽləti/ *n* 詳しさ; 詳細な事柄.
circumstántial évidence〔法〕情況証拠 (＝*presumptive evidence*)《間接の推定的証拠; opp. *direct evidence*》.
cir·cum·stan·ti·ate /sə̀:rk(ə)mstǽnʃièɪt/ *vt* 詳細に説く; 《情況によって》実証する. ♦ **cìr·cum·stàn·ti·á·tion** *n*
cìrcum·stéllar *a* 星を囲む[巡る], 星周辺の.
cìrcum·terréstrial *a* 地球を巡る, 地球周辺の.
cir·cum·val·late /sə̀:rk(ə)mvǽlèɪt/ *vt* 城壁などで囲む. ► *a* /, -lət/ 城壁などで囲まれた;〔解〕有郭の: ～ papillae《舌の》有郭乳頭. ♦ **-val·la·tion** /-vəléɪʃ(ə)n/ *n* 城壁をめぐらすこと; 城壁.
cir·cum·vent /sə̀:rk(ə)mvént/ *vt* **1 a** 取り囲む. **b** 迂回する; (巧みに)回避する. **2** 出し抜く, 計略にかける, 欺く. ♦ **-vén·tion** *n* **-vén·tive** *a* [L (*vent- venio* to come)]
cir·cum·vo·lu·tion /sərkʌ̀mvəlú:ʃ(ə)n, sə̀:rk(ə)mvoʊ-/ *n* 旋転, 周転; 渦線; 曲がりくねり. ♦ **-vo·lu·to·ry** /-lú:təri/ *a*
cir·cum·volve /sə̀:rk(ə)mválv/ *vt, vi* 回転[旋転]させる[する].

cir·cus /sə́ːrkəs/ *n* **1 a** 曲芸, サーカス; サーカス団; プロスポーツの巡業団; サーカス小屋. **b** «口» にぎやかな[愉快な]人[連中]; «口» お祭り, 大騒ぎ: a media ～ 報道合戦. **2 a** 《ひな壇式の》円形興行場, 《古代ローマの》競技場; 《円形興行場で行なわれた》見世物. **b** ″円形辻, 円形広場 (cf. SQUARE): PICCADILLY CIRCUS. **c** «廃» 環状列石 (circle); «廃» 円, 環 (circle). ♦ **～(·s)y** *a* ［L＝ring］

círcus càtch «スポ俗» 驚異の捕球, 実にみごとな捕球, すごいナイスキャッチ.

cir·cus·iana /sə̀ːrkəsiǽːnə, -ǽnə/ *n pl* サーカスに関係のある事物, サーカス誌.

Círcus Máx·i·mus /-mǽksəməs/ 《古代ローマの》大円形競技場.

ci·ré /səréɪ, si-; síːrèɪ/ *a* 《ワックスをかけて加熱・加圧し》光沢を与えた, シーレ加工を施した. ► *n* シーレ《**1**) シーレ加工をした表面 **2**) シーレ加工をした織物》. ［F＝waxed］

Ci·re·bon /ʧɪərəbɔ́ːn/ チルボン《インドネシア Java 島西部北岸の市》.

Cirenaica ⇨ CYRENAICA.

cire per·due /*F* siːr pɛrdy/ 〖冶〗蠟型(ろうがた)法 (LOST WAX).

círl bùnting /sə́ːrl-/ 〖鳥〗ノドグロアオジ, クロノドアオジ《欧州産》.

cirque /sə́ːrk/ *n* 円形の空間[配列]; 〖地質〗圏谷, カール《氷食作用によって山頂近くにできた円い窪地》; «詩» 円, 輪; «詩» 自然円形劇場; «古» CIRCUS. ［F; ⇨ CIRCUS］

cirr- /sír/, **cir·ri-** /sírə/, **cir·ro-** /sírou, sírə/ *comb form* 「巻きひげ」「巻き毛」「巻雲」 ［L; ⇨ CIRRUS］

cir·rate /síreɪt/ *a* 〖植・動〗巻きひげ[棘毛] (cirri) のある.

cir·rho·sis /səróusəs/ *n* (*pl* **-ses** /-sìːz/) 〖医〗肝硬変; 硬変(症). ♦ **cir·rhot·ic** /sərátɪk/ *a* 肝硬変の. ► *n* 肝硬変患者. ［NL (Gk *kirrhos* tawny, *-osis*)］

cirri *n* CIRRUS の複数形.

círri·fòrm *a* 巻きひげ状の; 〖気〗巻雲状の.

círri·pèd, -pède *a* 〖動〗蔓脚(まんきゃく)下綱[類] (Cirripedia) の. ► *n* 蔓脚類の動物《フジツボ・エボシガイなど》. ［L (*cirr-*, *ped- pes* foot)］

cìrro·cúmulus *n* 〖気〗巻積雲《巻(層)雲から変化してできる; 略 Cc》.

cir·rose, -rhose /sìròus, ─ ´/ *a* CIRRATE.

cìrro·strátus *n* 〖気〗巻層雲《略 Cs》.

cir·rous /sírəs/ *a* 〖気〗巻雲に似た; 〖動・植〗CIRRATE.

cir·rus /sírəs/ *n* (*pl* **cir·ri** /-ràɪ/) 〖植〗つる, 巻きひげ (tendril); 《フジツボの》蔓脚(つるあし)(まんきゃく); 《ウミユリの》巻枝; 《原生動物の》毛状突起, 棘毛(きょくもう); 《無脊椎動物の》陰茎; 〖気〗巻雲《略 Ci》. ［L＝curl, tuft］

cir·soid /sə́ːrsɔɪd/ *a* 〖医〗静脈瘤状の.

cis /sís/ *a* 〖化〗シス形の《ある種の原子または基が二重結合または環の同じ側にあるもの; cf. TRANS》. ［L＝on this side］

Cis /sís/ シス《女子名; Cecilia の愛称》.

cis- /sɪs/ *pref* (opp. *trans-*, *ultra-*)「…のこちら(側)の」「〖化〗シス形の (cis)」 ［L］

CIS °Commonwealth of Independent States.

cis·álpine *a* アルプスのこちら側の《ローマからみて南側, フランスからみて北側; cf. TRANSALPINE》; 教皇権制限主義の.

Cisálpine Gául ガリア・キサルピナ《古代ガリアのアルプス山脈の南および東の地域; cf. TRANSALPINE GAUL》.

cìs·atlántic *a* 大西洋のこちら側の《話し手[書き手]の立場により米国側, ヨーロッパ側のいずれにもなる》.

CISC /sísk/ *n* 〖電算〗CISC (シスク)《複雑な命令セットをもつコンピューター; cf. RISC》. ［complex *i*nstruction *s*et *c*omputer］

Cìs·caucásia 前[北]カフカス《Caucasus 山脈北方の CAUCASIA》. ♦ **cìs·caucásian** *a*

cis·co /sískou/ *n* (*pl* **～es, ～s**) 〖魚〗シスコ《サケ科コクチマス属[コレゴヌス属]の淡水魚; 北米五大湖地方に産するものは lake herring の名で知られ, 重要な食用魚とされる》. ［CanF］

cìs-Elizabéthan *a* エリザベス朝以後の.

Cis·kei /sískàɪ/ シスカイ《南アフリカ共和国 Cape 州東部にあった Bantustan; ☆Bisho; 1981 年南ア政府が独立を承認したが, 国際的に認知されることなく 94 年南ア共和国に再統合》. ♦ **～·an** /sɪskáɪən/ *n*

cis·lúnar *a* 〖天〗地球と月[月軌道]の間の.

cis·mon·tane /sɪsmántèɪn/ *a* 山[山脈]のこちら側の, 《特に》CISALPINE (opp. *ultramontane*); 山脈に近い方の.

cis·pa·dane /síspədèɪn, sɪspéɪdèɪn/ *a* ポー (Po) 川のこちら[南, ローマ]側の (opp. *transpadane*).

cis·plat·in /sɪsplǽt(ə)n/ *n* 〖薬〗シスプラチン《プラチナを含んだ抗腫瘍剤; 睾丸・卵巣の腫瘍や進行した膀胱癌の治療に用いられる》. ［*cis-*, *platinum*］

cis·plátinum *n* 〖薬〗CISPLATIN.

cis·pon·tine /sɪspántàɪn/ *a* 橋のこちら側の; 《特に London で》テムズ (Thames) 川のこちら側[北岸]の. ［L *pont- pons* bridge］

cis·sa /sísə/ *n* 〖鳥〗ヘキサン《カラス科; ヒマラヤ・熱帯アジア原産の飼鳥》. ［Gk＝jay］

Cis·sie /sísi/ シッシー《女子名; Cecilia の愛称》.

cis·sing /sísɪŋ/ *n* 〖塗装〗はじき《ワニスなどを塗った表面に油のしみや小さい穴などのためにできる条(すじ)や小突起》. ［?］

cis·soid /sísɔɪd/ *n* 〖数〗疾走線, シッソイド. ► *a* 交わる 2 曲線の凹面側に含まれる.

cis·sus /sísəs/ *n* (*pl* ～) 〖植〗シッサス属 (*C-*) の各種のツタ《ブドウ科; 主に熱帯産》. ［Gk *kissos* ivy］

cis·sy″ /sísi/ *n*, *a* SISSY¹.

cist /síst, kíst/ *n* 〖考古〗石櫃(いしびつ)(せきひつ); 《古代ギリシア・ローマの》聖器箱. ［CHEST］

cis·ta·ceous /sɪstéɪʃəs/ *a* 〖植〗ハンニチバナ科 (Cistaceae) の.

Cis·ter·cian /sɪstə́ːrʃ(ə)n/ *n* シトー(修道)会修道士, シトー会士《シトー会は 1098 年フランスの Cîteaux で Molesme の修道院長ロベール (St Robert (c. 1027–1110)) によって設立された聖ベネディクトゥスの修道会則に従う修道会》. ► *a* シトー修道会(士)の. ♦ **～·ism** *n* ［F (*Cîteaux* フランス Dijon の近くの創設地)］

cis·tern /sístərn/ *n* 《水洗トイレの》貯水タンク, 《屋上の》給水タンク, 《雨水をためる地下の》貯水槽; 《天然の》貯水池, 溜池; 〖解〗槽; 《かつて食卓でワインを冷やしたりするのに用いられた》大きな銀器. ［OF ＜L (CIST)］

cis·ter·na /sɪstə́ːrnə/ 〖解〗*n* (*pl* **-nae** /-nìː/) CISTERN; 《特に》大槽, 乳糜(にゅうび)槽, くも膜下槽《など》. ♦ **cis·tér·nal** *a*

cístern baròmeter シスタン気圧計《水銀気圧計の一種で, 下の水銀面が上よりも面積の大きなもの; cf. MERCURY BAROMETER》.

cís-tráns isómerism /sístræns-, -trǽnz-; -tráːnz-/ 〖化〗シス-トランス異性.

cís-tráns tést 〖遺〗シス-トランス検定《2 種の突然変異が同一染色体上であるか否かを調べる方法》.

cis·tron /sístràn/ *n* 〖遺〗シストロン《遺伝子の機能単位》. ♦ **cis·trón·ic** *a*

cis·tus /sístəs/ *n* 〖植〗キスツス属[ゴジアオイ属] (*C-*) の各種の小低木《ハンニチバナ科; cf. ROCKROSE》. ［NL＜Gk］

cit* /sít/ *n* **1** 市民 (citizen), 《特に》ロンドン子, 都会人, 商人; «俗» 一般人. **2** [*pl*]*«俗» 《軍服に対して》市民服, 平服.

cit. citation ♦ cited ♦ citizen ♦ 〖化〗citrate.

cit·able, cite- /sáɪtəb(ə)l/ *a* 引用できる, 引用に値する.

cit·a·del /sítədl, -dèl/ *n* **1** 《市街を見おろして守護する》要塞; 牙城, 本拠(地); 《軍艦の》砲郭; 《救世軍の》伝道所, 伝道本部. **2** [The C-] シタデル《South Carolina 州 Charleston にある陸軍士官養成カレッジ; 1842 年創立》. ［F or It (dim)＜CITY］

ci·ta·tion /saɪtéɪʃ(ə)n/ *n* **1** 引用; 典拠[出典]の明示, 引証, 《先例などの》援用; 引用句[文, 箇所]; 《学位を受ける人の》業績の列挙. **2 a** 《軍功を表彰するために》公報中に特記すること; 表彰状, 感状. **b** 〖法〗召喚, 召喚状, 出廷通告. ♦ **～·al** *a*

citátion fòrm 〖言〗引用形式《**1**) ある語が 1 つだけ独立して発音されるときの形態; 談話の普通の流れの中で発音される時の形態と区別される **2**) 言語学の議論や辞書の見出しで, 屈折しない形で表わされる形態, いわゆる'原形'》.

ci·ta·tor /saɪtéɪtər/ *n* 引証[引用]するもの[人]; 《特に》判例引用一覧, 判例集.

ci·ta·to·ry /sáɪtətɔ̀ːri; -t(ə)ri/ *a* 召喚の.

cite /sáɪt/ *vt* **1** 引用する (quote), 《例・証左・典拠などとして》挙げる, 引証する, 引く, 引合いに出す; 列挙する; 思い起こさせる; ‹殊勲者›の名を公報中に特記する, 表彰[顕彰]する ‹*for* bravery›. **2** 〖法〗召喚する ‹*for* driv*ing* too fast›; ″《裁判で》‹人›の名前を出す, ‹事例を›持ち出す, 引く; «古» 刺激する, 駆り立てる. ► *n**«口» 引用文. ［F＜L (*cieo* to set in motion)］

CITES /sáɪtìːz/ Convention on International Trade in Endangered Species of Wild Fauna and Flora 絶滅のおそれのある野生動植物の種の国際取引に関する条約, サイテス《1975 年発効; Washington Convention ともいう》.

Ci·thae·ron /səθíːràn/ キタイロン (ModGk **Ki·thai·rón** /kìːθɛrɔ́ːn/)《ギリシア南東部の山 (1409 m); Attica と Boeotia の境界上に位置し, Dionysus と Muses を祭っている; 旧称 Elatea》.

cith·a·ra /síθərə, *kíθ-/, **kith-** /kíθ-/ *n* 〖楽〗キタラ《古代ギリシアの 7–11 弦の琴で lyre の類》. ♦ **cíth·a·rist, kíth-** *n* ［Gk］

cith·er(n) /síθər(n), síð-/ *n* CITTERN.

Cit·i·bank /sítibæ̀ŋk/ シティバンク《米国の大手銀行》.

cit·ied /sítid/ «詩» *a* 都市 (city) のような; 都市のある; 都市化した.

cit·i·fied /sítifàɪd/ *a* [°*derog*] 都会風の.

cit·i·fy /sítifàɪ/ *vt* 都市化する; 都会風にする. ♦ **cit·i·fi·ca·tion** /sìtəfɪkéɪʃ(ə)n/ *n*

cit·i·zen /sítəz(ə)n, *-sən/ *n* **1** 《出生または帰化により市民権をもち, 国に対する忠誠の義務を有する》公民, 人民, 国民 (cf. ALIEN): an American ～ 米国民. **2 a** 市[町]の住民, 市民《特に市民権をもつ市民》; 都会人. **b***«俗» 《自分よりも》体制寄りの[堅気の]人間[やつ]. **3** 《軍人や警官などに対して》一般市民, 民間人 (civilian). **4** 住民 (resident) ‹*of*›; 《広く》構成員, メンバー. ● **a ～ of the world** 世界人 (cosmopolitan). ♦ **～·hòod** *n* **～·ly** *a* ［AF (CITY); cf. DENIZEN］

cítizen·ess *n* 女性の CITIZEN.

cítizen jòurnalism 市民ジャーナリズム《一般市民が携帯電話や

ビデオカメラなどを使って行なう報道・取材活動》.

Cítizen Káne『市民ケーン』《米国映画 (1941); Orson Welles 制作・監督・脚本 (共同)・主演; 謎のことばを残して死んだ新聞王 Kane の実像を新聞記者が知人へのインタビューを通じて浮かび上がらせていく》.

cítizen·ry *n* 一般市民, 庶民《集合的》.

Cítizens Advíce Bùreau [the]〘英〙市民助言局《市民の権利・法律問題・金銭問題・国家給付金やボランティア援助提供団体などについて市民に無料で情報提供と助言を行なう組織; 1939 年第二次大戦勃発時に国民への助言機関として発足; 略 CAB》.

cítizen's arrést〘法〙市民による逮捕《重罪の現行犯を市民の権限において逮捕すること》.

cítizens(') bánd 市民バンド, シチズンバンド《トランシーバーなどのための個人用周波数帯; 略 CB》.

Cítizens' Chárter [the]〘英〙市民憲章《1991 年 Major 保守党政権が発表した, 市民が政府省庁からうける権利を有するサービスの基準》.

cítizen·shìp *n* **1** 市民権; 公民権; 公民の身分[資格] (cf. CITIZEN); 《大学などの》共同社会の一員であること. **2**《個人の》市民性, 市民としての心得; 共同社会性: good ～.

cítizenship pàpers *pl*〘米〙市民権証書《外国生まれの米国人に, さらには米国在住の外国人に与える》.

Ci·tlal·té·petl /sìːtlɑːltéɪpètl/ シトラルテペトル《メキシコ南東部の火山 Sierra Madre (Oriental) の主峰で, 同国の最高峰 (5610 m); スペイン語名 (Pico de) Orizaba》.

cit·ole /sətóul, sítòul/ *n* CITTERN; CITHARA.

ci·toy·en /*F* sitwajɛ̃/ *n* (*pl* ～**s** /—/) CITIZEN.

citr- /sítr/, **cit·ri-** /sítrə/, **cit·ro-** /sítrou, -rə/ *comb form*「カンキツ (citrus)」「クエン酸」 [L]

cit·ra- /sítrə/ *pref*《まれ》CIS-.

cit·ral /sítrəl/ *n*〘化〙シトラール《レモン油・だいだい油などに含まれている液状アルデヒド; 香料用》.

cit·rate /sítrèɪt, -rət, "sáɪtrèɪt/ *n*〘化〙クエン酸塩[エステル].

cit·re·ous /sítriəs/ *a* レモン色の, 緑がかった黄色の.

cit·ric /sítrɪk/ *a*〘化〙クエン性[酸]の. [F＜L; ⇨ CITRON]

cítric ácid〘化〙クエン酸.

cítric ácid cỳcle〘生化〙クエン酸サイクル[回路] (KREBS CYCLE).

cítri·cùlture *n* 柑橘(かんきつ)栽培. ♦ **cìtri·cúlturist** *n*

cít·ril fínch /sítrəl-/〘鳥〙シトロンヒワ.

cit·rin /sítrən/ *n*〘生化〙シトリン《ビタミン P のこと》.

cit·rine /sítriːn, -ràɪn, sɪtríːn/ *n* レモン色, 淡黄色; 黄水晶, シトリン (＝*topaz quartz*)《11 月の BIRTHSTONE》. ► *a* レモン(色)の. [F; ⇨ CITRON]

ci·tri·nin /sɪtráɪnən/ *n*〘生化〙シトリニン《アオカビ *Penicillium citrinum* および コウジカビ *Aspergillus niveus* が産生する毒性をもつ抗生物質; 一部のグラム陽性菌に有効》.

Ci·tro·ën /sítrouən; sìtrouén; *F* sitrɔen/ (*pl* ～**s** /-z; *F* —/)〘商標〙シトロエン《フランス Citroën 社製の自動車》. [André *Citroën* (1878–1935) 創業者]

cit·ron /sítrən/ *n* シトロン《ブシュカンの実》; ブシュカン(の木); シトロンの皮の砂糖漬け《フルーツケーキなどに入れる》; シトロン色, 淡黄色; CITRON MELON. [F＜L *citrus*; 語形は *limon* lemon の影響]

cit·ro·nel·la /sìtrənélə/ *n*〘植〙コウスイガヤ, シトロネラソウ (＝～ **gràss**)《熱帯アジア原産イネ科オガルカヤ属の多年草》; シトロネラ油 (＝～ **òil**)《コウスイガヤから採る精油; 香水・石鹸・除虫用》. [NL (dim)＜CITRON]

cit·ro·nel·lal /sìtrənélæl/ *n*〘化〙シトロネラル《シトロネラ油やメリッサ油の中にある無色液状アルデヒド; 香料用》.

cit·ro·nel·lol /sìtrənélɔ̀(ː)l, -òul, -ɑ̀l/ *n*〘化〙シトロネロール《バラ香をもつ無色・透明の不飽和アルコール; バラ油・ゼラニウム油から得られ, 香料・石鹸に用いる》. [*citronella*, *-ol*]

cítron mèlon〘植〙シトロンメロン《果肉が堅く白いスイカの一品種; 菓子・ピクルスなど用》.

cítron·wòod *n* シトロン材《家具用材》; サンダラック材《建材・家具用》.

ci·tróv·o·rum fàctor /sətrɑ́vərəm-/〘生化〙シトロボルム因子 (FOLINIC ACID). [*citr-*, *-vorum*＜*-vorus* -vorous]

cit·rul·line /sítrəlìːn/ *n*〘生化〙シトルリン《アミノ酸の一つ; 体内ではオルニチン・アルギニンと共に尿素生成サイクルの中間体としてはたらく》.

cit·rus /sítrəs/ *n* (*pl* ～, ～·**es**)〘植〙カンキツ属 (*C-*) の各種の木《ミカン科》; カンキツ類の果物, 柑橘果実 (＝～ **frùit**). ♦ ～**y** *a* **cit·rous** /sítrəs/ *a* [L＝citron tree or thuja]

cítrus cànker〘植〙《カンキツ類の》潰瘍(かいよう)病.

Cítrus Léague [the]〘野〙シトラスリーグ (＝*Grapefruit League*)《Florida 州でキャンプを張る Braves, Red Sox, Orioles, Tigers, Marlins, Astros, Twins, Mets, Yankees, Phillies, Pirates, Cardinals, Rays, Blue Jays, Nationals の 15 球団の総称》.

cítrus réd míte [spíder]〘動〙ミカンハダニ.

Città del Vaticano ⇨ VATICAN CITY.

cit·tern /sítərn/ *n*〘楽〙シターン (＝*cither*, *cithern*)《16–17 世紀に流行したギターに似た弦楽器》. [? *citherara*＋*gittern*]

city /síti/ *n* **1 a** 都市, 都会《CIVIC, URBAN, MUNICIPAL *a*》: A great ～, a great solitude. 《諺》大都会では人は孤独 / If each would sweep before the door, we should have a clean ～. 《諺》各人が戸口を掃けば町は清潔になるだろう. **b** 市《英国では勅許状により自治権を認められ cathedral などをもつ town, 米国では州庁の認可により定められた権限をもつ重要都市, カナダでは最上級の地方自治体》. **c** 都市国家 (city-state). **2** [the] 全市民; 市当局. **3** [the C-] **a**《London の》シティー (＝the **C**～ **of Lóndon**)《市長 (Lord Mayor) と市会が自治を行なっている英国の金融・商業の中心地で, Thames 川北岸の約 1 マイル平方》. **b** 英国財界[金融界]. **4** *《俗》…の場所[町]; *《俗》…な人[もの, こと, 状態]: FUN CITY / WRINKLE CITY / FAT CITY / tap ～ すかんぴんの状態. ● **one on the** ～ *《俗》コップ一杯の水(の注文). [OF＜L *civitas*; ⇨ CIVIL]

city acàdemy" シティーアカデミー《都市の恵まれない子供のために政府・企業双方からの補助金で運営されている中等教育機関》.

Cíty and Guílds (of Lóndon) Ínstitute [the]〘英〙シティー・アンド・ギルド協会《労働者の各種技術・技能検定組織; 通称 City & Guilds; 合格者には City and Guilds Certificate が与えられる》.

Cíty árticle"《新聞の》商業経済記事.

cíty assèmbly 市会.

cíty·bìlly*《俗》*n* 都会でカントリーミュージックを演奏するミュージシャン; 都会に住むカントリーミュージックファン.

cíty blúes [‹*sg/pl*›] シティーブルース (urban blues).

cíty-bòrn *a* 都会生まれの.

cíty-brèd *a* 都会育ちの.

cíty céntre "市の中心部, 商業地区 (downtown*).

cíty chícken 串に刺した子牛肉などの蒸し煮.

cíty clérk 市書記, 市政記録係《市の公文書の記録・人口統計・免許証発行を担当する》.

Cíty Cómpany ロンドン市商業組合《昔の各種商業組合を代表する》.

cíty cóuncil 市議会.

cíty cóuncilor 市会[市議会]議員.

cíty désk*《新聞社の》地方記事編集部; "《新聞社の》経済記事編集部.

cíty edìtion《新聞の》地方版, 市内版.

cíty éditor*《新聞社の》地方記事編集主任[長]; [ᴰC- e-] "《新聞社・雑誌社の》経済記事編集主任[長].

cíty fáther 市の長老[有力者], 市会議員.

cit·y·fied /sítifàɪd/ *a* CITIFIED.

cit·y·fy /sítifàɪ/ *vt* CITIFY.

cíty háll* 市庁舎, 市役所; 市当局; 《口》市の官僚機構: fight ～ 役所を相手に戦う.

Cíty màn" シティー (the City) の実業家[資本家].

cíty mánager〘米〙市支配人《選挙で選ばれた議会から任命される市政管理官; cf. COUNCIL-MANAGER PLAN》.

Cíty of Dávid [the]〘聖〙ダビデの町《1) David が都に定めた Jerusalem; 2 *Sam* 5: 7, 9 2) David が生まれた Bethlehem; *Luke* 2: 4》.

Cíty of Gód [the] 神の都《〘聖〙天国 (Heaven); *Ps* 46: 4》; [the] 神の国《St Augustine of Hippo が *The City of God* (413–427) で論じた, 地上の国に対して, 神と永遠の善を求める天上の国》.

cíty of réfuge〘聖〙のがれの町《古代ヘブライの過失致死の罪人保護市であった Palestine の 6 都市の一つ; *Josh* 20: 2》.

cíty of the déad [the] 墓地.

Cíty of (the) Séven Hílls [the] 七丘の都《ローマ (Rome) のこと; ⇨ SEVEN HILLS OF ROME》.

cíty òrdinance 都市条例.

cíty páge"《新聞の》経済欄.

cíty plán 都市計画.

cíty plánner 都市計画者《特にプロの立案参画者》.

cíty plánning 都市計画.

Cíty Remémbrancer [the]《議会の委員会などで》ロンドン市会代表者.

cíty ròom《新聞社・ラジオ・テレビの》地方ニュース編集室 (cf. NEWSROOM).

cíty·scàpe *n* 都市の眺め; 都市景観; 都市風景《絵画・写真》.

cíty slícker《口》[ᴰ*derog*] 世慣れた[あかぬけした, 如才ない]都会人, 都会もん (slicker).

cíty-státe /ˌ— —/ *n* 都市国家《古代アテナイ・スパルタなど》.

cíty technólogy còllege〘英〙都市技術カレッジ《都市部において科学技術中心の教育を行なうため 1990 年前後に相次いで設立された上級の中等学校; 運営の一部は企業の拠出金で賄われる》.

Cíty Univérsity of Nèw Yórk [the] ニューヨーク市立大学《1961 年 New York 市の公立大学が統合されて成立; 略 CUNY》.

cíty·ward(s) *adv*, *a* 都市(の方)へ(の).

cíty wàter 水道(用水).

cíty·wíde *a*, *adv* 市全体を含む[含んで], 市全域の[で, に], 全市的な[に].

Ci·u·dad Bo·lí·var /sì:uðá:(ð) bəlí:vàːr, -dǽd-/ シウダードボリーバル《ベネズエラ東部の Orinoco 川に臨む市·港町》.
Ciudád Gua·yá·na /-gwəjá:nə/ シウダードグアヤナ《ベネズエラ東部 Caroní 川と Orinoco 川との合流点にある市; 旧称 Santo Tomé de Guayana》.
Ciudad Juá·rez /ー́ー (h)wá:rəs/ シウダードフアレス《メキシコ北部の市; Rio Grande に臨み, 対岸は米国 Texas 州の El Paso》.
Ciudad Re·al /ー́ー reıá:l/ シウダードレアル《(1) スペイン中南部 Castilla-La Mancha 自治州の県 2) その県都》.
Ciudad Tru·jil·lo /ー́ー truhí:(j)ou/ シウダードトルヒーヨ《ドミニカ共和国の首都 SANTO DOMINGO の旧称》.
Ciudád Victória シウダードビクトリア《メキシコ中東部 Tamaulipas 州の州都》.
civ /sív/ *n* 《口》《特に 科目としての》文明 (civilization).
civ. civil ♦ civilian ♦ civilization.
civ·et /sívət/ *n* 〘動〙 CIVET CAT (cf. LESSER CIVET); civet cat の毛皮; 霊猫香(れいびょうこう), シベット《香料》. [F<It<L<Arab=civet perfume]
cívet cát 〘動〙 **a** オオジャコウネコ, 《特に》アフリカジャコウネコ. **b** CACOMISTLE. **c** LITTLE SPOTTED SKUNK.
civ·ex /sívèks/ *n* シベックス《核兵器の原料となる純粋プルトニウムの生産防止のために核燃料を増殖炉で再処理するシステム》. [C20 ?*ci*vilian+*ex*traction]
civ·ic /sívık/ *a* 市民[公民]の; 市の, 都市の: ~ duties 市民の義務 / ~ virtues 市民道徳 / ~ life 市民[都市]生活 / ~ rights 市民の権利. ♦ **-i·cal·ly** *adv* 市民として, 公民らしく. [F or L (*civis* citizen)]
cívic cénter *市民会館[センター, ホール]; ᴴ《町の》中心[官庁]地区; 市当局.
cívic crówn [wréath] 〘古ロ〙 市民の栄冠《市民の命を救った兵に与えたオークの葉の冠; その装飾》.
Cívic Fórum [the] 市民フォーラム《チェコスロヴァキアの草の根政治運動組織; 1989 年 12 月のビロード革命 (velvet revolution) およびその後の政局に主導的役割を演じた》.
cìvic-mínd·ed *a* 公共心[市民意識, 公徳心]のある. ♦ **~·ness** *n*
cív·ics *n* *《学校の》公民科; 市政学.
cívic univérsity 〘英〙 市民大学《本来大都市における中産階級の若者の教育のために設立された大学》.
civie ⇨ CIVVY.
civ·il /sív(ə)l/ *a* **1 a** 市民[公民]の, 公民的な, 公民としての; 公衆の, 民間の: ~ life 社会[公民]生活; 民間人[一般市民]生活 / CIVIL RIGHTS / ~ aviation 民間航空 / a ~ airport 民間飛行場. **b** 《聖に対して》俗の; 《軍人·官吏に対して》(一般)市民の; 《武に対して》文の; 《外政に対して》内政の, 国内の: CIVIL WAR. **2 a** 《司法·立法に対して》行政(府)の. **b** 〘法〙 民事の (cf. CRIMINAL); 〘法〙 ローマ市民法の. **3** 文明化された; 礼儀正しい, 《特に 単に形式的に》丁寧な: do the ~ 親切にもてなす. **4** 《自然でなく》法律によって定められた; 暦の, 常用の: CIVIL YEAR. [OF<L; ⇨ CIVIC]
cívil affáirs *pl* 《占領地などの》民政.
Cívil Aviátion Authòrity [the] 〘英〙 民間航空局《航空会社·空港の活動を監視·規制する独立機関; 略 CAA》.
cívil cálendar 《ユダヤ暦の》政暦 (cf. JEWISH CALENDAR).
cívil códe 民法典.
cívil commótion 騒乱, 暴動.
cívil dáy 暦日 (calendar day).
cívil déath 〘法〙 市民権喪失, 法律上の死亡.
cívil defénse 《空襲その他の非常事態に対する》民間防衛対策[活動]: a ~ corps 自警団.
cívil disobédience 1 市民的不服従《政府の要求·命令に従うことの拒否; 特に 政府側の譲歩を引き出すために行なわれる非暴力的·集団的な反抗; 納税拒否など》. **2** [C- D-] 「市民的不服従」《Thoreau の論文 (1849); 個人の良心に従うことを国家に対する義務に優先させ, そのために違法となる場合にはそれに対する罰をも甘受することなどを述べたもの》.
cívil enginéer 土木技師《略 CE》.
cívil enginéering 土木工学.
ci·vil·ian /səvíljən/ *n* **1** 《軍人や警官などに対して》一般市民, 民間人, 文民; 非戦闘員; 軍属; 部外者, 門外漢, しろうと (outsider). **2** 民法[ローマ法]学者. ► *a* 一般の, 民間の; 《武官に対し》文官の; 《軍人に対し》軍属の: ~ airplanes 民間機 / ~ control 文民統制. [ME=practitioner of CIVIL law]
cívilian·ìze *vt* 〈捕虜〉に一般市民としての身分を与える; 軍管理から民間管理に移管する. ♦ **civilian·izátion** *n*
ci·vil·i·ty /səvíləti/ *n* 《特に 単なる形式的な》丁寧さ, 礼儀; [*pl*] 丁寧なことば[行為]; 《古》教養.
civ·i·li·za·tion, 《英》 **-sa-** /sìv(ə)ləzéıʃ(ə)n; -laı-/ *n* **1** 文明; 文明社会; 文明人[国] 《集合的》: All ~ was horrified. 文明国民は皆ぞっとした. **2** 文明化, 開化; 洗練. **3** 《砂漠·僻地などに対して》人口密集地, 都会; 文明の快適な生活, 都会生活. ♦ **~·al** *a* **~·al·ly** *adv*
civ·i·lize, 《英》 **-lise** /sív(ə)làız/ *vt* 文明化する, 開化[教化]する; 洗練する; 社会環境に慣らす: ~ away 教化して除く. ► *vi* 文化[都市]生活に慣れる[が身につく], 都会人になる. ♦ **cív·i·lìz·able** *a* **-lìz·er** *n* [F; ⇨ CIVIL]
cív·i·lìzed *a* 文明化した, 開化した; 洗練された, 教養のある; 快適な. ♦ **~·ness** *n*
cív·i·lìz·ing *a* 文明化する, 礼儀作法を身につけさせる, 洗練させる.
cívil jústice 民事裁判.
cívil láw [ᵒC- L-] 民法; 民事法 (opp. *criminal law*); ローマ法 (Roman law); 《国際法に対して》国内法; 《ローマ法系の諸国における》私法体系, 大陸法.
cívil líberty [ᵁ*pl*] 市民的自由《政府の恣意的な干渉からの自由; 言論·出版の自由など; 合衆国憲法では権利章典 (Bill of Rights) で保証されている》; 市民的自由に関する基本的人権. ● **cívil libertárian** *a, n*
cívil lìst [the] 〘英〙 王室費《議会が定める; もとは文官の給与など一般行政用の経費も含めた》; 《英連邦》文官俸給(表).
civ·il·ly /sívə(l)li/ *adv* 市民[公民]らしく; 礼儀正しく, 丁寧に; 市民権に関して, 民法上, 民事的に; 《宗教的でなく》俗人的に.
cívil márriage 民事的婚姻, 民事婚《(1) 宗教儀式によらず公吏が執り行なう制度 2) それに基づく結婚式 (civil ceremony) 3) それによる結婚生活》.
cívil párish 〘英〙 《教会区に対し》地方行政区 (parish).
cívil pártner ᴴ法的共同生活者 (⇨ CIVIL PARTNERSHIP).
cívil pártnership ᴴ法的共同生活《法的に認められた同性婚》; 《商法ではなく》民法による組合(契約).
cívil ríght·er [ríght·ist] *《口》公民権運動家.
cívil ríghts *pl* 市民的権利, 公民権, 人権.
Cívil Ríghts Àct [the] 〘米〙 市民的権利に関する法律, 公民権法《人種·皮膚の色·宗教·出身国に基づく差別を解消する目的で制定された連邦法; 一連の同法のうち最も総合的なのが 1964 年のもの》.
cívil ríghts mòvement [the] 公民権運動《米国で特に 1950–60 年代に行なわれた, 黒人差別撤廃を目指す非暴力的運動》.
cívil sérpent *《俗》公務員, 役人 (civil servant).
cívil sérvant 公務員, 文官; 《国連などの》(行政)事務官.
cívil sérvice 《文官が担う》行政事務 (cf. military SERVICE); [the] 行政機関, 公務員, 文官《集合的》.
cívil socíety 市民社会《自由·平等な個人によって構成される近代民主主義社会》.
cívil-spóken *a* ことばの丁寧な.
cívil státe 《独身·結婚·離婚などの》婚姻上の状態.
cívil únion *シビルユニオン《(1) 法的に認められた同性婚に準じる関係; cf. CIVIL PARTNERSHIP 2) その関係を祝う式 3) CIVIL MARRIAGE》.
cívil wár 1 内乱, 内戦; 《政党など組織の》内紛, 内部分裂. **2** [the C- W-] **a** 〘米史〙 南北戦争 (=*American Civil War, War between the States*) (1861–65). **b** 〘英史〙 大内乱, ピューリタン革命 (=*English Civil War*) 《1642–49 年, Charles 1 世が率いる国王軍と議会軍との武力抗争》. **c** 〘スペイン史〙 SPANISH CIVIL WAR.
cívil wróng 〘法〙 民事上の権利侵害《契約違反など》.
cívil yéar 暦年 (calendar year).
civ·ism /sívìz(ə)m/ *n* 公共心, 公民精神《フランス革命のとき革命精神の意で用いられた》; 善良な公民としての資格.
Civ·i·tan /sívətæ̀n/ *n* 《奉仕クラブ》シヴィタンクラブ (Civitan Club) のメンバー.
Ci·vi·ta·vec·chia /ʧì:vitɑ:vékjɑ:/ チヴィタヴェッキア《イタリア中部 Latium 州の港町; ローマの西北西, Tyrrhenian 海に臨む》.
civ·vy, civ·ie /sívi/ 《口》 *n* [*pl*] 《軍服と区別して》市民服, 平服; CIVILIAN: in *civvies* 背広を着て. ► *a* CIVILIAN.
cívvy strèet [ᵒC- S-] ᴴ《口》《軍隊にはいっていない人の》市民[民間人]生活: in ~ 民間生活をして.
CIWS close-in weapons system 近接防空システム.
Ci·xi /tsə́:ʃí:/, **Tz'u-hsi** /tsú:ʃí:/ 慈禧(じき)皇太后, 西太后《清の咸豊帝の妃, 同治帝の母; 清末の保守反動勢力の中心》.
CJ Chief Judge ♦ ᵒChief Justice ♦ *《俗》ᵒcrystal joint.
C-jam /sí:ʤæ̀m/ *n**《俗》コカイン.
CJD ᵒCreutzfeldt-Jakob disease.
C-J disease /sì:ʤéı ー̀ー/ CREUTZFELDT-JAKOB DISEASE.
CJK unified ideographs /sì:ʤèıkéı ー̀ーー́ー/ *pl* CJK 統合漢字《中国語·日本語·朝鮮語の漢字を統一的にコード化したもので, UCS に採用される》. [*C*hinese, *J*apanese, *K*orean]
ck (*pl* **cks**) cask ♦ check. **CK** ᵒCook Islands. **cl, cL** centiliter(s). **cl.** claim, claiming ♦ class ♦ classification ♦ clause ♦ clerk ♦ close ♦ closet ♦ cloth. **c.l.** ᵒcum laude.
Cl 〘化〙 chlorine. **CL** carload ♦ centerline ♦ Sri Lanka (もと Ceylon) ♦ chemiluminescence ♦ ᵒcivil law ♦ ᵒcommon law.
clab·ber /klǽbər/ 《方》 *n* 酸敗凝固した牛乳. ► *vi* 〈牛乳が〉酸敗して固まる. ► *vt* 〈牛乳を〉固まらせる. ♦ **~ed** *a* 〈牛乳·クリームが〉酸敗凝固した. [IrGael=mud]
cla·chan /klǽxən, klá:-/ *n* 《スコ·アイル》小さな村.
clack /klǽk/ *vi, vt* カタッ[カチッ, カタカタ]と鳴る[鳴らす]; しゃべりたてる, ペラペラしゃべる; 〈雌鶏など〉コッコッと鳴く. ► *n* カタッ[カチッ, カタカタ]と鳴る音; しゃべりたてること, おしゃべり; 《俗》舌; 《古》カタカタ[カチカチ]鳴るもの《clack valve など》. ♦ **~·er** *n* カタカタ[カチカチ]鳴るもの, 《方》鳴子(なるこ); [~s] アメリカンクラッカー, カチカチボール (=*chickclackers*). [ME=to prate<?ON *klaka* to chatter (imit)]

cláck·bòx *n* 《CLACK VALVE のはいった》クラックボックス.

Clack·man·nan(·shire) /klækmǽnən(ʃɪər, -ʃər)/ *n* クラックマナン(シャー)《スコットランド中部 Forth 川に臨む参事会地域·旧州》.

cláck vàlve 〘機〙逆止め弁.

Clac·ton /klǽktən/, **Clácton-on-Séa** クラクトン《イングランド南東部 Essex 州東部の保養地》.

Clac·to·ni·an /klæktóʊniən/ *a, n* 〘考古〙《イングランドの下部旧石器時代の》クラクトン文化(期)(の). [↑; 初めて石器が発見された]

clad /klǽd/ *v* 《古·文》CLOTHE の過去·過去分詞. ► *a* [°*compd*] 装った, おおわれた; 〘冶〙クラッディングした〈硬貨〉: armor-*clad*. ► *vt* (-dd-; ~) 〈金属〉にクラッディングする. ► *n* クラッディングしてできた合わせ金属《硬貨など》; 《合わせ金属の》被覆金属; 被覆[外装]材 (cladding).

clad- /klǽd/, **clado-** /klǽdoʊ, -də/ *comb form* 「枝」 [Gk]

Clád·dagh rìng /klǽdə-, klɑ́:də-/ クラダリング《2 つの手で王冠を載せた心臓を持つ形の指輪; アイルランドで愛のしるしとして贈られる》.

clad·ding /klǽdɪŋ/ *n* 〘冶〙クラッディング《金属表面に他の金属を被覆すること; その被覆金属》; 《建物などの》外装材.

clade /kléɪd/ *n* 〘生〙クレード《共通の祖先から進化した生物群》.

cla·dis·tics /klədístɪks, klæ-/ *n* 〘生〙分岐論《分類群を単系統性に基づいて把握·配列しようとする分類理論》. ♦ **cla·dís·tic** *a* **-ti·cal·ly** *adv* **cla·dist** /klǽdɪst, kléɪ-/ *n* 分岐論者. **clá·dism** *n*

cla·doc·er·an /klədɑ́sərən/ *n, a* 〘動〙枝角類 (Cladocera) の(各種鰓脚類)《ミジンコなど》.

clad·ode /klǽdòʊd/ *n* CLADOPHYLL. ♦ **cla·dó·di·al** *a*

clàdo·génesis *n* 〘生〙分岐進化, クラドゲネシス《一系統が 2 つ以上の系統に分裂すること; opp. *anagenesis*》. ♦ **-genétic** *a* **-tical·ly** *adv*

cládo·gràm *n* 〘生〙分岐図, クラドグラム《分類群間の系図的関係を示す樹枝状図; cf. PHENOGRAM》.

cládo·phỳll *n* 〘植〙葉状枝, 葉状茎.

cla·fou·ti, -tis /klɑ̀:futí:; klæfú:ti/ *n* クラフティ《サクランボなどの果実·クリーム入りのタルト》.

clag /klǽg/ *n* 《方》こびりついたよごれ[泥] (dirt). [? Scand; cf. Dam *klag* sticky mud]

clag·gy /klǽgi/ *a* 《方》べたつく, くっつく, こびりつく.

Clai·borne /kléɪbɔ̀:rn, -bərn/ クレイボーン **Craig** ~ (1920–2000) 《米国の著述家; *The New York Times* の料理欄を編集; 著書 *The New York Times Cook book* (1961)》.

claim /kléɪm/ *vt* **1 a** 《当然の権利として》要求[請求]する, 自分のものだと言う 〈*for oneself*〉: ~ money *for* a damaged car / ~ a reward [the damage] 報酬[損害賠償]を請求する / Does anyone ~ this watch? この時計をなくした人はいませんか. **b** 〈責任·功績などを〉自分のものであると公言する: The Taliban ~*ed* responsibility for the bombing. タリバンがこの爆破について犯行声明を出した. **2** 〈権利·事実を〉主張する, …の承認を求める, …であると主張する, 公言する, 自称する 〈*to be, to do; that*〉; 《裁判で》申し立てる: ~ relationship *with*…と親類だと言う / a ~*ed* invention 特許請求される発明 / She ~*s* it *to* be false.=She ~*s that* it is false. それはうそだと主張する / He ~*s to* be the best scholar. 自分が一番の学者だと言う / They ~*ed* (*to* have won) the victory. 勝ったと主張した / The society ~*s* (to have) 20,000 members. 協会には 2 万人の会員がいるという / ~ sexual harassment セクハラを受けたと申し立てる. **3 a** 〈物が〉〈人の注意を〉ひく, 求める, 〈注意〉に値する: This problem ~*s* our attention. **b** 〈病気·災害などが〉〈人命を〉奪う: The fire ~*ed* 45 lives. **4** 〈賞·タイトルなどを〉獲得する, 〈記録を〉達成する. ► *vi* 要求する, 権利を主張する; 意見を述べる; 土地を占有する. ● **~ back** 《自分のものとして》…の返還を求める, 取り戻す, 連れ戻す. **~ on**…に損害賠償を要求する.

► *n* **1 a** 《権利としての》要求, 請求 〈*for* damages etc.〉; 《権利·所有権の》主張, 特許請求; 〘保〙支払請求, クレーム: put in a ~ *for* … 《自分のものとして》…を要求する. **b** 要求する権利[資格] (right, title) 〈*to* sth, *on* sb〉: He has no ~ *to* scholarship [*on* my sympathy]. 学者といえた[同情を請えた]柄ではない. **c** 請求物; 《特に鉱区の》払い下げ請求地: I have many ~*s on* my purse [time]. いろいろな事に金[時間]を取られる. **2** 《事実の》主張 〈*to be, that*〉; 《特許の》請求項, クレーム, 特許請求の範囲: his ~ *to* be guiltless 無実の主張 / The plan can make no ~ *to* be final. 最終的なものとはいえない. ● **jump a ~** 他人の払い下げ請求地を横領する; 人の職[権利]を横取りする. **lay ~ to**…に対する権利を主張する, …を自分のものと要求する, …であると自称する (cf. STAKE (*out*) *a claim*): *lay* ~ *to* learning 学者をもって任じる. ♦ **~·able** *a* 要求[請求, 主張]できる. [OF<L *clamo* to call out]

cláim·ant *n* 権利主張者, 要求者, 請求者, 《失業手当などの》受給者; 〘法〙《賠償などの》原告.

cláim chèck 《クローク·駐車場などの》預かり証, 引換券.

cláim·er *n* 権利主張者, 要求者; 〘競馬〙譲渡要求競走 (claiming race); 譲渡要求競走出走馬; 重量ハンディを要求する騎手.

cláim·ing ràce 〘競馬〙譲渡要求競走《出走馬はレース後規定の価格で売却される対象となりうる競馬》.

cláim jùmper 《特に鉱区の》他人が払い下げ請求している土地の横領者.

cláims·man /-mən/ *n* 《損害保険の》精算人 (adjuster).

Clair /*F* klɛ:r/ クレール **René** ~ (1898–1981) 《フランスの映画監督; 本名 René Chomette; 喜劇で知られる; *Sous les toits de Paris* (巴里の屋根の下, 1930), *Quatorze Juillet* (巴里祭, 1933)》.

clair·áudience /klɛər-/ *n* 透聴, 明透聴力, 霊聴力. ♦ **-ent** *a, n* clairaudience の[を有する](者). **-ent·ly** *adv*

Clair(e) /klɛ́ər/ クレア《女子名》. [F; ⇨ CLARA]

clair-obscúre /klɛ̀ər-/ *n* CHIAROSCURO.

clairschach ⇨ CLARSACH.

clair·voy·ance /klɛərvɔ́ɪəns/ *n* 透視, 千里眼; すぐれた洞察力, 直観的明知. [F (CLEAR, *voir* to see)]

clair·vóy·ant *a, n* 千里眼の(人); すぐれた洞察力のある(人). ♦ **clair·vóy·ante** /-ənt/ *n fem* **~·ly** *adv*

clam[1] /klǽm/ *n* **1** クラム《特にハマグリなど食用になる二枚貝の総称; 集合的にも用いる》; 〘機〙CLAMSHELL: (as) happy as a ~ *《口》とても喜んで[うれしがって]. **2** 《口》 **a** 無口な人, だんまり屋, 口の重い人. **b** へま, 言い間違い; 《ジャズで》間違った音, はずれた音. **3** *《口》1 ドル. ► *v* (-mm-) *vi* クラムを取る; 《口》黙り込む (clam up). ► *vt* 〈場所〉からクラムを取る. ● **~ up** 《口》黙り込む. ♦ **clám·mer** *n* [? CLAMP[1]; cf. OE *clamm* fetter]

clam[2] *n* 《まれ》万力, やっとこ, クランプ (clamp, vise).

clam[3] *v* CLEM.

cla·mant /kléɪmənt/ 《文》*a* やかましく要求する, 主張する 〈*for*〉; 緊急の; 騒々しい. ♦ **~·ly** *adv* [L; ⇨ CLAIM]

clam·a·to·ri·al /klæ̀mətɔ́:riəl/ *a* 〘鳥〙離腱(りけん)族の《flycatcher などを含む》.

clám·bàke* *n* 《焼きハマグリなどを食べる》海浜パーティー(のごちそう); 《口》にぎやかな大勢の会, パーティー, 《特に》政治集会; 《俗》《ジャズの》ジャムセッション; 温泉で熱せられた海洋底の動物群.

clam·ber /klǽm(b)ər/ *vi, vt* (手足を使ってどうにか)よじのぼる, 《骨折って》やっとはいのぼる[下りる] 〈*up, down, over, onto, into*, etc.〉. ► *n* よじのぼり. ♦ **~·er** *n* よじ[はい]のぼる人, よじのぼり植物. [? *clamb* (past)<CLIMB, *-er*[3]]

clám chówder クラムチャウダー《ハマグリに牛乳[トマト]·塩漬けの豚肉·タマネギ·ジャガイモなどを加えて煮込んだシチュー[スープ]》.

clám·dìggers* *n pl* クラムディガース《ふくらはぎの途中くらいまでの長さのズボン; もともと潮干狩り用ズボンのスタイル》.

clam·jam·fry, -phrey, -phrie /klæmdʒǽmfri/ 《スコ》*n* 群衆; くず, がらくた; 雑談, たわごと.

clam·my /klǽmi/ *a* 湿っぽくてひんやりとした, じっとりした; 暖かみのない, よそよそしい. ♦ **clám·mi·ly** *adv* **-mi·ness** *n* [ME *clam* to daub]

clam·or[1] | **-our** /klǽmər/ *n* 《絶え間のない》喧騒; 《支持·抗議·要求などの》叫び, 騒ぎ 〈*for*〉. ► *vi* 叫ぶ, 騒ぎたてる: ~ *against*…にやかましく反対する / ~ *down* a speaker 弁士をやじり倒す / ~ *for* 声高に[執拗に]要求する; われ先に得ようとする / ~ *out* わめいて言う. ► *vt* 大声で唱える[宣告する]; 叫んで…させる: ~ sb *into* [*out of*]… 騒いで人に…をやらせる[やめさせる]. ♦ **~·er** *n* [OF<L; ⇨ CLAIM]

clamor[2] | **-our** *vt* 《廃》黙らせる (silence). [CLAM[1]]

clámor·ous *a* 騒々しい, やかましい; やかましく主張[要求]する. ♦ **~·ly** *adv* **~·ness** *n*

clamp[1] /klǽmp/ *n* かすがい, 締金, クランプ; [*fig*] 締めつけ, 制限; 〘建〙はしばみ, はたがね《はぎ合わせた板を木口に取り付ける板·留め金》; [*pl*] やっとこ; 〘外科〙鉗子(かんし), クランプ; 〘海〙副梁受(ふくりょううけ)材; 〘電〙クランプ (clamping circuit); 車輪クランプ (wheel clamp). ● **put the ~s on**… 《俗》〈人〉を締めつける; 《俗》…を強奪する. ► *vt, vi* clamp で締める; しっかりと締まる, 固定される 〈*to, around, on*〉; 押しつける, 強制する 〈*on*〉; 固定する; 〘電〙〈信号を〉設定値以下に維持する; [°*pass*] 〈違法駐車の車を〉車輪クランプで動かせなくする (boot*): ~ a curfew *on* the town. ● **~ down** (**on**…) 《口》(…を)取り締まる, 締めつける, 圧迫[弾圧]する. [? MDu, MLG *klamp(e)*]

clamp[2] *n* 《焼成のため積み上げた》煉瓦の山; 《冬期保存のため わら·土などで囲った》ジャガイモなどの山; 三角錐形の牧草貯蔵庫. ► *vt* 〈煉瓦などを〉うずたかく積む 〈*up*〉; 〈ジャガイモなどを〉わら·土などをかぶせて囲う. [Du=heap; ⇨ CLUMP]

clamp[3] *n* 重い足音, ドシン, ドスン (clump). ► *vi* ドシンと踏む. [imit]

clámp·dòwn *n* 《口》弾圧, 締めつけ 〈*on*〉.

clámp·er *n* かすがい; [*pl*] やっとこ; 《靴底に付ける》すべり止め, かんじき.

clámp·ing cìrcuit 〘電〙クランプ回路 (=*clamp, clamper*) 《**1**) 信号波形をずらして最小値[最大値]を所定の高さにそろえる回路; アナログテレビでは失われた直流成分を再生するのに使われる **2**) 論理回路などの入力電圧を設定値以下に維持する回路》.
clámping [clámp] scrèw 締めつけねじ.
clámp trùck クランプトラック《大きなものをはさんで運搬するための2本の腕を備えたトラック》.
cláms casíno [ᶜc- C-] [‹sg/pl›] カジノ風クラム《一枚の貝殻にクラムを入れピーマンとベーコンを載せて焼いたもの》.
clám·shèll *n* クラム (clam) の貝殻;〖機〗クラムシェル《**1**) 浚渫(しゅんせつ)機などの二枚貝のように口が開くバケット **2**) クラムシェルを備えた浚渫機》; クラムシェルドア《航空機の観音開きのドア》;〖空〗EYELID.
clám wòrm*〖動〗ゴカイ《釣りの餌にする》.
clan /klǽn/ *n* 《もとスコットランド高地人の》氏族; 一族, 一門;〖社〗氏族, クラン (sib); 派閥, 閥, 党派, 一味;《口》家族. [Gael<L *planta* sprout]
Clan·cy /klǽnsi/ クランシー **'Tom' ~ [Thomas L. ~, Jr.]** (1947–)《米国の作家; *The Hunt for Red October* (1984)》.
clan·des·tine /klændéstən/ *a* 内々の, 秘密の, 人目につかない: a ~ station アングラ(放送)局. ♦ **~·ly** *adv* 内々に, 人目を忍んで. **~·ness** *n* **clàn·des·tín·i·ty** *n* 内密性. [F or L (*clam* secretly)]
clang /klǽŋ/ *vi, vt* ‹武器・鐘など›カン[カチン, ガラン]と鳴る[鳴らす];《ツルのように》大きく耳ざわりな[大きく鋭い]叫び声をあげる: ~ shut ‹ドアなどが›ガチャンと閉まる. ► *n* カン[カチン, ガラン]という音, 耳ざわりな大声. [imit and L *clango* to resound]
cláng associàtion〖心〗音(おん)連合, 類音連想《語の間の意味ではなく音の類似による》. [*clang*[1]]
clang·er /klǽŋər/ *n*ᴵᴵ《口》大失敗, へま; カンと鳴る[鳴らせる]もの; [*pl*]《古俗》きんたま, 釣鐘. ● **drop a ~**《口》drop a BRICK.
clang·or | -our /klǽŋ(g)ər/ *n* ガン, ガンガン《金属性の連続音》. ► *vi* ガン[ガンガン]という音をたてる. ♦ **~·ous** *a* 鳴り響く. **~·ous·ly** *adv* [L=sound, clang]
clán·ism *n* 党派的感情, 派閥主義.
clank /klǽŋk/ *n* ガチッ, ガツン, カチャン, ガン, ゴチーン, ガラン(ゴロン), コロン, カンカン, カラン(カラン)《金属などが固いものに当たる音》; [the ~s]*《俗》DELIRIUM TREMENS. ► *vi, vt* ガチッ[ガツン]と音をたて(させ)る[閉める, 落とす];《俗》《緊張[心配]のあまり》こわばる, かたくなる, びびる ‹*up*›. ♦ **~·ing** *a* **~·ing·ly** *adv* [imit; cf. CLANG, CLINK]
clanked /klǽŋkt/ *a*《俗》疲れた, 落ち込んだ.
clán·nish *a* 党派的な; 排他的な;《古》氏族の. ♦ **~·ly** *adv* 党派的に. **~·ness** *n*
clán·shìp *n* 氏族制度; 氏族精神; 党派的感情.
cláns·man /-mən/ *n* 同氏族の人, 一族[一門, 一党]の者. ♦ **cláns·wòman** *n fem*
clap[1] /klǽp/ *n* **1** パチン, パリパリッ, ピシャリ, パチパチ, パタパタ《破裂・雷鳴・拍子などの音》: a ~ of thunder 雷鳴. **2 a** 拍手;《親しみをこめて肩など》ポンとたたくこと: give sb a ~ 人に拍手を送る, 人をポンとたたく. **b** 一撃;《古》突然の不幸: at a [one] ~ 一撃で / in a ~ 突然. ► *vt, vi* (**clapped, clapt** /klǽpt/; **cláp·ping**) **1 a** ‹手を›たたく; 拍手喝采する; 軽くたたく: ~ one's hands (*together*) 拍手する / ~ sb *on* the back《賞賛・激励のため》人の背中をポンとたたく. **b** 《パタパタ・ピシャリなどと》音をたてる[たてて打つ]; はばたく: ~ the door *to* 戸をピシャリと閉める / ~ spurs *to* ‹馬›に急に拍車をいれる. **2** さっと置く[当てる, 動かす], 急に送る ‹*in, into, on, onto, over, to*›; さっと始める[動く, やる, 行く]; さっと作る, 急ごしらえする ‹*together, up*›: ~ sb *in* [*into*] prison [jail] 人を牢屋にぶち込む. ● **~ eyes on** ⇨ EYE[1]. **~ hold of…**ᴵᴵ《口》…をつかむ. **~ on(…)** ‹手などを›すばやく置く, ‹手錠を›パッとかける, ‹帽子を›かぶる (cf. 2); ‹帆を›さっと張る; ‹ブレーキを›急いでかける; …に‹税・命令などを›課する. **~ out** たたいて‹リズムを›とる. **~ up** 急に始末する; ‹取引・仲直りなどを›さっさと取り決める; 急造する (cf. 2); 急いで投獄する. [OE *clappian* to beat, throb<imit]
clap[2], **clapp** /klǽp/《俗》*n* [ᶜthe] 淋病 (gonorrhea),《一般に》性病. ► *vt* (-pp-) 淋病にかからせる. [OF=venereal bubo]
clap·board[1] /klǽbərd, klǽpbɔ̀ːrd/ *n**《通例 一方を厚く, 他方を薄く仕上げた》下見板, 羽目板;ᴵᴵ樽[桶]用樫(かし)板;《口》下見板を張った家. ► *vt**…に下見板を張る. [LG=cask stave]
cláp·bòard[2] *n*〖映〗CLAPPERBOARD.
Clap·ham /klǽpəm/ クラパム《London 南部の地区》. ● **the man on the ~ omnibus** 普通の人, ただの人.
Clápham Júnction クラパムジャンクション《London 南部の鉄道連絡駅; Battersea 地区の中心でもあり, 英国で最も交通量の多い乗換駅の一つ》.
Clápham Sèct [the] クラパム派《1790–1830 年ごろの英国における聖公会福音主義のグループで, 奴隷制廃止や内外の宣教活動の拡張などを唱えた》.
cláp·nèt *n* わな網《捕鳥・昆虫採集用》.
clap·om·e·ter /klæpɑ́mətər/ *n* 拍手測定器.
clápped-óut /klǽpt-/ᴵᴵ《口》*a* くたびれた, へばった; ‹車などが›使い古した, ガタガタの, おんぼろの.
clápped-úp *a*ᴵᴵ《俗》淋病にかかった.
cláp·per *n* 《鐘・鈴の》舌(ぜつ) (tongue); 鳴子, 拍子木;〖映〗CLAPPERBOARD;ᴵᴵ《方》CLAPPER BRIDGE; 拍手する人;《俗》《おしゃべりな者の》舌, べろ; [*pl*]ᴵᴵ《俗》きんたま. ● **like the (merry) ~s**ᴵᴵ《俗》すごく速く, 猛烈に.
clápper·bòard *n*〖映〗かちんこ (=*clapboard, clapstick*)《撮影の始めと終わりの合図に打つ拍子木》.
clápper brìdgeᴵᴵ《方》板などを支柱の上に載せただけの簡単な橋, 板橋;ᴵᴵ《方》石板を石を積み上げた橋脚に渡しただけの道, 石積み橋. [? *clap*[1]; カタカタ音をたてるからか]
clápper·clàw《古・英方》*vt* ひっぱたいたりひっかいたりする; ののしる; しかる.
clápper ràil〖鳥〗オニクイナ《北米東部の湿地・沼沢地にいるくちばしの長いクイナ》.
cláp·ster *n*ᴵᴵ《俗》淋病持ち, リンちゃん《人》.
cláp·stìck *n*〖映〗CLAPPERBOARD.
clapt *v* CLAP[1] の過去・過去分詞.
Clap·ton /klǽptən/ クラプトン **Eric ~** (1945–)《英国のロックギタリスト・シンガーソングライター》.
cláp tràck クラップトラック《サウンドトラックにつける前もって録音した拍手音》.
cláp·tràp *n*《口》ばか話, たわごと, ナンセンス;《卑》淋病持ちの女. ► *a* うけねらいの, くだらない.
claque /klǽk/ *n* 《劇場に雇われて拍手喝采する》声援連中, サクラ客; おべっかつかいの集まり. ♦ **cla·queur** /klækə́ːr/, **claqu·er** /klǽkər/ *n* claque の一人. [F (*claquer* to clap)]
Clara /klέərə, ᴵᴵklɑ́ːrə/ クララ《女子名; 異称 Clair, Claire, Clare, Clarice, Clarissa》. [L=bright]
clar·a·bel·la, clar·i- /klæ̀rəbélə/ *n*〖楽〗《オルガンの》クララベラ音栓《フルートの音色》. [NL (CLEAR, *bella*<*bellus* beautiful)]
clar·a·belle /klέrəbèl/ *n**《俗》TETRAHYDROCANNABINOL.
Clare /klέər/ **1** クレア《**1**) 女子名; ⇨ CLARA **2**) 男子名; ⇨ CLARENCE》. **2** クレア **John ~** (1793–1864)《英国の農民詩人; *The Shepherd's Calendar* (1827), *The Rural Muse* (1835)》. **3** クレア《アイルランド西部の県; ☆Ennis》. [⇨ CLARA]
Cláre·mont Cólleges /klέərmɑ̀nt-/ *pl* [the] クレアモント大学連合《California 州 Claremont にある私立大学の連合体; 5 つのカレッジと 2 つの大学院大学からなる》.
Clar·ence /klǽrəns/ **1** クラレンス《男子名; 異称 Clare》. **2** [c-] クラレンス《箱型 4 人乗り四輪馬車》. [L=illustrious; 2 は Duke of *Clarence* (1765–1837) (のちの William 4 世) にちなむ]
Clárence Hóuse クラレンス御所, クラレンスハウス《London の St. James's Palace に隣接する建物; 生前 Elizabeth 皇太后の御所であったが現在は Charles 皇太子一家が住む; John Nash が Clarence 公 (のちの William 4 世) のために設計, 1825–27 年に建設》.
Clar·en·c(i)eux /klǽrənsùː/ *n*〖英〗クラレンス紋章官 (=~ King of Arms)《Trent 川以南を統轄する紋章院 (Heralds' College) の長官》.
clar·en·don /klǽr(ə)ndən/ *n*〖印〗クラレンドン体の活字《肉太で引き締まった字体: clarendon; 略 clar.》.
Clarendon 1 クラレンドン **Edward Hyde,** 1st Earl of ~ (1609–74)《イングランドの政治家・歴史家; Charles 1 世, 2 世に仕えた; *History of the Rebellion and Civil Wars in England*》. **2** クラレンドン《イングランド南部 Wiltshire の Salisbury の近くにある村; 1164 年 Henry 2 世が国家と教会の関係を規定したクレランドン憲章 (the **Constitútions of ~́**) を決定する会議を開いた》.
Clárendon Còde [the]〖英史〗クラレンドン法典《1661–65 年, 王政復古後の国教再建のために騎士議会 (Cavalier Parliament) が制定した 4 つの非国教徒弾圧法: **1**) 自治体法 (Corporation Act, 1661) **2**) 礼拝統一法 (Act of Uniformity, 1662) **3**) 秘密集会禁止法 (Conventicle Act, 1664) **4**) 五マイル法 (Five Mile Act, 1665); 時の大法官初代 Clarendon 伯の名に由来する呼称》.
Clárendon Préss [the] クラレンドンプレス《Oxford 大学出版局の一部; Oxford にあって学術書の刊行に当たっている; Clarendon 伯 Edward Hyde の著作の著作権をもつ Oxford 大学がその名にちなんでつけたもの》.
Cláre of Assísi [Saint] アッシジの聖クララ (1194–1253)《イタリアの修道女; Saint Francis of Assisi の最初の女性の弟子; クララ童貞会 (Poor Clares) を創設; 祝日 8 月 11 日》.
clar·et /klǽrət/ *n* **1** クラレット《**1**) Bordeaux 産の赤ワイン **2**) 他地域で生産されるこれに似た赤ワイン》. **2 a** 濃い紫がかった赤色 (=~́ **réd [brówn]**). **b**《俗》血. ● **tap sb's ~**《俗》人をなぐって鼻血を出させる. ► *a* クラレット色の, 赤紫色の. [OF (*vin*) *claret*<L *claratum* (*vinum*); ⇨ CLEAR]
cláret cùp クラレットカップ《クラレットにブランデーを混ぜ, レモン・砂糖を加えて氷で冷やした飲料》.
Cla·re·tian /klæríːʃ(ə)n, klə-/ *a* クラレト(修道)会の. ► *n* クラレト(修道)会員《スペインの聖クラレト (St Anthony Claret (1807–70)) が 1849 年に設立した修道会の会員》.
Clar·i·bel /klέərəbèl/ クラリベル《女子名》. [L=bright and fair; CLARA, *-bel* (cf. *Christabel*)]
claribella ⇨ CLARABELLA.
Clar·ice /klǽrəs, klәríːs/ クラリス《女子名》. [F (dim)<CLARA]

C

Clar·idge's /klǽrɪʤəz/ クラリッジホテル《London の Brook Street にある高級ホテル; 国賓級の人びとが宿泊》.

clar·i·fy /klǽrəfàɪ/ *vt* **1** 〈液体・空気などを〉清くする, 澄ませる, 浄化する, 不純物を除去する, 〖料理〗〈バター・脂肪を〉加熱して上澄みを作る: *clarified* butter 澄ましバター. **2** 〈意味などを〉明らか[明白]にする; 〈思考などを〉明快にする. ► *vi* 澄む; 明らかになる. ♦ **-fi·er** *n* 清浄化するもの, 浄化器; 澄まし剤, 清澄薬. **clàr·i·fi·cá·tion** *n* 浄化, 清澄化; 明確化; 説明, 解明, 解説: seek [ask for] *clarification* 明確化[説明]を求める. **clar·i·fi·ca·to·ry** /klǽrɪfəkətɔ̀ːri; -kèɪt(ə)ri/ *a* ［OF＜L; ⇨ CLEAR］

C

Cla·rin·da /klərɪ́ndə/ クラリンダ《女子名》. ［⇨ CLARA］

clar·i·net /klæ̀rənét, klǽrənət/ 〖楽〗 *n* クラリネット《木管楽器; 略 clar.》; 《オルガンの》クラリネットストップ. ♦ **~·(t)ist** *n* クラリネット奏者. ［F (dim)〈*clarine* bell の一種］

cla·ri·no /klərí:noʊ/ 〖楽〗 *n* (*pl* **-ni** /-ni/, **~s**) クラリーノ《トランペットの高音栓》; クラリオン (clarion); 《オルガンの》クラリオンストップ. ► *a* クラリーノの《バロック音楽でトランペットの高次の倍音を駆使する声部についていう》. ［It］

clar·i·on /klǽriən/ *n* 〖楽〗 クラリオン《トランペットより 1 オクターブ高い中世の管楽器》; 《オルガンの》クラリオンストップ; 《詩》 クラリオンの音, 明快ならっぱの響き. ► *attrib a* クラリオンの響きのような, 明快な; 声高らかな: a ~ call 行動[決起]を促す呼びかけ. ► *vt* 大きな声で知らせる. ［L; ⇨ CLEAR］

clar·i·o·net /klæ̀riənét/ *n* CLARINET.

Cla·ris·sa /klərɪ́sə/ クラリッサ《女子名》. ［⇨ CLARA; F *Clarisse*］

clar·i·ty /klǽrəti/ *n* 《思想・文体などの》明快, 明瞭; 明晰さ; 《音色の》清澄さ; 透明さ. ［L; ⇨ CLEAR］

Clark /klɑ́:rk/ **1** クラーク《男子名》. **2** クラーク (**1**) **'Champ'** ~ [**James Beauchamp** ~] (1850–1921)《米国の政治家; 連邦下院議長 (1911–18); 民主党の大統領候補指名争いで Wilson に敗れた (1912)》 (**2**) **'Dick'** ~ [**Richard Wagstaff** ~] (1929–2012)《米国のテレビパーソナリティー》 (**3**) **George Rogers** ~ (1752–1818)《米国の軍人・辺境開拓者; 探検家 William ~ の兄; 独立戦争で戦果をあげ, 米北西部の領土獲得に貢献》 (**4**) **Helen** (**Elizabeth**) ~ (1950–)《ニュージーランドの政治家; 首相 (1999–2008)》 (**5**) **'Joe'** ~ [**Charles Joseph** ~] (1939–)《カナダの政治家; 首相 (1979–80)》 (**6**) **Kenneth Mackenzie** ~, Baron ~ of Saltwood (1903–83)《英国の美術史家; イタリアルネサンス美術の権威》 (**7**) **Mark** (**Wayne**) ~ (1896–1984)《米国の陸軍将校; 第二次大戦でイタリア作戦の司令官, 戦後, 極東連合軍司令官となり, 朝鮮戦争で国連軍を指揮》 (**8**) **'Tom'** ~ [**Thomas Campbell** ~] (1899–1977)《米国の法律家; 司法長官 (1945–49), 合衆国最高裁判所陪席裁判官 (1949–67)》 (**9**) **William** ~ (1770–1838)《米国の探検家; Meriwether Lewis と共に太平洋岸北西地区に到達する探検を行なった (1804–06)》. ［OE＝learned man］

Clárk cèll 〖理〗 クラーク電池《初期の標準電池》. ［Josiah L. *Clark* (1822–98) 英国の科学者］

Clarke /klɑ́:rk/ クラーク (**1**) **Arthur C**(**harles**) ~ (1917–2008)《英国の SF 作家・科学著述家; *2001: A Space Odyssey* (1968), *Rendezvous with Rama* (1973)》 (**2**) **Austin** ~ (1896–1974)《アイルランドの詩人・劇作家》 (**3**) **Charles Cowden-~** (1787–1877), **Mary Victoria Cowden-~** (1809–98)《英国の Shakespeare 研究家夫妻》 (**4**) **John H**(**essin**) ~ (1857–1945)《米国の法律家; 合衆国最高裁判所陪席裁判官 (1916–22)》.

clark·ia /klɑ́:rkiə/ *n* 〖植〗 サンジソウ属 (*C-*) の各種の一年草《北米原産; アカバナ科》. ［William *Clark*］

ClárkKént クラーク・ケント《Superman が普通の人間でいる時の名; *Daily Planet* 紙に勤める穏やかな物腰の新聞記者》.

Clarks /klɑ́:rks/ 〖商標〗 クラークス《英国 C & J Clark Ltd 製のカジュアルシューズ・子供靴》.

Clárk's nútcracker 〖鳥〗 ハイイロホシガラス《北米西部産; 羽色は淡い灰色, 翼と尾は黒く白斑がある》. ［*William Clark*］

cla·ro /klɑ́:roʊ/ *a, n* (*pl* **~s, ~es**) うす色で味のやわらかい(葉巻) (cf. COLORADO, MADURO). ［Sp＝light］

clar·sach /klɛ́ərsæx, -ʃæx, -səx, -ʃəx/ *n* (*pl* **clar·saich** /—/) 〖楽〗 クラーシャッハ《古代ケルト人の使った小型のハープ》. ［ScGael］

clart /klɑ́:rt/ 《スコ・北イング》 *vt* べたつく[きたない]もので よごす[しみをつける]. ► *n* [ᵒ*pl*] 《特に 靴についた》泥. ♦ **clárty** *a* ［C17＜?］

clary /klɛ́əri/ *n* 〖植〗 サルビア属の草本[(亜)低木], 《特に》オニサルビア (=~ **sàge**) 《シソ科》. ［F＜L *sclarea*］

-clase /klèɪs, -z/ *n comb form* 「…な劈開(へきかい)を示す鉱物」: plagio*clase*. ［F; ⇨ -CLASIS］

clash /klǽʃ/ *n* **1** ジャン[ガチャン]とぶつかる音; 《スコ》 うわさ話. **2** 《戦場などにおける》衝突, 小競り合い; 対戦, 試合; 《意見・利益などの》衝突, 不一致; 《色・柄などの》不調和; 《行事などが》かちあうこと: a personality ~ 性格の不一致. ► *vi* **1** ジャン[ガチャン]と鳴る; 《ガチャンと音をたてて》衝突する, ぶつかる 〈*into, against, upon*〉. **2 a** 《戦闘・議論などで》ぶつかる, 〈意見・利害などが〉衝突する, 〈規則などに〉触れる 〈*with*〉; 対決[対戦]する. **b** 〈会合などがかち合う, ぶつかる 〈*with*〉. **c** 〈色などが〉調和しない 〈*with, against*〉. ► *vt* ジャン[ガチャン]と鳴らす; 〈剣などを〉打ち合わせる. ♦ **~·er** *n* ［imit; cf. CLACK, CLANG, CRACK, CRASH］

-cla·sia /kléɪʒ(i)ə, -ziə/ *n comb form* 〖医〗「離解」「崩壊」「破壊」: arthro*clasia*, hemo*clasia*. ［NL＜Gk］

-cla·sis /–kləsəs/ *n comb form* (*pl* **-cla·ses** /kləsì:z/) -CLASIA.

clas·máto·cỳte /klæzmǽtə-/ *n* 崩壊細胞 (HISTIOCYTE).

clasp /klǽsp; klɑ́:sp/ *n* **1 a** 留め金, 締め金, ホック, クラスプ, 尾錠. **b** 〖軍〗 従軍記念略章《青銅または銀製で従軍地などが刻まれる》. **2** 握り, 握りしめること, 握手; 抱きしめること (embrace). ► *vt, vi* **1** 《クラスプで》留める; 〈ベルトを〉尾錠で締める. **2** 握りしめる, 握手する; 抱きしめる, 抱く 〈*to* one's breast〉; 〈つる草などが〉巻きつく: ~ another's hand 相手の手を固く握る / ~ hands 握手する, 手を握る, 提携する / ~ one's hands 両手の指を組み合わせる《哀願・絶望などの強い感情を示すしぐさ》. ［ME＜?］

clásp·er *n* 留め金; 〖植〗 巻きひげ; 《昆虫の雄の》捕握器, 尾脚; 《軟骨魚の》鰭脚(きゃく), ひれあし.

clásp knìfe 折りたたみナイフ (cf. SHEATH KNIFE).

clásp nàil CUT NAIL.

class /klǽs; klɑ́:s/ *n* **1 a** 種, 類, 部類, 種類; 等級, 品等; 《競技の》種別, クラス; 〖英大学〗 優等試験 (honours examination) の合格等級: a good [poor] ~ of automobiles 上等な[粗悪な](部類の)自動車 / an inferior ~ of novels 低級な小説 / ECONOMY CLASS / first [second, third] ~ 一[二, 三]級 / travel second ~ 二等で旅行する / get [gain, win] a first ~ degree 最優等で卒業する. **b** 〖生〗 綱(こう) (⇨ CLASSIFICATION); 〖統〗《度数分布表における》階級, 級; 〖数〗 類《集合 (set) を拡張した概念》. **2 a** (社会的)階級; 階級制度: the upper [middle, lower, working] ~(*es*) 上流[中流, 下層, 労働]階級[社会] / a ~ system 階級制度 / the educated ~ 知識階級 / abolish ~ 階級制度を打破する. **b** 上流階級, 一流の人びと; [the ~es] 《古》 上流[富裕, 知識]社会: *the ~es* and the masses 上流階級と一般大衆. **c** 《口》 高級, 一流, 卓越, 優秀さ, 上品さ, 品格; 同種の中で最もすぐれているもの: She has ~. 彼女には気品がある / the ~ of the league リーグ一のもの[人]. **3 a** クラス, 学級, 組 (cf. FORM); 《クラスの》学習時間, 授業, 講習: take a ~ for English 英語クラスを受け持つ / Good morning, ~. (クラスの)みなさん, おはよう / be in ~ 授業中である / take ~*es* in cookery 料理の講習をうける. **b** *同期卒業生[学級]; 《軍隊の》同年兵: the ~ of 1954 54 年卒業クラス / the 1963 ~ 63 年(入営)兵. ● **in a ~ by itself** [one-self]=**in a ~ of** [**on**] **its** [his] **own** それだけで一類をなして; 比類がない, すばらしい: As a lexicographer he is *in a ~ by* him*self*. **in a different ~ from**…とは格が違って, …よりずっとすぐれて. **no ~** 《口》 ものの数にはいらない, 劣悪な, へたな. **not in the same ~ as**…とは比べものにならなくて, …ほどよくなくて. **out of sb's ~** 人とは格が違って ► *a* "《口》 第一級の (first-class), 一流の, 高級な, しゃれた (classy). ► *vt* [ᵒ*pass*] 分類する (classify) 〈*as*〉; …の等級[品等]を定める; …の組分けをする; 〈生徒などを〉…の級[部類]に入れる 〈*with, among*〉. ► *vi* 《ある部類に》属する. ♦ **~·able** *a* ［L *classis* assembly］

cláss áct *《口》 一流の[卓越した]こと, 傑出したもの, 一流のやり方, 一流の人.

cláss áction 集団訴訟 (=*class suit*).

Class A drug "/—— éɪ ——/ A 類麻薬《麻薬の法的 3 分類のうち危険度のもっとも高いもの; ヘロイン, コカイン, MDMA など; B 類にはアンフェタミン, C 類にはテマゼパム, 大麻などが含まれる》.

Cláss B drug "/—— bí: ——/ B 類麻薬 (⇨ CLASS A DRUG).

cláss·bòok *n* *採点簿, 出欠[出席]簿; 卒業記念アルバム; "教科書.

Class C drug "/—— sí: ——/ C 類麻薬 (⇨ CLASS A DRUG).

cláss clèavage 〖文法〗 類分裂《ある言語形式が 2 つ以上の形式類として用いられること; たとえば one が形容詞・名詞・代名詞に用いられるなど》.

cláss-cónscious *a* 階級意識をもった[の強い]; 階級闘争を信じる. ♦ **cláss cónsciousness** 階級意識.

cláss dày* 《卒業式に先立つ》卒業祝賀会.

cláss distínction 階級意識; 階級区分の規準.

cláss·er *n* 分類する人; 《豪》 WOOL CLASSER.

cláss·fèllow *n* 級友 (classmate).

clas·sic /klǽsɪk/ *a* **1 a** 〈芸術品などが〉第一流の, 最優秀の, 傑作の. **b** 権威ある; 〈例などが〉標準的な, 典型的な. **2 a** 古典[ギリシア・ラテン文芸]の, 古典的な (classical); 典雅な, 高尚な: ~ myths ギリシア・ローマ神話. **b** [C-] 《メソアメリカの》古典期の《特に 300–900 年ころのマヤ文化についていう》. **3 a** 伝統的な; 歴史的に名高い; 由緒の深い: ~ ground (*for*…に)ゆかりの地 / ~ Oxford [Boston] 古い文化の都オックスフォード[ボストン]. **b** 〈衣服などが〉簡素ではやりすたりのない[飽きがこない]. ► *n* **1 a** 一流の文芸[芸術]作品; 権威ある[標準的な]書物, 名著; 典型, 模範. **b** 文豪; 大芸術家. **2 a** 《ギリシア・ラテンの》古典作品; [~s; 〈*sg*〉] 《学科としての》古典《ギリシア・ローマの文学・思想・歴史などを扱う》; [the ~s] 古典(文学), 古典語《特に ギリシア語・ラテン語》. **b** 《ギリシア・ラテンの》古典作家; 《古》 古典学者[主義者]. **3 a** 伝統的大試合[競技, 競走, 競馬] (cf. CLASSIC RACES). **b** 簡素ではやりすたりのない[飽きがこない]衣服. **c** クラシック(カー) 《米国では 1925–42 年製造の自動車). [F or L *classicus* of the first rank ‹ CLASS]

clas·si·cal /klǽsɪk(ə)l/ *a* **1** 古代ギリシア・ローマの, 古典の; 古典文学に通じた; 古典語の: the ~ languages 古典語《ギリシア語・ラテン語》/ ~ architecture《ギリシア・ローマの》古典建築 / a ~ education [scholar] 古典教育[学者]. **2**〔芸術〕古典主義の, 擬古的な; 古典音楽の; 古典的な, 伝統的な, 正統派の;〈文芸が〉一流の, 標準的な;〈言語が〉(文学の)慣用に従った: the ~ music 古典音楽《Beethoven のころ完成》; クラシック音楽《ポピュラー音楽と区別して》/ ~ physics 古典物理学 / ~ Arabic 古典アラビア語. **3** 人文的な, 一般教養的な (opp. *technical*). ◆ **~·ism** *n* CLASSICISM. **~·ist** *n* CLASSICIST. **~·ly** *adv* 古典的に; 擬古的に; 伝統的に, 典型的に, 通常は; 伝統的技法[クラシック]に関して. **~·ness** *n*

clássical cóllege《カナダ Quebec 州で》教養大学《古典・一般教養科目を中心とする中等学校・大学レベルの教育機関; 終了者には BA の学位が授けられる》.

clássical condítioning〔心〕古典的条件づけ《無条件刺激 (例: 犬に肉を見せる) に条件刺激 (例: ベルの音) を組み合わせ, 条件刺激のみで反応 (例: よだれを流す) をひき起こすまでこれを繰り返して行なう条件づけ; cf. OPERANT CONDITIONING》.

clássical económics 古典派経済学《Adam Smith, J. S. Mill, Malthus, Ricardo などの学派》.

clas·si·cal·i·ty /klæ̀sɪkǽləti/ *n* 古典的特質《芸風の完成・純美・古雅・典雅など》;《作品の》卓越; 古典的教養.

Clássical Látin 古典ラテン語 (⇨ LATIN).

clássical mechánics〔理〕古典力学《Newton の運動法則に基づく力学; 量子力学 (quantum mechanics) に対する》.

clássic blúes [‹*sg/pl*›] クラシックブルース《小人数のグループを伴った女性シンガーによるシティーブルース》.

clas·si·cism /klǽsəsɪ̀z(ə)m/ *n* 古典主義 (opp. *romanticism*); 擬古主義; 古典の知識; 古典語法.

clas·si·cist /klǽsəsɪst/ *n* 古典学者, 古典文学者; 古典主義者; 古典語教育主張者.

clas·si·cis·tic /klæ̀səsístɪk/ *a* 〈建築・劇などが〉古典の影響をうけた, 古典風の.

clas·si·cize /klǽsəsàɪz/ *vt, vi* 〈文体など〉古典風にする, 古典をまねる. ◆ **-cìz·ing** *a*

clas·si·co /klǽsɪkòu/ *a* 〈キアンティ (Chianti) が〉特定品質基準をもつ地域産の, クラシコの. [It]

clássic ráces *pl* [the]〔英〕五大競馬, クラッシックレース《Two [One] Thousand Guineas, Derby, Oaks, St. Leger》.

Clássics Íllustrated『クラシックス・イラストレイテッド』《米国で刊行された, 文学の古典を劇画化したシリーズ (1941–71)》.

clas·si·fi·ca·tion /klæ̀səfəkéɪʃ(ə)n/ *n* **1** 分類(法);《動植物の》分類;〔図書〕図書分類法. ★ 生物学上の分類順序: kingdom (界)—〔動〕phylum,〔植〕division (門)—class (綱)—order (目)—family (科)—genus (属)—species (種)—variety (変種). **2** 等級別, 格付け, 級別;〔化〕分級;〔米政府・軍〕《公文書の》機密種別《restricted, confidential, secret, top secret など》. ◆ **clas·si·fi·ca·to·ry** /klǽsəfəkətɔ̀ːri, klæsífə-; klæ̀sɪfɪkéɪt(ə)ri/ *a* 分類(上)の. **-to·ri·ly** /klǽsəfəkətɔ̀ːrəli, klæsìfə-; klæ̀sɪfɪkéɪt(ə)rəli/ *adv* [F; ⇨ CLASS]

classificátion schèdule〔図書〕分類一覧表.

classificátion socìety 船級協会《商船等級を決定》.

classificátion yàrd*《鉄道の》操車場.

clás·si·fìed *a* **1 a** 分類した: ~ civil service *公務員職階制度. **b**〔英〕分類番号のついた〈道路〉《番号の前につく文字によって, M (=motorway), A (第一級道路), B (第二級道路)に区分される》. **2***〈情報・文書など〉機密扱いの;《ロ》秘密の〈書類など〉. **3**〈スポーツ[サッカー]など〉の試合結果の載っている〈新聞〉. ► *n* CLASSIFIED AD.

clássified ád [ádvertising]《求人・求職・貸家・遺失物など項目別に分類した》項目別小広告(欄), 分類広告.

clássified diréctory‖ 職業別電話帳, イエローページ.

clás·si·fì·er *n* 分類者; 選別器,〔化〕分級器;〔言〕分類辞《日本語や中国語の助数詞など》.

clas·si·fy /klǽsəfàɪ/ *vt* **1** 分類[類別]する ‹*into*›, 等級に分ける;〔化〕分級する: ~ books by subjects 書物を項目によって分類する. **2** 機密度に応じた区分をする; 機密扱いにする. ◆ **clás·si·fì·able** *a* 分類できる. [逆成 ‹ *classif*ication]

clássify·ing *a*〔文法〕〈形容詞が〉分類的な, 種別の《名詞の種別を表わし, 通例 gradable でないもの; 例: American, mortal》.

cláss inclùsion〔論〕集合包含,《類概念による種概念の》包摂, 包含.

cláss ìnterval〔統〕級区間《数値データをいくつかの区間ごとにまとめるときの各区間; その幅》.

clas·sis /klǽsəs/ *n* (*pl* **-ses** /-sìːz/)〔キ教〕《改革派の》宗教法院, 長老監督会[区]. [L; ⇨ CLASS]

clássis-chássis *n**《俗》CLASSY CHASSIS.

cláss·ìsm *n* 階級的偏見, 階級差別. ◆ **cláss·ist** *a, n*

cláss·less *a* 〈社会など〉階級(差別)のない;〈個人など〉どの階級にも属さない. ◆ **~·ness** *n*

cláss-lìst *n*〔英大学〕優等試験合格者等級別名簿.

cláss·màn /, -mən/ *n*〔英大学〕優等試験合格者 (cf. PASSMAN).

cláss màrk〔統〕階級値;〔図書〕CLASS NUMBER.

cláss·màte *n* 同級生, 同窓生, 級友.

cláss mèaning〔言〕類の意味《形式類 (form class) に共通する意味; たとえば 過去時制が示す「過去」という意味など》.

cláss nòun [nàme]〔文法〕種属名詞, 普通名詞.

cláss nùmber〔図書〕分類番号.

cláss phòto 卒業[同窓]写真《クラス別の集合写真》.

cláss·ròom *n* 教室; 教育現場, 授業: remain in the ~《管理職に就かず》教壇に立ちつづける.

cláss strúggle [wár(fare)] [the] 階級闘争.

cláss sùit 集団訴訟 (class action).

cláss tèacher クラス担任.

cláss wòrd〔文法〕類語《語を機能によってではなく, 文中の位置によって分類し, 同位置を占める語を 1 つの class (類) に分けたもの》.

cláss·wòrk *n*〔教育〕教室学習 (opp. *homework*).

classy /klǽsi; klɑ́ː-/《ロ》*a* すてきな, いきな; 高級な, すぐれた; 上流の, 上品な, たしなみのある. ◆ **cláss·i·ly** *adv* **-i·ness** *n*

clássy chássis [chássy]*《俗》《女性の》いい体, みごとなからだつき; みごとな体の女.

clast /klǽst/ *n*〔地質〕砕屑(さいせつ)岩[物].

clas·tic /klǽstɪk/ *a*〔地質〕砕屑性の;〔生〕分解性の;〈解剖模型が〉分解式の: ~ rocks. ► *n*〔地質〕砕屑岩.

clath·rate /klǽθrèɪt/ *a*〔生〕網状の, 方眼格子性の, 網状組織の;〔化〕包接の. ► *n*〔化〕包接化合物.

clath·ra·tion /klæθréɪʃ(ə)n/ *n*〔化〕包接化.

clat·ter /klǽtər/ *n* カタカタ[カチカチ, ガチャガチャ]いう音; 騒々しさ, 喧騒(けんそう); 騒々しい話し声[笑い声], おしゃべり. ► *vi, vt* **1** カタカタ[ガチャガチャ]鳴る[鳴らす]; カタカタ音をたてて進む: ~ *along* カタカタ音をたてて行く / ~ *around* カタカタ音をたてて動きまわる / ~ *down* the stairs ガタガタと階段を降りる. **2** (大勢)でペチャクチャしゃべる. **3**《北イング》…の耳をこぶして打つ;‖《俗》打つ, なぐる. ◆ **~·er** *n* カタカタ音をたてるもの; おしゃべり《人》. **~·ing·ly** *adv* カタカタと; ペチャクチャと. **clát·tery** *a* カタカタする; おしゃべりの, 騒々しい. [OE *cla-trian* (*clatrung* clattering, noise) ‹ imit]

Claud /klɔ́ːd/ クロード《男子名; Claude の異形》.

Claude /klɔ́ːd; *F* klod/ **1** クロード《男子名》. **2** クロード **Albert** ~ (1898–1983)《ベルギーの細胞生物学者; 細胞の部分を分離, 微細構造を研究, ノーベル生理学医学賞 (1974)》. [L=lame; ⇨ CLAUDIUS]

Clau·del /kloudél/ クローデル **Paul(-Louis-Charles-Marie)** ~ (1868–1955)《フランスのカトリック詩人・劇作家・外交官》.

Cláude Lor·ráin /-lɔːrǽ̃/ クロード・ロラン (1600–82)《フランスの画家; 本名 Claude Gellée; 理想的風景画の代表的作家》.

Clau·dette /klɔːdét/ クローデット《女子名》. [F (fem dim) ‹ CLAUDE]

Clau·dia /klɔ́ːdiə/ クローディア《女子名》. [(fem) ‹ CLAUDE]

clau·di·cant /klɔ́ːdɪkənt/ *a*《廃》跛行の.

clau·di·ca·tion /klɔ̀ːdəkéɪʃ(ə)n/ *n*〔医〕跛行(はこう); INTERMITTENT CLAUDICATION.

Clau·dine /klɔːdíːn/ クローディーヌ《女子名》. [F (fem) ‹ CLAUDE]

Clau·dio /kláudiou/ クラウディオ《男子名》. [It; ⇨ CLAUDE]

Clau·di·us /klɔ́ːdiəs/ **1** クローディアス《男子名》. **2** クラウディウス (**1**) ~ **I** (10 B.C.–A.D. 54)《ローマ皇帝 (41–54); もとの名 Tiberius ~ Nero Germanicus; 北アフリカや Britain に侵攻した》(**2**) ~ **II** (214–270)《ローマ皇帝 (268–270); 全名 Marcus Aurelius ~, 通称 'Gothicus'; Balkan 半島に侵入したゴート人を打ち破った (269)》. **3** クローディアス《Shakespeare, *Hamlet* で Hamlet の父で自分の兄デンマーク王を毒殺して王位につき, Hamlet の母と結婚している; 最後に Hamlet に刺される》. [L; ローマの家族名]

clause /klɔ́ːz/ *n*《条約・法律の》箇条, 条項,《保険証券などの》約款;〔文法〕節;〔楽〕楽句. ◆ **cláus·al** *a* 条項の;〔文法〕節の. [OF‹L *clausula* conclusion; ⇨ CLOSE[1]]

Clause 28 /— twèntiéɪt/〔英〕第 28 条《地方自治体法第 28 条 (1988) のこと ; 地方自治体に対し, 同性愛を助長する行為を禁止し, 助長するとみられる出版物・教材・美術作品などを規制することを定めたもの》.

Clau·se·witz /kláuzəvɪ̀ts/ クラウゼヴィッツ **Carl (Philipp Gottfried) von** ~ (1780–1831)《プロイセンの軍人; *Vom Kriege* (戦争論, 1833) は軍事理論の古典的書物》.

Clau·si·us /kláuziəs/ クラウジウス **Rudolf Julius** ~ (1822–88)《ドイツの物理学者・数学者; 熱力学の第 2 法則を定式化した》.

claus·tral /klɔ́ːstrəl/ *a* CLOISTRAL.

claus·tra·tion /klɔːstréɪʃ(ə)n/ *n*《修道院のようなところに》閉じ込めること, 幽閉.

claus·tro·phília /klɔ̀ːstrə-/ *n* 閉所愛好.

cláus·tro·phòbe /klɔ́ːstrə-/ *n* 閉所恐怖症の人, 閉所恐怖症患者. [逆成 ‹ *claustrophobia*]

claus·tro·phóbia /klɔ̀ːstrə-/ *n*〔精神医〕閉所恐怖(症); 閉塞

感 (opp. *agoraphobia*). ［L (CLOISTER, *-phobia*)］

claus·tro·phóbic /klɔ̀:strə-/ *a* 閉所恐怖症の; 狭苦しい; 気詰まりな. ► *n* 閉所恐怖症患者. ♦ **-bi·cal·ly** *adv*

claus·trum /klɔ́:strəm/ *n* (*pl* **-tra** /-trə/) 〘解〙《脳の》前障.

cla·va /kléɪvə, klɑ́:-/ *n* (*pl* **cla·vae** /kléɪvì:, klɑ́:vàɪ/) 〘昆〙《触角の》球桿部《棍棒状触角の膨大した末端の数節》. ♦ **clá·val** *a* ［L =club］

cla·vate /kléɪvèɪt, -vət/, **-vat·ed** /-vèɪtəd/ *a* 〘植〙バット形の, 棍棒状の (claviform). ♦ **-vate·ly** *adv* **cla·va·tion** /kleɪvéɪʃ(ə)n/ *n* 棍棒状であること.

clave[1] /kléɪv/ *v* 《古》CLEAVE[2] の過去形.

cla·ve[2] /klɑ́:veɪ/ *n* [ᵁ*pl*] 〘楽〙クラベス《ルンバの伴奏などに用いる 2 本で一組の打楽器》. ［AmSp＜Sp＝keystone＜L］

clav·e·cin /klǽvəsən/ *n* 〘楽〙クラヴサン (harpsichord).

cla·ver /kléɪvər/ 《スコ》 *n* [ᵁ*pl*] むだ話. ► *vi* むだ話をする (gossip).

clavi·cémbalo /klæ̀və-/ *n* 〘楽〙クラヴィチェンバロ (HARPSICHORD). ［It］

clav·i·chord /klǽvəkɔ̀:rd/ *n* 〘楽〙クラヴィコード《ピアノの前身》. ♦ **～·ist** *n* ［L (*clavis* key, CHORD)］

clav·i·cle /klǽvək(ə)l/ *n* 〘解〙鎖骨. ♦ **cla·vic·u·lar** /kləvíkjələr/ *a* ［L (dim)〈*clavis* key; 形の類似から］

clav·i·corn /klǽvəkɔ̀:rn/ *a* 〘昆〙棍棒状の触角のある; 球角類の. ► *n* 球角類の甲虫《テントウムシなど》.

cla·vier /kləvíər, klǽviər, *kléɪ-/ *n* 鍵盤楽器; 鍵盤. ♦ **～·ist** *n* **cla·vier·is·tic** /kləvɪ̀ərístɪk, klæ̀viə-, *klèɪviə-/ *a* ［F=keyboard］

cláv·i·fòrm /klǽvə-/ *a* 棍棒状の.

cla·vus /kléɪvəs, klɑ́:-/ *n* (*pl* **cla·vi** /kléɪvàɪ, klɑ́:vì:/) 〘医〙鶏眼, うおのめ (corn). ［L=nail, wart］

claw /klɔ́:/ *n* **1 a** 《ネコ・タカなどの》かぎづめ, つめ; 《昆虫の》かぎづめ, つめ; かぎづめのある足; 《カニ・エビなどの》はさみ. **b** ひっかき傷. **2** かぎづめ形のもの, 《金槌の先の》釘抜き; [*derog*]《やせて長い》人の手; 〘植〙つめ《花弁の細くなった基部》; *《俗》おまわり. ● **cut** [**clip, pare**] **the ～s of**...の牙を抜く, ...の危害を加える力を奪う. **get one's ～s into**...＝**have one's ～s in**... ᴴ《口》...にひどいことを言う; 《口》つかまえて放さない, 〈男を〉つかまえて意のままにする[結婚・関係を迫る]. **in one's ～s** がっちり押えて, 支配下に. **put the ～ on**...*《俗》つかまえる, 拘留する(ために確認する); *《俗》...に借金を申し込む. ► *vt* かぎづめでひっかく; つめでつかむ; 〈金などを〉かき集める; 〘海〙風上に間切る〈*off*〉; *《俗》つかまえる, 逮捕する; 《主にスコ》〈かゆいところを〉かく: ～ hold of...をひっつかむ / *C*～ me, and I'll ～ thee. 《諺》人は万事相手の出方しだい, '魚心あれば水心'. ► *vi* かぎづめでつかむ[ひっかく]; 《手で》引っ張る, つかもうとする〈*at*〉: ～ *at* sb's face. ● **～ back** ᴴ徐々に[苦労して]取り戻す; ᴴ〈一律に払われた給付金などの不適切なものを〉付加税の形で回収する. **～ off** 引きはがす. **～ one's way** [副詞(句)を伴って] 一歩一歩しがみつくようにして進む; 〈トップまで〉のし上がる〈*to* the top〉. ♦ **～ed** *a* [ᵁ*compd*] ...のつめをもった. **～·less** *a* **～·like** *a* ［OE *clawu*; cf. G *Klaue*］

cláw-and-báll *a* 〈家具の足が〉球を握ったかぎづめ状の.

cláw·bàck ᴴ *n* 政府の給付支出増の増税による補填; 欠点, 弱点 (drawback).

cláw fòot 〘医〙凹足(おうそく)《足の内側縦足弓が異常に大きいもの》; 《特に家具の》かぎづめ状の足.

cláw·hàmmer *a* クローハンマーの《親指とその他の指を下方にかき鳴らすバンジョーの奏法についていう》.

cláw hàmmer 釘抜きハンマー; 《口》TAILCOAT.

cláw-hàmmer cóat 《口》TAILCOAT.

cláw hàtchet 釘抜き付き手斧.

cláw sétting ᴴ〘宝石〙TIFFANY SETTING.

clax·on /klǽks(ə)n/ *n* クラクション (cf. KLAXON).

clay /kléɪ/ *n* **1** 粘土, クレー; 土 (earth); 〘テニス〙CLAY COURT; 〘聖〙肉体; 《詩》人体; 本性, 特徴: as ～ in the hands of the potter 思いのままに / a man of common ～ 世間並みの人. **2** 陶製パイプ, クレーパイプ: a yard of ～ 陶製の長ギセル. **3** *《俗》TETRAHYDROCANNABINOL. ● FEET OF CLAY. **moisten** [**wet, soak**] **one's ～** [*joc*] 一杯やる (drink). ► *vt* 粘土でおおう, ...に粘土を塗る〈*up*〉; 粘土で濾(こ)す. ♦ **～·ish** *a* **～·lìke** *a* ［OE *clǣg*; cf. G *Klei*］

Clay 1 クレイ《男子名》. **2** クレイ (1) **Cassius Marcellus ～** 《Muhammad ALI の旧名》 (2) **Henry ～** (1777–1852)《米国の政治家; 奴隷州と自由州のバランス確保に腐心した》. ［(dim); ⇨ CLAYTON］

cláy·bànk* *n* 黄褐色; 黄褐色の馬. ► *a* 黄褐色の.

cláy-còld *a* 〈死体が〉土のように冷たい.

cláy córt 〘テニス〙クレーコート《表面が土または人工土の普通の屋外コート; cf. GRASS [HARD] COURT》.

cláy èater *《俗》[ᵁ*derog*] 南部大西洋岸地方の出身者, 南部の農民[田舎者].

clay·ey /kléɪi/ *a* 粘土質の; 粘土を塗った. ［CLAY］

cláy fèet FEET OF CLAY.

Clay·hang·er /kléɪhæ̀ŋər/ クレイハンガー《Arnold Bennett の三部作 The Clayhanger Family (1925) の中の一家の名; 話は Edwin ～ を中心に展開する》.

cláy íronstone 〘鉱〙粘土質炭酸鉄鉱.

cláy lòam 〘土壌〙埴壌土《粘土を 20–30% 含むローム》.

Clay·ma·tion /kleɪméɪʃ(ə)n/ 〘商標〙クレイメーション《粘土人形を使ったアニメーション映画制作》.

cláy mìneral 粘土鉱物.

clay·more /kléɪmɔ̀:r/ *n* **1** 《昔スコットランド高地人の用いた》両刃の大刀; 《かつてのスコットランド高地人の》籠柄(かごえ)の大刀. **2** 指向性破片地雷, クレイモア対人地雷 (＝**～ mìne**)《電気式で, あらかじめ定めた方向に小金属片が広範囲に飛ぶ人員殺傷用の地雷》. ［Gael=great sword］

cláy·pàn *n* 〘地質〙粘土盤《主に粘土からなる底盤》; 《豪》《降雨の後に水がたまる》浅い粘土の窪地.

cláy pígeon 〘射撃〙クレー(ピジョン)《空中に投げ上げる粘土または石灰岩製の標的》; 《俗》弱い立場にいる者, 簡単にだまされるやつ, カモ; *《俗》たやすい仕事; *《俗》艦載機.

cláy pígeon shòoting ᴴクレー射撃 (trapshooting).

cláy pípe 陶製パイプ, クレーパイプ; 土管.

cláy róad 《NZ》舗装してない田舎道.

cláy stóne 〘地質〙粘土岩; 《粘土鉱床中の》結核体.

Clay·ton /kléɪtn/ クレイトン《男子名》. ［OE=clay town］

clay·to·nia /kleɪtóuniə/ *n* 〘植〙クレイトーニア属 (*C*-) の各種の小草《スベリヒユ科》. ［John *Clayton* (1693–1773) 米国の植物学者］

cláy·wàre *n* 粘土を焼成したもの《陶磁器・煉瓦など》.

cld called ♦ cleared.

-cle ⇨ -CULE.

clead·ing /klí:dɪŋ/ *n* 《ボイラーなどの》外被, クリーディング.

clean /klí:n/ *a* **1 a** きれいな, 清潔な, さっぱりした, 洗いたての, (真)新しい: a ～ room / keep one*self* ～ いつも体を清潔にしている. **b** よごれていない; なにも書いてない〈紙〉; 誤記の少ない, 読みやすい; 〘海〙船底がきれいな《藻や貝が付着していない》: a ～ copy 清書 / a ～ page 白紙ページ. **c** (放射能で)汚染されていない; 感染していない, 病気でない; 〘海〙CLEAN BILL OF HEALTH を有する. **d** 環境汚染をひき起こさない; 放射性降下物のない[少ない]; ニコチン含有量の少ない〈タバコ〉: a ～ fuel クリーン燃料 / a ～ bomb きれいな爆弾 (opp. *dirty bomb*). **e** まぜ物のない, 純粋な (pure): ～ gold 純金. **f** 食用に適する: ～ fish 食べられる魚《産卵期でない》. **2 a** 《道徳的に》汚れのない, 偽りのない; 公正な, フェアな; 《俗》〈人が〉犯罪に関係ない, 白の; *《俗》前科のない; 〘聖〙〈人が〉身に汚れのない, 〈食べ物が〉汚れていない (*Lev* 11): a ～ election 公明選挙 / a ～ fight 正々堂々の戦い / MR. CLEAN / a ～ record 無きずの履歴 / a ～ SHEET[1]. **b** 《口》清浄な, 純潔な, みだらでない〈冗談〉: keep it ～ みだらなことばを慎む. **3 a** きれい好きな, 身だしなみのよい; *《俗》パリッとした身なりの, きめている: be ～ in one's person 身なりがさっぱりしている / a ～ servant きれい好きな召使. **b** 〈子供・動物が〉排便のしつけのある. **4 a** 格好のよい, 〈航空機が〉流線型の, 〈船舶が〉細型の; でこぼこのない, なめらかな〈切り口・そり跡〉, 無きずの; 節のない〈材木〉; 耕作を妨げる雑草などのない; 〘空〙〈航空機が〉クリーンの《機体外部に爆弾・ミサイル・燃料タンクなどを装備していない》: ～ limbs すらっとした肢体 / a ～ diamond 無きずのダイヤ. **b** 〈計画・文体・味が〉すっきりした, 〈香りが〉さわやかな; 〈音声・画像が〉《ノイズがなく》明瞭[鮮明]な. **c** 欠点[故障]のない; 〘海〙〈港湾が〉《投錨に》障害のない. **d** 〈売買証書などが〉留保のない, 無条件の. **5 a** あざやかな, 巧みな (skillful): (as) ～ as a WHISTLE / a ～ stroke みごとな打ち方 / ～ fielding みごとな守備 / a ～ hit 〘野〙クリーンヒット. **b** 完全な (complete), 徹底した; 真の, 本物の; 当然の: a ～ hundred dollars 100 ドルそっくり / make a ～ JOB[1] of it / CLEAN BREAK / That's the ～ thing to do. それがまさになすべきことだ. **6 a** からっぽの; *《俗》無一文の, すっからかんの; 獲物のない. **b** 《俗》武器を隠し持っていない; 《俗》麻薬を所持して[使って]いない; 麻薬に酔っていない; 《俗》〈物が〉やばくない. ● **come ～** 《口》〈...に〉本当のことを言う, (すっかり)白状する, 本音を吐く〈*with* sb *about* sth〉. **keep the hands ～** 不正に関係しない, 潔白である (cf. CLEAN HANDS).

► *adv* **1 a** きれいに, 清潔に: sweep a room ～. **b** 公正に, フェアに: play the game ～. **c** あざやかに; 巧妙に, 抜け目なく. **2 a** 全く, すっかり: ～ mad [wrong] 全く気が違って[間違って] / I ～ forgot about it. それはきれいに忘れた / The bullet went ～ through his chest. 弾丸は彼の胸を貫通した. **b** まさに, ずばりと: hit sb ～ in the eye 人の目をピシャリと打つ.

► *vt, vi* **1** 清潔[きれい]にする[なる], ...の掃除[洗濯, 手入れ]をする; 磨く: ～ *away* [*off*] ふき取る / ～ one's teeth 歯を磨く / ～ a field for sowing 種まきのために草を刈る. **2** ...から〈...を〉取り除いて裸にする〈*of*〉, 空(から)にする; 《料理の前に》〈鳥・魚〉の臓物を抜き取る: ～ one's plate すっかり[きれいに]食べる. ● **～ down** 〈壁などを〉きれいに掃除する; 洗い落とす; 〈馬などを〉ブラシで洗ってやる; ぬぐい去る. **～ HOUSE**. **～ on** *《俗》打ち負かす, やっつける. **～ out** 〈部屋・ひきだしなどを〉《中のごみなどを出して》きれいにする; 〈...から〉〈在庫品・悪党などを〉一掃する, 追い出す〈*of, from*〉; 《口》《盗み出すなどして》〈場所を〉空(から)にする; 《口》〈商人〉から〈...を〉すっかり買い取る, 《ばくちなどで》...から〈...を〉巻き上げる〈*of*〉, 一文無しにする; 〈人〉に通じをつける: The fine

~*ed* him *out*. 罰金をくらって一文無しになった. **~ the** SLATE[1]. **~ up** 掃除する, きれいにする; [[s]~ *-self*]《シャワーを浴びたり, 着替えなどして》身ぎれいになる; (…を)片付ける; 〈腐敗・不正などを〉除去する, 〈町などを〉浄化する; 〈敵を〉掃討する, …から敵を一掃する; 《口》〈仕事などを〉仕上げる; 《口》大金をもうける 〈*in, on*〉, ぼろもうけする: ~ (one*self*) *up* [get one*self* ~*ed up*] for supper 夕食のために身ぎれいにする / ~ *up* one's act 行ないを改める, 悪習をやめる. **~ up after** …のあと片付け[尻ぬぐい]をする: *C~ up after* your dog. 犬のあと始末を忘れずに! **~ up on**…*《俗》…を打ち負かす, 圧倒する, こてんぱんにやっつける.

► *n* **1** 清潔にすること, 手入れ, 掃除: give a ~ 手入れをする / need a good ~ よく掃除する必要がある. **2**〘重量挙〙クリーン《バーベルを肩の高さまで持ち上げる》. ♦ **~·ability** *n* **~·able** *a* **~·ness** *n* [OE *clǣne*; cf. G *klein* small]

cléan and jérk〘重量挙〙ジャーク《clean (バーベルを床から肩の高さまで持ち上げる) と jerk (頭上に差し上げる) の動作; cf. PRESS[1], SNATCH》. ♦ **cléan-and-jérk** *vt*

cléan bìll **1**〘米議会〙修正法案, クリーンビル《原案に委員会で採用された修正事項を組み込み, 本会議で一括審議, 投票に付せられる法案》. **2** 適格[適性]証明 (clean bill of health).

cléan bíll of héalth〘海〙完全健康証明書 (⇨ BILL OF HEALTH); 《口》適格[適性, 安全]証明(書).

cléan bíll of láding〘商〙無故障船荷[運送]証券 (cf. FOUL BILL OF LADING).

cléan bréak 突然の中断, きっぱりやめること; 単純骨折: make a ~ きっぱり縁を切る 〈*with, from*〉.

cléan-bréd *a* 純血種の.

cléan-cút *a* 輪郭のはっきりした, すっきりした, 格好のよい; 《意味など》明確な; 身だしなみのよい, きちんとした: ~ features 彫りの深い顔だち / a ~ victory / a ~ young man さわやかな青年.

cléan énergy クリーンエネルギー《電気のように大気を汚染しないエネルギー》.

cléan·er *n* **1** きれいにする人; 洗濯屋の主人[職人]; [[u]the ~(')s] クリーニング店; 清掃係, 掃除夫. **2** 掃除機[器], クリーナー; 洗剤.
● **go to the ~s** 《俗》《ばくちなどで》無一文になる. **take** sb **to the ~s** 《俗》人に有り金を失わせる, 人から金を巻き上げる; 人を手きびしく批判する, こきおろす; 人を負かす, やっつける.

cléaner fìsh〘魚〙掃除魚《大きな魚の体表やえらや口内から外部寄生虫を取って食べる; ホンソメワケベラなど》.

cléan-fíngered *a* 手をよごしていない, 清廉な.

cléan fíngers *pl* 清廉.

cléan·hánd·ed *a* 潔白な.

cléan hánds *pl* **1**《特に 金銭問題や選挙における》潔白: have ~ 潔白である / with ~ 潔白で. **2**〘法〙汚れのない手《エクイティーの救済を求めるための条件》.

cléan·ing *n* **1 a** 清めること, 掃除; 《衣服などの》手入れ, 洗濯, クリーニング: general ~ 大掃除 / do the ~ 掃除をする / DRY CLEANING. **b**《樹木の》皆伐. **2**《俗》完敗; 《俗》大失敗, まる損.

cléaning wòman [làdy] [[o]*derog*]《家庭・事務所の》掃除婦, 清掃婦《今日では cleaner を使う》.

cléan·ish *a* こぎれいな, ややきれいな.

cléan-límbed *a* 〈若い男が〉均斉のとれた, すらりとした.

clean·li·ness /klénlinəs/ *n* 清潔, きれいさ, きれい好き: *C~* is next to godliness. 《諺》きれい好きは敬神に近い.

cléan-líving *a* 汚れない生き方をする, 清く生きる.

clean·ly[1] /klénli/ *a* きれい好きな; こぎれいな; 《廃》潔白な.
♦ **cléan·li·ly** *adv*

clean·ly[2] /klíːnli/ *adv* きれいに, 清潔に; 楽々と, なめらかに; 《古》全く, すっかり.

cléan·òut *n* (大)掃除; 《望ましくないものの》一掃; 《ボイラー・煙突などの》掃除口.

cléan ròom 《精密機械の組立てなどを行なう》無塵室, 《病院などの》無菌室, クリーンルーム.

cleanse /klénz/ *vt* 清潔[きれい]にする, 洗い清める; 浄化する; …に通じをつける; 〘聖〙〈癩(らい)患者を〉癒す (cure): ~ the soul [heart] *of* sin 心の罪を浄化する / ~ the town *of* terrorists 町からテロリストを一掃する / ~ the bowels 通じをつける. ► *n* 洗浄, 浄化.
♦ **cléans·able** *a* [OE *clǣnsian* to CLEAN]

cleans·er /klénzər/ *n* クレンジングパウダー[クリーム, ローション]; 洗剤, 洗剤, 磨き粉, クレンザー.

cléan-sháved, -sháven *a* ひげをきれいにそった; ひげを生やしていない.

cléan shéet きれいな経歴, まっさらな状態, 白紙 (clean slate); [[u]]《サッカーなどで》完封勝ち: keep a ~.

cleans·ing /klénzɪŋ/ *n* 洗浄; 浄化; 《罪の》清め; [*pl*] 掃き捨てたごみ; 浄化《望ましくない社会集団や民族の一掃; ⇨ ETHNIC CLEANSING》. ► *a* よごれを落とす, 清潔にする, 洗浄する.

cléansing crèam クレンジングクリーム《油脂性の洗顔用・メイク落とし用クリーム》.

cléansing depàrtment 清掃局, ごみ収集部門.

cléansing tìssue クレンジングティッシュ《メイク[手のよごれ]落とし用ティッシュ》.

cléan·skìn 《豪》*n* 焼き印のない動物 (=*clearskin*) (cf. MAVERICK); 《俗》前科のない者, マエのないやつ.

cléan sláte 申し分のない[汚点のない]経歴, 白紙 (cf. *clean the* SLATE): have a ~ りっぱな経歴をもつ / start afresh with a ~ 白紙にかえって再出発する.

cléan swéep 《選挙などにおける》完勝; 全勝, 総なめ; 《要らない人[もの]の》一掃, 総ざらい: make a ~ of the Davis Cup デビスカップの試合を総なめにする.

Cle·an·thes /kliǽnθiːz/ クレアンテス (331 or 330–232 or 231 B.C.)《ギリシアのストア派の哲学者; キプロスのゼノン (Zeno of Citium) の後継者》.

cléan·ùp *n* **1** 大掃除; 身づくろい; 残敵掃討; 《社会悪などの》一掃, 浄化; *《俗》《警察の》手入れ. **2**《部隊の》遺棄品収集; 《口》大もうけ, ぼろいもうけ (killing). **3**〘野〙四番打者, 4 人目の打者. ► *a*〘野〙〈打者が〉四番の, 4 人目の. ► *adv*〘野〙四番で.

clear /klíər/ *a* **1 a** 曇っていない, 明るい, 澄みきった; 澄んだ, 透き通った; 〈音・声が〉はっきり聞こえる, 澄んだ; 〘音〙〈/l/ の音が〉明るい: a ~ sky 晴れわたった空 / a ~ fire 《煙を出さず》あかあかとした火 / (as) ~ as crystal [day, daylight, noonday] 《口》明々白々で / (as) ~ as MUD / ~ soup 澄ましスープ. **b** 〈目つきなどが〉穏やかな, 澄んだ; 晴れやかな; 〈肌などが〉色つやのよい, しみのない (opp. *dark*). **2** 明らかな, 明白な, 明確な, 明瞭な, はっきりした 〈*on, about, that*〉; はっきり見える, くっきりした; 明晰な, 透徹した: It is ~ what he is driving at. 彼が何を目指しているか明白だ / Do I make my*self* [Am I] ~?—Crystal (~). わかったか—よくわかりました / have a ~ head 頭[思考]がはっきりしている / My memory is not ~ *on* that point. / We are not ~ *about* what we are going to do. **3 a** 開けた (open), 《妨げ・支障などの》全くない; 〈危険物などから〉離れて, 避けて 〈*of*〉; 〈相手を〉引き離して 〈*of*〉; 〈木材など〉節[枝など]のない; 積荷のない, 空(から)の; 予定などがはいっていない, ひまな; 裸の, あらわな: a ~ space 空き地 / roads ~ *of* traffic 人通りのない道路 / be ~ *of* debt [worry] 借金[心配]がない / ALL CLEAR / see one's way ~ 前途に障害がない / ~ lumber 無きずの材木 / a ~ RUN (成句) / two points ~ of Italy イタリアを 2 ポイントリードして. **b** 〈健診結果が〉異常のない; 《聴診で》不規則な音が聞こえない. **c** 潔白な, 罪のない: ~ *from* suspicion 嫌疑の余地のない / be ~ *of* the murder 殺人に関係していない. **4** 純粋の, 純… (pure), 正味の (net), 全くの: ten ~ days まる 10 日 / a hundred pounds ~ profit 100 ポンドの純益. ● **get ~ of**…を離れる, 避ける. **keep [stay, steer] ~ of**…を避けている, …に近寄らない. **sit [stand] ~ of**…から離れてすわる[立つ]; …を敬遠する: *Stand ~ of* the gates of the elevator.

► *adv* **1 a** 曇りなく, 明らかに, くっきり(と): It stands ~ against the evening sky. 夕空にくっきり立っている. **b** 明瞭に, 明るく (distinctly): speak ~ はっきり(聞こえるように)話す. **2** 十分に, 全く; *ずっと (all the time, all the way): get ~ away [off] 全く離れる, 逃げうせる / ~ up to the minute ずっとその時まで.

► *n* **1** さえぎるもののない空間; きずのない木材. **2** clear すること; 〘バド〙クリアー《相手の頭上を越して大きくエンドライン内に飛ばすフライト》.
● **in the ~** 内法(うちのり)で; 危険を脱して; 《口》疑いが晴れて; 借金してない; 動きや視界を妨げるものがない, 自由で. **in (the) ~**《暗号でなく》平文で.

► *vt* **1 a** きれいにする, 明らか[清らか]にする, 澄ませる; 〈顕微鏡標本を〉透明にする; はっきりさせる, 明確にする: ~ the muddy water 泥水を澄ませる. **b** 〈釣糸など〉のもつれを解く; 〈問題を〉解決する, 〘軍〙〈暗号を〉解読する: ~ an examination paper 試験問題を解く. **2 a** 清掃[一掃]する, 〈じゃまな物を〉取り除く, 〈難問・残務などを〉片付ける 〈*of, from*〉; 〈船が積荷を〉降ろす; 〈悪者などを〉追い出す; 〘商〙…の蔵払いをする; 〘スポ〙〈ボールを〉クリアーする《蹴ったり打ったり投げたりしてボールを守備域から出す》; 〘電算〙〈変数・メモリー・画面を〉消去する, クリアーする《内容を消去して空白にする》: ~ the table テーブルの上を片付ける / *C~* the way. 道をあけてください, どいてください / ~ land 土地を開墾する / ~ one's throat 咳払いをする / ~ the pavement *of* snow 舗道の雪をかく / *C~* your mind *of* "can't"!「不可能」なんてことばは忘れなさい. **b** 〈疑いを〉晴らす; 〈身〉のあかしを立てる: be ~*ed of* murder 殺人の嫌疑が晴れる / ~ one's mind *of* doubts 疑いを解く / ~ one*self of* [*from*] a charge 嫌疑を晴らす. **3**〘商〙〈借金・関税を〉支払う, 〈勘定を〉清算する, 〈手形を〉交換清算する. **4** 〈陸地を〉離れる; …に触れずに通過する, 〈障害物などを〉きれいに飛び[通り]越す, 〘スポ〙〈ある高さ[距離]を〉跳び越える; 〈法案が〉〈議会を〉通過する, 〈税関など〉の検査を通る; 〘軍〙〈信号を〉確実に送り届ける: ~ the LAND / My car only just ~*ed* the truck. わたしの車はあやうくトラックとの衝突を免れた. **5 a** 〈当局などに〉…の認可を求める, 〈税関などで荷物など〉の承認を得る; 〈船・船荷〉の出港[入港]手続きを済ませる: We ~*ed* the plan [The plan was ~*ed*] *with* the council. 計画は議会の承認を得た / ~ the cargo 出港[入港]手続きをして船荷を出す[入れる]. **b** 認可する; …に《出入港・離着陸などの》承認[許可]を与える; 〈人を〉機密を任せるに足る人物であると認める; …の義務[負担]を解く: ~ a report for publication 報告書の公刊を認める / The plan was ~*ed* by the council. 計画は議会の承認を得た / They ~*ed* the plane *for* the takeoff. 飛行機の離陸を認めた. **6** …の純益を上げる: ~

$500,000 a year / ～ expenses 利益で出費を払う.

► *vi* **1**〈天候が〉晴れる,〈雲・霧が〉晴れ上がる;〈液体が〉澄む;〈皮膚が〉きれいになる;〈顔が〉晴れやかになる;〈悩み・不安・疑念などが〉なくなる;〈場所から〉(障害物などが)消える, なくなる〈*away, up, off*〉;〈部屋などが〉《人が去って》空になる; 売れる, さばける. **2**〖商〗《手形交換所で》交換清算する; 通関手続きをする: ～ outward [inward] 出港[入港]手続きをする. **3**〈船が〉出港する,《俗》立ち去る, 逃げる (make off). **4** 審議を経る, 承認を受ける. ● **～ away** 取り除く,（食事の)あと片付けをする; 一掃する;〈雲・霧が〉晴れる; [°*impv*]《口》さっさと立ち去る. **～ off** 完成する, 片付ける; 売り払う, 清算する; 追い払う;〈雨が〉やむ,〈雲が〉晴れる; [ᵘ*impv*] ᴴ《口》さっさと立ち去る. **～ out**《本格的に》掃除する; 空(ｶﾗ)にする, 一文無しにする;〈不要品を〉処分する; 出港する;《口》《急いで》立ち去る, 去らせる〈*of*〉. **～ one's [sb's] character** 自分の[人の]疑いを晴らす, 身のあかしを立てる. **～ one's desk** ᴴ机の上を片付ける, 退職する. **～ the air [atmosphere]** 場の雰囲気を明るくする;《口》暗雲[疑惑, 心配など]を一掃する, 緊張をほぐす. **～ the** DECK(**s**). **～ up** きれいにする; 整頓する, 決済する, 片付ける;〈病気などを〉治す,〈病気などが〉治る;〈問題・疑問などを〉解く, 説明する,〈問題などが〉解決する;〈天候が〉晴れ上がる;〈事態などが〉落ちついてくる, 見通しが立つようになる; *《俗》ヤクをやめる(ために助けを得る). **～ up after**…のあと始末[あと片付け]をする.

♦ **～·able** *a* [OF＜L *clarus*]

cléar·age *n* CLEAR すること; CLEARANCE.

cléar-áir tùrbulence〖空〗晴天乱流《略 CAT》.

clear·ance /klíərəns/ *n* **1 a** 取り片付け, 除去;《スラムなどの》建物の解体・撤去;《開墾のための》森林伐採;〖サッカー〗クリアランス《守備側からボールを打ち返すこと》;〖玉突〗クリアランス《スヌーカーで, テーブル上のボールを取りきる[連続してすべてポケットに入れる]こと》. **b** CLEARANCE SALE. **c** 決済; 手形交換;〖証券〗手仕舞. **d**〖医〗《腎などの》清掃[浄化]値, クリアランス (＝*renal clearance*). **e** [the C-s]〖英史〗HIGHLAND CLEARANCES. **2 a** 通関手続き; 出港[入港]認可書 (＝～ **pàpers**); 離着陸許可. **b** SECURITY CLEARANCE. **3 a** 純益. **b** ゆとり, 余裕; 遊び, 逃げ, 空き;〖機〗隙間, クリアランス;《船・車両など通過するものとトンネルなどとの》ゆとり, 隙間;《橋の》桁下の間隔, クリアランス: There isn't much ～. あまり隙間はない / There is a ～ of only five inches. わずか5インチの隙間しかない.

cléarance òrder 建物解体命令.

cléarance sàle クリアランス[在庫一掃]セール, 棚ざらえ, 特売.

cléar blúe wáterᴴ《政策・見解などの》明白な相違〈*on*〉.

cléar·cole /-kòul/ *n, vt* 目止め塗り(にする).

cléar-cút *a* 輪郭のはっきりした; 明確な, 明快な;〈土地が〉皆伐された. ► *n* /⌐—⌐—/ 皆伐地; 皆伐 (clear-cutting). ► *vt* /⌐—⌐—/ 皆伐する. ♦ **～·ness** *n*

cléar-cùtting *n* 皆伐 (＝*clear-cut*); 皆伐地.

cléar·er *n* じゃまな物[障害など]を取り除く人[もの]; ᴴCLEARING BANK.

cléar-èyed *a* 眼の澄んだ; 視力のすぐれた; 明敏な.

cléar-féll *vt* 皆伐する (clear-cut). ♦ **～·ing** *n*

cléar·hèad·ed *a* 頭のさえた, 頭脳明晰な. ♦ **～·ly** *adv* **～·ness** *n*

cléar·ing *n* **1 a** 清掃, 障害物除去, 掃海. **b**《森林の》開拓地. **2 a**〖商〗清算, 手形交換; [*pl*] 手形交換高. **b** 情報の収集・整理・交換. **c** ᴴクリアリング《希望大学の合格基準に達しなかった受験生に別の大学が空き定員を提供する制度》.

cléaring bànk ᴴクリアリングバンク《London 手形交換所加盟銀行》.

cléaring hòspital〖軍〗野戦病院, 後送病院.

cléar·ing·hòuse *n* 手形交換所; [*fig*] 情報センター, 物資集配センター.

cléaring sàle《豪》《農場での》余剰家畜・器具一掃セール;《豪》《小売店での》処分品一掃セール.

cléaring stàtion〖軍〗治療後送所.

cléar·ly *adv* **1** 明るく〈輝くなど〉; 清らかに. **2** 明瞭に, わかりやすく, はっきり; 明らかに; [返答として] そうですとも, 確かに.

cléar·ness *n* 明るさ, 透明, 明晰; 明瞭度; じゃまもののないこと.

cléar·òutᴴ《口》*n*《不要品などの》処分, 一掃; 売り切り; 清掃, 片付け.

cléar sáiling *a*《俗》簡単にやれて, たやすくて, 順調で.

cléar-síght·ed *a* 視力の鋭い; 明敏な, 先見の明がある, 見通しのきく, 炯眼の. ♦ **～·ly** *adv* **～·ness** *n*

cléar·skin *n*《豪》CLEANSKIN.

cléar·stàrch *vt, vi*〈衣服を〉糊づけする. ♦ **～·er** *n*

cléar·stòry* *n* CLERESTORY.

cléar-ùpᴴ《口》*n* 片付け, 整理; 検挙. ► *a* 検挙の: a ～ rate 検挙率.

cléar·wàyᴴ *n* 停車禁止道路,《緊急時用の》退避路.

cléar wídth〖木工〗内法(ｳﾁﾉﾘ).

cléar·wìng *n*〖昆〗スカシバガ科の蛾《多くは植物の害虫》.

cleat /klíːt/ *n* くさび形の止め具[支持材], 転び[ずれ]止め;《靴底などの》すべり止め; [*pl*] スパイクシューズ;〖海〗索(ﾂﾅ)止め;〖電〗クリート《電線押え》. ► *vt* 索止めに結びつける; …に止め具[支え]をつける. [ME *clete* wedge＜OE **clēat*; cf. CLOT]

cleav·age /klíːvɪʤ/ *n* 裂開, 裂け目;《意見・党派などの》分裂;《口》《襟ぐりから見える》女性の胸の谷間;〖生〗卵割;〖鉱〗劈開(ﾍｷｶｲ); クリーベッジ《劈開で割れてできたダイヤモンドなどの砕片》;〖化〗《分子・化合物などの》開裂; 炭理《炭塊の割れ目》.

cleave[1] /klíːv/ *vt, vi* (**clove** /klóuv/, **cleft** /kléft/, **～d**; **clo·ven** /klóuv(ə)n/, **cleft**, **～d**)《文》**1**（木目なりに)裂く[裂ける],〈鉱物を〉劈開(ﾍｷｶｲ)面に従って割る; 割れ目をつくる;〖化〗開裂させる;《意見を異にする集団などに》分裂させる. **2**〈鳥が〉空を切る,〈船・泳者が〉水を切って進む;〈道を〉切り開く. ♦ **cléav·able** *a* [OE *clēofan*; cf. G *klieben*]

cleave[2] *vi* (**～d**, **clove** /klóuv/,《古》**clave** /kléɪv/; **～d**)《主に文》付着[粘着]する, くっつく〈*to*〉; 固守[執着]する〈*to*〉; 固く結合する〈*together*〉; あくまでも忠実である, 貞節を尽くす〈*to*〉: His tongue *cleaved to* the roof of his mouth. 舌が口蓋にくっついてものが言えなかった. [OE *cleofian, clifian*; cf. CLAY, G *kleben*]

cleav·er /klíːvər/ *n* 裂く[割る]人[もの];《大きな》肉切り庖丁;〖考古〗クリーバー《一端が鋭くなっている石器》;《氷河や雪原に突き出ている》岩のうね.

cleav·ers /klíːvərz/ *n* (*pl* ～)〖植〗ヤエムグラ《アカネ科》.

cleck[1] /klék/《スコ》*vt* 孵化(ﾌｶ)させる;〈計画を〉立てる,〈陰謀を〉たくらむ. [ON; cf. CLUTCH]

cleck[2]《南ウェールズ方言》*vt, vi* (…について)うわさ話をする, 話す. ► *n* [°*pl*] うわさ話. ♦ **clécky** *a* [Welsh (*clecan* to gossip)]

Clée Hílls /klíː-/ *pl* [the] クリー丘陵《イングランド西部 Shropshire 南部の丘陵地帯》.

cleek /klíːk/ *n*〖ゴルフ〗クリーク《IRON の1番, 時に WOOD[1] の4番》;《スコ》大鉤(ｶｷﾞ), 自在鉤.

Cleese /klíːz/ クリーズ **John** (**Marwood**) ～ (1939–)《英国の喜劇俳優・脚本家》.

Clee·thorpes /klíːθɔːrps/ クリーソープス《イングランド東部 Humber 川の河口南岸の保養地》.

clef /kléf/ *n*〖楽〗音部記号: C～ ハ音記号《中音部記号》/ F～ ヘ音記号《低音部記号》/ G～ ト音記号《高音部記号》. ♦ **cléf·fer** *n**《俗》作曲家, ソングライター. [F＜L *clavis* key]

cleft[1] /kléft/ *v* CLEAVE[1] の過去・過去分詞.

cleft[2] *a* 裂けた, 割れた;〖植〗〈葉が〉葉縁の切れ込みが中ぐらいの深さの, 中裂の (⇨ ENTIRE): in a ～ STICK[1] / ～ chin 中央の切れ込んだ[割れた]あご. ► *n* 裂け目, 割れ目; 裂片. [OE **clyft*; ⇨ CLEAVE[1]; 語形は↑に同化]

cléft gráft〖園〗割接ぎ.

cléft líp 口唇裂, 兎唇(ﾄｼﾝ) (harelip).

cléft pálate〖医〗口蓋裂, 口蓋披裂[破裂]《先天的奇形で兎唇 (harelip) を伴う》.

cléft séntence〖文法〗分裂文《It…that によって分離された文; たとえば It is wine that Tom likes.; cf. PSEUDO-CLEFT SENTENCE》.

cleg, clegg /klég/ *n*〖昆〗アブ (horsefly, gadfly).

clei·do·ic /klaɪdóuɪk/ *a*〖発生〗閉鎖的な〈卵〉.

cleik /klíːk/ *n* CLEEK.

cleist- /kláɪst/, **cleis·to-** /kláɪstou, -tə/ *comb form*「閉鎖された」[Gk *kleistos* closed]

Cleis·the·nes /kláɪsθəniːz/, **Clis-** /klís-/ クレイステネス《前6世紀アテナイの政治家; Peisistratus 家による僭主政と戦いながら改革を続けて民主政を確立した》.

cleis·tog·a·my /klaɪstágəmi/ *n*〖植〗閉鎖花[閉花]受精 (cf. CHASMOGAMY). ♦ **-tóg·a·mous, -to·gam·ic** /klàɪstəgǽmɪk/ *a* **-mous·ly** *adv*

clem /klém/ *vt, vi* (**-mm-**)ᴴ《方》飢え[渇き, 寒さ]で苦しめる[苦しむ].

Clem[1] クレム《男子名; Clement の愛称》.

Clem[2] *《俗》*n* [°c-] 小さな町の住民, 田舎者, 土地の人; サーカス団員と土地の人のけんか,《土地の人とけんかが始まりそうになったとき団員に対する》集合の呼びかけ. ► *vt* [ᵘc-] (**-mm-**)〈サーカスで騒ぎたてる土地の人を〉追い散らす.

clem·a·tis /klémətəs, klɪméɪtəs, *-mǽt-, *-máː-/ *n* **1**〖植〗クレマチス属 (*C-*) の各種つる植物《キンポウゲ科》. **2** [C-] クレマティス《女子名》. [L＜Gk (*klēma* vine branch)]

Cle·men·ceau /klèmənsóu; klémənsəu/ クレマンソー **Georges** ～ (1841–1929)《フランスの政治家; 首相 (1906–09, 17–20); 第一次大戦でフランスを勝利に導いた》.

clem·en·cy /klémənsi/ *n* **1**《処罰に対する》寛容, 寛大, 慈悲, 寛大な処置;《気候の》温和, 温暖. **2** [C-] クレメンシー《女子名》. [⇨ CLEMENT]

Clem·ens /klémənz/ クレメンズ **Samuel Langhorne** ～《MARK TWAIN の本名》.

clem·ent /klémənt/ *a* 温厚な; 寛容な;〈気候の〉温和な (mild), 温暖な. ♦ **～·ly** *adv* [L *clement- clemens*]

Clement **1** クレメント《男子名; 愛称 Clem》. **2**《ローマ教皇》クレメンス《14 代ある》: (1) Saint ～ **I** (?–A.D. 97)《在位 88–97 または 92–101; 使徒教父; 祝日 11 月 23 日》(2) ～ **V** (1264?–1314)《在位 1305–14; 本名 Bertrand de Got; Avignon に教皇庁を移した (1309)》(3) ～ **VII** (1478–1534)《在位 1523–34; 本名 Giulio de'

Medici; 離婚問題でイングランド王 Henry 8 世と対立した). [L＝merciful; ↑]

Cle·men·ti /kləménti/ クレメンティ **Muzio** ～ (1752–1832)《イタリア生まれのピアニスト・作曲家; London で活動; 練習曲・ソナタで初期のピアノ技法を発展させた》.

Clem·en·ti·na /klèməntíːnə/ クレメンティーナ《女子名; 愛称 Clemmie》. [It (fem dim)＜CLEMENT]

clem·en·tine /kléməntìːn, -tàɪn/ *n* クレメンタイン《tangerine と sour orange の雑種の小型オレンジ》. [F]

Clementine 1 クレメンティーン, クレメンタイン《女子名; 愛称 Clemmie》. **2**「いとしのクレメンタイン」《米国の古いポピュラーソング; 'Oh, My Darling ～' とも呼ばれる》. [F (fem dim)＜CLEMENT]

Clément of Alexándria アレクサンドリアのクレメンス (*L* Titus Flavius Clemens) (c. 150–between 211–215)《ギリシアのキリスト教神学者; Origen の師》.

Clem·mie /klémi/ クレミー《女子名; Clementina, Clementine の愛称》.

clemo /klémou/*《俗》*n* (*pl* **clém·os**) 仮出獄許可, 減刑; 刑務所脱走, 脱獄.

clen·bu·te·rol /klenbjúːtərɔ̀(ː)l, -ràl, -ròul/ *n* 〔薬〕クレンブテロール《呼吸器系疾患の治療に用いる合成薬; 筋肉増強作用があり, スポーツ選手の不正使用の対象となる》.

clench /kléntʃ/ *vt, vi* **1**〈歯を〉食いしばる; 〈こぶしなどを〉固める; しっかとつかむ; CLINCH. **2**〈議論・取引〉に決まりをつける. ► *vi* 〈歯が〉食いしばった状態になる, 〈こぶしが〉固められる. ► *n* clench すること; しっかりつかむもの; 《打抜き釘の》折り返し部分. ♦ **～ed** *a* 食いしばった, 握りしめた. [OE (*be*)*clencan* to hold fast; cf. CLING]

Cleo /klíːou/ クリオ《女子名》. [CLEOPATRA]

Cle·o·cin /klióusən/ 〔商標〕クレオシン《クリンダマイシン (clindamycin) 製剤》.

cle·o·me /klióumi/ *n* 〔植〕クレオメ属 (*C-*) の各種のフウチョウソウ.

Cle·om·e·nes /kliámənìːz/ クレオメネス ～ **III** (d. c. 219 B.C.)《スパルタ王 (235–222)》.

Cle·on /klíːàn/ クレオン (d. 422 B.C.)《アテナイの政治家; 新興商人階層を代表する存在で, 政敵 Pericles の死後, アテナイの民主政を指導した》.

Cle·o·pa·tra /klìːəpǽtrə, -páː-, -péɪ-/ **1** クレオパトラ (69–30 B.C.)《古代エジプトのプトレマイオス朝最後の女王 (51–49, 48–30); Julius Caesar の愛人, のち Mark Antony と結婚; Octavian のローマ軍に敗れ, Antony と共に自害》. **2** クレオパトラ《女子名》. **3**〔昆〕ベニヤマキチョウ. [Gk＝fame＋father, i.e. fame of her father]

Cleopátra's Néedle クレオパトラの針《紀元前 1500 年ごろエジプトの Heliopolis に建てられた 2 本のオベリスクのうちの一つ; 今は London の Thames 河畔と, New York 市の Central Park にある》.

Cleopátra's nóse クレオパトラの鼻《重大な影響を与えるちょっとした事情; Pascal のことば「もしクレオパトラの鼻が短かったら地球の顔は違うものになっていたであろう」から》.

clepe /klíːp/ *vt* (**cleped** /klíːpt, klépt/, **clept** /klépt/; **ycleped** /ɪklíːpt, ɪklépt/, **yclept** /ɪklépt/) [ᵘ*pp*]《古》呼ぶ, 名づける.

clep·sy·dra /klépsədrə/ *n* (*pl* **～s, -drae** /-drìː, -dràɪ/) 水時計 (water clock). [L＜Gk＝water thief]

clept /klépt/ *v* CLEPE の過去・過去分詞.

cleptomania(c) ⇨ KLEPTOMANIA(C).

clere·sto·ry /klíərstɔ̀ːri, -st(ə)ri/ *n* クリアストーリー《**1**)〔建〕ゴシック風建築の大教会堂で aisles の屋上の高窓の並んだ層 **2**) *鉄道車両の屋根下の通風窓》. ♦ **cleré·stòried** *a* [CLEAR, STORY²]

clérestory wìndow 〔建〕クリアストーリー窓《光をさえぎる横木のない窓》.

cler·gy /klɔ́ːrdʒi/ *n* 聖職者, 聖職衆, 僧職, 牧師《集合的; 英国では通例 英国教の牧師; opp. *laity*》: Twenty (of the) ～ were present. 聖職者 20 人出席 / The ～ are opposed to the bill. 聖職者は法案に反対だ / a married ～ 妻帯聖職者. [OF＜L; ⇨ CLERK]

clérgy·man /-mən/ *n* 聖職者, 《英国教の》牧師《bishop には用いられない; ⇨ PRIEST, PARSON, PREACHER, MINISTER, ECCLESIASTIC》. ● **～'s week** [**fortnight**] 日曜日を 2 回[3 回]含む休暇.

clérgyman's (sòre) thròat 〔医〕牧師咽喉炎《声帯酷使者に多い慢性咽喉炎》.

clérgy·pèrson *n* 聖職者.

clérgy·wòman *n* 女子聖職者, 女性牧師; 《古》[*joc*]《教区内で幅をきかす》聖職者[牧師]の妻[娘].

cler·ic /klérɪk/ *n* 聖職者, 《特に》priest 以下の階級の聖職者; 宗教指導者: a Shia ～ シーア派の指導者. ► *a* CLERICAL. [L＜Gk (*klēros* lot, heritage); cf. *Acts* 1: 17]

clér·i·cal *a* **1** 事務の; 書記(官) (clerk) の: the ～ staff 事務職員 / ～ work 事務職; 書記(官)の仕事, 事務. **2** 聖職者 (clergyman) の, 聖職の; 聖職者主義の: ～ garments 聖職者服. ► *n* 聖職者 (cleric); 聖職者主義支持者; [*pl*] 聖職服, 僧服. ♦ **～·ly** *adv* 聖職者として; 書記らしく.

clérical cóllar 聖職者用[クレリカル]カラー《襟の後部で留める細く堅いカラー》.

clérical érror 書き誤り, 誤記, 写し誤り.

clérical·ìsm *n* 聖職者主義, 教権主義《聖職者が勢力を維持・拡大しようとすること》; [*derog*] 聖職者の(政治)勢力, 教権. ♦ **-ist** *n*

clérical·ìze *vt* 聖職者主義化する.

cler·i·hew /klérɪhjùː/ *n* 〔韻〕クレリヒュー《meter の一定しない 4 行の, 通例 有名人に関する遊戯・諷刺詩; aabb と押韻する》. [Edmund *Clerihew* BENTLEY]

cler·i·sy /klérəsi/ *n* 知識人, 学者《集合的》; インテリ階級; 文人社会.

clerk /klɔ́ːrk; kláːk/ *n* **1 a** 事務職員, 《銀行の》行員; *《ホテルの》フロント係 (＝*desk clerk*). **b** *店員, 売り子 (＝*salesclerk*). **2**《官庁・法廷の》書記, 事務官, ᴵᴵ下院事務総長 (＝～ of the House); ᴵᴵ大学礼拝堂[教区教会]の書記《俗人》; *法修習生《弁護士資格を得る前に実務家について実習する法学部の学生・卒業生》. **3**〔英国教〕聖職者, 牧師 (＝～ in holy orders); 〔カト〕聖職者《**1**) 剃髪をうけた者 **2**) 教会法で聖職者としての特権を有する者》; 《古》学者. ● **～s and jerks** *《軍俗》前線部隊以外の兵士, 後方部隊, 予備[サポート]隊. ► *vi* clerk をつとめる. ♦ **～·dom** *n* clerk の職[地位]. **～·ish** *a* [OE and F＜L; ⇨ CLERIC]

clérk·ess *n* 《スコ》女性の書記, 女性事務員.

clérk·ly *a* 書記[事務員]の[らしい]; *店員の; 聖職者の[らしい]; 《古》学者の[らしい]. ► *adv* 事務員[事務官]らしく; 《古》学者らしく. ♦ **clérk·li·ness** *n*

Clérk of the Clóset 〔英〕国王[女王]付き牧師.

clérk of the cóuncil TOWN CLERK.

clérk of the cóurse 《競馬場の》馬場取締まり委員, 《自動車競技場の》コース取締まり委員.

Clérk of the Péace 〔英〕《county や borough の》治安書記《四季裁判所 (quarter sessions) 関係の仕事をし, 選挙の時は選挙管理官の代理をつとめることがある; 報酬は行なった職務に応じて受ける》.

clérk of the wéather ᴵᴵ[the] [*joc*] 天気の神様.

clérk of (the) wórks 《請負工事の》現場監督.

clérk régular (*pl* **clérks rég-**) 〔カト〕律修聖職者《修道会に属し教区の任にも当たる聖職者》.

clérk·shìp *n* 書記[事務職員, 店員]の職[身分]; *法修習生の職; 聖職.

Cler·mont-Fer·rand /*F* klɛrmɔ̃ferɑ̃/ クレルモン-フェラン《フランス中南部 Puy-de-Dôme 県の県都》.

cle·ru·chy /klíərùːki/ *n* 〔古ギ〕クレルキア《従属国に割当地をもつ市民団; 移住者 (cleruch) は母市の市民と同等の権利がある》.

Cleve ⇨ KLEVE.

cleve·ite /klíːvàɪt, kléɪvəàɪt/ *n* 〔鉱〕クレーブ石《閃ウラン鉱 (uraninite)》. [Per T. *Cleve* (1840–1905) スウェーデンの化学者]

Cleve·land /klíːvlənd/ **1** クリーヴランド《**1**) Ohio 州の港町・工業都市 **2**) イングランド北東部の旧州 (1974–96); ☆Middlesbrough **3**) イングランド北東部クリーヴランド丘陵 (the **～ Hílls**) から Tees 川まで広がる地域》. **2** クリーヴランド (**1**) **John** ～ (1613–58)《イングランドの王党派詩人 (Cavalier poet)》 (**2**) (**Stephen**) **Grover** ～ (1837–1908)《米国第 22, 24 代大統領 (1885–89, 93–97); 民主党》. ♦ **～·er** *n*

Cléveland báy 〔馬〕クリーヴランドベイ《イングランド原産の大型で頑健な馬車馬の品種; 全体に鹿毛だが四肢・たてがみ・尾は黒い》. [*Cleveland* この品種が開発された Yorkshire の地名]

clev·er /klévər/ *a* **1 a** 才気のある, 賢い; 如才ない; じょうずな, 手際のあざやかな 〈*at*〉; 器用な, 巧妙な, 味な: a ～ horse 跳躍のうまい馬 / He is ～ *at* making excuses. 言いわけがうまい / She is ～ *with* her hands. 手先が器用だ. **b** ᴵᴵ《口》[*derog*] 才走った, 小利口な, ずる賢い; ᴵᴵ《口》[*joc*] おろかな, ばかな: get ～ *with* sb 人に対して尊大な態度をとる. **2**《方》**a** 人のよい. **b** 扱いやすい, 便利な. **c** [*pred*; *neg*] ᴵᴵ健康である. ● **too ～ by half** ᴵᴵ《口》[*derog*] 才を鼻にかけて. ♦ **～·ish** *a* 小才のきく; 小器用な. **～·ness** *n* [ME *cliver* quick at seizing, adroit; cf. CLEAVE²]

cléver bòots [**clògs, sìdes, stìcks**] [〈*sg*〉] ᴵᴵ《口》うぬぼれ屋, 利口者, 切れ者.

cléver-clèver *a* 頭のよさを鼻にかける, 利口ぶった.

cléver dìck ᴵᴵ《口》SMART ALECK.

cléver·ly *adv* 利口に, 如才なく; 巧妙に, 器用に; 《方》完全に (completely, entirely).

Cleves /klíːvz/ クリーヴズ《KLEVE の英語名》.

Clèves /*F* klɛːv/ クレーヴ《KLEVE のフランス語名》.

clev·is /klévəs/ *n* 《ケーブルなどの》U 字形かぎ, U リンク.

clew /klúː/ *n* (cf. CLUE)〔海〕帆耳, クリュー《横帆の下隅, 縦帆の後隅》; 帆耳環《金属製》; [*pl*]《ハンモックの》つるしなわ; 《英では古》糸玉; 《伝説》《迷宮の》道しるべの糸 (clue); CLUE. ● **from ～ to earing** 帆耳から耳綱まで; 下から上まで, すっかり. ► *vt*〔海〕…のクリューを引く; 糸玉にする 〈*up*〉; CLUE: ～ down 帆の下隅を引き下げる《帆を広げるとき》. ● **～ up** 下隅を帆桁に引き揚げる《帆を収めるとき》; 〈仕事を〉切り上げる. [OE *cliewen* sphere, skein]

cléw ìron 〔海〕クリューアイアン《横帆の帆耳に取り付けた輪で, これに clew line を通す》.

cléw lìne〘海〙クリューライン《横帆の帆耳を帆桁の中央部に引き揚げる索》.
CLI, c.l.i. °cost-of-living index.
cli·an·thus /klaɪǽnθəs, kli-/ *n*〘植〙クリアンサス《マメ科クリアンサス属 (*C*-) の低木・つる植物の総称; 豪州原産》.
Cli·burn /kláɪbərn/ クライバーン **Van** ～ (1934–)《米国のピアニスト; 本名 Harvey Lavan ～, Jr.》.
cli·ché, -che /kliʃéɪ; klíːʃeɪ/ *n*《陳腐な》きまり文句, クリーシェ; 月並みな考え; 月並みな主題[描写, 情景 など]; ありふれたもの《料理など》;〘印〙クラッチ版《ステロ版・電気版の一種》. ► *a* 決まりきった, 陳腐な. [F＝stereotype＜?imit]
cli·chéd /kliʃéɪd; klíːʃeɪd/ *a* CLICHÉ の(豊富に)はいった; 使い古した, 言い古された (hackneyed).
Cli·chy /kliʃíː/ クリシー《Paris の北西郊外にある市》.
click[1] /klík/ *n* **1** カチッ(カチッ)という音, カチリ, カチカチ, コツン, コン, パチリ, ガチャッ;〘電算〙《マウスの》クリック;《馬の》前後の足の蹄鉄の触れる音;〘機〙クリック止め;〘音〙舌打ち音, 吸着閉鎖音《Khoisan 語族などにある》. **2**《口》突然[パッと]わかること, ひらめき; *《俗》《興行的な》成功, あたり;《軍俗》1 キロ(メートル). ► *vi* カチッ(カチッ)と鳴る[動く];〘電算〙クリックする 〈*on*〉;《口》はたと思いあたる, ひらめく 〈*with* sb〉;《口》大成功をおさめる, 〈観客などに〉うける 〈*with*〉;《口》〈二人が〉うまくやる[やっていく], 意気投合する, うまが合う 〈*with*〉; *《俗》《色・形・値など》ぴったり合う: The door ～*ed* shut. ドアがガチャッと閉まった. ► *vt* カチッ(カチッ)と鳴らす[動かす]; ‖〈指を〉パチッと鳴らす;〘電算〙〈マウスなどのボタンを〉クリックする; 〈アイコンなどのオブジェクトを〉クリックする《ボタンを押してすぐに離す》: ～ off [on] the light カチッと電気を消す[つける] / ～ one's tongue 舌をチッチッと鳴らす. ● **～ for**《俗》偶然[運よく]手に入れる. **～ into** PLACE. **～ out** カチッカチッと音をたてて作り出す[記録する]. ♦ **～y** *a* [imit; cf. Du *klikken*, F *cliquer*]
click[2] *n* *《俗》徒党, 派閥, 仲間 (clique).
clíck·able *a*〘電算〙クリックで作動する[リンクがたどれる].
clíck-and-mórtar *a* クリック・アンド・モルタルの《インターネット上のオンライン店舗と, 従来からある実際の店舗との販売の融合もしくは並行運営をいう; cf. BRICK-AND-MORTAR》.
clíck bèetle〘昆〙コメツキムシ (＝*snapping beetle*).
clíck-clàck *n* カタカタ[カタコト, カツコツ](という音)《ハイヒールの靴音など》. ► *vi* カタカタと動く.
clíck·er *n*〘印〙植字長, 組長;《皮を切り分けたりする》靴工場の親方;《テレビなどの》リモコン (remote control).
clíck·e·ty-cláck /klíkəti-/, **-clíck** *n* カタ(ン)カタ(ン)[ゴトンゴトン]という音《列車・タイプライターなどの》. ► *vi* カタカタ[カタンカタン, ゴトンゴトン]という音をたてる.
clíck fràud〘電算〙クリック詐欺《クリックごとに広告主に課金される方式のウェブサイトの広告をサイト閲覧や商品購入以外の目的で繰り返しクリックする不正行為》.
clíck ràte〘電算〙クリック率 (＝*clickthrough rate*)《インターネット上に表示された広告が実際にどのくらいの割合でクリックされたかを示す指標》.
clícks-and-mórtar *a* CLICK-AND-MORTAR.
clíck stòp〘写〙クリックストップ《カメラなどで一定の目盛りごとにカチッと音をたてて止まる装置》.
clíck·strèam *n*〘電算〙クリックストリーム《ユーザーがインターネット利用中に行なうクリックの履歴; ユーザーの嗜好を追跡・解析してマーケティング資料とする》.
clíck·thròugh *n*〘電算〙クリックスルー《バナー広告をクリックして広告主のサイトを訪れること; インターネット上の広告がクリックされた回数を話題にするときにいう》.
clíckthròugh ràte〘電算〙CLICK RATE.
cli·ent /kláɪənt/ *n* **1 a**《弁護士・公認会計士・建築家などへの》依頼人, クライアント;《銀行・美容院・商店などの》顧客, 得意(客), クライアント. **b**《福祉機関などの》サービス利用者, [*euph*]《公的機関の》'お客さま'《罪人・納税者など》. **2**〘電算〙クライアント《サービス[処理]を他に求め, それを受ける機器[プロセス]; cf. SERVER》. **3**《英では古》子分; CLIENT STATE;〘史〙《ローマ貴族の》隷属平民. ♦ **～·less** *a* **～·shìp** *n* [L *client- cliens* (*clueo* to hear, obey)]
clíent·age *n* 被保護者の地位; CLIENTELE.
cli·en·tal /klaɪéntl, kláɪəntl/ *a* 依頼人の; 顧客関係の.
clíent applicàtion [prògram]〘電算〙クライアントアプリケーション[プログラム]《サービス[処理]を要求する側のアプリケーション[プログラム]》.
clíent-cèntered thérapy〘精神医〙来談者[患者, クライアント]中心療法《問題を解決するのに患者自身の隠れた力を引き出してやることを治療の主眼とする非指示的療法》.
cli·en·tele /klàɪəntél, klìː-; klìːɑːn-/ *n* 訴訟依頼人, 顧客, 患者《集合的》;《芝居・酒場などの》常連《集合的》; 子分連. [L＝clientship]
cli·en·tel·ism /klàɪəntélìz(ə)m, klìː-; klìːɑːn-/, **cli·en·tism** /kláɪəntìz(ə)m/ *n* 親分子分の関係に依存する社会. ♦ **clì·en·tel·ís·tic** *a*
clíent-sérver, clíent/sérver *n* [°*attrib*]〘電算〙クライアント/サーバーの《ネットワークシステムが, ユーザーが直接操作する client とそれからの要求を受けて処理を行なう server から構成される》.
clíent stàte 属国, 従属国 〈*of*〉.
Clíf·den nonparéil /klífd(ə)n-/〘昆〙ムラサキシタバ《ユーラシア産ヤガ科の大型の蛾; 後翅に青みをおびた模様がある》.
cliff /klíf/ *n*《特に海岸の》崖, 絶壁, 険岸 (precipice). ♦ **clíffy** *a* 崖になった; 険しい. [OE *clif*; cf. G *Kliff*]
Cliff 1 クリフ《男子名; Clifford の愛称》. **2** クリフ **Jimmy** ～ (1948–)《ジャマイカ出身のレゲエシンガー・ソングライター; 本名 James Chambers》.
clíff dwèller 1 [°C- D-] 岩窟居住人《有史以前に米国南西部の岩窟住居に住んだ Pueblo インディアンの祖先》. **2***《口》《都会の》大規模な[高層]アパートの住人. ♦ **clíff dwèlling** *n*
clíff-hàng *vi* はらはらして待つ, 手に汗を握る; 不安定な状態にある; cliff-hanger を書く[制作する].
clíff-hàng·er *n* 毎回はらはらする場面で終わる連続サスペンス番組[小説]; 最後まではらはらさせる競争[情況]. ♦ **clíff-hàng·ing** *a*
clíff jùmping クリフジャンピング《絶壁からの飛込み; スポーツ》.
Clif·ford /klífərd/ クリフォード《男子名; 愛称 Cliff》. [OE＝fort at cliff]
Clíffs·Nòtes〘商標〙クリフスノーツ《小冊子・オンライン形式の大学(受験)生用学習の手引きシリーズ; 文学作品別に学習の要点やあらすじをまとめたもののほか学科別のものもある》.
clíff swàllow〘鳥〙サンショクツバメ (＝*eaves swallow*)《北米産》.
Clift /klíft/ クリフト (**Edward**) **Montgomery** ～ (1920–66)《米国の映画俳優; *A Place in the Sun* (陽のあたる場所, 1951), *From Here to Eternity* (地上より永遠に, 1953)》.
Clif·ton /klíft(ə)n/ **1** クリフトン《男子名》. **2** クリフトン《New Jersey 州北東部の市》. [OE＝cliff town]
Clífton Suspénsion Brìdge [the] クリフトン吊橋《イングランド南西部の港町 Bristol を流れる Avon 川にかかる高さ 67 m の吊橋》.
cli·mac·ter·ic /klaɪmǽkt(ə)rɪk, klàɪmæktérɪk, *-tír-/ *a* 転換期にある, 危機の (critical); 厄年の;〘医〙更年期の, 月経閉止期の. ► *n* **1** 転機, 転換期, 危機; 厄年《7 年目, また その奇数倍の年; cf. GRAND CLIMACTERIC》;〘医〙月経閉止期, 更年期 (menopause);〘医〙《男性の》更年期 (andropause). **2**〘植〙クリマクテリック《果実が完全に熟する直前の呼吸度が最大値を示す期間》. ♦ **clì·mac·tér·i·cal** *a* [F or L＜Gk; ⇨ CLIMAX]
cli·mac·te·ri·um /klàɪmæktíəriəm/ *n*〘医〙更年期(の生理[精神]的変化).
cli·mac·tic /klaɪmǽktɪk/ *a* クライマックスの[をなす];〘修〙漸層法 (climax) の. ♦ **-ti·cal** *a* **-ti·cal·ly** *adv*
cli·mate /kláɪmət/ *n* **1**《一地方の》気候 (cf. WEATHER); 風土帯《特定の気候の地方》, 気候が…な地方[地域]; 屋内の環境状態《温度と湿度など》: a wet ～ 湿潤な地方 / move to a warmer ～ 暖かい地方へ転地する. **2** 環境,《ある地域・時代の》風潮, 思潮,《会社などの》気風: a ～ of opinion 世論 / economic ～ 経済環境[情勢]. [OF or L＜Gk *klimat- klima* (*klinō* to slope)]
clímate chànge 気候変動; 地球温暖化 (global warming).
clímate contròl 空調 (air-conditioning).
cli·mat·ic /klaɪmǽtɪk/ *a* 気候上の; 風土的な;〘生態〙《土壌よりも》気候による (cf. EDAPHIC). ♦ **-i·cal** *a* **-i·cal·ly** *adv*
climátic clímax〘生態〙気候的極相 (cf. EDAPHIC CLIMAX).
climátic zòne〘気〙気候帯《緯度に平行した最も単純な気候区分》.
cli·ma·tize /kláɪmətàɪz/ *vt, vi* 新風土に順応させる[順応する] (acclimatize); 〈建物などを〉《厳寒・酷暑など》特定の気候に適応できるように手を加える.
cli·ma·tol·o·gy /klàɪmətálədʒi/ *n* 気候学, 風土学. ♦ **-gist** *n* **clì·ma·to·lóg·i·cal** *a* **-i·cal·ly** *adv*
cli·max /kláɪmæks/ *n*《劇・事件などの》頂点, 山場, クライマックス 〈*of, to*〉; ORGASM; MENOPAUSE;〘修〙漸層法, クライマックス《句・文を重ねてしだいに感情を高めて行く; opp. *anticlimax*》;〘生態〙極相《特に 植物の群落の安定期》: come [bring…] to a ～ 〈音・騒ぎなど〉頂点に達する[到達させる]. ● CAP[1] **the ～.** ► *vt, vi* climax に到達させる[達する]. ♦ **～·less** *a* [L＜Gk *klimak- klimax* ladder, climax]
clímax commùnity〘植〙極相群落.
climb /kláɪm/ *vt, vi* (～**ed**,《古》**clomb** /klóʊm/) **1 a**《手と足を使って》登る, よじのぼる 〈*up, on*〉;《手と足を使って》降りる, はいおりる 〈*down*〉; はうようにして進む, 苦労しつつ進む 〈*along*〉; はい出る 〈*out* (*of*)〉: ～ (*up*) a tree 木に登る / go ～*ing* 登山に行く / ～ *over* a ridge 尾根をよじ越える. **b** 〈植物が〉巻きついてのぼる, よじのぼる. **c**《努力して》地位を昇っていく; 昇進する 〈*to*〉. **2** 〈太陽・月・煙・飛行機などが〉昇っていく. **3 a** 〈道が〉上り坂になる. **b** 〈価格・気温などが〉上がる, 上昇する;〘証券〙騰貴する; 〈数値が〉…に達する 〈*to*〉: Death toll ～*ed to* 1015. 死者は 1015 人に上った. **4 a** 〈自動車・飛行機などに〉乗り込む, 〈ベッドなどに〉もぐり込む: ～ *in* [*into*] *a* jeep ジープに乗り込む. **b** 急いで着る[脱ぐ] 〈*into* [*out of*]〉: ～ *into* pajamas 急いでパジャマを着る. **5***《俗》きびしくしかる[批判する]. ● **～ down**《口》⇨ *vi*; ‖主張を棄てる, 譲歩する (give in), 後退する. **～ (up) the** WALL. ► *n* 上り, よじのぼり, 登山; 上り坂, 登る所; 上昇 (SCANSORIAL *a*); 昇進, 出世; *《俗》マリファナタバコ (high になるための手段): a difficult ～ 苦しい登り. ♦ **～·able** *a* よじのぼりうる, 登れる, 登攀可能な. [OE *climban*; cf. G *klimmen*]

clímb·dòwn *n* はいおりること; "《口》譲歩, 撤回, 後退.

clímb·er *n* **1 a** よじのぼる人, 登攀(とうはん)者, 登山家, クライマー; 《口》絶えず出世を志す人 (=social ～). **b** よじのぼり植物, 攀縁(はんえん)植物, つる植物 (ツタなど); はいのぼる鳥 (キツツキなど). **2** [*pl*] CLIMBING IRONS.

clímb ìndicator 〔空〕昇降計.

clímb·ing *a* よじのぼる; 上昇の. ► *n* よじのぼること, 登攀, 登山.

clímbing férn 〔植〕カニクサ属の各種のシダ.

clímbing fìsh 〔魚〕キノボリウオ (climbing perch).

clímbing fràme" ジャングルジム.

clímbing ìron (電柱や高木に登る人が靴に付ける, スパイクの付いた) 昇柱器, 〔登山〕アイゼン.

clímbing pérch 〔魚〕キノボリウオ (東南アジア産).

clímbing ròpe 登山用ロープ, ザイル.

clímbing róse 〔植〕つるバラ.

clímbing wàll 〔登山〕クライミングウォール (ロッククライミング練習用の人工の壁).

clímb·òut *n* (航空機の) 急上昇.

clime /kláɪm/ 《詩・文》*n* CLIMATE; REGION. [L; ⇨ CLIMATE]

clin- /kláɪn/, **cli·no-** /kláɪnoʊ, -nə/ *comb form* 「斜面」「傾斜」「角」 [Gk; ⇨ CLIMATE]

clin. clinical.

-cli·nal /kláɪnl/ *a comb form* 「斜めの」: cata*clinal*, mono*clinal*. [Gk; ⇨ CLIN-]

cli·nan·dri·um /klaɪnǽndriəm/ *n* (*pl* **-dria** /-driə/) 〔植〕(ラン科植物の) 葯床(やくしょう) (=*androclinium*).

clinch /klíntʃ/ *vt* **1** 〈打ち抜いた釘[ねじ, ボルト, リベット]〉の先を打ち曲げる[つぶす]; (釘などの先を打ち曲げて[つぶして]) しっかり留める; 〔海〕〈索を〉折り返し止めにする. **2** 《口》〈議論・取引・ゲームなど〉にかた[決着]をつける; 〈勝利・指名などを〉確実にする, 確定する; 握りしめる, かみしめる. ► *vi* 〈釘などが〉しっかり締まる; つかみ合いをする; 〔ボク〕クリンチをする; 《口》激しい抱擁をする. ● **～ it** 《口》決着をつける, 〈人に〉最終的判断をさせる 〈*for* sb〉. ► *n* **1** 釘[リベット, ボルト]の先を打ち曲げて[つぶして]留めること; 〔ボク〕クリンチ; 《口》激しい抱擁. **2** (打ち抜き釘などの) 折り返し部分; 〔海〕折り返し止め (=～ **knòt**). **3** 《古》しゃれ, 地口, 駄じゃれ (pun). ♦ **～·ing·ly** *adv* [CLENCH]

clínch·er *n* **1** 先曲げ器, (ボルトの) 締め具; かすがい, クランプ (clamp); (自動車の) 引っ掛け式[クリンチャー]タイヤ (=～ **tìre**) (タイヤのビードをリムにはめ込む旧式タイヤ). **2** 《口》決定的要因, 決め手: That's a ～. それで一言もない.

clínch(·er)-bùilt *a* CLINKER-BUILT.

clin·da·mýcin /klɪ̀ndə-/ *n* 〔薬〕クリンダマイシン (半合成抗生物質; リンコマイシン (lincomycin) の誘導体で, 特にグラム陽性菌に対する抗菌薬とされる).

cline /kláɪn/ *n* 〔生〕勾配, クライン (地域的連続変異); 〔言〕クライン, 連続変異. ♦ **clín·al** *a* [Gk; ⇨ CLIMATE]

Cline クライン **Patsy** ～ (1932–63) (米国のカントリーシンガー; ポップスの分野でも成功した; 飛行機事故で死亡).

-cline /klàɪn/ *n comb form* 「傾斜」: mono*cline*. [逆成< *-clinal*]

cling /klíŋ/ *vi* (**clung** /klʌ́ŋ/) **1 a** ぺったりくっつく, くっついて離れない (stick) 〈*to*〉, 〈衣服が〉ぴったりつく; 〈ツタなどが〉からみつく 〈*to*〉; 〈匂いが〉しみつく. **b** 〈子供・獣などが〉まとわりつく, しがみつく 〈*to, together*〉; 〈海岸などを〉伝って進む 〈*to*〉. **2** 〈習慣・考えなどに〉執着する 〈*to*〉. ► *n* 粘着, 執着; *〔農〕標本中の綿繊維の相互に付着する傾向; 〔農〕(動物の) 下痢; 〔園〕CLINGSTONE. ♦ **～·er** *n* **～·ing·ly** *adv* [OE *clingan* to stick together, shrink; cf. CLENCH]

clíng·fìlm" *n* 食品包装用ラップフィルム, ラップ (plastic wrap*).

clíng·fìsh *n* 〔魚〕ウバウオ (腹部吸盤で石などに吸い着く).

clíng·ing *a* 粘りつく, 粘着性の; 〈衣類が〉体にぴったりつく; 他人にたよる[べったりの]: of the ～ sort 人にたよるたちの.

clínging víne* 《口》すぐ人にたよるたちの人 (特に 女性).

clíng·stòne *n* 〔園〕粘核 (モモやプラムなど核(たね)離れの悪い果実(の核); cf. FREESTONE). ► *a* 〈果実が〉核離れの悪い, 粘核性の.

clingy /klíŋi/ *a* くっつく, 粘りつく, 粘着力のある; CLINGING. ♦ **clíng·i·ness** *n*

clin·ic /klínɪk/ *n* **1 a** (病院・医科大学などの) 外来患者診療所, 外来; *(グループ診療をする) クリニック (メイヨークリニックなど), "個人[専門]病院. **b** *相談所: a vocational ～ 職業相談所. **2** 臨床講義(のクラス); 短期講座, セミナー. ► *a* CLINICAL. [F<Gk=CLINICAL art]

-clin·ic /klínɪk/ *a comb form* 「傾斜する」「(…の)斜晶を有する」: iso*clinic*; mono*clinic*. [Gk; ⇨ CLIN-]

clín·i·cal *a* **1** 臨床の, 臨床的な, 臨床上の: ～ lectures [teaching] 臨床講義[教授] / a ～ diary 病床日誌 / ～ medicine 臨床医学 / a ～ picture 臨床像, 病像 / ～ signs [symptoms] 臨床徴候. **2 a** 〈態度・判断が〉冷静な, 客観的な; 冷淡な; (スポーツで) 巧みな, 正確な. **b** 〈部屋・建物など〉飾りけのない, 殺風景な. **3** 〔キ教〕病床の, 臨終の(際の)〈洗礼〉. ♦ **～·ly** *adv* 臨床上; 冷静に. [L<Gk (*klinē* bed)]

clínical déath 〔医〕臨床死 (機器にたよらず臨床的観察で判断した死).

clínical ecólogy 臨床環境医学 (テクノロジーの発達した環境が人の健康に与える影響, 特に生活環境における化学物質の増加とアレルギーの関係を研究する医学の一分野).

clínical pathólogy 臨床病理学.

clínical psychólogy 臨床心理学. ♦ **-gist** *n* 臨床心理士.

clínical thermómeter 体温計, 検温器.

clínical tríal 臨床試験, 治験.

cli·ni·cian /klɪníʃ(ə)n/ *n* 臨床医; 臨床医学者[研究者].

clin·i·co- /klínɪkoʊ, -kə/ *comb form* 「臨床…」 [*clinical*, -*o*]

clìnico·pathológic, -ical *a* 臨床病理的な. ♦ **-ical·ly** *adv*

clink[1] /klíŋk/ *n* **1** (金属片・ガラスなどの) チャリン[チン, カチン, カチャッ, パチッ, パチン]と鳴る音; (ノビタキなどの) 鋭い鳴き声; 《古》押韻. **2** 《スコ》銭 (coin); [*pl*] *《俗》お金, 角氷; 路面を掘り起こす先のとがった鋼鉄棒. ► *vi* チャリンと鳴る; 《古》押韻する. ► *vt* チャリンと鳴らす; 《古》押韻させる: ～ glasses (乾杯で) グラスを触れ合わせる. ● **～ down** "《方》急にひざまずく. **～ off** "《方》急に立ち去る. [?Du (imit); cf. CLANG, CLANK]

clink[2] *n* [ᵘthe] 《俗》刑務所, 留置場, ブタ箱; *《黒人俗》黒人: in (*the*) ～ 収監されて. [C16<?; Southwark の Clink 刑務所]

clink·er[1] /klíŋkər/ *n* 焼塊, クリンカー (燃焼により溶融した灰などの塊り); (火山からの) ガラス化した噴出物; (硬質の) 過焼煉瓦, クリンカー(煉瓦) (=～ **brick**). ► *vi* clinker になる. [C17 *clincard* etc.<Du; ⇨ CLINK[1]]

clinker[2] *n* カチンと鳴るもの; [*pl*] 《俗》手かせ; *《俗》ビスケット; [the] *《俗》刑務所 (clink); *《俗》(長距離電話の) 雑音; *《俗》(演奏中の) はずれた音; *《俗》失敗, へま, ミス; 失敗作; [ᵒa regular ～] "《口》一等品, 逸品, すばらしい人[もの]; *《俗》隠れた欠陥, きず; *《俗》へまなやつ, だめなやつ, 役立たず. [*clink*[1]]

clínker blòck CINDER BLOCK.

clínker bòat よろい張りの船.

clínker-bùilt *a* 〈船が〉よろい張りの (cf. CARVEL-BUILT). [CLINCH の変形から]

clínk·ety-clánk /klíŋkəti-/ *n* (リズミカルな) ガチャガチャいう音; CLICKETY-CLACK. [imit]

clínk·ing *adv* 《俗》すばらしく: a ～ good fellow.

clínk·stòne *n* 〔鉱〕響岩(きょうがん) (phonolite).

clino- /kláɪnoʊ, -nə/ ⇨ CLIN-.

cli·nom·e·ter /klaɪnámətər/ *n* 傾斜計, クリノメーター. ♦ **cli·nóm·e·try** *n*

cli·no·met·ric /klàɪnəmétrɪk/, **-ri·cal** *a* 傾斜計の, 傾斜計で計った; 〔鉱〕結晶軸間に傾斜のある.

cli·no·pyróxene /klàɪnoʊ-/ *n* 〔鉱〕単斜輝石 (単斜晶系の輝石の総称; 主要造岩鉱物).

cli·no·stat /kláɪnəstæ̀t/ *n* 植物傾斜回転器, クリノスタット (植物体を水平にして回転し, 光・重力の影響を調節する).

-cli·nous /kláɪnəs/ *a comb form* 〔植〕「雄蕊(ゆうずい)と雌蕊が…の花にある」: di*clinous*, mono*clinous*. [NL<Gk]

clin·quant /klíŋkənt; *F* klɛ̃kɑ̃/ *a* ピカピカ光る, 安ピカの. ► *n* にせ金箔; 安ピカ物.

clint" /klínt/ *n* 突き出た岩, 岩棚; 〔地質〕クリント (石灰岩地域にできた垂直の割れ目 (grike) の間に残った面).

Clint クリント (男子名; Clinton の愛称).

Clin·ton /klínt(ə)n/ **1** クリントン (男子名; 愛称 Clint). **2** クリントン (1) **'Bill'** ～ [**William Jefferson** ～] (1946–) (米国の政治家; 第 42 代大統領 (1993–2001); 民主党) (2) **De·Witt** /dɪwít/ ～ (1769–1828) (米国の政治家; Erie 運河開鑿(かいさく)に尽力) (3) **George** ～ (1739–1812) (米国の政治家; Jefferson, Madison 両政権の副大統領 (1805–12)) (4) Sir **Henry** ～ (1730?–95) (英国の軍人; アメリカ独立戦争時の北米派遣軍司令官 (1778–81)) (5) **Hillary Rodham** ～ (1947–) (米国の弁護士・政治家; Bill ～ の妻; 国務長官 (2009–); 民主党). [OE=(dweller in) hill town]

clin·to·nia /klɪntóʊniə/ *n* 〔植〕ツバメオモト属 (*C*-) の各種の草本 (ユリ科). [DeWitt *Clinton*]

Clio /kláɪoʊ, klíː-/ **1** 〔ギ神〕クレイオー (巻物(入れ)を持ち歴史をつかさどる女神で, ムーサたち (nine Muses) の一人). **2** (*pl* **Clí·os**) (米国で毎年優秀なラジオ・テレビのコマーシャルに授与される) クレイオーの小像.

cli·o·met·rics /klàɪəmétrɪks/ *n* 計量[数量]経済史, クリオメトリックス. ♦ **-mét·ric** *a* **-me·tri·cian** /-mətríʃ(ə)n/ *n*

clip[1] /klíp/ *v* (**-pp-**) *vt* **1 a** (はさみで) 切る, 切り取る 〈*off, away*〉; 刈り取る, 摘み取る, 刈り込む; 〈貨幣・切符〉の端を削り[切り]取る; 削除する; *〈新聞など〉の切り抜きをする. **b** 切り詰める, 縮小する, 削減する; (競技の記録で) 〈秒数などを〉縮める; 〈ことば〉の音[文字]を落とす (たとえば clipping /klípɪŋ/ を clippin' /klípɪn/ とする): ～ one's words [g's] 語末の音を落とす. **c** 〔電子工〕〈信号を〉クリップする (所定レベルを超えた部分を切り取る》. 2《口》ぶんなぐる, ひっぱたく;《偶然に》…にぶつかる; *《俗》殺す, 射殺する, バラす (kill);《俗》〈人〉から不当[不正]に金を取る, ぼったくる;《俗》盗む; *《俗》逮捕する: ～ sb round the ear [earhole] ″《口》人の横っつらをひっぱたく. ► *vi* 1 *切り抜く. 2《口》すばやく動く; 疾走する, 飛ばす; どんどん進む[進行する]〈*along*〉. ● ～ sb's WINGS. ► *n* 1 a《頭髪・羊毛などの》刈り込み; 刈り[切り]取られたもの;《一季に刈り込んだ》羊毛の量. b《新聞などの》切り抜き; フィルム[ビデオ]の一部, 短いフィルム[ビデオ]; *《俗》《テレビの》スポットニュース; CLIPPED FORM. 2 はさみ, バリカン, 爪切り (clippers); [*pl*]《スコ》《羊毛などを刈る》大ばさみ; *《俗》短いマリファナタバコのホルダー (cf. ROACH CLIP);《俗》[*derog*] CLIPPED DICK; [〈*int*〉] チョキチョキ. 3《口》強打, びんた;《口》すばやい動作, 速力, 速度; *《口》一度, 一回; *《俗》泥棒, いかさま師: get a ～ round the ear びんたを食う / at a brisk [good, fast] ～ すばやく / at one ～ 一度に / a week at a ～ 1 週間たてつづけに. [ME＜ON *klippa*＜?imit]

clip[2] *v* (-pp-) *vt* (しっかり)つかむ;《パチンと》留める;〈ブローチ・紙などを〉クリップで留める〈*on, onto, to*〉; 取り巻く;〔アメフト〕妨害する, クリッピングする;《古・方》抱く. ► *vi* クリップで留まる, しっかりと留まる〈*to, onto* sth; *on*〉;〔アメフト〕クリッピングする; ピリッとくる. ► *n* 紙[書類]ばさみ, クリップ;《万年筆などの》留め金具; 蹄鉄の上部に突出した縁;《機関銃などの》挿弾子; クリップで留める宝石[装身具];〔アメフト〕クリッピング;《古・方》抱擁. [OE *clyppan* to embrace]

clíp àrt 切り貼り芸術, クリップアート《本などのさしえを切り貼りして工芸品とする》;〔電算〕クリップアート《文書中に挿入して使えるイラスト》.

clíp-àrt·ist *n* *《俗》ペテン師, いかさま師, 詐欺師, 泥棒.

clíp·bòard *n* クリップボード《紙ばさみの付いた筆記板》;〔電算〕クリップボード《複写するデータなどを一時的に保存する場所》.

clip-clop /klípklɑ̀p/ *n* パカッパカッ, カッポカッポ《馬のひづめの音》,《これに似た》リズミカルな足音. ► *vi* パカッパカッ[カッポカッポ]と音をたてて歩く[走る]. [imit; ⇨ CLOP-CLOP]

clip·e·us /klípiəs/ *n* (*pl* -ei /-iàɪ/)《古代ギリシア・ローマの》大きな円盾(まるたて).

clíp-fèd *a* 〈ライフルなどが〉《挿弾子から弾倉へ》自動装填(式)の.

clíp hòok SISTER HOOK.

clíp jòint《俗》勘定[料金]をぼる店[商売]《酒場・ナイトクラブ・商店など》.

clíp-òn *a* クリップで留める: a ～ tie. ► *n* クリップ留めのもの.

clipped /klípt/ *a* 〈話し方が〉早口で歯切れのいい, そっけない.

clípped díck *《卑》[*derog*] ユダヤ男, 皮切りチンポ.

clípped fórm [wórd]〔言〕省略形[語]《例: pike＜turnpike, fan＜fanatic》.

clíp·per *n* 1 切り取る人, 刈る人; [″*pl*] はさみ, 木ばさみ, バリカン, 爪切り;〔電〕クリッパー《設定強度の範囲外の信号を除去する回路》. 2 快速の乗物[馬];〔海〕快速帆船, クリッパー (＝～ ship)《細長い船体, 大きく前に傾斜した船首, 高いマスト, 大きな帆面積を特長とする 19 世紀の帆船》;〔空〕長距離快速飛行艇, 大型旅客機. 3 CLIPPER CHIP. 4 ″《俗》すばらしいもの[人], 逸品, いかす女の子; *《俗》殺し屋.

clípper-bùilt *a*〔海〕〈船が〉快走帆船式に造られた.

Clípper Chìp [the]〔電算〕クリッパーチップ《保安当局による暗号解読 (cf. EES) のためのチップ; 米国で, すべてのデジタル通信装置への搭載が提案された (1993) が, 世論の反対で中止》.

clip·pe·ty-clop /klípətiklɑ́p/ *n*《ひづめの》パカッパカッ. [imit]

clip·pie, clip·py /klípi/ *n*《英口・豪口》《バスの》女車掌;《豪口》女性改札係.

clíp·ping *n* はさみ切り[取り], 刈り込み; [″*pl*] 刈り取った草[毛]; *《新聞などの》切り抜き (cutting″); 雑報欄. ► *a* はさみ切る;《口》速い;《俗》一級品の, すてきな.

clípping bùreau [sèrvice] *切り抜き通信社《出版物からの切り抜き記事を注文に応じて提供する会社》.

clíp·shèar(s) *n*《スコ》ハサミムシ (earwig).

clíp·shèet *n* 片面印刷新聞《保存・複写用》.

clique /klíːk, *klík/ *n*《排他的な》徒党, 派閥, クリーク: a military ～ 軍閥. ► *vi*《口》徒党を組む. ♦ **clí·quey, -quy** *a* 排他的な (cliquish), エリート主義の;〈芸術作品など〉一部の人にしかわからない. **clí·quish** *a* 徒党を組みがちな, 排他的な; 派閥に分裂しがちな. **-quish·ly** *adv* **-quish·ness** *n* [F (*cliquer* to CLICK)]

cli·quism /klíːkìz(ə)m, *klík-/ *n* 徒党主義, 派閥根性.

clish·ma·clav·er /klìʃməkléɪvər/ *n*《スコ》雑談, うわさ話.

Clisthenes ⇨ CLEISTHENES.

clit /klít/ *n*《卑》クリちゃん, クリット (clitoris).

CLit, CLitt °Companion(s) of Literature.

cli·tel·lum /klaɪtéləm/ *n* (*pl* -la /-lə/)〔動〕《ミミズなどの生殖開口付近の》環帯, おび. [L (pl)＝pack saddle]

clit·ic /klítɪk/〔言〕*a* 〈語が〉接語的な《強勢を受けず, 通例 直前または直後の語の一部であるかのように発音される; 例 フランス語の me, le など; cf. ENCLITIC, PROCLITIC》. ► *n* 接語. ♦ **clít·i·cìze** /-sàɪz/ *vi* **clìt·i·ci·zá·tion** *n*

clít-lìck·er *n*《俗》クリちゃんをなめる者, クンニをするやつ.

clito·rec·to·my /klɪ̀tərέktəmi/ *n* CLITORIDECTOMY.

cli·to·ri·dec·to·my /klɪ̀tərədέktəmi/ *n*〔医〕陰核切除(手術).

clit·o·ris /klítərəs, *klɪtɔ́ː-/ *n*〔解〕陰核, クリトリス. ♦ **clit·o·ral** /-ərəl/, **cli·tor·ic** /klaɪtɔ́(ː)rɪk, -tɑ́r-/ *a* [NL＜Gk]

clít·ter-clátter /klítər-/ *adv* カタカタ[カチャカチャ]と.

Clive /kláɪv/ 1 クライヴ《男子名》. 2 クライヴ **Robert** ～, Baron ～ of Plassey (1725–74)《英国の軍人・政治家; Bengal 知事; Plassey の戦い (1757) で Bengal 太守とフランスとの連合軍を破り, インドにおける英国の支配権を確立した》. [OE＝cliff]

cliv·ers /klívərz/ *n* (*pl* ～) CLEAVERS.

cli·via /kláɪviə, klív-/ *n*〔植〕クンシラン《ヒガンバナ科クンシラン属 (*C*-) の常緑草本で, 早春に赤いユリに似た花をつける; 南アフリカ原産》.

clk clerk ♦ clock. **Cllr** ″Councillor.

clo /klóʊ/ *n* (*pl* ～) クロ《衣類の保温性を表わす単位》.

clo. clothing. **CLO** °collateralized loan obligation.

clo·a·ca /kloʊéɪkə/ *n* (*pl* -cae /-kìː, -sìː/) 下水(溝); 便所;〔動〕(総)排泄腔, (総)排出腔, クロアカ, 汚溝; 魔窟. ♦ **clo·á·cal** *a* [L]

clo·a·ci·tis /klòʊəsáɪtɪs/ *n*〔獣医〕総排出腔炎.

cloak /klóʊk/ *n* 1 ケープ型コート, マント, クローク; おおい(もの); [～s] CLOAKROOM: under a ～ of snow 雪におおわれて. 2 仮面, 偽装, 隠れみの. ● **under the ～ of**…の口実の下に;〈夜〉に紛れて. ► *vt* …にマントを着せる; 一面におおう; おおい隠す: be ～*ed in* secrecy 秘密のベールにおおわれている. [OF＜L (⇨ CLOCK); bell 状の形から]

clóak-and-dágger *a* 陰謀(劇)の, スパイもの; スパイ活動の.

clóak-and-swórd *a* 剣劇ものの, ちゃんばら時代劇の.

clóak-and-swórd·er *n* 剣劇もの, ちゃんばら時代劇.

clóak·ròom *n*《ホテル・劇場などの》コート類[携帯品]預かり室, クローク;《駅の》手荷物一時預かり所; *議院内控室; ″[*euph*] 手洗い, トイレ (toilet).

clob·ber[1] /klɑ́bər/《口》*vt* 容赦なくたたく, ぶちのめす; 徹底的にやっつける, 圧勝する;《経済的に》大打撃を与える; こっぴどくしかりつける, きびしく批判する: get a ～*ing* 完敗する; ひどくしかられる. [C20＜?]

clobber[2] ″《口》*n* 衣服, 持物, 装備. ► *vt* 着飾らせる〈*up*〉. [C19＜?]

clobber[3] *n*《皮革のひび割れを隠す》黒糊. ► *vt* 〈陶器などに〉釉(うわぐすり)を塗る. [C19＝to patch up＜?; cf. ↑]

clób·bered *a* *《俗》酔っぱらって.

clo·chard /*F* klɔʃaːr/ *n* 放浪者, 浮浪者.

cloche /klóʊʃ/ *n* クローシュ《1) 屋外の植物にかぶせる釣鐘形の透明のおおい 2) 釣鐘形の婦人帽 (＝～ hàt)》. [F＝bell＜L (↓)]

clock[1] /klɑ́k/ *n* 1 a 時計《掛け時計・置時計など携帯用でないもの》; TIME CLOCK;《口》ストップウォッチ: like a ～ きわめて正確に, 規則正しく / adjust [set] a ～ 時計を合わせる / with two minutes left on the ～ 残り時間 2 分になって. b《口》SPEEDOMETER, TAXIMETER, ODOMETER: The car has only 1,500 miles on the ～. 距離計の表示ではまだ 1500 マイルしか走っていない. c〔電算〕クロック《一定間隔ごとにパルスを発生する回路》;〔電算〕クロック《論理回路の動作を制御するタイミング信号》. d BIOLOGICAL CLOCK. 2 [the C-]〔天〕とけい座(時計座) (Horologium). 3 a《俗》顔(をなぐること). b《タンポポなどの痩果の冠毛が集まってつくる》綿毛のような頭, タンポポぼうず.

● AGAINST **the ～**. **(a)round the ～＝the ～ around** 24 時間ぶっ通しで, 四六時中〈眠る・働くなど〉. **beat the ～** 刻限までに仕事を終える. **clean sb's ～** *《俗》懲らしめる, とっちめる; *《俗》人を打ち負かす, やっつける. **enough to stop the ～**《口》〈顔など〉目をみはる醜さで. **kill [run out] the ～***《フットボールなどでリードしている側が》時間かせぎをする. **of the ～**《古》O'CLOCK. **on the ～** 勤務時間中で. **put [set, turn] the ～ back** 時計の針を戻す; 進歩を妨げる, 逆行する: One cannot *put back the* ～.《諺》時計は逆には戻せない. **put [set, turn] the ～ on [forward, ahead*]**《夏・冬で時間を変える制度の地域で》時計の針を 1 [2] 時間進める; 未来を思い描く. **reset the ～** 時計[時刻]をリセットする; 正常な状態を取り戻す[に戻る]〈*on*〉. **run the ～ down*** ＝kill the CLOCK. **sleep the ～ round** ″最低 12 時間眠る. **The ～ is ticking.** 時は刻々と過ぎている, 残された時間はわずかだ〈*for* sb, *on* sth〉. **watch the ～** 終業時間ばかり気にする. **when one's ～ strikes** 一生の終わりを告げる時. **work against the ～** ある時間までに終えようと懸命に働く.

► *vt* 1〈走者・泳者など〉のタイムを測る[記録する], 計時する;〈タイムを〉記録する;〔電子工〕《スイッチングのため》〈デジタル装置〉にクロックパルス (clockpulse) を送り込む: Usain Bolt was ～*ed* in [at] 9.58 seconds. / He ～*ed* 9.83 seconds. 2〈時間・距離・速度・人数などを〉計器で測る[記録する]: We ～*ed* 100 mph down the superhighway. 3 *《俗》獲得する, 手に入れる. 4《俗》〈顔・頭を〉打つ, ぶんなぐる. 5 ″《俗》見る, 認める, 気づく, 注目する. 6 ″《口》〈車〉の走行距離をちょろまかす. ● **～ in [on]**《タイムレコーダーなどで》(…の)出勤時刻を記録する. **～ in at**…《完了・終了までに》〈ある時間・金〉がかかる. **～ out [off]**《タイムレコーダーなどで》(…の)退出時刻を記録する. **～ up** ″《口》記録する, 達成する, 獲得する.

♦ **～·er** *n* [MDu, MLG＜Gmc＜L *clocca* bell＜? Celt]

clock[2] *n* 靴下の縫取り飾り. ► *vt* …に縫取り飾りを付ける. [C16＜?]

clóck cỳcle 〘電算〙 クロックサイクル《クロックパルスから次のクロックパルスまでの期間》.
clóck·er *n* 《口》《競走馬の試走の》計時係; 正式計時員.
clóck·fàce *n* 時計の文字盤.
clóck frèquency 〘電算〙 クロック周波数 (clock speed).
clóck gòlf クロックゴルフ《芝生でホールを中心とする円周上の 12 点からパットだけをするゴルフ》.
clóck jàck 《時計の》時打ちジャック (JACK[1]).
clóck·lìke *a* 時計のような, 正確な.
clóck·màker *n* 時計師, 時計工. ♦ **-màking** *n*
clóck·pùlse *n* 〘電子工〙 クロックパルス, 刻時パルス.
clóck ràdio タイマー付きラジオ.
clóck spèed [ràte] 〘電算〙 クロックスピード[レート]《clock の周波数; CPU などの動作速度を決定する》.
clóck tòwer 時計塔.
clóck-wàtch *vi* 《時計の針が気になって》仕事[勉強]に熱がはいらない. ♦ **clóck-wàtch·ing** *n, a*
clóck wàtch 時打ち(懐中)時計《一時間ごと正時に時を告げる》.
clóck-wàtch·er *n* 《時計の針ばかり見ている》なまけ者の勤め人[学生] (cf. NINE-TO-FIVER); *《俗》けちんぼ.
clóck·wìse *a, adv* 右回りの[に], 時計回りの[に] (opp. *counterclockwise, anticlockwise*).
clóck·wòrk *n* 時計[ぜんまい]仕掛け: (as) regular as ～ 非常に規則正しい[正しく]. ● **like ～** 規則正しく, 正確に, 滞りなく, スムーズに; 自動的に. ► *a* 時計[ぜんまい]仕掛けの; 規則的な, 正確な; 自動的な.
Clóckwork Órange **1** [A ～]『時計じかけのオレンジ』《Anthony Burgess の小説 (1962); 近未来の世界を舞台に暴力と社会的選択の自由の問題を描く; 映画化 (1971)》. **2** [c- o-] 科学によって個性を失いロボット化した人.
clod /klɑ́d/ *n* 塊り; 〘土壌〙 土塊(どかい); [the] 土 (soil, earth); 一塊の土くれ, 取るに足らぬもの; 《口》田舎者, 無骨者, まぬけ, ばんくら; 牛の肩肉; ‖《俗》1 ペニー銅貨: a ～ of earth 土くれ. ► *v* (-dd-) *vt* …に土くれを投げつける. ► *vi* 土くれとなる. ♦ **clód·dish** *a* 土くれのような; 無骨な, 鈍重な. **clód·dish·ly** *adv* **clód·dish·ness** *n* **clód·dy** *a* 土くれのような, 土くれの多い; 卑しい. [CLOT]
clód·hòpper *n* 《口》[*derog*] 田舎者, 無骨者, そこつ者; のろま, まぬけ; 《口》どた靴, 作業靴; *《俗》ぽんこつ車, おんぼろ飛行機[列車]; *《俗》野暮ったい服. ♦ **～·ish** *a* 《口》田舎くさい, のろまな.
clód·hòpping *a* 《口》無骨な, 無作法な.
clód·pàte *n* とんま, まぬけ.
clód·pòll, -pòle *n* とんま, まぬけ, あほ.
clo·fi·brate /kloufáibrèit, -fíb-/ *n* 〘薬〙 クロフィブレート《コレステロール過剰症用》.
clog /klɔ́(:)g, klɑ́g/ *v* (-gg-) *vt* …の動き[流れ, 機能]を妨げる; 〈管などを〉詰まらせる 〈*up*; *with*〉; 詰め過ぎる; 《俗》〘サッカー〙 …に妨害をする. ► *vi* 詰まる, 滞る 〈*up*〉; 〈血などが〉凝結する; 木ぐつダンスを踊る. ► *n* 《動物や人の脚につける》おもり(木); じゃまもの, 足手まとい, 足かせ; 《ちりなどのための機械の》故障; クロッグ《木やコルクの厚い底をもつ靴・サンダル》; CLOG DANCE. ● **pop one's ～s** ‖《口》死ぬ, おだぶつになる. [ME=block of wood<?]
clóg àlmanac 棒暦(ぼうごよみ)《角棒の四面に目やルーン文字 (runes) を刻みつけた昔の暦》.
clóg dànce 木ぐつダンス, クロッグ《床を鳴らしてリズムをとる》. ♦ **clóg dàncer** *n* **clóg dàncing** *n*
clóg·ger *n* **1** 木ぐつ職人; 木ぐつダンスをする人 (clog dancer). **2** ‖《俗》人を蹴るやつ, 《特に》ラフプレーをするサッカー選手.
clóg·gy *a* じゃまになる; こぶだらけの; 詰まりやすい, べたつく. ♦ **clóg·gi·ness** *n*
cloi·son·né /klɔ̀ɪz(ə)néɪ; klwɑ̀:zɔnéɪ; *F* klwazɔne/ *a* クロワゾンネの《金属の細いリボンで金属板を仕切り, その中にエナメルを焼き付ける; cf. CHAMPLEVÉ》. ► *n* クロワゾンネ七宝 (=～ **enámel**).
clois·ter /klɔ́ɪstər/ *n* **1** [°*pl*] 〘建〙 回廊, クロイスター《修道院・大学などの中庭を取り囲む歩廊》. **2** 修道院; [the] 修道院生活, 隠遁生活; 静かな隠れた場所. ► *vt* **1** 修道院に閉じ込める; [°*pp*] 引きこもらせる. **2** …に回廊を付ける. ♦ **～·er** *n* 修道僧[女]. [OF<L *claustrum* lock, enclosed place; ⇨ CLOSE[1]]
clóis·tered *a* 回廊付きの; 修道院にこもっている; 世間との交渉を絶った.
clóister gàrth 回廊に囲まれた中庭, 回廊中庭.
clois·tral /klɔ́ɪstr(ə)l/ *a* 修道院(住まい)の; 浮世を離れた.
clois·tress /klɔ́ɪstrəs/ *n* 《廃》修道女 (nun).
cloke /klóuk/ *n, v* 《古》CLOAK.
clomb *v* 《古》CLIMB の過去・過去分詞.
clom·i·phene /klɑ́məfì:n, klóu-/ *n* 〘薬〙 クロミフェン《クエン酸塩を排卵誘発薬とする》.
clo·mip·ra·mine /kloumíprəmì:n/ *n* 〘薬〙 クロミプラミン《三環系抗鬱薬; 塩酸塩を強迫神経症の治療に用いる》.
clomp /klɑ́mp/ *vi, n* ドシンドシン[ドスンドスン]と歩く(音) (clump). [imit]
clómpy *a* 〈靴が〉ごつい, ドタドタする (clumpy).
clo·naz·e·pam /klounǽzəpæ̀m/ *n* 〘薬〙 クロナゼパム《ベンゾジアゼピン系抗痙攣薬; 癲癇の治療に用いる》.
clone /klóun/ *n* **1** 〘植〙 クローン, 栄養系《単一個体から無性的・栄養的に繁殖した群属または子孫》; 〘動〙 分枝系; 〘生〙 複製生物, クローン《CLONING によってつくられた個体群》. **2** 《口》そっくりな人[もの], コピー; 機械的に行動する人, ロボット; 〘電算〙 クローン《他社の高価な機種と同等の[互換]機能をもつコンピューター》. **3** 《口》クローン族《トラック運転手・警察官などのマッチョ型のステレオタイプ的な服装をしたホモ》. ► *vt, vi* [clone] **1** 〘生〙 無性的に繁殖させる[する], クローンとして発生させる. **2** そっくりに作る, コピーとして作成する; 《俗》《料金を踏み倒すために》〈携帯電話を〉他人の番号で認識されるよう工作する. ♦ **clón·al** *a* **-al·ly** *adv* **clo·nál·i·ty** *n* **clón·er** *n* [Gk *klōn* twig, slip]
clong /klɔ́(:)ŋ, klɑ́ŋ/ *n* *《俗》威勢だけよいまずい発言[表現など]のもたらす衝撃.
clon·ic /klɑ́nɪk/ *a* 〘医〙 間代性の〈痙攣〉. ♦ **clo·nic·i·ty** /klounísəti, klɑ-/ *n* 間代(かんだい)性.
clo·ni·dine /klɑ́nədì:n, klóu-, -dàɪn/ *n* 〘薬〙 クロニジン《血圧降下薬・片頭痛(予防)薬》.
clon·ing /klóunɪŋ/ *n* 〘生〙 クローニング《未受精卵の核を体細胞の核に置き換えて遺伝的に全く同じ生物個体を得る技術》.
clonk /klɑ́ŋk, klɔ́(:)ŋk/ *n, vi, vt* ゴン[コン, ガン, ゴツン, ガツン]という音(をたてる); 《口》打つ, たたく. ♦ **clónky** *a* [imit]
Clon·mel /klɑnmél/ クロンメル《アイルランド南部 Tipperary 県の県都; Laurence Sterne の生地》.
clo·nus /klóunəs/ *n* 〘医〙 間代(かんだい), クローヌス《急激で反復的な筋肉の攣縮(れんしゅく)》. [Gk=turmoil]
cloop /klú:p/ *n, vi* ポン(と音をたてる)《コルク栓の抜ける音》. [imit]
cloot /klú:t/ 《スコ》*n* **1** 分趾蹄. **2** [C-s] CLOOTIE.
Cloot·ie /klú:ti/ *n* 《スコ》悪魔 (Devil).
Cloots /klóuts/ クローツ **Jean-Baptiste du Val-de-Grâce,** Baron de ～ (1755–94)《フランスの革命家; 通称 Anacharsis Cloots; プロイセン貴族の生まれ》.
clop(-clop) /klɑ́p(klɑ̀p)/ *n, vi* パカッパカッ(と音をたてる)《馬のひづめの音》, カタコトカタコト[カランコロン](と音をたてる)《木ぐつなどの音》. [imit]
clo·que, -qué /kloukéɪ, ⌐⌐/ *n* クロッケ, ふくれ織り《表面がでこぼこの浮き出し模様になった織物》. [F]
Clos de Vou·geot /klóu də vuʒóu/ クロ・ド・ヴージョー《Burgundy 産の赤ワイン》.
close[1] /klóuz/ *vt* **1 a** 〈目・窓・本などを〉閉じる, 閉ざす, 閉める; 〈穴などを〉ふさぐ; 〈傷口を〉縫い合わせる, 閉鎖する; 〈通路などを〉閉鎖する; 〈視界などを〉さえぎる; 《古》閉じ込める, 含む: ～ the DOOR *on* [*to*]… / ～ membership *to* nonresidents 非居住者を会員にしない / ～ the road *for* repairs 修理のため道路を閉鎖する. **b** 〈こぶしを〉握る; 〈手・腕などで〉しっかりつかむ[抱く] 〈*around, over*〉. **c** 〘電〙 〈回路・スイッチを〉接続する; 〈距離・間隔などを〉詰める; 〘軍〙 〈隊列 (ranks, files) を〉詰める; 〘海〙 接近する. **2 a** 終業する, 閉鎖[閉店]する 〈*down*〉; 終える; 完了する; 打ち切る; 締め切る; 〘電算〙 〈ファイル・アプリケーションを〉閉じる 〈*down*〉: ～ an account (*with* a tradesman) (商人と)掛け取引をやめる / ～ a debate 〈議長が〉討論終結を宣する / ～ a case 事件の捜査[審理]を打ち切る / ～ the BOOKS. **b** 〈契約を〉結ぶ, 〈取引を〉まとめる: ～ a deal.
► *vi* **1 a** 〈戸などが〉閉まる; 〈花などが〉閉じる 〈*up*〉; 〈傷などが〉ふさがる, 閉鎖する; 〘ダンス〙 空いている足を重心のかかっている足に寄せる. **b** 〈手・腕などが〉握る, つかむ, 抱く 〈*on, around, over*〉. **2** 終業する, 閉店する; 終わる, 済む 〈*with*〉; 〈売出しなどが〉終了する; 〈株式・通貨が〉引ける; 〘電算〙 〈ソフトなどが〉終了する 〈*down*〉: The dollar ～*d* in Tokyo *at* ¥120. 東京ではドルの終わり値が 120 円であった. **3 a** 接近する; 肉薄する 〈(*up*) *on*〉. **b** 集合する; 〘軍〙 〈隊列が〉密集する. **4** 契約を結ぶ 〈*with*〉, (…に関して)契約を締結する 〈*on*〉: ～ *on* a house 家の譲渡契約を結ぶ. ● **～ around [about]**…を取り巻く, 囲む. **～ down** (*vt*) 〈店などを〉閉鎖する; *《口》〈店など〉の閉まるまでとどまる; 〈麻薬取引などを〉取り締まる. (*vi*) 〈店・工場などが〉閉鎖される; ‖当日の放送を終了する; 〈霧などが〉たちこめて視界を閉ざす; 〈不法な事物に対して〉きびしく取り締まる 〈*on*〉. **～ in** (1) 閉じ込める; (近寄って)包囲する 〈*around*〉; [号令] 集まれ!; 〈敵・夜・闇などが〉近づく, 迫る 〈*on*〉. (2) 〈天気が〉悪くなる; 〈日が〉短くなる, 〈日が〉暮れる. **～ off** 封鎖する. **～ on…** ⇨ *vi*; 〈箱などが〉…を閉じ込める. **～ out** 閉め出す 〈*of*〉; *売り払う, 見切り売りをする, 清算する, 処分する; 打切りにする, 閉鎖する: ～ *out* business. **～ round** 囲む. **～ (one's) ranks** ⇨ RANK[1]. **～ up** 完全に閉まる; 〈人が〉肉薄する 〈*to*〉; 〈傷口が〉ふさがる, 《手術で》〈人〉の傷口を縫い合わせる; 閉鎖する, 閉店する; 閉ざす, ふさぐ, 〘軍〙 密集させる[する]; 〘印〙 インテルを詰める[取り去る]; 打ち切る; 本心を隠す, 話をやめる. **～ with**…に近づく; 《文》…と接近戦を交える, …と取っ組み合う; ‖…との合意に達する; 〈申し出・条件など〉に応じる.
► *n* **1** 終結, 終わり; 《郵便の》締切り; 〘楽〙 終止; 〘楽〙 結尾複縦線 (‖); 《演説・劇などの》結びのことば; 《手紙の》結びの句 (complimentary close); 《組になる句読点の》とじ (' など); 〘証券〙 終値 (closing price); 〘ダンス〙 クローズ《空いている足を重心のかかっている足に寄せる動作); 戸を閉めること: come [bring…] to a ～ 終わる[…を終わらせる] / draw to a ～ 終わりに近づく / at ～〘証券〙終値で. **2**《古》格闘.
♦ clós·able, clóse·able *a* [OF＜L *claudo* to shut]

close[2] /klóus/ *a* **1 a**《距離・時間・程度が》近い, 間近の, 接近した〈*to*〉;《関係が》近い, 親しい (intimate); ほとんど互角の: at [from] ～ range 至近距離で[から] / a ～ contest 接戦 / a ～ district *勢力伯仲の地区 / ～ relatives 近親, 肉親 / a ～ friend 親友 / ～ *to* tears [crying] 今にも泣き出しそうで / a ～ second 僅差の2位. **b** 間隔の詰まった, 密な,〘印〙字詰めの密な (opp. *open*);《体に》ぴったりの〈衣類・帽子〉; 地[表面]にすれすれの, 短く刈り込んだ;〘サッカー・ホッケー〙短いパス中心の; 句読点[《特に》コンマ]を多用する: ～ print 細かく詰めた印刷 / ～ texture 目の詰んだ生地. **2**《対象に》肉薄した; 原典に忠実な; 簡潔な; 精密な (accurate), 周到な, 緻密な; 徹底的な; ぎりぎりの; きわどい: (You're [That's]) ～.《口》《ほぼ正解で》惜しい / a ～ resemblance 酷似 / a ～ copy 清書; 精密な写し / a ～ translation 忠実な訳 / ～ work《手元で行なう》細かい仕事 / a ～ investigation 精査 / a ～ secret 極秘(事項) / ～ attention 細心の注意 / ～ reasoning 隙のない推論 / That was ～!《口》あぶないところだった / CLOSE CALL. **3 a** 閉じた, 閉鎖した; 出口[隙]のない; 狭い, 窮屈な;〘音〙〈母音が〉口の開きが狭い (opp. *open*): ～ vowels 狭母音 (/i, u/ など). **b** 蒸し暑い, 重苦しい, うっとうしい〈天気〉;〈部屋など〉風通しの悪い. **c**《まれ》粘着性の, 非揮発性の. **4** 無口の, 引っ込み思案の; けちな: a ～ disposition 無口な性質 / He is ～ about his own affairs. 自分のことはしゃべらない男だ / He is ～ *with* (his) money. けちな男だ, 締まり屋だ. **5 a** 少数の人たちだけに限られた, 非公開の; 限られた, 隠された, 秘密の; 監禁された: a ～ prisoner 厳重に監視されている囚人 / keep sth ～ あることを隠して[伏せて]おく / keep one*self* ～ 隠れている / lie ～ 隠れている. **b** 入手困難な,〈金融が〉逼迫(ひっぱく)している; 禁猟の, 禁漁の: Money is ～. 金詰まりだ. **6**《俗》満足のゆく, みごとな. ► *adv* すぐかたわらに, 近くに, 詰めて, 接して; ぴったりと (cf. CLOSELY): sit [stand] ～ to…のすぐそばに(寄り添って)すわる[立つ] / draw [hold] sb ～ 人をしっかり抱き寄せる[抱きしめる] / live ～ つましく暮らす / sail ～ to the WIND[1]. ● **～ at hand** すぐ手近に; 切迫して. **～ by** すぐかたわらに. **～ on**…に近い, およそ. **～ to**… ほとんど…; …の近くで; …と親しい, 親密で. **～ to home**《口》〈発言が〉痛いところをついて, 痛切で; 自宅[自国]周辺で; 他人事でなくて, 身近で[に]. **come ～**〈…と〉ほぼ同等だ, ほとんど劣らない〈*to*〉. **come ～ to** (do*ing*) sth もう少しで…しそうになる: *come* ～ *to* victory. **cut [run] it ～**《時間などを》ぎりぎりに切り詰める (cut [run] it fine). **go ～**〘競馬〙勝つ, 辛勝する. **press** sb **～** 人をきびしく追及する. RUN sb **～**. **too ～ for** COMFORT. **up ～** すぐ近くで[に].
► *n* 囲い地 (enclosure); ″《大聖堂などの》構内, 境内, 校庭;《スコ》通りから共同階段または中庭に通じる入口; ″袋小路《通りの名前にも用いる》.
♦ clós·ish *a* [OF＜L *clausus* (pp)＜↑]

Close /klóus, -z/ クロース (1) **Chuck** (**Thomas**) ～ (1940–)《米国の画家; フォトリアリズムによる巨大な肖像画で知られる》(2) **Glenn** ～ (1947–)《米国の女優》.

clóse-at-hánd *a*《時間的・空間的に》近い, 差し迫った.

clóse bórough〘英史〙POCKET BOROUGH.

clóse bòx [bùtton]〘電算〙クローズボックス[ボタン]《ウインドーを閉じる機能をもつ(通例ウインドーの端の)ボタン》.

clóse-bý *a* すぐ近くの, 隣接した.

clóse cáll《口》間一髪の脱出[回避]: have a ～ (of it) あやういところを助かる, 九死に一生を得る / by a ～ いま少しのところで, かろうじて, 危機一髪で. ★ close shave, narrow shave [squeak], near shave [squeak], etc. にも同じ意味・用法がある.

clóse-cárpet /klóus-/ *vt* …にカーペットを敷き詰める.

clóse cómpany″ 閉鎖会社, 非公開会社《役員だけ, あるいは5人以下の構成員の管理下にある会社》.

clóse corporátion 閉鎖会社, 非公開会社, 同族的会社《株を一般に公開しない会社》.

clóse-cròpped, clóse-cùt *a*《髪を》短く刈った.

closed /klóuzd/ *a* **1** 閉ざされた; 閉店した; 打切りになった;《掲示》締切り, 休業, 閉店;〈車が〉屋根付きの, 箱型の;〈競争路が〉スタートとゴールが同じ;〘スポ〙狭い, クローズドの〈スタンス〉(opp. *open*);〘音〙子音で終わる;〘数〙閉じた;〈冷却システムなどが〉密閉式の, クローズドの《水などを循環させて再利用する方式》: ～ curve 閉曲線 / a ～ surface 閉曲面 / a ～ interval 閉区間. **2** 限定された; 非公開の; 排他的な; 偏狭な; 自足の, 独立した: a ～ question 回答の数が限られた質問[設問] / a ～ set〘数〙閉集合; 少数の構成員からなる一組[セット].
● **behind ～ doors** ひそかに, 内密に, 非公開で. **with ～ doors** 戸を閉め切って; 傍聴を禁止して.

clósed bóok″ わけのわからない事, はっきりしない事〈*to*〉; 理解しがたい人物; 終わった事.

clósed cáption〘テレビ〙クローズドキャプション《デコーダーのついたテレビでのみ表示できる字幕》. **♦ clósed-cáption** *vt*〈テレビ番組〉にクローズドキャプションをつける.

clósed-cáp·tioned *a*〈テレビ番組が〉クローズドキャプションつきの.

clósed-cáption·ing *n* クローズドキャプションをつけること.

clósed-céll *a* クローズドセルの, 閉鎖セル型の《SOLID FOAM のセルが面で囲まれていることをいう》.

clósed cháin〘化〙閉鎖 (＝*ring*)《3個以上の原子が環状になった構造; opp. *open chain*》.

clósed círcuit〘電〙閉回路.

clósed-círcuit télevision 閉回路テレビ《撮像カメラと視聴モニターが有線でつながれたテレビシステム; 館内中継, 監視カメラ, 危険箇所のモニターなどに用いられる; 略 CCTV》.

clósed commúnity〘生態〙閉生[密生]群落《植物が互いに近接して生えている群落》.

clósed cómpany″ CLOSE COMPANY.

clósed corporátion CLOSE CORPORATION.

clósed cóuplet〘韻〙完結二行連句《2行単位で意味の完結するもの》.

clósed cýcle〘機〙密閉サイクル.

clósed-dóor *a* 非公開の, 秘密の: a ～ session 秘密会《新聞記者などを入れない会議》.

clósed-énd *a*〈投資信託が〉資本額固定の, 閉鎖式の, クローズドエンド型の;〈担保が〉貸付金額を固定した (opp. *open-end*): a ～ investment (trust) company 閉鎖式投資(信託)会社.

clósed frácture〘医〙閉鎖骨折.

clósed gáme〘チェス〙膠着状態のゲーム (cf. OPEN GAME).

clósed géntian〘植〙暗青色の平開しない花をつける北米産のリンドウ.

clósed lóop 閉回路, 閉[クローズド]ループ《出力を必要なレベルに保つようにフィードバックがはたらく自動制御系; opp. *open loop*》.
♦ clósed-lóop *a*

clósed-mínd·ed *a* 心を閉ざした, かたくなな, 狭量な.

clóse·dòwn /klóuz-/ *n* 操業停止, 工場閉鎖; ″放送(時間)終了.

clósed prímary〘米〙制限予備選挙《党員有資格者だけが投票する直接予備選挙; cf. OPEN PRIMARY》.

clósed rúle〘米議会〙上程された法案は採否を決定するだけで修正は加えないという規則.

clósed schólarship 限定奨学金《特定学校の学生などに資格者が限定される》.

clósed séa [the]〘国際法〙領海 (cf. OPEN SEA).

clósed séason* 禁猟期, 禁漁期 (close season″).

clósed séntence〘論・数〙閉じた文, 閉鎖文《自由変項を含まない》.

clósed shóp クローズドショップ《労働組合員だけを雇用する事業所; cf. OPEN SHOP, UNION SHOP》; 排他的なグループ[組織].

clósed stánce〘野・ゴルフ〙クローズドスタンス《右打者が左足[左打者が右足]を前に出した構え; opp. *open stance*》.

clósed sýllable〘音〙閉音節《子音で終わる》.

clósed sýstem〘理〙閉鎖系.

clósed úniverse《宇宙論で》閉じた宇宙《宇宙の体積は有限で, 宇宙の膨張はしだいに止まり, 収縮に向かってやがてビッグバン時の状態に戻るとする; cf. OPEN UNIVERSE》.

clóse·fìst·ed *a* けちな, 握り屋の〈*with*〉.

clóse-fítting *a* ぴったり合う, ぴっちりした〈服など〉(opp. *loose-fitting*).

clóse gírl /klóus-, -z-/ 縫製職人, 縫い子, 針子.

clóse-gràined *a* きめの細かい, 目の詰んだ.

clóse hármony〘楽〙密集和声 (＝*close position*) (opp. *open harmony*).

clóse-háuled *a, adv*〘海〙詰開きの[で].

clóse-ín *a* 至近距離(で)の[からの]; *中心に近い,《特に》都心部に近い.

clóse-knít *a* 結びつきの緊密な, 堅く団結した;〈議論などが〉綿密な, 精緻な.

clóse-lípped *a* 口を開かない, 無口な (tight-lipped).

clóse-lóok sàtellite 偵察衛星, スパイ衛星.

clóse·ly *adv* (cf. CLOSE[2] *adv*) 接近して, ぴったりと; きっちりと, しっかりと; 密接に, 親密に; 綿密に, 厳密に, 子細に; 一心に.

clósely héld 少数者に株と投票権が握られている.

clóse·ly-knít *a* CLOSE-KNIT.

clóse·mínded /klóus-, klóuz-/ *a* CLOSED-MINDED.

clóse·móuthed *a* 無口な, うちとけない; 口の堅い.

clóse·ness *n* 近似; 接近, 親密;《織地などの》目の詰んでいること, 目の詰み方; 正確, 厳密; 密閉; 息苦しさ, うっとうしさ; けち (stinginess).

clóse órder〘軍〙密集隊形 (cf. EXTENDED ORDER).

clóse·òut /klóuz-/ *n* *《閉店・特定品目販売打切りによる》蔵払い(品).

clóse-pácked *a* 密集した; ぎゅうぎゅうに詰まった: ～ stars 密集している星.

clóse posítion〘楽〙CLOSE HARMONY.

clóse punctuátion 厳密句読法《コンマなどの記号を数多く使った句読法; cf. OPEN PUNCTUATION》.

clóse quárters *pl*《宿舎などの》狭い部屋; 接戦; 白兵戦:

come to ～ 接戦になる. ● **at** [**from**] **～** 接近して, 肉薄して: be *at* ～ 戦い[論戦]がたけなわである.

clos·er /klóuzər/ *n* 閉じるもの, 閉塞器; 《野球俗》最終回, 《ダブルヘッダーの》第 2 試合; 〖野〗抑え投手, クローザー.

clóse-réefed *a* 〖海〗すべての帆を縮帆して.

clóse-rún‖ *a* 《競技・選挙などで》小差の, 僅差の: a ～ thing 接戦.

clóse schólarship CLOSED SCHOLARSHIP.

clóse scóre 〖楽〗クローススコア《2 つ以上のパートがいっしょに書いてある譜表》.

clóse séason‖ 禁猟期, 禁漁期 (closed season*); 〖スポ〗シーズンオフ.

clóse-sét *a* 近接して並んだ: ～ eyes [teeth] / ～ houses 密集した家.

close shave ⇨ CLOSE CALL.

clóse shòt 〖映〗近写, クロースショット.

clóse·stòol /klóus-, klóuz-/ *n* 室内[寝室]用便器.

clos·et /klázət, klɔ́ː-/ *n* 《接見・勉強などのための》私室, 小室; *クローゼット《衣類・食器・食料などを収納しておく小部屋》, 押入れ, 戸棚 (cupboard‖); (水洗)便所 (water closet); 隠れ場所; [the] 隠している状態, 秘めていること. ● **come out of the ～** ホモ[同性愛者]であることを公表する, カミングアウトする; 〈公人などが〉隠していたことを公けにする; 〈問題などが〉公けに論じられるようになる. ► *a* 私室で行なう(に適した); 私的な, 内密の; ひそかな, 隠れた; 非実際的な: ～ meditations / a ～ consultation 内談, 秘密会議, 密談 / a ～ liberal 隠れリベラルの保守政治家 / a ～ strategist 机上戦術家. ► *vt* [‖*pp*] 閉じ込める, 隠す, 《密談のために》私室に閉じ込める: be ～*ed* together (*with* sb) (人と)密談中である. ♦ **～·fùl** *n* ［OF (dim) ‹ *clos* CLOSE² (n)］

clóset dràma 書斎劇, レーゼドラマ《読物としての劇》.

clóset·ed *a* 《特に同性愛であることが》秘密の, 隠れた, 隠れてする (closet): a ～ gay 隠れホモ.

clóse thíng‖《口》NEAR THING.

clóse tíme‖ CLOSE SEASON.

clóset plày CLOSET DRAMA.

clóset quèen 《俗》隠れホモ (closet homosexual).

clóset quèer 《俗》隠れホモ (closet homosexual).

clóse-ùp /klóus-/ *n* 〖写・映〗クローズアップ, 大写し (cf. LONG SHOT); 精密な観察, 精細な調査; 《事の》真相; *《俗》伝記: in ～ クローズアップで, 大写しで. ► *a* クローズアップの, 大写し[接写]の; 至近距離からの, 詳細な.

clóse-wóven *a* 織り目の細かい.

clos·ing /klóuzɪŋ/ *n* 閉じること, 閉鎖, 密閉; 終結, 締切り, 決算; 《演説・手紙の》結び; 《袋の口などの》締め具, 《スカートなどの》わきあき; 〖証券〗大引け; *〖法〗権原移転完了《不動産売買の手続き完了》. ► *a* 終わりの; 閉会の: a ～ address 閉会の辞.

clósing árgument* 《弁護士の》最終弁論.

clósing còsts *pl* 権原移転費用《不動産購入手続き完了に伴う, 権原保険・土地調査などの経費》.

clósing dàte 〖広告〗締切(日); 〖商〗《不動産売買の》取引日, 受渡し日, 契約実行日《売手が不動産譲渡証書 (deed) を, 買手が代金を, それぞれ相手に引き渡す日》.

clósing èrror 〖測〗閉塞誤差 (error of closure).

clósing òrder 〖英〗《地方当局が出す, 没収財産の》閉鎖命令.

clósing prìce 〖証券〗終値, 引け値.

clósing time 閉店時刻, '看板'.

clos·trid·i·um /klastrídiəm/ *n* (*pl* **-ia** /-iə/) 〖菌〗クロストリディウム属 (*C-*) の細菌《胞子をつくる嫌気性桿菌; ボツリヌス菌 (botulinum) や破傷風菌 (tetanus) など; cf. BACILLUS》. ♦ **-tríd·i·al** *a* ［Gk *klōstēr* spindle］

clo·sure /klóuʒər/ *n* **1** 閉鎖; 《道路などの》封鎖; 締切り; 閉店, 休業; 終止, 終結; 《気持の》区切り; 〖音〗閉鎖; 〖心〗閉包《不完全な形・思考・状況などが完全なものとして知覚されること》; 〖英議会〗討論終結 (cf. CLOTURE): a sense of ～ 《不幸などが》一段落したとの思い. **2** 閉じるもの, 閉鎖具《ボタン・ファスナー・キャップ・ふた・栓など》; 〖地質〗クロージャー《背斜層の頂部と等高線最下部との垂直距離》; 〖数〗閉包; 《古》閉じ込めるもの, 囲い, おおい, 壁. ► *vt* 〖英議会〗討論終結に付す. ［OF‹L; ⇨ CLOSE¹］

clot /klát/ *n* 柔らかいぬらぬらした塊り, クロット; (凝)血塊, 血餅, 血栓; 《人・生物の》群れ, 集団, 塊り; ‖《俗》ばか, のろま: a ～ of blood 血の塊り, 凝血, 血餅. ► *vi, vt* (**-tt-**) 凝固する [させる]; 凝結する [させる]. ［OE *clott* lump, mass; cf. CLEAT, G *Klotz* block］

clót-bùst·er *n* 〖薬〗血栓[血餅]溶解薬《血栓を溶解するために用いられるストレプトキナーゼなど》. ♦ **clót-bùst·ing** *a*

cloth /klɔ́(ː)θ, kláθ/ *n* (*pl* **～s** /-ðz, -θs/) **1** 布, 布地, 生地, 織物, 服地; 一枚の布, 布きれ: cotton [wool, woven] ～ 綿布[ウール地, 織物]. **2 a** テーブルクロス; ふきん; ぞうきん: lay the ～ 食事の用意をする / remove [draw] the ～ 食事のあと片付けをする. **b** 《本の》表紙布, クロス; 〖海〗帆布, 帆; 《古》《絵画用の》カンバス; ‖《舞台の背景などに用いる》彩色した布地. **c** 《西アフリカ》伝統的民族服. **3** 〖特定職業の〗制服; 《聖職者の着る》黒の僧服; [the] 聖職; [the] 聖職者 (the clergy) 《集合的》: respect a man's ～＝pay the respect due to *the* ～ 聖職者の身分に敬意を払う. **4** 《廃》衣服 (clothing). ● **cut from the same ～** 同じ生地から仕立てた; 〈…と〉よく似た, 同類[同種]の, 似たもの同士の 〈*as*〉. **cut** one's COAT **according to** one's **～.** **out of** WHOLE CLOTH. ［OE *clāth*‹?; cf. G *Kleid*］

clóth·bàck *n* 〖製本〗布装本, クロス装本.

clóth bìnding 〖製本〗布表紙製本, クロス装幀.

clóth·bòund *a* 〖製本〗クロス装の〈本〉.

clóth-càp‖ *a* 労働者階級の.

clóth càp‖ ハンチング帽《労働者階級の象徴》.

clothe /klóuð/ *vt* (**clothed** /-ðd/, 《古・文》**clad** /klǽd/) **1 a** 〈人〉に衣服を着せる, 〈人〉にまとわせる 〈*in*〉; 〈人〉に衣服を与える: ～ one*self* 服を着る / fully ～*d* 服を着たままで, ちゃんと服を着て / ～*d in* rags ぼろをまとって / ～ one's family 家族に衣服を買ってやる. **b** [*fig*] おおう, まとわせる; 〈人〉に〈権力・光栄などを〉与える, 恵む 〈*with*〉. **2** 表現する: ～ thought *in* [*with*] words 思想をことばで表現する. ● **～d and in** one's **right mind** 服を着て正気になって, 心身ともに準備ができて (*Luke* 8: 35). ［OE **clāthian* ‹ CLOTH］

clóth èars *pl* 《口》**1** 不十分な聴力, 難聴, 音痴: have ～ 聞き漏らす, 聞こうとしない. **2** [*voc*] ちゃんと[よく]聞け. ♦ **clóth-èared** *a* 《口》難聴の, 鈍感な.

clothes /klóu(ð)z/ *n pl* 衣服, 服, 衣類; 寝具 (bedclothes); 洗濯物: *C*～ do not make the man. 《諺》衣服は人をつくらず《服で人柄は変わらない》. ［OE *clāthas* (pl) ‹ CLOTH］

clóthes·bàg *n* 洗濯物入れ《袋》.

clóthes bàsket‖ LAUNDRY BASKET.

clóthes·brùsh *n* 衣類用ブラシ, 洋服ブラシ.

clóthes clòset 衣類収納部屋, 納戸.

clóthes hànger COAT HANGER.

clóthes hòist 《回転および上げ下げのできる》物干し機[フレーム].

clóthes·hòok *n* 《壁にねじくぎなどで取り付けた》コート[上着]掛け.

clóthes·hòrse *n* 干し物掛け, 室内干し, 衣桁(いこう), 衣紋掛け; 《口》ファッションにばかり凝る人, 着道楽《特に女性》; *《俗》ファッションモデル.

clóthes·lìne *n* **1** 物干し綱: be able to sleep on a ～ くたくたに疲れきっている, どこでも眠れる. **2** 〖アメフト〗広げた腕をボールキャリアーの頭と首に不意にかけるタックル; 《野球俗》ライナー. **3***《俗》個人的な問題. ► *vt* 〖アメフト〗〈相手プレーヤーに〉腕を広げてタックルする.

clóthes·màn *n* 古着屋.

clóthes mòth 〖昆〗イガ《ヒロズコガ科の数種; コイガなど; 幼虫は衣類を食い荒らす》.

clóthes-pèg‖ *n* CLOTHESPIN.

clóthes·pìn* *n* 干し物留め, 洗濯ばさみ.

clóthes·pòle *n* 物干し綱支柱.

clóthes pòst‖ CLOTHES PROP.

clóthes·prèss *n* 衣裳戸棚, 洋服だんす.

clóthes pròp‖ 物干し綱支柱.

clóthes trèe* 柱型洋服[帽子]掛け.

clóth hóuse 《風雨・害虫などからタバコなどの植物を護るため》布製のおおいをかけた小屋.

cloth·ier /klóuðjər, -ðiər/ *n* 洋服屋《紳士服の仕立てまたは販売》; 服地屋; *織物仕上げ工.

clóthier's brúsh [**téasel**] FULLER'S TEASEL.

Clo·thil·da, -til- /kloutíldə/ クロティルダ《女子名》. ［Gmc＝famous＋battle, i.e. famous fighting woman］

cloth·ing /klóuðɪŋ/ *n* 衣類 (clothes); おおい (covering); 〖海〗帆装.

clóth mèasure 布尺(ぬのじゃく).

Clo·tho /klóuθou/ 〖ギ神〗クロートー《運命の三女神 (FATES) の一》.

clóth of góld 金糸織り《金糸を織り込んだ布地》.

clóth of sílver 銀糸織り《銀糸を織り込んだ布地》.

clóth yàrd 布ヤール《1) 中世では 37 inches で, 矢の長さの単位としても用いられた 2) 現在は 1 標準ヤール (＝36 inches)》: a *cloth-yard* shaft 〖史〗1 ヤールの長さの矢.

Clotilda ⇨ CLOTHILDA.

clo·tri·ma·zole /kloutráɪməzòul, -zɔ̀ːl/ *n* 〖薬〗クロトリマゾール《局所用抗真菌薬; カンジダ症・白癬などに用いる》.

clót·ted *a* 凝固した, 固まった; ‖全くの: ～ nonsense.

clótted créam 固形クリーム《double cream 以上に脂肪分の高いクリーム; cf. DEVONSHIRE CREAM》.

clót·ting fàctor 〖生化〗凝固因子《血液の凝固過程にかかわる種々の血漿成分; cf. FACTOR VIII》.

clót·tish *a*‖《口》ばかな, まぬけな.

clót·ty *a* 塊りの多い; 塊りになりがちな; 《口》鈍い, ぐずな.

clo·ture /klóuʧər/ 〖米議会〗*n* 討論終結 (cf. CLOSURE). ► *vt* …に討論終結規定を適用する. ［F; ⇨ CLOSURE］

clou /klúː/ *n* 興味の中心, 目玉. ［F＝nail］

cloud /kláud/ *n* **1** 雲: a BANK of ～*s* / covered with ～(*s*) 雲におおわれて / Every ～ has a silver lining. 《諺》どの雲も裏側は銀白《暗い状況でも希望[よい面]は見いだせる》/ If there were no ～*s*, we

should not enjoy the sun. 《諺》雲がなかったら太陽の喜びもない《苦しみあっての喜び》. **2** 雲のように浮かんで見えるもの《風になびく髪など》; 《一面の》ほこり[煙, 砂 など]; 〔天〕星間雲; 〔量子力学〕《電子などの》雲; 雲霞(うんか)のような大群の人[鳥, ハエ, イナゴ など]: a ～ *of* dust もうもうたるほこり. **3**《透明なもの・鏡・大理石などの表面の》曇り, きず; [*fig*]《顔面・額に漂う》曇り; 《疑惑・不満・悲哀などの》暗影, 暗雲; (おおいかぶさって)暗くさせるもの, 暗がり. **4** 柔らかいスカーフ《婦人用》.
● **blow a ～** 《口》タバコを吹かす. **cast a ～ over** ぶちこわしにする, …にけちをつける. **a ～ no bigger than [a ～ the size of] a man's hand**《災いなどの》かすかな兆し(cf. *1 Kings* 18:44). **a ～ on the horizon [in the sky]**《迫り来る》不幸[災難など]の兆し. **drop from the ～s** 意外な所から現われる. FLOAT**ing on a ～. have** one's **head in the ～s** 《口》ぼんやりしている, (ほかの)考えごとをしている, うわのそらである. **in the ～s** 空高く; 非現実的な; ぼんやりして, 世事に超然として, 空想にふけって: with one's head *in the ～s*. **kick up the ～s** 《俗》絞首刑に処せられる. **on a ～** 非常に喜んで, 大元気で; *《俗》麻薬に酔って. **under a ～** 疑惑[とがめ, 不興]をうけて; ふさぎこんで. **under ～ of**…に乗じて. **up in the ～s** 《口》ぼんやり物思いにふけって, うわのそらで, 心ここにあらずで.
► *vt* 曇らせる; 〈体液を〉濁らせる; 〈顔を〉曇らせる; …に暗影を投じる; 憂鬱にする; 〈名声・評判を〉汚す; 〈記憶などを〉あいまいにする; 〈判断を〉鈍らせる, 混乱させる; 雲模様[黒いまだら]であやどる. ► *vi* 曇る 〈*over, up*〉; 〈顔つきなどが〉曇る, 暗くなる〈*over*〉; 〈液体が〉濁る; ぼやける, ぼんやりとなる〈*over*〉; 雲のようにふくれあがる.
[OE *clūd* mass of stone, rock; CLOD と同語源か]

clóud·bànk *n* 〔気〕雲堤(うんてい).

clóud bàse 〔気〕雲底(うんてい)《雲または雲層の底部》.

clóud·bèrry *n* 〔植〕クラウドベリー, ヤチイチゴ, ホロムイイチゴ《野生のキイチゴ》.

clóud-bùilt *a* 雲をつかむような, 空想的な.

clóud·bùrst *n* 突然の豪雨, 土砂降り; 圧倒的な量[数], 洪水.

clóud·bùst·er *《俗》*n* 〔野〕高いフライ; 高層建築; 高速新型飛行機.

clóud-càpped *a* 雲を頂いた, 雲にそびえる.

clóud-càstle *n* 空想, 夢想.

clóud chàmber 〔理〕霧箱.

clóud compùting クラウドコンピューティング《利用者のパソコン等ではなくサーバー上で管理されているソフトウェアをインターネットを通じて使うことによるコンピューター利用》.

clóud còver 〔気〕雲量《全天に対して雲におおわれた空の割合》.

Clóud-Cùckoo-Lànd /; ⏤ ⏤ ⏤/ *n* **1** 雲時鳥国《Aristophanes の *The Birds* の中の神を人類から引き離すため鳥が建てた町》. **2** [ᵘcloud-cuckoo-land] 夢想[理想]の国: be (living) in ～ 《口》能天気だ, おめでたい.

clóud drìft 浮雲, 飛雲; *《飛行機による》粉末殺虫剤空中散布.

clóud èar 〔菌〕アラゲキクラゲ《キクラゲよりも大型で, 背面に毛が多い; 中華料理に使われる》.

clóud·ed *a* 曇った; 〈気が〉ふさいだ; 雲[まだら]模様のある.

clóuded léopard 〔動〕ウンピョウ《東南アジア産》.

clóuded yèllow 〔昆〕ダイダイモンキチョウ《縁が茶色[黒]の黄色っぽい羽をしたシロチョウ科のチョウ; ヨーロッパと英国の間を移動する》.

clóud fòrest 雲霧林《熱帯山地の上部山地帯にみられる森林; 雲霧におおわれて湿度が高い》.

clóud-hòpping *n* 《機影を隠すための》雲づたい飛行.

clóud·i·ness *n* 曇天; 陰暗; 《光沢の》曇り; もうろうとしていること; 〔空〕雲量.

clóud·ing *n* 《光沢面の》曇り; 雲[まだら]模様.

clóuding of cónsciousness 意識の混濁.

clóud·lànd *n* 雲界, 雲景; 夢幻の世界, 神秘の国.

clóud·less *a* 雲[暗影]のない, 晴れわたった. ♦ **～·ly** *adv* **～·ness** *n*

clóud·let *n* 小さな雲, 小雲.

clóud níne [《古》**séven**] [通例 次の成句で] 《口》天にも昇る心地, 意気揚々 (cf. SEVENTH HEAVEN). ● **on ～** 《口》このうえなく楽しくて[しあわせで], うきうきして. [1950 年代にラジオ番組 'Yours Truly, Johnny Dollar' でポピュラーになった; 米気象庁が 1 つの雲を 9 タイプに分類した最上層部]

clóud ràck ちぎれ雲の群れ.

clóud·scàpe *n* 雲景(画) (cf. LANDSCAPE).

clóud sèeding 《人工降雨のための》雲の種まき.

cloud seven ⇨ CLOUD NINE.

clóud strèet 〔気〕雲列《積雲の列》.

clóud-tòpped *a* 上部を雲におおわれた.

clóud-wòrld *n* 理想郷, ユートピア.

cloudy /kláudi/ *a* **1** 雲の, 雲のような; 雲の多い, 曇った; 雲がかかった: It is ～. 曇っている. **2** 濁った; 曇りのはいった; 雲状模様の; はっきりしない, 不確かな: a ～ picture ぼうっとした絵[写真]. **3** 暗鬱な, 暗い: ～ looks 浮かぬ様子. ♦ **clóud·i·ly** *adv* 曇って; ぼんやりと. **clóud·i·ness** *n*

Clou·et /kluéɪ, klué/ クルーエ (**1**) **François** ～ (c. 1515 or 10–72)《フランスの画家; 精密な写実によって Valois 朝の宮廷社会を描いた》 (**2**) **Jean** ～ (c. 1485–c. 1540)《フランスの肖像画家; François の父》.

cloughᴵᴵ /klʌ́f/ *n* 狭い谷, 谷あい. [OE *clōh*]

Clough クラフ **Arthur Hugh** ～ (1819–61)《英国の詩人; 宗教的懐疑を反映した作品が多い; *The Bothie of Tober-na-Vuolich* (1848), *Dipsychus* (1865)》.

Clou·seau /kluzóu; ⏤⏤/ [Inspector] クルーゾー警部《ドタバタ喜劇映画 'The Pink Panther' シリーズ (1963–82) に登場するへまなフランス人警部 Jacques Clouseau》.

clout /kláut/ *n* **1 a** 《口》《こぶし[固いもの]で》コツンとたたく[打つ]こと; 《野球俗》強打, ヒット. **b** 《口》力強さ, 迫力; 《口》《特に 政治的な》影響力, 勢力. **2** 鋲釘 (clout nail); 〔弓〕《枠に白布を張った》的, 的の中心(にあたった矢). **3**ᴵᴵ《方》布きれ, 継ぎぎれ, ぼろきれ; 《古・方》衣服, ぼろ; [*pl*]《方》うぶ着: Cast ne'er a ～ till May be out. 《諺》五月が過ぎるまではぼろでも脱ぐな. ► *vt* **1** 《口》コツンとたたく, 《力を入れて》なぐる, 打つ; 《野球俗》強打する. **2** *《俗》〈車などを〉盗む. **3** *《俗》逮捕する, つかまえる. **4** …に継ぎをあてる. ♦ **～·er** *《俗》*n* 自動車泥棒, 押込み強盗の下見をする者; 〔野〕強打者. [OE *clūt* patch, plate; cf. CLEAT, CLOT]

clóut nàil 鋲釘(びょうくぎ) (=*clout*)《金属板などを留めるのに使う頭部が平たく大きい釘》.

clove¹ /klóuv/ *n* 〔植〕チョウジノキ《Molucca 諸島原産; フトモモ科》; 丁子(ちょうじ), 丁香, クローヴ《香味料》; CLOVE PINK. [OF<L *clavus* nail; 形の類似より]

clove² *n* 〔植〕《ユリ・ニンニクなどの》小鱗茎, 小球根. [OE *clufu* bulb; CLEAVE¹ と同語源]

clove³ *v* CLEAVE¹·² の過去形.

clóve gíllyflower 〔植〕CLOVE PINK.

clóve hìtch 〔海〕巻結び《結索法の一種》.

clo·ven /klóuv(ə)n/ *v* CLEAVE¹ の過去分詞. ► *a* 〈ひづめなどが〉《ある深さまで》割れた, 裂けた.

clóven fóot [hóof] 〔動〕分趾蹄, 偶蹄. ● **show the ～** 〈悪魔が〉本性をあらわす《悪魔はひづめが割れているとされることから》. ♦ **clóven-fòot·ed, clóven-hòofed** *a* 分趾蹄の (opp. *whole-hoofed*); 悪魔のような.

clóve òil 丁子油《医薬の香料・オイゲノールの原料》.

clóve pìnk 〔植〕カーネーション (=*clove gillyflower*).

clo·ver /klóuvər/ *n* 〔植〕クローバー《(**1**) マメ科シャジクソウ属の各種の草本; 観賞用・牧草用・緑肥用; ⇨ FOUR-LEAF CLOVER (**2**) このほかのマメ科の草; シナガワハギ (sweet clover), ハギ (bush clover) など》. ● **like pigs in ～** 《口》安楽に, このうえなくしあわせに〈暮らす など〉. **live [be] in (the) ～** 《口》ぜいたく[安楽]に暮らす. [OE *clāfre*]

clóver kìcker *《俗》農夫, 百姓; *《俗》田舎の少年.

clóver·lèaf *n* 《四つ葉のクローバー形の》立体交差十字路《自由に右左折できるように曲線道路で上下段をつなぐ》. ► *a* クローバーの葉に似た, クローバー形の: a ～ aerial クローバー型アンテナ.

Clo·vis /klóuvəs/ *n* **1** クローヴィス ～ **I** (c. 466–511)《フランク人の王 (481–511); ドイツ語名 Chlodwig》. **2** クローヴィス《New Mexico 州東部の市》. ► *a* 〔考古〕クローヴィス文化(期)の《槍先形ポイントを特徴とする北米の石器文化で, 石器には樋状剝離が施されている; New Mexico 州 Clovis 市付近に遺跡があることに由来する名称》.

clowd·er /kláudər/ *n* 猫の群れ. [変形 <*clutter*]

clown /kláun/ *n* 道化役者 (jester), ピエロ; おどけ者; *《口》つまらない者, いやなやつ, ばか; 《英では古》田舎者, 百姓, 無骨者; *《俗》田舎警官, いも警官. ► *vi* 道化をつとめる, おどける. ● **～ around [about]** おどける〈*with*〉. ♦ **～·ery** *n* 道化, おどけ. [C16<? LG; cf. Fris *klönne* clumsy fellow]

Clówn Àlley *《俗》サーカス生活.

clówn fìsh [anèmone] 〔魚〕クマノミ《スズメダイ科クマノミ属・*Premnas* 属のオレンジに白色の横帯がある数種の魚; カクレクマノミなど》.

clówn·ish *a* 道化じみた, おどけ者らしい, 滑稽な; 田舎者じみた, 無骨な. ♦ **～·ly** *adv* **～·ness** *n*

clówn wàgon *《俗》《貨物列車の》車掌車.

clówn whíte 〔劇〕《道化師がやるような》顔をまっ白に塗るメイクアップ, 白塗り (whiteface).

clox·a·cil·lin /klɑ̀ksəsílən/ *n* 〔薬〕クロキサシリン《ペニシリナーゼに耐性をもつブドウ球菌に有効な半合成ペニシリン》.

cloy /klɔ́ɪ/ *vt* 満腹[たんのう]させる, 飽きあきさせる〈*by, with*〉. ► *vi* 《食べ物・快楽などに》飽きがくる. [ME *acloy*<AF; ⇨ ENCLAVE]

clóy·ing *a* 《甘いものなどが過剰で》うんざりさせる, 鼻についてくる; あまりにもセンチメンタルな, 甘ったるい. ♦ **～·ly** *adv*

clo·za·pine /klóuzəpìːn/ *n* 〔薬〕クロザピン《鎮静薬・抗精神薬》.

cloze /klóuz/ *a* クローズ法 (**～ procèdure**) の《文中の空白部に適語を補充させて読解力をテストする》: ～ test クローズテスト. [*closure*]

clr clear ♦ clearance.

CLU Chartered Life Underwriter ♦ Civil Liberties Union.

club /klʌ́b/ *n* **1 a** 棍棒, 棒; 《ゴルフ・ホッケーなどの》クラブ; INDIAN CLUB. **b** 《植物などの》棍棒状の構造[器官]; 〔海〕補助ガフ, クラブ《gaff-topsail の帆耳を gaff よりも張り出す円材》; 〔海〕CLUBFOOT. **2**

クラブ, 同好会; ナイトクラブ; 社交クラブ; ある性質を共有する人びと[国家群 など]; 共済会; 《本・CD などの》頒布会; "《プロスポーツの》チーム; クラブ室, クラブ会館: NUCLEAR CLUB / Chelsea Football *C*~ チェルシー・フットボールクラブ. **3**〘トランプ〙クラブ(の札) (⇨ SPADE[2]), [*pl*] クラブの一組. **4** CLUB SANDWICH. ● **in the (pudding) ~** "《俗》妊娠して: put [get] sb *in the* ~ 妊娠させる, はらませる. **Join [Welcome to] the ~!** 《口》(運が悪いのは)ぼくも同じだ, お互いさま. **on the ~** 《口》共済会会員で. ► *a* クラブの, 同好会の; 定食の. ► *v* (-bb-) *vt* **1** 棍棒で打つ[懲らしめる]; 〈銃などを〉棍棒代わりに用いる, 逆手に持つ. **2** 〈金・知恵などを〉皆で出し合う. **3** 《古》〈髪を〉棍棒状に束ねる. ► *vi* **1** クラブを組織する; 《共同の目的に》協力する, 共同で金を出し合う 〈*together, with*〉; ナイトクラブで遊ぶ: go *clubbing*. **2**〘海〙錨をひきずりながら潮に漂う. **3** 《古》〈束ねた髪が〉棍棒状になる. [ON *klubba* ‹ *klumba* club; cf. CLUMP]

clúb·ba·ble, clúb·able *a* クラブ員にふさわしい; 社交的な. ♦ **clùb·ba·bíl·i·ty** *n*

clúb bàg クラブバッグ《狭まった上部の両側に持ち手のついた箱型のバッグ》.

clubbed /klʌ́bd/ *a* 棍棒状の; 指先の太い〈指〉: ~ fingers〘医〙(太鼓)ばち指.

clúb·ber *n* クラブのメンバー, 会員; 棍棒を振りまわす人.

clúb·bing *n*〘医〙(太鼓)ばち指形成《手足の先端指節近辺の軟性組織の増殖により指が棍棒状になった状態; cf. CLUBBED fingers》.

clúb·bish *a* クラブ好きな; クラブ的な.

clúb·by *a* クラブ風の, クラブ的な; 《仲間にだけ》愛想のいい, 社交的な; 上流気取りの; 入会資格のきびしい, 排他的な. ♦ **clúb·bi·ly** *adv* **-bi·ness** *n*

clúb càr LOUNGE CAR.

clúb chàir クラブチェア《低い重厚な安楽椅子》.

clúb chèese クラブチーズ《チェダーチーズと他のチーズをひいたものに香辛料・調味料を加えてつくったプロセスチーズ》.

clúb clàss" 《旅客機の座席の等級で》クラブクラス《中間の等級; business class に相当》.

clúb coupe クラブクーペ《2 ドアなのはクーペに似るが前部座席を倒して後部座席を広くとれる》.

clúb·fàce *n*〘ゴルフ〙クラブフェイス《クラブの打球面》.

clúb·fòot *n* (*pl* **-fèet**) 内反足(の足); 〘海〙ジブ (jib) の末端につける円材. ♦ **~·ed** *a*

clúb fòotball クラブフットボール《国別対抗戦に対して, プロサッカーチーム間の対抗戦》.

clúb fùngus〘菌〙ホウキタケ科のタケ《多くは食菌》.

clúb hàmmer 頭が 2 つのハンマー.

clúb·hànd *n*〘医〙内反手《clubfoot に似た奇形》.

clúb·hàul *vt*〘海〙〈横帆船を〉捨て錨上手(うわて)回しにする, クラブホーリングする.

clúb·hèad *n*〘ゴルフ〙クラブヘッド《クラブ先端の打球部》.

clúb·hòuse *n* クラブ(付属)の建物, 会館, クラブハウス; *運動選手用のロッカールーム.

clúbhouse làwyer *《俗》スポーツクラブのおせっかいやき[でしゃばり].

clúb·lànd *n* "《俗》クラブ地区, クラブランド《London 西部の St. James's Palace の周囲で, 諸種のクラブの所在地》.

clúb làw 暴力 (violence); 暴力主義, 暴力支配.

clúb·man /-mən, -mæ̀n/ *n* クラブ会員; *社交家.

Club Mè·di·ter·ra·née /—— mɛ̀dətərænéɪ; *F* klœb mediterane/ 地中海クラブ《フランスの観光・リゾート開発会社; 1950 年設立; 本社 Paris; しばしば **Clúb Méd** という》.

clúb·mobìle* *n* 移動クラブ車《兵士・労働者・消防士・被災者などに売店やクラブのサービスをして回るバス[トラック]》.

clúb mòss ヒカゲノカズラ科の各種のシダ《しばしば 棍棒状の胞子嚢穂(すい)をつける》.

Clúb of Róme [the] ローマクラブ《食糧・人口・産業・環境など地球全体の問題について 1968 年以来定期的に提言・研究発表を行なっている経営者・経済学者・科学者の国際的研究団体》.

clúb·ròom *n* クラブ室, クラブ集会室.

clúb·ròot *n*〘植〙《キャベツなどの》根こぶ病 (=*anbury*).

clúb rùsh〘植〙**a** ガマ (cattail). **b** ホタルイ属のイグサ.

clúb sándwich クラブサンドイッチ《通例 3 枚重ねで, 間に鶏肉・ハム・トマト・レタス・マヨネーズなどをはさんだもの》.

clúb-shàped *a*〘生〙棍棒状の《一端が太い》.

clúb sóda* SODA WATER.

clúb sòfa クラブソファー《低い重厚な安楽ソファー》.

clúb stèak クラブステーキ《牛の腰部のショートロインのあばら寄りの部分》.

clúb-wìnd·er /-wàɪnd-/ *n**《鉄道俗》ブレーキ係, 制動手.

clúb·wòman *n* 婦人クラブ員; 社交婦人.

cluck /klʌ́k/ *n* 《めんどりの》コッコッと呼ぶ声; 《不承認・いらだちなどを表わす》舌打ち; *《俗》うすのろ, おめでたいやつ (cf. DUMB CLUCK); *《黒人俗》まっ黒けの黒人. ► *vi* 〈めんどりが〉コッコッと鳴く; 《不承認・いらだちなどを表わして》舌打ちする; 《余計な》興味[関心]を示す, せっせと世話をやく 〈*over, around*〉. ► *vt* クックッと鳴いて呼びかける[集める]; 舌打ちして表わす. [imit]

clúck and grúnt*《俗》ハムエッグ.

clúck·hèad *n**《俗》ばか (cluck); 《黒人俗》まっ黒な黒人 (cluck).

clúcky *a* 〈鶏が〉卵を抱いた; 《豪俗》妊娠した《女性語》; *《俗》まぬけな, おめでたい.

clue /klú:/ *n* 《なぞを解く》手掛かり 〈*to*〉, 《クロスワードの》かぎ, 《調査・研究などの》いとぐち, 《思索の》糸; 《物語の》筋道, 《迷宮への》道しるべ; CLEW; *《俗》情報, 個人的な意見. ● **get a ~** *《俗》理解する, わかる. **not have a ~** 《口》見当がつかない; 《口》無知[無能]だ. ► *vt* 手掛かりで示す; CLEW. ● **~ sb in*** 《口》人に必要な情報を与える, 教える, 説明する 〈*about, on*〉. **~ sb up** [ᵁ*pass*] "《口》人に豊富な情報を与える, 詳しく教える 〈*about, on*〉. [変形 ‹ *clew*]

clúed-ín *a**よく知っている, 詳しい 〈*about, on*〉.

clúed-úp" *a* CLUED-IN.

clúe·less *a* 手掛かりのない; 《口》すっかりとまどった, わけがわからない, 無知な, ばかな. ♦ **~·ly** *a* **~·ness** *n*

Cluj-Na·po·ca /klú:ʒnɑ:pó:kɑ:, -nɑ́:poʊkə; -nǽpəkə/ クルージュ-ナポカ (*Hung* Kolozsvár)《ルーマニア北西部の市; 旧称 **Cluj**》.

clúm·ber (spániel) /klʌ́mbər(-)/ [ᴼC- s-]〘犬〙クランバースパニエル《脚が短く, 白い毛に淡黄色の斑紋のある鳥猟犬》. [*Clumber* イングランド Nottinghamshire にある Newcastle 公の領地]

clump /klʌ́mp/ *n* **1** 木立, 小森; 《灌木などの》茂み, やぶ. **2** 《人・物の》一群, 塊り; 《土などの》塊り; 《細菌などの》凝集塊; 《靴底に添える》厚革. **3** 重い足音, ドスン(ドスン); 《口》殴打, 一撃, ガツン; バクッ, スパッ. ► *vt* 《一か所・ひとつに》固まる, 〈細菌などを〉凝集させる 〈*together*〉; 〈靴〉に厚革を付ける; 《口》なぐる. ► *vi* ひと塊りになる, 《細菌などが》凝集する 〈*together*〉; ドシンドシンと踏む[歩く]. ♦ **~·ish** *a* [MLG, MDu; cf. CLUB]

clúmp·ing *a* 《俗》ぶきっちょな, ぶざまな.

clúmpy *a* 塊りの(多い), 塊状の, 形の整わない; こんもりした; 〈靴が〉格好の悪い, ドタドタする (=*clompy*).

clum·sy /klʌ́mzi/ *a* 不器用な, ぎこちない; 気のきかない; 扱い[使い]にくい; かっこうが悪い. ♦ **clúm·si·ly** *adv* **-si·ness** *n* [C16 *clumse* to be numb with cold <?Scand]

clunch /klʌ́ntʃ/ "《方》*n* 硬化粘土; 硬質白亜.

clung *v* CLING の過去・過去分詞.

Clu·ni·ac /klú:niæ̀k/ *n, a* クリュニー修道院の(修道士), クリュニー修道会の(修道士)《クリュニー修道会は同修道院から発展した Benedict 派の改革修道会》. [*Cluny*]

clunk /klʌ́ŋk/ *n* **1** ゴツン[ガツン, ドシン, ドン]という音; 強打, パンチ; 《スコ》《液体の》ゴボゴボいう音; 《スコ》《コルクを抜くときの》ポンという音. **2** 《俗》うすのろ, のろま; *《俗》どた靴; *《俗》《人の》足; *《俗》おんぼろ機械[自動車] (clunker). ► *vi, vt* ゴツンと音をたてる; ゴツンと音をたてて落ちる; ゴツンと打つ, …にゴツンとぶつかる; 《スコ》ゴボゴボ[ポン]という音をたてる. ● **~ down** ポンと落とす[置く]; *《俗》〈金を〉ポンと払う. [imit]

clúnk·er* 《口》*n* おんぼろ機械, ぽんこつ自動車; いかにもさえない人[もの], どじなやつ, できそこない.

clúnk·hèad *n**《俗》ばか, うすのろ, とんま.

clúnk·ish *a**《口》かっこ悪い, ダサい (clunky).

clúnky 《口》*a* **1** ドシンドシン[ゴトンゴトン]という音をたてる. **2** 不細工な, ぶざまな, かっこ悪い, ドタドタした, さまにならない. ♦ **clúnk·i·ly** *adv*

Clu·ny /klú:ni; *F* klyni/ クリュニー《フランス中東部の町; 910 年ベネディクト派修道院が建設された》.

Clúny làce クリュニーレース《フランスで始められた手編みのボビンレース; それをまねた機械編みレース》.

clu·pe·id /klú:piəd/ *a, n*〘魚〙ニシン科 (Clupeidae) の(魚) (cf. HERRING).

clu·pe·oid /klú:piɔ̀ɪd/ *n*〘魚〙ニシン目(もく) (Clupeoidae) の魚. ► *a* ニシン類のような.

cluse /klú:z/ *n* 山の尾根を横切る峡谷. [F<L CLOSE[2]]

Clu·si·um /klú:ʒiəm, -zi-/ クルシウム (CHIUSI の古代名).

clus·ter /klʌ́stər/ *n* **1** 《ブドウ・サクランボ・フジの花などの》ふさ (bunch) 〈*of*〉; 《同種類のもの・人の》群れ, 集団 (group), 集落, クラスター; 〘化〙クラスター《**1)** 原子や分子が弱く束縛された集合体 **2)** 金属原子どうしが結合した構造, それを含む化合物; しばしば, さらにカルボニル基などの配位子が結合し (metal carbonyl clusterなど), 触媒作用がある; タンパク質の一部をなすこともある》; 〘音〙音結合群; 〘天〙星団; 《共用の広い空き地をつくるために一か所にまとめて建てられた》集団住宅; 〘医〙集積, クラスター《白血病などの症例が特定地域・集団・時間に通常よりも多く分布すること》: in a ~ ふさになって; 群れをなして. **2**〘米陸軍〙同じ勲章が重ねて授与されたことを示す金属片; 〘軍〙CLUSTER BOMB; 〘軍〙クラスター《地雷敷設の単位》; 〘電算〙クラスター《ハードディスクなどでデータ格納の基本単位; 物理フォーマットの単位である SECTOR 数個からなる》: contiguous ~*s* 連続クラスター《ディスク上で物理的に連続している一連のクラスター》/ LOST CLUSTER. ► *vi, vt* **1** ふさをなす, 鈴なりになる. **2** 〈…のまわりに〉群生する[させる] 〈*around*〉; 集中発生する; 密集する[させる]; 群がる[群がらせる] 〈*together*〉. ♦ **clús·tery** *a* [OE *clyster* bunch; cf. CLOT]

clúster anàlysis 〘統〙クラスター分析《母集団中の個体が多様な特徴を量的に比較することによっていくつかのまとまりに分類されるかどうかを調べる分類手法》.

clúster bèan 〘植〙クラスタマメ (GUAR).

clúster bòmb クラスター爆弾, 集束爆弾《1個の爆弾に内蔵された数十から二百数十の小弾頭が空中で飛散し, 広範囲の地上目標を破砕する爆弾》. ♦ **clúster-bòmb** *vt*

C

clúster còllege* クラスターカレッジ《総合大学内にあって半独立的な一区をなしある特定分野を専門にする学寮》.

clús·tered *a* 群がった, 群生した, 鈴なりになった: a ~ column [pillar] 〘建〙束ね柱.

clúster flỳ 〘昆〙寒期に屋根裏などにたかるクロバエの一種.

clúster gèar 〘機〙歯車群, クラスターギア (=*gear cluster*)《サイズの異なるいくつかのギアを同一シャフトに配したもの》.

clúster hèadache 〘医〙群発(性)頭痛《眼や側頭部に一連の激痛発作を繰り返す頭痛》.

clúster pìne 〘植〙カイガンショウ (=*maritime pine*)《地中海沿岸原産のマツ》.

clutch[1] /klʌ́tʃ/ *n* **1 a** つかむこと, しっかり握ること; *《俗》握手, 抱擁; [ᵘ*pl*] わしづかみ; *《俗》《チップを払わない》しけた客. **b** [ᵒ*pl*] [ᵒ*joc*] (苛酷な) 支配, 魔手, 手中; [the]* 重大な場面, ピンチ (pinch): fall into the ~*es* of…に捕えられる, …の手中に陥る / get out of the ~*es* of …の魔手をのがれる / dependable in *the* ~ 危機にたよりになる. **2** 〘機〙連動機, クラッチ; クラッチペダル; 《起重機の》つめ; 《ものをつかむ》つめ, 手 (claw, paw): let the ~ in 〘車〙クラッチをつなぐ. **3** *CLUTCH BAG. ● **pop the ~** *《口》急にクラッチをつなぐ, 《タイヤをきしませて》急発進する. **ride the ~** *《口》いつもクラッチペダルに足を載せておく. ► *vt* ぐいとつかむ; しっかり抱く 〈*to* one's bosom〉; 《廃》握りしめる (clench). ► *vi* **1** つかみかかる, 捕えようとする: ~ *at* a STRAW[1]. **2** 自動車のクラッチを操作する. **3** *《俗》緊張する, 神経がたかぶる, あがる, 度を失う 〈*up*〉; 《ここぞという時に》失敗する, とちる. ● **~ the gummy** *《俗》失敗する, 一人で責任を負わされる. ► *a* **1** 抱え式の, クラッチ型の〈バッグ〉; 《留め具がなく》手で合わせる〈コート〉. **2** *ピンチを救う; ピンチ[チャンス]に強い: a ~ hit 起死回生のヒット / a ~ pitcher ピンチに強いピッチャー. ♦ **~y** *a* *《俗》神経質な; 困難な, 危険な. [OE *clyccan* to crook, clench]

clutch[2] *n* 《卵の》一かえし《通例 13 個》; 一かえりのひな; 一団, 一群. ► *vt* 〈ひなを〉かえす. [C18? *cletch* < *cleck* < ON = to hatch]

clútch bàg クラッチバッグ (=**clútch pùrse**)《持ち手や肩かけひものない抱え式の小型ハンドバッグ》.

clutched /klʌ́tʃt/ *a* *《俗》緊張しきった, あがった, 神経のピリピリした (uptight).

clútchy *《俗》*a* 緊張しやすい, あがりやすい; むずかしい, あぶない; つかんで離さない, がつがつした.

Clu·tha /klúːθə/ [the] クルサ川《ニュージーランド南島の南東部を南東に流れて太平洋に注ぐ》.

clut·ter /klʌ́tər/ *n* 散乱したもの, 散らかしたもの, ごみ[くず]の山; 乱雑, 混乱, ごちゃごちゃ; 《方》騒ぎ, ガヤガヤ; 〘通信〙クラッター《レーダースクリーンに現われる目標以外の物体による干渉エコー》: The room was in the ~. 部屋は散らかっていた. ► *vi* 騒ぐ, バタバタ走る; わけのわからないことを早口にしゃべる. ► *vt* [ᵒ*pass*] 〈場所を〉雑然とふさぐ[おおう], 散らかす, 〈雑然とした知識などで〉〈頭などを〉混乱させる 〈*up*; *with*〉. ♦ **clút·tered, clút·tery** *a* [*clotter* to coagulate (< CLOT) の変形; *cluster, clatter* との連想]

clútter·flỳ *n* LITTERBUG.

Clút·ton's jóints /klʌ́tnz-/ *pl* 〘医〙クラットン関節《先天的梅毒にみられる無痛性の膝蓋関節水腫》. [Henry H. *Clutton* (1850–1909) 英国の外科医]

clutz /klʌ́ts/ *n* *《俗》KLUTZ.

Clw·yd /klúːɪd/ クルーイド《ウェールズ北東部の旧州 (1974–96); ☆Mold /móʊld/》.

clyde /kláɪd/ *n* [ᵒC-] *《俗》遅れている人, わかっていない[無能な]やつ.

Clyde **1** クライド《男子名》. **2** [Baron] クライド男爵 (⇨ Sir Colin CAMPBELL). **3** [the] クライド川《スコットランド中南部を北西に流れ, Glasgow を経てクライド湾に注ぐ》. **4** 〘馬〙CLYDESDALE. ■ the **Fírth of ~** クライド湾《スコットランド南西部の湾》. [Welsh = fame; 人名は川の名から]

Clyde·bank /kláɪdbæ̀ŋk/ クライドバンク《スコットランド中西部, Clyde 川に臨む町》.

Clydes·dale /kláɪdzdèɪl/ **1** [the] クライズデール《スコットランド南部 Clyde 川上流の谷》. **2** 〘馬〙クライズデール《Clydesdale 原産の脚の毛が深い重輓馬(じゅうばんば)》; CLYDESDALE TERRIER; *《俗》魅力的な男性, いい男.

Clýdesdale Bánk [the] クライズデール銀行《スコットランドの銀行; 独自の銀行券を発行している; 1838 年創業》.

Clýdesdale térrier 〘犬〙クライズデールテリア《長肢型のスカイテリア (Skye terrier) の一種》.

Clyde·side /kláɪdsàɪd/ クライドサイド《スコットランド中西部の Glasgow から Greenock に至る Clyde 川沿いの一帯; 以前は造船所がいくつもあったところ》.

Clyde·sid·er /kláɪdsàɪdər/ *n* クライド川沿いの住人, クライドサイド人; クライドサイド派の人《Glasgow 周辺の工業地帯とかかわりの深い労働党・独立労働党の一派に属する人》.

clype /kláɪp/ *vi* 《スコ》告げ口をする, 密告する.

clyp·e·ate /klípiət, -èɪt/, **-at·ed** /-təd/ *a* 〘生〙円盾形の; 〘昆〙額片のある.

clyp·e·us /klípiəs/ *n* (*pl* **clyp·ei** /klípiàɪ, -ìː/) 〘昆〙額片, 額板, 頭盾, 唇基部. ♦ **clýp·e·al** *a*

clys·ter /klístər/ *n*, *vt* 《古》浣腸(する).

Cly·tem·nes·tra, -taem- /klàɪtəmnéstrə/ 〘ギ神〙クリュタイムネーストラー《Agamemnon の妻; 愛人 Aegisthus と共に夫を殺し, のちに息子の Orestes に殺された》.

cm centimeter(s). **cm.** cumulative. **c.m.** 〘楽〙°common meter. **Cm** 〘化〙curium. **Cm.** 〘英〙°Command Paper 《sixth series, 1986– 》. **CM** °circular mil ♦ °command module ♦ °Common Market ♦ °common meter ♦ °corresponding member ♦ Congregation of the Mission ♦ Member of the Order of Canada. **CMA** calcium magnesium acetate ♦ Certified Medical Assistant. **cmd** command. **Cmd.** 〘英〙°Command Paper 《fourth series, 1919–56》. **Cmdr** 〘軍〙Commander. **Cmdre** Commodore. **CME** °Chicago Mercantile Exchange. **CMEA** °Council for Mutual Economic Assistance (⇨ COMECON). **CMG** 〘英〙Companion of (the Order of) St. Michael and St. George.

c-mitosis /síː ––/ *n* 〘生〙C (有糸)分裂《コルヒチンの作用によって生じる異常有糸分裂; 染色体数が倍加する》. ♦ **c-mitotic** /síː ––/ *a* [*c*olchicine]

cml commercial.

Cmnd. 〘英〙°Command Paper 《fifth series, 1956–86》.

c'mon /kəmán/ *《口》COME[1] on.

CMOS /síːmòʊs, -màs/ 〘電子工〙complementary metal-oxide semiconductor [silicon] 相補型金属酸化膜半導体[シリコン].

CMSgt °chief master sergeant. **CMV** cytomegalovirus.

CMYK /síːèmwaɪkéɪ/ *n* CMYK《シアン (cyan), マゼンタ (magenta), 黄 (yellow), 黒 (black) の組合わせによる色系; 色の再現性がよいとされる》. **Cn** 〘化〙copernicium. **CN** 〘化〙chloroacetophenone. **C/N, CN** °circular note ♦ °credit note. **CNA** certified nurse's aid 認定看護助手. **CNAA** 〘英〙Council for National Academic Awards《大学以外の高等教育機関のコースの認定や学位などの授与を行ない, それらが大学のコースや学位などと同水準であることを保証した独立の団体 (1964–92)》. **CNC** computer numerical control コンピューター数値制御. **CND** °Campaign for Nuclear Disarmament.

cne·mis /níːməs/ *n* (*pl* **cnem·i·des** /némədìːz/) 〘解〙脛 (shin), 脛骨 (tibia). [Gk = greave]

CNG compressed natural gas 圧縮天然ガス.

cnid- /náɪd/, **cni·do-** /náɪdoʊ, -də/ *comb form*「刺胞 (cnida)」

cni·da /náɪdə/ *n* (*pl* **-dae** /-diː/) 〘動〙刺胞 (nematocyst). [NL < Gk = nettle]

cni·dar·i·an /naɪdέəriən/ 〘動〙*n* 刺胞動物 (coelentrate). ► *a* 刺胞動物門 (Cnidaria) の.

cní·do·blàst /náɪdə-/ *n* 〘動〙刺細胞.

cni·do·cil /náɪdəsìl/ *n* 〘動〙刺細胞突起《刺細胞 (cnidoblast) の外部繊毛状突起》. [*cnid-*, *cil*ium]

Cni·dus /náɪdəs, knáɪ-/ クニドス《小アジア南西部 Caria にあった古代ギリシアの植民市》.

CNM certified nurse-midwife 認定助産師.

CNMI Commonwealth of the NORTHERN MARIANA ISLANDS.

CNN Cable News Network《米国のニュース専門テレビ局》.

CNO °Chief of Naval Operations.

Cnossus ⇨ KNOSSOS.

C-note /síː ––/ *n* 《俗》100 ドル(札), 100 ポンド.

cnr corner. **CNS** °central nervous system.

Cnut ⇨ Canute.

co- /kóʊ/ *pref* **1**「共同」「共通」「相互」「同等」: (1) [名詞に付けて] *co*religionist, *co*partner. (2) [形容詞・副詞に付けて] *co*operative, *co*eternal. (3) [動詞に付けて] *co*(-)operate, *co*adjust. **2** 〘数〙「余」「補」: *co*sine. [*com-*]

co 〘インターネット〙commercial《DOMAIN 名の一つ; 営利企業を表わす》. **c/o, C/O** CARE of ♦ 〘簿〙carried over. **Co** 〘化〙cobalt. **Co.** 〘商〙/kóʊ, kʌ́mp(ə)ni/ company 会社 (cf. AND Co.) ♦ county. **CO** 〘化〙°carbon monoxide ♦ Colombia ♦ 〘英〙°Colonial Office《1966 年 CRO と合併》♦ Colorado ♦ °Commanding Officer ♦ 〘英〙°Commonwealth Office (1966–68; ⇨ FCO) ♦ °conscientious objector ♦ CRIMINAL offense ♦ °Crown Office ♦ °correction(s) officer. **CO, C/O** cash order.

CoA 〘生化〙°coenzyme A.

co·ac·er·vate /koʊǽsərvèɪt, -vət, kòʊəsə́ːrvèɪt, -vət/ *n* 〘化〙コアセルベート《コロイド溶液から分離したコロイド粒子に富む相》. ♦ **co·a·cer·vate** /kòʊəsə́ːrvət, koʊǽsərvèɪt/ *a*

co·ac·er·va·tion /koʊæ̀sərvéɪʃ(ə)n/ *n* 〘化〙《コロイド溶液における》コアセルベーション.

coach /kóʊtʃ/ *n* **1 a** 《国王用の》公式馬車; 《昔の》四頭立て四輪大型馬車, 《鉄道以前の》駅伝乗合馬車; ʺ〘鉄道〙客車 (car*); 2 ドアのセダン型自動車; 《大型の》長距離[観光]バス (motor coach); トレーラーハウス (trailer). **b** *《列車・旅客機などの》二等, エコノミークラス (＝～ clàss); 〘海〙艦尾室. **2**〘競技〙コーチ, 指導員, 《フットボールなどの》監督; 〘野〙ランナーズコーチ; 個人[家庭]教師; 《豪》おとりの雄牛[馬]《野生の牛[馬]をおびき寄せるのに使う》. ● **drive a ～ and horses [four, six] through…** 《口》〈法律などを〉無視し去る; 論破する. SLOW COACH. ► *vt* **1** 指導する; 〘野〙〈走者〉に指示を与える; 〈受験生などを〉教える 〈*for* an examination〉; 《証言方法などについて》指導[特訓]する 〈*on*〉. **2** 《まれ》馬車で運ぶ. ► *vi* **1** コーチをつとめる; コーチの(受験)指導を受ける. **2** 馬車で旅行する. ♦ **～·able** *a* [F＜Magyar＝cart of Kocs (Hungary の地名); 「コーチ」の意は tutor が試験などを 'carry through' させるという《学生俗》から]

còach-and-fóur *n* 四頭立て馬車.

còach-and-síx *n* 六頭立て馬車.

cóach bòlt CARRIAGE BOLT.

cóach bòx 《馬車の》御者台, 御者席.

cóach·buìld·erʺ *n* 《自動車の》車体製作工.

cóach·buìld·ingʺ *n* 《自動車の》車体製作.

cóach-buìltʺ *a* 〈自動車の車体が〉職人手作りの, 特製車体の.

cóach dòg 馬車犬, コーチドッグ (＝*carriage dog*) 《DALMATIAN の異名》.

coach·ee /koʊtʃíː/ *n* 《口》御者 (coachman).

cóach·er *n* 〘競技〙コーチ; 個人教師; 《豪》おとりの牛[馬].

cóach fèllow 《同じ馬車を引く》馬同士; 仲間.

cóach·fùl *n* 馬車一杯(の乗客).

cóach hòrn 駅伝乗合馬車のらっぱ.

cóach hòrse 馬車馬.

cóach hòuse 馬車置場; 〘史〙《宿駅の》交替馬がいる宿屋 (＝**cóach·ing hòuse [ìnn]**).

cóach·ing *n* **1** コーチによる指導, コーチ(業); 〘経営〙直接管理指導, コーチング《上級管理者が 1 対 1 または小グループ単位で管理技術を部下に直接指導すること; OJT の一種》. **2** 馬車旅行.

cóach lìne コーチライン《自動車の車体の装飾的な線》.

cóach·lòad *n* coach いっぱいの荷物[人]: a ～ of tourists 長距離バスの(満席の)旅行客.

cóach·man /-mən/ *n* 御者; マス釣り用の毛針.

cóach òffice 乗合馬車出札所.

cóach pàrkʺ 長距離[観光]バス駐車場.

cóach pàrtyʺ バス旅行の一行[グループ].

cóach·ròof *n* 〘海〙《ヨットの》コーチルーフ《キャビンの屋根の高くなった部分》.

cóach scrèw LAG SCREW.

cóach·whìp bìrd 〘鳥〙シラヒゲドリ, 《特に》ムナグロシラヒゲドリ (＝*whip bird*) 《ウズラヒメドリ科; 豪州産》.

cóachwhip snàke 〘動〙バシャムチヘビ, アメリカムチオヘビ《細長いむちのような尾をもつ無毒のヘビ; 北米産; ナミヘビ科》.

cóach·wòod *n* 〘植〙コーチウッド《豪州産クノニア科ケラトペタールム属の木; 家具用材》.

cóach·wòrk *n* 《設計から仕上げまでの》自動車[電車]車体製作; 《自動車の》車体.

co·áct *vi* 共同する, 協力[協働]する. ♦ **co·áctive**[1] *a* 共同の, 協力的な. **co·áctor** *n*

co·áction[1] *n* 共同[協調]行動, 協力, 協働; 〘生態〙相互作用.

coaction[2] *n* 強制 (coercion). ♦ **coactive**[2] *a* 強制的な.

cò·adaptátion *n* 〘生〙共適応《相互に影響のある 2 つ以上の種が, 互いに有利な適合をする進化》; 〘遺〙共適応 (＝*integration*) 《生物の発育において, 調和的な上位性 (epistasis) を保ちつつ相互作用をする遺伝子が個体群の遺伝子給源に蓄積すること》.

cò·adápt·ed *a* 共適応した.

cò·adjácent *a* 隣り合った, 近接した.

cò·adjúst *vt* 互いに調節し合う. ♦ **～·ment** *n* 相互調節.

co·ádjutant *a* 助け合う, 補助の. ► *n* 協力者.

co·ad·ju·tor /koʊǽdʒətər, kòʊədʒúː-/ *n* 助手, 補佐; 〘キ教〙補佐司教.

co·ad·ju·tress /koʊǽdʒətrəs, kòʊədʒúː-/ *n* COADJUTRIX.

co·ad·ju·trix /koʊǽdʒətrɪks, kòʊədʒúː-/ *n* (*pl* **-tri·ces** /koʊǽdʒətráɪsìːz, kòʊədʒúːtrə-/) 女性助手[補佐].

co·ad·u·nate /koʊǽdʒənət, -nèɪt/ *a* 合体した; 〘動・植〙合着[結合]した, 着生の. ♦ **co·àd·u·ná·tion** *n* 合着, 着生.

cò·advénture *vi* 冒険に加わる. ► *n* (2 人以上で)共にする冒険. ♦ **cò·advénturer** *n*

co·ágency *n* 協力, 共同動作.

co·ágent *n* 協力者, 協同者, 仲間.

co·ag·u·la·ble /koʊǽgjələb(ə)l/ *a* 凝固させうる, 凝固可能な, 凝固性の. ♦ **co·àg·u·la·bíl·i·ty** *n*

co·ag·u·lant /koʊǽgjələnt/ *n* 凝固薬; 凝血[止血]薬.

co·ag·u·lase /koʊǽgjəlèɪs, -z/ *n* 〘生化〙凝固[凝結]酵素, コアグラーゼ.

co·ag·u·late /koʊǽgjəlèɪt/ *vt, vi* 〈溶液を[が]〉凝固させる[する] (clot); 固める, 固まる. ► *n* /-lət, -lèɪt/ 凝塊; 凝血塊. ► *a* /-lət, -lèɪt/ 《古》凝固した, 固まった. ♦ **-là·tor** *n* 凝固薬. **co·àg·u·lá·tion** *n* 凝固(作用), 凝析, 凝集; 凝固物. [L (*coagulum* rennet[2])]

coagulátion fàctor 〘生化〙CLOTTING FACTOR.

co·ag·u·lop·a·thy /koʊæ̀gjəlɑ́pəθi/ *n* 〘医〙凝固障害, 凝血異常.

co·ag·u·lum /koʊǽgjələm/ *n* (*pl* **-la** /-lə/, **～s**) 〘生理〙凝塊, クロット: a blood ～ (凝)血塊.

Coa·hui·la /koʊəwíːlə, kwɑː-/ コアウィラ《メキシコ北部の州; ☆Saltillo》.

co·ai·ta /kuɑɪtɑ́ː/ *n* 〘動〙クモザル, 《特に》クロクモザル《中米・南米産》. [Port＜Tupi]

coal /kóʊl/ *n* 石炭; [*pl*] ʺ《燃料用に砕いた》小塊炭; 特種炭; 木炭 (charcoal); 《薪の》燃えさし, おき: small ～ 粉炭 / a ton of ～*s* 砕炭 1 トン / cook food on live ～*s* おこっている炭火で料理する. ● **blow [stir] the ～s** 怒り[争い, 悪意など]をあおりたてる. **carry ～s to** NEWCASTLE. **haul [call, take, rake, drag, fetch]** sb **over the ～s**ʺ 人を(呼びつけて)きびしくしかりつける, 懲らしめる 〈*for*〉《昔 異端者を石炭の火の上でひきずりまわして審問したことから》. **heap [cast, gather] ～s of fire on** sb**'s head** 《文》恨みに報いるに徳をもってして相手を恥じ入らせる《*Prov* 25:22》. **pour on the ～***《俗》《車や飛行機の》スピードを上げる, 飛ばす. RAKE[1] **over the ～s.** ► *vt* 〈船など〉に石炭を補給する; 焼いて炭にする. ► *vi* 石炭を積み込む. ♦ **～·ing** *n* 石炭積み込み, 給炭, 受炭. [OE *col*; cf. G *Kohle*]

cóal bàll 炭球《炭層にみられる石炭紀植物を含む方解石の塊り》.

cóal-bèar·ing *a* 石炭を産出する, 出炭する.

cóal bèd 炭層.

cóal·bìn *n* 石炭入れ[貯蔵所], コールビン.

cóal-blàck *a* まっ黒な.

cóal·bòx *n* 石炭入れ, 石炭バケツ; 《軍俗》《第一次大戦でドイツ軍が使用した》黒煙を立てる低速爆弾.

cóal·bùnkerʺ *n* 石炭貯蔵小屋; 《船などの》石炭庫.

cóal càr* 《鉄道の》石炭車; 《炭鉱の》炭車.

cóal cèllar 地下石炭貯蔵庫.

cóal dùst 石炭の粉, 炭粉, 炭塵.

cóal·er *n* 石炭船, 石炭車; 石炭輸送鉄道; 《船舶の》石炭積み込み人足; 石炭商.

co·alesce /kòʊəlés/ *vi* 癒着[合着]する; 合体する 〈*in* [*into*] one body [mass]〉; 合同[連合]する; 合同して生じる. ► *vt* 合体させる, 一体化する. ♦ **cò·alés·cence** *n* **-alés·cent** *a* [L *co*-(*alit*- *alesco* to grow＜*alo* to nourish)]

cóal·fàce *n* 採炭切羽(きりは); 《炭鉱で露出した》石炭層の表面; [the]ʺ 仕事の現場, 第一線.

cóal fàctorʺ 石炭問屋[仲買人].

cóal·fìeld *n* 炭田; [*pl*] 《一地方の》炭鉱.

cóal-fìred *a* [ᵘ*attrib*] 石炭で熱せられた; 石炭で動く.

cóal·fìsh *n* 黒っぽい魚《ギンダラ (sablefish), シロイトダラ (pollack) など》.

cóal flàpʺ 《COAL CELLAR の》投入れ口の上げぶた.

cóal gàs 石炭ガス (cf. GAS COAL).

cóal gòoseʺ 〘鳥〙ウ(鵜) (cormorant).

cóal hèaver 石炭運搬夫[積み降ろし人].

cóal hòd*《北東部》COAL SCUTTLE.

cóal·hòle *n* 《COAL CELLAR の》石炭投入れ口; ʺ地下の小さな石炭置場.

cóal hòuse 石炭貯蔵所[小屋].

coal·i·fi·ca·tion /kòʊləfəkéɪʃ(ə)n/ *n* 石炭化(作用). ♦ **cóal·i·fỳ** *vt*

cóaling stàtion 《汽船の》給炭港, 《汽車の》給炭所.

Coal·ite /kóʊlàɪt/ 〘商標〙コーライト《低温コークス》.

co·a·li·tion /kòʊəlíʃ(ə)n/ *n* 一体化, 合体; 連合, 合同 (union); 〘政〙提携, 連立 〈*with, between*〉: the ～ government [cabinet, ministry] 連立政府[内閣] / the governing ～ 与党連立[連合] / in ～ with… 連立[連携]して / a ～ of the WILLING. ♦ **～·ist, ～·er** *n* 連合[合同]論者. [L; ⇨ COALESCE]

cóal·manʺ /-mən/ *n* 石炭商; 石炭運搬人.

cóal màster 炭鉱主.

cóal mèasures *pl* 〘地質〙夾炭(きょうたん)層; [the C- M-] 〘地質〙コールメジャーズ《上部石炭系の夾炭層》.

cóal mèrchant 石炭小売商.

cóal mìne 炭鉱, 炭山. ♦ **cóal mìner** 炭鉱[採炭]夫. **cóal mìning** 採炭, 石炭鉱業.

cóal mìner's lúng 《口》炭肺(症), 炭鉱夫肺 (anthracosis).

cóal·mòuse *n* 〘鳥〙ヒガラ (coal tit).

cóal òil *石油; *灯油 (kerosine); 石炭油《瀝青炭を乾留して得られる粗製油; 灯火用》.

cóal òwner 炭鉱主.

cóal pàsser 〘海〙石炭繰り, コロッパス.

cóal·pìt *n* 炭鉱 (coal mine); *炭焼き場.

cóal plàte COAL FLAP.
Coal·port /kóulpɔ̀ːrt/ *n* コールポート《Shropshire の Coalport で生産され, 19 世紀初め 特に珍重された磁器》.
cóal pòt コールポット《上方に鉄のボウルと焼き網がある, 木炭を用いる料理器具》; *《俗》《タバコの》パイプ.
Cóal·sàck [the]〔天〕石炭袋, コールサック《(1) みなみじゅうじ座にある暗黒星雲 (＝Southern ～) (2) ＝NORTHERN COALSACK》.
cóal scùttle"《室内用》石炭バケツ[入れ].
cóal-scùttle bónnet コールスカトルボンネット《石炭バケツを逆さにしたような形の 19 世紀の婦人帽》.
cóal sèam 炭層.
cóal tàr コールタール.
cóal-tàr créosote コールタールのクレオソート(油).
cóal-tàr pítch コールタールピッチ.
cóal tìt, cóle·tìt /kóul-/〔鳥〕ヒガラ (＝*coalmouse*)《シジュウカラ科; 欧州主産》.
cóal-whìpper" *n* 《船の》石炭陸揚げ機[人夫].
cóaly *a* 石炭の(ような), 炭質の; 石炭の多い; まっ黒な.
coam·ing /kóumɪŋ/ *n* [ᵖ*pl*]〔海〕縁材(ふちざい), コーミング《艙口などに水のはいるのを防ぐ》. [C17＜?]
co·ánchor* *n, vt, vi*〔放送〕共同ニュースキャスター(をつとめる).
Co·án·da effèct /kouǽndə-/ [the] コアンダ効果 (＝*wall-attachment effect*)《流体が湾曲面を伝わるときに表面に吸着する傾向》. [Henri M. *Coanda* (1885–1972): 1932 年にこの現象を発見したルーマニア生まれのフランスの技師]
co·apt /kouǽpt/ *vt* 〈折れた骨・傷などを〉しっかりつなぎ合わせる, 接着する, 《特に》〈骨を〉接ぐ. ♦ **cò·ap·tá·tion** *n* 接着, 接合, 癒合, 接骨, 骨接ぎ.
co·arc·tate /kouáːrktèɪt, -tət/ *a* 押して近づけた, 圧縮された;〔昆〕胸部と腹部の間がハチのようにくびれた, 〈サナギが〉蛹嚢(ようのう)[蛹殻]に包まれた.
co·àrc·tá·tion *n*〔医〕《大動脈などの》狭窄(症).
coarse /kɔ́ːrs/ *a* **1 a** 〈生地・粒など〉きめの粗い; 〈ねじなどが〉目の粗い, 並目の; 粗大な, 粗悪な, 粗製の; 大ざっぱな, 雑な. **b** 粗雑な, 粗末な, 下等な; 並の (common): ～ fare 粗食. **2** 粗野な, がさつな, 下品な; 〈ことばなど〉下品な, みだらな. **3** 耳ざわりな. **4**"サケ・マス以外の淡水魚の. ♦ **～·ly** *adv* **～·ness** *n* **cóars·ish** *a* [ME＜?]
cóarse ággregate〔建〕粗骨材《砂利》.
cóarse físh 雑魚(ざこ)《(1) ROUGH FISH (2)"サケ・マス以外の淡水魚》.
cóarse físhing" 雑魚 (coarse fish) 釣り.
cóarse-gràined *a* 粗粒(子)状の,〔岩石〕顕晶質の; 粗野な, 下品な, がさつな.
coars·en /kɔ́ːrs(ə)n/ *vt, vi* 〈皮膚・髪など〉かさかさ[ばさばさ]にする[なる]; 〈声など〉かすれさせる, かすれる, 粗雑[粗野, 劣等, 下品]にする[なる]; すさませる, すさむ; 粗くする[なる].
cò·articulátion *n*〔音〕同時調音《(1) ある音の調音に際して同時に副次的な別の調音が行なわれること; たとえば twin や cry の /t/ /k/ ではそれぞれ円唇化, そり舌化が同時に行なわれている (2) その副次的な調音》.
Coase /kóuz/ コーズ **Ronald** (**Harry**) ～ (1910–　)《英国生まれの米国の経済学者; ノーベル経済学賞 (1991)》.
coast /kóust/ *n* **1 a** 沿岸, 海岸 (seashore), 海岸地《LITTORAL *a*》; [the, ᵒthe C-]*《口》太平洋沿岸地方: off (the) ～ of Chile チリの沿岸[沖合]. **b** 《廃》国境(地帯), 辺境. **2** 《坂を下るときの》自転車惰走, *《そりの》滑降(用の斜面). **3***《俗》《麻薬やジャズでひき起こされる》いい気持. ● **(from) ～ to ～** 《島[大陸]の》全土に渡って. **The ～ is clear.** 《口》危険はなくなった, 今だ《密貿易船の用語から》. ► *vi* **1** 岸に沿って航行する; 《古》岸に沿って陸路を進む; 《古》端を通る. **2** 惰性で進む, 惰走する 〈*along*〉; *そりで滑降する; 《競走で》楽に流す; あてのない旅をする: ～ *along* on one's bicycle こがないで自転車を進める. **3** なんの努力もしないで順調に進む; *《俗》楽をして何かを手に入れる, 過去の実績に寄り掛かって成功しようとする; *《俗》楽々と試験に合格する. **4***《俗》《麻薬やジャズで》いい気持になる, 麻薬に酔う. ► *vt* **1** …の岸に沿って航行する; 《廃》…の端を通る. **2** 〈ロケットなどを〉惰性で進行させる. [OF＜L *costa* rib, side]
cóast·al *a* 海岸の, 海岸に近い, 沿岸の; 沿岸性の. ♦ **～·ly** *adv*
Cóastal Commánd [the] 沿岸防備隊《第二次大戦中の英国空軍が海軍支援のため派遣した》.
cóastal pláin 海岸平野.
cóastal wáters* *pl*〔気〕沿岸海域《海岸から約 20 マイル内の水域》.
cóast artíllery 沿岸砲台; 沿岸防備砲兵隊.
cóast defénse shìp 沿岸防備艇.
cóast·er *n* **1 a** COAST するもの[人]. **b** 沿岸輸送[通商]従事者; 沿岸(貿易)船. **c** *坂すべり用のそり, コースター; *ROLLER COASTER. **d** 《卓上で洋酒瓶をすべらせる》車輪付き銀盆; 《コップ・水差しなどの》下敷, コースター; 自転車が惰走する時の足台. **2** 海岸沿いに居住する人; 《西アフリカ》沿岸地方のヨーロッパ系住民.
cóaster bràke* 《自転車の》コースターブレーキ《ペダルの逆踏みで制動する》.
cóaster wàgon コースターワゴン《坂すべりに使うおもちゃの四輪車》.
cóast gorílla〔動〕ローランドゴリラ《赤道直下の森林地帯にすむ; cf. MOUNTAIN GORILLA》.
cóast guàrd 1 沿岸警備隊《(1) [the Coastguard]〔英〕密貿易・密入国の取締まり, 海難救助などに当たる (2) [the C- G-]〔米〕海難救助・関税取立て・入国管理法の執行などに当たる; 階級については ⇨ NAVY》. **2** [coastguard]"沿岸警備隊員.
cóast·guàrd(s)·man /-mən/ *n* 沿岸警備隊員.
cóast·ing *a* 沿岸航行の; 惰性で進む: ～ line 沿岸航路. ► *n* 海岸線(の地形), 海岸線図; 惰行, 惰走.
cóasting lèad /-lèd/ 沿岸測鉛.
cóasting tràde 沿岸貿易.
cóast·lànd *n* 沿岸地帯.
cóast·lìne *n* 海岸線, 湖岸線.
cóast-lìner *n* 沿岸航路船.
Cóast Móuntains *pl* [the] コースト山脈《カナダ British Columbia 州の太平洋岸に沿って連なる山脈; Cascade 山脈の北への延長》.
Cóast Ràngs *pl* [the] 海岸山脈, コーストレーンジズ《北米太平洋岸を南北に連なる山脈; Sierra Nevada, Cascade 両山脈の西を北へ延び, Vancouver 島を通って Alaska 州に至る》.
cóast rédwood〔植〕セコイア, セコイアメスギ, アメリカスギ (redwood).
cóast-to-cóast *a* **1** アメリカ横断の, 大西洋岸から太平洋岸に至る, 内陸[大陸]横断の, 《米国で》全国的な. **2**〔バスケ〕コーストトゥコースト《リバウンドを取った守備選手がそのままドリブルで運び自分でシュートする》.
cóast·wàit·er" *n* 沿岸輸送品を処理する税関吏.
cóast·ward *a, adv* 海岸に向かう[近い]; 海岸の方へ.
cóast·wards *adv* COASTWARD.
cóast·ways *a, adv* 《古》COASTWISE.
cóast·wise *a* 沿岸の: ～ trade 沿岸貿易. ► *adv* 沿岸に, 海岸に沿って.
coat /kóut/ *n* **1 a** 上着, ジャケット; (オーバー)コート; 《犬に着せる防寒用の》コート; [*pl*]《方》スカート; 《古》《階級・職業を表わす》衣服, 服装: ～ and tie 上着とネクタイ / Cut your ～ according to your cloth. 《諺》生地に従って裁断せよ (cf. 成句). **b** 《獣の》外被《毛皮・毛・羽毛》, 膜. **2 a** 皮 (skin, rind), 殻 (husk); 《ほこりなどの》層. **b** 被覆, めっき, 《ペンキなどの》塗料の層, 塗膜, 塗装, 塗り: a ～ of paint [plaster, etc.]. **3** COAT OF ARMS. ● **～ and skirt**"《婦人用の》ツーピースのスーツ. **cut one's ～ according to one's cloth** 身分に応じた生活をする; できる範囲で我慢する. DUST sb's **～**. **on the ～** 《豪俗》不興をかって, 気に入られなくて, 冷たくされて; 《豪俗》〈賭けが〉いんちきで. **pull sb's ～***《俗》情報を提供する, ネタを流す. **take off one's ～** 上着を脱ぐ《けんかの用意》; 本気で取りかかる 〈*to* the work〉. **trail one's ～** けんか[口論]をふっかける《裾をひきずって歩き人に踏ませることから》. **turn [change] one's ～** 変節する (cf. TURNCOAT); 改宗する. **wear the king's [queen's] ～**"兵役に服する. ► *vt* **1** 化学物質[塗料など]の膜[層]でおおう, かぶせる, コート[コーティング]する: pills *～ed with* [*in*] sugar 糖衣錠 / books *～ed* with dust ほこりをかぶった本. **2** …にコートを着せる. ♦ **～·er** *n* **～·less** *a* [OF＜Gmc＜?; cf. G *Kotze*]
cóat ármor 紋章《集合的》; 紋章付き陣中着.
Cóat·brìdge コートブリッジ《スコットランド中南部 Glasgow の東にある町》.
cóat càrd 《古》〔トランプ〕FACE CARD.
cóat chèck* クローク (cloakroom). ♦ **cóat chècker** *n*
cóat·drèss *n* コートドレス《コートのように前開きで, ボタンが裾まで付いている, 普通やや厚手のドレス》.
cóat·ed *a* 上塗り[コーティング]を施した; 〈紙が〉塗被した, つや出しの, 光沢のある; 〈織物が〉防水加工した;〔写・光〕BLOOMED.
cóated gínger BLACK GINGER.
cóated páper 塗被紙, コート紙《白土など鉱物質白粉や合成樹脂液を片面または両面に塗被した紙》.
coat·ee /koutíː, ⁿ‒́‒/ *n* コーティー《婦人・子供用の短いコート; 体にぴったりつく短い上着》.
Coates /kóuts/ コーツ **Joseph Gordon** ～ (1878–1943)《ニュージーランドの政治家; 首相 (1925–28)》.
cóat gène〔生化〕外殻遺伝子《外殻タンパク質を合成するため遺伝情報を指定するウイルス遺伝子》.
cóat hànger 洋服掛け, ハンガー.
cóat hòok コートフック (coat peg")《フック状のコート掛け》.
co·a·ti /kouáːti/, **coàti·mún·di, -món-** /-mʌ́ndi/ *n*〔動〕ハナグマ, ハナジロアナグマ《熱帯アメリカ産》. [Port＜Tupi]
cóat·ing *n* 塗り, 上塗り; 被覆加工; 被覆剤, コーティング; 薄い層, 膜; 《食べ物の》ころも, 皮, コーティング;〔光〕《レンズの反射防止のための》コーティング; 上着用生地: a thin ～ of dust [oil].
cóat of árms 紋章付き陣中着《昔 騎士・紋章官・スクワイア (squire) が用いた》; 《盾形の》紋章; 象徴となるしるし.
cóat of máil 鎖かたびら, 鎖よろい.

cóat-of-máil shèll〘貝〙CHITON.
cóat pègʺ COAT HOOK.
cóat pròtein〘生化〙外殻タンパク質《ウイルスを抗体から保護する被膜状タンパク質》.
cóat·ràck *n* コートラック《クロークなどの洋服掛け[置棚]》.
cóat·ròom* *n* 外套類[携帯品]預かり室 (cloakroom).
Cóats Lànd /kóuts-/ コーツランド《南極大陸の, Weddell 海南東岸地域; 大部分は氷結》.
cóat·stànd *n* コートスタンド《柱型のコート掛け》.
cóat·tàil *n*《上着の》後ろ裾; [*pl*]《夜会服・モーニングなどの》後ろ裾. ● **on the ～s of**…のすぐあとに; …によって, …のおかげで. **ride** [**hang, climb**] **on** sb**'s ～s** 人(の名声・政治力など)にたよる, 人のおかげで成功[出世]する. **trail** one**'s ～**＝trail one's COAT. ► *a**《俗》《有力者などの》威光をかりた[による], 虎の威の.
cóat·tràil·ingʺ *n* けんか[論争]を売ること, 挑発. ► *a* 挑発的な.
cóat trèe COATSTAND.
co·áuthor *n* 共著者. ► *vt* 共同執筆する.
coax[1] /kóuks/ *vt* **1 a** 懇切に説いて[なだめすかして]…させる: ～ sb *to* do [*into* do*ing*] / ～ sb *out of* do*ing* 人をなだめて…するのを思いとどまらせる / ～ sb *out of* sth＝～ sth *out of* sb 口車に乗せて人から物を奪う. **b**〈器具などを〉なんとか工夫して動かす[思いどおりにする]: ～ the car to start だましだまし車のエンジンをかける / ～ a fire *to* burn どうやらうまく火を燃やす. **2**《廃》かわいがる. ► *vi* 甘言を用いる, なだめる, だます. ● **～ away** [**out**] そそのかす, 誘惑する. ► *n* 甘言, なだめすかし, ご機嫌取り. ♦ **～·er** *n* 口先のうまい人. **～·ing** *n, a* **～·ing·ly** *adv* [C16 *cokes* a fool<?; 'make a *cokes* of' の句で]
co·ax[2] /kóuæks, ─́─/ *n* COAXIAL CABLE.
co·áxial, -áxal *a*〘数・機・電〙同軸の, 共軸の, 同軸を有する; 同軸上に大小 2 個以上のスピーカーが複合した, コアキシャル型の. ♦ **-áxial·ly** *adv*
coáxial cáble 同軸ケーブル.
cob[1] /kɑ́b/ *n* **1** トウモロコシの穂軸 (corncob); コーンパイプ: (as) rough as a ～ *《俗》とても粗くて, 荒っぽくて《トウモロコシの穂軸を尻拭きに使ったことから》. **2** コッブ《短脚のがんじょうな馬》; 雄の白鳥 (opp. *pen*). **3**〘植〙COBNUT, ʺハシバミ (hazel). **4**ʺ《パンなどの》小さい丸い塊り (cobloaf); ʺ石炭[石など]の丸い塊. **5***《俗》農夫, 田舎町の住民. ● **off** [**on**] **the ～***《俗》感傷的な, 古臭い, つまらない. [ME<?]
cob[2]**, cobb** /kɑ́b/ *n*〘鳥〙海カモメ,《特に》オオカモメ. [C16<Gmc; cf. Du *kob, kobbe*]
cob[3]ʺ *n* 荒壁土, 壁土. [C17<?]
cob[4] *n* スペイン領アメリカのペソ《アイルランド・英国植民地で用いられた》; 不規則な形をしたスペイン領アメリカの粗製硬貨. [Sp *coba* (*de barra*) end (of the bar)]
cob[5] *vt* (-bb-)《古》…の尻をたたく;〈鉱石を〉砕く. [C18<? imit]
cob[6] *n*ʺ《方》小枝[やなぎ]細工のかご. [C17<?]
co·baea /koubíːə, kə-/ *n*〘植〙コベア属 (*C*-) の各種のつる植物《ハナシノブ科; 熱帯アメリカ原産》. [Bernabé *Cobo* (1582–1657) スペインのイエズス会宣教師・博物学者]
Co·bain /koubéɪn, *─́─́/ コバーン, コベーン **Kurt ～** (1967–94)《米国のロックミュージシャン; ロックグループ Nirvana のギター・ヴォーカルとして grunge rock のブームを牽引したが, 自殺》.
co·bal·a·min /koubǽləmən/**, -mine** /-mìːn/ *n*〘生化〙コバラミン《ビタミン B_{12} の一つ》.
co·balt /kóubɔ̀ːlt/ *n* **1**〘化〙コバルト《金属元素; 記号 Co, 原子番号 27》. **2** コバルトえのぐ; コバルト色, 暗青色. ► *a* コバルト(色)の. [G *Kobold* spirit in mines, demon; 同時に産出する銀鉱に有害だと考えられた]
cóbalt blòom〘鉱〙コバルト華 (erythrite).
cóbalt blúe コバルト青《顔料》; コバルトブルー《あざやかな青》.
cóbalt bòmb コバルト爆弾 (＝*C-bomb*); COBALT-60 BOMB.
cóbalt chlóride〘化〙塩化コバルト《コバルトの塩化物; 特に二塩化物のことで, 脱水時は青いが湿気があると赤色となり, 乾湿指示に用いる》.
cóbalt gréen コバルト緑《顔料》; コバルトグリーン《黄色がかった緑色》.
co·bal·tic /koubɔ́ːltɪk/ *a*〘化〙コバルト (III) の.
co·balt·if·er·ous /kòubɔːltɪ́f(ə)rəs/ *a* コバルトを含む.
co·bal·tite /kóubɔ̀ːltàɪt, ─́─́─/**, -balt·ine** /-tìːn, -tən/ *n*〘鉱〙輝コバルト鉱.
co·bal·tous /koubɔ́ːltəs/ *a*〘化〙コバルト (II) の.
cobalt 60 /─́─ síksti/〘化〙コバルト 60《コバルトの放射性同位体; 記号 ^{60}Co, Co^{60}; 癌治療用》.
cobalt-60 bomb /─́─ síksti ─́─/《鉛で外装した》コバルト 60 容器 (＝*cobalt bomb*)《癌治療用》.
cobb ⇨ COB[2].
Cobb /kɑ́b/ カッブ **'Ty' ～** [**Tyrus Raymond ～**] (1886–1961)《米国のプロ野球選手; 野球史上有数の強打者》.
cob·ber /kɑ́bər/ *n*《豪口》仲間, 友だち, 相棒. [C19<? *cob* (dial) to take a liking to]
Cob·bett /kɑ́bət/ コベット **William ～** (1763–1835)《英国のジャーナリスト・社会改革運動家; 筆名 Peter Porcupine》.
cob·ble[1] /kɑ́b(ə)l/ *vt*〈靴を〉修繕する, 作る; ʺつぎはぎする〈*up*〉; 急ごしらえする〈*together*〉. [逆成<*cobbler*]
cobble[2] *n* COBBLESTONE; [*pl*]ʺ丸石大の石炭, コブル (＝～ **còal**);〘地質〙大礫(たいれき). ► *vt*〈道路〉に丸石を敷く. ♦ **-bly** *a* [ME *cobel(-stone)*<COB[1], *-le*]
cobble[3] *n**《北東部》丸い丘. [? *cobble*[2]]
cób·bled *a*〈道路が〉丸石を敷いた.
Cob·bleigh /kɑ́bli/ *n* [次の成句で]: **old Uncle Tom ～ and all** いることのできる人すべて, みんな《物事を大勢でいっしょにする人びとを歌った古い英国の歌から; 全員の名前を並べた最後に上の句が来る》.
cob·bler /kɑ́blər/ *n* **1** 靴直し[職人], 靴屋;《古》不器用な職人: The ～'s wife goes the worst shod.《諺》靴直しの女房はぼろ靴を履く, '紺屋(こうや)の白袴' / Let the ～ [The ～ should] stick to his last.《諺》靴屋は靴型から離れさせるな《自分の仕事[本分]に専念せよ》. **2 a** コブラー《ワインまたは蒸留酒にレモン・砂糖・砕氷などを加えて作る; しばしば シェリーを用いるので sherry ～ ともいう》. **b***コブラー《深皿で焼いたフルーツパイ》. **3** [*pl*]ʺ《卑》きんたま (testicles)《《韻俗》cobbler's awls＝balls から》; ʺ《俗》たわごと, ナンセンス. **4**《豪俗》《扱いにくいので》最後に毛を刈る羊《LAST[3] とのしゃれから》. **5***《俗》《旅券・紙幣・証券などの》偽造者. [ME<?]
cóbbler's púnch コブラーズパンチ《ビール・香辛料などで作る温かいパンチ》.
cóbbler's wáx 靴の縫糸用の蠟.
cóbble·stòne *n*《鉄道・道路用の》丸石, 玉石, 栗石. ♦ **cób·ble·stòned** *a*
Cóbb sálad コブサラダ《レタス・トマト・ベーコン・チーズ・アボカド・ゆで卵・鶏肉などを刻んで混ぜ合わせた具だくさんのサラダ》. [Robert H. *Cobb* (d. 1970) 米国のレストラン経営者]
cob·by /kɑ́bi/ *a*《COB[1] 種の馬のように》ずんぐりして強健な; ʺ《方》活発な, 元気な; ʺ《方》強情な.
cób còal 塊炭, 丸形炭.
Cob·den /kɑ́bdən/ コブデン **Richard ～** (1804–65)《英国の政治家; 自由貿易論の立場から反穀物法同盟 (Anti-Corn Law League) を結成, 運動の結果, 1846 年穀物法を廃止させた》. ♦ **～·ìsm** *n* コブデン主義. **～·ìte** *n* コブデン主義者.
co·be·go /kəbíːgou/ *n* (*pl* **～s**)〘動〙ヒヨケザル (flying lemur). [Malay]
cò·bellígerent *n*《正式に同盟を結んではいない》共戦国, 協同戦者. ► *a* 協同して戦う. ♦ **-ence, -ency** *n*
Cobh /kóuv/ コーヴ《アイルランド南部 Cork 湾内の島にある港町; 旧称 Queenstown》.
Cobham ⇨ Sir John OLDCASTLE.
co·bia /kóubiə/**, ca·bio** /kɑ́ːbiòu/ *n* (*pl* **-bi·as, -bi·òs**)〘魚〙スギ《暖海に広く分布するスギ科の食用・釣用魚》.
co·ble /kóub(ə)l, kɑ́-/ *n*《スコットランドなどの》平底漁船.
Coblenz ⇨ KOBLENZ.
cób·lòafʺ *n* 丸形の[上に丸いこぶ付きの, 不格好な]パン.
cób-nòsed *a*《口》大きな丸鼻の, だんご鼻の.
cób·nùt *n*〘植〙セイヨウハシバミの亜種; ヘーゼルナッツの一種《セイヨウハシバミの実》.
COBOL, Co·bol /kóubɔ̀(ː)l, -bɑ̀l/ *n*〘電算〙コボル《事務用データ処理のための共通プログラム言語》. [*co*mmon *b*usiness-*o*riented *l*anguage]
cób pìpe CORNCOB PIPE.
co·bra /kóubrə/ *n*〘動〙コブラ《インドなどの大型猛毒のヘビ: Indian ～, king ～など》. [Port<L *colubra* snake]
cobra de ca·pel·lo /─́─ di kəpélou/ (*pl* **cóbras de capéllo**)〘動〙INDIAN COBRA.
có-brànd *vt*〈商品・サービスを〉他社との共同ブランドで販売[提供]する. ♦ **～·ing** *n*
cób-ròll·er *n**《俗》生まれて間もない家畜,《特に》子豚.
co·burg /kóubəːrg/ *n* **1** コーバーグ《綿[絹]を混ぜた薄地ウステッド; 服地・裏地用》. **2** [ˢC-] コーバーグ (＝～ **lòaf**)《上に十字の切れ込みのある丸いパン》. [↓]
Co·burg /kóubəːrg; *G* kóːburk/ **1** コーブルク《ドイツ中東部 Bavaria 州北部の市》. **2** コーバーグ《オーストラリア南東部 Victoria 州南部の Melbourne 北郊にある市》.
cob·web /kɑ́bwèb/ *n* **1 a** くもの巣[糸]. **b** 薄物《薄地のレース・ショールなど》. **2** わな, 落とし穴. **3 a** はかないもの; 古臭いもの. **b** [*pl*] もつれ,《頭の》混乱,《口》《寝て起きた時の》眠気, もやもや; [*pl*] 細かい区別立て. ● **blow** [**clear**] **away the ～s**《口》気分を一新する. ► *vt* (-bb-) くもの巣でおおう;〈頭などを〉混乱させる. ♦ **-wèbbed** *a* **-wèb·by** *a* くもの巣だらけの; 軽くて薄い. [ME *cop(pe)web*<*coppe* spider, WEB]
co·ca /kóukə/ *n*〘植〙コカノキ《南米原産の低木》; コカノキの葉《乾燥してコカインを採る》. [Sp<Quechua]
Co·ca-Co·la /kòukəkóulə/〘商標〙コカコーラ.
cò·ca·cò·la·izá·tion *n* コカコーラ化, アメリカ化《第二次大戦後, ワインの国フランスにまで米国のコカコーラが浸透したことを象徴した表現》.

C

co·caine, -cain /koukéɪn, ⏤⏤; kəkéɪn/ *n* 〘化〙コカイン《コカの葉から採った有機塩基》; 粉末状コカイン《塩酸コカイン; 局所麻酔薬; 中枢神経興奮作用がある》. ★ コカインは coke, C, snow, blow, toot, leaf, flake, happy dust, nose candy, lady, white girl などともいう. ［COCA, *-ine*²］

co·cáin·ism *n* 〘医〙コカイン中毒. ◆ **-ist** *n*

co·cáin·ize *vt* コカインで麻痺させる. ◆ **co·càin·izá·tion** *n* コカイン麻痺.

C

cò·carbóxylase *n* 〘生化〙コカルボキシラーゼ《チアミン二リン酸》.

cò·carcínogen /, koukɑ́:rs(ə)nəʤèn/ *n* 〘医〙補発癌物質, 発癌補助物質《ほかの物質の発癌性を促進する物質》. ◆ **cò·car·cìno·génic** *a*

coc·cal /kɑ́kəl/ *a* coccus の[に関する].

cocci *n* COCCUS の複数形.

-cocci *n comb form* -COCCUS の複数形.

coc·cid /kɑ́ksəd/ *n* 〘昆〙カイガラムシ (scale insect).

coc·cid·i·an /kɑksídiən/ 〘動〙 *a* コクシジウム亜綱[球虫類]の. ► *n* コクシジウム亜綱の原虫.

coc·cid·i·oi·do·mycósis /kɑksìdiɔ̀ɪdou-/ *n* 〘医〙コクシジオイデス(真菌)症《*Coccidioides immitis* の感染によるヒト・動物の病気; 発熱し, 肺が冒されるなどの症状を呈する》.

coc·cid·i·o·sis /kɑksìdióusəs/ *n* (*pl* **-ses** /-sì:z/) 〘獣医〙コクシジウム症.

coc·cid·i·um /kɑksídiəm/ *n* (*pl* **-ia** /-iə/) 〘動〙コクシジウム, 球虫《コクシジウム亜綱[球虫類] (Coccidia) の原虫》.

coc·cif·er·ous /kɑksíf(ə)rəs/ *a* 〈植物が〉コチニールカイガラムシ (cochineal insect) の宿主である; 《廃》液果を生ずる.

coc·coid /kɑ́kɔ̀ɪd/ *a, n* 球菌様の; 球状の(細胞[有機物]).

cóc·co·lith /kɑ́kə-/ *n* 円石(えんせき), コッコリス《単細胞浮遊性生物の分泌した石灰質の微細な鱗片; 生物の死後堆積して軟泥をつくることもある》. ◆ **còc·co·líth·ic** *a*

coc·co·lith·o·phore /kɑ̀kəlíθəfɔ̀:r/ *n* 〘生〙コッコリソフォア, 鱗鞭毛虫《石灰質の殻 (coccolith) を分泌する海産の微小な単細胞プランクトン性鞭毛虫》. ◆ **-li·thoph·o·rid** /-ləθɑ́fərɪd/ *n, a*

coc·cus /kɑ́kəs/ *n* (*pl* **coc·ci** /kɑ́k(s)àɪ, kɑ́k(s)ì:/) 〘菌〙球菌 (cf. BACILLUS); 〘植〙分果 (mericarp); 〘昆〙カタカイガラムシ. ［Gk＝berry］

-coc·cus /kɑ́kəs/ *n comb form* (*pl* **-coc·ci** /kɑ́k(s)àɪ, kɑ́k(s)ì:/) 〘菌〙「…球菌」: strepto*coccus*. ［Gk (↑)］

coc·cyg·e·al /kɑksíʤ(i)əl/ *a* 〘解〙尾骨 (coccyx) の.

coc·cyx /kɑ́ksɪks/ *n* (*pl* **coc·cy·ges** /kɑ́ksəʤì:z, kɑksáɪʤì:z/, ～**·es**) 〘解〙尾骨.

Co·cha·bam·ba /kòuʧəbɑ́:mbə/ コチャバンバ《ボリビア中部の市》.

co·cháir *vt* …の共同[副]司会者をつとめる.

co·cháirman *n* 共同司会者, 副司会者.

có·chànnel *a* 〘通信〙同一チャンネルの.

Co·chin /kóuʧən/ **1** コーチン《**1**) インド南西部の地域・旧州; 1956 年以来 Kerala 州の一部 **2**) KOCHI の旧称》. **2** [°c-] 〘鶏〙コーチン《アジア原産の大型肉用種》.

Có·chin Chína /kóuʧən-; kɔ́ʧɪn-/ **1** コーチシナ《ヴェトナム最南部地域; もとフランス植民地》. **2** [°c- c-] 〘鶏〙COCHIN.

coch·i·neal /kɑ̀ʧəní:l, ⏤⏤⏤, kóuʧənì:l/ *n* コチニール《cochineal insects を乾燥して採る紅色色素; cf. CARMINE》; COCHINEAL INSECT; コチニール色. ［F or Sp＜L *coccinus* scarlet (Gk *kokkos* kermes)］

cóchineal ìnsect 〘昆〙コチニールカイガラムシ, 臙脂虫(えんじむし)《主にコチニールサボテンに寄生; 乾燥してコチニールを採る》.

Co·chí·nos Báy /kəʧí:nəs-/ [the] コチノス湾《PIGS 湾の別称》.

Co·chise /kouʧí:s, -z/ *n* コチース (1812?–74)《チリカワ (Chiricahua) アパッチインディアンの族長》. ► *a* コチース文化の《Arizona 州南東部と New Mexico 州にまたがる先史時代のインディアン文化》.

coch·lea /kɑ́kliə, kóu-/ *n* (*pl* **-le·as, -le·ae** /-lìì:, -liàɪ/) 〘解〙《内耳迷路の》蝸牛(かぎゅう). ◆ **cóch·le·ar** *a*

cóchlear dúct 〘解〙蝸牛管 (scala media)《内耳の蝸牛 (cochlea) を構成する管》.

cóchlear ímplant 〘医〙移植蝸牛刺激装置《皮下に埋め込み, 全聾者に音感覚を発生させる電子装置; 俗に artificial ear という》.

coch·le·ate /kɑ́kliət, -èɪt, kóu-/, **-at·ed** /-èɪtəd/ *a* カタツムリの殻のような; 渦巻形の (spiral).

Coch·ran /kɑ́krən/ コクラン Sir **Charles Blake** ～ (1872–1951)《英国の興行師・プロデューサー》.

co·chromatógraphy *n* 〘化〙《2 種以上の物質の》同時色相分析. ◆ **cò·chromáto·gràph** *vi, vt*

cock¹ /kɑ́k/ *n* **1 a** おんどり, 雄鶏, コック (opp. *hen*): As the old ～ crows, so crows the young [the young one learns]. 《諺》見よう見まね / ⇨ HEN, DUNGHILL 《諺》. **b** 《鳥の》雄; 《エビ・カニ・サケなどの》雄. **c** 〘鳥〙ヤマシギ (woodcock) 《猟鳥》. **d** 《古》雄鶏の時, 鶏鳴(時). **2 a** 《樽・水道・ガスの》栓 (stopcock), 飲み口, コック; 〘機〙コック. **b** 《銃の》打金(うちがね), 撃鉄; 起こした打金[撃鉄]の位置. **3** 風見鶏 (weathercock); 《日時計の》針, 《天秤の》指針. **4** かしら, 親分, お山の大将; [*voc*] ″《俗》おいきみ (old cock). **5** 《耳・しっぽなどを》ぴんと立てること; 《帽子の縁の》上そり; 《鼻が》上を向いていること; 上目づかい, 目くばせ; ちょっと傾けること, ゆるい傾斜. **6 a** 《卑》ペニス, ちんこ; *《南部卑・中部卑》まんこ; 《卑》一発, セックス. **b** ″《口》ばかげたこと, ナンセンス《cock-and-bull story からか》. **c** ″《口》むこうみずな行動. ● **all to** ～ 《俗》しくじって, 混乱して, 紛糾して. **Drop your** ～**s and grab your socks.** *《軍俗》さあすぐに起きろ. FULL COCK. **go off at** HALF COCK. **live like a** FIGHTING COCK. **old** ～ [*voc*] 《俗》おいきみ, 大将! **That** ～ **won't fight.** その手はだめだ, その言い分は通らない. **the** ～ **of the school** 最上級の首席生徒 (head boy); 《一校の》ガキ大将. **(the)** ～ **of [o'] the walk [roost, rock]** 《口》[°*derog*] 《グループの》首領, ボス; 横柄な男; お山の大将 (cf. DUNGHILL 成句). ► *a* 雄の (male) 〈鳥〉《時に他の動物にも用いる》: a ～ bird 雄鳥 / a ～ lobster エビの雄. ► *vt* **1** 〈銃〉の撃鉄を起こす, 〈引金〉に指をかける; 《なぐろうとして》〈げんこつなどを〉後ろへ引く; 〈カメラのシャッターなどを〉下ろす用意をする. **2** 〈耳・しっぽなど〉ぴんと立てる; 〈帽子〉の縁を上ぞりにする (opp. *slouch*), 〈帽子を〉気取って斜めにかぶる: ～ (*up*) the [one's] ears 耳をそばだてる. **3** 〈足などを〉持ち上げて高い所に載せる. ► *vi* 銃の打金を起こす; ぴんと立つ; 〈人が〉ふんぞり返る. ● ～ **the** [**one's**] **eye at**…に目くばせする, …を心得顔にじろりと見る. ～ **one's nose** 鼻をつんと上に向ける《軽蔑の表情》. ～ **up** ″《俗》〈計画・儀式などを〉だいなしにする, だめにする. ［OE *cocc* and OF *coq*＜? L *coccus* (imit)］

cock² *n* 円錐形の乾草の山, 禾堆(かたい). ► *vt* 〈乾草を〉円錐形に積み上げる. ［? Scand; cf. Norw *kok* heap］

cock·a·bul·ly /kɑ́kəbùli/ *n* 《豪》ココブ《鼻のつぶれた豪州・ニュージーランドなど南半球産のガラクシス科の各種淡水小魚; 外見はマスに似る》.

cock·ade /kɑkéɪd/ *n* 花形記章《通例 帽子に付ける》. ◆ **cock·ád·ed** *a* 花形記章付きの. ［F (*cock*¹, *-ard*; '*bonnet à la coquarde*' の句で)］

cock-a-doo·dle-doo /kɑ́kədù:dldú:/ *n, int* コケコッコー; 《幼児》おんどり (cock). ［imit］

cock-a-hoop /kɑ̀kəhú:p, -húp/ *a, adv* 意気揚々と(した); いばった[て], 横柄な[に]; *傾いた[て]; *混乱した[して].

Cock·aigne, Cock·ayne /kɑkéɪn/ 《中世の物語に出る》逸楽の国; [*joc*] ロンドン《cockney にかけたしゃれ》. ［OF (*pais de*) *cocaigne* land of cakes＜MLG］

cock-a-leek·ie /kɑ̀kəlí:ki/ *n* コッカリーキ《リーキ (leek) 入りの鶏肉スープ; スコットランド料理》.

cock·a·lo·rum /kɑ̀kəlɔ́:rəm/ *n* (*pl* ～**s**) 《雄の若鶏のような》いばりくさった小男, 生意気なやつ; 大ぼら, 豪語; 馬跳び (leapfrog).

cock·a·ma·my, -mie, -mey /kɑ̀kəméɪmi/ *《俗》*a* できの悪い, 低級な; ばかばかしい, 信じられない. ► *n* ばかばかしいこと[もの].

cóck-and-búll stòry 作り話, まゆつばもの.

cóck-and-hén *a* 〈クラブなど〉男女いっしょの.

cock·a·poo /kɑ́kəpù:/ *n* (*pl* ～**s**) 〘犬〙コッカプー《コッカースパニエルとプードルの雑種》.

cock·a·tiel, -teel /kɑ̀kətí:l/ *n* 〘鳥〙オカメインコ (＝*cockatoo parrot*) 《豪州原産》.

cock·a·too /kɑ́kətù:, ⏤⏤⏤/ *n* (*pl* ～**s**) **1** 〘鳥〙バタンインコ《羽冠のあるオウム類; インド・豪州原産》. **2** 《豪口》小農 (cocky); 《豪俗》《強盗・賭博の》見張り. ［Du＜Malay; 語形は *cock*¹ に同化］

cóckatoo féncе 《豪》丸太と枝でできた大ざっぱな柵.

cóckatoo párrot 〘鳥〙COCKATIEL.

cock·a·trice /kɑ́kətrəs, -tràɪs/ *n* **1** コカトリス《おんどりの卵から生まれ頭・羽・脚はおんどりで胴体・尾はヘビの, ひとにらみで人を殺したという怪物; cf. BASILISK》. **2** 〘紋〙コカトリスの紋章; 妖婦. ［OF; 'tracker' の意で Gk ICHNEUMON の訳］

Cockayne ⇨ COCKAIGNE.

cóck bèad 〘木工〙浮出し玉縁.

cóck·bìll *vt* 〘海〙《荷降ろし・服喪のために》〈帆桁〉の一方を上げる.

cock·boat /kɑ́kbòut/ *n* 《本船付属の》小舟. ［*cock* (obs) small boat＜OF］

cóck·chàfer *n* 〘昆〙コフキコガネ, ヨーロッパコフキコガネ《植物を食害する》.

Cock·croft /kɑ́kkrɔ̀(:)ft, -krɑ̀ft/ コッククロフト Sir **John Douglas** ～ (1897–1967)《英国の核物理学者; 粒子加速器を用いた原子核の先駆的研究で ノーベル物理学賞 (1951)》.

cóck·cròw, -cròw·ing *n* 《文》夜明け, 鶏鳴(けいめい); 時をつくる声.

cocked /kɑ́kt/ *a* *《俗》酔っぱらって.

cócked hát 三角帽, トリコルヌ (＝*tricorne*) 《海軍将校などの正装用》; 2 方のへりを上に曲げた帽子. ● **knock [beat] into a** ～ 《口》完全にやっつける, 圧倒する, すっかりだめにする, 形なし[ぺしゃんこ]にする.

cock·er¹ /kɑ́kər/ *vt* 〈子供を〉甘やかす; 〈病人を〉大事にする (nurture) 〈*up*〉. ［ME＜?］

cocker² *n* シャモを飼う人, 闘鶏師; 〘犬〙COCKER SPANIEL; [*voc*] 《俗・方》きみ. ［*cock*¹］

Cocker コッカー **Edward** ～ (1631–75)《イングランドの算術教師; 長く使われた教科書 *Cocker's Arithmetic* (1678) の著者といわれた》. ● **according to** ～ 正確な; 正確に[正しく]言えば.

cock·er·el /kák(ə)rəl/ *n* 若いおんどり; けんか好きの若い衆. [(dim)‹*cock*[1]]

cócker spániel〘犬〙コッカースパニエル《米国で English cocker spaniel から作出された狩猟・愛玩犬》; ENGLISH COCKER SPANIEL. [*cock*[1]; woodcock などを狩り出すことより]

cóck·éye /, ⌐ ⌐/ *n* 斜視 (squint); 《野球俗》 左腕投手, ひだり.

cóck·èyed *a* やぶにらみの; 《俗》 ゆがんだ, 傾いた; 《俗》 風変わりな, ばかげた, いかれた; 《俗》 酔っぱらった; 《俗》 意識不明の, 気を失った; 《俗》 完全に間違った. ► *adv**《俗》 斜めに, 傾けて. ♦ **~·ly** /-àɪ(ə)d-/ *adv* **~·ness** /-àɪd-/ *n*

cóckeye(d) bób 《豪俗》 急激なあらし[スコール].

cóck fèather〘弓〙矢筈(やはず)に直角に付けた羽根, コックフェザー (cf. SHAFT FEATHER).

cóck·fìght *n* 闘鶏.

cóck·fìght·ing *n, a* 闘鶏(の). ● **This beats ~.** 《口》 こんなおもしろい事はない, 驚くべきことだ.

cóckfight chàir READING CHAIR.

cóck·hòrse / ; ⌐ ⌐/ *n* 揺り木馬 (rocking horse), 《お馬さんごっこの》 お馬《人のひざがしら, ほうきの柄など》. ● **on (a) ~** 揺り木馬[お馬]にまたがって; 大得意で. ► *adv* 馬乗りになって; 意気揚々と.

cock·ie·leek·ie /kàkilí:ki/ *n* COCK-A-LEEKIE.

cóck·ish 《口》 *a* おんどりみたいな; うぬぼれた, 生意気な.

cock·le[1] /kák(ə)l/ *n* **1**〘貝〙ザルガイ《トリガイなど》, 《特に》 ヨーロッパザルガイ《食用二枚貝》; ザルガイの殻. **2** COCKLEBOAT. **3***標語を入れた貝の形のカリカリするキャンディー. ● **the ~s of the [sb's] heart** 心の底: warm [delight] *the ~s of* sb's *heart* 人を喜ばせる, 人をほのぼのとした気分にさせる. [OF *coquille* shell, ＜Gk; ⇨ CONCHA]

cockle[2] *n* ストーブ, 暖炉. [Du *kachel(-oven)* earth(-oven)]

cockle[3] *n*〘植〙ムギセンノウ (corn cockle)《麦畑などの雑草》. [OE *coccul*＜? L (dim)‹*coccus*]

cockle[4] *n* 《紙・皮などの》 しわ (wrinkle). ► *vi, vt* しわになる[する]; 波立つ, 波立たせる. [F＝blister; ⇨ COCKLE[1]]

cóckle·bòat *n* 底の浅い軽舟.

cóckle·bùr, -bùrr /, kʌ́k(ə)l-/ *n*〘植〙**a** オナモミ《キク科の雑草》. **b** ゴボウ《キク科》.

cock·ler /káklər/ *n* ザルガイを採って売る人, ザルガイ売り.

cóckle·shèll *n* **1** ザルガイの殻; ザルガイに似た貝の殻《ホタルガイなどの殻; 巡礼が身に着けた》. **2** 底の浅い軽舟.

cock·ling /káklɪŋ/ *n* ザルガイ採り(の仕事).

cóck·lòft *n* 小さい屋根裏部屋.

cock·ney /kákni/ *n* **1** [°C-] **a** ロンドン子《特に East End 地域に住む; cf. Bow BELLS》. **b** ロンドン英語[なまり], コックニー. **2** 《豪》 マダイの類の食用魚 (snapper) の幼魚. **3** 《廃》 甘やかされた子供; 《廃》 柔弱な都会人, にやけたやつ; 《廃》 気むずかしい女. ► *a* [[s]*derog*] ロンドン子(風)の; ロンドンなまりの: a ~ accent ロンドンなまり. ♦ **~·ish** *a* [ME *cokeney* cock's egg (*cocene* (gen pl)‹*ey*＜OE *æg*); 現在の意味は 'small or ill-shaped egg' から 'pampered child' 'townsman' を経たもの]

cóckney·dom *n* ロンドン子の住む区域; ロンドン子 (cockneys); ロンドン子かたぎ.

còckney·ése /-í:z, -s/ *n* ロンドンなまりの英語.

cock·ney·fy, -ni- /káknəfàɪ/ *vt* ロンドン子風にする. ♦ **còck·ney·fi·cá·tion, -ni-** *n*

cóckney·ìsm *n* ロンドンなまり《'plate' を /pláɪt/, 'house' を /æʊs/ のように発音する類》; ロンドン子風.

Cóckney Schòol [the] ロンドン派《スコットランドの著述家 J. G. Lockhart (1794–1854) が Hazlitt, Leigh Hunt など London の作家を嘲笑して呼んだ名》.

cóck of the nórth〘鳥〙アトリ (brambling).

cóck of the róck〘鳥〙イワドリ《カザリドリ科; 南米産; イワドリとアンデスイワドリの 2 種がある》.

cóck of the wóod〘鳥〙**a** エボシクマゲラ (pileated woodpecker). **b** ヨーロッパオオライチョウ (capercaillie).

cóck·pìt *n* **1** 《飛行機・宇宙船・レーシングカー・ヨットなどの》 操縦室[席], コックピット. **2 a** 闘鶏場, 闘技場. **b** 戦乱の巷, 紛争の場所. **3 a** 《旧式軍艦の》 最下甲板の後部《平時は青年士官室, 戦時は傷病者収容室》. **b** 《廃》 《劇場の》 平土間. **4**〘地質〙コックピット《ジャマイカの石灰質地形に特徴的にみられる窪地》.

cock·roach /kákròʊʧ/ *n*〘昆〙ゴキブリ (cf. GERMAN COCKROACH); *《俗》 小企業家, こまごました仕事でひどく忙しくしている者. [Sp *cucaracha*; 語形は cock[1], roach[1] に同化]

cóck róbin 1 ROBIN の雄. **2** [C- R-] コックロビン《英国の伝承童謡 "Who killed Cock Robin?" で言及される殺されたコマドリ》.

cócks·còmb *n* とさか, 肉冠;〘植〙ケイトウ;〘植〙北米南部原産のヘクサレクトリス属のラン (＝*coralroot*); COXCOMB. [*cock*[1]]

cócks·fòot *n*〘植〙カモガヤ (orchard grass)《牧草; 小花が鳥の指状に開いてつくことから》.

cóck·shòt *n* 標的落としの的; 標的落としの一投.

cóck·shùt *n* [ǁ]《方》 日没, 夕暮れ.

cóck·shỳ *n* 標的落とし《球・棒などを投げて賞品を落とすゲームで, もとは鶏を縛って的とした》; 標的落としの標的; [*fig*] 嘲笑[非難]の的.

cócks·màn* 《卑》 *n* 精力絶倫の男; 色事師, 女たらし.

cóck spárrow 雄スズメ; 《口》 生意気な小男.

cóck·spùr *n* 雄鶏のけづめ(状のもの);〘植〙北米原産のサンザシの一種;〘植〙ヒエ.

cóck·sùck·er 《卑》 *n* 吸茎者, 《ホモの》 女役; おべっか使い; 見下げはてたやつ, げす, ちくしょう, ばかたれ; やっかいなもの, くそいまいましいもの.

cóck·sùck·ing 《卑》 *a* 救いがたい, 下劣な; 全くの, べらぼうな (damned).

cóck·súre *a* 信じきって ‹*of, about*›; 《口》 ひとり決めの, うぬぼれの強い; きっと起こる; 確かに…する (certain) ‹*to* do›; 《廃》 全く安全な. ♦ **~·ly** *adv* **~·ness** *n* [*cock*[4]; のちに *cock*[1] とも結びついた]

cockswain ⇨ COXSWAIN.

cocksy /káksi/ *a* COXY.

cock·tail /káktèɪl/ *n* **1 a** カクテル《**1)** ジン・ウイスキー・ウオツカ・ラムなどをベースにして甘味・芳香料・苦味剤・氷片を加えシェーカーで振って供する **2)** 種々の薬物を含有する溶液》. **b** さまざまな物質[要素]の《意外な[危険な]》組合わせ: a ~ of illegal drugs. **2** 《前菜としての》 カクテル《**1)** 小エビ・カキ・クラムなどにカクテルソースをかけカクテルグラスに入れて出す料理 **2)** 細かく刻んだフルーツサラダ **3)** 冷やしたフルーツジュース》. **3 a** 断尾した馬; 雑種の競走馬. **b** 育ちのよくない人物, 成り上がり者. **4***《俗》 マリファナ入りタバコ. ► *a* カクテル(用)の; ‹女性の衣服などが› 準礼装用の (⇨ COCKTAIL DRESS). [*cock*[1] (vt)]

cócktail bèlt 郊外高級住宅地帯 (cf. COMMUTER BELT).

cócktail drèss カクテルドレス《準礼装》.

cóck-tàiled *a* 断尾した; 尾[尻]をぴんとはね上げた.

cócktail glàss カクテルグラス《ベル形》.

cócktail hòur カクテルアワー《dinner 直前, または 午後 4–6 時ごろ》.

cócktail lòunge カクテルラウンジ《ホテル・空港・レストランなどのバー》.

cócktail pàrty カクテルパーティー《カクテルを主とした(略式の)パーティー》.

cócktail pàrty phenòmenon カクテルパーティー現象《周囲で多くの人が話していても相手の言うことがきちんと聞き取れること》.

cócktail sàuce カクテルソース《小エビ・クラム・生ガキなどの魚介類のカクテルにかける, ケチャップにレモンや香辛料を加えたソース》.

cócktail stìck カクテルスティック《カクテルのサクランボやオリーブなどに刺す爪楊枝状の細い棒》.

cócktail tàble COFFEE TABLE.

cóck·tèaser, -tèase *n* 《卑》 きわどい誘惑をしながら最後は許さない女.

cóck·ùp, cóck-ùp *n* **1** 前縁のそり上がった帽子. **2**〘印〙肩(数)字, 上付き《X^2 の ^{2}, M^0 の ^{0} など》. **3** [ǁ]《俗》 へま, どじ, 失敗続き, 混乱(状態), 支離滅裂: make a complete ~ of… をめちゃくちゃにする.

cocky[1] /káki/ *a* 《口》 うぬぼれた, 生意気な, つけあがった. ♦ **cóck·i·ly** *adv* **-i·ness** *n* [*cock*[1]]

cocky[2] 《豪口》 *n* 小農 (cockatoo);〘鳥〙オカメインコ (cockatiel). [*cock*atoo, *-y*[3]]

cocky·leek·ie, -leeky /kàkəlí:ki/ *n* COCK-A-LEEKIE.

cocky·ól·ly bìrd /kàkiáli-/ 《幼児》 鳥, コッコちゃん.

Cocles ⇨ HORATIUS COCLES.

co·co /kóʊkoʊ/ *n* (*pl* **~s** /-z/) **1**〘植〙(ココ)ヤシ (coconut palm); COCONUT; 《俗》 《人間の》 頭 (head). **2** 《カリブ》 タロイモ (taro) の根. [Sp and Port＝grimace; 殻の底が人の顔に似ることから]

Coco[1] [the] ココ川《ニカラグア北部から北東に流れてカリブ海に注ぎ, ホンジュラスとの国境をなす; 旧称 Segovia》.

Coco[2] ココ (1900–74)《ロシア生まれの道化; 本名 Nikolay Polyakov; 英国でサーカスの道化として人気を博した》.

co·coa[1] /kóʊkoʊ/ *n* ココア《cacao の種子の粉末》; ココア飲料; カカオノキ (cacao); ココア色, 焦げ茶色. ► *a* ココア; ココア色の. ► *v* [次の成句で]: **I should ~!** 《口》 全くだ《I should say so. の韻俗》, [*iron*] いや, とんでもない (certainly not); 《俗》 ちっともかまわない. [変形‹*cacao*]

cocoa[2] *n* COCO《つづり誤り》.

cócoa bèan カカオの実, カカオ豆 (cacao).

cócoa bùtter カカオバター (＝*cacao butter*)《チョコレート・石鹸・ろうそくなどの原料》.

cócoa nìb *n* カカオの実の子葉.

cócoa·nùt *n* COCONUT.

co·co·bo·lo /kòʊkəbóʊloʊ/ *n* (*pl* **~s**)〘植〙熱帯アメリカ産マメ科ヒルギカズラ属の樹木《家具材として使われる紫檀(したん)》. [Sp＜Arawak]

coco-de-mer /kòʊkoʊdəméər/ *n*〘植〙オオミヤシ《Seychelles 諸島産; 実は食用》. [F]

COCOM /kákəm, kóʊkàm/ Coordinating Committee for Export to Communist Area [for Export Control] 対共産圏輸出統制委員会, ココム《1949–94; 本部 Paris》.

cóco·màt *n* ココナッツの外被繊維で作ったマット (＝*coconut matting*), ヤシむしろ《特に ドアマット用》.

co·cón·scious *n, a*〘心〙共意識(的な). ♦ **~·ness** *n*

có·conspírator *n* 謀議仲間, 共謀者.

co·co·nut /kóukənʌ̀t/ *n* **1** ココヤシ (coco) の実, ココナッツ; COCONUT PALM: the MILK in the ～. **2***《俗》頭; *《俗》1ドル; [*pl*]《俗》でかパイ; ᴵᴵ《俗》白人に協力[迎合]する黒人[非白人](「外見は黒くても中身は白」の意; cf. BOUNTY BAR).

cóconut bùtter ココナッツバター.

cóconut cràb〔動〕ヤシガニ (purse crab).

cóconut ìce ココナッツアイス《砂糖・乾燥ココナッツなどで作るピンクまたは白の菓子》.

cóconut màttingᴵᴵ COCOMAT.

cóconut mìlk ココヤシの果汁[胚乳], ココナッツミルク.

cóconut òil ココヤシ油, ココナッツオイル.

cóconut pàlm〔植〕ヤシ, ココヤシ (=*coconut tree*).

cóconut shỳᴵᴵ ココナッツ落とし《ココナッツを標的や賞品にして行なう; cf. COCKSHY》.

cóconut trèe COCONUT PALM.

co·coon /kəkú:n/ *n* **1** 繭(まゆ); ある種のクモが卵を包み保護する嚢(のう). **2** 温かいおおい; 保護被膜《機械類・艦砲などに, さびを防ぐために吹き付けるシール材》; 《文》保護, 庇護. ► *vt, vi* 繭をつくる; 繭に包む; おおう, 包む, 保護する; …に保護被膜を吹き付ける; 家にこもって過ごす. ♦ **～·er** *n* **cocóon·ery** *n* 養蚕所. [F<Prov (dim)<*coca* shell]

cocóon·ing* *n* コクーニング, 巣ごもり《外出などせずに, 家にこもって余暇を過ごすこと》.

cóco pàlm COCONUT PALM.

co·co·pan /kóukoupæ̀n/ *n* 《南ア》《鉱山用狭軌鉄道の》小型貨車.

cóco plùm〔植〕イカコ《(1) 熱帯アメリカ産のバラ科の枝が広がる低木 2) その果実; 貯蔵用》.

Có·cos Íslands /kóukəs-/ *pl* [the] ココス諸島《Java 島の南西にあるオーストラリアに属するサンゴ礁島群; 別称 Keeling Islands》.

co·cotte[1] /*F* kɔkɔt/ *n* 《やや古》《Paris の》娼婦, 淫売. [F=hen <imit]

cocotte[2] *n* ココット, 小型耐火皿《通例 取っ手付き》: en ～《料理が》ココットで調理した. [F<L]

co·co·yam /kóukoujæ̀m/ *n* サトイモ (taro), ヤウティア (yautia).

coc·o·zel·le /kɑ̀kəzéli/ *n*〔植〕ココゼル《ポンキン (summer squash) の一種》.

Coc·teau /*F* kɔkto/ コクトー **Jean** ～ (1889–1963)《フランスの詩人・作家; 前衛作家として文学・映画・絵画など広く芸術界に活躍した》.

cò·curricular *a* 正課併行の (cf. EXTRACURRICULAR).

có·cus·wòod /kóukəs-/ *n* アメリカコクタンの材《熱帯アメリカ産マメ科; 楽器類, 旋削加工用》.

Co·cy·tus /kousáitəs/〔ギ神〕コーキュートス《「嘆きの河」の意で ACHERON 河の支流》.

cod[1] /kɑ́d/ *n* (*pl* ～, ～**s**)〔魚〕タラ, 《特に》ニシマダラ《北大西洋産》, マダラ《太平洋産》: go *codding* タラ漁に出る. [ME<?]

cod[2] *n* 《古》袋; 《古》ふぐり (scrotum); ᴵᴵ《方》さや (pod). [ME; cf. OE *codd* husk, bag]

cod[3] *vt, vi* (**-dd-**)《方・英俗》からかう, かつぐ. ► ᴵᴵ《俗》*n* 悪ふざけ, でっちあげ; たわごと. ► *a* ᴵᴵ《俗》おどけた, もじった. [C19<?;「たわごと」の意は *codswallop* より]

cod[4] *n* 《北イング》男, やつ. [C17<?; cf. CODGER]

Cod ⇨ CAPE COD.

Cod., cod. (*pl* **Codd., codd.**) codex.

COD〔化〕chemical oxygen demand 化学的酸素要求量.

COD, c.o.d. °cash on delivery ♦ *COLLECT on delivery: send (sth) ～ 代金引換で送る.

co·da /kóudə/ *n*〔楽〕結尾, コーダ;〔韻〕尾連;〔バレエ〕コーダ《古典バレエのフィナーレ》; 結び, 大詰め. [It<L *cauda* tail]

cód·àct *vi* 《アイルロ》かつぐ, ふざける.

cód·bànk *n* タラの集まる海の浅瀬[浅堆(せんたい)].

cod·der[1] /kɑ́dər/ *n* タラ漁師[漁船].

codder[2] *n* 《ヨークシャー方言》《製鋼所の》プレス作業班長.

cod·dle /kɑ́dl/ *vt* 甘やかす, 大事に育てる ‹*up*›; …にうまい物をうんと食べさせる ‹*up*›; ‹卵などを›煮立てないようにゆでる, とろ火で煮る. ► *n* 《ロ》柔弱な人, 弱虫; 《アイル》ハムとベーコンのこま切れで作るシチュー. ♦ **cód·dler** *n* [変形? <*caudle*]

code /kóud/ *n* **1** 法典; 《ある階級・同業者などの》規約, 慣例; 《社会の》おきて: the civil [criminal] ～ 民[刑]法典 / the *C*～ of Civil [Criminal, Penal] Procedure 民事[刑事]訴訟法 / CODE OF HONOR / CODE OF PRACTICE / ～*s* of conduct 行動規範 / ～ of ethics 倫理規約 / the social ～ 社会のおきて[慣例]. **2** 記号(体系), 信号法, コード; 暗号(体系), 略号; 《電話番号の》コード《最初の数桁》; 《ドアロックなどの》暗証番号; 遺伝暗号 (genetic code);〔電算〕符号, コード《データや命令の略字や記号による表現》: in ～ 暗号で / break [crack] a ～ 暗号を解読する / a telegraphic ～ 電信記号 / AREA CODE. ► *vt* 法典として作成する; ‹伝達文・情報を›記号[暗号]にする, コード化する, 符号化する. ► *vi* 遺伝暗号で表わす ‹*for*›. ♦ **cód·able** *a* **～·less** *a* [OF<L CODEX]

códe·bòok *n* コード一覧表, 電信暗号帳, 暗号書, コードブック.

cò·débtor *n* 共同債務者.

co·dec, CODEC /kóudɛ̀k/ *n*〔通信〕コーデック, 符号器/復号器《(1) コンピューターから電話回線を使ってデータを送受信するための機器 2) デジタルデータの各種符号化・復号を行なうプログラム》. [*coder* and *decoder*]

Code Ci·vil /*F* kɔd sivil/ [le /lə/] 民法典《CODE NAPOLÉON の別称》. [F=civil code]

cò·declinátion *n*〔天〕余赤緯, 極距離 (=*polar distance*)《赤緯の余角》.

cod·ed /kóudɪd/ *a* 暗号化された; コード化[符号化]された; コード番号[文字コード]の付いた[表示された]; ‹批判などが›間接的な, 婉曲的な.

códe dàting 日付表示制《腐敗しやすい商品に製造年月日・貯蔵寿命・販売可能期限をコード表示する制度》.

cò·defénd·ant *n*〔法〕共同被告.

códe gròup 符号群 (=*code word*)《符号化された通信で, 1つ以上の語を表現する文字・数字の群》.

co·deine /kóudi:n/ *n*〔薬〕コデイン《アヘンから採るかモルヒネから製する白色結晶性アルカロイド; 鎮痛剤・鎮静剤・催眠剤・咳止めに用いる》. [Gk *kōdeia* poppyhead, *-ine*[2]]

co·den /kóudn/ *n* (*pl* ～)〔図書〕図書分類コード《通例 大文字アルファベット4字とアラビア数字2字からなる》.

códe-nàme *vt* …にコード名[暗号名]をつける.

códe nàme コード名, 暗号名.

Code Na·po·lé·on /*F* kɔd napɔleɔ̃/ [le /lə/] ナポレオン法典《ナポレオン治下のフランスで1804年に公布された民法典》.

cód ènd 《トロール網などの》袋網, 袋尻.

códe nùmber コード番号.

Códe of Hammurábi [the] ハンムラビ[ハンムラピ]法典《Hammurabi が制定した現存する最古の成文法典》.

códe of hónor 倫理規定[規範], 礼儀作法, 校則, 《軍隊の》服務規程; 決闘作法.

Códe of Mánu [the]『マヌ法典』《前250年ごろに作られたヒンドゥー教の最も重要な法典》.

códe of práctice 服務規程[規律].

cò·depéndent *a* 共依存(関係)の, 共依存症の《家族内にアルコール・麻薬依存症患者がいるときに家族に認められる生活・問題解決の機能不全についていう; 感情の同定・表出の困難, 他者に対する過度の責任感などの病理が特徴》. ► *n* 共依存関係にある人, 共依存症の人. ♦ **-depéndency, -depéndence** *n* 共依存.

cod·er /kóudər/ *n*〔電算〕コーダー《ENCODER, または coding をする人》.

códe réd *n, int* 緊急事態(発生!).

códe-shàring *n* 共同運航, コードシェア(リング)《複数の航空会社が同じ便を別々の便名のもとに運航させること》. ♦ **códe-shàre** *vi, vt* ‹航空会社が›(便を)共同運航する.

códe-swìtch·ing *n* 一言語[方言]体系から他の言語[方言]体系に切り換えること.

cò·determinátion *n* 《労使の》共同決定.

co·det·ta /koudétə/ *n*〔楽〕コデッタ《短いコーダ》. [It]

códe wòrd CODE NAME; CODE GROUP; 《攻撃的含みをもつが》表面的にはあたりさわりのない表現, 婉曲語句 (euphemism).

co·dex /kóudɛ̀ks/ *n* (*pl* **-di·ces** /-dəsì:z, kɑ́d-/)《聖書・古典の》写本, コーデックス; 《巻物に対して》冊子本, 綴本; 製剤・処方集, 薬局方; 《廃》法典 (code). [L=wood block, (writing) tablet, book]

Códex Jú·ris Ca·nón·i·ci /-ʤúərəs kənɑ́nəsàɪ/〔カト〕『教会法典』《カトリック教会の法規の集成; 1918年発効; cf. CORPUS JURIS CANONICI》.

cód·fìsh *n*〔魚〕タラ (cod); タラの身.

códfish aristòcracy タラ成金《タラ漁業で大もうけした Massachusetts 州の漁民》; 成金階級.

codg·er /kɑ́ʤər/ *n* 《ロ》変人, じじい, おいぼれ: an old ～. [? *cadger*]

codices *n* CODEX の複数形.

cod·i·cil /kɑ́dəsəl, -sìl/ *n*〔法〕遺言補足書; 追加条項, 補遺, 付録. ♦ **cod·i·cil·la·ry** /kɑ̀dəsíləri/ *a* [L (dim)<CODEX]

co·di·col·o·gy /kòudəkɑ́ləʤi, kɑ̀d-/ *n* 写本研究, 写本学. ♦ **co·di·co·log·i·cal** /kòudəkəlɑ́ʤɪk(ə)l, kɑ̀d-/ *a* **-cal·ly** *adv*

cod·i·fi·ca·tion /kɑ̀dəfəkéɪʃ(ə)n, kòu-/ *n* 法典編集; 法典化, 成文化.

cod·i·fy /kɑ́dəfàɪ, kóu-/ *vt* 法典 (code) に編む; 成文化する; 体系化する; 分類する. ♦ **cód·i·fì·er** *n* 法典編集者, 法令集成者. **còd·i·fì·abíl·i·ty** *n*

cod·ing /kóudɪŋ/ *n* 法典化; 《情報を》コードで表わすこと, 符号化; 《電文などを》暗号にする作業, 暗号化; コーディング《コンピューター用のプログラムを書くこと》. ► *a*〔生化〕‹DNA の領域が›有意でありタンパク質を表わす: a ～ region コード領域.

cò·discóver·er *n* 共同発見者.

cod·ling[1] /kɑ́dlɪŋ/, **-lin** /-lən/ *n* 頭のとがった青リンゴの一種《料理

用》; 小さい未熟なリンゴ; CODLING MOTH. ［AF *quer de lion* lion heart］

codling[2] *n* タラ (cod) の幼魚; タラ類似の食用魚 (＝*hake*).

códlin(g) mòth 〘昆〙 ヒメハマキの一種《幼虫はリンゴ・ナシなどの芯食い虫となる》.

cód·lins and créam‖ /kádlənz-/ 〘植〙 オオアカバナ (＝*hairy willow herb*)《ユーラシア・アフリカ北部原産アカバナ科の多年草; 美しい紅紫色の花をつける; 北米にも帰化》. ［変形＜*codling*[1]］

cód-liver òil (タラ)肝油.

cód·man /-mən/ *n* (*pl* **-men** /-mən/) タラ漁船.

co·dol·o·gy /kadáləʤi/ *n* 《アイルロ》 かつぐ[一杯食わせる]こと. ［*cod*[3] (sl) to tease, hoax］

còdomáin *n* 〘数〙 変域, 値域 (range).

co·dóminant *a* 〘生態〙《生物群集中で》共(同)優占の; 〘遺〙《ヘテロ表現度で》共優性の. ►*n* 共(同)優占種.

co·don /kóudàn/ *n* 〘遺〙 コドン (＝*triplet*)《ヌクレオチドが 3 個配列したもので, 特定のアミノ酸を指定する遺伝情報の最小単位》.

cód·pìece *n* コッドピース, 股袋《15-16 世紀の男子のズボン (breeches) の前開きを隠すための袋; しばしば装飾がしてあった》.

co-dríver *n* 《ラリーなどの》交代で運転するドライバー.

cods(·wal·lop) /kádz(wɑ̀ləp)/ *n*‖《俗》たわごと: That's a load of old ～. そんなの古臭いばか話さ. ［C20＜?］

cód wàr タラ戦争《タラ資源保護を名目とするアイスランドの専管水域の拡大に端を発するアイスランドと英国間の 3 度の紛争 (1958, 72-73, 75-76)》.

Co·dy /kóudi/ コーディ **William F(rederick)** ～ (1846-1917)《米国の西部開拓者・斥候・興行師; あだ名 'Buffalo Bill'; Wild West Show を組織して欧米を巡業した》.

Coe /kóu/ コー **Sebastian (Newbold)** ～, Baron ～ of Ranmore (1956-)《英国の陸上中距離選手》.

COE °center of excellence.

coe·cil·i·an /sisíljən, -síː-, -sílian/ *n* 〘動〙 CAECILIAN.

co·ed /kóuέd, ⌐⌐/ 《口》 *n**《男女共学の大学の》女子学生; ‖共学の学校[大学]. ►*a* 男女共学の; 両性に適した; 男も女も採用する, 男女混合になる; coed の; *《俗》ぴったり合う[はまる]: go ～《学校が》共学になる. ［*coed*ucational student］

cóed dórm*《大学の》共学学生寮 (co-residence‖)《男女を別棟とせず同じ棟に入れる》.

co·édit *vt* 共同編集する.

cò·edítion *n* 《異なった言語・国・出版社による》同時出版.

cò·éditor *n* 《書籍・雑誌・新聞の》共編者. ♦ **～·ship** *n*

co·éducate *vt* 〈人〉に男女共学の教育を施す.

co·education *n* 男女共学. ♦ **～·al** *a* **～·al·ly** *adv*

coef(f). coefficient.

cò·effícient *a* 共同作用の (cooperating). ►*n* 共同作因; 〘数・理〙 係数, 率; 程度. ［ML (*co-*)］

coeffícient of correlátion 〘統〙 相関係数 (correlation coefficient).

coeffícient of expánsion 〘理〙 膨張係数[率] (＝*expansivity*).

coeffícient of fríction 〘理〙 摩擦係数.

coeffícient of variátion 〘統〙 変動係数《分布の標準偏差と平均値との比》.

coeffícient of viscósity 〘理〙 粘性係数, 粘性率 (viscosity).

coehorn ⇨ COHORN.

coel- /síːl/, **coe·lo-** /síːlou, -lə/ *comb form* 「腔」 ［Gk (↓)］

coe·la·canth /síːləkæ̀nθ/ *n* 〘魚〙 シーラカンス (cf. LATIMERIA). ►*a* シーラカンス類の. ♦ **còe·la·cán·thine** /-θàɪn, -θən/, **-cán·thous** *a* ［L (Gk *koilos* hollow, *akantha* spine)］

coe·la·can·thid /sìːləkǽnθəd/ *n*, *a* COELACANTH.

-coele[1], **-coel** /sìːl/ *n comb form* 「腔」「体腔」 ［COEL-］

-coele[2] ⇨ -CELE.

coe·len·ter·ate /sɪléntərèɪt, -rət/ *n*, *a* 腔腸動物(の).

coe·len·ter·on /sɪléntərɑ̀n, -rən/ *n* (*pl* **-tera** /-tərə/) 〘動〙《腔腸動物の》腔腸.

Coe·le-Syr·ia /síːlisíriə/ セレシリア《BEKAA の古代名》.

coe·li·ac‖ /síːliæ̀k/ *a* CELIAC.

coelo- ⇨ COEL-.

coe·lom /síːləm/, **-lome** /-lòum/ *n* (*pl* **-loms, -lo·ma·ta** /sɪlóumətə, -lám-/) 〘動〙 体腔 (body cavity). ♦ **-lom·ic** /sɪlámɪk, -lóu-/ *a*

coe·lo·mate /síːləmèɪt, -mət/ 〘動〙 *a* 体腔のある. ►*n* 体腔動物.

coe·lo·stat /síːləstæ̀t/ *n* 〘天〙 シーロスタット《平面反射鏡 2 枚で天体から光を常に一定方向に送る装置》.

coe·lur·o·saur /sɪlúrəsɔ̀ːr; -ljúərə-/ *n* 〘古生〙 シーロサウルス《前脚の比較的長い, 小型でほっそりした竜盤目獣脚亜目の肉食恐竜; 白亜紀初期に北アフリカに生息; 鳥類の遠い祖先と考えられている》.

co·emp·tion /kouém(p)ʃ(ə)n/ *n* 《古》買占め.

Coen[1] /kúːn/ クーン **Jan Pieterszoon** ～ (1587-1629)《オランダの植民地経営者; オランダ領東インド諸島総督 (1619-23, 27-29) として東インド貿易におけるオランダの独占的地位を確立した》.

Co·en[2] /kóuən/ コーエン **Ethan** ～ (1957-), **Joel** ～ (1954-)《米国の映画制作者兄弟; Joel が監督, Ethan が制作, 脚本は共同で執筆する; *Fargo* (ファーゴ, 1996), *No Country for Old Men* (ノーカントリー, 2007)》.

coen- /síːn, sén/, **coe·no-** /síːnou, -nə, sén-/ *comb form* 「共通の」「普遍の」 ［Gk *koinos* common］

coenacle ⇨ CENACLE.

coe·nes·the·sia, ce- /sìːnəsθíːʒə/, **-the·sis** /-θíːsəs/ *n* 〘心〙 体感《漠然とした全身の感覚で, 健康感や虚脱感のような感じとして生じる》.

coenobite ⇨ CENOBITE.

coe·no·bi·um, ce- /sɪnóubiəm/ *n* (*pl* **-bia** /-biə/) 〘生〙 連結生活体, 連生体《2 個体以上の単細胞生物の連結体で, 群体の一つの場合》.

cóeno·cỳte *n* 〘生〙 多核細胞, 多核体, ケノサイト; SYNCYTIUM. ♦ **còeno·cýt·ic** /-sít-/ *a*

coenogenesis ⇨ CENOGENESIS.

coe·no·sarc /síːnəsɑ̀ːrk, sénə-/ *n* 〘生〙 共肉《刺胞動物の群体で, 各個虫を連絡する軟体部》.

coenospecies ⇨ CENOSPECIES.

coe·nu·rus /sɪn(j)úərəs/ *n* (*pl* **-ri** /-ràɪ/) 〘動〙 共尾虫, コエヌルス《条虫の幼生の一型; 包嚢の内壁にいくつもの頭節をつくるもの; たとえば多頭条虫のコエルヌスは羊の脳に寄生して旋回病 (gid) を起こす》. ［Gk *oura* tail］

co·énzyme *n* 〘生化〙 補酵素, コエンザイム, コエンチーム. ♦ **-enzymátic** *a* **-ti·cal·ly** *adv*

coenzyme A /─ éɪ/ 〘生化〙 補酵素 A, コエンザイム A《糖質や脂質の代謝に重要なはたらきをなす》.

coenzyme Q /─ kjúː/ 〘生化〙 補酵素 Q, コエンザイム Q (ubiquinone).

co·équal *a* 同等の, 同格の 〈*with*〉. ►*n* 同等の人[もの]. ♦ **～·ly** *adv* **cò·equálity** *n* ［L (*co-*)］

co·erce /kouə́ːrs/ *vt* 力で抑える, 威圧する; 強制する, 強要する: ～ sb *into* do*ing* 人を強制して[無理に]…させる. ♦ **co·érc·ible** *a* **-ibly** *adv* ［L *coerceo* to restrain］

co·er·cim·e·ter /kòuəːrsímətər/ *n* 〘理〙 抗磁力計, 保磁力計.

co·er·cion /kouə́ːrʒ(ə)n, -ʃ(ə)n/ *n* 強制; 威圧(政治). ♦ **～·ist** *n* 威圧政治論者.

co·er·cive /kouə́ːrsɪv/ *a* 強制的な, 威圧的な, 高圧的な. ♦ **～·ly** *adv* **～·ness** *n*

coércive fórce 〘理〙 抗磁力, 保磁力.

co·er·civ·i·ty /kòuəːrsívəti/ *n* 〘理〙《材料の》保磁力.

coe·site /kóusàɪt/ *n* 〘鉱〙 コーサイト《ケイ酸鉱物の高圧相》. ［Loring *Coes*, Jr. (1915-73) 米国の化学者］

cò·esséntial *a* 同質の, 同体の 〈*with*〉; 〘神学〙〈神性が〉一体の. ♦ **～·ly** *adv*

co·eta·ne·ous /kòuətéɪniəs/ *a* 同時代[年代, 期間]の (coeval). ♦ **～·ly** *adv* ［L *aetas* age］

cò·etérnal *a* 〘神学〙 永遠に共存する. ♦ **～·ly** *adv* **-etérnity** *n*

Coet·zee /kʊtsíː, kʊtsíə/ クッツェー **J(ohn) M(axwell)** ～ (1940-)《南アフリカ共和国の作家; 小説 *Life and Times of Michael K* (1983), *Disgrace* (1999); ノーベル文学賞 (2003)》.

Cœur /*F* kœːr/ クール **Jacques** ～ (c. 1395-1456)《フランスの商人; Charles 7 世治下の御用達となり, 造幣局長・王室会計方を歴任》.

Cœur de Lion /*F* kœːr də ljɔ̃/ 獅子心王《RICHARD 1 世のあだ名》.

co·eval /kouíːv(ə)l/ *a* 同時代の, 同年代の, 同期間の 〈*with*〉. ►*n* 同時代の人[もの]. ♦ **～·ly** *adv* **co·eval·i·ty** /kòuivǽləti/ *n* ［L *aevum* age］

co·evolútion *n* 〘生〙 共進化《系統的には関係のない複数の生物体が相互に関連し合って同時に進化すること》. ♦ **～·àry** /; -(ə)ri/ *a*

cò·evólve *vi* 〘生〙 共進化する.

cò·exécutor *n* (*fem* **-exécutrix**) (遺言)共同執行人.

cò·exíst *vi* 同時[同一場所]に存在する, 共存する 〈*with*〉; 平和共存する. ♦ **cò·exístence** *n* 共存, 共在, 共生; 平和共存: peaceful *coexistence* 平和共存. **cò·exístent** *a* 共存する 〈*with*〉.

cò·extén d *vi*, *vt* 同じ広さ[長さ]に広がる[広がらせる]. ♦ **cò·exténsion** *n* 《時間・空間の》同一の広がり[延長].

cò·exténsive *a* 《時間または空間において》同一の広がりをもつ; 〘論〙 同延の. ♦ **～·ly** *adv*

co·fáctor *n* 〘数〙 余因子, 余因数; 〘生化〙 補(助)因子, 共同因子; COENZYME.

C of C °Chamber of Commerce ♦ °coefficient of correlation.

C of E °Church of England.

có·fèature *n* 《演芸などの》主な呼び物といっしょに行なわれる(副次的な)出し物.

co·férment *n* COENZYME.

coff /káf/ *vt* (**coft** /kάːft/) 《スコ・古》買う.

coff coff, koff koff /kɔ́(ː)f kɔ́(ː)f, kɑ́f kɑ́f/ コンコン, コホンコホン, ゴホゴホ, ゲホゲホ《咳の音》. [imit]
cof·fee /kɔ́(ː)fi, kɑ́fi/ *n* コーヒー (cf. CAFÉ); コーヒー付きの軽食; COFFEE HOUR; 〔植〕コーヒーノキ (cf. ARABICA, ROBUSTA); コーヒーの実, コーヒー豆《集合的》; コーヒー色, とび色: Let's have ～. / Two ～*s*, please. / CUP OF COFFEE. [Turk＜Arab]
cóffee-ánd* «俗» *n* コーヒーとドーナツ[ケーキなど]のセット《いちばん安い食事》; *生活必需品.
còffee-and-cáke jòb [jòint]* «俗» 安サラリーのちっぽけな仕事[店].
cóffee and cáke(s)* «俗» 安サラリー, はした金.
còffee-and-cáke-tìme* «俗» *n* 《金がなくなって》ひと稼ぎしなければならない時期; 《泥棒などが》ひと稼ぎするのにかっこうな時期[場所].
cóffee bàg コーヒーバッグ.
cóffee bàrᴵᴵ 軽食のできるコーヒー店, コーヒーバー.
cóffee bèan コーヒー豆.
cóffee bèrry コーヒーの実《一個の中に bean が 2 つある》; «俗» コーヒー豆 (coffee bean).
cóffee brèak コーヒーブレーク《午前・午後中程の 15 分ぐらいの休み; cf. TEA BREAK》.
cóffee càke* コーヒーケーキ《しばしばフルーツ・ナッツ・スパイスのはいった甘いパン; コーヒーといっしょに食べる》; ᴵᴵコーヒー味のケーキ.
cóffee-cólored *a* コーヒー色の, 暗褐色の.
cóffee còoler* «俗» 楽な仕事を欲しがるやつ, なまけ者.
cóffee cùp コーヒー茶碗, コーヒーカップ.
cóffee èssence コーヒーエッセンス.
cóffee grìnder コーヒー挽き(器); «俗» ガタガタ自動車; *«俗» 腰をくねらせるストリッパー; *«俗» 売春婦; *«俗» 映画カメラマン; *«俗» 航空機のエンジン.
cóffee gròunds *pl* コーヒーの出しがら.
cóffee hòur コーヒーや菓子の出る懇話会; COFFEE BREAK.
cóffee·hòuse *n* 喫茶店, コーヒーハウス《17–18 世紀の London では政治家・文人のたまり場であった》.
cóffee klàtch, cóffee-klàtsch KAFFEEKLATSCH.
cóffee lìghtener コーヒー用クリームの代用品 (＝*coffee whitener*).
cóffee machìne コーヒー自動販売機; コーヒー沸かし, コーヒーメーカー.
cóffee·màker コーヒー沸かし, コーヒーメーカー; コーヒーをいれる人; コーヒー販売会社[業者].
Cóffee-màte 〔商標〕コーヒーメイト《植物性クリーム粉末》.
cóffee mìll コーヒー挽き(器), コーヒーミル.
cóffee mòrningᴵᴵ 朝のコーヒーパーティー《しばしば 募金のための》.
cóffee nùt KENTUCKY COFFEE TREE の実[木].
cóffee plànt 〔植〕コーヒーノキ.
cóffee·pòt *n* コーヒー沸かし, コーヒーポット; *«俗» 深夜営業の軽食堂; *«俗» 小出力の民放局.
cóffee rìng リング形のコーヒーケーキ.
cóffee ròll コーヒーロール《coffee cake と同じ材料で作ったロールパン》.
cóffee ròom コーヒー店, 喫茶店.
cóffee róyal カフェロワイヤル《ブランデーかラム酒に砂糖を入れたコーヒー》.
cóffee sèrvice コーヒーセット《通例 純銀または銀めっきの, コーヒーポット・シュガーボウル・クリーム入れおよび盆からなる》.
cóffee sèt 《陶磁器の》コーヒーセット; COFFEE SERVICE.
cóffee shòp 《ホテルなどの》喫茶軽食の店, 小レストラン; コーヒー豆店.
cóffee spòon コーヒースプーン《TEASPOON より一段小型のスプーン》.
cóffee stàll [stànd] コーヒースタンド.
cóffee-tàble *a* コーヒーテーブル向きの《絵・写真の多い大型豪華本[雑誌]についていう》.
cóffee tàble コーヒーテーブル (＝*cocktail table*)《灰皿・飲み物・雑誌などを載せてソファーの前に置く低いテーブル》.
cóffee-tà·bler /-tèɪblər/ *n* 《coffee table に置いておく》大型豪華本.
cóffee trèe 〔植〕**a** コーヒーノキ. **b** KENTUCKY COFFEE TREE.
cóffee whìtener COFFEE LIGHTENER.
cof·fer /kɔ́(ː)fər, kɑ́f-/ *n* 貴重品箱, 金箱, 金庫; [*pl*] 財源 (funds); COFFERDAM; 運河の水門; 水を通さない密閉箱[室]; 〔建〕格(ごう)天井の鏡板. ► *vt* 箱[ひつ]に入れる, 金庫に納める; 格間で飾る; せき止める. ♦ **～·like** *a* [OF＜L *cophinus* basket＜Gk]
cóffer·dàm *n* 〔土木〕締切り《河川や湖沼などで一時的に水を締め出す囲いぜき》; 〔造船〕コッファーダム《喫水線下修理用の囲い》.
cof·fin /kɔ́(ː)fən, kɑ́f-/ *n* **1** 棺, ひつぎ; 〔印〕電鋳版[鉛版]をはめる型枠 (＝～ **blòck**); 蹄槽《馬の蹄骨を包む角質の皮層》: in one's ～ 死んで, 葬られて / a NAIL in sb's ～. **2** «口» ぼろ船 (coffin ship); *«俗» あぶない車[バス, 飛行機 など]; *«俗» 装甲車, タンク; *«俗» 金庫. ► *vt* 棺に入れる, 納棺する. ♦ **～·less** *a* 棺のない. [OF＝little basket etc., ＜Gk; ⇨ COFFER]
cóffin bòne 《馬の》蹄骨 (＝*pedal bone*).
cóffin còrner «アメフト俗» コフィンコーナー《ゴールラインとサイドラインを結ぶ左右のコーナー; 防御側には危険なコーナー》.
cóffin-dòdger *n**«俗» 《タバコをいくら吸っても死なない》ヘビースモーカー, 棺桶のがれ.
cóffin jòint 《馬などの》蹄関節.
cóffin nàil «俗» 紙巻きタバコ (cigarette); «俗» 命を縮めるもの, 酒一杯.
cóffin-plàte *n* 棺に付ける名札.
cóffin shìp 《使いものにならない》ぼろ船 (＝*coffin*).
cóffin tàck* «俗» 紙巻きタバコ (coffin nail).
cóffin vàrnish* «俗» 安酒, 質の悪いアルコール.
cof·fle /kɔ́(ː)f(ə)l, kɑ́f-/ *n* 《鎖でつないだ》一連の獣[奴隷]. ► *vt* 数珠つなぎにする. [Arab]
cof·fret /kɔ́(ː)frət, kɑ́f-/ *n* 貴重品を入れる小箱, 小型金庫. [F (dim)‹ *coffre* coffer]
co·fígurative *a* 各世代[同輩集団]が独自の価値観を発展させる社会形態の (cf. POSTFIGURATIVE, PREFIGURATIVE).
C of S °Chief of Staff ♦ °Church of Scotland.
coft *v* COFF の過去・過去分詞.
có·fùnction *n* 〔数〕余関数.
cog[1] /kɔ́(ː)g, kɑ́g/ *n* 《歯車の》歯, はめ歯; はめば歯車 (cogwheel); 大機構の中で小さい役割を演じる人: a ～ in the wheel [machine] 組織の中の歯車. ● **slip a ～** 間違える, しくじる. ► *vt* (-gg-) ‹鋼塊を›分解圧延する. ♦ **cógged**[1] *a* 歯車のついた. [? Scand; cf. Swed *kugge*]
cog[2] *vi, vt* (-gg-) いかさまをする《特に さいころに細工して》; «廃» 甘言でだます, かたる. ► *n* «廃» いかさま, いんちき. ♦ **cogged**[2] *a* ‹さいころが›いかさまの. [C16＜?]
cog[3] *n* 〔木工〕枘(ほぞ). ► *vt* (-gg-) 枘で継ぐ. [C19＜?; *cog*[1] か]
cog[4] *n* 小型漁船; 小型ボート. [C16＜?]
cog. cognate. **c.o.g., CoG** °center of gravity.
Co·gas /kóugæs/ *n* 石炭または石油から採るガス. [*coal-oil-gas*]
co·gen·cy /kóuʤ(ə)nsi/ *n* 《議論・推論の》説得力.
cò·generátion *n* 熱電併給, コジェネレーション《発電時の排熱を給湯や冷暖房に利用するなど, 同一の燃料を 2 種のエネルギーに変えて利用すること》. ♦ **cò·génerator** *n*
co·gent /kóuʤənt/ *a* 強制力をもつ; 人を承服[納得]させる, 説得力のある; 当を得た, 適切な. ♦ **～·ly** *adv* [L (*cogo* to drive, compel)]
Cog·gan /kɑ́gən/ コガン (**Frederick**) **Donald** ～, Baron ～ (1909–2000)《英国の聖職者; Canterbury 大主教 (1974–80)》.
Cóg·gins (tèst) /kɑ́gɪnz(-)/ 〔獣医〕コギンズ試験《ウマの感染性貧血症などを診断する血清検査》. [Leroy *Coggins* (1932–) 米国の獣医ウイルス学者]
cog·gle /kɑ́g(ə)l/ *vi, vt*ᴵᴵ«方» よろめく[よろめかせる], ぐらぐらする[ぐらぐらさせる]. [?*cockle* (dial) to wobble]
cog·i·ta·ble /kɑ́ʤətəb(ə)l/ *a* 考えられる (thinkable).
cog·i·tate /kɑ́ʤətèɪt/ *vi, vt* 考える, 熟慮する ‹*on*›; 工夫[計画]する. ♦ **cóg·i·tà·tor** *n* [COGITO]
còg·i·tá·tion *n* 思考, 熟考; 思考力; [°*pl*] 思案, 考案, 計画.
cóg·i·tà·tive /; -tə-/ *a* 思考の; 思考力のある; 熟考する; 思いにふける. ♦ **～·ly** *adv* **～·ness** *n*
co·gi·to /kɑ́gɪtòu, -ʤɪ-, *kóu-/ *n* コギト《'cogito, ergo sum' という哲学の原理》; 自我の知的作用. [L (*co-*, AGITATE to think)]
cogito, er·go sum /—— ɛ̀rgou súm, -ə̀ːrgou sʌ́m/「われ思考す, ゆえにわれ在り」《Descartes の根本哲学を表わすことば》. [L＝I think, therefore I exist]
Co·glians /kouljɑ́ːns/ [Monte] コリアンス山《KELLERWAND のイタリア語名》.
co·gnac /kɑ́njæk, kóu-/ *n* コニャック《**1**) フランス西部の Cognac 市周辺産の白ワインから造る高級ブランデーの通称 **2**) 一般にフランス産のブランデー》.
cog·nate /kɑ́gnèɪt/ *a* **1** 祖先を同じくする, 同血族の (kindred); 〔法〕女系親の (cf. AGNATE). **2** 同起源の; 〔言〕同語族の‹言語›; 〔言〕同語源の‹語›; 〔文法〕同族の‹実詞› (⇨ COGNATE OBJECT); 同種の, 同じ性質の; 〔地質〕同源の. **3** 関連する, 関係のある: ～ fields 関連分野. ► *n* **1** 〔法〕血族者, 親族 (relative); 外戚 (in-law). **2** 同起源のもの, 同種のもの; 〔言〕同族言語; 〔言〕同語源語. ♦ **～·ly** *adv* **～·ness** *n* [L *co-*(*gnatus* born)]
cógnate óbject 〔文法〕同族目的語《例: die the death, live a good life における death, life》.
cog·nat·ic /kɑgnǽtɪk/ *a* 同族[親族]の; 女系親の.
cog·na·tion /kɑgnéɪʃ(ə)n/ *n* 同族, 親族; 女系親; 〔言〕同系.
cog·ni·tion /kɑgníʃ(ə)n/ *n* 認識, 認知; 認識力; 知識; 〔スコ法〕《正式の》認知. ♦ **～·al** *a* [L *cognitio*; ⇨ COGNIZANCE]
cog·ni·tive /kɑ́gnətɪv/ *a* 認識の[に関する]; 経験的事実認識に基づいた[還元できる]: ～ power 認識力. ♦ **～·ly** *adv* **còg·ni·tív·i·ty** *n*
cógnitive díssonance 〔心〕認知的不協和《二つの矛盾する信念や態度を同時にとることによる心理的葛藤》.

cógnitive ethólogy 認知行動学《物事の感知・意図の動物行動に対する影響を研究対象とする》.

cógnitive máp 〘心〙認知地図.

cógnitive psychólogy 認知心理学《認知・学習・記憶・推理などの精神活動を研究対象とする》.

cógnitive scíence 認知科学《認知過程のメカニズムと機能を明らかにしようとする学際的研究》. ♦ **cógnitive scíentist** *n*

cógnitive thérapy 〘精神医〙認知療法《否定的自己認識と期待によってゆがんだ思考を正すことで, 鬱病の徴候を減じてゆく療法》.

cóg·ni·tiv·ìsm *n* 〘倫〙認知主義《道徳的判断は事実を述べる真理値をもつものであるとする》.

cog·ni·za·ble, -sa- /kágnəzəb(ə)l, kán-, kagnáɪ-/ *a* 認識できる; 〈犯罪などが〉裁判所の管轄内にある, 審理できる. ♦ **-bly** *adv*

cog·ni·zance, -sance /kágnəz(ə)ns, kán-/ *n* **1** 認識, 《事実の》認知, 知覚, 注目; 認識範囲: be [fall, lie] within [beyond, out of] one's ～ 認識の範囲内[外]である. **2** 監督; 〘法〙《裁判所に顕著な事実についての》裁判所の確認; 〘法〙裁判管轄権. **3** 記章, 紋章. ● **have ～ of**…を(公式な方法で)知る. **take ～ of**…を認める, …に気がつく; …を考慮する; …を(受理して)審理する. [OF<L *cognit- cognosco* to get to know]

cóg·ni·zant *a* 認識している, 知っている 〈*of*〉; 〘哲〙認識力のある; 〘法〙裁判管轄権のある, 審理権のある.

cog·nize /kágnàɪz, ―⌐/ *vt* 〘哲〙認める, 認識する. [*cognizance*; RECOGNIZE などの類推]

cog·no·men /kagnóʊmən, *kágnə-, ‖-mèn/ *n* (*pl* **～s, -nom·i·na** /-námənə, -nóʊ-/) **1** 〘古ロ〙第三名, 家名《例: Gaius Julius Caesar の *Caesar*; 時に第四名 (agnomen) を指すこともある; cf. NOMEN[1], PRAENOMEN》. **2** 苗字; あだ名. [L]

cog·nom·i·nal /kagnámənl, -nóʊm-/ *a* 姓の, 家名上の; 名称上の; 同名の, 同姓の. ♦ **～·ly** *adv*

co·gno·scen·te /kànjəʃénti, kàgnə-, -sèn-/ *n* (*pl* **-ti** /-ti/) 通, 目利き (connoisseur): the *cognoscenti* その道の通[くろうと筋]. [It=one who knows]

cog·nos·ci·ble /kagnásəb(ə)l/ *a* 認識できる, 知られる (cognizable). ► *n* 認識しうるもの.

cog·no·vit /kagnóʊvət/ *n* 〘法〙《被告が原告の要求の正当であることを認める》認諾, 承認書. [L=he has acknowledged; cf. COGNIZANCE]

co·gon /kougóʊn/ *n* 〘植〙チガヤ《フィリピンなど熱帯地方では屋根ふきの材料とする》. [Sp<Tagalog]

cóg·ràil *n* 歯形レール, 歯軌条 (=*rack rail*).

cóg ràilway 歯形レール[歯軌条]鉄道 (rack railway).

cógs·well chàir /kágzwèl-, -wəl-/ ゴグズウェル《安楽椅子の一種》. [*Cogswell* 人名]

cóg·wày *n* COG RAILWAY.

cóg·whèel *n* 〘機〙はめば歯車.

co·hab·it /koʊhǽbət/ *vi* 〈男女が〉同棲する, [*euph*] 関係をもつ; 〈異種動物など〉いっしょに生息する; 共存する; 《古》いっしょに[同じ場所に]住む. ► *vt* 〈同じ場所〉にいっしょに生息する 〈*with*〉. [L (*habito* to dwell)]

co·hab·i·tant /koʊhǽbətənt/, **co·hab·it·er** /koʊhǽbətər/, **-it·ee** /koʊhæ̀bətíː/ *n* 同棲者.

co·hábitate *vi* COHABIT.

co·hàb·i·tá·tion *n* 同棲, 同居, 共同生活; 保革共存, コアビタシオン《フランスで 1986 年に出現した Chirac 首相 (保守系) と Mitterrand 大統領 (社会党) との政権が好例》.

Co·han /kóʊhæ̀n, ―⌐/ コーハン **George M(ichael)** ～ (1878–1942)《米国の俳優・脚本家・プロデューサー・ポピュラーソング作者; Broadway ミュージカルの父》.

co·héir *n* 〘法〙共同相続人. ♦ **co·héir·ess** *n fem*

co·hen, ko- /kóʊ(h)ən/ *n* (*pl* **co·ha·nim, ko-** /kóʊ(h)ənɪm/) コーヘン《Aaron の子孫であるために一種の宗教上の特権と責務をもつユダヤ人家系の一員》. [Heb=priest]

Co·hen /kóʊən/ コーエン **Stanley** ～ (1922–)《米国の生化学者; 神経成長因子・上皮細胞増殖因子の発見でノーベル生理学医学賞 (1986)》.

Co·hen-Tan·nou·dji /kóʊəntáːnuʤi/ コーエン-タヌジ **Claude** ～ (1933–)《フランスの物理学者; レーザー光による原子冷却トラップ法の開発によりノーベル物理学賞 (1997)》.

co·here /koʊhíər/ *vi* **1 a** 密着する; 〈分子が〉凝集する; 〘植〙合着[連着]を示す. **b** 《主義などで》結合する, 一致する. **2** 〈文体・論理など〉筋が立つ, 首尾一貫する. ► *vt* 〈部分・要素を〉密着[結合]させる, 首尾一貫させる. [L (*haes- haereo* to stick)]

co·her·ence /koʊhíərəns/ *n* 《集団などの》結合の緊密さ, 結束, まとまり; 《文体・論理などの》統一, 首尾一貫性. ♦ **co·hér·en·cy** *n*

cohérence thèory 〘哲〙整合説《命題は他の多くの命題と整合しているときに真であるとする》.

co·hér·ent *a* **1 a** 〈話など〉筋の通った, 首尾一貫した; 明晰な, 明瞭な; 〈単位系が〉整合的な《すべての単位が係数因子なしで基本単位の乗除計算のみによって得られる》. **b** 〘理〙(可)干渉性の; 〘理〙(可)干渉光を発する: ～ light (可)干渉光, コヒーレント光. **2** 凝集性の, 密着した 〈*with, to*〉; まとまった, 緊密な. ♦ **～·ly** *adv*

co·her·er /koʊhíərər/ *n* 〘電〙コヒーラー《検波器の一種》.

co·he·sion /koʊhíːʒ(ə)n/ *n* 密着, 粘着; 結合, 結束, 団結, 一体性; 〘理〙《分子の》凝集(力); 〘植〙合着, 連着; 〘言〙つながり, 結束作用《ある文集合を一つのテクストとして成り立たせている意味関係》. ♦ **～·less** *a* 非粘着[非凝集]性の. [L (COHERE); *adhesion* にならったもの]

co·he·sive /koʊhíːsɪv/ *a* 結合力のある, 粘着[凝集]性の. ♦ **～·ly** *adv* **～·ness** *n*

Cohn /kóʊn/ コーン (**1**) **Edwin J(oseph)** ～ (1892–1953)《米国の生化学者》(**2**) **Ferdinand (Julius)** ～ (1828–98)《ドイツの植物学者; 藻類・細菌・菌類を研究; 細菌学の基礎を築いた》(**3**) **Harry** ～ (1891–1958)《米国の映画制作者; Columbia 映画を設立, 全盛期を築きあげた》.

co·ho, -hoe /kóʊhoʊ/ *n* (*pl* **～, ～s**) 〘魚〙ギンザケ (silver salmon) (=**～ sàlmon**).

co·ho·bate /kóʊhoʊbèɪt/ *vt* 〘薬〙再留する.

cò·homólogy *n* コホモロジー (=**～ thèory**)《位相理論の一部で, 位相空間の性質の研究に群を用い, ホモロジー理論 (homology theory) と相補的関係をなす分野》. ♦ **co·homológical** *a*

co·horn /kóʊhɔ̀ːrn/, **coe·horn** /kúː-, kóʊ-/ *n* 小型の砲弾発射器《木で組んだ台の上に載せて使う, 青銅製のもの》.

co·hort /kóʊhɔ̀ːrt/ *n* **1** [°*derog*] 仲間, 同僚, 相棒. **2** 一隊, 一団 〈*of*〉; 《古代ローマの》歩兵隊《legion を 10 に分けたその一隊で 300–600 人》; [°*pl*] 《文》軍隊; 〘統〙コーホート《統計因子を共有する集団; 同時出生集団など》; 〘生〙コホート《補助的な分類上の階級の一つ》.

co·hosh /kóʊhàʃ, ―⌐/ *n* 〘植〙コホッシュ《サラシナショウマ属の多年草 (black cohosh), ルイヨウボタン (blue cohosh), ルイヨウショウマ属の多年草 (baneberry) など; 北米原産の毒草[薬草]》. [Algonquian]

co·host /koʊhóʊst, ⌐―⌐/ 《放送》 *vt, vi* (〈番組〉の)共同ホストをする. ► *n* /⌐―⌐/ 共同ホスト.

co·hóusing *n* 共同ハウジング《共用建物の周囲に一群の一世帯住宅を建てて住まう取決め; そうした住宅群》.

cohow(e) ⇨ CAHOW.

co·húne (pálm) /koʊhúːn(-)/ 〘植〙コフネヤシ《中南米原産; 果実から良質の油が採れる》. [AmSp]

Coi, Koi /kɔ́ɪ/ [the] ソンコイ川 (=**Sóng ～** /sɔ́ːŋ-/)《RED RIVER のヴェトナム語名》.

COI 〘英〙°Central Office of Information.

cò·idéntity *n* 二つ(以上)のものの間の同一性.

coif /kɔ́ɪf/ *n* **1 a** コイフ, コワフ《頭にぴったりした帽子の総称》; 《昔兵士がかぶとの下に着用した》金属製のかぶりもの; 《昔の英国の》上級法廷弁護士用フード《白の職帽》. **b** 上級法廷弁護士の地位[階級]. **2** /kwɑ́ːf/ COIFFURE. ► *vt* …に coif をかぶらせる; /kwɑ́ːf/ 〈髪を〉セットする, …の髪をセットする. [OF<L *cofia* helmet]

coiffed /kwɑ́ːft/ *a* [°*joc*] COIFFURED.

coif·feur /kwɑːfə́ːr; *F* kwafœːr/ *n* 理容師, 美容師.

coif·feuse /kwɑːfə́ːz, -f(j)úːz; *F* kwaføːz/ *n* 女性理容[美容]師.

coif·fure /kwɑːfjʊ́ər; *F* kwafyːr/ *n* 髪型; 髪飾り (headdress). ► *vt* 〈髪を〉セットする.

coif·fured /kwɑːfjʊ́ərd/ *a* 手入れをされた, 整った; ブラシを入れた[くしけずられた]髪の, 髪がカールの.

coign(e) /kɔ́ɪn/ *n* 《古》QUOIN. [COIN]

cóign of vántage 《観察・行動に》有利な立場《Shak., *Macbeth* 1.6.7》.

coil[1] /kɔ́ɪl/ *vt, vi* ぐるぐる巻く, 渦巻状に巻く 〈*around*〉; 輪状にする, 輪をつくる 〈*up*〉: The vine ～*ed* (itself) [got itself ～*ed*] *around* the post. つるは柱に巻きついていた / ～ (oneself) *up* 〈ヘビが〉とぐろを巻く, 〈人などが〉体を丸くする. ► *n* ぐるぐる巻き, 輪, とぐろ巻き; 螺旋(らせん); 《縄・針金などの》一巻き; 避妊リング; 〘電〙コイル, 誘導コイル (=induction ～); 《車の》点火コイル; 〘郵〙コイル《(**1**) 500 枚, 1000 枚続きなどの切手のロール **2**) そのうちの一枚の切手》; *《俗》電気装置, 《特に》蓄電器, 発電機; 巻き毛. ♦ **～·er** *n* [OF<L COLLECT[1]]

coil[2] *n* 《古・詩》混乱; 《古・詩》厄介事, 面倒; *《俗》[*joc*] 人生《mortal coil から》. ● **this mortal ～** 浮世の煩わしさ: shuffle off *this mortal* ～ 死ぬ《Shak., *Hamlet* 3.1.67》.

cóil sprìng コイルばね, つる巻きばね.

cóil stàmp 〘郵〙コイル切手《自動販売機で売る長い帯状の切手》.

Coim·ba·tore /kòɪmbətɔ́ːr, kòʊɪm-/ コインバトール《インド南部 Tamil Nadu 州西部の工業都市》.

Co·ím·bra /koʊímbrə, kʊ-/ コインブラ《ポルトガル中部の古都》.

coin /kɔ́ɪn/ *n* 硬貨, コイン; 《俗》金, ぜに; 硬貨に似たもの, 異なる二面をもつもの; 金のように用いられるもの; [～s] 〘トランプ〙コイン《タロットカードにおける組札の一; 五芒星 (pentacles) に同じ》; 《古》隅石 (quoin); 《古》くさび: false ～ にせ金, [*fig*] にせもの / bad ～ 粗悪な貨幣, 悪貨; にせ金. ● **pay** sb **(back) in his own ～=pay** sb **back in the same ～** 人にしっぺ返しをする. **the other side of the ～** [*fig*] 逆の見方. **two sides of the same ～** 物事[事態]の表裏. ► *a* 硬貨の; 硬貨を入れて作動させる. ► *vt* 〈硬貨を〉鋳

造する (mint); 硬貨に造る; [*fig*] 金に換える; 〈新語・虚偽など〉造り出す: ～ one's brains 頭を使って金にする / a ～*ed* word 新造語. ► *vi* (硬貨を)鋳造する; "にせ金造りをする. ● **～ money** =**～ it (in)** "«口» どんどん金をもうける, たちまち財をなす. **to ～ a phrase** [*iron*] 斬新な言い方をするなら《常套句を使う時のきまり文句》. [OF＜L *cuneus* wedge; 「くさびで打った印(のある金属)」の意で「硬貨」の意は Chaucer に初出; cf. QUOIN]

Coin *n, a* COUNTERINSURGENCY.

cóin·age *n* **1** 硬貨鋳造; 鋳造硬貨《集合的》; 鋳造権; 貨幣制度: decimal ～ 十進制貨幣制度. **2** 《単語などの》新造; 新造語, 新語; つくり出したもの: the ～ of fancy [the brain] 空想[頭脳]の産物.

cóin bòx 料金箱《バス・公衆電話・自動販売機などの硬貨を受ける箱》; "公衆電話.

co·in·cide /kòuənsáɪd, ⏑⏑⏑/ *vi* **1** 同時に同一の空間を占める, 同時に起こる 〈*with*〉. **2** 〈場所・時間・数量など〉符合[暗合, 一致]する; 〈意見・行動・趣味など〉一致する 〈*with*〉; 意見[見解]を同じくする 〈*in* a doctrine〉. [L; ⇨ INCIDENT]

co·in·ci·dence /kouínsəd(ə)ns, -dèns/ *n* (偶然の)一致, 合致, 暗合; 符合; 事が同時に起こること; 同時発生[暗合]事件; 〖理〗コインシデンス, 一致 (opp. *anticoincidence*)《(1) 複数の検出器が同時に粒子を検出すること 2) 複数の入力が同時に到来すること》: by ～ たまたま / by a happy ～ 幸運にも, 運よく / a ～ *of* interest(s) 利害[関心]の一致.

coíncidence cìrcuit [còunter, gàte] 〖電〗一致回路《2 個以上の入力端子が, 同時[特定時間間隔内]に入力パルスがはいった時だけ計数の出力パルスを送り出す回路》.

co·ín·ci·dent /, -dènt/ *a* (…と全く)一致[符合]した; 時を同じくした. ► *n* 〖経〗一致指標 (=**～ índicator**)《景気の動向に連動する経済指標; 非農業被用者数・個人所得・工業生産高など; cf. LEADING INDICATOR, LAGGING INDICATOR》. ♦ **～·ly** *adv* COINCIDENTALLY.

co·in·ci·den·tal /kouìnsədéntl/ *a* (偶然に)一致した, 符合した; 同時に起こる[存在する]. ♦ **～·ly** *adv* (偶然に)一致して; 同時的に; 偶然に.

cóin·er *n* 硬貨鋳造者; 《特に》"にせ金造り (counterfeiter); (新語の)考案者.

cò·inféction *n* 〖医〗重感染《2 種の微生物に同時に感染すること》. ♦ **cò·inféct** *vt*

cò·inhábit *vi* 《ひとつ所に》共に住む. ♦ **-inhábitant** *n*

cò·inhéritance *n* 共同相続.

cò·inhéritor *n* 共同相続者.

cóin lòck コインロック《硬貨を入れると使用できる錠》.

cóin machìne SLOT MACHINE.

cóin of the réalm [*joc*] 法貨 (legal tender); お金のように価値のあるもの.

cóin-op /-àp/ *n* コインランドリー; 自動販売機.

cóin-óperated *a* 硬貨投入式の, 自動販売式の.

co·instantáneous *a* 同時の[に起こる]. ♦ **～·ly** *adv*

co·institútion·al *a* 男女別編成高校の.

cò·insúrance *n* 共同保険; 被保険者自己負担条項, コインシュアランス.

cò·insúre *vt, vi* (財産に)共同で保険をかける; 被保険者自己負担条項付きで保険をかける. ♦ **cò·insúrer** *n*

Co·in·tel·pro /kòuɪntélpròu/ *n* 〖米〗対破壊者諜報活動《国家安全に脅威をもたらすおそれのある個人や組織に対する FBI の隠密破壊活動》. [*counterintel*ligence *pro*gram]

Coin·treau /kwá:ntròu/ 〖商標〗コアントロー《オレンジの香りのついた無色のリキュール》. [フランス Angers の酒造業者の家名から]

cò·invéntor *n* 共同発明者.

coir /kɔ́ɪər/ *n* コイア《ココナッツの繊維; ロープなどを作る》. [Malayalam *kāyar* cord]

Coire ⇨ CHUR.

cois·trel, -tril /kɔ́ɪstrəl/ «古» *n* 《騎士の》従僕; 悪漢.

coit[1] /kɔ́ɪt/ *n* «豪俗» 尻 (buttocks).

coit[2] /kóuət/ *n, vt, vi* [*euph*] (女と)性交(を行なう).

cóital exanthéma 〖獣医〗媾疹(こうしん)《牛・馬の交尾によって感染するヘルペスウイルス症》.

co·i·tion /kouíʃ(ə)n/ *n* COITUS. ♦ **～·al** *a*

co·i·tus /kóuətəs, kouí:-/ *n* 〖医〗性交. ♦ **có·i·tal** *a* **-tal·ly** *adv* [L (pp)＜*co-*(*eo* to go)=to meet]

cóitus in·ter·rúp·tus /-ìntərʌ́ptəs/ 〖医〗中絶性交.

cóitus re·ser·vá·tus /-rèzərvéɪtəs, -vá:-/ 〖医〗保留性交.

co·jo·nes /kəhóunèɪs/ *n pl* 睾丸; [*fig*] 度胸. [Sp]

coke[1] /kóuk/ *n* コークス. ► *vt, vi* コークスにする[なる]. ● **go and eat ～** [*impv*] «俗» とっとと(消え)うせろ! [*colk* (NEng dial) core＜?]

coke[2] «俗» *n* コカイン (cocaine). ● **blow (the) ～** コカインを吸い込む.

Coke[1] 〖商標〗COCA-COLA.

Coke[2] /kúk, kóuk/ クック Sir **Edward** ～ (1552–1634)《イングランドの法律家; コモンローの国王大権に対する優位を訴え, 権利の請願 (Petition of Right) の起草にたずさわった》.

còke·ahólic *n**«俗» コカイン中毒者. [*coke*[2]]

cóke-bòttle glásses*«俗»《コーラ瓶の底のような》分厚いレンズの眼鏡.

coked /kóukt/**, cóked-ùp, cóked-òut** *a**«俗» コカインで酔った.

cóke·hèad*«俗» *n* コカイン中毒者; ばか, うすのろ.

cóke òven コークス炉.

co·ker·nut /kóukərnʌ̀t/ *n* "«俗» COCONUT.

cok·ery /kóukəri/ *n* COKE OVEN.

cóke·spòon *n**«俗» コカイン吸入用スプーン.

cok·ie, cok·ey /kóuki/ «俗» *n* 麻薬[コカイン]中毒者; 未熟者, 青二才. [*coke*[2]]

cók·ing còal /kóukɪŋ-/ コークス用炭, 粘結炭, 原料炭《コークス用に適する》.

cok·u·lo·ris /kàkəlɔ́:rəs/ *n* 〖映〗ハレ切り《光るのを防ぐためライトとカメラの間に置く, 不規則な穴のあいた板》.

col /kál/ *n* 《山の》鞍部, コル; 〖気〗気圧の谷. [F＜L *collum* neck]

col-[1] /kəl, kɑl/ ⇨ COM-.

col-[2] /kóul, kál/**, co·li-** /kóulə, kálə/**, co·lo-** /kóulou, kál-, -lə/ *comb form* 「結腸」「大腸菌」 [Gk]

col. collateral ♦ collect ♦ collected ♦ collection ♦ collector ♦ college ♦ collegiate ♦ colonial ♦ colony ♦ color, colored ♦ column ♦ counsel. **Col.** Colombia(n) ♦ Colonel ♦ Colorado ♦ 〖聖〗Colossians ♦ Columbia. **COL** °cost of living.

co·la[1] /kóulə/ *n* 〖植〗コラノキ, コーラ《アオギリ科コラノキ[コーラ]属の高木の総称; ⇨ KOLA TREE》; コーラ《コラノキの実コーラナット (kola nut) から採った強壮エキス》; コーラ《普通 コーラエキスで味をつける炭酸飲料》. [(WAfr)]

cola[2] *n* COLON[1,2] の複数形.

COLA /kóulə/ 〖米〗cost-of-living adjustment(s) 生計費調整(制度)《消費者物価指数の上昇に合わせて賃金などを調整する》♦ 〖米〗cost-of-living allowance 生活費手当, 勤務地手当.

co·la·hol·ic /kòuləhɔ́(:)lɪk, -hál-/ *n**«俗» (コカ)コーラ中毒者.

col·an·der /káləndər, kál-/**, cul·len-** /kʌ́l-/ *n* 《鍋形・ボウル形の》水切り. ► *vt* 水切りする. [? Prov＜L *colo* to strain]

cóla nùt [sèed] KOLA NUT.

co·látitude *n* 〖天・海〗余緯度《ある緯度と 90 度との差》.

cóla trèe 〖植〗KOLA TREE.

Col·bert /kɔ:lbέər, kóulbὲər/ コルベール (**1**) **Claudette ～** (1905–96)《フランス生まれの米国の映画女優; 本名 Claudette Lily Cauchoin》 (**2**) **Jean-Baptiste ～** (1619–83)《フランスの政治家; Louis 14 世の財務総監として重商主義政策をとった》.

Col·by /kóulbi/ **1** コルビー《男子名》. **2** コルビー (=**～ chèese**)《cheddar タイプの硬質チーズ; チェダーより高水分で多孔質》. ['Cole's farm or village' の意]

col·can·non /kɑlkǽnən/ *n* コルカノン《キャベツとジャガイモを煮つぶしたアイルランド・スコットランドの料理》. [IrGael]

Col·ches·ter /kóultʃèstər, -tʃəs-/ コルチェスター《イングランド南東部 Essex 州北東部の町》.

col·chi·cine /káltʃəsì:n, kálkə-, -sən/ *n* 〖薬〗コルヒチン《イヌサフランの球茎・種子から採る有毒アルカロイド; 植物染色体の倍数化用にし, 痛風薬ともする》. [↓]

col·chi·cum /káltʃɪkəm, -kɪ-/ *n* 〖植〗コルチカム属[イヌサフラン属] (*C-*) の各種草本《ユリ科》; コルチカムの乾燥球茎[蒴果]《コルヒチンを採る》. [Gk (↓)]

Col·chis /kálkəs/ コルキス《Caucasus の南の黒海に面するところにあった古代国家; ギリシア神話では Medea の故郷で, 金の羊毛 (the Golden Fleece) の国》. ♦ **Col·chi·an** /kálkiən/ *a, n*

col·co·thar /kálkəθὰ:r, -θər/ *n* ベンガラ, 鉄丹《顔料・ガラス磨き粉用》. [F＜Sp＜Arab]

cold /kóuld/ *a* **1 a** 寒い, 冷たい, 寒けがする; 冷やした, 冷えた (opp. *hot*); 加熱せずに処理する: (as) ～ as (a) STONE / get [grow] ～ 寒く[冷たく]なる / Is it ～ enough for you? まったく寒いねえ《寒いときの挨拶》 / ～ hands and a warm heart 手が冷たいと心が暖かい. **b** 冷たくなった, 死んでいる; «口» 意識を失っている: KNOCK sb ～. **2 a** 冷静な; 冷淡な 〈*in* manner〉; よそよそしい; 《やっと抑えている》激しい〈怒り〉; 不感症の; 気をめいらせる, 寒々とした; 〖美〗寒色の: ～ colors 寒色. **b** 興ざましの, つまらない; 気乗りのしない; 〈味が〉弱い: ～ news 聞きたくないニュース / go ～ 興がうすれる, 気乗りしなくなる. **c***«俗» 無知な, 愚直な. **3***《ティーンエージャー俗》すばらしい, うまい, いかす. **4** 客観的な〈事実〉; *«俗» 掛け値なしの; *«口» 準備[練習]なしの; *«口» 確実に習得して[おぼえて]: have the lines (down) ～ せりふを完全に憶えている / know the rules ～ ルールを完璧に知っている. **5 a** 〖狩〗〈遺臭が〉かすかな (cf. COOL, HOT, WARM); 《隠れんぼ・クイズなどで》〈人が〉目標[正解]から(遠く)はずれて, 見当をはずれて; «俗» 《スポーツ・競技で》ふるわない, つきがない, さえない: ～ scent 《猟獣の》かすかな遺臭 / His trail has gone ～. 彼を発見する手掛かりは失われてしまった / He's getting ～. 見当がはずれていく. **b** 犯罪と関係のない, 疑われていない. **6** 〈土が〉熱を吸収しにくい. ● BLOW[1] **hot and ～.** **～ in hand** *《黒人俗》金欠の, 文無しで, すかんぴんの, からっけつの. **～ without**

«口» 水割り《甘味を加えず水で割ったブランデー[ウイスキー]; cf. WARM [HOT] *with*》. **get [have]** sb **～** «口» 人を思いのままにする. **go ～ all over** ぞっとする. **in ～** BLOOD. **leave** sb **～** 人の興をそそらない, 感銘を与えない. **out ～** «口» 意識を失って; *«俗» 酒に酔って.
► *n* **1** [°the] 寒さ, 寒気, 冷気; [the] 氷点下の寒気 (frost): 15 degrees of ～ 氷点下 15 度. **2** かぜ, 感冒: a ～ in the head [nose] 鼻かぜ / a ～ on the chest [lungs] 咳かぜ / have a (bad) ～ (悪性の)かぜをひいている. ● **catch (a) ～**=«まれ» **take (a) ～** かぜをひく; [*fig*] 厄介なめにあう. **catch one's** DEATH **of ～. come [bring** sb**] in from [out of] the ～** [*fig*] 孤立[無視されている]状態から抜け出る[人を救い出す]. **keep** sb **out in the ～** 人をのけ者にしておく, 人に知らせないでおく. **left (out) in the ～** [*fig*] のけ者にされて, 孤立して, 無視[冷遇]されて.
► *adv* **1** «口» **a** *完全に, まったく, きっぱり: ～ sober まったくしらふで / be turned down ～ きっぱり断わられる. **b** 準備[練習]せずに; 前触れなしに, 突然: stop ～. **2**〖冶〗常温で, 熱を加えないで.
♦ **～·ly** *adv* 冷静に; 冷淡に. **～·ness** *n* 寒気, ひやややかさ; 冷淡; 冷静(さ). [OE *cald*; cf. G *kalt*, L *gelu* frost]

cóld·bàr sùit〖米陸軍〗気泡ゴム状のプラスチック製絶縁軍服《防寒防水両用》.
cóld báth 冷水浴.
cóld bíscuit *«俗» (性的)魅力のない女[やつ].
cóld blást《溶鉱炉に吹き入れる》冷風.
cóld·blóod *a* 雑種の (cold-blooded).
cóld blóod 冷血, 冷酷 (cf. in cold BLOOD); *«俗» ビール (beer).
cóld-blóod·ed *a*〖動〗冷血の (poikilothermic); 冷酷な (cf. in cold BLOOD); 感情を交えない, 事務的な; 〈馬などが〉雑種の; «口» 冷え性の. ♦ **～·ly** *adv* **～·ness** *n*
cóld bòot〖電算〗コールドブート (=*cold start*)《コンピューターを電源のはいっていない状態から起動すること; cf. WARM BOOT》. ♦ **cóld-bòot** *vt* 〈コンピューターを〉コールドブートする.
cóld cáll *n*〖商〗コールドコール《未知の見込み客に投資[商品購入]を勧誘するための電話接触または訪問;「前触れなしの訪問」の意》.
♦ **cóld-cáll** *vi, vt* (〈人〉に)コールドコールをする. **cóld-cáll·er** *n* **cóld-cáll·ing** *n*
cóld cáse 長年未解決の事件, 迷宮入りの事件.
cóld cásh «口» 手持ち金, 現金, 現ナマ.
cóld càthode〖電〗冷陰極.
cóld chìsel 冷(ﾚｲ)[常温]たがね, 生(ﾅﾏ)切り, えぼしたがね.
cóld·còck *vt, n* *«俗» 失神するほどなぐる, ぶちのめす(こと).
cóld cóffee *«俗» ビール (cold blood).
cóld cóil 冷却用コイル.
cóld cómfort うれしくもない慰め.
cóld cóunsel うれしくもない助言.
cóld crèam コールドクリーム《メイク落としやマッサージに使う油性クリーム》.
cóld cùts *pl*〖料理〗薄切り冷肉の盛合わせ.
cóld-dèck *vt* だます, かたる (cheat). ► *a* 不正な.
cóld déck〖トランプ〗《すり替えるための》事前に仕組まれたカードの一組; 伐採所に積み残した丸太.
cóld désert 寒冷(地)砂漠, 寒(地)荒原; ツンドラ.
cóld-dràw *vt* 〈金属・ナイロンなどを〉常温で引き伸ばす.
cóld dúck [°C- D-] コールドダック《スパークリングバーガンディとシャンパンを混ぜて作った飲み物》. [G *Kalte Ente* (*kalte Ende* cold ends) の訳]
cóld-éyed /, ─ ─/ *a* 冷淡な, 冷静な, クールな.
cóld féet *pl* «口» おじけ, 不安, 逃げ腰: get [have] ～ いざという時に躊躇する, おじけづく.
cóld físh «口» 冷たくお高くとまったやつ, よそよそしいやつ, 冷たい人.
cóld fràme 冷床, フレーム (=*garden frame*)《植物を囲う暖房装置のないフレーム》.
cóld frònt〖気〗寒冷前線 (cf. WARM FRONT).
cóld fúsion〖理〗低温[常温]核融合《低音[常温]で起こるとされる核融合》.
cóld-hàmmer *vt* 〈金属を〉常温で鍛える.
cóld-hàul *«俗» *vt* だます; いいかげんにやって好機をのがす; [°～ it] さっさと出て行く.
cóld·héart·ed *a* 冷淡な (indifferent); 無情な, 冷たい (unkind). ♦ **～·ly** *adv* **～·ness** *n*
Cold·ies /kóuldiz/ *n pl* [the]〖英〗コールディズ《COLDSTREAM GUARDS の俗称》.
cóld·ish *a* やや寒い; だいぶ寒い.
Cól·ditz Càstle /kóuldɪts-/ コルディッツ城《ドイツ中東部 Saxony 州の Leipzig の近くにある町 Colditz を流れるムルデ (Mulde) 川を見下ろす崖の上に建つ城; 第二次大戦中に捕虜収容施設として使われ, 収容されていた連合軍将校がしばしば決死の脱出を試みたところ》.
cóld líght 冷光《燐光・蛍光など》. ● **in the cold** LIGHT[1] **of day.**
cóld-lívered *a* 冷淡な, 無感情な.
cóld méat 冷肉, 冷蔵肉; 《ハム・ソーセージなどの》加工肉; 粗末な料理; «俗» 死体, 遺体.
cóld-méat bòx «俗» 棺桶.
cóld mólding〖工〗常温形成《樹脂を熱しない鋳型に押し込むことによってプラスチック製品を成形する方法》.
cóld móon·er 月の核では火山活動がなくクレーターは隕石の衝突でできたと考えている人, 月面隕石説主張者.
cóld-pàck *vt* …に冷湿布をする; 〈果物・ジュースなどを〉低温処理法でかんづめにする.
cóld pàck 冷湿布; 《かんづめの》低温処理法; *«ボク俗» ノックアウト.
cóld pàtch コールドパッチ《タイヤ修理用のゴム片》.
cóld píg "«俗» 《眠気ざましの》浴びせ水.
cóld póle〖気〗寒極 (pole of cold).
cóld póp *«俗» ビール.
cóld-prèss *vt* 〈オリーブなどを〉低温圧搾する, 冷搾する; 〈オイルを〉低温圧搾でしぼる.
cóld prícklies *pl* «口» いやな批評.
cóld·pròof *a* 耐寒の.
cóld-ròll *vt* 〈金属を〉冷間圧延する. ♦ **～·ing** *n*
cóld róom 冷蔵室.
cóld rúbber 低温ゴム, コールドラバー《低温でつくった強い合成ゴム》.
cóld sáw〖機〗常温のこ, 冷やしのこ.
cóld-shórt *a*〖冶〗〈金属が〉赤熱以下の常温にもろい (cf. HOT-SHORT, RED-SHORT). ♦ **～·ness** *n* 冷間もろさ.
cóld shóulder [°the] [*fig*] 冷たいあしらい, 冷遇. ● **get the ～** 冷たくされる. **give [show, turn] the ～ to**…によそよそしい[すげない]態度を見せる; …を無視する; …を避ける. ♦ **cóld-shóulder** *vt* 冷たくあしらう, 冷遇する.
cóld shút〖冶〗湯境(ゆざかい), 冷えどまり《鋳型中で溶けた金属が合流する場合, 接触部に境目ができること》.
cóld shútdown 冷却運転停止《原子炉の完全な運転停止》.
cóld snàp 一時的寒波の突然の襲来.
cóld sòre〖医〗《かぜ・高熱に伴う》口辺ヘルペス (=*fever blister*) (cf. CANKER SORE).
cóld stárt〖電算〗コールドスタート (cold boot).
cóld stéel «文» 刀剣, やいば《ナイフ・剣・銃剣など》. ● **an inch of ～** 剣のひと突き. **a taste of ～** 剣の切れ味.
cóld stórage 《食物・毛皮・生花・医薬品などの》冷蔵(場所); 一時的凍結[停止]. ● **go into ～** 棚上げになる. **in ～** あとまわしにして, ひとまずさておいて; *«俗» 死んで (dead). **put**…**in [into] ～** …を棚上げにする.
cóld stóre 冷凍倉庫.
Cóld·strèam Guárds *pl* [the]〖英〗コールドストリーム近衛連隊, 近衛歩兵第二連隊 (=**Cóld·strèam·ers**)《2 個一組のボタンに真紅の羽根飾りをつける; 1650 年設立; ⇨ FOOT GUARDS》.
cóld swéat 《恐怖・衝撃による》冷や汗: in a ～ 冷や汗をかいて, ひどく心配して / break out in a ～ 冷や汗をかく.
cóld táble 冷たい[冷やした]料理(の並んだテーブル).
cóld téa 冷茶; «古俗» 禁酒主義, 禁酒論者.
cóld túrkey *«俗» *n* **1 a** ぶしつけなものの言い方[やり方]: talk ～ to…. **b** 麻薬などをいきなり絶つこと, 禁断処置; 麻薬残留による症状[鳥肌]. **2** お高くとまった人; きっとやられるやつ, いいカモ. ► *vt* いきなり[きっぱり]絶つ; 《競りをやめて前もって設定した価格で》スパッと売る.
► *adv* 無遠慮に, ずばり, 予告[準備]なしに, いきなり: go ～ 《麻薬などの常習を》きっぱりやめる. ► *a* ありのままの, 赤裸々な; きっぱりと絶つ[行なわれる].
cóld týpe〖印〗コールドタイプ《写真植字など, (特に タイプによる)活字鋳造をしない植字》.
cóld wár **1** 冷たい戦争, 冷戦《武力によらず外交・宣伝などによって行なう神経戦; opp. *hot* [*shooting*] *war*, cf. WAR OF NERVES》, [the C- W-]《米ソ間の》冷戦. **2** 《労資間などの》ひと悶着.
cóld wárrior 冷戦支持者, 冷戦(時代)の政治家.
cóld-wáter *a* 〈アパートが〉水道の水しか出ない, 給湯設備のない; «古俗» 禁酒集団[運動]の.
cold wáter 冷水; «古俗» 禁酒主義, 禁酒論者: pour [throw, dash] ～ on [over]… 〈企てなど〉に水を差す, じゃまする, けちをつける.
cóld wàve〖気〗寒波 (opp. *heat wave*); コールドパーマ.
cóld-wéld *vt* 〈2 金属を〉冷間溶接する. ► *vi* 〈2 金属が〉冷間溶接される.
cóld-wòrk *vt* 〈金属を〉冷間加工する. ♦ **cold wòrk** *n*
cole /kóul/ *n*〖植〗アブラナ属の植物 (=*colewort*)《ブロッコリー・キャベツ・カリフラワー・ナタネなど》. [ON *kál*<L *caulis* stem]
Cole **1** コール (1) **Nat 'King' ～** (1917–65)《米国の黒人ジャズピアニスト・歌手; 本名 Nathaniel Adams Coles》 (2) **Thomas ～** (1801–48)《米国の画家; Hudson River 派の創始者》. **2** コール《男子名》.
col·ec·to·my /kəléktəmi/ *n*〖医〗結腸切除(術).
Cole·man /kóulmən/ コールマン (**Randolph Denard**) **Ornette ～** (1930–)《米国のジャズサックス奏者・作曲家》.
cole·man·ite /kóulmənàɪt/ *n*〖鉱〗灰硼(かいほう)鉱. [William T. *Coleman* (1824–93) 米国の鉱山主]
colemouse ⇨ COALMOUSE.
co·le·op·ter /kòuliáptər, kàl-; kɔ̀l-/ *n* **1**〖昆〗甲虫 (coleopter-

an). 2〘空〙コレオプター《環状翼の中心にエンジンと胴体がある形式の航空機》. [Gk=sheath-wing]

co·le·op·ter·an /kòuliáptərən, kàl-; kɔ̀l-/〘昆〙*n* 甲虫 (beetle). ► *a* 鞘翅(しょう)目[甲虫類]の.

co·le·op·te·ron /kòuliáptəràn, kàl-; kɔ̀l-/ *n* (*pl* **-te·ra** /-tərə/)〘昆〙鞘翅(しょう)目[甲虫類] (Coleoptera) の昆虫, 甲虫. ♦ **-te·rous** /-rəs/ *a* **-te·rist** *n* 甲虫学者. [L<Gk (*koleon* sheath, *pteron* wing)]

C

co·le·op·tile /kòuliápt(ə)l, kàl-; kɔ̀lióptaɪl/ *n*〘植〙子葉鞘《単子葉類の発芽時に若葉を包んで伸びる子葉のさや》.

co·le·o·rhi·za /kòuliəráɪzə, kàl-; kɔ̀l-/ *n* (*pl* **-zae** /-zi/)〘植〙根鞘《幼根の基部をおおうさや状のもの》.

Cole·pep·er, Cul- /kʌ́lpèpər/ カルペパー **Thomas** ~, 2nd Baron ~ (1635–89)《イングランドの植民地行政官; Virginia 植民地総督 (1675)》.

Cole·raine /koulréɪn, ⌐⌐/ コールレーン《(1) 北アイルランド北部の行政区 2) その中心都市, 海港》.

Cole·ridge /kóul(ə)rɪʤ/ コールリッジ **S(amuel) Taylor** ~ (1772–1834)《英国の詩人·批評家; *Lyrical Ballads* (Wordsworth と共著, 1798), *Biographia Literaria* (1817)》. ♦ **Còle·rídg·ean, -ian** *a*

cóle·sèed *n* 菜種《アブラナ (rape) の種子》.

cole·slaw /kóulslɔ̀:/ *n* コールスロー《千切りキャベツをドレッシングなどであえたサラダ》. [Du (*kool* cabbage, *sla* salad)]

co·les·ti·pol /kəléstəpɔ̀(:)l, -pòul, -pàl/ *n*〘薬〙コレスチポール《強塩基性イオン交換樹脂; 胆汁酸と結合する; 塩酸塩を抗脂肪血症薬とする》.

Col·et /kálət/ コレット **John** ~ (1467–1519)《イングランドの人文主義者·神学者; St. Paul's School を創立》.

coletit ⇨ COAL TIT.

Co·lette /koulét, ka-; *F* kɔlɛt/ **1** コレット《女子名》. **2** コレット **Sidonie-Gabrielle** ~ (1873–1954)《フランスの小説家》. [OF; ⇨ NICOLETTE]

co·le·us /kóuliəs/ *n*〘植〙コレウス属 (*C-*) の各種草本《シソ科》.

cóle·wòrt *n*〘植〙COLE《特にケール (kale) など結球しないもの》.

co·leyᴵᴵ /kóuli, káli/ *n* 黒魚 (coalfish).

Col·gate /kóulgèɪt/〘商標〙コルゲート《米国 Colgate-Palmolive 社製の歯磨·シェービングクリーム·石鹸·洗顔剤など》.

co·li[1] /kóulàɪ/ *a, n* 腸[結腸]に存在する細菌(の), 《特に》大腸菌属 (*Escherichia*) の細菌(の)《大腸菌 (*E. coli*) など》.

coli[2] /káli/ *n**《俗》マリファナ (marijuana). [broc*coli*]

coli- /kóulə, kálə/ ⇨ COL-[2].

col·i·bri /káləbri/ *n*〘鳥〙ハチドリ (hummingbird).

col·ic[1] /kálɪk/ *n*〘医〙コリック《(1) 疝痛 2) 主に生後 3 か月未満の乳児が夕方から夜半にかけて発作的に泣く症状》. ► *a* COLICKY. [F<L; ⇨ COLON[2]]

co·lic[2] /kóulɪk, kál-/ *a* 結腸 (colon) の[に関する].

col·i·cin /kóuləsən/**, -cine** /-sì:n/ *n*〘生化〙コリシン《大腸菌の産生するタンパク質性の抗菌物質》.

col·i·ci·no·génic /kàləsənə-/ *a*〘生化〙コリシン産生(性)の. ♦ **-ge·nic·i·ty** /-ʤənísəti/ *n*

col·i·ci·nog·e·ny /kàləsənáʤəni/ *n*〘生化〙コリシン産生性.

col·icky /kálɪki/ *a* 疝痛 (colic) の; 疝痛で苦しんでいる.

cólic·ròot *n*〘植〙根を疝痛薬とした各種植物《ソクシンラン·ヤナギトウワタなど》.

cólic·wèed *n*〘植〙ケシ科コマクサ属·キケマン属の数種の草本, コリックウィード.

co·li·form /kóuləfɔ̀:rm, kál-/ *n, a* 大腸菌(の): ~ counting 大腸菌数.

cóliform bactéria *pl* 大腸菌群.

Co·li·gny /kəlí:nji, kɔ̀:lì:njí:/ コリニー **Gaspard II de** ~, Seigneur de Châtillon (1519–72)《フランスの提督; ユグノー戦争初期の新教徒の指導者》.

Co·li·ma /kəlí:mə/ **1** コリマ《(1) メキシコ南西部, 太平洋岸の州 2) その州都》. **2** [Ne·va·do de /nəvá:dou deɪ/ ~] コリマ山《Colima 市北方 Jalisco 州にある火山 (4339 m)》.

col·in /kálən, koulí:n/ *n*〘鳥〙コリンウズラ (bobwhite). [Sp<Nahuatl]

Col·in /kálən, kóu-/ コリン《男子名; Nicholas の愛称》.

-col·ine /kəlàɪn, -lən/ *a comb form* -COLOUS.

co·línear *a* COLLINEAR; 対応する部分が同一線形順序に並んでいる. ♦ **co·lineárity** *n*

có·li·phàge /kóulə-/ *n*〘生化〙大腸菌ファージ.

col·i·se·um /kàləsí:əm/ *n* **1***大演技場, 大競技場, コロシアム (stadium). **2 a** [C-] COLOSSEUM. **b** [the C-] コリシアム劇場《London の West End にある大劇場; 1904 年開設, 68 年から English National Opera の本拠地》.

co·lis·tin /kəlístən, kou-/ *n*〘薬〙コリスチン《日本の土壌にいる菌から得る抗生物質; ポリミキシン (polymyxin) の一種》.

co·li·tis /kəláɪtəs, kou-, ka-/ *n*〘医〙大腸炎, 結腸炎. [*colon*[2], *-itis*]

coll- /kál/, **col·lo-** /kálou, -lə/ *comb form*「にかわ」「糊」「コロイド」 [Gk; ⇨ COLLOID]

coll. collateral ♦ colleague ♦ collect ♦ collected ♦ collection ♦ collective ♦ college ♦ collegiate ♦ colloquial.

col·lab·o·rate /kəlǽbərèɪt/ *vi* 共同して働く, 合作する, 共同研究する 〈*in, on, with*〉; 〈占領軍·敵国に〉協力する 〈*with*〉. ♦ **col·láb·o·rà·tor** *n* 共同作業[制作, 研究]者; (利敵)協力者. **col·láb·o·rà·tive** /, -rə-/ *a* 共同作業による, 合作の. **-rà·tive·ly** *adv* [L *col-*(LABOR)]

col·làb·o·rá·tion *n* 共同(作業); 合作, 共同研究, コラボレーション《行為·結果》; (利敵)協力: in ~ with…と共同して.

collaborátion·ist *n, a* (利敵)協力者(の)《特に 第二次大戦中枢軸国側の占領軍に積極的に協力した者》. ♦ **-ism** *n*

col·lage /kəlá:ʒ, kɔ:-, kou-/ *n* **1 a**〘美〙コラージュ《(1) 新聞·広告の断片などを組み合わせ, 線や色をあしらった抽象的構成法 2) その手法による作品》. **b**〘映〙コラージュ《つなぎの場面なしで異なる場面を矢継ぎばやに見せる映画》. **2** [*fig*] さまざまな断片の集まり. ► *vt* コラージュにする. ♦ **col·lág·ist** *n* [F=gluing]

col·la·gen /káləʤən/ *n*〘生化〙膠原(こうげん), コラーゲン《動物の結合組織に多く含まれる水に不溶の繊維性タンパク質; 水で沸騰させるとゼラチンに変わる》. ♦ **còl·la·gén·ic** /-ʤén-/, **col·lag·e·nous** /kəlǽʤənəs/ *a* [F (Gk ***kolla*** glue, *-gen*)]

col·la·gе·nase /kəlǽʤənèɪs, káləʤə-, -z/ *n*〘生化〙コラゲナーゼ《コラーゲンやゼラチンを分解するプロテアーゼ》.

cóllagen disèase〘医〙膠原(こうげん)病《結合組織に病変を生じ, 繊維素様壊死·脈管炎を特徴とする一群の疾患; 紅斑性狼瘡·皮膚筋炎·強皮症·結節性多発性動脈炎·血栓性紫斑病·リウマチ熱·リウマチ様関節炎などを含む》.

col·la·gen·o·lyt·ic /kàləʤənəlítɪk/ *a*〘生化〙膠原[コラーゲン]溶解の, コラーゲン分解性の.

col·lap·sar /kəlǽpsà:r/ *n*〘天〙BLACK HOLE.

col·lapse /kəlǽps/ *vi* **1 a** つぶれる, 瓦解[倒壊]する 〈*under* the weight〉; 倒れる, くずおれる 〈*into*〉; 〈ソファーなどに〉身を投げる, へたり込む. **b** 〈家具·器具などが〉折りたためる. **2** 〈組織などが〉崩壊する, 倒産する, 立ちゆかなくなる; 〈計画などが〉破綻する, 〈交渉などが〉頓挫する; 〈記事·主張などが〉論拠を失う, くずれる. **3** 〈勢力などが〉急速に衰える, 〈市場·価値などが〉急落する; 衰弱する, 落ち込む 〈*into* depression〉; 〈肺·血管などが〉虚脱する. ► *vt* つぶす, 崩壊[倒壊, 破綻, 頓挫]させる; 〈机などを〉折りたたむ; 〈肺·血管などを〉虚脱させる;〘電算〙〈下位階層を〉隠す, 非表示にする (cf. EXPAND). ● **~ into laughter** 笑いこける. ► *n* 崩壊, 倒壊; 衰弱,〘医〙虚脱; 意気消沈; 卒倒; 《希望·計画などの》挫折, 破綻; 倒産, 《内閣·銀行などの》崩壊; 《価格などの》急落, 暴落; 折りたたむこと: ~ of the lung〘医〙肺虚脱《液や空気の貯留による胸膜腔内圧の上昇, または肺の内圧や弾力性の消失によって起こる》. ● **~ of stout party** 巨人斃(たお)る[絶句す]《堂々としてみえた人物が虚をつかれて立ち往生することを言うきまり文句》. **in a state of ~** 倒壊して; 崩壊して; 衰弱して, 意識を失って. [L (pp) 〈*col-*(*laps- labor* to slip); (vi) は collapsed からの逆成]

col·láps·ible, -able *a* 折りたためる〈ボート·器具·寝台など〉. ♦ **col·làps·ibíl·i·ty, -abíl·i·ty** *n*

col·lar /kálər/ *n* **1 a** カラー, 襟; 《勲章の》首飾り章, 頸章; 《婦人の》首飾り; CLERICAL COLLAR; 《犬などの》首輪; 《馬の》首輪, 首当て; 首を支持[固定]する器具. **b** 支配[隷属]のしるし. **2** 《動物の首のまわりの》色輪; グラスについだビールの上部にできる泡;〘動〙《鞭毛虫·軟体動物などの》襟;〘植〙頸領《根と茎との境界部》;〘機〙つば, 環 (ring), カラー;〘建〙COLLAR BEAM;〘靴〙《靴のはき口のまわりに付ける》飾り革[毛皮], カラー; 《豚肉などの》ロール巻き; [~ of bacon として]ᴵᴵ豚の首の部分のベーコン. **3***《俗》おまわり; 《口》つかまえること, 逮捕; 《口》逮捕者;〘ラグビー〙タックル: seize [take] sb by the ~ 人の襟首をつかむ; 人を問い詰める. ● **against the ~** 《馬が坂を上るのに》首輪が肩にすれて; 困難を冒して. **build a ~***《俗》逮捕のための証拠固め[集め]をする. **~ and tie** カラーとネクタイ, 正装《特に ふだんはそういう格好をしない人の場合の正装についていう》. **feel sb's ~** 《俗》〈警官が〉人を逮捕する. **have [get] one's ~ felt** 《俗》逮捕される. **hot under the ~** 《口》かっか[やきもき]して, 神経質になって, 当惑して, びっくりして. **in [out of] ~** 《口》就職[失業]して. **in the ~** 束縛されて. **slip the ~** 困難をのがれる. **wear [take] sb's ~** 人の命令に従う. ► *vt* **1 a** …に襟[首輪]を付ける. **b**〘料理〙〈肉を〉巻く. **2 a** 〈人〉の襟首をつかむ[とらえる]; 無理に引き留めて話をする; 《口》取る, つかまえる, 逮捕する;〘ラグビー〙タックルする. **b** 《俗》勝手にする, 失敬[着服]する. **3***《俗》十分に理解する. ● **~ a nod***《俗》眠る. [AF<L (*collum* neck)]

cóllar-and-élbow *n* レスリングで互いに首筋とひじをつかんでいる体勢.

cóllar bèam〘建〙二重梁(ばり), つなぎ小梁.

cóllar·bòne /, ⌐⌐⌐/ *n*〘解〙鎖骨 (clavicle).

cóllar bùtton* カラーボタン (collar studᴵᴵ).

cóllar cèll〘動〙《海綿動物の》襟(えり)細胞 (=*choanocyte*).

col·lard /kálərd/ *n* コラード《ケール (kale) の一変種》; [ᴵᴵ*pl*] コラードの葉 (=**~ grèens**)《料理用》. [COLEWORT]

cól·lared *a* カラー[首輪]を付けた; 〈肉など〉巻いた.

cóllared dóve〔鳥〕シラコバト.
cóllared lémming〔動〕クビワレミング.
cóllared péccary〔動〕クビワペッカリー.
col·lar·et(te) /kàlərét/ *n*〔服〕カラレット《レース・毛皮などの, 多くは取りはずしのできる婦人服のカラー》. ［F (dim)］
cóllar hàrness《馬車馬の》首輪状の引き具.
cóllar·less *a* カラーの付いていない, 襟のない; 首輪のない.
cóllar of SS /-èsés/ [**éss·es** /-ésəz/] [the] S 字つなぎ頸章《英国宮内官・ロンドン市長・高等法院長などの官服の一部; もとは Lancaster 家の家臣のバッジ》.
cóllar pòint〔紋〕HONOR POINT.
cóllar stùd" カラーボタン (collar button*).
cóllar wòrk《坂道を車を引いて上る時の》(馬の)上り引き; ひどく骨の折れる仕事.
collat. collateral.
col·late /kəléɪt, kɑ-, koʊ-, *kɑ́lèɪt, kóʊlèɪt/ *vt* **1** 校合[対照]する〈*with*〉;〔製本〕…のページ順をそろえる, 丁合いをとる; …の落丁調べをする;〈情報を〉順序正しくまとめる: ~*d* telegram 照合電報. **2**〔教会〕…に聖職を授ける. ［L; ⇨ CONFER］
col·lat·er·al /kəlǽt(ə)rəl, kɑl-/ *a* **1** 相並んだ (parallel);《位置・時間などが》対応する. **2** 付帯[付随]的な, 副次[二次]的な; 傍系の (opp. *lineal*);〔解〕副行の, 側副の; 間接的な: ~ circulation 副行[側副]循環 / a ~ security 副担保. ►*n* 傍系親, 縁者; 付帯事実[事情]; (副)抵当, 担保(財産)《有価証券など》, 見返り物件;《俗》お金;〔医〕《血管・神経などの》側枝. ♦ **~·ly** *adv* 並んで; 付帯的に, 副次的に, 傍系的に. **col·lat·er·al·i·ty** /kəlæ̀tərǽləti, kɑ-/ *n* ［L (*co-*, LATERAL)］
colláteral dámage 付帯的損害《**1**) 軍事行動によって民間人が受ける人的および物的被害 **2**) 活動に伴う損害》.
colláteral·ìze *vt*〈貸付金などを〉担保によって保証する;〈有価証券などを〉担保として使う.
col·lát·er·al·ìzed débt obligàtion〔証券〕債務担保証券, 債権プール型資産担保証券《債権をプールしてそれを担保に発行される債券; ローンによる資金調達を助ける貸付債権証券化 (securitization) の一方式; 略 CDO》.
colláteralized lóan obligàtion〔証券〕ローン担保証券《貸出債権をプールしてそれを担保に発行される債券; ローンによる資金調達を助ける貸付債権証券化 (securitization) の一方式; 略 CLO; cf. COLLATERALIZED DEBT OBLIGATION》.
colláteral lígament〔解〕側副靭帯.
col·la·tion /kəléɪʃ(ə)n, kɑ-, koʊ-/ *n* **1** 校合, 対照(調査), 照合;〔法〕《権利の》照査;《書物の》ページ順[落丁]調べ;〔図書〕対照事項《判型・ページ数・さしえなどの表示》. **2**〔教会〕聖職授任. **3**〔カト〕《断食日に昼食または夕食の代わりに許される》軽食;《特に 食事時以外の》軽食. ［OF<L; ⇨ COLLATE;〔カト〕の意味はベネディクト派修道院で Cassian, *Lives of the Fathers* (*Collationes Patrum*) 朗読のあと軽食を取ったことから］
col·la·tive /kəléɪtɪv, kɑ-/ *a* 比較照合的な; 聖職授任によって与えられた.
col·lá·tor *n* 校合者;〔製本〕紙そろえ人, 丁付け調べ人, コレーター《印刷紙を丁合いの順序に集めそろえる機械》;〔電算〕《穿孔カードの》照合機, コレーター.
col·league /kɑ́liːg/ *n* 同僚, 同輩. ♦ **~·ship** *n* ［F<L *collega* partner in office; ⇨ LEGATE］
col·léagues·man·ship /-mən-, kɑ́liːgz-/ *n* すぐれた同僚との接触による利点を強調して大学などに優秀な人材を招聘すること.
col·lect[1] /kəlékt/ *vt* **1** 集める〈*up*〉; 収集[蒐集]する;〈税金・家賃など〉徴収する;〈寄付を〉募る; …の支払いを受ける;〈賞などを〉勝ち取る, 得る;〈手荷物など〉取りに行く, 取ってくる,〈不要品・ごみなど〉回収する, かき集める〈*up*〉,〈人を〉呼び[迎え]に行く;〈ほこりなどを〉ためる: These books were ~*ing* dust on my shelf. 棚にあったこれらの本にはほこりが積もっていた《読まずに放置されていた》. **2**〈考えを〉集中する, まとめる;〈勇気を〉奮い起こす;《古》推論する: ~ one*self* 心を落ちつける, 気を取りなおす. **3**《豪口》〈車〉にぶちあたる, …と衝突する. ►*vi* **1** 集まる〈*around*〉;〈雪・ちりなど〉積もる. **2** 収集[採集]する; 寄付を集める, 集金する〈*for*〉, 支払いを受ける〈*on*〉. ►*a*, *adv* *料金[運賃]先方払いの[で] (cf. CARRIAGE FORWARD): phone [call] sb ~ 料金受信人払いで電話する. ［F or L (*lect- lego* to pick)］
col·lect[2] /kɑ́lɪkt, -èkt/ *n* **1**〔カト〕《ミサの》集禱文,〔英国教〕特禱《短い祈禱文》〈*for*〉. **2** 集めること, 集金. ［OF<L (pp)<↑］
col·lec·ta·nea /kɑ̀lɪktéɪniə/ *n pl* 抜粋, 選集; 雑録. ［L］
colléct cáll 料金受信人払い通話, コレクトコール.
colléct·ed *a* **1** 集めた, 収集した: ~ papers 論文集. **2** 落ちついた, 沈着な, 平静な. **3**〈馬体が〉収縮させられた, 短縮の〈歩調〉. ♦ **~·ly** *adv* 落ちついて, 平然と. **~·ness** *n* 自若, 落ちつき.
colléctéd edítion《一著者の》全集, 著作集.
colléct·ible, -able *a* 集められる, 取り立てできる; 蒐集向きの, コレクター好みの, コレクションの対象となる. ►*n* [ᵘ*pl*]《趣味で集めた》蒐集品, コレクション, コレクター好みの品. ♦ **collèct·ibílity, -abílity** *n*
colléct·ing bàsin 集水池.
col·lec·tion /kəlékʃ(ə)n/ *n* **1 a** 集めること, 収集, 採集;《投函された郵便物の》回収; 取立て, 集金, 徴税; 寄付金募集, 募金, カンパ: make a ~ of stamps 切手を収集する / take up a ~ 金を集める, 募金をする. **b** 収集物, 所蔵品, コレクション;《小説・詩などの》選集; 集合(体), 集団, 寄せ集め〈*of*〉; 献金, 寄付金;《水・ほこり・紙くずなどの》堆積, 山: a ~ of dust on the desk. **c** コレクション《デザイナーによってあるシーズンに向けて創作される一群の衣服, またその発表会》. **2** [*pl*] "《特に Oxford 大学の》学期試験. **3**《馬の》収縮姿勢. ♦ **~·al** *a*
colléction àgency《他の会社の未収金の回収を代行する》取立て代理会社.
colléction bòx《教会などで回される》献金箱; 郵便ポスト (mailbox).
colléction plàte《教会などで回される》献金受皿.
col·lec·tive /kəléktɪv/ *a* 集合的な; 集合性の;〔植〕〈果実が〉集合果の, 多花果の; 集団の, 共同の (common); 集団構成員に共通の; 集産主義の: ~ effort 総力, 結集した力 / ~ note《各国の代表者が署名した》共同覚書 / ~ opinion 総意 / ~ ownership 集団所有《特に企業の, その従業員による集団所有》/ ~ responsibility 共同責任 / ~ work〔法〕集団著作物《たとえば百科事典》. ►*n* 集団, 集合体, 共同体; 集産(主義)的社会団体; COLLECTIVE FARM; COLLECTIVE NOUN. ♦ **~·ly** *adv* 集合的に, ひとまとめにして; 集合名詞的に. **~·ness** *n*
colléctive agréement 労働協約, 団体協約 (LABOR AGREEMENT).
colléctive bárgaining《労使間の》団体交渉.
colléctive-bárgain·ing agrèement 団体協約, 労働協約, 労使協約 (LABOR AGREEMENT).
colléctive behávior〔社〕集合行動《社会的相互作用の結集である刺激の影響のもとにある個人の行動》.
colléctive fárm《ソ連の》集団農場, コルホーズ.
colléctive frúit〔植〕集合果《クワの果実など》.
colléctive léadership《特に 共産圏諸国の》集団指導体制.
colléctive márk 団体マーク《団体の商標・サービスマークで当該団体のメンバーのみが用いるもの》.
colléctive nóun〔文法〕集合名詞.
colléctive pítch lèver〔空〕コレクティブピッチレバー《ヘリコプターを上下させるために回転翼の羽のピッチ角を同時に制御するレバー; cf. CYCLIC PITCH LEVER》.
colléctive secúrity 集団安全保障.
colléctive uncónscious〔心〕《Jung の学説の》集合[普遍的]無意識.
col·léc·tiv·ìsm *n* 集産主義《土地・生産手段などを国家が管理する》;〔心〕集団主義, 集団行動[思考]的傾向.
col·léc·tiv·ist *n* 集産主義者; 集団の一員. ►*a* 集産主義の; 集産主義的な. ♦ **col·lèc·tiv·ís·tic** *a* **-ti·cal·ly** *adv*
col·lec·tiv·i·ty /kəlèktívəti, kɑ̀-/ *n* 集合性; 集産, 共有; 集合体, 共同体, 集団.
col·lec·tiv·ize /kəléktɪvàɪz/ *vt* 集産主義化する; 共営化する, 集団農場にする. ♦ **col·lèc·tiv·i·zá·tion** *n*
colléct on delívery *代金引換え渡し, 代金着払い《略 COD》.
col·lec·tor /kəléktər/ *n* **1** 収集家; 採集者, [*pl*] 採集民; 集金人; 収税吏, *《関税の》徴収官;《インド》収税官;《切符などの》徴集人. **2** 収集機[装置]; SOLAR COLLECTOR;〔電〕集電器[極], コレクター.
col·lec·to·rate /kəléktərət/ *n*《インド》収税官職[管区].
colléctor·ship *n* 集金係[収入役, 収税官]の職; 収税権.
colléctor's ítem [**píece**] COLLECTIBLE.
col·leen /kɑ́liːn, ━́━/ *n* **1**《アイル》少女, 娘; アイルランド娘: a ~ bawn /bɔ́ːn/ 美少女. **2** [C-] コリーン《女子名》. ［Ir *cailin* (dim)<*caile* country woman］
col·lege /kɑ́lɪdʒ/ *n* **1 a** *大学, カレッジ; *《university の中の一つの》学部: a ~ student 大学生 / go to ~ 大学へ行く / the *C*~ of Arts and Sciences 文理学部. ★ 本来は学士の学位を授与する 4 年制で特定の分野に特化した高等教育機関を指したが, 今日米国において college を名のる大学には, 複数学部を有し大学院を併設しているところも多い. ただし, university との比較で言えば, 概して規模が小さく研究よりも教育に重点を置く. **b** "《Oxford, Cambridge のように集まって University をなす自治体で伝統的特色をもつ》学寮. **c** 大学予備校, 高校. **2 a** "[ᵘC-] カレッジ《Eton *C*~, Winchester *C*~ など, ある public school の名称》. **b** 専門学校: a ~ of theology 神学校 / a naval ~ 海軍兵学校 / BUSINESS COLLEGE. **3 a**《上記学校の》校舎, 寮舎. **b** college の教授陣[学生, 事務員]. **c**《俗》刑務所, 感化院. **4** 協会, 団体, 学会;《法の定める》法人; 選挙人団: SACRED COLLEGE / ELECTORAL COLLEGE. **5**《基金によって共同生活をする》聖職者団. **6** 集合, 群れ: a ~ of bees 蜂の群れ. ［OF or L; ⇨ COLLEAGUE］
Cóllege Bóard〔サービスマーク〕カレッジボード《米国の大学入学試験委員会 (College Entrance Examination Board) が実施する適性・学力テストについて用いる》.
cóllege-bréd *a* 大学教育をうけた, 大学出の.
cóllege càp 大学制帽, '角帽'.

cóllege ìce «ニューイング» SUNDAE.
cóllege lìving" 大学が任命権をもつ聖職.
Cóllege of Árms [the] HERALDS' COLLEGE.
Cóllege of Cárdinals [the] SACRED COLLEGE OF CARDINALS.
cóllege of educátion 教員養成大学, 教育大学《以前は teacher training college と呼ばれた》.
Cóllege of Fúrther Educátion〔英〕継続教育カレッジ《16歳を過ぎた人を対象に一般教養および実務教育を行なうカレッジ; 学位は授与しないが, A レベルその他の資格や職業コースへの受験が可能になる; 略 CFE》.
Cóllege of Hérålds [the] HERALDS' COLLEGE.
Cóllege of Jústice [the] スコットランド控訴裁判所 (Scottish Court of Session) の公式名《スコットランド最高の民事裁判所》.
cóllege-prepáratory *a* 大学入学準備の〈課程・学校〉.
cóllege púdding"《一人 1 個の》小型プラムプディング.
cól·leg·er *n* "イートン校 (Eton College) の給費生 (cf. OPPIDAN); *大学生.
cóllege trý*["the old ～]《母校やチームのためにする》懸命の[ひたむきな]努力, 奮闘: give sth *the* (*old*) ～ …に最大限の努力をする.
cóllege wídow *«口» 大学町に住んで次々と入れ替わる在学生とデートする独身女性.
col·le·gi·al /kəlíːʤ(i)əl/ *a* COLLEGE の; /, -gi-/ メンバーが同等の権限[権威]を有する;〔カト〕司教たちが権限を平等に共有する. ♦ **～·ly** *adv*
col·le·gi·al·i·ty /kəlìːʤiǽləti, -gi-/ *n* 同僚間の関係, 同僚間の協同;〔カト〕《教皇の下での》司教たちの教会政治への参与;《教皇の下に一体となった》司教団.
col·le·gi·an /kəlíːʤ(i)ən/ *n* COLLEGE の学生[卒業生].
col·le·giate /kəlíːʤət, -ʤiət/ *a* **1** COLLEGE (の学生)の; カレッジ組織の, 学寮制の; 大学程度の. **2** COLLEGIATE CHURCH の(ような); メンバーが同等の権限[権威]を有する (collegial); 団体組織の: ～ management 協同[集団]管理[経営]. ► *n* COLLEGIATE INSTITUTE. ♦ **～·ly** *adv*
collégiate chúrch〔カト・英国教〕《DEAN[1] の管理する》共住聖職者団聖堂《司教座はない》; «スコ・米»〔プロ〕《牧師団が主宰する》協同教会;《中世の》財団法人学院形式の大教会; カレッジ付属のチャペル.
collégiate ínstitute〔カナダ〕州政府の監督下にあって普通教科を教授する完全認可の高等学校.
col·le·gi·um /kəlíːgiəm, -léɪ-, -ʤi-; kəlíːʤiəm/ *n* (*pl* **-gia** /-iə/, **～s**)《各員が平等の権利をもつ》会;〔ロシア〕協議会, 合議会, 参与会;〔キ教〕神学校, コレギウム; SACRED COLLEGE OF CARDINALS. [L COLLEGE]
col·le·gi·um mu·si·cum /kəlíːʤiəm mjúːzɪkəm, koulégium múːsɪkùm/ コレギウム・ムシクム《古い音楽やよく知られていない音楽を研究し演奏する, しばしば大学に関係する音楽愛好家の団体》. [L=musical society]
col legno /koul léɪnjou/〔楽〕木で, コル・レーニョで《ヴァイオリン属の弓の木部で弦をたたくようにする》. [It]
col·lem·bo·lan /kəlémbələn/〔昆〕*a, n* 粘管目[トビムシ類]の; トビムシ (=*springtail*). ♦ **col·lém·bo·lous** *a*
col·len·chy·ma /kəléŋkəmə, kɑ-/ *n*〔植〕厚角組織 (cf. SCLERENCHYMA). ♦ **-chym·a·tous** /kɑ̀ləŋkímətəs, -kái-/ *a*
Cól·les'(s) frácture /kɑ́ləs(əz)-, kɑ́liːz(əz)-/〔医〕コリース骨折《橈骨(とうこつ)下端が骨折し, 手が後方・外側へ変位する骨折》. [Abraham *Colles* (1773–1843) アイルランドの外科医]
col·let /kɑ́lət/ *n* コレット《(1) 宝石の受座 (2) CULET》;〔機〕コレット《刃物をスピンドルに固定するための工具》;〔時計〕ひげ玉《ひげぜんまいの内側を支える小リング》. ► *vt* コレットにはめる. [F (*col* neck)]
col·le·té·ri·al glànd /kɑ̀lətíəriəl-, -tɛ́ər-/〔昆〕粘液腺《膣にあって, 卵を粘着させる物質を分泌する》. [*colleterium* (Gk *kolla* glue), *-al*[1]]
Col·ley /kɑ́li/ コリー《男子名》. [(dim); ⇨ NICHOLAS]
col·lic·u·lus /kəlíkjələs/ *n* (*pl* **-li** /-làɪ, -lìː/)〔解〕丘, 小丘. ♦ **col·líc·u·lar** *a*
col·lide /kəláɪd/ *vi* 衝突する〈*against, with*〉;〈意志・目的などが〉相反する, 一致しない〈*with*〉. ► *vt* 衝突させる. [L *collis- collido* to clash (*laedo* to strike and hurt)]
col·lid·er /kəláɪdər/ *n*〔理〕衝突型加速器, コライダー.
col·lie, col·ly /kɑ́li/ *n*〔犬〕コリー《スコットランド原産の顔の長い大型牧羊犬》. ♦ **～·lìke** *a* [? *coll* COAL, *-ie*; その毛色より]
col·lied /kɑ́lid/ *a* «古・方» すすけた, 黒い, よごれた.
col·lier" /kɑ́ljər, -iər/ *n*《炭鉱の》坑夫; 石炭船(の乗組員); 炭焼き《人》. [*coal*]
Collier コリアー **Jeremy** ～ (1650–1726)《英国の牧師; 宣誓拒否者 (nonjuror)》.
cól·liery *n* 炭鉱《建物・機械なども含む》.
col·lie·shang·ie /kɑ́liʃæŋi, kɑ́l-/ *n* «スコ» 争い, 口論, けんか.
col·li·gate /kɑ́ləgèɪt/ *vt* 結合する;〔論〕結集する, 連結する《個々別々に観察された事実を一つの概念の下に総括する》. ► *vi* 集団の一員になる[である]. ♦ **còl·li·gá·tion** *n*
cól·li·gà·tive /; -gətɪv/ *a*〔化〕束一的な《物質を構成している分子の数だけに依存し, その種類には関係しない; cf. CONSTITUTIVE》.
col·li·mate /kɑ́ləmèɪt/ *vt*〔光〕視準する;〈レンズ・光線・線束を〉平行にする, コリメートする. ♦ **còl·li·má·tion** *n*
cól·li·mà·tor *n*〔光〕コリメーター《平行光線をつくる装置》;〔天〕《望遠鏡の》視準儀, コリメーター;〔理〕コリメーター《特定の立体角の中に線束を集中する装置》.
col·lin·ear /kəlíniər, kɑ-/ *a*〔数〕同一線上の, 共線的の. ♦ **～·ly** *adv* **col·lin·ear·i·ty** /kəlìniǽrəti, kɑ-, *-ɛ́rəti/ *n*
Col·lins /kɑ́lənz/ **1** コリンズ (**1**) **Michael** ～ (1890–1922)《アイルランドの独立運動家; 1912–21 年対英ゲリラ戦を展開, アイルランド自由国の誕生に尽くした》(**2**) **William** ～ (1721–59)《英国の詩人; ロマン派の先駆をなす odes を残した》(**3**) (**William**) **Wilkie** ～ (1824–89)《英国の小説家; *The Woman in White* (1860), *The Moonstone* (1868)》. **2** "«口» 厚いもてなし[ごちそう]に対する礼状 (bread-and-butter letter)《Jane Austen, *Pride and Prejudice* の Rev. William Collins の手紙から》. **3** [°c-] コリンズ《ジン[ウオツカ, ラム, ウイスキーなど]をベースにレモン[ライム]果汁・炭酸水・砂糖を混ぜ氷を入れた飲料; cf. JOHN [TOM] COLLINS》.
col·lin·sia /kəlínsiə, -ziə, kɑ-/ *n*〔植〕コリンシア属[コリンソウ属] (*C*-) の各種一年草《北米原産; シソ科》. [Zaccheus *Collins* (1764–1831) 米国の植物学者]
Cóllins Strèet còcky [fàrmer, gràzier] «豪口» コリンズストリートの農場主《住居も職場も Melbourne 市内にあるが, 税金対策のために田舎に農場などをもっている実業家》. [*Collins Street* Melbourne のビジネスの中心街]
col·li·sion /kəlíʒ(ə)n/ *n* 衝突 (clash);《利害・意見などの》衝突, 対立〈*with, between*〉;〔理〕衝突《素粒子や原子核がぶつかり合うこと》;〔電算〕衝突《(1) hash 値などが偶然一致すること (2) 複数のデバイスが同じ通信路を使って送信しようとすること》: *in* ～ *with*…と衝突して / come into ～ (*with*…) (…と)衝突する. ♦ **～·al** *a* **～·al·ly** *adv* [L; ⇨ COLLIDE]
collísion còurse 衝突進路《そのまま進めばほかの物体や見解との衝突が避けられない路線》: on a ～ 衝突が必至で, 対立が不可避で〈*with*〉.
collísion dámage wàiver《レンタカーにつける》車両・対物事故免責補償《略 CDW》.
collísion màt〔海〕防水マット《衝突で船に生じた穴をふさぐのに外から当てて用いる》; *«俗» ワッフル《ケーキ》.
collo- /kɑ́lou, -lə/ ⇨ COLL-.
col·lo·cate /kɑ́ləkèɪt/ *vt* 一所に置く, 並べて置く;《適当な順序に》配列する, 配置する;〔文法〕〈語を〉連結させる〈*with*〉. ► *vi*〔文法〕連結する; 共起する〈*with*〉. [L (*loco* < LOCUS)] ► *n* /kɑ́ləkət/〔言〕連語構成語, 共起語.
col·lo·ca·tion /kɑ̀ləkéɪʃ(ə)n/ *n* 並置, 配列;〔文法〕語の配置, 連語(関係), コロケーション. ♦ **～·al** *a*
col·loc·u·tor /kəlɑ́kjətər, kɑ́ləkjùːtər/ *n* 話し相手, 対談者. [COLLOQUY]
Col·lo·di /kəlóudi/ コッローディ **Carlo** ～ (1826–90)《イタリアのジャーナリスト・児童文学者; 本名 Carlo Lorenzini;『ピノッキオの冒険』の作者》.
col·lo·di·on /kəlóudiən/, **-di·um** /-diəm/ *n*〔化〕コロジオン《ピロキシリンを溶かした粘着性のある液体; すり傷・写真フィルムのコーティングに用いる》. [Gk=gluelike]
collódion·ìze *vt* コロジオンで処理する.
col·logue /kəlóug/ *vi* 打明け話をする, 密談する〈*with*〉; «方» 共謀する. [*coll*ude+dia*logue* か]
col·loid /kɑ́lɔɪd/ *n*〔化〕膠質, コロイド (opp. *crystalloid*). ► *a* COLLOIDAL. [Gk *kolla* glue, *-oid*]
col·loi·dal /kəlɔ́ɪdl, kɑ-/ *a* コロイド状の, 膠様の. ♦ **～·ly** *adv*
col·lop /kɑ́ləp/ *n* 薄い肉片, 薄い一切れ;《太った人・動物の》皮膚のひだ (*Job* 15:27). [ME=fried bacon and eggs < Scand]
colloq. colloquialism ♦ colloquial(ly).
col·lo·qui·al /kəlóukwiəl/ *a* 日常会話の; 口語(体)の, 話しことばの《教育のある人が日常の談話で使うことばについていい, 無教育者のことばとは別; opp. *literary*》; くだけすぎの; 口語体を使う: a ～ expression 口語的表現 / the ～ style 口語体. ► *n* 口語(体); 口語表現. ♦ **～·ly** *adv* 口語で, 会話で. **～·ness** *n* **col·lò·qui·ál·i·ty** *n* [COLLOQUY]
collóquial·ìsm *n* 口語[談話]体の語句, 話しことば; 口語体; [誤用] 土地のことばづかい.
col·lo·quist /kɑ́ləkwɪst/ *n* 対話者.
col·lo·qui·um /kəlóukwiəm/ *n* (*pl* **～s, -quia** /-kwiə/) 討論集会, (専門家)会議; 共同討議, 輪講,《大学での》ゼミナール. [L *colloquium* < *loquor* to speak)]
col·lo·quize /kɑ́ləkwàɪz/ *vi* 対話する.
col·lo·quy /kɑ́ləkwi/ *n*《やや正式な》対話, 会談; 対話形式の文学作品;《改革派教会の》教務会. [L COLLOQUIUM]
Col·lor de Mel·lo /koulɔ́ːr də mélu/ コロル・デ・メロ **Fernando** ～ **Affonso** (1949–)《ブラジルの政治家; 大統領 (1990–92)》.
col·lo·type /kɑ́lətàɪp/ *n*〔印〕コロタイプ(印刷) (=*photogelatin*

process, heliotype)《ゼラチンなどの硬化させたコロイドフィルムから直接印刷面を得る写真印刷法》; コロタイプの印刷物.

col·lude /kəlúːd/ *vi* 通謀[結託]する ‹*with, in*›. ♦ **col·lúd·er** *n* [L (*lus- ludo* to play)]

col·lu·nar·i·um /kàlənɛ́əriəm/ *n* (*pl* **-ia** /-iə/) 〔薬〕点鼻[洗鼻]剤.

col·lu·sion /kəlúːʒ(ə)n/ *n* 通謀, 共謀, なれあい, 結託: in ~ 通謀して, なれあいで ‹*with*›. [OF or L; ⇨ COLLUDE]

col·lu·sive /kəlúːsɪv/ *a* 通謀[なれあい]の, 共謀のうえでの. ♦ **~·ly** *adv* **~·ness** *n*

col·lu·vi·um /kəlúːviəm/ *n* (*pl* **-via** /-viə/, **~s**) 〔地質〕崩積層《斜面や断崖の下にたまる岩石の破片》, 崩積土. ♦ **col·lú·vi·al** *a*

col·ly[1] /káli/ 《古·方》*vt* (すすで)よごす, 黒くする. ► *a* すすでよごれた. ► *n* すす, よごれ. [ME *colwen* (OE COAL)]

colly[2] *vt**《黒人俗》十分に理解する. [?; cf. COLLAR]

colly[3] ⇨ COLLIE.

col·lyr·i·um /kəlíriəm/ *n* (*pl* **-ia** /-iə/, **~s**) 〔医〕洗眼剤 (eye-wash).

col·ly·wob·bles /káliwàb(ə)lz/ *n pl* [ᵘthe, ‹*sg/pl*›]《口》《腹鳴を伴った》腹痛, 《腹痛を伴った》下痢; 《腹にくるような》不安, 緊張感, 恐怖: give [get] *the* ~ ぞっとさせる[する]. [COLIC, WOBBLE]

Col·man /kóulmən/ コールマン **George** ~ (1732–94)《英国の劇作家·劇場支配人》.

Col·man's /kóulmənz/ 〔商標〕コルマンズ《英国製のマスタード; トレードマークは雄牛の頭》.

Col·mar /kóulmɑ̀ːr, ─́─/ コルマール (G **Kol·mar** /G kɔ́lmar/)《フランス北東部 Haut-Rhin 県の県都; 1871–1919, 1940–45 年の間はドイツに併合されていた》.

colo- /kóulou, kál-/ ⇨ COL-[2].

Colo. Colorado.

col·o·bine /káləbàɪn/ *a, n* 〔動〕コロブス亜科の(サル)《オナガザル科の旧世界ザル; 葉を主食にするものが多い》.

col·o·bo·ma /kàləbóumə/ *n* (*pl* **-ma·ta** /-tə/) 〔医〕《眼の》欠損(症), コロボーム. [NL (Gk *kolobos* curtailed)]

col·o·bus /káləbəs/ *n* 〔動〕コロブス (=~ **mònkey**)《アフリカ産オナガザル科コロブス属 (*C-*) のサル; 尾が発達》.

co·lócate *vt* 《施設を共用できるように》‹2つ以上の部隊[コンピューターのサーバーなど]を›同じ場所に配置する.

col·o·cynth /káləsìnθ/ *n* 〔植〕コロシント (=*bitter apple*) (=~ **àpple**)《スイカ属; にがい実から下剤をつくる》.

co·lógarithm *n* 〔数〕余対数《記号 **colog.**》.

Co·logne /kəlóun/ **1** ケルン (*G* Köln)《ドイツ西部 North Rhine-Westphalia 州の Rhine 川に臨む市》. **2** [ᵒc-] オーデコロン (=*eau de cologne*) (=~ **wàter**)《香水》; [ᵒc-] コロンクリーム. ♦ **co·lógned** *a*

Co·lomb-Béchar /*F* kɔlɔ̃beʃaːr/ コロン-ベシャール《BÉCHAR の旧称》.

Co·lombes /kəlóum; *F* kɔlɔ̃b/ コロンブ《Paris の北西郊外の町》.

Co·lom·bia /kəlʌ́mbiə; -lɔ́m-/ コロンビア《南米北西部の国; 公式名 Republic of ~ (コロンビア共和国); ☆Bogotá》.

Co·lom·bi·an /kəlʌ́mbiən; -lɔ́m-/ *a* コロンビアの; コロンビア人の. ► *n* コロンビア人; *《俗》COLOMBIAN GOLD.

Colómbian góld*《俗》コロンビアゴールド《コロンビア産マリファナ》.

Co·lom·bo **1** /koulóumbou/ コロンボ **Cristoforo** ~《COLUMBUS のイタリア語名》. **2** /kəlʌ́mbou/ コロンボ《スリランカの旧首都·海港》.

Colómbo Plàn [the] コロンボ計画《南および東南アジアにおける開発への技術·財政支援の推進を目的とする協力機構; 1950 年 Colombo で開かれた英連邦外相会議で設立が合意された》.

co·lon[1] /kóulən/ *n* **1** コロン《(1) period と semicolon の中間に位する句読点 (:) で, 説明[引用]句の前などに置く 2) 時·分·秒を表わす数字の間, 書物の章·節を表わす数字の間, 対比を表わす数字の間に用いられる》: 4:1 4 対 1《four to one と読む》/ 2:1::6:3 2 対 1 は 6 対 3《two is to one as six is to three と読む》. **2** (*pl* **co·la** /kóulə/) **a** 発話のリズム単位. **b** 〔古典韻律〕コーロン《主揚音によって結合された 2–6 詩脚からなる詩行のリズム単位》. [L<Gk=limb, clause]

colon[2] *n* (*pl* **~s**, **co·la** /kóulə/) 〔解〕結腸, 《時に》大腸全体: ~ cancer 〔医〕結腸癌. [OF or L<Gk]

co·lon[3] /kəlóun; kɔlɔ́n; *F* kɔlɔ̃/ *n* 植民農業者, 大農園所有者. [F<L=colonist]

co·lón /kəlóun; kɔlɔ́n/ *n* (*pl* **co·lo·nes** /-nèɪs/, **~s**) コローン《(1) コスタリカの通貨単位: =100 centimos; 記号 ₵ 2) エルサルバドルの旧通貨単位: =100 centavos》. [AmSp<Sp; *Cristóbal Colón* Christopher Columbus にちなむ]

Co·lón /koulóun; kɔlɔ́n/ **1** コロン **Cristóbal** ~《COLUMBUS のスペイン語名》. **2** コロン《パナマ運河の大西洋側にある市·港町; 旧称 Aspinwall》. ■ **Ar·chi·pié·la·go de** ~ /àːrtʃipjéɪləgou ðèɪ ─́─/ コロン諸島《GALÁPAGOS 諸島の公式名》.

cólon bacìllus 大腸菌 (E. coli)《特に遺伝の研究に用いる》.

col·o·nel /kə́ːrnl/ *n* 〔軍〕大佐 (⇨ ARMY, AIR FORCE, MARINE CORPS); 中佐 (lieutenant colonel); ᴴ連隊長; 大佐《米国南部·中部の州が与える軍と関係のない名誉称号》. ♦ **~·cy**, **~·shìp** *n* [F<It; ⇨ COLUMN]

Cólonel Blímp /-blímp/ **1** ブリンプ大佐《英国の漫画家 David Low (1891–1963) が描いた保守主義者》. **2** 初老の傲慢な反動的軍人[政府役人]; 《広く》反動的人物. ♦ **Cólonel Blímp·ism** *n*

Cólonel Bógey **1** ボギー大佐《プレーヤーが競う相手と設定する想像上のゴルフの名手》. **2**『ボギー大佐』《英国の作曲家·軍楽隊長 Kenneth J. Alford 作曲の行進曲 (1914); 映画 *The Bridge on the River Kwai* (戦場にかける橋, 1957) で使われた》.

cólonel commándant ᴴ旅団長 (brigadier).

cólonel-in-chíef *n* (*pl* **cólonels-**, **~s**)《皇族などの》名誉連隊長.

colones *n* COLÓN の複数形.

coloni *n* COLONUS の複数形.

co·lo·ni·al /kəlóuniəl, -njəl/ *a* **1 a** 植民(地)の; ᴴ直轄植民地の; 植民地風の. **b** *[ᵒC-] 植民地時代(風)の, コロニアル様式の, 古めかしい. **2** 〔生態〕コロニー (colony) の; 〔生〕群体の. ► *n* **1** 植民地住民. **2** 植民地で使用するために作ったもの《硬貨·切手·商品など》; 植民地風のもの; *コロニアル様式の住宅. ♦ **~·ly** *adv* **~·ness** *n* **~·ize** *vt* [COLONY]

colónial ánimal COMPOUND ANIMAL.

colónial expérience 《豪》植民地経験《植民地時代英国青年が農耕などを通じて積んだ経験》.

colónial góose 《豪》骨を抜いて香草入りの詰め物をしたマトンの脚.

colónial·ìsm *n* **1** 植民地主義. **2** 植民地風[気質]; *植民地時代からの遺風[旧弊]. ♦ **-ist** *n, a* **co·lò·ni·al·ís·tic** *a*

Colónial Óffice [the] 〔英史〕植民省《1966 年 Commonwealth Office に合併》.

co·lon·ic /kouláník, kə-/ *a* 〔解〕結腸 (colon) の; 〔医〕結腸洗浄の. ► *n* 〔医〕結腸洗浄 (enema).

colónic irrigátion 〔医〕結腸洗浄 (enema).

col·o·nist /kálənɪst/ *n* **1** 海外移住民, 《特に》植民地開拓者, 入植者 (opp. *aboriginal*). **2** 外来動植物.

col·o·ni·tis /kòulənáɪtəs/ *n* 〔医〕結腸炎 (colitis).

col·o·ni·za·tion /kàlənəzéɪʃ(ə)n; -naɪ-/ *n* 植民地化; 植民地建設, 拓殖; 〔生態〕住みつき. ♦ **~·ist** *n*

col·o·nize /kálənàɪz/ *vt* **1 a** …に植民地をつくる[移住する], 植民地化する. **b** ‹労働者など›の群居地を設立する, 入植させる ‹*in*›. **2** *《形勢の微妙な選挙区》に不正な方法で有権者を移住させる; …に戦闘的破壊分子を潜入させる. **3** 〔生態〕‹動植物が›…にコロニーをつくる. ► *vi* colony をつくる; 入植する. ♦ **cól·o·nìz·able** *a* **cól·o·nìz·er** *n*

col·on·nade /kàlənéɪd/ *n* 〔建〕列柱, 柱廊, コロネード; 並木. ♦ **-nád·ed** *a* 列柱を備えた. [F; ⇨ COLUMN]

co·ló·no·scòpe /kouláṇə-/ *n* 〔医〕結腸(内視)鏡.

co·lo·nos·co·py /kòulənáskəpi/ *n* 〔医〕結腸内視術.

co·lo·nus /kəlóunəs/ *n* (*pl* **-ni** /-nàɪ, -niː/) 〔史〕コロヌス《ローマ帝国末期の農地に縛りつけられた小作人》. [L=farmer ‹*colo* to cultivate]

col·o·ny /káləni/ *n* **1** 植民, 入植者, 移民団《集合的》. **2** 植民地; 〔ギ史·ロ史〕植民市. **3** [the Colonies] **a** ᴴ旧大英帝国領. **b** 〔米史〕《アメリカ合衆国を最初に形成した》東部 13 州《のイギリス植民地》. **4 a** 居留地; 《租界·居留地の》居留民, …人団[街]; 《芸術家などの》集団居住地, '村' 集団(居住者): the Italian ~ in Soho《London の》ソーホー地区のイタリア人街 / a ~ of artists=an artists' ~ 芸術家村. **b** [ᵒ*pl*]《職を与える, あるいは職業訓練を施す》失業者救済機関; 《治療·矯正のため》隔離された人びとの集団; 隔離地区[施設], コロニー. **5 a** 〔生態〕コロニー《(1) 固形培地上の細菌個体の集落 2) 集合して生活するアリ·ハチの一群 3) ある土地·場所に固定したある種の個体群 4) 2, 3 種の植物の混合小集団など》. **b** 〔生〕群体《分裂·出芽によって生じた多数の個体が組織的に結合している集合》. **c** 〔地質〕《異なった系統内の》化石群. [L *colonia* farm (↑)]

cólony-stìmulating fàctor 〔医〕コロニー刺激因子《前駆細胞の顆粒球·マクロファージなどへの分化を促進するほか, それらの前駆細胞にコロニーを形成させる刺激を与える糖タンパクの総称》.

col·o·phon /káləfən, -fɑ̀n/ *n* 《古書の》巻尾飾り模様 (tailpiece), 奥付; 出版社[印刷所]のマーク, 社章: from title page to ~ 扉から奥付まで, 全巻すっかり. [L<Gk=summit, finishing touch]

Col·o·phon /káləfən, -fɑ̀n/ コロポーン《古代小アジア西部にあった王国 Lydia の都市》.

col·o·pho·ny /kəláfəni, káləfòuni, ᴴkɔ́ləfəni/, **co·lo·pho·ni·um** /kàləfóuniəm/ *n* 〔化〕コロホニー, コロホニウム (rosin).

col·o·quin·ti·da /kàləkwíntədə/ *n* COLOCYNTH.

col·or | **col·our** /kʌ́lər/ *n* **1 a** 色, 色彩; 色調; 彩色, 着色 (coloring); 《光線·画·墨絵などの》明暗; 顔料, えのぐ; ヘアカラー; 〔紋〕カラー《紋章に使用する gules, azure, sable, vert, purpure, sanguine, tenne などの原色の総称》; 〔玉突〕《スヌーカーの》カラーボール《白の手球と赤球以外の玉》: ~ and gloss 色沢(しきたく). **b** [‹*a*›]《白·黒·灰に対して》色のついた, カラーの. **2** 顔色, 血色 (complexion); 《顔の》紅潮, 赤面: have very little [a very high] ~ 血色がよくな

い[とても血色がよい] / change ～ ⇨ 成句 / lose ～ 青ざめる. **3**《有色人種の》肌の色; 有色人種,《特に》黒人: a person of ～ 有色人, 黒人. **4** 外見, 姿; [*pl*] 性格; [*pl*] 立場, 意見; 本当らしさ; 口実;〘法〙《実体がないのにあるように装う》外観, 表見, 表見上の権利: some ～ of truth 多少の真実味 / see sth in its true ～*s* 事の真相を見る / give (a) false ～ to…の記事(など)を故意にゆがめる / give [lend] ～ to 〈話〉を本当らしく見せる / have the ～ of…らしい様子が見える / put a false ～ on…を曲解[誤って解釈]する / by ～ of office〘法〙職務の外観のもとに. **5 a**〘文芸〙個性, 特色,《作品の》味, 表現の変化, あや, 気分; 生気, 生彩; 地方色, 時代色: add ～ to…に彩り[興趣]を添える, …をはなやかにする. **b** *《口》《スポーツ放送に興味を添えるための》試合の分析と統計および選手についての背景的情報など: COLOR MAN. **6** 音色, 音質. **7** [ᵘ*pl*]《所属団体などを表わす》色リボン, 色バッジ, 色服: a batboy wearing the ～*s* of his stadium 所属球場の色ユニフォームを着たバットボーイ / get [give] one's ～*s*《競技組別の, または選手たる》色リボンをもらう[与える]. **8 a** [ᵘ*pl*] 国旗, 軍旗, 連隊旗, 軍艦旗, 船舶旗; [*pl*] 軍隊: salute the ～*s* 軍艦旗に敬礼する / KING'S COLOUR, FALSE COLORS / join [follow] the ～*s* 軍隊にはいる, 入隊する / serve (with) the ～*s* 現役に服する / with the ～*s* 現役に服して. **b** [*pl*]〘米海軍〙軍艦旗に対する敬礼. **9**《砂金を含む砂を洗って残る》金の細粒. **10**〘理〙《クォークの》カラー, 色. ● **appear in one's true ～s**＝show one's true COLORS. **call to the ～s** 兵を召集する; 国旗掲揚[収納]の召集らっぱ. **change ～** 色を変える, 〈木・木の葉が〉紅葉する, 顔色を変える; 〈事態が〉様相を変える. **lay on the ～s too thickly** 誇張して述べる. **lower** [**haul down, strike**] **one's ～s** 旗を降ろす, 降参する, 主張を撤回する. **nail** [**pin**] **one's ～s to the mast** 自己の主義[主張]を固守する, 主義を貫く. **off ～**《口》気分がすぐれない; いかがわしい. **paint…in bright** [**glowing**] **～s** ほめたてて言う; 楽観的に述べる. **paint…in dark ～s** あしざまに言う; 悲観的に述べる. **raise ～** 染めて色上げする. **see the ～ of** sb's **money**《口》人に金を払ってもらえる見込みを得る, 相手の財布を確かめる. **show** [**display**] **one's** (**true**) **～s** 態度を明らかにする, 旗幟(き)を鮮明にする; 本音を吐く. **stick to one's ～s** 自己の主義[立場]を固守する. **take one's ～ from**…をまねる. **turn ～** 色が変わる, 変色する; 顔色を変える, 赤くなる, 青くなる. **under ～ of**…の外観[外見, 口実]のもとに. **with** FLYING COLORS.

► *vt* **1 a**《特にクレヨンや色鉛筆で》彩色する 〈*in*〉; 染める. **b** …の顔を赤らめさせる. **2** 潤色[粉飾]する; もっともらしくする; 特徴づける, …に影響を与える: an account ～*ed* by prejudice 偏見の加わった記事. ► *vi* 色を塗る 〈*in*〉; 〈パイプなど〉色がつく[出る]; 〈果物が〉色づく; 〈人が〉赤面する, 〈顔が〉赤くなる 〈*up*〉.
[OF＜L *color* hue, tint]

cólor·able *a* 着色できる; 見かけばかりの; もっともらしい; 偽りの. ◆ **-ably** *adv*

Cólor Abstràction カラーアブストラクション《形より色を強調する抽象画法》.

col·o·ra·do /kɑ̀lərɑ́:doʊ, -rǽd-/ *a, n* (*pl* **～es**) 強さと色が中ぐらいの(葉巻), コロラド(の). [Sp＜L＝colored]

Colorado 1 コロラド《米国西部の州; ☆Denver; 略 Colo., Col., CO》. **2** [the] コロラド川《**1**) 米国南西部の, Rocky 山脈から California 湾に流れる; 大峡谷 Grand Canyon で有名 **2**) Texas 州中部を流れ, Mexico 湾に注ぐ **3**) アルゼンチン中部を流れ, 大西洋に注ぐ》. ◆ **Còl·o·rá·dan, ～·an** *a, n* [Sp＝red＜L; ↑]

Colorádo béetle〘昆〙COLORADO POTATO BEETLE.

Colorádo blúe sprúce〘植〙コロラドトウヒ (Colorado spruce).

Colorádo Désert [the] コロラド砂漠《California 州南東部, Colorado 川の西の砂漠》.

Colorádo potáto bèetle〘昆〙コロラドハムシ (＝*potato beetle*)《ジャガイモの大害虫》.

Colorádo rúby〘鉱〙コロラドルビー《北米 Colorado 州などで産する濃赤色のざくろ石》.

Colorádo Spríngs コロラドスプリングズ《Colorado 州中部の市; 近郊に米国空軍士官学校がある》.

Colorádo sprúce〘植〙アメリカハリモミ (BLUE SPRUCE).

Colorádo tópaz〘鉱〙コロラドトパーズ《Colorado 州産の黄玉》.

cólor annòuncer* COLORCASTER.

col·or·ant /kʌ́lər(ə)nt/ *n* 着色料, 染料, 顔料, 色素.

col·or·a·tion /kʌ̀ləréɪʃ(ə)n/ *n* 着色(法); 配色; 彩色;《生物の》天然の色; 特色; 立場, 姿勢, 傾向; 音色. [F or L; ⇨ COLOR]

cólor àtlas COLOR CHART.

col·o·ra·tu·ra /kʌ̀lərət(j)ʊ́ərə, kɑ̀l-/ *n*〘楽〙コロラトゥーラ《きわめて華麗な技巧的旋律》; コロラトゥーラ歌手《ソプラノ》. [It; ⇨ COLOR]

col·or·a·ture /kʌ́lərətʃər, kɑ́l-/ *n* COLORATURA.

cólor bàbbler* COLORCASTER.

cólor bàr COLOR LINE.

cólor-bèar·er *n*〘軍〙旗手.

cólor-blìnd *a* 色盲の; 鈍感な, ぼんやりした; 皮膚の色で差別をしない, 人種偏見のない; *《俗》[*joc*] 自分の金と人の金の区別がつかない, 盗む[だます]ことが平気な. ◆ **cólor blìndness** *n*

cólor bòx えのぐ箱 (paint box).

cólor·brèd *a* 特定の色を獲得するために選択育種された, カラーブレッドの: ～ canaries.

cólor·càst* *n, vt, vi*〘テレビ〙カラー放送(する). [*color*＋tele*cast*]

cólor·càst·er *n* 競技の模様を細部まで生きいきと描写するアナウンサー. [*color*＋broad*caster*]

cólor chàrt〘色彩〙色表, 色見本帳, カラーチャート《色票を系統的に配列したもの》.

cólor-còde *vt*《識別のためタイプ・種類など》色で分類する, 色分けする. ◆ **cólor-còd·ed** *a*

cólor còde 色コード《電線などを識別するのに用いられる色分け体系》.

cólor còmpany〘軍〙軍旗中隊.

cólor condìtioning 色彩調節《人によい印象を与えるように色彩を用いること》.

cólor cóntrast〘心〙色対比《見かけの色が周囲の色の影響をうけること》.

co·lo·rec·tal /kòʊlərékt(ə)l/ *a*〘解〙結腸直腸の: ～ cancer 大腸癌.

cól·ored *a* **1 a** 着色した, 彩色してある, カラーの; 〈髪が〉染めてある; 色彩豊かな; [*compd*] …色の: cream-～ クリーム色の. **b** 文飾を施した, 誇張した, 見せかけの. **2** [ᵒC-] 有色(人種)の (opp. *white*), [ˢ*derog*]《特に》黒人の; [C-]《南ア》混血の. ► *n* (*pl* **～, ～s**) [ᵒC-] 有色人種, [ˢ*derog*]《特に》黒人; [C-]《南ア》カラード (CAPE COLORED); [～s] ᴵᴵ《洗濯・染色などで白いものと区別して》色物.

cólor·er *n* 着色者, 彩色者.

cólor·fàst *a* 色のさめない, 退色[色落ち]しない. ◆ **～·ness** *n* 色[染色]堅牢度.

cólor-fìeld *a*〘美〙色彩の場の, カラーフィールドの《1960 年代に米国で興った, 色彩の彩度や明度の微妙さをモノクロームもしくは数色で表現する抽象絵画の様式についていう》.

cólor fìlm カラーフィルム; 天然色映画.

cólor fìlter〘光・写〙色フィルター (＝*color screen*).

cólor fòrce〘理〙カラー力《クォークを結びつける強い力》.

cólor·ful *a* 色彩に富んだ, 色とりどりの; 派手な; 興味深い[おもしろい], 多彩な, 生彩を放つ; 乱暴な, きたない〈ことば〉. ◆ **～·ly** *adv* **～·ness** *n*

còlor·génic *a*《カラーテレビ[写真]などで》色映りのよい.

cólor guàrd〘軍〙軍旗衛兵;《クラブ・鼓笛隊などの》旗手.

col·or·if·ic /kʌ̀lərífɪk/ *a* 色を伝えることのできる;《古》色彩の; 《古》〈文体など〉はなやかな, けばけばしい.

col·or·im·e·ter /kʌ̀lərímətər/ *n*〘理〙比色計; 色彩計. ◆ **còl·or·ím·e·try** *n* 比色定量[分析]; 測色(学). **còl·or·i·mét·ric** *a* **-ri·cal·ly** *adv*

cólor ìndex〘天〙《星の》色指数.

cólor·ing *n* **1 a** 着色(法), 彩色 (coloration), 色つけ; 発色; えのぐ[色]の使い方; 彩色[配色]効果. **b** 自然色; 血色, 肌の色; 色素; 着色料. **2** 影響, 偏見;《言語表現の》生彩; 音色.

cóloring bòok 塗り絵帳.

cóloring màtter 色素; 着色剤, えのぐ.

cólor·ist *n* 彩色を得意とする画家, カラリスト; はなやかな文体の作家; 色彩[配色]研究家. ◆ **-ìsm** *n*

col·or·is·tic /kʌ̀lərístɪk/ *a* 色の, 彩色(上)の; 音色を強調した〈音楽〉. ◆ **-ti·cal·ly** *adv*

cólor·ìze *vt*《コンピューターを利用して》〈モノクロフィルムを〉カラー化する. ◆ **còlor·izátion** *n*

cólor-kèy *vt* COLOR-CODE.

cólor·less *a* **1** 無色の; ぼやけた; どんよりして(いる); 血の気がない, 青ざめた. **2 a** 特色のない, 精彩を欠いた; 〈人物が〉はっきりしない, 煮えきらない. **b** 偏らない, 色のつかない, 中立の. ◆ **～·ly** *adv* **～·ness** *n*

cólor lìne* 黒人[有色人種]に対する差別, 色の差別[障壁] (＝*color bar*). ● **draw the ～** 皮膚の色による差別をする[受け入れる].

cólor·manᴵᴵ /-mən/ *n* えのぐ屋, 塗料商人.

cólor màn* COLORCASTER.

cólor mìxture〘染・照明〙混色.

cólor mùsic〘照明〙色彩楽《色・形・明るさの配合変化でスクリーンなどに音楽的感じを描き出す》.

cólor pàinting 形より色が強調される抽象画法. ◆ **cólor pàinter** *n*

cólor pàrty〘英軍〙軍旗護衛隊《下級将校 2 名と下士官 4 名からなる》.

cólor phàse〘動〙色相《**1**) 遺伝による体色変異, その動物 **2**) 季節による毛衣の変化色》.

cólor photógraphy カラー写真術.

cólor pòint〘紋〙HONOR POINT.

Cólorpoint Lònghair〘猫〙カラーポイントロングヘア (HIMALAYAN).

Cólorpoint (**shòrthair**)〘猫〙カラーポイントショートヘア《体形・体毛はシャムに似るが, 毛色が異なるイエネコ》.

cólor prèjudice 有色人種[黒人]に対する偏見.
cólor prìnt〔写〕カラープリント[印画]; 色刷り版画.
cólor prínting 色刷り; カラー印画焼付け.
cólor schème《室内装飾・服飾などの》配色, カラースキーム.
cólor screèn COLOR FILTER.
cólor separàtion〔印〕色分解, カラー分解《カラー印刷をするため分色ネガをつくること》; 分色[分解]ネガ.
cólor sèrgeant 軍旗護衛下士官; 《救世軍の》旗手.
cólor subcàrrier〔通信〕《アナログテレビの》色副搬送波.
cólor sùpplement‖《新聞などの》カラー付録ページ.
cólor télevision [TV /-tì:ví:/] カラーテレビ(ジョン).
cólor tèmperature〔理〕色(しょく)温度《ある物体の熱放射の色と等しい色の熱放射をする黒体の温度》.
cólor wàsh 水性塗料. ♦ **cólor-wàsh** *vt*
cólor·wày‖ *n* 色の組合わせ, 配色.
cólor whèel〔色彩〕色相環《主要な色と補色とを点対称になるように並べたもの》.
cól·ory *a*〔商〕〈コーヒー・ホップなど〉(質のよさを示す)いい色をした; «口» 色のよい, 多彩な.
Co·los·sae /kəlási/ コロサイ《小アジア中南西部, 古代フリュギアの南西部にあった市; 初期キリスト教会の拠点》.
co·los·sal /kəlás(ə)l/ *a* **1** 巨大な; 〈彫像が〉実物の 2 倍大の (cf. COLOSSUS); 〔建〕〈柱式が〉通しの《2 階以上の高さをもつ》. **2** 途方もない; «口» すばらしい, すてきな, 驚くべき. ♦ **~·ly** *adv* [F; ⇨ COLOSSUS]
Col·os·se·um /kàləsí:əm/ [the] コロセウム《ローマ市に残る古代ローマ最大の円形闘技場; 紀元 80 年に完成》; [c-] COLISEUM. [L; ⇨ COLOSSUS]
Co·los·sian /kəláʃ(ə)n/ *a* COLOSSAE の; コロサイ人の. ► *n* コロサイ人; コロサイのキリスト教会の信徒; [~s, ⟨*sg*⟩]〔聖〕コロサイ書《新約聖書の The Epistle of Paul the Apostle to the ~s (コロサイ人への手紙); 略 Col.》.
co·los·sus /kəlásəs/ *n* (*pl* **-los·si** /-sàɪ/, **~·es**) **1** 巨像; [the C-] ロードス島の巨像 (=the **C~ of Rhódes**)《紀元前 3 世紀に Rhodes 港の入口に建っていたという Helios の青銅巨像; ⇨ SEVEN WONDERS OF THE WORLD》. **2** 巨人, 巨大な[偉大な]もの; 並はずれたもの. [L<Gk]
co·los·to·my /kəlástəmi/ *n*〔医〕結腸フィステル形成(術), 人工肛門形成(術). [COLON², Gk *stoma* mouth]
co·los·trum /kəlástrəm/ *n*〔医〕《産婦の》初乳 (cf. BEASTINGS). ♦ **co·lós·tral** *a* [L]
co·lot·o·my /kəlátəmi/ *n*〔医〕結腸切開(術). [COLON²]
colour ⇨ COLOR.
-c·o·lous /-kələs/ *a comb form*「…に住んでいる」「…に生えている」: arenicolous, saxicolous. [L (*colo* to inhabit)]
colp- /kálp/, **col·po-** /kálpou, -pə/ *comb form*「膣」: *colpo*tomy. [Gk *kolpos* bosom, vagina]
col·pi·tis /kalpáɪtəs/ *n*〔医〕膣炎 (vaginitis).
col·po·da /kalpóudə/ *n*〔動〕コルポダ《コルポダ目コルポダ属 (*C*-) の繊毛虫; 通例 淡水にみられる》. [NL]
col·por·rha·phy /kalpɔ́:rəfi/ *n*〔医〕膣壁縫合術.
col·por·tage /kálpɔ̀:rtɪʤ, kàlpɔ:rtá:ʒ/ *n* (宗教)書籍行商. [F *colporter* to hawk, carry on the neck (*col*); 一説に *col-*=*com-*]
col·por·teur /kálpɔ̀:rtər, kàlpɔ:rtə́:r/ *n* (宗教)書籍行商人. [F (↑)]
cólpo·scòpe *n*〔医〕膣拡大鏡, 膣鏡.
col·pos·co·py /kalpáskəpi/ *n*〔医〕膣鏡検査, コルポスコピー《内視鏡による膣および頸管の検査》.
col·pot·o·my /kalpátəmi/ *n*〔医〕膣切開(術).
Col Sergt °Color Sergeant.
colt /kóult/ *n* **1**《雄の》子馬《通例 乳離れ後 4–5 歳まで; cf. FILLY》; 子馬, シマウマ[ロバなど]の子; 〔聖〕ラクダの子《*Gen* 32:15》. **2** ちゃめな若者, とんまな男の子; 青二才; 〔競技〕初心者 (tyro), 《特にプロクリケットチームの》新米, ジュニアチームの選手. **3**〔海〕なわむち《刑罰用》. ► *vt*〔海〕なわむちで打つ. ♦ **~·hòod** *n* [OE *colt* young ass or camel<?; cf. Swed (dial) *kult* young animal, boy]
Colt〔商標〕コルト《Colt Co. 製の銃砲, Colt's Manufacturing Co. 製の小火器, 特にオートマチック拳銃》. [Samuel *Colt* (1814–62) コルト銃を発明した米国人]
colter ⇨ COULTER.
cólt·ish *a* 子馬のような; 跳びまわる, ふざける; 言うことを聞かない, 手に負えない. ♦ **~·ly** *adv* **~·ness** *n*
Col·trane /kóultrèɪn; kaltréɪn/ コルトレーン **John (William)** ~ (1926–67)《米国のジャズサックス奏者》.
cólts·fòot *n* (*pl* **~s**)〔植〕フキタンポポ, カントウ《薬用植物ともされるキク科植物; cf. HERB TOBACCO》.
cólt's-tàil *n*〔植〕**a** ヒメムカシヨモギ. **b** スギナ (field horsetail).
col·u·ber /kál(j)əbər; -ljʊ-/ *n*〔動〕ムチヘビ属 (*C*-) のヘビ《ナミヘビ科; 無毒》.
col·u·brid /kál(j)əbrəd; -ljʊ-/〔動〕*n* ナミヘビ科 (Colubridae) の各種のヘビ《大半は無毒ヘビ》. ► *a* ナミヘビ科の.
col·u·brine /kál(j)əbràɪn; -ljʊ-/ *a* 蛇のような; 〔動〕ナミヘビ亜科 (Colubrinae) の.
co·lu·go /kəlú:gou/ *n* (*pl* **~s**)〔動〕ヒヨケザル (flying lemur). [(Malaya)]
Col·um /káləm/ コラム **Pa·draic** /pɔ́:ðrɪg/ ~ (1881–1972)《アイルランド生まれの米国の抒情詩人・劇作家》.
Co·lum·ba¹ /kəlʌ́mbə/〔天〕はと座 (鳩座) (Dove).
Columba² [Saint] 聖コルンバ (c. 521–597)《アイルランド出身の使徒; スコットランドに伝道; 祝日 6 月 9 日》.
col·um·bar·i·um /kàləmbéəriəm/ *n* (*pl* **-ria** /-riə/)〔古ロ〕《Catacomb 中の》(多数の壁龕(へきがん)のある)地下遺骨安置所; 《その一つ一つの》壁龕; COLUMBARY. [L]
col·um·bary /káləmbèri; -bəri/ *n* 鳩小屋(の穴).
Co·lum·bia /kəlʌ́mbiə/ **1** コロンビア《South Carolina 州の州都》. **2**《詩》コロンビア《アメリカ合衆国の擬人化; 通例 赤・白・青の服を着た女性として表わす》: HAIL COLUMBIA. **3** [the] コロンビア川《カナダ British Columbia 州南東部から米国 Washington 州を通って太平洋に注ぐ》. **4**〔羊〕コロンビア《米国作出の, 白面の毛肉兼用種》. **5** コロンビア《米国のスペースシャトル第 1 号機; 1981 年初飛行, 28 回の飛行を記録; 2003 年大気圏再突入時に爆発, 乗員 7 名が全員死亡》.
Co·lúm·bi·an *a* 米国[アメリカ]の; コロンブス (Christopher Columbus) の. ► *n*〔印〕コロンビアン《16 ポイント活字; ⇨ TYPE》; *《俗》COLOMBIAN GOLD.
Colúmbian góld *《俗》COLOMBIAN GOLD.
Colúmbia Píctures コロンビア映画《米国の大手映画制作・配給会社; 1924 年設立》.
Colúmbia Univérsity コロンビア大学《New York 市にある私立大学; 1754 年創立; Ivy League の一つ》.
co·lum·bic /kəlʌ́mbɪk/ *a*〔化〕NIOBIC.
col·um·bine¹ /káləmbàɪn/ *n*〔植〕オダマキ (aquilegia). [OF< L *columbine* (*herba*) (*columba* pigeon)]
columbine² *a* «まれ» 鳩の(ような). [L (↑)]
Columbine /, -bì:n/ コロンビーナ《COMMEDIA DELL'ARTE に登場する生意気で抜け目のない召使の娘; 英国のパントマイムでは Harlequin の恋人》. [F or It (*colombino* dove-like)]
co·lum·bite /kəlʌ́mbàɪt, káləm-/ *n*〔鉱〕コルンブ石, コロンバイト《主に鉄とコロンビウムからなる黒い鉱物》.
co·lum·bi·um /kəlʌ́mbiəm/ *n*〔化〕コロンビウム《NIOBIUM の旧称, 記号 Cb; 米国の冶金学者は現在も使う》.
Col·um·bo /kəlʌ́mbou/ [Lieutenant] コロンボ警部補《米国の同名のテレビシリーズの主人公の刑事; いつもよれよれのレインコートを着て葉巻をくわえている; given name は不詳; Peter Falk (1927–2011) の当たり役》.
co·lum·bous /kəlʌ́mbəs/ *a*〔化〕コロンビウム (III) の.
Co·lum·bus /kəlʌ́mbəs/ **1** コロンブス **Christopher** ~ (*It* Cristoforo Colombo, *Sp* Cristóbal Colón) (1451–1506)《イタリアの航海者; 1492 年アメリカ大陸を発見》. **2** コロンバス《Ohio 州中部にある同州の州都》.
Colúmbus Dày〔米〕コロンブス記念日 (=*Discovery Day*)《アメリカ大陸発見記念日: 10 月 12 日; 1971 年以降は多くの州で 10 月の第 2 月曜を法定休日としている》.
col·u·mel·la /kàl(j)əmélə/ *n* (*pl* **-lae** /-li, -làɪ/)〔動〕《腹足類の》殻軸, 軸柱; 〔動〕《鳥類・爬虫類・両生類の》耳小柱; 〔解〕蝸牛軸; 〔植〕《蘚類の》軸柱, 蒴軸(さくじく), 子嚢軸; 〔植〕《ケカビ類の》柱軸. ♦ **-mél·lar, -late** /-lət, -lèɪt/ *a* **col·u·mél·li·fòrm** *a* columella 状の. [L (dim) < COLUMN]
col·umn /káləm/ *n* **1**〔建〕柱, 支柱, 円柱; 円柱状のもの, 柱状部; 〔植〕蕊柱(ずいちゅう); 〔化〕カラム, 分離管《クロマトグラフィーにおける分離を行なう管; cf. COLUMN CHROMATOGRAPHY》: the ~ of the nose 鼻柱 / a ~ of smoke [water] 煙の柱[水柱]. **2**〔軍〕縦隊; 《船隊の》縦列, 縦陣; 《数表などの》縦列 (opp. *row*); 〔数〕列: in ~ of fours [sections, platoons, companies] 四列[分隊, 小隊, 中隊]縦隊で. **3 a**〔印〕縦行, 段; 《新聞などの》縦欄. **b**《新聞・雑誌の》コラム《時評・文芸欄・娯楽欄などの特約定期寄稿欄; cf. COLUMNIST》: advertisement ~*s* 広告欄 / in our [these] ~*s* 本欄で, 本紙上で. **c**〔米政治〕《党派・候補者の》後援者一覧表. ● **dodge the ~** «口» 義務を怠る, 仕事をサボる. ♦ **~ed** *a* 円柱の(ある); 柱状の. [OF and L=pillar]
co·lum·nar /kəlʌ́mnər/ *a* 円柱(形)の, 柱状の; 《新聞のように》縦欄式に印刷[配置]した.
colúmnar epithélium〔生〕円柱上皮《円柱状または角柱状の細胞が並んでできた上皮》.
co·lum·nar·ized /kəlʌ́mnəràɪzd/ *a* 縦欄式に配置した (columnar).
co·lum·nat·ed /káləmnèɪtəd/ *a* 柱で支えられた, 柱のある, 円柱使用の.
cólumn chromatògraphy〔化〕カラムクロマトグラフィー《管状の容器に固定相を充填した管を用いるクロマトグラフィー》.
cólumn gràph《縦の》棒グラフ (cf. BAR GRAPH).
co·lum·ni·a·tion /kəlʌ̀mniéɪʃ(ə)n/ *n*〔建〕円柱使用, 円柱構え.

cólumn ínch〘印〙インチコラム《横1欄, 縦1インチ分の紙面》.
col·um·nist /kálәm(n)ɪst/ *n* 《新聞·雑誌の》コラム寄稿家, コラムニスト (cf. COLUMN). ♦ **còl·um·nís·tic** *a*
co·lure /kәlúr, kóulùr; kәl(j)úәr, kául(j)uәr/ *n*〘天〙分至経線.
Cól·wyn Báy /kálwәn-/ コルウィンベイ《ウェールズ北部の町·保養地》.
co·ly /kóuli/ *n*〘鳥〙ネズミドリ (=*mousebird*)《アフリカ産》.
col·za /kálzә, kóul-/ *n*〘植〙ナタネ (rape); 菜種 (rapeseed); COLZA OIL. [F<Du]
cólza òil 《特に上質な》菜種油.
COM[1] /kám/ *n*〘電算〙コンピューター出力マイクロフィルム(装置) (computer-output microfilm [microfilmer]), COM.
COM[2] ⇨ COM PORT.
com- /kәm, kam/ *pref*「共に」「全く」《b, p, m の前》. ★1の前では col-, r の前では cor-, その他の音の前では con- となる. [L *com-*, *cum* with]
com. comedy ♦ comic ♦ comma ♦〘インターネット〙commercial《DOMAIN 名の一つ》. **com., comm.** command ♦ commandant ♦ commanding ♦ commentary ♦ commerce ♦ commercial ♦ commission ♦ commissioned ♦ commissioner ♦ committee ♦ common ♦ commoner ♦ commonly ♦ commonwealth ♦ communication ♦ communist ♦ community.
Com. Commander ♦ Commodore.
COM〘電算〙DOS で COM FILE を示す拡張子.
co·ma[1] /kóumә/ *n* (*pl* **-mae** /-mì:, -màɪ/, ~**s**) **1** [C-]〘天〙コマ, 髪《彗星の周囲の星雲状のもの》. **2**〘光〙コマ《レンズの収差の一》. **3**〘植〙**a** 種髪《種子の束状の毛》. **b** 葉冠《ヤシの木などの先端の冠状の枝の集まり》. **c** 葉叢《パイナップルなどの頂端の包葉群》. [L<Gk *komē* hair of head]
coma[2] *n* (*pl* ~**s**)〘医〙昏睡《意識清明度の最高度の障害》; 無気力, 無感覚: go into a ~ 昏睡状態になる. [Gk *kōmat- kōma* deep sleep]
Cóma Ber·e·ní·ces /-bèrәnáɪsiz/〘天〙かみのけ座 (髪座), ベレニスのかみのけ座 (Berenice's Hair).
có·màke *vt* 連署する (cosign).
co·máker *n* 連署人, 《特に》連帯保証人.
co·mánage·ment *n* WORKER PARTICIPATION.
Co·man·che /koumǽntʃi/ *n* **a** (*pl* ~, ~**s**) コマンチ族《Wyoming 州から Texas 州までの大平原に住んでいたインディアン; 現在多くが Oklahoma 州に居住》. **b** コマンチ語《Uto-Aztecan 語族の一つ》; COMANCHEAN. ► *a* COMANCHEAN. [Shoshonean=adversary]
Cománche·an *a*〘地質〙コマンチ紀[系]の. ► *n* [the] コマンチ紀[系]《メキシコ湾岸地域の下部白亜紀の年代(層序)区分》.
co·man·dan·te /kàmәndǽnti/ *n* COMMANDANT. [Sp]
Co·man·eci /kòumәní:tʃ, -néɪtʃ; kàmәnétʃi, -nétʃ/ コマネチ Nadia ~ (1961–)《ルーマニアの女子体操選手》.
co·máte[1] *n* 仲間, 連れ, 相棒 (companion).
co·mate[2] /kóumèɪt/ *a*〘植〙種髪 (coma) でおおわれた.
co·mat·ic /koumǽtɪk/ *a*〘光〙コマ (coma) の; 〈映像·画像が〉コマのためにぼやけた.
co·ma·tose /kóumәtòus, *kám-, ''-z/ *a*〘医〙昏睡性の, 昏睡状態の; [*joc*] 熟睡して, 疲れはてて; 生気のない, 無気力な. ♦ ~**·ly** *adv* [COMA[2]]
co·mat·u·la /kәmǽtʃәlә/ *n* (*pl* **-lae** /-lì:/) COMATULID.
co·mat·u·lid /kәmǽtʃәlәd/ *n*〘動〙ウミシダ (=*feather star*)《ウミシダ目 (Comatulida) の棘皮動物の総称》.
cóma vígil〘医〙覚醒昏睡《開眼性昏睡》.
comb[1] /kóum/ *n* **1** 櫛(くし); 《馬などの》毛すきぐし (currycomb); ''櫛でとかすこと: give one's hair a good ~ 髪を入念にとかす. **2** くし状のもの. **a** 《鶏の》とさか, 冠(かん); とさか状のもの《屋根の棟など》. **b** 波がしら. **c** ハチの巣 (honeycomb), 巣板. **d** 《豪》羊毛刈取機の下側の刃. ● **cut the ~ of**…の高慢の鼻を折る. **go over** [**through**] **with a** FINE-TOOTH COMB. ► *vt* **1** くしですく, くしけずる; [*fig*]《くしですくように》かきならす, 〈指などを〉くしのように使う. **2** 徹底的に調査して除去する; 徹底的に捜す, …の隅から隅まで目を通す. ► *vi* 波がしらを立てて巻く. ● **~ off** 〈頭のごみなどを〉すき取る. **~ out** 〈髪を〉とき分ける; 〈抜け毛を〉すき取る; 前回免除された中から〈新兵を〉かき集める; 〈不要なもの[人員]を〉除去[削減]する; …から不要なもの[人員]を除去[削減]する; 隅から隅まで捜す. **~ through** くまなく捜す. ♦ **~ed** *a* **~·like** *a* [OE *camb* comb, crest; cf. G *Kamm*]
comb[2] ⇨ COMBE.
comb. combination ♦ combined ♦ combining ♦ combustion.
com·bas·sou /kәmbǽsu/ *n*〘鳥〙シコンチョウ《ハタオリドリ科; アフリカ産》. [(SAfr)]
com·bat *n* /kámbæt, kʌ́m-, -bәt/ 戦闘; 闘争, 格闘, 論戦: a single ~ 一騎討ち, 決闘 / the ~ against AIDS エイズとの戦い; [*pl*] COMBAT PANTS [TROUSERS]. ► *v* /kәmbǽt, kámbæt, kʌ́m-/ (**-t-** | **-tt-**) *vi* 戦う, 闘争する 〈*with*, *against*〉; 奮闘する 〈*for* a cause〉. ► *vt* …と戦う; 〈困難など〉と戦う, 闘う, 〈犯罪·赤字など〉の増加[拡大]を阻止しようと努める. [F<L; ⇨ BATTLE]
com·bat·ant /kәmbǽt(ә)nt, kámbәt(ә)nt, ''kʌ́m-/ *n* 戦闘員. ► *a* 交戦中の, 出動待機中の; 好戦的な. [OF (pres p)<↑]
cómbat bòot 戦闘用半長靴, 軍靴.
cómbat càr〘米軍〙戦闘車両, 軍用車両, 戦車.
cómbat fatìgue〘精神医〙戦争[戦闘]神経症 (=*battle fatigue*, *shell shock*)《戦闘などの極度のストレスによる, 外傷性の精神神経症的もしくは精神病的反応》.
cómbat informátion cènter〘軍〙戦闘情報センター, 戦闘指揮所《艦内または航空機内で戦術情報を管理·運用する機関; 略 CIC》.
com·bat·ive /kәmbǽtɪv, kámbәtɪv, ''kʌ́m-/ *a* 闘争的な, 闘志満々の, けんか好きな. ♦ **~·ly** *adv* **~·ness** *n*
cómbat jàcket BATTLE JACKET.
cómbat neuròsis〘精神医〙SHELL SHOCK.
cómbat pànts* [**tròusers**''] *pl* コンバットパンツ《戦闘用ズボン; また, これを模した全体にゆったりしたズボン》.
cómbat tèam〘米軍〙《陸·海·空の》連合戦闘部隊.
cómbat ùnit〘軍〙戦闘単位.
cómbat zòne 1〘軍〙戦闘地域, 作戦地帯. **2** [the] 《俗》《都市の》歓楽街, コンバットゾーン《ポルノ店やストリップ小屋など風俗営業が集中する地域》.
cómb-bàck *a* 〈ウィンザーチェアが〉背もたれ部に肘の高さよりさらに上に数本の縦桟がある, コームバックの.
combe, comb, coomb(e)'' /kú:m, kóum/ *n* 険しく深い谷; 山腹の谷. [OE *cumb* valley; cf. CWM]
cómbed yárn〘紡〙コームドヤーン《綿糸または梳毛(そもう)糸でコーマーにかけて短い繊維を除きすきそろえた糸》.
cómb·er[1] *n* 《羊毛·綿の》すき手; すく機械[道具], コーマー; 砕け波, 白波 (breaker). [*comb*[1]]
com·ber[2]'' /kámbәr/ *n*〘魚〙カブリラニラミ (=*gaper*)《死ぬと口を開く; スズキ科》.
comb. form °combining form.
com·bi /kámbi/ *n* コンビ《2つ以上の機能をもつ機械·器具》.
com·bies /kámbiz/ *n pl* ''《口》COMBINATIONS《下着》.
com·bi·nate /kámbәnèɪt/ *vt* COMBINE; 〈錠〉の文字を組み合わせる.
com·bi·na·tion /kàmbәnéɪʃ(ә)n/ *n* **1 a** 組み合わせること, 結合, 連結, 組合わせ; 配合; 団結, 連合; コンビ: in ~ with…と共同[協力]して / make a strong ~ いい組合わせとなる / The riot arose from a ~ *of* factors. 暴動はいくつかの要因が重なって生じた. **b**〘化〙化合; 化合物;〘晶〙集形;〘数〙組合わせ (cf. PERMUTATION). **2** 組み合わされたもの. **a** 徒党; 共同動作;〘チェス〙一連の巧妙なコマの動き;〘ボク〙続けざまのパンチ, コンビネーションブロー. **b** [*pl*] コンビネーション《1) シャツとズボン下がつながった男子用下着 2) 上下ひと続きの婦人用下着》. **c** 《複数の用途をもつ》兼用器具; ''サイドカー付きオートバイ. **d** 《combination lock を開けるのに使う》文字·数字などの組合わせ; COMBINATION LOCK の機構. **e** [〈*a*〉] 兼用の, 複合の: a ~ printer, copier, (and) scanner プリンター·コピー·スキャナー複合機. ♦ **~·al** *a* [F or L; ⇨ COMBINE]
combinátional círcuit〘電子工〙組合わせ回路《履歴に関わりなく複数の入力の現在の値の間で論理演算をした結果を出力する普通の論理回路; cf. SEQUENTIAL CIRCUIT》.
combinátion càr〘米鉄道〙合造車《異なる等級または客室と荷物室をもつ車両》.
combinátion drùg 複合薬《2種の抗生物質または抗生物質とサルファ剤からなる》.
combinátion làst コンビネーションラスト《標準サイズからある部分を変えて作った靴型》.
combinátion làws *pl*〘英史〙結社禁止法《1799 と 1800 年に制定; 1824 年廃止》.
combinátion lòck 文字[数字]合わせ錠, ダイヤル錠.
combinátion ròom〘ケンブリッジ大学〙社交室 (COMMON ROOM).
combinátion shòt〘玉突〙コンビネーションショット, コンビ《ポケットビリヤードで, 的球であてた球がポケットにはいるショット》.
combinátion squàre 組合わせ物差し[定規], コンビネーションスコヤ《寸法·角度·傾きなどを測る各種の物差しを組み合わせた大工道具》.
combinátion thèrapy 併用療法《2種(以上)の薬剤による治療》.
combinátion tòne〘理〙結合音.
com·bi·na·tive /kámbәnèɪtɪv, ''-nәtɪv, *kәmbáɪnәtɪv/ *a* 結合する, 結合力のある; 結合性の; 結合に関する; 結合によってできた;〘言〙〈音変化が〉連音変化による《連続する音によって生じる; cf. ISOLATIVE》.
com·bi·na·to·ri·al /kәmbàɪnәtɔ́:riәl, kàmbә-/ *a* 結合の;〘数〙組合わせの. ♦ **~·ly** *adv*
combinatórial análysis〘数〙組合わせ論.
combinatórial topólogy 組合わせ位相幾何学.
com·bi·na·tor·ics /kәmbàɪnәtɔ́(:)rɪks, -tár-, kàmbә-/ *n*〘数〙組合わせ論.

com·bi·na·to·ry /kəmbáɪnətɔ̀ːri; kɔ́mbɪnət(ə)ri/ *a* COMBINATIVE.

com·bine *vt, vi* **1** /kəmbáɪn/ 結合する, 結びつく, 〈人・力・会社などを〉合併[合同]させる[する], 連合する; 協力する, 組む; 〈別々の性質などを〉兼ね備える, 合わせもつ; 兼務する; 混合する; 〘化〙化合させる[する]: ～*d* efforts 協力 / a ～*d* squadron 連合艦隊 / work ～*d with* pleasure 娯楽を兼ねた仕事 / Two atoms of hydrogen ～ *with* one of oxygen to form water. 水素 2 原子が酸素 1 原子と化合して水となる. **2** /kámbàɪn/ コンバインで刈り取る. ► *n* /kámbàɪn/ **1 a** 企業連合体,《政治的な》連合, 合同. **b**〘芸術〙コンバイン《絵画やコラージュの組合わせ》. **2**〘農〙コンバイン (=～ **hàrvester**)《刈取り・脱穀などの機能を兼備した農業機械》. ♦ **com·bín·able** *a* **com·bín·er** *n* [OF or L (*bini* two by two)]

com·bíned *a* 共同の, 合同の; 合算した, 合計の. ► *n*《ダウンヒル・スラロームなど》2 種目を組み合わせたスキー競技.

combíned immunodefíciency disèase〘医〙複合免疫不全症《B CELL, T CELL 両者の免疫欠如》.

combíned operátions [éxercises] *pl*〘軍〙連合[協同]作戦.

combíned píll 混合経口避妊薬《卵胞ホルモンと黄体ホルモンのはいった経口避妊薬》.

cómb·ing *n* すく[くしけずる]こと, コーミング; [*pl*] 抜け毛; [*pl*]《梳毛紡績製造工程で出る》不要な短い繊維;〘海〙COAMING.

cómbing machìne 梳毛(そもう)機, コーマー.

cómbing wòol 梳毛用羊毛, コーミングウール《worsted などの原料》.

com·bín·ing fòrm /kəmbáɪnɪŋ-/〘文法〙連結形《複合語・派生語の構成要素; bibliophobia の biblio- と -phobia のように常に他の要素と結びついて用いられる; 連結形は接頭辞・接尾辞に比べて意味が具象的で連結の仕方が等位的》.

combíning wèight〘化〙化合物をなす元素の相対重量.

cómb jèlly〘動〙クシクラゲ, 有櫛(ゆうしつ)動物 (ctenophore).

com·bo /kámboʊ/ *n* (*pl* ～**s**) **1**《口》結合, 組合わせ, 連合 (combination). **2 a**《口》コンボ《ファーストフード店などのセットメニュー》: a sandwich ～ サンドイッチコンボ. **b**《口》コンボ《小編成のジャズバンド》. **c** コンボ《スピーカー一体型のギターアンプ》. **d***《俗》《金庫の鍵の》組合わせ数字[文字]. **e***《俗》両性愛者. **f**《豪俗》コンボ《先住民の女と同棲する白人》. [*comb*ination, *-o*]

com·booze·lat·ed /kəmbúːzəlèɪtəd/ *a**《俗》酔っぱらった. [*booze*]

cómb-òut *n* 徹底徴募[捜索]; コームアウト《くして髪を仕上げること》.

cómb-òver *n* バーコード頭《はげている部分を隠すように髪を横になでつけるスタイル》.

combs /kámz/ *n pl*《口》COMBINATIONS《下着》.

com·bust /kəmbʌ́st/ *a*〘占星・天〙〈星が〉太陽に近くて光の薄れた. ► *vt, vi* 燃焼する (burn).

com·bus·ti·ble /kəmbʌ́stəb(ə)l/ *a* 燃えやすい, 可燃性の; 爆発しがちな, 興奮しやすい. ► *n* [ᵘ*pl*] 可燃物. ♦ **-bly** *adv* **com·bùs·ti·bíl·i·ty** *n* 可燃性. [F or L (↓)]

com·bus·tion /kəmbʌ́stʃ(ə)n/ *n* **1** 燃焼;《有機体の》酸化: spontaneous ～ 自然発火. **2** 騒ぎ (tumult). [F or L *combust-comburo* to burn up]

combústion chàmber〘機〙燃焼室.

combústion fùrnace 燃焼炉.

combústion tùbe〘化〙燃焼管《鉄鋼分析用》.

com·bús·tive *a* 燃焼性の. ♦ ～**·ly** *adv*

com·bús·tor *n*《ジェットエンジン・ガスタービンなどの》燃焼器, 燃焼室.

comd command. **Comdg**〘軍〙commanding.

Comdr〘軍〙Commander. **Comdt**〘軍〙Commandant.

come[1] /kʌ́m/ *v* (**came** /kéɪm/; **come**) *vi* **1 a**《話し手の方へ》来る; 到着[到達]する, やって来る; 〈手紙・知らせなどが〉届く: *C*～ here [this way]. ここへおいで《犬などに》/ Tom *came* runn*ing* down the stairs. トムは階段をかけ降りてきた. **b**《相手の所へ・ある目的地に》行く: I will ～ to you. ぼくがきみの所へ行こう. **c**〈物が〉達する, 届く: The floods *came* up to the second floor. 水は二階にまで達した. ★ある方向・目的に向かって動く意味を示すもので, GO[1] よりも方向および到達の意が強い. **2 a**〈時が〉巡り来る, 到来する;《自然現象として》現われる, 出てくる; [to 付き不定詞の形で] 未来の: Spring has *come*. / The time will ～ when…. やがて…する時が来る / By and by darkness *came*. やがて夕闇が迫ってきた / for years *to* ～ この先何年も / the world *to* ～ 来世 / in time(s) *to* ～ 将来(において). **b** [接続詞的に用いて] …が来ると (when…～*s*): He will be fifty ～ August. この 8 月で満 50 歳になる / a year ago ～ Christmas 今度のクリスマスでちょうど 1 年前. **3** [時間・空間・重要度の順] 来る, ある, 出てくる: After Anne ～*s* George I. アン女王の次はジョージ 1 世 / Revelation ～*s* at the end of the Bible. 黙示録は聖書の最後にある / Your safety ～*s* first. あなたの安全が第一だ / In reality money ～*s* before love. 現実には愛よりも金だ. **4 a**〈事物が人に〉来る, 〈事が〉起こる, 実現する; 〈…と〉感じられる 〈*as*〉; 〈製品などが〉手にはいる; 《…の形で》売られる, [現在分詞の形で] 当然受け取るべき: I am ready for whatever ～*s*. 何が起ころうと覚悟はある / How did it ～ that you quarreled? どうしてきみが口論するようなことになったのか / take life as it ～*s* 人生をそのまま受け入れる / Thy kingdom ～. ⇨ KINGDOM 1b / This may ～ *as* a surprise to you, but…. こう言うときみは驚くかもしれないが…/ Everything ～*s* to him who WAITS. / ～ EASY [EASILY] / ～ NATURAL [NATURALLY] / Easy ～, EASY go. / Light ～, LIGHT[2] go. / This soup ～*s* in a can. このスープはかんづめで売っている / *Coming* soon. [広告など] 近日発売[公開, 発表] / He has another dollar *coming* to him. もう 1 ドルもらうことになっている. **b**〈感情などが〉わく, 生まれる; 〈物事が〉でき上がる, 成立する; 成長[発達]する; 完成に向かう, はかどる: Love will ～ in time. 時が経てば愛情が生まれよう / The butter *came* quickly. バターが早くできた. **5**〈…から〉生じる; 〈…の〉出身[子孫]である, 〈…から〉移ってくる; 〈ものが…から〉とれる, 〈…の〉産である; 〈ことば・習慣などが〈…に〉由来する: This ～*s from* [*of*] disobedience. これは不従順の結果である / That's what ～*s of* sleeping late. そんなことになったのは夜ふかしのせいだ / He ～*s of* an old family. 旧家の出だ / Does he ～ *from* Chicago? 彼はシカゴの人ですか. **6 a**〈金額などが…に〉達する; 〈…に〉帰着する (amount) 〈*to*〉: Your bill ～*s to* $30. お勘定は 30 ドルになります / It ～*s to* the same thing. それはつまり同じことになるのです / ～ *to* NOTHING. **b**〈状態・結果などに〉至る, 達する 〈*to*〉; 〈ある状態に〉なる, 変わる, 始める 〈*into*〉: ～ *to* an END / ～ *to* LIFE / ～ *into* USE / ～ *into* FORCE. **c** [不定詞を伴って] …するに至る, …するようになる; たまたま…する: How did you ～ *to* hear of it? どうしたわけでそのことを知っているのか / How did you ～ to be an actor? どうして君は俳優になったの? **7** [形容詞または分詞の補語を伴って] なる (turn out, become): ～ cheap [expensive] 安く上がる[高くつく] / Things will ～ right [good]. ᵘ万事よくなることだろう / ～ TRUE / The string *came* undone [untied]. ひもがほどけた / ～ UNSTUCK. **8 a**《俗》オルガスムに達する, いく;《俗》射精する, 発射する. **b**《廃》気持を和らげる (relent). **9***[*voc*]《戸をたたく人に》おはいりなさい (=*C*～ in!); [〈*int*〉; 誘い・促し・詰問などを表わす] さあ, これこれ, おいおい!: *C*～, tell me what it's all about. さあ, どうしたっていうんだ / *C*～, ～, you should not speak like that! これこれ, そんな口をきくもんじゃない. **10** [過去分詞の形で] 来た: A Daniel ～ to judgment! 名裁判官ダニエルさまの再来だ《Shak., *Merch V* 4.1.223; ⇨ DANIEL》/ First ～, FIRST served.

► *vt* **1**〈ある年齢〉に近づく: a child *coming* seven years old じきに 7 歳になる子供. **2**ᵘ《口》**a** …のふるまいをする, …ぶる, …風を吹かせる (act as, play): Don't ～ *the* moralist (*with* me). 君子ぶるのはやめてくれ / ～ *the* bully over…にいばりちらす. **b** 行なう, なし遂げる: He cannot ～ that. それは彼にはできない / ～ a joke [trick] on…にいたずらする.

● **as…as they** ～ とびきり[ずばぬけて]…な: The baby is *as* cute *as they* ～. ほんとにかわいい子だ. ～ **about**〈事故などが〉起こる, 〈変化・影響などが〉生じる, 〈組織・運動・考えなどが〉生まれる; 〈風が〉《方向が》変わる;〘海〙〈船が〉上手(うわて)回しになる: How has it ～ *about* that you have lost your confidence? どうしてあなた方は自信を失ってしまったのか? ～ **across**〈人・もの〉に(ふと)でくわす, …を見つける; 〈ことば・声などが〉伝わる, 理解される; 〈…という〉印象を与える 〈*as*〉,《相手に》〈…のように〉見える 〈*like*〉;《俗》約束したことを果たす, 期待にこたえる, 〈要求されたものを〉与える,《借金を》払う 〈*with*〉; *《俗》賄賂を贈る, 買収する; *《俗》《情報を》漏らす[吐く];《口》効きめがある;《俗》〈女が〉体を許す: ～ *across* one's mind 頭に浮かぶ / ～ *across as* a good listener 聞きじょうずという印象を与える / ～ *across with* a fund 資金を出して約束を果たす. ～ **after**…(のあと)に続く, …のあとを継ぐ; …のあとを追う, …を捜す. ～ **again** また来る, 戻ってくる; もう一度やってみる; [*impv*]《口》(今言ったことを)もう一度言って: *C*～ again? (えっ)なんですって (What did you say?). ～ **against**…を攻撃してくる. ～ ALIVE. ～ **along** やって来る, いっしょに来る[行く]; ついて来る[行く]; 現われる 〈*to*〉; [*impv*] ᵘさあ早く, がんばれ; 同意[賛成]する 〈*with*〉; [ᵘ進行形] 上達する 〈*in, with*〉,《健康が》よくなる, 〈仕事などが〉(うまく)進む, 〈植物が〉(よく)生育する [ᵘ*impv*]《古風》まさか! ～ **a long** WAY. ～ **and** (=to) do=《口》～ do…しに来る: *C*～ *and* see me.=《口》*C*～ see me. 訪ねて来なさい. ～ **and get it** [*impv*] *《口》食事の用意ができました. ～ **and go** 行ったり来たりする, 見えたり隠れたりする; ちょっと寄る, 来たと思ったらもう帰る; すぐに移り変わる, 定まらない; 〈痛みなどが〉断続する: Money will ～ *and go*. 金は天下の回りもの (cf. COME-AND-GO). ～ **apart** ばらばらになる[分解できる];《肉体的・精神的に》くずれる, 〈関係などが〉だめになる. ～ **apart at the** SEAMS. ～ **around*** [**round**ᵘ] やって[回って]来る 〈*to*〉; 〈行事などが〉《定期的に》めぐってくる; 〈通知などが〉回って来る; ぶらりとやって来る 〈*to*〉; 意識[元気]を回復する; 機嫌を直す; 〈風など〉向きを変える; 意見を変えて(人の考えに)同調する 〈*to*〉; 〈人〉にうまく取り入る, 〈人〉を抱き込む, 〈人〉を欺く;《卑》(遅れていた)生理が始まる. ～ **around** [**round**] **to** doing《口》《遅延後に》やっと…しだす. ～ **as**…《仮装舞踏会などで》…の服装をする. ～ **at**…に達する; …(を知る)に至る (attain); …に向かってくる, 攻撃する; 〈多くの情報などが〉…に押し寄せる; 〈問題〉に対処する;《豪俗》引き受ける: ～ *at* a true knowledge of…の真相をとらえる / Just let me ～ *at* you! ちょっとぼくに相手させてくれ, さあわたしが相手だ! **〜 away** (1) 離れる, 去る〈*from*〉: 〜 *away* empty-handed [disappointed] 結局手ぶらで[失望して]戻る. (2) はずれる, とれる〈*from*〉. (3) [U*impv*] 《スコ》部屋にはいる. **〜 away with** 〈ある印象・感じなど〉をもって別れる[帰る; …を獲得する]; 〈驚くべきこと〉をしゃべる. **〜 back** 戻って来る, また来る; 〈感覚などが〉戻る; 回復する, 返り咲く, カムバックする; 思い出される〈*to*〉; 〈スタイルなどが〉再び流行する; 〈話題など〉に戻る〈*to*〉; 言い返す, 反論する, 再度コメントする〈*on*〉; 報復する (retort)〈*at, with*〉: *C〜 back* anytime. いつでもまた来てください. **〜 back in** 再び流行する. **〜 before**…の前に出る, 〈判事など〉に扱われる, 〈問題などが委員会など〉に提出される, …で検討される; …に優先する. **〜 between**…の仲を裂く; [〜 between sb and his work [rest, etc.] として] 人が…するのを妨げる, じゃまをする. **〜 by**…を手に入れる, 獲得する; 通過する; 立ち寄る: hard to 〜 *by* 手に入れにくい / 〜 *by*…honestly まっとうな方法で…を手に入れる; 〈性質などを〉《親から》まともに受け継いでいる. **〜** CLEAN. **〜 down** (1) 降りてくる; (階上の寝室から)起きてくる. (2) 〈雨が〉降る; 落ちる; 倒れる; 〈木が〉伐り倒される, 〈家が〉こわされる; 〈飛行機が〉着陸[不時着]する, 撃墜される; 《豪・南ア》〈川が〉氾濫する. (3) 〈値・評価などが〉下がる〈*in* price〉; 値引きに応じる; おちぶれる; おちぶれて[不面目にも]〈…するよう〉になる〈*to doing*〉 (cf. COMEDOWN): He has *come down* in the world since I saw him last. / 〜 *down to* begging in the streets. (4) 伝来する, 伝わる〈*from, to*〉; 〈情報などが〉《政府・当局などから》伝えられる; 〈財産などが〉…に受け継がれる〈*to*〉. (5) 〈…まで〉(たれ)さがる, 届く〈*to, as far as*〉. (6) 決定を下す: 〜 *down* in favor of [on the side of]…に賛成する[…を支持する]ことにする / 〜 *down* against…に反対する. (7) 《London などの》大都市を離れる, 田舎へ来る; 南へ下る〈*from, to*〉. (8) ‖〈大学, 特に Oxford, Cambridge 大学を〉出る, 卒業する〈*from*〉. (9) 結局[要するに]…ということになる, 帰着する〈*to*〉: What it 〜*s down to* is…. 結局は[要するに]…ということになる[である]. (10) 《口》《薬物[酒]による》酔い[ハイな状態]からさめる: 〜 *down* hard 《薬物使用後に》いやなさめ方をする. (11) [handsomely, generously などを伴って] (気前よく)金を出す. (12) *《俗》起こる, 生じる. **〜 down on**…に不意に襲いかかる; …を罰する; …をどなりつける, しかる〈*for*〉; …に反対する; …に〈支払い・賠償金などを〉強く要求する〈*for*〉, …に〈…するように〉要求する〈*to* do〉; *《俗》〈麻薬の習慣が〉〈人〉にしみつく. **〜 down with** 〈病気〉にかかる[なる]; 《口》〈金〉を出す. **〜 for**…〈物〉を取りに来る, 〈人〉を迎えに[逮捕しに]来る; …に襲いかかる[かかろうとする]. **〜 forth** 出てくる; 公表[公刊]される; *〈提案・考えなどを〉示す, 出す〈*with*〉. **〜 forward** 進み出る; 求めに応じて立つ, 《進んで》証人になる; 〈情報などを〉もたらす〈*with*〉; 〈…の〉用に供する〈*for*〉; 〈問題が〉会議に出される, 検討される. **〜 from behind** 《逆転すべく》追い上げる (cf. COME-FROM-BEHIND). **〜 good** 《豪口》うまくいく. **〜 in** (1) 家[部屋]にはいる, 帰宅する; 到着する; 入場する; 職場に来る; 〈職人が〉《修理などに》来る. (2) 〈潮が〉満ちてくる. (3) 《…着で》ゴールにはいる, 入賞する: 〜 *in* first [third, last] 1 着[3 着, びり]ではいる. (4) 『クリケット』攻撃を始める, 打撃を開始する. (5) 当選[就任]する; 要路に立つ〈*as*〉; 〈党派が〉政権を取る. (6) 収入としてはいる. (7) 〈季節が〉始まる; 実る, 旬になる; 流行してくる. (8) 役割を担う, 関与する; 分け前にありつく[あずかる]; 〈法律が〉発効する: That's where the practice 〜*s in.* 練習がものを言うのはそこだ / Where do I 〜 *in?* わたしのなすべきことは何なのか, 出番はどこか. (9) 《しゃれのおもしろみなどが》はいり込む, ある. (10) 〈ニュースなどが〉《放送局・デスクなどに》はいってくる, 届く: News is just *coming in* of a big fire in Chicago. シカゴで大火というニュースがただいま入電中です. (11) 《放送などで》〈解説者・発言者などが〉放送[討論]を受け継ぐ[に加わる]; 口をはさむ〈*on*〉; 干渉する; [U*impv*] 『無線』応答する, 「聞こえますか」: 〜 *in* pat すかさず[間髪を入れず]言う〈*with* an answer〉. (12) [補語を伴って] 〈ラジオ・テレビ(の局)が〉(…に)聞こえる[映る]: 〜 *in* clear [strong] 鮮明になる. (13) [主に次の句で] 役立つ(ようになる): 〜 *in* handy [useful] 役に立つ. (14) 〈井戸が〉水脈に達する, *〈油井(ゆせい)が〉生産を始める, 湧出(ゆうしゅつ)を始める. (15) *《俗》〈雌牛が〉子を産む. **〜 in at**…〈物などが〉《値段・数量で》…になる. **〜 in favor of**…を支持する. **〜 in for** 〈遺産など〉をもらう; 〈称賛・非難など〉を受ける, こうむる; …に役立つ. **〜 in on** 〈計画・事業など〉に参加する. **〜 into**… ⇨ *vi* 6b; …に加入[賛成]する; 〈財産・権利〉を受け継ぐ; 〈感情・金銭などが〉…にかかわる, からんでくる. **〜 into sb's** HEAD [MIND]. **〜 in with** 《口》《事業などで》〈グループ・会社など〉に参加する. **〜 it** 目的を遂げる; 強く言う, からかって話す. **〜 it (over [with]…)** ‖《口》(…に対して)偉そうに[大胆に]ふるまう, [that 節を伴って] (…に)〈…であると〉信じ込ませようとする. **〜 it** STRONG. **〜** NEAR **doing.** **〜 of** ⇨ *vi* 5. **〜 off** (1) 去る, 離れる; (…から)降りる[落ちる]; 〈薬など〉をやめる; 〈ボタンなどが〉(…から)とれる, 〈髪・歯などが〉抜ける, 〈ペンキなどが〉はげる, 〈汚れが〉落ちる; 〈ラベルなどが〉はがれる; 〈柄・ふた・塗料などが〉取りはずし[取り除き]可能である; 〈風・匂いなどが〉…からやって来る. (2) 〈事が〉行なわれる, 起こる; 〈企てなどが〉うまくいく, 成功する; 〈予言が〉当たる; [副詞(句)または補語を伴って] (うまく)やる, (…に)なる; 〈仕事など〉から降りる, 〈選手が〉《交代のため》退場する; …をやり終える; 公演をやめる; *〈…という〉印象を与える, 〈…のように〉見える〈*as, like*〉; 『クリケット』投球をやめる: 〜 *off* well [badly] うまくいく[いかない] / 〜 *off* with a great victory 大勝利をおさめる / He *came off* best in the match. その競技で優勝した / 〜 *off* a victor [victorious] 勝者になる / The experiment *came off*. 実験はうまくいった. (3) 〈価格・税〉から差し引かれる, 〈税などが〉〈物品など〉から免除される. (4) 《特別な状態のあと》正規の活動に戻る; 《俗》オルガスムに達する, いく. **〜 off it** [U*impv*] 《口》偉そうにする[ばかなことを言う]のをやめる: *C〜 off it!* ばかなまねはやめろ, ばか言うな! **〜 on** 《on が副詞のときは on のみ, 前置詞のときは upon も用いる》 (1) 〈冬・夜など〉やって来る; 〈雨・雪が〉降り出す; 〈風・あらし・発作など〉急に起こる; 〈病気・苦痛など〉始まる; 『クリケット』投球を始める; 押し寄せてくる; *《俗》《競馬で》〈馬が〉前の方に出てくる, 順位を上げる; *《俗》〈人が〉〈麻薬の効力〉を感じ始める〈*to*〉, 薬が効き出す: It *came on* to rain. 雨が降り出した. (2) 〈役者が〉登場する, (テレビ・ラジオなどに)出演する; 《フットボールなどで》〈選手が〉途中から[交替して]出場する; 出勤する; 〈芝居・映画などが〉上演[上映]される; 〈番組が〉始まる; 《テレビなどで》見える, 《電話などで》聞こえる; [形容詞または as 句を伴って] 《口》〈…という〉印象を与える; 《俗》性的関心を示す, 言い寄る〈*to, with*〉; 〈問題が〉審議に上る, 上程される; 〈訴訟事件が〉持ち出される; …の重荷になる. (3) 〈事が〉うまく進行する, 〈作物が〉(よく)生育する, 〈人が〉進歩する; 〈装置が〉作動し始める, 〈電気・水など〉使用可能になる; [〜 on later として] 《人よりも遅れて》あとから出かける / The crops are *coming on* nicely. 作物のできがいい具合だ / He is *coming on.* 彼はうまくなってきた, 大分さばけてきた. (4) [*impv*] さあ行こう, さあ来い, さあさあ, お願い (please) 《抗弁・ねだり口調》, 早く早く (hurry up), あっちへ行って, 放してよ, よせやい, まさか, 元気を出せ, しっかりしろ, がんばれ. (5) …にでくわす, …を見つける; 〈いやなことが〉…を襲う, …に降りかかる; …に〈…を〉要求する〈*for*〉; 〈新しい話題〉に移る〈*to*〉. **〜 on down [in, out, round, up]** [*impv*] さあさあおはいりなさいよ《come よりもいっそう熱心な誘い》: *C〜 on in*, the WATER's fine. **〜 one, 〜 all** 一人来ようが何人来ようが(かまわない), 《来たい[参加したい]人は》だれでもおいで; 一人来ればみんな来る. **〜 onto**…にでくわす. **〜 out** (1) 出てくる; 出かける〈*with*〉; 出所する; 〈星などが〉現われる, 〈植物が〉花が咲く, 開花する, 〈芽が〉出る; 公けになる; 発刊[出版]される; 公売に付される; 〈新流行が〉現われる; 《古》《舞台・社交界に》初めて出る, デビューする; 立場を明らかにする; 同性愛であることを明かす, カミングアウトする〈*to*〉; ‖ストライキをやる: 〜 *out for a* drive [*to* dinner] ドライブ[食事]に出る / 〜 *out* into the open 〈事が〉明るみに出る; 真意を発表する. (2) 〈写真が〉現像される, うつる; 〈ことばが〉発せられる, (…のように)理解される〈*as*〉; 〈成績などが〉発表[公表]される; 〈意味などが〉明らかになる; (写真に)うつる; 〈本性・秘密など〉あらわれる, 知れる, 露見する; 〈計算が〉答が出る, 解ける; [副詞・補語を伴って] 結果が(…に)なる; (…の成績で)及第する; 〈事業などで〉成功する〈*on*〉: He tried, but it *came out* (all) wrong. やってみたが結局うまくいかなかった / 〜 *out* well 〈人が〉写真によくうつる, 〈写真などが〉はっきりと出る, 映える; 《口》〈人が〉ふるまいのりっぱなことがわかる. (3) 〈歯・ねじなどが〉はずれる, とれる, 〈しみが〉抜ける, 〈染めた色などが〉消える, あせる. **〜 out against [in favor of]** …に反対[賛成]を表明する. **〜 out ahead** 〈人よりも〉優位に立つ, もうける, うまくやる〈*of* sb〉. **〜 out and say**…とはっきり[ずけずけ]言う. **〜 out at**…〈合計・費用が〉…になる, 費用が…と計算される; …に襲いかかる. **〜 out for**…に対する支持を表明する; 〈スポーツチームの〉一員となれるよう努力する. **〜 out in**… ‖〈人・顔などが〉〈吹出物など〉でおおわれる: I *came out in* a rash. 発疹が出た. **〜 out of**…から出てくる; 〈合計〉から引かれる; …からのがれる; …に発する: Nothing will 〜 *out of* all this talk. こんな話ばかりしていても何も具体化しないだろう / 〜 *out of* the affair well そのことでうまくやる[もうける] / 〜 *out of* oneself シャイでなくなる, 自信をつける. **〜 out on the right [wrong]** SIDE. **〜 out to**…＝COME out at…. **〜 out with** 〈秘密〉を漏らす, 〈思いがけないこと〉をしゃべり始める; …を発表する[話し始める]; …を市場[世間]に出す. **〜 over** 渡来する, 移住してくる; ぶらりと訪ねる〈*to*〉; 伝わる, 理解される; ‖〈…という〉印象を与える〈*as*〉; 《敵方から》〈…の味方につく, 〈別の側・見方に〉変わる〈*to*〉; だます, 欺く; 〈感情・吐き気などが〉〈人〉を襲う, 支配する; [補語を伴って] ‖《口》突然〈ある気分などに〉なる, 〈…と〉感じる: Dizziness has *come over* me. めまいがしてきた / 〜 *over* dizzy めまいがする / I don't know what has 〜 *over* me. 自分がどうしてそんな態度をとってしまったのかわからない. **〜 past** 通過する (＝〜 by). **〜 round** ⇨ COME around. **〜 through** 通る, 通り抜ける〈*to*〉; やり通す, 成功する; 〈…で〉要求[期待]にこたえる, 〈…を〉提供する, 〈金を〉支払う, 〈約束などを〉果たす〈*with*〉; 期待どおりに[順調に]姿を現わす; (〈病気・危機など〉を)切り抜ける, 持ちこたえる; 〈知らせ・ニュースなどが〉伝わる, 届く, 〈人が〉《電話などで》連絡してくる〈*on*〉; 認可[容認]される, 通る; 〈感情・見解などが〉…の中に現われる[見てとれる]: *Coming through*, please 《通路・エレベーターなどで》どうぞ通してください. **〜 to** (1) [to が副詞のとき] /kʌ́m tú:/ 意識を回復する, 正気づく; 〈船が〉風上に詰めて走る; 〈船が〉錨を下ろす, 停泊する; 《方》合意に達する. (2) [to が前置詞のとき] 合計…になる, 結局…ということになる; 〈あるレベル〉に達する; 〈ことば・考えなどが〉突然心に浮かぶ; 〈財産などが〉…のものとなる; [when it 〜s to として] …のこととなると; 〈新しい話題など〉に移る, 〈ある態度で・ある考えをもって〉〈問題など〉に取り組む, 臨む〈*with*〉: What is the world *coming to?* この世はいったいどうなるのだろう / not so bad as that 〜*s to* それほど悪くはない / 〜 *to* it 《事態が変われば》そういう(いやな)ことになる / 〜 *to* this こういう[次のような]事態[結果]になる / 〜 *to* much [U*neg*] たいしたもの[重大なこと]になる / *it* 〜*s to* SOMETHING (*when*…). **～ together** 合わさる, 交わる; 和解[合意]する〈*on*〉; 協力する, 合同する; まとまる, 軌道に乗る. **～ to no** GOOD. **～ to** PASS. **～ to** SCHOOL¹. **～ to oneself** 正気に返る; 迷いがさめる. **～ to that**《口》=**if it ～(s) to that** そのことに関しては[を言い出せば], そのうえ. **～ to think of [about] it** 考えてみると. **～ under** …の部類[項目]にはいる; …に編入[支配]される; 〈影響・支配など〉をうける, 〈批判など〉にさらされる; …の管轄である; …に相当する. **～ up** (1) 上る, 〈太陽などが〉昇る; 〈種子・草などが〉地上に頭を出す, 芽を出す; 水面に出てくる, 浮かぶ; 〈食べたものが〉吐き出される. (2)《London などの》大都市に来る, 北へ上る; ᵁ〈大学, 特に Oxford, Cambridge 大学に〉入学する〈*to*〉; 出世する〈in the world〉. (3)〈…のところに〉《つかつかと》やって来る, 〈…に〉近づく, 迫る〈*to, on*〉; 〈…まで〉達する〈*to, as far as*〉; 〈物資などが〉(前線へ)送られてくる; 〈問題などが〉発生する, 〈あらしなどが〉起こる, 〈機会・欠員などが〉できる; [進行形で]〈予定・行事などが〉近づく, めぐってくる; [進行形で]〈時刻・年齢などに〉近づく〈*on*ᵁ, *to*〉; 流行し出す; 〈劇場の照明が〉明るくなる. (4)《議論・話題などに》上る, 取り上げられる, 〈選挙・入会などの〉候補[志望]者として出てくる〈*for*〉; 〈情報が〈パソコンの画面などに〉現われる〈*on*〉; 《法廷で》審理される, 〈被告などが〉出廷する; 《抽選などで》選ばれる, 〈人が〉(くじに)当たる; 《磨かれたりして》光沢などが出る, (きれいに)仕上がる; もっと早く進む《特に 馬に対する命令として用いる》; 〖海〗〈テークルなどを〉徐々にゆるめる; [補語を伴って] 最後は…として現われる, 結局…ということになる; 〈麻薬の〉効力を感じ始める〈*on*〉: ～ *up* DRY / ～ *up* empty 成果が出ずに[何も見つからずに]終わる, むだ骨となる. **～ up against** 〈困難・反対〉に直面する. **～ up for**… 〈人・物が〉…する[される]時期になる; …に出される: ～ *up* for auction [sale] 売りに出される. **～ up for the third time**《おぼれる人は死ぬまでに 3 度水面に浮き上がってくるという考えから》助かる最後の機会にある, 死の間近である. **～ up from behind**=COME from behind. **～ up to**…に達する (reach); 〈期待〉に添う, 〈標準・見本〉にかなう; …に匹敵する: ～ *up to* sb's chin 〈水・人などが〉人のあごのところまである / ～ *up to* sb's shoulder 背が人の肩のところまでしかない; [*fig*; °*neg*]《能力などが》人よりはっきり劣っている. **～ up with**…に追いつく; …を提供[提案]する, 〈金〉を工面[捻出]する, 〈解答など〉を見つけ出す; 〈びっくりするようなことを〉言う, しゃべる; 〈人〉に仕返しする: ～ *up with* the GOODS. **～ what may** どんな事が起ころうとも. **～ with** (1) …に伴って生じる; …に付属している. (2) [with が副詞のとき]*《口》いっしょに来る[行く]. **～ within**… 〈ある部類・項目など〉にはいる; 〈ある範囲〉に収まる. **coming from** you きみからそう言われると. **coming (right) up**《口》〈料理などが〉でき上がって, 「ただいま」《バーテン・コック・ウェイターなどの使う表現》; 差し迫って, 近づいて, 《放送で》(このあと)…をお送りします. **get what's coming to** one《口》当然の報いをうける. **have another thing [think] coming** ⇨ THINK¹. **have it [that] coming (to** one)《口》報いをうけて当然だ, 当然の報いだ. **How ～?**《口》どうして(そうなの)か (Why?): *How* ～ you didn't join us? なんでぼくらの仲間にならなかったの《Du *hockum* why からか》. **How ～s it** (that…)? どうして(…なことに)なったのか? **if it ～(s) to that**=《口》COME to that. **Let 'em all ～!** (矢でも鉄砲でも)持って来い! **not ～ to** MUCH. **not know whether [if]** one **is coming or going**《口》どうなっているやらまるでわからない, ひどく取り乱して[めんくらって]いる. **see** sb **coming (a mile off)**ᵁ〈人をいいカモだと思う, 人の足元を見る. **see** sth **coming (a mile off)** 〈問題などが起こる[生じる]と予想[予見]する. **This is where I came in.**《口》これでまた出発点[振出し]に戻った, これはすべてよく知っていることだ. **where** sb **is coming from**《俗》人の考え[意見, 感じ方], 人が言わんとすること, 人が意味するところ.

► 《卑》*n* オルガスム, いくこと; 精液, 愛液; 《精液に似た》粘っこい食い物, べとつくもの.

[OE *cuman*; cf. G *kommen*]

come² /kóum, kúm/ *n* [ᵁ*pl*] コーム《オオムギなどを発芽させる (malting) 際に出た小根を乾燥させたもの》.

come-all-ye /kəmɔ́ːljə, -ji/ *n* (*pl* **～'s**)《イングランド・アイルランド・カナダの》民謡, 物語詩《歌詞の最初が 'come all ye' で始まることが多い》.

cóme-alóng *n* カムアロング《手動式ウインチ》.

cóme-and-gó *n* 行き来, 往来; 移り変わり.

come-át-able *a*《口》近づきやすい, 交際しやすい, 入手しやすい (accessible).

cóme·bàck *n* **1**《口》《健康・人気などの》盛り返し, 返り咲き, カムバック; 復興, 復旧: make [stage] a ～ 返り咲く. **2** 当意即妙の答え, しっぺ返し, 口答え; 《口》不平のたね. 《CB 無線俗》返事の電話, 応答. **3** 補償[賠償]請求; 《俗》返品してくる客; 《俗》返品《行為または物》: You have [You've got] no ～. 賠償請求[返品]はできない. **4**《豪》羊毛と肉の両用の羊(の毛).

cóme·bàck·er *n* 〖野〗ピッチャー強襲のゴロ, ピッチャー返し《打球》.

COMECON, Com·e·con /kámɪkàn/ *n* 経済相互援助会議, コメコン (Council for Mutual Economic Assistance)《1949 年から 91 年まで存在した社会主義国 9 か国 (ソ連・ハンガリー・ポーランド・チェコスロヴァキア・ルーマニア・ブルガリア・キューバ・ヴェトナム・モンゴル) の経済協力機構》.

co·me·di·an /kəmíːdiən/ *n* 喜劇俳優[役者], コメディアン; 喜劇俳優的人物, おどけ者; 《まれ》喜劇作者.

co·me·dic /kəmíːdɪk, -méd-/ *a* COMEDY の[に関する]; 滑稽な. ♦ **-di·cal·ly** *adv*

co·mé·die de mœurs /*F* kɔmedi də mœrs/ 風俗喜劇. [F =comedy of manners]

Co·mé·die-Fran·çaise /*F* kɔmedifrɑ̃sɛːz/ [La /la/] コメディーフランセーズ《Paris にあるフランス国立劇場; 1680 年創立; 正式名 Théâtre-Français》.

Comédie hu·maine /*F* kɔmedi ymɛn/ [La] 人間喜劇《Balzac の一連の小説 (1829–50) の総題》.

comédie lar·mo·yante /*F* kɔmedi larmwajɑ̃ːt/ 感傷的[ロマンティック]な喜劇. [F=tearful comedy]

co·me·di·enne /kəmìːdiɛ́n/ *n* 喜劇女優, 女性コメディアン, コメディエンヌ. [F]

comédie noire /*F* kɔmedi nwaːr/ BLACK COMEDY.

co·me·di·et·ta /kəmìːdiétə/ *n* 小喜劇. [It]

com·e·dist /kámədɪst/ *n* 喜劇作家.

com·e·do /kámədòu/ *n* (*pl* **-do·nes** /kàmədóuniz/) 〖医〗面皰(めんぽう), コメド (=*blackhead*)《にきび》. [L]

còmedo·génic *a* 面皰 (comedo) を生じやすい.

cóme·dòwn *n*《地位・名誉の》失墜, 零落, おちぶれ; 《口》失望, 期待はずれ (disappointment); 《俗》熱が冷めた状態, 落ち込んでいること; *《俗》麻薬が切れること[切れた状態]; *《俗》《盗まれるのに気づかないふりをして》盗む瞬間にスリの手をつかむ人.

com·e·dy /kámədi/ *n* 喜劇 (opp. *tragedy*); 幸福な結末に終わる中世の物語詩《Dante の *Divine Comedy* など》; [the] 喜劇的要素; 人生における喜劇的な場面[事件]; 人生劇《悲喜の両面から人生の真相を描いた作品》; ユーモア (humor): a high [low] ～ 高級[低級]な喜劇 / a light ～ 軽喜劇. ● **cut the ～**《俗》冗談[ばかなまね]をやめる. [OF, <Gk (*kōmōidos* comic poet < *kōmos* revel); cf. COMIC]

cómedy dràma 喜劇的要素を盛り込んだまじめなドラマ, コメディードラマ.

Cómedy of Érrors [The]『間違いの喜劇』《Shakespeare の戯曲 (1591–92); ふたごの兄弟とふたごの下僕が, 幼時に難船のため生き別れになっていたのが, 似ているための人違いから大騒動になる道化的笑劇》; [c- of e-] 喜劇的大混乱, ドタバタ劇.

cómedy of húmors 気質喜劇《各気質をもつ類型的人物の交渉を戯画化した喜劇で 17 世紀英国で流行; Ben Jonson が代表的》.

cómedy of mánners 風習[風俗]喜劇《Congreve など英国王政復古期の演劇; 上流社交界の風俗・因襲などの愚かしさを主題とする》.

cómedy·wrìght *n* 喜劇作家.

còme-from-behínd *a* 逆転の〈勝利〉.

còme-híther *n*《口》誘惑, 魅惑; 《アイル》人を魅了する話しぶり[言動]. ► *a*《口》誘惑する(ような), 魅惑的な: a ～ look《通例 女性による》誘いの目つき.

cóme-ìn *n**《俗》切符を買うために並んでいる観客, 演技が始まるのを待っている観客.

còme-láte·ly *a* 新参の, 新たに加わった.

come·ly /kámli/ *a*《文》顔だちの整った, 端正な, みめよい; 見苦しくない, 適当な〈ふるまいなど〉. ♦ **cóme·li·ness** *n* [ME *cumelich*, *cumli* < ? *becumelich*; ⇨ BECOME]

Co·me·ni·us /kəmíːniəs/ コメニウス **John Amos ～** (1592–1670)《チェコの教育者・牧師; チェコ語名 Jan Ámos Komenský; 近代教育学を創始》.

cóme-òn《俗》*n* **1 a** 誘惑, 誘い, 客寄せ; 誘惑するような態度[目つき], モーション; 目玉商品; 目につきやすいもの; セックスアピール: a ～ line=CHAT-UP line / give sb the ～ 〈特に女性が〉人に挑発的な態度をとる. **b** 詐欺師, ペテン師. **2** (だまされる)いいカモ.

còme-óut·er *n* 脱退者; *《口》急進的改革主義者.

co·me pri·ma /kòumeɪ príːmə/ *adv* 〖楽〗最初と同じように. [It=as at first]

cóme-quèen *n*《卑》フェラチオ愛好者, しゃぶりたがり屋.

com·er /kámər/ *n* 来る人, 来た人; *《口》有望な人[もの], 成長株: the first ～ 先着者 / ALL COMERS.

co·mes /kóumìːz/ *n* (*pl* **com·i·tes** /kámətìːz/) 〖天〗伴星(ばんせい) (companion); 〖楽〗応答《主題に対する; cf. DUX》; 〖解〗神経に随伴する血管.

COMESA Common Market for Eastern and Southern Africa 東南部アフリカ市場共同体《1994 年発足; 本部 Lusaka》.

co·me so·pra /kòumeɪ sóuprə/ *adv* 〖楽〗上[前]のように. [It=as above]

co·mes·ti·ble /kəméstəb(ə)l/ *a*《まれ》食べられる (edible). ► *n* [ᵁ*pl*] 食料品. [F<L (*comest- comedo* to eat up)]

com·et /kámət/ *n* **1** 〖天〗彗星, ほうき星. **2** [C-] コメット《1952 年に英国で就航した世界最初のジェット旅客機》. **3** [C-] コメット《英国の家電量販チェーン》. [OF, <Gk=long-haired (star)]

com·e·tary /kámətèri; -(ə)ri/ *a* 彗星の(ような); 彗星からの.

co·meth·er /kouméðər/《アイル・口》*n* COME-HITHER. ● **put**

the [one's] ～ on… うまいことを言って…を説得しようとする, …を丸め込む.

co·met·ic /kəmétɪk/, **-i·cal** *a* COMETARY.

cómet sèeker [finder] 彗星捜索鏡, 彗星望遠鏡《倍率は低いが視野が広い望遠鏡》.

come·up·pance /kʌ̀mʌ́pəns/ *n* 《口》当然の報い[罰]: get one's ～. [*come up, -ance*]

còme-úp·pings *n pl* 《口》COMEUPPANCE.

COMEX /kóumèks/ コメックス《NYMEX の一部門; 米国有数の金・銀・銅の先物と先物オプションの取引所; もと Commodity Exchange, New York》.

CÓM file 〘電算〙 COM(コム)ファイル《DOS で, EXE file とともに実行可能なファイル》.

com·fit /kʌ́mfət, kám-/ *n* コンフィット《果物の細片やクルミなどを芯にした球状の糖菓》. [OF＜L; ⇨ CONFECTION]

com·fi·ture /kʌ́mfəʧùər/ *n* 《古》保存果実, 砂糖漬け果実.

com·fort /kʌ́mfərt/ *n* **1** 充足感; 快適さ, 居心地のよさ; [ᵘ*pl*] 生活を快適にするもの; *《キルトの》掛けぶとん (＝*comforter*): be fond of ～ 安楽な暮らしを好む / CREATURE COMFORT. **2** 慰め, 慰安; 安堵, 安心感, 力づけられること; 慰めとなる人[もの], 慰問品: a source of ～ 安らぎを与えてくれる人[もの] / words of ～ 慰めのことば / give ～ to…を慰める / take ～ from [in]…＝find ～ in…に心の安らぎを見いだす, ほっとする; …で気晴らしをする. ● AID **and** ～. **in** ～ 快適に, 不自由なく; くつろいで, 安心して. **too close for** ～ 接近しすぎて[似すぎて, 親しすぎて]不快[不安]で. ► *vt* 慰める, 慰問する (console); 元気づける, 励ます; 〈身を〉楽にする; 《廃》援助する. [OF＜L＝to strengthen (*fortis* strong)]

cómfort·able *a* 快適な, 気持のよい, ここちよい; 気楽な; 慰安の; 平静で; 満足した 〈*with*〉; 〈勝利・リードなどが〉余裕のある; 〈病人が〉苦痛のない; 《口》〈収入が〉十分な, 不自由なくやっていける; *《俗》酔っぱらった: in ～ circumstances 気楽な境遇に / be ～ *with* the idea of same-sex marriage 同性間の結婚という考えに居心地の悪さを感じない / (as) ～ as an old shoe 《口》ゆったりとして[うちとけて]快適な. ► *n* ᴴ暖かいスカーフ[服]; *キルトの掛けぶとん. ♦ **～·ness** *n*

cómfort·ably *adv* 気持よく; 気楽に, なに不自由なく; 楽々(と); 安心して, 不安を覚えずに: be ～ off 安楽に暮らしている / win ～ 楽勝する.

cómfort·er *n* **1** 慰める人[もの], 慰安者; [the C-] 〘神学〙助け主, 聖霊 (the Holy Spirit)《*John* 14:16, 26》. **2** 《古風》ウールの長いスカーフ; *キルトの掛けぶとん; ᴴおしゃぶり.

cómfort fòod なつかしい食べ物, 家庭料理, おふくろの味; 《パスタ・ケーキ・ジャムなど糖分が多く必ずしも健康的とはいえない》口当たりのよい食べ物.

cómfort·ing *a* 励みになる, 元気づける, 安心させる, 慰める: a ～ drink. ♦ **～·ly** *adv*

cómfort·less *a* 慰安のない, 不自由な; 楽しみのない, わびしい. ♦ **～·ly** *adv* **～·ness** *n*

cómfort lètter コンフォートレター, 第三者の念書《たとえば相手方の公認会計士が, 最新の会社財務監査はしていないが前回監査から大きな変化が生じたという事実を知らない旨を記した, 取引に際して一方当事者から他方当事者に要求する念書》.

cómfort stàtion [ròom]* 公衆便所; *《俗》酒屋.

cómfort zòne 《ストレスがなく》ここちよい環境[状況]; ぬるま湯的状況; 〘工〙快適[快感]帯《工場などで大抵の人が快適と感じる温度・湿度・空気流(量)の範囲》.

com·frey /kʌ́mfri/ *n* 〘植〙ヒレハリソウ, コンフリー《ムラサキ科ヒレハリソウ属の多年草の総称; 薬草にされた》. [OF＜L (*ferveo* to boil)]

com·fy /kʌ́mfi/ *a* 《口》COMFORTABLE. ♦ **cóm·fi·ly** *a* **cóm·fi·ness** *n*

com·ic /kámɪk/ *a* 喜劇の (opp. *tragic*); 滑稽な; 漫画の. ► *n* **1** 喜劇俳優 (comedian); 滑稽な人, おかしな人. **2** [the] 滑稽味, 笑い, 諷刺(的諧謔); 漫画本[雑誌]; COMIC STRIP; [the ～s] 《新聞・雑誌などの》漫画欄. [L＜Gk (*kōmos* revel)]

cóm·i·cal *a* 滑稽な, おかしい, おどけた, 風変わりな; 《廃》喜劇 (comedy) の. ♦ **～·ly** *adv* **còm·i·cál·i·ty** *n* おかしみ; 滑稽な人[もの].

cómic bòok* 漫画本, コミック誌.

Com·ice /káməs/ *n* 〘園〙コミス《西洋ナシの一品種; 大型で黄色い晩生種》.

cómic-ópera *a* まともに受け取るべきでない.

cómic ópera 喜歌劇 (opéra comique).

cómic relíef **1** 悲劇的場面にはさむ息抜き(場面). **2** [C- R-] コミック・リリーフ《英国の芸能人が 1985 年に始めた, チャリティー企画; 2 年に一度テレビの特別番組などを企画して募金を呼びかける; cf. RED NOSE DAY》.

cómic strip コマ割り漫画 (＝*comic*).

Co·mil·la /kəmílə/ コミラ《バングラデシュ東部 Dacca の南東にある市》.

Com. in Chf °Commander in Chief.

Comines ⇨ COMMYNES.

Com·in·form /kámənfɔ̀:rm/ *n* [the] 共産党および労働者党情報局, コミンフォルム (1947–56)《欧州の共産党の情報機関》. [*Communist Information Bureau*]

com·ing /kʌ́mɪŋ/ *a* **1** 来たるべき, 次の: the ～ year 来年 / the ～ generation 次の世代. **2** 《口》新進の, 売り出してきた, 将来性のある〈俳優など〉: a ～ man 今売出し中の人. **3** …になろうとしている: a horse ～ four soon まもなく 4 歳になる馬. ► *n* 到来 (arrival); [the C-] キリストの再臨. ● **～s and goings** 《口》行ったり来たり, 往来; できごと, 活動.

co·míngle /kə-/ *vt* 《文》COMMINGLE.

cóming-of-áge *n* 成人; 成熟; 頭角をあらわすこと, 人に知られるようになること, 一人前になること.

cóming-óut *n* 世に出ること, 《特に》若い女性の社交界へのデビュー; 《自分が》同性愛であることを認める[公けにする]こと.

com·int, COMINT /kámɪ̀nt/ *n* 《通信の傍受による》通信情報収集(活動), コミント《SIGINT の一環》; 《それによる》通信情報. [*communications intelligence*]

Com·in·tern /kámәntə̀:rn/ *n* [the] コミンテルン (Third International) (⇨ INTERNATIONAL). [*Communist International*]

comitadji ⇨ KOMITADJI.

com·i·tal /kámətl/ *a* 伯爵 (earl, count) の.

comites *n* COMES の複数形.

co·mi·tia /kəmíʃ(i)ə/ *n* (*pl* ～) [the] 〘古ロ〙民会《立法・司法・選挙をつかさどった平民議会》. ♦ **co·mí·tial** *a* [L (*com-, it- eo* to go)]

com·i·ty /káməti, kóu-/ *n* **1 a** 礼譲 (courtesy), 親交. **b** COMITY OF NATIONS. **c** 〘キ教〙宗派間の礼譲《特定の地域における布教活動などの競合を避けるための協定》. **d** 〘法〙《裁判所における, 判例・他裁判所などに対する》礼譲《法規範ではない》. **2** 共通の社会制度に基づくゆるやかで広範囲の共同体: ～ of civilization 文明諸国. [L (*comis* courteous)]

cómity of nátions 国際礼譲《他国の法律・習慣の尊重》; 国際親交国《国際礼譲を認め合っている国々》.

com·ix /kámɪks/ *n pl* 漫画(本), 《特に》アングラ漫画.

coml commercial.

comm /kám/ *n* COMMUNICATION (cf. COMMS).

comm. ⇨ COM.

com·ma /kámə/ *n* **1** 句読点, コンマ《,》; 〘楽〙コンマ《大きい音程の間の微小な音程差》; とぎれ, 中断, 休止. **2** 〘昆〙コンマチョウ (＝～ **bút·terfly**)《シータテハ・エルタテハ・キタテハなど》. [L＜Gk＝clause]

cómma bacìllus コンマ菌《アジアコレラの病原菌》.

cómma-còunt·er *n**《俗》枝葉末節にこだわる者, こうるさいやつ.

cómma fàult 〘文法〙コンマの誤用 (＝*comma splice*)《接続詞なしで 2 つの等位節間にコンマを用いること》.

com·mand /kəmǽnd; -má:nd/ *vt* **1** 命令する (order), 命じる, …に号令を下す: ～ silence 黙れと言う / He ～*ed* his men *to* set the prisoners free.＝He ～*ed that* the prisoners (should) be set free. **2 a** 指揮する, 率いる; …の支配権を握る: The captain ～*s* his ship. / ～ the air [sea] 制空[制海]権を握る. **b** 〈感情を〉支配する, 抑える; 自由に使える, 意のままにする: ～ oneself 自制する / I cannot ～ the sum. わたしにはそれだけの金は自由にならない. **3** 〈同情・尊敬・報酬などを〉《当然のこととして》集める, 受ける, …に値する; 〈よい値〉で売れる; 《廃》〈人が〉強要する. **4** 〈要害の地などを〉占めている; 見おろす, 〈景色を〉見渡す: a house ～*ing* a fine view 見晴らしのよい家. ► *vi* **1** 命令する; 支配する; 指揮する: He that cannot obey cannot ～. 《諺》服従できない者は支配できない / Through obedience learn to ～. 《諺》服従することによって支配することを学べ. **2** 見おろす. ● **Yours to** ～ 《古》頓首, 敬具 (Yours obediently)《手紙で召使が主人へあてて》.
► *n* **1 a** 命令, 号令, 言いつけ; 〘電算〙指令, コマンド; 〘宇〙《宇宙船などを作動・制御する》指令; ᴴ国王からの招待: *at* [*by*] sb's ～ 人の命令で, 指図に従って / WORD OF COMMAND. **b** 〘軍〙支配地, 管下の兵[船, 地区など]; 司令部, 司令官; 〘米空軍〙AIR COMMAND. **2 a** 指揮(権); 支配(権); 統率(力), 制御(力): take ～ of…〈隊など〉の指揮を執る, 主導権を握る / under (the) ～ of…の指揮の下に[の], …に指揮されて / get [have] the ～ of the air [sea] 制空[制海]権を握る[握っている] / have ～ *over* oneself 自分を抑える, 自制する / use…at one's ～ …を駆使する. **b** 《言語・知識などを》自在に使う力, 使いこなせる力 (mastery), 熟達: have a good ～ of English 英語を自由に使いこなす. **3** 《要害の地を》見おろす位置[高所](の占有); 見晴らし, 展望. ● **at** ～ 掌中にある, 自由に使える (available). **in** ～ **of**…を指揮[掌握, 支配]して; 駆使して.
► *a* 命令によってなされる, 高い必要性に基づいて行なわれる.
♦ **～·able** *a* [OF＜L; ⇨ COMMEND]

com·man·dant /kámәndæ̀nt, -dὰ:nt/ *n* 《都市・要塞・部隊などの》司令官 (commanding officer). ♦ **～·ship** *n* [F or It or Sp (↑)]

commánd càr 〘軍〙司令官専用自動車, 司令車.

commánd ecònomy 〘経〙指令経済, 《中央政府による》計画経済 (planned economy).

com·man·deer /kὰmәndíәr/ *vt* 強制的に服役させる; 〈壮丁を〉

徴用する; 〈牛馬・糧食などを〉徴発する; 《口》 勝手に使う[奪う]. ► *vi* 徴用[徴発]する. [Afrik<F COMMAND]

commánd·er *n* **1** 命令者, 指令者; 指揮者, 指導者, 長; 《軍などの》司令官, 指揮官, 部隊長; 《軍艦の》副長; 〖海軍・米沿岸警備隊〗中佐 (⇨ NAVY); 警視長《ロンドン警視庁で deputy assistant commissioner の下, chief superintendent の上; ⇨ POLICE》; 《友愛団体などの》分団長, 支部長; 上級勲爵士. **2** 大型の木槌. ♦ **~·ship** *n* commander の地位[職務].

commánder in chíef (*pl* **commánders in chíef**) 《略 CIC, C in C, Com. in Chf》《全軍の》最高司令官; 〖陸軍〗総[軍]司令官; 〖海軍〗司令長官: the ~ of the Army, Navy, and Air Force 全軍最高司令官《米国大統領の官位》.

Commánder Íslands *pl* [the] コマンダー諸島 (KOMANDORSKIYE ISLANDS の英語名).

Commánder of the Fáithful [the] 大教主《イスラム国家の首長 (caliph) の称号》.

commánd·ery *n* 騎士団の分団領; 《ある種の秘密結社の》支部; COMMANDERSHIP.

commánd guídance 〖軍〗指令誘導《ミサイルなどを外部の指令で進路を修正しながら誘導する》.

commánd·ing *a* 指揮する; 堂々とした; 圧倒的な〈リード〉; 眺望のきく, 見晴らしのよい, 地の利を占めた. ♦ **~·ly** *adv*

commánding ófficer 司令官, 〖軍〗部隊指揮官, 部隊長《少尉から大佐まで》.

commánd intèrpreter 〖電算〗コマンドインタープリター《DOS などでユーザーが入力したコマンドを解釈・実行するプログラム》.

commánd kèy 〖電算〗コマンドキー《Macintosh のキーボードの, 四つ葉のクローバーまたはリンゴのマークのついたキー; 他システムの control key と同様の機能をもつ》.

commánd lànguage 〖電算〗《ユーザーがシステムに指令を与えるための》指令言語, コマンド言語.

commánd lìne 〖電算〗コマンドライン, コマンド行《ディスプレー画面上のコマンド入力行》.

com·mand·ment /kəmǽn(d)mənt; -mɑ́:n(d)-/ *n* 命令すること[権限]; 命令; おきて, 戒め, 戒律 (⇨ TEN COMMANDMENTS).

commánd mòdule 《宇宙船の》司令船 (略 CM; cf. LUNAR EXCURSION MODULE); 《一般に》司令室.

commánd nìght 御前演劇[演奏]の夕べ.

com·man·do /kəmǽndou; -mɑ́:n-/ *n* (*pl* **~s**, **~es**) ゲリラ隊(員), コマンド; 《特に 南アフリカのブール人の》義勇軍(の奇襲); 《水陸両用の訓練をうけた》奇襲隊(員); 〖英〗コマンド《海兵隊の最小単位》; 《第二次大戦における》英国の突撃隊(員). [Port; ⇨ COMMAND]

commánd pàper 〖英〗《議会に下付される》勅令書《略 C., Cd., Cmd., Cmnd., Cm.》; 英国政府刊行物.

commánd perfórmance 御前演劇[演奏].

commánd pòst 〖陸軍〗《戦場の》戦闘司令所.

commánd sérgeant májor 〖米陸軍〗一等曹長 (first sergeant) の上の下士官, 特務曹長, 准尉.

commánd sỳstem 〖航法〗《ミサイル・飛行機・宇宙船・潜水艦などの》指令方式 (cf. INERTIAL SYSTEM).

cómma splìce COMMA FAULT.

com·méasurable /kə-/ *a* COMMENSURATE.

com·méasure /kə-/ *vt* …と同量である, …と同面積[同延長]をもつ, …と量[長さ, 広さ]が等しい.

comme ci, comme ça /*F* kɔm si kɔm sa/ まあまあの[で], まずまずの[で].

com·me·dia del·l'ar·te /kəméɪdiə dɛlɑ́:rti, -mɛ́d-/ コメディア・デラルテ《16–18 世紀のイタリアの即興喜劇; 筋書だけで演じられ, Scaramouche, Pantalone など決まった名前・衣裳・性格の人物が登場する》. [It=comedy of art]

comme il faut /*F* kɔmilfo/ *a* 礼儀にかなった; 適当な (proper). [F=as is necessary]

com·mem·o·ra·ble /kəmɛ́mərəb(ə)l/ *a* 記念すべき.

com·mem·o·rate /kəmɛ́mərèɪt/ *vt* 記念する, 《祝辞・儀式をもって》祝う; …の記念となる; 《演説・文章中などで》たたえる. ♦ **-rà·tor** *n* [L; ⇨ MEMORY]

com·mem·o·ra·tion /kəmèməréɪʃ(ə)n/ *n* 祝賀, 記念; 記念祭, 祝典; 《Oxford 大学の》大学記念祭. ● **in ~ of**…を記念して, …の記念に. ♦ **~·al** *a*

com·mem·o·ra·tive /kəmɛ́m(ə)rətɪv, -rèɪ-/ *a* 記念の. ► *n* 記念品, 記念切手[貨幣]. ♦ **~·ly** *adv*

com·mém·o·ra·to·ry /-rətɔ̀:ri; -rèɪt(ə)ri/ *a* COMMEMORATIVE

com·mence /kəmɛ́ns/ *vt* 始める, 開始する: ~ study*ing* [*to* study] law 法律の勉強を始める. ► *vi* 〈…から〉始まる, 始める 〈*with*〉; "MA などの学位を受ける 〈*in*〉; "《古》《弁護士などを》開業する. ♦ **com·ménc·er** *n* [OF (*com*-, L INITIATE)]

comménce·ment *n* 開始, 始まり, 着手; 冒頭; [the] 《Cambridge, Dublin, および米国諸大学の》学位授与式[日], 卒業式(の行事の期間) (cf. GRADUATION).

com·mend /kəmɛ́nd/ *vt* **1** ほめる, 推賞する (praise) 〈*for*〉; 薦める, 推薦する 〈*to*〉. **2** ゆだねる, 託す: ~ one's soul *to* God 神に自分の霊を託す. ● **C~ me to**… (1) 《古》…にどうぞよろしく. (2) [*iron*] むしろ…のほうがよい. **~ one*self* [*itself*] to**…に好印象を与える, …をひきつける: His saying *~ed itself to* us students. 彼のことばはわれわれ学生をなるほどと思わせた. ♦ **~·er** *n* [L *com*-(*mendo*=*mando*; ⇨ MANDATE)]

comménd·able *a* ほめるに足る, りっぱな, 感心な. ♦ **-ably** *adv* りっぱに. **~·ness** *n*

com·men·dam /kəmɛ́ndæm/ *n* 〖教会〗聖職禄一時保有《正式聖職禄保有者欠員中その聖職禄 (benefice) を教会付聖職者または信者が一時的に受けること; イングランドでは 1836 年廃止》; 一時保有聖職禄: hold a benefice in ~ 《聖職空位の時》聖職禄を一時受ける. [L *in commendam* in trust]

com·men·da·tion /kɑ̀məndéɪʃ(ə)n, -mɛ̀n-/ *n* 推賞, 賞賛; 褒賞; 推薦; 《古》挨拶.

com·men·da·to·ry /kəmɛ́ndətɔ̀:ri; -t(ə)ri/ *a* 推賞の; 推薦の.

com·men·sal /kəmɛ́ns(ə)l/ *n* 食事仲間; 〖生〗(片利)共生生物. ► *a* 食事仲間の; (片利)共生の. ♦ **~·ly** *adv*

comménsal·ism *n* 親交; 〖生〗片利[偏利]共生 (cf. MUTUALISM), 《広く》共生.

com·men·sal·i·ty /kɑ̀mɛ̀nsǽləti/ *n* 食事を共にすること; 食事を共にする社交の会; 親交.

com·men·su·ra·ble /kəmɛ́ns(ə)rəb(ə)l, -ʃ(ə)-/ *a* 〖数〗同一単位で計れる, 通約できる, 有理の (rational); 約分できる, 公約数がある; 比例した (commensurate). ♦ **-bly** *adv* **~·ness** *n* **com·mèn·su·ra·bíl·i·ty** *n*

com·men·su·rate /kəmɛ́ns(ə)rət, -ʃ(ə)-/ *a* 同一基準[数量, 期間, 程度]の 〈*with*〉; 《大きさ, 数量, 程度などが》釣り合った, 見合う, 比例した (proportionate) 〈*to*, *with*〉; 〖数〗COMMENSURABLE. ♦ **~·ly** *adv* **~·ness** *n* **com·mèn·su·rá·tion** *n* 同量, 同延; 比例, 釣合い. [L; ⇨ MEASURE]

com·ment /kɑ́mɛ̀nt/ *n* 《時事問題などの》論評, 評言, 批評; 注解, 解説, 説明; うわさ話, 世評; 〖電算〗コメント《ソースコード中の注釈》: make a ~ 意見を述べる 〈*on*, *about*〉 / No ~. 言うことはない, ノーコメント. ● **be a ~ on**…の(悪い)兆候である: That's *a* sad ~ *on* our society. それは社会の嘆かわしい実態を示している. ► *vi* 批評[論評]する; 注釈する 〈*about*, *on*〉. ► *vt* 論評[批評]する 〈*that*〉; 〖電算〗コメントにする 〈*out*〉《注釈扱いとして実行されなくする》. ♦ **~·er** *n* [L=interpretation, contrivance (neut pp) < *comminiscor* to devise]

com·men·tary /kɑ́məntèri; -t(ə)ri/ *n* 注釈(書), 注解(書); 論評, 批評; 《できごと・スポーツなどの》実況放送[解説]; [ᵘ*pl*] 事件の記録, 実録; 実例: RUNNING COMMENTARY. ● **be a ~ on**…=**be a** COMMENT **on**…. ♦ **còm·men·tár·i·al** /-tέər-/ *a*

cómmentary bòx 《競技場などの》放送席[室].

com·men·tate /kɑ́məntèɪt/ *vt* …に注釈を付ける, 解説する; 批評[論評]する. ► *vi* 解説[論評]する. ♦ **còm·men·tá·tion** *n* [逆成 < ↓]

cóm·men·tà·tor *n* 注釈者; 〖ラジオ・テレビ〗解説者; 実況放送員; 〖カト〗ミサの進行や儀式の解説をする信徒.

com·merce /kɑ́mərs/ *n* 商業, 通商, 商取引, 交易; (世間との)交渉, 交際; 霊的交渉; 《古》性的交渉. ► /, kəmɔ́:rs/ *vi* 《古》交際[通信]する 〈*with*〉. [F or L; ⇨ MERCER]

com·mer·cial /kəmɔ́:rʃ(ə)l/ *a* 商業[商売](上)の, 商事の, 通商の, 商取引の, 貿易の; 商業にたずさわる, 商売をする; 商業[取引]に見合う; 〈化学製品など〉工業用の, 市販用の; 並の, 徳用の; 利益の点からみた; 大量販売用の, 一般市場をあてこんだ; 〈学校・課程などが〉商業技術[学科]に力を入れる; 商業的な, 営利目的の, もうけ主義の; 広告主によって支えられる, 民間放送の; 広告[宣伝]用の: ~ pursuits 商業, 商事 / a ~ transaction 商取引 / a ~ success 商業的成功. ► *n* 広告放送, コマーシャル, CM; 広告主をスポンサーとする番組; "COMMERCIAL TRAVELER; *《俗》ほめことば, 賛辞; *《俗》観衆のリクエストで演奏する音楽.

commércial àgency 商業興信所.

commércial árt 商業美術[芸術], コマーシャルアート.

commércial bánk 商業銀行, 普通銀行《短期の預金を受け入れ短期の貸出しを行なうことを基本とする銀行》.

commércial bíll 商業手形《(1) 商取引の代金決済に使われる為替手形 (bill of exchange) 2) "財務省証券 (Treasury bill) 以外のすべての bill》.

commércial brèak 〖ラジオ・テレビ〗コマーシャルによる中断, コマーシャルブレーク.

commércial bróadcasting 商業放送.

commércial còllege 商科大学, 商業専門学校.

Commércial Cóurt [the] 〖英〗商事法廷《High Court の Queen's Bench Division の中に設置されている商事事件を処理する法廷》.

commércial fértilizer 化学肥料.

commércial·ìsm *n* 商業主義[本位], 営利主義, 商人根性, コマーシャリズム; 商慣習; 商用語(法). ♦ **-ist** *n* 商業従事者; 商業本位の人. **com·mèr·cial·ís·tic** *a*

com·mer·ci·al·i·ty /kəmə̀ːrʃiǽləti/ *n* 商業主義, 営利主義[本位].

commércial·ìze *vt* 商業[営利]化する; …に商業を発達させる; 市場に出す; 商品化する; 金もうけのために…の質を落とす. ♦ **~d** *a* 商業[商品]化された; 商業主義に染まった[堕した]. **commèrcial·izátion** *n*

commércial láw 商事法, 商法 (cf. MERCANTILE LAW).

commércial·ly *adv* 商業(営業)的に(見て); 商業ベースで: ~ available 市販されて.

commércial pàper* コマーシャルペーパー《一流企業が資金調達のために発行する無担保の単名約束手形》; 手形, 小切手.

commércial ròom" 《ホテルの》セールスマン宿泊部屋.

commércial tráveler 《古風》TRAVELING SALESMAN.

commércial tréaty 通商条約.

commércial véhicle 商業[営利]乗物《料金を取って荷物や乗客を運ぶ乗物》.

com·mer·cio·génic /kəmə̀ːrʃiə-/ *a* 商業的にうける.

com·mère" /kámɛ̀ər/ *n* 《演芸・ショー番組の》女性司会者 (cf. COMPERE). [F=godmother]

com·mfu /kəmfúː, ━ ━/ *n**《軍俗》途方もない軍事的失敗. [*c*omplete(ly) *m*onumental *m*ilitary *f*uck*u*p]

com·mie, -my /kámi/ *n* [ºC-]《口》[ᵁ*derog*] 共産党員[シンパ] (communist).

com·mi·nate /kámənèɪt/ *vt, vi* 《神罰があるぞと》威嚇する (threaten). ♦ **-nà·tor** *n* [逆成 < ↓]

com·mi·na·tion /kàmənéɪʃ(ə)n/ *n* 《神罰があるぞと》おどすこと; 神罰の宣言;〘英国教〙大斎懺悔. ♦ **com·mi·na·to·ry** /kámənətɔ̀ːri, kəmínə-, -máɪn-; kɔ́mɪnət(ə)ri/ *a* [L; ⇨ MENACE]

Commines ⇨ COMMYNES.

com·míngle /kɑ-, kə-/《文》*vt* 混合する;〈資金・資産を〉一つに合わせる. ► *vi* 混じり合う. ♦ **com·mín·gler** *n*

com·mi·nute /kámən(j)ùːt/ *vt* 細かに砕く (pulverize);〈土地などを〉細分する. ► *a* 粉砕[細分]した. [L; ⇨ MINUTE²]

cóm·mi·nùt·ed frácture 〘医〙粉砕骨折.

còm·mi·nú·tion *n* 粉砕; 細分;〘医〙粉砕骨折.

com·mis /kʌmíː, kɔː-; kɔ́mɪ(s)/ *n* (*pl* ~ /-(z)/) 代理人; 料理長[給仕]見習い (=~ **chéf**). [C 16=deputy < F; ⇨ COMMIT]

com·mis·er·a·ble /kəmízərəb(ə)l/ *a* あわれむべき.

com·mis·er·ate /kəmízərèɪt/ *vt, vi* あわれむ, 同情する, 哀悼の意を示す: ~ (*with*) sb *on* his misfortune. ♦ **com·mís·er·à·tive** *a* 同情心のある, あわれみ深い. **-tive·ly** *adv* **-àt·ing·ly** *adv* [L (*miseror* to pity < MISER)]

com·mis·er·a·tion /kəmìzəréɪʃ(ə)n/ *n* あわれみ, 同情 (compassion); [*pl*] 同情[哀悼]のことば.

com·mis·saire /kɔ̀ːmɪsέər; kɔ̀m-/ *n* 《フランスの》警務部長 (commissary);《競技会などの》運営委員, 役員.

com·mis·sar /kámәsɑ̀ːr, ━ ━ ━/ *n* 《共産党の党規強化に当たる》代表, 委員; 世論統制担当官;〘ソ連〙人民委員《他国の各省大臣に相当; 1917–46 年に用いられ, 以後は minister》. [Russ < F COMMISSARY]

com·mis·sar·i·al /kɑ̀məsέəriəl, -sáːr-/ *a* 代理者の;〘英国教〙主教 (bishop) 代理の; 兵站(へいたん)将校の.

com·mis·sar·i·at /kɑ̀məsέəriət/ *n* 〘軍〙兵站部(勤務将校団); 供給された糧食;〘ソ連〙人民委員会《他国の省に相当; 1946 年以降 ministry》; 委員会. [F and L (↓)]

com·mis·sary /kámәsèri; -s(ə)ri/ *n* **1** *《軍用基地・木材伐採所・鉱山などの》販売部, 売店; *供給された糧食; *映画[テレビ]スタジオの食堂[喫茶室];〘軍〙兵站部(将校). **2** 代理, 代表者;〘ソ連〙COMMISSAR;〘英国教〙主教代理;《フランスの》警務部長《市長または警視総監に従属する》;〘ケンブリッジ大学〙大学副総長補佐. [L=person in charge; ⇨ COMMIT]

cómmissary géneral (*pl* **cómmissaries géneral**) 首席代表[代理];〘軍〙兵站総監.

com·mis·sion /kəmíʃ(ə)n/ *n* **1 a**《職権・任務の》委任, 委託;《美術品・音楽作品などの》委嘱;《委任された》任務, 職権; 命令, 指令; 委任事項, 頼まれ[頼み]ごと: go beyond one's ~ 権限外の事をする, 越権行為をする / I have some ~*s* for you. ちょっとお頼みしたいことがあります. **b** 委任状, 授権状;〘軍〙将校任命辞令 (cf. WARRANT), 将校の階級[職権]: get [resign] one's ~ 将校になる[をやめる]. **2**〘商〙**a** 代理(権), 取次. **b** 手数料, 歩合, 口銭, コミッション: allow [get] a ~ of 10 percent 1 割の手数料を出す[取る]. **3** 委員会《集合的》; 最高権威者集団;〘米〙理事会《立法・行政の権限をもつ市の機関; cf. COMMISSION PLAN》: a ~ of inquiry 調査委員会 / ATOMIC ENERGY COMMISSION / EUROPEAN COMMISSION. **4**〈罪を〉犯すこと, 遂行 〈*of* murder etc.〉: SINs of ~. ● **in ~** 委任を受けた〈人・官職〉; 現役の〈将校〉, 就役中の〈軍艦〉; いつでも使用できる; 出動準備が完了した〈軍艦〉: put *in* [*into*] ~ 就役させる. **on ~** 委託されて; 歩合制で: have [sell] goods *on* ~ 商品を委託されている[委託販売する]. **on the C~** 治安委員[判事]に任ぜられて. **out of ~**〈軍艦などが〉退役して, 予備の; 作動しない[使用できない]状態で, 故障して;《口》〈人が〉《病気やけがで》働けなくて. ► *vt* **1 a** 任命する (appoint); …に権限を委任する; [ᵁ*pass*] 将校に任命する. **b**〈美術家〉に製作を頼む; 委嘱する. **2**〈軍艦を〉就役させる;〈機械などを〉作動させる. [OF < L; ⇨ COMMIT]

commíssion àgent 仲買人, 問屋;《馬券などの》賭元, 私設馬券屋 (bookmaker).

com·mis·sion·aire /kəmìʃ(ə)nέər/ *n* **1**《英・カナダ》《ホテル・劇場などの制服を着た》ドアマン, メッセンジャー, ポーターなど, 使丁組合 (corps of commissionaire) の会員《特に年金を受けている退役軍人の組合のメンバー》. **2**《輸入業者に代わって海外市場で歩合契約によって活動する》仲買人. [F; ⇨ COMMISSION]

commíssion dày〘英〙巡回裁判開廷日.

com·mís·sioned *a* 任命された: a ~ ship 就役艦.

commíssioned ófficer〘軍〙士官, 将校《少尉以上の武官; cf. NONCOMMISSIONED OFFICER》.

commíssion·er *n* **1 a**《政庁が任命した》委員, 理事. **b**《税務・警察などの》監督官, 長官; 地方行政官; 弁務官: the *C*~ of Customs〘米〙関税局長官 / the *C*~ of Police of the Metropolis〘英〙《ロンドン警視庁の》警視総監. **c**《プロ野球などの》コミッショナー《品位・秩序維持のための最高責任者》. **2**"《俗》賭博ブローカー. ♦ **~·shìp** *n* [L; ⇨ COMMISSION]

Commíssioner for Lócal Administrátion〘英〙地方行政監査官《地方行政に対する苦情を調査し, 是正を求める》.

Commíssioner for Óaths"〘法〙宣誓管理官.

Commíssion for Rácial Equálity [the]〘英〙人種平等委員会《1976 年の人種関係法 (Race Relations Act) によって設立された政府組織; 略 CRE; 2007 年統合により EHRC となった》.

commíssion hòuse《手数料を取って取引する》委託販売店, 株式仲買店.

commíssion mèrchant 委託販売人 (factor).

commíssion of the péace [the]〘英法〙治安判事《集合的》; 治安判事辞令書, 治安判事の権限.

commíssion plàn〘米〙理事会方式《市の立法・行政全般にわたって小人数よりなる理事会が執行し, 各理事が 1 つあるいはそれ以上の部を直接管理する制度; cf. COUNCIL-MANAGER PLAN》.

commíssion sàle 委託販売.

com·mis·sure /kámәʃùr; -sjùər/ *n* 合わせ目;〘解〙交連, 横連合 (cf. CONNECTIVE): anterior [posterior] ~ 前[後]交連. ♦ **com·mis·su·ral** /kəmíʃərəl; kɔ̀mɪsjúərəl/ *a* [L=junction (↓)]

com·mit /kəmít/ *v* (-tt-) *vt* **1**〈人〉に…する義務を負わせる(と言明する),〈人〉に…を義務づける 〈*to*〉; [~ *-self*] 決断する, …への言質を与える, 確約する, 忠誠を誓う 〈*to*〉; 明言する, 立場を明らかにする 〈*on*〉: Brown *committed* his government *to* reduc*ing* CO_2 emission by 50%. 政府が CO_2 排出量を 50% 削減する義務を負うとブラウンは言明した / This alliance ~*s* them *to* defend*ing* us. この同盟によって彼らはわれわれを防衛する義務を負う / She *committed* herself [She was *committed*] *to* go*ing* [*to* go]. 行く約束[決断]をした. **2 a** 委託[委嘱]する, 引き渡す (entrust) 〈*to*〉; 拘禁[収監, 収容]する;〈議案など〉委員会に付託する;〈金・時間・軍隊など〉投入する, 充当する: ~… *to* prison [a mental hospital] …を投獄する[精神病院に入れる]. **b**〈記録・記憶・忘却などに〉ゆだねる, 付する 〈*to*〉: ~…*to* MEMORY / ~…*to* paper [writing] …を書き留める / ~ *to* print 印刷する; 書き留める / ~…*to* the earth [dust] …を葬る / ~…*to* the fire [flames] …を焼き捨てる; 火葬にする / ~…*to* the waves …を水葬にする. **3 a**〈罪・過失など〉犯す: ~ suicide [murder] 自殺[人殺し]をする / *C*~ no nuisance.《掲示》小便すべからず. **b**〈名声・体面など〉あやうくする, …に累を及ぼす. ► *vi* 決断する, 確約する, コミットする,《結婚などに》踏み切る 〈*to*〉;《廃》あやまち[不義]を犯す. ♦ **com·mít·ta·ble** *a* 裁判にかけられる; 公判に付さるべき. **com·mit·ter** *n* [L *com-*(*miss- mitto* to send)=to join, entrust]

commít·ment *n* **1 a** 委員会付託, 委任. **b** 拘禁, 収監; 拘禁[収監]令状. **2 a** 言質[公約](に由来する拘束); 積極的関与, 傾倒, 肩入れ;《金・時間・人などの》投入; 責任, 義務: make a ~ to do… すると確約する / a lack of ~ やる気のなさ, 責任感の欠如. **b** 財政的義務を負う約束,《証券の》売買約定: financial ~*s* 債務. **3** 犯罪の遂行, 犯行.

commítment cèremony コミットメントセレモニー《同性愛者[法的結婚を望まないカップル]の「結婚」式》.

com·mít·tal *n* COMMITMENT; 埋葬.

commíttal procèedings *pl*〘英〙陪審審理付託決定手続き《刑事事件の訴追手続きにおいて, 治安判事裁判所 (magistrates' court) の予備審問を経て, 被疑者を刑事法院 (crown court) での正式審理に付するか否かを決める手続き》.

com·mít·ted *a*〈ある主義・主張に〉打ち込んでいる, 傾倒した, 献身的な 〈*to*〉; 関与して, コミットして 〈*to*〉; 義務[責任]を有して 〈*to*〉;〘政〙提携した; 明確な政治[社会]意識をもった〈作家・作品など〉.

com·mit·tee /kəmíti/ *n* **1** 委員会(会議); 委員《集合的》: in ~ 委員会で審議中で / on the ~ 委員会の一員で / The House goes into *C*~. 議会が全院委員会にはいる / the ~ of one [*joc*] 一人委員会. **2** /, kɑ̀mətíː/〘法〙受託者, 管財人,《心神喪失者の》補佐人. [COMMIT, *-ee*]

commíttee Ènglish 《堅苦しくまわりくどい》公文書流英語.

commíttee·man /-mən, -mæ̀n/ *n* (*pl* **-men** /-mən, -mɛ̀n/) 《委員会の》委員; 《党の》選挙区委員長.

Committee of 100 /-ー əv wán hʌ́ndrəd/ [the] 百人委員会 《1960 年代の英国で核軍備などに反対してすわり込みなど直接抗議行動を起こした左翼グループ; 元来 100 人からなる委員会が指導的立場にあった》.

commíttee of the whóle (hóuse) [the] 〘議会〙《英国下院などの》全院委員会《法案・財政問題などを自由に審議する》.

Commíttee of [on*] Wáys and Méans [the] 〘議会〙 歳入委員会, 収入調達方法委員会.

Commíttee on Rúles [the] 〘米下院〙 運営委員会, 法規委員会.

commíttee ròom 会議室.

commíttee stàge 委員会審議《英国[カナダ]議会で法案が第二読会から第三読会に移される途中で, 委員会で細部にわたって審議されている段階》.

commíttee·wòman *n* 女性委員; 《党の》女性選挙区委員長.

com·mix /kəmíks, kɑ-; kɔ-/ *vt, vi* 《古・詩》混ぜる, 混ざる (mix).

com·mix·ture /kəmíkstʃər, kɑ-; kɔ-/ *n* 混合(物).

com·mo[1] /kámoʊ/ *n* (*pl* **~s**) 《豪俗》 COMMUNIST.

commo[2] *n* (*pl* **~s**)*《俗》服役者が刑務所の売店で買う菓子[タバコなど]. [? *commodity*]

commo[3] *n* (*pl* **~s**)*《陸軍俗》伝達, 連絡, 通信 (communication).

commo[4] *n* (*pl* **~s**) 騒動, 騒ぎ (commotion).

Commo. Commodore.

com·mode /kəmóʊd/ *n* **1** 脚付き整理だんす; 《下に戸棚がある》移動式洗面台; 《腰掛け式の》室内便器, 便所. **2** コモード《17-18 世紀に流行した婦人の髪飾り》. [F<L *com*-(*modus* measure)=convenient]

commóde-hùgging drúnk *a**《俗》《便器に抱きついて吐きそうになるほど》へべれけに酔った.

com·mod·i·fy /kəmádəfài/ *vt* 〈商品とはなりえなかったもの・商品として扱うべきでないものを〉商品として扱う, 商品化する. ♦ **com·mòd·i·fi·cá·tion** *n* [*commodity*, *-fication*]

com·mo·di·ous /kəmóʊdiəs/ *a* 《文》〈家・部屋など〉広い, 間取りの十分な; 《古》好都合な, 便利な. ♦ **~·ly** *adv* **~·ness** *n* [F or L (COMMODE)]

com·mod·i·tize /kəmádətàɪz/ *vt* 商品化する (commodify); コモディティ化する《メーカー固有の特徴を失った一般商品にしてしまうこと》; 画一化する. ♦ **com·mòd·i·ti·zá·tion** /; -tàɪ-/ *n*

com·mod·i·ty /kəmádəti/ *n* 有用品, もの; [[U]*pl*] 必需品, 物資, 日用品; 大量生産される製品; コモディティ化された商品; [*pl*] 商品, 《特に》商品取引所の取引対象商品《coffee, copper, cotton, sugar, tin, wheat, wool など主として農・鉱業産品で品質が標準化されるもの》; 一次産品; 役に立つもの, 価値があるもの; 《古》好都合, 便利, 有利; 《廃》《特定の》分量: prices of *commodities* 物価 / staple *commodities* 重要商品 / primary *commodities* 一次産品. [OF or L; ⇨ COMMODE]

commódity agrèement 《食糧・原料についての, 国際間の》商品協定.

commódity dòllar 〘経〙商品ドル《ドルの購買力安定のためにかつて提案されたシステムで, ドルの価値を基本商品の価値指数で決めるというもの》.

commódity exchànge 商品取引所.

Commódity Fútures Tráding Commìssion [the] 〘米〙商品先物取引委員会《商品先物取引の規制を行なう連邦政府の独立機関; 1974 年法で設立; 略 CFTC》.

commódity mòney 〘経〙商品[物品]貨幣《商品がそのまま貨幣として使われた貨幣の原初形態》.

commodo ⇨ COMODO.

com·mo·dore /kámədɔ̀ːr/ *n* 〘海軍・米沿岸警備隊〙准将, 代将《少将と大佐との間; ⇨ NAVY》; 〘英海軍〙准将《戦隊または分遣艦隊の, 一時的な司令官の非公式階級名》; 《敬称》提督《古参船長[艦長]・商船隊長・ヨットクラブなどの会長》; 《准将指揮艦隊の》旗艦; AIR COMMODORE. [? Du<F COMMANDER]

Com·mo·dus /kámədəs/ コンモドゥス **Lucius Aelius Aurelius ~** (161-192)《ローマ皇帝 (180-192); Marcus Aurelius Antoninus の子, 父の晩年に共同統治; 暴虐・放縦で知られ, 暗殺された》.

com·mon /kámən/ *a* (**more ~, ~·er; most ~, ~·est**) **1** 共通の, 共同の, 共有の; 一般の (general); 公衆の, 公共の (public): COMMON PROPERTY / Love of fame is ~ *to* all. 名誉欲は万人に共通 / our ~ friend 共通の友人 (⇨ MUTUAL) / a ~ highroad 公道 / the COMMON GOOD. **2 a** 普通の, 並みの, よくある; 《学名でなく》俗名の (vernacular); 広く知られた, あたりまえの; ありがちな〈*to*〉: a ~ man 普通の人, 庶民, ただの人 / the ~ people 庶民 / the ~ herd [*derog*] 大衆, 民衆 / a ~ saying ことわざ / ~ decency 常識的な配慮[礼儀, 態度], 普通の常識. **b** ありふれた, 平凡な, 通俗的な; 並以下の, 二流の; 品のない, 粗野な; 〘法〙〈犯罪が〉比較的重大でない, 一般の: a ~ sight よく見る光景 / (as) ~ as muck [dirt] 《口》[*derog*] 下品な, 粗野な / (as) ~ as an old shoe 腰が低くて優しい / ~ manners 無作法 / a ~ voice 品のない声 / a boy who looks ~ 教養のなさそうな男の子 / a girl with ~ clothes 趣味の悪い服を着た女の子 / ~ assault 〘法〙一般暴行(罪). **3** 〘解〙総合の, 共通の; 〘数〙共通の, 公…; 〘文法〙〈名詞が〉普通の, 通性の, 通格の; 〘韻〙〈音節が〉長短共通の, 共通律の; 〘楽〙共通拍《2/4 または 4/4 拍子》の; 〘証券〙普通株の. ● **~ or garden**″《口》ありふれた, 平凡な, 二流どころの. ► *n* **1** 〘法〙入会権 (=right of ~)《牧場などの共有権》; [the] 入会地《市町村などの共有地, 囲いのない放草地[荒れ地]など》. **2** 〘教会〙ミサ通常文; 〘教会〙聖人共通典礼文. **3** 普通株 (common stock). **4** [*pl*] ⇨ COMMONS. **5** 《俗》COMMON SENSE. ● **in ~** 共同に, 共通に; 普通の[に]. **in ~ with**…と同じ様に[で], 共通に[で]: *In ~ with* other boys, he likes football. / have a lot [nothing] *in ~ with* …と共通点がたくさんある[まったくない]. **out of (the) ~** 異常な[に]; 非凡な. [OF<L *communis* (*munis* serviceable)]

cómmon·able *a* 〈土地が〉入会地の; 〈牛馬が〉入会地 (common) に放牧してよい.

cómmon·age *n* 《牧草地などの》共同使用権, 入会権; 共同使用(の土地); [the] 平民 (commonalty).

Cómmon Agricúltural Pòlicy [the] 《EU の》共通農業政策《穀類・砂糖・乳製品・ワインなどの主要農産物について生産者を国際競争から保護する一方, 生産性を高め農業の近代化をはかることを目的とする共通政策; 中心となるのは価格支持政策; 略 CAP》.

com·mon·al·i·ty /kɑ̀mənǽləti/ *n* [the] 平民, 一般市民; 共通(性), 通有 (commonness); 共通の特徴[属性]. [変形く↓]

com·mon·al·ty /kámən(ə)lti/ *n* [the] 《貴族・権力者などと区別した》平民, 庶民; 法人; 集団, …の全員[全体]〈*of*〉; 共通の習慣. [OF<L; ⇨ COMMON]

cómmon-área chàrge* 共益費, 管理費《共同住宅などの共用部分の維持管理のため家賃のほかに払う費用》.

cómmon búshtit 〘鳥〙ヤブガラ.

cómmon cárrier 《特定顧客に限定しない》一般輸送業者《鉄道・船舶・航空・バス・パイプラインの会社など》, 一般通信事業者.

cómmon cáttle grùb 〘昆〙ウシバエ《幼虫がウシ類の皮下に寄生する》.

Cómmon Cáuse コモンコーズ《1970 年に米国で結成された市民団体; 選挙運動資金の公開, 情報公開法の制定などの成果をあげている》. ♦ **Cómmon Cáuser** *n*

cómmon chíckweed 〘植〙ハコベ.

cómmon chórd 〘楽〙普通和音.

cómmon cóld 感冒, かぜ.

cómmon córe 《英国の学校の》必修科目.

cómmon córmorant 〘鳥〙カワウ.

cómmon cóuncil 市[町]議会, 市会, 町会.

cómmon críer 広告屋, 広め屋.

cómmon cúrrency 共通通貨; だれもが知っている[広く流布している]もの[こと]《話題・表現・思想・制度など》: in ~ 一般に通用して, 広く流布して.

cómmon denóminator 〘数〙公分母; [*fig*] 共通項[要素].

cómmon dífference 〘数〙《等差数列[級数]の》公差.

cómmon divísor 〘数〙公約数 (=*common factor*).

cómmon dólphin 〘動〙マイルカ.

cómmon égret 〘鳥〙ダイサギ (great egret).

Cómmon Éntrance (Examinàtion) [the] 〘英〙《public school の》共通入学試験.

cómmon·er *n* **1 a** 一般人; 《貴族に対して》庶民, 平民; 《英国の》下院議員 (cf. FIRST COMMONER, GREAT COMMONER). **b** 《Oxford 大学の》自費生 (cf. PENSIONER); 《fellow, scholar または exhibitioner でない》普通学生. **2** 入会権保有者.

Cómmon Éra [the] 西暦紀元 (Christian era) (cf. BCE).

cómmon Européan éarwig 〘昆〙オウシュウクギヌキハサミムシ.

cómmon fáctor 〘数〙共通[公]因数, 共通[公]因子 (common divisor).

cómmon fée 〘豪〙MOST COMMON FEE.

cómmon fráction 〘数〙常分数 (=*vulgar fraction*) (cf. DECIMAL FRACTION).

cómmon gállinule 〘鳥〙バン (gallinule).

cómmon-gárden *a* COMMON-OR-GARDEN.

cómmon génder 〘文法〙通性《男女両性に通じる parent など》.

cómmon góod [the] 公益; 《スコ》《自治都市の》共有財産《土地・基金》.

cómmon gróund 《議論などの》共通基盤, 見解の一致点: be on ~ 見解が一致している / *C*~! ″賛成!

cómmon gúll 〘鳥〙カモメ (=*mew gull*).

cómmon hámster 〘動〙ヨーロッパハムスター, クロハラハムスター.

cómmon héliotrope 〘植〙キダチルリソウ (⇨ HELIOTROPE).

cómmon·hòld *n* 〘英〙共同保有(権)《共同住宅内の一区分に対する自由保有(権); 共同住宅全体の共同管理責任を伴う》.

cómmon infórmer″〘法〙制裁金訴訟を提起する一般人.

cómmon júniper〘植〙セイヨウネズ (⇨ JUNIPER).
cómmon júry〘法〙普通陪審《一般の人からなる陪審; cf. SPECIAL JURY》.
cómmon knówledge 周知の事柄, 常識.
cómmon lánd〘法〙公共用地, COMMON《すべての人が利用しうる土地》.
cómmon-làw *a* COMMON LAW の; COMMON-LAW MARRIAGE による: a ~ husband [wife].
cómmon láw〘法〙コモンロー, 普通法《英国に発達した判例法で, 特に 非成文法的慣習法; cf. STATUTORY LAW, EQUITY》.
cómmon-làw márriage〘法〙コモンロー上の婚姻《一切の儀式を排し男女の合意だけに基づいて同棲する婚姻》;《俗に》内縁.
cómmon lódging (hòuse) 簡易宿泊所.
cómmon lógarithm〘数〙常用対数《10 を底とした対数; cf. NATURAL LOGARITHM》.
cómmon lóon〘鳥〙ハシグロアビ, アメリカアビ (=*great northern diver*)《北米北部産などのアビの類の海鳥》.
cómmon·ly *adv* 一般に, 通例; [*derog*] 下品に, 粗野に, 通俗に.
cómmon márket 共同市場; [the C- M-] ヨーロッパ共同市場《公式名 EUROPEAN ECONOMIC COMMUNITY》.
cómmon marketéer《特に 英国の》ヨーロッパ共同市場参加支持者 (marketeer).
cómmon méasure〘数〙公約数;〘楽〙COMMON TIME;〘韻〙普通律 (ballad meter).
cómmon méter〘韻〙普通律 (ballad meter).
cómmon múltiple〘数〙公倍数: LOWEST [LEAST] COMMON MULTIPLE.
cómmon náme〘文法〙COMMON NOUN;《学名に対し》俗名, 俗称.
cómmon·ness *n* 共通(性), 通有; 普通, 平凡; 通俗.
cómmon nóun〘文法〙普通名詞.
cómmon núisance PUBLIC NUISANCE.
cómmon of píscary [físhery] 漁撈(ぎょろう)入会権.
cómmon ópal〘鉱〙普通蛋白石, コモンオパール.
cómmon-or-gárden *a*‖《口》普通の, ごくありふれた, 日常の.
cómmon-or-gárden-varíety *a**《口》COMMON-OR-GARDEN.
com·mon·place /kámənplèɪs/ *a* 平凡な (ordinary), 陳腐な. ► *n* ありふれた言いぐさ, きまり文句; ありふれた[ありきたりな]事[もの]; 平凡さ, 陳腐さ;《米では古》commonplace book に記録するに足る文句;《廃》COMMONPLACE BOOK. ♦ **~·ly** *adv* **~·ness** *n* [L *locus communis* の訳]
cómmonplace bòok 備忘録, 抜書き帳.
cómmon pléas〘英法〙人民訴訟; [the C- P-; ⟨*sg*⟩] COURT OF COMMON PLEAS.
cómmon práyer〘英国教〙祈禱書《典礼文》; [the C- P-] BOOK OF COMMON PRAYER: the SEALED BOOK of *C~ P~*.
cómmon próperty《特定社会の》共有財産; 大衆のものと考えられる人[もの]; 周知の事柄, 常識.
cómmon pýrite PYRITE.
cómmon rátio〘数〙《等比数列[級数]の》公比.
cómmon ròom《学校などの》休憩室, 談話室, 控室; 休憩室の利用者《集合的》: SENIOR [JUNIOR, MIDDLE] COMMON ROOM.
com·mons /kámənz/ *n pl* **1** 平民, 庶民; [°C-; ⟨*sg/pl*⟩] 庶民階級, 下院議員連, [the C-] HOUSE OF COMMONS. **2 a** [⟨*sg*⟩] 共同食卓(のある食堂). **b** [⟨*sg*⟩]《多人数に配分された》食物,《日々の》割当て食糧: on short ~ 不十分な食事で.
cómmon sált 塩, 食塩 (salt).
cómmon schòol* 公立小学校.
cómmon séal 会社印, 法人印, 社印,《法人などの》公印.
cómmon·sénse *a* 良識[常識]の(ある), 常識的な: ~ philosophy 常識哲学. ♦ **-sén·si·ble** /-sénsəb(ə)l/, **-sén·si·cal** /-sénsɪk(ə)l/ *a* **-sén·si·cal·ly** *adv*
cómmon sénse **1** 良識, 常識《人生経験で身につく思慮・分別》. **2** 世人共通の考え方[感情], 共通感覚 ⟨*of*⟩.
Cómmon Sérjeant ロンドン市法務官《City of London を管轄とする中央刑事裁判所の巡回裁判官》.
cómmon shàres *pl* 普通株 (common stock*).
cómmon shréw〘動〙ヨーロッパトガリネズミ.
cómmon sítus pìcketing*〘労〙全建設現場ピケ (=**cómmon síte pìcketing**)《建設現場の一請負業者としか争ってないのに現場全体に張るピケ》.
cómmon sórghum〘植〙モロコシ.
cómmon stóck* 普通株 (cf. PREFERRED STOCK).
cómmon támarisk〘植〙西ヨーロッパ産ギョリュウ属の低木.
cómmon tíme〘楽〙普通拍子《特に 4 拍子》.
cómmon tópaz FALSE TOPAZ.
cómmon tòuch [the] 人びとに受け入れられる資質[才能], 親しみやすさ, 庶民性.
cómmon trúst fùnd* 共同信託基金《銀行や信託会社が小口の信託資金を併合して投資する》.
cómmon vétch〘植〙オオカラスノエンドウ (⇨ VETCH).
com·mon·weal /kámənwìːl/ *n* [the] 公共の福祉;《古》COMMONWEALTH.
com·mon·wealth /kámənwèlθ/ *n* **1**《州や国家群からなる》連邦. **a** [the C-] イギリス連邦 (=the C~ of Nations)《英国王を結合の象徴としてイギリスと, かつて英帝国に属し, その後独立したカナダ・オーストラリア・ニュージーランド・インド・スリランカなど多数の独立国および属領で構成するゆるやかな結合体》: the New *C~* 新イギリス連邦《第二次大戦以後に独立してイギリス連邦に加わった国々の総称》/ the Old *C~* 旧イギリス連邦《New C~ に対し, 第二次大戦以前に独立した国々》. **b** [the C-] オーストラリア連邦 (=the C~ of AUSTRALIA). **2** 国家;《特に》共和国 (republic), 民主国家 (democracy); [the C- (of England)]〘英史〙イングランド共和国《1649 年 Charles 1 世の刑死後 1660 年の王政復古まで, 狭義には Cromwell が護国卿になった 1653 年まで》. **3** [the C-]〘米〙州, 準州《公式名として Massachusetts, Pennsylvania, Virginia, Kentucky の各州と Puerto Rico, Northern Mariana Islands に用いる》. **4 a**《共通の利益で結ばれた》団体, 社会: the ~ of journalists ジャーナリスト社会 / the ~ of learning 学界. **b**《古》公共の福祉. [COMMON, WEALTH]
Cómmonwealth Cónference [the] イギリス連邦首脳会議《隔年開催されるイギリス連邦の首相や首長による会議》.
Cómmonwealth Dày [the]《イギリス》連邦祝日《英連邦各国での祝日; もとは Victoria 女王の誕生日の 5 月 24 日であったが, 今は 3 月の第 2 月曜日とするところが多い; 英国内では普通の日で, 各国大使が女王を表敬訪問する; カナダでは Victoria Day ともいい, 5 月 25 日直前の月曜日で, 全州で法定休日; 1958 年までは Empire Day といった》.
Cómmonwealth Gámes [the] イギリス連邦競技大会, コモンウェルス競技大会《英連邦加盟の国と地域が相互の友好親善のため 4 年ごとに行なうスポーツの祭典》.
Cómmonwealth Óffice [the]〘英〙連邦省《現在は Foreign and Commonwealth Office》.
Cómmonwealth of Independent Státes [the] 独立国家共同体《旧ソ連邦構成共和国のうち 11 共和国が, 連邦解体後 1991 年に結成; 略 CIS》.
Cómmonwealth of Nátions [the]《イギリス》連邦 (⇨ the COMMONWEALTH).
Cómmonwealth prèference イギリス連邦特恵関税制度 (1932–77).
cómmon yèar《LEAP YEAR に対し》平年《365 日》.
com·mo·tion /kəmóuʃ(ə)n/ *n* 暴動, 騒擾(そうじょう); 騒ぎ, (小)騒動; 興奮, 動揺; 持続的な動き, 周期的運動: be in ~ 騒ぎになっている / cause [create, make] a ~ 騒ぎを起こす. [OF or L (*com-*)]
com·move /kəmúːv, kɑ-/ *vt* 動揺[興奮]させる.
comms /kámz/ *n pl* COMMUNICATIONS; [⟨*a*⟩] 通信の.
com·mu·nal /kəmjúːn(ə)l, kámjən(ə)l/ *a* COMMUNE[2] の; COMMUNITY の; 共有の, 共同参加[使用]する; 人種[宗教]を異にする共同体(相互間)の. ♦ **~·ly** *adv*
commúnal·ìsm /, ˌ—ˌ—ˌ—/ *n* コミューン[地方自治]主義; コミュナリズム《宗教・民族に基づく集団に忠実であること》, 自民族中心主義; 共同体主義[信奉]. ♦ **-ist** *n, a* **com·mù·nal·ís·tic** *a*
com·mu·nal·i·ty /kàmjunǽləti/ *n* COMMUNAL な状態[性質];《意見・感情の》全共同体的一致[調和].
commúnal·ìze /, ˌ—ˌ—ˌ—/ *vt* ⟨土地などを⟩地方自治体の所有にする. ♦ **commùnal·izátion** /, ˌ—ˌ—ˌ—ˌ—/ *n*
commúnal márriage GROUP MARRIAGE.
Com·mu·nard /kámjənɑ̀ːrd/ *n*《1871 年の》パリコミューン支持者; [c-] COMMUNE[2] に住んでいる人.
Com·mu·nau·té fran·çaise /*F* kəmynote frɑ̃sɛːz/ FRENCH COMMUNITY.
com·mune[1] *v* /kəmjúːn/ *vi* **1** 親しく交わる[話を交わす] ⟨*with, together*⟩: ~ *with* oneself [one's own heart] 沈思内省する. **2** *聖餐を受ける, 聖体を拝領する. ► *vt*《廃》話し合う. ►《詩》*n* /kámjùːn/ 懇談; 親交; 沈思. ♦ **com·mún·er** *n* [OF *comuner* to share; ⇨ COMMON]
com·mune[2] /kámjùːn, kəmjúːn, kɑ-/ *n* **1 a** コミューン《欧州諸国の最小行政区》. **b**《中世都市などの》自治体. **c** [the C- (of Paris)] パリコミューン (=Paris C~)《**1**) 1792–94 年のブルジョアによる革命的なパリ市自治体 **2**) 普仏戦争後, 民衆の革命によって成立したパリ市政府 (1871 年 3 月 18 日–5 月 28 日)》. **2 a** 原始共同体. **b**〘ロシア史〙ミール (MIR). **c**《中国などの》集団農場, 人民公社. **d** 生活共同体,《ヒッピーなどの》共同部落, コミューン. **3**〘史〙平民 (commonalty). [F; 'COMMON life をもつ集団' の意]
com·mu·ni·ca·ble /kəmjúːnɪkəb(ə)l/ *a* 伝えられうる; 伝染性の; 話し好きな, あけっぴろげの ⟨*with*⟩. ♦ **-bly** *adv* **~·ness** *n* **com·mù·ni·ca·bíl·i·ty** *n*
com·mu·ni·cant /kəmjúːnɪkənt/ *n* **1**〘プロ〙陪餐者,〘カト〙聖体拝領者,〘ギ正教〙領聖者; 会員, 同人. **2** 伝達者, 通知者. ► *a* …に通じる (sharing) ⟨*with*⟩.
Com·mun·i·care‖ /kəmjúːnəkɛ̀ər/ *n* 幅広い社会福祉サービス施設を備えたコミュニティーセンター. [*community*+*care*]

com·mu·ni·cate /kəmjúːnəkèɪt/ *vt* **1** 〈情報・知識・感情など〉伝達する, 伝える 〈*to*〉; 〈動力・熱など〉伝える, 通じる. **2** [ᵘ*pass*] 〈病気を〉感染させる, うつす. **3** …に聖餐[聖体]を授ける. **4** 《古》分かち合う, 共にする (share) 〈*with*〉. ► *vi* **1** 情報交換を行なう, 連絡する 〈*with*〉; 意思疎通をはかる, コミュニケーションをとる, 思いを伝える 〈*with*〉. **2** 〈道・部屋など〉通じる, 連絡する 〈*with*〉; 〘機〙連通する: *communicating* rooms 《両親の寝室と子供部屋の間のように》ドアで行き来できる部屋. **3** 聖餐を受ける, 聖体を拝領する. ［L＝to impart, communicate (COMMON, -*ic* factitive suf)］

com·mu·ni·ca·tee /kəmjùːnɪkətíː/ *n* COMMUNICATION を受ける人, 被伝達者.

com·mu·ni·ca·tion /kəmjùːnəkéɪʃ(ə)n/ *n* **1 a** 《情報・知識・感情などの》伝達, 連絡, 通信; 情報交換, 意思疎通, コミュニケーション; 《病気の》伝染: in ～ with…と連絡をとって / ～ skills コミュニケーションスキル 《**1**) 意思疎通を(円滑に)行なう能力 **2**) その能力を向上させるための講習(会)》. **b** 伝達[通信]内容, 連絡, 消息, 情報; 便り, 手紙, メール, 伝言; 文書: receive a ～ 情報を受ける. **c** [*pl*] 通信機関[システム], 通信 《電信・電話など》. **d** [*pl*] 思想伝達法; 情報伝達学. **2 a** 交通, 輸送, 連絡(路); 〘機〙連通; 交通機関 (＝means of ～) 〈*between* two places, *by* rail〉. **b** [*pl*] 〘軍〙《作戦基地と戦線との》後方連絡線, 兵站(へいたん)組織, 輸送機関. **3** 交際, 《個人間の》親密な関係. ♦ **～·al** *a*

communicátion còrd ᴵᴵ《列車内の》非常通報索.

communicátion ìnterface 《2 つの装置を連動させるための》通信用インターフェース.

communicátions códe wòrd 通信用語 《「朝日」の「ア」, 「上野」の「ウ」, 「切手」の「キ」における「朝日」「上野」「切手」に相当するもので, 以下のとおり: Alfa, Bravo, Charlie, Delta, Echo, Foxtrot, Golf, Hotel, India, Juliett, Kilo, Lima, Mike, November, Oscar, Papa, Quebec, Romeo, Sierra, Tango, Uniform, Victor, Whiskey, Xray, Yankee, Zulu》.

communicátions gàp コミュニケーションギャップ.

communicátions sàtellite 通信衛星.

communicátions sòftware 〘電算〙通信ソフト(ウェア).

communicátion(s) thèory コミュニケーション理論.

communicátions zòne 兵站(へいたん)管区[地帯].

com·mu·ni·ca·tive /kəmjúːnɪkətɪv, *-nəkèɪ-/ *a* 話し好きな; 通信の, コミュニケーションの. ♦ **～·ly** *adv* **～·ness** *n*

commúnicative cómpetence 〘言〙伝達[コミュニケーション]能力 《言語使用の場において, 何をどのように言うべきかまた言うべきでないかを判断する, 話し手の能力》.

com·mú·ni·cà·tor *n* 伝達者, 通報者; 発信機; 《列車内の》通報器.

com·mu·ni·ca·to·ry /kəmjúːnɪkətɔ̀ːri; -t(ə)ri/ *a* 通信[伝達]の[する].

com·mu·ni·col·o·gy /kəmjùːnəkɑ́lədʒi/ *n* コミュニケーション学. ♦ **-gist** *n*

com·mu·nion /kəmjúːnjən/ *n* **1 a** 共有; 親交, (霊的)交渉, 交わり: hold ～ with…と霊的に交わる, 〈自然など〉を心の友とする / hold ～ with one*self* 内省する. **b** 聖餐; [C-] 〘プロ〙聖餐式, 〘カト〙聖体拝領 (＝*Holy Communion*), 〘東方正教会〙聖体機密; 〘カト〙聖体拝領誦. **2** 宗派, 教派; 《カトリック教派間の》親交, 認知: in ～ with…と同じカトリック教に属して. ［OF or L＝a sharing; ⇨ COMMON］

commúnion clòth 〘キ教〙聖餐布 (corporal).

commúnion cùp 〘キ教〙聖餐杯.

commúnion·ist *n* 聖餐について特定意見をもっている人; 〘プロ〙陪餐会員, 〘カト〙聖体拝領者, 〘ギ正教〙領聖者.

commúnion of sáints [the] 〘キ教〙聖徒の交わり, 〘カト〙諸聖人の通功.

commúnion plàte 〘カト〙聖体拝領皿 《パンをこぼさないように聖体拝領者のあごの下に置く皿》.

commúnion ràil 聖体拝領台 《祭壇前の手すり》.

Commúnion Súnday 《プロテスタント教会の, 定期的に聖餐式が行なわれる》聖餐日曜日.

commúnion tàble 聖餐台, 聖餐卓.

com·mu·ni·qué /kəmjúːnəkèɪ, *ーーーー/ *n* 《外交上などの》公式発表, 声明, コミュニケ. ［F＝communicated］

com·mu·nism /kɑ́mjənɪ̀z(ə)m/ *n* **1** [ᵒC-] 共産主義, コミュニズム; [ᵒC-] 共産主義体制; [ᵒC-] 共産主義運動; 《漠然と》社会主義. **2** 《漠然と》COMMUNALISM. **3** [Mt C-] コムニズム山 (COMMUNISM PEAK). ［F; ⇨ COMMON］

Cómmunism Pèak コムニズム峰 《ISMAIL SAMANI PEAK の旧称》.

com·mu·nist /kɑ́mjənɪst/ *n* **1** 共産主義者; [C-] 共産党員, 共産主義運動家[活動家]; [ᵒC-] 共産主義政府[政党, 運動]支持者; [ᵒC-] 左翼分子; 《ロ》無法者; *《陸軍俗》野郎, (いやな)やつ, 畜生. **2** [C-] 《漠然と》COMMUNARD. ► *a* 共産主義の; 共産主義を支持する; [C-] 共産党(員)の: a *C*～ party 共産党. ♦ **còm·mu·nís·tic** *a* **-ti·cal·ly** *adv*

Cómmunist Chína 《Nationalist China (台湾の国民政府) に対して》共産中国, 中共 《俗称》.

Cómmunist Internátional [the] 共産党[第三]インターナショナル 《略称 COMINTERN; ⇨ INTERNATIONAL》.

Cómmunist Manifésto [The] 『共産党宣言』 《Marx と Engels の共同執筆になる *Manifest der Kommunistischen Partei* (1848) の英訳名》.

com·mu·ni·tar·i·an /kəmjùːnətέəriən/ *n, a* 共同体主義的な(人), コミュニタリアン.

communitárian·ìsm *n* コミュニタリアニズム 《**1**) 小規模の自治的な共同体群に基礎を置く社会組織 **2**) 個人に対する共同体の存在論的優位を説く政治思想》.

com·mu·ni·ty /kəmjúːnəti/ *n* **1 a** 共同体, コミュニティー; 《国家・都市・町村・学校・同一民族[宗教・職業]などの》共同生活体; 地域社会; VIRTUAL COMMUNITY: sense of ～ 共同体意識, 連帯感 / the [a] loss of ～ 共同体(意識)の消滅 / the Jewish [foreign, gay] ～ ユダヤ人[居留外人, ゲイ]社会 / the international ～ 国際社会. **b** [the] 公衆, (一般)社会 (the public). **2** 《利害などを共にする》団体; …界: the financial ～ 財界. **3** 〘生態〙(生物)群集, 《植物の》群落, 共同体. **4 a** 《財産などの》共有, 共用: ～ of goods [property, wealth] 財産共有, 共産. **b** 《思想・利害などの》共通性, 一致; 親交, 親睦: ～ of interest(s) 利害の一致. **c** 共同[社会]生活; 〘教会〙一定の戒律に従って共同生活をする集団 (＝**relígious** ～). ［OF＜L; ⇨ COMMON］

commúnity anténna télevision 共同聴視アンテナテレビ 《略 CATV》.

commúnity associàtion ᴵᴵ《地域の》自治会.

commúnity cáre ᴵᴵ〘福祉〙コミュニティーケアー 《施設に入院[入所]せず在宅のまま受けるケア》.

commúnity cènter コミュニティーセンター 《地域社会の教育・レクリエーション活動のための施設》.

commúnity chàrge [the] 〘英〙地域社会税, コミュニティー税 《地方自治体が成人の住民すべてに一律に課した住民税; poll tax (人頭税) と呼ばれて反対の声が高かった; 1993 年に財産に応じた council tax (地方自治体参事会税) に移行》. ［*charge for community* services の意］

commúnity chést 《米・カナダ》《地域社会の慈善・福祉のための》共同募金による基金 (＝*community fund*).

commúnity chúrch 《米国・カナダで諸派合同の》地域教会.

commúnity cóllege コミュニティーカレッジ 《**1**) 〘米・カナダ〙地方政府の援助を受けて地域住民の要求にこたえたコースを提供する 2 年制のカレッジ **2**) 〘英〙時間外に地域の成人教育を行ない, レクリエーションセンターの機能も果たす中等学校》; ᴵᴵVILLAGE COLLEGE.

commúnity cóuncil 〘英〙コミュニティー協議会 《ウェールズ・スコットランドの地方行政における機関; 前者では州議会の枠内で多少の責任を負うが, 後者では助言機能のみをもつ》.

commúnity fùnd COMMUNITY CHEST.

commúnity hòme 〘英〙コミュニティーホーム 《裁判所が命じる保護命令の対象となっている未成年者などを収容・扶養する施設》.

commúnity médicine 地域医療 《一定地域の医療と健康管理を扱う公衆衛生の一部門; cf. FAMILY MEDICINE》.

commúnity òrder 〘英法〙社会刑罰命令 《犯罪者に無償労働や行動制限などを科す命令》.

commúnity polícing コミュニティー警備 《住民をよく知り, 地域とのかかわりの深い警察官がその地域の警備を担当する制度》. ♦ **commúnity polìceman** コミュニティー警備員.

commúnity própèrty 〘米法〙《夫と妻の》共有財産.

commúnity relátions *pl* **1** 《民族・宗教・言語などを異にする住民が共住する地域における》地域住民相互の関係; 《住民同士の対立の和解を目指した》地域調停[和解]活動. **2** *《警察による》地域防犯広報活動.

commúnity schòol 地域社会学校; COMMUNITY HOME.

commúnity séntence 〘英法〙社会刑罰の宣告 《犯罪者を施設に収容せずにその自由を制限する命令; 社会刑罰命令 (community order) など》.

commúnity sérvice 地域奉仕活動; 〘法〙地域奉仕, コミュニティーサービス 《有罪判決を受けた者を投獄する代わりに地域のために無償労働をさせる刑罰》.

commúnity sérvice òrder 〘法〙《裁判所の発する》地域奉仕命令.

commúnity sínging 《よく知られた歌の》会衆の合唱.

commúnity spírit 共同体意識.

commúnity·wíde *a* COMMUNITY 全体の[にわたる].

com·mu·nize /kɑ́mjənàɪz/ *vt* 〈土地・財産などを〉共有[国有]にする; 共産化する. ♦ **còm·mu·ni·zá·tion** *n* 共有化, 共産制.

com·mút·able *a* 転換[金銭と交換]できる; 〈場所・距離が〉通勤可能な; 〘法〙減刑できる. ♦ **com·mùt·abíl·i·ty** *n*

com·mu·tate /kɑ́mjətèɪt/ *vt* 〘電〙《整流器で》〈電流〉の方向を転換する, 〈交流を〉直流にする, 整流する.

com·mu·ta·tion /kɑ̀mjətéɪʃ(ə)n/ *n* **1** 交換, 転換; 支払い方法の振替え, 換算 《物納を金納にするなど》; 〘数〙《演算子の》交換; 〘電〙整流, 転換; 〘法〙減刑: the ～ of the death sentence to life

imprisonment 死刑判決の終身刑への減刑. **2** 二点間の反復往復; 通勤.
commutátion tìcket* 回数乗車券 (cf. SEASON TICKET).
cóm·mu·tà·tive /, kəmjúːtətɪv/ *a* 交換の;〘数〙交換可能な, 可換な (cf. ASSOCIATIVE, DISTRIBUTIVE); 相互的な (mutual). ♦ **~·ly** *adv* **com·mù·ta·tív·i·ty** /, kɑ̀mjətə-/ *n*〘数〙交換可能性.
cómmutative cóntract〘ローマ法〙双務契約.
cómmutative làw〘数・論〙交換法則.
cóm·mu·tà·tor *n*〘数〙交換子;〘電〙整流[転換]器, 整流子: a ~ motor 整流子電動機.
com·mute /kəmjúːt/ *vt* 取り替える, 交換する; 変える ‹*into*›; ‹支払い方法など›切り替える, 振り替える, 換算する ‹*into, for*›; ‹電流›の方向を変える, 転換[整流]する;〘法〙減刑する ‹*into, to, for*›. ► *vi* (定期券で)通勤[通学, 往復]する ‹*between*›; 償う, 代わりになる ‹*for*›; 分割払いの代わりに一括払いにする;〘数〙‹演算子が›交換可能である. ► *n* 通勤, 通学; 通勤距離. [L *com-*(*mutat- muto* to change); cf. MUTABLE]
com·mút·er *n* (定期券)通勤者, 郊外通勤者; 自宅通学生; コミューター《近距離区間を通例定期的に小型機で旅客輸送する航空路線》: a ~ train 通勤電車.
commúter bèlt ‖通勤者の住宅地帯, ベッドタウン地帯 (cf. COCKTAIL BELT).
commúter·lànd, -dom *n*《郊外の》通勤者の住宅区域, ベッドタウン.
commúter tàx 通勤税《通勤者に通勤先の市が課する所得税》.
commúter·vìlle *n* 通勤者の住宅地, ベッドタウン.
com·mútual /kə-/ *a*《古》MUTUAL.
commy ⇨ COMMIE.
Com·mynes, Co(m)·mines /kɔːmíːn/ コミーヌ **Philippe de** ~ (c. 1447–1511)《フランスの政治家・回想録記作者; *Mémoires* (1489–98)》.
Com·ne·nus /kɑmníːnəs/ コムネヌス《ビザンティン帝国の名家; Constantinople の皇帝 (1057–59, 1081–1185), Trebizond の皇帝 (1204–1461) を出した》.
Co·mo /kóumou/ **1** [Lake] コモ湖《イタリア北部 Lombardy 州にある風光明媚な湖》; コモ《Como 湖南西端にある市》. **2** コモ **'Perry'** ~ [**Pierino** ~] (1912–2001)《米国のポピュラー歌手》.
co·mo·do, com·mo·do /kəmóudou/ *adv*〘楽〙気楽に, ゆったりした速度で, コモドで. [It=comfortable]
Co·mo·do·ro Ri·va·da·via /kɑ̀mədɔ́ːrou rìːvədáːviə/ コモドロリバダビア《アルゼンチン南部 San Jorge 湾に臨む市; 産油基地で, 石油積出し港》.
co·mónomer *n*〘化〙コモノマー《共重合体中の単量体》.
Com·o·ran /kámərən/, **Co·mo·ri·an** /kəmɔ́ːriən/ *a* コモロ(諸島)の. ► *n* **a** コモロ(諸島)の住民, コモロ人. **b** コモロ語.
co·mórbid *a*〘医〙共存症の《他の疾病が通例 無関係に共存する》. ♦ **co·morbídity** *n* 共存症
Com·o·rin /kámərən, kəmɔ́ːrən/ [Cape] コモリン岬《インド南部 Tamil Nadu 州南部の岬; インド亜大陸の最南端 (8°5′N)》.
Com·o·ros /káməròuz/ コモロ《アフリカ南東方, モザンビーク海峡北部のコモロ諸島 (**Cóm·o·ro Íslands** /káməròu-/) よりなる国 (ただし Mayotte 島はフランス領); 公式名 Union of the ~ (コモロ連合); ☆Moroni》.
co·mose /kóumòus/ *a*〘植〙絨毛(じゅうもう)のふさを有する.
comp[1] /kámp/《口》*vi* 植字工として働く. ► *vt* ‹活字を›組む. ► *n* 植字工 (compositor).
comp[2] /kámp, kámp/《口》*vi*〘ジャズ〙和音を不規則に入れて伴奏する, コンピングする. ► *vt* …の伴奏をする. ► *n* 伴奏 (accompaniment); 伴奏者 (accompanist).
comp[3] /kámp/ *《口》*n* 補償(金), 賠償金 (compensation). ► *vi, vt* COMPENSATE.
comp[4] /kámp/ *n* ‖《口》COMPETITION.
comp[5] /kámp/ *《俗》*n*《ホテル・レストラン・催し物などの》無料招待券; 招待客;《特別な客に対する》無料提供品, 贈呈品. ► *vt* 無料招待(扱い)にする; 無料で提供する. [*comp*limentary]
comp[6] /kámp/ *n* [°*pl*] *《口》総合試験 (comprehensive); ‖COMPREHENSIVE SCHOOL.
comp. comparative ♦ compare ♦ compensation ♦ compensatory ♦ compilation ♦ compiled ♦ compiler ♦ complete ♦ composer ♦ composition ♦ compositor ♦ compound ♦ comprehensive ♦ comptroller.
com·pact[1] /kəmpǽkt, kɑm-, *kámpæ̀kt/ *a* **1 a** ‹物質が›緻密な, 目の詰んだ; ぎっしり詰まった, 密集した. **b** ‹体格が›小柄だが引き締まった; ‹文体・発言など›簡潔な. **c** 小型の, かさばらない; ‹家など›こぢんまりした; ‹車が›小型で経済的な. **d**〘数〙‹位相空間が›コンパクトな. **2** ‹…から›なる ‹*of*›. ► *v* / ; kəmpǽkt/ *vt* **1** 締める, ぎっしり詰める, 簡潔にする;〘冶〙‹粉末を›成形する. **2** 構成する ‹*of*›. ► *vi* ‹雪など›引き締まって固くなる. ► *n* /kámpæ̀kt/ コンパクト《携帯用おしろい・鏡・パフ入れ》; *小型車, コンパクトカー (=~ **càr**); コンパクトカメラ;〘冶〙成形体; ‖〘新聞〙コンパクト版《タブロイドサイズで印刷される高級紙のダイジェスト版; cf. BROADSHEET, TABLOID》. ♦ **~·ly** *adv* 密に; 簡潔に. **~·ness** *n* [L (*pango* to fasten)]
com·pact[2] /kámpæ̀kt/ *n* 契約, 盟約. ► *vi* 盟約を結ぶ ‹*with*›. [L; ⇨ PACT]
cómpact cassétte コンパクトカセット《音楽用》.
cómpact dísc コンパクトディスク, CD.
cómpact dísc plàyer コンパクトディスク[CD]プレーヤー (=*CD player*).
compáct·ible *a* 固めることができる: ~ soils.
com·pac·ti·fy /kəmpǽktəfàɪ/ *vt, vi*〘数〙(《空間を》)コンパクト化する. ♦ **com·pàc·ti·fi·cá·tion** *n*
com·pac·tion /kəmpǽkʃ(ə)n, kɑm-/ *n* ぎっしり詰めること[詰まった状態], 圧縮; 簡潔化;〘地質〙《堆積物の》圧密(作用).
com·pác·tor, -páct·er *n* COMPACT[1] する人[もの];《苗床・路床をつくるための》突き固め機; 処分しやすいようにごみを粉砕したり固めたりする装置《台所用》.
com·pa·dre /kəmpáːdreɪ/ *n* *《南西部》親友, 仲よし.
com·pa·ges /kəmpéɪʤiːz/ *n* (*pl* ~)《複雑な部分が集まってできた》構造, 骨組.
com·pag·i·nate /kəmpǽʤənèɪt/ *vt*《古》結合する. ♦ **com·pàg·i·ná·tion** *n*
com·pa·gnon de voy·age /*F* kɔ̃paɲɔ̃ də vwajaːʒ/ 旅の道連れ.
com·pand /kəmpǽnd/ *vt*〘電子工〙圧伸器を用いて‹信号を›処理する. [逆成‹*compander*]
com·pan·der, -dor /kəmpǽndər/ *n*〘電子工〙圧伸器, コンパンダー. [*compressor*+*expander*]
com·pan·ion[1] /kəmpǽnjən/ *n* **1 a** 仲間, 相手; 伴侶 (comrade, associate); 話し相手, 気の合った友;《偶然の》友; 主婦や子女の話し相手をする住込みの女性, コンパニオン;《廃》やつ, ごろつき: a ~ *in* crime 犯罪の仲間 / a ~ *of* one's misery 不幸を共にする人 / ~*s in* arms 戦友 (comrades) / a travel ~ 旅の道連れ / a ~ animal ペット. **b** [C-] 最下級勲爵士: a *C*~ of the Bath ⇨ ORDER OF THE BATH. **2 a** 一組[一対]のものの片方: a ~ volume 姉妹篇. **b**〘天〙伴星(ばんせい) (=*comes, companion star*)《二重星・連星系で暗いほうの星; opp. *primary*》;〘生態〙伴生種. **3**《書名として》手引, 必携, …の友 (guide): Teacher's ~ 教師用参考書, TM ‹*to*›. ► *vt* …に付き添う (accompany). ► *vi*《文》仲間として交わる ‹*with*›. ♦ **~·less** *a* [OF＜Romanic *companio* (*com-*, L *panis* bread)]
companion[2]〘海〙*n*《甲板の》天窓; COMPANION HATCH; COMPANIONWAY. [Du *kompanje* quarterdeck, ＜It (*camera della*) *compagna* pantry; cf. ↑]
compánion·able *a* 人づきあいのよい, 気さくな; なごやかな, うちとけた: a ~ day 友と過ごす楽しい一日. ♦ **-ably** *adv* **~·ness** *n* **compànion·abílity** *n*
compánion·ate /-ət/ *a* 仲間[連れ]の(ような), 友愛的な; ‹ブラウスとスカートなどが›よく合う, 調和のとれた.
compánionate márriage* 友愛結婚《子供をもうけず, 合意により離婚でき, 離婚後の扶助義務を相互に負わない結婚形態; cf. TRIAL MARRIAGE》.
compánion cèll〘生〙伴細胞.
compánion hàtch〘海〙甲板昇降口の風雨よけ.
compánion hàtchway〘海〙甲板昇降口.
compánion làdder〘海〙COMPANIONWAY.
Compánion of Hónour〘英〙名誉勲爵士《政治・芸術その他において重要な功績のある男女に与えられる栄誉; 特定の称号を授与されるわけではないが, 名前のあとに CH の文字を記すことを許される; 1917 年創設》.
Compánion of Líterature〘英〙文学勲爵士《王立文学協会 (Royal Society of Literature) が授与する栄誉; 1961 年創設; 略 CLit(t)》.
compánion pìece《文学作品などの》姉妹篇.
compánion sèt《炉端のスタンドの》暖炉用器具のセット《火かき棒・シャベルなど》.
compánion·shìp *n* **1** 仲間づきあい, 交わり: enjoy the ~ of sb 親しく人と交わる. **2**〘印刷史〙植字工仲間. **3** [C-] 最下級勲爵士 (Companion) の位.
compánion stàr〘天〙伴星 (COMPANION[1]).
compánion·wày *n*〘海〙《甲板から下の船室に通じる》甲板昇降口階段.
com·pa·ny /kámp(ə)ni/ *n* **1 a** 交際, つきあい (companionship, association); 話し相手(になること): Will you favor me with your ~ at dinner? いっしょに食事をしていただけませんか. **b** 交友; 仲間, 友だち, 連れ: as ~ 友[連れ, 話し相手]として / Oliver and ~ オリヴァーと仲間たち (cf. 2 用例) / get into bad ~ 悪友と交わる / keep good [bad] ~ よい[悪い]友と交わる / Good ~ on the road is the shortest cut.《諺》旅は道連れ / Men are known by the ~ they keep.《諺》人はつきあう友だちによってわかる / Two is ~, three is none. ⇨ TWO. **c** 来客; 同席[一座]の人びと: Father has ~. 父は来客中です / We expect ~ tomorrow. あすはお客があります / receive ~ 客を迎える; 接待する / present ~ EXCEPTed. **2** 会社, 商

会; 組合 (guild); 《会社名に名の出ない》社員(たち) (partner(s)) 《略 Co.》: Smith and *Company*=Smith & *Co.* /kóu, kʌ́mp(ə)ni/ スミス商会《代表社員 Smith と他の社員の会社の意》/ a ~ director 会社の重役. **3 a** 一団, 一行, 《俳優の》一座; 《ガールスカウトなどの》一団; 〘海〙全乗組員 (crew) (=ship's ~). **b** 消防隊; 〘軍〙歩兵[工兵]中隊 (⇨ ARMY); [the C-]*《俗》中央情報局 (CIA), 連邦捜査局 (FBI), 都市警察: STOCK COMPANY / a theatrical [theater] ~ 劇団 / a touring ~ 旅回りの一座, 巡回劇団. ● **be good [bad, poor] ~** つきあっておもしろい[おもしろくない]. **be [err, sin, transgress] in good ~** [°*joc*] りっぱな人も同じ事《誤り・違反・罪など》をしている(から恥じるに及ばない). **for ~** おつきあいに; 友[連れ]として: weep *for* ~ もらい泣きをする / with only a radio *for* ~ ラジオを唯一の道連れに. **get [receive] one's ~** 中隊長[大尉]になる. **give** sb **one's ~** 人とおつきあいをする. **in ~** "人中で, 人前で. **in ~ with**...といっしょに. **join ~ with**...の仲間になる, ...に同調する. **keep** [《古》**bear**] sb **~** 人のおつきあいをする[話し相手になる]; 人と同行する. **keep ~ with**...と親しくする, 同棲する; つきあう, 交わる. **keep one's own ~** ほかの人と親しく交わらない, 自分(たち)の殻に閉じこもる. PART ~. ► *vi* 《文》交わる ‹*with*›. ► *vt* 《古》...に従う, 付き添う. [OF; ⇨ COMPANION[1]]

cómpany bùll *《俗》《民間会社に雇われた》雇われポリ[デカ], ガードマン《鉄道保安官など》.

cómpany cár 社用車.

cómpany dòctor 経営再建コンサルタント, 企業診断士.

cómpany gràde òfficer COMPANY OFFICER.

cómpany láw"〘法〙会社法.

cómpany màn 会社べったりの社員; スパイ従業員.

cómpany mànners *pl* よそ行きの行儀.

cómpany mònkey *《陸軍俗》会社事務員.

cómpany ófficer 〘米陸軍・空軍・海兵隊〙尉官《captain, first lieutenant および second lieutenant》.

cómpany repórt 事業報告(書), 営業報告(書).

cómpany sécretary"《株式会社の》総務担当重役, 総務部長.

cómpany sérgeant màjor 〘軍〙中隊付き曹長《英軍・英連邦軍の連隊・大隊に所属する上級の准尉 (Warrant Officer) で, 中隊の下士官以下の統率に当たる; 略 CSM》.

cómpany stóre 《会社の》購買部, 売店.

cómpany tòwn 会社町, 企業城下町《雇用や住宅などの面でほとんど全面的に一企業に依存している町》.

cómpany ùnion* 企業内組合; 御用組合.

compar. comparative.

com·pa·ra·ble /kɑ́mp(ə)rəb(ə)l/ *a* ‹...と›比較できる ‹*with*›; ‹...に›匹敵する ‹*to*›; 似た, 類似の. ♦ **-bly** *adv* 比較のできるほどに; 同等に. **~·ness** *n* **còm·pa·ra·bíl·i·ty** *n* [OF<L; ⇨ COMPARE]

cómparable wórth 〘労〙同等価値, 類比価値《仕事が同じ訓練・技術・責任を要するとき, 男女の賃金は同じであるべきとする理論》.

com·par·a·tist /kəmpǽrətɪst/ *n* 比較言語学者, 比較文学者.

com·par·a·tive /kəmpǽrətɪv/ *a* 比較的な, 比較上の, 相対的な; 比較の手法による; 〘文法〙比較級の (cf. POSITIVE, SUPERLATIVE): in ~ comfort 比較的楽に / the ~ degree 比較級. ► *n* [the] 比較級(の語形); 《古》競争相手, ライバル. ♦ **~·ness** *n* [L; ⇨ COMPARE]

compárative advántage 〘経〙比較優位《他国との比較においてある商品の生産性が他の商品の生産性よりもよいこと; たとえすべての商品において他国より絶対的な生産性は高くても比較優位にある商品の生産に特化して他国と貿易することは利になる》: have a ~ in shirts.

compárative ádvertising 比較広告《競合する他社の商品名を挙げ, それに比べて自社商品は優秀であると宣伝する方法; cf. ACCEPTED PAIRING》.

compárative júdgment 〘心〙比較判断《2 つ以上の刺激の間の相違に関する判断; cf. ABSOLUTE JUDGMENT》.

compárative linguístics 比較言語学.

compárative líterature 比較文学.

compárative·ly *adv* 比較的に, 多少とも; 比較上: ~ speaking 比較して言えば.

compárative mèthod 比較研究法.

compárative philólogy 比較言語学.

compárative psychólogy 比較心理学; 民族[種族]心理学 (race psychology).

com·par·a·tiv·ist /kəmpǽrətɪvɪst/ *n* COMPARATIST.

com·par·a·tor /kəmpǽrətər, kɑ́mpərèɪ-/ *n* 〘機〙比較測定器, コンパレーター《長さ・距離・色彩などを比較する精密測定機械》; 〘電〙比較器《2 つの信号の一致・不一致を判断する》.

com·pare /kəmpéər/ *vt* **1** 比較する, 対照する《この意味では to を使うことも多いが 2 の意味では with は用いない》: ~ A *with* B A を B と比較する / (as) ~*d with* [*to*]...と比べて / (be) not to be ~*d with*...と比較にならない / ~ and contrast 比較対照する, ...の類似(点)と相違(点)を明らかにする. **2** ‹...に›なぞらえる, たとえる (liken) ‹A *to* B›. **3** 〘文法〙‹形容詞・副詞›の比較変化を示す. ► *vi* [[u]*neg*] 比肩する, 匹敵する ‹*with*›; 比較する; 比較に耐える, 比べものになる: ~ favorably *with*...に比べてまさるとも劣らない / My cooking can*not* [does *not*] ~ *with* hers. わたしの料理は彼女のとは比較になりません. ● ~ NOTES. ► *n* 《文》比較, 比類 (comparison). ● **beyond [past, without] ~** 比類ない[なく], 無比の. [OF<L (*compar* equal)]

com·par·i·son /kəmpǽrəs(ə)n/ *n* **1** 比較, 対照; 類似; 匹敵(するもの); 〘文法〙《形容詞・副詞の》比較, 比較変化: There is no ~ between the two. (段違いで)比較にならない / bear [stand] ~ *with*...に匹敵する; ...に似ている / beyond ~ 比較できない, 全く別の / by [in] ~ 比べると, 比較して ‹*with, to*› / draw [make] a ~ *between*...を比較する /invite ~ *with*...を連想させる / *C~s* are odious. 《諺》比較は忌まわしいこと《人と比較してとやかく言うのはよくない》. **2** たとえること; 〘修〙比喩. **3** 《ニューヨーク証券取引所の》売買株式照合票. [OF<L (↑)]

compárison shèet [tìcket] 《ニューヨーク証券取引所の》売買株式照合票 (comparison).

compárison shòp *vi* 価格を比較する. ♦ **compárison shòpper** *n*

com·part /kəmpɑ́ːrt/ *vt* 区画する, 仕切る. [OF<L *com-*(*partio* to share, divide)]

com·part·ment /kəmpɑ́ːrtmənt/ *n* **1** 区画, 仕切り, 仕切られた空間[場所]; 《鉄道客車の》仕切り客室《向かい合ってすわる座席が 2 列ある》; WATERTIGHT COMPARTMENT: an engine ~ エンジンコンパートメント《自動車の》エンジン収納空間 / FREEZER COMPARTMENT. **2** 〘英政治〙《時間制限付きの》特殊協議事項. **3** 〘紋〙《大紋章の》台座. ► *vt* /-mènt, -mənt/ 区画に分ける, 区画[区分]する. ♦ **com·part·men·tal** /kəmpɑ̀ːrtméntl, kɑ̀m-/ *a* **-mén·tal·ly** *adv*

compartméntal·ìze *vt* 《相互関係を考慮せずに》区画[部門]に分ける, 区画[区分]する ‹*into*›. ♦ **compartmèntal·izátion** *n*

com·part·men·ta·tion /kəmpɑ̀ːrtməntéɪʃ(ə)n, -mèn-/ *n* 区画化, 仕切ること, 区分.

compártment sỳndrome 〘医〙コンパートメント症候群, 筋区画症候群《筋膜・骨間膜などで仕切られた解剖学的空間で組織圧が上昇し, 内部の筋や神経への循環障害が起きて機能障害に至ること》.

com·pas /koumpɑ́ː/ *n* コンパ《キューバとアフリカのリズムを合わせたハイチのポピュラー音楽》. [Haitian Creole<Sp *compás* beat]

com·pass /kʌ́mpəs/ *n* **1 a** 羅針盤, 羅針儀, コンパス (=mariner's ~); [the C-es] 〘天〙コンパス座 (Circinus): the POINTS of the ~. **b** [[u](a pair of) ~es] コンパス《製図器》. **2** 境界(線); 領域; 範囲, 限界 (extent, range); 〘楽〙音域; 適度, 中庸: beyond one's ~=beyond the ~ of one's powers 力の及ばない / within the ~ of a lifetime 一生のうちに / keep within ~ 控えめにしておく. **3** 指針, 目的, 動機. **4** 《古》回り (circuit); 《古》回り道. ● BOX[1] **the ~.** FETCH[1] **a ~. in small ~** 緊密に, 簡潔に. ► *vt* **1 a** ...のまわりを回る. **b** 巡らす; 囲む ‹*with* walls›; [[u]*pass*] 囲い込む《今は encompass という》. **2 a** ‹目的を›達する, 遂げる; 獲得する (obtain). **b** 理解する (comprehend). **3** 《文》‹陰謀など›企てる, たくらむ (plot). ► *a* 曲がった (curved); (半)円形の. ♦ **~·able** *a* [OF (*compasser* to measure ‹ PACE)]

cómpass càrd コンパスカード《羅針盤の指針面》.

cómpass còurse 〘海〙羅針路, コンパスコース《羅針儀の示す針路; cf. MAGNETIC [TRUE] COURSE》.

cómpass dìal ポケット型日時計.

com·pas·sion /kəmpǽʃ(ə)n/ *n* あわれみ, 思いやり, 同情: out of ~ 同情して, あわれんで / have ~ *for*...に同情を寄せる. ♦ **~·less** *a* [OF<L; ⇨ PASSION]

com·pas·sion·ate /kəmpǽʃ(ə)nət/ *a* **1** あわれみ深い, 情け深い, 同情的な (sympathetic). **2** 特別な配慮により認められた: ~ allowance 特別慰問金 / ~ leave 特別休暇. ► *vt* /-ʃənèɪt/ 《英では古》あわれむ, ...に同情する. ♦ **~·ly** /-nət-/ *adv* **~·ness** /-nət-/ *n*

compássion fatìgue 同情疲れ《しばしばなされる慈善の訴え, 窮状の知らせに対する同情心の減退》.

cómpass plàne 〘木工〙そりかんな.

cómpass plànt 〘植〙コンパス植物《葉が最強日光に対して直角すなわち南北に出る傾向をもつ植物; 米国産キク科ツキヌキオグルマ属の一種など》.

cómpass pòint 羅針盤の方位のいずれかの 1 点.

cómpass ròse 〘海〙羅針図《海図上の円形方位図》.

cómpass sàw 《細身で先細りの》回しびき鋸(のこ).

cómpass tìmber 〘造船〙湾材, 曲材.

cómpass wíndow 〘建〙半円出窓, 弓形張出し窓.

com·pat·i·bil·i·ty /kəmpæ̀təbɪ́ləti/ *n* 融和性, 適合性; 《人の》相性; 〘テレビ・ラジオ〙両立性; 〘電算など〙互換性; 《受精の》和合性, 《接ぎ木の》親和性; 〘化〙融和[相溶]性.

com·pat·i·ble /kəmpǽtəb(ə)l/ *a* **1** 両立できる, 矛盾のない; 性格[うま]が合う ‹*with*›. **2** 〘テレビ〙‹カラー放送が›白黒受像機に白黒画像として受像できる方式の, 〘ラジオ〙‹ステレオ放送が›普通の受信機でモノラルとして受信可能な, 両立式の; 〘電算など〙互換性のある. **3 a** 〘植〙他花受精[接ぎ木]が容易な, 和合性[親和性]の. **b** 〘化〙混合しても化学反応を起こさない[それぞれの作用に影響を及ぼさない], 融和[相溶]性の. **c**〘生・医〙拒否反応を起こさずに別の生体に輸血[移植]できる, 適合性の(ある). ► *n* 互換性のある装置[機械, 機種];《コンピューターの》互換機. ◆ **-bly** *adv* **~·ness** *n* [F<L; ⇨ COMPASSION]

com·pa·tri·ot /kəmpéɪtriət, kɑm-, -ɑ̀t; -pǽt-/ *n* 同国人; 同輩. ► *a* 同国の. ◆ **com·pà·tri·ót·ic** /-ɑ́t-/ *a* 同国人たる, 祖国[故郷]の. **com·pá·tri·ot·ìsm** *n* [F<L *com*-(*patriota* PATRIOT)]

C

compd compound.

com·peer /kɑ́mpìər, ―⌐, kəm-/ *n* 《地位・年齢・能力などが》同等の人, 同輩; 仲間. ► *vt* 《廃》匹敵する. [OF (*com*-, PEER¹)]

com·pel /kəmpél/ *vt* (-ll-) **1 a** 無理に[やむをえず]…させる, …に強いる, 強制する; 無理に従わせる: ~ sb *to* one's will [*into* obedience etc.] 人を強制的に自分の意に従わせる[服従させる] / be *compelled to* do 仕方なく…する. **b**〈服従・沈黙などを〉強要する: ~ attention [applause] 注意[賞賛]しないではいられないようにする. ★ oblige よりも強いが force よりは弱い. **2**《古・詩》むりやりに駆り立てる[集める]. ◆ **-pél·ler** *n* [L (*puls- pello* to drive)]

com·pél·la·ble *a* 強制できる; 証言を強制できる〈証人〉.

com·pel·la·tion /kɑ̀mpəléɪʃ(ə)n, -pɛ̀-/ *n* 呼びかけ, 話しかける態度; 呼称, 名称, 敬称 (appellation).

com·pél·ling *a* 抗しがたい, やむにやまれぬ〈必要・衝動など〉; きわめて興味深い, おもしろい, 魅力的な; 説得力のある, 強力な〈証拠・議論など〉: a ~ smile 魅力的な笑顔 / make a ~ argument [case] 強力な議論を展開する. ◆ **~·ly** *adv*

com·pend /kɑ́mpɛ̀nd/ *n* COMPENDIUM.

com·pen·di·ous /kəmpéndiəs/ *a* 簡明な, 簡潔な; 包括的な. ◆ **~·ly** *adv* **~·ness** *n* [OF<L=brief (↓)]

com·pen·di·um /kəmpéndiəm/ *n* (*pl* **~s**, **-dia** /-diə/) 概要, 大要, 要約, 概論; …必携《実用的なヒントを集めた本》; 一覧(表); ‖《箱入りの》各種ゲームのセット; 寄せ集め; レターセット《便箋と封筒のセット》. [L=something weighed together (*pendo* to weigh)]

com·pen·sa·ble /kəmpénsəb(ə)l/ *a* 補償されうる, 補償対象となる. ◆ **com·pèn·sa·bíl·i·ty** *n*

com·pen·sate /kɑ́mpənsèɪt, -pɛ̀n-/ *vt* 〈人〉に〈損失などを〉償う, 補償する; 埋め合わせる, 帳消しにする, 相殺する;〘機〙補正する; …に報酬を払う;《物価の変動に対し金含有量を調整して》〈通貨〉の購買力を安定させる: ~ sb *for* loss 人に損失を賠償する / be well ~*d* 高い報酬を得ている. ► *vi* 償う, 補償する,〈行為・事情などが〉補う, 埋め合わせる〈*for* losses, *to* him, *with* [*by*] substitutes〉;〘心〙補償する;〘生〙代償[補償]する. ◆ **cóm·pen·sà·tive** /, kəmpénsə-; kəmpénsə-/ *a* [L (*pens- pendo* to weigh)]

cómpensated semicondúctor〘電子工〙補償型半導体《ドナーとアクセプターの電気効果が相互に一部打ち消す関係にある半導体》.

cóm·pen·sàt·ing bàlance COMPENSATION BALANCE.

cómpensating gèar DIFFERENTIAL GEAR.

com·pen·sa·tion /kɑ̀mpənséɪʃ(ə)n, -pɛ̀n-/ *n* **1** 償い, 補償, 賠償, 代償; 埋合わせ; 補償[賠償]金; *報酬, 給与, 謝礼: in [by way of] ~ *for*…の償い[報酬]として / unemployment ~ 失業補償制. **2**〘機〙補正;〘造船〙補強;〘生〙代償[補償](作用);〘理〙補償;〘心〙補償《身体的・精神的に劣っていると意識するとき, これを補おうとする心理的な動き》. ◆ **~·al** *a*

compensátion bàlance〘時計〙補正テンプ.

compensátion cùlture‖ [*derog*] 補償金ねだり[賠償金請求]の風潮, 補償文化.

compensátion òrder〘英法〙《刑事裁判で付加的に命じられる》賠償金支払い命令.

compensátion pàckage 全給与《給料・年金・手当てなど勤務に対する報酬の総体》.

compensátion pèndulum〘時計〙補正振子.

compensátion pòint〘植〙補償点《緑色植物において, 呼吸で放出される炭酸ガスの量が光合成に費やされる量と等しく, 光合成で放出される酸素の量が呼吸に費やされる量と等しいときの光の強さ》.

cóm·pen·sà·tor *n*〘機〙補正器[板];〘電〙補償器;〘光〙補償板[器]; 賠償[補償]者.

com·pen·sa·to·ry /kəmpénsətɔ̀:ri; -t(ə)ri/ *a* 償いの, 補いの, 補償的な, 代償的な: ~ payments 賠償, 補償. ► *n* [*pl*]〘法〙損害填補賠償(金) (=~ **dámages**).

compénsatory educátion 補償教育《恵まれない子供たちの文化欠乏 (cultural deprivation) を補う教育》.

compénsatory léngthening〘音〙代償延長《隣接した子音の消失の代償として母音が長くなること》.

compénsatory spénding DEFICIT SPENDING.

comper ⇨ COMPING¹.

com·pere, -père‖ /kɑ́mpɛ̀ər/ *n* 《演芸・ショー番組の》司会者. ► *vt* …の司会をする. ► *vi* 司会をつとめる〈*to*〉. [F=godfather (*com*-, PATER); cf. COMMÈRE]

com·pete /kəmpí:t/ *vi* 競争する, 競合する, 競う〈*with* [*against*] sb *for* a prize; *in* quality or price; *in doing*〉, 競争に加わる; 匹敵する〈*with* sth *in* a quality〉: You can't ~ *with* him. あいつにはかなわないよ. [L (*petit- peto* to seek)]

com·pe·tence /kɑ́mpət(ə)ns/ *n* **1** 能力〈*to* do sth, *for* a task〉;《特定の》技能; 適性;〘法〙能力(あること), 権能, 権限; 適格(性); 管轄権;〘地質〙コンピテンス《岩屑(がんせつ)を動かす流れの能力を, 動かせる最大の粒子で示したもの》;〘発生〙反応能;〘菌〙受容能;〘言〙言語能力 (cf. PERFORMANCE): within the ~ of…の権限内で. **2**《古風》《楽に普通の生活ができる》資産, 小金: acquire [amass] a ~ ちょっとした資産をつくる / have [enjoy] a small ~ 小財産をもっている.

cóm·pe·ten·cy *n* COMPETENCE.

cóm·pe·tent *a* **1** 能力のある, 有能な;〘発生〙反応能をもつ;〘免疫〙免疫応答を起こしうる: Is she ~ *to* teach English? 英語を教える力があるか. **2 a** 適任で〈*for* the task〉; 要求にかなう, 十分な, まずまずの;〘法〙(法定の)資格のある〈裁判官・法廷・証人など〉; 証人[証言, 証拠]能力のある;〈裁判官・法廷が〉管轄権を有する, 権限のある: a ~ knowledge of English 十分な英語の知識 / the ~ minister 主務大臣 / the ~ authorities 所管官庁. **b**〈行為が〉合法的な, 許容される〈*to*〉: It is ~ *to* me to refuse it. それを拒絶することは許される. ◆ **~·ly** *adv* りっぱに, 十分に; 適切な[十分な]能力[資格, 判断力]に基づいて. [OF or L COMPETE to coincide, be fittling]

com·pét·ing *a* 競い合う, 競争する, 競合[拮抗]する;〈主張・利益・理論など〉対立する, 相容れない.

com·pe·ti·tion /kɑ̀mpətíʃ(ə)n/ *n* 競争, 張り合うこと; 競技(会), コンテスト, コンクール; 試合, コンペ, 競争試験; 競争[対戦]相手, ライバル;〘生態〙《個体間の》競争, 競合: ~ *with* others *for* a prize 賞(品)の奪い合い / a ~ *between* nations 国家間の競争 / be [put] in ~ *with*…と競争する[させる] / enter (for) a ~ 競技に参加を申し込む / the Chopin *C*~ ショパンコンクール / be no ~ 〈人の〉競争相手にはならない, 足元にも及ばない〈*for* sb〉/ foreign ~ 外国の[国外の]ライバル. [L=rivalry; ⇨ COMPETE]

Competítion Commìssion [the]〘英〙競争委員会《1999 年に設立された民間企業・技術革新・技能省 (BIS) 下の独立行政機関; Monopolies and Mergers Commission に取って代わった; 略 CC》.

competítion wàllah 《インドで》競争試験を経て登用された官吏.

com·pet·i·tive /kəmpétətɪv/ *a* 競争の, 競争による; 競争好きな, 競合的な;〈製品・価格が〉競争力のある, 他社に負けない;〈レース・選挙戦などが〉接戦の, 五分五分の;〘生化〙拮抗(きっこう)的な: a ~ examination 競争試験 / ~ sports 競技 / a ~ price 競争値段 / a ~ inhibition 《酵素反応の》拮抗的阻害. ◆ **~·ly** *adv* **~·ness** *n* **com·pét·i·tò·ry** /; -t(ə)ri/ *a*

compétitive exclúsion (prìnciple)〘生態〙競争排除(原理)《同一の生態的地位において 2 つの種が同時に存在するとやがては一方が絶滅するか追い出される結果になること》.

com·pet·i·tor /kəmpétətər/ *n* (*fem* **-tress** /-trəs/) 競争者[相手], 商売がたき;〘生態〙競争者. ◆ **~·ship** *n*

Com·piègne /*F* kɔ̃pjɛɲ/ コンピエーニュ《フランス北部 Oise 川に臨む町; 第一次大戦の休戦条約調印 (1918), 第二次大戦におけるフランスの降伏調印 (1940) がそれぞれなされた地》.

com·pi·la·tion /kɑ̀mpəléɪʃ(ə)n/ *n* 編集, 編纂; 編集物,《著作権法上の》編集著作物, コンピレーション;〘電算〙《プログラムの》コンパイル: a ~ CD [album] / a ~ of his greatest hits 彼の大ヒット曲のコンピレーション. ◆ **com·pi·la·to·ry** /kəmpáɪlətɔ̀:ri; -t(ə)ri/ *a*

compilátion fìlm コンピレーションフィルム《ドキュメンタリーや名場面集など既存のフィルムから編集したフィルム》.

com·pile /kəmpáɪl/ *vt* **1** 〈書物・地図などを〉編集する, 編纂する;〘電算〙〈ソースプログラムを〉コンパイルする《機械語にする》;〘電算〙〈機械語プログラムを〉コンパイラーで作る. **2**《一定目的のもとに》〈資料などを〉集める〈*from* various sources〉;〈財産などを〉作り上げる,〈票を〉かせぐ;〈記録を〉達成する, ‖《クリケットで》〈高得点を〉取る (score). [OF or L *compilo* to plunder, plagiarize]

com·píl·er *n* 編集者;〘電算〙コンパイラー《高級言語で書かれたソースプログラムを機械語プログラムに変換するプログラム》.

compíler lànguage〘電算〙コンパイラー言語《コンパイラーで処理されるソースプログラムを記述する高級言語: C, ALGOL, FORTRAN など》.

comp·ing¹ /kɑ́mpɪŋ/ *n* 《口》懸賞[コンテスト]への応募(の趣味). ◆ **cómp·er** *n* [*competition*]

comping² *n*〘電算〙《レイアウトを検討するための》画像の組合わせ. [*comprehensive*]

com·pla·cence /kəmpléɪs(ə)ns/ *n* (自己)満足, 満悦; 無頓着;《廃》COMPLAISANCE.

com·plá·cen·cy *n* 満足, 満悦; 自己満足, 楽観, 油断《危険・不足に気づかない》; 満足を与えるもの.

com·plá·cent *a* **1** 満足そうな, 自己満足した, 悦に入って, いい気になって, ひとりよがりの. **2** 慇懃(いんぎん)な, 丁寧な (complaisant). **3** 無頓着な. ◆ **~·ly** *adv* [L (*placeo* to please)]

com·plain /kəmpléɪn/ *vi* **1 a** 不平[ぐち, 泣きごと]を言う, ぼやく〈*about*, *at*, *that*〉; 嘆く〈*of*〉. **b** 不平を訴える, 苦情を申し出る〈*to* sb *about* sth〉, 訴える〈*to* an authority *of* offender [offense]〉. **2**〈病苦・苦痛を〉訴える, 病む〈*of* a headache〉. **3**《詩》悲しげな音を出す,

うめく. ► *vt* …と訴える[嘆く]. ● **Can't ～.＝Nothing to ～ about.** 《口》 まあまあだね, 悪くはないね, こんなもんだろう《How are you? などの挨拶に対する返事》. ♦ **～·ing** *a* **～·ing·ly** *adv* 不満げに, ぼやきながら. [OF＜L *com-*(*plango* to lament)＝to bewail]

complàin·ant *n* 〔法〕原告, 告訴人; 《古》不平[苦情]を言う人.

complàin·er *n* 不平[苦情]を言う人, こぼす人, ぼやき屋; 《スコ》原告, 告訴人 (complainant).

com·plaint /kəmpléɪnt/ *n* **1** 不平, 苦情, 愚痴, クレーム; 不服[苦情]申し立て; 不平のたね: be full of ～*s about* one's clothes 衣服に不平たらたらだ / They have cause grounds for ～ 彼らには苦情を申し立てるだけの理由がある. **2** 〔法〕訴え, 告訴; 〔米法〕《民事訴訟で》原告の最初の訴答: make [lodge] a ～ *against*…を告訴する. **3** 病気, 愁訴: a heart [stomach] ～ 心臓[胃]病 / have [suffer from] a ～ *in* the chest [a chest ～] 胸を病んでいる. [OF (pp)＜COMPLAIN]

com·plai·sance /kəmpléɪs(ə)ns, -z(ə)ns; -z(ə)ns/ *n* 慇懃(いんぎん), 愛想(のよさ); 人のよさ, 従順.

com·plái·sant *a* 慇懃な, 愛想のいい; 人のよい, 従順な. ♦ **～·ly** *adv* [F (*complaire* to acquiesce to please＜COMPLACENT)]

com·pla·nate /kámplənèɪt/ *a* 同一平面に置かれた; 平らになった (flattened).

com·pleat /kəmplíːt/ *a, v* 《古》COMPLETE: REET and ～.

Compléat Ángler [The]『釣魚(ちょうぎょ)大全』《Izaak Walton の随筆 (1653); 副題 *or the Contemplative Man's Recreation*; 釣りの醍醐味を説いた作品》.

com·plect /kəmplékt/ *vt* 《古》編み合わせる, 織り交ぜる.

compléct·ed[1] *a* 編み合わせた; 複雑な.

complected[2] *a* [*compd*] *《方・口》顔色が…の: dark-～.

com·ple·ment /kámpləmənt/ *n* **1** 補完するもの (cf. SUPPLEMENT); よく合うもの, 引き立てるもの〈*to*〉; 〔文法〕補語; 〔生成文法〕補文; 〔数〕余角, 余弧; 〔数〕補数; 〔数・論〕補集合; 〔楽〕補足[補充]音程; 〔免疫〕補体: Love and justice are ～*s* each *of* the other. 愛と正義とは互いに他を得て初めて完全となる. **2** (必要な)全数, 全量; 〔海〕乗組定員; 《職員・工場人員の》定数: a full ～ *of*… 定数を完全に満たす, 定員いっぱいまでの〈教員・乗客など〉. ► *v* /-mènt/ *vt* **1** 補って完全にする, 補完する; 引き立てる. **2** 《廃》COMPLIMENT. ► *vi* 《廃》正式に挨拶を交わす. ♦ **～·er** *n* [L; ⇨ COMPLETE]

com·ple·men·tal /kàmpləméntl/ *a* **1** 補充の, 補欠の. **2** 《廃》儀礼的な, 賞賛の, お世辞の. ♦ **～·ly** *adv*

com·ple·men·tar·i·ty /kàmpləməntǽrəti, -mən-/ *n* 〔理・化〕相補性.

com·ple·men·ta·ry /kàmpləmént(ə)ri/ *a* 補完[補足]的な; 相補的な; 〔数〕補[余]…; 補色の; 〔遺〕相補性の; COMPLEMENTARY MEDICINE の[を行なう]. ► *n* 互いに補足し合うもの; 補色. ♦ **-ta·ri·ly** /-t(ə)rəli, *-məntérəli/ *adv* **-ri·ness** *n*

compleméntary ángles *pl* 〔数〕余角《足すと 90°》.

compleméntary cèll 〔植〕添充[填充](てんじゅう)細胞.

compleméntary cólor 〔色彩〕補色, 余色.

compleméntary distribútion 〔言〕相補分布.

complementary DNA /-́- díːènéɪ/ 〔遺〕相補的 DNA (cDNA).

compleméntary géne 〔遺〕補足遺伝子.

compleméntary médicine 相補的医療, 補完医療[療法]《従来の医療を補完するものとしての各種療法; ALTERNATIVE MEDICINE とほぼ同義》.

compleméntary wávelength 〔光〕補色主波長《主波長が求められないときに用いる》.

com·ple·men·ta·tion /kàmpləməntéɪʃ(ə)n, -mən-/ *n* 〔数〕補集合をつくること[の決定]; 〔言〕COMPLEMENTARY DISTRIBUTION; 〔文法〕補文化; 〔遺〕相補(性).

cómplement clàuse 〔文法〕補語節《複文中で補語としてはたらく従属節; たとえば I'm glad *that you like it.* の斜体字部》.

cómplement fixàtion 〔免疫〕補体結合《血清中の補体が抗原と特異抗体の複合物に結合すること》.

cómplement-fixàtion tèst 〔免疫〕補体結合試験《補体結合の原理に基づく抗原 または 抗体の検出方法; Wassermann test が最も一般的に行なわれているもの》.

com·ple·men·tiz·er /kámpləməntàɪzər, -mən-/ *n* 〔生成文法〕補文標識.

com·plete /kəmplíːt/ *a* **1 a** 全部の; 完全な, 全くの; 〔植〕〈花が〉完全な《萼(がく)・花冠・雄蕊(ゆうずい)・雌蕊(しずい)のすべてをそなえた》; 〔昆〕〈変態が〉完全な《さなぎの段階がある》; 〔文法〕《目的語・補語を必要としない》完全な〈動詞〉, 修飾語[補語, 目的語]を含んだ〈主語・述語〉; 〔数〕〈距離空間が〉完備な《その空間内でどのコーシー列 (Cauchy sequence) も収束する》: the ～ works of Shakespeare. **b** 〈…を〉ちゃんとそもった, 完備[付属]した〈*with*〉: The room comes ～ *with* furniture. その部屋は家具付きです. **2** 完結した, 完成した. **3** 《古風》熟達した, 完璧な (＝compleat): a ～ angler 釣りの名人. **4** 徹底的な, 全面的な: a ～ failure [victory] 完敗[完勝] / a ～ (and utter) nonsense 全くのたわごと. ★「完全」への程度を示すため more, most を添えてまたは complete*st* として比較を示すことがある. ► *vt* **1 a** 完了する, 終える, 仕上げる; 完成させる; 〈申請書など〉にすべて記入する: to ～ (the sum of) my misery (不幸の)挙句のはてに / a ～*d* form 記入済みの書式. **b** 〔アメフト〕〈フォワードパス〉に成功する. **2** 〈数・量を〉満たす, そろえる; 〈契約などを〉履行する. ► *vi* ″〔法〕不動産譲渡(手続き)を完了する. ♦ **～·ly** *adv* 完全に, 全く, 徹底的に. **～·ness** *n* 完全, 完璧: for the sake of ～ 念のため(言えば). [OF or L COM*plet- -pleo* to fill up]

compléte blóod cóunt 〔医〕全血球計算(値), 全血算《略 CBC》.

compléte fértilizer 完全配合肥料.

com·ple·tion /kəmplíːʃ(ə)n/ *n* 完成, 完了; 達成; 卒業; 満了, 満期; ″〔法〕《土地に対する権利の》移転完了; 〔アメフト〕コンプリーション《成功したフォワードパス》: bring to ～ 完成させる / on ～ of…の完成しだい.

com·ple·tist /kəmplíːtɪst/ *n* 完全主義者, 完全主義の収集家.

com·ple·tive /kəmplíːtɪv/ *a* 完成する; 〔文法〕〈動詞の相が〉完了的な.

com·plex /kampléks, kəm-, kámplèks; kɔ́mplèks, kəmpléks, kəm-/ *a* **1** 複合(体)の (composite); 〔文法〕〈語が〉複素語の; 〔文法〕複文の; 〔数〕複素数の. **2** 入り組んだ, 複雑な, 錯綜した; 〈ワインが〉複雑な《いろいろな味・香りがする》. ► *n* /kámplèks/ **1** 《密接に関連した組織・部分・活動などの》複合[連合]体. **a** 合成物 (＝～ whole); 〔化〕錯体(さくたい); 〔数〕複体《いくつかの単体 (simplex) からなる構造》. **b** 〔文法〕複素語《構成要素の一部として拘束形式 (bound form) を含む合成語; cf. SIMPLEX》. **c** 〔文化人類学〕文化複合《いくつかの文化特性が有機的に結合してより大きな機能的単位をなしているもの》. **d** 〔生〕複合種, 種群, コンプレックス. **e** 複合建築: a big industrial ～ 巨大コンビナート / an apartment [a housing] ～ 団地 / a leisure ～ 複合レジャー施設. **2** 〔精神分析〕コンプレックス, 複合; 《口》過度の不安[恐怖], 異常心理, 強迫観念: INFERIORITY [SUPERIORITY, ELECTRA, OEDIPUS] COMPLEX. ► *vt* /; kəmpléks, kɔ́mplèks/ 複雑にする; 合成する; 〔化〕CHELATE. ♦ **còm·plex·átion** /, kəmplèkséɪʃ(ə)n/ *n* **～·ly** *adv* 入り組んで. **～·ness** *n* [F or L (pp)＜*complector* to embrace, clasp]

cómplex carbohýdrate 〔生化〕複合炭水化物, 複合糖質《糖質を含む生体分子; 2 つ以上の単糖類からなる炭水化物》; 主に 複合炭水化物からなる食べ物《米・パスタなど》.

cómplex cónjugate 〔数〕CONJUGATE COMPLEX NUMBER; 複素共役(な)行列.

cómplex fráction 〔数〕繁分数.

com·plex·i·fy /kampléksəfàɪ, kəm-/ *vt* 複雑にする, 込み入らせる. ► *vi* 複雑になる, 錯綜する.

com·plex·ion /kəmplékʃ(ə)n/ *n* **1** 肌色, 顔色, 顔の色つや: a fair [dark] ～ 色白[色黒] / a poor ～ 血色の悪い顔色 / He has a good ～. いい顔色をしている, 血色がよい. **2** 《事態の》外観, 状況, 局面, 様相: the ～ of the war 戦況 / It puts another ～ on the incident. それで事件の様子がまた変わってくる. **3** 気質; 性格; 〔中世生理学〕《hot, cold, moist, dry の組合わせによって決まる》体質. ♦ **～·al** *a* [OF＜L＝a combination (of supposed qualities determining nature of a body); ⇨ COMPLEX]

compléx·ioned *a* [*compd*] 顔色[肌色]が…な: fair-[dark-]～ 色白[色黒]の.

compléxion·less *a* 色つや[顔色]の悪い, 血の気のない.

com·plex·i·ty /kəmpléksəti/ *n* 複雑さ; [ᶜ*pl*] 複雑なもの.

cómplex númber 〔数〕複素数.

complexométric titrátion 〔化〕錯滴定 (complexometry).

com·plex·om·e·try /kàmplèksámətri, kəm-/ *n* 〔化〕錯滴定, コンプレクソメトリー《錯体生成物質を用いる滴定法》. ♦ **com·plex·o·met·ric** /kamplèksəmétrɪk, kəm-/ *a*

com·plex·one /kəmpléksòun/ *n* 〔化〕コンプレクソン《EDTA などのキレート試薬の総称》.

cómplex pláne 〔数〕ガウス平面, 複素(数)平面 (＝*Argand plane*)《複素数を点として表わすための実部を横軸, 虚部を縦軸にとった座標平面》.

cómplex sált 〔化〕錯塩.

cómplex séntence 〔文法〕複文《従節を含む文; cf. COMPOUND [SIMPLE] SENTENCE》.

cómplex váriable 〔数〕複素変数.

cómplex wáve 〔理〕複合波, 複素波.

com·pli·able /kəmpláɪəb(ə)l/ *a* 《古》従順な. ♦ **-ably** *adv*

com·pli·ance /kəmpláɪəns/ *n* **1** 《要求・命令などへの》応諾, 服従; 《基準・規格などへの》準拠, 適合, (法令)遵守, コンプライアンス; 従順, 迎合, 追従; 承諾. **2** 〔理〕コンプライアンス《外力をうけたときの物質の弾力性・たわみ性; また 機械キャパシタンス》. ● **in ～ with**… 〈規定・法律・要請など〉に従って, 準拠して, …に応じて. ♦ **com·plí·an·cy** *n* [COMPLY]

complíance òfficer 《企業の》法令遵守責任者, コンプライアンスオフィサー《主に 社内弁護士が当たる》.

com·plí·ant *a* すなおな, 従順な, 人の言いなりになる; 基準[規格など]に対応[準拠]した; 〘理〙 compliance の特性をもつ. ♦ **~·ly** *adv* 従順に, 唯々(いい)諾々と.

com·pli·ca·cy /kámplɪkəsi/ *n* 複雑さ; 複雑なもの.

com·pli·cate *v* /kámpləkèɪt/ *vt* 複雑にする; 込み入らせる, 面倒にする; [°*pass*] 〈病気などを〉悪くする, 悪化させる, 合併[併発]する: ~ matters 事を複雑にする. ► *vi* 複雑になる, 込み入る. ► *a* /kámplɪkət/ **1** 〘植〙〈葉が〉折り重ねられた (conduplicate); 〘昆〙〈昆虫の羽が〉縦に折り重ねられた: a ~ embryo. **2** «英では古» 複雑な, 入り組んだ. ♦ **~·ness** /-kət-/ *n* [L (*plico* to fold)]

cóm·pli·càt·ed *a* 込み入った, 複雑な, 解きにくい, わかりにくい; 多くの部分からなる, 複合的な; 〘医〙 合併症がある. ♦ **~·ly** *adv* **~·ness** *n*

com·pli·ca·tion /kàmpləkéɪʃ(ə)n/ *n* **1** 複雑(化), 《事件の》紛糾; 複雑な状況; 複雑化の要因, 悶着のたね: Here is a further ~. ますます事態がこじれてきた. **2** [°*pl*] 〘医〙 合併症, 併発症; 〘心〙 《異なる感官による感覚の》複化.

com·plice /kámpləs, kám-/ *n* «古» 仲間, 共犯者 (ACCOMPLICE).

com·plic·it /kəmplísət/ *a* 共謀して, 関与して 〈*in*〉.

com·plic·i·tous /kəmplísətəs/ *a* COMPLICIT.

com·plic·i·ty /kəmplísəti/ *n* 共謀, 共犯, 関与; «まれ» COMPLEXITY: ~ *with* another *in* crime 共犯関係. [*complice*, *-ity*]

com·pli·er /kəmpláɪər/ *n* 承諾者, 応諾者.

com·pli·ment /kámpləmənt/ *n* **1** 敬意, ほめことば, 賛辞, お世辞, 愛想 〈*to* sb〉: Your presence is a great ~. ご臨席は光栄の至りです / do [pay] sb the ~ of doing… 人に敬意を表して…する / give [make, pay] a ~ to＝give [make, pay]… a ~ …に賛辞を言う, …をほめる / CHINESE ~. **2** [*pl*] «古風» 《儀礼的な》挨拶, 辞令, 祝辞, お悔やみ: the ~*s* of the season 《クリスマスや元旦の》時候の挨拶 / Give [Present] my ~*s* to…によろしくお伝えください / (My) ~ to the chef. シェフによろしく《料理をほめる表現》 / make [pay, present] one's ~*s to* sb 人に挨拶する / send one's ~*s to*…によろしく伝言する / with the ~*s* of the house 店からのサービス[感謝のしるし]として / With the ~*s* of Mr. A＝With Mr. A's ~*s* A より謹呈《贈呈本の見返しに書き添える文句》. **3** «古・方» 進物, 心付け. ● **return the** [**a**] **~** 返礼[答礼]する, お返しをする. ► *vt* /-mènt/ **1** …に敬意を表する, ほめる; …にお世辞[お愛想]を言う: ~ sb *into* compliance 人にお世辞を言って承諾させる / ~ sb *on* his success 人の成功を祝す. **2** 〈人〉に献呈[贈呈]する: ~ sb *with* a book 人に書物を贈呈する. [F＜It＜L COMPLEMENT]

com·pli·men·ta·ry /kàmpləmént(ə)ri/ *a* 称賛する; 好意的な; お世辞のうまい; 優待の, 無料(贈呈)の: a ~ copy 献本 / a ~ ticket 優待券, 招待券 〈*to*〉. ♦ **-mén·ta·ri·ly** /, *-mɛntérəli/ *adv*

compliméntary clóse [**clósing**] 手紙の結句《Sincerely yours などで「敬具」などに相当する》.

cómpliment(s) slìp 謹呈票, 献呈票《品物を送呈するときに添え状代わりに付ける送り主の名前と住所が記してあるカード》.

com·pline /kámplən, -plàɪn/, **-plin** /-plən/ *n* [°C-] 〘カト〙 終課, 〘英国教〙 終禱《聖務日課の就寝時の祈り; ⇨ CANONICAL HOURS》. [OF (fem pp) ‹ *complir* to complete＜L COMPLY]

com·plot «古» *n* /kámplàt/ 共謀, 共同謀議. ► *vt, vi* /kəmplát, kɑm-/ (**-tt-**) 共謀する, 共同謀議をする.

com·ply /kəmpláɪ/ *vi* 応じる, 従う 〈*with*〉; 〈基準・規格などに〉準拠[適合]する 〈*with*〉; «廃» 慇懃である. [It＜Sp＜L com*pleo* to fill up]

com·po[1] /kámpou/ *n* (*pl* **~s**) 混合物, 《特に》しっくい, モルタル; 模造品; ᴵᴵCOMPO RATIONS. ► *a* COMPOSITE.

compo[2] *n* (*pl* **~s**) «豪口» 労災補償(金) (compensation).

compo[3] *n* (*pl* **~s**) *«俗» 総合試験. [*comp*rehensive]

com·po·nent /kəmpóunənt, kɑm-, kámpòu-/ *n* 成分, 構成要素; 《自動車などの》構成部分, 部品, コンポーネント; 〘理・数〙 《ベクトルの》成分; 〘電〙 素子 (element). ► *a* 構成している, 成分の: ~ parts 構成要素[部分], 成分. ♦ **-nen·tial** /kàmpənénʃ(ə)l/ *a* [L; ⇨ COMPOUND[1]]

componéntial análysis 〘言〙 成分分析《語の意味を意味成分の組合わせに分析すること; たとえば man を 'male' 'mature' 'human', woman を 'female' 'mature' 'human', boy を 'male' 'immature' 'human' というように分析する》.

compónent·ìze *vt* 〈機械・システムなどを〉コンポーネントに分割する.

com·po·ny /kəmpóuni/ *a* 〘紋〙 帯図形が等分され 2 種類の色に交互に彩色された.

cómpo rátions *pl* 〘軍〙 非常携帯口糧.

com·port[1] /kəmpɔ́:rt/ *vt* 〈身を〉処する, ふるまう (behave); 集める; «古» 耐える: ~ one*self with* dignity 威厳のある態度を示す. ► *vi* 似合う, 適合する 〈*with*〉; «古» ふるまう. [L (*porto* to carry)]

com·port[2] /kámpɔ̀:rt/ *n* たかつき形の容器 (compote).

CÓM pòrt 〘電算〙 COM ポート《パソコン用の SERIAL PORT》. [*communication port*]

compórt·ment *n* 態度, ふるまい (behavior).

com·pos /kámpəs/ *pred a* COMPOS MENTIS (cf. NON COMPOS).

com·pose /kəmpóuz/ *vt* **1 a** 組み立てる, 構成する; 組織する: Switzerland is ~*d of* twenty-six cantons. スイスは 26 州よりなる. **b** 〈詩文・曲を〉作る; 〈画〉の構図を決める; 〈活字を〉組む, 植字[組版]する. **2** 〈顔色を〉和らげる; …の気[心]を落ちつかせる[落ちつける] 〈one*self*〉; 〈気持を〉構える 〈*for* some action, *to* do〉: ~ one's thoughts 考えをまとめる. **3 a** 〈衣服を〉整える. **b** 〈争いなどを〉調停する. ► *vi* 創作活動[作曲, 作詩, 作文]に従事する; 組版する, 植字をする. [F *compose*]

com·pósed *a* 落ちついた, 沈着な, 冷静な. ♦ **-pós·ed·ly** /-ədli/ *adv* **-pós·ed·ness** /-əd-/ *n*

com·pós·er *n* 作曲家; 作者; 構図者; 調停者.

compós·ing fràme 〘印〙 植字台.

compósing machìne 〘印〙 植字機.

compósing ròom 〘印〙 植字室.

compósing stànd 〘印〙 COMPOSING FRAME.

compósing stìck 〘印〙 《植字用の》ステッキ.

com·pos·ite /kɑmpázət, kəm-; kɔ́mpə-/ *a* **1 a** 混成の, 合成の, 複合の, いろいろな要素を含む; 〘造船〙 (木材と鉄との)複合の; [C-] 〘建〙 《古代ローマの》混合柱式の: a ~ family 〘社〙 複合家族 / a ~ carriage 《一車を各等に仕切った》混合客車 / a ~ vessel 木鉄船 / ~ work 複合著作物《たとえば百科事典》. **b** 〘数〙 素数でない, 合成数の; 〘統〙 複合の〈仮設〉. **2** 〘植〙 キク科 (Compositae) の: ~ family キク科. ► *n* **1** 合成物, 複合物; 〘数〙 COMPOSITE FUNCTION; 複合材; 混合客車. **2** キク科植物. ► *vt* 〈画像を〉合成する. ♦ **~·ly** *adv* 複合的に, 合成の形で. **~·ness** *n* [F＜L (pp) ‹ COMPOSE]

compósite cólor sìgnal 〘通信〙 《テレビジョンの》複合カラー信号.

compósite fúnction 〘数〙 合成関数.

compósite númber 〘数〙 合成数.

Compósite órder [the] コンポジット[複合]式オーダー《古代ローマ建築の五様式の一つ; 柱頭にイオニア式の渦巻形とコリント式のアカンサス葉飾りとを組み合わせる》.

compósite phótograph 合成写真.

compósite schòol 〘カナダ〙 総合制中等学校《普通教育と実業教育を行なう》.

com·po·si·tion /kàmpəzíʃ(ə)n/ *n* **1 a** 構成, 合成, 混合, 組立て, 組成; 〘印〙 植字, 組み; 〘文法〙 複合, 合成《compound をつくること》. **b** 構成内容[状態]: What is its ~? それは何でできているか. **c** 構成物, 合成物, 混合物, 合成品; 模造品《しばしば compo と略す》: ~ billiard balls 〘玉突〙 人造象牙球. **d** 〘数〙 《関数の》合成, 合成関数 (composite function). **2 a** 配合, 配置, 〘美〙 構図; 作文(法), 作詩(法), 〘楽〙 作曲(法). **b** 一篇の作文, 文章, 詩 (poem); 音楽作品; 美術作品. **3** 気質, 資性: He has a touch of madness in his ~. 彼には少し気違いじみたところがある. **4** 妥協, 和解 〈*with*〉; 《債務の》一部返済金, 示談金, 内済金: make a ~ *with* one's creditors 債権者たちと示談にする. ♦ **~·al** *a* **~·al·ly** *adv* [OF＜L; ⇨ COMPOSITE]

composítion·ist *n* 《大学の》作文の教師.

composítion of fórces 〘力〙 力の合成.

com·pos·i·tive /kəmpázətɪv/ *a* 複合的な, 合成の (synthetic). ♦ **~·ly** *adv*

com·pos·i·tor /kəmpázətər/ *n* 〘印〙 植字工.

cómpos mén·tis /-méntəs/ 精神が健全[健常]で, 正気で. [L]

com·pos·si·ble /kɑmpásəb(ə)l, kəm-/ *a* 両立[共存]しうる 〈*with*〉; 同時発生しうる.

com·post /kámpòust; -pɔ̀st/ *n* しっくい; 配合土, 培養土; 堆肥, コンポスト; 混合物. ► *vt* 〈土地〉に配合土[堆肥]を施す; 〈草などを〉堆肥にする. ♦ **~·able** *a* **~·er** *n* コンポスター《堆肥を作る容器》. [OF＜L; ⇨ COMPOSITE]

Compostéla ⇨ SANTIAGO de Compostéla.

cómpost pìle [**hèap**] 堆肥の山.

com·po·sure /kəmpóuʒər/ *n* 沈着, 平静: keep [lose] one's ~ 平静を保つ[失う]/ with great ~ 落ちつきはらって.

com·po·ta·tion /kàmpətéɪʃ(ə)n/ *n* «文» 会飲, 酒宴.

com·po·ta·tor /kámpətèɪtər/ *n* «まれ» 飲み仲間.

com·pote /kámpòut/ *n* コンポート《シロップ漬け[シロップ煮]の果物》; 《果物を盛る》脚付き盛り皿, コンポート (＝**com·po·tier** /kàmpətíər/). [F COMPOST]

com·pound[1] *a* /kámpàund, *－́－́, *kəm-/ 合成の, 混成の, 複合の; 複雑な, 複式の; 化合した; 集合の; 〘動〙 〈サンゴなどが〉群体を構成する; 〘文法〙 〈語が〉複合の; 〘文法〙 〈文が〉重文の: a ~ gland 〘解〙 複合腺. ► *n* /kámpàund/ 混合物, 合成物, 複合体; 《人やものの》組合わせ, コンビネーション; 〘化〙 化合物; 〘文法〙 複合語, 合成語. ► *v* /kəmpáund, kɑm-, －́－́/ *vt* **1** 〈要素・成分などを〉混ぜ合わせる 〈*with*〉; 合成する, 構成する, 〈薬を〉調合する; 〘電〙 〈モーターを〉複巻きにする: a feeling ~*ed of* relief and shame 安堵と恥ずかしさの入りまじった感情. **2 a** 〈利息を〉複利で払う. **b** 倍加させる, 〈問題などを〉いっそう大きくする, 悪化させる. **3** 〈事を〉示談にする, 内済にする; 〈勘定を〉打ち切る; 〈予約金を〉《賦払いする代わりに》一時金で支払う; 〈負債を〉

一部だけ支払う; 〈利子を〉複利で支払う; 〈重罪などを〉私和する.
► *vi* 混合する, 複合する; 妥協する, 折り合う: ～ *with* one's creditors 一時金を払って債権者と折り合いをつける, 和議を行なう. ● ～ the FELONY. ♦ **～·able** *a* **～·er** *n* 混合者, 調合者; 示談者, 内済にする人. [OF＜L COM*pos*- -*pono* to put together; -*d* は cf. EXPOUND]

com·pound[2] /kámpàund/ *n* 《インドなど東洋における欧米人の邸宅・商館・公館などの》囲いをめぐらした敷地内, 構内; 《南ア》《現地人労働者を収容する》囲い地, 《鉱山労働者などの》居住区域; 《捕虜や家畜などを収容する》囲い地; KAMPONG. [Port or Du＜Malay]

cómpound ánimal 群体動物《サンゴ・コケムシなど》.

compound B /─ bíː/ 〔生化〕複合 B 物質《corticosterone のこと》.

cómpound-cómplex séntence 〔文法〕重複文《従属節を1つ以上含む重文》.

compound E /─ íː/ 〔生化〕複合 E 物質《cortisone のこと》.

cómpound éngine 〔機〕複合機関.

cómpound éye 〔動〕《節足動物の》複眼.

compound F /─ éf/ 〔生化〕複合 F 物質《hydrocortisone のこと》.

cómpound fáult 〔地質〕複断層《狭い間隔の断層帯・断層群》.

cómpound flówer 〔植〕《キク科植物などの》集合花, 頭状花.

cómpound fráction 〔数〕COMPLEX FRACTION.

cómpound frácture 〔医〕複雑[開放]骨折.

cómpound frúit 〔植〕複果.

cómpound hóuseholder[″] 家賃の中に地方税が含まれるという契約をしている借家人.

cómpound ínterest 複利 (opp. *simple interest*).

cómpound ínterval 〔楽〕複音程, 複合音程《1 オクターブ以上の音程》.

cómpound léaf 〔植〕複葉《2 つ以上に分かれた葉身をもつ; cf. SIMPLE LEAF》.

cómpound léns 〔光〕複合レンズ.

cómpound méter 〔楽〕複合拍子記号.

cómpound mícroscope 複合顕微鏡《レンズ 1 個だけのものに対して, 2 個以上のレンズを用いた光学顕微鏡》.

cómpound númber 〔数〕複名数, 諸等数《2 ft 5 in. のように 2 つ以上の名称[単位]で示される数》.

cómpound séntence 〔文法〕重文《節を等位接続詞でつないだ文; cf. SIMPLE [COMPLEX] SENTENCE》.

cómpound tíme 〔楽〕複合拍子《6 拍子・9 拍子など》.

com·pra·dor(e) /kàmprədɔ́ːr/ *n* 買弁(ばいべん)《中国にある外国商館・領事館などに雇われて売買仲介をした中国人》; 仲介人.

Com·preg /kámprèg/ 〔商標〕コンプレッグ《硬化積層材・強化木》.

com·preg·nate /kəmprégnèɪt/ *vt* 〈合成樹脂を浸透させた数枚の板を〉加熱圧縮して均質の硬化積層材にする.

com·pre·hend /kàmprɪhénd/ *vt* **1** 《完全に》理解する, 把握する, 悟る. **2** 包含する, 含む; 含蓄する. ♦ **～·ible** *a* COMPREHENSIBLE. **～·ing·ly** *adv* [OF or L COM-(*prehens- prehendo* to seize)]

com·pre·hen·si·ble /kàmprɪhénsəb(ə)l/ *a* 〈…に〉理解できる, わかりよい 〈*to*〉; 《古》包含しうる. ♦ **-bly** *adv* 理解できるように, わかりやすく. **còm·pre·hèn·si·bíl·i·ty** *n* 理解できること; 包含性. **～·ness** *n*

com·pre·hen·sion /kàmprɪhénʃ(ə)n/ *n* **1** 理解, 把握, 会得, 了解; 《理解して得た》知識; 理解力(テスト): be above [be beyond, pass] one's ～ 理解できない / a listening ～ リスニングテスト. **2** 包含; 含蓄; 包括性; 〔論〕内包 (connotation); 《英国教会の》包容主義[政策]. [F or L; ⇨ COMPREHEND]

com·pre·hen·sive /kàmprɪhénsɪv/ *a* **1** 理解力のある, わかりのよい: the ～ faculty 理解力 / a ～ mind 広い心. **2 a** 包括的な, 幅広い, 総合的な; 〔論〕内包的な: a ～ survey 広範囲にわたる調査 / a ～ term 意味の広いことば / ～ insurance[″] 《自動車の》総合保険. **b** [″] 〈勝利・敗北などが〉完全な, 大差の. ► *n* 〔広告〕コンプリヘンシブ《仕上がりがわかるような最終的なレイアウト》; [°*pl*] *総合試験 (＝～ **examinàtion**) 《学部学生・大学院生の受ける専攻科目の総合的な試験》; [″] COMPREHENSIVE SCHOOL. ♦ **～·ly** *adv* (物)わかりのいいところを示して; 包括的に. **～·ness** *n*

comprehénsive schòol 〔英〕総合制中等学校《同一地域のすべての生徒を入学させる中等学校; 略 comp; cf. GRAMMAR SCHOOL, SECONDARY MODERN [TECHNICAL] SCHOOL》; 〔カナダ〕COMPOSITE SCHOOL.

còm·pre·hén·si·vist *n* 《専門教育より広く一般的な教育を施すべきとする》総合教育[一般教養]提唱者; [″] 総合化 (COMPREHENSIVIZATION) 推進[提唱]者.

com·pre·hen·siv·i·za·tion[″] /kàmprɪhènsɪvəzéɪʃ(ə)n; -vàɪ-/ *n* 総合化《生徒の能力に応じた総合的カリキュラムを組むことのできる中等学校とすること》.

com·press *v* /kəmprés/ *vt* 圧縮[圧搾]する; 加圧[与圧]する 〈*into*〉; 〈思想・言語などを〉要約する 〈*into*〉; 縮小する, 短縮する; 〔電算〕〈ファイルを〉圧縮する: ～ one's lips 唇を堅く結ぶ. ► *vi* 縮む. ► *n* /kámprès/ 〔医〕圧定布, パップ, 湿布, 罨法(あんぽう); 圧縮機; 〔電算〕コンプレス《UNIX システムに標準装備のデータ圧縮プログラム; これによるファイルは Z の拡張子をもつ》. [OF or L *com*PRESS[1]]

com·préssed *a* 圧搾[圧縮]した; 加圧[与圧]した; 〈思想・文体など〉簡潔な; 〔植〕《側面的に》扁平な, 〔動〕《ヒラメ・タイなど》側扁の (cf. DEPRESSED): ～ lips 堅く結んだ唇. ♦ **com·préssed·ly** / , -ədli/ *adv*

compréssed áir 圧搾[圧縮]空気.

compréssed-àir íllness 潜函病 (decompression sickness).

compréssed scóre 〔楽〕SHORT SCORE.

compréssed spéech 圧縮言語《発話の特定の音を自動的に除去する機械に入れて得られる発話; 通常のスピードより速いが理解度が落ちないようになっている》.

compréss·ible *a* 圧縮[圧搾]できる, 圧縮性の. ♦ **com·prèss·ibíl·ity** *n* 圧縮性; 〔理〕圧縮率.

com·pres·sion /kəmpréʃ(ə)n/ *n* 圧縮, 圧搾; 加圧, 与圧; 要約; 〔機〕《内燃機関における》圧縮; 《潜函にはいる前の》応圧(試験); 〔電算〕《データの》圧縮; 圧縮された化石植物; 〔医〕圧迫(症). ♦ **～·al** *a*

compréssional wáve 〔理〕圧縮波, 疎密波.

compréssion ignítion 〔機〕圧縮点火[着火]《シリンダー内で, 圧縮により数百度に高まった空気に燃料を噴射して点火する方法》.

compréssion ràtio 〔機〕圧縮比《シリンダー内に吸入されたガスの容積と圧縮されたガスの容積との比》.

compréssion wàve COMPRESSIONAL WAVE.

com·prés·sive *a* 圧縮力のある, 圧縮の. ♦ **～·ly** *adv*

compréssive stréngth 〔理〕圧縮強さ (cf. TENSILE STRENGTH).

com·prés·sor *n* 圧縮機[器], 圧搾機[器], 圧搾ポンプ; 〔解〕圧縮筋; 〔医〕《血管などの》圧迫器, コンプレッサー; 〔電子工〕圧縮器.

com·pres·sure /kəmpréʃər/ *n* COMPRESSION.

com·pri·mar·io /kàmprəméəriòu, -máːr-/ *n* (*pl* **～s**) 〔楽〕《オペラの》準主役, 準プリマ. [It (*primario* first)]

com·prise, -prize /kəmpráɪz/ *vt* **1** 包含する, 含む; 〈部分〉からなる: The US ～*s* 50 states. 合衆国は 50 州からなる / be ～*d in*… に含まれる, …のことばに尽きる. **2** …の全体を形成する, 構成する (compose): Fifty states ～ the US.＝The US is ～*d of* fifty states. ► *vi* 成り立つ 〈*of*〉. ♦ **com·prís·able** *a* **com·prís·al** *n* [F (pp) ＜ COMPREHEND]

com·pro·mise /kámprəmàɪz/ *n* **1** 妥協, 和解, 歩み寄り; 折衷案; 折衷[中間]物; [〈*a*〉] 妥協による〈解決など〉: make a ～ 妥協する 〈*with*〉. **2** 《名声・信用などを》危うくすること. ► *vt* **1** 妥協して処理する; 《廃》仲裁[調停]する; 《廃》協定で拘束する. **2** 〈名声・信用などを〉危うくする, そこなう, 〈主義・信念などを〉曲げる; 〈秘密を〉敵などの目にさらす, 漏洩(ろうえい)する; …に欠陥[障害]を生じさせる, 〈セキュリティーシステムなどを〉危殆化する: ～ one*self* 身に累を及ぼす, 自分の信用を落とすようなことをする. ► *vi* 妥協する, 示談にする, 歩み寄る 〈*with* sb *over* [*on*] conditions〉; 屈辱的[不名誉]な譲歩を行なう 〈*with*〉: ～ on the terms その条件で妥協する. ♦ **cóm·pro·mìs·er** *n* [OF ＜L (pp) ＜ *com*PROMISE]

cóm·pro·mìs·ing *a* 名声[信用など]を危うくする, 名誉を傷つける, 不倫(関係)の.

còm·províncial *a* 同一地方の, 同一大主教[司教]区の. ► *n* 同一大主教[司教]区の BISHOP.

compt /káunt, kám(p)t/ *n* 《古》COUNT[1].

compte ren·du /*F* kɔ̃ːt rɑ̃dy/ (*pl* **comptes ren·dus** /─/) 《調査などの》報告(書); 〔商〕支払い請求書 (account rendered).

Comp·tom·e·ter /kɑmptámətər/ 〔商標〕コンプトメーター《電卓の普及以前に使われた機械式の高速度計算機》.

Comp·ton 1 /kám(p)tən/ コンプトン (1) **Arthur Holly** ～ (1892–1962) 《米国の物理学者; 電子に衝突したときの X 線の波長の変化を発見し, 解明; ノーベル物理学賞 (1927)》 (2) **Karl Taylor** ～ (1887–1954) 《米国の教育者・物理学者; Arthur Holly ～ の兄; 原子爆弾の開発に指導的役割を果たした》. **2** /kám(p)tən/ カンプトン **Denis** (**Charles Scott**) ～ (1918–97) 《英国のクリケット・サッカー選手》.

Cómpton efféct 〔理〕コンプトン効果《X 線, γ 線領域の電磁波放射が散乱されたとき物質中の電子にエネルギーを与えるため波長が長くなること》. [Arthur H. *Compton*]

comp·trol·ler /kəntróulər, *kám(p)tròu-, *─ ─/ *n* 《政府機関の》会計検査官; 《企業・組織の》会計監査役, 経理部長 (controller). ♦ **～·shìp** *n* [変形 ＜ CONTROLLER; COUNT[1], L *computus* との誤った連想]

Comptróller Géneral (*pl* **Comptróllers Géneral**) 〔米〕会計検査院長 (⇨ GENERAL ACCOUNTING OFFICE).

Comptroller of the Navy ⇨ CONTROLLER OF THE NAVY.

com·pul·sion /kəmpʌ́lʃ(ə)n/ *n* 強制; 強制力; 〔心〕強迫; 抑えがたい欲望: by ～ 強制的に / upon [under] ～ 強制されて / Smoking is a ～ with him. [F＜L; ⇨ COMPEL]

com·pul·sive /kəmpʌ́lsɪv/ *a* 強制的な, いやおうなしの; 強迫感に

C

とらわれた; 〈映画・ゲーム・本などが〉途中でやめられない, 非常におもしろい: a ~ gambler ギャンブルをしないではいられない人. ► *n* 強制力; 強迫感にとらわれた人. ♦ **com·pul·siv·i·ty** /kəmpʌ̀lsívəti, kɑ̀m-/ *n* **~·ly** *adv* **~·ness** *n*

com·pul·so·ry /kəmpʌ́ls(ə)ri/ *a* 強制的な, 義務的な; 強制する; 必修の: ~ education 義務教育 / ~ (military) service 強制兵役, 徴兵 / ~ measures 強制手段 / a ~ subject 必修科目. ► *n* 《体操・フィギュアスケートなどで》規定演技[課題], コンパルソリー. ♦ **com·púl·so·ri·ly** *adv* 強制的に, いやおうなしに. **-ri·ness** *n*

compúlsory púrchase 《土地などの》強制収用.

com·punc·tion /kəmpʌ́ŋkʃ(ə)n/ *n* 良心の呵責, 悔恨; ためらい: without (the slightest) ~ (全く)平気で, (少しも)すまないと思わずに. ♦ **com·púnc·tious** *a* 気がとがめる, 後悔の. **-tious·ly** *adv* 後悔して. [OF<L; ⇨ POINT]

com·pur·ga·tion /kɑ̀mpərgéɪʃ(ə)n/ *n* 〘古英法〙 雪冤[免責]宣誓《一方当事者の無罪・誠実などに対する血族や隣人などからなる宣誓証人 (雪冤宣誓者 (compurgators)) と共に当該当事者が行なう宣誓による雪冤; cf. PURGATION》.

cóm·pur·gà·tor *n* 〘古英法〙 雪冤[免責]宣誓者, 宣誓補助者《compurgation において, 宣誓者(訴訟当事者)の人格を保証してその宣誓が真正であると信じる旨の補助的な宣誓をする人》.

com·pút·able *a* 算定[計算]できる. ♦ **com·pùt·abíl·i·ty** *n*

com·pu·ta·tion /kɑ̀mpjutéɪʃ(ə)n/ *n* 計算(法); コンピューターの使用[操作]; 評価; 算定数値. ♦ **~·al** *a* コンピューターを使用した[に関する]; 計算の. **~·al·ly** *adv*

computátional flúid dynàmics 計算流体力学.

computátional linguístics コンピューター言語学.

com·pu·ta·tive /kɑ́mpjutèɪtɪv, kəmpjú:tə-/ *a* 計算[算定]したがる. ♦ **~·ly** *adv*

com·pute /kəmpjú:t/ *vt, vi* 計算[算出, 算定]する, 見積もる (reckon); コンピューターで計算する; コンピューターを使う; 《口》〈言説が〉意味をなす, 筋が通る, 納得がいく: We ~*d* the distance *at* 300 miles. 距離を 300 マイルと見積もった / It doesn't ~. それは筋が通らない. ► *n* 計算, 算定, 測定: be beyond ~ 計算できない. [F or L (*puto* to think, reckon)]

com·pút·ed tomógraphy 〘医〙 コンピューター(体軸)断層撮影(法) (=**compúted áxial tomógraphy**)《略 C(A)T》.

com·pút·er *n* 電子計算機, コンピューター (=electronic ~); 計算器; 計算者. ♦ **~·less** *a* **~·like** *a*

compúter-àid·ed, -assist·ed *a* コンピューター援用[支援]….

compúter-àided manufácturing CAM.

com·put·er·ate /kəmpjú:t(ə)rət/ *a* 《口》 コンピューターに習熟[精通]した, コンピューターがわかる. ♦ **com·put·er·a·cy** /kəmpjú:t(ə)rəsi/ *n* [*computer*+*literate*]

compúter cónferencing コンピューター会議.

compúter crìme コンピューター犯罪.

compúter crìminal コンピューター犯罪者.

compúter dàting コンピューターによる縁結び.

compúter·dom *n* コンピューターの世界.

compúter-enhànced *a* 〈天体写真など〉コンピューター処理で画質を向上させた.

compúter enhàncement 《天体写真などの》コンピューターによる画質向上(処理).

com·put·er·ese /kəmpjù:tərí:z, -s/ *n* COMPUTER LANGUAGE; コンピューター技術者の専門用語.

compúter gàme コンピューターゲーム.

compúter gràphics コンピューターグラフィックス.

compúter·ist *n* コンピューター使用者[オペレーター].

compúter·ìte *n* COMPUTERNIK.

compúter·ìze *vt, vi* コンピューターで処理[管理]する[つくる]; コンピューターで処理できるようにする; コンピューターに記憶させる; (…に)コンピューターを導入する, 電算化する. ♦ **com·pút·er·ìz·able** *a* **compùter·izátion** *n*

compúter·ìzed *a* 《批判的な意味で》コンピューター化された, コンピューターで動かされているような.

compúterized (áxial) tomógraphy 〘医〙 COMPUTED TOMOGRAPHY《略 C(A)T》.

compúter lànguage コンピューター言語.

compúter-líterate *a* コンピューターを使いこなせる, コンピューターに習熟している. ♦ **compúter líteracy** *n*

compúter·man /-mən/ *n* COMPUTER SCIENTIST.

compúter mòdel コンピューターモデル《コンピューターによってシステム・プロジェクトなどをモデル化したもの》. ♦ **compúter mòdeling** コンピューターモデリング.

compúter·nìk *n* コンピューター狂[屋, おたく].

compúter·phòbe *n* コンピューター恐怖症[不信]の人. ♦ **compùter·phóbia** *n* **-phóbic** *a*

compúter prógram 〘電算〙 コンピュータープログラム.

compúter prográmmer 〘電算〙 (コンピューター)プログラマー.

compúter revolùtion コンピューター革命.

compúter scíence 計算機科学, コンピューターサイエンス. ♦ **compúter scíentist** *n*

compúter tỳpesetting コンピューター[電算]植字.

compúter vìrus 〘電算〙 コンピューターウイルス (virus).

compúter vìsion 計算機視覚《**1**) ビデオカメラで受理した情報をコンピューター処理することによる知覚機能; ロボットによる航行や遠隔操作に用いる **2**) 視覚情報を感触信号に変換する盲人用の同様のシステム》.

com·pút·ery *n* コンピューター《集合的》; コンピューター使用.

com·pút·ing *n* 計算; コンピューター計算.

com·pu·tis·ti·cal /kɑ̀mpjətístɪk(ə)l/ *a* コンピューター集計の; コンピューターで統計処理した.

Comr Commissioner.

com·rade /kɑ́mræ̀d, -rəd; kɔ́mrèɪd, kʌ́m-, -rɪd/ *n* 僚友, 仲間, 同志, 組合員, 戦友; [C-] 《口》 共産党員: *C*~ Thomas 同志トマス. ♦ **~·ly** *a* 仲間[同志]の[にふさわしい]. **~·li·ness** *n* 友情, 友愛. **~·shìp** *n* 僚友関係, 同志の交わり (fellowship). [C16–17 *camrade, camerade*<F<Sp=roommate; ⇨ CHAMBER]

cómrade-in-árms *n* (*pl* **cómrades-**) 戦友, 僚友, 同志.

cómrade·ry *n* 友情, 仲間意識 (camaraderie).

coms /kɑ́mz/ *n pl* 《口》 COMBINATIONS《下着》.

Com·sat /kɑ́msæ̀t/ 〘サービスマーク〙 コムサット《米国の Comsat Corp. がその通信サービスについて使用するマーク》.

Com·stock /kɑ́mstɑ̀k, kʌ́m-/ **1** カムストック **Anthony** ~ (1844–1915)《米国の社会改革運動家; 40 年以上にわたり猥褻文書追放キャンペーンを展開した; ⇨ COMSTOCKERY》. **2** [c-] ひどく[滑稽なほど]道徳家ぶる人 (prude).

cómstock·er *n* COMSTOCK.

Com·stock·ery /kɑ́mstɑ̀kəri, kʌ́m-/ *n* [ˢc-] カムストック的行為《**1**) 猥褻と考えられる作品などに対する行き過ぎた検閲 **2**) 文学作品などにおける不道徳な点をきびしく弾劾すること》. ♦ **Com·stóck·ian** *a* [Anthony *Comstock*]

Cómstock Lóde カムストック鉱脈《1859 年 Nevada 州西部で発見された金と銀の豊かな鉱脈; 1890 年までに掘り尽くされた》. [Henry T. P. *Comstock* (1820–70) その最初の所有者]

com·symp /kɑ́msɪ̀mp/ *n**《口》 [ᵁ*derog*] 共産党シンパ. [*Com*munist+*symp*athizer]

comte /kɔ́:nt/ *n* 伯爵 (count). [F]

Comte /*F* kɔ̃:t/ コント (**Isidore-**)**Auguste**(**-Marie-François-Xavier**) ~ (1798–1857)《フランスの実証主義哲学者; 社会学を創始した》. ♦ **Comt·ian, -ean** /kɔ̃:(n)tiən, *kɑ́m(p)tiən/ *a* **Cómt·ìsm** *n* 実証哲学 (positivism). **-ist** *a, n*

Co·mus /kóuməs/ 〘ギ神・ロ神〙 コーモス《飲酒宴楽をつかさどる有翼の若い神》. [Gk=revel]

con[1] /kɑ́n/ *adv* 反対して. ► *a* 反対の. ► *prep* /kɑn/ …に反対して. ► *n* 反対投票(者), 反対論(者). [*con*tra; cf. *pro*[3]]

con[2] 《英では古》 *vt* (**-nn-**) 精読する, 詳細に調べる; 暗記する; 熟考する: ~ (*over*) his examination papers. [CAN[1] to come to know]

con[3] *n, vt* (**-nn-**) 〘海・空〙 CONN.

con[4] 《口》 *vt* (**-nn-**) だます (swindle); あやつる (manipulate); 甘言で釣る, …にうまいこと言って…させる (cajole) 〈*into*〉: ~ sb *out of* a lot of money 人をだまして大金を巻き上げる / ~ sb *into* doing 人をだまして…させる. ► *a* CONFIDENCE. ► *n* ペテン, まやかし; 信用詐欺, 《金の》詐取; ペテン師: put a ~ on sb 〈人〉をだます[だまそうとする], ペテンにかける. [*con*fidence]

con[5] 《口》 *n* 囚人, ムショ帰り; 不良. [*con*vict]

con[6] *n* 《俗》 肺結核. [*con*sumption]

con[7] *n* 集会, 大会《特に 特定の文学ジャンルの愛好者の集まり》. [*con*vention]

con[8] /kɑn/ *prep* 〘楽〙 …をもって (with). [It]

CON /kɑ́n/ *n* CON《コンソールを表わす DOS の論理装置名; 通常, 入力ならキーボード, 出力ならディスプレーを指す; cf. PRN》.

con- /kən, kɑn/ ⇨ COM-.

con. 〘法〙 [L *conjunx*] consort, wife ♦ consolidated ♦ consul ♦ continued. **Con.** Conservative ♦ Constable.

con·acre /kɑ́nèɪkər/ 《アイル》 *n* (耕作済み)小作地の一作間の転貸. ► *vt* (一作間だけ)転貸する.

Con·a·kry, Kon- /kɑ́nəkrì:; *F* kɔnakri/ コナクリ《ギニアの首都》.

còn·albúmin /, ⏤⏤/ *n* 〘生化〙 コンアルブミン《結晶化させた卵白アルブミンの濾過液から得られる非結晶性タンパク質》.

con amo·re /kɑ̀n əmɔ́:ri, -reɪ/ *adv* 愛をもって, 優しく; 心から, 熱心に; 〘楽〙 愛情こめて, 優しく, コン・アモーレ. [It=with love]

Co·nan /kóunən, kǽn-/ コナン《男子名》. ⇨ ~ DOYLE.

con ani·ma /kɑn ǽnəmɑ̀:, koun ɑ́:nɪmɑ̀:/ *adv* 〘楽〙 元気に, 活発に, コン・アニマ. [It=with spirit]

Co·nant /kóunənt/ コナント **James Bryant** ~ (1893–1978)《米国の化学者・教育者; Harvard 大学学長 (1933–53), 西ドイツ駐在高等弁務官, 同大使を歴任》.

cón àrtist 《俗》 詐欺師 (con man), ペテン師; *《俗》 安逸に暮らすやつ; *《俗》 利発な子.

co·na·tion /kounéɪʃ(ə)n/ *n* 〘心〙 動能, コネーション. ♦ **~·al** *a*

con·a·tive /kóunətɪv, kán-, *kóunèɪtɪv/ *a* CONATION の; 〘文法〙動能的, 努力[意欲]の〈動詞など〉; 《話・物語などが聞き手[読者]に対してもつ》動能作用の. ◆ **~·ly** *adv*

co·na·tus /kounéɪtəs, -ná:-/ *n* (*pl* ~) 努力; 《努力を刺激する力としての》意欲, 動能; 〘哲〙《Spinoza 哲学で》自己保存の努力. [L (*conor* to endeavor, try)]

con brio /kɑn brí:ou/ *adv* 〘楽〙元気に, 活発に, コン・ブリオ. [It =with vigor]

conc. concentrate(d) ◆ concentration ◆ concrete.

con·ca·nav·a·lin /kànkənǽvələn/ *n* 〘生化〙コンカナバリン《ナタマメにできるグロブリンの一種》.

con·cat·e·nate /kɑnkǽt(ə)nèɪt, kən-/ *vt* 鎖状につなぐ, 〈事件などを〉結びつける, ひとつながりにする. ► *a* /-nət, -nèɪt/ 連鎖状の, つながった, 連結した. ◆ **con·càt·e·ná·tion** *n* 連鎖; 《事件などの》結びつき. [L (*catena* chain)]

con·cave /kɑnkéɪv, ˌ-ˈ-/ *a* 凹状の, 凹面の (opp. *convex*), 中くぼの, くぼんだ: a ~ lens [mirror] 凹レンズ[凹面鏡] / a ~ function 凹関数. ► *n* /ˌ-ˈ-/ 凹面, 凹形, くぼみ: the spherical ~ 《詩》大空. ► *v* /-ˈ-, ˌ-ˈ-/ *vt* へこませる. ► *vi* へこむ. ◆ **~·ly** *adv* [L; ⇨ CAVE[1]]

con·cav·i·ty /kɑnkǽvəti/ *n* 凹面; 凹所, 陥没部, くぼみ; 凹状.

con·cá·vo-concáve /kɑnkéɪvou-/ *a* 両面凹状の, 両凹の (biconcave).

concávo-convéx *a* 半面凹半面凸の, 凹凸の; 〈レンズが〉凹面の曲率が凸面より大きい.

con·ceal /kənsí:l/ *vt* 隠す, 隠匿する, 秘密にする〈sth *from* sb〉: ~ one*self* 姿を隠す, 潜伏する. ◆ **~·able** *a* **~·ing·ly** *adv* [OF<L (*celo* to hide)]

concéaled cárry 隠匿携帯 (⇨ RIGHT-TO-CARRY).

concéal·er *n* 隠す人; コンシーラー《しみや目の下の隈(くま)などを隠すメイク用品》.

concéal·ment *n* 隠蔽, 隠匿; 潜伏; 隠れ場所: be in ~ 隠れている.

con·cede /kənsí:d/ *vt* **1** 《譲歩して》容認する, 認める〈*that*〉; 《競技・選挙などで》〈(自分の)敗北・(相手の)勝利を〉認める, 《正式決定前に》〈選挙などでの勝利を〈相手に〉認める〈*to*〉: ~ defeat [victory] / ~ sb courage 人の勇気を認める. **2** 〈権利・特権などを〉与える, 〈領土などを〉割譲する〈*to*〉; 〘スポ〙〈ゴール・得点を〉許す, 〈試合〉の勝利を許す: ~ sb the palm of victory 人に勝利を譲る. ► *vi* 譲歩する (yield); 《競技・選挙などで》敗北を認める〈*to* sb〉. ◆ **con·céd·er** *n* [F or L CONCEDE]

con·céd·ed·ly *adv* 明白に.

con·ceit /kənsí:t/ *n* **1** 自負心, うぬぼれ (opp. *humility*): be full of ~ うぬぼれが強い / with ~ うぬぼれて. **2 a** 奇抜な思いつき, 奇想; 独創; 《芸術的》構想力; 凝った[奇抜な]隠喩; 《詩における》凝った隠喩の使用. **b** 意匠を凝らした小物. **3** 《古》私見; 考え, 着想: in one's own ~ 《古》自分の(勝手な)考えでは. ● **out of ~ with**…にいや気がさして, …に愛想をつかして. ► *vt* [~ *-self*] 得意になる; 《廃》考える, 理解する; 《方》想像する; [u]《方》…が気に入る, 好む. ► *vi* 《方》考える. [*deceive*: *deceit* などの類推で conceive から]

concéit·ed *a* うぬぼれの強い, 思い上がった, 気取った; うまく考えられた, 意匠を凝らした; 《古》気まぐれな; 《廃》利口な, 機知に富む. ◆ **~·ly** *adv* **~·ness** *n*

con·céiv·able *a* 考えられる, 想像できる: It is the best ~. それ以上のものは思い浮かばない / by every ~ means あらゆる手段で. ◆ **-ably** *adv* 考えられるところでは, 想像では, 思うに, おそらく. **con·cèiv·abíl·i·ty** *n* **~·ness** *n*

con·ceive /kənsí:v/ *vt* **1 a** 想像する (imagine); …と考える〈*that*〉. **b** 〈考え・意見・恨みなどを〉いだく; 〈計画などを〉思いつく; [[u]*pass*] ことばに表わす. **2** [*pass*] 〈子を〉はらむ, 妊娠[受胎]する《聖書で, または専門語》; [[u]*pass*] 始める, 起こす (originate). **3** 〈人を〉理解する, 《古》〈ことば・意味を〉理解する: I ~ you. きみの言う意味がわかった. ► *vi* **1** 〈…を〉想像する, 思い描く, 理解する〈*of*〉: ~ *of* the earth *as* flat 地球は平らであると考える. **2** 妊娠する. ◆ **-céiv·er** *n* [OF<L *concept-* *concipio* (*capio* to take)]

con·célebrant *n* 《ミサ・聖餐の》共同執行[挙式]者.

con·célebrate *vt* 〈ミサ・聖餐を〉共同執行する. ► *vi* ミサ[聖餐]を共同執行する. ◆ **con·celebrátion** *n* 共同執行[挙式].

con·cent /kənsént/ *n* 《古》《声や音の》一致, 調和.

con·cen·ter /kənséntər, kɑn-/ *vi, vt* 一点に集まる[集める], 集中する[させる]. [F (*con-*, CENTER)]

con·cen·trate /kɑ́ns(ə)ntrèɪt, -sèn-/ *vt* **1** [[u]*pass*] 一点に注ぐ[集める], 集中する, 〈部隊などを〉集結させる〈*at*〉; 〈注意・努力などを〉集中[傾注]する〈*on*〉; 〈毒物を〉《体内組織に》蓄積する: ~ the [sb's] mind 〈状況が〉精神統一[明晰な思考]を可能にする. **2** 凝集[凝縮, 濃縮]する; 〈鉱石を〉選鉱する. ► *vi* **1** 一点に集まる, 〈人口などが〉集中する〈*in*〉, 〈部隊などが〉集結する〈*at*〉. **2** 〈人が〉〈…に〉全力を注ぐ, 専念[集中]する, 凝る〈*on*〉. ► *a* CONCENTRATED. ► *n* 濃縮物[液]; 〘冶〙精鉱; 濃厚飼料《穀物・豆かす・油かすなど》: uranium ~ ウラン精鉱. ◆ **cón·cen·trà·tive** *a* 集中的な, 集中性の; 専念する, 凝り性の. [↑]

cón·cen·tràt·ed *a* 集中した; 〈憎悪など〉激しい; 凝集[凝縮, 濃縮]した. ◆ **~·ly** *adv*

cóncentrate spràyer (動力式)高速噴霧器, スピードスプレーヤー (=*speed sprayer*).

con·cen·tra·tion /kàns(ə)ntréɪʃ(ə)n, -sèn-/ *n* **1** 集中〈*of*〉; 一意専心, 専念〈*of* energy etc.; *on*〉; 集中力; 〘軍〙兵力集中, 集結; 〘軍〙集中射撃, 火力集中; 専攻科目 (major). **2** 〘化〙濃縮; 〘鉱〙選鉱, 濃化; 《溶液・混合気体の》濃度. **3** 〘トランプ〙神経衰弱.

concentrátion càmp 強制収容所.

cón·cen·trà·tor *n* 集中させるもの[装置]; 《弾薬筒内または銃口に備えた》発火集中装置; 集光装置; 〘通信〙集線装置, 集信機[装置]; 《液体の》濃縮器[装置]; 選鉱機.

con·cen·tric /kənséntrɪk, kɑn-/ *a* 同一中心の, 同心の〈*with*〉; 同軸を有する; 集中的な: ~ circles 〘数〙同心円 / ~ fire 〘軍〙集中砲火. ◆ **-tri·cal·ly** *adv* **con·cen·tric·i·ty** /kànsèntrísəti/ *n* [OF or L; ⇨ CENTER]

Con·cep·ción /kənsèpsióun, -sépʃən/ コンセプシオン《チリ中南部の市; 首都 Santiago に次ぐ同国第 2 の都市》.

con·cept /kɑ́nsèpt/ *n* 概念, 観念, 考え; 構想, 発想, 着想, コンセプト; [〈*a*〉] 一定の構想に基づいて作られた: the ~ 'horse'=the ~ of the horse「馬」の概念 / have no ~ of…が理解できない / a ~ car コンセプトカー《試作車》. [L; ⇨ CONCEIVE]

con·cep·ta·cle /kənséptɪk(ə)l/ *n* 《藻類の》生殖器巣.

cóncept àlbum コンセプトアルバム《あるコンセプトが全体に貫かれているCD[レコード]アルバム; 主としてロックの用語》.

cóncept àrt CONCEPTUAL ART.

con·cep·tion /kənsépʃ(ə)n/ *n* **1** 概念作用; 概念, 意想 (concept); 構想, 着想, 創案; 考案: have no ~ 全く知らない〈*of* sth, *how…*, *that…*〉. **2** 妊娠, 懐妊, 受胎; 胎児: wrongful ~ 〘法〙不法行為による妊娠. **3** 発端, 始まり. ◆ **~·al** *a* 概念の; 概念上の.

con·cep·tive /kənséptɪv/ *a* 概念(作用)の; 受胎できる.

cóncept stàtement 《事業計画の》コンセプト説明(書).

con·cep·tu·al /kənsépʧuəl/ *a* 概念の; 概念芸術の. ◆ **~·ly** *adv* **con·cèp·tu·ál·i·ty** *n*

concéptual árt 概念芸術, コンセプチュアルアート《芸術家の製作中の理念・過程を重視する》. ◆ **concéptual ártist** *n*

concéptual·ism *n* 〘哲〙概念論.

concéptual·ist *n* 概念論者; CONCEPTUAL ARTIST.

con·cèp·tu·al·ís·tic *a* 概念(論)的な, 概念に基づく. ◆ **-ti·cal·ly** *adv*

concèptual·izátion *n* 概念化.

concéptual·ìze *vt* 概念化する; 概念的に説明する. ◆ **-ìz·er** *n*

con·cep·tus /kənséptəs/ *n* 受胎産物. [L; ⇨ CONCEIVE]

con·cern /kənsə́:rn/ *vt* **1** …に関係する, …にかかわる, …の利害に関係する (affect) (⇨ CONCERNED): Attend to what ~*s* you. 自分のことに気をつけなさい / This chapter ~*s* art and form. 本章では芸術と形式について論じる / be ~*ed with*…に関係がある, …に関心をもつ / I am not ~*ed with* it. わたしの知ったことではない / ~ one*self in* [*with*]…に関係[関与]する, たずさわる / so [as] far as…is ~*ed* …に関するかぎり / be ~*ed about* [*over*]…に関心をもつ / I am ~*ed* to say that…. 私は…と言いたい. **2** 心配させる, 案じさせる〈*about, for, to*〉: ~ one*self* [be ~*ed*] 心にかける, 心配する〈*about* sth, *for* sb or his welfare, *at* the news〉 / It ~*s* me that….=I am ~*ed* that…. 私には…が気がかりだ. ► *vi* 《廃》重要[重大]である (matter). ● **as ~s**…については, …に関しては. **be ~ed in**…に関係がある, 関与している: He *is* ~*ed in* the company. その会社に関係している. **be ~ed to do**…しようと願う[努める]. **To whom it may ~.** 関係者各位《証明書・推薦状などの一般的な宛名に用いる》. ► *n* **1 a** 関心, 懸念, 心配, 配慮〈*about* a matter, *for* one's welfare, *that*〉: feel ~ 心配する〈*about, for*〉 / with [without] ~ 心配して[心配なく]. **b** 関心事, 事柄, 事件, 用事; 責任(を負うべきこと): It is no ~ of mine [yours]. ぼく[きみ]の知ったことではない / Mind your own ~*s*. 余計な世話をやくな. **c** 《口》《漠然と》もの, こと, なに, 人; 《口》仕掛け, 装置: a selfish ~ 利己的なやつ / a rickety old ~ 古ぼけた代物 / worldly ~*s* 俗事 / The war smashed the whole ~. 戦争で万事だめになった. **2 a** 関係〈*with*〉; 利害関係; 株, 株式 (share): have a ~ *in*…に利害関係がある, …の共同出資者である / have no ~ *with*…になんの関係もない. **b** 重要性: a matter of some [utmost] ~ かなり[きわめて]重要な事件. **3** 営業, 事業; 会社, 企業: GOING CONCERN / a paying ~ 引き合う商売. **4** 《クエーカー教徒の》神慮に対する確信. [F or L (*cerno* to sift, discern)]

con·cérned *a* 心配して, 懸念して, 気がかりな; [後置] 関係している; 《悪事に》関与している; 《社会問題などに》関心のある〈市民・学生など〉: with a ~ air 心配そうな様子で / the authorities ~ 関係当局 / the parties ~ (関係)当事者, 関係者. ★ その他の用法については ⇨ CONCERN *v*. ◆ **con·cérn·ed·ly** /-ədli/ *adv* **-cérn·ed·ness** /-(ə)dnəs/ *n*

con·cern·ing /kənsə́:rnɪŋ/ *prep* …に関して[関する]. ► *a* 心配をかける, 厄介な.

concérn·ment *n* 重大, 重要性 (importance); 心配, 憂慮 (anxiety) 〈*about* sth, *for* one's welfare〉; 《古》関係, 関与; 関係している事, 業務: a matter of ～ 重大事.

con·cert *n* /kánsərt, -sə:rt/ **1** 音楽会, 演奏会, コンサート: a ～ hall コンサートホール. **2** 一斉に行なわれる行動; 《廃》協調, 協約, 提携 (concord); 《廃》音楽的調和. ● **in ～** 一斉に; 協力して; 提携して 〈*with*〉; ライブ演奏して. ► *v* /kənsə́:rt/ *vt* 協議して解決[調整]する; 計画する. ► *vi* 協調する 〈*with*〉. [F＜It (*concertare* to harmonize＜?)]

C

con·cer·tante /kɑ̀nsərtɑ́:nti/ *n* (*pl* **-tan·ti** /-ti/) 〘楽〙コンチェルタンテ《複数のソロ楽器とオーケストラの合奏する 18 世紀のシンフォニー》. ► *a* 協奏曲形式の, ソロ楽器奏者に高度の技巧を発揮させる〈楽章〉. [It]

con·cer·ta·tion /kɑ̀nsərtéɪʃ(ə)n; *F* kɔ̃sertasjɔ̃/ *n* 〘フランス政治〙《利害の異なる党派間の》協調, 共同歩調.

cóncert bànd* コンサートバンド《コントラバスやハープなどを加えることによって交響曲を演奏することができる合奏団》.

concért·ed *a* **1** 申し合わせた, 協働した; 一斉に行なわれる; 〘楽〙合唱[合奏]用に編曲された: take ～ action 共同歩調をとる / ～ effort 共同努力. **2** 《非標準》非常な, 猛烈な〈努力〉. ♦ **～·ly** *adv*

Con·cert·ge·bouw /kənsə́:rtgəbàu, *-sért-/ コンセルトヘボウ《Amsterdam にあるコンサートホール; 1888 年創設》. [Du＝concert building]

cóncert·gò·er *n* 音楽会によく行く人. ♦ **-gò·ing** *n, a*

cóncert gránd 〘楽〙コンサートグランド (＝**cóncert gránd piáno**)《演奏会用の大型グランドピアノ》.

con·cer·ti·na /kɑ̀nsərtí:nə/ *n* **1** 〘楽〙コンサーティーナ《鍵盤がなく半音階的に配列したボタンのある六角形のアコーディオン》. **2** 《フェンスなどに使う》コイル状の有刺鉄線 (＝～ **wíre**). ► *vt, vi* concertina のように折りたたむ[つぶす, つぶれる]; 〈行事など〉縮小[短縮]する 〈*into*〉. ♦ **～ed** *a* 折りたたみ(式)の, 蛇腹式の; 〈事故車などが〉おしつぶされた, ぺしゃんこの. [*-ina*]

còn·cer·tín·ist *n* コンサーティーナ演奏者.

con·cer·ti·no /kɑ̀nʧərtí:nou/ 〘楽〙*n* (*pl* **～s, -ti·ni** /-tí:ni/) 小協奏曲, コンチェルティーノ (cf. CONCERTO); 合奏協奏曲の独奏楽器群. [It]

cóncert·ize *vi* コンサートを開く. ► *vt* コンサート用に編曲する.

cóncert·màster, -meis·ter /-màɪstər/ *n** コンサートマスター《オーケストラの首席演奏家, 通例 首席第一ヴァイオリン奏者》.

con·cer·to /kənʧéərtou/ *n* (*pl* **-ti** /-ti/, **～s**) 〘楽〙協奏曲, コンチェルト (cf. CONCERTINO); RIPIENO. [It; ⇨ CONCERT]

Cóncert of Éurope [the] 〘史〙ヨーロッパ協調《オーストリア・プロイセン・ロシア・英国間の四国同盟 (Quadruple Alliance) (1815) による協定》.

concérto grós·so /-gróusou/ (*pl* **concérti grós·si** /-gróusi/) 〘楽〙合奏協奏曲, コンチェルト・グロッソ《バロックの器楽コンチェルト》. [It＝big concerto]

cóncert òverture 〘楽〙演奏会用序曲, コンサートオーヴァチュア.

cóncert pàrty **1** コンサートパーティー《軽妙な出し物・歌・舞踏などを見せる, 英国の避暑地などでの演芸会》. **2** ᴵᴵ《証券俗》隠密株式買い占め団, 会社乗っ取りダミー連合《標的会社にさとられないように数人で示し合わせて株式を買い集め, 十分集まったら株式をまとめて乗っ取る手口》.

cóncert perfórmance 演奏会形式による上演《オペラなどを背景・衣裳・しぐさなしで上演すること》.

cóncert pìtch **1** 〘楽〙**a** 演奏会調子[高度], コンサートピッチ《普通はイの音を毎秒 440 振動とする INTERNATIONAL PITCH; 時に PHILHARMONIC PITCH》. **b** 《トランペットなど移調楽器の》実音. **2** 《体調・仕事・作業能率などの》調子を特に高めた状態.

con·cert·stück /kɑ́nsərʃtùk/ *n* 〘楽〙コンツェルトシュテュック《**1**) 自由な協奏曲風楽曲 **2**) 演奏会用の独奏小品》.

cóncert tòur 演奏旅行, 楽旅, コンサートツアー.

cóncert tùning 〘楽〙コンサートチューニング《ギターの標準的な調弦: EADGBE》.

con·ces·sion /kənsέʃ(ə)n/ *n* **1 a** 譲歩, 配慮 〈*to, on*〉; 譲与 〈*to*〉: mutual ～*s* 歩み寄り / make ～*s to*…に譲歩[配慮]する. **b** 《仕方なしの》容認, 敗北を認めること: a ～ speech 選挙での敗北宣言. **2** 譲与されたもの. **a** 《政府などから得る》免許, 特許, 利権, 特権 (right): an oil ～ 石油採掘権. **b** 《特定の目的に使用するために》政府から授与された土地; 〘カナダ〙郡区 (township) を 16 分割した下位区分《200 acres の土地が 32 含まれる》; 居留地, 租借地, 租界; 〘カナダ〙CONCESSION ROAD. **c** *《公園・劇場などでの》営業許可; 場内売場, 売店 (＝～ **stànd**); [*pl*] 場内売場[売店]で販売する商品. **d** ᴵᴵ《運賃・入場料・税金などの》割引(料金), 減額: travel ～*s* 割引運賃. **3** [*pl*] 《カナダ》田舎, へんぴな開拓地. ♦ **～·al** *a* [F or L; ⇨ CONCEDE]

con·ces·sion·aire, -sion·naire /kənsὲʃənéər/ *n* 《権利の》譲り受け人; 特許権所有者; *《劇場・公園などでの》営業権所有者, 場内売店業者; 《学校・工場などの》給食業者. [F]

concéssion·àry /; -(ə)ri/ *a* 譲歩の, 譲与された; 割引の. ► *n* CONCESSIONAIRE.

concéssion·er *n* CONCESSIONAIRE.

concéssion ròad 〘カナダ〙約 1 ¹/₄ マイル間隔で東西に平行に走る郡区を区分する道路.

con·ces·sive /kənsέsɪv/ *a* 譲与の, 譲歩的な; 〘文法〙譲歩を表わす: a ～ conjunction [clause] 譲歩接続詞[節]《although, even if など(で始まる節)》. ♦ **～·ly** *adv*

con·cet·tism /kənʧέtìz(ə)m/ *n* 《詩文における》奇抜な隠喩の使用.

conch /kɑ́ŋk, kɑ́nʧ, kɔ́(:)ŋk/ *n* (*pl* **～s** /-ŋks/, **～·es** /-nʧəz/) **1 a** ソデガイなどの巻貝《貝殻はカメオ細工・ほら貝に用いる》. **b** 〘ギ神〙《海神 Triton の吹き鳴らす》ほら貝. **2** 〘建〙《教会後陣の》半円形屋根; 〘解〙CONCHA. **3** [ᶜC-] 《俗》[ˢ*derog*] Florida Keys [Bahama 諸島]の住民《貝を食べることからのあだ名》. [CONCHA]

conch- /kɑ́ŋk, kɑ́nk, kɔ́(:)ŋk/, **con·cho-** /-kou, -kə/ *comb form* 「貝 (shell)」 [Gk CONCHA]

con·cha[1] /kɑ́ŋkə/ *n* (*pl* **-chae** /-kì:, -kàɪ/) 〘解〙甲介, 《特に》耳甲介; 《教会後陣の》半円形屋根; 〘建〙APSE. ♦ **cón·chal** *a* [L＝shell＜Gk＝mussel etc.]

con·cha[2] /kɑ́nʧə/, **-cho** /-ʧou/**n* 貝[貝形]の装身具. [Sp＝conch]

con·chie, -chy /kɑ́nʧi/, **con·shy, -shie** /kɑ́nʃi/ *n* ᴵᴵ《俗》CONSCIENTIOUS OBJECTOR.

conch·if·er·ous /kɑŋkíf(ə)rəs/ *a* 〘動〙貝殻を有する; 〘地質〙貝殻を含む.

con·chi·glie /kɑnkí:ljeɪ/ *n* コンキリエ《巻貝の形をしたパスタ》. [It＝conches, shells]

con·chi·o·lin /kɑŋkáɪələn, kɑn-/ *n* 〘生化〙コンキオリン《貝殻の有機基質をなす硬タンパク質の一種》.

Con·cho·bar /kɑ́ŋkouər, kɑ́nuər/ 〘アイル伝説〙コヌア《キリスト教時代初期の Ulster の王》.

con·choid /kɑ́ŋkɔ̀ɪd, kɑ́n-/ *n* 〘数〙螺獅(らし)線, コンコイド.

con·choi·dal /kɑŋkɔ́ɪdl, kɑn-/ 〘鉱〙*a* 貝殻状の; 貝殻状断口のある. ♦ **～·ly** *adv*

con·chol·o·gy /kɑŋkɑ́lədʒi/ *n* 貝類学; 貝類に関する論文. ♦ **-gist** *n* 貝類学者. **còn·cho·lóg·i·cal** *a*

Con·chos /kɑ́nʧəs/ [the] コンチョス川《メキシコ北部を北東流して Rio Grande 川に合流する, 同川最大の支流》.

conchy ⇨ CONCHIE.

con·cierge /kɑnsiέərʒ; *F* kɔ̃sjɛrʒ/ *n* (*pl* **～s** /-ʒ(əz); *F* —/) 《特にフランスのアパートの》管理人; 《ホテルの》接客係, コンシェルジュ《宿泊客の求めに応じて, 観劇や旅の手配などを行なうサービス係》. [F＜Romanic＝fellow slave]

con·cil·i·a·ble /kənsíliəb(ə)l/ *a* なだめうる, 懐柔できる; 調停[和解]できる.

con·cil·i·ar /kənsíliər/ *a* 会議の; 〘キ教〙総会議至上主義の. ♦ **～·ly** *adv* [L COUNCIL]

con·cil·i·ate /kənsílièɪt/ *vt* **1** なだめる, 〈反対者を〉懐柔[慰撫]する; 〈人〉の歓心を買う; 調停する (reconcile). **2** 〈尊敬・好意を〉得る. ► *vi* 友好的になる, 和する. ♦ **con·cíl·i·à·tor** *n* [L＝to combine, gain; ⇨ COUNCIL]

con·cil·i·a·tion /kənsìliéɪʃ(ə)n/ *n* なだめること; 懐柔, 慰撫; 《労働争議の》調停: the court of ～＝～ court 調停裁判所.

con·cil·i·a·tive /kənsílièɪtɪv; -ətɪv/ *a* CONCILIATORY.

con·cil·i·a·to·ry /kənsíliətɔ̀:ri; -t(ə)ri/ *a* なだめる(ような), 慰撫する, 懐柔的な. ♦ **con·cìl·i·a·tó·ri·ly** /; -síliət(ə)rɪli/ *adv* **-ri·ness** *n*

con·cin·ni·ty /kənsínəti/ *n* 全体的調和(のとれた巧みな構成); 《文体の》均斉, 優雅.

con·cise /kənsáɪs/ *a* (ˢ**-cís·er; -cís·est**) 簡潔な, 簡明な, 手短かな. ♦ **～·ly** *adv* **～·ness** *n* [F or L *concis- concido* to cut up (*caedo* to cut)]

con·ci·sion /kənsíʒ(ə)n/ *n* 《文体の》簡潔さ; 《古》切断, 分離: with ～ 簡潔[簡明]に.

con·clave /kɑ́nklèɪv/ *n* 〘カト〙教皇選挙(秘密)会議(場), コンクラーヴェ; 秘密会議; 枢機卿一同; *《友愛団体などの》会議, 集会: in ～ 密議中で[の]. [OF＜L＝lockable room (*clavis* key)]

cón·clàv·ist *n* 教皇選挙会員随員《各枢機卿の 2 名の随員の一人》.

con·clude /kənklú:d/ *vt* **1** 終わる, …の結末をつける; 締めくくる: ～ a speech *by* saying…と言って演説を終わる / To be ～*d*. 次回完結. **2** 〈条約・契約などを〉結ぶ, 締結する 〈*with*〉: ～ (a) peace 講和条約を結ぶ. **3** …と結論を下す, 推断する 〈*by, from* premises; *that*〉; *…について(最終的に)決定[決議]する. **4** 《廃》閉じ込める. ► *vi* **1 a** 〈人が…をもって〉語を結ぶ (end) 〈*by* do*ing*…, *with* the remark etc.〉: The letter ～*d* as follows. 手紙は次のように結んであった. **b** 〈文・話・会などが〉終わる. **2** 結論を出す 〈*to* do〉; 合意に達する. ● **to ～** 結論として言えば, 終わりに(臨んで). ♦ **con·clúd·ing** *a* 締めくくりの, 結びの; 最後の, 最終の. **-clúd·er** *n* [L *conclus- concludo*; ⇨ CLOSE[2]]

con·clu·sion /kənklú:ʒ(ə)n/ *n* **1** 終結, 結び; 結末, 終局 〈*of*〉: come [bring…] to a (successful) ～ (上首尾に)終わる[終える]. **2**

推断;〖論〗《三段論法の》結論; 決定, 判定;〖法〗最終弁論;〖法〗《訴答書面の》末尾: come to a ～ 結論を出す / come to [reach] the ～ that…という結論に達する / draw a ～ from evidence 証拠から推断する. **3**《条約·契約などの》締結 〈*of*〉. ● **in ～** 終わりに臨んで, 結論として (finally). **jump [leap, rush] to ～s [a ～]** 速断する, 早合点する. **try ～s with**…と決戦を試みる[優劣を競う]. ♦ **～·al** *a* [OF or L (↑)]

conclúsion·àry /; -(ə)ri/ *a* CONCLUSORY.

con·clu·sive /kənklúːsɪv, *-zɪv/ *a* 決定的な, 確定的な, 断固たる, 争う余地のない, 終局の: a ～ answer 最後的回答 / ～ evidence [proof] 確証. ♦ **～·ly** *adv* **～·ness** *n*

con·clu·so·ry /kənklúːs(ə)ri, -z(ə)-/ *a*〖法〗推断的な, 十分な事実[証拠]に基づかない;《まれ》結論に関する[つながる].

concn concentration.

con·coct /kənkάkt, *kɑn-/ *vt* **1**〈スープ·飲み物など〉さまざまな素材を混ぜ合わせて作る. **2**〈話·口実などを〉作り上げる, こしらえる, でっちあげる;〈陰謀などを〉仕組む. ♦ **～·er, -cóc·tor** *n* **con·cóc·tive** *a* [L (*coct- coquo* to cook, boil)]

con·coc·tion /kənkάkʃ(ə)n, *kɑn-/ *n* **1** 混成, 調合; 調製物, スープ (broth), 混合飲料, 調合薬. **2** 策謀; 作り事 (fiction), でっちあげ.

con·col·or·ous /kɑnkʌ́lərəs, kən-/ *a* 〈昆虫のある部分が他の部分と〉同色の 〈*with*〉; 単色の.

con·com·i·tance /kənkάmət(ə)ns, kɑn-/, **-cy** *n* 随伴, 付随 (accompaniment); 並在;〖ｶﾄ〗併存《聖体の各形色(特に パンの中)にキリストの体と血とが併存すること》, 併存説; CONCOMITANT.

con·cóm·i·tant *a* 相伴う, 付随した, 同時に生じる, 両立する 〈*with*〉. ► *n* 付き物; [ᵘ*pl*] 付随事情. ♦ **～·ly** *adv* 付随して, 同時に. [L (*comit- comes* companion)]

con·cord *n* /kάnkɔ̀ːrd, kάŋ-/《意見·利害などの》一致,《事物間の》調和, 和合 (harmony);《国際間の》協調; 協定, (親善)協約;〖楽〗協和(音) (opp. *discord*);〖文法〗AGREEMENT: in ～ 調和して. ► *vt* /kənkɔ́ːrd/ 一致[調和]させる. [OF<L=of one mind (*cord- cor* heart)]

Con·cord /kάŋkərd/ **1** コンコード (**1**) New Hampshire 州の州都; Merrimack 川に臨む **2**) Massachusetts 州東部 Boston の北西にある町; 1775 年 4 月 19 日独立戦争の端緒となった Battle of LEXINGTON and Concord が起こった地). **2** *CONCORD COACH. **3** *CONCORD GRAPE; *コンコードブドウから造った赤ワイン.

con·cor·dance /kənkɔ́ːrdns, *kɑn-/ *n* **1** 一致, 同意;〖医〗一致《双生児の遺伝形質の一致》: in ～ with…に従って. **2**《作家·聖書·コンピューター検索などの》用語索引, コンコーダンス; アルファベット順リスト. ► *vt* …のコンコーダンスを作成する.

con·cór·dant *a* 和合する, 一致する, 調和した 〈*with*〉;〖医〗〈双生児が〉一致する《一定の遺伝形質に関して類似する; cf. DISCORDANT》. ♦ **～·ly** *adv* 調和して, 和合して. [OF (L ↓)]

con·cor·dat /kənkɔ́ːrdæ̀t, kən-/ *n* 協定, 協約;〖史〗《ローマ教皇と各国国王[政府]との》政教協約, 教政条約, コンコルダート. [OF or L CONcordat- -*cordo* to agree]

Cóncord còach コンコードコーチ《駅馬車 (stagecoach) の一種; 内部に 9 座席, 屋根の上に 5 座席あった》. [*Concord* New Hampshire のその最初の製造地]

Con·corde /kɑnkɔ́ːrd/ コンコルド《英仏共同開発の超音速ジェット旅客機; 1969 年初飛行, 2003 年退役》.

Cóncord grápe*〖園〗コンコードブドウ《青黒く大粒》.

Con·cor·dia /kənkɔ́ːrdiə, kəŋ-, kɑn-, kɑŋ-/ コンコーディア《女子名》. [L=harmony; cf. CONCORD]

con·cor·dia dis·cors /kɔːnkɔ́ːrdiə dískɔ̀ːrs/ 不協和音. [L]

con·cours /kɑŋkúər; ⌐⌐/ *n* (*pl* ～ /-z/) コンクール (public contest); CONCOURS D'ELEGANCE. [F<OF=concourse]

con·cours d'e·le·gance /*F* kɔ̃kuːr delegɑ̃ːs/ コンクールデレガンス《実用よりも外見や装備を競う乗物のショー》.

con·course /kάnkɔ̀ːrs, kάŋ-/ *n* **1**《人馬·物質·分子·河川などの》集合, 合流; 群集: a ～ of events 事の成り行き. **2** 競馬場, 競技場;《公園などの》中央広場;《駅·空港の》中央ホール, コンコース. [OF<L; ⇨ CONCUR]

con·cres·cence /kənkrés(ə)ns, kɑn-/ *n*〖生〗《細胞·組織·器官などの》癒合, 合生, 癒着. ♦ **-cent** *a*

con·crete /kάnkrìːt, *⌐⌐/ *a* **1** 具体的な, 具象的な, 有形の (opp. *abstract*); 確かな, 現実的な; CONCRETE POETRY の: a ～ name [term]〖論〗具体名辞 / in ～ terms 具体的に(言えば). **2** 固結[凝結]した, 固体の; コンクリート製の. ► *n* **1 a** コンクリート; コンクリート舗道. **b** 結成体, 凝結物. **2** 具体物, 具体名辞, 具象的観念; CONCRETE POETRY (の詩人). **3**《香水づくりの》花香油. ● **be set [embedded, cast] in ～** 〈計画などが〉固まっている. **in the ～** 具体的に[の]. ► *vt* **1** コンクリートでおおう[固定する], …にコンクリートを打つ 〈*over*〉. **2** /kɑnkríːt, kən-/ 固める, 凝結させる; 結合[融合]する; 具体[具象]化する. ► *vi* 固まる, 凝結する; コンクリートを使用する. ♦ **～·ly** *adv* 具体的に. **～·ness** *n* [F or L *con-(cret- cresco* to grow) to harden]

cóncrete júngle コンクリートジャングル《人間を疎外する都会》.

cóncrete mìxer コンクリートミキサー《機械》.

cóncrete músic MUSIQUE CONCRETE.

cóncrete nóun〖文法〗具象名詞.

cóncrete númber DENOMINATE NUMBER.

cóncrete póetry コンクリートポエトリー《文字や単語や記号の絵画的配列によって作者の意図を表わそうとする詩》.

con·cre·tion /kənkríːʃ(ə)n, kɑn-/ *n* 凝結; 凝固物;〖医〗石, 結石; 具象状態; 具体化;〖地質〗コンクリーション《堆積物中の結核体》.

concrétion·àry /; -(ə)ri/ *a* 凝固してできた;〖地質〗コンクリーションを含む, 結核性の.

con·cret·ism /kɑnkríːtìz(ə)m, ⌐⌐⌐⌐/ *n* 具体主義,《特に》コンクリートポエトリーの理論[実践]. ♦ **con·crét·ist** *n*

con·cre·tive /kɑnkríːtɪv/ *a* 凝結性の, 凝結力のある. ♦ **～·ly** *adv*

con·cret·ize /kɑnkríːtàɪz, ⌐⌐⌐; kɔ́ŋkrìːtàɪz/ *vt, vi* 具体化する, 明確化する. ♦ **con·crèt·i·zá·tion** *n*

con·cu·bi·nage /kɑnkjúːbənɪʤ, kən-/ *n* 同棲(の風習), 内縁関係, CONCUBINE の身分[状態], 内妻[めかけ] (concubine) がいる状態; 精神的屈従.

con·cu·bi·nary /kɑnkjúːbənèri, kən-; -n(ə)ri/ *a* 同棲する[による], 内縁(関係)の.

con·cu·bine /kάŋkjʊbàɪn, kάn-/ *n* 男と同棲する女, 内妻;《多妻制の社会で》第二夫人以下の妻; 愛人, めかけ. [OF<L (*cubo* to lie)]

con·cu·pis·cence /kɑnkjúːpəs(ə)ns, kən-/ *n* 強い欲望, 世俗欲,《特に》色欲, 肉欲, 情欲, 性欲. [OF<L (*cupio* to desire)]

con·cú·pis·cent *a* 色欲の盛んな, 好色な; 強欲な.

con·cu·pis·ci·ble /kɑnkjúːpəsəb(ə)l, kən-/ *a* 欲望に駆られた, 色欲の.

con·cur /kənkə́ːr, kɑn-/ *vi* (**-rr-**) **1** 一致する, 同意する 〈*with*〉; 是認する 〈*in*〉: I ～ *with* her *in*[*on*] this matter. / I ～ *with* your views *in giving* him the first prize. 彼に一等賞を与えるという点できみと同意見だ. **2 a** 同時に起こる (coincide). **b** 共同して作用する, 協力する: Genius and good luck *concurred* to give him the fame. 天分と幸運が相まって彼にその名声をもたらした. **3**《古》一点に集まる;《廃》合流する. [L (*curro* to run)]

con·cur·rence /kənkə́ːrəns, kɑn-; -kʌ́r-/ *n* **1 a**《意見などの》一致, 同意 〈*in* opinion〉. **b**〖数〗共点性《3 つ以上の直線が 1 点で交わること》. **c**〖法〗同一権利《数人が同じものに同じ権利を有すること》. **2 a** 同時に起こること. **b**《原因などの》共働, 協力 〈*of* agent or causes, *in doing*〉; [フランス語法] 競争.

con·cur·ren·cy /kənkə́ːrənsi, kɑn-; -kʌ́r-/ *n* CONCURRENCE.

con·cúr·rent *a* **1** 同時(発生)の, 伴う 〈*with*〉; 共同に作用する, 協力の; 兼務の;〖法〗2 つの権限が競合する: ～ insurance 同時保険 / a ～ office 兼職. **2** 一致する, 同意見の; 平行する; 同一点に集合する〈線·群集〉. ► *n* 併発事情; 共働原因;〖数〗共点;《古》競争相手. ♦ **～·ly** *adv* 〈…と〉同時に, 並行して, 共に 〈*with*〉; 兼任して.

concúrrent prócessing〖電算〗PARALLEL PROCESSING; MULTIPROCESSING.

concúrrent resolútion〖米議会〗《上下両院で採択された》同一決議《法的効力はなく, 大統領の署名も必要としない; cf. JOINT RESOLUTION》.

con·cúr·ring opínion〖法〗補足意見, 同意意見《上訴裁判所において, 判決に当たって, 他の裁判官の下した結論に同意するが, 結論に至る理由を異にしたり, 事件について異なる見解を有する裁判官の意見》.

con·cuss /kənkʌ́s/ *vt* **1** …に(脳)震盪(しんとう)を起こさせる; [ᵘ*fig*] 激しくゆさぶる. **2**《古》脅迫する. [L *con-(cuss- cutio=quatio* to shake)]

con·cus·sion /kənkʌ́ʃ(ə)n/ *n* **1**〖医〗震盪(症); 強打, 衝突; 衝撃; 震動, 激動: a ～ of the brain 脳震盪. **2**《古》脅迫. ♦ **con·cús·sive** *a*

concússion bèllows オルガンの送風を調節するふいご.

concússion grenàde 震盪手榴弾《爆発による死傷ではなく, ぶつけて気絶させることを目的とする》.

con·cýclic *a*〖数〗〈点が〉同円上の.

cond. condition ♦ conductivity.

Con·dé /*F* kɔ̃de/ **1** コンデ **Louis II de Bourbon,** 4th prince ～ (1621–86)《フランスの貴族·軍人; 通称 'Great ～'; Fronde の乱の中心人物》. **2** [c-] コンデ《米·果物·ジャムで作るクリーム状デザート》.

Con·dell /kάndl/ コンデル **Henry** ～ (d. 1627)《イングランドの俳優·劇場経営者; ⇨ John HEMINGE》.

con·demn /kəndém/ *vt* **1 a** 非難する, とがめる; 糾弾[罵倒]する: ～ sb's fault / ～ sb *as* a traitor / ～ sb *for* his conduct 人の行為を責める. **b** 〈事が人〉の有罪[やましさ]を証明する: His looks ～ him. 彼がやったと顔に書いてある. **2 a** …に有罪の判決を下す: ～ sb *to* death [*to* be beheaded] 人に死刑[斬首(ざんしゅ)]の宣告をする. **b** 運命づける,《いやな状態·行動に》追い込む 〈*to*〉: Those who cannot remember the past are ～*ed* to repeat it. 過去の記憶のない者は同じこと[あやまち]を繰り返す運命にある《Santayana のことば》. **3 a** 〈人〉に

不治の宣告をする. **b** 〈建物・施設・飲食物などを〉使用不適と宣告する. **4** *〖法〗《政府の収用権に基づいて》〈私有財産〉の収用を宣告する 〈*for* military use〉. ♦ **con·dem·na·ble** /kəndém(n)əb(ə)l/ *a* 非難[糾弾]すべき, とがむべき. **-bly** *adv* **con·dém·na·tò·ry** /; -t(ə)ri, kɑ̀ndɛ̀mnéɪ-/ *a* 断罪的な, 有罪申し渡しの; 非難の[する]. **~·er** /-démər/, **-dem·nor** /-démər, -dɛ̀mnɔ́ːr, kɑ̀ndɛ̀mnɔ́ːr/ *n* (罪の)宣告者; 非難者; 廃棄(処分)決定者; 没収を申し渡す人. [OF<L *con*-(DAMN)]

C

con·dem·na·tion /kɑ̀ndɛ̀mnéɪʃ(ə)n/ *n* **1** 非難, 糾弾; 非難[宣告]の根拠[理由]. **2** 有罪の判決, 罪の宣告, 断罪; 使用不適の宣告; 没収の申し渡し, *〖法〗収用宣告.

con·démned *a* 有罪を宣告された; 死刑囚の; 没収と定まった; 使用不適と宣告された; 《俗》呪われた, 救いがたい.

condémned céll" 死刑囚監房.

con·den·sate /kəndénsèɪt, *kɑ́ndənsèɪt/ *n* 凝縮液[物]; 縮合物.

con·den·sa·tion /kɑ̀ndɛ̀nséɪʃ(ə)n, -dən-/ *n* **1** 圧縮; 〖理・化〗凝縮; 凝結, 冷縮, 液化, 復水; 《冷たいガラスなどにできる》曇り, 結露; 〖化〗縮合; 凝縮状態, 凝縮体. **2** 《思想・表現の》簡約化, 要約, 圧縮; 〖精神分析〗圧縮《夢の中などで共通の効果をもつイメージ群が単一のイメージに集約されること》. ♦ **~·al** *a*

condensátion pùmp DIFFUSION PUMP.

condensátion tràil CONTRAIL.

con·dense /kəndéns/ *vt, vi* **1 a** 圧縮[濃縮]する; 凝縮[縮合]する 〈*to, into*〉: The steam ~*s into* waterdrops. 蒸気は凝縮して水滴になる. **b** 〈思想・表現などを〉要約[圧縮]する: ~ a paragraph *into* a line 1 節を縮めて 1 行にする. **2** 〈レンズが〉集光する: a *condensing* lens 集光レンズ. ♦ **con·déns·able, -ible** *a* **con·dèns·abíl·i·ty, -ibíl-** *n* [F or L very DENSE]

con·dénsed *a* 凝縮[濃縮]された; [°後置]〖印〗コンデンスの《字幅の狭い字体; cf. EXPANDED, EXTENDED》; 〖化〗縮合された.

condénsed mílk 加糖練乳, コンデンスミルク.

con·dens·er *n* 凝縮装置, 凝縮器, 冷却器, 復水器; 〖電〗蓄電器, コンデンサー《CAPACITOR の旧称》; 〖光〗集光装置, 集光レンズ[鏡].

con·dén·sery *n* 練乳製造所.

con·de·scend /kɑ̀ndɪsénd/ *vi* **1** 同じ目線の高さに立つ[てものを言う], 高ぶらない, 気さくにする; 《廃》譲る, 同意する: ~ *to* inferiors 目下の者に丁寧にする / ~ *to* do… いばらないで…する. **2** [悪い意味で] 身を落とす, 身を落として…する 〈*to*〉; 《優越意識から》〈相手に〉偉そうにする, 《腰は低いが》〈相手を〉見くだしたふるまいをする 〈*to*〉: ~ *to* meanness [little things] 身を落として卑しいこと[つまらない事]をする / He ~*ed to* take a bribe. 彼ともあろうものが収賄した / I don't like being ~*ed to*. 偉そうにされるのはまっぴらだ. ● **~ on…** 《スコ》〈細目〉を指定する. ♦ **~·er** *n* [OF<L *con*-(DESCEND)]

còn·de·scénd·ence *n* CONDESCENSION; 〖スコ法〗《原告側による》細目の列挙.

condescénd·ing *a* **1** 謙遜な, 腰の低い. **2** 腰は低いが人を見くだしたような, 偉そうな. ♦ **~·ly** *adv*

con·de·scen·sion /kɑ̀ndɪsénʃ(ə)n/ *n* 謙遜, 丁寧(な態度); 偉そうな態度[ふるまい].

con·dign /kəndáɪn, *kɑ́ndàɪn/ *a* 〈罰・報いが〉適当な, 当然の. ♦ **~·ly** *adv* [OF<L (*dignus* worthy)]

Con·dil·lac /*F* kɔ̃dijak/ コンディヤック **Étienne Bonnot de ~** (1715–80)《フランスの哲学者; 18 世紀フランスの思想界に John Locke の心理学的な考え方を導入した; *Traité des sensations* (1754)》.

con·di·ment /kɑ́ndəmənt/ *n* 香辛料, 薬味, 味付け料《からし・塩・コショウなど; またケチャップ・ソースなど》. ♦ **con·di·men·tal** /kɑ̀ndəméntl/ *a* [L (*condio* to pickle)]

còn·discíple *n* 相弟子; 同級生.

con·di·tion /kəndíʃ(ə)n/ *n* **1 a** 状態, ありさま; [°*pl*] 周囲の状況, 形勢, 事情: working [living] ~*s* 労働[生活]環境 / *under* [*in*] the existing ~*s* 目下の事情では. **b** (好ましくない)健康状態; 《機械・競技者などの》コンディション; 《悪い》天候; 《口》病気: have a heart ~ 心臓の病気がある. **c** 《廃》気質, 機嫌; 《廃》性質, 特性; [*pl*] 《古》行儀, ふるまい. **2** 身分 (rank), 社会的地位, 境遇: people of every ~ あらゆる階級の人びと / live according to one's ~ 身分相応の生活をする / a man of ~ 身分のある人. **3 a** (必要な)条件, 《契約などの》条項, 規定 (stipulation), 制約 (restriction); 〖法〗条件; 〖文法〗条件節; 〖論〗条件, 前件; [*pl*] 支払い条件; 《廃》契約: the necessary and sufficient ~ 〖数〗必要十分条件 / the ~*s* of peace 講和条件 / on (the) ~ (that)…という条件で, もし…ならば (if) / on this [that, what] ~ この[その, どんな]条件で / make it a ~ that… を一つの条件とする / make ~*s* 条件を設ける. **b** *《仮入学・仮進級学生の》再試験(課目): work off ~*s* 再試験を済ませる. ● **be in good [bad, poor] ~** 腐っていない[いる]; 健康である[ない]; 破損していない[いる]. **be in no ~** 〈…する[できる]〉状況[状態]にはない 〈*to* do〉. **change one's ~** 新生活にはいる; 《古》結婚する, 妻帯する. **in a certain [a delicate, an interesting] ~**" 《古》妊娠して. **in [out of] ~** 健康[不健康]で, 良好[不良]な状態で, 使用できる[できない]状態で. **on no ~** 決して…ない.

► *vt* **1** 〈事情が〉規定[左右]する, 条件づける, 決定する; 〈事物が〉…の要件[条件]になる, …の生存に不可欠である: The gift is ~*ed on* your success. 贈り物はきみが成功したらあげよう / things that ~ happiness 幸福の決め手となるもの / The two things ~ each other. 互いに依存する. **2** 〈…(するよう)に〉慣れさせる, しむける 〈*to* life, hardship; *to* do〉; 〖心〗…に条件づけを行なう. **3** 調整する, 改良[改善]する 〈*for*〉; 〈自分・牛・馬・犬〉の調子を整える; 〈室内の空気を〉調節する (air-condition); 〈髪・肌など〉の手入れをする; 〈ビールなどを〉熟成させる. **4 a** *…の進級に条件をつける, 仮進級[入学]させる: He was ~*ed in* algebra. 代数の試験で仮進級を許された. **b** 〖商〗〈生糸・羊毛を〉検査して格付けする. **5** 〈…するという〉条件をつける[に合意する] 〈*that*…, *to* do〉. ► *vi* 〈ビールなどが〉熟成する; 《古》取り決める, 条件をつける 〈*for*〉.
♦ **~·able** *a* [OF<L *con*-(*dict- dico* to say)=to agree]

condítion·al *a* 条件付きの, 暫定的な, 仮定的な; 〖数〗条件付きの; 〖論〗〈命題が〉条件を含む, 〈三段論法が〉条件[仮言]命題を含む (=*hypothetical*); 〖心〗条件づけられた (conditioned); 〖心〗条件反射をひき起こす; 〖生〗ある条件下でのみ生存できる; …を条件としての, …しだいの 〈*on*〉: a ~ clause 条件を示す条項; 〖文法〗条件節《通例 if, unless, provided などによって導かれる》/ a ~ contract 条件付き契約, 仮契約 / a ~ mood 〖文法〗条件法 / ~ lethal mutations 〖生〗条件致死突然変異. ► *n* 〖文法〗仮定語句, 条件文[節], 条件法; 〖論〗条件命題. ♦ **~·ly** *adv* 条件付きで. **con·dì·tion·ál·i·ty** *n* 条件付き, 条件制限.

condítional díscharge 〖法〗条件付き釈放.

condítional equátion 〖数〗《恒等式に対して》方程式.

condítional probabílity 〖数〗条件付き確率.

condítion còde règister 〖電算〗条件コードレジスター《桁上げの発生などの状態を記憶する場所》.

con·dí·tioned *a* **1** 条件付きの; 条件づけられた; 〖心〗条件づけによる; 〈…に〉慣らされた 〈*to*〉; *仮入学の, 仮進級の. **2** (空気)調節された; (…な)状態[境遇]にある: WELL-[ILL-]CONDITIONED.

condítioned réflex 〖心〗条件反射 (conditioned response).

condítioned respónse 〖心〗条件反応.

condítioned stímulus 〖心〗条件刺激.

condítioned suppréssion 〖心〗条件抑止.

condítion·er *n* 調節する人[もの], 調整装置; コンディショナー《ものの性質・有用性を改善・調節する添加剤・塗布剤; リンス・スキンコンディショナー・柔軟仕上げ剤・硬水軟化剤・土壌改良剤など》.

condítion·ing *n* 《空気の》調和, 調節; 〖心〗条件づけ; 《生糸などの》検査; 〖スポ〗コンディショニング《競技会[試合]に向けた身心の調整(ができた状態)》: CLASSICAL CONDITIONING / social ~ 社会的条件づけ / a silk ~ house 生糸検査所.

condítion pòwder コンディションパウダー《動物の健康を良好な状態に保つ粉薬》.

condítion precédent 〖法〗停止条件.

condítion súbsequent 〖法〗解除条件.

con·do /kɑ́ndoʊ/ *n* (*pl* **~s**) *《口》分譲アパート, マンション (condominium).

con·dole /kəndóʊl/ *vi* 悔やみを言う, 弔慰する; 慰める, 同情する; 《廃》悲しむ: I ~*d with* him *on* [*over*] the death of his wife. 彼の妻の不幸に対して悔やみを述べた. ► *vt* 《古》〈災難・不幸などを〉悼む. ♦ **con·dó·la·tò·ry** /; -t(ə)ri/ *a* 悔やみ[弔慰]の[を表わす]. **con·dól·er** *n* **~·ment** *n* [L CONdoleo to grieve with another]

con·dó·lence /, kɑ́ndə-/ *n* 哀悼; [°*pl*] 悔やみ, 弔詞: a letter of ~ 悔やみ状 / Please accept my sincere ~*s*. 心からお悔やみ申し上げます.

con do·lo·re /kɑ̀n dəlɔ́ːreɪ/ *adv, a* 〖楽〗悲しげに[な], コン・ドローレ(で[の]). [It=with sorrow]

con·dom /kɑ́ndəm, kʌ́n-/ *n* コンドーム. [C18<?; 考案した Dr *Condom* or *Conton* (18 世紀英国の医師) からか]

con·dom·i·nate /kəndɑ́mənət/ *a* 共同統治の.

con·do·min·i·um /kɑ̀ndəmíniəm/ *n* (*pl* **~s**) **1** *区分所有共同住宅, 分譲アパート, コンドミニアム, マンション(の所有権), 分譲アパートの一戸[一室]. **2** 共同主権 (joint sovereignty); 〖国際法〗共同統治[領有], コンドミニウム. ♦ **còn·do·mín·i·al** *a* [L *dominium* lordship; cf. DOMINION]

Con·don /kɑ́ndən/ コンドン **Edward U**(**hler**) ~ (1902–74)《米国の物理学者》.

con·do·na·tion /kɑ̀ndənéɪʃ(ə)n, -doʊ-/ *n* 《罪の》見のがし, 容赦, 《特に 姦通の》宥恕(ゆうじょ).

con·done /kəndóʊn/ *vt* 大目に見る, 容赦する; 〖法〗〈姦通を〉宥恕(ゆうじょ)する; 〈ある行為が罪を〉ゆるす, 償う. ♦ **con·dón·able** *a* **con·dón·er** *n* [L (*dono* to give)]

con·dor /kɑ́ndər, -dɔ̀ːr/ *n* **1** 〖鳥〗 **a** コンドル (=*Andean condor*)《南米 Andes 山脈の高地に分布》. **b** CALIFORNIA CONDOR. **2** (*pl* **~s, con·do·res** /kɑndɔ́ːrèɪs/) コンドル《コンドルが刻んである南米諸国の硬貨》. [Sp<Quechua]

Con·dor·cet /*F* kɔ̃dɔrsɛ/ コンドルセ **Marie-Jean-Antoine-Nicolas de Caritat,** Marquis de ~ (1743–94)《フランスの啓蒙思

想家・数学者・政治家》.

con·dot·tie·re /kàndɑtjέəri, kɑ̀ndɑ̀tiέəri/ *n* (*pl* **-ri** /-ri/, ～) コンドッティエーレ《14-16 世紀ヨーロッパの傭兵隊長》; 傭兵. [It]

con·duce /kənd(j)úːs/ *vi* 〈よい結果に〉導く, 貢献する, 資する 〈*to, toward*〉: Rest ～*s to* health. 休息は健康をもたらす. [L; ⇨ CONDUCT]

con·dú·cive *a* 助けとなる, 資する, 寄与する 〈*to*〉. ♦ **～·ness** *n*

con·duct *n* /kɑ́ndəkt/ **1** 行ない, 行為, 品行, 行状, ふるまい: a prize for good ～ 善行賞. **2** やり方, 経営, 運営, 管理; 《舞台・劇などの》処置法, 脚色, 趣向. **3 a** 《まれ》指導, 案内, 指揮. **b** 〃《Eton 校の》礼拝主任牧師 (chaplain); 《まれ》案内人, 付添い: under the ～ of…の案内[指導]で.
► *v* /kəndʌ́kt, kɑ́ndʌkt/ *vt* **1 a** 〈業務などを〉行なう, 実施する, 経営[管理]する; 〈軍・オーケストラを〉指揮する. **b** ふるまう; 〈身を〉処する 〈*oneself* well, *like* a gentleman; *with* judgment〉. **2 a** 導く, 案内する, 護送する (escort) 〈sb *to* a seat; a party *up* a mountain〉: a ～*ed* tour 添乗員付き旅行. **b** 《管などを通じて》運ぶ, 送る; 〘理〙伝導する (transmit): a ～*ing* wire 導線. ► *vi* 〈道・通路が〉〈…に〉通じる (lead) 〈*to*〉; 伝導する; 指揮をする 〈*at* a concert〉. ● **～ away** 〈警官・ガードマンなどが〉《強引に》連れ去る, 連行する 〈*from*〉.
♦ **condúct·ible** *a* 伝導性の. **condùct·ibílity** *n* [L (*duct- duco* to lead)]

con·duct·ance /kəndʌ́ktəns/ *n* 伝導力; 伝導性; 〘電〙コンダクタンス《抵抗の逆数》.

conducti *n* CONDUCTUS の複数形.

condúct·ing tíssue 〘植〙VASCULAR TISSUE.

con·duc·tion /kəndʌ́kʃ(ə)n/ *n* 《水を管などで》引くこと, 誘導(作用); 〘理〙伝導 (cf. CONVECTION, RADIATION); 〘生理〙《刺激の》伝導.

condúction bànd 〘理〙伝導帯《自由電子として電気伝導を担う電子の存在するエネルギー帯; cf. VALENCE BAND》.

condúction cùrrent 伝導電流.

con·duc·tive /kəndʌ́ktɪv/ *a* 伝導(性)の, 伝導力のある; 〈…に〉通じる, 資する, 役立つ 〈*to*〉: ～ power 伝導力 / ～ tissue 〘植〙通道組織. ♦ **～·ly** *adv* **～·ness** *n*

condúctive educátion 伝導教育《運動障害をもつ児童に歩いたり, 衣服を着たりする行動を繰り返し試みさせることによって自立した行動がとれるようにするもの》.

con·duc·tiv·i·ty /kɑ̀ndʌktívəti/ *n* 〘理・生理〙伝導性[力, 率, 度]; 〘電〙導電率.

conductívity wàter 〘理〙伝導度水《水溶液の電気伝導度を測定するのに使えるよう精製した純粋な水》.

cónduct mòney 〘法〙証人の旅費, 証人出頭費; 《船員・水兵への》召集旅費.

con·duc·to·met·ric, -ti- /kəndʌktəmétrɪk/ *a* 伝導性測定の; 伝導(度)滴定の.

conductométric titrátion 〘化〙電気伝導度滴定, 伝導(度)滴定.

con·duc·tor /kəndʌ́ktər/ *n* **1** 案内者, 指導者: **a** 《バス・電車の》車掌; *《列車の》車掌 (guard〃); 《団体旅行などの》添乗員. **b** 指揮者. **c** 管理人, 経営者 (manager). **2** 〘理〙伝導体, 導体 (cf. INSULATOR, SEMICONDUCTOR); 導線; 避雷針 (lightning rod): a good [bad] ～ 良[不良]導体. ♦ **～·shìp** *n* **-to·ri·al** /kɑ̀ndʌktɔ́ːriəl/ *a* **con·dúc·tress** *n fem*

condúctor ràil〃 導体レール《通例普通のレールに沿って置かれ, 電車に電流を伝えるのに使うレール》.

cónduct shèet 〘英軍〙《下士官・兵などの》素行表.

con·duc·tus /kəndʌ́ktəs/ *n* (*pl* ～, **-duc·ti** /-tàɪ/) コンドゥクトゥス《12-13 世紀のラテン語の歌詞をもつ声楽曲》.

con·duit /kɑ́nd(j)ùːət, -duət, -dət/ *n* 導管; 水道, 溝, 暗渠(あんきょ); 〘電〙線渠, コンジット; 《情報・物質などの》パイプ役, 仲介者, 中継地(点); 《古》泉, 噴水. [OF＜L CONDUCT]

cónduit sỳstem 〘鉄道〙地下線渠式, コンジット式; 《配線の》鉛管式.

con·dúplicate *a* 〘植〙〈芽の中の葉・花弁が〉二つ折りの.
♦ **con·duplicátion** *n*

con·dyle /kɑ́ndàɪl, *-dl, 〃-dɪl/ *n* 〘解〙顆(か), 関節丘《骨端の丸い隆起》. ♦ **con·dy·lar** /kɑ́ndələr/ *a* [Gk (*kondulos* knuckle)]

con·dy·loid /kɑ́nd(ə)lɔ̀ɪd/ *a* 〘解〙顆状の.

con·dy·lo·ma /kɑ̀nd(ə)lóumə/ *n* (*pl* **～s, -ma·ta** /-tə/) 〘医〙湿疣(しつゆう), コンジローム. ♦ **còn·dy·lóm·a·tous** /-lɑ́m-/ *a* [L＜Gk (*-oma*)]

condylóma acu·mi·ná·tum /-əkjùːmənéɪtəm/ 〘医〙尖形コンジローム (VENEREAL WART). [NL]

Cóndy's (flúid) /kɑ́ndiz(-)/ 〃《口》コンディー液《消毒液》. [H. B. *Condy* 19 世紀の英国の製薬業者]

cone /kóun/ *n* **1** 錐(すい), 錐面; 直円錐 (＝*right circular cone*). **2** 円錐形のもの; 《アイスクリームを入れる》コーン; コーン《スピーカーの円錐形の振動板 (diaphragm)》; セーフティーコーン, パイロン《道路工事区域などを区画する円錐標識》; 〃暴風警報円錐標識 (storm cone); 〘地理〙崖錐, テーラス; 〘地質〙火山円錐丘 (volcanic cone); 〘植〙球果《複果の一種》; 〘植〙円錐体 (strobilus); 〘解〙《網膜内の》円錐(体), 錐(状)体; 〘貝〙CONE SHELL; 〘理〙高温測定錐. ● **give ～** *《俗》フェラチオをする《アイスクリームコーンをなめることとの連想から》. ► *vt* 円錐形にする; …に円錐の斜面のように斜角をつける[斜めに切る].
► *vi* 球果をつける; 〈渦などが〉円錐形を形成する. ● **～ off**〃《交通を制限するため》セーフティーコーンで区画する[閉鎖する]. ♦ **～d** *a* [F, ＜Gk＝pinecone, coneshaped figure]

C1 〘英〙C1 (SOCIOECONOMIC GROUPS の上から 3 番目の階層(の人); 中流の下の社会階級).

cóne·flòwer *n* 〘植〙円錐形の花盤を有するキク科植物, 《特に》RUDBECKIA.

cóne·hèad *《俗》*n* インテリ (egghead); ばか, あほう.

cóne·nòse *n* 〘昆〙サシガメ《同科の各種の捕食性の昆虫; 吸血性のものがある》, 《特に》オオサシガメ (＝*assassin bug, kissing bug*).

cóne shèll 〘貝〙イモガイ《同科の貝の総称》.

con es·pres·si·o·ne /kɑn èspresióuni/ *adv, a* 〘楽〙感情をこめて[た], コン・エスプレッシオーネ. [It＝with expression]

Con·es·to·ga* /kɑ̀nəstóugə/ *n* コネストーガ (＝～ **wàgon**)《西部への移住者が用いた, 前後がそり上がって舟型の大型の幌馬車》. [*Conestoga* Pennsylvania 州の地名]

co·ney, co·ny /kóuni/ *n* **1 a** ウサギ, 《特に》アナウサギ《欧州産》; ナキウサギ (pika); ウサギの毛皮. **b** ハイラックス (hyrax); 〘聖〙DAMAN. **2** クラカケハタ《スズキ目ハタ科ユカタハタ属の魚; 大西洋熱帯産》. **3** 《古》(すぐだまされる)お人よし, ばか. [OF＜L *cuniculus*]

Cóney Ísland **1** コニーアイランド《New York 市 Brooklyn 区南部の保養地・遊園地》. **2** *《俗》軽食販売用屋台, ホットドッグ中心の軽食, 大きなホットドッグ; *《俗》泡ばかりで中身の少ないグラスのビール.

conf. [L *confer*] conference ♦ confidential.

con·fab /kɑ́nfæb, kənfǽb/ 《口》*vi* (**-bb-**) 談笑する, 会談する (confabulate). ► *n* 談笑, 会談 (confabulation).

con·fab·u·late /kənfǽbjəlèɪt/ *vi* 談笑する, くつろいで話す (chat); 話し合う, 会談[議論]する; 〘心〙作話(さくわ)する. ♦ **con·fàb·u·lá·tion** *n* 談笑, 歓談; 会談, 議論; 〘心〙作話(症). **-là·tor** *n* **con·fáb·u·la·tò·ry** /; -t(ə)ri/ *a* [L; ⇨ FABLE]

con·far·re·a·tion /kənfæ̀riéɪʃ(ə)n/ *n* 《古ロ》パン共用式婚姻《スペルト小麦のケーキをささげる結婚の最高の形式》.

con·fect *n* /kɑ́nfɛkt/ 砂糖漬け, 糖菓. ► 《文》*vt* /kənfékt/ 寄せ集めて作る, 組み立てる; 調合する, 調製する, 調理する; 砂糖漬けにする, 糖菓に作る. [L CON*fect*- *-ficio* to prepare ＜*facio* to make]

con·fec·tion /kənfékʃ(ə)n/ *n* **1** 菓子, 糖菓 (candy, bonbon など), 砂糖漬け; 〘医〙《シロップ・蜂蜜などを用いた》糖菓剤; 《まれ》《ジャムなどの》製造, 調合. **2** 浅薄な[むら気な, わざとらしい]感じを与える製品[作品]; 手の込んだ作りのもの, [フランス語法]《特に》凝ったデザインの[飾りの多い]婦人服. ► *vt* 《古》〈…を菓子・糖剤などに〉調製する, 作る.

conféction·àry /; -(ə)ri/ *a* 糖菓の; 菓子製造[販売]の. ► *n* 菓子店 (confectionery); 甘いもの, 菓子 (sweets); 《古》CONFECTIONER.

conféction·er *n* 糖菓製造(販売)人; 菓子屋.

conféctioner's cústard 製菓用カスタード《ケーキやペストリーの詰め物に使う濃厚なカスタード》.

conféctioners' súgar *粉糖《微粉状の粉砂糖》.

conféction·èry /; -(ə)ri/ *n* **1** 菓子類《pastries, sweets, cakes, jelly, chocolates, pies, ice cream などの総称》. **2** 菓子製造; 菓子店[製造所], ベーカリー.

Confed. Confederate.

con·fed·er·a·cy /kənféd(ə)rəsi/ *n* **1 a** 連合 (league), 連盟, 《一時的な》同盟; 徒党. **b** 連合体, 連盟国, 同盟国; [the (Southern) C-] 〘米史〙CONFEDERATE STATES OF AMERICA. **2** 〘法〙共同謀議. [OF; ⇨ CONFEDERATE]

con·féd·er·al *a* 連合[連盟]の[に関する]《特に 連合規約 (Articles of Confederation) 時代の合衆国についていう》. ♦ **～·ist** *n*

con·fed·er·ate /kənféd(ə)rət/ *a* **1** 同盟した, 連合した (allied); [C-] 〘米史〙南部連合国の: the *C*～ flag 南部連合旗. **2** 共同謀議の, 共謀した. ► *n* 同類, 共謀者 〈*in*〉; 同盟国, 連合国; [C-] 〘米史〙《南北戦争当時の》南部連合国支持者, 南部連合国民, 南部派の人, 南軍兵 (opp. *Federal*). ► *vt, vi* /-dərèɪt/ 同盟させる; 同盟する 〈*with*〉: ～ *oneself* [be ～*d*] *with*…と同盟[連合]する; …と徒党を組む. [L; ⇨ FEDERATE]

Conféderate Memórial Dày [the] 〘米〙南軍戦没者追悼の日《南部諸州では法定休日; 月日は州によって異なる》.

conféderate róse [°C-] 〘植〙フヨウ.

Conféderate Státes of América [the] 〘米史〙アメリカ南部連合国 (1861-65)《南北戦争直前に南部 11 州によって結成; 大統領は Jefferson Davis》.

con·fed·er·a·tion /kənfèdəréɪʃ(ə)n/ *n* **1** 連合, 同盟 〈*of* nations, *between* states〉. **2** 連邦, 連合国; [the C-] 〘米史〙アメリカ 13 州連合 (1781-89)《連合規約 (the Articles of Confederation) により組織された》; [the C-] 〘カナダ史〙Quebec, Ontario など 4 州からなるカナダ連邦 (1867). ♦ **con·féd·er·a·tive** /-rətɪv, *-rèɪ-/ *a* 同盟の, 連合の, 連邦の.

Confederátion of Brítish Índustry [the] 英国産業連合《1965 年にできた英国の経営者団体; 略 CBI》.

con·fer /kənfə́ːr/ v (-rr-) vt 〈称号·学位など〉授与する, 贈る 〈on〉; 〈性質を〉与える, 付与する; [*impv*] 《廃》(比較)参照せよ《略 cf.》. ► vi 打ち合わせる, 協議[相談]する (consult) 〈*together, with*〉. ♦ **~·ment, -fér·ral** *n* 授与, 叙勲. **con·fér·ra·ble** *a* 授与できる. **-fér·rer** *n* 授与者. [L *collat- confero* to bring together, take counsel (*fero* to bring)]

con·fer·ee, -fer·ree /kɑ̀nfəríː/ *n* 《称号·メダルの》受領者; 会議出席者; 評議員; 相談相手.

con·fer·ence /kɑ́nf(ə)rəns/ *n* **1 a** 相談, 協議, 会談: be in ~ 協議[会議]中. **b** 会議, 協議会; 《議会の》両院協議会; 党(員)集会 (caucus); 海運同盟; 《メソジスト教会などの》協議会(代表選出区); *競技連盟: hold a ~ 協議会を催す / American [National] (Football) *C*~ アメリカン[ナショナル]カンファレンス《米国プロフットボールのリーグ》/ Eastern [Western] *C*~ イースタン[ウェスタン]カンファレンス《米国プロバスケットボールのリーグ》. **2** /, kənfə́ːrəns/ 授与, 叙勲 (conferment) (=**con·fér·rence**). **3** [C-] 〘園〙コンファレンス《西洋ナシの品種; 芳香がある》. ♦ **con·fer·en·tial** /kɑ̀nfərénʃ(ə)l/ *a*

cónference càll 《同時に何人もの人と通話ができる》会議電話; 電話会議.

cónference tàble 会議用大型テーブル.

cón·fer·enc·ing *n* 《特に 通信システムを利用した》会議の開催[への参加]: computer ~.

con·fer·va /kɑnfə́ːrvə/ *n* (*pl* **-vae** /-viː/, **~s**) 〘植〙糸状藻類《旧称》. ♦ **-fér·void** /-vɔ̀ɪd/ *a* 糸状藻様の. [L]

con·fess /kənfés/ *vt* **1 a** 〈あやまち·罪を〉白状[自白]する, 告白する; 認める, (…である[…をした])と言う (admit): He ~*ed* him*self* (to be) guilty. 自分に罪があることを認めた / I ~ I was surprised to hear it. 《口》実を言うとそれを聞いて驚いた / I must [have to] ~ I hate this government. ほんとはこの政府は嫌いだ / to ~ the truth 実のところ / A fault ~*ed* is half redressed. 《諺》過失を認めるは償いの半ば / He who denies all ~*es* all. 《諺》すべてを否認するはすべてを告白するに同じ. **b** 《詩》立証する, 明らかにする. **2 a** 〈信仰を〉告白する; …への信仰[忠誠など]を告白する: ~ Christ キリストを信ずると告白する. **b** 《ゆるしを得るために神·牧師[司祭]に》懺悔[告解(こっかい)]する: ~ one*self* [one's sins] to God みずからの罪を神に告白する. **c** 〈人〉の懺悔[告解]を聴く: The priest ~*ed* her. 彼女の懺悔[告解]を聴いてやった. ► vi **1** 告白する; 自白する, 自認する 〈*to*〉: I ~ *to* having committed the crime. その罪を犯したことを認めます / I ~ *to* (having) a dread of spiders. 実はクモがこわいのです. **2** 信仰告白をする; 懺悔[告解]する; 人の懺悔[告解]を聴く. ● **be ~ed of**… 懺悔[告解]をして〈罪を〉ゆるされる. ♦ **~·able** *a* [OF<L *confess- confiteor* (*fateor* to declare, avow)]

con·féss·ant *n* 告白者; 聴罪司祭.

con·féssed *a* (本当であると)認められた, 定評のある (admitted), 明白な (evident). ● **stand ~ as**…であること[…の罪状]が明白である.

con·féss·ed·ly /-ədli/ *adv* みずから認めているとおり, 自白によれば; 明白に.

con·fes·sio fi·dei /kɔːnfésiou fídiː/ 信仰告白. [L=confession of faith]

con·fes·sion /kənféʃ(ə)n/ *n* **1 a** 自白, 白状, 自認; (罪の)告白, 懺悔, 告解: a ~ of guilt 罪の告白 / make (a) ~ 白状[懺悔, 告解]する / a particular [a sacramental, an auricular] ~ (of sins) 〘カト〙《司祭にする》秘密告解 / a public ~ 公衆の面前で行なう告白 / go to ~ 〈悔悟者が〉懺悔[告解]に行く / hear ~ 〈牧師[司祭]が〉懺悔[告解]を聴く / Open ~ is good for the soul. 《諺》率直な告白は心を安らげる. **b** 〘法〙告白書, 供述書, 口供書. **2** 信仰告白 (=**~ of fáith**), 信条; 信条を共有する宗派, 教派. **3** 殉教者の墓. ● **~ and avoidance** 〘法〙承認と異議《告訴事実を一応承認するとともにそれを無効にさせるため他の事実を主張する抗弁》. ♦ **~·ist** *n*

confession·al *a* 告白の; 懺悔[告解]の, 信仰告白の; 自伝的な. ► *n* 〘カト〙告解場, 告解聴聞席; 懺悔, 告解. ♦ **~·ism** *n* 信条主義. **~·ist** *n* **~·ly** *adv*

conféssion·àry /; -(ə)ri/ *a* 告白[懺悔, 告解]の. ► *n* 《古》CONFESSIONAL.

con·fés·sor *n* **1** 告白者, 告解者, 懺悔者. **2** 証聖者《殉教はしなかったが迫害に屈せず信仰を守った信者》. **3** 〘カト〙聴罪司祭, 聴罪師; 信徒が日常霊的指導を受けている司祭: It is a foolish sheep that makes the wolf his ~. 《諺》信頼できぬ者に秘密を語るな. **4** [the C-] ⇨ EDWARD.

con·fet·ti /kənféti/ *n* [〈*sg*〉] **1** 《カーニバル·結婚式·パレードなどで振りまく》色紙片, 紙吹雪. **2** キャンディー, ボンボン. **3** *《俗》煉瓦 (cf. IRISH CONFETTI). ● **like ~** 惜し気もなく, 大量に〈ばらまくなど〉. [It=sweetmeats<L; ⇨ COMFIT]

con·fi·dant /kɑ́nfədæ̀nt, ←←↗, *-dɑ̀ːnt/ *n* 《秘密, 特に 恋愛問題などを打ち明けられる》親友. [18 世紀に *confident* に代わる; F *confidente* (<CONFIDE) の音からか]

con·fi·dante /kɑ́nfədæ̀nt, ←←↗, *-dɑ̀ːnt/ *n* **1** CONFIDANT である女性. **2** コンフィダント《18 世紀の一種の長椅子》. [F<It]

con·fide /kənfáɪd/ *vi* 信任する, 信頼する 〈*in*〉; 〈人に〉秘密を打ち明けて相談する 〈*in*〉. ► *vt* 〈秘密を〉打ち明ける, 明かす 〈*to, that*〉; 信託する, 託する 〈*to*〉. ♦ **con·fíd·er** *n* [L CONfido to trust]

con·fi·dence /kɑ́nfəd(ə)ns, -dɛ̀ns/ *n* **1** 信任, 信頼 〈*in, to*〉; 《議会における》信任: gain [get] sb's ~ 人の信頼を得る / give one's ~ *to*…=put [have, show, place] ~ *in*…を信頼する / restore ~ 信頼を回復する / have one's master's ~ 主人に信用がある / my ~ *in* him 彼に対するわたしの信頼 / a vote of ~ 信任投票. **2** 自信, 確信 〈*in*〉 (opp. *diffidence*); 大胆さ, 度胸: act *with* ~ 自信[確信]をもって行なう / have the ~ to do… 大胆にも…する. **3** 《内緒事などを》打ち明けること; 秘密, 内緒事 (secret): make a ~ [~*s*] to a friend 友人に打ち明ける / in one's ~ 打ち明けて. **4** CONFIDENCE GAME. ● **in ~** 内緒で, 秘密に: *in* strict ~ 極秘に. **in the ~ of**…に信任されて, …の機密に参与して. **lose ~** 信用できなくなる, 自信を失う 〈*in*〉. **take** sb **into one's ~** 人に秘密を明かす. ► *a* 信用詐欺の. [L (↑)]

cónfidence-buìld·ing *a* 自信をつける[高める]; 信頼を醸成する.

cónfidence coeffìcient 〘統〙信頼係数 (=*confidence level*).

cónfidence gàme* 《相手の信頼につけこむ》信用詐欺, 背信詐欺 (=*con game* [*trick*]).

cónfidence ìnterval 〘統〙信頼区間.

cónfidence lèvel 〘統〙信頼水準 (confidence coefficient).

cónfidence lìmits *pl* 〘統〙信頼限界.

cónfidence màn 詐欺師 (=*con man*).

cónfidence trìckˈ CONFIDENCE GAME.

cónfidence trìcksterˈ CONFIDENCE MAN.

cón·fi·dent *a* **1 a** 確信して 〈*of* success; *that*〉. **b** 《廃》信頼している (trustful), 人を信用する (confiding). **2 a** 自信に満ちた, 自信をもって 〈*in* one*self*, *in* one's own abilities〉. **b** 大胆な; うぬぼれの強い, 独断的な. ► *n* CONFIDANT. ♦ **~·ly** *adv* **~·ness** *n* [F<It; ⇨ CONFIDE]

con·fi·den·tial /kɑ̀nfədénʃ(ə)l/ *a* **1** 内密の, 内々の (secret); 〘米政府·軍〙「秘」の, マル秘の (⇨ CLASSIFICATION); [C-] 親展《封書の上書き》: Strictly ~ 極秘《封書の上書き》/ a ~ price list 内示価格表 / ~ inquiry 秘密調査 / ~ papers 機密書類. **2 a** 腹心の, 信任のあつい, 頼みになる: a ~ secretary. **b** 内緒事を打ち明ける; 親しげな: become ~ *with* strangers 知らない人と親密になる. ♦ **~·ly** *adv* 内密に[で]; 打ち明けて.

confidéntial communicátion 〘法〙秘密[内密]情報 (=*privileged communication*)《弁護士と依頼人, 医師と患者, 夫婦などの間で伝えられた開示を強制されない情報》.

con·fi·den·ti·al·i·ty /kɑ̀nfədènʃiǽləti/ *n* 機密性, 秘密性.

confidentiálity agrèement 《企業間の》秘密保持契約.

con·fíd·ing *a* (容易に)人を信頼する, 信じやすい. ♦ **~·ly** *adv* **~·ness** *n*

con·fig·u·ra·ble /kənfíg(j)ərəb(ə)l/ *a* 〘電算〙設定(変更)可能な.

con·fig·u·rate /kənfíg(j)əreɪt/ 《まれ》*vt* 形づくる, 作る. ► *vi* 一致する, 合う 〈*with*〉.

con·fig·u·rat·ed /kənfíg(j)əreɪtəd/ *a* 表面に模様のはいった〈ガラス·金属〉.

con·fig·u·ra·tion /kənfìg(j)əréɪʃ(ə)n, kɑ̀n-/ *n* 配置, 地形, 輪郭, 外形, 形態; 〘電算〙構成; 〘電算〙《システム·プログラムの》設定; 〘天〙星位, 天体の配置; 〘天〙星団; 〘理·化〙《原子·電子などの》配置; 〘空〙飛行形態, 《ロケットの》型《形と配列》; 〘心〙形態《ドイツ語 Gestalt の訳語》. ♦ **~·al** *a* **~·al·ly** *adv* **con·fíg·u·ra·tive** /-rətɪv, -rèɪ-/ *a* [L; ⇨ FIGURE]

configurátion fìle 〘電算〙設定ファイル《システムやプログラムの設定に関する情報を記録したファイル》.

configurátion·ism *n* 〘心〙GESTALT PSYCHOLOGY.

con·fig·ure /kənfígjər; -fígər/ *vt* (ある型に合わせて)形成する 〈*to*〉, 形づくる; (ある形に)配列する; 〘電算〙《パラメーターを指定するなどして》〈システム·プログラムなどを〉設定する, 構成する.

con·fine *v* /kənfáɪn/ *vt* **1** 限る, 制限する, 限定する; 〈火事·病気など〉の拡大を食い止める 〈*within, to*〉. **2** 閉じ込める; 監禁する (imprison) 〈*within, in, to*〉; [ᵘ*pass*] 〈女性を〉お産の床につかせる: A cold ~*d* him *to* his house. かぜのため彼は家に閉じこもっていた. ► *vi* 《古》隣接する 〈*on, with*〉. ► *n* /kɑ́nfaɪn/ **1** [*pl*] 境界, 国境(地帯); 限界; 制限, 拘束; [*pl*] 範囲, 分野, 領域: within [beyond] the ~*s* of the country 国内[国外]で / on the ~*s* of bankruptcy 破産の一歩手前に. **2** 《古》監禁, 幽閉; 《廃》監獄, 牢獄. ♦ **con·fín(e)·able** *a* **con·fín·er** *n* 閉じ込める人, 幽閉者. [F<L=to border, bound (*finis* limit)]

con·fíned *a* 閉じ込められた; 狭苦しい; 〈兵士が〉禁足になった 〈*to* barracks〉; 〈女性が〉お産の床にある.

confíne·ment *n* **1** 制限, 局限. **2 a** 幽閉, 監禁, 禁固, 抑留: under ~ 監禁されて / be placed in ~ 監禁される. **b** 引きこもり, 蟄居(ちっきょ); 《古風》お産の床につくこと, お産 (lying-in). **c** 〘理〙CONTAINMENT.

confínement fàrming 舎飼い飼育 (FACTORY FARMING).

con·firm /kənfə́:rm/ *vt* **1 a** 〈陳述·証拠·風説などを〉確かめる, 確認する; 〘法〙《裁可·批准などで》確認する (ratify); 〈所有·権利·仮決定などを〉追認する, 正式に認める 〈possession, title *to* sb〉; 〈人を〉正式に承認する. **b** 〈うわさなどを〉正しいと認める; 確かだと言う 〈*that*〉. **2 a** 明らかにする, 立証する; 〈決心·疑念などを〉強める; 〈人〉に再確認させる, あらためて思い知らせる 〈*in, that*〉: ～ one's worst fears 懸念を確かなものとする. **b** [ᵁ*pass*] 〘教会〙〈人〉に堅信式[礼]を施す, 授堅する. ► *vi* 確かめる. ◆ **～·able** *a* 確かめうる, 確認[認証]できる. **confìrm·abílity** *n* [OF＜L; ⇨ FIRM¹]

con·fir·mand /kɑ̀nfərmǽnd/ *n* 〘教会〙堅信礼志願者, 受堅者.

con·fir·ma·tion /kɑ̀nfərméɪʃ(ə)n/ *n* **1 a** 確認, 追認; 確証; 認定, 認可; 確定, 確立: in ～ of…の確認[しるし]として. **b** 〘スコ法〙遺言検認の命令の付与. **2 a** 〘キ教〙堅信, 堅信式[礼]《すでに洗礼を受けた者が聖霊の賜物を授けられる儀式》. **b** 〘ユダヤ教〙成人の儀式. ◆ **～·al** *a*

con·fir·ma·tive /kənfə́:rmətɪv/ *a* 確かめる, 確認の, 確証的な. ◆ **～·ly** *adv*

con·fir·ma·to·ry /kənfə́:rmətɔ̀:ri; -t(ə)ri/ *a* 確認[確証]する.

con·fírmed *a* **1** 確認[確立]された. **2** 凝り固まった, 常習的な: a ～ bachelor 独身主義を押し通す男 / a ～ habit どうしても抜けない癖 / a ～ rheumatism 持病[慢性]のリウマチ / a ～ invalid 長わずらいの病人. **3** 堅信礼を受けた. ◆ **-fírm·ed·ly** /-məd-/ *adv* **-fírm·ed·ness** /-m(ə)d-/ *n*

con·fir·mee /kɑ̀nfərmí:/ *n* 〘法〙追認を受ける人; 〘教会〙堅信礼を受ける人.

con·fis·ca·ble /kənfískəb(ə)l/ *a* 没収できる.

con·fis·cate /kɑ́nfəskèɪt/ *vt* 没収[押収]する 〈*from*〉. ► *a* /, kənfískət/ 没収[押収]された; 財産を没収された. ◆ **cón·fis·càt·able** *a* CONFISCABLE. **-cà·tor** *n* 没収者, 押収者. **còn·fis·cá·tion** *n* **con·fis·ca·to·ry** /kənfískətɔ̀:ri; -t(ə)ri/ *a* 没収[押収]の, 没収ともいえるほどの: *confiscatory* taxes. [L; ⇨ FISCAL]

con·fit /kɔ:nfí:; kɔn-; *F* kɔ̃fi/ *n* 〘料理〙コンフィ《ガチョウ·カモ·豚などの肉をそれ自体の脂肪で煮込み, 冷まして固めたもの; 保存食》; 《果物または野菜をやわらかく煮て作る》付け合わせ: ～ d'oie ガチョウのコンフィ. [F (*confir* to preserve)]

con·fit·e·or /kənfí:tiɔ̀:r, -fít-, -tiər/ *n* [ᵁC-] 〘カト〙告白の祈り. [L＝I confess]

con·fi·ture /kɑ́nfətʃʊ̀r; -tjʊ̀ər/ *n* (果物の)砂糖漬け, ジャム.

con·flab /kənflǽb, kɑ́nflæ̀b/ *vi, n* (-**bb**-) 《口》 CONFAB.

con·fla·grant /kənfléɪgrənt/ *a* 燃えている, 燃え上がる.

con·fla·grate /kɑ́nfləgrèɪt/ *vi* 燃える. ► *vt* 燃やす.

con·fla·gra·tion /kɑ̀nfləgréɪʃ(ə)n/ *n* 大火災; 紛争, 戦争. [L; ⇨ FLAGRANT]

con·flate /kənfléɪt/ *vt* 融合する, 混ぜる; まぜこぜにする, 混同する (confuse); 〈異本を〉校合して一つにまとめる, 合成する. [L (*flat- flo* to blow)]

con·fla·tion /kənfléɪʃ(ə)n/ *n* 溶和, 融合 (fusion); 〘書誌〙《2 種の行文[異本]の》合成; 合成体.

con·flict *n* /kɑ́nflɪkt/ **1** 紛争, 戦闘, 戦争: a ～ of arms 交戦. **2** 《主義上の》争い, 争議; 軋轢(あつれき), 摩擦; 《心の中の》葛藤; 《思想·利害などの》対立, 衝突; 《戯曲·小説における人物などの間の》対立, 衝突, 葛藤: the ～ of laws 〘法〙法の抵触; 国際私法 / be in [come into] ～ with…と衝突[矛盾]している[する]. **3** 《物体の》衝突. ► *vi* /kənflíkt, *kɑ́nflɪkt/ **1** 衝突する, 相容れない, 矛盾する 〈*with*〉. **2** 《古》争う, 戦う 〈*with*〉. ◆ **cónflict·ful** *a* **con·flíc·tion** *n* 争い, 衝突. **con·flíc·tive** *a* CONFLICTING. **con·flíc·tu·al** *a* [L (*flict- fligo* to strike)]

conflíct·ed / , ⌐⌐⌐/ *a* 葛藤をもった[がある].

conflíct·ing *a* 対立する, 相争う, 矛盾する, 相反する. ◆ **～·ly** *adv*

cónflict of ínterest 利害抵触, 利益相反[衝突].

con·flu·ence /kɑ́nflù:əns, *kənflú:əns/ *n* **1** 《川の》合流; 合流点; 合流した川. **2** 一点に集まること, 集合, 合流; 群集.

cónfluence mòdel 〘社〙合流モデル, コンフルエンスモデル《知的な成長は家族の大きさと子供たちの出生間隔の年数に関連するという説; 幼い子供が多ければ多いほど家族の知的水準は下がるとする》.

cón·flu·ent *a* 合流する, 落ち合う; 〘医〙融合性の. ► *n* 合流する川, 支流. [L (*fluo* to flow)]

con·flux /kɑ́nflʌ̀ks/ *n* CONFLUENCE.

con·fócal *a* 〘数〙焦点を共有する, 共焦の: ～ conics 共焦円錐曲線. ◆ **～·ly** *adv*

con·form /kənfɔ́:rm/ *vi* 〈規則·習俗に〉従う, 適合[順応]する 〈*to*〉; 《集団内の》多数派に同調してふるまう; 国教に従う, 《特に》英国教会のならわしに従う; 〈…と〉同じ[同様]になる, 一致する, 合致する 〈*to, with*〉. ► *vt* 同じ(形)にする; (…に)合わせる, 適合[一致]させる 〈*to*〉: ～ oneself *to*…に従う, …を守る. ◆ **～·er** *n* **～·ism** *n* 大勢[体制]順応主義. [OF *conformer* to conform＜L; ⇨ FORM]

confórm·able *a* **1 a** 〈…に〉準拠して 〈*to*〉; 適合した, 相応した 〈*to*〉; 似ている, 相似の 〈*to*〉. **b** 〘地質〙整合の, 整合的な; 〘数〙適合した. **2** 従順な (submissive) 〈*to*〉. ◆ **-ably** *adv* 一致して; 従順に. **confòrm·abílity** *n*

con·for·mal /kənfɔ́:rm(ə)l, kɑn-/ *a* 〘数〙等角の, 共形の; 〘地図〙正角の《局所的には任意の 2 方向の夾角が正しく表わされる図法についていう; 離れた地点を結ぶ直線の方向が正しくなるわけではない》.

con·for·mance /kənfɔ́:rməns/ *n* 一致, 合致, 適合, 順応 〈*to, with*〉.

con·for·ma·tion /kɑ̀nfɔ:rméɪʃ(ə)n, -fər-/ *n* **1** 形態, 構造; 《ものの部分の》均斉のとれた配列; 〘化〙(立体)配座, コンフォーメーション; 〘地質〙整合. **2** 適合, 一致 〈*to*〉. ◆ **～·al** *a* **～·al·ly** *adv*

conformátional análysis 〘化〙配座解析.

confórm·ist *n* 体制順応者; 遵奉者, 《特に》(英国)国教徒 (opp. *Dissenter, Nonconformist*). ► *a* 体制順応的な.

con·form·i·ty /kənfɔ́:rməti/ *n* 遵奉, 順応 〈*with, to*〉; 体制順応; (英国)国教随順; 調和 〈*to, with*〉; 適合, 一致, 合致 〈*to, with*〉; 〘地質〙《地層の》整合 (cf. UNCONFORMITY): in ～ *with* [*to*]…に従って, …を遵奉して; …に合わせて, …と一致して.

con·found /kənfáund, kɑn-/ *vt* **1** 〈人を〉困惑[当惑]させる; 〈ものを〉混乱させる, …の混乱を増す: be ～*ed at* [*by*] the sight of…のありさまを見てめんくらう. **2** 混同する, ごっちゃにする 〈*with*〉: ～ right and wrong 正邪を混同する. **3** 《口》呪う (damn): (God) ～! ＝*C*～ it [you]! ちくしょう, チェッ! 《弱いののしりのことば》. **4 a** …に恥ずかしい思いをさせる; 論破する; 〈敵·計画·希望など〉の裏をかく, 失敗させる; 《古》破滅に追いやる: ～ an impostor 詐欺師の化けの皮をはぐ. **b** 《廃》むだにする, 消耗する (waste). ● **～ the prophets** [**critics**] 予言者[批評家]の言の誤りであることを示す, 大方の予想を裏切る. ◆ **～·er** *n* [OF＜L CONfus- -*fundo* to mix up]

confóund·ed *a* **1** 《口》いまいましい, 途方もない, けしからん, べらぼうな. **2** 混乱した, とまどった. ► *adv* CONFOUNDEDLY.

confóund·ed·ly *adv* 《口》ばかに, べらぼうに, めっぽう: It was ～ hot. べらぼうに暑かった.

confóund·ing *a* 人を混乱[困惑]させる: ～ factors 込み入った要因 / a ～ variable 〘統〙交絡変数《モデルの独立変数と従属変数の両方に相関する変数》. ◆ **～·ly** *adv* 困惑[どぎまぎ]させるほど(に); 困ったことに.

còn·fratérnity *n* 《宗教·慈善などの目的をもつ》友愛[奉仕]団体; 友愛組合[結社]. [OF＜L (*con-*)]

con·frere, -frère /kɑ́nfrɛ̀ər, ⌐⌐/ *n* 会員, 組合員; 同志; 同業者, 同僚 (colleague), 仲間. [OF＜L (*frater* brother)]

con·front /kənfrʌ́nt/ *vt* **1 a** …に直面させる, 立ち向かわせる; 《法廷で》対決させる 〈*with* accusers〉; …の眼前に突きつける 〈*with* evidence〉: I was ～*ed with* [*by*] a difficulty. 困難に直面した. **b** 突き合わせる, 対比[比較]する 〈*with*〉. **2 a** 〈人が困難·敵などに〉直面する, 立ち向かう, 対峙する. **b** 〈困難などが人〉に立ちはだかる; 〈ものが〉…の向かい側にある: The difficulty that ～*s* them is great. 彼らは大きな困難に直面している / His house ～*s* mine. 彼の家はうちの向かいだ. ◆ **～·al** *n* **～·er** *n* **～·ment** *n* [F＜L (*front- frons* face)]

con·fron·ta·tion /kɑ̀nfrəntéɪʃ(ə)n/ *n* 直面, 対決, にらみ合い 〈*between*〉; 立ち向かうこと, 対抗, 対峙, 対面; 対比, 比較 〈*with*〉. ◆ **～·al** *a* 対決姿勢の, 対立的な. **～·al·ist** *n* 対決姿勢の人. **～·ism** *n*

confrontátion·ist *n* 対決主義者. ► *a* 対決主義の; 伝統的な価値[方法]と衝突する.

confrontátion stàte 隣接敵(対)国.

Con·fu·cian /kənfjú:ʃ(ə)n/ *a* 孔子の; 儒教の. ► *n* 儒者. ◆ **～·ism** *n* 儒教. **～·ist** *n, a*

Con·fu·cius /kənfjú:ʃəs/ 孔子 (*Chin* Kongfuzi, K'ung-fu-tzu) (551–479 B.C.) 《儒教の創始者; *Analects* (論語)》. ● **～ says** [**～ he say**].... [*joc*] 孔子曰く…《忠告を与える時の切り出し》. [Kongfuzi (孔夫子)のラテン語化]

con fuo·co /kɑn fwɔ́:koʊ/ *adv, a* 〘楽〙情熱をもって[もった], コン·フォーコで[の]. [It＝with fire]

con·fús·able *a* 混乱しやすい. ► *n* 紛らわしい語, 混同しやすい語. ◆ **con·fùs·abíl·i·ty** *n*

con·fuse /kənfjú:z/ *vt* **1** [ᵁ*pass*] 困惑させる, まごつかせる; …の頭を混乱させる: *be* [*become, get*] ～*d* めんくらう, 当惑する. **2** 〈争点などを〉あいまいにする; 混乱させる, ごっちゃにする; 混同する: Don't ～ Johnson *with* Jonson. Johnson を Jonson と混同してはいけない. **3** 《古》敗走させる, 破滅させる. ● **to ～ things** [**matters**] 面倒な[困った]ことには(は). [逆成く↓]

con·fused /kənfjú:zd/ *a* 当惑[狼狽]した; 見分けがつかない 〈*about*〉; 混乱した, 支離滅裂な; ぼけ(始めた). ◆ **-fús·ed·ly** /-(ə)dli/ *adv* 乱雑に, ごっちゃに; 途方に暮れて, 狼狽して, あたふたと. **-fús·ed·ness** /-(ə)dnəs/ *n* [ME; ⇨ CONFOUND]

con·fús·ing *a* 困惑させる; 混乱させる(ような), 混乱した. ◆ **～·ly** *adv*

con·fu·sion /kənfjú:ʒ(ə)n/ *n* **1 a** 混乱, 混沌, 混迷; 乱雑. **b** 困惑, 狼狽; 錯乱(状態): cause [create, lead to] ～ 混乱をまねく / covered *with* [*in*] ～ うろたえて, どぎまぎして / be *in* [throw…*into*] ～ 狼狽している[させる]. **2** 混同 〈*with*〉. **3** [C-!, 〈*int*〉] こんちくしょ

う, 大変だ! ● **～ worse confounded** 混乱(のうえにも)また混乱. **the ～ of** (**the**) **tongues**〘聖〙ことばの混乱《Babel の塔を築いた人間への神罰として生じたという; *Gen* 11:1–9》. ♦ **～·al** *a*

con·fu·ta·tion /kànfjʊtéɪʃ(ə)n/ *n* 論破, 論駁; 反証. ♦ **-ta·tive** /kənfjúːtətɪv/ *a*

con·fute /kənfjúːt/ *vt* 論駁する; やりこめる (silence); 《廃》ぶちこわす, だいなしにする (confound). ♦ **con·fút·er** *n* **con·fút·able** *a* [L=to restrain]

Cong /kɔ́(ː)ŋ, káŋ/ *n* (*pl* ～) VIETCONG.

cong.〘薬〙congius. **Cong.** Congregation(al) ♦ Congregationalist ♦ Congress ♦ Congressional.

con·ga /káŋɡə/ *n* コンガ《**1**) アフリカ先住民の踊りから発達したキューバの踊り; 通例 一列に並び, 3 回のステップのあと足を蹴り上げる **2**) その伴奏に用いる樽 または 長円錐の形をした太鼓 (=～ **drùm**); 両手で打つ》. ► *vi* (**～ed, ～'d**) コンガを踊る. [AmSp]

cónga lìne ジグザグ行進 (snake dance).

cón gàme 《口》CONFIDENCE GAME; *《俗》誘惑; *《俗》違法[反道徳的]なもの[こと]; *《俗》楽な仕事.

con·gé /kánʒèɪ, *-ʤèɪ; *F* kɔ̃ʒe/ *n* **1** いとまごい, 別れの会釈; 出発[退去]許可: take one's ～ いとまごいをする / pour prendre ～ おいとまごいのため (F=to take leave)《名刺の下端に PPC と略記する》. **2** 解職, 免職 (dismissal): give sb his ～ 人を免職する / get one's ～ 解職される. **3**〘建〙えぐり繰形(くりがた). [F (L *commeatus* furlough)]

con·geal /kənʤíːl/ *vt, vi* 凍らせる, 凍る (freeze); 凝結[凝固]させる[する]; 硬直させる[する]; 固定化させる[する]: His very blood was ～*ed*. (恐怖で)全身の血が凍った / The oil ～*ed*. 油が凝結した. ♦ **～·able** *a* **～·ment** *n* [OF<L (*gelo* to freeze <*gelu* frost)]

con·gee[1] /kánʤi/ *n* CONGÉ. ► 《まれ》*vi* いとまごいをする; お辞儀をする.

congee[2] *n* 米がゆ; 米のスープ. [Tamil]

con·ge·la·tion /kànʤəléɪʃ(ə)n/ *n* 凍結, 凝固; 凍結物, 凝結物; 凍傷.

con·ge·ner /kánʤənər, kənʤíː-/ *n* **1**〘生〙同属 (genus) の動物[植物]; 同じ性質の人, 同種のもの ‹*to*›. **2**〘生化〙コンジナー (=*congeneric*)《アルデヒドやエステルなどアルコール飲料醸造中に生じる副産物; 香りなどを左右する》. ► *a* CONGENERIC. [L; ⇨ GENUS]

còn·genéric *a* 関連のある; 同種の, 同類の;〘生〙同属の. ► *n*〘生化〙コンジナー (CONGENER).

con·gen·er·ous /kənʤénərəs, -ʤíːn-/ *a*〘生〙同属の; 同類の, 同種の.

con·ge·nial /kənʤíːnjəl/ *a* **1** 同じ性質[性格]の, 同趣味の ‹*with, to*›: ～ spirits 気の合った同士 / in ～ society 意気投合する仲間に交じって. **2 a** ‹健康・趣味などに›適した, 合った ‹*to*›, 性分に合う; 楽しい, 快適な: a climate ～ *to* health 健康に適した風土. **b** 愛想[感じ]のよい: a ～ host. ♦ **～·ly** *adv* 気性に合って: be ～*ly* employed 性分に合った[好きな]仕事をしている. **～·ness** *n* [*con*-, GENIAL[1]]

con·ge·ni·al·i·ty /kənʤìːniǽləti/ *n* 《性質・趣味などの》一致, 相性 ‹*in, between*›; 適性, 適合[適応]性 ‹*to, with*›.

con·gen·ic /kənʤénɪk/ *a*〘遺〙類遺伝子性の, コンジェニック….

con·gen·i·tal /kənʤénət(ə)l, kɑn-/ *a* ‹病気・欠陥など›生まれつきの, 先天的な ‹*with*›; 《口》手の打ちようのない, 全くの (: a ～ idiot). ♦ **～·ly** *adv* **～·ness** *n* [L (*genit*- *gigno* to beget)]

cón·ger (**éel**) /káŋɡər(-)/〘魚〙アナゴ. [OF, <Gk *goggros*]

con·ge·ries /kánʤəriz, kənʤíəriːz/ *n* (*pl* ～) 寄り集まり, 集積; 堆積, 集塊, …の山 (heap). [L (↓)]

con·gest /kənʤést/ *vt* **1** 過度に詰め込む, 混雑させる: The parade ～*ed* the street. パレードで街は激しく込み合っていた. **2**〘医〙鬱血[充血]させる; ‹鼻を›詰まらせる. ► *vi* 集まる, 群がる;〘医〙鬱血[充血]する. ♦ **～·ible** *a* [L *con*-(*gest*- *gero* to bring)=to heap together]

congést·ed *a* 密集した; 混雑した;〘医〙鬱血[充血]した; 鼻詰まりになった: ～ traffic 雑踏した往来 / a ～ area [district] 過密地域.

con·ges·tion /kənʤésʧ(ə)n/ *n* 密集,《人口の》過剰;《貨物などの》輻輳(ふくそう),《街路・交通の》混雑;〘医〙鬱血, 充血; 鼻詰まり: traffic ～ 交通集中[渋滞] / ～ of the brain 脳充血. ♦ **con·gés·tive** *a*

congéstion chàrging["] 《大都市中心部への車の乗り入れを規制する》混雑[渋滞]課金制度. ♦ **congéstion chàrge**["] 渋滞税.

congéstive héart fàilure〘医〙鬱血性心不全《略 CHF》.

con·gi·us /kánʤiəs/ *n* (*pl* **-gii** /-ʤiàɪ/)コンギウス《**1**)〘古ロ〙≒0.84 米ガロン[0.7 英ガロン] **2**)〘薬〙1 英ガロン》. [L]

Cón·gle·ton Béars /káŋɡ(ə)ltən-/ *pl* コングルトンの町民《Congleton は, 熊いじめで有名な Cheshire の町; 聖書購入用の金で熊を買ったため, 町は Bear Town と呼ばれた》.

con·glo·bate /kɑnɡlóʊbèɪt, kən-; káŋɡləʊbèɪt/ *vt, vi* 球形にする[なる]. ► /-bət, -bèɪt/ *a* 球状の. ♦ **còn·glo·bá·tion** *n* 球形化; 球状体. **～·ly** *adv*

con·globe /kɑnɡlóʊb, kən-/ *vt, vi* 球形にする[なる].

con·glob·u·late /kɑnɡlábjəlèɪt, kən-/ *vi* 球状に集まる. ♦ **con·glòb·u·lá·tion** *n* 球状化[体].

con·glom·er·ate /kənɡlám(ə)rət/ *a* **1** いろいろなものが集まってできた, 複合的な; 密集した. **2** 丸く固まった;〘地質〙礫岩(れきがん)質の, 礫質の. ► *n* **1** 集塊, 集団, 集合, 集成体, 凝塊;〘地質〙礫岩. **2** (巨大)複合企業, コングロマリット. ► *vt, vi* /-mərèɪt/ 丸く固める[固まる], 団塊状に集める[凝集する]. ♦ **con·glóm·er·a·cy** *n* (巨大)複合企業の形成. **con·glòm·er·át·ic** /-rǽt-/, **-er·ít·ic** /-rít-/ *a* **con·glóm·er·a·tive** /, *-rèɪ-/ *a* **con·glóm·er·à·tor** *n* CONGLOMERATEUR. [L (pp)<*con*-(*glomero*<*glomer*- *glomus* ball)=to roll together]

con·glom·er·a·teur /kənɡlàmərətə́ːr/, **-teer** /-tíər/ *n* (巨大)複合企業経営者.

con·glom·er·a·tion /kənɡlàməréɪʃ(ə)n, kɑn-/ *n* 塊状集積; 凝塊, 集塊, 密集体; 雑多なものの寄せ集め.

con·glu·ti·nant /kənɡlúːt(ə)nənt/ *a* 膠着する, 癒着する;〘医〙《傷の》治癒[癒着]を促進する.

con·glu·ti·nate /kənɡlúːt(ə)nèɪt, kɑn-/ *vt, vi* 膠着する; 癒着[癒合]させる[する]. ► *a* 膠着した, 癒合の. ♦ **con·glù·ti·ná·tion** *n* 膠着, 癒着. **con·glú·ti·nà·tive** /; -nə-/ *a* 膠着性の.

con·go /káŋɡoʊ/ *n* CONGOU.

Congo 1 [the] コンゴ川《アフリカ中部コンゴ民主共和国内を大きく弧状に流れて大西洋に注ぐ川; 別称 Zaire》. **2** [the] コンゴ《**1**) Congo 川流域地方 **2**) アフリカ中西部の国; 公式名 Republic of the ～ (コンゴ共和国); ☆Brazzaville; 旧称 Middle Congo **3**) アフリカ中部の国; 公式名 Democratic Republic of the ～ (コンゴ民主共和国); ☆Kinshasa; 1997 年に Zaire から Congo へ改称》.

Cóngo dỳe [**còlor**]〘染〙コンゴ染料《主にベンジジン (benzidine) から誘導した直接アゾ染料》.

cóngo èel〘動〙AMPHIUMA.

Còngo·ése *a, n* CONGOLESE.

Cóngo Frée Stàte [the] コンゴ自由国《ベルギー領コンゴ (Belgian Congo) の初期の名称》.

Cóngo-Kordofánian *n*〘言〙コンゴ-コルドファン語族 (NIGER-KORDOFANIAN).

Con·go·lese /kàŋɡəlíːz, *-s/ *a* コンゴ(人)の. ► *n* コンゴ人; コンゴ語. [F (CONGO, *-ese*)]

Cóngo pèacock〘鳥〙コンゴクジャク (afropavo).

Cóngo réd〘染〙コンゴレッド[赤]《Congo dyes の一つ》.

cóngo snàke〘動〙AMPHIUMA.

con·gou /káŋɡu, -ɡoʊ/ *n* 工夫(コンフー)茶《中国紅茶の一種》.

con·grats /kənɡrǽts/, **con·grat·ters** /kənɡrǽtərz/ *n pl, int* 《口》おめでとう (congratulations).

con·grat·u·lant /kənɡrǽʧələnt/ *a* お祝いの, 祝賀の, 慶賀の. ► *n* 祝賀者.

con·grat·u·late /kənɡrǽʧəlèɪt/ *vt* 祝う, ‹人›に祝辞[よろこび]を述べる; 《古》…に満足の意[祝意]を表わす; 《廃》…に挨拶する: ～ sb *on* an event / ～ one*self* 喜ぶ, 自慢する ‹*on; that*› / Sarah is to be ～*d* for her efforts. サラの努力は称賛に値する. ♦ **-là·tor** *n* 祝辞を述べる人, 祝賀者. [L (*gratulor* to show joy <*gratus* pleasing)]

con·grat·u·la·tion /kənɡræ̀ʧəléɪʃ(ə)n/ *n* 祝い, 祝賀, 慶賀 ‹*on*›; [*pl*] 祝辞; [～*s*, ‹*int*›] おめでとう!: offer one's ～*s* 祝辞を呈する / *C*～*s on* your award. 受賞おめでとう.

con·grat·u·la·to·ry /kənɡrǽʧələtɔ̀ːri; -t(ə)ri/ *a* 祝賀の: a ～ address 祝辞 / send a ～ telegram 祝電を打つ.

con·gre·gant /káŋɡrɪɡənt/ *n* 《ほかの人びとと共に》集まる人,《特に》会衆の一人.

con·gre·gate /káŋɡrɪɡèɪt/ *vi, vt* (大勢)集まる[集める]. ► *a* /-ɡət, -ɡèɪt/ (大勢)集まった; 集団的な; コングリゲートの《特に 介護の必要な高齢者の集団を対象とするサービス・施設についていう》. ♦ **-gà·tor** *n* [L CON*grego* to collect in a flock (*greg*- *grex* flock)]

con·gre·ga·tion /kàŋɡrɪɡéɪʃ(ə)n/ *n* **1** 集合(すること), 会合. **2 a** 集まり, 集会;《礼拝のための》会衆;《ある教会に所属する》信徒たち, 信心会. **b** [the C-]〘聖・ユダヤ史〙《荒野に宿営していた》イスラエルの民《全体》, ユダヤ民族 (=C～ of the Lord). **3**〘カト〙**a**《聖庁内の》聖省(せいしょう). **b**《単式誓願などの》修道会. **c** 修族《いくつかの修道院の集まり》. **4** [[U]C-] ["]《Oxford 大学などの》教職員会. **5** *《初期のニューイングランドの植民地の》開拓地[町, 教区].

congregátion·al *a* 会衆の; [C-]〘キ教〙会衆派の;《一般に》会衆[組合]教会制の. ♦ **～·ly** *adv*

Congregátional Chúrch〘キ教〙会衆派[組合派]教会《イングランド・ウェールズでは 1972 年 Presbyterian Church と合併して United Reformed Church を結成した》.

congregátion·al·ìsm *n* 会衆[組合]教会制《各個教会の会衆が独立自治を行なう制度》; [C-] 会衆派[組合派]教会主義《イングランドに始まったプロテスタントの一派の思想》. ♦ **-ist** *n, a* **-al·ìze** *vt*

cón·gre·gà·tive *a* 集まる傾向のある, 集合的な; 集団に訴える[うける].

con·gress /káŋɡrəs; -ɡrès/ *n* **1 a** [[C]C-]《米国または中南米の共和国の》議会, 国会 (cf. DIET[2], PARLIAMENT). **b**《議会・国会の》会

期: in *C*~ 国会開会中. **2**《代表者・使節・委員などの正式な》大会議, 評議員会, 代議員会, 学術大会. **3** 集合, 会合; 社交; 性交, 交合. **4** INDIAN NATIONAL CONGRESS. [L=coming together (*gress- gradior* to walk)]

cóngress bòot [°C-] コングレスブーツ (=*congress gaiter* [*shoe*]) 《くるぶしまでの深靴》.

Cóngress càp [ˢc-] インド国民会議派議員のかぶる白い綿製の縁なし帽.

cóngress gàiter* [°C-] CONGRESS BOOT.

con·gres·sio·nal /kəngrέʃənl, kɑn-/ *a* 会議[集会]の; 立法府の; [°C-] (米国)議会の. ♦ **~·ly** *adv*

congréssional dístrict [°C-] 〘米〙 下院議員選挙区.

Congréssional Médal (of Hónor) [the] 〘米〙 MEDAL OF HONOR.

Congréssional Récord 〘米〙 連邦議会議事録.

cóngress·ist, congréssional·ist *n* 議会[国会]議員; 議会支持者.

cóngress·man /-mən/ *n* [°C-] 国会議員, 《特に》米下院議員 (cf. REPRESENTATIVE, SENATOR).

cóngressman-at-lárge *n* (*pl* **-men-**) 〘米〙 《congressional district 選出に対し》全州一区選出連邦議会[下院]議員.

Cóngress of Indústrial Organizátions [the] 〘米〙 産業別労働組合会議 《1938 年 AFL から分離して結成された産業別組合の連合体; 1955 年 AFL と合同; 略 CIO; ⇨ AFL-CIO》.

Cóngress of Viénna [the] 〘史〙 ウィーン会議 《Napoleon 戦争後の 1814–15 年に Vienna で開かれた, ヨーロッパの政治的・領土的再編のための列国会議; オーストリア外相 Metternich が議長をつとめた》.

Cóngress Pàrty [the] INDIAN NATIONAL CONGRESS.

cóngress·pèrson *n* (*pl* **cóngress·pèople**) [°C-] 国会議員, 《特に》米下院議員.

cóngress shòe [°C-] CONGRESS BOOT.

cóngress·wòman *n* [°C-] 女性国会議員, 《特に》女性米下院議員.

Con·greve /kάŋgrìːv, kάŋ-; kɔ́ŋ-/ コングリーヴ **William** ~ (1670–1729) 《英国の劇作家; 風習喜劇 (comedy of manners) を完成させた; *Love for Love* (1695), *The Way of the World* (1700)》.

con·gru·ence /kάŋgruəns, *kəngrúː-/, **-cy** *n* 一致, 合致, 調和; 〘数〙 合同, 合同式; 〘数〙 《線の》叢(そう). [L (*congruo* to agree)]

con·gru·ent /kάŋgruənt, *kəngrúː-/ *a* 一致する, 合致する 〈*with*〉; 〘数〙 合同の; 〘理・化〙 一致溶融(点)の. ♦ **~·ly** *adv*

con·gru·i·ty /kəngrúːəti, kɑn-/ *n* 一致, 調和, 適合, 適当 〈*between, with*〉; 一致点; 〘数〙 合同.

con·gru·ous /kάŋgruəs/ *a* 一致する, 調和する, 適合する 〈*with*〉; 適当な, 適した; まとまった, 一貫した. ♦ **~·ly** *adv* **~·ness** *n*

con gus·to /kɑn gάstoʊ/ *adv* 〘楽〙 曲の性格と速さに合わせて, コン・ガスト(で). [It]

coni CONUS の複数形.

coni arteriosi CONUS ARTERIOSUS の複数形.

con·ic /kάnɪk/ 〘数〙 *a* 円錐の; CONICAL. ► *n* CONIC SECTION; [~s, 〈*sg*〉] 円錐曲線論. ♦ **co·nic·i·ty** /koʊnísəti/ *n* [Gk; ⇨ CONE]

cón·i·cal *a* 円錐形の: a ~ flask 三角フラスコ (ERLENMEYER FLASK). ♦ **~·ly** *adv* **~·ness** *n*

cónic projéction 〘地図〙 円錐図法 《地球面に円錐をかぶせ, 地球の中心から投影する図法》.

cónic séction 〘数〙 円錐曲線 《直円錐の切り口として表われる円・楕円・双曲線》; [~s, 〈*sg*〉] 円錐曲線論.

co·níd·io·phòre /kənídiə-/ *n* 〘植〙 分生子柄. ♦ **co·nìd·i·óph·o·rous** /-άf(ə)rəs/ *a*

co·níd·io·spòre /kənídiə-/ *n* CONIDIUM.

co·nid·i·um /kənídiəm/ *n* (*pl* **-dia** /-diə/) 〘植〙 分生子 《菌類の無性的胞子》. ♦ **-níd·i·al, -níd·i·an** *a*

co·ni·fer /kάnəfər, kóʊ-/ *n* 〘植〙 針葉樹, 球果植物. [L=CONE bearing]

co·nif·er·ous /kəníf(ə)rəs, koʊ-, ‖kɔ-/ *a* 〘植〙 球果を結ぶ, 針葉樹の: a ~ forest 針葉樹林, 松柏林.

có·ni·fòrm /kóʊnə-/ *a* 円錐形の.

co·ni·ine /kóʊniìːn, -nìːn/, **-nine** /-nìːn, -nən/ *n* 〘化〙 コニイン 《ドクニンジンに含まれる有毒成分; 医薬用》.

co·ni·ol·o·gy /kòʊniάləʤi/ *n* KONIOLOGY.

co·ni·um /kóʊniəm, koʊnáɪəm/ *n* 〘植〙 ドクニンジン属 (*C*-) の各種草本; ドクニンジンの乾燥未熟果 《鎮静薬・抗痙攣薬・鎮痛薬》. [L =hemlock]

conj. conjugation ♦ conjunction ♦ conjunctive.

con·jéc·tur·al *a* 推測的な, 確定的でない; 臆測好きな. ♦ **~·ly** *adv* 推量的に, 推測で, 臆測で.

con·jec·ture /kənʤέkʧər/ *n* 推量, 推測, 臆測; 判読, 《校訂で本文にない部分の》推定による読み; 《数学などで》予想 《証明される前の命題》; 《廃》神秘的徴候の解釈, 前兆判断: It was based on ~. / hazard a ~ あてずっぽうを言ってみる. ► *vt, vi* 推量[臆測]する, あてずっぽうを言う 〈*on*〉; 判読する. ♦ **con·jéc·tur·able** *a* **-tur·er** *n* [OF or L *conjectura* (*jacio* to throw)]

cón jòb 《口》 CON GAME.

con·join /kənʤɔ́ɪn, kɑn-/ *vt, vi* 結合する, 連合[合同]する. [OF <L; ⇨ JOIN]

con·jóined *a* 結合した; 〘貨幣〙 ACCOLATED: ~ twins 〘医〙 結合体, 二重体 (Siamese twins). ♦ **-jóin·ed·ly** /-ʤɔ́ɪnədli/ *adv*

con·joint /kənʤɔ́ɪnt, kɑn-/ *a* 結合した, 連合の, 合同の (united); 共同の, 連帯の (joint): a ~ action 共同行動. ♦ **~·ly** *adv* 結合[共同]して, 連帯して. **~·ness** *n* [OF (pp) 〈 CONJOIN]

con·ju·gal /kάnʤəg(ə)l, *kənʤúː-/ *a* 夫婦の, 婚姻上の; 一夫婦とその子供のみを家族単位とする (cf. CONSANGUINE): ~ affection 夫婦愛 / ~ family 夫婦家族, 核家族 / ~ rites 《古》夫婦間の営み. ♦ **~·ly** *adv* **còn·ju·gál·i·ty** *n* [L (*conjug- conjux* consort)]

cónjugal ríghts *pl* 〘法〙 夫婦同居[性交]権.

cónjugal vísit 夫婦面会(権) 《刑務所内の配偶者と面会し, (性交などの)私的な時間を過ごすこと[権利]》.

con·ju·gant /kάnʤəgənt/ *n* 〘生〙 接合個体.

con·ju·gate /kάnʤəgèɪt/ *vt* 〘文法〙 〈動詞を〉活用[変化]させる; 結合させる; 〘化〙 〈化合物を〉共役させる. ► *vi* 結合する, 《特に》結婚する; 〘生〙 接合する; 〘化〙 共役する; 〘文法〙 〈動詞が〉変化する, 活用する. ► *a* /-ʤɪgət, -ʤəgèɪt/ (対になって)結合した (united); 〘生〙 接合の; 〘植〙 対をなす〈葉〉; 〈書物の 2 枚の紙葉が〉1 枚の紙からなる; 〘文法〙 同根の, 同じ語源の 《たとえば peace, peaceful, pacific など》; 〘数〙 共役の, 共役複素数の; 〘理〙 共役の; 〘化〙 CONJUGATED; 〘化〙 〈酸・塩基が〉共役の. ► *n* /-ʤɪgət, -ʤəgèɪt/ 〘文法〙 同根語; 〘数〙 共役; CONJUGATE AXIS; CONJUGATE COMPLEX NUMBER; CONJUGATE DIAMETER. ♦ **~·ly** *adv* **~·ness** *n* **-gà·tive** *a* **-ga·cy** /-gəsi/ *n* 〘数〙 共役. [L *con*-(*jugo* 〈 *jugum* yoke)=to yoke together]

conjugate ángle 〘数〙 共役角 《ある角に足すと 360° になる角》.

conjugate árc 〘数〙 共役弧.

conjugate áxis 〘数〙 共役軸, 副軸 《双曲線の焦点を結ぶ軸に直交する対称軸》.

conjugate cómplex númber 〘数〙 共役複素数.

cón·ju·gàt·ed 〘化〙 *a* 2 つの化合物の結合からなる, 複合した; 〈二重結合が〉単結合を間にはさんで存在する, 共役の: ~ double bonds 共役二重結合.

conjugate diámeter 〘数〙 共役直径 《楕円のある直径に平行なすべての弦を二等分する直径》.

cónjugated protéin 〘生化〙 複合タンパク質 《タンパク質以外の成分と結合したタンパク質; cf. SIMPLE PROTEIN》.

conjugate póint 〘数・理〙 共役点.

con·ju·ga·tion /kὰnʤəgéɪʃ(ə)n/ *n* **1** 〘文法〙 《動詞の》語形変化, 活用 《人称・数・時制・態・法による屈折; ⇨ INFLECTION》; 《動詞の》活用型: strong ~ 強変化 《母音交替によるもの》, 不規則活用 / weak ~ 弱変化, 規則活用. **2** 結合, 連合, 配合; 〘生〙 接合; 〘生化〙 抱合; 〘有機〙 共役. ♦ **~·al** *a* **~·al·ly** *adv*

con·junct *a* /kənʤʌ́ŋ(k)t, kɑn-, kάnʤʌŋ(k)t/ 結合[連結]した, 共同の; 〘楽〙 順次進行の 《2 度上または下に進行する; cf. DISJUNCT》. ► *n* /kάnʤʌ̀ŋ(k)t/ 結合[接続]した人[もの]; 〘論〙 連言肢; 〘文法〙 合接詞, 《等位接続詞で連結される》等位項. ♦ **~·ly** *adv* [L; ⇨ CONJOIN]

con·junc·tion /kənʤʌ́ŋ(k)ʃ(ə)n/ *n* **1 a** 結合, 連結; 合同, 連絡; 〘論〙 連言; 〘天〙 《二惑星などの》合, 《月の》朔(さく); 〘占星〙 合, コンユンクティオー 《黄径差 0° の ASPECT》: in ~ with...と共に; ...に関連して. **b** 〘文法〙 接続詞 《略 conj.》. **2** 《事件の》同時発生. ♦ **~·al** *a* **~·al·ly** *adv* [OF<L (↑)]

conjúnction-redúction *n* 〘変形文法〙 等位構造縮約(変形).

con·junc·ti·va /kὰnʤʌŋ(k)táɪvə, kən-/ *n* (*pl* **~s, -vae** /-vi/) 〘解〙 《眼球の》結膜. ♦ **-val** *a* [L (*tunica*) *conjunctiva*; ↓]

con·junc·tive /kənʤʌ́ŋ(k)tɪv/ *a* 結合[接合, 連結]的な; 〘文法〙 接続的な; 〘論〙 連言的な. ► *n* 〘文法〙 接続語; 接続法 (=~ mood). ♦ **~·ly** *adv* [L; ⇨ CONJOIN]

conjúnctive ádverb 〘文法〙 接続副詞 《however, nevertheless, still, then など》.

con·junc·ti·vi·tis /kənʤʌ̀ŋ(k)tɪváɪtəs/ *n* 〘医〙 結膜炎. [*conjunctiva*]

con·junc·ture /kənʤʌ́ŋ(k)ʧər/ *n* 局面, 《事件の重なった》情況, 事態; (危急の)際, 危機, 非常事態; 《まれ》結合: at [in] this ~ この際.

con·jun·to /koʊnhúːntoʊ/ *n* (*pl* **~s**) 《ラテンアメリカ・ヒスパニック社会で》バンド, 集団; 〘楽〙 コンフント 《メキシコ系アメリカ人の音楽; ドイツ系移民がもたらしたワルツやポルカの影響を受け, アコーディオンを使う》.

con·ju·ra·tion /kὰnʤʊréɪʃ(ə)n; kʌ̀n-/ *n* まじない(の文句), 呪文, 魔法; 手品; 《古》祈願, 嘆願.

con·jure /kάnʤər; kʌ́n-/ *vt* **1** 呪文[神の名]を唱えて〈悪霊を〉呼び出す 〈*up*〉; 魔法[手品]で...する, 《魔法を使うかのように》不意に作り出す[達成する] 〈*up*〉; 思い起こす 〈*up*〉; 思い出させる, 彷彿させる 〈*up*〉: ~ away 魔法で追い払う / ~ out 魔法[手品]で出す / The juggler

~*d* a rabbit out of a hat. 奇術師は手品で帽子からウサギを出した. **2** /kənʤúər/ 〈人〉に祈願[懇願]する, 折り入って願う 〈sb *to* do〉. ► *vi* 呪文[神の名]を唱えて悪霊を呼び出す; 魔法を使う; 手品をやる. ● **a name to ~ with** ᴵᴵ呪文に用いる名; 魅力に富んだ[有力な]名; 発音のむずかしい(長い)名. ► *a* 魔法を使う, まじないをする[に用いられる]. [OF=to plot, exorcise<L (*juro* to swear)]

cón·jur·er, -ju·ror *n* 魔法使い; 手品師, 奇術師; «口» 目から鼻へ抜けるような人: He is no ~. たいした男ではない.

cón·jur·ing *n* 手品, 奇術: a ~ trick.

conk[1] /káŋk, *kɔ́:ŋk/ «俗» *n* 頭; ᴵᴵ鼻; 《頭・鼻への》一撃, パンチ. ● **bust one's ~** 熱心に働く, 懸命にやる. ► *vt* 〈人〉の頭[鼻]をなぐる; 《特に スポーツで》こてんぱんにやっつける: ~ (sb) one …に一発くらわす. [C19=? CONCH]

conk[2] «口» *vi* 〈機械が〉故障する, いかれる 〈*out*〉; 死ぬ, くたばる 〈*out*〉; 気絶する, 倒れる, ばてる; 仕事をサボる; 寝る, 眠る 〈*off, out*〉. [C20 <?; imit か]

conk[3] *n* 〔植〕《サルノコシカケなどの》コンク, 鼻; コンクによる腐朽. [? CONCH]

conk[4] *«俗» *vt* 《通例 薬品で》〈縮れた髪の毛を〉まっすぐにする. ► *n* コンク (=*process*) 《縮れ毛を伸ばして平たくした[軽くウェーブをかけた]ヘアスタイル》. [? *congolene* a hydrocarbon produced from Congo copal (*Congolese, -ene*)]

cónk-bùst·er *«俗» *n* 安酒; 難題; 知的黒人. [*conk*[1]]

cónked-óut *a* «俗» ぽんこつの. [*conk*[2]]

conk·er ᴵᴵ/káŋkər/ *n* セイヨウトチノキ (horse chestnut) の実; [~s, 〈*sg*〉] コンカーズ《ひもに通したトチの実を振って相手の実を割る英国の子供の遊び》. [*conker* (dial) snail shell; ゲームにこれを用いた; *conquer* と音の連想]

cónk·òut *n* *«俗» 故障; *«俗» 眠ってしまうこと, くたばること, おだぶつ.

cónky *a, n* «俗» 鼻の大きい(人), 大鼻.

cón màn «口» 詐欺師 (confidence man); あぶく銭を稼ぐ者, 安逸に暮らすやつ; «口» ハンサムで魅力的な男, 口先のうまい男.

con-man·ner·ism /kánmænərìz(ə)m/ *n* 詐欺師的行為[態度].

con·man·ship /kánmənʃìp/ *n* «口» 詐欺師の腕.

con mo·to /kan móutou/ *adv, a* 〔楽〕 動きをもって[もった], 元気よく[よい], コン・モートで[の]. [It=with movement]

conn /kán/ *vt* 〈船・飛行機など〉の操舵[コース]を指揮する: CONNING TOWER. ► *n* 操舵[操艦]指揮; 操舵指揮者の位置. [*cond* の弱形<F; ⇨ CONDUCT]

Conn. Connacht ♦ Connecticut.

Con·nacht /kánɔ̀:t/ コナハト《アイルランド西部の Galway, Leitrim, Mayo, Roscommon, Sligo の諸県からなる地域; 古代には王国; 旧称 **Con·naught** /kánɔ̀:t/; 略 Conn.; cf. LEINSTER, MUNSTER[1], ULSTER》.

con·nate /kánèɪt, *─´/ *a* 生得の, 先天的な; 同性質[種類]の; 同時発生の; 〔植〕 合着(ごうちゃく)の, 合生(ごうせい)の; 〔地質〕 同生の〈水〉. ♦ **~·ly** *adv* **~·ness** *n*

con·na·tion /kənéɪʃ(ə)n/ *n* 〔植〕 先天的合着, 合着(発生).

con·nátural /ka-, kə-/ *a* 生まれつきの, 生来の, 固有の 〈*to*〉; 同性質の. ♦ **~·ly** *adv* **con·nat·u·ral·i·ty** /kanæ̀tʃərǽləti, kə-/ *n*

con·nect /kənékt/ *vt* **1** つなぐ, 結合[連結, 接続]する, 《電話で》接続させる 〈*to, with*〉. **2** [ᵁ*pass*/~ *-self*] 関係させる; 結びつけて考える, 連想する: *be ~ed with*…と関係[連絡]がある / ~ *oneself (up) with [to]*…と関係する. ► *vi* **1 a** 連続する; つながる, 接続[連絡]する, 〈乗客が乗り換える 〈*with, to*〉; 〈ネットなどに〉接続[アクセス]する 〈*to*〉: The train ~*s with* the boat. その船と連絡する. **b** *«俗» 〈人と〉連絡をとる, 会う. **c** *«口» 気持が通じる, 意気投合する, 共感する 〈*with*〉; *«俗» ぴったり合う. **2** 関連する 〈*with*〉; 関連させる, つながりを理解する: only ~ 結びつけよ, 結びつけて一つの有意味なものにせよ《E. M. Forster の小説 *Howards End* の中のことばから》. **3** «口» 《スポーツで》首尾よく打つ[投げる, 殴打する, 当たる], 〈パンチが〉決まる: ~ *for* a double [homer] 二塁打[ホームラン]を打つ. **4** *«俗» 麻薬[マリファナなど]を買う[手に入れる]. ● **~ up** つなぐ (cf. *vt* 2); 〈ガス・電気・電話などを本管・幹線などに〉接続する 〈*to*〉. ♦ **~·able, ~·ible** *a* **connecter** ⇨ CONNECTOR. [L (*nex- necto* to bind)]

connéct·ed *a* 連続している; 一貫した; 関係[連絡]のある; 接続している 〈*to*〉; 血縁[姻戚]関係がある; 縁故[コネ]がある; 〔数〕 〈集合が〉連結した: a ~ account 筋の通った説明 / ~ ideas 互いに関連した思想 / well ~ よい縁故のある. ♦ **~·ly** *adv* 関連して. **~·ness** *n*

Con·nect·i·cut /kənétɪkət/ **1** コネティカット《ニューイングランドの州; ☆Hartford; 略 Conn., CT》. **2** [the] コネティカット川《New Hampshire 北部から南流して Long Island 海峡に注ぐ》.

Connécticut Cómpromise [the] 〔米史〕 コネティカット妥協案《1787 年の憲法制定会議で採択された妥協案で, 各州が上院には同数, 下院には人口比による代表を送ることを規定したもの》.

connéct·ing ròd 〔機〕《機関などの》連接棒.

con·nec·tion, «英» **-nex·ion** /kənékʃ(ə)n/ *n* **1 a** 結合, 接合; 結合するもの, 《機械などの》連接; 接合部; 〔建〕 継手, 仕口(しくち). **b** 《電話の》接続; 《電話・電信の》連絡; 連結するもの, 〔電〕 結線, 回路; 通信手段: You are *in* ~. 〔電話〕 つなぎました. **c** [°*pl*] 《船・汽車・バスなどの》連絡, 接続; 接続船[列車]: make ~*s* 〈列車などが〉連絡[接続]する 〈*with* the steamer〉 / a good ~ of trains 列車の連絡のよさ / make [miss] one's ~ 《列車・船などに》うまく乗り継ぐ[乗り遅れる] / run in ~ 〈列車などが〉連絡して発着する. **2** 関係, 関連, 結びつき; 《思想・表現の》一貫性, 連続性; 前後関係, 文脈: make a ~ 関連づける, 脈絡をつける / the ~ *between* crime and poverty 犯罪と貧困との関係 / in this [that] ~ この[その]点について; ついでながら, ちなみに. **3 a** 《人と人との》関係, 間柄; [ᵁ*pl*] 縁故, つて, コネ, 姻戚《関係またはその人》; 親しさ, 交わり; 情交: cut the ~ 〈…との〉関係を断つ 〈*with*〉 / form a ~ 〈…と〉関係ができる, 縁続きになる 〈*with*〉; 〈男女が〉親しくなる / form useful ~*s* 有力な友人(関係)をつくる / a man of good ~ よい親戚をもっている人 / a distant ~ 遠い親戚 / have ~ *with*…と情交を結ぶ. **b** 取引関係; 得意先, 取引先; 勤め口: establish [have] a ~ 取引関係をつける[もっている] / a business with a good ~ よい得意先のある商売. **4** 利害を共にする人びと; 党派; 《特に メソジスト派で》宗派, 教派; 一族: a good business ~ すぐれた事業団体. **5** 秘密の[共謀]関係, 秘密組織; 《麻薬など禁制品の》流通ルート, 密輸組織; «俗» 薬(やく)の売人. ● **in ~ with**…と関連して; …に関して(の); 〈電車など〉…と連絡して; …と共に, …を伴って. ♦ **~·al** *a* [L (CONNECT); *-ct-* は connect から]

connéction·ìsm *n* **1** 〔心〕 結合説《学習をすべて刺激と反応との結合によって説明する, Thorndike に始まる説》. **2** コネクショニズム《記憶は脳の中のいくつかの処理ユニットに分かれて配分されており, これらのユニットの間の神経結合が活性化されることによって頭脳が機能するという記憶理論; 人工知能的コンピューターの理論モデルともなる》. ♦ **-ist** *n, a*

connéction·less *a* 〔電算〕 無接続の (opp. *connection-oriented*) 《データ通信において, 送信先との接続を確立せずにパケットを送り出す; Ethernet, IPX, UDP などのプロトコルがこの方式をとる》: ~ communications / a ~ network [protocol].

connéction-óriented *a* 〔電算〕 接続指向の (opp. *connectionless*) 《データ通信において, 送信のたびに送信先との接続を確立して行なう; TCP や HTTP などのプロトコルがこの方式をとる》.

connéction pòint 〔電算〕 接続ポイント, アクセスポイント《ネットワークにアクセスしようとする個々のユーザーが電話回線や無線などを通じて直接接続するコンピューター[機器]》.

con·nec·tive /kənéktɪv/ *a* 接続的な, 結合[連接]性の. ► *n* 連結物, 連接物; 〔文法〕 連結語《接続詞・関係詞など》; 〔論〕 結合記号; 〔植〕 葯隔(やくかく); 〔解・動〕 縦連合, 縦連神経, 神経連係《前後の神経節を連絡する神経繊維; cf. COMMISSURE》. ♦ **~·ly** *adv* 連結して, 接続的に.

connéctive tìssue 〔解〕 結合組織.

con·nec·tiv·i·ty /kanèktívəti/ *n* 接続性, 結合性; 〔電算〕 他の機器[プログラム]との連結のしやすさの度合い, 連結性.

con·néc·tor, -néct·er *n* 連結するもの, 接合具; 〔鉄道〕 連結器 (coupling), 連絡係; 〔電〕 コネクター.

connéct-the-dòts *n* 点結び (=~ **gàme [pùzzle]**) 《点を順番につなぐと絵が現われる子供の遊び》. ► *a* «俗» 簡単に予想がつく, 見え透いた〈筋書〉, いとも簡単な〈問題〉; «口» 各種の情報を巧みにまとめた.

connéct tìme 〔電算〕 接続時間《ユーザー(端末)が遠隔システムに接続している時間》.

Con·ne·ma·ra /kànəmá:rə/ **1** コネマラ《アイルランド西岸 Galway 県の不毛地域; ほとんど泥炭地で湖沼が多い》. **2** コネマラ (=~ **póny**) 《Connemara 地方産の頑健なポニー》

Con·ne·ry /kán(ə)ri/ コネリー Sir **Sean** /ʃɔ́:n/ ~ (1930–) 《スコットランドの映画俳優; 本名 Thomas Connery; *Dr. No* (007 は殺しの番号, 1962) に始まる '007' シリーズの James Bond 役で世界的スターとなった》.

connexion ⇨ CONNECTION.

Con·nie /káni/ コニー《女子名; Constance の愛称》.

cón·ning tòwer /kánɪŋ-/ 《軍艦・潜水艦の》司令塔.

con·nip·tion /kənípʃ(ə)n/ *n* *«口» ヒステリーの発作, かんしゃく (=~ **fit**): go into ~*s* / have [throw] a ~ (fit). [C19<?]

con·niv·ance /kənáɪv(ə)ns/ *n* 黙過, 見て見ぬふり 〈*at, in*〉; 《犯罪行為の》黙認, 不貞行為の慫慂(しょうよう).

con·nive /kənáɪv/ *vi* 見て見ぬふりをする, 黙認する, 大目に見る (wink) 〈*at*〉; ひそかに協力する[理解を示す] 〈*with*〉; 共謀する 〈*with*〉. ♦ **con·nív·ing** *a* 卑劣な, 陰険な. **con·nív·er** *n* 黙認者, 大目に見る人 〈*at*〉. **-nív·ery** *n* [F or L *conniveo* to shut the eyes]

con·niv·ent /kənáɪv(ə)nt/ *a* 〔植・動〕 (しだいに)湊合(そうごう)している, 輻合(ふくごう)の〈おしべ・羽翅(うし)など〉.

con·nois·seur /kànəsə́:r/ *n* 《美術品などの》鑑定家; 目きき, 通, くろうと 〈*of*〉. ♦ **~·ship** *n* 鑑識眼; 鑑定業. [F (*connaître* to know); cf. RECONNOITER]

Con·nol·ly /kán(ə)li/ コナリー, コノリー (1) **Cyril (Vernon)** ~ (1903–74) 《英国の批評家・小説家》 (2) **Maureen (Catherine)** ~ (1934–69) 《米国のテニス選手; 通称 'Little Mo'; 女性初の Grand Slam を達成 (1953)》.

Con·nor /kánər/ **1** コナー《男子名; 愛称 Corney, Corny》. **2** コ

ナー **Ralph** ～ (1860–1937)《カナダの長老派牧師・小説家; 本名 Charles William Gordon》. [Ir=high desire]

Con·nors /kánərz/ コナーズ **'Jimmy'** ～ **[James Scott** ～**]** (1952–)《米国のテニス選手; Wimbledon で2回 (1974, 82), 全米オープンに5回優勝》.

con·no·ta·tion /kànətéɪʃ(ə)n/ *n* 言外に暗示すること;〔言外の〕暗示的意味, 含蓄; 意味;〖論〗内包《ある概念の満たすすべての性質; cf. DENOTATION》. ♦ **～·al** *a*

con·no·ta·tive /kánətèɪtɪv, kənóʊtə-/ *a* 言外の意味を暗示する 〈*of*〉;〖論〗内包的な: ～ sense 含意. ♦ **～·ly** *adv*

con·note /kənóʊt, ka-/ *vt* 言外に意味する, 含む;〖論〗内包する;《口》意味する. [L *con*NOTE=to mark in addition]

con·nu·bi·al /kən(j)ú:biəl/ *a* 結婚(生活)の; 夫婦の. ♦ **～·ly** *adv* **con·nù·bi·ál·i·ty** *n* 結婚生活, 夫婦関係. **～·ìsm** *n* [L (*nubo* to marry)]

co·ño /kóʊnjoʊ/ *int**《俗》ちくしょう, くたばれ. [Sp]

co·nodont /kóʊnədànt, kánə-/ *n*〖古生〗コノドント《(1) 古生代に生存した海産の無脊椎動物 2) それのものといわれる小さな歯のような微化石 (=～ **èlement**)》. [Gk CONE]

co·noid /kóʊnɔɪd/ *a* 円錐に似た形の. ► *n*〖数〗円錐曲線体, コノイド《双曲放物面など》; 尖円体のもの《銃弾など》.

co·noi·dal /koʊnɔ́ɪdl/ *a* CONOID. ♦ **～·ly** *adv*

co·no·scen·te /kòʊnəʃénti, kànoʊ-/ *n* COGNOSCENTE.

con·quer /káŋkər/ *vt* **1 a** 征服する, 攻略する. **b**〈激情を〉抑える,〈習慣など〉打破する,〈困難・恐怖心など〉克服する. **2**〈名声など〉獲得する;〈心を〉奪う. ► *vi* 勝利を得る, 覇を称える: STOOP[1] to ～. ♦ **～·able** *a* [OF<L *conquiro* to win (*quaero* to seek, get)]

cónquer·or *n* 征服者, 戦勝者; [the C-]〖英史〗征服王《1066年イングランドを征服した William 1世》. ● **play the** ～《口》〈同点者が〉決戦をする.

con·quest /kánkwèst, káŋ-/ *n* **1** 勝ち取ること, 征服〈*of*〉; 克服; 愛情の獲得; [the C-] NORMAN CONQUEST: make a ～ of…を征服する;〈女〉の愛情を勝ち取る. **2** 征服によって得たもの, 占領地; 被征服者; 口説き落とされた人, 愛情になびいた女. [OF<Romanic; ⇨ CONQUER]

con·qui·an /káŋkiən/ *n*〖トランプ〗コンキアン《40枚の札を用いて2人でするラミーの一種》. [MexSp]

con·quis·ta·dor /kanki:stədɔ̀:r, kən-; kənkwís-, kɔŋ-/ *n* (*pl* ～**s**, **-do·res** /-kì:stədɔ́:riz, -rèɪs; -rèɪz/) 征服者 (conqueror),《特に》16世紀にメキシコ・ペルーを征服したスペイン人, コンキスタドール.

Con·rad /kánræd/ **1** コンラッド《男子名》. **2** コンラッド **Joseph** ～ (1857–1924)《ポーランド系の英国の小説家; 本名 Józef Teodor Konrad Korzeniowski; *The Nigger of the 'Narcissus'* (1897), *Lord Jim* (1900), *Nostromo* (1904), 'Heart of Darkness' (1902)》. ♦ **Con·rad·ian** /kànrǽdiən/ *a* [Gmc=bold in counsel]

Con·rail /kánrèɪl/ コンレール《米国東部中西部統合貨物鉄道公社 Consolidated Rail Corporation の通称 (1976–99)》.

cón ròd ‖《口》CONNECTING ROD.

cons. consecrated ♦ conservative ♦ consigned ♦ consignment ♦ consolidated ♦ consonant ♦ constable ♦ constitution ♦ construction ♦ consul ♦ consulting. **Cons.** Conservative.

con·san·guine /kansǽŋgwən, kən-/ *a* CONSANGUINEOUS,《特に》血縁家族[直系血族の大家族]を家族単位とする (cf. CONJUGAL): ～ family 血縁家族.

con·san·guin·e·ous /kànsæŋgwíniəs, -sæn-/ *a* 血族の, 血を分けた: ～ marriage 血族結婚, 近親婚. ♦ **～·ly** *adv* [L (*sanguin- sanguis* blood)]

con·san·guin·i·ty /kànsæŋgwínəti, -sæn-/ *n* 血族(関係) (cf. AFFINITY); 密接な関係[結びつき]: degrees of ～ 親等 / ～ of the second degree 二親等.

con·science /kánʃ(ə)ns/ *n* **1** 良心, 本心, 道義心, 善悪の観念, 規範意識; 良心に従うこと;〖精神分析〗良心《超自我の機能の一部》: a good [clear, clean] ～ やましくない心, 安らかな心 / a bad [guilty] ～ やましい心, うしろめたさ / have no ～ 良心のかけらもない / a case [matter] of ～ 良心が決定すべき事柄 / struggle [wrestle] with one's ～ 良心と闘う / clear [ease] one's ～ 心のやましさを清算する[なくしてやる], 良心を慰める / *C*～ does make cowards of us all.《諺》良心はわれら皆を臆病者にする《やましいことがあればびくつくものだ》/ FREEDOM OF CONSCIENCE. **2**《古》CONSCIOUSNESS. ● **for** ～**(')** **sake** 良心を安めるため, 気休めに; 良心がとがめて; お願いだから. **have…on one's** ～ …をやましく感じる, …で気がとがめる. **have the** ～ **to** do あつかましくも[平気で]…する. **in (all) (good)** ～ 確かに, 正直言って, 本当に, 全くのところ; 公正に, 道理にかなって. **in** ～ 気がとがめて〈できない など〉. **keep** sb's ～ 人が良心に恥じない行動をするようにしむける. **on one's** ～ 良心にかけて(誓う), きっと. **with an easy [a good, a safe]** ～ 安心して. ♦ **～·less** *a* 非良心的な; 不謹慎な. [OF<L *con*-(SCIENCE)=to be privy to]

cónscience clàuse〖法〗良心条項《宗教上の理由などで, たとえば裁判などにかかわる宣誓を拒否することを認める制定法ないしは契約上の規定》.

cónscience invèstment 良心的投資 (=*ethical investment*)《差別的雇用をしていない, 動物虐待をしていない, 人権抑圧政権と取引をしていないなど, 一定の倫理的基準に適合した会社の株だけに投資すること》.

cónscience mòney《脱税者などが匿名でする》罪滅ぼしの納金, 償いの献金.

cónscience-strìcken, -strùck, -smìtten *a* 良心に責められた, 良心の呵責を感じて, 気がとがめて.

con·sci·en·tious /kànʃiénʃəs/ *a*〈人・行為が〉良心的な, 誠実な; 念入りな, 細心な. ♦ **～·ly** *adv* **～·ness** *n* [F<L; ⇨ CONSCIENCE]

consciéntious objéctor 良心的兵役拒否者《略 CO》. ♦ **consciéntious objéction** *n*

con·sci·en·ti·za·tion /kànʃièntəzéɪʃ(ə)n; -tàɪ-/ *n*《ラテンアメリカにおける》無教育者や恵まれない者の意識向上運動.

con·scio·na·ble /kánʃ(ə)nəb(ə)l/ *a* CONSCIENTIOUS.

con·scious /kánʃəs/ *a* **1** 知覚[正気, 意識]のある;〈苦痛・感情・寒気などを〉覚えて〈*of*〉; 意識[感知, 自覚]している, 気づいている〈*of*, *that*〉: become ～ 気づく; 意識が戻る / be ～ *of* [*that*]…を意識している, …に気づいている. **2 a** 意識的な, 自覚のある (opp. *unconscious*); 自意識の強い; 人目を意識した: a ～ effort 意識的な努力 / a ～ smile 作り笑い / with ～ superiority 優越を意識して. **b** [*compd*] …を強く意識する, …を重視する, …に強い関心を示す, …に敏感な: CLASS-CONSCIOUS. **3**《古》他人と意識[知識]を共有している. ► *n* [the] 意識. ♦ **～·ly** *adv* 意識して, 自覚して. [L=sharing knowledge (*scio* to know)]

cónscious·ness *n* 意識, 自覚, 感づいていること〈*of* danger etc., *that*〉;〖心・哲〗意識, 心象: STREAM OF CONSCIOUSNESS / lose [regain, recover] ～ 意識を失う[回復する] / raise one's ～《主義などに基づいて》政治的[社会的]意識を高める (cf. CONSCIOUSNESS-RAISING).

cónscious·ness-expànd·ing *a* 意識を拡大する, 幻覚を起こさせる: ～ drugs 幻覚薬, LSD.

cónscious·ness-ràising *n* 自己発見(法)《自己実現を達成するために自分の状態・欲求をよりよく知ること》; 意識向上[拡大, 改革]《社会[政治]問題, 特に 差別問題に対して意識を高めること》. ♦ **cónscious·ness-ràiser** *n*

con·scribe /kənskráɪb/ *vt* 徴集する; 制限する.

con·script /kánskrɪ̀pt/ *a* 徴兵[徴集]された; 徴集兵からなる. ► *n* 徴集兵. ► *vt* /kənskrípt/ 兵に取る, 徴兵する〈*into* the army〉. [F<L (CONSCRIPTION); (vt) 逆成〈*conscription*〉]

cónscript fáthers *pl*《古代ローマの》元老院議員;《一般に》立法府[国会]議員.

con·scrip·tion /kənskrípʃ(ə)n/ *n* 徴兵, 徴兵制度 (=～ system); 徴用, 徴集, 徴発: ～ of wealth 財産の徴収. ♦ **～·al** *a* **～·ist** *n* 徴兵主義者[支持者]. [F<L *con*(*script- scribo* to write)=to enlist]

con·se·crate /kánsəkrèɪt/ *vt* **1 a** 神聖にする, 清める, 聖化する (opp. *desecrate*);《神の用に》聖別する; 聖別[祝聖]して BISHOP に任じる. **b**〖カト〗〈パンとぶどう酒を〉聖変化させる, 聖別する. **2 a**〈教会・場所・物などを〉奉献する: ～ a church 献堂する. **b**〈ある目的・用途・人に〉ささげる〈*to*〉: ～ one's life *to* the relief of the poor 貧民救済に一生をささげる. ► *a* 神聖な. ♦ **cón·se·cràt·ed** *a* 聖別された, 神聖な; 神にささげられた. **cón·se·crà·tive** *a* **cón·se·crà·tor** *n* 聖別者; 奉献者; 聖職授任者; 司教祝聖者. **con·se·cra·to·ry** /kánsəkrətɔ̀:ri; kɔ̀nsɪkréɪt(ə)ri/ *a* [L (*sacro* to dedicate; ⇨ SACRED)]

con·se·cra·tion /kànsəkréɪʃ(ə)n/ *n* **1** 神聖化, 清め, 聖化; [C-]〖カト〗聖変化《ミサ聖祭でパンとぶどう酒を聖体化すること》. **2 a** 神にささげること, 聖別; 聖別式;《教会の》献堂(式), 奉献; 聖職授任: the ～ of a bishop 監督[主教]聖別(式), 司教祝聖(式). **b** 献身, 精進〈*of* one's life *to* study〉.

con·se·cu·tion /kànsɪkjú:ʃ(ə)n/ *n* 連続, 前後の関連; 論理の一貫;〖文法〗《語法・時制の》一致 (sequence).

con·sec·u·tive /kənsék(j)ətɪv/ *a* **1** 連続する, 連続的な, 引き続く; 論理が一貫した: ～ numbers 通し番号 / It rained three ～ days. 3日続けて降った. **2**〖文法〗結果を表わす: a ～ clause 結果節《結果を表わす副詞節; 例 He is so ill *that he can't come.*》. **3**〖楽〗平行の (parallel): ～ fifths 平行5度. ♦ **～·ly** *adv* **～·ness** *n* [F<L (*secut- sequor* to follow)]

consécutive íntervals *pl*〖楽〗平行音程.

Con·seil d'É·tat /*F* kɔ̃sɛj deta/ [le]《フランスの》国務院, コンセイユ・デタ (Council of State).

con·se·nes·cence /kànsənés(ə)ns/ *n* 全体衰弱, 老衰.

con·sen·su·al /kənsénʃuəl; -sjuəl/ *a*〖法〗合意(のうえ)の; 総意による[基づく];〖生理〗同感[共感]性の: a ～ contract〖法〗諾成契約 / have a ～ relationship (*with*…) (…と)合意のうえで性的関係をもつ. ♦ **～·ly** *adv* [↓]

con·sen·sus /kənsénsəs/ *n*《意見・証言などの》一致, 同意, コンセンサス〈*of* opinion, *that*〉;〖法〗合意; 大多数の意見, 総意, 統一的見解, 世論;〖神学〗一致信条: by ～ 全員一致で, 総意によって / reach a ～ 意見の一致をみる. [L=agreement (CONSENT)]

consénsus sèquence 〘生化〙《核酸・タンパク質の》共通[コンセンサス]配列.

con·sent /kənsént/ *vi* 同意する, 承諾する〈*to*, *to* do, *that*…〉; 《古》《意見・感情など》一致する: a ～*ing* party 賛成者側. ► *n* 同意, 承諾; 《古》《意見・感情の》一致: with the ～ of…の承諾[同意]を得て / by common [general] ～＝with one ～ 異議なく, 満場一致で / give [refuse] ～ 承諾を与える[拒む] / Silence gives [means] ～. 《諺》沈黙は承諾のしるし / AGE OF CONSENT. ♦ **～·er** *n* **～·ing·ly** *adv* [OF＜L＝to agree (*sens- sentio* to feel)]

C

con·sen·ta·ne·ous /kànsèntéɪniəs, -sən-/ *a* 一致した, かなった〈*to*, *with*〉; 全体が一致した, 満場一致の. ♦ **～·ly** *adv* **con·sen·ta·ne·i·ty** /kənsèntəníːəti/ *n*

consént decrèe 〘法〙同意判決《裁判所の承認を得て訴訟の当事者が解決に合意すること; 被告はみずからを有罪 (guilty) とは認めないが訴えられた行為をやめ判決に定められた行為基準に従うことに同意する》.

consént fòrm 同意書, 承諾書.

con·sen·tience /kənsénʃ(ə)ns/ *n* 一致, 同意; 〘心〙コンセンシェンス《知力面から離れた感覚的印象》.

con·sén·tient *a* (全員)同意見の; 賛同の気持がある〈*to*〉.

consént·ing adúlt 同意成人《1) みずからの意志で性行為を行なう[行なえる年齢の]人 2) ホモ行為に同意する人》, [*euph*] ホモ.

con·se·quence /kánsɪkwəns, *-səkwèns/ *n* **1** 結果, 成り行き; 影響(力); 〘論〙帰結; 因果関係: have serious ～*s* 重大な結果を招く〈*on*, *for*〉. **2 a** (影響の)重大性, 重要さ (importance), 社会的重要性, 意義: give ～ to…に箔をつける / of (great) ～ (非常に)重大な / of little [no] ～ ほとんど[全く]取るに足らない / people of ～ 重要人物, 有力者. **b** 尊大 (self-importance). **3** [～s, 〈*sg*〉] 他人が何を書いたか知らずにめいめい勝手に書いたものを合わせて一つの話を作る遊び. ● **in ～ (of…)＝as a ～ (of…)** (…の)結果として, (…の)ゆえに. **take [accept, answer for, bear] the ～s** (自分の行為の)結果を甘受する[に責任を負う].

cón·se·quent *a* 結果の, 結果として生じる〈*on*〉; 論理上必然の, 当然な; 〘地質〙〈川など〉必従の. ► *n* 当然の[必然的な]結果; 〘論〙後件(こうけん) (opp. *antecedent*); 断案, 帰結; 〘数〙《比の》後項 (opp. *antecedent*); 〘楽〙《フーガ・カノンの》後続声部. [OF＜L; ⇨ CONSECUTIVE]

con·se·quen·tial /kànsəkwénʃ(ə)l/ *a* **1** 結果として起こる; 間接的な[に起こる]; 当然な, 必然の〈*on*〉. **2** 重大な, 重要な, ゆゆしい; 尊大な, もったいぶった (self-important). ♦ **～·ly** *adv* 結果として, 必然的に; もったいぶって. **～·ness** *n* **con·se·quen·ti·al·i·ty** /kànsəkwènʃiǽləti/ *n*

consequéntial dámages *pl* 〘法〙間接損害賠償.

consequéntial·ìsm *n* 〘倫〙結果主義《行為の善悪はその結果によってのみ判断されるとする》. ♦ **consequéntial·ist** *a*, *n*

consequéntial lóss insùrance 間接損害保険.

cónsequent·ly *adv*, *conj* その結果として, 従って; それゆえに.

con·serv·an·cy /kənsə́ːrv(ə)nsi/ *n* 《自然および資源の》保存, 管理, 監督; 保存機構; 保存地域; ″《河川・港湾の》管理委員会, 管理事務所. [18 世紀 *conservacy* の変形; ⇨ CONSERVE]

con·ser·va·tion /kànsərvéɪʃ(ə)n/ *n* **1** 保存, 維持; 節約 (opp. *dissipation*); 《自然および資源の》保護, 管理, 保全〈*of*〉; 〘理〙保存: energy ～ 省エネルギー; 〘理〙エネルギーの保存. **2** 保全林[地区], 自然[鳥獣]保護地区, コンサーベーション. ♦ **～·al** *a*

conservátion àrea ″《特殊建造物・史跡保護などの》保全地区.

conservátion·ist *n* 《自然・資源の》保護論者.

conservátion of ángular moméntum 〘理〙角運動量保存.

conservátion of báryons 〘理〙重粒子(数)保存.

conservátion of chárge 〘理〙電荷保存.

conservátion of énergy 〘理〙エネルギー保存.

conservátion of léptons 〘理〙軽粒子(数)保存.

conservátion of máss [mátter] 〘理〙質量保存.

conservátion of máss and énergy 〘理〙質量とエネルギーの保存.

conservátion of moméntum 〘理〙運動量保存.

conservátion of párity 〘理〙パリティーの保存.

con·ser·va·tism /kənsə́ːrvətɪ̀z(ə)m/ *n* 保守主義; 保守的傾向, 保守かたぎ; [ºC-] 保守党の方針[政策].

con·ser·va·tive /kənsə́ːrv(ə)tɪv/ *a* **1** 保守主義の, 保守的な (opp. *progressive*); [C-] 保守党の; 保守派ユダヤ教の. **2** 伝統的な, 保守的な; 〈評価など〉控えめな; 地味な: a ～ estimate 内輪の見積もり. **3** 保存力のある, 保存性の, 〘医〙保存的な《患部の切除などを行なわない; cf. RADICAL》: a ～ treatment 保存療法. ► *n* **1** 保守的な人, 保守派; 慎重な人; [C-] 《英国・カナダの》保守党員; [the C-s] 保守党. **2** 《まれ》保存力のあるもの, 防腐剤. ♦ **～·ly** *adv* 保守的に; 内輪に(見積もって). **～·ness** *n* CONSERVATISM.

Consérvative and Únionist Pàrty [the] 〘英〙保守・統一党《CONSERVATIVE PARTY の公式名》.

consérvative fìeld 〘理〙保存力の場.

Consérvative Júdaism 保守派ユダヤ教《Torah と Talmud を信奉するが時代と環境の変化に応じてある程度の変化も認める; cf. ORTHODOX JUDAISM, REFORM JUDAISM》.

Consérvative Pàrty [the] 保守党《1) 〘英〙Labour Party と共に二大政党をなす政党; トーリー党 (Tories) の後身で, 俗に Tory Party と呼ばれる; 公式名 Conservative and Unionist Party (保守・統一党) 2) 〘カナダ〙1942 年 Progressive Conservative Party と改称したが, 2003 年カナダ同盟 (Canadian Alliance) と合併して旧称に復した》.

consérvative súrgery 〘医〙保存外科.

con·ser·va·tize /kənsə́ːrvətàɪz/ *vi*, *vt* 保守的になる[する], 保守化する.

con·ser·va·toire /kənsə́ːrvətwàːr/ *n* 音楽[美術, 演劇]学校 (conservatory); [le C-] パリ音楽院, コンセルヴァトアール《1795 年創立》. [F＜It; ⇨ CONSERVATORY]

con·ser·va·tor /kənsə́ːrvətər, -tɔ̀ːr, kánsərvèɪtər/ *n* **1** 保存者, 保護者. **2** 《博物館などの》管理者, 管理員 (guardian); *財産管理者, 後見人; 《河川などの》管理委員, 管理局員: a ～ of the peace 治安委員, 保安官. ♦ **～·ship** *n* **con·ser·va·to·ri·al** /kənsə̀ːrvətɔ́ːriəl, kən-/ *a*

con·ser·va·to·ri·um /kənsə̀ːrvətɔ́ːriəm/ *n* (*pl* **～s**, **-ria**) 《豪》CONSERVATOIRE.

con·ser·va·to·ry /kənsə́ːrvətɔ̀ːri; -t(ə)ri/ *n* **1** 温室, 植物標本温室. **2** *音楽[美術, 演劇]学校 (conservatoire). ► *a* 《まれ》保存に役立つ, 保存性の. [L; ⇨ CONSERVE]

con·serve *vt* /kənsə́ːrv/ **1** 保存する, 維持する, 保護する; 節約して使う; 〘理〙保存する, 一定に保つ; 〘生化〙〈アミノ酸・ヌクレオチド・配列を〉保存する. **2** 砂糖漬け[ジャム]にする. ► *n* /kánsəːrv, kənsə́ːrv/ [ºpl] 果物の砂糖漬け; [ºpl] (ミックス)ジャム. ♦ **-sérv·er** *n* [OF＜L (*servo* to keep)]

conshy, conshie ⇨ CONCHIE.

con·sid·er /kənsídər/ *vt*, *vi* **1 a** よく考える, 熟考する, 考究する; 検討[審議]する; …しようと思う; 〈…と〉みなす, 考える: ～ sb *for* a job 人をある仕事に就かせようと考える / ～ mov*ing* to the country 田舎に引っ越そうかと考える / ～ one's position 辞職すべきか否か思案する / I ～ him (*to* be [*as*]) a fool [very clever].＝I ～ *that* he is a fool [very clever]. 彼をばか者[とても利口]だと思う. **b** 考慮に入れる, 斟酌(しんしゃく)する; 思いやる: ～ (the feelings of) others 人の感情を察する / all things ～*ed* 万事を考慮して. **2** 〈人を〉重んじる, 尊敬する. **3** じっと見る, 注視する. ● **～ as**…として論じる[考える]. **C～ the lilies** ⇨ LILY. [OF＜L＝to examine]

con·sid·er·able /kənsíd(ə)rəb(ə)l/ *a* **1 a** かなりの, 少なからぬ, 相当な: a ～ difference かなりの相違. **b** たくさんの, 多数[多量]の: ～ gold 多量の金. **2** 考慮すべき, 無視できない; 重要な〈人物〉: become a ～ personage 著名な人物となる. ► *n**《口》多量: He did ～ for the town. 市に多大の貢献をした / A ～ *of* a trade was carried on. 多量の取引が行なわれた. ● **by ～** 多量に, 大いに. ► *adv**《方》かなり. ♦ **-ably** *adv* 相当に, ずいぶん, かなり. **～·ness** *n*

con·sid·er·ate /kənsíd(ə)rət/ *a* 思いやり[情け]のある, 察しのよい〈*of*〉; 《英では古》よく考えた, 慎重な, 思慮深い. ♦ **～·ly** *adv* **～·ness** *n* [L (pp)＜CONSIDER]

con·sid·er·a·tion /kənsìdəréɪʃ(ə)n/ *n* **1 a** よく考えること, 熟慮, 考慮, 検討; 考察, 研究; 《よく考えたうえでの》意見: give a problem one's careful ～ 問題に十分な考慮を払う. **b** 考慮すべき事柄[問題]; 理由 (motive): the first ～ 第一要件, 一番重要な事柄 / That's a ～. それは考えもの[問題]だ / Money is no ～. 金は問題でない. **2 a** 斟酌(しんしゃく), 察し, 思いやり〈*for*〉: out of ～ *for*…を斟酌して, …に免じて / with ～ and respect 思いやりと敬意をもって〈遇するなど〉. **b** 敬意, 尊重; 《古》重要さ: people of ～ 重要な人 / It is of no ～. それは重要でない. **3** 報酬, 謝礼, (金銭的な)見返り, チップ; 〘法〙《契約上の》約因, 対価: for a ～ 報酬を受けて; 報酬があれば, 報酬目当てに. ● **in ～ of**…の報酬として; …を考慮して, …に免じて. **leave…out of ～** …を度外視する. **on [under] no ～** 決して…ない (never). **take…into ～** …を考慮する; …を斟酌する: *taking* everything *into* ～ 万事[すべて]を考慮して. **under ～** 考慮中で[の].

con·síd·ered *a* 熟考のうえでの, よく考え抜かれた〈意見など〉; 《まれ》尊敬される, 重きをなす.

con·sid·er·ing /kənsíd(ə)rɪŋ, —⌐(—)—/ *prep* …を考慮すると, …を思えば (in view of), …としては (for): He looks young ～ his age. 年の割には若く見える. ► *conj* …を思えば, …だから: ～ (that) he is young 彼が若いことを考えれば. ► *adv* /—⌐(—)—/ 《口》割に: It went off well, ～. 割とうまくいったよ / That is not so bad, ～. その割にそう悪くはない.

con·si·glie·re /kounsɪljéəreɪ, kansɪglɪjéəreɪ, -ri, -jéər/ *n* (*pl* **-ri** /-ri/) 《犯罪組織[シンジケート]の》助言者, 相談役, コンシリエーレ. [It]

con·sign /kənsáɪn/ *vt* **1 a** 引き渡す; ゆだねる, 託する, 任せる: ～ sb *to* prison 人を刑務所に入れる / ～ one's soul *to* God 霊を神に託する《死ぬ》/ ～ a letter *to* the post 手紙を郵便で出す. **b** 〈金銭を〉委託する, 預ける (deposit)〈*in* a bank〉; 〘商〙〈商品を〉委託する〈*for* sale, *to*〉;《委託販売のために》発送する, 託送する〈*to*〉. **2** 陥れる, 付する, 葬る〈*to*〉: ～ the body *to* the flames [watery grave] 死体を火葬[水葬]にする / ～ unpleasant manners *to* oblivion 不快な態度を忘れ去る. ► *vi* 《廃》同意する. ♦ **～·able** *a* 〔F＜L＝to mark with seal; ⇨ SIGN〕

con·sig·na·tion /kɑ̀nsàɪnéɪʃ(ə)n, *-sɪg-/ *n* 《商品の》委託, 託送; 引渡し, 交付: to the ～ of…にあてて, …を荷受人として.

con·sign·ee /kɑ̀nsàɪníː, -sə-, kənsàɪ-/ *n* 〔商〕《販売品の》受託者, 受託販売者; 荷受人.

consígn·ment *n* 〔商〕委託(販売), 託送; 委託貨物, 積送品; 委託販売品 (＝～ goods). ● **on ～** 委託(販売)で[の]. ► *a* 委託の: a ～ sale 委託販売.

consígnment nòte 《航空・鉄道便の》委託貨物運送状, 送り状 (waybill), 《特に》航空貨物運送状 (＝air ～) (air waybill).

consígnment stòre [shòp] 中古品の委託販売店, 委託制のリサイクルショップ《家庭から不要品の委託を受けて販売する店》.

consígn·or, -er *n* 《販売品の》委託者; 荷送り人, 荷主.

con·sil·ience /kənsíljəns/ *n* 《推論の結果などの》符合, 一致. ♦ **con·síl·ient** *a* 〈推論の結果など〉一致する.

con·sist *vi* /kənsíst/ **1** 〈部分・要素から〉なる, 構成される〈*of*〉; 《古》〈…によって〉存立する〈*by*〉: Water ～*s of* hydrogen and oxygen. / The committee ～*s of* five members. **2** 〈…に〉存する, 〈…に〉ある (lie)〈*in*〉: Happiness ～*s in* contentment. 幸福は足ることを知るにある. **3** 〈…と〉両立する, 一致する〈*with*〉: Health does not ～ *with* intemperance. 健康は不節制とは両立しない. ► *n* /kɑ́nsɪ̀st/ 《石炭の大きさ・列車などの》等級[型]および配列による構成[組立て]. 〔L *con-*(*sisto* to stand, stop)＝to exist〕

consíst·ence *n* CONSISTENCY.

consíst·ency *n* **1** 一貫性, 言行一致, 矛盾がないこと〈*in*, *of* things, *with* sth〉; 〔論〕整合性, 無矛盾性; 調和. **2** 堅実さ; 濃度, 密度; 粘稠(ねんちゅう)度, 軟度, コンシステンシー, 堅さ; 《古》《物質が》形を保持している状態, 堅さ.

consíst·ent *a* **1 a** 〈言行・思想など〉一貫した, 整合性のある, 矛盾がない〈*with*〉; 継続的な, 変わらない; 〔論〕整合する, 無矛盾の: actions ～ *with* one's principles 主義と一致した行動. **b** 徹した: be ～ in one's follies 徹底的にばかなことをする. **2** 〈人が〉言行が一致した, 堅実な: She is not ～ in her statement. 彼女の話はつじつまが合わない. **3** 〔数〕〈2つ以上の方程式が〉少なくとも1つの共通解をもつ; 〔統〕〈推定量が〉一致する《サンプルが大きくなるにつれて推定されたパラメーターの真の値にどこまでも近づくような》. **4** 《古》堅い, しっかりした. ♦ **～·ly** *adv* 一貫して; 堅実に.

con·sis·to·ry /kənsíst(ə)ri/ *n* 教会会議, 宗教法廷; 〔カト〕教皇枢密会議, 〔英国教〕監督法院 (＝**C～ Cóurt**), 《改革派教会で》長老会, 《国教としてのルター派で》宗務局; 〔フリーメーソン〕法院《古式公認スコットランド儀礼 (Ancient and Accepted Scottish Rite) で, 第19–32位階を授ける組織; その集会》; 会議, 評議会. ♦ **con·sis·to·ri·al** /kɑ̀nsɪstɔ́ːriəl, kən-/ *a* 〔OF＜L; ⇨ CONSIST〕

con·so·ci·ate /kənsóʊʃièɪt/ *vt, vi* 連合させる[する]〈*with*〉. ► *a* /-ʃiət, -èɪt/ 合同[提携]した. ► *n* /-ʃiət, -èɪt/ 《まれ》提携者, 同盟者.

con·sò·ci·á·tion *n* 連合, 結合; 〔政〕多極共存型体制; 〔生態〕優先種群叢, コンソシエーション; 《組合教会の》協議会. ♦ **～·al** *a* **～·al·ism** *n*

con·so·ci·es /kənsóʊʃìːz, -si-/ *n* (*pl* ～) 〔生態〕コンソシーズ《特に 遷移の途中にある CONSOCIATION》.

consol. consolidated.

con·so·la·tion /kɑ̀nsəléɪʃ(ə)n/ *n* 慰め, 慰藉(いしゃ); 慰めとなるもの[人]; 敗者戦; CONSOLATION PRIZE. 〔OF＜L; ⇨ CONSOLE[1]〕

consolátion prìze 残念賞.

con·sol·a·to·ry /kənsóʊlətɔ̀ːri, -sɑ́l-; -sɔ́lt(ə)ri/ *a* 慰めの, 慰問の: a ～ letter 慰問状[文].

con·sole[1] /kənsóʊl/ *vt* 慰める, 慰問する: ～ sb *for* [*on*] the loss of his child / ～ one*self with* the thought that…と考えてみずからを慰める. ♦ **con·sól·able** *a* **con·sól·er** *n* **con·sól·ing** *a* **con·sól·ing·ly** *adv* 〔F＜L; ⇨ SOLACE〕

con·sole[2] /kɑ́nsòʊl/ *n* **1 a** 《オルガンの》演奏台《鍵盤とペダルを含む》; 《レコードプレーヤー・テレビなどの》コンソール型キャビネット《床に置くタイプ》; ドア付きの小さな戸棚. **b** 〔電算〕コンソール《**1**) 制御卓, 操作卓 **2**) ディスプレーとキーボード, 端末 (terminal) **3**) ディスプレー画面 (display screen)》. **c** GAME(s) CONSOLE; 〔車〕コンソール《bucket seats の間の変速レバーなどがある部分》. **2** 〔建〕コンソール《渦巻形持送り》; CONSOLE TABLE. 〔F＜? CONSOLIDATE; 一説に OF *consolateur* one that provides support, supporting bracket〕

cónsole mìrror 承(う)けで壁に取り付けた鏡.

cónsole tàble 承で壁に取り付けたテーブル; 腕木状の脚で壁に固定されたテーブル.

con·so·lette /kɑ̀nsəlét/ *n* 《ラジオ・テレビ・レコードプレーヤーなどを入れる》小さなキャビネット.

con·sol·i·date /kənsɑ́lədèɪt/ *vt* 〈土地・会社などを〉整理統合する, 合併する; 〈制定法・訴訟などを〉統合する; 〈財務諸表を〉連結形式にする; 〈権力・地位などを〉固める, 強化する. ► *vi* 合同[合併]する; 固まる, 強固になる. ► *a* 《古》CONSOLIDATED. ♦ **con·sól·i·dà·tive** *a* **con·sól·i·da·tò·ry** /; -t(ə)ri/ *a* 〔L; ⇨ SOLID〕

con·sól·i·dàt·ed *a* 合併整理した, 統合された; 〔会計〕連結(方式)の《親会社と子会社をまとめて一つの企業集団ととらえた場合の会計方式についていう》; 固定した, 強化された: a ～ ticket office *《各鉄道の》連合切符発売所 / a ～ balance sheet 連結貸借対照表 / a ～ financial statement 連結財務報告書.

consólidated annúities *pl* 〔英〕CONSOLS.

consólidated fúnd [the] 〔英〕整理公債基金《各種公債基金を合併整理したもので公債利子支払いの基金》.

consólidated schòol 〔米〕《いくつかの学区の児童を収容する》統合学校, 合同学校.

con·sol·i·da·tion /kənsɑ̀lədéɪʃ(ə)n/ *n* **1** 合同, 合併; 《会社などの》整理統合 (cf. MERGER); 混載(輸送), GROUPAGE. **2** 強化, 地固め; 〔地質〕圧密; 〔植〕着生; 〔医〕《肺組織の》硬化; 〔地質〕石化[固化](作用); 《証券・商品市場の》一服《大きな上げまたは下げの, 直前または直後に値動きが小さくなる時期》.

con·sól·i·dà·tor *n* 混載(輸送)業者, コンソリデーター《混載輸送 (consolidation) を業とする個人または会社; forwarding agent (運送取扱人) が当たることが多い》.

consól màrket [the] 《ロンドン証券取引所内の》コンソル市場 (⇨ CONSOLS).

con·sols /kənsɑ́lz, kɑ́nsɑ̀lz/ *n pl* 〔英〕コンソル公債 (＝*consolidated annuities*)《1751年各種公債を年3分利付きで整理して設けられた永久公債; 現在 2½ 分利付き》.

con·so·lute /kɑ́nsəlùːt/ *a* 〔化〕共溶の.

con·som·mé /kɑ̀nsəméɪ; kənsɔ́meɪ, kɔ́nsəmèɪ/ *n* コンソメ. 〔F＜L CONSUMMATE〕

con·so·nance /kɑ́ns(ə)nəns/ *n* 〔韻〕《強勢のある音節の終わりの》子音の一致, 子音韻《母音は異なる》; 〔楽〕協和(音) (opp. *dissonance*); 〔理〕共鳴 (resonance); [*fig*] 一致, 調和: in ～ with…と調和[一致, 共鳴]して.

cón·so·nan·cy *n* 《音の》協和(性); 一致, 調和.

con·so·nant /kɑ́ns(ə)nənt/ *n* 〔音〕子音, 子音字. ► *a* **1 a** 〈…に〉一致[調和]する, ふさわしい〈*with*, *to*〉; 〔楽〕協和音の; 共鳴の, 共鳴する: the act ～ *with* his honesty [*to* the standard]. **b** 類似の音をもつ; 〔韻〕子音韻がある. **2** 〔音〕子音の. ♦ **～·ly** *adv* 〔OF＜L (*sono* to sound[1])〕

con·so·nan·tal /kɑ̀nsənǽntl/ *a* 子音の, 子音的な.

cónsonant·ìsm 〔言〕*n* 《特定の言語の》子音体系, 子音組織; 子音特徴[分布].

cónsonant shìft 〔言〕子音推移《言語史のある時期に起こる子音の規則的な推移; ⇨ FIRST [SECOND] CONSONANT SHIFT》.

cónsonant sỳstem 〔音〕子音組織.

con sor·di·no /kɑ̀n sɔːrdíːnoʊ/ *adv* 〔楽〕弱音器を付けて, コン・ソルディーノ(で); [*fig*] 静かに. 〔It＝with the mute〕

con·sort[1] *n* /kɑ́nsɔ̀ːrt/ **1** 《特に 国王・女王などの》配偶者 (spouse) (⇨ QUEEN [PRINCE] CONSORT); 友, 仲間, 相手. **2** 僚船, 僚艦, 僚艇. ► *vi, vt* /kənsɔ́ːrt, kɑ́nsɔ̀ːrt/ 《好ましくない人間と》交わる, つきあう, 交わらせる〈*together*, *with*〉; 《廃》付き添う. 〔F＜L *consort*＝sharer, comrade〕

con·sort[2] *n* /kɑ́nsɔ̀ːrt/ **1 a** コンソート《特に 古楽の合奏[合唱]団; また 同系統のコンサート用の楽器の編成》. **b** 集まり; 《古》連合, 提携. **2** 《古》一致, 調和; 《古》音の協和. ● **in ～** いっしょに, 協同[連合]して〈*with*〉. ► *v* /kənsɔ́ːrt, kɑ́nsɔ̀ːrt/ *vt* 《廃》調和させる. ► *vi* 《古》一致[調和]する〈*with*, *to*〉. 〔CONCERT の旧語形〕

con·sor·ti·um /kənsɔ́ːrtiəm, -ʃ(i)əm/ *n* (*pl* **-tia** /-tiə, -ʃ(i)ə/, **～s**) **1** 協会, 組合, 連合, コンソーシアム; 共同企業体[事業体], コンソーシアム《大プロジェクトの達成などのために複数の企業が一時的に形成するグループ》; 《開発途上国を援助する》債権国会議, (国際)借款団. **2** 〔法〕配偶者権《配偶者の一方が他方の同居・協力・愛情を求める権利》. 〔L＝partnership; ⇨ CONSORT[1]〕

còn·specífic *a, n* 〔動・植〕同種の(もの). ♦ **còn·specifícity** *n*

con·spec·tus /kənspéktəs/ *n* 概観; 梗概, 摘要. 〔L＝viewing, survey (↓)〕

con·spic·u·ous /kənspíkjuəs/ *a* 目立つ, はっきり見える; 著しい, 顕著な; 著名な; 人目につく; 派手な, 度を超えた: cut a ～ figure 異彩を放つ / a ～ success はなばなしい成功 / be ～ by its [one's] absence ない[いない]のでかえって目立つ / make one*self* (too) ～ 異様にふるまう, 人目につくようにきざなふるまいをする. ♦ **～·ly** *adv* 目立って, 著しく, 顕著に; 派手に, どぎつく, 群を抜いて. **～·ness, con·spi·cu·i·ty** /kɑ̀nspəkjúːəti/ *n* 〔L (*spect-* *specio* to look)〕

conspícuous consúmption 〔経〕誇示的消費《富や地位を誇示するための消費》. 〔Thorstein Veblen の造語〕

con·spír·a·cist *n* 陰謀説 (conspiracy theory) 支持者.

con·spir·a·cy /kənspírəsi/ *n* **1** 陰謀, 謀議, 共謀〈*against*〉; 〔法〕共同謀議(罪); 陰謀団: in ～ 共謀して, 徒党を組んで. **2** 《事情が》相重なること. 〔AF＜OF *conspiration*＜L; ⇨ CONSPIRE〕

conspíracy of sílence 沈黙[黙殺]の申し合わせ.

conspíracy thèory 陰謀説《事件の背後には特定組織[集団]の陰謀があるとする考え方》. ♦ **conspíracy thèorist** *n*

con·spi·ra·tion /kɑ̀nspəréɪʃ(ə)n/ *n* 謀議; 協力. ♦ **~·al** *a*
con·spir·a·tor /kənspírətər/ *n* 共謀者, 陰謀者.
con·spir·a·to·ri·al /kənspɪ̀rətɔ́:riəl/ *a* 共謀の, 陰謀の; 陰謀を秘めた, 肚に一物あるような, いわくありげな〈目くばせ・表情など〉. ♦ **~·ly** *adv* いわくありげに.
con·spire /kənspáɪər/ *vi* **1 a** 共謀する, 陰謀を企てる〈*against*〉; 〈人と〉気脈を通じる〈*with*〉: ~ *against* the state 国家転覆の陰謀を企てる. **b** 《英では廃》計画する, 考案する. **2**〈事情などが〉相重なって…する〈*to* do〉; 〈情勢などが〉不利に[マイナスに]作用する〈*against* sb〉: Events ~*d to* bring about his ruin. いろいろな事件が相重なって彼の破滅をまねいた. ► *vt* 〈悪事を〉たくらむ: ~ sb's ruin 人の没落を謀る. [OF<L *con-*(*spiro* to breathe)=to agree, plot]
con spir·i·to /kɑn spírətòʊ/ *adv, a* 〚楽〛元気よく[よい], 活発に[な], コン・スピリート(で[の]). [It=with vigor]
const. constant ♦ constitution(al) ♦ construction.
Const. Constable.
con·sta·ble /kɑ́nstəb(ə)l, kʌ́n-/ *n* **1** 治安官, コンスタブル; ᴵᴵ巡査《警察職制の最下級; ⇨ POLICE》: CHIEF CONSTABLE / SPECIAL CONSTABLE. **2**〚英史〛城守, 城代; 《中世君主国の》高官: HIGH CONSTABLE. ● **outrun** [**overrun**] **the ~** 借金する; 警察[法]の手をのがれる, 逃亡する. **pay the ~** 借金を払う. [OF<L *comes stabuli* count of the stable]
Con·sta·ble /kɑ́nstəb(ə)l/ コンスタブル **John ~** (1776–1837)《英国の風景画家》.
Cónstable of Éngland, Lórd Hìgh Cónstable (of Éngland) [the] イングランド軍察長官《中世の保安武官長; 現在は特別の儀式時に臨時に任命される侍従武官長》.
Cónstable of Fránce フランス大元帥《中世の国王の最高補佐官》.
con·stab·u·lary /kənstǽbjəlèri; -bjʊləri/ *n* 警察隊, 保安隊; 警察管区; ᴵᴵ《一地区の》警察官《集合的》; [*joc*] 警察. ► *a* 警官の, 警察(隊)の. ♦ **con·stáb·u·lar** *a* [L; ⇨ CONSTABLE]
Con·stance /kɑ́nst(ə)ns/ **1** コンスタンス《女子名; 愛称 Connie》. **2** [Lake (of) ~] コンスタンツ湖 (*G* Bodensee)《スイス・オーストリア・ドイツの国境にある湖》. **3** コンスタンツ (*G* **Kon·stanz** /*G* kɔ́nstants/)《ドイツ南西部 Baden-Württemberg 州の市; ボーデン湖 (Lake Constance) に臨む; 教皇庁の大分裂に終止符を打ったコンスタンツ公会議 (Council of ~, 1414–18) 開催地》. [F; ⇨ CONSTANTIA]
con·stan·cy /kɑ́nst(ə)nsi/ *n* **1** 志操堅固; 節操, 貞節, 忠誠. **2** 恒久性, 定常性, 恒常性, 不変; 〚生態〛恒存度; 〚心〛恒常性. ● **for a ~** 永久のものとして. [L (↓)]
cón·stant *a* **1** 絶えず続く, 不断の, ひっきりなしの; 不変の, 一定の: a ~ wind 恒風, 常風 / ~ temperature 一定温度 / ~ battles 絶え間のない戦い. **2** 一つの事を守り通す〈*to*〉; 忠実な, 志操堅固な, 堅実な〈*in*〉. ► *n* 不変なもの, 恒常的なもの; 〚数・理〛定数《変数に対して》; 〚論〛定項; 〚生態〛恒存種; 〚教育〛《中・高校課程での》必修課目. [OF<L (*sto* to stand)]
Con·stant /*F* kɔ̃stɑ̃/ コンスタン (**Henri-)Benjamin ~ (de Rebecque)** (1767–1830)《フランスの作家・政治家; *Adolphe* (1816)》.
Con·stan·ța /kənstɑ́:ntsə/ コンスタンツァ《ルーマニア南東部の, 黒海に臨む市・保養地; ギリシア人が建設し, Constantine 大帝が再建した古い町; 古代名 Tomis, Tomi》.
con·stant·an /kɑ́nstəntæ̀n/ *n* コンスタンタン《銅とニッケルの合金; 電気の抵抗線, 熱電対に用いる》.
Con·stan·tia /kənstǽnʃ(i)ə/ **1** コンスタンシア《女子名》. **2** コンスタンシア《南アフリカ共和国 Cape Town 付近産の白または赤のデザートワイン》. [L=constancy]
Con·stan·tin /kɑ̀nst(ə)ntí:n/ コンスタンティン《男子名》.
Con·stan·tine /kɑ́nst(ə)ntì:n; -tàɪn/ **1** コンスタンティン, コンスタンタイン《男子名》. **2** コンスタンティヌス (**1**) ~ **I** (280?–337)《ローマ皇帝 (306–337); 通称 '~ the Great'; キリスト教を公認; Byzantium をみずからの名を冠した Constantinople と改称して遷都》 (**2**) ~ **XI Palaeologus** (1404–53)《ビザンティン帝国最後の皇帝 (1448–53); オスマントルコ軍に対する Constantinople の防衛に失敗, 戦死》. **3** コンスタンティン (**1**) ~ **I** (1868–1923)《ギリシア国王 (1913–17, 20–22)》 (**2**) ~ **II** (1940–)《公式には XIII; ギリシア国王 (1964–73); 廃位された》. **4** コンスタンティーヌ《アルジェリア北東部の市》. ♦ **Con·stan·tin·ian** /kɑ̀nstəntíniən/ *a* [L=constant or firm (of purpose)]
Con·stan·ti·no·ple /kɑ̀nstæ̀nt(ə)nóʊp(ə)l/ コンスタンティノープル《ISTANBUL の旧称; ビザンティン帝国の首都》.
cónstant-lèvel ballóon 定高度気球《一定気圧面上を長時間浮遊できる》.
cónstant·ly *adv* 絶えず, 常に, 始終, しきりに, 頻々と, 定期的に続いて; 《古》忠実に, 志操堅固に.
con·sta·ta·tion /kɑ̀nstətéɪʃ(ə)n/ *n* 主張(すること), 言明; 確認, 証明.
con·stat·ive /kɑ́nstətɪv, kənstéɪtɪv/ *a* 〚文法〛アオリスト (aorist) の用法の; 〚哲〛陳述的な, 述定的な, 事実確認の. ► *n* 〚哲〛陳述文, 述定文, 事実確認文.
con·stel·late /kɑ́nstəlèɪt/ *vi, vt* 星座のように群がる[群がらせる]; ちりばめる: the ~*d* sky 星の降るような空.
con·stel·la·tion /kɑ̀nstəléɪʃ(ə)n/ *n* **1**〚天〛星座; 〚占星〛星位, 星運; 《廃》星位による気質. **2**《似通った人物・性質・物などの》一群, 錚々(そうそう)たる人物の一群. **3** 型, 配列; 〚心〛布置; 〚通信〛点の配位《変調により情報を表わす位相と振幅をもつ点の配置》. ♦ **con·stel·la·to·ry** /kənstélətɔ̀:ri; -t(ə)ri/ *a* [OF<L (*stella* star)]
con·ster /kɑ́nstər/ *vt, vi* 《古》CONSTRUE.
con·ster·nate /kɑ́nstərnèɪt/ *vt* [ᵁ*pass*] 愕然とさせる: *be* ~*d* 狼狽する. [L (*sterno* to throw down)]
con·ster·na·tion /kɑ̀nstərnéɪʃ(ə)n/ *n* 狼狽, 困惑: throw sb into ~ 人を不安に陥れる / to sb's ~ …が困惑したことには.
con·sti·pate /kɑ́nstəpèɪt/ *vt* 便秘させる; …の活気を奪う, 窮屈にする. [L (*stipo* to cram, press)]
con·sti·pat·ed /kɑ́nstəpèɪtəd/ *a* 便秘になった; 堅苦しい, 鈍重な.
con·sti·pa·tion /kɑ̀nstəpéɪʃ(ə)n/ *n* 便秘(症), 秘結; [*fig*] 不活発, 沈滞.
con·stit·u·en·cy /kənstítʃuənsi/ *n* **1 a**《一地区の》選挙権者, 有権者, 選挙区民 (voters). **b** 後援者, 支持者, 顧客 (clients)《集合的》. **2** 選挙区, 地盤.
con·stít·u·ent *a* **1** 組成[構成]の, 成分[要素]である: ~ elements 構成要素. **2 a** 憲法制定[改正]の権能をもつ: ~ power 憲法制定[改正]の権能 / a ~ assembly 国民議会, 憲法改正[制定]議会. **b** 議員選出の, (代表者の)選挙[指名]権をもつ: a ~ body 選挙母体《有権者の団体》. ► *n* **1** 成分, (構成)要素; 組成[構成]物; 〚文法〛構成素. **2 a** 選挙権者, 選挙人, 選挙区民, 有権者. **b** 代理権授与者, 代理指定人, 《代理人に対する》本人. ♦ **~·ly** *adv* [L; ⇨ CONSTITUTE]
constítuent strùcture 〚文法〛構成素構造.
con·sti·tute /kɑ́nstət(j)ù:t/ *vt* **1 a** 構成する, …の構成要素となる; …となる[である], …とみなされる: ~ a crime 犯罪を構成する[とみなされる]. **b** [*pass*] …という性質[体質]である. **2** 指名[任命]する; 制定する; 設立[設置]する; 〈合意など〉に法的な形式を与える; 法的な手順で扱う: ~ one*self* a leader みずから指導者となる[を買って出る] / the ~*d* authorities 現職員; 官憲, 当局 / be ~*d* representative of…の代表者に立てられる. ♦ **cón·sti·tù·tor, -tùt·er** *n* [L CONSTITUT- -*stituo* to establish]
con·sti·tu·tion /kɑ̀nstət(j)ú:ʃ(ə)n/ *n* **1** 制定; 設立, 設置, 構築. **2** 構成, 構造, 組織; 骨子, 本質. **3** 体質; 素質, たち: have a good [strong, poor, weak] ~ 体質が健全[丈夫, 貧弱, 虚弱]だ / have a cold ~ 冷え性である / suit [agree with] one's ~ 体質[性分]に合う / undermine one's ~ 体をこわす / by ~ 生まれつき, 体質的に. **4** 機構; 政体: monarchical [republican] ~ 君主[共和]政体. **5** 憲法; [the C-] CONSTITUTION OF THE UNITED STATES; 《組織などの》規約; 教会憲章, 教憲; 《修道会などの》会憲; 〚史〛法律, 律令. **6** [the] ⇨ OLD IRONSIDES. ♦ **~·less** *a*
constitútion·al *a* **1** 構成[組織]上の; 本質的な. **2 a** 体格の; 体質(上)の, 生まれつきの, 性質上の: a ~ disease [disorder] 体質性疾患 / ~ infirmity [weakness] 生来の虚弱. **b** 保健(上)の: a ~ walk 健康のための散歩. **3** 憲法上の; 立憲的な; 合憲の, 合法の: a ~ crisis 憲政の危機 / the ~ law 憲法. ► *n* 《古風》健康のための運動[散歩]; *《俗》《麻薬の》一日の最初の一服.
constitútional convéntion 憲法(制定)会議; [the C- C-]〚米史〛憲法制定会議《1787 年 Philadelphia で Rhode Island を除く 12 州の代表が出席して開催》.
constitútional fórmula STRUCTURAL FORMULA.
constitútion·al·ìsm *n* 立憲政治; 憲法擁護. ♦ **-ist** *n* 憲法論者; 憲法学者; 立憲主義者.
con·sti·tu·tion·al·i·ty /kɑ̀nstət(j)ù:ʃənǽləti/ *n* 立憲性; 合憲[合法]性.
constitùtion·al·izátion *n* 立憲制度化, 憲法施行.
constitútion·al·ize *vt* …に憲法を定める, 立憲制化する, 憲法原則に沿って組織する; 憲法に組み込む, 合憲化する.
constitútion·al·ly *adv* 立憲的に, 憲法上; 生まれつき, 体質的に; 構造上.
constitútional mónarchy 立憲君主政体, 立憲君主国.
constitútional psychólogy 体質心理学.
Constitútion of the Uníted Státes [the] 合衆国憲法《1787 年に憲法制定会議 (Constitutional Convention) で作成され, 88 年に発効したアメリカ合衆国の憲法典; 7 条と 27 の修正箇条からなる》.
Constitútion Stàte [the] 憲法州《Connecticut 州の俗称》.
con·sti·tu·tive /kɑ́nstət(j)ù:tɪv/ *a* **1 a** 構成する, 構成要素である; 本質的な, 重要な. **b**〚化〛〈性質が〉構造性の《分子内の原子結合の仕方によって支配される; cf. COLLIGATIVE》; 〚生化〛〈酵素・タンパク質が〉構成性の《細胞環境に関係なく有機体の全細胞内で比較的安定して生産される; cf. INDUCIBLE》; 〚生化〛構成性酵素[タンパク質]の生成[遺伝情報]を支配する. **2** 制定[設定]権をもつ. ♦ **~·ly** *adv*
con·strain /kənstréɪn/ *vt* **1** 強いる, 無理に…させる: ~ sb *to* go 無理に行かせる / be ~*ed to* do… やむをえず[余儀なく]…する / ~ sb *to* an action ある行為を強要する. **2** 束縛する; 妨げる (prevent); [ᵁ*pass*] 抑える, 圧迫する: ~ sb *from* doing 人に…させない. ► *vi*

強要する. ● ～ oneself 無理をする; 自制する. feel ～ed やむをえないと思う; 窮屈な思いをする. ♦ ～·er *n* [OF<L (*strict- stringo* to bind)]

con·stráined *a* 強制的な; 圧迫された, 無理な, 不自然な; 窮屈な; 気詰まりな: a ～ manner 不自然[窮屈]な様子 / a ～ voice [smile] 無理につくった苦しげな声[作り笑い] / ～ motion 〘理〙 束縛運動. ♦ **con·stráin·ed·ly** /-(ə)dli/ *adv* 強いて, 余儀なく; 不自然に; 当惑して.

con·straint /kənstréɪnt/ *n* **1** 強制, 圧迫; [ᵒ*pl*] 束縛, 拘束, 制約: by ～ 無理に, 強いて / keep quiet under ～ 強いられて静かにしている / put...under ～ ...を拘束する / ～*s on* women's activities 女性の活動に関する制約. **2** 窮屈な感じ, 気兼ね: feel ～ 気兼ねを感じる / show ～ 遠慮する / without ～ 遠慮なく. [OF (pp)< CONSTRAIN]

con·strict /kənstríkt/ *vt* 圧縮する, 収縮させる; 締めつける; 抑制する, 圧迫する. ♦ **con·stríc·tive** *a* 緊縮的な; 括約的な, 収斂(しゅうれん)[収縮]性の; 締めつける. ► *vi* 収縮[収斂]する, すぼまる. [L CONSTRAIN]

con·stric·tion /kənstríkʃ(ə)n/ *n* **1 a** 緊縮, 圧縮, 収縮, 狭搾; くびれ. **b** 締めつけられる感じ, 窮屈さ. **2** 締めつけるもの.

con·stríc·tor *n* 緊縮させるもの; 〘解〙 括約筋; 《血管の》圧迫器; 〘動〙 コンストリクター《獲物を締め殺す大蛇》.

con·stringe /kənstríndʒ/ *vt* 《文》締めつける (constrict); 収縮させる, 収斂させる. [L CONSTRAIN]

con·strín·gence *n* 〘理〙 収斂性《媒質の分散力の逆数》.

con·strín·gent *a* 収縮する, 収斂性の. ♦ **-gen·cy** *n*

con·stru·able /kənstrúːəb(ə)l/ *a* 解釈[解剖]できる.

con·stru·al /kənstrúːəl/ *n* 解釈.

con·struct *vt* /kənstrʌ́kt/ 組み立てる, 建てる, 建設[建造]する (opp. *destroy*); 〘数〙 作図する, 描く; 〈文・論理など〉組み立てる, 構成[構築]する. ► *n* /kánstrʌ̀kt/ 組み立てたもの, 構築物; 構成; 〘心〙 構成概念, 概念構成体; 《構造派画家・彫刻家の》構造物. ♦ ～·**able**, ～·**ible** *a* ～·**abílity**, ～·**ibílity** *n* [L (*struct- struo* to build, pile)]

constrúct·ed *a**《俗》〈女がいい体をした, STACKED.

con·struc·tion /kənstrʌ́kʃ(ə)n/ *n* **1** 建造, 建築, 築造, 建設, 架設, 建設工事[作業]; 建設業, 建設業界; 《理論・制度などの》構築: ～ crew [gang] 建設作業班 / a ～ site 工事[建設]現場 / ～ work 建設工事 / under [in course of] ～ 建設中, 工事中. **2** 構造; 建築様式, 構造法 (: steel ～ 鉄骨構造); 〘文法〙《文・語句の》組立て, 構文; 〘数〙 作図; 〘美〙 構成. **3** 建物, 造営物, 構築物; 組立式舞台装置. **4** 《語句・文・法律・行為などの》解釈《対応する動詞は CONSTRUE》: bear a ～ ある解釈ができる / a liberal ～ 《憲法・法律などの》自由な解釈 / put a false ～ on 〈人の言動〉をわざと曲解する / put a good [bad] ～ upon...を善意[悪意]に解釈する. ♦ ～·**al** *a* ～·**al·ly** *adv*

constrúction·ist *n* (法令)解釈者, 特殊の解釈を下す人; 〘美〙 構成主義[派]の画家: a strict ～《特に 憲法の》厳格解釈主義の人. ♦ **-ìsm** *n* 〘美〙 構成主義.

constrúction pàper 切り抜き細工用紙.

con·strúc·tive *a* **1** 建設的な, 創造的な (opp. *destructive*): ～ criticism 建設的[積極的]批評. **2** 建設にかかわる. **3** 構成的な, 構造(上)の; 〘数〙 作図の. **4** 〘法〙 解釈に基づく, 法定の, 推定の, 擬制の, みなしの, 準...: ～ crime 擬制犯罪, 準犯罪 / a ～ fraud 擬制詐欺. ♦ ～·**ly** *adv* 建設的に; 解釈上, 〘法〙 擬制的に. ～·**ness** *n*

constrúctive dismíssalᴵᴵ 〘法〙 推定的解雇《表面的には自発的退職だが, 真の原因は雇い主の不当な扱いや苛酷な労働条件にある場合; 不当解雇 (unfair dismissal) の一種とみなされ, 退職者は補償請求ができる》.

constrúctive engágement 建設的関与(政策)《民主化などの要求をしつつ, 経済・外交関係を維持すること[政策]》.

constrúctive lóss 〘保〙 みなし損害.

con·strúc·tiv·ìsm *n* 〘美・劇・建〙 構成主義. ♦ **-ist** *n*, *a* [Russ のなぞり; ⇨ CONSTRUCT]

con·strúc·tor *n* 建設[建造]者, 施工者, 建設業者; 〘海軍〙 造船技師.

con·strue *v* /kənstrúː/ *vt* 〈ことば・行為を〉解釈する, ...の意味にとる 〈*as*〉; 〘文法〙 解剖する; 文法的に結びつける 〈*with*〉; (口頭で)逐語的に訳す. ► *vi* 構文を解剖する; 《文法的に》解剖できる; 解釈ができる. ► *n* /kánstrùː/ 〘文法〙 文脈解剖, 解剖練習; 直訳, 逐語訳. [L CONSTRUCT]

con·sub·stan·tial /kɑ̀nsəbstǽnʃ(ə)l/ *a* 〈...と〉同質の, 同体の 〈*with*〉; 〘神学〙《特に 三位一体の子と父が》本同質の. ♦ ～·**ly** *adv* 同質的に. [L (SUBSTANCE); Gk *homoousios* の訳]

còn·substántial·ìsm *n* 〘神学〙 共在説 (consubstantiation); 三位一体説 (consubstantiality). ♦ **-ist** *n*

còn·substantiálity *n* 同体[同質]であること; 〘神学〙 同本質性, 同一実体性: the ～ of the three persons of the Trinity 《キリスト・神・聖霊を一身とみる》三位一体説.

còn·substántiate *vt* 同体[同質]とする. ► *vi* 同体になる; 〘神学〙 両体[実体]共在(説)を信じる. ► *a* CONSUBSTANTIAL.

còn·substantiátion *n* 〘神学〙 両体[実体]共存(説)《キリストの肉と血の本質は聖餐のパンとぶどう酒の本質に共存するという説; Luther 派の立場; cf. TRANSUBSTANTIATION》.

Con·sue·la /kɑnswéɪlə/ コンスエラ《女子名》. [It, Sp=consolation]

con·sue·tude /kánswɪt(j)ùːd, *kənsúːə-/ *n* (社会的)慣習, 《法的効力をもつ》慣例, 慣行, 不文律.

con·sue·tu·di·nary /kɑ̀nswɪt(j)úːd(ə)nèri, kənsùːə-; kɔ̀nswɪtjúːdɪn(ə)ri/ *a* 慣習の, 慣例上の: ～ law 慣習法, 判例法. ► *n* 慣例書, 《修道院などの》式例集.

con·sul /káns(ə)l/ *n* **1** 領事: an acting [honorary] ～ 代理[名誉]領事. **2 a** 〘ロ史〙 執政官, 統領, コンスル《共和制期の最高行政官; 定員 2 名》. **b** 〘フランス史〙 執政, 統領 (⇨ CONSULATE). ♦ ～·**ship** *n* [L; cf. L *consulo* to take counsel]

cónsul·age *n* 領事証明手数料.

con·sul·ar /káns(ə)lər; -sjʊlər/ *a* **1** 領事の, 領事館の: a ～ assistant 領事官補 / a ～ attaché [clerk] 領事館員[書記生]. **2** 〘ロ史〙 執政官[コンスル]の. ► *n* 〘ロ史〙 コンスルと同格の人《前執政官など》.

cónsular ágent 領事代理.

cónsular ínvoice 〘商〙 領事インボイス[送り状].

con·sul·ary /kánsəlèri; -sjʊləri/ *a* CONSULAR.

con·sul·ate /káns(ə)lət; -sjʊ-/ *n* **1** 領事の職[任期, 管区]; 領事館[官舎]. **2** [ᵒC-] 〘ロ史〙 執政政治, コンスルの職[階級]; [the, ᵒthe C-] 〘フランス史〙 執政[統領]政府(時代)《1799 年総裁政府が Napoleon のクーデターで倒れてから, 1804 年彼が皇帝になるまでの政府; 執政は 3 名だが実権は第一執政 (First Consul) の Napoleon にあった; 1802 年彼は終身執政になった》. [L; ⇨ CONSUL]

cónsulate géneral (*pl* **cónsulates géneral**) 総領事の職[公館, 官舎, 管区].

cónsul géneral (*pl* **cónsuls géneral**) 総領事.

con·sult *v* /kənsʌ́lt/ *vt* **1 a** 〈専門家〉に意見を聞く, 相談する; 〈医者〉にかかる, ...に診察してもらう. **b** 〈参考書・辞書などを〉調べる, 見る, 参照する: ～ a mirror [watch] 《顔色[時間]を調べるために》鏡[時計]を見る. **2** 顧慮する (consider): ～ one's own interests [convenience] 自己の利害[便宜]を顧慮する. ► *vi* **1** 相談する, 協議する 〈*with* sb *about* a matter〉; 〈弁護士などに〉助言を求める, 〈医者に〉かかる 〈*with*〉: ～ *with* one's PILLOW. **2** 顧問[コンサルタント]をする 〈*for*〉. ● ～ sb's PLEASURE. ► *n* /kánsʌlt, kənsʌ́lt/ 協議, 相談; 《古》陰謀会議. ♦ **consúlt·er** *n* 人に相談する[意見を聞く]人. **consùlt·ée** *n* 相談員, 相談対応者. [F<L (freq)< *consult- consulo* to take counsel]

con·sul·tan·cy /kənsʌ́ltənsi/ *n* コンサルタント会社; コンサルタント業; 相談.

con·súl·tant *n* **1** 《専門的意見を与える》相談相手, 顧問, 相談役, コンサルタント; ᴵᴵ顧問医, 立会医《病院の医科の最上級医》. **2** 相談者. ♦ ～·**ship** *n*

con·sul·ta·tion /kɑ̀nsəltéɪʃ(ə)n/ *n* **1 a** 相談, 協議; 諮問; 診察[鑑定]をうけること: in ～ with...と相談[協議]して. **b** 専門家の会議; 協議会, 審議会; 対診《特定の症例およびその治療について医師が行なう協議》. **2** 《書物などを》参考にすること; 参照.

con·sul·ta·tive /kənsʌ́ltətɪv/, **-ta·to·ry** /-tɔ̀ːri; -t(ə)ri/ *a* 相談[評議, 協議]の; 諮問の: a ～ body 諮問機関 / a ～ committee 諮問委員会.

consúlt·ing *a* 専門的助言を与える, 諮問の, 顧問の(資格の); 診察専門の: a ～ engineer 顧問技師 / a ～ physician 《同僚・患者の諮問に応じる》顧問医. ► *n* コンサルティング, 相談.

consúlting fìrm コンサルティング会社.

consúlting ròomᴵᴵ 診察室; 相談室.

con·sul·tive /kənsʌ́ltɪv/ *a* CONSULTATIVE.

con·súl·tor *n* 相談者, 忠告者; ローマ聖省顧問《司教を助けるためにカトリック教会によって選ばれた特殊分野の専門家》.

con·súm·able *a* 消費[消耗]できる: ～ supplies 消耗品 / a ～ ledger 消耗品原簿. ► *n* [ᵘ*pl*] 消耗品.

con·sume /kənsúːm; -sjúːm/ *vt* **1 a** 消費する, 消耗する, 使いつくす. **b** 浪費する. **2** 消滅させる; 〈火炎が〉焼きつくす (destroy); たくさん食べる[飲む], 食い[飲み]つくす: be ～*d* by fire まる焼けになる. **3** [ᵘ*pass*] 〈嫉妬・憎悪などが〉...の心を占領する 〈*with*, *by*〉: *be* ～*d with* envy ねたみに全霊を奪われている. ► *vi* **1** 消費される, 尽きる, 消滅する; 焼け尽きる, 焼失する; 《廃》憔悴する, やつれる. **2** 消費する. [L (*sumpt- sumo* to take up)]

con·súm·ed·ly /-ədli/ *adv* 非常に (excessively).

con·súm·er *n* **1** 消費者, 需要家 (opp. *producer*); 消費する人[もの]: an association of ～*s*=a ～*s'* cooperative society 消費者組合 / TV is sometimes a time ～. テレビは往々時間を浪費するものとなる. **2** 〘生態〙 消費者 (cf. PRODUCER, DECOMPOSER). ♦ ～·**ship** *n*

consúmer cónfidence 《経済の先行きに対する》消費者の信頼感: the ～ index 消費者信頼感指数《消費者が景気の先行きを楽観しているか否かの指数》.

consúmer coóperative CONSUMERS' COOPERATIVE.

consúmer crédit 〖商〗消費者信用《月賦購買者に対する信用》.

consúmer dúrables‖ *pl* 〖経〗耐久消費財.

consúmer-fàcing *a* 消費者向けの[志向の].

consúmer gòods [ìtems] *pl* 〖経〗消費財, 消費者物資 (＝*consumers' goods*) (cf. PRODUCER GOODS).

consúmer gròup 消費者団体.

consúmer·ìsm *n* 消費者(中心)主義, 消費者保護(運動); 〖経〗コンシューマリズム《健全な経済の基礎として消費拡大を唱える》; 大量消費(主義), 消費文明. ♦ **-ist** *n* **con·sùm·er·ís·tic** *a*

consùmer·izátion *n* 〖経〗消費(拡大)化(政策).

consúmer príce ìndex* [the] 〖経〗消費者物価指数 (retail price index‖)《略 CPI; cf. COST-OF-LIVING INDEX》.

Consúmer Próduct Sáfety Commìssion [the] 〖米〗消費者製品安全委員会《消費者製品安全法 (Consumer Product Safety Act, 1972) に基づく連邦政府の機関; 消費者製品のテスト, 安全性調査, 製品安全基準の確立, 消費者製品に基づく人身事故の原因と予防手段に関するデータ収集などを行なう; 略 CPSC》.

Consúmer Repórts 『コンシューマー・リポーツ』《商品テスト専門月刊誌; Consumers Union が刊行, 1936 年創刊; 広告は掲載しない》.

consúmer reséarch 消費者需要調査.

consúmer resístance 消費者抵抗, 販売抵抗 (sales resistance*).

Consúmers' Associàtion [the] 〖英〗消費者協会《消費者に商品の品質・サービスの良し悪しなどを報知する団体; 団体の通称 Which? は月刊の機関紙名に由来; 1957 年設立; 略 CA》.

consúmers' coóperative 消費生活協同組合, 生協 (＝*consumer cooperative*)《消費者がまとまることにより有利に商品仕入れを行ない組合員に安く販売する》.

consúmers' góods CONSUMER GOODS.

consúmer strìke 《消費者の》不買運動.

Consúmers Ùnion 〖米〗消費者同盟《商品・サービスなどについて情報提供を行なっている非営利組織; 1936 年設立; 略 CU》.

consúmer tèrrorism コンシューマーテロリズム, 消費者テロ《メーカー・販売店から金をゆすったり, 企業に抗議を行なったりする目的で, 食品・薬品に毒物などの危険物を混入し, 一般消費者を恐怖に巻き込む犯罪》.

consúmer-to-búsiness *a* 〈インターネット上の取引が〉消費者から企業への《略 C2B; cf. BUSINESS-TO-BUSINESS》.

con·súm·ing *a* 消費する; 熱烈な, 心を奪う: ～ public 一般消費者 / a ～ interest 強い関心. ♦ **～·ly** *adv*

con·sum·mate *vt* /kánsəmèɪt/ 完成[完了]する; 極点に達せしめる; 床入りによって〈結婚を〉完成する: ～ a marriage 床入りをする. ► *vi* 完全になる, 完成する《特に 婚礼のあとの床入りについていう》. ► *a* /kənsʌ́mət, kánsəmət/ **1** 完成した, 申し分のない, 究極の, 完全な (perfect); 熟練の, 円熟した: ～ happiness このうえない幸福. **2** 全くの, 途方もない: a ～ ass 救いがたいばか者. ♦ **consúm·mate·ly** /, kánsəmət-/ *adv* 完全に, 完璧に. **cón·sum·mà·tor** *n* 完成者, 実行者; 《その道の》達人. [L *con-(summo*; ⇨ SUM)＝to complete]

con·sum·ma·tion /kànsəméɪʃ(ə)n/ *n* **1** 仕上げ, 成就, 完成, 完了, 完結; 《目的・願望などの》達成; 完全(の域), 極致; 結婚の完成《床入り》. **2** 死, 終末.

con·sum·ma·tive /kánsəmèɪtɪv/ *a* 完成する, 仕上げの. ♦ **～·ly** *adv* **～·ness** *n*

con·sum·ma·to·ry /kənsʌ́mətɔ̀ːri; -t(ə)ri/ *a* CONSUMMATIVE; 〖心・生理〗完了行動の (cf. CONSUMMATORY BEHAVIOR).

consúmmatory behávior 〖行動学〗完了行動《空腹捕食者による獲物の捕食のように, ある刺激に反応して起こり, ある欲求がそれによって満たされてしまう行動; cf. APPETITIVE BEHAVIOR》.

con·sump·tion /kənsʌ́m(p)ʃ(ə)n/ *n* **1 a** 消費 (opp. *production*), 消費高[額], 消費量; 摂取, 飲む[食べる]こと: fit [unfit] for human ～ 人の食用に適する[適さない] / The speech was meant for foreign [home] ～. 演説は外国[自国民]に聞かせるのが目的であった / oil [energy] ～ 石油[エネルギー]消費量. **b** 消尽, 滅失, 消耗. **2** 《古風》消耗性疾患, 《特に》肺病 (＝pulmonary ～). [OF ＜L; ⇨ CONSUME]

consúmption crédit CONSUMER CREDIT.

consúmption dùty [tàx] 消費税.

consúmption gòods CONSUMER GOODS.

con·sump·tive /kənsʌ́m(p)tɪv/ *a* **1** 肺病の, 肺病質の. **2** 消費の, 消耗性の. ► *n* 肺病患者. ♦ **～·ly** *adv* **～·ness** *n*

cont. containing ♦ contents ♦ continent ♦ continental ♦ continue(d) ♦ contract ♦ control. **Cont.** Continental.

con·ta·bes·cence /kàntəbés(ə)ns/ *n* 萎縮, 消耗; 〖植〗雄蕊(ゆい)や花粉の萎縮. ♦ **-cent** *a*

con·tact /kántækt/ *n* **1 a** 接触, 触れ合い 〈*with*〉; 〖医・電・数〗接触; 〖心〗接触(感). **b** 接触物; 《口》コンタクト(レンズ) (contact lens); 〖電〗接点, 接触子; 〖地質〗接触面: a point of ～ 〖数〗接点 / the path of ～ 接点の軌跡. **2 a** [°*pl*]*人との触れ合い, 近づき, 交際 (associations) 〈*with*〉; 連絡(をとること), 渡り, 縁故 (connection); 〖軍〗《敵との》接触; 《飛行機による地上前進部隊との》連絡; 〖通信〗交信: have ～ with…と連絡をとる. **b** 《業務上の目的で》渡りをつけてある人; 橋渡しのできる人, 仲介者; [sb's] 《スパイの》連絡相手; 〖医〗保菌容疑者, 接触者: He had many ～*s*. 彼にはつてがたくさんあった. **3 a** 〖天〗接触《食・天体面通過・掩蔽の際に 2 天体の縁(ふち)が, または 一天体のディスクがほかの天体の影と見た目において接触すること》. **b** 〖空〗《飛行中に》地表を直接見ること, (地文)目視, 接触. ● **be in ～ with**…と接触して[連絡をとって]いる; 〈人〉と近しくしている. **break [make] ～** 電流を切る[通じる]; 交際を断つ[始める] 〈*with*〉. **bring …into [in] ～ (with…)** …を(…に)接触させる; …を(…に)出会わせる. **come [get] into [in] ～ (with…)** (…と)接触する; (…と)出会う (come across). **establish** one's **～ with**…と接触する, 連絡をとる. **keep [stay] in ～** 交際し[連絡をとり]つづける 〈*with*〉. **lose ～ with**…との接触[連絡]を失う. ► *a* 接触の; 接触による, 接触式[型]の; 競技者の体と体が触れ[ぶつかり]合う (: ～ sports); 接している〈土地〉; 連絡用の: ～ number 連絡先の電話番号. ► *adv* 接触飛行で. ● **fly ～** 〖空〗接触[有視界]飛行する (cf. CONTACT FLYING). ► *v* /, kəntǽkt/ *vt* 接触させる; …に接触する, 合流する; 〖通信〗…と交信する; …と連絡をとる, …に渡りをつける. ► *vi* (互いに)接触する; 〖通信〗交信する 〈*with*〉. ► *int* 〖空〗《プロペラを》回せ, コンターク! 《昔, 点火スイッチがはいり始動準備が整ったことをパイロットが整備員に知らせた合図》. ♦ **～·able** *a* [L *con-(tingo*＝*tact- tango* to touch)]

con·tac·tant /kəntǽktənt, kɑn-/ *n* 〖医〗接触物, 接触原《皮膚や粘膜などに接触することで, 接触型過敏症を起こすアレルギー源》. [*contact* (n), *-ant*]

cóntact bìnary 〖天〗接触連星《近接連星のうち両星の表面が接触しているもの》.

cóntact brèaker 〖電〗(自動)接触遮断器.

cóntact càrd 接触型[接触式]カード《読取り装置に接触させて情報の交換を行なう IC カード; cf. CONTACTLESS CARD》.

cóntact dermatìtis 〖医〗接触皮膚炎.

con·tact·ee /kàntæktíː/ *n* 《SF で》被接触者, 宇宙人に接触された者.

cóntact electrìcity 〖電〗接触電気《異なる二つの物質の接触面に生じる電気》.

cóntact flỳing [flìght] 〖空〗接触[有視界]飛行《陸標 (landmarks) を絶えず視界の中に保ちながら行なう飛行; opp. *instrument flying*; cf. *fly* CONTACT》.

cóntact hìgh* 《俗》感染[間接]陶酔《麻薬に酔った人に接したり, 煙の匂いだけで酔った気分になること》.

cóntact hìtter 〖野〗コンタクトヒッター《ボールにバットをうまくあてて安打する打者》.

cóntact inhibìtion 〖生〗接触阻止《組織培養した正常な 2 細胞が接触したとき, その細胞のはたらきが止まること》. ♦ **cóntact-inhìbit·ed** *a*

cóntact lànguage 接触言語 (pidgin).

cóntact lèns コンタクトレンズ.

cóntact·less càrd 非接触(型)カード, コンタクトレスカード《読取り装置にかざすだけで情報の交換ができる IC カード》.

cóntact màker 〖電〗《電流の》接触器.

cóntact màn 《取引などの》仲介者, 情報屋.

cóntact metamórphism 〖地質〗接触変成作用《深成岩体に貫入したマグマの熱によって岩石が変成される作用》.

cóntact mìne 触発水雷[機雷, 地雷].

con·tac·tor /kántæktər, kəntǽk-/ *n* 〖電〗接触器《交直回路制御のため頻繁に用いられる開閉装置》.

cóntact pàper 〖写〗密着(印画)紙.

cóntact potèntial 〖電〗接触電位差.

cóntact prìnt 〖写〗密着印画, 密着プリンティング.

cóntact pròcess 〖化〗《硫酸をつくる》接触法.

cóntact shèet 〖写〗密着印画紙, べた焼き.

cóntact vìsit 接触訪問[訪監]《囚人と訪問者との握手や抱擁などが認められる》.

con·ta·di·no /kàntɑːdíːnoʊ/ *n* (*pl* **-ni** /-ni/; *fem* **-na** /-nə/, *pl* **-ne** /-neɪ/) イタリアの小作農. [It]

con·ta·gion /kəntéɪʤ(ə)n/ *n* **1** 〖医〗接触感染[伝染] (cf. INFECTION); 接触伝染病; 病原菌[体]; 感染[伝染]力; 《詩》毒: Cholera spreads *by* ～. / a ～ ward 伝染病棟. **2** 感化力; 悪影響, 弊風; 《思想・感情などの》伝染. [L (*tagio* ＜ *tango* to touch)]

con·ta·gious /kəntéɪʤəs/ *a* (接触)感染[伝染]性の, 伝染病の; 感染[伝染]病原体のある; 接触感染症[伝染病]用の; 〈感情・表情など〉人にうつりやすい (catching): a ～ disease 接触感染症[伝染病] / a ～ ward 伝染病棟. ♦ **～·ly** *adv* **～·ness** *n*

contágious abórtion 〖獣医〗伝染性流産《ブルセラ病 (brucellosis) など》.

con·ta·gium /kəntéɪʤ(i)əm/ *n* (*pl* **-gia** /-ʤ(i)ə/) 〖医〗感染[伝染]病原体.

con·tain /kəntéɪn/ *vt* **1 a** (内に)含む, 包含する, 入れている, 入れうる; 〈車などが〉…を乗せている. **b** 〈いくら〉はいる; 〈いくら〉に等しい: A pound ~*s* 16 ounces. 1 ポンドは 16 オンスである. **2**〈怒りなどを〉抑える, 辛抱する; 封じ込める; 〈伝染病・災害など〉の拡大を阻止する; 牽制する; 〈出費などを〉抑制する: He could not ~ his anger [~ him*self for* anger]. 怒りを抑えられなかった / ~ a fire 消火に努める / a ~*ing* attack [force]〘軍〙牽制攻撃[部隊]. **3**〘数〙〈辺が角を〉はさむ, 〈図形を〉囲む; 〈ある数〉で割り切れる[を因数にもつ]: a ~*ed* angle 夾角 / 10 ~*s* 5 and 2. 10 は 5 と 2 で割り切れる. ► *vi* 我慢する. ♦ **~·able** *a* [OF<L (*tineo*=*tent- teneo* to hold)]

con·táined *a* 自制した, 控えめな; 落ちついた.

contáin·er *n* 容器, 入れ物; コンテナ. ♦ **~·less** *a*

contáin·er·bòard *n* 段ボール紙, ボール紙.

contáiner càr〘鉄道〙コンテナ車.

contáin·er·ìze *vt* コンテナ[容器]に詰める[入れる], コンテナ方式で輸送する; 〈港湾施設などを〉コンテナ輸送方式に改める, コンテナ化する. ♦ **contàin·er·izátion** *n* コンテナ化, コンテナ使用.

contáin·er·pòrt *n* 《コンテナ船の出入りする》コンテナ港.

contáin·er·shìp *n* コンテナ船.

contáiner shìpping コンテナ輸送.

contáiner sỳstem コンテナ輸送方式.

contáin·ment *n* 包み込み, 包含; 牽制, 抑制; 封じ込め(政策), 拡張牽制(策);〘理〙閉じ込め《制御された熱核反応で, 容器の壁と接触しないようプラズマを閉じ込めること》;〘原子力〙閉じ込め《事故の際の放射能汚染拡大を防ぐために原子力施設の周囲を気密の殻構造物で囲うこと》.

contáinment bòom 《流出石油の拡散を防ぐ》閉じ込め防材 (boom).

contakion ⇨ KONTAKION.

con·tam·i·nant /kəntǽmənənt/ *n* 汚染物質, 汚染菌.

con·tam·i·nate /kəntǽmənèɪt/ *vt* **1 a** (接触[混合]によって)汚す, 汚染する 〈*with*〉; 不純にする, 劣化させる; …に放射性物質を添加する: be ~*d* by radioactivity 放射能に汚染される. **b** …に悪影響を及ぼす, 〈心を〉むしばむ. **2**〘書誌〙〈他の写本が写本〉に混合をひき起こす. ► *a* 《古》汚染した, 汚れた. ♦ **con·tám·i·nà·tive** /; -nə-/ *a* 汚染する. **-nà·tor** *n* [L (*contamin- tamen* contact); cf. CONTAGION]

con·tam·i·na·tion /kəntæ̀mənéɪʃ(ə)n/ *n* **1** 《特に放射能による》汚染; 汚濁; 汚穢(おあい);〘軍〙毒ガスによる汚染; 雑菌混入; 汚染物質 (contaminant). **2** 《原文・記録・物語などの》混合;〘言〙混成, 混成語《例: whirlicane は whirlwind と hurricane との混成》.

con·tan·go /kəntǽŋgoʊ/ *n* (*pl* ~**s**) 《かつてロンドン証券取引所で行なわれた》繰延べ; 繰延べ日歩, 遅延金利, コンタンゴ (=*carryover*, *continuation*) (cf. BACKWARDATION). ► *vt*, *vi* 繰り延べる. [C19<?]

contángo dày 〘ロンドン証券取引所〙繰越決算日.

Con·ta·ri·ni /kòuntɑːríːni/ コンタリーニ《イタリア Venice の名家; ヴェネツィア総督となった **Domenico** (在任 1043–70) 以来 総督を輩出した; **Gasparo** (1483–1542) は枢機卿・外交官で, プロテスタントとカトリックの和解運動の指導的人物》.

contd continued.

conte[1] /kɔ́(ː)nt; *F* kɔ̃t/ *n* (*pl* ~**s** /kɔ́ːnts; *F* —/) 短篇, コント; 中世説話物語.

conte[2] /kóunteɪ/ *n* 伯爵 (count). [It]

Con·té /kɑntéɪ, ⌐—; kɔ́nteɪ/〘商標〙コンテ《画材鉛筆》. [創業者 Nicholas J. *Conté* (1755–1805)]

con·temn /kəntém/ *vt* 《文》軽蔑[侮辱]する. ♦ **-témn·er**, **-tém·nor** /-(n)ər/ *n* [OF or L (*tempt- temno* to despise)]

con·tem·pla·ble /kəntémpləb(ə)l/ *a* 考えられる, 企図しうる.

con·tem·plate /kántəmplèɪt, -tèm-/ *vt* **1** 沈思黙考する, 観想[熟考]する. **2** 熟視する, 静観する. **3 a** 予期[予想]する; 夢想する. **b** 企図する, …しようと思っている (intend) 〈*doing*〉. ► *vi* 瞑想する, 黙考する. ♦ **-plàt·ing·ly** *adv* **cón·tem·plà·tor** *n* 熟考する人; 黙想者, 沈思の人. [L (*templum* place for observation of auguries; ⇨ TEMPLE[1])]

con·tem·pla·tion /kɑ̀ntəmpléɪʃ(ə)n, -tèm-/ *n* **1** 黙想, 瞑想, 観想, 熟考 (meditation);〘キ教〙観想: be lost in ~ 黙想にふけっている. **2** 熟視, 凝視, 静観. **3** 予期, 予想; 企図: in ~ of…を予期[考慮]して / be in [under] ~ 計画中である / have (sth) in ~ もくろんでいる / gift in ~ of death〘法〙死亡予期贈与.

con·tem·pla·tive /kəntémplətɪv, kántəmplèɪtɪv, -tèm-/ *a* 静観[観想]的な, 黙想的な, 黙想にふける: a ~ life 《隠者のような》観想的な生活. ► *n* 黙想にふける人《特に 修道士[女]》. ♦ **~·ly** *adv* **~·ness** *n*

con·tem·po /kəntémpoʊ/ *a* 《口》最新のスタイルの, 今はやりの, 今ふうの. [*contemporary*]

con·tem·po·ra·ne·i·ty /kəntèmp(ə)rəníːəti/ *n* 同時期[時代]であること[事実], 同時代性.

con·tem·po·ra·ne·ous /kəntèmpəréɪniəs/ *a* 同時存在[発生]の, 同時代の 〈*with*〉. ♦ **~·ly** *adv* **~·ness** *n* [L (*com-*, *tempor- temps* time)]

con·tem·po·rary /kəntémp(ə)rèri; -r(ə)ri/ *a* **1** 〈…と〉同時代の 〈*with*〉, その当時の: ~ accounts 当時の記録. **2** 当今の, 現代の; 最新の: ~ literature [writers] 現代文学[作家] / ~ opinion 時論. **3** 同時に起こる (simultaneous). ► *n* 同時代人; 同期生 〈*at* school〉; 同年配の人; 同時代の新聞[雑誌など]: our *contemporaries* われわれの同時代人, 現代人たち / our ~ 《新聞》同業紙. ♦ **con·tèm·po·rár·i·ly** /; -témp(ə)rərɪli/ *adv* **-i·ness** *n* [L (↑)]

Contémporary Énglish Vèrsion [the]『現代英語版』聖書《Good News Bible を範として 1991 年(新約)および 95 年(旧約)に刊行された平易な新約聖書; 略 CEV; Bible for Today's Family ともいう》.

C

con·tem·po·rize /kəntémpəràɪz/ *vt* 同じ時代にする, …の時代を同じにする: ~ one*self* with bygone times 自分の身を昔に置いて考える. ► *vi* 時代[時期]を同じくする.

con·tempt /kəntém(p)t/ *n* **1** 侮り, 軽蔑, 侮辱;〘法〙侮辱(罪): bring upon one*self* the ~ of…の侮りをまねく / have a ~ for…を軽蔑する / in ~ of…を軽蔑して / with ~ 軽蔑して / show ~ 軽蔑する. **2** 恥辱, 不面目. ● **beneath ~** 〈行為・評言など〉軽蔑にも値しない. **bring [fall] into ~** 恥をかかせる[恥をかく]. **hold [have] …in ~** …を軽蔑して[ばかにして]いる. **hold sb in ~**〘法〙人を裁判所侮辱であると認定する. [L; ⇨ CONTEMN]

con·tempt·ible /kəntém(p)təb(ə)l/ *a* 卑しむべき, 見下げはてた, 卑劣な, なさけない; 《廃》軽蔑的な (contemptuous). ● OLD CONTEMPTIBLES. ♦ **-ibly** *adv* **~·ness** *n* **con·tèmpt·ibíl·i·ty** *n*

contémpt of cóurt 裁判所侮辱, 法廷侮辱罪.

con·temp·tu·ous /kəntém(p)ʧ(u)əs/ *a* 人をばかにした, 軽蔑的な; 〈…を〉軽蔑して 〈*of*〉. ♦ **~·ly** *adv* 軽蔑して. **~·ness** *n*

con·temp·tus mun·di /kɔːntém(p)tʊs múndi/ 世に対する蔑み. [L=contempt for the world]

con·tend /kənténd/ *vi* **1** 争う, 抗争する, 競う 〈*for*〉; 闘う; 論争する 〈*with* sb *about* sth〉: ~ *with* the enemy 敵と戦う / ~ *with* others *for* a prize 人と賞を目指して争う / ~ *against* one's fate 運命と闘う. **2** 〈問題・困難などに〉対処する, 〈…を相手に〉苦労[奮闘]する 〈*with*〉: He *has* much *to* ~ *with*. 対処しなければならない問題がいろいろある. ► *vt* (強く)主張する (maintain) 〈*that*〉; 争う, 競う. ♦ **~·er** *n* 競争相手, 《優勝などを》争う人[チーム] 〈*for*〉; 論争者; 主張者. **~·ing·ly** *adv* [OF or L=to stretch, strive; ⇨ TEND[1]]

con·tent[1] /kántènt/ *n* 《単数形は多く抽象的意味か成分の量を示し, 複数形は多く具体的なものを指す》**1** 《形式に対して》内容 (opp. *form*); 趣意, 要旨, 真意; 意味, 意義; 《研究の》対象, 主題; 《意識などの》部分, 要素, 内容;〘哲〙《概念の》内容;〘心〙反応内容; コンテンツ《放送・CD・ウェブなどが提供する情報の内容》. **2 a** [[u]*pl*] 《容器の》中身, 内容, 《書物・文書などの》内容 〈*of*〉; [the (table of) ~s] 目次, 目録. **b** 含有量, 産出量, 《ある容器の》容量;〘数〙容積, 面積: solid [cubical] ~(*s*) 容積, 体積 (volume). [L; ⇨ CONTAIN]

con·tent[2] /kəntént/ *pred a* **1** 満足して, 自足して (contented) 〈*with*〉; 〈…するだけで〉満足して, 安心して, 甘んじて 〈*to* do〉: live [die] ~ 安んじて暮らす[死ぬ]. **2**〘英上院〙賛成で《yes, no の代わりに ~, not ~ といい, 英下院では ay, no という》. ● **not ~ with**…では満足せずに. ► *n* 満足;〘英上院〙賛成投票(者) (opp. *not-content*): in ~ 満足して. ● **to one's heart's ~** 心ゆくまで, 存分に: Eat *to your heart's* ~. 好きなだけ食べなさい. ► *vt* …に満足を与える, 満足させる. ● **~ oneself with**…に満足する: He ~*s* him*self with* small success. 小成に安んじている. ♦ **~·less** *a* [OF<L (pp) < CONTAIN to repress]

cóntent-addrèss·able mémory [stórage]〘電算〙連想記憶装置 (associative memory).

cóntent anàlysis〘社・心〙内容分析《書籍・映画などのコミュニケーション内容の統計的分析》.

contént·ed *a* 満足している 〈*with*〉; 意を安んじて, 甘んじて…する 〈*to* do〉. ★ *attrib a* にも用いる: a ~ smile 満足そうなほほえみ / A ~ mind is a perpetual feast. 《諺》満足は永久の祝宴. ♦ **~·ly** *adv* 満足して[そうに]. **~·ness** *n*

con·ten·tion /kənténʃ(ə)n/ *n* 論争, 主張; 闘争, 競争, 競合; 論争点;〘通信〙コンテンション, 競合《複数の通信装置が同時に回線を使用しようとする状態》: in ~ 論争中で; 〈タイトル・勝利など〉競って, 争って 〈*for*〉 / BONE OF CONTENTION / out of ~ 見込み[勝算]をなくして 〈*for a title*〉. [OF or L; ⇨ CONTEND]

con·ten·tious /kənténʃəs/ *a* **1** 〈人が〉争いを好む, 議論好きな. **2** 論争を起こす, 異論の多い, 争点となる;〘法〙係争の: a ~ issue / a ~ case 係争[訴訟]事件. ♦ **~·ly** *adv* **~·ness** *n*

contént·ment *n* 満足(すること), 知足, 安心立命; 《古》満足させるもの[こと]: *C~* is better than riches. 《諺》足るを知るは富にまさる.

cóntent provìder〘電算〙コンテンツプロバイダー《ニュースやさまざまな情報を提供する事業者》.

cóntent sùbject〘教育〙内容教科《実用科目に対して, 哲学・歴史・地学などといったそれ自体を目的とする科目; cf. TOOL SUBJECT》.

cóntent wòrd〘文法〙内容語 (FULL WORD).

con·términal *a* CONTERMINOUS.

con·ter·mi·nous /kəntə́ːrmənəs, kɑn-/ *a* 境界線を共にする

〈*with*〉, 隣接する〈*to*〉; 〈空間・時間・意味など〉同一限界の, 同一延長の (coterminous) 〈*with*〉; 一つの共通の境界に囲まれた. ♦ **~·ly** *adv* **~·ness** *n* [L; ⇨ TERM]

con·tes·sa /kɑntésə/ *n* 《イタリアの》伯爵夫人. [It]

con·test *n* /kántɛ̀st/ 競争; 競技, 競演, コンテスト; 争い, 抗争, 戦い; 論戦, 論争; 選挙. ● **no ~** 《口》楽勝, 勝負[比較]にならないこと; 〘ボク〙無効試合, ノーコンテスト; *NOLO CONTENDERE: a presidential ~ 大統領[会長]選挙. ► *v* /kəntést, kántɛ̀st/ *vt* 〈勝利・賞・選挙などを〉争う; 論議する; 〈選挙・遺言状などに〉異議を唱える: ~ a suit ある訴訟を争う. ► *vi* 議論を戦わす; 競争する〈*with, against, for*〉. ♦ **contést·er** *n* [L *con*-(*testor* < *testis* witness) =to call to witness]

contést·able *a* 争われる, 論争される: a ~ statement いろいろと問題にされる陳述. ♦ **contèst·abílity** *n*

con·tes·tant /kəntéstənt/ *n* 競技者, 競技[コンクール]への参加者; 論争者, 競争者, 競争相手; *《選挙結果・遺言などの》異議申立人.

con·tes·ta·tion /kɑ̀ntɛ̀stéɪʃ(ə)n/ *n* 論争, 争論; 異議申し立て, 争訟; 《論争の》立脚点, 争点: in ~ 係争中の.

contést·ed eléction ᴵᴵ競争選挙; *落選者から無効だという異議(申し立て)のある選挙.

con·text /kántɛ̀kst/ *n* 文脈, 脈絡, コンテクスト, 《文章の》前後関係; 情況, 事情: in ~ 文脈の中で[に] / in this ~ このような関係[情況]において(は), これに関連して / out of ~ 文脈を無視して, 背景抜きで. ♦ **~·less** *a* [ME=weaving together of words<L; ⇨ TEXT]

cóntext-frée /, ˌ—ˈ—/ *a* 〘言〙文脈自由の《記号列外の要素にかかわりなく記号列内の変更を記述する規則に基づく文法・言語についていう; そのような規則の》.

con·tex·tu·al /kəntékstʃuəl, ᴵᴵ-tjʊ-/ *a* 《文の》前後関係上の, 文脈上の. ♦ **~·ly** *adv*

contéxtual·ìsm *n* 〘哲〙コンテクスト理論《言明や概念は文脈を離れては意味をもたないとする; cf. PRAGMATISM, OPERATIONALISM》. ♦ **contéxtual·ist** *n*

contéxtual·ìze *vt* …の情況[文脈]を説明する, 情況[文脈]にあてはめる, 脈絡化する. ♦ **contèxtual·izátion** *n*

con·tex·ture /kəntékstʃər, kɑn-, *kántɛ̀ks-/ *n* 《文》組織, 構造; 《文章などの》構成, 結構; 織り交ぜた[組み立てた]もの; CONTEXT. [F<?L (*con*-, TEXTURE)]

contg containing.

Con·ti 1 /*F* kɔ̃ti/ コンティ《フランスの Bourbon 家から分かれた Condé 家の分家; 大 Condé の弟 **Armand de Bourbon** (1629–66) が祖; ほかに Armand の息子 **François-Louis de Bourbon** (1664–1709), その孫 **Louis-François de Bourbon** (1717–76) など; Louis-François の息子 **Louis-François-Joseph de Bourbon** (1734–1814)は七年戦争で勲功をあげたが, その死で家系は断絶》. **2** /kóunti, kán-/ コンティ **Niccolò de'** ~ (c. 1395–1469) 《Venice の商人; 25 年にわたり中近東から南アジアまで旅行し, その体験を伝えた》.

Con·ti·board /kántibɔ̀:rd/ 〘商標〙コンティボード《メラミンの被覆をしたボード; 戸棚に用いる》.

con·ti·gu·i·ty /kɑ̀ntəgjú:əti/ *n* 接近, 接触, 隣接; 連続, 広がり; 〘心〙《時間・空間における》接近.

con·tig·u·ous /kəntígjuəs/ *a* 接触する, 隣接する〈*to*〉; つながった, 連続的な; 次の, 間もない; 同一限界内の (conterminous): the 48 ~ states 《Alaska, Hawaii 以外の》地続きの 48 州, 米本土. ♦ **~·ly** *adv* **~·ness** *n* [L; ⇨ CONTACT]

con·ti·nence /kánt(ə)nəns/, **-cy** *n* 自制, 節制, 克己; 《特に 性欲の》抑制, 禁欲; 貞節; 《排便・排尿の》自制: fecal ~ 排便自制.

con·ti·nent[1] /kánt(ə)nənt/ *n* 大陸; 陸地, 本土; [the C-] 《イギリス諸島に対し》欧州大陸: *on* the European *C*~ 欧州大陸では / DARK [OLD, NEW] CONTINENT. [L *terra continens* continuous land; ⇨ CONTAIN]

continent[2] *a* 自制心のある, 節制を守る; 貞節な; 性欲を抑える, 禁欲の; 便意を抑えることのできる; 《まれ》包容力のある, 広々とした; 《廃》限定的な (restrictive). ► 《古》 *n* 容器, 入れ物; 権化, 縮図. ♦ **~·ly** *adv* [L; ⇨ CONTAIN]

con·ti·nen·tal /kɑ̀nt(ə)néntl/ *a* 大陸 (continent) の, 陸続きの, 島を含まない; 大陸性[風]の; [ºC-] ヨーロッパ大陸(風)の; 南欧風の; [ºC-] 大陸風の《ヨーロッパ, 特に フランスの古典的な料理に由来する料理についていう》; 北米大陸の; [C-] 〘米史〙《独立革命当時の》大陸植民地の: the ~ United States Alaska と Hawaii を除くアメリカ合衆国, 米国本土. ► *n* **1** 大陸の人; [ºC-] 《英国人に対し》ヨーロッパ大陸の人; [ºC-] 〘米史〙《独立革命の》大陸軍の兵, アメリカ兵. **2** 〘米史〙《独立革命当時の》大陸会議発行紙幣; [C-] *《俗》コンティネンタル《男性の髪型》. **3** 〘気〙CONTINENTAL AIR MASS (opp. *maritime*). ● **not care** [**give**] **a ~** *《口》ちっともかまわない. **not worth a ~** *《口》三文の値打ちもない. ♦ **~·ly** *adv*

continéntal áir màss 〘気〙大陸気団《陸地で発達し, 通例乾いた気団》.

continéntal bréakfast 大陸式朝食, コンチネンタルブレックファスト《パンとコーヒー・紅茶程度の簡単な朝食; cf. ENGLISH BREAKFAST》.

continéntal clímate 〘気〙大陸(性)気候《夏冬の温度差が大》.

continéntal códe 大陸符号, 国際モールス符号.

Continéntal Cóngress [the] 〘米史〙大陸会議《独立前後 Philadelphia で開かれた諸植民地代表の 2 つの会議 (1774, 75–89)》.

continéntal crúst 〘地質〙大陸地殻《大陸と大陸棚の下にあり, 花崗岩質層とその下の玄武岩質層からなる》.

continéntal dáyᴵᴵ 早朝に始まり昼休みなしで午後早く終わる学校時間.

continéntal divíde [the] 大陸分水界 (=*Great Divide*); [the C- D-] *北米大陸分水界《ほぼ Rocky 山脈に同じ》.

continéntal dríft 大陸移動[漂移]《仮説》.

continéntal ísland 大陸島《Great Britain のように大陸に近く地理的に付属した島; cf. OCEANIC ISLAND》.

continéntal·ìsm *n* (欧州)大陸主義, 大陸人気質; 大陸的特性. ♦ **-ist** *n* (欧州)大陸主義者[心酔者].

continéntal·ìze *vt* 大陸風にする; 大陸的規模にする, 大陸中に広める. ♦ **continèntal·izátion** *n* 大陸風になること; 大陸形成, 大陸化.

continéntal quíltᴵᴵ コンチネンタルキルト《ベッドクロス代わりに用いる柔らかい厚手のキルト》.

continéntal séating [ºC-] 《劇場の》中央通路を設けず座席間をゆったり広くとる配置方式.

continéntal shélf 大陸棚《大陸[大きな島]周辺の 200 m 以下の浅い海底》.

continéntal slópe 大陸[陸棚]斜面《大陸棚から深海に下る急斜面》.

continéntal Súnday [ºC- S-] 休息・礼拝でなくレクリエーションで過ごす日曜日.

Continéntal Sýstem [the] 〘史〙大陸制度, 大陸封鎖《英国に対して欧州大陸の市場を閉鎖する目的で 1806 年 Napoleon 1 世が採った政策》; FRENCH SYSTEM.

continéntal térrace 大陸段丘《大陸棚および大陸斜面》.

con·tin·gence /kəntíndʒ(ə)ns/ *n* 接触 (contact); CONTINGENCY.

con·tín·gen·cy *n* 偶然性, 偶発性; 偶発事件, 不測の事態; 緊急事態対策; 《ある事件に伴う》付随の事件[事態]: future *contingencies* 将来起こるかもしれないこと / a ~ fund 偶発危険準備金 / a ~ plan 不測事態対応計画. ● **in the supposed ~** 万一そんな事が起こった場合に. **not…by any possible ~** よもや[まさか]…まい.

contíngency fèe 成功報酬 (contingent fee).

contíngency mànagement 〘心〙コンティンジェンシーマネジメント《行動変容 (behavior modification) において, 望ましい行動を強化するために相手の反応するできごとを管理操作する方法》.

contíngency resèrve 偶発危険準備金.

contíngency tàble 〘統〙分割表, 関連表, クロス集計表《2 つの変量を縦横に取って度数分布を表わす表》.

con·tín·gent *a* **1 a** …しだいの, …を条件としての (conditional) 〈*on*〉: a fee [remuneration] ~ *on* success 成功謝金[報酬]. **b** 〈…に〉付随する〈*to*〉; 本質的でない. **2** 偶発的な, 偶然の, 不慮の, 不測の; 〘論〙偶然的な, 経験的な; 〘哲〙自由な, 決定論に従わない: a ~ truth 偶然的真理 (「永遠の真理」に対して). **3** あるかもしれない (possible); 〘法〙不確定の: ~ remainder 不確定残余金. ► *n* **1** 分担; 分担額; 分遣隊[艦隊]; 代表団. **2** 偶然事項, 不慮のできごと; 偶発事件; 付随事件. ♦ **~·ly** *adv* 偶然に, 思いがけず; 依存して. [L *con*-(*tingo*=*tango* to touch)=to be in CONTACT]

contíngent fée 成功報酬, 評価額依存報酬《損害賠償請求訴訟などで勝訴した場合に弁護士に支払われるもので, 勝訴して得られた金額のある一定の割合という形をとる》.

continua *n* CONTINUUM の複数形.

con·tín·u·al /kəntínjuəl/ *a* とどまることのない, 継続的な; 頻繁に起こる, 繰り返す. ★ ⇨ CONTINUOUS. ♦ **~·ly** *adv* 引き続いて; しきりに, 頻繁に.

con·tín·u·ance /kəntínjuəns/ *n* **1** 存続, 継続, 連続, 持続, 続行; 永続, 恒久; 滞留〈*in* a place〉; 〘法〙《訴訟手続きの》延期, 《裁判の》続行; 継続期間: (a disease) of long [short, some] ~ 久しく[しばらく, かなり]続く[続いた](病気). **2** 《話の》続き, 続篇.

con·tín·u·ant 〘音〙*a* 継続音の《子音にいう》. ► *n* 継続音《延長できる子音 /f, v, s/ など》; 〘哲〙連続体.

con·tin·u·ate /kəntínjuèɪt/ *a* 《廃》連続した (continuous), とぎれることのない (uninterrupted).

con·tin·u·a·tion /kəntɪ̀njuéɪʃ(ə)n/ *n* **1 a** 続く[続ける]こと, 継続; 連続; 持続, 存続; 《中途からの》継続, 再開. **b** 《話の》続き, 続編; 〘図書〙継続出版物: *C*~ follows. 以下次号 (=To be continued.). **2 a** 延長 (prolongation) 〈*of* a line〉; 継ぎ足し, 建て増し〈*to*〉. **b** [*pl*] 半ズボンのひざ下の部分, 《俗》ズボン (trousers). **3** 〘ロンドン証券取引所〙CONTANGO: ~ rate 繰越し日歩.

continuátion dàyᴵᴵ CONTANGO DAY.

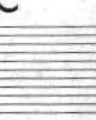

continuátion schòol 《働く青少年のための》補習学校; 《カナダの僻地の》小さな中等学校.

con·tin·u·a·tive /kəntínjuèɪtɪv, -ətɪv; -ətɪv/ *a* 連続的な, 継続的な; 続きの; 〔文法〕継続的な; 〔文法〕進行を表わす (progressive): ～ use 《関係詞の》継続用法. ► *n* 連続するもの; 継続詞《関係代名詞·接続詞·前置詞など》; 〔文法〕継続相; 〔音〕CONTINUANT. ♦ **～·ly** *adv* **～·ness** *n*

con·tín·u·à·tor *n* 継続者, 継続物; 引継人, 継承者《特に 人の死後その仕事を引き継ぐ作家》.

con·tin·ue /kəntínju/ *vt* **1** 続ける, 持続する: ～ talking [to talk] 話しつづける. **2** 継続[存続]させる; 延長する (prolong): ～ a boy at school 少年に就学を続けさせる. **3 a** 《中途からまた》継続する, (前に)引き続いて述べる: ～*d* on [from] page 20 20 ページに[から]続く / To be ～*d*. 未完, 以下次号. **b** 〔法〕延期する; 《ロンドン証券取引所》繰り越す, 繰り延べる. ► *vi* **1 a** 続く, 続いている; 存続する, 継続する. **b** 〈仕事·研究などを〉続ける 〈*with*〉, 続けて言う; 再開する: ～ in the faith of one's fathers 祖先の信仰を守る / ～ *by* explain*ing* one's position 自分の立場を明らかにして話を続ける. **2** とどまる 〈*at*, *in* a place〉; [補語を伴って] 引き続き…である, …のままでいる: If you ～ obstinate, …. おまえがどこまでも強情を張るなら…. ♦ **con·tín·u·able** *a* **con·tín·u·er** *n* [OF＜L＝to make or be CONTINUOUS]

con·tín·ued *a* 続けられた, 引き続きの; 連続している, とぎれない; 延長された, 引き延ばしの; 中断したあとに再開された, 引き続きの. ♦ **～·ly** *adv* **～·ness** *n*

contínued bónd 償還延期公債[社債].

contínued fráction 〔数〕連分数.

contínued propórtion 〔数〕連比例.

con·tín·u·ing *a* 継続[持続]する, 引き続く, 継続[持続]的な.

contínuing educátion 継続教育(課程), 成人教育《最新の知識·技能を授けるための》.

con·ti·nu·i·ty /kànt(ə)n(j)ú:əti/ *n* **1** 連続(状態), 連続性; 継続; 《論理の》密接な連絡; 〔数〕連続. **2** ひと続き (unbroken series); 〔映·ラジオ·テレビ〕《撮影·放送用の》台本, コンテ; 《自動巻戻しを用いた》連続映写; 《番組の間に入れる》つなぎの話[音楽]; ひと続き漫画 (comic strip) の筋[会話]. [F＜L; ⇨ CONTINUOUS]

continúity girl [clèrk] 〔映〕《各ショットごとに詳しく記録をとる》撮影記録係, スクリプター.

continúity stùdio 番組の合間につなぎの放送をする小スタジオ.

con·tin·uo /kəntínjuòʊ/ *n* (*pl* **-u·òs**) 〔楽〕通奏低音, コンティヌオ (＝*figured bass, thoroughbass*); 通奏低音楽器. [It *basso continuo* continuous bass]

con·tin·u·ous /kəntínjuəs/ *a* 絶え間のない, とぎれない, 連続的な, 継続する; 〔植〕節なしの; 〔数〕連続的な; 〔文法〕継続を表わす, 継続相の: ～ rain 降り続く雨 / ～ function 〔数〕連続関数 / ～ group 〔数〕連続群. ★ 通例 continuous は「とぎれない」, continual は「絶えず繰り返される」の意. ► *n* 〔文法〕継続相. ♦ **～·ly** *adv* 連続的に, 間断なく, 絶えず. **～·ness** *n* [L＝uninterrupted＜CONTAIN]

contínuous asséssment 〔教育〕継続評価《課程終了後の試験だけで成績を評価するのでなく, 課程の全体を通じて生徒を評価する方法》.

contínuous bráke 《全車両に作動する》貫通ブレーキ.

contínuous creátion thèory 〔天〕STEADY STATE THEORY; 〔生〕生物は連続的に無生物から生まれるとする説.

contínuous cúrrent 〔電〕直流 (direct current).

contínuous fúnction 〔数〕連続関数.

contínuous pósitive áirway prèssure 〔医〕持続的気道陽圧法《鼻から加圧された空気を送り, 気道の狭窄や肺容量の低下を防止することによって呼吸障害を緩和する方法》.

contínuous spéctrum 〔理〕《線スペクトルに対して》連続スペクトル.

contínuous státionery 〔電算〕連続印字用紙《折り重ねて一束になっている》.

contínuous wáves *pl* 〔通信〕《パルスに対して》持続波, 連続波《略 CW》.

con·tin·u·um /kəntínjuəm/ *n* (*pl* **-tin·ua** /-njuə/, **～s**) 〔哲〕《物質·感覚·事件などの》連続; 連続体; 〔哲·数など〕連続体; 〔生態〕植生連続体: SPACE-TIME CONTINUUM. [L (neut)＜CONTINUOUS]

cont·line /kántlàɪn/ *n* 《ロープの》「絢(こ)」(strand) と「絢」の間; 《並列した》樽と樽との隙間.

con·to /kántoʊ/ *n* (*pl* **～s**) コント《(1) ポルトガルの計算貨幣: ＝1000 escudos (2) ポルトガル·ブラジルの旧計算貨幣: ＝1000 milreis》.

con·toid /kántɔɪd/ *n* 〔音〕音声学的子音, コントイド (cf. VOCOID).

con·tor·ni·ate /kəntɔ́:rniət, -èɪt/ *a, n* 〔貨幣〕周囲に深い溝のある(メダル[硬貨]).

con·tort /kəntɔ́:rt/ *vt, vi* 引きゆがめる, ゆがむ, ねじ曲げる; 〈語意·文意などを〉曲解する: a face ～*ed* with pain. [L (*tort- torqueo* to twist)]

contórt·ed *a* ねじ曲がった, ゆがんだ; ねじれた, 筋の通らない; 〔植〕〈花びらなどが〉片巻きの, 回旋状の. ♦ **～·ly** *adv* **～·ness** *n*

con·tor·tion /kəntɔ́:rʃ(ə)n/ *n* ねじれ, ゆがみ; ひきつり, 捻転(ねんてん), ねじ曲げ 〈*of* a face, body, etc.〉; 《岩石などの》ねじゆがみ, 奇形; 曲解, こじつけ: make ～*s of* the face 顔をゆがめる, しかめつらをする.

contórtion·ist *n* 《体を自由に曲げる》曲芸師; 《語意·文意などを》曲解する人. ♦ **con·tòr·tion·ís·tic** *a*

con·tór·tive *a* ねじれさせる; ねじれやすい; ねじれた.

con·tour /kántʊ̀ər/ *n* **1** 輪郭, 外形; 輪郭線, コンター; [°*pl*] 《女性などの》体の線, 曲線; 〔美〕輪郭の美; 〔地理〕CONTOUR LINE; 〔図案〕《異なる色と色の》区切り線; 〔音〕音調曲線. **2** [°*pl*] 概略, 形勢. ► *a* 輪郭を示す; 輪郭[外形]に合わせた; 等高を示す; 等高線に沿った. ► *vt* …に輪郭[外形]を描く[つける]; …の輪郭となる; 〈地図など〉に等高線を記す; 等高線に沿って〈道を〉つける; 〈山〉の起伏をたどる. [F＜It *con-*(TURN)＝to sketch in outline]

cóntour chàsing 〔空〕地形の起伏に沿う低空飛行.

cóntour còuch 体線に座部や背の線を合わせた椅子.

con·toured /kántʊ̀ərd/ *a* 輪郭[外形]をなぞった, からだにフィットする; 丸みをおびた, なめらかな(曲線を描く); 等高線を描き入れた〈地図〉.

cóntour fàrming CONTOUR PLOWING.

cóntour fèather 〔鳥〕大羽《体表をおおって体形を示す, 綿毛 (down) でない羽》.

cóntour ìnterval 〔地理〕等高(線)間隔《たとえば 500 フィートごとの間隔》.

cóntour lìne 〔地理〕等高線, 等深線.

cóntour màp 等高線地図.

cóntour plòwing 等高線式耕作.

cóntour shèet ベッドのマットレスをぴったり包むシーツ.

contr. contract(ed) ♦ contraction ♦ contralto ♦ contrary ♦ control ♦ controller.

con·tra[1] /kántrə/ (⇨ CON[1], PRO[3]) *adv* 反対に. ► *n* 反対意見[投票]; 〔簿〕反対の側. ► *prep* …に対して, …に反対して. [L＝against]

con·tra[2] /kántrə, kóʊn-, -trà:/ *n* コントラ《米国の援助を受けてニカラグアの Sandinista 民族解放戦線政府の打倒を策した反革命ゲリラ組織 (1979–90) の一員》. [Sp *contra*(*rrevolucionario*) counter-revolutionary]

con·tra- /kàntrə/ *pref* (1)「逆…」「反…」「抗…」;「対…」(2) 〔楽〕「普通の低音 (bass) より 1 あるいは 2 オクターブ低い」: *contra*-bassoon. [L (CONTRA[1]); 〔楽〕では It *contrapunto* counterpoint から用いられ counter- の意]

con·tra·band /kántrəbæ̀nd/ *n* 密売買(品), 密輸(品), 輸出入禁止品; 〔国際法〕CONTRABAND OF WAR; 〔米史〕《南北戦争当時の》北軍側へ逃亡した[連行された]奴隷. ► *a* (輸出入)禁止[禁制]の: ～ weapons (輸出入)禁止武器 / a ～ trader 密輸商. ♦ **～·ist** *n* 密輸者, 禁制品売買者. [Sp＜It (*bando* proclamation)]

cóntraband of wár 〔国際法〕戦時禁制品《交戦中の国に中立国から送られる貨物で交戦相手国が没収する権利を有するもの》.

con·tra·bass /kántrəbèɪs; ⸗⸗⸗/ *n* 〔楽〕コントラバス (DOUBLE BASS). ► *a* 最低音の, コントラバスの《通例の低音より 1 オクターブだけ低い》. ♦ **～·ist** *n* コントラバス奏者.

còntra·bassóon *n* 〔楽〕コントラバスーン (＝*double bassoon*)《普通のバスーンより 1 オクターブ低い音の出る木管最低音楽器》. ♦ **～·ist** *n*

con·tra·cept /kàntrəsépt/ *vt* 〈子〉の受胎をさせない; 避妊させる. [逆成＜↓]

con·tra·cep·tion /kàntrəsépʃ(ə)n/ *n* 避妊(法).

còn·tra·cép·tive *a* 避妊(用)の. ► *n* 避妊薬, 避妊具. [*contra-*, *conceptive*]

còntra·clóck·wìse* *a, adv* COUNTERCLOCKWISE.

con·tract *n* /kántrækt/ **1 a** 契約, 約定 〈*with*〉; 結婚, 婚約; 請負い; 《俗》危険な[殺しの]請負い仕事, 殺人命令: a ～ of employment 雇用契約 / a verbal [an oral] ～ 口頭契約 / a written ～ 書面契約 / in breach of ～ 契約に違反して / make [enter into] a ～ with…と契約を結ぶ / put [take] out a ～ on… 《俗》〈人〉を殺害するために殺し屋を雇う. **b** 契約書. **c** 〔法〕契約法. **2** 〔トランプ〕**a** コントラクト《ブリッジで最終ビッド; または 6＋α のトリック数; または 6＋ 最終ビッドの数のトリックを取ると宣言すること》. **b** CONTRACT BRIDGE. **3** *《俗》政治[商売]上の便宜, 賄賂, 八百長. ● **buy out** sb's **～** 人に契約金の残金を支払って早期解約[解雇]する. **by ～** 請負いで. **put…out to ～** 請負い[下請け]に出す. **under (a) ～** 〈…と〉契約して 〈*to*, *with*〉. ► *a* 契約の, 請負いの: a ～ worker. ► *v* /kəntrǽkt/ *vt* **1 a** /kántrækt/ 契約する, 請け負う; 契約して雇う: ～ sb *to* do…人と契約を結んで…させる[…してもらう] / ～ [be ～*ed*] *to* do…する契約を結ぶ, …することを請け負う / as ～*ed* 契約どおり. **b** 〈人〉の婚約を決める; 〈結婚を〉正式に成立させる; 〈親交·協定を〉結ぶ 〈*with*〉: *be* ～*ed to*…と婚約する. **2** 〈好ましくないものを〉得る, 〈病気〉にかかる, 〈ウイルス〉に感染する; 〈負債を〉つくる: ～ bad habits 悪い癖がつく. **3** 引き締める, 緊縮する; 〈まゆを〉しかめる; 縮ませる, 狭める, 制限する; 短縮する, 縮小する; 〔文法〕縮約する (⇨ CONTRACTION): ～ one's (eye)brows [forehead] まゆをひそめる[額に八の字を寄せる]. ► *vi* **1** 縮まる, 収縮する, 〈経済·市場などが〉縮小する (opp. *ex-*

pand); 縮約される. **2** /kántrækt/ 請負いの契約をする 〈*with* a party, *for* work, etc.〉; 婚約をする. ● **～ out** 契約によって〈仕事を〉与える, 下請けに出す, 外注する 〈*to*〉. **～ (oneself) in** ᴴ参加契約をする 〈*to, on*〉. **～ (oneself) out (of…)** ᴴ〈契約・協約〉を破棄する, (…から)脱退する; …の適用除外契約をする. ◆ **còn·tràct·ée** *n* 被契約者. [*contract* (a) contracted＜OF (*contractor* to agree upon)＜L (*con*-, TRACT[1])]

contráct·able *a* 〈病気が〉かかりうる, 感染性の.

cóntract brídge 〘トランプ〙 コントラクトブリッジ《auction bridge の変形; ビッドした額までしかゲームカウントしない》.

cóntract càrrier 契約[専属]輸送業者.

contráct·ed *a* **1** 収縮した; 〘医〙 萎縮した; しかめた; 縮約した 〈*to* do〉; 狭量な, けちな. **2** /, *kántræktəd/ 契約した. ◆ **～·ly** *adv* **～·ness** *n*

contráct·ible *a* CONTRACTILE. ◆ **-ibly** *adv* **～·ness** *n* **contràct·ibílity** *n*

con·tract·ile /kəntrǽkt(ə)l, -tàɪl; -tàɪl/ *a* 収縮性の(ある); 収縮する; 収縮をもたらす: ～ muscles 収縮筋. ◆ **còn·trac·tíl·i·ty** /-tíl-/ *n* 収縮性. [CONTRACT, *-ile*[1]]

contráctile céll 〘植〙 《壁(へき)細胞の》 収縮細胞.

contráctile vácuole 〘生〙 《原生動物の》 収縮胞.

con·trac·tion /kəntrǽkʃ(ə)n/ *n* **1 a** 短縮, 収縮; 《筋肉の》 収縮, 攣縮(れんしゅく); [ᵁ*pl*] 〘医〙 《分娩時の》 子宮収縮 《いわゆる陣痛》; 〘医〙 《腎・肝・膀胱などの》 萎縮. **b** 縮小; 制限; 《通貨・資金などの》 制限, 回収, 縮小; 不況. **c** 〘数〙 《テンソルの》 縮約; 省略算; 〘文法〙 縮約, 短縮 《do not を don't, department を dep't にするなど; cf. ABBREVIATION》; 縮約[短縮]形 《don't, dep't など》. **2** 負債をつくること, 病気にかかること, 癖のつくこと. **3** 交わり[約束]を結ぶこと 〈*of*〉. ◆ **～·al** *a*

con·trac·tion·ary /kəntrǽkʃənèri; -n(ə)ri/ *a* 収縮[縮小]する[させる], 《特に》 景気を縮小[後退]させる.

con·trác·tive *a* 収縮する, 収縮性の(ある). ◆ **～·ly** *adv*

cóntract màrriage 契約結婚.

cóntract nòte 契約報告書; 売買契約書.

cón·trac·tor /, ——/ *n* **1** 契約者, 契約人, (工事)請負人, 建設業者; 〘ブリッジ〙 コントラクター 《最終ビッドをする者, またそのパートナー》: GENERAL CONTRACTOR. **2** 〘解〙 収縮筋.

con·trac·to·ri·za·tion ᴴ /kəntræ̀ktərəzéɪʃ(ə)n; -ràɪ-/ *n* 《公共サービスの》 民間委託. ◆ **con·trác·to·rize** *vt*

con·trac·tu·al /kəntrǽkʧuəl/ *a* 契約 (contract) 上の, 契約的な. ◆ **～·ly** *adv*

con·trac·tur·al /kəntrǽkʧərəl/ *a* **1** 拘縮 (contracture) の, 痙縮性の. **2** CONTRACTUAL.

con·trac·ture /kəntrǽkʧər, -ʃər/ *n* 〘医〙 《筋肉・腱などの》 拘縮, 痙縮. ◆ **～d** *a*

còntra·cýclical *a* 景気調整(型)の〈政策〉.

cóntra dànce CONTREDANSE.

con·tra·dict /kɑ̀ntrədíkt/ *vt* **1** 〈言説を〉否定[否認]する, 反駁する; 〈人〉の言説に反することを言う. **2** …に矛盾する; …に反する行ないをする: ～ oneself 矛盾したことを言う. ► *vi* 反対する, 否認する. ◆ **～·able** *a* **-díc·tor** *n* [L (*dict- dico* to say)]

con·tra·dic·tion /kɑ̀ntrədíkʃ(ə)n/ *n* **1** 否定, 否認; 反駁, 反対: in (direct) ～ to…と正反対に / without fear of ～ 反対される心配なしに, 自信をもって〈言う〉. **2** 矛盾, 自家撞着(どうちゃく); 矛盾した行為[事実, 人]; 〘論〙 矛盾原理, 矛盾律: ～ in terms 〘論〙 名辞矛盾 《自己矛盾を含む表現; 例 almost quite ready, a virtuous tyrant》.

con·tra·dic·tious /kɑ̀ntrədíkʃəs/ *a* 反駁を好む, 論争好きな; 反対の; 《古》 (自己)矛盾した. ◆ **～·ly** *adv*

con·tra·dic·tive /kɑ̀ntrədíktɪv/ *a* CONTRADICTORY. ◆ **～·ly** *adv* **～·ness** *n*

con·tra·dic·to·ry /kɑ̀ntrədíkt(ə)ri/ *a* 矛盾した, 両立しない, 自家撞着の 〈*to* each other〉; 反抗的な. ► *n* 反駁, 否定的主張; 〘論〙 矛盾対当; 正反対の事物. ◆ **còn·tra·díc·to·ri·ly** *adv* **-ri·ness** *n*

còntra·distínction *n* 対照区別, 対比: in ～ *to* [*from*]…と対照区別して.

còntra·distínctive *a* 対照区別的な. ◆ **～·ly** *adv*

còntra·distínguish *vt* 対照[比較]区別する 〈*from*〉.

cóntra·flòw ᴴ *n* 対向分流 《道路補修時など一方の車線を閉鎖して, 対向車線側を対面交通にして車を流すこと》.

con·trail /kɑ́ntrèɪl/ *n* 《飛行機・ロケットなどの後ろの》 航跡雲, 飛行機雲 (=*vapor trail*). [*con*densation＋*trail*]

còntra·índicant *n* CONTRAINDICATION.

còntra·índicate *vt* 〘医〙 〈薬・療法など〉に禁忌を示す.

còntra·indicátion *n* 〘医〙 禁忌 《普通なら適切な療法であるのにそれを適用できない状態》.

còntra·láteral *a* 反対側に起こる, 反対側の類似の部分と連動する, (反)対側性の.

con·tral·to /kəntrǽltou/ 〘楽〙 *n* (*pl* **～s**) コントラルト (=*alto*) 《tenor と mezzo-soprano の中間, 通例 女声の最低音域; ⇨ BASS[1]》; コントラルト歌手. ► *a* コントラルトの. [It (*contra*-, ALTO)]

con·tra mun·dum /kɑ́ntrə mʊ́ndəm/ 世界に対して, 一般の意見に反して(も). [L]

còntra·óctave *n* 〘楽〙 下(しも)一点音 《中央のハ音[ハ]より 3 オクターブ低いハ音[ₕ]に始まる 1 オクターブ》.

con·tra pa·cem /kɑ́ntrə pɑ́ːkɛm, -péɪsəm/ 〘法〙 平和に反して, 平和[公安]を阻害して. [L]

cóntra·pòse *vt* 対置[対比]する.

còntra·posítion *n* 対置, 対立; 〘論〙 換質換位(法), 対偶: in ～ *to* [*with*]…に対置して.

còntra·pósitive *a* 対置の, 対立の; 〘論〙 換質換位の, 対偶の. ► *n* 〘論〙 対偶命題.

con·trap·pos·to /kòuntrəpɑ́stou/ *n* (*pl* **～s**) 〘美〙 コントラポスト 《後期ルネサンスの絵画や彫刻などにおいて, 人体の正中線がわずかに S 字形を描き, 腰・肩・頭が異なる向きになるポーズ》. [It＜L *contra* (*pono* to place)]

cóntra·pròp *n* CONTRAROTATING PROPELLER.

con·trap·tion /kəntrǽpʃ(ə)n/ *n* 《口》 新案, 新工夫, 珍妙な仕掛け[装置, 機械]. [? CONTRIVE; conceive: conception の対応と *trap*[1] との連想か]

con·tra·pun·tal /kɑ̀ntrəpʌ́ntl/ *a* 〘楽〙 対位法の, ポリフォニックな. ◆ **～·ist** *n* CONTRAPUNTIST. **～·ly** *adv* [It]

con·tra·pun·tist /kɑ̀ntrəpʌ́ntɪst/ *n* 対位法の(得意な)作曲家.

con·trar·i·an /kəntrέəriən, *kɑn-/ *n, a* 人と反対の行動[見解]をとる(人); 《ほかの投資家が売りに出ている時に株を買い, 買いに出ている時に売りに出る》 逆張り投資家(の). ◆ **～·ìsm** *n* [*contrary*, *-arian*]

con·tra·ri·e·ty /kɑ̀ntrəráɪəti/ *n* 反対; 不一致; 相反する点[事実], 矛盾点; 〘論〙 反対. [OF＜L; ⇨ CONTRARY]

con·trar·i·ly /kɑ́ntrèrəli; -trəri-/ *adv* **1** これに反して. **2** /, kəntrέərəli/ 《口》 いこじに, あくまで協調を拒んで.

con·trar·i·ness /kɑ́ntrèrinəs; -trəri-/ *n* **1** 反対, 矛盾. **2** /, kəntrέərinəs/ 《口》 いこじ, 強情, つむじまがり.

con·trar·i·ous /kəntrέəriəs/ *a* つむじまがりの, いこじな (perverse); 《廃》 反対の, 逆の; 《古》 不利な, 有害な. ◆ **～·ly** *adv* **～·ness** *n*

con·trari·wise /kəntrέəriwàɪz, *kɑ́ntrèri-, ᴴ-trəri-/ *adv* 反対(の方向)に, 逆に; これに反して; いこじに.

còntra·rótating *a* 《同軸上で》 逆回転する.

contrarótating propéller 〘空〙 二重反転プロペラ (counter-rotating propeller).

con·trary /kɑ́ntrèri; -trəri/ *a* **1** 反対の; …に反する, …と相容れない 〈*to*〉; 〘楽〙 反進行の: ～ concept [opposition] 〘論〙 反対概念[対当]. **2** 逆の, 不利な (unfavorable): ～ weather 悪天候 / ～ wind 逆風. **3** /, kəntrέəri/ 《口》 つむじまがりの, いこじな, ひねくれた. **4** 〘植〙 直角の. ► *n* [the] 正反対; [ᵖ*pl*] 相反するもの; 〘論〙 反対対当命題 (cf. SUBCONTRARY); 反対名辞: Quite *the* ～. まるで反対だ / He is neither tall nor *the* ～. 背が高くも低くもない. ● **by contraries** 《古》 正反対に, 逆に, 予期に反して, 案に相違して: Dreams go *by contraries.* 夢は逆夢(さかゆめ). **on the ～** それどころか, とんでもない; これに反して, 一方 (on the other hand): Have you finished the book?—*On the* ～, I've only just begun. **to the ～** それと反対に[の], そうでないと(の); …にもかかわらず (notwithstanding): a rumor *to the* ～ それと反対のうわさ / I'll expect you on Friday unless I hear *to the* ～. 予定変更のお知らせがないかぎり金曜日にお待ちしています. ► *adv* 反対に, 逆に 〈*to*〉: act ～ *to*…に背く[反する]行動をする / ～ *to* one's expectation 予期に反して, 意外にも. [AF＜L *contrarius*; ⇨ CONTRA[1]]

cóntrary mótion 〘楽〙 反進行 《2 声部が反対方向に進行すること》.

còntra·séason·al *a* 季節[時期]はずれの.

con·trast *n* /kɑ́ntræ̀st; -trɑ̀ːst/ **1** 対照, 対比, コントラスト 〈*of, between*〉; 〘修〙 対照法; 〘言〙 対立; 〘写・テレビ・美〙 コントラスト: in ～ *to* [*with*]…に対比して, …と対照的に. **2** 《同類のものどうしの》 相違, 差異 〈*between*〉; 対照となるもの, 正反対のもの[人] 〈*to*〉: What a ～ *between* them! たいした相違じゃないか / be a ～ *to*…とはずいぶん違う / form [present] a striking [strange, singular] ～ *to*…と著しい[妙な, 特異な]対照をなす. **by ～** 《それとは》 対照的に, それ[これ]に対して; 対照[対比]してみると 〈*with*〉. ► *vt, vi* /kəntrǽst; -trɑ́ːst/ 対照[対比]させる, 対照して引き立たせる[目立たせる]; 〈…と〉よい対照をなす 〈*with*〉; 〈…と〉対照して引き立つ[目立つ] 〈*with*〉: as ～*ed* (*with*…) (…と)対照してみると / ～ A *with* [*to*] B A と B を対照させる. ★ compare は類似・相違ともに用いるが, contrast は相違についてのみいう. ◆ **contrást·able** *a* [F＜It＜L (*sto* to stand)]

contrást·ing *a* 対照的な, 違いが明白[みごと]な. ◆ **～·ly** *adv*

con·trás·tive /, kɑ́ntræs-/ *a* 対照的な; 〘言〙 対比研究する, 対照的な: ～ linguistics 対照言語学. ◆ **～·ly** *adv*

cóntrast mèdium [àgent] 〘医〙 造影剤.

con·trasty /kɑ́ntræ̀sti, kəntrǽsti; kəntrɑ́ːsti/ *a* 〘写〙 硬調な, 明暗の著しい (opp. *soft*).

còntra·suggést·ible *a* 〘心〙 暗示に逆の反応を示す, 対抗被暗示性の.

con·trate /kάntrèɪt/ *a* 〔時計〕横歯の: a ～ wheel 横歯車, フェースギヤ. ［? *contra-*, *-ate*[2]］
cóntra·tèst *a* 実験をコントロールする(ための).
con·tra·val·la·tion /kὰntrəvəléɪʃ(ə)n/ *n* 〔城〕対塁《包囲軍が守備軍の要塞の周囲にめぐらす塹壕·砲塁など》.
con·tra·vene /kὰntrəví:n/ *vt* 〈法律など〉に違反[違背]する, 無視する, 犯す;《議論で》反対する;〈主義〉と矛盾する (conflict with). ♦ **-vén·er** *n* ［L (*vent- venio* to come)］
con·tra·ven·tion /kὰntrəvénʃ(ə)n/ *n* 違反, 違背; 反対;〔法〕《欧州大陸諸国で》軽犯罪. ● **in ～ of**…に違反して.
con·tra·yer·va /kὰntrəjə́:rvə/ *n* 〔植〕クワ科ドルステーニア属の多年草《熱帯アメリカ産; 根は興奮剤·強壮剤》.
con·tre·coup /kάntrəkù:/ *n* 〔医〕対側衝撃[打撃], コントルクー《衝撃をうけた部分と反対側の部分に生じる脳などの傷害》.
con·tre·danse /kάntrədæ̀ns; -dὰ:ns; *F* kɔ̃trədɑ̃:s/ *n* コントルダンス, 対舞(曲) (＝*contra dance*).
con·tre·fi·let /*F* kɔ̃trəfilɛ/ *n* CLUB STEAK.
con·tre-jour /kὰntrəʒύər/ *a* 〔写〕逆光の. ［F＝counter-daylight］
con·tre·temps /kάntrətɑ̃:, kɔ̃:(n)trətɑ̃:(ŋ)/ *n* (*pl* ～ /-(z)/) [°*joc*] ちょっとした口論, いさかい; あいにくなできごと, 思いがけない不幸;〔楽〕SYNCOPATION;〔フェン〕コントルタン《斬り返し技の一つ》;〔バレエ〕コントルタン《ステップの一種》. ［F］
contrib. contribution ♦ contributor.
con·trib·ute /kəntríbjət, -bjù:t/ *vt*, *vi* **1 a** 〈金品などを〉寄付する, 寄贈する: ～a dollar *for* a gift / ～ *to* the Red Cross 赤十字へ寄付する. **b** 〈助言などを〉与える 〈*to*〉. **c** 〈原稿を〉寄稿する 〈*to*〉: ～ (an article) *to* a magazine 雑誌へ(論文を)寄稿する. **2** 寄与[貢献]する; 〈…の〉一助[一因]となる, 助長する 〈*to*, *toward*〉: Taking a walk ～*s to* your health. 散歩は健康によい / a *contributing* factor in crime. 犯罪増加の一因. ［L; ⇨ TRIBUTE］
con·tri·bu·tion /kὰntrəbjú:ʃ(ə)n/ *n* **1** 寄付(金), 寄贈(品); 寄稿; 寄稿作品[論文]; 貢献, 寄与: make a ～ *to* [*toward*]…に寄付[貢献]する. **2** 賦課金, 税, 軍税;〔法〕負担部分, 分担金; [°*pl*]《年金などのための》掛け金, 保険料;《重複保険の場合の》保険者間の分担金; *共同保険. ● **lay**…**under** ～ …に寄付[軍税]を課する.
con·trib·u·tive /kəntríbjətɪv/ *a* 貢献的な; …に寄与する 〈*to*〉. ♦ **～·ly** *adv*
con·trib·u·tor /kəntríbjətər/ *n* 寄贈者; 寄稿家, 投稿者; 貢献者; 誘因, 一因 〈*to*〉.
con·trib·u·to·ry /kəntríbjətɔ̀:ri; -t(ə)ri/ *a* 寄与する, 助長する; 結果に影響する; 出資金[税 など]を分担する; 〈年金が〉拠出[分担]制の: a ～ factor in divorce 離婚の寄与要因. ► *n* 出資(義務)者;〔英法〕清算出資者[社員]; 誘因.
contríbutory négligence 〔法〕寄与[近因, 助成]過失《被告の損害賠償を免責する原告側の過失; 英国では 1945 年廃止》.
cón trìck ‖《口》CONFIDENCE GAME.
con·trite /kάntràɪt, kəntráɪt/ *a* 罪を深く悔いている;〔神学〕痛悔を有する (cf. ATTRITE); 悔恨の情から出た. ♦ **～·ly** *adv* **～·ness** *n* ［OF＜L＝bruised; ⇨ TRITE］
con·tri·tion /kəntríʃ(ə)n/ *n* (深い)悔恨,〔神学〕痛悔.
con·triv·ance /kəntráɪvəns/ *n* **1** 工夫, 考案; 工夫の才; 仕組み, 装置, 考案品. **2** もくろみ, たくらみ, 計略;《わざとらしい》伏線, トリック.
con·trive /kəntráɪv/ *vt* **1** 考案する, 工夫する (devise); 設計する; みごとに作りあげる. **2 a** もくろむ, 策する: ～ *to* kill her＝～ her death 彼女を殺そうとたくらむ. **b** どうかこうか…する, うまく…する (manage): ～ *to* escape＝～ an escape なんとかして逃亡する. **c** [*iron*] わざわざ〈不利なことを〉しでかす[招く]: ～ *to* get one*self* disliked [into hot water] わざわざ嫌われる[苦境に立たされる]ようなことをする. ► *vi* 考案する; 画策する;《家事など》工夫してやってゆく 〈*well* etc.〉. ● CUT **and** ～. ♦ **con·trív·able** *a* **con·trív·er** *n* 考案者; 計略者; やりくりじょうず. ［OF *controver* to find, imagine ＜L＝to compare］
con·tríved *a* 人為的な, 不自然な, 作った.
con·trol /kəntróʊl/ *n* **1 a** 支配, 取締まり, 管理, 監督(権) 〈*on*, *over*, *of*〉; [°*pl*]《物価などの》統制: light ～ 灯火管制 / birth ～ 産児制限 / ～*s on* advertising 広告規制 / traffic ～ 交通整理 / be *under* [*in*] the ～ *of*…の管理[支配]下にある / fall *under* the ～ *of* …に支配されるようになる. **b** 抑制, 制御, 自制: be *beyond* [*outside*] (sb's) ～ (…には)抑えきれない, (…の)手に余る. **c**〔球技〕制球(力), コントロール. **2 a** 統制[管制]手段;《機械の》調節つまみ; [*pl*] 制御[操縦]装置; [°*pl*] 制御室, 管制室[塔], コントロールルーム; 検査(室), 審査(室): passport ～ パスポート検査(窓口). **b** 対照実験 (control experiment);《実験の》対照区. **c**〔心霊〕支配霊. **d** CONTROL MARK;〔電算〕CONTROL KEY. **e**〔トランプ〕コントロール《ブリッジの高位札; 相手が特定の組札をそろえるのを妨げる》. **3**〔自動車レース〕《タイムを計らない市街地などの》競走徐行区域; 燃料補給や修理のための停車場, 補給所. ● **be in** ～ 支配[管理]している;《感情などを》抑えている. **be** [**get**] **out of** ～ 制しきれない[なくなる], 手に負えない[なくなる]. **bring** [**get**]…**under** ～ …を抑えつける, 制御する; 〈火事を〉鎮める. **gain** [**take**] ～ **of**…を支配[管理]下に置く, 制圧する. **have** ～ **of** [**over**]…を管理[制御]している. **keep** [**have**]…**under** ～ …を抑えている, …を統御する. **lose** ～ 操作[運転]できなくなる 〈*of*〉; 自制心を失う. **without** ～ 勝手放題に. ► *vt* (**-ll-**) **1 a** 支配する, 統制[管制]する, 監督する, つかさどる; 操作[操縦]する; 〈物価·賃金などを〉調整[調節]する. **b** 抑制[制御]する; 規制[制限]する; 〈病気などを〉食い止める, 阻止する, 〈火事を〉消し止める: ～ one*self* 自制する. **2**《古》検査する; 〈実験結果を〉《他の実験や標準と》照らし合わせる;《古》…の正確さを確認する. ● **～ for**…《実験で》〈外的要因〉を管理する, 考慮に入れる《その違いが結果に影響しないようにする》. ♦ **con·tról·la·ble** *a* 取り締まりうる, 管制[管理, 支配]できる; 制御[操縦]可能な. **con·tròl·la·bíl·i·ty** *n* **-bly** *adv* ［AF＜L ＝copy of accounts as check (*contra-*, ROLL)］
contról accòunt 〔会計〕統括勘定.
contról bàll 〔電算〕TRACKBALL.
contról bènch 《俗》《刑務所内の》懲罰委員会《服役規定の違反者を裁く》.
contról bòard 〔電〕制御盤, 管理盤.
contról bòoth 〔ラジオ·テレビ〕制御室, コントロールルーム[ブース].
contról chàracter 〔電算〕制御文字《改行などを表わす特殊文字》.
contról chàrt 〔統〕管理図《特に製品の品質の》.
contról còlumn 〔空〕操縦輪 (control wheel) 付き操縦棒, 操縦輪 (cf. CONTROL STICK).
contról commànd 〔電算〕制御コマンド《CONTROL KEY を用いる》.
contról expèriment 対照実験《一因子を除きほかは本実験と同一条件の下に行なう実験》.
contról frèak 《口》周囲をことごとくコントロールしようとする者, 仕切り屋. ♦ **contról frèakery** *n*
contról grìd 〔電子工〕《電子管の》制御格子.
contról gròup 対照群《同一実験で実験要件を加えないグループ; プラシーボ (placebo) を服用した患者など》.
contról kèy 〔電算〕制御キー, コントロールキー《文字キーなどと同時に押すことによってそれらのキーの本来のコードとは別のコードを発生させるキー》.
con·trólled *a* **1** 抑制された, 控えめな; 制御された; 〈薬物が〉規制された (⇨ CONTROLLED SUBSTANCE). **2** [*compd*] …によって管理[統制, 制御]された: a computer ～ vehicle コンピューター制御車.
contrólled-reléase *a* 〈医薬品などが〉一定の時間に放出される(と効力を発揮する).
contrólled súbstance 規制薬物《amphetamine, barbiturate, heroin, marijuana など, その所持および使用が規制される薬物》. ［*Controlled Substance* Act (1970)］
contrólled tríal 〔薬〕対照試験《薬の実効を調べる実験; 被験者を 2 つの集団に分け, 一方には本物の薬を, 他方には偽薬を投与して結果を比較する》.
con·tról·ler *n* **1**《企業などの》経理部長, コントローラー, 監査官《官名としては comptroller が普通》;〔英〕財務次官[次長]; 管理者, 取締人: AIR TRAFFIC CONTROLLER. **2**〔機〕《電動機などの》制御器[装置]. ♦ **～·ship** *n* controller の職[地位].
Contróller [Comptróller] of the Návy 〔英海軍〕海軍統制官.
con·tról·ling *a* 支配力のある, 支配的な; 他人をコントロールしようとする傾向のある, 支配欲の強い.
contrólling ínterest 支配的利権, 支配(的)持ち分《会社の経営を握るのに十分な株式保有など》.
contról màrk 《用途確認用に》切手に加刷された数字[図案].
contról·ment *n* 《古》取締まり, 管制.
contról pànel 〔電〕制御盤;〔電算〕制御盤, コントロールパネル.
contról ròd 《原子炉の作動状態を制御する》制御棒.
contról ròom 《放送·録音の》調整室, コントロールルーム;《原子炉などの》制御室.
contról stìck 〔空〕操縦桿 (cf. CONTROL COLUMN).
contról sùrface 〔空〕操縦翼面, 操縦面, 舵面(だめん).
contról tòwer 〔空〕管制塔, コントロールタワー.
contról ùnit 〔電算〕制御装置.
con·tro·ver·sial /kὰntrəvə́:rʃ(ə)l, -siəl/ *a* 論争(上)の; 論議の的となる, 問題[異論]の多い; 論争好きな; 物議をかもす〈人物〉. ♦ **～·ly** *adv* 論争上(の立場から); 議論がましく. **～·ìsm** *n* 論争的精神, 論争癖; (激しい)論争. **～·ist** *n*
con·tro·ver·sy /kάntrəvə̀:rsi, ‖kəntrɔ́vəsi/ *n* 《特に紙上での長引いた》論争, 論議, 論戦; 口論 〈*over*, *about*〉: hold [enter into] a ～ with…と議論する[を始める] / create [spark, stir, cause] ～ 論議をひき起こす, 物議をかもす / be beyond [without] ～ 争う余地がない. ［L (↓)］
con·tro·vert /kάntrəvə̀:rt, ⏑ ⏑ ⏑ ⏑/ *vt* 〈問題を〉争う, 論争する; …に反論する, 論駁する, 否定する. ► *vi* 論争する. ♦ **～·er**, **～·ist** *n* **cón·tro·vèrt·ible** /, ⏑ ⏑ ⏑ ⏑ ⏑/ *a* 議論の余地のある, 議論のできる. **-ibly** *adv* ［F＜L (*vers- verto* to turn); converse: convert などの類推によって *controversed* に代わった pp］

C

con·tu·ma·cious /kànt(j)əméɪʃəs, -ʧə-/ *a* 反抗的な; 官命抗拒の, 《特に 裁判所の命令に》服従しない. ♦ **~·ly** *adv*
con·tu·ma·cy /kánt(j)uməsi, *kəntjú:məsi/ *n* 頑固な不従順; 〘法〙《官命, 特に 裁判所の命令に対する》命令不服従. 〔L *contumax* (? *tumeo* to swell)〕
con·tu·me·li·ous /kànt(j)əmí:liəs, -ʧə-/ *a* 傲慢な, 無礼な. ♦ **~·ly** *adv* **~·ness** *n*
con·tu·me·ly /kənt(j)ú:məli; kɔ́ntjum(ɪ)li/ *n* 傲慢な[侮蔑的な]ことばづかい[態度]. 〔OF<L (*tumeo* to swell)〕
con·tuse /kənt(j)ú:z/ *vt* …に挫傷[打撲傷]を負わせる; 搗(つ)いて混ぜる. 〔L (*tus- tundo* to thump)〕
con·tu·sion /kənt(j)ú:ʒ(ə)n/ *n* 〘医〙挫傷, 打撲傷; CONTUSE すること.
co·nun·drum /kənʌ́ndrəm/ *n* 地口なぞ《ことばの二義をひっかけて地口などで答えるなぞ》; 難問, 難題; なぞの人[もの]. 〔C16<?〕
con·ur·ba·tion /kɑ̀nərbéɪʃ(ə)n/ *n* 《周辺都市群を含む》大都市圏, 連担[連接, 集合]都市, コナーベーション. 〔L *urbs* city〕
con·ure /kɑ́njər/ *n* 〘鳥〙クサビオインコ《南米・中米産》.
co·nus /kóʊnəs/ *n* (*pl* **co·ni** /-nàɪ, -ni/) CONUS ARTERIOSUS; CONUS MEDULLARIS.
CONUS /kóʊnəs/ CONTINENTAL United States.
conus ar·te·ri·o·sus /-ɑ:rtɪ̀əriόusəs/ (*pl* **coni ar·te·ri·o·si** /-sàɪ/) 〘動〙《硬鱗魚類や両生類の, または ヒトの右心室の》動脈円錐, コーヌス.
cónus med·ul·lár·is /-mèdlέərəs, -mèʤə-/ 〘解〙脊髄円錐.
conv. convention(al) ♦ convertible ♦ convocation.
con·va·lesce /kɑ̀nvəlés/ *vi* 《病気から》徐々に回復する, 快方に向かう ‹*from*›. 〔L (*valesco* (incept)‹*valeo* to be well)〕
còn·va·lés·cent *a* 回復期(患者)の: a ~ hospital [home] 回復期(患者)保養所. ► *n* 回復期患者. ♦ **-lés·cence** *n* 回復(期). **~·ly** *adv*
con·vect /kənvékt/ *vi* 対流で熱を送る. ► *vt* ‹暖かい空気を›対流で循環させる. 〔逆成‹↓〕
con·vec·tion /kənvékʃ(ə)n/ *n* 伝達, 運搬, 運送; 〘理〙対流 (cf. CONDUCTION, RADIATION). ♦ **~·al** *a* 〔L (*vect- veho* to carry)〕
convéctional ráin 〘気〙対流性(降)雨《対流により発生した雲から降る雨》.
convéction cùrrent 〘理〙対流; 〘電〙対流電流.
convéction òven 対流式オーブン.
con·véc·tive *a* 対流(性)の; 伝達性の. ♦ **~·ly** *adv*
con·véc·tor *n* 対流式暖房器, 対流放熱器, コンベクター.
con·ve·nance /kɑ́nvənɑ̀:ns; *F* kɔ̃vnɑ̃:s/ *n* (*pl* **-nanc·es** /-əz/) 適合; 慣用; [ᵘ*pl*] 世間のならわし, 慣習. 〔F (↓)〕
con·vene /kənví:n/ *vt* ‹会・会議を›召集する; 召喚する. ► *vi* 会合する. ♦ **con·vén·able** *a* 召集できる. **con·vén·er, -vé·nor** *n* 《委員会などの》召集者, (会議)主催者; ″《職場の》古参組合委員. 〔L *con-*(*vent- venio* to come)=to assemble, agree, fit〕
con·ve·nience /kənví:njəns/ *n* **1** 便利さ, 重宝さ, 都合, 好都合, 便宜, 便益; 安楽: as a matter of ~ 便宜上 / for ~(') sake 便宜上 / MARRIAGE OF CONVENIENCE / if it suits your ~ ご都合がよろしければ / consult one's own ~ 自分の都合[勝手]をはかる / await sb's ~ 人の都合を待つ / for (sb's) ~ (…の)便宜のため, (…の)都合を考えて. **2 a** 便利なもの, (文明の)利器; [*pl*] 衣食住の便; 《古》乗物, 貸馬車. **b** ″[*euph*] (公衆)便所. ● **at one's (own) ~** 都合のよい時に. **at your earliest ~** ご都合のつきしだい. **make a ~ of…** ‹人›を勝手に利用する. 〔L (↑)〕
convénience fòod コンビニエンスフード《インスタント食品・レトルト食品・調理済み冷凍食品など》.
convénience òutlet 《壁などの電気の》コンセント.
convénience stòre コンビニエンスストア, コンビニ.
con·vé·nien·cy *n* 《古》CONVENIENCE.
con·vé·nient *a* 都合[勝手]のよい; 近くて便がよい; 便利な, 重宝な ‹*to, for*›; 自分勝手な; 《廃》適切な (suitable, proper): if it is ~ *to* [*for*] you ご都合がよければ / make it ~ *to* do… 都合をつけて…する / When is ~ *for* you? あなたはいつが都合がいいですか. ● **~ to [for]** 《口》‹駅・商店街など›に近い: a house ~ *to* [*for*] the markets. ♦ **~·ly** *adv* 便利に; 都合のよいことには, いい具合に.
con·vent[1] /kɑ́nvənt, *-vènt/ *n* 修道会, コンヴェント《特に 修道女の》; 修道院, 《特に》女子修道院 (⇨ MONASTERY); CONVENT SCHOOL; 《古》集会: go into a ~ 修道女[尼]になる. 〔OF<L=assembly; ⇨ CONVENE〕
convent[2] /kənvént/ *vt, vi* 《廃》CONVENE.
con·ven·ti·cle /kənvéntɪk(ə)l/ *n* 秘密集会[会合]; 〘英史〙《非国教徒・スコットランド長老派の》秘密集会[会合]; 秘密集会[会合]所; 集会, 会合. ♦ **con·vén·ti·cler** *n* 秘密会合に集まる人; [*derog*] 分離派の人 (separatist). 〔L=(place of) assembly (dim)‹CONVENT[1]〕
con·ven·tion /kənvénʃ(ə)n/ *n* **1 a** 《政治・宗教・教育・労組などの》代表者大会[会議], 年次総会; *党大会; 〘英史〙仮議会《1660 年と 1689 年に国王の召集なく開いた》; [the C-] 〘フランス史〙国民公会 (National Convention). **b** 大会参加者, 代表者《集合的》. **c** 《会議の》招集. **2** 協定, 協約, 約定, 申し合わせ (agreement); 〘外交〙国際協定, 協商, 協約, 仮条約; 《司令官の間で交わされる》捕虜交換[休戦]協定; 〘トランプ〙コンベンション《競技者間で取り決められた特別なビッドまたはプレー》. **3** しきたり, 慣例, 慣行, 慣習, 因襲, 約束ごと; 《文学・演劇などの》伝統的手法, しきたり: defy ~(*s*) 因襲に反抗する. 〔OF<L; ⇨ CONVENE〕
convéntion·al *a* **1 a** しきたり[慣例]にのっとった, 伝統的な; 慣習的な; 〘芸術〙様式化された: ~ morality 因襲的な道徳 / a ~ phraseology きまり文句 / ~ taxonomy 慣習分類学. **b** 旧来の, 従来(型)の; 通常の, 普通の; ‹兵器が›在来型の, 核を使わない: ~ warfare 通常の戦争 / ~ weapons 通常兵器. **2** 因襲的な, 紋切り型の, 型どおりの, ありきたりの, 陳腐な, 月並みな; [the, ‹*n*›] 因襲的なもの. **3** 協定による; 〘トランプ〙‹ビッドが›競技者間の取り決めで特別な意味をもたせてある: ~ neutrality 条約中立 / the ~ tariff 協定税率[料金]. **4** 大会の, 会議の. ► *n* 〘トランプ〙CONVENTION. ♦ **~·ly** *adv* 因襲的に, 月並みに, しきたりどおりに.
convéntional cúrrent 〘理〙慣習上の[普通の]電流《担体の正負によらず電位の高い点から低い点へ流れる向きに定義した電流; 担体が電子の場合 電子の流れる向きは逆》.
convéntion·al·ìsm *n* **1** しきたり尊重, 慣例尊重主義; 〘哲〙約束主義, 便宜主義, 規約主義《科学の理論や法則は単なる便宜上の手段としての約束であって絶対的なものでないとする説》. **2** [ˢ*pl*] しきたり, 慣例, 型にはまった[紋切り型の]もの, きまり文句. ♦ **-ist** *n*
con·ven·tion·al·i·ty /kənvènʃənǽləti/ *n* **1** しきたり[慣例, 伝統]尊重. **2** [ᵒthe conventionalities] 常套, 月並み; 習俗, 慣習.
convéntion·al·ìze *vt* 慣例に従わせる, 因襲[習俗]化する; 〘芸術〙様式化する. ♦ **convèntion·al·izátion** *n*
convéntional wísdom 古来の知恵, 社会通念.
convéntion·àry /; -(ə)ri/ *a* ‹借地が›(慣例上のものでなく)明文化した協定に基づく, 協定上の. ► *n* 協定借地; 協定借地人.
convèntion·éer* *n* 大会参加者[出席者]. ► *vi* 大会に参加する.
Convéntion on Biodivérsity [the] 生物多様性条約《生態系・生物種・遺伝子のそれぞれのレベルでの多様性の保全とその持続的利用を目的とする国際条約; 1993 年発効》.
cónvent schòol (女子)修道院付属の学校.
con·ven·tu·al /kənvénʧuəl/ *a* 修道院 (convent) の; (女子)修道院らしい; [C-] 《フランシスコ会のうち不動産・定収入を認める穏健派》コンヴェンツァル会の: a ~ MASS[2]. ► *n* 修道士, 《特に》修道女; [C-] コンヴェンツァル会修道士. ♦ **~·ly** *adv*
con·verge /kənvə́:rʤ/ *vi, vt* ‹一点・一線›に集まる[集める] ‹*on, at*›; ‹意見などが›《しだいに》まとまる, 一致する; 〘理・数〙収束する (opp. *diverge*); 〘生〙収斂(しゅうれん)する. 〔L (*vergo* to incline)〕
con·ver·gence /kənvə́:rʤəns/, **-cy** *n* **1 a** 漸次(一点に)集合すること; 《意見などの》集中, 収斂; 〘理・数〙収束, 収斂. **b** 〘気〙収束《ある地域・気層に空気が流入集中すること》. **c** 〘生理〙輻輳(ふくそう)《近くのものを見るため両眼を内転させて両視線を交差させること》. **d** 〘生〙収斂, 収束, 相近(そうきん) (=*convergent evolution*)《系統の異なる動植物が個別に類似する形質を進化させること》. **e** 〘人〙収斂《類似の条件によって異文化間に類似の特性が発達すること》. **f** 〘政〙《共産主義社会と非共産圏との》乖離(かいり)縮小化. **g** コンバージェンス《異種の技術・業種・メディアの融合・一体化・集約》. **2** 集中性; 収束度[点].
con·vér·gent *a* 輻合作用の, 輻合性の (opp. *divergent*); 包囲集中的な; 〘数・理・生理〙収束[収斂](性)の; 〘生〙収斂の, 相近の. ► *n* 〘昆〙CONVERGENT LADY BEETLE. ♦ **~·ly** *adv*
convérgent evolútion 〘生〙収斂[相近]進化 (CONVERGENCE).
convérgent lády bèetle 〘昆〙周期的に移動してアブラムシなどを食するテントウムシの一種《益虫》.
convérgent thínking 〘心〙集中[収束]的思考.
con·vérg·er *n* CONVERGE する人[もの]; 〘心〙集中[収束]的思考型の人《緻密な論理的思考にすぐれた人》.
con·vérg·ing lèns 〘光〙収束[収斂, 集光]レンズ.
con·vérs·able *a* 話しかけやすい, つきあいやすい; 話し好きな, 話しのおもしろい; 《古》談話[社交]に適する. ♦ **-ably** *adv*
con·ver·sant /kənvə́:rs(ə)nt/ *a* **1** ‹…に›親しんでいる, 精通[知悉(ちしつ)]している ‹*with, in, about*›; 《古》関心をもっている, 関係がある. **2** 《古》‹…と›親交のある, 知友である ‹*with*›. ♦ **con·vér·sance, -cy** *n* 熟知, 精通; 親交, 懇意 ‹*with*›. **~·ly** *adv*
con·ver·sa·tion /kɑ̀nvərséɪʃ(ə)n/ *n* **1 a** 会話, 対話, 座談; 〘外交〙非公式会談 ‹*between*; *with* sb; *on* [*about*] a subject›: be in ~ *with*…と談話中である / have [hold] a ~ *with*…と話し合う / get into ~ 《初対面の人と》話を始める ‹*with* sb›. **b** CONVERSATION PIECE. **2 a** 性交 (cf. CRIMINAL CONVERSATION). **b** 《古》親交, 社交. **3** 《古》行動, ふるまい, 生き方. ● **make ~** 《話すこともないのに》ことさらに話をする, 世間話をする, 雑談する. 〔OF<L; ⇨ CONVERSE[1]〕
conversátion·al *a* 会話(体)の, 落ちついた話しぶりの, 座談風な; 話しのうまい, 話し好きな; うちとけた. ♦ **~·ly** *adv*
conversátional ímplicature 〘哲・言〙会話の含意《会話の

協調の原則に基づいて発話から推論することができる含意; たとえば 'A bus!' という発話から推論できる We must run. という含意).

conversátion·(al·)ist *n* 話し好きな人, 座談の名人, 座談家.

conversátional quálity ⦅演説・朗読で⦆ 会話風の[自然な]話し方[読み方].

conversátion pìece **1** 話題になるもの ⦅珍しい家具・装飾品など⦆. **2 a** 団欒(だんらん)図 ⦅18 世紀英国で流行した家族の群像画⦆. **b** 〘劇〙 対話劇.

conversátion pìt 落ちついて話などができるように居間などの床を一段低くした場所, 切床.

conversátion stòpper «口» ⦅二の句が継げなくなるような⦆ ショッキングな発言, 唖然とさせられること.

con·ver·sa·zi·o·ne /kɑ̀nvərsɑ̀ːtsióuni, kɔ̀un-/ *n* (*pl* **~s, -ni** /-ni/) ⦅特に 学術・文芸上の⦆ 座談会, 懇談会. [It＜L CONVERSATION]

con·verse[1] *vi* /kənvə́ːrs/ **1 a** 談話を交わす, 会話をする, 話す (talk) 〈*with* sb; *on* [*about*] a subject〉. **b** 精神的に交流する, 〈自然などと〉対話する. **2** «古» 親しむ, 交わる 〈*with*〉; «廃» 性交する. **3** «古» 従事する. ► *n* /kánvəːrs/ «英では古» 談話, 会話; 精神的な交流; «廃» 交際; «廃» 性交. ♦ **con·vérs·er** *n* [OF＜L＝to keep company (with) (freq)＜CONVERT]

con·verse[2] *a* /kánvə̀ːrs, *kənvə́ːrs/ 逆の, あべこべの; 〘論〙 換位命題の; 〘数〙 逆の. ► *n* /kánvə̀ːrs/ [a ~ *or* the] 反対, 逆, 逆の言い方; 〘論〙 換位命題, 〘数〙 ⦅前提と結論を入れ換えた⦆ 逆. [L (pp)＜CONVERT]

convérse·ly *adv* 逆に; 逆に言えば; 換位的に.

con·ver·sion /kənvə́ːrʒ(ə)n, -ʃ(ə)n/ *n* **1 a** 転換, 転化 (changing) 〈*of* A *into* B, *from* A *to* B〉; 〘理・化〙 転化, 物質変換, コンバージョン; 〘理〙 ⦅核燃料物質の⦆ 転換. **b** ⦅銃・船・車・家などの⦆ 改装, 改造; "改造建築[住宅]. **2 a** 変説, 転向; 宗教[信仰]上のめざめ, 回心, ⦅特に キリスト教への⦆ 改宗, 帰依. **b** 〘精神分析〙 疾病への逃避, 転換 ⦅抑圧による葛藤が身体的症状として現われること⦆. **3** 〘論〙 ⦅命題の, 主語と述語との⦆ 換位; 〘文法〙 品詞の転換; 〘電算〙 ⦅データの表現の⦆ 変換; 換算; 〘数〙 転換法 ⦅証明法の一つ⦆. **4** 〘金融〙 借換え, 切替え; ⦅通貨の⦆ 交換, 兌換; 〘会計〙 ⦅複利計算で⦆ 利子の元金繰入れ; 〘法〙 ⦅財産・債務の⦆ ⦅種類の⦆転換, ⦅動産の⦆ 横領. **5** 〘球技〙 コンバージョン, コンバート ⦅**1)** 〘ラグビー〙 トライをゴールにかえること **2)** 〘アメフト〙 タッチダウン後追加得点すること **3)** 〘バスケ〙 成功したフリースロー⦆. ♦ **~·al** *a* **~·àry** /; -(ə)ri/ *a* [OF＜L; ⇨ CONVERT]

convérsion disòrder 〘精神医〙 転換性障害 ⦅身体的異常がないにもかかわらず運動障害・知覚障害として現われる神経障害⦆.

convérsion fàctor 〘数〙 換算因子 ⦅一つの単位から他の単位へ数値を換算するときに乗じる定数⦆.

convérsion kìck 〘ラグビー〙 コンバージョンキック ⦅トライ後のキック; バーを越えれば 2 点が追加される⦆.

convérsion reàction [hystèria] 〘精神分析〙 転換反応[ヒステリー] (conversion disorder).

convérsion tàble ⦅度量衡などの⦆ 換算表.

convérsion vàn 荷物室に居住用設備を施したワゴン車.

con·ver·so /kənvέərsou, koun-/ *n* (*pl* **~s**) コンベルソ ⦅スペインの異端審問の圧力によりユダヤ教からキリスト教に改宗したユダヤ人⦆.

con·vert *v* /kənvə́ːrt/ *vt* **1 a** 変える 〈*into*〉; 〘理・化〙 転化させる. **b** 改装[改造, 加工]する; 転用する. **2** 転向[改心, 改宗]させる 〈*from* [*to*] an opinion, a system, Christianity, etc.〉; 〘神学〙 発心[回心]させる: be [get] ~*ed* 悔い改める, 発心する. **3 a** 〈通貨・証券などを〉交換[兌換]する, 換金する; 〘法〙 〈財産・債務を〉(種類)転換[変更]する 〈*into*〉, 〈動産を〉横領する 〈*to* one's own use〉; 〘金融〙 借り換える 〈*into*〉; 〈利子を〉元金に繰り入れる. **b** 換算する 〈*into*〉; 〘論〙 換位する. **4** 〈パスを〉受けてゴールする; 〘ラグビー・アメフト〙 〈トライ・タッチダウン〉に追加得点する, 〘バスケ〙 〈フリースロー〉で追加得点する; 〘ボウル〙 〈スペアを〉とる. **5** «廃» 回転させる. ► *vi* **1** 変わる, 切り替える: They have ~*ed from* solid fuel *to* natural gas. 固体燃料を天然ガスに切り替えた. **2** 転向[改心, 改宗]する 〈*from, to*〉. **3** 〘ラグビー・アメフト・バスケ〙 コンバートがなる; 〘ボウル〙 スペアをとる. ► *n* /kánvə̀ːrt/ 転向者 〈*to* an opinion〉, 改宗者; 発心[回心]者: make a ~ of sb 人を改宗させる. [OF＜L *con-*(*vers- verto* to turn)＝to turn about]

convertaplane ⇨ CONVERTIPLANE.

convért·ed *a* 転向した, 改宗した; 改装した. ● **preach to the ~** 釈迦に説法する.

convért·er *n* **1 a** 回心[改宗, 転向]させる人, 教化者. **b** 変換[加工]工程作業者 ⦅転炉の作業員など⦆; ⦅織物⦆加工(販売)業者. **2** [or **con·vér·tor**] 〘電〙 変換機; ⦅テレビ・ラジオの⦆ 周波数変換器; 〘電算〙 データの表現の変換器; 〘冶〙 転炉; 燃料の転換器, 転換炉; 硫酸製造の転化器; CATALYTIC CONVERTER.

convérter reàctor 〘原子力〙 転換炉.

convért·ible *a* **1** 変えられる, 改造[改装, 加工]できる 〈*to, into*〉; 転用できる; 〘車〙 幌がたたみ込める[取りはずせる]: ~ husbandry 〘農〙 輪作, 牧畑(まきはた). **2** 改宗[転向]させうる. **3** 言い換えられる; 〘論〙 換位できる: ~ terms 同意語. **4** 〘商〙 借換えできる, 転換できる〈社債・株式〉; 交換可能の〈通貨〉; 換算できる 〈*at* a certain rate〉: a ~ note 兌換紙幣. ► *n* 転換できるもの; コンバーティブル ⦅幌をたたむ[取りはずす]ことができる自動車⦆; 転換(可能)証券 ⦅転換社債・転換優先株の総称⦆; 〘論〙 換位可能な名辞. ♦ **-ibly** *adv* **convèrt·ibílity** *n* **~·ness** *n*

convértible bónd 転換社債 ⦅略 CB⦆.

convértible insúrance 可変保険.

con·vérti·plàne, -vérta- /kənvə́ːrtə-/ *n* 〘空〙 転換式航空機 ⦅ヘリコプターのように垂直離着陸するが, 前進時には回転翼軸が前傾してプロペラ機のように飛行する⦆.

con·vert·ite /kánvərtàɪt/ *n* «古» CONVERT, ⦅特に⦆ 更生した売春婦.

con·vex *a* /kɑnvéks, ⸗⸗, kənvéks/ 凸状, 凸面の (opp. *concave*); 〘数〙 凸の, 凸面の; 凸集合の: a ~ lens 凸レンズ / a ~ mirror 凸面鏡 / ~ function 凸関数. ► *n* /kánvèks/ 凸面(体), 凸面レンズ. ► *vt* /kánvèks, kənvéks/ 凸状にする. ♦ **~·ly** *adv* **~·ness** *n* [L＝vaulted]

con·vex·i·ty /kənvéksəti, kɑn-/ *n* 凸状; 凸面(体).

con·véxo-concáve /kənvéksou-/ *a* 半面凸半面凹の, 凸凹の; 〈レンズが〉凸面の曲率が凹面より大きい.

convéxo-convéx *a* 両凸の (biconvex).

convéxo-pláne *a* 平凸の (plano-convex).

con·vey /kənvéɪ/ *vt* **1 a** 〈品物・乗客などを〉運ぶ, 運搬[運送]する; «古» [*euph*] 盗む; «廃» ひそかに運び出す. **b** «廃» 導く (lead). **2** 〈ニュース・通信・用向きを〉伝達する (transmit); 〈音を〉伝える, 知らせる 〈*that*..., *to* sb〉; 〈語・記述・身振りなどが〉意味する, 示唆する 〈*that*..., *to* sb('s mind)〉. **3** 〘法〙 ⦅証書によって⦆ 〈財産, 特に不動産権を〉譲渡する, 移転する (transfer): The farm was ~*ed to* his son. ♦ **~·able** *a* [OF＜L (*via* way)]

convéy·ance *n* **1 a** 運搬, 運輸; 輸送機関, 乗物: a public ~ 公共輸送機関 ⦅バスなど⦆. **b** 伝達, 通達. **2** 〘法〙 不動産譲渡, 財産(権)移転; (不動産)譲渡証書.

con·véy·anc·er *n* 〘法〙 不動産譲渡取扱人.

con·véy·anc·ing *n* 〘法〙 (不動産)譲渡証書作成(業), (不動産)譲渡手続き.

convéy·or, -er *n* 運搬人; 伝達者; [ᵘ-or] 運搬装置, コンベヤー; 〘法〙 譲渡人.

convéyor bèlt 〘機〙 (ベルト)コンベヤーのベルト; [ᵒ*derog*] 〈死・危険などを〉次々にもたらすもの, 量産装置[方式].

convéy·or·ìze *vt* …にコンベヤーを設備する; コンベヤーで行なう. ♦ **convèy·or·izátion** *n*

con·vict *vt* /kənvíkt/ **1** 有罪と決定する: ~ sb *of* forgery 人を偽造の罪ありと判決する / a ~*ed* prisoner 既決囚. **2** 〈人〉に罪を自覚させる, あやまちを悟らせる: sb ~*ed of* sin 罪の意識に苦しんでいる人. ► *n* /kánvìkt/ 有罪の決定[判決]を受けた者, 既決囚; 受刑者, 服役囚; *«俗» ⦅サーカスの⦆ シマウマ; *«俗» 策士. ► *a* /kənvíkt/ «古» 罪を自覚した, 悔い改めた. ♦ **con·víct·able, -ible** *a* [L (*vict- vinco* to conquer)]

cónvict còlony 流刑囚植民地.

con·vic·tion /kənvíkʃ(ə)n/ *n* **1** 説得(力): be open to ~ 説得を受け入れる. **2 a** 確信, 信念: in the full [half] ~ that...だと完全に[なかば]確信して / hold a strong ~ 強い確信をいだく. **b** 〘神学〙 罪の自覚, 悔悟: under ~(*s*) 罪を自覚して. **3** 〘法〙 有罪決定: a summary ~ 陪審によらない有罪判決. ● **carry ~** [ᵒ*neg*] 説得力がある. ♦ **~·al** *a*

con·vic·tive /kənvíktɪv/ *a* 説得力のある, なるほどと思わせる; あやまちを自覚させる. ♦ **~·ly** *adv*

con·vince /kənvíns/ *vt* **1** 確信させる, 納得させる, 説得する; «廃» …の有罪を証明する: ~ sb *of*...[*that*...] 人に…を[…と]納得させる / ~ sb *to* do... 人を説得して…させる / ~ sb *of* his sin 人に罪を悟らせる / be ~*d of*...[*that*...] …を[…と]確信する / ~ one*self of*...[*that*...] …を[…ということを]確かめる. **2** «廃» 論駁する, 圧倒する; «廃» 負かす, 征服する. ♦ **con·vínc·er** *n* 納得[承服, 確信]させる人[もの, こと]. **con·vín·ci·ble** *a* 説得できる; 理に服する. [L CONVICT]

con·vínced *a* 確信して, 固く信じて 〈*of, that*〉; 信念の固い, 信仰心のあつい.

convínce·ment *n* 信服, 確信, ⦅特に⦆ 悔悟, 罪の自覚, 回心.

con·vínc·ing *a* 説得力のある, うなずける, なるほどと思わせる, 確信をいだかせる〈証拠など〉; 文句なしの, 大差の〈勝利など〉: a ~ argument 説得力のある議論. ♦ **~·ly** *adv* 納得のゆくように. **~·ness** *n*

con·vive /kánvàɪv/ *n* 宴を共にする人, 食事仲間.

con·viv·i·al /kənvíviəl, -vjəl/ *a* 宴会の; 懇親的な, 和気あいあいとした, にぎやかな; 人と飲み食いするのが好きな, 宴会好きの. ♦ **~·ist** *n* 宴会好きな人. **~·ly** *adv* 宴会気分で, 和気あいあいと. **con·viv·i·al·i·ty** /kənvìviǽləti/ *n* 酒興, 宴会気分, 陽気さ, 上機嫌; 宴会, 浮かれ騒ぎ. [L *convivium* feast (*vivo* to live)]

con·vo·ca·tion /kɑ̀nvəkéɪʃ(ə)n/ *n* **1** ⦅会議・議会の⦆ 招集, 召集. **2 a** ⦅招集された⦆ 集会. **b** *⦅監督教会の⦆ 聖職会議, 主教区会議; *⦅監督教会の⦆ 主教区. **c** [C-] 〘英国教〙 ⦅Canterbury, York の⦆ 聖職者会議, 大主教区会議, コンヴォケーション. **3 a** ⦅Oxford 大学, Durham 大学などの⦆ 評議会. **b** «米・インド» 学位授与式; *⦅大学における各種の⦆ 式典, 始業式. ♦ **~·al** *a* [L; ⇨ CONVOKE]

C

con·vo·ca·tor /kάnvəkèɪtər/ *n* 《会議・議会の》招集[召集]者; 会議参加者.
con·voke /kənvóʊk/ *vt* 〈会議・議会を〉招集[召集]する (opp. *dissolve*). ♦ **con·vók·er** *n* **con·vo·cant** /kάnvəkənt/ *n* [L (*voco* to call)]
con·vo·lute /kάnvəlù:t/ *a* 巻き込んでいる; 〔植・貝〕片巻きの, 包旋形の, 回旋状の. ► *vt, vi* 巻き込む. ► *n* 〔植・貝〕包旋(体). ♦ **~·ly** *adv* [L; ⇨ CONVOLVE]
C
cón·vo·lùt·ed *a* 〔動〕回旋状の (spiral); 入り組んだ, 複雑きわまる. ♦ **~·ly** *adv*
cónvoluted túbule 〔解〕曲(尿)細管 (**1**) PROXIMAL CONVOLUTED TUBULE **2**) DISTAL CONVOLUTED TUBULE).
con·vo·lu·tion /kὰnvəlú:ʃ(ə)n/ *n* 回旋; 包旋状態, 渦巻; 〔解〕脳回; 複雑な事, 込み入った事; 〔数〕たたみ込み. ♦ **~·al** *a* **~·àry** /; -(ə)ri/ *a* [L (↓)]
con·volve /kənvάlv, *-vɔ́:lv/ *vt* 《渦巻状に》巻く, 巻き込む; からみつく. ► *vi* ぐるぐる回る. ♦ **~·ment** *n* [L (*volut- volvo* to roll)]
con·vol·vu·la·ceous /kənvὰlvjəléɪʃəs, *-vɔ̀:l-/ *a* 〔植〕ヒルガオ科 (Convolvulaceae) の.
con·vol·vu·lus /kənvάlvjələs, *-vɔ́:l-/ *n* (*pl* **~·es, -li** /-làɪ, -lì:/) 〔植〕サンシキヒルガオ属 (*C-*) の各種植物. [L=bindweed]
con·voy *vt* /kάnvɔɪ, *kənvɔ́ɪ/ 〈軍艦・軍隊などが〉護送する, 護衛[警護]する (escort); 《古》〈貴婦人・賓客などを〉案内する. ► *n* /kάnvɔɪ/ 護送, 護衛; 護衛隊; 護衛船, 警護艦; 被護送船(団), 護衛されている輸送車隊. ● **in ~** 〈軍艦・車両などが〉船団[隊列]を組んで; under CONVOY. **under ~** 護衛されて[して]. [OF; ⇨ CONVEY]
con·vul·sant /kənvʌ́lsənt/ *a* 痙攣を起こさせる, 痙攣性の (convulsive). ► *n* 痙攣毒, 痙攣薬.
con·vulse /kənvʌ́ls/ *vt* 震動させる; …に大騒動を起こさせる; [ᵘ*pass*] 痙攣(けいれん)させる, 身もだえさせる: *be ~d with* laughter [anger] 笑いころげる[怒りで身を震わせる]. ► *vi* 痙攣する. [L (*vuls- vello* to pull)]
con·vul·sion /kənvʌ́lʃ(ə)n/ *n* **1** [ᵘ*pl*] 〔医〕痙攣, ひきつけ; 発作; [ᵘ*pl*] 笑いの発作, こみあげること: fall into a fit of **~***s* 痙攣を起こす; 腹をかかえて笑う / in **~***s* 笑いころげて. **2** 《自然界の》激動, 変動; 《社会・政界などの》激変, 大騒動: a ~ of nature 自然界の激変《地震・噴火など》. ● **throw into ~s** 痙攣を起こさせる; 腹の皮をよじらせる; 〈民心を〉動揺させる.
convúlsion·àry /; -(ə)ri/ *a* 震動[激動]性の; 痙攣(性)の. ► *n* 痙攣性の人; 《宗教的狂信から》痙攣を起こす人.
con·vul·sive /kənvʌ́lsɪv/ *a* 痙攣性の, 発作的な; 突発的な, 激動的な: with a ~ effort 夢中になって. ♦ **~·ly** *adv* **~·ness** *n*
cón wòman 《口》女詐欺師.
Con·wy /kάnwi/ コンウィ《ウェールズ北西部の町・観光地》.
cony ⇨ CONEY.
coo /kú:/ *n* (*pl* **~s**) クークー《ハトの鳴き声》. ► *vi* 〈ハトが〉クークーと鳴く; 〈赤ん坊が〉クックといって喜ぶ; 優しい声で言う, 優しくささやく. ► *vt* 優しい声で言う. ● BILL[2] **and ~**. ► *int* ‖《俗》おや, まあ, ほんとに《驚き・疑いを表わす》. ♦ **~·er** *n* **~·ing·ly** *adv* [imit]
COO °chief operating officer.
coo·ba(h) /kú:bə, -bɑ:/ *n* 〔植〕豪州のヤナギに似た葉のアカシア. [(Austral)]
cò-occúr *vi* 同時に[共に]起こる, 共起する. ♦ **cò-occúrrence** *n* 共起.
cooch /kú:ʧ/ *《俗》*n* 腰をくねらせる踊り, ベリーダンス; 女陰, ぼぼ; セックスの対象としての女; ペテン, 詐欺, 欺瞞. [短縮変形く *hootchy-kootchy*]
Cooch Be·har /kú:ʧ bəhά:r/ クーチベハール《(**1**) インド北東部の旧州, 今の West Bengal 州の一部 **2**) KOCH BIHAR》.
coo-coo /kú:kù:/ 《俗》*n* ばか者, 気違い (cuckoo). ► *a* 狂った, いかれた (cuckoo); 変わった, おかしな; 意識を失って.
coo·ee, coo·ey /kú:ì:/ 《豪・英》*n, vi* おーい! (と叫ぶ)《豪州先住民のかん高く澄んだ叫び声》. ● **within (a) ~ (of…)** 《口》(…の)呼べば聞こえる距離内で, (…に)非常に近くで. [imit]
cook /kʊ́k/ *n* **1** 料理を作る人, 料理人, 調理師, コック《女または男; 男は man ~ ともいう》; 《俗》指導者: a good [bad] ~ 料理じょうず[べた]の人 / a head ~ コック長 (chef) / Too many **~***s* spoil the broth. 《諺》料理人が多すぎると汁ができそこなう, 船頭多くして船山に上る. **2** 煮沸, 蒸解; 煮沸[蒸解]処理されるもの. **3** 〔チェス〕余詰(よづめ)《詰め手の問題 (problem) の予想されなかった解》. ● **chief [head] ~ and** BOTTLE-WASHER. ► *vt* **1 a** 料理[調理]する, 煮る, たく, 焼く, 揚げる, ゆでる《熱を加える料理に限る; CULINARY *a*》; 加熱する. **b** 《口》《原子炉で》…に放射線をあてる; *《俗》電気椅子にかける, 感電死させる. **2** 《口》**a** 作り上げる, 準備する 〈*up*〉: ~ something *up* (*with* sb) (人と) 事を取り決める. **b** 〈話・口実などを〉でっちあげる, 〈陰謀などを〉企てる 〈*up*〉; 〈勘定を〉手加減する, ごまかす (falsify): ~ the BOOKS. **3** 《俗》だめにする; [ᵘ*pp*] ‖《俗》疲れさせる; 《口》〈暑さで人を〉うだらせる. **4** 〔チェス〕〈問題〉の予想されなかった解を見つけ出す. ► *vi* **1** 〈食物が〉料理[調理]される, 煮える, 焼ける: Potatoes ~ slowly. ジャガイモは煮えるがおそい. **2** 料理を作る, コックとして働く. **3** 《俗》乗った演奏をする, スウィングする; 《俗》うまくいく. **4** *《口》起こる, 生じる, [進行形で] 《秘密裡に》進行する. **5** *《口》失敗する, へまをやる; *《俗》電気椅子にかけられる. ● **~ off** 〈弾薬筒が〉過熱で爆発する. **~ing with gas [on the front burner]** *《俗》調子がよくて, 絶好調で, 乗りまくって. **~ out** 屋外で料理する. **~ up** ⇨ *vt* 2a, b; …を(即席に)料理する; 《俗》加熱によって〈麻薬を〉用意する. **What's ~ing?**=**What ~s?** 《口》何事, 何かあったの, どうなってるの; 《口》元気だった, どうしてる? [OE *cōc*<L *coquus*; cf. G *Koch*]
Cook 1 クック (**1**) **James ~** (1728–79)《英国の航海家; 通称 'Captain ~'; 3 度の太平洋探検航海において, オーストラリア・ニュージーランド・ニューギニアを探検した》 (**3**) **Peter (Edward) ~** (1937–95)《英国のコメディアン・俳優》 (**4**) **Thomas ~** (1808–92)《英国の旅行代理業者; Thomas Cook & Son 社の創設者で, 団体旅行 (packaged travel) の創案者》. **2** [Mount] クック山《(**1**) ニュージーランド南島にある, 同国の最高峰 (3754 m) **2**) Alaska 州南東部の山 (4194 m)》.
cóok·able *a* 料理できる. ► *n* 料理して食べられるもの.
cóok·bòok* *n* 料理の手引書, 料理の本 (cookery book‖); 詳しい手引書[解説書]; 《学生俗》化学実験室必携. ► *a* 《俗》手順を追っているがどうしてそうするかはあまり説明しない, 型どおりの[進行する].
cóok chèese 加熱チーズ (=**cóoked chéese**)《カード粒の硬化促進のため加熱された軟質チーズ》.
cóok-chíll‖ *a* 加熱調理したものを急冷して冷蔵した, クックチル方式の.
Cooke /kʊ́k/ クック (**1**) **(Alfred) Alistair ~** (1908–2004)《英国生まれの米国のジャーナリスト》 (**2**) **Jay ~** (1821–1905)《米国の銀行家; 南北戦争時に政府の債券を売って北部を援助した》 (**3**) **Sir William Fothergill ~** (1806–79)《英国の発明家; Charles Wheatstone と共に電信の発展に貢献した》.
cooked /kʊ́kt/ *a* 加熱調理済みの; *《俗》気を失った; へばった; 酔っぱらった; だいなしになった.
cóoked bréakfast‖ 加熱して作った朝食《ベーコン・ソーセージ・目玉焼き・トーストなどからなる; cf. CONTINENTAL BREAKFAST, ENGLISH BREAKFAST》.
cóoked-ùp *a* *《俗》〈話・口実など〉でっちあげた.
cook·ee /kʊ́ki, kʊkí:/ *n* *《口》コック(の助手) (cooky).
cóok·er *n* **1 a** 料理道具, 調理器具, クッカー《鍋・釜など》; ‖料理用レンジ; 《俗》注射液をつくるために麻薬を加熱する小さな容器《瓶のふたなど》; 《俗》ヘロイン精製工場. **b** 《食品加工の》蒸煮(じょうしゃ)係, 煮炊き係. **2 a** ‖料理向きの果物[野菜]《リンゴ・ナシ・プラムなど; cf. DESSERT APPLE》. **b** 《俗》性的魅力のある女.
cóoker hòod‖ レンジフード.
cóok·ery *n* 料理法; *調理室, 料理場.
cóokery bòok‖ 料理の本 (cookbook*).
cóok-géneral‖ *n* (*pl* **cóoks-géneral**) 料理・家事一般をやる召使.
cóok·hòuse *n* 調理室; 《船の》炊事室; 《キャンプ・戦地の》屋外炊事場.
cook·ie[1], **cooky, cook·ey** /kʊ́ki/ *n* **1** *《通例自家製の》ビスケット, クッキー; 《スコ》ロールパン. **2 a** *《俗》人, 男; *《俗》抜け目のないやつ; *《俗》アヘン常用[中毒]者: a smart [tough] ~ 利口[タフ]なやつ. **b** *《俗》かわい子ちゃん《通例 愛情をこめた呼びかけのことばとして用いる》; 《卑》女性性器, あそこ. **3** 《野球俗》ヒットにしやすい投球, ヒット. **4** [cookie] 〖インターネット〗クッキー《インターネット上のページの設定を, そこにアクセスして利用するユーザーが手元の端末に記憶させたもの》. ● **get one's cookies** 《俗》すごい快感を覚える. **see which way the ~ crumbles** 《口》静観する (see what happens). **shoot [blow, drop, lose, snap, throw, toss] one's cookies** *《俗》吐く, もどす. **this is [that's] the way [how] the ~ crumbles**=**this is how it crumbles ~-wise** 《口》これが人生[世の中]というものさ. **tough cookies** [〈*int*〉] *《俗》それはお気の毒に, ついてないね. [Du (dim)く *koek* cake]
cookie[2] ⇨ COOKY[2].
cóokie cùtter* クッキーの抜き型; 《俗》警官のバッジ; 《俗》警官; 《俗》弱虫; 《俗》強そうに見えて弱い人; 《俗》役に立たない武器《特にナイフ》.
cóokie-cùtter, -cùt *a**《口》型にはまった, 月並みな.
cóokie jàr クッキー用の瓶《しばしば へそくりを隠しておくところ》. ● **have one's hand in the ~** 《口》《自分の地位を利用して》甘い汁を吸う[吸おうとする], 賄賂を取る[欲しがる]. **with one's hand in the ~** *《俗》現場を押えられて, 現行犯で.
Cóokie Mònster [the] クッキーモンスター《テレビ番組 'Sesame Street' に登場する毛むくじゃらのキャラクター; クッキーがあるところに現われて全部食べてしまう》.
cóokie prèss クッキープレス《クッキーの生地を部品を替えていろいろな形に打ち出すピストン状の器具》.
cóokie pùsher*《俗》めめしい臆病な青年, 女のパーティーに顔を出したがる若い男; *《俗》おべっか使い; *《俗》儀礼と社交に明け暮れる出世主義者, 《特に 国務省の》役人, 外交官; *《俗》なまけ者, ろくでなし.

cóokie shèet* クッキーを焼く鉄板[アルミ板], クッキーシート (baking sheet‖[tray‖]).
cóok·ing *n* 調理, 料理(法). ► *a* 料理(用)の.
cóoking àpple 料理用リンゴ《加熱調理に適したもの; cf. EATING APPLE》.
cóoking tòp キャビネット型レンジ (cooktop).
Cóok Ínlet [the] クック入江《Alaska 湾の一部》. [James *Cook*]
Cóok Íslands *pl* [the] クック諸島《太平洋南西部にあるニュージーランド自治領の群島》. [↑]
cóok-òff *n* 料理コンテスト.
cóok·òut* *n* 野外料理(のパーティー).
cóok·ròom *n* 炊事場, 台所; 《船の》炊事室.
cóok·shàck* *n* 調理小屋; 移動台所.
cóok·shòp *n* 料理売店, 小さなレストラン; 《NZ》羊牧場のダイニングキッチン.
Cook·son /kʊ́ks(ə)n/ クックソン Dame **Catherine** (**Ann**) ~ (1906–98)《英国の作家; イングランド北東部を舞台にした通俗ロマンス小説を得意とする》.
Cóok's tóur 駆け足観光旅行; 粗雑な概観, ざっと(ひととおり)見ること. [Thomas *Cook* & Son 英国の旅行社]
cóok·stòve* *n* 料理用レンジ.
Cóoks·tòwn /kʊ́ks-/ クックスタウン《北アイルランド中部の行政区》.
Cóok Stráit [the] クック海峡《ニュージーランドの北島と南島の間》. [James *Cook*]
cóok·tòp *n* レンジの上面; 《通例 4 つ火床がある》キャビネット型レンジ (=*cooking top*).
cóok-ùp *n* でっちあげたもの[こと]; 《カリブ海地方で》肉・エビ・米・野菜などからなる料理.
cóok·wàre *n* 炊事[料理]用具, 調理器具.
cooky[1] ⇨ COOKIE[1].
cooky[2], **cook·ie** /kʊ́ki/ *《口》 *n* 《牧場・キャンプ・船上などの》コック(助手); 女性コック.
cool /kúːl/ *a* **1** 涼しい, 少し寒い, 冷たい; 涼しそうな; 〈食物が〉冷めた; 〈色が〉冷たい感じの (opp. *warm*): get ~ 冷める, 涼しくなる, 涼む / ~ clothes 涼しそうな服 / ~ colors 寒色《青系統の色》. **2 a** 冷静な; 落ちつきはらった; ずうずうしい; さめた, クールな; 〈ジャズが〉クールな《知的で抑制がきいた》; クールな《McLuhan がテレビのような媒体について言ったもの》: a ~ hand 冷静な[あつかましい]人 / a ~ head 冷静な頭脳(の持主) / (as) ~ as a CUCUMBER / ~ (, calm) and collected 落ちつきはらって / remain [stay] ~ 気を落ちつけている, あわてない / in ~ BLOOD / a ~ customer 冷静な人, ずうずうしいやつ. **b** 熱のない, 冷淡な, そっけない 〈*towards*〉: a ~ reception そっけない応対. **3** 《口》大枚[正味]…, 掛け値なしの: a ~ thousand 大枚 1000 ドル[ポンドなど]. **4** 《狩》〈遺臭が〉かすかな, 弱い (cf. COLD, WARM, HOT). **5** 《口》 **a** りっぱな, すばらしい, 楽しい; かっこいい, 流行[はやり]の; *《精神的な》興をそそる. **b** けっこうで, OK で; 好都合で. ● **a ~ hand on a fevered brow** [**fevered brows**]《病人に対する》いたわり, 手厚い看護. **have ~ cheek** 全くずうずうしい. **I'm ~.** 《俗》元気だよ. **keep** (**oneself**) **~** 涼んでいる; 冷静を保つ. **leave** sb **~** 人の興をそそらない, 人に感銘を与えない.
► *adv* 《口》冷静に, 落ちついて (coolly). ● PLAY **it ~**.
► *n* **1** [the] 涼しい時[場所]; 涼味, 冷気: enjoy the ~ of the evening 夕涼みをする / sit in the ~ of the shade 木陰の涼しい所にすわる. **2** 冷静さ, 自信; 《口》かっこよさ; *《俗》《不良少年グループ間の》休戦期間: keep one's ~ 冷静さを保つ, あわてない. **3** 《俗》クールジャズ《繊細・内省的でくつろいだ雰囲気のモダンジャズ》. ● **blow** [**lose**] **one's ~** 《俗》冷静さ[落ちつき]を失う, 興奮する, かっとなる, あわてる.
► *vt* **1 a** 冷やす, 冷ます 〈*down, off*〉; 涼しくする. **b** 〈熱情・怒りなど〉鎮める, 落ちつかせる. **c** *《俗》やめる; *《俗》延期する. **2** *《俗》殺す, やる (kill); *《俗》〈試験〉に失敗する, 〈機会を〉逃がす. ► *vi* **1** 冷える, 冷める 〈*down, off*〉; 涼しくなる, 涼む 〈*off*〉; *《俗》死ぬ. **2** 熱が冷める, 興味を失う. ● **~ down** 〈怒り・熱意・興味などが[を]〉冷める[冷ます]; 鎮まる[鎮める], 〈人が[を]〉冷静になる[する]. **~ it** 《俗》冷静になる, 落ちつく; 《俗》のんびりする; 《俗》うちとける; 《俗》やめる. **~ it with**… *《俗》…をやめる. **~ off**=COOL down; 〈売上高・価格などが〉下がる; *《俗》殺す. **~ out** 《俗》冷静になる, 落ちつく, のんびりする; 《口》冷静にさせる, 落ちつかせる, なだめる; *《俗》相手の意図を探る, おこっているかどうか確かめる; *《俗》《走ったあと》〈馬を〉静かに歩かせて汗を止める, 静かに歩いて落ちつく; *《俗》殺す; 《卑》性交する. **~'s… over** すべての角度から客観的かつ綿密に検討する. **~ one's HEELS.** [OE *cōl*; cf. COLD, G *kühl*]
coolabah ⇨ COOLIBAH.
coo·la·mon /kúːləmən, *-mən/ *n* 《豪》クーラモン《先住民が水などを入れる樹皮または木製の容器》. [(Austral)]
cóol·ant *n* 冷却液, 《特に 原子炉の》冷却材. [*lubricant* の類推で cool から]
cóol bàg [**bòx**]‖ クーラー[クール]バッグ, クーラー[クール]ボックス《ピクニックなどの飲食品保冷容器》.
cóol càt 《俗》ジャズファン, ジャズ通; 《俗》いいやつ.
cóol·dòwn *n* **1** 《極低温への》冷却. **2** クールダウン《激しい運動のあとゆるやかな運動に切り替えて心拍や呼吸などの生理活動を徐々に通常の状態に戻すこと; cf. WARM-UP》.
cóol drìnk 《南ア》SOFT DRINK.
cóol·er *n* **1** 冷却器; *冷蔵庫, アイスボックス; 冷却剤; 清涼飲料, 氷で冷やしたアルコール飲料; *《口》クーラー, エアコン. **2** [the] 《俗》刑務所, 留置場, 独房, 〔軍〕営倉. **3** *《俗》いかさま賭博のトランプ札《都合よくあらかじめ並べてある》.
Cóo·ley's anémia /kúːliz-/ 〔医〕クーリー貧血(症) (THALASSEMIA). [Thomas B. *Cooley* (1871–1945) 米国の小児科医]
Cool·gár·die (**sàfe**) /kulgáːrdi(-)/ クールガーディー《オーストラリアで用いる湿った麻布をたらした食品保冷戸棚》. [*Coolgardie* オーストラリア西部の町]
cóol·hèad·ed *a* 冷静な, 沈着な, 熱くならない, さめた. ♦ **~·ly** *adv* **~·ness** *n*
coo·li·bah, -la- /kúːləbàː/ *n* 〔植〕クーラバー《豪州産の最も丈夫な数種のユーカリノキ; 材は枕木などに用いる》. [(Austral)]
Coo·lidge /kúːlɪʤ/ クーリッジ (**John**) **Calvin** ~ (1872–1933)《米国第 30 代大統領 (1923–29); 共和党》.
coo·lie, -ly /kúːli/ *n* クーリー, 苦力《かつてのインド・中国などの日雇い人夫》; 《低賃金で酷使される》下級労働者. [Hindi *kulī* インドの Gujarat の住民]
cóolie còat COOLIE JACKET.
cóolie hàt クーリーハット《平べったい円錐形の麦わら帽》.
cóolie jàcket クーリージャケット (=*coolie coat*)《キルティングのジャケット; もとクーリーが着用したものに似る》.
cóol·ing *n, a* 冷却(の): a ~ room 冷却室 / ~ water《しばしば 発電用》冷却(用)水.
cóol·ing-óff pèriod **1** 《争議などの際の》冷却期間. **2** クーリングオフ期間《**1**)〔米〕訪問販売や割賦購入で, 買手が購入契約を無条件解約できる期間; 多くは 3 日間 **2**)〔米〕証券発行で, 証券取引委員会 (SEC) への登録から公募までの期間; SEC の定めで 20 日間 **3**)〔英〕生命保険で, 新規加入を解約できる期間》.
cóoling tìme COOLING-OFF PERIOD.
cóoling tòwer 冷却塔; 冷水塔.
cóol·ish *a* やや冷たい, 冷えぎみの.
cóol·ly, cóoly *adv* 冷淡に, ひややかに; 冷静に, 沈着に; 涼しく.
cóol·ness *n* 涼しさ, 冷たさ, 冷え; 冷静, 沈着; 冷淡, よそよそしさ.
cóol-òff *a, n* 《紛争などの》冷却のための(期間).
cóol-òff màn *《俗》なだめ役《いかさま賭博の共謀者; 大負けしたカモをなだめる》.
cóol-òut *n* *《俗》人を落ちつかせる[なだめる]手段[方法].
coolth /kúːlθ/ *n* [ᵁ*joc*] 涼しさ; 《口》かっこよさ, かっこいい[クールな]もの[こと, 人びと].
cool·ville /kúːlvɪl/, **cools·ville** /kúːlzvɪl/ *a* [ᵒC-] *《俗》りっぱな, すばらしい, みごとな.
coom[1], **coomb**[1] /kúːm/ *n* 《スコ・北イング》石炭の粉; 《軸受などから出る》油, かす. [C16=soot ?変形 < *culm*]
coomb[2], **coom**[2] *n* クーム《英国の体積の単位: =4 英 bushels, ≒145.5 liters》. [OE *culm* cup]
coombe, coomb[3] ⇨ COMBE.
Cóombs' tést /kúːmz-/ 〔医〕クームズ試験[テスト]《赤血球表面上のタンパクを検出するための凝集試験》. [R. R. A. *Coombs* (1921–2006) 英国の免疫学者]
coon /kúːn/ *n* *《口》アライグマ (raccoon); 《俗》[*derog*] 黒んぼ (Negro), オーストラリア土人 (Aborigine); *《口》ずるいやつ, 野卑な[常軌を逸した]やつ; *《俗》ばか, まぬけ, 頭の足りない乱暴者; *米国ホイッグ党員[支持者]. ● **go the whole ~** 徹底的にやる (go the whole hog). **hunt the same old ~** いつも同じ事ばかりやっている.
► *vt* *《俗》盗む. [raccoon]
cóon bòx *《俗》どでかラジカセ (ghetto blaster).
coon·can /kúːnkæ̀n/ *n* 〔トランプ〕クーンキャン (=*double rum*)《ジョーカー 2 枚を含む 2 箱のカードを使ってするラミー》.
cóon càt 〔猫〕MAINE COON; 〔動〕CACOMISTLE.
cóon chèese クーンチーズ《チェダーチーズの一種で, 通例 黒蠟のコーティングをする》.
cóon dòg 〔犬〕アライグマ猟犬 (=*coonhound*).
cóon·hòund *n* COON DOG, 《特に》BLACK-AND-TAN COONHOUND.
cóon's àge *《口》長い長い間《アライグマは長命だから》: in [for] a ~ 長いこと, 久しく.
cóon·skìn *n* アライグマの毛皮, クーンスキン; クーンスキンの帽子《尾を後ろにたらす》, クーンスキンのオーバー.
coon·tie /kúːnti/ *n* 〔植〕ザミア (=*arrowroot*)《Florida 州・熱帯アメリカ産のソテツ》; ザミア澱粉. [Seminole]
coop[1] /kúːp, *kʊ́p/ *n* 《鶏・ウサギなどの》小屋, おり; 養鶏場; ‖魚捕りかご; 狭苦しい所; 監禁所, 《俗》ムショ (prison). ● **fly the ~** *《俗》脱獄する, 逃亡する, ずらかる. **in the ~** *《俗》仕事中に居眠りして[サボって]. ► *vt* [ᵁ*pass*] おり[かご]に入れる 〈*in, up*〉; 狭い所に閉じ込める 〈*in, up*〉; *《俗》〈投票人を〉《特定候補に投票させるため投票日まで》かんづめにする: be ~*ed up* in a small room 小部屋に閉じ込められる. ► 《俗》*vi* *〈警官が〉勤務中にパトカーの中で居眠りする; ずるけ

る, サボる. ［ME *cupe* basket＜MDu, MLG＜L *cupa* cask］

coop² /kúːp/ *n**《俗》クーペ (coupé)《車》.

co-op, co·op /kóuɑ̀p, ―́―, kúːp/《口》*n* COOPERATIVE; COOPERATIVE STORE; [the Co-op] Co-OPERATIVE GROUP: on the ～ 消費組合主義によって. ► *vt**〈集合住宅を〉賃貸方式から協同組合所有[分譲]方式に転換する.

coop·er /kúːpər, *kúp-/ *n* 桶屋, 樽職人; "酒屋 (＝wine ～)《酒利きと瓶詰め係を兼ねる》; "《porter と stout とを等分に混ぜた》混合黒ビール: a dry [wet] ～ 乾物用[液体用]樽類製造者 / a white ～《普通の》桶屋. ► *vi* 桶屋をする. ► *vt* **1 a**〈桶・樽などを〉修繕する[作る]. **b**〈ワインなど〉樽に詰める. **2**《俗》やっつける, だめにする, こわす. ● **～ up [out]**...の形を整える. ［MDu, MLG; ⇨ COOP¹］

Coo·per /kúːpər/ クーパー (**1**) **Alfred Duff** ～ ⇨ 1st Viscount NORWICH (**2**) **Anthony Ashley** ～ ⇨ Earl of SHAFTESBURY (**3**) **Gary** ～ (1901–61)《米国の映画俳優; 本名 Frank James ～; *High Noon* (真昼の決闘, 1952)》 (**4**) Dame **Gladys** ～ (1888–1971)《英国の舞台女優》 (**5**) Sir **Henry** ～ (1934–2011)《英国のヘビー級ボクシング選手; Lonsdale belt を続けて 3 度獲得した唯一のボクサー》 (**6**) **James Fenimore** ～ (1789–1851)《米国の小説家; 開拓時代の辺境を舞台とし, 白人猟師 Natty Bumppo を主人公とする作品で知られる; *The Last of the Mohicans* (1826), *The Deerslayer* (1841)》 (**7**) **Leon N(eil)** ～ (1930–　)《米国の物理学者; 超伝導の BCS 理論を発展させ, ノーベル物理学賞 (1972); cf. COOPER PAIR》 (**8**) **Peter** ～ (1791–1883)《米国の発明家・実業家・慈善家》 (**9**) **'Susie'** ～ [**Susan Vera Barker** ～] (1902–95)《英国の陶器デザイナー》.

cóoper·age *n* 桶職; 桶屋の手間賃; 桶屋の製品; 桶屋の仕事場.

co·op·é·rant /*F* kɔɔperɑ̃/, **co·op·er·ant** /kouáp(ə)rənt/ *n* フランスの発展途上国援助計画の参加者《米国の Peace Corps 隊員に相当》.

co·op·er·ate /kouápərèɪt/ *vi* **1** 協力する, 協同[協働]する〈*with* sb; *in* [*on*] a work, *in* doing, *to* do〉;《相手の》要求に応じる, 言うことを聞く. **2**〈事情などが〉助け合う: All these things ～*d* to make this work a success. これらの事情がはたらき合ってこの事業は成功した. ［*co*-］

co·op·er·a·tion /kouɑ̀pəréɪʃ(ə)n/ *n* 協力, 協同, 協働〈*between, with*〉;〔経〕《生産・販売などの》協業;〔生〕《種内・種間での》協同(作用): in ～ with...と協力[協同]して. ♦ **～·ist** *n*

co·op·er·a·tive /kouáp(ə)rətɪv, *-pərèɪ-/ *a* **1** 協力的な, 協同の; 協同組合(方式)の;〔教育〕連携方式の《学校間の連携によって一般教育と技術教育を配分する》. **2** 従順な, 言うことをよく聞く;〈天候が〉都合のよい. ► *n* 協同組合(の小売店),《大学などの》生協; 協同農場; *協同組合集合住宅《入居者は区分所有の割合に応じて建物を所有する組合の株主となる》: a consumers' [consumptive] ～ 消費者協同組合, 生活協同組合 / a producers' [productive] ～ 生産者協同組合. ♦ **～·ly** *adv* 協力[協同]して. **～·ness** *n*

coóperative bánk〔米〕協同組合銀行《協同組合組織の金融機関のことで, 特に 貯蓄貸付組合 (savings and loan association) を指すことが多いが, ニューイングランドの州法認可の貯蓄組合を指す場合もある》.

coóperative fárm 協同農場; COLLECTIVE FARM.

Co-óperative Gróup [the]〔英〕協同組合グループ, 英国生協《1863 年に設立; 全土に Co-op の店があり, 日用品を生産・販売するだけでなく, 銀行・旅行代理店もつ; 2001 年 Co-operative Wholesale Society を改称》.

coóperative múltitasking〔電算〕《アプリケーション間の》協力式マルチタスキング《実行中のアプリケーションが, 他のアプリケーションからの処理要求をうけて処理を渡す方式によるマルチタスキング; cf. PREEMPTIVE MULTITASKING》.

Coóperative Pàrty [the]〔英〕協同組合党《労働党 (Labour Party) と提携し議会で協同組合の利益を擁護する; 1917 年結成》.

coóperative socíety" 協同組合.

coóperative stóre [shóp] 協同組合小売店, 生協の店舗.

co·op·er·a·tiv·i·ty /kouɑ̀pərətívəti/ *n*〔化〕協同性《分子結合の系列において最初のものが次のものの結合を促進したり遅延させたりする傾向; 前者を正の協同性 (positive cooperativity), 後者を負の協同性 (negative cooperativity) という》.

co·op·er·a·tiv·ize /kouáp(ə)rətɪvàɪz/ *vt* 協同組合化する. ♦ **co·òp·er·a·tiv·i·zá·tion** *n*

co·óp·er·à·tor *n* 協力者; (協同)組合員.

Cóoper [Cóopers] Créek [the] クーパー(ズ)クリーク《オーストラリア中東部 Channel Country の川; 雨の多い年のみ Eyre 湖に通じる; 別称 Barcoo River》.

Cóoper pàir〔理〕クーパー対(つい)《超伝導に関する BCS 理論の基礎となる等運動量で反対方向のスピンをもつ一対の電子》. ［Leon N. *Cooper*］

Coopers Creek ⇨ COOPER CREEK.

Cóoper's háwk〔鳥〕クーパーハイタカ《アメリカ産》. ［William *Cooper* (1798–1864) 米国の博物学者］

Coo·pers·town /kúːpərztàun, kúp-/ クーパーズタウン《New York 州中部の町; 野球発祥の地とされ, 野球の殿堂 (National Baseball Hall of Fame and Museum) がある》.

cóop·ery *n* COOPERAGE.

cóop-hàppy *a**《俗》監禁されて気が狂った.

co-opt /kouápt/ *vt* **1** 新会員として選出する〈*onto, into*〉; 同僚[助手]として任命する; 略式で任命する; 説き伏せる〈sb *to* do, *into* doing〉. **2** 取り込む, 吸収する; 徴用する, 接収する; *〈他人の考えなどを〉取り入れる, 勝手に用いる. ♦ **cò-op·tá·tion, co-óp·tion** /-ápʃ(ə)n/ *n* 新会員選出. **co-op·ta·tive** /kouáptətɪv/, **co-óp·tive** /-áptɪv/ *a* 新会員選出の[に関する]; 新会員として選ばれた. ［L *co-(opto* to choose)］

Coop·worth /kúːpwə̀ːrθ/ *n*〔羊〕クープワース種《ニュージーランド作出の品種》.

cò-órdinal *a*〔生〕同じ目(もく) (order) に属する, 同目の.

co·or·di·nate /kouɔ́ːrd(ə)nət, -nèɪt/ *a* **1 a** 同等[同格, 等位]の〈*with*〉;〔文法〕等位の (opp. *subordinate*). **b**〔数〕座標の. **c**〔図表〕〈索引が〉複数の索引語の組合わせによる: ～ indexing. **2** *男女別々のカレッジで教育を行なう大学(の中のカレッジ)の《例 Harvard University では男子は Harvard College で, 女子は Radcliffe College で授業を受ける》;《男女別学の大学の》女子部の. ► *n* **1** 同格者, 対等のもの;〔文法〕等位語句;〔数・理〕座標《点の位置や系の状態を表わす》. **2** [*pl*] コーディネート《色・素材・デザインなどの調和を考えた組合わせの婦人服・アクセサリーなど》. ► *v* /-d(ə)nèɪt/ *vt* **1** 対等にする; 統合する;〔化〕配位結合させる. **2** 調整する,〈活動・組織などの〉調整をはかる, 協調[連繫]させる, 統括する;〈服・家具などを〉調和させる, コーディネートする〈*with*〉. ► *vi* 連繫する, 一致協力する, 協調する〈*with*〉; 調和する〈*with*〉;〔化〕配位結合する. ♦ **～·ly** *adv* **～·ness** *n* ［L *ordino* to ORDER; subordinate にならったもの］

coórdinate bònd [covàlence]〔化〕配位結合.

coórdinate cláuse〔文法〕等位節《等位接続詞で結合された節; opp. *subordinate clause*》.

co·ór·di·nàt·ed *a* **1** 組織化された,〈攻撃などが〉周到に準備した; 調和を考慮した, 協調性のある. **2** 単一目的のために 2 つ以上の筋肉系を使える,〈筋肉が〉共同作用できる.

Coórdinated Univérsal Tìme〔天〕協定世界時《略 UTC; cf. GREENWICH MEAN TIME》.

coórdinate geómetry 座標幾何学 (analytic geometry).

coórdinate páper GRAPH PAPER.

co·ór·di·nàt·ing [coórdinate] conjúnction 等位接続詞《同格の語句を接続する and, but, or, for など》.

co·or·di·na·tion /kouɔ̀ːrd(ə)néɪʃ(ə)n/ *n* 同等(にすること); 対等(の関係);《作用・機能の》調整, 協調, 連繫, 統括;《筋肉運動の》協調;〔化〕配位: in ～ with...と連繫して.

coordinátion còmpound [còmplex]〔化〕配位化合物.

coordinátion nùmber〔化・晶〕配位数.

co·or·di·na·tive /kouɔ́ːrd(ə)nətɪv, *-dnèɪ-/ *a*〔文法〕同等の, 等位の〈接続詞〉; 協調的な;〔言〕《内心的構造に》複数の主要語がある (opp. *subordinative*).

co·ór·di·nà·tor *n* 調整役, 取りまとめ役, 統括者, コーディネーター;〔文法〕等位接続詞 (coordinating conjunction).

Coorg, Kurg /kúərg/ クールグ《インド南西部の旧州; 今は Karnataka 州の一部》.

coorie ⇨ COURIE.

Coors /kúərz/〔商標〕クアーズ《米国製のビール》.

coot /kúːt/ *n* **1** (*pl* **～s**, ～)〔鳥〕**a** オオバン (＝bald ～)《クイナ科》: (as) BALD as a ～. **b**《北米産の》クロガモ (scoter). **c** セイケイ《豪州・南太平洋産》. **2** (*pl* **～s**)《口》まぬけなやつ, けったいな年寄り;《口》やつ: an old ～ 老いぼれ / (as) crazy as a ～ ひどく気違いじみて[ばかげて]. ［? LG; cf. *cooch* Du *koet* coot］

cootch¹ /kúʧ/《南ウェールズ》*n* 隠し場所; 貯蔵場, 貯蔵室[小屋]. ► *vt, vi* 隠す; 優しく抱く[抱かれる]〈*up*〉; しっかりと抱きしめる. ［F COUCH に Welsh *cwt* hut が影響］

cootch² /kúːʧ/ *n**《俗》COOCH.

coo·ter /kúːtər/ *n**《南部》米国南部・東部のヌマガメ科クーターガメ属の数種のカメ,《特に》リバークーター《米南部ではシチュー料理にする》. [(Afr)]

coot·ie /kúːti/《口》*n* シラミ (body louse); バイキン《子供の用語》. ［? Malay］

co-ówn *vt* 共同所有する.

co-ówn·er *n*〔法〕共同所有者. ♦ **～·shìp** *n*

cooz·ie /kúːzi/, **cooz(e)** /kúːz/ *n**《卑》女, まんこ, セックス.

cop¹ /káp/ *n*〔紡〕管糸, コップ《管に糸を巻いたもの》, 管; "《方》《丘などの》てっぺん. ► *vt* (**-pp-**) 錘に巻く. ［OE *cop* summit］

cop² *n*《口》警官, 巡査, おまわり (police officer) (cf. COP SHOP); [the ～s]《口》警察 (the police);《口》管理者, 管理機関. ● **～ and heel** *《俗》《刑務所・警官からの》脱走, 逃亡; *《俗》危機一髪. **～s and robbers** おまわりさんと泥棒, 泥棒ごっこ《子供の遊び》. **good ～ bad ～＝nice ～ tough ～** *《俗》いいデカいやなデカ, 優しいポリこわいポリ《「きびしさと優しさ」「アメとムチ」などと同様のきまり文句》. **on the ～s** *《俗》警官になって, 警察にはいって. **play good ～, bad ～**《口》〈2 人の人物が〉《示し合わせて》それぞれ優しい尋問者とこわい尋問者を演じる《被疑者・政敵などから自分たちに有利な情報

を引き出すためのテクニック). [cf. COP³ and COPPER²]

cop³ 《俗》 *vt* (-pp-) つかまえる, 捕える, 〈賞などを〉獲得する, さらう; 盗む; 〈麻薬を〉買う; ˈˈ〈罰・げんこつなどを〉くらう; 理解する, わかる; *〈ある態度・姿勢を〉とる. ► *vi* 《嫌疑などを》認める 〈*to*〉; 麻薬を買う[入手する]. ● **~ a** HEAD. **~ a mope** *《俗》逃げる, ずらかる. **~ a** PLEA. **~ hold of** ˈˈ=take HOLD¹ of. **~ it** ˈˈ《俗》ひどいめにあう, しかられる, 罰をくう (catch it), 殺される, 死ぬ. **~ it sweet** 《豪口》不快なことを我慢する, 辛抱する. **~ off** ˈˈ《俗》《出会ったばかりで》性的関係をもつ, セックスする 〈*with*〉. **~ on** 《アイルロ》気づく, わかる 〈*to*〉, [°*impv*] 理性的にふるまう, 冷静になる 〈*to oneself*〉. **~ out** 《俗》逃げをうつ, 責任のがれをする, 〈…から〉逃げる 〈*on, of*〉, 〈…との〉約束に背く 〈*on* sb〉; *《俗》つかまる; 《俗》《刑を軽くするために》軽いほうの罪を認める (cop a plea); 《俗》あきらめる, 降参する. ► *n* *《俗》盗み (theft); 盗作《行為》, 剽窃; ˈˈ逮捕; 《アイル》分別, 賢明さ: It's a fair ~. ˈˈとうとう年貢の納め時だ《捕えられた犯人[悪事がばれた人]が言う》. ● **no** [**not much**] **~** ˈˈ全く[ほとんど]価値がない[役に立たない], たいしたことない. [? *cap* (obs) to arrest<OF *caper* to seize]

cop⁴ *vt* (-pp-) ˈˈ《方》〈人〉の頭をなぐる. [変形〈*cob*⁵ to strike]

cop. copper ♦ copulative ♦ copy ♦ copyright(ed).

COP conference of the parties to the United Nations Framework Convention on Climate Change 気候変動枠組み条約第一回締約国会議.

Co·pa·ca·bana /kòupəkəbǽnə/ コパカバーナ《ブラジル Rio de Janeiro 市南東部にある弧状の砂浜海岸; 海水浴場・観光地》.

co·pa·cet·ic, -pe·set-, -pa·set- /kòupəsétɪk, -síːt-/ *a* *《俗》満足な, 申し分のない, すばらしい.

co·pai·ba /koupáɪbə, *-péɪ-/, **-va** /-və/ *n* コパイババルサム (=~ **bàlsam** [**rèsin**]) 《南米産のマメ科植物から採る樹液; 粘膜疾患の特効薬・香料原料》. [Sp and Port<Tupi]

co·pal /kóup(ə)l, -pæ̀l, koupǽl/ *n* コーパル《天然樹脂; ワニス原料》. [Sp<Aztec=incense]

cópal·ìte *n* 〘鉱〙コパル石《樹脂状物質》.

co·palm /kóupɑ̀ːm/ *n* 楓香脂(ふうこうし)《モミジバフウの樹脂》; 〘植〙モミジバフウ (sweet gum, storax)《北米原産》.

Co·pán /koupáːn/ コパン《ホンジュラス最西部にあるマヤ文明の都市遺跡》.

co·párcenary *n* 〘法〙相続財産共有; 共同所有.

co·párcener *n* 〘法〙《土地》共同相続人.

co·par·ce·ny /koupáːrsəni/ *n* COPARCENARY.

co·párent *n* 別れた相手と子供の養育を分担し合う親. ► *vt, vi* 〈子供〉の養育を分担し合う, co-parent である.

co·pártner *n* 《企業などの》協同者, 組合員; 共犯者. ♦ **~·shìp** *n* 協同, 組合制; (共同)組合, 合名会社. **co·pártnery** *n* COPARTNERSHIP.

copasetic ⇨ COPACETIC.

có·pày·ment /, ⏑⏑⏑/ *n* 《生命保険・健康保険・年金積立金などの》共同支払い《雇用主が被雇用者と掛け金を分担する》; [*or* **có·pày**] 〘保〙定額自己負担, 一部負担《健康保険の被保険者が負担する, 受けた医療サービスの費用のうちの一定額[一定率分]》.

COPD °chronic obstructive pulmonary disease.

cope¹ /kóup/ *vi* 《対等・有利に》対抗する, 張り合う 〈*with*〉; うまく対処する 〈*with* a difficulty, evil, etc.〉; 《古》関係する, 出会う 〈*with*〉; 《廃》打つ, 闘う. ► *vt* 《口》十分に…に対処[対抗]する; 《廃》《競技などで》…と当たる; 《廃》…と出会う; 《廃》…と釣り合う. [OF; ⇨ COUP¹]

cope² *n* **1** 《聖職者が行列などで身に着ける》マント形の大外衣, コープ, カッパ. **2 a** コープ形のもの, 天蓋; 鐘の鋳型頂部, 〘建〙笠石(かさいし), 笠木 (coping). **b** 《詩》/[*fig*] 天空, 蒼穹: a ~ of night [heaven] 夜のとばり[青天井]. ► *vt* **1** …にコープを着せる. **2** …に笠石を載せる: walls ~*d with* broken bottles 頂部に瓶のかけらを植えた塀. ► *vi* おおいかぶさる, 張り出す 〈*over*〉. [OE -*cāp*<L *cappa* CAP¹]

cope³ *vt* 〈部材を〉他材の繰形に合うように切り込む; 〈繰形のある 2 つの部材を〉継ぎ合わせる; …に刻み目をつける (notch). [? F *couper* to cut]

copeck ⇨ KOPECK.

cópe·màte, cópes·màte 《廃》*n* 敵対者 (antagonist); 仲間, 相棒 (partner, comrade).

co·pen* /kóupən/ *n* 灰色がかった青 (=~ **blùe**). [*copen*hagen blue]

Co·pen·ha·gen /kòup(ə)nhéɪg(ə)n, -háː-/ **1** コペンハーゲン (Dan **København** /kœbənháun/)《デンマークの首都・港町》. **2** [c-] 灰色がかった青色 (=**c~ blúe**). ■ **the Báttle of ~** コペンハーゲンの海戦《1801 年, Napoleon 戦争中に Copenhagen 沖であった英国艦隊とデンマーク艦隊との戦い; 敵艦隊の接近を前に次席指揮官 Nelson は撤退命令を受けたが, 見えないほうの目に望遠鏡をあて, 信号は見えないと言ってこれを無視し, 結局, つづく海戦でデンマーク艦隊を破った》. ♦ **~·er** *n*

Copenhágen interpretátion 〘理〙コペンハーゲン解釈《Niels Bohr を中心とするコペンハーゲン学派による量子力学の理論体系》.

co·pe·pod /kóupəpɑ̀d/ *a, n* 〘動〙カイアシ[橈脚(じょうきゃく)]類 (Copepoda) の(動物)《ケンミジンコなど》.

cop·er¹ ˈˈ /kóupər/ *n* 《正直でない》ばくろう. [*cope* (obs) to buy<MDu, MLG *kōpen* (G *kaufen*)]

coper² *n* COOPER.

coper³ *n* COPE¹ する人.

coper⁴ *n* COPE³ するもの[機械].

Co·per·ni·can /koupə́ːrnɪkən/ *a* コペルニクス(説)の, 地動説の (opp. *Ptolemaic*); 根本的な, 重大な〈変革・転換〉. ► *n* コペルニクス説信奉者. ♦ **~·ism** *n*

Copérnican sýstem [**théory**] [the] コペルニクス説, コペルニクス(体)系《太陽中心説・地動説》.

co·per·ni·ci·um /koupərníʃiəm, -si-/ *n* 〘化〙コペルニシウム《人工放射性元素; 第 9 番目の超アクチノイド元素で, 第 20 番目の超ウラン元素; 記号 Cn, 原子番号 112》. [Nicolaus *Copernicus*]

Co·per·ni·cus /koupə́ːrnɪkəs/ **1** コペルニクス **Nicolaus ~** (1473–1543)《ポーランドの天文学者; ポーランド語名 Mikołaj Kopernik; 地動説を提唱した》. **2** コペルニクス《月面のクレーター》.

copesetic ⇨ COPACETIC.

copesmate ⇨ COPEMATE.

Cópe's rùle 〘生〙コープの法則《非特殊型の法則・体大化の法則など, 定向進化に基づく法則》. [Edward D. *Cope* (1840–97) 米国の古生物学者]

cópe·stòne *n* 〘建〙笠石; [*fig*] 最後の仕上げ, 極致.

Co·phe·tua /koufétʃuə/ [King] コフェチュア王《女嫌いであったが乞食娘と結婚する伝説のアフリカの王》.

cop·i·able /kápiəb(ə)l/ *a* COPYABLE.

Co·pia·pó /kòupiəpóu/ コピアポ (**1**) チリ中北部, アンデス山脈中の火山 (6080 m) **2**) Copiapó 山西麓の市).

cop·i·er /kápiər/ *n* 模倣者; 複写する人, 写字生, 複写人; 複写機, コピー機. [*copy*]

co·pi·hue /koupíːweɪ/ *n* 〘植〙ツバキカズラ (=*Chilebells*). [AmSp<Araucan]

có·pìlot *n* 〘空〙副操縦士; *《俗》アンフェタミン《トラック運転手が居眠り防止のために飲む》. ► *vt* 〈飛行機など〉の副操縦士をつとめる.

cop·ing¹ /kóupɪŋ/ *a* 物事を処理する[さばく]〈手腕・行動・戦略など〉.

coping² *n* 〘建〙笠木《塀などの頂部の横材》, 《煉瓦塀などの頂上の》笠石. [*cope²*]

cóping sàw 糸のこ《U 字形枠の弓のこ》.

cóping stòne ˈˈ COPESTONE.

co·pi·ous /kóupiəs/ *a* 豊富な, おびただしい; 内容豊富な, 情報のぎっしり詰まった; ことば数の多い; 〈作家が〉多作の. ♦ **~·ly** *adv* **~·ness** *n* [OF or L (*copia* plenty)]

co·pi·ta /kəpíːtə/ *n* コピータ《チューリップ形のシェリー用グラス》; シェリー 1 杯. [Sp]

cóp·kìll·er *n* *《俗》コップキラー《防弾チョッキも貫通するほどの, テフロン加工した銃弾》.

co·plánar *a* 〘数〙同一平面上の, 共面の〈点・線など〉. ♦ **cò·planárity** *n*

Cop·land /kóuplənd/ コープランド **Aaron ~** (1900–90)《米国の作曲家》.

Cop·ley /kápli/ コプリー **John Singleton ~** (1738–1815)《米国の画家; 肖像画・歴史画で植民地時代随一の画家といわれる》.

co·pólymer *n* 〘化〙共重合体, コポリマー《2 種以上の単量体からなる》. ♦ **cò·polyméric** *a*

co·pòlymer·izátion *n* 〘化〙共重合. ♦ **co·pólymer·ìze** *vt, vi* 共重合する.

cóp·òn *n* 《アイル》分別, 賢明さ.

cóp·òut 《俗》*n* 《いやな責任などをのがれるための》言いのがれ, 口実, 逃げ口上; 《仕事や約束から》手を引くこと[者], 逃げをうつこと[人], 変節[転向](者).

Cop·pé·lia /koupéɪljə/ コッペリア《Delibes のバレエ音楽 (1870), また その主人公である人形; 原作は E. T. A. Hoffmann》.

cop·per¹ /kápər/ *n* **1 a** 銅《金属元素; 記号 Cu, 原子番号 29; 略 cop.》《CUPRIC, CUPROUS *a*》. **b** 銅板. **2 a** 銅製品; 銅貨《米国の cent や英国の penny など》; [*pl*] 《俗》小銭. **b** ˈˈ《もとは銅製の》炊事[洗濯]用ボイラー[大釜]; [*pl*] 船の湯釜. **3 a** 銅色 (=~ **réd**)《灰色っぽく赤みをおびただいだい色》. **b** 〘昆〙だいだい色の羽をもつシジミチョウ《American copper など》. **4** [*pl*] 銅山株. ● **cool** [**clear**] **one's ~s** 酔いざましの水を飲む. **have hot ~s** 《大酒の後に》のどが渇く. ► *a* 銅(製)の; 銅色の. ► *vt* **1** …に銅をかぶせる; 〈船底・鍋など〉に銅板を張る; 〈野菜を〉硫酸銅で着色する. **2** *《俗》…の反対に賭ける《faro でカードの上に銅貨を置いてそのカードの反対に賭ける意思表示をすることから》, HEDGE. ● **~ a tip** *《俗》言われたことと反対のことをやる, 直感や予報に逆らって賭ける. ♦ **~ed** *a* 銅張りの, 銅めっきの. [OE *coper*<L *cuprum*〈*cyprium aes* Cyprus metal]

copper² 《俗》*n* 警官, おまわり (cop); 密告者; 《模範囚・密告者に対する》減刑. ► *vi* 警官として働く. [*cop³*]

Cópper Àge [the] 〘考古〙銅器時代 (=*Aeneolithic Age*)《新石器時代と青銅器時代の間の時代》.

cópper ársenite 〘化〙亜ヒ酸銅.

cop·per·as /kǽp(ə)rəs/ *n* 緑礬(りょくばん) (green vitriol, ferrous sulfate).

cópper béech〘植〙ムラサキブナ《葉が銅紫赤色のヨーロッパブナの変種》.

Cópper Bèlt [the]《アフリカ中部の》産銅地帯《ザンビアとコンゴ民主共和国の国境地帯が中心》.

cópper bìt はんだごて(の先端).

cópper-bóttomed *a* 底が銅板張りの〈船〉; ″《口》《財政的に》健全な, 健全経営の; 本物の, 信頼できる〈計画など〉.

cópper glánce〘鉱〙輝銅鉱 (chalcocite).

cópper·hèad *n* **1**〘動〙**a** アメリカマムシ, カパーヘッド《北米産》. **b** ローランドカパーヘッド, オーストラリアカパーヘッド《豪州南東部産コブラ科の毒蛇》. **2** [C-]〘米史〙《南北戦争当時の》南部に共鳴した[南部びいきの]北部人.

cópper·héart·ed *《俗》 *a* 密告者になりやすい; 信頼のおけない.

cópper Índian YELLOWKNIFE.

cópper·ize *vt* …に銅を染み込ませる, 銅めっきする.

Cópper·mìne [the] コッパーマイン川《カナダ北部 Northwest 準州中部から北西に流れて北極海に注ぐ》.

cópper níckel〘鉱〙紅砒ニッケル鉱 (niccolite).

cópper·nòb, -knòb *n* ″《口》 COPPERTOP.

cópper·nòse *n*《酒飲みの》赤鼻.

cópper-òn cópper-òff *《俗》「丁」「半」と交互に賭ける賭け方; *《俗》あらかじめ定められた順序に従って賭けたり賭けなかったりする賭け方.

cópper·plàte *n*《彫刻・エッチング用の》銅板; 銅板彫刻, 銅板刷り; カッパープレート書体《細太の線の対照の著しい曲線的な書体》. ► *a* 銅板の, 銅板刷りの(ような); 磨き上げられた, きれいな, 澄んだ. ► *vt* 銅板に彫る; 銅版で刷る.

cópper pyrítes〘鉱〙黄銅鉱 (chalcopyrite).

copper red ⇨ COPPER[1].

cópper·skìn *n* アメリカ[レッド]インディアン.

cópper·smìth *n* 銅細工師, 銅器製造人;〘鳥〙オオゴシキドリ《南アジア産》.

cópper's nàrk ″《俗》サツの犬, 密報者.

cópper súlfate〘化〙硫酸銅《青色結晶》.

cópper·tòne *n, a* 赤みがかった銅色(の).

cópper·tòp *n* ″《口》赤毛(の人) (=*coppernob*).

cópper úranite〘鉱〙銅ウラン鉱 (torbernite).

cópper vítriol〘化〙COPPER SULFATE.

cópper·wàre *n* 銅製品.

cópper·wòrm *n*〘動〙フナクイムシ (shipworm).

cóp·pery *a* 銅を含んだ; 銅のような; (磨いた)銅色の.

cop·pice /kápəs/ *n* **1**《定期的に伐採する》低林, 矮林, 低質林,《特に》薪炭林; 萌芽林《樹体の一部を伐採して残りから出る萌芽を育てる》. **2** しば, そだ, 薪. ► *vt, vi* coppice として生える[育てる],〈木が〉基部から盛んに芽を出す. ♦ **cóp·pic·ing** *n*〘林〙定期伐採. [OF <L; ⇨ COUP[1]]

cóppice·wòod *n* COPPICE.

cop·pish /kəpíːʃ/ *vi* [通例 疑問に用いて] *《俗》了解する, わかる. [It *capisci* (*capito* I understand)]

Cop·po·la /kápələ, *kóʊ-/ コッポラ **Francis** (**Ford**) ~ (1939–)《米国の映画監督・脚本家; *The Godfather* (ゴッドファーザー, 1972), *Apocalypse Now* (地獄の黙示録, 1979)》.

copr- /kápr/, **cop·ro-** /káprə/ *comb form*「糞」「汚物」「卑猥」[Gk *kopros* dung]

cop·ra /káprə, *kóʊ-/ *n* コプラ《乾燥したココヤシの実》. [Port < Malayalam=coconut]

cò·precipitátion *n*〘化〙共沈. ♦ **cò·precípitate** *vt, vi*

cop·re·mia, -rae- /kaprí:miə/ *n*〘医〙便秘性中毒症.

có-prèsident *n* 共同社長.

còpro·ántibody *n*〘医〙糞便抗体《腸管内に存在する》.

co·prócessor *n*〘電算〙コプロセッサー《計算機内で CPU と同等の扱いをうけるプロセッサー; 数値演算用・出入力用など》.

cò·prodúce *vt* 協同して生産する;〈劇・映画などを〉共同制作する. ♦ **-prodúcer** *n* **-prodúction** *n*

co·próduct *n* 副産物 (by-product).

cop·ro·lag·nia /kàprəlǽgniə/ *n*〘精神医〙弄糞, 愛糞《性的倒錯の一種》.

cop·ro·la·lia /kàprəléɪliə/ *n*〘精神医〙汚言, コプロラリー《卑猥なことばを絶えず口にする傾向》.

cópro·lìte *n* 糞石(ふんせき), コプロライト《動物の糞の化石》. ♦ **còp·ro·lít·ic** /-lít-/ *a*

cop·rol·o·gy /kapráləʤi/ *n* SCATOLOGY; PORNOGRAPHY. ♦ **còp·ro·lóg·i·cal** *a*

cop·roph·a·gous /kapráfəgəs/, **cop·ro·phag·ic** /kàprəfǽʤɪk/ *a*〈昆虫・鳥・動物が〉糞を食とする: ~ fungi 糞生菌類. ♦ **co·próph·a·gy** /-ʤi/, **cop·ro·pha·gia** /kàprəféɪʤiə/ *n* 糞食(性), 食糞.

còpro·phília *n*〘精神医〙嗜糞(しふん)症《糞便に対する性的要素を伴った嗜好》. ♦ **-phíliac** *n* **-phílic** *a*

cop·roph·i·lous /kəpráfələs/ *a*〈菌類・昆虫が〉糞上に生じる[生活する]: ~ fungi 糞生菌類.

còpro·phóbia *n*〘精神医〙恐糞症.

co·pros·ma /kəprázmə/ *n*〘植〙コプロスマ属 (*C-*) の各種低木《オーストララシア主産; アカネ科》.

cò·prospérity *n* (双方)共に栄えること, 共栄.

còpro·zóic *a*〘動〙糞生の.

copse /káps/, **cópse·wòod** *n* COPPICE.

cóp shòp 《口》警察署.

copsy /kápsi/ *a* 低林[雑木林] (coppice) の多い.

Copt /kápt/ *n* コプト人《古代エジプト人の子孫》; コプト教徒 (⇨ COPTIC CHURCH). [F or L<Arab]

cop·ter /káptər/ *n* 《口》ヘリ (helicopter).

Cop·tic /káptɪk/ *a* コプト人の; コプト語の; コプト教会の; コプト美術の. ► *n* **1**〘言〙コプト語《紀元 3 世紀ごろから 15 世紀末ごろまでエジプト人に用いられた古代エジプト語直系の言語; コプト教会の礼拝には今日も用いる》. **2** [c-] おだやかな赤褐色 (oxblood).

Cóptic Chúrch [the] コプト教会《キリスト単性説を唱え, ローマカトリック教会から離脱したエジプト教会》.

co·públish *vt*《他社と》共同出版する. ♦ **~·er** *n*

cop·u·la /kápjələ/ *n* **1 a**〘文法〙繋合(けいごう)詞, 連辞, 繋辞 (LINKING VERB);〘論〙連語, 連辞 (cf. EXTREME). **b**〘解〙接合部;《オルガンの》カプラー (coupler). **2**〘法〙性交, 交接. ♦ **cóp·u·lar** *a* [L= bond, connection]

cop·u·late /kápjəlèɪt/ *vi* 性交[交接, 交尾]する〈*with*〉;〘生〙〈配偶子が〉接合する. ► *a* /-lət, -lèɪt/ 結合した, 結ばれた. [L=to fasten together (↑)]

cop·u·la·tion /kàpjəléɪʃ(ə)n/ *n*《人の》性交, 交接, 交合,《動物の》交尾, 種付け; 連結, 結合;〘文法・論〙連繋.

cop·u·la·tive /kápjəlèɪtɪv; -lə-/ *a* 結合の[に用いられる]; 性交の, 交接の, 交尾の;〘文法〙繋合的な, 連結的な: a ~ conjunction 連結接続詞《and など》/ a ~ verb 繋合動詞《be など》. ►〘文法〙*n* 繋合詞, 繋辞; 連結接続詞. ♦ **~·ly** *adv*

cop·u·la·to·ry /kápjələtɔ̀:ri; -t(ə)ri/ *a* 連結[結合]の[に用いられる]; COPULATIVE.

cop·u·lin /kápjələn/ *n*〘生化〙コピュリン《雌ザルが発する性誘引物質》.

copy /kápi/ *n* **1** 写し, 複写, コピー, 複製, 模写; 模倣, 模造品, まがいもの;〘英法〙謄本, 抄本 (cf. SCRIPT);〘映〙複写焼付け;〘生化・遺〙コピー《遺伝子情報の複製物》: the original and the ~ 原本と写し, 原画と複製《など》/ a clean [fair] ~ 清書 / a foul [rough] ~ 下書き, 草稿 / make [take] a ~ 複写する / keep a ~ of…の写しを取っておく. **2**《本・雑誌・レコードなどの》(…)部, 冊, 通, 枚: Please send us 200 *copies* of the book. 同書 200 部をお送りください. **3 a**《印刷にまわす》原稿 (manuscript) (⇨ FAIR COPY). **b** 広告文案, コピー. **c** 新聞だね: make good [great] ~〈事件など〉新聞などのいいたねになる. **4 a** 作文; 練習課題(の詩文): a ~ of verses 短い詩句《作文練習課題》. **b**《古》《習字の》手本. **5** *《俗》一個, 一つ (a piece).
● **hold** one's ~ 校正係の助手をする (cf. COPYHOLDER). **knock up** ~ ″《印刷にまわすように》原稿を作る[整える]. ► *vt* **1** 写す, 複製[模写, 模造]する, コピーする; まねる; 模倣する;〈人の答案を〉写し取る;〘電算〙〈テキスト[グラフィックス]の指定した範囲を〉バッファーへ複写する, コピーする (cf. CUT, PASTE);〈手紙・メール〉の写しを送る〈*to*〉: ~ *down* [*out*]《紙に》写し取る. **2**《CB 無線俗》受信する, …が聞こえる: ~ the mail もっぱら受信してあまりしゃべらない. ► *vi* 複写する; まねる〈*from* the original〉; 複写に適する; ″カンニングする. ● **~ sb in**〈人〉に〈他人に宛てたメールの〉コピーを送る, 転送する〈*on*〉 **~…out** …を全部写す. **Do you ~?**《無線などで》もしもし, 聞こえますか.
♦ **cópy·able** *a* [OF<L *copia* transcript]

cópy and páste *n*《データ・画像の》コピーと貼り付け. ► *vt* コピーして貼り付ける. ♦ **cópy-and-páste** *a* コピーアンドペーストの[による].

cópy·bòok *n* 習字手本, 習字帖; *《手紙・文書の》控え帳, 複写簿. ● **blot** one's ~ ″《口》《軽はずみなことをして》評判を落とす, 履歴に汚点を残す. ► *a* お手本どおりの, よくあるような, ありきたりの; 模範的な, 正確な.

cópybook máxims《習字帖にあるような》平凡な格言.

cópy·bòy *n*《新聞社の》原稿運び係, コピーボーイ. ♦ **cópy·girl** *n fem*

cópy·càt 《口》[*derog*] *n* 人まねをする者, 模倣者, まねっ子. ► *a* まねた, 模倣の: a ~ crime [murder]《最近の有名な事件などをまねた》模倣犯罪[殺人] / a ~ packaging. ► *vt, vi* (…の)まねをする.

cópy·dèsk *n*《新聞などの》編集デスク.

Copy·dex /kápidèks/〘商標〙コピーデックス《粘着テープ》.

cópy·èdit *vt*〈原稿を〉整理する.

cópy èditor 原稿整理係[編集者]; COPYREADER.

cópy·gràph *n*〘印〙HECTOGRAPH.

cópy·hòld *n*〘英史〙《不動産の》謄本保有権, 謄本土地保有; 謄本保有不動産: in ~ 謄本保有権によって.

cópy·hòld·er *n*〘英史〙謄本保有権者; 校正助手;《タイプライターの》原稿押え;《植字工の》原稿掛け台. ♦ **cópy·hòld·ing** *n* 校正助手の仕事.

cópy·ing *n, a* 複写(用の), 謄写(用の): a ~ book 複写簿 / a ~

ribbon《タイプライターの》複写用リボン.
cópying ìnk 筆記用[複写用]インク.
cópying machìne 複写機, コピー機 (=*copier, copy machine*).
cópying pàper 複写紙, コピー用紙.
cópying pèncil 《消すことのできない》コピーペンシル.
cópying prèss 圧搾式複写器.
cópy·ist *n* 《古文書などの》写字生, 筆耕人, 筆工; 模倣者.
cópy·lèft *n* 〖電算〗コピーレフト《プログラムなどの自由使用許諾》. ♦ **~·ed** *a* 〈ソフトウェアなどが〉コピーレフト扱いの. [*copyright* のもじり]
cópy machìne COPYING MACHINE.
cópy protèction 〖電算〗《プログラム・コンテンツの》複製防護措置, 'プロテクト'.
cópy·rèad /-rìːd/ *vt* 〈原稿を〉整理する.
cópy·rèad·er **n* 《新聞社などの》副編集長《原稿を編集し見出しをつける》.
cópy·rìght *n* 著作権, 版権: ~ reserved 著作権所有 / hold [own] the ~ *on* the book その本の著作権をもっている. ►*a* 著作権[複製権]のある, 著作権所有の, 著作権で保護された (copyrighted). ►*vt* 《著作権表示をして》〈作品を〉著作権で保護する: This book is ~*ed* in the name of the publisher. この本は出版社名で著作権表示がなされている. ♦ **~·er** *n* 著作権者. **~·able** *a*
cópyright (depòsit) lìbrary 〖英〗納本図書館《英国内で出版されたすべての本 1 部の寄贈を受ける権利を有する図書館; British Library など》.
cópy·tàster *n* 原稿鑑定[審査]係.
cópy·tỳpist *n* 《文書などの》タイプ写本を作る人.
cópy·wrìter *n* 広告文案(制作)者, コピーライター. ♦ **cópy·wrìting** *n*
coq au vin /*F* kɔko vɛ̃/ 〖料理〗ココヴァン《炒(い)めて赤ワインで煮込んだチキン》. [F=cock with wine]
cóq fèather /kák-/ 鶏の羽根《婦人帽の縁取り用》.
coque·li·cot /káklɪkòu, kóuk-/ *n* 〖植〗ヒナゲシ (corn poppy). [F=(cry of) a cock; 花はトサカの連想]
Co·que·lin /*F* kɔklɛ̃/ コクラン **Benoît-Constant** ~ (1841–1909)《フランスの俳優》.
co·quet /koukét, ka-/ *vi* (-tt-) 〈女が〉こびを見せる, しなをつくる, ふざける (flirt) 〈*with*〉; いいかげんに扱う, もてあそぶ 〈*with*〉. ►*a* COQUETTISH. ►*n* 《古風》COQUETTE; 女とふざける男. [F=wanton (dim)＜*coq* COCK[1]]
co·quet·ry /kóukətri, kák-, koukét-/ *n* こびを示すこと; なまめかしさ; こび, 媚態, しな; [*fig*]《問題・提案・政党などを》もてあそぶこと.
co·quette /koukét, ka-/ *n* あだっぽい女, 男たらし, コケット (flirt); 〖鳥〗ホオカザリハチドリ. ►*vi* COQUET. [F (fem)＜*coquet*]
co·quétt·ish *a* あだっぽい, なまめかしい. ♦ **~·ly** *adv* あだっぽく, こびを見せて, 甘えて. **~·ness** *n*
co·qui /koukíː/ *n* 〖動〗コキーコヤスガエル《夜行性の小型のカエル; プエルトリコ原産, Hawaii, Florida 南部などに侵入; オタマジャクシの段階を経ないで孵化》.
Co·quil·hat·ville /kòukiǽtvìl, koukíːəvìl/ コキヤトヴィル《MBANDAKA の旧称》.
co·quíl·la nùt /kəkíːljə-, -kíː(j)ə-, kou-/ ブラジルゾウゲヤシの実《堅い胚乳は象牙代用品》. [Port (dim)＜coco]
co·quille[1] /koukíl; *F* kɔkij/ *n* 〖料理〗コキーユ《貝殻(形の容器)に盛って出す貝焼き料理; その容器》. [F=shell]
co·quille[2] /koukíl/ *n* 〖フェン〗《剣の》つか. [↑]
co·quille Saint Jacques /*F* kɔkij sɛ̃ ʒaːk/ (*pl* **co·quilles Saint Jacques** /—/) 〖料理〗コキーユ・サンジャック《ワインソースを添えて供するホタテガイ料理》. [*Saint Jacques* 使徒ヤコブの印がホタテガイだから]
co·quim·bite /koukímbàɪt/ *n* 〖鉱〗コキンバイト《主に南米産》. [*Coquimbo* チリの出産地]
co·qui·na /koukíːnə/ *n* 〖貝〗コチョウナミノコ《米国東岸産》; コキナ《貝殻・サンゴなどを主成分とする石灰堆積物; 建築・土木材料》. [Sp=shellfish]
co·qui·to /koukíːtou; kə-/ *n* (*pl* **~s**) 〖植〗チリーヤシ (=**~ pálm**)《樹液からシロップをつくる; チリ産》. [Sp]
cor[1] /kɔ́ːr/ *int* ‖《俗》えっ, あっ!《大きな驚き・感嘆・焦燥の発声; 下層階級が用いる; cf. COR BLIMEY》. [*God*]
cor[2] *n* (*pl* **cor·dia** /kɔ́ːrdiə/) 〖解・動〗心臓. [L]
cor[3] *n* KOR.
cor- ⇨ COM-.
cor. corner ♦ coroner ♦ corpus. **cor., corr.** correct(ed) ♦ correction ♦ correlative ♦ correspondence ♦ correspondent ♦ corresponding ♦ corrupt ♦ corruption.
Cor. 〖聖〗Corinthians.
Co·ra[1] /kɔ́ːrə/ *n* **a** (*pl* ~, **~s**) コラ族《メキシコ西部の Jalisco 州と Nayarit 州に居住するインディオ》. **b** コラ語《Uto-Aztecan 語族に属する》.
Cora[2] コーラ《女子名; 愛称 Cory》. [Gk=maiden]
co·ra·ci·iform /kɔ̀(ː)rəsáɪəfɔ̀ːrm, kàr-, kəræ̀siə-/ *a* 〖鳥〗ブッポウソウ目 (Coraciiformes) の.
cor·a·cle /kɔ́(ː)rək(ə)l, kár-/ *n* コラクル《ヤナギの小枝で作った骨組に防水布・獣皮などを張った釣小舟; 古くからアイルランドやウェールズの川・湖で使われている》. [Welsh; cf. CURRACH]
cor·a·coid /kɔ́(ː)rəkɔ̀ɪd, kár-/ *a* 〖解・動〗烏啄(たく)骨の, 烏啄突起の. ►*n* 烏啄骨; 《肩甲骨の》烏啄[烏口(こう)]突起 (=*crow's-bill*) (=**~ prócess**).
cor·al /kɔ́(ː)r(ə)l, kár-/ *n* **1 a** 珊瑚(さんご); サンゴ虫; 珊瑚細工; 《珊瑚製の》おしゃぶり (teething ring). **b** 珊瑚色. **2** エビ[カニ]の卵《煮ると珊瑚色になる》; CORAL SNAKE. ►*a* 珊瑚(製)の; 珊瑚(紅)色の; サンゴを生じる. ♦ **~·lìke** *a* [OF＜Gk＜?Sem]
Coral **1** コーラル《女子名》. **2** コーラル《英国の賭店 (betting shop) グループ》.
córal·bèlls *n* (*pl* ~) 〖植〗ツボサンゴ《中米原産; ユキノシタ科の多年草》.
córal·bèrry *n* 〖植〗珊瑚紅色の実をつけるスイカズラ科の低木《北米原産》.
córal crèeper 〖植〗CORAL PEA.
cor·al·ene /kɔ́(ː)rəlìːn, kár-/ *n* コーラリン《ガラス表面の珊瑚状加工; それを施したガラス製品》.
córal fèrn 《豪》ウラジロ《シダ》.
córal fìsh サンゴ礁にすむ魚.
córal fúngus 〖菌〗ホウキタケ科のキノコ《サンゴに似た樹枝状の子実体をもつ明るい色の菌類》.
Co·ra·lie /kɔ́ːrəli/ コーラリー《女子名》. [F; ⇨ CORAL]
córal ísland サンゴ島《サンゴ礁でできた島》.
cor·all- /kɔ́(ː)rəl, kár-/, **cor·al·li-** /kɔ́(ː)rələ, kár-/, **cor·al·lo-** /kɔ́(ː)rəlou, kár-, -lə/ *comb form*「珊瑚 (coral)」
cor·al·lif·er·ous /kɔ̀(ː)rəlíf(ə)rəs, kàr-/ *a* 珊瑚を含む[生じる].
cor·al·line /kɔ́(ː)rəlàɪn, kár-/ *a* 珊瑚質[状]の; 珊瑚色の; サンゴモの. ►*n* 〖植〗サンゴモ《同科の藻(も)の総称》; 〖動〗サンゴ状の動物《コケムシ・ヒドロ虫類など》. [F or L; ⇨ CORAL]
córalline wáre 珊瑚焼き《紅色をした 17–18 世紀のイタリア産の陶器》.
cor·al·lita, cor·al·i·ta /kɔ̀(ː)rəlíːtə, kàr-/ *n* 〖植〗アサヒカズラ, ニトベカズラ (=*coralvine*)《メキシコ原産タデ科のつる植物; ピンク色の花が咲き, 観賞用に栽培される》.
cor·al·lite /kɔ́(ː)rəlàɪt, kár-/ *n* サンゴ石《サンゴの化石》; サンゴポリプ骨格; 紅珊瑚色[珊瑚質]の大理石.
cor·al·loid /kɔ́(ː)rəlɔ̀ɪd, kár-/, **-loid·al** /kɔ̀(ː)rəlɔ́ɪdl, kàr-/ *a* 珊瑚状の.
córal pèa 〖植〗豪州産マメ科ケネディア属の深紅色の花をつける植物 (=*coral creeper, running postman*).
córal pínk 珊瑚色, コーラルピンク《黄色味がかったピンク》.
córal ràg 〖岩石〗サンゴ礁石灰岩.
córal ráy 屑(くず)珊瑚《英国で建築用石材ともする》.
córal rèef サンゴ礁.
córal·ròot *n* 〖植〗**a** サンゴネラン《無葉のラン科植物》. **b** ヘクサレクトリス属のラン (cockscomb). **c** CORALROOT BITTERCRESS.
córalroot bìttercress 〖植〗アブラナ科タネツケバナ属の一種《ユーラシアの森林に分布する草本; 花は薄紫色で, 葉腋にむかごをつける》.
Córal Séa [the] 珊瑚海《オーストラリア北東岸沖の海; Great Barrier Reef がある》.
córal snàke 〖動〗**a** サンゴヘビ (=*harlequin snake*)《赤・黄・黒・白の派手な横縞(じま)のあるコブラ科の小型の猛毒ヘビ; 中米主産》. **b** ニセサンゴヘビ《サンゴヘビに似た数種の無毒のヘビ; king snake など》.
córal spòt (disèase) 〖植〗紅粒(こうりゅう)癌腫病《子嚢菌 *Nectria cinnabarina* の感染による樹木の菌類病で, 枝幹にピンクまたは暗赤色の微小な腫瘍ができる》.
córal trèe 〖植〗デイコ, エリスリナ《マメ科デイコ属の総称; 熱帯・亜熱帯産》.
córal·vìne *n* 〖植〗アサヒカズラ (CORALLITA).
córal wédding 珊瑚婚式《結婚 35 周年記念; ⇨ WEDDING》.
córal·wòrt *n* 〖植〗《欧州・西アジアの》コンロンソウの一種《アブラナ科》.
co·ram ju·di·ce /kɔ́ːrəm ʤúːdəsìː/ 裁判官の前で(の). [L=before a judge]
córam pó·pu·lo /-pápjəlòu/ 公衆の面前で(の), 公然と (in public). [L=before the public]
cor an·glais /kɔ̀ːrɔːŋgléɪ, -ɑːn-/ (*pl* **cors anglais** /—/) 〖楽〗イングリッシュホルン (English horn), コーラングレ; 《オルガンの》コーラングレ音栓. [F]
Corantijn ⇨ COURANTYNE.
co·ran·to /kərǽntou; kə-/ *n* (*pl* **~s, ~es**) COURANTE.
co·ra·zon /kɔ̀ːrəsán/ *n* 《プエルトリコ俗》勇気, 男らしさ. [Sp]
cor·ban /kɔ́ːrbæn, -bən/ *n* 〖聖〗供え物, コルバン (*Mark* 7: 11). [Heb]
cor·beil, -beille /kɔ́ːrbəl, kɔːrbéɪ/ *n* 〖建〗《彫った》花かご飾り. [F＜L (dim)＜*corbis* basket]

cor·bel /kɔ́:rb(ə)l/ *n* 〖建〗持出し, 持送り積み, 《桁·梁の》受材(うけざい). ► *v* (-l- | -ll-) *vt* …に持出しをつける; 持送り積みにする, 受材で受ける. ► *vi* 持出しで張り出る. ● **~ out [off]** 持出しで張り出す[出る]. 〔OF (dim)‹ *corp* CORBIE〕

córbel [cór·beled] árch 〖建〗持送りアーチ, コーベルアーチ.

córbel·ing | -bel·ling *n* 〖建〗持出し構造; 持出しをつけること.

córbel-stèp *n* 〖建〗CORBIESTEP.

córbel táble 〖建〗コーベルテーブル《石壁で, ひと続きの持送りによって支えられた突出面》.

Cor·bett /kɔ́:rbət/ コーベット **James J(ohn)** ~ (1866–1933)《米国のボクサー; 通称 'Gentleman Jim'; ヘビー級世界チャンピオン (1892–97)》.

cor·bic·u·la[1] /kɔ:rbíkjələ/ *n* (*pl* **-lae** /-li, -làɪ/) 〖昆〗《ミツバチの》花粉籠 (pollen basket). 〔L (dim)‹ *corbis* basket〕

corbicula[2] *n* 〖貝〗シジミ属 (*C-*) の各種二枚貝. 〔↑〕

cor·bie /kɔ́:rbi/ *n* 《スコ》RAVEN, CARRION CROW. 〔OF‹L *corvus* crow〕

córbie gáble 〖建〗いらか段破風(はふ).

córbie méssenger 鉄砲玉のような使い《行ったきりなかなか戻らない; *Gen* 8: 7》.

córbie·stèp *n* 〖建〗いらか段 (=*corbel-step, crowstep*)《破風の両側に付ける》.

cor·bi·na /kɔ:rbí:nə, -báɪ-/, **cor·vi·na** /-ví:-/ *n* 〖魚〗コルビナ: **a** California 沿岸産のニベ科サンカクニベ属の魚《釣り魚》. **b** ニベ科 (ナガニベ属)の数種の海産食用魚《釣り魚》. 〔AmSp〕

còr blí·mey *int* ″《俗》エーッ, ヒェーッ, しまった, ちきしょう, とんでもない, ったく!《驚き·不快を表わす》.

Corbusier ⇨ LE CORBUSIER.

Cor·co·va·do /kɔ̀:rkəvá:doʊ/ **1** コルコバド《チリ南部, アンデス山脈の火山 (2300 m)》. **2** コルコヴァドゥ《ブラジル南東部 Rio de Janeiro 市南西部の山 (704 m)》.

Cor·cy·ra /kɔ:rsáɪərə/ コルキュラ《CORFU の古代名》.

cord /kɔ́:rd/ *n* **1 a** ひも, 細引, より糸《string より太く, rope より細い》; 帯ひも; 《金色の》飾りひも; 《麻の》岩糸(いわいと); 絞首索; *《電気の》コード (flex″). **b** 〖解〗索, 帯, 腱; 脊髄 (spinal cord); [°*pl*] [*fig*] きずな, 束縛: ~*s* of affection etc. **2** 《うね織りの》うね; コーデュロイ, コールテン; [*pl*] コーデュロイパンツ[ズボン]. **3** コード《材木や薪の体積の単位: 4×4×8 ft または 128 立方フィート; cf. CORDWOOD》. ● **cut the ~** へその緒を切る; 親離れ[自立]する. ► *vt* ひも[細引]で縛る; …にひもをつける; 〈薪を〉コード単位に積み上げる. ♦ **~·er** *n* **~·like** *a* 〔OF, ‹Gk *khordē* gut, string〕

córd·age *n* 縄類 (ropes), 索条 (cords), 《特に 船の》索具, ロープ類; 《材木を計る》コード数, 棚数.

cor·date /kɔ́:rdèɪt/ *a* 〖植〗心臓形の. ♦ **~·ly** *adv*

Cor·day /kɔ:rdéɪ; kɔ́:dèɪ/ コルデー **(Marie-Anne-)Charlotte ~ (d'Armont)** (1768–93)《フランスの愛国者; 恐怖政治を指導していた Marat を刺殺, 処刑された女性》.

córd blòod 〖医〗臍帯(さいたい)血《胎児や新生児の臍血管から得られる血液》.

córd·ed *a* **1** ひもで縛った, ひもをかけた; コードのついた; ひも[縄]状の; 縄で作った; 〈土器が〉縄目をつけた; うね織りの: ~ ware コーデッド土器. **2** 〈筋肉が〉締まった, 緊張した, 筋張った. **3** コード単位に分けて積み上げた〈薪·材木〉.

Cor·de·lia /kɔ:rdí:ljə/ **1** コーディーリア《女子名》. **2** コーディーリア《Shakespeare, *King Lear* 中の Lear 王の孝行な末娘》. 〔?Welsh =jewelry of the sea〕

Cor·de·lier /kɔ̀:rd(ə)líər/ *n* フランシスコ会原始会則派修道士《結び目のある縄を腰帯とする》; [(the Club of) the C-s] 〖フランス史〗コルドリエクラブ《フランス革命時の大衆的政治クラブ「人権の友の会」; 1790 年設立》.

cor·delle /kɔ:rdél, ⌐⌐/ *n* 《特に 米国·カナダの河川で用いられる引き船用の》引綱. 〔F (dim)‹ CORD〕

córd·gràss *n* 〖植〗イネ科スパルティナ属の多年草《ヨーロッパ·北アフリカ·南北アメリカの湿地帯にみられ, 長く丈夫な稈をもつ》.

cordia *n* COR[2] の複数形.

cor·dial /kɔ́:rʤəl; -diəl/ *a* **1** 心からの, 暖かい, 誠心誠意の. **2** 強心性の, 元気づける. **3** 《廃》心臓の. ► *n* 強壮剤, 強心剤; コーディアル《**1**)*甘味と香味を加えた濃厚な味のアルコール性飲料; 時に果実のリキュール **2**)″水で希釈して飲む果汁入り飲料》. ♦ **~·ness** *n* 〔L (*cord- cor* heart)〕

cor·di·al·i·ty /kɔ̀:rʤ(i)ǽləti; -diǽl-/ *n* 真心, 至情; 暖かい友情; [*pl*] 真心をこめた挨拶.

córdial·ly *adv* 心から, 真心こめて, 誠意をもって; 心底, 激しく〈憎み合う〉: *C*~ yours=Yours ~ 敬具《手紙の結び》.

cordia pulmonalia COR PULMONALE の複数形.

cor·di·er·ite /kɔ́:rdiəràɪt/ *n* 〖鉱〗菫青石(きんせいせき). 〔Pierre L. A. *Cordier* (1777–1861) フランスの地質学者〕

cór·di·fòrm /kɔ́:rdə-/ *a* 心臓形の (heart-shaped).

cor·dil·le·ra /kɔ̀:rd(ə)ljέərə, -dəlέr-, -dijέər-/ *n* 《大陸を走る》山系; [the C-s] コルディエラス《南米·北米の西部を縦走する山系, 特に Andes 山系》. ♦ **còr·dil·lé·ran** *a* 〔Sp〕

Cordilléra Cen·trál /-sèntrá:l/ [the] セントラル山脈《**1**) コロンビア西部において 3 列に並走するアンデス山脈のうち中央のもの **2**) ペルー中北部におけるアンデス山脈の支脈 **3**) ドミニカ共和国 Hispaniola 島の山脈; 最高峰 Pico Duarte (3175 m) **4**) フィリピンの Luzon 島北部にある山脈; 最高峰 Pulog 山 (2934 m) **5**) プエルトリコ中南部の山脈; 最高峰 Punta 山 (1338 m)》.

Cordilléra fóx 〖動〗CULPEO.

Cordillera Mérida /⌐—⌐—/ [the] メリダ山脈《ベネズエラ西部を北東と南西に延びる山脈; アンデス山脈の北東部分を占める; 最高峰 Pico Bolívar (5007 m); 別称 Sierra Nevada de Mérida》.

córd·ing *n* 索類, ロープ類; うね織り, コーディング.

córd·ite *n* コルダイト《ひも状の無煙火薬》. 〔*cord*; 形態の類似より〕

córd·less *a* コードのない[不要の], コードレスの; 電池で作動する. ► *n* コードレス電話.

cor·do·ba /kɔ́:rdəbə/ *n* コルドバ《ニカラグアの通貨単位: =100 centavos; 記号 C$》. 〔F. F. de *Córdoba*〕

Cór·do·ba /kɔ́:rdəbə, -və/ **1** コルドバ《**1**) スペイン南部 Andalusia 自治州の県 **2**) その県都; イスラム支配下におけるスペインの中心 **3**) アルゼンチン中部の市》. **2** コルドバ **Fernández de ~** ⇨ FERNÁNDEZ DE CÓRDOBA. ♦ **Cor·do·ban** /kɔ́:rdəbən/ *a, n* コルドバの(人) (cf. CORDOVAN).

cor·don /kɔ́:rdn, -dɑ̀n/ *n* **1 a** 〖軍〗哨兵線; 非常線, 警戒線: post [place, draw] a ~ 非常線を張る / pass [break through] a ~ 非常線を突破する. **b** 防疫線 (cordon sanitaire), 交通遮断線. **2** 飾りひも, 《肩からわきのしたへ掛ける》飾りリボン, 綬章; 《フランシスコ会士の》縄帯: the blue ~ 青綬章 / the grand ~ 大綬章. **3** 〖建〗STRINGCOURSE. **4** 〖園〗《果樹などの》単茎仕立て, コルドン(整枝). ► *vt* cordon で装飾する. ● **~ off** 〈地域〉の周囲に非常線を張る, 〈ある場所〉への交通を遮断する. 〔It and F; ⇨ CORD〕

cor·don bleu /F kɔrdɔ̃ blø/ *n* (*pl* **cor·dons bleus** /—/) **1** 青綬(章)《ブルボン王朝の最高勲章》; 青綬の類の勲章[栄誉](の所有者). **2** 《その道の》一流の人, 大家, 名人; 一流の料理人. ► *a* 一流の; ハムとスイスチーズを詰めた: ~ cook 料理の名人 / ~ cooking 一流の料理.

cor·don·net /kɔ̀:rdnét, -néɪ; F kɔrdɔnɛ/ *n* 〖服〗コルドネ《レースのモチーフ·フリンジ·縁飾りなどに使う糸·ひも》. 〔F (dim)‹ *cordon*〕

cor·don sa·ni·taire /F kɔrdɔ̃ sanitɛ:r/ (*pl* **cor·dons sa·ni·taires** /—/) 悪疫防止のための交通遮断線, 防疫線; 《政治·思想上の》緩衝地帯.

Cor·do·va /kɔ́:rdəvə/ コルドバ《スペインの CÓRDOBA の英語つづり》.

cor·do·van /kɔ́:rdəvən/ *a* **1** [C-]《特に スペインの都市》コルドバ (Córdoba) の. **2** コードバンの〈靴·ベルト〉. ► *n* **1** [C-] コルドバ人. **2** コードバン《**1**) 特に 馬の臀部のなめし革 **2**) 柔らかいなめし革》; コードバンの靴.

cor·du·roy /kɔ́:rdərɔ̀ɪ/ *n* コーデュロイ, コールテン; [*pl*] コーデュロイのズボン[スーツ]; CORDUROY ROAD. ► *vt* 〈湿地〉に丸太道をつける. 〔? *cord*=ribbed fabric, *duroy* (obs) coarse woolen fabric〕

córduroy róad 《湿地などの》丸太道, 木道(もくどう).

cord·wain /kɔ́:rdwèɪn/ *n* 《古》コードバン (cordovan).

córdwain·er *n* 《古》靴屋 (shoemaker); *靴職人組合員; 《古》コードバン職人. ♦ **córdwain·ery** *n* 《古》製靴, 靴製造.

córd·wòod *n* 薪の束, 長さ 4 フィートに切って売る薪 (⇨ CORD); 薪用立木.

cor·dy·cep·in /kɔ̀:rdəsépən/ *n* 〖薬〗コルジセピン《抗生物質; 特に遺伝子調節研究に用いられる》.

core[1] /kɔ́:r/ *n* **1 a** 《ナシ·リンゴなどの》芯, 果心; 《木の》髄, 《はれものなどの》芯, 根(ね); 《鋳物の》中子(なかご): be rotten at the ~ 芯が腐っている. **b** 〖電〗《コイル·電機子の》鉄芯; 〖電〗ケーブル芯線; 《縄の中心の》'ご'; 《合板·ベニヤの》芯板, コア; 岩芯, コア《ロータリー掘削による地層試料》; 《地球の》中心核, コア; 〖理·化〗《電子の》内殻; 〖考古〗石核《剝片·石刃を削り取ったあとの石》. **2** 核心, 眼目 (gist), 心臓部; 《組織などの》中核, 中心メンバー; 《心の》奥底: the ~ *of* the problem その問題の核心. **3 a** 《都市の》中心部. **b** 〖建〗コア《高層建築におけるエレベーターシャフト·階段室·水まわり諸室などの垂直な空間》. **c** 《原子炉の》炉心; 〖電算〗磁心 (magnetic core), コア《フェライトなどの磁性材料でできたリング状の記憶素子》; 〖電算〗磁心記憶装置 (=~ memory [storage]). **d** 〖教育〗CORE CURRICULUM. ● **to the ~** 心の底まで, 徹底的に; 非常に, ひどく: rotten *to the* ~ 芯まで腐って. ► *a* 中核となる, 中心の 〈*to*〉: a ~ group 核となる集団 / the ~ business 中核事業, 本業 / ~ values 中心的価値観. ► *vt* …の芯を抜く, 除芯する 〈*out*〉; 〈地中など〉から円筒形標本を抜き取る. 〔ME‹?; 一説に *coren*‹ *corn*[1]〕

core[2] *n* 《スコ》《curling 競技者などの》一団, 仲間. 〔ME *chore* CHORUS, company〕

CORE /kɔ́:r/ 〖米〗Congress of Racial Equality 人種平等会議.

Co·rea /kərí:ə; -ríə/ KOREA.

Co·re·an /kərí:ən; -ríən/ *a, n* KOREAN.

cò·recípient *n* 共同受賞者.

córe cìty 都市の中心部, 核都市; 旧市街 (inner city).

córe cómpetence [cómpetency] コアコンピタンス《**1**) 企

業や組織が他者に対して優位にある中核的事業(分野) **2**) 特定の職業や教育課程で要求される基本技能》.

córe currìculum 〘教育〙 コアカリキュラム《学科課程のうち核心となる科目を立て, 他の科目をそれに総合するように編成した教育課程》.

cored /kɔ́:rd/ *a* [[U]*compd*] …の芯[芯線]をもつ, …の中核を有する.

córe dùmp *vi* 〘電算〙 主記憶の内容をファイルに書き出す; *《俗》《気持を》ぶちまける.

co·réference *n* 〘言〙 同一指示《2 つの名詞(句)の間で同一の対象を言及する関係; たとえば *She* laid her*self* on the bed. の代名詞の指示関係》. ♦ **cò·referéntial** *a*

cò·reláte‖ *vt* CORRELATE.

cò·relátion‖ *n* CORRELATION.

co·rélative‖ /kə-/ *a* CORRELATIVE. ♦ **～·ly** *adv*

córe·less *a* 核[芯, コア]のない; 空虚な.

cò·relígion·ist *n* 同宗教信者, 同宗信徒.

co·rel·la /kərélə/ *n* 〘鳥〙 豪州産のオウム属の白色種《テンジクバタンなど》. [(Austral)]

Co·rel·li /kəréli/ **1** コレッリ **Ar·can·ge·lo** /ɑːrkɑ́:nʤeɪloʊ/ ～ (1653–1713)《イタリアのヴァイオリン奏者·作曲家; 作品にヴァイオリンソナタ·コンチェルトグロッソなど》. **2** コレリ **Marie** ～ (1855–1924)《英国の小説家; 本名 Mary Mackey; 多くのメロドラマで人気を博した》.

córe mèmory 〘電算〙 CORE[1].

co·re·mi·um /kərí:miəm/ *n* (*pl* **-mia** /-miə/) 〘植〙《コウジカビなどの》分生子柄束(ぞく).

co·re·op·sis /kɔ̀:riɑ́psəs/ *n* 〘植〙 ハルシャギク属 (*C*-) の各種草本 (=*tickseed*)《キンケイギクなど》. [Gk *koris* bug, *opsis* appearance; その種子の形より]

Co·re·per /*F* kɔrepe/ *n* 常任代表委員会 (Comité des représentants permanents)《EU の連絡機構》.

cò·représsor *n* 〘遺〙 抑制補体, コリプレッサー.

córe·quàke *n* 〘天〙《中性子星などの》中心核に発生する星震 (cf. CRUSTQUAKE).

co·réquisite *n* 同時に履修すべき科目.

cor·er /kɔ́:rər/ *n* 《リンゴなどの》芯抜き器[ナイフ]; 《地層試料の》コア採取機, コアラー.

co·résidence‖ *n* 《大学の》共学学生寮 (coed dorm*).

cò·respóndent *n* 〘法〙 共同被告, 共同被上訴人《特に 姦通を理由とする離婚訴訟の相手方の者》.

corespóndent shóes‖ *pl* [*joc*] 2 色の紳士靴.

córe stòrage [stòre] 〘電算〙 CORE[1].

córe sùbjects *pl* [the] 〘英教育〙 コア教科《NATIONAL CURRICULUM の主要 3 教科; English, mathematics, science》.

córe tèmperature 〘医〙 核心温度《生体内部, 特に内臓の温度》.

córe tìme‖ コアタイム《フレックスタイムにおいて必ず勤務することになっている時間帯》.

córe tùbe コアチューブ《標本を採取するために地面[月面]下に挿入される管》.

Cor·ey /kɔ́:ri/ コーリー **Elias James** ～ (1928–)《米国の化学者; 有機合成分野の発展に貢献, ノーベル化学賞 (1990)》.

corf‖ /kɔ́:rf/ *n* (*pl* **corves** /kɔ́:rvz/) 石炭[鉱石]巻揚げかご, 吊り桶; 生簀(いけす). [ME=basket; cf. CORBEIL]

Cor·fam /kɔ́:rfæm/ 〘商標〙 コルファム《靴の上革などに用いる人造皮革》.

Cor·fu /kɔ:rf(j)ú:/ コルフ (*ModGk* Kérkyra, 古代名 Corcyra)《**1**) ギリシア西岸沖イオニア諸島北端の島 **2**) 同島第一の市·港町》.

cor·gi /kɔ́:rgi/ *n* 〘犬〙 コーギー《**1**) CARDIGAN WELSH CORGI **2**) PEMBROKE WELSH CORGI》. [Welsh (*cor* dwarf, *ci* dog)]

Co·ri /kɔ́:ri/ コリ **Carl Ferdinand** ～ (1896–1984), **Ger·ty** /gə̀ːrti/ **Theresa** ～ (1896–1957)《チェコ生まれの米国の生化学者夫妻; グルコース-1-リン酸 (別名 Cori ester) の分離に成功, 解糖系を解明, 共にノーベル生理学医学賞 (1947)》.

coria *n* CORIUM の複数形.

co·ri·a·ceous /kɔ̀(:)riéɪʃəs, kɑ̀r-/ *a* 革質の; 革のような.

co·ri·an·der /kɔ̀(:)riǽndər, kɑ̀r-, ⸗⸗⸗⸗/ *n* 〘植〙 コエンドロ, コリアンダー, 香菜(こうさい)(シァンツァイ)《セリ科; 地中海沿岸原産の一·二年草》; コエンドロの実 (=～ **sèed**)《芳香があり, 煮込みの香味料や駆風剤に用いる; cf. CILANTRO》. [OF, <Gk]

Co·rine /kɔ(:)rí:n, kɑ-/ *n**《俗》 コカイン.

Co·rin·na /kɔ:rínə; kə-/, **Co·rinne** /kərín/ コリンナ, コリン《女子名》. [(dim) ‹ CORA]

Cor·inth /kɔ́(:)rənθ, kɑ́r-/ コリントス, コリント《**1**) ギリシア南部のコリントス湾 (the **Gúlf of** ～) の海港, 現代名 **Kó·rin·thos** /kɔ́(:)rənθɔ̀:s, kɑ́r-/; 古代ギリシア商業·芸術の中心地の一つ **2**) 古代ギリシアのコリントス地峡 (the **Ísthmus of** ～) 全部と Peloponnesus 半島北東部からなる地方; ラテン語名 **Co·rin·thia** /kərínθiə/》.

Co·rin·thi·an /kərínθiən/ *a* コリントス (Corinth) の; コリントス市民のような《ぜいたくで遊惰な》; 優雅な; 〈文体が〉華麗な; 究極のスポーツマンシップの; 〘建〙 コリント式の (cf. DORIC, IONIC). ● **the** ～ **order** 〘建〙 コリント式オーダー《ギリシア三建築様式の一つ; IONIC order の変形で, 柱頭にアカンサス葉飾りがあるなど装飾的》. ► *n* **1** コリントス人. **2** 裕福なスポーツマン, *アマチュアのヨットマン; だて男; 《英では古》 道楽者, 遊蕩児. **3** [～s, ‹*sg*›] 〘聖〙 コリント書《新約聖書の The First [Second] Epistle of Paul the Apostle to the ～s (コリント人への第一[第二]の手紙); 略 Cor.》.

Corínthian Wár [the] コリントス戦争 (395–387 B.C.)《コリントス·アテナイ·テーバイ·アルゴスなどの都市国家が同盟しペルシアの援助を受けてスパルタと戦った》.

Cor·i·o·la·nus /kɔ̀(:)riəléɪnəs, kɑ̀r-/ **1** コリオラヌス **Gaius Marcius** ～《紀元前 5 世紀のローマの伝説上の将軍; 敵国をたよって自分を追放した祖国に復讐しようとするが, 母や妻の訴えで攻撃をあきらめ, 亡命先で暗殺されたという》. **2** コリオレーナス《上記の伝説に基づく Shakespeare の悲劇 (初演 c. 1608); また その主人公で, 傲慢な勇将》.

Co·ri·ó·lis effèct /kɔ̀:rióʊləs-/ [the] 〘理〙 コリオリ効果《Coriolis force による運動する物体の見かけの偏向》. [Gaspard G. *Coriolis* (1792–1843) フランスの数学者]

Coriólis fòrce [the] 〘理〙 コリオリの力《回転系において運動する物体に作用する見かけの力の一つ》.

cò·ripárian *n* 〘法〙 河岸共同所有権者.

co·ri·um /kɔ́:riəm/ *n* (*pl* **-ria** /-riə/) 〘解〙 真皮 (dermis); 〘昆〙《半翅鞘の》革質部.

cork[1] /kɔ́:rk/ *n* コルク《cork oak の外皮》; コルク製品, 《特に》 コルク栓, 《広く》 栓, コルク製浮き; 〘植〙 コルク組織 (phellem); 〘植〙《リンゴの》縮果(病) (=*corky core, internal cork*): burnt ～ 焼きコルク《まゆずみや役者の扮装に用いる》. ● **blow one's** ～ =BLOW[1] one's top. **like a** ～ 活発に. **pop one's** ～ 《俗》 かんしゃくを起こす, かんかんにおこる (blow one's top). **put a** ～ **in it** 《口》 口に栓をする, 黙る. ► *vt* …にコルク製浮きを付ける; …にコルク栓をする; 〈顔·手などを〉焼きコルクで黒くする; 〘植·医〙 コルク組織にする. ● ～ **up** 《コルクなどの栓をして》〈瓶などを〉ふさぐ; 〈ビールなど〉に栓をする; 〈感情を〉抑える. ► *vi* 〘植·医〙 コルク化する; *《俗》 かんかんにおこる. ♦ **～·like** *a* [Du and LG<Sp *alcorque* cork sole<? Arab]

cork[2] *v, n* CAULK[1].

Cork コーク《**1**) アイルランド南西部 Munster の県 **2**) 同県の県都·港町》.

córk·age *n* 《ホテルなどで客持参の酒を飲むときの》開栓料, 持込み料.

córk·bòard *n* コルク板《防湿·保温·防震材》.

córk càmbium 〘植〙 コルク形成層 (phellogen).

córked *a* コルク栓をした; コルク張りの; 焼きコルクで化粧した; 〈ワイン·ブランデーが〉コルク臭い《栓のコルクが不良なため》; [[P]～ up] 《俗》 酔って.

córk·er *n* **1** (コルク)栓をする人[機械]; 《俗》 とどめを刺す議論[事柄]. **2** 《俗》 驚くべきもの, すてきなもの[人]; 《俗》 大ぼら, ひどくおかしな冗談[悪ふざけ]. ● **play the** ～ 目に余るふるまいをする《主に 学生間で》.

córk·ing 《俗》 *a* すてきな, すばらしい, すばらしく大きい. ► *adv* えらく, すごく (very).

córk jàcket コルクジャケット《水中救命胴着》.

córk òak 〘植〙 コルクガシ《樹皮からコルクを採る》.

córk òpera*《俗》 MINSTREL SHOW.

córk·sàck·ing *a* 《卑》 COCKSUCKING.

córk·screw *n* コルク(栓)抜き; 〘ボク〙 手首をねじって打つパンチ; *《俗》 らせん形木工ぎり; [C-] 〘商標〙 コークスクリュー《らせん状に回転するジェットコースター》. ► *a* らせん状の: ～ dive らせん降下. ► *vt* らせん状に[くねくねと]進める; らせん状に[くねくねと]進む; らせん状にする; かまをかけて[苦労して]〈情報を〉引き出す. ► *vi* らせん状に[くねくねと]進む.

córk·scrèwed *a* [[P]～ up]*《俗》 酒の力で勇気を奮い起こして, アルコールで元気を出して.

córk-tìpped‖ *a* 〈タバコが〉コルク(様)フィルターの付いた.

córk trèe 〘植〙 **a** コルクガシ (cork oak). **b** キハダ.

córk·wìng (wràsse) 〘魚〙 ギザミベラ《イギリス海峡に多いベラ》.

córk·wòod *n* 〘植〙 コルク質の材質をもつ樹木, 《特に》 米国南東部産ライトネリア科の低木.

córky *a* コルクの(ような); 〈ワインが〉コルク臭い (corked); 《口》 活発な, うきうきした; *《俗》 酔って. ♦ **córk·i·ly** *adv* うきうきと. **-i·ness** *n*

córky córe 〘植〙 縮果病 (cork).

corm /kɔ́:rm/ *n* 〘植〙《グラジオラスなどの》球茎 (cf. BULB, TUBER). ♦ **～·let** *n* 小球茎. [Gk *kormos* lopped tree trunk]

Cor·mack /kɔ́:rmək/ コーマック **Allan** (**MacLeod**) ～ (1924–98)《南アフリカ生まれの米国の物理学者; コンピューター断層撮影法 (CAT) の理論的基礎を築いた; ノーベル生理学医学賞 (1979)》.

cor·mel /kɔ́:rməl, kɔ:rmél/ *n* 〘植〙 鱗芽, 子球 (=*bulblet*).

cór·mo·phỳte /kɔ́:rmə-/ *n* 〘植〙 茎葉植物《茎と葉の分化のはっきりした植物》. ♦ **còr·mo·phýt·ic** /-fít-/ *a*

cor·mo·rant /kɔ́:rm(ə)rənt/ *n* 〘鳥〙 ウ(鵜) (=*sea crow*)《ペリカン目ウ科の鳥の総称》; 強欲者, 大食漢. ► *a* 強欲な, 飽くことを知らぬ. [OF<L *corvus marinus* sea raven; *-ant* は cf. PEASANT, TYRANT]

cor·mose /kɔ́:rmòus/, **cor·mous** /kɔ́:rməs/ *a*〘植〙球茎 (corms) をつける.

corn[1] /kɔ́:rn/ *n* **1 a**《米·カナダ·豪》トウモロコシ (*Indian corn*) (maize"); サトウモロコシ (sweet corn). **b** コーン色, 淡黄色. **2 a** 穀物, 穀類 (grain)《英国では麦·トウモロコシ類の総称》;《その地方の》主要穀物; "小麦 (wheat);《スコ·アイル》オート麦: Up ～, down horn.《諺》穀物が騰貴すると牛肉の値が下がる / eat one's ～ in the BLADE / measure sb's ～ by one's own BUSHEL[1]. **b** 穀草《小麦·トウモロコシなど》. **c** *穀物小売商. **3 a**《pepper などの》小さな堅い種子; 穀粒;《方》《砂·塩などの》粒, 粒子. **b**〘スキー〙コーンスノー, ざらめ雪. **c** *《俗》お金. **4** *《口》CORN WHISKEY; *《俗》コーンウイスキーによる酔い. **5**《口》陳腐[センチメンタル]な作品[音楽など];《口》陳腐さ.
● **acknowledge** [**admit, confess**] **the ～** *自分のあやまちを認める, かぶとを脱ぐ. **～ in Egypt**《食料などの》無尽蔵《*Gen* 42:2》. **earn one's ～**《口》生活費を稼ぐ. ► *vt* **1**〈肉〉に塩を振りかける; 塩漬けにする. **2**〈土地〉に穀物を植える;〈家畜〉に穀物を与える. **3**〈火薬を〉粒状にする (granulate). [OE＝grain; cf. G *Korn*; GRAIN と同語源]

corn[2] *n*《足の》うおのめ, 鶏眼 (＝*clavus*);〘獣医〙馬蹄の挫腫.
● TREAD [**step**] **on sb's ～s.** [AF＜L *cornu* horn]

-corn /kɔ̀:rn/ *n comb form, a comb form*「角(つの)をもつもの」,「角(つの)のある」: longi*corn*, uni*corn*. [L (↑)]

Corn. Cornish ♦ Cornwall.

cor·na·ceous /kɔ:rnéɪʃəs/ *a*〘植〙ミズキ科 (Cornaceae) の.

córn·bàll *n* *糖蜜[カラメル]つきのポップコーン;《俗》野暮なやつ, いなかっぺ;《俗》野暮くさいもの[話]. ► *a*《俗》CORNY[1].

córn béef CORNED BEEF.

Córn Bèlt [the] コーンベルト《米国中西部のトウモロコシ栽培地帯: おおよそ South Dakota, Nebraska, Kansas 各州の東部と Iowa, Missouri, Illinois, Indiana の諸州 に Ohio 州西部》.

córn-bèlt clímate コーンベルト気候《米国中西部に特徴的な気候; Danube 川流域·中国北部にもみられる》.

córn bòrer〘昆〙トウモロコシに穴をあける虫, アワノメイガ (＝European ～), ツトガの一種 (＝southwestern ～).

córn·bràsh *n*〘地質〙コーンブラッシュ層《イングランド南部の穀類生産に好適な泥灰質石灰岩からなる層》.

córn brèad *トウモロコシパン, コーンブレッド (＝*Indian bread*).

córn bùnting〘鳥〙ハタホオジロ.

córn càke *コーンケーキ《トウモロコシを使ったパン·パンケーキ》.

córn chàndler "雑穀商.

córn chìp *コーンチップ《コーンミールを使った揚げ菓子》.

córn cìrcle CROP CIRCLE.

córn·còb *n* トウモロコシの穂軸 (cf. CORN ON THE COB); CORNCOB PIPE.

córncob pípe コーンパイプ (＝*corncob*)《火皿がトウモロコシの穂軸》.

córn còckle [**càmpion**]〘植〙ムギセンノウ《ナデシコ科の一年草》.

córn-còlored *a* トウモロコシ色の, 淡黄色の.

córn·cràck·er *n* [*derog*]《南部の》貧乏白人 (cracker); ケンタッキー人 (Kentuckian)《俗称》;〘鳥〙CORNCRAKE.

córn·cràke *n*〘鳥〙ウズラクイナ (＝*land rail*).

córn·crìb *n* トウモロコシ(貯蔵)倉庫.

córn cròwfoot〘植〙イトキツネノボタン (＝*hellweed*).

córn dànce *《アメリカインディアンの》トウモロコシの種まき時·収穫時の踊り (＝*green corn dance*) (cf. RAIN DANCE).

córn dòdger *《南部·中部》トウモロコシの堅焼きパン.

córn dòg *コーンドッグ《棒に刺したフランクフルトソーセージにコーンミールのころもをつけて揚げたもの》.

córn dòlly "小さな麦わら人形《本来は豊作祈願用; 現在は飾り》.

cor·nea /kɔ́:rniə/ *n*〘解〙角膜. ♦ **cór·ne·al** *a* [L *cornea* (*tela*) horny tissue; ⇨ CORN[2]]

córn èarworm〘昆〙オオタバコガの一種 (＝*bollworm, tomato fruitworm, vetchworm*)《幼虫はトウモロコシ·トマト·タバコ·ワタなどの害虫》.

corned /kɔ́:rnd/ *a* **1** 塩漬けの. **2**《俗》(コーンウイスキーで)酔っぱらった.

córned béef コーンビーフ (＝*corn beef*) **(1)** *スパイスを加えた塩水に漬けてから蒸して保存食とした牛肉 (salt beef") **2)** "かんづめにした塩漬け牛肉》.

córned wíllie *《俗》CORN WILLIE.

Cor·neille /kɔ:rnéɪ/ コルネイユ **Pierre ～** (1606–84)《フランスの劇作家; Racine と共にフランス古典悲劇の双璧; *Le Cid* (1636), *Horace* (1640), *Cinna* (1641), *Polyeucte* (1643)》.

cor·nel /kɔ́:rn(ə)l, -nèl/ *n*〘植〙コルヌス属[ミズキ属]の各種高木[低木],《特に》DOGWOOD. [G (L *cornus* cornel tree)]

Cor·ne·lia /kɔ:rní:ljə/ **1** コーネリア《女子名》. **2** コルネリア **(1)** 前 2 世紀ローマの典型的賢夫人, Gracchus 兄弟の母 **2)** Caesar の妻 (d. 67 B.C.)》. [(fem); ⇨ CORNELIUS]

cor·ne·lian /kɔ:rní:ljən/ *n*〘鉱〙CARNELIAN.

cornélian chérry〘植〙セイヨウサンシュユ.

Cor·ne·lius /kɔ:rní:ljəs/ **1** コーネリアス《男子名》. **2** コルネリウス **Peter von ～** (1783–1867)《ドイツの画家; ドイツにおけるフレスコ画の復活に寄与した》. [L; cf. CORNEL]

Cor·nell /kɔ:rnél/ **1** コーネル《男子名》. **2** コーネル **(1) Eric A(llin) ～** (1961–)《米国の物理学者; ボース·アインシュタイン凝縮 (Bose-Einstein condensate) を実現; ノーベル物理学賞 (2001)》 **(2) Ezra ～** (1807–74)《米国の実業家; Western Union 電信会社を創業, Cornell University を創立した》 **(3) Joseph ～** (1903–72)《米国の造形作家》 **(4) Katharine ～** (1893–1974)《米国の女優》.

Cornéll Univérsity コーネル大学《New York 州 Ithaca にある私立大学; 1865 年創立; Ivy League の一校》.

cor·ne·muse /kɔ́:rnəmjù:z/ *n*〘楽〙コルヌミューズ《bagpipe の一種》.

cor·neo·scléral /kɔ̀:rnioʊ-/ *a*〘眼〙角鞏膜(きょうまく)の.

cor·ne·ous /kɔ́:rniəs/ *a* 角質の (hornlike, horny).

cor·ner /kɔ́:rnər/ *n* **1** 角(かど) (angle); 曲がり角: *at* [*on*] a street ～ 街角に[で]. **2 a** 隅, くま; 隅っこ;《燻製》ハムの三角形をした切片: keep a ～ 少しの場所[片隅]を保つ[占める] / look [glance] out of the ～ of one's eye 横目で盗み見る / see [notice]…out of the ～ of one's eye ちらっと目にする[目にして気づく] / put [stand] a child in the ～ (罰として)子供を部屋の隅に立たせる / leave no ～ unsearched 残るくまなく捜す. **b**〘野〙《ホームプレートの》コーナー;〘アメフト〙コーナー《フォーメーションの外側》;〘アメフト〙CORNERBACK;《グラウンド·コートの》コーナー;〘ボク·レス〙《リングの》コーナー; 応援団. **c**〘サッカー〙コーナーキック;〘ホッケー〙コーナーヒット. **3**《家具などの》隅[角(かど)]を保護[明示, 装飾]するもの, コーナー. **4** 人目につかないところ, へんぴな場所, 片隅; 地方, 方面; [the C-]《口》コーナー《オーストラリア中部の Queensland, South Australia, New South Wales 3 州の州境地帯》: done in a ～ 秘密に行なわれた / (from) all the [(the) four] ～*s* of the earth [world] 世界の隅々(から). **5** 窮地, 窮境: drive [force, put, back] sb into a ～ 窮地に追い詰める / in [out of] a (tight) ～ 窮地に陥って[から脱出して]. **6**〘商〙買占め; 独占: establish [make] a ～ in…の買占めをやる. ● **cut ～s**〈金·努力·時間などを〉切り詰める, 安上がりに済ます, 手を抜く, はしょる: *cut ～s on* safety 安全を犠牲にする. **cut (off) a ～** 近道をする. **fight one's** [**sb's**] **～** みずから[人]を強力に弁護する. **in sb's ～** 人を支持して. **(just) (a)round the ～** 角を曲がった所に, すぐ横町に;《口》間近に. **paint oneself into a ～** ぬきさしならぬはめにみずからを追い込む. **rough ～s** 荒削りの[粗野な]性格. **rub the ～s off** sb 人の(性格の)かどを取る. **turn the** [**a**] **～** 角を曲がる; [*fig*]〈病気·不景気などが〉峠を越す, 危機を脱する. **within** [**beyond**] **the four ～s of** (a document) (文面)の範囲内[外]で.
► *a* **1** 曲がり角の; 街角の[にある]: a ～ drugstore. **2** 角[隅]に適するように作った. **3**〘スポ〙コーナーの.
► *vt* **1** [*"pp*] …に角をつける. **2** 隅に置く[押し込める]; 追い詰める, [*fig*] 窮地に陥らせる;《インタビュー[詰問]するために》〈人を〉つかまえる. **3**〘商〙買い占める,〈市場を〉独占的に支配する: ～ the market *in* [*for*] coffee コーヒー市場を支配する.
► *vi* **1** 買占めをやる〈*in*〉. **2 a** それぞれの一隅で相接する; 角を占める[なす]. **b**〘サッカー〙コーナーキックをする;〘ホッケー〙コーナーヒットする. **c**〈車が〉カーブを切る, 急旋回する.
[AF＜L; ⇨ CORN[2]]

córner·bàck *n*〘アメフト〙コーナーバック《ディフェンスの外側のハーフバック; sweep や wide receiver に備える》.

córner bòy "《口》街の不良(少年), ごろつき.

córner chìsel 角[隅(すみ)]のみ《2 つの刃が直角をなす》.

córner cùpboard 部屋の隅にはめ込んだ戸棚.

cór·nered *a* **1** 隅に追い詰められた, 進退きわまった: a ～ rat 窮鼠. **2** [*compd*] …の角[隅]のある: sharp-～ 角のとがった. **3**《口》酔っぱらって.

córner·er *n*〘商〙買占め人.

córner hìt〘ホッケー〙コーナーヒット.

córner kìck〘サッカー〙コーナーキック.

córner·màn *n* (*pl* **-men** /-mèn/)〘商〙買占め人; 街の不良; [*pl*] "《minstrel show で》両端に立つ道化役者;〘アメフト〙CORNERBACK,〘バスケ〙フォワード,〘ボク〙セコンド.

córner reflèctor コーナーレフレクター《光線を入射光線と逆平行に戻す反射鏡; レーザーによる距離測定に用いる》.

córner shòp "街角[近所]の食料雑貨店.

córner·stòne *n*〘建〙隅石(すみいし), 礎石; [*fig*] 基礎, 土台, 基盤〈*of*〉: lay a ～ 定礎式を行なう, 基礎を置く.

córner stòre * CORNER SHOP.

córner·wìse, -wàys *adv* 筋違いに, 斜めに; 角を前にして; 角をなすように.

cor·net[1] /kɔ:rnét; kɔ́:nɪt/ *n* **1**〘楽〙**a** コルネット《トランペットに似た金管楽器》; コルネット奏者. **b** CORNETT. **c**《オルガンの》コルネットストップ. **2** /kɔ́:rnət, *kɔ:rnét/《キャンディーやナッツを入れる》円錐形の紙袋; コルネ, コロネ《円錐形のパイ皮にホイップクリームなどを詰めた菓子》; "ICE-CREAM CONE. ♦ **cor·nét·(t)ist** *n* コルネット奏者.
[OF (dim)＜L CORN[2]]

cornet[2] *n* コルネット《15–18 世紀の, 特に 愛徳会修道女の白い大きな帽子》;《女性の》頭飾り;〔英史〕騎兵隊旗手;《かつての》民兵隊長 (field-cornet); *《かつての》騎兵隊の最下階級;〔海〕信号用長旗. [↑]

cor·net-à-pis·tons /kɔːrnétəpístənz; kɔ́ːnɪt-/ *n* (*pl* **cor·nets-à-** /-nétsə-; kɔ́ːnɪts-/)〔楽〕コルネット《現代のものと区別して, ピストン付きの cornet》. [F]

cor·net·cy /kɔ́ːrnətsi/ *n*〔英史〕騎兵隊旗手職[役].

cornét·fish *n*〔魚〕ヤガラ(矢柄)《熱帯産のヤガラ科の魚; 吻(ふん)が管状に伸びる》.

Cor·ne·to /kɔːrnéɪtou/ コルネト《TARQUINIA の中世名》.

cor·nett /kɔːrnét/ *n*〔楽〕コルネット《直管または曲管で木製または象牙製の古楽器》. [OF (dim)＜CORN[2]]

cor·net·to /kɔːrnétou/ *n* (*pl* **-net·ti** /-néti/)〔楽〕CORNETT.

córn exchànge" 穀物取引所.

Cor·ney /kɔ́ːrni/ コーニー《男子名; Connor の愛称》.

córn·fàctor" *n* 穀物問屋, 穀物商人.

córn-fèd *a* *トウモロコシで養った, "麦で養った〈家畜〉;《口》太った, ごつい;《俗》田舎風の, 純朴な, 野暮な.

córn·fìeld *n* *トウモロコシ畑, "麦畑.

córnfield mèet *《俗》列車の正面衝突.

córn flàg〔植〕**a** キショウブ《黄花; 欧州原産》. **b** グラジオラスの一種.

córn·flàkes *n pl* コーンフレーク.

córn flòur "コーンフラワー (cornstarch*); *トウモロコシ粉.

córn·flòwer *n*〔植〕ヤグルマソウ (bachelor's button);〔植〕ムギセンノウ (corn cockle); 紫味をおびた青 (＝～ **blùe**).

córn grìts * *pl* コーングリッツ《トウモロコシの皮と胚芽を除いてひき割りにしたもの》.

córn·hòle *vt*《卑》…と肛門性交をする, …のおかまを掘る.

córn·hùsk * *n* トウモロコシの苞葉, 苞(ほう).

córn·hùsk·er * *n* **1** トウモロコシの皮をむく機械[人]. **2** [C-] トウモロコシ皮むき《Nebraska 州人の俗称》.

Córnhusker Stàte [the] トウモロコシ皮むき人の州《Nebraska 州の俗称》.

córn·hùsk·ing * *n* トウモロコシの皮むき; HUSKING BEE.

cor·nice /kɔ́ːrnəs, -nɪʃ/ *n* **1 a**〔建〕コーニス《古典建築では entablature 最上部の突出した水平帯; 一般には壁面の突出した水平部分を指し '蛇腹' ともいう》,《特に 室内の》天井蛇腹. **b**《カーテン金具を隠す》カーテンボックス. **2**〔登山〕雪庇(せっぴ). ► *vt*〔建〕…にコーニスを付ける. ♦ **～d** *a* **cór·nic·ing** *n* [F＜It＜?L *cornic- cornix* crow]

cor·niche (ròad) /kɔːrníːʃ(-), ˊーー(-)/《見晴らしのよい》断崖沿いの道路.

cor·ni·chon /*F* kɔrniʃɔ̃/ *n* ガーキン[小型キュウリ]のピクルス. [F＝gherkin]

cor·ni·cle /kɔ́ːrnɪk(ə)l/ *n*〔昆〕《アリマキが蠟質液を分泌する》角状(かくじょう)管, 尾角, 腹角.

cor·nic·u·late /kɔːrníkjəlèɪt, -lət/ *a* 小角状の; 角(つの)のある.

cornículate cártilage〔解〕小角軟骨.

cor·ni·fi·ca·tion /kɔ̀ːrnəfəkéɪʃ(ə)n/ *n* 角(質)化;《膣の》上皮角化.

Cór·ning·Wàre /kɔ́ːrnɪŋ-/〔商標〕コーニングウェア《米国 Corning Inc. 製のセラミック製品; キャセロールなど》.

Cor·nish /kɔ́ːrnɪʃ/ *a* CORNWALL 地方(産)の; コーンウォール人[語, 方言]の. ► *n* **1 a** コーンウォール語《Celtic 諸語の一つで, 18 世紀末に絶滅》;《英語の》コーンウォール方言. **b** [the, 〈*pl*〉] コーンウォール人. **2** コーニッシュ種(の鶏)《肉用種》.

Córnish bóiler 円筒形の炎管ボイラー, コルニッシュボイラー.

Córnish créam 濃厚な固形クリーム (clotted cream).

Córnish·man /-mən/ *n* コーンウォール人. ♦ **-wòman** *n fem*

Córnish pásty コーニッシュパイ《細かく切ったジャガイモ・タマネギと牛挽肉を混ぜて半円形の生地に包んで焼いた Cornwall 地方のパイ》.

Córnish réx〔猫〕コーニッシュレックス《短い巻き毛の被毛をもち, 横から見た顔面がまっすぐになっているレックス種のネコ》.

Córnish splìt DEVONSHIRE SPLIT.

Córn Íslands *pl* [the] コーン諸島《カリブ海のニカラグア東部沖にある 2 つの島》.

córn jùice *《俗》CORN WHISKEY; *《俗》安ウイスキー.

córn·lànd * *n* トウモロコシ農地[生産好適地].

Córn Làws *pl* [the]〔英史〕穀物法《穀物輸入に重税を課した法律; 1436 年に始まり, 1846 年 Peel によって廃止》.

córn lèaf àphid〔昆〕トウモロコシアブラムシ.

córn lìly〔植〕イキシア《アフリカ原産; アヤメ科》.

córn lìquor CORN WHISKEY.

córn·lòft *n* 穀物倉, 穀倉 (granary).

córn màrigold〔植〕アラゲシュンギク (＝*yellow oxeye*)《欧州原産》.

córn·mèal *n* *ひき割り[粗びき]トウモロコシ, コーンミール; "ひき割り[粗びき]麦;《スコ》OATMEAL.

córn mìll "小麦製粉機 (flour mill); *トウモロコシ粉砕機.

córn mùffin *コーンミールで作るマフィン, コーンマフィン.

córn mùle *《俗》CORN WHISKEY《特に自家製[密造]のもの》.

córn mùstard〔植〕ノハラガラシ (charlock).

Cor·no /kɔ́ːrnou/ [**Mon·te** /mánti/] コルノ山《イタリア中部, アペニノ山脈の最高峰 (2912 m)》.

córn òil トウモロコシ油《胚芽から採る; 食用・硬化油原料・塗料》.

córn on the cób《ゆでた・焼いた》軸付きトウモロコシ.

cor·no·pe·an /kɔ̀ːrnəpíːən, kɔːrnóupiən/〔楽〕*n* コーノーピアン《オルガンストップの一つ》; "コルネット (cornet).

córn pìcker *トウモロコシ刈取り機.

córn pìt *トウモロコシ取引所.

córn·pòne *a* *《俗》南部風の, 田舎くさい.

córn pòne *《南部・中部》トウモロコシパン.

córn pòppy〔植〕ヒナゲシ (＝*corn rose, field poppy, red poppy*) (cf. FLANDERS POPPY).

córn pùnk *《俗》PUNK[2].

córn rènt" 小麦で納める小作料.

córn ròotworm〔昆〕キュウリヒゲナガハムシ属の数種のハムシ《幼虫はトウモロコシの根を食害する》.

córn ròse〔植〕**a** ヒナゲシ (corn poppy). **b** ムギセンノウ (corn cockle).

córn·row /-ròu/ *n* コーンロウ《細く堅く三つ編みして, 通例 地肌にぴったりつけた髪》; [ᵘ*pl*] コーンロウ《コーンロウを並べる黒人の髪型》. ► *vt, vi* コーンロウにする.

córn sàlad〔植〕コーンサラダ,《特に》ノヂシャ (＝*lamb's lettuce, mâche*)《サラダ用》.

córn shòck *トウモロコシの立て積み《野積み》.

córn shùck *トウモロコシの皮.

córn sìlk * *n* トウモロコシの毛. ► *a* 〈髪の毛が〉細い金髪の.

córn smùt〔植〕トウモロコシの 'おばけ', 黒穂病; 黒穂菌.

córn snàke〔動〕アカダイショウ (＝*red rat snake*)《北米産》.

córn snòw *〔スキー〕コーンスノー, ざらめ雪 (＝*corn, spring corn, spring snow*).

córn spùrr(e)y〔植〕アオツメクサ.

córn·stàlk *n* *トウモロコシの茎; "麦の茎;《豪俗》のっぽ《オーストラリア, 特に New South Wales 生まれの白人の》.

córn·stàrch * *n* コーンスターチ (corn flour")《トウモロコシの澱粉》.

córn·stòne *n* 穀粒石灰岩《英国各地の旧赤色砂岩の下層にある》.

córn sùgar * コーンシュガー (dextrose).

córn sỳrup * コーンシロップ《コーンスターチから作るシロップ》.

cor·nu /kɔ́ːrn(j)u/ *n* (*pl* **-nua** /-n(j)uə/) 角(つの) (horn);〔解〕角状突起, 角(かく). ♦ **cór·nu·al** *a* [L]

cor·nu·co·pia /kɔ̀ːrn(j)əkóupiə/ *n* **1 a**〔ギ神〕豊饒の角(つの)《幼時の Zeus に授乳したと伝えられるヤギの角; しばしば 角の中に花・果物・穀類を盛った形で描かれ, 物の豊かな象徴とされる》. **b** 宝庫, 豊富, 豊饒. **2** 円錐形の紙袋[容器], コーン; 円錐形の飾り. ♦ **còr·nu·có·pi·an** *a* 豊富な; cornucopia 状の. [L (*cornu copiae* horn of plenty); ⇨ CORN[2], COPIOUS]

cor·nus /kɔ́ːrnəs/ *n*〔植〕CORNEL.

cor·nute /kɔːrn(j)úːt/, **cor·nut·ed** /-n(j)úːtəd/ *a* 角(つの)のある, 角状の;《古》(女房を寝取られて)角の生えた (cuckolded).

cor·nu·to /kɔːrn(j)úːtou/ *n* (*pl* **～s**)《古》CUCKOLD.

Corn·wall /kɔ́ːrnwɔ̀ːl, -w(ə)l/ コーンウォール《イングランド南西端の州; ☆Truro; cf. CORNISH *a*》. ■ **the Dúke of ～** コーンウォール公爵《英国皇太子 (Prince of Wales) の別称; 皇太子が代々 Duchy of ～ (コーンウォール公領)を領有するところから》.

Corn·wal·lis /kɔːrnwáləs/ コーンウォリス **Charles ～**, 1st Marquis ～ (1738–1805)《英国の軍人・政治家; 米国独立戦争時に英軍を率いたが Yorktown の戦いで降伏; インド総督 (1786–93, 1805), アイルランド総督 (1798–1801)》.

córn whiskey コーンウイスキー《トウモロコシが 80% 以上のマッシュから造ったもの; cf. BOURBON》.

córn wìllie *《俗》コーンビーフのかんづめ.

corny[1] /kɔ́ːrni/ *a* **1**《口》**a** つまらない, 古臭い; 〈ジャズなど〉感傷的な (opp. *hot*). **b** 田舎者らしい. **2** 穀類の, 穀物の多い;《古》麦芽臭の強い. ♦ **córn·i·ly** *adv* **-i·ness** *n* [*corn*[1]]

corny[2] *a* うおのめの; うおのめのできた. [*corn*[2]]

Corny コーニー《男子名; Connor の愛称》.

Co·ro /kóːrou/ コロ《ベネズエラ北西部 Paraguaná 半島基部の市》.

cor·o·dy, cor·ro·dy /kɔ́(ː)rədi, kár-/ *n*〔古法〕《修道院などから受ける衣食などの》支給物(受領権).

co·rol·la /kərálə/ *n*〔植〕花冠(かかん). ♦ **cor·ol·la·ceous** /kɔ̀(ː)rəléɪʃəs, kàr-/ *a* 花冠の; 花冠状の. [L＝garland (dim)＜CORONA]

cor·ol·lary /kɔ́ːrəlèri, kár-; kərɔ́ləri/ *n*〔論・数〕系《ある定理から容易に導かれる定理》; 推論; 自然[当然]の結果; 付随するもの. ► *a* 推論の; 当然起こる, 結果として生じる. [L＝money paid for COROLLA, gratuity]

co·rol·late /kərálèɪt, -lət/, **-lat·ed** /-lèɪtəd/ *a*〔植〕花冠のある.

cor·o·man·del /kɔ̀(ː)rəmǽndl, kàr-/ *n* CALAMANDER. ► *a* コロマンデル工芸の《中国の沈み彫りを施した漆工芸》.

C

Coromándel Cóast [the] コロマンデル海岸《インド南東岸の Bengal 湾岸地域; 北は Krishna 川の河口から南は Calimere 岬まで》.

coromándel scréen [°C-] コロマンデル屏風《中国製の漆塗りの屏風; 17 世紀中期に東インド会社によってヨーロッパに紹介された》.

co·ro·na /kəróunə/ *n* (*pl* ~s, -nae /-ni/) **1 a**〘天〙コロナ《(1) 太陽大気の最外層 (2) 北極光の流線の見かけの収束によってできる光の輪》; 《日・月の》光冠, かさ; 〘電〙コロナ放電 (corona discharge). **b** 《教会堂天井からつるす》円形燭架. **2**〘建〙コロナ《古代建築のコーニスの突出部》; 〘解〙冠 (crown)《歯冠・体冠など》; 〘植〙《スイセンなどの花冠の中の》副(花)冠. **3** コロナ《長いまっすぐな(上等の)葉巻; もと商標》. [L=crown]

Coróna Aus·trá·lis /-ɔ:stréɪləs/〘天〙みなみのかんむり座 (南冠座) (Southern Crown).

Coróna Bo·re·ál·is /-bɔ̀:riéɪləs, -ǽləs/〘天〙きたのかんむり座(北冠座) (Northern Crown)《日本でいうかんむり座》.

cor·o·nach /kɔ́(:)rənək, -nəx, kár-/ *n* 《スコ・アイル》葬送歌, 弔歌. [Ir<Gael (*comh*- together, *rànach* outcry)]

coróna dìscharge〘電〙コロナ放電.

Co·ro·na·do /kɔ̀(:)rənɑ́:doʊ, kàr-/ コロナード **Francisco Vásquez de** ~ (c. 1510–54)《スペインの探検家; いわゆる Cíbola の七都市を求めて北米南西部を探検, Grand Canyon などを発見した》.

co·ró·na·gràph, -no- /kəróunə-/ *n*〘天〙コロナグラフ《日食時以外のコロナ観測装置》.

cor·o·nal /kɔ́(:)rən(ə)l, kár-/ *n* 宝冠; 花冠, 花環; CORONAL SUTURE; 〘音〙舌頂音. ► *a* /, kəróun(ə)l/〘解〙冠状縫合の[に沿った]; 〘解〙冠状面の; 〘植〙副冠の; 〘音〙舌頂的な, RETROFLEX; 宝冠の; 〘天〙コロナの.

córonal bóne〘解〙FRONTAL BONE.

córonal hóle〘天〙コロナの穴《太陽のコロナの暗く見える低密度の領域》.

córonal róot〘植〙冠根.

córonal súture〘解〙冠状縫合.

co·ró·na ra·di·á·ta /-rèɪdiéɪtə, *-ɑ́:tə/ (*pl* **co·ró·nae ra·di·á·tae** /-ni rèɪdiéɪti, *-ɑ́:ti/)〘動〙《哺乳類の卵に接する濾胞細胞の》放射冠, 放線冠.

cor·o·nary /kɔ́(:)rənèri, kár-; kɔ́r(ə)n(ə)ri/ *a*〘解〙冠状の; 〘解〙冠(状)動脈の, 《広く》心臓の; 〘解〙冠(状)(動脈)疾患の[に冒されている]; 王冠の[ような]. ► *n* CORONARY ARTERY; CORONARY VEIN; CORONARY THROMBOSIS, 《広く》心臓発作 (heart attack).

córonary ártery〘解〙《心臓の》冠(状)動脈.

córonary býpass〘医〙冠(状)動脈バイパス.

córonary cáre ùnit〘医〙冠(状)疾患集中治療病棟, 冠疾患(監視)病室《略 CCU》.

córonary (héart) disèase〘医〙冠(状)(動脈)性心疾患.

córonary insuffíciency〘医〙冠不全.

córonary occlúsion〘医〙冠動脈閉塞(症).

córonary sínus〘解〙冠(状)静脈洞.

córonary thrombósis〘医〙冠(状)(動脈)血栓(症).

córonary véin〘解〙《心臓の》冠(状)静脈.

cor·o·nate /kɔ́(:)rənèɪt, kár-/ *vt* …に冠をいただかせる (crown). ► *a* 冠をいただいた, 冠のある.

cór·o·nàt·ed *a* 冠[冠状のもの]をもつ; 〘植〙副花冠のある.

cor·o·na·tion /kɔ̀(:)rənéɪʃ(ə)n, kàr-/ *n* 戴冠, 即位; 戴冠式, 即位式: a ~ oath 戴冠式の宣誓. [OF<L; ⇨ CORONA]

coronátion chìcken コロネーションチキン《アプリコットとカレー粉で味付けしたソースとあえた冷製鶏肉料理》.

coròna·vírus *n* コロナウイルス《呼吸器感染症を起こすコロナの形をしたウイルス》.

cor·o·nel /kɔ́(:)rən(ə)l, kár-/ *n* 宝冠 (coronal).

cor·o·ner /kɔ́(:)rənər, kár-/ *n* **1**《変死人・在監死亡者の》検視官《陪審員の前で審問する役人; 略 cor.; cf. MEDICAL EXAMINER》; ‖埋蔵物 (treasure trove) の調査官: ~'s inquest 検視官の審問 / ~'s jury 検視陪審《通例 12 名以上で構成》. **2**〘英史〙王室私有財産の管理官. ♦ **~·ship** *n* [AF (CROWN); L *custos placitorum coronae* guardian of the pleas of the crown (役職)]

cor·o·net /kɔ̀:rənét, kàr-; kɔ́rənɪt/ *n* **1**《王子・貴族などの》小冠, コロネット; 宝冠; 《婦人の》小冠状頭飾り; 〘紋〙宝冠図形: Kind hearts are more than ~*s*. 《諺》優しき心は宝冠にまさる. **2**《馬の》蹄冠; 鹿の角の基礎にある冠状骨. [OF (dim)‹CROWN]

cor·o·nét·(t)ed *a* 宝冠を頂いた; 貴族の.

co·ro·ni·al /kəróuniəl/ *a* CORONER の.

coronograph ⇨ CORONAGRAPH.

cor·o·noid /kɔ́(:)rənɔ̀ɪd, kár-/ *a*〘解〙烏喙(うかい)状の, 烏口(うこう)状の; 冠状の.

córonoid pròcess〘解〙烏喙[烏口]突起, 《尺骨の》鉤状突起, 《下顎骨の》筋突起.

Co·rot /kəróu, kɔ:-; kɔ-/ コロー (**Jean-Baptiste-**)**Camille** ~ (1796–1875)《フランスの画家; 抒情あふれる風景画を描き, 印象派の先駆けと目される》.

co·rótate *vi* 同時回転する. ♦ **cò·rotátion** *n*

co·ro·zo /kəróusoʊ; -zoʊ/ *n* (*pl* ~s)〘植〙アメリカゾウゲヤシ (=~ **pàlm**)《南米産》; アメリカゾウゲヤシの実 (=~ **nùt**)《人造象牙の材料》. [Sp]

Corp. Corporal ♦ Corporation.

corpora *n* CORPUS の複数形.

cor·po·ral[1] /kɔ́:rp(ə)rəl/ *a* 身体の, 肉体の, 胴体の; 個人的な; 《廃》物質的な, 有形の (corporeal): ~ pleasure 肉体的快楽 / a ~ possession 私有物. ♦ **~·ly** *adv* [OF<L; ⇨ CORPUS]

corporal[2] *n*〘キ教〙聖餐布 (=*communion cloth*); 〘カト〙聖体布. [OE<OF or L *corporale* (*pallium*) body cloth]

corporal[3] *n* **1**〘軍〙伍長《最下位の下士官; ⇨ ARMY, AIR FORCE, MARINE CORPS》; SHIP'S CORPORAL: the LITTLE CORPORAL. **2**〘魚〙FALLFISH. ♦ **~·cy** *n* **~·shìp** *n* [F<It *caporale*; CORPORAL[1] と It *capo* head の混同か]

cor·po·ral·i·ty /kɔ̀:rpərǽləti/ *n* 形体をそなえていること, 有体性, 有形; 肉体; [*pl*] 肉体的欲望.

córporal óath《聖書など》聖物に手を触れて行なう宣誓.

córporal púnishment 体刑《禁固刑・笞刑(ちけい)・死刑など》; 体罰.

córporal's guárd〘軍〙伍長引率の小分隊; 少数の信奉者[追随者たち]; 小さなグループ[集会].

cor·po·rate /kɔ́:rp(ə)rət/ *a* **1** 法人[会社](組織)の (corporative); 団体の; 団体的な, 集団的な; 協調組合主義の (corporative): in one's ~ capacity 法人の資格において / ~ right(s) 法人権 / ~ name 法人の名義, (会社の)商号 / ~ property 法人財産 / a body ~=a ~ body 法人. **2** 共通[共同]の; 《古》結合した, 統一された: ~ responsibility 共同責任. ► *n* 法人企業, 法人格のある団体. ♦ **~·ly** *adv* 団結して; 法人として. [L=to form into a body; ⇨ CORPUS]

córporate bónd 社債, 事業債.

córporate cóunty COUNTY CORPORATE.

córporate hospitálity 企業[会社]接待《競馬やテニスに得意先を招待するなど》.

córporate idéntity 企業識別, コーポレートアイデンティティー, CI《企業がみずからの特質・全体像を明確に打ち出すこと; 初期に重視された企業のシンボルマーク・ロゴなどだけでなく, 経営理念や社員の意識革命を含む》.

córporate ímage 企業イメージ.

córporate (íncome) tàx* 法人税 (corporation tax‖).

córporate nàme 法人名, 会社の商号.

córporate párk OFFICE PARK.

córporate ráider 企業乗っ取り屋.

córporate sócial responsibílity 企業の社会的責任《環境保護・法令遵守・適切な従業員処遇[人権保護]・社会貢献など, 企業が社会に対して果たすべき責任; 略 CSR》.

córporate státe《非人間的な》法人型国家; CORPORATIVE STATE.

córporate tówn《法人団体である》自治都市.

córporate wélfare*[*derog*]《政府による》企業優遇策.

córporate-wìde *a* 会社全体にかかわる[及ぶ]; 会社ぐるみの.

cor·po·ra·tion /kɔ̀:rpəréɪʃ(ə)n/ *n* **1**〘法〙法人; *会社, 株式会社: a trading ~ 商事会社. **2 a** [C-] 地方公共団体, 自治体 (⇨ MUNICIPAL CORPORATION); 《地方公共団体の統括する》市制[町制]地区. **b** (自治)団体; 《協調組合主義国家の》組合, ギルド, 《廃》同業組合. **3**《古風》[*joc*] 太鼓腹 (potbelly). ♦ **~·al** *a*

Corporátion Àct [the]〘英史〙自治体法《クラレンドン法典 (Clarendon Code) の一つ; 1661 年, 非国教徒を排除するために地方自治体の官吏に忠順と国教信奉の宣誓をさせることなどを定めた法; 1828 年廃止; cf. TEST ACT》.

corporátion ággregate〘法〙集合法人, 社団法人.

corporátion còck《本管と引込み管の接合部にある水道・ガスの》分岐栓, 分水栓 (=*corporation stop*).

corporátion làwyer* 会社顧問弁護士.

corporátion sóle〘法〙単独法人《King, bishop など》.

corporátion stòck‖ 自治体公債, 《特に》市公債.

corporátion stòp CORPORATION COCK.

corporátion tàx‖ 法人税.

cor·po·rat·ism /kɔ́:rp(ə)rətìz(ə)m/, **-ra·tiv·ism** /kɔ́:rp(ə)rèɪtəvìz(ə)m, -p(ə)rə-; -p(ə)rə-/ *n*〘政・経〙協調組合主義. ♦ **cór·po·rat·ist, cór·po·rà·tiv·ist** *a, n*

cor·po·ra·tive /kɔ́:rpərèɪtɪv, -p(ə)rə-; -rət-/ *a* 法人の, 団体の; 〘政・経〙協調組合主義の.

córporative státe 組合国家《産業経済の全部門にわたって資本・労働の協調組合が組織され, その全組合が国家的統制下に組織された国家; イタリアのファッショ国家の形態》.

cor·po·ra·tize /kɔ́:rpərətàɪz/ *vt* (大)企業化する, 大企業[大ビジネス]に発展させる, 企業の支配下に置く; 法人組織にする. ♦ **còr·po·ra·ti·zátion** *n*

cor·po·ra·tor /kɔ́:rpərèɪtər/ *n* 法人[団体]の一員, 株主; 市政機関構成の一員.

cor·po·re·al /kɔ:rpɔ́:riəl/ *a* 物質的な; 《古》身体上の, 肉体的な

(corporal); 〘法〙有形の, 有体の: ~ hereditament 有体法定相続産 / ~ property 有体財産《地役権などに対し土地や現金など》. ♦ **~·ly** *adv* **~·ness** *n* **~·ist** *n* MATERIALIST. [L; ⇨ CORPUS]

cor·po·re·al·i·ty /kɔːrpɔ̀ːriǽləti/ *n* 有形, 有体; 肉体, 物体; [*joc*] 身体.

cor·po·re·i·ty /kɔ̀ːrpəríːəti, -réɪ-/ *n* 形体のあること, 形体的存在; 物質性; [*joc*] 身体. [F or L; ⇨ CORPUS]

cor·po·sant /kɔ́ːrpəzæ̀nt, -sæ̀nt/ *n* SAINT ELMO'S FIRE. [OSp, Port, It *corpo santo* holy body]

corps /kɔ́ːr/ *n* (*pl* ~ /kɔ́ːrz/) **1** [°C-] 〘軍〙 **a** 軍団, 兵団《通例 2-3 個師団からなる; ⇨ ARMY》. **b** 特殊兵科, …隊[部] (cf. MARINE CORPS). **2 a** 《同一の仕事・活動をしている人びとの》集団, 団体, 団, 部隊, 隊; 《ドイツなどの大学の》学友会: DIPLOMATIC CORPS. **b** CORPS DE BALLET. [F CORPUS]

corps-à-corps /*F* kɔrakɔːr/ *n* 〘フェン〙接触, コルアコル《双方とも剣も使えず離れることもできない状態》.

córps àrea 〘米軍〙軍団作戦地域軍管区《もと軍事的管理のため米国を 9 区域に分けたもの》.

corps d'ar·mée /kɔ́ːr dɑːrméɪ/ 軍団 (army corps). [F]

corps de bal·let /kɔ́ːr də bǽlèɪ, -bæléɪ/ (*pl* ~ /kɔ́ːr(z)-/) コール・ド・バレエ《群舞を踊るバレリーナたち; cf. SOLOIST》; その他大勢. [F]

corps d'élite /kɔ́ːr deɪlíːt/ (*pl* ~ /kɔ́ːr(z)-/) 選抜隊; 《一般に》ベストメンバー, 精鋭. [F]

corps Di·dot /*F* kɔːr dido/ 〘印〙ディドー式ポイント制 (=*Didot body*)《活字の大きさを示す, ヨーロッパ大陸の一制式》. [François-Ambroise *Didot* (1730-1804) フランスの印刷・出版業者]

corps di·plo·ma·tique /kɔ́ːr dìpləmætíːk/ (*pl* ~ /kɔ́ːr(z)-/) 外交団 (diplomatic corps)《略 CD》. [F]

corpse /kɔ́ːrps/ *n* 死体, 死骸; (見)捨てられたもの, 残骸; *《俗》酒[ビール]の空き瓶 (cf. DEAD SOLDIER); *《俗》《タバコの》吸い殻; 《廃》《人・動物の》体. ► *vt* 《俗》〈共演者を〉まごつかせる, へまをして〈共演者のせりふ・場面を〉だいなしにする. ► *vi* 《俗》《舞台で》へまをやらかす《せりふを忘れる・笑い出すなど》. [OF<L CORPUS]

córpse càndle ひとだま《人の死の予兆とされる》.

córpse plànt [lìght] 〘植〙INDIAN PIPE.

corps·man /kɔ́ːr(z)mən/ *n* (*pl* **-men** /-mən/) 〘米陸軍〙衛生兵, 〘米海軍〙衛生下士官; 部隊員; 平和部隊隊員 (⇨ PEACE CORPS).

córps of commissionáires "使丁組合《守衛・使者としての雇用推進を目的として 1859 年に創設された旧軍人・水夫の組合》.

cor·pu·lence /kɔ́ːrpjələns/, **-cy** *n* 肥満, 肥大.

cór·pu·lent *a* でぶでぶ太った, 肥満した (fat). ♦ **~·ly** *adv* **~·ness** *n* [L; ⇨ CORPUS]

cor pul·mo·na·le /kɔ́ːr pùlmənɑ́ːli, -pʌ̀l-, -nǽli/ (*pl* **cor·dia pul·mo·na·lia** /kɔ́ːrdiə pùlmənɑ́ːliə, -pʌ̀l-, -nǽl-/) 〘医〙肺性心. [L]

cor·pus /kɔ́ːrpəs/ *n* (*pl* **-po·ra** /-p(ə)rə/, **~·es**) **1** 《文書・法典などの》集成, 全文献, 大全, 全集; 《知識・証拠の》集積; 〘言〙コーパス《記録された発話・テキストの集積; 言語資料》. **2** 〘解〙体; [*joc*] 死体. **3** 《物の》本体; 《利子・収入などに対する》元金 (principal), 基本金, 資本金. [L *corpor- corpus* body]

córpus al·lá·tum /-əléɪtəm, -lɑ́ː-/ (*pl* **córpora al·lá·ta** /-tə/) 〘昆〙アラタ体《幼若ホルモンを分泌する内分泌腺》. [L]

córpus cal·ló·sum /-kəlóʊsəm/ (*pl* **córpora cal·ló·sa** /-sə/) 〘解〙脳梁. [L=callous body]

córpus car·dí·a·cum /-kɑːrdáɪəkəm/ (*pl* **córpora car·dí·a·ca** /-kə/) 〘昆〙側心体《脳ホルモンをたくわえ血中に放つ》. [L=cardiac body]

córpus ca·ver·nó·sum /-kæ̀vərnóʊsəm/ (*pl* **córpora ca·ver·nó·sa** /-sə/) 〘解〙《陰核・陰茎の》海綿体. [L=cavernous body]

Córpus Chrís·ti /-krísti/ **1** 〘カト〙聖体祝日《Trinity Sunday 後の木曜日》. **2** コーパスクリスティ《Texas 州南部の市; メキシコ湾の入江コーパスクリスティ湾 (**Córpus Chrísti Báy**) に臨む港町》. **3** [~ College] コーパスクリスティカレッジ《Cambridge 大学と Oxford 大学の学寮の一つ; 前者は 1352 年, 後者は 1517 年設立》. [L=Body of Christ]

cor·pus·cle /kɔ́ːrpəs(ə)l/, **cor·pus·cule** /kɔːrpʌ́skjul/ *n* 〘生理〙小体, 血球, 球; 〘理〙微粒子, 《特に》電子 (electron). ♦ **cor·pus·cu·lar** /kɔːrpʌ́skjələr/ *a* [L (dim)<CORPUS]

corpúscular thèory 〘理〙《光の》粒子説.

córpus de·líc·ti /-dɪlíktàɪ, -ti/ (*pl* **córpora delícti**) 〘法〙罪の体素, 罪体《犯罪の基礎となる実質的事実》; 《口》犯罪の明白な証拠, 《特に》他殺死体. [L]

córpus jú·ris /-ʤʊ́ərɪs/ (*pl* **córpora júris**) 《一国の または 一区域の》法大全, 教会法集成. [L=body of law]

Córpus Júris Ca·nó·ni·ci /-kənɑ́nəsàɪ/ 〘カト〙教会法大全, 旧教会法典《Codex Juris Canonici が 1918 年にできるまで効力を有した》. [L]

Córpus Júris Ci·ví·lis /-sɪváɪləs/ ローマ法大全《Digest (学説彙纂) なども含めた Justinian Code を 16 世紀末にまとめたもの》. [L]

córpus lú·te·um /-lúːtiəm/ (*pl* **córpora lú·tea** /-tiə/) 〘生理〙《卵巣の》黄体; 〘薬〙黄体エキス. [L]

córpus lúteum hòrmone 〘生理〙黄体ホルモン.

córpus spon·gi·ó·sum /-spʌ̀nʤióʊsəm/ 〘解〙海綿体.

córpus stri·á·tum /-straɪéɪtəm/ (*pl* **córpora stri·á·ta** /-tə/) 〘解〙《脳の》線条体. [L]

córpus ví·le /-váɪli/ (*pl* **córpora víl·ia** /-víliə/) 実験用にしかならない無価値なもの[人]. [L=worthless body]

corr. ⇨ COR.

cor·rade /kəréɪd/ *vt* 〘地質〙〈河流が〉〈岩などを〉すりへらす (wear away). ► *vi* 侵食される, くずれる.

cor·ral /kərǽl, -rél; kɔrɑ́ːl/ *n* *家畜の囲い, 畜舎; 《野獣を生け捕るための》囲い柵; 《野営の》円陣, 車陣. ► *vt* (-ll-) 囲い[おり]に入れる; 閉じ込める; 《一か所に》集合させる, 〈車を〉円陣に並べる; *《口》捕える, 手に入れる; 〈票・同情など〉集める. [Sp and Port; ⇨ KRAAL]

corrál dùst* 《俗》ほら, うそっぱち, よた話 (bullshit).

cor·ra·sion /kəréɪʒ(ə)n/ *n* 〘地質〙磨食, 削磨《土砂・小石などを含んだ流水の侵食作用》. ♦ **cor·rá·sive** /-sɪv, -zɪv/ *a*

cor·rect /kərékt/ *a* **1** 正しい, 間違いのない, 正確な: a ~ judgment [view] 正しい判断[見解]. **2** 当を得た, 穏当な, 適当な; 品行方正な: the ~ thing 《口》当を得ていること / ~ behavior 礼儀正しいふるまい. ● ALL **present and ~.** ► *vt* **1** 〈誤りを〉訂正する, 修正する, 正す; …の誤りを指摘する, 添削する; 校正する: ~ oneself 言いなおす, 前言を訂正する / *C*~ me if I'm wrong…. 間違っていたら訂正してほしいのですが…. **2** 矯正する; 癒(い)す; たしなめる, 懲らす. **3** 中和する (neutralize); 〘数・理・光〙補正する. ► *vi* 訂正[校正, 補正]を行なう 〈*for* an error, counteracting force〉. ● **stand ~ed** 《自分の行動や意見が》誤っていたことを認める, 訂正を承認する: I *stand ~ed.* わたしが間違っていた. ♦ **~·able** *a* **~·ly** *adv* **~·ness** *n* [OF<L (*rect- rego* to guide)]

cor·réc·tant *n* CORRECTIVE.

corréct càrd 《競技会などの》プログラム; 礼儀作法.

corrécted tíme 《ヨットレースで》補正時間《ハンディづけなどのために実際のコース走行時間から一定の調整時間を減じたもの》.

corréct·ing lèns [plàte] 〘天〙補正レンズ, 補正板.

cor·rec·tion /kərékʃ(ə)n/ *n* **1** 訂正, 修正, 補正, 添削, 校正(すること); 訂正[修正, 添削, 校正]したもの; [〈*int*〉]《前言を訂正して》正しくは…: make a ~ 訂正をする. **2** 矯正, 〘医〙矯正(術); [°*pl*]《罪人の》更生(政策), 矯正 (cf. HOUSE OF CORRECTION); 《英では古》懲らしめ, 罰, 譴責. **3** 中和; 《価格・景気の》反落; 〘数・理・光〙補正. ● **under ~** (誤っていたら) 直していただくとして: I speak *under ~*. 間違っているかもしれませんがそれは直していただくとしてお話しします. ♦ **~·al** *a*

corréctional [corréction] facílity* 矯治[懲正]施設, 刑務所 (prison).

corréctional ófficer* 矯正官, 懲治官, 看守.

corréction flùid 修正液.

corréction(s) òfficer* CORRECTIONAL OFFICER.

cor·rec·ti·tude /kəréktət(j)ùːd/ *n* 《品行の》方正, 《特に意識した》礼儀正しさ. [*correct*+*rectitude*]

cor·rec·tive /kəréktɪv/ *a* 矯正的な; 調整的な; 修正の, 誤りを正す: ~ lenses 補正レンズ. ► *n* 矯正物; 矯正策, 修正手段; 調整策; 矯味薬 〈*to*〉. ♦ **~·ly** *adv* **~·ness** *n*

corréctive tráining 〘英法〙矯正教育処分《1948 年の刑事裁判法による処分; 罪人を矯正施設に入れ職業教育と一般教育を授ける》.

cor·réc·tor *n* 訂正者, 添削者; 校正者; 矯正[懲治]者; 監査官; 中和剤. ● **~ of the press** 校正係.

Cor·reg·gio /kəréʤiòʊ, -ʤoʊ/ コレッジョ **Antonio Allegri da ~** (1494-1534)《イタリアルネサンスの画家; 本名 Antonio Allegri; バロック絵画の先駆け; Parma 大聖堂の天井画『聖母被昇天』(1526-30) など》.

Cor·reg·i·dor /kərégədɔ̀ːr/ コレヒドール《フィリピン北部 Manila 湾口の島; 1942 年日米間の激戦地》.

cor·re·late /kɔ́(ː)rəlèɪt, kɑ́r-/ *vi* 相互に関係がある, 対応する 〈*with, to*〉. ► *vt* 相互に関連させる, 関連づける; …の相互関係を示す[明らかにする] 〈A *and* B, A *with* B〉. ► *n* /-lət, -lèɪt/ 相互関係のある人[もの], 相関物; 相関現象. ► 《まれ》*a* 相互に関連のある; 〘地質〙同層位の. ♦ **-làt·able** *a* [逆成く↓]

cor·re·la·tion /kɔ̀(ː)rəléɪʃ(ə)n, kɑ̀r-/ *n* 相互関係, 相関(関係); 〘地質〙《層序・年代・構造の》対比; 〘生理〙《諸器官・機能の》相互依存(関係), 相関; 〘統〙相関(関係). ♦ **~·al** *a* [L (*co*-)]

correlátion coeffìcient 〘統〙相関係数.

correlátion ràtio 〘統〙相関比.

cor·rel·a·tive /kərélətɪv/ *a* 相関的な, 相補的な 〈*with, to*〉; 〘数・文法〙相関の: ~ conjunctions 相関接続詞《either…or など》/ ~ words 相関語《either と or, the former と the latter など》. ► *n* 相関物, 相互関係のあるもの[人]; 相関語, 相関名辞. ♦ **~·ly** *adv* **~·ness** *n* **cor·rèl·a·tív·i·ty** *n* 相関性, 相関関係.

corrélative térms *pl* 〖論・文法〗相関名辞(「父」と「子」など).

cór·re·làt·or *n* 〖電子工〗相関器.

cor·re·spond /kɔ̀(ː)rəspánd, kɑ̀r-/ *vi* **1 a** 一致する, 符合する, 調和する ‹*with, to*›: Her white hat and shoes ～ *with* her white dress. **b** 相当[該当, 対応]する ‹*to*›: The paws of a cat ～ *to* the hands of a man. **2** 通信[文通]する ‹*with*›. [F<L; ⇨ RESPOND]

còr·re·spón·dence *n* **1** 一致, 対応, 関連 ‹*between*; A *with* [*to*] B›; 〖言〗対応. **2** 文通, 通信; 往復文書, 書状; 《新聞・雑誌の記者からの》通信文, ニュース, 記事: be in ～ *with*…と文通している[取引関係がある] / enter into ～ *with*…と通信を始める / have a great deal of ～ 盛んに手紙の往復をする / keep up ～ 文通を続ける / (let) drop one's ～ *with*…との通信連絡を絶つ / the ～ department 文書課.

correspóndence còllege 通信制カレッジ.

correspóndence còlumn 《新聞の》読者投書欄.

correspóndence còurse 通信教育(課程).

correspóndence prìnciple 〖理〗対応原理《量子数の大きい極限では量子論と古典論は一致するというもの》.

correspóndence schòol 通信教育学校.

correspóndence thèory 〖哲〗《真理の》対応説《事態とそれについての命題の対応が知覚または経験を通じて確認されるときその命題を真とみなすこと》.

còr·re·spón·den·cy *n* CORRESPONDENCE.

còr·re·spón·dent *n* **1** 《新聞・雑誌・放送などの》通信員, 記者; 《新聞の読者欄の》寄稿者; 文通をする人: a good [bad, negligent] ～ 筆まめな[筆不精な]人 / a special ～ 特派員 / a political ～ 政治(部)記者. **2** 〖商〗《特に 遠隔地の》取引[先[店]. **3** 一致[対応]するもの. ► *a* 対応する; 一致する, ぴったりした ‹*with, to*›. ♦ **～·ly** *adv*

correspóndent bànk 取引先銀行, 《特に 海外の》コルレス先; *代理銀行《その土地に支店のない他銀行のために業務を代行する銀行》.

correspónd·ing *a* **1 a** 一致する; 対応する, 類似の: the ～ period of last year 前年の同期. **b** 関係の, 付随した. **2** 通信(関係)の; 通信によって参加する[任務を果たす]: a ～ clerk [secretary] 通信係. ♦ **～·ly** *adv* 相応じて.

correspónding ángles *pl* 〖数〗同位角.

correspónding mémber 《学会などの》通信会員, 客員《略 CM》.

cor·re·spon·sive /kɔ̀(ː)rəspánsɪv, kɑ̀r-/ *a* 相応ずる, 符合する (corresponding). ♦ **～·ly** *adv*

Cor·rèze /kɔːréz/ コレーズ《フランス中南部 Limousin 地域圏の県; ☆Tulle》.

cor·ri·da /kɔ(ː)ríːðə, -də/ *n* 闘牛 (bullfight). [Sp *corrida (de toros)* running (of bulls)]

cor·ri·dor /kɔ́(ː)rədər, kár-, -dɔ̀ːr; -dɔ̀ːr, -dər/ *n* **1 a** 廊下, 通廊, 回廊; ″《客車の》(片側)廊下. **b** 航空機専用路; 《ロケットの》制限通路; 《都市の》主要交通機関. **2** 〖地政〗回廊地帯《内陸国と海 または 一国の 2 つの地域を結ぶ細長い地帯》; 《複数の大都市が連なる》細長い人口密集地帯: POLISH CORRIDOR / NORTHEAST CORRIDOR. [F<It; *corridojo* running place (*correre* to run) と *corridore* runner の混同]

córridors of pówer *pl* [the] 権力の回廊, 政治権力の中心《政官界の高官など》.

córridor tràin″ 通廊列車《客車の片側に廊下のついている列車》.

cor·rie /kɔ́(ː)ri, kári/ *n* 〖地質〗CIRQUE; 《スコ》山腹の円いくぼみ. [Gael=cauldron]

Cor·rie·dale /kɔ́(ː)ridèɪl, kár-/ *n* 〖畜〗コリデール《ニュージーランド原産の白綿羊で良質の羊毛と羊肉で有名》. [ニュージーランドの牧場]

cór·rie-físt·ed /kɔ́(ː)ri-, kári-/ *a* 《スコ方》左利きの. [Gael *cearr* left [wrong] hand]

Cor·rien·tes /kɔ̀(ː)riéntèɪs, kɑ̀r-/ コリエンテス《アルゼンチン北東部の, Paraná 川に臨む市》.

cor·ri·gen·dum /kɔ̀(ː)rəʤéndəm, kɑ̀r-/ *n* (*pl* **-da** /-də/) 訂正すべきもの, 誤記, 誤植; [ˢ-da, ‹*sg*›] 正誤表. [L (neut gerundive) ‹ *corrigo* to CORRECT]

cor·ri·gent /kɔ́(ː)rəʤənt, kár-/ *n* 〖医〗矯味薬, 矯正剤《薬剤の味・色・匂いを緩和する》.

cor·ri·gi·ble /kɔ́(ː)rəʤəb(ə)l, kár-/ *a* 矯正できる, 矯正しやすい; すなおな, すなおに改める. ♦ **-bly** *adv* **～·ness, còr·ri·gi·bíl·i·ty** *n* [F<L; ⇨ CORRIGENDUM]

cor·ri·val /kəráɪv(ə)l, kɔː-, kou-/ *n* 競争相手. ► *a* 競争相手の, 競う.

cor·rob·o·rant /kərábərənt/ 《古》*a* 確証的な; 補強的な, 強壮にする. ► *n* 強壮剤.

cor·rob·o·rate /kərábərèɪt/ *vt, vi* 〈所信・陳述などを〉強める, 確証する, 確証となる; 〈法律などを〉正式に確認する: *corroborating* evidence 補強証拠. ► 《古》*a* /-rət/ 確証[確認]された; 確認[補強]に資する. ♦ **cor·ròb·o·rá·tion** *n* 確実にすること, 確証; 〖法〗補強証拠: in *corroboration* of…を確証するために. **-rà·tor** *n* **cor·rób·o·ra·tò·ry** /; -t(ə)ri/ *a* CORROBORATIVE. [L=to strengthen (*robor- robur* strength)]

cor·rób·o·rà·tive /, -ráb(ə)rə-/ *a* 確証する; 補強する. ► *n* 《古》強壮剤. ♦ **～·ly** *adv*

cor·rob·o·ree /kərábəri/ *n* 《オーストラリアアボリジニーの》コロボリー踊り(の歌)《祭または戦闘前夜に行なう》; 《豪》お祭り騒ぎ; 《豪》騒乱, 暴動. [(Austral)]

cor·rode /kəróud/ *vt, vi* 腐食[浸食]する; むしばむ; 心に食い込む; 〈力を〉減じる, 〈性格を〉弱める. ♦ **cor·ród·ible** *a* 腐食性の. [L (*ros- rodo* to gnaw)]

cor·ro·dent /kəróudnt/ *a, n* CORROSIVE.

corrody ⇨ CORODY.

cor·ro·sion /kəróuʒ(ə)n/ *n* 腐食; 浸食, 溶食; 消耗; (心配が)心に食い入ること; 腐食物《さびなど》. ♦ **～·al** *a*

corrósion fatìgue 〖冶〗腐食疲れ, 腐食疲労.

cor·ro·sive /kəróusɪv/ *a* 腐食性の; 浸食的な; 《肉体・精神・組織・社会などを》むしばむ; 諷刺のきいた, ひどく皮肉な. ► *n* 腐食させる物, 腐食剤. ♦ **～·ly** *adv* **～·ness** *n* [OF; ⇨ CORRODE]

corrósive súblimate 〖化〗昇汞(しょうこう) (mercuric chloride).

cor·ru·gate /kɔ́(ː)rəgèɪt, kár-/ *vt, vi* …に波形をつける, 波形になる; …にしわを寄せる, しわを寄らせる, しわが寄る. ► *a* /-gət, -gèɪt/ 《古》波形の, ひだのついた (corrugated). [L (*ruga* wrinkle)]

cor·ru·gat·ed /kárəgèɪtəd/ *a* 波形の; 波形の材料でできている: ～ cardboard 段ボール / ～ boxes 段ボール箱.

córrugated íron 波形[生子(なまこ)]鉄板.

córrugated páper 段ボール紙.

cor·ru·ga·tion /kɔ̀(ː)rəgéɪʃ(ə)n, kɑ̀r-/ *n* 波形にすること; 《鉄板などの》波形, しわ, ひだ, うね.

cór·ru·gà·tor *n* 〖解〗皺眉(しゅう)筋.

cor·rupt /kərʌ́pt/ *a* **1** 堕落した, 不正な, 汚職の; 賄賂のきく; 腐敗した: a ～ judge 収賄判事 / ～ practices 買収行為. **2** よごれた, 汚染された. **3** 〈テキストなどが〉間違いの多い, 信頼できない; 〈言語が〉なまった, 転化した; 〖電算〗〈プログラム・データが〉こわれた, 文字化けした. ► *vt* **1** 汚す, 堕落させる; (賄賂で)買収する; 〖法〗〈血統を〉汚す. **2** 腐敗させる, そこなう, だめにする. **3** 〈原文を〉改悪する, 変造する; 〈言語を〉転化させる; 〖電算〗〈プログラム・データを〉こわす, 文字化けさせる. ► *vi* 腐敗する, 崩壊する; 堕落する. ♦ **～·ly** *adv* 堕落して; 賄賂を使って. **～·ness** *n* [OF or L *cor*-(RUPTURE); v は *corrump* (obs) に取って代わったもの]

corrúpt·er, -rúp·tor *n* 腐敗させるもの; 堕落させる人[もの]; 《風俗などの》壊乱者; 贈賄[買収]者.

corrúpt·ible *a* 堕落しやすい; 腐敗しやすい; 買収されやすい, 賄賂のきく. ♦ **-ibly** *adv* **～·ness, corrùpt·ibílity** *n*

cor·rup·tion /kərʌ́pʃ(ə)n/ *n* **1** 堕落; 弊風, 違法[腐敗]行為, 買収, 汚職. **2** 《原文の》改悪, 変造; 《言語の》なまり, 転訛; 〖電算〗《データ・プログラムの》破損, 損傷. **3** 《古》《物の》腐敗; 《古》腐敗させるもの, 悪影響; 《方》膿(うみ).

corrúption·ist *n* 腐敗政治家, 贈賄[収賄]者; 背徳漢.

corrúption of blóod 〖英法〗血統汚損《大罪を犯した者が一切の地位・財産の相続・被相続権を失うこと; 1870 年廃止》.

cor·rup·tio op·ti·mi pes·si·ma /kɔːrúptiòu áptɪmìː pésɪmɑ̀ː/ 最良なるものの腐敗は最悪である. [L]

cor·rup·tive /kərʌ́ptɪv/ *a* 〈…を〉堕落させる ‹*of*›; 腐敗性の. ♦ **～·ly** *adv*

corrúpt·less *a* INCORRUPTIBLE.

corrúpt práctices àct 〖米〗腐敗行為法《連邦・州の選挙運動資金規制法》.

cor·sac /kɔ́ːrsæk/ *n* 〖動〗コサックギツネ (=～ **fòx**)《中央アジア産》. [Russ<Kirghiz]

cor·sage /kɔːrsɑ́ːʒ/ *n* コサージュ《婦人服の胸元や襟元に付ける生花や造花の装飾品》; 《婦人の》胴着. [OF; ⇨ CORPS]

cor·sair /kɔ́ːrsèər/ *n* 〖史〗《特に Barbary 沿岸に出没した》私掠船(の船長) (privateer); 《古》海賊, 海賊船; [C-] 〖米海軍〗コルセア《**1**) 第二次大戦時の F4U 戦闘機 **2**) 1967 年末からヴェトナムに投入された A-7 攻撃機 (=～ II)》. [F; ⇨ COURSE]

corse /kɔ́ːrs/ *n* 《古・詩》死体, 死骸 (corpse).

Corse /F kɔrs/ コルス《CORSICA のフランス語名》.

Corse-du-Sud /F -dysyd/ コルス-デュ-シュド《フランス Corse 島南部の県; ☆Ajaccio》.

corse·let[1], **cors-** /kɔ́ːrslət/ *n* 胴鎧(どうよろい); 〖昆・魚〗胸甲. [OF (dim) ‹ CORSET]

corse·let[2], **-lette** /kɔ̀ːrsəlét; kɔ́ːslɪt/ *n* コースレット, オールインワン (=*all-in-one*)《girdle と brassiere がひと続きのファウンデーション》. [商標 Corselette]

cor·set /kɔ́ːrsət/ *n* **1** コルセット《**1**) 婦人用下着 **2**) 整形外科用の装具 **3**) 中世から 18 世紀ごろまで衣服の上に着用された, ぴったりした胴衣》. **2** [ᵒ*pl*] ″《俗》コルセット《銀行預金高の制限などによって各銀行の貸付能力を抑えるためイングランド銀行が課する調整策 (1973–80)》. ► *vt* …にコルセットを着ける; [*fig*] きびしく取り締まる. ♦ **～·ed** *a* [F (dim) ‹ *cors* body; cf. CORPSE]

córset còver コルセットカバー《コルセットをおおう下着》.
cor·se·tiere /kɔ̀ːrsətír, -tjɛ́r; -sɛtiɛ́ər/ *n* コルセット職人[着付人, 販売業者]. ◆ **cor·se·tier** /kɔ̀ːrsətíər/ *n masc* [F]
córset·ry *n* コルセット作り[着付け, 販売(業)]; コルセット《集合的》.
Cor·si·ca /kɔ́ːrsɪkə/ コルシカ (*F* Corse)《地中海にあるフランス領の島, ☆Ajaccio; Napoleon 1 世の生地; 略 Cors.; 行政上は一地域圏をなし, Corse-du-Sud と Haute-Corse の 2 県からなる》.
Cór·si·can *a* コルシカ島(人)の. ● **the ～ ogre [robber, etc.]** コルシカの怪物[盗人 など]《Napoleon 1 世》. ► *n* コルシカ島人; [the (great) ～] (偉大な)コルシカ人《Napoleon 1 世》; 《イタリア語の》コルシカ方言.
corslet ⇨ CORSELET[1].
cor·so /kɔ́ːrsou/ *n* (*pl* **～s**) 街路, 大通り, 繁華街; 遊歩道. [It ＝course]
cort. cortex.
cor·tege, cor·tège /kɔːrtɛ́ʒ, -téɪʒ, ⏑⏑; kɔːtéɪʒ/ *n* 随員団, 供奉(ぐぶ)員, 供ぞろい; 行列, 《特に》葬列. [F<It]
Cor·tes /kɔ́ːrtɛz/ *n* (*pl* ～) [the] 《スペインの, または かつてのポルトガルの》国会, 議会, コルテス. [Sp]
Cor·tés, -tez /kɔːrtɛ́z, ⏑⏑; kɔ́ːtɛs/ コルテス **Hernán ～** (1485–1547)《スペインのコンキスタドール (conquistador); メキシコの Aztec 王国を征服》.
cor·tex /kɔ́ːrtɛks/ *n* (*pl* **-ti·ces** /-təsìːz/, **～·es**) 〔解〕皮質, CEREBRAL CORTEX; 《毛の中心をおおう》毛皮質; 〔動〕《ゾウリムシなどの》表層; 〔植〕皮層; 〔薬〕皮部《生薬となる樹皮・外皮》. [L *cortic- cortex* bark]
Corti ⇨ ORGAN OF CORTI.
cor·ti·cal /kɔ́ːrtɪk(ə)l/ *a* CORTEX の; 〔解〕皮質の; 〔植〕皮層の. ◆ **～·ly** *adv*
córtical bráille 皮質点字法《大脳の視覚皮質を刺激して braille cell を作り出すことにより盲人が点字に触れなくても知覚できるようにするシステム》.
cor·ti·cate /kɔ́ːrtəkèɪt, -tɪkət/, **-cat·ed** /-təkèɪtəd/ *a* 皮層[外皮]のある; 樹皮におおわれた. ◆ **còr·ti·cá·tion** *n*
cor·ti·co- /kɔ́ːrtɪkou, -kə/ *comb form*「皮層」「皮質」 [L; ⇨ CORTEX]
cor·ti·coid /kɔ́ːrtəkɔ̀ɪd/ *n* 〔生化〕コルチコイド (CORTICOSTEROID) (cf. GLUCOCORTICOID, MINERALOCORTICOID). ► *a* コルチコイド様の.
cor·tic·o·line /kɔːrtíkəlàɪn/, **-lous** /-ləs/ *a* 〔植〕樹皮の上で生育[生活]する《地衣類・菌類》.
còrtico·póntine cèll 〔解〕皮質橋細胞《大脳皮質にあり視覚刺激を脳橋に送る》.
còrtico·stéroid *n* 〔生化〕コルチコステロイド《副腎皮質でつくられるステロイドの総称; 抗炎症薬として用いる》.
cor·ti·cos·ter·one /kɔ̀ːrtəkɑ́stəròun, -koustəróun/ *n* 〔生化〕コルチコステロン《グルココルチコイド (glucocorticoid) の一種》.
còrtico·trópic, -tróphic *a* 〔生化〕(副腎)皮質刺激性の.
cor·ti·co·tro·pin /kɔ̀ːrtəkoutróupən/, **-phin** /-fən/ *n* 〔生化〕コルチコトロピン《副腎皮質刺激ホルモン (ACTH); 慢性関節リウマチ・リウマチ熱の治療に用いられる》.
corticotrópin-reléasing fàctor 〔生化〕副腎皮質刺激ホルモン放出因子.
cor·ti·le /kɔːrtíːlèɪ/ *n* (*pl* **-ti·li** /-li/) 〔建〕《建物で囲まれた》内庭, 中庭, コルティーレ (courtyard). [It]
cor·tin /kɔ́ːrt(ə)n/ *n* 〔生化〕コルチン《副腎皮質の有効成分と副腎全体のエキス》.
cor·ti·na /kɔːrtáɪnə, -tíːnə/ *n* (*pl* **-ti·nae** /-táɪniː, -tíːnàɪ/) 〔菌〕クモ糸膜, コルチナ《ある種のキノコ, 特に フウセンタケ属 (*Cortinarius*) のキノコの傘の縁と茎との間をつないで子実体をおおうクモの巣状の内被膜》. [NL＝curtain]
Cor·ti·na /kɔːrtíːnə/ コルティナ (＝～ **d'Am·péz·zo** /-dɑːmpétsou/)《イタリア北部 Dolomite Alps 中の Veneto 州の村; 保養地・ウインタースポーツの地》.
cor·ti·sol /kɔ́ːrtəsɔ̀(ː)l, -sòul, -sɑ̀l/ *n* 〔生化〕コルチゾール (HYDROCORTISONE).
cor·ti·sone /kɔ́ːrtəsòun, -zòun/ *n* 〔生化・薬〕コルチゾン, コーチゾン《副腎皮質で生合成されるグルココルチコイド; リウマチ・関節炎治療薬》. [17-hydroxy-11-dehydro*corticosterone*]
Cór·ti's órgan /kɔ́ːrtiz-/ ORGAN OF CORTI.
Cort·land /kɔ́ːrtlənd/ *n* 〔園〕コートランド《リンゴの品種; 味は McIntosh に似る》.
Cor·to·na /kɔːrtóunɑː/ コルトーナ《イタリア Tuscany 州, Arezzo の南にある町》.
Cor·tot /kɔːrtóu; *F* kɔrto/ コルトー **Alfred(-Denis) ～** (1877–1962)《スイス生まれのフランスのピアニスト》.
Coruña ⇨ LA CORUÑA.
co·run·dum /kərʌ́ndəm/ *n* 〔鉱〕鋼玉(こうぎょく), コランダム《diamond に次いで硬く, 透明なものに ruby, sapphire などがあり, 半透明のものは研磨用とする》. [Tamil<Skt＝ruby]
Co·run·na /kərʌ́nə/ コランナ《A CORUÑA 市の英語名》.
co·rus·cant /kərʌ́skənt/ *a* きらめく, 輝く.
cor·us·cate /kɔ́(ː)rəskèɪt, kɑ́r-/ *vi* きらめく (glitter), ピカピカ光る (sparkle); 《才気が》きらめく. [L＝to glitter]
còr·us·cá·tion *n* きらめき; 光輝; 《才気の》きらめき.
cor·vée /kɔːrvèɪ, *⏑⏑/ *n* 〔史〕《封建諸侯が領民に課した》賦役, 強制労役; 《税金の代わりの》労役; 《道路工事などの》勤労奉仕; 厄介な仕事. [OF]
corves *n* CORF の複数形.
cor·vette, cor·vet /kɔːrvɛ́t/ *n* **1** 〔海〕コルベット艦《古代の平甲板一段砲装の木造帆装戦艦; 今は船団護衛・哨戒・対潜などの任務に当たる小型高速の機動艦艇》. **2** [Corvette] 〔商標〕コルベット《米国製のスポーツカー》. [F<MDu *korf* 船の一種, *-ette*]
cor·vid /kɔ́ːrvɪd/ *n* 〔鳥〕カラス科 (Corvidae) の鳥; カラス.
corvina ⇨ CORBINA.
cor·vine /kɔ́ːrvaɪn/ *a* カラスの(ような); 〔鳥〕カラス科の.
Cor·vus /kɔ́ːrvəs/ 〔天〕からす座 (Crow); カラス属.
co·ry /kɔ́(ː)riː, kɑ́r-/ *n* (*pl* ～) CAURI.
Cory /kɔ́ːri/ コーリー《女子名; Cora, Cornelia の愛称》.
Cor·y·bant /kɔ́(ː)rəbæ̀nt, kɑ́r-/ *n* (*pl* **～s, -ban·tes** /kɔ̀(ː)rəbǽntiz, kɑ̀r-/) **1** 〔ギ神〕**a** コリュバース《女神 CYBELE の従者; 荒々しく踊り, 音楽を奏でながら女神に従ったという》. **b** コリュバース僧《キュベレーに仕える神官で, 騒々しい酒宴と乱舞で儀式を行なった》. **2** [c-] 飲み騒ぐ人.
còr·y·bán·tic *a* コリュバース僧のような; 狂騒的な.
co·ryd·a·lis /kəríd(ə)ləs/ *n* 〔植〕キケマン属[エンゴサク属] (*C-*) の植物《ケシ科》; 延胡索《エンゴサクの乾燥塊茎で植物アルカロイドを含み, かつては強壮剤に用いた》.
Cor·y·don /kɔ́(ː)rəd(ə)n, -dɑ̀n/ コリュドーン《古典の牧歌にきまって出る羊飼いの名》; 田舎の若者.
cor·ymb /kɔ́ːrìm(b), kɑ́r-, -əm(b); kɔ́rɪm(b)/ *n* (*pl* **～s** /-mz/) 〔植〕散房花序. ◆ **co·rym·bose** /kɔ́(ː)rəmbòus, kɑ́rəm-/ *a* [F or L<Gk＝cluster]
cò·ry·ne·bactérium /kɔ̀rəni-, kərìnə-/ *n* 〔菌〕コリネバクテリア《ジフテリア菌など》. ◆ **-bactérial** *a*
co·rýne·fòrm /kəríːnə-/ *a* 〔菌〕コリネバクテリア(状)の.
cor·y·phae·us /kɔ̀(ː)rəfíːəs, kɑ̀r-/ *n* (*pl* **-phaei** /-fíːàɪ/) コリュパイオス《古代ギリシア劇で, コロス (chorus) の総指揮者》; 《一党・一派の》指導者, リーダー. [L<Gk＝chief]
cor·y·phée /kɔ̀(ː)rɪféɪ, kɑ̀r-/ *n* 〔バレエ〕コリュフェイ《ソロダンサーとコール・ド・バレエ (corps de ballet) の中間の, 小群舞の主役》. [F CORYPHAEUS]
co·ry·za /kəráɪzə/ *n* 〔医〕鼻感冒, コリーザ; 〔獣医〕コリーザ《主に家禽の伝染性鼻炎》. ◆ **co·rý·zal** *a* [Gk＝nasal mucus]
cos[1] /kɑ́s/ *n* 〔植〕COS LETTUCE.
cos[2], **'cos** /kɑz/ *conj, adv* ″《口》BECAUSE.
Cos ⇨ Kos.
cos /kɑ́s, ″kɔ̀z/ 〔数〕cosine. **Cos., cos.** Companies ♦ consul(ship) ♦ Counties. **COS** 〔商〕cash on shipment 積み込み払い (＝**c.o.s.**) ♦ °Chief of Staff.
Co·sa Nos·tra /kóuzə nóustrə; kɔ́sə nɔ́strə/ コーザ・ノストラ《マフィア型の米国の秘密犯罪組織》. [It＝our thing]
co·saque /kouzɑ́ːk, -zǽk/ *n* クラッカー (cracker)《ひもを引くと爆音をたてて中からテープなどが出る》. [F]
COSATU /kəsɑ́ːtu/ Congress of South African Trade Unions 南アフリカ労働組合会議.
Cos·by /kɑ́zbi/ コズビー **Bill ～** (1937–　)《米国のコメディアン・俳優; 本名 William Henry ～, Jr.; 黒人家庭を描いたホームドラマ 'The Cosby Show' (1984–92) に主演》.
cos·co·ro·ba /kɑ̀skəróubə/ *n* 〔鳥〕カモハクチョウ《南米産》. [Sp]
có-script *vt* …に対するスクリプトを共同で用意する.
cose /kóuz/ *vi* ゆったりとすわる, くつろぐ (cf. COZE).
cosec /kóusɛ̀k/ 〔数〕cosecant.
co·sécant *n* 〔数〕コセカント, 余割《略 cosec》.
co·sech /kóusɛ̀tʃ, -sɛ̀k/ 〔数〕°hyperbolic cosecant.
co·séismal, -séismic *a* 〔地震〕等震波圏[線]上の: a ～ zone 等震域. ► *n* [-mal] 等震線 (＝～ line).
Co·sen·za /kouzɛ́ntsə/ コゼンツァ《イタリア南部 Calabria 州の市》.
có·sèt *n* 〔数〕剰余類.
co·sey /kóuzi/ *a* COZY.
Cos·grave /kɑ́zgrèɪv/ コズグレーヴ (1) **Li·am** /líːəm/ ～ (1920–)《アイルランドの政治家; 首相 (1973–77)》 (2) **William Thomas ～** (1880–1965)《アイルランドの政治家; Liam の父; アイルランド自由国初代大統領 (1922–32)》.
cosh[1], **kosh** /kɑ́ʃ/ ″《口》*n* 《警官・暴力団の用いる》おもりを入れた棍棒, 鉛を入れたゴムホース, 鉄パイプ; 棍棒で打つこと. ● **under the ～** 猛攻をうけて; 激しい批判にさらされて. ► *vt* 棍棒で打つ. [C19 <?; cf. Romany *kosh* stick]
cosh[2] /kɑ́ʃ, kóusèɪtʃ/ *n* 〔数〕HYPERBOLIC COSINE.
cosh·er[1] /kɑ́ʃər/ *vt* …にぜいたくをさせる, 甘やかす; 甘やかして育てる

C

〈*up*〉. ► «アイル» *vi* 《借家人の所などで》食客になる; 寄食する, いそうろうをする; うちとけたおしゃべりをする. [C19<?]

co·sher² /kóʊʃər/ *a, n, vt* KOSHER.

COSHH 〘英〙Control of Substances Hazardous to Health 有害物質管理《人体への有害物質の貯蔵と使用を管理するための法律》.

co·sie /kóʊzi/ *a* COZY. ♦ **có·si·ly** *adv* **-si·ness** *n*

co·sì fan tut·te /koʊsíː fàːn túːteɪ; kóʊsi fæn túːti/ (女は)みんなそうしたもの. ► *n* [C-]『コシ・ファン・トゥッテ』《Mozart 作曲のオペラブッファ (初演 Vienna, 1790)》. [It=so do they all]

có·sìgn *vt, vi* 《約束手形などの》連帯保証人となる[として署名する]; 連署する. ♦ **có·sìgn·er** *n* 連署人.

co·sígnatory *n* 連署人, 連判者; 連署国. ► *a* 連署の: the ~ Powers 連署国.

cos·i·nage /kʌ́zənɪʤ/ *n* 〘法〙血縁, 血族 (consanguinity, cousinhood). [*cousinage*]

có·sìne *n* 〘数〙余弦, コサイン《略 cos》. [*co-*]

co·sléep *vi* 添い寝する. ♦ **co·sléep·ing** *n*

cós léttuce /kɑ́s-/ [ˢC-] 〘植〙タチチシャ, コスレタス (=*romaine*) 《英国・フランスで多く栽培されるレタス》. [原産地 *Kos*]

cosm- /kɑ́zm/, **cos·mo-** /kɑ́zmoʊ, -mə/ *comb form*「世界」「宇宙」 [Gk (COSMOS)]

-cosm /kɑ̀z(ə)m/ *n comb form*「…世界」「…宇宙」: micro*cosm*. [↑]

cos·mea /kɑ́zmiə/ *n* 〘植〙コスモス (cosmos).

cos·me·ceu·ti·cal /kɑ̀zməsúːtɪk(ə)l; -s(j)úː-/ *n* 薬用化粧品, 美容用薬品. [*cosme*tic+pharma*ceutical*]

cos·met·ic /kɑzmétɪk/ *a* **1** 化粧用の, 美容の, 美顔[整髪]用の. **2** 表面の, 表面的な, 見かけ上の; 表面を取りつくろう, ぼろ隠しの; 《欠損などした身体部分の》補綴(ほてつ)をする. ► *n* [ᵘ*pl*] 化粧品, コスメティック; [*pl*] 表面をよく見せるもの, '化粧'. ♦ **-i·cal·ly** *adv* [F<Gk; ⇨ COSMOS]

cosmétic càse 化粧品入れ, コスメケース.

cos·me·ti·cian /kɑ̀zmətíʃ(ə)n/ *n* 化粧品製造[販売]業者; 美容師, メイクアップ専門家.

cos·met·i·cize /kɑzmétəsàɪz/, **cos·me·tize** /kɑ́zmətàɪz/ *vt* 化粧する; …の表面[見かけ]をきれいにする.

cosmétic súrgery 美容外科(手術) (plastic surgery).

cos·me·tol·o·gy /kɑ̀zmətɑ́ləʤi/ *n* 美容術. ♦ **-gist** *n* 美容師 (=*beautician*). **còs·me·to·lóg·i·cal** *a* [F]

cos·mic /kɑ́zmɪk/ *a* 宇宙 (cosmos) の; 宇宙規模の, 広大無辺な, 果てしない; 宇宙論 (cosmism) の; «まれ» 秩序ある; 宇宙旅行の(ための); *«俗» すばらしい, すごい.

cós·mi·cal *a* COSMIC; «古» 地球世界の. ♦ **~·ly** *adv* 宇宙の法則に従って, 宇宙的に.

cósmic báckground radiàtion 〘宇〙宇宙背景放射 (BACKGROUND RADIATION).

cósmic dúst 〘天〙宇宙塵(じん).

cósmic mícrowave báckground (radiàtion) BACKGROUND RADIATION.

cósmic nóise 宇宙雑音 (galactic noise).

cósmic philósophy 〘哲〙COSMISM.

cósmic radiátion 〘理〙宇宙(放射)線.

cósmic ráy 〘理〙宇宙線.

cósmic státic 宇宙雑音 (galactic noise).

cósmic stríng 〘宇〙コスミックストリング《宇宙の他の部分とは空間の性質を異にする膨大な長さと質量をもつ線状の構造; 宇宙の初期に形成されたとされる》.

cos·mine /kɑ́zmìːn/ *n* 〘動〙コスミン《硬鱗魚類の硬鱗の外層をなす象牙質の物質》.

cos·mism /kɑ́zmìz(ə)m/ *n* 〘哲〙宇宙論, 宇宙進化論《特に John Fiske の》. ♦ **-mist** *n*

cos·mo /kɑ́zmoʊ/ *n* (*pl* **~s**) *«俗» 外国人学生[留学生].

Cosmo コズモ《男子名》. [Gk=order]

cosmo- /kɑ́zmoʊ, -mə/ ⇨ COSM-.

còsmo·chémistry *n* 宇宙化学. ♦ **-chémical** *a* **-chémist** *n*

cósmo·dròme *n* 《旧ソ連諸国の》宇宙船発射基地.

còsmo·génesis *n* 宇宙の生成. ♦ **-genétic** *a*

còsmo·génic *a* 宇宙線起源の: ~ carbon 14.

cos·mog·e·ny /kɑzmɑ́ʤəni/ *n* COSMOGONY.

cos·mog·o·ny /kɑzmɑ́gəni/ *n* 宇宙の発生, 天地創造; 宇宙発生論; 〘天〙宇宙進化論. ♦ **-nist** *n* **cos·mo·gon·ic** /kɑ̀zməgɑ́nɪk/, **-i·cal, -mog·o·nal** /kɑzmɑ́gənl/ *a* [Gk (COSMOS, *-gonia* begetting)]

cos·mog·ra·phy /kɑzmɑ́grəfi/ *n* 宇宙形状誌; 宇宙構造論. ♦ **-pher, -phist** *n* **cos·mo·graph·ic** /kɑ̀zməgrǽfɪk/, **-i·cal** *a*

cos·moid /kɑ́zmɔ̀ɪd/ *a* 〘動〙〈シーラカンス・肺魚の鱗が〉コスミン層と層状の硬骨からなる.

Cos·mo·line /kɑ́zməlìːn/ **1** 〘商標〙コスモリン《ワセリン (petrolatum) の商品名; 銃器類のさび止め用》. **2** [the cosmolines] *«俗» 野砲, 《歩兵隊付属の》野戦砲兵隊.

cosmológical cónstant 〘天〙《アインシュタイン方程式の》宇宙定数.

cosmológical príncìple [the] 〘天〙宇宙原理《大きなスケールでは宇宙は一様かつ等方的であるという仮説》.

cos·mol·o·gy /kɑzmɑ́ləʤi/ *n* 〘哲・天〙宇宙論. ♦ **-gist** *n* **còs·mo·lóg·i·cal, -ic** *a* **-i·cal·ly** *adv*

cos·mo·naut /kɑ́zmənɔ̀ːt, *-nɑ̀ːt/ *n* 《ソ連・ロシアの》宇宙飛行士. ♦ **cos·mo·nette** /kɑ̀zmənét/ *n fem* [ASTRONAUT の類推で *cosmos* より]

cos·mo·nau·tics /kɑ̀zmənɔ́ːtɪks/ *n* 宇宙飛行学, 航宙学. ♦ **-náu·tic, -ti·cal** *a* **-ti·cal·ly** *adv*

còsmo·plástic *a* 宇宙[世界]形成の.

cos·mop·o·lis /kɑzmɑ́pələs/ *n* 国際都市.

cos·mo·pol·i·tan /kɑ̀zməpɑ́lət(ə)n/ *a* 世界的視野をもつ, 世界主義の; 国際的感覚をもつ, 世界のことに通じている; 世界各地の人びと[要素]からなる, 国際色のある; 〘生態〙全世界に分布する: ~ species 汎存種. ► *n* **1** 国際人; 世界主義者, コスモポリタン; [*derog*] どこにも落ちつく場所のない人, 根無し草. **2** [C-]『コスモポリタン』《女性誌; 1886 年米国で創刊》. ♦ **~·ly** *adv* [COSMOPOLITE]

cosmopólitan·ìsm *n* 世界主義, 四海同胞主義.

cosmopólitan·ìze *vt, vi* 世界(主義)化する.

cos·mop·o·lite /kɑzmɑ́pəlàɪt/ *n* 世界主義者, 世界市民, コスモポリタン; 〘生態〙汎存[広布]種, 普通種. ► *a* COSMOPOLITAN. [F<Gk (COSMOS, *politēs* citizen)]

còsmo·polítical *a* 世界政策的な, 全世界の利害に関係のある.

còsmo·pólitics *n* 世界政策.

cos·mop·o·lit·ism /kɑzmɑ́pəlàɪtìz(ə)m/ *n* COSMOPOLITANISM.

cos·mo·rama /kɑ̀zmərǽmə, -rɑ́ː-; -rɑ́ː-/ *n* コズモラマ《世界風俗のぞきめがね》. ♦ **còs·mo·rám·ic** /-rǽm-/ *a* [↓, pano*rama*]

cos·mos /kɑ́zməs; -mɔ̀s/ *n* **1** [the] 《秩序と調和の現われとしての》宇宙 (cf. CHAOS); 完全体系; 秩序, 調和. **2** [C-] コスモス《英国の旅行会社》; [C-] コスモス《**1**) ソ連の宇宙空間探査・宇宙機器開発用人工衛星; 1962 年から 2000 個以上打上げ **2**) 同衛星打上げ用 2 段運搬ロケット》. **3** (*pl* ~ /-məs, -z/, **~·es**) 〘植〙コスモス《キク科コスモス属 (*C-*) の一年草; 総称》. [Gk *kosmos* order, world, universe; 「花」は NL<Gk=ornament]

cósmo·sphère *n* 《地球を中心とした》宇宙の立体模型.

cos·mo·tron /kɑ́zmətrɑ̀n/ *n* 〘理〙コスモトロン《米国 Brookhaven National Laboratory でつくった陽子シンクロトロン》.

COSPAR /kɑ́spɑ̀ːr; kóʊs-/ Committee on Space Research 国際宇宙空間研究委員会, コスパー《1958 年に発足した宇宙観測情報の交換を促進する機関》.

cos·play /kɑ́zplèɪ/ *n, vi* コスプレ(をする). ♦ **~·er** *n* [*cos*tume+*play*]

co·spónsor *n* 共同スポンサー[開催者]. ► *vt* …の共同スポンサーとなる: ~*ed* programs 共同提供番組. ♦ **~·shìp** *n*

coss ⇨ KOS.

Cos·sack /kɑ́sæk, -ək/ *n* **1 a** コサック《ウクライナ地方を中心にロシア南部に定住した農民の自治集団の一員; 帝政ロシア時代に軽騎馬兵として活躍》; コサック(軽)騎兵. **b** «俗» 《労働争議などに出動する》機動隊員. **2** 〘植〙耐寒性アルファルファ《牧草》. **3** [*pl*] ズボン《商店用語》. ► *a* コサックの. [F<Russ<Turk=nomad, adventurer]

Cóssack hát コサック帽《上に向かって広がった毛皮・シープスキンの縁なし帽》.

cóssack póst [ˢC-] 〘軍〙騎哨《下士官 1 名と兵卒 3 名からなる》.

cos·set /kɑ́sət/ *vt* かわいがる (pet), 愛育する, 甘やかす; ペットとして扱う. ► *n* 手飼いの子羊; ペット. [(n)=pet lamb<AF<OE *cot-sǣta* cottager; ⇨ COT², SIT]

cos·sie /kɑ́zi/ *n* «豪口» 水着. [(swimming) costume]

cost /kɔ́(ː)st, kɑ́st/ *n* **1 a** 代価, 値段; 原価, コスト: at ~ 原価で, 仕入れ価格で / prime [first, initial] ~ 素(原)価 / COST PRICE / at a [the] ~ of $20,000 2 万ドル(の費用)で / free of ~ 無料で. **b** [*pl*] 費用, 出費, 経費, 失費; [*pl*] 〘法〙訴訟費用《**1**) 勝訴者が敗訴者に請求できる費用 **2**) solicitor が依頼人に請求する費用および報酬 **3**) 裁判所に納める手数料》. **2** 損害, 《時間・労力などの》犠牲, 苦痛: at great ~ of life 多大の人命を犠牲にして / at a heavy ~ 大きな損失をして[犠牲を払って] / at sb's ~ 人の費用で; 人に損害[迷惑]をかけて / at the ~ of…を犠牲にして; …という犠牲を払って / a human ~ 人的犠牲[コスト], 人命の犠牲, 労働力. ● **at all ~s=at any ~** どんなに費用をかけても; ぜひとも. **count the ~** 費用を見積もる; リスクをあらかじめ考慮する; (…の)つけを払う, 事後に影響[被害]の大きさを知る 〈*of*〉. **to one's ~** みずからの負担で; みずからが迷惑[損害]をこうむって: I know it *to my* ~. それにはこりごりだ. ► *v* (~) *vt* **1 a** 〈ある金額〉かかる, 要する; 〈人〉に〈ある金額を〉費やさせる: It ~ me 100 dollars. 100 ドルかかった / It'll ~ you. それは高くつきますよ. **b** 〈時間・労力などが〉かかる, 要する; 〈貴重なものを〉犠牲にさせる, 失わせる; 〈苦痛を〉与える: It ~ me lots of labor. たいへん骨が折れた / The work ~ him his health [life]. その仕事で彼は健康をそこなった[命をなくした]. **2** 〘商〙(~, **~·ed**) …の総コストを見積もる 〈*out*〉. ► *vi* 原価を算定[計算]する; «口» 費用がかかる, 高くつく. ● **~ sb dear**

[dearly] 人にとって高いものにつく; 人をひどいめにあわせる. ～ money 金がかかる《ただではない》. ～ what it may 費用がいくらかかっても; at any COST. ♦ ～·less *a* ～·less·ly *adv* [OF<L *con-*(*sto* to stand)=to stand at a price]

cost- /kást/, **cos·ti-** /kástɪ, -tə/, **cos·to-** /kástou, -tə/ *comb form*「肋骨 (costa)」

cos·ta /kástə/ *n* (*pl* **-tae** /-ti, -tàɪ/) 〔解〕肋骨 (rib); 〔植〕《葉の》中肋, 主脈; 〔昆〕《羽の》前縁脈; 〔貝の〕隆起縁. [L=rib]

Cos·ta‖ /kástə, *kɔ́:s-, *kóus-/ *n* [*joc*] …という特徴のある海岸: ～ Ger·i·at·ri·ca /ʤèriǽtrɪkə/ じじばば海岸《年配者が目立つ海岸》. [Sp=coast]

Cósta Brá·va /-brá:və/ [the] コスタブラバ《スペイン北東部 Catalonia の地中海沿岸地帯; リゾート地》.

cóst-accóunt *vt* 〈工程・計画など〉の原価[費用]の見積もり[計算]をする, 原価計算[勘定]する.

cóst accòuntant 原価計算係; 〔英〕原価会計士.

cóst accòunting 〔会計〕原価計算, 原価会計.

Cósta del Críme [the] コスタ・デル・クライム《COSTA DEL SOL の俗称; 英国人犯罪者の逃亡先として知られる》.

Cósta del Sól /-dɛl só:l, -sóul/ [the] コスタ・デル・ソル《スペイン南部 Andalusia 地方の地中海に面する海岸地方;「太陽の海岸」の意; 一年中気候が温暖で, ヨーロッパ屈指のリゾート地》.

costae *n* COSTA の複数形.

cós·tal *a* 肋骨 (costa) の, 肋骨のある; 主脈の(ある).

cóstal respirátion 肋骨(筋)呼吸, 胸式呼吸 (opp. *diaphragmatic respiration*).

cóst and fréight 〔商〕運賃込み値段《略 CAF, c & f, CF》.

Co·sta·no·an /kəstá:nouən, kou-, kàstənóuən, *kɔ̀:s-/ *n* **a** (*pl* ～, ～s) コスタノ族《San Francisco 湾から Monterey に至る California の海岸地方に居住していたインディアン》. **b** コスタノ語族《コスタノ族が使用した言語群》.

có·stàr *n* (主役の) 共演者. ► *vi, vt* (主役として)共演する[させる]. [*co-*]

cos·tard /kástərd; kás-/ *n* コスタード《大きい卵形の英国種の食用リンゴ》; 《古》[*joc*] おつむ, どたま (head). [AF (COSTA, *-ard*)]

Cos·ta Ri·ca /kástə rí:kə/ コスタリカ《中米の国; 公式名 Republic of ～ (コスタリカ共和国); ☆San José》. ♦ **Cósta Rí·can** *a, n*

cos·tate /kástèɪt/, **-tat·ed** /-tèɪtəd/ *a* 〔解〕肋骨 (costa) のある; 〔植〕主脈[中肋]のある.

cóst-bénefit *a* 〔経〕費用と便益の: ～ analysis 費用便益分析.

cóst bòok‖《鉱山の》会計簿, 鉱業帳簿.

cóst cènter 〔経営〕原価中心点, コストセンター《組織の特定の部門, 工場の特定の機械などで原価計算上その経費が個別に計上できるもの》.

cóst clèrk 原価計算係.

cóst-cút *vt* …の経費を削減する.

cóst-cùtting *n, a* 経費削減[節減](の).

cóst drìver 〔会計〕原価作用因, コスト推進要因, コストドライバー《コストを生じさせる企業内の活動》.

cos·tean‖, **-teen**‖ /kastí:n/ *vi* 鉱脈の露頭部を捜し出すためピット[トレンチ]を掘る.

cos·tec·to·my /kastéktəmi/ *n* 〔医〕肋骨切除(術).

cóst-effécive *a* 費用に対して効果の高い, (最も)効果的[経済的]な. ♦ ～·ly *adv* 費用効果を高める形で, 効果的に. ～·ness *n* 費用効果: ～*ness* analysis 費用効果分析.

cóst-effícient /, ─́ ─́─/ *a* COST-EFFECTIVE. ♦ **-effí·ciency** *n*

cos·ter‖ /kástər/ *n* COSTERMONGER.

Cos·ter·mans·ville /kástərmənzvìl/ コスターマンズヴィル《BUKAVU の旧称》.

cóster·mònger *n*‖《古風》《果物・野菜などの》呼び売り商人. [*costard*+*monger*]

cóster's bárrow 《呼び売り商人の》二輪の手押し車.

costi- /kástɪ, -tə/ ⇨ COST-.

cóst inflàtion コストインフレ (COST-PUSH).

cóst·ing‖ *n* 原価計算 (cost accounting).

cóst, insúrance, and fréight *a* 〔商〕運賃保険料込み値段の《略 c.i.f., CIF》.

cos·tive /kástɪv/ *a* 便秘の; 便秘の原因となる; [*fig*] けちけちした; 動作の緩慢な, ぐずぐずした, のろのろした. ♦ ～·ly *adv* ～·ness *n* [AF<L; ⇨ CONSTIPATION]

cóst·ly *a* 高価な, 高額の; 豪華な; 高くつく, 手痛い〈失敗〉; 《古》ぜいたくな, 浪費する. ♦ **-li·ness** *n* [*cost*]

cost·mary /kɔ́(:)stmèəri, kást-/ *n* 〔植〕サラダ用・ビールの風味料用のキク科の草本 (=*alecost*)《かつては医療用》.

Cost·ner /kás(t)nər/ コスナー **Kevin** (**Michael**) ～ (1955–)《米国の映画俳優・監督; 映画 *Dances with Wolves* (ダンス・ウィズ・ウルブズ, 1990), *JFK* (1991), *Tin Cup* (ティン・カップ, 1996)》.

costo- /kástou, -tə/ ⇨ COST-.

còsto·clavícular *a* 〔解〕肋骨(と)鎖骨の.

cóst-of-cárry *n* 〔金融〕持越費用《一定期間ある資産を持ちつづけるのにかかる費用と金銭的利益との差》.

cóst of éntry 参入費《新たに事業を始めるのに必要な経費》.

cóst of líving [the] 生計費《標準的レベルの生活を営むために必要な財・サービスの価額》.

cóst-of-líving bònus 生計費手当.

cóst-of-líving ìndex [the] 〔経〕生計費指数《consumer price index の以前の名称; 〔米〕では 1945 年まで》.

còsto·scápular *a* 〔解〕肋骨(と)肩甲骨の, 肋肩甲の.

cos·tot·o·my /kastátəmi/ *n* 〔医〕肋骨切開(術).

cóst òverrun [°*pl*]《特に政府契約などでの》費用[経費]超過.

cóst-plús *a, n* 〔経〕〈生産費計算が〉コストプラス方式(の)《原価に利益分として一定額または一定率を加算する方式》: a ～ contract 原価加算契約.

cóst prìce 〔経〕費用価格; 《一般に》元値, 原価.

cóst-pùsh *n* 〔経〕コスト(プッシュ)インフレ (=*cost inflation*) (=**cóst-pùsh inflátion**)《生産コスト, 特に賃金上昇がひき起こす物価上昇; cf. DEMAND-PULL》.

cos·trel /kástrəl/ *n* 《特に陶製の》耳付き瓶《耳の部分にひもを通し腰などに下げる》; 耳付きの小樽.

cóst rènt‖《利益を見込まず必要経費だけの》原価家賃.

cóst shèet 〔会計〕原価計算表.

cos·tume /kást(j)ù:m/ *n* **1 a**《時代・人物・場などに特有の姿をするための》服装, 衣装;‖水着 (swimming costume): summer ～ 夏服(一式). **b**《国民・階級・時代・地方などに特有の》服装, 身なり《髪型・装身具なども含む》. **2** 婦人服, スーツ. ► *attrib a* 特定の衣裳を着用する; 特定の衣服に合った: a COSTUME BALL / a COSTUME PIECE. ► *vt* /, *─́─/ 〈人〉に衣裳を着せる; 〈劇〉の衣裳を調達する. ♦ **cós·tum·ey** *a* *〈服装が〉やたらに凝った. [F<It<L; ⇨ CUSTOM]

cóstume bàll 仮装舞踏会 (fancy dress ball).

cóstume dràma 時代劇《時代衣裳を着けて演じる》.

cóstume jéwelry コスチュームジュエリー《装いに合わせて身に着ける安価なアクセサリー》.

cóstume pàrty* 仮装パーティー (fancy dress party‖).

cóstume pìece COSTUME DRAMA.

cós·tum·er /, ─́─/ *n* **1** 衣裳屋; 衣裳方[係]; 《舞台衣裳などの》貸衣裳屋. **2***洋服[帽子]掛け.

cos·tum·ery /kást(j)ù:məri/ *n* 服装, 衣裳《集合的》; 服飾デザイン.

cos·tum·ier‖ /kast(j)ú:miər, -mièɪ/ *n* COSTUMER 1. [F]

cóst ùnit 〔会計〕原価(計算)単位.

co·supervísion *n* WORKER PARTICIPATION.

co·súrety *n* 《債務の》共同保証人. ♦ ～·**shìp** *n*

cò·survéillance *n* WORKER PARTICIPATION.

cosy ⇨ COZY.

cot[1] /kát/ *n* *《カンバスを張った》簡易寝台, キャンプベッド; *病院の寝台;‖小児用ベッド; 《インド》軽寝台架; 〔海〕吊り床. [Anglo-Ind<Hindi]

cot[2] *n* **1**《羊・鳩などの》小屋, 囲い (cote); 《詩》田舎家, あばらや. **2** おおい, カバー, 《特に》指サック. ► *vt* (**-tt-**) 〈羊などを〉小屋に入れる. [OE *cot* cottage, bed-chamber; COTE[1] と同語源]

cot[3] *n* 《アイル》小舟. [Ir]

cot /kát/ 〔数〕cotangent.

co·tángent *n* 〔数〕余接, コタンジェント《略 cot, ctn》.

cót càse 歩けないほどの[寝たきりの]病人; 《豪》[*joc*] へべれけの酔っぱらい.

cót dèath‖ 揺籃(ようらん)死, 揺りかご死 (sudden infant death syndrome).

cote[1] /kóut, kát/ *n* 《家畜・飼い鳥の》小屋 (cot), 《特に》羊小屋 (sheepcote);‖《方》小屋. [OE *cote*; cf. G *Kote*; COT[2] と同語源]

cote[2] /kóut/ *vt* 《古》…の側を通り過ぎる, 追い越す, …にまさる. [? OF *cotoyer*]

co·te·chi·no /kòuteɪkí:nou/ *n* (*pl* ～s) コテキーノ《燻製のポークソーセージ》. [It]

Côte d'Azur /*F* kot dazy:r/ [the] コート・ダジュール《フランス南東部の地中海沿岸地帯で, Riviera の一部》.

Côte d'I·voire /kóut divwá:r/ 《英語名 Ivory Coast》 **1** 象牙海岸《西アフリカ Guinea 湾の北岸, Gold Coast より西の地域》. **2** コートジヴォアール《Guinea 湾に臨む国; 公式名 Republique de Cote d'Ivoire (コートジヴォアール共和国); ☆Abidjan および Yamoussoukro (公式首都)》.

Côte-d'Or /*F* kotdɔ:r/ コート・ドール《フランス東部 Bourgogne 地域圏の県; ☆Dijon》.

cote·har·die /kout(h)á:rdi/ *n* コトアルディ《ヨーロッパ中世の長袖衣服; 男物は腿くらいまで, 女物は床まであり, ボタンやひもで締め合わせた》. [OF=bold coat]

cote·lette /koutlét/ *n* CUTLET.

co·tem·po·ra·ne·ous /koutèmpəréɪniəs/ *a* CONTEMPORANEOUS.

co·tem·po·rary /koutémp(ə)rèri; -r(ə)ri/ *a, n* CONTEMPORARY.

co·ténancy *n* 〘法〙不動産共同保有(権), 共同借地[借家](権).
co·ténant *n* 不動産共同保有者, 共同借地[借家]人.
Co·ten·tín Península /kòutɑ̃tǽ-; *F* kɔtɑ̃tɛ̃-/ [the] コタンタン半島《フランス北西部 Normandy 地方の, イギリス海峡中部に突出する半島》.
co·te·rie /kóutəri:, *ー ー ー/ *n* 《社交界の》仲間, 連中; 《文芸などの》同人, グループ. [F=association of tenants; ⇨ COTE[1]]
co·términal *a* 〈角が〉両辺共有の《大きさが 2π [360°] の整数倍だけ異なる 2 角についていう》.
co·ter·mi·nous /koutə́:rmənəs/ *a* 共通境界の, 境を接する; 《時間・空間・意味などにおいて》同一限界の, 同一延長の, 完全に重なり合う. ♦ **~·ly** *adv*
Côtes-d'Ar·mor /*F* kotdarmɔ:r/ コート-ダルモル《フランス北西部 Bretagne 地域圏の県; ☆Saint-Brieuc; 旧称 Côtes-du-Nord》.
Côtes-du-Nord /*F* kotdynɔ:r/ コート-デュ-ノール《CÔTES-D'ARMOR の旧称》.
coth /kǽθ, kòutéɪtʃ/ *n* 〘数〙 HYPERBOLIC COTANGENT.
co·thur·nus /kouθə́:rnəs/ *n* (*pl* **-ni** /-nàɪ, -ni/) **1** コトルヌス (=*buskin*) (=**co·thurn** /kóuθə:rn, ー ー/)《古代ギリシア・ローマの悲劇俳優が履いた底の厚い編上げのブーツ; cf. SOCK[1]》. **2** [the] 悲壮調; 悲劇. [L<Gk]
cot·ics /kɑ́tɪks/ *n pl* 《俗》麻薬 (narcotics).
co·tídal *a* 〘気〙同潮の: a ~ line 同潮[等潮]時線.
co·til·l(i)on /koutíljən, kə-/ *n* **1** コティヨン《2人[4人, 8 人]で踊る活発なフランス舞踏; その曲》; *相手を幾度も変えるステップの複雑なダンス(曲). **2** *(debutantes などを紹介する) 正式の舞踏会. [F=dance<OF=petticoat; ⇨ COAT]
co·tin·ga /koutíŋgə, kə-/ *n* 〘鳥〙カザリドリ属 (*C-*) の各種の鳥《中南米主産》. [Tupi]
co·tin·ine /kóut(ə)nì:n, -nàɪn/ *n* 〘化〙コチニン《ニコチンの主要代謝産物のアルカロイドで, 活発な喫煙の指標となる》.
cot·ise, cot·tise /kɑ́təs/ *n* 〘紋〙コティス《斜帯や中帯などの両側の細い帯の一つ; 幅斜帯の 1/4》. ♦ **~d** *a* コティスを配した. [OF; ⇨ COSTA]
Cot·man /kɑ́tmən/ コットマン **John Sell** ~ (1782-1842)《英国の画家; Norwich 画派の代表的存在で, 水彩による風景画, エッチング作品がある》.
co·to·ne·as·ter /kətóuniæ̀stər, kɑ́tnì:s-; kətòuniǽstər, kɔ̀tní:s-/ *n* 〘植〙コトネアスター, シャリントウ《バラ科コトネアスター属 (*C-*) の低木の総称; 赤い実がなる》. [*cotonium* quince, *-aster*[1]]
Co·to·nou /kòutənú:/ コトヌー《ベニン南部の市・港町》.
Co·to·paxi /kòutəpǽksi/ コトパクシ, コトパヒ《エクアドル中部にある世界最高の活火山 (5897 m)》.
cot·quean /kɑ́tkwì:n/ 《古》*n* 男まさりの下品な女; 女の仕事に精を出す男.
cò·transdúction *n* 〘遺〙同時形質導入《2 つ以上の遺伝子が 1 つのバクテリオファージによって形質導入されること》.
co·tránsport *n* 〘生理〙共輸送《膜を通して 2 つ以上の物質が同時に同方向に輸送される現象》.
cò·tri·móx·a·zole /-trɪmɑ́ksəzòul/ *n* 〘薬〙コトリモキサゾール《尿路感染症などの治療に用いる trimethoprim と sulfamethoxazole の合剤》.
Cots·wold /kɑ́tswòuld/ *n* 〘羊〙コッツウォルド種(の羊)《イングランド Cotswolds 丘陵産の大型長毛種》.
Cots·wolds /kɑ́tswòuldz/ *pl* [the] コッツウォルド丘陵《イングランド南西部の, 主に Gloucestershire に広がる丘陵; 風光明媚な countryside の代表として知られる; もと羊毛の産地》.
cot·ta /kɑ́tə/ *n* 〘キ教〙小[短]白衣, コッタ. [It]
cot·tage /kɑ́tɪdʒ/ *n* **1 a** 小さな家, 田舎家, 農家; 《羊飼い・猟師などの》小屋. **b** ‖《俗》公衆便所《ホモの接触の場》. **2** 《田舎家風の》小別荘; *《避暑地などの》別荘, 山荘 (=*holiday cottage*). **3** 《郊外などの》一戸建て住宅; *《病院・リゾートホテルなどにある》一戸建て住宅《小さなグループ単位で収容する》; 《豪》平屋. **4** COTTAGE PIANO. ● **love in a ~** 貧しいながら楽しい所帯. ► *vi* ‖《俗》《ホモの相手を求めて》公衆便所のあたりをうろつく, 公衆便所でホモ行為をする. ♦ **cót·tag·ey** *a* **cót·tag·ing** *n* [AF; ⇨ COT[2]]
cóttage chèese カテージチーズ (=*Dutch cheese, pot cheese*)《脱脂乳から造る非熟成のチーズ》.
cóttage cùrtains *pl* 上下一組の窓用カーテン.
cóttage flát ‖コテージ風フラット《2 階建てで各階に 2 世帯ずつある》.
cóttage fries, cóttage fried potátoes *pl* HOME FRIES.
cóttage gàrden コテージガーデン《英国の cottage のまわりに見られたような色とりどりの花や野菜を植えた素朴な庭》.
cóttage hóspital ‖《住込み医師のいない田舎の》小病院; いくつかの一戸建て病室からなる病院, 医院.
cóttage ìndustry 家内工業[産業], 零細産業; ローカルな関心事, 小集団の中でのホットな話題.
cóttage lòaf ‖《大小二つの塊りを重ねた形の》重ねパン.
cóttage piáno コテージピアノ《小型のアップライトピアノ》.
cóttage píe ‖SHEPHERD'S PIE.
cóttage púdding コテージプディング《味のないカステラに甘いソースをかけたケーキ》.
cót·tag·er *n* 田舎家に住む人; ‖小百姓, 農業労働者, 作男; 《米・カナダ》《避暑地の》別荘客, 山荘の住人.
cóttage túlip 〘植〙五月咲き, コッテージ(チューリップ)《シーズン半ばに咲く背丈の高いチューリップ》.
cottar ⇨ COTTER[1].
Cott·bus, Kott- /kɑ́tbəs, -bùs/ コットブス《ドイツ東部 Brandenburg 州の Spree 川に臨む市》.
cot·ter[1], **-tar** /kɑ́tər/ *n* 〘英史〙《スコ》小屋住み農《農場小屋に住む日雇い農夫》; 〘アイル史〙COTTIER. [*cot*[2]; *-ar* は Sc]
cotter[2] *n* 〘機〙横くさび, くさび栓, コッター, 《特に》COTTER PIN; 〘建〙込み栓 (=*key*). ► *vt* 〘機〙コッターで結合する. [C17<?; cf. ME *coterell* iron bracket<?] ♦ **~ed** *a* **~·less** *a*
cótter pìn [wày] 〘機〙割りピン, 割栓, コッターピン.
Cót·ti·an Álps /kɑ́tiən-/ *pl* [the] コティアンアルプス《フランスとイタリアとの国境にあり, Alps の一部; 最高峰 Monte Viso (3841 m)》.
cottise ⇨ COTISE.
cot·tid /kɑ́tɪd/ *n* カジカ科 (Cottidae) の各種の魚.
cot·ti·er /kɑ́tiər/ *n* ‖小農 (cottager); 〘アイル史〙入札小作人; 〘英史〙COTTER.
cóttier ténure 〘アイル史〙入札小作権.
cot·ton /kɑ́tn/ *n* 綿(わた)(めん), 木綿, コットン; 〘植〙ワタ(棉) (cotton plant); 綿花; 綿糸, 木綿糸, 《特に》カタン糸 (sewing cotton); 綿布, 綿織物; *脱脂綿; 《cottonwood, silk-cotton tree など他の植物の》綿毛(状のもの); *《俗》ベンゼドリン (Benzedrine) を染み込ませた綿; *《俗》薬物を染み込ませた綿: ~ in the seed 実綿(みわた) / raw ~ 綿花 / a needle and ~ 木綿糸を通した縫い針 / the ~ industry 綿織業. ● **be sitting on high ~** *《南部》《成功で》有頂天になっている. **in tall ~** *《俗》えらくうまいこといって, 富裕に暮らして大満足で. **shit in high ~** *《卑》豪勢な暮らしをする, (成金で)うはうは楽しむ. **spit ~** 《俗》のどがからからである. ► 《口》*vi* *好きになる ‹to›; 親しくなる ‹to, with›; 〈提案などに〉好感をもつ, 賛成する ‹to›; 理解する ‹to›: I don't ~ *to* him at all. あの人はどうしても好きになれない. ● **~ on (to…)** 《口》(…が)好きになる; 《口》(…を)理解する, (…に)気づく; 《口》(…を)利用する. **~ up** *《口》仲よくやる ‹together, with›, (取り入って)近づきになる ‹to›. ♦ **~·less** *a* [OF<Arab]
Cotton コットン (**1**) **Charles** ~ (1630-87)《イングランドの詩人; 岳父 Izaak Walton の *The Compleat Angler* (釣魚(ちょうぎょ)大全)に第 2 部を書き加えて出版した (1676)》 (**2**) **John** ~ (1585-1652)《イングランドのピューリタンの牧師; アメリカに移住し, Boston 教会の牧師としてニューイングランドの宗教界を指導した》.
cot·ton·ade /kɑ̀t(ə)néɪd; ー ー ー/ *n* コットネード《作業着・安物のパジャマ用の粗綿布》.
cótton bàll 《口》丸型の脱脂綿《化粧・医療用》.
cótton bátting 精製綿, コットンバッティング《薄い層にして押し重ねた脱脂綿; 外科・ふとん綿用》.
Cótton Bèlt [the] 《米国南部の》綿花地帯《特に Alabama, Georgia, および Mississippi の諸州》.
cótton bòllworm 〘昆〙CORN EARWORM.
Cótton Bòwl [the] コットンボウル《(**1**) Texas 州 Dallas にあるフットボール競技場 **2**) 同所で毎年 1 月 1 日に行なわれる招待大学チームによるフットボール試合》.
cótton bùd ‖綿棒 (cotton swab*).
cótton bùsh 《豪》ホウキギ《家畜の飼料》.
cótton càke COTTONSEED CAKE.
cótton cándy *綿菓子 (candyfloss‖); 魅力があるが中身のないもの.
Cótton Clùb [the] コットンクラブ《1920-30 年代に New York 市の Harlem で最も有名だったナイトクラブ; 白人富豪や政財界の有力者が通い, 米国最高の黒人演奏家が出演, Duke Ellington オーケストラもここで初出演し, 有名になった; 大恐慌で閉店》.
cótton cúrtain *《俗》南部. [IRON CURTAIN にならって]
cótton flánnel 綿ネル, コットンフランネル.
cótton frèak *《俗》綿に染み込ませた麻薬を吸う常用者.
cótton gìn 綿繰(わたく)り機, (コットン)ジン.
cótton gràss 〘植〙ワタスゲ (=*cotton sedge*)《カヤツリグサ科ワタスゲ属の植物の総称》.
cótton gùm 〘植〙《米国南東部の》ヌマミズキの一種.
cótton làvender 〘植〙LAVENDER COTTON.
cótton mìll 綿紡績工場, 綿織工場, 綿工場.
cótton mòuth *《俗》《恐怖・二日酔い・麻薬の服用などによる》口の渇き.
cótton·mòuth (mòccasin) 〘動〙ヌママムシ (water moccasin).
cot·to·noc·ra·cy /kɑ̀tənɑ́krəsi/ *n* 綿業王国, 綿業者, 〘米史〙《南北戦争前の南部地方の》綿栽培者《集合的》.
Cot·to·nop·o·lis /kɑ̀tənɑ́pələs/ *n* [*joc*] '綿業都市'《イングランド Manchester 市の俗称》.
cótton pìcker 綿摘み人; 綿摘み機, (綿)摘採機.

cótton-pìck·ing*«俗» *a* いまいましい, ひどい, けしからん; 全くの, べらぼうな. ► *adv* VERY.
cótton plànt 〔植〕ワタ(棉)《アオイ科; 亜熱帯主産》.
cótton pòwder 綿火薬.
cótton prèss 繰綿(梱包用)プレス, 繰綿プレス工場.
cótton prìnt 捺染(なっせん)綿布, コットンプリント.
cótton ràt 〔動〕コトンラット《米国南部・中米原産のネズミで実験動物》.
cótton rèel‖ 糸巻, 糸車.
cótton sèdge 〔植〕ワタスゲ (cotton grass).
cótton·sèed *n* 綿の種子, 綿の実, 綿実(めんじつ).
cóttonseed càke 綿の実のしめかす.
cóttonseed mèal 綿の実のしめかすでつくった家畜の餌, 綿実粕《肥料にもする》.
cóttonseed òil 綿実(めんじつ)油《食用・石鹸用》.
cótton spìnner **1** (綿糸)紡績工; (綿糸)紡績業者[工場主]. **2** 〔動〕ナマコ, 《特に》クロナマコの一種《さわると白いもの[キュビエ管]を吹き出す》.
cótton spìnning 綿糸紡績(業).
cótton stàiner 〔昆〕アカホシカメムシ《ホシカメムシ科アカホシカメムシ属の昆虫; ワタの害虫》.
Cótton Stàte [the] 綿花州《Alabama 州の俗称》.
cótton swàb* 綿棒 (cotton bud‖).
cótton·tàil *n* 〔動〕ワタオウサギ (=*wood rabbit*) (=~ **ràbbit**)《北米産ワタオウサギ属の尾の下面が白い綿毛になっているウサギの総称》; ワタオウサギの尾.
cótton thìstle 〔植〕オオヒレアザミ (=*Scotch thistle*)《スコットランドの代表的な thistle》.
cótton trèe 〔植〕**a** キワタ, 《特に》カポックノキ[パンヤノキ]. **b** ハコヤナギ. **c** ガマズミの一種. **d** «豪» オオハマボウ.
cótton wàste 綿繊維くず, ウェス《機械類掃除用》.
cótton·wèed *n* 〔植〕白い軟毛でおおわれた草《チチコグサなど》; 綿状の種子をつける植物.
cótton·wòod *n* 〔植〕**1** ハコヤナギ《種子に白色の綿毛がある》, 《特に》ナミキドロ, アメリカクロヤマナラシ, ヒロハハコヤナギ《北米産》; (ヒロハ)ハコヤナギの木材. **2** 豪州産の葉に綿毛が密生する低木: **a** クロウメモドキ科の常緑低木. **b** キク科の低木.
cótton wóol 生綿(きわた), 原綿; 《特に》精製綿[詰綿]; ‖脱脂綿 (absorbent cotton*). ● **be** [**live**] **in ~** 安逸をむさぼる, ぜいたくに暮らす. **keep** [**wrap** (**up**)]...**in ~** «口» 〈子供などを〉過保護にする, 〈物を〉大事に扱う.
cótton wóol bàll‖ COTTON BALL.
cót·tony *a* 綿のような, ふわふわした; 綿毛のある, けばだっている; 〈ラシャが〉木綿のような, 粗末な.
cótton yárn 綿糸, 木綿糸.
cóttony-cúshion scàle 〔昆〕ワタフキカイガラムシ《California に広まった柑橘類の害虫; 天敵ベダリアテントウ (vedalia) をオーストラリアから輸入して抑えた》.
Cót·trell pròcess /kátrəl-/ [the] コットレル式集塵法《気体の静電気式除塵法》. [Frederick G. *Cottrell* (1877–1948) 米国の化学者]
Cot·tus /kátəs/ 〔ギ神〕コットス《百手の巨人の一人; ⇨ HECATONCHIRES》.
Co·ty /koutí:/ コティ **René(-Jules-Gustave)** ~ (1882–1962)《フランスの法律家・政治家; 第四共和政最後の大統領 (1954–59)》.
cot·yl- /kátıl/, **cot·y·li-** /kátəli/, **cot·y·lo-** /kátəlou, -lə/ *comb form*「杯」「杯状器官」 [Gk; ⇨ COTYLEDON]
-cot·yl /kát(ə)l/ *n comb form*「子葉」: dicotyl. [↓]
cot·y·le·don /kàt(ə)lí:d(ə)n/ *n* 〔植〕**1** 子葉 (=seed leaf)《胚の初葉》; 〔動〕胎盤葉, 分葉, 《特に反芻動物の胎盤の》絨毛叢. **2** 〔植〕ベンケイソウ科コチレドン属 (*C-*) の多肉植物. ♦ **~·al, ~·àry** /; -(ə)ri/, **~·ous** *a* [L=pennywort<Gk=cup shaped cavity (*kotulē* cup)]
cot·y·loid /kát(ə)lɔ̀ıd/ *a* 〔解〕臼状の, 杯状の; 寛骨臼の (acetabular): ~ joint 臼状関節 / ~ cavity 寛骨臼.
cot·y·lo·saur /kát(ə)lousɔ̀:r, katílə-/ *n* 〔古生〕杯竜《杯竜目の各種; 古生代後期の原始的な爬虫類で, 両生類と恐竜などの爬虫類の中間的存在と考えられている》.
có·tỳpe 〔生〕*n* 等価基準標本 (syntype); 従基準標本 (paratype).
cou /kú:/ *n**«卑» COOZIE.
Cou·ber·tin /*F* kubɛrtɛ̃/ クーベルタン **Pierre de ~**, Baron de ~ (1863–1937)《フランスの教育家; 古代ギリシアのオリュンピア競技祭をモデルに国際オリンピック大会の開催を提言, 1896 年第 1 回大会を開催》.
cou·cal /kú:kəl/ *n* 〔鳥〕バンケン《アフリカ・南アジア・豪州産; ホトトギス科》. [F]
couch[1] /káutʃ/ *n* **1** 寝椅子, 長椅子《背が sofa より低く肘掛けが一つ》; ソファー; 精神分析 [CT 検査など] をうける患者の寝台; «文・詩» ふしど (bed): retire to one's ~ 寝所に退く. **2 a** 休み場《草の上など》. **b** 《獣の》隠れ場, 巣, 穴 (lair). **3 a** 《ビール醸造の大麦の》麦芽床. **b** /*kú:tʃ/ 〔紙〕《すき合わせの》毛布, 氈床(せんしょう), クーチ; 抄紙機のすき網から湿紙を送り出すロール, クーチロール (=~ **ròll**). **4** 〔画〕下塗り. ● **on the ~** 精神分析をうけて. ► *vt* [u~ *-self/pass*] **1** 言い表わす, ほのめかす: a refusal ~*ed in* polite terms 丁寧なことばで述べた拒絶. **2 a** 〈体を〉横たえる, 寝かせる: be ~*ed* upon the ground. **b** 〈槍などを〉下段[斜め]に構える; 〈頭などを〉たれる. **3 a** 〈大麦を〉寝かす. **b** 〔医〕〈人・白内障〉に硝子体転位を施す《かつての治療法》. **c** /*kú:tʃ/ 〔紙〕〈すいた紙を〉氈床[クーチ]に移す, すき合わせる; …に《金糸などの》縫取り細工を施す. ► *vi* **1** 横たわる, 休む. **2** 飛びかかろうとして体をかがめる, うずくまる; 待伏せをする. **3** 〈葉などが〉堆積する. [OF<L COL*loco* to lay in place]

couch[2] /káutʃ, kú:tʃ/ *n* COUCH GRASS. [変形<*quitch*]
couch·ant /káutʃ(ə)nt/ *a* 〔紋〕〈ライオンなどが〉うずくまって頭をもたげた姿勢の (cf. DORMANT; ⇨ RAMPANT).
cóuch càse «口» 精神分析を受けたほうがいい者, 精神障害者.
cóuch dòctor «口» 精神分析医, 精神科医.
cou·chette /kuʃét/ *n* 《ヨーロッパの鉄道で》寝台車のコンパートメント; その寝台, バース. [F (dim)<*couche* bed]
cóuch gràss /káutʃ-, kú:tʃ-/ 〔植〕**a** シバムギ・カモジグサの類 (=*quack* [*quick*, *quitch*] *grass*, *wheatgrass*, *witchgrass*). **b** «豪» BERMUDA GRASS.
cóuch·ing /káutʃ-/ *n* 《太い金糸などを前後左右一定間隔ごとに細糸で留めて作る》縫取り細工; 〔医〕硝子体転位(法); /*kú:tʃ-/ 〔紙〕すき合わせ, クーチング.
cóuch potàto «口» カウチポテト《ソファーにすわり込んでスナックを食べながらテレビやビデオばかり見ているような人; sofa spud ともいう》. ♦ **cóuch-potàto** *vi*
cóuch tùrkey*«俗» COUCH DOCTOR.
cou-cou /kú:kù:, kú-/ *n* クークー《ゆでたひき割りトウモロコシとオクラを棒 (~ **stìck**) で粘りが出るまで強くかきまぜた西インド諸島の食べ物》. [?]
cou·dé /kudéı/ *a* 〈望遠鏡が〉クーデ式の《対物レンズ[対物反射鏡]からの光を反射鏡により極軸に平行にし, 天体の日周運動によって動かない焦点に集め, ここに乾板や分光器を置くようにした反射望遠鏡》; クーデ望遠鏡の[に関する]. ► *n* クーデ望遠鏡. [F=bent like an elbow (*coude* elbow); その形から]
Coué /kuéı; *F* kwe/ クエ **Émile ~** (1857–1926)《フランスの薬剤師・心理学者; 自己暗示療法 (Couéism) を創始した》.
Coué·ism /kuéııꞏz(ə)m, ⌐⌐⌐; ⌐⌐⌐/ *n* クエ法, クエイズム《自己暗示による精神療法》. [↑]
cou·gar /kú:gər, -gɑ̀:r/ *n* (*pl* ~**s**, ~) **1** 〔動〕ピューマ, クーガー, アメリカライオン (=*American leopard*, *American* [*mountain*] *lion*, *catamount*, *panther*, *puma*). **2** «俗» クーガー女《若い男を求める熟女》. [F<Guarani]
cough /kɔ́(:)f, káf/ *vi* 咳をする, 咳払いをする; 〈エンジンなどが〉せきこむような音をたてる; «俗» 白状する, 吐く. ► *vt* 咳をして〈痰・血などを〉吐き出す 〈*up*, *out*〉, 咳をしてもどす 〈*up*〉; 咳をしながら言う. ● **~ down** 〈聴衆が弁士を〉咳払いして妨害する. **~ out** せきこみながら[しぶしぶ]言う. **~ one's head off** ひどくせきこむ. **~ up** «口» 〈金・情報などを〉しぶしぶ[なんとか]出す[渡す]; [u~ it up] «俗» 白状する, 打ち明ける. ► *n* 咳, 咳払い, 咳嗽(がいそう); 咳の出る病気: give a slight ~ 軽い咳をする / have a (bad) ~ (ひどい)咳を病む / have [get] a fit of ~*ing* せきこむ. ♦ **~·er** *n* [ME *coghe*<imit; cf. G *keuchen* to wheeze, OE *cohhetan* to make a noise]
cóugh càndy* COUGH DROP.
cóugh dròp **1** 咳止めドロップ. **2** «俗» 厄介な人[もの].
cóugh mìxture‖ 咳止め薬.
cóugh swèet‖ COUGH DROP.
cóugh sỳrup 咳止めシロップ.
could /kəd, kùd, kúd/ *v auxil* CAN[1] の過去形. [条件節の内容を言外に含めた婉曲語法]: I ~ not sew. ぼくにはとても裁縫はできない《even if I tried を補う》/ *C*~ you come and see me tomorrow? 明日おいで願えませんでしょうか《Will you…?, Would you…? よりも丁寧》/ You ~ ask for their opinions. 彼らの意見を聞いてみたら / You ~ always rely on her. いつだって彼女をたよりにしていいんですよ / I ~ laugh [~ have danced] for joy. 全くうれしくて笑い出したくなる[踊り出したかった] / You ~ at least have called me up, *couldn't* you? せめて電話ぐらいしてくださってもよかったのに / How ~ you? よくまあ(…なことができるな). ● **C~ be.** もしかすると, そうかも (maybe). **Couldn't be better** [**worse**].《調子[気分, 状況]は》最高さ[最悪だ]. **I couldn't.** もうけっこうです《飲食物などを勧められて》. [*-l-* は SHOULD, WOULD との類推で 16 世紀ごろから]
couldn't /kədnt, kùdnt, kúdnt/ could not の短縮形.
couldst, could·est /kədəst, kùdəst, kúdəst/ *v auxil* «古・詩» THOU[1] に伴うときの COULD の古形.
cou·lee /kú:li/, **cou·lée** /kuléı/ *n* 〔地質〕溶岩流; *(間欠)河流; *干上がった河床; *小峡谷. [F=flowing]
cou·leur de rose /kulɑ́:r də róuz/ *n* ばら色. ► *a* ばら色の; 希望のもてる, 楽観的な. [F]
coulibiac, coulibiaca ⇨ KOULIBIAC, KOULIBIACA.
cou·lis /kulí:/ *n* クーリ《野菜や果物をピューレ状にして作るとろみのあ

るソース; しばしば 飾りに使われる》. [F; cf. COULEE]

cou·lisse /kulí:s, -lís/ *n* 《水門の戸を上げ下げする》溝柱; 《舞台の》袖(そで)道具, [ᵘ*pl*] 舞台の左右の袖; [°*fig*] 舞台裏; HALLWAY; 《Paris 証券取引所などの》非公認のディーラー(の取引場所): be experienced in *the* ~*s of* the political world 政界の消息に通じている / the gossip of *the* ~*s* 舞台裏のうわさ, 劇壇裏話. [F (*coulis* sliding); cf. PORTCULLIS]

C

cou·loir /kulwá:r; kú:-/ *n* 山腹の峡谷; 通路. [F (*couler* to glide; cf. ↑)]

cou·lomb /kú:lὰm, *-ˊ-/ *n* 〔電〕クーロン《電気量・誘電束の実用単位; 略 C》. ► *a* クーロンの. ♦ **cou·lom·bic** /kulám(b)ɪk, -lóum(b)ɪk/ *a* [↓]

Cou·lomb /*F* kulɔ̃/ クーロン **Charles-Augustin de** ~ (1736–1806)《フランスの物理学者; クーロンの法則 (Coulomb's law) を確立, 静電気学・磁気学の数学的理論の基礎とした》.

Cóulomb fìeld 〔理〕クーロン電界.

Cóulomb fòrce 〔理〕クーロン力《通例 静電気力》.

cóulomb·mèter *n* COULOMETER.

Cóulomb's láw 〔理〕クーロンの法則《2 電荷間にはたらく電気力の大きさは電荷の積に比例し, 距離の 2 乗に反比例する》.

cou·lom·e·ter /kulámətər, kú:ləmì:tər/ *n* 〔電解〕電量計, クーロメーター (voltameter).

cou·lom·e·try /kulámətri/ *n* 電量分析, クーロメトリー《電気分解の際に流れた電気量を測定することによる定量分析》. ♦ **cou·lo·met·ric** /kù:ləmétrɪk/ *a* **-ri·cal·ly** *adv*

coul·ter, 《米》**col-** /kóultər/ *n* 犂刀(すき)《すき (plow) の先に付けた刃》. [OE *culter* <L *culter* knife; cf. CUTLASS, CUTLER]

cou·ma·phos /kú:məfɑ̀s/ *n* 〔農薬〕クマホス《家畜・家禽用殺虫剤》. [*coumar*in+*phos*phorus]

cou·ma·rin /kú:mərən/ *n* 〔化〕クマリン《香料をつくる》.

cou·ma·rone, cu- /kú:məròun/ *n* 〔化〕クマロン (=*benzofuran*).

cóumarone(-ìndene) rèsin 〔化〕クマロン(・インデン)樹脂《クマロンとインデンの重合体からなる合成樹脂; 塗料・印刷インキ安定剤》.

coun·cil /káunsəl/ *n* **1** 会議, 協議; 評議会, 協議会, 審議会 (cf. COUNSEL); 《町・市などの》(地方)議会, 参事会; 教会会議; 《大学などの》評議員会; 〔新約〕SANHEDRIN: at ~ 会議中で / a family ~ 親族会議. **2** 《団体の》地方支部; 社交クラブ. ● **the King [Queen, Crown] in C~** 〔英〕枢密院における国王《勅令発布または植民地よりの請願受理の主体》. ► *a* **1** 《特に 北米インディアンの》会議用の; (地方)議会の. **2** ᴵᴵ《住宅・学校などが》公営の, 公立の. [AF<L *concilium* convocation, assembly (*con-, callo* to summon); cf. COUNSEL]

cóuncil àrea 参事会地域《1996 年, スコットランドを 32 の一元的自治体 (unitary authority) に分けて成立した行政区分》.

cóuncil bòard [tàble] 会議のテーブル, 議席; 《開催中の》会議.

cóuncil chàmber 会議室.

cóuncil estàteᴵᴵ 公営住宅団地.

cóuncil flàtᴵᴵ 公営アパート.

Cóuncil for Mútual Económic Assístance [the] 経済相互援助会議 (COMECON).

cóuncil hòuse ᴵᴵ議事堂, 議場; 《スコ》TOWN HALL; ᴵᴵ公営住宅; *《インディアンの》会議所.

coun·cil·lor, -cil·or /káuns(ə)lər/ *n* (地方)議会議員, 参事会員; 顧問官, 参議; 《日本の》参議院議員: the House of *C~s* 《日本の》参議院. ♦ **~·shìp** *n* [COUNSELLOR の council にならった変形]

cóuncil·man /-mən/ *n* 《米国 または London 市の》(地方)議会議員, 参事会員 (councillorᴵᴵ). ♦ **còuncil·mán·ic** /-mǽn-/ *a*

cóuncil-mánager plàn 〔米〕議会支配人方式《議会が city manager を選任して市政を行なわせる制度; cf. COMMISSION PLAN, MAYOR-COUNCIL》.

Cóuncil of Áncients [the] 〔フランス史〕《総裁政府 (1795–99) 時代の》元老院.

Cóuncil of Económic Advísers [the] 〔米〕《大統領の》経済諮問委員会《1946 年創設; 略 CEA》.

Cóuncil of Éurope [the] 欧州評議会[会議]《ヨーロッパが, 共通の価値である人権, 民主主義, 法の支配の実現の面で協力し合うことを目的として 1949 年設立; 本部 Strasbourg; 47 か国加盟》.

Cóuncil of Fíve Húndred [the] 〔フランス史〕五百人会《総裁政府時代に Council of Ancients と共に立法府を構成》.

cóuncil of mínisters [the, °the C- of M-] 《ソ連などの》閣僚会議《内閣に相当》; 《欧州連合の》閣僚理事会《加盟国の閣僚で構成される立法・政策決定機関》.

cóuncil of státe [the] 国務会議; [the C- of S-] 《フランスの》最高行政裁判所, 国務院, コンセイユ・デタ (Conseil d'État).

Cóuncil of Státes [the] RAJYA SABHA.

Cóuncil of Tén [the] 十人委員会《1310–1797 年の Venice の秘密公安委員会》.

Cóuncil of Trént [the] トリエント公会議《1545–63 年に断続的に開催; 反福音主義の立場からカトリック教義を確定》.

cóuncil of wár 参謀[軍事]会議, 軍議; 非常時の会議, 作戦会議.

councilor ⇨ COUNCILLOR.

cóuncil·pèrson *n* (地方)議会議員, 参事会員.

cóuncil tàx 〔英〕地方自治体参事会税, カウンシル税《1993 年に community charge に代わって施行された地方税; 居住家屋の評価額を基礎に課税される》.

cóuncil·wòman *n* (地方)議会女性議員, 女性参事会員.

coun·sel /káuns(ə)l/ *n* **1 a** 相談, 協議, 評議 (consultation) (cf. COUNCIL). **b** 勧告, 助言 (advice); 〔神学〕勧告, 勧め: give ~ 助言する, 知恵を貸す. **c** 行動計画. **2** [<*sg/pl*>] 弁護人(団) (barrister(s)); 弁護士《実務を執る barrister》; 顧問, 専門家, コンサルタント: ~ for the Crown ᴵᴵ国王側[訴追側]弁護士 / the ~ for the prosecution [the defense] 検察官[弁護人] / KING'S [QUEEN'S] COUNSEL / take the ~'s opinion 弁護士に相談する. **3** 《古》**a** 意図, 計画. **b** 思慮, 分別: Deliberate in ~, prompt in action. 熟慮断行. ● **~ of despair** 窮余の一策, 苦しまぎれの行為. **keep one's (own) ~** 自分の意見を胸に秘めておく, 意見を人に明かさない. **take [hold] ~** 討論審議する; 相談する, 協議する <*with, together*>: *take* ~ *with* oneself 自分でよく考える / *take* ~ of one's PILLOW. ► *v* (**-l-** | **-ll-**) *vt* <人>に忠告[助言]する (advise) <*to* do, *against* do*ing*>; <もの・事を>勧める (recommend). ► *vi* 相談する, 協議[審議]する <*about*>; 助言を与える. ♦ **~·able, -sel·la·ble** *a* [OF <L *consilium* consultation, advice; cf. COUNCIL, CONSUL, CONSULT]

coun·sel·ee /kàunsəlí:/ *n* カウンセリングを受けている人.

cóunsel·ing, -sel·ling *n* カウンセリング《学校・家庭・職場等における個人の適応の問題に関する臨床心理学的援助》.

Cóunsellor of Státe [the] 〔英〕《国王不在・病気期間中の》臨時摂政.

cóunsel of perféction 〔神学〕《天国を望む者に対する》完全[完徳]への勧め; [*fig*] 実行できない理想案.

cóunsel·or, -sel·lor *n* 顧問, 相談役, 相談相手 (adviser); カウンセラー (⇨ COUNSELING); *弁護士; 《アイル》顧問弁護士; 《大使[公使]館の》参事官; *キャンプの指導員; COUNCILOR. ♦ **~·shìp** *n* counselor の職[地位].

cóunselor-at-láw* *n* (*pl* **cóunselors-**) 弁護士.

count[1] /káunt/ *vt* **1** 数える, 計算する; …まで数える; 数[勘定]に入れる <*in*>; 〔楽〕《声を出して》…の拍子をとる; 棚卸しする: ~ over 数えなおす; 数え上げる / ~ the house 入場者数を調べる / *C~* me in. わたしも加えて / ~ noses [heads] ⇨ NOSE. **2 a** <…を…と>思う, みなす (consider, regard): I ~ it folly to do so. そうするのは愚策と思う / I ~ my*self* happy. 自分を幸福だと思う / I ~ *that* he will come. *《口》彼は来ると思う / ~ sb *as* [*for*] dead 死んだとみなす. **b** <功績などを>帰する, (…の)せいにする. ► *vi* **1** 数を数える, 計算する; 数[勘定]にはいる; 〔楽〕拍子をとる: ~ (*from* one) (*up*) *to* fifty (1 から)50 まで数える / Who's ~*ing*? いちいち数えているやつなんかいないよ《数[回数]など気にするな》. **2** <ある数に>数える; …とみなされる: The bull's-eye ~*s* 5. 金的は 5 点になる / The book ~*s as* a masterpiece. 傑作とされる. **3** 物の数にはいる, 重きをなす, 重要である <*with* sb>: Every vote [minute] ~*s*. 1 票[1 分]といえども大切である. ● **…, and counting** 《口》そして《その数は》さらに増えつづけている. **~ against…** <失敗などが[を]>…に不利となる[と考える]. **~ among** … <人が[を]><友人など>の一人となる[みなす]. **~ down** 《ロケット発射などで》秒読みをする (cf. COUNTDOWN); カウントダウンする, <日数などを>数えながら待つ <*to, until*>: ~ *down to* the vacation 休暇を待ち望む (cf. COUNT the days). **~ for**…の価値がある: ~ *for* much [little, nothing] 物の数にはいる[はいらない], 重要である[ない]. **~ in** 勘定[仲間]に入れる <*for, on*> (⇨ *vt* 1). **~ off** *《軍隊などで》番号を唱える (number off); *《確認のために》数える; 数えて別にする, 数えて班に分ける. **~ on**…にたよる, …をあてにする, 期待する; <…するのではないかと期待[予想]する <sb *for* sth [do*ing*], sb *to* do>: I ~ *on* you *to* help. ご助力を期待しております / I wouldn't ~ *on* it. そんなことは信じられない, 期待しないでおこう / I hadn't ~*ed on* it snow*ing*. 雪になるなどとは予想していなかった. **~ out** (**1**) <物を数えて出す; (数えて)省く; 声をあげて数える; 《口》除外する <*for*>, <可能性などを>排除[無視]する; 《子供の遊戯で》数え歌を歌って遊びからはずす[鬼に指名する]. (**2**) <ボクサーを>ノックアウトと宣告する; 〔野〕<選手>にアウトを宣告する. (**3**) *《口》故意に<得票を>除く; 得票数を偽って<候補者を>落選させる. (**4**) 〔英議会〕(定足数を欠くため)<議長が>討議を中止させる, 流会を宣する: ~ *out* a measure [member] 定足数未満の理由で討議[演説]を中止する / ~ the House *out* 定足数不足との理由で延会[流会]を宣する. **~** SHEEP. **~ the** COST. **~ the days [hours, minutes]** 《あと何日[何時間, 何分]と》指折り数えて待つ, 楽しみに待つ. **~ to ten** 《口》心を静めるために十数える. **~ up** 数え上げる, しめる (sum up); 合計で…になる <*to*>. **stand up and be ~ed** 自分の意見を公表する, 自分の立場を明らかにする. ► *n* **1 a** 数えること, 計算, 勘定: out of ~ 数えきれない, 無数の / take ~ of votes 投票数を数える / at (the) last ~ 最終集計で. **b** 《古》顧慮, 考慮 (account): set ~ on…を重く見る / take ~ [no

～] of…を重要視する[しない]. **2 a** 数; 総数, 総計;〘理〙カウント《ガイガー計数管などによる指示値》;〘野〙ボールカウント, スコア; [the (full) ～]〘ボク〙カウント(をとること);《刑務所俗》点呼: the death ～ 死者数 / He was down for a ～ of eight in the fifth round. 5 回に倒されてカウントエイトまでいった. **b**〘紡〙番手, カウント. **3** 問題点, 論点;〘法〙《起訴状の》訴因: on all[several] ～*s* あらゆる[いくつかの]点で / He was sentenced to one year's imprisonment on five ～*s*. 5 訴因で 1 か年の禁固に処せられた. **4**ᴵᴵ定足数不足による流会(宣言). ● **down for the ～**〘ボク〙ノックアウトされて;《口》打ちのめされて, 運[金]が尽きて, もうだめで;《口》《ある期間中》活動停止[不能]で: go *down for the* ～ ノックアウトされる. **keep ～** (**of**…) (…の)数を憶えている, 記録しておく. **lose ～** (**of**…) (…の)数を忘れる, (…を)数えきれなくなる: *lose* ～ *of* time 時間がわからなくなる, 時の経つのを忘れる. **off the ～**《刑務所俗》居なくなって, ずらかって, くたばって. **on the ～**《刑務所俗》ちゃんと居る. **out for the ～**〘ボク〙ノックアウトされて;《口》意識を失って, 熟睡して;《口》疲れはてて, 活動を続けられない. **take the ～**〈倒れたボクサーが〉10 秒経っても立ち上がれない, カウントアウトになる; 負けを認める; もはやなくなっている, もう使わない: *take the* last [long] ～ *《俗》死ぬ. [OF *co(u)nter*<L COMPUTE]

count[2] *n*《欧州大陸の》伯爵. ★ comte (F), conte (It), graf (G) などの訳語で英国の EARL に当たる; 女性形はすべて countess. ♦ **～·ship** *n* count の地位[権限, 領土]. [OF<L *comit- comes* companion]

cóunt·able *a* 数えられる;〘数〙可算の, 可付番の: a ～ noun 可算名詞. ► *n*〘文法〙可算名詞. ♦ **-ably** *adv* **count·abílity** *n*

cóunt·bàck *n* カウントバック方式《同点[互角]のとき後半で成績のよかったほうを勝者にする方式》.

cóunt·dòwn *n* 秒読み, カウントダウン; 秒読み段階; カウントダウンのデジタル表示.

coun·te·nance /káunt(ə)nəns/ *n* **1 a** 顔つき, 表情, 顔貌, 面相;《古》外観;《古》見せかけ, てらい: a sad ～ 悲しそうな顔つき / His ～ fell. 浮かない顔をした, 顔に失望の色が浮かんだ. **b** 穏やかな表情; 落ちつき (composure);《廃》態度: in ～ 落ちついて / with a good ～ 落ちつきはらって. **2** 精神的援助, 賛助, 支持, 奨励: find no ～ in…の支持を受けられない / give [lend] ～ to…の肩を持つ / in the light of sb's ～ 人の愛顧[賛助]によって. ● **change ～** 顔色を変える. **keep** sb **in ～** 人をあわてさせない; 人の顔を立てる, 人に恥をかかせない. **keep** one's **～** 平然としている, すまして[笑わないで]いる. **lose ～** 落ちつきを失う. **out of ～** あわてて, 当惑して: put sb *out of* ～ 人をうろたえさせる; 人に面目を失わせる. ► *vt* …に賛意を示す, 是認する, 支持する, 黙認する: I will never ～ violence. [OF =bearing; ⇨ CONTAIN]

cóun·te·nanc·er *n* 賛助者, 援助者.

count·er[1] /káuntər/ *n* **1 a** 計数者; (卓上) 計算器;〘電算・機〙計数器, カウンター;〘理〙《放射線の》計数管[装置];〘電子工〙計数回路 (scaling circuit). **b**《トランプなどの得点計算用の》数取り, カウンター; 模造硬貨; [*derog*] 硬貨, 玉 (coin). **2 a**《銀行・商店・図書館・レストランなどの》カウンター; *調理台, 流し台: a girl behind the ～ 女店員, 売子 / pay over the ～ 帳場に払う / serve [sit] behind the ～ 店で働く; 小売店を営む. **b** [〈*a*〉] カウンター越しの, 処方箋不要の (OVER-THE-COUNTER): ～ medicines. **3** 取引の材料; 利用[巧みに操縦]されそうな人[もの];〘言〙COUNTERWORD. ● **over the ～**《取引所でなく証券業者の》店頭で《株売買にいう》;《卸売業者でなく》小売業者を通じて; 処方箋なしで. **under the ～** (不法に)こっそり, 闇(値)で. [AF; ⇨ COUNT[1]]

counter[2] *a* **1** 反対の, 逆の; 反発する, 反感をいだく; 命令撤回の, 取消しの. **2**《一対の》片方の, 副の, 対の. ► *adv* 反対の方向に: run [go] ～ to〈教訓・法則など〉に背く, 反する. ► *vt, vi* 逆に出る, 逆らう (oppose, contradict); 相殺する, 無効にする, 阻止する;〈…に〉反論する, 論駁する〈*with*〉;〘チェス・ボクなど〙迎え撃つ, 逆襲する: ～ with one's left 左手でカウンターを放つ. ► *n* **1** 逆, 反対のもの; 対抗力[活動, 措置]; 反論〈*to*〉;〘フェン〙コントルパリー《剣先で円を描いて受け止めること》;〘ボク〙カウンター(ブロー);〘スケート〙逆回転, カウンター (=～-rocking turn, ～ rocker);〘アメフト〙逆走行. **2**《靴の》かかと革;〘海〙船尾突出部. **3** 馬の前胸部《両肩と首の下部との間》;〘印〙谷《活字面のくぼんだ部分》; 硬貨のくぼみ. [OF CONTRA; *counter-* の影響も大きい]

coun·ter- /kàuntər/ *pref*「敵対する」「報復する」「反」「逆」「対応する」「副」. ★ 自由に動詞・名詞・形容詞・副詞に付ける. [OF<L CONTRA]

còunter·áct *vt* 中和する, 打ち消す; 妨げる;〈計画を〉破る, くじく.

còunter·áction *n* 中和作用, 反対作用, 拮抗作用; 阻止, 抵抗; 反作用, 反動.

còunter·áctive *a* 反作用の; 中和性の. ► *n* 反作用剤, 中和薬; 中和力. ♦ **～·ly** *adv*

còunter·ádvertising *n* 対抗宣伝 (countercommercial).

còunter·ágency *n* 反動作用, 反動力.

còunter·ágent *n* 反作用剤; 反対動因.

cóunter·appròach *n*〘軍〙《包囲軍への》対抗道, 対向塹壕.

cóunter·àrgument *n* 反論, 駁論.

cóunter·attàck *n* 逆襲, 反撃. ► *vt, vi* (…に)逆襲[反撃]する. ♦ **～·er** *n*

còunter·attráction *n*《他のものの》向こうを張った呼び物. ♦ **-attráctive** *a*

còunter·bálance /, ⊥—⊥—/ *vt* …と平衡する, …と釣り合う; …の埋合わせをする;〈勢力・効果など〉相殺する; …に釣合いおもりを付ける. ► *n* /⊥—⊥—, ⊥—⊥—/ 平衡量;〘機〙釣合いおもり (=*counterweight*); ほかとの釣合いをとるもの, 平衡力, 対抗[拮抗]勢力〈*to*〉.

cóunter·blàst *n* 強硬な反対, 猛烈抗議〈*to*〉;〘気〙反対気流.

cóunter·blòw *n* 反撃, 逆襲, 報復, しっぺ返し;〘ボク〙カウンターブロー (counterpunch);〘医〙反動[反衝]損傷.

cóunter·bòre *n* 端ぐり機, もみ下げ機; 端ぐり機で広げた穴. ► *vt*〈穴を〉円筒形に広げる, 端ぐり機で広げる.

cóunter·bràce〘海〙*n* フォアトップスル (fore-topsail) の風下側のブレース. ► *vt*〈ヤードを〉交互に反対向きにする.

cóunter·brànd *n*《家畜の》もとの焼き印を取り除く新しい焼き印《所有主の交替などを示す》.

còunter·búff *vt*《古》反撃[逆襲]する.

còunter·chànge *vt* …の位置[特性]を入れ替える;《文》市松模様[多彩な模様]にする, 多彩にする. ► *vi* 入れ替わる, 交替する. ► *n* 対照的図案, 市松模様; 前とは逆の入れ替え[変更].

cóunter·chàrge *n*〘軍〙逆襲, 反撃;〘法〙反訴. ► *vt* /, *⊥—⊥—/〘軍〙逆襲[反撃]する;〘法〙反訴する.

cóunter·chèck *n* 対抗[防止] 手段, 反対, 妨害; 重ねて行なう対抗[防止]手段; 再照合;《古》さかねじ (retort). ► *vt* /, ⊥—⊥—/ 妨害する, …に対抗する; 再照合する.

cóunter chèck 預金引出票, 払戻票《小切手帳を持って来なかった預金者の便宜をはかって銀行が用意する特殊小切手で, 預金者当人だけが窓口で換金できる》.

cóunter·clàim *n* 反対請求,《特に》反訴. ► *v* /, ⊥—⊥—/ *vi* 反対請求[反訴]をする〈*for, against*〉. ► *vt* …に対して反対請求[反訴]を提起する. ♦ **còunter·cláimant** *n* 反対請求者, 反訴人.

còunter·clóck·wise*a, adv* 時計の針と反対の[に], 左回りの (opp. *clockwise*): a ～ rotation 反対[反]時計回り.

còunter·commércial *n* 対抗宣伝, 逆宣伝.

còunter·condítion·ing *n*〘心〙反対条件づけ.

cóunter·còup *n* 反クーデター.

cóunter·cùlture *n* 反[対抗]文化, カウンターカルチャー《体制的価値基準や慣習などに反抗する, 特に 若者の文化》. ♦ **còunter-cúltural** *a* **-cúlturist** *n*

cóunter·cùrrent *n* 反流, 逆流, 向流;〘電〙逆電流. ► *a* /⊥—⊥—/ 逆流する; 向流(型)の, 対向流(式)の. ♦ **～·ly** /⊥—⊥—-/ *adv*

còunter·cýclical *a*〘経〙景気循環対策の: ～ actions 反景気循環措置, 景気対策. ♦ **～·ly** *adv*

còunter·declarátion *n* 反対宣言; 対抗声明.

còunter·demonstrátion *n* 対抗的示威運動. ♦ **-démonstrate** *vi* **-démonstrator** *n*

cóunter·drùg *n*〘薬〙対抗薬《依存性物質からの脱却を促す薬剤》.

cóunter drùg 処方箋なしで販売される薬.

cóunter electromótive fórce〘電〙逆起電力 (=*back electromotive force*).

còunter·elèctro·phorésis *n*〘医〙逆電気泳動法《血液検査法の一種》.

còunter·éspionage *n* 対抗的スパイ活動, 防諜.

cóunter·exàmple *n* 反証, 反例.

còunter·fáctual〘論〙*a* 反事実(的)の. ► *n* 反事実的条件文.

coun·ter·feit /káuntərfìt/ *a* 偽造の, にせの (forged); 模造の, まがいの; 虚偽の, 心にもない: a ～ signature にせの署名 / ～ illness 仮病. ► *n* 偽造物, にせもの; 模造品, 偽作;《古》模写;《古》肖像(画);《古》ペテン師. ► *vt, vi*〈貨幣・文書などを〉偽造する (forge); 模造する, まねる, 似せる;〈感情を〉偽る, 装う; [*fig*] …にまがう, 酷似する. ♦ **～·er** *n* 偽造者, 模造者,《特に》通貨偽造者, にせ金造り. [OF (*contrefaire* to copy); ⇨ FACT]

cóunter·flòw *n* 逆流, 反流,〘工〙《熱交換器などにおける》向流.

cóunter·fòil *n* 控え, 副本《小切手帳・受取帳の控えとして手元に残る部分》. [FOIL[2]]

cóunter·fòrce *n* 対抗勢力, 反対勢力;〘軍〙武力破砕攻撃, 対兵力攻撃《開戦前に敵の軍事的能力を破壊し無力化してしまうために, 攻撃兵器・施設だけをねらって攻撃すること; 特に 核戦略上の用語》.

cóunter·fòrt *n*〘建〙《擁壁などの, 控え壁と逆方向についた》逆控え壁;〘地理〙《山・山脈の》山脚(さんきゃく) (spur).

cóunter·glòw *n*〘天〙対日照 (GEGENSCHEIN).

còunter·gue(r)rílla *n* 対抗ゲリラ.

cóunter ìmage〘数〙原像 (inverse image).

còunter·indémnity *n* 損害補償書.

còunter·institútion *n* 対抗制度《大学当局の教育方針に反

C

対する大学内の非認可グループ; 伝統的なイデオロギーや権威団体の見解に反対するグループ》.

còunter·insúrgency *n* 対ゲリラ計画[活動]; 対反乱計画[活動], 逆反乱. ► *a* 対ゲリラ(用)の, 対反乱用の.

còunter·insúrgent *n* 対ゲリラ戦士. ► *a* 対ゲリラの.

còunter·intélligence *n* 対敵諜報活動[機関], 対情報活動.

còunter·intúitive *a* 直観に反した. ♦ **~·ly** *adv*

cóunter·ìon *n* 〖理〗対(たい)イオン《反対荷電をもち溶液中に存在するイオン》.

còunter·írritant *n* 反対[誘導]刺激(薬)《からし・軟膏など》; 《痛み・不快さなどから注意をそらすための》対抗刺激. ► *a* 反対[誘導]刺激をする. ♦ **-irritate** *vt* 反対[誘導]刺激薬で治療する. **-irritátion** *n* 反対[誘導]刺激(法).

cóunter·jùmp·er *n* 《口》[*derog*] 売場店員, 売り子.

còunter·líght *vt* 〈部屋の内部などを〉向かい合った両側の窓[照明]で照らす; 真向かいから照明する. ► *n* /ˊ-- -ˋ-/ 向かい合わせ窓; 正面からの光線[照明].

cóunter·màn /, -mən/ *n* 《カフェテリアの》カウンターの客の給仕人.

coun·ter·mand /kàuntərmǽnd, ˊ--ˋ; -máːnd, ˊ--ˋ/ *vt* 〈命令・注文を〉取り消す, 撤回する; 〈投票・選挙を〉無効と宣言する; 反対の命令によって…に対する命令[要求]を取り消す; 〈軍隊などに〉撤退を命じる, 呼び戻す. ► *n* /ˊ--ˋ/ 注文[命令]の取消し; 反対[撤回, 取消し]命令. [OF<L; ⇨ MANDATE]

cóunter·màrch *n* 〖軍〗背進, 反対行進, 回れ右前進; 後退; 《行為・方策の》百八十度転換; 《政治デモなどでの》対抗行進. ► *vi, vt* 背進[逆行]する[させる].

cóunter·màrk *n* 《貨物などに付ける》副荷印; 《金銀細工に押す》極印, 検証刻印. ► *vt* …に countermark を押す[付ける].

cóunter·mèasure *n* [ᵘ*pl*] 対策, 対応策; 対抗[報復]手段.

cóunter·mèlody *n* 〖楽〗対旋律, カウンターメロディー, オブリガード《主旋律に対して独立的に動いて主旋律を引き立てる副旋律》.

cóunter·mìne *n* 〖陸軍〗抗敵坑道; 〖海軍〗逆機雷; 逆計. ► *vt* 抗敵坑道[逆機雷]で対抗する[防ぐ]; 〈人〉の計略の裏をかく. ► *vi* 〖陸軍〗抗敵坑道を設ける; 〖海軍〗逆機雷を敷設する.

cóunter·missile *n* ANTIMISSILE MISSILE.

cóunter·mòve *n* 対抗手段[動作]. ► *vi, vt* 対抗手段として行なう; …に対抗手段をとる.

cóunter·mòve·ment *n* 対抗運動.

cóunter·mùre *n* 〖城〗副壁; 《籠城軍の城壁に対して攻城軍が築く》対抗壁.

cóunter·offènsive *n* 反攻, 逆襲, 攻勢転移.

cóunter·òffer *n* 対案, 反対提案; 〖商〗反対申し込み, カウンターオファー.

coun·ter·pane /káuntərpèin/ *n* 《古風》BEDSPREAD. [*counterpoint* (obs)<OF<L *culcita puncta* quilted mattress; *-pane* は *pane* (obs) cloth に同化したもの]

cóunter·pàrt *n* よく似た人[もの]; 対(つい)の片方, 片割れ; 対応するもの[人], 対応物, 対照物; 《劇中の》敵役; 〖法〗《正副 2 通のうちの》一通, 《特に》副本, 写し; 〖楽〗対応部. [17 世紀 OF *contrepartie* にならったもの]

counterpart fúnd 〖経〗見返り資金《被援助国が贈与分と等額の自国通貨を積み立てたもの》.

cóunter·pàrty *n* 《契約・商取引の》相手(方), 取引先.

còunter·phóbic *a* 逆恐怖の, 恐怖を感じさせる状況[場面]をみずから求める.

cóunter·plàn *n* 対案, 代(替)案.

cóunter·plèa *n* 〖法〗(付随的)反対抗弁[答弁].

cóunter·plòt *n* 対抗策 〈*to*〉; 〖文芸〗副主題. ► *vt* 〈敵〉の計略に計略で対抗する, 〈人〉の計略の裏をかく. ► *vi* 反対の計略[対策]を講じる.

cóunter·pòint *n* (CONTRAPUNTAL *a*)〖楽〗対位法; 多声音楽 (polyphony); 《ある旋律に随伴する》対位旋律; 対比[対照]的要素; 《文学などの》対位的手法; 〖韻〗シンコペーション. ► *vt* 対位法を用いて作曲[編曲]する; 《対比・並置によって》際立たせる, 強調する; 補う, 補完する. [OF<L=pricked or marked opposite (to the original melody) (*punctus* musical note, melody<POINT)]

cóunter·pòise *n* 釣合いおもり (counterbalance); 均衡をとるもの, 平衡力 (counterbalance); 均斉, 釣合い, 安定; 〖電〗埋没地線, カウンターポイズ: be in ~ 平衡を保つ, 釣合いがとれている. ► *vt* …と釣り合う, 平衡する; 釣り合わせる, 平衡状態にする[保つ]; 補う, 償う; 《古》比較考量する. [OF (L *pensum* weight); cf. POISE]

cóunterpoise brìdge 跳開橋 (bascule bridge).

cóunter·pòison *n* 拮抗毒, 解毒性毒素; 解毒薬 (antidote).

còunter·póse *vt* 対置する. ♦ **còunter·posítion** *n*

cóunter·prèssure *n* 反対[対抗]圧力, 逆圧: ~ brake 逆圧ブレーキ.

còunter·prodúctive *a* 意図とは逆の結果をまねく, 逆効果の.

còunter·prógram *vi, vt* 〖テレビ〗(〈他局の番組〉に対抗して)裏番組を制作放送する.

còunter·prógramming *n* 〖テレビ〗《他局の番組に対抗するための》裏番組編成.

còunter·proliferátion *n* 核拡散対抗措置.

cóunter·pròof *n* 〖印〗反転校正.

còunter·propagánda *n* 対抗宣伝, 逆[対]宣伝.

cóunter·propòsal *n* 反対提案, 対案.

còunter·pulsátion *n* 〖医〗反対拍動法《心臓の負担を軽減する方法》.

cóunter·pùnch *n, vi* 〖ボク〗カウンターパンチ(を打つ). ♦ **~·er** *n*

còunter·reformátion *n* 反改革.

Cóunter-Reformátion *n* [the] 反宗教改革, 対抗改革《宗教改革によって誘発された, 16–17 世紀におけるカトリック教会内部の自己改革運動》.

cóunter·replỳ *n* 返答[答弁]に対する返答[答弁]; 返答, 答弁. ► *vi, vt* /ˊ-- -ˋ-/ 言い返す, やり返す.

còunter·revolútion *n* 反革命. ♦ **~·ist** *n*

còunter·revolútion·àry /; -(ə)ri/ *a* 反革命の, 反革命的な. ► *n* 反革命参画[煽動, 同調]者, 反革命主義者.

còunter-róck·ing tùrn, cóunter rócker 〖スケート〗逆回転, カウンター (counter).

còunter·rótate *vi* 《同じ軸のまわりを》反対方向に回転する, 逆回転する. ♦ **-rotátion** *n*

còunter·rotáting propéller 〖空〗二重反転プロペラ.

còunter·scàrp *n* 〖城〗《堀の》傾斜した外壁, 外岸.

cóunter·shàding *n* 〖動〗明暗消去型隠蔽《動物の体色が, 太陽光に通常さらされる部分は暗く, 陰になる部分は明るくなる現象; 水の表層近くを泳ぐ青背の魚などがその例》. ♦ **-shàded** *a*

cóunter·shàft *n* 〖機〗中間軸, 〖車〗副軸.

cóunter·shòck *n* 〖医〗カウンターショック《不整脈を停止するために心臓に与える電気ショック》.

cóunter·sìgn *n* 合いことば (password); 応答信号; 副署. ► *vt* /, ˊ-- -ˋ-/ …に副署する; 確認[承認]する.

còunter·sígnature *n* 副署.

cóunter·sìnk 〖機〗*vt* 〈穴〉の口を円錐形に広げる, 〈穴を〉さら穴にする, さらもみする; 〈ねじなど〉の頭をさら穴に埋める: a *countersunk* hole さら穴, 座ぐり穴. ► *n* さら穴, 埋頭孔; さらもみぎり, 沈めフライス.

cóunter·spỳ *n* 敵側スパイに対するスパイ, 逆スパイ.

cóunter·stàin *n* 《顕微鏡標本の》対比染色(剤). ► *vt, vi* /, ˊ-- -ˋ-/ 対比染色する.

cóunter·stàte·ment *n* 反対陳述, 反駁.

cóunter·stròke *n* 打ち返し, 反撃.

cóunter·sùbject *n* 〖楽〗《フーガにおける》対主題, 《第一主題に対する》対比主題.

còunter·suggést·ible *a* CONTRASUGGESTIBLE.

cóunter·sùn *n* ANTHELION.

còunter·ténor /, ˊ-- -ˋ-/ *n* 〖楽〗カウンターテナー《男声の最高音; その歌手[声部]; 略 c.》. [F<It]

còunter·térror·ism *n* テロ(リズム)対抗措置[手段], 対テロ戦略. ♦ **-ist** *a*

cóunter·thrùst *n* 突きに対する(反撃の)突き, 返し突き.

cóunter·tòp* *n* 調理台《上部の平面》.

cóunter·tràde *n* 見返り貿易《バーター取引・見返り輸入などの総称》.

còunter·tránsference *n* 〖精神分析〗逆転移, 対抗転移《分析者が被分析者に対して感情転移をすること》.

cóunter·trènd *n* 反対の傾向.

cóunter tùbe COUNTING TUBE.

cóunter·tỳpe *n* 相当[対応]する型; 反対の型.

coun·ter·vail /kàuntərvéil, ˈˈ--ˋ/ *vt* 相殺する; 補償する; …に対抗する; 《古》…に相等する[等しい]. ► *vi* 対抗する 〈*against*〉. [AF<L (*valeo* to have worth)]

countervàil·ing *a* 相殺する, 対抗する; 逆方向にはたらく: ~ forces 反対勢力 / a ~ argument 反論.

countervàiling dúty 相殺関税.

countervàiling pówer 〖経〗拮抗力, 平衡力《独占のような経済権力に対抗してそれを相殺する力で, 労働組合や消費者運動がもつとされる; Galbraith の用語》.

cóunter·vàlue *n* 同等の価値, 等価. ► *a* 〖軍〗対価値の《都市部や工場など民間施設を攻撃する核戦略をいう; cf. COUNTERFORCE》.

cóunter·vìew *n* 反対意見, 逆の見解; 《古》対面, 対決, 対立.

còunter·vìolence *n* 報復的暴力.

còunter·wéigh *vt* COUNTERBALANCE. ► *vi* 平衡力として作用する 〈*with, against*〉.

cóunter·wèight *n, vt* COUNTERBALANCE.

cóunter·wòrd *n* 〖言〗転用語《本義以外で漠然と用いられる通俗語; たとえば affair (=thing), awful (=very) など》.

cóunter·wòrk *n* 対抗作業, 反対行動; [*pl*] 〖軍〗対(抗)塁. ► *v* /ˊ-- -ˋ-/ *vt* …に対抗する, 妨げる. ► *vi* 反対にはたらく. ♦ **~·er** *n*

count·ess /káuntəs/ *n* 伯爵夫人[未亡人]《count, earl の夫人[未亡人]》; 女伯爵. [OF<L *comitissa* (fem)<COUNT²]

coun·ti·an /káuntiən/ *n* 特定の COUNTY[1] の居住者.
cóunt·ing *prep* …を考慮すると, …を勘定に入れると.
cóunting fràme 《子供に初歩の算数を教えるそろばん式の》計算盤 (cf. ABACUS).
cóunting·hòuse *n* 《銀行・会社などの》会計課, 会計室, 会計事務所[室, ビル]; 《昔の貴族・商人の家の》執務部屋.
cóunting nùmber 〔数〕ゼロ以外の正の整数, 自然数 (natural number).
cóunting ràil COUNTING FRAME.
cóunting ròom COUNTINGHOUSE.
cóunting tùbe 《放射線の》計数管 (=*counter tube*).
cóunt·less *a* 数えきれない, 無数の. ♦ **~·ly** *adv*
cóunt nòun 〔文法〕可算名詞 (countable noun) (cf. MASS NOUN).
cóunt-òut *n* 〔英下院〕定足数不足のための流会(宣言); *除外票(による落選者); 〔ボク〕カウントアウト.
cóunt pálatine 宮中伯 (**1**) フランク王国の最高書記官 **2**) 神聖ローマ帝国において大公領に置かれた皇帝の代官); 王権伯 《中世イングランドおよびアイルランドで王権に近い強大な権限の行使を許された州領主; cf. COUNTY PALATINE》.
coun·tri·fied, -try- /kʌ́ntrɪfàɪd/ *a* 田舎くさい, 粗野な, 野暮な, がさつな; 〈景色など〉ひなびた, 野趣のある; カントリー (country music) 風の.
coun·try /kʌ́ntri/ *n* **1 a** 国土; 国, 国家; 本国, 祖国, 故国; [one's] 生国, 故郷, 郷里: So many *countries*, so many customs. 《諺》国が変われば風俗も変わる, 所変われば品変わる / Happy is the ~ that has no history. 《諺》歴史なき国は幸いなり / love of one's ~ 祖国愛, 愛国心 / leave the ~ 故国を出る (go abroad) / My [Our] ~, right or wrong! 正邪は問わず祖国第一! 《盲目的愛国主義》. **b** [the] 国民, 選挙民. **2 a** 地域, 地方, 土地; 〔海〕海域; 〔海軍〕士官専用区域: mountainous [open] ~ 山国[開けた平野] / wooded ~ 森林地域 / Shakespeare ~ シェイクスピアゆかりの土地. **b** 《ある》領域, 分野, 方面: That was unknown ~ to him. 彼には未知の土地[分野, 領域]だった. **3 a** [the] 田舎, 郊外, 田園 《PASTORAL, RURAL *a*》; 〔楽〕カントリー (country music): go into the ~ 田舎へ行く / live in *the* ~ 田舎暮らしをする / town and ~ 都会と田舎 / God made the ~, and man made the town. 《諺》神は田園をつくり, 人は町をつくる 《自然は美しい》. **b** "《口》《クリケットで》外野 (outfield); 《競馬場の》スタンドから離れた側のコース: in *the* ~ 〔クリケット〕《ウィケットから離れた》外野で. **4** 〔法〕陪審 (jury): put [throw] one*self* upon one's ~ 陪審の裁きを求める. ● **across ~** 田野を横断して; クロスカントリーの〈競走など〉. ANOTHER **~ heard from.** **go [appeal] to the ~** "〈政府が〉内閣不信任を決議した国会を解散して総選挙を行なう, 国民の信を問う. **up ~** 首都[海岸]から離れて. ► *a* 田舎の, 地方の; 《装飾などが》カントリー様式の; 農村[田園]で作った, 手作りの; 粗野な, 野暮な; 〔楽〕カントリーの; *《俗》〈選手など〉ちゃんと仕事のできる, たよりになる. ♦ **~·ish** *a* [OF<L *contrata (terra)* (land) lying opposite; ⇨ CONTRA]
cóuntry and wéstern 〔楽〕カントリー・アンド・ウェスタン (COUNTRY MUSIC) 《略 C & W》.
cóuntry blùes [<*sg/pl*>] カントリーブルース 《ギターの伴奏を伴ったフォークブルース》.
cóuntry-bórn *a* 田舎生まれの.
cóuntry-bréd *a* 田舎育ちの.
cóuntry búmpkin 田舎者, いなかっぺ.
cóuntry-clùb *a* country club 的な[風の]; 富裕な, 裕福な.
cóuntry clùb カントリークラブ 《テニス・ゴルフ・水泳などの設備がある社交クラブ; その建物》; *《俗》新入りに温かい刑務所.
Cóuntry Còde [the] 〔英〕カントリーコード 《地方を訪れる旅行者などを対象にまとめられた行動規約》.
cóuntry cóusin [*derog*] 田舎者, お上りさん.
cóuntry dámage 〔保〕《荷造り後における, 綿花・コーヒーなどの》元地[奥地]損害, カントリーダメッジ.
cóuntry dànce [dàncing] 《英国の地方起源の》カントリーダンス 《特に 2 列の男女が互いに向かい合って踊るもの》.
cóuntry drúnk *a* *《俗》酒に酔って, へべれけで.
countryfied ⇨ COUNTRIFIED.
cóuntry·fòlk *n pl* 地方人, 田舎の人びと (rustics); 同国人, 同胞 (fellow countrymen).
cóuntry géntleman" 郷紳 《田舎に土地をもち広大な家屋敷に居住する紳士階級[貴族]の人》; 地方の大地主 (squire).
cóuntry hòuse "田舎の広壮な屋敷, 大地主[貴族]の田園邸宅, カントリーハウス (cf. TOWN HOUSE); *別荘.
cóuntry jàke [jày]* 田舎者 (rustic, yokel).
Cóuntry Lífe 『カントリーライフ』《英国の週刊誌; 地方誌, 地方の建築物・自然史, 庭作り, スポーツなどを扱っている》.
cóuntry·lìke *a, adv* 田舎風の[に], 無骨な[に].
cóuntry·màde *a* 《インド》手製の〈銃器など〉, 自家製の, 無許可で作った.
cóuntry·man /-mən/ *n* [one's] 同国人, 同郷の人; 《ある》地方の住民; /ᵒ-mæ̀n/ 田舎の人, 田舎者: What ~? 何国人か / a north [south] ~ 北国[南国]人.
cóuntry mìle *《口》とても長い距離, 広大な範囲.
cóuntry mùsic 〔楽〕カントリーミュージック (=*country and western*) 《米国南部[西部のカウボーイ]の音楽から発生[を模倣]したフォークミュージック》.
cóuntry pàrk" 田園公園 《田舎に設けられたピクニック施設や自然歩道を有する広大な公園》.
cóuntry pàrty 地方党 《都市[工業]の利益に対し地方[農業]の利益を擁護する政党》; [the C- P-] 〔英史〕地方派 《Charles 2 世の治世に非国教徒に加担した議会内グループ; のちに Whig 党となる》; [the C- P-] 〔豪〕地方党 《NATIONAL PARTY の旧称》.
cóuntry·pèople *n pl* COUNTRYFOLK.
cóuntry róck[1] 〔地質〕母岩(ぼがん).
cóuntry róck[2] カントリーロック (rockabilly).
cóuntry·sèat *n* 田舎の邸宅[土地]; "COUNTRY HOUSE.
cóuntry·sìde *n* 田舎, 地方, 田園; 《ある》地方の住民.
Cóuntryside Commìssion [the] 〔英〕田園委員会 《イングランドの非都市地域の保護・改善を目的として 1968 年に設立された非政府機関; 統合などを経て NATURAL ENGLAND という組織になった》.
cóuntry sìnger カントリーシンガー 《COUNTRY MUSIC のシンガー》.
cóuntry stóre 田舎[保養地, 観光地]の雑貨店.
cóuntry tówn 田舎町.
cóuntry wéstern 〔楽〕カントリーウェスタン (COUNTRY MUSIC).
cóuntry·wíde *a, adv* 全国的な[に].
cóuntry·wòman *n* 同国[同郷]の女性; 田舎女.
coun·ty[1] /káunti/ *n* **1 a** 〔米〕郡 《Louisiana と Alaska を除く各州の最大行政区画; Louisiana では parish, Alaska では borough がこれに相当する》. **b** 《英連邦の一部で》郡 《最大の地方行政単位》. **2 a** 〔英〕州 《イングランド・ウェールズおよび旧スコットランドの行政上の最大区画で, shire ともいう; cf. REGION》, 〔アイル〕県 (cf. BARONY). **b** 〔英史〕COUNTY BOROUGH; 〔英史〕COUNTY CORPORATE: the *C*~ of York=YORKSHIRE. **c** 《ヨーロッパの》伯爵領. **3** [the] 〔英〕州民, 〔米〕郡民; [ᵒthe] "州の素封家たち[社交界]. **4** 〔英史〕SHERIFF が主宰する州の定期事務会議. ● ANOTHER **~ heard from.** ► *a* **1** 州[郡]の; 州[郡]の管理する. **2** "州の素封家に属する[ふさわしい], 上流の, 上流ぶった. [OF<L *comitatus*; ⇨ COUNT[2]]
county[2] *n* 《廃》COUNT[2].
cóunty ágent 〔米〕《連邦・州政府が合同で派遣する》郡農事顧問 (=*agricultural agent*).
cóunty bórough 〔英〕特別市 (**1**) 人口 5 万以上で行政上 county と同格; 1974 年廃止 **2**) ウェールズで, 1996 年に行政区分が再編されて成立した 22 の一元的自治体 (unitary authority) のうちの 11 の自治体のひとつ); 〔アイル〕自治都市 《4 大都市の一つ》.
cóunty chámpionship [the] 〔英〕州対抗クリケット選手権大会 《各試合を 4 日間かけて行なうイギリス最大の競技会; cf. ONE-DAY CRICKET》.
cóunty clérk 〔米〕郡書記.
cóunty commíssioner 〔米〕郡政委員会委員.
cóunty córporate 〔英史〕独立自治区 (=*corporate county*) 《行政上 county と同格の, 市・町とその隣接地帯》.
cóunty cóuncil 〔英〕州(議)会, 〔米〕郡(議)会. ♦ **cóunty cóuncillor** *n*
cóunty cóurt 〔米〕郡裁判所 《民事・刑事を扱う》; 〔英〕州裁判所 《民事を扱う》; 〔米〕《一部の州の》郡行政委員会.
cóunty cóurt jùdgment" 州裁判所判決 《債務支払いに関する命令; これを受けるとしばしばローンの利用が困難となる; 略 CCJ》.
cóunty crícket 〔英〕州対抗クリケット試合.
cóunty fáir 〔米〕カウンティフェア 《年に一度行なわれる農産物・家畜の品評会を中心とする郡の祭》.
cóunty fámily" 州の旧家, 地方の名門.
cóunty fárm 〔米〕郡営救貧農場.
cóunty hóme [hóuse] 〔米〕郡営救貧院.
cóunty móunty 《CB 無線俗》郡保安官(代理).
cóunty pálatine (*pl* **cóunties pálatine**) 〔英〕王権州 《もと COUNT PALATINE が領有した諸州; 今でもイングランドの Cheshire と Lancashire はこう呼ばれる》.
cóunty schóol 〔英〕州立学校 《Local Education Authority が運営する学校》.
cóunty séat [síte] 〔米〕郡庁所在地, 郡の行政中心地 (cf. COUNTY TOWN).
cóunty séssions *pl* 〔英〕州四季裁判所 《各州で毎年 4 回開廷される刑事裁判所》.
cóunty tówn 〔英〕州の行政中心地, 州庁所在地 (cf. COUNTY SEAT).
coup[1] /kú:/ *n* (*pl* **~s** /kú:z/) 政変, COUP D'ÉTAT; 不意の首尾よい一撃[行動]; 偉業, 手柄; 《商売・トランプなどでの》大当たり, 大成功; 〔玉突〕球を直接ポケットに入れること; 《アメリカインディアンの戦士による》敵に触れる[敵をたたく]行為 《勇敢さの証明になった》: a military ~ 軍事クーデター. ● **count ~*** 戦闘での手柄話をする 《アメリカ先住民の間の慣習》. **make [pull off] a ~** うまくやる, 当たりをとる. [F<L *colpus* blow<COPE[1]]

coup[2] /káup, kóup/ *vt, vi* 《スコ》ひっくり返す[返る]. [? *cope* (obs) to strike]
coup[3] /káup, kóup/ *vt* 《スコ》交換する. [ON *kaupa* to buy]
coup de fou·dre /*F* ku də fudr/ (*pl* **coups de foudre** /—/) 落雷; 青天の霹靂; 電撃の恋, 一目ぼれ. [*foudre* thunderbolt]
coup de grâce /*F* ku də grɑːs/ (*pl* **coups de grâce** /—/) 最後の一撃, とどめの一撃 (mercy stroke).
coup de main /*F* ku də mɛ̃/ (*pl* **coups de main** /—/) 奇襲, 不意討ち. [*main* hand]
coup de maî·tre /*F* ku də mɛtr/ (*pl* **coups de maître** /—/) すばらしい腕前 (masterstroke).
coup d'es·sai /*F* ku desɛ/ (*pl* **coups d'essai** /—/) 実験, 試み. [*essai* trial]
coup d'é·tat /kùːdeɪtɑ́ː; kúː-; *F* ku deta/ (*pl* **coups d'état** /kùːz-; kúːz-; *F* —/) 武力政変, クーデター.
coup de thé·â·tre /*F* ku də teɑːtr/ (*pl* **coups de théâtre** /—/) 劇の展開[筋]の意表をつく急転換; 場当たりをねらった演劇上の仕組み[所作]; 劇のヒット.
coup d'œil /*F* ku dœj/ (*pl* **coups d'œil** /—/) (全局を見通す)一望; 《情勢などをすぐ見て取る》活眼, 慧眼(けいがん). [*œil* eye]
cou·pé, -pe[1] /kupéɪ; kúː-/ *n* クーペ《2人乗り4輪箱型馬車》; [ᵁcoupe] /, *kúːp/ クーペ《通例2人乗り2ドアの自動車; cf. SEDAN》; 《ヨーロッパの鉄道にみられる》客車後尾の小室《片側だけに席がある》. [F (pp)＜*couper* to cut; ⇨ COUP[1]]
coupe[2] /kúːp/ *n* クープ《(1) 脚の付いたグラスで供するフルーツとアイスクリームなどのデザート (2) そのボウル[脚付きグラス]》. [F＝goblet]
couped /kúːpt/ *a* 〘紋〙直線で切り取られた.
Cou·pe·rin /*F* kuprɛ̃/ クープラン **François** ～ (1668–1733)《フランスの作曲家・クラヴサン奏者》.
Cou·pe·rus /kupéɪrəs, -pɛ́r-/ クペールス **Louis Marie Anne** ～ (1863–1923)《オランダの小説家》.
cou·pla /kʌ́plə/ *a* 《口》a COUPLE of.
cou·ple /kʌ́p(ə)l/ *n* **1 a**《密接な関係にある》二つ, 一対, 対 (pair), 二人; 男女一組, 二人連れ, カップル; 婚約中の男女; ダンスの男女一組, ペア; (*pl* ～) 2頭ずつの猟犬一組: a married ～ 夫婦一組. ★「人」の場合複数構文のこともある: The ～ were dancing. **b** 〘理〙偶力; 〘電〙電対; 〘建〙合わせ梁(ばり), はさみ梁; 〘天〙連星 (binary star). **2** 二つのものをつなぐもの, [ᵁ*pl*] 猟犬2頭をつなぐ革ひも. ● **a ～ of** 2個[2人]の (two); 《口》《《米》では of を省略することもある》数個[数人]の, 2, 3 の (a few): *a* ～ *of* days 2日 / *a* ～ (*of*) years 2か年; 2, 3年. **go [hunt, run] in ～s** いつも二人連れでいる; 協力する. ► *vt* **1 a** つなぐ (link); 連結器で〈車両を〉連結する 〈*up*; *on*, *onto*, *to*〉; 〘電〙〈2つの回路を〉結合する; 〈猟犬を〉2頭ずつつなぐ. **b** 〈二人を〉結婚させる; 〈動物を〉交尾させる, つがわせる. **2** 連想する, いっしょにする (associate) 〈*together*; one *with* another〉. ► *vi* つながる, 連結する 〈*with*〉; 対になる 〈*up*〉; いっしょになる, 協力する; 交尾する, 性交する; 結婚する (marry); 〘化〙結合する. ● **～d with**…とあいまって[重なって]. [OF＜L COPULA]
cóuple·dom *n* カップルで生活すること.
cou·ple·ment /kʌ́p(ə)lmənt/ *n* 《古》結合, 連結.
cou·pler /kʌ́p(ə)lər/ *n* 連結者, 連結手; 連結器[装置], 継手; 〘電〙《2個の回路を結合する》結合器, カプラー; 〘楽〙《オルガン・ハープシコードなどの》カプラー《2つの手鍵盤 (manual), 手鍵盤とペダル, または2つの鍵を自動的に連動させる装置》; 〘写〙発色剤; ACOUSTIC COUPLER.
cou·plet /kʌ́plət/ *n* 〘韻〙二行連句, 対句, カプレット (cf. HEROIC COUPLET); 対 (couple); 〘楽〙クプレ《rondo などにおける主題と主題の間にはさまれたエピソード》. [F (dim)＜COUPLE]
coupley ⇨ COUPLY.
cou·pling /kʌ́plɪŋ/ *n* 連結, 結合; 交尾; 〘機〙カプリング, 連結器[装置], (軸)継手; 〘化〙結合; 〘化〙カップリング《ジアゾニウム塩とフェノール類などからアゾ化合物をつくる反応》; 〘電〙《回路の》結合; 〘理〙連結, 結合《影響し合うこと》; 〘遺〙相引(そういん) (opp. *repulsion*); 《馬・犬などの》腰接(ようせつ).
cóupling capàcitor 〘電〙結合コンデンサー.
cóupling cònstant 〘理〙結合定数《(1) 一般に系の(エネルギーのやりとりなどから見た)結合の度合いを示すパラメーター (2) 素粒子間の相互作用の強さを表わす定数》.
cóupling ròd 〘機〙連結棒.
cou·ply, cou·pley /kʌ́pli/ *a* 《口》カップル向けの; 〈カップルが〉いちゃいちゃした, ラブラブの.
cou·pon /kúːpɑ̀n, *kjúː-/ *n* **1** 切取り切符, 《鉄道の》クーポン式連絡乗車券, 回数券の一片; 《商品・サービスの》クーポン(券), 割引券, 引換券, 景品券; 配給切符: a food [clothing] ～ 食料配給券[衣料切符]. **2** 〘証券〙《無記名利付債の》利札, クーポン: cum ～＝～ on 利札付き / ex ～＝～ off 利札落ち. **3** 《販売広告に添付した切取り式の》申込券[用紙], (資料)請求券; ᴵᴵ《サッカーくじなどへの》参加申込用紙. **4** 《選挙候補者への》党首の公認状. **5** 《スコ・アイル》顔. ► *vi* 《買物で》クーポン(券)を使う. [F＝piece cut off (*couper* to cut); cf. COUPÉ]
cóupon bònd 〘証券〙利札付き債券, クーポン債券.
cóupon·ing *n* クーポン配布, クーポン使用[引換え]; クーポン集め.
cour·age /kə́ːrɪʤ, kʌ́r-; kʌ́r-/ *n* 勇気, 度胸, 意気地: have the ～ to do 大胆にも…する / lose ～ 落胆する / muster up [pluck up, screw up, summon] ～ 勇気を出す[奮い起こす] / put sb out of ～ 人を落胆させる / take ～ 勇気を出す, 意を強くする 〈*from*〉; 勇気が要る(: it takes ～ *to* do so) / Many would be cowards if they had ～ enough. 《諺》十分な勇気があれば臆病者になる者も多かろう《卑怯といわれるのがいやで勇気を見せる者が多い》/ MORAL COURAGE. ★ bravery は行動を, courage は精神を強調する. ● **have the ～ of one's convictions [opinions]** 勇気をもって自己の所信[意見]を断行[主張]する. **take one's ～ in both hands** 大胆に乗り出す, 断固たる勇気を示す. [OF (L *cor* heart)]
cou·ra·geous /kəréɪʤəs/ *a* 勇気のある, 勇敢な, 度胸のある. ♦ **～·ly** *adv* **～·ness** *n*
cou·rant[1] /kə́ːrənt, kʌ́r-; kʌ́r-/ *n* 「…新報」《新聞名》. ► *a* [後置]〘紋〙《動物が》走る姿の. [↓]
cou·rante, -rant[2] /kurɑ́ːnt, -rǽnt/ *n* **1** クラント《(1) イタリア起源のステップの速いダンス (2) その舞曲; 古典的組曲を構成する曲となった》. **2** ᴵᴵ《方》騒々しく走りまわること. [F＝running (*courir* to run)]
Cou·ran·tyne /kɔ́ːrəntàɪn/ [the] コランタイン川 (Du **Co·ran·tijn** /kɔ́ːrəntàɪn/)《南米北部ガイアナとスリナムの境界を北に流れて大西洋に注ぐ》.
cour·ba·ril /kúərbərəl, -rìl/ *n* 〘植〙オオイナゴマメ, クールバリル《西インド諸島産マメ科の高木》; クールバリルコーパル (＝～ **còpal**)《樹脂》. [F＜Caribbean]
Cour·bet /kuərbéɪ/ クールベ **Gustave** ～ (1819–77)《フランスの写実主義の画家》.
cour·bette /kuərbét/ *n* 〘馬〙CURVET.
Cour·be·voie /kùərbəvwɑ́ː/ クルブヴォア《Paris の北西郊外の市; Seine 川に臨む》.
cou·reur de bois /*F* kurœːr də bwa/ (*pl* **coureurs de bois** /—/) もぐりの毛皮商人《かつてカナダ国境辺で活動した(混血の)フランス人》. [F＝wood runner]
cour·gette ᴵᴵ /kuərʒét/ *n* 〘植〙ズッキーニ (ZUCCHINI). [F (dim)＜*courge* gourd]
cou·rie, coo·rie /kúːri/ *vi* 《スコ》寄り添う, すり寄る.
cou·ri·er /kúəriər, *kɔ́ːr-/ *n* 急使, 特使; 宅配業者; 宅配便, 配達便 (: send sth by ～); 密使, スパイ; 密売人, 《密売品の》運び屋; 〘軍〙伝書使; ᴵᴵ旅行アドバイザー[案内人], 《団体旅行の》添乗員, ガイド; 《昔の》旅行の従者, 供の者; [C-]「…新報」《新聞名》. ► *vt* 宅配便で送る. [F＜It＜L *curs- curro* to run]
cour·lan /kúərlən/ *n* 〘鳥〙ツルモドキ《熱帯アメリカ産; 不気味な声で鳴き「嘆きの鳥」といわれる》. [F＜Carib]
Cour·land, Kur- /kúərlənd/ クルランド《ラトヴィア西部の, Riga 湾とリトアニアの間の地域》.
Córland Lagóon [the] クルランド潟 (⇨ KURSKY ZALIV).
Cour·ma·yeur /kùərmajǽːr/ クールマユール《Mont Blanc の山麓, イタリアの Valle d'Aosta 州の村; 標高 1224 m; アルプスの登山基地の一つで, リゾート地》.
Cour·nand /kúərnæ̀nd, -nənd; *F* kurnɑ̃/ クルナン **André F(rédéric)** ～ (1895–1988)《フランス生まれの米国の生理学者; 心臓カテーテル法の研究でノーベル生理学医学賞 (1956)》.
Cour·règes /kurɛ́ʒ, -réɪʒ/ クレージュ **André** ～ (1923–)《フランスのファッションデザイナー; 1960年代にミニスカートを発表, Space Age のデザインで有名になった》.
course[1] /kɔ́ːrs/ *n* **1** 進行, 推移 (progress); 過程, 経過, 歩み; 成り行き; 経歴: the ～ of life 人生行路 / in the ～ of nature 自然の成り行きで / change the ～ of history 歴史の流れを変える. **2 a** 進路, 水路; 道筋, 道順; 〘海・空〙針路, コース《真北から時計の方向に測った角度で表わす》; [ᵒ*pl*]《羅針儀の》ポイント《1ポイントは $11^1/_4$ 度》: the upper [lower] ～ of a river 川の上流[下流] / a ship's ～ 針路 / The ship is *off* [*on*] her ～. 船が針路をはずれて[針路に沿って]いる / change ～ 針路を変える. **b** 《競走・競技の》コース, 《特に》競馬場 (racecourse), ゴルフコース (golf course). **3** 方針, 方向; 行動, ふるまい: MIDDLE COURSE / a ～ of action 行動方針, 採るべき道 / take one's own ～ 独自の方針を採る, 自分の勝手にする / hold (on) one's ～ これまでどおりの方向[方針]を続ける / mend one's ～*s* 行状を改める. **4** 一定の体系[秩序]に基づいて連続するもの. **a** 〘教育〙コース, 課程 〈*in*〉; 科目, 単位 〈*on*, *in*〉: a ～ of lectures 連続講義 / a summer ～ 夏季講座 / COURSE OF STUDY. **b** 〘料理〙コース, 皿 (dish), 一品《dinner に出る一皿一皿で普通は soup, fish, meat, sweets, cheese, dessert》: a dinner of four ～*s*＝a four-～ dinner 四品からなるディナー / the fish [dessert] ～ 魚の[最後の]料理 / The main ～ is steak. メインの料理はステーキです. **c** 〘医〙クール《一定期間に飲むべき一連の薬; 治療単位》; [*pl*] 月経 (menses). **5** 〘建〙《石・煉瓦などの》横の層, 段; 〘編物〙編目の横の列; 〘海〙大横帆: the fore [main, mizzen] ～ 前檣(ぜんしょう)[本マスト, 後檣]横帆. **6** 《試合における騎士の》突撃; 〘狩〙猟犬の追跡; 《古》競走 (race). ● **by ～ of** 〈法律〉の手続きを踏んで, …の慣例に従って. **in ～** 《古》in due COURSE; 《俗》of COURSE. **in ～ of**…中で (in the process of): *in* ～ *of* construction [shipment] 建築[荷積み]中. **in due**

～ 事が順当に運んで[運べば], いずれ時が来て[来れば], そのうちに, やがて. **in mid ～** 途中で. **in [during, over] the ～ of**…のうちに: *in the ～ of* time 時が経つにつれて. **in the ordinary [normal] ～ of events [things]** 事の成り行きで, (ごく)自然に; ふつう, たいてい (usually). **lay a [one's] ～** 〘海〙《間切らずに》目標に直進する; 方針を決める. MATTER OF COURSE. **of ～** (1) 当然の, 月並みの. (2) 当然の成り行きとして. (3) [文修飾] もちろん, 当然; (あっ)そうか, そうですね, なるほど, 確かに: *Of ～* not. もちろん違う, とんでもない, まさか. **off ～** 予定の方向からはずれて. **on ～** 予定の方向に進んで; 見込まれて 〈*for, to* do〉. **put through a ～ of** SPROUTS. **run [take] one's ～** 〈事態・歳月などが〉自然の経過をたどる: The years have *run their ～*. 歳月は流れた / let the matter *take its* own ～ 事を(自然の)成り行きにまかせる / The disease must *run its ～*. この病気は止めようがない. SHAPE **one's ～.** STAY[1] **the ～.** WALK **over the ～.**

► *vt* **1** …(の上)を突っ切って勢いよく走る[飛ぶ]: The clouds *～d* the sky. **2** 〈馬などを〉走らせる; 猟犬を使って〈ウサギなどを〉狩る, 〈猟犬〉に獲物を追わせる; 〈猟犬がウサギを〉追う (chase). **3** 〈煉瓦・石を〉横に積む. ► *vi* **1 a** 〈馬・犬・子供が〉駆けまわる. **b** 一定の道順に従って進む; 〈血液が〉めぐる, 〈涙が〉とめどなく流れる; 〈考えなどが〈頭を〉めぐる 〈*through*〉. **2** 《猟犬を使って》狩りをする.

[OF＜L; ⇨ COURIER]

course[2], **'course** /kɔ́ːrs/ *adv* 《口》もちろん, 当然 (of course).

cóurse·bòok‖ *n* 教科書, テキスト.

cóurse of stúdy 教科課程, 教程, 科目; 《一連の》講座.

cours·er[1] /kɔ́ːrsər/ *n* 《猟犬を使って》狩りをする人; 猟犬, 《特に》グレーハウンド; 《詩・文》駿馬(しゅん), 軍馬. [OF; ⇨ COURSE[1]]

courser[2] *n* 〘鳥〙 地上を速く走る鳥, 《特に》スナバシリ《ツバメチドリ科; アフリカ・南アジア産》. [L＝fitted for running]

cóurse·wàre *n* 教育用ソフトウェア, コースウェア.

cóurse·wòrk *n* 〘教育〙 コース学習, コースワーク《(1) 特定のコースで学生に要求される学習 (2) カリキュラムによる学校での学習》.

cours·ing /kɔ́ːrsɪŋ/ *n* 猟犬使用の狩猟《獲物を, 匂いではなく視覚によって追わせるもの; 特にグレーハウンドを使ったウサギ狩り》; 走る[駆ける, 追う]こと.

court /kɔ́ːrt/ *n* **1 a** 《壁などで》四周を仕切った庭, 中庭, 方庭 (courtyard); 〘ケンブリッジ大学〙 方庭 (quadrangle). **b** 《テニス・バスケットボールなどの》コート, その一部《サービスコートなど》. **c** 《裏町の比較的幅の広い》路地, 袋小路. **d** 《博覧会・博物館などの》展示品のために割り振った区画. **e** 《昔の》(前庭の広い)大邸宅; *モーテル (motor court); [C-]‖《大きなアパートの名称の一部として》…コート. **2 a** 法廷, 裁判所 (lawcourt); [the] 裁判官《集合的》: in ～ 法廷で / bring a prisoner to ～ for trial 刑事被告人を審理のため出廷させる / come to ～ 〈事件の〉審理が始まる / drag…through the ～*s* 《いやがらせが目的で》…に対して訴訟を起こす / a civil [criminal] ～ 民事[刑事]裁判所 / a ～ of justice [law] 法廷, 裁判所 / the ～ of conscience 《道徳の審判者としての》良心 / order the ～ to be cleared 傍聴人の退廷を命じる / take sb to ～ 人に対して訴訟を起こす / take a case to [into] ～ 事件を裁判ざたにする. **b** 《特に 州の》議会, 立法府: GENERAL COURT. **3 a** [°C-] 宮廷, 宮中, 王室, 廟堂; [the] 廷臣《集合的》; 謁見(式), 宮廷会議: at ～ [C～] 宮廷で / present at ～ 《特に社交界の子女などに》拝謁の介添えをつとめる / be presented at *C～* 〈新任の大公使・社交界の子女などが〉宮中で拝謁を賜わる / go to *C～* 参内する. **b** 《会社などの》役員会, 重役会; 役員, 委員, 重役《集合的》; 《友愛組合などの》支部(会). **4 a** 相手[女性]の機嫌を取る[関心をひく]ための言行[心づかい]. **b** 敬意 (homage). ● **go to ～** 裁判ざたにする. **hold a ～** 開廷する, 裁判をする. **hold ～** 謁見式を行なう; [°*joc*] ファン・招待客などと「会見」する, 懇談する; hold a COURT (成句). **in ～** 〈原告が〉審理の対象にならない; 〈決定・和解が〉審理[判決]前に; 法廷で: appear *in ～* 法廷に出る, 出廷する. **out of ～** 法廷外で, 非公式に; [*fig*] 問題にならない, 考慮に値しない: settle a case *out of ～* 事件を示談で解決する / laugh *out of ～* 一笑に付し去る, 問題にしない. **pay ～ to sb＝pay sb ～** 〈人〉の機嫌を取る; 〈女性〉に言い寄る, 求愛する. **put [rule]…out of ～** …を取り上げない, …を無視する: *put* one*self out of ～* 人に相手にされないような事をする[言う]. **The** BALL[1] **is in your ～.**

► *vt* **1 a** …の機嫌をうかがう; 《古風》〈女性〉に言い寄る, 口説く (woo); 《古風》〈動物が〉…に求愛行動をする; 誘う, 誘惑する (allure) 〈*into, to; from, out of*〉. **b** 〈賞賛などを〉求める (seek), 得ようと努める; …の支持をとりつけようとする. **2** 〈不審・災難・敗北などを〉まねく (invite), …にあう (be overtaken by). ► *vi* 《古風》〈人・動物が〉求愛する.

[OF＜L *cohort- cohors* yard, retinue; cf. COHORT]

Court コート **Margaret ～** (1942–)《オーストラリアのテニス選手; 旧姓 Smith; Wimbledon で優勝 (1963, 65, 70)》.

Cóur·tauld Ínstitute /kɔ́ːrtòʊld-/ [the] コートールド研究所《London 大学に付属する美術研究機関; 美術館には実業家 Samuel Courtauld (1876–1947) による印象派絵画を中心とするコレクションを展示》.

cóurt bàron (*pl* **cóurts bàron, ～s**) 〘英法史〙 荘園裁判所《荘園内の民事事件を領主が裁いた裁判所; 1867 年廃止》.

cóurt bóuillon /kúər-/ 〘料理〙 クールブイヨン《野菜・白ワイン・香料などで作る魚を煮るためのストック》. [F]

cóurt càrd‖〘トランプ〙 FACE CARD.

Cóurt Chrístian 〘英史〙 教会裁判所 (ecclesiastical court).

cóurt círcular‖《マスコミに発表される》王室行事日報.

cóurt cùpboard 《16–17 世紀の》陶器飾り戸棚.

cóurt dànce 宮廷舞踊(曲) (cf. FOLK DANCE).

cóurt dày 公判日, 開廷日.

cóurt drèss 宮中服, 参内服, 大礼服.

Cour·telle /kɔːrtél/ 〘商標〙 コーテル《ウールに似たアクリル繊維》.

cour·te·ous /kɔ́ːrtiəs, ‖kɔ́ː-/ *a* 礼儀正しい, 丁重な; 思いやりのある, 親切な. ♦ **～·ly** *adv* **～·ness** *n* [OF (COURT, *-ese*); 語尾は *-ous* の語に同化]

cour·te·san, -zan /kɔ́ːrtəzən, kɑ́ːr-, -zæn; kɔːtɪzǽn/ *n* 《貴人・金持相手の》高級売春婦; 《中級の》娼婦; 《昔の王侯貴族の》情婦. [F＜It＝courtier; ⇨ COURT]

cour·te·sy /kɔ́ːrtəsi, ‖kɔ́ː-/ *n* **1** 礼儀, 丁重, 慇懃(いんぎん), 親切; 丁重な行為[動作, ことば]; 特別扱い, 優遇措置, 好意ある行為, サービス (opp. *discourtesy*): out of ～ to sb 人に対する礼儀から / He did me the ～ to consult [*of* consult*ing*]. わざわざわたしに相談をしてくれた / Sir, at least allow me the ～ of do*ing*…. お願いですからせめて…させてください / You should have the ～ to email her. 彼女にメールする程度の配慮が欲しい / *C～* costs nothing. 《諺》礼儀を尽くすに金は要らない / Full of ～, full of craft. 《諺》慇懃すぎる者には巧知あり. **2** 〘法〙 CURTESY; 《古》CURTSY. ● **be granted the courtesies [～] of the port** *税関の検査を免除される. **by ～** 儀礼上(の), 慣例上(の). **(by) ～ of＝through the ～ of**…の好意により; 〈情況・事態など〉のおかげで. to return the ～ 返礼のために[として].

[OF; ⇨ COURTEOUS]

cóurtesy bùs 《ホテルなどの》送迎バス.

cóurtesy càll 儀礼[表敬]訪問.

cóurtesy càr 《会社・ホテルなどの》送迎車; ‖代車.

cóurtesy càrd 《銀行・ホテル・クラブなどの》優待カード.

cóurtesy lìght ドアを開けるとつく自動車の車内灯.

cóurtesy tìtle 儀礼上の爵位[敬称]《貴族の子女の姓名に付ける Lord, Lady, The Hon. など》; 名目的称号《すべての大学教師を professor と呼ぶ類》.

courtezan ⇨ COURTESAN.

cóurt fòol 〘史〙 宮廷の道化.

cóurt gàme コートでする球技《テニス・バスケットボール・ハンドボールなど》.

cóurt guìde‖ 貴顕紳士録《元来は参内許可の人名録》.

cóurt hànd 《昔の》公文書字体, 法廷書体.

cóurt·hòuse *n* 裁判所; 〘米〙 郡庁舎, 《一部の州の》郡庁所在地.

cour·ti·er /kɔ́ːrtiər, -jər, -ʧər/ *n* 廷臣; ご機嫌取り; 《古》求愛者. [AF＜OF (*cortoyer* to be present at court); 語尾は *-ier* に同化]

cóurt·ing *a* 恋愛中の, 結婚しそうな: a ～ couple [pair].

cóurt lànds *pl* 〘英法〙《荘園領主の》直領地.

cóurt lèet 〘英史〙 領主裁判所《イングランドとその植民地で軽罪と民事を扱った; 今は形式のみイングランドに残る》.

cóurt·ly *a* 宮廷風な, うやうやしい, 荘厳な; 洗練された, 優雅な, 奥ゆかしい; 追従する, おもねる (flattering). ► *adv* 宮廷風に; 上品に, 優雅に; へつらって. ♦ **-li·ness** *n*

cóurtly lóve 宮廷風恋愛《貴婦人への絶対的献身を理想化した中世ヨーロッパの騎士道的恋愛の習俗[理念]》.

cóurt-màrtial /, ⏤ ⏤́⏤/ *n* (*pl* **cóurts-màrtial, ～s**) 軍法会議 (cf. DRUMHEAD COURT-MARTIAL). ► *vt* 軍法会議にかける.

Cóurt of Ádmiralty [the] 〘英〙 海事裁判所《海事事件について管轄権を有する裁判所; 1873 年廃止; 現在その機能は高等法院の Queen's Bench Division の一部をなす》.

cóurt of appéal **1** [～s] 〘米〙 控訴裁判所《(1) 最も普通には州の supreme court の次に位する中間上訴裁判所 (2) New York, Maryland, Columbia 特別区 では最高の裁判所》. **2** [the C- of A-] 〘英〙 控訴院《最高法院 (Supreme Court of Judicature) の一部門で, イングランドおよびウェールズにおける民事・刑事の第二審裁判所》.

Cóurt of Árches [the] 〘教会〙 アーチ裁判所《Canterbury 大主教管轄下の控訴裁判所; 当初は St. Mary-le-Bow (*Sancta Maria de Arcubus*＝of the Arches) の教会で開廷された》.

Cóurt of Cassátion [the] 〘法〙 破棄院《フランス・ベルギーなどの最高裁判所》.

cóurt of cháncery 〘米〙 エクイティー裁判所 (court of equity); [the C- of C-] 〘英〙 大法官府裁判所《英国の主要なエクイティー裁判所; 1873 年に廃止》.

Cóurt of Cláims [the] 〘米〙 請求裁判所《連邦または州政府に対する請求権を審査する; 1982 年廃止》.

Cóurt of Cómmon Pléas [the] **1** 〘英史〙 人民訴訟裁判所《民事事件について一般的第一審管轄権をもっていたコモンロー裁判所で, 1873 年に廃止; 現在は高等法院の Queen's Bench Division に吸収されている》. **2** [[U]c- of c- p-] 〘米〙 一般訴訟裁判所《一部の州で,

C

一般的民事および刑事管轄権を有する中間の州裁判所》.

Cóurt of Cónscience [the]〘英〙少額債権裁判所 (COURT OF REQUESTS).

cóurt of doméstic relátions 〘米〙家庭裁判所.

cóurt of équity 〘米〙エクイティー裁判所 (=*court of chancery*).

Cóurt of Exchéquer [the]〘英史〙財務裁判所《中世に成立し, 本来は税務事件を扱ったコモンロー裁判所の一つ; 1873 年廃止; 現在その管轄権は高等法院の Queen's Bench Division に移管されている》.

cóurt of fírst ínstance 第一審裁判所.

cóurt of hónor 個人の名誉に関する問題を審理する(軍事)法廷.

cóurt of inquíry **1** 軍人予審裁判所《〘英〙軍事裁判所で審理をうけているものが極刑に値するかどうかを審査する; 〘米〙軍人に対する刑事審理の予審を行なう》. **2** ‖事故[災害]原因調査委員会.

Cóurt of Justíciary [the]〘スコ〙刑事上級裁判所.

Cóurt of Kíng's [Quéen's] Bénch [the]〘英史〙王座裁判所《主に刑事事件・不法行為事件を扱ったコモンロー裁判所; 1873 年廃止; のちに King's [Queen's] Bench Division へ発展的解消》.

cóurt of láw 〘法〙(コモンロー)裁判所.

Cóurt of Protéction [the]〘英〙保護法廷《最高法院に所属し, 精神障害者の財産管理を管轄する》.

cóurt of récord 記録裁判所《訴訟記録を作って保管しておく裁判所》.

Cóurt of Requésts [the]〘英〙**1** 請願裁判所《16–17 世紀に貧民や庶民の苦情を聴取した裁判所》. **2** 少額債権裁判所《1846 年に廃止され, county court がこれに代わった》.

cóurt of review 再審査裁判所 (=*appellate court*).

Cóurt of St. Jámes('s) [the] セントジェームズ宮廷《英国宮廷の公式名; 1697 年から 1837 年までの英国王宮で, 謁見が行なわれた St. James's Palace にちなむ》: the American ambassador to the ~ 駐英米国大使.

Cóurt of Séssion [the]〘スコ〙民事控訴院《スコットランドの最高の民事裁判所; ここから貴族院に上訴できる; 略 CS》.

cóurt of séssions 〘米〙州刑事記録裁判所.

cóurt of súmmary jurisdíction 〘英〙略式裁判所《略式手続きで, 陪審によらずに刑事事件裁判を行なう裁判所, 特に 治安判事裁判所 (magistrates' court)》.

cóurt òrder 裁判所命令.

cóurt plàster 《特に アイシングラス (isinglass) のコーティングをした》絆創膏(ばんそうこう). [昔女官が付けぼくろに用いた]

Cour·trai /*F* kurtrɛ/ クルトレ《KORTRIJK のフランス語名》.

cóurt repòrter 法廷速記者.

cóurt ròll 裁判所記録; 〘英法史〙荘園記録《荘園領主裁判所の土地登録台帳》.

cóurt·ròom *n* 法廷《裁判が行なわれる部屋》.

cóurt·shìp *n* 《女性への》求愛, 求婚; 《動物の》求愛; 《結婚に至るまでの》交際期間, 求婚期間; 懇請; 《廃》優雅なふるまい; 《廃》おもねり: ~ behavior [display]〘動〙求愛行動, 求愛ディスプレー.

cóurt shòe ‖ PUMP².

cóurt·sìde *n* 《テニス・バスケットボールなどの》コートサイド.

cóurt tènnis* コートテニス (real tennis‖) (=*royal tennis*)《16–17 世紀に流行した屋内テニスの一種》.

cóurt·yàrd *n* 中庭, 方庭 (court).

cous·cous /kú:skù:s/ *n* クスクス《北アフリカでひき割り麦を蒸して作る料理; 通例 肉または野菜を添える》. [F<Arab]

cous·in /kʌ́z(ə)n/ *n* **1 a** いとこ, 従兄[弟], 従姉[妹]: a first [full, own] ~ 実のいとこ《おじ・おばの子》/ a second ~ またいとこ《親のいとこの子》, 《俗》いとこの子 (first cousin once REMOVED) / a third ~ 祖父母のいとこの孫《親のまたいとこの子》, 《俗》いとこの孫 (first cousin twice REMOVED). **b** 《遠い》親類, 縁者; 《かつて》甥 (nephew), 姪 (niece). **c** 卿(きょう)《国王が他国の王・自国の貴族に対するときの呼びかけ》. **2** 同類, 同系統のもの《民族・文化など》; 対応物, 等価物. **3** *《俗》まぬけ, カモ, 〘野〙《打者からみて》打ちやすい投手; [*voc*] *《俗》やあ, きみ, あなた. ● **call ~s (with…)** (…の)親戚だと名のる[名のって出る]. ♦ **~·hòod** *n* いとこ関係; 親類縁者 (kinsfolk, kinsmen). **~·ship** *n* [OF<L *consobrinus* mother's sister's child]

Cou·sin /*F* kuzɛ̃/ クーザン **Victor** ~ (1792–1867)《フランスの哲学者》.

cóusin·age *n* いとこ[親戚]関係; COUSINRY.

cóusin-gér·man /-ʤə́:rmən/ *n* (*pl* **cóusins-**) いとこ (first cousin).

cóusin-in-làw *n* (*pl* **cóusins-**) 義理のいとこ.

Cóusin Jáck コーンウォール人《特に その鉱夫》.

cóusin·ly *a, adv* いとこ間の; いとこらしい[らしく].

cóusin·ry *n* いとこたち, 親類縁者.

Cous·teau /kustóu/ クストー **Jacques-Yves** ~ (1910–97)《フランスの海洋探検家; アクアラングや水中テレビ撮影法を開発, 広範な海洋調査を行なった》.

Cou·sy /kú:zi/ クージー **'Bob' ~ [Robert Joseph ~]** (1928–)《米国のバスケットボール選手・コーチ》.

cou·teau /kutóu/ *n* (*pl* **-teaux** /-tóuz/) 両刃の大型のナイフ《昔武器として携行した》. [F]

coûte que coûte /*F* kut kə kut/ いかに費用がかかろうとも; ぜひとも. [F *coût* cost]

cou·ter /kú:tər/ *n* 《よろいの》ひじあて.

couth /kú:θ/ *a* [*joc*] 上品な, 洗練された; 《古》知られた, 親しい. ► *n* 洗練, 高尚さ. [逆成<*uncouth*]

couthed /kú:θt/ *a* [次の成句で]: **get ~ up** 《俗》パリッとした服装をする, きめる.

couth·ie, couthy /kú:θi/ 《スコ》*a* 友好的な, 親切な; 安楽な, ここちよい. [*couth*, *-ie*]

cou·til, -tille /kutíl/ *n* クーティ(ユ)《丈夫な綾織り; (外科用)コルセットやブラジャーに使う》. [F<OF (*coute* quilt)]

cou·ture /kutúər; *F* kuty:r/ *n* 高級婦人服仕立て業, クチュール; ドレスメーカー, ファッションデザイナー《集合的》; デザイナー仕立ての婦人服: HAUTE COUTURE. [F=sewing, dressmaking]

cou·tu·rier /kutúərièr, -riər/ *n masc* ドレスメーカー, ファッションデザイナー. ♦ **cou·tu·rière** /-riər, -rièr; kutù:riέər/ *n fem* [F]

cou·vade /kuvá:d/ *n* 擬娩, 男子産褥《妻の産褥中, 夫が床につき産の苦しみをまねたり食物を制限したりする風習》. [F (*couvert* to hatch)]

cou·vert /kuvέər/ *n* 《食卓上の》一人前の食器 (cover).

cou·ver·ture /kùvεərtjúər/ *n* クーベルチュール《キャンディーやケーキにかけるチョコレート》.

cou·zie, -zy /kú:zi/, **couz** /kú:z/ *n**《卑》COOZIE.

COV 〘遺〙°crossover value.

cò·válence, -cy 〘化〙*n* 共有原子価 (cf. ELECTROVALENCE); COVALENT BOND.

cò·válent *a* 〘化〙電子対を共有する. ♦ **~·ly** *adv*

covàlent bónd 〘化〙共有結合.

cò·váriance *n* 〘統〙共分散, 共変量《2 つの確率変数それぞれの平均からの偏差の積の平均値; 両変数の関連性のめやす》.

cò·váriant *a* 〘数〙〈微分・指数などが〉共変の[する].

cò·váriate *n* 〘統〙共変量《関心対象の変量以外に結果に影響があると考えられる変量》.

cò·variátion *n* 〘数〙共変動《2 つ以上の変数の相関的な変化》.

Co·var·ru·bias /kòuvərú:biəs/ コバルビアス **Miguel ~** (1904–57)《メキシコの画家・作家・人類学者》.

co·váry *vi* 相関をもって変化する.

cove¹ /kóuv/ *n* 《湾内の》入江, 《海岸の》断崖のくぼみ; 《険しい山の》谷道, 山陰 (nook); 《山陰の》平坦地; 〘建〙コーブ (**1**) くぼみのある部材 **2**) 壁面上部の光源を隠す凹面). ► *vt* 〘建〙…にコーブを作る. [OE *cofa* chamber, cave; cf. G *Koben* pigsty]

cove² *n* 《英俗・豪俗》やつ, 男 (chap); 《豪俗》主人, 《特に》羊牧場の支配人. [C16<?; cf. Romany *kova* thing, person]

co·vel·lite /kouvélàɪt, kóuvəlàɪt/, **co·vel·line** /kouvéli:n, kóuvəli:n/ *n* 〘鉱〙銅藍(どうらん)《藍色の天然硫化銅》. [Niccolò *Covelli* (1790–1829) イタリアの鉱物学者]

cov·en /kʌ́v(ə)n, kóuv(ə)n/ *n* 《通例 13 人の》魔女の集会, 魔女団 (=*covin*); 《関心・活動を共にする人たちの》集団, グループ. [*covent* (<CONVENT)]

cov·e·nant /kʌ́v(ə)nənt/ *n* **1** 契約, 盟約, ‖《定期的寄付行為の》誓約; [the C-]〘神学〙《神とイスラエル人の間の》契約 (⇨ DAY [LAND] OF THE COVENANT). **2** 捺印契約; 〘法〙契約条項, 約款(やっかん); 〘法〙捺印(なついん)証書; 〘法〙捺印契約訴訟《捺印契約違反に対する損害賠償を請求する》. **3** [the C-] **a** COVENANT OF THE LEAGUE OF NATIONS. **b** 〘スコ史〙NATIONAL COVENANT; 〘スコ〙SOLEMN LEAGUE AND COVENANT. ► *vi, vt* /, -nænt/ 契約[誓約, 盟約]する 〈*with* sb *for* sth *to* do, *that*…〉; ‖《誓約により》定期的に寄付する. ♦ **còv·e·nán·tal** /-nǽntl/ *a* [OF (pres p)<CONVENE]

cóvenant·ed *a* (捺印)契約した; 契約上の義務がある; 〘神学〙神との誓約によって与えられた: the ~ service ‖誓約勤務, インド駐在文官勤務.

cov·e·nan·tee /kʌ̀vənænti:, -nən-/ *n* 被契約者.

cóv·e·nànt·er *n* 盟約者, 誓約者; 契約者; /, ⸗⸗⸗⸗/ [C-]〘スコ史〙盟約者, カヴェナンター《17 世紀スコットランドで長老主義維持のために誓約を結んだ人びと; 特に National Covenant (1638), Solemn League and Covenant (1643) を結んだ人びと》.

Cóvenant of the Léague of Nátions [the] 国際連盟規約《1919 年のヴェルサイユ条約の第 1 編》.

cóv·e·nàn·tor /, *kʌ̀vənæntɔ́:r/ *n* 契約(当事)者.

cóvenant theòlogy 契約神学 (federal theology).

Cóv·ent Gárden /kʌ́v(ə)nt-, káv-/ コヴェントガーデン (**1**) London 中央部の地区 **2**) 1670–1974 年同地にあった青物・草花卸市場 **3**) 同所のオペラ劇場 Royal Opera House).

Cov·en·try /kʌ́v(ə)ntri, káv-/ コヴェントリー《イングランド West Midlands の重工業都市》. ● **send sb to ~** ‖ 仲間はずれにする, 村八分にする, 絶交する《かつて Coventry に派遣された兵士たちは住民に嫌われたという》.

cov·er /kʌ́vər/ *vt* **1 a** おおう; …にふたをする; おおい隠す, 押し隠す, 隠蔽する 〈*up*〉; 包む, まとう, かぶせる, 〈頭〉に帽子をかぶせる: Please be ~*ed*. 帽子をおかぶりください / ~ one's head [*oneself*] 帽子をかぶ

る / remain ~*ed* 帽子をかぶったままでいる. **b** [*pass*/~ *-self*] …におおいかかる, かぶさる, いっぱいにする; …の表面のそこここに現われる: *be ~ed with* [*in*, *by*] dust ほこりまみれになる / The trees *are* almost ~*ed with* blossoms. 木々はほとんど花でおおわれている / *be ~ed with* [*in*]…＝~ one*self with*…を全身に浴びる, …だらけ[まみれ]になる; 〈栄誉・恥などを〉一身に浴びる, 担う. **c** 〈めんどりが〉〈卵・ひなを〉抱く; 〈種馬が〉〈雌馬〉にかかる. **2** …に表をつける, 上張りをする; …に表紙をつける, 表装する; …に〈…を〉塗る (coat) 〈*with*〉: ~ the wall *with* wallpaper 壁紙を貼る. **3 a** かばう, 守る, 保護する (shield, protect); 《銃を使って》〈人を〉守る; 〘軍〙 掩護(えん)する, 防衛する; 護衛する; 〘軍〙 …の直前[直後]に一列に並ぶ; 〈通りなどを〉巡視する; 〘競技〙 …の後方を守る, カバーする; 〘テニス〙〈コートを〉守る; 〘野〙〈ベースを〉守る, カバーする; 《相手のプレーヤーを》マークする; 代理で受け持つ[番をする]. **b** 〈費用・損失を〉償う(に足る); (担保で)補償する; …に保険をかける; 〘トランプ〙〈出された札〉よりも上位の札を出す: Does your salary ~ your expenses? 給料で費用が賄えますか / I am ~*ed against* [*for*] fire and accidents. 火災と事故の保険をかけている. **c** 〘商〙 買い戻す, 買い埋める: ~ shorts [short sales] 〘証券〙 空(から)売り[おもわく売り]した株を買い戻す[埋める]. **4 a** 〈ある距離を〉行く, 〈ある距離[土地]を〉踏破する (travel); *尾行する; 銃[砲]の射程内におく, …に銃を向ける: He ~*ed* 500 miles that day. その日彼は 500 マイル走破した / ~ sb *with* a revolver 人にピストルをまともに向ける / have sb [sth] ~*ed* 人[もの]を射程内に入れる. **b** 〈販売員などが〉〈ある地域を〉担当する, 受け持つ; 〘ジャーナリズム〙〈事件・会合などを〉取扱い[報道]範囲に入れる, ニュースとして報道する, 取材する: The reporter ~*ed* the accident. **c** …にわたる[及ぶ] (extend over); 包含する (include), 扱う: The rule ~*s* all cases. 規約はあらゆる場合に適用される[該当する]. **d** *《俗》 …の十分な説明となる. **5** 〈相手の賭け金〉と同額を賭ける; 〈賭け〉の条件を受け入れる. **6** 〈ヒット曲など〉のカバーバージョンを作る.

► *vi* **1** 〈液体など〉表面に広がる. **2** 〈人のために〉犯罪[失敗など]を隠す, かばう, 弁解する 〈*up*; *for*〉; 《不在者の》代わりをつとめる 〈*for*〉; 〘トランプ〙 前に出た札より高い札を出す. ● **~ in** 〈穴・墓など〉に土をかぶせる; 〈家〉に屋根をつける. **~ one's bets** ⇨ HEDGE one's bets. **~ oneself** あとで非難されないように手を打つ. **~ over** おおい隠す. **~ (the)** GROUND[1]. **~ the** WATERFRONT. **~ up** ⇨ *vt*, *vi*; 〈人〉に暖かい服を着せる, 暖かい服装をする; 〘ボク〙 ヘッドとボディーを両腕でカバーする. **~ (up) one's tracks** ⇨ TRACK[1].

► *n* **1 a** おおい, カバー; 包む物; ふた; 屋根; 表紙 〈*for* a book〉 (⇨ JACKET), 表装; 《レコード・CD などの》ジャケット; [the ~s] 寝具, 夜着; 《地表をおおう》植生, 積雪; 雪量. **b** 封筒; 〘郵〙 封筒もの, カバー 《消印済みの切手そのほか郵便で運ばれた印のついた封筒・包み紙・簡易書簡・はがき; cf. FIRST DAY COVER》. **2** 保護, 援護; **a** 〘軍〙 掩護(えん), 遮蔽; 〘軍〙 掩護物, 遮蔽物, 上空掩護飛行隊 (air cover), 《爆撃機の》掩護戦闘機隊; 《闇・夜・煙などの》遮蔽物; 《俗》《武器を持った》護衛; 身代わり, 代役 〈*for*〉; 《緊急時などの》代行(業務), 手当て; カバー(バージョン) (＝*cover version*) 《ヒット曲などをもとのアーティストとは別の人が録音したもの》; 《俗》《スパイなどの》架空の身分; 《俗》 アリバイ提供者: give ~ 〘軍〙 掩護(えん)する / emergency ~ 緊急時の代行(業務). **b** 〘クリケット〙 COVER POINT; 〘テニス〙 カバー 《守備の広さ》; 〘卓球〙 球触, カバー. **c** ‖《保険による》担保(範囲), 保証金, 敷金, 証拠金 〈*for*, *against*〉. **d** 〘数〙 被覆. **3 a** 隠れ場所, 潜伏所 (shelter); 獲物の隠れ場所 《森林・茂みなど》: beat a ~ 獲物の隠れ場を打ちあさる / break ~＝break COVERT / draw a ~＝draw a COVERT / run for ~ 隠れ場所を求めて逃げる. **b** ダミー会社 〈*for*〉; 見せかけ, かこつけ, 口実. **4** テーブルクロス; 《食卓上の》一人分の食器[スペース]; *COVER CHARGE: *C~s* were laid for ten. 10 名分の食器が並べられた / a dinner of 10 ~*s* 10 人のディナー. ● **blow** [**break**] **sb's** [**one's**] **~** 《口》 人[自分]の正体を明かす, 身元[秘密]をばらす, 馬脚をあらわす. **(from) ~ to ~** 全巻を通して, 全編残らず〈読むなど〉. **take ~** 避難する, 身を守る 〈*from*〉, 〘軍〙 地形[地物]を利用して身を隠す[避難する]. **under ~** 掩護[保護]されて; 封筒に入れて, 同封して; 人目を避けて, ひそかに. **under ~ to** 〈だれそれ〉あての手紙に同封して. **under separate** [**the same**] **~** 別の[同じ]封筒で[に], 別便[同封]で. **under (the) ~ of**…の掩護をうけて; 〈闇など〉に紛れて[乗じて], 〈美名など〉に隠れて; 〈病気など〉にかこつけて.

♦ **~·able** *a* **~·er** *n* **~·less** *a* [OF<L *co-(opert- operio* to cover)＝to cover completely]

cóver addréss 郵便の送り先の住所, 気付.

cóver·age *n* **1** 適用[通用, 保証]範囲; 〘保〙 担保(範囲), 補償額; 〘財〙 正貨準備(金). **2** 取り扱う[対象とする]範囲, 網羅率; 報道[取材](の規模); 《広告の》到達範囲, 《ラジオ・テレビの》受信可能範囲, サービスエリア, カバレッジ; 《植物体地上部が地表に占める》被度; 建蔽率.

cóver·àll *n* すっぽりとおおうもの, 包括的なもの; [[U]*pl*] *カバーオールズ 《服の上に重ねて着用する上衣とズボンがひと続きになった衣服》. ♦ **~·ed** *a*

cóver-àll *a* 全体をおおう; 全般的な, 包括的な.

cóver chàrge 《レストランなどの》席料, カバー[テーブル]チャージ.

cóver cròp 被覆作物 《肥料の流失・土壌の浸食などを防ぐために植える冬畑のクローバーなど》.

Cov·er·dale /kʌ́vərdèɪl/ カヴァーデール **Miles ~** (1488?–1569) 《イングランドの聖職者; 最初の完訳英語聖書を出版した (1535)》.

cóver drìve 〘クリケット〙 後衛を通過する打球.

cóv·ered *a* **1** おおいをした, ふた付きの, 屋根の付いた; 帽子をかぶって(いる); 掩護物[遮蔽物]のある, 遮蔽した (sheltered). **2** [*compd*] …でおおわれた: snow-~ 雪でおおわれた.

cóvered brídge 屋根付き橋.

cóvered-dísh sùpper 料理持ち寄りの会食.

cóvered smút 〘植〙《麦類の》堅黒穂(かたくろほ)病 (cf. LOOSE SMUT).

cóvered wágon *幌馬車; 〘英鉄道〙 有蓋車; *《俗》 航空母艦.

cóvered wáy *屋根付き渡り廊下; 〘城〙 覆道.

cóver gìrl カバーガール 《雑誌などの表紙のモデル》.

cóver glàss カバーグラス 《**1)** 顕微鏡のスライドの上の標本をおおうガラス板 **2)** 映写フィルムのスライドの保護ガラス》.

cóver·ing *n* おおうこと, 被覆; 掩護, 遮蔽; 〘建〙 養生; おおい, 外皮, カバー, 屋根; 〘数〙 被覆 (cover); 〘証券〙《空(から)売りを決済するための》株式買戻し. ► *a* おおう, 掩護の: ~ fire 〘軍〙 掩護射撃[砲火] / ~ material [plants] 被覆資材[植物].

cóvering lètter ‖COVER LETTER.

cov·er·let /kʌ́vərlət/, **-lid** /-lɪd/ *n* BEDSPREAD; 《一般に》おおい. [AF (OF *covrir* to cover, *lit* bed)]

cóver lètter* 《荷物・書類などに付ける》添え状, 添付説明書, カバーレター.

Cov·er·ley /kʌ́vərli/ **1** カヴァリー Sir **Roger de ~** 《Addison と Steele が *The Spectator* に登場させた, 奇癖は多いが敬愛される田舎紳士》. **2** SIR ROGER DE COVERLEY.

cóver nòte‖〘保〙 仮証書, 保険引受証, カバー(リング)ノート.

cóver pàge カバーページ[シート] 《**1)** 発信者名・ファックス番号などを記した, ファックスの最初のページ **2)** 論文原稿や報告書の表紙》.

cóver plàte ふた板, カバープレート; 〘建〙 カバープレート 《鉄骨梁のフランジを補強するために重ねる鋼板》.

cóver pòint 〘クリケット〙 後衛; 〘ラクロス〙 後衛 (point) の前の位置(を占める選手).

có·versed síne /kóuvə̀ːrst-/ 〘数〙 余矢(よし).

cóver shèet COVER PAGE.

cóver shòt 広い範囲を写した写真, 全景写真.

cóver shòulder カバーショルダー 《ガーナで着用するブラウスの一種》.

cóver·slìp *n* COVER GLASS.

cóver stòry カバーストーリー 《雑誌の表紙絵[写真]関連記事》; 《真実を隠すための》作り話.

cóver sỳmbol 〘言〙 包括記号.

cov·ert *a* /kóuvərt, kʌ́v-/ 隠された, 内密の, ひそかな (opp. *overt*); 《まれ》おおわれた, 人目につかない; 〘法〙 夫の保護の下にある (⇨ FEME COVERT). ► *n* /kʌ́vərt, *kóu-/ 《獲物の》隠れ場, 潜伏所 (cover); 隠れみの, 口実; おおい, [*pl*] 〘鳥〙 雨(あま)おおい(羽) (＝*tectrix*); カバート (＝**~ clòth**) 《綾織りの毛または綿織物; スーツ・コート用》; オオバン (coot) の群れ: tail ~*s* 尾筒 / break ~ 〈獲物・兵士などが〉隠れ場[巣穴]から飛び出す / draw a ~ 獲物をやぶから狩り出す. ♦ **~·ly** /kóuvərtli, kʌ́v-/ *adv* **~·ness** /kóuvərtnəs, kʌ́v-/ *n* [OF (pp)< COVER]

cóvert áction 《警察・政府情報部による》秘密工作 (＝*covert operation*).

cóvert còat‖《狩猟・乗馬・ほこりよけ用の》短いコート.

cóver tèrm 包括的な[上位概念を表わす]用語.

cóver tèxt 暗号文が隠されている文章 《それ自体は平文で書かれている》.

cóvert operátion COVERT ACTION.

cov·er·ture /kʌ́vərtʃər, -tʃùər/ *n* おおい, 被覆物; 掩護物; 隠れ場, 避難所; 〘法〙《夫の保護下の》妻の地位[身分]: under ~ 妻の身分で.

cóver-ùp *n* 隠蔽(工作), もみ消し; 隠れみの; カバーアップ 《水着の上に着るビーチコートなど上にはおる衣服》.

cóver vèrsion カバーバージョン (COVER).

cóve strìpe 〘海〙《帆船の》舷側厚板に沿って塗られた装飾の線.

cov·et /kʌ́vət/ *vt*, *vi* (特に 人のものなどを)むやみ[不当]に欲しがる; 切望する: a ~*ed* gold medal 待望の金メダル / All ~, all lose. 《諺》 すべてを望めばすべてを失う. ♦ **~·able** *a* 羨望の気持を起こさせる. **~·er** *n* **~·ing·ly** *adv* [OF<L; ⇨ CUPID]

cov·e·tous /kʌ́vətəs/ *a* むやみに欲しがる 〈*of*, *to* do〉; 強欲な, 欲ばりな. ♦ **~·ly** *adv* **~·ness** *n*

cov·ey /kʌ́vi/ *n* 親子連れの鳥の一群[一組] 《特に ヤマウズラの》; [*joc*] 《一般に》一団, 一隊: spring [start] a ~ (of partridges) (ヤマウズラの)一群を飛び立たせる. [OF<L (*cubo* to lie)]

cov·in /kʌ́vən/ *n* 魔女の集会 (coven); 〘法〙《第三者を詐害する目的での》詐害密約, 通謀; 同盟, 共謀; 《古》 徒党. [OF (L CONVENE)]

cov·ing /kóuvɪŋ/ *n* 〘建〙 COVE, 《特に》コーブをなす部材[繰形(くりかた)]; [*pl*] 《炉の》たき口がかえ.

cow[1] /káu/ *n* (*pl* ~**s**) **1 a** 雌牛, 乳牛 (BOVINE *a*); [*pl*] *《西部》 畜牛, 飼い牛 (cattle); *《俗》 牛乳, クリーム, バター, 牛肉: You cannot sell the ~ and drink the milk. 《諺》 牛を売って牛乳は飲めない. **b**

《サイ・ゾウ・アザラシ・鯨などの》雌 (opp. *bull*) 《*cow* whale (雌鯨)のように複合語にも用いる》. **2** ˈ《口》(太った)だらしない女, のろまな女, いやな女, あま; 《豪俗》いやなやつ, 不愉快なもの: a fair ～やりきれないこと. ● **have a ～***《俗》大笑いする, とてもこわがる, かっとなる. HOLY **～! till the ～s come home** 《口》久しい間, 永久に. [OE *cū*; cf. G *Kuh*, L *bos*]

cow[2] *vt* [ˈ*pass*] おびやかす, おどす: ～ sb *into* submission [do*ing*] 人をおどして服従させる[…させる]. ◆ **cówed·ly** /-(ə)dli/ *adv* [? ON *kúga* to oppress]

cow[3] 《スコ》 *vt* 短く刈る[切る]; 卓越する. ► *n* 《ほうきなどを作るのに用いる》柴の束. [変形く*coll* (Sc) to clip]

cow[4] *n* ˈ《方》煙突帽. [*cowl*[1]]

cow·a·bun·ga /kàuəbʌ́ŋgə/ *int* 〖サーフィン〗カウアバンガ《波頭に乗るときの叫び声》; 万歳, やったー, ワーイ, ウワーッ.

cow·age, -hage /káuɪʤ/ *n* 〖植〗ハッショウマメの類; (蜂蜜などと混ぜた)八升豆のさやの毛《駆虫用》.

cow·al /káuəl/ *n* 《豪》《赤土地帯によくある》樹木の成育した沼地. [(Austral)]

cow·ard /káuərd/ *n* 臆病者, 腰抜け, 卑怯者; 〖競馬〗臆病馬: *C～s* die many times before their death. 《諺》臆病者は死ぬ前に幾度も死ぬ《死ぬ恐怖を何度も味わう; Shak., *Caesar* 2.2.32》. ► *a* 臆病な: a ～ blow だまし討ち. [OF<L *cauda* tail; 尾を両脚の間に隠すことから]

Coward カワード Sir **Noël** (**Pierce**) ～ (1899–1973) 《英国の劇作家・俳優・作曲家; *The Vortex* (1924), *Private Lives* (1930), *Blithe Spirit* (1941)》.

cow·ard·ice /káuərdəs/ *n* 臆病, 卑怯: MORAL COWARDICE. [OF (COWARD)]

cóward·ly *a* 臆病な; 卑劣な: ～ custard 《口》弱虫《子供があざけるときにいう》. ► *adv* 臆病に, 卑怯にも. ◆ **-li·ness** *n*

Cówardly Líon [the] 臆病ライオン《*The Wizard of Oz* に登場する気の弱いライオン》.

cówardy *a* 《口》COWARDLY.

ców bàil 《豪》乳をしぼるとき雌牛の頭を固定する枠.

ców·bàne *n* 〖植〗毒ゼリ.

ców·bèll *n* 牛の首に付ける鈴, カウベル; 〖楽〗カウベル《打楽器》; 〖植〗シラタマソウ (bladder campion).

ców·bèrry /; -b(ə)ri/ *n* 〖植〗コケモモ (mountain cranberry); 牧場に生えるコケモモの類の各種の低木; カウベリー《その実》.

ców·bìnd *n* 〖植〗ブリオニア《南欧原産のウリ科植物》.

ców·bìrd *n* 〖鳥〗コウウチョウ (=**ców bláckbird**) 《ムクドリモドキ科; 北米産》.

ców·bòy *n* **1** 牧童; カウボーイ; ロデオの出演者; 《口》無鉄砲者, 《特に》無謀なドライバー[パイロット]; DRUGSTORE COWBOY; 〖米史〗英国派遊撃隊員《独立革命当時 New York 付近の中立地帯で行動した; cf. SKINNER》; *《俗》西部風サンドイッチ; 〖トランプ〗キング; *《俗》ギャングの親玉; ˈ《口》荒っぽい商売をする者, 悪徳業者《土建屋・配管工など》; *《俗》仲間のいない被収容者; *《俗》新米の看守; 《ハッカー俗》プログラミングの達人. **2** [the C-s] カウボーイズ (DALLAS COWBOYS) ► *vi**カウボーイをやって暮らす. ► *vt**《俗》〈人を〉すぐに[むちゃくちゃなやり方で]殺す. ◆ **～ up***《口》敢然と立ち向かう, 毅然とした態度をとる.

cówboy bòot カウボーイブーツ《かかとの高い意匠を凝らした縫い目のある革の長靴》.

cówboy còffee*《俗》砂糖なしのブラックコーヒー.

cówboy hàt カウボーイハット (=*ten-gallon hat*) 《つばが広く上が大きくて柔らかい》.

ców·bòy·ing *n* 牧童[カウボーイ]の仕事.

cówboy jòb*《俗》しろうとによる(無謀な)強盗.

cówboys and Índians [〈*sg*〉] 西部劇ごっこ, カウボーイごっこ.

ców·càtch·er* *n* 《機関車・路面電車の》排障器, 救助器.

ców chìps *pl* 乾燥牛糞; *《俗》[*euph*] くだらんこと, あほらしいこと (bullshit).

ców·còcky *n* 《豪口》酪農家.

ców còllege [tèch]*《口》田舎大学, 農大.

ców·dòot *n**《俗》牛の糞.

Cow·ell /káuəl/ カウエル **Henry** (**Dixon**) ～ (1887–1965) 《米国の作曲家》.

cow·er /káuər/ *vi* 縮こまる, すくむ 〈*away*; *from*〉; かがむ, しゃがむ 〈*down*; *from*〉. [MLG *kūren* to lie in wait<?]

Cowes /káuz/ カウズ《イングランド Wight 島の海港; 毎年 8 月初めの Cowes Week にヨットレースを開催》.

ców-èyed *a* 牛のような[大きい]目をした (ox-eyed).

cow·fe·te·ria /kàufətíəriə/ *n* 《NZ口》《多数の乳首がついた》子牛用授乳器.

ców·fish *n* 〖動〗クジラ・イルカの類; 〖魚〗コンゴウフグ(など)《ハコフグ科の眼前に前向きのとげがある魚》; 《まれ》海牛 (sirenian), ジュゴン (dugong).

ców·flòp, ców·flàp*《俗》*n* 牛の糞; [*euph*] たわごと, ナンセンス, だぼら (bullshit).

ców·gìrl *n* 《馬に乗って》牛・馬の世話をする女; ロデオを行なう女.

ców·gràss *n* 《豪》〖植〗ムラサキツメクサ (red clover).

cowhage ⇨ COWAGE.

ców·hànd* *n* 牧童, カウボーイ (cowboy).

ców·hèel *n* 〖料理〗カウヒール《牛の足部をタマネギその他の調味料と共にゼリー状に煮たもの》.

ców·hèrb *n* 〖植〗ドウカンソウ《ナデシコ科》.

ców·hèrd *n* 《放牧場の》牛飼い.

ców·hìde *n* 牛皮, 牛革; *牛皮のむち; *牛革の靴; *《俗》野球のボール. ► *vt**牛皮のむちで打つ.

ców hòrse COW PONY.

ców·hòuse *n* 牛小屋, 牛舎.

Ców·i·chan swéater /káuəʧən-/ 《カナダ》カウチンセーター (=*Indian sweater, siwash* (*sweater*)) 《白またはグレー地に動物などの模様を編み込んだもの; もと Vancouver 島の Cowichan インディアンが作っていた》.

co·wínner *n* 同時受賞[勝利]者; 共同受賞者.

ców·ish *a* 牛のような; 鈍重な; 《古》臆病な.

ców·ìtch *n* COWAGE. [folk etymol]

ców jùice 《俗》牛乳.

cowk /káuk/ *vi* 《スコ北東部》むかつく, 吐く.

ców kìller 〖昆〗アリバチ《特に 米国南部の》.

cowl[1] /kául/ *n* **1** カウル《修道士のフード付き外衣; また そのフード》; 修道士 (monk); 〖服〗COWL NECKLINE: The ～ does not make the monk. 《諺》僧服 僧を作らず. **2** 〖車〗カウル(パネル); 《煙突の頂上につける》煙突帽; 《通風筒の頂上の》通風帽, 換気帽; 火の粉止め《機関車煙突頂上の金網のかご》; 〖空〗カウル (COWLING). ► *vt* 〈人〉にカウルをかぶせる; 修道士にする; おおう; …におおい装置[部品]を取り付ける. [OE *cugele*<L *cucullus* hood (of cloak)]

cowl[2] *n* ˈ《方》《取っ手 2 つに棒を通し 2 人でかつぐ》大水桶. [OF <L (dim) < CUP]

cowled /káuld/ *a* COWL[1] を着けた[取り付けた]; 〖植・動〗僧帽形[状]の (cucullate).

Cow·ley /káuli/ カウリー (**1**) **Abraham** ～ (1618–67) 《英国の詩人・随筆家; 形而上派最後の詩人とされる; *The Mistress* (1647), *Poems* (1656)》 (**2**) **Malcolm** ～ (1898–1989) 《米国の文芸批評家・詩人》.

ców·lìck *n* 《額の上などの》立ち毛, 逆毛.

cówl·ing *n* 〖空〗カウリング《飛行機の発動機カバー》.

cówl-nèck *n* 〖服〗カウルネック *n* 《(**1**) 襟元にドレープのある婦人服のネックライン (**2**) そのような衣服, 特に セーター・ドレス》.

cówl nèckline カウルネックライン (cowl-neck).

cówl·stàff *n* 《古・方》《COWL[2] をかつぐ》天秤(てんびん)棒.

ców·man /-mən, -mæ̀n/ *n* (*pl* **-men** /-mən, -mèn/) ˈ牛飼い; *牧畜農場主, 牧牛業者.

có-wòrk·er *n* 仕事仲間, 同僚.

ców pársley 〖植〗シャク (wild chervil).

ców pársnip 〖植〗ハナウド (=*alexanders*) 《セリ科; 牛の飼料》.

ców·pàt *n* 牛の糞, 牛糞.

ców·pèa *n* 〖植〗ササゲ, カウピー (=*black-eyed pea, field pea, southern pea*) 《米南部に多い; 牛の飼料, 緑肥》.

ców pèeler*《俗》カウボーイ.

Cow·per /kú:pər, káu-/ クーパー **William** ～ (1731–1800) 《英国の詩人; 書簡文の名家; *The Task* (1785)》.

Ców·per's glànd 〖解〗カウパー[クーパー]腺 (=*bulbourethral gland*) 《男性の尿道球腺; 性的興奮で粘液を分泌; cf. BARTHOLIN'S GLAND》. [William *Cowper* (1666–1709) 英国の外科医]

ców pìe 《俗》牛の糞 (cf. ROAD APPLE).

ców pìllow 《インドで》綿を詰めた大型円筒形の枕《もたれるのに用いる》.

ców pìlot 〖魚〗SERGEANT MAJOR; *《俗》スチュワーデス.

ców·plòp *n**《俗》COWFLOP.

ców·pòke *n**《俗》カウボーイ (cowboy).

ców pòny*《西部》カウボーイが乗る牧牛用の馬.

ców·pòx *n* 〖獣医〗牛痘 (vaccinia).

ców·pùnch·er *n**《口》カウボーイ (cowboy).

cow·rie, -ry /káuri/ *n* 〖貝〗タカラガイ, コヤスガイ. [Urdu, Hindi]

cò·wríte *vt* 共同執筆する. ◆ **cò·wríter** *n* 共著者.

ców shàrk 〖魚〗カグラザメ《欧州・西インド諸島産》.

ców·shèd *n* 牛小屋, 牛舎.

ców·shòt *n* 《クリケット俗》腰をかがめて打つ強打.

ców·skìn *n, vt* 牛皮(むち) (cowhide); 牛皮むちで打つ.

cow·slip /káuslìp/ *n* 〖植〗**a** キバナノクリンザクラ (=*herb Peter*). **b** *MARSH MARIGOLD. **c** *SHOOTING STAR. **d** *VIRGINIA COWSLIP. [OE *cū-sloppe* (*slyppe* slimy substance, i.e. cow dung)]

cówslip tèa cowslip の花を入れた茶.

cówslip wìne cowslip の花からつくる酒.

ców's tàil 《海俗》IRISH PENNANT; *《方》人に先を越される[おくれをとる]人, びりけつ.

ców tech ⇨ COW COLLEGE.

ców tòwn* 牧牛地帯の中心地[田舎町].

ców trèe 〘植〙サンデ, チチノキ《飲用にもされる甘い乳状樹液を出すクワ科の高木; 南米北部の熱帯に分布》.

ców·whèat *n* 〘植〙ママコナの一種《ゴマノハグサ科の雑草》.

cówy *a* 牛の; 牛の味[匂い]のする: fresh ～ milk.

cox /káks/ 《口》 *n* 《ボートの》コックス (coxswain). ► *vt, vi* (〈ボート・クルー〉の)コックスをつとめる. ♦ **～·less** *a*

Cox 1 Cox's ORANGE PIPPIN. **2** コックス **James M(iddleton)** ～ (1870–1957)《米国の政治家; 改革派の新聞経営者, Ohio 州知事; 1920 年民主党の大統領候補として出馬したが, 共和党の Harding に完敗》.

COX /káks/ *n* CYCLOOXYGENASE《種類を示すために COX-1 または COX-2 と表記されることが多い》.

coxa /káksə/ *n* (*pl* **cox·ae** /-sìː, -sàɪ/) 〘解〙寛骨部, 腰, 股関節(部); 〘動〙《節足動物の》底節, 《特に 昆虫の》基節. ♦ **cóx·al** *a* [L＝hip]

cox·al·gia /kɑksǽlʤiə/, **-al·gy** /-ʤi/ *n* 〘医〙股関節痛; 腰痛.

cox·comb /kákskòum/ *n* **1** (ばかな)気取り屋, めかしたてた男, だて男, しゃれ者; 《廃》ばか者 (fool). **2** 〘植〙COCKSCOMB; 《廃》《中世の道化の》とさか状の赤帽子; 《古》頭, 脳天. ♦ **cox·comb·i·cal** /kɑkskóumɪk(ə)l, -kám-/ *a* 気取り屋の, おしゃれの. **-i·cal·ly** *adv* [＝COCK's *comb*; 「道化(の帽子)」の意]

cox·comb·ry /kákskəmri, -kòu-/ *n* おしゃれ, 気取り; 気取ったふるまい.

coxed /kákst/ *a* コックスつきの: a ～ four [pair] 舵付きフォア[ペア]《ボート》.

cox·sàck·ie·vírus /kɑksæ̀ki-/, **Cox·sáck·ie vírus** コクサッキーウイルス《ヒトに各種の感染症を起こす腸エンテロウイルス》. [*Coxsackie* 最初に患者が見つかった New York 州の町名]

Cóx's Órange Píppin 〘園〙コックスオレンジピピン《皮が赤みがかった緑色をした甘いデザート用リンゴ; R. Cox は 19 世紀前半の英国の果樹栽培家》.

cox·swain, cock·swain /káksən, -swèɪn/ *n* 《ボートの》コックス, 舵取り, 艇長; 《小型艦の》先任下士官. ► *vt, vi* (…の)コックスをつとめる; (…の)舵をとる. ♦ **～·ship** *n* [*cock* (cf. COCKBOAT), SWAIN; cf. BOATSWAIN]

COX-2 inhibitor /— túː —/ 〘薬〙COX-2 阻害薬《関節炎の痛み・炎症の原因となるシクロオキシゲナーゼの作用を選択的に阻害することによってそれらの緩和をはかる薬》.

coxy[‖] /káksi/ *a* うぬぼれた, 生意気な.

coy /kɔ́ɪ/ *a* 〈特に 女の子が〉はにかみ屋の; 恥ずかしがるふりをする; 隠しだてをする 〈*about*〉; 《いたずらっぽく》とりすました; 遠慮がちの 〈*of* speech〉; 《古》〈場所が〉人目につかない. ► *vi* 《古》恥ずかしがる. ► *vt* 《廃》愛撫する (caress). ♦ **～·ly** *adv* **～·ness** *n* [OF (L QUIET)]

Coy. 〘主に軍〙Company.

cóy·dòg /kɔ́ɪ-/ *n* 〘動〙コイドッグ《コヨーテと野生のイヌの間の合いの子》. [*coyote*＋*dog*]

coy·ote /káɪòut, kaɪóuti; kɔ́ɪòut, kɔɪóuti/ *n* (*pl* ～**s**, ～) **1** 〘動〙コヨーテ (＝*prairie wolf*)《北米西部大草原のイヌ科の肉食獣; 米西部のインディアンの伝説中ではトリックスターの役を果たすことが多い》. **2** *《俗》いやなやつ, がめついやつ, 卑劣なやつ; *《俗》コヨーテ《メキシコなどから米国内への密入国者の越境を助ける業者》. [MexSp＜Aztec]

Cóyote Stàte [the] コヨーテ州《South Dakota 州の俗称》.

cóyote-úgly *a* *《俗》〈人が〉ひどく醜い, 二目と見られない, ひどいご面相の.

co·yo·til·lo /kàɪətíːlou, kɔ̀ɪə-, -tíːjou; kòujoutíːl(j)ou/ *n* (*pl* ～**s**) 〘植〙クロウメモドキ科の有毒植物《米国南西部・メキシコ産》. [MexSp]

coy·pu, -pou /kɔ́ɪpu, kɔɪpúː/ *n* (*pl* ～**s**, ～) 〘動〙ヌートリア (＝*nutria*)《南米原産; '沼のビーバー' といわれ毛皮が珍重される》. [Araucan]

coz[1] /kʌ́z/ *n* (*pl* **cóz·(z)es**) 《米口・英古》いとこ (cousin).

coz[2] /káz, kəz/ *conj* 《口》BECAUSE.

coze /kóuz/ *vi* 親しく語る, おしゃべりをする. ► *n* おしゃべり (chat) (cf. COSE). [F *causer* to chat]

coz·en /kʌ́z(ə)n/ *vt, vi* 《文》〈人を〉かつぐ, だます: ～ sb *of* [*out of*] sth 人をだまして物を取る / ～ sb *into* doing 人を欺いて…させる. ♦ **～·age** *n* 詐欺, かたり. **～·er** *n* [C16 (cant)＜?It (*cozzone* horse trader)]

co·zey, -zie /kóuzi/ *n* COZY.

Co·zu·mel /kòuzəmél/ コスメル《メキシコ南東部 Yucatan 半島の東にある島; マヤ文化の遺跡が多い》.

co·zy | co·sy /kóuzi/ *a* **1** 居ごこちのよい, こぢんまりした; 暖かい雰囲気の, 和気あいあいとした, くつろいだ; 楽な; [*derog*] ぬるま湯につかったような, なれあいの. **2** 慎重な. ► *adv* 慎重に. ● **play it ～** *《俗》大事をとる, 慎重にやる. ► *n* 天蓋付き二人掛け椅子; 保温カバー; 軽い推理小説: a tea [an egg] ～. ► *vt* *…の居ごこちをよくする, …に暖かい感じを出す 〈*up*〉; 《口》安心させる, なだめる 〈*along*〉. ● **～ up** *《口》〈…と〉近づきになる, 親しくなろうとする, 〈…に〉取り入る 〈*to*〉; *〈…に〉近寄って暖まる 〈*to*〉, 《暖まろうとして》体を寄せる. ♦ **có·zi·ly** *adv* **-zi·ness** *n* [Sc＜?]

Coz·zens /kʌ́z(ə)nz/ カズンズ **James Gould** ～ (1903–78)《米国の小説家; *Guard of Honor* (1948), *By Love Possessed* (1957)》.

coz·zie /kázi/ *n* 《豪口》COSSIE.

CP[1] /sìːpíː/ *n* [the] 共産党 (Communist Party). ♦ **CP'·er** /sìːpíːər/ *n* 共産党員.

CP[2] *n* 〘理〙CP《素粒子理論において, 系のすべての粒子をその反粒子に変える荷電共役変換 C と三次元空間内の粒子の配位を鏡像に移すパリティ変換 P とを同時に行なう操作; また そのときの系の波動関数の符号の変化》. [*c*harge conjugation, *p*arity]

cp. compare ♦ coupon. **c.p., CP** candlepower ♦ °carriage paid ♦ chemically pure. **CP** °Cape Province ♦ °center of pressure ♦ 〘医〙°cerebral palsy ♦ °Clarendon Press ♦ °Clerk of the Peace ♦ 〘軍〙°command post ♦ °commercial paper ♦ °Common Pleas ♦ °Common Prayer ♦ Communist Party ♦ [L *Congregatio Passionis*] 〘カト〙Congregation of the Passion 御受難修道会 ♦ 〘南ア〙Conservative Party ♦ 〘豪〙°Country Party ♦ custom of port. **CP, C/P** °charter party. **CPA** °certified public accountant ♦ °critical path analysis. **CPB** 〘米〙Corporation for Public Broadcasting 公共放送協会《連邦政府や民間から資金提供を受けて, 国内の非商業テレビ・ラジオ局に資金援助を行なう民間の非営利団体》. **CPCU** 〘米〙Chartered Property Casualty Underwriter. **cpd** compound. **CPD**[‖] continuing professional development 継続職能開発《職業資格保有者に最新の技術・知識などを授ける教育プログラム》. **CPFF** cost plus fixed fee. **cpi** 〘印〙characters per inch. **CPI** °consumer price index. **cpl.** complete ♦ compline. **Cpl** Corporal. **CPM** cost per thousand ♦ °critical path method.

CP/M-80 /sìːpíːémèɪti/ 〘商標〙CP/M-80《8 ビットマイクロプロセッサー i8080 [Z80 など] 用のオペレーティングシステム》. [*c*ontrol *p*rogram for *m*icrocomputers]

CPO °Chief Petty Officer. **CPOM** °Master Chief Petty Officer. **CPR** °cardiopulmonary resuscitation. **CPRE** Campaign to Protect Rural England《旧称 Council for the Protection of Rural England》. **cps, CPS** cards per second ♦ 〘電算〙characters per second 文字/秒, 毎秒…字 ♦ 〘理〙CYCLES per second. **CPS** 〘米〙Certified Professional Secretary ♦ °Crown Prosecution Service. **CPSC** 〘米〙°Consumer Product Safety Commission. **Cpt., CPT** captain. **CPU, cpu** 〘電算〙°central processing unit. **CPVC** 〘化〙chlorinated polyvinyl chloride 塩素化ポリ塩化ビニル《水道のホースに用いる》. **CPVE** Certificate of Pre-Vocational Education. **CQ** 〘通信〙/sìːkjúː/ call to quarters《アマチュア無線の交信呼びかけ信号》♦ 〘軍〙°charge of quarters ♦ commercial quality. **cr** center. **cr.** circular ♦ commander ♦ cream ♦ creased ♦ created ♦ credit ♦ creditor ♦ creek ♦ crescendo ♦ crown. **Cr** 〘化〙chromium ♦ Council(l)or. **CR** carrier's risk ♦ °cathode ray ♦ Community of the Resurrection ♦ °conditioned reflex ♦ °conditioned response ♦ consciousness-raising ♦ °Costa Rica ♦ °credit rating ♦ 〘統〙°critical ratio ♦ current rate.

craal /kráːl/ *n, a, vt* KRAAL.

crab[1] /krǽb/ *n* **1 a** 〘動〙カニ; カニの肉; 〘動〙ヤドカリ; [the C-] 〘天〙かに座(蟹座), 巨蟹(きょかい)宮 (Cancer); 〘機〙ウインチ台車, クラブ: You cannot make a ～ walk straight. 《諺》カニを縦に歩かせることはできない. **b** 《口》ケジラミ (crab louse), [[U]*pl*] ケジラミがわくこと; *《俗》ノミの一種; [*pl*] 《卑》梅毒 (syphilis). **c** *《俗》《海軍兵学校のある》アナポリス (Annapolis) 市民. **2** 〘空〙斜め飛行; [*pl*] 《2 個のさいを投げて出た》一(ピン)ぞろ; 不利, 失敗: turn out [come off] ～*s* 失敗に終わる. ● **catch a ～** 〘ボート〙オールをこぎそこねてバランスをくずす《水中に突っ込みすぎ, または 浅すぎて》. ► *vt, vi* (**-bb-**) **1** カニを捕る. **2** 横ばいする, 蟹行(かいこう)する; 〈自動車・船など〉横に押し流す[流される], コースをはずれる; 〘空〙〈飛行機・グライダーなど〉《流されないように》斜め飛行させる[する]. **3** 〘染〙クラッビングする (⇨ CRABBING). ♦ **～-like** *a, adv* [OE *crabba*; cf. G *Krabbe*, *Krebs*, ON *krafla* to scratch]

crab[2] *vt, vi* (**-bb-**) 〘鷹狩〙〈鷹が〉つめでひっかく; つかみ合う; 不機嫌にする; 《口》こきおろす, あら探しする; 《口》文句を言う; *《俗》つまらない品物をくすねる; *《俗》しょっちゅう借りる; 《口》〈行動・商取引などを〉だめにする, だいなしにする; しりごみする, 手を引く 〈*out*〉. [MLG *krabben*; CRAB[1]]

crab[3] *n* CRAB APPLE; *《口》不機嫌な人, 気むずかし屋, つむじまがり: (as) sour as a ～ とても酸っぱい; とても機嫌の悪い, すごく意地悪な.

cráb àpple 〘植〙クラブアップル《酸味の強い小粒のリンゴ; 栽培種は主にゼリー・ジャム用; その木》. [C15＜?; CRAB[1] に同化した *scrab* (＜Scand) か]

Crabbe /krǽb/ クラブ **George** ～ (1754–1832)《英国の詩人; *The Village* (1783), *The Borough* (1810)》.

crab·bed /krǽbəd/ *a* つむじまがりの, 気むずかしい; 不機嫌な; 〈文体など〉難解な; 〈筆跡が〉ひねくれた, 《細かく》判読しがたい; 《古》(crab apple のように)渋く酸っぱい. ♦ **～·ly** *adv* **～·ness** *n*

cráb·ber[1] *n* カニ漁師; カニ漁船. [*crab*[1]]

crabber[2] *n* 《口》あら探し屋, 酷評家. [*crab*[2]]

cráb·bing *n* カニ漁; クラッビング《毛織物の湯伸(法); ぬれても小じ

わになりにくくする処理).
cráb·by[1] *a* カニのような; カニの多い. [*crab*[1]]
crabby[2] *a* つむじまがりの, 意地の悪い, 不機嫌な. ◆ **cráb·bi·ly** *adv* **cráb·bi·ness** *n* [*crab*[2]]
cráb càctus 〔植〕シャコバサボテン (=*Christmas cactus*)《ブラジル原産; 開花期は秋》.
cráb cànon 〔楽〕蟹形カノン, 逆行カノン《後続声部が先行声部を末尾から冒頭へ逆に模倣するカノン》.
cráb·èat·er *n* カニをよく食う魚[鳥]; CRABEATER SEAL.
crábeater [cráb-èat·ing] sèal 〔動〕カニクイアザラシ《南氷洋産》.
cráb-èating fòx [dòg] 〔動〕カニクイイヌ《南米北部産の野生のイヌ》.
cráb-èating macàque 〔動〕カニクイザル (=*croo monkey*)《東南アジア産》.
cráb·gràss *n* 〔植〕メヒシバ(の類)《匍匐(ほふく)性または傾伏性の茎をもち, 芝生や畑を荒らす雑草》.
cráb lòuse 〔昆〕ケジラミ《人の陰部につく》.
cráb·mèat *n* カニの身, カニ肉.
Cráb Nébula 〔天〕かに星雲《おうし座 (Taurus) の星雲; 地球から約 5000 光年》.
cráb pòt カニを捕る枝編みかご.
cráb's-èye *n* [°*pl*]《ザリガニの胃中に生じる》胃石, オクリカンキリ, 蝲蛄(ざりがに)石《かつて医療用》; 〔植〕トウアズキ (jequirity).
cráb spìder 〔動〕カニグモ《同科の小型のクモの総称; 木や花にすみ, 横長でカニのように横歩きもする》.
cráb·stìck *n* 《特に CRAB TREE の》木で作った杖[棍棒]; 意地の悪い人, 邪険な人.
cráb stìck カニ棒, カニカマ《カニ風味カマボコ》.
cráb trèe 〔植〕クラブアップル (crab apple) の木.
cráb·wàys *adv* CRABWISE.
cráb·wìse *adv, a* カニのように[な], 横に[の], 斜めに[の]; 慎重に回り道をして[する], 間接的に[な].
cráb·wòod *n* 〔植〕クラブウッド《南米熱帯産センダン科の常緑高木; 材は淡い赤褐色で, 家具などに用いられる》. [*crab apple*]
crack /krǽk/ *n* **1 a** 裂け目, 割れ目; ひび, きず; ひび割れ, 亀裂; 〔登山〕岩隙, クラック: ~*s* of a cup. **b** 《ドア・窓の》わずかな隙間, 隙: Open the window a ~. 窓をちょっぴり開けなさい. **c** 《俗》お尻の割れ目, 《卑》われめ (vulva, vagina). **2 a** 《人間関係の》亀裂; 小さな欠陥[欠点]: ~*s* begin [start] to appear in…に亀裂[問題]が生じ始める. **b** 気のふれ, 心の狂い; 気のふれた人, 変人 (crackpot). **3** 《声が》しわがれること; 声変わり. **4 a** 《むち・銃・雷などの》急激な鋭い音, ピシッ, バーン, バリッ; 《バットでボールを打つ》カーン; 《ひびがはいる》パリッ, パリン; 《枝が折れる》ボキッ: the ~ of a gun 鉄砲の音. **b** 《口》ピシャリというひと打ち: have a ~ on the head 頭を強打される. **5** 《口》試み, 試し, チャンス (cf. 成句); *《俗》1 回, 1 つ: It's three dollars a ~. **6** 《口》一瞬, 瞬間 (instant): in a ~ たちまち. **7 a** 《口》あざけり, 皮肉; 《口》警句 (wisecrack), 気のきいた[うまい]受け答え, しゃれた冗談. **b** [*pl*] 消息, 珍談; 《スコ・北イング》雑談, おしゃべり; 《古・英方》自慢, ほら. **c** *《俗》すごい楽しみ, たいしたごちそう[もてなし], 非常な快感; 《アイル口》愉快なひと時[おしゃべり], 楽しみ (fun). **8** ″《口》一流の人[もの], ピカ一, 名馬, 《演技の》名人, 妙手, 優秀船. **9** 《俗》金庫破り, 押込み強盗 (burglar, burglary); 《暗号の》解読; 〔電算〕クラック《ソフトウェアの無料バージョンの機能制限を不正に除去して使用できるようにする情報・コード》. **10** 《俗》クラック《高純度に精製した結晶状のコカイン; 煙を吸い込むと強い幻覚作用が起き, 依存性が強い》. ● **a fair ~ of the whip** ″《口》公正な扱い[機会]. **at (the)** CRACK OF DAWN. **a [the] ~ in sb's armour** 突かれると弱いところ, 弱点 (a chink in one's armour). **fall [slip] between [through] the ~s** 《特に 定義[理解]があいまいなので》無視されて[見過ごされて]しまう. **first ~ out of the box** 《俗》すぐに, すぐさま, まっさきに. **give** sb **a ~ at**… 《口》人に…のチャンスを与える. **have [get, take] a ~ at**… 《口》…を試みる, 試してみる 〈*doing*〉. **paper [paste, cover] over the ~s** 欠陥[難点]を取りつくろって隠す, 糊塗する. **What's the ~?** ″調子はどう.
► *a* 《口》最優秀の, 一流の: a ~ hand 妙手, 名人 / a ~ shot 射撃の名手.
► *adv* 鋭く, パチッと, ピシャリと, ボカリと, ガーンと.
► *vi* **1** パチリとわれる[裂ける], 亀裂がはいる; ひびがはいる; 〈雷が〉ゴロゴロ鳴る, 鋭い爆音を発する, 〈むちが〉ピシッと音をたてる, 〈小銃が〉パチッと鳴る. **2** 〈声が〉かすれる, うわずる; 声変わりする. **3** 疾走する; 突き進む, どんどん進める 〈*along, on*〉 (cf. *get* CRACK*ing*); 〔海〕総帆を揚げて[全速で]進む 〈*on*〉. **4** 《口》屈服する, 弱る, 参る, 神経がおかしくなる, だめになる 〈*up*〉: ~ under the pressure 重圧に負ける. **5** 〔化〕(熱)分解する. **6** *《俗》自白する, 口を割る; 《スコ》おしゃべりをする (chat, gossip); 《方》自慢する. ► *vt* **1 a** …にひびをはいらせる; パチリとわる, 砕く: a hard [tough] NUT to ~. **b** 〈小麦を〉ひき割りにする. **c** 《口》〈金庫などを〉こじあける, 破る, 〈家などに〉押し入る; 《口》〈缶・瓶などを〉あける; *〈窓・扉・調節弁などを〉少しだけあける / ~ a crib 強盗にはいる. **d** 〈障壁を〉打破する; 〈問題・事件などを〉解決する, 解明する; 〈冗談を〉とばす, 〈うまいことを〉言う; …の秘密を明かす, 教える, 言う; 《俗》〈暗号を〉解く, 解読する; 〔電算〕〈ソフトウェア〉のプロテクトを破る, クラックする. **e** 《俗》〈パーティーなどに〉押しかける, むりやりはいり込む[もぐり込む]; *《俗》〈望ましい部門〉に分け入る, …入りを果たす《ベストセラー入りなど》. **f** *《俗》〈紙幣を〉くずす. **2** ピシャリ[カーン]と打つ; 〈体の一部を〉ぶつける, 激突させる 〈*on, against*〉; ピシッ[ボキッ]と鳴らす; 〈声を〉つぶす: ~ one's knuckles 指の関節を(ボキボキ)鳴らす. **3 a** 〈自信などを〉急激にそこなう, くじく, つぶす; 〈犯罪を〉阻止する; 〈人〉のじゃまをする. **b** 狂わせる; 深く悲しませる. **4** 〔化〕〈炭化水素を〉(熱)分解[クラッキング]する; 〔化〕(熱)分解して得る. **5** 《豪口》見つける, つかまえる. **6** *《俗》《ブリッジで》〈相手の点を〉倍加する. ● **~ a book** [[U]*neg*] *《口》本[教科書]をあけて読む, [*fig*] (詰め込み)勉強する. **~ a** BOTTLE. **~ a smile** 《口》にっこりする. **~ back** *《俗》言い返す. **~ down on**… 《口》…に断固たる措置をとる, …を厳重に取り締まる, 弾圧する. **~ hardy [hearty]** 《豪口》じっと我慢する, 平気な顔をする. **~ it** 《豪口》うまくやり遂げる[手に入れる], 女をモノにする. **~ on** ⇨ *vi*; 《俗》…のふりをする (pretend); *《俗》証明する, …について納得させる. **~ onto**… 《豪俗》《下心があって》〈異性〉に話しかける, …を口説く. **~ open** 〈ボトル・シャンパンなど〉あける; 〈卵・殻など〉われる[わる], 裂ける[裂く]. **~ one's jaw** *《俗》自慢する, ほらを吹く. **~ up** ⇨ *vi*; [[U]*pass*] 《口》〈…と〉ほめそやす, 持ち上げる 〈*to* be, *as*〉; 《口》〈車・飛行機が[を]〉大破する (crash); 急に笑い[泣き]出す; 《口》笑いこける, 大笑いさせる; 《口》気がふれる: ~ *oneself up* 自慢する / It's not all (that) it's ~*ed up to* be. 評判ほどではない. **~ …wide open** …に大きな割れ目をあける; …を暴露する. **~ wise** *《俗》知ったかぶりのことを言う, 気のきいたことを言う, おもしろいことを言う. **get ~ing** 《口》さっさと始める; 《口》急ぐ.
[OE *cracian* to resound]
crack·a·jack /krǽkədʒæ̀k/ *n, a* 《口》CRACKERJACK.
cráck bàby 《俗》クラックベビー《crack 中毒患者から生まれた障害児》.
cráck·bàck *n* 〔アメフト〕クラックバック《ダウンフィールドに走り始め, ライン中央の方向にカットバックするパスレシーバーによる不正なブロック》; *《俗》(気のきいたすばやい)言い返し.
cráck·bràin *n* 《口》気のふれた人 (crackpot). ◆ **~ed** *a* 《口》気のふれた(ような), ばかばかしい.
cráck dèn 《俗》CRACK HOUSE.
cráck·dòwn *n* 《口》厳重な取締まり, 断固たる措置, 締めつけ, 手入れ, 弾圧 〈*on, against*〉.
cracked /krǽkt/ *a* 砕けた, 砕いた; ひびのはいった, われた; 〈小麦がひき割りの, 粗挽きの; 〈人格・信用など〉損じた, 落ちた; 声変わりのした, 〈声が〉つぶれた, しゃがれた; 《口》気が変な, いかれた, まぬけな, ばかな. ◆ **~·ness** *n*
cráck·er *n* **1** クラッカー《甘味をつけない薄い堅焼きビスケット》; *《一般に》ビスケット. **2** かんしゃく玉, 爆竹; むちの先端; ″クラッカー (=~ **bònbon**) (Christmas cracker)《端を引っ張ると破裂してテープなどが飛び出す紙筒; パーティーで用いる》; 割る器具, 破砕器; [*pl*] くるみ割り (nutcrackers); [*joc*] 歯. **3** 《石油などの》分解装置. **4** *《俗》[[U]*derog*] 貧乏白人 (poor white); [C-; [S]*derog*] フロリダ人, ジョージア人 (俗称). **5** ″《口》たいしたもの, すごく気持のいい人物[もの], 逸品; ″《口》すごい美人, いい女. **6** 《俗》急速な歩調, 猛烈なペース; 破滅, 破産. **7** 《豪口》わずかな金: haven't got a ~ 全然金がない, 文無しだ. **8** 《古》うそ, ほら; *《方》ほら吹き. **9** 不正にコンピューターに侵入する者, ハッカー, クラッカー (hacker). ● **go a ~** 全速力を出す; ぺちゃんこになる. **not worth a ~** 《豪口》まるきり役に立たないで.
cráck·er-bàrrel *《口》*a* 形式ばらない, うちとけた, 雑談風の; 〈考え・生き方が〉世間並みの, ありきたりの, 平凡な.
crácker bàrrel クラッカー樽《20 世紀初めに米国のどこの田舎の食料雑貨店にもあったクラッカーを入れる樽; これを囲んで男たちが世間話に花を咲かせたという》.
cráck·er·jàck 《口》*n* 優秀品, 一流人, ピカ一. ► *a* 優秀な, 一流の, すばらしい.
Crácker Jàck 〔商標〕クラッカージャック《糖蜜で固めたポップコーン》.
crack·ers /krǽkərz/ ″《口》*pred a* 気がふれて (crazy); 無我夢中で: go ~ 気がふれる; 熱中する 〈*about, over*〉.
Crácker Stàte [the] [[S]*derog*] 貧乏白人州《Georgia 州の俗称》.
crack·et /krǽkət/ ″《方》*n* 低い(三脚)椅子; 《坑夫の用いる》ひざ受け台. [変形 〈*cricket*[3]]
cráck·hèad *n* 《俗》クラック常用者.
cráck hòuse 《俗》クラック密売所[吸飲所].
cráck·ing *n* 〔化〕熱分解, クラッキング; 〔塗装〕深割れ. ► *a* 《口》活発な, 速い; 徹底的な, 猛烈な; すばらしい, ピシッときまる. ► *adv* 《口》すごく (very).
cráck·jàw 《口》*a* (あごがはずれそうに)発音しにくい (jawbreaking), 妙ちきりんな. ► *n* 発音しにくいことば[語句].
crack·le /krǽk(ə)l/ *vi* パチパチ音をたてる; 〈陶器・ガラス器など〉ひびがはいる; 〈感情が〉わき起こる; 〈場(の空気)が〉〈熱気・不安などに〉満ちる 〈*with*〉. ► *vt* パリパリとこわす; ひび入らせる, …にひび模様を入れる. ► *n* パチパチ鳴る音; 活気; 《陶磁器の》ひび模様, びり, クラックル; 《塗料表面などの》ひび割れ; CRACKLEWARE. ◆ **cráck·ly** *a* パチパチいう; パリパリ[カリカリ]する. [*-le* (freq)]

cráckle·wàre *n* ひび釉(ゆう)(陶磁器), クラックルウェア.
cráck·ling *n* **1** パチパチと音をたてること, 《せんべいなどが》パリパリすること. **2** /krǽklən, -lɪŋ/ 《焼き豚の》カリカリする肉皮; /krǽklən, -lɪŋ/ [ᵁ*pl*] *《脂身から》ラードを取ったあとのカリカリしたかす. **3** ‖《口》《セックスの対象として》魅力的な女, いい女: a bit of ～ (ちょっとした)女, いい女. ► *a* パチパチ[パリパリ]いう〈音〉. ♦ **～·ly** *adv*
cráckling brèad /, krǽklən-/, **cráck·lin brèad** /krǽklən-/ カリカリした脂肪 (cracklings) のはいったトウモロコシパン.
crack·nel /krǽkn(ə)l/ *n* 堅焼きビスケット; ナッツを砂糖で板状に固めた菓子; [ᵁ*pl*] *揚げてカリカリにした豚肉の脂肉. [F *craquelin*< MDu; ⇨ CRACK]
cráck of dáwn [dáy] 夜明け (daybreak), 早朝: at (the) ～ 夜明けに.
cráck of dóom [the] 《古》 最後の審判日(の雷鳴)《Shak., *Macbeth* 4.1.117》; [the] この世の終わり: till [to] *the* ～ 世の終わりまで, 最後まで, いつまでも.
cráck·pòt 《口》 *n* 変わり者, 奇人. ► *a* 風変わりな, 気違いじみた.
cráck·pòt·ìsm *n* 《口》 奇行, 気違いじみたこと.
crácks·man /-mən/ *n* 《俗》 夜盗, 押込み, 金庫破り.
cráck-ùp *n* 粉砕, 破砕, 破壊, 崩壊; 《車などの》衝突, 激突; 《口》《肉体的・精神的に》参ること, 神経衰弱; *《俗》 とてもこっけいな[おもしろい]人[もの].
cráck wìllow 〔植〕 ポッキリヤナギ.
crácky[1] *a* 割れ目ができた; われやすい; 《口》 頭が変な, 狂った.
cracky[2] *int* [次の成句で]: **By ～!** いやはや, おやおや, まったく《驚き・感嘆・悪態などを表わす》; やるぞ, よし《決意を表わす》.
Cracow ⇨ KRAKÓW.
-cra·cy /‐krəsi/ *n comb form* 「政体」「政治」「社会階級」「政治勢力」「政治理論」: demo*cracy*. [F<L *-cratia*<Gk (*kratos* power)]
cra·dle /kréɪdl/ *n* **1 a** 揺りかご, 揺籃(ようらん), 小児用ベッド (cot): watch over the ～ 発育[成長]を見守る / The hand that rocks *the* ～ rules the world. 《諺》 揺りかごをゆする者が世界を作る《次代を担う若人を育てるのは母である; 米国の抒情詩人・愛国歌作者 William Ross Wallace (1819–81) の句》. **b** [the] 揺籃時代, 幼時: from *the* ～ 幼少から / in *the* ～ 初期において / stifle in *the* ～ 初めのうちに抑えてしまう / a ～ Catholic 幼い時からのカトリック信者 / What is learned in *the* ～ is carried to the tomb. 《諺》 幼時に憶えたものは死ぬまで忘れない, 雀百まで踊り忘れず. **c** [the] [*fig*] 《芸術・国民などを育成した》揺籃の地, 《文化などの》発祥地. **2** 揺りかご状の架台, 受台; 《自動車の下にもぐって修理するとき使う》寝台(ねだい), 寝板 (= *creeper*); 〔医〕《傷口を寝具から隔てる》離被架; 《船舶・航空機などの建造・修理用の》架台, 船架; 《進水時の》進水架, クレードル; 〔砲〕《大砲を載せる》くら, 砲鞍, 揺架; 受話器受け, 受台《受話器を, 使わない時に固定しておく部分》; ‖《宙吊りの》足場《など》; 〔鉱〕 揺汰(ようた)器, クレードル《ゆすりながら水を流す選鉱器》; *《鉄道俗》《固定した側壁のない》無蓋車. **3** 〔農〕 枠付き鎌 (cradle scythe) (の枠); 《銅版工の》かき彫り刀. **4** 綾取り (cat's cradle). ● **from the ～ to the grave** 揺りかごから墓場まで, 一生の間《社会保障の標語など》. **rob the ～** 《口》 自分よりずっと年下の相手を選ぶ[と結婚する]; 《口》 若手をスカウトする[使う]. **the ～ of the deep** 《詩》 海原, 海 (ocean). ► *vt* **1 a** 揺りかごに入れる[入れて眠らせる]; ゆすってあやす; 保護するように[優しく]支える; 育成する. **b** 〔ラクロス〕〈ボールを〉クロス (crosse) のネット中にキープする; 〈砂金を〉クレードルで洗う, 揺汰する. **2** 〈船などを〉架台[船架]で支える[の上に置く]. **3** 枠付き鎌で刈る. ► *vi* 《廃》 揺りかごに横たわる; 枠付き鎌で刈る.
[OE *cradol*; cf. G *Kratte* basket]
crádle càp 〔医〕 乳児脂肪冠《乳児頭皮の脂漏性皮膚炎; かさぶたが帽子をかぶったように見えることから》.
crádle·lànd *n* 発祥地, 揺籃(ようらん)の地.
crádle ròbber 《口》 (結婚)相手がずっと年下の人; 若手の新人を発掘するスカウト, 青田買いに懸命なスカウト.
crádle scỳthe 〔農〕 枠付き鎌《刈り集め用》.
crádle snàtcher ‖《口》 CRADLE ROBBER. ♦ **crádle-snàtch** *vt, vi*
crádle·sòng *n* 揺りかごの歌, 子守歌 (lullaby).
crá·dling *n* 育成; 〔建〕《特に 天井の》木ずり下; 〔鉱〕《砂金の》揺汰, 選鉱.
craft /krǽft; krɑ́:ft/ *n* **1 a** 技能, 技巧 (skill), 巧妙; 《特殊な》技術, わざ; 手工業; 工芸, 手工芸, クラフト; [ᵁ*pl*] 手工芸品. **b** 《特殊な技術を要する》職業, 熟練職業; 同業者《集合的》, [the C-] フリーメーソン団 (cf. FREEMASON). **2** 悪知恵, 奸智, 狡猾(こうかつ), 巧妙な手口: a man full of ～ 策士. **3** (*pl* ᵘ～) 船舶, 航空機 (aircraft), 宇宙船 (spacecraft): four small fishing ～ 小型漁船 4 隻. ► *vt* [ᵁ*pass*] (手で)巧みに[念入りに]作る. ♦ **～·er** *n* [OE *cræft* strength; cf. G *Kraft*]
cráft apprènticeship 《熟練工になるための》技術見習い期間.
cráft bròther 《熟練職業の》同業者.
cráft guìld 同業組合, 職業別ギルド.
cráfts·man /-mən/ *n* 熟練工, 職人《journeyman の上》; 名工, 名匠. ♦ **～·lìke** *a* **～·ly** *a* **～·shìp** *n* 職人の手腕[技巧], 職人芸.
cráfts·pèople *n pl* 職人.
cráfts·pèrson *n* 職人; 工芸家.
cráfts·wòman *n* 女性職人; 女性工芸家.
cráft ùnion 職能[職業]別組合 (=*horizontal union*) (cf. INDUSTRIAL UNION).
cráft·wòrk *n* 工芸, 職人芸; 工芸品. ♦ **～·er** *n* 工芸作家, 職人.
crafty *a* ずるい (cunning), 悪賢い, 奸智にたけた; ‖《方》 巧みな, 器用な. ♦ **cráft·i·ly** *adv* **cráft·i·ness** *n* [OE; ⇨ CRAFT]
crag[1] /krǽg/ *n* ごつごつした岩山, 険しい岩壁; 〔地質〕 クラッグ《イングランド東部の介砂層》; 《古》 鋭利な岩のかけら. [Celt]
crag[2] *n* 《スコ》 首 (neck), のど (throat). [MDu]
crág and táil 〔地質〕 クラグ・アンド・テール《氷食による流線形の丘状地形; 先端は急傾斜で侵食に強い岩盤, 後ろは傾斜がゆるく侵食に弱い岩盤や氷河堆積物などからなる》.
crag·ged /krǽgəd/ *a* CRAGGY. ♦ **～·ness** *n*
crág·gy *a* 岩 (crag) の多い, (岩角の)ごつごつした〈坂〉; ごつごつした, いかつい〈人・顔〉. ♦ **crág·gi·ly** *adv* **-gi·ness** *n*
crág màrtin 〔鳥〕 ROCK SWALLOW.
crágs·man /-mən/ *n* 岩登りの名人 (rock-climber).
craic /krǽk/ *n* 《アイル口》 愉快なひと時[おしゃべり].
Craig /kréɪg/ **1** クレイグ **Edward Gordon ～** (1872–1966)《英国の俳優・舞台美術家・演出家・演出理論家; 女優 Ellen Terry の子》. **2** クレイグ《男子名》. [Gael=mountain crag; スコットランドに多い家族名]
Craig·av·on /kreɪgǽvən/ **1** クレーガヴォン **James Craig,** 1st Viscount ～ (1871–1940)《北アイルランドの政治家; プロテスタント; 北アイルランド初代首相 (1921–40)》. **2** クレーガヴォン《北アイルランド中部 Neagh 湖の南の行政区》.
Crai·gie /kréɪgi/ クレイギー Sir **William (Alexander) ～** (1867–1957)《スコットランド生まれの英語学者・辞書編集者; *The Oxford English Dictionary, A Dictionary of American English on Historical Principles* の編者の一人》.
Cra·io·va /krəjóuvə/ クラヨバ《ルーマニア南部の市》.
crake /kréɪk/ *n* 〔鳥〕 クイナ, 《特に》 ウズラクイナ (corncrake); (ウズラ)クイナの鳴き声; 《北イング》 カラス (crow). [ON (imit); cf. CROAK]
cram /krǽm/ *v* (**-mm-**) *vt* …に詰め込む 〈*with*〉; 押し込む, 詰め込む 〈*in, into*〉; 〈場所を〉埋め尽くす; がつがつ食う; むやみに食わせる 〈*with*〉; 〔養鶏〕 強制肥育する; 《口》 詰め込み主義で教える[勉強させる]; 《口》〈学科を〉詰め込む; 《俗》〈人〉にうそをつく. ► *vi* 腹いっぱい食う; 《口》 詰め込み勉強をする; 《俗》 うそをつく. ● **～...down** *sb's* THROAT. **C～ it!** *《俗》 ざけんな, すっこんでろ, ばかやろ《軽蔑・嫌悪・憤怒などを表わす; 'Stick it up your ass!' の類似表現》. ► *n* 《口》 詰め込み[一夜漬けの]勉強, にわか仕込みの知識; 《俗》 試験勉強(用の参考書《など》); 《俗》 試験のために詰め込み勉強する学生; 《俗》 ガリ勉(家), 本の虫; 《口》《人の》すし詰め, 押し合い, 人込み; 《俗》 うそ (lie). [OE *crammian* to cram; OE *crimman* と同語源]
Cram クラム (1) **Donald James ～** (1919–2001)《米国の化学者; 生体の酵素反応に似た反応を起こす分子の合成に成功, ノーベル化学賞 (1987)》 (2) **Ralph Adams ～** (1863–1942)《米国の建築家・著述家; ゴシック様式の復興を唱えた》.
cram·be /krǽmbi/ *n* 〔植〕 ハマナ《アブラナ科ハマナ属 (*C*-) の蔬菜》. [L<Gk=cabbage]
cram·bo /krǽmbou/ *n* (*pl* **～es**) 韻捜し《相手の出した語と同韻の語を見いだす遊び》; [*derog*] 押韻, へぼ詩. [L *crambe repetita* cabbage repeated, rhyming game (↑)]
crám-fúll *a* ぎっしりいっぱいの[で] 〈*of*〉.
crám·med *a* ぎゅうぎゅう詰め[すし詰め]の; 詰め込まれて, ごったがえして 〈*full of, with*〉.
crám·mer *n* ‖詰め込み主義の教師[学校, 教科書]; 〔養鶏〕 強制肥育器; 《俗》 うそ; 《俗》 詰め込み勉強する学生.
cram·oi·sie, -sy /krǽmɔ̀ɪzi, -mə-/ 《古》 *n* 深紅色の布地. ► *a* 深紅色の (crimson). [It and F; ⇨ CRIMSON]
cramp[1] /krǽmp/ *n* 《筋肉の》痙攣(けいれん), こむらがえり; 書痙 (writer's cramp); [ᵁ*pl*] 急激な腹痛, さしこみ; [ᵁ*pl*] 《月経困難症に伴う》下腹痛: bather's ～ 水泳中に起こる痙攣. ► *vt* [ᵁ*pass*] …に痙攣を起こさせる. ► *vi* 痙攣する; 急激な腹痛に襲われる. ♦ **crámpy** *a* [OF<MDu, MLG=bent; cf. ↓, CRIMP[1]]
cramp[2] *n* **1** かすがい (=～ iron); 締めつけ金具, クランプ (clamp); 《靴屋の》弓形木; 拘束物. **2** 締めつけ, 拘束, 束縛; 狭苦しさ, 窮屈さ. ► *vt* かすがい(など)で締めつける; 束縛する, 拘束する, 制約する; 〈ハンドルを〉(急に)切る, 〈船など〉一方にそらす. ● **～ *sb's* style** 《口》 人に窮屈な思いをさせる, (能力発揮の)じゃまをする, 気を腐らせる. ► *a* 読み[わかり]にくい; 窮屈な, 狭い. [MDu ↑]
crámp bàll 〔植〕 チャコブタケ《黒っぽいこぶ状の子嚢菌; 昔こむらがえりよけとして持ち歩いた》.
cramped[1] /krǽm(p)t/ *a* 痙攣 (cramp) を起こした.
cramped[2] *a* 狭苦しい, 窮屈な; 〈筆跡・文体など〉ひねくれた, 読み[わかり]にくい. ♦ **～·ness** *n* [*cramp*[2]]

crámp·er *n* 〖カーリング〗石を投げるとき足の支えにするスパイクの付いた金属板.

crámp·fìsh *n* 〖魚〗シビレエイ (electric ray).

crámp ìron かすがい (cramp).

cram·pon /krǽmpɑ̀n, ˈˈ-pən/, 《米》**-poon** /kræmpúːn/ *n* [ᵁ*pl*] 〖機〗《重い物を持ち上げるための》つかみ金, 釣りかぎ; [ᵁ*pl*] 《氷雪上での歩行用に靴底に付ける》アイゼン, 鉄(かな)かんじき (=*climbing irons*). [F<Frank; ⇨ CRAMP[2]]

cran /krǽn/ *n* 《スコ》 クラン《生ニシンのかさを計る単位: =37.5 gallons》.

Cra·nach /krɑ́ːnɑ̀ːx/ クラーナハ **Lucas** ～ (1472–1553)《ドイツの画家・版画家》.

cran·age /kréɪnɪʤ/ *n* 起重機使用権[使用料].

cran·ber·ry /krǽnbèri, -b(ə)ri; -b(ə)ri/ *n* 〖植〗ツルコケモモ, クランベリー《ジャムや鳥料理用のソースなどを作る》; ツルコケモモに似た実をつける植物; 濃紅色. [G *Kranbeere* crane berry; 17 世紀アメリカ移住者による命名]

cránberry bùsh [trèe] 〖植〗アメリカカンボク (=*high bush cranberry*)《北米原産; ガマズミ属》.

cránberry glàss クランベリーグラス《青紫がかった透明の ruby glass》.

Cranborne ⇨ Robert CECIL.

cranch /krɑ́ːnʧ/ *v*, *n* CRUNCH.

crane /kréɪn/ *n* **1** 起重機, クレーン; 《機関車への》給水管 (water crane); 《炉辺の》自在かぎ; 〖テレビ・映〗クレーン《カメラを移動させるドリーの一部》. **2** 〖鳥〗ツル; *《中部》 アオサギ・ウの類の鳥; [the C-] 〖天〗つる座(鶴座) (Grus). ► *vt* クレーンで動かす[運ぶ]; 〈首を〉伸ばす. ► *vi* **1** 首を伸ばす; 〈カメラが〉クレーンで移動する: ～ forward もっとよく見ようと前方に首を伸ばす. **2** 〈馬が〉立ち止まってためらう 〈*at*〉, 《口》〈人が〉しりごみする, たじろぐ 〈*at*〉. ♦ **～·like** *a* **～·ly** *a* [OE *cran*; cf. G *Kran*, *Kranich*, L *grus*]

Crane **1** クレイン《男子名》. **2** クレイン (**1**) (**Harold**) **Hart** ～ (1899–1932)《米国の詩人; *White Buildings* (1926), *The Bridge* (1930)》 (**2**) **Stephen** ～ (1871–1900)《米国の小説家・短篇作家; *Maggie: A Girl of the Streets* (1893), *The Red Badge of Courage* (1895), *The Open Boat and Other Tales of Adventure* (1898)》 (**3**) **Walter** ～ (1845–1915)《英国のさしえ画家・画家・デザイナー》. **3** クレイン **Ichabod** ～《Irving, *Sketch Book* 中の 'The Legend of Sleepy Hollow' 中の主人公》. [OE=crane]

cráne flỳ 〖昆〗ガガンボ (daddy longlegs).

cranes·bill, crane's- /kréɪnzbɪ̀l/ *n* 〖植〗GERANIUM.

cráne shòt 〖映・テレビ〗BOOM SHOT.

cra·ni- /kréɪnɪ/, **cra·nio-** /kréɪnioʊ, -niə/ *comb form* 「頭蓋」 [Gk; ⇨ CRANIUM]

crania *n* CRANIUM の複数形.

cra·ni·al /kréɪniəl/ *a* 頭蓋の; 頭の; 頭部の (cephalic). ♦ **～·ly** *adv*

cránial índex 〖人〗頭幅高指数《頭幅の頭高に対する百分比; cf. CEPHALIC INDEX》.

cránial nèrve 〖解・動〗脳神経.

cra·ni·ate /kréɪniət, -èɪt/ *a* 〖動〗脊椎動物の; 頭蓋を有する. ► *n* 有頭動物, 脊椎動物.

crànio·cerébral *a* 頭蓋および脳の, 頭部の.

crànio·fácial *a* 頭蓋および顔面の: ～ index 〖人〗頭顔幅指数《頭幅の顔面幅に対する比》.

cra·ni·ol·o·gy /krèɪniɑ́ləʤi/ *n* 頭蓋学, 頭骨学. ♦ **-gist** *n* **cra·ni·o·log·i·cal** /krèɪniəlɑ́ʤɪk(ə)l/ *a*

cra·ni·om·e·ter /krèɪniɑ́mətər/ *n* 頭骨計測器, 頭蓋測定器.

cra·ni·om·e·try /krèɪniɑ́mətri/ *n* 〖人〗頭骨計測法 (cf. CEPHALOMETRY). ♦ **crà·ni·óm·e·trist** *n* **crà·ni·o·mét·ric, -ri·cal** *a*

cràni·o·pha·ryn·gi·óma /-fæ̀rənʤióʊmə, -fərɪ̀n-/ *n* (*pl* **～s**, **-ma·ta** /-tə/) 〖医〗頭蓋咽頭腫, クラニオファリンジオーム.

cràni·o·sácral *a* 〖解〗頭蓋および仙骨の, 頭蓋仙骨の; 副交感神経の (parasympathetic).

craniosácral thérapy 〖医〗頭蓋仙骨療法《頭蓋骨と仙骨の硬膜システムに優しく触れて脳脊髄液の流れを促進し, 自然治癒力を高める療法》.

cràni·o·synostósis *n* 〖医〗頭蓋骨癒合(症)《頭蓋縫合の早期閉鎖》.

cra·ni·ot·o·my /krèɪniɑ́təmi/ *n* 〖医〗開頭(術).

cra·ni·um /kréɪniəm/ *n* (*pl* **-nia** /-niə/, **～s**) 〖解〗頭蓋; 頭蓋骨 (skull); [*joc*] 頭. [L<Gk *kranion* skull]

crank[1] /krǽŋk/ *n* **1** 〖機〗クランク; 回旋盤《刑罰として囚人に回転させた刑具》. **2 a** 妙な言いまわし; 奇想, むら気 (fad); 《古》曲折, 曲がりくねり: quips and ～*s* しゃれや地口. **b** 奇人, 変人; こだわるやつ, 偏執狂; *気むずかし屋. **3** 《俗》メタンフェタミンの粉末 (crystal)《覚醒剤; 人を ～ up させるところから》 ► *vi* クランクを回す; クランクを回して[回すようにして]動かす; 勢い[スピード]を増す 〈*up*〉; ジグザグに進む. ► *vt* クランクで(やるように)動かす[操作する]; (スターターで)…の(クランク)シャフトを回転させる; …でエンジンをかける; クランクでやるみたいにスタートさせる 〈*up*〉; 《口》…の音量[スピード, 出力など]を上げる 〈*up*〉; クランク状に曲げる; …にクランクを取り付ける; クランクで締める[固定する]. ● **～ in**…を使い始める. **～ out** 《口》〈作家などが〉機械的に作る, 量産する. **～ up** 《エンジンをかけるため》クランクを回す; *《口》〈活動などを〉実行に移す, 開始する, 〈人〉に行動を開始させる, やる気にさせる, その気にさせる; ˈˈ《俗》薬(やく)をうつ. ► *a* 〈機械・建物が〉狂っている, ぐらぐらする (shaky); 変人の, むら気の; 変人による, 変なやつからの; ˈˈ《方》〈人が〉病弱な: a ～ call いたずら電話, 怪電話 / a ～ letter 《しばしば 匿名で送られてくる》脅迫状. ♦ **～·ish** *a* [OE *cranc*<? *crincan*, *cringan* to fall in battle (<to curl up); n 2 は *cranky* からの逆成]

crank[2] 《方》*a* 活発な, 元気な; 得意げな; 生意気な; うぬぼれた. [ME<?]

crank[3] *a* 〖海〗傾きやすい, 転覆しやすい (opp. *stiff*). [? *crank*[1] (a)]

cránk àxle 〖機〗クランク車軸.

cránk bùgs *pl* *《俗》皮膚の下を虫がはいまわっている感じ《薬物による幻覚》.

cránk·càse *n* 〖機〗《内燃機関の》クランク室[ケース].

cránk dìsk DISK CRANK.

cránk·ing *a* *《俗》すごい, すてきな, ぞくぞくさせる.

cran·kle /krǽŋk(ə)l/ *n* 曲がりくねっていること. ► *vi* 《古》曲がりくねる. ► *vt* 《廃》曲がりくねらせる, しわ寄らせる.

crank·ous /krǽŋkəs/ *a* 《スコ》いらいらした, 気むずかしい, おこりっぽい.

cránk·pìn *n* 〖機〗クランクピン.

cránk·plàte *n* DISK CRANK.

cránk prèss 〖機〗クランクプレス《板金加工・鍛造用》.

cránk·shàft *n* 〖機〗クランク軸, クランクシャフト.

cránky[1] /krǽŋki/ *a* **1** *いらいらした, 気むずかしい, むずかる; 偏屈な; 《方》気違いじみた; 移り気な; ˈˈ《方》病弱の, よろよろしている. **2** 奇妙な, 変な, 異常な; 〈機械・建物など〉狂っている, ぐらぐらする; 〈道路など〉曲がりくねった. ♦ **cránk·i·ly** *adv* **-i·ness** *n* [? *crank*[1] rogue feigning sickness]

cranky[2] *a* 〖海〗傾きやすい. [*crank*[3]]

Cran·mer /krǽnmər/ クランマー **Thomas** ～ (1489–1556)《イングランドの宗教改革者; 初代 Canterbury 大主教 (1533–56)》.

cran·nog /krǽnəg, krænóʊg/ *n* 〖考古〗《古代スコットランドおよびアイルランドの》湖上人工島, 湖上住家. [Gael (*crann* tree)]

cran·ny /krǽni/ *n* 割れ目, 裂け目; 人目につかないところ, 隅: search every ～ くまなく捜す. ♦ **crán·nied** *a* ひび[割れ目]のはいった. [OF *cran* fissure<L *crena* notch]

cran·reuch /krǽnrux/ *n* 《スコ》霜 (hoarfrost, rime).

crán·shaw /kǽnʃɔː/ *n* CRENSHAW.

Cran·well /krǽnwɛ̀l, -wəl/ クランウェル《イングランド東部 Lincolnshire の村; 英国航空士官学校 (Royal Air Force College) の所在地》.

crap[1]* /krǽp/ *n* 《CRAPS で》2 [3, 12] の数 (cf. NATURAL); CRAPS. ► *vi* (**-pp-**) 2 [3, 12] が出る; 《2 投目以後で》7 が出る 〈*out*〉《賭けに負けたうえに振る権利も失う》. ● **～ out** 《俗》⇨ *vi*; 死ぬ, おだぶつになる; 手を引く, おりる 〈*of* sth, *on* sb〉. [CRAPS]

crap[2] *n* 《卑》糞(ふん); 《卑》糞をすること; 《俗》くだらんこと, ナンセンス; 《俗》がらくた, くず; 《俗》うそ, ほら; *《俗》なめたまね[態度, 仕打ち]: have [take] a ～ 糞をする / Don't pull that ～. ふざけたことをぬかすな / Cut the ～! ばかはやめろ, ふざけるな, くだらんことを言うな! / I don't need this ～. もうたくさんだ, いいかげんにしろ. ● **full of ～** *《俗》間違って, うそつきで, なんにも知らないで. **shoot [sling, throw] the ～** *《俗》くだらんことをしゃべる, うそっぱちを並べる, タバコを吹く (bullshit); *《俗》ペチャクチャ雑談する, うわさ話をする. **give a ～** [ᵁ*neg*] *《俗》興味をもつ, 関心がある. **like ～** 《俗》ひどい, すごい. do **the ～ out of** sb [sth] *《俗》〈人・物を〉ものすごく[どえらく]…する. **not take ～** 〈人に〉ばかなことはさせない[言わせない] 〈*from* sb〉. ► *a* ˈˈ《俗》CRAPPY. ► *v* (**-pp-**) *《俗》*vt* …にくだらんことを言う; 〈仕事などを〉めちゃくちゃにする 〈*up*〉. ► *vi* 《卑》糞をする. ● **～ around** *《俗》だらだら[ぶらぶら]する; *《口》〈つまらぬことに〉かかずらう 〈*with*〉. **～ on** 《俗》たわごとをしゃべり続ける. **～ out** *《俗》〈車などが〉故障する, いかれる; *《俗》手を引く, 下りる. **～ up** *《俗》〈機械などが〉機能しなくなる, いかれる 〈*on*〉. [ME=chaff, refuse from fat boiling<Du]

cra·paud /krǽpoʊ, ─́─, ˈˈkrɑ́ːpəʊ/ *n* 〖動〗ヒキガエル (toad); 〖動〗ユビナガガエル《中南米産》; 《廃》ヒキガエルの頭中に生じるとされた宝石. [F]

crape /kréɪp/ *n* クレープ, ちりめん (crepe); クレープの喪章《帽子・袖などに巻く》. ► *vt* クレープで巻く[おおう]; 〈髪を〉縮らせる. ♦ **cráped** *a* 《黒色の》クレープをまとった; 喪章を付けた; 縮んだ, 縮れた. [*crispe*, *crespe*<F CRÊPE]

crápe fèrn 〖植〗レプトプテリス属のゼンマイの一種《ニュージーランド原産》.

crápe háir CREPE HAIR.

crápe·hàng·er *《俗》*n* 人の興をそぐ陰気なやつ, 悲観論者; 葬儀屋.

cràpe mỳrtle 〘植〙サルスベリ《中国南部原産》.
cráp·hòuse *n* 《卑》 便所; 《俗》 きたない場所.
cráp lìst*《卑》 いけすかない連中のリスト (shit list).
cráp·òid *a**《俗》 むかつく, きたない, くそみたいな.
crap·o·la /kræpóʊlə/ *n**《俗》 たわごと, だぼら, ナンセンス (crap, bullshit). [*crap*[2], *-ola* (< *payola* など)]
cráp·per *n* 《卑》 便所; *《俗》 うそつき, ほら吹き; *《俗》 いやな[うんざりする, 軽蔑すべき]もの[こと]. [*crap*[2]]
crápper dìck*《卑》 公衆便所パトロール警官.
crap·pie /kræpi/ *n* (*pl* ～s, ～) 〘魚〙クラッピー《北米の五大湖および Mississippi 川産のサンフィッシュ科の扁平な淡水魚; white ～, black ～ の 2 種がある》. [CanF]
cráp·py *a* 《俗》 質の悪い, まるでだめな, ひどい (lousy).
craps* /kræps/ *n* [〈*sg*/*pl*〉] クラップス《2 個のさいを用い, 第 1 回に 7 か 11 ならば勝ち; 2, 3, 12 ならば負け; それ以外ならば投げ続け 7 が出れば負け, 初回と同じ数なら勝ち》; 《クラップスで》 2[3, 12]の数 (crap). ● **shoot ～** クラップスをやる. [C19 <? *crab* lowest throw at dice]
cráp·shòot *n**《口》 《結果が予測できない》 冒険(的事業), 賭け; CRAPS.
cráp·shòot·er* *n* CRAPS をやる人, クラップス賭博師.
crap·u·lent /kræpjələnt/ *a* 飲み[食べ]すぎの, 二日酔いの; 不節制な生活にふける, 飲んだくれの. ♦ **-lence** *n* [L *crapula* drunkenness < Gk]
crap·u·lous /kræpjələs/ *a* 不節制きわまる, 暴飲暴食の, 過食の; 飲みすぎて気分の悪い.
crapy /kréɪpi/ *a* クレープ (crape) のような, 縮れた; 喪章を付けた〈会葬者など〉.
cra·que·lure /krækl(j)ʊ́r, ← ⏤; krǽkəlùər/ *n* 《絵画に生じる》 (細かな)ひび割れ, 亀裂. [F]
crases *n* CRASIS の複数形.
crash[1] /kræʃ/ *vi* **1 a** すさまじい音をたてる; ピシャッと[ぺちゃんこに]砕ける[つぶれる]; ガラガラとくずれる 〈*down, in*〉; 《物をこわしたりしながら》 大きな音をたてて動く[進む] 〈*across, along, away, past, through*, etc.〉; 激突[衝突]する 〈*into, against, together*〉; すさまじく鳴り響く 〈*out*〉: ～ *around* [*about*] 《物をひっくり返しながら》 騒々しく動きまわる. **b** 〈企業などが〉(突然)崩壊[破綻, 倒産]する, つぶれる; 〘電算〙〈システム・プログラムが〉突然全く機能しなくなる, クラッシュする《データの消失を伴う》; 《口》 完敗[惨敗]する. **c** 〈飛行機・飛行士が〉墜落する, 不時着する; 急落する, 暴落する. **2 a** 《口》 《招待されないのに》 押しかける, 《口》 押し入る, 強盗にはいる; *《俗》 〈警察が〉急襲する. **b** 《俗》 《一時的に》 泊まる 〈*with* sb〉; 《俗》 横になる, 寝る, 眠る; 《俗》 酔いつぶれる. **3** 《俗》 薬(ﾔｸ)の効きめが切れる, ぶっつぶれる. **4***〈患者が〉心停止になる. ► *vt* **1 a** ガラガラとこわす, ぺちゃんこにつぶす, ガチャンとたたきつける 〈*against, into*〉; …にすさまじい音を出させる 〈*together*〉; すさまじい音をたてて強引に進む. **b** 〈車を〉衝突させる, 〈飛行機を〉不時着させる, 〈着陸の際に飛行機を〉破壊する; 〈敵機を〉墜落させる. **2 a** 〈赤信号などを〉突っ切る. **b** 《口》 〈パーティーなどに〉押しかける; 《口》 …に押し入る, はいり込む; 《口》 〈ある分野〉で認められる. **c** 《俗》 …に勝手に泊まり込む. ● **～ and burn***《俗》 ふいにする, パーにする, おじゃんになる; *《俗》 〈若者が〉はなばなしく失恋する; *《俗》 へたばる, だめになる. **～ down** (**around** [**about**]…)＝**～ in** (**on**…) 〈計画・人生などが〉だいなしになる, くずれる. **～ out** 《俗》 《特に人の家で》 ただで泊まる, バタンキューと寝入る; 《惨敗して》 〈選手権などから〉脱落する 〈*of*〉; 《俗》 刑務所を脱走する. **～ the** GATE[1]. ► *n* **1** 《瀬戸物がこわれたりする際などの》 大きな音, すさまじい音響, ドシン, ドシャーン, ガチャン, バリン, メリッ, ガラガラ; 〘劇〙その擬音装置; 《雷・砲の》 とどろき: fall with a ～ すさまじい音をたてて倒れる[くずれる]. **2** 《政府・商店・好景気・株式相場などの》 つぶれること, 崩壊, 破産, 破綻, 暴落; 《飛行機の》 墜落, 《車の》 衝突; 〘電算〙《システムの》 故障, クラッシュ; 《激突などによる車の》 破壊; 《俗》 完全な失敗; 《精神的な》 落ち込み, 《俗》 《麻薬が切れたあとの》 虚脱感, 抑鬱状態: a sweeping ～ 《相場の》 総くずれ / have a mood ～ 気がふさぐ. **3** 《俗》 泊まるところ. **4** 《俗》 へたばれ, のぼせあがり. ► *adv* 《口》 すさまじい音響をたてて, ガチャン[ガラガラ]と: go [fall] ～ すさまじい音をたてる[たててくずれ落ちる]. ► *a* 《口》 大急ぎの, 突貫工事の: a ～ job 突貫工事 / a ～ program 短期集中計画. [ME (imit)]
crash[2] *n* クラッシュ《タオルなどに用いる粗いリンネル・綿など》. [Russ ＝colored linen]
crásh bàrrier[‖] 《高速道路・滑走路などの》 ガードレール.
crásh bòat 《海上墜落・不時着の際の》 救難艇, 救命ボート《高速の小型艇》.
crásh càr*《俗》 《犯人グループの》 追跡阻止用の車, 逃走掩護車.
crásh càrt 〘医〙救急運搬車《緊急医療のための器具・用品を運ぶ》.
crásh còurse 《受験準備などのための》 短期集中コース, 速成科.
crásh dìet クラッシュダイエット《短期集中型のダイエット》.
♦ **crásh-dìet** *vi* クラッシュダイエットをする.
crásh-díve /, ⏤ ⏤/ *vi* 〈潜水艦が〉急速に潜航する; 〈飛行機が〉《敵艦・地上などをめがけて》 急降下する. ► *vt* 〈飛行機が敵艦などを〉めがけて急降下する, 突っ込む; 〈潜水艦〉に急速潜航させる.
crásh dìve 《潜水艦の》 急速潜航.
crashed /kræʃt/ *a* 《俗》 酔っぱらった.
crásh·er *n* **1** すさまじい音を発するもの; 痛打, 痛撃. **2** 《口》 GATECRASHER; *《俗》 強盗.
crásh hàlt 急停車 (＝*crash stop*).
crásh hèlmet 《レーサー・飛行士・警官などの》 (緩衝)ヘルメット.
crásh·hòuse *n* 《CB 無線俗》 病院.
crásh·ing 《口》 *a* 徹底的な, 全くの, 最高の; 特別な; 驚くべき, 恐るべき: a ～ bore ひどく退屈な人物[もの]. ♦ **～·ly** *adv*
crásh-lánd *vt, vi* 《機体破損を覚悟のうえで》 不時着させる[する], 強行着陸させる[する]. ♦ **crásh lánding** 事故[破損]着陸.
crásh·òut *n* 《俗》 刑務所からの脱走, 脱獄, 牢破り.
crásh pàd 《自動車内部などの》 防衝パッド; 《俗》 無料宿泊所, 一時的な宿.
crásh·pròof *a* CRASHWORTHY.
crásh stòp 急停車 (crash halt).
crásh tàckle 〘ラグビー〙猛烈なタックル.
crásh-tèst *vt* 〈新製品〉の破壊点 (breaking point) をテストする, 圧潰(ｱｯｶｲ)試験をする《加圧・加熱などによって》; 〈新車〉の衝突試験をする.
crásh tèst 《自動車の》 衝突試験[テスト].
crásh wàgon*《俗》 救急車.
crásh·wòrthy *a* 衝突[衝撃]に耐える[強い]: ～ cars.
♦ **-wòrthiness** *n*
cra·sis /kréɪsəs/ *n* (*pl* **-ses** /-sì:z/) **1** 〘文法〙母音縮合《2 母音が 1 長母音または二重母音に約合されること》. **2** 《古》 体質 (constitution), 気質 (temperament). [Gk]
crass /kræs/ *a* 鈍感な, 粗野な; 俗っぽい; ひどい, 全くの〈無知〉; 物質主義的な; 《古》 〈織物が〉厚い (thick), ざらざらした (coarse).
♦ **～·ly** *adv* **～·ness** *n* [L *crassus* thick]
cras·si·tude /kræsət(j)ù:d/ *n* 鈍感, 粗雑.
cras·su·la·ceous /kræsjəléɪʃəs/ *a* 〘植〙ベンケイソウ科 (Crassulaceae) の.
Cras·sus /kræsəs/ クラッスス **Marcus Licinius ～** (c. 115–53 B.C.) 《ローマの将軍・政治家; Caesar, Pompey と第 1 次三頭政治を行ない, 元老院の力を抑えようとした》.
-crat /kræt/ *n comb form* 「-CRACY の支持者[一員]」: demo*crat* / pluto*crat*. ★ 形容詞形は -CRATIC(AL). [F]
cratch /kræʧ/ *n* かいば入れ; すのこ, 棚; 《古》 かいば桶. [OF CRÈCHE]
Cratch·it /kræʧət/ クラチット **Bob ～** 《Dickens, *A Christmas Carol* の登場人物; Scrooge の店で働く貧乏な店員》.
crate /kréɪt/ *n* クレート《(1) 瓶・陶磁器類を運ぶ木枠, プラスチック枠 2) 家畜・ペット類移動用のケージ》, 《果物類を運ぶ》 竹[柳]かご; かご一杯(の量); 密封梱包用の箱; 《口》 (おんぼろ)自動車[飛行機]; *《俗》 刑務所, 留置場; *《俗》 棺桶. ► *vt* 木枠[竹かご]に詰める 〈*up*〉.
♦ **～·fùl** *n* [? Du＝basket]
cra·ter /kréɪtər/ *n* 噴火口, 火口; クレーター《隕石の衝突でできた窪地》; 間欠泉の噴出口; 〘軍〙《爆弾・砲弾・地雷の破裂による》 漏斗孔, 弾孔, 弾痕; [C-] 〘天〙コップ座 (Cup); 《月面の》 凹孔, クレーター (ring); 《潰瘍などの》 噴火口, クレーター; 塗料を塗った表面にできるくぼみ; *《俗》 にきび跡; /, krɑ:téər/ KRATER. ► *vi* crater になる; *《俗》 〈株価などが〉落ち込む, ポシャる; *《俗》 死ぬ, くたばる. ► *vt* …に crater を生じる. ♦ **～·lìke** *a* [L < Gk＝mixing bowl]
crá·tered *a* クレーターのある〈地域・表面〉, でこぼこの; にきび[あばた]だらけの.
cráter·fàce *n**《俗》 あばたづら, にきびづら《人》.
crá·ter·i·fòrm /kréɪtərə-/ *a* 噴火口状の.
cràter·izátion *n* 〘医〙穿頭術《噴火口状に骨を摘出する手術》.
cráter làke 《死火山の》 火口湖.
Cráter Láke クレーター湖《Oregon 州南西部 Cascade 山脈中の火口湖; 深さ 589 m は全米第 1 位で, 青く輝く湖水で知られ, 一帯が **Cráter Láke Nátional Párk** になっている》.
cráter·let *n* 小(噴)火口, 《月面の》 小クレーター.
-crat·ic /krætɪk/, **-crat·i·cal** *a comb form* ⇨ -CRAT.
C ration /sí: ⏤/ 〘米陸軍〙C 号携帯口糧《かんづめ類》.
cra·ton /kréɪtàn, kræt-/ *n* 〘地質〙大陸塊[核], 剛塊, クラトン《地殻の安定部分; cf. SHIELD》. ♦ **cra·ton·ic** /krətánɪk, kreɪ-, kræ-/ *a* [G *Kraton* < Gk＝strength]
cra·tur /kréɪtər/ *n* 《スコ・アイル》 CREATURE.
craunch /krɔ́:nʧ, *krɑ́:nʧ/ *v, n* CRUNCH.
cra·vat /krəvæt/ *n* 《男子用》 スカーフ, ゆるく結ぶ幅の広いネクタイ; 《古》 《男子用の》 首巻 (neckcloth); 〘医〙三角巾《包帯用》.
● **wear a hempen ～** 《俗》 絞首刑になる. ♦ **cravát·ted** *a* [F < Serbo-Croat＝Croat]
crave /kréɪv/ *vt* 切望する; 渇望する; 懇願する; 《文》 〈事物・事情が…を〉要する (require): I ～ *to* hear her voice. 彼女の声がぜひ聞きたい / ～ a favor. ► *vi* 懇願[切望]する 〈*after, for*〉. ★ wish, desire, long for などよりも強い. ♦ **cráv·er** *n* [OE *crafian*; cf. ON *krefja* to demand]
cra·ven /kréɪv(ə)n/ *a* 臆病な, いくじのない; 《古》 敗北した. ● **cry ～**「参った」と叫ぶ, 降参する. ► *n* 臆病者, いくじなし. ► *vt* 《古》 臆病にする, ひるませる. ♦ **～·ly** *adv* **～·ness** *n* [? OF＝defeated < L (*crepo* to burst)]

Crav·en·ette /krӕv(ə)nét, krèɪ-/ *n* 〖商標〗クレバネット《防水布》.

crav·ing /kréɪvɪŋ/ *n* 切望, 渇望; 懇願: have a ～ *for*…を熱望する. ► *a* 非常に欲しがる, 切望する. ♦ **～·ly** *adv* **～·ness** *n*

craw /krɔ́:/ *n* 《鳥・昆虫の》餌袋; 《特に 下等動物の》胃(袋); 《俗》のど (throat). ● **stick in sb's ～**＝stick in sb's THROAT. ［MDu, MLG, MHG *krage* neck, throat］

craw·dad /krɔ́:dӕd/, **-dad·dy** /-dӕdi/ *n* *ザリガニ (crayfish) 《主に Appalachian 山脈の西で用いられる》.

cráw·fìsh *n* ザリガニ (crayfish); イセエビ (spiny lobster); *《口》しりごみする人. ► *vi* *《口》しりごみする ‹*out*›; *《俗》手を引く, 取り消す. ［変形＜*crayfish*］

Craw·ford /krɔ́:fərd/ クローフォード **Joan** ～ (1908–77) 《米国の映画女優; 本名 Lucille LeSueur; 妖艶な美女として 1930 年代に人気を博し, その後演技派として活躍 *Mildred Pierce* (ミルドレッド・ピアース, 1945) など》.

crawl[1] /krɔ́:l/ *vi* **1** はう, 腹ばって行く ‹*in, into, out* (*of*), *over*›; クロールで泳ぐ; "《俗》はしごする (pubcrawl): ～ on hands and knees 四つんばいにはう. **2 a** 《はうように》ゆっくり動く[進む] ‹*across, along, away*, etc.›; 〈列車など〉徐行する; 〈病人など〉そろそろ歩く; 〈植物が〉茎[巻きひげ]を伸ばす, はう. **b** 〈時が〉徐々に過ぎる ‹*by*›. **3** 《口》こそこそ歩きまわる, 〈人に〉こそこそ取り入る, ぺこぺこする ‹*to*›: ～ *into* the favor of another こそこそと人に取り入る. **4 a** [通例 進行形で] 〈場所が〉〈虫・人などで〉うじゃうじゃ[うようよ]している ‹*with*›: a room ～*ing with* ants アリだらけの部屋. **b** 〈皮膚が〉《虫がはうように》むずむずする, ぞっとする: make sb's flesh [skin] ～ 人をぞっとさせる. **5** 〈塗料が〉はじく, めくれる. ► *vt* **1** はう; 〖電算〗〈検索ロボットが〉〈ウェブを〉クロールする《データ収集する》; 《俗》〈女〉と寝る. **2** 《俗》きびしくしかる. ● **come ～ing back** 《口》あやまちを認めて許しを請う ‹*to* sb›. **～ (home) on one's eyebrows** 《口》くたくたに疲れて(帰って)くる. **～ up** 〈衣類など〉もち上がる, ずり上がる. ► *n* はうこと, はい歩き; そろそろ歩き, 徐行; クロール (泳法); "《俗》PUB CRAWL; *《俗》踊り, ダンス; 〖テレビ・映〗クロール《画面[スクリーン]に左右[上下]に流すクレジット・ニュース文字情報》: go at a ～ のろのろ歩く; 徐行する, 〈自動車などが〉往来を流す / slow to a ～ 徐行する, のろのろと進む, 〈ペースが〉スローダウンする / go for a ～ ぶらぶら散歩に行く. ［ME＜?; cf. Swed *kravla*, Dan *kravle*］

crawl[2] *n* 《カメや魚を入れる》生簀(いけす). ［Afrik＜Du KRAAL］

cráwl·er *n* **1 a** はうもの; はって歩く動物, 爬虫類 (reptile); はいまわる虫. **b** "《口》《客を求めて徐行する》流しのタクシー. **c** [^{u}*pl*] 《赤ちゃんの》はいはい着, ロンパース. **d** クロール泳者. **2** "《口》(卑屈な)ご機嫌取り. **3** 〖機〗クローラー《(**1**) スプロケットで駆動するエンドレスチェーン **2**) その軌道上に載せた機械; トラクター・クレーンなど》. **4** 〖電算〗クローラー《自動的にウェブページを巡回して, 検索用のインデックスを作るプログラム》.

cráwler làne" 登坂車線.

cráwler tràctor 無限軌道(型)[装軌式]トラクター, クローラートラクター.

cráwl·er·wày *n* ロケット・宇宙船運搬用道路.

cráwl·ing *n* 《塗料の》はじき, めくれ. ► *a* はうように[のろのろ]動く. ♦ **～·ly** *adv*

cráwling pèg 〖経〗クローリングペッグ《漸進的な平価変更方式》.

cráwl spàce 《天井裏・床下などの配線・配管などのための》狭い空間; CRAWLERWAY.

cráwl·wày *n* はってしか通れない低い道《洞穴の中など》.

cráwly 《口》*a* むずむずする (creepy); はう, のろのろ動く.

cráw·thùmp·er *n* [*derog*] 《俗》《告解の時に》胸をたたく人, (信心深い)カトリック教徒; [C-] 胸たたき《Maryland 州民の俗称》.

Cra·xi /krá:ksi/ クラクシ **Bettino** ～ (1934–2000) 《イタリアの政治家; 初の社会党からの首相 (1983–87)》.

cráy·fish /kréɪ-/, 《豪》**cray** *n* ザリガニ; イセエビ (spiny lobster). ［OF *crevice* (⇨ CRAB[1]); 語尾は *fish* に同化］

cráy·fìsh·ing *n* ザリガニ捕り.

Cray·o·la /kreɪóulə/ 〖商標〗クレオラ《クレヨン・フェルトペン・えのぐ・粘土など》.

cray·on /kréɪàn, -ən/ *n* クレヨン; クレヨン画; 《アーク灯の》炭素棒. ► *vt* クレヨンで描く; [*fig*] 〈計画〉の概略を立てる. ♦ **～·ist** *n* クレヨン画家. ［F (*craie* chalk)］

craze /kréɪz/ *vt* **1** [^{u}*pass*] 発狂させる, 夢中にならせる: She *is* ～*d about* the film star. その映画スターに夢中になっている. **2** 〈瀬戸物を〉ひび焼きにする; "…にひびをはいらせる; 《古》弱める, 害する; 《廃》こわす. ► *vi* 発狂する; ひびができる; 《古》こわれる, こなごなになる. ► *n* **1** 狂気 (insanity); (一時的)熱狂(の対象), 夢中(になるもの) ‹*for*›; 大流行 (rage): be the ～ 大もてだ, 大流行である. **2** 細かなひび. ♦ **cráz·ing** *n* 《表面の》ひび割れ. ［ME＝to break, shatter＜? ON **krasa* (Swed *krasa* to crunch)］

crazed /kréɪzd/ *a* 気が狂った, 狂気の, 精神錯乱の; [*compd*] …に狂った, …に夢中の (: a game-～ kid); ひびのはいった.

cra·zy /kréɪzi/ *a* **1 a** 気が狂った, 狂気じみた; 途方もない, むちゃくちゃな, 正気とは思えない; 異常な; 非現実的な; 風変わりな: Are you ～? 気は確かか / You're ～. ばかなことを言うな / act ～ ばかなまねをする / It is ～ of you to do such a thing. そんな事をするとはきみも気違いじみている / drive sb ～ 人の気を狂わせる. **b** 《口》熱中して, 夢中で, いかれて ‹*about*›: He is ～ *about* driving [Nancy]. ドライブ[ナンシー]に熱を上げている. **c** [*compd*] 《口》…に夢中の, 取りつかれた, …を追い求める: money-～ 金集めに夢中の. **2** 《口》すばらしくいい, すてきな, 最高の. **3** 欠陥の多い, 不できの; ゆがんだ, ねじ曲がった; 〈建物・船など〉ひび[割れ目]のはいった; ぐらぐらの, こわれそうな; 〈掛けぶとん・舗道など〉形や色がふぞろいの布きれや石でできている; 《古》病弱な (fragile). ● **go ～** 気が狂う, 常軌を逸する; かんかんにおこる; 気が変になる; 熱狂する. **like ～** 《口》すごい勢いで, 猛烈に, おっそろしく (very much). ► 《口》*n* 狂人, 変人; 過激派の人. ► *adv* ものすごく, ひどく, 非常に. ♦ **crá·zi·ly** *adv* **-zi·ness** *n* ［CRAZE］

crázy bòne* FUNNY BONE.

Crázy Gàng [the] クレージー・ギャング《1930 年代から 62 年まで活動した英国のコメディアングループ; 3 組のコンビからなる》.

crázy gólf" MINIATURE GOLF.

Crázy Hòrse クレージー・ホース (1842?–77) 《Oglala Sioux 族インディアンの族長; インディアン名 Ta-sunko-witko; 大平原北部への白人の侵入に抵抗, Sitting Bull と共に Little Bighorn で Custer 中佐指揮下の騎兵隊を殲滅(せんめつ)した》.

crázy hòuse 《俗》気違い病院.

crázy páving [pávement]" 乱れ敷《ふぞろいの石やタイルを敷いた舗道》.

crázy quìlt* パッチワークによるキルティング(の掛けぶとん[上掛け]); 寄せ集め, つぎはぎ細工 (patchwork). ♦ **crázy-quilt** *a*

crázy·wèed *n* 〖植〗ロコ草 (locoweed).

CRC camera-ready copy ♦ Civil Rights Commission ♦ °cyclic redundancy check ♦ cyclic redundancy code.

CRE 〖英〗°Commission for Racial Equality.

C-reactive protein /sí:-⌐-⌐-/ 〖生化〗C 反応性タンパク《略 CRP》.

creak /krí:k/ *n* キーキー[ギーギー]鳴る音, きしる音, きしみ. ► *vi, vt* きしる, きしらせる; キーキーと音をたてながら動く; 〈制度などが〉がたがくる: *C～ing* doors hang the longest. 《諺》病身者の長命, 一病息災 / The worst wheel of the cart ～*s* most. 《諺》いちばんだめな車輪がいちばんきしむ《だめなやつは文句が多い》. ♦ **～·ing** *a* キーキー音をたてる, きしる. **～·ing·ly** *adv* ［ME (imit); cf. CRAKE, CROAK］

créaky *a* きしる; がたがたの. ♦ **créak·i·ly** *adv* キーキー音をたてて; きしって. **-i·ness** *n*

cream /krí:m/ *n* **1 a** 乳脂, クリーム《通例 18% 以上の脂肪を含む milk》. **b** (チョコレートをかぶせた)クリーム菓子, クリーム入り料理: ～ of tomato soup クリーム入りトマトスープ. **c** クリーム状のもの; 《液の》上皮. **d** クリーム色. **e** クリーム色の馬[ウサギ]. **f** 《食卓用の》クリーム入れ. **g** 《卑》精液 (semen). **2** クリームシェリー (＝～ **shérry**) 《こくのある甘味のシェリー》. **3** 化粧用クリーム (cf. COLD CREAM); 薬用クリーム. **4** [the] 精華, 粋, 《話の》妙所: *the* ～ of society 最上流の人びと, 社交界の花 / *the* ～ of the story 話の佳境 / get *the* ～ of…の粋[最良部分]を抜く. ● **the ～ of the ～**＝CRÈME DE LA CRÈME. **the ～ of the crop** 《口》最良のもの, 粋(すい). ► *vt* **1** 〈牛乳〉からクリームを分離する[採る], クリームをすくい取る; クリーム[牛乳]で調理する; 〈牛乳〉に乳皮を生じさせる. **2** 〈紅茶など〉にクリームを入れる; かきまぜてクリーム状にする; 〈料理〉にクリームソースをかける. **3** 〈肌〉に化粧クリームをつける. **4 a** …の最良の部分を取る[えり抜く], 〈利益などを〉ごっそり取る ‹*off*›. **b** *《俗》(…から)だまし取る; *《俗》やすやすと〈すばらしい成功を〉収める, 好成績で〈試験〉にパスする. **5** 《スポ》〈ボールを〉強打する; 〈人を〉はねとばす; 〈車を〉激突させる; *《俗》《勝負で》こてんぱんにやっつける, ぶちのめす; 《俗》ぶっこわす. ► *vi* **1** 〈牛乳が〉クリーム[乳皮]を生じる; 〈液が〉上皮を生じる, クリーム状になる; 泡をたてて[しぶきをあげて]進む. **2** 《卑》《性的興奮のあまり》射精する, ぬれる, オルガスムに達する; 《卑》ものすごく興奮する. ● **～ one's jeans** 《卑》《興奮して》ぬらす; 《卑》恍惚となる; *《俗》楽々やり遂げる, わけなくパスする (cream). **～ up** *《俗》仕事を完璧に仕上げる. ► *a* クリームの; クリーム色の; *《俗》楽な, 快適な. ［OF＜L *cramum* and *chrisma* CHRISM］

créam bùn" /⌐-⌐/ クリームパン; シュークリーム.

créam càke" /⌐-⌐/ クリームケーキ[菓子].

créam càramel CRÈME CARAMEL.

créam chèese クリームチーズ《クリーム(と牛乳を混ぜ合わせたもの)から造る軟らかい非熟成チーズ》.

créam-còlored *a* 黄みをおびた白色の, クリーム色の.

créam cràcker" クラッカー.

créam·cùps *n* (*pl* ～) 〖植〗淡黄色の小さい花をつけるケシ科の草本《California 州産》.

creamed /krí:md/ *a* *《俗》酔っぱらった.

créam·er *n* クリーム分離器[機]; クリーム生成用冷蔵庫; 《食卓用》クリーム入れ, クリーマー; クリーマ《トウモロコシを主原料とするクリームの代用品; 粉末ないし液状》.

créam·ery *n* バター・チーズ製造所; 牛乳・クリーム・バター類販売店《時に喫茶店を兼ねる》; クリーム製造所. ［F *crémerie* にならって CREAM より］

créam-fàced *a* (こわくて)まっ青な顔をした.

créam hòrn クリームホーン《円錐形のクリーム菓子》.

créam ìceᴵᴵ ICE CREAM.
créam làidᴵᴵ クリーム色簀(す)の目紙《筆記用紙; cf. LAID PAPER》.
créam of líme 石灰乳.
créam of tártar 〘化〙 酒石酸水素カリウム, 酒石英, クリーム(・オブ)・タータ《料理・清涼飲料・薬用》.
Créam of Whéat 〘商標〙 クリームオブウィート《小麦の粗粉を原料としたシリアル》.
créam pùff シュークリーム; 《俗》 つまらん人[もの]; 《俗》 いくじなし, やさおとこ, ホモ; 《俗》 新品同様の中古車.
créam-pùff hìtter 《野球俗》 やわなバッター.
créam pùff pàste シュークリームなどの皮, シュー皮用生地.
créam sàuce クリームソース (white sauce).
créam sèparator クリーム分離器[機].
cream sherry ⇨ CREAM.
créam·slìce *n* クリーム[アイスクリーム]をすくう薄い木のへら, 'スプーン'.
créam sóda バニラの香をつけたソーダ水《無色 または うすい茶色》.
créam téaᴵᴵ クリームティー《ジャムと固形クリーム (clotted cream) 付きのスコーンを食べる午後の軽食; イングランド南西部 Devon, Cornwall 地方の伝統的茶菓セット》.
créam·wàre *n* 〘窯〙 クリームウェア《クリーム色の釉を施した陶器》.
créam wòveᴵᴵ クリーム色網目漉(す)き紙《筆記用紙; cf. WOVE PAPER》.
créamy /kríːmi/ *a* クリームを含む[の多い]; クリーム状の, なめらかで軟らかい; クリーム色の. ◆ **créam·i·ly** *adv* **-i·ness** *n*
cre·ance /kríːəns/ *n* 〘鷹狩〙 足革《訓練中タカの足を縛っておくひも》. [OF; ⇨ CREDENCE]
crease[1] /kríːs/ *n* **1** ひだ, 折り目, たたみ目, 〘洋裁〙 クリース; しわ; 《麦などの種子の》 縦溝. **2** 〘クリケット〙 投手[打者]の限界線, 〘アイスホッケー・ラクロス〙 ゴールクリーズ (=goal ～) 《ゴールケージ前のエリアで, 選手がパック[ボール]より前に出ることは許されない》. ► *vt, vi* **1** 折り目をつける[がつく], 折る, 折れる; しわにする[なる] ⟨*up*⟩. **2 a** *⟨馬などを⟩かすり弾で参らせる, ⟨人⟩にかすり傷を負わせる. **b** 《俗》 ⟨人を⟩気絶させる; 《俗》 殺す; *《俗》 へとへとに疲れさせる; ᴵᴵ《俗》 ぶんなぐる. **3** ᴵᴵ《俗》 すごくおもしろがらせる[おもしろがる], ばか笑いさせる[する] ⟨*up*⟩.
◆ **créas·ing**[1] *n* しわ; 折り目. **～d** *a* 折り目をつけた; しわになった; 《俗》 すごくおもしろがった. **～·less** *a*
[CREST=ridge in material]
crease[2] *n* KRIS.
créas·er *n* 折り目をつける人[道具, 器械].
créase-resist·ant *a* ⟨織物が⟩しわのよらない, 防皺(ぼうしゅう)加工の, 防皺性の.
créa·sing[2] /kríːsɪŋ/ *n* 〘建〙 《壁・煙突の》 水切り, 雨押え.
cre·a·sote /kríːəsòut/ *n, vt* CREOSOTE.
créasy *a* 折り目の多い; しわだらけの.
cre·ate /kriéɪt, kríːèɪt/ *vt* **1** ⟨神・自然力などが⟩創造する: All men are ～*d* equal. 人はみな平等に造られている. **2** ⟨独創的なものを⟩創作する; ⟨俳優が⟩⟨ある役を⟩初演する, 創造する; ⟨新型を⟩考案する, ⟨衣服などを⟩デザインする. **3** ⟨国家・会社などを⟩創立する, つくる; ⟨制度・官職・新貴族などを⟩創設する; ⟨信託などを⟩設定する; ⟨雇用など⟩創出する. **4** ⟨人⟩に位階[爵位]を授ける: He was ～*d* a baron. 彼は男爵を授かった. **5** ⟨新事態・騒動などを⟩ひき起こす, 生む (cause), ⟨評判などを⟩まき起こす, ⟨印象・感情などを⟩与える. ► *vi* **1** 創造的な仕事をする. **2** 《俗》 大騒ぎをする, 苦情を言う ⟨*about*⟩; 〘バスケ〙 得点のチャンスをつくる. ● **～ hell [murder]** 騒動をひき起こす, 大騒ぎをする, 騒ぎたてる. ► *a* 《古》 創造された (created). ◆ **cre·át·able** *a* **cre·át·ed·ness** *n* [L *creat- creo* to make]
cre·a·tine /kríːətìːn, -t(ə)n/ *n* 〘生化〙 クレアチン《脊椎動物の, 特に筋肉中に遊離しているかまたはクレアチンリン酸の形で存在する白色柱状結晶; 人工的に合成され, サプリメントとして使用される》.
créatine kínase 〘生化〙 クレアチンキナーゼ《高エネルギーリン酸基をクレアチンリン酸からアデノシン二リン酸 (ADP) に転移する反応を触媒する酵素》.
créatine phósphate 〘生化〙 クレアチンリン酸 (PHOSPHOCREATINE).
créatine phóspho·kìnase 〘生化〙 クレアチンホスホキナーゼ (creatine kinase).
cre·at·i·nine /kriǽt(ə)nìːn, -nən/ *n* 〘生化〙 クレアチニン 《脊椎動物の筋肉・尿・血液中に含まれる白色結晶で, クレアチンから生成される》.
cre·a·tion /kriéɪʃ(ə)n/ *n* **1 a** 創造, 創作, 創出: job ～ 雇用の創出. **b** 《世界の》 創造, [ᵒthe C-] 《創世記に記されている》 天地創造, 創世. **c** 《帝国などの》 建設, 《組織などの》 創設; 授爵, 位階の授与. **2 a** 《知力・想像力の》 産物, 創作品, 芸術作品; 《俳優の》 役の創造, 初演, 新演出; 《衣裳などの》 創案, 新意匠. **b** 《神の》 創造物, 森羅万象, 万物, 宇宙: the LORDS of (the) ～. ● **beat [lick, whip] (all) ～** *《口》 何物にもまさる[ひけをとらない]; そいつは全く驚いた, そりゃ愉快だ. **in (all) ～** [疑問詞を強めて] 一体全体. **like all ～** *《口》 猛烈に. ◆ **～·al** *a* **～·àry** /; -(ə)ri/ *a*
creátion·ism *n* **1** 〘神学〙 霊魂創造説《人間の霊魂は受胎または出生の際に神が無から創造するとする; cf. TRADUCIANISM》. **2** 特殊[特別的]創造説《聖書の創世記にみられるように, 物質・生命・世界は神が無から創造したとする; cf. EVOLUTIONISM》. ◆ **-ist** *n, a*
creátion scìence 創造科学 (**1**) CREATIONISM (特殊創造説) **2**) これを支持する科学的証拠[議論]).
cre·a·tive /kriéɪtɪv/ *a* **1 a** 創造的な, 創造力ある, 創作的な, 独創的な (originative): ～ power 創造力, 創作力 / ～ imagination 創作力, 構想力. **b** 建設的な, 有意義な. **2** ⟨…を⟩生じる ⟨*of*⟩: be ～ *of* …を生み出す. **3** 法の抜け穴を利用した, 常軌を逸した; ごまかしがきくよう整えられた. ► *n* *《口》 創造性のある人, 創作家, 創造的職業人《広告制作者など》. ◆ **～·ly** *adv* **～·ness** *n*
creátive accóuntancy [accóunting] 《口》 粉飾決算[会計], 財務記録の偽造.
creátive diréctor 〘広告〙 クリエイティブディレクター《広告制作の統括者で最終的責任者》.
creátive evolútion 創造的進化《Bergson の唱えた, 特殊な創造力をもつ心的生命によって新しい種が創造されるとする説》.
creátive wríting 創作(活動)《しばしば学科目名》; 創作作品《小説・詩・戯曲など》.
cre·a·tiv·i·ty /krìːeɪtívəti, krìːə-/ *n* 創造性; 独創力.
cre·á·tor *n* 創造者, 創作者, 創設者; [the C-] 創造主[者], 造物主 (God); 授爵者; 役創造者; 新意匠考案者. ◆ **～·shìp** *n* 創造者たること. **cre·á·tress** *n fem*
crea·tur·al /kríːʧ(ə)rəl/ *a* 生物の; 動物的な.
crea·ture /kríːʧər/ *n* **1 a** 《神の》 創造物, 被造物. **b** 生き物, 《特に人間と区別して》 動物; *牛馬, 家畜《南部では特に馬》; 《地球外の》 (異様な)生物, 恐ろしい生き物: dumb ～*s* 畜類. **c** 人間, 人; [主に賞賛・愛情・同情・軽蔑などの形容詞を伴って] 人, 者, やつ, 女, 子: fellow ～*s* 同胞 / Poor ～! かわいそうに / the [that] ～ [*derog*] あいつ, そいつ / What a ～! なんたるやつだ. **2** 所産, 産物, 子: a ～ *of* the age 時代の子 / a ～ *of* fancy 空想の産物. **3** 隷属者, 子分, 手先; 奴隷: a ～ *of* circumstances [habit, impulse] 境遇[習慣, 衝動]の奴隷. **4** [the] [*joc*] 強い酒, 《特に》 ウイスキー. ● **good ～s** =CREATURE COMFORTS. ◆ **～·hòod** *n* **～·ly** *a* CREATURAL. **-li·ness** *n* [OF<L; ⇨ CREATE]
créature cómfort [ᵘone's ～s] 身体的な快適さを与えるもの《おいしい食事, ちゃんとした服, 暖かな住まいなど》.
Cré·bil·lon /*F* krebijɔ̃/ クレビヨン **Prosper Jolyot,** Sieur de ～ (1674–1762) 《フランスの詩人・劇作家》.
crèche /kréʃ, kréɪʃ/ *n* **1** ᴵᴵ《特に ヨーロッパの》 託児所 (day nursery); 捨て子養育院; 〘動〙 クレイシュ《共同で親たちの保護・世話を受ける幼動物の集団; ペンギン・コウモリなど》. **2** *《クリスマスによく飾る》 馬槽の中の幼きキリスト像 (cribᴵᴵ). [F (⇨ CRATCH)]
Cré·cy /kreisíː, krési/ *n* クレシー (*E* **Cres·sy** /krési/) 《イギリス海峡に近いフランス北部の町; 百年戦争初期 (1346) に, crossbow を用いたフランス軍が longbow を用いた Edward 3 世のイングランド軍に敗れた古戦場; 公式名 **～-en-Pon·thieu** /*F* kresiɑ̃pɔ̃tjø/ クレシー-アン-ポンティユ》. ► *a* 〘料理〙 ⟨スープ・肉料理など⟩ニンジンをつかった[付け合わせた].
cred /kréd/ *n* ᴵᴵ《口》 CREDIBILITY.
credal ⇨ CREEDAL.
cre·dence /kríːdns/ *n* 信用 (belief, credit), 信憑性; 〘キ教〙 CREDENCE TABLE; CREDENZA: find ～ 信任される / gain ～ 信用される / give [refuse] ～ to…を信じる[信じない] / give [lend, add] ～ to… の裏付けとなる / LETTER OF CREDENCE. [OF<L; ⇨ CREED]
crédence tàble 〘キ教〙 《祭式に必要なものを置く》 祭器卓 (=*credence, credenza*).
cre·den·da /krɪdéndə/ *n pl* (*sg* **-dum** /-dəm/) 〘神学〙 信じられるべきこと, 信仰個条 (articles of faith), クレデンダ (cf. AGENDA). [L; ⇨ CREED]
cre·dent /kríːdnt/ *a* 《古》 信用する; 《廃》 信用できる.
cre·den·tial /krɪdénʃ(ə)l/ *n* [ᵘ*pl*] 信用を保証するもの, 権威のあかしとなるもの, 《信用のもとになる》 りっぱな実績[経歴], 資格; 信用証明書; [ᵘ*pl*] 《大使・公使などに授ける》 信任状; 《卒業する大学生に渡す》 人物学業証明書; 証書, 免状; 〘電算〙 認証情報, クレデンシャル《ユーザー名・パスワードなど》: present one's ～*s* ⟨大使などが⟩信任状を提出する. ► *a* 資格認定の, 信任する: a ～ letter 信任状. ► *vt* …に免状[資格]を与える, …に信用証明書[人物証明書, 信任状]を付す[添える].
credéntial·ìsm *n* 証明書[学歴]偏重主義.
cre·dén·tial·(l)ing *n* 証明書発行, 信任状提出.
credéntials committee 《政党の全国大会などで代議員資格を審査する》 資格審査委員会.
cre·den·za /krɪdénzə/ *n* 《ルネサンスごろの》 貴重な食器類を納置する戸棚; 《それにならった, 特に 脚のない》 食器棚, 本箱; 〘キ教〙 CREDENCE TABLE. [It=belief]
cred·i·bil·i·ty /krèdəbíləti/ *n* 信じうること, 信用性, 信頼性; 信用, 威信; STREET CREDIBILITY; 信じる力: undermine sb's ～ 人の信用をそこなう / gain [lose] ～ 信用を得る[失う].
credibílity gàp 《世代間の》 断絶(感); 信憑性の欠如, 不信感; 《政府指導者などの》 言行不一致.
cred·i·ble /krédəb(ə)l/ *a* ⟨人・ことばが⟩信用[信頼]できる, 確かな;

有望な; 予想される, 考えられる. ◆ **-bly** *adv* 信用できるように; 確かな筋から. **~·ness** *n* ［L; ⇨ CREED］

crédible detérrent 〘軍〙《敵側に示す》信ずべき抑止力.

cred·it /krédət/ *n* **1 a** 信用 (trust); 信望;《信望から生まれる》勢力, 影響力; 名声, 評判;《古》真実(性): a man of (the highest) ~ (このうえもなく)評判のよい人. **b**《功績などを》認めること, (正当な)評価: she deserves ~ *for*…は彼女の功績だ / give sb ~ for ⇨ 成句 / give ~ where ~ is due 正当に評価する, 認めるべきところは認める. **c** 面目を施すこと, 誉れ; 誉れとなるもの;《映画・テレビ・劇などの》業績, 作品: He is a ~ *to* his family. 家門の誉れ / Your son is a great ~ *to* your training. ご子息はさすがにあなたのお仕込みだけある. **2 a**〘商〙信用; 掛け, 信用貸し, 掛け売り, 信用販売; 支払い猶予期間; LETTER OF CREDIT: long [short] ~ 長期[短期]信用貸し / offer interest-free ~ 無利子の信用貸し[信用販売]をする. **b**〘簿〙貸方 (opp. *debit*)《略 cr.》, 貸方への記帳, 貸方項目[合計]; 貸越し勘定; 預金残高,《口座への》振込み, 入金;《税金などの》還付金: be in ~ "預金[残高]がある. **3** *《ある科目の》履修証明, 履修単位; *CREDIT HOUR; "《試験成績の》良. **4** [ᵘ*pl*] クレジット, 謝辞《(1) 出版物・演劇・番組などに使用された資料の提供者に口頭または紙上で表わす敬意 2) 映画・演劇・番組などのプロデューサー・ディレクター・俳優・技術者の表示》. ● **do ~ to** sb＝**do** sb **~** 人の名誉となる, 人に面目を施す. **get ~ for**…の功を認められる, …で面目を施す. **give** sb **~** 人に信用で貸す. **give** sb **~ for** 〈ある金額〉を人の貸方に記入する; 〈性質などを〉ある人が当然もっていると信じる[認める], 〈業績・功績などを〉ある人に帰する, 人の手柄とする. **give ~ to** 〈話・人など〉を信じる. **have ~** (1) 信用がある, 信任があつい 〈*with* a man, *at* court〉. (2) 預金がある 〈*at* a bank〉. **have** [**get**] **the ~ of**…の栄誉を担う, 名誉にも…したと認められる. **in ~** "《俗》資金[手元金]をもっている. **No ~.** 掛け売りお断わり. **on ~** 掛けで, 信用貸しで, クレジットで〈品物を買う・売る〉: deal *on* ~ 信用取引する / put one *on* ~ つけで一杯やる. **on the ~ side** 貸方側では; プラス面では. **reflect ~ on** …の名誉となる. **take** (**the**) **~** (**to** one**self**) **for**…を自分の手柄[業績]にする, …の功を認められる. **to the ~ of** sb＝**to** sb**'s ~** 人の名誉となって; 人の業績となって;〘簿〙人の貸方に: He already has ten published books *to his* ~. 彼はすでに自分の名で本を 10 冊出版している. **with ~** りっぱに.

► *vt* **1** 〈人の話などを〉信じる, 信用する. **2 a** …が〈…の性質・感情などを〉もっていると信じる 〈*with*〉: ~ sb *with* honesty 人が正直であると信ずる / I can hardly ~ you *with* having acted so foolishly. きみがそんなばかなことをしたとは信じられない / herbs *~ed with* healing powers 薬効があると信じられている草. **b** 〈手柄・名誉などを〉…に帰する; 〈…の〉ためだとする (ascribe) 〈*to*〉: ~ honesty *to* sb＝~ sb *with* honesty (⇨ 2a) / I ~ his queerness *to* his solitude. 彼が風変わりなのは孤独のせいだと考える. **c** ほめる, 評価する: ~ sb *for* his efforts [having tried very hard] 人の努力をほめる. **d**《古》…に名誉[信用]をもたらす. **3**〘簿〙〈金額を人の〉貸方に記入する; …に対して〈ある額の〉掛け売りをする 〈*with*〉: get $10 *~ed* to one's account 自分の口座に 10 ドル振り込んで[返金して]もらう / ~ him [his account] *with* the sum [the unsold goods]＝~ the sum [the unsold goods] *to* him [his account] その金額[売れ残り品の相当額]を彼の貸方に記入する[口座に振り込む]. **4** *〈学生〉に履修証明を与える 〈*with* two hours in history〉.

［F＜It or L; ⇨ CREED］

crédit·able *a* **1** 名誉[信望, 名声]をもたらす; 賞賛[尊敬, 信用]に値する;《まれ》CREDIBLE. **2** 〈…の〉おかげである, 〈…に〉帰せられる 〈*to*〉: It is ~ *to* your good sense. それはきみの良識をはずかしめない, さすがにりっぱな分別だ. ◆ **-ably** *adv* みごとに, りっぱに. **~·ness** *n* **crèdit·ability** *n*

crédit accòunt" 掛け売り勘定 (charge account*).

crédit àgency 信用調査所[機関].

crédit bùreau 信用調査所, 商業興信所.

crédit càrd クレジットカード.

crédit crùnch [**crìsis**] 〘金融〙信用危機, 金融逼迫, クレジットクランチ《金融機関全体に貸し渋りが広がり, 資金需要の充足が極端に困難になった状態》.

crédit hìstory クレジットヒストリー《クレジットカードの利用履歴》.

crédit hòur* 〘教育〙《履修の》単位時間.

crédit insùrance 《貸倒れに対する》信用保険.

crédit·ìsm *n* 《インフレ対策として, 政府が信用の供給をコントロールする》信用主義(政策).

crédit lètter 〘商〙LETTER OF CREDIT.

crédit lífe insùrance 〘保〙信用生命保険, 未済賦払い債務者生命保険《債務者死亡時には融資の返済・賦払い債務の残額支払いを確約する保険》.

crédit lìmit 信用限度 (credit line).

crédit lìne **1** クレジットライン《ニュース・テレビ番組・映画・写真・複製絵画などに添える制作者・演出者・記者・提供者名》. **2** 信用貸付け[掛け売り]限度(額), 貸出し限度 (＝*credit limit*).

crédit màn 信用調査人[係].

crédit mànager 《銀行・会社の》調査部長; CREDIT MAN.

crédit memoràndum* DEPOSIT SLIP; 貸方票《売手が買手に対して発行する, 返品・過大請求等相当額の値引き (＝相手勘定の貸方記入) の通知》.

crédit nòte 貸方票 (credit memorandum*);〘商〙送金付替票《為替銀行内の貸借決済の書類; 債務店が債権店宛に送る》.

créd·i·tor *n* 融資者, 貸主, 債権者 (opp. *debtor*);〘簿〙貸方《略 cr.》: a *~'s* ledger 買掛金[仕入れ先]元帳.

crédit ràting 《個人・法人の》信用等級[格付け].

crédit-rèference àgency 《個人・法人の》信用格付け機関.

crédit sàle 信用販売[売り], 掛け売り, クレジットセール.

crédit slìp 入金票.

crédit squèeze 金融引締め.

crédit stànding 信用状態.

crédit tìtles *pl* クレジットタイトル《映画やテレビの俳優・原作者・制作関係者・資料提供者などの字幕》.

crédit trànche 〘金融〙クレジットトランシュ《IMF から加盟国に対して行なわれる条件付き一般貸出; 無条件で引き出せる reserve tranche を超える融資で, 出資割当額 (quota) の 100% が限度》.

crédit trànsfer" 銀行口座振替 (＝*bank transfer*);〘教育〙単位の振替.

crédit ùnion 消費者信用組合, クレジットユニオン《組合員に低利で貸し付ける》.

crédit·wòrthy *a* 信用貸しする価値のある. ◆ **-wòrthiness** *n*

cre·do /krí:dou, kréɪ-/ *n* (*pl* **~s**) 信条 (creed); [the C-]〘キ教〙使徒信条[信経] (Apostles' Creed), ニカイア信条 (Nicene Creed);《ミサの》クレド. ［L＝I believe; ⇨ CREED］

cre·do quia ab·sur·dum est /kréɪdou kwí:ɑ: ɑ:psúrdum ést/ 不条理なるがゆえにわたしはそれを信ずる《Tertullian のことば》. ［L］

cre·do ut in·tel·li·gam /kréɪdou ʊt ɪntéligà:m/ 知るために信ず《Saint Anselm のことば; 信仰が知識に先立つべきことを言ったもの》. ［L＝I believe in order to understand］

cre·du·li·ty /krɪd(j)ú:ləti/ *n* 信じやすいこと, 軽信, だまされやすいこと (gullibility).

cred·u·lous /kréʤələs/ *a* 軽々しく信じやすい; だまされやすい (opp. *incredulous*); 軽信に基づく[よる]. ◆ **~·ly** *adv* 軽々しく信じて. **~·ness** *n* 軽信.

cree /krí:/ *n* "《方》タイム, たんま《子供が遊戯中に発する一時的休止要求》. ［?］

Cree *n* **a** (*pl* **~, ~s**) クリー族《北米インディアンの一族》. **b** クリー語; クリー語などの表記に用いられる音節書記体系.

creed /krí:d/ *n* 《宗教上の》信条, 信経; [the C-] 使徒信条[信経] (the Apostles' Creed);《ミサの》クレド; 主義, 綱領: ATHANASIAN [NICENE] CREED. ◆ **~·al, cre·dal** /krí:dl/ *a* ［OE *crēda*＜L *credit-* CREDO to believe］

creek /krí:k, *krík/ *n* "《海・川・湖の》(小さな)入江; 小さな港;《米・豪・英植民地など》支流, 小川, クリーク;《古》狭く曲がりくねった道. ● **up shit** [**shit's**] **~**＝《卑》up the CREEK. **up the ~** (**without a paddle**)＝**up a ~**《俗》窮地に陥って, にっちもさっちも行かなくなって, 困ったことになって;《俗》妊娠して;《俗》気違いじみた, 常軌を逸した;《俗》誤った, 不正確な. ◆ **créeky** *a* creek の多い. ［ON *kriki* nook, MDu *krēke*＜?］

Creek /krí:k/ **a** [the]〘史〙クリーク同盟 (＝**~ Conféderacy**)《米国南東部 Alabama, Georgia, Florida 諸州に居住していた主に Muskogean 語族に属するインディアン諸部族の強力な同盟》; クリーク族《クリーク同盟参加部族のインディアン》. **b** クリーク語. ［居住地域に creek が多かったことから］

creel /krí:l/ *n* 《魚釣りの》びく; 魚やエビなどを捕える籠, 筌(うけ), 笯(ど);〘紡〙巻糸軸架, クリール;《ヨークシャー西部》天井からつるした衣類乾燥用の木枠. ► *vt* 〈魚を〉びく[籠]に入れる. ［ME *crele*＜?］

creep /krí:p/ *v* (**crept** /krépt/) *vi* **1 a** はう (crawl), 腹ばう; 〈植物が〉はう, 匍匐(ほふく)する, からみつく, はびこる. **b** こそこそはう[歩く]; よろよろ歩く; そっと[忍び足に]歩く[進む] 〈*across, away, along,* etc.〉; 〈腕や手が〉はうように動く; 〈表情などが〉徐々に現われる; 〈光・影・霧・車などが〉ゆっくり移動する[動く] 〈*across, over*〉: ~ *in* 忍び込む; 〈不快感などが〉《知らぬ間に》はいり込む / ~ *into*… 〈誤り・意味などが〉…に《知らぬ間に》はいり[紛れ]込む / ~ *over*… 〈感じ・疑惑などが〉…(の心)に徐々に広がる. **c**〘工〙〈金属などが〉はう, クリープする; 〈レールなどが〉漸伸する; 〈地層などが〉クリープする; 〈滑車のベルト・ロープなどが〉すべる, スリップする, ずれる. **2** 〈時間が〉非常にゆっくり[知らぬ間に]過ぎていく 〈*by*〉; 〈歳月などが〉忍び寄る 〈*up*〉. **3** 〈膚が〉むずむずする, ぞっとする: make sb's flesh [skin] ~＝make sb ~ all over 《こわさ・おぞましさで》人をぞっとさせる. **4**《口》〈人に〉ひそかに取り入る, へつらう 〈*to* sb〉: ~ *into* sb's favor 人にうまく取り入る. **5** 〈文体が〉だらだらする, 単調すぎる. **6**〘海〙探海鉤(こう) (creeper) で海底を探る (drag). ► *vt* 《古・詩》…の上をはう. ● **~ and crawl** へいこらする, はいつくばる, 卑屈なふるまいをする. **~ up** はい上がる; 徐々に増加[上昇]する. **~ up on**… 〈人・動物・歳月などが〉…に忍び寄る: Age *~s up on* us. 老いは知らぬ間に忍び寄ってくる.

► *n* **1 a** はう[腹ばう]こと, 匍匐. **b** 徐行; *《俗》〘ゴルフ〙のろいラウンド. **c** 漸次的な変化; 緩慢な増加[上昇];〘工〙クリープ《高温・荷重などによって徐々に進む金属材料の変形);〘地質〙クリープ《重力などの影響による地層などの変形》;〘鉱〙《坑道床盤や周囲の岩盤の》盤ぶくれ: GRADE CREEP / MISSION CREEP. **2** [ᵁthe ～s] **a**《口》ぞっとする感じ, 鳥肌: get *the* ～*s* ぞっとする / give sb *the* (cold) ～*s*. 人をぞっとさせる. **b** *《俗》DELIRIUM TREMENS. **3** くぐり穴; CREEPHOLE; CREEP FEEDER. **4 a**《俗》《陰気で》いやな[いけすかない]やつ, つまらぬ男;《口》おべっかつかい, ごますり男;《俗》変態男, 性犯罪者;《俗》《特に 売春宿における》こそ泥《人・事》: at [on] the ～《俗》こそ泥をして. **b**《俗》こっそり会うこと,《特に 男女の》密会, 浮気.
［OE *crēopan*］

CREEP, Creep /krí:p/ *n* 大統領再選委員会《Watergate 事件につながる活動をした Nixon 再選のための運動組織を侮蔑的に呼んだもの》. ［次の略語からつくられた頭字語: CRP＜*C*ommittee to *R*e-elect the *P*resident］

créep·age *n* ゆるやかな歩み[動き], 忍び寄り.

créep dìve *《俗》安酒場, いかがわしい酒場; *《俗》《気味の悪い連中がたくさんいる》いやな場所 (creep joint).

créep·er *n* **1** はうもの; 昆虫, 爬虫動物 (reptile);〘植〙匍匐(ほふく)植物,《特に》VIRGINIA CREEPER;〘鳥〙木によじのぼる鳥,《特に》キバシリ;〘獣医〙長骨が発育不全の家禽 (＝～ **fòwl**). **2 a**〘海〙探海鉤[錨]; [*pl*]《靴底の》すべり止め薄鉄板, アイゼン; スキーのシール;《トラックの》登坂用ローギア. **b**〘機〙資材送り器[装置];《自動車の下にもぐって修理するときに使う》寝台(ねだい), 寝板 (cradle). **3** [*pl*]《俗》《泥棒の履く》ゴム[フェルト]裏の靴. **4** [*pl*] *《幼児の》はいはい着, ロンパース. **5**〘クリケット〙ゴロ (grounder). **6** *《俗》マイクににじり寄ってくる歌手[演奏家];《俗》おべっかつかい;《古》卑劣漢. **7** [C-s, ᵁ〈*int*〉] *《俗》ちくしょう, チェッ, くそ (Christ). ♦ **～ed** *a* ツタにおおわれた. **～·less** *a*

créep fèeder 幼い動物に餌づけするためのおり[囲い].

créep·hòle *n* はい出る[入る]穴,《獣の》隠れ穴; 言い抜け.

creep·ie /krí:pi/ *n* ᴴ《方》低い三脚椅子.

créep·ie-péep·ee *n*《小型携帯用の》テレビカメラ.

créep·ing *a* はいまわる, 潜行性の; 匍匐(ほふく)性の; 徐々に進行する, 忍びやかな; 卑屈な; むずむずする, ぞっとする: ～ plants 匍匐植物 / ～ things 爬虫類 / ～ inflation 忍び寄るインフレ. ► *n* はう[腹ばう]こと;〘動〙匍匐《足行・遊泳・飛翔に対して》; 徐々に[忍びやかに]動くこと; へつらい; むずむず[ぞっと]する感じ;〘海〙探海(法) (cf. CREEP *vi*). ♦ **～·ly** *adv* はって; 徐々に.

créeping barráge〘軍〙ROLLING BARRAGE.

créeping bént gráss〘植〙コヌカグサ.

créeping Chárlie *CREEPING JENNIE.

créeping crúd *《俗》《正体不明の》病気《皮膚病など》; *《俗》いやなやつ, うじむし野郎; *《俗》気持悪いぬるぬるしたもの.

créeping erúption〘医〙蛇線(じゃせん)病, クリーピング病《イヌ・ネコの鉤虫の幼虫がヒトの皮下を潜行移動するため赤い線条を生じる皮膚病》.

créeping Jénnie [Jénny] 匍匐(ほふく)植物,《特に》ヨウシュコナスビ (moneywort).

créeping Jésus《俗》卑怯者;《俗》おべっかつかい;《俗》えせ信心家, 偽善家.

créeping paràlysis [pàlsy]〘医〙徐々に進行する麻痺,《特に》歩行性運動失調(症) (locomotor ataxia); [*euph*]《有効性・活力・道義心などの点で》忍び寄る麻痺.

créeping sócialism〘政〙忍び寄る社会主義《社会的・経済的に政府の関与が増えてくること》.

créeping thístle〘植〙エゾノキツネアザミ.

créep jòint *《俗》《警察の手入れをのがれるために》毎夜場所を移す賭博場; *《俗》いかがわしい酒場; *《俗》《気味の悪い連中のいる》いやな場所.

créepy *a* はいまわる, のろのろ動く; むずむず[ぞくぞく]する; ぞっとする, 気味悪い; いやな, むかつく: a ～ sensation 身の毛のよだつような感じ. ♦ **créep·i·ly** *adv* **-i·ness** *n*

créepy-cráwly《口》*a* はいまわる; こそこそした, 卑屈な; ぞっとする; いやな, むかつく. ► *n* はいまわる虫[動物].

creese /krí:s/ *n* KRIS.

creesh /krí:ʃ/ *n, vt*《スコ》GREASE.

cre·ma /kréɪmə, krémə/ *n* クレマ《いれたてのエスプレッソコーヒーの表面にできる茶色の泡》. ［It＝cream］

cre·mains /krɪméɪnz/ *n pl* *《火葬にした人の》遺骨. ［*cre*mated＋re*mains*］

cre·mas·ter /krimǽstər/ *n*〘解〙精巣挙筋, 挙睾(きょこう)筋;〘昆〙尾鉤(びこう)《さなぎの後背部端の鉤状部; 小枝などからぶらさがるときに使われる》.

cre·mate /krí:mèɪt, krɪméɪt; krɪméɪt/ *vt*〈死体を〉火葬にする; 焼却する (burn). ［L *cremo* to burn］

cre·ma·tion /krɪméɪʃ(ə)n/ *n* 火葬;《文書の》焼却. ♦ **～·ìsm** *n*《埋葬に対する》火葬論. **～·ist** *n* 火葬論者.

cré·mà·tor /, krɪméɪtər; krɪméɪtər/ *n*《火葬場の》火葬人, 火葬係; 火葬炉; ごみ焼き人夫; ごみ焼却炉.

cre·ma·to·ri·um /krì:mətɔ́:riəm, krèm-; krèm-/ *n* (*pl* **-ria** /-riə/, **～s**) 火葬場 (crematory). ［NL; ⇨ CREMATE］

cre·ma·to·ry /krí:mətɔ̀:ri, krém-; krémət(ə)ri/ *a* 火葬の; 焼却の. ► *n* 火葬炉; 火葬場; ごみ焼却炉 (incinerator).

crème, creme /krém, krí:m, kréɪm; *F* krɛm/ *n* (*pl* **～s** /krém(z), krí:mz; *F* —/)〘料理〙CREAM, CREAM SAUCE; クレーム《甘いリキュール》;《化粧用・薬用の》クリーム. ► *a*〈リキュールが〉甘くてこくのある. ［F＝cream］

crème an·glaise /*F* -ɑ̃glɛ:z/〘料理〙クレーム・アングレーズ《バニラ風味のカスタードソース》.

crème brû·lée /-bruléɪ; *F* -bryle/ [ˢC- B-] クレーム・ブリュレ《カラメルにした砂糖をかけたクリーム[カスタード]のデザート》. ［F *brûlée* burnt］

crème ca·ra·mel /*F* -karamɛl/ クレーム・カラメル, プリン《カラメルソースをかけたカスタード》.

crème de ca·cao /—́ də kəká:ou, -kóukou/ クレーム・ド・カカオ《チョコレートの香味をもったリキュール》. ［F］

crème de cas·sis /*F* -kasis/ クレーム・ド・カシス《クロフサスグリの実から造るリキュール; cf. KIR》.

crème de la crème /*F* -də la krɛm/ [the] 一流の人びと, 社交界の粋 (the cream of the cream); 最良のもの, 精華 (the choicest).

crème de menthe /—́ də ménθ, -mínt/ クレーム・ド・マント《ハッカの香味をもったリキュール》. ［F］

crème fraîche [fraiche] /*F* -frɛʃ/ 生クリーム. ［F＝fresh cream］

cre·mi·ni /krɪmí:ni/ *n* (*pl* ～, **～s**) クレミニ《褐色で肉質のマッシュルーム; 大型でさらに成長した portobello と同種のキノコ》.

Cremnitz white ⇨ KREMNITZ WHITE.

crémo·càrp /kréma-, krí:-/ *n*〘植〙双懸果.

Cre·mo·na /krɪmóunə/ **1** クレモナ《イタリア北部 Lombardy 州の Po 川に臨む市》. **2** [ˢc-]〘楽〙クレモナ《16–18 世紀 Cremona の Amati 家, Stradivari 家, Guarneri 家などの製作したヴァイオリンの名器》. ♦ **Crem·o·nese** /krèməní:z, *-s/ *a*

Cre·mo·ra /krɪmɔ́:rə/〘商標〙クリモーラ《クリームやミルクの代わりにコーヒーに入れる粉末》.

cre·nate /krí:neɪt/, **-nat·ed** /-neɪtəd/ *a*〘植〙〈葉が〉葉縁が鈍鋸歯(どんきょし)状の, 円鋸歯状の (⇨ LOBED);〈貝殻・硬貨など〉(周縁が)鈍鋸歯状の, 波形縁の. ♦ **crénate·ly** *adv*

cre·na·tion /krɪnéɪʃ(ə)n/ *n* 鈍鋸歯状(周縁);〘医〙《赤血球の》鈍鋸歯状形成.

cren·a·ture /krénətʃər, krí:-/ *n* CRENATION.

cren·el /krén(ə)l/〘城〙*n*《凹状の》狭間(はざま), 銃眼; [*pl*] 狭間付き胸壁. ► *vt* (-l- | -ll-) CRENELLATE.

cren·el·et /krén(ə)lət/ *n* 小狭間(模様).

cren·el·(l)ate /krén(ə)lèɪt/ *vt*〈城壁など〉に狭間を付ける. ► *a* CRENELLATED. ［F (*crenel* embrasure (dim)＜L *crena* notch)］

crén·el·(l)àt·ed *a* 狭間を備えた; 狭間模様の, 凹凸状の;〘植〙小鈍鋸歯状の; 小鈍鋸歯状周縁の, ぎざ(ぎざ)のある〈硬貨〉.

crèn·el·(l)á·tion *n*《凹状の》狭間(を付けること); 凹凸状; 狭間付き胸壁 (battlement).

cre·nelle /krənél/ *n* CRENEL.

crén·shaw /krénʃɔ:/ *n* [ᴼC-]〘園〙クレンショー(メロン) (＝～ **mèlon**)《casaba に似た冬メロンの一品種; ピンクがかった果肉を有する》.

cren·u·late /krénjəlèɪt, -lət/, **-lat·ed** /-lèɪtəd/ *a* 小鈍鋸歯状の〈葉・海岸線など〉. ♦ **crèn·u·lá·tion** *n* 小鈍鋸歯(状).

cre·o·dont /krí:ədɑ̀nt/ *a, n*〘動〙肉歯類 (Creodonta) の(動物).

Cre·ole /krí:òul/ *n* **1** クレオール《**1**) 西インド諸島・中南米などに移住した白人[《特に》スペイン人]の子孫 **2**) *メキシコ湾沿岸諸州の, フランス[スペイン]系移民の子孫 **3**) [c-] フランス[スペイン]人と黒人の混血児 **4**) [c-]《古》アフリカから連れてこられた黒人に対して, 西インド諸島・米大陸生まれの黒人 **5**) おおまかに Louisiana 州生まれの人》. **2** クレオール語《**1**) Louisiana 州南部の黒人の話すフランス語を基盤とする言語 **2**) HAITIAN CREOLE》; [ᵁc-]〘言〙クレオール語《母語として用いられるようになったピジン語》. ► *a* **1** クレオール(特有)の; クレオール語の. **2**〈西インド諸島などに産する動植物が〉外来種の. **3**〘料理〙クレオール風の《米・オクラ・トマトなどを使った香料の効いた料理についていう》: shrimp ～ シュリンプクレオール. ［F＜Sp＜?Port *crioulo* home-born slave (*criar* breed＜CREATE)］

Créole Stàte [the] クレオール州《Louisiana 州の俗称》.

cre·ol·ize /krí:əlàɪz/ *vt, vi*〘言〙混交言語にする[なる], クレオール化する. ♦ **crè·ol·i·zá·tion** *n*

cré·o·lìzed lánguage〘言〙混交言語, クレオール言語.

Cre·on /krí:ɑn/〘ギ神〙クレオーン《**1**) Jocasta の兄弟で, Oedipus の後のテーバイの王 **2**) Jason の義父》.

cre·oph·a·gous /kriɑ́fəgəs/ *a* 肉食性の. ♦ **cre·óph·a·gy** /-ʤi/ *n*

cre·o·sol /krí:əsɔ̀(:)l, -sòul, -sɑ̀l/ *n*〘化〙クレオソール《無色油状の液体; 防腐剤用》.

cre·o·sote /krí:əsòut/ *n*〘化〙クレオソート《**1**) 木タールを蒸留して得られる油状液 **2**) 石炭タールを蒸留して得られる油状液 **3**) 特に 木を燃やした煙によって煙突の壁にたまるタール; 木材防腐用》; CREOSOTE OIL; CREOSOTE BUSH. ► *vt*〈木材〉にクレオソートを染み込ませる. ［G＜Gk＝flesh preserver］

C

créosote bùsh 〘植〙ハマビシ科の常緑低木 (=*greasewood*)《米国南西部・北メキシコ産; 葉にクレオソート香がある耐乾燥性低木》.
créosote òil クレオソート油《木材防腐用》.
crepe, crêpe /kréɪp/ *n* **1** クレープ, ちりめん《表面にしぼを出した織物の総称》; クレープの喪章 (crape). **2** クレープ《薄いパンケーキ》; CREPE PAPER; CREPE RUBBER. ► *a* クレープの[に似た]. ► *vt* crepe でおおう[包む]. ♦ **crép·ey, crépy** *a* [F=curled<L CRISP]

C

crêpe de chine /— də ʃíːn/ (*pl* **crêpes de chine** /—/, ~**s**) [°crêpe de Chine] (クレープ)デシン (=*China crepe*)《柔らかい薄地の, 特に 絹のクレープ》. [F]
crépe háir 人造毛《演劇の付け髭・かつら用》.
crépe·hàng·er *n* CRAPEHANGER.
crepe [crêpe] myrtle /— —/ CRAPE MYRTLE.
crépe pàper クレープペーパー, クレープ[ちりめん]紙《造花・装飾用》.
crêpe·rie /kreɪpríː/ *n* クレープ屋, クレープハウス. [F]
crépe rùbber クレープ(ゴム)《縮みじわゴム板; 靴底用》.
crêpe su·zette /— suzét/ (*pl* **crêpes suzette** /kréɪp(s)-/, ~**s** /-suzéts/) [°c- S-] クレープ・シュゼット《リキュールのはいった熱いオレンジバターソースをかけた四つ折りの[ロール状の]クレープ; ソースに火をつけて出す》. [F *Suzette* (dim)<*Suzanne* Susan (女子名)]
crepey ⇨ CREPE.
cré·pi·nette /krèɪpənét, krèp-/ *n* 〘料理〙クレピネット《挽肉を生のまま豚の網脂(あみあぶら)で包んだ平たいソーセージ》.
crep·i·tant /krépətənt/ *a* パチパチ鳴る; 〘医〙捻髪音の.
crep·i·tate /krépətèɪt/ *vi* パチパチいう (crackle); 〈ある種の甲虫が〉パチッという音をたてて特異臭のある液体を射出する, 発砲する; 〘医〙捻髪(ねんぱつ)音を発する. [L (freq)<*crepo* to creak]
crèp·i·tá·tion *n* パチパチいうこと[鳴る音]; 〘医〙《折れた骨の》コツコツ音; 〘医〙《肺の》捻髪様ラ音, 捻髪音.
crep·i·tus /krépətəs/ *n* 〘医〙CREPITATION.
cre·pon /kréɪpàn, krép-; krépɔ̃ː(ŋ)/ *n* クレポン《ドレス用の厚地のクレープ様の織物; 地の表面のしわが特徴》. [F]
crept *v* CREEP の過去・過去分詞.
cre·pus·cu·lar /krɪpʌ́skjələr/ *a* 薄明の, うす暗い, たそがれの(ような); 半開化の; 〘動〙薄明薄暮性の (cf. VESPERAL): ~ insects. [L *crepusculum* twilight]
cre·pus·cule /krɪpʌ́skjuːl; krépəs-/, **cre·pus·cle** /krɪpʌ́s(ə)l/ *n* 薄明, 薄暮 (twilight). [↑]
crepy ⇨ CREPE.
cres., cresc 〘楽〙crescendo. **Cres.** ″Crescent《街路名で》.
cre·scen·do /krəʃéndoʊ/ *adv* 〘楽〙しだいに強く, クレッシェンドで《略 cres(c).; 記号 ＜; opp. *decrescendo, diminuendo*》; 〈感情・動作を〉漸次に強めて. ► *n* (*pl* ~**s**, ~**es**) 〘楽〙クレッシェンド(の楽節); [*fig*] クライマックスへの進展; クライマックス. ► *a* クレッシェンドの. ► *vi* 〈音・感情が〉漸次強くなる. [It (pres p)<↓]
cres·cent /krés(ə)nt, ″kréz-/ *n* **1** 〘天〙新月から上弦までの[下弦から新月までの]細い月, 三日月 (waxing moon). **2** 三日月形(のもの). **a** 〘紋〙新月章; 《トルコなどイスラム圏の》新月旗; トルコ軍, イスラム勢; [the C-] イスラム(教). **b** ″三日月形の広場[街路]《しばしば街路名として用いる; 略 Cres.》; *クロワッサン; 〘楽〙クレッセント《トルコ起源の連鈴》. **3** [C-] 〘商標〙クレッセント《開口部の寸法を調節できるスパナ》. ► *a* 三日月形の; しだいに満ちる[増大する] (waxing). ♦ **cres·cen·tic** /krəséntɪk/ *a* [OF<L *cresco* to grow]
cres·cit eun·do /kréskət εúndoʊ/ 進むにしたがって増大[成長]する《もとは名声や評判について; 今は New Mexico 州の標語》. [L]
cres·cive /krésɪv/ *a* 漸次増大[成長]する. ♦ ~**·ly** *adv*
cre·sol /kríːsɔ̀(ː)l, -sòʊl, -sàl/ *n* 〘化〙クレゾール《3 つの異性体がある; 消毒液用》.
cress /krés/ *n* 〘植〙アブラナ科の植物, 《特に》 **a** オランダガラシ, クレソン (watercress). **b** コショウソウ (garden cress)《葉に辛みがありサラダ・香辛料に用いる》. ♦ **crés·sy** *a* cress の多い. [OE *cærse, cressa*; cf. G *Kresse*]
Cres·sent /*F* kresɑ̃/ クレッサン **Charles** ~ (1685–1768)《フランスの家具師》.
cres·set /krésət/ *n* かがり火の油壺[火床].
Cres·si·da /krésədə/ **1** クレシダ《女子名》. **2** 〘中世伝説〙クレシダ《愛人 Troilus を裏切ったトロイアの女》. [Gk *Khruseïda* (acc)<*Khruseïs* daughter of Chryses]
Cressy ⇨ CRÉCY.
crest /krést/ *n* **1** **a** 鳥冠《とさか・羽冠などの総称》. **b** 《馬・犬などの》首筋, 頸峰, 頸櫛(けいしつ); たてがみ (mane); 《馬などの》首飾り. **2** **a** 羽毛飾り (plume); 《かぶとの》前立; かぶとの頂; 《詩》かぶと. **b** 〘紋〙かぶと飾り, クレスト; 盾形の紋章; 《封印・皿・便箋などの》紋章; 〘弓〙《矢のシャフトに輪状に塗った》紋章, クレスト. **c** 〘建〙《屋根・壁などの》頂部沿いの飾り, 棟(むね)(飾り), クレスト. **3** 《物の》頂上; 山頂, 屋根; 《波の》峰, 波頭, 波頂; 最高水位点; 頂点, 絶頂, クライマックス; 〘解〙稜《特に 骨の》; 〘機〙《ねじの》山の頂: frontal [occipital] ~ 前頭[後頭]稜. ● **the ~ of the [a] wave** 得意の絶頂: on *the ~ of the wave* 得意の絶頂にあって / ride *the ~ of the wave* 波に乗る. **one's ~ falls** 意気沮喪する, うなだれる. ► *vt* …の頂をなす, 〈山〉の頂上に達する, 〈波〉の峰に乗る; …に羽毛飾り[棟飾り]を付ける: ~*ed* with feathers 《帽子などの》頂部に羽毛飾りの付いた. ► *vi* 〈波が〉うね立つ, 波頭を立てる; 〈川など〉最高水位に達する; [*fig*] 頂点に達する. ♦ ~**·al** *a* ~**·ed** *a* crest のある. [OF<L *crista* tuft]
Crés·ta Rùn /kréstə-/ [the] クレスタラン《スイス St. Moritz に毎年 氷の斜面につくられるトボガン滑降コース》.
crést·ed árgus 〘鳥〙カンムリセイラン《マレー半島産》.
crésted áuk(let) 〘鳥〙エトロフウミスズメ.
crésted béllbird 〘鳥〙コクカンモズヒタキ《豪州産》.
crésted flýcatcher 〘鳥〙**a** ムジタイランチョウ《北米東部産》. **b** カンムリヒタキ《アフリカ産》.
crésted hámster 〘動〙タテガミネズミ《アフリカ産の夜行性草食動物》.
crésted lárk 〘鳥〙カンムリヒバリ《欧州産; 時に飼鳥》.
crésted mýna 〘鳥〙ハッカチョウ《ムクドリ科; 南中国・台湾・ミャンマー・ジャワ産》.
crésted néwt 〘動〙ホクオウクシイモリ《ユーラシア産の大型のイモリ; 雄は繁殖期に歯形状の背びれを生じる》.
crésted scréamer 〘鳥〙カンムリサケビドリ《南米産》.
crésted tít(mouse) 〘鳥〙カンムリガラ《欧州産》.
crésted whéatgrass 〘植〙《ロシアから米国に移植された》カモジグサの一種《茎葉飼料・砂防用》.
crésted wóod ìbis 〘鳥〙マダガスカルトキ (wood ibis).
crést·fàllen *a* CREST をたれた; うなだれた; [*fig*] がっかりした, 元気のない, しょんぼりした, きまりわるがっている. ♦ ~**·ly** *adv* ~**·ness** *n*
crést·ing *n* 〘建〙棟飾り, クレスト; 《椅子・鏡台などの》頂部飾り彫刻.
crést·less *a* 頂飾のない; 家紋のない; 身分の卑しい.
cre·syl /krésəl, kríːsɪ̀l/ *n* TOLYL.
cre·syl·ic /krɪsílɪk/ 〘化〙*a* クレゾールの; クレオソートの.
cresýlic ácid 〘化〙クレゾール酸, クレシル酸《工業用クレゾール混合物》.
crésyl víolet クレシルバイオレット《組織の染色に使うオキサジン染料》.
cre·ta·ceous /krɪtéɪʃəs/ *a* 白亜質の (chalky); [C-] 〘地質〙白亜紀[系]の. ► *n* [the C-] 白亜紀[系] (⇨ MESOZOIC). ♦ ~**·ly** *adv* [L (*creta* chalk)]
Cre·tan /kríːtn/ *a* クレタ島(人)の. ► *n* クレタ島人《かつてうそつきが多かったとされている》.
Crete /kríːt/ クレタ (*ModGk* Kríti)《地中海東部の大島; ギリシア領》. ■ the **Séa of** ~ クレタ海, カンディア海《エーゲ海南部の Crete 島と Cyclades 諸島の間の海域》.
Cré·teil /*F* kretεj/ クレテーユ《フランス中部 Val-de-Marne 県の県都; Paris の南東郊外に位置し, 地下鉄線で Paris と結ばれた住宅地・商業都市》.
cre·tic /kríːtɪk/ *n* 〘韻〙AMPHIMACER.
cre·ti·fy /kríːtəfàɪ/ *vt* 〘地質〙白亜[石灰]化する.
cre·tin /kríːtn; krétɪn/ *n* クレチン病患者; 白痴, ばか: You silly ~! このばかめ. [F *crétin*<L CHRISTIAN]
crétin·ìsm *n* 〘医〙クレチン病, クレチニスム《甲状腺ホルモンの欠乏によるもので, 小人症と精神薄弱を特徴とする》.
crétin·òid *a* クレチン病患者のような, クレチン病様の. ► *n**《俗》白痴, ばか, あほう.
crétin·ous *a* CRETIN の; 《ハッカー》だめな, ひどいできの.
cre·tonne /krɪtán, kríːtàn; krεtɔ́n, — —/ *n* クレトン《大きな花柄などをプリントした綿織物》. [F (*Creton* Normandy の地名)]
Cre·ü·sa /kriúːsə; -zə/ 〘ギ神〙クレウーサ《**1**) Jason の花嫁で Medea に殺された; Glauce ともいう **2**) Priam の娘で Aeneas の妻 **3**) Erectheus の娘で, Xuthus の妻》.
Creuse /*F* krøːz/ クルーズ《フランス中部 Limousin 地域圏の県; ☆Guéret》.
creutzer ⇨ KREUZER.
Créutz·feldt-Já·kob [Créutz·feld-Já·cob] disèase /krɔ́ɪtsfɛ̀ltjáːkoʊb-; -jǽkɔb-/, **Jákob-Créutzfeldt disèase** 〘医〙クロイツフェルト-ヤコブ病《ごくまれにみられる進行性で致命的な海綿状脳症; プリオン (prion) によるもので, 痴呆・運動失調などの症状を呈する; 略 CJD; cf. VARIANT CREUTZFELDT-JAKOB DISEASE》. [Hans G. *Creutzfeldt* (1885–1964), Alfons M. *Jakob* (1884–1931) ドイツの精神科医]
cre·val·le /krɪvǽli/ *n* 〘魚〙アジ科の魚, 《特に》ムナグロアジ (jack crevalle).
cre·vasse /krɪvǽs/ *n* クレバス《氷河の深い割れ目》; *《堤防の》裂け目, 決壊口. ► *vt* …に裂け目を生じさせる. [OF; ⇨ CREVICE]
Crève·cœur /krεvkɔ́ːr, -kúər; *F* krεvkœːr/ クレーヴクール **Michel-Guillaume-Saint-Jean de** ~ (1735–1813)《フランス生まれの米国の随筆家; 通称 'J. Hector St. John de ~'; *Letters from an American Farmer* (1782)》.
crev·ice /krévəs/ *n* 《狭く深い》裂け目, 割れ目《特に 岩・建物などの》. ♦ ~**d** *a* ひび[割れ目]を生じた. [OF (*crever* to burst<L *crepo* to crack)]
crew[1] /krúː/ *n* **1** 乗組員, 搭乗員, 乗務員, 《通例 高級船員を除い

た》船員;《ボートの》クルー; ボートレース; CREW CUT. **2** 仲間, 連中;《労働者の》一団, 組, 班;《古》軍隊: an ambulance ～ 救急隊 / a motley ～ いろいろな人間の一団. ► *vi, vt* (…の)乗組員として働く. ♦ **～·less** *a* [OF *creüe* increase (pp)〈*croistre* to grow＜L *cresco* to increase]

crew[2] *v* CROW[1] の過去形.

créw chìef《米空軍などの》機付(きつき)長《地上整備員を指揮する下士官》; クルーチーフ《自動車レースで, ピットの整備員のトップ》.

créw-cùt *a* クルーカットの; 大学の, アイヴィーリーグの.

créw cùt (短い)角刈り, クルーカット (＝*crew haircut*).

Crewe /krú:/ クルー《イングランド北西部 Cheshire の市; 主要な鉄道線が集まる》.

crew·el /krú:əl/ *n* クルーエル(ヤーン) (＝～ **yàrn**)《刺繍毛糸・甘撚(よ)り梳毛糸》; CREWELWORK. ♦ **～·ist** *n* [ME＜?]

créwel·wòrk *n* クルーエル刺繍.

créw hàircut CREW CUT.

créw·man /-mən/ *n* 乗組員, 乗務員, 搭乗員.

créw·nèck *n* クルーネックのセーター.

créw nèck [nèckline] クルーネック《セーターなどの襟のない丸首のネックライン》. ♦ **créw-nècked** *a*

créw sòck クルーソックス《うねのある厚手のソックス》.

crib /kríb/ *n* **1 a***《囲い枠付きの》ベビーベッド. **b**《横木付きの》まぐさ桶, 飼槽(かいおけ). **c**"馬槽中の幼きキリスト像 (crèche*). **d**《丸太》小屋 (hut); 家畜小屋. **e***狭苦しい部屋[アパート, 家];《NZ》小さな別荘; 家, アパート;《俗》安売春宿, 淫売屋;《俗》《泥棒などの》たまり場;《俗》飲み屋, ナイトクラブ: CRACK a ～. **f** 貯蔵所,《塩・トウモロコシなどの》置場;《俗》金庫. **g**〘建〙クリブ《角棒を井桁に組み上げたもの》;〘鉱〙《立坑の》木積(きづみ). **h**《水中の》橋台; 取水口; 川中に突き出した堤防, 枠堰(わくせき). **i** 放射性廃棄物を投棄する溝《地中に浸透させる》. **2 a** [the]《CRIBBAGE で》配り手の持ち札, クリブ. **b**《口》CRIBBAGE. **3 a**《口》こそ泥;《口》《他人の作品・考えの》無断使用, 剽窃 (plagiarism)〈*from*〉. **b**《口》《自習・試験対策用の》訳本, 虎の巻 (pony), カンニングペーパー (crib sheet);《俗》カンニングをする学生. **c** 暗号解読の手掛かりとなる情報. **4**《豪》食料, 簡単な食事, スナック,《労働者の》弁当. ► *v* (**-bb-**) *vt* **1** …にまぐさ桶を備える. **2** 材木で補強[内張り]する, 木積みする. **3**《口》盗む, くすねる,〈答を〉カンニングする,〈他人の作品・考えを〉無断使用する〈*from*〉. **4** 狭い所に押し込める. **5**《口》不平がましく言う. ► *vi* **1**〈馬が〉まぐさ桶をかむ. **2**《口》こそ泥する, 剽窃する, カンニングをする, 虎の巻を使う. [OE *cribb*; cf. G *Krippe*]

crib·bage /kríbɪʤ/ *n* クリベッジ《2 人でするトランプゲーム》. [C17＜?]

críbbage bòard クリベッジ盤《クリベッジの得点を記録する板; 通例 細長い板に穴が並んでいて, これにピンを立てて得点を数える》.

críb·ber *n* 剽窃者, カンニングする者; 齰癖(さくへき)のある馬;《齰癖防止のための》馬の首にはめる革ひも; 支え, つっかい.

críb·bing *n* **1 a** 枠用材料;《立坑などの》内壁, 木積(きづみ); 枠工 (cribwork). **b** CRIB BITING. **2**《口》《他人の作品の》無断使用, 剽窃, カンニング, 虎の巻使用.

críb bìting 齰癖(さくへき)《馬がまぐさ桶などにかみつき荒く息を吸う癖; cf. WIND SUCKING》. ♦ **críb-bìte** *vi*

críb còurse*《学生俗》簡単に単位の取れる科目, 楽勝コース.

críb crìme*《俗》老人をねらって襲うこと.

críb dèath* 寝台死 (sudden infant death syndrome).

cri·bel·lum /krəbéləm/ *n* (*pl* **-la** /-lə/)〘動〙篩板(しばん)《クモの出糸(しゅつし)突起》. ♦ **cri·bel·late** /kríbələt, -lèɪt/ *a*

críb jòb*《俗》CRIB CRIME.

cri·bo /krí:boʊ/ *n* (*pl* ～**s**)〘動〙インディゴヘビ《熱帯アメリカ産》. [C19＜?]

críb·ri·fòrm /kríbrə-/, **crib·rous** /kríbrəs/ *a*〘解・植〙小孔質の, 篩状(ふるいじょう)(しじょう)の.

críb shèet《俗》カンニングペーパー.

críb·wòrk *n*〘建・土木〙いかだ地形(じぎょう), 枠工《丸太材を井桁に組む工作などの称》.

cri·ce·tid /kraɪsí:təd, -sét-/ *a, n*〘動〙キヌゲネズミ科 (Cricetidae) の(動物)《ハムスターなど》.

Crich·ton /kráɪtn/ **1** クライトン (**1**) **James** ～ (1560–82)《スコットランドの伝説的な多芸多才の学者; 通称 'the Admirable ～'》(**2**) (**John**) **Michael** ～ (1942–2008)《米国の小説家; *Jurassic Park* (1990, 映画化 1993)》. **2** [°Admirable ～] 多芸多才の人.

crick[1] /krík/ *n*《首・背中などの》筋肉[関節]痙攣(けいれん), ひきつり: get a ～ in one's neck 首の筋を違える. ► *vt* …に痙攣を起こす, …の筋を違える. [ME＜?]

crick[2] *n**《方》小川 (creek).

Crick クリック **Francis Harry Compton** ～ (1916–2004)《英国の生化学者; DNA の構造の解明に成功; ノーベル生理学医学賞 (1962)》.

crick·et[1] /kríkət/ *n*〘昆〙コオロギ;〘昆〙ケラ (mole cricket); コオロギに似た各種の昆虫; 押すとパチンパチンと鳴る玩具[発信器]: (as) chirpy [lively, merry] as a ～《口》至極快活[陽気]で. [OF (*criquer* to creak＜imit)]

cricket[2] *n* クリケット《通例 11 人編成の 2 チームがバットでボールを打って得点を争う野外競技; イングランドをはじめオーストラリアなどの英連邦諸国で盛んに行なわれる》. ● It's **not** (quite) ～."《古風口》公明正大を欠く. **play** ～ クリケットをする; "公明正大にふるまう. ► *a*《口》公明正大な, フェアな. ► *vi* クリケットをする. ♦ **～·er** *n* クリケット競技者. [C16＜?; cf. OF *criquet* goal stake in a bowling game]

cricket[3] *n* 低い椅子, 足台 (footstool). [C17＜?]

crícket bàg クリケットバッグ《クリケットのバットその他を入れるスポーツバッグ》.

crícket·ing *a*〈人・国などが〉クリケットをする; クリケット(用)の.

cri·coid /kráɪkɔɪd/〘解〙*a* 輪形の, 環状の (ringlike); 輪状軟骨の. ► *n*《喉頭の》輪状軟骨 (＝～ **cártilage**).

cri·co·thýroid /kràɪkə-/〘医〙*a* 輪状甲状の. ► *n* 輪状甲状筋.

cri de coeur /krí: də kə́:r/ (*pl* **cris de coeur** /krí:(z) də-/) 熱烈な抗議[訴え]. [F＝cry from the heart]

cri du chat syndrome /krí: du ʃá: ─́─, -də-/〘医〙猫鳴き症候群《ネコのような鳴き声・精神遅滞・小頭・染色体の部分的欠失を特徴とする遺伝性の障害》.

cri·er /kráɪər/ *n* 叫ぶ[泣く]人; 泣き虫;《裁判所の》廷吏 (＝court ～);《町の》触れ役 (town crier); 呼び売り商人. [*cry*]

cri·key /kráɪki/, **crick·ey** /kríki/, **crick·ety** /kríkəti/ *int* [°By ～!]《俗》いやはや, これはこれは(驚いた). [(euph)〈CHRIST]

crim /krím/ *n, a*《米俗・豪俗》CRIMINAL.

crim. criminal.

Crim·bo /krímboʊ/ *n*"《口》CHRIMBO.

crim. con.〘法〙°criminal conversation.

crime /kráɪm/ *n*《法律上の》犯罪;《一般に》罪悪, 反道徳[犯罪]的行為;《口》残念な[愚かしい, 恥ずべき]事: commit a ～ 罪を犯す / ～*s against* the State 国事犯 / a ～ of passion＝CRIME PASSIONEL / PUT [THROW] A ～ UPON…に罪を押しつける / *C*～ doesn't pay.《諺》犯罪は引き合わないものだ / worse than a ～ 言語道断の / It's a ～ to stay indoors. 家に閉じこもってるなんてどうかしてる. ► *vt*〘軍〙軍事犯に問う. ♦ **～·less** *a* **～·less·ness** *n* [OF＜L *crimin- crimen* judgement, offence]

Cri·mea /kraɪmí:ə, krə-; -míə/ [the] クリミア (*Russ* Krym, Krim)《黒海の北岸から突き出した半島; 北東は Azov 海; 行政上はウクライナに属する自治共和国 (～ **Autónomous Repúblic**)》. ♦ **Cri·mé·an** *a*

críme agàinst humánity〘法〙人道に対する罪《大量虐殺・奴隷化など》.

críme agàinst náture〘法〙反自然的犯罪 (sodomy)《同性間・異性間の, または獣に対する反自然的性行為; コモンロー上の重罪》.

Críme and Púnishment『罪と罰』《Dostoyevski の小説 (1866)》.

Criméan Tátar a クリミアタタール人《18–19 世紀に小アジアに移住, また第二次大戦後ソ連によってウズベキスタンその他へ強制移住させられた Crimea 半島を故郷とするチュルク系民族》. **b** クリミアタタール語.

Criméan Wár [the] クリミア戦争 (1853–56)《ロシア対 英・仏・オーストリア・トルコ・プロイセン・サルデーニャ; 黒海の支配権をめぐるロシアとトルコ・ヨーロッパ諸国との対立から起こり, ロシアが敗れた》.

crime pas·sio·nel /*F* krim pasjɔnɛl/ (*pl* **crimes pas·sio·nels** /─/) 情痴犯罪, 痴情ざた《特に殺人》.

crimes /kráɪmz/ *int* CHRIST.

críme shèet〘英軍〙《軍律違反の》処罰記録.

críme sỳndicate 犯罪組織 (＝*organized crime* (*syndicate*)).

críme wàve 一時的な犯罪の急激な増加.

críme wrìter 犯罪(小説)作家.

crim·i·nal /krímən(ə)l, *krímnəl/ *n* 犯罪人[者], 罪人, 犯人. ► *a* 犯罪(性)の; 刑事上の (cf. CIVIL); 犯罪的な, 罪のある;《口》けしからぬ, 嘆かわしい: a ～ case 刑事事件 / a ～ offense 刑事犯 / ～ proceedings 刑事訴訟(手続き) / ～ justice 刑事裁判 / a ～ operation 堕胎 / It's ～ to sell it at such a high price. それをそんなに高く売るとは言語道断だ. [L; ⇨ CRIME]

críminal abórtion ILLEGAL ABORTION.

críminal assáult〘法〙刑事上の暴行, 暴行罪,《特に》強姦 (rape).

críminal chrómosome 犯罪者染色体《男性のごく一部にみられる余分な Y 染色体》. [Chicago で 8 人の看護婦を殺した Richard Speck がこれを有し, 弁護材料として用いたことから]

críminal códe 刑法(の体系).

críminal contémpt〘法〙刑事的(裁判所)侮辱, 裁判所[法廷]侮辱罪.

críminal conversátion〘法〙姦通(罪)《略 crim. con.》.

críminal còurt 刑事裁判所.

críminal dámage"〘法〙財産[器物]損壊.

Críminal Investigátion Depártment [the]〘英〙《ロンドン警視庁などの》刑事部《略 CID》.

críminal·ist *n* 刑法学者; 犯罪学者.
crim·i·nal·is·tics /krìmənəlístɪks/ *n* 犯罪科学捜査学.
crim·i·nal·i·ty /krìmənǽləti/ *n* 犯罪; 犯罪行為; 犯罪性, 有罪 (guiltiness).
críminal·ìze *vt* 犯罪[違法]とする, 犯罪行為[活動]とする, 非合法化する; 〈人を〉犯罪者(扱い)にする. ♦ **crìminal·izátion** *n*
críminal láw 刑法, 刑事法 (opp. *civil law*).
críminal láwyer 刑事専門弁護士.
críminal líbel 〘法〙 犯罪的誹毀(ひき)行為《きわめて悪質な中傷文書を出すこと》.
críminal·ly *adv* 刑法によって, 刑事[刑法]上; 有罪になるほどに; 《口》ひどく.
críminal négligence 〘法〙 刑事過失《事故の未然防止などの措置をとらないなど, 犯罪と見なされる不注意による過失》.
críminal récord 前科, 犯罪歴: have a ~ 前科がある / a sexual ~ 性犯罪歴.
críminal sýndicalism 〘米法〙 刑事サンディカリズム《暴力・テロなどで社会変革を目指す制定法上の犯罪》.
crim·i·nate /krímənèɪt/ *vt* …に罪をかぶせる; 告発[起訴]する; 有罪とする; 非難する: ~ one*self* 〈証人が〉自己に不利な証言をする. ♦ **crim·i·ná·tion** *n* **crím·i·nà·tor** *n*
crim·i·na·tive /krímənèɪtɪv; -nə-/, **-na·to·ry** /krímənətɔ̀ːri; -nət(ə)ri/ *a* 罪を負わせる; 非難する.
crim·i·ne, -ni[1], **-ny** /krímәni, kráɪ-/ *int* 《俗》おやおや, やれやれ《怒り・驚き・いらだちを表わす》.
cri·mi·ni[2] /krɪmíːni/ *n* (*pl* ~, ~s) CREMINI.
crim·i·no·gen·ic /krìmənəʤénɪk/ *a* 〈制度・状況・土地が〉犯罪の原因となる, 犯罪を誘発する.
crim·i·nol·o·gy /krìmənɑ́ləʤi/ *n* 犯罪学, 《広く》刑事学. ♦ **-gist** *n* **crim·i·no·lóg·i·cal** *a* **-i·cal·ly** *adv*
crim·i·nous /krímənəs/ *a* 《古》罪を犯した《次の句でのみ用いられる》: a ~ clerk 破戒牧師.
criminy ⇨ CRIMINE.
crimmer ⇨ KRIMMER.
crimp[1] /krímp/ *vt* **1 a** 〈髪を〉縮らせる, カールさせる; 〈靴革など〉に癖[形]をつける. **b** …の端を曲げる; …の両端を押し[結び]合わせる, かしめる. **2** …にひだ[しわ]を寄せる; 〈鉄板・ボール紙など〉に波形模様を入れる (corrugate); 〘窯〙《ガラスが軟らかいうちに》…の表面に溝や波形などをつける, クリンピングする; 〈魚〉に切れ目を入れる[入れて肉を締まらせる]. **3** *《口》妨害[じゃま]する (cramp); 《口》〈計画などを〉制限を加えてつぶす; *《口》格下げする. ► *n* [*pl*] 縮らした毛; 《毛糸などの》捲縮(けんしゅく), クリンプ(ス); 《トタン板などの》波形; ひだ, 折り目; 《結線用の》コネクター; 抑制, 妨害. ● **put a ~ in**…*《口》…のじゃまをする, 妨害する. ► *a* パリパリする, 砕けやすい. ♦ **crímp·er** *n* 縮らせる人[もの], 《髪の》カールごて. [?MDu, MLG; cf. OE *crympan* to curl]
crimp[2] *n* 《人を誘拐して水夫・兵士に売り込む》誘拐周旋業者. ► *vt* 《水夫・兵士にするために》誘拐する, 誘拐して船員[兵士]として売り込む. [C17<?]
crímping iron 《髪の》カールごて.
crim·ple /krímp(ə)l/ *n* しわ, ひだ, 縮れ (crimp). ► *vt, vi* しわ寄らせる[しわが寄る], 縮らす[縮れる].
Crimp·lene /krímplìːn/ 〘商標〙 クリンプリン《しわになりにくい合成繊維》.
crímpy *a* 縮れた, 縮らした; 〈天候が〉冷え込んだ. ♦ **crímp·i·ness** *n*
crim·son /krímz(ə)n/ *a* 深紅色の, 臙脂(えんじ)色の (deep red); ちなまぐさい: go [turn] ~ 《怒り・興奮などのため》〈人・顔が〉まっ赤になる. ► *n* 深紅色(顔料), クリムソン. ► *vt* 深紅色にする[染める]. ► *vi* 深紅色になる; まっ赤になる (blush). [Arab KERMES]
crímson clóver 〘植〙 ベニバナツメクサ, クリムソンクローバー (= *Italian clover*)《土地改良用・飼料作物用》.
crímson láke クリムソン[コチニール]レーキ《紅色顔料》.
crímson rámbler 〘植〙 クリムソンランブラー《紅色八重咲きのつるバラの一種》.
crímson trágopan 〘鳥〙 ヒオドシジュケイ《ネパール・シッキム・ブータン産》.
cri·mus /kráɪməs/ *int* 《俗》おやまあ, ウヘー《驚きを表わす》.
cringe /krínʤ/ *vi* **1** 《寒さ・痛みなどで》縮こまる; 《恐怖・卑屈さで》すくむ; 《口》〈…が〉いやになる, うんざりする 〈*at*〉: ~ *away* [*back*] (*from* …から)こわがって引きさがる, しりごみする. **2** 〈…に〉ぺこぺこする, へつらう 〈*before, to*〉. ► *n* すくむこと, 当惑; 卑屈な態度. ● **by the ~** "《俗》ありゃ, あちゃー, うそー《驚き・不信などを表わす》. ♦ **críng·er** *n* ぺこぺこする人, 卑屈な人. **críng·ing** *a* 卑屈な, ぺこぺこする. **críng·ing·ly** *adv* [OE *cringan, crincan* to yield, fall (in battle); cf. CRANK[1]]
crínge-màking *a* 《口》CRINGEWORTHY.
crínge·wòrthy *a* 《口》当惑させる, うんざりさせる.
crin·gle /kríŋg(ə)l/ *n* 〘海〙 《帆の縁などに取り付けた》索目(さくめ), クリングル. [LG (dim)<*kring* ring]
cri·nite[1] /kráɪnàɪt/ *a* 〘動・植〙 軟毛のある, 毛髪状の. [L]
crinite[2] *n* ウミユリ (crinoid) の化石. [*crinum, -ite*]
crin·kle /kríŋk(ə)l/ *vi* しわが寄る, 縮む 〈*up*〉; たじろぐ, 手を引く (cringe); 衣ずれのような音がする (rustle). ► *vt* しわ寄らせる, 縮らせる. ► *n* しわ; 《織物の》縮れ, クリンクル; うねり, くねり; 《包み紙をむくときなどの》カサカサ[サラサラ, パリパリ]いう音; 〘植〙 縮葉病. [(freq)<CRINGE]
crínkle·ròot *n* 〘植〙 コンロンソウ《アブラナ科》.
crín·kly *a* 〈織物の生地が〉縮んだ; 〈毛髪が〉縮れた, 波状の; カサカサ[サラサラ]鳴る.
crin·kum-cran·kum /kríŋkəmkrǽŋkəm/ *a, n* 《文》曲がりくねった(もの), うねうねした(もの), 複雑な(もの).
cri·noid /kráɪnɔ̀ɪd, krín-/ *a* ユリのような (lily-shaped); 〘動〙 ウミユリ類の. ► *n* 〘動〙 ウミユリ. ♦ **cri·nói·dal** *a*
crin·o·line /krín(ə)lən/ *n* **1** クリノリン《**1**) 馬毛・綿などで織った粗目の織物; 堅くして芯地・婦人帽子などに用いる **2**) クリノリンのペチコート **3**) 張り広げた hoopskirt》. **2** 《軍艦の》魚雷防御網. ► *a* クリノリンの. [F<L *crinis* hair, *linum* thread]
crín·o·lined *a* クリノリンを身に着けた.
crino·tóxin /krìnə-/ *n* 〘生化〙 クリノトキシン《カエルなどの体表から環境中に分泌される型の動物毒》.
cri·num /kráɪnəm/ *n* 〘植〙 クリナム属 [ハマオモト属] (*C-*) の各種の多年草《ヒガンバナ科》. [L=lily<Gk]
cri·o·llo /krióʊl(j)oʊ/ *n* (*pl* ~s) 中南米生まれの純スペイン人の子孫; 中南米に生まれ育った人; 中南米産の家畜, [°C-] クリオロ種のポニー《アルゼンチンで作出されたがんじょうな小型の馬》; クリオロ (=~ **trèe**)《高品質の種子を産するカカオの品種》. ► *a* criollo の. ♦ **cri·o·lla** /-l(j)ə/ *n fem* [Sp; cf. CREOLE]
crios /krís/ *n* 《アイル》クリス《Aran 諸島の男性が身に着けるウールの多色織りの帯》. [IrGael]
crip /kríp/ *《俗》*n* CRIPPLE; ちんば馬; 《pool で》打ちやすくした球; 簡単に勝てる相手, カモ; 楽に単位が取れる講座.
cripes /kráɪps/ *int* 《俗》ちきしょう, おやおや, エーッ, これはこれは《軽いののしり・驚き》. [変形<*Christ*]
críp-fàker *n* *《俗》不具者を装った乞食.
Crip·pen /kríp(ə)n/ クリッペン **Hawley Harvey** ~ (1862-1910) 《在英中妻を毒殺して処刑された米国人医師; 通称 'Doctor ~'; 無線の利用で逮捕された最初の犯罪者》.
crip·ple /kríp(ə)l/ *n* [°*derog*] 肢体不自由者, びっこの動物; 不具者, 廃人; 不良品; 《窓掃除などの》脚立(きゃたつ); *《方》雑木の茂った低湿地. ► *vt* …のからだ[脚]を不自由にする, 不具にする, 〈人〉の脚などを痛める; そこなう, 機能不全にする, …の力を失わせる: an emotional ~ 情緒障害者. ► *a* 不具[びっこ]の; 能力の劣る. ♦ **críp·pler** *n* [OE *crypel*; cf. G *Krüppel*; CREEP と同語源]
Crípple Créek クリップルクリーク《Colorado 州中部の町; もと世界で最も豊かな金鉱山》.
críp·pled *a* 肢体が不自由な, 障害のある; 壊れた, 破損した〈施設・工場など〉; 機能不全に陥った〈経済など〉: a ~ soldier 負傷兵, 廃兵.
crípple·dom *n* 不具; 無能力.
críp·pling *a* 潰滅的な, ダメージの大きな, 深刻な; 〈負債などが〉過重の, 〈請求金額などが〉法外な; 歩けなくする: ~ effects 潰滅的影響. ♦ **~·ly** *adv* ひどく, 法外に.
Cripps /kríps/ クリップス Sir (**Richard**) **Stafford** ~ (1889-1952) 《英国労働党の政治家; 第二次大戦直後, 蔵相 (1947-50) として緊縮経済による財政再建に努めた》.
cri·pus /kráɪpəs/ *int* 《俗》なんてこった, やれやれ.
Cris·co /krískoʊ/ **1** 〘商標〙 クリスコ《菓子づくり用ショートニング》. **2** [°c-] *《俗》太っちょ, でぶ.
cris de coeur CRI DE COEUR の複数形.
crise de con·fiance /*F* kriːz də kɔ̃fjɑ̃ːs/ 信頼関係の危機. [F=crisis of confidence]
crise de con·science /*F* -də kɔ̃sjɑ̃ːs/ 良心の危機.
crise de nerfs /*F* -də nɛːr/ (*pl* **crises de nerfs** /*F* —/) ヒステリーの発作. [*nerfs* nerves]
Cri·sey·de /krɪséɪdə/ CRESSIDA 《Chaucer のつづり》.
cri·sic /kráɪsɪk/ *a* CRISIS の.
cri·sis /kráɪsəs/ *n* (*pl* **cri·ses** /-sìːz/) 《運命の》分かれ目, 危機, 重大局面, 急場; 〘文芸〙 山場; 〘医〙 分利《急性疾患における回復するか悪化するかの変わり目》; 〘医〙 発症, クリーゼ: ENERGY CRISIS / MIDLIFE CRISIS / a financial ~ 金融[財政]危機 / a ~ of confidence 信用失墜, 信頼関係の危機 / pass the ~ 峠を越す, 危機を脱する. [L<Gk=turning-point, decision]
crísis cènter 電話緊急相談センター《個人の危機に電話で相談に乗る》.
crísis mànagement 危機管理《社会的・政治的緊急事態, また経営的危機に対する政府や経営者の対処(法)》. ♦ **crísis mànager** *n*
crísis of cápitalism 資本主義体制における構造的原因による財政危機《マルクス経済学者の用語》.
crisp /krísp/ *a* **1** 砕けやすい, パリパリ[カリカリ]する; 〈セロリなど〉パリパリした, 新鮮な; 〈紙などが〉パリパリ音がする, 手の切れるような, 〈シャツなどが〉ぱりっとした. **2** 〈空気・天気など〉さわやかな, すがすがしい, 新鮮な (fresh), 身が引き締まるように寒い, 凛々(りんりん)とした. **3 a** 〈挙動が〉てき

ぱきした (lively), 〈文体が〉きびきびした; 〈話しぶりが〉歯切れのいい (decided); 明快な, 簡潔な. **b** こぎれいな, こざっぱりした. **c** 〈テニスのサーブなどが〉小気味よい. **4** 〈キャベツの葉などが〉くるくる巻いた; 〈髪が〉細かく縮れた (curly); さざなみが立つ. **5** *《俗》 薬(ヤク)でいい気分の, マリファナでハイになった. ► *vt, vi* 〈髪など〉縮らせる[縮れる]; 波立たせる[波立つ]; カリカリ[パリパリ]にする[なる]; かりかりに焼く; 〈地面など〉カチカチに凍らせる[凍る]. ► *n* 砕けやすい[パリパリした]もの; [the] 《俗》 札, 札束; [*pl*] ″ポテトチップス; *クリスプ (CRUMBLE″) 《リンゴなどの具物にパン粉・ナッツ・砂糖などをかけて焼いたデザート》. ● **to a ～** カリカリに: be burned *to a* ～ 黒焦げになる. ♦ **～·ly** *adv* **～·ness** *n* [OE *crisp, crips*＜L *crispus* curled]

cris·pate /kríspèɪt, -pət/, **-pat·ed** /-pèɪtəd/ *a* 縮れた.

cris·pa·tion /krɪspéɪʃ(ə)n/ *n* 縮れさせる[縮れる]こと; 巻き縮れ; 〔医〕《筋肉の収縮による》攣縮性蟻走(ぎそう)感; 《液体面の》さざなみ.

crísp·brèad *n* ″完全ライ麦[小麦]粉で作った薄いカリカリのビスケット.

crísp·en *vt, vi* カリカリにする[なる].

crísp·er *n* 縮らせる人[もの], 《髪の》カールごて; 《冷蔵庫の》野菜入れ, クリスパー.

crísp·hèad *n* 〔野菜〕ICEBERG LETTUCE.

Cri·spi /kríspi/ クリスピ **Francesco** ～ (1819–1901) 《イタリアの政治家; 首相 (1887–91, 93–96)》.

Cris·pin /kríspən/ **1** クリスピン《男子名》. **2** [Saint] クリスピヌス《3世紀のローマのキリスト教殉教者; 靴屋の守護聖徒で, 祝日は10月25日》. **3** [c-] 靴屋. [L＝curly]

críspy *a* パリパリ[カリカリ]した; 〈髪が〉縮れた; さわやかな, すがすがしい. ♦ **crísp·i·ness** *n*

críspy crítter 朝食用シリアル食品; *《俗》 黒焦げの人[兵士, 車など]; *《俗》 ヤクでハイになっているやつ. [*Crispy Critters* 朝食用シリアル食品; もと商標]

cris·sal /krís(ə)l/ *a* CRISSUM の[を有する].

criss·cross /krískrɔ̀(:)s, -kràs/ *n* **1 a** 十文字, 十字形, ×じるし (christcross); 十字模様; 十字形交差. **b** 三目並べ (ticktacktoe). **2** 食い違い, 矛盾, 混乱(状態). ► *a, adv* **1 a** 十字(模様)の[に]; 交差した[して], 筋かいの[に]. **b** 意図に反して. **2** おこりっぽい. ► *vt, vi* 十字を記す; 十字模様にする; 交差する; 縦横に動く[移動する]; 行き来する; 部分的に重なる. [*Christ's Cross*; 後に cross の加重と誤解]

crisscross-rów /-róu/ *n* [the] 《古・方》 アルファベット.

cris·sum /krísəm/ 〔鳥〕 *n* (*pl* **cris·sa** /-sə/) 排泄腔周辺部(の羽毛); 下尾筒《尾の付け根》.

cris·ta /krístə/ *n* (*pl* **-tae** /-tì:, -tàɪ/) 鶏冠, とさか; 〔解・動〕稜, 小稜; 〔生〕クリスタ《ミトコンドリアの内膜が櫛(くし)の歯状に内側に突出した部分》. [L CREST]

cris·tate /krístèɪt/, **-tat·ed** /-tèɪtəd/ *a* 〔動〕CRESTED; 〔植〕とさか状の.

Cris·to·bal, (Sp) **Cris·tó·bal** /krɪstóubəl/ クリストバル《パナマ中北部 運河の大西洋岸, Colón に隣接している港町》.

cris·to·bal·ite /krɪstóubəlàɪt/ *n* 〔鉱〕クリストバル石, クリストバライト《ケイ酸鉱物の一種》. [Cerro San *Cristóbal* メキシコ Pachuca 付近の発見地]

crit /krít/ *《口》 *n* 批評 (criticism), 評論 (critique); 〔理〕臨界質量 (critical mass).

crit. 〔医〕critical ♦ criticism ♦ criticized.

cri·te·ri·on /kraɪtíəriən/ *n* (*pl* **-ria** /-riə/, ～**s**) 《批判・判断などの》標準, 基準 〈*for, of*〉; 特徴. ♦ **cri·té·ri·al** *a* [Gk＝means of judging]

critérion-rèferenced *a* 〔教育〕〈評価・テストなどが〉目標準拠の《あらかじめ設定した目標に基づく; cf. NORM-REFERENCED》: ～ assessment 目標準拠評価.

cri·te·ri·um /kraɪtíəriəm, krɪ-/ *n* クリテリウム《通常の交通を遮断した道路の所定コースで特定数のラップを走る自転車競技》.

crit·ic /krítɪk/ *n* **1 a** 《文芸・美術などの》批評家, 評論家, 鑑定家; 評者: a drama ～ / a Biblical ～ 聖書批評学者 / TEXTUAL CRITIC. **b** 批判する人, 酷評家, あら探し屋 (faultfinder). **2** 《古》 批判, 批評. ► *a* 批判的な. [L＜Gk (*kritēs* judge＜*krinō* to decide)]

crit·i·cal /krítɪk(ə)l/ *a* **1 a** 批評の, 評論の; 批評的な; 批評家たちの評価の[に関する]; 批評[鑑識]眼のある; 異なる読みや学問的修正を加えた, 本文批評の: win ～ acclaim 批評家から称賛される. **b** 批判的な, 酷評する, 難癖をつける 〈*about, of*〉: I am nothing, if not ～. 口の悪いのだけがわたしの取柄だ. **2 a** 危機の, きわどい, 重大な, 決定的な; 〈病気が〉峠にある, 危篤の; 危険な, 不安定な: of ～ importance きわめて重要な 〈*to*〉 / be in a ～ condition 重態だ / a ～ moment 危機 / a ～ situation 重大な局面[形勢]. **b** 非常時に不可欠な, 緊要な, 《特に》戦争遂行に不可欠な. **c** 〔数・理〕臨界の; 〔生〕いずれとも分類を決めかねる〈種〉: go ～ 〈原子炉・核燃料が〉臨界に達する.
♦ **～·ly** *adv* 批評[批判]的に; 注意深く(点検して); 酷評して; 危険なほどに; 決定的に, ひどく: ～*ly* ill 危篤(状態)で / ～*ly* important きわめて重要な[で] / (most) ～*ly* 《文頭で》(もっとも)深刻なことは[に]. **～·ness** *n*

crítical ángle [the] 臨界角《(1)〔光〕全反射を生じる最小の入射角 (2)〔空〕失速を生じる翼の迎え角 (＝*angle of stall*)》.

crítical apparátus APPARATUS CRITICUS.

crítical cáre 救命救急治療.

crítical cónstants *pl* 〔理〕臨界定数《臨界点における温度・圧力・体積》.

crítical dámping 〔理〕臨界減衰, 臨界制動.

crítical dénsity 〔宇〕臨界密度《宇宙が膨張を続けるか重力によりいずれ収縮に向かうかを決める境界値》.

crítical edítion 校訂版, 原典[本文]批評研究版.

crit·i·cal·i·ty /krìtɪkǽləti/ *n* 〔理〕臨界《核分裂連鎖反応が一定の割合で維持される状態》; 危険な状態.

crítical líst [the] 《病院の》重篤[危篤]患者名簿.

crítical máss 〔理〕臨界質量; [*fig*] 特定の結果を得るための十分な数量[人数].

crítical páth クリティカルパス《プロジェクトなどをさまざまな作業経路に分けて図式化したものにおいて, 余裕なしに詰まっていて少しでも遅れると全体の遅れにつながるような経路》; CRITICAL PATH ANALYSIS.

crítical páth análysis [méthod] クリティカルパス分析[法]《通例コンピューターを用いて, 複雑な作業を各作業段階ごとに図式化し, 作業に必要な時間や費用を算出し, 事前に計画・管理する分析(法); 略 CPA [CPM]》.

crítical périod 〔心〕臨界期.

crítical philósophy 《カント(派)の》批判哲学.

crítical pòint 〔理・化〕臨界点; *〔数〕STATIONARY POINT.

crítical préssure 〔化〕臨界圧.

crítical rátio 〔統〕棄却限界比《標本の値と平均の値との差の標準偏差に対する比の限界; 平均からの差が有意である下限》.

crítical région 〔統〕《仮説検定における》棄却域.

crítical státe 〔化〕臨界状態《液相と気相の区別がつかなくなる》.

crítical témperature 〔化〕臨界温度.

crítical théory 批判理論《Horkheimer や Adorno などを中心とするフランクフルト学派 (Frankfurt school) が展開した西欧マルクス主義の社会理論・哲学》.

crítical válue 〔数〕臨界値.

crítical velócity 《流体の》臨界速度, 臨界流速.

crítical vólume 〔化〕臨界体積, 臨界容.

crític·àster *n* へぼ批評家. ♦ **critic·áster·ìsm** *n*

crit·i·cism /krítəsìz(ə)m/ *n* **1 a** 批評, 批判, 評論; 美術[文芸]批評; 原典研究, 本文批評 (textual criticism) (cf. HIGHER [LOWER] CRITICISM): the father of ～＝Aristotle. **b** 批判, 非難. **2** 〔哲〕批判主義; 《カントの》批判哲学. [*critic* or L *criticus*, *-ism*]

crit·i·cize /krítəsàɪz/ *vt, vi* 批評[批判, 評論]する; 酷評[非難]する, …のあらを探す 〈*for*〉. ♦ **crít·i·ciz·able** *a* 批評の余地ある; 批判に値する. **-cìz·er** *n* **-cìz·ing·ly** *adv*

crit·i·co- /krítɪkou, -kə/ *comb form* 「批評的」: *critico*historical 批判歴史的. [*critic, -o*]

crit·i·cule /krítəkjù:l/ *n* へぼ評論家.

cri·tique /krɪtí:k/ *n* 《文芸作品などの》批評, 批判; 評論, 批評文; 批評法. ► *vt* 批評する. [F＜Gk *kritikē* (*tekhnē*) critical art; 18 世紀 CRITIC (obs) に F の形を用いたもの]

crit·ter, -tur /krítər/ *《方》/《口》 *n* CREATURE, 《特に》家畜, 牛, 馬; 人, やつ; 変わった動物《架空の動物, 特別小さい動物など》.

CRM customer relationship management 顧客関係管理《企業が顧客との関係を築いて, それを最大限に活用する手法; それを実現するソフトウェア》. **CRNA** Certified Registered Nurse Anesthetist. **CRO** °cathode-ray oscilloscope.

croak /króuk/ *n* 《カエル・カラスなどの》ガーガー[カーカー, ゲロゲロ, ケロケロ, ゲコゲコ]鳴く声; しわがれ声; 恨み言, 不平; 不吉な声. ► *vi* **1** ガーガー[カーカー, ゲロゲロ]鳴く; 〈人が〉しわがれ声を出す; 陰気な声で恨み言[不平]を言う. **2** 《俗》 死ぬ, くたばる; *《俗》 落第する (fail). ► *vt* しわがれ声で言う; 〈災いなどを〉陰気な声で告げる; 《俗》 バラす (kill). ♦ **cróaky** *a* ガーガー[カーカー, ゲロゲロ]鳴く; しわがれた; 〈声など〉陰気な. **cróak·i·ly** *adv* [ME (imit); cf. OE *crācettan*]

cróak·er *n* ガーガー[カーカー, ゲロゲロ]鳴くもの; 〔魚〕鳴き魚, 《特に》ニベ科の魚; 不吉な予言者; 悲観論者; 不平家; 《俗》 医者; *《俗》 牧師.

Cro·at /króuæ̀t, -ət/ *n, a* CROATIAN. [Serbo-Croat *Hrvat*]

Cro·a·tia /krouéɪʃ(i)ə/ クロアチア《ヨーロッパ南東部の国; 公式名 Republic of ～ (クロアチア共和国); ☆Zagreb; 1946–91 年ユーゴスラヴィアの構成共和国》.

Cro·á·tian *a* クロアチアの; クロアチア人の; クロアチア語の. ► *n* クロアチア人; クロアチア語を母語とする人; クロアチア語《クロアチアで話され, ローマ字で書かれる Serbo-Croatian》.

croc /krák/ *n* 《口》 CROCODILE.

Cro·ce /króutʃeɪ/ クローチェ **Benedetto** ～ (1866–1952) 《イタリアの哲学者・歴史家》.

cro·ce·ate /króusièɪt/ *a* サフラン(色)の (saffron).

cro·ce·in /króusiən/, **-ine** /-sì:n/ *n* 〔化〕クロセイン《オレンジ色[赤色]の酸性アゾ染料》.

cro·chet /krouʃéɪ; ━━, -ʃi/ *n*, *vi*, *vt* かぎ針編み(をする);〘建〙CROCKET: a ～ hook [needle] かぎ針. ◆ **～·er** *n* [F CROTCHET]

croci *n* CROCUS の複数形.

cro·cid·o·lite /krousíd(ə)làɪt/ *n*〘鉱〙青石綿, クロシドライト (=*blue asbestos*) (cf. TIGEREYE).

crock[1] /krák/ *n* **1**《陶製の》壺, かめ,ˈ《方》《金属の》かめ; 瀬戸物の破片, 鉢かけ《植木鉢の底穴ふさぎ》; [*pl*]ˈCROCKERY. **2** [ᵘa～ (of shit)]*《俗》**a** たわごと, 大うそ, だぼら, ナンセンス;*《俗》見下げたやつ, くず. **b**《ハッカー》動くには動くがおそまつなプログラム;《ハッカー》込み入りすぎて修正のきかないもの. ► *vt* かめの中に入れる, かめに入れておく. [OE *crocc*; cf. Icel *krukka* pitcher]

crock[2] *n*《方》すす, よごれ; こするとはげ落ちる顔料. ► *vt*《方》すすでよごす. ► *vi* 顔料[色]が落ちる. [C17<?↑]

crock[3] *n* **1**《俗》廃人, 病弱者, ヒポコンデリー症患者, 無能者; 廃馬;*《俗》《細かすぎたり, 尊大であったりするための》嫌われ者, いやな老人, じじい;*《俗》いやな女; 動物声帯模写の芸人;*《俗》酒一瓶;*《俗》酔っぱらい;*《俗》やつ, 野郎. **2***《俗》コンクリート製の平底輸送船;《俗》ぽんこつ車, おんぼろ船; 年取った雌羊. ► *vt*, *vi*ˈ《口》廃人にする[なる], 役に立たなくする[なる], 弱らせる[弱る], つぶす[つぶれる]〈*up*〉;《俗》ぶんなぐる. [Sc<?Flem]

crocked /krákt/ *a*《俗》酔っぱらった.

cróck·er *n*《俗》(やぶ)医者.

cróck·ery *n* 焼物, 瀬戸物, 陶磁器類;*《俗》歯 (teeth);*《俗》故障したピッチャーの腕. [*crocker* potter; ⇨ CROCK[1]]

crock·et /krákət/ *n*〘建〙クロケット《ゴシック建築のピナクルや天蓋に付ける葉形やつぼみの飾り》. ◆ **～·ed** *a* [OF *crochet* CROTCHET の AF 変形]

Crock·ett /krákət/ クロケット **'Davy' ～ [David ～]** (1786–1836)《米国の西部開拓者・政治家; 開拓時代の伝説的英雄で, ほら話の主人公; Alamo の戦いで戦死》.

Crock·ford /krákfərd/ *n*《口》クロックフォード (=**～'s Clérical Diréctory**)《英国教会の聖職者名簿; 隔年刊, 1860 年発刊》.

crock·ie /kráki/ *n**《俗》《焼いてうわぐすりを塗った》ビー玉.

Crock-Pot /krákpɑ̀t/〘商標〙クロックポット《電気鍋》.

crócky *a* 老朽の, 病弱な, 無能な (crocked).

croc·o·dile /krákədàɪl/ *n* **1 a**〘動〙クロコダイル《ワニ科を 2 亜科に分けたクロコダイル亜科のナイルワニ・イリエワニ・アメリカワニ・コビトワニなど; cf. ALLIGATOR》. **b**《広く》ワニ (crocodilian). **c** わに革; [〈*a*〉] わに革(製)の. **2**ˈ《口》《2 列になって歩く》生徒の長い列;《自動車などの》長い列. **3**《古》そら涙を流す者, 偽善者 (⇨ CROCODILE TEARS). **4** [the C-] クロコダイル川《特に 上流部における LIMPOPO 川の別称》. ● **After** WHILE, **～.** ► *vi* ALLIGATOR. [OF, <Gk *krokodilos*]

crócodile bìrd〘鳥〙ナイルチドリ, ワニチドリ (=*trochilus*)《ワニの口辺で餌をとる; Nile 川流域産》.

crócodile clìp〘電〙わに口クリップ.

crócodile tèars *pl* **1** そら涙《ワニはえじきをくらいながら涙を流すという伝説から》; うわべだけの悲しみ: shed [cry, weep] ～ そら涙を流す. **2**〘医〙クロコダイル[ワニ]の涙, 味涙反射《物を食べると出る》.

croc·o·dil·i·an /kràkədíliən, -díljən/ *n*〘動〙ワニ《ワニ目 (Crocodilia) の総称》. ► *a* **1** ワニ類の; ワニのような;〘動〙被甲のある (loricate). **2** うわべだけの, そらごとの.

croc·o·ite /krákouàɪt/, **croc·oi·site** /krákwəzàɪt, -sàɪt, kroukóuə-/ *n*〘鉱〙紅鉛鉱 (=*red lead ore*).

cro·cos·mia /krəkázmiə/ *n*〘植〙アヤメ科クロコスミア属 (*C-*) の各種《ヒメオウギズイセン (montbretia) など》.

cro·cus /króukəs/ *n* (*pl* **～·es**) **1 a** (*pl* **～·es, ～, cro·ci** /-kì:, -kàɪ, -sàɪ/)〘植〙クロッカス, サフラン《アヤメ科クロッカス属 (*C-*) の球根草の総称; 花は黄色か紫か白で春の花の先駆け》;〘植〙イヌサフラン (autumn crocus). **b** サフラン (saffron)《染料・香料》. **c** サフラン色, オレンジイエロー. **2**《金属を磨く》酸化鉄の磨き粉 (=**～ már·tis** /-má:rtəs/). **3**ˈ《俗》やぶ医者. [ME=saffron<L<Gk=crocus<Sem]

crócus sàck CROKER SACK.

croe·so /krɔ́ɪsɔ:/ *int*《ウェールズ》ようこそ, いらっしゃい (welcome).

Croe·sus /krí:səs/ クロイソス (d. 546 B.C.)《リュディア (Lydia) 最後の王 (560–546 B.C.); 巨万の富の所有で知られた》; 大金持: (as) rich as ～.

croftˈ /krɔ́(:)ft, kráft/ *n* 屋敷続きの小農場;《特に CROFTER の》小作地;《ランカシャー方言》《昔 布地をさらすのに用いた》小さな荒地. ► *vi* 小作(人)をする. [OE *croft* small field<?]

cróft·erˈ *n*《Scotland 高地などの》小作人.

cróft·ingˈ *n* 小作(制).

Crofts /krɔ́(:)fts, kráfts/ クロフツ **Freeman Wills ～** (1879–1957)《アイルランド生まれの英国の推理作家; *The Cask* (1920) のほか French 警部もので知られる》.

Cróhn's disèase /króunz-/〘医〙クローン病, 限局性回腸炎 (=*regional enteritis*). [B. B. *Crohn* (1884–1983) 米国の医師]

crois·sant /*F* krwɑsɑ̃/ *n* (*pl* **～s** /*F* -sɑ̃(z)/) クロワッサン. [F; ⇨ CRESCENT]

Croix de Guerre /krwá: dɪ gέər/ 軍功(十字)章《フランス軍最高の勲章》. [F=cross of war]

cro·jack /krádʒɪk/ *n*《俗》CROSSJACK.

Cro·ker /króukər/ クローカー **John Wilson ～** (1780–1857)《英国の政治家・評論家》.

cróker sàck*《南部》麻袋.

Cro-Mag·non /kroumǽgnən, -mǽnjən; -mǽnjɔn/ *n*〘人〙クロマニョン人《旧石器時代後期の長身長頭の原始人》; [ᵘcromagnon]*《俗》醜い男, ぶおとこ. [遺骨が発見されたフランス Dordogne 県の洞窟名]

crom·bec, krom·bek /krámbὲk/ *n*〘鳥〙チビオムシクイ《アフリカ産》. [F<Du]

Crome /króum/ クローム **John ～** (1768–1821)《英国の風景画家; Norwich 派を主導した》.

Cro·mer /króumər/ クローマー 1st Earl of ～ ⇨ Evelyn BARING.

Cro·mer·ian /kroumíəriən/ *a*〘地質〙クローマー間氷期の《英国・北欧地域の中期更新世の間氷期についていう; Elster 氷期の前にくる》.

crom·lech /krámlὲk/〘考古〙*n* DOLMEN; 環状列石, クロムレック. [Welsh (*crom* (fem)〈*crwm* bent, *llech* flat stone)]

cró·mo·lyn sódium /króuməlɪn-/〘薬〙クロモリンナトリウム《気管支拡張剤》.

cro·mor·na /krəmɔ́:rnə/, **-morne** /-mɔ́:rn/ *n*〘楽〙KRUMMHORN.

Cromp·ton /krám(p)tən/ クロンプトン (1) **Rich·mal** /rɪ́tʃm(ə)l/ ～ (1890–1969)《英国の児童読物作家; きかん気の男の子 William Brown を主人公とした 38 冊の Just William シリーズで有名》(2) **Samuel ～** (1753–1827)《英国の発明家; ミュール精紡機 (spinning mule) を発明, 良質の糸の大量生産を可能にした》.

Crom·well /krámwὲl, krʌ́m-, -w(ə)l/ クロムウェル (1) **Oliver ～** (1599–1658)《イングランドの軍人・政治家; ピューリタン革命で議会軍のリーダーとして国王軍を破り, 護国卿 (1653–58)》(2) **Richard ～** (1626–1712)《Oliver の子; 政治家; 護国卿 (1658–59)》(3) **Thomas ～**, Earl of Essex (1485?–1540)《イングランドの政治家; Wolsey の失脚後 Henry 8 世の最高政治顧問に登用され, 修道院の解散を断行》. ◆ **Crom·wel·li·an** /krɑmwέliən/ *a*, *n*

Crómwell Cúrrent [the] クロムウェル海流《太平洋の赤道付近を西向きの表面海流とは逆に東流する潜流》. [Townsend *Cromwell* (1922–58) 米国の海洋学者]

crone /króun/ *n* しわくちゃ婆; おいぼれ雌羊. ◆ **crón·ish** *a* [? MDu *croonje* carcass<OAF CARRION]

Cro·nen·berg /króunənbə̀:rg/ クローネンバーグ **David ～** (1943–)《カナダの映画監督・脚本家・俳優; 異色のホラー作品でカルト的な人気を獲得》.

cro·ney·ism /króuniɪ̀z(ə)m/ *n* CRONYISM.

Cro·nin /króunən/ クローニン (1) **A(rchibald) J(oseph) ～** (1896–1981)《スコットランド出身の医師・作家; *The Citadel* (1937), *The Keys of the Kingdom* (1941)》(2) **James Watson ～** (1931–)《米国の物理学者; 中性 K 中間子の崩壊における基本的対称性の破れを発見, ノーベル物理学賞 (1980)》.

Cron·jé /krɔ:njéɪ/ クロンニエ **Pieter Arnoldus ～** (c. 1835–1911)《南アフリカの Boer 人指導者・将軍》.

cronk /krɔ́(:)ŋk, kráŋk/《豪口》*a*《レースで》走れなくなった〈馬〉; がたがたの, 病気の; 詐欺による. [C19; cf. CRANK[3]]

Cron·kite /kránkàɪt, kráŋ-/ クロンカイト **Walter (Leland) ～, Jr.** (1916–2009)《米国のジャーナリスト・キャスター; *The CBS Evening News* のアンカー (1962–81); 視聴者から信頼され, the most trusted man in America といわれた》.

Cro·nos, -nus, Kro·nos /króunəs, krán-/〘ギ神〙クロノス《巨人族 (Titans) の一人; 父の王位を奪ったが, のちに子 Zeus に退けられた; ローマの Saturn に当たる》.

cro·ny /króuni/ *n* 親友, 友人; [sb's cronies] [ᵒ*derog*]《不正に手を染める》有力者の仲間[取巻き]. [*chrony* (17 世紀学生俗)<Gk *khronios* long-lasting, chronic (*khronos* time)]

cróny·ìsm *n* [*derog*]《特に 政治家の》友人関係によるえこひいき, 縁故主義, 身びいき.

crook /krúk/ *n* **1 a** 曲がったもの, 鉤(かぎ); 自在鉤: have a ～ in one's nose [character] 鼻が曲がっている[性格がねじけている]. **b**《牧羊者の》柄の曲がった杖; 牧杖(ぼくじょう), 司教杖 (crosier). **c** 屈折, 湾曲(部). **d**〘楽〙替管(かえくだ), クルック. **2**《口》悪党, 詐欺師, ペテン師, いかさま師, 泥棒. ● **by** HOOK **or (by) ～.** **a ～ in one's lot**《スコ》不幸, 逆境. **on the ～** 不正[悪事]をはたらいて. ► *a* **1** CROOKED. **2**《豪口》いやな, ひどい;《豪口》不正な, 心の曲がった;《豪口》機嫌の悪い, 体の具合が悪い. ● **go ～ (at [on] sb)**《豪口》(人に)おこる. ► *vt*, *vi* **1** 曲げる, 曲がる, 湾曲させる[する]. **2** 鉤でひっかける. **3***《俗》盗む (steal), だます (cheat). ● **～ one's** ELBOW [**one's (little)** FINGER]. [ON *krókr* hook etc.]

cróok·bàck《廃》*n* せむし (hunchback); 曲がった背中.

cróok·bàcked *a* せむしの (hunchbacked).

crook·ed /krúkəd/ *a* **1** 曲がっている, 屈曲した, ゆがんだ; 奇形の, 腰の曲がった. **2 a** 心の曲がった, 不正直な, ひねくれた. **b**《口》不正な(手段で得た); 《俗》 密造の, 密売の. **3** /krúkt/ 〈杖など〉曲がった柄のついた. ● **～** /, krúkt/ **on**… 《豪口》…がいやで. ♦ **～·ly** /-ədli/ *adv* 曲がって; 不正に. **～·ness** /-ədnəs/ *n* 曲がっていること; 不正.

cróoked árm /krúkəd-/ 《野球俗》 左腕投手.

cróoked stíck 《方》 能なしのなまけ者, 役立たず, ぐうたら, ろくでなし.

cróok·ery *n* 曲がったこと, 悪事, 不正.

Crookes /krúks/ クルックス Sir **William** ～ (1832–1919)《英国の化学者・物理学者; 金属元素タリウムを発見, また陰極線を研究した》.

Cróokes dárk spàce, Cróokes spàce 〔理〕《真空放電の》クルックス [陰極] 暗部 (=*cathode dark space*).

Cróokes gláss クルックスガラス《紫外線吸収ガラス; 紫外線吸収保護めがね用》.

Cróokes radiómeter 〔理〕クルックス放射計.

Cróokes ráy 〔理〕クルックス線, 陰極線 (cathode ray).

Cróokes túbe 〔理〕クルックス管《真空管の一種》.

cróok·nèck *n* 曲がり首カボチャ, クルックネック《観賞用》.

cróo mònkey /krú:-/ 〔動〕 CRAB-EATING MACAQUE.

croon /krú:n/ *vt, vi* (感傷的に)小声で歌う, 口ずさむ; つぶやく; 小声で歌って寝かしつける; 《スコ》 うなる, 〈牛が〉モーと鳴く, 〈鐘が〉ゴーンと鳴る; 《スコ》 嘆き悲しむ. ► *n* 低唱; 《低い声で歌う》感傷的な流行歌. ♦ **～·er** *n* 低い声で感傷的に歌う男性[流行歌手]《Bing Crosby がその代表》. [Sc and north＜MDu, MLG *krōnen* to groan, lament]

croot /krú:t/ *n**《俗》《陸軍の》新兵 (recruit).

crop /kráp/ *n* **1 a** (農)作物, 《麦・米・果実・綿花などの》収穫物, 《特に》穀物: growing ～*s*＝STANDING CROPS / the main ～*s* of Japan 日本の主な作物 / GREEN [WHITE etc.] CROP. **b** 作柄, …作; (一期の)収穫高, 産額, [the ～s] 総収穫高: an abundant [an average] ～ 豊作[平作] / a bad [poor] ～ 不作, 凶作 / a good ～ of rice 上々の稲作. ★ harvest よりも通俗的. harvest は主に取入れ作業や収穫高を強調する. **c** 作付け: The land is out of [in, under] ～. 土地は作付けしてない[ある]. **2** 群, グループ, …期の人[もの]《特定の時期・年度・周期などに出現した人・思想・出版物などの総体》; 《面倒な事などの》発生, 続出: this year's ～ of students 今年の学生 / ～ of questions 矢継ぎばやの質問 / a ～ of lies (口からでまかせの)うそ八百. **3 a** 動物 1 頭分のなめし革. **b** 耳じるし《羊などの耳を切って所有者の目印とした》. **4** 〔冶〕クロップ《インゴットなどの切り捨てられる欠陥部》. **5** 《鳥・昆虫の》嗉囊(そのう), 餌袋(えぶくろ) (craw). **6** むちの柄; 《先端に革ひもの輪の付いた》乗馬むち (riding crop), HUNTING CROP. **7** 《鉱床の》露頭. **8** 刈り込み, いがぐり頭: have a ～五分刈りにする. **9** 《牛などの》肩後(せん). ● NECK[1] **and ～. stick in sb's ～**＝stick in sb's CRAW. **the** CREAM **of the ～.** ► *v* (-pp-) *vt* **1 a** はさみ切る, 切り取る, 〈頭髪・馬の尾などを〉刈り込む (clip). **b** 〈目印に動物の耳, または見せしめに人の耳〉の端を切る[切り取る]. **c** 〈本〉のページの余白を切り落とす; 〔写〕トリミングする. **d** 〈動物が〈草など〉の先端を食い切る, 食う. **2** 収穫する, 刈り入れる. **3** 〈作物を〉作る; 〈土地〉に作付けする. ► *vi* **1** 作物が(よく)できる. **2** 作付けする. **3** 〈動物が〉《生えている》草を食う. ● **～ out** 〔地質〕〈鉱床などが〉露出する; CROP up; 〔写〕トリミングする. **～ up** 突然現われる[生じる], 〈問題などが〉持ち上がる; 《口》 誤りを犯す; 〔地質〕 CROP out. [OE *cropp* cluster, sprout; cf. G *Kropf*]

cróp cìrcle クロップサークル, 'ミステリーサークル' (=*corn circle*)《特にイングランド南部の麦畑などに起こる, 作物が一面に円形をなしてなぎ倒される現象; 気象の力・地質学的な力・電磁力・超常力のはたらきによるとか, 宇宙人のしわざとかだれかのいたずらだとかあれこれ取りざたされている》.

cróp-dùst *vt, vi* 《通例 飛行機で》…に農薬を散布する.

cróp dùster 《飛行機で》農薬を散布する人; 農薬散布(飛行)機.

cróp dùsting 《特に飛行機による》農薬散布.

cróp-èar *n* 耳を切り取られた人[動物].

cróp-éared *a* 耳を切り取った〈家畜〉; 〔英史〕短髪で耳の露出した《清教徒などにいう》.

cróp-fúll *a* 腹いっぱいの, 満腹した; [*fig*] 十分満足した, 飽きた.

cróp·lànd *n* 農作物[穀物]栽培好適地, 耕作地.

cróp-mìlk *n* 〔動〕《ハトの》嗉囊(そのう)乳, ハト乳.

cróp-òver *n* 《西インド諸島の》砂糖キビ刈り上げ祭.

cróp(ped) pánts *pl* クロップ(ト)パンツ《裾を途中で切り落としたような女性用ズボン》.

crópped tòp CROP TOP.

cróp·per[1] *n* **1 a** 作物植付け人; *物納小作人 (sharecropper). **b** 作物: a light [heavy, good] ～ 収穫の少ない[多い]作物. **2** 刈り込む人; 〔機〕端切り機, 《布面の毛羽を切りそろえる》シーアリングマシン; 《棒鋼などの》切断機. **3** 《口》 墜落, 逆落とし; 《口》 落馬; 《口》 大失敗. ● **come** [**get**] **a ～** ‖《口》 どうと倒れ落ちる, 《特に》落馬する; 《口》 大失敗する, おちぶれる. [*crop*]

cropper[2] *n* 〔鳥〕《特に 嗉囊(そのう)の大きい》ハト. [*crop* gullet]

cróp·pie /krápi/ *n* CRAPPIE.

cróp·py *n* いがぐり頭《1798 年のアイルランドの叛徒の俗称》; 《俗》 死体 (corpse).

cróp rotàtion 〔農〕輪作.

cróp sprày·ing ‖ CROP DUSTING.

cropt /krápt/ *v* 《まれ》 CROP の過去・過去分詞.

cróp tòp クロップトップ《腹部が露出する女性用のスポーツ[カジュアル]ウェア》; 《口》 短髪[坊主刈り]の人.

cróp·wèed *n* 〔植〕ヤグルマギク (knapweed).

cro·quem·bouche /F krɔkɑ̃buʃ/ *n* クロカンブッシュ《シュークリームを積み上げてカラメルでコーティングした祝い菓子》.

croque-mon·sieur /kròkməsjə́:r/ *n* クロックムッシュー《ハムとチーズをはさんだサンドイッチを軽く網焼きした[油で焼いた]もの》.

cro·quet /kroukéɪ; króukeɪ, -ki/ *n* クロッケー《**1**) 木槌で木球をたたき, 逆 U 字形の一連の鉄門をくぐらせる芝生での競技 **2**) クロッケーの相手の球の駆逐打法》: take ～＝CROQUET a ball. ► *vt, vi* 〔クロッケー〕〈相手の球を〉《違う方向に》はじく, 駆逐する: ～ a ball 自分の球で相手の球を駆逐する. [CROCKET]

cro·quette /kroukét, ‖krə-/ *n* 〔料理〕コロッケ. [F (*croquer* to crunch)]

cro·qui·gnole /króukən(j)òul/ *n* 〔調髪〕クロキノール《カールクリップを用いるセット法の一つ》. [F]

cro·quis /kroukí:/ *n* (*pl* ～ /-(z)/) 〔画〕クロッキー. [F]

crore /krɔ́:r/ *n* (*pl* ～**s**, ～) 《インド》 1000 万 (=100 lakhs). [Hindi＜Prakrit＜Skt *koti* apex]

Cros·by /krɔ́(:)zbi, kráz-/ クロスビー **Bing** ～ (1904–77)《米国の歌手・俳優; 本名 Harry Lillis ～》.

cro·sier, -zier /króuʒər/ *n* **1** 〔英国教〕牧杖(ぼくじょう), 〔カト〕司教杖 (=*crook*)《修道院長または監督の職標》. **2** 〔植〕《シダのように》先のくるりと巻いた構造. ♦ **～ed** *a* [OF *croisier* CROSS-bearer and *crossier* CROOK-bearer]

cross /krɔ́(:)s, krás/ *n* **1** はりつけ台, 十字架: die on the ～ はりつけになる. **2** [the, °the C-] **a** キリストがはりつけにされた十字架, キリストの磔刑(たっけい)[受難, 贖罪(しょくざい)], キリストの受難像[図], キリスト磔像, 十字架像: *the* holy [real, true, Saint] *C*～ キリストはりつけの十字架, 聖十字架. **b** 《十字架に象徴された》キリスト教(国) (Christianity, Christendom): *the C*～ versus the Crescent キリスト教対イスラム教 / a preacher of *the C*～ キリスト教説教者 / a follower of *the* ～ キリスト教徒 / a soldier [warrior] of *the* ～ 十字軍戦士; キリスト教伝道の闘士. **3** 試練 (trial), 受難, 苦難, 受苦 (affliction); 障害, じゃま; いらだち: one's ～(*es*) to bear 耐えるべき試練 / No ～, no crown. 《諺》 困難なくして栄冠なし. **4 a** 十字(形), 十字記号: LATIN [GREEK, SAINT ANDREW'S, MALTESE, TAU] CROSS, cross of St. PATRICK, GENEVA CROSS, etc. **b** 十字標, 十字塔《墓碑, または町の中心・境界・市場などの標識に用いた; cf. MARKET CROSS》. **c** 交差点(付近). **d** 十字(形)勲章, 十字章《武勲章, 特定の爵位の knight が佩用(はいよう)する勲章など》: GRAND [MILITARY, VICTORIA] CROSS. **e** ×[＋]印《**1**) 無学者の署名の代用 **2**) 目印として書類や地図上の特定箇所に付ける》: make one's ～ 〈無学者が〉署名代わりに×[＋]印を書く. **f** ×印《誤答もしくは選択項目を示すしるし》. **g** 《誓言・祝福などのとき空中または額・胸などの上で切る》十字のしるし (=sign of the ～). **h** 接吻 (kiss)《手紙の中で××などと書く》. **i** 〔鉛管工事〕十文字形のパイプの継手, クロス. **j** 十字(架をいただく)杖《大監督の権標》. **k** [the C-] 〔天〕《南または北の》十字星: NORTHERN [SOUTHERN] CROSS. **5 a** 《動植物の》交雑, 交配; 交雑種, 雑種; 折衷, 中間物: The mule is a ～ between a horse and a donkey. / a ～ between a Malay and a Chinese. **b** 《俗》 不正, ごまかし, 八百長試合. **c** 〔サッカーなど〕クロス(パス); 〔ボク〕クロス(カウンター) (=*cross counter*): a left ～. **d** 〔劇〕舞台を横切ること. **e** 〔証券〕クロス(売買) (=*cross-trade*)《一ブローカーが売方と買方の両方の立場を同時にとること》. ● **bear** [**carry, take up**] **one's ～** 十字架を負う, 受難に耐える. CROSS AND [OR] PILE. NAIL sb **to the** [**a**] **～. on the ～** 筋違いに, はすに; 《俗》 不正をはたらいて. **take** (**up**) **the ～** 〔史〕十字章を受ける, 十字軍に加わる; bear one's CROSS.

► *vt* **1** 交差させる, 組み合わせる; …と交差する: ～ one's legs 足を組む / ～ each other 互いに交差する. **2** …に十字を切る: ～ one*self* 《手を額から胸, 肩から肩にかけて》十字を切る / ～ one's HEART. **3** …を通る横線を引く; …に横線を入れる; ‖〈小切手を〉線引きにする; (×印を書いて[線を引いて])消す, 抹消する 〈*out, off*〉; 〈書いた手紙に〉さらに交差的に書き入れる《郵便代節約などのため》. **4** 横切る; 〈ある表情が〉一瞬よぎる; 〈川・橋を〉渡る, 越える; 渡す, 渡らせる; 〔サッカーなど〕〈ボールを〉クロスする; 〔海〕〈帆桁を〉マストにつける; 《俗》 〈馬・鞍など〉にまたがる: Don't ～ the bridge until you come to it. 《諺》 取越し苦労するな. **5** 〈人〉とすれ違う; 〈二つの手紙が〉(互いに)行き違いになる. **6** 〈人・計画など〉のじゃまをする, 逆らう, 〈人の〉〈計画・意図などを〉妨げる 〈*in, up*〉; 否定する; 《俗》 だます, 欺く. **7** 〈動植物を〉交雑させる 〈*with*〉; 雑種造成[形成]する, 雑種にする. ► *vi* **1** 〈二線が〉交差する: Our paths ～ from time to time. 私たちは時おり顔を合わせることがある. **2** 道[川, 国境 など]を越えて行く, 渡る, 横切る, 渡航する 〈*over*〉; 〔劇〕舞台を横切る; 〈二つの手紙が〉行き違いになる 〈*in* the post〉; 〈電話線が〉混線する. **3** 交雑する, 〈動物が〉雑種になる. ● **be ～ed in love** 恋が破れる, 失恋する. **～ off** ⇨ *vt*; 棒引きにする, 抹消する, 帳消しにする (cancel). **～ over** ⇨ *vi*; 党派[チーム]を変える, 鞍替えする; 〔生〕〈遺伝子が〉交差する; 〔楽〕《ジャズからロックへというように》〈演奏家が〉スタイルを移す; 〔楽〕〈音楽が〉枠を越える; [*euph*] 死ぬ. **～ one's**

fingers＝**have** [**keep**] one**'s** FINGERS **～ed.** **～** sb**'s hand**＝cross sb's PALM[1]. **～** sb**'s mind** 〈考えが〉心に浮かぶ. **～** SWORDS. **～ the** [one**'s**] **t's** t の横線を引く; 言行が用意周到である (cf. DOT[1] one's *i's*). **～ through** 〈語句を〉横線を引いて消す (cross cut). **～ up***《口》まごつかせる, 惑わす; *《口》〈人〉の裏をかく, だます, 裏切る. **～ wires** [**lines**] 電話を(誤って)つなぐ; [*pass*] 混線する; [*fig*] 誤解する: have [get] one's *wires* [*lines*] ～*ed* 誤解する / with one's *wires* [*lines*] ～*ed* 行き違いがある.

► *a* **1 a** 横の, 横切った, 交差した; 〔クリケット〕斜めに構えた〈バット〉. **b** いくつかの群[類, 領域]にまたがる; 相互的な. **c** 交雑の, (文)雑種の. **2** 反対の, 〈…と〉食い違った, 〈…に〉反した, 背く (opposed) 〈*to*〉; 《古》不利な, 不都合な. **3** 不機嫌な, おこりっぽい 〈*with*〉: (as) ～ as two sticks [as a bear (with a sore head), as the devil] ひどく気むずかしい, 不機嫌である. **4** 《俗》曲がった, いんちきな, 不正手段で得た (ill-gotten).

► *adv* **1** 横切って; 十文字に, 交差するように; [主に動詞と結んで複合語をつくる] 交差的に: *cross*-index. **2** 《古》不都合に, 意に反して.
► *prep* /—́, —̀/ ACROSS.

♦ **～·er** *n* **～·ness** *n* 意地悪いこと, おこりっぽさ, 不機嫌. [OE *cros*＜ON＜OIr＜L *crucis* CRUX]

Cross [the] クロス川《カメルーン中部から西流し, ナイジェリア南東部を通り, ギニア湾に注ぐ》.

cross- /krɔ́(:)s, krɑ́s/, **cros·so-** /krɔ́(:)sou, krɑ́sou, -sə/ *comb form*「ふさべり (fringe)」 [Gk]

cròss·abílity *n* 《異種間・品種間の》交雑能力[可能性].

cróss·able *a* 〈川など〉渡れる; 〈植物など〉交雑可能な.

cróss àction 〔法〕反対訴訟, 反訴 (cf. CROSS-BILL).

cróss and [**or**] **píle** 《古》硬貨の裏表; 《古》銭投げ(の表か裏か) (heads or tails); 《古》硬貨, お金.

cros·san·dra /krə(:)sǽndrə, -sɑ́:n-, krɑ-/ *n* 〔植〕クロッサンドラ《アジア・アフリカ産キツネノマゴ科クロッサンドラ[ヘリトリオシベ]属 (*C*-) の常緑低木・多年草》. [Gk *krossoi* fringe, *andr-*]

cróss·àrm *n* 《垂直なものと直角をなす》腕, 腕金, 腕木.

cróss assèmbler 〔電算〕クロスアセンブラー《異なるコンピューターで実行されるオブジェクトコードを生成するアセンブラー》.

cróss·bànd·ed *a* 〔建〕添え芯[副芯]のある〈合板〉.

cróss·bànd·ing *n* 〔建〕下地直交ベニヤ, 中張りベニヤ.

cróss·bàr *n* 横木, かんぬき; 横縞; 《サッカーゴールや走り高跳び用の》横棒, クロスバー; 《自転車のサドル下とハンドル軸をつなぐ》上パイプ; 《砲の照準器の》横表尺. ► *vt* …に横木を取り付ける, 横木で示す.

cróss·bèam *n* 〔建〕桁(けた), クロス梁(ばり).

cróss·bèar·er *n* 十字架を持つ人[捧持者]; 十字架を負う人; 〔建〕横梁, 横ビーム.

cróss béarings *pl* 〔海〕クロス方位法.

cróss-bédded *a* 〔地質〕斜層理の: ～ unit.

cróss bédding 〔地質〕斜層理.

cróss·bènch *n* 《英国上院の》無所属[中立]議員席《他の議席と直角に置かれる》. ► *a* 中立の, 偏しない: have the ～ mind 一党一派に偏しない. ♦ **～·er** *n* 無所属[中立]議員.

cróss·bìll *n* 〔鳥〕イスカ《アトリ科イスカ属の鳥の総称; くちばしが交差している》.

cróss-bìll *n* 〔法〕反対訴状 (cf. CROSS ACTION); 戻り手形, 逆手形.

cróss bìrth 〔医〕横位分娩.

cróss·bìte *n* 〔歯〕交差咬合《下顎歯が上顎歯に対して頬側[または下顎歯後方部が完全に舌側]に転位している不正咬合》.

cróss bònd 《煉瓦の》十字積み.

cróss·bònes *n pl* 大腿骨[腕骨] 2 本を交差した図形: SKULL AND CROSSBONES.

cróss-bórder *attrib a* 国境[境界(線)]を越えた, 国境をはさんだ, 《国境を接する》二国間の.

cróss·bòw /-bòu/ *n* 弩(ど), おおゆみ, いしゆみ《中世の武器》.
♦ **～·man** /-mən/ *n* いしゆみ射手[兵].

cróss·bréd *a* (異種間)雑種の, 交雑種の (hybrid).
► *n* /—́ —̀/ 交雑種.

cróss·brèed *n* (異種[品種]間)雑種 (hybrid).
► *vt, vi* 交雑する, (交)雑種をつくる, 交雑育種する.

cróss·bùck *n* 踏切警標《踏切を示す十字形の交通標識》. [saw*buck*]

cróss bùn‖ HOT CROSS BUN.

cróss-bùs·ing* *n* BUSING.

cróss-búttock *n, vt* 〔レス〕腰投げ(にする); 不意討ち(をかける).

cróss-chànnel *a* 海峡横断の; 海峡の向こう側の; [cross-Channel] 《特に》イギリス海峡の向こう側の[を横断する].

cróss-chèck *vt, n* 〔アイスホッケー・ラクロス〕クロスチェック(する)《スティックを両手で握り, 相手の顔や体に交差するように押しつけること; 反則》; 〈データ・報告などを〉さまざまな観点からチェックする(こと).

cróss-clàim *n* 〔法〕交差請求《共同訴訟人の立場にある者に対してなされる請求》.

cróss còlor 〔テレビ〕クロスカラー《受像機の色チャンネル内の混信》.

cróss-contaminátion *n* 交差汚染《バクテリアなど有害微生物が接触によって他の物質[地域]に広がること》. ♦ **cróss-contáminate** *vt, vi*

cróss-correlátion *n* 〔統〕相互相関.

cróss cóunter 〔ボク〕クロスカウンター (＝*cross*)《相手の出はなに交差的に打つフック》.

cróss-cóuntry *a* 《道路でなく》田野横断の, クロスカントリーの; 全国を横断する: a ～ race. ► *adv* 田野[国]をよぎって. ► *n* クロスカントリー《特に スキー・競馬・競走》.

cróss·córt *adv, a* 〔テニス〕コートの対角線の方向へ(の), 〔バスケ〕コートの反対側へ(の).

cróss-còusin *n* 〔人・社〕交差いとこ, クロスカズン《親同士が異性つまり兄妹[姉弟]である(異性の)いとこ; cf. PARALLEL COUSIN》.

cróss-cróss·let *n* (*pl* **～s, cróss·es-**) 〔紋〕十字の 4 本の腕のそれぞれの先端が十字になったもの.

cróss-cúltural *a* 比較文化の, 異文化間の, 通文化の.
♦ **～·ly** *adv*

cróss·cúrrent *n* 《ほかの流れを横切ったり, 逆方向に流れる》逆流; [°*pl*] 反主流的傾向.

cróss-currícular *a* 〔英教育〕《アプローチの仕方が》複数の教科にまたがる.

cróss·cùt *vt* **1** 横に切る[断つ]; 横挽きのこで切る. **2** 横切って行く; 〈線・面が〉相交わる. **3** 〈別の分野〉に介入する; 〈団結などを〉裂く. **4** 〔映〕〈フィルムを〉クロスカットする (⇨ CROSSCUTTING). ► *a* 〈のこが〉横挽きの; 横に切った. ► *n* 間道, 近道; 〔鉱〕立入(たていれ)(坑道), クロスカット; CROSS SECTION; 《材木の》横挽き; CROSSCUT SAW; 〔映〕クロスカット《crosscutting をすること》.

crósscut chísel えぼしたがね (cold chisel).

crósscut fíle 両丸やすり, 燕尾やすり.

crósscut sáw 横引きのこ (cf. RIPSAW).

cróss·cùtting *n* 〔映・テレビ〕クロスカッティング《同時に起こっている 2 つ以上のできごとを示すために, 2 つ以上の一連のフィルムを交互に織り混ぜる編集技術》.

cróss dáting 〔考古〕比較年代測定《すでに同じ年代と知られている他の遺跡・位層と比較して年代を決める方法》. ♦ **cróss-dáte** *vt, vi*

cróss-dísciplinary *a* 学際的な (interdisciplinary).

cróss-drèss·ing /; —́ —̀/ *n* 異性の服装を身に着けること, 異性装. ♦ **cróss-drèss** /; —́ —̀/ *vi* **cróss-drèss·er** /; —́ —̀/ *n*

crosse /krɔ́(:)s, krɑ́s/ *n* クロス《lacrosse 用のネットの付いた長柄のスティック》. [F＝hook; cf. CROSIER]

cróssed *a* **1** 十文字に置いた, 交差した; 横線を引いた, 線引きの〈小切手〉; 《節約のため》縦にも横にも字を書いた〈手紙〉. **2** 妨げられた; 〈電話線が〉混線した (cf. CROSS wires [lines]).

cróssed ídiot·stícks *pl**《陸軍俗》《歩兵記章の》交差したライフル銃, 叉銃.

crosses-crosslet *n* CROSS-CROSSLET の複数形.

cróss-examinátion *n* 〔法〕反対尋問 (cf. DIRECT EXAMINATION); 《一般に》詰問, きびしい追及; 慎重な検査.

cróss-exámine *vt* 〔法〕〈一方の弁護人が相手の証人〉に反対尋問を行なう; 詰問する. ♦ **cróss-exáminer** *n* 反対尋問者; 詰問者; 追及者.

cróss-èye *n* 内斜視 (＝*esotropia*) (cf. WALLEYE); [*pl*] 内斜視の目, 寄り目.

cróss-èyed *a* 内斜視の, 寄り目の; 《俗》酔った, とろんとなった, 酔っぱらった (＝**～ drúnk**); 《俗》少し狂った, いかれた (cockeyed).
● **look at** sb **～***《口》人にちょっと変なことをする, 人にちょっとだけ感情を害するようなことをする. ♦ **～·ness** *n*

cróss-fáde 〔ラジオ・映など〕*vt* フェードアウトとフェードインを同時に用いる, クロスフェードする. ► *n* /—́ —̀/ クロスフェード.

cróss-fértile *a* 〔生〕交雑[他家]受精する (cf. SELF-FERTILE, SELF-STERILE).

cróss-fertilizátion *n* 〔生〕交雑[他家]受精, 他家受粉 (allogamy); 《異なる思想・文化・分野間などの》相互交換作用, 交流.

cróss-fértilize *vt, vi* 交雑[他家]受精させる[する]; [°*pass*] …に相互交換による影響を与える.

cróss-fìle* *vi, vt* 複数の政党の予備選挙に候補者として登録する[させる].

cróss fìre 〔軍〕交差射撃, 十字(砲)火; 《質問の》一斉攻撃, 《ことばの》激しいやりとり; 板ばさみ, 苦境; 〔野〕クロスファイア《プレートの角を横切る横手投げの投球》: be caught in the ～ 十字砲火を浴びる, 板ばさみになる.

cróss-fìring *n* 〔医〕多門[十字火]照射(法).

cróss-fróntier *a* 境界[領域]を越えて行なわれる.

cróss-gàrnet *n* T 字形蝶番(ちょうつがい).

cróss-gàrtered *a* 《古》ひざで交錯するガーターをした.

cróss·gráde *vi* 〔電算〕《他社の同種製品から》乗り換える. [cf. *upgrade*]

cróss-gràin *n* 《木材の》交走木理, 目切れ. ► *a* CROSS-GRAINED.

cróss-gráined *a* 木目の不規則な, 目切れの(ある); [*fig*] ひねくれ

た; 一筋縄ではいかない. ♦ **-gráin·ed·ly** /-əd-/ *adv* **-gráin·ed·ness** /-əd-/ *n*

cross guàrd 刀身と直交する鍔(つば).

cróss·hàirs *n pl* 《光学機器の焦点・鉄砲の照準器などにつけた》十字線; 注目[関心]の的: in the ～ 照準にはいって, 狙われて.

cróss·hàtch 〔ペン画・製図など〕 *vt* …に斜交[直交]平行線の陰影をつける. ► *n* 斜交[直交]平行線模様.

cróss-hàtch·ing *n* CROSSHATCH の陰影[模様](をつけること), クロスハッチング; 《陶器などの》平行線模様.

cróss·hèad *n* 〔機〕クロスヘッド《ピストンロッドの頭部》; 〔海〕舵頭横木; 〔新聞〕中見出し (＝**cróss·hèad·ing**) 《長い新聞記事の節を区分するために縦欄の中央におく》.

cróss-hóld·ings *n pl* 《複数の企業による株式の》相互所有, 持ち合い.

cróss-immúnity *n* 〔医〕交差免疫《病原菌と類属の菌による免疫》.

cróss-índex *vt* 他所参照させる《別の項目などを参照させる》; 〈書物など〉に他所参照をつける. ► *vi* 他所参照となる[が付いている]. ► *n* 他所参照.

cróss inféction 〔医・生〕交差感染《異なる伝染性疾患をもつ入院患者間の感染, あるいは動植物の異なる種間の感染》.

cróss·ing *n* **1 a** 横断, 渡航, 渡河, 交差: have a good [rough] ～ 渡航に海が静穏である[荒れる]. **b** 《道路の》交差点, 十字路; 《鉄道の》踏切; 横断歩道; 《教会の》本堂と袖廊(そでろう)の交差部: a street ～ 《道路の》交差点; 横断歩道. **2** 交雑, 異種交配. **3** 《小切手の》(横)線引き. **4** 妨害, 反対, 反駁.

cróss·ing-óver *n* 〔生〕《相同染色体の》交差, 乗換え.

cróssing swèeper 〔史〕交差点の掃除夫.

cróss·jàck /, (海) krɔ́(ː)dʒɪk, krɑ́dʒ-/ *n* 〔海〕クロジャッキ《後檣(こうしょう)の下桁(かこう)にかける大横帆》.

cróss kèys [〈*sg*〉] 〔紋〕違いかぎ《特に ローマ教皇の 2 個のかぎの交差した紋章》.

cróss kìck *n, vi* 〔ラグビー〕クロスキック(する)《横蹴り, 特にセンターに向けての》.

cróss-légged /, -lέgəd/ *a, adv* 足を組んだ[組んで], あぐらをかいた[かいて]. ♦ **-lég·ged·ly** /-lέgəd-/ *adv*

cróss·let 〔紋〕 *n* 十字の 4 本の腕のそれぞれの先端が十字になったもの (＝*cross-crosslet*); 小十字.

cróss-lícense *vt* 〈特許〉の相互使用を認める. ► *vi* 相互特許使用契約をする.

cróss lícense 特許の相互使用許諾, クロスライセンス.

cróss·lìght *n* 交差光, 十字光; 別の見解.

cróss·lìne *n* **1** 横断線, 交差線, 十字線, クロスライン; 《2 点間の》結線. **2** 〔ジャーナリズム〕《新聞の》1 行見出し《副見出し・小見出しにも使われる》. ► *a* 〔生〕2 純系の交雑系の.

cróss·linguístic *a* 系統の異なる言語にまたがる, 通言語的な. ♦ **-tical·ly** *adv*

cróss·lìnk 〔化〕 *n* 《ゴム加硫などにおける, 線状分子中の特定原子間の》橋かけ[架橋]のつなぎ. ► *vt, vi* /ˌ—ˈ—/ 橋かけ[架橋]する. ♦ **cróss-línk·age** *n* 橋かけ結合, クロスリンケージ; CROSS-LINK.

cróss-lòts *adv**《方》近道をして. ● **cut ～** 近道をする: Going to the station they *cut* ～. 駅に行くのに近道をした.

cróss·ly *adv* 横に, 斜めに; 逆に, 反対に; 不機嫌に, すねて.

cróss·mátch *vi, vt* 〔医〕(…に)交差(適合)試験をする.

cróss·mátch·ing 〔医〕交差(適合)試験《輸血前に行なう供血と受血液の適合性検査》.

cróss-máte *vt, vi* 〔動・植〕異種交配する, 交雑する (cross-breed).

cróss·mèmber *n* 〔機〕クロスメンバー《自動車のシャシーなどの構造物を補強する横材》.

cróss-modàlity *n* 〔心〕クロスモダリティ《異なる感覚領域による感覚を連合する能力》. ♦ **cróss-módal** *a*

cróss múltiply *vi* 〔数〕《分数の等式の分母を払うために》左辺の分子に右辺の分母を掛け, 右辺の分子に左辺の分母を掛ける. ♦ **cróss multiplicátion** *n*

cróss-nátional *a* 2 か国以上にわたる[またがる].

cróss of Cálvary [the] CALVARY CROSS.

cróss of Lorráine [the] ロレーヌ十字《横木が 2 本あり, 下の横木が長く, 低い》; PATRIARCHAL CROSS.

cros·sop·te·ryg·i·an /krɑ̀sɑ̀ptəríʤ(i)ən/ *a, n* 〔魚〕総鰭(そうき)類 (Crossopterygii) の(魚) (＝*lobe-fin*) 《シーラカンスなど》.

cross or pile ⇨ CROSS AND PILE.

cróss·òver *n* **1 a** 踏切, 横断歩道, 陸橋, 歩道橋, 〔鉄道〕渡り線. **b** 〔生〕交差(型). **c** U 字(形鉛)管. **2** 支持政党乗り換え投票(者). **3** 〔楽〕クロスオーバー《しばしば 音楽家などが表現手段・スタイルを変更した結果当人・作品がより広く一般にアピールするようになること》; クロスオーバーの芸術家[作品]; 異分野への進出. **4** クロスオーバー《**1)** 〔ダンス〕相手との位置をかえるためのステップ **2)** 〔ボウル〕右手で投げキングピンの左側にあたる球 **3)** 〔バスケ〕ボールをすばやく一方の手から他方に移してドリブルすること》. **5** CROSSOVER NETWORK. ► *a* **1** 2 つの部分が重なる. **2** 曲がり角の, 分かれ目の, 危機の (critical): a ～ point. **3** 〔政〕支持政党乗換えの〈投票・投票者〉, 乗換え投票を認める: the ～ primary. **4** 交差の, クロスオーバーの《途中で対照群と実験群の交換が行なわれる実験法についていう》.

cróssover nétwork 〔電子工〕クロスオーバーネットワーク《マルチウェイスピーカーシステムにおける周波数分割用の回路網》.

cróssover vàlue 〔遺〕交差価[率]《略 cov》.

cróss-ówn·er·shìp* /, ˌ—ˌ—ˈ—/ *n* 同一社主による異なる関連事業 (新聞社と放送局など) の所有, 交差所有, クロスオーナーシップ.

cróss-párty *a* 政党間(連合)の, 超党派の, 連立の.

cróss·pàtch *n* 《口》気むずかし屋, よくすねる女[子供].

cróss·pìece *n* 《構造上の》水平な部分; 横木, 横材.

cróss-plátform *a* 〔電算〕異なるプラットフォームに対応した.

cróss-plòw | -plòugh *vi, vt* (ある向きに耕した土地を)以前と交差する向きに耕す, 交差的に耕す.

cróss-plỳ *a* コードを交差するように貼り合わせた, クロスプライの〈タイヤ〉.

cróss-póllinate *vt, vi* 〔植〕他家[他花]受粉させる[する] (＝*cross-pollinize*).

cróss-pollinátion *n* 〔植〕《風・虫などによる, または しばしば人工による》他家[他花]受粉 (cf. SELF-POLLINATION); 相互交換作用 (cross-fertilization).

cróss-póllinize *vt, vi* CROSS-POLLINATE.

cróss-póst *vi, vt* 〔電算〕横断掲示する《ネットワークの複数の箇所にまたがって同一情報を掲示すること》. ► *n* 横断掲示された情報.

cróss prèss 〔レス〕クロスプレス《相手の両肩をフロアにつけるのに体重を利用するフォール》.

cróss pròduct 〔数〕クロス(乗)積《演算記号 X で表わされる積; cf. DOT PRODUCT》; 《特に》ベクトル積 (vector product).

cróss protèction 〔植〕干渉効果, 獲得抵抗性, 交差免疫《ウイルスの干渉によって抵抗性を獲得すること》.

cróss-púrpose *n* [ᵁ*pl*] 相反する[矛盾した]目的, 《意向の》食い違い; [～s, 〈*sg*〉] とんちんかんな滑稽問答遊び. ● **at ～s** 互いに誤解して, 食い違うことを言って, 違う目的をもって.

cróss-quéstion *vt* CROSS-EXAMINE. ► *n* 反対尋問; 詰問. ♦ **～·ing** *n*

cróss·ràil *n* 横木, 横金, 《ドアの》横桟; 〔機〕横すべり案内.

cróss ràte 〔経〕クロスレート《米ドルや他の第三国の通貨に対するそれぞれの為替レートから算定した 2 国間の為替レート》.

cróss-reáction *n* 〔医〕《2 種の抗原がそれぞれの抗血清と相互に反応し合う》交差反応. ♦ **cróss-reáctive** *a* 交差反応を起こしうる. **cróss-reáct** *vi* 交差反応する. **cróss-reactívity** *n*

cróss-refér *vi* 他所を参照する, 他所参照する. ► *vt* 〈読者〉に他所を参照させる.

cróss-réference *n* クロスレファレンス, 他所参照《本・カタログ・ファイルなどの中のある個所から別の関連個所への参照(指示)》. ► *vt* 〈本(の記載事項)など〉にクロスレファレンスを付ける; 〈情報などを〉クロスレファレンスで調べる[確かめる, 整理する]. ► *vi* CROSS-REFER.

cróss relátion 〔楽〕対斜 (false relation).

cróss-resíst·ance *n* 〔生〕抵抗性交差, 交差耐性《昆虫などがある毒物に慣れた結果他の毒物に対しても示す耐性》.

cróss-rhỳthm *n* 〔楽〕交差リズム, クロスリズム, 《広く》ポリリズム (polyrhythm).

Cróss Ríver クロスリヴァー《ナイジェリア南東部の州; ☆Calabar》.

cróss·ròad *n* **1** 交差道路; 《幹線道路をつなぐ》間道; [ᵁ～s, 〈*sg*/*pl*〉] 辻, 十字路, [*fig*] 《進退を決すべき》岐路: be buried at (a) ～ 十字路に葬られる《かつて自殺者は十字路わきに葬られた》/ stand [be] at the ～*s* 岐路に立つ. **2** [ᵁ～s, 〈*sg*/*pl*〉] 辻にできた集落, [*fig*] 集まる場所, 活動の中心. ● **a ～(s) store** *四辻の店《村人が世間話をする雑貨店など》.

cróss·rùff /, ˌ—ˈ—/ *n, vt, vi* 〔トランプ〕味方同士で交互に切り札を出し合う戦法(で〈札を〉出す); あやつる; しのぐ (surpass).

cróss sèa 〔海〕交差海面《横波や逆波の生じる海面》.

cróss sèction /, ˌ—ˈ—/ 横に切ること; 横断面, 断面図; [*fig*] 代表的な面, 典型的な部分[集団], 縮図 〈*of*〉; 〔量子力学〕断面積; 〔測〕横断面図. ♦ **cróss-séction** *vt* **cróss-séction·al** *a*

cróss-séctor·al *a* 複数の分野[領域, 区域]にまたがる[関係する].

cróss-sèll *vt* 既存の顧客に〈別の商品・サービスを〉追加で販売する.

cróss shòt 〔放送〕クロスショット《画面に対して斜めから撮った画像》; 〔テニス〕クロスショット《コートの対角線に打つ球》.

cróss slìde 《旋盤の》横送り台.

cróss-stàff *n* 〔測〕直角器《**1)** 直角・半直角の方向を見つける器具 **2)** かつて天体, 特に太陽の仰角を測るのに用いた器具》; CROSIER.

cróss-stérile *a* 〔植〕交雑不稔(ふねん)の《交雑しても次代植物を生じない》. ♦ **cróss-sterílity** *n* 交雑不稔.

cróss-stìtch *n, vt, vi* 《X 形の》十字縫い[千鳥がけ, クロスステッチ](する).

cróss strèet 交差道路; 《本通りに交差する》横町.

cróss-súbsidize *vi, vt* 〈採算のとれない事業を〉他事業の収益によって維持する. ♦ **cróss-subsidizátion** *n* **cróss-súbsidy** *n*

cróss tàlk **1** 〔通信〕漏話(ろうわ), クロストーク. **2** 《本題と無関係な》

雑談, おしゃべり; 言い合い, 口論; ‖《演芸の》掛け合い問答; ‖《議会における》党派間での議論の応酬.

cróss·tìe *n* 横つなぎ材, *《特に》枕木 (sleeper‖). ♦ **~d** *a*

cróss-tólerance *n* 〘薬〙交差耐性《ある薬剤に対し, 薬理学的に類似した薬剤を使ったために生じる耐性》.

cróss·tòwn* *a* 町をはさんで互いに反対の位置にある; 町を横切る: a ~ road [bus] 市内横断道路[バス]. ► *adv* 町を横切って.

cróss-tràde *n* 〘証券〙クロス (⇨ CROSS *n* 5e).

cróss-tràding *n* 外国の港の間の船舶輸送.

cróss-tráin *vt* 2 職種以上の仕事ができるように訓練する.

cróss-tràin·er /, ─́ ─̀─/ *n* クロストレーナー《**1**) クロストレーニング実践者 **2**) 汎用スポーツシューズの一種 **3**) ELLIPTICAL TRAINER》.

cróss-tràin·ing /, ─́ ─̀─/ *n* クロストレーニング《数種の運動やスポーツを組み合わせて行なうトレーニング法; 特に自分の専門種目の上達を目的として行なわれる》.

cróss·trèes *n pl* 〘海〙檣頭(しょうとう)横材, クロスツリー.

cróss-ùp*《口》*n* 《誤解による》混乱, ごたごた; 裏切り.

cróss vàult [vàulting] 〘建〙交差ヴォールト, 交差穹窿(きゅうりゅう), 十字ヴォールト.

cróss vìne 〘植〙ツリガネカズラ《米国南部産》.

cróss-vòting *n* 交差投票《自党に反対, または反対党に対する賛成を許す投票方式》.

cróss·wàlk* *n* 横断歩道.

cróss·wày *n* [°*pl*] CROSSROAD.

cróss·wàys *adv* CROSSWISE.

cróss·wìnd *n* 〘空〙横風: ~ landing [takeoff] 横風着陸[離陸].

cróss·wìres *n pl* CROSSHAIRS.

cróss·wìse *adv* **1** 交差するように; はすかいに; 《古》十字形に. **2** 不機嫌そうに; 非難めかして. ► *a* 横断する; 斜めの; 争って, 不和で: get ~ with sb 人と衝突する.

cróss·wòrd (pùzzle) クロスワードパズル.

cróss·wòrt *n* 〘植〙ヤエムグラ属の一種 (=*mugwort*).

cros·ti·ni /krɔ(:)stí:ni, krɑs-/ *n pl* クロスティーニ《トーストした[揚げた]パンの小片にトッピングを載せたもので, 前菜[カナッペ]として出される》. [It]

crot·al /krátl/ *n* CROTTLE.

cro·tale /króutàːl, -tl/ *n* 〘楽〙クロタル《調律された小さなシンバル》.

cro·ta·lin /króutələn; krɔ́ut(ə)làɪn/ *n* 〘生化〙クロタリン《ガラガラヘビ類の毒素》.

crotch /krátʃ/ *n* 《人体・ズボンの》股, クロッチ; 《樹木の》叉 (fork), クロッチ; 二股; 〘海〙CRUTCH. ♦ **~ed** *a* 叉になった. **~·less** *a* 〈パンティーなどが〉股下部分が空いた[割れた] [? ME and OF *croc(he)* hook; ⇨ CROOK]

crotch·et /krátʃət/ *n* 風変わりな考え[好み], 奇想 (whim); 独特の[風変わりな]やり方; ‖〘楽〙四分音符 (quarter note*) (⇨ NOTE); ‖〘印〙BRACKET; 〘解〙鉤状(こうじょう)器官; 《廃》小さなかぎ(のついた道具); 《廃》ブローチ: a ~ rest ‖四分休符. [OF (dim) ‹ *croc* CROOK]

crotch·e·teer /kràtʃətíər/ *n* 奇想家, 変人.

crótch·ety *a* 〈人が〉気まぐれな, 偏屈な; 〈考えなど〉気まぐれの多い[による]. ♦ **crótch·et·i·ness** *n*

crótch-phèasant *n**《俗》シラミ, ケジラミ.

crótch-ròt *n*《俗》いんきんたむし.

crótch wòrker*《俗》万引きしたものを衣服の下に隠す女万引, 股隠し.

cro·ton /króutn/ *n* 〘植〙**a** クロトン属 [ハズ属] (*C-*) の植物《トウダイグサ科》. **b** クロトンノキ属の(観葉)植物.

Cro·to·na /krətóunə/, **Cro·ton** /króutàn, -tn/ クロトナ, クロトン《CROTONE の古代名》.

Cróton bùg 〘昆〙チャバネゴキブリ (German cockroach). [*Croton* New York 市の水供給源の川]

Cro·to·ne /krətóuni/ クロトネ《イタリア南部 Calabria 州の海岸の市; 前700年ごろアカイア人が建設; 古代名 Crotona, Croton》.

cro·tón·ic ácid /kroutánɪk-/ 〘化〙クロトン酸《合成樹脂製造など有機合成の原料》.

cróton òil クロトン油, はず油《ハズ (*Croton tiglium*) の種子から得られる不揮発性油; 発疱薬・化膿薬; かつて峻下薬に用いた》.

crot·tin /*F* krɔtɛ̃/ *n* クロタン《小さな丸形のヤギ乳チーズ》.

crot·tle /krátl/ *n* 《スコ》《ウール染めに使う》地衣 (lichen). [Gael]

crouch /kráutʃ/ *vi* かがむ, しゃがむ; うずくまる 〈*down*〉; 小さくなる 〈*to*〉; 卑屈に身をかがめる. ► *vt* 卑下して[恐怖のため]〈頭を〉低く下げる. ► *n* かがむこと; 卑屈に縮こまること. [? OF *crochir* to be bent＜ON; ⇨ CROOK]

cróuch·bàck *n* 《古》せむし, 猫背 (hunchback).

cróuch stàrt 〘競技〙クラウチングスタート《しゃがんだ姿勢からのスタート; opp. *standing start*》.

croup[1] /krú:p/ *n* 〘医〙偽膜性喉頭炎, クルップ, クループ. ♦ **~y** *a* **~·ous** *a* [*croup* (dial) to croak (imit)]

croup[2], **croupe** /krú:p/ *n* 《馬などの》尻; [*joc*]《人の》尻 (buttocks). [OF; ⇨ CROP]

croup[3] *vi* 《スコ・北イング》しゃがむ. [転用 ‹ *croup*[2]]

croup[4] *vt**《口》〈賭博場〉のクルピエをする. [*croupier*]

crou·pade /krupéɪd, ─́─/ *n* 〘曲馬〙クルーパード《後ろ足を腹部へ引きつけるようなはね方》. [F]

crou·pi·er /krú:piər, -pièɪ/ *n* 《賭博台の》ゲーム進行補佐, クルピエ《札を集めたり支払ったりする》; 《宴会の》副司会者《食卓の下座につく》. [F=rider on the CROUP[2]]

crouse /krú:s/ 《スコ・北イング》*a* 大胆な, ずうずうしい; 元気のいい; 活発な.

crous·tade /krustá:d, ─́─/ *n* クルースタード《カリカリに揚げた[焼いた]パンなどで作ったカップ状のもの; 肉・カキなどの料理を盛る》. [F]

croute /krú:t/ *n* クルート《キャビアなどを載せて出すための小さなトースト[揚げたパン]》. [F=crust]

crou·ton /krú:tàn, krután/ *n* [ᵘ*pl*] クルトン《カリカリに揚げた[焼いた]パンの小片; スープに入れたりする》. [F; ⇨ CROUTE]

crow[1] /króu/ *n* 雄鶏の鳴き声; 《赤ちゃんの》クックッという喜びの声; 歓喜の叫び, 歓声. ► *vi* **1** (英では過去形 **crew** /krú:/ も用いる)〈雄鶏が〉鳴く, ときをつくる. **2** 〈赤ちゃんが〉(喜んで)声をあげる; 歓声を上げる; とくとくと自慢する[語る], 臆面もなく喜ぶ 〈*over, about*〉. ► *vt* 得意になって言う. **~ before** sb **is out of the woods** 危険[困難]から脱する前に得意になる. ♦ **~·er** *n* [OE *crāwan* ‹ imit; cf. G *krähen*]

crow[2] *n* **1 a** 〘鳥〙カラス (raven, rook, jackdaw, chough などカラス科の鳥の総称; 英国では特に rook または carrion crow を指す; CORVINE *a*): WHITE CROW / (as) hoarse as a [an old] ~ ひどく声がかれて. **b** [the C-] 〘天〙からす座 (Corvus). **c***《海軍俗》ワシじるし《階級章》; *《海軍俗》《ワシじるしをつけた》下士官, 大佐. **2** [°old ~]《俗》[*derog*] ブス, ばあさん. **3** 〘機〙CROWBAR. **4** [C-] **a** (*pl* **C~s, C~**) クロー族《Montana 州東部のインディアン》. **b** クロー語. ● **as the ~ flies=in a ~ line** 直線距離にして (cf. in a BEELINE). **draw the ~**《豪俗》びりになる, 貧乏くじを引く. **eat (boiled) ~*** 余儀なくいやなことをする, 屈辱を忍ぶ, あやまち[非]を認める. **have a ~ to pick [pluck, pull] with** sb《口》人に対して言い分がある. **Stone [Starve, Stiffen] the ~s!** 《英口・豪口》おやおや《驚き・不信・嫌悪の表現》. [OE *crāwe*＜↑]

crów·bàit *n**《俗》役立たずの馬, 駄馬.

crów·bàr *n* 〘機〙かなてこ, バール, 〘鉄道〙クローバー. ► *vt* 《かなてこで》こじあける; 《むりやりに》引き出す, 押し込む.

crów·bèrry /; -b(ə)ri/ *n* 〘植〙**a** ガンコウラン; ガンコウランの果実《食用》. **b*** ツルコケモモ (cranberry): (as) tough as an old ~.

crów·bìll *n* 角(つの)で作った円錐形の矢じり; 傷から弾丸その他の異物を抜き出す鉗子.

crów blàckbird 〘鳥〙ムクドリモドキ (grackle)《北米産》.

crów·bòot *n* エスキモーの革製ブーツ.

crowd[1] /kráud/ *n* **1** 群集; 人込み; [the] 民衆, 大衆 (the masses); 《口》連中, 仲間, グループ; 聴衆, 観客: in ~*s* 大勢で / a fast ~ 不良仲間. **2** 多数, たくさん 〈*of*〉. ● **go with [follow] the ~** 大勢(たいせい)に従う. **pass in a ~** 目立って劣らない, 特にこれという欠点はない. **rise [raise** oneself**] (up) above the ~** ぬきんでる, 他をリードする. **stand out in a ~** 他と異なる, 目立つ. ► *vi* 群がる 〈*in, about, around, together*〉; 押し寄せる, 押し合ってはいる 〈*into, onto, through*〉; *《口》急ぐ (hurry). ► *vt* **1** 〈人が〉…にぎっしり詰まる, いっぱいにする 〈*with*〉; 〈考え・思い出などが〉〈頭・心などを〉いっぱいにする; (ぎっしり)詰める, 押し込める 〈*into, together*〉; 押しやる, 締め出す 〈*off, out*〉; 押し合う (press upon); 《俗》〈人を〉集団で襲う. **2***《口》押しつける (push), 強要する (compel); *《口》…にうるさく要求する, 迫る; *《口》急がせる, せきたてる. **3** 《不快感を与えるほど》〈人〉に近寄る, 圧迫する, 〘野〙〈打者がプレート〉ぎりぎりに立つ; *《口》〈ある年齢〉にまさになろうとする: Don't ~ me! そんなに押さないで! ● **~ on =~ in on**…に殺到する; 〈心〉にどっと浮かんでくる. **~ (on) sail** 〘海〙速度を上げるため通常よりたくさんの帆を張る, 満帆を揚げる. **~ up** 押し上げる, 競り上げる. [OE *crūdan* to press, drive]

crowd[2] *n* CRWTH; ‖《方》ヴァイオリン(弾き).

crówd·ed *a* 込み合った, 満員の, ぎゅうぎゅう(詰め)の; 〈物で〉場所ふさぎになった 〈*with*〉; 満ちた, 多事な 〈*with*〉: ~ solitude 群集の中での孤独感. ♦ **~·ly** *adv* **~·ness** *n*

crow·die[1], **-dy**[1] /kráudi/ *n* 《スコ》PORRIDGE.

crowdie[2], **-dy**[2] *n* クラウディー《スコットランドの, カテージに相当する軟質チーズ》.

crówd-plèaser *n* 《口》大衆の人気者《俳優・スポーツ選手・政治家など》; だれからも好まれるもの《ヒット曲・特定の演技[演奏]・飲食物》. ♦ **crówd-plèasing** *a*

crówd-pùll·er *n* 《口》動員力のあるイベント, 人気俳優[歌手など]. ♦ **-pùll·ing** *a*

crówd·sòurcing *n* クラウドソーシング《社外ボランティアやわずかな報酬で協力する一般人に, アイディア提供などの業務を委託すること》. [*crowd*＋*outsourcing*]

crówd sùrfing クラウドサーフィン《立見のコンサートで(特に STAGE-DIVER が)聴衆の頭上を寝そべった格好で移動すること》. ♦ **crówd-sùrf** *vi*

crów·flòwer *n* 〘植〙CROWFOOT.

crów·fòot *n* (*pl* -**fèet**) **1** (*pl* ᵘ-**fòots**)〘植〙葉縁が中裂している植物の総称,《特に》キンポウゲ属の草本 (buttercup). **2**〘海〙《甲板テントの》吊り索(づな)一式; [ᵘ*pl*] からすのあしあと (crow's-feet)《目じりのしわ》; 鉄菱 (caltrop). ◆ **~-ed** *a* 目じりにしわの寄った.

crów gàrlic 野生種のニンニク.

crów·hòp *n* 両脚をそろえてする短いジャンプ; *脚をこわばらせ背を弓状にして跳ぶ馬の跳躍.

Crów Jím *《俗》白人に対する人種差別. ◆ **Crów Jím·ism** *n* [Jim Crow の逆]

crów·kèep·er *n*ᴵᴵ《方》カラスを追い払う見張り番.

crown /kráun/ *n* **1** 王冠, 宝冠 (diadem): Uneasy lies the head that wears a ~. 《諺》冠をいただく頭は安んぜず《偉大なる者には心安まる時はない; Shak., *2 Hen IV* 3.1.31》. **2** [the *or* the C-] **a** 帝王の身分, 帝位, 王位. **b** 帝王, 国王, 女王, 君主: an officer of *the* ~ ᴵᴵ公務員. **c**《君主国の》主権, 国王の支配[統治]. **d** 立憲君主国の政府,《特に》英国[カナダ]政府; 国王の領土. **3**《勝利の》花冠, 栄冠;〘スポ〙王座;《努力に対する》光栄, 名誉(の賜物) (reward): retain one's ~ タイトルを守る / the martyr's ~ 殉教者の得る栄誉. **4 a** 王冠章[印]; 王冠印つきのもの. **b** クラウン《英国の 25 ペンス硬貨, 旧 5 シリング銀貨》; KRONA[1,2], KRONE[1,2], KORUNA: half a ~〘英〙半クラウン《旧 2 シリング 6 ペンスの金額; ⇨ HALF CROWN》. **c**〘洋紙〙クラウン判《15×20[19] インチ=381×508 [483] mm; 王冠の透かし模様があった》. ★〘英〙では 384×504 mm がメートル法でのクラウン判 (metric ~) の標準. **5 a**《物の》頂上 (top), 最高部,《特に》円頂; 冠《頭骨の頂部》; 頭 (head); とさか;《帽子の》山;《山の》頂上;《道路中央の》路頂;〘歯〙歯冠,《歯にかぶせる》金冠《など》;〘宝石〙《girdle より上の》冠部, クラウン (=*bezel*) (cf. PAVILION);《時計の》竜頭(りゅうず);〘海〙錨頂;〘建〙《アーチの》迫頭(せりがしら);〘植〙副(花)冠 (corona);〘植〙《輪藻類の造卵器の》小冠;〘植〙樹冠, クローネ《枝葉の茂った部分》;〘植〙根頭(ねがしら)《根が茎へ移行する部分》;〘動〙《ウミユリの》冠部. **b**〘海・機〙《滑車の》通索孔, スワロー (swallow). **c**《綱の》クラウン結び. **6** 絶頂, 極致: the ~ of one's labors 努力の結晶 / the ~ of the year《一年の最後を飾る》収穫期, 秋. **7** CROWN GLASS; CROWN LENS. ● **wear the ~** 王位にある, 国王として統治する; 殉教者である. ► *vt* **1 a** 〈人・頭〉に冠をいただかせる, 王位につかせる. **b** 〈人〉に〈栄誉・タイトルなどを〉授ける, 〈人〉に〈成功などで〉報いる 〈*with*〉. **c** …の頂に載せる, 冠する, …の上をおおう 〈*with*〉; 〈歯〉に金冠《など》をかぶせる. **d**《口》…の頭を打つ[なぐる] 〈*with*〉. **e**〘チェッカー〙〈コマ〉にコマを重ねて王にする. **2** …の最後を飾る, …で有終の美を飾る. **3** 〈建造物〉の表面を凸状にする. **4** 〈綱を〉クラウン結びにする. **5** 〈ジョッキなどを〉泡が盛り上がるように満たす. ► *vi* **1** 〈山火事が〉森林の林冠部に[まで]急速に燃え広がる. **2**《分娩時に》〈胎児の頭部が〉膣口に出る. ● **to ~ (it) all** 挙句のはてに, 加うるに. ◆ **~·less** *a* [OF＜L *corona*]

Crówn Ágents [the]〘英〙英国機関《かつては英国政府により, 当初は英国植民地に, のちには外国政府・国際機構に, 通商・財政・専門職養成上のサービスを提供するために任命された公的機関; 1997 年に民営化されている》.

crówn and ánchor クラウン・アンド・アンカー《王冠・錨などの印のついたさいころと盤で行なう賭博》.

crówn àntler《鹿の》最先端の枝角.

Crówn attórney〘カナダ〙CROWN PROSECUTOR.

crówn bìrd CROWNED CRANE.

crówn cànopy〘生態〙林冠《木々の樹冠 (crown) が形成する森の上部[稜線]》.

crówn càp 王冠《瓶などのキャップ》.

crówn cólony [ᵒC- C-]《英国の》直轄植民地.

crówn còrk CROWN CAP.

Crówn Cóurt〘英〙《イングランド・ウェールズの》刑事法院《1971 年法により最高法院 (Supreme Court) の一部としてつくられた刑事上位裁判所; 無制約の刑事第一審裁判権と治安判事裁判所 (magistrates' court) からの上訴の管轄権を有する》;〘史〙巡回裁判の刑事法廷.

crówn còver 林冠 (crown canopy).

crówn dàisy〘植〙シュンギク.

Crówn Depéndency 王室保護領《王室の直轄領としての Channel 諸島または Man 島; ともに独自の政府をもち, 防衛と外交以外は英国政府の指示を受けない》.

Crówn Dérby クラウンダービー《しばしば王冠のマークがついている, Derby 産の磁器》.

crowned /kráund/ *a* 王冠をいただいた, 王位についた; [*compd*] …な冠飾のある: high-[low-]~ (帽子の)山が高い[低い].

crówned cráne〘鳥〙カンムリヅル (=CROWN BIRD, MAHEM)《アフリカ産》.

crówned héads *pl* 国王と女王.

crówned pígeon〘鳥〙カンムリバト《New Guinea および周辺の島々の森林にすむ大型のハト; 鶉鳩ともされる》.

crówn·er[1] *n* 冠 (crown) を授ける人, 栄誉を与える人[もの]; 完成者;《口》(馬上からの)逆(さか)落とし; *《俗》雄鶏.

crow·ner[2] /krú:nər, kráu-/ *n*《古・英方》検視官 (coroner). [CORONER; crown に同化]

Crówn Estáte [the]〘英〙王室資産《英国君主の所有地およびそこから得られる収入; 1760 年 George 3 世が王室費 (Civil List) とひきかえにこれを放棄したため, 以後 Crown Estate Commissioners の管理下にある》.

crown·et /kráunət/ *n*《古》CORONET.

crówn èther〘化〙クラウンエーテル《王冠形の環状ポリエーテル》.

crówn fìre《FOREST FIRE の》樹冠火.

crówn gàll〘植〙根頭癌腫病, 植物癭瘤(えいりゅう), クラウンゴール.

crówn glàss /ˊ; ─ˊ─/ クラウンガラス《**1**) ソーダ石灰ガラスで, フリントガラスに比べ屈折率・分散能が小さい光学ガラス; =optical crown (glass) **2**) 旧式の手吹き板ガラス製法のクラウン法でつくった窓ガラス》.

crówn gràft〘園〙冠接ぎ, 割接ぎ.

crówn grèen クラウングリーン《両側より中央が高くなっているローンボウリング用芝生》.

crówn impérial〘植〙ヨウラクユリ.

crówn·ing *a* このうえない, 無上の: the ~ glory 無上の光栄; [*joc*] 頭髪 / the ~ folly 愚の骨頂. ► *n* 戴冠(式); 完成;〘建〙《アーチの》頂部, 頂冠.

crówn jéwel [the ~s] 戴冠用宝玉《王冠・笏・剣・宝石など王[女王]が国家的式典などに着用するもの》; [*fig*] 最も価値あるもの, 至宝, 金字塔, きわめつき; [*pl*]《俗》男性器, きんたま.

crówn·lànd *n*《旧オーストリア-ハンガリー王国の》州.

crówn lànd [ᵒCrown land(s)] 国王の土地, 王領地;《英植民地・自治領内の》官有地.

crówn làwᴵᴵ 刑法《刑事事件では原告は国王》.

crówn lèns クラウンレンズ《crown glass で作ったレンズ, 特に色消しレンズを構成する凸レンズ》.

crówn mòlding〘建〙回り縁(ぶち)《壁と天井の接する部分に取り付けた帯状の装飾》.

crówn mònkey BONNET MONKEY.

crówn óctavo〘製本〙クラウンオクタボ(判), 八折判《本の大きさ; 5×7½ インチ (127×190.5 mm); 略 crown 8vo》.

Crówn Óffice [the]〘英〙《高等法院の》刑事部; [the]〘英〙大法官庁 (Chancery) 国璽部.

crówn of thórns《キリストのかぶった》いばらの冠; [*fig*] 苦難;〘植〙ハナキリン;〘動〙オニヒトデ (=**crówn-of-thórns stàrfish**).

crówn·pìece *n* 頂部を構成するもの;《馬勒の》項革(うなじがわ).

crówn pìece クラウン銀貨《旧 5 シリング》.

crówn prínce《英国以外の国の》皇太子 (cf. PRINCE OF WALES);《ポストなどへの》有力候補. ◆ **crówn príncess** 皇太子妃; 女性の推定王位継承人.

Crówn Prosecútion Sèrvice [the]〘英〙公訴局《イングランド・ウェールズにおいて, 通常の刑事事件の訴追を担当する機関; 1986 年設置; 従来からあった Director of Public Prosecutions を長とする; 略 CPS》.

Crówn prósecutor〘英〙公訴官 (⇨ CROWN PROSECUTION SERVICE);〘カナダ〙公訴官 (=*Crown attorney*).

crówn quárto〘製本〙クラウンクォート(判), 四折判《本の大きさ; 7½×10 インチ (190.5×254 mm); 略 crown 4to》.

crówn róast 王冠型ロースト《子羊・子牛・豚の骨付きあばら肉を王冠状に形づくり, 中央に詰め物をしたロースト》.

crówn rùst〘植〙《オート麦などの》冠(かんむり)(かん)サビ病.

crówn sàw〘機〙かんむりのこ.

crówn vètch〘植〙AXSEED.

crówn whèel〘機〙冠(かんむり)[クラウン]歯車;〘時計〙丸穴車.

crówn wítnessᴵᴵ《刑事訴追の》検事[原告]側証人.

crówn·wòrk *n*〘城〙冠塞(かんさい);〘歯〙歯冠(補綴(ほてつ)).

crów quìll 丸ペン《細書き用鉄ペン》;《かつての》カラスの羽軸で作った細字用の羽根ペン.

crów's-bìll *n*〘解・動〙CORACOID PROCESS.

crów's-fòot *n* (*pl* -**fèet**)《カラスの足形の》鉄菱 (caltrop); [ᵘ*pl*] 目尻のしわ, からすのあしあと (=*crowfoot*);〘植〙CROWFOOT;〘洋裁〙松葉どめ;〘空〙クローフート《気球・飛行船などの吊索の各親索にかかる張力を数本の小索に分散させたもの》.

crów shrìke〘鳥〙カササギフエガラス (piping crow).

crów's nèst〘海〙クローネスト《マスト上の見張台》;《高いやぐら[台]の上にある》見張所;〘植〙(野生)ニンジン.

crów·stèp *n*〘建〙CORBIESTEP. ◆ **crów-stèpped** *a*

crów·tòe *n*《古・方》BLUEBELL,《時に》BUTTERCUP.

crów tràcks *pl* *《陸軍俗》《下士官の》山形袖章 (chevrons).

Croy·don /krɔ́ɪdn/ **1** クロイドン《Greater London 南部の都市; London boroughs の一つ》. **2** [c-] クロイドン馬車《1850 年ごろ初めて用いられた二輪馬車》.

croze /króuz/ *n* 桶板の溝;《桶板の溝の》溝切り道具. ► *vt* 〈桶板〉に溝をつける. ◆ **cróz·er** *n* [? OF *crues*]

Cro·zét Íslands /krouzéɪ-/ *pl* [the] クローゼー諸島《インド洋南部 Kerguelen 島の西北西にある島群; フランス領》.

crozier ⇨ CROSIER.

CRP〘米〙Committee to Reelect the President 大統領再選委員会 (cf. CREEP) ◆〘生化〙ᵒC-reactive protein.

CRT /sí:à:rtí:/ *n* (*pl* **~s, ~'s**) 陰極線管, ブラウン管 (cathode-ray tube); 陰極線管を組み込んだ表示装置, CRT ディスプレー.

cru /krúː/ *n* (*pl* ～**s** /-z/) クリュ《フランスのブドウ園・ワイン生産地区; そのワインの格付け》: premier ～ 第一級格付けワイン[ブドウ園]. [F (pp) < *croître* to grow]

cruces *n* CRUX の複数形.

cru·cial /krúːʃ(ə)l/ *a* 決定的な, 決定的に重要な, 重大な 〈*to, for*〉; 決着をつける; 〈考査・問題など〉きびしい, 困難な; "《俗》 すばらしい, 驚くべき, すごい; 《まれ》〘解〙 十字形の: a ～ incision〘医〙十字切開. ◆ ～·**ly** *adv* 決定的に, 重大に; きびしく; とりわけ重要なことに(は). **crù·ci·ál·i·ty** /krùːʃiǽləti/ *n* [F; ⇨ CROSS]

crú·cian (cárp) /krúːʃ(ə)n(-)/〘魚〙 ヨーロッパフナ.

cru·ci·ate /krúːʃiət, -èɪt/ *a*〘動・植など〙十字形の.

crúciate lígament〘解〙十字靱帯《膝関節腔内にある互いに交差する 2 つの靱帯で, 大腿骨から脛骨に至る; 特に 前十字靱帯 (anterior cruciate ligament)》.

cru·ci·ble /krúːsəb(ə)l/ *n*〘冶〙るつぼ;〘冶〙湯だまり; きびしい試練; るつぼ《諸勢力が競い合って[混在して]生成発展が起こる場所[状況]》: be in the ～ *of*...のきびしい試練をうけている. [L=night-lamp, crucible < CROSS]

crúcible fúrnace〘冶〙るつぼ炉.

crúcible stéel〘冶〙るつぼ鋼.

Crúcible Théatre [the] クルーシブル劇場《イングランドの Sheffield にある, 1971 年に造られた近代的劇場; 毎年世界スヌーカー選手権が開催される》.

cru·ci·fer /krúːsəfər/ *n*〘教会〙《儀式や行列の先頭の》十字架捧持者;〘植〙アブラナ[十字花]科の各種草本.

cru·cif·er·ous /krusíf(ə)rəs/ *a* 十字架をになった[で飾った];〘植〙アブラナ[十字花]科 (Cruciferae) の.

cru·ci·fix /krúːsəfìks/ *n*《キリスト受難の》十字架像; 十字架. [OF<L (*cruci fixus* fixed to a cross)]

cru·ci·fix·ion /krùːsəfíkʃ(ə)n/ *n* はりつけ, 磔刑(たっけい); [the C-] キリストのはりつけ(の像); [*fig*] 苦しい試練.

crú·ci·fòrm /krúːsə-/ *a, n* 十字形(の);〘数〙十字曲線. ◆ ～·**ly** *adv* [L CROSS, *-form*]

cru·ci·fy /krúːsəfàɪ/ *vt* はりつけにする; 〈情欲などを〉抑える; つるしあげる, さんざん笑いものにする. ◆ **-fì·er** *n* [OF<L; ⇨ CRUCIFIX]

cru·ci·ver·bal·ist /krùːsəvə́ːrbəlɪst/ *n* クロスワードパズル作者[愛好家].

cruck /krʌ́k/ *n* クラック《中世の建物の土台から屋根の頂まで延びて屋根を支える湾曲した一対の大角材の一》. [CROOK]

crud /krʌ́d/ *n* **1**《方》CURD;《俗》《沈澱・付着した》よごれ, 油, かす, くず;《卑》乾いた精液. **2**《俗》不快な[いやらしい, つまらない]もの[やつ], ゲジゲジ野郎; [ºthe]《俗》得体の知れない病気[皮膚病], 性病, 梅毒. ► *v* (-dd-)《方》CURD. ► *int*《俗》ケッ, くそっ, チョッ!《不愉快・失望を表わす》. ◆ **crúd·dy**《俗》*a* きたならしい; 役に立たない, おそまつな, ちゃちな; ひどい, 下劣な; 調子[気分]が悪い. [ME CURD]

crude /krúːd/ *a* **1** 天然のままの, ありのままの, 生(き)の, 加工してない, 粗製の: ～ material(s) 原料. **2 a** 〈病気が〉初期の;《古》未熟な〈果物〉. **b** [*fig*] 未消化の, 生硬な, 未完成の, 粗雑な, 蕪雑(ぶざつ)な; そんざいな, 無作法な, 不遠慮な; 露骨な, むきだしの, あらわな, 明白な; 〈色が〉毒々しい. **3**〘文法〙語尾変化のない. **4**〘統〙分類[分析]しないまま図表にした, 粗の: ～ birth rate 粗[一般, 普通]出生率. ► *n* 原料; 原油 (crude oil). ◆ ～·**ly** *adv* ～·**ness** *n* [L=raw, rough]

Cru·den /krúːdn/ クルーデン **Alexander** ～ (1699-70)《スコットランド人の書籍商; *A Complete Concordance to the Holy Scriptures* を公刊 (1737)》.

crúde óil [petróleum] 原油.

crúde túrpentine 生松脂(せいしょうし), テルペンチン (turpentine).

cru·di·tés /*F* krydite/ *n pl*《オードブルとしてサラダドレッシングをかけて出す》生野菜.

cru·di·ty /krúːdəti/ *n* 生(な), 未熟; 生硬; 粗雑; 未熟なもの,《芸術などの》未完成品; そんざいさ; 粗野[無作法]な行為[ことば].

cru·el /krúːəl/ *a* (～·**er**; ～·**est** | ～·**ler**; ～·**lest**) **1 a** 残酷な, 無慈悲な, 心ない, あこぎな; 邪険な, つらく当たる 〈*to*〉; 容赦のない, 厳格な〈規律〉: be ～ *to* animals 動物を虐待する / be ～ to be kind ためを思ってつらくする. **b** 悲惨な, むごい: a ～ death 悲惨な死. **2**《口》はなはだしい, ひどい: a ～ blow ひどい痛手 〈*for, to*〉. ► *adv*《口》ひどく (very, badly). ► *vt*《豪俗》だいなしにする. ◆ ～·**ly** *adv* 残酷に, 無慈悲に;《口》ひどく, とても. ～·**ness** *n* [OF<L *crudelis*; cf. CRUDE]

crúel·héart·ed *a* 残酷な, 冷酷な, 無慈悲な.

cru·el·ty /krúːəlti/ *n* 残酷, 残虐, 無慈悲, 残忍性, むごたらしさ; 残酷[残虐]な行為;〘法〙虐待: animal ～ 動物虐待 / mental [physical] ～ 精神的[身体的]虐待. [OF; ⇨ CRUEL]

crúelty-frée *a* 〈化粧品・薬品などが〉動物実験をせずに[動物に害を与えずに]開発された; 動物性食品を含まない, 菜食主義の.

crúelty màn "《口》NSPCC [RSPCA] の役員.

cru·et /krúːət/ *n* 薬味瓶; 薬味スタンド;〘教会〙祭壇用瓶《聖餐のぶどう酒・水を入れる小容器》. [AF (dim) < *crue* < ? CROCK[1]]

cruft /krʌ́ft/《ハッカー》*n* いやなもの; 粗末な作りの結果. [cf. *crap*[2], *crud*]

Crufts /krʌ́fts/ クラフツ《毎年イングランドの Birmingham で催されるドッグショー》. [Charles *Cruft* (1852-1939) 創始者]

Cruik·shank /krúkʃæŋk/ クルックシャンク **George** ～ (1792-1878)《英国の諷刺漫画家・さしえ画家》.

cruise /krúːz/ *vi* **1** 巡航する, 遊弋(ゆうよく)する;《あちこち立ち寄りながら》旅[船旅]をする 〈*around*〉; 〈タクシーが〉流す; 〈飛行機が〉巡航速度で飛ぶ, 水平飛行する; 〈自動車が〉経済速度で走る; [*fig*] 楽々と行く[進む, 達成する] 〈*to*〉; *《口》快適なペースで生活する, 仕事が順調に進む, うまくやる; *《俗》行く (go), 去る (leave): ～ *to* victory 楽勝する. **2** どことあてもなく歩きまわる, 漫遊する;《口》《街中・盛り場などで》女[男]をあさる; *森林地を踏査する; 〈インターネットを〉漫然と見てまわる. **3***《俗》眠る, 寝る. ► *vt* **1** 〈特定の地域を〉巡航する, ゆっくり走る. **2**《口》《遊び相手・おもしろそうなものなどがないかと捜しながら》〈街〉に車を走らせる,《車に乗って》〈街〉で女[男]をあさる;《口》〈女[男]〉にモーションをかける, 接近する, …の気を引こうとする; *《材木を見積もるために》〈森林を〉踏査する. **3***《口》〈科目・コースなどを〉楽々とパスする. ● **be cruising for a bruising***《俗》わざわざ危険を招くようなことをしている. ► *n* 巡航, 遊弋;《周遊の》船旅, クルージング; CRUISE MISSILE; 漫歩, 漫遊: go on a Caribbean ～ カリブ海の船旅に出る. [? Du *kruisen* to cross, traverse; ⇨ CROSS]

Cruise クルーズ **'Tom'** ～ (1962-)《米国の俳優; 本名 Thomas ～ Mapother IV》.

crúise càr* パトロールカー (squad car).

crúise contròl《自動車の速度を一定に保つための》自動速度制御装置, クルーズコントロール;《容易に維持できる》ゆったりとした速度, 順調なペース: on ～ 順調(に進ん)で.

crúise lìner CRUISE SHIP.

crúise mìssile 巡航ミサイル.

cruis·er /krúːzər/ *n* **1** 巡洋艦; 巡洋戦艦 (=battle ～); CABIN CRUISER; *SQUAD CAR; 巡航飛行機; 流し自動車; *《俗》(高速の)車: an armored [a belted] ～ 装甲巡洋艦 / a converted ～ 改装巡洋艦. **2** 漫遊者, 旅行者;《俗》売春婦, 街娼; CRUISERWEIGHT; *《木材の価値を見積もる》森林踏査者.

crúiser·wèight *n* クルーザー級のボクサー[ボクシング選手] (⇨ BOXING WEIGHTS), [〈*a*〉] クルーザー級の.

crúise shìp クルーズ船《長期遊覧旅行用の巡航船・観光船》.

crúise wày "遊航[行楽]水路.

crui·sie /krúːzi/ *n*《スコ》CRUSIE.

crúis·ing àltitude 巡航高度.

crúising ràdius /krúːzɪŋ-/ 巡航[航続]半径《給油せずに往復できる最大距離》.

crúising spèed 巡航速度[速力]《トップスピードよりおそい経済速度》.

cruis·keen /krúːʃkìːn/ *n*《アイル》小さなジャグ (jug).

cruit /krúːt/ *n**《陸軍俗》新兵, 補充兵 (recruit), 最下級兵.

cruive /krúːv/《スコ》*n* 粗末な小屋[おり]; 柴を編んで作った魚捕り.

crul·ler, krul-* /krʌ́lər/ *n* クルーラー《ねじった形のドーナツ》; *《中部・北部》イーストのはいっていないドーナツ;《俗》失敗, へま. [Du (*krullen* to curl)]

crum /krʌ́m/ *n, vt* CRUMB.

crumb /krʌ́m/ *n* **1 a** [ᵘ*pl*]《パンなどの》小片, パンくず; パン粉. **b**《柔らかい》パンの中味, 芯 (opp. *crust*). **c** [*pl*] クラムズ《コーヒーケーキなどの上に載せる砂糖・バター・小麦粉を練り合わせたもの》. **d** 団粒《孔隙に富んだ土壌粒子の集合体》. **2 a** [*fig*] わずか (bit); [*pl*]*《俗》小銭: a ～ of comfort わずかな慰め. **b**《俗》つまらないやつ, いやなやつ. **c** *《俗》シラミ;《俗》うすぎたないやつ. **d***《俗》《携帯用に丸めた》寝具・衣服などの一式. ● **～s from the rich man's table** 金持のおこぼれ《cf. *Luke* 16: 20-21, *Matt* 15: 27》. **to a ～** 細かいことまで, 厳密に. ► *vt* **1 a** …にパン粉をまぶす; パン粉を入れて〈スープなどを〉濃くする. **b** 〈パンを〉ほぐす, 小さく砕く. **2**《口》〈食卓など〉からパンくずを払う. ● **～ up**《俗》洗濯する, 掃除する; *《俗》だいなしにする, 混乱させる, めちゃめちゃにする. ► *a* 〈パイの皮が〉ビスケットくずと砂糖などを混ぜて作った. ◆ ～·**er** *n* [OE *cruma* fragment; cf. G *Krume*; *-b* は 17 世紀から]

crúmb bòss*《俗》《飯場の》管理人, かしら; *《俗》鉄道作業員用車両の管理人.

crúmb brùsh パンくず払いブラシ《食卓用》.

crúmb-bùm, crúm-bùm《俗》*n* シラミのたかった浮浪者; いやなやつ, つまらないやつ. ► *a* ひどい, おそまつな.

crúmb·clòth *n* パンくず受け《食卓下のじゅうたんに敷く布》.

crúmb·crùsh·er, -crùnch·er, -grìnd·er *n**《俗》《固形物を食べ始めた》赤ん坊, 幼児, ガキ.

crúmb jòint [hòuse]*《俗》シラミのわいている木賃宿.

crum·ble /krʌ́mb(ə)l/ *vt* くずにする, 粉にする, 砕く 〈*up*〉. ► *vi* ぼろぼろにくずれる, 砕ける 〈*away, up*; *into* dust〉; 〈勢力・希望などが〉もろくも消えうせる[くずれる], 滅びる 〈*away*〉. ► *n* 細かくくずれる[砕けた]もの; "クランブル《煮た果物に小麦粉・ヘット・砂糖の練り合わせを載せたもの》;《方》CRUMB. [*crimble* < ME (freq) < OE *gecrymian* to crumble < CRUMB; 語形は CRUMB の影響]

crúm·bling *n* [ᵘ*pl*] 細かく砕けたもの, 細片, 小片.

crúm·bly *a* 砕けやすい, もろい. ◆ **-bli·ness** *n*

crumbo /krʌ́mbou/ *n* (*pl* **crúmb·os**) 《俗》きたないやつ, いやなやつ (crumb).
crúmb-ròll *n**《俗》小さく巻ける寝具.
crumbs /krʌ́mz/″ *int* ヒエッ, いやはや《驚き・失望の発声》. [(euph)＜CHRIST]
crúmb·snàtch·er *n**《俗》CRUMBCRUSHER.
crúmb strùcture 〖土壌〗団粒[屑粒]状構造《耕作に好適》. [G *Krümelstruktur*]
crum-bum ⇨ CRUMB-BUM.
crúmby *a* **1** パンくずだらけの; パン粉をまぶした. **2** パンの中身のような, 〈パンが〉中身の多い, ふわりと柔らかい (opp. *crusty*). **3**《俗》シラミのわいた, うすぎたない, 下等な, しけた, つまらない (crummy). ♦ **crúmb·i·ness** *n*
crumhorn ⇨ KRUMMHORN.
crum·mie, -my[1] /krʌ́mi/ *n* 《スコ》牛《特に 角の曲がった》. [*crum* (obs) crooked＜OE *crumb*]
crummy[2] *n**《俗》CRUMB BOSS.
crummy[3] *a* **1**《俗》シラミのわいた[たかった]; 《俗》うすぎたない, 不快な; 《俗》安っぽい, 下等な, しけた; 《俗》取るに足らない, つまらない; 《廃》CRUMBLY. **2**″《俗》〈女が〉丸ぽちゃの, ボインの, かわいらしい. ► *adv* BADLY. ♦ **crúm·mi·ly** *adv* **-mi·ness** *n* [*crumby*]
crummy[4] *《俗》*n*《貨物列車の》車掌車 (caboose); 伐採労働者を運ぶ車両. [? *crummy*[3] make shift camp]
crump[1] /krʌ́mp/ *n* バリバリいう音; 《口》強打, ばったり倒れること; 《軍俗》爆音; 《軍俗》砲弾, 爆裂弾; ドーン, ドカーン. ► *vi* バリバリと音をたてる (crunch); 《軍俗》大音を発して爆発する. ► *vt* バリバリとかむ; 《軍俗》大型砲弾で爆撃する. [imit]
crump[2] *a* 《スコ》砕けやすい, もろい, カリカリの. [*crimp*[1] friable]
crumped /krʌ́mpt/ [°～ out] 《俗》*a* 泥酔して; 死んで.
crum·pet /krʌ́mpət/ *n*″ホットケーキの一種; 《俗》頭; ″《俗》[°*joc*] セクシーな女[男](たち), 《女の》性的魅力, 女, セックス, アレ: barmy [balmy] on the ～＝off one's ～《俗》気の変な. ● **a** [**sb's**] (**nice**) **bit** [**piece**] **of** ～″《俗》《性的に好ましい》女, 性交. **not worth a** ～《豪俗》全く役立たずの. [C17＜?; cf. ME *crompid* (*cake*) curled-up cake, wafer]
crúmp hòle 砲弾でできた大穴, 弾孔.
crum·ple /krʌ́mp(ə)l/ *vt*, *vi* しわにする[なる], もみくしゃにする[なる] (crush) 〈*up*〉; 〈相手を〉圧倒する 〈*up*〉; 急にくずれる, くずおれる, くじける, 屈する 〈*up*〉; 〈顔が〉今にも泣き出しそうな表情になる. ► *n* しわ; [〈*int*〉] グシャッ, クシャッ《物がつぶれる音》. ♦ **crúm·ply** *a* しわになりやすい. [*crump* (obs) to curl up]
crúm·pled *a* 〈牛の角など〉ねじれた; しわくちゃの, くしゃくしゃの, もみくしゃの.
crúm·pler *n* CRUMPLE する人; 《口》ネクタイ (cravat).
crúmple zòne 《車の先端および最後部にある》衝撃吸収帯, クランプルゾーン.
crunch /krʌ́ntʃ/ *vt*, *vi* バリバリ[ガリガリ]かむ; バリバリと壊す, 砕く 〈*down*, *up*〉; 〈砂利道などを〉ザクザク踏む 〈*along*, *up*, *through*〉, 〈車輪が〉ジャリジャリきしむ; ザクザク音をたてる; 〈文章などを〉圧縮する; 〖電算〗〈大量のデータ・数値を〉高速処理する, 演算処理をする (cf. NUMBER CRUNCHING). ► *n* **1** バリバリかむこと; バリバリかみ砕く音, カリッ, ボリッ, バリッ, グシャッ, ザクッ, バリン; 踏み砕き; かみ[踏み]砕かれたもののかけら; 《ナッツ類などの》カリッとした感じ[歯ごたえ]. **2** [the] 《口》**a** 危機, 緊張; 経済的危機, 金融逼迫; 不足, 逼迫, ピンチ: energy ～. **b** 正念場; 肝心な点, 核心 (crux): when [if] it comes to *the* ～＝when *the* ～ comes いざという時に. **c** [〈*a*〉] 重大な, 決定的な; 危機的な: a ～ match 大事な一戦 / CRUNCH TIME. **3** 腹筋運動. ♦ **～·able** *a* [*cra*(*u*)*nch* (imit); 語形は *munch* の影響]
crúnch·er *n* バリバリかむ人; 〖電算〗計算機 (number cruncher); 《俗》とどめの一発[一撃]; [*pl*]*《俗》足 (feet).
crúnch·ie *n* **1***《陸軍俗》歩兵, ザクザク兵; 《南ア俗》[*derog*] アフリカーナー (Afrikaner). **2** [C-] 〖商標〗クランチー《チョコレートバー》.
crúnch tìme 《口》決定的な時期, 正念場, 重大局面.
crúnchy *a* バリバリかむ[いう]; ザクザク踏む[いう]; ジャリジャリきしむ[いう]; *《口》リベラルな, 環境[自然食品]志向の強い. ♦ **crúnch·i·ly** *adv* **-i·ness** *n*
crunge /krʌ́ndʒ/ *n*, *int* パスッ, バシッ, バシン. [? imit; cf. CRUNCH]
crunk /krʌ́ŋk/ *n* クランク《米国南部を中心とするヒップホップ系ダンスミュージック; ビートは遅めて, 掛け声を繰り返すチャント (chant) を多用する》. ► *a**《俗》酔った; *《俗》すばらしい, 最高の; *《俗》興奮した, 舞い上がった.
cru·node /krú:nòud/ *n* 〖数〗二重点.
cru·or /krú:ɔ:r/ *n* 〖医〗(凝)血塊, 血餅(けっぺい).
crup·per /krʌ́pər/ *n* しりがい《馬具》; 馬の尻 (croup); [*joc*]《人間の》尻. [OF; ⇨ CROUP[2]]
crura *n* CRUS[1] の複数形.
cru·ral /krúərəl/ *a* 〖解〗脚の, 下腿(かたい)の, 《特に》大腿部の (femoral).
crus[1] /krʌ́s, krú:s/ *n* (*pl* **cru·ra** /krúərə/) 〖解・動〗脚, 下腿(かたい), すね; 《一般に》脚に似た部分.
crus[2] *n* CRU の複数形.
cru·sade /kruséɪd/ *n* [°C-] 十字軍; 《宗教上の》聖戦 (holy war); キリスト教信仰復興運動; 強力な改革[粛清, 撲滅]運動: a ～ *against* drinking＝a temperance ～ 禁酒運動. ► *vi* 十字軍に参加する; 《改革・撲滅などの》運動に参加する[を推進する]: ～ *for* [*against*]... 〈改革・廃止など〉に賛成[反対]する運動を行なう / the *crusading* spirit 《計画・運動などを進める》十字軍的熱意. ♦ **cru·sád·er** *n* 十字軍戦士; 改革運動家. [OF *croisade* (F, Sp CROSS)]
cru·sa·do /kruséɪdou/ *n* (*pl* ～**s**, ～**es**) クルザード《ポルトガルの昔の金[銀]貨; 裏面に十字架の図案がついていた》. [Port＝marked with a cross]
cruse /krú:z, -s/ *n* **1** 壺, 小瓶. **2** [C-] クルーズ《英国の慈善団体; 死別の精神的打撃を克服するための援助を行なう; 正式名称は Cruse Bereavement Care》. [OE *crūse*＜?]
crush /krʌ́ʃ/ *vt* **1** おしつぶす[砕く]; 破砕[粉砕]する, 粉にする 〈*up*, *down*〉; 〈果汁などを〉しぼり出す, 圧搾する; もみくしゃにする 〈*up*〉; 抱きしめる: ～ sb to death 人を圧死させる / ～ a rock *into* a powder 岩をこなごなにする. **2** 押し込む[通す], 詰め込む 〈*into*, *through*〉. **3** 潰滅させる, 鎮圧する 〈*down*〉; 虐げる; [ᵘ*pass*] 圧倒する (overwhelm), 〈精神・希望を〉くじく, 〈人を〉がっくりさせる, 打ちひしぐ: ～ a hostile minority into submission 少数の敵対者を屈服させる. **4** 《古》飲みほす 〈a cup of wine〉. ► *vi* 押し合ってはいる, 殺到する 〈*into*, *through*, etc.〉; つぶれる; しわくちゃになる; 《廃》衝突する: Please ～ up a little. どうぞ少しお詰めください. ● ～ **in** 《場所・乗物などに》押し入る[込む]. ～ **out** 押し破って出る; 〈...から果汁・精気などを〉しぼり取る 〈*of*〉; 締め出す; 〈タバコなど〉の火をもみ消す; 〖テレビ〗...の色のコントラストを弱める; *《俗》脱獄する. ～ (**up**) **against**...を圧迫する, ...に押し寄せる. ► *n* **1 a** おしつぶすこと, 圧搾; しぼり出すこと; 粉砕; 鎮圧, 圧倒. **b** おしつぶした[しぼり出した]もの; 果汁, スカッシュ (squash). **2** 押し合い, 雑踏; 群集; 《口》込み合った宴会[パーティー]; 《口》仲間, 連中, グループ; 《軍俗》部隊 (unit). **3**《口》《思春期の女の子などの》べたぼれ, のぼせあがり (infatuation); 《口》夢中になる対象. **4**《英・豪》《焼き印押しなどの際に家畜を通す》板囲いの通路 (＝～ **pèn**). ● **have** [**get**] **a** ～ **on** sb 《口》人に熱を上げる[のぼせあがる]. ♦ **～·able** *a* [F＝to gnash (teeth), crack＜?]
crúsh bàr″《幕あいに観客がつかう》劇場内のバー.
crúsh bàrrier″ 群集を制止するための臨時の柵.
crúshed stráwberry 濁った深紅色.
crúshed vélvet 〖紡〗クラッシュベルベット《生地を圧搾して表面にしわ出しをしたベルベット》.
crúsh·er *n* おしつぶすもの[人]; 粉砕機, 砕石機, 破砕機, 圧搾機, クラッシャー; 《口》猛烈な一撃; 《口》圧倒するもの, ギャフンと参らせる議論[事実]; 《俗》巡査; 《俗》もてる男, いい男.
crúsh hàt クラッシュハット《たたんでも型くずれしない帽子》, 《特に》OPERA HAT.
crúsh·ing *a* おしつぶす, 粉砕する; 圧倒的な, 潰滅的な; 痛烈な, 極度の. ► *n* [*pl*] つぶしたブドウ[種子 など]. ♦ **～·ly** *adv*
crúsh·pròof *a* つぶれない〈紙箱など〉: a ～ box.
crúsh-ròom″ *n* 《劇場などの》ロビー, 休憩室.
crúsh zòne CRUMPLE ZONE.
crusian ⇨ CRUCIAN.
cru·sie /krú:zi/ *n* 《スコ》《鉄製の》柄付きランプ, ろうそく立て. [OF *creuset* (変形)＜*croiseul*]
Cru·soe /krú:sou/ ROBINSON CRUSOE; (創意工夫で自給自足しながら)一人で生きていく人. ♦ **Cru·só·ni·an** *a*
crust /krʌ́st/ *n* **1 a** 《堅い》パンの皮 (opp. *crumb*); パイの皮 (pie-crust); 堅くなったパンの一片《乏しい食物》. **b** 生活の糧(かて), 生計の資 (living); 《俗》生計 (living): earn a ～ 生計を立てる. **2 a** 《一般に》物の硬い表面, 外皮, 硬皮; 〖動〗甲殻, 甲; 〖地質〗地殻《惑星・月・小惑星の岩石質の外殻》; 凍結雪面, クラスト, アイスバーン; ″《俗》頭. **b** かさぶた, 痂皮(かひ) (scab); 《赤ワインなどの》沈渣(ちんさ); 湯あか. **3** [*fig*]《事物の》皮相, 上っつら; 《俗》鉄面皮, あつかましさ, 大胆さ, ずぶとさ. ● **off one's** ～《俗》気が狂って. ► *vt* 外皮[外殻]でおおう, 外皮で包む. ► *vi* 堅い外皮[硬皮]を生じる 〈*over*〉; かさぶたになる, 結痂する; 固まりつく. ♦ **～·less** *a* [OF＜L *crusta* rind, shell]
crus·ta·cea /krʌstéɪʃ(i)ə/ *n pl* 〖動〗甲殻類 (C-) の動物. [NL; ⇨ CRUST]
crus·tá·cean *a*, *n* 〖動〗甲殻類 (Crustacea) の(動物).
crus·ta·ce·ol·o·gy /krʌstèɪʃiάlədʒi/ *n* 甲殻類学.
crus·ta·ceous /krʌstéɪʃəs/ *a* 皮殻質の; 皮殻のような; 〖動〗甲殻類の; 〖植〗CRUSTOSE.
crúst·al *a* 外皮[外殻, 甲殻]の; 地殻の.
crúst·ed *a* 外皮[外殻, 甲殻]のある; 〈ワインが〉沈渣を生じた, よく枯れた (matured); [*fig*] 古めかしい, 凝り固まった; 《俗》ずぶとい; 《俗》きたならしい, いやったらしい; 《俗》役立たずの, すりきれた.
crust·i·fi·ca·tion /krʌ̀stəfəkéɪʃ(ə)n/ *n* INCRUSTATION.
crus·tose /krʌ́stòus/ *a* 〖植〗甲殻状葉状体が基物に密着する〈地衣〉 (cf. FOLIOSE, FRUTICOSE): ～ lichens 固着地衣.
crúst·quàke *n* 《中性子星などの》地殻性地震 (cf. COREQUAKE).
crústy *a* **1** 皮殻質の, 外皮のような; 〈パンが〉皮の部分が堅くて厚い

(opp. *crumby*). **2** 気むずかしい, おこりっぽい; 無愛想な, つっけんどんな. **3***《口》きたない, みすぼらしい; 見下げはてた. ► *n*"《口》クラスティー《伝統的な価値観を拒絶し, みすぼらしい服装で放浪生活を送っている若者》. ♦ **crúst·i·ly** *adv* **-i·ness** *n*

crut /krʌ́t/ *n**《俗》CRUD.

crutch /krʌ́tʃ/ *n* **1 a** 松葉杖: on ～*es* 松葉杖をついて / One foot is better than two ～*es*.《諺》一本足でも二本の松葉杖にまさる《あるものに甘んじよ》. **b** 支柱; また木,〘海〙叉柱(きゅう); 船尾肘材;《ボートの》クラッチ;《婦人用横乗り鞍の鞍頭部の》足を支える分枝状突起;《豪》羊洗いの際に羊を押しつけるのに使う杖;《人・衣服の》股 (crotch); *《俗》マリファナタバコの吸い残りばさみ (roach clip); *《俗》車. **2**《心の》支え, たよりとするもの[人]《酒・薬物などしばしば好ましくないものについていう》. ● **(as) funny as a ～** 笑いごとではない, まったくおもしろくない. ► *vt* 松葉杖で支える, …につっかい棒をする; 支える;《豪》〈羊を〉(crutch を使って)消毒液につける;《豪》〈羊〉の股ぐらから毛を刈り取る. ► *vi* 松葉杖で歩く. ［OE *crycc* staff＜Gmc＝bend］

crutched /krʌ́tʃt/ *a* 松葉杖にすがった; 支柱で支えた.

Crútched Fríars /, "krʌ́tʃəd-/ *pl* 十字架修道会《十字架を持っていたり身に着けていたりした修道士による数種の宗教団体に対する総称; 1650–56 年ごろ活動を禁止された》.

crútch·ing *n*《豪》羊の股から毛を刈り取ること, 刈り取った尻毛.

Crut·zen /krʌ́tsən, krýtsən/ クルッツェン **Paul J(ozef)** ～ (1933–)《オランダの化学者; オゾン層形成と破壊のメカニズムの研究によりノーベル化学賞 (1995)》.

crux /krʌ́ks, krúks/ *n* (*pl* ～**·es**, **cru·ces** /krúːsìːz/) 最重要点, 核心; 難問, むずかしい[厄介な]ところ;〘紋〙十字架 (cross); [C-]〘天〙みなみじゅうじ座 (南十字星) (Southern Cross): the ～ of the matter 問題の核心.

crúx an·sá·ta /-ænséɪtə/ (*pl* **crúces an·sá·tae** /-ænséɪtiː, -tàɪ/) ANKH. ［L＝cross with handle］

crux cri·ti·co·rum /krúks krìtɪkɔ́ːrʊm/ 批評家の難問. ［L］

Cruyff /krɔ́ɪf/ クロイフ **Johan** ～ (1947–)《オランダのサッカー選手》.

Cruz /krúːs/ クルス **Juana Inés de la** ～ (1651–95)《メキシコの修道女・詩人; 本名 Juana Inés de Asbaje》.

cru·za·do /kruzáːdoʊ, -du/ *n* (*pl* ～**s**) クルザード《ブラジルの旧通貨単位: ＝100 centavos》; (*pl* ～**es**, ～**s**) CRUSADO.

Cru·zan /kruzǽn/ *n*, *a* ST. CROIX 島人(の).

cru·zei·ro /kruzéəroʊ, -ru/ *n* (*pl* ～**s**) クルゼイロ《ブラジルの旧通貨単位: ＝100 centavos; 記号 Cr$》. ［Port＝large cross］

crwth /krúːθ/ *n*〘楽〙クルース (＝*crowd*)《古代ケルト人の弦楽器》. ［Welsh］

cry /kráɪ/ *vi* **1**〈人・動物が〉叫ぶ (shout),〈鳥獣が〉鳴き叫ぶ,〈猟犬が〉ほえる (bay); 大声で言う; 大声で呼ぶ, どなる. **2** 声をあげて泣く; すすり泣く (sob): Stop ～*ing*. 泣くのはやめなさい. ► *vt* **1** …と叫ぶ, 大声で呼ぶ[言う] (shout);〈ニュースを〉大声で触れまわる; 呼び売りする: ～ one's wares 商品の宣伝をする. **2**〈涙を〉流す; 泣いて…する;《古》哀願する: ～ bitter tears 血涙を流す / ～ one*self* blind 目を泣きつぶす / ～ one*self* to sleep 泣き寝入りする. ● **～ against**…に反対を叫ぶ. **～ back**《スコ》呼び戻す;〘狩〙〈猟師などが〉あと戻りする, 引き返す; [*fig*] 先祖返りをする. **～ down** 悪く言う, けなす, みくびる; やじり倒す (decry), 罵倒する. **～ for**…を泣いて[叫んで]求める, …の急を訴える; …をぜひとも必要とする: ～ *for* the MOON. ～ HAVOC. **～ off** 手を引く, やめにする〈*from*〉; (〈約束したことを〉)取り消す, (あとになって)断わる. **～ out** 大声で呼ぶ, 絶叫する; 反対を叫ぶ〈*against*〉; 叫んで要求する〈*for*〉; [通例 進行形で]〈事態などが〉〈…(すること)を〉大いに求める, 必要とする〈*for*, *to* do〉: ～ *out in* pain 痛くて泣きわめく / ～ *out* before one is hurt わからぬうちから不平を鳴らす, 不平の言い方が早すぎる. **～ over**〈不幸など〉を嘆く: It is no use ～*ing over* spilt [spilled] MILK. **～ one's eyes [heart] out** さめざめと泣く, 激しく泣く. **～ one's head off** 泣きすぎて頭がおかしくなる. **～ stinking** FISH. **～ to [unto]**《古》…に哀訴する, …に泣きつく〈*for* help etc.〉. **～ up** ほめたてる, 激賞する. ～ WOLF. **For ～ing in a bucket!**《口》いやはや, なんてこった (for crying out loud). **for ～ing out loud**《口》いやはや, なんてことだ, いやよかった《不快・驚き・喜びなどの表現》, [命令を強めて] 頼むから, いいかい, ちゃんと…するんだよ. GIVE…**something to ～ for [about]**.
► *n* **1** 叫び(声), 大声;《鳥獣の》鳴き声;〘狐狩〙一群の猟犬,《猟犬などの》ほえ声; スズ[トタン]を曲げるときに発する音;《廃》喧騒: give [raise] a ～ 叫ぶ, 一声たてる. **2 a**《幼児の》泣き声; 声をあげて泣くこと, 泣き叫ぶ声, 号泣, すすり泣き: have a good ～ 存分に泣く / She wants a good ～. 存分に泣いたらよい《気が晴れるだろう》. **b** 嘆願, 哀願 (⇨ a CRY for). **3** 呼び売りの声, 触れ声; 標語 (watchword), スローガン; 世論(の声)〈*for*, *against*〉; うわさ〈*that*〉; [*pl*]《スコ》結婚予告 (BANNS);《廃》布告: BATTLE CRY. ● **a ～ for**…を求める叫び声[世論]; …への切実な願い: *a* ～ *for* help 助けを求める叫び(声) / *a* ～ *for* democracy. **a ～ from the heart**＝CRI DE COEUR. **a far ～** 遠距離〈*from* home, *to* a place〉; はなはだしい隔たり, 非常な相違〈*from*〉: It's *a far* ～ to London. ロンドンまでは遠い / That is *a far* ～ *from* what I expected. 期待していたこととはほど遠い. **all ～ and no wool**＝**more ～ than wool**＝**much [a great] ～ and little wool** 空(から)騒ぎ. **all the ～** 最新の流行 (the vogue). **～ing drunk** 酒に酔って泣いて, 泣き上戸で. **follow in the ～** 付和雷同する. **have one's ～ out** 泣けるだけ泣く. HUE AND CRY. **in full ～**〈猟犬が〉一斉に追跡して; [*fig*] 総掛かりで, 一斉に. **out of ～** 声[手]の届かない所に. **within ～ of**…から呼べば聞こえる所に.
［OF＜L *quirito* to wail］

cry- /kráɪ/, **cryo-** /kráɪoʊ, -ə/ *comb form*「寒」「寒冷」「冷凍」［Gk *kruos* frost］

crý·bàby *n* 泣き虫, 弱虫, すぐ泣きごと[ぐち]を並べる者.

crý·er *n* CRIER.

crý·ing *a* 叫ぶ; 泣き叫ぶ; すてておけない, 緊急な; ひどい, はなはだしい: a ～ need 差し迫った必要〈*for*〉/ a ～ shame はなはだ残念なこと, ひでえ話. ♦ **～·ly** *adv*

crýing bìrd〘鳥〙LIMPKIN.

crýing ròom*《俗》泣き部屋《大きな挫折などをしたときに引きこもって泣ける部屋と仮想されている所》.

crýing tòwel*《俗》泣きタオル《ちょっとした失敗や不運にすぐ泣きごとを言う人に渡してやるタオルと仮想されているもの》.

crýing wèed*《俗》マリファナ (marijuana).

cry·mo·thérapy /kràɪmoʊ-/ *n* CRYOTHERAPY.

cryo·biólogy *n* 寒冷[低温]生物学. ♦ **-gist** *n* **-biológical** *a* **-ical·ly** *adv*

crỳo·cáble *n*〘電〙極低温ケーブル.

crỳo·chémistry *n* 低温化学. ♦ **-chémical** *a* **-ical·ly** *adv*

crỳo·electrónics *n* (極)低温電子工学. ♦ **-trónic** *a*

crỳo·extráction *n*〘医〙凍結抽出《水晶体に凍結抽出器を接触させて凍結し, 白内障を除去すること》.

crỳo·extráctor *n*〘医〙凍結抽出器.

crỳo·gen /kráɪəʤən/ *n*〘化〙起寒剤, 寒剤.

crỳo·génic *a* 低温学の; 極低温の; 極低温を要する; 極低温貯蔵を要する; 極低温物質の保存に適した: ～ engineering 低温工学. ► *n* CRYOGEN. ♦ **-gén·i·cal·ly** *adv*

crỳo·gén·ics *n* 低温学.

cryogénic súrgery CRYOSURGERY.

cry·og·e·ny /kraɪáʤəni/ *n* CRYOGENICS.

crỳo·glóbulin *n*〘医〙クリオ[寒冷]グロブリン《低温で沈澱し, 温めると再溶解する異常なグロブリン》.

crỳo·glob·u·li·ne·mia /kràɪoʊglàbjələníːmiə/ *n*〘医〙クリオ[寒冷]グロブリン血(症).

crỳo·hýdrate *n*〘化〙氷晶.

crýo·lìte *n*〘鉱〙氷晶石 (＝*Greenland spar*).

cry·ol·o·gy /kraɪáləʤi/ *n* 氷雪学.

cry·om·e·ter /kraɪámətər/ *n*〘理〙低温計. ♦ **-try** *n*

cry·on·ics /kraɪánɪks/ *n* 人体[人間]冷凍術《死体を超低温で保存し, 後日医学が進歩した時に蘇生させようとする》. ♦ **cry·ón·ic** *a*

crỳo·phílic *a*〘生〙好氷雪性の, 好冷性の.

cry·oph·o·rus /kraɪáfərəs/ *n*〘理〙クリオフォール《気化熱を簡単に示す装置》.

crýo·phỳte *n*〘生態〙氷雪植物.

crỳo·plánkton *n*〘植〙氷雪プランクトン.

crỳo·precípitate *n*〘化〙寒冷沈降物《寒冷沈降反応をうけて生じた抗血友病性グロブリンなど》.

crỳo·precipitátion *n*〘化〙寒冷沈降反応.

crỳo·preservátion *n* 低温保存. ♦ **crỳo·presérve** *vt* 低温保存する.

crýo·pròbe *n*〘医〙《凍結外科で用いる》冷凍器, 凍結探針, クリオプローブ.

crỳo·protéct·ant *n* 凍結保護物質. ► *a* CRYOPROTECTIVE.

crỳo·protéctive *a* 凍結保護の.

crýo·pùmp *n*〘理〙クライオポンプ《液化ガスを利用して固体表面に気体を凝縮させる真空ポンプ》. ► *vi* クライオポンプを作動させる.

crỳo·resístive *a* 抵抗を減少するため極端に冷却した: ～ transmission line 極低温抵抗ケーブル.

crýo·scòpe *n* 氷点測定器[計], 氷点計.

cryoscópic méthod〘化〙凝固点降下法.

cry·os·co·py /kraɪáskəpi/ *n*〘化〙《液体の》氷点測定, 凝固点降下法, 氷点法. ♦ **cryo·scop·ic** /kràɪəskápɪk/ *a*

crỳo·sórption *n*〘理〙《クライオポンプ表面での》低温吸着.

crýo·stàt *n* 低温保持装置, クライオスタット, クリオスタット. ♦ **crỳo·stát·ic** *a*

crỳo·súrgery *n*〘医〙凍結[冷凍]外科, 冷凍手術. ♦ **-súrgeon** *n* **-súrgical** *a*

crỳo·thérapy *n*〘医〙寒冷[冷凍]療法.

cryo·tron /kráɪətràn/ *n*〘理〙クライオトロン《金属の超伝導性の磁場による変化を応用してスイッチ・アンプを作動させる装置》.

crypt /krípt/ *n* 地下室,《特に教会堂の》地下祭室; 霊廟の一室;〘解〙陰窩(いんか), 凹窩, 腺窩;《口》暗号文 (cryptogram). ♦ **～·al** *a* ［L *crypta*＜Gk (↓)］

crypt- /krípt/, **cryp·to-** /kríptou, -tə/ *comb form*「隠れた (hidden)」「秘密の (secret)」「神秘的な」「暗号の」［Gk (*kruptos* hidden)］
crỳpt·análysis *n* 暗号解読; 暗号解読法. ♦ **-ánalyst** *n* **-analýtic, -analýtical** *a*
crỳpt·analýtics *n* 暗号解読法 (cryptanalysis).
cryp·ta·rithm /kríptərìð(ə)m/ *n*〘算数〙暗号[換字]計算問題《数を文字で置き換えた計算式を示し, 式が成り立つような文字と数の対応を求める》. ［*crypto*gram＋*arith*metic］
cryp·tate /kríptèɪt/ *n*〘化〙クリプタート, クラスロキレート《金属イオンを包み込み三次元的なかごをつくっているキレート化合物》. ［*-ate*[1]］
crỳpt·esthésia *n*〘心〙潜在感覚.
cryp·tic /kríptɪk/, **-ti·cal** *a* 隠れた, 秘密の (mystic); 潜在的な; あいまいな, なぞめいた; ぶっきらぼうな, 短い; 暗号に関する[を使った];〘動〙身を隠すに適した, 隠蔽色をもつ: ~ coloring 隠蔽色. ♦ **-ti·cal·ly** *adv* 隠密に, ひそかに.
cryp·to /kríptou/《口》*n* (*pl* **~s**) 秘密結託者, 秘密党員,《特に》CRYPTO-COMMUNIST; 暗号法 (cryptography). ► *a* CRYPTOGRAPHIC; [°*compd*] 公言[宣言]されていない: a ~-fascist 隠れファシスト. ［CRYPT］
crỳpto·análysis *n* CRYPTANALYSIS.
crỳpto·bí·ont /-báɪɑ̀nt/ *n*〘生態〙クリプトビオシス (cryptobiosis) 状態で生存できる生物.
crỳpto·biósis *n* (*pl* **-ses**)〘生態〙クリプトビオシス《無代謝の休眠状態》. ♦ **-biótic** *a*
crỳpto·bránchiate *a*〘動〙隠れたえらをもつ.
crỳpto·clástic *a*〘地質〙〈砕屑(さいせつ)岩が〉肉眼で識別不能な微粒子からなる, クリプトクラスト質の.
crỳpto·coc·có·sis /-kɑkóusəs/ *n* (*pl* **-ses** /-siz/)〘医〙クリプトコックス症《酵母菌の一種 (*Cryptococcus neoformans*) の感染によって起こる肺[全身, 脳脊髄膜]の真菌症》.
crỳpto·cóccus *n* (*pl* **-cócci**)〘菌〙クリプトコックス《糸状不完全菌類の同属 (*C-*) の総称》. ♦ **-cóccal** *a*
crỳpto-Cómmunist *n* 共産主義秘密同調者, 共産党秘密党員.
crỳpto·crýstalline *a* 〈岩石が〉隠微晶質の, 潜晶質の《結晶が光学顕微鏡下では見えないくらいに微小な》.
cryp·to·gam /kríptəgæ̀m/ *n*〘植〙隠花植物 (cf. PHANEROGAM). ♦ **crỳp·to·gám·ic** *a* **cryp·tog·a·mous** /krɪptágəməs/ *a* ［F＜L *cryptogamae* (*plantae*) (Gk *gamos* marriage)］
crỳpto·génic *a* 〈病気など〉原因不明の, 潜源性の.
crýpto·gràm *n* 暗号(文); 秘密の記号[表現]. ♦ **crỳpto·grám·mic** *a*
crýpto·gràph *n* CRYPTOGRAM; 暗号書記[解読]法, 暗号 (cipher). ► *vt* 暗号にする.
cryp·tog·ra·pher /krɪptágrəfər/, **-phist** /-fɪst/ *n* 暗号使用[作成, 解読]者.
crỳpto·gráphic, -ical *a* 暗号の; 暗号法の. ♦ **-ical·ly** *adv*
cryp·tog·ra·phy /krɪptágrəfi/ *n* 暗号作成[解読](法), 暗号法; 暗号文.
cryp·tol·o·gy /krɪptálədʒi/ *n* 暗号学. ♦ **-gist** *n* **crỳp·to·lóg·i·cal, -ic** *a*
cryp·to·me·ria /krɪ̀ptəmíəriə/ *n*〘植〙スギ属 (*C-*) の各種の木,《特に》スギ (Japanese cedar).
cryp·tom·e·ter /krɪptámətər/ *n* クリプトメーター《顔料・塗料の隠蔽力を測定する計器》.
cryp·tom·o·nad /krɪptámənæ̀d/ *n*〘生〙クリプト植物, クリプトモナド (＝*cryptophyte*)《クリプト植物門 (Cryptophyta) の 2 本の鞭毛をもつ単細胞の藻類または原生生物の総称》.
cryp·to·nym /kríptənɪ̀m/ *n* 匿名. ♦ **cryp·ton·y·mous** /krɪptánəməs/ *a*
crýpto·phỳte *n*〘生態〙地中植物;〘生〙CRYPTOMONAD.
cryp·to·pine /kríptəpì:n/ *n*〘生化〙クリプトピン《ケシに含まれる有毒アルカロイド》.
crypt·or·chid /krɪptɔ́:rkəd/ *n, a*〘医〙潜在睾丸(症の).
crypt·ór·chi·dìsm, crypt·or·chism /krɪptɔ́:rkɪ̀z(ə)m/ *n*〘医〙潜在睾丸, 停留[潜伏]睾丸(症).
cryp·to·spo·ri·di·o·sis /krɪ̀ptəspɔ̀:rədióusəs/ *n* (*pl* **-ses** /-sì:z/)〘医〙クリプトスポリジウム症《人畜共通伝染病; 下痢をひき起こす腸疾患》.
crỳpto·sporídium *n*〘動〙クリプトスポリジウム《胞子虫綱真コクシジウム目に属するクリプトスポリジウム属 (*C-*) の原虫; 胃腸官に寄生し, 日和見(ひよりみ)感染を起こす》.
crýpto·sỳstem *n* 暗号システム[体系].
crỳpto·xánthin *n*〘生化〙クリプトキサンチン《ビタミン A 効果をもつカロチノイド》.
crỳpto·zóic *a*〘動〙暗所に生息する, 陰生の; [C-]〘地質〙陰生(累)代の. ► *n* [the C-] 陰生(累)代.
cryp·to·zo·ite /krɪ̀ptəzóuàɪt/ *n*〘動〙クリプトゾイト《マラリア原虫の鎌状体》.
crỳpto·zoólogy *n* 神秘動物学, 未知動物学《雪男やネッシーなどの実在が確認されていない動物の, 特に 存在する可能性の値を求める研究》. ♦ **-gist** *n* **-zoológical** *a*
cryst. crystalline ♦ crystallized.
crys·tal /kríst(ə)l/ *n* **1 a** 水晶 (＝rock ~); 水晶製品;《占い用》水晶球;《口》水晶占い: (as) clear as ~ 明々白々な; 非常に明晰な. **b** 水晶に似たもの《水・氷・涙など》. **2** クリスタル(グラス) (＝*crystal glass*)《高級鉛ガラス》; クリスタル[カットグラス]製品, カットグラス製食器類;《時計の》ガラスぶた (watch glass). **3 a**〘化・鉱〙結晶: Salt forms in ~*s*. 塩は結晶する. **b**〘電子工〙(検波用)鉱石;〘電子工〙鉱石検波器;〘電子工〙結晶整流器. **c**《俗》メタンフェタミン[アンフェタミン]の粉末;《俗》コカインの結晶;《俗》アンプル入りメセドリン (Methedrine). **4** [C-] クリスタル《女子名》. ► *a* **1** 水晶(質[製])の, クリスタル[カットグラス]製の; 水晶のような, 澄みきった; 15 周年の (⇨ CRYSTAL WEDDING). **2** 結晶の;〘電子工〙鉱石式の. ♦ **~·lìke** *a* ［OE *cristalla*＜OF, ＜Gk *krustallos* ice, crystal］
crýstal áxis〘晶〙結晶軸.
crýstal-báll *vt, vi*《俗》予言する, 占う.
crýstal báll 水晶球《占い用》; 占いの方法[手段].
crýstal-báll gàzer《口》将来を占う人.
crýstal clàss〘晶〙結晶族, 晶族.
crýstal-cléar *a* きわめて透明な; 非常に明瞭[明晰]な.
crýstal clóck 水晶時計.
crýstal cóunter〘電子工〙クリスタルカウンター《粒子検出器の一種》.
crýstal detéctor〘電子工〙鉱石検波器.
crýstal fórm〘晶〙結晶形《結晶の対称性を理想的な形で表わす多面形》.
crýstal gàzing《水晶[ガラス]の球を熟視して行なう》水晶占い; 将来を占う[むずかしい判断をする]試み, 占い的な予測. ♦ **crýstal gàzer** *n*
crýstal glàss クリスタルグラス (crystal).
crýstal hàbit〘晶〙晶癖, 晶相.
crýstal jòint*《俗》PCP《幻覚剤》.
crys·tall- /kríst(ə)l/, **crys·tal·lo-** /krístəlou, -lə/ *comb form*「結晶」［Gk; ⇨ CRYSTAL］
crýstal làttice〘晶〙結晶格子.
crys·tal·lif·er·ous /krɪ̀stəlíf(ə)rəs/, **crys·tal·lig·er·ous** /-lídʒ(ə)rəs/ *a* 結晶を生じる[含む].
crys·tal·line /krístəlaɪn, -lən, -lì:n/ *a* 水晶のような, 透明な; 明確な; 結晶(質)の, 結晶性の, 結晶体からなる.
crýstalline héaven [sphére]〘天〙《Ptolemy の天文学で, 天の外圏と恒星界との中間に 2 個あると想像された》透明球体.
crýstalline léns〘解〙《眼球の》水晶体, レンズ.
crys·tal·lin·i·ty /krɪ̀stəlínəti/ *n* 透明さ; 結晶性; 結晶(化)度.
crys·tal·lite /krístəlàɪt/ *n*〘鉱〙晶子, クリスタライト;〘理〙クリスタリット《高分子物質における微結晶》; ミセル (micelle). ♦ **crỳs·tal·lít·ic** /-lít-/ *a*
crys·tal·li·zá·tion *n* 結晶化; 晶出; 結晶体; 具体化.
crys·tal·lize, -tal·ize /krístəlàɪz/ *vt, vi* 結晶させる[する]; 晶析[晶出]させる[する]; 砂糖漬けにする; 〈考え・計画など〉具体化する, 明確にする[なる], 固める, 固まる 〈*out*〉. ♦ **crýs·tal·lìz·able** *a* **-lìz·er** *n* crystallize するもの, 晶析装置.
crýs·tal·lìzed *a* 結晶化[晶析]した; 砂糖漬けの; 具体化した, 明確な: ~ fruit 砂糖漬けの果物.
crystallo- /krístəlou, -lə/ ⇨ CRYSTALL-.
crystallo·génic, -i·cal *a* 結晶生成[発生]の.
crys·tal·lo·graph·ic /krístələgræ̀fɪk/, **-i·cal** *a* 結晶の, 結晶学的な, 結晶学上の. ♦ **-i·cal·ly** *adv*
crystallográphic áxis〘晶〙結晶軸.
crys·tal·log·ra·phy /krɪ̀stəlágrəfi/ *n* 結晶学. ♦ **-pher** *n* 結晶学者.
crys·tal·loid /krístəlɔ̀ɪd/ *a* 結晶様の, 晶質の. ► *n*〘化〙晶質, クリスタロイド (opp. *colloid*);〘植〙《脂肪種子の》結晶体. ♦ **crỳs·tal·lói·dal** *a*
Crys·tal·lose /krístəlòus/〘商標〙クリスタロース《サッカリンナトリウム塩》.
crýstal méth《口》クリスタルメス《メタンフェタミン (methamphetamine) の粉末状結晶; 覚醒剤》.
crýstal mìcrophone クリスタルマイクロホン《圧電性結晶によって音響エネルギーを電気エネルギーに変えるマイクロホン》.
crýstal núcleus〘化〙結晶核《結晶化の初期にできる微小の結晶体》.
Crýstal Pálace 1 [the] 水晶宮《1851 年万国博覧会用に Joseph Paxton の設計で Hyde Park に建設, 1854 年南 London の Sydenham に移築された鉄骨ガラス張りの建築; 1936 年焼失; 今はそこにスポーツセンターがある》. **2** クリスタルパレス《南 London の一区域》.
crýstal pickup《レコードプレーヤーの》クリスタルピックアップ (cf. MAGNETIC PICKUP).
crýstal pléat クリスタルプリーツ《同方向にきっちりプレスしてひだ山をきれいに出した細かいプリーツ》. ♦ **crýstal pléated** *a*
crýstal réctifier〘電子工〙クリスタル整流器.

crýstal-sèe·ing *n* CRYSTAL GAZING. ♦ **-sèer** *n*
crýstal sèt 〘電子工〙鉱石受信器.
crýstal sýstem 〘晶〙結晶系《hexagonal, isometric, monoclinic, orthorhombic, tetragonal, triclinic, trigonal の 7 系がある》.
crýstal víolet [°C- V-]〘化〙クリスタルバイオレット (=*gentian violet, methylrosaniline chloride, methyl violet*)《紫色の塩基性染料》.
crýstal vísion 水晶占い(で見える像).
crýstal wédding 水晶婚式《結婚 15 周年記念; ⇨ WEDDING》.
CS /sí:ɛ́s/ *n* CS GAS.
cs. case(s) ♦ census ♦ consciousness ♦ consul. **c.s.** °capital stock ♦ °civil service. **Cs** 〘化〙cesium ♦〘気〙cirrostratus.
CS 〘医〙°Caesarean section ♦ °capital stock ♦〘英〙chartered surveyor ♦ °Chief of Staff ♦ °Christian Science ♦ °civil servant ♦ °Civil Service ♦〘心〙conditioned stimulus ♦ °county seat ♦ °Court of Session. **c/s, C/S** cycles per second. **CSA** 〘英〙°Child Support Agency ♦ °Confederate States of America.
csardas ⇨ CZARDAS.
csc 〘数〙cosecant.
CSC Civil Service Commission 国家公務員任用委員会.
CSCE Conference on Security and Cooperation in Europe 全欧安保協力会議 (cf. HELSINKI ACCORDS, OSCE).
csch 〘数〙°hyperbolic cosecant.
CSE 〘英〙Certificate of Secondary Education.
C-section /sí:—/ *n* *《口》帝王切開 (Caesarean section).
CSF 〘解〙°cerebrospinal fluid ♦〘医〙°colony-stimulating factor.
CS gas /sí:ɛ̀s —/ CS ガス (=*CS*)《催涙ガス》. [Ben B. *C*orson (d. 1987), Roger W. *S*taughton (d. 1957), 共に米国の化学者]
CSIRO 〘豪〙Commonwealth Scientific and Industrial Research Organization 連邦科学産業研究機構.
CSM command and service module ♦〘米〙°Command Sergeant Major ♦〘英〙Committee on Safety of Medicines 医薬品安全性委員会《現在は CHM》♦〘英〙°Company Sergeant Major.
C-SPAN /sí:spæ̀n/〘商標〙C-スパン《米国のケーブルテレビチャンネル》. [*C*able *S*atellite *P*ublic *A*ffairs *N*etwork]
C-spanner /sí:—/ *n* C 形スパナ《口に突起があり, ナットにあるくぼみにかみ合わせて使用する》.
C-spot /sí:—/ *n**《俗》100 ドル札 (C-note).
C spring /sí: —/ C 字形スプリング《自動車などの》.
CSR °corporate social responsibility. **CST** 〘米・カナダ〙°central standard time. **CSU** 〘英〙Civil Service Union.
CSV 〘電算〙comma separated value《コンマ区切りのデータ形式》.
ct carat ♦ cent ♦《卑》cockteaser ♦ count ♦ county ♦ court.
CT °cell therapy ♦〘米・カナダ〙°central time ♦ certificated [certified] teacher ♦《卑》cockteaser ♦〘軍〙°combat team ♦ °computed [computerized] tomography ♦ Connecticut. **CTBT** Comprehensive Test Ban Treaty 包括的核実験禁止条約. **CTC** 〘英〙°city technology college ♦〘英〙Cyclists' Touring Club.
CTD /sí:tì:dí:/ *a**《俗》死にかかって, ほどなくあの世行きの. [*c*ircling *t*he *d*rain: 排水口に吸い込まれる直前というたとえ]
cten- /tén, tí:n/, **cteno-** /ténoʊ, tí:-, -nə/ *comb form*「櫛(くし)」[Gk (*kten- kteis* comb)]
cte·nid·i·um /tɪnídiəm/ *n* (*pl* **-ia** /-iə/)〘動〙《軟体動物の》櫛鰓(くしえら).
cte·noid /ténɔ̀ɪd, tí:-/ *a* 〘動〙櫛状の (comblike); くし形の〈うろこ〉, 櫛鱗(しつりん)のある〈魚〉: ~ scale くし形うろこ, 櫛鱗. ► *n* 櫛鱗のある魚.
cte·noph·o·ran /tɪnáfərən/ *a, n* 〘動〙有櫛(ゆうしつ)動物類[門] (Ctenophora) の(腔腸動物).
cténo·phòre *n* 〘動〙有櫛動物 (=*comb jelly*). ♦ **ctèno·phóric** /-fɔ́r-, -fɔ́(:)r-/ *a*
Cte·si·phon /tésəfɑ̀n, tí:-/ クテシフォン《Baghdad 南方 Tigris 川左岸の古代都市; パルティア (Parthia) およびササン朝ペルシアの首都》.
ctf. certificate.
C3, C-3 /sí:θrí:/ *a* 〘軍〙健康[体格]劣等の; 《口》最低の.
ctn carton ♦〘数〙cotangent. **C2B** /sí:təbí:/ consumer-to-business《インターネットを使った消費者と企業間の取引についていう》.
C2C /sí:təsí:/ consumer-to-consumer《インターネットを使った消費者間の取引についていう》. **c to c** center to center. **ctr** center ♦ counter. **ctrl** control (⇨ CONTROL KEY). **CTRL** °Channel Tunnel Rail Link. **cts** centimes ♦ cents.
CTS 〘医〙°carpal tunnel syndrome.
CT scan /sí:tí: —/ CT スキャン (CAT SCAN).
CT scanner /sí:tí: —/ CT スキャナー (CAT SCANNER).
CTT °capital transfer tax. **C2** 〘英〙C2《SOCIOECONOMIC GROUPS の上から 4 番目の階層(の人); 熟練労働者階級》.
C-type virus /sí:— —/ C 型ウイルス《レトロウイルスの電子顕微鏡による形態学的分類の一型》: ~ particles C 型ウイルス粒子.
cu. cubic ♦ cumulative. **Cu** 〘気〙cumulus ♦〘化〙[L *cuprum*] copper. **CU** Christian Union ♦〘映・放送〙close-up ♦ °Consumers Union. **CU, cu** 《E メールなどで》see you.
cua·dri·lla /kwɑ:drí:(l)jə/ *n* 〘闘牛〙クゥドリリャ《matador の助手団; cf. TORERO》. [Sp]
Cuan·za, Kwan·za /kwɑ́:nzə/ [the] クワンザ川《アンゴラ西部を北西に流れて大西洋に注ぐ》.
cua·tro /kwɑ́:troʊ/ *n* (*pl* ~**s**)〘楽〙クアトロ《プエルトリコのギターの一種》. [Sp *cuatro* four]
Cuauh·té·moc /kwaʊtémòʊk/, **Gua·ti·mo·zin** /gwɑ̀:təmóʊtsən/ クアウテモック (c. 1495–1522)《アステカ帝国最後の皇帝; Montezuma 2 世の甥で, 娘婿》.
cub[1] /kʌ́b/ *n* **1 a**《クマ・ライオン・オオカミなどの》野獣の子, 幼獣 (whelp); 鯨[サメ]の子. **b** 若者; [*derog*] 無作法な子《しばしば an unlicked ~として》. **2** 見習い, 新米; 《口》CUB REPORTER; CUB SCOUT, [the ~s] Cub Scouts (⇨ CUB SCOUT). ► *vt, vi* (-bb-) 〈母獣が〉子を産む; 子狐狩りをする. [C16<?Scand; cf. Icel *kobbi* young seal]
cub[2] ॥《方》*n* 牛舎; 鶏舎 (coop); 飼槽 (crib); 大箱 (bin).
cub[3] *n* *《俗》狭苦しい部屋; 《豪俗》《子供が中にはいって遊ぶ》子供の[おもちゃの]家.
Cu·ba /kjú:bə/ キューバ《(1) 西インド諸島の島 2) 同島および属島からなる国; 公式名 Republic of ~ (キューバ共和国); ☆Havana》.
cub·age /kjú:bɪdʒ/ *n* 体積, 容積. [*cube*[1], *-age*]
cúba lì·bre /-lí:brə/ [°C-] キューバリーブレ《コーラ飲料にラムとレモンジュース[ライムジュース]を混ぜたカクテル》.
Cúba·lift *n* キューバ脱出難民の空輸.
Cú·ban *a* キューバ(人)の. ► *n* キューバ人; キューバタバコ.
cub·ane /kjú:bèɪn/ *n* 〘化〙クバン《8 個の CH 基が立方体の各角(かど)にくる炭化水素》.
Cu·ban·go /kubǽŋgù:/ [the] クバンゴ川《OKAVANGO 川のアンゴラにおける名称》.
Cúban héel 〘靴〙キューバンヒール《太めの中ヒール》.
Cúban míssile crìsis [the] キューバミサイル危機《1962 年 10 月, キューバに建設中のソ連のミサイル基地をめぐり米ソ間の緊張が高まった事件; Kennedy 政権は海上封鎖を実施, 核戦争の危機が懸念されたが, Kennedy のキューバ不侵攻の保障と Khrushchev のミサイル撤去の発表で危機は回避された》.
Cu·ba·nol·o·gist /kjù:bənálədʒɪst/ *n* キューバ問題専門家, キューバ学者.
Cúban sándwich* キューバ風サンドイッチ《ハム・ソーセージ・チーズなどをふんだんに使う》.
cu·ba·ture /kjú:bətʃər, *-tʃùr, *-t(j)ùr/ *n* 立体求積法; 体積, 容積.
cúb·bing॥ *n*《特に 猟犬訓練のための》子狐狩り.
cúb·bish *a* 幼獣のような; 無作法な; だらしのない, うすぎたない. ♦ **~·ly** *adv* **~·ness** *n*
cúb·by(·hòle) /kʌ́bi(-)/, **cúbby·hòuse** *n* こぢんまりした気持のいい場所[部屋]; 《子供が遊びでつくる》おもちゃの家; 狭苦しい場所[部屋]; 納戸, 押入れ, 《机・キャビネットなどの》小仕切り, 書類整理棚. [*cub* (dial) stall, pen<LG]
cube[1] /kjú:b/ *n* **1 a** 立方体, 正六面体; 立方形のもの《敷石・煉瓦など》; *《口》CUBICLE; [ᵘthe ~s] *《俗》さいころ; 《口》FLASHCUBE; *《俗》LSD 入り角砂糖. **b**《俗》ガチガチの堅物, くそまじめ人間. **2** 〘数〙立方, 3 乗 (cf. SQUARE); [*pl*] 立方インチ《自動車の排気量についていう》; [〈*a*〉] 3 乗の, 立方の: 6 feet ~ 6 フィート立方. ► *vt* **1** [ᵘ*pass*]〈数を〉3 乗する; …の体積を求める; 立方体[形]にする. **2**〈道など〉に敷石[煉瓦]を敷く. **3** さいの目に切る[刻む]; 〈ステーキ〉に格子形の刻み目を入れる. ♦ **cúb·er** *n* [OF or L<Gk]
cu·be[2], **cu·bé** /kjú:bèɪ, kjubéɪ/ *n* 〘植〙キューベ《熱帯アメリカ産のマメ科植物; その根から採る毒; ROTENONEを含有する》. [AmSp <?]
cu·beb /kjú:bèb/ *n* 〘植〙ヒッチョウカ (Java pepper); クベバ《ヒッチョウカの実; 薬用・調味料》. [OF<Arab]
cúbe fàrm*《俗》cubicles の並んだオフィス.
cúbe·hèad *n**《俗》LSD (入り角砂糖)常用者.
cúbe róot 〘数〙立方根.
cúbe stèak, cúbed stéak /kjú:bd-/ キューブ[さいころ, 角切り]ステーキ《格子状に刻み目を入れて柔らかくしたステーキ用牛肉》.
cúbe sùgar 角砂糖.
cúb·hòod *n* 幼獣期[時代], 幼時(の状態); [*fig*] 初期.
cúb-hùnt·ing *n* 子狐狩り (cubbing॥).
cu·bic /kjú:bɪk/ *a* 〘数〙立方の, 三次の, 3 乗の《略 c., cu.》; CUBICAL; 〘晶〙立方[等軸]晶系の (isometric): ~ content(s) 容積, 体積 / a ~ meter [foot, inch] 1 立方メートル[フィート, インチ] / ~ system 立方晶系 / ~ capacity 容積, 《エンジンの》総排気量. ► *n* 三次(方程)式; 三次曲線[関数]. ♦ **cu·bic·i·ty** /kjubísəti/ *n* **~·ly** *adv* [F or L<Gk; ⇨ CUBE[1]]
cú·bi·cal *a* 立方体の, 正六面体の; 体積[容積]の; CUBIC. ♦ **~·ly** *adv* **~·ness** *n*
cúbic equátion 〘数〙三次(方程)式.

cub·i·cle /kjúːbɪk(ə)l/ *n* 《寮などの仕切った》小寝室; ほぼ方形の小部屋, オフィスの個人用作業区画, 書庫内個人閲覧席 (carrel), 更衣室, 談話室《など》. ［L (*cubo* to lie down)］
cúbic méasure 体積度量法《単位または単位系》.
cu·bic·u·lum /kjubíkjələm/ *n* (*pl* **-la** /-lə/) 《地下墓地の一家族用の》埋葬室.
cúbic zircónia [zircónium] キュービックジルコニア《ダイヤモンドに似た人造石》.
cú·bi·fòrm /kjúːbə-/ *a* 立方形の.
cub·ism /kjúːbìz(ə)m/ *n* [°C-]〘美〙立体派, キュビスム《初め Cézanne が, のちに Picasso, Braque が主唱》. ［F; ⇨ CUBE[1]］
cub·ist /kjúːbɪst/ *n* [°C-] 立体派の芸術家《画家・彫刻家》. ► *a* 立体派の; 複雑な幾何学模様からなる.
cu·bis·tic /kjubístɪk/ *a* 立体派の; キュビスム風の. ♦ **-ti·cal·ly** *adv*
cu·bit /kjúːbət/ *n* キュービット, 腕尺《古代の長さの単位; 肘から中指の先端までの長さ: 46–56 cm》. ［L *cubitum* elbow, cubit］
cu·bi·tal /kjúːbətl/ *a* 〘解・動〙ひじ (cubitus) の.
cu·bi·tus /kjúːbətəs/ *n* (*pl* **-ti** /-tàɪ/) 〘解・動〙肘. ［L=elbow］
cu·boid /kjúːbɔ̀ɪd/ *a* 立方形の, さいころ形の; 〘解〙立方骨の. ► *n* 〘解〙立方骨 (=～ **bóne**); 〘数〙直方体, 直平行六面体. ♦ **cu·bói·dal** *a* 立方体様の. ［L<Gk; ⇨ CUBE[1]］
cubóidal epithélium 〘生〙立方上皮.
Cu-bop /kjúː-⏑/ *n* 〘ジャズ〙キューバップ《キューバのリズムが bop と結びついた 1940 年代のジャズ》.
cúb repòrter 駆け出し新聞記者.
Cúb Scòut カブスカウト《Boy Scouts の幼年部門 (Cub Scouts) の団員; 米では 7–10 歳, 英では 8–10.5 歳》.
cu·ca·ra·cha /kùːkəráːʧə/ *n* 〘昆〙ゴキブリ (cockroach); [La C-] ラ・クカラーチャ《メキシコの社交ダンスの一つ》. ［Sp］
cu·chi·fri·to /kùːʧɪfríːtoʊ/ *n* (*pl* **～s**) クチフリート《角切り豚肉の揚げたもの》. ［AmSp］
Cu·chul·ain, -ainn, Cú Chul·ainn /kukʌ́lən, kúːxu-/ 〘アイル伝説〙クーフリン《祖国 Ulster のために戦って死んだ英雄》.
cúck·ing stòol /kʌ́kɪŋ-/ 〘史〙懲罰椅子《不身持ち女・不正商人などをこれにくくりつけ, さらしものにしたり, 水に浸したりした; cf. DUCKING STOOL》.
cuck·old /kʌ́k(ə)ld, kʌ́koʊld/ «古風» *n* 不貞な妻をもった夫, 姦婦の夫, 寝取られ男. ► *vt* 〈夫〉に不義をする; 〈人〉の妻を寝取る. ［OF (pejorative)<*cucu* cuckoo］
cúckold·ry *n* 夫に不義をすること; 寝取られ男であること.
cuck·oo /kúːkùː, kú-/ *n* (*pl* **～s**) **1 a** 〘鳥〙カッコウ《英国では春を告げる鳥とされる; ⇨ CHERRY》, 《広く》ホトトギス科の鳥《この科の鳥は他の鳥の巣に托卵し, 自分では育てない》. **b** クックー, カッコー《その鳴き声》. **2** «俗» 気違い, まぬけ, ばか者, やつ; [*voc*] おいおい《優しくとがめる気持》. ● **the ～ in the nest** 《子供に対する愛を親から横取りする》愛の巣の侵入者. ► *a* **1** カッコウの[に似た]. **2** «俗» 気が狂った, ばかな; «俗» 変な, おかしな; «俗» (打たれて)目がくらんで, 意識を失って: knock sb ～ 人を気絶させる. ► *vt* 単調に繰り返す. ► *vi* クックー[カッコー]と鳴く; カッコウの鳴き声のような音を出す. ［OF *cucu* (imit)］
cúckoo bèe 〘昆〙キマダラハナバチ.
cúckoo clòck 鳩時計.
cúckoo dòve 〘鳥〙オナガバト《東南アジア・豪州産》.
cúckoo fàlcon 〘鳥〙カッコウハヤブサ《ワシタカ科; アフリカ・南アジア産》.
cúckoo·flòwer *n* 〘植〙**a** ハナタネツケバナ《アブラナ科》. **b** センノウの一種 (ragged robin). **c** オキザリス, カタバミ (wood sorrel).
cúckoo·pint /-pɪ̀nt, -pàɪnt/ *n* 〘植〙アルム・マクラトゥム《サトイモ科アルム属の多年草; 欧州の落葉樹林に生える水芭蕉やカラー (calla) の仲間; 塊茎から澱粉を採る; 時に園芸用》.
cúckoo shrìke 〘鳥〙オニサンショウクイ《南アジア・豪州産; 飛び方などがカッコウに似る》.
cúckoo spìt [spìttle] 《アワフキのつくる》泡 (=*frog* [*snake*, *toad*] *spit*); 〘昆〙アワフキ (spittlebug, spittle insect).
cúckoo wàsp 〘昆〙セイボウ《セイボウ科のハチの総称; 泥などに巣を造るハチに寄生する》.
cúckoo wràsse 〘魚〙バランベラ《地中海・北海産》.
cu·cu·li·form /kjukjúːləfɔ̀ːrm/ *a* 〘鳥〙ホトトギス類 (Cuculiformes) の.
cu·cul·late /kjúːkəlèɪt, kjukʌ́lət/, **-lat·ed** /kjúːkəlèɪtəd/ *a* 〘植・動〙ずきん[僧帽 (hood)]をいただく, 僧帽状の.
cu·cum·ber /kjúːkəmbər/ *n* 〘植〙キュウリ; *«俗» ドル: (as) cool as a ～ 落ちつきはらって, あくまで冷静で. ［OF<L］
cúcumber mosàic 〘植〙キュウリモザイク病《葉・果実のウイルス病》.
cúcumber trèe 〘植〙**a** キモクレン《北米東部原産の落葉高木; 花は黄緑色》. **b** 《熱帯アジア原産の》ゴレンシ.
cu·cú·mi·fòrm /kjukjúːmə-/ *a* キュウリのような形の. ［L *cucumis* cucumber］
cu·cur·bit /kjukə́ːrbət/ *n* 〘植〙ウリ科[《特に》カボチャ属]の各種植物《カボチャ・メロン・キュウリなど》; 〘化〙《昔の》蒸留瓶.
cu·cur·bi·ta·ceous /kjukə̀ːrbətéɪʃəs/ *a* 〘植〙ウリ科 (Cucurbitaceae) の.
Cú·cu·ta /kúkətə/ ククタ《コロンビア北部, ベネズエラとの国境の近くにある市》.
cud /kʌ́d, *kúd/ *n* 反芻食塊, 食い戻し《反芻動物が第一胃から口中に戻してかむ食物》; «方・俗» かみタバコの一かみ (quid). ● **chew the** [**one's**] **～** 〈牛などが〉反芻する; 反省[熟慮]する. ［OE *cwidu* what is chewed; cf. G *Kitt* cement, putty］
cu·da /kúːdə/ *n*"«方・口» BARRACUDA.
cud·bear /kʌ́dbɛ̀ər/ *n* 〘薬〙クドベール《地衣類から採る紫色の粉末染料》, 《これを固めた》リトマス. ［Dr *Cuthbert* Gordon 18 世紀のスコットランドの化学者］
Cud·die /kʌ́di/ カディー《男子名; Cuthbert の愛称》.
cud·dle /kʌ́dl/ *vt* 抱きしめる, 抱いてかわいがる. ► *vi* 《ぴったり》寄り添う, 寄り添って寝る 〈*up together*, *up with*, *up to* [*against*]〉; 丸くなって寝る 〈*up*〉: ～ *up with* a book 本をかかえて椅子[ベッド]におさまる. ► *n* 抱擁. ♦ **cúd·dler** *n* ［C16〈? *couth* (dial) snug］
cúddle-bùnny *«俗» *n* あばずれ, 不良少女; かわい子ちゃん.
cúd·dly, cúddle·some *a* 抱きしめたくなるような, かわいい.
cud·dy[1] /kʌ́di/ *n* 〘海〙《半甲板船の》船室兼料理室; 〘史〙《船尾の下甲板にある》食堂兼社交室; 小部屋, 食器室. ［Du<OF<?］
cud·dy[2], **-die** /kʌ́di, *kúdi/ «主にスコ» *n* ロバ; ばか, 無骨者. ［CUTHBERT (人名)の愛称か］
cuddy[3] *n* 〘魚〙黒っぽい魚 (coalfish)《特にその稚魚》. ［?Gael *cudaig*］
cud·gel /kʌ́ʤ(ə)l/ *n* 棍棒《昔の刑罰具・武器》. ● **take up the ～s** (**for**...) (…のために)敢然と闘う, (…を)勇敢に弁護する. ► *vt* (-l- | -ll-) 棍棒で打つ: ～ one's BRAIN(s). ♦ **～·er** *n* ［OE *cycgel*<?; cf. G *Kugel* ball］
cúdgel plày 棒術試合.
cud·ger·ie /kʌ́ʤəri/ *n* 〘植〙豪州のミカン科[ウルシ科]の木. ［(Austral)］
cúd·wèed /kʌ́d-, *kúd-/ *n* 〘植〙ハハコグサ, チチコグサ《など》《キク科ハハコグサ属の雑草》.
Cud·worth /kʌ́dwərθ/ カドワース **Ralph ～** (1617–88)《イングランドの哲学者・神学者》.
cue[1] /kjúː/ *n* **1 a** キュー《**1**)〘劇〙俳優などに合図となるせりふ・しぐさ **2**)〘楽〙演奏を休止しているパート譜に小さく記された他の楽器の主旋律の一部で, 演奏に加わるための指示となるもの》. **b** きっかけ, 合図, 暗示, 手掛かり (hint); 〘心〙手掛かり, 行動のための信号: give sb the ～ 人に暗示[合図]を与える, 入れ知恵する / miss a ～ きっかけをつかみそこなう; こつがつかめない. **c** 《AV 機器の》頭出し機能. **2** «古» 役 (part), 役割, 役目. **3** «古» 気分, 機嫌: not in the (right) ～ for it 気が向かない. ● (**right**) **on ～** ちょうどいい時に, 適時に. **take one's ～ from**… の例にならう. ► *v* (**cú(e)·ing**) *vt* …に合図[指示]する; 〘劇〙…にキューを与える; 〘楽〙〈…に〉キューを入れる 〈*in*, *into*〉; 〈音・効果などを〉挿入する 〈*in*〉; 〈録音[録画]の再生したい箇所を〉頭出しする. ► *vi* 〘映〙撮影開始の合図を出す. ● **～ sb in** 人にキュー[合図]を送る[与える]; [*fig*] 人に知らせる 〈*on*〉. ［C16<?; 台本にある *q* (L *quando* when の頭文字)か］
cue[2] *n* 《ビリヤードの》キュー; 《円盤突きの》突き棒; QUEUE; おさげ, 弁髪. ► *v* (**cú(e)·ing**) *vt* 〈髪などを〉編む, 組む; キューで突く; *«野球俗» 《キューで突いたように》ストレートに強打する. ► *vi* 列をなして並ぶ 〈*up*〉; キューで突く 〈*on*〉. ♦ **～·ist** *n* ビリヤード[玉突き]をする人, 撞球家. ［変形〈*queue*］
cue[3] *n* 《アルファベットの》Q [q].
cúe·bàll *«俗» *n* はげ[坊主, 五分刈り]頭の男[少年], つるつる頭; 奇人, 変人.
cúe bàll 〘玉突〙手球, キューボール.
cúe bìd 〘ブリッジ〙キュービッド《敵側のビッドしたスーツをビッドすること》. ♦ **cúe-bid** *vt*
cúe càrd キューカード《テレビ放送中に出演者にせりふをつけるのに用いるキーワードなどを記したカード》.
cúed spéech /kjúːd-/ キュードスピーチ《唇の動きと手の動きを組み合わせた聾者(ろうしゃ)のコミュニケーションの方法》.
cúe·ing *n* 〘音響〙FOLDBACK.
cúe lìne **1** キューライン《別の演技者による演技のきっかけとなる, 現演技者のせりふ》. **2** 〘放送〙キューライン《スタジオから離れた放送地点と放送局とを結ぶ, 内部連絡用の電話回線》.
Cuen·ca /kwɛ́ŋkə/ クエンカ《**1**) エクアドル南部の市 **2**) スペイン中東部の Castilla-La Mancha 自治州の県; また その県都》.
Cuer·na·va·ca /kwɛ̀ərnəváːkə, -vǽkə/ クエルナバカ《メキシコ中南部 Morelos 州の州都》.
cúe shèet 〘劇・放送〙キュー台本.
cues·ta /kwɛ́stə/ *n* 〘地理〙ケスタ《一方が急傾斜, 反対側がなだらかな丘陵》. ［Sp］
cuff[1] /kʌ́f/ *n* 《装飾用の》袖口; 袖カバー; 《長手袋の》腕まわり《手首より上の部分》; 《ワイシャツの》カフス; *《ズボンの》折り返し (turnup"); [ᵘ*pl*] 手錠 (handcuffs); メタルバンドのブレスレット; 《血圧測定の》加圧帯. ● **for the ～** *«俗» 内密の. **off the ～** «口» 〈返答・演説な

ど)即座の[に], 即興の[で]; «口» 非公式の[に], 形式ばらない(で). **on the ～** «口» 掛けの[で], 月賦の[で] (on credit); サービスの[で], 無料の[で] (on the house); 秘密で; 即座に. **shoot one's ～s** 上着の袖口からシャツのカフスを出す《尊大さや不安な気持を示すしぐさ》. ► *vt* …に cuff をつける; …に手錠をかける; *«俗» 《せっつくように》〈人〉から金を借りる; *«俗» つけにする. ♦ **～ed** *a* **～·less** *a* [ME *cuffe* glove<?]

cuff[2] *n* ピシャリ[バシッ]と打つこと, 平手打ち: at ～*s* なぐり合いをして / ～*s* and kicks 打ったりけったり / go [fall] to ～*s* なぐり合い[けんか]を始める. ► *vt, vi* 平手で打つ, なぐる; 取っ組み合う. [C16<?; imit か]

cúff bùtton 袖口のボタン, カフスボタン.

cuf·fee /kʌ́fi/ *n* *«俗» 黒人.

cuf·fe·roo /kʌ̀fərúː/ *a* *«俗» 無料の, つけの.

cúff lìnk [ᵘ*pl*] カフスボタン, カフスリンク.

cuf·fo /kʌ́fou/ *a* *«俗» 無料の, ただの, ロハの.

cúff quòte «俗» 《証券プロの》見当[推量]呼び値.

Cufic ⇨ KUFIC.

Cu·ia·bá, -ya- /kùːjəbɑ́ː/ **1** クヤバ《ブラジル南西部 Mato Grosso 州の州都; Cuiabá 川に臨む》. **2** [the] クヤバ川《ブラジル南西部を流れる》.

cui bo·no /kwìː bóunou/ だれがしたのか, 犯人はだれだ; 何[だれ]の役に立つのか, 何のために. [L=for whose benefit]

Cuijp ⇨ CUYP.

cui·rass /kwɪrǽs/ *n* 胴甲, 胴丸; 《よろいの》胸当て (breastplate); 〘動〙保護骨板; 《軍艦の》装甲; 胴甲[胸甲]呼吸器 (=～ **réspirator**). ► *vt* 〈人〉に胴よろい[胸当て]を着ける; 装甲する. [OF<L (*corium* leather)]

cui·rássed *a* 胴よろい[胸当て]を着けた; 装甲した.

cui·ras·sier /kwìərəsíər/ *n* 〘史〙《フランスなどの》胸甲[重]騎兵.

cuir-bouil·li /kwìərbujíː/ *n* キュイールブーイー《蠟につけて硬くした革; 中世には武具に用いた》. [F=boiled leather]

Cui·se·náire (cólored) ród /kwìːz(ə)nέər-/ キュイズネール棒《径が 1 cm, 長さが 1–10 cm の 10 本の色のついた棒; 算数教育用》. [*Cuisenaire* 考案者であるベルギーの教師 Georges Cuisenaire (1891–1976) に由来する商標]

Cui·sin·art /kwìːzənɑ́ːrt, ⌐–⌐/ 〘商標〙クイジナート《米国製のフードプロセッサー》.

cui·sine /kwɪzíːn, kwi-/ *n* 料理, 料理法; «古» 料理場, 調理部, 厨房(ちゅうぼう): French ～ フランス料理. [F=kitchen<L *coquina* (*coquo* to cook)]

cui·sine min·ceur /*F* kɥizin mɛ̃sœːr/ 《澱粉・砂糖・バター・クリームを抑えた》低カロリーのフランス料理法. [F=slimness cooking]

cuisse /kwís/, **cuish** /kwíʃ/ *n* 《よろいの》もも当て.

cui(t)·tle /k(j)úːtl/ *vt* «スコ» 甘いことを言って…させる.

Cuj·us re·gio, ej·us re·li·gio /kùːjus régiòu ɛ̀jus relígiòu/ 領主の宗教はその国民の宗教《アウクスブルク講和 (Peace of Augsburg, 1555) で採択された原則; 諸侯が新教・旧教のいずれかを選ぶ権利をもち, 住民は領主の信仰に従う》.

cuke /kjúːk/ *n* «口» キュウリ (cucumber).

Cul·bert·son /kʌ́lbərts(ə)n/ カルバートソン **Ely** ～ (1891–1955) 《米国のコントラクトブリッジの大家》.

culch ⇨ CULTCH.

cul·chie /kʌ́ltʃi/ *n* «アイル口» 田舎の人, 田舎者.

cul-de-sac /kʌ́ldɪsæ̀k, kúl-, ⌐–⌐/ *n* (*pl* **culs-de-sac** /kʌ́l(z)-, kúl(z)-/, ～s) 行き止まり(道), 袋小路; 〘軍〙三方包囲; 《のがれられない》窮地, 窮境; 《議論の》行き詰まり; 〘解〙盲管, 盲囊; 〘解〙POUCH OF DOUGLAS (=～ **of Dóuglas**). [*sac* sack]

Cúl·do·scòpe /kʌ́ldə-, kúl-/ 〘商標〙クルドスコープ《CULDOSCOPY 用の特殊な内視鏡》. [*cul*-de-sac of *Douglas*]

cul·dos·co·py /kʌ̀ldɑ́skəpi, kùl-/ *n* 〘医〙骨盤腔鏡(検査)法, ダグラス窩検鏡法, クルドスコピー《内視鏡を膣円蓋後方から骨盤腔内へ挿入し骨盤器官を視診すること》. ♦ **cul·do·scop·ic** /kʌ̀ldəskɑ́pɪk, kùl-/ *a*

cul·dot·o·my /kʌ̀ldɑ́təmi, kùl-/ *n* 〘医〙ダグラス窩切開術 (cf. POUCH OF DOUGLAS).

-cule /kjùːl/, **-cle** /k(ə)l/ *n suf* 「小…」: animal*cule*, parti*cle*. ♦ **-cu·lar** /⌐kjələr/ *a suf* [F or L]

Cu·lé·bra Cút /kuléɪbrə-/ クーレブラカット《Panama 運河の GAILLARD CUT の旧称》.

CUL8R 《E メールなどで》see you later.

cu·let /kjúːlət, kʌ́l-/ *n* 〘宝石〙キューレット (=*collet*)《ブリリアント形琢磨のダイヤモンドの底面》; 《よろいの》尻当て. [F]

cu·lex /kjúːlèks/ *n* (*pl* **cu·li·ces** /kjúːləsìːz/) 〘昆〙イエカ属 (*C*-) の各種の蚊. [L=gnat, midge]

Cul·hwch /kílhux/ 《ウェールズ伝説》キルフッフ《英雄; 巨人の娘 Olwen に求愛する》.

Cu·lia·cán /kùːljəkɑ́ːn/ **1** クリアカン《メキシコ北西部 Sinaloa 州の州都》. **2** [the] クリアカン川《メキシコ北西部を南西に流れて California 湾口に注ぐ》.

cu·lic·id /kjulísəd/ *a, n* 〘昆〙カ科 (Culicidae) の(蚊).

cu·li·cine /kjúːləsàɪn, -sən/ *a, n* 〘昆〙イエカ属の(蚊).

cul·i·nar·i·an /kʌ̀lənέəriən, kjùː-/ *n* 料理人, コック, シェフ. [*culinary*, *-an*[1]]

cul·i·nary /kʌ́lənèri, kjúː-; -n(ə)ri/ *a* 台所(用)の; 調理[料理, 割烹(かっぽう)](用)の: the ～ art 料理法, 割烹 / ～ vegetables [plants] 野菜類 / a ～ triumph すばらしい料理. ♦ **cù·li·nár·i·ly** /; kʌ́lɪn(ə)rɪli, kjúː-/ *adv* [L (*culina* kitchen)]

cull[1] /kʌ́l/ *vt* 〈花などを〉摘む, 摘み集める (pick); えり抜く, 抜粋する (select) 〈*from*〉; 〈群れ〉から増えすぎた[病気などの]動物をえりのける, 〈家畜などを〉間引く, 淘汰する 〈*out* (*of*), *from*〉. ► *n* えり分け, 選別; [ᵘ*pl*] えりのけた家畜; えりのけたもの《くず・劣等品》; 《社会の》のけ者. [OF; ⇨ COLLECT[1]]

cull[2] *n*ᴵᴵ«俗» CULLY.

cullender ⇨ COLANDER.

cúll·er *n* えりのける人; 劣等なものを選別する人; 材積を測る人; «NZ» 《動物保護のために, 特に 鹿・オポッサムなどの》害獣を殺す人.

cul·let /kʌ́lət/ *n* 〘窯〙カレット《溶解用のガラスくず》; われたガラス. [COLLET<It=little neck]

Cúl·li·nan díamond /kʌ́lənən-, -næ̀n-/ [the] カリナンダイヤモンド《世界最大のダイヤモンド; 1905 年 Transvaal で発見された時の原石は 3106 カラットあった; 発見された炭鉱の所有者 Sir Thomas Cullinan (1862–1936) にちなんでこう呼ばれる; 英国王 Edward 7 世に献上され, 分割されて戴冠用宝玉 (crown jewel) の一部になった; cf. STAR OF AFRICA》.

cul·lion /kʌ́ljən/ *n* «古» 卑劣な人間; 〘植〙ラン (orchid).

cul·lis /kʌ́ləs/ *n* 〘建〙《屋根の》溝, とい; 《水門の》溝柱 (coulisse).

Cul·lo·den /kəlɑ́dn, -lóu-/ カロデン (=～ **Móor**) 《スコットランド北部 Inverness の東方にある荒野; 1746 年イングランド軍が Charles Edward Stuart の率いる Stuart 王家支持者の軍を全滅させ, ジャコバイトの反乱 (Jacobite Rising) を終わらせた地》.

cul·ly /kʌ́li/ *n* «俗» 仲間, 相棒 (pal); «俗» だまされやすいやつ, うすのろ, まぬけ. ► *vt* «古» 欺く, だます.

culm[1] /kʌ́lm/ *n* 粉炭, 《特に》粉末[下等]無煙炭; [C-] 〘地質〙クルム層《ヨーロッパにある非石灰質石炭系の浅海成層》. ♦ **cul·mide** /kʌ́lmàɪd/ *a* [ME; cf. COAL]

culm[2] *n* 〘植〙稈(かん)《麦・竹などの中空で節のある茎》. ► *vi* 稈になる. [L *culmus* stalk]

cul·mif·er·ous /kʌlmíf(ə)rəs/ *a* 〘植〙稈 (culm) のある, 稈を生じる.

cul·mi·nant /kʌ́lmənənt/ *a* 最高点の, 絶頂の; 〘天〙正中[南中]している, 子午線上の.

cul·mi·nate /kʌ́lmənèɪt/ *vi* 頂点[極点, 絶頂]に達する, 最高潮に達する, 全盛をきわめる 〈*in* power etc.〉; 《登りつめて》ついに…となる; 最期を飾る; 〘天〙最高度[子午線]に達する, 南中する: Misfortunes ～*d in* bankruptcy. 不運のあげく破産した. ► *vt* 完結させる, …の最後を飾る. [L (*culmen* top)]

cùl·mi·ná·tion *n* 〘天〙子午線通過, 南中, 正中; 最高点, 頂点, 頂上; 最高潮, 全盛, 極致; 最終結果, 成果.

Cúlm Mèasures *pl* [the] 〘地質〙クルム層 (Culm).

cu·lo /kúːlou/ *n* (*pl* ～s) *«俗» 尻, けつ, 肛門. [Sp]

cu·lotte /k(j)ulɑ́t, ⌐⌐; kjulɔ́t/ *n* (*pl* ～s /-ts/) [ᵒ*pl*] キュロット《外見上はスカート型の女性用スラックスの一種》. [F=knee breeches]

cul·pa /kʌ́lpə/ *n* (*pl* **-pae** /-pàɪ, -pìː/) 〘法〙過失; 罪. [L]

cul·pa·ble /kʌ́lpəb(ə)l/ *a* 過失のある, 有責の, とがむべき; 不埒(ふらち)な; «古» 有罪の (criminal): ～ negligence 〘法〙重い過失, 刑事過失 / hold sb ～ 人を有責[責められるべき]とする. ♦ **-bly** *adv* **cùl·pa·bíl·i·ty** *n* 有責性. **～·ness** *n* [OF<L (*culpo* to blame <↑)]

cúlpable hómicide 〘法〙犯罪となる殺人, 有責殺人.

cul·peo /kulpéɪou/ *n* (*pl* **-pé·os**) 〘動〙クルペオ (=*Cordillera fox*) 《南米産の野犬》. [Sp<Araucan]

Culpeper ⇨ COLEPEPER.

cul·prit /kʌ́lprət, -prìt/ *n* [the] 犯罪者, 犯人, 罪人 (offender); 〘英法〙《刑事上の》(在廷)被告人 (the accused); 《問題の》元凶. [次の略 *cul. prist* か; AF *Culpable: prest d'averrer* etc. (You are) guilty: (I am) ready to prove etc.; 17 世紀次の formula より "Culprit, how will you be tried?"]

culs-de-sac *n* CUL-DE-SAC の複数形.

cult /kʌ́lt/ *n* **1 a** (宗教的)崇拝: an idolatrous ～ 偶像崇拝. **b** 祭式, 祭儀, 礼拝(式). **2 a** 崇拝, 礼賛, あこがれ; 《一時的な》流行, …熱 (fashion, craze): the ～ *of* beauty 美の礼賛 / the ～ *of* Napoleon [blood and iron] ナポレオン[鉄血政策]崇拝 / the ～ *of* golf ゴルフ熱. **b** 崇拝の対象. **c** 崇拝者[礼賛者]の集まり. **3 a** 異教, にせ宗教. **b** 教団, 宗派 (sect). **c** 祈禱療法. **4** 〘社〙カルト《伝統的組織の教団に対し, 組織性の薄い特殊な少数者の集団》. **5** [〈*a*〉] 《一部のファンに》熱狂的に支持されている〈映画・バンド・本など〉: CULT-FIGURE. ♦ **cúlt·ic** *a* **～·lìke** *a* [F or L=worship; ⇨ CULTIVATE]

cultch, culch /kʌ́ltʃ/ *n* 《カキ養殖の》採苗用カキ殻; カキの卵; «方» くず, がらくた. [? *clutch*[1]; cf. OF *culche*]

cúlt-fìgure *n* 《特定集団の中での》崇拝の的, アイドル的存在.
cul·ti·gen /kʌ́ltəʤən/ *n* 《原種がはっきりしない》培養変種; CULTIVAR. [*culti*vated, *-gen*]
cúlt·ish *a* 崇拝の, カルト的な. ♦ **~·ly** *a* **~·ness** *n*
cúlt·ìsm *n* 礼賛(主義); 極端な宗派的傾向. ♦ **-ist** *n* 礼賛家; 熱狂家; 宗派心の強い人.
cul·ti·va·ble /kʌ́ltəvəb(ə)l/ *a* 耕作できる; 〈果樹などが〉栽培できる; 〈人・能力など〉啓発できる. ♦ **cùl·ti·va·bíl·i·ty** *n*
cul·ti·var /kʌ́ltəvɑ̀ːr, *-vɛ̀r, *-væ̀r/ *n* 〔植〕栽培変種, (栽培)品種 《略 cv.》.
cul·ti·vate /kʌ́ltəvèɪt/ *vt* **1** 〈土地を〉耕作する (till); 〈栽培中の作物・畑地を〉中耕する, 〈土地〉にカルチベーターをかける. **2 a** 栽培する; 〈魚・カキ・細菌などを〉養殖[培養]する. **b** 〈ひげを〉生やす (grow). **3 a** 〈才能・品性・習慣などを〉養う, 涵養(かんよう)する; 〈人・精神などを〉教化する, 啓発する; 〈文学・技芸を〉修める, 錬磨する. **b** 〈芸術・学術などを〉奨励する, …の発達に努める. **c** 〈友情などを〉はぐくむ, 育てる; 〈知己・交際を〉求める, 深める: ~ the acquaintance of… 進んで…に交際を求める. ♦ **cúl·ti·vàt·able** *a* CULTIVABLE. [L (*cult- colo* to till, worship, inhabit); cf. CULT]
cúl·ti·vàt·ed *a* **1** 耕作された; 栽培された, 栽培で改良した; 養殖[培養]された: ~ land 耕(作)地. **2** 〈人・趣味が〉教化[洗練]された, 教養ある (refined).
cul·ti·va·tion /kʌ̀ltəvéɪʃ(ə)n/ *n* **1** 耕作, 栽培, 農耕, 耕鋤(こうじょ); 養殖, 《細菌などの》培養 (culture): be under ~ 耕作[栽培]されている / bring land under ~ 土地を開墾する. **2** 養成, 教化; 修養, 修練; 教養, 洗練, 上品, 高雅.
cúl·ti·và·tor *n* 耕作者, 栽培者; 耕耘機, 中耕機, カルチベーター; 養成者, 開拓者; 研究者, 修養者.
cul·trate /kʌ́ltrèɪt/, **-trat·ed** /-trèɪtəd/ *a* 《ナイフの刃のように》薄くて先のとがった; ナイフ状の.
cul·tur·able /kʌ́lʧ(ə)rəb(ə)l/ *a* CULTIVABLE.
cul·tur·al /kʌ́lʧ(ə)rəl/ *a* **1** 文化の, 教養の; 啓発的な, 文化的な; 人文上の. **2** 培養上の, 栽培上の, 飼育の. ♦ **~·ly** *adv*
cúltural anthropólogy 文化人類学 (=*social anthropology*) 《人類学のうち主として民俗・文化(史)・言語などを研究する部門; cf. PHYSICAL ANTHROPOLOGY》. ♦ **-gist** *n*
cultural attaché /ˊ—ˊ—/ 《大使館の》文化担当官.
cúltural·ìze *vt* 文化に接触させる, 文化の影響[支配]下におく.
cúltural lág 〔社〕文化(的)遅滞 (=*culture lag*) 《文化の諸相の発達の跛行(はこう)的現象》.
cúltural revolútion 文化革命; [the C- R-] 《中国の》文化大革命 (1966–76).
cúltural revolútionary 文化革命提唱[支持]者.
cúltural stúdies [<*sg*>] カルチュラルスタディーズ《1950 年代英国の労働者階級文化研究から発展し, 80 年代以降米国などに広まった批判的文化研究; 政治・民族・ジェンダー・メディアといった研究領域を横断し, 種々の力がせめぎ合う闘争の場としての文化に介入する政治的実践性も合わせもつ》.
cul·tur·a·ti /kʌ̀lʧərɑ́ːti/ *n pl* 教養人階級, 文化人.
cul·ture /kʌ́lʧər/ *n* **1 a** 《人種・宗教・社会的集団に特有の》文化; 《組織の》精神風土, 気風: a corporate ~ 企業風土, 社風. **b** 教養, 洗練: a man of ~ 教養ある人. **2** 鍛練, 修養; 《専門的な》訓練, トレーニング: voice ~ 発声訓練. **3** 養殖, 栽培; 耕作; 養殖[栽培]もの; 〔生〕《微生物・動物卵・組織などの》培養; 培養物, 培養菌, 培養組織: the ~ of cotton [pearls] 綿花栽培[真珠養殖]. ► *vt* 〈細菌を〉培養する, 培養基に入れる; 《詩》栽培する, 耕作する. ♦ **~·less** *a* [F or L; ⇨ CULTIVATE]
cúlture àrea 〔人・社〕文化領域《文化特性が歴史的・文化的に共通に分布している地理的領域》.
cúlture còmplex 〔人・社〕文化複合体《文化特性の複合体》.
cúl·tured *a* 教養のある, 洗練された; 栽培[養殖]された; 培養された; 開墾された.
cúltured péarl 養殖真珠.
cúlture fàctor 〔人・社〕文化(的)要因.
cúlture-frèe tést 〔心・教〕文化に影響されない検査, カルチャーフリーテスト.
cúlture hèro 〔人〕文化英雄《文化・制度の創始者, 器具の発明者として伝承されている伝説的・神話的人物》.
cúlture làg 〔社〕CULTURAL LAG.
cúlture màven 《俗》CULTURE VULTURE.
cúlture mèdium 〔生〕《微生物や組織の培養のための》培養基, 培地.
cúlture pàttern 〔社〕文化様式《一文化のとる特徴的形態》.
cúlture shòck カルチャーショック《異文化に突然接したときにうける衝撃》.
cúlture tràit 〔社〕文化(の)特性《特殊の技術・精霊観念・居住様式など, 文化の記述の最小単位》.
cúlture vùlture カルチャーマニア, えせ文化人; 文化[芸術]を食い物にする者, 文化ゴロ.
cul·tur·ist /kʌ́lʧ(ə)rɪst/ *n* 栽培者, 養殖者[業者]; 培養者; 教化者; 文化主義者.
cul·tus /kʌ́ltəs/ *n* 祭式 (cult). [L]
cul·ver /kʌ́lvər, *kúl-/ *n* ハト (dove, pigeon). [OE; ⇨ COLUMBA]
cul·ve·rin /kʌ́lvərən/ 〔史〕*n* カルヴァリン砲《16–17 世紀の長砲》; カルヴァリン小銃. [OF; ⇨ COLUBRINE]
cul·ver·key /kʌ́lvərkìː/ *n* 〔植〕**a** ″WOOD HYACINTH. **b** キバナノクリンザクラ (cowslip).
Cúl·ver's róot [phýsic] /kʌ́lvərz-/ 〔植〕クガイソウ; クガイソウの根茎[根]《根は下剤》. [Dr *Culver* 18 世紀の米国の医師]
cul·vert /kʌ́lvərt/ *n* 《道路・鉄道の下などを横切る》排水路, 暗渠(あんきょ); 《電線を通す》線渠; カルバート《排水路にかかる橋》. [C18<?]
cum[1] /kʊm, kəm/ *prep* …付き, …といっしょになった[兼用の] (opp. *ex*) 《通例 複合語をつくる; 英国では合併教区の名称に用いられる》: a house-~-farm 農場付き住宅 / a bed-~-sitting room 寝室兼居間 / Chorlton-~-Hardy チョールトン-ハーディ区《Manchester の住宅地区》. [L=(together) with]
cum[2] /kʌ́m/ 《卑》*vi* オルガスムに達する, いく (come). ► *n* オルガスム (come); 精液, 愛液; ねばねば[ぬるぬる]したもの.
cum[3] /kjúːm/ *《俗》*n* 《成績の》累積平均(点)《学業平均値 (grade point average) など; cumulative academic average の略》. ► *vi* 猛勉強する.
cum. cumulative.
cu·ma·cean /kjuméɪʃ(ə)n/ *a, n* 〔動〕クマ目 (Cumacea) の(動物) 《海にすむ甲殻類》.
Cu·mae /kjúːmi/ クーマイ《イタリア南西部 Naples の西の, 古代ギリシアの都市; 前 9–8 世紀に建設された, イタリアにおける最初の植民地とされる》.
Cu·mae·an /kjumíːən/ *a* CUMAE の; クーマイの巫女(みこ)の.
Cumáean sýbil クーマイの巫女《古代ローマの伝説的女預言者; cf. SIBYLLINE BOOKS》.
Cu·ma·ná /kùːmənɑ́ː/ クマナ《ベネズエラ北東部の市; 南米最古のヨーロッパ人植民地》.
Cu·ma·na·go·to /kumɑ̀ːnəgóutou/ *n* **a** (*pl* ~, ~**s**) クマナゴト族《ベネズエラのカリブ人》. **b** クマナゴト語.
cu·ma·rin /kúːmərən/ *n* 〔化〕COUMARIN.
cumarone ⇨ COUMARONE.
Cumb. Cumberland ♦ Cumbria.
cum·ber /kʌ́mbər/ *vt* …のじゃま[足手まとい]になる; 〈場所を〉ふさぐ; 《古》苦しめる, 悩ます: ~ one*self with* a lot of luggage たくさんの荷物をもてあます. ► *n* じゃま(物), 厄介物; 《古》困惑, 苦悩. [? *encumber*]
Cum·ber·land /kʌ́mbərlənd/ **1** カンバーランド《イングランド北西部の旧州; 略 Cumb.; ☆Carlisle; 1974 年 Cumbria 州の一部となる》. **2** カンバーランド **William Augustus,** Duke of ~ (1721–65) 《英国の軍人; George 2 世の子; 1745–46 年の Stuart 王家支持者の反乱を鎮定したが, 残虐さのゆえに 'Butcher ~' の名で恐れられた》.
Cúmberland Gáp [the] カンバーランドギャップ《Tennessee 州北東部, Kentucky 州と Virginia 州の州境近くで CUMBERLAND PLATEAU を越える峠道 (海抜 500 m); 1750 年発見され, Daniel BOONE がここを通る WILDERNESS ROAD を開き, 多数の開拓民が西へ向かった; 南北戦争時には戦略的に重要であったことから争奪が繰り返された》.
Cúmberland Platéau [the] カンバーランド高原《West Virginia 州南西部から Alabama 州北東部に至る, アパラチア山脈南部の台地》.
Cúmberland sàuce カンバーランドソース《オレンジ・レモン・カラントゼリー・ワイン・からしで風味をつけた冷たいソース; 狩りの獲物の料理に用いる》.
Cúmberland sáusage カンバーランドソーセージ《香辛料を効かせた長いポークソーセージ; ふつううらせん状に巻くようにして調理する; 北イングランドの伝統的食品》.
cúmber·some *a* 《重く, かさばって》じゃまな, 扱いにくい; 厄介な, 煩わしい; ぶかっこうな; 鈍重な, まだるっこしい; まわりくどい. ♦ **~·ly** *adv* **~·ness** *n* [*-some*[1]]
cum·bia /kúmbiə/ *n* 〔楽〕クンビア《サルサ (salsa) に似たコロンビア起源のダンス音楽》. [Colombian Sp]
cum·brance /kʌ́mbrəns/ *n* じゃま, 厄介 (trouble).
Cum·bre /kúːmbreɪ/ [La] ラ・クンブレ《USPALLATA PASS の別称》.
Cum·bri·a /kʌ́mbriə/ **1** 〔英史〕カンブリア《6–11 世紀のケルト人の王国 STRATHCLYDE の南部地方》. **2** カンブリア州《イングランド北西部の州; ☆Carlisle》. ♦ **Cúm·bri·an** *a, n* Cumbria [Cumberland] の(人).
Cúmbrian Móuntains *pl* [the] カンブリア山地《Cumbria 州の山地; cf. SCAFELL PIKE》.
cum·brous /kʌ́mbrəs/ *a* CUMBERSOME. ♦ **~·ly** *adv* **~·ness** *n*
cum dívidend *adv, a* 配当付きで[の]《略 c.d., **cum div.**; opp. *ex dividend*》. [L]
cume /kjúːm/ *n**《俗》CUM[3].
cu·mec /kjúːmɛ̀k/ *n* キューメク《流量の単位: 毎秒 1 立方メートル相当》. [*cu*bic *me*ter per*sec*ond]

cum gra·no (sa·lis) /kʊm grá:noʊ (sá:lɪs)/ *adv, a* いくぶん割引きして[した], 控えめに[の]. [L=with a grain of salt]
cum·in, cum·min /kʌ́mən/ *n* 〔植〕クミン《セリ科の一年草; 実は薬味・薬用》. [OF<? Sem]
cum lau·de* /kʊm láʊdə, kʌm lɔ́:di/ *adv, a* (第三位)優等で[の]《卒業証書などに用いる句》: MAGNA [SUMMA] CUM LAUDE. ► *n* 《口》優等で卒業した人. [L=with praise]
cum·mer /kʌ́mər/ 《スコ》 *n* 女の仲よし; 女, 女の子; おしゃべり女; 教母 (godmother). [OF (L *com-, mater* mother)]
cum·mer·bund, kum- /kʌ́mərbʌ̀nd/ *n* カマーバンド《インド人などの飾り腰帯; 現在は男性用夜会服などのウエストバンド》. [Hindi and Pers=loin band]
cummin ⇨ CUMIN.
Cum·mings /kʌ́mɪŋz/ カミングズ **E(dward) E(stlin)** ～ (1894–1962)《米国の詩人; 筆名 ee cummings; '失われた世代' の一人; 自伝的小説 *The Enormous Room* (1922), 詩集 *Tulips and Chimney* (1923)》.
cùm néw *adv, a* 〔証券〕新株引受権付き (cum rights).
cumquat ⇨ KUMQUAT.
cum ríghts *adv, a* 〔証券〕権利付き, 新株引受権付き《株主が新株の割当てを受ける権利のついた状態; opp. *ex rights*》.
cum·shaw /kʌ́mʃɔ:/ *n* 《中国の港で》心付け, チップ, 贈り物; 賄賂. [Chin 感謝]
cu·mul- /kjú:mjəl/, **cu·mu·li-** /-lə/, **cu·mu·lo-** /-loʊ, -lə/ *comb form* CUMULUS の意.
cu·mu·late /kjú:mjəlèɪt/ *vt, vi* 積み重ねる, 積もる, 積み上げる; 蓄積する; 〈目録などを〉一本化する, ひとつにまとめる. ► *a* /-lət, -lèɪt/ 積み重ねた, 積み上げた. ► *n* /-lət/ 〔地質〕集積岩, キュームレイト《マグマの中で晶出した鉱物の集積でできた火成岩》. ♦ **cù·mu·lá·tion** *n* 積み重ね; 蓄積, 堆積, 〔数〕累加. [L; ⇨ CUMULUS]
cú·mu·làt·ed *a* 〔化〕〈二重結合が〉集積した《2 個の二重結合が 1 個の炭素原子に付いた》.
cu·mu·la·tive /kjú:mjələtɪv, -lèɪ-/ *a* 累積[蓄積]による; 累積[蓄積]する, 累加する; 追加方式の; 一つの賭けの賞金が次の賭けの賭け金となる: ～ evidence [proof]《すでに証明されたことの》重複証拠[立証] / ～ action [effect] 蓄積作用[効果] / ～ offense 〔法〕反覆犯罪 / ～ index 累録索引. ♦ **～·ly** *adv* 漸増的に. **～·ness** *n*
cúmulative distribútion fùnction 〔統〕累積分布関数 (distribution function).
cúmulative érror 〔統〕累積誤差《(1) サンプルが増加しても減らない誤差 2) 逐次計算が進むにつれてたまっていく誤差》.
cúmulative préference shàre [stòck]″ 累積的優先株.
cúmulative tráuma disòrder* 〔医〕蓄積外傷疾患 (repetitive strain injury).
cúmulative vóting 累積投票法《候補者と同数の票が与えられ, 複数の候補者に分けて投票することも全部を一候補者に投票することも自由》.
cu·mul·et /kjú:mjələt/ *n* 〔鳥〕白い家バトの一種.
cumuli *n* CUMULUS の複数形.
cumuli-, cumulo- ⇨ CUMUL-.
cúmuli·fòrm *a* 積雲状の: ～ cloud 団塊状の雲.
cùmulo·círrus *n* 〔気〕積巻雲《略 Cc》.
cùmulo·nímbus *n* 〔気〕積乱雲《俗にいう入道雲 (thundercloud); 略 Cb》.
cùmulo·strátus *n* 〔気〕積層雲《略 Cs》.
cu·mu·lus /kjú:mjələs/ *n* (*pl* **-li** /-làɪ, -lì:/) 堆積, 累積; 〔気〕積雲《略 k.》. ♦ **cú·mu·lous** *a* 積雲性の. [L=heap]
cúmulus con·gés·tus /-kəndʒéstəs/ 〔気〕雄大雲.
cúmulus frác·tus /-fræ̀ktəs/ 〔気〕片積雲.
Cu·na /kú:nə/ *n* (*pl* ～, ～**s**) KUNA.
Cu·nárd Lìne /kjuná:rd-/ キュナード汽船(会社) (～ Ltd.)《英国の船会社; 豪華客船 Queen Victoria などを運航する》.
Cu·naxa /kjunǽksə/ クナクサ《古代バビロニアの町; Cyrus the Younger が兄 Artaxerxes 2 世に敗れた地》.
cunc·ta·tion /kʌŋ(k)téɪʃ(ə)n/ *n* 遅延 (delay). ♦ **cunc·ta·tive** /kʌ́ŋ(k)tèɪtɪv, -tə-; -tə-/ *a*
cunc·ta·tor /kʌŋ(k)téɪtər/ *n* ぐずぐずして煮えきらない人 (cf. FABIUS).
cu·ne·al /kjú:niəl/ *a* 楔(くさび)形の, 楔の.
cu·ne·ate /kjú:niət, -èɪt/ *a* 〈葉が〉楔状の; 楔形の. ♦ **～·ly** *adv*
cu·ne·at·ic /kjù:niǽtɪk/ *a* CUNEIFORM.
cu·ne·i·form /kjuní:əfɔ̀:rm, kjú:n(i)ə-; kjú:n(i)ɪ-/ *a* 楔状の; 楔形(せっけい)文字(を刻んだ書字板)の; 楔状骨の: ～ characters 楔形文字. ► *n* 楔形文字(による記録); 楔状骨. [F or L (*cuneus* wedge)]
Cu·ne·ne, Ku- /kunéɪnə/ [the] クネネ川《アンゴラ南西部を南流したのち 西流して大西洋に注ぐ川; 下流部はナミビアとの国境をなす》.
Cu·neo /kú:nioʊ/ クネオ《イタリア北西部 Piedmont 地方の市》.
Cu·nha /kú:njə/ クーニャ **Tristão da** ～ (1460?–1540)《ポルトガルの航海者・探検家》.
cun·je·voi /kʌ́ndʒəvɔ̀ɪ/ 《豪》 *n* クワズイモ《熱帯アジア・豪州産; サトイモ科》; 〔動〕ホヤ (sea squirt). [(Austral)]
cun·ner /kʌ́nər/ *n* 〔魚〕《イギリス海峡の》ギザミベラ, 《北米大西洋岸産の》ギザミベラに近いベラ《共に食用》.
cun·ni·lin·gus /kʌ̀nɪlíŋgəs/, **-linc·tus** /-líŋ(k)təs/ *n* 外陰[陰核]舐啜, 舐陰, クンニリングス. [L (*cunnus* vulva, *lingo* to lick)]
cun·ning /kʌ́nɪŋ/ *a* (°～·**er**; ～·**est**) **1** 狡猾(こうかつ)な, ずるい (sly); 《英では古》巧妙な (ingenious); 洞察が鋭い; 《古》老練な, 巧みな (skillful). **2***《古風》かわいらしい〈子供・小動物〉, 気のきいた〈品物など〉. ► *n* 狡猾, 抜け目なさ, ずるさ; 悪知恵 (craft); 手際, 熟練, 巧妙 (skill); 《廃》知識; 《廃》魔術. ♦ **～·ly** *adv* **～·ness** *n* [ON *kunnandi* knowledge; ⇨ CAN[1]]
Cun·ning·ham /kʌ́nɪŋhæ̀m; -ɪŋəm/ カニングハム, カニンガム **(1) Allan** ～ (1784–1842)《スコットランドの詩人・作家》 **(2) Merce** ～ (1919–2009)《米国の舞踊家・振付家; 抽象的舞踏を発展させ, ポスト・モダンダンスに影響を与えた》.
cunt /kʌ́nt/ 《卑》 *n* 女性性器, まんこ; 性交; やつ, 《特に》女, ばかな[いやな]女; いやったらしいやつ, 卑劣漢: You (silly) ～. このどあほう, こんちきしょう. [ME *cunte*; cf. ON *kunta*, MHG *kotze* prostitute]
cúnt·fàce *n* 《卑》ぶおとこ, 鬼瓦, くそったれ, あほんだら.
cúnt·hàir*《卑》 *n* 女の恥毛, マン毛; ちっとばかし.
cúnt·hèad *n* 《卑》あほんだら, くそったれ, できそこない.
cúnt-làpper *n* 《卑》 **1** クンニ (cunnilingus) をやるやつ, クンニ好き; レズ (lesbian). **2** いやったらしいやつ, くそったれ, あほんだら. ♦ **cúnt-làpping** *n*
cúnt·mòbile *n**《卑》《ヒモが乗りまわすような》派手な車 (pimpmobile).
cup /kʌ́p/ *n* **1 a** 《紅茶・コーヒー用の》カップ: a breakfast ～ モーニングカップ《普通の約 2 倍大》/ a ～ and saucer カップアンドソーサー《受皿付きのカップ》. **b** カップ一杯(の量) (⇨ CUPFUL). **c** 《金・銀・陶磁器製の, しばしば 脚付きの》カップ, 洋杯; 《脚付きカップの》碗状部; 脚付きのカップに盛られた食べ物. **2** 聖杯, カリス (chalice), 聖餐のぶどう酒: withhold the ～ 聖餐のぶどう酒を控えてパンだけで済ます. **3** 賞杯, 優勝杯, カップ; [C-] カップ戦, …カップ, …杯: a ～ event 優勝杯を争う試合: WORLD CUP. **4** 杯状のもの; 《骨の》盃状窩(か) (socket); 《花の》萼(がく) (calyx); 《どんぐりの》殻斗(かくと), ちょく, お椀; カップ《ボクサーなどのサポーターの一種》; 《ブラジャーの》カップ; *〔ゴルフ〕カップ, ホール (hole); 〔医〕CUPPING GLASS. **5 a** [the] 酒 (wine); [*pl*] 飲酒 (drinking), 酩酊. **b** カップ《ピッチャーから注ぐパンチに似た冷たい飲み物》. **6** 《聖書中の種々の句から》運命の杯, 運命 (fate), 経験 (experience): a bitter ～ 苦杯《人生のにがい経験》/ drain the ～ of sorrow [pleasure, life] to the bottom [dregs] 悲しみの杯を飲みつくす, 歓喜の美酒を飲みほす, 憂き世の辛酸をなめつくす / Her ～ (of happiness [misery]) is full. 幸福の絶頂にある, 不幸が頂点に達している / My ～ runs over [runneth over, overflows]. 幸福が身に余る《*Ps* 23: 5》. **7** [the C-] 〔天〕コップ座 (Crater). **8** 〔数〕カップ《集合の結び[和集合]を表わす記号 ∪; cf. CAP[1]》. **9** [*pl*] *《黒人俗》睡眠, [〈*a*〉] 眠って. ● **be a ～ too low**″《方》どうも元気がない. **dash the ～ from sb's lips** 《文》人の楽しみを奪う, 人の意図をくじく. **have got [had] a ～ too much** 《口》酔っぱらっている. **in one's ～s** 一杯機嫌で. **the ～s that cheer but not inebriate** [*joc*] 茶, 紅茶《William Cowper の句から》.
► *vt, vi* (**-pp-**) **1** コップに入れる[で受ける, すくう]; カップに入れるように置く: ～ one's chin in one's hands. **2** カップ[杯]状にする, へこませる, へこむ; 〔ゴルフ〕《クラブでボールを打つとき》地面をすくう: ～ one's hands *together* 両手をそろえてカップ状にする. **3** 〔医〕吸角法 (cupping) を施す.
♦ **～·lìke** *a* cup のような, 杯状の. [OE *cuppe*<L *cuppa* cup<? L *cupa* tub]
CUP °Cambridge University Press.
cúp and báll 剣玉(けんだま); 剣玉遊び.
Cu·par /kú:pər/ クーパー《スコットランド東部 Fife 州の町》.
cúp baròmeter CISTERN BAROMETER.
cúp·bèar·er *n* 〔史〕《宮廷などの》酌取り, 献酌官, 酌人.
cup·board /kʌ́bərd/ *n* 食器棚; ″《一般に》戸棚, 押入れ, クローゼット: SKELETON in the ～ / ～ space《家の》収納スペース. ● **cry ～** 《廃》空腹を告げる. **The ～ is bare.** 食器棚は空(から)だ; 食料[お金]がない. [CUP, BOARD]
cúpboard lòve 欲得ずくの愛情《子供がこづかい欲しさに母親に示す愛情など》.
cúp·càke *n* **1** カップケーキ《カップ型に入れて焼く》. **2** 《俗》かわい子ちゃん; *《俗》変人, 奇人, けったいなやつ.
cu·pel /kjú:pəl, kjupél/ *n* 《金銀試金用の》灰吹(はいふき)皿; 灰吹炉: ～ tongs [tray] 灰皿ばさみ[盆]. ► *vt* (**-l-** | **-ll-**) 灰吹皿で吹き分ける. ♦ **～·(l)er** *n* **cù·pel·lá·tion** *n* 〔冶〕灰吹法. [L (dim)<*cupa* tub]
cup·fer·ron /kʌ́pfəràn, k(j)ú:p-/ *n* 〔化〕クペロン《ウラニウム族金属の試薬》.
Cúp Fìnal″《優勝杯を争う》決勝戦《特に FA Cup の》.
cúp·fùl *n* (*pl* ～**s**, **cúps·fùl**) カップ一杯(の量); *〔料理〕カップ《大さ

じ (tablespoon) 16 杯の液量: 8 オンス, 1/2 パイント, 約 240 cc).

cúp fùngus 〘菌〙チャワンタケ.

cúp·hòld·er *n* 優勝杯保持者, 優勝者.

Cu·pid /kjú:pəd/ **1** 〘ロ神〙クピードー, キューピッド《Venus の子で, 翼の生えた裸の美少年が弓矢を持つ姿で表わされる恋の神; ギリシアの Eros に当たる》. **2** [c-] 愛の使者, 《まれ》美少年. ● **play ～** 〈…の〉愛の仲立ちをする 〈*to*〉. [L (*cupio* to long for)]

cu·pid·i·ty /kjupídəti/ *n* 貪欲, 強欲, 欲望. [OF or L (*cupidus* desirous)]

Cúpid's bòw /-bòu/ キューピッドの弓; 二重弓形の上唇(の線)《など》.

Cúpid's-dárt *n* 〘植〙ルリニガナ (BLUE SUCCORY).

cúp of cóffee 一杯のコーヒー; *《口》短い滞在, 短期間の在籍.

cúp of téa **1** 《口》《特定の種類の》人, もの: a very unpleasant ～ 非常に不愉快な人 / a different ～ 全く異なる種類のもの / another ～ 全く別の事. **2** [one's; ᵁ*neg*] 《口》好きなもの[人], 好物, 性に合ったもの[人], 得意なもの: Westerns are *not* really *my* ～. ウェスタンは好きじゃないね. ★ ⇨ a nice cup of TEA.

cu·po·la /kjú:pələ/ *n* 〘建〙クーポラ (**1**) 半球状の屋根, 丸天井, ドーム **2**) 屋根・小塔上の小ドーム); 〘鉄道〙《車掌車の屋根上の》見通し用窓; 〘軍〙《軍艦の》旋回砲塔; 〘生〙半球状の隆起[器官]; 〘解〙頂; 〘冶〙溶銑炉, キューポラ (＝～ **fùrnace**); *《俗》脳天, 頭. ♦ **～ed** *a* [It＜L (dim)＜*cupa* cask]

cup·pa /kʌ́pə/ *n* ᴴ《口》一杯の紅茶[コーヒー]. [*cup of (tea)*]

cúpped *a* カップ形の; 〘ゴルフ〙〈球が〉くぼみにはいっている.

cúp·per[1] *n* 〘医〙吸角をかける人. [*cup*]

cupper[2] *n* ᴴ《口》CUPPA.

cúp·ping *n* 〘医〙吸角法《体表の患部に血液を吸い寄せる[吸い寄せて放血する]昔の療法》. [*cup*]

cúpping glàss 〘医〙吸角, 放血器, 吸い玉.

cúp·py *a* CUP のような; 小穴の多い, 穴だらけの.

cupr- /kjú:pr-, *kú:-/, **cu·pri-** /-prə/, **cu·pro-** /-prou, -prə/ *comb form*「銅」 [L; ⇨ COPPER[1]]

cu·pram·mo·nium /kjù:prəmóuniəm, *kù:-/ *n* 〘化〙銅アンモニア《錯イオン・錯体・溶液》.

cuprammónium ràyon 〘化〙銅アンモニアレーヨン, キュプラ (cupro).

cuprammónium solùtion 〘化〙銅アンモニア溶液.

cu·pre·ous /kjú:priəs, *kú:-/ *a* 銅の(ような), 銅色の. [L; ⇨ COPPER[1]]

cu·pres·sus /k(j)uprésəs/ *n* 〘植〙イトスギ属 (*C*-) の各種の木 (cf. CYPRESS).

cu·pric /kjú:prɪk, *kú:-/ *a* 〘化〙銅 (II) の, 第二銅の.

cúpric súlfate 〘化〙硫酸銅 (II), 硫酸第二銅.

cu·prif·er·ous /kjuprif(ə)rəs, *ku-/ *a* 銅を含む.

cu·prite /kjú:pràɪt, *kú:-/ *n* 赤銅鉱 (＝*red copper ore*).

cu·pro /k(j)ú:prou/ *n* 〘化〙キュプラ (cuprammonium rayon).

cùpro·nickel *n* 白銅, キュプロニッケル《銅 (70%) とニッケル (30%) の合金》.

cùpro·uránite *n* 〘鉱〙銅ウラン鉱.

cu·prous /kjú:prəs, *kú:-/ *a* 〘化〙銅 (I) の, 第一銅の.

cu·prum /kjú:prəm, *kú:-/ *n* 〘化〙銅 (⇨ COPPER[1]).

cúp tìeᴴ カップ戦 〈*against*〉《優勝杯を争うトーナメント大会の試合[ゲーム]; cf. CUP FINAL》.

cúp-tìedᴴ *a* 〈チームなど〉優勝杯戦に出る(ため別の試合に出場できない).

cu·pu·la /kjú:p(j)ələ/ *n* (*pl* **cu·pu·lae** /-lì:/) CUPULE; 〘解〙《膨大部》頂, 杯, 杯頂, クプラ, 《特に》蝸牛頂 (＝～ **of cóchlea**)《半規管の稜上のゼリー状物質》, 胸膜頂 (＝～ **of pléura**). [NL; ⇨ CUPOLA]

cu·pule /kjú:pjù:l/ *n* 〘植〙《どんぐりなどの》殻斗(かくと); 《ゼニゴケの》杯状体; 〘動〙コップ状器官, 吸盤. ♦ **cu·pu·late** /kjú:pjəlèɪt, -lət/, **-lar** /-lər/ *a* cupule のような[を有する].

cur /kə́:r/ *n* 雑種犬, 駄犬, のら犬; やくざな[下等な]人間, ろくでなし, 臆病者. [ME *cur-dog* (? ON *kurr* grumbling)]

cur. currency ♦ current.

cur·able /kjúərəb(ə)l/ *a* 治癒できる, 治せる, 治る. ♦ **-ably** *adv* **cùr·abíl·i·ty, ～·ness** *n* 治療[根治]可能性.

Cu·ra·çao /k(j)úrəsòu, -sàu, ⌐-⌐; kjùərəsáu/ **1** クラサオ, キュラソー《西インド諸島南部, ベネズエラ北西岸沖の島; オランダの自治領; ☆Willemstad; 1954–2010 年 Netherlands Antilles に属していた》. **2** [c-] (*pl* **～s**) **a** キュラソー《オランダのオレンジ香味のリキュール; 元来 Curaçao 島産のダイダイで造った》. **b** 〘植〙ダイダイ (sour orange) (＝～ **órange**).

cu·ra·çoa /k(j)úrəsòu, -sàu, ⌐-⌐, ⌐-sóuə; kjúərəsàu, ⌐-⌐, ⌐-sáuə/ *n* CURAÇAO.

cu·ra·cy /kjúərəsi/ *n* CURATE の職[任期]; 〘史〙分教区牧師の禄.

cur·agh /kʌ́rə(x)/ *n* CURRACH.

cu·ran·de·ra /kù:rəndéəru:, -rə/ *n* クランデラ《ラテンアメリカの女性呪医; ⇨ CURANDERO》. [Sp]

cu·ran·de·ro /kù:rəndéərou/ *n* (*pl* **～s**) クランデロ《ラテンアメリカの土着の男性呪医; 病気の技術的治療に当たる者や心理的・儀礼的な治療に当たる者がある》. [Sp (*curar* to cure)]

cu·ra·re, -ri /kjuərá:ri/, **-ra** /-rə/ *n* クラーレ (**1**) インディオが数種の植物で調製した矢毒; 臨床的には筋弛緩を起こすために用いる **2**) その植物; マチン科のクラーレノキ, ツヅラフジ科のパリエラなど). [Carib]

cu·ra·rine /k(j)urá:rən; kjuər-/ *n* 〘生化〙クラリン《クラーレから採る猛毒のアルカロイド》.

cu·ra·rize /k(j)úrəràɪz; kjúərə-/ *vt* クラーレで麻痺させる. ♦ **cù·ra·ri·zá·tion** *n* クラーレ適用.

cu·ras·sow /k(j)úrəsòu; kjúərə-/ *n* 〘鳥〙ホウカンチョウ《中米・南米産の, 七面鳥に似たキジ科の鳥》. [CURAÇAO]

cu·rate *n* /kjúərət/ **1** ᴴ《教区の》牧師補 (＝assistant ～)《rector または vicar の代理または助手》, 〘英国教〙副牧師, 〘カト〙助任司祭; 《古》《一般に》聖職者 (clergyman): a perpetual ～ (分教区)牧師 (vicar). **2** ᴴ《口》小型火かき棒. ► *vt* /kjúərèɪt, ⌐-⌐/ 〈展示会などを〉企画する, …のキュレーター (curator) をつとめる; 〈ロックフェスなどの〉出演者を選定する; 〘電算〙〈コンテンツを〉取りまとめる. ♦ **cu·rá·tion** *n* [L *curatus*; ⇨ CURE[1]]

cúrate-in-chárgeᴴ *n* 《教区牧師の失格・停職時などに》一時教区を預かる牧師.

cúrate's éggᴴ [the] 玉石混淆(のもの), 良いところも悪いところもあるもの: be like *the* ～. [*Punch* (1895) に載った話より; 主教に招かれた食事で腐った卵を出された curate が苦しまぎれに "Parts of it are excellent!" と言った]

cu·ra·tive /kjúərətɪv/ *a* 病気に効く, 治療用の, 治癒力のある. ► *n* 医薬; 治療法. ♦ **～·ly** *adv* **～·ness** *n*

cu·ra·tor /kjúrèɪtər, ⌐-⌐, kjúrətər; kjuəréɪ-/ *n* 《博物館・図書館などの》管理者, 館長, 主任学芸員, キュレーター; 《展示会などの》企画者; 《動物園の》園長; 《豪》競技場[公園]管理人 (groundkeeper*); 〘スコ法〙《未成年・精神異常者などの》保佐人; 《大学の》評議員. ♦ **～·ship** *n* **cu·ra·to·ri·al** /kjùərətɔ́:riəl/ *a* [AF or L; ⇨ CURATE]

cu·ra·trix /kjuəréɪtrɪks/ *n* (*pl* **-tri·ces** /-trəsì:z, kjùərətráɪsiz/) 女性の CURATOR.

curb /kə́:rb/ *n* **1** 留めぐつわ (curb bit); くつわ鎖 (curb chain); 拘束, 抑制, 規制, 統制 〈*on*〉. **2** 《馬の後脚にできる》飛節後腫《跛行の原因》. **3** 井桁(いげた), 井筒(いづつ), 立坑壁受; *《歩道の》縁石(ふちいし) (kerbᴴ); 囲い, 縁; ᴴ《壁炉の》炉格子. **4** *〘証券〙場外市場 (curb market), 場外市場仲買人連. ● **on the ～** 街頭で, 場外で. ► *vt* **1** 〈馬〉にくつわ鎖を付ける; 抑制する, 阻止する, 規制する: ～ global warming 地球温暖化に歯止めをかける. **2** 〈歩道〉に縁石をつける; 〈井戸〉に井桁をつける. **3** 〈犬を〉排便のため溝などの方へ連れて行く (＝*gutter*). [ME＝curved piece of wood＜OF CURVE]

cúrb appèal 《通りから見た, 家の》外観の魅力[美しさ].

cúrb bìt 《馬具の》大勒(だいろく)ばみ, 留めぐつわ.

cúrb bròker* 〘証券〙場外取引仲買人.

cúrb chàin くつわ鎖《大勒ばみについている》.

cúrb·ie *n* *《俗》車まで飲食物を運ぶウェイター[ウェイトレス] (carhop).

cúrb·ing *n* 縁石[井桁]材料; 縁石 (curb).

cúrb màrket* 〘証券〙場外市場 (＝*curb*).

cúrb ròof 〘建〙マンサード[こま形]屋根.

cúrb sèrvice* 《路傍に駐車して車内で待つ客へ食事などを届ける》お届けサービス, 《道端に出したリサイクル用資源などを回収する》回収サービス; 特別奉仕.

cúrb·side *n* 《舗道の》縁石側; 歩道 (sidewalk). ► *a* **1** 縁石(側)の. **2** 街角の, 泥臭い.

cúrb·stòne *n* 《歩道の》縁石 (curb); *《俗》《紙巻きタバコ・葉巻の》吸い殻, 《吸い殻を集めて作った》紙巻きタバコ. ► *a* 場外で取引する; 駆け出しの, 新米の; 《口》しろうとの.

cúrbstone màrket 〘証券〙CURB MARKET.

cúrb wèight 《自動車の》車両全備重量《通常備品・燃料・オイル・冷却液を含む》.

curch /kə́:rtʃ/ *n* 《スコ》スカーフ, ネッカチーフ (kerchief).

cur·cu·lio /kərkjú:liòu/ *n* (*pl* **-li·òs**) 〘昆〙シギゾウムシ.

cur·cu·ma /kə́:rkjəmə/ *n* 〘植〙ウコン属 (*C*-) の各種多年草《ショウガ科》; ウコンの(乾燥)根茎, 薑黄(きょうおう)《健胃剤・黄色染料; カレー粉にも入れる》. [Arab＝saffron]

cúrcuma pàper 〘化〙TURMERIC PAPER.

curd /kə́:rd/ *n* [°*pl*] カード, 凝乳; カード状の食品; 煮たサケのフレークについている脂肪状のもの; 《カリフラワー・ブロッコリーなどの》食用にするつぼみ. ► *vt, vi* CURDLE. [ME *crud(de), crod(de)*＜?]

cúrd chèese COTTAGE CHEESE.

cur·dle /kə́:rdl/ *vi, vt* **1** カード (curd) 化する, 凝固する; 凝結する[させる], 凝乳する[させる]. **2** だめになる[する]. **3** *《俗》おこらせる, いらだたせる. ● **～ sb's [the]** BLOOD＝**make sb's** BLOOD **～.** ♦ **cúr·dler** *n* [C16 (freq)＜CURD]

cúrds and whéy *pl* 凝乳製食品 (junket).

cúrd sóap 含核石鹸, 塩析石鹸, カードソープ.

cúrdy *a* カード状[質]の, 凝乳状[質]の; こごりのできた; カードに富んだ. ♦ **cúrd·i·ness** *n*

cure[1] /kjúər/ *vt* **1** 〈患者・病気を〉治療する, 〈悪癖を〉矯正する; …の〈病気・悪癖を〉治す, 直す 〈*of*〉; 〈問題などを〉解決する: ～ sb *of* a disease [a bad habit] / be ～*d of* a disease 病気が治る. **2** 《塩漬け・乾燥または燻製にして》保蔵処理する (preserve); 〈樹脂を〉硬化させる, 〈ゴムを〉加硫する; 〈タバコ・革などを〉寝かせておく; 〈コンクリートを〉養生する: ～ meat [fish] / ～*d* meat 塩漬け肉 / ～*d* sugar 分蜜糖 / *curing* agent 《樹脂の》硬化剤, 《ゴムの》加硫剤. ► *vi* 病気が治る, 平癒する; 保養する; 病気を治す; 保存がきく(ようになる); 〈ゴムが〉硬化する (set). ► *n* **1** 治癒, 平癒, 回復. **2** 《特殊な》治療(法), 医療 〈*of*〉; 治療剤, 良薬; 療法; 鉱泉, 温泉: no certain ～ *for* gout 痛風の確かな治療法[剤]はない / The ～ [remedy] is worse than the disease. 《諺》 病気よりも治療するほうが害になる, 治そうとするとかえって悪くなる. **3** 救済法, 矯正法 (remedy) 〈*for*〉: a ～ *for* unemployment 失業問題の解決法. **4** 〘キ教〙 **a** [ᵁ～ of souls] 魂の救済, 《教区民に対する》信仰の監督; 聖職, 司牧(職). **b** 管轄教区. **5** 《肉類・魚類の》保蔵(処理), 塩漬け; 〘セメント〙 養生; 〘乳業〙 熟成; 《樹脂の》硬化, 《ゴムの》加硫, 硬化. ● **take the ～** 《アル中などの》治療をうける; 道楽から身を引く. ♦ **～·less** *a* 治療法のない, 不治の; 救済[矯正]できない. **cúr·er** *n* ［OF＜L *cura* care］

cure[2] *n* 《俗》 奇人, 変人. ［? *curious* or *curiosity*］

cu·ré /kjúərèɪ, *kjʊréɪ/ *n* 《フランスの》主任司祭. ［F＜L; ⇨ CURATE］

cúre-àll *n* 万能薬, 万病薬 (panacea).

cu·ret·tage /kjùərətáːʒ, kjʊərétɪʤ/ *n* 〘外科〙 掻爬(そうは)(術) 《curette でかき取ること》.

cu·rette, -ret /kjʊərét/ 〘外科〙 *n* (有窓)鋭匙(えいひ), 掻爬器, キューレット, キュレット 《curettage に用いる鋭いさじ形の器具》. ► *vt, vi* キューレットでかき取る, 掻爬する. ♦ **～·ment** *n* ［F (*curer* to cleanse ＜ CURE[1])］

curf /kɔ́ːrf/ *n* KERF.

cur·few /kɔ́ːrfju/ *n* **1** 《戒厳令下などの》夜間外出禁止令(の時間[発効時刻]); *《子供などの》門限. **2** 晩鐘, 入相(いりあい)の鐘; 〘英史〙 《中世の》消灯(消火)令, 消灯時刻; 消灯の鐘 (＝～ bèll), 消灯の合図. ［OF (COVER, *feu* fire)］

cu·ria /k(j)úəriə/ *n* (*pl* **-ri·ae** /-rìː, -rìaɪ/) **1** 〘古ロ〙 クリア 《3 段階の氏族制社会組織の中間単位としての市民集団; cf. GENS, TRIBE》; クリア集会所; 元老院. **2** 《ヨーロッパ中世の》宮廷 (court); 法廷; [the C-] (ローマ)教皇庁 (＝*Curia Romana*); [C-] 教皇宮廷部. ♦ **cú·ri·al** *a* ［L］

cu·ri·age /kjúəriɪʤ/ *n* 〘理〙 キュリー数 《キュリーで表わした放射能の強さ; ⇨ CURIE》.

cu·ri·al·ism /kjúəriəlìz(ə)m/ *n* 〘キ教〙 ヴァチカン主義, 教皇絶対権主義. ♦ **-ist** *n*

Cúria Ré·gis /-ríːʤəs/ 王政庁, クリア・レギス 《ヨーロッパ中世において司法が立法と行政から分離する以前の宮廷; ノルマンイングランドでは国王と tenant in chief たちの集会》.

Cúria Ro·má·na /-rouméɪnə, -máː-/ ローマ教皇庁 (the Curia).

Cu·rie /kjúəri, *kjʊríː/ **1** キュリー (1) **Ève** ～ (1904–2007) 《フランスの作家; Pierre と Marie の次女; *Madame Curie* (1937)》 (2) **Irène** ～ ⇨ JOLIOT-CURIE. (3) **Marie** ～ (1867–1934) 《ポーランド生まれのフランスの化学者・物理学者; ポーランド名 Maria Skło·dowska /sklədɔ́ːfskə, -dɔ́ːv-/; 夫 Pierre などと共にラジウムを発見; ノーベル物理学賞 (1903), 化学賞 (1911)》 (4) **Pierre** ～ (1859–1906) 《フランスの物理学者; Marie の夫; ノーベル物理学賞 (1903)》. **2** [c-] 〘理〙 キュリー 《放射能の強さの単位; 記号 C, Ci》.

Cúrie pòint [tèmperature] 〘理〙 キュリー点[温度] 《強磁性体が強磁性を示す上限温度》. ［Pierre *Curie*］

Cúrie's láw 〘理〙 《常磁性体の》キュリーの法則 《磁化率は絶対温度に反比例する》. ［Pierre *Curie*］

Cúrie-Wéiss làw /-wáɪs-, -váɪs-/ 〘理〙 キュリー-ワイスの法則 《強磁性体の磁化率とキュリー点より高い温度の関係》. ［Pierre *Curie* and Pierre-Ernest *Weiss* (1865–1940) フランスの物理学者］

cu·rio /kjúəriòu/ *n* (*pl* **-ri·òs**) 骨董品; 風変わりな人, 変物(へんぶつ). ［*curio*sity］

cu·ri·o·sa /kjùərióusə, -zə/ *n pl* 珍品; 珍本, 春本.

cu·ri·os·i·ty /kjùəriásəti/ *n* **1** 好奇心 〈*about*, *to* do〉; せんさく好き: out of [from] ～ 好奇心から, もの好きに / from [out of] idle ～ ふとした好奇心から, 特に理由もなく / Too much ～ lost Paradise. 《諺》 過ぎたる好奇心は楽園を失う 《Aphra Behn の句》 / *C～* killed the CAT[1]. **2** もの珍しさ, 珍奇; 珍品; 骨董品 (curio): ～ shop 骨董店. **3** 《古》 物事に細かすぎること. ［OF＜L; ⇨ CURIOUS］

cu·ri·o·so /kjùərióusou/ *n* (*pl* **～s**) 美術品愛好[鑑識]家, 骨董好き, 骨董品収集家. ［It］

cu·ri·ous /kjúəriəs/ *a* **1** ものを知りたがる, 好奇心の強い, もの好きな; せんさく好きな 〈*about*, *to* do〉: I'm ～ *to* know who he is. 彼がだれか知りたい / steal a ～ look もの珍しそうにそっとのぞいてみる 〈*at*〉 / (as) ～ as a CAT[1]. **2** 好奇心をそそる, 奇妙な, 奇異な, 珍な (strange, odd); 《口》 変な, おかしな; [*euph*] 珍本の 《書店の目録で好色本のこと》: ～ to say 妙な話だが / a ～ fellow 変人. **3** 《古・文》 綿密な, 入念な; 《古》 精確な; 《廃》 難解な. ● **～er and ～er** 《俗》 いよいよ出でていよいよ奇なり. ♦ **～·ly** *adv* もの珍しそうに, 興味ありげに; 奇妙に(も); ひどく. **～·ness** *n* ［OF＜L＝careful, inquisitive; ⇨ CURE[1]］

cu·rite /kjúəràɪt/ *n* 〘鉱〙 キュライト 《閃ウラン鉱の変質物として産出》. ［Pierre *Curie*］

Cu·ri·ti·ba /kùːrətíːbə/ クリティバ 《ブラジル Paraná 州の州都》.

cu·ri·um /kjúəriəm/ *n* 〘化〙 キュリウム 《放射性元素; 記号 Cm, 原子番号 96》. ［Marie and Pierre *Curie*］

curl /kɔ́ːrl/ *vt* 〈頭髪を〉カールさせる; 〈ひげを〉ひねる; 〈口・唇などを〉ねじ曲げる; よじる; 〘サッカー〙 〈ボールを〉カーブさせる (bend); 〈水面を〉波立たせる; 《ウェートトレーニングで》〈ウェートを〉カールする 《上腕を脇につけたまま腕の曲げ伸ばしで上げ下げする》: ～ one's LIP(s). ► *vi* **1** 〈髪が〉カールする; 〈物が〉丸くなる, 巻く 〈*up*〉; 〈煙が〉渦巻く; 〈道が〉曲がりくねる; 〈ボールが〉カーブする; 〈唇が〉ゆがむ; カーリング (curling) をする. **2** 《口》 しりごみする, たじろぐ. ● **～ the mo** 《豪俗》 うまくやる, かちとる. **～ up** (*vt*) 端から巻き上げる; 丸める; 《口》 〈人を〉倒す; ᴵᴵ《口》 《嫌悪感で》…に吐き気を催させる: be ～*ed up* 体を丸くしている. (*vi*) 〈葉などが〉巻き上がる; 縮れ上がる; 《気持よさそうに》丸くなって寝る[すわる], 縮こまる; 〈…に〉寄り添う 〈*with*〉; [*fig*] 《恐怖・恥などで》身が縮む, 《笑いで》身をよじる; 《口》 〈人が〉倒れる, 参る (give up); ᴵᴵ《口》 《嫌悪感で》吐き気を催す: ～ *up* (with laughter) at sb's joke 人の冗談に身をよじらせて笑う. (want to) **～ up and die** 《口》 [°*fig*] 体を丸めて死ぬ, 穴があればはいりたい, 《ばつの悪さなどのために》縮こまって死ぬ. **make** sb**'s** HAIR **～**. **make** sb**'s** TOES **～**.
► *n* **1 a** 《頭髪の》カール, 巻き毛; [*pl*] 巻き毛の頭髪, 《一般に》頭髪. **b** らせん状のもの, 渦巻形, うねり; 〘植〙 巻きひげ; 《木目などの》渦巻; 〘サーフィン〙 カール (＝*tube*, *tunnel*) 《大きくのしかかるトンネル状の波》. **2 a** カールする[巻く, ねじる]こと, ねじれ; 〘数〙 《ベクトルの》回転: ～ of the lip(s) 《軽蔑的に》口をゆがめること. **b** 〘植〙 《ジャガイモなどの》カーリング病, 葉巻き病. **3 a** 《ウェートトレーニングの》カール. **b** 〘アメフト〙 カール 《レシーバーが直進したあと, 弧を描いてあと戻りしてパスすること》.
● **in ～**＝CURLED: have [keep] the hair *in* ～. **out of ～** カールがとれて; [*fig*] 元気を失って: go *out of* ～ 元気を失う, ぐったりする. **shoot the ～ [tube]** 〘サーフィン〙 波のうねりの中に突っ込む.
► *a* 《豪俗》 CURL-THE-MO.
［*crolled*, *crulled* ＜ *crolle*, *crulle* (obs) curly ＜MDu］

Curl カール **Robert F(loyd) ～, Jr.** (1933–) 《米国の化学者; 炭素フラーレン (C_{60}) の発見によりノーベル化学賞 (1996)》.

curl-a-mo ⇨ CURL-THE-MO.

curled /kɔ́ːrld/ *a* 巻き毛の, カールした; 渦巻いた; 葉の巻き上がった; 葉巻き病にかかった. ♦ **cúrl·ed·ness** /-ləd-, -ld-/ *n*

cúrled mállow 〘植〙 **a** オカノリ 《ゼニアオイ属; 欧州産》. **b** フユアオイ 《ゼニアオイ属; 欧州・アジア産》.

cúrled páperwork ROLLED PAPERWORK.

cúrl·er *n* カールクリップ, カーラー; カーリングの選手.

cur·lew /kɔ́ːrl(j)u/ *n* (*pl* **～s, ～**) 〘鳥〙 ダイシャクシギ属の数種のシギ, 《特に》ダイシャクシギ 《ユーラシア産》. ［OF (imit) が OF *courlieu* courier に同化］

cúrlew sàndpiper 〘鳥〙 サルハマシギ.

cur·li·cue, cur·ly- /kɔ́ːrlikjùː/ *n* 渦巻図形; 渦巻形の飾り書き (flourish). ► *vi, vt* 渦巻図形をなす[で飾る]. ［*curly*＋*cue*[2] (＝pigtail) or Q］

cúrl·ing *n* **1** カーリング 《4 人ずつ 2 組で行なうスコットランド起源のゲーム; 氷上で curling stone を標的 (tee) に向けてすべらせる》. **2** 《髪の》カール, 《葉などの》巻き上がり.

cúrling ìron* ヘアアイロン, カール用アイロン.

cúrling pìns *pl* CURLING IRON.

cúrling stòne カーリングストーン 《カーリング用の, 取っ手の付いた平円形の重いみかげ石; 鉄製のものもある; 15–18 kg》.

cúrling tòngsᴵᴵ *pl* CURLING IRON.

cúrl·pàper *n* カールペーパー 《カールする髪を固く巻きつけておく柔らかい紙》.

cúrl-the-mò, -a- *a* 《豪俗》 すばらしい, めざましい.

cúrly *a* 巻き毛の (wavy), 縮れ毛の, カールした, 巻きやすい; 〈木目など〉波状に曲がりくねった; 〈木材が〉曲がりくねった木目の; 〈葉が〉巻き上がった, 縮れた; 〈角(つの)など〉ねじれた. ► *n* [*pl*] 《俗》 縮れ毛, 恥毛. ● **have [get]** sb by the **curlies** 《俗》 人を思いどおりにする, 弱みを握っている. ♦ **cúrl·i·ness** *n*

cúrly brácket ブレース 《{ または }》.

cúrly-còat·ed retríever 〘犬〙 カーリーコーテッドレトリーバー 《英国原産の短い縮れ毛の鳥猟犬》.

curlycue ⇨ CURLICUE.

cúrly éndive 縮葉系エンダイブ (⇨ ENDIVE).

cúrly·hèad *n* 縮れ毛の人; [～s, 〈*sg*/*pl*〉] 〘植〙 米国東部産のクレマチスの一種.

cúrly·lòcks *n* (*pl* ～) 縮れ毛の人.

cúrly-pàte *n* 縮れっ毛の人, ちりちり頭 (curlyhead).

cúrly quótes *pl* 〘電算〙 SMART QUOTES.

cúrly tòp 〘植〙 カーリートップ 《サトウダイコン・トマトなどのウイルス病》.

cur·mud·geon /kərmʌ́ʤ(ə)n/ *n* 気むずかしい人[老人]; 《古》 吝嗇家, けちんぼう. ♦ **～·ly** *a* 気むずかしい, 意地悪な. **-li·ness** *n* ［C16＜?］

curn /kə́:rn/ 《スコ》 *n* 穀粒 (grain); 少数, 少量.
curr /kə́:r/ *vi* 《ハト・フクロウ・猫などのように》グルグル[ゴロゴロ]のどを鳴らす. [imit]
cur·rach, cur·ragh /kárəx, kárə/ *n* **1 a** 《アイル》 沼沢地. **b** 《アイルランド西海岸などで使われる》大型のコラクル(舟) (coracle). **2** [the C-] カラッハ 《アイルランド東部 Kildare 州にある平野; 練兵場と有名な競馬場がある》. [Gael]
currajong ⇨ KURRAJONG.
cur·ran /kárən/ *n* 《スコ》 CURN.
cur·rant /kə́:rənt, kár-; kárənt/ *n* 小粒の種なし干しブドウ《料理用・菓子用; 元来地中海東部地方産》; 〔植〕 フサスグリ《ユキノシタ科スグリ属の各種の低木》; スグリの実, カラント《ジャム・ゼリー用》. [ME *raysons of coraunce*＜AF ＝grapes of CORINTH]
cúrrant tomàto 〔植〕 ペルー産の小粒トマトの一種.
cur·ra·wong /kə́:rəwɔ̀(:)ŋ, -wàŋ, kár-; kár-/ *n* 〔鳥〕 フエガラス (＝*bell magpie*) 《よく響く鳴き声をもつ; 豪州産》.
cur·ren·cy /kə́:rənsi, kár-; kárən-/ *n* **1 a** 通貨; 《豪》 地方発行通貨; 物々交換で普通に使われる物品, 代用通貨: metallic ~ 硬貨 / PAPER CURRENCY, FRACTIONAL CURRENCY, etc. **b** 通貨流通額. **2** 流通, 通用; 通用[流行]期間; 現在性; 通り相場, 声価: accept sb at his own ~ 人を当人の言う相場どおりに認める / gain [lose] ~ 通用し出す[しなくなる] / gain [lose] ~ with the world 世間の信用を得る[失う] / give ~ to…を通用[流布]させる. **3** 言語[知的]表現手段. **4** 〔豪史〕 豪州生まれの白人. ► *a* 〔豪史〕 〈白人が〉豪州生まれの (opp. *sterling*): ~ lads and lasses 豪州生まれの白人の若者. [L＝flowing; ⇨ CURRENT]
cúrrency nòte カレンシーノート (TREASURY NOTE) 《英国で 1914–28 年に発行》.
cúrrency prìnciple [dòctrine] 〔銀行〕 通貨主義《銀行券の発行を銀行保有の正貨準備の範囲内に制限すべしとする; cf. BANKING PRINCIPLE [DOCTRINE]》.
cúrrency snàke 共同変動為替相場制 (the snake).
cúrrency swàp 〔金融〕 通貨スワップ, カレンシースワップ《異なる通貨建ての債権・債務の交換; 通常は共に固定金利の場合だが固定金利と変動金利間の場合もある》.
cur·rent /kə́:rənt, kár-; kárənt/ *a* **1** 現在通用[流布, 流通]している, 現行の; 〈時間が〉今の, この; 目下の, 最新の; 〔電算〕 カレントの, 現用の: the ~ price 時価 / the 10th ~ [*curt.*] 本月 10 日 / the ~ issue [number] 最近号《今月[今週]号》 / the ~ month [year] 本月[年]. **2** 走り書きの, 草書体の (running); 流暢な (fluent); 《古》 流れている. ● **pass [go, run] ~** 一般に通用する, 世間に認められている. ► *n* 流動, 流れ; 流れの最も急なところ; 流速; 潮流, 海流; 気流; 電流(の強さ); 時の流れ; 傾向, 動向, 思潮, 風潮 (tendency); [*pl*] 〔放送〕 近ごろ評判のレコーディング: a ~ of opinion 世論の動向 / SWIM against [with] the ~. ♦ **~·ness** *n* [OF (pres p)＜*courre*＜L *curs- curro* to run]
cúrrent accóuntᴵᴵ 当座預金 (＝*checking account*); 〔経〕 経常勘定 (cf. CAPITAL ACCOUNT); 交互計算 (＝*account current, book [open, running] account*); 交互計算書; 未決済勘定.
cúrrent affáirsᴵᴵ [〈*sg/pl*〉] 時事問題 (current events*).
cúrrent ásset [°*pl*] 〔商〕 流動資産《現金・預金・売掛金・有価証券・棚卸資産など; 米国では 1 年または 1 営業循環期間内に現金化される資産; opp. *fixed asset, capital asset*》.
cúrrent bàlance 〔電〕 電流天秤(てんびん).
cúrrent collèctor 〔電〕 集電装置.
cúrrent dènsity 〔電〕 電流密度《記号 J》.
cúrrent diréctory 〔電算〕 《ファイル階層中の》カレントディレクトリー.
cúrrent dríve 〔電算〕 カレントドライブ.
cúrrent effìciency 〔理〕 電流効率.
cúrrent electrìcity 動電気, 電流 (＝*dynamic electricity*) (cf. STATIC ELECTRICITY).
cúrrent evénts* [〈*sg/pl*〉] 時事問題(研究) (current affairsᴵᴵ).
cúrrent expénses *pl* 経常費.
cúrrent liabílities *pl* 〔商〕 流動負債.
cúrrent·ly *adv* **1** 現今, 目下 (now). **2** 容易に, 難なく, すらすらと. **3** 一般に, あまねく (generally).
cúrrent shèet 〔天〕 電流シート《太陽の磁北極と磁南極から出て拡がる磁力線が互いに接する赤道面付近に生じる(曲)面状の電流》.
cur·ri·cle /kə́:rɪk(ə)l, kár-; kár-/ *n* 《昔の》二頭立て二輪馬車. [L (↓)]
cur·ric·u·lum /kəríkjələm/ *n* (*pl* **-la** /-lə/, **~s**) 教育課程, 教科課程, カリキュラム; 履修課程; 《クラブ活動・ホームルーム活動を含む》全般的学校教育(活動); 一般教育, しつけ; 活動予定表: be on the ~ 教育課程にはいっている, 《学科目として》履修できる. ♦ **cur·ríc·u·lar** *a* [L＝course, chariot; ⇨ CURRENT]
currículum ví·tae /-ví:tàɪ, -wí:-, -váɪtì:/ (*pl* **currícula vítae**) ᴵᴵ履歴; 履歴書《略 CV》. [L＝course of (one's) life]
currie ⇨ CURRY¹.
cur·ri·er /kə́:riər, kár-; kár-/ *n* 製革工, 革屋; 馬の手入れをする人. [OF＜L (*corium* leather)]
Cúrrier and Íves /-áɪvz/ カリアー(・アンド)・アイヴズ印刷工房《Nathaniel Currier (1813–88), James Merritt IVES による 19 世紀米国の人びと・風俗・事件などを活写したリトグラフを制作して人気を博した会社》.
cur·ri·ery /kə́:riəri, kár-; kár-/ *n* 製革業; 製革所.
cúr·rish *a* 野犬[のら犬] (cur) のような; がみがみ言う; 下劣な, 卑しい. ♦ **~·ly** *adv* **~·ness** *n*
cur·ry¹, -rie /kə́:ri, kári; kári/ *n* カレー料理; カレー粉 (curry powder); カレーソース: ~ and rice カレーライス. ● **give** sb **~** 《豪俗》 人をどなりつける, やっつける. ► *vt* カレー粉で料理する[味をつける]. ♦ **cúr·ried** *a* カレー粉で料理[味付け]した: ~ chicken. [Tamil *kari* sauce]
curry² *vt* 〈馬〉に毛すきぐし (currycomb) をかける, 〈馬〉の手入れをする; 〈なめし革を〉仕上げる; 《むちで》打つ. ● **~ below the knee** 《俗》 取り入る, 機嫌を取る. **~ favor with** sb＝**~** sb**'s favor** 人の機嫌を取る, 人にへつらう《favor は *favel*＜OF *fauvel* chestnut horse》. [OF *coreer* to prepare (L *com-*, READY)]
cúrry·còmb *n* 《馬などの》毛すきぐし. ► *vt* 〈馬〉に毛すきぐしをかける.
cúrry lèaf 〔植〕 カレーリーフ, ナンヨウサンショウ《インド・スリランカ原産のミカン科の低木; 葉は香辛料として利用される》.
cúrry plànt 〔植〕 ムギワラギク属の小低木《南欧原産キク科; 強いカレーの香りがする》.
cúrry pòwder カレー粉.
cúrry pùff カレーパフ《カレー粉で調味した肉と野菜を練り粉の皮で包んだマレーシアのパイ料理》.
Cur·rys /kə́:riz, kár-; kár-/ カリーズ《英国の家電チェーン店》.
curse /kə́:rs/ *vt, vi* (**~d** /-t/, 《古》 **curst** /kə́:rst/) **1** 呪う (opp. *bless*); ののしる, 悪態をつく, 冒瀆する 〈*with*〉: *C~* it! ちくしょう! / *C~* you! ばかな! / ~ and swear 悪口雑言する / ~ *at* sb 人をののしる / ~ sb *for* being slow 人が遅いのをののしる. **2** [ᵘ*pass*] たたる, わざわいする, 苦しめる (afflict) 〈*with*〉. **3** 〔宗〕 破門する, 追放する. ● **be ~d with** 〈いやな性質など〉をもっている (have): She *is ~d with* a bad temper. おこりっぽい気性の持主だ. **~ out*** 《口》 暴言をはく, 罵倒する: ~ *out* a computer コンピューターに向かって悪態をつく. ► *n* **1** 呪い, 冒瀆; 呪い[ののしり]のことば, 悪態, 毒舌《例: Damn!, Confound you!, Deuce take it!》: *C~s* (, like chickens,) come home to roost. 《諺》 呪いは(ひな鳥のように)ねぐらに戻る, 人を呪わば穴二つ / the ~ of Cain 永遠の流浪《カインの受けた刑罰》 / call down [lay, put] a ~ upon sb 人に呪いをかける, 天罰の下ることを願う / *C~* (upon it)! ちくしょう! **2** 呪われるもの; たたり, 災禍; 災いのもと; [the] 《口》 月経(期間): the ~ of drink 酒の大害. **3** 〔宗〕 破門. ● **not care [give] a ~ for**… 《口》 …なんか少しもかまわない. **not worth a ~** 何の価値もない. **under a ~** 呪われて, たたりをうけて: lay sb *under a* ~ 呪いをかける. ♦ **cúrs·er** *n* [OE *curs*＜?]
curs·ed /kə́:rsəd, -st/, **curst** /-st/ *a* **1** 呪われた, たたられた; 呪うべき, いまいましい, にくたらしい《口語では強意語》. **2** [ᵘcurst] 《古・方》 意地の悪い, おこりっぽい (ill-tempered). ♦ **cúrs·ed·ly** *adv* 《口》 いまいましくも, べらぼうに. **cúrs·ed·ness** *n* 呪われて[たたりをうけて]いる状態; 呪わしさ; 《口》 つむじまがり, わがまま.
cur·sil·lo /kuərsí:(l)jou/ *n* (*pl* **~s**) [°C-] クルシリョ《**1)** カトリックにおける刷新運動で, 精神生活を深め, 日々の生活様式を改めようとするもの **2)** この運動に参加する第 1 段階とされる 3 日間の集会》. [Sp ＝short course]
curs·ing /kə́:rsɪŋ/ *n* 呪い, 呪詛; 破門; ののしり, 悪罵.
cur·sive /kə́:rsɪv/ *a* 筆写体の, 続け[走り]書きの, 筆記体の; さりげない. ► *n* 筆写体, カーシブ《欧州の古書体の一種で続け書きの草書体に相当する》; 続け書き, 草書; 筆写体の写本; 筆写体の文字[活字]. ♦ **~·ly** *adv* 筆写体で; 流れるように; さらさらと. **~·ness** *n* [L＝running; ⇨ CURRENT]
cur·sor /kə́:rsər/ *n* カーソル《**1)** 計算尺・測量器械などの目盛線のついた透明な滑動板 **2)** 画面上で入力位置を示す I 字状などの記号》.
cur·so·ri·al /kərsɔ́:riəl/ *a* 〔動〕 走行に適した, 走行性の; 走鳥類の: ~ birds 走鳥類《ダチョウ・ヒクイドリなど》.
cur·so·ry /kə́:rs(ə)ri/ *a* 急ぎの, ぞんざいな, おおざっぱな, 通り一遍, 皮相的な. ♦ **-ri·ly** *adv* **-ri·ness** *n* [L＝of running; ⇨ CURRENT]
curst *v* CURSE の過去・過去分詞. ► *a* ⇨ CURSED.
cur·sus /kə́:rsəs/ *n* 毎日の祈りの一定の順序; 教育課程. [L＝course]
cúrsus ho·nó·rum /-hɑnɔ́:rəm/ 名誉ある官職の連続, エリートコース. [L＝course of honors; ローマ時代のコンスル (consul) に昇りつめるまでの官職を指した]
curt /kə́:rt/ *a* ぶっきらぼうな, そっけない, つっけんどんな; 〈文体が〉簡略な; 《文》 短い, 短くした. ♦ **~·ly** *adv* **~·ness** *n* [L *curtus* cut short]
curt. current.
cur·tail¹ /kərtéɪl/ *vt* 切り詰める; 短縮する, 省略する; 〈費用などを〉削減する; 〈人〉から〈権利などを〉奪う, 縮小する 〈*of*〉: ~*ed* words 短縮語《bus, cinema など》 / We were ~*ed of* our budget. 予算を削られた. ♦ **~·er** *n* **~·ment** *n* [CURTAL＝horse with docked

tail＜F; ⇨ CURT; 語形は tail に同化]

cur·tail[2] /kə́ːrtèɪl/ *n* 〘建〙巻き鼻《階段の第一踏板などの一端を渦巻形にしたもの》; 巻き鼻段 (=〜 **stèp**)《巻き鼻の第一踏段》. [*cur*＋*tail*[1] か]

cur·tain /kə́ːrtn/ *n* **1** カーテン, 窓掛け: draw [pull] the 〜*s* カーテンを引く《開ける, 閉める》. **2 a**《劇場の》幕, どんちょう: The 〜 rises [falls]. 幕が開く[下りる], 開演[終演]となる; 事件が始まる[終わる] / The 〜 has fallen on this matter. この事は終わった / raise [drop] the 〜 (劇場の)幕を上げる[下ろす], 開演[終演]とする; 〈事を〉明かす[隠す]. **b** 開演, 終演; 《劇の》終末の効果[せりふ, 場面]; CURTAIN CALL; [*pl*]《俗》最期, 一巻の終わり, 死: be [mean] 〜*s* for sb 人がおだぶつ(ということ)になる. **3** 幕状のもの; 〘軍〙弾幕; (幕状の)仕切り, 遮蔽物; [the C-] IRON CURTAIN; 〘城〙《2 つの稜堡(りょうほ)・塔などを連結する》幕壁; 〘建〙CURTAIN WALL: a 〜 *of* mist 一面の霧. ● **behind the 〜** 黒幕で, 秘密に. **bring down the 〜 on**...の幕を下ろす, ...を終わらせる. **draw [throw, cast] a 〜 over**...=draw a VEIL over.... **draw the 〜 on**...にカーテンを引いておおう; ...を(あとは言わないで)おしまいにする. **lift the 〜 on**... 幕を引き上げて...を見せる; ...を始める; ...を打ち明けて話す. **ring down [up] the 〜** ベルを鳴らして〈...の〉幕を下ろす[上げる]〈*on*〉; 〈...の〉結末[開始]を告げる〈*on*〉. **take a 〜** 〈俳優が〉観客の喝采に応じて幕前に現われて挨拶する. **the** FINAL CURTAIN. ► *vt* ...に幕[カーテン]を張る; 幕[カーテン]でおおう. ● **〜 off** 幕[カーテン]で仕切る[さえぎる]. ♦ **〜·less** *a* [OF＜L *cortina*]

cúrtain càll カーテンコール《終幕後に観客が喝采して出演者を幕前に呼ぶこと》.

cúrtain clìmber 《俗》《伝い歩き[よちよち歩き]の》幼児, 赤ん坊.

cúrtain·fàll *n* 《芝居の》幕切れ; 《事件の》結末, 大団円.

cúrtain fìre 〘軍〙弾幕砲火[射撃], 弾幕 (barrage).

cúrtain lècture 《二人だけのときに妻が夫に与える》寝室説法.

cúrtain lìne 《芝居の》幕切れのせりふ.

cúrtain mùsic 〘劇〙《幕を開ける直前の》開演音楽.

cúrtain of fíre* CURTAIN FIRE.

cúrtain ràil" カーテンレール《カーテンをつるすためのプラスチック[金属]製のレール; cf. CURTAIN ROD》.

cúrtain-ràiser *n* 〘劇〙開幕劇, 前座; 《口》《リーグの》開幕試合, 《ゲームの》初回, 《ダブルヘッダーの》第 1 試合; 前触れ, 前哨戦.

cúrtain rìng カーテン(吊りの)リング.

cúrtain ròd カーテンロッド《カーテンをつるすための通常木製の棒; しばしば凝った装飾が施されている; cf. CURTAIN RAIL》.

cúrtain spèech 《芝居の終わりに》幕前でする挨拶; 芝居[幕, 場]の最後のせりふ.

cúrtain tìme 開幕時間.

cúrtain-ùp" *n* 開幕.

cúrtain wàll 〘建〙カーテンウォール, 帳壁《構造物全体とは無関係に自重を支えるだけの外壁》; 〘城〙CURTAIN.

cur·tal /kə́ːrtl/ *n* 〘楽〙カータル《低音[次中音]を出すオーボエ型の楽器で, 16 世紀の bassoon》; 〘楽〙《低音[次中音]の》オルガンカータル; 《古》断尾した動物; 《古》短く切り詰めたもの. ► *a* 《古》短い; 《廃》断尾した; 《廃》短縮した; 《古》短衣を着た. [OF; ⇨ CURT]

cúrtal àx, cúr·tle àx /kə́ːrtl-/ 《古》CUTLASS.

cur·ta·na /kərtéɪnə, -tɑ́ː-/ *n* 無先刀《英国王の戴冠式に慈悲のしるしとして捧持する》. [OF]

cur·tate /kə́ːrtèɪt/ *a* 短縮した; 省略した.

cur·te·sy /kə́ːrtəsi/ *n* 〘法〙鰥夫(かんぷ)産《妻の死後, 子をもつ夫が妻の土地財産を一生の間保有する権利; cf. DOWER》.

cur·ti·lage /kə́ːrt(ə)lɪʤ/ *n* 〘法〙宅地, 住宅付属庭地. [OF (*co*(*u*)*rtil* small court＜COURT)]

Cur·tin /kə́ːrtn/ カーティン **John** (**Joseph**) 〜 (1885–1945)《オーストラリアの政治家; 首相 (1941–45); 労働党》.

Cur·tis /kə́ːrtəs/ カーティス《男子名》. [OF＝courteous]

Cúrtis Cúp [the] カーティスカップ《隔年に開催される英米間のアマチュア女子ゴルフチームの対抗戦, またその優勝杯; ともにゴルファーであった Margaret と Harriet の Curtis 姉妹が 1932 年に創設; cf. WALKER CUP》.

Cur·tiss /kə́ːrtəs/ カーティス **Glenn** (**Hammond**) 〜 (1878–1930)《米国の飛行家・実業家》.

Cur·ti·us /kúərtsiəs/ クルツィウス **Ernst** 〜 (1814–96)《ドイツの考古学者・歴史家; Olympia の発掘を指揮した》.

curtle ax ⇨ CURTAL AX.

curt·sy, curt·sey /kə́ːrtsi/ *n* ひざを曲げ体を(少し)かがめる女性のお辞儀[会釈]: drop [make, bob] a 〜 〈女性が〉お辞儀をする, 会釈する. ► *vi* ひざを曲げ体をかがめてお辞儀をする〈*to*〉. [COURTESY]

cu·rule /kjúərùːl/ *a* 〘古ロ〙CURULE CHAIR にすわる資格のある; 最高位の, 高位高官の.

cúrule chàir 〘古ロ〙大官椅子, 象牙椅子《高官のすわる象牙をはめ込んだ campstool 形の椅子》.

cúrule mágistrate 〘古ロ〙大官椅子にすわる資格のある高官.

cur·va·ceous, -cious /kə̀ːrvéɪʃəs/ *a* 《口》曲線美の. ♦ **〜·ly** *adv* **〜·ness** *n*

cur·va·ture /kə́ːrvəʧər, -tjùər, *-ʧùr, *-tùr/ *n* 曲げること; 湾曲, ひずみ; 〘数〙曲率; 〘医〙《脊柱などの》湾曲, 《臓器の》湾曲部: 〜 tensor 曲率テンソル. [OF＜L (↓)]

curve /kə́ːrv/ *n* **1 a** 曲線; [*pl*]《特に 女性の》体の曲線; 〘統〙曲線図表[グラフ]; 〘理・写〙CHARACTERISTIC CURVE. **b** 〘教育〙カーブ評価《相対評価》: grade on a 〜 相対評価を行なう. **2** 屈曲, 湾曲部, カーブ; 湾曲物; [*pl*] 括弧, パーレン; 《製図用の》曲線規. **3** 〘野〙カーブ; 策略, ごまかし, ペテン. ● **ahead of the 〜** 時代[流行]の先端に, 時代を先取りして. **behind the 〜** 時勢[流行]に取り残されて. **get on to sb's 〜s***《俗》人の意図[気持]がわかる. **pitch [throw] sb a 〜**=*《口》pitch sb a CURVEBALL. ► *vt* **1** 曲げる, 湾曲させる; 〘野〙〈球を〉カーブさせる, 〈打者〉にカーブを投げる. **2** 〘教育〙カーブ評価する. ► *vi* 曲がる, 湾曲する; 曲線を描く. ► *a* 《古》CURVED. [L *curvus* curved; もと *curve line* で]

cúrve·bàll *n* 〘野〙カーブ (curve); 策略, ごまかし. ● **pitch [throw] sb a 〜***《口》人の意表に出る, 不意をつく; だます.

curved /kə́ːrvd/ *a* 曲がった, 湾曲した, 曲線状の. ♦ **cúrv·ed·ly** /-əd-/ *adv* 曲がって. **cúrv·ed·ness** /-əd-/ *n* 湾曲.

cúrve fìtting 〘数〙曲線のあてはめ.

cúrve kìller*《俗》優等生.

cur·vet /kərvét, *kə́ːrvət/ *n* 〘馬〙クルベット, 騰躍《前足が地に着かないうちにあと足から躍進する優美な跳躍》: cut a 〜 騰躍する. ► *vi*, *vt* (-tt-, -t-) 〈馬が〉騰躍する; 〈騎手が馬を〉騰躍させる; 〈子供などが〉はねまわる. [It (dim)＜*corva* curve]

cur·vi- /kə́ːrvə/ *comb form*「曲がった」 [L CURVE]

cùrvi·fóliate *a* 〘植〙そり返った葉をもつ.

cúrvi·fòrm *a* 曲線形の[をした].

cùrvi·línear *a* 曲線の, 曲線をなす; 曲線美の; 華麗な; 〘建〙盛飾式の: 〜 flow [motion] 曲線流れ[運動] / the 〜 style 盛飾式. ♦ **cùrvi·lineárity** *n* [*curvi-*; *rectlinear* にならったもの]

curvy /kə́ːrvi/ *a* 〈女性の体形が〉曲線美の, ふくよかな; 曲がった. ♦ **cúrv·i·ness** *n*

Cur·wen /kə́ːrwən/ カーウェン **John** 〜 (1816–80)《英国の音楽教育家; tonic sol-fa 法を確立した》.

Cur·zon /kə́ːrz(ə)n/ カーゾン (1) Sir **Clifford** 〜 (1907–82)《英国のピアニスト》 (2) **George Nathaniel** 〜, 1st Baron & 1st Marquis 〜 of Ked·le·ston /kédlstən/ (1859–1925)《英国保守党の政治家; インド副王 (1899–1905), 外相 (1919–24)》.

Cúrzon Líne [the] カーゾン線《1920 年, 英国外相 Lord Curzon が休戦ラインとして提案したポーランドとロシアの国境線; 第二次大戦後の国境線がほぼこれに沿って引かれた》.

Cu·sa·nus /kjuséɪnəs/ クサーヌス **Nic·o·la·us** /nìkəléɪəs/ 〜《NICHOLAS OF CUSA のラテン語名》.

Cusco ⇨ CUZCO.

cus·cus[1] /kʌ́skəs/ *n* 〘動〙ユビムスビ, (ブチ)クスクス《ニューギニア・熱帯オーストラリア森林地の有袋動物》. [(New Guinea)]

cuscus[2] ⇨ KHUSKHUS.

cu·sec /kjúːsèk/ *n* キューセック《流量の単位: 毎秒 1 立方フィート相当》. [*cu*bic foot per *sec*ond]

cush[1*] /kúʃ/ *n* 《俗》銭, 現金 (cash); 《俗》(見つけた[盗んだ])財布; 《俗》かゆ; 《俗》デザート, 甘いもの; 《卑》セックス(の喜び). [*cushy*;「かゆ」「甘いもの」などは *cushion* からか]

cush[2] *n* 《口》《特に ビリヤード台の》クッション (cushion).

Cush, Kush /kʌ́ʃ, kúʃ/ **1** 〘聖〙クシ《Ham の長子; また, その子孫の住んだ紅海の西岸の地; *Gen* 10: 6》. **2** クシ《エジプトの影響下にあったスーダン人の国家で, 紀元前 1000 年ころから紀元 350 年まで栄えた》.

cush·at /kʌ́ʃət, kúʃ-/ *n* 《スコ》モリバト (ringdove).

cu·shaw /kʊʃɔ́ː, kə-, kúːʃɔː/, **ca-** /kəʃɔ́ː/ *n* 〘植〙ニホンカボチャ, 《特に》ヘチマカボチャ. [? ＜Algonquian]

cush-cush /kúʃkùʃ/ *n* 〘植〙ミツバドコロ《熱帯アメリカ産のヤマノイモの一種》.

cush·ie /kúʃi/, **cúshie-dóo** /-dúː/ *n* 《スコ・北イング》CUSHAT.

Cush·ing /kúʃɪŋ/ クッシング (1) **Caleb** 〜 (1800–79)《米国の弁護士・外交官; 中国の対米門戸開放の望厦(ぼうか)条約 (1844) を結んだ》 (2) **Harvey** (**Williams**) 〜 (1869–1939)《米国の神経外科医》.

Cúshing's disèase 〘医〙クッシング病《Cushing's syndrome のうち下垂体から ACTH が過剰に分泌した場合》. [Harvey *Cushing*]

Cúshing's sỳndrome 〘医〙クッシング症候群《下垂体からの副腎皮質刺激ホルモン (ACTH) 過剰分泌や副腎皮質腫瘍などによる慢性的なコルチゾールの過剰分泌, または治療目的で長期的にグルココルチコイドを与えられたときに起こる症候群; 満月様顔貌, 中心性肥満, 高血圧などの症状を呈する》.

cush·ion /kúʃ(ə)n/ *n* **1** クッション《横になったりすわったりするための》. **2** クッション状のもの; 針山 (pincushion); レース編みの枕; 《置物などの》台ぶとん; 《入れ毛の》たぼ; 《婦人の》しょい揚げ; 〘野〙《一・二・三塁の》ベース. **3** 緩衝物[材, 装置]; 《ビリヤード台の》クッション; 靴底に敷くマット; 《空気タイヤ内の》弾性ゴム; 〘機〙当て物, 空気ばね, 杭帽子《緩衝用》; じゅうたんの下敷; クッション《AIR-CUSHION VEHICLE を支える空気》. **4** マイナスの効果[悪影響]を除くもの; 経済の退行を緩和する要素; 予備費; 〘放送〙予備番組. **5** 《患者の苦痛を和らげる》褥(じょく), クッション, 痛み止め; 〘解〙褥(様構造); 馬蹄軟骨, 蹄叉(ていさ);

《豚・馬・牛などの》尻の軟肉部. **6**〘植〙葉枕(ようちん), 枕(まくら)(pulvinus); 〘建〙CUSHION CAPITAL. **7** 十分な勝越し, 大きなリード. ● **ride (the) ~s***《俗》正規の運賃を払って乗物に乗る. ► *vt* **1 a** …にクッションを備える; クッションで支える〈*up*〉. **b**〈人を〉クッションにすわらせる. **2**〈衝撃・騒音などを〉吸収する, 和らげる;〈心痛などを〉取り除く; …を保護する, 護る〈*from*〉. **3**〈蒸気などのクッションでピストン〉の動きを止める;〈蒸気などを〉クッションにする. **4 a** クッションでおおう[隠す]. **b**〈不平・苦情などを〉そっと抑える,〈スキャンダルなどを〉黙殺する. ♦ **~ed** *a* **~·less** *a* [OF (L *culcita* mattress)]

cúshion càpital〘建〙方円[枕付き]柱頭 (=*capital*).

cúshion·cràft *n* (*pl* ~) AIR-CUSHION VEHICLE.

cúshion pink〘植〙コケマンテマ (=*moss campion*)《ロックガーデン用の, ナデシコ科シレネ属の多年草》.

cúshion plànt〘植〙団塊植物, クッション植物《地表植物の一種で, 枝が上方に伸び密な団塊をなす》.

cúshion tìre むくタイヤ《ゴムくず詰めの自転車タイヤ》.

cúsh·iony *a* クッションのような; 柔らかい, やんわりした; クッションの用をなす; クッションを備えた; 楽な, 楽しい; CUSHY.

Cush·ite /kʌ́ʃàɪt, kúʃ-/ *n, a* クシ人(の).

Cush·it·ic /kəʃítɪk, kuʃ-/ *n* クシ語群[語派]《Afro-Asiatic 語族に属しソマリ語・アガウ語などを含む》. ► *a* クシ語群[語派]の. [*Cush*]

cush·ty /kúʃti/ *a*[英]《俗》すてきな, すばらしい, なかなかいい.

cushy /kúʃi/《口》*a*〈仕事など〉楽な (easy), たやすい; 快適な; 豪華な, しゃれた;〈傷が〉浅い, 心配ない: a ~ NUMBER. ► *n* 金 (money). ♦ **cúsh·i·ly** *adv* **cúsh·i·ness** *n* [Anglo-Ind<Hindi *khūsh* pleasant]

cusk /kʌ́sk/ *n* (*pl* **~s**, ~)〘魚〙タラ科の食用魚《北大西洋産》, カワメンタイ (burbot).

cúsk èel〘魚〙アシロ科の海産魚《総称》.

cusp /kʌ́sp/ *n* **1** とがった先端, 尖頭, 尖;〘天〙《新月の》先端;〘建〙いばら, カスプ《ゴシックアーチの 2 曲線が交わる尖端》;〘解〙心臓弁膜尖, 《歯牙の》咬頭(こうとう);〘植〙《葉などの》尖端;〘数〙《2 曲線の》尖点. **2**〘占星〙宿(しゅく) (house) の開始点;《時代などの》転換点, 変わりめ; 境目, 間際: on the ~〈…の〉まさに始まろうとする時期で〈*of*〉;〈A と B の〉境界で〈*between* A *and* B〉;〈A から B への〉過渡期で〈*from* A *to* B〉. ♦ **~·ing** *n* cusp の形成;〘建〙いばら装飾. [L *cuspid- cuspis* point]

cus·pate /kʌ́spət, -pèɪt/, **-pat·ed** /-pèɪtəd/, **cusped** /kʌ́spt/ *a* CUSP のある; cusp 形の, 先のとがった.

cus·pid /kʌ́spəd/ *n*〘解〙犬歯 (canine tooth). [逆成<*bicuspid*]

cus·pi·dal /kʌ́spədl/ *a* 先のとがった;〘数〙尖点の[をなす].

cus·pi·date /kʌ́spədèɪt/, **-dat·ed** /-dèɪtəd/ *a* 先のとがった, 尖端のある;〘植〙〈葉が〉凸形の: a ~ leaf 凸形葉.

cus·pi·da·tion /kʌ̀spədéɪʃ(ə)n/ *n*〘建〙いばら装飾.

cus·pi·dor, -dore* /kʌ́spədɔ̀ːr/ *n* 痰壺 (spittoon). [Port=spitter]

cuspy /kʌ́spi/ *a*《ハッカー》〈プログラムが〉よく書かれた, 機能がすばらしい. [*C*ommonly *U*sed *S*ystem *P*rogram]

cuss /kʌ́s/《口》*n* CURSE; [[derog]] 厄介者, やつ, 野郎《人・動物》: a queer ~ 変なやつ. ► *vt, vi* CURSE. ● **~ out** こっぴどくしかる, ののしる. ♦ **~·er** *n*

cuss·ed /kʌ́səd/《口》*a* CURSED; 意地の悪い, つむじまがりの, 強情な. ♦ **~·ly** *adv* **~·ness** *n*

cúss·wòrd《口》*n* ののしりことば (swearword), 悪態; 呪いのことば, みだらなことば.

cus·tard /kʌ́stərd/ *n* カスタード《牛乳・卵に砂糖・香料を加えて煮詰めた食品》; カスタードソース《牛乳と卵または穀粉を混ぜて煮た甘味のあるソース》; FROZEN CUSTARD: ~ pudding カスタードプディング. ♦ **~y** *a* [ME *crusta(r)de*<AF; ⇨ CRUST]

cústard àpple〘植〙**a** バンレイシ,《特に》ギュウシンリ (bullock's-heart)《果実は生食する》. **b** ポーポー (papaw).

cústard créam カスタードクリーム《バニラ風味のクリームをはさんだビスケット》.

cústard cùp カスタードカップ《カスタードを作るための耐熱カップ》.

cústard glàss カスタードグラス《淡黄色の不透明ガラス》.

cústard píe カスタードパイ《ドタバタ喜劇やサーカスで観客を笑わせるため投げつけ合ったり, 抗議行動として有名人に投げつけたりする》. ♦ **cústard-píe** *a*

cústard pòwder カスタードパウダー《粉末のカスタードソースの素》.

Cus·ter /kʌ́stər/ カスター **George Armstrong** ~ (1839–76)《米国の陸軍将校; LITTLE BIGHORN の戦いで部下もろとも戦死, **Cúster's Lást Stánd**(カスターの最後の抵抗)として知られる》.

custodes *n* CUSTOS の複数形.

cus·to·di·al /kʌ̀stóudiəl/ *a* 保管の, 保護の; 拘留[拘禁]の: a ~ sentence 拘禁刑 / a ~ institution 拘留施設, 刑務所 / a ~ parent 親権をもつ親. ► *n* 聖宝 (relics) の容器, 聖体容器.

cus·to·di·an /kʌ̀stóudiən/ *n* 管理人, 保管者; *用務員, 守衛, 看守;《伝統などの》守護者. ♦ **~·ship** *n* [*guardian* などの類推で↓から]

cus·to·dy /kʌ́stədi/ *n*《人の》保護, 後見,《子の》監護(権); 拘留, 拘置, 監禁 (imprisonment); 保管, 管理: have ~ *of* (a child) (子供)を保護する; 子供の監護権[養育権, 親権]をもつ《特に離婚後に》/ have the ~ *of*…を保管する / in the ~ *of*…に保管[保護]されて. ● **in ~** 収監[拘引]されて, 拘留中で: keep *in* ~ 拘留[監禁]しておく. **take sb into ~** 人を拘束[収監, 拘引]する (arrest). [L (*custod- custos* guard)]

cus·tom /kʌ́stəm/ *n* **1** 習慣, 風習, 習俗;〘法〙慣習法, 慣習: *C*~ is a second nature.《諺》習慣は第二の天性 / *C*~ makes all things easy.《諺》習うより慣れよ / *C*~ reconciles us to everything.《諺》慣れればなんでも平気になる / a slave to ~ 習慣の奴隷 / social [Western] ~*s* 社会[西欧]の風習 / keep up [break] a ~ 習慣を守る[打破する] / as is one's ~ いつものように. **2**[英]《商店などの》愛顧, 引立て; お得意(客), 顧客《集合的》: increase [lose] ~ お得意を増やす[失う]. **3** [*pl*] 関税; [~s, 〈*sg*〉] 税関, 通関手続き;《封建制下の》使用税[料];〘史〙《領主に対する》義務, 貢租. ► *a**注文の, あつらえの; 注文品を扱う: ~ clothes=~ suit 注文服 / ~ shoes あつらえた靴 / a ~ tailor 注文服仕立屋. [OF<L *consuetudo* consuetude]

cústom·able *a* 関税のかかる (dutiable). ♦ **~·ness** *n*

cus·tom·ar·i·ly /kʌ̀stəmérəli, kʌ́stəmèrə-; kʌ́stəm(ə)rɪli/ *adv* 習慣的に, 慣例上.

cus·tom·ary /kʌ́stəmèri; -m(ə)ri/ *a* 習慣的な, 通例の, いつもの, 例の;〘法〙慣例による, 慣習上の: a ~ law 慣習法. ► *n*《一国・領域の》慣例集; CONSUETUDINARY. ♦ **-ar·i·ness** *n*

cústomary constitútion UNWRITTEN CONSTITUTION.

cústom-búilt *a* CUSTOM-MADE.

cústom·er *n* **1**《主に売買業の》顧客, 得意先, 取引先 (patron): The ~ is always right.《お客を立てるモットー》/ One to a ~ お一人様一点限り. **2**《口》やつ, 男 (fellow): an awkward [a rum, an ugly] ~ (相手として)始末に悪いやつ, 手ごわい[やりにくい]やつ / a COOL ~.

cústomer bàse〘商〙顧客ベース[基盤].

cústomer cáre カスタマーケア, カスタマーサービス《顧客への情報提供や苦情の受付けなど》.

cústomer-fàcing *a* 顧客対応の, 接客(業)の.

cústomer's bròker [màn] 証券セールスマン.

cústomer sérvices [〈*sg*〉]《企業の》カスタマーサービス[製品サポート]部門.

cústom·hòuse, cústoms- *n* 税関.

cústomhouse bròker CUSTOMS BROKER.

cústom·ìze *vt* 特別注文に応じて作る[変える]; 好み[ニーズ]に合わせて改造[変更]する;〘電算〙カスタマイズする《ユーザーが, キー割当てその他の操作性を変更する》. ♦ **-iz·er** *n* **cústom·iz·able** *a* **cùs·tom·izátion** *n*

cústom-máde *a* 注文製の (made-to-order), あつらえの, オーダーメードの (opp. *ready-made*), 特別注文の〈車など〉.

cústom-máke *vt* 注文で作る.

cústom òffice 税関(事務所).

Cústoms and Éxcise [the]〘英〙関税消費税庁《関税と消費税の徴収・使途報告を行なう機関; 2005 年 Inland Revenue と統合され, Revenue and Customs が発足》.

cústoms bròker 税関貨物取扱人, 通関業者, 乙仲《輸出入者の代わりに貨物の通関手続きを代行する者》.

cústoms dùties *pl* 関税.

customshouse ⇨ CUSTOMHOUSE.

cústoms ùnion〘経〙関税同盟.

cústom-táilor *vt* 特別の注文[仕様]にしたがって変更[企画, 製作]する.

cústom tàriff 関税表, 関税率.

cus·tos /kʌ́stɑ̀s/ *n* (*pl* **cus·to·des** /kʌstóudiz/) 管理人, 監視人;《フランシスコ会の》属管区長, 遣外管区長. [L=keeper, guard]

cústos mó·rum /-mɔ́ːrəm/ 良俗の守護者《かつての王座裁判所のこと》. [L=keeper of morals]

cus·tu·mal /kʌ́sʧəməl, -ʧu-; -tju-/ *n*《一国・一領域の》慣習記録集 (customary). ► *a*〘法〙CUSTOMARY.

cut /kʌ́t/ *v* (~; **cút·ting**) *vt* **1 a** 切る: ~ one*self* (*on* [*with*] a knife) (ナイフで)けがをする. **b**〈寒風・霜などが…〉の膚を刺す;《むちなどで》鋭く[ピシッと]打つ;〈人〉の心を傷つける, 心痛させる: His unfair remark ~*s* me. **2 a** 切断する, 切り離す〈*away, off, out*〉;〈爪・髪を〉切る;〈木を〉伐る,〈草を〉刈る,〈穀物を〉刈り入れる,〈草花を〉摘み取る;〈ページを〉切る, カットする;〈馬などを〉去勢する; 切って…する;〈子供が〉〈歯を〉生やす: ~ an envelope open. **b**〘電算〙〈テキスト[グラフィックス]の指定した範囲を〉バッファーへ移動する, 切り取る, カットする (cf. COPY, PASTE). **3**〈肉・パンなどを〉切り分ける (carve); *《俗》〈もうけを〉山分けする, 分配する; *《俗》共同で負担する, 共有[共用]する: *C*~ the cake *in* two [*in* half, *into* halves]. 菓子を 2 つに[半分に]切りなさい / *C*~ me a slice of bread.=*C*~ a slice of bread *for* me. パンを一きれ切ってください. **4 a** はさみ切る, 刈り込む;〈脚本・映画などを〉削除[カット]する; 短縮する. **b**〈費用を〉切り詰める,〈価格・税金・利率などを〉下げる; 減らす: ~ 30 jobs 30 人(の仕事)を削減する / ~ crime 犯罪を減らす. **5 a** 遮断する, 妨害する;〈流体・エンジンなどを〉止める, 切る; [*impv*]〘映・ラジオ・テレビ〙〈録画・録音・放送を〉中断する, カットする. **b** [*fig*] …と関係を断つ, 絶交する;《口》〈人〉に知らん顔をする: His friends ~ him in the street. 友人たちは道で彼に会っても知らぬ顔をした. **c** *«口» 放棄する, あきらめる, やめる; *«口» 〈授業を〉サボる. **d** 〚チーム・配役などから〛〈人を〉はずす, 降ろす; «米・豪» 〈一頭の家畜を〉群れから引き離す. **6 a** 〈宝石を〉切り磨く; 〈石・像・名を〉刻む, 彫る; 〈布・衣服を〉裁断する. **b** 〈道などを〉切り開く, 掘る 〈*through*〉. **c** 〚映など〛〈フィルムを〉編集する; 〈レコード・CD を〉作る; 録音する; 〈タイプなどで原紙を〉打つ, 切る, 〈指令などを〉原紙にタイプする. **d** 〈小切手を〉切る. **7 a** …の周囲をまわる, …の端を通る; 〈車を〉急カーブさせる; 〈列〉に割り込む. **b** [~ one's [a] way として] 〈水などを〉切って進む, 突き進む 〈*through*〉. **c** 〈線・道路が〉横切る, 交差する (cross). **8 a** 〚テニス・クリケットなど〛〈球を〉切る, カットする, カット打ちする; 〚ゴルフ〛〈ボールを〉スライスさせて打つ. **b** 〚トランプ〛〈札を〉切る 《SHUFFLE したあと二分する》, 〈カードを〉取る, 引く: ~ cards for partners 札を引いてパートナーを決める. **9 a** *〈ウイスキー・薬物などを〉薄める, 割る, …にまぜ物をする 〈*with*〉; 〈脂肪などを〉溶かす, 分解する. **b** *«俗» …に水を差す, だいなしにする; *«俗» 〈人〉にまさる, しのぐ, …のうわてを行く. **10** [*neg*] 処理する, こなす.

► *vi* **1** 切る, 切断する; 刃物を使う; 《肉・菓子などを》切り分ける; 切れる; 〈歯が〉生える: ~ *along* the dotted line / This knife ~*s* well [will not ~]. このナイフは切れ味がよい[切れない]. **2 a** 〈すき・船などが〉切って進む, 通り抜ける 〈*through*〉; 横切る, 近道をする 〈*across*〉; 《列などに》割り込む; 斜線[対角線]をなす: ~ *across* the yard 中庭を横切る. **b** «口» (急いで)去る, 疾走する, 急いで行く 〈*along*〉; 急に方向を変える: ~ *around* a corner 急いで角を曲がる. **3 a** (身を切るように)痛い, ピリピリする, 〈寒風が〉身にしみる: The wind ~*s* like a knife. 風が身を切るように冷たい[痛い]. **b** 人の感情を害する, 人を傷つける. **c** 効果[意義]がある. **4 a** バットなどを振る; 《むちなどで》打つ, 《剣で》斬りつける; 《テニスなどで》球を切る. **b** カードの山をカットする《親を決めたり, 賭けに決着をつけたりするため》; カードを取る. **c** 〈馬が〉歩行[走行]中に足と足をぶつける. **5** 〚映・ラジオ・テレビ〛〈別の音声・映像などに〉切り換える[換わる] 〈*away, to*〉; [ᵘ*impv*] 〚映など〛撮影[録音]を中断する, カメラを止める, カットする; 〚映など〛編集する.

● **be ~ out for** [to be, to do]…に[するのに]適している[ふさわしい]. **~ a** CAPER. **~ across**…を横切って近道する; …と食い違う[交錯する]; …を超える, …にまたがる, …にわたる; …に影響する. **~ a** DASH. **~ a** DEAL[1]. **~** ADRIFT. **~ a** FIGURE. **~ a loss** [**one's losses**] 《計画などを早めに放棄して》損害を食い止める. **~ and carve** 〈肉などを〉切り分ける, 分割する. **~ and come again** 何度でも好きなだけ取って食べる. **~ and contrive** やりくり算段をする. **~ and run** 〈船が〉《錨を揚げる間もなく》錨索を切って急いで帆走する; «口» 大急ぎで逃げ出す. **~ at**…に斬りつける, (むちで)ピシピシ打ちかかる, ゆっくり[用心深く]…を切る; «口» …を(精神的に)打ちひしぐ; 〈希望など〉をくじく. **~ away** 切り払う; 斬りまくる; «口» 逃げ出す. **~ back** 〈木・枝を〉刈り込む; 〈出費・生産などを〉切り詰める, 削減する, 減らす, 縮小する; 〚映〛カットバックする (⇨ CUTBACK) 〈*to*〉; 〚アメフト〛カットバックする. **~ back on**…を切り詰める, 削減する, 減らす. **~ both ways** 〈議論・方法・行為など〉どちらの側にも役立つ[かかわる], 二道かける, 諸刃(もろは)の剣である. **~ sb dead** 人にそ知らぬ顔をする, 完全に無視する (cf. *vt* 5b): He sometimes ~*s* me *dead* when he sees me. **~** DIDO**es.** **~ down** (1) 〈木を〉伐り倒す, 〈ロープなどを〉切って…を降ろす[落とす]; 〈敵を〉斬り倒す, 打ちのめす; 《選挙などで》打倒する; CUT down to size; [ᵘ*pass*] 〈武器・銃弾・病気などが〉〈人を〉倒す, 殺す. (2) 〈原稿・衣服などを〉切り詰める, 縮める, 《詰めるなどして》作りなおす; 減らす, 削減する; 《商談で》〈相手〉に〈…まで〉値下げさせる, まけさせる 〈*to*〉; 論破する; 〈音量を〉下げる, 落とす: ~ sb *down to* [*by*] £20 相手に 20 ポンドまで[だけ]まけさせる. **~ down on**… 〈数量・活動などを〉切り詰める, 削減する, 減らす. **~ down to size** 〈過大評価されている 人・能力・問題などを〉実力[実状]相応の評価に下げる; …の鼻をへし折る, (身のほどを)思い知らせる. **~ for**… 《トランプの》札を引いて…を決める: ~ *for* deal(er) [who makes the coffee] 札を引いて配り手[だれがコーヒーをいれるか]を決める. **~…free** (切って)…を自由にする: ~ *oneself free* 縄など切って逃げる; 〈仕事などから〉抜け出す 〈*from*〉. **~ in** (1) 〈話などに〉割り込む, さえぎる 〈*on*〉; 〈招かれていないパーティーなどに〉加わる 〈*on*〉. (2) 〈…の〉前に割り込む 〈*on, ahead of*〉. (3) 《電話で》人の話を盗聴する. (4) 《ダンス中に》〈…から〉パートナーを横取りする 〈*on*〉; 〚トランプ〛降りる人に代わってゲームに加わる. (5) 《自動的に》〈機械が〉動き出す, 作動する, 〈電気が〉つく. (6) 切り込む; 《ナイフ・へらなどで切るようにして》〈ショートニングなどを〉(小麦粉などに)混ぜる. (7) 《集団・連続するものに》加える, 入れる, 〈場面などを〉挿入する; «口» 〈人を〉〈もうけ仕事の〉仲間に加える, 〈利益などに〉あずからせる 〈*on*〉. (8) 〈装置を〉電源に接続する. (9) …に分け前を与える, 利益にあずからせる. **~ into**… 〈肉・ケーキなど〉にナイフを入れる; 〈バターなどを〉〈粉など〉に混ぜる; 〈話・列など〉に割り込む, …をじゃまする; 〈仕事などが〉〈時間〉に食い込む; 〈利益・価値など〉を減らす, 下げる. **~ it** «俗» 走る, ずらかる; [ᵒ~ it out, ᵘ*impv*] «口» やめる, よす, 黙る; «口» 成果をあげる, うまくやる. **~ it** FINE[1]. **~ it off** «俗» 眠る. **~ it (too) fat** «口» やりすぎる. **~ loose** 綱[鎖]を切って放つ; 関係[拘束]を断つ, 独立する 〈*from*〉; …との関係[契約]を解消する; «口» はめをはずす; «俗» 言い放つ, 叫ぶ, わめく; «俗» 投げつける, なぐりつける. **~ off** (*vt*) (1) 切り離す; 短くする, 縮める; 削除する 〈*from*〉. (2) 中断する; 〈ガスなど(の供給)を〉止める; 〈手当などを〉打ち切る; *«口» 《バーで》〈酔客〉に酒を出すのをストップする. (3) *〈通話・連絡などを〉さえぎる; 〈人〉の話をさえぎる; [ᵘ*pass*] 《通話中に》〈人〉の電話を切る. (4) 〈退路・眺望などを〉絶つ; 〈人・村・部隊などを〉孤立させる 〈*from*〉; 〈人〉と交際を絶つ: ~ *oneself off from* the world 世間と関係を絶つ / She felt very ~ *off* in the city. その都市ではひどくさびしい思いをした. (5) 〈エンジンなどを〉止める. (6) [ᵘ*pass*] 〈病気などが人を〉若死にさせる, 倒す. (7) 廃嫡(はいちゃく)[勘当]する: ~ sb *off* with [without] a SHILLING. (8) 〚野〛〈外野からのボールを〉カットする. (*vi*) (1) 急いで立ち去る. (2) 〈機械が〉止まる. (3) それる, わき道へはいる 〈*to*〉. **~ sb off at the pass** «俗» 人(の計画)のじゃまをする, 人を阻止[待伏せ]する. **~ off** one's NOSE **to spite one's face.** **~ one** *«口» 一発屁をこく. **~ out** (1) 切り抜く, 切り取る 〈*of, from*〉; 取り除く, 除外する, 省く, 削除する; 〈光・音などを〉さえぎる; 〈車両を〉切り離す; 〈人を〉〈…から〉はずす, 除外する 〈*of*〉. (2) «口» 〈物事, …することを〉やめる, «口» 《健康などのため》絶つ. (3) [ᵘ*pp*] 予定する, 準備する, あてがう: have one's WORK ~ *out* for one / one's WORK is ~ *out* for one / be ~ *out* for the job ⇨ be CUT out for… (成句). (4) 〈人〉に取って代わる, 出し抜く; 打ち負かす; …から奪う[だまし取る]: John ~ him *out* with Mary. ジョンが彼に代わってメアリーのボーイフレンドになった. (5) 切って[掘って]作る; 〈衣服を〉裁断する. (6) 〚海軍〛《敵の防御・脱出の方法を断って》〈敵船を〉捕獲する; 〚サッカー〛〈パスを〉カットする, インターセプトする; 〚トランプ〛降りる人を決める, 降ろす; 〚トランプ〛ゲームから降りる; «米・豪» 〈動物を〉群れから放す, 選ぶ; «豪» 羊毛の刈り込みを終わる. (7) *《前車を追い越すため》車線からはずれる; «口» 急いで立ち去る[逃げ出す], ずらかる; «口» 走り寄る. (8) 〈エンジンが〉止まる; 〈ヒーターなどが〉《自動的に》停止する; 〈機械を〉止める; «豪» 〈道路などが〉終わりになる. (9) 《浸食により》形成する; 形づくる. (10) 〚印〛カットを入れる. **~ over** 〚電算〛《新システムなどに》移行する, 切り換える, カットオーバーする. **~ round*** 飛びまわる; 見せびらかす. **~ one's** COAT **according to one's** [**the**] **cloth.** **~** SHORT. **~ that** [**it**] (**out**) [*impv*] よせ, やめろ, 黙れ. **~ through**…を通り抜ける, 突っ切って進む, 押し分けて進む (cf. *vt* 6b, 7b, *vi* 2a); …を切り離す; 〈煩雑な手続きなどを〉克服する; 〈思考・発言など〉を妨げる. **~… to pieces** [**ribbons, shreds**] …を切りさいなむ, ずたずたに裂く; 〈敵を〉粉砕する, 潰滅させる; 徹底的に酷評する, 侮辱する, やっつける. **~ two ways**＝CUT both ways. **~ under** «口» 他より安売りする. **~ up** (1) 切り分ける[刻む]; 切り分けられる; 裁断される, 裁つことができる; …に切り傷を負わせる; 根絶する; 〈敵軍〉を潰滅させる; *«口» さんざんにこきおろす; [ᵘ*pass*] «口» (ひどく)…の心を傷つける[乱す], 悲しませる 〈*at, about*〉. (2) *〈騒ぎを〉起こす, 〈いたずらを〉する; ᴵᴵ«口» 〈人の車〉の前に無理に割り込む; «俗» 八百長でやる; *«口» ふざける, ばかをやる, 派手に騒ぐ; «俗» 〈金・略奪品を〉山分けする 《'cut up the touches' から》; «俗» …について話し合う. **~ up** (**for**…) «口» 《分割される》遺産を(…だけの額)残す. **~ up rough** [**nasty**] ᴵᴵ«口» おこる, あばれ出す. **~ up** (**the**) **touches** [**pipes, jackpots**] «俗» 集まって上がりを山分けする; «俗» 昔語り[うわさ話]をする. **~ up well** 切りでがある; 多額の財産を残して死ぬ. **get cutting** «口» 取りかかる; «口» 急ぐ. **how you ~ it** «口» 状況をどう分析するか[見るか].

► *a* **1** 切った; 切り傷のある; 切り離した, 切り取った, 刈った, 摘んだ; 去勢した; 短く[小さく]切った, 刻んだ; 〚植〛鋭浅裂の (incised); 切り磨いた: ~ flowers 切り花 / finely ~ features くっきりと美しい容貌. **2** 切り詰めた, 削減した; 削除[カット]した; *薄めた, まぜ物をした; [ᵒ~ up] *«俗» 腹筋がはっきりした, おなかが引き締まった: (at) ~ rates [prices] 割引(で). **3** «俗» 酔った (＝*half-cut*). ● **~ and dried** [**dry**]＝CUT-AND-DRIED.

► *n* **1 a** 切ること; 切断; 一撃; 散髪; カット; 〚フェン〛斬りつけ, ひと打ち; 《テニスなどで》球を切ること, カット; 《むちなどによる》痛打; *«野球俗» 打つこと, スイング; *«俗» 番, 機会. **b** 切り傷; 傷口; 切れ目, 刻み目 (notch). **c** 《衣服の》裁ち方, 《髪の》刈り方, 髪型, 格好 (shape, style), 種類; «アイルロ» 《人の》格好, 風貌, なり; «アイル» [*derog*] きたない[だらしない]様子, ざま. **d** 《社会階層の》段階. **2** 人の心を傷つけること, 無情な仕打ち, 辛辣な皮肉 〈*at*〉. **3 a** 切片, 《特に》肉片, 切り身 (slice) 〈*from*〉; 大肉片 (joint); «口» 《もうけ・略奪品の》分け前 (share): have [take] a ~ *一片の肉で食事を済ます, 簡単な食事をする. **b** 《木材の》伐り出し量; カット《一定の長さの布: 40–100 ヤード, 36.6–91.4m》; 刈り取り量, 収穫高. **c** 家畜の群れから引き離された動物. **4 a** 木版画 (woodcut), カット, 挿画, さしえ, 印画, 版画; 〚印〛版《金属版・木版など》. **b** 横断路; 近道; *切り開いた道, 切通し (cuttingᴵᴵ); 水路, 掘割; 《背景を上下する》舞台の溝. **c** *«俗» 録音日, レコーディングセッション; *«俗» レコード面のバンド[曲], レコード. **5 a** 《脚本・フィルムなどの》削除, カット; 〚映・ラジオ・テレビ〛《音・映像の》急激な転換, カット; 《賃金・歳出・価格・時間・サービスなどの》削減, 引下げ, 値引き, 割引, 減価, カット 〈*in*〉; 《電力・供給などの》停止; 選手[俳優など]をはずす[降ろす]こと; [the] 足切りライン, 《ゴルフなどで》本選出場者決定の基準点: miss the ~ 予選で落ちる. **b** 削除した箇所[部分]; «米・豪» 群れから選別した動物; 〚化〛カット《石油精製などによる留分》. **6** «口» 人を故意に避けること, 知らぬふり; «口» 《授業などを》サボる[すっぽかす]こと: give sb the ~ direct (顔を合わせながら)全く知らないふりをする. **7** 〚トランプ〛札を分けること, 切り番, 分けて出た札; 〚チェッカー〛捕虜の交換. ● **a ~ above**… «口» …より一段うわて, …の一枚上; …をいさぎよしとしないこと. **draw ~s** 《長短の棒・わらなどで》くじを引く. **make the ～***《俗》《ゴルフなどで》予選を通過する; 最終選者に残る; チーム[グループ]のメンバーとなる. **the ～ of** sb's JIB[1].
［ME *cutte, kitte, kette*＜OE **cyttan*＜?Scand; cf. Norw *kutte* to cut, Icel *kuti* small knife］

cùt·abílity *n*〘畜〙屠体から得られる売却可能な赤肉の割合, 歩止まり.

cút-and-cóme-agáin *n* **1** 豊富, 無尽蔵. **2**〘植〙チリメンキャベツの一種.

cút-and-dríed, -drý *a*〈演説・計画など〉前もって用意されたとおりの, 型にはまった, 月並みな, 無味乾燥な.

cút-and-páste *a* さまざまな資料を切り取って貼りつけた(だけの), 糊とはさみの, 切り貼りの;〘電算〙カットアンドペーストの.

cút and páste *vi, vt*〘電算〙カットアンドペーストする《画面上で文字や画像を切り取り, 別の場所に貼り付ける》. ► *n* カットアンドペースト.

cút and thrúst《フェンシングなどで》剣身で斬ったり剣の先端で突いたりすること; ‖《議論などで》活発な応酬〈*of*〉.

cút-and-trý *a* 試行錯誤を重ねての, 経験的な〈方法〉.

cu·ta·ne·ous /kjʊtéɪniəs/ *a* 皮膚 (cutis) の, 皮膚を冒す: ～ respiration [sensation] 皮膚呼吸[感覚]. ♦ **～·ly** *adv* ［L; ⇨ CUTIS］

cút·awày *a*〈モーニングコートなど上着が〉前裾を斜めに裁った;〈機械など〉切断作用のある;〈説明図など〉表層部を切り取って内部を見せている. ► *n* モーニングコート (＝～ **cóat**); 外皮切断図, カッタウェイ図《内部の見える説明図》;〘映・テレビ〙《主な話の展開に》挿入された場面《関連または同時進行中の他の場面を見せるもの》;〘泳〙後ろ踏切り前飛込み (＝～ **dìve**).

cút·bàck *n* 縮小, 削減〈*in*〉;〘映〙カットバック《2 つ以上の異なる場面を交互に映し出すこと, その場面; cf. FLASHBACK》;〘園〙《枝の》刈り込み, 刈り込んだ果樹;〘アメフト〙カットバック;〘サーフィン〙カットバック《ボードを波頭に向けて転回すること》.

cút·bànk *n*《流氷の浸食による》切り立った川岸.

cutch[1] /kʌtʃ/ *n* CATECHU. ［Malay］

cutch[2] *n*〘植〙カモジグサ (couch grass).

cut·cher·ry, -chery /kʌ́tʃəri, kətʃéri/《インド》*n* 役所; 裁判所; (監理)事務所. ［Hindi］

cút·dòwn *n* 切下げ, 低下 (reduction), 縮小, 短縮;〘医〙《カテーテル挿入を容易にするための》静脈切開.

cút·dùb *n**《俗》親友, ダチ公.

cute /kjúːt/《口》*a*〈子供・品物など〉きれいな, かわいい; *セクシーな; 利口な, 気のきく, 頭の回転の速い, 抜け目のない, はしこい; *でしゃばる, 生意気な; *わざとらしい, 気取った: be [get] ～ with...に生意気な口をきく; うぬぼれる. ► *n* [the ～s] ませた態度, ぶりっ子; [the] ふざけてばかりいること, 浅薄. ♦ **～·ly** *adv* **～·ness** *n* ［*acute*］

cu·ter* /kjúːtər/ *n* 25 セント.

cutes *n* CUTIS の複数形.

cute·sy, -sie /kjúːtsi/ *a*《口》かわいく見せる, 気取った. ♦ **-sy·ness** *n*

cútesy pìe《口》かわい子ちゃん (cutie pie). ♦ **cútesy-pìe** *a* かわい子ちゃんの

cútesy-póo /-púː/ *a**《口》ぶりっ子の, すごく気取った.

cutey ⇨ CUTIE.

cút-gláss *a* カットグラス(製)の; ‖〈発音・話し方が〉上流階級の, 王侯貴族風の.

cút gláss 切り子ガラス(製器具類), カットグラス.

cút-gràss *n*〘植〙葉のへりが細かいのこぎりの歯のようになった草,《特に》サヤヌカグサ《イネ科》.

Cuth·bert /kʌ́θbərt/ **1** カスバート《男子名; 愛称 Cuddie》. **2** [Saint] 聖カスバート (634 or 635–687)《イングランドの修道士; Lindisfarne の司教; 祝日 3 月 20 日》. **3** ‖《俗》徴兵忌避者《特に 第一次大戦中の》. **4**〘植〙キイチゴの一品種. ［OE＝famous＋bright］

cu·ti·cle /kjúːtɪk(ə)l/ *n* 表皮 (epidermis), 小皮;〘動・植〙角皮, クチクラ;《爪の付け根の》あま皮: dental ～歯小皮. ♦ **cu·tíc·u·lar** *a* **cutícular·ìzed** *a* **cutìcular·izátion** *n* クチクラ化. ［L (dim)‹ CUTIS］

cu·tic·u·la /kjʊtíkjələ/ *n* (*pl* **-lae** /-lìː/) CUTICLE.

cut·ie, cut·ey /kjúːti/ *n*《口》かわいい人, かわい子ちゃん;《俗》相手の裏をかこうとする人[選手], 策士;《俗》きいたふうなことを言うやつ, 小生意気なやつ; はねっかえり;《俗》巧妙な作戦, 策略;《俗》気のきいたもの[こと]. ［*cute, -ie*］

cútie pìe《口》かわい子ちゃん;《口》恋人 (sweetheart);《俗》SCINTILLATION COUNTER.

cu·tin /kjúːt(ə)n/ *n*〘植〙角皮素, クチン(質). ♦ **cútin·ìze** *vt, vi* クチン化する.

cút-ìn *n* **1**〘印〙《さしえなどの》組入れ;〘映〙カットイン《画面の途中に挿入したリーダー》, 切り込み画面. **2**《印税・利潤などの》分け前(を受け取る人). ► *a* 挿入した, 差し込みの; 組入れの; 割込みの.

cu·tis /kjúːtəs/ *n* (*pl* **-tes** /-tìːz/, **～·es**)〘解〙皮膚,《特に》真皮 (＝～ **véra** /-víərə/) (dermis). ［L＝skin］

cut·lass, -las /kʌ́tləs/ *n*《そり身で幅広の》短剣《昔主に船乗りが用いた》;《中南米先住民の》刀, なた (machete). ［F＜L *cultellus* (dim)‹ COULTER］

cútlass fìsh〘魚〙タチウオ (＝*hairtail*).

cut·ler /kʌ́tlər/ *n* 刃物師, 刃物屋. ［OF (L (dim)‹ COULTER)］

cut·lery /kʌ́tləri/ *n* 刃物類; 食卓用ナイフ・フォーク・スプーン類; 刃物職, 刃物類製造[販売]業.

cut·let /kʌ́tlət/ *n*《フライ用・あぶり焼き用の》薄い肉片《特に羊・子牛の》; VEAL CUTLET; チキン・ロブスター・魚などの挽肉を平たく揚げたコロッケ. ［F (dim)‹ COSTA］

cút·lìne *n*《新聞・雑誌の写真などの》説明文句, キャプション, ネーム;〘ラケット〙サーブボールの下限を示す壁の線.

cút móney 分割貨幣《18–19 世紀に米国の一部および西インド諸島でスペイン貨幣を割って小銭に代用した》.

cút nàil 無頭釘.

cút·òff *n* **1** 切断, 遮断, 中断; 分離, 区別〈*between*〉;〘機〙《蒸気などの流れを止める》締切り, カットオフ;〘楽〙休止;〘野〙カットオフ《外野から本塁への返球を内野手がさえぎること》;〘電子工〙カットオフ《電子管・半導体素子などの電流が流れなくなること》. **2** 切断されたもの,《機械にかけて》残った金属[プラスチックなど]; [*pl*] カットオフス《ジーンズなどをひざ上で切ってへりをほぐしたもの》; *近道 (shortcut);《高速道路の》出口;〘地理〙切断曲流, 牛角湖 (oxbow), 切断水路[運河]. **3** 遮断[切断]装置;〘建〙防音[防火]装置. **4**《申請の》受付締切日;《会計上の》締切日. ► *a* 締切りの; 区分の; カットオフ (cutoffs) の: the ～ point 分割点〈*between*〉.

cútoff frèquency〘電〙遮断周波数, カットオフ周波数.

cútoff màn〘野〙カットオフマン《外野からの返球を内野へ中継する選手》.

Cút-òff Tréaty [the] カットオフ条約 (⇨ FMCT).

cu·tor /kjúːtər/ *n**《俗》検察官 (prosecutor).

cút·òut *n* **1 a** 締切り, 遮断. **b**〘電〙カットアウト(スイッチ), 安全器;〘機〙《内燃機関の》排気弁. **2** 切り抜いた[切り取った, 切り抜き用の]もの, 切り抜き; [ᵁ*pl*] 切り抜き[縫い付け]細工;《脚本・映画フィルムの》削除部分;《蒐集のため》封筒から切り抜いた切手;〘印〙カット, 切抜き絵; 切り取ってできた穴;《安売りされる》廃盤レコード. **3**《米・豪》群れから離すこと, 群れを離れた動物;《豪》羊毛刈取り作業の終わり;《俗》秘密活動を仲介する人[企業], 隠れみの. ► *a* 切り抜いた, 切り抜きの.

cútout bòx〘電〙安全器収納箱, カットアウト(ボックス).

cút·òver *n* 切替え, 転換, 移行;〘林〙伐採済地. ► *a*〈土地が〉樹木を伐採した.

cút plùg 固形かみタバコ;《俗》役立たずの馬, 駑馬(どば).

cút-prìce ‖*a* 割引きの, 特価の; 値引きする.

cút·pùrse* *n* スリ (pickpocket);《もと ひもを切って財布を盗んだ》きんちゃく切り, もさ切り.

cút-ráte *a* 割引の, 値引きした; 値引きして売る; 安っぽい, 二流(品)の, まがいの.

cút-shéet fèeder〘電算〙SHEET FEEDER.

cút strìng〘建〙BRIDGEBOARD.

cút·ta·ble *a* 切れる, 切りやすい.

Cut·tack /kʌ́tək/ カタック《インド東部 Orissa 州の市》.

cut·tage /kʌ́tɪdʒ/ *n*〘園〙挿し木(法) (cf. GRAFTAGE).

cút·ter *n* **1 a** 切る人[もの], 裁断師, 伐木手, 杣夫(そま);〘映〙フィルム編集者. **b** 切る道具, 裁断[切断]器[機], 切削工具, 刃物,《器具の》刃, カッター;《レコーディング用の》カッター(の刃);〘解〙切歯 (incisor). **c**《俗》REVOLVER. **2 a**《米・カナダ》小型馬そり《1–2 人乗り》. **b**〘海〙カッター《**1**) 1 本マストの小型縦帆船の一種 **2**) 軍艦・大型船付属の小艇》. **c***《密輸監視・沿岸警備用の》監視船. **3**〘野・クリケット〙カッター《速い変化球》. **4**〘畜〙カッター《**1**) ヒレ肉・大切り身をとる, 68–82 kg の豚 **2**) *質の悪い肉牛[牛肉]》. **5**〘植〙《タバコの》中葉(ちゅう).

cútter bàr《芝刈り機などの》カッターバー;《旋盤・ボーリング器械などの》刃物棒.

cútter·hèad *n*〘機〙カッターヘッド《刃のついた工具の回転する頭部》.

cút·thròat *n* 人殺し (murderer), 殺し屋; 凶漢, 乱暴者; ‖《折りたたみ式の》西洋かみそり (straight razor*); *CUTTHROAT TROUT. ► *a* 殺人の; 凶暴な (cruel); 激しい (keen), 死物狂いの, 非情な〈競争〉; 出血サービスの〈値段〉;〘トランプ〙《パートナーを組まず》3 人でする〈ブリッジ〉; 刃がむきだしの〈かみそり〉.

cútthroat cóntract〘トランプ〙競りでパートナーを決めるコントラクトブリッジ.

cútthroat fìnch〘鳥〙イッコウチョウ《アフリカ産》.

cútthroat tròut〘魚〙あごの下に切り傷のような斑紋がある北米北西部産のニジマスの一種.

cút tíme〘楽〙ALLA BREVE.

cút·ting *n* **1 a** 切断, 裁断, 切削, 細断, 掘削, カッティング; [*pl*]《油井の》掘りくず《泥水に運び上げられた岩石片》; 切り取り; 伐採, 伐木; 刈入れ, 刈取り. **b** 切り取ったもの;〘園〙挿し木, 切り枝, 挿し穂; 収穫; ‖《新聞などの》切り抜き (＝press ～) (clipping*); ‖《鉄道などのための山中の》切通し; 掘割. **2**《映画フィルムや録音テープの》編集, カッティング, 録音; 録音[録画]したもの,《特に》レコード. **3**《口》安売り, 値引き; «口» 激しい競争. ► *a* 〈刃物が〉鋭利な; 〈風など〉身を切るような; 〈ことばが〉痛烈な, 辛辣な; 〈目など〉鋭い (penetrating); 〈痛みなど〉激しい. ♦ **~·ly** *adv*

cútting àngle 〘機〙 削り角, 切削角.

cútting bòard まな板; 《布・革などの》裁断板, 裁ち台.

cútting édge **1 a** 《刃物の》刃, 切刃(きりば)(きれは), 切断へり; 鋭さ, 辛辣さ. **b** 活力; (絶対的)優位に立たせてくれる人[要素]. **2** 《科学技術・芸術などの》最先端, 最前線, 前衛; 流行の先端を行く人, '旗手': at [on] the ~ of…の最先端で[に]. ♦ **cútting-èdge** *a*

cútting flùid 〘機〙 切削油剤 《切削機械と材料との接点の冷却・潤滑のための液体・気体》.

cútting gràss 《西アフリカ》 アフリカタケネズミ (cane rat).

cútting hòrse 群れから牛を分けるための調教をうけた動きの速い乗用馬.

cútting ròom 《フィルム・テープの》編集室.

cut·tle[1] /kʌ́tl/ *n* CUTTLEFISH; CUTTLEBONE. [OE *cudele*; cf. *cod* bag, '墨袋']

cuttle[2] *vt* 〘繊維〙 〈反物を〉仕上げたのち折りたたむ[広げておく], カットリングする 《布地をいためないための折りたたみ法》. [C19<?]

cúttle·bòne *n* イカの甲.

cúttle·fìsh *n* 〘動〙 コウイカ 《総称》; 《俗に》 イカ.

cut·ty /kʌ́ti/ 《スコ》 *a* 短く切った, 短い. ► *n* 短いクレーパイプ (=～ **pìpe**); 短いスプーン (=～ **spòon**); いたずらっぽい[ずんぐりした]少女; 自堕落な女, おてんば娘.

cut·ty·hunk /kʌ́tihʌ̀ŋk/ *n* あまり糸を撚(よ)った釣糸, 《特に》 手撚(よ)りの釣糸 《深海のスポーツフィッシング用》. [*Cuttyhunk* Island: Massachusetts 州の島]

cútty sárk **1** 《スコ》 短い婦人用着衣 《シャツ・スリップ・スカートなど》; 《スコ》 あばずれ女. **2** [C- S-] **a** カティーサーク 《Robert Burns の物語詩 'Tam o' Shanter' に登場する短いシュミーズを着た足の速い魔女》. **b** カティーサーク 《1869 年に進水し, アジア貿易に活躍した 3 本マストの快速帆船; London の Greenwich 埠頭につながれ永久保存されている》.

cútty stòol 《スコ》 さらし台 《昔 スコットランドで不貞の妻などがすわらされた腰掛け》; 《スコ》 低い腰掛け.

cút·ùp* 《口》 *n* ふざけんぼう, ちゃめっけのある者; 元気で愉快な人.

cút·ùp *n* カットアップ 《既存の録音・録画をカットし, 編集して作られた録音・映像》.

cút·ùp techníque カットアップ技法 《散文の行やページを切り取ってその断片を並べ換えて構成する小説技法; William Burroughs が広めた手法》.

cút·wàter *n* 《船首の》水切り; 《桟橋・橋脚の》水よけ.

cút·wòrk *n* 切り抜き刺繍, カットワーク; アップリケ; POINT COUPÉ.

cútwork làce 〘紡〙 カットワークレース, ポワンクッペ 《POINT COUPÉ によるレース》.

cút·wòrm *n* 〘昆〙 ネキリムシ, ヨトウムシ 《ヤガ科の数種のガの幼虫》.

cuty /kjú:ti/ *n* CUTIE.

cu·vée /k(j)uvéɪ; *F* kyve/ *n* キュヴェ 《**1**) 樽詰めの混合ワイン **2**) シャンパン製造に使用されるテーブルワインの混合酒》. [F=vatful (↓)]

cu·vette /k(j)uvét; kju-/ *n* 《飾り用の》浅い水鉢; 《化学実験用の》キュベット. [F (dim) < *cuve* vat]

Cu·vier /k(j)ú:vièɪ; *F* kyvje/ キュヴィエ Baron **Georges(-Léopold-Chrétien-Frédéric-Dagobert)** ~ (1769–1832) 《フランスの動物学者; 比較解剖学・古生物学の基礎を確立した》.

Cux·ha·ven /*G* kukshá:fn/ クックスハーフェン 《ドイツ北西部 Lower Saxony 州, Elbe 河口の市・港町》.

Cuyabá ⇨ CUIABÁ.

Cuyp, Cuijp /káɪp/ カイプ **Aelbert Jacobsz(oon)** ~ (1620–91) 《オランダの風景画家》.

Cu·yu·ni /kujú:ni/ [the] クユニ川 《ベネズエラ東部に発して東流し, ガイアナ北部で Essequibo 川と合流する》.

cuz[1], **'cuz** /kəz/ *conj* 《発音つづり》 BECAUSE.

cuz[2] /kʌ́z/ *n**《黒人俗》 COUSIN.

Cuz·co, Cus- /kú:skou/ クスコ 《ペルー中南部の市; かつてインカ帝国の首都, 多数の石造建築が残る》.

cuz·zy /kʌ́zi/ *n**《卑》 COOZIE.

cv. convertible ♦ cultivar. **c.v.** °curriculum vitae. **CV** cardiovascular ♦ °curriculum vitae. **CVA** °cerebrovascular accident ♦ Columbia Valley Authority. **CVO** 〘英〙 Commander of the Royal Victorian Order ヴィクトリア上級勲爵士.

CVS 〘医〙 chorionic villus sampling 膜絨毛採取法, 絨毛診断[穿刺].

CVT 〘車〙 continuously variable transmission 連続可変トランスミッション[伝動装置].

CW /sí:dʌ́b(ə)lju:/ *n* 《口》 MORSE CODE. [*c*ontinuous *w*ave]

cw. clockwise. **CW** °chemical warfare ♦ chemical weapon(s) ♦ °Chief Warrant Officer ♦ °continuous wave(s).

Cwlth Commonwealth.

cwm /kú:m/ *n* 〘地質〙 CIRQUE; 《ウェールズ》 COMBE. [Welsh]

Cwm·brân /kumbrá:n/ クンブラン 《ウェールズ南東部の町》.

c.w.o., CWO cash with order. **CWO** °Chief Warrant Officer. **cwr** 〘鉄道〙 continuous welded rail 連続溶接レール, ロングレール. **CWS** Co-operative Wholesale Society.

cwt hundredweight.

Cy /sáɪ/ サイ 《男子名; Cyrus の愛称》.

-cy /si/ *n suf* [名詞・形容詞と結び, 主として不可算名詞をつくる] (1)「職・地位・身分」: captain*cy*. (2)「性質・状態」: bankrupt*cy*. (3)「行為・作用」: pira*cy*, prophe*cy*. (4)「集団・階級」: aristocra*cy*. [L, Gk]

CY °calendar year ♦ Cyprus.

CYA cover your ass (⇨ ASS[2] 成句).

cy·an /sáɪæn, -ən/ *n* シアン 《明るい青; CMYK 色系の基本色》.

cy·an- /sáɪən, saɪǽn/, **cy·ano-** /sáɪənou, saɪǽnou, -nə/ *comb form* 「藍色」「シアン(化物)」 [Gk (*kuanos* dark blue mineral)]

cy·an·a·mide /saɪǽnəməd, -màɪd; -màɪd/, **-mid** /-məd/ 〘化〙 *n* シアナミド; シアナミド塩[エステル]; CALCIUM CYANAMIDE.

cy·a·nate /sáɪənèɪt, -nət/ *n* 〘化〙 シアン酸塩[エステル].

cýan blúe おだやかな青み緑[緑み青], シアンブルー.

cy·an·ic /saɪǽnɪk/ *a* 〘化〙 シアンの[を含む]; 〘植〙 青色の.

cyánic ácid 〘化〙 シアン酸.

cy·a·nide /sáɪənàɪd, -nəd/ *n* 〘化〙 シアン化物, 青化物 《POTASSIUM CYANIDE, SODIUM CYANIDE など》; NITRILE; シアン(基) (cyanogen). ► *vt* /-nàɪd/ 〘冶〙 青化処理する.

cýanide pròcess 青化法 《金銀の湿式製錬法》.

cy·a·nin /sáɪənən/ *n* 〘化〙 シアニン 《天然色素アントシアニンの一つ》.

cy·a·nine /sáɪənì:n, -nən/ *n* 〘化〙 シアニン(染料) 《酸塩基指示薬キノリンブルー; 写真用増感色素》.

cy·a·nite /sáɪənàɪt/ *n* 〘鉱〙 藍(らん)晶石, カイアナイト. ♦ **cỳ·a·nít·ic** /-nít-/ *a*

cy·a·nize /sáɪənàɪz/ *vt* 〘化〙 〈空中窒素を〉シアン化する[固定させる].

cy·a·no /sáɪənòu/ *a* 〘化〙 シアン基の[を含む]; 藍色の.

cyano- /sáɪənou, saɪǽnou, -nə/ ⇨ CYAN-.

cỳano·acétylene *n* 〘化〙 シアノアセチレン 《ガス状星雲で発見された有機物質》.

cỳano·ácrylate *n* 〘化〙 シアノアクリレート 《瞬間接着剤》.

cỳano·bactérium *n* 〘菌〙 藍色細菌, シアノバクテリア (BLUE-GREEN ALGA). ♦ **cỳano·bactérial** *a*

cỳano·cobálamin, -mine *n* 〘生化〙 シアノコバラミン 《ビタミン B_{12}》.

cỳano·éthylate *vt* 〘化〙 シアノエチル化する. ♦ **-ethylátion** *n*

cy·ano·gen /saɪǽnəʤən/ *n* 〘化〙 シアン(基) (=**cýano ràdical** [**gròup**]); (ジ)シアン, 青素 《有毒ガス》. [F]

cyánogen brómide 〘化〙 臭化シアン.

cỳano·génesis *n* 〘生化〙 《植物などによる》シアン化物生成. ♦ **cỳano·genétic, -génic** *a*

cy·a·no·hy·drin /sàɪənouháɪdrən/ *n* 〘化〙 シアノヒドリン 《1 分子内にシアン基と水酸基をもつ化合物》.

cy·a·nom·e·ter /sàɪənɑ́mətər/ *n* シアン計, シアノメーター 《空などの青さを測る計器》.

cýano·phỳte *n* 〘植〙 藍色植物, 藍藻植物 《藍色植物門 (Cyanophyta) の植物》. ♦ **cyàno·phýtic** *a*

cy·a·no·sis /sàɪənóusəs/ *n* (*pl* **-ses** /-sì:z/) 〘医〙 チアノーゼ, 紫藍(しらん)症 《血液の酸素化の不足によって皮膚などが暗紫色になる状態》. ♦ **cy·a·nosed** /sáɪənòust, -zd/ *a* チアノーゼに冒された. **cỳ·a·nót·ic** /-nɑ́t-/ *a* [NL<Gk=blueness; ⇨ CYAN-]

cy·ano·type /saɪǽnətàɪp/ *n* 青写真(法) (blueprint).

cy·an·urate /sàɪən(j)úərèɪt, -ət/ *n* 〘化〙 シアヌル酸塩[エステル].

cy·an·úric ácid /sàɪənjúərɪk-/ 〘化〙 シアヌル酸.

cy·áth·i·fòrm /saɪǽθə-/ *a* 〘動・植〙 カップ形の, 杯状の.

cy·ath·i·um /saɪǽθiəm/ *n* (*pl* **-ath·ia** /-iə/) 〘植〙 杯状花序, 壺状花序 《集散花序の一変形; トウダイグサ科に特有で, 杯状になった総苞の中に 1 個の雌花と数個の雄花がある》.

Cyb·e·le /síbəlì:/ 〘ギ神〙 キュベレー 《Phrygia の大地の女神; the Great Mother と呼ばれ, 穀物の実りと多産を象徴する; cf. RHEA, OPS, ATTIS》.

cy·ber /sáɪbər/ *a* コンピューター(ネットワーク)に関する, インターネット上の.

cy·ber- /sáɪbər/ *comb form* 「コンピューター(ネットワーク)」「電脳」「サイバー」 [*cyber*netics]

cýber·attàck *n* サイバー攻撃 《防衛システムなどに侵入したりウイルスを送り込んだりすること》.

cýber·bùlly·ing *n* ネットいじめ 《インターネット上で誹謗中傷・個人情報暴露などを行なういやがらせ行為》. ♦ **cýber·bùlly** *n*

cyber·cafe /⌐— ⌐—, ⌐— —⌐/ *n* サイバーカフェ, ネットカフェ.

cỳber·cítizen *n* ネット市民 (netizen).

cýber·crìme *n* サイバー犯罪, ネット犯罪. ♦ **-crìminal** *n*

cýber·cùlture *n* サイバーカルチャー, 電脳文化 《コンピューターを利用して, 特にネットワーク上で発展した文化》. ♦ **cỳber·cúltural** *a*

cýber dhàba 《インド》 サイバーダーバ 《街角でインターネットのできる場所》.

cýber·fràud *n* ネット詐欺.

cýber·làw *n* サイバー法《情報システムやネットワークに関連した法律》.
cýber·màll *n* サイバーモール《インターネット上のショッピングモール》.
Cýber Mónday* サイバーマンデー《感謝祭後の週明け月曜; クリスマスに向けたオンラインショッピングが盛んになる》.
cýber·mòney *n* 電子マネー.
cy·ber·nate /sáɪbərnèɪt/ *vt, vi* サイバネーション化[人工頭脳化]する.
cy·ber·na·tion /sàɪbərnéɪʃ(ə)n/ *n* サイバネーション《製造過程・作業などのコンピューターによる自動制御》.
cy·ber·naut /sáɪbərnɔ̀:t, *-nɑ̀:t/ *n* サイバーノート《**1**) インターネットを頻繁に利用する人 (netizen) **2**) バーチャルリアリティー体験を楽しむ人》.
cy·ber·ne·ti·cian /sàɪbərnətíʃ(ə)n/, **-net·i·cist** /-nétəsɪst/ *n* サイバネティックス専門家[学者].
cỳ·ber·nét·ics *n* サイバネティックス《制御と通信を扱う学問, 特に生物体の通信・制御機構と電子機器のそれとを比較研究する》.
◆ **-nét·ic, -nét·i·cal** *a* **-nét·i·cal·ly** *adv* [Gk *kubernētēs* steersman]
cỳber·phília *n* コンピューターの異常な愛好.
cỳber·phóbia *n* コンピューター恐怖(症). ◆ **-phóbic** *a, n* **cýber·phòbe** *n*
cýber·pòrn *n* サイバー[ネット]ポルノ.
cýber·pùnk *n* サイバーパンク《**1**) 世界がコンピューターネットワークによって支配される未来社会を描いた SF の一ジャンル **2**) そのような作品を書く SF 作家》; 《俗》ハッカー (hacker). [*punk*[2]]
cýber·secùrity *n* サイバーセキュリティー《コンピューターやネットワーク利用にかかわる安全[防犯]手段》.
cýber·sèx *n* サイバーセックス《**1**) コンピューターを通じて行なう性的行為・会話 **2**) コンピューターで得られるわいせつ画像・ポルノ情報など》.
cýber·shòp *vi* オンラインショップで購入する[買物をする], インターネットショッピングをする. ► *n* オンラインショップ, サイバーショップ.
◆ **cýber·shòpping** *n*
cýber·slàck·er *n* 《仕事中などに》ネットサーフィン[私用メール]でサボる人. ◆ **cýber·slàck·ing** *n*
cýber·spàce *n* サイバースペース《**1**) 全世界のコンピューターネットワークのなす空間 **2**) VIRTUAL REALITY》.
cýber·spèak *n* NETSPEAK.
cýber·squàtting *n* ドメイン名占拠《高額で買い取らせることを見込んで, 有名な企業・商標名を使ったドメイン (domain) 名を早い者勝ち的に取得する反倫理的行為》. ◆ **cýber·squàtter** *n*
cýber·stàlk·ing *n* サイバーストーキング《ネットワーク上でのストーカー行為》. ◆ **-stàlk·er** *n*
cýber·sùrf·er *n* NETSURFER.
cýber·tèrror·ìsm *n* サイバーテロ《ネットワークを通じて政府・公共機関のコンピューターシステムを攪乱・破壊するテロ活動》. ◆ **-tèr·rorist** *n*
cýber·wàr *n* サイバー戦争《標的国[企業]の通信インフラや重要施設のシステムへネットワーク経由で行なう攻撃》.
cy·borg /sáɪbɔ̀:rg/ *n* サイボーグ《宇宙空間のような特殊な環境に適合するように生理機能の一部が器械装置によって代行されている人間・生物体》. [*cyb*ernetic＋*org*anism]
cy·brar·ian /saɪbréəriən/ *n* ネット司書; 司書ソフト《図書検索ソフト》.
cy·cad /sáɪkæd, -kəd/ *n* 〘植〙ソテツ(科植物). ◆ **-ca·de·an** /sàɪkədí:ən/, **-cad·i·form** /saɪkǽdəfɔ̀:rm/ *a*
cy·ca·da·ceous /sàɪkədéɪʃəs, sìk-/ *a* 〘植〙ソテツ科 (Cycadaceae) の.
cy·cad·e·oid /saɪkǽdiɔ̀ɪd/ *n* 〘植〙シカデオイド《中心花床に被る植物の花に似た生殖器官を有する, ソテツに似た化石裸子植物》.
cy·cádo·phyte /saɪkǽdə-/ *n* 〘植〙ソテツ綱[類] (Cycadophyta) の各種の植物.
cy·cas /sáɪkəs/ *n* 〘植〙ソテツ属 (*C-*) の各種植物.
cy·ca·sin /sáɪkəsən/ *n* 〘生化〙サイカシン《ソテツなどから抽出された発癌物質》.
cy·cl- /sáɪkl-/, **cy·clo-** /sáɪkloʊ, sík-, -klə/ *comb form* 「円」「環」「周期」「回転」「環式」「毛様体」 [Gk; ⇨ CYCLE]
cy·cla·ble /sáɪkləb(ə)l/ *a* 〈道路など〉自転車に乗るのに適した, サイクリング用に設計された.
Cyc·la·des /síklədì:z/ *pl* [the] キクラデス諸島 (Mod Gk **Ki·klá·dhes** /kɪklɑ́:ðəs/)《エーゲ海南部にあるギリシア領の島々》.
Cy·clad·ic /sɪklǽdɪk, saɪ-/ *a, n* キクラデス諸島の; 〘考古〙キクラデス文化(期)(の)《紀元前 3000–1100 年ごろの Cyclades 諸島の青銅器文化; その後期はミュケナイ文化に包括された》.
cy·cla·mate /sáɪkləmèɪt, -mət, sík-/ *n* シクラメート, チクロ《無栄養の人工甘味剤》. [*cyclo*hexyl sulph*amate*]
cyc·la·men /sáɪkləmən, sík-/ *n* 〘植〙シクラメン《サクラソウ科シクラメン属 (*C-*) の草本; その花》; 濃赤紫色. [L<Gk (? *kuklos* circle; その球根からか)]
cy·clan·de·late /saɪklǽnd(ə)lèɪt, -lət/ *n* 〘薬〙シクランデレート《血管拡張薬》.
cy·clase /sáɪklèɪs, -z/ *n* 〘生化〙シクラーゼ《化合物の環化を触媒する酵素》.
cy·claz·o·cine /saɪklǽzəsì:n, -sən/ *n* 〘薬〙チクラゾシン《鎮痛薬; モルヒネなどの薬物嗜癖治療用》.
cy·cle /sáɪk(ə)l/ *n* **1 a** 循環期, 周期; 一周; ひと巡り, 循環; 〘生成文法〙循環; 〘理〙《最初の状態に復する》循環過程, サイクル; 〘電算〙サイクル《**1**) 同じ順序で繰り返す一連の演算 **2**) 一連の命令を実行する所要時間》: the ～ of seasons / move in a ～ 周期的に循環する / ～ theory 〘経〙景気循環説. **b** 〘電〙サイクル, 周波; 〘理〙サイクル(毎秒) (cycles per second)《周波数の旧単位; 略 cps; 今は HERTZ》. **2** 一時代, 長年月. **3 a** 〘植〙輪生 (whorl); 〘天〙《天体の》軌道 (orbit); 〘化〙《原子の》環 (ring); 〘数〙《ホモロジー群の》輪体, サイクル; 〘数〙巡回置換; 〘生〙LIFE CYCLE. **b** /, sík(ə)l/ 自転車 (bicycle), 三輪車 (tricycle), オートバイ (motorcycle). **4 a** 一団, 一群, 全体; 作品群, 《特に》一群の史詩[伝説], SONG CYCLE: the Arthurian ～ アーサー王物語集成 / the Trojan ～ トロイア戦争史詩大系. **b** [the] 〘野〙サイクルヒット: hit for *the* ～ 〘野〙サイクルヒットを放つ. **c** 《飛行機の》離着陸. ► *vi* 循環する, 回帰する; /, sík(ə)l/ 自転車(など)に乗る; 発情周期にはいる. ► *vt* 循環させる. [OF or L<Gk *kuklos* circle]
cýcle·càr *n* オート三輪車[四輪車], サイクルカー.
cýcle hèlmet" 自転車用ヘルメット, サイクルヘルメット.
cýcle làne" 自転車専用レーン.
cýcle of erósion 〘地質〙《地形の》侵食輪廻(りんね).
cýcle of the sún [Súndays] 〘天〙太陽循環期 (＝*solar cycle*)《月日と曜日が同じになる年の周期: 28 年》.
cýcle pàth [tràck] CYCLEWAY.
cý·cler* *n* CYCLE に乗る人[で旅をする人] (cyclist).
cýcle ríckshaw 《東南アジアの》自転車タクシー, 輪タク.
cy·cle·ry /sík(ə)lri/ *n* 自転車店.
cýcle·wày" *n* 自転車専用道路 (bikeway*).
cy·clic /sáɪklɪk, sík-/, **-cli·cal** *a* **1** 循環(期)の; 周期的な; 〘楽〙循環の; 〘生成文法〙循環の; 〘化〙環式の, 環状の; 〘植〙有輪[輪生](花)の; 〘数〙円[輪体]の. **2** 〘経〙景気循環の[に基づく]. **3** [cyclic] (ある一群の)史詩[伝説]の. ◆ **cý·cli·cal·ly, cyclic·ly** *adv* **cy·clic·i·ty** /saɪklísəti, sɪ-/, **cỳ·cli·cál·i·ty** *n*
cýclic adénosine monophósphate CYCLIC AMP.
cýclical unemplóyment 〘経〙《景気循環によって起こる》周期的失業.
cyclic AMP /-— èɪèmpí:/ 〘生化〙サイクリック[環状] AMP (＝*adenosine 3′, 5′-monophosphate*)《動物のホルモンの作用発現を仲介する物質; 脂質代謝・物質輸送・細胞の増殖機能にかかわる》.
cýclic chórus 〘古ギ〙輪舞唱 (Dionysus の祭壇のまわりを輪になって踊りながら行なう頌歌合唱).
cýclic flówer 〘植〙有輪花, 輪生花.
cyclic GMP /-— ʤì:èmpí:/ 〘生化〙サイクリック[環状] GMP (＝*cyclic guanosine monophosphate*)《ホルモンの作用発現を仲介する物質; 細胞の増殖機能にかかわる》.
cýclic gróup 〘数〙巡回[循環]群《1 つの生成元の累乗からなる可換群》.
cýclic guánosine mòno·phósphate CYCLIC GMP.
cýclic pítch lèver 〘空〙サイクリックピッチレバー《ヘリコプターを前後左右させるために回転翼の羽根のピッチ角を周期的に制御するレバー; cf. COLLECTIVE PITCH LEVER》.
cýclic póets *pl* ホメーロスに次いでトロイア戦争を詠じた詩人たち; 史詩大系編集にかかわりのある詩人たち.
cýclic redúndancy chèck 〘電算〙巡回[周期]冗長検査《略 CRC》.
cýclic shíft 〘電算〙循環桁移動, 循環シフト.
cy·clin /sáɪklən, sík-/ *n* 〘生化〙サイクリン《細胞周期の制御に関与するタンパク質》.
cy·cling /sáɪklɪŋ, sík-/ *n* 自転車を乗りまわすこと, サイクリング; 循環運動.
cýcling lìzard 〘動〙エリマキトカゲ (frilled lizard).
cýcling shòrts *pl* サイクリングショーツ《サイクリング・スポーツなどをする時にはくひざ丈のショーツ》.
cy·clist /sáɪklɪst, sík-/ *n* CYCLE に乗る人[で旅をする人], サイクリスト.
cy·cli·tol /sáɪklətɔ̀(:)l, -tòʊl, -tɑ̀l/ *n* 〘化〙シクリトール《環式糖アルコール》.
cy·clize /sáɪklàɪz, sík-/ *vt, vi* 〘化〙環化する: ～*d* rubber 環化ゴム. ◆ **cỳ·cli·zá·tion** *n* 環化.
cy·cli·zine /sáɪkləzì:n/ *n* 〘薬〙シクリジン《運動病・悪心(おしん)に用いる抗ヒスタミン剤》.
cy·clo /sí:kloʊ, sí-, sáɪ-/ *n* (*pl* ～**s**) 三輪タクシー.
cyclo- /sáɪkloʊ, -klə/ ⇨ CYCL-.
cỳclo·addítion *n* 〘化〙付加環化.
cỳclo·aliphátic *a* ALICYCLIC.
cỳclo·álkane *n* 〘化〙シクロアルカン (cycloparaffin).
cýclo-cròss *n* クロスカントリー自転車レース.
cỳclo·déxtrin *n* 〘生化〙シクロデキストリン《グルコースが 6–8 個環

状に結合した物質; 有機化合物と包接化合物をつくり, 物質の可溶化・安定化・不揮発化などに利用できる》.

cỳclo·díene /, -daɪíːn/ *n* 〔薬〕サイクロディエン《アルドリン・ディルドリンなどの有機殺虫剤》.

cýclo·dròme *n* 競輪場.

cỳclo·génesis *n* 〔気〕低気圧(性循環)の発生[発達], サイクロジェネシス.

C

cỳclo·gíro *n* 〔空〕サイクロジャイロ《水平に回転する動力駆動の縦型回転翼で揚力と推進力を得ようとする航空機; 実際に飛行し実用化したものはない》.

cýclo·gràph *n* 円弧規, サイクログラフ; パノラマカメラ; 金属硬度測定器.

cỳclo·héxane *n* 〔化〕シクロヘキサン《無色の液体; 溶媒・有機合成用》.

cỳclo·héx·a·none /-hɛ́ksənòʊn/ *n* 〔化〕シクロヘキサノン《溶剤・有機合成に用いられる油状の液体》.

cỳclo·héx·i·mide /-hɛ́ksəmàɪd/ *n* 〔化〕シクロヘキシミド《ある種の放線菌から溶出・単離される無色の板状晶; 農業用殺菌剤》.

cỳclo·héxyl *n* 〔化〕シクロヘキシル《シクロヘキサンから誘導される1価の基》.

cỳclo·hex·ýl·amine /-hɛksíləmìːn/ *n* 〔化〕シクロヘキシルアミン《アミン臭の強い液体で, 有機合成・殺虫剤・腐食防止剤に用いられる》.

cy·cloid /sáɪklɔ̀ɪd/ *n* 〔数〕擺線(はいせん), サイクロイド; 〔動〕円鱗魚; 〔精神医〕循環気質者 (cyclothyme). ► *a* 円形の; 〔魚〕円形のうろこ〉, 円(形)鱗をもつ〈魚〉(cf. CTENOID); 循環気質の, 循環性の. ♦ **cy·clói·dal** *a*

cy·clom·e·ter /saɪklɑ́mətər/ *n* 車輪回転記録器, 《自転車などの》走程計; 円弧測定器.

cy·clone /sáɪklòʊn/ *n* **1**〔気〕サイクロン《インド洋などの強い熱帯低気圧》, 《一般に》(温帯)低気圧; «口» 旋風, 大たつまき (tornado). ★ 強い熱帯低気圧のことをメキシコ湾方面では hurricane, 西太平洋およびシナ海方面では typhoon, インド洋方面では cyclone という. **2** サイクロン《遠心分離方式の集塵装置》. **3** [C-]〔商標〕サイクロン《波形番線鉄網フェンス (chain-link fence)》. ♦ **cy·clon·ic** /saɪklɑ́nɪk/, **-i·cal** *a* **-i·cal·ly** *adv* [? Gk *kuklōma* wheel, coil of snake ‹ CYCLE]

cýclone cèllar* サイクロン[旋風]退避用地下室, 旋風退避壕 (=*storm cellar, storm cave*).

cýclone fènce CHAIN-LINK FENCE.

cy·clo·net /sàɪklounɛ́t/ *n* サイクロネット《石油流出時に石油と水を分離する装置》.

cy·clo·nite /sáɪklənàɪt, sík-/ *n* 硝宇薬, サイクロナイト, RDX《主に軍用炸薬》.

cy·cló·no·scòpe /saɪklóʊnə-/ *n* 〔気〕旋風中心指示器, サイクロン観測器《サイクロンの中心を決定するための器具》.

cỳclo·ólefin *n* 〔化〕シクロオレフィン《エチレン結合をもつ環式炭化水素》. ♦ **-olefínic** *a*

cỳclo·óxygenase *n* 〔生化〕シクロオキシゲナーゼ《アラキドン酸が関節炎の原因となるプロスタグランジンへ変換される際の酵素; アスピリンによって非活性化されると考えられている; 略 COX》.

cỳclo·páraffin *n* 〔化〕シクロパラフィン《環式飽和炭化水素》.

cy·clo·pe·an, -pi- /sàɪkləpíːən, saɪklóʊpiən/ *a* [ºC-] CYCLOPS の(ような); 巨大な; 片目の; 〔建〕〈石積み法が〉巨石式の, キュークロープス式の《粗面仕上げの巨石をモルタルを用いずに積む方法》.

cy·clo·pe·dia, -pae- /sàɪkləpíːdiə/ *n* 百科事典 (encyclopedia). ♦ **-dic** /-dɪk/ *a* 百科事典の; 多岐にわたる, 網羅的な, 百科事典的な. **-dist** *n* 百科事典編集者.

cỳclo·pènta·díene *n* 〔化〕シクロペンタジエン《コールタールの分留によりできる無色の液体; 合成原料・プラスチックの製造に用いる》. [*pent-*, *di-*, *-ene*]

cỳclo·péntane *n* 〔化〕シクロペンタン《石油原油中に存在する無色の液体で, 溶剤とされる》.

Cyclopes *n* CYCLOPS の複数形.

cỳclo·phó·ria /-fɔ́ːriə/ *n* 〔眼〕回旋[回転]斜位, まわし斜位《斜筋が弱いために垂直軸が傾き, 眼球が回転する症状》. ♦ **-phór·ic** *a*

cỳclo·phós·pha·mide /-fɑ́sfəmàɪd/ *n* 〔薬〕シクロホスファミド《悪性リンパ腫・急性白血病用の免疫抑制薬・抗腫瘍薬》.

cyclopian ⇨ CYCLOPEAN.

cỳclo·plégia *n* 〔医〕毛様体筋麻痺《視力の調節麻痺》.

cỳclo·plé·gic *a* 毛様体筋麻痺の. ► *n* 毛様体筋麻痺薬.

cy·clo·pousse /sìːkloupúːs/ *n* 三輪タクシー. [F (*pousse* push, rickshaw)]

cỳclo·própane *n* 〔化〕シクロプロパン[プロペイン]《吸入麻酔薬》.

Cy·clops /sáɪklɑ̀ps/ **1 a** (*pl* **Cy·clo·pes** /saɪklóʊpiz/) 〔ギ神〕キュークロープス《Sicily 島に住んでいた一つ目の巨人族の一人》. **b** (*pl* ~) [c-] 片目の人, 一つ目小僧. **2** [c-] (*pl* ~, **-pes**) 〔動〕ケンミジンコ《キクロプス属 (*C-*) に属する橈脚(とうきゃく)類》. [L‹Gk (CYCLE, *ōps* eye)]

cy·clo·ra·ma /sàɪklərǽmə, -rɑ́ːmə; -rɑ́ːmə/ *n* 円形パノラマ; 〔劇〕パノラマ式背景幕[壁]. ♦ **-ram·ic** /-rǽmɪk/ *a*

cỳclo·sérine *n* 〔薬〕シクロセリン《抗生物質》.

cy·clo·sis /saɪklóʊsəs/ *n* 〔生〕《細胞内での》原形質環流.

cy·clo·spo·ra /sàɪklouspɔ́ːrə/ *n* 〔動〕サイクロスポーラ《コクシジウム類のサイクロスポーラ属 (*C-*) の原虫の総称; ヒトに寄生する種は下痢をひき起こす》.

cy·clo·spo·rin (A) /sàɪkləspɔ́ːrən (éɪ)/ *n* 〔薬〕CYCLOSPORINE.

cy·clo·spo·rine /sàɪkləspɔ́ːrən, -rìːn/ *n* 〔薬〕シクロスポリン《臓器移植時の拒絶反応防止薬》.

cy·clos·to·mate /saɪklɑ́stəmət, -mèɪt/, **cy·clo·stom·a·tous** /sàɪkləstɑ́mətəs, -stóʊm-, sìk-/ *a* 円い口をもった; 〔魚〕円口類の.

cy·clo·stome /sáɪkləstòʊm, sík-/ *a*, *n* 大きな円い口をもった; 円口類の(魚).

cy·clo·style /sáɪkləstàɪl/ *n* サイクロスタイル《歯車式鉄筆; それで原紙をきる謄写器》. ► *vt* サイクロスタイルで印刷する. [*Cyclostyle* 商標から]

cy·clo·thyme /sáɪkləθàɪm, sík-/ *n* 循環気質者.

cy·clo·thy·mia /sàɪkləθáɪmiə, sìk-/ *n* 〔精神医〕循環気質《躁と鬱とが交替》. ♦ **-thý·mic** *a*, *n*

cy·clo·tom·ic /sàɪklətɑ́mɪk/ *a* 〔数〕円周等分の, 円分の: ~ polynomial 円周等分多項式 / ~ field 円(分)体.

cy·clo·tron /sáɪklətrɑ̀n, sík-/ *n* 〔理〕サイクロトロン《イオン加速装置》. [*-tron*]

cýclotron résonance 〔理〕サイクロトロン共鳴《磁場の中を軌道運動している荷電粒子がその軌道の振動数に等しい周波数の電磁波を吸収すること》.

Cy·co·lac /sáɪkəlæ̀k/ 〔商標〕サイコラック《自動車の車体・部品・建材などとして使われる硬質プラスチック》.

cy·derᴵᴵ /sáɪdər/ *n* CIDER.

Cyd·nus /sídnəs/ [the] キュドニス川《TARSUS 川の古代名; 古代 Cilicia の川で, その都 Tarsus を貫流した》.

Cy·do·nia /saɪdóʊniə, -njə/ キュドニア《CANEA の古代名》. ♦ **Cy·dó·nian** *a*, *n*

cyg·net /sígnət/ *n* ハクチョウのひな. [AF (dim)‹OF (↓)]

Cyg·nus /sígnəs/ **1**〔ギ神〕キュクノス《友 Phaëthon の死を悼み白鳥となったリグリア (Liguria) の王; cf. SWAN SONG》. **2**〔天〕はくちょう座 (白鳥座) (Swan). [L=swan‹Gk]

Cýgnus Lòop [the] 〔天〕はくちょう座のループ《超新星爆発の結果とされる》.

cyl. cylinder ♦ cylindrical.

cylices *n* CYLIX の複数形.

cyl·in·der /sílәndər/ *n* 〔数〕(円)柱, 筒, 柱体, 柱面; 〔機〕シリンダー; ポンプの胴; 輪転機の回転胴, 輪転機; ボンベ; ᴵᴵ温水[給湯]タンク; 《revolver の》弾倉; 〔考古〕円筒印章 (cylinder seal). ● **function [click, hit, operate,** etc.] **on all [four, six] ~s** 〈エンジンが〉全開している; [*fig*] 全力を挙げている, フル回転している. **miss on all [four,** etc.] **~s** 不調である. ► *vt* …にシリンダーを取り付ける; シリンダーの作用をうけさせる. ♦ **~·lìke** *a* [L *cylindrus*‹Gk (*kulindō* to roll)]

cýlinder blòck 〔機〕《エンジンの》シリンダーブロック (=*engine block*).

cýlinder dèsk ROLLTOP DESK.

cýl·in·dered *a* シリンダーのある; [*compd*] (…個の)シリンダー付きの: a six-~ car 6 気筒車.

cýlinder escàpement 〔時計〕シリンダーがんぎ[脱進機], シリンダーエスケープ.

cýlinder hèad 〔機〕シリンダーヘッド.

cýlinder lòck シリンダー錠.

cýlinder prèss 円圧印刷機, シリンダー印刷機.

cýlinder sàw CROWN SAW.

cýlinder sèal 〔考古〕《バビロニア・アッシリアで用いた》円筒印章 (=*cylinder*).

cy·lin·dri·cal /səlíndrɪk(ə)l/, **-dric** *a* 円筒[柱筒](形)の; シリンダーの. ♦ **-cal·ly** *adv*

cylíndrical coórdinates *pl* 〔数〕円柱座標.

cylíndrical projéction 〔地図〕円筒図法《Mercator projection が代表的》.

cyl·in·drite /síləndràɪt/ *n* 円柱スズ鉱.

cyl·in·droid /síləndrɔ̀ɪd/ *n* 〔数〕曲線柱, 楕円柱. ► *a* 円筒状の.

cy·lix /sáɪlɪks, síl-/ *n* (*pl* **cy·li·ces** /-ləsìːz/) KYLIX.

Cyl·le·ne /səlíːni/ *n* キュレーネー (*ModGk* Killíni)《ギリシアの Peloponnesus 半島北部にある山 (2376 m); 伝説では Hermes はこの山の洞穴で生まれたという》.

Cyl·le·ni·an /səlíːniən/ *a* キュレーネー (Cyllene) の; ヘルメス (Hermes) の.

cym- /sáɪm/, **cy·mo-** /sáɪmoʊ, -mə/ *comb form*「波」「集散花序」 [Gk; ⇨ CYMA, CYME]

cy·ma /sáɪmə/ *n* (*pl* **cy·mae** /sáɪmi/, **~s**) 〔植〕CYME; 〔建〕波線形(くりかた), サイマ《反曲線をなすモールディング》; 反曲線. [L‹Gk *kuma* wave]

cýma·gràph *n* 〔建〕CYMOGRAPH.

cymar ⇨ SIMAR.
cýma réc·ta /-rέktə/ 〘建〙 サイマレクタ《上半部が凹, 下半部が凸のサイマ》.
cýma re·vér·sa /-rɪvə́ːrsə/ 〘建〙 サイマリヴァーサ《上半部が凸, 下半部が凹のモールディング》.
cy·ma·ti·um /sɪméɪʃ(i)əm, -tiəm/ *n* (*pl* **-tia** /-ʃiə, -tiə/) 〘建〙 冠繰形(くりかた)《古典建築柱頭のモールディング》, 《特に》 CYMA. [L (Gk CYMA)]
cym·bal /símb(ə)l/ *n* 〘楽〙 シンバル《打楽器》. ♦ **~·ist, ~·er** *n* シンバル奏者. [L<Gk (*kumbē* cup)]
cym·ba·lo /símbəlòu/ *n* (*pl* **~s**) 〘楽〙 DULCIMER.
cymbalom ⇨ CIMBALOM.
Cym·be·line /símbəlìːn/ **1** シンベリーン《男子名》. **2** シンベリーン《Shakespeare のロマンス劇 (初演 c. 1610); これに出るブリテン王; 正史上の Cu·no·be·li·nus /kjùːnoubəláɪnəs/ (?–?43) に相当するが, 史実とは無関係; cf. IMOGEN》. [Celt=lord of the sun]
cym·bid·i·um /sɪmbídiəm/ *n* 〘植〙 シンビジウム《シュンラン属 (*C*-) のラン; その花》. [L (Gk *kumbē* cup)]
cým·bi·fòrm /símbə-/ *a* 〘動·植〙 ボート形の.
cyme /sáɪm/ *n* 〘植〙 集散花序. [F *cime* summit<L CYMA]
cy·mene /sáɪmìːn/ *n* 〘化〙 シメン《植物精油中の, 芳香のある無色の液体》.
cym·ling /símlən, -lɪŋ/ *n* 〘植〙 PATTYPAN.
cymo- /sáɪmou, -mə/ ⇨ CYM-.
cy·mo·gene /sáɪmədʒìːn/ *n* 〘化〙 シモゲン《石油精製の際に抽出される, ブタンを主成分とした揮発油》.
cýmo·gràph *n* KYMOGRAPH; 〘建〙 カイモグラフ《繰形(くりかた)のアウトラインをトレースする器具》.
cy·moid /sáɪmɔ̀ɪd/ *a* CYMA [CYME] のような.
cy·mom·e·ter /saɪmάmətər/ *n* 《電磁波の》波長計.
cýmo·phàne *n* 金緑石 (chrysoberyl). ♦ **cy·moph·a·nous** /saɪmάfənəs/ *a*
cýmo·scòpe *n* 〘電〙 検波器.
cy·mose /sáɪmòus, ―⸗/, **-mous** /-məs/ 〘植〙 *a* 集散花序 (cyme) の; 集散状の. ♦ **-mose·ly** *adv*
Cym·raeg /kəmráɪg/ *n* ウェールズ語 (Cymric).
Cym·ric /kʌ́mrɪk, kím-/ *a* キムリック人の; ウェールズ語の. ► *n* ブリソン語 (Brythonic), 《特に》ウェールズ語; 〘猫〙 キムリックネコ《Manx cat に似た長毛のイエネコ》. [↓]
Cym·ru /kʌ́mrìː/ カムリー《WALES のウェールズ語名》. [Welsh=Wales]
Cym·ry /kʌ́mri, kím-/ *n* [the, 〈*pl*〉] キムリック人《ブリソン語系のケルト人, 特に ウェールズ人 (Welsh)》.
Cyn·e·wulf /kínəwùlf/, **Cyn·wulf** /kín-/ キネウルフ《9 世紀のアングロサクソンの詩人》.
cyng·ha·nedd /kəŋhάːnèð, kəŋgάː-/ *n* 〘韻〙 カンハーネズ《ウェールズ語の詩の頭韻と脚韻の組織》. [Welsh]
cyn·ic /sínɪk/ *n* 皮肉屋, すね者, 冷笑家; 揚げ足取りの批評家; [C-] 犬儒学派の人; [the C-s] キュニコス[キニク]学派, 犬儒学派《Antisthenes が創始した古代ギリシアの哲学の一派で, 安楽をことさらに軽蔑する; Diogenes がその代表的人物》. ► *a* CYNICAL; 犬のような; [C-] 犬儒学派の, 犬儒学派的な; 〘天〙 シリウスの, 狼星の. [L<Gk (*kun- kuōn* dog; あだ名より)]
cýn·i·cal *a* 皮肉な, 冷笑的な, 揚げ足取りの, 世をすねた, 偏屈な; いやみばかり言う, 人の誠意を信じない; 利己的な, 身勝手な; 傍若無人な; [C-] 犬儒学派の. ♦ **~·ly** *adv*
cyn·i·cism /sínəsìz(ə)m/ *n* 冷笑, 皮肉癖; 皮肉なことば[考え, 行為], シニシズム; [C-] 犬儒哲学, キュニコス[キニク]主義.
cyn·o·ceph·a·lus /sìnousέfələs, sàɪ-/ *n* 〘伝説〙 犬頭人; 〘動〙 ヒヒ (baboon).
cyn·o·dont /sínoudὰnt, sáɪ-/ *n* 〘古生〙 犬歯類, キノドン類《爬虫綱獣弓目犬歯亜目 (Cynodontia) の化石動物; ペルム紀後期から三畳紀に繁栄》.
cyn·o·glos·sum /sìnouglάsəm, sàɪ-/ *n* 〘植〙 オオルリソウ《ムラサキ科オオルリソウ属 (*C*-) の草本の総称》.
cy·no·mol·gus /sàɪnəmάlgəs/ *n* (*pl* **-gi** /-gàɪ, -dʒàɪ/) 〘動〙 マカックザル (macaque), 《特に》カニクイザル (=⸗ **mònkey**) (crab-eating macaque).
cy·no·sure /sáɪnəʃùr, sín-; sínəzjùər, -ʃùər/ *n* **1** 注目の的; 道しるべとなるもの, 指針. **2** [the C-] 《古》こぐま座 (Little Bear), 北極星 (North Star). [F or L<Gk=dog's tail (*oura* tail)]
Cyn·thia /sínθiə/ **1** シンシア《女子名; 愛称 Cindy》. **2 a** 〘ギ神〙 キュンティアー《月の女神 Artemis の別称》. **b** 《詩》 月. [Gk=(she) of Mount Cynthus; Artemis のこと, Cynthus は Delos 島の山]
cýnthia mòth 〘昆〙 シンジュサン (=*ailanthus moth*)《ヤママユガ科の巨大な蛾; cf. AILANTHUS SILKWORM》.
Cynwulf ⇨ CYNEWULF.
CYO Catholic Youth Organization.
cy·per·a·ceous /sàɪpəréɪʃəs/ *a* 〘植〙 カヤツリグサ科 (Cyperaceae) の.
cyphel *n* 〘植〙 MOSSY CYPHEL.
cypher ⇨ CIPHER.
cýpher·pùnk *n* サイファーパンク《人に見られず親書を送るのを万人の権利とする立場から暗号技術の規制に反対する者》. [*cypher*+*cyberpunk*]
cy pres, cy-pres, cy·press /síːpréɪ, sáɪ-/ *adv, a* 〘法〙 CY PRES DOCTRINE (による[よって]).
cý prés dòctrine 〘法〙 可及的近似の法理 (=*doctrine of cy pres*)《種々の事情により財産の処分が遺言者が指定した方法で実行できない場合, それに最も近い方法を採るというエクイティー上の解釈》.

C

cy·press[1] /sáɪprəs/ *n* **1** 〘植〙 **a** イトスギ《ヒノキ科イトスギ属の針葉樹の総称; 墓地にも多く植えられ, 葉が暗くイトスギ(の小枝)はしばしば喪の表象とされる》. **b** ヒノキ科·スギ科の球果をつける数種の針葉樹, 《特に》ヌマスギ (bald cypress). **2** 糸杉材《堅材; 英国の邸宅のドアはしばしば ~ door》. [OF, <Gk]
cypress[2] *n* キプロス絹; キプロス地(フード)《喪服用》.
cypress[3] ⇨ CY PRES.
cýpress fàmily 〘植〙 ヒノキ科 (Cupressaceae).
cýpress pìne 〘植〙 カリトリス属の常緑樹《ヒノキ科; 材を利用》.
cýpress vìne 〘植〙 ルコウソウ (=*red jasmine*)《熱帯アメリカ原産; ヒルガオ科》.
Cyp·ri·an[1] /sípriən/ *a* キプロス(人)の (Cypriot); 恋の女神 Aphrodite [Venus] (崇拝)の《キプロス島が Aphrodite の生地といわれたことから》; 好色な, みだらな. ► *n* キプロス(島)人 (Cypriot); Aphrodite [Venus] の崇拝者; 淫婦, 売春婦.
Cyprian[2] **1** シプリアン《男子名》. **2** [Saint] 聖キプリアヌス (200–258) (*L* Thascius Caecilius Cyprianus)《カルタゴの司教 (248–258) で, 殉教者; 祝日 9 月 16 日》.
cy·pri·nid /səpráɪnəd, síprənəd/ *a, n* 〘魚〙 コイ科 (Cyprinidae) の(魚). [Gk *kuprinos* carp]
cy·prin·odont /səprínədὰnt, -práɪ-/ *a, n* 〘魚〙 メダカ目 (Microcyprini) [メダカ科 (Cyprinodontidae)] の(魚).
cyp·ri·noid /síprənɔ̀ɪd, səpráɪnɔ̀ɪd/ *a, n* 〘魚〙 コイに似た[近縁の](魚).
Cyp·ri·ot /sípriət/, **Cyp·ri·ote** /sípriòut/ *n* キプロス(島)人 (⇨ CYPRUS); 《ギリシア語の》キプロス方言. ► *a* キプロスの; キプロス人[方言]の.
cyp·ri·pe·di·um /sìprəpíːdiəm/ *n* 〘植〙 **a** アツモリソウ, シペリペディウム《ラン科アツモリソウ属 (*C*-) の草本》. **b** パフィオペディルム《ラン科パフィオペディルム属の草本》.
cy·pro·hep·ta·dine /sàɪprouhέptədìːn/ *n* 〘薬〙 サイプロヘプタジン《喘息用抗ヒスタミン剤》.
cy·prot·er·one /saɪprάtəròun/ *n* 〘生化〙 シプロテロン《雄性ホルモンの分泌を抑える合成ステロイド》.
cy·prus /sáɪprəs/ *n* 《まれ》 CYPRESS[2].
Cyprus キプロス《**1**) 地中海東部の島 **2**) 同島および属島からなる国; 公式名 Republic of ~ (キプロス共和国); ☆Nicosia; 北部は北キプロス·トルコ共和国を宣言している》.
cyp·se·la /sípsələ/ *n* (*pl* **-lae** /-lìː/) 〘植〙 菊果, 下位痩果(そうか).
Cy·ran·kie·wicz /sɪrɑːŋkjéɪvɪtʃ/ ツィランキェヴィチ **Józef ~** (1911–89)《ポーランドの政治家; 首相 (1947–52, 54–70)》.
Cy·ra·no de Ber·ge·rac /*F* sirano də bɛrʒərak/ シラノ·ド·ベルジュラック **Savinien de ~** (1619–55)《フランスの大鼻の詩人·軍人; Edmond Rostand の戯曲の主人公として有名》.
Cyr·e·na·ic /sìrənéɪɪk, sàɪrərə-/ *a* キレナイカ (Cyrenaica) の, キュレネ (Cyrene) の; キュレネ学派の《紀元前 4 世紀ごろ Aristippus が創唱した快楽主義》. ► *n* キレナイカの人, キュレネの人; キュレネ学派の人; 快楽主義者 (hedonist). ♦ **Cỳr·e·ná·i·cism** /-néɪəsìz(ə)m/ *n*
Cyr·e·na·ica, Cir- /sìrənéɪəkə, sàɪrərə-/ キレナイカ《アフリカ北部リビアの東部地方; 古代ギリシア時代の首都は Cyrene》. ♦ **Cỳr·e·ná·ican** *a, n*
Cy·re·ne /saɪríːni/ キュレネ, 〘聖〙 クレネ, キレネ《アフリカ北部の地中海に臨む古代都市》; (古代)キレナイカ (Cyrenaica). ♦ **Cy·ré·ni·an** *a, n*
Cyr·il /sír(ə)l/ **1** シリル《男子名》. **2 a** (アレクサンドリアの)聖キュリロス **~ of Alexandria** (c. 375–444)《Alexandria 主教; Constantinople 主教 Nostorius を弾劾した》. **b** [Saint] 聖キュリロス (c. 827–869)《モラヴィア人に布教したギリシアの伝道者; キリル文字を発明したと伝えられる; 兄 St Methodius と共に Apostles of the Slavs と呼ばれる; 祝日 2 月 14 日(もと 7 月 7 日)》. [Gk=lordly]
Cy·ril·lic /sərílɪk/ *a* St CYRIL の; キリル文字の. ► *n* [the] キリルアルファベット.
Cyríllic álphabet [the] キリルアルファベット《グラゴール文字 (cf. GLAGOLITIC) をもとに, 10 世紀初めブルガリアで作った文字; 今日のロシア語などの字母のもととなった》.
cyrt- /sə́ːrt/, **cyr·to-** /sə́ːrtou, -tə/ *comb form*「湾曲した (bent, curved)」 [Gk *kurtos* curved]
Cy·rus /sáɪrəs/ **1** サイラス《男子名; 愛称 Cy》. **2** キュロス (**1**) (424?–401 B.C.)《アケメネス朝の皇子·リュディア太守; 通称 the Younger; 反乱を企てて敗死》. (**2**) ~ **II** (c. 585–c. 529 B.C.)《アケメ

ネス朝ペルシアの創始者; 通称 ~ the Great [Elder] エーゲ海から Indus 川に及ぶ帝国を支配した). [Pers=throne]

cyst /síst/ *n* 〔医〕《固有の膜で中に流動体を含む》嚢胞, 嚢腫, シスト; 〔生〕《原生動物などの》被覆体, 包子, 嚢子; 《藻類の》休眠胞子; 〔動・植〕包嚢(ほうのう): the urinary ~ 尿性嚢胞. [L<Gk *kustis* bladder]

cyst- /síst/, **cys·ti-** /sístə/, **cys·to-** /sístou, -tə/ *comb form* 「胆嚢」「膀胱」「嚢胞, 包嚢 (cyst)」

C

-cyst /sìst/ *n comb form* 「嚢」「包嚢」: chole*cyst*.

cys·ta·mine /sístəmì:n/ *n* 〔薬〕シスタミン《癌患者などの放射線宿酔予防用》.

cys·ta·thi·o·nine /sìstəθáiəni:n/ *n* 〔生化〕シスタチオニン《含硫アミノ酸の一種》.

cys·te·amine /sistí:əmən/ *n* 〔薬〕システアミン《放射線宿酔予防用》.

cys·tec·to·my /sistéktəmi/ *n* 〔医〕嚢腺腫切除(術); 膀胱切除(術).

cys·te·ine /sístiì:n, -ən/ *n* 〔生化〕システイン《含硫アミノ酸の一つ; 酸化されて cystine になる》. ◆ **cỳs·te·ín·ic** /-ín-/ *a*

cysti- /sístə/ ⇨ CYST-.

cys·tic /sístik/ *a* 包嚢の(ある[に包まれた]), 嚢胞性の; 〔解〕膀胱[胆嚢]の.

cys·ti·cer·coid /sìstəsə́:rkɔ̀id/ *n* 〔動〕擬嚢尾虫, シスチセルコイド, キスチケルコイド.

cys·ti·cer·co·sis /sìstəsərkóusəs/ *n* (*pl* **-ses** /-sì:z/) 〔医〕嚢虫症.

cys·ti·cer·cus /sìstəsə́:rkəs/ *n* (*pl* **-ci** /-sài, -kài/) 〔動〕嚢尾虫, シスチセルクス, キスチケルクス.

cýstic fibrósis 〔医〕嚢胞性繊維症.

cýsti·fòrm *a* 嚢胞 (cyst) 状の, 嚢状の.

cys·tine /sístì:n, -tən/ *n* 〔生化〕シスチン《含硫アミノ酸の一つ; 多くのタンパク質の構成成分》.

cys·ti·no·sis /sìstənóusəs/ *n* (*pl* **-ses** /-sì:z/) 〔医〕シスチン(蓄積)症. ◆ **-not·ic** /-nát-/ *a*

cys·tin·uria /sìstən(j)úəriə/ *n* 〔医〕シスチン尿症.

cys·ti·tis /sistáitəs/ *n* (*pl* **cys·tit·i·des** /sistítədì:z/) 〔医〕膀胱炎.

cysto- /sístou, -tə/ ⇨ CYST-.

cýsto·càrp *n* 〔植〕《紅藻類の》嚢果. ◆ **cỳsto·cárpic** *a*

cýsto·cèle *n* 〔医〕膀胱瘤, 膀胱ヘルニア.

cys·tog·ra·phy /sistágrəfi/ *n* 〔医〕膀胱(X 線)造影[撮影](法). ◆ **cỳs·to·gráph·ic** *a*

cys·toid /sístɔ̀id/ *a, n* 〔生〕CYST 状の(組織[構造]); 〔古生〕ウミリンゴ類 (Cystoidea) の(棘皮動物).

cýsto·lìth *n* 〔医〕膀胱結石; 〔植〕《葉の》鍾乳(しょうにゅう)体, ふさ状体.

cýsto·scòpe *n* 〔医〕膀胱鏡. ◆ **cỳs·to·scóp·ic** /-skáp-/ *a* 膀胱鏡による.

cys·tos·co·py /sistáskəpi/ *n* 〔医〕膀胱鏡検査(法). ◆ **-pist** *n* 膀胱鏡検査者.

cys·tos·to·my /sistástəmi/ *n* 〔医〕膀胱フィステル形成術, 膀胱瘻(ろう)設置術, 膀胱造瘻術.

cýsto·tòme *n* 〔医〕膀胱切開刀.

cys·tot·o·my /sistátəmi/ *n* 〔医〕膀胱切開(術); 胆嚢切開(術).

cyt- /sáit/, **cy·to-** /sáitou, -tə/ *comb form* 「細胞」「細胞質」 [Gk *kutos* vessel]

cyt·as·ter /saitǽstər, sáitæs-/ *n* 〔生〕細胞質星状体.

-cyte /sàit/ *n comb form* 「細胞」: leuko*cyte*. [Gk; ⇨ CYT-]

Cyth·era /səθírə, sai-; siθíərə/ キュテーラ (*ModGk* Kíthira, Kythera) 《1) ギリシア Peloponnesus 半島南東の島; Cytherea が住んだとされる 2) その中心の町》.

Cyth·er·ea /sìθərí:ə/ 〔ギ神〕キュテレイア (Aphrodite).

Cyth·er·é·an *a* 恋の女神キュテレイアの; 金星 (Venus) の. ▶ *n* キュテレイアの崇拝者《女》.

cy·ti·dine /sítədì:n, sái-, -dàin/ *n* 〔生化〕シチジン《cytosine とリボースが結合してできたヌクレオシド》.

cy·ti·dýl·ic ácid /sìtədílik-, sài-/ 〔生化〕シチジル酸《cytosine を含むヌクレオチド》.

cyt·i·sine /sítəsì:n/ *n* 〔生化〕シチシン《マメ科植物中に存在する有毒アルカロイド; かつて便通薬・利尿薬》.

cyt·i·sus /sítisəs, saitísəs/ *n* 〔植〕エニシダ属 (*C*-) の低木《マメ科; 総称》.

cyto- /sáitou, -tə/ ⇨ CYT-.

cỳto·árchitecture *n* 〔生〕細胞構造. ◆ **-architéctural** *a* **-architéctural·ly** *adv*

cy·to·cha·las·in /sàitoukəléisən, -lǽs-/ *n* 〔生化〕サイトカラシン《菌類から分離された生産物で, 細胞質分裂を阻害する》.

cỳto·chémistry *n* 細胞化学. ◆ **-chémical** *a*

cỳto·chímera *n* 〔遺〕細胞キメラ《染色体数の異なる細胞をもつ個体》.

cýto·chròme *n* 〔生化〕シトクロム《細胞内の酸化還元に重要なはたらきを示す色素》.

cytochrome c /—— sí:/ [°c- C] 〔生化〕シトクロム c《最も豊富で安定なシトクロム》.

cýtochrome óxidase 〔生化〕シトクロムオキシダーゼ《細胞呼吸において自動酸化性をもつ酵素》.

cýtochrome reductáse 〔生化〕シトクロムレダクターゼ《シトクロム c を還元する酸化還元酵素》.

cỳto·differentiátion *n* 〔生〕細胞分化.

cỳto·ecólogy *n* 細胞生態学. ◆ **-ecológical** *a*

cỳto·génesis, cy·tog·e·ny /saitádʒəni/ *n* 〔生〕細胞発生. ◆ **cy·tog·e·nous** /saitádʒənəs/ *a*

cỳto·genétics *n* 細胞遺伝学. ◆ **-genéticist** *n* **-ge·nétic, -nétical** *a* **-ical·ly** *adv*

cy·to·kine /sáitəkàin/ *n* 〔免疫〕シトキン, サイトカイン《リンパ球やその他の細胞から分泌される活性液性因子; 生体の防御機構全体に作用し抗腫瘍効果を発揮する》.

cỳto·kinésis *n* 〔生〕細胞(質)分裂. ◆ **-kinétic** *a*

cy·to·ki·nin /sàitəkáinən/ *n* 〔生化〕サイトカイニン《植物の細胞分裂・組織分化などにホルモンに似た作用をもつ天然の化合物》.

cytol. cytological ◆ cytology.

cy·tol·o·gy /saitálədʒi/ *n* 細胞学; 細胞の構造[機能]. ◆ **-gist** *n* **cỳ·to·lóg·i·cal, -lóg·ic** *a* **-i·cal·ly** *adv*

cy·to·ly·sin /saitáləsən, sàit(ə)lái-/ *n* 〔生化〕細胞溶解素.

cy·tol·y·sis /saitáləsəs/ *n* 〔生理〕細胞融解[溶解, 崩壊](反応). ◆ **cy·to·lyt·ic** /sàitəlítik/ *a*

cỳto·megálic *a* 〔生〕巨細胞性の〈ウイルス〉.

cytomegálic inclúsion disèase 〔医〕巨細胞性封入体症.

cỳto·mègalo·vírus *n* 〔生〕サイトメガロウイルス《感染細胞の巨大化, 核内封入体の形成を生じ, 免疫が低下した状態では日和見感染をひき起こすヘルペスウイルス》.

cỳto·mémbrane *n* 〔生〕細胞膜.

cy·tom·e·try /saitámətri/ *n* 〔医〕血球計算. ◆ **cỳto·métric** *a*

cỳto·morphólogy *n* 〔生〕細胞形態学. ◆ **-morphológical** *a*

cy·ton /sáitàn/ *n* 細胞体, 《特に》神経細胞.

cỳto·páth·ic *a* 細胞病理学上の[的な], 細胞変性の.

cỳto·pathogénic *a* 細胞病原性の〈ウイルス・効果〉. ◆ **cỳto·pathogenícity** *n*

cỳto·pathólogy *n* 細胞病理学. ◆ **-pathólogist** *n*

cy·to·pe·nia /sàitəpí:niə/ *n* 〔医〕血球減少(症).

cy·to·phag·ic /sàitəfǽdʒik/, **cy·toph·a·gous** /saitáfəgəs/ *a* 食細胞性の. ◆ **cy·toph·a·gy** /saitáfədʒi/ *n* 食細胞作用.

cỳto·phílic *a* 細胞親和性の, 好細胞(性)の: ~ antibody 細胞親和(性)抗体.

cỳto·photómeter *n* 細胞光度計.

cỳto·photómetry *n* 〔生〕細胞測光法. ◆ **cỳto·photomét·ric, -rical** *a* **-rical·ly** *adv*

cỳto·physiólogy *n* 細胞生理学. ◆ **-physiológical** *a* **-ical·ly** *adv*

cýto·plàsm *n* 〔生〕細胞質. ◆ **cỳto·plasmátic, -plásmic** *a* **-plásmical·ly** *adv*

cýto·plàst *n* 〔生〕細胞質体. ◆ **cỳto·plástic** *a*

cy·to·sine /sáitəsì:n, -sən/ *n* 〔生化〕シトシン《DNA, RNA のポリヌクレオチド鎖中で遺伝情報を指定するピリミジン塩基; 記号 C; cf. ADENINE, GUANINE, THYMINE, URACIL》. [*-ose, -ine*[2]]

cỳto·skéleton *n* 〔生〕細胞骨格《細胞質中にあるタンパク質の微小繊維・微小管からなる網目状の構造; 細胞に一定の形態を与え, 細胞内組織を維持, 細胞運動にかかわる》. ◆ **-skéletal** *a*

cy·to·sol /sáitəsɔ̀(:)l, -sòul, -sàl/ *n* 〔生〕細胞質ゾル, サイトゾル《細胞質基質 (ground substance)》. ◆ **cỳ·to·sól·ic** *a*

cýto·sòme *n* 〔生〕細胞質体《核 (nucleus) とは区別される細胞体》.

cỳto·spèctro·photómetry *n* 〔生〕細胞分光測光法.

cỳto·státic *a* 細胞増殖抑制性の. ▶ *n* 細胞成長[増殖]抑止剤. ◆ **-ical·ly** *adv*

cỳto·táxis *n* 〔生〕細胞走性, 走細胞性《細胞どうしが相互に引き合ったり反発したりして運動する性質》.

cỳto·taxónomy 〔生〕*n* 細胞分類学; 細胞核の構造. ◆ **-taxonómic** *a* **-ical·ly** *adv*

cỳto·téch *n* CYTOTECHNOLOGIST.

cỳto·technólogy *n* 〔医〕細胞検査(術). ◆ **-gist** *n* 細胞検査技師. **-technológic** *a*

cỳto·tóxic *a* 〔医〕細胞毒(性)の, 細胞傷害性の. ◆ **-toxícity** *n*

cytotoxic T cell /—— tí: ——/ 〔免疫〕細胞傷害性 T 細胞 (killer T cell).

cytotoxic T lymphocyte /—— tí: ——/ 〔免疫〕細胞傷害性リンパ球 (killer T cell).

cỳto·tóxin *n* 〔医〕細胞毒(素).

cỳto·trópho·blàst *n* 〔生〕細胞栄養芽層.

cỳto·trópic *a* 〔生〕細胞向性の〈ウイルス〉.

cy·tot·ro·pism /saɪtátrəpìz(ə)m/ *n* 〘生〙向細胞性, 細胞向性《細胞群が相互に引き合ったり反発したりして成長する現象》. [*-tropism*]

cy̆to·ví·rin /-váɪərən/ *n* 〘生化〙サイトビリン《ストレプトミセス属の土壌菌によって合成され, タバコモザイク病などの植物ウイルスに対して有効な化合物》.

Cý Yóung Awárd [the] サイ・ヤング賞《大投手 Cy Young を記念する賞で, 毎年全米野球記者協会が選出する大リーグの最優秀投手に贈られる》.

Cyz·i·cus /sízɪkəs/ キュジコス《**1**) 古代小アジア北西部 Mysia 地方の Kapıdağı 半島に通じる地峡部にあった都市; 沖合でスパルタ海軍がアテナイの軍に敗れた (410 B.C.) **2**) KAPIDAĞI 半島の古代名》.

CZ °Canal Zone ♦ °Czech Republic.

czar, tsar, tzar /záːr, *(t)sáːr/ *n* 帝政ロシア皇帝, ツァーリ; 専制君主 (autocrat); 権力者, 帝王, …王, 第一人者; *《口》《特定問題の》担当官, 責任者: a ~ of industry＝an industrial ~ 工業王 / DRUG CZAR / an energy ~ 《特任の》エネルギー問題担当官. ♦ **~·dom** *n* ツァーリの治める国土; ツァーリの地位[権力]. [Russ<L *Caesar*]

czar·das, csar- /ʧáːrdæʃ, -dàːʃ/ *n* (*pl* ~) 〘楽〙チャルダーシュ《ゆったりと始まり激しく急速なテンポで終わる 2/4 拍子のハンガリーの民俗舞曲; その舞踏》. [Hung]

czar·e·vitch, -vich /záːrəvìʧ, *(t)sáː-/ *n* 《帝政ロシアの》皇子, 皇太子. [Hung]

cza·rev·na /zaːrέvnə, *(t)saː-/ *n* 《帝政ロシアの》皇女, 皇太子妃.

cza·ri·na /zaːríːnə, *(t)saː-/, **-rit·za** /-rítsə/ *n* 《帝政ロシアの》皇后.

czár·ìsm *n* 専制[独裁]政治; 《ロシアの》帝政. ♦ **-ist** *a, n*

Czech /ʧék/ *n* チェコ人; 《おおまかに》CZECHOSLOVAK; チェコ語. ► *a* チェコ人[語]の; チェコスロヴァキア(人)の. ♦ **~·ish** *a* CZECH. [Bohemian *Cech*]

Czech. Czechoslovakia ♦ Czechoslovakian.

Czecho·slóvak /ʧèkə-/ *n* チェコスロヴァキア人; 《漠然と》チェコスロヴァキア語《チェコ語またはスロヴァキア語》. ► *a* チェコスロヴァキア(人[語])の. [CZECH, SLOVAK]

Czècho·slovákia チェコスロヴァキア《ヨーロッパ中部にあった国; ☆Prague; オーストリア-ハンガリー帝国の北部地域 (Bohemia, Moravia, Slovakia, Silesia の一部) をもとに 1918 年に成立した共和国で, 68–92 年は連邦共和国; 93 年 Czech Republic と Slovakia の 2 国家に分離した》. ♦ **-slovákian** *a, n*

Czéch Repúblic [the] チェコ共和国《ヨーロッパ中部の国; ☆Prague; ⇨ CZECHOSLOVAKIA》.

Czer·no·witz /ʧέərnəvìts/ チェルノヴィツ《CHERNIVTSI のドイツ語名》.

Czer·ny /ʧέrni, ʧáːr-; ʧáːni/ チェルニー **Carl** ~ (1791–1857)《オーストリアのピアニスト・ピアノ教師・作曲家; 練習曲を多数作曲, 今日もピアノ教則本に使われている》.

Czę·sto·cho·wa /ʧὲnstəkóuvə/ チェンストホヴァ《ポーランド南部の市; ロシア語名 Chenstokhov》.

D

D, d /díː/ *n* (*pl* **D's, Ds, d's, ds** /-z/) ディー《英語アルファベットの第 4 字》; D 字形(のもの); D [d] の表わす音; 4 番目(のもの), 〔数〕第 4 の既知数; 《学業成績で》D, 可, 丁《合格のうちの最低評価》, 最低のもの[作品]; 〔楽〕ニ音, ニ調; 〔ローマ数字〕500; 〔電算〕《十六進数の》D《十進法で 13》; 〔玉突〕ディー《snooker で, 弦がテーブルのボークラインの中央にくる半径 11.5 インチの半円》; 《乾電池のサイズの》D《日本の 単 1 に相当》; 〔英〕D《SOCIOECONOMIC GROUPS の下から 2 番目の階層(の人); 労働者階級》; *《俗》ドル (dollar); 《スポ俗》ディフェンス, 守備側: a *D*-trap D 形防臭弁 / a *D* valve D 形弁 / He barely passed English with a *D*. 英語を D でかろうじてパスした / a *D* movie 最低の映画 / *CD*=400.

d— /díː/ DAMN(ED).

d' /d/ 《口》do: What *d*'you mean?

'd /d/ 《口》 **1** had, would, should: I'*d* /aɪd/=I had [would, should]. **2** did: What'*d* you say? **3** -ed の縮約形《語尾が母音の場合》: fee'*d*.

d', D' /d/ *prep* **1** [フランス人の名前に付けて] DE[2]: *d'*Albert, *d'*Alembert. **2** [イタリア人の名前に付けて] DI: *D'*Annunzio.

d- /dìː, díː/ 〔化〕*pref*「右旋性の (dextrorotatory)」; [ᵘD-]「不斉炭素原子において右旋性グリセリンアルデヒドと類似の立体配置を示す」(cf. L-). [dextr-]

-d[1] *v suf, a suf* ⇨ -ED.

-d[2] /d/ [数字 2 または 3 のあとに付けて *second* または *third* の意の序数を表わす (cf. -ND, -RD)]: 2*d*, 3*d*, 42*d*, 53*d*.

d deci- ♦ 〔数〕differential. **d, d.** [L *denarii*] pence ♦ [L *denarius*] penny. **d, D** 〔理〕角運動量量子数 $l=2$ であることを表わす (⇨ s, S). [diffuse 分光学の慣用から] **d.** date ♦ daughter ♦ day(s) ♦ dead ♦ deceased ♦ degree ♦ dele ♦ delete ♦ 〔理〕density ♦ depart(s) ♦ departure ♦ diameter ♦ died ♦ *dime ♦ dimensional ♦ distance ♦ dividend ♦ dollar(s) ♦ dorsal ♦ dose ♦ drachma(s) ♦ drama ♦ drive ♦ driving. **D** Department ♦ depth ♦ derivative ♦ 〔化〕deuterium ♦ Deutschland ♦ 〔数〕°differential coefficient ♦ dimension (: 3-*D*) ♦ dimensional ♦ 《試合結果表で》drawn ♦ 〔理〕°electric displacement. **D.** day ♦ December ♦ 〔米〕Democrat ♦ 〔米〕Democratic ♦ [L *Deus*] God ♦ Director ♦ Doctor ♦ Don ♦ Duchess ♦ Duke ♦ Dutch.

da[1] /dáː/ *n* 《口・方》DAD[1].

da[2] *adv* ダー (yes) (opp. *nyet*). [Russ]

da[3] /dɑː/ *prep* [イタリア人・ポルトガル人の名前に付けて] …の (cf. FROM). [DE[1]]

DA[1] /dìːéɪ/ *n* DUCKTAIL《髪型》. [*duck's ass*]

DA[2] *n* 《俗》麻薬常用[中毒]者 (drug addict).

da deca-. **DA** °delayed action ♦ 〔米〕°Department of Agriculture ♦ Dictionary of Americanisms《M. M. Mathews, 1951》 ♦ 〔米〕°District Attorney ♦ don't [doesn't] answer. **DA, D/A, d/a** 〔商〕days after acceptance ♦ 〔銀行〕°deposit account ♦ documents against [for] acceptance. **D/A** digital-to-analog.

dab[1] /dǽb/ *vt, vi* (**-bb-**) **1** 軽くたたく[触れる, 押える]〈*at*〉; 軽く(たたくように)当てる, 押し当てる〈*against*〉; 〈鳥などが〉軽くつつく: ～ *at* one's face *with* a sponge スポンジで軽く顔をたたく. **2** たたいてつける; 〈ペンキ・クリームなどを〉軽く塗る, 塗布する〈*on, on to, over*〉; ᴵᴵ《俗》…から指紋をとる. ● **～ off** 〈水・油・ほこりなどを〉さっと取り除く, ぬぐい取る. ► *n* 軽くたたく[当てる]こと; 打印機; スポンジを軽く当ててつけた湿気; 軽いタッチで塗った色; 少量〈*of* butter, paint, etc.〉; [*pl*] ᴵᴵ《俗》指紋 (fingerprints); [D-s] ᴵᴵ《俗》ロンドン警視庁指紋部. [ME (imit)]

dab[2] ᴵᴵ《口》*n* 名人, 名手 (dab hand)〈*at* games, *at* doing〉. ► *a* とてもうまい. [C17<?]

dab[3] *n* 〔魚〕小型のカレイ (flatfish)《特に マコガレイ属の》. [C16<?]

DAB Dictionary of American Biography《Allen Johnson et al., 1927–36; 補遺が 1995 年までに 10 巻刊行された》 ♦ digital audio broadcasting デジタルオーディオ放送.

dáb·ber *n* 軽く打つ人[もの]; 《インク・えのぐ・靴墨などを》塗る人; たたきばけ; 《版にインクをつける》タンポン.

dab·ble /dǽb(ə)l/ *vt* 《浅瀬などで》〈手足を〉軽く動かす[ぬらす]; 《水に軽くつけて》ぬらす; 《泥や油で》よごす. ► *vi* パチャパチャ水をはねかす; 《浅瀬などで》水遊びをする; ちょっと[道楽半分に]手を出す, かじる〈*in, at, with*〉; 〈カモが水底の餌をとるためくちばしを突っ込む. ► *n* ᴵᴵ《口》興味本位でやってみること〈*in, at*〉. [Du, or *dab*[1], *-le*]

dáb·bler *n* 水遊びをする人; 道楽半分に事をする人, ちょっとかじってみる人, しろうと〈*in* painting〉; 〔鳥〕DABBLING DUCK.

dáb·bling *n* ちょっとかじること, 首を突っ込むこと〈*in*〉.

dábbling dúck 〔鳥〕水面採食[採餌]ガモ, 水面ガモ (=*dabbler, puddle duck, river duck, surface feeder*)《浅い水面で逆立ちしたりして餌をとるマガモ属などカモの総称; cf. DIVING DUCK》.

dáb·chìck *n* 〔鳥〕小型のカイツブリ《米ではカイツブリ (little grebe), 英ではオビハシカイツブリ (pied-billed grebe)》. [C16 *dap-, dop-*; cf. OE *dūfedoppa* (DEEP, DIP[1])=pelican]

dáb hánd ᴵᴵ《口》名人, 名手, 上手(じょうず) (expert)〈*at, with*〉.

Dą·bro·wa Gór·ni·cza /dɔmbrɔ́ːvə guərníːtʃə/ ドンブロヴァ グルニチャ《ポーランド南部 Katowice の東北東にある炭鉱町》.

dáb·ster *n* ᴵᴵ《口》へぼ絵かき (daubster); *《口》物好き, へたの横好き (dabbler); 《方》DAB[2].

DAC Development Assistance Committee 開発援助委員会, ダック《OECD の下部機関》♦ 〔電算〕digital-to-analog converter デジタル-アナログ変換器.

da ca·po /dɑː káːpou, də-/ *adv, a* 〔楽〕初めから繰り返して[繰り返す], ダカーポ《略 d.c., DC》: ～ al fine [dal segno] 'fine' と記されたところまで[𝄋 のところから]繰り返して[繰り返す]. [It=from (the) head]

Dacca ⇨ DHAKA.

d'ac·cord /*F* dakɔːr/ *adv* 賛成 (agreed), いい(です)ね.

dace /déɪs/ *n* (*pl* ～, ～**s**) 〔魚〕デース《ウグイに近いコイ科デース属の淡水魚; チャブ・スーフィー・アイドの類》. [OF *dars* DART]

da·cha, dat·cha /dáːtʃə, dǽtʃə/ *n* ダーチャ《ロシアの田舎の邸宅・別荘》. [Russ=act of payment]

Da·chau /dáːkàu; *G* dáxau/ ダッハウ《ドイツ南部 Bavaria 州南部の市; ナチ強制収容所 (1933–45) があった》.

dachs·hund /dáːkshùnt, -hùnd, dáːksənt; dǽks(ə)nd, dǽʃ(ə)nd, -hùnd, -hùnt/ *n* (*pl* ～**s, -hun·de** /-hùndə/) 〔犬〕ダックスフント《ドイツ原産の胴長短脚の獣猟犬・家庭犬》. [G=badger dog]

Da·cia /déɪʃ(i)ə; -siə, -ʃ(i)ə/ **1** ダキア《ほぼ現在のルーマニアと同じ範囲を占めた古代王国; のちローマ帝国の属州》. **2** ダチア《ルーマニア Dacia 社 (Renault の子会社) 製の乗用車》. ♦ **Dá·ci·an** *a, n*

da·cite /déɪsàɪt/ *n* 〔鉱〕石英安山岩. ♦ **da·cit·ic** /deɪsítɪk/ *a*

dack·er /dǽkər/ 《スコ》*vi* よろめく, ぐらつく, 揺れる; ぶらぶら歩く; ためらう, ぐずぐずする.

da·coit, -koit /dəkɔ́ɪt/ *n* ダコイト《インド・ミャンマーの武装ギャングの一員》. [Hindi]

da·cóity, -kóity *n* ダコイト (dacoit) による略奪.

dac·quoise /*F* dakwaːz/ *n* 〔料理〕ダックワーズ《ナッツ入りの焼いたメレンゲを, 間にバタークリームをはさんで重ねた焼き菓子》. [F=of Dax: *Dax* フランス南部の町]

Da·cron /déɪkrɑ̀n, dǽk-/ 〔商標〕ダクロン《ポリエステル繊維》.

dac·ryo·cys·to·rhi·nos·to·my /dæ̀kriousìstəràɪnɑ́stəmi/ *n* 〔医〕涙嚢鼻腔吻合(術).

dac·ti·no·mýcin /dæ̀ktənou-/ *n* 〔生化〕ダクチノマイシン, アクチノマイシン D (=*actinomycin D*)《アクチノマイシンの一種; ウィルムス腫瘍・絨毛性腫瘍に対する抗腫瘍薬》.

dac·tyl /dǽktɪl, -tl/ *n* 〔韻〕長短短格《−⏑⏑》, 強弱弱格《⫠××》; 〔動〕《手足の》指. [L<Gk DACTYLUS; その 3 つの関節から]

dac·tyl- /dǽkt(ə)l/, **dac·ty·lo-** /dǽktəlou, -lɛ/ *comb form*「指」「足指」 [Gk (↑)]

-dac·tyl·ia /dæktíliə/ *n comb form*「…な[…本の]指を有する状態」 [Gk (↑)]

dac·tyl·ic /dæktílɪk/ *a* DACTYL の. ► *n* 〔韻〕DACTYL (の詩句) (⇨ METER[1]).

dac·tyl·io·man·cy /dæktíliəmæ̀nsi/ *n* 指輪占い.

dac·ty·li·tis /dæ̀ktəláɪtəs/ *n* 〔医〕指炎.

dac·týlo·gràm /dæktílə-/ *n* 指紋 (fingerprint).

dac·ty·log·ra·phy /dæ̀ktəlɑ́grəfi/ *n* 指紋学[法].

dac·ty·lol·o·gy /dæ̀ktəlɑ́lədʒi/ *n* 手話(法), 手指法 (finger spelling).

dac·ty·los·co·py /dæ̀ktəlɑ́skəpi/ *n* 指紋検査, 指紋同定法; 指紋分類.

-dac·ty·lous /dǽktələs/ *a comb form*「…な[…本の]指を有する」: mono*dactylous*. [Gk; ⇨ DACTYL-]

dac·ty·lus /dǽktələs/ *n* (*pl* **-li** /-làɪ, -lìː/) 〔昆〕趾節; 指, 趾. [NL<Gk=finger]

-dac·ty·ly /dǽktəli/ *n comb form* -DACTYLIA.

dad[1] /dǽd/ *n* [°D-] «口» おとうちゃん, とうさん, パパ, おやじ (father); [知らない人に] おじさん, 兄さん. ★ ⇨ DAD AND DAVE. 〔幼児語 *da, da* の imit か〕
dad[2] *n* [°D-; ⟨*int*⟩] «口» GOD《通例 軽いののしりの表現; cf. DAD-BLAMED》.
da·da[1] /dǽdæ, dáːdaː/ *n* 《口》 DAD[1]; «インド» 兄貴, 《男性の》 いとこ.
da·da[2] /dáːdaː/, **dáda·ìsm** *n* [°D-] ダダ, ダダイズム《1916–23 年ごろの文学・芸術運動; 伝統的形式美を否定する虚無主義》. ♦ **dá·da·ist** *n* ダダイスト, ダダ. **dà·da·ís·tic** *a* 〔F＝hobbyhorse〕
Dád and Dáve *n pl* おやじとデーヴ《オーストラリアの作家 Steele Rudd の一連の農場生活の物語に現われる Rudd 一家の父子; オーストラリアの田舎者の典型》; «豪» 田舎者, かっぺ. ► *a* «豪» 〖滑稽なまでに〗田舎っぽい, かっぺの (countrified).
dád-blámed, -blást·ed *a, adv**«口» [*euph*] いまいましい, ひどい (damned); いまいましくも.
dád-búrned *a, adv**«口» [*euph*] DAD-BLAMED.
dad·dy /dǽdi/ *n* «口・幼児» DAD[1]; «米俗・豪俗» 最年長者, 最重要人物, いちばん古い[大切な]もの, 最高のもの, 手本となる人 (granddaddy); *«俗» SUGAR DADDY: the ～ of them all 一番のもの, 大御所. 〔DAD[1]〕
dáddy lónglegs (*pl* ～) *メクラグモ (harvestman)《俗称》; "ガガンボ (crane fly)《俗称》; [*joc*] 足の長い人, 足長おじさん.
Dad·dy-o /dǽdiòu/ *n* [°d-] «俗» おじさん, おやっさん《男子一般に対する親しい呼びかけ》.
da·do /déɪdou/ *n* (*pl* ～es, ～s) **1**〖建〗《室内壁面下部の》装飾を施した腰羽目[腰板], ダド; 腰羽目の装飾用横桟 (＝～ **ràil**); 台胴, ダド, デイドー《台座 (pedestal) の胴体部》. **2**〖木工〗大入れ, 追入れ《柱などに板などを差し込むために彫った切り込み[溝]》; 大入れ継ぎ (＝～ **jòint**). ► *vt* …に dado を付ける; ⟨板を⟩大入れ[追入れ]にはめ込む; ⟨板など⟩に大入れを彫る. ♦ **dá·do'd** *a* 腰羽目[柱趾(ちゅう)]を付けた. 〔It; ⇨ DIE[2]〕
dádo hèad 〖木工〗羽目切り刃物, デイドーヘッド.
Da·dra and Na·gar Ha·ve·li /dədráː ənd nʌ̀gərəvéli/ ダドラおよびナガルアヴェリ《インド西部 Gujarat 州 と Maharashtra 州の間にある連邦直轄地; ☆Silvassa》.
Dád's Ármy 「ダッズ・アーミー」《英国 BBC テレビのコメディー (1968–77); 第二次大戦時の田舎の中年おやじたちからなる義勇軍部隊のズッコケ冒険物語》.
dae /déɪ/ *v* «スコ» DO[1].
DAE Dictionary of American English《W. A. Craigie & J. R. Hulbert, 4 vols., 1938–44》.
dae·dal /díːdl/ «文» *a* 巧妙な, 巧緻(ち)な; 複雑に入り組んだ, 迷路のような; ⟨地球・世界などが⟩千変万化の, 多彩な. 〔L＜Gk *daidalos* skillful〕
Dae·da·lian, -lean /dɪdéɪljən/ *a* DAEDALUS の; ダイダロスの (細工)(のような); 手の込んだ, DAEDAL.
Daed·a·lus /déd(ə)ləs, díː-; díː-/ 〖ギ神〗ダイダロス《アテナイ人の名工匠; Crete の迷路や, みずからと息子 Icarus 救出のための翼を作った》. 〔L＜Gk *Daidalos*; ⇨ DAEDAL〕
Dae·gu /déɪgu/, **Tae·gu** /téɪgu, déɪ-/ 大邱(テグ)(たいきゅう)《韓国南東部, 慶尚北道の市・道庁所在地》.
Dae·jeon /déɪʤʌ́n/, **Tae·jon** /téɪʤʌ́n, déɪ-/ 大田(テジョン)(たいでん)《韓国中西部, 忠清南道の市・道庁所在地》.
daemon, daemonic, etc. ⇨ DEMON, DEMONIC, etc.
DAF 〖米〗°Department of the Air Force.
daff[1] /dǽf; dáːf/ *vt* «古» わきへ押しのける; «廃» 《言いわけなどをして》はぐらかす, 引き延ばす. 〔*doff*〕
daff[2] *vi* «スコ» ふざける, 戯れる (dally). 〔C16 *daff* fool, coward ＜?〕
daff[3] /dǽf/ *n* "«口» DAFFODIL.
daf·fa·dil·ly, -fo- /dǽfədìli/, **daf·fa·down·dil·ly** /dæ̀fədàundíli/ *n* «詩・方» DAFFODIL.
daf·fi·ness /dǽfinəs/ *n* «口» ばかさ, 愚かさ.
daf·fo·dil /dǽfədɪ̀l/ *n* **1**〖植〗ラッパズイセン《ウェールズの国章》, 《広く》スイセン; 淡黄色. **2***«俗» 訓戒, 格言. 〔C16 *affodilus*＜L ASPHODEL〕
daf·fy[1] /dǽfi/ *n* «口» ラッパズイセン, スイセン (daffodil).
daffy[2] *a* «口» 変な, 変てこな, おかしな, ばかな, いかれた; «スコ» 浮かれ騒ぐ. ● ～ **about**… *«俗» …にいかれて, 夢中で. ♦ **dáf·fi·ly** *adv* 〔*daff*[2]〕
daf·fy·dill /dǽfɪdɪ̀l/ *n**«俗» 気違い.
Dáf·fy Dúck ダフィーダック《米国のアニメキャラクターである雄アヒル》.
daft /dǽft; dáːft/ «口» *a* 変な, おかしな, 愚かな; ばかな, 気のふれた, 狂った; 大好き[夢中]で ⟨*about*⟩; «スコ» 浮かれ騒ぐ: (as) ～ as a brush ひどいばかで / go ～ 頭がおかしくなる / talk ～ ばかな話をする / Don't be ～! ばか言え, ばかなまねするな. ♦ ～**·ly** *adv* ～**·ness** *n* 〔OE (*ge*)*dæfte* mild, meek〕
dáft·ie *n* "«方・口» ばかなやつ, 変なの.
Da·fydd /dáːvɪð; dǽv-/ ダヴィズ《DAVID のウェールズ語形》.
dag[1] /dǽg/ *n* ゆるくたれさがった先端[切れはし]; [ᵘ*pl*] DAGLOCK; «豪俗» 《尻の毛についた》乾いた羊の糞; «豪口» ダサい[キモい, かっこわるい]やつ, くそまじめな[つまんない]子; おもろいやつ, 変わり者. ● **rattle one's** ～**s** «俗» 急ぐ, さっさと済ませる. ► *vt* (**-gg-**) ⟨羊⟩の尻のよごれ毛を刈る. 〔ME＜?; «豪» は C18＜?〕
dag[2] *n* 《旧式の》大型ピストル. 〔C17＜?〕
dag[3] *vi**«俗» スピードを落とす, 減速する.
dag decagram(s).
Da·gan /dáːgɑ̀ːn, -gən/ ダガン《特に バビロニア・アッシリアの土地の神》.
Dag·ba·ne, -ni /dɑgbáːni/ *n* ダグバネ語 (DAGOMBA).
dág-blámed, -blást·ed *a**«俗» [*euph*] DAMNED.
Dag·en·ham /dǽg(ə)nəm/ ダゲナム《London borough の Barking and Dagenham の南東部を占める地区》.
dag·e·raad /dǽg(ə)rɑ̀ːd, -t/ *n* «南ア» 色あざやかなタイ科の魚 (＝*daggerhead, daggerheart*). 〔Afrik〕
Da·ge·stan /dæ̀gəstǽn, dɑ̀ːgəstáːn/ ダゲスタン《ロシア, 北 Caucasus のカスピ海西岸にある共和国; ☆Makhachkala》.
Da·ge·stani /dæ̀gəstǽni, dɑ̀ːgəstáːni/, **-stán·i·an** *n* **a** (*pl* ～, ～s) ダゲスタン人. **b** ダゲスタン語. ► *a* ダゲスタンの; ダゲスタン語の.
dag·ga /dǽgə; dǽxə/ *n* «南ア» 大麻 (hemp); 〖植〗カエンキセワタ《南アフリカ産; オドリコソウ科》. 〔Khoikhoi〕
dagged /dǽgd/ *a**«俗» 酔っぱらった.
dag·ger /dǽgər/ *n* 短剣, 短刀, あいくち; 短剣形のもの; 〖印〗ダガー, 短剣符 (＝*obelisk*)《†; 参照符として, また 物故者や没年を示すのに用いる; ⇨ DOUBLE DAGGER》; «俗» BULLDAGGER. ● **(at)** ～**s drawn**" 激しく反目し合って ⟨*with* sb *over* sth⟩. **look [stare]** ～**s at**…をにらみつける. **speak** ～**s to**…に毒舌を吐く, …をののしる. ► *vt* 短剣[短刀]で刺す; 〖印〗…にダガーをつける. ♦ ～**·like** *a* 〔? *dag* (obs) to pierce, *-er*[1]; cf. OF *dague* long dagger〕
dágger·bòard *n* 〖海〗小型垂下竜骨.
dágger·hèad, -hèart *n* DAGERAAD.
dág·ging *n* 《中世の衣服の》装飾的な縁取り; [ᵘ*pl*] DAGLOCK.
dag·gle /dǽg(ə)l/ «古» *vi* (泥の中などを)ひきずる. ► *vt* ひきずってよごす[ぬらす].
dag·gone /dǽggán, *-góːn/ *a, adv, int, vt, n**«俗» DOGGONE.
dág·gy *a* «豪» 糞でよごれた⟨羊・羊毛⟩; «豪口» だらしない, きたならしい, 不快な; «豪口» パッとしない, ダサい; «豪口» ばか(みたい)な, 変な. 〔*dag*[1]〕
Da·ghe·stan /dæ̀gəstǽn, dɑ̀ːgəstáːn/ **1** DAGESTAN. **2** ダゲスタン(織り)《柔らかな色調の幾何学意匠のついたカフカス産の敷物》.
dág·lòck *n* 《羊の尻などの》(糞などで)よごれた毛, 固くもつれ合った毛.
Dag·mar /dǽgmɑ̀ːr/ ダグマー《女子名》. 〔Dan＝day＋glory〕
dag·nab /dǽgnǽb/ *a, adv, int, vt, n**«俗» DOGGONE.
dág-nábbed *a**«俗» いまいましい, けたくそわるい.
da·go /déɪgou/ *n* (*pl* ～s, ～es) [ˢD-] «俗» [*derog*] イタリア[スペイン, ポルトガル, 南米](系)人, 《一般に》よそ者; *«俗» イタリア[スペイン]語. 〔Sp *Diego* James〕
da·go·ba /dáːgəbə/ *n* 〖仏教〗仏舎利塔, ダーガバ (cf. STUPA). 〔Singhalese〕
Da·gom·ba /dəgámbə/ *n* **a** (*pl* ～, ～s) ダゴンバ族《ガーナ北部に住む農耕民族》. **b** ダゴンバ語《Gur 語派に属する》.
Da·gon /déɪgɑ̀n/ ダゴン《ペリシテ人[のちにフェニキア人]が礼拝した半人半魚の主神》. 〔Heb〕
Dag·o·net /dǽgənət/ ダゴネット Sir ～《Malory の *Le Morte Darthur* に出る Arthur 王の道化》.
Dágo réd [°d- r-] «俗» イタリア[スペイン]産の安物赤ワイン, 《特に》CHIANTI.
Da·guerre /dəgɛ́ər; F dagɛːr/ ダゲール **Louis-Jacques-Mandé** ～ (1789–1851)《フランスの画家・発明家; daguerreotype を発明》.
da·guerre·o·type /dəgéroutàɪp, -rə-/ *n* 銀板写真(法), ダゲレオタイプ. ► *vt* 銀板写真に撮る. ♦ **-typy** /-tàɪpi/ *n* **-tỳp·ist** *n* 〔↑〕
Dag·wood /dǽgwʊ̀d/ **1** ダグウッド ～ **Bumstead**《BLONDIE の夫》. **2***«俗» 何層にも重ねたサンドイッチ《Dagwood が自分で大きなサンドイッチを作ることから》.
dah[1] /dáː/, **dao** /dáu/ *n* (*pl* ～s) 《ミャンマー人の用いる》小剣, 大型ナイフ. 〔Burmese〕
dah[2] *n* 〖通信〗《トンツーの》ツー, 長点 (cf. DIT). 〔imit〕
DAH Dictionary of American History.
da·ha·be·ah, -bee·yah, -bi·ah /dɑ̀ː(h)əbíːə/ *n* ダハビヤ《Nile 川の屋形船; もと三角帆船》. 〔Arab〕
Da Hing·gan Ling /dáː híŋgáːn líŋ/ 大興安嶺(だいこうあんれい)(ターシンアンリン)《GREATER KHINGAN RANGE の中国語名》.
dahl ⇨ DHAL.
Dahl /dáːl/ ダール **Ro·ald** /róuəld/ ～ (1916–90)《英国の小説家》.
dahl·ia /dǽljə, dáː-; déɪ-/ *n* 〖植〗ダリア《キク科ダリア属 (*D-*) の草花の総称; メキシコ原産》; ダリア色《おだやかな紫色》: BLUE DAHLIA. 〔Anders *Dahl* (1751–89) スウェーデンの植物学者〕
Da·ho·mey /dəhóumi/ ダオメー《BENIN の旧称》. ♦ **Da·hó·man** /-mən/, **-me(y)·an** /-miən/ *a, n*

da·hoon /dəhúːn/ *n* 〘植〙モチノキ属の常緑低木《米国南部産; 生垣に用いる》.

daid·zein /déɪdzàɪn, -zìːn/ *n* 〘生化〙ダイゼイン《主として大豆などの豆類にみられるイソフラボンの一種》.

dai·kon /dáɪkən/ *n* ダイコン(大根). [Jpn]

Dáil (Éir·eann) /dɔ́ɪl (ɛ́ərən), dɔ́ːl(-)/ [the] 《アイルランド共和国》下院 (⇨ OIREACHTAS). [Ir=assembly (of Ireland)]

d'ail·leurs /*F* dajœːr/ *adv* なおまた, そのうえ.

dai·ly /déɪli/ *a* 毎日の, 日々の, 日常の; 日刊の; 1日当たりの: ～ life 日常生活 / ～ installment 日掛け / a ～ (news)paper《特に日曜以外の日に出る》日刊紙 / ～ wages 日給. ► *adv* 毎日 (every day)《時に休日を除く》; ふだんに. ► *n* [ᵘ*pl*] 日刊紙; [ᵘ*pl*] 〘映〙RUSH¹; ‖通いの家政婦[お手伝いさん, 使用人] (=～ **hélp**); [ᵒD-] ‖《韻俗》DAILY MAIL. ♦ **-li·ness** *n* 日常性; 日常的な規則性[一律さ, 単調さ]. [*day*]

dáily bréad [ᵘone's] 日々の糧(かて), 生計: earn one's ～ 食いぶちを稼ぐ, 食っていく / Give us this day *our* ～. われらの日用の糧を今日も与えたまえ《*Matt* 6: 11》.

dáily-bréad·er‖ *n* 勤労者.

dáily cáll shèet 〘映〙CALL SHEET.

dáily dóuble 1 《競馬などの》二重勝式投票方式《同日の指定された2レースの1着を当てる; cf. TWIN DOUBLE》. **2** 異なる2分野での成功, 《たてつづけの》連続受賞, 二冠獲得.

dáily dózen [one's] 《口》毎朝[毎日]の体操, (日々の)トレーニング《もと12種の組合わせだった》; 決まりきった仕事.

dáily esséntials *pl* 生活必需品.

Dáily Expréss [The]『デイリーエクスプレス』《英国の日刊大衆紙; 1900年創刊》.

Dáily Máil 1 [The]『デイリーメール』《英国の日刊大衆紙; 1896年創刊》. **2** [ᵒd- m-] 《韻俗》**a** 話, 《特に》つらい身の上話, 苦労話 (tale). **b** 保釈(金) (bail). **c** 釘, 鋲 (nail). **d** エール (ale)《英国のビール》. **e** ‖尻, けつ (tail); ‖セックス; 尾, しっぽ (tail).

Dáily Mírror [The]『デイリーミラー』《英国の日刊大衆紙; 1903年創刊》.

Dáily Télegraph [The]『デイリーテレグラフ』《英国の高級日刊紙; 1855年創刊》.

dai·men /déɪmɪn, déɪ-/ *a* 《スコ》まれな, たまの, 特別な.

daimio ⇨ DAIMYO.

Daim·ler /dáɪmlər; déɪm-/ ダイムラー **Gottlieb (Wilhelm)** ～ (1834–1900)《ドイツの機械技術者; 自動車製造の先駆, Daimler 社の基盤を築いた》.

dai·mon /dáɪmòʊn/ *n* (*pl* **-mo·nes** /-mənìːz/, ～**s**) [ˢD-] 守護神, 〘ギ神〙ダイモン (DEMON). ♦ **dai·mon·ic** /daɪmánɪk/ *a*

dai·mon·e·lix /daɪmánəlɪks/ *n* DEVIL'S CORKSCREW.

dai·myo, -mio /dáɪmiòʊ, -mjoʊ/ *n* (*pl* ～, ～**s**) 大名. [Jpn]

dain·ty /déɪnti/ *a* **1** 上品な, 優美な; きゃしゃな, 繊細な; きれいな, かわいらしい. **2** おいしい, 風味のよい; おいしそうな: ～ bits 美味なもの, 珍味. **3** 好みのやかましい, ぜいたく好みの, (いやに)凝った ‹*about*›; 潔癖性の, 気むずかしい; 《廃》いやいやながらの (reluctant): be born with a ～ tooth 生まれつき食べ物の好みがぜいたくである. ► *n* 《ケーキ・菓子など》おいしいもの, 美味なもの (: a box of *dainties*); [*pl*] 《米・豪》[*euph*] パンティー; 《廃》むずかしい好み (fastidiousness). ♦ **dáin·ti·ly** *adv* 優美に; 繊細に; 風味よく; きちょうめんに; 嗜好[趣味]に細かく気を配って, えり好みして: eat *daintily* 食べ物に凝る. **dáin·ti·ness** *n* [OF＜L; ⇨ DIGNITY]

dai·qui·ri /dáɪkəri, dǽk-/ *n* ダイキリ《ラム・ライム果汁・砂糖で作るカクテル》. [キューバの町 *Daiquiri* から]

Dai·ren /dáɪrén/ 大連(だいれん)《DALIAN の日本語名》.

dairy /dέəri/ *n* **1 a** 牛乳・生クリームを貯蔵しバター・チーズなどを製造する所[部屋, 建物], 乳製品工場; 乳業会社. **b** 酪農, 乳業; 酪農場 (dairy farm); DAIRY CATTLE. **c** 乳製品販売店; 《NZ》《小規模の》食料品店, 雑貨屋. **2** 乳製品 (dairy products)《集合的; ユダヤ教の食物規定では肉と同時に食べてはならない》; [‹*a*›] 乳製品と同時に食べてよい‹野菜・卵・魚など›. [ME (*deie* maidservant＜OE *dǣge* kneader of dough)]

Dáiry Bèlt [the] 《米国北部の》酪農地帯《ニューイングランドから Minnesota にわたる》.

dáiry brèed 乳牛種.

dáiry càttle [còws] *pl* 乳用牛, 乳牛 (cf. BEEF CATTLE).

dáiry crèam 《合成品でない》乳脂, 生クリーム.

dáiry fàctory 《NZ》酪農工場, 乳製品工場.

dáiry fàrm 酪農場.

dáiry fàrmer 酪農業者, 酪農家.

dáiry fàrming DAIRYING.

dáiry·ing *n* 酪農業. [*dairy* to keep cows, *-ing*]

dáiry·màid *n* 酪農場[牛乳加工場]で働く女性, 酪農婦.

dáiry·man /-mən, -mæ̀n/ *n* 酪農場[牛乳加工場, 乳業会社]で働く男, 酪農夫; *酪農場主《所有者・経営者》; 乳製品販売業者, 牛乳屋. ♦ **dáiry·wòman** *n fem*

dáiry pròduce DAIRY PRODUCTS.

dáiry pròducts *pl* 酪農製品, 乳製品.

Dáiry Quèen 〘商標〙デアリークイーン《米国のファーストフードチェーン店; 略 DQ》.

dáiry rànch *《西部》酪農製品を製造する大牧場.

da·is /déɪ(ə)s/ *n* 《広間・講堂などの》台座, 演壇. [OF＜L DISCUS table]

daishiki ⇨ DASHIKI.

dái·sied *a* ヒナギクの咲き乱れた.

dai·sy /déɪzi/ *n* **1** 〘植〙**a** ヒナギク, エンメイギク (=English ～*). **b** フランスギク (=oxeye ～, white ～). **2** 《俗》逸品, すてきなもの[こと, 人], ピカ一, かわい子ちゃん. **3** 《俗》ホモ; 《俗》めめしい男, いくじなし, 弱虫 (sissy). **4** [the daisies] 《野球俗》外野(陣) (outfield). **5** DAISY HAM; *デイジー《蒸留酒に果汁を加え冷やして飲む混成飲料》. **6** [D-] 《Girl Scouts の》デイジー団員《幼稚園児と小学1年生の女児が対象》. **7** [D-] デイジー《女子名》. ● **(as) fresh as a ～** はつらつとして, とてもフレッシュで. **pushing up (the) daisies=under the daisies** 《俗》[*joc*] くたばって, 葬られて《daisy は墓地によく生えている》. ► *a* 《俗》りっぱな, すてきな, ピカ一の. ► *adv**《俗》ものすごく (very). [OE *dæges ēage* day's eye; 朝に開花することから]

dáisy·bùsh *n* 〘植〙豪州周辺原産のキク科オレアリア属の各種常緑低木 (=*daisy tree*).

dáisy-chàin *vt* 〘電算〙‹機器を›デイジーチェーン方式で接続する.

dáisy chàin ヒナギクをつなぎ合わせた花輪[ひも]; 《一般に》つなぎ合わせたもの, ひとつながり; 〘電算〙デイジーチェーン《複数の周辺機器をコンピューターに接続するときに, 1つのポートにある装置を接続し, その先に列の装置を接続するというように順々に接続する方法》; 《卑》鎖のように連なってするグループセックス.

dáisy cùtter 《俗》速歩の際に脚をわずかしか上げない馬; 《俗》《野球・クリケット・テニスなどの》地をはうような打球; 《俗》地上兵員の殺傷を目的とする破砕性爆弾.

Dáisy Dúck デイジー・ダック《DONALD DUCK の友だちの雌アヒル》.

dáisy hàm デイジーハム《骨抜き燻製豚の肩肉》.

Dáisy Máe /-méɪ/ デイジー・メイ《LI'L ABNER の妻》.

Dáisy Míller デイジー・ミラー《Henry James の同名の短篇小説 (1878) の主人公である無邪気なアメリカ娘》.

dáisy trèe 〘植〙DAISYBUSH.

dáisy whèel デイジーホイール《活字が放射状のスポークの端にヒナギクの花弁のように並んだプリンター・タイプライターの円盤形印字エレメント》; 《daisy wheel を用いた》デイジーホイールプリンター.

dak, dawk /dáːk, dɔ́ːk/ *n* 《インド》《かつての人・馬などによる》輸送, 駅伝郵便(物). [Hindi]

Dak. Dakota.

Da·kar /dǽkàːr, ‖-ər, *dəkáːr/ ダカール《セネガルの首都・港湾都市》.

Dákar Rálly [the] ダカールラリー《Paris から Dakar まで公道や Sahara 砂漠を駆け抜ける長距離自動車レース; 1979年以降毎年開催; 2009年 Paris-Dakar Rally から代わった》.

dák [dáwk] bùngalow 《インド》旅行者用宿泊所《本来は dak の街道にあった》.

dá·ker-hèn /déɪkər-/ *n* 〘鳥〙ウズラクイナ (corncrake).

Dakh·la /dáːklə/ ダクラ《アフリカ北西部 Western Sahara の港町, Río de Oro の中心都市; 旧称 Villa Cisneros》.

Da·kin /déɪkən/ デーキン **Henry Drysdale** ～ (1880–1952)《英国の化学者》.

Dákin's solùtion デーキン氏液《傷の消毒液》.

dakoit(y) ⇨ DACOIT(Y).

Da·ko·ta /dəkóʊtə/ *n* **1 a** ダコタ《現在の North ～ 州と South ～ 州に分かれる前の準州 (1861–89); 略 Dak.》. **b** NORTH [SOUTH] DAKOTA, [the ～s] 南北両ダコタ州. **c** [the] ダコタ川《南北両ダコタ州を流れる JAMES 川の別称》. **2 a** (*pl* ～**s**, ～) ダコタ族《北米大平原地方のインディアン; 通称スー族 (Sioux)》. **b** ダコタ語. ► *a* ダコタ族[語]の; ダコタ準州の; NORTH [SOUTH] DAKOTA 州の. ♦ **Da·kó·tan** *a*, *n*

Daks /dǽks/ 〘商標〙ダックス《英国 Daks-Simpson 社製の衣料品》; [d-] 《豪口》ズボン.

dal ⇨ DHAL.

dal, daL decaliter(s).

Da·la·dier /dəláːdièɪ, dæ̀lədjéɪ; *F* daladje/ ダラディエ **Édouard** ～ (1884–1970)《フランスの政治家; 首相 (1933, 34, 38–40)》.

Dá·lai Láma /dáːlàɪ-; dǽl-/ **1** [the] ダライラマ (=*Grand Lama*)《チベット仏教の教主; cf. PANCHEN LAMA》. **2** ダライラマ (1935–)《第14世 (1940–); 本名 Tenzin Gyatso; 1959年インドに亡命し, チベット解放運動を指導; ノーベル平和賞 (1989)》.

dal·a·pon /dǽləpɑ̀n/ *n* ダラポン《イネ科植物の選択殺草剤》. [? (*di-*, *alpha*, *propionic acid*)]

da·la·si /dɑːláːsi/ *n* (*pl* ～, ～**s**) ダラシ《ガンビアの通貨単位: =100 bututs; 記号 D》. [(Gambia)]

D'Al·bert /dǽlbərt; *G* dálbɛrt/ ダルベール **Eugen (Francis Charles)** ～ (1864–1932)《ドイツのピアニスト・作曲家》.

Dalcroze ⇨ JAQUES-DALCROZE.

dale /déɪl/ *n* **1 a** 《詩・北イング》谷, 谷間 (valley): ～ and down 低地と高地. **b** [the D-s] YORKSHIRE DALES. **2** [D-] デイル《男子名; 女子名》. [OE *dæl*; cf. G *Tal*]

Dale デイル (**1**) Sir **Henry** (**Hallett**) ～ (1875–1968)《英国の生理学者; 神経刺激の化学的発達に関する発見でノーベル生理学医学賞 (1936)》(**2**) Sir **Thomas** ～ (d. 1619)《イングランドの海軍司令官, Virginia 植民地の行政官》.

Dal·e·car·lia /dæləkáːrliə/ ダラカールリア《スウェーデン中西部の山岳地方》. ♦ **Dàl·e·cár·li·an** *a*

Da·lek /dáːlɛ̀k/ [ºd-] ダーレク《BBC の SF テレビ番組 *Dr. Who* (1963–89) に登場した世界征服を謀るロボット》.

d'Alem·bert /dæləmbɛ́ər; *F* dalɑ̃bɛːr/ ダランベール **Jean Le Rond** ～ (1717?–83)《フランスの数学者・哲学者; Diderot と協力して *Encyclopédie* を編纂した》.

d'Alembért's prìnciple 〘理〙ダランベールの原理《ニュートンの運動方程式に従う運動を外力と慣性力の釣合いとして説明する原理》.

Da·lén /dəléɪn/ ダレーン **Nils** (**Gustaf**) ～ (1869–1937)《スウェーデンの発明家; 灯台用ガス貯蔵器に用いる自動調節器 Solventil を発明, 無人灯台の自動照明を可能にした; ノーベル物理学賞 (1912)》.

dáles·man /-mən/ *n* 《北イングランドの》谷間の住人.

da·leth /dáːlɛ̀θ, -lɛ̀t/ *n* ダーレス《ヘブライ語アルファベットの第 4 字》. [Heb]

Da·ley /déɪli/ デイリー **Richard J**(**oseph**) ～ (1902–76)《米国の政治家; Chicago 市長 (1955–76)》.

Dal·hou·sie /dælháuzi, -húː-/ ダルハウジー **James Andrew Broun Ramsay**, 1st Marquis and 10th Earl of ～ (1812–60)《英国の政治家; インド総督 (1847–56)》.

Dalhóusie Univérsity ダルハウジー大学《カナダ Nova Scotia 州 Halifax にある公立大学; 1818 年同州副総督であった 9 代 Dalhousie 伯 George Ramsay (1770–1838) が創立》.

Da·lí /dáːli, dɑːlíː/ ダリ **Salvador** ～ (1904–89)《スペイン生まれのシュールレアリスムの画家》. ♦ **Dàli·ésque** *a*

Da·lian /dáːlién/, **Ta·lien** /táːlién/ 大連(だいれん)(ターリエン)《(**1**) 中国遼寧省の遼東半島および周辺諸島からなる市; 旧称 旅大 (Lüda) **2**) その東部地区; もと 単独の港湾都市》.

Da·lit /dáːlɪt/ [ˢd-] 《インド》*n* ダリト, ダリット《カースト制度における最下層民》. ►*a* ダリトの; 抑圧[差別]された. [Skt *dalita* oppressed]

Dal·la·pic·co·la /dàːlɑːpíːkoulə/ ダラピッコラ **Luigi** ～ (1904–75)《イタリアの作曲家》.

Dal·las /dæləs, -lɪs/ ダラス《Texas 州北東部の市; John F. Kennedy 暗殺の地》. ♦ **～·ìte** *n*

Dállas Cówboys *pl* [the] ダラス・カウボーイズ《Dallas を本拠地とする NFL のフットボールチーム》.

dalles*/dælz/ *n pl* 《絶壁にはさまれた》急流.

dal·li·ance /dæliəns/ *n* 一時の気まぐれ[遊び], 時間の空費; 一時のかかわり 〈*with*〉; 《古風》いちゃつき, (遊び半分の)つきあい, 戯れの恋. [DALLY]

Dál·lis gràss /dæləs-/ 〘植〙シマスズメノヒエ, ダリスグラス《南米原産のイネ科スズメノヒエ属の多年草; 牧草・飼料用に米国南部で栽培》. [A. T. *Dallis* 栽培に成功した 19 世紀米国の農場主]

Dal·lo·way /dæləwèɪ/ ダロウェイ **Clarissa** ～《Virginia Woolf の小説 *Mrs Dalloway* (1925) の主人公》.

Dáll pórpoise /dɔ́ːl-/ 〘動〙イシイルカ (＝**Dáll's pórpoise**)《太平洋北部に生息するネズミイルカ科の一種》. [William H. *Dall* (1845–1927) 米国の博物学者]

Dáll shéep /dɔ́ːl-/, **Dáll's shéep** 〘動〙ドールシープ《北米北西部山岳地方産の白毛の野生ヒツジ》. [↑]

dal·ly /dæli/ *vi* 〈計画・考えなどを〉ぼんやりと考える, もてあそぶ 〈*with*〉; 《古》(異性と)いちゃつく, 戯れの恋をする, (遊びで)つきあう, 〈愛情を〉もてあそぶ 〈*with*〉; ぶらぶら過ごす; ぐずぐずする. ►*vt* ぐずぐずして〈時・機会を〉失う 〈*away*〉. ♦ **dál·li·er** *n* [OF＝to chat]

Dally 《NZ口》*n* ダルマティアからの移民(の子孫), ダリー. ►*a* ダルマティア(出身)の. [*Dalmatian*].

Dal·mane /dælmèɪn/ 〘商標〙ダルメーン《塩酸フルラゼパム (flurazepam hydrochloride) 製剤》.

Dal·ma·tia /dælméɪʃ(i)ə/ ダルマティア《(**1**) Balkan 半島西部のクロアチアを中心とするアドリア海沿岸地方 **2**) アドリア海東岸一帯を占めた古代ローマの属州》.

Dal·má·tian *n* **1** ダルマティア人; ダルマティア語. **2** [ˢd-] 〘犬〙ダルメシアン (＝～ **dóg**)《白地に黒または褐色の斑点がある; 昔 馬車のあとについて走るペットとして訓練する流行があったことから carriage [coach] dog ともいう》. ►*a* ダルマティア(人)の. [↑]

dal·mat·ic /dælmætɪk/ *n* 〘カト〙ダルマティカ《法衣の一種》; 《国王の》戴冠式衣. [OF＜L (*Dalmatia*)]

Dal·ny /dáːlni/ ダルニー《大連 (Dalian) の旧称; ロシアが三国干渉のあと租借した時に命名された》.

Da·loa /dɑːlóuɑː/ ダロア《コートジヴォアール中南西部の町》.

Dal·rym·ple /dælrímp(ə)l, ⏑–⏑/ ダルリンプル (**1**) Sir **James** ～, 1st Viscount Stair (1619–95)《スコットランドの法律家》(**2**) Sir **John** ～, 2nd Earl of Stair (1673–1747)《スコットランドの軍人・外交官; 通称 'Marshal Stair'; 初代 Stair 子爵の孫》.

dal se·gno /dɑːl séɪnjou; dæl séŋ-/ *adv* 〘楽〙記号 𝄋 のところから, ダルセーニョ《繰返しの指示; 略 DS》. [It＝from the sign]

dal·ton /dɔ́ːltn/ *n* 〘理〙ダルトン (atomic mass unit). [John *Dalton*]

Dalton ドルトン **John** ～ (1766–1844)《英国の化学者・物理学者; 原子論を発表し, 近代化学の基礎を確立した》.

Dálton bróthers *pl* [the] ドルトン兄弟《米国西部の無法者兄弟; 1880–90 年代に列車強盗・銀行強盗をはたらいた》.

Dal·to·ni·an /dɔːltóuniən/ *a* J. DALTON (の原子論)の; (赤緑)色盲の[に関する]. ►*n* 色盲の人.

Dálton·ìsm [ºd-] (先天性)赤緑色盲; 《一般に》色盲 (color blindness). ♦ **-ist** *n* 色盲の人. [John *Dalton*]

Dálton·ìze *vt* …にドルトン式学習指導法 (Dalton system) を実施する.

Dálton's atómic théory 〘化〙ドルトンの原子説《近代原子理論の基礎》.

Dálton's láw 〘理〙ドルトンの法則, 分圧の法則 (LAW OF PARTIAL PRESSURES).

Dálton sỳstem [**plàn**] ドルトン式[案]《Massachusetts 州の Dalton 市で始めた学習方式で, 生徒は能力に応じて割当表を与えられ, 自分で予定を立てて学習する》.

dam[1] /dæm/ *n* ダム, せき; せき止め水; 《ビーバーが木や石で造る》ダム; 《流体を遮断する》障壁; DENTAL DAM. ►*vt* (-mm-) …にダムを設ける, ダムでせき止める 〈*up, out*〉; さえぎる, 抑える 〈*up, back, in*〉. [MLG, MDu]

dam[2] *n* 《四足獣の》母畜, 母《略 d.; cf. SIRE》; 《古》母親. [*dame*]

dam[3] *a, adv* DAMNED.

Dam /dæm, dáːm/ ダム (**Carl Peter**) **Henrik** ～ (1895–1976)《デンマークの生化学者; ビタミン K を発見; ノーベル生理学医学賞 (1943)》.

dam decameter(s).

da·ma /déɪmə/ *n* 〘動〙ダマシカ属 (*D-*) の各種のガゼル (addra). [L＝fallow deer]

dam·age /dæmɪʤ/ *n* **1** 損害, 被害, 損傷, (心の)傷; ダメージ, 悪影響: do [cause] ～ to…に損害を与える / The ～ is done. 《諺》害はなされた《既に手遅れだ》. **2** [the ～(s)] 《口》費用, 代金; [*pl*] 〘法〙損害賠償金: What's *the* ～? [*joc*] 費用[勘定]はいくらですか / claim ～*s* 損害賠償金を要求する / nominal ～*s* 名目的損害賠償(金) / PUNITIVE DAMAGES / a ～ action 損害賠償請求訴訟. ►*vt* …に損害を与える, 損傷[損壊]する; 〈名誉・体面などを〉傷つける, …に悪影響を及ぼす, そこなう. ►*vi* 傷つく, 損傷をうける. ♦ **～·able** *a* 損害をうけやすい. **dàmage·abílity** *n* **dám·ag·er** *n* [OF (*dam*(*me*) loss＜L DAMNUM)]

dámage contròl (応急)被害対策, ダメージコントロール《艦艇・航空機などの被害を最小限度にとどめるために即座にとる対策や方法》, 《一般に》善後[収拾]策, (被害の)歯止め (＝*damage limitation*).

dámaged *a* 損害[損傷]をうけた; *《俗》酔っぱらった.

dámaged góods *pl* きずもの; 《口》不適格者; 《俗》きずものの女.

dámage féa·sant /-fíːz(ə)nt, -féz-/ *n* 〘英法〙加害《他人の動物に所有地が侵入されてこうむった損害; 以前は損害賠償がなされるまで被害者は加害物(その動物)を自救的に差し押えることができた》. ►*adv* 加害を根拠として. [OF＝doing damage]

dámage limitàtion DAMAGE CONTROL.

dám·ag·ing *a* 損害を与える, 有害な; 悪影響を及ぼす, ダメージとなる 〈*to, for*〉. ♦ **～·ly** *adv*

dam·an /dæmən/ *n* 〘動〙**a** シリアハイラックス《パレスティナ・シリア産; イワダヌキ科; 旧約聖書の con(e)y はこれという》. **b** 《広く》HYRAX. [Arab]

Da·man /dəmæn, -máːn/, **Da·mão** /dəmáũ/ ダマン《(**1**) インド西部の連邦直轄地 Daman and Diu の一地区; 1961 年まで Portuguese India の一部, 87 年まで Goa, Daman, and Diu の一部 **2**) Daman 地区および Daman and Diu 連邦直轄地の中心の港町》.

Damán and Díu ダマン-ディウ《インド西海岸の連邦直轄地; ☆Daman》.

Da·man·hūr /dæmənhúər/ ダマンフール《エジプト北部 Nile 川デルタ西部の市; Alexandria の 東に位置》.

damar ⇨ DAMMAR.

Da·ma·ra /dəmáːrə/ *n* **a** (*pl* ～, ～**s**) ダマラ族《Damaraland に住む Bantu 族》. **b** ダマラ語《Khoisan 語族に属する》.

Damára·lànd ダマラランド《ナミビア中央部を占める高原地域》.

dam·a·scene /dæməsìːn, ⏑–⏑/ *n* **1** [D-] ダマスカス (Damascus) 人[市民]. **2** 象眼[食刻]による装飾文様; 《ダマスク鋼特有の》波形文様 (damask). **3** [D-] 〘鳥〙ダマシーン《銀色の羽毛の鑑賞用ハト》. ►*a* **1** [D-] ダマスカス(人)の. **2** DAMASK の; 金属に文様をつける装飾法の. ►*vt* 〈金属〉に金銀を象眼する; 〈金属を〉食刻装飾する; 〈鋼・刃〉に波形文様を浮かす.

Da·mas·cus /dəmæskəs/ ダマスカス, ダマスクス《シリア南西部にある同国の首都; 現存する世界最古の都市の一つ》. ● **the road to ～** ダマスコへの道, 回心の道, 「人生の転機」《Saul [Paul] がキリスト教徒弾圧のため Damascus に向かう途上で天啓に打たれて回心したことにちなむ; *Acts* 9》.

Damáscus stéel ダマスク鋼 (=*damask steel*)《堅くしなやかな刀剣用の鋼》.

Damáscus wàre ダマスカス焼き《トルコの陶器》.

dam·ask /dǽməsk/ *n* ダマスク(織り)《繻子地の紋織物》; ダマスクの食卓リネン; ダマスク鋼 (DAMASCUS STEEL); 《ダマスク鋼特有の》波形文様; ダマスクローズ色, 灰色がかった赤色. ► *a* ダマスク織りの; ダマスク鋼の; ダマスクローズ色の; ダマスカス市の. ► *vt* DAMASCENE; (ダマスクのような)紋織りにする[文様で装飾する]; ダマスクローズ色にする. [*Damascus*]

dam·a·skeen /dǽməskì:n; ⏤⏤⏤⏤/ *vt* DAMASCENE.

dámask róse ダマスクローズ《小アジアから各地に導入された香りの強い淡紅色・白色の花をつけるバラ; 香水 (attar) の原料》.

dámask stéel DAMASCUS STEEL.

da·mas·sé /dæ̀məséɪ/ *a, n* ダマッセ織りの(生地[《特に》リネン])《DAMASK に似せた紋織り》. [F (pp) ‹ *damasser* to damask]

Dam·a·vand /dǽməvæ̀nd/, **Dem·a·vend** /déməvènd/ ダマーヴァンド《イラン北部 Tehran の北東にある山; Elburz 山脈の最高峰 (5671 m)》.

dám bùster 1〔軍〕ダム破壊爆弾; ダム破壊爆弾搭載機. 2 [the D- B-s] ダム破壊飛行隊《1943 年ドイツのダムを破壊し Ruhr 工業地帯に打撃を与えた英空軍飛行隊》.

dame /déɪm/ *n* **1 a**《一般に》身分のある婦人(の尊称), …夫人; 《古》《一家の》女主人(の尊称), おかみ; [D-]《自然・運命など》女性として擬人化されたものに付ける尊称. **b** [D-]〔英〕デイム《1) KNIGHT に相当する位を授かった婦人(の尊称); D- Alice のように姓でなく名に付ける 2)《古》KNIGHT または BARONET の夫人; 今は Lady のほうが普通》: *D*~ Sybil (Thorndike)《姓のほうは略してもよい》. **c** 年配の婦人; 《古・詩・米俗》/[*joc*, [s]*derog*] 婦人, 御婦人, 女. **2**‖イートン校の舎監《かつては男にもいった》; 《DAME SCHOOL を経営した》女先生. **3** [[s]D-] デイム (=pantomime ~)《英国のおとぎ芝居 (pantomime) で男のコメディアンが演じる滑稽な中年のおばさん; cf. PRINCIPAL BOY》. [OF ‹ L *domina* mistress]

dame d'hon·neur /*F* dam dɔnœ:r/ 女官 (lady-in-waiting).

Dàme Édna エドナ女史 (⇨ EDNA EVERAGE).

dáme schòol デイムスクール《昔 女性が個人で開設・経営した初等学校ないし私塾》.

dáme's víolet [rócket]〔植〕ハナスズシロ, ハナダイコン《ユーラシア中・南部原産》.

dáme·wòrt *n* DAME'S VIOLET.

dám·fóol, -fóol·ish *a, n* 《口》ばかな[愚かな](やつ).

dam·i·ana /dæ̀miǽnə, -ɑ́:nə/ *n* ダミアナ《1) 米国南部・熱帯アメリカ産トゥルネラ科植物の乾燥葉; 強精剤・催淫剤などとして用いられた 2) この植物》. [AmSp]

Da·mien /déɪmiən; *F* damjɛ̃/ [Father] ダミアン神父 (1840–89)《Hawaii の Molokai 島で救癩に尽くしたベルギー人カトリック宣教師; 本名 Joseph de Veuster》.

Dam·i·et·ta /dæ̀miétə/ ダミエッタ (*Arab* Dumyat)《エジプト北部 Nile 川デルタ東部の河港都市》.

da·min·o·zide /dəmínəzàɪd/ *n*〔農薬〕ダミノジド《植物生長調整剤; 特に リンゴの木にスプレーして一時に収穫できるようにする; cf. ALAR》. [*di*methyl, *amino*-, hydra*zide*]

Dam·mam /dəmǽm/ ダンマーム《サウジアラビアのペルシア湾沿いの港町》.

dam·mar, -mer, dam·ar /dǽmər/ *n* ダマール, ダンマー《1) 南洋諸島産フタバガキ科のラワン類の木から主に得られる硬質の樹脂で無色ワニス・インキなどの原料 2) ナンヨウスギなどから採る同様の樹脂》. [Malay]

dam·mit /dǽmɪt/ 《発音つづり》DAMN it.

damn /dǽm/ ★ しばしば はばかって d—, d—n と略し /dí:, dí:n, dǽm/ と発音することもある (cf. DAMNED, DASH[1]): *D—n* you! ► *vt* **1** 強く非難する[責める, とがめる], 断罪する; けなす, 酷評する; [[o]*pass*] 破滅に追いやる, 失敗させる: ~*ed* if you do, ~*ed* if you don't (板ばさみで)どっちにしてもうまくはいかない[だめだ]. **2** ‹神が›‹人›に永遠の断罪をする, 地獄に落とす. **3 a** 呪う《間投詞的に用いて, 呪い・怒り・いまいましさ・《口》驚きなどを表わす》: *D*~ it all! ちくしょうめ, しまった, くそっ, なんてこった; どうにでもしろ, かまわん, 知るか / Be ~*ed* to you! =*D*~ you! こんちきしょう! ばか(たれ)! / *D*~ [God ~] it! チェッ, くそっ, しまった! / curse and ~ いまいましい[ちくしょう]とどなる / *D*~ me, but I'll do it. 《口》きっとしないではおかぬ, 断固やるぞ / Honor be ~*ed*! 名誉なんてくそくらえだ. **b** [and ~] ‹結果・経費など›無視する, 忘れる: Think of yourself first *and* ~ the rest. 自分のことをまず考えろ. ほかの連中なんてどうだっていい. ► *vi* 呪う, ののしる, くさす, 酷評する; [‹*int*›] ちくしょう. ● **(as)** NEAR **as ~ it.** ~ **and blast** (sb [sth]) (…の)くそったれ, こんちくしょう. ~ **with faint praise** 気のないほめ方をする《実際には非難の意を示す》. **God ~ sb's eyes.** 《卑》あんちきしょうめ, くたばりやがれ. **I'll be [I am] ~ed if** it is true [if I do]. そんなことあるもんか[するもんか]! **(Well,) I'll be [I'm] ~ed.** 《口》へーっ, 驚いたなあ, ええっ《強い驚き・いらだちを示す; damned は略されることもある》. ► *n* **1** damn という語を発すること; 悪罵, 酷評. **2** 《口》[*neg*] 少し(も): be *not* worth a ~ なんの値打ちもない. ● **not care [give] a (two penny)** ~ 《口》ちっともかまわない, 屁とも思わない, 気にしない ‹*about*›. **worth a ~** ⇨ worth BEANS. ► *a, adv* 《口》DAMNED: ~ cold べらぼうに寒い / ~ near あぶなく[ほとんど](…しそうで). ● **a ~** SIGHT. **a ~ thing** 《俗》ANYTHING. **by ~** しまった, くそっ. **~ all**‖《口》(全くの)ゼロ (nothing at all): know ~ *all* なにひとつ[これっぽっちも]知らない. **~ well** 《口》間違いなく, 確かに. [OF ‹ L =to inflict DAMNUM on; cf. DAMAGE]

damna *n* DAMNUM の複数形.

dam·na·ble /dǽmnəb(ə)l/ *a* **1** 《古風》憎むべき, いまいましい, ひどい, 実にいやな. **2** 地獄に落ちるべき; 非難すべき. ♦ **-bly** *adv* 言語道断に; 《口》べらぼうに. **~·ness** *n*

dam·nant quod non in·tel·li·gunt /dɑ́:mnɑ̀:nt kwɔ̀:d nòun ɪntélɪgùnt/ 人は自分が理解できないものをけなす. [L]

dam·na·tion /dæmnéɪʃ(ə)n/ *n* ののしり, 非難; 地獄に落とすこと, 永遠の断罪, 天罰; 破滅(の原因); [‹*int*›]《古風》ちくしょう, くそっ, チェッ, 全くいまいましい, しまった, 残念 (damn): What in ~…? 一体(全体)何…だってんだ?

dam·na·tory /dǽmnətɔ̀:ri; -t(ə)ri/ *a* 呪い[悪罵, 非難]を表わす[浴びせる]; 破滅させる(ような).

damned /dǽm(d)/ *a* (~·er; ~·est, **dámnd·est**) **1** 《口》忌まわしい, いまいましい; 《口》全くの, べらぼうな: You ~ fool! この大ばか野郎め! **2**〔神学〕永遠の断罪をうけた, 呪われた: the ~ (永遠の断罪をうけた)地獄の亡者たち. ► *adv* 《口》べらぼうに, すごく, 全く: How ~ cold it is! なんてべらぼうな寒さだろう. ★ しばしば はばかって d—d と書き /dí:d/ と発音することがある (cf. DAMN). ● **a ~** SIGHT. **a ~ thing** 《俗》ANYTHING. **~ well** 《俗》CERTAINLY. **I'll see** sb **~ [in hell, hanged] before [first]**… 《口》人のために…するぐらいなら死んだほうがましだ, …なんかしてやるもんか.

dámned·est, dámnd·est /-dəst/ 《口》*n* 最善, 最大限の努力: do [try] one's ~ 精いっぱいやる. ► *a* どえらい, 途方もない, とんでもない, ものすごい.

dámn-fóol *a* 《俗》大ばかな, まぬけな, DAMN(ED).

dam·ni·fi·ca·tion /dæ̀mnəfəkéɪʃ(ə)n/ *n*〔法〕侵害(行為).

dam·ni·fy /dǽmnəfàɪ/ *vt*〔法〕侵害する, …に損害を与える.

damn·ing /dǽmɪŋ/ *n* DAMN すること. ► *a* 地獄に落とす; 破滅となる; ‹証拠などが›有罪を証明する, のっぴきならない. ♦ **~·ly** *adv* **~·ness** *n*

dam·no·sa h(a)e·re·di·tas /dæmnóusə hərédətæ̀s/〔ローマ法〕不利益な相続財産; 《一般に》不利益な[厄介な]承継物. [L= damaging inheritance]

dam·nous /dǽmnəs/ *a*〔法〕損害 (damnum) の[に関する]. ♦ **~·ly** *adv*

dam·num /dǽmnəm/ *n* (*pl* **-na** /-nə/)〔法〕損害. [L=harm]

dámnum àbs·que in·jú·ria /-æ̀bzkwi ɪndʒúəriə/〔法〕権利侵害を伴わぬ損害. [L=damage without injury]

dámnum fa·tá·le /-fətéɪli/〔法〕避けがたい損害. [L=damage through fate]

Dam·o·cles /dǽməklì:z/ ダモクレス《Syracuse の Dionysius 1 世の廷臣; ⇨ SWORD OF DAMOCLES》. ♦ **Dàm·o·clé·an** *a*

Da·mo·dar /dɑ́:mədɑ̀:r; dǽm-/ [the] ダモーダル川《インド東部 Jharkhand 州の Chota Nagpur 高原に発し, 東流して West Bengal 州 Kolkata 近くで Hugli 川に合流する》.

dam·oi·selle /dæ̀məzél, ⏤⏤⏤/ *n* 《古・詩》DAMSEL.

Da·mon and Pyth·i·as /déɪmən ən(d) píθiəs; -æ̀s/ *pl* **1** ダモンとピュティアス《紀元前 4 世紀ごろの Pythagoras 派の学徒; Syracuse の僭主 Dionysius に死刑を宣せられた Pythias の身代わりに, 友の Damon が一時入獄し, Pythias が約束を守って出頭して二人は許された》. **2** 無二の親友, 莫逆(ばくぎゃく)の友 (cf. DAVID AND JONATHAN).

dam·o·sel, -zel /dǽməzèl, ⏤⏤⏤/ *n* 《古・詩》DAMSEL.

damp /dǽmp/ *a* **1** 湿気のある, 湿っぽい, じめじめした《damp は moist よりも多少不快な感じを伴う》. **2** 《古》意気消沈した; 《古》呆然とした, 途方に暮れた. ► *n* **1** 水気, 湿気; 坑内ガス《特に鉱山の有毒ガス; cf. BLACKDAMP, FIREDAMP》; 《古》もや (mist), 霧 (fog). **2** 勢いをそぐ[阻止する]もの[こと]; 《古》意気消沈, 失意, 落胆: cast [strike] a ~ *over* [*into*]…の勢い[意気]を鈍らせる. ► *vt* **1** 湿らせる ‹*down*›. **2** ‹熱意・興奮・期待などを›冷ます, 静める, 弱める, ‹人›の気をくじく, (…の勢い[活動]を)鎮静化する, 抑える ‹*down*›. **3 a** ‹火・炉など›の火力を弱める, ダンプする ‹*down*›; 《溶鉱炉などへの》‹送風を›止める ‹*down*›. **b** …に毒気をあてる, 窒息させる. **c** ‹音を›鈍らせる; 〔理〕減衰させる; 〔楽〕‹弦›の振動を制する, ‹ピアノ›にダンパーを取り付ける. ► *vi* 湿る; 減衰する. ● **~ off** ‹植物が›立枯れ病 (damping-off) になる; 勢いが衰える, 色あせる. ♦ **~·ly** *adv* 湿って; 元気なく. **~·ness** *n* [MLG=vapor etc., OHG *damph* steam]

dámp còurse‖《壁内の》防湿層 (=*dampproof course*).

dámp-drý* *vt* ‹洗濯物を›生乾きにする. ► *a* 生乾きにした‹洗濯物›.

dámped wáves *pl*〔理〕減衰波.

dámp·en *vt* 湿らせる; がっかりさせる, くじく, 低下させる, …の勢いをそぐ ‹*down*›;〔楽・理〕DAMP. ► *vi* 湿る; 勢いを失う, 意気が鈍る, しおれる. ♦ **~·er** *n* [+]緩衝装置.

dámp·er *n* **1 a** 勢いをそぐもの[人], 水を差すもの[人], ひどいやじ, 茶々, けち. **b** 〔楽〕《ピアノの》ダンパー, 《金管楽器の》弱音器; 《磁針の》制振器; 振れ止め; 〔電〕制動器[子], ダンパー; 《炉・ストーブの送気管の》節気弁, ダンパー; ᴵᴵSHOCK ABSORBER. **2** 加湿器, 加湿作業員. **3** 《俗》飲み物; 《豪》イーストを入れず熱灰で焼いたパン (＝*devil-on-the-coals*). **4** *《俗》CASH REGISTER; 銀行; [*fig*] 金庫, 資金. ● **cast** [**put**] **a ～ on**…にけちをつける[水を差す]. ► *vt* 《口》…に水を差す, …の興をそぐ.

dámper pèdal 《ピアノの》ダンパーペダル (＝*sustaining* [*loud*] *pedal*) 《damper の作用を止める右足用ペダル》.

Dam·pi·er /dǽmpiər/ ダンピア **William ～** (1652–1715) 《英国の海賊・航海者; もとは海賊だったが, 海軍省の命によりニューギニア・オーストラリア周辺の海域を探検し, 海峡や半島にその名を残した》.

Dámpier Lánd ダンピアランド《オーストラリア Western Australia 北部の半島》.

dámp·ing *n* ⁺〔理〕制動, 減衰, ダンピング.

dámp·ing-óff *n* 〔植〕(苗)立枯れ病.

dámp·ish *a* 湿っぽい. ♦ **～·ly** *adv* **～·ness** *n*

dámp·pròof *a* 防湿(性)の. ► *vt* …に防湿性をもたせる.

dámpproof còurse DAMP COURSE 《略 dpc》.

dámp squíb ᴵᴵ《口》期待はずれ, 評判倒れ.

Dam·rosch /dǽmrɑʃ/ ダムロッシュ **Walter Johannes ～** (1862–1950) 《ドイツ生まれの米国の作曲家・指揮者》.

dam·sel /dǽmz(ə)l/ *n* 《古・詩》おとめ; 《古》貴族の未婚の娘. ● **a ～ in distress** [*joc*] 悩めるおとめ《騎士ロマンスの定型的人物像》. [OF (dim) ‹ DAME]

dámsel bùg 〔昆〕マキバサシガメ《総称; 褐色または黒色の小さなカメムシ類で, 小昆虫を捕食する益虫》.

dámsel·fìsh *n* 〔魚〕スズメダイ (＝*demoiselle*) 《総称; 熱帯海域産》.

dámsel·flỳ *n* 〔昆〕イトトンボ, カワトンボ.

dám·sìte *n* ダム建設用地, ダムサイト.

dam·son /dǽmz(ə)n/ *n* 〔植〕ドメスチカスモモ, インシチチアスモモ《小振りの暗紫色の実がなる》; 暗紫色. [L *damascenum* (*prunum* plum) of Damascus; cf. DAMASCENE]

dámson chèese DAMSON PLUM の砂糖漬.

dámson plúm DAMSON の実《特に甘い品種の》.

dam·yan·kee /dæ̀mjǽŋki/ *n* *《口》北部者, 北の野郎《南部人からみた蔑称》.

dan[1ᴵᴵ] /dǽn/ *n* 《深海漁業・掃海作業用の》標識浮標, ダン(ブイ) (＝～ **bùoy**). [C17‹?]

dan[2] *n* 《柔道・剣道・碁・将棋などの》段; 有段者. [Jpn]

Dan[1] **1** ダン《男子名; Daniel の愛称》. **2** 〔聖〕 **a** ダン《Jacob の第 5 子で Dan 族の祖; *Gen* 30: 1–36》. **b** ダン族《北部パレスティナに移住したイスラエル十二部族の一つ; *Josh* 19: 40》. **3** 〔聖〕ダン《パレスティナ北端の都市》. ● **from ～ to Beersheba** 端から端まで《*Judges* 20: 1; *2 Sam* 24: 2》. [Heb＝judge]

Dan[2] *n* 《古・詩》ダン《Master, Sir に相当する敬称》: ～ Cupid / ～ Chaucer. [OF; ⇨ DOMINUS]

Dan. 〔聖〕Daniel ♦ Danish.

Da·na /déɪnə/ **1** デーナ《(1) 男子名 (2) 女子名》. **2** デーナ (1) **James D(wight) ～** (1813–95) 《米国の地質学者・自然史家; *A System of Mineralogy* (1837)》 (2) **Richard Henry ～** (1815–82) 《米国の冒険家・法律家・著述家; *Two Years Before the Mast* (1840)》. [＝from Denmark]

Dan·a·än /dǽniən/ *a* 《Argos 王の娘》ダナエー (Danae) の; アルゴス人[ギリシア人]の.

Da·nae, -naë /dǽnəìː, -neìː/ 〔ギ神〕ダナエー《Argos 王の娘; 父によって幽閉されている時に黄金の雨となって訪れた Zeus と交わり Perseus を生む》.

Da·na·i·des, -ï·des /dənéɪədìːz/ *n pl* (*sg* **Dan·a·id, -ïd** /dǽneɪɪd, -nìɪd/) 〔ギ神〕ダナイスたち《Danaus の 50 人の娘たち; うち 49 人は父の命でそれぞれの夫を殺し, 冥界で底に穴のあいた器に永遠に水を汲みつづける罰をうけた; cf. HYPERMNESTRA》. ♦ **Dan·a·id·e·an** /dæ̀niɪ́diən, -iədíːən/ *a*

Dan·a·kil /dǽnəkìl, dənáːkɪl/ *n* (*pl* ～, ～**s**) ダナキル族[語] (AFAR).

Da Nang /dɑː náːŋ, -nǽŋ; -nǽŋ/ ダナン《ヴェトナム中部の港湾都市; 旧称 Tourane》.

Dan·a·us, -üs /dǽniəs/ 〔ギ神〕ダナオス《ダナイスたち (Danaides) の父》.

da·na·zol /dáːnəzòʊl, dǽnə-, -zɔ̀(ː)l/ *n* 〔薬〕ダナゾール《下垂体前葉抑制剤で, 子宮内膜症の治療用》.

Dan·by /dǽnbi/ ダンビー **Francis ～** (1793–1861) 《アイルランドの風景・歴史画家》.

dance /dǽns; dáːns/ *vi* **1 a** ダンス[舞踏]をする, 踊る ‹*with* sb, *to* the music›; はねまわる, 舞い踊る, こおどりする ‹*for* [*with*] joy etc.›: ～ away 踊りつづける. **b** ‹木の葉・波・ごみ・光の影などが›舞う, おどる, 揺れる. **2** ‹心臓・血液などが›躍動[鼓動]する. **3** *《俗》人にいいようにされる, 踊らされる, 踊る. ► *vt* ‹ダンスを›する, ‹メヌエット・ワルツなどを›踊る; 踊らせる; ‹子供を›上下にゆすってあやす (dandle); 踊って…になる[にさせる, …を示す]: ～ away [off] 踊って‹機会・感覚・時間などを›失う / ～ the night away 一晩中踊る, 踊り明かす / ～ *oneself into* sb's favor 踊って人に気に入られる / She ～*d* holes in her shoes. / She ～*d* her thanks. ● **～ at** ‹人の結婚など›のお祝いをする. **～ attendance on** sb 人にくっついて機嫌を取る[世話をする]. **～ off** 踊りながら退場する; *《俗》くたばる《特に死刑で》. **～ on** AIR[1]. **～ on a rope**＝**～ on nothing** [(**the**) **air**] 絞首刑に処せられる. **～ the carpet** *《俗》《叱責・処罰のために》召喚される, 出頭する. **～ to another tune** 態度[意見]をがらりと変える. **～ to sb's piping** [**pipe, tune**] 人の笛につられて踊る, 人の言いなりに行動する. **～ with death** 死をまねくような[危険な, 命がけの]まねをする. ► *n* **1 a** ダンス, 舞踏, 舞踊, 踊り; [the] バレエ (ballet); ダンス曲, 舞曲; 舞踏会, ダンスパーティー (ball): do a ～ ダンスをする / have a ～ with…とダンスする / give [go to] a ～ ダンスパーティーを催す[へ出かける]. **b** 踊るような[活発な]動き, 躍動; 《ミツバチや鳥などの》ダンス. **2** *《俗》《不良グループの》路上でのけんか, でっちあい, 出入り (rumble). ● **go into one's ～** *《俗》おきまりのごたく[口上, 言いわけ, おべっか]を並べる. **lead** sb **a fine** [**merry, pretty, jolly**] **～** ᴵᴵ人をひどく困らせる[てこずらせる]. **lead the ～** 皮切りに踊る; 率先して言い出す. ♦ **dánc·ing·ly** *adv* 踊るように. [OF‹Romanic‹?]

D

dánce·able *a* ‹曲など›ダンス[踊り]に適した, ダンス向きの, ダンサブルな.

dánce bànd ダンスの伴奏をするバンド.

dánce càrd ダンスカード《女性がダンスパーティーで踊るパートナーの氏名表》; 予定表. ● **sb's ～ is full** 予定がいっぱいである[詰まっている]; 恋の相手が多い.

dánce dràma 舞踊劇《日本の能もその一種》.

dánce flòor 《レストランなどの》ダンスフロア.

dánce fòrm 〔楽〕《18 世紀の組曲の》舞曲形式.

dánce hàll ダンスホール (＝*dancing hall*); *《俗》死刑執行室(の控室).

dánce·hàll réggae ダンスホール・レゲエ (RAGGA).

dánce hòstess 職業としてダンスの相手をつとめる女性.

dánce lànguage 《ミツバチの》ダンスの言語《情報伝達に用いる定式化された一連の運動》.

dánce mùsic 舞曲, ダンス音楽.

dánce of déath 死の舞踏 (DANSE MACABRE).

dánce of jóy [the] 喜びのダンス《米国で 5 月 1 日の花祭に野外で踊る folk dance の一種》.

dánce of the séven véils [the] 七重の薄衣を脱いでいくストリップショー.

dánce òrchestra DANCE BAND.

danc·er /dǽnsər; dáːn-/ *n* 踊る人; ダンサー, 踊り子, 《専門の》舞踊家; *《俗》《ボクシングなどで》動きまわるばかりであまり闘わないやつ, 腰抜け, 卑怯者; 《俗》上の階の窓からはいる泥棒, クモ, 下がり.

dan·cer·cise, -cize /dǽnsərsàɪz; dáːn-/ *n* ダンササイズ《ダンスの動きを取り入れたエクササイズ》. [*dance*＋*exercise*]

dánce stùdio ダンス教室[練習場], ダンススタジオ.

dan·cette /dænsét, dɑːn-, ⌣⌣/ *n* 〔建〕《ロマネスク装飾に多い》山形繰形(くりかた), 雁木(がんぎ)飾り[繰形]; 〔紋〕山形中横帯 (fess dancetté). [(変形)‹↓]

dan·cet·té(e) /dænsétɛɪ, dænsətéɪ/, **-ty** /dænséti/ *a* 〔紋〕山形の《ジグザグで 通常 3 つの山》. [F *danché*; ⇨ DENT[1]]

dánc·ing càrd /dǽnsɪŋ-; dáːn-/ 舞踏会で踊ってあげる相手の名を記入するカード (dance card).

dáncing dérvish 〔イスラム〕踊るダルウィーシュ (⇨ DERVISH).

dáncing gìrl ダンサー, 踊り子; 《東洋の職業的な》舞姫.

dáncing hàll ダンスホール (dance hall).

dáncing mània 〔医〕舞踏性躁病 (tarantism).

dáncing màster ダンス教師, 踊りの師匠.

dáncing schòol ダンススクール, 舞踊学校.

dáncing stèp [**wìnder**] 割合わせ段《回り階段の扇形の踏板の狭い部分が, 直線階段の部分の踏板の幅にそろえられているもの》.

dancy, danc·ey /dǽnsi; dáːn-/ *a* 踊りたがる; ダンス向きの.

Dán Dáre 『未来飛行士ダン・デア』《英国の SF 漫画; その主人公である宇宙の軍人》.

D and C, D & C /díː ən(d) síː/ 〔医〕(子宮頸管)拡張と(内膜)掻爬(そうは). [*dilation and curettage*]

D & D °Dungeons & Dragons.

D and D *《俗》deaf and dumb: play ～《警察などで》(黙秘権を行使して)だんまりを決め込む ♦ 《俗》drunk and disorderly 酔ってあばれている《警官が逮捕する際のことば》. ★ dee-dee ともいう.

dan·de·li·on /dǽnd(ə)làɪən, -di-/ *n* 〔植〕タンポポ《キク科》; タンポポ色, 明るい黄色. [F *dent-de-lion*‹L＝lion's tooth]

dándelion clòck タンポポの綿毛のような頭, タンポポぼうず (clock).

dándelion còffee タンポポコーヒー《乾燥させたタンポポの根でつくった飲み物》.

dándelion grèens *pl* 《香草としての》タンポポの若葉.

dan·der[1] /dǽndər/ *n* ふけ (dandruff); 鱗屑(りんせつ)《動物の羽毛・皮膚・毛などからの微落片で, 時にアレルギーを生じさせる》; 《口》かんしゃく,怒り. ● **get** [**have**] one's ～ **up** «口» かんしゃくを起こす. **get** [**put**] sb's ～ **up** «口» かんしゃくを起こさせる. **sb's ～ is up** «口» おこっている, おかんむりである. [C19<?; cf. DANDRUFF]

dander[2] «北イング» *n, vi* ぶらぶら歩き, ぶらつく, 散歩(する); とりとめのない話をする. [C19<?]

dan·di·a·cal /dændáɪək(ə)l/ *a* しゃれ者らしい, ダンディー風の, めかしたてた. ♦ **～·ly** *adv*

Dán·die Dín·mont (tèrrier) /dǽndi dínmɑ̀nt(-)/ 〘犬〙 ダンディディンモントテリア《スコッチテリアの一種; 胴が長くて足が短く毛は青みがかった灰色または淡黄色》. [*Dandie* (Andrew) *Dinmont*: Scott, *Guy Mannering* (1815) 中の 2 匹のテリアを飼っている農夫]

D

dan·di·fi·ca·tion /dæ̀ndɪfəkéɪʃ(ə)n/ *n* おめかし, しゃれた身なり; おしゃれ道具.

dan·di·fy /dǽndɪfàɪ/ *vt* [ᵘ*pp*] ダンディー風にする, めかしこませる. ♦ **-fied** *a* 〈男が〉めかしこんだ; 〈文章などが〉気取った, 凝った.

dan·di·prat /dǽndiprӕt/ *n* 〘英史〙 16 世紀の小型銀貨; «古» こども, 《特に》チビっ子; «古» 小さな[つまらぬ]人物, 《特に》こしゃくな若造; «古» こびと (dwarf). [C16<?]

dan·dle /dǽndl/ *vt* «古風» 《ひざの上で[腕に抱えて]》〈赤ん坊を〉上下にゆさぶってあやす; 甘やかす, やたらかわいがる. ♦ **dán·dler** *n* [C16<?]

Dan·do·lo /dɑ́:ndoʊloʊ/ ダンドロ **Enrico** ～ (1107?-1205) 《Venice 総督 (doge) (1192-1205); 第 4 次十字軍の先頭に立ち, 1203 年 Constantinople を征服》.

Dan·dong /dɑ́:ndʊ́ŋ/, **Tan-tung** /, tɑ́:ntʊ́ŋ; tǽntʊ́ŋ/ 丹東(たんとう)(タントン) 《中国遼寧省南東部, 鴨緑江の河口の近くにある市; 旧称 安東 (Andong)》.

dan·druff /dǽndrəf/ *n* 《頭の》ふけ; ふけ症. ♦ **～y** *a* [C16; *dand-*<?, *-ruff*<?ME *rove* scurfiness<ON]

D&X °dilation and extraction.

dan·dy[1] /dǽndi/ *n* **1** しゃれ者, だて男, ダンディー, めかし屋, ハイカラ男; «古風口» すばらしいもの[人], すぐれもの; 〘海〙 ダンディー艇《船尾に小マストを付けてラグスルを張った小型の船》. **2** [The D-] 『ダンディ』《英国の子供向け漫画週刊誌; 1937 年創刊》. ► *a* (ᵘ**-di·er, -di·est**) ダンディーな, めかした, ハイカラな; きざな; *«口» すてきな, いかす, 一流の, とびきりの. ● FINE[1] **and** ～. ► *adv* *«口» すばらしく, うまく. [C18; *Jack-a-*DANDY (=Andrew) からか]

dandy[2] *n* デング熱 (dengue) (=～ **féver**).

dandy[3] *n* 《インドで》Ganges 川の船頭; 《特に 杖をついた》苦行者; 竹ざおに丈夫な布をハンモックのようにひもで結んで作った駕篭(かご). [Hindi]

Dandy ダンディー《男子名; Andrew の愛称》.

dándy brùsh 馬の手入れブラシ, 馬櫛(ぐし) 《剛毛製》.

dándy càrt ばね付き荷車, 牛乳配達車.

dándy fùnk 《以前 船乗りの間でよく知られていた》堅パンを水に浸し油と糖蜜をつけて焼いたもの.

dándy hòrse 足で地面を蹴って進める初期の自転車 (=*hobby-horse*).

dándy·ish *a* (ちょっと)ダンディーな〈男〉. ♦ **～·ly** *adv*

dándy·ìsm *n* おしゃれ, おめかし, だて好み(の気風); 〘文学·美〙 ダンディズム.

dándy ròll [**ròller**] 〘紙〙 ダンディーロール《自動製紙機の中の一装置; ロールのまわりに金網を張ったもので, 紙層を軽く圧して紙面を均一にしたり紙に模様をすき入れたりする》.

Dane /déɪn/ *n* **1** デンマーク人; デンマーク系人; 〘史〙 デーン人《9-11 世紀にイングランドへ侵入した北欧人》; [the] HAMLET. **2** 〘犬〙 GREAT DANE. **3** デーン《男子名》. **4** デーン **Clemence** ～ (1888-1965) 《英国の小説家·劇作家; 本名 Winifred Ashton》. [ON *Danir* (pl), L *Dani*]

dane·geld /déɪngèld/, **-gelt** /-gèlt/ *n* [ᴼD-] **1 a** 〘英史〙 デーンゲルト, デーン税《アングロサクソン時代に, 侵入して来たデーン人への対処費用捻出のための地租として始まったが, ノルマン人の征服後もしばらく存続した》. **b** 税金. **2** 贈賄による機嫌取り. [<ON=Danes'+payment]

danehole ⇨ DENEHOLE.

Dane·law, -lagh /déɪnlɔ̀:/, **-la·ga** /-lɑ̀:gə/ 〘英史〙 **1** デーン法, デーンロー《9-11 世紀ごろイングランドのデーン人の居住地域に行なわれた法律》. **2** デーンロー《同法の行なわれたイングランドの 1/2 を占めた北部および東部》. [OE=Danes' law]

Dáne's-blòod *n* DANEWORT.

Dáne('s) pàrticle 〘医〙 デーン粒子《大型の球形をした肝炎にかかわる抗原》. [David M. S. *Dane* (1923-98) 英国の病理学者]

Dáne·wèed *n* [ᴼd-] DANEWORT.

Dáne·wòrt *n* [ᴼd-] 〘植〙 欧州·アジア産ニワトコ属の多年草. [元来 戦死したデーン人の血から生えたとされた]

dang[1]* /dǽŋ/ *vt, vi, n, a, adv* [*euph*] DAMN(ED).

dang[2], **dange** /déɪnʤ/ *«卑» *n* 陰茎, 一物. ► *a* SEXY.

dánge bròad *«俗» 性的魅力のある黒人の女の子.

danged /dǽŋd/ *a, adv* [*euph*] DAMNED.

dan·ger /déɪnʤər/ *n* **1** 危険(状態), 危険性, 危難; [ᴼ*pl*] 危険物, 危険をもたらすもの[人], 脅威 〈*to*〉; 《いやなことの起きる》心配, おそれ: *D*～ past, God forgotten. «諺» のどもと過ぎれば熱さを忘れる / in ～ 危険で; 危篤で / His life is in ～.=He is *in* ～ *of* losing his life. 生命を失う危険がある / out of ～ 《病気の時など》危険を脱して / There is no ～ of…はあり[起こり]そうもない. **2** «古» 《主君の》力, 権限, 支配(権), JURISDICTION; «廃» (到達)範囲 (reach, range). **3** «廃» 損傷, 危害 (harm, damage). ● **at** ～ 〈信号が〉危険と出て. **make** ～ **of**…を危険視する. ► *vt* «古» ENDANGER. [ME=jurisdiction, power (of a lord)<OF (L *dominus* lord)]

dánger àngle 〘海〙 危険角.

Dánger Íslands *pl* [the] デンジャー諸島《太平洋中央部ニュージーランド領 Cook 諸島北西端の Pukapuka 島などからなる環礁》.

dánger lìne 危険ライン《その先は危険な領域》.

dánger lìst″ 重症入院患者名薄 (=*critical list*): on [off] the ～ 〈入院患者など〉重態で[回復して].

dánger mòney ″《賃金に加算される》危険手当.

dánger·ous *a* 〈もの·事が〉危険な, 危険を伴う[生じる], あぶない, けんのんな (opp. *safe*); 〈人·動物が〉《他に対して》危険な, 物騒な, 険悪な; «方» 重態の, 危篤の: ～ ground [territory] 危険な場所[領域, 状況]; 要注意の話題. ♦ **～·ly** *adv* 危険な方法で; 危険なまでに: ～*ly* ill 重態で, 危篤で / live ～ [ᴼ*joc*] あぶない生き方をする; 冒険する. **～·ness** *n*

dángerous dríving ″〘法〙 危険運転(罪).

dángerous drúg 危険な薬物《特に 薬物嗜癖をまねく麻薬》.

dángerous sémicircle 〘海〙 危険半円《台風区域の右半円; 左半円 (navigable semicircle) より風雨ともに強い》.

dánger pày* 危険手当 (DANGER MONEY).

dánger sìgnal 危険信号, 停止信号.

dánger·some *a* «方» 危険な (dangerous).

dánger zòne 危険地帯[区域].

dan·gle /dǽŋg(ə)l/ *vi* ぶらさがる, ぶらぶら揺れる 〈*from*〉; «英では古» 〈人に〉付きまとう, 〈人の〉後を追いまわす 〈*about, after, around*〉; 〘文法〙 懸垂する (cf. DANGLING PARTICIPLE). ► *vt* ぶらさげる, 〈足などを〉ぶらぶらさせる; 〈気をもたせるようなことを〉ちらつかせる. ● **～…before** [**in front of**] sb 人の眼の前に〈もうけ·出世·はなやかな前途などを〉ちらつかせる. **keep** [**leave**] sb **dangling** 〈人を〉宙吊りの[不安定な]状態に放置する; 情報を伏せておく. ► *n* ぶらさがっているもの; «まれ» ぶらさがる[さげる]こと. ♦ **dán·gler** *n* ぶらさがる人, ぶらさがったもの; (女に)付きまとう男; *«俗» 空中ぶらんこ乗り. **dán·gling·ly** *adv* [C16 (imit); cf. Swed *dangla*, Dan *dangle*]

dángle·bèrry / ; -b(ə)ri/ *n* 〘植〙 ダングルベリー (=*blue huckleberry*) 《ハックルベリーの中で最も風味がよい》.

dángle-dòlly ″*n* 自動車の窓につるすマスコット人形.

dán·gling participle 〘文法〙 懸垂分詞《意味主語が文の主語と異なるのに文法的に結合されないまま用いられる分詞; 例 *Lying in my bed, everything* seemed so different》.

dan·gly /dǽŋgli/ *a* ぶらさがった, ぶらぶらする.

Da·ni·an /déɪniən/ *a* 〘地質〙 《欧州白亜紀の最上層》ダン[デーン]階の. [L *Dania* Denmark]

Dan·iel /dǽnjəl/ **1 a** ダニエル《男子名; 愛称 Dan, Danny》. **b** 〘聖〙 ダニエル《ユダヤの預言者》. **c** ダニエル書《旧約聖書の The Book of ～; 略 Dan.》. **d** 公正な裁判官, 賢明で公正な人物: (a) ～ come to judgment 名裁判官, 知恵者; 《自分と同意見の人を称賛して》名裁判官のご到来だ, 至言だ (cf. COME *vi* 10). **2** ダニエル **Samuel** ～ (1562?-1619) 《イングランドの詩人; 桂冠詩人 (1599-1619)》. [Heb=the Lord is (my) judge]

Dán·iell cèll /dǽnjəl-/ 〘理〙 ダニエル電池. [John F. *Daniell* (1790-1845) 英国の化学者·物理学者で発明者]

Dan·ielle /dænjél/ ダニエル《女子名》.

da·nio /déɪnioʊ/ *n* (*pl* **-ni·òs**) 〘魚〙 ダニオ《インド·セイロン産コイ科の各種観賞用小魚》. [C19<?]

Dan·ish /déɪnɪʃ/ *a* デンマーク(人[語])の; デーン人[族] (Dane) の. ► *n* デンマーク語《Germanic 語派の一つ》; [the, 〈*pl*〉] デンマーク人; (*pl* ～) [ˢd-] «口» DANISH PASTRY.

Dánish blúe デニッシュブルー《デンマーク産のブルーチーズの一種》.

Dánish lóaf ″ デニッシュローフ《上部に裂け目がはいった大型の白パン》.

Dánish módern デニッシュモダン《無装飾でシンプルなデンマークの家具様式》.

Dánish pástry [ˢd-] デニッシュペストリー《フルーツやナッツなどを加えたパイ状の菓子パン》.

Dánish Wèst Índies *pl* [the] デンマーク領西インド諸島《1917 年 米国がデンマークから買収する前の VIRGIN ISLANDS OF THE UNITED STATES の旧称》.

Dan·ite /dǽnàɪt/ *n* 〘聖〙 ダン人《DAN[1] の子孫; *Judges* 13: 2》; 〘モルモン教〙 ダン団員《秘密結社 Danite Band の一員》. ► *a* 〘聖〙 ダン族の.

D'Án·jou péar /dɑ́:nʒù:-/ ANJOU PEAR.

dank /dǽŋk/ *a* 湿っぽい, じめじめした (damp); *«俗» すげえ, とんでもない, 最高[最悪]の. ♦ **～·ly** *adv* **～·ness** *n* [?Scand; cf. Swed *dank* marshy spot]

dan·ke (schön) /*G* dáŋkə (ʃø:n)/ (どうも)ありがとう!

Dank·worth /dǽŋkwərθ/ ダンクワース **'Johnny' ～ [John (Philip William) ～]** (1927–2010)《英国の(ジャズ)作曲家・サックス奏者》.
Dan·mark /dá:nmà:rk/ ダンマルク《DENMARK のデンマーク語名》.
Dan·ne·brog /dǽnəbrà:g; -brɔ̀g/ *n* デンマーク国旗; デンマークの勲位[勲章]の一つ.
D'An·nun·zio /dɑːnú:n(t)siòu/ ダ(ン)ヌンツィオ **Gabriele ～** (1863–1938)《イタリアの詩人・作家・軍人; デカダンス文学の代表者》.
dan·ny /dǽni/, **don·ny** /dáni/ *n*《方》手 (hand),《子供に向かって》おてて. [hand の幼児語 *dandy* からか]
Danny ダニー《男子名; Daniel の愛称》.
Dá·no-Norwégian /déɪnou-/ BOKMÅL.
danse du ven·tre /*F* dɑ̃:s dy vɑ̃:tr/ BELLY DANCE.
danse ma·ca·bre /*F* dɑ̃:s makɑ:br/ (*pl* **danses ma·ca·bres** /—/) 死の舞踏《死神がさまざまの人間を墓場に導く絵; 人生無常の象徴, 中世芸術にしばしばみる主題》. [F=dance of death]
dan·seur /*F* dɑ̃sœ:r/ *n* 男性バレエダンサー.
dan·seur no·ble /*F* dɑ̃sœ:r nɔbl/ (*pl* **-seurs no·bles** /—/) 主役バレリーナの相手をつとめる男性ダンサー.
dan·seuse /*F* dɑ̃sø:z/ *n* 女性バレエダンサー.
Dan·te /dá:nteɪ, dǽn-, -ti/ ダンテ **～ Ali·ghie·ri** /æ̀ləgjéri/ (1265–1321)《イタリアの詩人; *La Vita Nuova* (新生, 1293?), *La Divina Commedia* (神曲, c. 1308–21)》.
Dan·te·an /dǽntiən, dá:n-/ *a* DANTESQUE. ► *n* ダンテ研究家[崇拝者], ダンテ学徒.
Dan·tesque /dæntésk, dɑːn-/, **-tes·can** /-téskən/ *a* ダンテ(風)の, 荘重な.
dan·tho·nia /dænθóuniə/ *n*〘植〙イネ科ダントニア属 (*D-*) の多年草の総称《葉は細長く小さな円錐花または小花の密集した総状花をつける; 南半球・北米産》. [Étienne *Danthoine* 19 世紀のフランスの植物学者]
Dan·tist /dǽntɪst, dá:n-/ *n* ダンテ研究家.
Dan·ton /*F* dɑ̃tɔ̃/ ダントン **Georges-Jacques ～** (1759–94)《フランスの革命家; Robespierre に処刑された》.
Dan·ton·esque /dæ̀ntənésk, ⸗—⸗/ *a* ダントン (Danton) (風)の; 豪胆な.
Dan·ube /dǽnjub/ [the] ドナウ川 (*G* Donau, *Czech* Dunaj, *Hung* Duna, *Romanian* Dunărea)《ドイツ南西部に発し, 東流して黒海に注ぐ欧州第 2 の国際河川; 古代名 Danubius, Ister》.
Da·nu·bi·an /dænjú:biən/ *a, n* ドナウ川の;〘考古〙ドナウ文化(期)(の)《ヨーロッパ中東部の最古の農耕民文化》.
Da·nu·bi·us /dənjú:biəs, dæ-/ [the] ダヌビウス川《DANUBE 川の古代名》.
dan·za /dá:nsə, -zə/ *n* 舞踊, ダンサ,《特に 中世の》フォーマルダンス, 宮廷舞踊. [Sp]
Dan·zig /dǽn(t)sɪg, dá:n-; *G* dántsɪç/ **1** ダンツィヒ《GDAŃSK のドイツ語名》. **2**〘鳩〙ダンツィヒ《ダンツィヒ作出の鑑賞用バトの一品種》. ■ the **Frée City of ～** ダンツィヒ自由市《Versailles 条約によってドイツから分離され, 国際連盟の保護と支配の下に置かれていた狭義のダンツィヒ市およびその周辺地域 (1920–39)》. the **Gúlf of ～** ダンツィヒ湾《Gulf of GDAŃSK の別称》. ♦ **～·er** *n*
Dan·zig·er Gold·was·ser /*G* dántsɪgər góltvasər/ ゴールドヴァッサー (=*Goldwasser, goldwater*)《Danzig 産の金箔入りの甘口リキュール》.
dao ⇨ DAH[1].
Dao, Daoism, Daoist, etc. ⇨ TAO, TAOISM, TAOIST, etc.
Dao·de·jing, Tao-te Ching /dáudə́:ʤíŋ/『道徳経』《いわゆる『老子』のこと》.
dap[1] /dǽp/ *v* (**-pp-**) *vi* 餌をそっと水面に落とす, 餌を水面に浮き沈みさせて釣りをする;〈鳥など〉ひょいと水にもぐる《餌を取る時など》;《水切りなどで》〈小石が〉水面をはねる;〈ボールが〉はずむ. ► *vt*〈釣餌を〉水面に浮き沈みさせる;〈小石などを〉水面ではずませる;〘木工〙〈木材〉にはめ込み用の切り欠き[刻み, 溝]をつくる. ► *n* DAPPING 釣りの餌;《ボールの》はずみ;《水を切る小石の》水面上のはずみ;〘木工〙《木材の》はめ込み用の切り欠き[刻み, 溝]. [C17＜?imit; cf. DAB[1]]
dap[2] *n* [*pl*]《南西部》PLIMSOLLS. [C20＜?*dap*[1]]
dap[3] *a**《黒人俗》小粋なかっこうをした, こざっぱりした, きまってる (dapper).
Daph·ne /dǽfni/ **1 a** ダフニ《女子名》. **b**〘ギ神〙ダフネー《Apollo に追われて月桂樹に化した妖精》. **2** [d-]〘植〙**a** ジンチョウゲ属 (*D-*) の各種低木. **b** ゲッケイジュ (laurel). [ME=laurel＜Gk]
daph·nia /dǽfniə/ *n*〘動〙ミジンコ属 (*D-*) の各種の甲殻動物 (cf. WATER FLEA). [NL＜? *Daphne*]
Daph·nis /dǽfnəs/〘ギ神〙ダプニス《Sicily の羊飼いで牧歌の発明者とされる》.
Dáphnis and Chlóe *pl* ダプニスとクロエー《2–3 世紀ごろのギリシアの牧歌的ロマンス中の純真な恋人たち》.
Da Pon·te /dɑː póunteɪ/ ダ・ポンテ **Lorenzo ～** (1749–1838)《イタリアの詩人; 本名 Emanuele Conegliano; Mozart の歌劇 *Le nozze di Figaro* (1786), *Don Giovanni* (1787), *Così fan tutte* (1790) の台本作者》.
dap·per /dǽpər/ *a* 小粋(こいき)な身なりの, こざっぱりした; めかしこんだ; 小柄できびきびした. ♦ **～·ly** *adv* **～·ness** *n* [MLG, MDu=strong, stout]
dápper Dán*《俗》しゃれ者, だて男, パリッときめた男 (fancy Dan).
dápper·ling *n* 小柄できびきびした人, 'チビタンク'.
dáp·ping *n* 餌を水面に浮き沈みさせて魚を釣る方法.
dap·ple /dǽp(ə)l/ *a* まだらの (dappled). ► *n* まだら, ぶち, 斑点; ぶちの動物. ► *vt, vi* まだらにする[なる]. [ME *dappled, dappeld* ＜? ON; cf. OIcel *depill* spot]
dápple-báy *a, n* 赤茶色に褐色がかったまだらのある(馬), 連銭栗毛の(馬).
dáp·pled *a*〈日陰など〉まだらの, ぶちの, 斑(ふ)入りの.
dápple-gráy *a, n* 灰色に黒みがかったまだらのある(馬), 連銭葦毛(あしげ)の(馬).
Dap·sang /dɑ̀psá:ŋ/ ダプサン《K2 峰の別称》.
dap·sone /dǽpsòun, -zòun/ *n*〘薬〙ダプソーン《癩・皮膚炎の治療薬》. [*dia*mino*di*phenyl *sulfone*]
Da·qing, Ta-ch'ing /dá:ʧíŋ/ 大慶(だいけい)(ターチン)《中国黒竜江省南西部の工業都市》.
Da Qing, Ta Ch'ing /dá:ʧíŋ/〘中国〙大清(だいしん)《清 (Qing) の自称; 1636 年にそれまでの後金を改称したもの》.
DAR °Daughters of the American Revolution.
dar·af /dǽrəf/ *n*〘電〙ダラフ《1 ファラドの逆数に等しいエラスタンスの単位》. [*farad* の逆つづり]
darb /dá:rb/ *n**《俗》すばらしいもの[人]. [? *dab*[2]]
dar·bies /dá:rbiz/ *n*《俗》*n pl* 手錠, わっぱ (handcuffs); 両手; 指紋. [*Father Darby's bands* (苛酷な借用証書の一つ) より]
d'Ar·blay /dá:rblèɪ; *F* dɑrblɛ/ [Madame] ダーブレー夫人《Fanny BURNEY の結婚後の名》.
dar·by /dá:rbi/ *n*《取っ手が 2 つある細長い》木ごて;《しっくいをならす》こて;*《俗》ぜに (money).
Dárby and Jóan *pl*《穏やかな家庭生活を送る》仲のよい老夫婦《1735 年 *Gentleman's Magazine* に載ったバラッド中の老夫婦から》: a ～ club 老人クラブ.
dárby còve*《俗》BLACKSMITH.
Dárby·ìte *n* ダービー派信徒《Plymouth Brethren の一派の信徒》. ♦ **Dárby·ìsm** *n*
d'Arc /*F* dark/ ダルク **Jeanne ～** ⇨ JOAN OF ARC.
dar·cy /dá:rsi/ *n*〘理〙ダルシー《多孔質中の流体の流れやすさの単位》. [Henri P. G. *Darcy* (1803–58) フランスの水力技術者]
Darcy ダーシー **Fitzwilliam ～**《Jane Austen, *Pride and Prejudice* 中の Elizabeth Bennet の恋人で, pride に当たる》.
Dard /dá:rd/ *n* **a**〘言〙ダルド語群 (=*Dardic*)《Indus 川上流渓谷で使用されるインド諸語に属する言語群》. **b** ダルド族《Indus 川上流渓谷地方に住み, ダルド語群の言語を使用; Pliny, Ptolemy に言及があり, 祖先はアーリア人とされる》.
Dar·dan /dá:rdn/ *a, n*《古》TROJAN. [L＜Gk]
Dar·da·nelles /dɑ̀:rd(ə)nélz/ [the] ダーダネルス海峡《Marmara 海とエーゲ海を結ぶ欧亜両大陸間の海峡; 別称 Hellespont, 古代名 Hellespontus》.
Dar·da·ni·an /dɑːrdéɪniən/ *a, n* TROJAN.
Dar·da·nus /dá:rd(ə)nəs/〘ギ神〙ダルダノス《Zeus と Electra の息子で, トロイア (Troy) 人の祖先》.
Dar·dic /dá:rdɪk/ *n*〘言〙DARD. ► *a* ダルド語群の.
dare /déər/ *v auxil* あえて[思いきって, 恐れずに, 生意気にも]…する. ★[構文] 否定・疑問に用いて, 三人称・単数・現在の形は dare で -s を付けず, 助動詞 do を用いず, またその次に to なし不定詞が続く. 否定形 daren't は時に過去についても用いる (⇨ DARE *v*): He *～n't* do it. やる勇気がない / *D-* he fight? 戦う勇気があるか / How ～ you [he] say such a thing? よくもまあそんなことが言えたものだ / He met her, but he *～n't* tell her the truth. 彼女に会ったが本当のことを言う勇気がなかった / ～ I say (it) (反論を承知で)あえて言えば, 言わせてもらえば. ● **I ～ say** おそらく…だろう (maybe); [[U]*iron*] そうでしょうよ: *I ～ say* that's true. おそらく本当でしょう. **I ～ swear**…と確信する. **(Just) you ～!=Don't you ～!**《口》(そんなことは)やめなさい, やめておきなさい《怒気を含んだ制止》. ► *vt, vi* (**～d**) **1** あえて[思いきって, 勇気をもって, 生意気にも]…する. ★ DARE *v auxil* と同じ意味で, 構文は普通動詞として -s, do, to を用いる傾向が今日では強い. ただし to は用いないこともある: He *does* not ～ *to* do it. それをやる勇気がない / *Does* he ～ *to* fight? 戦う勇気があるか / He *～s to* do it. それをあえてやる / hardly dare (to) do とても…する勇気がない / I have never *～d (to)* speak to him. あの人にはこわくてものを言ったことがない / I wonder how he *～d (to)* say that. どうしてあんな大それたことが言えたんだろう / I would do if I *～d*. できればするのだが(こわくてできない) / Don't you ～ *to* touch me. 生意気におれにさわるんじゃないぞ. **2**〈危険などを〉冒す; ものともしない, …に立ち向かう;〈人を〉挑発する〈*to* do〉(challenge): I ～ any danger [anything]. どんな危険でも冒す / I ～ you *to* jump down this cliff. この崖を飛び降りられるものなら降りて見ろ《くやしくてもできまい》/ He *～d* me *to* a fight. けんかをふっかけてきた / You wouldn't ～ (to do…)! まさか(…したりしないだろうね)! ► *n* 《やれるならやってみろとの》挑戦 (challenge); 勇気, 大胆さ: take a ～ 挑戦をうけて応じる / for" [on*] a ～ 挑戦に応じて, けしかけられて. ♦ **dár·er** *n* [OE *durran*; cf. DURST, OHG *turran* to venture]

Dare デア **Virginia** ～ (1587–?)《北米植民地でイングランド人夫妻に生まれた子供の第 1 号》.

DARE Dictionary of American Regional English.

dáre·dèvil *a, n* むこうみずな(人), こわいもの知らず(の), 猪突猛進型の(人).

dáre·dèvil·(t)ry /-(t)ri/ *n* むこうみず, 蛮勇.

dáre·ful *a* 《廃》DARING.

Dar el Bei·da /dɑ̀ːrèl beɪdɑ́ː/ ダル・エル・バイダ《モロッコの港湾都市 CASABLANCA のアラビア語名》.

daren't /dέərənt, dǽr-; dέənt/ dare not の短縮形.

dàre·sáy *v* I DARE say.

Dar es Sa·laam /dɑ̀ːrè(s) səlɑ́ːm/ ダル・エス・サラーム《タンザニア東部, インド洋に臨む港湾都市・旧首都; ⇨ DODOMA》.

Dar·fur /dɑːrfúər/ ダルフール《スーダン西部の地方, ☆El Fasher; 1874 年まで王国; 2003 年以降紛争が続いている》.

Dar·fu·ri /dɑːrfúəri/ *n* (*pl* ～**s**, ～) ダルフール人. ► *a* ダルフール(人)の.

darg /dɑ́ːrg/ *n* 《スコ・北イング・豪》一日[一定量]の仕事. [*day work*]

dar·gah, dur- /dɑ́ːrgɑː/ *n* 《イスラム教の》聖人の墓, 聖廟. [Pers]

Da·ri /dɑ́ːri/ *n* ダリー語《アフガニスタンで用いられるペルシア語》.

Darial Gorge ⇨ DARYAL GORGE.

dar·ic /dǽrɪk/ *n* 〔史〕ダリク《古代ペルシアの金貨または銀貨》.

Dar·i·en /dὲəriέn, dὲr-, dɑ̀ː-; dέəriən, dǽr-/, **-én** /dɑːrjέn/ ダリエン《Darien 湾と Panama 湾とにはさまれたパナマ東部地方; 16 世紀初頭 スペインが植民地を建設, 探検・植民地活動の根拠地とした》. ■ the **Gúlf of** ～ ダリエン湾《パナマ東部とコロンビア北西部とにはさまれたカリブ海の湾入部》. the **Ísthmus of** ～ ダリエン地峡《PANAMA 地峡の旧称》.

Dar·iér's disèase /dɑːrjéɪz-/ 〔医〕ダリエ症, 毛包性角化症 (= *keratosis follicularis*). [Jean F. *Darier* (1856–1938) フランスの皮膚科医]

Dar·in /dǽrən/ ダーリン **Bobby** ～ (1936–73)《米国のポップシンガー・ソングライター・俳優; 本名 Walden Robert Cassotto》.

dar·ing /dέərɪŋ/ *n* DARE すること; 大胆不敵, 豪胆. ► *a* DARE する; 勇敢な, 大胆不敵な, むこうみずな; 斬新奇抜な. ♦ ～**·ly** *adv* 大胆に; 敢然と. ～**·ness** *n*

Da·río /dɑːríːoʊ/ ダリオ **Rubén** ～ (1867–1916)《ニカラグアの詩人; 本名 Félix Rubén García Sarmiento;『俗なる続唱』(1896)》.

dar·i·ole /dǽriòʊl/ *n* 〔料理〕ダリオール《(1) 小さなコップ形の型 (2) それにクリームなどを入れて作る菓子》. [OF]

Da·ri·us /dəráɪəs/ **1** ダライアス《男子名》. **2** ダレイオス, ダリウス (1) ～ **I** the Great (*L* Darius Hys·tas·pes /hɪstǽspəs/) (550–486 B.C.)《アケメネス朝ペルシアの王 (522–486); ギリシアへ 2 度遠征したが Marathon では敗れた (490)》 (2) ～ **III** (d. 330 B.C.)《アケメネス朝最後の王 (336–330); Alexander 大王に敗れた》. [L<Gk<Pers= possessing the good (善)]

Dar·jee·ling, -ji- /dɑːrdʒíːlɪŋ/ **1** ダージリン《インド北東部 West Bengal 州, Sikkim との州境にある市 (標高 2300 m)》. **2** ダージリン (=～ **téa**)《同市周辺産の紅茶》.

dark /dɑ́ːrk/ *a* **1 a** 暗い (opp. *light*), 闇の. **b** 薄黒い (somber), 黒ずんだ; 〈皮膚・眼・毛髪が〉黒い (opp. *fair, blond*) (cf. BRUNETTE); 〈色が〉濃い, 暗い; ミルクやクリームを少ししか入れない, ダークの〈コーヒー〉: a ～ color / ～-eyed [-haired, -skinned] 黒い目[髪, 膚]の / a ～ green 濃緑色 / DARK CHOCOLATE. **2** 光明のない, 陰鬱な (opp. *sunny*); 〈顔色が〉曇った (opp. *clear*); むっつりした, 悲観的な: ～ days 暗澹(あんたん)たる日々, 悲運[失意]の時代 / the ～ side 《物事の》暗黒面. **3** 肚黒い, 凶悪な, 邪悪な (evil): ～ deeds 悪事, 非行 / a ～ purpose. **4 a** 意味があいまいな (obscure), なぞめいた; 秘して[隠されて]いる; 一般に知られていない, 不明な. **b** 暗愚な, 無知無学な; 無口な: the ～*est* ignorance 極度の無知. **5** [～est] [ᵁ*joc*/*iron*] 奥地の, 田舎の: in ～*est* Africa アフリカの奥地で / ～*est* Europe ヨーロッパの田舎. **6 a** 〔音〕〈l〉/l/ の音が暗い; 〈母音が〉後舌の; 後舌母音の. **b** 〈声が〉深みのある: a nice ～ contralto. **7** 〈劇場・球場など〉閉鎖中の; 〈放送局が〉放送をしていない. ● **keep** ～ 隠れている; 〈事を〉秘しておく: Please *keep* it ～ *about* my new secretary. ► *n* **1 a** [ᵒthe] 闇; 暗がり; 夜, 夕暮れ: the DARK OF THE MOON / after [before] ～ 暗くなってから[ならないうちに] / at ～ 夕暮れに. **b** 〔美〕濃い影, 隈(くま), 暗い色. **2** 不分明; 無知 (ignorance). ● **in the** ～ 暗がりで; 秘密に; 知らずに, (事情に)無知で: keep [leave] sb *in the* ～ *about*…のことを人に教えないでおく / a LEAP [SHOT¹] *in the* ～. ► *vi* 《廃・詩》暗くなる. ► *vt* 《古・詩》暗くする. [OE *deorc*; cf. G *tarnen* to camouflage]

dárk adaptàtion 暗順応《明所から暗所に出たときの眼の順応; cf. LIGHT ADAPTATION》. ♦ **dárk-adápt·ed** *a*

Dárk Áges *pl* [the] 《西洋史の》暗黒時代《かつて知的な暗黒・停滞の時代と考えられた中世 (Middle Ages), 特に 476–1000 年ごろ》; [ᵒ*sg*] 《ギリシアなどで》青銅器時代と古代の間の空白期; 《一般に》暗黒時代《(1) 停滞・衰微した時代[状況] (2) (発達の)最初期》; [*joc*] 往昔, 昔.

Dárk and Blóody Gróund [the] 暗い血塗られた地《Kentucky の空想的翻訳; 初期のインディアンとの戦闘と関連づけて同地をいうときの称》.

dárk blúe 紺青(こんじょう)色 (Oxford blue).

dárk blúes *pl* 〔英〕Oxford 大学の選手[応援団] (cf. LIGHT BLUES).

dárk brówn stár 〔天〕暗い褐色星《銀河中に発見された可視光をほとんど放射しない赤外線源》.

dárk chócolate ブラックチョコレート, ダークチョコレート.

dárk cómedy BLACK HUMOR; BLACK COMEDY.

Dárk Cóntinent [the] 暗黒大陸《ヨーロッパ人によく知られなかった時代のアフリカ大陸》; [the d- c-] 未開拓の地域, 未知の領域.

dárk cúrrent 〔電子工〕(電極)暗電流.

dárk·en *vt, vi* 暗くする[なる]; 薄黒くする[なる]; 不明瞭にする[なる]; 陰気[陰鬱]にする[なる], 曇る; …の目を見えなくする, 失明させる[する]; 〈名声などを〉汚す, 傷つける. ● ～ **counsel** ますます混乱[紛糾]させる (*Job* 38: 2). ～ **sb's door(s)** [**the door, sb's doorway**] [ᵁ*neg*] 人を訪問する: Don't [*Never*] ～ *my door*(*s*) again. [ᵒ*joc*] 二度とうちの敷居をまたぐな. ♦ ～**·er** *n*

dárk·ened *a* 暗い〈部屋・街路など〉; 曇った, 陰気な〈空・目・表情など〉.

dárk énergy 〔理〕ダークエネルギー《観測にかからないエネルギー; 特に宇宙項の存在により宇宙空間そのものがもつエネルギー; これによる宇宙膨張の加速が 1998 年に観測された》. [*dark matter* からの類推]

darkey ⇨ DARKY.

dárk-èyed júnco 〔鳥〕ユキヒメドリ《北米産ホオジロ科ユキヒメドリ属の鳥》.

dárk fíeld 《顕微鏡の》暗視野. ♦ **dárk-field** *a*

dárk-fìeld illuminátion 暗視野照明(法)《顕微鏡試料の側面から光をあて試料が暗い背景に浮き出て見える》.

dárk-fìeld micróscope 暗視野顕微鏡 (ultramicroscope).

dárk-fìred *a* FIRE-CURED.

dárk glásses *pl* サングラス, 黒眼鏡.

Dar·khan /dɑːrkɑ́ːn/ ダルハン《モンゴル北部の工業都市》.

dárk hórse ダークホース《競馬・競技で力量未知数の(有望)出走馬・選手》, 穴(馬); 隠れた人物, 《特に》意外な才能[能力]の持主; 〔米政治〕思いがけぬ有力候補, 予想に反して選出された候補者.

darkie ⇨ DARKY.

dárk·ish *a* 薄暗い; 黒ずんだ.

Dárk Lády [the] 黒婦人, ダークレディー《Shakespeare の *Sonnets* にうたわれる肌も髪も黒いなぞの女性》.

dárk lántern 遮光器付きの角灯《必要に応じて光をシャッターなどで隠せる》.

dar·kle /dɑ́ːrk(ə)l/ *vi* 薄暗くなる; ぼんやりと見える; 暗闇に隠れる; 〈顔色・気持などが〉険悪[陰鬱]になる, 暗くなる. [逆成 < *darkling*]

dárk líne 〔光〕《スペクトルの》暗線, 吸収線 (absorption line).

dárk·ling 《詩》*adv* (薄)暗がりで. ► *a* 暗がりでの, 暗中の; 暗闇におおわれた, ぼんやりした. [*-ling²*]

dárkling bèetle 〔昆〕ゴミムシダマシ (tenebrionid).

dárk·ly *adv* 暗く, ぼんやりと; 黒っぽく; 陰気に; 険悪に; 暗澹(あんたん)たる思いで; 神秘的に; ひそかに, そっと: look ～ *at* sb 人を陰気[険悪]なまなざしで見る / through a glass, ～ 鏡もて見るごとくおぼろに (*1 Cor* 13: 12).

dárk màtter 〔宇〕暗黒物質, ダークマター《電磁波による通常の方法では直接観測されない星間物質》.

dárk mèat 黒っぽい肉《鶏や七面鳥の腿肉など; cf. WHITE MEAT》; 《卑》黒人, 黒人女, 黒人のアレ.

dárk nébula 〔天〕暗黒星雲.

dárk·ness *n* 暗さ, 黒さ, 暗黒; 暗闇, 暗黒界; 心の闇, 無知, 暗愚; 肚黒さ, 邪悪; 不明瞭, あいまい; 盲目; 〔音〕/l/ 音の暗さ; 《母音の》後舌性: in ～ 暗がりで, 暗闇の中に[中で]; 夜間に〈到着する〉 / deeds of ～ 悪行, 犯罪 / PRINCE OF DARKNESS.

dárk níght of the sóul 〔神学〕霊魂の暗夜《神秘体験の過程で魂が神から見放された状態になること》.

dárk of the móon [the] 〔天〕無月(むげつ)期《(1) 新月[朔(さく)]のころの月が出ない約 1 週間 (2) 一般に 月の見えない[おぼろな]期間》.

dárk reàction 〔生化〕暗(あん)反応《光合成で明反応 (light reaction) に続く段階の反応》; CALVIN CYCLE.

dárk repàir 〔生化〕《DNA の》暗修復, 暗回復.

dárk·ròom *n* 〔写〕暗室.

dárk-sètting *n**《俗》暗がりでいちゃいちゃすること.

dárk·some 《古・詩》*a* 薄暗く陰気[神秘的]な, 暗鬱な; 意味あいまいな.

dárk stár 〔天〕暗黒星《連星系の不可視星》.

dárky, dárk·ey, -ie *n* 《俗》[*derog*] 黒んぼ (Negro), 《豪俗》ABORIGINE.

Dar·la /dɑ́ːrlə/ ダーラ《女子名》. [⇨ DARLENE]

Dar·lan /*F* darlɑ̃/ ダルラン (**Jean-Louis-Xavier-**)**François** ～ (1881–1942)《フランスの海軍司令長官; Vichy 政権の有力者としてナチスに協力》.

Dar·lene, -leen /dɑːrlíːn/ ダーリーン《女子名》. ［OE＝darling］

Dár·ley Arábian /dáːrli-/〘馬〙ダーリーアラビアン (⇨ BYERLY TURK). ［Richard *Darley* 馬主の英国人］

dar·ling /dáːrlɪŋ/ *n* いとしい人, 最愛の人; お気に入りの[人気のある]人[もの]; 《口》すてきな[かわいい]人[もの]: my ～ ［愛称として夫婦間で, また親が子に対し］おまえ, あなた, ねえ / the ～ of all hearts 万人の愛情を一身に集めている人 / Better be an old man's ～ than a young man's slave. 《諺》若い男の奴隷になるくらいなら老人にかわいがられたほうがまし《女性の結婚についていう》. ► *a* 最愛の, 大好きな; 《口》すてきな. ♦ **～·ly** *adv* **～·ness** *n* ［OE *dēorling* (DEAR[1], *-ling*[1])］

Darling **1** ダーリング **Grace** ～ (1815–42)《1838 年灯台守の父と共に難破した船員を勇敢に救助した女性で, 英国の国民的英雄》. **2** [the] ダーリング川《オーストラリア南東部 Queensland, New South Wales 両州を南西に流れ, Murray 川に合流》.

Dárling Dówns *pl* ダーリングダウンズ《オーストラリア北東部 Queensland 州南東部の高原で, 肥沃な黒土地帯》.

Dárling Ránge [the] ダーリング山地《Western Australia 州南西岸沿いの低い山地》.

Dar·ling·ton /dáːrlɪŋtən/ ダーリントン《イングランド北東部の町, 一元的自治体 (unitary authority); Tees 川の北に位置; 1825 年 Stockton との間に鉄道が開通して発展》.

Darm·stadt /dáːrmstæ̀t, -stàːt, -ʃtàːt; *G* dármʃtat/ ダルムシュタット《ドイツ南西部 Hesse 州の市》.

darm·stadt·i·um /dɑ̀ːrmstǽtiəm/ *n*〘化〙ダームスタチウム《人工放射性元素; 第 7 番目の超アクチノイド元素で, 第 18 番目の超ウラン元素; 記号 Ds, 原子番号 110》. ［生成したドイツの研究所の所在地から］

darn[1] /dáːrn/ *vt, vi* ‹布・編物(のほころび)などに›に糸を縦横に掛けわたして繕う, かがって繕う; ‹模様・柄などを› DARNING STITCH で刺繍する. ► *n* darn したところ; darn すること. ［C16 ‹ ?*dern* (obs) to hide; cf. MDu *dernen* to stop holes in (a dike)］

darn[2] *vt, vi, a, adv, n* [*euph*] DAMN.

Dar·nah /dáːrnə/, **Der·na** /déərnə/ ダルナ, デルナ《リビア北東部 Benghazi の東北東にある港町》.

dar·na·tion /dɑːrnéɪʃ(ə)n/ *n* [‹*int*›] DAMNATION. ► *a, adv* DAMNED.

darned /dáːrnd/ *a, adv* [*euph*] DAMNED.

dar·nel /dáːrnl/ *n*〘植〙ドクムギ, ネズミムギ. ［ME ‹ ?; cf. Walloon *darnelle*］

dárn·er *n* DARN[1] する人[もの]; DARNING EGG; DARNING NEEDLE.

dárn·ing *n* ほころび穴の繕い, かがり; かがり物.

dárning còtton かがり縫い用の木綿[カタン]糸.

dárning ègg [mùshroom] 卵形のダーニング[かがり物]用裏当て.

dárning nèedle かがり針, ダーニングニードル《目が大きい長針》; *《方》トンボ, イトトンボ (devil's darning needle). ● **rain ～s** *《俗》土砂降りになる.

dárning stìtch ダーニングステッチ《刺繍の模様を埋めたり繕いものに用いたりする縫い方》.

Darn·ley /dáːrnli/ ダーンリー Lord ～ (1545–67)《スコットランド女王 Mary の 2 番目の夫; 本名 Henry Stewart [Stuart]; イングランド王 James 1 世の父; Mary の寵臣 Rizzio を殺害し, みずからも(一説では Bothwell の手で)暗殺された》.

dar·o·bok·ka /dæ̀rəbákə/ *n* ダルブカ《てのひらで打つ北アフリカの一面太鼓》. ［Arab］

da·ro·g(h)a /dəróʊgə, dɑːróʊgɑː/ *n* 《インド》管理者, 監督者, 《警察・税務署などの》署長. ［Hindi］

DARPA /dáːrpə/〘米〙°Defense Advanced Research Projects Agency.

dar·raign, -rain, -rayn /dəréɪn/ *vt* DERAIGN.

dar·rein /dəréɪn, dæ-/ *a*〘法〙最終の. ［AF］

darréin preséntment〘法〙聖職推挙権回復訴訟[令状].

Dar·rel(l) /dǽrəl/ ダリル, ダレル《男子名》. ［OE＝dear］

Dar·row /dǽroʊ/ ダロー **Clarence** (**Seward**) ～ (1857–1938)《米国の弁護士; 巧みな法廷技術により多数の被告人の弁護に成功した》.

Dar·(r)yl /dǽrəl/ ダリル《(1) 男子名 2) 女子名》. ［OE＝dear］

dar·shan /dáːrʃən, dáːr-/, **dar·sha·na** /-ʃənə/〘ヒンドゥー教〙*n* ダルシャナ《神像・偉人・聖人への礼拝・拝謁(で得られる精神的高揚・祝福・御利益)》; ダルシャナ, 見(けん)《真理の洞察(を目指す哲学・思弁)》. ［Skt＝act of seeing］

dart /dáːrt/ *n* **1 a**《武器としての》投げ矢, 吹き矢; 《投げ矢遊びの》投げ矢, ダート; [～s, ‹*sg*›] ダーツ《室内ゲーム》; 《古》投げ槍, 《石弓の》矢. **b**《昆虫などの》針; 〘昆〙矢《マイマイの交尾矢など》. **2** 急激な突進; 突然の動き[来襲]: make a ～ for [at]…に突進する / a ～ of terror 突然の恐怖心. **3** すばやく[さっと]射たもの, 鋭い[射るような]視線; 険しい顔つき, 辛辣なことば. **4**〘洋裁〙ダーツ. **5**《豪口》計画. ► *vi, vt* **1** ‹槍・矢・視線を›投げる, 射る; 放つ ‹*forth*›: ～ a glance [look] *at* sb 一目鋭く[すばやく]人を見やる. **2**《投げ槍のように》飛んでいく ‹*out, in, past, across,* etc.›; 突進する ‹*forward*›: ～ *about* (あちこち)すばやく動きまわる. **3** ‹衣服›にダーツをつける. **4**《トランキライザーなど》薬を塗った矢で射つ. ［OF ‹ Gmc＝spear, lance］

D'Ar·ta·gnan /*F* dartaɲɑ̃/ ダルタニアン《Dumas père, *Les Trois Mousquetaires* (三銃士) で, 三銃士の友人の青年銃士》.

dárt·bòard *n* ダーツボード《ダーツ (darts) の標的板》.

dárt·er *n* DART を投げる[射出する]人[もの]; 急にすばやく移動する人[もの]; 〘魚〙ヤウオ《米国産; 矢のように速く泳ぐスズキ科の淡水小魚》; 〘鳥〙ヘビウ (snakebird); 〘昆〙トンボ科のトンボ (skimmer).

Darth Va·der /dáːrθ véɪdər/ ダース・ヴェイダー《SF 映画 *Star Wars* に登場する悪役》.

dárt·ing *a* ‹…を›投げかける; (突然)すばやく動く; 機敏な.

dárt·ist *n* ダーツをする人.

dar·tle /dáːrtl/ *vt, vi* 何度も投げる[射出する, 飛び出す].

Dart·moor /dáːrtmʊ̀ər, -mɔ̀ːr/ **1** ダートムーア《イングランド南西部 Devon 州南部の岩の多い高原; 先史遺跡が多く, 国立公園になっている》. **2** ダートムーア刑務所 (＝～ **Príson**)《Dartmoor にあり, 長期刑囚を収容する》. **3** ダートムーア種の羊 (＝～ **shèep**)《角がなく, 長毛》; DARTMOOR PONY.

Dártmoor póny〘馬〙ダートムーアポニー《頑健でむく毛のポニー》.

Dart·mouth /dáːrtməθ/ ダートマス《(1) イングランド南西部 Devon 州南部の港町; 海軍兵学校 (Britannia Royal Naval College) 所在地 2) カナダ南東部 Nova Scotia 州南部, 大西洋岸の町; Halifax 湾岸に位置》.

Dártmouth Cóllege ダートマス大学《New Hampshire 州 Hanover にある共学の私立大学; 1769 年創立; Ivy League の一つ》.

dar·tre /dáːrtər/ *n*〘医〙疱疹様皮疹, ヘルペス. ♦ **dár·trous** *a* ［F］

dárt tàg《魚の背に付ける》矢形標識.

Dar·von /dáːrvɑ̀n/〘商標〙ダルボン《塩酸プロポキシフェン (propoxyphene hydrochloride) 製剤; 鎮痛薬》.

Dar·win /dáːrwən/ **1** ダーウィン **(1) Charles** (**Robert**) ～ (1809–82)《英国の博物学者; Beagle 号の航海に同行し, Galápagos 諸島その他での調査をもとに進化論を提唱した; *On the Origin of Species* (1859), *The Descent of Man* (1871)》 **(2) Erasmus** ～ (1731–1802)《Charles の祖父; 生理学者・医師・博物学者・哲学者・詩人》 **(3)** Sir **George** (**Howard**) ～ (1845–1912)《Charles の息子; 天文学者・数学者》. **2** ダーウィン《オーストラリア Northern Territory の中心都市・港町》.

Dar·win·i·an /dɑːrwíniən/ *a* ダーウィン (C. Darwin) の; ダーウィン説(信奉者)の; 適者生存の. ► *n* ダーウィン説信奉者.

Darwínian fítness〘生〙ダーウィン適応度 (FITNESS).

Darwínian théory ダーウィン説 (Darwinism).

Dárwin·ìsm *n*〘生〙ダーウィン説, ダーウィニズム《(1) 自然淘汰(とうた)と適者生存を基調とする進化論 2) 生物進化論》; ダーウィン説信奉. ♦ **-ist** *n, a* DARWINIAN. **Dàr·win·ís·tic** *a* **Dárwin·ìte** *n* DARWINIAN.

Dárwin's fínches *pl*〘鳥〙ダーウィンフィンチ類《アトリ科のうち Galápagos 諸島にすむくちばしの形が種々に変化した数属の鳥》. ［C. DARWIN］

Dárwin túlip〘植〙ダーウィン(系)チューリップ《花底がコップ状のチューリップの一群》. ［↑］

Dar·yál [Dar·iál] Górge /dɑːrjǽl-/ [the] ダリヤル山道《ヨーロッパロシア南東部 Caucasus 山脈中の隘路(あいろ); Kazbek 山の東にある》.

Daryl ⇨ DARRYL.

Dar·zi /dərzíː, dáːrzìː/, **Dur·zee** /dərzíː/, **Dur·zi** /dáːrzi/ *n* インド人の仕立屋. ［Hindi ‹ Pers］

das /dǽs, dáːs/ *n* (*pl* **dás·es, dás·ses**) DASSIE.

Da·se·hra, Da·sa·(h)ra, Dus·se·rah /dʌ́sərə/, **Da·sa·ha·ra** /dʌ̀səhʌ́rə, -ʃə-/, **Dash·a·ha·ra** /dǽʃəhərɑ̀ː/ *n*〘ヒンドゥー教〙ダシャラー祭《Asin の月に行なう 10 日間の祭; 悪に対する善の勝利の象徴として Durga をたたえる》. ［Skt＝one taking away ten (sins)］

Da·sein /dáːzàɪn/ *n*〘哲〙《ヘーゲル哲学の》定在, 定有; 《実存主義の》現存在. ［G *da* there, *sein* to be］

dash[1] /dǽʃ/ *vt* **1** 投げつける ‹*to* the ground, *against*; *away, off, onto, out, down*›; ‹水などを›ぶっかける ‹*in, over*›; はねかける (splash) ‹*with*›: ～ oneself *against*…にぶつかる / ～ *away* one's tears《手・ハンカチで》涙をさっとぬぐう. **2** 打ち砕く, 打ちこわす; ‹希望などを›打ち砕く, くじく; がっかりさせる; …に恥をかかせる: ～ one's brains *out* on a rock 岩にぶっつけて脳天をわる / ～ *to* pieces 粉々にする, 粉砕する. **3** ‹強い酒などの少量を›加味する ‹*with*›, 混ぜる. **4**《口》[*euph*] DAMN《この語を 'd—' と略して書くことから》: *D*～ it (all)! なんてこった, ちくしょう, くそっ! / I'll be ～*ed* (＝DAMNED) if it is so. そうだったら首をやる. ► *vi* 突進する, 驀進(ばくしん)する, 急ぐ ‹*along, down, forward, off, on,* etc.; *across* the road, *from* [*out of*] the room, *up* *to* the door, etc.〉; (激しく)衝突する, ぶつかる〈*against* or *into* sth, *on* the rocks, etc.〉; 勢いよくやる, 一気にする: I must ～ (away). もう行かなきゃ[帰らなきゃ] / ～ *over* a coast road〈大波が〉海岸道路の上に激しくぶつかる. ● **～ down** 激しく放り投げる; DASH off. **～ off** 急行する, 急いで行く[去る]; 〈文章・絵・手紙などを〉一気に[急いで]書き上げる, 〈物事を〉さっと片付ける[やってしまう]; はねとばす. **～ out** 急いで行く, 飛び出す; 抹殺する. **～ over** 急いで立ち寄る〈*for*〉. ► *n* **1 a** 《液体が》激しくぶつかること[音]; 突進, ダッシュ, 突撃 (onset)〈*at*〉; 〘陸上〙短距離競走; 《古》猛烈な一撃: a hundred meter ～ 100メートル競走 / make a ～ for…に向かって一気に突進[突撃]する; …を求めて突き進む / make a ～ for it 《避難・逃亡のため》突進する, 駆け出す. **b** さっそうたる威勢[風采]; みえ (display); 鋭気, 気力 (vigor): cut a ～ ⇨ 成句. **c** さっと書いた一筆, 筆勢. **2** 衝突 (collision); 《元気・希望などを》くじくもの, 障害; 《バター製造の》攪拌(かくはん)機 (churn dasher). **3** [a ～] 少量; [*neg*] 少し(も) (damn): just a ～ ほんの少し[ちょっと] / a ～ of salt 塩少々 / red with a ～ of purple 紫がかった赤 / a ～ of wit 少しのウィット. **4** ダッシュ《—》. ★ 構文の中断・変更や語の省略などを示す: To write imaginatively one needs—imagination. 《強調》/ Health, wealth, friends—all are gone. 《総括》/ Oh, how I wish—! 《中断》/ Well, I don't know—that is—no, I can't accept. 《ためらい》/ Who broke the window?—Not I. 《話者変更》/ Two of our party—Tom and Fred—were late. 《dash 2 つで括弧の役目》/ Mr. B— of New York / Go to the d—l (＝devil)! 《語の省略》. **5** 〘通信〙《モールス符号の》長音, 長点, 'ツー' (cf. DOT[1]); 〘楽〙STACCATO の記号 《 ' 》; 〘数〙ダッシュ(記号). ★ 数学でいう A′, 角度の目盛りの 25′ は英語ではふつう PRIME[1] という. **6** 《口》《自動車の》計器盤 (dashboard). ● **at a ～** 一気に, まっしぐらに, 一目散に. **cut a ～** 《古風口》さっそうとしている; 異彩を放つ. **have a ～ at**…を試みる. [ME (? imit)]

dash[2] 《西アフリカ》*n* 贈り物; 心付け, チップ, 賄賂. ► *vt* …に贈り物[心付け]をやる. [C16＜?Fanti]

Dashahara ⇨ DASEHRA.

dásh·bòard *n* 《自動車の運転席・飛行機の操縦席の》計器盤[板], ダッシュボード; 《馬車・馬そりなどの前部の》はねよけ; 《ボートなどの》しぶきよけ.

dashed /dǽʃt/ *a* **1** 《口》DAMNED. **2** ダッシュの連続からなる, ダッシュを連ねた: a ～ line 断続線, 破線.

da·sheen /dæʃíːn/ *n* 〘植〙サトイモ (TARO).

dásh·er *n* DASH[1] する人[もの]; 《液体・半固体(アイスクリームなど)をかきまぜる》攪拌機, ダッシャー; 《馬車などの》はねよけ (dashboard); 《口》さっそうとした人.

da·shi /dáːʃi/ *n* だし《特にかつおぶし(と昆布)のだし汁》. [Jpn]

da·shi·ki /dəʃíːki, dɑː-, dæ-/, **dai-** /daɪ-/ *n* ダシーキ《アフリカの部族衣裳を模して米国およびカリブ海地方の黒人が用いる色彩はなやかなゆったりした上着》. [Yoruba *danshiki*]

dásh·ing *a* 威勢のよい; さっそうとした, 人目をひく, かっこいい. ♦ **～·ly** *adv* 威勢よく; さっそうと.

dásh lìght 《自動車などの》計器盤上の明かり.

dásh·pòt *n* 〘機〙ダッシュポット《緩衝・制動装置》.

Dasht-i-Ka·vir, -e- /dæʃtikəvíər, dàːʃ-/ カヴィール砂漠《イラン中部の塩分の濃い砂漠》.

Dasht-i-Lut, -e- /dàːʃtilúːt/ ルート砂漠《イラン中東部の砂漠》.

Dash·wood /dǽʃwùd/ ダッシュウッド《Jane Austen, *Sense and Sensibility* の Elinor (＝sense), Marianne (＝sensibility) 姉妹の姓》.

dáshy *a* 派手な, さっそうとした (dashing).

das·sie /dáːsi, dǽsi/ *n* **1** 〘動〙イワダヌキ, ハイラックス《イワダヌキ[ハイラックス]科の哺乳動物》. **2** 〘魚〙サルゴ (＝*sargo*)《サハラ沖に分布するタイ科アフリカチヌ属の沿岸魚》. [Afrik]

dast /dǽst/ *vi*, *v auxil* 《古・非標準》DARE.

das·tard /dǽstərd/ *n* 《古風》卑劣漢, 腰抜けの悪漢. [? *dazed* (pp), *-ard*, or *dasart* (obs) dullard＋*dotard*]

dástard·ly *a* 《古風》卑劣な, 悪辣な. ► *adv* 卑劣[悪辣]なやり方[態度]で. ♦ **-li·ness** *n*

da·stur, -stoor /dəstúər/ *n* パールシー (Parsi) の高僧. [Hindi]

da·sym·e·ter /dæsímətər, də-/ *n* 気体[ガス]密度計.

dasy·ure /dǽsijùər/ *n* 〘動〙フクロネコ (QUOLL).

dat. dative.

DAT differential aptitude test ♦ /dǽt/°digital audiotape.

da·ta /déɪtə, dáːtə, *dǽtə/ *n* (*pl* ～) データ, 資料; 《観察によって得た》事実, 知識, (集めた)情報〈*on*〉; 〘論・哲〙与件, 所与. [DATUM の複数形]

dáta bànk データバンク《**1**) DATABASE **2**) データを蓄積・保管し, これを提供する機関》. ♦ **dáta-bànk** *vt* データバンクに入れる[保管する].

dáta·bàse *n* データベース. ► *vt* 〈データを〉データベースに入れる.

dátabase mánagement sỳstem 〘電算〙データベース管理システム《データベースを構成・維持・運用するためのソフトウェア; 略 DBMS》.

dát·able /déɪtəb(ə)l/ *a* 時日を指示できる.

dáta bùoy 〘気〙データブイ《感知器と送信機を備えた気象観測用ブイ》.

dáta càpture 〘電算〙データの取り込み.

dáta càrrier 〘電算〙データ記憶媒体, データ担体.

dáta comprèssion 〘電算〙データ圧縮.

dáta dìctionary 〘電算〙データ辞書《データベースの管理情報を記述・記録したファイル》.

dáta dìsk 〘電算〙データディスク.

dáta èlement 〘電算〙データ要素, データエレメント《レコードやフィールドなど一つのまとまった情報単位》.

dáta fìle 〘電算〙データファイル.

dáta flòw 〘電算〙データ(の)流れ, データフロー.

dáta·flòw àrchitecture 〘電算〙データフローアーキテクチャー《網目状のデータの流れを規定して, 逐次制御によらずに処理を行なう非ノイマン型計算機構成の一つ》.

dáta fùsion データフュージョン《複数の情報源からのデータをより有効な情報に統合すること[手法]》.

dáta·glòve *n* 〘電算〙データグローブ《virtual reality や遠隔ロボット操作で, 手の向きや指の動きを取得するセンサーの付いた手袋》.

dáta-hàndling sỳstem データ処理システム.

dáta hìghway データハイウェー (INFORMATION SUPERHIGHWAY).

dat·al /déɪtl/ *a* 日付[年代] (date) の[を含む]; 日付[年代]順に配列した.

dáta lìnk 〘電算〙データリンク《通信線; 略 D/L》.

da·tal·ler /déɪt(ə)lər/ *n*″《方》《特に 炭鉱の》日雇い労働者.

dáta lògger データロガー《計測値などを継続的に記録する装置》.

da·ta·ma·tion /dèɪtəméɪʃ(ə)n, dàː-, *dæt-/ *n* 自動データ処理, データメーション; データメーション産業. [*data*＋auto*mation*]

dáta mìning 〘電算〙データマイニング, 情報発掘《膨大なデータを統計的手法などによって解析し, ある傾向[法則性]や相関関係などの有用な情報を得るための作業》.

dáta pèn データペン《商品管理用コードなどの読取り装置》.

dáta·phòne *n* データホン《電話回線を使うデータ伝送装置》.

dáta·pòrt 〘電算〙データポート (PORT[2]).

Dáta·pòst 〘商標〙データポスト《英国の速達便の一種》.

dáta pròcessing データ処理, 情報処理.

dáta pròcessor データ処理装置.

dáta protèction 《コンピューターの》データ保護.

dáta redùction 〘電算〙《生データの》データ整理.

dáta retrìeval 〘電算〙データ検索[取得, 取り出し].

Dáta·ròute 〘商標〙データルート《カナダのデジタル情報通信システムの一つ》.

da·ta·ry /déɪtəri/ *n* 〘カト〙聖庁内掌璽院《教皇庁の一部局; 禄付き聖職志望者の適格審査に当たる》; 掌璽院院長.

dáta sèt データセット《**1**) 1 単位として扱う関連データ **2**) データ通信で用いられるアナログからデジタル また その逆の変換器》.

dáta shèet データシート《主な関連データを記した紙》.

dáta strùcture 〘電算〙データ構造.

dáta tỳpe 〘電算〙データ型, データタイプ (＝*type*)《プログラミング言語において, 整数 (integer), 実数 (real), 文字 (character) などの種類》.

dáta wàrehouse 〘電算〙データウェアハウス《組織内のばらばらなデータを集積・統合し, 情報分析・意志決定支援に供するもの》.

datcha ⇨ DACHA.

date[1] /déɪt/ *n* **1 a** 日付, 年月日; 期日, 日取り; [*pl*]《人物の》生没年, 《事象の》始まった年と終わった年: ～ of birth 生年月日 / at an early ～ 近々 / What's the ～ today?＝What's today's ～? 今日は何日ですか / fix [set] the ～ of [*for*]…の日取りを決める. **b** 《商業文で》当日; 《口》本日. **c** 年代, 時代: of an early ～ 初期の, 古代の. **d** 存続期間, 寿命. ★[日付の書き方] (1)《米》では一般に June 4, 2012; 軍部・科学関係などでは 4 June 2012 の形を好む. メモなどに略記するときは 6/4/12 などの形を用いる. (2)《英》その他では一般に 4(th) June, 2012, 略して 4/6/12 のようにする. (3) June 4 は通例 June (the) fourth と読むが, 口語では June four とも読む. **2** 《口》**a** 《異性などとの》デート(の約束); *デートの相手: a coffee [picnic] ～ コーヒーを飲む[ピクニックに行く]デート / go (out) on a ～ デートに出かける / have a ～ with…とデートする; 面会する / make a ～〈*with* sb *for* sth〉会う[面会の]約束をする / keep [break] a ～ with…とのデートの約束を守る[破る]. **b** 《一般に》会う約束[取決め]; 《音楽家などの》出演(契約), ステージ(に立つこと), 演奏, レコーディング: take club ～*s* クラブの出演を引き受ける. **3** [*pl*] 新聞 (newspapers). ● **after ～** 〘商〙日付後《手形面に three months after date pay…のように記し, 手形日付を支払日計算の起点とすることを示す; 略 A/D, A/d, AD, a.d.》: 90 days *after* ～ 日付後 90 日払い. **It's a ～.** 《口》それで決まりだ. **no ～** 《蔵書票などで》日付なし《略 n.d.》. **of even ～** 同一日付の. **out of ～** 時代遅れの, 旧式の. **to ～** 現在[今, これ]まで(のところ) (until now, as yet). **up [down] to ～** 今日の情況に合致するように; 当世風に, 現代風に: be *up to* ～ 最新(式)のものである; 〈人が〉考え方が現代的である / bring [get]…*up to* ～ 最新のものにする, 〈遅れた仕事を〉仕上げる (＝get *up to* ～ *with*…); 〈人〉に〈事情などについて〉最新の情報を与える〈*on, with*〉/ get one*self up to* ～ *with*…〈最新の情報など〉について知る. **without** ～ 無期限に. ► *vt* **1 a**〈手紙・文書〉に日付を入れる;〈事件・美術品など〉の日時[年代]を定める; …の年齢[時代]を示す: That dress ～*s* him. あの服装で年齢が知れる. **b** 古臭くする. **2***〈異性〉と会う約束をする〈*up*〉, …とデートする[つきあう]. ► *vi* **1** 日付がある. **2 a**〈…から〉始まる, 起算する〈*from*〉,〈…に〉さかのぼる〈back *to*〉. **b**〈芸術・文体などが〉特定の時代のものと認められる; 古臭くなる, 時代遅れとなる. **3***デートする, つきあう. ● ～ **forward**〈小切手などを〉先日付にする《支払いなどを遅らせるため》. [OF＜L *data* (letter) given (at specified time and place) (pp)〈*do* to give〉]

date² *n*〘植〙ナツメヤシ (＝～ **pàlm**); ナツメヤシの実, デーツ: pitted ～*s*《干した》種ぬきデーツ. [OF, ＜Gk; ⇨ DACTYL; 葉の形の類似より]

dáte·able *a* DATABLE.

dáte bàit 《俗》もてもてのかわい子ちゃん.

dáte·bòok* *n*《重要な日・できごと・約束・支出などを書き入れる》メモ帳, 手帳.

dat·ed /déɪtəd/ *a* 日付のある[のついた]; 時代遅れの, 旧式の: a letter ～ June 5 / not ～ 日付なし《略 n.d.》. ♦ **～·ly** *adv* **～·ness** *n*

dáte·less *a* 日付のない; 年代のわからないほど年を経た; 古いが依然として興味のある, 歳月を超えた, 永遠の; 無限の; *《口》会合[デート]の約束のない. ♦ **～·ness** *n*

dáte lètter 《貴金属器・磁器などの》製作年代印 (＝*datemark*)《しばしば アルファベットの文字で示す》.

dáte·lìne *n*《書類・新聞[雑誌]記事などの》発信地と日付(を記した行); DATE LINE. ► *vt*〈記事など〉に発信地と日付を入れる.

dáte lìne [the] 日付変更線 (international date line).

dáte·màrk *n*《押印された》日付印,《特に》DATE LETTER. ► *vt* …に日付印をおす.

dáte plùm 〘植〙マメガキ《日本・中国・シベリア原産》.

dat·er /déɪtər/ *n* 日付をつける人, 日付印字器, 日付スタンプ;《口》デートする人.

dáte-ràpe *vt* …にデートレイプをする. ♦ **dáte ràpist** *n*

dáte ràpe デートレイプ《デート相手による性的暴行; 広義には知人による暴行 (acquaintance rape) も含む》.

dáte ràpe drùg デートレイプ薬《デートレイプをする相手に意識を失わせたり鎮静作用をひき起こすようひそかに処方する薬物; GHB など》.

dáte slìp 〘図書〙返納期日票, 貸出日付票.

dáte-stàmp *vt*〈郵便物など〉に日付印[消印]をおす.

dáte stàmp 《郵便物などの》日付印, 日付スタンプ, 消印; 日付スタンプ器.

da·tin /dɑːtíːn/ *n* DATO の妻(の称号).

dat·ing /déɪtɪŋ/ *n* 日付記入;〘商〙先日付《通常の支払い期限を越えて支払い猶予を認めること》; デートすること;《考古学・地質学などの》年代決定.

dáting àgency DATING SERVICE.

dáting bàr* SINGLES BAR.

dáting sèrvice デート斡旋[恋人紹介]所, デートサービス.

Da·tism /déɪtɪz(ə)m/ *n* ダティズム《外国語を話す時に犯しやすい誤り》. [Gk *Datismos* speaking like Datis, i.e. speaking broken Greek; *Datis* は Marathon の戦いの時のメディア人の指揮官]

da·ti·val /deɪtáɪv(ə)l, də-/ *a*〘文法〙与格の.

da·tive /déɪtɪv/ *n*〘文法〙与格《名詞・代名詞が間接目的語のときの格; I gave *him* [*the boy*] an apple. の him, boy》; 与格語(形). ► *a*〘文法〙与格の;〘スコ法〙〈遺言執行人が〉遺言者ではなく裁判所によって指名された;〘法〙自分の好きなように処分できる,〈役人が〉解任されうる. ♦ **～·ly** *adv* [L (*casus*) *dativus* (*dat- do* to give); Gk (*ptōsis*) *dotikē* の訳]

dátive bónd 〘化〙供与結合 (coordinate bond).

da·to, dat·to /dáːtoʊ/ *n* (*pl* ～**s**)《フィリピン・マレーシアなどの部族の》族長, ダトゥ《勲功者の称号にもなる》;《BARRIO の》首長. [Sp＜Malay]

da·to·lite /déɪtəlàɪt/ *n*〘鉱〙ダトライト《塩基性火成岩中の二次的鉱物》.

Da·tong, Ta·tung /dáːtʊ́ŋ/ 大同(だいどう)(ターコン)《中国山西省北部の市》.

da·tu /dáːtu/ *n* DATO.

da·tuk /dáːtək/ *n* DATO.

da·tum /déɪtəm, dáː-, *dǽt-/ *n* **1** (*pl* **da·ta** /-tə/) データ, 資料 (cf. DATA); [ᵁ*pl*]〘論・哲〙与件, 所与;〘数〙既知数; SENSE-DATUM. **2** (*pl* ～**s**)《計算・計測を起算すべき》基準点[線, 面], 基準. [L (pp)〈*do* to give]

dátum lìne [lèvel, plàne, pòint] 〘測〙基準線[面, 点].

da·tu·ra /dət(j)ʊ́ərə/ *n*〘植〙ナス科チョウセンアサガオ属 (*D-*) の各種の草本[草花]. [Hindi]

dat·u·rism /dǽtjərɪz(ə)m/ *n* チョウセンアサガオ中毒.

dau. daughter.

daub /dɔ́ːb, *dáːb/ *vt*〈塗料・しっくいを〉塗る〈*on*〉,〈壁などに〉塗りつける〈*with*〉; よごす, きたなくする〈*with*〉; …にえのぐを塗りたくる;〈えのぐなどを〉塗りたくる;〈絵を〉へたに描く: ～ paint *on* a wall＝～ a wall *with* paint / He ～*ed* his shirt all over *with* chocolate. シャツを一面チョコだらけにした. ► *vi*《塗料・えのぐなどで》塗りたくる; へたな絵を描く;《古・方》見せかける. ► *n* 塗ること, 塗りたくること; よごれ (smear);《泥のような》塗料, 壁塗り材料; 稚拙な絵. ♦ **～·ing·ly** *adv* そんざいに, 不細工に. [OF＜L＝whitewash (*de-*, ALB)]

daube /dóʊb; *F* doːb/ *n*〘料理〙ドーブ《肉の蒸し煮》; ドーブ用鍋[蒸焼き鍋] (cf. CASSEROLE). [F]

dáub·er *n* 塗る人, 壁塗り工; DAUBSTER; 塗りばけ[道具]; *《俗》元気, 勇気.

dáub·ery, dáub·ry *n* DAUB すること; えのぐのぬたくり, へぼ絵; いいかげんな[ぞんざいな, 不細工な]仕事.

Dau·bi·gny /dòʊbinjíː, doʊbíːnji; *F* dobiɲi/ ドービニー **Charles-François** ～ (1817–78)《フランスの Barbizon 派の風景画家》.

dáub·ster *n* へぼ絵かき.

dáuby *a* (ᵁ**dáub·i·er, -i·est**) めちゃ塗りした; べたべたする; ぞんざいに仕上げた.

Dau·det /doʊdéɪ; ―́―; *F* dodɛ/ ドーデ **(1) Alphonse** ～ (1840–97)《フランスの作家; *Lettres de mon moulin* (1866)》 **(2) (Alphonse-Marie-)Léon** ～ (1867–1942)《フランスの極右ジャーナリスト・作家; Alphonse の子》.

Dau·ga·va /dáʊgəvə/ [the] ダウガヴァ川《WESTERN DVINA 川のラトヴィア語名》.

Dau·gav·pils /dáʊgəfpìlz, -s/ ダウガフピルス (*Russ* Dvinsk)《ラトヴィア南東部の西 Dvina 川に臨む市》.

daugh·ter /dɔ́ːtər, *dáː-/ *n* **1** 娘 (opp. *son*); 女の子孫, …の産んだ女性〈*of*〉;〈ある国・土地などの〉女性;《人・事件・時代の精神的[知的]所産たる》女性〈*of*〉; [ᵒD-]《古》娘《呼びかけ》: He that would the ～ win, must with the mother first begin.《諺》娘を得んとする者はまず母親より始めよ / a ～ of Abraham アブラハムの娘, ユダヤ女性 / ～*s* of the church 婦人教会員たち / a ～ of Smith College スミス女子大の卒業生. **2** 娘のようなもの;〘理〙娘核種: The United States is a ～ of Great Britain. 合衆国は英国の娘である. ● **a** ～ **of** EVE. ► *a* 娘としての, 娘らしい; 娘のような関係にある; 派生した, 従属的な;〘生〙(性にかかわらず)第 1 世の子の《1 細胞が 2 個に分裂すればその各個を daughter cell という》;〘理〙放射性崩壊によって生じた. ♦ **～·hòod** *n* 娘としての身分; 娘時代; 娘たち. **～·less** *a* [OE *dohtor*; cf. G *Tochter*]

dáughter átom 〘理〙娘原子《DAUGHTER ELEMENT の原子》.

dáughter cárd [bóard] 〘電算〙ドーターカード[ボード]《マザーボード (motherboard) や拡張カード (expansion card) に取り付けて使う機能拡張用の基板》.

dáughter céll 〘生〙《細胞分裂による》娘細胞.

dáughter chrómosome 〘生〙娘染色体.

dáughter élement 〘理〙《放射性元素の崩壊による》娘元素.

dáughter-in-làw *n* (*pl* **dáughters-**) 息子の妻, 嫁.

dáughter·ly *a* 娘としての, 娘らしい. ♦ **-li·ness** *n*

dáughter núcleus 〘生〙娘核《核分裂によって生じた細胞核》;〘理〙娘核《核分裂によって生じた原子核》.

Dáughters of the Américan Revolútion *pl* [the]〘米〙アメリカ革命の娘《独立戦争の精神を長く伝えようとする愛国婦人団体; 1890 年創立; 会員は独立戦争で戦った父祖の子孫に限る; 略 DAR》.

Dau·mier /dóʊmièɪ; *F* domje/ ドーミエ **Honoré** ～ (1808–79)《フランスの画家・石版画家・彫刻家; 社会・政治を諷刺した石版漫画に傑出》.

dau·no·mýcin /dɔ̀ːnə-, dàʊ-/ *n*〘生化〙ダウノマイシン《急性白血病の治療に用いる抗生物質》. [*Daunia* イタリア Apulia 州の古い地方名]

dau·no·ru·bi·cin /dɔ̀ːnərúːbəsən, dàʊ-/ *n*〘生化〙ダウノルビシン (DAUNOMYCIN). [↑, L *ruber* red]

daunt /dɔ́ːnt, *dáːnt/ *vt* **1** 威圧する; ひるませる, たじろがせる, …の気力をくじく. **2** ᴵᴵ〘漁業〙〈塩漬けのニシンを〉樽に押し詰める. ● **nothing ～ed** 少しもひるまず《nothing は *adv*》. [OF＜L *domito* (freq)＜*domo* to tame]

dáunt·ing *a* 恐ろしげな,〈仕事が〉やっかい(そう)な, 難題[重荷]の; 気が遠くなる. ♦ **～·ly** *adv* 威圧的に; 気が遠くなるほど.

dáunt·less *a* 決してたじろぐ[ひるむ]ことのない, 勇敢な, 豪胆な, 不屈の. ♦ **～·ly** *adv* **～·ness** *n*

dau·phin /dɔ́ːfən/ *n* [ᵒD-]〘史〙王太子《1349–1830 年のフランス皇太子の称号》. [F＜L *delphinus* DOLPHIN; その所領 DAUPHINÉ より]

dau·phine /dɔːfíːn/ *n* [ᵒD-] DAUPHINESS. [F]

Dau·phi·né /dòʊfinéɪ; *F* dofine/ ドーフィネ《フランス南東部の地方・旧州; ☆Grenoble》.

dáuphin·ess *n*〘史〙《フランスの》王太子妃.

dau·phi·nois /dòʊfɪnwáː/, **-noise** /-nwáːz/ *a*〘料理〙ドーフィネ風の《薄切りジャガイモを重ね牛乳やチーズをかけ焼いた》: gratin *dauphinois* ドーフィネ風ジャガイモのグラタン. [*Dauphiné*]

Daus·set /dousé, -séɪ/ ドーセ **Jean-Baptiste-Gabriel-Joachim** ～ (1916–2009)《フランスの血液学者・免疫学者; 免疫反応の遺伝学的基礎を研究, ノーベル生理学医学賞 (1980)》.

daut, dawt /dɔ́:t/ 《スコ》 *vt* 大事にする, かわいがる; 愛撫する. [C16＜?]

dauw /dáu/ *n* BURCHELL'S ZEBRA.

DAV Disabled American Veterans.

Da·vao /dá:vàu, ━━/ ダバオ《フィリピンの Mindanao 島南東部, Davao 湾の北西岸にある港湾都市》.

Dávao Gúlf ダバオ湾《フィリピンの Mindanao 島南東部にある太平洋の大きな入江》.

Dave /déɪv/ **1** デーヴ《男子名; David の愛称》. **2***《俗》 幅が D サイズの靴 (＝*David*).

da·ven /dá:vən, dɔ́:-/ *vi* 〘ユダヤ教〙 祈りのことばを唱える. [Yid]

Dav·e·nant, D'Av·e·nant /dǽv(ə)nənt/ ダヴェナント Sir **William** ～ (1606–68)《イングランドの詩人・劇作家; 桂冠詩人 (1638–68)》.

dav·en·port /dǽv(ə)npɔ̀:rt, dǽvm-/ *n* **1**ᴵᴵ小型の書き物机, ダヴェンポート《蝶番式のふたを開くと机になる》. **2***寝台兼用の大型ソファー. [C19＜?; 発案者の名か]

Davenport ダヴェンポート《Iowa 州東部の Mississippi 川に臨む市》.

Da·vey /déɪvi/ デーヴィー《男子名; David の愛称》.

Da·vid /déɪvəd/ **1** デーヴィッド《男子名; 愛称 Dave, Dav(e)y, Davie》. **2**〘聖〙 ダビデ (d. 962 B.C.)《Saul に次ぐイスラエル王国第 2 代の王, Solomon の父; 詩篇 (Psalms) の大半は彼の作という; cf. DAVID AND GOLIATH, DAVID AND JONATHAN, MAGEN DAVID》. **3** [Saint] 聖デーヴィッド (d. 600?)《ウェールズの abbot でその守護聖人, 祝日 3 月 1 日》. **4**《スコットランド王》デーヴィッド (**1**) ～ **I** (c. 1082–1153)《在位 1124–53》 (**2**) ～ **II** (1324–71)《在位 1329–71; Robert the Bruce の子》. **5** /*F* david/ ダヴィッド **Jacques-Louis** ～ (1748–1825)《フランスの画家; Napoleon Bonaparte の宮廷画家》. **6** デーヴィッド **Elizabeth** ～ (1913–92)《英国の料理研究家》. **7** /dá:vət/ ダーヴィト **Gerard** ～ (c. 1460–1523)《オランダの宗教画家; Bruges 派の最後の巨匠》. **8** /dɑví:d/ ダビッド《パナマ西部の市》. **9***《俗》 DAVE《靴のサイズ》. ◆ **Da·vid·ic** /dəvídɪk, deɪ-/ *a* [Heb＝beloved]

Da·vi·da /dəví:də/ ダヴィーダ《女子名; 愛称 Vida, Vita》. [(fem)＜*David*]

Dávid and Golíath 〘聖〙 ダビデとゴリアテ《小さい[力の劣る, 勝ち目のない]者が強大な相手と戦う時のたとえ; 羊飼いの若者 David が巨人戦士 Goliath を石ひとつで倒した故事から; *1 Sam* 17: 49》.

Dávid and Jónathan *pl* 〘聖〙 ダビデとヨナタン《無二の親友; *1 Sam* 19: 1–10; cf. DAMON AND PYTHIAS》.

Dávid Cópper·fìeld デーヴィッド・コパーフィールド《(**1**) Dickens の自伝的小説 (1849–50) (**2**) その主人公》.

Da·vid d'An·gers /*F* david dɑ̃ʒe/ ダヴィッド・ダンジェ **Pierre-Jean** ～ (1788–1856)《フランスの彫刻家》.

Da·vid·son /déɪvəds(ə)n/ デーヴィッドソン (**1**) **Bruce** ～ (1933–)《米国の写真家・映画制作者》 (**2**) **Randall Thomas** ～, Baron ～ (of Lambeth) (1848–1930)《Canterbury 大主教 (1903–28)》.

Da·vie /déɪvi/ デーヴィー《男子名; David の愛称》.

Da·vies /déɪviz; -vɪs/ デーヴィス (**1**) Sir **Peter Maxwell** ～ (1934–)《英国の作曲家・指揮者》 (**2**) **William Henry** ～ (1871–1940)《ウェールズの抒情詩人》 (**3**) (**William**) **Robertson** ～ (1913–95)《カナダの小説家・劇作家》.

da Vignola ⇨ VIGNOLA.

Dá·vi·la Pa·dil·la /dá:vɪlə pɑdí:jə/ ダビラ・パディヤ **Agustín** ～ (1562–1604)《メキシコの歴史家; 異名 'Chronicler of the Indies'; Santo Domingo の司教 (1599–1604)》.

da Vinci ⇨ LEONARDO DA VINCI.

Da·vis /déɪvəs/ **1** デーヴィス (**1**) **Angela** (**Yvonne**) ～ (1944–)《米国の黒人政治活動家; 1970 年法廷からの脱出未遂事件を幇助した容疑をかけられて逮捕されると, 彼女を救出しようという運動が全米で展開され, 72 年無罪》 (**2**) **Benjamin Oliver** ～ (1877–1970)《米国の軍人; アフリカ系米人として初の陸軍将官 (准将, 1940); 息子 Benjamin O. ～ (1912–2002) はアフリカ系初の空軍将官 (1953)》 (**3**) **Bet·te** /béti/ ～ (1908–89)《米国の映画女優; 本名 Ruth Elizabeth ～》 (**4**) Sir **Colin** (**Rex**) ～ (1927–)《英国の指揮者》 (**5**) **David** ～ (1815–86)《米国の政治家・法律家; Lincoln と親しく, 南北戦争をはさんで合衆国最高裁判所陪席裁判官 (1862–77), 上院議員を歴任》 (**6**) **Glenn** (**Ashby**) ～ (1934–2009)《米国の陸上競技選手; 400 メートルハードルで世界記録を樹立, オリンピックでも同種目で 2 度優勝》 (**7**) **Jefferson** ～ (1808–89)《米国の政治家; 南部連合国の大統領 (1861–65)》 (**8**) **Joe** ～ (1901–78)《英国のビリヤードおよびスヌーカー (snooker) プレーヤー; スヌーカー世界チャンピオン (1927–40, 46); 弟 **Fred** (1913–98) もスヌーカー世界チャンピオン (1948–49, 51–56)》 (**9**) **John** ～ (1550?–1605)《イングランドの航海者; Falkland 諸島を発見 (1592); Davys ともつづる》 (**10**) **Miles** (**Dewey**) ～(, **Jr.**) (1926–91)《米国のジャズトランペット奏者・作曲家・バンドリーダー》 (**11**) **Raymond** ～ **Jr.** (1914–2006)《米国の天文物理学者; ノーベル物理学賞 (2002)》 (**12**) **Sammy** ～**, Jr.** (1925–90)《米国の歌手・俳優》 (**13**) **Steve** ～ (1957–)《英国のスヌーカープレーヤー; 世界チャンピオン (1981, 83–84, 87–89)》 (**14**) **Stuart** ～ (1894–1964)《米国の画家; 米国抽象絵画の草分け的存在》. **2** デーヴィス《男子名》. **3** デーヴィス《California 州中部の市》. [短縮＜ME *Davyson* son of David]

Dávis apparàtus デーヴィス装置《潜水艦からの脱出装置》. [Sir Robert H. *Davis* (1870–1965) 英国の発明家]

Dávis Cùp [the] **1** デビスカップ《1900 年米国のテニス選手(のち陸相) Dwight F. Davis (1879–1945) が英米対抗テニス試合のために寄贈した優勝銀杯; 試合はその後国際選手権試合となって今日に至る》. **2** デビスカップ争奪戦, デ杯戦.

Dávis Móuntains *pl* [the] デーヴィス山地《Texas 州西部の山地; Rocky 山脈の南部に含まれる》.

Da·vis·son /déɪvəs(ə)n/ デーヴィソン **Clinton Joseph** ～ (1881–1958)《米国の物理学者; 電子線の回折現象を発見; ノーベル物理学賞 (1937)》.

Dávis Stráit [the] デーヴィス海峡《Greenland とカナダの Baffin 島との間の海峡》.

dav·it /déɪvət, dǽv-/ *n* 《ボート・錨・船荷を上げ下げする》 吊り柱, ダビット. [OF (dim)＜*Davi* David]

Da·vi·ta /dəví:tə/ ダヴィータ《女子名; 愛称 Vita》. [⇨ DAVIDA]

Da·vos /dɑ:vóus/ ダヴォス《スイス東部 Graubünden 州のリゾート地・ウインタースポーツの中心地; 世界経済フォーラム (World Economic Forum) の年次総会の開催地》.

Da·vout /dævú:/ ダヴー **Louis-Nicolas** ～, Duc d'Auerstaedt, Prince d'Eckmühl (1770–1823)《フランスの陸軍元帥; Austerlitz (1805) をはじめ数々の戦闘で勲功をあげた》.

Da·vus /déɪvəs/ ダーウス《Plautus, Terence などの劇中の奴隷の名》.

da·vy /déɪvi/ *n* 《俗》 AFFIDAVIT: take one's ～ 誓う ‹*that*..., *to* a fact›.

Davy **1** デーヴィー《男子名; David の愛称》. **2** デーヴィー Sir **Humphry** ～ (1778–1829)《英国の化学者; Davy lamp を発明》.

Dávy Jónes 海魔, 海の悪霊《船員たちによるユーモラスな呼称》; DAVY JONES'S LOCKER. [C18＜?; West Indian *duppy* devil の, Jones は Jonah の変形か]

Dávy Jónes'(s) lócker, Dávy's lócker 大洋(の底), 《特に》海の墓場: go to ～ 海底のもくずとなる.

Dávy làmp (デーヴィー)安全灯《昔の炭坑用》.

Da·vys /déɪvəs/ デーヴィス **John** ～ ⇨ John DAVIS.

daw[1] /dɔ́:, dá:/ *vi* 《スコ》 DAWN.

daw[2] /dɔ́:/ *n* 〘鳥〙 JACKDAW; 《廃》 ばか者. [ME＜OE **dāwe*; cf. OHG *tāha*]

daw·dle /dɔ́:dl/ *vi* ぐずぐず[ぶらぶら, だらだら]する ‹*about*; *over* a beer, one's meal, etc.›; のろのろ[のそのそ]動く ‹*along*›. ► *vt* ‹時を›空費する ‹*away*›. ◆ **dáw·dler** *n* のろま, ぐず; なまけ者. **dáw·dling·ly** *adv* [C17＜?; cf. *daddle*, DODDLE (dial)]

Dawes /dɔ́:z/ ドーズ **Charles G**(**ates**) ～ (1865–1951)《米国の法律家・財政家・外交官; 副大統領 (1925–29); 第一次大戦後ドイツの賠償改定案 'ドーズ案' (～ **Plàn**) を作成; ノーベル平和賞 (1925)》.

dawg /dɔ́:g/ *n* 《口》 DOG.

dawk[1]* /dɔ́:k/ *n* 《ハト派 (dove) とタカ派 (hawk) との》 中間派. [dove ＋ hawk]

dawk[2] ⇨ DAK.

dawn /dɔ́:n, *dá:n/ *n* **1 a** 夜明け, あけぼの, 暁 (daybreak), 黎明 (AURORAL *a*): from ～ till [to] dusk 夜明けから夕暮れまで / at ～ 明け方に / as ～ breaks 夜が明けると / The darkest hour is that [comes] before the ～.＝The darkest hour is just before the ～. 《諺》 最も暗きは夜明け前《まもなく事態は好転しよう》. **b**《ものの》始まり, 兆し, 曙光 ‹*of*›: the ～ *of* civilization [this century] 文明の兆し[今世紀の初め]. **c**《口》 突然わかる[悟る]こと, ひらめき. **2** [D-] ドーン《女子名》. ► *vi* 夜が明ける; 兆す, (徐々に)発達を始める; ‹ものが›現われ出す, 見え出す, ‹時代が›始まる; ‹事が›わかり始める ‹*on* sb›: It [Day, Morning] ～*s*. 夜が明ける / It ～*s on* sb that ....ということが‹人›にわかり始める. [逆成＜*dawning*]

dáwn bìrd 〘古生〙 アケボノドリ (HESPERORNIS).

dáwn chòrus 《オーロラなどに関係のある》 早朝のラジオ電波障害; [the] 暁の合唱《夜明けの小鳥のさえずり》.

dáwn-hòrse *n* 〘古生〙 始新馬 (eohippus).

dáwn·ing *n* 夜明け; 《新時代などの》 始まり. [ME *dawing*; -n- は ON または *evening* の影響; cf. DAY, OE *dagian* to dawn]

dáwn màn [°D- M-] 《絶滅した》 原始人; PILTDOWN MAN.

dáwn patròl 〘軍〙 暁の偵察飛行; 《放送局の》 早朝番組担当班.

dáwn ráidᴵᴵ **1**《警察などによる》 早朝の手入れ[攻撃], 朝駆け. **2** 暁の急襲《株式市場のその日の取引開始直後に特定の株を大量に買い占めること; しばしば企業乗っ取りの準備》.

dáwn rèdwood 〘植〙 メタセコイヤ, アケボノスギ《中国原産; スギ科の落葉高木; 長い間絶滅したと考えられていた》.

dáwn stòne 原石器 (eolith).

Daw·son /dɔ́:s(ə)n/ **1** ドーソン《カナダ北西部 Yukon 準州西部の市; Klondike のゴールドラッシュの時 (1899 年前後) に建設された》. **2** ドーソン (1) **George Geoffrey** ~ (1874–1944)《英国のジャーナリスト; 本名 George Geoffrey Robinson; *Times* 編集長 (1912–19, 1923–41)》 (2) Sir **John William** ~ (1820–99)《カナダの地質学者・博物学者》.

daw·son·ite /dɔ́:sənàɪt/ *n* 〘鉱〙 ドーソン石, ドーソナイト. [Sir John W. *Dawson*]

dawt ⇨ DAUT.

Dax /dǽks/ ダクス《フランス南西部 Landes 県南部の温泉町》.

DAX /dǽks/ [G *Deutscher Aktienindex*] ドイツ株価指数.

day /déɪ/ *n* **1 a** 一日, 一昼夜, 24 時間; 労働[勤務]時間としての一日: in a ~ 一日で; 一朝一夕に / a bad [hard, long] day 大変な[つらい]一日 / ~ 5 [five]《事件・事故などから》5日目 (=the fifth day) / within ~*s* 数日以内に, 数日のうちに / You've had quite a ~. 大変な一日だったね / an eight-hour ~ 8 時間労働日 / The longest ~ must have an end. 《諺》どんなに長い日にも終わりはある《いやなこともいつかは終わる》/ ROME was not built in a ~. **b** 昼, 日中, 昼間 (opp. *night*); 白昼の明るさ, 日光: before ~ 夜明け前に / during the ~ 日中 / (as) plain [clear] as ~ 明白な; とても目立つ. **c** 〘天〙 天体の一日《一回自転するのに要する時間》; 平均太陽日 (mean solar day); 暦日 (civil day); 恒星日 (sidereal day). **2 a** 祝日, 祭日, 記念日, …デー. **b** 期日, 約束の日; 面会日, 在宅日 (=at-home ~): keep one's ~ 期日を守る. **3** [°*pl*] 時代 (epoch), 時, 時分, 時節, 時世; [the] 現代; [one's ~(s)]《個人の》寿命, 生涯; [one's]《人の》幸運(な時間), 全盛(時代): the present ~ 現代 / the early ~*s* 初期, 揺籃期, 当初 ‹*of*› / in the old ~*s*=in olden ~*s*=in ~*s* of old 昔々, 昔は / in ~*s* to come [gone by] 将来に[昔] / men of other ~*s* 昔の人びと / back in the ~(*s*) 昔(は), かつて(は) / (back) in the ~*s* of Queen Victoria ヴィクトリア女王時代に / the best poet of *the* ~ 当代の最優秀詩人 / end one's ~*s* 生涯を終える, 死ぬ / in one's ~ 栄えた[若い]ころには / my footballing ~*s* フットボールに明け暮れていたころ / She was a beauty in *her* ~. 若いころは美人だった / He who [that] fights and runs away lives to fight another ~. 《諺》戦って逃げても生きながらえて他日また戦う機会がある / Every DOG has his ~. / It just wasn't my ~. 《口》ついてない日だった / Our ~ will come. おれたちにもいい日は来るだろう / The ~ of sb [sth] is over [finished]. …は盛りを過ぎた, …の全盛期は終わった / sb's dancing [fighting etc.] ~*s* are over [done] …は(年などのせいで)もう踊り[けんか]などやらない. **4** [the] ある日のできごと, 《特に》戦い, 勝負 (contest), 勝利 (victory); [the D-] ('der Tag' の訳) 第一次大戦前ドイツが待望した英国との一戦; 決行の日: How goes *the* ~? 戦況はどうだ / lose [carry] *the* ~ ⇨ 成句. **5** 《鉱山の上の》地表.

● **all ~ (long)**=**all the ~** 終日, 一日中: not be [take] *all* ~ 長くはかからない. **all ~ and every ~** 絶えず, 何日も続けて, 来る日も来る日も. **all in the [a] ~'s work** あたりまえのことで, 珍しくもないことで. **all the ~s of** one's **life** 生きているかぎり, 命あるかぎり. ANY **~ (now)**. **any ~ (of the week)** いつでも; どんな条件でも, なにがなんでも; どう考えてみても. **any ~ now** すぐに(も), まもなく. **at that [this] ~** そのころ[目下]. **at the end of the ~** いろいろ考慮して[すると], 結局(は). **back in the ~** 昔は, 以前は, あのころは, かつては. **better ~s**《過去または将来の》よい時節: have seen [known] *better* ~*s* 全盛時代も一度はあった(が今はおちぶれている); ‹物が›かなりくたびれて[おんぼろになって]いる. **between two ~s** 夜通し. **by ~** 日中(は), 昼(は): The sun shines *by* ~, and the moon by night. **by the ~** 日決めで《働く, 払うなど》; 日ごとに. **call it a ~** 《口》切り上げる, おしまいにする. **carry the ~** ⇨ lose the DAY. **~ about** 1 日おきに: We take duty ~ *about*. 1 日交替で勤務する. **~ after ~** 毎日, 来る日も来る日も; 何日も限りなく. **~ and night**=NIGHT and ~. **~ by ~** 日々; 日ごとに, 日に日に (daily) ‹暑くなるなど›; from DAY to day. **~ in, ~ out**=**~ in and ~ out** 明けても暮れても (every day). **early in the ~** 早めで[に], はやばやと: It's *early in the* ~. *結論を出すのはまだ早い. **fall on** EVIL **~s.** FIELD DAY. **from ~ one** 《口》最初から. **from ~ to ~** 毎日毎日, 日々, (その)日によって, 日ごとに‹変わるなど› (cf. FROM *one* ~ *to another* [*the next*]). **from that ~ to this** その時から今日まで. **from this ~ forth [on, forward]** 今日以後. **gain the ~** ⇨ lose the DAY. **a** HARD **~ at the office.** **Have a good [nice] ~.** 《口》ごきげんよう, さようなら. **have had** one's **[its] ~ [time]** 盛時を過ぎた, 流行遅れである. **have [get]** one's **~** いいめをみる, 運が向く, (束(つか)の間)もてはやされる. IF **a ~.** **in all** one's **born ~s** 今日に至るまで. **in broad ~** まっ昼間に, 白昼公然と. **in the ~ of** (trouble [evil]) (苦難[災])にあう時には. **(in) these ~s** このごろ, 近ごろ (nowadays)《この句は過去の事柄に用いることもあり, 口語では in を略すことが多い》. **in this ~ and age**《以前と比べて》今は, この時代になって, 今どき. **in those ~s** そのころ[時代]は (then)《通例 in を略さない》. **It's early ~s.** 時期尚早でどうなるかわからない: *It's early* ~*s* to tell. まだ何とも言えない. **(It's) not every ~ (that)…** 《口》…はそうそうあることじゃない. **late in the ~** おそくなって, 手遅れで. **live from ~ to ~**《先のことを考えずに》その日その日を生きる, あてどもない暮らしをする. **lose [win, carry, gain] the ~** 勝利を失う[得る]. **make a ~ of** doing…して一日過ごす. **make a ~ of it** 《口》一日遊び[飲み]暮らす《など》. **make sb's ~** 《口》人を喜ばせる: An unexpected visitor *made her* ~. 思いがけない訪問者に彼女は喜んだ / *Make my* ~! *《俗》やれるもんならやってみろ, かかってきやがれ. NAME **the ~.** **not have all ~** 《口》ぐずぐずしていられない, (…している)暇はない ‹*for*, *to* do›. **not to be** NAMEd **on [in] the same ~ with….** **of a ~** 短命の, 一時的な. **of the ~** (その)当時の; その日の, 《メニューなどで》本日の; 現下の: men *of the* ~ 時代の人 / dish *of the* ~ 本日の料理. **on ~s** 《口》昼間勤務で. **one ~** 《過去か未来の》ある日; [‹*adv*›] 他日. **one of these (fine) ~s** 近日中に, そのうちに; one of those DAYS: *One of these* ~*s* is none of these ~*s*. 《諺》いずれそのうちという日はない. **one of those ~s** 《口》ついてない日, 厄日. **on** one's **~** 《口》調子のよい時には. **save the ~** どたんばで勝利[成功, 解決]をもたらす, 急場を救う. **sb's [sth's] ~s are** NUMBERed. **some ~**《通例 未来の》他日, いつか, やがて《過去からみた未来にも用いる》. **some of these ~s** =one of these DAYS. **That'll be the ~.** 《口》その日が楽しみだ; [*iron*] まさか, ありっこない. **the ~ after tomorrow [before yesterday]** 明後日[一昨日]《名詞・副詞; 米ではしばしば the を省略》. **the ~ before [after] the fair** 時機に早すぎて[おそきまで]. **the ~ of ~s** 特筆[銘記]すべき日, 特別の日, 吉日. **the other ~** [‹*adv*›] 先日, この間. **this ~ week [fortnight, month, year]** 来週[2 週間後, 来月, 来年]の今日; 先週[2 週間前, 先月, 去年]の今日. **Those were the ~s.** 《口》あのころはよかった, [*iron*] あのころはひどかった. TIME OF DAY. **to the [a] ~** 一日もたがわず, きっかり, ちょうど‹何年など›. **to this (very) ~** 今日に至るまで(も), (今の)今まで. **win the ~** ⇨ lose the DAY. **without ~** 無期限に, 期限を定めないで (sine die).

[OE *dæg* day, lifetime; cf. G *Tag*]

Day デイ (1) **Clarence (Shepard) ~, Jr.** (1874–1935)《米国のユーモア作家; *Life with Father* (1935)》 (2) **Doris ~** (1924–)《米国の歌手・映画女優》 (3) **Dorothy ~** (1897–1980)《米国のジャーナリスト・社会運動家》 (4) **Thomas ~** (1748–89)《英国の社会改革家・児童文学作家》 (5) **William R(ufus) ~** (1849–1923)《米国の政治家; 合衆国最高裁判所陪席裁判官 (1903–22)》.

dáy-áfter *a* 翌日の; セックス後の: a ~ shopper クリスマスの翌日のバーゲンハンター / ~ pill 事後避妊ピル, アフターピル.

Day·ak, Dy·ak /dáɪæk/ *n* **a** (*pl* ~, ~s) ダヤク族《Borneo 島内陸部に分布する非イスラム教諸種族; ⇨ LAND DAYAK, SEA DAYAK》. **b** ダヤク語.

da·yan /dɑːjá:n, daɪ-, -jɔ́:n/ *n* (*pl* **-ya·nim** /-nəm/) ユダヤ人の宗教裁判官; タルムードに通じている人. [Heb]

Da·yan /daɪá:n/ ダヤン **Moshe ~** (1915–81)《イスラエルの軍人・政治家; 国防相 (1967, 69–74), 外相 (1977–79)》.

dáy bèacon 昼間標識《昼間の航行の標識となる無灯火建造物》.

dáy·bèd *n* 寝台兼用の長椅子, 寝椅子; 《昼間用の》リクライニングシート.

dáy blìndness 〘医〙 昼盲(症) (hemeralopia).

dáy bòarderᴵᴵ《寄宿舎にはいらず食事だけ学校でする》通学生.

dáy·bòok *n* 日記, 日誌; 〘簿〙 取引日記帳.

dáy bòyᴵᴵ《寄宿学校の》通学男子生徒 (cf. BOARDER).

dáy·brèak *n* 夜明け (dawn): at ~ 夜明けに.

dáy-by-dáy *a* 毎日毎日の.

dáy càmp* 昼間だけの子供用キャンプ《夜は家に帰る》.

dáy-càre *vt* DAY-CARE CENTER に入れる.

dáy càre デイケア, デイサービス《未就学児童・高齢者・身体障害者などのそれぞれの集団に対して, 専門的訓練をうけた職員が家族に代わって行なう昼間だけの介護・保育》; DAY-CARE CENTER. ♦ **dáy-càre** *a*

dáy-càre cènter《デイケアを行なう》昼間託児[介護, 福祉]施設, デイケアセンター.

dáy cènterᴵᴵ デイセンター《昼間だけ高齢者・身障者の介護を提供する施設》.

dáy-clèan *n* 《カリブ・西アフリカ》夜明け, 明け方.

dáy còach* 普通客車; 〘空〙 日中エコノミー席, エコノミークラス (cf. NIGHT COACH).

dáy·drèam *n* 白昼夢, 白日夢, 楽しい空想[夢想].
► *vi* 白昼夢[空想]にふける ‹*about*›. ♦ **~·er** *n* **~·lìke** *a*

dáy fìghter 昼間(作戦用の)戦闘機.

dáy·flòwer *n* 咲いた日にしぼむ花, 《特に》ツユクサ.

dáy·flỳ *n* 〘昆〙 カゲロウ (mayfly).

dáy gìrlᴵᴵ《寄宿学校の》通学女子生徒.

Dáy-Glò /-glòu/ *n* 〘商標〙 デイグロー《顔料に加える蛍光着色剤》.
► *a* [°day-glo] デイグローを使った(ような), (派手な)蛍光色の; *《俗》けばけばしい, 安ピカの, ちゃらちゃらした.

dáy·glòw *n* 〘天〙 日中光, 昼間大気光 (cf. AIRGLOW).

dáy hòspitalᴵᴵ 昼間病院, 外来(患者専用)病院.

dáy in cóurt 〘法〙 法廷での(適正な)審理の機会; 裁判所での審理の日(の通知を受ける権利).

dáy jèssamine [jàsmine]〔植〕シロバナヤコウボク《南米原産; ナス科》.
dáy jòb 《主たる収入源である》本業.
dáy làbor 日雇い労働.
dáy làborer 日雇い労働者[労務者], 日傭(ひよう)取り.
dáy lèngth〔生〕日長(にっちょう)光周期 (photoperiod).
dáy lètter [lèttergram]*《50 語以下の》昼間割引電報《通常電報より安いが到着はおそい》.
Dáy-Léwis デイ-ルイス (**1**) **C(ecil)** ～ (1904–72)《英国の詩人; 桂冠詩人 (1968–72); 詩論 *A Hope for Poetry* (1934), *The Poetic Image* (1947); Nicholas Blake のペンネームで探偵小説もある》(**2**) **Daniel** (**Michael Blake**) ～ (1957–)《英国の映画俳優; (1) の子; *My Left Foot* (マイ・レフトフット, 1989), *There Will Be Blood* (ゼア・ウィル・ビー・ブラッド, 2007)》.
D
dáy·lìght *n* **1 a** 日中の光, 昼光, 日光. **b** 昼, 昼間, 日中. **c** 夜明け (dawn). **2**《今まで不明だったことに対する》理解, 知識; 明るみに出ること, 公けになること; 周知であること, 公然たること;《仕事などの》完了[終結]のめど. **3** (はっきり見える)隙間, あき《レース中の両ボートの間, 騎手と鞍との隙間, 酒と杯の縁の間など》: No ～! グラスいっぱいにつぎましょう《乾杯の前に toastmaster が言う》. **4 a** [*pl*]《俗》正気, 意識; 生命(に必須の器官). ★ しばしば the living ～*s* として用いる (⇨ 成句). **b** [*pl*]《古俗》目. ● **beat [knock, lick, punch, whale] the (living) ～s out of** sb《俗》〈人を〉こてんぱんにやっつける, ぶちのめす. **burn ～**《古》白昼に明かりをともす《むだなことをする》. **frighten [scare** etc.] **the (living) ～s out of** sb《俗》人を震えあがらせる. **in broad ～** まっ昼間に, 白昼に; 公衆の面前で, 公然と. **let ～ into**…を明るみに出す,〈考えなどを〉はっきりさせる; …に穴をあける;《俗》…を射抜く, 刺し通す, …に風穴をあける. **see ～**＝see the LIGHT[1]. ► *vt* **1** …に日光をあてる, 日光にさらす. **2**〈交差点など〉から障害物を取り除いて見通しをよくする. ► *vi* **1** 日光をあてる. **2**《副業で》昼間の勤めもする (cf. MOONLIGHT).
dáylight fàctor〔理〕昼光率《全天空光による屋外照度に対する, 全天空光による屋内の照度の比》.
dáy·lìght·ing *n* **1**〔建〕昼光照明, 採光(照明). **2**《口》《通例 規則違反の》昼間の副業[サイドビジネス] (cf. MOONLIGHTING).
dáylight làmp 昼光電球《昼光に近い光を出す》.
dáylight róbbery 公然の泥棒行為; ″《口》法外な代金(の請求), ぼること.
dáylight sàving(s) DAYLIGHT SAVING(S) TIME.
dáylight sáving(s) tìme, dáylight tìme 日光節約時間, 夏時間, サマータイム (＝*daylight saving(s)*) (summer time″)《夏期に時計を 1 [2] 時間進めて日中時間を多く利用する; 略 DST》.
dáy·lìly *n*〔植〕**a** ユリ科ヘメロカリス属の各種草本《キスゲ・ワスレグサ・カンゾウなど》. **b** ギボウシ (plantain lily).
dáy-lìner *n* 日中定期運行の乗物《列車・船など》; 日中定期便の乗客.
dáy·lòng *adv, a* 一日中(続く), 終日(の).
dáy·màre /-mèər/ *n*《めざめていて見る》悪夢, 忌まわしい体験[できごと]. [*nightmare* にならったもの]
dáy·màrk *n*〔空・海〕昼標, 昼間航空標識.
dáy nàme 誕生日名《かつて, 特にクレオール文化で黒人の子に誕生時につけた名前; 誕生の曜日と子の性を示す》.
dáy-nèutral *a*〔植〕〈植物が〉中日(ちゅうじつ)性の《日照量の変化に関係なく生長開花する; cf. LONG-DAY, SHORT-DAY》: ～ plants 中性[中日]植物.
dáy nùrsery 託児所, 保育所[園]; 昼間の子供部屋.
Dáy of Atónement [the]〔ユダヤ教〕あがないの日 (YOM KIPPUR).
dáy óff 非番の日, 休暇: take a few *days off* 何日か休みを取る.
Dáy of Júdgment [Dóom] [the] 審判の日 (**1**) JUDGMENT DAY **2**) ROSH HASHANAH》.
dáy of obligátion [the]〔キ教〕義務の日《ミサ[聖餐式]のため全員が教会に行かなければならない日》.
dáy of réckoning [the] 借金清算の日, 勘定日, 決算日,《広く》清算すべき時; [the] 過去の誤ちに審判が下る時, 年貢の納め時; [the] JUDGMENT DAY.
Dáy of the Cóvenant [the]〔南ア〕盟約記念日《12 月 16 日; 1838 年オランダ系入植者たちが Zulu 族の首長を敗北させた日を記念する南アフリカ共和国の法定祝日; 1980 年 Day of the Vow (誓いの日) と改称され, 95 年 Day of Reconciliation (和解の日) に取って代わられた》.
dáy-ón *n*″《海軍俗》日直(士官).
dáy óne [ˢD- O-, D-1]《口》初日 (first day), 最初: from ～ 最初[初め]から / on ～ 最初の日に, 初日に.
dáy óut 日帰り旅行[遠足].
dáy òwl〔鳥〕昼行性のフクロウ,《特に》コミミズク (short-eared owl).
dáy·pàck *n* デイパック《日帰りハイキング用などの小型のナップザック》.
dáy pèrson 昼型人間, 昼型生活者 (cf. NIGHT PERSON).
dáy pùpil《寄宿学校の》通学生徒.
dáy relèase〔英〕研修休暇制度《大学で専門的な研修をする勤労者に対して毎週何日かの休暇を与える制度》.
dáy retùrn″ 日帰り往復割引料金[切符].
dáy·ròom *n*《病院などの》社交[娯楽]室;《軍隊の》読書[娯楽]室.
days /déɪz/ *adv*《口》昼間は(いつも) (⇨ -ES[1]); 何日間か[も]: work ～ and go to school nights / The storm lasted ～. 嵐は何日も続いた.
dáy·sàck″ *n* DAYPACK.
dáy sàiler《寝具の備えのない》小型船.
dáy schòlar DAY STUDENT.
dáy schòol (私立)通学学校 (cf. BOARDING SCHOOL); 昼間学校 (opp. *night school*),《社会人向けの》一日公開講座, '市民大学'; 平日学校 (cf. SUNDAY SCHOOL).
dáy shìft《工場などの》昼間勤務(の勤務時間), 昼番 (cf. NIGHT SHIFT); 昼番勤務者《集合的》.
dáy·sìde *n* **1**《新聞社の》日勤スタッフ, 夕刊要員 (opp. *nightside*). **2**〔天〕《惑星の》昼(の)側.
days·man /déɪzmən/《古》*n* (*pl* **-men** /-mən/) 仲裁人 (arbiter) (*Job* 9: 33); 日雇い労働者.
Dáys of Áwe *pl*〔ユダヤ教〕畏れの日 (HIGH HOLIDAYS). [Heb *Yamim Nora'im*]
dáys of gráce *pl*《手形などの期限直後の》支払い猶予期間《通例 3 日間》.
dáy·sprìng *n*《古・詩》夜明け (dawn).
dáy·stàr *n* 明けの明星 (morning star); [the]《詩》昼間の星《太陽》.
dáy stùdent《大学・高校の》通学生《寮生に対して》.
dáy sùrgery〔医〕(入院不要の)小手術, 日帰り手術.
day·tal·er /déɪt(ə)lər/ *n*″《方》DATALLER.
dáy tànk〔ガラス製造〕デイタンク《24 時間で仕込み・成形を終わる溶融装置》.
dáy tìcket″ 日帰り往復割引切符.
dáy·tìme *n, a* 昼間(の) (opp. *nighttime*): in the ～ 昼間に, 日中に (opp. *at night*) / ～ flights 昼間飛行.
dáy·tìmes *adv* 昼間は(いつも), 平日は.
dáy-to-dáy *a* 日々の, 毎日の; その日[当面]のことしか考えない;〔商〕当座の, 日切りの: live a ～ existence その日暮らしをする.
Day·ton /déɪtn/ デイトン《Ohio 州南西部の市》.
Day·tó·na Béach /deɪtóunə-, də-/ デートナビーチ《Florida 州北東部, 大西洋岸の市; リゾート地》.
dáy tràder〔取引〕デイトレーダー《同一銘柄株[商品]の一日のうちの値動きから利鞘(りざや)を稼ごうとする投機家》. ♦ **dáy-tràde** *n, vi, vt* デイトレード(をする). **dáy tràding** デイトレード, デイトレーディング.
dáy trìp 日帰り旅行. ♦ **dáy-trìpper** *n* 日帰り旅行者[行楽客].
Da Yun·he /dá: júnhə́:/, **Ta Yün·ho** /; tá: júnhóu/ 大運河《GRAND CANAL の中国語名》.
dáy·wèar *n* ふだん着, カジュアルウェア.
dáy·wòrk *n*《交替制の》昼間の仕事, 昼間[日中]勤務 (opp. *nightwork*);《時間給の》日給労務, 日雇い仕事. ♦ **dáy·wòrker** *n*
Daz /dǽz/〔商標〕ダズ《粉末洗剤》.
daze /déɪz/ *vt*《打撃・衝撃で》ぼーっとさせる, 呆然とさせる;《強い光で》…の目をくらます, 眩惑する. ► *n* 眩惑状態, 呆然自失: in a ～ 呆然として. [ME *dased* (pp) (ON *dasathr* weary)]
dazed /déɪzd/ *a* 呆然として[した], ぼーっとして[した], 頭がくらくらして. ♦ **dáz·ed·ly** /-ədli/ *adv* **-ed·ness** /-ədnəs/ *n*
da·zi·bao /dá:dzá:báu/ *n*〔中国〕大字報 (wallposter).
daz·zle /dǽz(ə)l/ *vt*《強い光で》…の目をくらます, まぶしがらせる;《豪華さ・才能などで》〈人〉の目を奪う[驚かす], 眩惑する, 感嘆[驚嘆]させる, 圧倒する, 困惑させる. ► *vi*《強い光で》〈目がくらむ; まぶしいほどキラキラと輝く; 人を感嘆[驚嘆]させる. ► *n* まぶしがらせる[眩惑させる]こと[もの]; まぶしい光, はなやかさ. ♦ **～·ment** *n* **dáz·zler** *n* [DAZE, *-le*[2]]
dázzle pàint〔海〕《艦船の》迷彩.
dázzle sỳstem〔海〕迷装法, 迷彩塗装法.
dáz·zling *a* 目もくらむ(ような); まばゆい(ばかりの), 眩惑する; みごとな, 魅惑的な: ～ advertisement 誇大な広告. ♦ **～·ly** *adv*
d.b. °double bed. **dB, db**〔理〕decibel(s). **Db**〔化〕dubnium. **DB**〔簿〕daybook • °Domesday Book.
d/b/a, d.b.a. doing business as [at]. **DBA** Doctor of Business Administration.
DBCP /dí:bì:sì:pí:/ *n* DBCP (＝*dibromochloropropane*)《有毒・発癌性のある殺虫薬; 男子の不妊症の原因になるとされる》.
DBE〔英〕Dame Commander of (the Order of) the British Empire.
d.b.h., DBH, Dbh〔林〕diameter at breast height.
DBI /dí:bì:áɪ/〔商標〕DBI《phenformin の商品名》.
DBib °Douay Bible. **dbl., dble** double. **DBMS**〔電算〕°database management system. **DBS** °direct broadcasting by satellite • °direct broadcast satellite.

dbx /díːbìːɛ́ks/ 〖商標〗dbx《テープ録音・放送におけるノイズ低減システム》.

DC, d.c. 〖電〗°direct current. **DC** °da capo ♦ °decimal classification ♦ °detective constable ♦ °District Commissioner ♦ °District Court ♦ °District of Columbia ♦ Doctor of Chiropractic ♦ double crochet. **DCA** 〖英〗°Department for Constitutional Affairs. **DCB** 〖英〗Dame Commander (of the Order) of the Bath. **DCC** °digital compact cassette.

DCD °digital compact disc. **DCF** °discounted cash flow.

DChE Doctor of Chemical Engineering. **DCL** Doctor of Canon Law 教会法博士 ♦ 〖英〗Doctor of Civil Law. **DCM** 〖英陸軍〗°Distinguished Conduct Medal《公式には Medal for Distinguished Conduct in the Field》. **DCMG** 〖英〗Dame Commander (of the Order) of St. Michael and St. George.

DCMS 〖英〗°Department for Culture, Media and Sport.

DCVO 〖英〗Dame Commander of the Royal Victorian Order.

d—d /díːd, dǽmd/ *a* DAMNED.

dd dated ♦ 〖商〗delivered ♦ °drunk driver(s). **d.d.** days after date. **d.d., DD** 〖銀行〗demand draft. **DD** °direct debit ♦ °dishonorable discharge ♦ [L *Divinitatis Doctor*] Doctor of DIVINITY ♦ due date.

D-day /díː ―/ *n* D デー《(1)〖軍〗攻撃開始日; cf. ZERO HOUR, H HOUR (2) 1944 年 6 月 6 日; 第二次大戦で連合軍が Normandy に上陸 (3)《一般に》計画開始予定日, 決行の日 (4) 通貨十進制施行日; 英国では 1971 年 2 月 15 日》. [*D* for *day*]

DDC, ddC /díːdìːsíː/ *n* 〖薬〗DDC (＝*dideoxycytidine, zalcitabine*)《エイズの治療に用いる抗レトロウイルス薬》.

DDC °Dewey Decimal Classification.

DDD /díːdìːdíː/ *n* 〖薬〗DDD《DDT に似た殺虫剤》. [*d*ichloro*d*iphenyl*d*ichloroethane]

DDD °direct distance dialing.

DDE /díːdìːíː/ *n* 〖薬〗DDE《DDT より弱い殺虫剤》. [*d*ichloro*d*iphenyldichloro*e*thylene]

DDI, ddI /díːdìːáɪ/ *n* 〖薬〗DDI (＝*didanosine, dideoxyinosine*)《エイズの治療に用いる抗レトロウイルス薬》.

DDoS 〖電算〗distributed denial of service 分散サービス拒否《複数のコンピューターから標的サイトに一斉にデータを送りつけてパンクさせ利用できなくすること》: *DDoS* attack. **DDR** [G *Deutsche Demokratische Republik*] ドイツ民主共和国 (⇨ EAST GERMANY).

DDS Doctor of Dental Science ♦ Doctor of Dental Surgery.

DDT /díːdìːtíː/ *n* 〖薬〗DDT《殺虫剤》;《電算俗》デバッグ (debug) するプログラム, '殺虫剤'. [*d*ichloro*d*iphenyl*t*richloroethane]

DDVP /díːdìːvìːpíː/ *n* 〖薬〗DDVP (dichlorvos)《殺虫剤》. [*d*imethyl, *d*ichlor-, *v*inyl, *p*hosphate]

de[1] /di/ *prep* …から, …について. [L＝from, down]

de[2], **De** /də/ *prep* …の (of), …から (from), …に属する《母音の前では d', D'; フランス(系)人などの姓で用いられ, 元来は出身地を示す》. [F (↑)]

de- /dɪ, də/ *pref* (1) down from, down to の意: *de*scend, *de*press. (2) off, away, aside の意: *de*cline, *de*precate. (3) entirely, completely の意: *de*claim, *de*nude. (4) in a bad sense の意: *de*ceive, *de*lude. (5) /di, dìː/ UN- の意: *de*centralize, *de*calcify. (6) /dìː, di/ asunder, apart の意: *de*compose. [L *de*[1]]

DE 〖アメフト〗defensive end ♦ Delaware ♦ 〖英〗Department of Employment《現在は統合分離を経て Department for Work and Pensions》♦ 〖米〗°Department of Energy ♦ °destroyer escort ♦ °diatomaceous earth ♦ Doctor of Engineering.

DEA 〖米〗Drug Enforcement Administration 麻薬取締局《Department of Justice の一局; 旧称 BNDD》.

deac /díːk/ *n*《俗》DEACON.

dè·accélerate *vi, vt* 減速する (decelerate).

dè·accéssion* *vt, vi*〈作品・コレクションの一部を〉《新規購入資金を得るために》売却する. ► *n* 売却.

dè·acétylate *vt* 〖化〗《加水分解により》〈有機化合物〉からアセチル基を取り除く. ♦ **dè·acetylátion** *n*

dè·acídify *vt* …から酸を除く, 脱酸する. ♦ **dè·acidificátion** *n*

dea·con /díːkən/ *n* **1 a** 〖プロ・英国教・長老教会など〗執事,〖カト〗助祭《priest の次の位》,〖東方正教会〗輔祭;〖モルモン教〗最下級教職. **b**《スコ》《商工組合の》組合長. **2*** 生まれたての子牛(の皮). ► *vt* **1** deacon に任命する; *《口》会衆が歌う前に〈賛美歌〉の詩句を 1 行ずつ朗読する〈*off*〉. **2***《俗》〈果物などを〉上等のものが上になるように詰める[並べる]; *《俗》ごまかす,《まぜ物をして》…の品質を落とす; *《俗》〈人を〉(違法にならない範囲で)ペテンにかける. **3***〈子牛を〉生まれたすぐ殺す. ♦ **～·ry** *n* DIACONATE. **～·ship** *n* deacon の職[地位, 任期]. [OE＜L＜Gk *diakonos* servant]

déacon·al *a* DIACONAL.

déacon·ate /-ət/ *n* DIACONATE.

déacon·ess *n*《原始キリスト教会や近年のプロテスタント系教会などで DEACON に似た仕事をする》女[女性]執事, 女子輔祭;《キリスト教の》慈善事業婦人会員.

déacon·like *a*《口》聖人ぶった (sanctimonious).

déacon's bénch 細長い紡錘形の棒を縦に並べた背もたれと肘掛けのあるベンチ.

déacon sèat*《俗》飯場小屋[飯場]で寝台わきにある長椅子.

de·acquisítion /di-/ *n*《美術館などのコレクションの》売り立て(品), 払い出し(品), 除籍(品). ► *vt*〈美術館や図書館の不要となった蔵物を〉整理する, 廃棄する, 除籍する.

de·áctivate /di-/ *vt* 不活発にする, …の効力をなくす;〖軍〗〈部隊を〉解散する, …の現役[戦地]任務を解く;〈爆弾を〉爆裂しないようにする;〖化〗〈薬品を〉非[不]活性化する, 失活させる; …の使用を止める. ♦ **de·áctivator** *n* **de·activátion** *n*

de·ácylate /di-/ *vt* 〖化〗〈化合物〉からアシル基を取り除く. ♦ **de·acylátion** *n*

dead /déd/ *a* **1 a** 死んだ, 死んでいる (opp. *alive, living*): LONG DEAD / He has been ～ these two years. 彼が死んで 2 年になる / *D*～ men tell no tales [lies].《諺》死人に口なし《秘密を知る者は殺すが安全》/ Call no man happy till he is ～.《諺》だれも死んでしまうまではしあわせとは言えない《生きているかぎり苦しいことがある》/ (as) ～ as MUTTON [a DOORNAIL, a HERRING, KELSEY's nuts, etc.] / ～ and gone ⇨ 成句 / ～ or alive 生死にかかわらず / more ～ than alive 半死半生で, 死んだようになって. **b** 枯れた; 生命のない, 死物の: ～ matter 無機物 / a ～ fence 板などの垣根. **c**〈機械など〉作動しない;〖電〗電流の通じていない〈電線〉; 電気のなくなった, 切れた (flat[11])〈バッテリー〉; 完全接地している. **2** (死んだように)動かない; よどんだ〈水・空気〉;〈風が〉落ちて; 火の消えた,〈マッチなどが〉燃えさしの;〈ボールなど〉弾力性を失った; 反響のない, 無響の, 音が聞こえてこない[届かない], デッドな; ひっそりした: ～ coals 消えたおき / the ～ hours (of the night) 真夜中 / go ～〈機械・電話などが〉突然止まる[切れる],〈回線が〉不通になる. **3** 死んだような; 無感覚の, 麻痺した, しびれた (numbed);《口》疲れきった (worn out) (＝～ beat);〈馬の口が〉はみに反応しない: a ～ faint 失神 / DEAD FINGERS / ～ on one's feet (⇨ FOOT). **4** 生気[気力, 活気]のない, 感情[気持]のこもっていない, 気のない〈握手など〉;〈音・色・光などが〉鈍い, さえない, 重苦しい (dull, heavy);〈飲料が〉気の抜けた, 風味のなくなった;《俗》〈グラス・ボトルが〉からっぽで; おもしろみのない, 退屈な;〈市場など〉不活発な: ～ gold 磨いてない金 / the ～ season《社交・取引などの》火の消えたような時期, さびれ時. **5 a**〈法律・言語など〉すたれた, 無効の; はやらない〈議論〉; *《俗》〈計画など〉廃止になった, 終わった;〖法〗市民権[《特に》財産権]を奪われた[失った]: ～ forms 虚礼 / a ～ law 廃止された法律, 空文 / a ～ issue もう済んだ[どうでもいい]こと / DEAD LETTER. **b** 役に立たない, 非生産的な, 売れない,〈土地が〉不毛の;〖印〗〈組版が〉使用済みの (cf. STANDING);〖印〗〈原稿が〉組まれた;〖理〗放射能のない: ～ capital 寝ている資本. **6** 出入口のない〈壁〉, 行き止まりの〈路地〉;〖軍〗相手に見えない, 死角になった (: DEAD SPACE); *《俗》先の見込みのない, 死んだも同然の, おしまいの, 無用の〈人物〉. **7 a** 〖競技〗アウトオブプレーの, '死んだ'〈競技者〉;〈ボールなど〉インプレーでない, デッドで (out of play). **b** 〖ゴルフ〗〈ボールが〉ホール寸前にある《次のパットでホールインする》. **8 a** 全くの (absolute); 正確な, ちょうど…の; まっすぐの; (死のように)必然の, 的確な; 突然の, 唐突な: DEAD CENTER / ～ silence 全くの静寂, しんと静まりかえっていること / in ～ earnest 真剣に / in ～ trouble えらいことになって, ただではすまない / DEAD LOSS / on a ～ level まっ平らに / a ～ certainty 必然のこと / DEAD SHOT / come to a ～ stop ぱったり止まる, 全面ストップになる. **b** 一度も止まらない, 死物狂いの: run home at a ～ trot 道草も食わずに速足で家に帰る / collapse after a ～ sprint 全力で一気に走ったあとへたり込む.

● **～ and buried** [**gone**] とうに死んで[終わって], けりがついて, なくなって, すたれて. **～ from the neck up**《口》頭の鈍い, 愚鈍な, パーな;《口》頭が固い[古い]. **～ in the water***《口》動けないで,〈会社・計画など〉立ち往生[挫折]して, 暗礁に乗り上げて, 死に体で. **～ on arrival** 病院到着時すでに死亡して(いた); 即死の. **～ to**…に無神経[無感覚]で: He is ～ *to* pity. 彼はあわれみの心がない, 情け知らずだ. **～ to** RIGHTS. **～ to the world** [**the wide**] 意識[正体]もなくて, 眠りこけて, 泥酔して; 疲れきって, ひどく具合が悪くて;《口》世の中のことに全く無知で. DROP **～**. LEAVE[1] sb **for ～**. **over my ～ body**《口》おれの死骸を乗り越えて〈やれ〉, 生きてるかぎり[おれの目の黒いうちは]…させない;《口》勝手にしろ, くそくらえ. **would** [**will**] **not be seen** [**caught**] **～**《口》死んでもいやだ, 大嫌いだ〈*doing, in, with*〉: He *wouldn't be seen* ～ *wearing* such clothes.

► *adv* **1 a** 全く, 完全に (absolutely), 全然, すごく: ～ asleep 正体なく眠って / ～ BROKE / ～ drunk 泥酔して, 酔いつぶれて / ～ serious 大まじめで / ～ straight まっすぐな[に], 一直線の[に] / ～ certain [sure] 絶対に確かな[確信して]〈*of, about*〉/ ～ tired 疲れきって / ～ still ぴくりとも動かない(で) / DEAD SET. **b** ぴたりと, ぱったり: STOP ～. **2** 直接に, まっすぐに, まっこうから, ちょうど, まさに, まともに: ～ against…にまるで[正]反対で, …にまともに向かって / ～ ahead まっ正面に. ● CUT sb **～**. **～ on** 完全に正しく, まさにそのとおりで. **～ on time** ⇨ *on* TIME.

► *n* **1** [the] 死者《集合的》, 故人《1 人》: rise [raise] from *the* ～ 復活する[させる], 生き返る[生き返らせる] / Speak well of the ～.《諺》死んだ者のことはほめよ / Let *the* ～ bury their ～.〖聖〗死にた

る者にその死にたる者を葬らせよ《過去にこだわるな; *Matt* 8: 22; cf. *Let* BYGONES *be bygones*》. **2** 死んだ状態; 死のような静けさ[暗闇, 寒さ]: at (the) ～ of NIGHT / in the ～ of winter 真冬に. **3** *《郵便俗》配達還付不能郵便物, 迷子郵便物. ● **fit** *[(**loud**) **enough**] **to wake the** ～《口》やかましい: The noise was *enough to wake the* ～. / They made *enough* noise [row, racket] *to wake the* ～. ► *vi* *《学生俗》《教室で》答えられない, 復唱できない. [OE *dēad*; DIE[1] と同語源; cf. G *tot*]

déad áir 《屋内・坑内などに閉じ込められた》停滞空気; 《放送中の》沈黙時間, デッドエアー. ♦ **dead-áir** *a*

déad-áir spàce 《密閉した》《停滞》空気層.

déad-(and-)alíve *a* 活気[生気]のない, 半分死んだような, 不景気な, つまらない, 単調な.

déad ángle 〖軍〗死角《距離内にありながら城砦などから直接射撃できない角度; cf. DEAD SPACE》.

déad àss *《俗》*n, a* おもしろくもない(もの), うんざりするような(やつ); 全くのろまな(やつ), どあほう. ► *adv* 全く, すっかり.

déad-bàll lìne 〖ラグビー〗デッドボールライン《ゴールライン後方 6–12 ヤードのライン》.

déad bát 〖クリケット〗デッドバット《あたったボールがすぐ地面に落ちるようにゆるく持ったバット》.

déad·bèat[1] *n* 《口》なまけ者, のらくら者, くだらん[ばかな]やつ, くず; *《口》借金[勘定]を踏み倒すやつ, 人にたかるやつ; 《口》BEATNIK; *《俗》貨物列車にただ乗りする放浪者. ► *vi* *《俗》ぶらぶらしている, 人にたかって食っていく.

déad·béat[2] *a* 〖機〗〈計器指針が〉あまり左右に振れずにすぐに目盛を示す, 速示の, 〈計器が〉速示性の指針をそなえた; 〈時計などの脱進機が〉退却なしに拍をうつ.

déad béat 《口》*a* 疲れきった; 一文無しの, 借金が返せない; 惨敗した; 評判のよくない; 好ましからぬ: ～ status 債務不履行の状態.

déadbeat dád 親としての責任を怠っている父親, 《特に》離婚後に子供の養育費を負担しない父.

déad bólt* デッドボルト, 本締めボルト《ばねによらずにつまみ・鍵を回すと動く錠前用差し金》; MORTISE LOCK.

déad·bòrn *a* 《古》死産の (stillborn).

déad·bòy *n* 〖登山〗小型の DEADMAN.

déad-bùrn *vt* 〈炭酸塩岩を〉死焼する《十分な高温で, 十分に長い時間煆焼(かしょう)して耐火性をもたせる》.

déad cát きびしい[あざけるような]批判, 口ぎたない非難; *《サーカス俗》芸をしない見世物のライオン[トラなど].

déad-cát bòunce 《俗》《下落基調の相場や株価の》一時的反騰.

déad cénter **1** 正確な中心, どまん中. **2** 〖機〗《クランクの》死点 (=*dead point*); /ˊ—ˊ—/〖機〗《旋盤の心押台の》止まりセンター, 死[静止]センター, 死点 (cf. LIVE CENTER): top [inner] ～ 上死点(じょうしてん) / bottom [outer] ～ 下(か)死点. ● **on** ～ どまん中に; 正確で, 当たって.

déad cínch *《俗》絶対確実なこと, 容易な [ちょろい] こと.

déad dóg 死んだ犬; 無用になったもの.

déad dróp 《スパイの》連絡情報の隠し場所.

déad-drúnk *a* 泥酔した.

déad dúck 《口》(もはや)助からない者, 見込みのないやつ, だめなやつ[もの], 役立たず, 処置なし, お手上げなもの, 無意味なこと: I'm a ～. (おれは)もうだめだ.

dead·ee* /dedíː/ *n* 写真から起こした故人の肖像画.

déad·en *vt* 〈活気・感受性・感情などを〉そぐ, 鈍らせる, 無感覚にする, 麻痺させる, (ぼうっとするほど)退屈させる; 〈音・苦痛・光沢・香りなどを〉消す, 弱める; 〈酒などの〉気を抜けさせる; 〈速力を〉落とす; 〈壁・床などを〉防音にする; 殺す, 死滅させる; 《樹皮を環状剝皮して》〈木を〉枯死させる, 《木をそのようにして枯死させて》〈土地を〉開墾する (cf. DEADENING). ► *vi* 死滅する; 消滅する; 気が抜ける, 弱まる, 鈍る. ♦ **～·er** *n* **～·ing·ly** *adv*

déad-énd *a* 行き止まりの; 発展性[将来性]のない, 先の知れた〈仕事など〉; 《口》貧民街の, 貧民生活の, 夢も希望も失った, やけっぱちの, 無法な: a ～ kid 貧民街の非行少年, チンピラ. ► *vi, vt* 行き止まりになる[する], 終わる; 行き詰まる[行き詰まらせる]. ♦ **～·ed·ness** *n*

déad énd 《管などの》閉じた一端, 〖電〗《コイルの》空き端; 《通路などの》行き止まり, 袋小路; 《鉄道支線の》終端; 《行動・状況などの》行き詰まり: be at a ～ / come [bring…] to a ～ 行き詰まる[詰まらせる].

déad·en·ing *a* 弱める, 鎮める; 弱まる, かすかな; つまらない, 無意味な; 死をもたらす, 恐ろしい. ► *n* 防音材, 防音装置; つや消し材; *樹木を枯死させて開墾した土地 (cf. DEADEN).

déad·er *n* 《俗》死者, 死体, ホトケ.

déad·èye *n* 〖海〗三つ目滑車, デッドアイ; 《口》射撃の名手.

déad·fàll *n* 《丸太など重いものが落ちて仕留める》わな; *《森林の》倒木とやぶがからみ合ったところ (cf. WINDFALL); *《不正》賭博宿, 遊技場; *《俗》ナイトクラブ, 終夜営業のレストラン.

déad fíngers [<*sg*>]〖医〗白蠟(はくろう)病《空気ドリル使用者などに起きる指先の知覚麻痺・チアノーゼ》.

déad fínish 《豪》《乾燥地帯で》からみ合って分け入ることができないほどの茂みをなすアカシアやネムノキの類の木; [*fig*]《辛抱・成功などの》限界, 行きつくところ.

déad fíre SAINT ELMO'S FIRE《死の前兆》.

déad fréight 〖商〗《船舶の》空荷(から)運賃.

déad fúrrow 耕地の中央[境]にすき残されたうね溝.

déad gróund 〖軍〗DEAD SPACE; 〖電〗完全接地.

déad hánd 〖法〗死手(譲渡) (MORTMAIN); [the ～ (of the past)]《現在[生存者]を不当に拘束していると感じられる》過去[死者, 伝統]の圧迫感[拘束, しがらみ]; [D- H-] RAYNAUD'S PHENOMENON.

déad·hèad *n* **1** 《口》《劇場・乗物などの招待券・優待券を使う》無料入場者[乗客]. **2** *空(から)の乗物[航空機], 回送車, 空車. **3** 《波止場の》繫船柱 (bollard); *沈みかかった流木; ‖しおれた頭花[花]. **4** 《口》やる気のない[つまらない]やつ, 役立たず, ぼんくら. **5** *《俗》マリファナを多量に常用するやつ. **6** *《俗》デッド狂《San Francisco のロックグループ The Grateful Dead の熱狂的なファン》. ► *vt* 無賃で乗車させる; *〈列車・バスなどを〉乗客[積荷]なしに走らせる, 空車で走らせる, 回送する; …の終わった[しおれた]花を摘み取る. ► *vi* 優待券[招待券]を使う; *乗客[積荷]なしで走る, 〈車などが〉空(から)で戻る, 〈人が〉(車などを)回送する. ► *a* *《俗》〈車・船・倉庫など〉空荷(から)の, 〈電話回線・テレビチャンネルなど〉空いた. ► *adv* 乗客[積荷]なしに.

Déad Héart [ᵘthe]《豪》奥地. [英国の地質学者 John W. Gregory (1864–1932) の著書 *The Dead Heart of Australia* (1906) から]

déad-héat *vi* 〈2 者以上が〉同着となる.

déad héat 同着(のレース)《2 者以上が同時にゴールインして単独の勝者のない競走》, 同率[同点]首位, タイ; 《一般に》互角の戦い, 接戦, デッドヒート: in a ～ 同着で.

déad hórse 《口》論じつくされた問題[話題], 論じても益のない問題[話題] (cf. *flog* [*beat*] *a dead* HORSE); 役に立たなくなった[はやらない]もの; 《俗》前借り[先取り]賃金, 働いて返すべき借金.

déad hóur *《学生俗》《授業のない》空き時間.

déad·hòuse *n* 《古》死体仮置場.

déad·ish *a* 死んだような, 活気のない.

déad kéy 《タイプライターの》デッドキー《アクセントや分音符号 (diacritical mark) を打つための, キャリッジの動かないキー》.

déad lánguage 死語《日常の話しことばとしては現在用いられていないラテン語・古代ギリシア語など》.

déad·làtch *n* 鍵[ノブ]の操作によって舌 (bolt) を引っ込めるばね付き錠.

déad·lèg *n* **1** ‖《俗》弱々しいやつ, なまけ者, 役立たず. **2** [ᵘdead leg] ‖《口》《大腿部にひざ蹴りをうけたあとの》脚のしびれ. ► *vt* ‖《口》《ひざ蹴りで》〈人〉の脚をしびれさせる, 歩けなくする.

déad létter **1** 死文化した法律[条令, 布告], 形骸化した慣行; もはや問題にならない事柄[話題], 過去の話, 過ぎた[昔の]事. **2** 配達不能郵便物.

déad létter bòx [dròp] DEAD DROP.

déad létter òffice 《郵便局の》配達還付不能郵便取扱課《略 DLO》.

déad·lìft *vt* 〈重いものを〉じかに持ち上げる; 〖重量挙〗デッドリフトする.

déad lìft 《機械を用いないで重いものを》じかに持ち上げること; 《古》必死の努力を要する状況[難事]; 〖重量挙〗デッドリフト《バーベルを床から大腿上部まで一気に持ち上げる補強運動》.

déad·lìght *n* 《舷窓の》内ぶた, めくらぶた, デッドライト《浸水や灯火漏れを防ぐ》; 《甲板・舷側の》明かり採り; 《屋根・天井の》固定式天窓; [*pl*] *《俗》目ん玉 (eyes).

déad·lìne *n* **1** 締切り期限, 《新聞・雑誌の》原稿締切り時刻[期限] 〈*for, of*〉: meet [miss] a ～ 締切りを守る[に遅れる] / beat the ～ 締切り前に終える / on [under] ～ 締切りを守って. **2** 越えられない線, 越えてはならない線; 〖史〗死線《囚人がこれを越えると銃殺される》. **3** 〖軍〗修繕[定期検査]のため集めた車.

déad lóad 〖土木・建〗静[死]荷重 (opp. *live load*).

déad·lòck *n* **1** 《勢力の拮抗による》行き詰まり, デッドロック, 停頓; 《試合・競技の》同点: come to [reach] a ～ 行き詰まる / break a ～ =bring a ～ to an end 行き詰まりを打開する. **2** 本締まり錠《ばねなしの錠前; cf. SPRING LOCK》. ► *vi, vt* 行き詰まる[行き詰まらせる], 停頓する[させる]; 本締まり錠をかける. ♦ **～ed** *a*

déad lóss 《補償の得られない》全くの損失, まる損; 《口》全くの役立たず, 時間のむだ.

déad·ly *a* **1 a** 致命的な, 致死の; きわめて有害な, 破壊的な; 〖神学〗精神的死[劫罰]をもたらす〈罪〉: ～ poison 猛毒, 毒薬. **b** 〈ねらいが〉正確無比の, 百発百中の; 大いに効果的な. **2** 生かしてはおけない, 互いに殺し[破壊し]合う, 和解の余地のない; 断固たる, 意を決した, 真剣な: ～ enemies. **3** 死[死人]のような; やりきれない, うんざりする, 死ぬほど退屈な: ～ gloom / be perfectly ～ 全くひどい[やりきれない]. **4** 《口》極度の, 全くの; *《俗》すごくいい, すばらしい: a ～ silence 完全な沈黙[静寂] / a ～ secret 極秘(事項) / in ～ haste ばかに急いで. ► *adv* 死んだように; 《口》ひどく, おそろしく, 全く; 《古》命にかかわるほど. ♦ **déad·li·ness** *n* [OE *dēadlic* (DEAD)]

déadly ágaric 毒タケ《ベニテングダケ・タマゴテングタケ・ワライタケなど》.

déadly níghtshade 〖植〗ベラドンナ (belladonna).

déadly síns *pl* [the]〖キ教〗七つの大罪 (=seven ～) (=*capital*

sins) ((pride, covetousness, lust, anger, gluttony, envy, sloth)).
déad máil òffice DEAD LETTER OFFICE.
déad·màn *n* 〔登山〕デッドマン ((雪の中でのザイル留めに使用する中央に環の付いたとがった金属板)).
déad mán がに ((カニなどの食べられないえら)); [ᵘ*pl*] ((俗)) 空(から)の酒瓶, 吸い殻, DEAD SOLDIER; ᴴ((俗・方)) かかし.
déad-màn's contról 〔機〕デッドマンズコントロール ((手[足]を放すと自動的に運転を停止させる制御装置の総称)).
déad-màn's-fíngers, -mèn's- *n* (*pl* ～) 〔動〕ウミトサカ ((北欧のサンゴ)); 〔植〕青白い指状根のあるハクサンチドリ属の各種のラン; がに (DEAD MAN).
déad màn's flóat* 〔泳〕伏し浮き ((両手を前に伸ばしてうつ伏せに浮かぶ浮き身)).
déad·màn's hànd **1** 〔植〕 **a** MALE ORCHIS. **b** MALE FERN. **2** 〔ポーカー〕エースと 8 のツーペアの手 ((Wild Bill Hickok が背中を撃たれた時の手)); 不運, 不幸; ハンデも背負って乗り出すこと.
déadman's hándle 〔機〕デッドマンズハンドル ((電車などの, 手を放すと自動的に動力源が切れる操作ハンドル)).
déadman's pédal 〔機〕デッドマンズペダル ((足を放すと自動的に動力源が切れる操作ペダル)).
déadman's thróttle 〔機〕デッドマンズスロットル ((内燃機関などの, 手[足]を放すと自動的に燃料を断つ絞り弁の操作レバー)).
déadman's thùmb 〔植〕DEADMAN'S HAND.
déad màrch ((特に 軍隊の)) 葬送行進曲.
déad maríne ((俗)) 空(から)の酒瓶, 食べ残し(の皿), 吸い殻, DEAD SOLDIER.
déad màtter 〔印〕印刷後不要になった組版, 廃版, 解版.
déad mèat ((俗)) 死肉, 死体: …, and you're ～ …すればまずいことになる[命はない] ((しばしばおどし文句)).
déad métaphor 死んだ隠喩 ((頻繁に用いられているうちに比喩力を失った隠喩; 例 *room and board*)).
déad móuth ((馬の)) はみに反応しなくなった口. ♦ **déad-mòuthed** *a*
déad·nèck *n** ((俗)) ぐず, まぬけ, あほ, ばか.
déad·ness *n* 死; 生気のなさ, 無感覚; ((光沢・色などの)) 鈍さ; ((酒などの)) 気の抜けたこと.
déad néttle 〔植〕オドリコソウ, ヒメオドリコソウ ((シソ科)).
déad-ón *a* ((口)) きわめて正確な[的確な], どんぴしゃりの, 図星の.
déad-on-arríval* *n* 病院に着いた時に既に死んでいた者 ((略 DOA)); 初めて使用した時に機能しない[初期不動作の]電子回路.
déad òne* ((俗)) けちな野郎, だめなやつ, 役立たず, 浮浪者上がり, ムショ帰り; *((俗)) DEAD SOLDIER.
déad·pàn *n* 無表情な顔(の人), ポーカーフェイス; さりげない態度; 無表情な[何食わぬ]顔で行なう演技[喜劇]. ★ **dead pàn** ともつづる. ► *a, adv* 無表情な[に], 何食わぬ態度の[で], 感情のこもらない, 感情をこめずに. ► *vi* 無表情な顔(で演技)をする, さりげない態度をとる. ► *vt* さりげない[何食わぬ]態度[表現]で言う[書く, 表現する]. ♦ **déad·pàn·ner** *n*
déad párrotᴴ 完全に回復不能となったもの, 完全な敗北者 ((BBC テレビのお笑い番組 'Monty Python's Flying Circus' で死んだオウムをペットショップに持って行って文句をつける話から)).
déad pígeon ((俗)) 見込みのないやつ[もの], だめ人間 (dead duck).
déad póint 〔機〕DEAD CENTER.
déad président* ((俗)) ドル札; [*pl*] *((俗)) 貨幣, 金 (money) ((紙幣に故人となった大統領の肖像が使われることから)).
déad próof 〔印〕用済みゲラ.
déad réckoning 〔海・空〕((船舶・航空機などの)) 非天測位置推測法(によって算出した位置); ((一般に)) 推測, 推定: ～ navigation 推測航法. ♦ **déad réckon** *vt, vi* **déad réckoner** *n*
déad rínger ((俗)) まるきりそっくりな人[もの] (⇨ RINGER²): She is a ～ *for* Audrey. オードリーとうりふたつだ.
déad·rìse *n* 〔造船〕船底勾配 ((船体中央横断面において船底部フレームラインが基線(水平)に対してもつ傾斜)).
déad róom 無響室 ((音響の反射を最小にした部屋)).
Déad Séa [the] 死海 ((ヨルダンとイスラエルとの国境の塩湖; 聖書名 Salt Sea, ラテン語名 Lacus Asphaltites)); [d- s-] ((岩塩など蒸発残留物の沈澱した)) 死海.
Déad Sèa ápple [frúit] [the] APPLE OF SODOM.
Déad Séa Scròlls *pl* [the] **1** 死海写本[文書] ((死海北西部 Qumran の洞窟などで発見された旧約聖書その他を含む古写本の総称)). **2** ᴴ((上流韻俗)) スパイ (moles).
déad sét *n* 猟犬が獲物を知らせる不動の姿勢; 断固たる姿勢, まっこうからの攻撃; 粘り強い努力, ((特に 女性の)) 熱心な求愛 〈*at*〉: make a ～ *at* [*against*]…に断固たる姿勢をとる. ► *adv, a* 断固(たる), 断然; [〈*int*〉] ((豪俗)) ほんとに, まったく, 実際(の話); 〈猟犬が〉不動の姿勢をとった: ～ *against*…に大反対である / ～ *on* doing なにがなんでも…する決意である.
déad shóre 〔建〕垂直な支持柱[支持梁(ばり)], 捨切り張り.
déad shót 命中弾; 射撃の名人.
déad-smóoth *a* 〈やすりなどが〉一段とすべすべした, 非常になめらかな, 油目(あぶらめ)の: ～ cut file 油目やすり.
déad sóldier [ᵘ*pl*] ((俗)) 空(から)の酒瓶[ビール缶] (＝*dead man* [*marine, one*]); 残飯(の皿), タバコの吸いさし, しけもく; *((俗)) うんこ, くそ.
déad spáce **1** 〔生理〕死腔 ((鼻孔から肺胞までの呼吸器系のうち血液がガス代謝をしない部分)). **2** 〔軍〕死界, 死角 ((一定の地点[火器]から射程内にありながらどうしても射撃できない区域; cf. DEAD ANGLE)).
déad's párt 〔スコ法〕((財産のうち遺言で処理できる)) 死者分.
déad spít ((口)) うりふたつのもの.
déad spòt 〔通信〕デッドスポット ((受信困難地域)).
déad stíck 回転を停止したプロペラ; ((卑)) 立たないペニス, ぐにゃマラ.
déad-stìck lánding 〔空〕プロペラ停止着陸.
déad stóck 〔農〕農具 (cf. LIVESTOCK); 死蔵[不良]在庫, 滞貨, デッドストック.
déad stórage 退蔵(物), 死蔵(品).
déad-stróke *a* 〔機〕はね返りなしに打つ, 無反跳の.
deads·ville /dédzvìl/ *a** ((俗)) 退屈な, うんざりする.
déad tìme 〔電子工〕((指令を受けてから作動するまでの)) 不感時間, むだ時間, 待ち時間; ((機械故障・資材不足などによる作業員の)) 待ち時間, DOWNTIME; *((刑務所俗)) むだ時間 ((刑期に無関係な拘禁時間[期間])).
déad-trée *a* ((雑誌・新聞のオンライン版に対して)) 印刷版の: a ～ edition 印刷版, 紙版.
déad wàgon* ((俗)) 死体運搬車, 霊柩車.
déad wáter 静水, 流れない水, 死水(しすい); 〔海〕死水, デッドウォーター ((航走中の船尾に渦巻く水)).
déad·wéight *n* **1** 自力で動けない人[もの]の重さ; ずっしり重いもの; 〔海〕船に積載したものの重さ ((船員・乗客・貨物・燃料など)), ((船に積載できる)) 載貨重量; 自重 ((車両自体の重量)); 〔土木・建〕DEAD LOAD; 重量貨物 ((体積でなく重量で運賃を計算する)); 〔畜〕食肉重量によって売買される家畜. **2** ((負債などの)) 重荷, 負担, 障害, 足かせ.
déadweight capácity [tónnage] 〔海〕載貨重量トン数.
déadweight tón 重量トン ((＝2240 pounds; 略 dwt, DWT; ⇨ TON¹)).
déad whóre* ((学生俗)) ちょろい科目[コース].
déad·wòod *n* ((樹上の)) 枯れ枝; 役に立たない人[人員, もの], 無用の長物, 厄介もの; 無意味な常套語[句]; *((俗)) 売れ残りの入場券(の綴り); 〔造船〕力材(りきざい); 〔ボウル〕デッドウッド ((倒れてレーンに残っているピン)). ● **cut out [get rid of, remove] (the)** ～ 〈組織などから〉不要[無用]なもの[人]を除く 〈*from*〉. **have the** ～ **on**… *((西部)) …より明らかに有利な立場に立つ.
déad zòne ((何も起こらない[生存しない])) デッドゾーン, 不毛[無人]地帯[期間]; 〔生態〕((青潮・赤潮などの)) 貧酸素水域, 酸欠海域; 〔通信〕不感地帯 ((地形の影響で電波の届かない圏外・難視聴地域)); 〔軍〕DEAD SPACE.
dè·áerate *vt* 脱気する. ♦ **dè·áerator** *n* 脱気機. **dè·aerátion** *n*
dè-aesthéticize *vt* 〈芸術・作品〉から美的性格を排除する. ♦ **dè-aestheticizátion** *n*
dea ex machina ⇨ DEUS EX MACHINA.
deaf /déf/ *a* **1** 耳の聞こえない, 聴力障害の, 聾(ろう)の, 耳が遠い, 難聴の; 音感のない (cf. TONE-DEAF); [the] 耳の聞こえない人びと, 聴力障害者, 聾者, 強度難聴者: ～ *of* an ear [*in* one ear] 片耳が聞こえない / ～ and dumb 聾啞の[で] / ～ without speech ((言語習得以前の難聴が原因で)) ことばを話せない, 聾啞の / (as) ～ as an adder [a door(nail), a (door)post, a stone] 全く聞こえない / None is so ～ as those who won't hear. ((諺)) 聞こうとしない者ほど耳の聞こえない者はない. **2** 聞こうとしない, 耳を傾けない, 聞き入れようとしない, 頓着しない 〈*to*〉: fall on ～ ears ⇨ EAR¹ / turn a ～ EAR¹ (to…). ♦ ～**·ish** *a* ～**·ly** *adv* ～**·ness** *n* 難聴, 聾; 耳をかさないこと. [OE *dēaf* deaf, empty; cf. G *taub*]
déaf-àidᴴ *n* 補聴器 (hearing aid).
déaf-and-dúmb *a* 聾啞の; [*derog*] 聾啞者(用)の.
déaf-and-dúmb àlphabet [lànguage] MANUAL ALPHABET.
déaf-blínd *a* 耳と目の不自由な, 聾盲(ろうもう)の.
déaf éar 家禽の耳朶(じだ); [ᵘ*pl*] 実のはいっていない穂, しいな.
déaf·en *vt* 〈大音響などが〉…の耳を(一瞬)聞こえなくする[聾する], 難聴[聴力障害]にする; 〈壁・床など〉に防音装置を施す; ((古)) ((より大きい音で)) 〈音声・楽音を〉かき消す: be ～*ed* to… ((うるさくて))…が聞こえない; …に耳をかさない, 聴こうとしない. ► *vi* 〈音が〉耳を聾する.
déaf·en·ing *a* 耳を聾するような, 大音響の: a ～ cheer 割れんばかりの[耳を聾する]喝采 / a ～ silence 極度の静寂; 無反応, 黙殺, 梨のつぶて. ► *n* 防音装置; 防音材. ♦ ～**·ly** *adv* 耳を聾するばかりに.
dè·áfferent·ed *a* 求心路遮断された.
déaf-múte *a, n* [°*derog*] 聾啞の; 聾啞者.
déaf-mùtism *n* 聾啞(状態).
déaf nút 仁(じん) (kernel) のない堅果; 利益にならぬもの.
De·ák /déɪɑ̀ːk/ デアーク **Fe·renc** /férènts/ ～ (1803–76) ((ハンガリーの自由主義政治家)).
Dea·kin /díːkən/ ディーキン **Alfred** ～ (1856–1919) ((オーストラリア

の政治家; 首相 (1903–04, 05–08, 09–10)》.

deal[1] /díːl/ *v* (**dealt** /délt/) *vt* **1** 分け与える, 分配する, 〈罰などを〉加える 〈*out, around* gifts, etc.〉; 〘トランプ〙〈札を〉配る 〈*out*〉: ~ *out* money fairly (to…に)金を公平に分配する / ~ *out* justice 〈裁判官が〉公平な裁きをする. **2** 〈打撃を〉加える, 見舞う: ~ sb a blow＝~ a blow *at* [*to*] sb 人に一撃を加える[痛手を与える]. **3** 《俗》〈薬(ﾔｸ)を〉売る, さばく; 〈選手を〉トレードする. **4** *《野球俗》〈特定の球種を〉投げる. ► *vi* **1** 〈主題・問題などを〉扱う, 処理する, 論じる 〈*with, in*〉; 対処[処罰]する, 〈感情などを〉うまくコントロールする 〈*with*〉; 〈人に対して〉ふるまう 〈*with, by* sb〉: ~ fairly *with* one's men 部下を公平に扱う / easy [hard, impossible] to ~ *with* 扱いやすい[にくい, がたい] / He's been well [badly] *dealt by*. 優遇[虐待]された. **2** 〈…に〉従事する 〈*in* politics〉; 〈商品を〉扱う 〈*in* rice〉; 〈事に〉かかわる, 興味をもつ 〈*in* rumors〉; 《俗》薬(ﾔｸ)を売る[売買する], 売人をやる. **3** 取引[商談, 交渉]をする 〈*with*〉; 〈…と〉関係する, 交際する 〈*with*〉; *《俗》手広くやる, 采配をふるう, 仕切る: WHEEL and ~. **4** 〘トランプ〙札を配る. ● **~ sb a poor** DECK. **~ sb in** 〘トランプ〙札を配って〈人を〉ゲームに入れる; *《口》〈人を〉仲間に入れる. **~ sb out** 〈人を〉とばして札を配る《ゲームからはずす》; *《口》〈人を〉仲間からはずす. **~ them off the arm** 《俗》ウェイターをする. **~ up** *従犯である被告に主犯の犯罪を証明する情報を提供すれば免罪にしてやると約束する, 取引する. WHEEL **and ~.**
► *n* **1** 取引 (transaction, bargain); PACKAGE DEAL; 《相互の利益のための》協約, 協定, 取決め; 不正[裏]取引, 密約; 《口》約束, 合意: make [do] a ~ *with* sb 人と取引[協定]する / a ~ goes through 交渉などがうまく行く / get a good ~ 有利な取引[取決め]をする; 安く手に入れる 〈*on* sth〉 / (It's a) ~. 《口》それで決まりだ[手を打とう], (じゃあ)そうしよう / *D*~? — *D*~! いいか?—いいだろう / A ~ is a ~. 約束は約束だ / clinch a ~ 取引をまとめる. **2 a** 処置, 扱い; 《人への》態度, 扱い(方), 待遇 (treatment): a fair ~ 公平な扱い / a rough ~ ひどい仕打ち / RAW DEAL. **b** *《口》《政治経済上の》(政府)政策 (cf. NEW DEAL); 政策実施期間. **3 a** 《口》事, もの, 事態, 状況; *《学生俗》困った[面倒な]こと: The ~ is that…. 実は[問題は]…だ / What's the ~? どうしたんだ, 何事だ? / the (real) ~ *《俗》本物, 最高[最上]のもの / BIG DEAL. **b** 《口》お買得品, バーゲン品. **4** 〘トランプ〙札を配ること, (配られた)手札, 配る番; 〘トランプ〙一勝負: It's your ~. きみが親[配る番]だ. **5** 分量, 額; [a ~] 《口・古》多量, たくさん 〈*of*〉; 《廃》部分 (part, portion). ● **a great** [**good**] **~** (1) たくさん(の量), 相当量, ずいぶん (cf. GOOD DEAL); 多量の (a lot of): *a great* ~ of experience [money] 多くの経験[金]. (2) [強意句として more, less, too many, too much または比較級の前に付けて] ぐっと, うんと: *a great* ~ *more* [*cheaper*] ずっと多い[安い]. **a** SQUARE DEAL. **a vast ~** 非常に. **call it a ~** 《取引などで》事が落着したとする. **cut** [**crack**] **a ~** 《口》〈…と〉協定[契約]を結ぶ, 取引をする (make a deal) 〈*with*〉. **crumb the ~** 《俗》計画をぶちこわしにする. **no ~** 《口》だめ, いや; 《口》かんばしくない, うまくない.
[OE *dǣlan* to divide〈*dǣl* (n) part; cf. G *teilen*]

deal[2] *n* 樅材(ﾓﾐｻﾞｲ), 松材 (cf. FIR, PINE[2]); 《規格寸法に挽(ﾋ)いた》樅板, 松板《厚板》. ► *a* 樅材[松材]の; 標準規格の樅[松]の厚板の形をした. [MLG, MDu=plank]

Deal ディール《イングランド南東部 Kent 州の Dover 海峡沿いの町でリゾート; 英国南海岸五港 (Cinque Ports) の一つ; 前 55 年に Julius Caesar が上陸した所》.

de·alate /diéɪlèɪt, -lət/ *n, a* 〘昆〙棄翼した(昆虫). ♦ **de·álat·ed** *a* 棄翼した. **dè·alá·tion** *n* 《アリなどの》棄翼.

déal-brèak·er *n* 取引[交渉, 関係]を破壊する要因.

déal·er *n* **1 a** 商人, 売買業者, 《特に》卸売業者, ディーラー; 《俗》《麻薬の》売人, ディーラー; *《俗》一人でたくさんの事に関係している人, 《事業などを》手広くやっている人: a wholesale ~ 卸売商 / a ~ *in* tea＝a tea ~ 茶商人. **b** *ディーラー (jobber‖)《自己売買を専門とする証券業者; cf. BROKER》. **c** 〈…と〉掛かり合う人 〈*with, in*〉: a ~ *with* witches [*in* sorcery]. **2** [the] 《トランプの》親, 札を配る人, ディーラー; 賭博場の従業員, 賭博師. **3** [形容詞を伴って] 《人に対して》…な態度をとる人: PLAIN DEALER.

déal·er·shìp *n* 販売権[業, 地域]; *販売代理店, 特約店: a Ford ~.

déal·fìsh *n* 〘魚〙フリソデウオ (＝*ribbonfish*)《細長い銀色の深海魚》.

déal·ing *n* [°*pl*] 交際, 関係, 取引; 商売[取引]のやり方; 人に対する接し方, 扱い方, 仕打ち; 《トランプ札などの》分配: have ~*s with*…と取引がある / fair ~ 正直な[まっとうな]やり方[態度]. ► *a* *《サーフィン俗》《波の状態などが》すばらしい.

déaling bòx ディーリングボックス《一組のトランプ札が 1 枚ずつ配れるようになっている容器で, faro のときに用いる》.

déaling ròom ディーリングルーム《金融機関などの債券や為替の取引室》.

déal·màker *n* 取引仲介人, ブローカー; 《政界などでの》仕切り役. ♦ **déal·màking** *n*

déal stòck *《証券俗》M & A 関連株.

dealt *v* DEAL[1] の過去・過去分詞.

de·ambulátion /di-/ *n* 歩きまわること, 遊歩.

de·ámbulatory /di-/ *n* AMBULATORY.

dè·Américan·ìze *vt* 非[脱]アメリカ化する, …への米国の関与を減らす. ♦ **dè·Amèrican·izátion** *n*

de·am·i·nase /diǽmənèɪs, -z/ *n* 〘生化〙デアミナーゼ《脱アミノ反応の触媒酵素》.

de·am·i·nate /diǽmənèɪt/, **-nize** /-nàɪz/ *vt* 〘生化〙…からアミノ基を取り去る. ♦ **de·àm·i·ná·tion, de·àm·i·ni·zá·tion** *n* 脱アミノ(反応), 脱アミノ化.

dean[1] /díːn/ *n* **1** 《DECANAL *a*》《cathedral などの》首席司祭, 聖堂参事会長; 教務院長; 《ベネディクト会の》修道院長; 〘カト〙司教地方代理 (＝*rural dean, vicar forane*)《司教 (bishop) が任命し司教区 (diocese) 内の一地区を監督する》; 〘英国教〙地方執事 (rural dean). **2** 《大学の》学部長; 《米国の大学・中等学校の》学生部長; 《Oxford, Cambridge 大学の》学生監. **3** 《団体・仲間うちなどの》最古参者, 長老 (doyen). ► *vi* dean をつとめる. ♦ **~·ship** *n* dean の職[地位, 任期]. [OF＜L *decanus* chief of group of 10 (*decem* ten)]

dean[2], **dene**‖ /díːn/ *n* 谷 (vale)《しばしば 地名に用いる》; 《樹木の生えた》深い谷. [OE *denu*; DEN と同語源]

dean[3] ⇨ DENE[1].

Dean[1] /díːn/ **1** ディーン《男子名》. **2** ディーン (1) **Christopher** ~ ⇨ TORVILL AND DEAN (2) **James** (**Byron**) ~ (1931–55)《米国の映画俳優; スターの座にいること 1 年にして愛車で激突死, 死後さらに人気が高まった》. [OE=valley]

Dean[2] ■ **the Fórest of ~** ディーンの森《イングランド南西部 Gloucestershire 西部 Severn 川と Wye 川との間にある森林地域; 昔の王室御料林》.

Deane /díːn/ **1** ディーン《男子名》. **2** ディーン **Silas** ~ (1737–89)《米国の法律家・外交官》.

dea·ner, dee·ner /díːnər/ 《俗》*n* *10 セント; DEEMER; 《英・豪》1 シリング. [? DENIER[2]]

déan·ery *n* DEAN[1] の職[地位, 権威]; dean の公邸[役宅, 邸宅]; dean 管区.

de-Ánglicize /di-/ *vt* 非[脱]英国化する, …から英国色を排除する. ♦ **de-Anglicizátion** /di-/ *n*

De·an·na /diǽnə/, **De·anne** /diǽn/ ディアナ, ディアン《女子名》. [⇨ DIANA]

dea·no /díːnoʊ/ *n* (*pl* **~s**) *《俗》月 (month).

Déan of Fáculty 《スコットランドの》弁護士会 (Faculty of Advocates) 会長《略 DF》.

déan of guíld ギルドの長; 《スコットランド自治都市の同業組合の名目上の》組合長《その都市内のすべての建物に対して管轄権を有する》.

déan's lìst 〘米大学〙《学期末または学年末にまとめられる》成績優秀者[優等生]名簿.

de·anthropomórphize /di-/ *vt* 非擬人化する.

dear[1] /díər/ *a* **1** 親愛な, かわいい, いとしい; きれいな; [~ old [little, sweet, etc.]; しばしば虚辞] すてきな: ~ Tom / Tommy ~ / hold sb [sth] ~ 人[もの]を大切に思う / a ~ sweet man いい人. **2** 高価な, 高い〈品・店など〉(opp. *cheap*); 高すぎる, 法外な (excessive). **3** 心からの, 切実な, 熱烈な; 大事な, 貴重な (precious) 〈*to*〉; 《廃》高貴な (noble); 《廃》得がたい, まれな: one's ~*est* wish 切なる願い.
★ 手紙の書出しの常用形式文句: (1) Dear Sir は面識のない人や目上の人に, Dear Sirs は団体や会社あてに用いる. (2) Dear Mr. … は英国では形式的, 米国では親愛的であり, My ~ Mr. … は英国では親愛的, 米国では形式的である. 口語の呼びかけとして用いるときには, 時に皮肉の意を含む. また名詞のあとに用いれば親愛感または滑稽の意を表わす: Auntie ~. ● **for ~** LIFE.
► *n* かわいい人[もの], 親愛な者; 魅力あふれる人, 愛人: What ~*s* they are! なんてかわいらしいこと! / Be a ~ and…ねえ(いい子だから)…してくれない? / OLD DEAR. ★ 通例 呼びかけて (my) dear または (my) dearest として「(ねえ)あなた」「(まあ)おまえ」などに当たる (cf. OLD DEAR) (⇨ ABSOLUTE SUPERLATIVE). また店員から客などへの親しげな呼びかけとして特に女性が[に対して]用いる. ● **sb's nearest and ~est** ⇨ NEAR. (**The**) **~** (**only**) **knows**…はだれも知らない (God knows). **There's** [**That's**] **a ~.** いい子だから〈しておくれ・泣かないで〉; 〈よくやった・泣かないで〉いい子だね.
► *adv* **1** かわいがって, 大事に. **2** 高価に: COST sb ~ (成句) / pay ~ for one's ignorance 無知のためひどいめにあう.
► *int* 《驚き・あわれみ・あせり・困惑・軽蔑などを表わす》おや, まあ!: *D*~, ~! ＝*D*~ me! ＝Oh ~! ＝*D*~ God! おやおや, あらまあ, いやだわ, 大変だ! / Oh ~, no! いやとんでもない! ♦ **~·ness** *n* かわいらしさ, いとしさ; 《相互の》親愛の情; 《自分(たち)にとっての》大切さ, 貴重さ; 値段の高さ; 代償の大きさ; 真摯(ｼﾝｼ)さ. [OE *dēore*; cf. G *teuer*]

dear[2], **dere** /díər/ *a* 《古》つらい, きびしい (hard, severe), 並々ならぬ. [OE *dēor* brave, severe]

Déar Ábby アビーさん, ディア アビー (⇨ Abigail VAN BUREN).

Dear·born /díərbɔ̀ːrn, -bərn/ ディアボーン《Michigan 州南東部の Detroit に隣接する市; Henry Ford の生地で, Ford 社が広い面積を占める》.

dearie ⇨ DEARY.

Déar Jóhn (lètter) «口»《兵士などに対する妻からの》離婚要請状; 《女性から婚約者・恋人への》絶縁状; 《一般に》絶交状.
déar·ly *adv* **1 a** 非常に, 心から, ほんとに (very much): I would ~ like you to do…. **b** 心からの愛情をこめて, 深く〈愛するなど〉: ~ BELOVED. **2** 高い代償を払って, 高くついて, 高価に: COST sb ~ (成句). ★ 通例 sell [buy] dear は dearly としない.
déar móney 〔金融〕高金利資金.
déarness allòwance 《インドで》実質賃金目減り補償[生活防衛]手当(支給協約)《生活費上昇の際に賃金を上昇させる》.
dearth /dɜ́ːrθ/ *n* 払底, 欠乏 〈*of* food etc.〉; 飢饉: a ~ of information 情報[知識]不足. [DEAR[1], *-th*[2]]
deary, dear·ie /díəri/ *n* «口・古» [°*iron*/*joc*] かわいい人, (ねえ)あなた (darling, dear)《通例 年配の婦人から若い人への呼びかけ》: *Dearie* me! おやおや, あらまあ! [*dear*[1]]
dea·sil /díːzəl/ *adv* «スコ» 太陽の運行の方向に, 右回りに (clockwise)《縁起のよい方向とされる; cf. WIDDERSHINS》.
death /dɛ́θ/ *n* **1 a** 死, 死亡《FATAL, LETHAL, MORTAL *a*》; 死に方; 死んだ(も同然の)状態; 《植物の》枯死; 〔法〕CIVIL DEATH: *D~* is the great leveller. «諺» 死は万人を平等にする / Nothing is certain but ~ and taxes. この世で確実なのは死と税金だけ《Benjamin Franklin のことばより》/ (as) pale as ~ まっ青で / (as) sure as ~ 確実で / the field of ~ 戦場, 死地 / die a hero's ~ 英雄らしい死に方をする / die a violent ~ 変死[横死]する / make a good ~ りっぱな[恥ずかしくない]死[最期]を遂げる / meet one's ~ 《事故で》死ぬ, 命を失う / send sb to his ~ 《通例 結果として》人を死なせる / shoot [strike] sb to ~ 撃ち[なぐり]殺す / burn [freeze, starve] to ~ = be burnt [frozen, starved] to ~ 焼死[凍死, 餓死]する《この場合, 特に英では burn sb dead, be burnt dead などということが多い》/ till ~ do us [us do] part 死が我らを分かつまで, 一生涯《結婚式の誓い》. **b** 死亡事例, 死者(数): war ~*s* 戦死者(数) / 53 ~*s* 53 人の死者. **2 a** 破滅, 終わり, 終焉 〈*of*〉; 消滅 (end). **b** 精神的死, 精神生活の喪失 (spiritual death): everlasting ~ 永遠の断罪 (damnation). **3 a** 死因; 死病; «廃» 疫病, 悪疫 (pestilence) (⇨ BLACK DEATH). **b** 死刑; 殺害, 人殺し (murder); 流血. **4** [D-] 死神《鎌 (scythe) を持ち黒衣をまとった骸骨で表わされる》. **5** 〔クリスチャンサイエンス〕《物質的生命観の産物である》死. **6** [〈*int*〉]: *D~!* ちくしょう, しまった, ゲッ! ● **(a fate) worse than ~** 全くひどい災難; [*joc*] 処女喪失, 暴行をうけること. **at ~'s door** 死に瀕して, 死にかけて: lie *at ~'s door* 死の床についている. **be ~ on…** «口» (1) …にかけてはすごい腕前だ: The cat *is ~ on* rats. その猫はネズミ捕りがすごくうまい / He's ~ *on* curves. 〔野〕すごいカーブを投げる. (2) …をひどく嫌う; «口» 〈従業員など〉に対して非常にきびしい(態度をとる); «口» 〈物事が〉〈人・もの〉にとって致命的である[悪い], …をこわす(ことになる): We *are ~ on* humbug. ごまかしは大嫌いだ. (3) …に対して俗物的である. **be in at the ~** 《狐狩りで》獲物を猟犬が殺すのを見届ける; [*fig*] 《事の》結末を見届ける. **be the ~ of**…の死因となる; …を殺す, ひどく苦しめる; …を死ぬほど笑わせる: You'll *be the ~ of* me (yet). きみのおかげで死ぬ思いだよ, 全くきみにも困ったもんだ. **catch one's ~ (of cold)** «口» ひどいかぜをひく. **~ or glory** 死[破滅]か栄光か(の). **die a [the] ~** "= **die a natural ~** *«口» 失敗に終わる, ポシャる, 忘れられる, 消える. **do…to ~** …を殺す (kill); [*fig*] …を飽きるほど繰り返す. **hang [hold, cling, etc.] on like [for] grim ~** «口» 死んでも放さない, 死物狂いでしがみつく. **like ~ (warmed up [over])** «口» ひどく具合が悪い[疲れきって], 死人のようで: look [feel] *like ~ warmed over*. **of** LIFE **and [or] ~. put…to ~** …を殺す, 処刑する. **take one's ~** = catch one's DEATH. **to ~** ⇨ 1; 耐えがたいほど, 死ぬほど, 極端に, このうえなく: sick [tired] *to ~* うんざりして 〈*of*〉/ worry [frighten, scare]…*to ~* …をすごく心配させる[こわがらせる] / worked *to ~* 使い古された, 陳腐な; こき使われた / TICKLED *to ~*. **to the ~** 死ぬまで, 最後まで: a fight *to the ~* 死闘. ► *a**«俗» メチャいい, とてもすてきで.
[OE *dēath*; cf. DEAD, DIE[1], G *Tod*]
déath àdder 〔動〕デスアダー《コブラ亜科の猛毒のヘビ; 豪州産》.
déath ágony 死に際[臨終]の苦しみ, 断末魔.
déath àngel 〔植〕タマゴテングタケ (death cap).
déath àpple MANCHINEEL.
déath àsh 《放射能を含む》死の灰.
déath·bèd *n* 死の床; 臨終: on one's ~ 臨終に[の], 死の直前に[の], 死にそうな / ~ repentance 臨終の悔い改め; おそまきの改心[政策転換] / a ~ will 臨終遺言.
déath bèll 死を知らせる鐘 (passing bell).
déath bènefit 〔保〕死亡給付金.
déath blòck 死刑囚監房のある区画, 死刑囚棟.
déath·blòw *n* 致命的打撃; 命取りとなるもの[できごと]: deal a ~ 打ち砕く, 終焉をもたらす 〈*to*〉.
déath càmas [càmass] 〔植〕北米原産ユリ科リシリソウ属の草本《根は有毒で牛・羊などに中毒を起こす》.
déath càmp 《多数の人が殺される》死の収容所.
déath càp 〔菌〕タマゴテングタケ (= *death angel* [*cup*])《猛毒; しばしば 食菌と間違われる》.
déath·càre *a* 葬儀にかかわる, 葬祭の, 葬礼の.
déath cèll 《刑務所の》死刑囚監房.
déath certìficate 《医師の署名する》死亡証明書.
déath chàir 電気椅子 (electric chair).
déath chàmber 死人[死にかかった人]のいる部屋, 《特に 刑務所内の》処刑室.
déath contròl 死の制御《医療・衛生の改善による死亡率の引下げと平均寿命の延長》.
déath cùp 〔植〕タマゴテングタケ (death cap).
déath dàmp 死汗《死の直前の冷や汗》.
déath·dày *n* 死亡日; 祥月(しょうつき)命日.
déath-dèal·ing *a* 死をもたらす, 致死的な.
déath dùst DEATH SAND.
déath dùty [°*pl*] 〔英〕相続税, 遺産税《総称》.
déath educàtion 死についての教育《死と死における問題点に関する認識を深める情報を提供する》.
déath·ful *a* 死[死人]のような; «古» 致命的な, 破滅的な; «古» 死ぬように運命づけられた.
déath fùtures *pl* *«俗» 死亡先物《末期患者の生命保険証券を割引で買い取ること; 患者死亡時に保険金満額を受け取れるので有利な投資となる; cf. VIATICAL SETTLEMENT》.
déath grànt 〔英保険〕《近親者・遺言執行者に支払われる》死亡給付金.
déath grip 《恐れおののくなどして》強く握りしめること, つかんで放さないこと; 支配, 呪縛.
déath hòuse* 死刑囚監房のある建物, 死刑囚棟.
déath ìnstinct 〔精神分析〕死の本能 (= *Thanatos*)《人間にある, 無機物へかえろうとする傾向》.
déath knèll 死を告げる鐘 (passing bell); 死[終焉, 滅亡]の前兆; 終結[廃止]を早めるもの.
déath·less *a* [°*joc*/*iron*] 不死の, 不滅の, 不朽の, 永遠の: ~ prose [lines] 不朽の名文《おそまつな文章》. ♦ **~·ly** *adv* **~·ness** *n*
déath·lìke *a* DEATHLY.
déath·ly *a* 死[死人]のような; 致命的な, 潰滅的な; «詩» 死の; *«俗» すごい, 最高の. ► *adv* 死んだように; 命にかかわるほど; 極端に. ♦ **déath·li·ness** *n* 致命的であること; 死んだような状態.
déath màrch 死の行進《主として戦争捕虜に強いられる過酷な条件下での行進》.
déath màsk デスマスク (cf. LIFE MASK).
déath mètal 〔楽〕デスメタル《歌詞に死体・地獄・神への冒瀆などを盛り込んだヘビーメタル》, SPEED METAL.
déath pènalty [the] 死刑 (capital punishment).
déath·plàce *n* 《人が》死んだ土地, 最期の地.
déath pòint 〔生〕死点, デスポイント《生物・原形質が生存しうる高温・低温などの限界点》.
déath-quàlify* *vt* 〈死刑廃止論者〉に陪審員になる義務を免責する.
déath ràte 死亡率 (= *mortality* (*rate*)).
déath ràttle 臨終(の)喉声, 死前喘鳴.
déath rày 殺人光線《架空のもの》.
déath ròll" 《戦闘・災害・事故などの》死亡者名簿.
déath rów* 《一並びの》死刑囚監房, 死刑囚棟: *on* ~ 死刑囚として収監されて.
déath sànd 〔軍〕《放射能を含む》死の灰.
déath sèat «米俗・豪俗» 《自動車の》助手席.
déath sèntence 死刑宣告[判決]; 死(期)の告知; 死をもたらすもの, 命取り.
déath's-hèad *n* しゃれこうべ, どくろ《死の象徴》.
déath's-hèad móth 〔昆〕メンガタスズメ《欧州産の蛾; 背部にしゃれこうべのような模様がある》.
déaths·man /-mən/ *n* «古» 死刑執行人 (executioner).
déath snòw *«俗» 毒入り[汚染]コカイン.
déath squàd 《ラテンアメリカの軍事政権下などで, 軽犯罪者・左派などに対する》暗殺隊[団].
déath stàr THROWING STAR.
déath tàx 〔米〕《死者の財産譲渡に伴う》相続税, 《特に》ESTATE TAX.
déath thèrapy 対死療法《不治の患者やその家族に対して助言を与える》.
déath tòll 《事故などによる》死亡者数, 犠牲者数.
déath tràp 死の落とし穴《人命に危険を及ぼすおそれのある建物・乗物・場所・状況》.
Déath Válley デスヴァレー《California 州東部および Nevada 州南部の酷暑の乾燥盆地; 海面下 約 85 m》.
déath·ward *adv*, *a* 死の方へ(の), 死に向かって[向かう].
déath wàrrant 〔法〕死刑執行令状; [*fig*] 死の宣告: sign one's (own) ~ みずから破滅をまねく, 自殺行為をする.
déath·wàtch *n* **1** 死者[死にかかっている人]の寝ずの番, 通夜, 臨終の看護; 死刑間近の囚人の監視人. **2** 〔昆〕シバンムシ(死番虫) (= *wood tick*) (= **~ bèetle**)《そのカチカチいう音は死の前兆との俗説から》; 〔昆〕コナチャタテ (book louse).

déath wìsh 1〘精神分析〙死の願望. 2*《俗》幻覚剤.

déathy *a, adv* 《まれ》DEATHLY.

Deau·ville /dóuvìl, douví:l; *F* dovil/ ドーヴィル《フランス北西部の Seine 湾に臨む保養地》.

deave /dí:v/ *vt* 《スコ・北イング》DEAFEN.

deb /déb/ *n* 《口》DEBUTANTE (cf. DEBS' DELIGHT); *《俗》スケ番, チンピラ[突っ張り]娘.

deb. debenture.

de·ba·cle, dé·bâ·cle /dibá:k(ə)l, deɪ-, *-bǽk-/ *n* 大災害, 大事故; 大失敗; 《政権などの》瓦解, 《軍隊などの》潰走, 総くずれ, 完敗; 河川の氷がバリバリわれること; 鉄砲水. ［F (*débâcler* to unbar)］

de·bág /di-/ *vt* ″《俗》《いたずら・罰として》〈人〉のズボンをむりやり脱がせる. ［*bag*[1]］

de·báll /di-/ *vt, vi**《俗》タマ[キン]抜きする, 去勢する.

de·bár /dɪ-/ *vt* 〈人・団体などを〉締め出す, 除外する; …に〈…(すること)を〉禁ずる, 妨げる 〈*from*〉. ♦ **~·ment** *n* ［F (*de-*, BAR[1])］

de·bárk[1] /dɪ-/ *vt, vi* DISEMBARK. ♦ **dè·bàr·ká·tion** *n*

de·bárk[2] /di-/ *vt* 〈木〉の皮をはぐ.

de·bárk[3] /di-/ *vt* 〈犬〉の声帯を除去してほえないようにする.

de·bar·rass /dɪbǽrəs/ *vt* 困難から解放する, 〈…を〉取り去って…を楽にさせる 〈*of*〉.

de·base /dɪbéɪs/ *vt* …の品性[人格, 評判など]を落とす; …の品質[価値, 品位]を低下させる. ♦ **~·ment** *n* 品位[品質など]の低下[引下げ]; 貨幣の価値低下[引下げ]; 悪化, 堕落. **de·bás·er** *n* ［*de-*, ABASE］

de·básed *a* 品位[品質]の低下した, 劣った, 卑しい; 〘紋〙上下逆になった.

de·bát·able, debáte·able *a* 論争[疑問]の余地のある, 異論のある; 〈土地が〉2 国以上による領有権主張のある, 係争の; 討論を許されている; (正式な)討論の対象となりうる〈話題など〉. ♦ **-ably** *adv*

debátable lánd 《領有をめぐる, 国家間の》紛争地, 係争の地.

de·bate /dɪbéɪt/ *vt, vi* 1 討論[討議]する: ~ a point [a question] ある論点[問題]を討議する / ~ *on* [*over, about*] a subject ある問題について討論[論争]する / I ~*d* him *on* this issue. この問題で彼と討論をした. 2 熟慮する: ~ *with* oneself＝~ in one's own mind 思案にふける. 3 (*vt*) 《古》争う; (*vi*) 《廃》闘う, 争う. ► *n* 討論(会), 論争, ディベート 〈*about, on*〉, 《議会などの》討議, 論戦, 審議; 討論の技術[研究]; 熟慮; 《古》争い: hold ~ *with* one*self* 熟考する / open the ~ 討論の皮切りをする / under ~ 討論[討議]されて. ♦ **de·bát·er** *n* ［OF; ⇨ BATTLE[1]］

debáte·ment *n* 《廃》討論, 論争.

de·bát·ing clùb [**socìety**] 討論研修クラブ[会], 弁論部, ディベートクラブ.

debáting pòint 《必ずしも本質的でないが》討論の話題になる事柄; 相手を煙にまくような主張.

de·bauch /dɪbɔ́:ʧ, *-bɑ́:ʧ/ *vt* 堕落させる; 〈女を〉誘惑する, たらしこむ; 〈心・趣味・判断などを〉汚す; 《古》裏切り者にする, 背かせる. ► *vi* 放蕩にふける. ► *n* 放蕩, 淫蕩, 不節制; 《ひとしきり》酒色に溺れること, ORGY. ♦ **~·er** *n* 堕落させる人[もの]; 放蕩者. **~·ment** *n* ［F＜?; 一説に OF *debaucher* to shape (timber) roughly (*bauch* beam＜Gmc)］

de·báuched *a* 堕落した; 放蕩な. ♦ **de·báuch·ed·ly** /-ədli/ *adv* **-ed·ness** /-ədnəs/ *n*

deb·au·chee /dɪbɔ̀:ʧí:, -bɑ̀:-; dèbɔ:ʧí:, -ʃí:/ *n* 放蕩者, 道楽者. ［F *débauché* (pp)＜DEBAUCH］

debáuch·ery *n* 放蕩, 道楽; [*pl*] どんちゃん[らんちき]騒ぎ; 《古》誘惑, そそのかし.

debbies' delight ⇨ DEBS' DELIGHT.

deb·by, -bie /débi/ 《口》*n, a* DEBUTANTE (の[らしい]).

Debby, -bie デビー《女子名; Deborah の愛称》.

de·be /débɛ/ *n* 《東アフリカ》かんづめの缶 (tin). ［Swahili］

de·béak /di-/ *vt* 《共食い・けんかなどの防止のため》〈鳥〉の上くちばしの尖端を取り除く.

de·béard /di-/ *vt* 〈ムール貝〉の足糸(そくし)[ひげ]を取る.

De·Beck /dəbék/ デベック **Billy** ~ (1890–1942)《米国の漫画家; *Barney Google*; cf. HEEBIE-JEEBIES》.

de be·ne es·se /di bí:ni ɛ́si, deɪ béɪneɪ ɛ́seɪ/ *adv* 〘法〙暫定的効力をもって, 条件付きで. ［L＝of well-being］

Deb·en·hams /déb(ə)nəmz/ デベナムズ《London の Oxford Street にある百貨店, およびそのチェーン》.

de·ben·ture /dɪbénʧər/ *n* 債務証書; ″債券, 社債; *無担保債券[社債]; 《税関の》戻し税証明書: ~ issue 債券[社債]発行. ［L *debentur* are owed (*debeo* to owe); 語尾は *-ure* に同化］

debénture bònd 〘米〙無担保社債.

debénture stòck 〘英〙担保付き社債, ディベンチャーストック; 〘米〙確定利付き株式.

de Bergerac ⇨ CYRANO DE BERGERAC.

De·bierne /*F* dəbjɛrn/ ドビエルヌ **André-Louis** ~ (1874–1949)《フランスの化学者》.

deb·ile /débəl, -bàɪl, ″dí:bàɪl/ *a* 《古》虚弱な, ひよわな.

de·bil·i·tate /dɪbílətèɪt/ *vt* 衰弱させる, 弱らせる; 〈組織などを〉弱体化させる, 害する: ~*d* by drugs 麻薬で体をむしばまれて. ♦ **de·bìl·i·tá·tion** *n* 衰弱, 虚弱(化). **-tà·tive** *a* 《古》衰弱させる. ［L (*debilis* weak)］

de·bíl·i·tàt·ing *a* 衰弱[悪化, 弱体化]させる, 力をそこなう(ような): a ~ disease 身体を衰弱させる病気, 消耗性疾患《たとえば筋ジストロフィー・心臓病など》/ a ~ effect 事態を悪化させる影響 / a ~ war 消耗戦. ♦ **~·ly** *adv*

de·bil·i·ty /dɪbíləti/ *n* 《特に肉体的な》弱さ; 《生活機能の》弱質, 衰弱: congenital ~ 先天(性)弱質.

deb·it /débət/ *n* 1 〘簿〙借方 (opp. *credit*)《略 dr, dr.》; 借方記入; 借方項目(の合計額). 2 不都合, マイナス, 欠点, 短所. ► *vt* (…の)借方に記入する: ~ his account *with* the amount＝~ the amount *against* [*to*] his account＝~ the amount *against* [*to*] him＝~ him *with* the amount その金額を(彼の借金として)彼の勘定の借方に記入する. ［F; ⇨ DEBT］

débit càrd デビットカード《銀行が口座をもつ顧客に発行するカードで, 預金機による現金の出し入れと物品・サービス購入代金の口座引落としが 1 枚でできる》.

de·blat·er·ate /dɪblǽtərèɪt/ *vi* むだ口をきく, しゃべりまくる; 激しく不平を言う. ♦ **de·blàt·er·á·tion** *n*

de·blóom /di-/ *vt* 〈石油〉から青い蛍光を除去する.

de·blúr /di-/ *vt* …のぼけを除く.

deb·o·nair(e), de·bon·naire /dèbənɛ́ər/ *a* 〈特に男が〉小粋な, あかぬけた; 気さくな, 屈託のない; 《古》丁重で愛想のいい, 温和な. ♦ **dèb·o·náir·ly** *adv* **dèb·o·náir·ness** *n* ［OF (*de bon aire* of good disposition)］

de·bóne /di-/ *vt* 〈肉〉から骨を取り除く (bone). ♦ **de·bón·er** *n*

de bon goût /*F* də bɔ̃ gu/ 趣味のいい.

de bonne grâce /*F* də bɔn grɑ:s/ 喜んで, みずから進んで. ［F＝with good grace］

de Bo·no /də bóunou/ デボノ **Edward** (**Francis Charles Publius**) ~ (1933–)《マルタ生まれの英国の医学者・心理学者; 通称 'Dr. ~'; 水平思考 (lateral thinking) の考えを提唱》.

de·bóost /di-/ *vi* 〈宇宙船・ミサイルなどが〉減速する. ► *n* 減速.

Deb·o·ra /déb(ə)rə/ デボラ《女子名》. ［↓］

Deb·o·rah /déb(ə)rə/ 1 デボラ《女子名; 愛称 Debby, Debbie》. 2 〘聖〙デボラ《(1) イスラエルの女預言者・士師(しし); *Judges* 4, 5 (2) Rebekah の乳母; *Gen* 35: 8》. ［Heb＝bee］

de·bouch /dɪbáuʧ, *-bú:ʃ/ *vi* 〈川が〉流出する, 〈道・群集が〉広い所へ出る 〈*into*〉; 〘軍〙《山や森などから平地などに》進出する. ► *vt* 《広い所へ》流出[進出]させる. ► *n* DÉBOUCHÉ. ［F (*bouche* mouth)］

dé·bou·ché /dèɪbu:ʃéɪ/ *n* 〘軍〙《要塞などの》進出口; 出口, 《商品の》はけ口 〈*for*〉. ［F (↑)］

debóuch·ment *n* 狭い所から広い所に出ること, 進出; 《特に河川・運河などの》流出口 (＝*debouchure*).

de·bou·chure /dɪbù:ʃúər/ *n* 流出口 (debouchment).

Deb·ra /débrə/ デブラ《女子名》. ［⇨ DEBORAH］

De·bre·cen /débrətsèn/ デブレツェン《ハンガリー東部の市; 1848 年の革命後, ハンガリー議会・政府が一時置かれ, 翌年 Kossuth による独立宣言が出された地》.

De·brett('s) /dəbrét(s)/ 『デブレット』《英国貴族名鑑 *Debrett's Peerage and Baronetage* の略称; 1802 年 John Debrett (1753–1822) が創刊》.

De·breu /*F* dəbrø/ ドブルー **Gerard** ~ (1921–2004)《フランス生まれの米国の経済学者; 一般均衡理論の基礎への貢献によってノーベル経済学賞 (1983)》.

de·bride /dɪbrí:d, deɪ-/ *vt* 〘医〙創面切除する, 鮮創する. ［逆成く↓］

de·bride·ment /dɪbrí:dmənt, deɪ-, -mɑ̀:nt; *F* debridmɑ̃/ *n* 〘医〙創面切除(術), 創傷清拭, 挫滅壊死組織除去[切除], デブリードマン.

de·brief /dibrí:f/ *vt* 〈特殊任務を終えた飛行士・外交官など〉に質問して報告を聞く[情報を求める]; 〈公務員など〉に離任後も秘密情報を公表しないようにと申し渡す; 〘心〙実験後〈被験者〉にその目的・理由を明かす. ► *vi* 《任務から帰って》〈兵士などが〉報告する, 〈上官などが〉報告を受ける. ♦ **~·er** *n* **~·ing** *n* debrief する[される]こと; 任務完了後の情報聴取で上申される情報. ［*brief*］

de·bris, dé·bris /dəbrí:, deɪ-, déɪbrì:; déɪbrì:, déb-/ *n* (*pl* ~ /-z/) 破壊物の破片, くず, 残骸; 有機堆積物; 〘地質〙《山・絶壁の下に積もった》岩屑(がんせつ); 〘登山〙デブリ《積もった氷塊》. ［F (*briser* to break)］

de Bró·glie wàve /də bróugli-/ 〘理〙《粒子に付随した》ドブロイ波. ［Louis Victor de BROGLIE］

dé·brouil·lard /*F* debrujaːr/ *a, n* 世才[世故]にたけた(人); 難事の処理のうまい(人).

de·bruise /dɪ-/ *vt* 〘紋〙〈普通紋〉に他の意匠を重ねる. ［ME＝to break down＜OF; ⇨ DEBRIS］

Debs /débz/ デブズ **Eugene V**(**ictor**) ~ (1855–1926)《米国の労働運動指導者・社会主義者; 1900–20 年の間に 5 度社会党大統領候補》.

débs' delíght, débbies' delíght 《俗》[*joc*]《社交界に初めて出る少女の》よき同伴者, エスコート役,《お嬢さまと釣り合う》上流青年,《見てくれだけの》いいとこの坊ちゃん.
debt /dét/ *n* **1** (金銭)債務, 負債, 借金《★ 文脈によっては貸主側から見ての「債権」と訳した方がわかりやすい場合もある: 例 bad debt 不良債権》: be in sb's ～ [～ to sb] 人に借金している[借りがある] / go [get, run] into ～ 借金状態[生活]に陥る / owe [pay] a ～ 借金をしている[払う] / call up a ～ 借金の催促をする / a floating ～ 一時借入金 / contract [incur] ～*s* 負債を生じる / get [keep] out of ～ 借金を返す[しないで暮らす] / Out of ～, out of danger. 《諺》借金なければ危険なし / NATIONAL [BONDED] DEBT. **2 a** (他人に)負うているもの, おかげ, 恩義: owe sb a ～ of gratitude 人に(感謝すべき)恩義[義理]がある / I'm in your ～. (この)ご恩は忘れません, 恩に着ます / pay one's ～ (to society) (刑に服して社会に対する)罪を償う. **b**〘神学〙負いめ, 罪 (sin). ♦ **～·less** *a* ［OF＜L *debit- debeo* to owe］
débt cèiling *《連邦政府の》債務上限 (debt limit).
débt collèctor 債権取立て人, 債権回収業者.
débt lìmit *《連邦・州・地方政府の》債務限界.
débt of hónor 賭博による借金《法的強制力はないが道義的に支払うべきもの》.
débt of [to] náture 避けられぬ死: pay the *debt of nature*＝pay one's *debt to nature* 死ぬ.
débt·or *n* **1** 債務者, 負債者, 借方 (opp. *creditor*); 義理[義務]を負う人;〘簿〙借方《略 dr, dr.》. **2** 負いめをもつ者, 罪人(ざいにん) (sinner).
débt relìef 《途上国に対する》債務免除.
débt-rìdden *a* 負債にあえぐ, 借金まみれの.
débt secùrity 〘商〙債務証券《社債 (bond), 無担保債券 (debenture) など, 所持人と発行者との間の債権債務関係を設定する証券》.
débt sèrvice 年間元利支払い総額《長期借入金などに対する年間の利払い額と元本返済額との合計; cf. DEBT SERVICING》.
débt sèrvicing" 債務(元)利払い(額)《債務に対して利子(および元本の一部)を支払うこと, またはその金額; cf. DEBT SERVICE》.
de·búg /di-/ *vt* …から虫を除く, 除虫する;〈飛行機・コンピューター(プログラム)など〉の欠陥[誤り]を捜して直す, デバッグする;《口》〈部屋など〉から隠しマイク[盗聴器]を取り除く,〈盗聴器を〉無効にする, デバッグする. ► *n* デバッグすること; DEBUGGER. ［*bug*[1]］
de·búg·ger *n* 〘電算〙デバッガー《デバッグを支援するプログラム》.
de·búnk /di-/ 《口》*vt* 〈主張・説など〉のうそ[まやかし, 虚偽]をあばく;〈名士など〉の正体を暴露する[すっぱ抜く], …の仮面をはぐ. ♦ **～·er** *n* ［*bunk*[2]］
de·búr(r) /di-/ *vt, vi* 〈機械加工品〉のかえり[まくれ]を取り除く;〈羊毛〉の汚れやくずを取り除く.
de·bús /dɪ-/ *vt, vi* 〘主に軍〙バス[車]から降ろす[降りる].
De·bus·sy /dèbjusí:, dèɪ-; dəb(j)ú:si; *F* dəbysi/ ドビュッシー **(Achille-)Claude** ～ (1862–1918)《フランスの印象主義の作曲家》. ♦ **～·an** *a*
de·but, dé·but /déɪbjù:, ━́━; déɪ-, déb-/ *n* 初舞台, 初出演, 初出場, デビュー;《女性が》初めて正式に社交界へ出ること;《職業などへの》第一歩, 新登場: make one's ～ デビューする, 初舞台を踏む / De Niro's directorial ～ デ・ニーロの監督デビュー / her ～ album 彼女のデビューアルバム. ► *vi* デビューする. ► *vt* 聴衆[観客]の前で初めて演じる. ［F (*débuter* to lead off)］
de·bu·tant, dé- /débjʊtà:nt; -tà:ŋ/ *n* デビューする人, 初めて社交界に出る人, 初舞台の俳優. ［F (pres p)＜↑］
de·bu·tante /débjʊtà:nt/ *n* 初めて社交界に出る女性 (cf. DEB); 初舞台の女優; 浮薄な上流社交界の若い女.
de·bútton /di-/ *vt* 〈オレンジなど〉のへたを取る.
De·bye /dəbáɪ/ デバイ **Peter (Joseph William)** ～ (1884–1966)《オランダ生まれの米国の物理学者; 分子構造論を研究しノーベル化学賞 (1936)》.
debýe (ùnit) 〘電〙デバイ《双極子モーメントの単位: ＝10^{-18} スタットクーロン cm; 記号 D》. ［Peter *Debye*］
dec- /dék/, **deca-** /dékə/, **dek(a)-** /dék(ə)/ *comb form* 「10」;〘単位〙デカ《＝10; 記号 da; cf. DECI-》. ［Gk *deka* ten］
dec. deceased ♦ decimeter(s) ♦ declaration ♦ declared ♦ declension ♦ declination ♦ decorated ♦ decorative ♦ decrease ♦〘楽〙decrescendo. **Dec.** December.
de·cad /dékæd/ *n* 10; 10 個一組のもの.
dec·a·dal /dékədl/ *a* DECADE の. ♦ **～·ly** *adv*
dec·ade /dékèɪd, -əd, dekéɪd, dɪ-/ *n* **1** 10 年間; 10 個[10 人]からなる一組;〘電子工〙基本値の 10 倍までの範囲, 桁《電気抵抗・周波数などについて使う》. **2** /ˈdékəd/ ロザリオの一連《**1)** 主禱文 1 回と天使祝詞 (Hail Mary) 10 回とからなるひと区切り **2)** ロザリオの一部; 小玉 10 個と大玉 1 個とからなる》. ［F, ＜Gk (*dec-*)］
décade·lòng *a* 10 年にわたる, 10 年間の.
dec·a·dence /dékəd(ə)ns/ *n* 衰微, 堕落, 放縦; 頽廃期; [ºD-] デカダン(ス)《19 世紀末デカダン派の運動[思想]; その時期[スタイル]》. ♦ **déc·a·den·cy** *n*
déc·a·dent *a* 衰退しつつある; 頽廃的な; 頽廃期の(ような); デカダン派の(ような); 自堕落な; 贅を尽くした, 極上の〈ケーキなど〉. ► *n* 頽廃的な人; [ºD-]《19 世紀末のフランス・英国などの》デカダン派の作家[芸術家]. ♦ **～·ly** *adv* **～·ìsm** *n* デカダン(派) (decadence). ［F＜L; ⇨ DECAY］
de·cad·ic /dɪkǽdɪk/ *a* 十進法の.
de·caf /dí:kæf/ *n* 《口》カフェインを抜いた[減らした]コーヒー[コーラなど]. ► *a* カフェインを抜いた, デカフェの (decaffeinated).
de·caf·fein·ate /dikǽf(i)ənèɪt/ *vt* 〈コーヒーなど〉のカフェイン (caffeine) を抜く[減らす]. ♦ **-àt·ed** *a* **de·càf·fein·á·tion** *n*
deca·gon /dékəgɑ̀n/ *n* 十角[十辺]形 (⇨ TETRAGON). ♦ **de·cag·on·al** /dəkǽgənl/ *a* ［L＜Gk (*-gon*)］
déca·gràm, 《英》**-gràmme** *n* デカグラム《＝10 grams; 略 dag》.
de·cag·y·nous /dɛkǽʤənəs, də-/ *a* 〘植〙十雌蕊(しずい)の.
dèca·hédron *n* (*pl* **～s, -dra**) 十面体 (⇨ TETRAHEDRON). ♦ **-hédral** *a*
de·cal /dí:kæl, dɪkǽl, dékəl/ *n* DECALCOMANIA,《車などに貼る》(転写式)ステッカー, デカール. ► *vt* 〈図案・絵などを〉転写する. ［*decal*comania］
de·calcificátion /di-/ *n* 脱石灰, 脱灰.
de·cálcify /di-/ *vt, vi* 〈骨・歯・土など〉から石灰質を除く, 石灰質が消失する, 脱灰する. ♦ **-cál·ci·fìed** *a* 石灰質[カルシウム]を除いた, 脱灰した. **-cál·ci·fì·er** *n*
de·cal·co·ma·nia /dɪkæ̀lkəméɪniə/ *n* デカルコマニア《**1)** 特殊用紙に描いた図案・絵などをガラス・陶器などに移しつける方法 **2)** その図案[絵](を印刷した紙)》. ［↓］
dé·cal·co·ma·nie /*F* dekalkɔmani/ *n* 〘美〙デカルコマニー《シュールレアリストの絵画技法; 紙にえのぐを塗り, 二つ折りにしてオートマティックにイメージを現出させる》. ［*décalquer* to copy by tracing, *manie* mania］
de·ca·les·cence /dì:kəlés(ə)ns, dèkə-/ *n* 〘冶〙減輝《加熱中の金属が一定の温度を超えるとき急に起こる温度上昇率の急低下》: ～ point 減輝点. ♦ **-lés·cent** *a*
déca·lìter *n* デカリットル《＝10 liters; 略 dal》.
deca·logue, -log /dékəlɔ̀(:)g, -lɑ̀g/ *n* [the D-]《モーセの》十戒 (TEN COMMANDMENTS)《*Exod* 20: 2–17》; 基本戒律. ［OF or L＜Gk (*dec-*, LOGOS)］
De·cam·er·on /dɪkǽmərən/ [The]『十日物語』『デカメロン』《Boccaccio 作の風流譚 (1353)》.
de·cam·er·ous /dɪkǽmərəs/ *a* 〘植〙〈花が〉10 の部分からなる, 十数性の.
déca·mèter[1] | **-tre**[1] *n* デカメートル《＝10 meters; 略 dam》.
de·cam·e·ter[2] | **-tre**[2] /dɛkǽmətər, də-/ *n* 〘韻〙十歩格 (⇨ METER[1]).
deca·me·tho·ni·um /dèkəməθóuniəm/ *n* 〘薬〙デカメトニウム《臭化デカメトニウムまたはヨウ化デカメトニウムの形で筋弛緩(しかん)薬とする》.
deca·metr·ic /dèkəmétrɪk/ *a* 〈高周波電波が〉デカメートル波の: ～ wave デカメートル波《波長 100–10 m, 周波数 3–30 MHz》.
de·cámp /dɪ-/ *vi* 野営を引き払う;《急いで[ひそかに]》立ち退く, 逃亡する. ♦ **～·ment** *n* ［F (CAMP[1])］
dec·a·nal /dəkéɪnl, *dékənl/ *a* DEAN[1] の; DEANERY の; 教会内陣南側の (＝*decani*) (opp. *cantorial*). ♦ **～·ly** *adv* ［L; ⇨ DEAN[1]］
dec·ándrous /dɛk-/ *a* 〘植〙十雄蕊(ゆうずい)の.
dec·ane /dékèɪn/ *n* 〘化〙デカン《メタン列炭化水素》.
dec·ane·di·ó·ic ácid /dèkèɪndaɪóuɪk-/〘化〙デカン二酸 (sebacic acid).
de·ca·ni /dɪkéɪnàɪ/ *a* DECANAL;〘楽〙《交唱で》南側聖歌隊の歌うべき (opp. *cantoris*). ► *n* 南側聖歌隊. ［L］
dec·a·nó·ic ácid /dèkənóuɪk-/〘化〙デカン酸《脂肪酸; 旧慣用名 capric acid》.
de·cant /dɪkǽnt/ *vt* 《沈澱物を動かさずに》〈ワインなどを〉静かに注ぐ; 別の容器[デカンター]に移す[注ぐ]; [*fig*] 移動させる, 内から外に出す. ♦ **de·can·ta·tion** /dì:kæntéɪʃ(ə)n/ *n* ［L (*cant(h)us* lip of beaker, rim)］
de·cant·er /dɪkǽntər/ *n* デカンター《食卓用の栓付き装飾ガラス瓶; ワイン・ブランデーなどを入れる》.
dè·capácitate *vt* 〈精子〉の受精能獲得を妨げる.
dè·capacitátion *n* 受精能獲得抑制, 脱受精能.
dèca·péptide *n* 〘生化〙デカペプチド《10 個のアミノ酸連鎖からなるポリペプチド》.
de·cápital·ìze /di-/ *vt* **1** …の資本を奪う[引き揚げる], …の資本形成を妨げる. **2** 〈大文字を〉小文字にする. ♦ **de·càpital·izátion** *n*
de·cap·i·tate /dɪkǽpətèɪt/ *vt* …の首を切る, 断頭[斬首]する (behead); *《政治的な理由で》いきなり首にする[追放する]; 無力にする, 破壊する (destroy);〘産科〙断頭する;〈植物など〉の頂部を切り取る[除去する], 摘心[摘芽]する. ♦ **de·càp·i·tá·tion** *n* **de·cáp·i·tà·tor** *n* ［L (de-, CAPUT)］
deca·pod /dékəpɑ̀d/ *n* 〘動〙**a** 十脚類の節足動物《エビ・カニの類》. **b** 十腕類の頭足動物《イカの類》. ► *a* 十脚類の; 十腕類の; 10 本

D

の肢[脚, 腕, 触手]を有する. ♦ **de·cap·o·dal** /dɪkǽpədl/ *a* **de·cáp·o·dan** *a, n* **de·cáp·o·dous** *a* [F＜NL (Gk *dec-*, *-pod*)]

De·cap·o·lis /dɪkǽpələs/ 十都市連合, デカポリス《古代パレスティナ北東部にあった; ローマの将軍 Pompey が 63 B.C. に設立》.

de·cápsulate /di-/ *vt* …の capsule を除去する,〘医〙〈特に 腎臓〉の被膜を剝離する.

de·cárbonate /di-/ *vt* …から二酸化炭素を除く, 除炭酸する. ♦ **de·cár·bon·à·tor** *n* **de·carbonátion** *n*

de·càrbon·izátion /di-/ *n* 炭素除去[脱失], 脱炭素, 脱カーボン.

de·cárbon·ìze /di-/ *vt* 〈内燃機関のシリンダー壁などの〉炭素を除く, 脱炭素処理する. ♦ **-ìz·er** *n*

dè·carbóxylase *n*〘生化〙デカルボキシラーゼ《アミノ酸などの脱炭酸酵素》.

dè·carbóxylate *vt*〘化〙〈有機化合物〉からカルボキシル基を除去する;〘生化〙〈アミノ酸・タンパク質〉から二酸化炭素分子を脱離させる. ♦ **dè·carboxylátion** *n*〘化〙脱カルボキシル基;〘生化〙脱カルボキシル反応, 脱炭酸(反応).

de·carburizátion /di-/ *n* DECARBONIZATION;〘冶〙脱炭《鉄合金などの表面から炭素を除去すること》.

de·cárburize /di-/ *vt* DECARBONIZE;〘冶〙脱炭する.

dec·ar·chy, dek- /dékɑ̀:rki/ *n* 10 人からなる支配グループ. [Gk (*deca-*, *-archy*)]

dec·are /dékɑ̀:r, -èər/ *n* デカール《=10 ares》. [F *décare*]

déca·ròck /dékə-/ *n* GLITTER ROCK. [*deca*dent]

de·càrtel·izátion /di-/ *n* カルテル解体[解消].

de·cártel·ìze /di-/ *vt* 〈カルテルを〉解体[解消]する.

déca·stère *n* デカステール《=10 m³; 記号 das》.

dec·a·stich /dékəstìk/ *n*〘韻〙十行詩[連]. [Gk]

déca·stỳle *a, n*〘建〙十柱式の(表玄関).

de·cásual·ìze /di-/ *vt* 〈企業など〉の臨時雇用をなくす;〈労働者を〉常雇い化する. ♦ **de·càsual·izátion** *n*

dèca·syllábic *a, n* 十音節(詩行)(の).

déca·sỳllable *n* 十音節詩行; 十音節語.

de·cath·lete /dɪkǽθlì:t/ *n* 十種競技選手.

de·cath·lon /dɪkǽθlən, -lɑ̀n/ *n*〘陸上〙十種競技《100 m, 400 m, 1500 m 走, 110 m 障害のトラック競技と走り幅跳び・走り高跳び・棒高跳び・砲丸投げ・円盤投げ・槍投げのフィールド競技の総合得点で勝敗を決める; cf. PENTATHLON》. [Gk (*athlon* contest)]

De·ca·tur /dɪkéɪtər/ ディケーター **Stephen ～** (1779–1820)《米国の海軍軍人》. ● **Ada from ～**＝EIGHTER FROM DECATUR.

De·cau·ville /dəkóuvìl/ *a*〘鉄道〙ドコーヴィル式の《軌条の敷設・撤去が簡単にできる軽便鉄道についていう》. [Paul *Decauville* (1846–1922) フランス人の考案者]

de·cay /dɪkéɪ/ *vi* **1** 腐食[腐敗, 腐朽]する. **2** 衰える, 減衰[衰微, 衰弱, 衰退, 堕落]する;〘理〙〈放射性物質・素粒子・原子核が〉(自然)崩壊する;〘電子工〙〈電流・電圧が〉減少する,〈磁束が〉減衰する,〈電荷が〉消失する;〘航宙〙〈人工衛星など〉軌道の縮小を起こす. ► *vt* 朽ち[衰え]させる, 腐食する, 腐敗させる;《廃》むしばむ, そこなう: a ～*ed* tooth 虫歯, 齲歯(う). ► *n* **1** 腐食, 腐朽, 腐敗, 好気的腐敗, 廃耗, 腐れ;《歯の》齲食(うしょく)(症), 虫歯; 腐食部; 腐敗した物質. **2** 減衰, 衰微, 衰弱, 衰退, 老朽化;〘理〙《放射性物質・素粒子・原子核の》崩壊;《電流の》減少,《磁束の》減衰,《電荷などの》消失;《人工衛星などの》軌道縮小;《廃》消耗性疾患,《特に》結核;《廃》破滅, 死: be in ～ 荒れはてている / fall into [go to] ～ 朽ちはてる, 衰微する. ♦ **～·er** *n* [OF＜Romanic (L *cado* to fall)]

decáy cònstant〘理〙崩壊定数, 壊変定数.

decáy sèries RADIOACTIVE SERIES.

De·cazes /dəkɑ́:z/ ドカーズ Duc **Élie ～ (et de Glücksberg)** (1780–1860)《フランスの政治家》.

Dec·ca /dékə/ *n* デッカ《2 対の送信局からの連続波の位相差を利用する双曲線航法》. [*Decca* Co. これを開発した英国の企業]

Dec·can /dékən, -æ̀n/ [the] デカン《(1) インドの半島部をなす高原 (2) インドの Narmada 川以南の半島部》.

decd deceased.

de·cease /dɪsí:s/ *n* 死亡. ► *vi* 死亡する, 没する. [OF＜L *de-*(*cess- cedo* to go)＝to die]

de·céased *a* (最近)死去した, 亡…: the ～ father 亡父. ► *n* (*pl* ～) [the] 故人, 物故者.

de·ce·dent /dɪsí:d(ə)nt/ *n*〘米法〙死者, 故人. [L; ⇨ DECEASE]

decédent estáte〘米法〙遺産.

de·ceit /dɪsí:t/ *n* 欺くこと, 虚偽, 欺瞞, 欺罔, 詐欺; 欺くための術策, 詐術, ごまかし, うそ, ペテン; 人をだまそうとする性向, ずるさ: a man incapable of ～ 人をだますことのできない男. [OF (pp)〈DECEIVE]

decéit·ful *a* 人をだます, 詐欺的な, 欺瞞的な, ずるい; 人を欺くための, 虚偽の; 人を誤らせやすい, 人目を欺く, あてにならない. ♦ **～·ly** *adv* **～·ness** *n*

de·céiv·able 《古》*a* だまされやすい; DECEITFUL, DECEPTIVE. ♦ **～·ness** *n*

de·ceive /dɪsí:v/ *vt* **1** だます, 欺く, 惑わす, たぶらかす;〈配偶者などを〉裏切る;〈人〉からだまし取る〈*out of* money〉;《古》ENSNARE: be ～*d in* sb 人を見そこなう / ～ *oneself* そら頼みする, 思い違いをする, 誤解する, 真実から目をそらす / ～ sb *into* do*ing* 人をだまして…させる / Are my eyes *deceiving* me?《驚いて》まさか夢じゃないだろうな, (自分の目が)信じられないよ / If a man ～*s* me once, shame on him; if he ～*s* me twice, shame on me.《諺》わたしを一度欺く者には恥あれ, わたしを二度欺くことあらばわたしに恥あれ. **2**《古》〈信頼・期待を〉裏切る. **3**《古》〈時を〉気晴らしをして過ごす,〈悲しみ・退屈などを〉紛らす. ► *vi* うそをつく, 人を欺く. ♦ **de·céiv·er** *n* だます人, 詐欺師; [ᵘ*pl*] *《俗》パッド(入りブラジャー) (falsies). **de·céiv·ing·ly** *adv* [OF＜L *de-*(*cept- cipio*＝*capio* to take)＝to ensnare]

de·cel·er·ate /di:séləreɪt/ *vi, vt* 減速する[させる] (opp. *accelerate*); …の進行を遅らせる. ♦ **-à·tor** *n* 減速器. [*de-*, accelerate]

de·cèl·er·á·tion *n* 減速(力), 減速度.

decelerátion làne《高速道路の》減速車線.

decelerátion pàrachute DRAG PARACHUTE.

de·cel·er·om·e·ter /di:sèlərɑ́mətər/ *n*〘機〙減速計《車の減速の割合を計る》.

de·cel·er·on /di:sélərɑ̀n/ *n*〘空〙制動補助翼《補助翼が上下に開いてエアブレーキとしても機能するもの》.

de·cem /dékèm, désèm/ *a* 10 の. [L＝ten]

De·cem·ber /dɪsémbər/ *n* 十二月《略 Dec.; 初期のローマ暦では第 10 月; ⇨ MARCH¹》: a (May-)～ ROMANCE. [OF＜L (↑)]

dé·cem·bre /F desɑ̃brə/ *n* 十二月 (December)《略 déc.》.

De·cem·brist /dɪsémbrɪst/ *n*〘ロシア史〙十二月党員, デカブリスト《1825 年 12 月 Nicholas 1 世即位に反対し武装蜂起して鎮圧された革命派の貴族》.

de·cem·vir /dɪsémvər/ *n* (*pl* **-vi·ri** /-vəri:, -raɪ/, **～s**)〘古ロ〙《十二表法の》(編纂)十人委員[十人官]の一人; 十人委員会の委員. ♦ **de·cém·vi·ral** *a* [L (*viri* men)]

de·cem·vi·rate /dɪsémvərət/ *n* 十人委員会; 十人委員会委員の職[任期]; 十頭政治.

de·cen·a·ry /dɪsénəri/ *a, n*〘史〙TITHING (の).

de·cen·cy /dí:s(ə)nsi/ *n* **1** 見苦しくないこと, 良識[慣習]にかなっていること; 品位; 体面; 礼儀正しさ, 身だしなみのよいこと; (ほどよい)人のよさ, 親切さ;《言語・挙動の》上品さ;《文法的に正しい》文章作法(の遵守): for ～'s sake 体面[体裁]上 / an offense against ～＝a breach of ～ 無作法 / have the ～ to do…するだけの礼儀をわきまえている. **2** [the decencies] **a** 礼儀, 作法 (the proprieties): observe *the decencies* 作法を守る. **b** 人並みのもの, 当人にふさわしい暮らしに必要なもの《衣類・家具・住居・収入など》. **3**《古》**a**《その場にふさわしい》適切さ, 妥当さ. **b**《社会的な》秩序正しさ. [L; ⇨ DECENT]

de·cen·na·ry¹ /dɪsénəri/ *n, a* 十年間(の).

decennary² *a, n* DECENARY.

de·cen·ni·ad /dɪséniæ̀d/ *n* DECENNIUM.

de·cen·ni·al /dɪséniəl/ *a* 十年間の[続く]; 十年期からなる; 十年ごとの. ► *n* 十周年記念日; 十年祭. ♦ **～·ly** *adv* 十年ごとに. [↓]

de·cen·ni·um /dɪséniəm/ *n* (*pl* **～s, -nia** /-niə/) 十年間 (decade). [L (*decem* ten, *annus* year)]

de·cent /dí:s(ə)nt/ *a* **1** きちんとした, 見苦しくない, まともな〈服装・住居など〉; ふさわしい; 礼儀正しい, 作法に基づいた, 道徳にかなった, しかるべき; 上品な, 慎みのある, たしなみのよい〈ことば・態度など〉;《口》《裸や下着姿などでなく》礼を失しない服装をした (opp. *indecent*): ～ language and behavior まともなことばと態度 / do the ～ thing and resign いさぎよく責任をとって辞める. **2**〈収入など〉人並みの, まずまずの, 一定水準の; *《ティーンエージャー俗》なかなかの, すばらしい. **3**〈家族など〉家柄のすぐれた, 社会的地位のある, かなりの, 相当な. **4** 親切な, 寛大な, 公平な, りっぱな人格をそなえた;《口》感じのよい, 好ましい, 申し分のない: He's quite a ～ fellow. なかなかいい人だ / It's awfully ～ of you. これはどうもご親切に. ♦ **～·ly** *adv* **～·ness** *n* [F or L (*decent- decet* is fitting)]

de·cénter /di-/ *vt* 中心から外に出す[そらす], 偏心化する; ECCENTRIC にする.

de·cèntral·izátion /di-/ *n* 集中排除; (中央)集権排除, (地方)分権化, 離心;《人口・産業などの》都会地集中排除, 地方分散: economic ～ 経済力集中排除. ♦ **de·céntral·ist, ～·ist** *n* 集中排除論者.

de·céntral·ìze /di-/ *vt* 〈行政権・産業組織・人口などの〉集中を排除する, 地方[下部組織]に分散させる, …の分権化をはかる. ► *vi* 〈行政権・人口など〉分散化する.

decéntralized prócessing〘電算〙分散処理 (＝*distributed processing*).

de·cep·tion /dɪsépʃ(ə)n/ *n* 欺く[欺かれる]こと, 惑わし, ごまかし, 欺瞞; 欺く[惑わす]もの, 幻想; 欺くための策, 策略, 詐欺: practice ～ *on* sb 人をだます. ♦ **～·al** *a* [OF or L; ⇨ DECEIVE]

de·cep·tive /dɪséptɪv/ *a* 人を欺きやすい[迷わす], 人を欺くための, 欺瞞[欺罔]的な, 外見と異なる, あてにならない: Appearances are often ～. 外見は人を誤らせやすい. ♦ **～·ness** *n*

decéptive cádence〘楽〙偽終止.

decéptive·ly *adv* **1** 一見…のようだ, 見かけほど…でない: The question was ~ simple. **2** 見かけによらず: The boy was ~ strong for one so small. 小柄な割に驚くほど強かった. ★上例に見るように正反対の意味で使われる.

de·cérebrate /di-/ *vt* …の大脳を除去する, 除脳する; …の大脳活動を停止する. ► *a* /-brət, -brèɪt/ 除脳された, 理性[知性]を欠く: ~ rigidity 除脳硬直[固縮]. ► *n* /-brət/ 除脳動物, 除脳者. ♦ **de·cerebrátion** *n*

de·cern /disə́ːrn/ *vt, vi* 〘スコ法〙(…に)判決を下す; 《まれ》DISCERN.

de·cértify /di-/ *vt* …の証明[認証]を取り消す[撤回する]. ♦ **de·certificátion** *n*

dec·et /désət/ *n* DECIMET.

de·chlórinate /di-/ *vt* 〘化〙…の塩素を取り除く. ♦ **de·chlorinátion** *n* 脱塩素.

de·chrístian·ìze /di-/ *vt* …のキリスト教的特質を失わせる, 非キリスト教化する.

deci- /désə/ *comb form* 〘単位〙デシ(=1/10=10^{-1}; 記号 d; cf. DEC-). [L DECIMUS]

déci·àre *n* デシアール(=1/10 are, $10m^2$).

déci·bàr *n* 〘理〙デシバール(=1/10 bar).

deci·bel /désəbèl, -bəl/ *n* 〘理〙デシベル《電力・音などの比強度を対数目盛で表わす単位; 記号 dB, db》; [ᵘpl] 音量, 大音響.

de·cide /dɪsáɪd/ *vt* 決定する, 決める; 決心する, 決意する (resolve) ‹*to* do, *that*›; ‹…と›結論を下す, 判断する, はっきり思い至る ‹*that*›; ‹事情が人›に決心させる ‹sb *to* do›; ‹論点などを›解決する, ‹勝負を›決する, 〘法〙…に判決を下す. ► *vi* 決定[決意]する (determine) ‹*on* a plan›; 〘法〙判決を下す ‹*on* a case›: She ~*d on* the blue hat. その青い帽子(を買うこと)に決めた / ~ *against*…を選ばない, …しないことに決める; …に不利な判決を下す / ~ *between* the two 二者のどちらか一つに決める / ~ *for* [*in favor of*]…に有利な判決を下す. ♦ **de·cíd·able** *a* 決定できる; 〘数〙決定可能な. **de·cìd·abíl·i·ty** *n* [F or L *de-*(*cis- cido*=*caedo* to cut)=to cut off]

de·cíd·ed *a* 決定的な, 議論の余地のない, はっきりした, 明白な (distinct); 迷い[ためらい]のない, 断固とした, きっぱりした. ♦ **~·ly** *adv* **~·ness** *n*

de·cíd·er *n* 決定[裁決]者; 決め手となるもの[行動, できごと, 得点, ゴールなど]; ᴴ《同点[同着]者同士の》決勝レース[試合], 決定戦.

de·cíd·ing *a* 決め手となる, 決勝[決戦]の: the ~ vote.

de·cido·phóbia /dɪsàɪdə-/ *n* 決断恐怖.

de·cid·ua /dɪsíʤuə/ *n* (*pl* **-u·ae** /-ʤùiː/, **-u·as**) 〘解〙脱落膜《子宮内側の粘膜で分娩のとき失われる》. ♦ **de·cíd·u·al** *a* [NL; ⇨ DECIDUOUS]

de·cid·u·ate /dɪsíʤuət/ *a* 脱落膜 (decidua) のある; ‹胎盤が›脱落性の; DECIDUOUS: a ~ placenta 脱落性胎盤.

de·cid·u·o·ma /dɪsìʤuóʊmə/ *n* (*pl* **~s, -ma·ta** /-tə/) 〘医〙脱落膜腫.

de·cid·u·ous /dɪsíʤuəs/ *a* 〘植・動〙‹葉・角・歯など›脱落性の, 抜けかわる (opp. *persistent*); 〘植〙‹木・樹林が›落葉性の (opp. *evergreen*); 〘昆〙‹アリなど›交尾後に翅(はね)を脱落させる; はかない, 束(つか)の間の. ♦ **~·ly** *adv* **~·ness** *n* [L=falling off (*cado* to fall)]

decíduous tòoth 脱落歯, 乳歯 (milk tooth).

déci·gràm, 《英》**-gràmme** *n* デシグラム(=1/10 gram; 記号 dg).

dec·ile /désàɪl, désəl/ *n, a* 〘統〙十分位数(の), デシル(の)《総量[領域]を 10 等分したものの任意の 1 個の数量; cf. QUARTILE》.

déci·lìter *n* デシリットル(=1/10 liter; 略 dl, dL).

de·cil·lion /dɪsíljən/ *n, a* デシリオン(の)(10^{33}; 英ではかつて 10^{60} を表わした). ★ ⇨ MILLION.

dec·i·mal /dés(ə)məl/ *a* 〘数〙十進法の (cf. CENTESIMAL); 小数の; ‹通貨など› 1/10 [1/100] 単位に分けられた, 十進制の; 通貨十進制の: go ~ 通貨十進制を採用する / *D*~ Day ⇨ D-DAY 4. ► *n* 小数 (decimal fraction); 十進法数: an infinite ~ 無限小数 / REPEATING DECIMAL. ♦ **~·ist** *n* 十進制主張[主義]者. **~·ly** *adv* 十進法で; 小数で. [L=of tenths (DECEM)]

décimal classificàtion (図書)十進分類法.

décimal cóinage 通貨十進制.

décimal cúrrency 十進制通貨.

décimal fráction 小数 (cf. COMMON FRACTION).

décimal·ìze *vt* ‹通貨などを›十進制にする; 小数に直す. ♦ **dèc·imal·izátion** *n*

décimal notátion 〘数〙十進記数法.

décimal pláce 〘数〙小数位; 小数点以下の桁数.

décimal pòint 〘数〙小数点.

décimal sỳstem [the] 十進法[制]; DECIMAL CLASSIFICATION.

décimal tàb 〘電算〙デシマルタブ《小数点で桁ぞろえするタブ》.

dec·i·mate /désəmèɪt/ *vt* **1** ‹疾病・災害などが›‹人口など›の多くを殺す, ‹都市などを›破壊する; ‹組織・産業などを›弱体化[衰退]させる; 大幅に低下させる. **2** 《特に 古代ローマで処罰として》…の 10 人ごとに 1 人をくじで選んで殺す; …の 10 分の 1 を取る[徴収する]. ♦ **-mà·tor** *n* **dèc·i·má·tion** *n* [L=to take the tenth man; ⇨ DECIMUS]

deci·met /désəmèt/ *n* 〘理〙DECUPLET. [*decimus*, *-et*; cf. OCTET, SEXTET]

déci·mèter | **-mètre** *n* デシメートル(=1/10 meter; 記号 dm).

deci·met·ric /dèsəmétrɪk/ *a* ‹電磁波が›デシメートル波の: ~ wave デシメートル波《波長 1–0.1 m, 周波数 300–3000 MHz》.

dec·i·mus /désəməs/ *a* 《男子同姓生徒中》10 番目の (⇨ PRIMUS). [L=tenth]

dèci·nórmal *a* 〘化〙十分の一規定の: a ~ solution 1/10 規定液.

de·ci·pher /dɪsáɪfər/ *vt* ‹暗号文を›解読する (decode) (opp. *cipher*); ‹古文書などを›判読する; ‹不明瞭なもの›の意味を読み解く; 《廃》《口頭[絵]で》描写する. ♦ **~·able** *a* **~·er** *n* **~·ment** *n* [*cipher*]

de·ci·sion /dɪsíʒ(ə)n/ *n* 決心, 決意, 決断; 決定, 結論, 解決; 決断力; 決議, 裁決, 判決; 決定に関する次第書(しだいがき), 《特に》判決書; 〘ボク〙判定勝ち; 〘野〙《投手の》勝利, 敗戦; 《競技などの》最終総得点, 最終スコア: ~ by majority 多数決 / come to [make, take, reach] a ~ 決定する / a man of ~ 果断の人. ► *vt* 《口》〘ボク〙…に判定勝ちする. ♦ **~·al** *a* [OF or L=a cutting off; ⇨ DECIDE]

decísion màking 意思決定. ♦ **decísion-màking** *a* **decísion màker** *n*

decísion pròblem 〘数〙決定問題.

decísion procèdure 〘数〙決定手順.

decísion suppòrt sỳstem 〘電算〙意思決定支援システム《経営の意思決定を援助するためにコンピューターで情報を提供するシステム; 略 DSS》.

decísion tàble 意思決定表, デシジョンテーブル《すべての条件と必要な行動を表示; 意思決定・計画作成用》.

decísion thèory **1** 〘統〙決定理論《決定の過程の数量化を試みる統計学の一分野》. **2** 〘経営〙決定理論, 意思決定論《不確定な状況下での目的達成のための最適コースの選択に関する理論》.

decísion trèe 意思決定のための枝分かれ図, デシジョンツリー《さまざまな戦略・方法とそれらの意義を枝分かれ樹形図に示したもの》.

de·ci·sive /dɪsáɪsɪv/ *a* 決定的な, 決め手となる; 決定的に重要な, 決断の必要な; 決断力のある; 断固[毅然]たる; 紛れもない, 明白な: a ~ victory 決定的勝利 / ~ evidence [proof] 確証 / a ~ tone of voice 断固たる口調 / be ~ *of*…に決着をつける. ♦ **~·ly** *adv* **~·ness** *n* [F<L; ⇨ DECIDE]

déci·stère *n* デシステール(=1/10 stere).

De·cius /díːʃ(i)əs/ デキウス (c. 201–251) (*L* Gaius Messius Quintus Trajanus ~)《ローマ皇帝 (249–251); キリスト教徒迫害を行なった》.

de·cívilize /di-/ *vt* 非文明化する, 野蛮(状態)に復する. ♦ **de·civilizátion** *n*

deck /dék/ *n* **1** 《船の》甲板(かんぱん), デッキ: the forecastle [quarter, main] ~ 前[後, 主]甲板 / the upper [lower] ~ 上[下]甲板. **2 a** 甲板状のもの; 《建物の》階, ᴴ《俗》一階; 《橋の》道路面; 突堤[埠頭]の床; 《家の》陸(ろく)屋根; *《鉄道の客車の》屋根; *《日光浴用などの》壇, テラス; 《double-decker などの》階, 客席; 《雲の》層; 《スケートボード・サーフボートの》板 (=*board*); 〘空〙《特に 複葉機の》翼; ᴴ《俗》地面 (ground) (cf. *hit the* DECK 成句): top ~ 《乗物の》二階(席). **b** 《レコードプレーヤーの》デッキ《ターンテーブル・ピックアップの載っている台》; テープデッキ (tape deck). **3 a** *〘トランプ〙《52 枚の》一組, デッキ, パック (pack); 《俗》〘トランプ〙強い手, いい手. **b** 〘電算〙デッキ《一連の穿孔カード》. **c** 《俗》麻薬の包み; *《俗》3 グレインのヘロイン, 5 ドル以上分のヘロイン; *《俗》《紙巻きタバコの》1 箱. **4** 《新聞などの》袖見出し.

● **below ~(s)** =BELOWDECKS. **between ~s** 〘海〙甲板間に[で], 主甲板の下に[で] (=《口》**'tween ~s**) (cf. BETWEEN DECKS); 船中の; 部屋の中の. **clear the ~(s)** 《甲板を片付けて》戦闘準備をする (cf. *clear for* ACTION); 《不要のものを片付けたりして》活動の準備をする, ‹…を›片付ける ‹*of*›: *Clear the ~(s)!* どけどけ, 道をあけろ. **deal** sb **a poor ~** *《俗》人に酷な[不当な]扱いをする; *《俗》[*pass*] 生まれつき運がない, 《容姿・才能・金などに》恵まれていない. **~s awash** *《俗》酔っぱらった. **hit the ~** 《口》(1) 起床する. (2) 活動の準備をする. (3) 身を伏せる, 地面[床]へ倒れる[倒される]. **not playing [dealing, operating] with a full ~** 《俗》完全に正気[有能]であるとはいえない, ちょっといかれている, まとも[正直, 誠実]じゃない《トランプの用語から》. **on ~** (1) 〘海〙甲板に出て: go *on* ~ 甲板に出る; 当直する (cf. *go* BELOW). (2) 《口》(活動の)用意ができて[た]; ‹野球の打者など›次の(出)番で[の] (cf. *in the* HOLE). STACK **the ~. tread the ~** 船乗りになる, 船乗り[船員]である.

► *vt* **1 a** [ᵒ~ *-self* / *pass*] 飾る, 着飾る, 装う ‹*out, up*›: streets ~*ed with* flags 旗で飾った街路 / ~ oneself [get ~*ed*] *out* [*up*] in… を着てめかしこむ / a man ~*ed out in* his Sunday best よそ行きを着込んだ男. **b** 《廃》おおう (cover), …にまとわせる. **2** ‹船›に甲板を張る. **3** 《口》なぐり倒す, のす (floor). ● **~ over** ‹船›の上甲板の組立てを完了する.

[ME=covering<MDu=cover, roof]

déck-àccess *a* 各戸の玄関が各階のバルコニー状通廊[吹抜け廊下]に並んだ〈アパート・マンション〉.
déck bèam 〔海〕甲板(ﾋﾞｰﾑ)ビーム《甲板を支える補強材》.
déck bòy 甲板員 (deckhand).
déck brìdge 〔土木〕上路橋《主構の上に通行路がある橋梁; cf. THROUGH BRIDGE》.
déck càrgo 甲板積み貨物.
déck chàir デッキチェア《木枠に帆布を張った, 通例 足置き付きの折りたたみ椅子》.
déck cràne 〔海〕甲板クレーン《甲板に設置された船荷積み降ろし用クレーン》.
déck depàrtment 〔海〕甲板部.
deck·el /dék(ə)l/ *n* DECKLE.
déck·er *n* …個のデッキ[層, 階]を有する船[乗物, 建物 など]; DECK する人[もの]: a double-～ bus 二階建てバス / a three-～ novel 三部作の小説 / a triple-～ sandwich 三枚重ねサンドイッチ.
Decker ⇨ DEKKER.
déck·hànd *n* 甲板部乗組員, 甲板員; "1 年以上海上経験のある 17 歳を超えた水夫; 《ヨットの》乗組助手; *《俗》《劇場の》舞台係, 裏方 (stagehand).
déck·hèad *n* 〔海〕甲板下面[裏面].
déck·hòuse *n* 〔海〕甲板室《最上甲板上の構造物》.
déck·ing *n* DECK の(上張り)用材, 甲板被覆, 敷板; 陸(ﾛｸ)屋根; 突堤[埠頭]の床; 装飾.
deck·le /dék(ə)l/ *n* 《紙の判の型を定める》漉桁(ｽｹﾀ), デッケル; デッケル《1) 紙幅を一定に保つために, 抄紙機のワイヤーの両側に取り付けたエンドレスのゴムバンド (=～ **stràp**) 2) 抄紙機のデッケル間の紙幅》; DECKLE EDGE. [G *Deckel* cover]
déckle édge 《特に 手漉(ｽ)き紙の》未裁断のままのへり, 耳. ♦ **déckle-èdged** *a* 耳付きの, 縁付きの〈紙〉.
déck lìght 〔海〕甲板明かり採り《甲板下室の天窓》.
déck·lòad *n* 甲板上の積荷.
déck òfficer 甲板部士官《一・二等航海士など》; 《ブリッジ上の》当直航海士.
déck pàssage 《船室のない川船などでの》甲板渡航.
déck pàssenger 甲板船客《自分の船室はない》.
déck quòit [～s, 〈*sg*〉] デッキ輪投げ《船の甲板でロープ[ゴム]の輪を用いて遊ぶ輪投げ》; デッキ輪投げのロープ[ゴム]の輪.
déck shòe デッキシューズ《すべりにくいゴム底の靴・ズック靴》.
déck spòrt 甲板上でする遊び, デッキスポーツ《DECK TENNIS など》.
déck tènnis デッキテニス《客船の甲板などでするテニスに似たゲーム; 小さなロープの輪などをネットを隔てて打ち合う》.
decl. declension.
de·claim /dɪkléɪm/ *vt* 《声高にまたは雄弁に》弁じたてる; 《演説の練習に》〈詩文を〉劇的に朗読[朗誦]する. ► *vi* 熱弁[雄弁]をふるう; 演説[朗読]を演習する; 熱弁で攻撃する, 激しく糾弾する 〈*against*〉. ♦ **～·er** *n* [F or L (CLAIM)]
dec·la·ma·tion /dèkləméɪʃ(ə)n/ *n* 大演説, 大げさな熱弁, 糾弾; 誇張の多い文章; 朗読(法); 朗誦用詩文[演説]; 〔楽〕《歌における》朗読, 朗吟, デクラマチオーン.
de·clam·a·to·ry /dɪklǽmətɔ̀:ri; -t(ə)ri/ *a* 朗読[朗吟]風の; 演説口調の; 〈文が〉美辞麗句を連ねた, 大げさな.
de·clár·able *a* 宣言[言明]できる; 明らかにしうる, 証明できる; (税関で)申告すべき.
de·clar·ant /dɪklέərənt/ *n* 申立人, 申告者; 原告; 供述者; 〔米法〕米国帰化申請者; DECLARER.
dec·la·ra·tion /dèkləréɪʃ(ə)n/ *n* **1 a** 宣言, 声明, 言明, 発表, 布告; "《選挙後の》候補者別得票総数の公式発表 (=～ **of the póll**); 《愛の》告白; 〔トランプ〕《得点・上がりなどの》宣言; 〔トランプ〕切り札宣言; 〔クリケット〕《攻撃側がイニングの途中で行なう》イニング切上げ(宣言): a ～ of war 宣戦布告. **b** 宣言文書, 声明文. **2** 《課税物件の》申告(書). **3** 〔法〕 **a** 《法廷外での証人の》無宣誓証言, 供述. **b** 原告第一訴答《原告の最初の申し立て[訴答]; cf. PLEA》. **c** 宣言部分《裁判で裁判所が法律上・権利上の問題について述べた部分》. [DECLARE]
Declarátion of Húman Ríghts [the] UNIVERSAL DECLARATION OF HUMAN RIGHTS.
Declarátion of Indepéndence [the] 《米国の》独立宣言《1776 年 7 月 4 日, 第 2 回大陸会議で採択》.
Declarátion of Ríghts [the] 〔英史〕権利宣言《1689 年仮議会 (Convention) が Orange 公 William (のちの William 3 世) と妻の Mary (のちの Mary 2 世) に即位の条件として提出した文書; cf. BILL OF RIGHTS》.
Declarátion of the Ríghts of Mán (and of the Cítizen) [the] 〔フランス史〕人間(と市民)の権利の宣言, 人権宣言《1789 年 8 月 26 日革命フランスの国民議会 (National Assembly) が採択》.
de·clar·a·tive /dɪklǽrətɪv, -lέər-/ *a* 明らかにする, 説明する, 陳述の; 意見を表明[伝達]する, 宣言する, 布告の: a ～ sentence 〔文法〕平叙文. ♦ **～·ly** *adv*
declárative lánguage 〔電算〕宣言型言語 (=*non-procedural language*)《制御手順ではなく, データ間の関係を規定することに基づくプログラミング言語; cf. PROCEDURAL LANGUAGE》.
declárative márkup lànguage 〔電算〕宣言型マークアップ言語《テキスト本体には各部分の属性 (見出し・本文など) をタグとして埋め込んでおき, 別のプログラムがその属性に応じたフォントなどを実現するマークアップ言語; SGML, HTML がその代表; 略 DML》.
de·clar·a·tor /dɪklǽrətər, -lέər-/ 〔スコ法〕 *n* 権利の確認; 確認訴訟.
de·clar·a·to·ry /dɪklǽrətɔ̀:ri, -lέər-; -t(ə)ri/ *a* 宣言する, 明らかにする; 宣言的な; 陳述[断定]的な; …の現われである 〈*of*〉.
Declaratory Áct [the] 〔米史〕宣言法《1766 年, 前年の印紙税法 (Stamp Act) を撤回する代わりに, 北米植民地における立法はすべて英本国の議会がその権利を有すると宣言したもの; これによって植民地人の反感はさらに強まった》.
declaratory júdgment 〔法〕宣言的判決, 確認判決《当事者の権利または法的地位についての裁判所の意見を宣言し紛争の解決を目指すもので, 通常は執行命令は含まないが, 宣言事項については判決と同じ拘束力を有する》.
declaratory statute 〔法〕宣言的制定法《疑義を一掃したり, 判例の相互抵触・矛盾を統一的に解決したりするために制定され, 新たな規定を含まない》.
de·clare /dɪklέər/ *vt* **1** 宣言[布告]する; 言明[断言]する, 言い切る, 言い放つ (affirm); 〔トランプ〕〈手を〉知らせる, 宣言する; 〈ある札を〉切り札として宣言する: ～ war *on* [*against*]…に宣戦を布告する[戦いを挑む] / ～ sb (to be) a villain. **2** 証拠で明らかにする, 表わす, 示す; 《廃》明らかにする: The heavens ～ the glory of God. もろもろの天は神の栄光を表わす《*Ps* 19: 1》. **3** 《税関・税務署で》〈課税品・所得額を〉申告する: Anything to ～? 申告品はありますか. **4** 〈重役会が配当などの〉支払いを認める. **5** 〔電算〕〈変数を〉宣言する《プログラミングで, 使用する変数の名前と型を実際の使用に先立ってプログラム中に記述する》. ► *vi* **1** 宣言する, 断言[言明]する, 〔法〕(原告としての)主張を陳述する; 〔トランプ〕宣言する: ～ *against* [*for*, *in favor of*]…に反対[賛成]だと言明する. **2** 〔クリケット〕イニング切上げを宣言する (=～ innings closed) (⇨ DECLARATION). ● **～ off** (言明して)解約[取消し]を申し出る. **～ oneself** 所信を明らかにする, 〈反対[賛成]の〉意思を表明する 〈*against* [*for*]〉; 身分を名のる; 愛を告白する, 求婚する. …, **I ～!** ほんとに…だよ. (**Well**), **I (do) ～!** これは驚いた[弱った], まさか! 《など》. [L *de*-(*claro* ‹ *clarus* clear)=to make clear, explain]
de·cláred *a* 宣言[言明]された, 公表された; 申告された: a ～ atheist 無神論者をもって任ずる人物. ♦ **de·clár·ed·ly** /-rədli/ *adv* 公然と.
de·clár·er *n* 宣言者, 言明者; 申告者; 〔トランプ〕《特に ブリッジでの》ディクレアラー; 明らかに示す[知らせる]人[もの].
de·cláss /di-/ *vt* …の社会的地位を落とす, …の身分を失わせる; …の階級[等級]を下げる.
dé·clas·sé /dèɪklæséɪ, -klɑ̀:-; *F* deklase/ *a*, *n* (*fem* **-sée** /—/) 没落した[おちぶれた](人); 地位の低い(人), 低級な(もの).
de·clássify /di-/ *vt* 〈書類などを〉機密情報のリストからはずす, …の機密扱いを解く. ♦ **de·clássified** *a* **de·classificátion** *n*
de·cláw /di-/ *vt* 〈猫など〉の爪を(手術で)抜く; 骨抜きにする, 弱める.
de·clen·sion /dɪklénʃ(ə)n/ *n* **1** 〔文法〕 **a** 語形変化《名詞・代名詞・形容詞の性・数・格による屈折; ⇨ INFLECTION》. **b** 同一語形変化語群. **2 a** 下方に傾く[曲がる]こと, 下降, 下落, 衰微, 退歩, 堕落; 下り斜面, 下り坂. **b** 《基準からの》逸脱, 脱線. **3** 丁重な辞退 (declination). ♦ **～·al** *a* [OF *declinaison* (⇨ DECLINE); 語形は *ascension* などの類推]
de·clin·able *a* 〔文法〕語形変化のできる, 格変化をもつ.
dec·li·nate /déklənèɪt, -nət/ *a* 下方に[外側へ]曲がった[傾いた].
dec·li·na·tion /dèklənéɪʃ(ə)n/ *n* **1 a** 下方への傾き[曲がり]; 《一定方向・基準などからの》ずれ, 逸脱; 〔地物〕《地磁気の》偏角 (=*variation*, *magnetic declination* [*deviation*]); 〔天〕赤緯. **b** 衰退, 衰弱, 堕落, 腐敗. **2** (正式の)辞退, 丁重な断わり. ♦ **～·al** *a*
declinátion còmpass DECLINOMETER.
de·clin·a·to·ry /dɪkláɪnətɔ̀:ri; -t(ə)ri/ *a* 辞退の[する], 不承諾の.
de·clin·a·ture /dɪkláɪnətʃər/ *n* 断わり, (正式の)辞退.
de·cline /dɪkláɪn/ *vi* **1** 《丁重に》断わる: ～ with thanks [°*iron*] せっかくだがと断わる. **2** 下に傾く[曲がる], 下り坂になる; 〈夕日などが〉傾く; 〈日が〉暮れかかる; 〈人生・季節など〉終わりに近づく; 〈力・健康・価値など〉衰える, 衰退する, 減退する, 凋落する; 身を落とす, 堕落する; 〔経〕値下がり[下落]する. **3** 《古》コースからはずれる, わきにそれる, 逸脱する. **4** 〔文法〕語形[格]変化する, 屈折する. ► *vt* **1** 〈招待・申し出などを〉丁重に断わる, 辞退する; 〈挑戦・命令などを〉拒否する, 無視する. **2** 下方に傾ける, 下に向ける. **3 a** 〔文法〕〈名詞・代名詞・形容詞を〉(格)変化させる. **b** 《廃》そらす, 避ける. ► *n* **1** 下方への傾き; 下り坂[勾配]; 《血圧・熱などの》低下, 《価格の》下落; 《人口などの》減少: a sharp ～ 急落, 大幅安. **2** 衰微, 衰退, 減退, 凋落, 堕落, 《国家・貴族階級などの》没落; 消耗性疾患, 《特に》肺病: a ～ in health 健康の衰え / fall [go] into a ～ 〈国家・経済などが〉衰退する; 肺病になる / ～ and fall 衰亡, 崩壊. **3** 末期, 晩年. ● **in ～** 下落して; 衰退して, 下火になって; 没落して. **on the ～** 傾いて; 衰えて, 下り坂で, 下降線をたどって. ♦ **de·clín·er** *n* 辞退者. ［OF＜L (*clino* to bend)］

de·clín·ing *a* 衰退[減退]する; 低下する: ～ fortune 衰運 / one's ～ years 晩年.

declíning-bálance mèthod 〖会計〗《減価償却の》定率法 (cf. STRAIGHT-LINE DEPRECIATION).

de·clin·ist /dɪkláɪnɪst/ *n* 衰退論者, 凋落主義者《ある国家や社会が衰退しつつあるとか衰退に向かっているとか論じる人》.

dec·li·nom·e·ter /dèklənámətər/ *n* 〖地物〗偏角計.

de·cliv·i·ty /dɪklívəti/ *n* 下り坂, 下り傾斜[勾配] (opp. *acclivity*). ♦ **de·cliv·i·tous** /dɪklívətəs/ *a* かなり急傾斜[急勾配]の. ［L (*clivus* slope)］

de·cli·vous /dɪkláɪvəs/ *a* 下り傾斜[勾配]の.

de·clót /di-/ *vt* …から血栓[凝血塊]を取り除く.

de·clútch /di-/ *vi, vt* (《自動車など》の)クラッチを切る.

de·clútter /di-/ *vi, vt* (場所を)片付ける.

de·co /dékou, déɪ-, *deɪkóu/ *n* [°D-] ART DECO.

de·coct /dɪkákt/ *vt* 煮出す, 煎(せん)じ出す; 煮詰める. ［L＝to boil down (*coct- coquo* to cook); cf. CONCOCT］

de·coc·tion /dɪkákʃ(ə)n/ *n* 煎じ出し, 煎出; 煎じ汁[薬], 煎剤.

de·códe /di-/ *vt, vi* 〈暗号文などを〉翻訳する, 解読する (opp. *encode*); 〈符号化した情報を〉復号する, デコードする; 《衛星放送などで》〈(スクランブルのかかった)信号を〉デコーダーで画像に戻す; …の意味[含意]を読み解く[読み取る, 理解する]. ♦ **-cód·able** *a*

de·códer /di-/ *n* 《暗号文の》翻訳[解読]者; (電話暗号)自動解読装置; 〖電子工·電算·放送〗(命令)解読器, 復号器, デコーダー; 《カラーテレビの》マトリックス, カラーデコーダー; 〖海〗符号解読器《特定の信号にのみ反応·応答する》.

dè·cohére *vt, vi* 〖電〗(…の)コヒーラーの感度を回復させる[が回復する].

de·cóke /di-/ ‖《口》*vt* DECARBONIZE. ► *n* DECARBONIZATION. ［*coke*[1]］

de·col·late /dikálèɪt, dékə-, dìːkəléɪt/ *vt* **1** …の首を切る (behead); …の頭部を切り取る. **2** 〈連続した紙を〉分離する, 部分に分ける. ♦ **de·cól·là·tor** /, dékəlèr-, dìːkəléɪ-/ *n* ［L (*collum* neck)］

de·col·la·tion /dìːkɑléɪʃ(ə)n, -kə-; -kə-/ *n* 打ち首, 斬首; 《特に洗礼者聖ヨハネの》斬首の絵; 〖キ教〗洗礼者聖ヨハネ斬首の記念日《8月29日; *Mark* 6》.

dè·colléctivize *vt* 〈農地などを〉集団経営からはずす.

dé·col·le·tage /deɪkɑ̀lətɑ́ːʒ, -kɔ̀ːltɑ́ːʒ, dèklə-; dèɪkɔl(ɪ)tɑ́ːʒ/ *n* デコルタージュ《(1) 首と肩をあらわすこと (2) 肩が出るほど深いネックライン (3) ネックラインを肩下まで下げた婦人服》; 上半身, 《女性の》胸部 (bust). ［F (*collet* collar of dress)］

dé·col·le·té, -tée /deɪkɑ̀l(ə)téɪ, -kɔ̀ːl(ə)-; dèɪkɔl(ɪ)-/ *a* 肩が出るほどネックラインの深い, デコルテの; デコルテの服を着た. ► *n* DÉCOLLETAGE. ［F］

de·cólonize /di-/ *vt, vi* 植民地的地位から脱却させる; (〈植民地〉に)自治[独立]を許す. ♦ **de·colonizátion** *n*

de·cólor /di-/ *vt* DECOLORIZE. ♦ **de·colorátion** *n*

de·cólorant /di-/ *n* 脱色剤, 漂白剤. ► *a* 脱色性の, 漂白する (bleaching).

de·cólor·ìze /di-/ *vt* …の色抜きをする, 脱色[漂白]する. ► *vi* 色を失う. ♦ **-ìz·er** *n* 脱色[漂白]剤; 色抜きをする人. **de·còlor·izátion** *n*

dè·commércial·ìze *vt* …の商業[営利]化を排する[やめる], 非商業化する. ♦ **dè·commèrcial·izátion** *n*

dè·commíssion *vt* 〈原子炉を〉廃炉にする, 〈原子力発電所を〉廃止する, 〈武器などを〉廃棄する; 〈艦船など〉の就航の任を解く, …の就役を解除する; 〈役員などを〉解任する; 《一般に》…の現役としての使用をやめる.

dè·commít·ment *n* 掛かり合いを断つこと.

de·cómmunize /di-/ *vt* 非共産化する. ♦ **de·communizátion** *n*

de·cómpensate /di-/ *vi* 補償作用がはたらかなくなる; 〖医〗〈心臓などが〉代償不全になる: acute ～*d* heart failure 急性非代償性心不全《慢性心不全の急性増悪》. ♦ **dè·compénsatory** *a*

de·compensátion /di-/ *n* 補償作用の喪失; 〖医〗《心臓などの》代償不全.

dè·compléx *a* 複合体からなる, 複合体が複合した.

dè·compóse *vt* 分解する; 腐敗[腐乱]させる; 分析する. ► *vi* 分解する; 腐敗[腐乱]する. ♦ **dè·com·pós·able** *a* 分解[分析]できる. **dè·com·pòs·abíl·i·ty** *n* ［F (*de-*)］

dè·com·pós·er *n* 分解する人[もの]; 〖生態〗分解者 (＝*reducer*)《有機物を分解するバクテリア·菌類など; cf. PRODUCER, CONSUMER》.

de·compósite /di-/ *a, n* DECOMPOUND.

de·com·po·si·tion /dìkɑ̀mpəzíʃ(ə)n/ *n* 分解; 化学的風化, 分解, 変質; 腐敗, 腐乱; 〖理〗DISINTEGRATION; 《団体などの》解体, 潰滅. ♦ **～·al** *a*

de·com·pound /dìːkəmpáund, *-kɑm-, *-kɑ́mpàund/ *vt* 分解する (decompose); 《古》さらに混合する, 混合物と混合する. ► *a* /-kɑ́mpàund, *-ー́ー, *-kəm-/ 複[再]混合の; 〖植〗数回複生の: ～ leaf 再複葉. ► *n* /-kɑ́mpàund/ 複[再]混合物; 〖文法〗再合成語, 二重複合語《たとえば newspaperman, railroader など》.

dè·compréss *vt* **1** 減圧する; 〈潜水者などを〉エアロック[減圧室]に入れる; 〖電算〗〈ファイル·データなどを〉復元する, 解凍する. **2** 〈緊張を〉解く, 楽にする: ～ oneself リラックスする. ► *vi* **1** 減圧される; 〈潜水者など〉環気の減圧によって常気圧の中に戻る; 〖医〗開頭減圧術をうける. **2** 楽になる, 息抜きをする, リラックスする.

dè·compréssion *n* **1** 減圧; 〖医〗開頭減圧(術)《頭蓋骨などの過剰内圧を減じる外科手術》; 〖電算〗《圧縮データの》復元, 解凍. **2** 緊張[プレッシャー]からの解放, くつろぐこと, 《除隊者への》社会復帰治療.

decompréssion chàmber 減圧室.

decompréssion sìckness [ìllness] 〖医〗減圧症, 潜函[潜水(夫)]病 (＝*aeroembolism, air bends, air embolism, the bends, caisson disease, the chokes, staggers*)《気圧の急激な低下によって血中に溶解していた窒素ガスが血管内で多数の小気泡となりひき起こされる塞栓症; 関節痛·呼吸障害·意識障害·皮膚病変などが特徴》.

dè·compréssor *n* 《エンジンの》減圧装置.

de·cóncentrate /di-/ *vt* …の集中を排除する, 分散する (decentralize), 分解する. ♦ **de·concentrátion** *n*

dè·condítion *vt* 〈人〉の体調を狂わせる, …の健康をそこなう; 〈条件反応を〉消去する, 〈動物〉の条件反応を消去する. ♦ **～ed** *a*

de·condítion·ing *n* ディコンディショニング《長期間の無重力状態から通常の状態に戻ったときの循環機能の変化; 下肢に血液が貯留し, 脳に十分な酸素が供給できないなど》.

dè·congést *vt* …の過密[鬱血, 充血]を緩和[除去]する. ♦ **dè·congéstion** *n* **dè·congéstive** *a*

de·con·gest·ant /dìːkənʤéstənt/ *n* 〖医〗《粘膜などの》鬱血[充血]除去剤, 《鼻詰まり用》点鼻薬. ► *a* 鬱血[充血]を緩和[除去]する.

dè·conglómerate *vi* 複合企業を個々の会社に分割する, 解体する. ♦ **dè·conglomerátion** *n* 複合企業分割, 分社化, 分社経営.

de·cónsecrate /di-/ *vt* 〈聖なるものを〉俗化する, 〈教会堂などを〉俗用に使う. ♦ **de·consecrátion** *n*

dè·constrúct *vt* 分解[分析, 解体]する; 崩壊させる; 〈文学作品などを〉解体批評[ディコンストラクション]の方法を用いて論じる. ♦ **dè·constrúctor** *n* **dè·constrúctive** *a*

dè·constrúction *n* 解体批評, 脱構築, ディコンストラクション《テキストをそこに内在する言語の自己指示性によって読み解き, テキストを構成している言語機能や哲学的·社会的·文化的·政治的前提を解釈しようとする文芸批評の一方法》. ♦ **～·ism** *n* **～·ist** *n, a* ［Jacques Derrida の用語］

dè·constrúctivism *n* [°D-] 〖建〗脱構築主義. ♦ **dè·constrúctivist** *a, n* [°D-]

dè·contáminant *n* 除染装置, 除染剤.

dè·contáminate *vt* …の汚染[放射能汚染]を除去する, 除染する; 〈機密文書〉から機密部分を削除する. ♦ **dè·contaminá·tion** *n* **-contáminator** *n*

de·contéxtual·ìze /di-/ *vt* 文脈から切り離す. ♦ **-ized** *a*

dè·contról *vt* (政府の)管理からはずす, …の統制を解除する. ► *n* 管理撤廃, 統制解除.

dè·convolútion *n* デコンヴォルーション《機器データなどの複雑な信号を機器ノイズの除去によって簡略化すること》.

de·cor, dé·cor /deɪkɔ́ːr, dɪ-; déɪkɔ̀ːr, dék-/ *n* 装飾; 《室内などの》装飾様式, 室内装飾, 内装; 調度品; 舞台装置. ［F (↓)］

dec·o·rate /dékərèɪt/ *vt* **1** …に装飾を施す, 装飾する, 飾る 〈*with*〉; …に光彩[栄誉]を添える; ‖〈部屋〉にペンキを塗る[壁紙を貼る], 〈部屋など〉の模様替えをする. **2** 〈人〉に栄誉のしるし[勲章, 褒章, 綬(じゅ)など]を授ける, 叙勲する: ～ sb *with* a medal *for* heroism 英雄的行為に対して人に勲章を授ける. **3** 《線状の欠陥を示すため》〈結晶〉に金属膜を蒸着させる. ［L (*decor- decus* beauty)］

déc·o·ràt·ed *a* 飾りたてた, 装飾された, 飾りつけた; 勲章を授けられた; [°D-] 〖建〗装飾式の.

Décorated stýle [árchitecture] 〖建〗装飾式《14世紀のイングランドゴシック第2期の様式; トレーサリー (tracery) に装飾的手法を用いる》.

dec·o·ra·tion /dèkəréɪʃ(ə)n/ *n* 装飾(法), 飾りつけ; 装飾様式; 装飾物; [*pl*] 《祝賀の》飾り物《旗など》; 栄誉のしるし, 勲章, 綬(じゅ).

Decorátion Dày 〖米〗MEMORIAL DAY.

dec·o·ra·tive /dék(ə)rətɪv, *dékərèɪ-/ *a* 装飾(用)の, 装飾的な, 飾りの, はなやかな. ♦ **～·ly** *adv* **～·ness** *n*

décorative árt [°*pl*] 装飾芸術, 美術工芸《家具·器具·装身具などを扱う》; 美術工芸品.

décorative súrgery COSMETIC SURGERY.

déc·o·rà·tor *n* 装飾者, 室内装飾[設計]家; ‖家屋のペンキ塗りと壁紙貼りをする職人; 部屋などを飾るもの, (室内)装飾品. ► *a* 室内装飾用の.

décorator còlor [shàde] 《室内装飾などで》新奇な色[色調].
dec·o·rous /dék(ə)rəs/ *a* 作法にかなった, 礼儀正しい, 端正な, 気品[品位, 威厳]のある. ♦ **～·ly** *adv* **～·ness** *n* [L *decorus* seemly]
de·cor·ti·cate /dikɔ́:rtəkèɪt/ *vt* **1** …から樹皮[さや, 殻など]をはぎ取る, …の皮をむく; 〚医〛〈脳など〉の皮質を除去する, 剝皮(はく)する. **2** …の仮面をはぐ, 酷評する. ► *a* /, -kət/ 外皮のない, 剝皮された. ♦ **-cà·tor** *n* 剝皮機. **de·còr·ti·cá·tion** *n* 剝皮(術), 皮質除去[剝離](術).
de·co·rum /dɪkɔ́:rəm/ *n* 《態度・服装・ことばづかいなどの》ふさわしさ, 端正さ, 礼儀正しさ; 《古典的な》文章[演劇]作法; 秩序正しさ; [°*pl*] 礼儀作法. [L (neut) < DECOROUS]

de·cou·page, dé- /dèɪkupɑ́:ʒ/ *n* デコパージュ, デクパージュ《紙などの切り抜きで作る貼り絵(の技法)》. ► *vt* 〈壁などを〉デコパージュで飾る; 〈切り抜き〉でデコパージュを作る. [F (*découper* to cut out)]
de·cóuple /di-/ *vt* 切り離す, 分断する; 〚電子工〛減結合する《回路間のエネルギーの移動・帰還を防ぐため結合度を下げる》; 《地下爆発によって》〈核爆発〉の衝撃を緩和する. ♦ **de·cóupler** *n* **de·cóupling** *n*
de·coy *n* /dí:kɔ̀ɪ, dɪkɔ́ɪ/ 巧みに誘って[欺いて]人をはめる者, おとり; おびき寄せるための手段[仕掛け]; 《鳥獣をおびき寄せるための, 特に 模型の》おとり, デコイ; 《カモ猟などの》おとり池, おびき寄せる場所; *《サーフィン俗》サーフィンをやらないやつ. ► *v* /dɪkɔ́ɪ, *dí:kɔ̀ɪ/ *vt* おびき寄せる; わなにかける. ► *vi* おびき寄せられる; わなにかかる. ♦ **～·er** *n* [C17 <? Du *de kooi* the decoy (*de* the, *kooi*<L *cavea* cage)]
décoy dùck 《カモ猟の生きた または 模型の》おとりのカモ; おとり《人》.
de·crease *vi, vt* /dɪkrí:s, dí:krì:s/ (opp. *increase*) 減少する[させる]; 縮小する[させる]; 〈力・温度など〉低下する[させる], 衰える[衰えさせる]. ► *n* /dí:krì:s, dɪkrí:s/ 減少, 縮小, 低下; 減少[縮小, 低下]の数[量, 額, 率, 度合い]. ● **on the ～** しだいに減少して(いる), 漸減して(いる). ♦ **de·créas·ing·ly** *adv* [OF<L (*de-*, *cresco* to grow)]
de·créas·ing fúnction 〚数〛減少関数.
de·cree /dɪkrí:/ *n* 《法的効力をもつ》命令《国家の首長や行政機関制定の命令》; 〚法〛《裁判官の》命令, 《裁判所の》判決, 決定; 〚神学〛神意; 〚教会〛教令; [*pl*] 教令集. ► *vt* decree によって命じる[定める, 決める]. ► *vi* decree を出す. ♦ **de·cré·er** *n* [OF<L DE-*cretum* thing decided (*cerno* to sift)]
decrée ábsolute 〚法〛確定判決, 《特に》離婚確定判決 (cf. DECREE NISI).
decrée-làw *n* 緊急命令, 法令, 省令, 政令.
decrée nísi 〚法〛仮判決, 《特に》離婚仮判決《期限内に相手方の異議がなければ確定判決となる》.
de·creet /dɪkrí:t/ *n* 〚スコ法〛終局判決.
dec·re·ment /dékrəmənt/ *n* (opp. *increment*) 減少; 消耗, 減衰; 減り高, 減(少)量; 〚数〛減(少)分 (negative increment); 減少率, 〚理〛減衰率. ► *vt* …の減少を示す. ♦ **dèc·re·mén·tal** /-méntl/ *a* [L; ⇨ DECREASE]
dec·re·me·ter /dékrəmì:tər, dɪkrémətər/ *n* 減衰計.
dè·cre·ol·i·zá·tion /-krì:oulәzéɪʃ(ə)n; -làɪ-/ *n* 非クレオール語化, 脱クレオール化《クレオール語から標準語へ発展する過程》. ♦ **dè·cré·ol·ìze** *vt*
de·crep·it /dɪkrépət/ *a* 《老齢で》弱った, よぼよぼの, 老いぼれの; 古くなってガタガタの, 老朽化した, くたびれた, おんぼろの; 荒れはてた. ♦ **～·ly** *adv* [L (*crepit- crepo* to creak)]
de·crep·i·tate /dɪkrépətèɪt/ *vt* 〈塩・鉱石などを〉煆焼(かしょう)[焙焼(ばいしょう)]してパチパチいわせる, パチパチいわなくなるまで煆焼[焙焼]する. ► *vi* 〈塩などが〉パチパチと音をたてる. ♦ **de·crèp·i·tá·tion** *n*
de·crep·i·tude /dɪkrépət(j)ù:d/ *n* 老齢で弱っていること, 老いぼれていること, 老衰; 老朽; 荒廃.
de·crescéndo /dèɪ-, dì:-/ *adv, a* 〚楽〛しだいに弱く[弱い], デクレッシェンドで[の] (＝*diminuendo*)《略 **decresc., decres.**; 記号 ＞; opp. *crescendo*》. ► *n* (*pl* **～s**) デクレッシェンド(の楽節). [It]
de·créscent /dɪ-/ *a* しだいに減少する; 〈月が〉下弦の (opp. *increscent*).
de·cre·tal /dɪkrí:tl, dékrɪtl/ *n* DECREE; 教皇教令, 《特に》回勅; [*pl*] 教皇教令集. ► *a* DECREE の(ような); 教皇教令[回勅]の. ♦ **～·ist** *n* DECRETIST. [L; ⇨ DECREE]
de·cre·tist /dɪkrí:tɪst/ *n* 教皇教令(集)[教会法]に明るい人, 教会法研究家[学者]; 《中世の大学の》法学生.
de·cre·tive /dɪkrí:tɪv/ *a* DECREE の力を有する, 決定的な; decree の.
dec·re·to·ry /dékrətɔ̀:ri, dɪkrí:t(ə)ri; -t(ə)ri/ *a* DECREE の[にのっとった, によって定められた]; 《古》決定的な.
de·cre·tum /dɪkrí:təm/ *n* (*pl* **-ta** /-tə/) DECREE.
Decrétum Gra·ti·á·ni /-grèɪʃiémàɪ/ 〚キ教史〛グラティアヌス教令集《12 世紀の教会法学の祖 Gratianus が編集した教令集 (1140)》.
de·cri·al /dɪkráɪ(ə)l/ *n* DEPRECIATION.
de·críminal·ìze /di-/ *vt* 犯罪ではないとする, 合法化[解禁]する; …の犯罪等級を減じる. ♦ **de·crìminal·izátion** *n*
de·crówn /di-/ *vt* DISCROWN.
de·cruit* /dikrú:t/ *vt* 〈高齢者などを〉他社に配置換えする, 格下げする. ♦ **～·ment** *n*
de·crus·ta·tion /dì:krəstéɪʃ(ə)n/ *n* CRUST の除去.
de·cry /dɪkráɪ/ *vt* 公然と[激しく]非難する, けなす, 罵倒する; 〈通貨など〉の価値を低下させる. ♦ **de·crí·er** *n* [*cry*; F *décrier* にならったもの]
de·crypt /dikrípt/ *vt* 〈暗号を〉解読[翻訳]する (decipher, decode). ♦ **de·cryp·tion** /dikrípʃ(ə)n/ *n*
de·crýpto·gràph /di-/ *vt* DECRYPT.
de·cu·bi·tus /dɪkjú:bətəs/ 〚医〛*n* (*pl* **-ti** /-tàɪ, -tì:/) 臥床姿勢; 衰弱性壊死(えし), 褥瘡(じょくそう), 床ずれ (＝～ **úlcer**) (bedsore). [L]
dec·u·man /dékjəmən/ *a* 10 番目の; 〈波が〉巨大な《10 番目の波が最大と考えられた》; 〚古ロ〛第十隊 (the tenth cohort) の: the ～ gate 〚古ロ〛陣営大門《その守備が第十隊の任務であった》. [L＝of the tenth]
de·cum·bent /dɪkʌ́mbənt/ *a* 横になった, 横臥した; 〚植〛〈茎・枝・幹が〉傾状の《地面をはいながら先端が上向いた》; 〚動〛〈毛が〉寝た.
dè·cumulátion *n* 累積したものの処分.
dec·u·ple /dékjəp(ə)l/ *n, a* 10 倍(の) (tenfold); 10 個単位の. ► *vt, vi* 10 倍にする[なる]. ★ ⇨ QUADRUPLE. [L (*decem* ten)]
dec·u·plet /dékjəplət/ *n* 《同種のものの》十個一組; 〚理〛十重項《同じスピン-パリティーをもつ 10 個の素粒子の組》.
de·cu·ri·on /dɪkjúəriən/ *n* 〚古ロ〛十人隊 (decury) の長; 《古代ローマの都市や植民地の》元老院議員. [L]
de·cur·rent /dɪkɔ́:rənt, -kʌ́r-; -kʌ́r-/ *a* 〚植〛〈葉が〉茎に流れる基部を茎沿いに葉柄の付け根より下方に伸ばした, 沿下(えんか)の. ♦ **～·ly** *adv*
de·cúrved /di-/ *a* 〈鳥のくちばしなど〉下方に曲がった.
dec·u·ry /dékjəri/ *n* 〚古ロ〛《騎兵の》十人隊, 《判事・元老院議員などの》十人団; 《一般に》区分集団, 分類階層.
de·cus·sate /dékəsèɪt, dɪkʌ́s-/ *vt* X 字形に交差させる[切る, 分ける]. ► *vi* X 字形に交わる. ► *a* /dékəsèɪt, dɪkʌ́sət/ X 字形の; 〚植〛〈葉・枝が〉十字対生の (cf. BRACHIATE). ♦ **～·ly** *adv* [L (*decem* ten)]
de·cus·sa·tion /dèkəséɪʃ(ə)n, dì:kʌ̀-/ *n* X 字形[十字形]交差; 〚解〛《中枢神経繊維の》交差, キアスマ.
de·dal /dí:dl/ *a* 《古》DAEDAL.
De·da·li·an /dɪdéɪliən/ *a* 《古》DAEDALIAN.
de·dans /*F* dədɑ̃/ *n* (*pl* ～ /-(z)/) 《court tennis 用コートの》サーブ側後方の得点孔; [the] 《コートテニスの》観衆. [F＝inside]
De·de Ag·ach, Dede·aga(t)ch, -ağaç /dǽdə ɑ:(g)ɑ́:ʧ, dédeɪ-/ デデアアチ《ALEXANDROÚPOLIS のトルコ語名》.
De·de·kind /*G* dé:dəkɪnt/ デデキント (**Julius Wilhelm**) **Richard** ～ (1831–1916)《ドイツの数学者; 無理数論・自然数論の基礎の建設者》.
Dédekind cùt 〚数〛デデキントの切断. [↑]
de·den·dum /dɪdéndəm/ *n* (*pl* **～s**) 〚機〛《歯車の》歯元; 歯元の丈(たけ) (cf. ADDENDUM).
dedéndum cìrcle 〚機〛歯元円 (＝*root circle*).
ded·i·cant /dédɪkənt/ *n* 献呈者.
ded·i·cate /dédɪkèɪt/ *vt* **1** 〈時間・精力などを〉ささげる 〈*to*〉; 〈著書・音楽などを〉献呈する, …に献辞を記す; 〈金・時間・スペースなどを〉《特定目的のために》充当する, 割く, 奉納[献納]する; 〚法〛〈土地などを〉公共の用に供する, 献地する: ～ one*self to*…に一身をささげる, 専念する / a temple ～*d to*…を祭った神殿 / *D-d to* A 本書を A にささぐ. **2*** 〈公共建築物を〉開所する, 〈記念碑〉の除幕式をする. ► *a* /-kət/ DEDICATED, (神に)身をささげた. ♦ **-cà·tor** *n* [L (*dico* to declare)]
déd·i·càt·ed *a* いちずな, ひたむきな, 献身的な, 熱心な; 〈装置など〉特定の目的のための, 専用の: a ～ line 専用回線. ♦ **～·ly** *adv* 献身的に, ひたむきに.
ded·i·ca·tee /dèdɪkətí:/ *n* 献呈を受ける人, 《本などの》献辞を奉られた人.
ded·i·ca·tion /dèdɪkéɪʃ(ə)n/ *n* **1** 献身, 専念 〈*to*〉; 奉献, 奉納, 寄進; 《人・理想などへの愛情・敬意のしるしとして》作品をささげること; 《作品の冒頭の》献辞; 〚法〛公用地供与; 〚法〛著作権の公有. **2** 奉納の儀式, 献堂式; *開所[開会](式). ♦ **ded·i·ca·tory** /dédɪkətɔ̀:ri; -t(ə)ri/, **ded·i·ca·tive** /dédɪkèɪtɪv, -kə-/ *a*
de die in di·em /deɪ dí:èɪ ɪn dí:ɛm/ 日々; 日ごとに. [L＝from day to day]
de·differentiátion /di-/ *n* 〚生〛脱(だつ)分化. ♦ **de·dif·feréntiate** *vi*
de do·lo /deɪ dóulou/ *a* 〚法〛詐欺の. [L＝of deceit]
de·duce /dɪd(j)ú:s/ *vt* 論理的に推理する; 〈結論を〉導き出す; 演繹する 〈*from*〉 (opp. *induce*); …の筋道[推移]をたどる, …の由来[起源]をたずねる. ♦ **de·dúc·ible** *a* 演繹[推論]できる. [L *de-*(*duct- duco*)＝to lead away]
de·duck /dí:dʌ̀k/ *《俗》*n* 《収入のうちの》課税控除項目; 税控除

(経費). [*deduction*]

de·duct /dɪdʌ́kt/ *vt* 差し引く, 控除する, 取りのける ‹*from, out of*›; 演繹する (deduce). ► *vi* ‹…を›減らす ‹*from*›: That does not ~ *from* his merit. そのために彼の真価が落ちることはない. [L; ⇨ DEDUCE]

dedúct·ible *a* 差し引きうる, 控除できる; 税控除を認められる; DEDUCIBLE. ► *n* 〘保〙控除[免責]条項《損害が一定限度以下の場合は保険会社が損害補償をしないことを定めたもの》; 〘保〙控除条項の適用対象となるもの[こと], 控除金額 (excess[u])《被保険者の自己負担となる》. ♦ **deduct·ibílity** *n*

de·duc·tion /dɪdʌ́kʃ(ə)n/ *n* **1** 差引き(額), 控除(額). **2** 推理, 推論; 〘論〙演繹(法) (opp. *induction*); 演繹による結論.

de·duc·tive /dɪdʌ́ktɪv/ *a* 推理の[に基づいた], 推論的な; 〘論〙演繹的な: ~ reasoning 演繹的推理, 演繹法. ♦ **~·ly** *adv*

de Duve /də d(j)úːv/ ド・デューヴ **Christian René** ~ (1917–)《ベルギーの生化学者; リソソーム (lysosome) を発見; ノーベル生理学医学賞 (1974)》.

dee[1] /díː/ *n* 《アルファベットの》D [d]; D 字形のもの.

dee[2], **deed** /díːd/ *a* DAMNED. [d—, d—d の発音から]

dee[3] *vi* 《スコ》DIE[1].

Dee[1] [the] ディー川《**1**) スコットランド北東部を東流し Aberdeen で北海に注ぐ **2**) スコットランド南部を南流して Solway 湾に注ぐ **3**) ウェールズ北部からイングランド西部にはいり Irish 海に注ぐ》.

Dee[2] **1** ディー《女子名》. [(dim); ⇨ DIANA, DELIA, DEIRDRE, EDITH] **2** ディー **John** ~ (1527–1608)《イングランドの数学者; Elizabeth 1 世付きの占星術師・霊媒》.

deed[1] /díːd/ *n* **1** 行為; 功績, 偉業; 実行, 行ない; 事実 (reality): a kind ~ / a good ~ よき行ない, 善行《特に ボーイ[ガール]スカウトが日々なすことを期待される他人への親切》/ in ~ as well as in name 名実ともに / in ~ and not in name 名目上ではなく事実上 / in ~ =《古》in very ~ 実際(に) (cf. INDEED) / in word and (in) ~ 言行ともに / *D~s*, not words. 《諺》ことばより行為 / A man of words and not of ~*s* is like a garden full of weeds. 《諺》ことばだけで行為の伴わぬ者は草だらけの庭みたいなものだ / one's good ~ for the day [°*joc*] (毎日行なうべき)一日の善行, 一日一善 / Take the WILL for the ~. **2** 〘法〙捺印証書, 証書, 不動産譲渡[不動産権設定]証書《★《米》では不可算名詞,《英》ではしばしば複数形で用いる》: MORTGAGE DEED / TITLE DEED. ► *vt* 〘法〙*(捺印)証書によって‹財産を›譲渡する ‹(*over*) *to*›. [OE *dǣd*; cf. DO[1], G *Tat*]

deed[2] ⇨ DEE[2].

déed·bòx *n* 《証書などの》書類保管金庫[箱].

dée-dèe *n**《俗》D AND D.

déed·less *a* 《古》行動的でない, 功績のない, 活動しない.

déed of association 《株式会社の》定款.

déed of cóvenant 〘法〙約款捺印証書.

déed of deféasance 〘法〙《原証書の失効条件を記した》失効条件証書.

déed pòll (*pl* **déeds pòll**, **~s**) 〘法〙平型捺印証書《当事者の一方[一人]だけが作成する; 特に 英国で公式に改名する際のもの》.

déedy *a*[u]《方》活動的な, 勤勉な.

dee·jay /díːʤèɪ, ⌐⌐/ *n* 《口》DISC JOCKEY; *《俗》《司法省 (Department of Justice) の一局の》連邦捜査局員. ► *vi* disc jockey をする.

deek[1] /díːk/ *vt* [*impv*] 《ノーサンバーランド方言》見る (look at). [? Romany]

deek[2] *n**《俗》刑事, デカ, ポリ公, 探偵 (detective).

dée·ly bòpper [**bòbber**] /díːli-/, **bée·ly bòpper** /bíːli-/ *《俗》《昆虫の触角や宇宙人のアンテナのような》ぴょこんと揺れるアンテナ状ワイヤー付きの小さな(縁のある)帽子.

deem /díːm/ 《文》*vt* …だと考える[みなす]: I ~ it wise to do so. ► *vi* 思う: ~ well [highly] *of*…をよく思う, 尊敬する. ► *n* 《廃》判断, 意見. [OE *dēman* to judge; cf. DOOM[1]]

deem·er /díːmər/ *《俗》*n* 10 セント玉 (dime); けちなチップ(をやる人), けちん坊; 10.

de-émphasize /di-/ *vt* …の重視[強調]をやめる, …にあまり重きをおかない,《比較的》軽く扱う. ♦ **de-émphasis** *n*

Deems /díːmz/ ディームズ《男子名》.

deem·ster /díːmstər/ *n* 《英国 Man 島の》裁判官. [*deem*]

deener ⇨ DEANER.

dè-énergize *vt* …の動力源[電源, 送電]を断つ.

deep /díːp/ *a* **1 a** 深い (opp. *shallow*), 奥[底]深い; 深さ…の: a pond 5 feet ~ 深さ 5 フィートの池 / a ship ~ in the water 喫水の深い船 / ankle-[knee-, waist-]~ in mud 泥の中へくるぶし[ひざ, 腰]まで没して / be CHIN ~. **b** 奥行のある, (かなり)厚さのある, 分厚い; 奥行…の, …列に重なった; 〘クリケット〙普通より打者から離れた; 〘野球・サッカー・アメフト〙深い位置の, 深い位置への: a ~ chest 分厚い胸 / a lot 50 ft ~ 奥行 50 フィートの敷地 / set in two ~ 2 列に並べられて[設置されて] / a ~ fly 深い外野フライ / soldiers drawn up six [eight] ~ 6 [8] 列に整列した兵隊. **2 a** はるかな, 遠い: the ~ past 遠い過去. **b** 奥まった所にある. **c** 意識の底の, 意識下の, 深層の. **3** 深い[鋭い]洞察力のある, 学殖の深い‹人›; 深遠な, 難解な‹議論・問題など›; 不可解な, 深い‹なぞ・秘密›. **4 a** 強度の, 極度の; ‹眠りなどが›深い; 深く没頭して(いる): take a ~ breath 深呼吸する / a ~ drinker 大酒家 / ~ *in* thought 深く考え込んで. **b** 痛切な (intense), 衷心からの (heartfelt), 根強い, 抜きがたい: ~ gratitude 深い感謝. **5 a** 根[奥]の深い; 重大な, 深刻な‹厄介事›; 深みにはまった ‹*in*›: in ~ trouble 大変な[えらい]ことになって / ~ *in* debt 借金で首がまわらない. **b** ‹人が›底の知れない, (考えを)表にあらわさない; 《口》肚黒い (sly): a ~ one 肚黒いやつ[女]. **6 a** ‹音響・声など›太く低い, 野太い, 荘重な (grave), 深みのある. **b** ‹色などが›濃い (opp. *faint, thin*). **7 a** 大幅な‹割引・削減など›: ~ cut in the military budget. **b** 控え選手が豊富な, 層の厚い: a ~ bullpen. ● **~ down** 本心では, 根は. **~ in the past** ずっと昔 (long ago). **~ WATER(s)**. (**jump** [**throw**] **in**) **at the ~ END**[1].

► *adv* **1 a** 深く; [*fig*] (根)深く, 過度に, 深刻に: Still waters run ~. ⇨ STILL WATER / drink ~ 痛飲する. **b** ‹野球の守備位置など›深く. **2** ずっとおそく: ~ in [into] the night 夜ふけに[まで].

► *n* **1 a** 《海・川などの》深み, 深い所, 深淵; 〘海洋〙海淵(かいえん)《海溝中で特に深くなった部分》; 〘海〙測鉛線の尋数(ひろかず)目盛のない部分の尋数点《目盛 20 と 25 の間の 21, 22, 23, 24 など》. **b** 奥まった所; [the] 〘クリケット〙投手の後方で境界線付近にある野手のポジション. **2** 果てしない広がり; [the] 《詩》わたつみ, 海原(うなばら): monsters [wonders] of *the* ~ 大海の怪物[驚異]. **3** まっ最中, さなか: in the ~ of night [winter] 真夜中[真冬]に. ● **in ~** 《口》深く関係して, のっぴきならず掛かり合って, 深入りしすぎて; 《口》(…に)ひどい借金をして ‹*with, to*›. **plow the ~** *《韻俗》眠る (sleep).

♦ **~·ness** *n*

[OE *dēop*; cf. DIP, G *tief*]

déep-bódied *a* ‹魚などが›体高の高い, 側扁した《マンボウ・カワハギなど》.

déep bréathing 《特に 体操の》深呼吸.

déep-chést·ed *a* 胸の厚い; ‹声など›胸の奥底からの.

déep cóver 《諜報員などの身分・所在の》秘匿, 隠蔽.

déep díscount bònd 〘証券〙高率割引債, ディープディスカウント債《低率の利札付きで 20% 以上の割引きで発行される債券》.

déep-dìsh *a* **1** ‹ピザが›深皿で焼いた, 生地の厚い; ‹パイが›深皿で焼いた《底皮がなく具がたっぷりはいったフルーツパイにいう》. **2** *《口》極端な, 徹底的な, 全くの.

déep-dràft *a* 喫水の深い‹船›.

déep-dráw *vt* ‹板金を›深絞りする《ダイスに押し込んでカップ形[箱形, 円錐形]に加工する》. ♦ **déep-dràwn** *a*

déep-dýed *a* [°*derog*] 全くの, 骨の髄まで染み込んだ, 紛れもない‹悪者など›.

déep ecólogy ディープエコロジー《人間と人間以外の種は同等の価値をもつと考え, 人間と自然の関係を根本的に見なおすことを提唱するエコロジーの運動や概念》. ♦ **déep ecólogist** *n*

déep·en *vt, vi* 深く[濃く, 太く, 低く]する[なる]; ‹印象・知識など›深める[深まる]; ‹憂鬱・危機など›深刻にする[なる].

déepen·ing *a* ‹関係・理解などが›次第に深まる; ‹不況・危機などが›深刻の度を増す.

déep fát 《材料が十分につかる》たっぷりある熱い油[ヘット].

déep-fàt frýer DEEP FRYER.

déep fíeld 〘クリケット〙LONG FIELD.

déep fócus 〘映〙ディープフォーカス, パンフォーカス《被写界深度の深い映画撮影技法; 場面全体を鮮鋭にとらえることができる》.

Déep·frèeze 〘商標〙ディープフリーズ《食品冷凍庫》.

déep-fréeze *vt* ‹食品を›急速冷凍する (quick-freeze); 冷凍保存する.

déep fréeze 極度の低温[寒さ]; [*fig*] 《計画・活動などの》凍結状態; 《俗》《特に 同盟者に対する》冷たい扱い. ● **in the ~** 保留[棚上げ]にして, 凍結して.

déep fréezer 急速冷凍冷蔵庫[室] (freezer).

déep-frý *vt* (DEEP FAT に入れて)揚げる (opp. *panfry, sauté*). ♦ **déep-fríed** *a*

déep frý *《俗》《癌治療の》コバルト照射.

déep frýer [**fríer**] DEEP FAT による揚げ物用の深鍋.

déep-gó·ing *a* 根本的な, 基本的な.

deep·ie /díːpi/ *n* 《口》立体映画, 3D 映画.

déep·ing[u] *n* 深さ[上下の幅] 1 尋(ひろ)の流し網《長辺をはぎ合わせて所定の深さを得る》.

Dee·ping /díːpɪŋ/ ディーピング (**George**) **Warwick** ~ (1877–1950)《英国の大衆小説家》.

déep kíss ディープキス (FRENCH KISS).

déep-láid *a* ひそかに巧妙[周到]に仕組んだ‹陰謀など›.

déep-lítter *n* ピート床[敷きわら]式鶏舎.

déep·ly *adv* 深く; 濃く; (音響的に)太く低く; 《関心・印象・感動など》強く, 深刻に; 周到かつ巧妙に.

déep-míned *a* ‹石炭が›深掘りの (cf. OPENCUT).

déep·mòst /ˌ⌐-məst/ *a* 《古》最深の (deepest).

déep móurning 正式喪服《全部黒で光沢のない布地の; cf. HALF MOURNING》; 《それを着る》正式忌服(きふく).

déep·móuthed /-ðd, -θt/ *a* ‹猟犬が›ほえ声の低く太い.

déep-pàn *a* 〈ピザが〉深皿で焼いた, 生地の厚い (deep-dish).
déep pócket [ᵘ*pl*]*«口» 豊富な資金, ドル箱, 金づる;*«口» 金持, 金のある組織. ♦ **déep-pócket·ed** *a*
déep-réad /-rέd/ *a* 学識深い, 深く精通した 〈*in*〉.
déep[déeply]-róot·ed *a* 根の深い, 深く根ざした, 深根性の; 根深い, 抜きがたい, 強固な〈偏見・忠誠心など〉. ♦ **~·ness** *n*
déep scáttering làyer 深海散乱層《真海底より浅い反響の生じる層; 海洋生物の凝縮物からなるとみられる》.
déep-séa *a* 深海(用)の, 遠洋の: ~ fishery [fishing, diving].
déep séa 深海.
déep-sèa chéf*«俗» 皿洗い機.
déep-séat·ed *a* 根深い, 根強い, 抜きがたい, 確固たる, 強固な; 地下の深所で起こる, 〈岩石が〉深成の: a ~ disease しつこい病気.
déep-sét *a* 深くはめ込まれた, 〈眼が〉奥まって位置する《特に彫りの深い顔立ちの眼についていう》; しっかり定着した, 強固な, 抜きがたい.
déep-síx*«俗» *vt* 船から海へ放り出す, 水葬に付す; 投棄する, 廃棄する; おっぽり出す, 中止する, あきらめる, (切り)捨てる, お払い箱にする; 殺す, 片付ける, バラす. [cf. *six feet deep*: 標準的な墓穴の深さ]
déep síx*«俗» 埋葬, 《特に》海の水葬; 墓地, 埋葬所; 捨て場所. ● **give...the ~** …を放り出す, 捨てる, 葬る.
déep-skỳ *a* 太陽系外の[にある].
Déep Sóuth 1 [the] 深南部《Georgia, Alabama, Mississippi, Louisiana, South Carolina の諸州で, 時に North Carolina 州も含む; 保守的で典型的な南部の特徴をもつという》. **2** «韻俗» 口 (mouth).
déep spáce 〘天〙《地球の重力の及ばない, 太陽系外を含む》深宇宙[空間], ディープスペース (cf. OUTER SPACE).
déep strúcture 〘言〙《変形生成文法の》深層構造《文の意味を決定する構造; cf. SURFACE STRUCTURE》.
déep thérapy 〘医〙《短波長 X 線による》深部治療.
déep-thìnk *n**«俗» 《極度に学究的・衒学的な》深遠な考え.
déep thróat [ᴰD- T-] «米・カナダ» 内部告発者, 密告者, ディープスロート《特に 政府の犯罪の情報を提供する高官》. [Watergate 事件の内部告発者にマスコミが与えたあだ名; のちに当時の FBI 副長官 W. Mark Felt (1913–2008) と判明]
déep vèin thrombósis 〘医〙深部静脈血栓(症)《下肢, 特に大腿部の深部静脈に血栓ができること; 血栓が血流に乗って流れることで肺塞栓につながるおそれがある; 略 DVT; 俗に economy class syndrome ともいう》.
déep-vóiced *a* 声が低く太い.
déep·wàter *a* 水深の大きい; 深海の (deep-sea), 遠洋の; 外洋航海船が寄港できる〈港〉.
deer /díər/ *n* (*pl* ~, ~s) **1** 〘動〙 **a** シカ《総称; CERVINE *a*》. ★ 雄鹿 stag, staggard, hart, buck; 雌鹿 hind, doe, roe; 子鹿 calf, fawn. **b** «カナダ北部» CARIBOU. **2** «古» 《一般に》動物, 《特に》小さな哺乳動物. ● **small ~** «古» 小動物, 雑輩, つまらないもの《集合的》. ♦ **~·like** *a* [OE *dēor* animal, deer; cf. G *Tier* animal; 「動物一般」の意は beast, animal に取って代わられた]
déer·bèrry *n* 〘植〙 ディアベリー《米国東部産のスノキ属の低木; 実は食べられる》.
Deere /díər/ ディア **John ~** (1804–86) 《米国の発明家・実業家; Great Plains で使う鋼製のすき (plow) を製造》.
déer fèrn 〘植〙 ヒリュウシダ属の一種《シシガシラ科; 欧州・北米西部産》.
déer·flỳ *n* 〘昆〙 メクラアブ《鹿・馬などにたかる各種のアブ》.
déer fórest 《天然林や草地からなる》鹿猟場.
déer gràss 〘植〙 ミネハリイ《カヤツリグサ科》.
déer·hòund *n* 〘犬〙 ディアハウンド (SCOTTISH DEERHOUND).
déer lìck 鹿がなめに来る SALT LICK.
déer mòuse 〘動〙 シロアシネズミ[マウス] (white-footed mouse), 《特に》シカシロアシマウス《北米産》.
déer pàrk 鹿苑(ろくえん).
déer·skìn *n* 鹿の毛皮; 鹿革(の服). ► *a* 鹿革製の.
déer·stàlk·er *n* ディアストーカー (=~ **hàt** [**càp**])《前後にひさしのある一種の鳥打帽》; 《忍び寄って仕留める》鹿猟家.
déer·stàlk·ing *n* 鹿の遊猟.
déer's-tòngue *n* 〘植〙 米国北西部産のチシマセンブリの一種.
déer tìck 〘動〙 マダニ属のダニの一種 (=*black-legged tick*)《ライム病 (Lyme disease) を媒介する》.
déer·wèed *n* 〘植〙 北米南西部のマメ科ミヤコグサ属の数種の雑草 (=*tanglefoot*)《乾燥地帯では飼料作物》.
déer·yàrd *n* 冬期に鹿の集まる場所.
de-éscalate /di-/ *vi, vt* (…の広がり[規模, 強さ, 数, 量 など]を) 段階的に縮小[減少]する. ♦ **de-éscalator** *n* 段階的縮小論者. **de-escalátion** *n* **de-éscalatory** *a*
deet* /dí:t/ *n* [ᴰDEET] ディート《昆虫忌避薬 diethyl toluamide の俗称》. [*d.t.* < *d*iethyl *t*oluamide]
dee·vy, -vie /dí:vi/ *a*ᴵᴵ«俗» 楽しい, うれしい, すてきな.
dè·excitátion *n* 〘理〙 下方遷移《原子・分子などがエネルギーの低い状態に遷移すること》.
dè·excíte *vt, vi* 〘理〙 下方遷移させる[する].
def[1] /dέf/ *adv* «口» 全く, 絶対 (definitely).
def[2] *a* «俗» すてきな, いかす, すばらしい, しぶい, かっこいい (cool)《若者用語》: ~ jam すてきな音楽. [? *def*initive, *def*inite, *def*=death (Jamaican E)]
def. defective ♦ defendant ♦ defense ♦ deferred ♦ defined ♦ definite ♦ definition.
de·fáce /dɪ-/ *vt* …の外観をそこなう[醜くする] 〈*with*〉; 〈碑銘・証書などを〉摩損する, …の表面を傷つけて[よごして]読めなくする; …の価値[効果]をそこなう; «廃» 破壊する (destroy). ♦ **~·able** *a* **~·ment** *n* **de·fácer** *n* [F (*de-*)]
de fac·to /dɪ fǽktoʊ, deɪ-/ *adv, a* 事実上(の) (opp. *de jure*): a ~ government 事実上の政府. [L]
def·ae·cate /défɪkèɪt/ *vt, vi* DEFECATE.
de·fal·cate /dɪfǽlkèɪt, -fɔ́:l-, défəl-; dí:fæl-/ *vi* 委託金を不正流用する, 横領する. ► *vt* «古» 切り詰める, 削減する. ♦ **-cà·tor** *n* [L (*falc- falx* sickle)]
de·fal·ca·tion /dì:fælkéɪʃ(ə)n, -fɔ:l-, dɪ-, dèfəl-/ *n* (委託金)不正流用, 横領, 使い込み; 不正流用額; 約束不履行, 背任; «古» 削減.
def·a·ma·tion /dèfəméɪʃ(ə)n/ *n* 名誉毀損(罪), 中傷, 誹謗: ~ of character 人格についての名誉毀損. ♦ **de·fam·a·to·ry** /dɪfǽmətɔ̀:ri; -t(ə)ri/ *a*
de·fáme /dɪ-/ *vt* 中傷する, 誹謗する, そしる, …の名誉を毀損する; «古» 侮辱する; «古» 非難する. ♦ **de·fám·er** *n* [OF<L=to spread evil report]
de·famíliar·ìze /di-/ *vt* 〘美・文学〙 異化する. ♦ **de·famìliar·izátion** *n*
de·fáng /di-/ *vt* …の牙を抜く; 骨抜きにする, 無害化[弱体化]する.
de·fas·sa /dɪfǽsə/ *n* 〘動〙 シンシン (=*waterbuck*)《アフリカ産の灰色で角に輪の節がある羚羊》.
de·fát /di-/ *vt* …から脂肪を除く, 脱脂する.
de·fault /dɪfɔ́:lt, di-, dí:fɔ̀:lt/ *n* **1** 《義務・約束などの》不履行, 怠慢; 〘法〙 懈怠(けたい)(かいたい)《債務不履行・(法廷への)欠席など》; 《出場すべき試合での》欠場, 棄権, 中途離脱: DEFAULT JUDGMENT / make ~ 〘法〙 裁判に欠席する, 期限内に訴答をしない / in ~ 懈怠[不履行]で. **2 a** 〘電算〙 デフォルト (=~ **òption**)《特に指定がない場合の(初期設定のままの)選択》, デフォルト値, 既定値 (=~ **vàlue**). **b** [〈*a*〉]《一般に 特に変更や指定のない》いつも[予定]どおりの(もの), 標準(的な), 自動的に定まる: ~ retirement age 〘英〙 法定退職年齢. **3** «古» 過失, 非行, 罪, 誤り, 欠点; «廃» 欠如, 欠損, 不足. ● **by ~** 不履行[欠席]により, 《反対や別の選択[行動]がなされなかったために》自動的に〈事が起こる〉; 〘電算〙 デフォルトで: go *by* ~ 〈訴訟が〉欠席判決となる / let ...go *by* ~ 〈地位・議席などを〉みすみす失う[手放す] / win...*by* ~ 〈訴訟・試合などに〉相手側欠席[欠場, 棄権]により勝つ, 不戦勝する / be elected *by* ~ 対立候補なしで選出される / become an accountant *by* ~ 《状況を変えるような意識的な選択がなく》なりゆきで会計士になる. **in ~ of**…がない場合は; …がないために.
► *vi* 約束[義務, 契約, 債務]を履行しない 〈*on*〉; 〘法〙 法廷に出頭しない, 法廷不出頭のために敗訴する; 《試合に》欠場する, 棄権する, 欠場[中途離脱]によって負けとなる; 〘電算〙 デフォルトで(自動的に)選択する[〈…に〉なる] 〈*to*〉.
► *vt* …の履行[支払い, 完遂]を怠る; 〘法〙 欠席裁判に処する; 〘法〙 法廷不出頭で〈訴訟〉に敗れる; 〈試合〉に欠場する, 棄権する, 欠場[中途離脱]して〈試合〉で不戦敗となる. [OF; ⇨ FAIL]
defáult·er *n* 約束[義務, 契約, 債務]不履行者; 《裁判の》欠席者; 《競技の》欠場者, 中途離脱者; 使い込みをする人, 委託金横領者; ᴵᴵ軍規違犯者.
defáult jùdgment 〘法〙 **1** 欠席判決《被告が欠席, 答弁を提出しないなど, 防御をしなかった場合に原告に与えられる勝訴判決》. **2** 懈怠判決《裁判所の命令に従わなかった当事者に対する, 制裁としての判決》. ★ 1, 2 ともに judgment by [in] default ともいう.
DEFCON /défkɑ̀n/ *n* 〘米軍〙 防空準備態勢, デフコン《軍の戦闘即応態勢を示す基準で, 5–1 の段階があり, 小さい数ほど即応能力が高い》. [*defense condition*]
de·fea·sance /dɪfí:z(ə)ns/ *n* **1** 〘法〙 無効にすること, 権利消滅; 〘法〙 権利消滅条件[条項], 権利消滅文書. **2** 打破すること (defeat, overthrow). [OF *de-*(*faire* to make)=to undo]
de·fea·si·ble /dɪfí:zəb(ə)l/ *a* 無効にできる, 解除[取消し, 廃棄]できる, 解除[消滅]条件付きの, 終期付きの. ♦ **-bly** *adv* **~·ness, de·fèa·si·bíl·i·ty** *n* [AF (↑)]
de·feat /dɪfí:t/ *vt* 〈敵を〉破る, 負かす (beat), 打ちのめす 〈*in* a battle, an election, etc.〉; 〈人〉の手に余る; 〈計画・希望・議論・目標などを〉覆す, くじく, 打ち砕く, 阻止[否決]する; 〘法〙 無効にする (annul); «廃» 破壊する (destroy): It ~*s* me. それはわたしには無理だ[わからない, 歯が立たない] / ~ one's (own) purpose [aim, ends] かえって目的が達せられない[失敗をまねく]. ► *n* 打破[打倒](すること); 打破されること, 負け, 敗北; 挫折, 失敗 〈*of* one's plans, hopes, etc.〉; 無効にすること, 破棄; «廃» 破壊, 破滅: MORAL DEFEAT. ♦ **~·able** *a* **~·ed** *a* 戦いに敗れた, うちひしがれた. **~·ed·ly** *adv* [AF<OF (pp)< *desfaire* to undo<L (*dis-*[1], FACT)]
deféat·ìsm *n* 敗北主義; 敗北主義的行動[行為].

deféat·ist *n* 敗北主義者. ► *a* 敗北主義(者)的な.
de·féature[1] /dɪ-/ *n, vt* 《古》DISFIGURE(MENT).
defeature[2] *n, vt* 《古》DEFEAT.
def·e·cate /défɪkèɪt/ *vt* **1** 〈糞便・不消化物などを〉排出[排泄(はいせつ)]する, 排便する. **2** 〈糖液・ワイン・化学溶液などを〉精製[清澄化]する, 純化[浄化]する. ► *vi* 排便する; 不純物[おり]がなくなる, 澄む. ♦ **dèf·e·cá·tion** *n* **def·e·ca·to·ry** /défɪkətɔ̀ːri; -t(ə)ri/ *a* [*defecate* (obs) purified＜L (*faec- faex* dregs)]
déf·e·cà·tor *n* 浄化する人[もの]; 《糖液などの》精製[浄化]器, 濾過装置.
de·fect[1] /díːfèkt, dɪfékt/ *n* 欠陥, 欠点, 短所, 弱点, きず, 瑕疵(かし); 〘医〙欠損, 欠陥; 欠如, 不足; 不足額[量]; 〘化〙《構造上の》欠陥: ～ of form 《法律文書の》形式不備 / Every man has the ～*s* of his own virtues. 《諺》長所が欠点になることもある / He has the ～*s* of his qualities. 彼には長所に伴う欠点がある. ● **in ～** 欠けて, 不足[欠乏]して. **in ～ of**…のない場合は; …がないから. [L DE*fect*- -*ficio* to fail]
de·fect[2] /dɪfékt/ *vi* 自分の国[党, 主義 など]を捨てる, 逃亡[脱走]する, 離脱[脱党]する, 亡命する 〈*from, to*〉; 〈敵側へ〉走る, 寝返る 〈*to*〉. ♦ **de·féc·tor** *n* [↑]
défect àction lèvel ACTION LEVEL.
de·fec·tion /dɪfékʃ(ə)n/ *n* **1 a** 《祖国・大義・党首などを》捨て去ること, 背信(行為), 変節, 脱党, 脱会, 離脱, 離反, 背教, 亡命. **b** 義務不履行, 怠慢. **2** 不足, 欠如, 欠陥.
de·fec·tive /dɪféktɪv/ *a* 欠陥[欠点, 瑕疵]のある, 不完全な; 〈…の〉欠けた 〈*in*〉; 知能的[身体的]に正常値に満たない, 欠陥のある: ～ verbs 〘文法〙欠如動詞 《変化語形の不完全な can, may など》. ► *n* (心身に)欠陥のある人; 欠陥品, 不良品; 〘文法〙欠如語. ♦ **～·ly** *adv* 不完全に. **～·ness** *n*
deféctive número 〘数〙DEFICIENT NUMBER.
deféctive vírus 欠損ウイルス 《自己増殖能を欠くウイルス》.
deféctive yéar 〘ユダヤ暦〙353 日の平年, 383 日の閏年.
de·fec·tol·o·gy /dìːfektɑ́lədʒi, dɪfèk-/ *n* 欠陥[欠点]研究, 欠陥学.
de·féminize /di-/ *vt* …の女らしさをなくす, 男性化する. ♦ **de-feminizátion** *n*
defence ⇨ DEFENSE.
de·fend /dɪfénd/ *vt* **1** 防御[防衛]する, 防ぐ, 守る, 守備する (opp. *attack*); 《言論などで》擁護[弁護]する, 《口述試験などで質問に答えて》〈論文などの〉正しさを証明する; 〘法〙弁護[抗弁, 答弁]する: ～ one's country (*from* [*against*] the enemy) (敵に対して)国を守る / ～ one*self* 自分の立場を弁護する. **2** 《古》禁ずる, 妨げる. ► *vi* 守る, 防ぐ, 防御する, 弁護する 〈*against*〉: the ～*ing* champion 《タイトルを防衛する》ディフェンディングチャンピオン, 防衛者. ● **God** [**Heaven**] **～!** (そんな事は)断じてない, あってたまるか. ♦ **～·able** *a* [OF＜L DE*fens*- -*fendo* to ward off; cf. OFFEND]
defénd·ant *n, a* 被告[被告人](側の) (opp. *plaintiff*).
defénd·er *n* 防御[擁護]者; 《選手権の》防衛者; 守備[防御](側)の選手, ディフェンダー; 被告(人); 〘スコ法〙被告側弁護人.
defénder of the bónd [**márriage bònd**] 〘カト〙《司教区裁判所の》婚姻保護官.
Defénder of the Fáith 信仰の擁護者 《Henry 8 世 (1521) 以後の英国王の伝統的称号の一つ; ラテン語で Fidei Defensor または Defensor Fidei; 略 DF, FD, Fid. Def.; 英国硬貨に, 1971 年の通貨十進制採用以前は FID DEF, 以後は FD と記される》.
de·fen·es·tra·tion /difènəstréɪʃ(ə)n/ *n* 《物や人を》窓から外へ放り出すこと, 窓外放出; 《突然の》追放, 解任. ♦ **de·fén·es·tràte** *vt* [Defenestration of Prague 《三十年戦争のきっかけとなった》プラハの窓外放出事件 (1618) のための造語]
de·fense | **de·fence** /dɪféns, (offense と対応して) díːfèns/ *n* **1 a** 防御, 防衛, 防戦, 防備, 守備 (opp. *attack, offense*); 防御力, 守備力; 〘法〙正当防衛; 《一国の》防衛(力), 国防; 抵抗(力), 自衛(力) 〈*against*〉; 〘精神分析〙防衛 (⇨ DEFENSE MECHANISM): Offence is the best ～. 《諺》攻撃は最善の防御なり / legal ～ 正当防衛 / national ～ 国防 / offensive ～ 攻勢防御 / put one*self* in the state of ～ 防御の身構えをする / in ～ of…を守るため / come to sb's ～ 人を守って[かばって]やる / the science [art] of ～ 護身術 《ボクシング・柔道など》. **b** 防御用のもの, 防御手段[策, 法]; 護身術; [*pl*] 防衛施設[設備], 〘軍〙防御施設, 要塞, とりで: flood ～*s* 洪水防御壁[設備]. **c** 〘スポ〙守備側(チーム); 《アメフト・クリケット・サッカーなどでゴールの守りを固める》守備勢(の守備位置), ディフェンス; 《クリケット・サッカー・フェンシング・ボクシングなどの》守りの技, 守り方, 守備体制, ディフェンス. **d** [D-] 〘チェス〙ディフェンス 《黒番が使う序盤戦法の名称》. **2 a** 擁護; 擁護のための弁論[文書, 行動]; 〘法〙弁護, 防御, 答弁(書), 抗弁: speak in ～ of…の弁護をする. **b** [the] 被告側 《被告とその弁護人; opp. *prosecution*》. ► *vt* 《口》《ゲーム・スポーツで》〈攻撃を〉阻止する, 防御する. [OF＜L; ⇨ DEFEND]
Defénse Advánced Reséarch Pròjects Àgency [the] 〘米〙《国防総省の》国防高等研究計画局[庁] 《あらゆる軍事技術の研究開発に責任を有する機関; 略 DARPA》.
dé·fense de fu·mer /*F* defɑ̃ːs də fyme/ 禁煙 (no smoking).
dé·fense d'en·trer /*F* defɑ̃ːs dɑ̃tre/ 立入禁止 (no admittance).
defénse in dépth 〘軍〙《防衛線を重層的に重ねた》縦深防御.
defénse·less *a* 防備のない, 無防備の; 防御できない, 攻撃に対して手も足も出ない. ♦ **～·ly** *adv* **～·ness** *n*
defénse·man /-mən, -mæ̀n/ *n* 《ホッケーなどの》防御区域[位置]の選手.
defénse mèchanism 〘精神分析〙防衛機制 《自我を苦痛・不安から護るための無意識的反応; 抑圧・昇華など》; 〘生理〙防衛機構 《病原菌に対する自己防衛反応》.
defénse spènding 国防支出, 国防費.
de·fén·si·ble *a* 防御[弁護]できる. ♦ **-bly** *adv* **～·ness** *n* **de·fèn·si·bíl·i·ty** *n*
de·fen·sive /dɪfénsɪv/ *a* **1** 防御的な, 防衛[保身]的な; 防衛上の; 防御用の; 守勢[守備側]の, ディフェンスの; 《批判などに対し》防衛意識過剰の, 神経過敏な, むきになって(弁解[反論]する), 《弱みを見せまいと》身構えた, 受身の, 歯切れの悪い; 〘ブリッジ〙〈カード・ビッドが〉防衛的な; 弁護の, 応訴の: take ～ measures 防御策を講じる. **2** 《食品・公益事業・保険など》(景気などにあまり左右されない)安定業種の. ► *n* [the] 防御の構え, 守勢; (自己)弁護. ● **on the ～** 防御の構えをとって, 守勢に立って(いる), 《批判などに対し》神経質[むき]になって, 受身で. ♦ **～·ly** *adv* **～·ness** *n*
defénsive médicine 自衛的医療 《医療過誤訴訟を退けるために医師が過剰な検査・診断を指示すること》.
Defensor Fidei ⇨ FIDEI DEFENSOR, DEFENDER OF THE FAITH. [L]
de·fer[1] /dɪfə́ːr/ *v* (-rr-) *vt* 延期する, 先送りする, 繰り延べる, 据え置く, あとまわしにする; *〈人〉の徴兵を猶予する. ► *vi* ぐずぐずする, 先延ばしする. ♦ **de·fér·rer**[1] *n* [DIFFER]
defer[2] *v* (-rr-) *vt* ゆだねる, …の決定を付託する. ► *vi* (敬意を表して)譲歩する, 従う〈*to*〉. ♦ **de·fér·rer**[2] *n* [F＜L DE*lat*- -*fero* to carry away (*fero* to bring)]
def·er·ence /déf(ə)rəns/ *n* 敬意, 尊重; 恭順: due ～ しかるべき敬意 / blind ～ 盲従 / ～ *for* one's elders 長上に対する敬意 / pay [show] ～ *to*…に敬意を払う / with all due ～ *to* you おことばではございますが, 失礼ながら. ● **in ～ to**…を尊重[考慮]して, …に敬意を表して. [F (↑)]
def·er·ent[1] /déf(ə)rənt/ *a* DEFERENTIAL.
deferent[2] *a* 〘解〙輸送[排泄]の, 輸精管の. ► *n* 〘天〙《プトレマイオス系の》従円 《地球を取り巻く円で, 天体または天体の周転円 (epicycle) の中心がその円周上を運行するものとした》. [DEFER[2]]
def·er·en·tial /dèfərénʃ(ə)l/ *a* 敬意を表する, うやうやしい. ♦ **～·ly** *adv* [*prudential* などの類推で *deference* より]
defér·ment *n* 延期, 繰延べ, 据え置き; *徴兵猶予.
de·fér·ra·ble *a* 延期できる; 延期に適した, 繰延べ扱いをうけられる, *徴兵猶予の適用をうけられる. ► *n* 繰延べ扱いのできる人[もの]; *徴兵猶予の有資格者.
de·fér·ral *n* DEFERMENT.
de·férred *a* 延期された; 一定期間保留される, 据え置きの; 〈電報(料金)などが〉繰延べ扱いの; *徴兵猶予の適用をうけた: ～ telegram 間送電報 《取扱いがおそく低料金》.
deférred annúity 据え置き年金 (cf. IMMEDIATE ANNUITY).
deférred chárge [**ássets**] (*pl*) 〘簿〙繰延べ資産.
deférred íncome 〘会計〙繰延べ収益 《前受け金など》.
deférred páy‖ 据え置き払い金 《兵士などの給与の一部を除隊・解雇・死亡の時まで保留するもの》.
deférred páyment 延べ払い.
deférred séntence 〘法〙宣告猶予 《刑事被告人に, 一定期間有罪宣告または刑の宣告を留保し, その期間を無事経過したときは, 刑の宣告を受けることがなくなる; cf. SUSPENDED SENTENCE》.
deférred sháre [**stóck**]‖ 劣後株, 後配(こうはい)株 《優先株・普通株に配当をつけるまで配当がつかない》.
de·fer·ves·cence /dìːfərvés(ə)ns, dèf-/ *n* 〘医〙解熱, 下熱(期). ♦ **-cent** *a* **dè·fer·vesce** /-vés/ *vi* 熱が下がる, 解熱する.
Def·fand /*F* defɑ̃/ デファン **Marquise du ～** (1697–1780) 《フランス社交界の才媛; 旧名 Marie de Vichy-Chamrond; サロンに Horace Walpole, Voltaire, d'Alembert などの文人が集まった》.
de·fi /dɪfáɪ, deɪfíː/ *n* 《口》挑戦 (defiance).
de·fi·ance /dɪfáɪəns/ *n* 《権威・対抗勢力に対する》大胆な[公然たる]抵抗[反抗, 服従拒否]; 挑戦; 挑戦[反抗]的態度; 《危険・命令などの》あえての無視. ● **bid ～ to**…に挑戦する, 公然と反抗する. **in ～ of**…をものともせずに, …を無視して, …に逆らって. **set**…**at ～** …に挑みかかる, 挑戦する; …を無視する. [OF; ⇨ DEFY]
de·fí·ant *a* 挑戦的な, 反抗的な, けんか腰の, 傲然とした, ふてぶてしい; 〈…を〉傲然と無視して 〈*of*〉. ♦ **～·ly** *adv*
de·fi·brate /difáɪbrèɪt/ *vt, vi* 《木・廃紙などの》繊維を離解する.
de·fíbrillate /di-/ *vt* 〘医〙《電気ショックなどで》〈心臓〉の細動を止める. ♦ **de·fibrillátion** *n* 除細動, 細動除去. **de·fí·bril·là·tive** *a* **-là·tor** *n* 細動除去器 (cf. AED). **de·fí·bril·la·tò·ry** /; -t(ə)ri/ *a*
de·fi·brin·ate /difíbrənèɪt, -fáɪ-/ *vt* 〈血液〉から繊維素を除く.

♦ **de·fì·brin·átion** *n* 脱繊維素.

de·fi·cien·cy /dɪfíʃənsi/ *n* **1** 不足, 欠乏, 欠如, 欠損, 不十分; 栄養不足, 栄養素欠乏, 欠乏症; 〘遺〙《染色体内の》遺伝子欠失 (deletion). **2** 欠けて[不足して]いるもの; 不足分[量, 額], 《特に》収入不足額; 不完全なもの, 欠点[欠陥]のあるもの; 〘数〙不足数, 欠除次数.

defíciency disèase 〘医〙欠乏(性)疾患《ビタミン・ミネラルなどの欠乏による壊血病・佝僂(くる)病・ペラグラなど》.

defíciency jùdgment 〘米法〙担保不足金判決《担保物処分後さらに残った不足金に関して担保権設定者に人的責任を負担させる判決》.

defíciency pàyment 〘主に英〙《農産物価格保証のために政府が農家に支払う》不足額払い.

de·fi·cient /dɪfíʃ(ə)nt/ *a* 不足[欠乏]した, 不十分な ‹*in*›; 不完全な, 欠陥のある: mentally ～ 精神薄弱の / motivationally ～ [*euph*] 意欲に欠ける《なまけ者だ》. ► *n* 不完全なもの[人]: a mental ～ 精神薄弱者. ♦ **～·ly** *adv* [L (pres p) ‹ DEFECT[1]]

defícient númber 〘数〙不足数, 輸数《それ自身を除く約数 (1を含む) の総和がそれ自身より小さい整数》.

def·i·cit /défəsət, ˈdɪfís-/ *n* 欠損, 不足(額), 赤字 (opp. *surplus*); 《機能などの》障害, 欠如; 不利な立場[条件], 劣勢. [F<L (3 sg pres) ‹ DEFECT[1]]

déficit fináncing 《特に政府の》赤字財政(政策).

déficit spénding 《赤字公債発行による》赤字財政支出.

de fi·de /di fídi, deɪ fí:dèɪ/ *a* 〘カト〙信仰箇条として守るべき. [L =from faith]

defier ⇨ DEFY.

def·i·lade /défəlèɪd, -là:d, dèfəléɪd/ *vt* 〘軍〙敵の砲火[監視]を防ぐように‹部隊・堡塁(ほうるい)・火器などを›配置する, 遮蔽(しゃへい)する. ► *n* 遮蔽.

de·file[1] /dɪfáɪl/ *vt* よごす, 汚染する; …の美しさ[純粋さ, 神聖さなど]を汚(けが)す, そこなう; ‹女性›の純潔を奪う, 犯す. ♦ **～·ment** *n* 汚すこと; 汚れ, 汚辱; 汚すもの. **-fíl·er** *n* [*defoul*<OF *defouler* to trample down, outrage (⇨ FOIL[2]); *-file* は *befile* (obs)<OE *befȳlan* (*be-*, *fūl* FOUL) に同化]

de·file[2] /dɪfáɪl, dí:fàɪl/ *vi*, *vt* 〘軍〙一列縦隊[幅の狭い縦隊]で行進する[させる]. ► *n* 《山あいなどの》隘路(あいろ), 細い道; 峡谷; 一列縦隊[幅の狭い縦隊]での行進. [F (FILE[2])]

de·fín·able *a* 限定できる; 定義[解釈]できる. ♦ **-ably** *adv*

de·fine /dɪfáɪn/ *vt* **1 a** ‹語句を›定義する, …の意味を明確にする: ～ a square *as* a rectangle with four equal sides 正方形を 4 辺の等しい長方形と定義する. **b** …の本質的な特徴[特性]である, 特徴づける: Reason ～*s* man. 理性が人間の特徴だ. **2** ‹真意・本務・立場などを›明らかにする, 明確にする: ～ one's position みずからの立場を明確に述べる. **3** …の限界をはっきりさせる, ‹境界・範囲を›限定する, ‹所有地など›の境界[範囲]を画定する; …の輪郭をくっきり示す; ‹権利・義務などを›明確に定める, 規定する; 〘電算〙‹ウィンドーなどを›定義する. ► *vi* 定義を下す. ♦ **de·fín·er** *n* **～·ment** *n* [OF<L *de-(finit- finio* to finish ‹ *finis* end)]

de·fin·i·en·dum /dɪfìniéndəm/ *n* (*pl* **-da** /-də/) 定義されるもの《辞書の見出し語など》; 〘論〙定義される項, 被定義項.

de·fin·i·ens /dɪfíniènz/ *n* (*pl* **-en·tia** /dɪfìniénʃ(i)ə/) 定義するもの, 定義《辞書の語義説明部など》; 〘論〙定義する項. [L]

de·fín·ing cláuse 〘文法〙RESTRICTIVE CLAUSE.

defíning móment 《人・集団などの本質[正体]が明らかになる》決定的な瞬間.

def·i·nite /déf(ə)nət/ *a* 明確な, 確かな, 確定的な, 明白な; はっきりして, 言明して ‹*about*›; くっきりした, 明瞭な; 〘文法〙限定的な; ‹形容詞の変化(形)が›弱変化の (weak); 〘植〙‹花序・雄蕊(ずい)などが›定数の《花弁の倍数で普通 20 以下》; 〘植〙CYMOSE. ► *n* 確定的なこと[人]. ♦ **～·ness** *n* [L; ⇨ DEFINE]

définite árticle 〘文法〙定冠詞.

définite descríption 〘哲・論〙確定記述《定冠詞または所有格形の語句によって修飾される語句》.

définite íntegral 〘数〙定積分.

définite·ly *adv* 明確に, 確定的に, きっぱりと; «口» [強い肯定・同意] 確かに, 全く(そのとおり), 絶対: *D～* not. とんでもない, まさか.

def·i·ni·tion /dèfəníʃ(ə)n/ *n* **1** 定義(づけ), 明確な限定; 《ことば・記号・符号の意味についての》定義; 〘カト〙教理決定. **2** はっきりさせること[力], 描写(力), 説明(力); 《輪郭・限界などの》明確さ; 《レンズの》描写力, 解像力, 《写真・テレビなどの再生映像の》鮮明度, 《ラジオなどの再生音の》明瞭度: muscle ～ 筋肉もりもり(の状態). ● **by ～** 定義上, 定義により, 定義[名前]からして, 当然, そもそも(…に決まっている). ♦ **～·al** *a* [OF<L; ⇨ DEFINE]

de·fin·i·tive /dɪfínətɪv/ *a* **1 a** ‹回答・条約・評決など›決定的な, 確定的な, 最終的な (final). **b** 完成した, 最も信頼できる[権威ある]‹研究・伝記など›; きわめつきの, 典型的な: a ～ edition 決定版. **c** 〘生〙‹器官など›完全に発達した形態の (opp. *primitive*, *immature*): ～ organs 完全器官. **2** 概念を明確に限定する, 定義的な; 限定的な, 明確な. **3** 〘郵〙‹切手(シリーズ)が›通常切手として発行された. ► *n* **1** 〘文法〙限定辞《the, this, all など》. **2** 通常切手 (＝～ postage stamp)《正規の切手; cf. PROVISIONAL》. ♦ **～·ly** *adv* **～·ness** *n*

defínitive hóst 〘生〙終結[固有]宿主《寄生虫の成虫期の宿主; cf. INTERMEDIATE HOST》.

def·i·ni·tize /déf(ə)nətàɪz, dɪfínə-/ *vt* 明確化する, 決定的なものにする (make definite).

de·fin·i·tude /dɪfínət(j)ù:d/ *n* 明確さ, 的確さ.

def·la·grate /défləgrèɪt, ˈdí:f-/ *vt*, *vi* 爆燃させる[する].

def·la·gra·tion /dèfləgréɪʃ(ə)n, ˈdì:f-/ *n* 〘化〙爆燃, デフラグレーション《高熱と閃光を伴う急激な燃焼で音速以下の化学反応; cf. DETONATION》. [L (*flagro* to burn)]

déf·la·grà·tor *n* 〘化〙爆燃器.

de·flate /dɪfléɪt, dì:-/ *vt* ‹気球など›から空気[ガス]を抜く, すぼませる; ‹自信・希望などを›くじく, つぶす, ぺしゃんこにする, ‹人を›へこませる; ‹うわさを›鎮める, 打ち消す; 《量・大きさ・重要性などを》減じる, 縮小する, 〘経〙‹膨張した通貨を›収縮させる, ‹物価を›引き下げる. ► *vi* (空気[ガス]が抜けて)すぼむ; 自信[気力]をなくす; デフレーション政策を遂行する. ♦ **de·flá·tor, -flát·er** *n* ⁺〘経〙デフレーター《GDP または GNP から物価上昇の影響を除くために使われる物価指数》. [de-, INFLATE]

de·flát·ed *a* 空気の抜けた; 意気消沈した, しょんぼりした.

de·fla·tion /dɪfléɪʃ(ə)n, dì:-/ *n* **1** 空気[ガス]を抜くこと; 《気球の》ガス放出; 小さくなること, 収縮. **2** 〘経〙通貨収縮, デフレ(ーション) (opp. *inflation*). **3** 〘地質〙乾食, デフレーション《乾燥地帯で岩屑が風で運ばれること》, 《一般に》風食 (wind erosion). ♦ **～·ist** *n* デフレ論者. **～·àry** /; -(ə)ri/ *a*

deflátionary gáp 〘経〙デフレギャップ《有効需要の水準が完全雇用の水準を下回ったとき発生する》.

deflátionary spíral 〘経〙デフレスパイラル, デフレ的悪循環.

de·flect /dɪflékt/ *vt*, *vi* 一方にそらせる[それる], 偏向させる[する] ‹(*away*) *from*›; (…の)方向を変える; ‹質問・批判などを›かわす, はぐらかす ‹*from*›. ♦ **～·able** *a* [L (*flex- flecto* to bend)]

defléct·ed *a* 〘生〙下向きに湾曲した[折れ曲がった]; DEFLEXED.

de·flec·tion | -flex·ion /dɪflékʃ(ə)n/ *n* それること, 片寄り; 〘電子工〙《電子ビームの》偏向; 〘理〙偏差; 《計器の針などの》ふれ, 偏位; 〘工〙《部材の》たわみ; 《光の》屈折; 《砲の》方向偏差, 方向角; 方向偏差補正, 苗頭(びょうとう). ♦ **de·fléc·tive** *a* deflection を起こす.

de·fléc·tor *n* そらせ板, デフレクター《気流・燃焼ガスなど流体の流れを変える》; 〘海〙偏針儀《磁気羅針儀自差修正用》.

de·flexed /di:flèkst, dɪflékst/ *a* 〘生〙急角度で下向きに折れ曲がった, 下曲の, 反曲の; DEFLECTED.

de·flócculate /di-/ *vt*, *vi* 解膠(かいこう)する《凝集したコロイド粒子などを[が]分散させる[する]》; ‹コロイド›の凝集を防止する. ♦ **de·flocculátion** *n* **-lant** *n* 解膠剤.

de·flo·rate /déflərèɪt, dɪfló:-/ *vt* DEFLOWER.

de·flo·ra·tion /dèfləréɪʃ(ə)n, dì:flɔ:-; dì:flɔ:-, dèf-/ *n* 花を取り去ること, 摘花(てきか); 美[清新さ, 神聖さ]を奪うこと; 処女陵辱; 〘医〙破瓜(はか).

de·flówer /di-/ *vt* …の花をもぎ取る[散らせる]; …の美[清新さ, 神聖さ]を奪う; «文» ‹処女›の花を散らす, 陵辱する. ♦ **～·er** *n* [OF <L (*de-*, FLOWER)]

def·lu·ent /défluənt/ *a*, *n* 流れ落ちる(もの); DECURRENT.

de·flúoridate /di-/ *vt* ‹飲料水›のフッ素添加を制限[中止]する.

de·flúorinate /di-/ *vt* フッ素を除去する.

de·flux·ion /dɪflʌ́kʃ(ə)n/ *n* «廃» 〘医〙《鼻カタルのときのはなみずのような》液質の多量の流出[漏出].

de·fóam /di-/ *vt* …から泡を取り除く, …の発泡を防ぐ, 消泡する. ♦ **～·er** *n*

de·fócus /di-/ *vt* ‹光束・レンズなど›の焦点をぼかす. ► *vi* 焦点がぼける. ► *n* 焦点ぼけ, ピンぼけ; ぼかした映像.

De·foe, De Foe /dɪfóʊ/ デフォー **Daniel ～** (1660–1731)《英国の小説家・ジャーナリスト; *Robinson Crusoe* (1719), *Moll Flanders* (1722)》.

de·fóg* /di-/ *vt* ‹車の窓・鏡など›の曇り[霜, 水滴]を取り除く, 霜落としする. ♦ **de·fóg·ger** *n* デフォッガー (DEFROSTER).

de·fo·li·ant /dɪfóʊliənt/ *n* 落葉剤, 枯れ葉剤.

de·fo·li·ate /dɪfóʊlièɪt/ *vt* ‹木・草本・森林など›の葉を取り払う, 落葉させる; …に枯れ葉剤をまく; 〘軍〙‹森林地域›に枯れ葉作戦を行なう. ► *vi* 落葉する. ► *a* /-ət/ (自然に)葉の落ちた. [L; ⇨ FOIL[2]]

de·fò·li·á·tion *n* 落葉させること; 〘軍〙枯れ葉作戦.

de·fó·li·à·tor *n* 落葉させるもの; 食葉害虫; DEFOLIANT.

de·fórce /di-/ *vt* 〘法〙‹土地などを›不法占有する; ‹他人›の財産を不法占有する. ♦ **～·ment** *n*

de·for·ciant /difɔ́:rʃ(ə)nt/ *n* 〘法〙不法占有者.

de·fórest /di-/ *vt* ‹土地›の森林[樹木]を切り払う, 切り開く (opp. *afforest*). ♦ **～·er** *n* 森林伐採[開拓]者.

De Fórest /dɪ-/ デ・フォレスト **Lee ～** (1873–1961)《米国の発明家; 無線電信の先駆》.

de·forestátion /di-/ *n* 森林伐採[破壊], 山林開拓.

de·form[1] /dɪfɔ́:rm/ *vt* 変形させる, …の形をくずす; ぶかっこう[奇形]

にする, 醜くする; そこなう, だいなしにする; 〘美〙デフォルメする; 〘理〙外力の作用で変形させる. ► *vi* 変形する, ひずむ, ゆがむ; 醜くなる; 奇形になる. ♦ **~·able** *a* [OF＜L (FORM)]

deform[2] «古» *a* 奇形の; 醜い. [↑]

de·fórmal·ìze /di-/ *vt* (より)くだけた[形式ばらない]ものにする.

de·for·ma·tion /dìːfɔːrméɪʃ(ə)n, *dèfər-/ *n* 形をゆがめる[られる]こと, 変形; 醜くする[される]こと; ゆがみ, 形のくずれ; ぶかっこう, 醜さ; 奇形; 〘理·地質〙変形; 〘理〙変形量, ひずみ; 改悪; 〘美〙デフォルマシオン; 〘言〙《婉曲のためなどの》ゆがんだ語形《damn に対する dang など》. ♦ **~·al** *a*

de·for·ma·tive /dɪfɔ́ːrmətɪv/ *a* DEFORM する(傾向[性質]の).

de·fórmed /dɪ-/ *a* 奇形の, 不具の; 醜い, ぶかっこうな, 異形の; いやな, 不快感を与える: a ~ baby 奇形児.

de·for·mi·ty /dɪfɔ́ːrməti/ *n* **1** 形状の異常さ[そこなわれていること]; 奇形(のもの); 〘医〙《肢体の》変形[奇形]部. **2**《道徳的·審美的な》醜さ, 欠陥; 不行跡, 腐敗; 疎ましさ, おぞましさ.

DEFRA, Defra /défrə/ 〘英〙°Department for Environment, Food and Rural Affairs.

de·frag /difræ̀g; díːfræ̀g/ *vt* «口» 〘電算〙デフラグする.

de·frag·ment /difrǽgmènt, ─ ─ ⊥; ─ ─ ⊥/ *vt* 〘電算〙〈ディスクなど〉のフラグメンテーションを解消する, デフラグする. ♦ **~·er** *n* デフラグソフト. **de·fragmentátion** *n*

de·fraud /dɪfrɔ́ːd/ *vt* 〈人〉からだまし取る, 詐取する 〈sb (*out*) *of* sth〉. ► *vi* 詐欺行為をする. ♦ **~·er** *n* **de·frau·da·tion** /dìːfrɔːdéɪʃ(ə)n/ *n* [OF or L (FRAUD)]

de·fray /dɪfréɪ/ *vt* 〈費用·代価を〉支払う (pay); «古» …の費用を支払う[負担する]. ♦ **~·able** *a* **~·er** *n* **~·ment** *n* DEFRAYAL. [F (*frai* cost＜L *fredum* fine for breach of peace)]

de·fríend /di-/ *vt* UNFRIEND.

defráy·al *n* 支払い, 支出; 費用負担.

de·fróck /di-/ *vt* UNFROCK.

de·fróst /dɪ-, díː ⊥/ *vt* …から霜[氷]を除く, 除霜[除氷]する; DEFOG; 〈冷凍食品を〉解凍する; …の凍結を解除する. ► *vi* 霜[氷]のない状態になる; 解凍状態になる. ● **be ~ed** *«俗» 仕返しをする, あいこになる. [*de-*]

de·fróst·er /, díː ─ ⊥ ─/ *n* 除霜装置, 霜取り器, 《自動車の窓ガラス·飛行機の翼の氷·霜·曇りなどを防ぐ》防[除]氷装置, デフロスター.

deft /déft/ *a* (動作が)すばやい, (手先が)器用な, 手際のよい, じょうずな. ♦ **~·ly** *adv* **~·ness** *n* [DAFT＝mild, meek]

de·funct /dɪfʌ́ŋ(k)t/ *a* 故人となった; 消滅した, 廃止された, 現存しない, 機能停止した. ► *n* [the] 故人; [the] 死せる人びと. [L *de-*(*funct- fungor* to perform)＝dead]

de·func·tive /dɪfʌ́ŋ(k)tɪv/ *a* FUNEREAL.

de·fúnd /di-/ *vt* …から資金を引き揚げる, …への出資をやめる.

de·fúse, -fúze /di-/ *vt* 〈地雷·爆弾〉の信管をはずす; 無害にする, 〈危機·緊張などを〉和らげる, 鎮める; …の力[影響力]を弱める. ♦ **de·fús·er, -fúz·** *n* [*de-*]

de·fy /dɪfáɪ/ *vt* **1 a** 〈権力·命令など〉に公然と[大胆に]反抗する, 〈規則·危険などを〉平然と無視する, ものともしない; 〈事物を〉拒み通す, 寄せつけない. **b** 〈物·事が解決·企図などを〉許さない, 〈想像·理解を〉絶する, 超える: ~ description 筆舌に尽くしがたい / ~ every criticism 批評を寄せつけない. **2** 〈人〉に(不可能なことをしろと)挑む (dare); «古» 〈人〉に戦いを挑む: I ~ you *to* do this. これがきみにできるものか《できるものならやってみろ》. ► *n* /, *díːfàɪ/ *«口» 挑戦, 公然の反抗. ♦ **de·fí·er** *n* **~·ing·ly** *a* [ME＝to renounce faith in＜OF＜Romanic (L *fides* faith)]

deg, deg. degree(s).

dé·ga·gé /dèɪgàːʒéɪ; *F* degaʒe/ *a* (*fem* **-gée** /─/) くつろいだ, ゆったりした; われ関せずの, 超然とした; 〘バレエ〙《ステップに移る前に》トウをポアントにして伸ばした, デガジェの〈脚〉. [F＝disengaged]

de·gás /di-/ *vt* …からガスを取り去る, 脱気[脱ガス, ガス抜き]する; …から毒ガスを除く.

De·gas /dəgáː, *deɪgáː, ‖déɪgɑː; *F* dəga/ ドガ (**Hilaire-Germain-)Edgar** ~ (1834–1917)《フランスの印象派の画家; 動きを示すデッサンにすぐれ, 競馬や踊り子の絵で有名》.

de·gasificátion /di-/ *n* ガス抜き, 脱ガス.

de·gásify /di-/ *vt* DEGAS.

De Gas·pe·ri /deɪ gɑːspéːri/ デ·ガスペリ **Alcide** ~ (1881–1954)《イタリアの政治家; 首相 (1945–53)》.

de Gaulle /də góʊl, -gɔ́ːl; *F* də goːl/ ド·ゴール **Charles(-André-Marie-Joseph)** ~ (1890–1970)《フランスの将軍·政治家; 第五共和政初代大統領 (1958–69)》. ♦ **de Gáull·ism** *n* ド·ゴール主義 (Gaullism). **-ist** *n*

de·gáuss /di-/ *vt* DEMAGNETIZE; 〈テレビ受像機など〉の磁場を中和する, 消磁する; 《磁気機雷を防ぐため》〈鋼鉄船〉に排磁装置を施す, 減磁する. ♦ **~·ing** *n* 減磁, 消磁, デガウシング. **~·er** *n*

de·géar‖ /di-/ *vi* 〘経営〙〈企業が〉確定利付き負債を減らして払い込み資本に代える.

de·génder /di-/ *vt* …において性 (gender) に言及するのを廃止する, 非性化する.

de·génder·ìze /di-/ *vt* DEGENDER.

de·gen·er·a·cy /dɪdʒén(ə)rəsi/ *n* 退化, 退歩; 堕落, 退廃; 堕落した行動; 変性(症); 性的倒錯, 変態; 〘理〙縮退; 〘遺〙《暗号の》縮重, 縮退.

de·gen·er·ate /dɪdʒénərèɪt/ *vi* 悪化[劣化]する 〈*from*〉; 堕落[退廃]する 〈*into*〉; 〘生〙退化する 〈*to*〉; 〘医〙変性に陥る, 変質する. ► *vt* 悪化[劣化, 退化]させる. ► *a, n* /-n(ə)rət/ 退化した(もの[動物]); 悪化[堕落, 退廃]した(もの), 不道徳[ふらち]な(やつ); 変質した(もの); ふしだらな(やつ), 変質者, 性的倒錯者, ホモ(の); 〘数〙縮重の[した]; 〘理·化〙縮退[縮重]の[した], 〘天〙縮退した物質からなる; 〘生化〙変性した; 〘遺〙縮重した〈暗号〉: a ~ star 縮退星. ♦ **~·ly** *adv* **~·ness** *n* [L *de-*(*gener* ＜ *gener- genus* race)＝ignoble]

degénerate gás 〘理〙縮退気体.

degénerate mátter 〘理〙縮退物質《Pauli の排他原理によって支えられるほど圧縮された物質》.

de·gen·er·a·tion /dɪdʒènəréɪʃ(ə)n/ *n* 退歩, 劣化, 低下, 衰退; 堕落, 堕罪, 退廃; 《技量·独創力の》衰え, 衰退; 〘生〙退化; 〘医〙変性, 変質; 〘生化〙変性; 〘数·理〙縮重, 縮退; 〘電子工〙負帰還.

de·gen·er·a·tive /dɪdʒénərèɪtɪv, -n(ə)rə-/ *a* 退化的な, 退行性の, しだいに悪化する; 堕落[退廃]させる; 〘医〙変性の.

degénerative arthrítis [jóint disèase] 〘医〙変形性関節症 (＝*osteoarthritis*).

de Gennes /də ʒén/ ド·ジェンヌ **Pierre-Gilles** ~ (1932–2007)《フランスの物理学者; 液晶や重合体の分子の秩序現象に関する発見によりノーベル物理学賞 (1991)》.

de·gérm /di-/ *vt* …から病原菌を除去する; 〈種子·穀粒〉から胚を取り除く.

de·glaciátion /di-/ *n* 《氷河の》退氷. ♦ **de·gláciated** *a*

de·glámor·ìze /di-/ *vt* …の魅力を奪う. ♦ **de·glàmor·izátion** *n*

de·gláze /di-/ *vt* **1** 〈陶磁器など〉の釉薬(ゆう)[うわぐすり]を落とす, 除釉する《つや消し仕上げにする》. **2** 〘料理〙〈フライパンなど〉にワイン[水など]を落として付着した汁などを煮溶かす《ソースを作る》.

de·glu·ti·nate /diglúːt(ə)nèɪt/ *vt* 〈小麦粉など〉から麩質(ふっ) (gluten) を抜き出す[取り除く]; «廃» UNGLUE. ♦ **de·glù·ti·ná·tion** *n*

de·glu·ti·tion /dìːglutíʃ(ə)n, dèg-/ *n* 〘生理〙のみこみ, のみ下すこと, 嚥下(えんげ)(力). ♦ **de·glu·ti·tive** /diglúːtətɪv/ *a*

de·grád·able /dɪ-/ *a* 〘化〙減成しうる, 分解性の (cf. BIODEGRADABLE): ~ detergents. ♦ **de·gràd·abíl·i·ty** *n*

deg·ra·da·tion /dègrədéɪʃ(ə)n/ *n* **1** 地位[階級]を下げる[が下がる]こと, 格下げ, 降位, 降格, 降等, 左遷; 役職[地位, 位階]剝奪, 罷免; 〘教会〙聖職剝奪; 品位を傷つけること. **2** 低落, 下落, 劣化; 零落(状態), 落魄; 堕落, 退廃; 退化, 悪化. **3** 〘地質〙《地層·岩石などの》削平衡[低均]作用, デグラデーション; 〘生·化〙減成, 分解; 〘熱力学〙《エネルギーの》劣化; 〘理〙《中性子·光子などのエネルギーの》減損. ♦ **deg·ra·da·tive** /dégrədèɪtɪv/ *a*

de·grade /dɪgréɪd/ *vt* **1 a** …の階級[等級, 地位]を下げる, 格下げする, 降格[降職, 降任]処分にする, 左遷する. **b** …の役職[位階, 特権, 称号 など]を剝奪する, 免職する. **2 a** …の品位[評価]を落とす, おとしめる, …の面目を失わせる; 堕落[腐敗]させる: ~ *oneself* みずから品位を落とす. **b** …の価値[品質 など]を低下させる. **3** 低下[下落, 劣化]させる, 減らす, 弱める; …の色合いを和らげる; 〘生〙退化させる; 〘化〙〈有機化合物を〉減成する, 解体[分解]する; 〘地質〙侵食により〈地表を〉低くする, 削平衡する; 〘理〙〈エネルギーを〉減損させる; 〈石炭·鉱石などを〉小塊[粉末]に砕く. ► *vi* **1** 等級[階級]が下がる; «まれ» 地位[身分]が下がる, 位階を失う, 堕落する, 品位を落とす. **2** 〘生〙退化する; 〘化〙〈化合物が〉減成[分解]する. **3** 〘ケンブリッジ大学〙優等学位志願受験を延ばす. ♦ **de·grád·er** *n* [OF＜L (GRADE)]

de·grád·ed *a* 堕落[腐敗]した; 退化[退行]した; 低下[卑俗化]した. ♦ **~·ly** *adv* **~·ness** *n*

de·grád·ing *a* 品位[自尊心, 名誉]を傷つける(ような), 屈辱的な: ~ treatment or punishment 品位を傷つける取扱いもしくは刑罰. ♦ **~·ly** *adv* **~·ness** *n*

de·granulátion /di-/ *n* 〘医〙《白血球などの》顆粒(かりゅう)消失, 脱顆粒.

de·gras /deɪgráː/ *n* (*pl* ~ /-z/) デグラ(ス), メロン油 (＝*moellon*)《皮の油なめしに用いた魚油などの廃棄油脂; 革の加脂用》.

de gra·tia /deɪ gráːtiɑ̀ː, di gréɪʃ(i)ə/ *adv, a* 〘法〙恩恵によって[よる]. [L]

de·gréase /di-/ *vt* 脱脂する. ♦ **de·gréas·er** *n* **de·gréa·sant** *n* 脱脂剤, 油(よごれ)落とし.

de·gree /dɪgríː/ *n* **1 a** 程度 (extent), 等級, 段階; 〘法〙親等; 〘法〙《犯罪の》等級; 〘医〙度《組織の損傷の程度》: a matter of ~ 程度の問題 / differ in ~ 程度の差がある / some ~ of risk ある程度の危険 / to such a ~ that…という程度まで / a relation in the first ~ 一親等 / FORBIDDEN [PROHIBITED] DEGREE / murder in the first ~ 第一級謀殺 / FIRST-[SECOND-, THIRD-]DEGREE / FIRST-[SECOND-, THIRD-]DEGREE BURN. **b** 〘文法〙級 (＝~ of comparison): the positive [comparative, superlative] ~ 原[比較, 最上]級. **2 a** 資格, あり方; 階級, 地位, 身分; 《フリーメーソンの》級: a man of high [low] ~ 身分の高い[低い]人 / first ~ 徒弟 (apprentice) / second

D

～ 職人 (journeyman) / third ～ 親方 (master). **b**〘教育〙学位(課程), 称号: He took the ～ of MA [PhD]. 修士号[博士号]を取得した / do a ～ in French フランス語で学位を取る. **3 a**《角度・経緯度・温度(目盛)・硬度などの》度《記号 °; 例: °C, °F, ただし K (絶対温度)》;〘楽〙度: 45 ～*s* 45 度 / ～*s* of latitude [longitude] 緯度[経度] / …～*s* of frost 氷点下…度 / We had five ～*s* of frost. 氷点下 5 度だった / HUNDRED-AND-EIGHTY-DEGREE. **b**〘数〙次(数). **4**《廃》階, 段, 一段,《はしごの》横木 (rung). ● **by ～s** しだいに, だんだんに: *by* slow ～*s* 徐々に / *by* many ～*s* はるかに. **in a** [**some**] **～** 少しは, いくぶんか. **one ～ under** 《口》少し具合が悪くて. **to a ～** 多少は, いくぶん, ある程度(までは) (＝to some [a certain] ～);《口》とても, かなり, 相当程度(まで) (＝to a high [large] ～). **to the last ～** 極度に. **to the** NTH **～**. ♦ **de·gréed** *a* ［OF＜Romanic (L GRADE)］

degrée-dày *n* 度日(どにち), ディグリーデー《ある日の平均気温の標準値 (65°F, 18°C など) からの偏差; 燃料消費量などの指標》.

degrée dày 《大学における》学位授与日.

degrée·less *a* 度盛りのない, 度で測れない; 学位のない[をもたない], 無称号の; 学位を授与しない〈大学〉.

degrée mìll 《口》学位工場《学位を乱発する教育機関》.

degrée of fréedom 〘理・化〙自由度《一つの系の運動や状態変化を決める変数のうち独立に変化できるものの数》;〘統〙自由度《標本分布を表わす式に含まれ, 自由に変えうる自然数》.

de·gres·sion /dɪɡréʃ(ə)n/ *n* 下降;《一定額未満の課税標準に対する税率の》逓減(ていげん). ［L (*gress- gredior*＝*gradior* to walk)］

de·grés·sive *a* 下降する; 逓減的な, 累減の. ♦ **～·ly** *adv*

degréssive táx 累退税, 税率増加逓減累進税《課税標準の増大にしたがって税率が上昇するが, 上昇の差は漸減しある課税標準額以上では定率課税となる累進税》.

de·grin·go·lade /dèɡrɛ̃(ŋ)ɡəláːd/ *n* 急落, 急速な低下[低落, 衰退, 没落] (downfall).

de·gu /déɡu/ *n* 〘動〙デグー《南米西部産のヤマアラシ類の小型の齧歯動物》. ［AmSp］

de·gúm /di-/ *vt* …からゴム(質)を除去する;〈絹織維など〉からセリシンを除く, デガミングする. ♦ **de·gúm·mer** *n*

de·gust /dɪɡʌ́st/, **de·gus·tate** /dɪɡʌ́stèɪt/ 《まれ》*vt* …の味をみる (taste),〈鑑定人などが〉味をきく. ► *vi* 味わう; 風味がある. ♦ **de·gus·ta·tion** /dìːɡʌstéɪʃ(ə)n, dɛ-/ *n*

de gus·ti·bus non est dis·pu·tan·dum /deɪ ɡʊ́stəbʊ̀s nòʊn ɛ̀st dɪ̀spʊtáːndʊ̀m/ 好みについては論ずるあたわず, 蓼(たで)食う虫も好きずき. ［L＝there is no disputing about tastes］

de·háir /di-/ *vt* 〈動物の皮〉の毛を取り除く, 除毛[脱毛]する.

de haute lutte /*F* də oːt lyt/ *adv* 力ずくで. ［F＝by main force］

de haut en bas /*F* də oːtɑ̃ bɑ/ *a, adv* 見くだすような[に], いばった態度の[で], 慇懃無礼な(態度で). ［F＝from above to below］

de Hav·il·land /də hǽvələnd/ デ・ハヴィランド (**1**) Sir **Geoffrey ～** (1882–1965)《英国の航空機設計家・実業家; 軽爆撃機 Mosquito, ジェット旅客機 Comet などを製造》(**2**) **Olivia** (**Mary**) ～ (1916–)《米国の女優; *Gone with the Wind* (風と共に去りぬ, 1939), *To Each His Own* (遥かなる我が子, 1946), The Heiress (女相続人, 1949)》.

de·híre* /dɪ-/ *vt* 〈特に 要職にある者を〉解雇する (fire).

de·hisce /dɪhís/ *vi* 〘植〙〈種皮・果実が〉裂開する. ［L (*hisco* (incept)＜*hio* to gape)］

de·hís·cence *n* 〘植〙裂開;〘医〙《縫合の》披裂.

de·hís·cent *a* 〘植〙裂開性の: ～ fruits 裂開果.

De·hi·wa·la-Mount La·vin·ia /dèhiwáːləmàʊnt ləvíniə/ デヒワラ-マウントラヴィニア《スリランカ南西部 Colombo の南の町; インド洋に臨むリゾート地》.

Deh·melt /déɪmalt/ デーメルト **Hans Georg ～** (1922–)《ドイツ生まれの米国の物理学者; 個々の荷電粒子・原子を閉じ込める方法を開発, その精密な観測を可能にした; ノーベル物理学賞 (1989)》.

de·hórn /di-/ *vt* …の角(つの)を切り取る; …の角の生長を妨げる;〈木の大枝を〉付け根まで切る. ► *n**《俗》《特に 密造酒・変性アルコールを飲む》のんだくれ, 大酒飲み. ♦ **～·er** *n*

de·hort /dihɔ́ːrt/ *vt* 《古》思いとどまるように説きつける (dissuade) 〈*from*〉. ♦ **de·hor·ta·tion** /dìːhɔ̀ːrtéɪʃ(ə)n/ *n*

Deh·ra Dun /déərə dúːn/ デーラードゥーン《インド北部 Uttarakhand 州の州都》.

de·húman·ìze /di-/ *vt* …から人間性を奪う,〈人を〉機械的[非個性的]な存在にする, 非人間的にする. ♦ **de·hùman·izátion** *n*

dè·humídify *vt* 〈空気など〉から湿気を除く, 脱湿[減湿, 除湿]する. ♦ **dè·humidificátion** *n* 脱湿, 減湿, 除湿. **dè·hu·míd·i·fì·er** *n* 脱湿機[装置], 除湿機.

de·hydr- /diháɪdr/, **de·hy·dro-** /-droʊ, -drə/ *comb form*「脱水」「脱水素」［*de-*, *hydr-*］

de·hýdrase /di-/ *n* 〘生化〙デヒドラーゼ《(**1**) DEHYDRATASE **2**) DEHYDROGENASE》.

de·hy·dra·tase /diháɪdrətèɪs, -z/ *n* 〘生化〙脱水酵素, デヒドラターゼ.

de·hýdrate /di-/ *vt* 〘化〙脱水する;〈野菜などを〉乾燥させる; [*fig*] ひからびさせる, つまらなくする. ► *vi* 水分[湿気]が抜ける, 脱水[無水]状態になる. ♦ **de·hýdrator** *n* 脱水機[装置]; 脱水[乾燥]剤.

de·hýdrated *a* 脱水状態の; 脱水した, 乾燥させた, 粉末状の: ～ vegetables [eggs] 乾燥野菜[鶏卵].

dè·hydrátion *n* 脱水, 乾燥;〘医〙脱水(症).

de·hy·dro·chlo·ri·nase /dihàɪdrəklɔ́ːrənèɪs, -z/ *n* 〘生化〙デヒドロクロリナーゼ《DDT などの有機塩素系殺虫剤に対する解毒分解能をもつ酵素》.

de·hỳdro·chlórinate /di-/ *vt* 〘化〙〈化合物〉から水素と塩素[塩化水素]を除く. ♦ **-chlorinátion** *n* 脱塩化水素反応.

de·hỳdro·choléstero1 /di-/ *n* 〘生化〙デヒドロコレステロール《皮膚に存在するコレステロール; 紫外線照射によってビタミン D_3 になる》.

de·hỳdro·èpi·andrósterone /di-/ *n* 〘生化〙デヒドロエピアンドロステロン《ヒトの尿中に存在し, コレステロールから合成されるアンドロゲン; 略 DHEA》.

de·hýdro·frèezing /di-/ *n* 脱水凍結[乾燥冷凍](法)《部分乾燥後急速冷凍して食品を保蔵する》.

de·hy·dro·ge·nase /dìːhaɪdrɑ́dʒənèɪs, diháɪdrə-, -z/ *n* 〘生化〙脱水素酵素, デヒドロゲナーゼ.

de·hy·dro·ge·nate /dìːhaɪdrɑ́dʒənèɪt, diháɪdrə-/ *vt* 〘化〙〈化合物〉から水素を除く. ♦ **dè·hy·drò·ge·ná·tion** / , dihàɪdrə-/ *n* 脱水素.

de·hy·dro·gen·ize /dìːhaɪdrɑ́dʒənàɪz, diháɪdrə-/ *vt* 〘化〙DEHYDROGENATE.

de·hỳdro·ìso·andrósteron /di-/ *n* 〘生化〙デヒドロイソアンドロステロン (DEHYDROEPIANDROSTERONE).

de·hỳdro·rétinol /di-/ *n* 〘生化〙デヒドロレチノール《ビタミン A_2》.

de·hỳdro·testósteron /di-/ *n* 〘生化〙デヒドロテストステロン《テストステロンの誘導体でアンドロゲンと同様の活性がある》.

de·hýpnotize /di-/ *vt* 催眠状態から覚醒させる.

DEI °Dutch East Indies.

De·ia·ni·ra /dìːənáɪərə/ 〘ギ神〙デーイアネイラ《Hercules の妻; 夫の愛を失うことを恐れて, 夫の下着に Nessus の血を塗って送ったが, これを着た Hercules は毒血に冒されて死んだ》.

de·íce /di-/ *vt* 除氷[防氷]する,〈風防ガラス・翼(よく)など〉の着氷を防止する[はがす].

de·ic·er /diáɪsər/ *n* 除氷[防氷]装置, 除氷[防氷]剤[液].

de·i·cide /díːəsàɪd, déɪə-/ *n* 神(の身代わり)を殺すこと[者], 神殺し.

deic·tic /dáɪktɪk/ *a* 〘論〙直証的な (opp. *elenctic*);〘文法〙直示的な, ダイクシスの (cf. DEIXIS). ► *n* 〘文法〙直示語[用法]. ♦ **-ti·cal·ly** *adv* ［Gk (*deiktos* capable of proof)］

deid /díːd/ *a* 《スコ》DEAD.

de·ideólogize /di-/ *vt* …からイデオロギー色を排除する, 非イデオロギー化する.

de·if·ic /diífɪk/ *a* 神格化する; 神のような, 神々しい.

de·i·fi·ca·tion /dìːəfəkéɪʃ(ə)n, dèɪ-/ *n* 神とみなすこと, 神格化, 神聖視, 偶像化; 神の化身;《精神などの》神との一体化[同化].

dé·i·fòrm /díːə-/ *a* 神の姿の; 神のような.

de·i·fy /díːəfàɪ, déɪ-/ *vt* 神に祭る, 神格化する; 神さま扱い[神聖視]する, 偶像化する, あがめたてまつる. ► *vi* 神聖になる. ［OF＜L (*deus* god)］

Deigh·ton /déɪtn/ デイトン **Len ～** (1929–)《英国のスパイ小説作家》.

deign /déɪn/ [°*iron*] *vi* 《地位や体面にこだわらず[いばらないで]》親切に[快く]…する, もったいなくも[ありがたいことに]…してくださる 〈*to do*〉: The Queen ～*ed to* grant us an audience. 女王はかしこくも拝謁を許し賜うた / He did not even ～ *to* glance at me. 一瞥(いちべつ)さえくれなかった. ► *vt* [°*neg*] 快く与える;《廃》快く受け取る[受け入れる]: The lady did *not* so much as ～ a glance at the boy. 少年を見向きもされなかった. ［OF＜L＝to deem worthy (*dignus* worthy)］

Dei gra·tia /déɪː ɡráːtiàː, díːàɪ ɡréɪʃiə/ *adv* 神の恵みによりて《略 DG》. ［L＝by the grace of God］

Dei ju·di·ci·um /déɪː judíkiəm/ 〘法・史〙神判 (ORDEAL). ［L＝judgment of God］

deil /díːl/ 《スコ》*n* DEVIL; いたずら者, 悪いやつ.

Dei·mos /dáɪməs/ 〘天〙デイモス《火星の第 2 衛星; cf. PHOBOS》.

de·índex /di-/ *vt* 〈賃金・年金などを〉物価指数スライド制からはずす.

de·indivídual·ìze /di-/ *vt* DEPERSONALIZE.

de·individuátion /di-/ *n* 〘心〙脱個人化, 没個性化《個人としての存在感・社会的責任感などの喪失》.

de·indùstrial·izátion /di-/ *n* 《特に 敗戦国の》産業組織[潜勢力]の縮小[破壊];(国内)製造業の衰退, 産業の空洞化. ♦ **de·indústrial·ìze** *vt, vi*

de·ínk /di-/ *vt* 《再生利用のために》〈廃紙など〉のインキを抜く, 脱墨(だつぼく)する.

dei·non·y·chus /daɪnɑ́nɪkəs/ *n* 〘古生〙デイノニクス《北米西部白亜紀の *D～* 属の二足歩行をする肉食性の小型恐竜; 後肢の第 2 指に巨大な大鎌状のつめがある》. ［NL (Gk *deinos* terrible, *-onychos* -clawed)］

de·instáll /di-/ *vi, vt* 〔電算〕UNINSTALL. ◆ **de·instàll·átion** *n*
de·institútion·al·ìze /di-/ *vt* 非制度化する; *〈障害者などを〉施設から解放する, 脱施設化する. ◆ **de·institùtion·al·izátion** *n*
de in·te·gro /deɪ íntəgròu/ 新たに, 初めから再び. [L]
de·ìon·ìze /di-/ *vt* 〔化〕(イオン交換により)〈水・気体など〉のイオンを除去する, 消イオンする: ～*d* water 脱イオン水. ◆ **de·íon·ìz·er** *n* **de·ion·izátion** *n* 消イオン.
De·ïph·o·bus /diífəbəs/ 〔ギ神〕デーイポボス《Priam と Hecuba の子; Paris の死後 Helen を妻としたがトロイア陥落の際に Menelaus に討たれた》.
deip·nos·o·phist /daɪpnásəfɪst/ *n* 食卓でのもてなし方が巧みな人, 食事の席で蘊蓄(ちく)に富んだ話をする人, 食卓での座談家.
Deir·dre /díərdri, déər-/ **1** 〔アイル伝説〕デルドレー《Ulster の王 Conchobar の楽人の美貌の娘; 王の妃と定められるが, 恋人 Naoise が殺されて自殺した》. **2** ディアドリ《女子名; アイルランドに多い》. [Ir＝sorrow]
Dei·sen·hof·er /dáɪzənhòufər/ ダイゼンホーファー **Johann** ～ (1943–)《ドイツの生化学者; 光合成反応に必要なタンパク質の構造を解明; ノーベル化学賞 (1988)》.
de·ism /dí:ìz(ə)m, déɪ-/ *n* [°D-] 理神論《神を世界の創造者として認めるが, 世界を支配する人格的存在とは考えず, 啓示や奇跡を否定する理性的宗教観; 17–18 世紀に主として英国の自由思想家が主張》. ◆ **dé·ist** [°D-] 理神論(信奉)者. **de·ís·tic, -ti·cal** *a* **-ti·cal·ly** *adv* [L *deus* god]
de·ísolate /di-/ *vt* 非孤立化させる, 仲間入りさせる. ◆ **de·isolátion** *n*
de·i·ty /dí:əti, déɪ-/ *n* 神位, 神格; 神性; 《多神教の》神; [the D-]《一神教の》神, 造物主, 天帝; 神のごとく崇拝される人[もの]. [OF ＜L; Gk *theotēs* (*theos* god) の訳]
deix·is /dáɪksəs/ *n* 〔文法〕(発話行為依存的)直示性, ダイクシス (cf. DEICTIC *a*)《**1**) now, there, this, she などの語が発話において時・場所・当事者を直接指示する機能・用法 **2**) これらの語・表現(の指示物)が文脈によって変わる現象》. [Gk＝reference]
dé·jà en·ten·du /*F* deʒa ãtãdy/ 既に理解した[聞いた, 見た]ことがあるという認識 (cf. DÉJÀ VU).
dé·jà lu /*F* deʒa ly/ 既に読んだことがあるという認識 (cf. DÉJÀ VU).
dé·jà vu /dèɪʒà: v(j)ú:; *F* deʒa vy/ 〔心〕既視感, デジャヴュ《PARAMNESIA の一種: 実際は経験したことがないのに, かつて経験したことがあると感じること; cf. JAMAIS VU》; ひどくありふれた[陳腐な]もの[こと]. [F＝already seen]
de·ject /dɪʤékt/ *vt* …の元気をくじく, 気力を失わせる, 落胆させる, がっかりさせる, しょげさせる, 憂鬱にする; 《古》投げ捨てる. ► *a* 《古》DEJECTED. [L (*ject- jicio*〈*jacio* to throw)]
de·jec·ta /dɪʤéktə/ *n pl* 排泄物, 糞便 (excrements).
dejéct·ed *a* **1** 落胆した, しょげている: look ～. **2** 《古》投げ捨てられた; 《廃》〈目が〉下向きの, 伏せた; 《廃》降格された, 《地位などで》劣った. ◆ **～·ly** *adv* **～·ness** *n*
de·jec·tion /dɪʤékʃ(ə)n/ *n* **1** 落胆, 失意, 気落ち, 憂鬱: in ～ 落胆して. **2** 〔医〕排泄(物), 便通.
dé·jeu·ner /déɪʒənèɪ; *F* deʒœne/ *n* (おそい)朝食; 昼食.
de ju·re /di ʤúəri, deɪ júəri/ *adv, a* 法にかなった[て], 適法に[な], (法律上)正式に[の] (opp. *de facto*); 権利による[より]: ～ segregation《Brown 判決以前の》法による人種分離. [L]
dek(a)- ⇨ DEC-.
de·ka·brist /dəká:brɪst, déka-/ *n* デカブリスト (DECEMBRIST). [Russ]
de Kalb ⇨ Johann KALB.
deke /dí:k/ *《俗》*n* 《ホッケーなどで》フェイント. ► *vt, vi* フェイントで巧みに行なう, 〈選手を〉フェイントでひっかける, 《おとりなどで》だます, はめる. [*decoy*]
Dek·ker, Deck·er /dékər/ デッカー **Thomas** ～ (1572?–?1632)《イングランドの劇作家; *The Shoemaker's Holiday* (1600)》.
dek·ko /dékou/ "《俗》*n* (*pl* ～**s**) ひと目: Let's have [take] a ～. ひと目見よう, ちょっと見せろ. ► *vt* ひと目見る. [Hind (imperat)〈*dekhnā* to look]
de Klerk /də klá:rk, -kléərk/ デ・クラーク **Frederik Willem** ～ (1936–)《南アフリカ共和国の政治家; 大統領 (1989–94); ノーベル平和賞 (1993)》.
de Koo·ning /də kóunɪŋ, -kú:-/ デ・クーニング **Willem** ～ (1904–97)《オランダ生まれの米国の抽象表現主義の画家》.
de Kruif /də kráɪf/ デ・クライフ **Paul** (**Henry**) ～ (1890–1971)《米国の細菌学者・著述家; *Microbe Hunters* (1926)》.
del /dél/ *n* 〔数〕∇《ベクトル微分演算子》. [*delta*]
del. delegate ◆ delegation ◆ 〔校正〕delete. **Del.** Delaware.
De·la·croix /dèləkrwá:, ⏤⏤⏤/ ドラクロア (**Ferdinand-Victor-**)**Eugène** ～ (1798–1863)《フランスロマン主義の代表的画家》.
Del·a·góa Báy /dèləgóuə-/ デラゴア湾《モザンビーク南部のインド洋に面する入江》.
de·laine /dəléɪn/ *n* ドレーヌ, メリンス (＝*mousseline delaine*)《薄地の柔らかい毛織物》; [D-] DELAINE MERINO. [F (*mousseline*) *de laine* woollen (MUSLIN) (L *lana* wool)]
Deláine Meríno デレーヌメリノ《米国系メリノ種の羊》.
de la Mare /dè lə méər/ デ・ラ・メア **Walter** (**John**) ～ (1873–1956)《英国の詩人・小説家; 詩集 *The Listeners* (1912), 小説 *Memoirs of a Midget* (1921)》.
de·láminate /di-/ *vi, vt* 薄片[薄い層]に裂ける[裂く]; 〔発生〕葉裂する.
de·laminátion *n* 薄片[薄い層]に裂けること, 層間剝離; 〔発生〕《動物の》葉裂.
De·lá·ney amèndment [**clàuse**] /dɪléɪni-/ 〔米〕《食品医薬品化粧品法 (Food, Drug and Cosmetic Act) の》ディレーニー修正[条項] (1958)《発癌性物質の添加を全面的に禁止している》. [James J. *Delaney* (1901–87) 連邦下院議員で, 同条項の起草者]

D

de la Ramée ⇨ RAMÉE.
de la Ren·ta /deɪ lə réntə/ デ・ラ・レンタ **Oscar** ～ (1932–)《ドミニカ生まれの米国のファッションデザイナー》.
De la Rey /dèlə ráɪ, -réɪ/ ド・ラ・レイ **Jacobus Hercules** ～ (1847–1914)《ブール人の軍人; ブール戦争で活躍》.
de la Roche /də lɑ: róuʃ, -rɔ́:ʃ/ ド・ラ・ローシュ **Mazo** ～ (1879–1961)《カナダの女性小説家》.
De·la·roche /dèləróuʃ, -rɔ́:ʃ; *F* dəlarɔʃ/ ドラローシュ (**Hippolyte-**)**Paul** ～ (1797–1856)《フランスの画家》.
de·late /dɪléɪt/ *vt* 《古・スコ》〈人〉について悪く言う, 告訴[密告, (公然と)非難]する; 《古》言い触らす, 公表する; 《古》委任[委託]する. ◆ **de·lá·tion** *n* **-lá·tor, -lát·er** *n* [L; ⇨ DEFER²]
de l'au·dace, en·core de l'au·dace, et tou·jours de l'au·dace /*F* də lodas ãkɔ:r də lodas e tuʒu:r də lodas/ 大胆さ, なお一層の大胆さ, さらになお一層の大胆さ《Danton の演説中のことば》.
De·lau·nay /dəlounéɪ/ ドローネー **Robert** ～ (1885–1941)《フランスの画家; 立体派の絵画に律動的色彩を導入して Orphism を創始》.
De Lau·ren·tiis /di: lɔ:rénʃəs/ デ・ラウレンティス **Dino** ～ (1919–2010)《イタリア・米国の映画制作者; 本名 Agostino ～》.
De·la·vigne /*F* dəlaviɲ/ ドラヴィーニュ **Jean-François-Casimir** ～ (1793–1843)《フランスの詩人・劇作家》.
Del·a·ware /déləwèər/ **1** デラウェア《米国東部の州; ☆Dover; 略 Del., DE》. **2** [the] デラウェア川《New York 州南部に発し, 南流して Delaware 湾に注ぐ》. **3 a** (*pl* ～, ～**s**) デラウェア族《北米インディアンの一種族; もと Delaware 渓谷に住んでいた》. **b** デラウェア語. **4** 〔園〕デラウェア種(のブドウ)《赤みがかって小粒; 米国原産》. **5** デラウェア Lord ～ ⇨ DE LA WARR. ◆ **Dèl·a·wár·ean, -ian** *a, n* [DE LA WARR]
Délaware Báy デラウェア湾《Delaware 州と New Jersey 州とにはさまれた大西洋の湾入部》.
De La Warr /déləwèər/ デラウェア **Thomas West**, 12th Baron ～ (1577–1618)《イングランドの軍人; Virginia 植民地初代総督 (1610–11); 通称 'Lord Delaware'》.
de·láwyer /di-/ *vt* 〈法律問題〉に弁護士を不要化する.
de·lay /dɪléɪ/ *vt* 延ばす; 遅らせる, 足留めする: ～ starting [a party] for a week 出発[会]を一週間延ばす / Rain ～*ed* the match twenty minutes. 雨で試合が 20 分遅れた. ► *vi* ぐずぐずする, 手間どる, 遅れる; 一瞬止まる; 遅らせる. ► *n* 遅れ, 遅滞, 遅延 〈*in*〉; 猶予, 延引, 延期; 遅延時間; 〔電子工〕遅延《信号が回路を通過するのに要する時間》; 〔アメフト〕ディレー《攻撃側バックスが一瞬プレーを遅らせること》: admit of no ～ 一刻の猶予も許さない / without (any) ～ 猶予なく, 即刻 (at once) / after several ～*s* 何度か延期になったあと / Desires are nourished by ～*s*. 《諺》欲望は遅れにはぐくまれる. ◆ **～·er** *n* [OF (? *des*- DIS-¹, *laier* to leave); cf. RELAY]
de·láy(ed) áction 《ロケット爆弾などの》延期[遅延]作動; 〔写〕時限シャッター式; 〔医・生〕遅延[遅効, 遅発]作用. ◆ **deláy(ed)-áction** *a* 延期[遅延, 時限]式の: a *delayed-action* bomb 延期爆弾.
deláyed dróp 《パラシュートの》開傘遅延[延期開傘]降下.
deláyed néutron 〔理〕遅発中性子.
deláyed ópening 〔空〕《パラシュートの》延期開傘《ある高度まで降下した時自動的に開く》.
deláyed-stréss sỳndrome [**disòrder**] 〔精神医〕遅延ストレス症候群 (POST-TRAUMATIC STRESS DISORDER).
de·láyer·ing /di-/ *n* 〔経営〕階層削減, ディレイヤリング《企業の組織階層の数を少なくして中間管理職の減員をはかること》.
deláy·ing àction 遅滞行動《撤退時に敵の進撃を遅らせる時間かせぎの作戦行動》.
deláying tàctics 引延ばし作戦[戦術].
deláy lìne 〔電子工〕遅延線路.
Del·brück /délbrùk; *G* délbrʏk/ デルブリュック **Max** ～ (1906–81)《ドイツ生まれの米国の生物学者; バクテリオファージを研究, 分子遺伝学の基礎を築いた; ノーベル生理学医学賞 (1969)》.
del cre·de·re /dɛl kréɪdəri/ *a, adv* 〔商・法〕支払い保証をした, 支払い保証(付き)の: a ～ agent 支払い保証代理人 / a ～ commission 支払い保証付き委託(料). ► *n* 支払い保証, 売先信用保証. [It＝of belief]

de·le /díːli/ 〘校正〙 *vt* [ᵁ*impv*] 削除せよ, トル《通例 ∂ と書く; cf. STET》; …に削除記号を付ける. ► *n* 削除記号. [L; ⇨ DELETE]

de·lec·ta·ble /dɪléktəb(ə)l/ [°*joc*/*iron*] *a* 非常に快い, 楽しい, 愉快な, すばらしい, 美しい, うるわしい; 美味な, おいしい. ► *n* 快い[おいしい]もの. ♦ **-bly** *adv* **de·lèc·ta·bíl·i·ty** *n* [OF<L; ⇨ DELIGHT]

de·lec·tate /dɪléktèɪt/ *vt* [°*joc*/*iron*] 喜ばせる, 魅する.

de·lec·ta·tion /dìːlèktéɪʃ(ə)n/ [°*joc*/*iron*] *n* 歓喜, 喜び; 快楽, 楽しみ: for sb's ～ …を楽しませる[喜ばせる]ために.

de·lec·tus /dɪléktəs/ *n* (学習用)ラテン[ギリシア]作家抜粋書, 名文抄. [L=selection]

D

De·led·da /deɪlédə, də-/ デレッダ **Grazia** ～ (1875–1936)《イタリアのヴェリズモ派の作家; ノーベル文学賞 (1926)》.

del·e·ga·ble /déləgəb(ə)l/ *a* 〈義務・債務などが〉代理人に委任できる, 委任可能な.

del·e·ga·cy /déləgəsi/ *n* **1** 代理人指定, 代表任命[派遣]; 代表権; 代表の地位[任務]. **2** 代理人団, 代表[派遣]団, 使節団, 代議員団, 委員会[団]; 〘英大学〙《特定任務についての》常任委員会, 《大学の》学部, 研究所.

de·légal·ize /di-/ *vt* 非合法化する.

del·e·gate /déləgət, -gèɪt/ *n* 代理人, 代行者, 《会議などに派遣する》代表, 使節, 派遣委員, 代議員; 《委員会の》委員; 〘米〙 Territory 選出連邦下院議員, 代議員《発言権はあるが投票権がない》; 〘米〙 HOUSE OF DELEGATES の議員. ► *v* /-gèɪt/ *vt* 〈人を〉代理人[代表]として任命[派遣]する, 代理に立てる; 〈職権・職務を〉委任する 〈*to* sb〉; *〘法〙 債務履行の代行者として指定する, …に債務履行を委任する: ～ sb *to* attend a conference 人を任命して会議に出席させる. ► *vi* 職権[職務]をゆだねる. ♦ **-gà·tor** *n* **del·e·ga·tee** /dèləgətíː/ *n* [L; ⇨ LEGATE¹]

dél·e·gàt·ed legislátion 〘法〙 委任立法《法律の委任をうけて行なう立法; 特に行政府が行なう命令の類》.

del·e·ga·tion /dèləgéɪʃ(ə)n/ *n* **1** 代理人[代表]の任命[派遣]; 《権限の》委任; 代理人[代表]の身分[職権]. **2** 代理人団, 代表[派遣]団, 代議員団; *各州選出国会議員団.

dè·legítimate *vt* …の適法性を否定する, 非合法化する; …の権威[威信]を失墜[低下]させる.

dè·legitimátion *n* 威信[権威]の失墜[低下].

de·legítimize /di-/ *vt* 非合法化する, …の権威[法的地位]を失墜させる. ♦ **de·legitimizátion** *n*

De·lé·mont /*F* dəlemɔ̃/ ドレモン《スイス北西部 Jura 州の州都》.

de·len·da /dɪléndə/ *n pl* 削除すべきもの. [L; ⇨ DELETE]

de·len·da est Car·tha·go /deɪléndɑː èst kaːrtáːgoʊ/ カルタゴは滅ぼさねばならぬ; 両雄並び立たず《大 Cato のことば》. [L]

de·lete /dɪlíːt/ *vt* 〈文字・語・ファイルなどを〉消す, 削除[抹消]する (cf. DELE); (カタログなどから)はずす, 廃番にする, 扱いを中止する 〈*from*〉; 〘遺〙 …の欠失をひき起こす; 〘文法〙 削除[消去]する. [L *delet*- *deleo* to efface]

deléte kèy 〘電算〙 削除キー, デリートキー《通例 カーソル位置にある 1 文字を削除するキー》.

del·e·te·ri·ous /dèlətíəriəs/ *a* (心身に)有害な. ♦ **～·ly** *adv* **～·ness** *n* [L<Gk=noxious]

de·léthal·ìze /di-/ *vt* 〈座席などを〉安全設計[非殺傷設計]にする.

de·le·tion /dɪlíːʃ(ə)n/ *n* 削除(すること); 削除部分; 〘遺〙《遺伝子・染色体の一部の》欠失 (deficiency); 〘文法〙 削除, 消去.

de·léverage *n*, *vi* 〘経〙 レバレッジ解消[引き下げ](をする), デレバレッジ(する)《債務返済などにより, 借入資本をてこにして利益率を高めていたレバレッジを減らすこと》.

de·léxical /di-/ *a* 〘言〙〈動詞が〉それ自体意味の希薄な《make an appointment の make, take a walk の take などについていう》.

delft /délft/, **délft·wàre, delf** /délf/ *n* 《オランダの》デルフト焼き《スズ釉(ゆう)の彩色陶器; 白地に青の模様のものが多い》; デルフト風陶磁器. [↓]

Delft **1** デルフト《オランダ南西部 The Hague と Rotterdam との中間にある市》. **2** 〘窯〙 DELFT.

Del·ga·do /delgáːdoʊ/ [Cape] デルガード岬《モザンビーク北東端の岬》.

Del·hi /déli/ デリー《(**1**) インド北部の連邦直轄地 **2**) 同連邦直轄地の中心都市; かつて Mogul 帝国の旧都, 英国のインド政庁所在地; 今は南側に隣接する New Delhi に対して Old Delhi というが, 時に同一視される》.

Délhi bélly 《俗》 デリー腹《インド旅行者がかかる下痢》; 《一般に》旅行者下痢 (traveler's diarrhea).

deli /déli/ *n* (*pl* **dél·is**) 《口》 DELICATESSEN.

De·lia /díːliə, -ljə/ ディーリア《女子名》. [Gk=(she) of the island of Delos (i.e. Artemis)]

De·li·an /díːliən, -ljən/ *a* DELOS 島の; DELIUS の. ► *n* デロス島民.

Délian Léague [Conféderacy] [the] デロス同盟《紀元前 478 年, アテナイ (Athens) を中心としたギリシア都市がペルシアの来襲に備えて結成した攻守同盟》.

de·lib·er·ate *a* /dɪlíb(ə)rət/ **1** 故意の, 計画[意図]的な: a ～ lie たくらんだうそ / ～ murder 謀殺. **2** 〈判断・選択など〉じっくりと考え抜かれた; 〈人・性格など〉決断[判断]にゆっくり時間をかける, 慎重な; 〈動作が〉ゆっくりした: with ～ steps 落ちついた足取りで. ► *vt*, *vi* /dɪlíbərèɪt/ 熟慮する; 《慎重に》審議[評議]する, 熟議する 〈*on*, *about*, *over*〉. ♦ **～·ness** *n* **de·líb·er·à·tor** /-èɪtər/ *n* [L *de*-(*libero* to weigh 〈*libra* balance)=to weigh in mind]

delíberate·ly *adv* わざと, 故意に; 慎重に; ゆっくりと.

de·lib·er·a·tion /dɪlìbəréɪʃ(ə)n/ *n* 熟考, 熟慮, 思案; [°*pl*] 審議, 討議, 評議; 故意; 慎重さ; 《動作の》緩慢さ, 悠長さ: be taken into ～ 審議される / under ～ 審議中, 熟考中 / with ～ よく考えて, 慎重に, 落ちついて, ゆっくりと.

de·lib·er·a·tive /dɪlíbərèɪtɪv, -(ə)rətɪv; -(ə)rətɪv/ *a* 熟慮[審議]の(ための); 熟慮[審議]のうえでの: a ～ assembly [body] 審議機関. ♦ **～·ly** *adv* **～·ness** *n*

De·libes /dəlíːb/ ドリーブ (**Clément-Philibert-**)**Léo** ～ (1836–91)《フランスの作曲家; バレエ音楽 *Coppélia* (1870)》.

del·i·ble /déləb(ə)l/ *a* 消すことができる, 抹消できる.

del·i·ca·cy /délɪkəsi/ *n* **1 a** きめ細かさ, 《造りの》端麗さ, 《色などの》優美さ, 《容姿などの》優雅さ, 上品さ, 繊細な美しさ. **b** 扱いのうまさ; 慎重さ, つつましさ. **2 a** 《感覚・表現などの》繊細な鋭敏さ, 敏感; 《手際・筆致などの》巧緻さ, 精妙な表現力. **b** 《機械などの》反応の敏感さ, 精巧さ. **3 a** 《体質・皮膚などの》虚弱さ, ひよわさ, きゃしゃ; 気むずかしさ, (過度の)潔癖さ, 神経質: feel a ～ about…に気おくれを感じる, 気兼ねする. **b** 《人の気持に対する》細やかな心づかい, 思いやり: give a proof of one's ～ 思いやりのあるところを示す 〈*about*, *in*〉. **4** 《問題などの》微妙さ, 扱いにくさ; 慎重に対処すべき事態: a situation of great ～ とても微妙な情勢. **5** 快いもの, おいしいもの, 美味; 《廃》 快楽, 享楽: table *delicacies* いろいろなごちそう / local *delicacies* 地元の珍味. **6** 〘言〙 言語の下位範疇化の精度.

del·i·cate /délɪkət/ *a* **1 a** 繊細な, 優美な (fine); 優雅な, 上品な (decent); 優しく魅力のある〈顔〉; 〈皮膚が〉きめ細かな: (as) ～ as silk 絹のように繊細な. **b** 気持のよい感じを与える; 〈食べ物(の味)が〉おいしい, 風味のある, 〈香りが〉快い; 〈色が〉妙(たえ)なる, 〈色調が〉やわらかい, ほのかな (soft, tender). **c** 《廃》 快楽を求める, 遊惰な. **2** 〈織物など〉きめの細かい, 造りの精緻な, 上質の; 〈機械など〉精密な, 精巧な, 感度の高い. **3 a** 〈人が〉(感覚の)繊細な, (知覚の)鋭敏な; 細かい心づかいをする, 思いやりのある. **b** 〈人が〉気むずかしい, 潔癖すぎる. **4 a** 〈器物など〉こわれやすい, 〈羽など〉傷つきやすい. **b** 〈人が〉きゃしゃな (frail), かよわい, 虚弱な (feeble); 〈胃腸など〉すぐに変調をきたす: be in ～ health 病弱である / a ～-looking child 弱そうな子供. **5 a** 〈事態が〉扱いにくい, 言いづらい, やりにくい, きわどい, 細心の注意[手際]を要する; 〈手術・馬術・ダンスなど〉高度の技術を要する, むずかしい; 〈差異・皮肉など〉微妙な (subtle): a ～ situation むずかしい[デリケートな]事態 / a ～ operation むずかしい手術. **b** 手際のよい, 巧妙な: a ～ touch 巧妙な手際. ● **in a ～** CONDITION. ► *n* delicate な人[もの]; [ᵁ*pl*] いたみやすい衣服; 《古》 珍味; 《廃》楽しみ, 喜び, 《特に》五感の喜び; 《廃》 快楽家; 《廃》 好みのむずかしい人. ♦ **～·ly** *adv* **～·ness** *n* [OF or L <?]

del·i·ca·tesse /dèlɪkətés/ *n* DELICACY. [F DELICATE]

del·i·ca·tes·sen /dèlɪkətés(ə)n/ *n* **1** [〈*sg*/*pl*〉] 調理済み食品《ハム・ソーセージ・燻製の魚・チーズ・サラダ・かんづめ・漬物など; しばしば 高級な外国製品》. **2** (*pl* **～s**) 調理済み食品店[食堂], 惣菜屋, デリカテッセン, カフェテリア. **3** *《俗》 弾丸, 小銃弾 (bullets); *《広告俗》 仕事場. [G (pl) 〈*Delikatesse* dainty<F; ⇨ DELICATE]

de·lícense /di-/ *vt* …から免許[資格]を剝奪する.

del·i·chon /délɪkàn/ *n* 〘鳥〙 イワツバメ《イワツバメ属 (*D*-) の総称》.

de·li·cious /dɪlíʃəs/ *a* **1** 味[香り]の非常によい, 実においしい[うまい, 美味な], かぐわしい, 馥郁(ふくいく)たる. **2** 爽快な, 非常に楽しい[快い, おもしろい]; *《俗》 性感をそそる. ► *n* [°D-] 〘園〙 デリシャス《米国原産の大型赤リンゴの一種》. ♦ **～·ly** *adv* **～·ness** *n* [OF<L (*deliciae* delight)]

de·lict /dɪlíkt, ˈdíːlìkt/ *n* 〘法〙 違法[不法]行為, 犯罪: in flagrant ～ 現行犯で (in flagrante delicto). [L (pp) 〈*delinquo*; ⇨ DELINQUENT]

de·light /dɪláɪt/ *n* 大きな喜び[満足], うれしさ, 歓喜 (great joy); 喜びをもたらすもの, 楽しみとなるもの[こと], うれしいもの; 《古・詩》 歓喜を与える力: with [in] ～ 喜んで / take ～ in…を喜ぶ, 楽しむ, 楽しみにする / to one's (great) ～ (大いに)喜んだことには, (非常に)うれしいことには / culinary ～*s* すばらしい料理. ► *vt* 大いに喜ばせる, うれしがらせる; 楽しませる, …に楽しみとなる: I was ～*ed at* [*by*, *with*, *to* hear] the news of your success. / I was ～*ed* that you won. きみが勝ってうれしい / I shall be ～*ed* (*to* come). 喜んでさせて[伺わせて]いただきます / *D*～*ed!* 喜んで, もちろん, いいですとも / *D*～*ed* to have you (here). 来ていただいて大変うれしく思います. ► *vi* 非常に喜ぶ, 楽しむ 〈*in*, *to* do〉: He ～*ed in* music. / Tom ～*s in* pulling the dog's tail. / I ～ *to do* thy will, O my God. 〘聖〙 わが神よ, わたしはみこころを行なうことを喜びます (*Ps* 40: 8). ♦ **～·er** *n* [OF *delit*, *delitier*<L *delecto*; 語形は *light* などの影響]

delíght·ed *a* 喜びに満ちた, 楽しい, うれしそうな; 喜んで; 満足して 〈*with*, *at*; *that*〉; 喜んで…する 〈*to* do〉; 《廃》 DELIGHTFUL. ♦ **～·ly** *adv* **～·ness** *n*

delíght·ful *a* 非常にうれしい, 楽しい, とても愉快な, 快適な; ほればれとするような, 魅力的な, 感じのよい. ♦ **~·ly** *adv* 大喜びで, 楽しく, 楽しげに. **~·ness** *n*
delíght·some *a* 《詩·文》 DELIGHTFUL. ♦ **~·ly** *adv*
De·li·lah /dɪláɪlə/ **1 a** 〖聖〗 デリラ《愛人 SAMSON を裏切ってペリシテ人に売り渡した女; *Judges* 16: 4–22》. **b** 《一般に》誘惑して裏切る女, 妖婦. **2** デライラ《女子名》. ● **the lap of ~** デリラのひざ枕, 人を骨抜きにするような誘惑(物). [Heb=delicate]
de·líme /di-/ *vt* 〈皮を〉脱灰(だっかい)する《除毛のため石灰漬けしたあとで》.
de·límit /dɪ-/, **de·lim·i·tate** /dɪlímətèɪt/ *vt* …の範囲[限界, 境界]を定める[設定する]; 明確に記述する (delineate). ♦ **de·lím·i·tà·tive** *a*
de·lìm·i·tá·tion *n* 境界の画定, 限界の決定; 明確な記述.
delímit·er *n* 区切り文字, デリミッター《データの初め[終わり]を示す文字[符号]》.
de·lin·e·able /dɪlíniəb(ə)l/ *a* 描写可能な.
de·lin·e·ate /dɪlínièɪt/ *vt* 《線で》…の輪郭を描く[たどる], 線引きする; 絵[図]で表わす; 《ことばで》詳細[明確]に描写[叙述]する. [L; ⇨ LINE[1]]
de·lin·e·a·tion /dɪlìniéɪʃ(ə)n/ *n* 《線·図·ことばなどによる》(詳細な)描写; 図, 図形. ♦ **de·lín·e·à·tive** /; -ətɪv/ *a*
de·lín·e·à·tor *n* 描写をする人[もの]; 〖服〗 自在型紙.
de·lin·e·a·vit /deɪlì:neɪá:wɪt/ …これを描く《昔 画家の署名の後ろに del. と書いた》. [L=he [she] drew (this)]
de·lin·quen·cy /dɪlíŋkwənsi, -lín-/ *n* 不履行, 怠慢; 滞納(金), 延滞; 犯罪, 非行, 《特に》少年非行: JUVENILE DELINQUENCY.
de·lín·quent *a* **1** (義務)不履行の, 怠慢な; 非行をはたらいた, 罪を犯した; 法律違反者の, 非行者の, 非行少年の. **2***《勘定·負債·税金などが》支払い期限を過ぎた, 延滞した, 滞納の. ► *n* 義務不履行者, 怠慢者; 法違反者, 非行者, 《特に》非行少年. ♦ **~·ly** *adv* [L (pres p) < *delinquo* to offend; cf. DELICT]
de·línt /di-/ *vt* 〈綿の実など〉から繊維 (lint, linter) を取る. ♦ **~·er** *n*
del·i·quesce /dèlɪkwés/ *vi* 溶解する; 〖化〗 潮解する; 〖生〗 〈菌類など〉融化する; 〖植〗 〈葉脈など〉細かく枝分かれする, 枝分幹する. [L; ⇨ LIQUID]
dèl·i·qués·cence *n* 溶解; 〖化〗 潮解(状態), 潮解液; 〖植〗 枝分幹, 末端分枝型. ♦ **-cent** *a*
de·lir /dɪlíər/ *vi* 譫妄(せんもう)状態になる, うなされる. [逆成 < *delirium*]
del·i·ra·tion /dèləréɪʃ(ə)n/ *n* 《まれ》 DELIRIUM.
de·lir·i·ant /dɪlíəriənt/ *a* 〖医〗 譫妄発生性の. ► *n* 譫妄発生薬.
del·ir·i·fa·cient /dɪlìərəféɪʃənt/ *a, n* DELIRIANT.
de·lir·i·ous /dɪlíəriəs/ *a* 譫妄性の, うわごとを言う; ひどく興奮した, 狂乱した, 有頂天の: ~ *with* joy 狂喜して. ♦ **~·ly** *adv* **~·ness** *n* [↓]
de·lir·i·um /dɪlíəriəm/ *n* (*pl* **~s, -ia** /-iə/) 〖医〗 譫妄(せんもう)(状態), うわごと; 猛烈な興奮(状態), 狂乱, 狂喜: lapse into ~ うわごとを言い出す. [L=be deranged (*de-*, *lira* ridge between furrows)]
delírium tré·mens /-trí:mənz, -trém-/ 〖医〗 《アルコール中毒による震え·幻覚などを伴う》震顫譫妄(しんせんせんもう)(症) 《略 d.t.('s), DT('s)》. [L=trembling delirium]
de·lish /dɪlíʃ/ *a* 《口》 DELICIOUS.
de·líst /di-/ *vt* リスト[表, 目録]から除く; 〈ある証券を〉銘柄表からはずす, 上場廃止にする.
del·i·tes·cence /dèlətésns/ *n* 潜伏(期); 《症状の》突然消失. ♦ **dèl·i·tés·cent** *a* 《まれ》 潜伏している.
De·li·us /dí:liəs, -ljəs/ ディーリアス **Frederick** ~ (1862–1934) 《英国の作曲家; 管弦楽曲 *Brigg Fair* (1907), *On Hearing the First Cuckoo in Spring* (1912) など》.
de·liv·er /dɪlívər/ *vt* **1 a** 〈品物·手紙などを〉配達[配布]する, 届ける, 納入する, 〈伝言などを〉伝える; 提供する; 引き渡す, 交付する 〈*at, to*〉; 〖法〗 〈捺印証書などを〉交付する: ~ *oneself to* the police 警察に自首する / ~ *over* 引き渡す; 〈城などを〉明け渡す / ~ *up* 《正式に》提供する; DELIVER over. **b** 〈演説·説教を〉する (utter), 〈考えを〉述べる, 〈叫び声を〉上げる; 〈評決を〉下す; 《廃》 知らせる, 主張する. **2 a** 救い出す (relieve), 解放する 〈*from, of*〉: *D~* us *from* evil. われらを悪より救いたまえ. **b** [[u]*pass*] …の出産を助ける, 分娩させる 〈*of*〉; 〈子を〉取り上げる; 出産する: *be ~ed of* a child [a poem] 〈女性が〉子を産む[〈詩人が〉詩を作る]. **3** 〈打撃·攻撃などを〉加える (aim) 〈*at*〉; 〈ボールを〉投げる (pitch), 〈パンチを〉くらわす: ~ battle 攻撃を開始する. **4** 〈油田が〉〈石油を〉出す, 噴出する, 射出する. **5***《口》《ある候補者·政党などに》〈票を〉集める. **6** 〈約束を〉果たす, 実行[実施, 実現]する; 〖電算〗 …の能力[性能]を達成する[もつ]: ~ results 結果を出す, 成果をあげる / ~ the GOODS / ~ the WORD / ~ 300 MIPS 300 ミップスを達成する. ► *vi* 出産する[を助ける]; 商品を配達する; 〈約束などを〉果たす 〈*on* a promise〉, 期待に応える. ● **~ oneself of…** 〈意見などを〉述べる. STAND **and ~!** ► *a* 《古》 敏速な (quick, agile), 活発な (active). ♦ **~·er** *n* [OF<L (*liber* free); cf. LIBERATE]
delíver·able *a* 配達[納入, 救出]可能な. ► *n* [[u]*pl*] 配達[納品]可能なもの, 引渡し目的物, 具体的な成果. ♦ **delìver·abílity** *n*
delíver·ance *n* **1** 解放(すること[された状態]), 救出, 救助, 放免, 釈放; 悪魔祓い; 〖法〗 引渡し. **2** 《公式の》見解, 意見, 決定; 〖法〗 《陪審の》評決 (verdict), 〖スコ法〗 命令; 《古》 話すこと.
de·lív·ered *a* 〖商〗 …渡し; 配達費込みの: ~ to order 指図人渡し / ~ on rail 貨車積み込み渡し.
delívered príce 〖商〗 引渡し値段.
delíver·ly *adv* 《古》 敏捷に, すばやく, すばしこく, 器用に.
de·liv·ery /dɪlív(ə)ri/ *n* **1** 《貨物·郵便物などの》配達; 配達の品物; 配達一回分, …便; 《貨物などの》引渡し, 荷渡し, 配信, 受渡し, 出荷, 納入, 搬入, 納品, 配送; 《サービス·情報などの》提供; 《財産などの》明渡し; 〖法〗 《捺印証書などの》引渡し, 交付: ~ of goods 品物の配達 / (by) the first ~ 第一便(で) / EXPRESS [GENERAL, SPECIAL] DELIVERY / take [accept] ~ of goods 品物を受け取る. **2** 話すこと, 講演, 演説, 説教, 論述; 話しぶり, 歌い方: a telling ~ 効果的な話しぶり. **3 a** 放出, 《矢·弾丸·ミサイルなどの》発射, 投射; 撃ち方; 《コンプレッサーなどの》吐出し率. **b** 投擲, 〖球技〗 投げ方, 投球(法); 投げたボール. **c** 《げんこつなどを》見舞うこと, 殴打. **4 a** 救出, 解放. **b** 分娩, 出産, お産. [AF (pp) < DELIVER]
delívery bòy 《商店の》配達人[少年], 御用聞き; 新聞配達少年.
delívery·màn /, -mən/ *n* (*pl* **-men** /-mèn, -mən/) 《特にトラックで一定の順路を巡る》(商品)配達人, 配達員.
delívery nòte 《通例 正副 2 通作る》貨物引渡し通知書.
delívery ròom 分娩室; 《図書館の》図書受渡し室.
delívery trùck 配達用トラック.
delívery vàn[u] 配達用バン.
dell /dél/ *n* 《文》《樹木などにおおわれた》小さな谷間. [OE *dell* hollow; cf. DALE, G (dial) *Telle*]
Del·la /délə/ デラ《女子名; Adela, Delia の愛称》.
Del·la-Crus·can /dèləkrʌ́skən/ *a, n* クルスカアカデミー (Accademia della Crusca) の(会員)《1582 年イタリア Florence に設立されたイタリア語純化主義者の学会》; (文学的技巧を弄する)クルスカアカデミー流の, 気取って衒学的な《18 世紀後半に感傷的·技巧的な詩を書いた英国詩人の一派のスタイルにも転用する》.
Del·la Rob·bia /délə róubiə, -róu-/ **1** デラ·ロッビア (**1**) **Andrea** ~ (1435–1525) 《Florence の彫刻家; Luca の甥》 (**2**) **Luca** ~ (1399 or 1400–82) 《Florence の彫刻家; ルネサンス様式の先駆者》. **2** デラ·ロッビア《Luca ~ やその後継者が製作した釉薬(ゆうやく)を施したテラコッタの陶像》.
del·lie /déli/ *n* 《口》 DELI.
Dél·lin·ger fádeout /délənʤər-/ 〖理〗 デリンジャーフェードアウト《太陽の活動による通信電波の異常減衰》. [John H. *Dellinger* (1886–1962) 米国の物理学者]
dells /délz/ *n pl* DALLES.
del·ly /déli/ *n* 《口》 DELI.
Del·már·va Península /dɛlmá:rvə-/ [the] デルマーヴァ半島 《米国東部 Chesapeake 湾と Delaware 湾にはさまれた半島; Delaware 州の大部分と Maryland, Virginia 両州の一部を含む》. [*Dela*ware+*Mar*yland+*V*irg*inia*]
Del·men·horst /délmənhɔ̀:rst/ デルメンホルスト《ドイツ北部 Lower Saxony 州, Bremen の西南西にある市》.
del Mon·a·co /dɛl mánəkòu/ デル·モナコ **Mario** ~ (1915–82) 《イタリアのテノール; '黄金のトランペット' といわれた》.
Del·món·i·co (stèak)* /dɛlmánɪkou(-)/ デルモニコステーキ (CLUB STEAK). [New York 市のレストラン *Delmonico's* から; Lorenzo *Delmonico* (1813–81) 経営者]
de·lócal·ize /di-/ *vt* **1** 正規の[平常の]場所から離す[移す]; 〖理〗 〈電子を〉特定の位置から離す, 非局在化する. **2** …の地方性[地方主義, 地方的偏狭さ, 地方なまり など]を除く. ♦ **de·lòcal·izátion** *n*
de·lo·mor·phous /dì:loumɔ́:rfəs/, **-mor·phic** /-fɪk/ *a* 定形の.
De·lo·res /dəlɔ́:rəs/ デローレス《女子名》. [⇨ DOLORES]
De·lorme, de l'Orme /dəlɔ́:rm; *F* dəlɔrm/ ドロルム **Philibert** ~ (1515?–70) 《フランスのルネサンス期の宮廷建築家》.
De·lors /dəlɔ́:r/ ドロール **Jacques(-Lucien-Jean)** ~ (1925–) 《フランスの政治家; 欧州委員会委員長 (1985–95)》.
De·los /dí:lɑ̀s/ **1** デロス (*ModGk* Dhílos) 《エーゲ海南部 Cyclades 諸島中の最小の島; cf. DELIAN》. **2** ディーロス《男子名》.
de los Án·ge·les /deɪ lɔ:s á:ŋhəleɪs/ デ·ロス·アンヘレス **Victoria** ~ (1923–2005) 《スペインのソプラノ》.
de·loul /dɪlú:l/ *n* 〖動〗 ヒトコブラクダ (dromedary). [Arab]
de·lóuse /di-/ *vt* …からシラミを取り除く; …の有害物を除く. ♦ **-lóus·er** *n*
Del·phi /délfaɪ/ **1** デルポイ《ギリシア Parnassus 山の南斜面の聖地·古都; 神託で有名な Apollo の神殿があった》. **2** デルファイ《専門家へのアンケート調査を反復して未来の予測をする手法》. **3** 〖電算〗 デルファイ《オンライン情報提供サービス》.
Del·phi·an /délfiən/ *a* DELPHIC. ► *n* デルポイ人.
Del·phic /délfɪk/ *a* DELPHI の; デルポイのアポローン神殿[神託所]

の; アポローンの; [ºd-] 神託[預言]の(ような); [ºd-] 意味のあいまいな, なぞめいた, 難解な. ♦ **dél·phi·cal·ly** *adv*

Délphic óracle [the] デルポイの神託所《Apollo の神殿にあり, 難解な神託で有名》.

Del·phin /délfən/ *a* フランス王太子 (dauphin) の; DELPHIN CLASSICS の.

Délphin clássics *pl* [the] フランス王太子版《Louis 14 世の時 王子教育のために編集されたラテン文集》.

del·phi·nin /délfənən/ *n* 〘化〙 デルフィニン《ヒエンソウから採る赤褐色小板状晶》.

del·phi·nine /délfənìːn, -nən/ *n* 〘化〙 デルフィニン《ヒエンソウから採る結晶性有毒アルカロイド》.

D

del·phin·i·um /dɛlfíniəm/ *n* 〘植〙 デルフィニウム属[オオヒエンソウ属] (*D-*) の各種草本《キンポウゲ科》. [L<Gk=larkspur; ⇨ DOLPHIN]

del·phi·noid /délfənɔ̀ɪd/ *a, n* 〘動〙 イルカに似た(動物); イルカ類[上科] (Delphinoidea) の(動物).

Del·phi·nus /dɛlfáɪnəs, -fíː-/ 〘天〙 いるか座 (Dolphin).

Del·phol·o·gy /dɛlfálədʒi/ *n* 正確に未来の予測を立てる方法の研究, 未来学方法論.

Del·rin /délrən/ 〘商標〙 デルリン《ホルムアルデヒドを重合してつくられる強くて弾性のあるプラスチック》.

Del·sárte sýstem /dɛlsáːrt-/ デルサルト法《(1) さまざまな姿勢や動作の体得を通じて音楽・演劇における表現力を高めようという理論[方法] 2) 歌唱・踊りと柔軟体操を組み合わせた美容体操》. [François *Delsarte* (1811–71) フランスの歌唱・演劇の教師]

del Sarto ⇨ SARTO.

delt /délt/ *n* [ᵘ*pl*]*《口》 三角筋 (deltoids).

del·ta /déltə/ *n* **1** デルタ《ギリシア語アルファベットの第 4 字; Δ, δ; 英字の D, d に当たる》; ᵘ《評点で》第 4 級[等]; Δ の音; [D-] デルタ《文字 d を表わす通信用語; ⇨ COMMUNICATIONS CODE WORD》; [D-] 〘天〙 デルタ星, δ 星《星座の中で明るさが第 4 位の星》; [D-] デルタ《米国の人工衛星打上げ用ロケット》. **2** Δ 字形[三角形, 扇状]のもの; 三角洲, デルタ; 〘数〙 デルタ《変数の増分; 記号 Δ》. **3** 〘生理〙 DELTA WAVE. ► *a* 〘化〙 デルタの《異性体の区別を表わす; ⇨ ALPHA¹》. [Gk<Phoenician]

Delta デルタ《ナイジェリア南部の州; ☆Asaba》.

délta àgent デルタ因子 (=*delta virus*)《B 型肝炎ウイルスが存在するときにデルタ型肝炎を惹起する欠損性 RNA ウイルス》.

Délta blùes [‹*sg/pl*›] デルタブルース《ブルースの影響をうけたカントリーミュージック》. [Mississippi *delta*]

Délta Cé·phei /-síːfiàɪ/ 〘天〙 ケフェウス座デルタ星《1784 年に発見された最初のケフェウス型変光星》.

délta connèction 〘電〙 デルタ結線[接続].

délta fàn 〘地理〙 FAN DELTA.

Délta Fòrce 〘米〙 デルタ部隊, デルタフォース《米陸軍に所属するテロ対策特別部隊》.

délta hepatítis 〘医〙 デルタ型肝炎 (=*hepatitis delta*)《delta agent による肝炎; B 型肝炎ウイルスに感染していることを必要とする》.

del·ta·ic /dɛltéɪɪk/ *a* デルタの(ような); 三角形の, 扇状の.

délta ìron 〘冶〙 デルタ鉄《非磁性多形体》.

délta mètal 〘冶〙 デルタメタル《銅・亜鉛・鉄の合金》.

délta pàrticle 〘理〙 デルタ粒子《記号 Δ》.

délta plàin 三角洲平野.

délta plàteau 三角洲台地.

délta ràу 〘理〙 デルタ線; デルタ線の飛跡.

Délta tèam DELTA FORCE.

delta-v /–́–vìː/ *n*《口》 加速. [*v*elocity の増分 (delta) から]

délta vìrus DELTA AGENT.

délta wàve [rhỳthm] 〘生理〙《脳波の》デルタ波[リズム]《深い睡眠の場合に典型的にみられる》.

délta wíng 《ジェット機の》三角翼, デルタ翼; デルタ翼機, 三角翼機. ♦ **délta-wing(ed)** *a*

del·tic /déltɪk/ *a* DELTAIC.

del·ti·ol·o·gy /dɛ̀ltiálədʒi/ *n* 絵はがき蒐集. ♦ **-gist** *n*

del·toid /déltɔ̀ɪd/ *a* デルタ字 (Δ) 状の, 三角形の; 三角洲状の; 三角筋の. ► *n* 〘解〙 三角筋. ♦ **del·tói·dal** *a*

del·toi·de·us /dɛltɔ́ɪdiəs/ *n* (*pl* **-dei** /-diàɪ/) DELTOID.

déltoid tuberósity 〘解〙《上腕骨の》三角筋粗面.

de·lude /dɪlúːd/ *vt* 欺く, 惑わす; 《まれ》〈期待・希望を〉裏切る, 失望させる (frustrate); 《廃》 回避する, はぐらかす: ～ one*self* 勘違いする / ～ sb *into* belief [believ*ing* that…] 人をだまして(…と)信じ込ませる. ♦ **de·lúd·ed** *a* **de·lúd·ed·ly** *adv* **de·lúd·er** *n* **de·lúd·ing·ly** *adv* [L *de-(lus- ludo* to play)=to mock]

del·uge /déljuːdʒ, -ʒ/ *n* **1 a** 大洪水, 氾濫; 豪雨, 土砂降り: a ～ of fire 火の海 / After me [us] the ～. あとは野となれ山となれ (cf. APRÈS MOI LE DÉLUGE). **b** [the D-] 〘聖〙 ノア (Noah) の大洪水, 洪水物語《*Gen* 6–9》. **2**《手紙・訪問者などの》殺到, 氾濫; どっと押し寄せる[殺到する]もの; おびただしい数[量]. ► *vt* **1** 〈場所を〉どっと水浸しにする, 氾濫させる; 〈人・物を〉びしょぬれにする. **2** …にどっと押し寄せる[殺到する], 圧倒する 〈*with*〉: be ～*d with* applications [letters] 申し込み[手紙]が殺到する. [OF<L *diluvium*‹*diluo* to wash away]

del·un·dung /déləndʌ̀ŋ, dɪlʌ́ndəŋ/ *n* LINSANG. [Malay]

de·lúrk /di-/ *vi* 〘電算〙 読んでばかり[リードオンリー]の状態を抜け出す (cf. LURK).

de·lu·sion /dɪlúːʒ(ə)n/ *n* 欺く[欺かれる]こと, 惑わす[惑わされる]こと; 迷い, 惑い; 勘違い, 錯覚, 思い違い; 〘精神医〙 妄想: ～*s* of persecution 被害[迫害]妄想 / ～*s* of grandeur 誇大妄想 / LABOR under a ～. ♦ **～·al** *a* **～·àry** /; -(ə)ri/ *a* [L; ⇨ DELUDE]

de·lu·sive /dɪlúːsɪv, *-zɪv/ *a* 人を惑わす[欺く], 人を誤らせる; ごまかしの, 欺瞞的な, あてにならない; 妄想の, 妄想的な, 架空の, 非現実の. ♦ **～·ly** *adv* **～·ness** *n*

de·lu·so·ry /dɪlúːsəri, -zə-/ *a* 人を欺く[惑わす] (delusive).

de·lúster /di-/ *vt* 〘繊維〙 …のつや消しをする. ♦ **～·ant** *n* つや消し剤.

de·luxe /dɪlúks, -lʌ́ks, -lúːks/ *a* 豪華[豪奢]な, ぜいたくな, 特別上等[高級]な, デラックスな: a ～ edition 豪華版 / a ～ train 特別列車. ► *adv* 豪華に, ぜいたくに, 優雅に. [F *de luxe* of luxury]

delve /délv/ *vt, vi* **1 a**《情報を得るため》〈過去・記録・資料などを〉徹底して調べる, 探究する, 掘り下げる 〈*into, for*〉. **b** 〈ひきだし・ポケットなどを〉ひっかきまわして捜す. **2** 〈動物が深く穴を掘る; 《古・詩・英方》 鋤(すき)で掘る (dig): When Adam ～*d* and Eve span, who was then the gentleman. 《諺》 アダムが耕しイヴが紡いだとき, だれがジェントルマンであったのか《John BALL の説教から》. **3** 〈斜面(の道)などが〉急に落ち込む. ► *n* 掘ること; 《古》 洞穴 (den), 掘った穴, くぼみ, 窪地. ♦ **délv·er** *n* [OE *delfan* to dig; cf. OHG *telban* to dig]

dely. delivery.

Dem /dém/ *n**《口》 民主党員 (Democrat).

dem- /díːm/, **de·mo-** /díːmoʊ, -mə/ *comb form*「民衆」「大衆」「人民」「庶民」「人口」 [Gk DEMOS]

dem. demonstrative. **Dem.** *Democrat ♦ Democratic.

de·mágnet·ize /di-/ *vt* …から磁気を除く, 消磁する. ► *vi* 消磁される. ♦ **-iz·er** *n* 消磁装置. **de·màgnet·izátion** *n* 消磁.

de·mágnify /di-/ *vt* 〈映像・電子ビームなどを〉縮小する, マイクロ化する.

dem·a·gog·ic /dɛ̀məgágɪk/, **-i·cal** *a* 民衆煽動家の(ような), 煽動的な, デマ(ゴーグ)の. ♦ **-i·cal·ly** *adv*

dem·a·gog·ism, -gogu·ism /déməgàgɪz(ə)m/ *n* DEMAGOGUERY.

dem·a·gogue, 《米》 **-gog** /déməgàg/ *n* 煽動政治家, 民衆煽動家, デマゴーグ; 《昔の》 民衆[群衆]の指導者. ► *vi* demagogue として行動する. ► *vt* 〈問題を〉煽動的に扱う. [Gk=people leader (*dem-, agōgos* leading)]

dem·a·gogu·ery /déməgàg(ə)ri/ *n* 民衆煽動.

dem·a·gogy /déməgàgi, -gàdʒi, *-gòʊdʒi/ *n* 民衆煽動; 民衆煽動家の支配; 民衆煽動家グループ.

de mal en pis /*F* də mal ɑ̃ pi/ ますます悪く.

dè·mán *vi, vt*ᵘ人員削減をする; ᵘ〈人を〉職からはずす, 解雇する; *…の男らしさを奪う.

de Man /də máːn/ ド・マン **Paul** ～ (1919–83)《ベルギー生まれの米国の文芸批評家; 脱構築批評の中心的人物》.

de·mand /dɪmǽnd; -máːnd/ *vt* **1 a** (権利として)要求する: ～ sth *of* [*from*] sb 人に物事を要求する[求める] / I ～ *to* know what's going on. (これは)どういうことなのか(ぜひ)教えてもらいたい / I ～*ed* that he (should) go with me. いっしょに行ってほしいと要求した. **b** 教えて[知らせて]くれるように頼む[せがむ], 聞く, 尋ねる, 詰問する, 言えと迫る: ～ sb's business 人に何の用か聞きただす / ～ sb's name and address 住所氏名を問う. **c** 〘法〙 召喚する, …に出頭を命じる; …の法律上の請求をする. **2** 〈物事が注意・熟練・忍耐・時日などを〉必要とする (need): This matter ～*s* great caution. この事は細心の注意を要する. ► *vi* 要求する; 詰問する. ► *n* **1**《権利としての》要求 (claim); 要求物; [*pl*] 要求されるもの《注意・熟練・忍耐・時日など》, 緊急の要求, 差し迫った必要; 請求 (request); 問い合わせ; 強要 〈*for*〉; 〘法〙 請求(権); 《古》 質問, 疑問: make a ～ 要求する / meet [satisfy] sb's ～s 〈人〉の要求に応じる / A mother has many ～*s on* her time. 母親はいろいろと時間をとられて忙しい / This work makes great ～*s on* [*of*] me. これはわたしにとっては大変な仕事だ. **2** 需要, 売れ口 〈*for, on*〉: ～ and supply=supply and ～ 需要と供給 / There is a great [a poor, little] ～ *for* this article. この品は需要が多い[少ない]. ● **be in ～** 需要がある, 売れ行きがよい, 人気がある. **by popular ～** 人びとの要望[需要]にこたえて. **on ～** 要求[需要]があり次第. ♦ **～·able** *a* 要求[請求]できる. **～·er** *n* 要求者, 請求者. [OF<L=to entrust; ⇨ MANDATE]

demánd·ant 《古》 *n* 〘法〙 原告 (plaintiff), 《特に》 物的訴訟における原告; 要求者; 質問者.

demánd bìll [dràft] 要求払い手形 (sight draft*).

demánd bùs デマンドバス《決まったダイヤ・路線を走るのではなく, 一定区域内の利用者からの電話や押しボタンに応じて指定場所に客を迎えに行くバス》.

demánd depòsit 〘銀行〙 要求払い預金, 当座預金《預金者の要求次第払い渡されるもの; cf. TIME DEPOSIT》.

de·man·deur /*F* dəmɑ̃dœːr/ *n* 原告.
demánd inflàtion DEMAND-PULL.
demánd·ing *a* 〈人が〉要求[注文]のきびしい, 手のかかる; 〈仕事が〉高度の技能[忍耐, 集中力]を要する, きつい, (時間などを)とられる.
♦ **~·ly** *adv* **~·ness** *n*
demánd lòan CALL LOAN.
demánd nòte 要求払い手形; "請求書.
demánd pàging 〘電算〙要求時ページング, デマンドページング《仮想記憶システムで, ディスクなどの二次記憶からのページの主記憶への読込みがプログラムの実行時に必要になったときに初めて行なわれる方式》.
demánd-pùll *n* 〘経〙デマンド-プル(型)[需要超過]インフレーション(=~ **inflátion**)《需要が供給を上回るための物価上昇; cf. COST-PUSH》.
demánd-sìde *a* 〘経〙需要サイド[需要側重視]経済理論の (cf. SUPPLY-SIDE).
demánd-sìde económics 需要側(重視)の経済学[経済理論]《政府は需要操作により国家経済を調節できるとする理論》.
de·man·toid /dɪmǽntɔɪd, démәntɔɪd/ *n* 翠(すい)ざくろ石, デマントイド《宝石にする》.
de-Mào·izátion /di-/, **de-Mào·ifi·cá·tion** /-əfəkéɪʃ(ə)n/ *n* 非毛(沢東)化, 脱毛沢東化, 毛(沢東)色一掃.
de·mar·cate /dɪmáːrkèɪt, díːmàːr-; díːmàː-/ *vt* …の境界(線)を画定する; …に一線を画する, はっきり分ける[区別する]. ♦ **-cà·tor** *n* [逆成<↓]
de·mar·ca·tion, -ka- /dìːmàːrkéɪʃ(ə)n/ *n* **1** 境界, 分界; 境界画定; 区分. **2** "〘労働〙管轄, なわばり《所属組合の異なる労働者たちの組合別作業管掌区分》: a ~ dispute 管轄[なわばり]争議. [Sp; ⇨ MARK[1]]
de·march /díːmàːrk/ *n* 《古代ギリシアの》市区 (deme) の長; 《現代ギリシアの》市長. [Gk]
dé·marche, de- /deɪmáːrʃ, dɪ-, déɪmàːrʃ/ *n* 処置, 措置, 対策; 《特に 外交上の》手段; 政策転換, 新政策; 《外国政府・政府当局に対する》申し入れ(書). [F=gait (*demarcher* to take steps); cf. MARCH[1]]
de·márk /dɪ-/ *vt* DEMARCATE.
de·márket·ing /di-/ *n* 品薄の商品の需要を抑制するための宣伝活動.
de·másculinize /di-/ *vt* …の男性らしさを奪う.
♦ **de·masculinizátion** *n*
de·mas·si·fy /dimǽsəfàɪ/ *vt* 非集中化[非画一化, 多様化]する, 〈マスメディアを〉少数視聴者向けにする, 脱マス化する. ♦ **de·màs·si·fi·cá·tion** *n*
dè·matérial·ìze *vt, vi* 非物質化する, 見えなくする[なる].
♦ **dè·matèrial·izátion** *n* 非物質化.
de mau·vais goût /*F* də mɔvɛ gu/ 趣味の悪い, 悪趣味な.
Demavend ⇨ DAMAVAND.
deme /díːm/ *n* **1** 《古代ギリシア Attica の》市区; 《現代ギリシアのかつての》市, 地方自治体 (commune). **2** 〘生〙デーム《個体群に重点をおく分類学上の単位》, 《特に》GAMODEME. [Gk *dēmos* people]
de·mean[1] /dɪmíːn/ *vt* …の身分[品格, 信望]を落とす, 卑しめる: ~ one*self* to do… みずからを卑しめて…する.
[MEAN[2]; *debase* にならったもの]
demean[2] *vt* [~ *-self*] 《文》(身を)処する (behave): ~ one*self* well [ill, like a man] りっぱに[まずく, 男らしく]ふるまう. ► *n* 《古》DEMEANOR. [OF (L *mino* to drive animals < *minor* to threaten)]
deméan·ing *a* 屈辱的な, 自尊心を傷つける, 人をみくびった[ばかにした]. ♦ **~·ly** *adv*
de·mean·or | -our /dɪmíːnər/ *n* ふるまい, 行ない, 態度, 物腰, 様子, 表情.
de·ment /dɪmént/ *vt* 《まれ》発狂させる, …の理性を奪う. ► *n* 《まれ》狂人. ► *a* 《古》(気の)狂った. [F or L *ment- mens* mind]
de·ment·ed /dɪméntəd/ *a* 気が狂った(ような), 頭のおかしい; 《古風》痴呆 (dementia) になった. ♦ **~·ly** *adv* **~·ness** *n* [(pp)< *dement*]
dé·men·ti /deɪmáːnti; *F* demɑ̃ti/ *n* (*pl* **~s** /-z; *F* —/) 〘外交〙《風説などに対する》公式の否認; うそを述べること.
de·men·tia /dɪménʃ(i)ə/ *n* **1** 〘精神医〙認知症, 痴呆(症)《後天性の回復不能な知的障害; cf. AMENTIA》: have [suffer from] ~ / a ~ sufferer 認知症の人 / SENILE DEMENTIA. **2** 狂気, 精神異常 (insanity). ♦ **-tial** *a* [L=madness; ⇨ DEMENTED]
deméntia par·a·lýt·i·ca /-pæ̀rəlítɪkə/ (*pl* **de·men·ti·ae par·a·lyt·i·cae** /dɪménʃiː pæ̀rəlítɪsìː/) 〘精神医〙麻痺(性)痴呆 (GENERAL PARESIS). [NL]
deméntia práe·cox /-príːkɑ̀ks/ (*pl* **deméntiae práe·co·ces** /-príːkəsìːz/) 〘精神医〙早発(性)痴呆《統合失調症 (schizophrenia) の古い呼称》. [NL=precocious dementia]
Dem·e·rara /dèmərάːrə, -réərə/ **1** [the] デメララ川《ガイアナ北部の川》. **2** [d-] **a** デメララ (=d~ **súgar**)《サトウキビから採る薄褐色の粗糖; 西インド諸島主産》. **b** デメラララム《芳香のブレンド用ラム》.
de·mérger /di-/ *n* 合併企業の分離, グループからの企業の分離.
♦ **de·merge** /di-/ *vi, vt*
de·mer·it /dɪmérət/ *n* 欠点, 欠陥, 短所; 長所[取柄]のないこと; *〘教育〙罰点; [[U]*pl*] 《廃》過失, おちど, 罪; 《廃》美点, 長所. ► *vt* 〈人〉に罰点を与える. [OF or L *demerit-demereor* to deserve (MERIT); 本来「功罪」の意; 現在の意は強意の *de-* を否定の *de-* と誤ったもの]
de·meritórious /di-/ *a* 責められるべき.
Dem·er·ol /déməròː(ː)l, -ròʊl, -rɑ̀l/ 〘商標〙デメロール《MEPERIDINE 製剤》.
de·mer·sal /dɪmə́ːrs(ə)l/ *a* 〘動〙海底[湖底](近く)の[にすむ]: ~ fish 底魚(そこうお), 底生(ていせい)魚.
de·mésmerize /di-/ *vt* …の催眠状態を解く, 覚醒させる.
de·mesne /dɪméɪn, -míːn/ *n* **1 a** 〘法〙《封建法上再下封することなくみずから保有する》直領地: hold…in ~ 〈土地を〉直領地として保有する. **b** 直轄地, 直営地; 邸宅付属地; 《元首・国家の》所有地; 《一般に》私有地, 領地. **2** 地域, 地区; 《活動・関心などの》領域, 分野, 範囲, 領分. ● **a ~ of the Crown**=ROYAL DEMESNE. [OF=belonging to a lord<L *dominicus* (*dominus* lord); *-s-* は AF の異形]
De·me·ter /dɪmíːtər/ 〘ギ神〙デーメーテール《農業・豊饒・結婚・社会秩序の女神; ローマの Ceres に当たる》.
de·méthylate /di-/ *vt* 〈化合物を〉脱メチル化する《メチル基を除去する》. ♦ **de·methylátion** *n*
dem·e·ton /démətɑ̀n/ *n* 〘薬〙デメトン《有機リン系の浸透殺虫剤》. [? *di*ethyl, *me*rcapt-, *thion*ate]
De·me·tri·us /dɪmíːtriəs/ ディミートリアス《男子名》. [Gk=of Demeter]
demi *n* DEMOS の複数形.
demi- /démɪ-/ *pref*「半…」「部分的…」(cf. HEMI-, SEMI-). [F <L *dimidius* half]
dèmi·bástion *n* 〘城〙《一正面と一側面とからなる》半稜堡(りょうほ).
♦ **~ed** *a*
dèmi·cánton /, -kæntάn/ *n* 《スイスの》準州《3 つの旧州 Appenzell, Basel, Unterwalden が 2 分されたその一方》.
demi-glace /démɪglèɪs/, **-glaze** /-glèɪz/ *n* 〘料理〙ドミグラスソース (=~ **sáuce**)《ブラウンソースに肉汁を加えて煮詰めたソース; 上等な肉料理用》. [*demi-glace*<L=half-glazed]
démi·gòd *n* 〘神話〙半神半人, 人間と神の間に生まれた子《Hercules など》; 〘神話〙下級神; 神のような[神格化された]人《英雄・支配者など》. ♦ **démi·gòddess** *n fem*
demi·john /démɪdʒɑ̀n/ *n* デミジョン《かごにくるんだ 3–10 ガロン入りの細首の大瓶》. [F *dame-jeanne* Lady Jane; *demi-*, *John* に同化]
de·mílitarize /di-/ *vt* 非武装化する; 非軍事化する; 軍国主義から解放する; 軍政から民政に移す: a ~*d* zone 非武装地帯. ♦ **de·militarizátion** *n*
de Mille /də míl/ デミル **Agnes (George)** ~ (1905–93)《米国の舞踊家・振付家; Cecil B. DeMille の姪》.
De·Mille /dəmíl/ デミル **Cecil B(lount)** /blʌ́nt/ ~ (1881–1959)《米国の映画制作者》.
démi·lùne *n* 三日月, 半月; 〘城〙半月堡(ほ); 〘生理〙《唾液腺などの》半月(細胞).
démi-míni *a, n* ミニより短い(スカート[ドレス]), 超ミニ.
demi·mon·daine /dèmimὰndéɪn, ⏑–⏑–/ *n* DEMIMONDE の女, いかがわしい[不身持ちな]女, 囲い女(め), めかけ, 高級売春婦. [F]
demi·monde /démimὰnd; ⏑–⏑/ *n* **1** [the] 高級売春婦[囲い女, めかけ]たち(の世界), 花柳界; いかがわしい[裏の, 暗黒の]世界. **2** DEMIMONDAINE; [the] 《特定の職業集団の中の》いかがわしい連中. [F=half-world; Dumas fils の造語]
de·míne /di-/ *vt, vi* (…の)地雷を除去[処理]する. ♦ **de·míner** *n* 地雷処理員, デマイナー.
de·míneral·ìze /di-/ *vt, vi* …から鉱物質を除く, 脱塩する[される], 鉱物質を失う; 〘歯〙脱灰する (decalcify): ~*d* water 脱塩[脱イオン]水. ♦ **-ìz·er** *n* **de·mìneral·izátion** *n*
de min·i·mis /di mínəməs, deɪ míːnɪmɪs/ *a* ほんのわずかな, 些細な, 最小限の, 僅少の.
de mi·ni·mis non cu·rat lex /deɪ mínɪmìːs nòʊn kùːràːt léks/ 法律は些事を顧みない. [L]
de·mi-pen·sion /*F* dəmipɑ̃sjɔ̃/ *n* 《下宿・ホテルなどの》ベッドと二食, 一泊二食制 (half board")《一泊・朝食のほか昼食または夕食がつく》, MODIFIED AMERICAN PLAN.
demi·pique /démɪpìːk/ *n* 《18 世紀の騎兵が用いた》前橋の低い鞍.
démi·quàver *n* "〘楽〙十六分音符 (sixteenth note*) (⇨ NOTE).
dèmi·relíef *n* MEZZO-RELIEVO.
demi·rep /démɪrèp/ *n* DEMIMONDAINE. [*rep*robate または *rep*utable]
demi·sai·son /*F* d(ə)misɛzɔ̃/ *n* 合いの季節《春か秋》; 合い服, 間着.

D

de·mise /dɪmáɪz/ *n* **1 a** 崩御, 逝去, 死亡;〘法〙財産譲渡の原因となる死. **b** 消滅, 終焉;《活動の》終止. **c** 地位[身分]を失うこと. **2**〘法〙《遺言または賃貸借契約による》権利譲渡[設定];〘政〙《元首の死亡・退位・退職による》統治権の移転, 王位の委譲, 譲位. ► *vt*〘法〙〈財産権を〉賃貸[遺贈]する;〘政〙〈統治権を〉元首の死亡[退位, 退職]によって移す[渡す],〈王位を〉譲る;《廃》譲渡[委譲]する (convey). ► *vi* 統治権[王位]継承を行なう; 死亡する;〈財産など〉相続[王位継承, 遺贈]によって移る. [AF (pp)<OF DISMISS]

démi·sèason *a* 合いの季節の, 合いの〈服〉.

demi-sec /dɛ́mɪsɛ́k/ *a* 〈ワイン・シャンパンが〉やや辛口の, ドゥミセクの. [F]

D

demíse chàrter〘海運〙裸(はだか)傭船契約, 船舶賃貸借 (cf. BAREBOAT).

dèmi·sémi·quàverᴵᴵ/; ⸗⸗⸗⸗⸗/ *n*〘楽〙三十二分音符 (thirty-second note*) (⇨ NOTE).

demisémiquaver rèstᴵᴵ〘楽〙三十二分休符 (thirty-second rest*).

de·miss·ion /dɪmíʃ(ə)n/ *n* 辞職, 退職, 退官, 退位;《古》解任.

de·místᴵᴵ /di-/ *vt* 〈車の窓ガラスなどの〉曇り[霜]を除く. ♦ **~·er**ᴵᴵ *n* デミスター (defroster)《demist する装置[ダクト]》.

de·mit /dɪmít/ *vt, vi* 《古・スコ》(-tt-) (〈職などを〉)やめる, 辞する, 辞職する; 解任[解雇]する.

demi·tasse /dɛ́mɪtæ̀s, -tɑ̀:s/ *n* デミタス《食後のブラックコーヒー用の小型カップ》; デミタス一杯のコーヒー. [F=half-cup]

démi·tìnt *n*〘美〙《明・暗の》半調ぼかし(の部分) (=*half tint*).

démi·tòilet *n* 略式礼装, 略装.

demi·urge /dɛ́miə̀:rʤ, dí:mi-/ *n* **1** [D-] **a**〘プラトン哲学〙工作者, デミウルゴス《世界形成者》,〘グノーシス派哲学〙創造神, デミウルゴス《上帝のもとで宇宙を創造した下級神で, 時に悪の創造神ともみなされる》. **b** 創造[支配, 決定]力をもつもの. **2**〘古ギ〙《一部の都市国家の》執政官, 行政長官. ♦ **dèmi·úr·geous** *a* **dèmi·úr·gic, -gi·cal** *a* **-gi·cal·ly** *adv* [Gk=worker for the people]

de·mi·vi·erge /dèmɪviɛ́ərʒ/ *n* 半処女《性交はしないが猥談やペッティングをする処女》. [F=half virgin]

démi·vòlt(e) *n*〘馬〙半巻き乗り《馬が前脚を上げて半回転する》.

démi·wòlf *n* オオカミと犬の雑種,《広く》雑種の犬.

démi·wòrld *n* [the] いかがわしい連中(の世界) (demimonde).

demo[1] /dɛ́moʊ/《口》*n* (*pl* **dém·os**) **1**ᴵᴵデモ, 示威運動 (demonstration);《機器などの》実地[実演]説明, デモ. **2** 実物宣伝[デモ]用(に使った)製品, 展示(済み)[実物]見本; *試乗車, 展示車; 試聴盤, 試聴用[デモ]テープ[ディスク];〘電算〙《ソフトの》デモ版, 試用版. ► *vt* 〈機器など〉の実地説明を〈…に〉する 〈*for*〉,〈人〉に〈…について〉実地説明する 〈*on*〉, 実演して[やって]みせる, デモる;〈歌を〉デモテープ[ディスク]にする.

demo[2] *n* (*pl* **dém·os**) *《口》解体[爆破]作業員 (demolition worker).

Demo *n* (*pl* **Dém·os**) *《口》民主党員 (Democrat).

demo- ⇨ DEM-.

de·mob /dimɑ́b/ᴵᴵ《口》*n* DEMOBILIZATION; 復員兵[者]. ► *vt* (-bb-) DEMOBILIZE.

demób-hàppy *a*ᴵᴵ《口》肩の荷が降りた, (重責から解放されて)ほっとした.

de·móbilize /dɪ-/ *vt* 〈部隊など〉の動員を解く, 解隊する (disband);〈兵隊を〉復員[除隊]させる. ► *vi* 〈軍隊など〉解散する. ♦ **-mobilizátion** *n* [F (*de-*)]

Démo·chrístian *n*《ヨーロッパの》キリスト教民主党員.

de·moc·ra·cy /dɪmɑ́krəsi/ *n* **1 a** 民主主義; 民主制, 民主政治, 民主政体. **b** 民主主義の国, 民主国;《主権の存する》一般国民. **2** [D-]〘米〙民主党(の政綱). **3 a** 政治的・社会的・法的な平等, 世襲的特権のない状態; 民主的な体制[システム]. **b** 民主的な運営, 平等の扱い. [F, <Gk (DEMOS, *-cracy*)]

dem·o·crat /dɛ́məkræ̀t/ *n* 民主主義者, 民主政体論者; [D-]〘米〙民主党員 (cf. REPUBLICAN); 人を自分と同等の者として扱う人; DEMOCRAT WAGON. [F *démocrate* (DEMOS); *aristocracy*: *aristocrat* の類推]

dem·o·crat·ic /dèməkrǽtɪk/ *a* 民主政体の, 民主主義の; 民主的な; 大衆的な, 一般うけのする; [D-]〘米〙民主党の (cf. REPUBLICAN). ♦ **-i·cal·ly** *adv* [F, <Gk; ⇨ DEMOCRACY]

democrátic céntralism《共産主義の》民主的中央主権制度[主義], 民主集中制《政策討議や上部組織の選挙への一般党員の参加を認めるが, 上部組織の決定への絶対服従を要求する》.

Democrátic Párty [the]〘米〙民主党《二大政党の一つ; 19 世紀初めに Anti-Federalists と Democratic-Republican 党から発展した; シンボルはロバ; cf. REPUBLICAN PARTY》.

Democrátic-Repúblican Párty [the]〘米史〙民主共和党《19 世紀初期連邦政府の権限拡大を否定し, Federalist Party と対立した政党; 現民主党の前身》.

Democrátic Únionist Párty [the]〘アイル〙ULSTER DEMOCRATIC UNIONIST PARTY《略 DUP》.

de·moc·ra·tism /dɪmɑ́krətɪ̀z(ə)m/ *n* 民主主義の理論[制度, 原則].

de·moc·ra·tize /dɪmɑ́krətàɪz/ *vt* 民主化する, 民主的[平民的]にする. ♦ **-tìz·er** *n* **de·mòc·ra·ti·zá·tion** *n* 民主化.

démocrat wàgon《通例二頭立て二座席の》農場用軽馬車.

De·moc·ri·tus /dɪmɑ́krətəs/ デモクリトス (460?–?370 B.C.)《ギリシアの唯物論哲学者; 'Laughing Philosopher' といわれた; 原子論を完成》. ♦ **De·moc·ri·te·an** /dɪmɑ̀krətí:ən/ *a* デモクリトス(哲学)の(ような).

dé·mo·dé /dèɪmoʊdéɪ; *F* demɔde/ *a* 時代[流行]遅れの (outmoded, out-of-date). [F (pp) < *démoder*; ⇨ MODE]

dem·o·déc·tic mánge /dèmədɛ́ktɪk-/〘獣医〙毛嚢虫[性]疥癬《特に 犬の》.

de·mod·ed /dimóʊdəd/ *a* DÉMODÉ.

De·mod·o·cus /dɪmɑ́dəkəs/〘ギ神〙デーモドコス《*Odyssey* 中の盲目の吟唱詩人》.

de·módulate /di-/ *vt*〘通信〙復調する, 検波する.

de·modulátion /di-/ *n*〘通信〙復調, 検波 (detection).

de·módulator /di-/ *n*〘通信〙復調器, 検波器.

De·mo·gor·gon /dì:məgɔ́:rgən, ⸗⸗⸗⸗/〘神話〙デモゴルゴン, 魔神《ギリシア神話以前の原始的創造の神》.

de·mo·graph·ic /dèməgræ̀fɪk, dì:mə-/ *n* [*pl*]《特定地域の》人口統計[実態];〘商品の〙購買層,《特定の》層, 集団. ► *a* 人口統計(学)の. ♦ **-i·cal** *a* **-i·cal·ly** *adv*

demográphic transítion 人口学的遷移《出生率・死亡率の主だった変化》.

de·mog·ra·phy /dɪmɑ́grəfi/ *n* 人口統計学, 人口学;〘生〙個体群統計学. ♦ **-pher** *n* [*Gk* DEMOS]

demoi DEMOS の複数形.

de·moid /dí:mɔ̀ɪd/ *a*〘地質〙〈化石が〉《特定地層[地域]に》豊富な, 多産する.

dem·oi·selle /dèmwəzɛ́l, -wɑ:-/ *n* おとめ, 少女;〘鳥〙アネハヅル (=~ **cràne**)《アジア・北アフリカ・南欧産》; DAMSELFLY; DAMSELFISH; TIGER SHARK. [F]

De Moi·vre /də mɔ́ɪvər, -mwɑ́:v(rə)/ ド・モアヴル **Abraham** ~ (1667–1754)《フランス生まれの英国の数学者; 三角法と確率論を研究》.

De·Mói·vre's théorem /dɪmɔ́ɪvərz-, -mwɑ́:v(rə)z-/〘数〙ド・モアブルの定理《n を任意の整数とするとき $(\cos\theta+i\sin\theta)^n = \cos n\theta+i\sin n\theta$ が成り立つという定理》. [↑]

de·mol·ish /dɪmɑ́lɪʃ/ *vt* 〈建物を〉取りこわす; 破壊する, 粉砕する;〈計画・制度・持論などを〉覆す, ぶちこわす,〈自信などを〉打ち砕く,〈人を〉こきおろす, やっつける; …に圧勝する;〈食べ物を〉平らげる. ♦ **~·er** *n* **~·ment** *n* DEMOLITION. [F<L (*molit- molior* to construct)]

dem·o·li·tion /dèməlíʃ(ə)n, dì:-/ *n* 取りこわし, 解体, 破壊; 爆破; 粉砕,《特権などの》打破;《口》圧勝; [*pl*]《戦争用の》爆薬. ♦ **~·al** *a* **~·ist** *n*

demolítion bòmb〘軍〙破壊用爆弾.

demolítion dérby 自動車破壊競争, スタントカーレース《何人かが古車を運転してぶつけ合い, 走行可能な最後の一台を勝者とする》.

demolítion jòbᴵᴵ《口》こっぴどい[中傷的な]批判, こきおろし 〈*on*〉; 打破, 圧勝.

de·mon, dae- /dí:mən/ *n* (*fem* ~·**ess**) **1 a** 悪魔, 悪霊, 悪鬼, 魔神;〘宗〙霊鬼, 精霊: the little ~ (*of a child*) いたずらっ子. **b** 悪逆無道な人[もの], 悪の権化; [ᵁ*pl*] 害悪の源[手先], 破滅[苦悩]の因, 魔の手: inner ~*s* 邪悪な思い, 妄念. **2** 精力家, 達人, …の鬼: a ~ for work [at golf] 仕事[ゴルフ]の鬼 / a ~ bowler〘クリケット〙豪速球投手. **3**《豪口》警官, 刑事, デカ. **4** [ᵁdae-] **a**〘ギ神〙ダイモン (daimon, genius)《神と人の間に位する超自然的存在》. **b**《人・土地などについている》守護神 (daimon, genius). **5**《電算俗》デーモン《一定の条件がそろうと命令なしで自動的に作動するプログラム》. ► *a* DEMONIAC. [L<Gk *daimōn* deity]

démon drìnkᴵᴵ [the] [*joc*] 悪魔の飲み物, 酒の野郎《貧困・暴力・性格破壊をまねくものとしての酒》.

de·mon·e·ta·rize /dimɑ́nətəràɪz/ *vt* 〈金銀など〉の本位貨幣としての使用を廃止する, 廃貨にする. ♦ **de·mòn·e·ta·ri·zá·tion** *n*

de·mónetize /di-/ *vt* 〈通貨・切手〉の通用を廃止する, 廃貨にする; DEMONETARIZE. ♦ **de·monetizátion** *n*

de·mo·ni·ac /dɪmóʊniæ̀k/ *a, n* 悪魔[悪霊, 悪鬼]の(ような(人)), 凶暴な(人); 悪魔に取りつかれた(ような)(人), 狂乱した(人). ♦ **de·mo·ni·a·cal** /dì:mənáɪək(ə)l/ *a* **-ní·a·cal·ly** *adv* [OF<L (Gk (dim) < DEMON)]

de·mo·ni·an /dɪmóʊniən/ *a* 悪霊[悪鬼]の(ような) (demoniac).

de·mon·ic, dae- /dɪmɑ́nɪk/, **-i·cal** *a* 悪霊[悪鬼]の(ような) (demoniac); [ᵁdae-] 悪霊に駆られた(ような), 神通力[魔力]をもつ. ♦ **-i·cal·ly** *adv*

démon·ìsm *n* 悪霊[悪鬼]信仰; 悪魔[魔神]崇拝 (demonolatry); 悪霊[悪鬼]学[論] (demonology). ♦ **-ist** *n*

démon·ìze *vt* 悪魔に仕立てる, 悪者扱いする, 危険視[極悪視]する; 悪魔に取りつかせる. ♦ **dèmon·izátion** *n* 悪魔[悪者]扱い, 危険視: the *demonization* of Islam.

de·mon·oc·ra·cy /dì:mənɑ́krəsi/ *n* 悪霊[悪鬼]の支配; 支配する悪魔集団.

de·mon·og·ra·phy /dìːmənɑ́grəfi/ *n* (記述的)悪霊[悪鬼]学[論]. ♦ **-pher** *n*

de·mon·ol·a·try /dìːmənɑ́lətri/ *n* 悪霊[悪鬼]崇拝. ♦ **-ól·a·ter** *n* **-ól·a·trous** *a* **-trous·ly** *adv*

de·mon·ol·o·gy /dìːmənɑ́lədʒi/ *n* **1** 悪霊[悪鬼]学[論], 悪霊[悪鬼](信仰)の研究, 鬼神論, 妖怪学; 悪魔信仰, 魔神教; 悪霊学の論文. **2** 忌まわしい敵[けしからぬもの]の一覧表, 仇敵目録. ♦ **-gist** *n* **dè·mon·o·lóg·i·cal** *a*

de·mono·phóbia /dìːmənə-/ *n* 鬼神恐怖(症).

démon stàr 悪魔の星《変光星 ALGOL² のこと》.

démon stìnger 〔魚〕オニオコゼ.

de·mon·stra·ble /dɪmɑ́nstrəb(ə)l, démən-/ *a* 論証[証明, 明示]できる; 明白な. ♦ **-bly** *adv* (容易に証明できるほど)明白に; 証明[論証]によって. **～·ness** *n* **de·mòn·stra·bíl·i·ty** *n* 論証[証明]可能性.

de·mon·strant /dəmɑ́nstrənt/ *n* 街頭デモを行なう人, デモ参加者 (demonstrator).

dem·on·strate /démənstrèɪt/ *vt* **1** 論証[証明, 立証]する; 〈事物などが〉示す, 例証する, …の証拠となる. **2** 〈機械など〉の実地説明をする, 〈商品を〉実演してみせる, デモンストレーションする; 《実例で》明らかにする, 《模型・実験などで》(具体的に)説明する, 実地教授をする. **3** 〈感情・意思などを〉はっきりと示す; 《廃》指示[指摘]する. ► *vi* **1 a** デモ[示威運動]をする[に参加する] 〈*against, for*〉. **b** 〔軍〕《威嚇・牽制のために》軍事力を誇示する, 攻撃的行動を見せつける, 陽動する. **2** 実地教授で教える[説明をする]. ［L (*monstro* to show)］

dem·on·stra·tion /dèmənstréɪʃ(ə)n/ *n* **1 a** 立証, 証明; 例証; 〔論〕論証, 証明, 〔化〕(実験)証明. **b** 証拠(となるもの), 確証. **2** 実例による説明, 実物[実験]教授, 実演; 《商品の》実物宣伝, デモンストレーション. **3 a** 《感情の》表明, 表出. **b** デモ, 示威運動. **c** 〔軍〕(軍事力)誇示, 攻撃的行動の見せつけ, 陽動, 陽攻. ● **to ～** 明確に, 決定的に. ♦ **～·al** *a* **～·ist** *n*

demonstrátion cìty 《都市再開発の技法と利点を実物宣伝するための》モデル都市, 実証都市.

demonstrátion mòdel 展示(済み)製品, 見本品 (=*demo*) 《販売店で展示後に割引販売される新車など》.

de·mon·stra·tive /dɪmɑ́nstrətɪv/ *a* **1** 感情[愛情]をはっきり表にあらわす[あらわした], 思いやりに満ちた: physically ～ 愛情を行動で示す〈人・家族など〉. **2** 明示する; 例証となる; 〈…を〉証明する 〈*of*〉; 決定的な(証拠となる). **3** 〔文法〕指示の: a ～ adjective [adverb, pronoun] 指示形容詞[副詞, 代名詞]. ► *n* 〔文法〕指示詞《that, this など》. ♦ **～·ly** *adv* 立証[論証]的に, 明白に; 感情をはっきりとあらわして, 心から; 指示的に. **～·ness** *n*

dém·on·strà·tor *n* **1** 論証者, 証明者; 《実技・実験科目の》実地教育担当教師[助手]; 《商品・機器の》実地[実演]説明者, 実物宣伝係[員], デモンストレーター; 実物宣伝用の製品[モデル], 展示(見本)品 (demo) 《自動車など; ⇨ DEMONSTRATION MODEL》. **2** デモ参加者.

démo·pàck *n* デモパック《水中爆破作業用の高性能爆薬入り容器》. ［*demo*lition-*pack*age］

démo·phìle, -phìl *n* 民衆[人民, 大衆]の友[味方].

de·móral·ìze /dɪ-, dìː-/ *vt* **1** 《道徳的に》腐敗[堕落]させる, …の風俗を壊乱する. **2 a** 〈軍隊など〉の士気をくじく, 意気沮喪させる, がっくりさせる: *demoralizing* effect (士気をくじく)悪影響 / badly ～*d* すっかりやる気をなくして. **b** 混乱に陥れる, 〈人を〉うろたえさせる, 〈市場などを〉混乱させる. ♦ **-ìz·er** *n* **de·mór·al·ìz·ing·ly** *adv* **de·mòral·izátion** *n* ［F］

De Mor·gan /dɪ mɔ́ːrgən/ ド・モーガン (**1**) **Augustus ～** (1806–71)《英国の数学者・論理学者》(**2**) **William Frend ～** (1839–1917)《英国のラファエル前派の陶芸家・小説家; Augustus の子》.

De Mórgan's láws [théorems] *pl* 〔論〕ド・モルガンの法則[定理]《命題 A と B とがあって, ¬A を A の否定, A∧B を A と B との論理積, A∨B を A と B との論理和を表わすこととすると, ¬(A∧B)=(¬A)∨(¬B) および ¬(A∨B)=(¬A)∧(¬B) が成り立つ》. ［Augustus *De Morgan*］

de mor·tu·is nil ni·si bo·num /deɪ mɔ́ːrtuìːs nìːl nìsi bɔ́ːnùm/ 死者については良いことのみ言え, 死者を鞭(むち)打つな. ［L =of the dead (say) nothing but good］

de·mos /díːmɑ̀s/ *n* (*pl* **～·es, de·moi** /díːmɔ̀ɪ/) 《古代ギリシアの》市民; 人民, 民衆, 大衆. ［Gk *dēmos*］

De·mos·the·nes /dɪmɑ́sθənìːz/ デモステネス (384–322 B.C.)《アテナイの雄弁家・政治家; 反マケドニア派の中心人物》. ♦ **De·mos·then·ic** /dɪmɑ̀sθénɪk, dìː-, -θíː-/ *a* デモステネス(流)の, 愛国的熱弁の.

de·mote /dɪmóʊt, dìːmóʊt/ *vt* …の階級[位]を落とす, 降格[降等, 降職]する 〈*from* lieutenant *to* sergeant〉 (opp. *promote*). ♦ **de·mó·tion** *n* ［*de-*, *pro*mote］

de·móth·bàll /dɪ-/ *vt* 〈予備役にまわされた軍艦など〉の格納を解く, 現役に復帰させる.

de·mot·ic /dɪmɑ́tɪk/ *a* 民衆の, 庶民的な, 〈ことばが〉普通の話しことばの; 《古代エジプトの》民衆文字の; [ˢD-] ディモティキの. ► *n* 《古代エジプトの》民衆文字《HIERATIC の簡易体》; [ˢD-] ディモティキ《現代ギリシア語の口語体ともいうべきもの; cf. KATHAREVUSA》. ［Gk (DEMOS)］

Demótic Egýptian 〔言〕《紀元前 8 世紀ごろから紀元 3 世紀ごろまでの》民衆文字時代のエジプト語.

de·mót·ics *n* 民衆と社会の研究, 民衆学.

de·mot·i·ki /dɪmóʊtɪki/ *n* 《現代ギリシア語の》ディモティキ (demotic).

de·mot·ist /dɪmɑ́tɪst/ *n* 古代エジプト民衆文字研究者.

de·mótivate /di-/ *vt* …に動機を失わせる, 〈人〉のやる気をなくさせる. ♦ **de·motivátion** *n* 意気沮喪.

de·móunt /di-/ *vt* 台から取りはずす; 〈機械を〉分解する. ► *vi* DISMOUNT.

de·móunt·able *a* 取りはずし可能な; 解体可能な. ► *n* 解体可能な建物.

Demp·sey /dém(p)si/ デンプシー **Jack ～** (1895–1983)《米国のボクサー; 本名 William Harrison ～; 世界ヘビー級チャンピオン (1919–26); ニックネーム 'Manassa Mauler'; Gene TUNNEY に敗れた》.

demp·ster /dém(p)stər/ *n* DEEMSTER.

de·mul·cent /dɪmʌ́ls(ə)nt/ 〔医〕*a* 刺激を緩和する, 痛みを和らげる. ► *n* 《炎症[擦傷]部位の》粘滑剤, 保護剤.

de·mùl·si·fi·cá·tion *n* 〔化〕解乳化, 抗乳化.

de·mul·si·fy /dɪmʌ́lsəfàɪ/ *vt* 〔化〕〈乳濁液〉の乳化を破壊する. ♦ **-fì·er** *n* 解乳化剤, デマルシファイアー.

de·múltiplex·er /di-/ *n* 〔電算〕デマルチプレクサー, 多重分離器《一入力信号を複数の出力端に分けて出力させる装置》.

de·mur /dɪmə́ːr/ *vi* (**-rr-**) 異議を唱える (object) 〈*to, at*〉; 〔法〕DEMURRER¹ を申し立てる, 抗弁する; 《古》《疑念・異議があって》躊躇する, 決定を留保する. ► *n* 異議(の申し立て); 《古》《疑念に基づく》躊躇, ためらい; 《廃》〔法〕DEMURRER¹: without [with no] ～ 異議なく. ［OF<L (*moror* to delay)］

de·mure /dɪmjʊ́ər/ *a* (**de·múr·er; -múr·est**) つつましい, 控えめな, おとなしい, まじめな; とりすました, 慎み深そうな, 上品[まじめ]ぶった; 《肌を見せたりせず》上品な〈服〉. ♦ **～·ly** *adv* **～·ness** *n* ［? OF (pp) ‹ *demorer* to remain ‹ ↑; OF *meür*<L *maturus* ripe も影響か］

de·múr·ra·ble /dɪmə́ːrəb(ə)l, -mʌ́r-; -mʌ́r-/ *a* 〔法〕DEMURRER¹ をなしうる, 妨訴抗弁され得る, 異議を唱えられる.

de·mur·rage /dɪmə́ːrɪdʒ, -mʌ́r-; -mʌ́r-/ *n* 〔商〕**1** 超過停泊, 滞船; 遅滞, 留置. **2** 滞船料, デマレージ; 《鉄道の》(貨車[車両])留置料; 《イングランド銀行の》地金引換料. ［OF; ⇨ DEMUR］

de·mur·ral /dɪmə́ːrəl, -mʌ́r-; -mʌ́r-/ *n* 異議申し立て (demur).

de·mur·rant /dɪmə́ːrənt, -mʌ́r-; -mʌ́r-/ *n* 異議申立人.

de·mur·rer¹ /dɪmə́ːrər, -mʌ́r-; -mʌ́r-/ *n* 〔法〕訴答不十分の抗弁, 法律効果不発生訴答, 妨訴抗弁; 異議: put in a ～ 異議を申し立てる. ［OF *demorer* (v); ⇨ DEMUR］

de·mur·rer² /dɪmə́ːrər/ *n* 抗弁者, 異議申立人. ［*demur*］

De·muth /dəmúːθ/ デムース **Charles ～** (1883–1935)《米国の画家》.

de·mútual·ìze /di-/ *vt* 〈相互保険会社を〉株主所有の会社にする. ♦ **de·mùtual·izátion** *n*

de·my /dɪmáɪ/ *n* **1** デマイ判《(**1**) 印刷用紙のサイズ: $17\frac{1}{2}$×$22\frac{1}{2}$ インチ (44×57 cm) ★ 英では 444×564 mm がメートル法での標準サイズ. (**2**) 筆記用紙のサイズ: 米では 16×21 インチ (41×53 cm), 英では $15\frac{1}{2}$×20 インチ (39×51 cm) (**3**) 書籍のサイズ: $5\frac{5}{8}$×$8\frac{3}{4}$ インチ (14×21 cm, =～ **octávo**) または《主に英》$8\frac{3}{4}$×$11\frac{1}{4}$ インチ (22×29 cm, =～ **quárto**)》. **2** 《Oxford 大学 Magdalen College の》給費生, 卒業生《もと fellowship の半額を与えられた》. ♦ **～·shìp** *n* ［変形く DEMI-］

de·myélin·àte /di-/ *vt* 〈神経〉の髄鞘[ミエリン]を除去[破壊]する. ♦ **de·myèlin·átion, de·myèlin·izátion** *n* 脱髄, 髄鞘脱落. **de·myélin·àt·ing** *a*

de·mýstify /di-/ *vt* …の神秘性を取り除く, なぞを解く, 解明する; 〈人〉の不合理な考えを取り除く. ♦ **de·mystificátion** *n*

de·mýthicize /di-/ *vt, vi* 非神話化する, (…の)神話的要素を取り除く. ♦ **de·mỳthicizátion** *n*

de·mýthify /di-/ *vt* DEMYTHICIZE.

dè·mythólogize *vt* …の神話的要素を取り除く, 《特に》〈聖書を〉非神話化する. ♦ **-gìz·er** *n* **dè·my·thòl·o·gi·zá·tion** *n* 非神話化.

den /dén/ *n* **1 a** 《野獣のすむ》巣, 穴, ほら穴; 《動物園の》おり. **b** 隠れ家, 《盗賊の》巣; むさくるしい住まい; *《気晴らしをするための》こぢんまりした私室; 《北イング》《子供の遊びで》安全地帯: a ～ of iniquity [vice] 悪の巣窟 / a gambling ～ 賭博場, 賭場. **2** *《Cub Scouts の》分隊. **3** 《スコ》深い谷. ► *v* (**-nn-**) *vi* ほら穴にすむ[こもる] 〈*up*〉. ► *vt* 〈動物を〉巣[穴]に追い込む 〈*up*〉. ［OE *denn*; cf. G *Tenne* threshing floor; DEAN² と同語源］

Den デン《男子名; Dennis の愛称》.

Den. Denmark.

De·na·li /dənɑ́ːli/ デナリ《Alaska 州中南部にある北米の最高峰 (6190 m); 別称 McKinley 山; 一帯は国立公園 (～ **Nátional Párk**; 1917 年指定)》.

D

de·nar /dénɑːr, déɪ-/ *n* (*pl* **~s, ~, de·na·ri** /dénɑːriː, déɪ-/) デナール《マケドニアの通貨単位: =100 deni》.
de·nar·i·us /dɪnéəriəs/ *n* (*pl* **-nar·ii** /-riàɪ, -riːː/) デナリウス《(1) 古代ローマの銀貨; この略 d. を英国では penny, pence の略に代用 (2) 25 silver denarii 相当の金貨》. [L=(coin) of ten asses (↓, AS²)]
den·a·ry /díːnəri, dén-/ *a* 10 を含む, 10 倍の; 十進の (decimal): the ~ scale 十進法. [L (*deni* by tens, *decem* ten)]
de·násal·ìze /di-/ *vt* 〔音〕〈鼻音を〉非鼻音化する.
de·nátant /di-/ *a* 〈魚が〉水流に従って泳ぐ[回遊する].
de·nátional·ìze /di-/ *vt* **1** …から国民性[民族的特質, 国籍, 主権]を奪う. **2** 非国営化[非国有化]する, 民営化する; 〈制度などを〉(特定)国家から独立させる. ♦ **de·nàtional·izátion** *n* [F (*de-*)]
de·nátural·ìze /di-/ *vt* …の本来の性質[特質]を変える, 変性[変質]させる; 不自然にする; …の市民権[国籍]を奪う. ♦ **de·nàtural·izátion** *n*
de·na·tur·ant /dinéɪtʃ(ə)rənt/ *n* 変性剤. [↓]
de·náture /di-/ *vt* …の本性を奪う[変える], 《特に》〈エチルアルコール・天然タンパク質・核燃料を〉変性させる; DEHUMANIZE. ► *vi* 〈タンパク質が〉変性する. ♦ **de·na·tur·a·tion** /dinèɪtʃəréɪʃ(ə)n/ *n*
de·nátured álcohol 変性アルコール《飲用不適》.
de·na·tur·ize /dinéɪtʃəràɪz/ *vt* DENATURE.
de·názify /di-/ *vt* …からナチの影響を排除する, 非ナチ化する. ♦ **de·nazificátion** *n*
Den·bigh /dénbi/ デンビー《(1) ウェールズ北部の町 (2) DENBIGHSHIRE》.
Den·bigh·shire /dénbiʃɪər, -ʃər/ デンビーシャー《ウェールズ北部の州; ☆Ruthin》.
Den Bosch /dən bóːs/ デン・ボス《's-HERTOGENBOSCH の別称》.
Dench /déntʃ/ デンチ Dame **'Judi'** ~ [**Judith Olivia** ~] (1934–)《英国の女優》.
dén chìef *カブスカウトの分隊長.
dén dàd* カブスカウトの監督.
Den·der·mon·de /dèndərmándə/ デンデルモンデ (*F* Termonde)《ベルギー西部 East Flanders 州東部の町》.
dendr- /déndr/, **den·dro-** /déndroʊ, -drə/ *comb form*「樹木 (tree)」 [Gk *dendron* tree]
dén·dri·fòrm /déndrə-/ *a* 《構造が》樹木状の.
den·dri·mer /déndrəmər/ *n* 〔化〕デンドリマー《分岐のある単量体が樹枝状に結合した高分子》.
den·drite /déndràɪt/ *n* 〔鉱〕模樹(もじゅ)石, しのぶ石(せき), デンドライト《石灰岩などの表面に他の鉱物が樹枝状に付着したもの》; 〔化〕樹枝状結晶; 〔解〕《神経細胞の》樹状突起. ♦ **den·drít·ic, -i·cal** /-drít-/ *a* 樹木[樹枝]状の; 模樹石状の. **-i·cal·ly** *adv*
dendrític céll 〔解〕樹状細胞.
dèndro·chronólogy *n* 年輪年代学《年輪を比較研究して過去の事象の年代を推定する編年学》. ♦ **-gist** *n* **-chronológical** *a* **-ical·ly** *adv*
dèndro·climatólogy *n* 年輪気候学. ♦ **-gist** *n* **-climátic** *a*
dèndro·dendrític *a* 〔解·生理〕2 つの細胞の樹状突起間の(シナプスの).
déndro·gràm *n* 〔生〕《類縁関係を示す》樹状(枝)図, 系統樹.
déndro·gràph *n* 〔林·生態〕(自記)樹径生長計.
den·droid /déndrɔ̀ɪd/, **den·droid·al** /dendrɔ́ɪdl/ *a* 《形が》樹木状の, 樹木様の, 樹形の.
den·drol·a·try /dendrálətri/ *n* 樹木崇拝.
den·drol·o·gy /dendrálədʒi/ *n* 樹木学. ♦ **-gist** *n* **dèn·dro·lóg·ic, -i·cal** *a*
den·drom·e·ter /dendrámətər/ *n* 〔林·生態〕測樹器, 生長計《樹高·樹径を測る》.
den·dron /déndrən, -dràn/ *n* 〔解〕DENDRITE.
-den·dron /déndrən/ *n comb form*「樹木」「樹枝状構造」「茎」: Rhodo*dendron*, Schizo*dendron*. [Gk; ⇨ DENDR-]
den·droph·i·lous /dendráfələs/ *a* 樹木を愛する; 樹上生の.
dene¹, **dean**‖ /díːn/ *n* 《海岸の》砂地, 砂丘. [? LG *düne*, Du *duin*; cf. DUNE]
dene² ⇨ DEAN².
Dé·né /dɛnéɪ, deɪ-/ *n* **a** (*pl* **~, ~s**) デネ族《Alaska 内陸部·カナダ北西部のアタバスカ族 (Athapascan)》. **b** デネ語.
Den·eb /déneb, -nəb/ 〔天〕デネブ《はくちょう座の α 星で光度 1.3 等の白色の超巨星》. [Arab]
De·neb·o·la /dɪnébələ/ 〔天〕デネボラ《しし座の尾部にある β 星で光度 2.1 等》.
den·e·ga·tion /dènɪgéɪʃ(ə)n/ *n* 拒絶, 否認 (denial).
dè·negótiate *vt* 〈協定〉の破棄交渉をする.
déne·hòle, dáne- /déɪn-/ *n* 〔考古〕白亜坑《イングランド南部地方などの白亜層中にみる立坑で下部は室》.
de·ner·vate /díːnərvèɪt/ *vt* 〔医〕…の(神経を切って)神経を麻痺させる. ♦ **dè·ner·vá·tion** *n* 除神経, 脱神経.
de·nést /di-/ *vt* 〈辞書で従来親見出しの追い込み扱いだった複合語などを〉独立見出しにする.
de·néutral·ìze /di-/ *vt* 〈国家·領土などを〉非中立化する.
den·gue /déŋgi, *-geɪ/ *n* 〔医〕デング熱 (=*breakbone fever*) (=~ **fèver**)《フラビウイルス科のデングウイルスによる急性熱性疾患; ネッタイシマカ·ヒトスジシマカが媒介し, 頭部·筋肉·関節部に激痛を起こす》. [WIndSp<Swahili; Sp *dengue* fastidiousness に同化]
Deng Xiao·ping /dʌ́ŋʃáʊpíŋ/, **Teng Hsiao·ping** /; téŋsjáʊpíŋ/ 鄧小平(とうしょうへい) (1904–97)《中国共産党の指導者》.
Den Haag ⇨ HAAG.
Den Hel·der /dən héldər/ デン·ヘルダー《オランダ北西部 North Holland 州の Wadden 海と北海にはさまれた岬の先端にある港町; 海軍基地がある》.
de·ni /déni, déɪ-/ *n* デニ《マケドニアの通貨単位: =1/100 denar》.
de·ni·able /dɪnáɪəb(ə)l/ *a* 否定[否認, 拒否, 拒絶]できる. ♦ **de·nì·abílity** *n* 《特に 政府高官などの》関係[責任]否認の権利[能力], 法的否認権.
de·ni·al /dɪnáɪ(ə)l/ *n* **1** 否定, 否認; 拒否, 拒絶, 不同意; 《自分の家族·国家などとの関係の》否認, 絶縁, 勘当 (repudiation); 〔精神分析〕否認《現実を現実として認めることを主体が拒否する防衛機制の一つ》: ~ of human rights 人権を認めないこと, 人権の否認 / give a ~ to…=make a ~ of…を否定[拒否]する / take no ~ いやおうを言わさない. **2** 克己, 自制 (self-denial). ● **in ~** 否認[拒絶]して; 〈事実·現実の〉受入れを拒んで, 現実逃避の状態で 〈*about, of*〉: shake one's head *in* ~ 首を振って否認する. [DENY]
deníal of sérvice 〔電算〕サービス拒否[封鎖](攻撃)《特定のサイトに無意味なアクセスを集中的に行なうことによって, 一般のユーザーのアクセスを妨害すること; 略 DoS》: ~ attack.
De·nice /dəníːs/ デニース《女子名》. [⇨ DENIS]
de·nícotinize /di-/ *vt* 〈タバコ〉からニコチンを除く. ♦ **de·nìc·o·tin·izá·tion** *n*
de·ni·er¹ /dɪnáɪər/ *n* 否定者, 否認者, 拒否者. [DENY]
de·nier² *n* **1** /dəníər, dənjéɪ/ ドゥニエ《フランスの古貨幣: =1/12 sou》; わずかの額. **2** /dénjər, -nièɪ/ デニール《生糸·合成繊維などの太さの慣用単位: 万国式では 450 m の糸が 0.05 g であるとき 1 デニール》. [OF<L; ⇨ DENARIUS]
den·i·grate /dénɪgrèɪt/ *vt* 〈人を〉侮辱する, 悪しざまに言う, …の名誉を毀損する; 〈事物を〉けなす (belittle); 黒くする, よごす. ♦ **-grà·tor** *n* **dèn·i·grá·tion** *n* **dén·i·grà·tive** *a* **dén·i·gra·tò·ry** /-grə-; -t(ə)ri/ *a* [L (*niger* black)]
De·ni·ker /dènikéər/ デニケール **Joseph** ~ (1852–1918)《フランスの人類学者》.
den·im /dénəm/ *n* **1** デニム《(1) 縦糸に色糸, 横糸に細目のさらし糸などを用いた斜文織りの厚地綿布; 作業衣·運動着用 (2) これに似たより軽い織物; 家具用》. **2** [*pl*] デニムの作業服《特に(胸当て付き)ズボン》, ジーパン. ♦ **~ed** *a* デニムの服を着た. [F (*serge*) *de Nîmes* (serge) of NÎMES 最初に作られた地]
De Niro /də níəroʊ/ デ·ニーロ **Robert** ~ (1943–)《米国の映画俳優; *The Deer Hunter* (ディア·ハンター, 1978), *Raging Bull* (レイジング·ブル, 1980)》.
Den·is /dénəs; *F* dəni/ **1** デニス《男子名》. **2** [Saint] 聖ドニ (d. 258?)《Paris の初代司教; フランスの守護聖人, 祝日 10 月 9 日》. **3** ドニ **Maurice** ~ (1870–1943)《フランスの画家; ナビ派 (Nabis) の指導者》. [OF<Gk=of Dionysus]
De·nise /dəníːs, -z/ デニース《女子名》. [F (DENIS)]
de·nítrate /di-/ *vt* 脱硝する. ♦ **dè·nitrátion** *n* 脱硝(作用).
de·nitrificátion /di-/ *n* 《特に バクテリアが硝酸塩を還元して窒素にする》脱窒素作用, 脱窒(作用).
de·nítrify /di-/ *vt* 脱窒する; 〈ニトロ基などを〉脱硝する. ♦ **de·nítrifier** *n*
den·i·zen /dénəz(ə)n/ *n* **1** 住民, 居留者; 《空·森などの》生息者《鳥獣·樹木など》. **2** 《市民権を与えられた》外国人居住者, 〔英史〕国籍取得者; 帰化植物[動物]; 外来語. **3** 《ある場所を》しばしば訪れる人, 常連. ► *vt* denizen として認める; 移植する. ♦ **~·ship** *n* 公民権. [AF<OF (L *de intus* from within)]
De·niz·li /dènəzlíː/ デニズリ《トルコ南西部 Izmir の南東, Menderes 川上流左岸にある町》.
Den·mark /dénmɑːrk/ デンマーク (*Dan* Danmark)《北欧の国; 公式名 Kingdom of ~ (デンマーク王国); ☆Copenhagen》. ● **go to ~*** 《俗》性転換手術をうける, 'モロッコへ行く'《初期の有名な転換者の一人が同国で受術したことから》.
Dénmark Stráit [the] デンマーク海峡《アイスランドとグリーンランドの間》.
dén mòther* 《Cub Scouts の》分隊 (den) の女性指導者[監督者]; 《口》団体の女性アドバイザー[擁護, 指導]者; *《俗》ホモ仲間のリーダー[世話役], (面倒見のいい)年配のホモ.
dén·ner* *n* カブスカウトの分隊 (den) の指導者.
den·net /dénət/ *n* デネット《1 頭立て 2 輪屋根なし馬車》.
Den·nis /dénəs/ デニス《男子名; 愛称 Den》. [OF; ⇨ DENIS]
Dénnis the Ménace わんぱくデニス《米国の Hank Ketcham (1920–2001) の同名の漫画の主人公で, 非常に腕白な男の子》.
Den·ny /déni/ デニー《男子名; Dennis の愛称》.

de·nóminal /di-/ *a*, *n* 〖文法〗名詞から派生した(語), DENOMINATIVE.

de·nom·i·nate /dɪnámənèɪt/ *vt* **1** 命名する; …と称する, 呼ぶ (call). **2** 〈金額・証券などを〉特定の通貨単位で表示する: ～*d* in dollars ドル建ての. ► *a* /-nət/ 特定の名をもつ. [OF or L (*nomen* name)]

denóminate númber 名数(めいすう)《5 pounds, 5 feet のように単位名を付けた数; cf. ABSOLUTE NUMBER》.

de·nom·i·na·tion /dɪnàmənéɪʃ(ə)n/ *n* **1** 命名; 名称, 名義 (name), 《特に》部類[範疇]名. **2 a** 《特定の名称を有する》種類, 部類, 種目. **b** 《重量・尺度・通貨などの》単位名; 金種区分, 額面金額: money of small ～*s* 小銭. ★「通貨の呼称単位の変更」の意味の日本語の「デノミ(ネーション)」は英語では change in the ～s of monetary units, または *re*denomination. **c** 〖トランプ〗組札の順位. **3** 組織体, 派, 《特に》宗派, 教派 (sect): Protestant ～*s* 新教諸派.

denominátion·al *a* 教派(的)の; 特定宗派[派閥]の: ～ education [school] 宗派教義に基づく教育[学校]. ♦ **～·ly** *adv*

denominátion·al·ìsm *n* 教派心; 分派[派閥]主義[制]. ♦ **-ist** *n*

de·nom·i·na·tive /dɪnám(ə)nətɪv/ *a* 名称的な; 〖文法〗名詞[形容詞]から出た. ► *n* 〖文法〗名詞・形容詞転用語《特に 動詞; 例 to *eye*, to *man*, to *blacken*》.

de·nóm·i·nà·tor *n* 〖数〗分母 (opp. *numerator*); [*fig*] 共通の特徴, 通性; 《好み・意見などの》一般水準, 標準; 《まれ》命名者: (LEAST [LOWEST]) COMMON DENOMINATOR.

de nos jours /*F* də no ʒu:r/ *a* [後置] 当代の, 現代の. [F=of our days]

de·no·ta·tion /dì:noutéɪʃ(ə)n/ *n* **1 a** 表示, 指定. **b** しるし, 記号 (sign); 名称. **2** 明示的意味; 〖論〗外延《ある概念を満足する個体の集合; cf. CONNOTATION》; 〖論〗指示対象. ♦ **～·al** *a*

de·no·ta·tive /dɪnóutətɪv, *dí:noutèɪ-/ *a* 表示的な, 指示的な, 明示する 〈*of*〉; 〖論〗外延的な. ♦ **～·ly** *adv*

de·note /dɪnóut/ *vt* 表示する, 示す; …のしるし[象徴]である; 〈語・記号などが〉意味する, 表わす; 〖論〗…の外延を表わす; denoting stamp で印をつける. ♦ **～·ment** *n* 表示. **de·nó·tive** *a* **de·nót·able** *a* [F or L; ⇨ NOTE]

de·nót·ing stàmp 文書に貼って当該文書にかかる印紙税支払いをその金額とともに表示する収入印紙.

de·noue·ment, dé- /dèɪnù:má:ŋ; ━ ━́ ━/ *n* 《劇などの》大詰, 大団円, 《事件の》やま; 《紛争・ミステリーなどの》解決, 落着, 終局, けり. [F (*dénouer* to unknot < NODE)]

de·nounce /dɪnáuns/ *vt* **1** 弾劾する, 糾弾する, 公然と非難する, 罵倒する 〈*for*〉; 告発する, 訴える: ～ sb *as* a crook. **2** 〈条約・休戦などの〉終了を宣言[布告]する, 廃棄通告をする; 《古》…の警告を与える; 《古》《公けに》宣言する, 布告する, 〈悲報などを〉公けにする; 《廃》…の前兆となる. ♦ **～·ment** *n* DENUNCIATION. **de·nóunc·er** *n* [OF<L (*nuntio* to make known)]

de nou·veau /*F* də nuvo/ *adv* DE NOVO.

de no·vo /di nóuvou, deɪ-/ *adv* 新たに, 改めて. [L]

Den·pa·sar /dənpá:sà:r/ デンパサル《インドネシア Bali 島南部にある同島の中心の町》.

dens /dénz/ *n* (*pl* **den·tes** /dénti:z/) 〖動〗歯, 歯状突起. [L *dent- dens* tooth; cf. TOOTH]

dense /déns/ *a* **1 a** 密集した; (人口が)稠密(ちゅうみつ)な (opp. *sparse*); 〖数〗〈集合が〉稠密な; 〖理〗高密度の; 濃厚な: a ～ fog 濃霧 / a ～ forest 密林. **b** 〈文章などが〉中身が詰まって難解な, 晦渋(かいじゅう)な. **c** 〖写〗〈ネガが〉比較的不透明な, 濃い, 肉のりのよい; 〈ガラスが〉屈折率の大きい. **2** 《口》頭の鈍い (stupid); ひどい, 極端な: ～ ignorance 全くの無知. ♦ **～·ly** *adv* **～·ness** *n* [F or L *densus* thick]

den·si·fy /dénsəfàɪ/ *vt* …の密度を高める, 《特に 樹脂を染み込ませて加圧し》〈木材を〉緻密にする. ♦ **dén·si·fi·er** *n* **dèn·si·fi·cá·tion** *n*

den·sim·e·ter /dɛnsímətər/ *n* 〖理・化〗密度計, 比重計. ♦ **den·si·met·ric** /dènsəmétrɪk/ *a*

den·si·tom·e·ter /dènsətámətər/ *n* DENSIMETER; 〖光〗濃度計. ♦ **dèn·si·tóm·e·try** *n* **den·si·to·met·ric** /dènsətəmétrɪk/ *a* **-mét·ri·cal·ly** *adv*

den·si·ty /dénsəti/ *n* **1** 密度[濃度](の高いこと), 濃密さ, 密集, 《霧などの》深さ, 《人口の》込みぐあい; (光学)濃度, 〖写〗《ネガなどの》濃度; 〖理〗密度; 〖電算〗《情報の》(記録)密度: traffic ～ 交通量. **2** 愚鈍さ. [F or L; ⇨ DENSE]

dénsity cùrrent 〖地質〗密度流.

dénsity fùnction 〖統〗PROBABILITY DENSITY FUNCTION.

den·som·e·ter /dɛnsámətər/ *n* 〖紙〗デンソメーター《空気を圧送して紙の多孔性を計る器具》; DENSIMETER.

dent[1] /dént/ *n* へこみ, くぼみ, 打ち跡; 《弱化・減少させる》効果, 影響; 《初段階の》前進, 進歩 (headway). ● **make a ～ in** 〈貯金などを〉減少させる, 〈評判を〉落とす; [[neg]《口》わずかにはかどらせる; …に注意を喚起させる, …に影響を与える. ► *vt* へこませる 〈*up*〉; そこなう, 傷つける, 弱める. ► *vi* へこむ; めりこむ. [ME <? INDENT]

dent[2] *n* 《くし・歯車などの》歯; 《織機の》筬羽(おさば) (=*split*)《筬を構成する竹片[鋼片]; その間隔》. [F<L DENS]

Dent デント **Joseph Malaby** ～ (1849–1926)《英国の出版人; Everyman's Library (1904 から) で成功》.

dent- /dént/, **den·ti-** /-tə/, **den·to-** /-tou, -tə/ *comb form* 「歯」 [L (DENS)]

dent. dental ♦ dentist ♦ dentistry.

den·tal /déntl/ *a* 歯の; 歯科(用)の, 歯科医の; 〖音〗歯音の. ► *n* 〖音〗歯音《/t, d, θ, ð/ など》; 歯音字《d, t など》. ♦ **～·ly** *adv* **den·tal·i·ty** /dɛntǽləti/ *n* [L; ⇨ DENS]

déntal clínic 歯科医院[診療所].

déntal dám デンタルダム (=*rubber dam*)《(1) 〖歯〗手術野に唾液がかからないように歯のまわりにかぶせるゴムシート (2) オーラルセックスによるエイズなどの感染を防止するために口にあてるゴムシート》.

déntal flòss デンタルフロス《歯間の汚物除去用》.

déntal fórmula 〖歯・動〗歯式《哺乳動物の歯の種類・数・配列を示す式》.

déntal hýgiene 歯科衛生.

déntal hygíenist 歯科衛生士.

den·ta·li·um /dɛntéɪliəm/ *n* (*pl* **-lia** /-liə/, **～s**) 〖貝〗ツノガイ《ツノガイ属 (*D-*) の貝, 広く TOOTH SHELL》.

déntal·ìze *vt* 〖音〗歯音化する.

déntal mechànic DENTAL TECHNICIAN.

déntal núrse ˚歯科助手; 《NZ》デンタルナース, 学校歯科看護師《学内 dental clinic で学童に歯科保健教育や簡単な治療を行なう》.

déntal pláque 〖歯〗歯垢, 歯苔 (=*bacterial plaque*).

déntal plàte 〖歯〗義歯床; 〖動〗《ある種の蠕形(ぜんけい)動物・魚の》歯板.

déntal púlp 〖歯〗歯髄.

déntal súrgeon 歯科医, 《特に》口腔外科医.

déntal súrgery 歯科外科(学), 口腔外科(学).

déntal technìcian 歯科技工士.

den·ta·ry /déntəri/ *n* 〖動〗歯骨《下顎の膜骨》.

den·tate /déntèɪt/ *a* 〖動〗歯のある, 有歯の; 〖植〗〈葉が〉葉縁が歯牙状の, 歯状の (⇨ LOBED). ♦ **～·ly** *adv*

den·ta·tion /dɛntéɪʃ(ə)n/ *n* 歯牙状の構造[突起]; 〖植〗《葉の》鋸歯状突起; 歯牙状の刻み目.

Dent Blanche /*F* dɑ̃ blɑ̃:ʃ/ ダン・ブランシュ《スイス南部 Pennine Alps の山 (4357 m)》.

dént còrn 〖植〗馬歯(種の)トウモロコシ.

Dent du Mi·di /*F* dɑ̃ dy midi/ ダン・デュ・ミディ《スイス南西部アルプス山脈西部, フランスとの国境近くの山 (3257 m)》.

den·tel /déntl/ *n* DENTIL.

den·te·lat·ed, -tel·lat- /dént(ə)lèɪtəd/ *a* DENTILATED.

den·telle /dɛntél; *F* dɑ̃tɛl/ *n* レース, レース細工[模様].

dentes *n* DENS の複数形.

den·tex /déntèks/ *n* 〖魚〗ヨーロッパキダイ《地中海・大西洋東岸産; 強い犬歯がある》. [NL]

denti- /déntə/ ⇨ DENT-.

dénti·càre *n* 〖カナダ〗《政府による》小児無料歯科治療.

den·ti·cle /déntɪk(ə)l/ *n* 〖動〗歯状突起, 小歯; DENTIL.

den·tic·u·lar /dɛntíkjələr/ *a* 小歯状の.

den·tic·u·late /dɛntíkjələt, -lèɪt/, **-lat·ed** /-lèɪtəd/ *a* 〖動〗小歯のある; 〖植〗小歯状突起のある; 〖建〗歯飾りのある. ♦ **-late·ly** *adv*

den·tic·u·la·tion /dɛntìkjəléɪʃ(ə)n/ *n* 小歯突起; 小歯; 〖建〗歯状装飾; [[pl] ひとそろいの小歯.

dénti·fòrm *a* 歯状の; 歯牙状の.

den·ti·frice /déntəfrəs/ *n* 歯磨き(剤), 磨歯剤《歯磨粉・練り歯磨・液状歯磨の総称》. [L (*dent-*, *frico* to rub)]

den·tig·er·ous /dɛntíʤərəs/ *a* 歯[歯状構造]をもった.

den·til /déntl, -tɪl/ *n* 〖建〗《軒蛇腹の》歯飾り《歯状装飾》. ♦ **dén·tiled** *a* /-tld, -tɪld/

dènti·lábial *a*, *n* LABIODENTAL.

den·ti·lat·ed /dént(ə)lèɪtəd/ *a* 〖建〗歯状(構造)の.

dènti·língual *a*, *n* 〖音〗歯舌音(の)《/θ, ð/ など》.

den·tin /déntn, -tɪn/, **-tine** /dénti:n, ━ ━́/ *n* 《歯の》象牙質. ♦ **den·tin·al** /dént(ə)nəl, *dɛntí:nl/ *a*

dènti·násal *a*, *n* 〖音〗歯鼻音(の)《/n/》.

dénti·phòne *n* 歯牙伝導補聴器.

dènti·róstral *a* 〖鳥〗くちばしに歯状突起がある.

den·tist /déntɪst/ *n* 歯科医, 歯医者. [F; ⇨ DENT[2]]

den·tis·try /déntəstri/ *n* 歯科学; 歯科医術[業]; 歯科医の作る細工物《虫歯の穴埋め・義歯など》.

den·ti·tion /dɛntíʃ(ə)n/ *n* 歯牙発生, 生歯; 歯生状態《歯の数・種類など, または 形や配列》, 《特に》歯列.

dento- /déntou, -tə/ ⇨ DENT-.

den·toid /déntɔ̀ɪd/ *a* 歯のような, 歯様の, 歯形の.

Den·ton /dént(ə)n/ デントン《(1) イングランド北西部 Manchester の東方にある町 (2) Texas 州北部 Dallas の北北西にある市》.

dènto·súrgical *a* 歯科外科(学)の.

D'En·tre·cás·teaux Íslands /dà:ntrəkǽstou-/ *pl* [the] ダ

ントルカストー諸島《New Guinea 島東端の北側に位置する島群; パプアニューギニア領》.

den·tu·lous /déntʃələs/ *a* 歯をもった, 有歯の.

den·ture /déntʃər/ *n* [ᵘ*pl*] 一組の歯; 義歯, 《特に》総義歯 (cf. BRIDGE). [F; ⇨ DENS]

den·tur·ist /déntʃərɪst/ *n* 義歯技工士《歯科医を介さずに義歯を製作·調整·修理する》. ♦ **-ism** *n*

de·núclear·ìze /di-/ *vt* 非核化する: a ~*d* zone 非核武装地帯. ♦ **de·nùclear·izátion** *n*

de·núcleate /di-/ *vt* 〈原子·分子·細胞〉の核を除去する. ♦ **de·nucleátion** *n* 核除去, 除核.

de·nu·dant /dɪn(j)ú:d(ə)nt/ *n* 裸にする[はぎ取る]もの; 〘地質〙削剝因子.

de·nu·date /dí:n(j)udèɪt, dénjʊ-, dɪn(j)ú:-/ *vt* DENUDE. ► *a* 裸の (denuded).

de·nu·da·tion /dì:n(j)udéɪʃ(ə)n, dèn(j)ʊ-/ *n* 裸にすること; 赤裸(の状態), 露出; 〘地質〙削剝(さくはく), (表面)侵食; 裸地化. ♦ **~·al** *a*

de·nu·da·tive /dí:n(j)udèɪtɪv, dín(j)ʊ-, dɪn(j)ú:dətɪv/ *a* 裸にする.

de·nude /dɪn(j)ú:d/ *vt* **1** 裸にする, 露出させる; …から〈被覆物を〉はぐ (strip) 〈*of*〉; 〈土地〉から樹木を一切なくす, 裸地化する; 〘地質〙〈河岸などを〉表面侵食する, 削剝する: ~ a bank *of* trees 土手から木をなくす / the ~*d* land 裸地. **2** …から〈…を〉剝奪する 〈*of*〉 (deprive): He was ~*d of* every penny he had. 一文残らず奪われた. ♦ **de·núd·er** *n* **~·ment** *n* [L (*nudus* naked)]

de·númerable /dɪ-/ *a* 〘数〙〈集合が〉可付番(かふばん)の, 可算の. ♦ **-bly** *adv* **de·nù·mer·a·bíl·i·ty** *n*

de·nun·ci·ate /dɪnʌ́nsièɪt/ *vt, vi* 公然と非難する, 弾劾する (denounce). [L; ⇨ DENOUNCE]

de·nun·ci·a·tion /dɪnʌ̀nsiéɪʃ(ə)n/ *n* 公然の非難, 弾劾, 告発; 密告; 《条約などの》廃棄通告; 《古》威嚇 (threat), 警告的[威嚇的]宣言.

de·nún·ci·à·tive /, ″-siə-/ *a* DENUNCIATORY. ♦ **~·ly** *adv*

de·nún·ci·à·tor *n* 弾劾[告発]者, 非難者.

de·nun·ci·a·to·ry /dɪnʌ́nsiətɔ̀:ri; -t(ə)ri/ *a* 非難の, 弾劾する; 威嚇的な.

de·nút /di-/ *vi, vt* 《俗》(…の)キン抜きをする, 去勢する.

dè·nutrítion /dì:-/ *n* 脱栄養, 栄養失調[障害].

Den·ver /dénvər/ **1** デンヴァー《Colorado 州の州都; Rocky 山脈の東麓; 標高 1609 m にあることから Mile-High City と呼ばれる》. **2** デンヴァー **John** ~ (1943–97)《米国のカントリーポップシンガー·ソングライター》. ♦ **~·ìte** *n* デンヴァー市民.

Dénver bòot*《駐車違反車などを動けなくする》車輪固定具, 車輪止め.

Dénver ómelet 〘料理〙 WESTERN OMELET.

Dénver sàndwich WESTERN SANDWICH. [おそらく愛町心から *western sandwich* をそう呼んだもの]

de·ny /dɪnáɪ/ *vt* **1** 真実でないと言う, 否定する, 打ち消す; 〈信念などを〉信じて[受け入れて]いないと言う, …(と自分との関係)を否認する, 知らないと言う (disown): ~ one's [the] signature 自分の署名ではないと言う / ~ responsibility 責任がないと言う 〈*for*〉 / before the cock crow, thou shalt ~ me thrice にわとり鳴く前になんじ三たび我を否むべし (*Matt* 26: 34). **2** 〈要求·望むものなどを〉拒む, 拒絶する, 与えない; 〈人〉に物を与えない; 〈人〉の要求を拒む; …との面会を断わる: ~ sb justice 公平な処置を与えない / I *was denied* admittance.= Admittance *was denied* (*to*) me. 入場を拒否された / He *denies* his child nothing. 子供の言うことは何でもきく / ~ one*self to* a visitor 訪問者に面会を謝絶する / *Denied* 《異議に対して裁判長が》却下します (cf. SUSTAINED). **3** 《古》受け取らない, 辞退する; 《古》拒絶する 〈*to* do〉. ● **~ oneself** 克己[自制]する: I ~ my*self* that pleasure. その楽しみは我慢する. **not ~ (but) that**…でないとは言わない. ♦ **~·ing·ly** *adv* [OF<L; ⇨ NEGATE]

Den·ys /dénəs; *F* dəni/ [Saint] 聖ドニ《St DENIS の別つづり》.

de·óbstruent /di-/ *a* 〘医〙閉塞物を除去する. ► *n* 開通薬, 下剤.

deoch an dor·(u)is /d(j)ɔ́:x ən dɔ́:rəs/ 《スコ·アイル》 DOCH-AN-DORRACH.

de·o·dand /dí:ədæ̀nd/ *n* 神に捧げられる(べき)もの, 〘古英法〙贖罪物《人の直接死因となった動産(動物など)で, 国王が没収権を有し信仰·慈善などの用に供された》. [AF (L *Deo dandum* thing to be given to God)]

de·o·dar /dí:ədɑ̀:r/, **-da·ra** /dì:ədɑ́:rə/ *n* 〘植〙ヒマラヤスギ. [Hindi<Skt=divine tree]

de·ódorant /di-/ *n* 脱臭薬[剤], 消臭剤, デオドラント. ► *a* 脱臭の(効果がある): ~ soap デオドラントソープ.

de·ódor·ìze /di-/ *vt* …から臭気を除去する, 脱臭する; 〈不快な[けしからぬ]ことを〉好ましく[体裁よく]見せる, …の悪い印象を和らげる. ♦ **de·òdor·izátion** *n* 脱臭. **de·ódor·ìz·er** *n* 脱臭剤, 臭気止め《特に 防臭スプレーなど》.

Deo fa·ven·te /dèɪoʊ fɑ:véntèɪ/ *adv* 神の恵みによりて, 神ゆるしたまわば. [L=with God's favor]

Deo grá·ti·as /dèɪoʊ grɑ́:tiɑ̀:s/ *adv* 神のおかげで, ありがたいことに《略 DG》. [L=thanks to God]

Deo ju·van·te /dèɪoʊ juvɑ́:nteɪ/ *adv* 神の助けあらば, 神の助けのおかげで. [L=God helping]

de·on·tic /diɑ́ntɪk/ *a* 義務の, 義務に関する: ~ logic 義務論理学《義務·許可·禁止などの概念を扱う》.

de·on·tol·o·gy /dì:ɑ̀ntɑ́lədʒi/ *n* 義務論. ♦ **-gist** *n* **de·òn·to·lóg·i·cal** *a*

de·órbit /di-/ *vi* 軌道から離れる. ► *vt* 軌道からはずす. ► *n* 軌道から離れる[はずす]こと.

Deo vo·len·te /dèɪoʊ voʊlénti, dì:-/ *adv* 天意[神意]にかなえば, 事情が許せば《略 DV》. [L=God being willing]

de·óxidant /di-/ *n* DEOXIDIZER.

de·ox·i·date /diɑ́ksədèɪt/ *vt* 《古》 DEOXIDIZE.

de·oxidátion, -oxidizátion /di-/ *n* 〘化〙脱酸(素).

de·óxidize /di-/ *vt* 〘化〙脱酸素する; 還元する.

de·óxidizer /di-/ *n* 脱酸素剤, 還元剤.

de·oxy- /diɑ́ksi/, **de·soxy-** /dɛzɑ́ksi, -sɑ́k-/ *comb form* 〘化〙「類似の化合物より分子中の酸素が少ない」 [*de-*, *oxygen*]

deòxy·chólic ácid 〘生化〙デオキシコール酸.

deòxy·corticósterone, desòxy- *n* 〘生化〙デオキシコルチコステロン《副腎皮質より単離されたステロイドホルモン; 略 DOC; 合成して副腎機能低下に用いる》.

deòxy·cór·tone /-kɔ́:rtòʊn/ *n* DEOXYCORTICOSTERONE.

deòxy·cýtidine *n* 〘生化〙デオキシシチジン《deoxyribose と化合した cytosine からなるヌクレオシド》.

de·óxygenate /di-/ *vt* …から(遊離)酸素を除去する; DEOXIDIZE. ♦ **de·oxygenátion** *n* 脱酸素化.

de·óx·y·gen·àt·ed *a* 〈血液が〉ヘモグロビンが減少した.

de·óxygen·ìze /di-/ *vt* DEOXYGENATE.

deòxy·rìbo·núclease *n* 〘生化〙デオキシリボヌクレアーゼ《DNA を加水分解してヌクレオチドにする酵素; 略 DNase》.

deòxy·rìbo·nucléic ácid 〘生化〙デオキシリボ核酸 (=*thymonucleic acid*)《細胞核染色体の基礎物質で遺伝情報をもつ; 略 DNA》.

deòxy·rìbo·nùcleo·prótein *n* 〘生化〙デオキシリボ核タンパク質.

deòxy·rìbo·núcleoside *n* 〘生化〙デオキシリボヌクレオシド《デオキシリボースを含むヌクレオシドで, DNA の成分》.

deòxy·rìbo·núcleotide *n* 〘生化〙デオキシリボヌクレオチド《デオキシリボースを含むヌクレオチドで, DNA の構成素》.

deòxy·ríbose *n* 〘生化〙デオキシリボース《デオキシリボ核酸の主要成分》.

deoxyríbose nucléic ácid 〘生化〙デオキシリボース核酸, 《特に》 DEOXYRIBONUCLEIC ACID.

dep. depart ♦ department ♦ departs ♦ departure ♦ deponent ♦ deposed ♦ 〘銀行〙 deposit ♦ depot ♦ deputy.

de·paint /dɪpéɪnt/ *vt* 《古》描写[描述]する.

de·pàlatal·izátion /di-/ *n* 〘音〙非(硬)口蓋(音)化.

de·pan·cre·a·tize /dipǽŋkriətàɪz, -pǽn-/ *vt* 〘医〙…から膵臓を摘出する.

de·part /dɪpɑ́:rt/ *vi* **1** 〈人·列車などが〉出発する, 発つ (start) 〈*for* London〉; 立ち去る; 職[地位]を去る, 退職[辞任]する; 《英では文》死去する, 亡くなる, 逝く: ~ *from* this life この世を去る, 死ぬ. **2** 〈常道·習慣などから〉はずれる, 逸脱する, そむく 〈*from*〉; 《古》やめる, よす (desist) 〈*from*〉: ~ *from* one's word [promise] 約束をたがえる. ► *vt* *…を出発する (leave); 〈職などを〉辞する, 辞める; 《古·詩》〈世を〉去る: ~ Japan for Washington 日本を立ってワシントンへ向かう / ~ this life この世を去る. ► *n* 《古》出発, 《あの世への》旅立ち, 死去 (death). [OF<L *dispertio* to divide]

depárt·ed *a* (最近)亡くなった (deceased); 過去の (bygone); [the] 故人, 死者《特定個人, また死んだ人びと》.

de·part·ee /dɪpɑ̀:rtí:, dì:-/ *n* 祖国[地域]を離れる人; *《俗》芝居の幕あいに帰ってしまう人.

de·part·ment /dɪpɑ́:rtmənt/ *n* **1 a** 《会社などの機構の》部門, …部; ″局, 課; 《行政組織の, 特に米連邦政府の》省: the DEPARTMENT OF AGRICULTURE [COMMERCE etc.]. **b** 《学校の》学部, 学科: the ~ of modern languages 近代語学科. **c** 《デパートなどの》…売場: the men's clothing ~. **2** 《口》《知識·活動·責任などの》(専門)分野, 領域, 範囲, 分担, 受持ち, 担当; 《口》(…の)方面: …is not my ~ …はわたしの領域[担当]ではない / be a bit lacking in the brain ~ 少しおつむのほうが足りない. **3** 《定期刊行物の》常設特別欄. **4 a** 〘フランス〙県 (F **dé·parte·ment** /*F* departəmɑ̃/). **b** 〘軍〙《一国の》軍管区. [F; ⇨ DEPART]

de·part·men·tal /dɪpɑ̀:rtméntl, dì:-; dì:-/ *a* 部門[省, 局, 課]の; 部門別の. ♦ **~·ìsm** *n* 部門主義, 分課制, [*derog*] 官僚的形式主義, お役所式. **~·ly** *adv*

departméntal·ìze *vt* 各部門に分ける, 部門化する. ♦ **de·partmèntal·izátion** *n* 部門化.

departméntal stòre DEPARTMENT STORE.

Department D /―― dí:/ 〘ソ連〙《KGB の》D 機関《かつて虚報を

流して他国の情報機関を混乱させた機関).

Depártment for Búsiness, Innovátion and Skílls [the]〘英〙民間企業・技術革新・技能省《2009 年創設; 略 BIS》.

Depártment for Constitútional Affáirs [the]〘英〙憲法問題省《2003 年 大法官省 (Lord Chancellor's Department) とウェールズ省 (Wales Office), スコットランド省 (Scotland Office) を統合して新設; 略 DCA》.

Depártment for Cúlture, Média and Spórt [the]〘英〙文化・メディア・スポーツ省《略 DCMS》.

Depártment for Educátion [the]〘英〙教育省《略 DfE》.

Depártment for Envíronment, Fóod and Rúral Affáirs [the]〘英〙環境・食糧・農村地域省《2001 年 農漁食糧省 (MAFF) と環境運輸地域省 (DETR) の一部が合併して設立; 略 DEFRA, Defra》.

Depártment for Internátional Devélopment [the]〘英〙国際開発省《略 DFID》.

Depártment for Tránsport [the]〘英〙運輸省《略 DfT》.

Depártment for Wórk and Pénsions [the]〘英〙雇用年金省《2001 年創設; 略 DWP》.

Depártment of Ágriculture [the]〘米〙農務省《略 USDA, DA, DOA》.

Depártment of Cómmerce [the]〘米〙商務省《略 DOC》.

Depártment of Defénse [the]〘米〙国防(総)省《陸・海・空の三軍を統轄する中央省庁; 略 DOD》.

Depártment of Educátion [the]〘米〙教育省《略 DOE, DoE》.

Depártment of Énergy [the]〘米〙エネルギー省《略 DE, DOE, DoE》.

Depártment of Héalth [the]〘英〙保健省《略 DH, DOH, DoH》.

Depártment of Héalth and Húman Sérvices [the]〘米〙保健(社会)福祉省, 厚生省《略 DHHS, HHS》.

Depártment of Hómeland Secúrity [the]〘米〙国土安全保障省《2003 年に設置; 略 DHS》.

Depártment of Hóusing and Úrban Devélopment [the]〘米〙住宅都市開発省《略 HUD》.

Depártment of Jústice [the]〘米〙司法省《略 DOJ》.

Depártment of Lábor [the]〘米〙労働省《略 DOL》.

Depártment of Mótor Vèhicles [the]〘米〙《州政府の》自動車局, 陸運局《略 DMV》.

Depártment of Sócial Secúrity [the]〘英〙社会保障省《2001 年統合により雇用年金省 (Department for Work and Pensions) になった; 略 DSS》.

Depártment of Státe [the]〘米〙国務省《日本などの外務省に相当; 全省中最も早く 1789 年に創設; 国務長官 (Secretary of State) は閣僚ランクとして第 1 位; 略 DOS, DS》.

Depártment of the Áir Fòrce [the]〘米〙空軍省《略 DAF》.

Depártment of the Ármy [the]〘米〙陸軍省.

Depártment of the Intérior [the]〘米〙内務省《略 DI, DOI》.

Depártment of the Návy [the]〘米〙海軍省.

Depártment of the Tréasury [the]〘米〙財務省.

Depártment of Tráde and Índustry [the]〘英〙貿易産業省《略 DTI; 現在は Department for Business, Innovation and Skills》.

Depártment of Transportátion [the]〘米〙運輸省《略 DOT, DT》.

Depártment of Véterans Affáirs [the]〘米〙復員軍人省《1989 年 Veterans Administration から昇格; 略 VA》.

depártment stòre 百貨店, デパート.

de·par·ture /dɪpɑ́ːrtʃər/ *n* **1 a** 出発, 出航, 出港, 門出; 出発便 〈*for*〉; [~s]《空港の》出発ロビー (cf. ARRIVALS): a ~ platform 発車ホーム / take one's ~ 出発する, 門出をする. **b**《方針などの》新発展, 第一歩; 《古》死去 (death). **c**〘海〙《推測航法の基点とする》起程点 (point of departure);〘海〙《起程点からの》東西距;〘地理・測〙東西距離, 経距《東西線への測線の正射影》. **2** 退職, 辞任; 離脱, 逸脱, 背反 〈*from*〉. [OF; ⇨ DEPART]

depárture lòunge《空港の》出発ロビー.

de·pásturage /dɪ-/ *n* 放牧(権).

de·pásture /dɪ-/ *vi* 〈家畜が〉牧草を食う (graze). ► *vt* 〈家畜を〉放牧する (pasture); 〈土地が家畜〉に牧草を供給する; 〈土地〉の牧草を食いつくす; 《古》〈土地を〉牧場に使用する.

de·pau·per·ate /dɪpɔ́ːpərèɪt/ *vt* 貧弱にする,〘植〙発育不全にする, 萎縮させる; 衰弱させる; 《古》貧乏にする. ► *a* /-rət/〘生〙発育不全の; 〈動植物相が〉貧弱な《数・種類が乏しい》. ♦ **de·pàu·per·á·tion** *n* 貧困化;〘生〙発育不全, 萎縮.

dé·pay·sé /*F* depeize/ *a* なじまない, 居ごこちが悪い. [F=removed from one's own country]

dé·pêche /*F* depɛʃ/ *n* 急送公文書, 電報.

de·pénal·ìze /dɪ-/ *vt* …の不利益を減少する.

de·pend /dɪpénd/ *vi* **1 a** あてにする, 信頼する 〈*on*〉; たよる, 依存する, よりどころにする 〈*on* sb *for* help, *to* do〉: The news is not to be ~*ed upon*. そのニュースはあてにならない / Japan ~*s on* other countries *for* oil. 日本は石油を他国に依存している. **b**〘文法〙…に従属する, 依存する 〈*on*〉. **2** …(いかん)による, …しだいである, …に左右される 〈*on*〉: ~ (largely) on the weather (主として)天気しだいである / It ~*s* (*on*) how you handle it. きみの扱い方しだいでどうにでもなる / That [It] (all) ~*s*.=*D~s*. それは時と場合による, 事情によりけりだ, 一概には言えない[決められない]《次に on circumstances が略されたもの》. **3** 未定である, 〈訴訟・議案など〉未決である; 《古・詩》たれさがる 〈*from*〉. ● **as if one's life ~s on it** 精いっぱい, 力の限り. **~ing on** …によって, …しだいで. **~ on it**《文頭・文尾において》間違いなく, だいじょうぶ: *D~ upon it*, (=You may ~ *upon* it that) they will come. だいじょうぶ, 彼らは来るよ. [OF＜L (*pendeo* to hang)]

D

depénd·able *a* 頼み[たより]になる, 信頼できる. ♦ **-ably** *adv* 頼もしく, 信頼できるように. **depènd·abílity** *n* 頼み[あて]になること, 信頼性. **~·ness** *n*

de·pen·dant /dɪpéndənt/ *n* DEPENDENT. [F (pres p)＜DEPEND]

de·pén·dence, de·pén·dance *n* **1 a** たよること, 依存[従属](状態); 信頼 〈*on*〉; 《因果などの》依存関係; 《麻薬[薬物]》依存(症): the ~ of children *on* their parents 親のすねかじり. **b** たよりとなるもの[人], 頼みの綱. **2**〘法〙未決; 《古》ぶらさがったもの.

de·pén·den·cy *n* 依存[従属](状態) (dependence); 依存物, 従属物; 《本館などの》付属建築物, 別館; 属国, 保護領.

depéndency cùlture 依存(型)文化《医療・教育・社会保障などの面で国家福祉に依存する傾向のある社会環境》.

depéndency-pròne *a* 麻薬依存傾向のある.

de·pén·dent *a* **1 a** 〈他に〉たよっている, 依存している 〈*on*〉, 従属関係の, 隷属的な (opp. *independent*); 〈薬剤など〉に依存している 〈*on*〉;〘数〙〈変数が〉《他の独立変数に》従属した, 〈方程式が〉従属の《他の方程式から導かれうる》;〘文法〙従属(節)の. **b** …による, …しだいの 〈*on*〉. **2** 《古・詩》ぶらさがった. ► *n* 他人にたよって[従属して]いる人; 扶養家族; 召使, 従者; 《古》従属物 (dependency). ♦ **~·ly** *adv* 他にたよって, 依存[従属]的に. [ME DEPENDANT]

depéndent cláuse〘文法〙従属節 (subordinate clause).

depéndent váriable〘数・統〙従属変数.

depénd·ing *a* ぶらさがった; 付随的な;〘法〙未決の. ★ ⇨ DEPEND 成句.

de·péople /di-/ *vt* …の住民を減らす[絶やす].

de·perm /dipə́ːrm/ *vt*〘海〙《水雷を避けるため》〈船体〉から磁気を除く, 消磁する. [*perm*anent magnetism]

de·pèrson·al·izátion /di-/ *n* 非個人化, 客観化; 没個性化;〘精神医〙離人症《主体[自我]感喪失》.

de·pérson·al·ìze /di-/ *vt* 非人間化[没個性化]する, 機械的[無機的]なものにする; 〈個人的感情などを〉個人的でなくする, 客観化する, 冷静に[私情抜きで]行なう; 〈人〉から自我感を失わせる, 主体性を奪う, 物扱いする.

de·pháse /di-/ *vt*〘理〙…の位相をずらす.

de·phósphorize /di-/ *vt*〘生化・冶〙脱リンする.

de·phosphorylátion /di-/ *n*〘生化〙脱ホスホリル化. ♦ **de·phosphórylate** *vt*

de·pict /dɪpíkt/ *vt*《絵画・彫刻で》描く; 《ことばで》描写[叙述]する 〈sb *as* a hero〉. ♦ **~·er, de·píc·tor** *n* **de·píc·tion** *n* **de·píc·tive** *a* [L; ⇨ PICTURE]

de·pic·ture /dɪpíktʃər/ *vt* DEPICT; IMAGINE. ♦ **~·ment** *n* [*depict*＋*picture*]

de·pígment /di-/ *vt* …の色素を除く, 色素脱失させる, 脱色する.

de·pigmentátion /di-/ *n*〘医〙色素脱失.

dep·i·late /dépəlèɪt/ *vt* …から毛を抜き取る, 除毛する, 脱毛する. ♦ **-là·tor** *n* 除毛者[機]. **dèp·i·lá·tion** *n* 脱毛《特に 動物の皮革の》, 除毛, 抜け毛. [L (*pilus* hair)]

de·pil·a·to·ry /dɪpílətɔ̀ːri; -t(ə)ri/ *a* 脱毛の(効ある). ► *n* 脱毛薬, 除毛剤.

de·pil·i·tant /dɪpílətənt/ *n* DEPILATORY.

de pis en pis /*F* də pizɑ̃ pis/ ますます悪く (de mal en pis).

de·pláne /di-/ *vi* 飛行機から降りる (opp. *enplane*). ► *vt* 〈人を〉飛行機から降ろす[降りさせる]. [*plane*[1]]

de pla·no /dɪ pléɪnoʊ, deɪ plɑ́ː-/〘法〙*adv*〘ローマ法〙略式で;〘史〙明らかに;〘史〙通謀して;〘スコ〙直ちに. [L=from ground level]

de·plénish /dɪ-/ *vt* 空(から)にする.

de·plete /dɪplíːt/ *vt* 〈勢力・資源などを〉激減させる, 消耗する; …から〈資源などを〉涸渇させる, 空にする 〈*of*〉;〘医〙…から涸渇させる, 瀉出(しゃしゅつ)させる. ♦ **de·plét·able** *a* **de·plét·er** *n* **-plé·tive, -plé·to·ry** *a* 涸渇[消耗]させる, 血液[水分]を減少させる. [L (*plet- pleo* to fill)]

de·plét·ed *a* 《人口・資源などが》減少した; 衰弱した; 〈ウランが〉劣化[減損]した《天然ウランより核分裂性同位体の含有量が低い》.

depléted uránium 劣化[減損]ウラン《天然ウランよりも核分裂性のウラン 235 の含有量が低い; 略 DU》.

de·ple·tion /dɪplíːʃ(ə)n/ *n* 水分減少(状態), 涸渇, 消耗; 〘医〙 涸渇, 放血; 〘生態〙 消耗《水資源・森林資源などの回復を上回る消費》; 〘会計〙《資源の》減耗(額).
deplétion allòwance 〘会計〙《地下資源などの採掘会社に認める》減耗控除.
deplétion làyer 〘電子工〙《半導体中の》空乏層.
de·plór·able *a* 嘆かわしい; 哀れな, みじめな; ひどい, もってのほかの, けしからぬ. ◆ **-ably** *adv* 嘆かわしくも, 遺憾ながら; 悲惨に.
dep·lo·ra·tion /dèpləréɪʃ(ə)n/ *n* 嘆かわしい状態.
de·plore /dɪplɔ́ːr/ *vt* 〈死などを〉嘆き悲しむ, 悼む; 嘆く, 悔いる, 残念[遺憾]に思う; 《けしからぬことだと》強く非難する. ◆ **de·plór·er** *n* **de·plór·ing** *a* **de·plór·ing·ly** *adv* [F or It<L (*ploro* to wail)]

de·ploy /dɪplɔ́ɪ/ *vt* **1** 〘軍〙〈部隊を〉展開[散開]させる; 〈パラシュートを〉展開させる; 〈部隊・装備・人員を〉(戦略的に)配備[配置]する, 動員する, 駆り出す; 〈人口などを〉分散させる. **2** 〈人材・資源・技能など〉有効に使う, 活用する, 利用する. ► *vi* 展開する, 散開して行動する; 作動する, 機能する. ► *n* 展開, 散開, 配備. ◆ **~·able** *a* **~·ment** *n* (作戦)展開; (戦闘)配備; 活用, 利用. [F<L *dis*-[1] (*plico* to fold)=to unfold, scatter]
de·plúmate, -plú·mat·ed /di-/ *a* 羽毛をむしり取られた.
de·plúme /di-/ *vt* …の羽毛をむしり取る; 〈人〉から名誉[財産など]を剝奪する. ◆ **dè·plu·má·tion** *n*
de·pólar·ìze /di-/ *vt* 〘電・磁〙 復極[脱分極, 消極, 減極]する; 〘光〙〈偏光を〉解消する; 〈確信・偏見などを〉覆す, 解消させる. ◆ **de·pòlar·izátion** *n* 復極[脱分極, 消極](したもの). **de·pó·lar·ìz·er** *n* 復極[消極, 減極]剤, 脱分極薬.
de·pólish /di-/ *vt* …のつやを落とす[消す], なめらかさを取る.
dè·polítical·ize *vt* DEPOLITICIZE.
dè·políticize *vt* …から政治的色彩を除く, 非政治化する. ◆ **dè·politicizátion** *n*
dè·pollúte *vt* …の汚染を除去する, 浄化する, 除染する. ◆ **dè·pollútion** *n*
de·pólymer·ìze /di-, -pəlím-/ *vt, vi* 〘化〙 単量体に分解する, 解重合[脱重合]する. ◆ **de·pòlymer·izátion** /, -pəlìm-/ *n*
de·pone /dɪpóʊn/ *vt, vi* 〘法〙 宣誓のうえ(文書で)証言する.
de·po·nent /dɪpóʊnənt/ *n* **1** 〘法〙 文書による証言者, 証言録取書 (deposition) による証言者. **2** 〘文法〙 異態動詞 (=~ **vérb**) 《ギリシア語・ラテン語において形は passive で意味は active の動詞》. ► *a* 〘文法〙 異態の. [L *depono* to put down, lay aside]
Depo-Pro·ve·ra /dèpoʊproʊvéərə/ 〘商標〙 デポ-プロベラ《medroxyprogesterone acetate 製剤》.
de·pópular·ìze /di-/ *vt* …から人気[人望]を奪う, …の人気を失わせる.
de·pop·u·late /dipɑ́pjəlèɪt/ *vt* …の住民を減らす[絶やす]; 《廃》荒らす (ravage). ► *vi* 人口が減少する. ► *a* 《古》人口の減少した, 住民の絶えた. ◆ **de·pòp·u·látion** *n* [L (*populor* to ravage <*populus* people)]
de·póp·u·là·tor *n* 人口を減らす[住民を絶やす]もの《人・戦争・飢饉・病気など》.
de·port /dɪpɔ́ːrt/ *vt* **1** 国外に退去させる, 強制送還する 〈*from, to*〉; 〈住民を〉強制移送する, 追放する. **2** 〈身を〉処する, ふるまう (behave) 〈*oneself*〉. ► *n* 《廃》DEPORTMENT. ◆ **~·able** *a* 〈犯罪が〉国外追放の罰に相当する; 〈外国人が〉国外追放されうる: a ~*able* alien. **~·er** *n* [OF<L (*porto* to carry)]
de·por·ta·tion /dìːpɔːrtéɪʃ(ə)n, -pər-/ *n* (国外)追放, 強制送還: a ~ order 退去命令.
de·port·ee /dìːpɔːrtíː, dɪ-/ *n* 国外追放[強制送還](の宣告を受けた)者, 被追放者, 流刑者.
depórt·ment *n* 態度, ふるまい; 品行, 行儀; ᴵᴵ《若い女性の》立ち居ふるまい.
de·pós·al *n* 廃位; 免職, 罷免.
de·pose /dɪpóʊz/ *vt* **1** 〈人を〉高位から退ける, (権力の座から)退陣させる, 〈王を〉退位させる (dethrone). **2** 《古》置く. **3 a** 〘法〙 宣誓のうえ文書で供述する, 証言録取書 (deposition) の形で供述する, 証言する (cf. DEPONENT). **b** 〘法〙〈証人〉の証言を録取する. **c** 断言する (affirm), 主張する. ► *vi* 〘法〙《特に文書で》宣誓証言をする, TESTIFY: ~ *to* having seen it それを見たと証言する. ◆ **de·pós·able** *a* 廃しうる; 証言しうる. [OF<L (*posit- pono* to put)]
de·pos·it /dɪpɑ́zət/ *vt* **1** 置く (place), 降ろす 〈*on, in*〉; 〈硬貨を〉(投入口に)入れる; 〈郵便を〉投函する; 〈ホトトギスなどが卵を〉他種の鳥の巣に産みつける. **2 a** 〈金・貴重品などを〉預ける, 供託する; 手付金[頭金, 保証金]として払う: ~ money *in* a bank 銀行に預金する / ~ sth *with* sb 人に物を預ける. **b** 〘政〙〈条約の批准書を〉寄託する. **3** 沈澱[沈積]させる. ► *vi* 沈澱[沈積]する; 預金される. ► *n* **1 a** 預かり, 寄託: have [place] money on ~ 金銭を預かっている[預ける] / Not for ~ of mail. 《掲示》郵便投函用ではありません. **b** 保管所, 倉庫 (depository). **2 a** ᴵᴵ《選挙の》供託金; (銀行)預金; 預金額; 保証金, 敷金, 手付金, 頭金; 預託物: make a ~ 預金をする / a fixed ~ ᴵᴵ定期預金 / TIME DEPOSIT / a ~ in trust 信託預金 / lose one's ~ 供託金を没収される. **b** 〘鳥〙《ホトトギスなどの》(託卵した)卵. **3 a** 沈澱[沈積]物, 堆積物; 《鉱石・石油・天然ガスなどの》埋蔵物, 鉱床: oil ~*s* 石油埋蔵量 / fat ~*s* 《体内・血管内の》脂肪の蓄積. **b** 《金属などの》被覆物, デポジット. ● **on ~** 貯蓄して, 預金して. [L (*posit- pono* to put)]
depósit accòunt 《特に英国の》通知預金(口座)《利子がつき小切手を使えない銀行などへの預金; 引出しには通例 7 日以上前の通知が必要だが, 要求払いに応じる場合もある; cf. SAVINGS ACCOUNT》.
de·pos·i·tary /dɪpɑ́zətèri; -t(ə)ri/ *n* 預かり人, 保管人, 受託者, 被供託者; 保管所 (depository).
dep·o·si·tion /dèpəzíʃ(ə)n, dìː-/ *n* **1** 官職剝奪, 罷免, 追放; 廃位. **2** [D-] キリスト降架《十字架からの取り降ろし》, キリスト降架の絵姿[彫刻] (=**D~ from the Cróss**). **3** 〘法〙 宣誓証言, 証言[供述]録取書; 〘法〙 証言録取. **4** 《有価証券などの》預託; 預託物; 〘鳥〙《ホトトギスなどの》託卵. **5** 〘化〙 析出; 堆積[沈澱](物); 〘生〙 沈着. ◆ **~·al** *a*
depósit mòney 〘経〙 預金通貨《小切手振出しなどによって支払い手段として使える要求払い預金》.
de·pós·i·tor *n* 預け主, 預金者, 供託者, 寄託者; 沈澱器; 電気めっき器.
de·pos·i·to·ry /dɪpɑ́zətɔ̀ːri; -t(ə)ri/ *n* 供託[受託]所, 保管所, 倉庫; [*fig*] 宝庫; 保管人, 受託者 (depositary).
depósitory lìbrary 合衆国政府刊行物寄託図書館.
depósit recèipt 預金証書.
depósit slìp* 〘銀行〙 預金入金票 (paying-in slipᴵᴵ).
de·pot /díːpoʊ; dép-/ *n* **1***《小さな》駅, 停車場, バス発着所, 空港; ᴵᴵバス[市街電車, 機関車]車庫. **2** /dépoʊ, *díː-/ 貯蔵所, 倉庫; 貯蔵物; 〘軍〙 兵站(へいたん)部, 補給所; 〘軍〙 新兵訓練所, 補充要員編成所. ► *vt* /dépoʊ, díː-/ depot に置く[入れる]. [F *dépôt*<L; ⇨ DEPOSIT]
dépot shìp 母艦, 母船.
de·pówer /di-/ *vt* 〘ヨット〙〈帆を〉風を受けなくなるよう調節する.
depr. depreciation ◆ depression.
de·prave /dɪpréɪv/ *vt* 悪くする, 悪化させる; 堕落[腐敗]させる; 《古》…の悪口を言う. ◆ **dep·ra·va·tion** /dèprəvéɪʃ(ə)n, *dìːprèɪ-/ *n* 悪化; 腐敗, 堕落. **~·ment** *n* **de·práv·er** *n* [OF or L (*pravus* crooked)]
de·práved *a* 堕落した, 下劣な, 邪悪な, 不良[人でなし]の, 異常な, 悪化した, 倒錯した. ◆ **~·ly** /-(ə)dli/ *adv* **~·ness** /-(ə)dnəs/ *n*
de·prav·i·ty /dɪprǽvəti/ *n* 堕落, 腐敗 (cf. TOTAL DEPRAVITY); 悪行. [*de-*]
dep·re·cate /déprɪkèɪt/ *vt* **1** …に強く反対する, 非難する. **2** 軽視する, …はたいしたこと[もの]ではないと言う (depreciate); 〈人(のこと)を〉悪く言う, けなす: SELF-DEPRECATING. **3** …のないように懇願する; 《古》…のないように祈る: ~ sb's anger 人におこらないよう頼む. ◆ **dèp·re·cá·tion** *n* 不賛成, 反対; 卑下, 謙遜; 《災いのないようにとの》祈り. **dép·re·cà·tive** /, -kə-/ *a* DEPRECATORY. **-cà·tor** *n* [L=to ward off by entreaty; ⇨ PRAY]
dép·re·càt·ing *a* 非難の, 不賛成の; 謙遜した, はにかんだ. ◆ **~·ly** *adv* すまなさそうに; 謙遜[卑下]して.
dep·re·ca·to·ry /déprɪkətɔ̀ːri; -t(ə)ri, -kèɪt-/ *a* 謝罪の, 弁解の; 不賛成の: a ~ letter わび状. ◆ **dèp·re·ca·tó·ri·ly** /; déprɪkət(ə)rɪli, -kèɪt-/ *adv*
de·pre·ci·a·ble /dɪpríːʃiəb(ə)l/ *a* 値下がりのありうる; *《課税上の理由で》減価見積もりしうる.
de·pre·ci·ate /dɪpríːʃièɪt/ *vt* **1 a** 〈物品〉の(市場)価値[評価]を低下させる[減じる] (opp. *appreciate*); *《課税上の理由で》〈資産〉の減価見積もりをする. **b** 〈通貨〉の購買力を減じる, 切り下げる. **2** みくびる, 軽視する. ► *vi* 価格[価値]が下がる. ◆ **de·pré·ci·àt·ing·ly** *adv* 軽んじて. **de·pré·ci·à·tive** /, -ətɪv/, **-ci·a·tò·ry** /; -t(ə)ri, -ʃièɪt-/ *a* 減価的な, 下落的傾向の; 侮蔑的な. **de·pré·ci·à·tive·ly** /, -ətɪvli/ *adv* **de·pré·ci·à·tor** *n* 価値を低下させる人, 軽視する人. [L=to lower the PRICE]
de·prè·ci·á·tion *n* **1** 価値低落[下落]; 〘会計〙 減価, 減価見積もり; 〘会計〙 減価償却; 貨幣価値の低下: ~ of the dollar ドルの下落[切下げ]. **2** 軽視: in ~ 軽蔑して.
depreciátion insùrance 〘保〙 取替費[減価償却費, 新価]保険.
depreciátion resèrve 〘会計〙 減価償却引当金.
dep·re·date /déprədèɪt/ *vt, vi* 略奪[強奪]する; 荒廃させる. ◆ **dép·re·dà·tor** /, dɪprédə-/ *n* **dep·re·da·to·ry** /dɪprédətɔ̀ːri, déprɪdə-; déprɪdèɪt(ə)ri, dɪprédət(ə)ri/ *a* [F<L; ⇨ PREY]
dep·re·da·tion /dèprədéɪʃ(ə)n/ *n* 略奪; 侵食; [ᵁ*pl*] 略奪行為, 破壊の跡. ◆ **~·ist** *n*
dep·re·nyl /déprənɪl/ *n* 〘薬〙 デプレニル《モノアミンオキシダーゼ阻害薬; パーキンソン病の治療用》.
de·press /dɪprés/ *vt* **1** 押し下げる, 下へ押す: ~ a lever. **2 a** 意気沮喪[消沈]させる, 憂鬱にする. **b** …の力[活動力]を弱める, 衰えさせる, 不景気[不振]にする; 《廃》鎮圧[制圧]する. **3** 低下させる; …の(市場)価値を下落させる; 〘楽〙 …のピッチを下げる. ◆ **~·ible** *a* [OF<L (PRESS[1])]

de·prés·sant *a* 抑制作用のある; 意気消沈させる; 経済活動を抑制する, 不景気をもたらす. ► *n* 《特に 筋肉·神経, また 食欲などの》抑制薬.
de·préssed *a* **1** (意気)消沈した; 鬱病の. **2 a** 抑圧された, 貧困にあえぐ, 《社会的·経済的に》恵まれない, 標準以下の. **b** 不景気の, 不振の; 〈株が〉下落した. **3** くぼんだ, 低下した〈路面など〉; 押しつけられた; 平たい; 上から押しつけたように扁平な, 〔植〕圧扁の, 〔動〕縦扁の (cf. COMPRESSED).
depréssed área 衰退地域, 窮乏地区《失業者が多く生活水準の低い地域》.
depréssed clásses *pl* [the] 《インドの》最下層のカーストに属する人びと (scheduled castes).
depréss·ing *a* depress する(ような), 《特に》憂鬱な, 気の重い, 気のめいる. ♦ **~·ly** *adv*
de·pres·sion /dɪpréʃ(ə)n/ *n* **1 a** 押し下げ(られ)ること, 下降, 沈下, 陥没. **b** くぼみ, 窪地, 低地, 陥没地, 〔地質〕凹地; 〔気〕低気圧(域): an atmospheric [a barometric] ~ 低気圧. **2 a** 意気消沈, 憂鬱, ふさぎ; 〔精神医〕鬱病, 抑鬱(症), メランコリー (=clinical ~): periodic ~ 周期性鬱病 / stress ~ ストレス抑鬱. **b** 不振, 低下, 減退; 〔経〕不景気, 不況(期); [the D-] GREAT DEPRESSION: a ~ in trade 不景気. **c** 〔生理〕機能低下. **3** 〔天〕俯角(ふ); 〔測〕(水平)俯角.
Depréssion glàss 1920–30 年代に量産されたさまざまな色·デザインのガラス器.
de·pres·sive /dɪprésɪv/ *a* 押し下げる, 低下させる; 抑鬱性の. ► *n* 鬱状態の人, 抑鬱者《特に 躁鬱病患者》. ♦ **~·ly** *adv*
de·pres·so·mo·tor /dɪprèsoumóutər/ *a* 〔生〕運動抑制の. ► *n* 運動(機能)抑制薬.
de·prés·sor /dɪ-/ *n* 押し下げるもの; 〔医〕圧低器《圧舌器など》; 〔解〕下制[下引]筋 (=~ **mùscle**); 〔生理〕減圧神経 (=~ **nèrve**); 血圧降下剤, 降圧薬; 〔化〕抑制剤; 〔遺·動〕抑制体.
de·préssurize /di-/ *vt* …の気圧を下げる, 減圧する.
♦ **de·pressurizátion** *n*
De·pre·tis /deɪprétis/ デプレーティス **Agostino** ~ (1813–87) 《イタリアの政治家; 首相 (1876–78, 78–79, 81–87)》.
de·priv·al /dɪpráɪvəl/ *n* 剝奪 (deprivation).
dep·ri·va·tion /dèprəvéɪʃ(ə)n, dìːpràɪ-/ *n* **1** 奪取, 剝奪; 《相続人の》廃除; 免職, 解任, 降等, 《特に》聖職(禄)剝奪; 価値剝奪; 喪失, 欠損. **2** 《生体維持に不可欠なものの》欠乏[不足](状態), 遮断, 妨害; 窮乏[耐乏](生活), 貧窮. ♦ **~·al** *a*
deprivátion dwàrfism 〔医〕愛情遮断性小人症《愛情や情緒面の欠乏による子供の小人症》.
de·prive /dɪpráɪv/ *vt* **1 a** …から〈…を〉奪う, 剝奪する, 取り上げる 〈*of*〉; 《廃》移す (remove): ~ sb *of* his power 人から権力を奪う / be ~*d of* one's rights 権利を奪われる. **b** …の聖職を剝奪する. **2** …に〈…を〉はばむ, 拒む, 得させ[使わせ]ない 〈*of*〉. ♦ **de·prív·able** *a*
de·priv·a·tive /dɪprívətɪv/ *a* [OF<L; ⇨ PRIVATION]
de·príved *a* 恵まれない, 貧しい: a ~ environment 貧しい環境 / culturally ~ children 文化的に恵まれぬ子供たち.
dè·proféssion·al·ìze *vt* …のプロ志向を弱める, 脱プロ化する.
de pro·fun·dis /dèɪ proufúndis, -fʌ́n-/ *adv* 《悲しみ·絶望などの》どん底から. ► *n* どん底からの叫び; [the De P-]「デ·プロフンディス」「深き淵より」《Out of the depths で始まる詩篇 130》; [D- P-]『深淵より』《Oscar Wilde が獄中で同性愛の相手 Alfred Douglas 卿にあてて書いた手記 (1895–97; 1905 年刊)》. [L]
de·prógram /di-/ *vt* 〈人〉の信念[《特に》信仰]を(強制的に)捨てさせる, めざめさせる. ♦ **de·prógrammer** *n*
de pro·prio mo·tu /deɪ próupriou móutu/ *adv* みずから, 自発的に. [L=of one's own motion]
de·prótein·àte /di-/ *vt* DEPROTEINIZE.
de·prótein·ìze /di-/ *vt* 〔生化〕…のタンパク質を取り除く.
dè·províncial·ìze *vt* …の地方的特色をなくする; 偏狭さをなくする, 視野を広げる.
dep·side /dépsàɪd, -səd/ *n* 〔化〕デプシド《2 個以上のフェノールカルボン酸分子からなるエステルの総称》.
dept. department 省, 部, 局《など》♦ deputy.
Dept·ford /détfərd, dépfərd/ デットフォード《London の南東部にある地域; ヴィクトリア朝の建物が残る》.
Déptford pínk 〔植〕ノハラナデシコ. [↑]
depth /dépθ/ *n* (*pl* **~s** /dépθs, dép(t)s/) **1** 深いこと; 深さ, 深度, 奥深さ, 奥行, 水深: two feet *in* ~ 深さ[奥行] 2 フィート. **2 a** [°*pl*] 深い所, 深み; [°*pl*] 奥まった所, 奥地 (inmost part); [°*pl*] 《社会的·道徳的·知的な》どん底, 堕落の淵: in the ~*s* of the forest 森林の奥に / in [from] the ~ of one's heart 心の奥底で[から] / plumb the ~*s* (of loneliness etc.) (孤独などの)どん底に陥る; …の極み[最たるもの]である / plumb new ~*s* さらに[輪をかけて]ひどくなる / (down) in the ~*s* (of despair) 絶望の淵に沈んで. **b** [°*pl*] たけなわ, まん中, 最中, さなか: in the ~ of winter 冬の最中に. **3 a** 《人物·性格などの》深み, 内面; 《感情の》深刻さ, 強さ (intensity); 《学識の》深遠さ (profundity); 《問題などの》重大さ; 完全さ, 徹底: with a ~ of feeling 深い感情をこめて / hidden ~*s* 隠れた内面[一面], 内に秘めた姿[正体]. **b** 《色などの》濃さ, 《音の》低さ, 《声の》深み, 《静寂の》深さ; 《画像などの》奥行, 立体感. **c** 選手層の厚さ, チームの余力. ● **in ~** 広く深く, 徹底的に. **out of [beyond] one's [sb's] ~** (1) 背が立たない深さで, 深みにはまって. (2) 理解[力量]が及ばない, まるでついていけない[歯が立たない]. **to the ~ of**…の深さまで; 〈心〉の奥底まで. ► *a* 徹底的な. ♦ **~·less** *a* 測りがたいほど深い; 深みのない, 浅い, 皮相の. **~·less·ly** *adv* [ME (DEEP, -*th*²)]
dépth chàrge [bòmb] 対潜爆弾, (水中)爆雷.
dépth fìnder 〔海〕音響測深機.
dépth gàuge 《穴や溝の深さを測る》測深器, 深さゲージ.
dépth·ie *n* *《俗》立体 [3D] 映画 (deepie).
dépth ìndicator DEPTH FINDER.
dépth ìnterview 深層(的)面接, デプスインタビュー《標準的質問では得られない個人的見解·感情などを立ち入って調べる面接法》.
dépth of fíeld 〔光〕被写界深度《被写体の前後のピントの合う範囲》; 《画像などの》奥行, 立体感.
dépth of fócus 〔光〕焦点深度《焦点の前後で実用上焦点が点として認められる範囲》; 《俗に》DEPTH OF FIELD.
dépth percèption 〔生理〕奥行感覚[知覚], 距離感覚[知覚].
dépth psychòlogy 深層心理学; 精神分析.
dépth recòrder 〔海〕自記深度計.
dépth sòunder DEPTH FINDER.
dep·u·rant /dépjərənt/ *n* 清浄剤, 浄化薬; 浄化法.
dep·u·rate /dépjərèɪt/ *vt, vi* 浄化する.
dep·u·ra·tion /dèpjəréɪʃ(ə)n/ *n* 浄化[浄血](作用).
dép·u·rà·tive /, ‖-rə-/ *a* 浄化する. ► *n* 浄化剤.
dép·u·rà·tor *n* 浄化器[装置]; 浄化剤[薬].
de·púrge /di-/ *vt* …の追放を解除する.
dep·u·ta·tion /dèpjətéɪʃ(ə)n/ *n* 代理人[代表者]の選任, 代理委任[派遣] (delegation); 代表団[者], 代理委員(団).
de·pute¹ /dɪpjúːt/ *vt* 〈人を〉代理者[代表者]とする, …に代理を命じる; 〈仕事·職権を〉委任する. [OF<L *de*-(*puto* to consider)=to regard as, allot]
dep·ute² /dépjùːt/ *n* 《スコ》DEPUTY. [F (pp)〈*deputer* (↑)]
dé·pu·té /*F* depyte/ *n* 《フランスの》下院議員, 代議士.
dep·u·tize /dépjətàɪz/ *vi* 代理をつとめる 〈*for*〉. ► *vt* 〈人〉に代理を命じる 〈*as* chairman〉. ♦ **dèp·u·ti·zá·tion** *n*
dep·u·ty /dépjəti/ *n* **1** 代理(人); 代理役[官], 副官, 次官; *シェリフ代理 (=~ **shériff**): by ~ 代理で. **2** 《フランス·イタリアなどの》代議士; ‖〔鉱〕保安係員: CHAMBER OF DEPUTIES. ► *a* 代理の, 副の (acting, vice-): a ~ chairman 議長[会長]代理, 副議長[会長] / the ~ premier [mayor] 副首相[市助役] / the *D*~ Speaker 《英国下院の》副議長. ♦ **~·ship** *n* [変形〈DEPUTE²]
députy chíef 《警察·消防の》本部長補佐.
députy commánder 《ロンドン警視庁の》副警視長《chief superintendent の上で commander の下: ⇨ POLICE》.
députy lieuténant 〔英〕副統監.
de Quer·váin's disèase /dəkərvǽz-/ 〔医〕デケルヴァン病《疼痛性腱鞘炎》. [Fritz *de Quervain* (1868–1940) スイスの外科医]
De Quin·cey /dɪkwínsi, *-zi/ ド·クインシー **Thomas** ~ (1785–1859) 《英国の随筆家·批評家; *Confessions of an English Opium Eater* (1822)》.
der. derivation ♦ derivative ♦ derive(d).
de·rácial·ìze /di-/ *vt* …から人種的特徴を取り除く; …から人種的偏り[差別]を排する. ♦ **de·ràcial·izátion** *n*
de·rac·i·nate /dirǽs(ə)nèɪt/ *vt* 根こそぎにする, 根絶する; 本来の環境[文化]から隔絶する, …から人種[民族]的特質を奪う. ♦ **de·ràc·i·ná·tion** *n*
dé·ra·ci·né /deɪræ̀sɪnéɪ/ *a, n* (*fem* **-née** /—/) 本来の環境から隔絶された(人), 故郷を喪失した(人), 根なし草, デラシネ. [F (*racine* root)]
de·rádical·ìze /di-/ *vt* 〈人〉に急進的立場を捨てさせる, 非急進化する. ♦ **de·ràdical·izátion** *n*
de·raign /dɪréɪn/ 《廃》*vt* 〔法〕《当事者間の決闘によって》〈問題〉に決着をつける, 〈権利を〉主張する, …に対する権利を主張する; 〈決闘〉によって主張[権利]を争う[立証する]; 〈軍隊を〉配置する. ♦ **~·ment** *n*
de·ráil /dɪ-/ *vt* [°*pass*] 〈列車などを〉脱線させる; 〈計画を〉狂わせる, 頓挫させる; 動揺させる: *be* [*get*] ~*ed* 脱線する. ► *vi* 脱線[逸脱]する. ► *n* *《車両の》脱線器 (=**deráil·er**). ♦ **~·ment** *n* [F (*de*-, RAIL¹)]
de·rail·leur /dɪréɪlər/ *n* 《自転車の》変速装置; 変速装置付きの自転車. [F]
De·rain /*F* dərɛ̃/ ドラン **André** ~ (1880–1954) 《フランスのフォーヴィスムの画家》.
de·range /dɪréɪnʤ/ *vt* 乱す, 混乱させる, 狂わせる; 《古》じゃま[妨害]する; 発狂[錯乱]させる. ♦ **~·ment** *n* 攪乱, 混乱; 錯乱; 〔数〕INVERSION: mental ~*ment* 精神錯乱. [F; ⇨ RANK¹]
de·ránged *a* 乱れた, 狂った; 発狂した.
de·ráte /di-/ *vt, vi* (…の)税負担を緩和[廃止]する; 〔電〕…の定格出力を下げる.

de·rátion /di-/ *vt* 〈食品などを〉配給枠からはずす.
de·ràt·izátion /di-/ *n* 〘海〙《特に 商船内の》ネズミ駆除.
de·ray /dɪréɪ/ *n* 《古·方》無秩序, 混乱, 《特に》らんちき[どんちゃん]騒ぎ.
Der·be /də́ːrbi/ デルベ《古代小アジア南部のリカオニア (Lycaonia) 南部, キリキア (Cilicia) との境にあった都市; 正確な場所は不明》.
Der·bent, -bend /dərbént/ デルベント《ロシア, 北カフカスにある Dagestan 共和国の市; カスピ海の西岸に位置》.
der·bies /də́ːrbiz/ *n pl* 《俗》手錠 (darbies).
Der·by /də́ːrbi; dáː-/ **1 a** ダービー《イングランド中北部 Birmingham の北北東にある市》. **b** DERBYSHIRE. **2** ダービー **Edward (George Geoffrey Smith) Stanley**, 14th Earl of ～ (1799–1869)《英国の政治家; 保守党; 首相 (1852, 58–59, 66–68)》. **3 a** [the] 〘英〙ダービー《Epsom 競馬場で毎年 通例 6 月の第 1 水曜日に 3 歳馬によって行なわれる競馬; ⇨ CLASSIC RACES》.［1780 年 12th Earl of *Derby* (1752–1834) の創設］ **b** 《一般に》大競馬《米国では特に KENTUCKY DERBY》. **c** [d-]《自由参加の》競技; ″ダービー(マッチ) (=*local derby*)《同一地区の 2 チームによる試合》. **4 a** [d-] *山高帽 (=～ **hát**) (bowler hat″)《Earl of *Derby* から》; ダービー《かかとの低いスポーツシューズ》. **b** ダービーチーズ (=*Derbyshire cheese*) (=～ **chéese**)《イングランド Derbyshire で造られる硬く圧縮したきめの細かいチーズ》; DERBY CHINA.
Dérby chína [pórcelain] ダービーチャイナ《イングランドの Derby で 18 世紀以来作られている骨灰(こっかい)磁器》.
Dérby Dày ダービー競馬日 (⇨ DERBY).
Dérby dòg 競馬場をうろつく犬; うるさいじゃま者.
Dérby flỳcatcher 〘鳥〙キバラオオタイランチョウ (=*kiskadee*)《熱帯アメリカ産》.［Edward S. Stanley, 13th Earl of *Derby* (1775–1851) 政治家·博物学者］
derby hat ⇨ DERBY.
Dérby·shire /-ʃɪər, -ʃər/ ダービーシャー《イングランド中北部の州; ☆Matlock; 略 **Derbys.**》.
Dérbyshire chéese ダービーチーズ (⇨ DERBY).
Dérby·vìlle ダービーヴィル《Kentucky 州 Louisville の別名; Kentucky Derby の開催地》.
dere ⇨ DEAR².
de re /déɪ réɪ/ *a* 〘論·哲〙事物様相の《表現された文章が特定の事物についての信念を表わしていること》.［L=of the thing］
de·realizátion /di-/ *n* 《統合失調症などに現われる》現実感消失[喪失].
de·récognize /di-/ *vt* 〈国家〉に対する承認を取り消す, 〈労組〉の特別交渉権を取り消す. ♦ **de·recognítion** *n*
de·régister /di-/ *vt* …の登録を取り消す[抹消する]. ♦ **de·registrátion** *n*
de règle /*F* də rɛgl/ *pred a* 規定どおりで.［F=of rule］
de·regulátion /di-/ *n* 《特に 経済·産業の》規制撤廃[緩和], 統制解除, 自由化. ♦ **de·régulate** *vt* **de·régulatory** *a*
de·re·ism /díːríːɪz(ə)m, déɪréɪ-/ *n* 〘心〙非現実性 (AUTISM). ♦ **dè·re·ís·tic** *a*
Der·ek /dérɪk/ デリク, デレク《男子名; Theodoric の愛称》.
der·e·lict /dérəlɪ̀kt/ *a* 《所有者などに》見捨てられた, 遺棄[放棄]された; 荒廃した; *職務[義務]怠慢の, 無責任な. ► *n* **1 a** 《社会に》見捨てられた人, (人生の)落後者, 《家も職もない》浮浪者, 無宿者, ホームレスの人. **b** *職務怠慢者. **2** 遺棄物, 《特に》遺棄船舶; 〘法〙減水増地《海岸線などの後退で露出した新地》. ♦ **～·ly** *adv* **～·ness** *n*［L; ⇨ RELINQUISH］
der·e·lic·tion /dèrəlíkʃ(ə)n/ *n* 放棄, 遺棄; 荒廃; 職務[義務]怠慢 (=～ **of dúty**); 欠点, 短所; 〘法〙減水増地(の生成[獲得]).
dè·représs *vt* 〘遺〙〈遺伝子を〉抑制状態から解放して活性化する. ♦ **dè·représsion** *n* 抑制解除.
dè·represśor *n* 〘遺〙抑制解除因子 (inducer).
de·requisítion″ /dɪ-/ *vt, vi* (物件を)接収解除する. ► *n* 《軍から民間への》接収解除.
de re·rum na·tu·ra /di ríːrəm nət(j)úːrə, deɪ réɪrum nɑːtúːrɑː/ 事の本質について.［L］
dè·restrict *vt* …に対する統制を解除する, 《特に》〈道路〉の速度制限を撤廃する, 速度制限対象としない. ♦ **dè·restríction** *n*
der Geist der stets ver·neint /*G* der gáɪst deːr ʃtèːts fɛrnáɪnt/ 常に否定する精神《Mephistopheles が自分のことを言ったことば》.
Dergue, Dirgue /də́ːrg/ [the]《エチオピアの》臨時軍事評議会, デルグ《1974 年 Haile Selassie 皇帝廃位以後 88 年民政移管まで政権を担当》.
de·ride /dɪráɪd/ *vt* あざける, あざわらう, 嘲笑する, ばかにする (mock). ♦ **de·ríd·er** *n* **de·ríd·ing·ly** *adv* DERISIVELY.［L (*ris- rideo* to laugh)］
de ri·gueur /də rigə́ːr/ *a* 礼式上必要な; 流行の.［F=of strictness］
der·in·ger /dérənʤər/ *n* DERRINGER.
de·ris·i·ble /dɪrízəb(ə)l/ *a* 物笑いになるのが当然の.
de·ri·sion /dɪríʒ(ə)n/ *n* あざけり, あざわらい, 嘲笑; 嘲笑の的, 笑い物: be in [bring into] ～ 嘲笑されている[物笑いのたねにする] / be the ～ of…からばかにされる / hold [have]…in ～ …をばかにする / in [with] ～ ばかにして, あざけって.［OF<L; ⇨ DERIDE］
de·ri·sive /dɪráɪsɪv, -zɪv, ″-rízɪv, ″-rís-/ *a* 嘲笑[愚弄]的な (mocking); 笑うべき, 嘲笑に値する(ような). ♦ **～·ly** *adv* あざけるように, ばかにして. **～·ness** *n*
de·ri·so·ry /dɪráɪsəri, -zə-/ *a* DERISIVE; ばかばかしいほど少ない[小額の].
deriv. derivation ♦ derivative ♦ derive ♦ derived.
de·rív·able *a* 導き出せる, 推論できる 〈*from*〉.
der·i·vate /dérəvèɪt/ *n* DERIVATIVE.
der·i·va·tion /dèrəvéɪʃ(ə)n/ *n* **1 a** 由来, 起源 (origin). **b** 《他のもの·本源から》引き出す[引き出される]こと; 派生(物), 派生体. **c** 〘言〙《語の》派生(過程), 派生論, 語源(の研究): a word of Latin ～ ラテン語起源の語. **2** 〘論·数〙導出《既に認められた事項からある結果[公式]を導き出すこと》; 〘数〙微分. ♦ **～·al** *a* **～·al·ly** *adv* **～·ist** *n* EVOLUTIONIST.
de·riv·a·tive /dɪrívətɪv/ *a* (本源から)引き出した, 模倣した, 独創性に欠ける; 派生的な. ► *n* 派生物; 〘言〙派生語[形] (opp. *primitive*); 〘経〙誘導品; 〘化〙誘導体; 〘数〙導関数; 〘医〙誘導; 誘導剤[薬]; 〘精神分析〙派生物《最小限の不安とともにイドの衝動を表出させる行動》; 金融派生商品, デリバティブ. ♦ **～·ly** *adv* 派生的に. **～·ness** *n*
de·riv·a·ti·za·tion /dərɪ̀vətəzéɪʃ(ə)n; -tàɪ-/ *n* 〘化〙《化合物の》誘導. ♦ **de·riv·a·tize** /dərívətàɪz/ *vt*
de·rive /dɪráɪv/ *vt* **1** 〈利益·楽しみ·満足感などを〉引き出す, 導き出す, 得る 〈*from*〉; 〈結論などを〉論理的に導く, 演繹する, 推理する 〈*from*〉; …の由来[起源]をたどる 〈*from*〉; 〘数〙〈関数を〉導く: ～ it*self* [be ～*d*] *from*…から出ている[派生する], …に由来する. **2** 〘化〙〈化合物を〉誘導する; 《古》もたらす (bring) 〈*to, on*〉. ► *vi* 由来[派生]する 〈*from*〉. ♦ **de·rív·er** *n*［OF *deriver* to spring from or L (*rivus* stream)］
de·ríved cháracter 〘生〙派生形質《祖先にはなかったが現在は認められる形質》.
derívéd cúrve 〘数〙導関数のグラフ[曲線].
derívéd féature 〘生〙派生特性《祖先にはなかったが現在は認められる特性》.
derívéd fúnction 〘数〙導関数.
derívéd prótein 〘生化〙誘導タンパク質.
derívéd únit 〘理·化〙誘導[組立て]単位《基本単位の組合わせて定められた単位; newton, watt など》.
derm /də́ːrm/ *n* 〘解〙真皮 (derma, dermis, cutis).
derm- /də́ːrm/, **der·ma-** /-mə/, **der·mo-** /-moʊ, -mə/ *comb form*「皮」「皮膚」［Gk DERMA¹］
-derm /dɜ̀ːrm/ *n comb form*「皮 (skin)」: blasto*derm*, ecto*derm*, endo*derm*.［↑］
derm. dermatologist ♦ dermatology.
der·ma¹ /də́ːrmə/ *n* 〘解〙真皮, 皮膚 (dermis).［Gk *dermat- derma* skin］
derma² *n* 《腸詰め用の》牛[鶏]の腸; 腸詰め (kishke).［Yid (pl)< *darm* intestine<OHG］
-der·ma /dɜ̀ːrmə/ *n comb form* (*pl* ～**s, -ma·ta** /-tə/)「皮膚」「皮膚病」: sclero*derma*［DERMA¹］
der·ma·bra·sion /dɜ̀ːrməbréɪʒ(ə)n/ *n* 〘外科〙《ワイヤーブラシ·紙やすりなどによる》皮膚剝離 (=*skin planing*).
der·mal /də́ːrm(ə)l/ *a* 〘解〙皮膚に関する, 皮膚[真皮]の; 表皮の (epidermal).
dèrmal·óptical vísion EYELESS SIGHT.
der·map·ter·an /dərmǽptərən/ *n, a* 〘昆〙ハサミムシ類の(昆虫). ♦ **-máp·ter·ous** *a*
der·mat- /də́ːrmət/, **der·ma·to-** /də́ːrmətoʊ, -tə, dərmǽtə/ *comb form*「皮膚の」［*derm-*］
-dermata *n comb form* -DERMA の複数形.
der·ma·ti·tis /dɜ̀ːrmətáɪtəs/ *n* (*pl* **-tít·i·des** /-títədìːz/, ～**·es**) 〘医〙皮膚炎.
dermatítis her·pe·ti·fór·mis /-hɜ̀ːrpətəfɔ́ːrməs/ 疱疹状皮膚炎.
der·mat·o·gen /dərmǽtəʤən/ *n* 〘植〙原表皮.
dérmato·glỳph /, dərmǽtə-/ *n* 皮膚隆起線.
dèr·ma·to·glýph·ics *n* [〈*sg/pl*〉] 皮膚紋理《特に てのひら·足の裏の皮膚隆起線の模様》; 皮膚紋理学, 掌紋学. ♦ **-glýph·ic** *a*
dérmato·gràph /, dərmǽtə-/ *n* 〘医〙皮膚面標記器, 皮膚鉛筆《皮膚に内臓の位置などを記すのに用いる》.
der·ma·to·graph·ia /dɜ̀ːrmətəgrǽfiə, dərmæ̀tə-/, **der·ma·tog·ra·phism** /dɜ̀ːrmətágrəfɪz(ə)m/ *n* 〘医〙皮膚描記[紋画]症《触れたり, こすったりするだけでみみずばれを起こし, その両側が発赤する》.
der·ma·tog·ra·phy /dɜ̀ːrmətágrəfi/ *n* 皮膚描記.
der·ma·toid /də́ːrmətɔ̀ɪd/ *a* 皮様の, 皮膚様の.
der·ma·tol·o·gy /dɜ̀ːrmətáləʤi/ *n* 〘医〙皮膚科学. ♦ **-gist** *n* 皮膚科医, 皮膚病学者. **dèr·ma·to·lóg·ic, -i·cal** *a*

皮膚科の; 皮膚科学の. **-i·cal·ly** *adv*

der·ma·tome /dɔ́:rmətòum/ *n* 〔解〕皮膚(分)節, 皮板, 皮節; 〔医〕皮膚採取器, 採皮刀, ダーマトーム; 〔発生〕《中胚葉節の》真皮節, 皮節. ♦ **dèr·ma·tó·mal** *a*

dèrmato·mycósis /, dərmæ̀tə-/ *n* 〔医〕皮膚真菌症.

dèrmato·my·o·sí·tis /-màɪəsáɪtəs, dərmæ̀tə-/ *n* 〔医〕皮膚筋炎.

dèrmato·páthia /, dərmæ̀tə-/, **der·ma·top·a·thy** /dɔ̀:rmətápəθi/ *n* 皮膚病, デルマトパシー.

dèrmato·pathólogy /, dərmæ̀tə-/ *n* 皮膚病理学. ♦ **-gist** *n*

dérmato·phỳte /, dərmǽtə-/ *n* 〔菌〕皮膚糸状菌. ♦ **dèr·ma·to·phýt·ic** /-fít-, dərmæ̀tə-/ *a*

der·ma·to·phy·to·sis (in·ter·dig·i·ta·le) /dɔ̀:rmətoufaɪtóusəs (ìntərdìʤətá:li), dərmæ̀tə-/ 〔医〕皮膚糸状菌症, (足の)水虫 (athlete's foot).

dérmato·plàsty /, dərmǽtə-/ *n* 〔医〕《植皮などによる》皮膚形成(術).

der·ma·to·sis /dɔ̀:rmətóusəs/ *n* (*pl* **-ses** /-sì:z/) 〔医〕皮膚病.

dérmato·sòme /, dərmǽtə-/ *n* 〔植〕デルマトソーム《細胞壁におけるセルロースの単位》.

dèrmato·thérapy /, dərmæ̀tə-/ *n* 〔医〕皮膚病治療.

-der·ma·tous /dɔ́:rmətəs/ *a comb form* 「…な皮膚を有する」「…皮症の」: sclero*dermatous*. [*dermat-*]

der·mes·tid /dərméstəd/ *n, a* 〔昆〕カツオブシムシ科 (Dermestidae) の(各種甲虫).

der·mic /dɔ́:rmɪk/ *a* 〔解〕DERMAL.

der·mis /dɔ́:rməs/ *n* 〔解〕真皮 (=*corium, cutis*); 《一般に》皮膚. [DERMA[1]]

-der·mis /dɔ́:rməs/ *n comb form* 「皮層」「繊維層」: exo*dermis*. [↑]

dermo- /dɔ́:rmou, -mə/ ⇨ DERM-.

dèrmo·gráph·ia /-grǽfiə/, **der·mog·ra·phism** /dərmágrəfiz(ə)m/ *n* DERMATOGRAPHIA.

der·moid /dɔ́:rmɔ̀ɪd/ *a* 皮膚様の (dermatoid); 類皮の: ~ tumor 類皮腫. ► *n* 〔医〕類皮嚢腫 (=~ **cýst**).

der·mom·e·ter /dərmámətər/ *n* 皮膚抵抗測定器.

dèrmo·necrótic *a* 〔医〕皮膚壊死(えし)(性)の.

der·mop·ter·an /dərmáptərən/ *n, a* 〔動〕皮翼類の(動物), 《特に》ヒヨケザル (flying lemur). ♦ **der·móp·ter·ous** *a*

dèrmo·skéleton *n* 〔生〕外骨格 (exoskeleton).

dèrmo·trópic *a* 皮膚に集まる, 皮膚からはいる, 皮膚向性の〈ウイルスなど〉.

dern[1] /dɔ́:rn/ 《スコ》 *a* 隠れた, 秘密の; 暗い, くすんだ, 荒涼とした. [OE *dyrnan* to keep secret]

dern[2]* *vt, vi, a, adv, n* DARN[2].

Derna ⇨ DARNAH.

derned /dɔ́:rnd/ *a, adv* DARNED.

der·nier cri /dέərnjeɪ krí:; *F* dɛrnje kri/ 最新流行; 最後のことば, 最終的意見, とどめの一言. [F=last cry]

dernier re(s)·sort /*F* -rəsɔ:r/ 最後の手段.

dero /dérou/ 《豪俗》 *n* (*pl* **dér·os**) 落後者, 浮浪者; [*joc*] やつ, やっこさん (person). [*derelict*]

der·o·gate /dérəgèɪt/ *vi* 〈…の〉価値・名声をそこなう[傷つける, 減損する], おとしめる 〈*from*〉; 〈規範から〉逸脱する, 品位を落とすようなことをする, 〈義務・責任を〉ないがしろにする 〈*from*〉. ► *vt* 〈法・協定など〉の一部を無効と(宣言)する, 一部修正する, …の効果を減殺する; 酷評する, けなす; 《古》取り去る 〈*from*〉. ► *a* /-gət, -gèɪt/ 《古》劣悪な, 粗悪な. [L *de-*(*rogo* to ask)=to repeal some part of a law]

der·o·ga·tion /dèrəgéɪʃ(ə)n/ *n* 《価値・権威などの》減損, 低下, 下落, 失墜; 堕落; 非難, 軽蔑; 《法の》一部修正, 《法・契約の》効果減殺.

de·rog·a·tive /dɪrágətɪv, dérəgèɪ-/ *a* 価値[名誉]を傷つけるような 〈*to, of*〉. ♦ **~·ly** *adv*

de·rog·a·to·ry /dɪrágətɔ̀:ri; -t(ə)ri/ *a* 〈名誉・品格・価値などを〉そこなう 〈*from*〉, 傷つけるような 〈*to*〉; 軽蔑的な, (人を)けなす: ~ remarks 悪口. ♦ **de·ròg·a·tó·ri·ly** /; -rɔ́gət(ə)rɪli/ *adv* **-róg·a·tò·ri·ness** /; -t(ə)rɪnəs/ *n*

dè·románticize *vt* 物語的[空想的, ロマンチック]でなくする, 現実的[世俗的]にする.

der·rick /dérɪk/ *n* デリック《船などへの貨物を吊り上げる起重機; 腕木の下端が柱の下端に固定され, 先端が柱の周囲を回転するようになっている》; 起重機; 〔海〕デリックの腕木; 《石油坑の》油井(ゆせい)やぐら; *《俗》《高価なものをうまく盗む》泥棒, 万引. ► *vt* (デリックで)吊り上げる; *《俗》〈ピッチャーを〉降板させる. [=(obs) hangman, gallows; *Derrick* 1600 年ごろの London の首吊り役人]

Derrick デリック《男子名》. [⇨ DEREK]

Der·ri·da /déridà:, ⏤⏤⏤́; dərí:də/ デリダ **Jacques** ~ (1930–2004) 《フランスの哲学者; 古代ギリシア以来の西欧形而上学の批判的解体 (deconstruction) を提唱した》. ♦ **Der·ri·de·an, -di·an** /dèrɪdí:ən/ *a*

der·ri·ère, -ère /dèriέər/ *n* 《口》[*joc*] (お)尻 (buttocks). [F]

derrière-garde /⏤́⏤ gá:rd/ *n* ARRIÈRE-GARDE.

der·ring-do /dérɪŋdú:/ *n* (*pl* **dér·rings-dó**) 《擬古》大胆不敵, 豪勇, 蛮勇; 勇敢な行為, 捨て身の戦法: deeds of ~. [ME *dorring don* daring to do の転化; 現在の意味は Spenser と Scott の誤用から]

der·rin·ger /dérənʤər/ *n* デリンジャー《口径が大きく銃身が短い懐中用ピストル》. [Henry *Deringer* (1786–1868) 米国の発明家]

der·ris /dérəs/ *n* 〔植〕デリス属[ドクフジ属] (*D-*) の各種の藤本《熱帯アジア原産; マメ科》; デリス(根)《殺虫剤》. [L<Gk=leather covering; その莢(さや)から]

der·ry[1] /déri/ *n* 《古謡の》無意味な折り返し句; 民謡 (ballad). [*derry-down*]

derry[2] *n* 《豪》嫌悪. ● **have a ~ on**…を毛嫌いする. [? *derry*[1]]

derry[3] *n* 《俗》廃屋《特に 浮浪者や麻薬中毒者が住む》. [*derelict*]

Derry デリー (LONDONDERRY).

dérry-dòwn *n* DERRY[1].

der Tag /*G* der tá:k/ 決行の日《ナチスドイツで東方への進出開始の日を指して呼んだ》; 《一般に征服計画の》行動開始日, 決行の日. [G=the day]

derv, DERV /dɔ́:rv/ *n*″ディーゼル用燃料油. [*d*iesel *e*ngined *r*oad *v*ehicle]

der·vish /dɔ́:rvɪʃ/ *n* 〔イスラム〕ダルウィーシュ《神秘主義教団の修道者; 所属教団の規定に応じて, 激しい踊りや祈禱で法悦状態にはいる》; 踊り狂う人. [Turk<Pers=poor, a mendicant]

Der·went /dɔ́:rwənt/ [the] ダーウェント川《Tasmania 島南部を南東流して Tasman 海に注ぐ》.

Dérwent Wàter ダーウェント湖《イングランド北西部 Lake District の湖》.

Der·zha·vin /dεərʒá:vən/ デルジャーヴィン **Gavrila Romanovich** ~ (1743–1816) 《ロシアの抒情詩人》.

des[1] /dís/ *n**《証券俗》十二月 (December).

des[2] /*F* de/ *prep* フランス系の名前で de と冠詞 les の縮約形.

DES /dí:ì:és/ *n* DIETHYLSTILBESTROL.

des- /dεs, -z/ *pref* 〔化〕DE-.

DES 〔電算〕Data Encryption Standard データ暗号化規格 ♦〔英〕Department of Education and Science 《旧省》.

de·sácral·ìze /di-/ *vt* 非神聖化する; …からタブーを除く.

Des·a·gua·de·ro /dèɪsà:gwədέərou/ [the] デサグアデーロ川《アルゼンチン中西部を流れる SALADO 川の上流の名称》.

De·sai /dεsáɪ/ デサイ **Morarji** (**Ranchhodji**) ~ (1896–1995) 《インドの政治家; Gandhi 政権下で野党のジャナタ[人民]党を結成; 首相 (1977–79)》.

De·saix de Vey·goux /dəsέɪ də veɪgú:/ ドセ・ド・ヴェグー **Louis-Charles-Antoine** ~ (1768–1800) 《フランスの軍人; フランス革命戦争の英雄》.

de·sa·li·nate /disǽlənèɪt, -séɪ-/ *vt* DESALT. ♦ **-nà·tor** *n* **de·sà·li·ná·tion** *n* [SALINE]

de·sálinize /di-/ *vt* DESALT. ♦ **de·salinizátion** *n*

de·sálivate /di-/ *a* 唾液腺を除去した.

de·sált /di-/ *vt* 〈海水などを〉脱塩する. ♦ **~·er** *n*

de·sánctify /di-/ *vt* 非神聖化する (desacralize). ♦ **de·sanctificátion** *n*

des·a·pa·re·ci·do /deɪsəpɑ:rəsí:dou, dεs-/ *n* (*pl* ~**s**) 《中南米の》行方不明者, デサパレシード《特に アルゼンチンの軍事政権下 (1976–83) で政府機関や軍によって誘拐・暗殺された者》. [Sp=disappeared one]

De·sargues /deɪzá:rg; *F* dezarg/ デザルグ **Gérard** [**Girard**] ~ (1591–1661) 《フランスの数学者; 射影幾何学の端緒を開いた》.

de·sáturate /di-/ *vt, vi* 〈色を[が]〉非飽和にする[になる], 彩度を減じる.

de·saturátion /di-/ *n* 《色の》脱飽和.

de·scále /di-/ *vt* …から湯あか[スケール]を除く. ♦ **de·scál·er** *n* 湯あか[スケール]除去剤[装置].

des·ca·mi·sa·do /dèskæ̀məsá:dou/ *n* (*pl* ~**s**) デスカミサド《1820–23 年のスペイン革命時代の急進的自由主義者》; 《一般に》過激な革命家; 《アルゼンチンの》下層労働者. [Sp=poor, shirtless]

des·cant *vi* /déskænt, ⏤́, dɪs-/ 詳しく述べる, 詳説する, 論評する 〈*on*〉; 〔楽〕descant を歌う[奏する]; 《一般に》歌う. ► /déskænt, ″dís-/ *n* **1** 〔楽〕 **a** ディスカントゥス《**1**) 中世・ルネサンスの多声音楽でテノールの定旋律の上に歌う対位旋律 **2**) 対位声部書法 **3**) 多声楽曲の最高声部, ソプラノ》. **b** デスカント《聖歌の定旋律の上に対位的に歌う声部》. **c** 《主題の変奏による》前奏曲; 《詩》《一般に》歌, 調べ. **2** 論評 (comment). ► *a*″〔楽〕ソプラノの; 最高音部の: a ~ recorder ソプラノリコーダー《最高音のもの》. [OF<L (*dis-*[1], *cantus* song, CHANT)]

Des·cartes /deɪká:rt/ デカルト **René** ~ (*L* Renatus Car·te·si·us /kɑ:rtí:ʒ(i)əs/) (1596–1650) 《フランスの哲学者・数学者; *Discours de la méthode* (1637), *Meditationes de Prima Philosophia*

(1641), *Principia Philosophiae* (1644); CARTESIAN *a*).

de·scend /dɪsénd/ (opp. *ascend*) *vi* **1 a** 下る, 降りる 〈*from*〉; 〈雲・霧が〉低くなる, 降りる; 下りになる, 傾斜する 〈*to*〉; 〖天〗南[地平線]の方へ動く; 〖印〗〈文字が〉並び線より下に延びる; 〖楽〗〈音が〉下がる. **b** 《文》〈暗闇・静寂などが〉訪れる, 〈気分・雰囲気が〉支配する 〈*over*〉. **2** 減少[縮小]する. **3** 《一般論から各論に》説き及ぶ 〈*to*〉; 〈事が〉高から低[遠から近, 過去から現在]へと推移する. **4** 〈人が〉…の血統[出自]である 〈*from*〉; 〈性質・土地・財産・権利が〉(遺伝[世襲]で)伝わる 〈*from* ancestors, *to* offspring〉; 由来する. **5** 〈悪い状態に〉陥る 〈*into*〉; おちぶれる, 堕落する; 〈卑劣な手段などを〉用いるようになる 〈*to*〉. **6** 急襲する, 不意討ちをかける; 不意に訪れる, 押しかける 〈*on*〉. ► *vt* 〈階段・川などを〉下る, 降りて行く. [OF<L (*scando* to climb)]

descénd·ant *n* **1** 子孫, 末裔(まつ), 後裔, 末孫 (opp. *ancestor*); 《古いものからの》派生物 〈*of*〉. **2** [D-] 〖占星〗下降点 《黄道上で Ascendant と正反対の点》. ► *a* 下降性の, 降下[落下]する; 伝来の, 世襲の. [F (pres p)<↑]

descénd·ed *a* 伝わった, 由来した 〈*from*〉: be ~ *from*…の子孫である.

descénd·ent *n, a* DESCENDANT.

descénd·er *n* 降りる[下る]人, 下るもの; 《高所から下に運ぶ》直立コンベヤー; 〖印〗ディセンダー 《**1**) 並び線より下に延びた部分 **2**) これをもつ活字: p, q, j, y など; opp. *ascender*》.

de·scen·deur /*F* desɑ̃dœːr/ *n* 〖登山〗下降器 《ロープとの摩擦によって制動をかけ, 懸垂下降するのに用いる金属製器具》.

descénd·ible, -able *a* (子孫に)伝えうる, 遺贈できる; 下ることができる.

descénd·ing *a* 下って行く, 下行する, 降下的な, 下向性の: a ~ letter 〖印〗DESCENDER / ~ powers 〖数〗降冪(こうべき) / in ~ order 降順に 《値・程度などの大きいものから順に》.

descénding cólon 〖解〗下行結腸.

descénding nòde 〖天〗降交点 《天体が基準面を北から南へ通過する点; cf. ASCENDING NODE》.

descénding rhýthm 〖韻〗FALLING RHYTHM.

de·scen·sion /dɪsénʃ(ə)n/ *n* 格下げ, 降等; 〖占星〗最低星位; 《古》下降.

de·scent[1] /dɪsént/ *n* (opp. *ascent*) **1 a** 降下, 下ること, 下山; 下り坂[道, 階段]; 下り勾配; 《廃》《坂などの》下りきった所, いちばん下. **b** 下落; 転落, 身を落とすこと 〈*into, to*〉. **2** 急襲, 急侵入, 《警官などの》突然の手入れ, 臨検 (raid) 〈*on*〉: make a ~ *on*…を急襲する, …の手入れをする. **3** 家系, 出(で), 血統, 出自 〈*from*〉; 〖法〗不動産相続; 世襲, 遺伝; 《家系での》一世代: by ~ 血統によって; 血統的に(は) / in direct ~ *from*…からの直系で / of Irish ~ アイルランド系の / lineal ~ 直系卑属 / a man of high ~ 門閥家. [OF; ⇨ DESCEND]

de·scént[2] /di-/ *vt* …の香気を除く; …の香腺[臭器官]を除去する. [*scent*]

Des·champs /*F* deʃɑ̃/ デシャン **Eustache** ~ (c. 1346–c. 1406) 《フランスの詩人; *L'Art de dictier* (作詩の法, 1392)》.

Des·cha·nel /dèɪʃənél/ デシャネル **Paul(-Eugène-Louis)** ~ (1855–1922) 《フランスの政治家; 第三共和政下で下院議長 (1898–1902, 1912–20), 大統領 (1920)》.

de·schóol /di-/ *vt* 〈社会〉から(伝統的な)学校をなくする, 脱学校化する. ♦ **~·er** *n*

Des·chutes /deɪʃúːt/ [the] デシュート川 《Oregon 州中北部 Cascade 山脈東側に発し, 北流して Columbia 川に合流する》.

de·scrámble /di-/ *vt* 〖通信〗UNSCRAMBLE, DECODE.

de·scrámbler /di-/ *n* デスクランブラー 《不規則に変えた電話などの信号を理解できるように復元する装置》.

de·scribe /dɪskráɪb/ *vt* **1 a** 〈特徴などを〉ことばで述べる, 記述[描写, 説明]する; 〈人を評する 〈*as*〉: ~ the lost suitcase *to* the police なくしたスーツケースの特徴を警察に説明する. **b** 〈線・図形を〉描く (draw); 図[絵]で描写[説明]する (delineate); 〈曲線などを〉描いて進む[動く]: ~ a circle 〈天体が〉円形に運行する. **2** 《古》DESCRY; 《廃》配分する (distribute). ♦ **de·scríb·able** *a* 描写できる. **-ably** *adv* **de·scríb·er** *n* [L (*script- scribo* to write)]

de·scrip·tion /dɪskrípʃ(ə)n/ *n* **1 a** 記述, 説明; 叙述, 描写; 《分類学上の》記載; 〖数〗作図: give [make] a ~ of…の様子を述べる, …を記述する / beyond ~ ことばでは言いつくせないほど(で). **b** 《物品の》説明書, 解説; *《特許の請求項に対して》明細書の記載; 人相書: answer (to) [fit] the ~ 人相書に一致する.
2 種類 (kind); 等級 (class); 〖市場〗銘柄: of every ~ =of all ~s あらゆる種類の.

de·scrip·tive /dɪskríptɪv/ *a* 記述[叙述]的な, 説明的な; 〈…を〉記述[描写]した 〈*of*〉; 図形描写の; 〖文法〗記述的な《被修飾語の性質・状態を表わす形容詞・非制限的な節についていう》. ♦ **~·ly** *adv* **~·ness** *n*

descríptive cláuse 〖文法〗記述節.

descríptive geómetry 〖数〗図形[画法]幾何学.

descríptive grámmar 記述文法《ある特定の時期のある言語の構造・体系を歴史的観点を抜きにして客観的に記述する; cf. PRESCRIPTIVE GRAMMAR》.

descríptive linguístics 記述言語学.

descríptive scíence 記述科学《原因の説明をする科学に対し分類・記述をする》.

de·scrip·tiv·ism /dɪskríptɪvìz(ə)m/ *n* 〖哲〗経験主義, 記述[事実]主義; 〖言〗記述主義. ♦ **-ist** *n, a*

de·scrip·tor /dɪskríptər/ *n* 〖電算〗記述子, デスクリプター《情報の類別・索引に用いる語句[英数字]》.

des·cry /dɪskráɪ/ *vt* 〈わかりにくい[遠方の]ものを〉見つける, はるか遠くに認める; 《観測・調査して》見いだす; 《詩》見る; 《廃》明らかにする. ► *n* 《廃》遠くから見つける[見る]こと. ♦ **des·crí·er** *n* 発見者. **des·críed** *a* [ME=to proclaim, DECRY<OF; ⇨ CRY]

Des·de·mo·na /dèzdəmóʊnə/ デズデモーナ《Shakespeare, *Othello* 中の, 夫 Othello に誤解されて殺される貞節な妻》. [Gk=unhappiness]

de·séam /di-/ *vt* 〖金属加工〗…の表面のかぶりきず (seam) などを除去する.

des·e·crate /désɪkrèɪt/ *vt* …の神聖を汚す, 冒瀆(ぼうとく)する (opp. *consecrate*); 〈神聖なものを〉俗用に供する; 〈地域などを〉俗化させる. ♦ **dés·e·crà·tor, -cràt·er** *n* **dès·e·crá·tion** *n* 冒瀆: flag *desecration* 〖法〗国旗冒瀆(罪). [*de-*, *consecrate*]

de·séed /di-/ *vt* …の種子をとる.

de·segmentátion /di-/ *n* 〖動〗分節の合体, 非分節化.

de·ségregate /di-/ *vt* …における人種差別[隔離]をやめる. ► *vi* 人種差別[隔離]を廃止する.

de·segregátion /di-/ *n* (人種)差別廃止[撤廃] (cf. INTEGRATION, SEGREGATION).

dè·seléct *vt* *〈研修生を〉訓練計画からはずす, 研修期間中に解雇する; ‖〈政党が候補者[《特に》現職議員]〉の公認を取り消す; (リストから)削る, 除く; 〖電算〗〈選択した項目を〉解除する. ♦ **dè·seléction** *n*

de·sénsitize /di-/ *vt* 〈人〉の感覚[感受性]を麻痺させる 〈*to*〉, 鈍感にする; 〖写〗〈フィルム・感光板〉の感光度を落とす; 〖免疫・精神医〗〈アレルギー性[不安神経症]の人など〉の過敏性を減じる[除く], 脱[除, 減]感作(かんさ)する 〈sb *to* pollen〉. ♦ **de·sénsitizer** *n* 〖写〗減感剤. **de·sensitizátion** *n* 〖免疫・精神医〗脱感作, 除感作, 減感作; 〖通信〗感度抑圧.

dè·sequéstrate‖ *vt* …の仮差押えを解除する, 〈没収品を〉放出する.

De·se·ret /dèzərét/ デザレット《1849 年にモルモン教徒によって州として組織された Utah, Arizona, Nevada の全域と New Mexico, Colorado, Wyoming, California の一部を含む地域; 合衆国加盟は議会によって拒否された》.

des·ert[1] /dézərt/ *n* **1** 砂漠; 《古》不毛の地, 荒野 (wilderness), 《森林・草原に対し》荒原; 海洋生物のいない海域: the Sahara *D*~. **2** 殺風景な場所, 知的・精神的な刺激のない場所[環境] 《砂漠のような》寂しい[不気味な]状態; 不毛な話題[時期]: a cultural ~ 文化不毛の地. ► *a* 砂漠の(ような); 砂漠に生育する; 不毛の (barren); 住む人もない, 寂しい; 《古》見捨てられた. ♦ **~·like** *a* [OF<L (pp)<DESERT[3]]

de·sert[2] /dɪzə́ːrt/ *n* 賞[罰]すべき価値[資格], 功罪; 功績, 美点 (merit); [°*pl*] 当然の報い, 相応の罰[賞]: get [meet with, receive] one's (just) ~*s* 相応の罰[賞]をうける / *D*~ and reward seldom keep company. 《諺》功賞相伴うはまれなり. [OF; ⇨ DESERVE]

de·sert[3] /dɪzə́ːrt/ *vt* 〈職務・肉親などを〉棄てる, 放棄する; 〈人を〉見放す, 見捨てる; 〈軍隊・船など〉から脱走[逃亡]する; …から去る[離れる, 離脱する]: ~ one's wife *for* another woman / His self-assurance ~*ed* him. 彼は肝腎なときに自信を失ってしまった. ► *vi* 義務[職務]を棄てる, (無断で)地位[持場]を去る; 〖軍〗脱走[逃亡]する 〈*from*〉. [F<L (*desert- desero* to leave, forsake)]

désert bòot デザートブーツ《砂漠や荒れ地を歩くための, ゴム底でスエード革製の編上げ靴》.

désert chèrry 《俗》砂漠戦経験のない兵士.

désert còoler 《インドで》《ぬれた草の間に扇風機の風を通して冷やす》冷房装置.

Désert Cùlture 砂漠文化《米国西部における農耕文化以前の遊牧時代の文化》.

desért·ed *a* 人の住まない, さびれた, 見捨てられた: a ~ street 人通りのなくなった街路 / a ~ village さびれた村. ♦ **~·ly** *adv* **~·ness** *n*

desért·er *n* 遺棄者; 職場放棄者, 逃亡者, 脱走兵, 脱艦兵, 脱船者; 脱党者.

désert féver 〖医〗砂漠熱《コクシジオイデス症 (coccidioidomycosis) の初期段階》.

désert fòx **1** 〖動〗**a** アジア西部の砂漠にすむキツネ. **b** キットギツネ (kit fox). **2** [the D- F-] 砂漠の狐《ドイツの陸軍元帥 Erwin ROMMEL のあだ名》.

désert hòlly 〖植〗米国南西部・メキシコ産のアカザ科ハマアカザ属の一種《クリスマスの飾りに用いる》.

de·ser·tic /dezə́ːrtɪk/ *a* 砂漠の[にみられる].

de·ser·ti·fi·ca·tion /dɪzə̀ːrtəfəkéɪʃ(ə)n/ *n* 砂漠化. ♦ **de·sért·i·fỳ** *vt*

désert iguána 〖動〗サバクイグアナ《中米主産》.

de·ser·tion /dɪzə́ːrʃ(ə)n/ *n* 捨て去ること; 遺棄, 職場放棄, 脱走, 脱艦, 脱党; 〘法〙遺棄《配偶者・被扶養者に対する義務の意図的放棄》; 荒廃(状態).

désert ìsland 無人島.

dèsert·izátion *n* DESERTIFICATION.

désert làrk 〘鳥〙スナヒバリ《アジア・アフリカの砂漠にすむ》.

desért·less *a* 美点のない, 不相応な; 《廃》受けるに値しない, 不当な.

désert lìly 〘植〙米国南西部の砂漠地域のユリの一種.

désert lòcust 〘昆〙サバクトビバッタ, サバクバッタ《南西アジアから北アフリカに分布する大害虫》.

désert lỳnx 〘動〙CARACAL.

désert óak 〘植〙豪州中部・北西部産のモクマオウ属の木.

désert pèa 〘植〙STURT'S DESERT PEA.

désert pòlish DESERT VARNISH.

désert ràt 〘動〙トビネズミ (jerboa); *《西部》《金などを探す》砂漠の住人; 《口》《第二次大戦で》北アフリカの砂漠で戦った兵士《特にトビネズミを徽章とした英国第7機甲師団の兵》.

désert ròse *n* **1** デザートローズ《乾燥地域の鉱物結晶の花状集合》. **2**〘植〙**a** アデニウム・オベスム《東アフリカ・アラビア産のキョウチクトウ科の多肉植物; ピンク色の筒状花をつける》. **b** スタート・デザート・ローズ「=*Sturt's desert rose*」《豪州産アオイ科の低木; ピンクがかった藤色の花をつける》.

désert shìp 砂漠の船《ラクダの俗称》.

désert sòil 砂漠土(ど)《砂漠の成帯性土壌》.

désert várnish 砂漠漆(うるし) (=*desert polish*)《鉄・マンガンの酸化物により砂漠の岩石の表面に生じる黒光り》.

de·serve /dɪzə́ːrv/ *vt* …に値する; …する[される]価値がある, …を受けるに足る: ~ attention 注目に値する / ~ one's fate (そうなったのも)当然の運命だ / You ~ praise [punishment]. =You ~ to be praised [punished]. 賞せ[罰せ]られるのは当然だ / He ~*s to* have us help him. 彼はわたしたちが助けてやる価値がある / We ~ *to* know the truth. われわれには真実を知る権利[資格]がある. ► *vi* 賞[罰, 報い]に値する[相当する]. ● **~ well of**…から感謝[厚遇]されてしかるべきである: He ~*s well of* his country. 彼は国から表彰されてもよいはずだ. ♦ **de·sérv·er** *n* 適格者, 有資格者. [OF<L (*servio* to serve)]

de·sérved *a* 功罪に応じた, 当然の(報いの). ♦ **de·sérv·ed·ly** /-(ə)dli/ *adv* 当然, 正当に. **de·sérv·ed·ness** /-(ə)dnəs/ *n*

de·sérv·ing *a* 〈…に〉値する〈*of*〉; 功労[功績]のある; (経済的)援助に値する: He is ~ *of* praise. 賞賛に値する. ► *n* 当然の賞罰; 功罪. ♦ **~·ly** *adv* 功があって, 当然に. **~·ness** *n*

De Se·ver·sky /də səvέərski/ ド・セヴェルスキー **Alexander P**(rocofieff) ~ (1894–1974)《ロシア生まれの米国の飛行家・航空技術者》.

de·séx /di-/ *vt* 去勢する, …の卵巣を取り去る; …の性的特徴を抑える, 性的魅力を失わせる; 〈用語法など〉の性による差別を排除する.

de·séxual·ìze /di-/ *vt* …から性的な特性[能力]を奪う, 去勢する, …の卵巣を取り去る; 〘精神分析〙…のリビドー[性欲]を非性的興味[欲望]へ向けさせる, 非性化する. ♦ **de·sèxual·izátion** *n* 非性化, 生殖腺除去, 去勢.

desh /déʃ/ *n* 《インド》故国, 国, (生まれ)故郷, ふるさと. [Hindi]

des·ha·bille /dèsəbíː(l), -bíl; dèzəbíːl, dèr-/ *n* DISHABILLE: en ~ =in DISHABILLE. [F=undressed]

desi[1] /dézi/ *n* 〘野〙指名打者, DH (designated hitter).

de·si[2] /déɪsi/, **de·shi** /déɪʃi/ 《インド》*a* 地元(産)の, その土地の; 《インド(地方)の》正統な, 真にインド的な; 純粋な, まじりっけなしの; 田舎くさい, 野暮な. ► *n* 《インド(地方)の人の》同胞. [Hindi]

De Si·ca /də síːkə/ デ・シーカ **Vittorio** ~ (1901–74)《イタリアの映画監督・俳優; ネオレアリズモを代表する;『靴みがき』(1946),『自転車泥棒』(1948)》.

des·ic·cant /désɪkənt/ *a* 乾燥させる(力のある). ► *n* 乾燥剤.

des·ic·cate /désɪkèɪt/ *vt, vi* 完全に乾燥させる[する], 乾物にする[なる], 脱水して粉状にする; 《知的・精神的に》…の生気を奪う. ♦ **dés·ic·cà·tor** *n* ⁺乾燥器[装置], デシケーター. **dès·ic·cá·tion** *n* 乾燥, 脱水, 枯渇. [L (*siccus* dry)]

dés·ic·càt·ed *a* 乾燥した[させた], 粉末の; 生気のない, ひからびた: ~ milk 粉ミルク / a ~ woman (ひからびたような)魅力のない女.

dés·ic·cà·tive /, dɪsíkətɪv; désɪkətɪv, dɪsík-/ *a, n* DESICCANT.

de·sid·er·ate /dɪsídərèɪt, -zíd-/ *vt* 願望する, (ぜひ)欲しいと思う, …がなくて困る. ♦ **de·sìd·er·á·tion** *n* [L (*desiderat- desidero* to desire); cf. CONSIDER]

de·síd·er·à·tive /; -rətɪv/ *a* 願望の[を表わす]; 〘文法〙願望(形)の. ► *n* 〘文法〙《ラテン語文法などの》(動詞の)願望形; 願望動詞.

de·sid·er·a·tum /dɪsìdəráːtəm, -zìd-, -réɪ-/ *n* (*pl* **-ta** /-tə/) 《本質的に》必要とされるもの, 求められるもの. [L (pp) < DESIDERATE]

des·i·de·ri·um /dèsədíəriəm, dèz-/ *n* 切望, 熱望, 《特に》惜しむ気持, 哀惜の念.

dé·sìght /díː-/ *n* 見て不愉快なもの, 目ざわり.

de·sign /dɪzáɪn/ *n* **1 a** デザイン, 意匠; 図案, 下絵, 素描; 設計図; 模様, ひな型 (pattern): art of ~ 意匠術 / a ~ *for* a bridge 橋の設計図. **b** 芸術作品. **2 a** 設計, 構想, 腹案, 着想, 筋書; 計画, 企図; 目的, 意図; [*pl*] 下心, 野心, たくらみ: a grand ~ 全体構想, グランドデザイン / have [harbor] ~*s on* [*against*]…をねらっている, 《古風》〈異性〉に下心をいだいている. **b**《計画による》進展; 目的に応じた手段をとること (cf. ARGUMENT FROM DESIGN). ● **by ~** 故意に, 計画的に, もくろんで (opp. *by accident*). ► *vt* **1 a** …の下図[図案]を作る, デザインする. **b** 設計する; 計画する, 立案する (plan). **2** もくろむ, 意図する, 志す; [ᵘ*pass*] 〈ある目的のために〉作製[作成]する 〈*for, to* be〉: ~ *to* be a lawyer 法律家を志す / ~ one's son *for* [*to* be] a doctor 息子を医者にするつもりである / a law ~*ed to* protect small businesses 小企業保護のための法律. **3**《古》示す; 《廃》任命[指名]する. ► *vi* **1** デザインする, 設計する, 意匠[図案]を作る, デザイナー[設計者]である. **2** 進む計画をもっている: This ship ~*s for* Brighton. この船はブライトン行きだ / He ~*s for* law. 法律家を志望している. [F<L *de-*(*signo* < *signum* mark)=to mark out]

des·ig·na·ble /dézɪgnəb(ə)l; dɪzáɪn-/ *a* 《古・まれ》(はっきり)指示[区別]できる.

des·ig·nate /dézɪgnèɪt/ *vt* **1** (具体的に)示す, 指し示す, 明示する, 表示する, 指摘する; 表わす, 意味する (denote). **2** 指名[任命, 選任]する, 任じる 〈*as, to, for*〉; 指定する. **3**〈…を〉〈…と〉呼ぶ, 称する (call). ► *a* /-nət, -nèɪt/ [後置] 指名を受けた, 指定された (designated): a bishop ~ 任命された主教[司教, 監督]《まだ就任していない》. ♦ **dés·ig·nà·tive** *a* **dés·ig·nà·tor** *n* 指名[指定]者. **dés·ig·na·tò·ry** /; dèzɪgnéɪt(ə)ri/ *a* [L (pp) < DESIGN]

dés·ig·nàt·ed dríver* 指名ドライバー《パーティーで酒類を飲まずに, 帰りの運転をするように指名された者》.

désignated hítter 〘野〙指名打者《略 DH, dh》; 《口》代理人, 代役, 代行.

des·ig·na·tion /dèzɪgnéɪʃ(ə)n/ *n* 指示, 明示, 表示, 指摘; 指名, 任命, 選任; 指定; 名称, 呼称, 命名; 称号, タイトル; 《名称・記号などの》意味.

de·sígned *a* 計画的な, 故意の, たくらんだ (intentional); 図取りした; 意匠図案によった.

de·sígn·ed·ly /-ədli/ *adv* 故意に, わざと, 計画的に.

des·ig·nee /dèzɪgníː/ *n* 指名された人, 被指名人.

desígn engineèr 設計技師.

desígn·er *n* 設計者; 意匠図案家, デザイナー; 陰謀者; *《俗》偽造者, にせ金造り. ► *a* 有名デザイナーのネーム[ロゴ]入りの, デザイナーブランドの; 特注の, 特製の; 《口》高級な, 高品質の, 高価な; 《口》ファッショナブルな, かっこいい, 最新流行の.

desígner bàby デザイナーベビー《技術的には近未来に可能になるかもしれない, 親の望みに合わせて遺伝子操作されて生まれた赤ちゃん》; デザイナーブランドの服を着た赤ちゃん.

desígner drúg デザイナードラッグ《1) 法の規制にかからないように, ヘロインなどの規制物質とは分子構造をわずかに異なるように合成した薬物 2) 特定の細菌にだけ効く薬品・抗生物質》.

desígner géne 〘遺・医〙デザイナー遺伝子《遺伝子工学で改変または作出された遺伝子; 特に遺伝子治療で用いる》.

desígn·ing *n* 設計; 意匠図案(術); 計画(すること), 陰謀. ► *a* 設計の, 図案の; たくらみのある, 下心のある, 肚黒い; 計画的な. ♦ **~·ly** *adv*

desígn·less *a* 無計画な, 無目的な, 不注意な.

desígn·ment *n* 《廃》計画, 目的.

de·sílt /di-/ *vt* 〈川〉から沈泥を除く, 浚渫(しゅんせつ)する.

de·sílver·ìze /di-/ *vt* …から銀を除く.

des·i·nence /désənəns/ *n* (詩の)終わり, 末行; 〘文法〙語尾 (ending), 接尾辞 (suffix). ♦ **-nent** *a* **dès·i·nén·tial** *a* [F (*desinere* to leave off)]

de·si·pe·re in lo·co /deɪsípɛreɪ ɪn lɔ́ːkoʊ/ 適当なる場所において愚を装う. [L]

de·sip·i·ence /dɪsípiəns/, **-cy** *n* 《文》たわいもないこと, ばからしいこと.

de·si·pra·mine /dəzíprəmìːn, dèzəprǽmən/ *n* 〘薬〙デシプラミン《三環系抗鬱薬; 塩酸塩の形で投与する》.

de·sir·able /dɪzáɪərəb(ə)l/ *a* 望ましい, 願わしい, 好ましい, 当を得た, 妥当な; 性的魅力のある. ► *n* 好ましい人[もの]. ♦ **-ably** *adv* 望ましく, 願わしく. **~·ness** *n* **de·sìr·abíl·i·ty** *n* 望ましいこと, 願わしさ; [*pl*] 望ましい状況[状勢].

de·sire /dɪzáɪər/ *vt* **1 a**《文》願う, 希望する (wish); (強く)望む, 切望する, 欲する 〈*to do, that*…(*should*) do〉: ~ happiness / everything [all] (that) the heart (of a man) could ~ 望みうるすべてのもの / I ~*d to* return home immediately. / The King ~*s that* you (*should*) come at once. / He ~*s* you *to* enter. **b**《性的に》求める. **2**《古》…がなくて困る; 《廃》招く, 誘う (invite). ► *vi* 欲望をもつ[覚える, 感じる]. ● **if ~d** お望みなら, 好みに応じて **leave much [nothing] to be ~d** 遺憾なところが多い[申し分ない]. ► *n* 欲望, 欲求, …心[欲] 〈*for, to* do〉; 好み 〈*for*〉; 性欲, 情欲; 希望, 願望, 要求, 要請; 望みのもの: He has a ~ [not much ~] *for* fame. 名声を望んでいる[あまり望まない] / at one's ~ 希望により, 望みどおりに / by ~ 求めに応じて / get one's ~ 希望のものを得る, 望みがかなう. [OF<L DESIDERATE]

de·síred *a* 願望された; 願ったとおりの, 望ましい.

Dé·si·rée /dèzəréɪ; *F* dezire/ デジレ《女子名》. [F=desired]

de·sir·ous /dɪzáɪərəs/ *a* 望んで, 欲しがって〈*to* do, *that*…, *of* sth, *of* doing〉; 《古》望ましい (desirable). ◆ **~·ly** *adv* **~·ness** *n* [F; ⇨ DESIRE]

de·sist /dɪzíst, -síst/ *vi* 《文》やめる, 思いとどまる, 断念する〈*from* doing, *from* some action〉. ◆ **de·sís·tance** *n* [OF<L DEsis-*to* to stand apart (redupl)〈*sto* to stand]

de·si·tion /dɪzíʃ(ə)n, -síʃ-/ *n* 存在しなくなること, 消滅.

de·sízing /di-/ *n* 〘織〙糊抜き, 湯通し.

desk /désk/ *n* **1 a** 机, 勉強机, 事務机; [the] 事務, 文筆の職: be [sit] at one's [*the*] ~ 書き物をしている; 事務を執る / go to one's ~ 執務を始める. **b** *《教会の》聖書台, 説教壇; [the] 聖職. **c** 《オーケストラの各奏者の》席; 譜面台. **2** 《役所·新聞社の》部局; *《新聞社の》編集部, デスク; 《ホテルの》フロント(係). **3** ″《文房具·書状用》手箱, 手文庫. ● **land on sb's ~** 〈書類などが〉人のもとに届く; 〈困難などが〉突然人の身に降りかかる. ► *a* 机の; 卓上用の; 机上で行なった: a ~ fan [calculator] 卓上扇風[計算]機 / a ~ set 机上文房具一式 / ~ theory 机上の(空)論. ► *vt* (活動的な職場から退けて)事務職に就ける. [L DISCUS=table]

désk·bòund *a* 机に縛られた, 机仕事の, 事務の; 行動するよりすわっているのが好きな.

désk clèrk *《ホテルの》フロント係.

dè·skíll *vt* 《分業化·機械化により》〈仕事や操作を〉単純(作業)化する, 電算化する; 〈労働者〉の特殊技能[熟練]を不要にする.

désk jòb デスクワーク (desk work).

désk jòckey 《口》[*joc*] デスクワーカー, 事務屋[職員].

désk·màn /, -mən/ *n* **1** 〘新聞〙デスク《ニュースを取りまとめて原稿を書く人; 通例 編集次長》. **2** 事務員.

désk·màte *n* 《教室で》同じ机にすわった友だち.

désk sécretary *《協会などの》内勤の役員 (cf. FIELD SECRETARY).

désk-sìze *a* 机上用の大きさの, デスクサイズの.

désk stùdy ″《野外調査や実験を伴わない》机上研究.

désk tìdy ″ペン皿, ペン立て, 文房具入れ.

désk·tòp *a* 机上[卓上]用の, 小型の. ► *n* (事務)机の上面, 机の上; 〘電算〙デスクトップ《**1**) 卓上型コンピューター (=~ **compúter**) **2**) パソコンの GUI の書類ファイルなどを配置する初期画面》.

désktop públishing デスクトップパブリッシング《出版のための一連の作業をすべてパソコンで行なう出版(様式); 略 DTP》. ◆ **désk-top públisher** *n*

désktop vídeo デスクトップビデオ《パソコンなどを用いた映像編集·共有形態; 略 DTV》.

désk wòrk 机でする仕事, デスクワーク, 事務, 文筆業.

desm- /dézm/, **des·mo-** /dézmoʊ, -mə/ *comb form* 「帯」「結合」 [Gk *desmos* band, chain]

des·ma /dézmə/ *n* (*pl* **-ma·ta** /-tə/) 〘動〙海綿の不規則な針骨.

des·man /dézmən, dés-/ *n* (*pl* **~s**) 〘動〙デスマン《モグラ科の水生動物で, ピレネー山脈のピレネーデスマンとロシアのロシアデスマンの 2 種》. [F and G<Swed]

Desmas ⇨ DISMAS.

des·mid /dézməd, dés-/ *n* 〘植〙接合藻目の緑藻, チリモ.

des·mi·tis /dɛzmáɪtəs, dɛs-/ *n* 〘医〙靱帯炎.

des·moid /désmɔ̀ɪd/ *a* 靱帯(状)の; 〈腫瘍など〉纖維(性)の. ► *n* 〘医〙類腱腫, デスモイド.

Des Moines /dɪmɔ́ɪn/ **1** デモイン《Iowa 州の州都》. **2** [the] デモイン川《Minnesota 州に発し, Iowa 州を南東流して Mississippi 川に合流》.

Des·mond /dézmənd/ デズモンド《男子名》. [Ir]

des·mo·sine /dézməsàɪn/ *n* 〘生化〙デスモシン《弾性纖維に含まれるアミノ酸》.

désmo·sòme *n* 〘解〙接着斑, 細胞間橋, デスモソーム. ◆ **dés-mo·sòm·al** *a*

des·mos·ter·ol /dɛzmástərɔ̀(:)l, -ròʊl, -ràl/ *n* DEHYDROCHOLESTEROL.

Des·mou·lins /*F* demulɛ̃/ デムーラン (**Lucie-Simplice-)Camille(-Benoît)** ~ (1760–94)《フランスのジャーナリスト·革命の指導者; 穏健な共和主義者で, 恐怖政治に反対したため処刑された》.

Des·na /dəsnáː/ [the] デスナ川《ヨーロッパロシア南西部とウクライナ北部を流れ, Dnieper 川に合流する》.

de·sòcial·izátion /di-/ *n* 非社会化; 《企業·政府の》非社会主義化. ◆ **de·sócial·ize** *vt*

dés·œu·vre·ment /*F* dezœvrəmɑ̃/ *n* 閑居, 無為, 徒然(つれづれ).

des·o·late /désələt, déz-/ *a* 荒れはてた, 荒涼たる, 住む人もない; わびしい; 顧みられない, 見る影もない, みじめな; 孤独な, 寂しい, 人気のない; 陰鬱な, 暗い. ► *vt* /-lèɪt/ 荒廃させる; 無人にする; 見捨てる; みじめにする, 心細くする. ◆ **~·ly** *adv* 荒涼として; わびしく. **~·ness** *n* **dés·o·làt·er, -là·tor** *n* 荒廃させるもの[人]. **dés·o·là·ting·ly** *adv* [L (pp)〈*de*-(*solo*〈*solus* alone)=to leave alone]

des·o·la·tion /dèsəléɪʃ(ə)n, dèz-/ *n* **1 a** 荒らすこと, 荒廃; 《町や村の》無人化. **b** 荒涼とした場所, 荒地, 廃墟. **2** 寂しさ, 悲しみ, みじめさ; 〘キ教〙霊的慰安の欠如.

de·sorb /dɪsɔ́ːrb, -zɔ́ːrb/ *vt* 〈吸収[吸着]物質を〉(吸収[吸着]剤 (absorbent) から)取り除く, 脱着する. ► *vi* 脱着される. ◆ **de-sórb·ent** *n, a* **~·er** *n* **de·sorp·tion** /dɪsɔ́ːrpʃ(ə)n, -zɔ́ːrp-/ *n* 脱着.

dés·o·ri·en·té /*F* dezɔrjɑ̃te/ *a* 方角[立場]がわからなくなった, 途方に暮れた (disoriented).

de So·to /dɪ sóʊtoʊ, ðeɪ-/ デ·ソト **Hernando [Fernando]** ~ (c. 1500–42)《スペインの探検家; Mississippi 川を発見 (1541)》.

desoxy- ⇨ DEOXY-.

de·spair /dɪspέər/ *n* **1** 絶望; 自暴自棄: in ~ 絶望して, やけになって / abandon oneself [give oneself up] to ~ 自暴自棄になる / drive sb to ~=throw sb into ~ 人を絶望に追い込む. **2** 絶望をもたらす人[もの], 絶望のもと: He is the ~ of his parents. 彼には両親もさじを投げている. ► *vi* 絶望する; 断念する, 思いきる, あきらめる 〈*of*〉: He ~*ed of* success [finding his lost dog]. / His life is ~*ed of*. 助かる見込みがない. ► *vt* 《廃》…の望みを失う. ◆ **~·er** *n* **~·ful** *a* [OF<L (*spero* to hope)]

despáir·ing *a* 絶望的な, やけになった, 自暴自棄の. ◆ **~·ly** *adv* 絶望的に, やけになって. **~·ness** *n*

despatch ⇨ DISPATCH.

des·per·a·do /dèspəráːdoʊ, -réɪ-/ *n* (*pl* **~es, ~s**) (命知らずの)無法者, 《特に 19 世紀米国西部の》ならず者; *《俗》分不相応な借金[賭け, 暮らし]をする者. [*desperate*, *-ado*]

des·per·ate /désp(ə)rət, *-pərt/ *a* **1 a** 〈行動·人など〉自暴自棄の, すてばちの; 命知らずの, 死物狂いの, いちかばちかの, 命がけの, 必死の. **b** 〈…が欲しくてたまらない, なんとしても必要で〈*for*〉, …したくてたまらない〈*to* do〉. **2** 〈事態·病気が〉絶望的な, (よくなる)見込みがない: *D~* disease must have ~ remedies. 《諺》絶体絶命の病には荒療治が要る. **3** すさまじい, ひどい, 深刻な〈不足·必要性など〉. ◆ **~·ness** *n* [L; ⇨ DESPAIR]

désperate·ly *adv* 絶望的に; やけになって; 死物狂いで, しゃにむに; 《口》ものすごく, どうしようもなく, ひどく.

des·per·a·tion /dèspəréɪʃ(ə)n/ *n* 絶望; 自暴自棄; 死物狂い: in ~ 必死に; すてばちになって, せっぱつまって / out of ~ やけくそになって / drive sb *to* ~ 人を絶望に追いやる, 死物狂いにする; 《口》かんかんにおこらせる.

de·spi·ca·ble /dɪspíkəb(ə)l, déspɪk-/ *a* 卑しむべき, 見下げはてた, 卑劣な. ◆ **-bly** *adv* さもしく, 卑劣に. [L; ⇨ DESPISE]

de·spín /di-/ *vt, vi* 《回転による影響をなくすために》〈回転物に接合している物体を[が]〉同じ速さで反対向きに回転させる[する]; …の回転を止める, 回転速度を落とす.

de·spíritual·ize /di-/ *vt* …から精神性[霊的なもの]を奪う.

de·spise /dɪspáɪz/ *vt* 軽蔑[侮蔑]する, 見くだす, さげすむ〈*for* cowardice〉; 忌み嫌う, 嫌悪する. ◆ **~·ment** *n* **de·spís·er** *n* [OF<L *de*-(*spicio*=*spect*- *specio* to look at)=to look down upon]

de·spite /dɪspáɪt/ *prep* …にもかかわらず (in spite of): He is very well ~ his age. 老齢にもかかわらずとても丈夫だ / ~ what he says 彼のことばにもかかわらず[とは裏腹に]. ► *n* 侮辱, 無礼; 害, 不利; 悪意, 恨み; 軽蔑. ● **~ oneself** 思いもかけず, 不本意にも. **(in) ~ of**…をものともせず; …にもかかわらず《この意味には despite または in spite of が普通》. (act) **in one's (own) ~** 《古》不本意ながら(する). ► *vt* 《古》軽蔑する; 《廃》おこらせる (vex). [OF<L; ⇨ DESPISE]

despíte·ful *a* SPITEFUL. ◆ **~·ly** *adv* **~·ness** *n*

de·spit·e·ous /dɪspítiəs/ 《古》*a* 悪意のある, 意地の悪い; 軽蔑的な, 侮辱的な. ◆ **~·ly** *adv*

de·spoil /dɪspɔ́ɪl/ *vt* …から略奪する[奪い去る], 〈場所を〉荒らす, 荒廃させる: ~ a village / ~ sb *of* his rights 人から権利を奪う. ◆ **~·er** *n* **~·ment** *n* [OF<L=to rob (esp. of clothing); ⇨ SPOIL]

de·spo·li·a·tion /dɪspòʊliéɪʃ(ə)n/ *n* 略奪, 破壊: ecological ~ 生態系[環境]破壊.

de·spond /dɪspánd/ *vi* しょげる, 落胆[悲観]する. ► *n* /, déspànd/ 《古》落胆 (despondency). ★ ⇨ SLOUGH OF DESPOND. [L DEspondeo to give up; ⇨ SPONSOR]

de·spón·den·cy, -dence *n* 落胆, 意気消沈.

de·spón·dent *a, n* 元気のない(人), 意気消沈[落胆]した(人). ◆ **~·ly** *adv* 元気なく, 失望[落胆]して, がっくりして.

despónd·ing *a* DESPONDENT. ◆ **~·ly** *adv*

des·pot /déspət, -pàt/ *n* 専制君主, 独裁者; 《一般に》暴君; 君主《ビザンティン皇帝·東方教会主教などの称号》. [F, <Gk *despotēs* master]

des·pot·ic /dɛspátɪk, dɪs-/, **-i·cal** *a* 専制[独裁]的な; 横暴な. ◆ **-i·cal·ly** *adv* 専制的に; 暴虐に.

despótic mónarchy 〘政〙専制君主制[国].

des·po·tism /déspətɪ̀z(ə)m/ *n* 専制政治, 独裁制; 専制, 圧制, ワンマンぶり; 専制(君主)国, 専制政府.

des·po·tize /déspətàɪz/ *vi* 専制君主である, 専制[暴政]を布(し)く〈*over*〉.

des Prés [**Prez**], **Després, Desprez** ⇨ JOSQUIN DES PRÉS.

des·pu·mate /déspjumèɪt, dɪspjúː-/ *vt* 〈液体〉の上皮を取り除く; 〈不純物を〉泡として排出する. ▶ *vi* 〈液体が〉上皮[泡]を形成する, 不純物を上皮[泡]として排出する. ♦ **dès·pu·má·tion** *n*

des·qua·mate /déskwəmèɪt/ *vi* 〖生理〗〈表皮が〉落屑(らくせつ)する; 〖医〗〈人などが〉(表皮)落屑(症状)を呈する. ♦ **dès·qua·má·tion** *n* 落屑. **des·qua·ma·tive** /dɪskwǽmətɪv, *déskwəmèɪtɪv/ *a* **des·qua·ma·to·ry** /dɪskwǽmətɔ̀ːri, déskwə-; -t(ə)ri/ *a* [L *squama* scale]

des res /déz réz/ ǁ《口》 [ˢ*joc*] 高級住宅, '美邸'《もと不動産業者の用語》. [*des*irable *res*idence]

Des·roches /deɪrɔ́ːʃ/ デロッシュ《インド洋北西部, マダガスカルの北北東にある島; セーシェルに属する》.

Des·saix /dəséɪ; *F* desɛ/ デッセー **Joseph-Marie** ~, Compte ~ (1764–1834)《フランスの軍人》.

Des·sa·lines /dèɪsəlíːn, dès-/ デサリーヌ **Jean-Jacques** ~ (1758?–1806)《ハイチの独立運動指導者; アフリカ系黒人; Jacques I として皇帝 (1804–06)》.

Des·sau /désàʊ/ デッサウ《ドイツ中東部 Saxony-Anhalt 州の市》.

des·sert /dɪzə́ːrt/ *n* デザート《1) 食事の最後のコースとして出るパイ・プディングなど 2) ǁ食事の終わりに菓子類 (sweets) のあとに出る果物類》. [F *desservir* to clear the table (*dis-*, SERVE)]

dessért àpple 生食用リンゴ (cf. COOKER).

dessért·spòon *n* デザートスプーン《teaspoon と tablespoon の中間の大きさ》; DESSERTSPOONFUL.

dessért·spòon·fùl *n* デザートスプーン一杯分.

dessért wìne デザートワイン《デザートや食事の間に出る甘口ワイン》.

des·sia·tine /désjətìːn/ *n* デシャチーナ《メートル法以前のロシアの面積単位: =10,925m²》.

des·sous des cartes /*F* dəsu de kart/ トランプの伏せてある面; 事件の内実[内幕, 裏], 通常は明らかにならない事. [F=under the cards]

de·stábilize /di-/ *vt* 不安定にする, 動揺させる; 〈政府など〉の存続をあやうくする. ♦ **de·stabilizátion** *n*

de·stáin /di-/ *vt* 〈顕微鏡観察の標本を〉脱染色する.

de·stàlin·izátion, de-Stàlin- /di-/ *n* 非スターリン化. ♦ **de·stálin·ìze, de-Stálin-** *vt*

de·stérilize /di-/ *vt* 豊穣にする; 〈遊休物資を〉活用する; *〈金(きん)〉の封鎖を解く. ♦ **de·sterilizátion** *n*

Des·têr·ro /diʃtéru/ デステーロ《FLORIANÓPOLIS の旧称》.

de·stígmatize /di-/ *vt* …の汚名をそそぐ, …の不名誉を払拭する.

de Stijl /də stáɪl, -stéɪl/ 〖美〗デ・スティール《1917 年オランダに起こった Mondrian たちを中心とした運動; 長方形・原色・非対称が特徴》. [雑誌 *De Stijl* (=the style)]

des·ti·na·tion /dèstənéɪʃ(ə)n/ *n* **1**《旅行などの》目的地, 行先, 到着地[港]; 届け先, 送り先, 宛先, 〖商〗仕向先[地, 港]. **2** 目的, 用途; 予定, 指定. ▶ *attrib a* わざわざ出かける価値のある(店[場所]での); 遠隔地での〈結婚式〉, リゾート婚の: ~ shopping [dining] / a ~ hotel [restaurant].

destinátion dòcument 〖電算〗目的文書《1) リンク先の文書 2) 埋め込み先の文書; cf. SOURCE DOCUMENT》.

des·tine /déstən/ *vt*《古》〈神・運命が〉定める; 《廃》〈人が〉正式に決定する. [F<L *de-*(*stino*=*sto* to stand)=to make fast, fix]

dés·tined *a*《あらかじめ》約束されて, 運命づけられて, …する宿命にある 〈*for* sth, *to* do〉; 予定[用意, 準備]された 〈*for*〉; 〈乗物・貨物など〉…行きの 〈*for*〉: ~ *for* fame 名声を約束されて / They were ~ never *to* meet again. 二度と会わない運命だった / He was ~ *for* the army. 軍人になることになっていた / cars ~ *for* the Indian market インド向けに製造された車 / the money ~ *for* local development 地域開発のための予算 / a flight ~ *for* Chicago シカゴ行きの便.

des·ti·ny /déstəni/ *n* 運命, 宿命, 必然(性); [D-] 天, 神意 (Providence); [the Destinies] 運命の三女神 (FATES). [OF<Romanic (pp) < DESTINE]

des·ti·tute /déstət(j)ùːt/ *a* 〈…の〉欠乏した, ない (in want) 〈*of*〉; 貧困な, 貧窮の (poor); 《廃》見捨てられた: people ~ *of* sympathy 同情のない人びと / the ~ 貧困者. ♦ **~·ly** *adv* **~·ness** *n* [L (pp) < *de-*(*stitut-* *stituo*=*statuo* to place)=to leave alone, forsake]

des·ti·tu·tion /dèstət(j)úːʃ(ə)n/ *n* 欠乏(状態); 赤貧, 貧困, 窮乏.

de·stóck /di-/ *vt, vi* 〖商〗在庫を減らす; 《アフリカ》(特定の放牧地などから)家畜を移す; 《放牧地の》〈家畜〉の数を減らす.

de·stóol /di-/ *vt* 《西アフリカで》〈首長を〉免職にする, 職から追放する. ♦ **~·ment** *n*

de·stra /déstrə/ *n* 〖楽〗右手《略 d.》. [It; ⇨ DEXTER]

déstra má·no /-máːnoʊ/ MANO DESTRA.

de·stréss /di-/ *vt, vi* (〈人〉の)ストレスを解消する, リラックスさせる[する]; 〖理〗…の過剰なひずみを緩和する. ♦ **~·ing** *n* ストレス解消; 〖理〗応力緩和.

des·trier /déstriər, dəstríər/ *n*《古》《騎士の》軍馬.

de·stroy /dɪstrɔ́ɪ/ *vt* **1** 破壊する (opp. *construct*); 〈文書などを〉破棄する; そこなう, だいなしにする; 滅ぼす, なきものにする, つぶす, 潰滅[撲滅]する, 駆除する, 〈病気の動物などを〉処分する; 殺す: be ~*ed* by fire [the flood] 焼失[流失]する / ~ *itself* [*oneself*] 自滅[自殺]する. **2** …の効力を消失させる, 無効にする; 論破する. ▶ *vi* 破壊する. ♦ **~·able** *a* [OF<L (*struct-* *struo* to build)]

de·stróyed *a*《俗》《酒や麻薬で》完全に酔った[ラリった], 陶酔した, いかれた.

destróy·er *n* 破壊者, 破壊するもの; 駆逐艦; [D-] 破壊神 (SIVA).

destróyer èscort*《主に爆雷を武器とする》護衛駆逐艦《潜水艦駆逐用》.

destróyer lèader 嚮導(きょうどう)駆逐艦.

destróy·ing ángel 1 〖菌〗タマゴテングタケ (death cup), 《また》シロタマゴテングタケ《毒キノコ》. **2** [D- A-] 〖モルモン教〗DANITE.

de·struct /dɪstrʌ́kt/ *n* 〖ロケット〗破壊《1) 発射後のミサイル・ロケットが地上操作で自己破壊すること 2) 敵の手に渡るのを防止するために装置・材料などをみずから破壊すること》. ▶ *vi* 〈ミサイルなど〉自動的に破壊する, 自爆する. ▶ *vt* 〈ミサイルなどを〉破壊する. [L (DESTROY), or 逆成 < *destruction*]

de·strúc·ti·ble *a* 破壊[潰滅, 駆除]することができる. ♦ **de·strùc·ti·bíl·i·ty** *n*

de·struc·tion /dɪstrʌ́kʃ(ə)n/ *n* 破壊; 《文書の》破棄(罪); 絶滅, 駆除; 滅亡 (ruin), 倒壊, 打破; 破壊の原因[手段, 方法]. ♦ **~·ist** *n* 破壊主義者. [F<L; ⇨ DESTROY]

de·struc·tive /dɪstrʌ́ktɪv/ *a* 破壊的な (opp. *constructive*), 危害を加える 〈*of, to*〉; 破壊主義的な: ~ criticism 破壊的批評. ▶ *n* 破壊力. ♦ **~·ly** *adv* 破壊的に, さんざんに. **~·ness** *n*

destrúctive distillátion 〖化〗分解蒸留, 乾留.

de·struc·tiv·i·ty /dɪstrʌ̀ktívəti, dìː-/ *n* 破壊能力.

de·strúc·tor *n* 廃棄物焼却炉; (ミサイル)破壊[爆破]装置.

de·súblimate /di-/ *vt* …から(本能的欲求を)昇華する能力を奪う.

de·suete /dɪswíːt/ *a* 時代遅れの, 流行遅れの. [F<L (*suet-* *suesco* to be accustomed)]

des·ue·tude /déswɪt(j)ùːd, *dɪsúːə-, ǁdɪsjúːɪ-/ *n* 廃止(状態), 廃絶, 不用: fall [pass] into ~ すたれる. [F or L]

de·súlfur /di-/ *vt* DESULFURIZE.

de·súlfur·ìze /di-/ *vt* …から硫黄質を除く, 脱硫する. ♦ **-ìz·er** *n* **de·sùlfur·izátion** *n* 脱硫.

de·sul·tor /dɪsʌ́ltər/ *n* (*pl* **~s, -to·res** /dèsəltɔ́ːriːz/)《ローマのサーカスで》2 頭以上の裸馬に次々に飛び移って乗りまわす芸人.

des·ul·to·ry /désəltɔ̀ːri; -t(ə)ri/ *a* 一定性[計画性, 目的性]を欠く, とりとめのない, 散漫な, とびとびの, 気まぐれな, 脱線的な; 漫然とした: a ~ talk 漫談 / ~ reading 乱読. ♦ **dès·ul·tó·ri·ly** /; désəlt(ə)rɪli/ *adv* 漫然と, 散漫に. **-ri·ness** *n* [L=superficial; ⇨ SALLY¹]

de·sýnchronize /di-/ *vt* 非同期化する. ♦ **de·synchronizátion** *n*

de·sýnchronized sléep 〖生理〗非同期性睡眠 (PARADOXICAL SLEEP).

dè·synónymize *vt* 〈同意語とみえる[として用いられる]語の〉意味を区別する.

det. detached ♦ detachment ♦ detail ♦ determine.

de·tach /dɪtǽtʃ/ *vt* 引き離す, (取り)はずす 〈*from*〉; 分離する 〈*from*〉; 〈軍隊・軍艦を〉《特別任務に》分遣する. ● **~ oneself** 身を振りほどく; 身を引く, 距離をおく, 関係を断つ 〈*from*〉 ♦ **~·able** *a* **~·ably** *adv* **~·abílity** *n* [F(*de-*, ATTACH)]

de·táched *a* **1** 分離した, 隣とつながっていない, 〈家が〉一戸建ての (cf. SEMIDETACHED); 分遣された: a ~ house 独立家屋, 戸建て住宅 / a ~ palace 離宮 / a ~ force 分遣隊, 別働隊. **2** 超然とした, とらわれない, 冷静な; 私情を離れた, 第三者的な, 公的な: a ~ view とらわれない[公平な]見解. ♦ **-tách·ed·ly** /-tǽtʃədli, -tǽtʃtli/ *adv* 離れて; 私情を離れて. **-tách·ed·ness** /-tǽtʃədnəs, -tǽtʃt-/ *n*

detáched rétina 〖医〗網膜剝離 (retinal detachment).

detáched sérvice 〖軍〗派遣勤務.

detách·ment *n* **1** 分離, 脱離, 剝離; (特命による)派遣, 分遣; 分遣(艦)隊. **2** 超然としていること, 公平; 無関心.

de·tail /dɪtéɪl, díːtèɪl/ *n* **1 a** 細部, 細目, 項目 (item); 《ひとつひとつ》こと細かに扱う[注意を払う]こと, 詳説, 詳記; [*pl*] 詳細, 詳しい情報; 《古》詳細な説明: a matter of ~ こまごました事柄 / an eye for ~ 細部を見のがさない目[観察力] / a ~ person 《物事の》細部に目が向く人 / But that is a ~. [ᵒ*iron*] でもそれは些細なことですけれど / give a full ~ of…を詳説する, 委曲を尽くす / sb's ~ 《住所・氏名などの》個人情報 / go [enter] into ~*s* 詳述する / down to the last ~ 詳細に, こと細かに / The devil is in the ~*s*. 悪魔は細部に宿る《細部に落とし穴がある》. **b** 精細な装飾; 〖建・美〗細部(描写), ディテール; DETAIL DRAWING. **2** 〖軍〗行動命令[指令]; 〖軍〗《特別任務への》任命, 選抜; 〖軍〗特務員[班], 選抜兵[隊]; 〖軍〗特別任務. ● **in ~** 詳細に; 細部にわたって: *in* more [greater] ~ さらに詳しく. ▶ *vt* **1**

a 詳述する; 列挙する. **b** 精細な装飾を施す; *〈車を〉隅々まで掃除する (valet‖). **2**〘軍〙《特定任務に》就かせる〈*off; for, to*〉. ► *vi* 詳細図を作る. ◆ **~·er** *n* 詳述する人. [F (*de-*, TAIL²)]

détail dràwing〘建·機〙詳細図.

de·táiled /, ‐⌐‐/ *a* 詳細な, 委曲を尽くした; 精密な. ◆ **de·táil·ed·ly** /-(ə)dli/ *adv* **-ed·ness** /-(ə)dnəs/ *n*

détail·ing *n* 《建物·衣服·芸術品の》精細な装飾, 細部装飾; *ディテーリング《念入りな洗車と車磨き》.

De·taille /*F* dəta:j/ ドターユ (**Jean-Baptiste-)Édouard** ~ (1848–1912)《フランスの画家》.

détail màn プロパー《医師·病院などに新薬を説明紹介する製薬会社のセールスマン》.

de·tain /dɪtéɪn/ *vt* 〈人を〉引き留める, 待たせておく; 留置[拘留, 抑留, 拘禁]する; 《古》 抑えておく, 保留する (withhold). ◆ **~·ment** *n* [OF<L *de-*(*tent- tineo*=*teneo* to hold)=to keep back]

de·tain·ee /dɪtèɪní:, dì:-/ *n* 《政治的理由による》被拘禁者, 被抑留者.

detáin·er〘法〙*n* (不法)留置, (不法)占有; (不法)占有[留置]者; 拘禁; 拘禁者; 拘禁続行令状.

de·tángle *vt* 〈髪〉のもつれをとく[ほどく].

de·tássel /di-/ *vt* 《他花受粉させるために》〈トウモロコシ〉のふさを取り除く.

detd determined.

de·tect /dɪtékt/ *vt* 〈人〉の〈悪事などを〉見つける, …の正体を見破る, 看破する; …の存在を発見する, 感知する, 検知[検出]する〈*in*〉;〘電子工〙検波する (demodulate); 《廃》 暴露する, あばく, あらわにする: ~ him (*in*) robbing an orchard 彼が果樹園を荒らしているのを見つける. ► *vi* 探偵をする. ◆ **~·able, ~·ible** *a* **~·ably** *adv* **~·abílity** *n* [L *de-*(*tect- tego* to cover)=to uncover]

de·téct·a·phòne /dɪtéktə-/ *n* (電話)盗聴機.

de·tec·tion /dɪtékʃ(ə)n/ *n* 看破, 探知, 感知, 発見, 発覚, 露見; 検出;〘電子工〙整流, 検波.

de·tec·tive /dɪtéktɪv/ *n* 探偵, 刑事(巡査), 捜査官, 《財務省などの》調査官: a private ~ 私立探偵 / a disease ~ 伝染病検査官. ► *a* 探偵の; 探知[感知]する, 検出[検波]用の: a ~ agency 秘密探偵社, 人事興信所 / a ~ story [novel] 探偵[推理]小説.

detéctive cónstable〘英〙捜査部の巡査《略 DC》.

de·téct·o·phòne /dɪtéktə-/ *n* DETECTAPHONE.

de·téc·tor *n* 看破者, 発見者; 電波[放射能]探知器;〘電子工〙検波器, 整流器; 《漏電の》検電器; 検出器: a lie ~ うそ発見器 / a crystal ~ 鉱石検波器. ◆ **~·ist** *n* 《金属探知機で埋蔵物を探す》宝捜し屋, 発掘マニア.

detéctor càr〘鉄道〙《線路の亀裂を探す》ディテクター車, 検測者.

de te fa·bu·la nar·ra·tur /dèɪ tèɪ fá:bʊla: na:rá:tʊ̀r/ その物語はおまえについて語られている. [L]

de·tent /dí:tènt, dɪtént/ *n* 移動[回り, 戻り]止め《特に時計のつめ》.

dé·tente, de- /deɪtá:nt; *F* detɑ̃:t/ *n* 《国家間などの》緊張緩和, デタント. [F=relaxation]

de·ten·tion /dɪténʃ(ə)n/ *n* 留め置くこと, 留置; 抑留, 拘禁, 拘置, 拘留; 《罰として生徒に課する》居残り: HOUSE OF DETENTION / under ~ 拘禁[拘置]されて / a ~ cell 留置場 / pretrial ~〘法〙公判前拘置. [F or L; ⇨ DETAIN]

deténtion bàrrack‖〘軍〙営倉.

deténtion càmp 捕虜仮収容所, 抑留所, 拘禁[拘置]所.

deténtion cènter ‖非行青少年短期収容所; 不法入国者[難民]収容所, 拘置所; CONCENTRATION CAMP.

deténtion hòme 少年拘置所.

deténtion hòspital 隔離病院.

dé·te·nu /dèɪt(ə)n(j)ú:; *F* detny/ *n* (*fem* **-nue** /—/) 被拘留者.

de·ter /dɪtə́:r/ *vt* (-rr-) **1**《おじけづかせて, または危険などを悟らせて》やめさせる, 思いとどまらせる, 抑止[阻止]する: ~ sb *from* action [do*ing*]. **2** 〈さびなどを〉防ぐ, 止める. ◆ **~·ment** *n* 制止[阻止](するもの). **de·tér·rer** *n* [L (*terreo* to frighten)]

de·terge /dɪtə́:rʤ/ *vt* ぬぐい去る; 〈傷などを〉きれいにする, 洗浄する. ◆ **de·térg·er** *n* [F or L *de-*(*ters- tergeo* to wipe)=to wipe off, cleanse]

de·tér·gen·cy, -gence *n* 洗浄性[力], 浄化力.

de·tér·gent *a* 洗浄性の. ► *n* 洗浄剤, 洗剤, 《特に》合成[中性]洗剤, 界面活性剤.

de·te·ri·o·rate /dɪtíəriərèɪt/ *vt* 悪化[劣化]させる, 〈価値を〉低下させる (opp. *ameliorate*); 堕落させる; 衰退させる, 崩壊させる. ► *vi* 《質·価値·はたらきなどの点で》悪くなる, 悪化[低下, 劣化]する, 〈健康が〉衰える; 堕落[退廃]する; 衰退する, 崩壊する. ◆ **de·tè·ri·o·rá·tion** *n* 悪化, 質の低下, 劣化, 老朽化, 価値の下落; 堕落, 退廃. **de·té·ri·o·rà·tive** *a* 悪化[劣化]の傾向のある, 堕落的な, 退廃的な. [L (*deterior* worse)]

de·tér·min·able *a* 確定[決定]できる;〘法〙終了すべき[させうる], 解除条件付きの: ~ easement 《特定の事柄の発生で終了する》解除条件付き地役権. ◆ **-ably** *adv* **~·ness** *n*

de·ter·mi·na·cy /dɪtə́:rmənəsi/ *n* 確定性, 決定性; 限定性, 確度.

de·ter·mi·nant /dɪtə́:rm(ə)nənt/ *a* 決定力のある; 限定的な. ► *n* 決定者[物], 決定要素[要因];〘生〙《遺伝·発生の》決定子[基], デテルミナント (=*determiner*);〘医〙抗原決定基 (epitope);〘精神分析〙反応決定因;〘論〙限定辞;〘数〙行列式. ◆ **de·tèr·mi·nán·tal** /-nǽntl/ *a*

de·ter·mi·nate /dɪtə́:rm(ə)nət/ *a* 限定された, 明確な; 確定の, 既決の; 決定的な, 決然たる;〘数〙既知数の;〘植〙〈花序が〉有限の;〘工〙確定的な《静力学の原理だけで完全に分析できる》. ◆ **~·ly** *adv* 確定的に. **~·ness** *n* [L (pp)< DETERMINE]

detérminate cléavage〘発生〙決定的卵割.

detérminate grówth〘植〙限定生長.

de·ter·mi·na·tion /dɪtə̀:rmənéɪʃ(ə)n/ *n* **1** 決心, 決断, 決意〈*to* do〉; 裁断; 決断力. **2** 決定, 確定; 解決, 解答;〘理·化〙測定(法), 量定;〘論〙限定;〘生〙《未分化胚組織の運命の》決定. **3**〘法〙財産権の終了[消滅];〘法〙《裁判による》論争の決着[終決]; 《古》終結. **4** 傾向; 《古》〘医〙《血行の》偏向.

de·tér·mi·nà·tive /, -m(ə)nə-; -nə-/ *a* 決定力のある, 確定的な; 限定的な. ► *n* 決定[限定]因;〘文法〙限定詞《定冠詞·指示代名詞など》; 決定詞《ヒエログリフで多義語の意味を区別するため付加される記号》; 《古典語の語根に付く》語幹形成辞;〘言〙分類辞 (classifier). ◆ **~·ly** *adv* **~·ness** *n*

de·tér·mi·nà·tor *n* DETERMINER.

de·ter·mine /dɪtə́:rmən/ *vt* **1 a** 決意[決心]する〈*to* go, *that* or *when* I will go〉. **b** 〈人〉に決意させる〈*to* do〉; 〈ある方向に〉向かわせる, 促す〈*to*〉: This ~*s* me *to* go. これで行く決心がついた. **2 a** 〈問題·論争〉に決着をつける, 裁定する; 確定する, 決定する; …の境界を定める[画定する], 限定する;〘理〙測定する;〘論〙限定する;〘数〙…の位置[形]を決定する. **b** (要因となって)決定する, 決定づける, …の決め手となる: Demand ~*s* the price. 需要によって価格が決まる. **3**〘法〙〈権利を〉終了[消滅]させる. ► *vi* 決定する; 決心する〈*on* go*ing* [departure]〉;〘法〙〈効力など〉終了[消滅]する. [OF<L *de-*(*terminat- termino*< TERMINUS)=to set boundaries to]

de·tér·mined *a* **1** 固く決心して, 心に誓って; 決然[断固]とした, きっぱりとした (resolute): in a ~ manner 決然として / be ~ *to* do やる決心である. **2** 決定[確定]した; 限定された. ◆ **~·ly** *adv* 決然と, 断固として, きっぱり. **~·ness** *n*

de·tér·min·er *n* 決定する人[物];〘生〙DETERMINANT;〘文法〙決定詞, 限定詞《冠詞·指示詞·所有格(代)名詞など; 例 a, this, his, John's》.

de·tér·min·ing *a* 決定に関わる, 決め手となる, 決定的な: a ~ factor 決定要因.

de·ter·mi·nism /dɪtə́:rmənìz(ə)m/ *n*〘哲〙決定論 (opp. *free will*);〘量子力学〙決定論. ◆ **-nist** *n, a* 決定論の(信奉者). **de·tèr·mi·nís·tic** *a* 決定論の; 決定論的な. **-ti·cal·ly** *adv*

de·tér·ra·ble *a* (おどして)思いとどまらせられる, 抑止可能の. ◆ **de·tèr·ra·bíl·i·ty** *n*

de·ter·rence /dɪtə́:r(ə)ns, -tér-; -tér-/ *n* 威嚇により思いとどまらせること, 抑止; 《核兵器などの保有による》(戦争)抑止(力).

de·tér·rent *a* 思いとどまらせる, 引き止める, おじけづかせる, 抑止する. ► *n* 思いとどまらせる[抑止する]もの《犯罪阻止の見せしめの懲罰など》; (戦争)抑止力《核兵器など》; 《無煙火薬の》反応制止剤. ◆ **~·ly** *adv* [DETER]

de·ter·sive /dɪtə́:rsɪv, -zɪv/ *a, n* DETERGENT.

de·test /dɪtést/ *vt* ひどく嫌う, …がいやでたまらない; 《廃》(公然と)ののしる (curse, denounce): ~ having to get up early / ~ a dishonest man. ◆ **~·er** *n* [L *de-*(*testor* to call to witness< TESTIS)]

detést·able *a* 憎むべき, 嫌悪すべき, 大嫌いな: be ~ *to*…にいやがられる. ◆ **-ably** *adv* 憎らしく. **detèst·abílity, ~·ness** *n*

de·tes·ta·tion /dì:tèstéɪʃ(ə)n, dɪ-/ *n* 大嫌い, いやでたまらないこと, 毛嫌い, 嫌悪 (hatred); 大嫌いなもの[人]: be in ~ 嫌われている / have [hold]…in ~ …をひどく嫌う.

de·thróne /dɪ-/ *vt* 〈帝王などを〉退位させる; 権威ある地位から退ける, …から[の]王座を奪う. ◆ **~·ment** *n* 廃位; 強制退位.

de·tíck /di-/ *vt* …からダニを取り除く. ◆ **~·er** *n*

de·tín /di-/ *vt* 〈スクラップなど〉からスズ (tin) を回収する[取り出す].

det·i·nue /dét(ə)n(j)ù:/ *n*〘法〙《動産の》不法留置; 動産返還請求訴訟[令状]. [OF (pp)< DETAIN]

Det·mold /détmòʊld; *G* dέtmɔlt/ デトモルト《ドイツ中北西部 North Rhine-Westphalia 州の市》.

detn detention ♦ determination.

De To·ma·so /deɪ toʊmá:zoʊ/ *n* (*pl* **~s**) デ·トマゾ《イタリア De Tomaso Modena 社製の自動車》.

det·o·na·ble /dét(ə)nəb(ə)l/ *a* 爆轟[爆発]させうる. ◆ **det·o·na·bil·i·ty** /dètənəbíləti/ *n*

det·o·nate /dét(ə)nèɪt/ *vt, vi*〘化〙〈爆弾·ダイナマイトなど〉爆轟(ばくごう)させる[する]; 《一般に》爆発させる[する], 起爆する, [*fig*] 〈議論など〉に火をつける: a *detonating* cap [fuse, hammer] 雷管[導爆線, 撃鉄] / *detonating* gas 爆鳴気 / *detonating* powder 爆発薬, 爆粉. ◆ **dét·o·nàt·able** *a* DETONABLE. **dét·o·nà·tive** *a* [L (*tono* to thunder)]

det·o·na·tion /dèt(ə)néɪʃ(ə)n/ *n* 〘化〙爆轟, デトネーション《爆発のうち音速以上の化学反応; cf. DEFLAGRATION》; 爆発, 爆鳴; 《内燃機関の》自然爆発, 爆燃, デトネーション. ♦ **~·al** *a*
dét·o·nà·tor *n* 雷管, (爆発)信管, (爆弾)起爆部[装置]; 起爆薬, 起爆剤; 爆薬; ᴵᴵ〘鉄道〙爆鳴信号器.
de·tour /díːtùər/ *n* 遠回り, 迂回; 回り道, 迂回路: make [take] a ~ 遠回り[迂回]する. ► *vi, vt* *迂回する[させる]. [F=change of direction; ⇨ TURN]
de·tox /díːtàks, dɪtáks/ 《口》*n* 解毒, デトックス (detoxification); 解毒プログラム[施設]. ► *a* 解毒(用)の. ► *vt, vi* 〈中毒者を〉解毒(治療)する; 〈中毒者が〉回復[治癒]する (detoxify).
de·tóxicant /di-/ *a* 解毒性の. ► *n* 解毒薬[剤].
de·tox·i·cate /ditáksəkèɪt/ *vt* DETOXIFY. ♦ **de·tòx·i·cá·tion** *n*
detoxificátion cènter 解毒センター《アルコール中毒者・麻薬中毒者の更生のための施設》.
de·tox·i·fy /ditáksəfàɪ/ *vt* …から毒を除去する, 解毒する; 〈人を〉薬物[アルコール](への依存[嗜癖(しへき)])から解放する; …の力[効力]を失わせる[打ち消す], 緩和する. ► *vi* 薬物[アルコール]嗜癖から回復する. ♦ **de·tòx·i·fi·cá·tion** *n* 無毒化, 解毒. **-fì·er** *n* DETOXICANT.
DETR 〘英〙Department of the Environment, Transport and Regions 環境運輸地域省《統合により現在は DEFRA》.
de·tract /dɪtrǽkt/ *vt* 〈注意を〉そらす (divert); 《古》誹謗する; 《古》取り去る, 減じる: This will ~ much [something] *from* his fame. これで彼の名声が大いに[いくぶん]落ちるだろう. ► *vi* 〈…の〉価値[重要性, 魅力など]を下げる, 〈価値・重要性・利益・名声などを〉減じる, そこなう 〈*from*〉; けなす 〈*from*〉. ♦ **de·trác·tor** *n* 中傷屋, 誹謗家. [L (*tract- traho* to draw)]
de·trac·tion /dɪtrǽkʃ(ə)n/ *n* 減じること, そこなうこと 〈*from*〉; 悪口, 中傷.
de·trac·tive /dɪtrǽktɪv/ *a* 減じる, 減損的な; 悪口を言う, 中傷する, 誹謗的な. ♦ **~·ly** *adv* **~·ness** *n*
de·trac·to·ry /dɪtrǽkt(ə)ri/ *a* DETRACTIVE.
de·tráin /di-/ *vi, vt* 列車から降りる[降ろす] (opp. *entrain*). ♦ **~·ment** *n*
dé·tra·qué /dèɪtrɑːkéɪ; *F* detrake/ *n* (*fem* **-quée** /—/) 気の狂った人, 精神病患者. [F=deranged]
de·tríbal·ìze /di-/ *vt, vi* 《異文化との接触により》(…に)部族意識[習慣, 組織]を失わせる[失う], …に部族社会を捨てさせる, …の文化を変容させる. ♦ **de·trìbal·izá·tion** *n*
det·ri·ment /détrəmənt/ *n* 害する[そこなう]こと, 損傷, 損害, 害; 害をなすもの: work hard to the ~ of one's health 仕事熱心のあまり体をこわす / without ~ to…に損害なく, …をそこなわずに[傷つけずに]. [OF or L; ⇨ TRITE]
det·ri·men·tal /dètrəméntl/ *a* 有害な, 不利益な 〈*to*〉. ► *n* 有害な人[もの]; 《俗》好ましくない求婚者《次男など》.
detriméntal·ly *adv* 有害に, 不利益に: speak of sb ~ 人のためにならないことを言う.
de·tri·tal /dɪtráɪtl/ *a* 岩屑の[による], 砕岩質の.
de·trit·ed /dɪtráɪtəd/ *a* 摩滅した; DETRITAL.
de·tri·tion /dɪtríʃ(ə)n/ *n* 摩滅, 摩耗, 摩損.
de·tri·ti·vore /dɪtráɪtəvɔ̀ːr/ *n* 〘生態〙腐泥食性生物, 腐食性生物《ある種の昆虫など有機廃棄物を食糧源とする生物》. ♦ **de·tri·tiv·o·rous** /dètrətív(ə)rəs/ *a* [*detritus, -i-, -vore*]
de·tri·tus /dɪtráɪtəs/ *n* (*pl* ~) 〘地質〙岩屑(がんせつ); 《海洋などの》有機堆積物, デトリタス; 瓦礫(がれき), 残骸; がらくた. [F<L=wearing down; ⇨ DETRIMENT]
De·troit /dɪtrɔ́ɪt/ **1 a** デトロイト《Michigan 州南東部 Detroit 川に臨む工業都市; 自動車工業で有名》. **b** 米国自動車業界. **2** [the] デトロイト川《Michigan 州南東部とカナダ Ontario 州南西部との国境を流れて Erie 湖と St. Clair 湖とを結ぶ》. **3** *《俗》デトロイト刈り《上を短くサイドを長く刈る男性のヘアスタイル》. ♦ **~·er** *n* デトロイト市民.
de trop /də tróu/ *a* 余計な, 無用の, かえってじゃまになる. [F=excessive]
de·trude /dɪtrúːd/ *vt* 押し倒す; 押し[突き]出す, 押しのける. ♦ **de·trú·sion** *n*
de·trúncate /dɪ-/ *vt* …の一部を切り落とす.
Det·sko·ye Se·lo /djétskəjə səlóː/ ジェツコエセロー《ロシア西部の市 PUSHKIN の旧称》.
dè·tuméscence *n* 〘医〙腫脹減退《はれがひくこと》. ♦ **de·tumésce** *vi* **dè·tuméscent** *a*
de·túne /di-/ *vt* 〈ラジオなど〉の同調をはずす, 離調する; 〈楽器〉の調律[チューニング]を狂わせる; [ᵁ*pp*] 〈車など〉の性能[出力]を落とす.
Deu·ca·lion /d(j)ukéɪljən/ 〘ギ神〙デウカリオーン《Prometheus の子; Zeus の起こした大洪水に妻 Pyrrha と共に生き残り人類の祖となった》.
deuce¹ /d(j)úːs/ *n* 《トランプの》2 の札; 《さいころの》2 の目; 〘テニスなど〙ジュース《次に連続して 2 点を得ればそのゲームは勝ち》; *《俗》2 ドル(札), ᴵᴵ《俗》2 ポンド; 《俗》2 年の刑; *《俗》臆病者, ちんけなワル[泥棒]; *《俗》ホットロッド (=**~ còupe**)《特に 1932 年型フォード車》; *《俗》2 人用の席[テーブル]; [ᵁthe D-] 《俗》《New York 市の》42 番街 (forty-deuce)《家出少年・少女が集まる》. ● **~ and a half** *《軍俗》2.5 トン(積み)トラック. **~ of clubs** *《俗》両握りこぶし, 両方のげんこつ. ► *vt* 〘テニスなど〙〈試合を〉ジュースにする. ● **~ it** *《俗》二番目になる; *《俗》二人でする, 婚約する, デートする. [OF<L *duos* (acc)<*duo* two]
deuce² *n* **1** 《口》凶, 悪運 (bad luck); 災厄, 厄病神; 厄介; 悪魔 (devil): The ~! ちくしょう, チェッ! / (The) ~ take it! ちくしょう, しまった, くそっ! / The (very) ~ is in them! やつらほんとにどうかしてやがる / (The) ~ knows. だれが知るものか《だれにもわからない》/ The ~ it is [you are]! それが[きみが]そうとは驚いた[実にひどい, けしからん, まさか]! / The ~ is in it if I cannot. ぼくにできないでどうする《きっとできる》. **2** [疑問詞を強調] 一体全体; [否定を強調] 全く(一つ[一人]も)ない (not at all): (the) ~ a bit 少しも…しない (not at all) / What [Who] the ~ is that? いったいそれは何[だれ]だ / Why [Where] the ~…? …は一体全体なぜ[どこ]だい. ★ 成句では devil を代入しても意味は同じ. ● **a [the] ~ of a**… えらい…, ひどい…; すごく, えらく. **go to the ~** 破滅する; [*impv*] くたばっちまえ, うせやがれ. **like the ~** やけに, 猛烈な勢いで. **play the ~ with**…をだいなしにする. **the ~ and all** なにもかも一切; なにひとつ[ろくなものは]ない. **the ~ to pay**=the DEVIL to pay. [LG *duus* two; さいころのいちばん悪い目]
déuce-àce *n* 《2 個のさいを振って出た》2 と 1 の目《悪い目; cf. AMBSACE》; 《古》不運, 貧乏くじ (bad luck).
deuc·ed /d(j)úːsəd, -st/ 《口》*a* 実にいまいましい, ひどい, べらぼうな: in a ~ hurry えらく急いで. ► *adv* すごく, べらぼうに, やけに: a ~ fine girl ばかにきれいな娘. ♦ **~·ly** *adv*
déuce-fíve *n* *《俗》.25 口径の拳銃.
deu·cer /d(j)úːsər/ *《俗》*n* 2 ドル(札); 刑期 2 年の服役者; 〘野〙《ダブルヘッダーの》第 2 試合; 〘野〙走者に 2 つの塁を許すヒット; 〘競馬〙二着馬; 《バラエティーショーなどの》第 2 幕.
déuce spòt *《俗》《ヴォードヴィルの》第 2 幕; *《俗》《ドッグショーなどの》2 番目, 2 位.
déuces wíld 〘トランプ〙2 を自由札 (wild card) とするポーカー[ゲーム].
De·us /déɪus, -əs/ *n* 神 (God)《略 D.》. [L]
De·us ab·scon·di·tus /déɪus ɑːpskɔ́ːndɪtùs/ 隠れたる神 (cf. *Isa* 45: 15). [L=hidden God]
de·us ex ma·chi·na /déɪəs èks máːkɪnə, -mǽk-, -nàː, -məʃíːnə/ (*fem* **déa èx máchina** /déɪə-/) デウス・エクス・マキナ《**1**) 古代演劇で急場の解決に登場する宙乗りの神 **2**) 戯曲などの困難な場面で突然現われて不自然で強引な解決をもたらす人物・事件》. [次のラテン語訳 Gk *theos ek mēkhanēs* god from the machinery]
De·us Mi·se·re·a·tur /déɪus mìːseɪreɪáːtur/ 神よわれわれを憐れみたまえ《詩篇 67 の題名》. [L=may God have mercy]
De·us Ra·mos /déɪəʃ rǽmuʃ/ デウシュ・ラムシュ **João de ~** (1830–96)《ポルトガルの詩人》.
De·us vo·bis·cum /déɪus woːbískum/ 神が汝らと共に在らんことを. [L=God be with you]
De·us vult /déɪus wúlt/ 神これを欲したもう《第 1 回十字軍のスローガン》. [L=God wills it]
deut- /d(j)úːt/, **deu·to-** /d(j)úːtou, -tə/ *comb form*「第二の」「再」[*deuter-*]
Deut. 〘聖〙Deuteronomy.
deu·ter-¹ /d(j)úːtər/, **deu·te·ro-**¹ /-tərou, -rə/ *comb form*「第二の」「再」: *Deutero*-Isaiah 第二イザヤ《詩篇 40–55 の著者》. [Gk *deuteros* second]
deu·ter-² /d(j)úːtər/, **deu·te·ro-**² /-tərou, -rə/ *comb form* 〘化〙「重水素」[*deuterium*]
deu·ter·ag·o·nist /d(j)ùːtərǽgənɪst/ *n* **1** 〘古ギ劇〙第二役《主役 (protagonist) に次ぐ役, 特に敵役; cf. TRITAGONIST》. **2** 《一般に》引立役.
deu·ter·anómaly * /d(j)ùːtər-/ *n* 〘眼〙緑[緑色]色弱, 第二色弱 (cf. PROTANOMALY, TRICHROMAT). ♦ **-anómalous** *a* [*deuteranopia, anomalous*]
deu·ter·an·ope /d(j)úːtərənòup/ *n* 第二色盲の人.
deu·ter·an·opia /d(j)ùːtərənóupiə/ *n* 〘医〙第二色盲, 緑色盲《赤緑色盲の一種; 緑とその補色の紫紅色が灰色に見える》. ♦ **dèu·ter·an·ópic** /, -náp-/ *a*
deu·ter·ate /d(j)úːtərèɪt/ *vt* 〘化〙〈化合物〉に重水素を入れる. ♦ **dèu·ter·á·tion** *n* 重水素[ジューテロ]化.
déu·ter·àt·ed, deu·te·ri·at·ed /d(j)utíərièɪtəd/ *a* 〘化〙〈物質・化合物・組織など〉水素原子が重水素で置換された, ジューテロ化した; 重水素を含む.
deu·ter·ide /d(j)úːtəràɪd/ *n* 〘化〙重水素化物.
deu·te·ri·um /d(j)utíəriəm/ *n* 〘化〙重水素, ジューテリウム (=*heavy hydrogen*)《記号 ²H, H², D》. [L (Gk *deuteros* second)]
deutérium óxide 〘化〙酸化ジューテリウム《代表的な重水 (heavy water)》.
dèutero·canónical *a* 〘カト〙第二正典の: the ~ books 第二正典《旧約聖書中ギリシア語訳聖書に含まれているがヘブライ語聖書に

含まれなかった部分で, プロテスタントが外典 (Apocrypha) と呼ぶものの大部分》.

deu·ter·og·a·my /d(j)ù:tərágəmi/ *n* 再婚 (digamy); 〘植〙二次両性結合, 真性両性生殖. ♦ **-mist** *n* 再婚者.

dèutero·génesis *n* 第二発生《晩年になってからの新適応性の発現》.

deu·ter·on /d(j)ú:tərɑ̀n/ *n* 〘理·化〙重陽子《deuterium の原子核》.

Dèu·ter·ón·o·mist *n* 〘聖〙申命記(的)記者. ♦ **Dèu·ter·òn·o·mís·tic** *a*

Deu·ter·on·o·my /d(j)ù:tərɑ́nəmi/ 〘聖〙申命(しんめい)記《旧約聖書のモーセ五書 (Pentateuch) の第 5 書 The Fifth Book of Moses, called ～; 略 Deut.》. ♦ **Dèu·ter·o·nóm·ic** /-rənɑ́m-/ *a* [L＜Gk＝second law (*nomos* law); Heb の誤訳]

deu·ter·op·a·thy /d(j)ù:tərɑ́pəθi/ *n* 〘医〙続発[後発]症.

déutero·plàsm *n* 〘生〙DEUTOPLASM.

deu·te·ro·stome /d(j)ú:tərəstòum/ *n* 〘動〙新口(しんこう)動物.

déuto·nỳmph *n* 〘動〙第二若虫期のダニ (cf. PROTONYMPH, TRITONYMPH).

déuto·plàsm *n* 〘生〙副形質《原形質中の不活発な物質》,《特に》卵黄質《卵黄の中の栄養質》. ♦ **dèu·to·plás·mic** *a*

deut·sche mark, Deut·sche·mark /dɔ́ɪtʃ(ə)mɑ̀:rk/ (*pl* ～, ～**s**) ドイツマルク《ドイツの euro になる前の通貨単位: ＝100 pfennigs; 記号 DM》. [G＝German MARK[2]]

Deut·sches Reich /*G* dɔ́ʏtʃəs ráɪç/ 《第二次大戦前の》ドイツ国《公称》.

Deutsch·land /*G* dɔ́ʏtʃlant/ ドイチュラント《GERMANY のドイツ語名》.

Deutsch·mark /dɔ́ɪtʃmɑ̀:rk/ *n* DEUTSCHE MARK.

deut·zia /d(j)ú:tsiə/ *n* 〘植〙ウツギ属 (*D-*) の各種低木《ユキノシタ科》. [Jean *Deutz* (d. 1782?) オランダの植物学研究のパトロン]

deux-che·vaux /*F* døʃvo/ *n* ドゥシュヴォ, 2 CV, '二馬力'《フランス Citroën 社製の小型乗用車》. [F＝two horses]

deux·ième /*F* døzjɛm/ *n* 第二回公演.

Deux-Sèvres /*F* døsɛ:vr/ ドゥセーヴル《フランス西部 Poitou-Charentes 地域圏の県; ☆Niort》.

dev. deviation.

de·va /déɪvə/ 〘ヒンドゥー教·仏教〙*n* [D-] 提婆(だいば); 天神, 梵天, 梵天王. [Skt]

de·va·da·si /dèɪvədɑ́:si/ *n* デーヴァダーシ《ヒンドゥー教寺院の踊り子》. [Skt＝female servant of a god]

de Va·le·ra /dè vəlɛ́ərə, -líə-, də-/ デ·ヴァレラ **Ea·mon** /éɪmən/ ～ (1882–1975)《アイルランドの政治家; 首相 (1932–48, 51–54, 57–59), 大統領 (1959–73)》.

de Va·lois /də vǽlwɑ:/ ド·ヴァロア Dame **Ni·nette** /ninét/ ～ (1898–2001)《アイルランド生まれの英国の舞踊家·振付家; 本名 Edris Stannus; Royal Ballet 団を設立 (1956)》.

de·váluate /di-/ *vt, vi* DEVALUE.

de·valuátion /di-/ *n* 〘経〙平価切下げ; 価値[身分]の引下げ. ♦ **～·ist** *n* 平価切下げ論者.

de·válue /di-/ *vt* …の価値を減じる, おとしめる; 〈通貨〉の平価を切り下げる. ► *vi* 平価切下げを行なう.

De·va·na·ga·ri /dèɪvənɑ́:g(ə)ri/ *n* デーヴァナーガリー(文字)《サンスクリットおよびヒンディー語その他の現代インドの諸言語に用いるアルファベット》. [Skt＝Nagari of gods]

dev·as·tate /dévəstèɪt/ *vt* 潰滅させる, 荒廃させる; 圧倒する, 打ちのめす, 混乱させる, 呆然とさせる: His remark ～*d* the audience. 彼のことばに聴衆はあっけにとられた / She was totally ～*d* by the news. ニュースに大きなショックをうけた. ♦ **dév·as·tà·tive** *a* **-tà·tor** *n* [L (*vasto* to lay waste)]

dév·as·tàt·ing *a* 潰滅的な, 荒廃させる, 甚大な被害をもたらす; [*fig*] 痛烈な, さんざんな, ショッキングな; [*fig*] 圧倒的な, 呆然とさせる, すばらしい: a ～ reply 痛烈な応酬 / ～ charm 呆然とさせるような魅力. ♦ **～·ly** *adv*

dev·as·ta·tion /dèvəstéɪʃ(ə)n/ *n* 潰滅[荒廃]させること; 荒廃(状態), 破綻; [*pl*] 略奪の跡, 惨害; 〘法〙《遺言執行者の》遺産毀損[費消].

de·véin /di-/ *vt* 〈エビ〉の背わたを抜く.

dev·el /dévəl, déɪ-/ 《スコ》*n* 強打. ► *vt* 強く打つ.

devel. developement.

de·vel·op, -ope /dɪvéləp/ *vt* **1 a** 発達[発育]させる, 発展させる 〈*from, into*〉; 〘生〙発生させる, 進化させる. **b** 〈議論·思索などを〉展開する (evolve), 詳しく説く; 〘数·楽〙展開する. **2** 〈新しいものを〉創り出す; 〈資源·土地を〉開発する, 〈宅地を〉造成する, 〈鉱山などを〉開く. **3 a** 〈潜在力·傾向などを〉発現[顕出]させる, 発揮する; 〈病気〉になる, かかる; *〈新事実などを〉明らかにする; 〘写〙現像する: ～ cancer 癌になる / He ～*ed* fever. 熱を出した / print the ～*ed* films 現像したフィルムを焼き付ける / ～*ed* colors 顕色染料 / a ～*ing* tray [tank] 現像皿[タンク]. **b** 〈事故·火災などを〉起こす. **4** 〘軍〙〈攻撃を〉開始する, 展開する; 〘チェス〙〈コマを〉動かす. ► *vi* **1 a** 発育[発達]する (grow) 〈*from, into*〉; 〘生〙発生する, 進化する; 発展する 〈*into*〉; 進展する: A blossom ～*s from* a bud. 花はつぼみから発育する / A bud ～*s into* a blossom. つぼみは発育して花となる / Gossip ～*s into* fact. うわさが長じて事実となる. **b** (新たに)生じる; 〈病気が〉発現する; 〘写〙現像される; *明らかになる, 知れる: Symptoms of cancer ～*ed*. 癌の症状が現われた / It ～*ed* that…ということが明らかになった. **2** 〘チェス〙コマを動かす. ♦ **de·vél·op·able** *a* 発達[発展]させられる; 展開可能の. [F (*veloper* to wrap)＜Romanic＜?; cf. ENVELOP]

devélopable súrface 〘数〙展開可能曲面.

de·vél·oped *a* 〈国家など〉高度に発展した, 工業化した, 先進の; 発達[成長]した; 〈ワインが〉熟成した: ～ countries 先進諸国 / less ～ countries 低開発諸国.

de·vél·op·er *n* **1** 開発者; 宅地開発[造成]業者, ディベロッパー; ソフトウェア開発者. **2** 〘写〙現像液[薬]; 現像者; 〘染〙顕色剤.

de·vél·op·ing *a* 発展途上の (cf. UNDERDEVELOPED): ～ countries / the ～ world.

devéloping àgent 〘写〙現像液 (developer).

de·vél·op·ment, -ope- *n* **1 a** 発達, 発育, 成長, 進化; 進展, 推移, 成り行き, 新展開[情報] 〈*of*〉; 〘生·地質〙発生; 〘気〙発達. **b** 進化[発展, 進展, 開発]の結果, 新事実[事情], 新製品[技術]: in a related ～ [文と文をつなげて] 以上と関連した(新たな)できごととして…. **2** 開発, 造成; 造成地, 開発地, 《特に》団地. **3** 〘写〙現像, 〘染〙顕色. **4** 〘哲〙発展; 〘数〙展開; 〘楽〙展開; 〘楽〙展開部 (＝～ **sèction**); 〘チェス〙コマが動くこと, 展開, ゲーム初期における攻撃[防御]のための配置.

de·vel·op·men·tal /dɪvèləpméntl/ *a* 開発的な, 開発の; (経済)開発用の; 実験用の, 開発途上の; 発達[発育]上の, 発達[発育]を促す; 発生の. ♦ **～·ly** *adv*

developméntal biólogy 発生生物学.

developméntal deláy (子供の)発達の遅れ, 発達遅滞.

developméntal disabílity 〘医〙発達障害《18 歳前に起因があり以後持続する精神遅滞·自閉症·脳性麻痺·てんかんなど》. ♦ **developméntally disábled** *a*

developméntal disórder 〘医〙発達障害《自閉症·失読症など》.

devélopment àrea 〘英〙開発促進地域《失業率が高いために政府が新しい産業の育成促進をしている地域》.

devélopment sỳstem 〘電算〙開発システム.

devélopment thèory [hypòthesis] 〘生〙《Lamarck の》進化論.

devélopment wèll 採掘井《試掘による埋蔵確認後に掘る採取·生産用のガス井·油井》.

dé·vel·op·pé /dəvèləpéɪ, dèɪv(ə)lɔ:péɪ; *F* devlɔpe/ *n* 〘バレエ〙デヴロペ, デブロッペ《軸脚のそばに片脚をゆっくり上げてから, その脚を空中にゆっくり広げる動作》. [F]

De·ven·ter /déɪvəntər/ デーヴェンテル《オランダ東部の市》.

de·verbal /di-/ *a* 〘文法〙DEVERBATIVE.

de·verb·a·tive /dɪvə́:rbətɪv/ 〘文法〙*a* 動詞から派生した; 動詞の派生に用いる〈接尾辞〉(-er など). ► *n* 動詞由来語.

De Vere /də víər/ ド·ヴィア **Aubrey Thomas** ～ (1814–1902)《アイルランドの詩人·小説家》.

Dev·er·eux /dévərù:ks, -rù:/ デヴェルー **Robert** ～ ⇨ 2nd Earl of ESSEX.

de·vest /dɪvést/ *vt* 〘法〙〈財産·権利などを〉剝奪する (divest); 《廃》〈人〉の服を脱がせる.

De·vi /déɪvi/ 〘ヒンドゥー教〙女神, デーヴィー《**1**) 特に Siva の配偶者で Himavat (ヒマラヤ山脈) の娘 Parvati **2**) ヒンドゥー教徒の女性の名のあとに付けて敬意を表わす》.

de·vi·ant /dí:viənt/ *a* 基準[常軌]からはずれた[逸脱した]. ► *n* 《知能·社会適応·性行動における》異常者, 変質者, 同性愛者. ♦ **-ance, -an·cy** *n* 逸脱.

de·vi·ate /dí:vièɪt/ *vi* 〈進路·方向·常軌·原則などから〉それる, はずれる, 離れる, 逸脱する, 偏向する 〈*from*〉. ► *vt* 逸脱させる 〈*from*〉. ► *n* /-ət, -èɪt/ *異常者, 〘心〙(性的)異常者, 変質者 (deviant), 同性愛者; 〘統〙偏差値. ► *a* /-ət, -èɪt/ 基準からはずれた, 常軌を逸した. ♦ **dé·vi·à·tor** *n* **dé·vi·a·to·ry** /-ətɔ̀:ri; -ət(ə)ri/ *a* [L (*via* way)]

de·vi·a·tion /dì:viéɪʃ(ə)n/ *n* 脱線, 逸脱, ずれ, 偏り, ふれ 〈*from*〉; 道徳的[性的]逸脱, 異常; 《磁針の》自差, 偏向; 〘統〙《平均からの》偏差, 偏差値; 〘生〙《進化上の》偏向; 〘海〙航路変更; 〘医〙偏視. ♦ **～·al** *a* **～·ism** *n* 偏向, 偏り; 《特に 共産党などの党路線からの》逸脱. **～·ist** *n, a*

de·vice /dɪváɪs/ *n* **1** 装置, 仕掛け, デバイス; 〘特許〙考案《機械的発明》; 〘電子工〙素子; 爆発装置, 爆弾 (bomb): a safety ～ 安全装置 / a light modulation ～ 光変調素子 / a nuclear ～ 核爆弾. **2** 意匠, 図案, 模様; 紋章の意匠[図柄]; 題銘, 銘句; 《古》《物の》つくり, 様子. **3** 工夫, 方策, 手段, 趣向; [°*pl*] 策略, 知恵; [*pl*] 意志, 望み, 気まま (fancy); 〘文芸〙修辞的技巧; 《古》《劇的効果を出すための》仕掛け; 《古》発明(の才): works of rare ～ 珍しい趣向の作品. ● **leave sb to his own ～s** 《忠告·援助などを与えず》人に思うように[勝手に]させる. [OF; ⇨ DEVISE]

devíce-depèndent *a* 〘電算〙〈データ·プログラムが〉装置依存の

《利用するために特定の装置を必要とする》.

devíce-dependent cólor 〘電算〙デバイス依存色.

devíce-indepèndent *a* 〘電算〙〈データが〉デバイスに依存しない《装置の種類を問わず利用できる》.

devíce-indepèndent cólor 〘電算〙デバイスに依存しない色, デバイスインディペンデントカラー《プリンター・ディスプレーなどの出力機器を補正して忠実に再現できる色》.

dev·il /dέv(ə)l/ *n* **1** 悪魔, 悪鬼, 魔神; [the, °the D-] 悪魔のかしら, 魔王, サタン (Satan); 怪異な偶像, 邪神; 《豪》魔力, 呪文: NEEDS must when the ~ drives. / Talk [Speak] of *the* ~, and he will [is sure to, is bound to] appear. 《諺》うわさをすれば影《しばしば and 以下を略して用いる》/ The ~ looks after his own. 《諺》憎まれっ子世にはばかる / The ~ finds [makes] work for idle hands (to do). =If the ~ find a man idle, he'll set him to work. 《諺》悪魔は閑人に仕事を見つける, '小人閑居して不善をなす' / The ~ has the best tunes. 《諺》邪悪な楽しみがいちばん楽しい, 悪人のほうが善人よりも楽しい思いをする / Prefer the ~ one knows to the one [~] one doesn't know. =Better the ~ one knows than the one [~] one doesn't. 《諺》得体の知れない事態[人間]よりも正体のわかっている災い[悪人]のほうがまだまし / The ~ was sick, the ~ a monk would be; The ~ was well, the ~ a monk was he. 《諺》苦しい時には敬虔な決意をするが苦しみが去れば忘れてしまう, 苦しい時の神だのみ《ウェールズのエピグラム作家 John Owen (1560?–1622) の句》/ (as) black as the ~ まっ黒な / call up *the D-* 〈魔女が〉《助力を得るため》悪魔を呼び出す. **2 a** 極悪人, 人でなし; [the] 御しがたい[扱いにくい]もの, 難物; 悪い動物; 悪徳の権化: the ~ of greed 欲の塊り. **b** 精力的でむこうみずな人, やり手, 鬼; いたずら者[小僧], 悪ガキ (=little [young] ~): a ~ with the men [women] 男[女]殺し, 男[女]たらし, 悪女, 色魔. **c** 下請けの文筆業者[物書き]; 印刷所の小僧[見習い工] (printer's devil); 弁護士の助手; 人に利用される男; 手先. **d** 人, やつ (fellow): poor [lucky] ~ 哀れな[運のいい]やつ. **e** TASMANIAN DEVIL. **3** [the] 《口》闘争心, 攻撃力. **4** 〘機〙寸断機, 木ねじ製造機; 《建築・鋳物用の》携帯炉. **5** 〘料理〙《辛味をたくさんつけた》辛焼肉. **6** 《インド・アフリカなどの》塵旋風, デビル (dust devil). **7** 〘クリスチャンサイエンス〙虚偽, 誤り. **8 a** [強意語] (cf. HELL) (1) [疑問詞を強めて] 《口》一体全体: Who *the* ~ is he? あいつはいったいだれだ. (2) [強い否定] 断じて…ない: *The* ~ he is. 彼は断じてそうではない. **b** [the ~ で怒り・呪い・驚きのことばとして] ちくしょう, まさか! ★ DEUCE[2] の成句では (the) deuce を the devil に置き換えてもよい.

● **a** [**the**] **~ of a**… 《口》実にひどい, どえらい, 痛快な: *a ~ of a* fellow すごいやつ, 快男児 / *a ~ of* a job 大変な仕事. **as the ~ loves** HOLY WATER. **Be a ~!** ‖《口》(いちかばちか)やってごらん. **be a ~ for**…狂である. **be ~ may care** 無頓着である. **be the** (**very**) **~** ひどく厄介である, たまらない. **between the ~ and the deep** (**blue**) **sea** 進退窮まって, 前門の狼後門の虎. **catch** [**get**] **the ~** 《口》こっぴどくしかられる. **~ a bit** 断じて…でない. **~ a one** 皆無. **~ on two sticks**=DIABOLO《旧称》. **for the ~ of it** 《口》おもしろ半分に, いたずらで, ただなんとなく. **full of the ~**=full of the OLD NICK. **give** sb **the ~** 《口》人をこっぴどくしかる. **give the ~ his** [**her**] **due** どんなに取柄のない[気に食わぬ]者にでも公平にする. **go to the ~** 破滅する; 堕落する; [*impv*] くたばってしまえ, うるさい, いいかげんにしろ, とっととうせろ! **have the luck of the ~=have the ~'s own** LUCK. **in the ~** [強調] 《口》一体全体: Where *in the* ~…? **like the ~** やけに, 猛烈に. **paint the ~ blacker than he is** 輪をかけて悪く言う. **play the** (**very**) **~ with**… 《口》…をめちゃくちゃにする; 《口》…にしかりつける, かんかんにおこる. RAISE **the ~. the ~ among the tailors** ‖大騒ぎ, 大げんか, 厄介事. **the ~ and all** (悪いもの)一切合財, なにもかも全部. **the ~** (**and all**) **to pay** 《口》あとの災い[たたり], 後難: There'll be [You'll have] *the ~ to pay.* あとでどえらいことになる. **the ~'s own** 《口》大変な, 厄介な, ひどい: *the ~'s own* job [time, problem, etc.] / have *the ~'s own* LUCK. (**the**) **~ take** sb [sth] …のくそったれが[ちくしょうめ], …なんぞ知ったことか[どうにでもなれ]. **the ~ take the hindmost** 遅れる[弱い, 運の悪い]者は鬼に食われろ, 人[あと]のことなどかまってられない, どうにでもなれ《諺 Every man for himself, and the Devil take the hindmost. から》. **to** BEAT[1] **the ~.**

► *v* (**-l-** | **-ll-**) *vt* **1** *《口》悩ます, 困らす, いじめる. **2** [[U]*pp*] 〈肉など〉にからし[コショウ]を効かせる. **3** 寸断機にかける; 《上塗りの下地をつくるため》…のかきおとしをする. ► *vi* 〈弁護士・著述家の〉下請けをする, 〈印刷所の〉使い走りをする 〈*for*〉.

[OE *dēofol*<L<Gk *diabolos* accuser, slanderer; Heb SATAN の訳; cf. G *Teufel*]

dévil-dòdger *n* 《口》(大声を出す)説教師, 従軍牧師.

dévil dòg *《口》海兵隊員 (marine)《あだ名》.

dévil·dom *n* 魔界, 悪魔の国; 悪魔の支配(力)[身分]; 悪魔《集合的》.

dév·iled égg [[U]*pl*] デビルドエッグ《堅ゆで卵を縦に切り, 黄味をマヨネーズ・香辛料と混ぜ合わせて白身に詰めた料理》.

dévil·fìsh *n* *〘魚〙イトマキエイ, 《特に》マンタ (=*sea bat*); ‖〘魚〙アンコウ (angler); 頭足動物, 《特に》タコ (octopus).

dévil-in-the-búsh, -in-a- *n* 〘植〙LOVE-IN-A-MIST.

dévil·ish *a* 悪魔のような; 呪わしい, 極悪非道の; 邪悪な, よからぬ; 威勢のいい, むこうみずの; 《口》ひどい, はなはだしい, とんでもない, 大変な, 厄介な. ► *adv* 《古風口》ばかに, おっそろしく, すごく. ◆ **~·ly** *adv* ひどく《不快感を表わす上流階級の用語》. **~·ness** *n*

dévil·ism *n* 魔性; 悪魔のようなふるまい; 悪魔崇拝.

dévil·kin /-kən/ *n* 小悪魔, 小鬼 (imp).

dévil-may-cáre *a* 無頓着な, ちゃらんぽらんな, あっけらかんとした; むこうみずな, 無頓な.

dévil·ment /-mənt, -mὲnt/ *n* 悪魔の所業; (気まぐれな)悪いいたずら.

Dévil Móuntain デヴィル山《AUYÁN-TEPUÍ の別称》.

dévil-on-the-cóals *n* 《豪俗》DAMPER《焼きパン》.

dévil rày 〘魚〙イトマキエイ, マンタ (devilfish).

dévil·ry, -try /-tri/ *n* 悪魔の所業, 魔法, 妖術; 極悪非道の行為; [*joc*] むこうみずないたずら, ばかはしゃぎ; 悪魔論, 妖怪学; 魔界; 悪魔《集合的》. [*-try* は誤って HARLOTRY などにならったもの]

dévil's ádvocate 〘カト〙列聖[列福]調査審問検事 (promotor of the faith, *L* advocatus diaboli)《聖徒候補に異議を提示する》; ことさら異を立てる人, あまのじゃく: play (the) ~《議論を活発にするために》わざと反対の意見を述べる.

dévil's bédpost 《口》〘トランプ〙クラブの 4 の札《つきがないとされる》.

dévil's Bíble [the] トランプ.

dévil's bìt 〘植〙**a** 青い花をつけるマツムシソウ科の一種 (=**dévil's bìt scábious**). **b** BLAZING STAR.

dévil's bònes *pl* さいころ (dice).

dévil's bóoks *pl* [the] 《口》DEVIL'S PICTURE(D) BOOKS.

dévil's cláw 〘植〙ツノゴマ (unicorn plant); 〘海〙錨鎖を留めるフック, デブルスクロー.

dévil's clúb 〘植〙アメリカハリブキ《北米西部原産ウコギ科ハリブキ属のとげのある落葉低木; 葉は掌状で幅広く, 花は緑白色, あざやかな赤い実がつき, 観賞用に栽培される》.

dévil's cóach·hòrse 〘昆〙オオハネカクシの一種.

dévil's córkscrew 悪魔のコルク抜き (=*daimonelix*)《Nebraska 州で発見される巨大ならせん状の化石》.

dévil's dárning nèedle 〘昆〙**a** トンボ (dragonfly). **b** イトトンボ, カワトンボ (damselfly).

dévil's dòzen 《口》13.

dévil's fòod (**càke**) 《味・色ともに濃厚な》チョコレートケーキ. [*angel food cake* にならったもの]

dévil's-grìp *n* 〘医〙流行性胸膜痛.

Dévil's Ísland 悪魔島, イル・デュ・ディアブル (*F* Île du Diable)《French Guiana 沖の島; もと流刑の島で, Alfred Dreyfus が流された地 (1895)》.

dévil's ívy 〘植〙POTHOS.

dévils on hórseback ANGELS ON HORSEBACK; カキ[鳥の肝臓]をベーコンで包んで焼いた[揚げた]もの; 干しスモモをベーコンで包んだもの《しばしばトーストに載せて出す》.

dévil's páintbrush 〘植〙**a** コウリンタンポポ (orange hawkweed). **b** 《米国東部に帰化した各種の》HAWKWEED.

dévil's páternoster [the] 《口》逆に読んだ主の祈り《中世の呪文》. ● **say the ~** 不平を言う, ブツブツ言う.

dévil's pìcture(**d**) **bòoks** [**pìctures**] *pl* [the] 《口》トランプ札 (playing cards).

dévil's pìcture gàllery [the] 《口》DEVIL'S PICTURE BOOKS.

Dévils Póstpile デヴィルズポストパイル《California 州中東部 Yosemite 国立公園の南東にある溶岩の形成した地形; 六辺形の玄武岩質の柱群が高さ 18 m の崖をなし, **Dévils Póstpile Nátional Mónument** に指定されている》.

dévil's púnch·bòwl 丘の斜面[山間]にある深い窪地.

dévil's tattóo 指でテーブル[足で床]をコツコツたたくこと《興奮・焦燥などのあらわれ》: beat the [a] ~.

dévil's-tòngue *n* 〘植〙ヘビイモ《腐肉臭のあるサトイモ; インドシナ原産》.

Dévils Tówer デヴィルズタワー《Wyoming 州北東部の円柱形の岩山 (264 m); 溶岩が貫入してできた岩体が浸食により露出したもので, **Dévils Tówer Nátional Mónument** に指定されている; 別名 Mato Tepee》.

Dévil's Tríangle [the] 魔の三角水域 (BERMUDA TRIANGLE).

dévil's-wálk·ing-stìck *n* 〘植〙アメリカタラノキ (Hercules'-club).

dévil thèory 〘史〙邪悪説《政治的・社会的危機はさまざまな条件の必然的結果として起こるのではなく, 邪悪な または 誤った指導者の意図的行為に起因するとするもの》.

deviltry ⇨ DEVILRY.

dévil·wòod *n* 〘植〙アメリカヒイラギ《モクセイ属の小高木; 米国南部産》.

de·vi·ous /díːviəs/ *a* 人里離れた, 遠く離れた, 僻遠の《今はまれ》; 遠回りした, 曲がりくねった; 方向[進路]が定まらない〈風など〉; 誤った,正道をはずれた, 踏み迷った; ごまかしの, ずるい. ◆ **~·ly** *adv* **~·ness** *n* [L=off the road (*via* way); cf. DEVIATE]

de·vis·al /dɪváɪz(ə)l/ *n* 工夫, 考案, 案出, 発明.

de·vise /dɪváɪz/ *vt* 工夫する, 考案[案出]する, 編み出す, 発明する 〈*how, to* do〉; 〖法〗〈不動産を〉遺贈する 〈*to*〉; 《古》想像する; 《古》たくらむ. ► *vi* 工夫する, 案出する. ► 〖法〗*n* (不動産)遺贈; 遺言状の贈与条項; 遺贈財産. ◆ **de·vís·able** *a* [OF<L; ⇨ DIVIDE]

de·vi·see /dèvəzíː, dɪvàɪ-/ *n* 〖法〗(不動産)受遺者.

de·vís·er *n* 考案者, 案出者; DEVISOR.

de·vi·sor /dɪváɪzər, dèvəzɔ́ːr, dɪvàɪ-/ *n* 〖法〗(不動産)遺贈者.

D

de·vítal·ìze /di-/ *vt* …の生命[活力]を奪う[弱める], 失活させる. ◆ **de·vìtal·izátion** *n*

de·vítamin·ìze /di-/ *vt* …からビタミンを除く.

de·vit·ri·fy /dívítrəfàɪ/ *vt* 〖化〗…の光沢と透明性を奪う, 〈ガラスを〉不透明にする, 失透させる. ► *vi* 失透する. ◆ **de·vít·ri·fì·able** *a* **de·vìt·ri·fi·cá·tion** *n* 失透.

de·vócal·ìze /di-/ *vt* 〖音〗DEVOICE.

de·vóice /di-/ *vt* 〖音〗〈有声音を〉無声(音)化する.

de·void /dɪvɔ́ɪd/ *a* 〈…が〉欠けている, 全くない 〈*of*〉. [(pp)〈*devoid* (obs)<OF; ⇨ VOID]

de·voir /dəvwáːr, dévwàːr/ *n* 本分, 義務, 務め; 丁寧な行為, [*pl*] 敬意の表示《挨拶・いとまごいなど》: do one's ~ 本分を尽くす / pay one's ~*s* to…に挨拶に伺う[敬意を表する]. [OF (L *debeo* to owe); cf. DEBT]

de·vólatilize /di-; -vəlǽt-/ *vt, vi* 〖化〗〈石炭など〉から揮発分を除去する. ◆ **de·volatilizátion** *n*

dev·o·lute /dévəlùːt; díː-/ *vt* DEVOLVE.

de·vo·lu·tion /dèvəlúːʃ(ə)n; dìː-/ *n* 〖法〗(権利・義務・権限などの) 移転, 委譲, 移譲; (権利・権限の) 承継; (中央政府から地方自治体への) 権限委譲, 地方分権化; 〖議会〗委員会付託; 〖生〗退化 (opp. *evolution*). ◆ **~·àry** /; -(ə)ri/ *a* **~·ist** *n* [L (↓)]

de·volve /dɪvɔ́(ː)lv, -válv/ *vt* 〈権利・義務・権限を〉譲り渡す, 委譲する 〈*on*〉; 《古》ころがり落ちるようにする. ► *vi* **1** 〈権利・権限などが〉委譲される, 移る, 帰する 〈*on*〉; 〈財産権などが〉承継される, 移る 〈*to, on*〉: ~*d* government 権限委譲された政府, 分権的政府《特にスコットランド・ウェールズ・北アイルランドの自治政府》. **2** 〈事が〉…に由来する 〈*from*〉. **3** しだいに悪化する, (…に)分裂する 〈*into*〉; 《古》ころがり落ちる. **4** 依存する, 〈…〉しだいである (depend) 〈*on*〉. ◆ **~·ment** *n* [L *de-*(*volut- volvo* to roll)=to roll down]

Dev·on /dév(ə)n/ **1** デヴォン《イングランド南西部の州; 略 Dev.; ☆Exeter》. **2** デボン種(の畜牛)《肉乳兼用の赤牛》. **3** [d-] デヴォン《口当たりのよいソーセージ; スライスしたものを冷やして食べる》. **4** 〖釣〗DEVON MINNOW.

Devon. Devonshire.

De·vo·ni·an /dɪvóʊniən/ *a* 《イングランドの》デヴォン (Devon) 州の; 〖地質〗デボン紀[系]の. ► *n* デヴォン州人; [the] 〖地質〗デボン紀[系] (⇨ PALEOZOIC).

Dévon mínnow 〖釣〗ミノーの動きに似せた回転式の疑似餌.

Dévon réx 〖猫〗デボンレックス《短い巻き毛と前額部の顕著なへこみをもつレックス (rex) 種のネコ》.

Dévon·shire /-ʃɪər, -ʃər/ **1** デヴォンシャー (DEVON)《略 Devon.》. **2** [Dukes of ~] デヴォンシャー公爵 (⇨ CAVENDISH).

Dévonshire créam デヴォンシャークリーム《Devon 州特産の濃厚な固形クリーム (clotted cream)》.

Dévonshire split デヴォンシャースプリット《上部の割れたイーストパン; クリーム・バターなどと共に供する》.

de·voon /dəvúːn/ *a**《俗》とってもすてきな (divine).

de·vo·ré /dəvɔ́ːreɪ/ *n* デボレ《パイルを酸で焼いて模様を付けたビロード》. [F=devoured]

dé·vot /deɪvóʊ; *F* devo/ *n* (*fem* **-vote** /*F* devɔt/) 帰依者 (devotee).

de·vote /dɪvóʊt/ *vt* 〈一身・努力・時間・金を〉(全面的に)ささげる[当てる, (振り)向ける, つぎ込む] 〈*to*〉; 奉献[奉納]する 〈*to*〉; 《古》呪う: ~ *oneself to*…に身をささげる, 打ち込む, ふける. ► *a* 《古》DEVOTED. ◆ **~·ment** *n* [L (*vot- voveo* to vow)]

de·vót·ed *a* 献身的な, ひたむきな; 誓った; 熱心な, 熱中して, 傾倒して, 一心になって 〈*to*〉; 熱愛している, 愛情深い, 忠実な 〈*to*〉; 〈…を〉扱った 〈*to*〉; 《古》呪われた: the queen's ~ subjects 女王の忠臣たち / a chapter ~ *to* gender ジェンダーを扱った章. ◆ **~·ly** *adv* 忠実に; 一心に. **~·ness** *n*

dev·o·tee /dèvətíː, *-téɪ/ *n* (狂信的)帰依(きえ)者, 求道者; 熱中している人, 凝り屋, 熱心な愛好家, ファン 〈*of*〉. [-*ee*]

de·vo·tion /dɪvóʊʃ(ə)n/ *n* **1** 献身, 専念, 一意専心, 傾倒; 強い愛着, 献身的愛情, 熱愛: ~ *to* duty 献身的な仕事ぶり, 熱心な働き / ~ *to* the cause of freedom 自由のための献身 / the ~ *of* a mother *for* her child 子供への母親の献身的な愛情. **2** 敬虔 (piety); 帰依, 信心; 信心の努め, 信心業; [*pl*] 祈り, (個人的な)礼拝: a book of ~*s* 祈禱書 / be at one's ~*s* 祈りをしている. **3** 《廃》身[物]をささげる対象.

devótion·al *a* 信仰の, 信心の; 礼拝用の, 祈禱の; 献身的な: a ~ book 信仰修養書, 信心書. ► *n* [°*pl*] 短い祈禱. ◆ **~·ly** *adv* 信心して, 敬虔に.

devótion·al·ìsm *n* 敬虔主義; 狂信. ◆ **-ist** *n* 敬虔主義者; 狂信家.

de·vour /dɪváʊər/ *vt* **1** 〈特に 動物が〉むさぼり食う, 〈人が〉がつがつ食う; 〈資源などを〉使いつくす, 食いつぶす. **2** 〈疫病・火事などが〉滅ぼす; 〈海・闇・時・忘却などが〉のみ込む (swallow up). **3** むさぼり読む; 食い入るように[穴のあくほど]見つめる; 熱心に聴き入る. **4** [ᵘ*pp*] 〈好奇心・心配などが〉…の理性[注意力]を奪う, 〈人を〉さいなむ: be ~*ed* with curiosity [by remorse] 好奇心のとりこになる[良心の呵責にさいなまれる]. ● **~ the way [road]** 《詩》道を急ぐ, 〈馬が〉ぐんぐん進む. ◆ **~·ing** *a* ⁺熱烈な, 激しい. **~·ing·ly** *adv* むさぼるように. **~·er** *n* [OF<L (*voro* to swallow)]

de·vout /dɪváʊt/ *a* 信心深い; 献身的な; 真心からの, 熱烈な, うそ偽りのない. ◆ **~·ness** *n* [OF<L; ⇨ DEVOTE]

devóut·ly *adv* 信心深く, 献身的に, 敬虔な気持で; 切に (earnestly), 心から, 偽りなく: 'Tis a consummation *D*~ to be wish'd それは願ってもない終わり《Hamlet 独白中のせりふ; *Hamlet* 3.1.64》.

De Vries /də vríːs/ ド・フリース **Hugo** (**Marie**) ~ (1848–1935)《オランダの植物学者・遺伝学者; メンデルの法則を再発見し, 突然変異説を発表した》.

dew /d(j)úː/ *n* **1** 露; 《涙・汗の》滴: ~-lit eyes《詩》涙に光る眼. **2** 《詩》新鮮さ, さわやかさ, みずみずしさ (freshness) 〈*of*〉: the ~ *of* one's youth 若さの露, さわやかな青年時代 (cf. *Ps* 110: 3). **3** *《俗》ウイスキー; *《俗》マリファナ; [*pl*] *《俗》10 ドル: MOUNTAIN DEW. ► *vt* 露で潤す; 湿らす. ► *vi* 《古》[it を主語として] 露が降りる: *It* was beginning to ~. ◆ **~·less** *a* [OE *dēaw;* cf. G *Tau*]

DEW /d(j)úː/ distant early warning (: DEW LINE).

Dewali ⇨ DIWALI.

de·wan, di- /dɪwáːn/ 《インド》*n* 高官, 《特に》州の総理大臣; 《もとイスラム政権下の》州財務長官. [Hindi]

Dew·ar /d(j)úːər/ デュアー Sir **James** ~ (1842–1923)《スコットランドの化学者・物理学者》.

Déwar (flàsk [vèssel]) [°d-] デュアー瓶《間を真空にした二重壁の(実験用)断熱瓶; 液化ガスなどを入れる》. [↑]

de·wáter /di-/ *vt* …から水を取り除く, 脱水[排水]する. ◆ **~·er** *n* 脱水機.

de·wáx /di-/ *vt* …から蠟[パラフィン]を取り除く.

déw·bèrry /, -b(ə)ri/ *n* 〖植〗デューベリー (**1**) blackberry に似た青黒い実をつける, キイチゴ属の匍匐(ほふく)性植物 **2**) その果実; ⇨ BRAMBLE).

déw·clàw *n* 〖動〗《犬などの足の, 地に届かない》上指, 狼爪(おおかみづめ); 《牛・鹿などの》副蹄, 偽蹄, にせけづめ. ◆ **~ed** *a*

déw·dròp *n* 露の滴(に似たもの); ᵘ鼻の先の滴.

de Wet /də vét/ デ・ヴェット **Christiaan** (**Rudolph**) ~ (1854–1922)《ブール人の軍人・政治家》.

Dew·ey /d(j)úːi/ **1** デューイ (**1**) 男子名 **2**) 女子名). **2** デューイ (**1**) **George** ~ (1837–1917)《米国の海軍提督; 米西戦争の際 Manila 湾でスペイン艦隊を撃破した》 (**2**) **John** ~ (1859–1952)《米国のプラグマティズム哲学者・教育者; *The School and Society* (1899), *Democracy and Education* (1916), *Logic: the Theory of Inquiry* (1938)》 (**3**) **Melvil** ~ (1851–1931)《米国の図書館学者; 図書十進分類法を創始》 (**4**) **Thomas E**(**dmund**) ~ (1902–71)《米国の検事・政治家; New York 州知事 (1943–55), 共和党大統領候補 (1944, 48)》. ◆ **~·an** *a* **~·ite** *n* [OWelsh=beloved one; cf. DAVID]

Déwey décimal classificàtion 〖図書〗デューイ十進分類法 (decimal classification) (=**Déwey décimal sỳstem**). [Melvil *Dewey*]

déw·fàll *n* 露を結ぶこと, 結露; 露の降りるころ, 夕暮れ.

De Wint /də wínt/ デ・ウィント **Peter** ~ (1784–1849)《英国の風景画家・水彩画家》.

De·Witt /dɪwít/ デウィット《男子名》. [Flem=white]

de Witt ⇨ Johan de WITT.

de Witte ⇨ Emanuel de WITTE.

déw·làp *n* 《牛などの》胸垂(きょうすい), のど袋, 頸袋; 《俗》《脂肪太りの人の》のどの贅肉(ぜいにく). ◆ **-làpped** *a*

DEW line /d(j)úː ─/ デューライン (=*Distant Early Warning line*)《北米の北緯 70 度線付近に設けた米国・カナダ共同の遠距離早期警報レーダー網》.

de·wórm /di-/ *vt* 〈犬など〉から虫を駆除する, 駆虫する. ◆ **~·er** *n* 駆虫薬[剤].

déw pòint 〖気〗露点(温度) (=**déw-pòint témperature**).

déw-pòint sprèad [déficit, depréssion] 〖気〗気温露点温度差, 露点余裕《大気の温度と露点との温度差》.

déw pònd 露池《イングランドの丘原地方で露・霧の水分や雨水をためる(人工)池; その水は牛などの飲み水とする》.

déw·rèt *vt* 〈麻などを〉雨露や日光にさらして柔らかくする.

Dews·bury /d(j)úːzbèri, -b(ə)ri; -b(ə)ri/ デューズベリー《イングランド北部 Leeds の南にある町》.

déw wòrm 大ミミズ (night crawler).
déwy *a* 露にぬれた, 露をおびた, 露の多い; 露の降りる; 露のような; 露の; しっとり湿った, みずみずしい; 《詩》 さわやかな, 穏やかな〈眠りなど〉; 純情な, うぶな. ◆ **déw·i·ly** *adv* 露のように, 静かに, はかなく. **déw·i·ness** *n* 露けさ; 露にぬれた状態. [OE *dēawig* (DEW, -y[1])]
déwy-èyed *a* (子供のように)無邪気な(目をした), 信じやすい, 純情な, うぶな; 涙ぐんだ, 目を潤ませた.
dex /déks/ *n* 《俗》 デックス (dextroamphetamine 製剤; Dexedrine の錠剤[カプセル]).
dexa·meth·a·sone /dèksəméθəsòun/ *n* 【薬】 デキサメタゾン (炎症治療剤).
dex·amphétamine /dèks-/ *n* 【薬】 DEXTROAMPHETAMINE.
Dex·a·myl /déksəmìl/ 【商標】 デキサミル (デキストロアンフェタミンとアモバルビタールを合成した肥満治療薬, 抗鬱薬).
dexed /dékst/ *a* 《俗》 DEX に酔った.
Dex·e·drine /déksədrìːn, -drən/ 【商標】 デキセドリン (硫酸デキストロアンフェタミン製剤).
dex·fenflúramine /dèks-/ *n* デキスフェンフルラミン (フェンフルラミンの d 体; もとは肥満の治療に用いられたが, 心弁膜疾患との関係が報告され, 今は用いられない; cf. FEN-PHEN).
dex·ie /déksi/ *n* [[U]*pl*] 《俗》 DEX.
dex·io·cárdia /dèksiou-/ *n* 【動·医】 心臓が右側にあること, 右心(症).
dex·io·trópic /dèksiə-/ *a* 〈カタツムリなどの殻が〉右巻きの.
dex·ter[1] /dékstər/ *a* 右(側)の (right); 【紋】 (盾の紋地の) 右側の (盾に向かって左; opp. *sinister*); 《古》 (右手に見えたため)運[縁起]のよい. ► *adv* 右側に. [L *dexter, dextra* on or to the right, fortunate]
dexter[2] *n* [[°]D-] 【牛】 デキスター (アイルランド産の乳肉兼用の小さくて丈夫な牛). [C19; 初めて飼育した人の名か]
dexter[3] *n**《俗》 勉強好き, ガリ勉, 本の虫 (poindexter).
Dexter デクスター (男子名). [DEXTER[1]]
dex·ter·i·ty /dekstérəti/ *n* 器用さ, 手際のよさ; 機敏さ, 才覚; 《まれ》 右利き. [OF; ⇨ DEXTER[1]]
dex·ter·ous /dékst(ə)rəs/ *a* (手先の)器用な, 巧みな; 機敏な, 怜悧(れいり)な, 才覚のある; 抜け目のない; 《まれ》 右利きの, DEXTRAL: be ~ *in* [*at*] doing…するのがうまい. ◆ **~·ly** *adv* **~·ness** *n* [DEXTER[1]]
dextr- /dékstr/, **dex·tro-** /dékstrou, -trə/ *comb form* 「右(側)の」; [[U]dextro-] 【化】「右旋性の」 [L; ⇨ DEXTER[1]]
dex·tral /dékstrəl/ *a* 右側の (opp. *sinistral*), 右向きの; 右手の, 右利きの (right-handed); 〈カレイなど〉体の右側が上向きの; 【貝】 右(巻き)の; 【地質】 右ずれの. ► *n* 右利きの人. ◆ **~·ly** *adv* 右側で; 右手で. **dex·tral·i·ty** /dekstrǽləti/ *n* [L; ⇨ DEXTER[1]]
dex·tran /dékstrən, *-træn/ *n* 【生化】 デキストラン (血漿の代用とする多糖類).
dex·tran·ase /dékstrənèɪs, -z/ *n* 【生化】 デキストラナーゼ (デキストランを分解する酵素; 歯垢を除去する).
dex·trin /dékstrən/, **-trine** /-trìːn, -trən/ *n* 【生化】 糊精(こせい), デキストリン (=*starch gum*) (多糖類).
dex·tro /dékstrou/ *a* DEXTROROTATORY.
dextro- /dékstrou, -trə/ ⇨ DEXTR-.
dèxtro·amphétamine *n* 【薬】 デキストロアンフェタミン (覚醒剤; 食欲抑制薬として用いる; cf. DEX).
dex·tro·car·dia /dèkstrouká:rdiə/ *n* 【医】 右心(症). ◆ **-cár·di·al** *a*
dèxtro-glúcose *n* 【生化】 DEXTROSE.
dèxtro·gýrate, déxtro-gỳre *a* DEXTROROTATORY.
dèxtro·me·thór·phan /-mɪθɔ́:rfæn/ *n* 【薬】 デキストロメトルファン (非麻薬性の鎮咳薬; 臭化水素酸塩 (~ hydrobromide) が広く用いられる).
dèxtro·propóxyphene *n* PROPOXYPHENE.
dèxtro·rótary *a* DEXTROROTATORY.
dèxtro·rotátion *n* 【光·化】 (光の偏光面の) 右旋.
dèxtro·rótatory *a* 【光·化】 右旋性の: ~ crystals.
dex·trorse /dékstrɔ̀:rs, ─ ́/, **dex·tror·sal** /dekstrɔ́:rsəl/ *a* 【植·貝】 (上からみて根から芽に向けて) 右巻きの (opp. *sinistrorse*). ◆ **~·ly** *adv*
dex·trose /dékstròus, -z/ *n* 【生化】 右旋糖, ブドウ糖.
dex·trous /dékstrəs/ *a* DEXTEROUS.
dexy /déksi/ *n* 《俗》 DEX.
dey /déɪ/ *n* アルジェリア太守の称号 (フランスが征服する 1830 年までの); (昔のバーバリ諸国 (Barbary States) の) Tunis と Tripoli の支配者の称号. [F<Turk]
Dez /déz/, **Ab-i-Diz** /à:bɪdí:z/ [the] デズ川 (イラン西部に発し, 南流して Kārūn 川に合流する).
Dezh·nyov /dèʒnjó:f, dèʃ-, -v/ [Cape] デジニョフ岬 (=*East Cape*) (シベリア北東部, Bering 海峡に突出する Chukchi 半島の東端; ユーラシア大陸の東端 (169°45′W)).
de·zincificátion /di-/ *n* 【冶】 脱亜鉛現象 (合金中の亜鉛成分が腐食溶出する現象).
DF damage free ◆ °Dean of Faculty ◆ [L *Defensor Fidei*] °Defender of the Faith ◆ 【メキシコ】 [Sp *Distrito Federal*] °Federal District. **DF, D/F** °direction finder ◆ direction finding.
DFA Doctor of Fine Arts. **DFC** 【英空軍】 °Distinguished Flying Cross. **DfE** 【英】 °Department for Education.
DFID 【英】 °Department for International Development.
Dfl 【オランダ】 Dutch florins.
DFM 【英空軍】 Distinguished Flying Medal.
d4T /dì:fɔ:rtí:/ *n* 【薬】 d4T (=*stavudine*) (合成抗レトロウイルス薬; チミジンヌクレオシド類縁体; HIV 感染の治療に経口的に投与される). [*d*ideoxy-*4*-*t*hymidine]
dft defendant ◆ draft. **DfT** 【英】 °Department for Transport. **dg** decigram(s). **DG** °Dei gratia ◆ °Deo gratias ◆ °director general ◆ °Dragoon Guards.
d-glucose /dí:─ ́─/ *n* DEXTRO-GLUCOSE.
DH /dì:éɪtʃ/ *n* 【野】 指名打者 (designated hitter). ► *vi* /, ─ ́─/ (**DHed; DH·ing**) 指名打者として試合に出る.
DH °dead heat ◆ 【英】 °Department of Health ◆ Doctor of Humanities. **DHA** 【生化】 dehydroepiandrosterone ◆ 【化】 dihydroxyacetone ◆ 【生化】 °docosahexaenoic acid.
dha·ba /dá:bə/ *n* 《インド》 ダーバ (沿道にある軽食堂; トラック運転手などが利用する). [Hindi]
Dhah·ran /dɑrá:n, ðɑ:hrǽn/ ダーラン, ザフラーン (サウジアラビア南東部のペルシア湾に臨む町; 同国最初の石油発見地 (1938)).
dhak /dá:k, dɔ́:k/ *n* 【植】 ハナモツヤクノキ (インド·ミャンマー産マメ科の木; 花から赤色染料を採る). [Hindi]
Dha·ka, Dac·ca /dǽkə, dá:kə/ ダッカ (バングラデシュの首都; かつて Bengal および東パキスタンの首都).
dhal, dal, dahl /dá:l/ 《インド》 *n* キマメ (pigeon pea); ダール (各種のひき割り豆(を煮込んだカレーの一種)). [Hindi]
dham·ma /dǽmə/ *n* 【仏教】 仏法 (dharma). [Pali<Skt (DHARMA)]
dhan·sak /dʌ́nsà:k/ *n* 《インド》 ダンサク (肉·豆などをコリアンダーで煮込んだ料理). [Gujarati]
dhar·ma /dá:rmə, dɔ́:r-/ 【ヒンドゥー教·仏教】 *n* 仏法, 法, 真理; 道徳律; 天の理法に従うこと. ◆ **dhár·mic** *a* [Skt=decree, custom]
dhar·ma·sha·la /dà:rməʃá:lə/, **-sa·la** /-sá:lə/ *n* 【ヒンドゥー教】 ダルマシャーラー (聖地巡礼者などが宿泊する宿). [Skt]
Dhàrma·shástra 【ヒンドゥー教】 ダルマシャーストラ (バラモン階級の優位を前提としたカースト制度などの社会制度を規定し, 権威づけた法典文献; 『マヌの法典』が有名). [Skt]
dhar·na /dá:rnə, dɔ́:r-/ *n* 《インド》 食を断ち死をもいとわず相手の門前にすわりつづけて正義を主張すること. [Hindi]
Dha·ruk /dá:ruk/ *n* ダールック語 (オーストラリア南東部 Port Jackson 一帯で話されていたが今は死語となったアボリジニー語).
Dhau·la·gi·ri /dàuləgíəri/ ダウラギリ (ネパール中西部にあるヒマラヤ山脈の高峰群; 第 1 峰は 8172 m). [Skt=white mountain]
DHEA 【生化】 dehydroepiandrosterone.
DHHS 【米】 °Department of Health and Human Services.
dhikr /díkər/, **zikr** /zíkər/ *n* 【イスラム】 唱名, ジクル (特に Sufi が神の名を繰り返し唱えて神と合一の境地に達しようとする修行). [Arab =remembrance]
Dhí·los /ðí:lɔ:s/ ディロス (DELOS 島の現代ギリシア語名).
DHL Doctor of Hebrew Letters ◆ Doctor of Hebrew Literature.
dho·bey·ing /dóubiɪŋ/ *n* 《海俗》 DOBEYING.
dho·bi, -bie /dóubi/ *n* 《インド》 (下層階級の) 洗濯人, 洗濯夫. [Hindi]
dhóbi [dhóbie] ítch ドービー痒疹(ようしん) (dhobi が洗濯の際に用いる液体によるアレルギー性接触皮膚炎).
dhol /dóul/ *n* 【楽】 ドール (腰に下げ両手で打つインドの両面の太鼓). [Hindi]
dho·lak /dóulək/ *n* 【楽】 ドーラック (インドの両面太鼓; ドール (dhol) より小型).
dhole /dóul/ *n* 【動】 ドール(イヌ), アカオオカミ, シベリアヤマイヌ (=*red dog*) (インドの獰猛な野犬). [Kanarese]
dholl /dá:l/ *n* DHAL.
dhooly ⇨ DOOLY.
dho·ti /dóuti/, **dhoo·ti(e), dhu·ti** /dú:ti/ *n* 《インド》 ドーティー (男子の腰布(を作る綿布); cf. SARI). [Hindi]
dhow /dáu/ *n* ダウ (1 本マストに大三角帆をつけたアラブ人の沿海貿易用帆船). [C19<? Arab]
DHS °Department of Homeland Security. **DHSS** 【英】 Department of Health and Social Security (分割·再編により現在は Department of Health と Department for Work and Pensions). **DHT** 【生化】 dihydrotestosterone.
DHTML 【電算】 dynamic HTML.
Dhu'l-Hij·ja /dú:lhíʤɑ:, ðú:l-/ *n* 【イスラム】 ズーアルヒッジャ, 巡礼月 (イスラム暦 (⇨ ISLAMIC CALENDAR) の年の最後にあたる月; メッカ巡礼 (hajj) はこの月に行なう; cf. ID AL-ADHA). [Arab]

Dhu'l-Qa'·dah /dú:lká:dɑ:, ðú:l-/ *n* 〖イスラム〗ズーアルカーダ《イスラム暦 (⇨ ISLAMIC CALENDAR) の第 11 番目にあたる月》. ［Arab］

dhur·na /dá:rnə/ *n* DHARNA.

dhur·ra /dúərə/ *n* DURRA.

dhur·rie /dʌ́ri, *dá:-/ *n* ダーリ《インド産の厚織り綿布; 窓掛け・じゅうたん・椅子張り用》. ［Hindi］

dhya·na /diá:nə/ *n* 〖ヒンドゥー教・仏教〗禅, 静慮(じょうりょ)《瞑想による心身統一》. ［Skt］

di /di/ *prep*《イタリア人の名に用いて》…(出身)の: Sano *di* Pietro.

Di /dáɪ/ ダイ《女子名; Diana の短縮形》.

di-[1] /dáɪ/ *comb form* 〖化〗「二の」「二重の」［Gk (*dis* twice)］

di-[2] /də, daɪ/ *pref*「分離」: *di*gest, *di*lute. ［*dis-*[1] の短縮形］

di-[3] /dáɪ/ *pref* DIA-: *di*optric, *di*electric.

DI 〖英〗Defence Intelligence ♦〖米〗°Department of the Interior ♦〖英〗Detective Inspector ♦〖医〗°diabetes insipidus ♦ diffusion index 〖統〗拡散指数, 〖経〗景気動向指数 ♦ direct injection ♦°discomfort index ♦〖軍〗°drill instructor.

dia- /dáɪə/ *pref*「…を通じて」「…を横切って」「…からなる」「離れて」［Gk (*dia* through)］

dia. diameter. **DIA** 〖米〗Defense Intelligence Agency《国防総省の》国防(総省)情報局.

di·a·base /dáɪəbèɪs/ *n* 〖岩石〗輝緑岩《米国では粗粒玄武岩, 英国ではその変質したもの》; «古» DIORITE. ♦ **dì·a·bás·ic** *a* 輝緑岩質の.

di·a·be·tes /dàɪəbí:tiz, -təs/ *n* (*pl* ～)〖医〗糖尿病. ［L＜Gk＝siphon (*diabainō* to go through)］

diabétes in·síp·i·dus /-ɪnsípədəs/〖医〗尿崩症《下垂体後葉の障害による病気で, 高度の渇きと多量の排尿が特徴; 略 DI》.

diabétes mel·lí·tus /-məláɪtəs, -mélətəs/〖医〗真性糖尿病.

di·a·bet·ic /dàɪəbétɪk/ *a* 糖尿病(性)の; 〈食べ物が〉糖尿病患者用の. ► *n* 糖尿病患者.

di·a·be·to·génic /dàɪəbì:tə-/ *a* 〖医〗糖尿病誘発(性)の.

di·a·be·tol·o·gist /dàɪəbətáləʤɪst/ *n* 糖尿病専門医.

di·a·ble·rie, -ry /diá:bləri, -ǽb-/ *n* 魔術, 魔法, 妖術 (black magic); 悪魔の所業; 悪魔の領域; 悪魔の描写[絵], 地獄絵; 悪魔伝説[研究]; いたずら; 魔性(ましょう). ［F (*diable* DEVIL)］

di·ab·ol- /daɪǽbəl, di-/, **di·ab·o·lo-** /-loʊ, -lə/ *comb form*「悪魔」［Gk; ⇨ DEVIL］

di·a·bol·i·cal /dàɪəbálɪk(ə)l/, **-ic** *a* 悪魔の(ような), 魔性の; 悪魔的な, 極悪非道の; «口» 不愉快な, ひどい, 全くの. ♦ **-i·cal·ly** *adv* **-i·cal·ness** *n* ［OF or L; ⇨ DEVIL］

di·ab·o·lism /daɪǽbəlɪ̀z(ə)m/ *n* 魔術, 妖術 (sorcery); 悪魔のようなしわざ[性質]; 悪魔主義[崇拝], 魔道.

di·áb·o·list *n* 悪魔主義者, 悪魔信仰家; 悪魔研究家.

di·ab·o·lize /daɪǽbəlàɪz/ *vt* 悪魔化する; 悪魔的に(表現)する. ♦ **di·àb·o·li·zá·tion** *n*

di·ab·o·lo /diǽbəlòʊ/ *n* (*pl* ～s) 空中ごま, ディアボロ (＝*devil on two sticks*)《遊戯およびそのこま》.

di·ab·o·lus ex ma·chi·na /daɪǽbələs èks má:kɪnə, -mǽk-, -nɑ̀:/ 問題点を解決[説明]するために導入される悪者[悪事]. ［L＝devil from a machine］

dì·a·cáus·tic *a* 〖数・光〗屈折火線[焦線]の, 屈折火面[焦面]の (cf. CATACAUSTIC). ► *n* 屈折火線[焦線], 屈折火面[焦面].

dì·acétyl /, daɪǽsə-/ *n* BIACETYL.

dì·acètyl·mórphine *n* 〖薬〗ジアセチルモルフィン (HEROIN).

dia·chron·ic /dàɪəkránɪk/ *a* 〖言〗通時的な《言語事実を史的に縦断して記述・研究する場合にいう; opp. *synchronic*》. ♦ **-i·cal·ly** *adv* **～·ness** *n* **-chro·ne·i·ty** /-kranéːəti/ *n* ［F＜Gk (*khronos* time)］

diachrónic linguístics 通時言語学 (historical linguistics).

di·ach·ron·ism /daɪǽkrənɪ̀z(ə)m/ *n* 〖言〗通時的研究法 (⇨ DIACHRONIC).

dia·chro·nis·tic /dàɪəkrənístɪk, -krɑ-/ *a* DIACHRONIC.

di·ach·ro·nous /daɪǽkrənəs/ *a* DIACHRONIC. ♦ **～·ly** *adv*

di·ach·ro·ny /daɪǽkrəni/ *n* 〖言〗通時態[相]; 時の経過に伴う変化, 史的変化; 通時的研究.

di·ach·y·lon /daɪǽkəlàn, -lən/ *n* 〖薬〗単鉛硬膏.

di·ach·y·lum /daɪǽkələm/ *n* (*pl* **-la** /-lə/) DIACHYLON.

di·ácid /daɪ-/ *a* 〖化〗二酸の: a ～ base 二酸塩基. ► *n* 二塩基酸.

dì·acídic *a* DIACID.

di·ac·o·nal /daɪǽkənl, di-/ *a* DEACON [DEACONESS] の.

di·ac·o·nate /daɪǽkənət, -nèɪt, di-/ *n* 〖教会〗DEACON(ESS) の職[任期]; deacons の団体.

di·a·con·i·con /dàɪəkánəkàn, -kən/ *n* (*pl* **-i·ca** /-kə/)《東方教会・初期教会の》聖堂納室.

di·a·crit·ic /dàɪəkrítɪk/ *a* DIACRITICAL; 〖医〗DIAGNOSTIC. ► *n* DIACRITICAL MARK.

dì·a·crít·i·cal *a* 区別のための; 区別を示す, 弁別的な; 弁別[識別]しうる〈能力〉; 〖音〗発音区別のための. ♦ **～·ly** *adv* ［Gk; ⇨ CRITIC］

diacrítical márk [sígn] 発音区別符(号), 分音符号《ā, ă, ä, â の ¯ ˘ ¨ ˆ または ç の ¸ (cedilla) など》.

di·ac·tin·ic /dàɪæktínɪk, dàɪək-/ *a* 〖理〗化学線透過性の. ♦ **di·ac·tin·ism** /daɪǽktənɪ̀z(ə)m/ *n* 化学線透過性.

dì·adélphous *a* 〖植〗〈雄蕊(ゆうずい)が〉二体の; 〈花が〉二体雄蕊の (cf. MONADELPHOUS, POLYADELPHOUS): ～ stamens 二体雄蕊.

di·a·dem /dáɪədɛ̀m, -dəm/ *n* 王権, 主権; 頭上に輝く光栄; «詩» 王冠 (crown), 《東洋の王・女王の頭に巻いた》帯状髪飾り, 頭環. ► *vt* 王冠で飾る; …に王冠[栄誉]を授ける. ［OF, ＜Gk (*deō* to bind)］

díadem spíder 〖動〗ニワオニグモ.

Di·ad·o·chi /daɪǽdəkàɪ/ *pl* ディアドコイ《Alexander 大王の死後 Macedonia 帝国領を争奪した部将たち》.

di·ad·o·chy /daɪǽdəki/ *n* 〖晶〗同形異晶, ジアドキー (isomorphism).

di·ad·ro·mous /daɪǽdrəməs/ *a* 〖植〗扇状葉脈の〈葉〉; 〖魚〗海水と淡水を往復する, 通し回遊性の〈魚〉 (cf. ANADROMOUS, CATADROMOUS).

di·aer·e·sis, di·er- /daɪérəsəs/ *n* (*pl* **-ses** /-sì:z/)《音節の》分切; 〖韻〗一致分節《詩脚の区分と語の区分が一致する》; 分音記号《coöperate のように文字の上に付ける ¨ 》; 〖医〗離断, 切断. ♦ **di·(a)e·ret·ic** /dàɪərétɪk/ *a* ［L＜Gk＝separation］

diag. diagonal ♦ diagram.

dìa·génesis *n* 〖地質〗続成作用《堆積物が固まって岩石になるまでの物理的・化学的変化》. ♦ **-genétic** *a* **-tical·ly** *adv*

dìa·geótropism, -geótropy *n* 〖植〗側面重力屈性, 側面屈地性, 横地(おうち)性《枝や根が重力方向と直角に伸びる傾向》. ♦ **-gèo·trópic** *a*

Dia·ghi·lev /diá:gəlèf/ ディアギレフ **Sergey (Pavlovich)** ～ (1872–1929)《ロシアのバレエ興行主; Ballets Russes を主宰した》.

di·ag·nose /dáɪɪgnòʊs, -z, ⌐ー⌐, -əg-; -z/ *vt, vi* **1** 〈病状を〉診断する, 《病状をみて》〈病気〉に病名を付ける, 〈人〉の病状を診断する: ～ the illness *as* pneumonia / was ～*d as* being schizophrenic [*with* schizophrenia]. **2** 〈問題・故障など〉の原因[性質]を突きとめる, 調査分析する, 診断する. ♦ **dì·ag·nós·able, ～·able** *a* ［逆成く↓］

di·ag·no·sis /dàɪɪgnóʊsəs, -əg-/ *n* (*pl* **-ses** /-sì:z/)〖医〗診断(法); 《問題・状況などの》原因[実態]分析(による判定), 診断; 〖生〗記相, 標徴, ダイアグノシス《特徴の記述》; 識別: a ～ of the economy [circumstances] 経済分析[状況判断]. ［Gk (*gignōskō* to know)］

diagnósis reláted gróup 〖医〗DRG.

di·ag·nos·tic /dàɪɪgnástɪk, -əg-/ *a* 〖医〗診断(上)の; 〈病気の〉症状を示す 〈*of*〉; 《一般に》原因[実態]分析のための, 診断的な; 〖生〗特徴的な: ～ reading tests 読書力診断テスト. ► *n* 特殊症状; 特徴; DIAGNOSTICS. ♦ **-ti·cal** *a* **-ti·cal·ly** *adv* 診察[診断]によって.

di·ag·nos·ti·cate /dàɪɪgnástɪkèɪt, -əg-/ *vt, vi* DIAGNOSE. ♦ **dì·ag·nòs·ti·cá·tion** *n*

di·ag·nos·ti·cian /dàɪɪgnɑstíʃ(ə)n, -əg-/ *n* 診断者, 診断(専門)医.

dì·ag·nós·tics *n* 診断学[法]; 診断結果; 症状; [*fig*] 特徴.

di·ag·o·nal /daɪǽgənl, -ǽgnəl/ *a* 〖数・理〗対角の; 斜めの, 斜方向の, 《特に》45 度の角度の; 斜行する線[模様, 部分]のある: a ～ line 対角線 / a ～ plane 対角面. ► *n* **1** 対角線[面]; 斜方向; 斜めに連なるもの; 〖土木〗斜材; 綾織り, ダイアゴナル (＝～ **clòth**); 《チェス盤上の》斜めに並ぶます; 〖数〗対角線《正方行列の左上から右下, 左下から右上の列》. **2** 〖印〗斜線 (＝*slant, slash*)《 / 》. ★ (1) どちらの語の意味をとってもよいことを示す: *A and/or B* A および[または] B. (2) 日付・分数の表示に用いる (cf. DATE[1] ★): 1/3 3 分の 1. (3) 詩行の追い込みに用いる: Fare thee well! and if forever / Still forever, fare thee well!—Byron. (4)「…につき」の意を表わす: 100 feet / second 毎秒 100 フィート. **3** 〖馬〗右前脚と左後脚, 左前脚と右後脚《trot のとき同時に出る》. ● **on the ～** 斜めに (diagonally). ♦ **～·ly** *adv* ［L＜Gk (*gōnia* angle)］

diágonal·ìze *vt* 〖数〗〈行列を〉対角行列にする, 対角化する. ♦ **-iz·able** *a* **diàgonal·izátion** *n*

diágonal mátrix 〖数〗対角行列.

di·a·gram /dáɪəgræ̀m/ *n* 線図, 図, 図形, 図表, (幾何学的)図式; 一覧図, ダイヤ(グラム); 図解. ► *vt* (-m(m)- | -mm-) 図(表)で示す, 図解する; ˈ〈列車など〉のダイヤを組む. ♦ **-gràm·ma·ble** *a* ［L＜Gk (*-gram*)］

di·a·gram·mat·ic /dàɪəgrəmǽtɪk/, **-i·cal** *a* 図表[図式]の; 概略の, 輪郭だけの. ♦ **-i·cal·ly** *adv* 図式で.

di·a·gram·ma·tize /dàɪəgrǽmətàɪz/ *vt* 図表に作る, 図解にする.

día·gràph *n* 〖測〗分度尺; 拡大写図器.

di·a·grid /dáɪəgrɪ̀d/ *n* 〖建・工〗ダイアグリッド《格様(ごうしょう)[メタルリブ]などと斜めに交差するバーによる支持構造物》. ［*diagonal*＋*grid*］

dì·a·kinésis *n* 〘生〙移動期, 貫動期, ディアキネシス期《減数分裂の第一分裂前期における最終期》. ♦ **-kinétic** *a*
di·al /dáɪ(ə)l/ *n* **1 a**《時計・羅針盤・計器類などの》指針面, 文字盤, 目盛盤, ダイヤル;《ラジオ・自動電話機などの》ダイヤル. **b** 坑内羅針儀; SUNDIAL;《廃》時計 (timepiece). **2**‖《俗》顔面, つら. ► *vt* (**-l-** | **-ll-**) **1**〈ラジオ・テレビ〉のダイヤルを回す,〈局・チャンネル・番組〉のダイヤルを回す, 選局する;〈組み合わせた数字・文字〉にダイヤルを合わせて錠を開ける; …に電話をかける,〈電話番号を〉ダイヤルする[押す]: ～ 911* [999‖] 緊急番号にかける《日本の「110 番する」または「119 番する」にあたる》. **2** ダイヤルで計量する[表示する]; 坑内羅針儀で測量する. ► *vi* ダイヤルを回す; 電話をかける. ● **～ in**＝DIAL up. **～ in on** sb *《サーフィン俗》人と話をする. **～ into**…＝DIAL up. **～… out** *《俗》《故意に》…を忘れる[無視する]. **～ up** (…に)電話する;〘電算〙〈インターネットなど〉に(電話回線で)接続する, ダイヤルアップする (cf. DIAL-UP). ［ME＝sundial＜L *diale* clock dial (*dies* day)］
dial. dialect ♦ dialectal ♦ dialectic(al).
dial-a- /dáɪələ/ *comb form*「電話呼び出し」: *dial-a*-bus 電話呼出しバス / *dial-a*-story 電話で物語が聞ける図書館のサービス / *dial-a*-purchase テレホンショッピング. ［商標 *Dial*aphone］
di·a·lect /dáɪəlèkt/ *n* **1 a**《ある言語を構成する》(地域的)方言: a local ～ 地域方言. **b** 一階級[職業, 集団など]に特有の言語, 社会方言 (＝social ～): a class ～ 階級方言. **c**《標準語をはずれたとされる》方言, お国なまり. **d**《語派の一部をなす》言語: Latin and English are Indo-European ～*s*. ラテン語も英語も印欧語族の言語である. **e**〘電算〙《プログラム言語の》方言 **2**《個人の》ことばづかい, 表現法, 文体. ［F or L＜Gk＝discourse (*legō* to speak)］
di·a·lec·tal /dàɪəléktl/ *a* 方言の, 方言的な; 方言特有の; 転化音の, なまりの; 特殊用語の. ♦ **～·ly** *adv* 方言的に, なまって, 特殊用語で.
díalect àtlas 方言地図 (linguistic atlas).
díalect geógraphy 方言地理学 (＝*linguistic geography*). ♦ **díalect geógrapher** *n*
di·a·lec·tic /dàɪəléktɪk/ *a* DIALECTICAL. ► *n* **1 a** [ᵒ～s, 〈*sg/pl*〉] 弁証法;《中世の》論証学; [ᵒ～s, 〈*sg/pl*〉] 論理学, 論理体系; 論理的討論術; 知的討論[対話]. **b** 弁証の巧みな人. **2**《弁証法的な》対立, 相剋. ［OF or L＜Gk＝(the art) of debate］
dì·a·léc·ti·cal *a* 弁証(法)的な; 相容れない〈対立など〉; 論証による; 弁証の巧みな; DIALECTAL. ♦ **～·ly** *adv* 弁証(法)的に.
dialéctical matérialism 弁証法的唯物論, 唯物弁証法 (cf. HISTORICAL MATERIALISM).
dialéctical theólogy〘キ教〙弁証法的神学.
di·a·lec·ti·cian /dàɪəlèktíʃ(ə)n/ *n* 弁証家, 弁証法の達人; 方言研究家.
di·a·lec·ti·cism /dàɪəléktəsìz(ə)m/ *n* 方言(の影響); 方言的表現.
di·a·lec·tol·o·gy /dàɪəlèktɑ́ləʤi/ *n* 方言学, 方言研究; 方言資料; 方言的特徴. ♦ **-gist** *n* 方言研究家[学者]. **dì·a·lèc·to·lóg·i·cal** *a* **-i·cal·ly** *adv*
di·al·er *n* ダイヤラー《1) 自動ダイヤル装置[ソフト] 2) 電話回線によりホスト局を呼び出すプログラム》.
díal gàuge [ìndicator] ダイヤルゲージ《可動接点の変位を測るゲージ》.
díal·ing *n* 日時計製造技術; 日時計による時間測定; 坑内羅針儀による測量.
díaling còde《電話の》加入局番.
díaling tòne‖ DIAL TONE.
di·al·lage /dáɪəlɪʤ/ *n*〘鉱〙異剝石(いはくせき)《斜方輝石の一種》.
di·al·lel /dáɪəlèl/ *a*〘遺〙ダイアレルの《遺伝子の分布状態を調べるために行なう総当たり交配に関する》.
di·állyl súlfide /daɪ-/〘化〙ALLYL SULFIDE.
dialog ⇨ DIALOGUE.
díalog bòx〘電算〙ダイアログボックス《プログラムがユーザーの入力を受けつけるウインドー》.
di·a·log·ic /dàɪəlɑ́ʤɪk/, **-i·cal** *a* 対話(体)の, 問答(体)の; 対話に加わっている. ♦ **-i·cal·ly** *adv*
di·al·o·gism /daɪǽləʤìz(ə)m/ *n* 対話式討論法;〘論〙一つの前提から推論される選言的判断;《古》《著者の思想を表現するための》架空の対話.
di·al·o·gist /daɪǽləʤɪst, *dáɪəlɔ̀ːgɪst, *-lɑ̀g-/ *n* 対話者; 対話(劇)作者. ♦ **di·a·lo·gis·tic** /daɪæ̀ləʤístɪk, *dàɪəlɔ̀ːgís-, *-lɑ̀gís-/ *a*
di·al·o·gize /daɪǽləʤàɪz/ *vi* 対話する (dialogue).
di·a·logue,《米》**-log** /dáɪəlɔ̀(ː)g, -lɑ̀g/ *n* 対話, 問答, 会話, 掛け合い;《共通理解を得るための》意見交換, 話し合い;《劇・物語などの》対話[会話]の部分; 問答形式の作品, 対話劇;〘楽〙ディアログ《対立または連続した声部が対話的な構造をとる手法》: a ～ of Plato プラトンの対話篇. ► *vi* 対話する. ► *vt* 対話体に表現する; *《俗》〈人を〉だまそうとする, 誘惑する, そそのかす. ［OF,＜Gk (*legō* to speak)］
Díalogue Màss〘カト〙共誦ミサ《司祭の朗誦に対し会衆が応唱する読誦ミサ (Low Mass)》.
díalogue of the déaf 聞く耳もたぬ者同士の対話[議論]《フランス語 **dia·logue de sourds** /*F* djalɔg də suːr/ の訳》.
díal tèlephone ダイヤル式電話.
díal tòne*《電話の》発信音 (dialing tone‖) (cf. BUSY TONE).
díal-ùp *a* ダイヤル呼び出しの, ダイヤルアップ式の《電話回線で電算機の端末などと接続する場合についていう》: ～ access ダイヤルアップ接続[アクセス].
di·al·y·sate /daɪǽləzèɪt, -sèɪt/, **-zate** /-zèɪt/ *n*〘化〙透析物; 透析物の出ていく濾膜の外側の液体.
di·al·y·sis /daɪǽləsəs/ *n* (*pl* **-ses** /-sìːz/)〘理・化〙透析;〘医〙血液透析 (hemodialysis). ♦ **di·a·lyt·ic** /dàɪəlítɪk/ *a* 透析の; 透析性の. **-i·cal·ly** *adv* ［L＜Gk (*luō* to set free)］
dí·a·lyze | **-lyse** /dáɪəlàɪz/ *vt, vi*〘理・化〙透析する. ♦ **-lỳz·able** *a* **dì·a·lỳz·abíl·i·ty** *n*
dí·a·lỳz·er *n*〘化〙透析器[装置];〘医〙《人工腎臓の》透析槽.
diam. diameter.
día·màgnet *n*〘理〙反磁性体.
dìa·magnétic *a*〘理〙反磁性の. ► *n* DIAMAGNET. ♦ **-ical·ly** *adv*
dìa·mágnet·ìsm *n*〘理〙反磁性; 反磁性力; 反磁性現象; 反磁性学.
di·a·man·tane /dáɪəməntèɪn/ *n*〘化〙ジアマンタン《炭素原子の配列がダイヤモンドと同じ炭化水素》.
di·a·man·té /dìːəmɑ̀ːntéɪ; dàɪəmǽnti, dìə-/ *a, n* キラキラ光る模造ダイヤ・ガラスなどの小粒をちりばめた(装飾); ディアマント《その装飾を施した織物[ドレス]; イブニングドレスなど》. ［F＝like a DIAMOND］
di·a·man·tif·er·ous /dàɪəməntíf(ə)rəs/ *a* DIAMONDIFEROUS.
Di·a·man·ti·na **1** /dàɪəməntíːnə/ [the] ダイアマンティナ川《オーストラリア中東部 Queensland 州南西部を流れる川; Warburton 川の支流》. **2** /dìːəmɑ̀ːn-/ ディアマンティナ《ブラジル東部 Minas Gerais 州中部の市》.
di·a·man·tine /dàɪəmǽntàɪn, -tìːn, -t(ə)n/ *a* ダイヤモンドの(ような).
dia·mat /dáɪəmæ̀t/ *n* DIALECTICAL MATERIALISM.
di·am·e·ter /daɪǽmətər/ *n* **1** 直径, さしわたし (cf. RADIUS);《頭部の》径線: 3 inches in ～ 直径 3 インチ. **2**〘光〙《レンズの》倍率: a magnification of 8 ～*s* 倍率 8. ［OF,＜Gk DIA*metros* (*grammē* line) measuring across (*-meter*)］
di·am·e·tral /daɪǽmətr(ə)l/ *a* 直径の. ♦ **～·ly** *adv*
di·a·met·ric /dàɪəmétrɪk/, **-ri·cal** *a* DIAMETRAL; 正反対の, 全く相容れない, 対立的な〈相違など〉.
diamétrical·ly *adv* 正反対に; まさに (exactly), 全く: ～ opposed [opposite] 全く[180度]異なって.
dí·amìde /, daɪǽməd/ *n*〘化〙ジアミド《2 個のアミド基を含む化合物》.
dí·amìne /, ⌣⌣⌣/ *n*〘化〙ジアミン《2 個のアミノ基を含む化合物》.
dì·ammónium phósphate〘化〙リン酸二アンモニウム《主に肥料・難燃剤用》.
di·a·mond /dáɪ(ə)mənd; dáɪə-/ *n* **1 a** ダイヤモンド, 金剛石《4 月の BIRTHSTONE》; ダイヤモンドの装飾品《指輪など》. **b** [ᵘglazier's ～, cutting ～] ガラス切り. **2 a**《ダイヤモンドのように》輝く粒[点]. **b** 光輝ある[貴重な, すばらしい]もの. **3 a** ダイヤモンド形, 菱形(の記号[マーク]). **b**〘トランプ〙ダイヤ(の札) (⇨ SPADE²); [～s, 〈*sg/pl*〉] ダイヤの一組 (suit). **c**〘野〙ダイヤモンド (infield),《広く》野球場《全体》. **d**〘鉄道〙ダイヤモンド・クロッシング《菱形をなす線路の平面交差》. **4**〘印〙ダイヤモンド《4½ ポイント活字; ⇨ TYPE》. **5** [*pl*]《俗》金玉 (testicles). **6** [*pl*] *《俗》黒ダイヤ, 石炭 (black diamond). ● **a ～ of the** FIRST WATER. **～ cut ～** しのぎを削る[火花を散らす]好勝負. **～ in the rough**＝ROUGH DIAMOND. ► *a* **1** ダイヤモンド(製)の, ダイヤモンド入りの; ダイヤモンドを(多く)生じる. **2** 菱形の. **3** 60[75] 周年の. ► *vt* ダイヤモンド(に似たもの)で飾る[を入れる]. ［OF＜L; *adamant* の変形か］
Diamond ダイヤモンド **Peter A(rthur) ～** (1940–)《米国の経済学者; サーチ理論 (search theory) を用いて市場を分析した功績によりノーベル経済学賞 (2010)》.
díamond anniversáry* DIAMOND WEDDING.
díamond ànvil ダイヤモンドアンビル《2 枚のダイヤモンド片にはさまれた岩石試料に数万から数百万気圧の圧力をかける装置; 地球深部における物質の変化を調べるもの》.
díamond·bàck *a* 背にダイヤモンド形[菱形]の斑紋のある〈蛾・ガラガラヘビ・カメなど〉. ► *n* DIAMONDBACK RATTLESNAKE; DIAMONDBACK TERRAPIN; DIAMONDBACK MOTH.
díamondback móth〘昆〙コナガ(小菜蛾) (＝*cabbage moth*)《幼虫はキャベツなどアブラナ科の植物を食害する》.
díamondback ráttlesnake [ráttler]〘動〙ダイヤガラガラヘビ, ヒシモンガラガラヘビ (⇨ EASTERN [WESTERN] DIAMONDBACK RATTLESNAKE).
díamondback térrapin〘動〙イリエガメ属の各種,《特に》ダイヤモンドテラピン《北米原産の淡水ガメ; 肉が美味》.
díamond béetle〘昆〙ダイヤモンドゾウムシ《ブラジル主産の金緑色の斑点のある黒い大型ゾウムシ》.
díamond bírd〘鳥〙**a** ホウセキドリ (＝*diamond sparrow, parda-*

D

lote)《ハナドリ科; 豪州産》. **b** DIAMOND SPARROW.
díamond cemènt ダイヤモンドセメント《ダイヤモンドをはめるためのもの》.
díamond-cút *a* ダイヤモンドカットの《ダイヤモンドで行なう brilliant cut のようにカットした》; 菱形に切った.
díamond-cùtter *n* ダイヤモンド磨き工.
díamond dóve 〔鳥〕ウスユキバト《豪州原産》.
díamond dríll ダイヤモンドドリル《ボーリング機械》.
díamond dùst ダイヤモンドの粉末《研磨剤》.
díamond·ed *a* ダイヤモンドで飾った[をはめた].
díamond fìeld ダイヤモンド産出地.
díamond fínch 〔鳥〕ダイヤモンドフィンチ, 大錦花鳥《豪州原産》.
Díamond Hèad ダイヤモンドヘッド《Hawaii 州 Oahu 島南東部の岬をなす死火山 (232 m); Honolulu では「東方」の意でよく使われる》.
di·a·mon·dif·er·ous /dàɪ(ə)məndíf(ə)rəs; dàɪə-/ *a* ダイヤモンドを含有する[産する]〈土など〉.
díamond júbilee 60 [75] 周年記念日[祭, 祝典] (⇨ JUBILEE); [D- J-]"ヴィクトリア女王即位 60 周年祭《1897 年》.
díamond làne* HOV LANE.
díamond·òid *a* ダイヤモンド形[様]の.
díamond páne 《鉛枠にはいった小型の》菱形窓.
díamond péncil ダイヤモンド鉛筆《金属板の罫(けい)引きなどに使う》.
díamond pòint 刃先にダイヤモンドを付したカッター, 剣バイト; [*pl*] 〔鉄道〕菱形転轍, ダイヤモンドポインツ.
díamond rìng 〔天〕《皆既日食の直前直後に見える》ダイヤモンドリング.
díamond sáw 石切り用丸鋸(まるのこ).
díamond snàke 〔動〕ダイヤモンドヘビ《黄色い斑点がある豪州産のニシキヘビ》.
díamond spárrow 〔鳥〕 **a** オオキンカチョウ (=*firetail*)《カエデチョウ科; 豪州産》. **b** DIAMOND BIRD.
Díamond Stàte [the] ダイヤモンド州《Delaware 州の俗称; 小さいことから》.
díamond wédding "ダイヤモンド婚式《結婚 60 [時に 75] 周年記念; ⇨ WEDDING》.
díamond wìllow 〔植〕北米北部産のヤナギ属の低木《灰色の樹皮に菌類によるダイヤモンド状のくぼみがある; その細い幹は家具・ステッキ・装飾品の材料》.
dia·mórphine /dàɪə-/ *n* 〔薬〕ジアモルヒネ (HEROIN).
Di·an /dáɪən/ 《詩》 DIANA.
Di·ana /daɪǽnə/ **1 a** 〔ロ神〕ディアーナ《月の女神で処女性と狩猟の守護神; ギリシアの Artemis に当たる; cf. LUNA》. **b** 《詩》月 (moon). **c** 狩りをする女; 独身を守る女; 女騎手; 容姿端麗な若い女性. **2** ダイアナ《女子名》. **3** ダイアナ (1961–97)《英国皇太子妃; もとの名は Lady ~ Frances Spencer; 1981 年 Charles 皇太子と結婚, 96 年離婚; Paris で自動車事故死》. [IE で 'shine' の意か]
Diána mònkey 〔動〕ダイアナザル《西アフリカ産》.
di·an·drous /daɪǽndrəs/ *a* 〔植〕おしべが 2 個ある, 二雄蕊(ずい)の; 二雄蕊花の.
Di·ane /daɪǽn/ ダイアン《女子名》. [F; ⇨ DIANA]
Di·a·net·ics /dàɪənétɪks/ 〔商標〕ダイアネティックス《Scientology に基づいて精神[魂]を回復させるための手法》.
di·a·no·et·ic /dàɪənouétɪk/ *a* 推論[論証]的な, 知的な.
di·a·noia /dàɪənɔ́ɪə/ 〔哲〕 *n* 《Plato などで, 感覚のたすけをかりる》数学的思考; 推論的思考.
di·an·thus /daɪǽnθəs/ *n* 〔植〕ナデシコ属 (*D-*) の各種草本. [Gk (*Dios* of Zeus, *anthos* flower)]
di·a·pa·son /dàɪəpéɪz(ə)n, -s(ə)n/ *n* **1** 〔楽〕 **a** 和声 (harmony); 旋律; わき上がる声[音]; 音域, 声域; 音叉; 標準調. **b** ダイアペーソン《パイプオルガンの全音域用基本ストップ》, 《一般に》オルガンのストップ: a closed [stopped] ~ 閉管ストップ / an open ~ 開管ストップ, プリンシパル. **c** 《古代ギリシア音楽で》オクターブ. **2** 全範囲, 全領域 (scope) 〈*of*〉. ♦ **~·al** *a* [ME=octave＜L＜Gk=through all (notes)]
diapáson nórmal 〔楽〕標準調子, フランスピッチ (=*French pitch, international pitch*)《一点イが 1 秒間 435 振動の標準音》.
dia·pause /dáɪəpɔ̀:z/ 〔生〕 *n* 休眠, 発生休止《昆虫・蛇などの, また種子・芽などの生長・活動の一時的停止》. ► *vi* 休眠する. ♦ **día·pàus·ing** *a* 休眠中の. [Gk (*dia-*, PAUSE)]
di·a·pe·de·sis /dàɪəpədí:səs/ *n* (*pl* **-ses** /-sì:z/) 〔生理〕漏出(性出血), 血管外遊出. ♦ **dì·a·pe·dét·ic** /-dɛ́t-/ *a*
di·a·pen·si·aceous /dàɪəpènsiéɪʃəs/ *a* 〔植〕イワウメ科 (Diapensiaceae) の.
di·a·pen·te /dàɪəpénti/ *n* 〔楽〕5 度の音程.
di·a·per /dáɪ(ə)pər/ *n* **1 a** ダイヤパー《元来 菱形などの幾何学模様のある亜麻織物; 水吸収のよい綿織物などにもいう》. **b** ダイヤパーのナプキン[タオル]; 月経帯, ナプキン; おむつ (nappy"). **2** 菱形などの幾何学(装飾)模様, 寄せ木模様. ► *vt* 〈赤んぼ〉におむつをつける[のおむつを替える]; diaper 形模様で飾る. [OF, ＜Gk (*aspros* white)]
dí·a·pered *a* ダイヤパー模様のある[模様に似た].
díaper ràsh 《赤んぼの》おむつかぶれ, おむつ負け.
díaper sèrvice 貸しおむつ業.
di·a·phane /dáɪəfèɪn/ *n* 顕微鏡標本封入剤.
di·a·pha·ne·i·ty /daɪæ̀fəní:əti, dàɪəfə-, -néɪ-/ *n* 透明度[性].
di·aph·a·nog·ra·phy /diæ̀fənágrəfi/ *n* 〔医〕《胸部癌などの》徹照検査(法).
di·aph·a·nous /daɪǽfənəs/ *a* 〈生地など〉透けて見える, 透明な; 霊妙な; ほのかな, かすかな, おぼろげな, 漠たる〈可能性・望みなど〉. ♦ **~·ly** *adv* **~·ness** *n* [L＜Gk (*dia-*, *phainō* to show)]
día·phòne *n* ダイアフォン《2 音の霧笛》; 〔音〕類音《同一音の個人的・地方的・文体的変種の総称, たとえば home, go の母音 /o:/ /ou/ /əu/ /ɑu/ /ʌu/ など》.
di·aph·o·ny /daɪǽfəni/ *n* 〔楽〕ディアフォニア《**1**) ORGANUM **2**) 〔古ギ〕 DISSONANCE》.
di·aph·o·rase /daɪǽfərèɪs, -z/ *n* 〔生化〕ジアフォラーゼ《フラビンタンパク質酵素の一種》.
di·a·pho·re·sis /dàɪəfərí:səs, daɪæ̀fə-/ *n* (*pl* **-ses** /-sì:z/) 〔医〕《特に 人為的な多量の》発汗, 発汗療法.
di·a·pho·ret·ic /dàɪəfərétɪk, daɪæ̀fə-/ *a* 〔医〕発汗性の, 発汗の効のある; 大汗をかいた, 汗びっしょりの. ► *n* 発汗薬. [L＜Gk (*diaphorēsis* perspiration＜*phoreō* to carry)]
dìa·phototrópism /ˌ"-fòutoutróupɪz(ə)m/ *n* 〔植〕側面光屈性.
di·a·phragm /dáɪəfræ̀m/ *n* **1** 〔解〕横隔膜; 《一般に》隔膜, 隔壁; 〔理・化〕《2 種の液体を隔てる》隔壁, (半透過性)隔壁; 《貝類の内部の》分壁; 《植物の》隔膜, 膜壁. **2** 《受話器・マイクなどの》振動板; 〔写〕《レンズの》絞り《装置》; 《避妊用の》ペッサリー (pessary); 〔土木〕《金属構造物を補強する》隔板, 仕切り板, ダイヤフラム. ► *vt* …に diaphragm を取り付ける; 〈レンズを〉絞りで絞る. ♦ **di·a·phrag·mat·ic** /dàɪəfrə(g)mǽtɪk, -fræg-/ *a* **-i·cal·ly** *adv* [L＜Gk (*phragma* fence)]
diaphragmátic respirátion 横隔膜呼吸 (opp. *costal respiration*).
díaphragm pùmp 〔機〕膜ポンプ.
di·aph·y·sis /daɪǽfəsəs/ *n* (*pl* **-ses** /-sì:z/) 〔解〕骨幹; 〔植〕先端貫生. ♦ **di·aph·y·se·al** /daɪæ̀fəsí:əl/, **di·a·phys·i·al** /dàɪəfíziəl/ *a* [Gk=growing through]
di·a·pir /dáɪəpɪər/ *n* 〔地質〕ダイアピル《注入褶曲作用によるドーム状地質構造》. ♦ **dì·a·pír·ic** /-pír-/ *a* **dí·a·pir·ìsm** /-pɪrɪz(ə)m/
dì·apóphysis *n* 〔解・動〕脊椎骨横突起, 横突起関節部. ♦ **di·apophýsial** /daɪ-/ *a*
dìa·pósitive *n* 〔写〕透明陽画《スライドなど》.
di·ap·sid /daɪǽpsəd/ *a*, *n* 〔動〕二弓類 (Diapsida) の(爬虫動物).
Diarbekr ⇨ DIYARBAKIR.
di·arch /dáɪɑ̀:rk/ *a* 〔植〕〈維管束が〉二原型の《2 つの木部からなる》.
diarchy ⇨ DYARCHY.
di·ar·i·al /daɪɛ́əriəl/ *a* 日誌[日記](体)の.
di·a·rist /dáɪərɪst/ *n* 日記をつける人, 日誌係; 日記作者.
di·a·ris·tic /dàɪərístɪk/ *a* 日記式[体]の.
di·a·rize /dáɪəràɪz/ *vi*, *vt* 日記を[に]つける; メモ帳 (diary) に記入する.
di·ar·rhea | -rhoea /dàɪərí:ə; -ríə/ *n* 〔医〕下痢; [*fig*] 《ことばなどの》過剰流出. ● **~ of the mouth [jawbone]** *《俗》口(くち)下痢, 語漏 (logorrhea) (cf. VERBAL [ORAL] DIARRHEA): have ~ *of the mouth* おしゃべりが止まらなくなっている. ♦ **-rh(o)e·al** /-rí:əl; -ríəl/, **-rh(o)e·ic** /-rí:ɪk/, **-rh(o)et·ic** /-rétɪk/ *a* [L＜Gk (*rheō* to flow)]
di·arthrósis /dàɪ-/ 〔解〕 *n* (*pl* **-ses**) 可動結合《全方向に自由に動かせる》; 可動関節.
di·a·ry /dáɪ(ə)ri; dáɪə-/ *n* 日記, 日誌; 日記帳; "《予定を書き込めるカレンダー式の》メモ帳, 手帳 (appointment book*, datebook*); (デスク)ダイアリー: keep a ~ 日記をつける. [L (*dies* day)]
Di·as, -az /dí:əs, -ɑ:ʃ/ ディアシュ **Bart(h)olomeu ~** (c. 1450–1500)《ポルトガルの航海者; 喜望峰を発見 (1488)》.
día·scòpe *n* ダイアスコープ《透明体の画像を映写する装置》; 〔医〕ガラス圧診器.
Di·as·po·ra /daɪǽsp(ə)rə/ *n* **1 a** [the] ディアスポラ《バビロン捕囚 (597–538 B.C.) 後, ユダヤ人がパレスティナから離散したこと》. **b** [d-] 国外離散; [d-] (国外)移住. **2** ディアスポラで離散したユダヤ人の住んだ土地[国]; 《パレスティナ以外の地に》離散したユダヤ人《集合的》; 離散のキリスト者; [d-] 父祖の地から遠く離れた地に居住する人びと; [d-] 離散者の居住地. ♦ **di·a·spor·ic** /dàɪəspɔ́:rɪk/ *a* [Gk (*speirō* to scatter)]
di·a·spore /dáɪəspɔ̀:r/ *n* 〔鉱〕ダイアスポア《火山岩の熱水変質鉱物で耐火物・研磨剤用》; 〔植〕散布体[器官].
di·a·stal·sis /dàɪəstǽlsəs, -stɔ́:l-/ *n* (*pl* **-ses** /-sì:z/) 〔生理〕小腸波状蠕動(ぜんどう).
di·a·stase /dáɪəstèɪs, -z/ *n* 〔生化〕ジアスターゼ (AMYLASE); 《俗に》酵素 (enzyme). [F＜Gk=separation]
di·a·sta·sic /dàɪəstéɪsɪk/ *a* DIASTATIC.

di·as·ta·sis /daɪǽstəsəs/ *n* (*pl* **-ses** /-sìːz/)〘医〙(縫合)離開;〘生理〙《収縮直前の》心拍静止期.
di·a·stat·ic /dàɪəstǽtɪk/ *a*〘生化〙ジアスターゼ性の, 糖化性の;〘医・生理〙DIASTASIS の: ~ enzyme 糖化酵素.
di·a·stem /dáɪəstɛ̀m/ *n*〘地質〙ダイアステム《堆積の一時的停止・堆積の間隙》.
di·a·ste·ma /dàɪəstíːmə/ *n* (*pl* **-ma·ta** /-tə/)《細胞の》隔膜質;〘医〙正中離開,〘歯・動〙歯隙(しげき). ♦ **-ste·mát·ic** /-stəmǽtɪk/ *a*
di·áster /daɪ-/ *n*〘生〙《核分裂の》双星, 両星. ♦ **-ástral** *a*
dìa·stèreo·ísomer *n*〘化〙ジアステレオ異性体 (diastereomer). ♦ **-isoméric** *a* **-isómerism** *n*
dìa·stéreo·mer /-mər/ *n*〘化〙ジアステレオマー《鏡像関係にない光学異性体》. ♦ **-méric** *a*
di·as·to·le /daɪǽstəli/ *n* **1**〘生理〙心拡張(期), 心弛緩(期)《心臓の規則的な収縮・弛緩交代での; cf. SYSTOLE》; [*fig*] 拡張期. **2**《ギリシア・ラテン詩の》《短音節の》音節延長. ♦ **di·a·stol·ic** /dàɪəstɑ́lɪk/ *a* [L<Gk (*stellō* to place)]
diastólic préssure〘医〙拡張期圧《最小血圧》.
di·as·tro·phism /daɪǽstrəfɪ̀z(ə)m/ *n*〘地質〙地殻変動(による地層). ♦ **di·a·stroph·ic** /dàɪəstrɑ́fɪk/ *a* **-i·cal·ly** *adv*
di·a·style /dáɪəstàɪl/〘建〙*a* 広柱式の《柱間が柱の太さの 3 倍》. ► *n* 広柱式の建築物.
di·a·tes·sa·ron /dàɪətɛ́sərən, -rɑ̀n/ *n* **1**〘神学〙通観[対観]福音書《四福音書の記事を一冊にまとめたもの》. **2**《ギリシア・中世の音楽で》完全 4 度音程.
dia·ther·man·cy /dàɪəθə́ːrmənsi/ *n*〘理〙透熱性《赤外線・熱線を透過させる能力》.
dia·ther·ma·nous /dàɪəθə́ːrmənəs/ *a*〘理〙透熱性の (opp. *athermanous*).
dia·ther·mia /dàɪəθə́ːrmiə/ *n* DIATHERMY.
dia·therm·ic /dàɪəθə́ːrmɪk/ *a*〘医〙ジアテルミーの;〘理〙DIATHERMANOUS.
dia·ther·my /dáɪəθə̀ːrmi/ *n*〘医〙ジアテルミー《電気透熱およびこれによる療法》; ジアテルミー装置.
di·ath·e·sis /daɪǽθəsəs/ *n* (*pl* **-ses** /-sìːz/) **1**〘医〙《ある病気にかかりやすい》素質, 体質, 素因: tubercular ~ 結核性体質. **2**〘文法〙《まれ》態 (voice). ♦ **di·a·thet·ic** /dàɪəθɛ́tɪk/ *a*
di·a·tom /dáɪətɑ̀m, -təm/ *n*〘植〙珪藻(けいそう)(植物). [Gk=cut in half (*temnō* to cut)]
di·a·to·ma·ceous /dàɪətəméɪʃəs, daɪæ̀tə-/ *a*〘植〙珪藻類の;〘地質〙珪藻土の.
diatomáceous éarth〘地質〙珪藻土 (diatomite).
dì·atómic〘化〙*a* 二原子(性)の; 2 価の (bivalent).
di·at·o·mite /daɪǽtəmàɪt/ *n*〘地質〙珪藻土, 珪藻岩 (=*diatomaceous earth*)《吸着材・濾過材・研磨材・保温材に用いる; cf. KIESELGUHR》.
dia·ton·ic /dàɪətɑ́nɪk/ *a*〘楽〙全音階(的)の: the ~ scale 全音階. ♦ **-i·cal·ly** *adv* [F or L<Gk; ⇨ TONIC]
di·a·treme /dáɪətrìːm/ *n*〘地質〙ダイアトリーム《火山ガスの爆発的脱出によってできた(円形の)火道》. [*dia*-, Gk *trēma* hole]
di·a·tribe /dáɪətràɪb/ *n* 痛烈な非難[攻撃], 酷評, 痛罵, こきおろし;《古》長広舌. ♦ **dí·a·trìb·ist** *n* 痛烈な悪口屋[非難者]. [F, <Gk=pastime, discourse (*tribō* to rub)]
di·at·ro·pism /daɪǽtrəpɪ̀z(ə)m/ *n*〘植〙側面屈性, 横(おう)屈性《刺激の方向に対して直角の位置をとろうとする植物器官の傾向》. ♦ **dìa·trópic** *a*
Diaz ⇨ DIAS.
Dí·az **1** /díːɑ̀ːts/ ディアツ **Armando** ~ (1861–1928)《イタリアの軍人; 陸軍参謀長 (1917), 元帥 (1920)》. **2** /díːɑːs, -z/ ディアス **Porfirio** ~ (1830–1915)《メキシコの軍人・政治家; 大統領 (1877–80, 1884–1911)》.
di·az- /daɪǽz, -éɪz/, **di·azo-** /daɪǽzoʊ, -éɪ-, -zə/ *comb form*〘化〙「ジアゾ基を含んだ」 [*diazo*]
Dí·az del Cas·til·lo /díːɑːθ dɛl kɑːstíː(l)joʊ/ ディアス・デル・カスティリョ **Bernal** ~ (c. 1492–?1581)《スペインの軍人・歴史家》.
Díaz de Vi·var /díːɑ̀ːs də vɪvɑ́ːr, díːɑ̀ːz-/ ディアス・デ・ビバル **Rodrigo [Ruy]** ~ 《EL CID の本名》.
di·az·e·pam /daɪǽzəpæ̀m/ *n*〘薬〙ジアゼパム《トランキライザーの一種, また 骨格筋弛緩剤; 商品名は Valium》.
di·a·zine /dáɪəzìːn, daɪǽzən/ *n*〘化〙ジアジン《炭素原子 4 個と窒素原子 2 個の六員環化合物》.
Di·az·i·non /daɪǽzənɑ̀n/〘商標〙ダイアジノン《コリンエステラーゼを阻害する有機リン系殺虫剤》.
di·ázo /daɪ-/ *a*〘化〙2 窒素の, ジアゾ…;〘化〙ジアゾニウムの; DIAZOTYPE の. ► *n* ジアゾ化合物,《特に》ジアゾ染料; DIAZOTYPE.
di·àzo·amíno /daɪ-/ *a*〘化〙ジアゾアミノ基をもつ.
diázo còmpound〘化〙ジアゾ化合物.
diázo dýe ジアゾ染料《綿・レーヨン用》.
di·a·zole /dáɪəzòʊl, daɪǽzòʊl, -éɪ-/ *n*〘化〙ジアゾール《窒素原子 2 個と炭素原子 3 個からなる五員環化合物》.
di·àzo·méthane /daɪ-/ *n*〘化〙ジアゾメタン《黄色の有毒気体; メチル化剤・有機合成用》.
di·a·zo·ni·um /dàɪəzóʊniəm/ *n*〘化〙ジアゾニウム《ジアゾニウム塩中の 1 価の陽イオン原子団》.
diazónium compound〘化〙ジアゾニウム化合物.
diazónium sàlt〘化〙ジアゾニウム塩.
diázo pròcess [the] ジアゾ法《ジアゾ化合物で処理した紙を用いた複写法》.
diázo ràdical [gròup]〘化〙ジアゾ基.
Dí·az Or·daz /díːəs ɔːrdɑ́ːz/ ディアス・オルダス **Gustavo** ~ (1911–79)《メキシコの政治家; 大統領 (1964–70)》.
di·az·o·tize /daɪǽzətàɪz, -éɪ-/ *vt*〘化〙ジアゾ化する. ♦ **di·àz·o·ti·zá·tion** *n*
di·ázo·tròph /daɪ-/ *n*〘菌〙ジアゾ栄養生物《ジアゾ化合物を硝酸塩に変える窒素固定菌》.
di·ázo·type /daɪ-/ *n* ジアゾタイプ《ジアゾ法で作った写真・フォトコピー》; DIAZO PROCESS.
di·az·ox·ide /dàɪæzɑ́ksàɪd/ *n*〘薬〙ジアゾキシド《抗利尿性の降圧薬》.
dib[1] /dɪ́b/ *vi* (-bb-) 餌を水に入れたり出したりして釣りをする (dap). [? DAB[1]]
dib[2] *n*《ローンボウリングの》標的用小白球 (jack);《俗》ぜに, 金 (money), 分担金, 割り前; *《俗》1 ドル. [↑]
di·básic /daɪ-/ *a*〘化〙二塩基(性)の: ~ acid 二塩基酸.
dì·basícity *n*〘化〙二塩基性.
dib·a·tag /díbətæ̀g/ *n*〘動〙ディバタグ《東北アフリカ産の小型のガゼル》. [Somali]
dib·ber /díbər/ *n* DIBBLE[1].
dib·ble[1] /díb(ə)l/ *n*《種まき・植付け用の小穴をあける先のとがった》穴掘り器[機]. ► *vt* 〈土〉に dibble で小穴を掘る; 〈苗・種などを〉dibble で穴を掘って植え込む[まく], 穴まき[点播]する. ► *vi* dibble を用いる. [ME<?; cf. DIB[1]]
dibble[2] *vi* DIB[1]; DABBLE.
díb·bler *n* DIBBLE[1] する人[もの, 機械],〘農〙点まき[点播]器;〘動〙アシビロフクロジネズミ《豪州産》.
dibbuk ⇨ DYBBUK.
dì·bènzo·fúran /, -fjəræ̀n/ *n*〘化〙ジベンゾフラン《有毒で殺虫剤として用いられる》.
di·bórane /daɪ-/ *n*〘化〙ジボラン《ホウ素と水素を化合して得られる気体》.
di·bran·chi·ate /daɪbrǽŋkiət, -èɪt/ *a*〘動〙二鰓(にさい)類の. ► *n* 二鰓類の動物《イカ・タコのような軟体動物》.
di·brómide /daɪ-/ *n*〘化〙二臭化物.
di·bròmo·chlòro·própane /daɪ-/ *n*〘化〙ジブロモクロロプロパン (DBCP).
dibs /díbz/ *n pl* **1 a** [‹*sg*›] [¶]JACKS《子供の遊び》; [¶]《それに使う》JACKSTONE. **b**《トランプ遊びなどに使う》骨片製の数取り. **2 a**《俗》もらう[使う]権利, 優先権 ‹*on*›: I have [put] ~ *on* the magazine. 今度はぼくが雑誌を読む番だ. **b**《口》(少額の)金 (money). ► *int*《主に幼児》ぼくの分[番]だ, …取った ‹*on*›. [C18=pebbles for game< *dib stones* <?DIB[2]]
dì·bútyl phthál·ate /-θǽlèɪt/〘化〙フタル酸ジブチル《溶剤・可塑剤・防虫剤として用いる》.
di·cálcium sílicate /daɪ-/〘化〙ケイ酸二カルシウム《セメントの材料で, 酸性土壌の中和剤としても用いる》.
di·cam·ba /daɪkǽmbə/ *n*〘化〙ジカンバ《除草剤》.
dì·carboxýlic ácid〘化〙ジカルボン酸.
di·cast, -kast /dáɪkæst, dík-; dík-/ *n*《古代アテナイで, 毎年市民の中から 6000 人選ばれた》裁判官.
di·cas·tery /daɪkǽstəri, dɪ-; dɪ-/ *n*《古代アテナイの》DICASTS が出席する法廷; アテナイ裁判官団.
dice /dáɪs/ *n* **1 a** (*pl* ~; cf. *sg* DIE[2]) さいころ(遊び); ばくち: a ~ = one of the ~ さい一つ《通例 a die の代わりにいう》/ play (at) ~ さいを振る《遊戯または賭博をする》/ LOADED ~ / POKER DICE. **b**《自動車レース中の》位置の競り合い. **2** (*pl* ~, ~**s**) 小立方体,《肉などの》さいの目に切ったもの. ● **in the ~** ありそうで, まず確実で. **load the ~** 特定の目が出るようにさいころにおもりを入れる; 〈…に〉不利[有利]になるように仕組む ‹*against* [*for*] sb›; 偏った議論をする. **no ~** 《口》だめ, いやだ《否定・拒絶などの返答で》;《口》うまくいかない, 目が出ない, むだで, だめで. ROLL **the ~.** ► *vi, vt* **1 a** さいころで遊ぶ; 賭博で失う ‹*away*›; いちかばちか冒険をする: ~ with death 命がけでやる. **b**《自動車レースで》位置を競り合う. **2**〘料理〙〈肉・野菜などを〉さいの目に切る ‹*up*›; さいの目形[市松模様]にする. **3**《豪口》拒絶する, 捨てる. [(pl)< *de* DIE[2]]
díce·bòx *n* さい筒《さいを振り出す筒》.
di·cen·tra /daɪsɛ́ntrə/ *n*〘植〙コマクサ属 (*D*-) の各種多年草《ケシ科》.
di·céntric /daɪ-/〘遺〙*a* 2 つの動原体をもつ. ► *n* 二動原体染色体.
di·céphalous /daɪ-/ *a* 2 つの頭をもつ, 二頭の.
díce·plày *n* さいころ遊び; ばくち.
dic·er /dáɪsər/ *n* **1** さいころ (dice) をもてあそぶ人, ばくち打ち (gam-

D

bler). **2**《果物・野菜などを》さいの目に切る機械. **3**《俗》かんかん帽, 山高帽; 《俗》ヘルメット.

dic·ey /dáɪsi/ 《口》*a* (**díc·i·er; -i·est**) いちかばちかの, 危険な; 《口》あてにできない, 不確かな, あやふやな. ［*dice*］

dich- /dáɪk/, **di·cho-** /dáɪkoʊ, -kə/ *comb form*「2つに(分かれて)」［Gk (*dikho-* apart)］

di·cha·si·um /daɪkéɪziəm, -ʒ(i)əm/ *n* (*pl* **-sia** /-ə/)〘植〙二枝[二出]集散花序, 岐散花序 (cf. MONOCHASIUM, POLYCHASIUM). ♦ **di·chá·si·al** *a*

dì·chlamýdeous *a*〘植〙両花被の, 二重花被の: a ～ flower 二重花被花.

D

di·chlor- /daɪklɔ́ːr/, **di·chlo·ro-** /-klɔ́ːroʊ, -rə/ *comb form*「塩素2原子を含む」［Gk］

di·chlóride /daɪ-/ *n*〘化〙二塩化物 (bichloride).

di·chlòro·acétic ácid /daɪ-/〘化〙ジクロロ酢酸.

di·chlòro·bénzene /daɪ-/ *n*〘化〙ジクロロベンゼン《3種の異性体がある》,《特に》PARADICHLOROBENZENE《殺虫剤》.

di·chlòro·di·éthyl súlfide /daɪ-/〘化〙ジクロロジエチルスルフィド (mustard gas).

di·chlòro·dì·flùoro·méthane /daɪ-/ *n*〘化〙ジクロロジフルオロメタン《無色(無臭)の気体; 冷却・冷凍剤やエアゾル噴霧剤に用いる》.

di·chlòro·di·phènyl·tri·chlòro·éthane /daɪ-/ *n*〘化〙ジクロロジフェニルトリクロロエタン (DDT).

di·chlòro·éthane /daɪ-/ *n*〘化〙ジクロロエタン《二つの異性体がある》,《特に》二塩化エチレン (ethylene dichloride).

di·chlòro·méthane /daɪ-/ *n*〘化〙ジクロロメタン (＝*methylene chloride*)《有機物質の溶剤・ペイント剥離剤・冷媒》.

di·chlòro·phenòxy·acétic ácid /daɪ-/〘化〙ジクロロフェノキシ酢酸《ナトリウム塩は除草剤; 2, 4-D ともいう》.

di·chlor·vos /daɪklɔ́ːrvɑ̀s, -vəs/ *n*〘化〙ジクロルボス (＝*DDVP*)《有機リン系の殺虫剤》.

dicho- /dáɪkoʊ, -kə/ ⇨ DICH-.

di·chog·a·my /daɪkɑ́gəmi/ *n*〘生〙雌雄異熟《雌雄の生殖細胞の成熟が時期を異にすること; opp. *homogamy*》. ♦ **di·chóg·a·mous, di·cho·gam·ic** /dàɪkəgǽmɪk/ *a* 雌雄異熟の: *dichogamous* flowers 雌雄異熟花.

di·chon·dra /daɪkɑ́ndrə/ *n*〘植〙ディコンドラ属[アオイゴケ属] (*D-*) の各種草本,《特に》アオイゴケ《ヒルガオ科; 芝草用》.

dícho·phàse *n*〘生〙二分相《細胞分裂の分裂間期における一段階》.

di·chop·tic /daɪkɑ́ptɪk/ *a*〘昆〙左右の複眼の間隔が大きく開いた, 離眼的な. ［*dich-*］

dich·otic /daɪkóʊtɪk/ *a*《音の高さ・強さに関して》左右の耳に異なって聞こえる. ♦ **-óti·cal·ly** *adv* ［*dich-*, *-otic*[2]］

di·cho·tom·ic /dàɪkətɑ́mɪk/ *a* DICHOTOMY の. ♦ **-i·cal·ly** *adv*

di·chot·o·mist /daɪkɑ́təmɪst/ *n* 二分する人, 二分論者.

di·chot·o·mize /daɪkɑ́təmàɪz/ *vt, vi* 二分する, 二種類[二群]に分ける; 〈茎・葉脈など〉二叉(さ)[ふたまた]分枝する, 叉生する. ♦ **di·chòt·o·mi·zá·tion** *n*

di·chot·o·mous /daɪkɑ́təməs/ *a* 二分する; 二分法による;〘植〙ふたまたに分かれた: ～ branching 二叉分枝 / ～ veins 叉状脈. ♦ **～·ly** *adv* **～·ness** *n*

dichótomous kéy〘生〙二叉分枝キー, 二分式検索表.

di·chot·o·my /daɪkɑ́təmi/ *n* **1** 二種類[二群]に分けること, 二分法; 意見の相違, 分裂; 不釣合いな[違和感のある]もの;〘論〙二分法. **2**〘植・動〙二叉分枝, ふたまた分枝;〘天〙半月(配列). ［Gk＝division in two］

di·chro·ic /daɪkróʊɪk/ *a* 二色性の〈結晶・鏡〉; DICHROMATIC.

dí·chroi·scòpe /dáɪkroʊə-/ *n* DICHROSCOPE.

di·chro·ism /dáɪkroʊɪ̀z(ə)m/ *n*〘晶・化〙二色性《結晶が異なる角度から見ると色が違って現われる性質, または液体が異なる濃度で色の変わる性質》; DICHROMATISM.

di·chro·ite /dáɪkroʊàɪt/ *n*〘鉱〙CORDIERITE.

di·chro·it·ic /dàɪkroʊɪ́tɪk/ *a* DICHROIC.

di·chro·mat /dáɪkroʊmæ̀t, ⏤⏤/ *n* 二色型色覚者.

di·chrómate /daɪ-/ *n*〘化〙重クロム酸塩 (＝*bichromate*).

dì·chromátic *a* 二色を有する, 二色性の;〘動〙二色性の《性・年齢と無関係に2様の色を示す昆虫・鳥などについていう》; 二色性色覚の.

dì·chromáticism *n* DICHROISM.

di·chro·ma·tism /daɪkróʊmətɪ̀z(ə)m/ *n* 二色性, 二変色性;〘医〙二色性[型]色覚《三原色のうち2色のみ識別する部分色盲; 赤緑盲と黄青盲とがある》.

di·chro·ma·top·sia /daɪkròʊmətɑ́psiə/ *n* 二色型色覚 (dichromatism).

di·chrómic /daɪ-/ *a*〘化〙二[重]クロムの; DICHROMATIC.

dichrómic ácid〘化〙二[重]クロム酸.

dichrómic vísion〘医〙DICHROMATISM.

di·chróo·scòpe /daɪkróʊə-/ *n* DICHROSCOPE.

dí·chro·scòpe /dáɪkrə-/ *n* 二色鏡《結晶体の二色性を試験する》.

dic·ing /dáɪsɪŋ/ *n* DICEPLAY;〘製本〙《革表紙の》方形[菱形, 市松]模様装飾: a ～ house ばくち宿.

dick[1] /dík/ *n* *《俗》刑事, デカ, ポリ公, (私立)探偵, 調査官: a private ～ 私立探偵. ［? *detective*］

dick[2] *n* ˈ《俗》言明, 宣言. ● **take one's ～** 誓う〈*to it, that*...〉. **up to ～** 抜け目のない; すてきな. ［*declaration*］

dick[3] *n*《俗》辞書. ［*dictionary*］

dick[4] *n* **1** ˈ《口》男, 野郎; 《俗》ばか, やなやつ: CLEVER DICK. **2** 《卑》ペニス, 息子. **3** *《卑》ゼロ, 無 (nothing). ● **step on one's d~** [**prick, schwantz**] *《卑》へまをやらかす, どじを踏む (step on it). ► *vt* **1**《俗》〈女〉と性交する, やる. **2**《俗》めちゃくちゃ[だいなし]にする. ► *vi*《俗》ぶらぶら[のらくら]する〈*about, around*〉; 〈...を〉いじくりまわす, もてあそぶ, ちょっかいを出す, めちゃめちゃにする, いいかげんに扱う, だいなしにする〈*with*〉. ［↓］

Dick ディック《男子名; Richard の愛称》. ● TOM, **～ and** [**or**] **Harry.**

Díck and Jáne ディックとジェーン《特に 1950–60 年代米国の小学校用国語教科書の登場人物で, 典型的な中流階級に属する子供たち》.

díck-bràined *a*《俗》ほんとにばかな, バーな, まるきり足りない, 狂った.

dick·cis·sel /dɪksɪ́s(ə)l, ⏤⏤/ *n*〘鳥〙ムナグロノジコ《ホオジロに似た渡り鳥; 米国中部産》. ［imit］

dick·en, dick·in, dick·on /díkən/ *int*《豪俗》やめろ, うるさい! (cut it out).

dick·ens /díkənz/ *n*《口》DEUCE[2], DEVIL, HELL《強意的意味の婉曲語》; *《俗》やんちゃな子, いたずらっ子, 悪い子, ガキ: The ～! おやっ, ちくしょう! / What (in) the ～ is it? 一体全体何だ / scare the ～ out of sb 人をものすごくこわがらせる (cf. *the* HELL *out of*) / as... as the ～ どえらく...な / tougher than the ～ むちゃくちゃきつい[むずかしい] / raise the ～＝RAISE the devil. ［C16<? *Dickens* (devil の euph)］

Dickens ディケンズ **Charles** (**John Huffam**) ～ (1812–70)《英国の小説家; ペンネーム Boz; 人道主義的な筆致でヴィクトリア朝社会の裏面を描き, 英国写実主義文学の代表とされる; *Oliver Twist* (1839), *A Christmas Carol* (1843), *David Copperfield* (1849–50), *A Tale of Two Cities* (1859), *Great Expectations* (1861), *Our Mutual Friend* (1864–65)》. ♦ **Dick·en·si·an** /dɪkénziən, -si-/ *a, n* ディケンズの; ディケンズ風の[的な]; ディケンズ研究者[愛好家].

dick·er[1] /díkər/ *n* 物々交換, 小商売, 小取引; 交換品; 政治取引. ► *vi* 小取引をする, 値段の交渉をする, 掛け合う〈*with* sb; *for, over* sth〉; 物々交換する; 政治取引をする; ためらう; 〈...を〉いじくりまわす〈*with*〉. ► *vt* 交換する. ［?*dicker*[2]］

dicker[2] *n*〘商〙10, 毛皮10枚, 10個の一組; 若干数量. ［ME; cf. L *decuria* quantity of ten］

dick·ey[1], **dicky**[1], **dick·ie** /díki/ *n* **1**〘服〙イカ胸《取りはずしのできるシャツの胸当て》; *《シャツの》高いカラー; ˈ《韻俗》《着古しの》シャツ; ˈ蝶ネクタイ (＝**～ bòw**); 《子供用の》前掛け, よだれ掛け; 油布衣; 《婦人服の》前飾り. **2** ˈ《馬車内の》御者席 (＝**～ bòx**); ˈ《馬車の》後部従者席, 《2人乗り自動車の》後部補助席; 《インド》《車の》トランク. **3** DICKEY BIRD; ˈ《雄》ロバ. **4**《俗》おちんちん, 息子 (penis); 《俗》野郎, やなやつ (dick). ［*Dicky* (dim)<*Richard*］

dickey[2], **dicky**[2] *a* ˈ《口》弱い, いかれた, がたがたの, ぐらぐらの, よろよろの, あぶなっかしい, つぶれ[倒れ, 止まり]そうな: very ～ on his pins 足もとがふらふらして / be all ～ with...はもうだめだ. ［C19<?; 次の句からか, *as queer as Dick's hatband*］

Dickey ディッキー **James** (**Lafayette**) ～ (1923–97)《米国の詩人・小説家・批評家; 詩集 *Buckdancer's Choice* (1965), *The Zodiac* (1976), 小説 *Deliverance* (1969)》.

díckey [**dícky**] **bìrd**《幼児》小鳥(さん); ˈ《韻俗》一言 (word): not say a ～ なんにも言わない. ● **watch the ～** [*impv*] レンズに注目《写真撮影のときに言う》.

díckey-lìck·er *n*《俗》DICK-LICKER.

díck·hèad *n*《俗》ばか, 能なし, 脳タリン, ぐず, くそったれ, いやな野郎.

dickin ⇨ DICKEN.

Dick·in·son /díkəns(ə)n/ ディキンソン **Emily** (**Elizabeth**) ～ (1830–86)《米国の詩人; 抒情的短詩で知られる》.

díck-lìck·er《俗》*n* フェラチオするやつ[男], 吸茎者; くそったれ, げす野郎 (cocksucker).

dickon ⇨ DICKEN.

Dick·son /díks(ə)n/ ディクソン **Carter** [**Carr**] ～《Dickson CARR の筆名》.

Díck tèst〘医〙猩紅熱皮膚テスト, ディックテスト. ［George F. *Dick* (1881–1967), Gladys H. *Dick* (1881–1963) 米国の医師夫妻］

Díck Trácy ディック・トレーシー《米国の漫画家 Chester Gould (1900–85) の漫画 (1931) に登場する, あごの張った非情の刑事》.

dickty ⇨ DICTY.

dicky ⇨ DICKEY[1,2].

di·cli·nism /daɪkláɪnɪ̀z(ə)m, dáɪklə-/ *n*〘植〙雌雄異花《花粉と柱頭とが離れた花にあること》.

di·cli·nous /daɪklάɪnəs, dάɪklə-/ *a* 〘植〙 雌雄異花の; 〈花が〉単性の.
di·cli·ny /dάɪklàɪni/ *n* DICLINISM.
di·cot /dάɪkὰt/, **di·cot·yl** /dάɪkὰtl/ *n* DICOTYLEDON.
dì·cotylédon *n* 〘植〙 双子葉植物. ◆ **~·ous** *a*
di·cou·ma·rin /daɪkúːmərən/ *n* 〘薬〙 ジクマリン (DICUMAROL).
dicoumarol ⇨ DICUMAROL.
di·crot·ic /daɪkrάtɪk/ *a* 〘医〙 重拍の, 重拍性の《1 心拍に 2 脈拍》: a ~ pulse 重拍脈.
di·cro·tism /dάɪkrətɪ̀z(ə)m/ *n* 〘医〙 重拍脈(波), 重複脈.
dict. dictated ◆ dictator ◆ dictionary.
dic·ta *n* DICTUM の複数形.
díc·ta·bèlt /díktə-/ *n* 口述録音機用録音テープ. [*dictation*＋*belt*]
díc·ta·gràph /díktə-/ *n* DICTOGRAPH.
Díc·ta·phòne /díktə-/ 〘商標〙 ディクタフォン《速記用口述録音機》. [*dictate*＋*phone*]
dic·tate *v* /díktèɪt, ─⌐; ─⌐/ *vt* **1** 書き取らせる, 口述する〈*to*〉: ~ a letter *to* the secretary. **2** 指図する, 命ずる, 〈講和条件·方針などを〉命令する〈*to*〉. **3** 〈事·状況などが〉《必然的に》決める, 規定する, 左右する. ► *vi* 要件を書き取らせる, 口述する〈*to*〉; 指図する, いばって話す〈*to*〉: No one shall ~ *to* me.＝I won't be ~*d to.* 人の指図は受けない. ► *n* /⌐─/ [[u]*pl*] 《権威者·理性·良心などの》命令, 指図: the ~*s* of reason [conscience etc.]. [L *dicto* (freq)＜*dico* to say]
díc·tat·ing machìne /,─⌐──; ─⌐──/ 口述録音機, 書き取り機械.
dic·ta·tion /dɪktéɪʃ(ə)n/ *n* **1** 口述, 口授; 書き取り, ディクテーション; 口述した[書き取った]内容[もの]; 〘楽〙 聴音, 書き取り《音を聴いて楽譜に書き取ること》: write from [under] sb's ~ 人の口述を書き取る / take ~ 口述筆記する. **2** 命令, 指図, 言い付け: do (sth) at the ~ of...の指図に従って(ある事を)する ◆ **~·al** *a*
dictátion spèed 口述のスピード.
dic·ta·tor /díktèɪtər, ─⌐─; ─⌐─/ *n* (*fem* **-ta·tress** /-trəs/) **1 a** 独裁者, 絶対権力者; 《一般に》威圧的な人, 実力者, 権威者, 支配者; 横柄な人, いばる人. **b** 〘古ロ〙 独裁官, 執政, ディクタトル《危急時に絶対権力を与えられた臨時執政官》. **2** 口授者, 書き取らせる人. [L; ⇨ DICTATE]
dic·ta·to·ri·al /dɪ̀ktətɔ́ːriəl/ *a* 独裁者の; 独裁的な, 専断の; 権柄ずくの, 尊大な. ◆ **~·ly** *adv* **~·ness** *n*
dictátor·shìp /,*⌐─⌐─/ *n* 独裁者の職[任期]; 絶対権力; 独裁制, 独裁政権[政府, 国家].
dictátorship of the proletáriat プロレタリアート独裁《共産主義社会に至る前段階としての》.
dic·ta·to·ry /díktətɔ̀ːri; -t(ə)ri/ *a* DICTATORIAL.
dic·ta·trix /dɪktéɪtrɪks/ *n* (*pl* **-tri·ces** /-trəsìːz/) DICTATRESS (⇨ DICTATOR).
dic·ta·ture /dɪktéɪtʃər/ *n* DICTATORSHIP.
dic·tion /díkʃ(ə)n/ *n* **1** 用語の選択配列, ことばづかい, 言い表わし方, 言いまわし. **2** *発声法, 話し方 (enunciation, elocution). **3** 《廃》 ことばによる描写. ◆ **~·al** *a* **~·al·ly** *adv* [F or L *dictio* speaking, style (*dict- dico* to say)]
dic·tio·nary /díkʃənèri; -ʃ(ə)nri, -ʃ(ə)nəri/ *n* 辞書, 辞典, 字引; 事典; 〘電算〙 辞書: an English-Japanese ~ 英和辞典 / a medical ~ 医学辞典 / consult [see] a ~ 辞書を引いてみる / a living ~ 生き字引, 物知り (walking dictionary). ● **swallow the ~** やたらとむずかしい[長ったらしい]ことばを使う《have swallowed the ~ または to swallow the ~ の形で使う》. [L＝wordbook; ⇨ DICTION]
díctionary càtalog 〘図書〙 辞書体目録《すべての著者名·書名·件名·叢書名などを辞書的に配列した目録》.
díctionary Ènglish 堅苦しい英語.
Díctionary of Nátional Biógraphy [The] 『英国人名辞典』《英国の著名な物故者の生涯を扱った辞典; 初代編者 Sir Leslie Stephen と Sir Sidney Lee によって 1885 年から 1901 年までに Supplement を含む 22 巻分が出版された; 現代まで補遺が刊行されている; 略 DNB》.
díctionary sòrt 〘電算〙 辞書順ソート.
Díc·to·gràph /díktə-/ 〘商標〙 ディクトグラフ《拡声送話器; 会話を盗聴または録音する》. [*dictation*, *-o-*]
dic·tum /díktəm/ *n* (*pl* **-ta** /-tə/, **~s**) 《権威者·専門家の》公式見解, 断言, 言明; 〘法〙 《裁判所·裁判官の》意見, 傍論, 付随的意見, ディクタム (OBITER DICTUM); 格言, 金言. [L (pp)＜*dico* to say]
dic·ty, dick·ty /díkti/ *《俗》 *a* 高級な; すばらしい; 上流気取りの, 高慢な. ► *n* 貴族; 金持, 気取った[お高くとまった]やつ. [C20＜?]
dic·ty- /díktɪ/, **dic·tyo-** /díktiou, -tiə/ *comb form* 「網 (net)」 [Gk *diktuon* net]
díctyo·sòme *n* 〘生〙 網状体, ディクチオソーム (Golgi body).
dic·tyo·stele /díktiəstìːl, dɪ̀ktiəstíːli/ *n* 〘植〙 《シダ類の》網状中心柱.
di·cu·ma·rol, -cou·ma- /daɪk(j)úːmərɔ̀(ː)l, -ròul, -rὰl/ *n* 〘薬〙 ジクマロール (＝*dicoumarin*) 《抗凝血薬》.
di·cy·an·di·am·ide /daɪsàɪændáɪəmàɪd/ *n* 〘化〙 ジシアンジアミド《プラスチック·樹脂製造用》.
di·cýclic /daɪ-/ *a* 〘化〙 BICYCLIC; 出現する時期が年 2 回ある, 二[複]輪廻(ʳⁿ)性の〈プランクトンなど〉; 〘植〙 二環[二輪]の.
di·cyn·o·dont /daɪsínədὰnt/ *n* 〘古生〙 双牙類の動物《爬虫類に属し, 草食性で退化した歯をもつ》.
did *v* DO[1] の過去形.
Did·a·che /dídəkìː/ 『ディダケー』《十二使徒の教えを示した 2 世紀初めのキリスト教の教義書; 作者未詳》; [d-] 《新約中の》教え, ディダケー《倫理的教え》.
di·dact /dάɪdækt/ *n* 教訓をたれる人, 道学者. [逆成＜*didactic*]
di·dac·tic /daɪdǽktɪk, də-; dɪ-/, **-ti·cal** *a* 教訓的な, 説教的な (instructive), (一方的)講義形式の〈授業など〉; 説教好きの, 道学者ぶった. ◆ **-ti·cal·ly** *adv* [Gk (*didaskō* to teach)]
di·dac·ti·cism /daɪdǽktəsɪ̀z(ə)m, də-/ *n* 教訓[啓蒙]主義, 教訓癖.
di·dác·tics *n* [〈*sg/pl*〉] 教授法[学]; 教訓, 教義.
di·dac·tyl, -tyle /daɪdǽkt(ə)l/ *a* 〘動〙 各外肢に指が 2 本しかない, 二指(外肢)の.
didakai ⇨ DIDICOY.
di·dan·o·sine /daɪdǽnəsìːn/ *n* 〘薬〙 ジダノシン (DDI).
di·dap·per /dάɪdæpər/ *n* 〘鳥〙 《小型の》カイツブリ. [*dive dapper*＜OE *dūfedoppa* (DIVE[1], dip[1])]
diddicoy ⇨ DIDICOY.
did·dle[1] /dídl/ 《口》 *vt, vi* だます, かたる, 〈人から...を〉だまし取る (: ~ sb *out of* sth＝~ sth *out of* sb); 〈人を〉おちぶれさせる, だめにする; 時間をむだにする, ぶらぶらする, ごろごろする〈*around*〉. ● **~ away** むだにつかう, 浪費する. ◆ **díd·dler** *n* [?英国の劇作家 James Kenney (1780–1849) の *Raising the Wind* (1803) 中の J. *Diddler*]
diddle[2] *vi, vt* 《方》 小刻みにすばやく動く[動かす]; 《口》 いじくる, (余計な)ちょっかいをかける〈*with*〉; 《卑》 (...と)性交する, 一発やる; 《卑》 手淫する, 〈人〉の性器を愛撫する, 手でいかせる. [C17＜? *doderen* to tremble, totter; cf. DODDER[1]]
díddle bàg 小物入れバッグ.
Did·dley /dídli/ ディドリー **Bo** ~ (1928–2008) 《米国のリズムアンドブルースシンガー·ギタリスト·ソングライター》.
did·dly /dídli/ *《俗》 *a* くだらない, つまらない. ► *n* **1** [[u]*neg*] わずかばかり, ちっと, ゼロ, 無 (nothing): *not* worth ~. **2** きず, 故障.
díddly-bòp *《俗》 *vi* (おしゃべりをして)時間をつぶす; おもしろいことをやる, 楽しむ. ► *n* ディドリーバップ《軽いリズミカルな音》; 楽しみ, 気晴らし. ► *a* 気の抜けたような, 軽い.
díddly-squàt, -dàmn, -pòo, -pòop, -shìt, -squìrt, -whòop *《俗》 *n* ゼロ, なんでもないこと; 安っぽいもの; よた, ナンセンス; いやったらしいやつ: *not* worth ~ なんの価値もない / it does*n't* mean ~ なんの意味もない, ナンセンスだ. ► *a* くだらねえ, つまらん.
did·dums /dídəmz/ *int* いい子いい子, (おー)よちよち《子供などをなだめたり呼びかけたりすることば》. [*did'em* did they (tease you, etc.)?]
did·dy[1] /dídi/ *n* 《俗·方》 乳房, 乳首, 母乳, おっぱい, ちち. [*titty*[1]]
diddy[2] *a* [u]《俗》 ちっちゃな, かわいい (little).
díddy bàg *《俗》 DITTY BAG.
díddy·bòp *vi, n* *《俗》 DITTYBOP.
di·del·phic /daɪdélfɪk/ 〘動〙 *a* 二子宮の《有袋類の特徴》; 雌の生殖管が二重の, 二子宮の〈虫など〉; MARSUPIAL.
dì·deòxy·cýtidine *n* 〘薬〙 ジデオキシシチジン (DDC).
dì·deòxy·ínosine *n* 〘薬〙 ジデオキシイノシン (DDI).
Di·de·rot /dìdróu, díːdəròu; *F* didro/ ディドロ **Denis** ~ (1713–84) 《フランスの思想家; d'Alembert たちと *Encyclopédie* の編集·出版にあたった》.
did·ger·i·doo, -jer- /dɪ̀dʒərədúː, ⌐──⌐/ *n* (*pl* **~s**) ディジェリドゥー《オーストラリア北部先住民の竹製の管楽器》. [imit]
di·di /díːdiː/ *n* 《インド》 (お)ねえさん《姉·従姉·年上の女性への呼びかけ語》.
did·i·coy, -coi, did·di- /dídɪkɔ̀ɪ/, **did·a·kai** /dídɪkàɪ/ *n* 《俗·方》 ジプシー(の混血); 《英国で》 キャラバン生活をしながら路傍でスクラップなどを売る者《Gypsies と呼ばれるがジプシー族ではない》.
di·die, di·dy /dάɪdi/ *n* 《幼児·口》 おむつ (diaper).
dídie pìns *pl* *《俗》 少尉の金線章.
Did·i·on /dídiən/ ディディオン **Joan** ~ (1934–) 《米国の小説家·エッセイスト》.
did·n't /dídnt/ did not の短縮形.
di·do /dάɪdou/ *n* (*pl* **~es, ~s**) 《口》 おどけ, ふざけ, いたずら騒ぎ; 《俗》 文句, 不平, 反対; 《俗》 つまらないもの. ● **cut (up) a ~** [**~(e)s**] ふざけちらす. [C19＜?]
Dido 〘ギ伝説〙 ディードー《カルタゴを建設したといわれる女王; Aeneas をもてなして恋するようになったが, 捨てられて自殺した》.
DIDO *n* 《電算俗》 クズ入れクズ出し《産物は構成要素以上のものにはなりえない, インプット(のデータ)がまずいとアウトプットは信用できない; cf. GIGO》. [*dreck in, dreck out* (shit in, shit out) の頭字語]

D

Di·dot body /didóu ─́─, dí:dòu-/ CORPS DIDOT.
didst /dɪdst/ *v* 《古》 DO¹ の二人称単数過去.
didy ⇨ DIDIE.
di·dym·i·um /daɪdímiəm, dɪ-/ *n* 〘化〙 ジジ(ミウ)ム《2 つの希土類元素 neodymium と praseodymium の混合物; もと 元素の一つとされた》.
did·y·mous /dídəməs/, **-moid** /-mɔ̀ɪd/, **-mate** /-mət, -mèrt/ *a* 〘動・植〙 双生の, 対の.
Did·y·mus /dídəməs/ デドモ, ディディモ《十二使徒の一人 Thomas の別名; *John* 11: 16》. [Gk=twin]
di·dyn·a·mous /daɪdínəməs/ *a* 〘植〙〈植物・花が〉長さの異なる雄蕊(ずい)が二対ある; 〈雄蕊が〉長さの異なる対 2 つからなる: ～ stamens 二強[長]雄蕊. ◆ **di·dýn·a·my** *n*
die¹ /dáɪ/ *vi* (**dý·ing**) **1 a** 死ぬ; 枯死する: ～ a beggar 乞食をして死ぬ, のたれ死にする / ～ rich [poor] 裕福のうちに[貧しく]死ぬ / ～ *by* violence 非業の死を遂げる / ～ *through* neglect 放置されて死ぬ / ～ *for* one's country 国に殉ずる / ～ *in* battle 戦死する / ～ laughing 笑って死を迎える / if one ～*s* in the attempt どんなめにあっても, 途中で死んでも(かまわない) / *Dying* is as natural as living. 《諺》 死ぬことも生きることと同じく自然の成り行き. ★ (1) 同族目的語を伴うことがある: ～ *the death of* a hero 英雄的な死を遂げる / ～ *a* glorious *death* はなばなしい死に方をする. (2) 概して～ *of* は病気・飢え・老齢など死亡率の高いケースに多く用い, ～ *from* は通例 外傷・不注意に起因する死を示すが, この場合でも *of* も用いる: ～ *from* a wound [inattention] 負傷がもとで[顧みられないで]死ぬ / ～ *of* illness [hunger] 病死[餓死]する / ～ *of* a broken heart 失意のうちに[絶望して]死ぬ. **b** 〘聖〙 精神的に死ぬ, 死の苦しみを味わう. **2 a** [誇張表現として] 死ぬ思いをする, 死ぬほど笑う[驚く, いやがる など], [ᵘbe dying] 〈空腹・退屈など〉でたまらない 〈*of*〉: I nearly ～*d*. =I could have ～*d*. 《口》 本当にびっくりした[参った, ばつが悪かった, など] / ～ (*of*) laughing 笑いこける / ～ *of* boredom 死ぬほど退屈する / *be dying of* [*with*] curiosity 知りたくてうずうずしている / I thought I should have ～*d*. おかしくて死にそうな気がした《of laughing の省略》. **b** [ᵘbe dying] 《口》 …が欲しくて[したくて]たまらない, じれる: I'*m dying for* a drink [*to* see you]. 飲みたくて[きみに会いたくて]たまらない. **3 a** 〈火が〉消える, 〈音・光などが〉かすかになる, 薄らぐ 〈*away*, *down*, *off*, *out*; *into* something else〉; 気が抜ける. **b** 〈制度・芸術・名声など〉消える, 滅びる, 忘れられる: His fame ～*d with* him. 名声は彼の死とともに忘れられた. **c** 〈事が〉日の目を見ない, 〈法案などが〉葬られる; 《俗》《演技・演奏などで》失敗する, 〈コメディアンなど〉まるでうけない. **4** 無感覚[無頓着]になる 〈*to*〉: ～ *to* shame 恥を忘れる. **5 a** 〈モーターなど〉止まる, 動かなく[使いものにならなく]なる. **b** 〘野〙 残塁[アウト]になる; 〘野〙〈打球が〉バウンドしない, 止まったようになる.
● ～ **a** [**the**] DEATH. ～ **away** 〈風・音など〉しだいに静まる[弱まる]; 気が遠くなる (faint). ～ **back** 〈草木が〉枝先から根元に向かって枯れ込む, 地上部だけが枯れる (cf. DIEBACK). ～ **down** 衰える, 静まる; 〈草が〉地上部が枯れる. ～ GAME¹. ～ **hard** 《あくまで頑強に抵抗して》なかなか死なない, がんばり抜く (cf. DIE(-)HARD); 〈習慣など〉容易に滅びない. ～ **in a ditch** のたれ死にする. ～ **in harness** 奮闘しながら死につく, 現職のまま倒れる, 死ぬまで働く. ～ **in** (**one's**) **bed** 《病気・老齢で》畳の上で死ぬ. ～ **in one's shoes** [**boots**]=～ **with one's shoes** [**boots**] **on** 横死する, 《闘ったりして》勇敢に死ぬ; 絞首刑に処せられる; =DIE in harness. ～ **in the last ditch** 最後までがんばる, 死ぬまで奮闘する. ～ **off** 〈一家・種族など〉次々に死んでいく, 死に絶える; 順々に枯死する. ～ **on** sb 《口》〈人〉の目の前で[看病中に, 飼育中に]死んでしまう; 〈人〉にとって使えなく[どうでもよく]なる: He ～*d on* me. あいつに死なれてしまった / My car ～*d on* me, and I couldn't get it started. 車がエンストしちまってエンジンがかからなかった. ～ **on one's feet** ⇨ FOOT. ～ **on the** VINE. ～ **out** 死に絶える; 〈習慣などが〉すたれる, 消える. ～ **standing up** 〘劇〙 演じても拍手もされない. ～ **the death** 《古》/[*joc*] 死刑にされる; 《口》〈役者が〉うけない, 客にそっぽを向かれる. ～ **to self** [**the world**] 自己[世]を捨てる. ～ **unto sin** 罪悪を超越する, くよくよしない. **Never say** ～**!** 弱音を吐くな, 悲観するな, しっかりやれ. **to** ～ (**for**)*《俗》 すごい, ダントツの, ぜったい(欲しい): It is *to* ～ (*for*)*!* もう最高, とってもすてきよ! / That boy is *to* ～ pretty. あの子ったらすっごくしゃれてるのよ.
► *n**《俗》 死 (death).
[ME<?ON *deyja*; cf. DEAD, DEATH, STARVE]
die² *n* **1** (*pl* DICE) さいころ, さい; [*pl*] さいころ賭博, すごろく遊び (⇨ DICE); [ᵘ*pl*] さいの目に切ったもの. **2** (*pl* ～**s**) **a** 極印, 打ち型, ダイ; 打ち抜き型, ダイ; 押出しダイ[型]; 《射出成形・ダイカスティング用の》金型, ダイ; 〘機〙 ダイス型, 雄ねじ切り(の部品), ダイス. **b** 〘建〙 台胴 (dado), ダイス《柱脚の方形部》. ● (**as**) **straight** [**true**] **as a** ～ 一直線に, まっすぐに; まっ正直な, 心から公平な. **be upon the** ～ いちかばちかだ. **The** ～ **is cast** [**thrown**]. 賽(さい)は投げられた (*L* jacta alea est)《事は既に決した; Caesar が Rubicon 川を渡った時のことば》. ► *vt* 〘機〙 die で切る[形づくる]. [OF<L *datum* (pp)<*do* to give, play; 'given by fortune' の意か]
díe-awày *a* 元気のない, めいりそうな. ► *n* 《音・像などの》しだいに遠く[不明瞭に]なること.
dieb /dí:b/ *n* 〘動〙 北アフリカ産のジャッカルの一種. [Afrik]
díe·bàck *n* 〘植〙《病虫害・寒気・水分不足などのため》枝先から枯れ込んでくること, 胴[枝]枯れ(病), 立枯れ(病), 寒枯れ.
díe-càst *vi* ダイカストで製造する. ► *a* ダイカスト製造の.
díe càsting 〘冶〙 ダイ鋳物(法), ダイカスティング.
diecious ⇨ DIOECIOUS.
diè·dre /*F* djɛdr/ *n* 〘登山〙 ジェードル《岩隙を中心に本を開いて立てたような角度のついた箇所》.
Die·fen·ba·ker /dí:fənbèɪkər/ ディーフェンベーカー **John G**(**eorge**) ～ (1895–1979)《カナダの政治家; 進歩保守党党首 (1956–67), 首相 (1957–63)》.
dief·fen·bach·ia /dì:fənbǽkiə, -bá:-/ 〘植〙 ディーフェンバキア属 [シロガスリソウ属] (*D-*) の各種観葉植物《熱帯アメリカ原産; サトイモ科》. [Ernst *Dieffenbach* (1811–55) ドイツの植物学者]
di·e·ge·sis /dàɪədʒí:səs/ *n* (*pl* **-ses** /-sì:z/) 物語, 筋, 筋立て. ◆ **-get·ic** /-dʒétɪk/ *a* [Gk]
Di·e·go /diéɪgou/ ディエゴ《男子名》. [Sp]
Diego Gar·cia /─́─ gɑ:rsí:ə/ ディエゴ・ガルシア《インド洋中央部, 英領 Chagos 諸島の主島; 英軍・米軍の基地》.
Dié·go-Sua·rez /diéɪgouswɑ́:rəs/ ディエゴスアレス《ANTSIRANANA の旧称》.
díe·hàrd *n* 頑強な抵抗者 (cf. DIE¹ *hard*); 頑固な保守主義者, 頑固者; 〘犬〙 SCOTTISH TERRIER.
díe-hàrd *a* 最後までがんばる[抵抗する]; 頑固な, 徹底した. ◆ ～**·ìsm** *n* 頑固な保守主義.
díe-ìn *n* ダイイン《参加者が死んだように横たわる示威行動》.
di·el /dáɪəl, -ɛ̀l/ 〘生態〙 *a* 一昼夜の, 日周(期)的な. ► *n* 一昼夜.
diel·drin /dí:ldrən/ *n* 〘化〙 ディルドリン《殺虫剤》. [*Diels-Alder* reaction]
dì·eléctric 〘電〙 *n* 誘電[絶縁]体. ► *a* 誘電[絶縁]性の. ◆ **-eléctrically** *adv* [*di-*³]
dieléctric cónstant 〘電〙 誘電率 (permittivity); 〘電〙 比誘電率 (relative permittivity).
dieléctric héating 〘電〙 誘電加熱.
dieléctric lóss 〘電〙 誘電損.
dieléctric stréngth 〘電〙 絶縁耐力.
Diels /dí:lz, -s/ ディールス **Otto** (**Paul Hermann**) ～ (1876–1954)《ドイツの有機化学者; Kurt Alder と共にジエン合成を研究, ノーベル化学賞 (1950)》.
Díels-Álder reàction 〘化〙 ディールス-アルダー反応《ジエン合成》. [Otto *Diels*, Kurt *Alder*]
Dien Bien Phu /djén bjèn fú:/ ディエン・ビエン・フー《ヴェトナム北西部の, ラオスとの国境近くにある町; 1954 年フランス軍が Ho Chi Minh 軍に決定的敗北を喫した地》.
dì·encéphalon *n* 〘解〙 間脳 (=*betweenbrain*, *interbrain*, *thalamencephalon*). ◆ **dì·encephálic** *a*
di·ene /dáɪì:n, ─́─/ *n* 〘化〙 ジエン (=*diolefin*)《分子内に炭素原子の二重結合を 2 個もつ化合物の総称》. [↓]
-di·ene /dáɪì:n, ─́─/ *n suf* 〘化〙「二重結合が 2 個ある有機化合物」: buta*diene*. [*di-*¹, *-ene*]
díe-òff *n* 《ウサギなどの》個体激減《狩猟などの人為的原因によらないもの》.
díe plàte DIESTOCK.
Di·eppe /diép; *F* djɛp/ ディエップ《フランス北部, イギリス海峡に臨む市・港町; 1942 年 8 月連合軍特別襲撃隊の侵入があった》.
dieresis ⇨ DIAERESIS.
di·es /dí:èɪs/ *n* (*pl* ～) 日 (day). [L]
Dies /dáɪz/ ダイズ **Martin** ～**, Jr.** (1901–72)《米国の政治家; 連邦下院の非米活動調査委員会 (House Un-American Activities Committee) の初代委員長》.
Die·sel /dí:z(ə)l, -s(ə)l/ *n* **1** ディーゼル **Rudolf** ～ (1858–1913)《ドイツの機械技術者; ディーゼル機関を発明した (1892)》. **2** [ᵘd-] DIESEL ENGINE; ディーゼル機関車[トラック, 船 など]; 《口》 DIESEL OIL. ► *a* [d-] ディーゼルエンジンの; *《俗》 すごい, 最高の. ► *vi* [d-]*〈ガソリンエンジンが〉スイッチを切ったあとも回転を続ける, ディーゼリングする.
díesel cỳcle 〘機〙 ディーゼルサイクル《4 サイクル内燃機関の基本的サイクル》.
díesel·dỳke *n* 《卑》《レズの》男役, たち. [cf. *bulldyke*]
díesel-eléctric *a* ディーゼル(エンジン)発電機の[を装備した]. ► *n* ディーゼル電気機関車 (=～ **locomótive**).
díesel èngine [**mòtor**] ディーゼル式(内燃)機関.
díesel-hydráulic *n* 流体[液体]式ディーゼル機関車. ► *a* 流体[液体]式ディーゼル機関(車)の.
díesel·ing* *n* 《ガソリンエンジンの》ディーゼリング《スイッチを切ったあともエンジン内の過熱点により自己点火し回転を続けること》.
díesel·ìze *vt* …にディーゼルエンジンを取り付ける, ディーゼル化する. ◆ **dìesel·izátion** *n* ディーゼル化.
díesel òil [**fùel**] ディーゼル油.
di·es fau·stus /dí:èɪs fáustus/ 吉日, 佳日. [L=lucky day]
di·es in·fau·stus /dí:èɪs ínfàustus/ 凶日. [L=unlucky day]

díe·sìnk·er *n* 〘機〙ダイス型を彫る人, 型彫り, 型工. ♦ **díe·sìnk·ing** *n* 型彫り.

di·es irae /díːeɪs íːreɪ, -raɪ; díːeɪz íəraɪ/ **1** 怒りの日. **2** [D- I-] 最後の審判日; [D- I-]「怒りの日」「ディエス・イレ」《死者のためのミサ (Requiem Mass) 中の Dies Irae で始まる部分》. [L＝day of wrath]

di·e·sis /dáɪəsəs/ *n* (*pl* **-ses** /-sìːz/) **1** DOUBLE DAGGER. **2** 〘楽〙ディエシス《**1**) Pythagoras の音階の全音階的半音 **2**) 短 3 度を 4 つ [長 3 度を 3 つ]重ねたもの》. [L＜Gk＝quarter-tone]

di·es non (ju·ri·di·cus) /díːeɪs nóʊn (jʊrídɪkəs), dáɪìːz nán (dʒʊrídɪkəs)/ (*pl* **díes nóns** /-nz/, **díes nón ju·rí·di·ci** /-kìː/) 〘法〙休廷日; 休業日《日数計算から除外する日》. [L＝non (juridical) day]

die·so·hol /díːzəhɔ̀(ː)l, -hòʊl, -hàl/ *n* ディーゼル油とアルコールの混合物《ディーゼルエンジンの燃料》. [*diese*l＋alc*ohol*]

díe stàmping 《ダイによる》浮き出し加工.

dí·èster *n* 〘化〙ジエステル《2 個のエステル基をもつ化合物》.

díe·stòck *n* 《水道管・ボルトなどのねじ切り用の》ダイス回し.

di·éstrous, -éstrual, -óestrous, -óestrual /daɪ-/ *a* 〘動〙発情間期の.

di·éstrus, -éstrum, -óestrus, -oéstrum /daɪ-/ *n* 〘動〙発情間期, 発情休止期《発情期と発情期の間の休止期》.

di·et[1] /dáɪət/ *n* **1** 日常の飲食物[飼料], 食餌, 食物; 《治療・体重調節のための》規定食, 治療食, 低カロリー食(品); 食事[食餌]療法, ダイエット: a meat [vegetable] ～ 肉[菜]食 / be [go] on a ～ ダイエット[食事療法]している[する]. **2** 《テレビ番組・娯楽などの》いつも与えられるもの, おきまりのもの. ► *vt* 〈患者〉に規定食[治療食]を取らせる; …に食物を与える: ～ one*self* 食養生する. ► *vi* 規定食[治療食]を取る; 《古》食う. ► *a* 低カロリーの; ダイエット用の: ～ drink ダイエット飲料 / ～pills ダイエットピル. [OF, ＜Gk *diaita* way of life]

diet[2] *n* [the D-]《かつてのデンマーク・スウェーデン・ハンガリー・プロイセンなどの》(地方)議会, 《日本の》国会 (cf. PARLIAMENT, CONGRESS); 《スコ》開廷日, 会議日; 《スコ》開廷期, 会期; 《神聖ローマ帝国の》帝国議会. ♦ **díet·al** *a* [L *dieta* day's work, wages, etc.]

di·e·tar·i·an /dàɪətɛ́əriən/ *n* 規定食[治療食]厳守[摂取](主義)者.

di·e·tary /dáɪətèri; -t(ə)ri/ *a* 食事[食餌]の; 規定食の, 治療食の; 食事[食餌]療法の: a ～ cure 食事[食餌]療法. ► *n* 《個人・集団の》食糧《質・量・種類》; 規定食. ♦ **dì·e·tár·i·ly** /; dáɪət(ə)rɪli/ *adv*

díetary fíber 食物繊維 (FIBER).

díetary làw 〘ユダヤ教〙飲食物の適・不適を定めた戒律.

díetary súpplement 栄養[健康]補助食品, サプリメント.

díet·er *n* ダイエット中の人, 食事[食餌]療養者.

di·e·tet·ic /dàɪətétɪk/, **-i·cal** *a* 食事[食餌]の, 栄養の; 《糖分[塩分]を除くなどして》規定食[特別食]用にした〈食品〉. ♦ **-i·cal·ly** *adv*

dì·e·tét·ics *n* [*<sg/pl>*] 食事[食餌]療法学.

di·éther /daɪ-/ *n* 〘化〙ジエーテル《エーテル結合をした 2 個の酸素原子をもつ化合物》.

di·èthyl·barbitúric ácid /daɪ-/ 〘化〙ジエチルバルビツール酸 (BARBITAL).

dì·èthyl·car·bám·azine /-kɑːrbǽməzìːn, -zən/ *n* 〘化〙ジエチルカルバマジン《クエン酸塩の形でフィラリア撲滅薬とする》.

diéthyl cárbinol 〘化〙ジエチルカルビノール《無色の液体; 溶剤・浮遊選鉱試薬》.

di·éthylene glýcol /daɪ-/ 〘化〙ジエチレングリコール《無色無臭で有毒な吸湿性の液体; 柔軟剤・潤滑剤・溶剤・不凍液などに用いる; 一時, ワインの添加物として悪用された》.

diéthyl éther 〘化〙ジエチルエーテル《無色の液体; 試薬・溶剤に用いる》.

di·èthyl·stilbéstrol /daɪ-/ *n* 〘生化〙ジエチルスチルベストロール, DES (＝*stilbestrol*)《合成女性ホルモンの一種》.

diéthyl tolu·ámide /-tàlju-/ DEET.

diéthyl zínc 〘化〙ジエチル亜鉛《無色の液体で空気中で自然発火する; 航空燃料, 重合反応の触媒, 紙の脱酸などに用いる》.

díet·ist *n* DIETITIAN.

di·e·ti·tian, -ti·cian /dàɪətíʃ(ə)n/ *n* 栄養士.

díet kìtchen 《病院などの》規定食[治療食]調理室.

díet pìll* やせ薬, ダイエットピル.

Die·trich /díːtrɪk; *G* díːtrɪç/ **1** ディートリヒ **Mar·le·ne** /*G* marléːnə/ ～ (1901–92)《ドイツ生まれの米国の映画女優・歌手》. **2** ディートリック《男子名》. [G; ⇨ THEODORIC]

Dieu avec nous /*F* djø avɛk nu/ 神われらと共に在らんことを. [F＝God with us]

Dieu et mon droit /*F* djø e mɔ̃ drwa/ 神とわが権利《英王室紋章に書かれた標語》. [F＝God and my right]

Dieu vous garde /*F* djø vu gard/ 神があなたをお守りくださるように. [F＝God keep you]

Diez /díːts/ ディーツ **Friedrich Christian** ～ (1794–1876)《ドイツの言語学者》.

dif- /dɪf/ *pref* 《f の前の形》DIS-[1].

diff, dif /díf/ *n* 《口》違い (difference): What's the ～? ► *vt* 〘電算〙〈ファイルを〉比較して違いを調べる.

dif·fer[1] /dífər/ *vi* **1** 違う, 異なる 〈*from* another; *in* a point〉. **2** 意見を異にする 〈*with* sb *about* [*on*, *over*] a matter; *from* sb *in* opinion〉; 口論する, 争う 〈*with*〉. ● AGREE **to ～. I beg to ～ (from you).** 失礼ながらわたしは(あなたと)意見が違います. ♦ **～·ing** *a* 異なった, さまざまな. [OF＜L *dilat- differo* to bear apart, scatter]

differ[2] *n* 《方》DIFFERENCE.

dif·fer·ence /díf(ə)rəns/ *n* **1** 違い, 相違, 差異, 相違点 〈*in* appearance, quality, etc.; *of* one thing *from* another; *between* the two, *between* A *and* B〉; 《古》明確な特徴; 区別: a DISTINCTION without a ～. **2** 差額; 《株価の高低の》さや; 〘数〙差, 差分, 階差; 〘論〙差異: meet [pay] the ～ 差額を補償する[支払う]. **3** 意見の相違; 不和, 争い, 仲たがい; [°*pl*]《国際間の》紛争: We had a serious ～ of opinion. 意見の重大な相違があった / BURY one's ～*s*. **4** 〘紋〙《分家などを示すための》紋章に対する変更[追加]. ● **carry the ～** *《俗》銃を携行する. **for all the ～ it makes [there is,** etc.**]** 大差がないことを考慮すると, たいした違いはないのだから[ないけれど]. **make a [the] ～** 相違を生じる, 効果[影響]を生じる, 重要である 〈*to*〉; 差別をつける 〈*between*〉: The flower *makes all the ～ to* the room. 部屋はその花で見違えるようだ / It *makes* me no ～. 問題[知ったこと]ではない, 別にどうでもいい[かまわないよ]. **split the ～** 《2 つの異なる数量・金額の》中間を採る, 残りを等分する; 〈双方が〉歩み寄る, 折れ合う, 妥協する. **(the) same ～** 《口》同じ[似た]ようなものだ《相手の細かい区別立てなどに対することば》. **What's the ～?** かまわないではないか. **with a ～** 《口》ひと味違う, ちょっとおもしろい: an artist *with a* ～ 一風変わった芸術家.
► *vt* **1** DIFFERENTIATE. **2** …の間の差を計算する. **3** 〘紋〙〈紋章〉に分家などを示すしるしを付ける.

dífference lìmen [thrèshold] 〘心〙弁別[識別, 差異]閾.

dif·fer·ent /díf(ə)rənt/ *a* **1** 違う, 異なる, 別の; 同じでない 〈*from* another〉: ～ people with the same name 同名異人 / (as) ～ as night and day 全く違った / that's ～ そんなことないよ, それはちょっと違う. ★ ～ *from* が普通であるが《英》では ～ *to*, 《米》では ～ *than* とすることも多い. 修飾語は much [very] ～. **2** 種々の, いろいろな. **3** *一風変わった, 特別な (unusual). ► *adv* 《口》違って, 異なって, そうではなく (differently): I know ～. そうではないことがわかっている. ♦ **～·ness** *n* [OF＜L; ⇨ DIFFER]

dif·fer·en·tia /dìfərénʃ(i)ə/ *n* (*pl* **-ti·ae** /-ʃìiː, -àɪ/) 相違点, 本質的差異, 特異性, 《特に》〘論〙種差. [L DIFFERENCE]

dif·fer·en·ti·a·ble /dìfərénʃ(i)əb(ə)l/ *a* 区別[差別]しうる, 弁別可能な; 〘数〙微分可能な, 可微(分)の. ♦ **dìf·fer·èn·ti·a·bíl·i·ty** *n*

dif·fer·en·tial /dìfərénʃ(ə)l/ *a* **1** 他と異なる, 特異な〈特徴など〉. **2** 差異に基づく, 差別的な〈賃金・関税など〉; 〘理・機〙差動の, 示差の. **3** 〘数〙微分の. ► *n* **1** 〘商〙協定賃率差, DIFFERENTIAL RATE; 差, 格差, 差額; 〘鉄道〙《一地点に達する 2 経路の》運賃差; "賃金格差; 〘理〙《量の》差; 〘生〙特異形態; 〘電〙差動; 〘機〙差動装置 (differential gear). **2** 〘数〙微分 (cf. INTEGRAL). **3** *《俗》尻, けつ《自動車の後軸ギアボックスにかけたしゃれ》. ♦ **～·ly** *adv* 特異に, 差別的に, 区別をして.

differéntial ánalyzer 微分解析機《アナログ計算機の一つ》.

differéntial associátion 〘心〙差異連合《犯罪[異常]行動はその型・規範・価値観と密接な関係を頻繁にもった結果習得されるとする理論》.

differéntial cálculus 〘数〙微分学.

differéntial coeffícient 〘数〙微(分)係数.

differéntial compáction 〘地質〙差別的圧密《場所によって異なる圧密》.

differéntial diagnósis 〘医〙鑑別診断《ある症状の原因が, 想定される数種の病気のうちのどれであるかを診断すること》.

differéntial equátion 〘数〙微分方程式.

differéntial géar [géaring] 〘機〙差動歯車[装置].

differéntial geómetry 〘数〙微分幾何学.

differéntial óperator 〘数〙微分作用素[演算子].

differéntial psychólogy 差異心理学《集団内での個人差を研究する心理学》.

differéntial quótient 〘数〙微分商.

differéntial ráte 賃金格差; 差額を加減した運賃率, 特定低運賃率.

differéntial scréw 〘機〙差動ねじ.

differéntial thermómeter 示差温度計.

differéntial wíndlass 〘機〙差動巻揚げ機[ウィンドラス] (＝*Chinese windlass*).

dif·fer·en·ti·ate /dìfərénʃièɪt/ *vt* **1** …に区別を立てる, 区別[識別, 弁別]する; …に区別[差異]を生じさせる, 差異化[差別化]する: ～ one *from* [*and*] another 甲と乙に差異を認める. **2** 〈生物の種(しゅ)など〉を分化[特殊化]させる. **3** 〘数〙微分する. ► *vi* **1** 区別を生じる; 〈器官・種・言語など〉分化[特殊化]する. **2** 差異を認める 〈*between*〉.
♦ **-à·tor** *n* ⁺〘電子工〙微分器, 微分回路.

D

dif·fer·en·ti·a·tion /dìfərènʃiéɪʃ(ə)n/ *n* 区別(を認めること), 区別立て, 弁別; 分化, 特殊化, 派生; 〘生〙分化; 〘地質〙《共通のマグマからの岩石の》分化; 〘数〙微分(法) (cf. INTEGRATION).

díf·ferent·ly *adv* **1** 〈…とは〉異なって, 違って 〈*from, to, than*〉: He will think ~ *from* you. きみとは違った考え方をするだろう. **2** そうではなく (otherwise): I know ~. そうではないことがわかっている.

dífferently ábled *a* [*euph*] 異質健常(者)の, 障害者の (disabled).

dif·fi·cile /dì:fɪsí:l; dəfísəl/ *a* 扱いにくい, 厄介な, 手に負えない, 気むずかしい (opp. *docile*); 《廃》困難な, むずかしい (difficult). [F; ⇨ DIFFICULTY]

D

dif·fi·cult /dífɪkʌ̀lt, -kəlt; dífɪk(ə)lt/ *a* **1** 困難な, 面倒な, むずかしい; …しがたい 〈*of* access, *to* do〉; わかりにくい, むずかしい (opp. *easy*): a ~ problem 難問, 難題 / a problem ~ *to* explain [*of* explanation] 説明しにくい問題 / It is ~ [I find it ~] *to* stop drinking. 酒はなかなかやめられない / All things are ~ before they are easy. 《諺》楽にできるようになるまでは何事もむずかしい《習うより慣れよ》. **2** 〈人が〉気むずかしい, 頑固な; 〈事情・人などが〉扱いにくい, やっかいな; 財政難の: Please don't be so ~. まあそうむずかしいこと言わないで. ♦ **~·ly** *adv* **~·ness** *n* [逆成く↓]

dif·fi·cul·ty /dífɪk(ə)lti/ *n* **1** 困難, 難儀: I have ~ (*in*) remember*ing* [have ~ *with*] names. 人の名が憶えられない / have ~ *with* human relationships 人間関係で苦労している / find ~ *in* understand*ing* 理解しがたいことを知る. **2** 難事, 難局; [°*pl*] 窮境, 《特に》財政困難; 故障, 障害, じゃま; 難点, 問題点 〈*with*〉: Another ~ arose. 別の問題が生じた / He is in a ~. 困っている / be in *difficulties* for money 金に困っている / get [run] into ~ 苦境に陥る. **3** 不本意; 苦情, 異議 (objection); 意見の不一致, 争い, もつれ (quarrel): labor *difficulties* 労働争議. ● **make a ~=make [raise] difficulties** 面倒なこと[苦情]を言う, 異議を唱える. **with ~** かろうじて (opp. *easily, with ease*). **without (any) ~** (なんの)苦もなく, 楽々と. [L *difficultas*; ⇨ FACULTY]

dif·fi·dence /dífədəns, *-dèns/ *n* 自信のなさ, 無自信, 気おくれ, 遠慮がち, 内気 (opp. *confidence*); 《古》不信: with nervous ~ おずおずと / with seeming ~ しおらしそうに.

díf·fi·dent /, *-dènt/ *a* 自信がない; 遠慮がちな, 控えめな, 内気な, おずおずした; 《古》信用しない, 疑う. ♦ **~·ly** *adv* **~·ness** *n* [L *dif*-(*fido* to trust)=to distrust]

dif·flu·ence /dífluəns/ *n* 分流; 流動性; 溶解, 融解.

díf·flu·ent *a* 分流性の; 融解[溶化]しやすい.

dif·fract /dɪfrǽkt/ *vt* 分散[分解]する; 〘理〙〈光波・音波・電波などを〉回折する, 屈折させて散らす. ► *vi* 分散[回折]する. [逆成く↓]

dif·frac·tion /dɪfrǽkʃ(ə)n/ *n* 〘理〙《電波などの》回折. [L DIF-*fringo*; ⇨ FRACTION]

diffráction gràting 〘光〙回折格子 (grating).

diffráction pàttern 〘光・理〙回折像《光波の回折で生じる明暗の縞(しま)からなる像》.

dif·frac·tive /dɪfrǽktɪv/ *a* 回折(性)の. ♦ **~·ly** *adv*

dif·frac·tom·e·ter /dɪfrӕktámətər/ *n* 〘理〙回折計.

dif·fràc·tóm·e·try *n* 〘理〙回折法. ♦ **dif·fràc·to·mét·ric** *a*

dif·fu·sate /dɪfjú:zèɪt/ *n* 〘化〙透析物 (=*dialysate*); 〘核物〙《同位元素分離などでの》拡散体.

dif·fuse *vt, vi* /dɪfjú:z/ **1 a** 散らす, 放散[散布]する; 〈光・熱・臭気などを〉発散[放散]する; 〘理〙〈気体・液体を〉拡散する; 〘理〙〈光を〉散乱[乱反射]する. **b** 分散[拡散]させる, 〈権力を〉弱体化させる, 〈批判を〉かわす. **2** 広める, 普及させる[する]. ► *a* /dɪfjú:s/ 四方に散らばった[広がった]; 〘医〙広汎性の; 〈文体など〉散漫な, 冗漫な, まわりくどい, ことば数の多い; 〘植〙散開した, 広がった; 〈放射が〉拡散する, 乱反射の. ♦ **~·ly** *adv* 散漫に, 締まりなく, 冗漫に, 広く(普及して). **~·ness** *n* [F or L; ⇨ FOUND[3]]

dif·fúsed *a* 拡散した; 広まった: ~ light 散光.

diffúsed júnction 《半導体接合の》拡散接合 (cf. ALLOYED JUNCTION).

diffúse-pórous /-fjú:s-/ *a* 〘植〙導管が一年輪層内に均等に分布している, 散孔性の (cf. RING-POROUS): ~ woods 散孔材《カエデ・シラカンバ・ブナなど》.

dif·fús·er, -fú·sor *n* 散布者; 普及者; 散布器; 放散器, 拡散器, 噴散装置, 散気装置; 散光器; 〘写〙ディフューザー《布・すりガラスなど》; 《音波を散乱させる》拡散体; 〘空〙拡散筒, ディフューザー; 〘工〙ディフューザー《高速・低圧の流体を低速・高圧に変換する》.

dif·fus·ibil·i·ty /dɪfjù:zəbíləti/ *n* 普及力; 分散力; 〘理〙拡散率[性].

dif·fús·ible *a* 広がる; 普及[拡散]できる; 〘理〙拡散性の.

dif·fu·sion /dɪfjú:ʒ(ə)n/ *n* 放散, 散布; 普及, 流布, 伝播, 拡散移動; 〘人・社〙伝播, 拡散; 〘理・気〙拡散; 《光の》散乱, 乱反射; 〘写〙《感じを和らげる》ぼかし; 《文体などの》散漫, 冗漫. ♦ **~·al** *a*

diffúsion coeffìcient [cònstant] 〘理〙拡散係数[率, 定数].

diffúsion·ìsm *n* 〘人・社〙伝播論《各地の文化の類似を伝播で説明する》. ♦ **-ist** *n, a*

diffúsion lìne [rànge] ディフュージョンライン《より安価な素材で作った有名ブランド服の普及版のグループ[コレクション]》.

diffúsion pùmp 拡散ポンプ《油または水銀の蒸気を噴出させて気体を運び出させる高度真空ポンプ》.

dif·fu·sive /dɪfjú:sɪv, -zɪv/ *a* 広がりやすい, 普及しやすい, 普及力のある; 拡散性の; 散漫[冗漫]な, くどい. ♦ **~·ly** *adv* **~·ness** *n*

dif·fu·siv·i·ty /dɪfjù:sívəti, -zív-/ *n* 〘理〙拡散率.

diffusor ⇨ DIFFUSER.

dif·fy, difi /dífi/ *n* *《俗》船内病室看護人.

di·fúnction·al /daɪ-/ *a* 〘化〙二官能性の.

dig /díg/ *v* (**dug** /dʌ́g/; **díg·ging**) *vt* **1** 〈地・畑を〉掘り起こす, 掘り返す; 〈穴・井戸・墓を〉掘る; 〈地中のものを〉掘り出す, 〈鉱物を〉採掘する; 〈土地・宝物を〉発掘する. **2** 《口》突く, 〈指先・手・刀などを〉突っ込む, 突き立てる 〈*in, into*〉; 〈人を〉指[ひじ]でこづく: ~ a horse *with* one's spurs=~ one's spurs *into* a horse 馬に強く拍車を入れる / ~ sb *in* the ribs 《注意をひくために》ひじで人の脇腹をつつく. **3** 見つけ出す, 明らかにする 〈*up, out*〉. **4** 《俗》見る, 聴く, …に注目する (: *D*~ that crazy hat.); 《俗》理解する, …がわかる; 《古風俗》…が気に入る[好きだ], …に感心する. ► *vi* **1 a** 《道具・手などで》土を掘る 〈*deep* etc.; *for* gold〉, 発掘する; 掘り当てる 〈*against*〉, 掘り進む 〈*into, through, under*〉. **b** 〈ものが〉食い込む, めりこむ 〈*in, into*〉. **c** 〈ポケット・かばんの中などを〉探る 〈*into*〉: ~ (deep) *into* one's pocket ⇨ 成句. **2** 探究[研究]する (search) 〈*for, into*〉; *《俗》(根掘り葉掘り)聞く, (しつこく)尋ねる, 探りを入れる; *《口》こつこつ[猛烈に]勉強する, ガリ勉する 〈*at*〉: ~ down *into* sb's mind 胸中を深く探る / ~ deep 詳しく[徹底的に]調べる[探る]. **3** 《口》下宿する, 間借りする (cf. *n* 4a). **4** 《俗》わかる (understand); 《俗》見る, 注目する. ● **~ a** PIT[1] **for. ~ around** 捜しまわる, くまなく捜す; 根掘り葉掘り聞く. **~ at**…を突く[つつく]; 《口》…にあてこすり[いやがらせ]を言う. **~ (deep) into [in] one's pocket [purse etc.]** (ポケット[財布]を探って)金を出す[払う], 自分の金を出す[で払う], 自腹を切る (cf. DIG *down*). **~ down** 掘り下げる; 掘りくずす; *《口》(気前よく)金を払う[出す], 身銭[自腹]を切る (=**~ (down) deep**). **~ in** 掘って〈肥料などを〉埋め込む, 混ぜる; 突っ込む, 突き立てる; 穴[塹壕]を掘る, 防備を固める, 塹壕[砲床]を掘って〈部隊[砲]などを〉配置する; 定着させる; 意見[立場]を固守する; 備える 〈*for*〉; 《口》(勢いよく)食べ始める; 《口》猛烈に勉強[仕事]をする; 〘野〙《打者が構えを安定させるため》足もとの土を掘る: He's well *dug in* now. もう(仕事などに)すっかりおさまっている. **~ into**…掘って〈植物・肥料などを〉…に埋め込む; 《口》…を猛勉強する, 〈仕事〉を猛烈にやる, …を徹底的に調べる; 《口》〈ケーキなど〉を勢いよく食べ始める, かぶりつく; 《口》〈貯金など〉に手をつける, 食い込む. **~ open** 掘りあける; 〈墓などを〉あばく. **~ out** 掘り出す 〈*of*〉; 〈トンネルなどを〉掘ってつくる; 〈なだれなどから〉救出する 〈*of, from*〉; 〈物・事実・情報などを〉捜し出す; 土を掘って狩り出す; *《口》出発する, 逃げ出す. **~ over** 〈地面を〉掘り返す; 掘って捜す; 《口》再考する. **~ oneself in** 塹壕[穴]を掘って身を隠す; 《口》《場所・仕事などに》腰を据える, 地位[地歩, 立場]を固める. **~ oneself into** 〈仕事など〉に身を落ちつける, 〈苦境〉に陥る: ~ one*self into* a HOLE. **~ one's heels [toes, feet] in** ⇨ HEEL[1]. **~ one's way** 掘り進む 〈*in, into*〉, 掘って出る 〈*out*〉, 掘り抜ける 〈*through*〉. **~…the most** 《俗》…が完全にわかる, …とぴったり気が合う. **~ up** (1) 〈荒れ地を〉掘り起こす; 掘り出す, 発掘する, 〈木などを〉掘って取り除く. (2) 〈隠れた話などを〉発見する, 掘り出す, 探り出す; 《口》偶然見つける[手に入れる], でくわす; 明らかにする; 《口》〈金などを〉捜し集める; [〈*impv*〉] *《俗》よく聞け, 注意しろ, いいか.
► *n* **1 a** 掘ること; 《口》発掘作業, 発掘中の遺跡, 発掘地[現場]. **b** 《豪口》DIGGER. **2** 《口》こづくこと; [*fig*] あてこすり, 皮肉, いやみ 〈*at*〉: give sb a ~ in the ribs 人の横腹を突く / take [have, make] a ~ [~*s*] *at* …にいやみ[あてこすり]を言う. **3** *《口》ガリ勉屋. **4 a** [*pl*] ‖《古風口》(一時的な)住まい, 家, 部屋, 宿, 下宿; [*pl*] 家屋, 屋敷. **b** *《俗》密輸品の隠し場 (cache). ● BETTER[1] **than a ~ in the eye.** [ME *diggen*<?OE *dīcigian* (*dīc* DITCH)<? imit]

dig. digest 《本の》.

Di·gam·ba·ra /dɪgʌ́mbərə/ *n* 裸行派[空衣(くうえ)派]の人, ディガンバラ《ジャイナ教 2 大教団の一つで, 裸行を遵守する; cf. SVETAMBARA》. [Skt=sky-clad, i.e. naked]

di·ga·met·ic /dàɪgəmétɪk/ *a* 〘生〙2 種の生殖細胞を形成する, 両性配偶子性の.

di·gam·ma /daɪgǽmə/ *n* ディガンマ《初期ギリシア語文字の Ϝ; /w/ と発音した》.

dig·a·my /dígəmi/ *n* 再婚 (=*deuterogamy*) (cf. BIGAMY). ♦ **-mist** *n* 再婚者. **díg·a·mous** *a*

di·gástric /daɪ-/ *a* 〘解〙〈筋肉が〉二腹ある; 二腹筋の. ► *n* 二腹筋《下顎の筋肉》.

Dig·by /dígbi/ ディグビー Sir **Ken·elm** /kénèlm/ ~ (1603–65) 《イングランド王 Charles 1 世の廷臣で, 著述家・海軍司令官・外交官》.

di·ge·ne·an /dàɪʤəní:ən, daɪʤéniən/ *a* 〘生〙二生類の (DIGENETIC).

di·génesis /daɪ-/ *n* 〘生〙(複相)世代交代[交番] (alternation of generations).

dì·genétic 〘生〙*a* (複相)世代交代の; 二生類 (Digenea) (の吸虫)の《脊椎動物の内部寄生虫としての有性生殖と, 貝類の内部寄生虫としての無性生殖を繰り返す日本住血吸虫など》.
dig·e·ra·ti /dìʤərɑ́:ti/ *n pl* [the] [*joc*] コンピューター[デジタル]知識人, デジラテ.
di·gest *vt, vi* /daɪʤέst, də-/ **1 a**〘生理〙消化する, こなれる, 消化が…だ; 〈薬・ワインが消化を助ける[促す]. **b**〘化〙蒸解[温浸]する. **2 a** 熟考する; 〈意味を〉かみしめる, よく味わう; 理解する. **b**〈侮辱などを〉忍ぶ, 耐える. **3** 整理[分類]する, …の摘要を作成する, 要約する, (…の)ダイジェスト(版)を作る. **4**〈新領土などを〉同化する. ► *n* /dáɪʤɛst/ **1** 要約したもの, ダイジェスト, 要覧, 要録; 《文学作品などの》要約[縮約]版; 要約作品集, 要約雑誌;〘法〙判例要旨集, (法)類纂; [the D-] 《ユスティニアヌス法典の》学説彙纂, ディゲスタ, パンデクテン (Pandects). **2** 消化物. [L＝collection of writings (pp)＜*di-*²(*gestgero* to carry)＝to distribute, dissolve, digest]
di·gés·tant *n* 消化薬[剤] (digestive).
digést·ed·ly *adv* 秩序整然と, 規則的に.
digést·er *n* **1** 消化するもの; 消化薬[剤]. **2**〘料理〙スープ煮出し器, 蒸し煮器; 圧力釜, 《パルプ製造の》蒸し煮釜;〘化〙蒸解器, ダイジェスター; 《汚泥を加熱する》消化槽. **3** ダイジェスト記者[編集者].
digést·ible *a* 消化しやすい, 消化のよい; 理解しやすい; 要約しやすい. ♦ **-ibly** *adv* **～·ness** *n* **digèst·ibílity** *n* 消化性[率].
di·ges·tif /*F* diʒɛstif/ *n* ディジェスチフ《消化を助けるために食後[食前]に取るもの, 特にブランデーなどの飲み物》.
di·ges·tion /dəʤέsʧ(ə)n, daɪ-/ *n* **1 a** 消化(作用[機能]), こなれ; 消化力: be easy [hard] of ～ 消化がよい[悪い] / have a strong [weak, poor] ～ 胃が丈夫だ[弱い]. **b** 《精神的な》同化吸収[理解](力). **2** 消化《バクテリアによる下水汚物の分解》;〘化〙蒸解, 温浸;〘写〙熟成. ♦ **～·al** *a*
di·ges·tive /dəʤέstɪv, daɪ-/ *a* 消化の; 消化を助ける, 消化力のある;〘化〙蒸解の: ～ organs [juice, fluid] 消化器官[液]. ► *n* 消化薬[剤]; "DIGESTIVE BISCUIT; 《古》化膿剤. ♦ **～·ly** *adv* **～·ness** *n*
digéstive bìscuit" ダイジェスティブビスケット《全粒粉を原料にして軽く甘味をつけたもの》.
digéstive glànd〘解〙消化腺.
digéstive sỳstem [the]〘解〙消化(器)系《口・胃・腸など》.
di·gés·tor *n*〘化〙DIGESTER.
digged /dígd/ *v* 《古》DIG の過去・過去分詞形.
díg·ger *n* **1** 掘る人[動物, 機械], 掘削具[夫]; 《特に 金山の》坑夫, 金鉱掘り (gold digger);〘昆〙DIGGER WASP. **2** [ºD-] 《口》《特に 第一・第二次大戦中の》オーストラリア[ニュージーランド]人(兵士) (＝*dig*), [*voc*] きみ, 相棒, おい. **3** [D-] [ᵘ*derog*] ディガー (＝**D～ Índian**)《木の根を掘って食料とした米国西部のインディアン》. **4 a** [the D-s]〘英史〙真正水平派, ディガーズ《改革家 Gerrard Winstanley (1609–76) の指導で土地私有の廃止を唱えた (1649–50) 急進派》. **b** [D-] ヒッピーの救済に熱心なヒッピー. **5** 《俗》《劇場の券を買い占める》ダフ屋(の手下); *《俗》スリ (pickpocket).
dígger's delìght 《豪》〘植〙クワガタソウ属の一種《金の出る土だけに育つという》.
dígger wàsp〘昆〙ジガバチ (＝*digger*)《総称》.
díg·ging *n* **1 a** 掘ること, 掘削, 採掘, 採鉱;〘法〙発掘. **b** 掘削物, [*pl*] 発掘物. **2** [～s, 〈*sg/pl*〉] **a** 採掘場[地, 鉱区], 発掘現場, 《特に 金の》採鉱地; [*pl*] 《もと》金鉱夫のキャンプ. **b** "《古風口》下宿; 《口》居所, 住みか, 家, 部屋 (digs).
dígging stìck ディッギングスティック《焼き畑などの原始的農耕に用いられるとがった棒》.
dight /dáɪt/ 《古・詩・方》*vt* (～, ～·**ed**) [ᵘ*pp*] 装う 〈*with*〉; 備える, 準備する; きれいにする; 修繕する. [OE]
dig·i·cam /díʤɪkæ̀m/ *n* 《口》デジカメ (digital camera).
dig·it /díʤət/ *n* **1 a** 《人の》指 (finger), 足指 (toe);〘動〙足指. **b** 指幅《約 3/4 インチ》. **c** 指じるし (index). **2**〘数〙ディジット《位取り記数法で数を表記するときに用いる数字; たとえば 1) 十進法では 0–9 のうちの一つ; 時に 0 を除く 2) 二進法では 0 または 1》; [*pl*] *《俗》電話番号: add a few ～*s* 数字を 2, 3 桁増やす / dial four ～*s* 《電話機で》4 桁の数字を回す[押す] / double-～ inflation 2 桁インフレ / give up the ～*s* *《俗》(自分の)電話番号を教える. **3**〘天〙ディジット《月・太陽の視直径の 1/12》. [L *digitus* finger, toe]
dig·i·tal /díʤətl/ *a* **1** 指の, 指状の; 指のある; 指で行なう. **2** 数字で表示する, デジタルの; 数字で計算する, 計数型の;〘電子工〙デジタル方式の; デジタル録音(方式)の; コンピューターの, コンピューター化された. ► *n* 指; 《ピアノ・オルガンの》鍵; デジタル時計[温度計], デジタル(式)計器. ♦ **～·ly** *adv* 数字で, デジタル方式で.
dígital áudiotape デジタルオーディオテープ《略 DAT》.
dígital cámera デジタルカメラ《画像をデジタルデータとして電子的に記録するカメラ》.
dígital cásh ELECTRONIC CASH.
dígital certíficate 《通信者の身元に関する》デジタル証明書, 電子証明書.
dígital clóck デジタル時計.
dígital cómpact cassétte デジタルコンパクトカセット《略 DCC》.
dígital cómpact dísc デジタルコンパクトディスク《略 DCD》.
dígital compúter〘電算〙デジタル計算機.
dígital cúrrency ELECTRONIC CASH.
dígital divíde [the] ネット情報格差, デジタルデバイド《インターネット利用者と非利用者の間にみられる情報格差》.
dig·i·tal·in /dìʤətǽlən, -téɪ-; -téɪ-/ *n*〘薬〙ジギタリン《ジギタリスから得られるグリコシド(の混合物)》.
dig·i·tal·is /dìʤətǽləs, -téɪ-; -téɪ-/ *n* **1**〘植〙ジギタリス (foxglove); [*D-*] ジギタリス属《ゴマノハグサ科》. **2** ジギタリス製剤《強心薬・利尿薬用》. [NL; ⇨ DIGIT]
dig·i·tal·ism /díʤət(ə)lìz(ə)m/ *n*〘医〙ジギタリス中毒.
dig·i·ta·lize[1] /díʤət(ə)làɪz/ *vt*〘医〙…にジギタリス製剤 (digitalis) を投与[適用]する. ♦ **dìg·i·ta·li·zá·tion** *n*〘医〙ジギタリス飽和, ジギタリス適用.
dígital·ìze[2] *vt* DIGITIZE.
dígital máp 数値地図, デジタルマップ.
dígital mápping デジタル図化《アクセス・改訂の便宜のために数値化されたデータを用いて地図を描くこと》.
dígital módem〘電算〙デジタルモデム《コンピューターが ISDN のようなデジタル回線などとデータをやりとりするのに用いるアダプター; アナログデータを扱わず, 変復調を要さないという意味では'モデム'ではない》.
dígital photógraphy **1** デジタル(スチル)写真(術)《磁気ディスクなどに静止画像をデジタル信号で記録する方式の写真術》. **2** コンピューターによる写真の操作.
dígital recórding デジタル録音.
dígital sátellite sèrvice デジタル衛星サービス《略 DSS》.
dígital sátellite sỳstem デジタル衛星システム《略 DSS》.
dígital sígnature デジタル署名, 電子署名 (＝electronic signature)《暗号による ID 情報; 認証に用いる》.
dígital sócks *pl* 5 本指ソックス, 指付きソックス.
dígital stíll càmera デジタルスチルカメラ (digital camera).
dígital subscríber lìne デジタル加入者線《通常の電話回線によって高速の通信をするためのインターネット接続サービス》.
dígital télevision デジタルテレビ放送; デジタルテレビ(受像機).
dígital vérsatile dísc〘電算〙デジタル多目的ディスク (DVD).
dígital vídeo dìsc デジタルビデオディスク (⇨ DVD).
dígital vísual ìnterface〘電算〙DVI.
dígital wátch デジタル時計.
dígital wátermark ELECTRONIC WATERMARK.
dig·i·tate /díʤətèɪt/, **-tat·ed** /-tèɪtəd/ *a*〘動〙指のある, 指状突起をもった; 指状の, 《特に》〘植〙〈葉が〉掌状[指状]の. ♦ **-tàte·ly** *adv*
dig·i·ta·tion /dìʤətéɪʃ(ə)n/ *n* **1**〘生〙指状分裂; 指状組織[突起]. **2** デジタル化 (digitization).
dígit·hèad *n**《俗》勉強好きなやつ, 本[コンピューター]の虫.
dig·i·ti- /díʤətə/ *comb form*「指 (finger)」 [L digit]
dígiti·fòrm *a* 指の形をした, 指状の.
dígiti·gràde〘動〙*a* 《かかとをつけずに》足指で歩く, 趾行(しこう)性の. ► *n* 趾行動物《犬・猫・馬など》.
dig·i·tize /díʤətàɪz/ *vt*〈データなどを〉デジタル化する, デジタル処理する. ♦ **-tìz·er** *n* **dìg·i·ti·zá·tion** *n*
díg·i·tìz·ing tàblet〘電算〙GRAPHICS TABLET.
dig·i·to·nin /dìʤətóʊnən/ *n*〘化〙ジギトニン《ジギタリスに含まれるステロイドサポニン; コレステロールの分離・定量用》.
digi·toxi·gen·in /dìʤətɑ̀ksəʤénən/ *n*〘化〙ジギトキシゲニン《植物心臓毒のアグリコン》.
digi·tox·in /dìʤətɑ́ksən/ *n*〘化〙ジギトキシン《ジギタリスの葉に含まれる強心配糖体》.
dig·i·tron /díʤətrɑ̀n/ *n*〘電子工〙ディジトロン《1 個の共通の陽極と文字の形に作られた数個の陰極をもつ表示管》.
dig·i·tule /díʤətjù:l/ *n*〘動〙小さな指状突起.
di·glos·sia /daɪglɔ́(:)siə, -glɑ́s-/ *n*〘言〙二言語変種使い分け. ♦ **-glós·sic** *a*
di·glot /dáɪglɑ̀t/ *a* 二か国語の (bilingual). ► *n* 《本などの》二か国語版 (＝～ edition).
di·glýc·er·ide /daɪ-/ *n*〘化〙ジグリセリド《グリセリンの 3 個の水酸基のうち, 2 個がエステルになったもの》.
Digne-les-Bains /*F* diɲlebɛ̃/ ディーニュ・レ・バン《フランス南東部 Alpes-de-Haute-Provence 県の県都; 保養地》.
díg·ni·fìed *a* 威厳[貫禄, 気品, 品位]のある, 堂々とした. ♦ **～·ly** *adv* **～·ness** *n*
dig·ni·fy /dígnəfàɪ/ *vt* …に威厳をつける, いかめしくする, 尊く[高貴に]する; …にもったいをつける, りっぱなもののごとく扱う 〈*with*〉: ～ a school *with* the name of an academy 学校を学院と偉そうな名で呼ぶ. [F＜L (*dignus* worthy)]
dig·ni·tary /dígnətèri; -t(ə)ri/ *n* 高位の人, 高官, 名士, 重鎮; 高位聖職者 (bishop など): the *dignitaries* お歴々. ► *a* 威厳の, 名誉ある; 尊厳にかかわる: a ～ insult. ♦ **-tar·i·al** /dìgnətέəriəl/ *a* [propriety: proprietary などの類推で *dignity* から]
dig·ni·ty /dígnəti/ *n* **1** 威厳, 尊厳, 品位, 気高さ, 高潔さ; 《態度・ことばなどの》重々しさ, 荘重, 厳粛さ, 落ちつき: the ～ of labor [the Bench] 労働の尊さ[裁判官の威厳] / a man of ～ 威厳[貫禄]のある

人 / with ～ 厳然と; もったいぶって. **2** 名誉, 名声; 格; 位階, 爵位, 地位; 高位; «古» 高位の人[人びと]. **3**〘占星〙惑星の影響が大きくなる位置. ● **be beneath one's ～** 威信[沽券]にかかわる, 自尊心が許さない. **stand on one's ～** 威厳を示そうとする, もったいぶる, お高くとまる. [OF<L (*dignus* worthy)]

di·go·neu·tic /dàɪgənjúːtɪk/ *a* 〘生・昆〙二化性の《年に 2 回子を産む》.

di·gox·in /dɪʤáksən, -gák-/ *n* 〘化〙ジゴキシン《ジギタリスから得る強心配糖体》.

di·gram /dáɪgræm/ *n* 隣接二文字[記号].

di·graph /dáɪgræf; -gràːf/ *n* 二重字, 連字《2 字で 1 音を表わす; 例: sh /ʃ/, ea /iː, ɛ/》; 合字 (ligature). ◆ **di·gráph·ic** *a* **-i·cal·ly** *adv* [*di-*[1]]

di·gress /daɪgrés, də-/ *vi* 〈話や議題が〉わき道へそれる, 本筋を離れる, 枝葉にわたる, 脱線する〈*from*〉; «古» 道をそれる. ◆ **～·er** *n* [L *di-*[2](*gress- gredior*=*gradior* to walk)]

di·gres·sion /daɪgréʃ(ə)n, də-/ *n* **1** 本題からそれること, 余談, 脱線, 逸脱; «古» 道をそれること: to return from the ～ 本題に立ち返って. **2**〘天〙離角. ◆ **～·al** *a* **～·àry** /; -n(ə)ri/ *a*

di·gres·sive /daɪgrésɪv, də-/ *a* 本題からそれる, 枝葉にわたりがちな. ◆ **～·ly** *adv* **～·ness** *n*

di·hal- /daɪhǽl/, **di·halo-** /-hǽloʊ, -lə/ *comb form* 「2 個のハロゲン原子を含む」 [*di-*[1], *hal-*]

di·hédral /daɪ-/ *a* 二平面の[からなる]; 二面角の; 〘空〙上反(じょうはん)角の(ついた)《翼が正面からみて水平より上に反るように取り付けられた》. ► *n* 〘数〙DIHEDRAL ANGLE; 〘空〙上反角 (=*dihedral angle*).

dihédral ángle 〘数〙二面角; 〘空〙DIHEDRAL.

di·hédron /daɪ-/ *n* DIHEDRAL ANGLE.

Di·hua /díːhwáː/, **Ti·hwa, Ti·hua** /tíːhwáː/ 迪化(てき)(ティーホワ) 《ÜRÜMCHI の中国語名》.

di·hýbrid /daɪ-/ *a, n* 〘生〙両性雑種(の), 二因子[二遺伝子]雑種(の). ◆ **～·ìsm** *n*

di·hydr- /daɪháɪdr/, **di·hy·dro-** /-droʊ, -drə/ *comb form* 「水素原子 2 個と結合した」 [*di-*[1], *hydr-*]

di·hýdrate /daɪ-/ *n* 〘化〙二水和物, 二水化物.

di·hýdric /daɪ-/ *a* 〘化〙分子中に 2 個の水酸基を含む: ～ alcohol 2 価アルコール (diol).

di·hỳdro·ergótamine /daɪ-/ *n* 〘薬〙ジヒドロエルゴタミン《片頭痛薬》.

di·hỳdro·mór·phi·none /daɪ...mɔ́ːrfənòʊn/ *n* 〘薬〙ジヒドロモルフィノン《モルヒネ系の薬剤; 鎮痛剤・鎮咳(ちんがい)剤・麻酔薬として用いる; cf. DILAUDID》.

di·hỳdro·strèpto·mýcin /daɪ-/ *n* 〘薬〙ジヒドロストレプトマイシン《結核特効薬》.

di·hỳdro·testósterone /daɪ-/ *n* 〘生化〙ジヒドロテストステロン《末梢組織中で 5α 還元酵素によって形成されるテストステロンの活性型; 強い男性ホルモン作用をもつ; 略 DHT》.

di·hy·droxy- /dàɪhàɪdráksi/ *comb form* 「2 個の水酸基を含む」 [*di-*[1], *hydroxy-*]

dì·hydròxy·ácetone *n* 〘化〙ジヒドロキシアセトン, ジオキシアセトン《シアン化物中毒の手当て用; 人工日焼け薬》.

dì·hydròxy·chòle·calcíferol *n* 〘化〙ジヒドロキシコレカルシフェロール《ビタミン D の活性の高い誘導体》.

dì·hydròxy·phènyl·álanine *n* 〘化〙ジヒドロキシフェニルアラニン (**1**) =DOPA **2**) =L-DOPA》.

Di·jon /*F* diʒɔ̃/ ディジョン《フランス東部 Côte-d'Or 県の県都; かつて Burgundy 地方の中心都市》.

Dí·jon mústard /díːʒɑ̀n-/ ディジョンマスタード《本来は Dijon 産の中辛のマスタードで, 通例 白ワイン入り》.

di·kary·on /daɪkǽriɑ̀n, -ən/ *n* 〘生〙二核共存体《heterokaryon の一形》.

dikast ⇨ DICAST.

dik-dik /díkdìk/ *n* 〘動〙ディクディク《アフリカ東部産の最も小型の数種の羚羊》. [(East Afr)]

dike[1], **dyke** /dáɪk/ *n* **1** 溝, 堀 (ditch), 水路 (watercourse). **2** 《溝掘りの土を上げた》盛り土; 防壁, 堤防, 堰(せき); 土手道 (causeway); "低い土塀[石塀]; [*fig*] 防壁; 防御手段; 障壁, 障害物; 〘地質・鉱〙岩脈. **3** ["dyke] «俗» 小便所 (lavatory); DUNNY. ● **hold the ～ against…** 〈大切なものを〉守る《堤防の穴を指でふさいで守ったオランダの少年の話から》. ► *vt* 堤防で防ぐ[囲う], …に堤防を築く; …に溝を設けて排水する. ◆ **dík·ing** *n* **dík·er** *n* [ON or MLG=ditch, dam]

dike[2] ⇨ DYKE[2].

díke·rèeve, dýke- *n* 〘英〙《湿地帯で排水渠・水門・堤防などを管理する》治水管理官.

di·kétone /daɪ-/ *n* 〘化〙ジケトン《ケトン基を 2 個もつ化合物》.

dikey ⇨ DYKEY.

dik·kop /díkəp/ «南ア» *n* 〘鳥〙イシチドリ (stone curlew); 〘魚〙ハゼ (goby). [Afrik=thick head]

Diks·mui·de /dɪksmáɪdə/, **Dix·mude** /*F* diksmyd/ ディクスモイデ《ベルギー西部 West Flanders 州の Ieper の北にある町》.

dik·tat /dɪktáːt; ―́―̀/ *n* 《敗者などに対する》絶対的命令, 一方的決定, 強権政策; 布告, 命令. [G=DICTATE]

dil. 〘薬〙dilute.

DIL 〘電子工〙dual in-line (package) (⇨ DIP).

di·lácerate /də-, daɪ-/ *vt* «まれ» 二つ[ばらばら]に引き裂く.

di·laceràtion /daɪ-, də-/ *n* 引き裂くこと, 引き裂かれた状態; 〘医〙(水晶体)切裂法.

Di·lan·tin /daɪlǽnt(ə)n, də-/ 〘商標〙ジランチン《フェニトイン (phenytoin) 製剤; 痙攣抑制・癲癇治療薬》.

di·lap·i·date /dəlǽpədèɪt/ *vt, vi* 〈建物・家具など〉《放置して》荒れはてさせる[荒れる]; 荒廃させる[する]; «古» 〈身代を〉つぶす, 〈財産を〉濫費する (squander). ◆ **-dà·tor** *n* [L *di-*[2](*lapido* to throw stones 〈 *lapis* stone)=to squander]

di·láp·i·dàt·ed *a* 荒れはてた, 荒廃した, 老朽化した, くずれかかった; 傾いた, ガタピシの〈家など〉; 見る影もない, みすぼらしい〈服装など〉.

di·lap·i·da·tion /dəlæ̀pədéɪʃ(ə)n/ *n* 荒廃 (ruin), 腐朽, 山[がけ]くずれ; くずれ落ちたもの《岩石など》; 濫費; 〘英法〙《現権利者である聖職者による》教会財産の毀損[荒廃], [*pl*] 《現権利者が負担する》修繕費用.

di·la·tan·cy* /daɪléɪt(ə)nsi, də-/ *n* 〘理〙ダイラタンシー (**1**) 粒状物質の塊りが変形による間隙の増大で膨脹すること **2**) 懸濁物が固化する性質 **3**) 地下水の水圧によって岩石が膨張すること; 地震の前触れとされる》.

di·lá·tant *a* 膨張性の, 拡張性の (dilating, expanding); 〘理〙ダイラタンシーの[を示す]. ► *n* 膨張性のもの, 〘化〙ダイラタント; 〘外科〙拡張器 (dilator).

dil·a·ta·tion /dɪ̀lətéɪʃ(ə)n, dàɪ-/ *n* 膨張, 拡張; 詳説, 詳述, 敷衍(ふえん); 膨張[拡張]した部分; 〘理〙膨張度; 〘医〙拡張(症) (⇨ D AND C). ◆ **～·al** *a*

di·la·ta·tive /daɪléɪtətɪv, də-/ *a* DILATIVE.

dil·a·ta·tor /dɪ̀lətéɪtər, dàɪlə-/ *n* DILATOR.

di·late /daɪléɪt, ―́―̀; daɪléɪt, də-/ *vt* 広げる, 膨張させる (expand); «古» 敷衍(ふえん)する: with ～*d* [*dilating*] eyes 目をみはって. ► *vi* **1** 広がる, 膨張する. **2** 詳述[詳説]する, 敷衍する〈*on*〉: ～ *on* one's views 意見を詳しく述べる. ◆ **di·lát·able** *a* ふくれる, 広がる, 膨張性の. **di·làt·abíl·i·ty** *n* 膨張性[率]. [OF<L *di-*[2](*lato* 〈 *latus* wide)=to spread out]

di·lát·ed *a* 横に広がった; 〘昆〙〈体の一部が〉幅広になった; 《広く》拡大[膨張]した. ◆ **～·ly** *adv* **～·ness** *n*

di·lát·er *n* DILATOR.

di·la·tion /daɪléɪʃ(ə)n, də-/ *n* 拡張, 膨張, DILATATION.

dilátion and extráction 〘医〙拡張と摘出 (=*D&X*, *partial-birth abortion*) 《子宮頸管を拡張し, 子宮内容を手術用鉗子で摘出すること; 初期人工妊娠中絶》.

di·la·tive /daɪléɪtɪv, də-/ *a* 膨張性の.

dil·a·tom·e·ter /dɪ̀lətɑ́mətər, dàɪ-; dàɪ-/ *n* 膨張計. ◆ **dìl·a·tóm·e·try** *n* **dìl·a·to·mét·ric** *a*

di·lá·tor *n* 拡張[膨張]させる人[もの]; 〘生理・外科〙拡張器, 〘医〙拡張薬; 〘解〙拡張[散大]筋.

dil·a·to·ry /dílətɔ̀ːri; -t(ə)ri/ *a* **1** のろい, 遅々とした; 遅れた (belated). **2** 遅らせるための, 時間かせぎの, 引延ばしの: ～ tactics 引延ばし作戦. ◆ **dìl·a·tó·ri·ly** /; dílətərɪli/ *adv* 遅れがちに, (わざと)ぐずぐずして. **díl·a·tò·ri·ness** /; -tə-/ *n* 遅延, ぐずぐずすること, 緩慢. [L *dilatorius*; ⇨ DIFFER]

Di·lau·did /daɪlɔ́ːdəd, dɪ-/ 〘商標〙ジラウジッド《塩酸ヒドロモルホン (hydromorphone hydrochloride) 製剤》.

dil·bert /dílbərt/ *n* «俗» ばか, とんま.

dil·do, -doe /díldoʊ/ *n* (*pl* ～**s**) **1** 張形(はりがた). **2** «俗» まぬけ, ばか.

di·lem·ma /dəlémə, daɪ-/ *n* 《いずれも望ましくない選択肢のうちから一つを選ばなければならない》苦しい選択[状況], ジレンマ; 板ばさみ, 窮地; 難題; 〘論〙両刀論法: be in a ～ 苦しい選択を迫られる〈*over*〉; 板ばさみになる, 進退きわまって. ● **on the horns of a ～** 苦しい選択を迫られて; 進退きわまって. [L<Gk *di-*[1](*lēmma* premiss, assumption)]

dil·em·mat·ic /dɪ̀ləmǽtɪk, dàɪ-/, **-i·cal** *a* ジレンマの(ような), 板ばさみになった; 両刀論法的な.

dil·et·tante /dɪ̀lətáːnt(i), -tǽnt(i), ―́―̀―̀(―)/ *n* (*pl* ～**s, -ti** /-ti/) 芸術愛好家, 《特に》美術愛好家; 芸術[学問]をしろうとの道楽でやる人, 好事家(こうずか), ディレッタント. ► *a* 芸術好きの; しろうと芸の, 生かじりの. ◆ **dìl·et·tánt·ish, -tán·te·ish** /-tiɪʃ/ *a* **dìl·et·tánt·ìsm, -tán·te·ìsm** *n* **-tánt·ist** *a* [It (pres p) 〈 *dilettare* to DELIGHT]

Di·li, Dil·li /díːli/ ディリ《Timor 島北岸の市・港町で, 東ティモールの首都》.

dil·i·gence[1] /díləʤ(ə)ns/ *n* 勤勉, 精励; 努力, 勉強; 〘法〙《当然払うべき》注意, 努力 (opp. *negligence*); «廃» 注意; «廃» 急ぎ, 迅速 (speed, haste). [DILIGENT]

dil·i·gence[2] /díləʒɑ̃ːns, -ʤəns; *F* diliʒɑ̃ːs/ *n* 《フランスなどで使用された》(長距離用)乗合馬車 (stagecoach). [F *carrosse de diligence* coach of speed]

dil·i·gent /díləʤ(ə)nt/ *a* 勤勉な, 仕事[勉強]熱心な〈*in*〉; 骨を折っ

た, 入念な〈仕事〉. ♦ **〜·ly** *adv* ［OF＜L (*diligo* to value, love)］

dill[1] /díl/ *n* **1**〘植〙イノンド, ヒメウイキョウ, ディル《セリ科; 実・葉 (dill weed) はピクルスなどの香料; 聖書の anise》. **2** DILL PICKLE. ♦ **〜ed** *a* イノンドで香りづけした. ［OE *dile*＜?; cf. G *Dill*］

dill[2] *a, n* 《俗》とんまな(やつ) (simpleton, fool). ［ME *dul* dull］

dill[3] *n* 《口》DILLY[2].

Dill ディル Sir **John Greer** 〜 (1881–1944)《英国の陸軍元帥》.

Dilli ⇨ DILI.

Dil·lin·ger /dílɪnʤər/ ディリンジャー **John** 〜 (1903?–34)《米国の銀行強盗; 捕えられては脱走を繰り返し, FBI から 'Public Enemy Number One' の名をもらったが, 最後は射殺された》.

dil·lion /díljən/ *n**《俗》膨大な数 (zillion).

Dil·lon /dílən/ ディロン **John** 〜 (1851–1927)《アイルランド国民党の政治家》.

Díllon's Rúle〘米法〙ディロンの原則《地方自治体の権限は, 州の憲法または法律に記されたものに限られるとする原則; 合衆国憲法に州の権限は示されているが, 地方自治体の権限については言及がないことから》. ［John F. *Dillon* (1831–1914) 米国の裁判官］

díll píckle イノンドで味付けしたキュウリのピクルス, ディルピクルス.

díll wáter イノンド, 蒔羅子(じら)水《健胃・駆風剤》.

díll wèed イノンドの葉《生葉または乾燥葉; ⇨ DILL[1]》.

dil·ly[1] /díli/ *n*〘植〙アカテツ科の小木《西インド産; 家具用》. ［sa*podilla*］

dilly[2] *n* 《口》驚くべき[すばらしい, みごとな]もの[人, こと]. ［? *Dilly* 女子名 (＜*delightful, delicious*)］

dilly[3] 《豪口・英方》*a* 風変わりな, 妙な; ばかな, 狂った. ► *n* ばか, まぬけ, とんま. ［*dildo*］

dílly bàg, dilly[4] 《豪》合財袋, バスケット《もとは葦・木の皮で編んだ》.

dil·ly·dal·ly /dílidæ̀li/ *vi* 《口》ぐずぐずする, のらくらする 〈(*around*) *with*〉. ［加重＜*dally*］

Dil·they /díltàɪ/ ディルタイ **Wilhelm** 〜 (1833–1911)《ドイツの哲学者; '生の哲学' の代表者》.

dil·ti·a·zem /dɪltáɪəzɛm/ *n*〘薬〙ジルチアゼム《白色の結晶粉; カルシウム拮抗薬; 特に塩酸塩を血管拡張薬として心筋梗塞・狭心症・高血圧の治療・予防に用いる》. ［*dil*ation, *thi*o-, *azo*-］

dil·u·ent /díljuənt/ *a* 薄める, 希釈する. ► *n* 希釈液[剤], 薄め液 (cf. THINNER);〘薬〙賦形剤.

di·lute /daɪlúːt, də-/ *vt, vi* **1**《水などで》薄める, 希釈する 〈*with, in*〉, 薄くする[なる]; 〈色を〉淡く[薄く]する: 〜 wine *with* water ワインを水で割る[割って薄める]. **2**《雑物を混ぜて》…の力[効果など]を弱める, 落とす, 減殺する; 〈労働力〉に不熟練工の割合を増やす, 希釈する. **3**〘証券〙〈普通株〉の株式価値を希薄化する《株式総数を増やして一株当たりの価値を減らす》. ► *a* 希釈した, 薄めた; 水っぽい; 〈色が〉淡い, あせた. ♦ **〜·ness** *n* **di·lút·er, -lú·tor** *n* **di·lú·tive** *a* ［L *di*-[2](*lut- luo* to wash)＝to wash away］

dil·u·tee /daɪlùːtíː, dàɪlu-, dəlùː-, *dìljə-/ *n* 希釈工員《臨時に熟練工の仕事をする不熟練工》.

di·lu·tion /daɪlúːʃ(ə)n, də-/ *n* **1 a** 薄めること, 希釈; 希薄;〘化〙希釈度; 薄弱化; 希釈物, 希釈溶液. **b** 労働希釈《あまり熟練を要しない仕事に臨時に不熟練工を用いること》. **2** 実質的価値の低下;〘証券〙希薄化《新株発行などにより株式の価値が薄められること》.

di·lu·tive /daɪlúːtɪv, də-/ *a* 一株当たりの価値を減らす.

diluvia *n* DILUVIUM の複数形.

di·lu·vi·al /dəlúːviəl, daɪ-/, **-vi·an** /-viən/ *a*《特に Noah の》洪水でできた;〘地質〙洪積層[期]の. ［L; ⇨ DELUGE］

dilúvial·ist *n*〘地質〙洪水説信奉者, 洪水論者.

dilúvial théory〘地質〙洪水説《ノアの洪水 (Deluge) を地球の歴史上の最大の事実とし, 化石を洪水によって死滅した生物の遺体とみる》.

dilúvian·ìsm *n*〘地質〙洪水論《ある種の地質学的現象の説明をかつて起こった大洪水に求めようとする説》.

di·lu·vi·um /dəlúːviəm, daɪ-/ *n* (*pl* 〜**s**, **-via** /-viə/)〘地質〙洪積層《氷河漂積物 (glacial drift) の旧称》.

Dil·ys /díləs/ ディリス《女子名》. ［Welsh＝sure, constant］

dim /dím/ *a* (**dím·mer**; **dím·mest**) **1 a** ほの暗い; かすかな, かすんだ; 〈記憶・過去・意識など〉おぼろげな, あいまいな (: 〜 and distant); (光沢の)鈍い, 曇った (dull), くすんだ (dusky). **b** 〈人が〉有名でない, 目立たない. **2** 〈理解力・聴力の〉鈍い; 《口》頭が鈍い, うすのろの (dim-witted). **3** 見込み薄の, 実現しそうもない. ● **take a 〜** VIEW **of**…. ► *vt, vi* (**-mm-**) うす暗くする[なる] 〈*down*〉; 曇らせる, 曇る; 〈目を〉かすませる, 〈目が〉かすむ; *〈ヘッドライトを〉近距離用に切り換える[減光する]: 〜 *with* tears 〈目が〉涙で曇る[かすむ]. ● **〜 out** 〈照明を〉弱くする; 〈都市など〉の灯火をうす暗くする, 灯下管制をする (cf. DIMOUT). **〜 up**《調光器で》〈照明を〉明るくする. ► *n*《自動車の》減光ライト《近距離用ヘッドライトまたは駐車表示灯》; 《古・詩》ほの暗い明かり, うす暗がり; *《俗》夕暮れ, 夜. ♦ **dím·ma·ble** *a* ［OE *dimm*＜?; cf. OHG *timber* dark］

dim. dimension ♦ diminished ♦〘楽〙diminuendo ♦ diminutive.

DIM〘電算〙°document image management.

Di·Mag·gio /dəmáːʒiòu, -mǽʤ(i)ou/ ディマジオ **'Joe'** 〜 [**Joseph Paul** 〜] (1914–99)《米国のプロ野球選手》.

Di·mashq /dɪmáːʃk/ ディマシュク《DAMASCUS のアラビア語名》.

Dim·ble·by /dímb(ə)lbi/ ディンブルビー (**Frederick**) **Richard** 〜 (1913–65)《英国のジャーナリスト; BBC の最初の特派員で, 数々の国家的・国際的行事の実況を担当; その解説に信頼が寄せられた》.

dim·bo /dímbou/ *n* (*pl* 〜**s**)[u]《俗》頭の鈍いやつ, 鈍物.

dím·bòx*《俗》*n* タクシー; とりなし[言いつくろい]屋.

dím bùlb /ˌ—́ —̀/*《俗》うすのろ, '蛍光灯'.

dime /dáɪm/ *n*《米国・カナダの》10 セント硬貨, ダイム《略 d.》; わずかな金額, はした金; [*pl*]*《口》金, もうけ; *《俗》10 ドル; *《俗》麻薬 10 ドル分相当のはいった包み (＝〜 **bág**); *《俗》10 年の刑; *《俗》1000 ドル《賭け金など》: a 〜 museum 簡易博物館; 安っぽい見世物 / not care a 〜 ちっとも気にしない. ● **a 〜 a dozen**《口》どこにでもころがっている, ありふれた, ありきたりの, 安っぽい. **drop a** [**the**] **〜***《俗》密告する, たれ込む 〈*on*〉《公衆電話に dime を入れて警察に通報することから; cf. DIME DROPPER》; *《陸軍俗》人のおちどを指摘する, 批判する. **get off the 〜***《口》〈人・計画などが〉動き出す, 始める, 油を売るのをやめる. IF **a 〜**. **on a 〜***《口》狭い場所で; *《口》直ちに: stop *on a* 〜 〈車が〉ぴたっと止まる, 急停車する《ブレーキ性能をほめる表現》/ turn *on a* 〜 〈車などが〉狭い範囲内で回る[急カーブを切る](ことができる), 急に曲がる[曲がれる]. ► *vt**《俗》〈人を〉密告する, 裏切る. ● **〜 on sb***《俗》人を密告する, さす (inform on). **〜 up***《俗》10 セント出して物乞いする. ［ME＝tithe＜OF＜L *decima* (*pars*) tenth (part)］

díme dròpper《俗》密告者, たれ込み屋, 情報屋 (cf. *drop a* DIME).

di·men·hy·dri·nate /dàɪmɛ̀nháɪdrənèɪt/ *n*〘薬〙ジメンヒドリナート《抗ヒスタミン薬・乗物酔い防止薬・鎮吐薬》.

díme nóvel* 安っぽいメロドラマ小説, 三文小説. ♦ **díme nóvelist** *n*

di·men·sion /dəménʃ(ə)n/ *n* **1**《略 dim.》《長さ・幅・厚さの》寸法;〘数・理〙次元; [[u]*pl*] 広がり, 面積; [[u]*pl*] 容積, 大きさ, かさ (bulk); 規定寸法の木材[石材]; [*pl*]《口》女性のサイズ (measurements)《バスト・ウエスト・ヒップの順》; 《廃》からだつき, 均斉: of one 〜 一次元の, 線の / of two 〜*s* 二次元の, 長さと幅の, 平面の / the three 〜*s* 長さと幅と厚さ / of three 〜*s* 三次元の, 立体の / FOURTH DIMENSION. **2** [[u]*pl*] 規模, 範囲; [[u]*pl*] 重要性; 《人格などの》一面; 特徴, 特質: of great 〜*s* はなはだ大きい; 非常に重要な. ► *a* 特定の寸法に切った〈木材・石材など〉. ► *vt* 必要な大きさにする; 〈図面など〉に寸法・大きさを示す. ［OF＜L (*mens- metior* to measure)］

diménsion·al *a* 寸法の; …次元の: three-〜 picture [film] 立体映画 (3-D picture) / four-〜 space 四次元空間. ♦ **〜·ly** *adv* **di·mèn·sion·ál·i·ty** *n*

diménsion·less *a* **1** 大きさのない《長さも幅も厚さもない '点' の》; 微小な, 取るに足りない. **2** 無限の, 莫大な.

di·mer /dáɪmər/ *n*〘化〙二量体. ♦ **〜·ìze** *vt* 二量(体)化する. **〜·izátion** *n* ［*di*-[1], *-mer*］

di·mer·cap·rol /dàɪmərkǽprɔ̀(ː)l, -ròul, -ràl/ *n*〘化〙ジメルカプロール《金属イオンのマスキング剤・ヒ素[水銀]中毒の解毒剤; BAL ともいう》.

di·mer·ic /daɪmérɪk/ *a* 二部分からなる〈染色体など〉; 二要素を含む;〘化〙二量体の: 〜 water 水二量体.

dim·er·ous /dímərəs/ *a* 2 つの部分に分かれる[からなる];〘植〙〈花など〉二数性の器官をもつ; 〈昆虫が〉二関節の跗節をもつ, 二節の: a 〜 flower 二数花. ♦ **dim·er·ism** /dímərìz(ə)m/ *n* 二数性.

díme-stòre* *a* 安価な; 安物の, ちゃちな.

díme stòre*《古風》ダイムストア, 低価格雑貨店 (FIVE-AND-TEN); 《俗》小規模で乱雑な会社, へなちょこ会社.

dim·e·ter /dímətər/ *n*〘韻〙二歩格 (⇨ METER[1]). ［L＜Gk (*di*-[1], *-meter*)］

di·meth·o·ate /daɪméθouèɪt/ *n*〘薬〙ジメトエート《浸透性有機リン剤で, 家畜・作物用殺虫剤》.

dì·méthyl *a*〘化〙2 個のメチル基を含む, ジメチル….

dì·mèthyl·formámide *n*〘化〙ジメチルホルムアミド《溶剤・触媒用の無色液体; 略 DMF》.

dì·mèthyl·hýdrazine *n*〘化〙ジメチルヒドラジン《可燃性・猛毒の無色の液体; ロケット燃料用》.

dì·mèthyl·nitrósamine *n*〘化〙ジメチルニトロソアミン (＝*nitrosodimethylamine*)《タバコの煙などに含まれる発癌物質》.

diméthyl sulfóxide〘化〙ジメチルスルホキシド《無色の液体; 溶剤, また 鎮痛・抗炎症剤; 略 DMSO》.

diméthyl terephthálate〘化〙ジメチルテレフタレート《ポリエステル繊維の原料》.

dì·mèthyl·trýptamine *n*〘化〙ジメチルトリプタミン《幻覚薬; 効果の持続は比較的短い (1–2 時間); 略 DMT》.

di·métric /daɪ-/ *a*〘晶〙正方または六方の (cf. ISOMETRIC, TRIMETRIC).

di·met·ro·don /daɪmétrədàn/ *n*〘古生〙ディメトロドン属 (*D*-) の爬虫類《前期二畳紀に北米で優勢であった盤竜類に属する肉食性爬虫類; 体長 3.1 m に及ぶ》. ［*di*-[1], *metro*-, *-odon*］

di·mid·i·ate /dəmídiət, -èɪt/ *a* 二分された, 折半の; 〘生〙半分だけ発達した; 〘植〙《コケの蘚帽などが》片側だけ裂けた. ► *vt* /-èɪt/ 〘紋〙〈2 つの紋章を〉片方の右半分が他方の左半分に並ぶようにつける; 《古》二分する (halve), 半分に減らす.

dimin. 〘楽〙diminuendo ♦ diminutive.

di·min·ish /dəmínɪʃ/ *vt* 〈大きさ·程度·重要性などを〉減らす, 少なくする, 減少させる; 〈人〉の名誉[権威など]をおとしめる, けなす; 〘建〙〈柱などを〉先細りにする; 〘楽〙〈完全音程·短音程を〉半音狭くする, 減音させる. ► *vi* 減少する, 縮小する; 〘建〙先が細くなる (taper). ♦ **~·able** *a* 減らせる, 減少する, 縮小できる. **~·ment** *n* [*minish* (<OF MINCE) と *diminue* (<OF<L *di-*[2](MINUTE[2])=to break up small) の混成]

di·mín·ished *a* 減少[減損]した; 権威[威信]の落ちた; 〘楽〙半音減の, 減音程の, 減(げん)…; 〘楽〙減三和音の; 〘楽〙減七の和音の: hide one's ~ head 小さくなって姿を隠す.

dimínished capácity [responsibílity] 〘法〙限定責任能力《精神障害にまでは至らないが, 犯罪の責任を問える精神状態に十分には達していない状態; 減刑の対象になりうる》.

dimínished séventh 〘楽〙減七の和音 (=**dimínished séventh chórd**).

dimínish·ing retúrns *pl* 〘経〙収穫逓減: the law of ~ 収穫逓減の法則《**1**) 資本·労働の増加が一定限度に達すると生産性の増加が漸減すること **2**) ある生産要素のみを増加すると, その単位当たりの生産が漸減すること》.

di·min·u·en·do /dəmìn(j)uéndou/ 〘楽〙*adv, a* しだいに弱く[弱い], ディミヌエンドで[の] (decrescendo) 《略 dim(in).》. ► *n* (*pl* ~, ~**es**) ディミヌエンド(の楽節). ► *vi* ディミヌエンドになる, 小さく[弱く]なる. [It (pres p) <*diminuire* to diminish]

dim·i·nu·tion /dìmən(j)úːʃ(ə)n/ *n* 減少, 縮小, 減損, 削減; 減少額; 〘建〙《柱などの》先細り; 〘楽〙《主題の》縮小《たとえば, もとの 1/2 [1/4] の長さの音符による主題の反復; opp. *augmentation*》: a gradual ~ of the hearing faculty 聴力の減衰. ♦ **~·al** *a* [OF<L; ⇨ DIMINISH]

di·min·u·ti·val /dəmìnjətáɪv(ə)l/ *a* 〘文法〙指小辞[性]の. ► *n* 指小形語尾.

di·min·u·tive /dəmínjətɪv/ *a* 小さい, 小型の, 小柄の, 《特に》ちっぽけな 〈*in* stature〉; 〘文法〙指小の. ► *n* **1** 〘文法〙**a** 指小辞 (=~ **súffix**) 《-ie, -kin, -let, -ling など; cf. AUGMENTATIVE》. **b** 指小語《指小辞の付いた birdie, Jackie, duckling など》. **c** 縮小形, 愛称《Tom, Dick など》. **2** ごく小さい人[もの]; 〘紋〙普通より小さい図形. ♦ **~·ly** *adv* 縮小的に, 小さく; わずかに; 指小辞として; 愛称として. **~·ness** *n* [OF<L; ⇨ DIMINISH]

dim·is·so·ri·al /dìməsɔ́ːriəl/ *n* 〘教会〙《他教区での》受階[受品]許可状 (=*dimissory letter*) 《教皇·司教·修道院長などが出すもので, 持参人が叙階を受ける資格を有することを証明した書状》.

dim·is·so·ry /díməsɔ̀ːri; dɪmísəri/ *a* 追い払う, 去らせる; 去るのを許す.

dímissory létter 〘教会〙《bishop が出す》牧師転任許可状; DIMISSORIAL.

Di·mi·tri·os /dəmíːtriəs, ðimíːtriɔ̀ːs/ ディミトリオス ~ **I** (1914–91) 《Constantinople 総主教·世界総主教 (1972–91)》.

Di·mi·trov /dɪmíːtrɔ̀ːf/ ディミトロフ **Georgi Mikhailovich** ~ (1882–1949) 《ブルガリアの共産党指導者; ブルガリア人民共和国初代首相 (1946–49)》.

Di·mi·trov·grad /dəmíːtrəfgræ̀d, -grɑ̀ːd/ ディミトロフグラート《ブルガリア南部 Plovdiv の東南東, Maritsa 川を臨む市》.

Di·mi·tro·vo /dəmíːtrəvòu/ ディミトロヴォ《PERNIK の旧称 (1949–62)》.

dim·i·ty /díməti/ *n* ディミティ《浮畝縞(うきうね)のある平織り綿布; ベッド·カーテン用など》. [It or L<Gk (*di-*[1], *mitos* warp thread)]

dím·ly *adv* うす暗く, ぼんやり(と); かすかに; どことなく.

DIMM 〘電子工〙DIMM《両側に端子のある小型メモリー回路板; cf. SIMM》. [*d*ual *i*n-line *m*emory *m*odule]

dimmed /dímd/ *a* 〘電算〙淡色表示の, 灰色表示の《その時点で項目が選択できないことなどを表わす》.

dím·mer[1] *n* うす暗くする人[もの]; 《照明器具·自動車のヘッドライトの》調光器, 減光装置, ディマー (=~ **swìtch**); [*pl*] 《自動車の》駐車表示灯 (parking lights); 近距離用ヘッドライト (low beam); *《俗》電灯. [*dim*]

dimmer[2] *n**《俗》10 セント (dime).

dím·mish *a* 少々うす暗い, ほの暗い.

dim·mo /dímou/ *n**《俗》10 セント (dime).

dím·ness *n* うす暗さ, かすかさ; 不明瞭.

di·morph /dáɪmɔ̀ːrf/ *n* 〘晶〙同質二像の一方の結晶形.

di·mórphic /daɪ-/ *a* DIMORPHOUS; 〘生〙二形[二型]性の; 2 種の形質[特徴]を合わせもつ.

di·mórph·ìsm /daɪ-/ *n* 〘生〙二形[二型]性《同一種で形·色の異なる 2 種があること》; 〘晶〙同質二像, 二形(性)《同組成で異なる結晶形が 2 種あること》.

di·mor·phite /daɪmɔ́ːrfàɪt/ *n* ディモルファイト《硫化ヒ素でできている鉱物》.

di·mor·pho·the·ca /daɪmɔ̀ːrfəθíːkə/ *n* 〘植〙ディモルフォセカ属 [アフリカキンセンカ属] (*D-*) の各種草本 (=*African daisy, Cape marigold*) 《キク科; 南アフリカ原産》.

di·mórphous /daɪ-/ *a* 〘晶〙同質二像の; DIMORPHIC.

dím·òut* *n* 灯火をうす暗くすること, 一部消灯, 点灯制限; 《都市·船舶などの》警戒灯火管制 (cf. DIM *out*).

dim·ple /dímp(ə)l/ *n* えくぼ; 小さいくぼみ, 《ゴルフボールの》くぼみ, ディンプル; さざなみ; *《俗》《車体などの》へこみ, ぶつけた跡 (dent). ► *vt* …にえくぼをつくる; …にくぼみをつくる; …にさざなみを起こす; 〘金工〙《さら頭のボルトやリベットが使えるように》〈金属板を〉くぼませる: a ~*d* chin くぼみのある[割れ目のついた]あご先. ► *vi* えくぼを見せる; さざなみを起こす. [? OE **dympel*; cf. OHG *tumphilo* deep place in water; OE *dyppan* dip, *dēop* deep の鼻音化か]

dím·ply *a* えくぼのある[を見せる]; くぼみのある; 波紋の多い, さざなみの立つ.

dim sum /dím sʌ́m/, **dím sím** /-sím/ 〘中国料理〙点心《小皿[小分け]で供される各種の軽食的な蒸し物·揚げ物 (ギョウザ·シュウマイなど)》. [Chin (Cantonese)]

dím·wìt *n* 《口》うすのろ, ばか, 鈍いやつ, ぼんくら.

dím-wítted *a* 《口》うすのろの. ♦ **~·ly** *adv* **~·ness** *n*

din /dín/ *n* (ジャンジャン[ガンガン])やかましい音, 絶え間ない騒音, 喧噪: make (a) ~ ガンガン音をたてる. ► *v* (-**nn**-) *vt* 騒音で悩ます, 〈耳を〉聾(ろう)する; やかましく言う[繰り返す], がなりたてる 〈*in*〉: ~ sth *into* sb [sb's ears, sb's mind] うるさく言い聞かせる. ► *vi* (耳が痛くなるほど)鳴り響く: ~ in sb's ears 〈騒音などが〉人の耳に鳴り響く. [OE *dyne*; cf. ON *dynja* to rumble down]

din- /dáɪn/, **di·no-** /dáɪnou, -nə/ *comb form*「恐ろしい」 [Gk *deinos* terrible]

din. dinar(s).

DIN [G *D*eutsche *I*ndustrie-*N*orm(en)] ドイツ工業規格.

Di·na /dáɪnə/ ダイナ《女子名》. [⇨ DINAH]

di·nah /dáɪnə/ *n* 《俗》DYNAMITE, NITROGLYCERINE.

Dinah **1** ダイナ《女子名》. **2** 〘聖〙デナ, ディナ《Jacob と Leah の娘; *Gen* 30: 21》. [Heb=judged, dedicated]

Di·nan /*F* dinɑ̃/ ディナン《フランス北西部 Brittany 地方の町》.

di·nar /dɪnɑ́ːr, díːnɑ̀ːr/ *n* **1 a** ディーナール《通貨単位: アルジェリア (記号 DA, =100 centimes)·バーレーン (記号 BD, =1000 fils)·イラク (記号 ID, =1000 fils, 20 dirhams, 5 riyals)·ヨルダン (記号 JD, =1000 fils)·クウェート (記号 KD, =1000 fils)·リビア (記号 LD, =1000 dirhams)·マケドニア (=100 paras)·セルビア (=100 paras)·チュニジア (記号 D, =1000 millimes, 10 dirhams)》. **b** ディーナール《イランの通貨単位: =1/100 rial》. **2** ディーナール《7 世紀末から数世紀間イスラム教国の基本貨幣とされた金貨》. [Arab and Pers<Gk<L DENARIUS]

Di·nár·ic Álps /dənǽrɪk-, daɪ-/ *pl* [the] ディナルアルプス《スロヴェニアからモンテネグロに至るアドリア海沿岸を北西から南東に走る山脈》.

dinch /díntʃ/ *《俗》*vt* 〈タバコを〉もみ消す. ► *n* 《タバコの》吸いさし, (しけ)もく.

din-din /díndìn/ *n* [°*pl*] 《幼児·口》DINNER, 食事, 食べ物.

din·dle /díndl, dínl/ 《スコ》*vi, vt* 《音や震動で》ビリビリする[させる], 身震いする[させる], しびれる[させる]. ► *n* 身震い, うずき, しびれ.

d'Indy ⇨ INDY.

dine[1] /dáɪn/ *vi* 食事 (dinner) を取る[する], 食事に〈…を〉食べる 〈*on*〉. ► *vt* 〈人〉に食事を出す, 食事でもてなす; 〈部屋·テーブルが〉(何人)食事させる: This room ~*s* 30. この部屋は 30 人が食事できる. ● ~ **forth** 食事に出かける. ~ **in** 自宅[宿泊先のホテル内]で食事をする. ~ **on [off]**…を食事に食べる. ~ **out** 外で食事をする, 外食する (cf. DINER-OUT). ~ **out on**… 〈芸能人·作家·名士などが〉〈人気·話·経験など〉を理由に食事に招かれる[饗応をうける]; [*joc*] …の話をして人の注目を集める. ~ **with Duke Humphrey** 《古》食事を抜く《金のない者が dinner の時間に St. Paul's 寺院の Duke Humphrey's Walk をぶらついたとの故事から》. WINE **and** ~. ► *n* 《スコ》DINNER. [OF<Romanic (*dis-*[1], JEJUNE)=to break one's fast]

dine[2] *n**《俗》DYNAMITE, NITROGLYCERINE.

Dine ダイン **Jim [James]** ~ (1935–) 《米国の画家; pop art の傾向がある》.

din·er /dáɪnər/ *n* **1** 食事する人, ディナーの客. **2** 食堂車 (dining car); *(食堂車風の)簡易食堂; *道路際の食堂; 《口》食堂《部屋》.

din·er·gate /daɪnə́ːrgət/ *n* 〘昆〙兵アリ《大頭·大あご》.

di·ner·ic /dənérək, daɪ-/ *a* 〘理〙二つの不混和液の境界面の[に関する].

di·nero /dɪnérou/ *n* (*pl* ~**s**) 〘史〙ディネロ《スペイン·ペルーの旧貨幣》; *《俗》金, ぜに. [Sp]

díner-óut *n* (*pl* **díners-óut**) よく(招かれて)外で食事をする人 (cf. DINE *out*).

Din·e·sen /dínəs(ə)n, díː-/ ディネセン **Isak** /íːsɑːk/ ~ (1885–1962) 《デンマークの女性作家; 本名 Karen Christence ~, Baroness Blixen-Finecke; 超自然的雰囲気をにじませたゴシックロマンスを書いた》.

di·nette /daɪnét/ *n* 《台所の片隅などの》略式食堂; 略式食堂セット (＝～ **sèt**)《食卓と椅子のセット》.

di·néutron /daɪ-/ *n* 〔理〕《仮説上の》重中性子.

ding[1] /díŋ/ *vi, vt* 〈鐘などを〉ガンガン[ゴーンゴーン]鳴らす, ガンガン鳴る; 《口》くどくど話す[言い聞かせる]. ► *n* ゴーン, チーン《鐘の音》. [imit]

ding[2] *v* (～**ed, dang** /dǽŋ/, **dung** /dʌ́ŋ/; ～**ed, dung**) *vt* **1**《口》へこませる, …に当たる[ぶつかる], …の表面を損傷させる; 《口》力をこめて打つ, 強打する; 《口》投げつける, 投げ飛ばす, 〈ボールなどを〉ぶっつける. **2**《古・方》打ち負かす, …にまさる. **3 a**《俗》投げ捨てる, 放り出す. **b**《豪俗》見捨てる: ～ it あきらめる. **4***《俗》〈学生友愛会などの会員候補者〉の入会を拒否する; *《俗》〈人を〉譴責[懲戒]処分にする, 懲罰に処する; *《俗》のけ者にする, いじめる, けなす. ► *vi**《俗》浮浪生活[ルンペン暮らし]をする; *《俗》物乞いする; 《スコ》ぶつかる, 当たる 〈*into*〉. ● **～ed out***《俗》《酒に》酔って. ► *n* **1**《口》《車体などの表面の》損傷部, へこみ (dent). **2***《俗》打撃, ぶちのめすこと. **3***《俗》入会拒否投票, 反対投票; *《俗》《求人応募・面会申し込みなどに対する》断わり状, 不合格[不採用](決定)通知; *《俗》批判, 悪口, けなすこと. [*ding* to strike＜ME]

ding[3] *v, n, a, adv**《口》[*euph*] DAMN.

ding[4] *n*《豪俗》[*derog*] イタリア人, ギリシア人, 《一般に》外人. [*dingbat*]

ding[5] *n*《豪俗》パーティー, お祝い, お祭り騒ぎ. [? *wingding*]

Din·gaan /díŋgɑːn/ ディンガーン, ディンガネ (c. 1795–1840)《Zulu 人の王 (1828–40); Andries Pretorius に敗れ, 王位を追われて殺された》.

díng-a-lìng, ding·a·ling /díŋəlìŋ/ *n* **1** ベルが鳴る音, チリンチリン, キンコン. **2**《口》いかれたやつ, 変人, 変わり者《頭の中でベルが鳴っているという含み》; 《口》ばか者; 《俗》《特に子供の》おちんちん.

Ding an sich /G díŋ an zíç/ (*pl* **Din·ge an sich** /G díŋə-/) 〔哲〕物自体 (thing-in-itself)《Kant の用語》.

ding·bat /díŋbæ̀t/ *n* **1**〔印〕読者の注意をひく記号《段落の始めの星印など》; *《口》DINGUS; *《口》《石・煉瓦など》投擲(とうてき)物になりやすいもの; *《俗》金 (money). **2**《俗》ばか, 気違い, いやなやつ, くそったれ; *《俗》乞食, 放浪者; *《俗》女, 女の子; *《俗》マフィン, ビスケット, ロールパン. ● **be** [**have the**] **～s**《豪俗》気が狂っている, ばかだ, 変だ; アル中による譫妄になっている. **give** sb **the ～s**《豪俗》人をいらいらさせる. [C19＜?; *ding*[2]＋*bat*[1] か]

ding-dang /díŋdæ̀ŋ/ *v**《俗》DAMN.

ding-ding /díŋdìŋ/ *n**《俗》気違い, ばか (ding-a-ling).

ding-dong /díŋdɔ̀(ː)ŋ, -dɑ̀ŋ; ⌐⌐/ *n* **1** ジャンジャン, ガランガラン, ガンガン, カーンカーン, チーンチーン, ピンポーン《2 つの鐘などの音》; 《幼児》鐘 (bell). **2**"《口》言い争い, なぐり合い, どんちゃん騒ぎ. **3**《俗》あほう, ばか, 気違い, 変人, 変わり者 (ding-a-ling). **4***《鉄道俗》ガソリン(と電気)動力の車両, 気動車. **5**《俗》おちんちん, チンポ; [*pl*] *《俗》きんたま. ► *adv* ジャンジャン[ガンガン]と; じゃんじゃん, せっせと〈働くなど〉. ● **go** [**be, hammer away**] **at it ～**《口》懸命に働く. ► *a* ジャンジャン鳴る; 激しく渡り合う〈打ち合い・応酬など〉, 競り合いの, 接戦の: a ～ race [struggle] 追いつ追われつの競走[激闘]. ► *vi* ジャンジャン[ガンガン]と鳴る; 単調に[しつこく]繰り返す. ► *vt* ジャンジャン鳴らす; いやになるほど繰り返す. [C16＜imit]

díng·dòng·er *n**《俗》あつかましい[しつこい]放浪者.

dinge[1] /díndʒ/ *n* くぼみ, へこみ. ► *vt* 打ってくぼませる. [C17＜? *ding*[1]; cf. ON *dengja* to hammer, beat]

dinge[2] *n* DINGINESS; 憂鬱. [逆成＜*dingy*[1]]

dinge[3] *n, a*《俗》[*derog*] 黒人(の). [*dingy*[1]]

ding·er /díŋər/*《俗》*n* 決定的要素, 決定打; 〔野〕ホームラン; 〔野〕ヒット, 塁打, 安打 (base hit); 放浪者, くだらない人間; 半可通《人》.

ding·ey /díŋgi/ *n**《俗》小型機関車[トラック], 短い列車; *《俗》できの悪い牛; *《俗》11《数》; 《古》DINGHY.

díng·hèad *n**《俗》あほ, ばか, まぬけ.

ding ho /díŋ hóʊ/, **ding how** [**hau, hao**] /-háʊ/*《俗》*adv* OK. ► *a* とてもいい, みごとな, すばらしい. [Chin 頂好]

din·ghy /díŋgi/ *n* **1** ディンギー (**1**) 競走[娯楽]用小型ヨット **2**) 手こぎないし船外モーター付きの娯楽用ボート; もとはインドの小舟). **2**《船舶・飛行機の》ゴム製救命ボート (＝*rubber dinghy*); 《親船に載せる》付属船, 艦載艇. [Hindi]

ding·ing /díŋɪŋ/ *n* 〔建〕一回塗りモルタル.

din·gle /díŋg(ə)l/ *n* 樹木の茂った深い小谷, 渓谷 (dell). [ME＝abyss＜?]

Díngle Báy ディングル湾《アイルランド南西部にある大西洋の入江》.

díngle·bèrry /; -b(ə)ri/ *n* **1**〔植〕ディングルベリー《米国南東部産のコケモモの一種; その赤黒く丸い漿果(しょうか)は食べられる》. **2** [**u***pl*]《俗》肛門のまわりの毛に付着しているくそ. **3**《俗》とんま, あほう, 変なやつ.

díngle-dàngle *a, adv* ぶらさがった[ぶらさがって].

din·go /díŋgoʊ/ *n* (*pl* **～es**) **1**〔動〕ディンゴ《豪州で野生化した赤茶色の毛がふさふさした犬》. **2**《豪俗》卑怯者, 裏切り者. ►《豪俗》*vi, vt* 卑怯なことをする; 手を引く, 抜ける, 〈人を〉裏切る 〈*on* sb〉. [(Australia)]

díng-swìzzled *a, adv**《口》DAMNED.

din·gus /díŋ(g)əs/ 《口》*n* 何とかいうもの, なに, あれ; 仕掛け, 装置. [Du *dinges*; cf. G (gen)＜*Ding* thing]

Ding·wall /díŋwɔ̀ːl, -wəl/ ディングウォール《スコットランド北部 Inverness の北西にある町; ウイスキーの醸造が盛ん》.

díng wàrd*《俗》精神科[気違い]病棟.

din·gy[1] /díndʒi/ *a* (**-gi·er; -gi·est**) 黒ずんだ, うすよごれた; すすけた; うすぎたない, みすぼらしい, むさくるしい. ♦ **dín·gi·ly** *adv* **-gi·ness** *n* [C18＜?; cf. *dung*]

dingy[2] /díŋi/ *a**《俗》ばかな, いかれた. [*ding*[1], *-y*[1]]

din·gy[3] /díŋgi/ *n*《古》DINGHY.

din·ing /dáɪnɪŋ/ *n* 正餐《午餐または晩餐》; 食事.

díning càr 〔鉄道〕食堂車.

díning hàll 《学寮などの》大食堂.

díning ròom 食堂, 食事室, ダイニングルーム.

díning tàble 食卓, ダイニングテーブル.

di·ni·tro- /daɪnáɪtroʊ, -trə/ *comb form* 〔化〕「2 個のニトロ基をもつ」 [*di-*[1], *nitr-*]

di·nìtro·bénzene /daɪ-/ *n* 〔化〕ジニトロベンゼン《媒染剤》.

di·nítrogen tetróxide /daɪ-/ 〔化〕四酸化二窒素.

di·nìtro·phénol /daɪ-/ *n* 〔化〕ジニトロフェノール《黄色針状晶で 6 つの異性体がある》.

dink[1] /díŋk/ 《スコ》*a* こざっぱりとした, きちんとした身なりの. ► *vt* …の身なりを整える, 装う, 飾る (deck). [C16＜?]

dink[2] 《豪》*vt* 自転車[馬など]に乗せる[乗せて行く]. ► *vi* 自転車[馬など]に相乗りをする. ► *n* 自転車などに乗せること. [C20＜?]

dink[3] 〔テニス〕*n* ドロップショット (drop shot). ► *vt* ドロップショットで打つ. [? imit]

dink[4] *n**《卑》陰茎, ポコチン. [変形＜*dick*[1]]

dink[5] *n* DINGHY; *《俗》《大型ヨット積載の》給仕船, はしけ.

dink[6]* *n* ぴったりした小型の帽子《しばしば大学一年生がかぶる》; 帽子 (hat). [? 逆成＜*dinky*[1]]

dink[7] *n**《俗》[*derog*] ヴェトナム人(兵士), 東洋人; 《俗》やつ, 野郎, ばか, 変な[いやな]やつ; *《俗》ゼロ, 無, ちっとばかし(も…ない). ► *vt* [次の成句で]: **～ off***《俗》おこらせる. [C20＜?]

dink[8] *vi**《俗》ゆっくりと気まぐれに動く[進行する]. [?*dinky*[1]]

dink[9] *n*《口》ディンク (＝*dinkie, dinky*)《共働きで子供のいない夫婦の一方》. [*d*ouble [*d*ual] *i*ncome *n*o *k*ids]

Din·ka /díŋkə/ *n* **a** (*pl* **～, ～s**) ディンカ族《南スーダンの Nile 川上流地帯に住むナイロート系部族》. **b** ディンカ語.

din·kel /díŋk(ə)l/ *n* 〔植〕スペルト小麦 (SPELT[2]). [G]

dink·ey /díŋki/ *n* (*pl* **～s, dínk·ies**)《構内作業用の》小型機関車[電車].

dink·ie /díŋki/ *n*《口》DINK[9].

din·kum /díŋkəm/《豪口》*a* 本物の, 本当の; りっぱな, 公平な. ► *adv* 本当に, 正直なところ. ► *n* 本当のこと; 大仕事, 割当て仕事: HARD DINKUM. ● **fair ～** 公明正大な[に]; 本当の[に], 正真正銘の. [C19＜?]

dínkum óil [the]《豪俗》紛れのない事実, 真相.

dínky[1] 《口》*a*"こざっぱりした, こぎれいな; こじゃれた, 愛くるしい; *ちっちゃな, ちっぽけな, ちゃっちい. ► *n* DINKEY. [*dink*[1]]

dinky[2] *n* DINGHY.

dinky[3] *n*《口》DINK[9].

Dinky **1**〔商標〕ディンキー《英国製のミニカー》. **2** [d-]"《俗》車, かわいい車《大型車を指していう》.

din·ky·di(e) /díŋkidàɪ/ *a*《豪俗》DINKUM; /-dìː/"《俗》すばらしい, 完璧な.

din·na /dínə/《スコ》do not.

din·ner /dínər/ *n* **1** 一日の中心的な食事, ディナー《昼食または夕食》; 正餐, 午餐 (＝midday ～), 晩餐 (＝evening ～), ディナー; 晩餐会 (dinner party): It's time for ～. 食事の時間です / Have you had ～ yet? 食事はお済みですか / ask sb to ～ 人を食事[正餐]に招く / at [before, after] ～ 食事中[前, 後] / an early [a late] ～ 午餐[晩餐] / have ～ 正餐[晩餐]を食べる, 食事をする (dine) / Would you have ～ with me? 夕食をいっしょにしない?《その後のセックスを含意》/ make a good [poor] ～ 十分な[物足りない]食事を作る[になる] / EAT one's ～*s* / give a ～ in sb's honor [for sb] 人を主賓に[人のために]晩餐会を催す. ★ 英米の子供や勤労・中・下流階級では多く breakfast—(midday) dinner—(tea)—supper; 有閑・上流階級では多く breakfast—(midday) lunch—(tea)—(evening) dinner の順に一日の食事をする. **2**《フルコースの》定食 (table d'hôte); 《冷凍食品などの》包装した一食分の料理: Four ～*s* at £3 a head. 1 人前 3 ポンドの定食 4 人分 / TV DINNER. ● **more** sth [**often**] **than** sb **has had hot ～s** 非常に多くの, 非常にしばしば《知ったかぶりをいさめる時に用いる》: Don't tell me anything about wines. I have tried *more* wines *than* you *have had hot* ～*s*. SHOOT[1] one's **～.** ♦ **～·less** *a* [F; ⇨ DINE[1]]

dínner bàsket*《俗》腹, おなか.

dínner bèll 正餐を知らせる鐘.

dínner càll 食事の知らせ; *《晩餐をうけた人の招待してくれた人への》お礼訪問, 答礼訪問.

dínner dànce ディナーダンス《食後にダンスが続く正式ディナー》.

dínner drèss [gòwn] ディナードレス[ガウン]《婦人用略式夜会服; 男子の dinner jacket に相当》.
dínner fòrk 《メインコースに用いる》ディナーフォーク.
dínner hòur ″昼休み; DINNERTIME.
dínner jàcket ディナージャケット, タキシード《男子用略式夜会服: 上着・絹のすじの通ったズボン・蝶ネクタイ・腰帯 (cummerbund) を含めたひとそろい; その上着》. ◆ **dínner-jácket·ed** *a*
dínner làdy ″《学校の》給食のおばさん.
dínner pàil *《労働者が使う円筒形の》弁当箱. ● **hand [pass, turn] in one's ～** 《俗》死ぬ, くたばる.
dínner pàrty 晩餐[午餐]会, 祝賀会.
dínner rìng 《台の大きな》夜会用指輪.
dínner sèrvice [sèt] 正餐用食器類一式.
dínner sùit タキシード, ディナースーツ.
dínner tàble [the] 食事の席[機会]; DINING TABLE: at *the* ～ 食事の席で[最中に].
dínner thèater ディナーシアター《食事中・食後に観劇ができるレストラン》.
dínner·tìme *n* ディナーの時間《通常午後 5 時から 7 時, または正午から午後 1 時の間》.
dínner wàgon (脚輪付き)食器台, ワゴン.
dínner·wàre *n* 食器類, ディナーウェア《皿・カップなど》; 食器ひとそろい.
din·nle /dínl/ *vi, vt, n* 《スコ》DINDLE.
di·no /dáɪnou/ *n* (*pl* **～s**) *《俗》メキシコ[イタリア]系労務者《特にダイナマイトを扱う者》.
dino- /dáɪnou, -nə/ ⇨ DIN-.
di·noc·er·as /daɪnásərəs/ *n* 《古生》UINTATHERE.
dìno·flágellate *n, a* 《生》渦[双]鞭毛虫(の).
di·nor·nis /daɪnɔ́ːrnəs/ *n* 《古生》オオモア属 (*D-*) の鳥《モア類中最大の巨大な無翼鳥の代表属; ニュージーランドに半化石が多い》. [Gk *ornis* bird]
di·no·saur /dáɪnəsɔ̀ːr/ *n* 《古生》恐竜; 大きすぎて役に立たない[時代遅れの]人[もの], '化石'. ◆ **dì·no·sáu·ri·an** *n, a* 恐竜(の). **dì·no·sáu·ric** *a* 恐竜のような; 巨大な. [NL (Gk *deinos* terrible, *-saurus*)]
dínosaur wìng [the] *《俗》《政党の》最右翼.
di·no·there /dáɪnəθɪər/ *n* 《古生》恐獣《象に似た第三紀の哺乳動物》. [Gk *thērion* wild animal]
dint /dínt/ *n* 力; 《打ってできた》くぼみ, へこみ, [*fig*] きず; 《古》打撃 (blow). ● **by ～ of**…(すること)によって. ► *vt* くぼませる, 傷つける; むりやり押し込む[刻印する]. [OE *dynt* and ON *dyntr*＜?]
di·núcleotide /daɪ-/ *n* 《生化》ジヌクレオチド《DNA などにおける 2 つのヌクレオチドの結合》.
Din·wid·die /dɪnwídi, dínwìdi/ ディンウィディ **Robert ～** (1693–1770)《スコットランド生まれの英国の植民地行政官; Virginia 植民地副総督 (1751–58)》.
Dio Cas·si·us /dáɪou kǽʃ(i)əs, -kǽsiəs/ ディオ・カッシウス (c. 150–?235)《ローマの歴史家;『ローマ史』》.
di·oc·e·san /daɪásəs(ə)n/ *a* DIOCESE の. ► *n* 管区管轄者としての BISHOP, 教区監督[司教, 主教]; 《米では古》管区の人[聖職者].
di·o·cese /dáɪəsəs, -sìːz, -sìːs/ *n* 監督[司教, 主教](管)区, 教区《略 dioc.》. [OF, ＜Gk *dioikēsis* administration]
Dio Chry·sos·tom /dáɪou krɪsástəm, -krísəstəm/ ディオン・クリュソストモス (*Gk* Dion Chrysostomos) (c. 40–c. 112)《ローマのギリシア人雄弁家》.
Di·o·cle·tian /dàɪəklíːʃən/ ディオクレティアヌス (*L* Gaius Aurelius Valerius Diocletianus) (245?–?316)《ローマ皇帝 (284–305); キリスト教徒大迫害を行なった》.
di·ode /dáɪòud/ 《電子工》*n* 二極管; ダイオード. [*di-*[1]]
di·o·done /dáɪədòun/ *n* 《化》ジオドン (IODOPYRACET).
Di·o·do·rus Sic·u·lus /dàɪədɔ́ːrəs síkjələs/ ディオドロス・シクロス《紀元前 1 世紀のシチリア生まれのギリシアの歴史家;『歴史叢書』》.
di·oe·cious, di·e- /daɪíːʃəs/ *a* 《生》雌雄異株[異体]の. ◆ **～·ly** *adv* **～·ness** *n*
di·oe·cism /daɪíːsìz(ə)m/ *n* 《生》雌雄異株[異体] (cf. MONOECISM).
di·oe·cy /dáɪìːsi/ *n* 《生》DIOECISM.
dioestrus, -oestrum ⇨ DIESTRUS.
Di·og·e·nes /daɪáʤənìːz/ ディオゲネス (d. c. 320 B.C.)《古代ギリシアのキニク学派の代表的哲学者》.
Diogenes La·ër·ti·us /─ leɪə́ːrʃiəs/ ディオゲネス・ラエルティオス《3 世紀のギリシアの哲学史家》.
di·oi·cous /daɪɔ́ɪkəs/ *a* DIOECIOUS.
di·ol /dáɪɔ̀(ː)l, -òul, -àl/ *n* 《化》ジオール《2 価アルコール; グリコールなど 2 個の水酸基を有する化合物》. [*-ol*]
di·ólefin /daɪ-/ *n* 《化》ジオレフィン (DIENE).
Di·o·mede /dáɪəmìːd/, **-med** /-mèd/ DIOMEDES.
Díomede Íslands *pl* [the] ダイオミード諸島《Bering 海峡中央の 2 つの島; Big Diomede 島 (ロシア領) と Little Diomede 島 (米領) で, 両島間を日付変更線が走る》.
Di·o·me·des /dàɪəmíːdiz/ 《ギ神》ディオメーデース《**1**) トロイア戦争におけるギリシア側の勇士 **2**) 人食い馬をもっていたトラキア王》.
Di·o·ne /daɪóuni/ 《ギ神》ディオーネー《Dodona で崇拝された Zeus の妻で, 時に Aphrodite の母》; 《天》ディオネ《土星の第 4 衛星》.
Di·o·ny·sia /dàɪəníziə, -siə, -ʒ(i)ə, -ʃ(i)ə/ *n pl* [the] 《古ギ》ディオニュソス祭《Dionysus の祭礼でギリシア全土各地で行なわれたが Attica では特に盛大に行なわれ, その催しとして演劇が発達した》.
Di·o·nys·i·ac /dàɪənízìæk, -nís-, -níʒ-, -níʃ-/ *a* ディオニュソス(祭)の; ディオニュソス的な (Dionysian). ► *n* ディオニュソス崇拝者; ディオニュソス的人物.
Di·o·nys·i·an /dàɪəníziən, -nís-, -níʒ-, níʃ-/ *a* **1 a** ディオニュシオス (Dionysius) の. **b** アレオパゴスの裁判官デオヌシオ (Dionysius the Areopagite) の作とされた神学的著作の. **2** ディオニュソス (Dionysus) 崇拝の; ディオニュソス的な, 奔放な, 熱狂的な, 激情的な, 衝動的な (cf. APOLLONIAN).
Di·o·nys·i·us /dàɪənísiəs, -níʃ(i)-, -náɪsi-/ ディオニュシオス (**1**) **～ I** [～ the Elder] (c. 430–367 B.C.)《古代シュラクサイ (Syracuse) の僭主 (405–367 B.C.)》 (**2**) **～ II** [～ the Younger] (c. 397–343 B.C.)《1 世の子, シュラクサイの僭主 (367–357 B.C., 346–344 B.C.)》.
Dionýsius Ex·íg·u·us /-ɛgzígjuəs/ ディオニュシウス・エクシグウス (c. 500–c. 560)《Scythia 生まれのローマの修道士・神学者; キリスト誕生に始まる紀年法を初めて導入》.
Dionýsius of Alexándria [Saint] アレクサンドリアの聖ディオニュシオス (c. 200–c. 265)《Alexandria の神学者; 通称 'the Great'》.
Dionýsius of Halicarnássus ハリカルナッソスのディオニュシオス《紀元前 1 世紀ギリシアの歴史学者・修辞学者》.
Dionýsius the Areópagite 《聖》アレオパゴスの裁判官[議官]デオヌシオ[ディオニシオ]《Paul によって信仰を得た 1 世紀アテナイの人 (*Acts* 17: 34); 500 年ごろ彼の名によって新プラトン主義的著作が書かれ, スコラ神学に多大の影響を与えた》.
Di·o·ny·sus, -sos /dàɪənáɪsəs, -níː-/ 《ギ神》ディオニュソス (Bacchus)《酒の神; ⇨ DIONYSIA》.
Di·o·phán·tine equátion /dàɪəfǽntàɪn-, *-fǽntn-/ 《数》ディオファントス方程式《整数を係数とする多項方程式で整数解を求めるもの》. [↓]
Di·o·phan·tus /dàɪəfǽntəs/ ディオファントス (246?–?330)《古代ギリシアの数学者;『数論』》.
di·op·side /daɪápsàɪd/ *n* 《鉱》透輝石, ダイオプサイド《準宝石》. ◆ **di·op·sid·ic** /dàɪɑpsídɪk/ *a*
di·op·tase /daɪáptèɪs, -z/ *n* 《鉱》翠(すい)銅鉱, ダイオプテーズ (＝*emerald copper*).
di·op·ter | -tre /daɪáptər/ *n* **1** 《光》ジオプター《レンズの屈折力を表わす量; メートル単位で表わした焦点距離の逆数; その単位; 略 D., d.》. **2** 《古代ギリシアの》経緯儀. ◆ **di·óp·tral** *a*
di·op·tom·e·ter /dàɪɑptámətər/ *n* 《眼》眼屈折計. ◆ **di·op·tóm·e·try** *n* 眼屈折測定, ジオプトメトリー.
di·op·tric /daɪáptrɪk/, **-tri·cal** *a* 屈折光学の; 光屈折の; 光屈折応用の; 光屈折による.
di·óp·trics *n* 屈折光学 (cf. CATOPTRICS).
Dior /diɔ́ːr; *F* djɔːr/ ディオール **Christian ～** (1905–57)《フランスのファッションデザイナー》.
di·ora·ma /dàɪərǽmə, -ráː-; -ráː-/ *n* 透視画, ジオラマ《穴からのぞいて見る》; 立体小型模型による情景, ジオラマ《**1**) 博物館における野生生物の生息状態を示す模型など **2**) 映画などに用いる立体縮小セット》; ジオラマ館. ◆ **dì·o·rám·ic** /-rǽm-/ *a* [*di-*[3], Gk *horaō* to see; *panorama* にならったものか]
di·o·rite /dáɪəràɪt/ *n* 閃(せん)緑岩. ◆ **dì·o·rít·ic** /-rít-/ *a*
Di·os·cu·ri /dàɪəskjúəràɪ, daɪáskjəràɪ/ *pl* [the] 《ギ神》ディオスクーロイ《「Zeus の息子たち」の意; ⇨ CASTOR AND POLLUX》.
di·os·gen·in /dàɪɑzʤénən, daɪázʤə-/ *n* 《生化》ジオスゲニン《副腎皮質ホルモン系ステロイドの原料》.
di·ósmose /daɪ-/ *vt* OSMOSE.
Di·os·po·lis /daɪáspələs/ ディオスポリス《エジプトの THEBES の古代名》.
di·ox·ane /daɪáksèɪn/, **-ox·an** /-sæn, -sən/ *n* 《化》ジオキサン《脂肪の溶剤・化粧品・脱臭剤に用いる》.
di·óxide /daɪ-/ *n* 《化》二酸化物; 《俗に》過酸化物 (peroxide).
di·ox·in /daɪáksən/ *n* 《化》ジオキシン, ダイオキシン《PCB に近い有機塩素化合物; 特に最も毒性の強い TCDD を指す》.
di·ox·i·rane /daɪáksərèɪn/ *n* 《化》ジオキシラン《水素 2, 炭素 1, 酸素 2 からなる有機化合物で, 光化学スモッグの中間媒体とされる》.
dip[1] /díp/ *v* (**dipped, dipt** /dípt/; **díp·ping**) *vt* **1** ちょっと浸す ‹*in, into*›; ちょっと浸して染める; 溶かした蠟に芯を何度もつけて‹ろうそくを›作る; ‹羊を›殺虫液に浸して洗う; …に浸礼を施す; 《物を取り出そうと》‹手などを›突っ込む ‹*into*›; *《俗・方》‹かぎタバコを›歯・歯茎にこすりつける, かみタバコをかむ. **2** 《スプーンなどで》すくい上げる, 汲み取る, 皿に盛る ‹*up*›; 《俗》‹人›からすり取る: ～ out the soup スープをすくう. **3** ‹旗などを›下げてまたすぐ上げる《信号または敬礼のため》; ″‹ヘッドライトを›下に向ける; ‹頭を›下げる. **4** [ᵘ*pass*] ″《ロ》借金させる, 抵当[質]に入れる; 《古》‹事件など›に巻き込む: I *am dipped.* 借金がある. **5** ″《俗》‹試験〉に落ちる (fail). ► *vi* **1 a** ちょっと浸る, 〈鯨・鳥など〉ちょっと水にもぐって[首を突っ込んで]すぐ出る: The boat's bow *dipped* into the wave. 船のへさきが波をかぶった. **b** 物を出そうと手《など》を突っ込む 〈*into*〉; 〈金に〉手をつける 〈*into*〉; 軽くひざを曲げて会釈する; 《ダンスなどで》体を一瞬低くする; 《俗》スリをはたらく. **2** (ちょいと)のぞく 〈*in, into*〉; 〈作家・本などを〉ざっと調べる[読む] 〈*into*〉; ちょっとやってみる 〈*in, into*〉: ～ deep *into* the future 将来を深く考える. **3** ちょっと[急に]落ちる 〈*to*〉; 沈下する, 下がる, 沈む, (下方に)傾く; わずかに減る, 一時的に下がる; 徐々に傾斜する; 〔地質〕沈下する; 急降下する: Sales *dipped* in June. 6 月に売上げが落ちた. **4** *《ティーンエージャー俗》立ち聞きする 〈*on*〉; *《俗》走る. ● **～ into pockets** 懐中物をすり取る. **～ into one's pocket [purse, reserves, savings,** etc.**]** = put one's HAND in one's pocket. **～ out** 《豪口》(…に)加わらない, 抜け出す, 利用しない 〈*on, of*〉, 見のがす, 得そこなう 〈*on*〉; 《豪口》失敗する, しくじる 〈*in*〉. **～ the bill [beak]** *《俗》飲む. **I'll be dipped (in shit).** =*《俗》I'll be DAMNED.

► *n* **1 a** 浸すこと, ちょっとつかること; 《口》ひと浴び, ひと泳ぎ; ざっと見る[読む, 調べる]こと 〈*into*〉: have [take] a ～ in the sea 海でひと浴びする. **b** 浸液, 《特に》洗羊液; 《プディングなどにかける》ソース, シロップ, 《ポテトチップなどにつける》クリームソース, ディップ. **c** (糸芯)ろうそく. **d** *《俗》かみタバコのひと塊り, かぎタバコのひとつまみ[ひとかぎ]. **2** 《スープなどの》ひとすくい, ひと汲み. **3 a** 《土地・道路の》沈下; 下降, 下り坂; 下降度; 傾斜, くぼみ 〈*in* the ground〉; 《一時的な》急降下, 下落 〈*in* prices〉; 一時的減少; 〔韻〕《頭韻詩の》無強勢の音節, 抑音部; 〔地質〕傾斜; 《旗の》縦幅; 〈太陽が〉沈んで見えなくなること; 〔体操〕《平行棒の》棒上腕屈伸. **b** 《電線の》垂下度; 《磁針の》伏角 (＝*inclination*), 〔測〕《水平線の》伏角, デップ. **4** *《俗》帽子. **5** 《俗》スリ (pickpocket). **6** 《口》のんだくれ, アル中; *《俗》ばか, まぬけ, 変な[いやな]やつ; *《俗》だらしないやつ. ● **at the ～** 〔海〕旗が少し下げられて《敬礼のしるし》. ► *a* *《俗》DIPPY.

[OE *dyppan*; cf. G *taufen* to baptize; DEEP と同語源]

dip[2] *n* *《俗》DIPHTHERIA.

dip., Dip. diploma. **DIP** /díp/ 〔電算〕document image processing 文書画像処理《文書の画像化》♦〔電子工〕dual in-line package デュアル・インライン・パッケージ, DIP《本体からムカデ形にリード線の出ている IC 容器; cf. DIP SWITCH》♦〔電子工〕dual in-line packaging. **DipAD** 〔英〕Diploma in Art and Design.

díp-and-scárp *a* (地勢が)急斜面と緩斜面が交互の.

DI particle /dí:áɪ ―/ DEFECTIVE VIRUS. [DI＝*d*efective *i*nterfering]

di·par·tite /daɪpɑ́:rtàɪt/ *a* 部分に分かれた.

DipCE Diploma in Civil Engineering.

díp cìrcle 伏角計.

DipEd 〔英〕Diploma in Education.

di·péptidase /daɪ-/ *n* 〔生化〕ジペプチダーゼ《各種のジペプチドを加水分解する酵素》.

di·péptide /daɪ-/ *n* 〔生化〕ジペプチド《加水分解して 2 個のアミノ酸分子を出すペプチド》.

di·pétal·ous /daɪ-/ *a* 〔植〕2 つの花弁を有する, 二弁の.

díp fàult 〔地質〕傾斜断層《その地域の地層走向と垂直に走る断層》.

dí·phàse, di·phásic /daɪ-/ *a* 〔電〕二相(性)の; 〔動・生〕二相[二形]性の.

DipHE 〔英〕Diploma of Higher Education.

díp·hèad *n* *《俗》あほ, ばか, まぬけ, 能なし.

di·phen·hy·dra·mine /dàɪfènháɪdrəmì:n/ *n* 〔化〕ジフェンヒドラミン《白色の結晶状アミン; 塩酸塩を抗ヒスタミン薬としてアレルギー性疾患に用いる》. [*diphenyl*, *hydr-*, *amine*]

di·phe·nox·y·late /dàɪfì:nɑ́ksəlèɪt, -fèn-/ *n* 〔化〕ジフェノキシラート《止瀉(しゃ)薬に用いる》.

di·phényl /daɪ-/ *n* BIPHENYL.

di·phènyl·amíne /daɪ-/ *n* 〔化〕ジフェニルアミン《染料調製・爆薬安定剤などに用いる》.

di·phènyl·hy·dán·to·in /daɪ...haɪdǽntouən/ *n* 〔薬〕ジフェニルヒダントイン (PHENYTOIN).

diphenylhydántoin sódium 〔化〕ジフェニルヒダントインナトリウム《抗痙攣薬》.

di·phósgene /daɪ-/ *n* 〔化〕ジホスゲン《揮発性の液体; 第一次大戦で毒ガスとして用いられた》.

di·phósphate /daɪ-/ *n* 〔化〕二リン酸塩[エステル].

di·phosphoglýcerate /daɪ-/ *n* 〔生化〕ジホスホグリセレート《ジホスホグリセリン酸の異性体エステル; 人間の赤血球に存在しヘモグロビン酸素親和性を減少させて酸素放出を容易にする作用をもつ》.

di·phòspho·glycéric ácid /daɪ-/ 〔生化〕ジホスホグリセリン酸, グリセリン酸二リン酸《生体内での解糖・アルコール発酵などの重要な触媒酵素》.

di·phóspho·pỳridine núcleotide /daɪ-/ 〔生化〕ジホスホピリジンヌクレオチド (NAD)《略 DPN》.

diph·the·ria /dɪfθíəriə, dɪp-/ *n* 〔医〕ジフテリア: laryngeal [pharyngeal] ～ 喉頭[咽頭]ジフテリア. ♦ **-ri·al, -ri·an** *a* [F＜Gk *diphthera* skin, hide]

diph·ther·ic /dɪfθérɪk, dɪp-/ 〔医〕*a* DIPHTHERITIC. ► *n* ジフテリア患者.

diph·the·rit·ic /dìfθərítɪk, dìp-/ *a* 〔医〕ジフテリア(性)の; ジフテリアにかかっている〈粘膜など〉. ♦ **-i·cal·ly** *adv*

diph·the·roid /dífθərɔ̀ɪd, díp-/ *a* 〔菌〕類ジフテリアの. ► *n* 類ジフテリア菌.

diph·thong /dífθɔ̀(:)ŋ, díp-, -θɑ̀ŋ/ *n* 〔音〕二重母音, 複母音 (/aɪ, aʊ, ɔɪ/ など); 《俗に》連字 (digraph), (二)重母音活字 (æ, œ など). ► *vi, vt* DIPHTHONGIZE. ♦ **diph·thon·gal** /dɪfθɔ́(:)ŋ(g)əl, -θɑ́ŋ-, dɪp-/ *a* 二重母音(性)の. [F, ＜Gk (*di-*[1], *phthoggos* voice)]

díphthong·ìze *vi, vt* 〔音〕二重母音化する. ♦ **dìphthong·izátion** *n*

diphy- /dífi, dífə/, **diph·yo-** /dífiou, -fiə/ *comb form*「二重の」「二倍の」「二葉よりなる」 [Gk]

diphy·cércal *a* 〔魚〕〈尾びれが〉二叉両形の, 原正形の; 〈魚が〉両形尾の, 原正尾の. ♦ **-cer·cy** /dífɪsə:rsi/ *n*

di·phylétic *a* 〔生〕二系統発生の, 先祖が 2 系統ある, 二元的な〈恐竜など〉.

di·phýllous /daɪ-/ *a* 〔植〕2 枚の葉のある, 二葉性の.

di·phy·odont /daɪfáɪədɑ̀nt, dɪfíə-/ 〔動〕*a* 一換歯性の《歯を 1 回更新する》. ► *n* 一換歯性動物《哺乳類の大部分はこれに当たる》.

dipl- /dípl/, **dip·lo-** /díplou, -lə/ *comb form*「二重…」「複…」 [Gk *diplous* double]

di·ple·gia /daɪplí:ʤ(i)ə/ *n* 〔医〕両(側)麻痺, 対麻痺.

di·plex /dáɪplèks/ *a* 〔通信〕単向二路通信のできる: ～ telegraphy 二信電信 / ～ circuit 二信回路.

dìplo·bacíllus *n* 〔菌〕双[重]桿菌.

dìplo·bíont *n* 〔生・植〕(単)複相生物, ディプロビオント《生活環の中で単相と複相双方の個体を経る生物, 特に 単複相植物》.

dìplo·blástic *a* 〔動〕二胚葉(動物)の.

dìplo·cárdiac *a* 〔動〕二心臓の.

dìplo·cóccus *n* 〔菌〕双球菌. ♦ **-cóccal, -cóc·cic** /-kɑ́ksɪk/ *a*

di·plod·o·cus /dəplɑ́dəkəs, daɪ-/ *n* 〔古生〕ディプロドクス属 (*D-*) の各種竜脚類《Colorado や Wyoming 地方のジュラ紀の恐竜で体長 26 m に及ぶ》.

dip·loe, -ploë /dípləuì:/ *n* 〔解〕《頭頂骨などの》板間層. ♦ **di·plo·ic** /dəplóuɪk, daɪ-/ *a* 板間の.

dìplo·hédron *n* 偏方 24 面体. ♦ **-hédral** *a*

dip·loid /díplɔ̀ɪd/ *a* 二重の; 〔生〕〈染色体が〉倍数の, 〈核相が〉複相の. ► *n* 〔生〕二倍体, ディプロイド, 複相体《ゲノム 2 をもつ細胞・個体; cf. HAPLOID》; 〔晶〕偏方 24 面体. ♦ **díp·lòi·dy** *n* 〔生〕二倍性, 複相性, 全数性.

di·plo·ma /dəplóumə/ *n* (*pl* **～s**) 卒業[修了]証書, 免状 〈*in*〉; 資格証明書; 特許状; 賞状, 感状; (*pl* [s]**-ma·ta** /-tə/) 公文書; 古文書. ► *vt* 〈人〉に diploma を与える. ♦ **～ed, ～'d** *a* [L＜Gk *diplōmat- diplōma* folded paper (*diplous* double)]

di·plo·ma·cy /dəplóuməsi/ *n* 外交(術); 外交的手腕, 駆引き.

diplóma·ism *n* 学歴主義, 学歴偏重.

diplóma mìll *《口》卒業証書工場《十分な教育の行なわれないマスプロの学校・大学》.

dip·lo·mat /dípləmæ̀t/ *n* 外交官《略 dipl.》; 外交家, 如才ない人. [F 逆成＜*diplomati*que]

dip·lo·mate /dípləmèɪt/ *n* 専門資格取得者, 《特に》専門医, 技術者.

dip·lo·mat·ic /dìpləmǽtɪk/ *a* **1 a** 外交上の: ～ relations 外交関係. **b** 外交的手腕のある, 人扱い[調停, 懐柔]のうまい, 人をそらさない, そつのない; 〈発言など〉微妙な, 含みのある. **2** 古文書学[研究]の; 原典そのままの. **3** 免許状の ► *n* DIPLOMATICS. ♦ **-i·cal·ly** *adv* 外交的に, 外交上の手続きに従って; 外交的手腕をもって, そつなく. [F and NL; ⇨ DIPLOMA]

diplomátic bàg DIPLOMATIC POUCH.

diplomátic còrps [bòdy] [the] 外交団.

diplomátic immúnity 〔国際法〕外交特権《接受国において外交官が有する特権で裁判・捜索・逮捕・課税などを免れる》.

diplomátic póuch 外交用郵袋《大使[公使]館と本国政府との間の通信文書を入れて運ぶ》.

dìp·lo·mát·ics *n* 古文書学; 《古》外交術.

diplomátic sérvice 外交官勤務; 大使[公使]館員《集合的》; [°the D- S-] 〔英〕外交部.

diplomátic shúttle 《往復外交における》往復.

di·plo·ma·tist /dəplóumətɪst/ *n* 対人交渉[人あしらい]のうまい人; 外交官 (diplomat).

di·plo·ma·tize /dɪplóumətàɪz/ *vi, vt* (…に)外交術を用いる, (…に)外交的手腕をふるう.

dip·lo·ne·ma /dìplouní:mə/ *n* 〔生〕DIPLOTENE.

dip·lont /díplɑ̀nt/ *n* 〔生〕二倍体, 複相生物《基本数の 2 倍の染色体数をもつ近縁種・品種など; cf. HAPLONT》. ♦ **dip·lón·tic** *a* [*-ont*]

díplo·phàse *n* 〔生〕複相《核相交番での二倍数の相》.

dip·lo·pia /dɪplóupiə/ *n* 〘眼〙 複視 (=*double vision*)《二重に見える異常視》. ♦ **dip·lóp·ic** /-láp-/ *a*
dip·lo·pod /dípləpɑ̀d/ *a, n* 〘動〙 倍脚類の(動物) (millipede). ♦ **dip·lop·o·dous** /dɪplápədəs/ *a*
di·plo·sis /dɪplóusəs/ *n* (*pl* **-ses** /-sì:z/) 〘生〙 全数復元, 複相化.
dip·lo·ste·mo·nous /dɪ̀ploustí:mənəs, -stém-/ *a* 〘植〙 内外二輪の雄蕊(ずい)を有する.
dip·lo·tene /díplətì:n/ *n, a* 〘生〙 複[双]糸期(の), 二重期(の), ディプロテン期(の)《減数分裂の第一分裂前期において, pachytene 期につづく時期》.
díp nèedle 傾針 (=*dipping needle*)《地磁気の伏角を測定する磁針》; 伏角計.
díp·nèt *vt* たも網ですくう.
díp nèt 《小魚をすくう》たも網, たも.
dip·no·an /dípnouən/ *a, n* 〘魚〙 肺魚類の(魚).
dip·o·dy /dípədi/ *n* 〘韻〙 二歩格[句]《ギリシア古典詩では時に詩脚数の単位; ⇨ METER[1]》. ♦ **di·pod·ic** /dɪpádɪk/ *a*
di·pólar /daɪ-, ˟ー ─/ *a* 〈磁石・分子など〉二[双]極性の, 両性の. ♦ **di·pólar·ìze** *vt*
dipólar íon 〘化〙 双(極)性[両性]イオン (=*zwitterion*).
dí·pòle *n* 〘理〙 双極子; 〘化〙 双極分子; 〘通信〙 ダイポール空中線[アンテナ] (=～ **anténna**).
dípole móment 〘電〙 双極子モーメント.
díp pèn つけペン.
dip·per *n* **1 a** 浸す人[もの]; 水中にもぐる鳥《カワセミ・カワガラスなど》. **b** 《古》 浸礼教徒. **c** 《パレットに取り付ける》 油壺. **2** すくうもの, ひしゃく; 《浚渫(しゅんせつ)機などの》 バケット, ジッパー; DIPPER DREDGE. **3** 《俗》 スリ (pickpocket); ˟《俗》 DIPPER-MOUTH. **4** 《ヘッドライトの》 減光装置[スイッチ]. **5** 〘天〙 [the Big [Great] D-] 北斗七星《おおぐま座の七星》, [the Little D-] 小北斗星《こぐま座の七星》. ♦ **～·ful** *n* ひしゃく一杯. [*dip*[1]]
dípper drèdge [shòvel] ジッパー浚渫船.
dípper-mòuth *n* ˟《俗》 口のでかいやつ, カバ口.
dípping nèedle DIP NEEDLE.
díp pipe 《ガス本管の》 封管《ガス製造で石炭ガスを液体中に排出するための先の下がったパイプ》.
dip·py /dípi/ 《俗》 *a* 気が狂った, いかれた, (頭の)おかしい, 〈*about, over*〉; ほれ込んで 〈*over* a girl〉; ばかげた; 酔った. ♦ **díp·pi·ly** *adv* **díp·pi·ness** *n*
dip·py·dro /dípɪdròu/ *n* (*pl* **～s**) ˟《俗》 しょっちゅう気の変わる者, 気まぐれ屋.
dì·propéllant *n* BIPROPELLANT.
di·pro·to·dont /daɪpróutədɑ̀nt/ *a, n* 〘動〙 双門歯類の(動物)《有袋動物; カンガルーなど》.
dip·sa·ca·ceous /dɪpsəkéɪʃəs/ *a* 〘植〙 マツムシソウ科 (Dipsacaceae) の.
díp·shìt *n, a* 《卑》 あほ[ばか, まぬけ](な), ぐず[能なし, 役立たず](の), くそったれ(の).
díp-slìp fàult 〘地質〙 傾斜ずれ[縦ずれ]断層.
díp slòpe 〘地質〙 傾斜斜面《特にケスタ (cuesta) に見られる, 地層の傾斜方向に一致したゆるやかな斜面; cf. SCARP SLOPE》.
dip·so, dyp- /dípsou/ 《口》 *n* (*pl* **～s**) アル中 (dipsomaniac), 大酒飲み. ► *a* アル中の (dipsomaniacal).
dip·so·mánia /dɪ̀psə-/ *n* 〘医〙 飲酒癖, 渇酒癖, 嗜酒(しゅ)症, アルコール中毒. ♦ **-mániac** *n* 飲酒癖患者. **-maníacal** *a* 飲酒癖の. [Gk *dipsa* thirst]
díp·stìck *n* 《crankcase 内の油などを計る》 計深[計量]棒; SNUFF STICK; 〘医〙 ディップスティック《尿に浸して糖やタンパクを検出するのに用いる紙片》; 《俗》 能なし, くず, あほ, ばか, とんま, くそったれ (dipshit).
díp switch[II] 《ヘッドライトの》 ディップスイッチ (dimmer (switch)˟).
DIP switch /díp ─/ 〘電子工〙 ディップスイッチ《DIP (dual in-line package) 型容器に小型スイッチを 2–10 個ほど収めたプリント基板実装用部品》.
dip·sy /dípsi/ ˟《俗》 *a, n* 酒好きな(やつ), キスモロ(の), アル中(の), 酔っぱらい(の), 酔いどれ(の) (dipso); ばか(な), あほう(な), 愚かな[思慮のない](やつ); ぼけた[いかれた](やつ) (ditzy).
dip·sy-do, -doo /dípsidú:/ ˟《俗》 *n* (*pl* **～s**) 〘野〙 ゆるくて打ちにくいカーブ; ごまかし, ペテン, トリック; 八百長ボクシング試合; DIPSY-DOODLE.
dípsy-dóodle ˟《俗》 *n* 〘野〙 ゆるくて打ちにくいカーブ(を投げるピッチャー); ペテン師; ごまかし, ペテン, 詐欺, 八百長. ► *vt, vi* だます, ひっかける.
dipt *v* DIP[1] の過去・過去分詞.
dip·ter·al /díptərəl/ *a* 〘建〙 双廊の(ある), 二重列柱堂造りの; DIPTEROUS.
dip·ter·an /díptərən/ *a, n* 〘昆〙 双翅目[ハエ目] (Diptera) の(昆虫).
dip·ter·ist /díptərɪst/ *n* 双翅目 (Diptera) の研究[蒐集]家.
díp·tero·càrp /díptərou-/ *n* 〘植〙 フタバガキ《総称; 東南アジア熱帯主産》.
dip·ter·o·car·pa·ceous /dɪ̀ptəroukɑ:rpéɪʃəs/ *a* 〘植〙 フタバガキ科 (Dipterocarpaceae) の.
dip·ter·on /díptərɑ̀n/ *n* (*pl* **-tera** /-tərə/) 〘昆〙 双翅目[ハエ目]の昆虫《ハエ・アブ・カ・ガガンボなど》.
dip·ter·os /díptərɑ̀s/ *n* (*pl* **-ter·oi** /-rɔ̀ɪ/) 〘建〙 二重列柱堂.
dip·ter·ous /díptərəs/ *a* 〘昆〙 双翅(目)の; 〘植〙 〈種子が〉二翅を有する, 双翼の.
dip·tych /díptɪk/ *n* **1** 〘古ロ〙 二枚折りの書字板. **2** ディプティック《祭壇背後などの二枚折り画像[彫刻]; cf. TRIPTYCH, POLYPTYCH》. **3** 二部作. [L<Gk=pair of writing tablets (*ptukhē* fold)]
díp·wàd *n* 《俗》 DIPSHIT.
di·pýramid /daɪ-/ *n* 〘晶〙 両錐体 (=*bipyramid*)《底面を共有する 2 個の錐体をもつ結晶》. ♦ **dì·pyrámidal** *a*
di·pyr·i·dam·ole /daɪpɪ̀rədǽmòul, -pírədə-, -pərídə-/ *n* 〘薬〙 ジピリダモール《冠状動脈血管拡張薬》.
di·quat /dáɪkwɑ̀t/ *n* 〘化〙 ジクワット《ホテイアオイなど水草の除草剤の一種》.
dir. direction ♦ director.
Di·rac /dɪrǽk/ ディラック **P(aul) A(drien) M(aurice)** ～ (1902–84)《英国の物理学者; 量子力学を定式化し, さらにその相対論的方程式を導出した; ノーベル物理学賞 (1933)》.
Dirác cònstant 〘量子力学〙 ディラック定数《プランク定数の 1/2π; 記号 ħ》. [↑]
Di·rae /dáɪri/ *pl* 〘ロ神〙 ディライ (FURIES).
di·ram /dɪrǽm/ *n* ディラム《タジキスタンの通貨単位: =1/100 somoni》.
dir·dum /díərdəm, də́:r-/ 《スコ》 *n* 大騒動; 小言, 戒め, (強い)非難; とがめ, 罪; 不幸. [ScGael=grumbling]
dire /dáɪər/ *a* (**dír·er**; **dír·est**) **1 a** 恐ろしい, ものすごい (terrible); 悲惨な, 暗鬱な (dismal); 不吉な, 不幸[災難]を予告する: a ～ accident / in ～ STRAITS / ～ warnings 不吉な警告. **b** 《口》 ひどい, 劣悪な. **2** 急を要する, 緊急の; 極度の: in ～ need of help 至急救助を要する[要して] / ～ poverty 極貧. ● **the ～ sisters** 復讐の三女神 (Furies). ♦ **～·ly** *adv* **～·ness** *n* [L]
di·rect /dərékt, daɪ-/ *vt* **1** 指導[支配]する (govern), 監督する (control); 管理する; 〈映画などを〉監督する, 〈楽団などを〉指揮する. **2 a** 指図[命令]する (order); 指示する; 〈労働者などを〉《特定の産業などに》割り当てる, 振り向ける: The captain ～*ed* his men *to* retreat. 部下に退却せよと命じた / He ～*ed* barricades *to* be built.=He ～*ed that* barricades (should) be built. 防塞をつくれと命じた / as ～*ed* 指図どおりに / I have been ～*ed to* you for further information. 詳しいことはあなたにうかがうように言われました. **b** …に道を教える 〈*to*〉: ～ sb *to* the station 人に駅への道を教える. **c** 〈手紙・小包に〉宛名を書く (address) 〈*to*〉; 《廃》 人に〈手紙を〉書く. **3** 〈目・注意・砲火・X 線・努力・方針などを…に〉向ける, 注ぐ 〈*to doing, at, against, toward* an object〉; 《口頭または文書で》〈ことばを〉向ける, 伝える 〈*to* sb〉: ～ one's [sb's] attention *to*…に注意を向ける[人の注意を向けさせる] / Please ～ your complaints *to* the manager. ご不満は支配人にまでお申し出ください. ► *vi* 指導[指示, 案内]する (give directions); 監督[指揮者]をつとめる: a ～*ing* post 指導標, 道しるべ. ► *a* **1** まっすぐな; 直進の, 直射的な, 直通の; 最短の〈ルートなど〉; 直系の (lineal): a ～ hit 直撃 / ～ rays 直射光線 / a ～ train 直行列車. **2 a** 直接の, じかの (immediate), 間をおかない, そのままの〈引用など〉 (opp. *indirect*); 〘文法〙 直接的な; 〘政〙 直接投票の: a ～ influence 直接の影響 / 〘文法〙 DIRECT NARRATION. **b** 正面の, まっこうの, 絶対の: the ～ opposite [contrary] 正反対. **c** 率直な, 露骨な, 単刀直入の, 明快な, 明白な: a ～ question [answer] 単刀直入の質問[返答]. **3** 〘天〙 順行する (opp. *retrograde*)《(1) 惑星が天球上を西から東へ進む 2) 衛星や伴星が反時計回りの》; 〘数〙 正の〈比例〉; 〘電〙 直流の; 媒染剤を用いなくても染まる, 直接…; 〘楽〙 〈音程・和音が〉平行の. ► *adv* まっすぐに; 直接に, じかに; 直行的に: go [fly] ～ to Paris パリへ直行する / Answer me ～. 率直に答えなさい. ♦ **～·ness** *n* まっすぐなこと; 直接さ; 率直さ. [L *direct- dirigo* (*di-*[2], *rect- rego* to guide, put straight)]
diréct áccess RANDOM ACCESS.
diréct áction 直接行動《ゼネストなど》; 直接作用.
diréct bróadcasting by sátellite 直接衛星放送《パラボラアンテナにより直接受信できるもの; 略 DBS》.
diréct bróadcast sàtellite 直接放送衛星《直接家庭のパラボラアンテナに電波を送る静止衛星; 略 DBS》.
diréct cárving 〘彫〙 直(じき)彫り.
diréct cóst 〘会計〙 直接費, 直接原価.
diréct cóupling 〘電〙 《電気回路間の》 直接結合.
diréct cúrrent 〘電〙 直流《略 DC, d.c.; opp. *alternating current*》.
diréct débit 口座引落とし.
diréct depósit ˟給与振込み(制), 口座振込み(制).
diréct-díal *a* 〘電話〙 ダイヤル直通の: a ～ call ダイヤル直通通話. ► *vi, vt* 《交換手を経ずに遠距離の》 ダイヤル直通電話をする.
direct discourse ⇨ DIRECT NARRATION.
diréct dístance dìaling˟ 区域外直通ダイヤル通話 (subscriber trunk dialling[II]) 《略 DDD》.

diréct dríve 〘機〙直接駆動, ダイレクトドライブ《モーターの回転軸をそのまま駆動輪とするもの》.
diréct dýe 直接染料.
diréct·ed *a* 方向をもった; 指導[管理]された; 指図[命令, 規律]に従う; 〘数〙有向の: a ～ economy 統制経済 / ～ set 有向集合. ♦ **～·ness** *n*
diréct·ed-énergy wèapon BEAM WEAPON.
diréct évidence 〘法〙直接証拠《広く証言と証書を含む供述証拠のこと; opp. *circumstantial evidence*》.
diréct examinátion 〘法〙直接尋問 (=*examination in chief*)《証人を呼び出した当事者が行なう尋問》.
diréct frée kíck 〘サッカー〙ダイレクトフリーキック, 直接フリーキック《相手が反則したときに与えられる, 直接ゴールをねらえるキック》.
diréct-gránt schòol 〘英〙直接助成校《政府からの直接助成金で一定数の学生を授業料免除で教育した私立学校; 1976 年廃止》.
diréct héating 直接暖房《熱源が室内にある》.
diréct-injéction *a* 〈ディーゼルエンジンが〉(燃料)直接噴射(式)の.
diréct ínput 〘電算〙直接入力.
di·rec·tion /dərékʃ(ə)n, daɪ-/ *n* **1 a** 指揮, 指導; 監督, 管理; 〘劇〙演出, 監督; 《楽団の》指揮; «古» 管理職 (directorate): under the ～ of…の指導[指揮]の下に. **b** [ᵘ*pl*] 指図, 訓令, 説示, 心得書; [ᵘ*pl*] 《薬・機器などの》使用法, 説明書; [ᵘ*pl*] 《目的地への》行き方の指示, 案内; 〘楽〙《譜面にある》指示(記号); «古» 表書き, 宛名: ～*s* for use 使用法 / ask for ～*s* to…への道を尋ねる. **2** 方向, 方角, 方位; 方向づけ, 方向感; 《行動・思想の》方針, 方向性, 傾向: an angle of ～ 方位角 / in all ～*s*=in every ～ 四方八方に, 各方面に / in the ～ of…の方へ(向かって) / go in the right ～ 正しい方向に進む; 〈計画などが〉順調にいく / pull in opposite [different] ～*s* 利害が対立している, 方針が相容れない / new ～*s* in art 芸術の新しい傾向. ● **a sense of ～** 方向感覚. **change ～** 方向を変える; 進路[方針]を変更する. ♦ **～·less** *a* **～·less·ness** *n*
diréction·al *a* 方向[方角](上)の, 方向を示す; 方向性をもつ, 指向的な; 指導的な; 〘通信〙指向性の, 方向探知の: a ～ arrow [marker, post] 道標, 案内標識 / ～ antenna 指向性アンテナ. ► *n* [*pl*] 《車の》方向指示器. ♦ **di·rèc·tion·ál·i·ty** *n* 指向性. **～·ly** *adv*
diréctional drílling 《油井の》傾斜掘り《垂直からずれた方向に掘削を進めるもの》.
diréction àngle [ᵘ*pl*] 〘数〙《デカルト座標系における》方向[方位]角.
diréction còsine [ᵘ*pl*] 〘数〙《デカルト座標系における》方向余弦.
diréction fìnder 〘通信〙方向探知器, 方位測定器.
diréction ìndicator 〘車・空〙方向指示器, 方向計.
di·rec·tive /dəréktɪv, daɪ-/ *a* 指示的な; 方向を示す, 〘通信〙方向(式)の; 指導[支配]的な; 〘心〙指示的な《心理療法においてセラピストが患者に対して助言・忠告などを与える》. ► *n* 指令 (order), 指示; 〘電算〙指示文, ディレクティブ. ♦ **～·ly** *adv* **～·ness** *n*
diréctive íntervìew 指示的インタビュー (=*structured interview*)《返答の選択肢があらかじめ用意されているような, 周到に組み立てられたインタビュー》.
di·rec·tiv·i·ty /dərèktívəti, daɪ-/ *n* 方向性, 〘通信〙指向性.
diréct lábor 直接労働《生産に直接用いられる労働で費用計算が容易》; 《政府などによる》直接雇用労働.
diréct líghting 直接照明.
diréct·ly *adv* **1** まっすぐに, 一直線に 〈*at*, *toward*, etc.〉; 直接に, じかに; あからさまに, 率直に; まさに, 全く; 〘数〙正比例して: ～ above すぐ上に, 真上に / ～ opposite 正反対で. **2** /ᴰd(ə)rékli/ 直ちに (at once); やがて, まもなく: I'll come ～. すぐ行きます. ► *conj* /ᴰdrékli/ ǁ«口» …やいなや (as soon as): I'll come ～ I have finished. 終わりしだい参上します.
diréctly propórtional *a* 〘数〙正比例の, 正比例した (cf. INVERSELY PROPORTIONAL).
diréct máil ダイレクトメール, DM《会社・百貨店などから直接各家庭へ送る宣伝広告用印刷物》. ♦ **diréct máiling** *n*
diréct márketing 直接販売, 直販, ダイレクトマーケティング《ダイレクトメールやクーポン広告を用いた通信販売, 訪問販売, 直営店販売などによって中間流通業者を通さずに直接購買者に売ること》.
diréct mémory àccess 〘電算〙直接メモリーアクセス (⇨ DMA).
diréct méthod [the] 《外国語の》直接教授法《外国語のみで行ない, 文法教育もしない》.
diréct narrátion [spéech, díscourse] 〘文法〙直接話法 (⇨ INDIRECT NARRATION).
diréct óbject 〘文法〙直接目的語.
Di·rec·toire /dɪrɛktwáːr, ━ ━ ━/ *n* 〘フランス史〙総裁政府《1795–99 年の, 5 人の総裁と元老会・五百人会の二院制議会からなる政府》. ► *a* 〈服装・家具など〉総裁政府時代風の《**1**) 女性の服装はウエストラインが極端に高いのが特徴 **2**) 家具装飾は新古典主義的なもの》.
Diréctoire knìckers [dràwers] *pl* ディレクトワールニッカーズ《20 世紀初頭に広まった, ストレートでたっぷりしたひざ丈[五分丈]の女性用 knickers ないしズロース》.
di·rec·tor /dəréktər, daɪ-/ *n* **1** 指揮者, 指導者; 管理者; 《高等学校程度の》校長, 主事, 理事; 長官, 局長; 重役, 取締役; 〘映〙監督; 音楽監督 (musical director), 指揮者; 〘劇〙演出家; 〘フランス史〙総裁 (⇨ DIRECTOIRE); 〘宗〙霊的指導者. **2** 〘機〙指導子, 《アンテナの》導波器; 〘外科〙誘導ゾンデ, 有溝探子; 〘軍〙電気照準機, 算定具《数門の高射砲などの砲火を調整する》. ♦ **～·shìp** *n* director の職[身分, 任期]. [AF＜L＝governor; ⇨ DIRECT]
diréctor·ate *n* DIRECTOR の職, 管理職; 取締役会, 重役会, 理事会 (board of directors); 《政府機関などの》局, 部.
diréct orátion 〘文法〙直接話法.
diréctor géneral (*pl* **diréctors géneral, ～s**) 総裁, 社長, 会長, 長官, 事務総長《略 DG》.
di·rec·to·ri·al /dərèktɔ́ːriəl, daɪ-/ *a* 指揮[指導]上の; 指揮者[理事, 主事, 重役会]の; 《映画・演劇などの》監督の; [D-] 〘フランス史〙総裁政府の. ♦ **～·ly** *adv*
Diréctor of Educátion 〘英〙教育長 (Chief Education Officer).
Diréctor of Públic Prosecútions [the] 〘英〙公訴局長官《公訴局 (Crown Prosecution Service) の長で, 法務長官により任命される》.
Diréctor of Stúdies 教務部長《英国の大学・語学学校で学生の教育課程の編成責任者》.
diréctor's chàir ディレクターズチェア《座席と背にカンバスを張った折りたたみ式の軽い肘掛け椅子》.
diréctor's cùt ディレクターズカット, 完全版《オリジナル版ではカットされていた映像を復活させるなどして, 監督の意図をより十分に表現する形で再編集した映画のバージョン》.
di·rec·to·ry /dərékt(ə)ri, daɪ-/ *n* **1 a** 住所氏名録, 商工人名録; 《ビルの》居住者案内板: a telephone ～ 電話帳. **b** 〘電算〙ディレクトリー《ディスク上のファイルを管理する情報を収めたファイル; ユーザーからはファイルの保管場所の区画と認識されることも多い》; 〘インターネット〙ディレクトリー (NET DIRECTORY). **c** 指令[訓令]集; 《教会の》礼拝規則書. **2** 重役会; [the (French) D-] 〘史〙DIRECTOIRE. ► *a* 《強制的でなく》指導する, 指導[指示]的な, 訓令的な (cf. MANDATORY).
Diréctory Assístance* 《電話会社の》番号案内サービス (=*information*).
diréctory enquíriesǁ [〈*sg/pl*〉] 番号案内サービス (Directory Assistance*).
diréctory trèe 〘電算〙ディレクトリーツリー《ディレクトリーの階層構造(を表わす樹形図)》.
diréct prímary 〘米〙直接予備選挙《党員の直接投票による候補者の指名; cf. INDIRECT PRIMARY》.
diréct próduct 〘数〙直積 (=*Cartesian product*)《複数の集合のそれぞれから取った要素のあらゆる組合わせの集合》.
diréct propórtion [rátio] 〘数〙正比例.
diréct quéstion 〘文法〙直接疑問.
diréct-rèad·ing *a* 〈計量・測定器が〉直読(式)の《実際の値をそのまま目盛りで示す》.
diréct-respónse *a* 直接反応の, ダイレクトレスポンスの《直販 (direct marketing) 方式に関していう》: ～ advertising.
di·rec·tress /dəréktrəs, daɪ-/, **di·rec·trice** /dərèktríːs, ━ ━ ━/ *n fem* 女性 DIRECTOR.
di·rec·trix /dəréktrɪks, daɪ-/ *n* (*pl* **～·es** /-əz/, **-tri·ces** /-rəsìːz/) 〘数〙《円錐曲線の》準線; 〘数〙導線《錐の底面の縁》; «古» DIRECTRESS.
diréct rúle 《中央政府による》直接統治.
diréct sélling 〘商〙《中間業者を通さずに行なう》直接販売, 直売, 直販 (=**diréct sále**).
direct speech ⇨ DIRECT NARRATION.
diréct súm 〘数〙直和《直積に成分ごとの演算を導入したもの》.
diréct táx 直接税 (cf. INDIRECT TAX).
diréct taxátion 《直接税による》直接課税.
diréct-to-vídeo *a* 《劇場公開のない》ビデオ[DVD]専用の.
diréct variátion 〘数〙正比例; 順変分 (cf. INVERSE VARIATION).
diréct-vísion spèctroscope 直視分光器.
diréct wáve 〘通信〙直接波 (ground wave).
Di·re·da·wa, Di·re Da·wa /dìrədáuə/ ディレダワ《エチオピア中東部にある市》.
díre·ful *a* 恐ろしい; 悲惨な; 不吉な, 縁起の悪い. ♦ **～·ly** *adv* **～·ness** *n*
dir·et·tis·si·ma /dìrətísəmə/ *n* 〘登山〙直登(ちょくとう), ディレッティシマ. [It＝most direct]
díre wòlf 〘古生〙北米更新統の大型のオオカミ.
dirge /dɔ́ːrʤ/ *n* 葬送歌, 哀歌, 悲歌, 挽歌; 〘カト〙埋葬式聖歌; «古» 〘カト〙埋葬式の日課. ♦ **～·like** *a* [L *dirige* (impv) ＜ DIRECT; *Office of the Dead* 聖歌の歌い出し]
dírge·ful *a* 葬送の, 悲しい.
Dirgue ⇨ DERGUE.

dir·ham /dəræ̃m; díəræ̀m/, **dir·hem** /dərhém/ *n* ディルハム ((1) 通貨単位; 記号 DH: モロッコ (=100 centimes)・カタール (=1/100 riyal)・アラブ首長国連邦 (=100 fils)・イラク (=1/100 dinar)・ヨルダン (=1/10 dinar)・リビア (=1/1000 dinar) **2)** イスラム教国の重さの単位: ≒3.12 g **3)** さまざまな時代におけるイスラム教国家の銀貨: =1/10 dinar). [Arab; ⇨ DRACHMA]
Di·ri·chlet /dì:rikléɪ/ ディリクレ **Peter Gustav Lejeune** ~ (1805–59)《ドイツの数学者; 数論・解析学に貢献》.
di·ri·gi·ble /dírəʤəb(ə)l, dəríʤə-/ *a* 〈気球が〉操縦できる: a ~ balloon. ► *n* 可導気球, 飛行船 (airship). ♦ **dìr·i·gi·bíl·i·ty** /, dərìʤə-/ *n* [DIRECT]
D **di·ri·gisme** /dɪrɪʒíz(ə)m; *F* diriʒism/ *n* 統制経済政策. ♦ **-giste** /dɪrɪʒí:st; *F* diriʒist/ *a*
di·ri·go /dí:rɪgòʊ/ われ導く, わたしは先達となる《Maine 州の標語》. [L=I direct; ⇨ DIRECT]
dir·i·ment /dírəmənt/ *a* 完全に無効にする.
díriment impédiment 〘教会法〙《婚姻を初めから無効にする》絶対的婚姻障害.
dirk /dɜ́:rk/ *n* 《スコットランド高地人の》短刀; 《海軍士官候補生の》短剣. ► *vt* 短剣で刺す. [C17<?; cf. Sc *durk*, G *Dolch* dagger]
Dirk ダーク《男子名》. [Du; ⇨ DEREK]
dirl /díərl, dɜ́:rl/ 《スコ・北イング》 *vt*, *vi* 〈苦痛・感動が〉…の身にしみる, 身を刺す; ぶるぶる震える; うずく, 痛む, 痛める. [変形〈THIRL]
dirn·dl /dɜ́:rndl/ *n* ダーンドゥル《ティロル農婦風の服; ぴったりとした胴衣とギャザースカート》; ダーンドゥルスカート (=~ **skìrt**)《たっぷりしたギャザー[プリーツ]のスカート》. [G (dial) (dim)〈*Dirne* girl]
dirt /dɜ́:rt/ *n* **1 a** 不潔物, 汚物, 泥, どろんこ (mud), ほこり, ごみ, あか; 排泄物, 糞: dog ~ ″犬の糞 / Fling ~ enough and some will stick. 《諺》泥をいっぱい投げつければいくらかくっつく《うそでもたくさん言いかければ多少は信じられる》. **b** けがらわしい[卑劣な]人[もの]; 《古》無価値なもの; きたなさ, 不潔, きたならしさ; 卑劣(な行為), 下劣, 堕落, ごまかし; 《口》(意地悪な)うわさ話, 中傷, 悪口, スキャンダル, (知られたくない)弱み, 秘密, 情報, 漏れネタ 〈*on, about*〉 (: What's the ~ *on* …?); 猥談, エロ文学, ポルノ; *《俗》銭(ぜに): yellow ~ [*derog*] 黄金. **2** 土, 土砂; 〘鉱〙砂金を採る土砂; 《石炭の》ぼた, 廃泥; 《俗》煉瓦土; *《俗》砂糖. ● **(as) cheap as ~** とても安い, ばか安い; =(as) common as DIRT. **(as) common as ~** 〈女性が〉下層階級の, 下賤の《lady でない》. **cut ~** *《俗》走る, 逃げる. **dig up (some) ~** 《口》〈人の〉悪いうわさ[ネタ]を探り出す, スキャンダルを暴露する 〈*on*〉. **dish the ~** *《口》うわさ話をする, うわさを広める 〈*on, about*〉. **do** sb ~ *《口》〈人〉に卑劣なまねをする, 中傷する. **eat ~** 《口》屈辱[侮辱]を甘受する; *《口》《恥を忍んで》謝る, 前言を取り消す. **hit the ~** *《俗》地面に(身を)伏せる, 地面に飛び降りる; 〘野〙すべり込む. **sb's name is ~** ⇨ MUD. **throw [fling, sling] ~ at…** ⇨ MUD. **treat** sb **like (a piece of) ~ (under one's** FEET**)** 〈人を〉粗末に扱う. [ON *drit* excrement]
dírt-bàg, dírt-bàll *《俗》 *n* ごみ収集人; けがらわしい[きたねえ, いやったらしい]やつ, ゲジゲジ野郎, うじむし (crud).
dírt bèd 〘地質〙ダート層《腐朽有機物を含む》.
dírt bìke ダートバイク《舗装されていない路面用のバイク》.
dírt chéap *a*, *adv* 《口》ばか安い[安く].
dírt·chùte *n**《卑》肛門, けつ(の穴).
dírt-dìsh·er *n**《口》うわさ好きな人, ゴシップ屋 (cf. dish the DIRT).
dírt-èat·ing *n* 土食 (geophagy); 〘医〙土食症. ♦ **dírt-èat·er** *n*
dírt fàrmer *《口》《人手を借りず, みずから耕作する》自作農, 自営農 (opp. *gentleman farmer*). ♦ **dírt fàrm** *n*
dírt gràss *《俗》質の悪いカンナビス (cannabis).
dírt·hèap *n* 掃きだめ; 《鉱山の》ぼた山.
dírt pìe 《子供の作る》泥まんじゅう.
dírt póor *a* 極貧の, 赤貧の.
dírt ròad* 舗装されていない道路, 泥道, 砂利道 (opp. *pavement*).
dírt tràck ダートトラック《泥土[石炭の燃え殻]を敷いたオートバイなどの競走路; DIRT ROAD》.
dírt wàgon* ごみ運搬車 (dust cart″).
dirty /dɜ́:rti/ *a* **1** よごれた, きたない, 不潔な; (手足の)よごれる〈仕事など〉; いやな, ありがたがられない (: DIRTY WORK); ぬかるみの〈道路など〉; 〈傷が〉うんだ; 不純物を含んだ〈石炭など〉. **2 a** みだらな, いやらしい, エッチな, すけべな, わいせつな, 下卑た; 卑劣な, 下劣な, きたない (base, mean); 不愉快な, いやな; 遺憾きわまる, 残念な (cf. DIRTY SHAME); *《俗》たんまり金をもった (filthy). **b** 公正でない, ずるい, 不正な, うしろぐらい, いかがわしい; 《口》不正に得た, 盗んだ, 不浄の〈金・品物〉; 〘スポ〙ラフプレーや反則の多い, 荒れた; 〈変動為替相場が〉政府の介入をうけた: DIRTY WORK / ~ floating rate きたない変動相場. **3** 意地悪な, 無礼な〈ことばなど〉; 不快そうな, いやな, 敵意[侮蔑, 悪感情]のこもった〈目つきなど〉; 荒れ模様の (stormy): DIRTY WORD / give sb a ~ LOOK / ~ weather 荒天. **4 a** 〈色などが〉よごれたような, 濁った, くすんだ, 不純な; 《ジャズ俗》ダーティーな〈音色など〉《性的なことを暗示するような濁った[つぶれた, かすれた]なまなましい音質, 調子をはずしたような音, などを特徴とする音の出し方や歌い方についていう》. **b** 《口》流線型でない, 〈航空機が〉着陸装置[フラップなど]をおろしたままの. **5 a** 〈水爆など〉放射性降下物の多い, 大気汚染率の高い: a ~ bomb きたない爆弾 (opp. *clean bomb*). **b** 《俗》麻薬中毒の; 《俗》麻薬をもっている〈人物〉, 薬のはいった〈ケース〉. **6** 《俗》ものすごい. ● **do the ~ on…**=**do…~** ″《口》…に卑劣なこと[きたないまね]をする; 〈女〉をかどわかしたあと捨てる. **get one's hands ~** 過酷な肉体労働をする; 不正に関与する, 手をよごす. **the ~ end** 《口》面倒な部分, いやなところ: get hold of *the* ~ *end* of the STICK[1].
► *adv* **1** きたなく, 不正に, 卑劣に; いやらしく, みだらに, わいせつに: play ~ 《口》不正[卑劣]なことをする, きたないやり方[まね]をする / talk ~ いやらしい話をする, エッチなことを言う. **2** ″《俗》すごく: ~ great ばかでかい, どでかい. ● **get down ~** *《黒人俗》口ぎたなくののしる, 問題[トラブル]を起こす.
► *vt* **1 a** よごす, 不潔にする 〈*up*〉: ~ one's hands=get one's hands DIRTY (*a* 成句). **b** 汚(けが)す, …に泥を塗る; きたないもの扱いにする. **2** 〈政府・中央銀行などが変動為替相場〉に介入する, よごす.
► *vi* よごれる.
► *n* dirty な人.
♦ **dírt·i·ly** *adv* 不潔に; 汚らわしく; 卑しく. **dírt·i·ness** *n* 不潔; 下品; 卑劣, 下劣. [*dirt*]
dírty bírd 《俗》DIRTY DOG.
dírty cráck 《口》みだらな[わいせつな]ことば, エッチな話 (cf. DIRTY JOKE).
dírty dóg 《俗》卑劣なやつ, いやなやつ, 好色漢.
dírty dózens [the] ダーティーダズンズ (⇨DOZEN[1]).
dírty-fàced *a* よごれた顔をした.
dírty jóke 卑猥な冗談; *《俗》ひどく醜い[ばかな]やつ, 笑われ者.
dírty láundry DIRTY LINEN.
dírty línen 内輪の恥, 外聞の悪い事柄. ● **wash one's ~ at home** 内輪の恥を隠しておく. **wash [air] one's ~ (in public)** 人前で内輪の恥をさらす: Don't *wash your ~ in public.* 《諺》人前でよごれた下着を洗うものではない《内輪の恥を人目にさらすな》.
dírty líttle sécret 《俗》内輪の恥, 外聞の悪い事柄, 内部告発さるべき事, 間[ばつ, きまり]の悪い事実《D. H. Lawrence のエッセイによって広まった表現》.
dírty mínd *《俗》いやらしい[下卑た]ことを考えている頭[人], すけべ心.
dírty-mínd·ed *a* 心のきたない, 考えの卑しい, *《俗》セックスのこと[いやらしいこと](ばかり)を考えている, (むっつり)すけべな.
dírty móney 不正な金; よごれる仕事に対する特別手当.
dírty-móuth /-ð/ *vt**《俗》口ぎたなくののしる, けなす, こきおろす.
dírty móuth *《俗》口ぎたないやつ, みだらな[いやらしい]話をするやつ.
dírty-nèck *《俗》 *n* 労務者; 百姓; 田舎者; 移民.
dírty òld mán 《口》すけべおやじ, ひひじじい; *《俗》《若いホモの面倒をみる》年長のホモ, ホモのパトロン.
dírty píg 《口》うすぎたないやつ, いやらしいやつ.
dírty póol *《俗》きたない[いんちきな]やり方.
dírty ríce 〘料理〙ダーティーライス《鶏の砂嚢とレバーを調理したものを米に混ぜる Cajun 料理》.
dírty sháme [^{s}low-down ~]*《俗》すごく残念な[不運な]こと, つらよごし《人》, 恥さらし, どうしようもないやつ[こと].
dírty tríck きたない[卑怯な]まね; [*pl*]《口》《選挙運動の妨害・政府の転覆などを目的とした》不正工作. ♦ **dírty tríckster** *n*
dírty wásh DIRTY LINEN.
dírty wéekend 《俗》情事に過ごす週末.
dírty wórd 卑猥な[みだらな, きたない]ことば; 口にしてはいけないことば, 禁句, タブー.
dírty wòrk よごれる仕事; いやな[面倒な]仕事; 《口》不正行為, ごまかし, ペテン: ~ at the crossroads 《俗》謀略; 《俗》性行為, むつみ合い.
dis, diss /dís/ 《俗》 *vt* 《特に ことばで》ばかにする, 侮辱する; …の悪口を言う, けなす. ► *vi* ばかにする 〈*on* sb〉. ► *n* 侮蔑(のことば), 侮辱, 悪口, けなすこと. [? *dis*respect, *dis*approve, *dis*miss, etc.]
Dis /dís/ **1** 〘ロ神〙ディース(パテル)《冥界の神; ギリシアの Pluto に当たる》. **2** 下界, 地獄 (the lower world).
dis-[1] /dɪs, dís/ *pref* (1) [動詞に付けて]「反対の動作」: *dis*arm. (2) [名詞に付けて]「除く」「剝ぐ」「奪う」などの意の動詞をつくる: *dis*mantle. (3) [形容詞に付けて]「不…にする」の意の動詞をつくる: *dis*able. (4) [名詞・形容詞に付けて]「不…」「非…」「無…」: *dis*connection, *dis*agreeable. (5)「分離」: *dis*continue. (6) [否定を強調する]: *dis*annul. [OF *des*- or L; cf. DI-[2], DIF-]
dis-[2] /dɪs/ *pref* DI-[1] の変形: *dis*syllable.
dis-[3] /dɪs/ *pref* DYS-: *dis*function.
dis. discharge ♦ discount ♦ distance.
dìs·abílity *n* **1** 無能, 無力; 《法律上の》行為無能力, 無資格, 就業不能; 不都合[不利]な点, 制約. **2** 《身体的・精神的》障害, ハンディキャップ; 障害者給付(金) (=~ **allòwance [bènefit]**): go on ~ 障害者給付による / learning ~ 学習障害.
disabílity clàuse 〘保〙廃疾条項《被保険者が不具廃疾となった場合の保険料免除などを規定》.

disabílity insùrance 〘保〙身体障害保険, 廃疾保険.
dis·áble /, dɪz-/ *vt* 無能[無力]にする〈*from* do*ing*, *for*〉; 損傷する, 不具にする (maim); (法律上)無能力[無資格]にする; 〈機器などを〉止める, 作動しないようにする, 〘電算〙〈機能を〉無効にする. ◆ **~·ment** *n* 無能[無力]にする[なる]こと; 無(能)力; 不具(となること).
dis·ábled *a* 機能を失った; 《身体の》障害をもつ (cf. HANDICAPPED); 障害者のための〈活動・設備など〉; [the, 〈*n pl*〉] 障害者: a ~ soldier 傷病兵 / a ~ car 故障車; 車椅子対応の自動車.
disábled lìst 《野球などの》故障者リスト《リストに載ると当分試合に出られない; プロ野球では 15 日または 60 日の 2 種類がある; 略 DL》: on the ~ 故障者リスト入りで.
disáblement bènefit 〘英〙《国民保険制度における》障害者給付(金).
dis·ábl·ing *a* 障害をひき起こす; 障害となる, 阻害する.
dìs·abúse /-z/ *vt* 〈人〉の迷い[誤解]を解く〈*of*〉: I ~*d* him *of* that notion. 彼にその考えが誤りであることを納得させた.
di·sac·cha·ri·dase /daɪsǽkərədèɪs, -z/ *n* 〘生化〙ジサッカリダーゼ《二糖類を加水分解する酵素》.
di·sáccharide, -sáccharose *n* 〘化〙二糖(類)《sucrose, lactose, maltose など》.
dis·ac·cord /dìsəkɔ́:rd/ *n* 不和, 不一致, 衝突. ► *vi* 一致[和合]しない, 衝突する〈*with*〉. [F]
dìs·accrédit *vt* …の資格を奪う, …の(身分)証明を取り消す; …の権威を奪う.
dìs·accústom *vt* …の習慣をやめさせる.
dìs·adápt *vt* 適応不能にする.
dis·ad·van·tage /dìsədvǽntɪʤ; -vá:n-/ *n* 不利, 不都合; 不利な立場, 不便(な事)(: at a ~); 不利益, 損失, 損害: take sb at a ~ 不意討ちを食わせる; 人の弱みにつけこむ. ● **to sb's ~** …にとって不利(な条件)で, 損して. ► *vt* 〈人〉に損害を与える, 不利な立場におく. [OF (*dis*-[1])]
dìs·ad·ván·taged *a* 不利な条件におかれた, 恵まれない; [the, 〈*pl*〉] 恵まれぬ人びと. ◆ **~·ness** *n*
dìs·advantágeous *a* 不利(益)な, 不都合な〈*to*〉; 好意的でない, 非難[軽蔑]的な. ◆ **~·ly** *adv* 不利(益)に, 不都合に. **~·ness** *n*
dìs·affèct *vt* 〈人〉に不満[不平]をいだかせる, (愛想をつかして)背かせる.
dìs·afféct·ed *a* 《政府などに》不満をいだいた, 飽き足らない, 離反した (disloyal)〈*to*, *toward*〉. ◆ **~·ly** *adv* **~·ness** *n*
dìs·afféction *n* 不平, 《特に 政府への》不満, 《人心の》離反; 謀叛心.
dìs·affíliate *vt* 絶縁[脱退]させる. ► *vi* 絶縁[脱退]する〈*from*〉. ◆ **dìs·affiliátion** *n*
dìs·affírm *vt* 〈前言を〉否定する, 反対のことを言う; 〘法〙否認する, 〈前判決を〉破棄する, 〈債務・契約など〉の履行を拒む. ◆ **dìs·affírmance, dìs·affirmátion** *n*
dìs·affórest *vt* 〘英法〙《森林法の拘束を解いて》普通地とする; …の森林を伐り払う. ◆ **dìs·afforestátion, ~·ment** *n* 《森林に対する》森林法適用解除[免除].
dis·ággregate *vt*, *vi* 〈集積物など〉成分[構成要素]に分ける[分かれる, 分解する]. ◆ **dis·aggregátion** *n*
dis·ággregative *a* 構成要素に分かれた, ばらばらになった; 個別単位の.
dis·ag·ree /dìsəgrí:/ *vi* **1** 〈報告・計算などが〉一致しない〈*with*〉. **2 a** 意見が異なる (differ)〈*with* sb [sb's decision], *about* [*on*, *over*] a matter〉: I ~. わたしはそうは思わない. **b** 仲が悪い, 争う, 仲たがいする (quarrel)〈*with*〉. **3** 〈風土・食物が〉〈…(の体質)に〉合わない〈*with* sb〉. ● AGREE **to ~.** [OF (*dis*-[1])]
dìs·agréeable *a* 不愉快な, 気に食わない, 性に合わない; つきあいにくい, 愛想の悪い, おこりっぽい. ► *n* [[U]*pl*] 不愉快な事, 気に食わない事: the ~*s* of life (この世の)いやな事. ◆ **-ably** *adv* **~·ness** *n*
dìs·agrée·ment *n* 不一致, 不調和, 食い違い; 意見の相違; 不和, けんか, 争い; (体質に)合わないこと, 不適合; 異議, 異論: in ~ 一致しないで, 意見が合わないで, 反対して〈*with*, *over*, *about*〉.
dis ali·ter vi·sum /dí:s á:lɪtèr wí:sùm/ 神々の考えは異なる. [L]
dis·al·low /dìsəláʊ/ *vt* 許さない, 認めない, 禁じる, 〈要求などを〉却下する (reject); 〈報告など〉の真実性を認めない, 否認する. ◆ **~·ance** *n* 不認可, 却下. **~·able** *a*
dis·am·big·u·ate /dìsæmbígjuèɪt/ *vt* 〈文・叙述など〉のあいまいさを除く, 明確にする. ◆ **dis·am·bìg·u·á·tion** *n*
dìs·amènity *n* 《場所などの》不快さ, 不便, 不都合.
dìs·annúl *vt* 完全に取り消す, 無効にする.
dìs·anóint *vt* …の聖別を取り消す.
dìs·appéar *vi* 見えなくなる, 姿を消す; なくなる, 消失する, 消滅する; 失踪する; *《俗》《死体も痕跡も残らないように》殺害される, 消される: ~ from view [sight] 見えなくなる. ● **do a ~ing act** ⇨ VANISH. ► *vt* 見えなくする, 消滅させる.
dìs·appéar·ance *n* 見えなくなること; 消失, 消滅; 失踪: ~ from home 家出.
dìs·applý *vt* 適用しないことにする, 適用外とする. ◆ **dìs·applicátion** *n* [+]〘英教育〙カリキュラム免除規定《特例として国定カリキュラムを学校・個人から免除すること》.
dis·ap·point /dìsəpɔ́ɪnt/ *vt* **1** 失望[がっかり]させる, 〈人の期待を〉裏切る: be ~*ed* 失望する〈*that*…, *at* find*ing*, *in*, *of*, *with*〉/ be agreeably ~*ed* 杞憂(きゆう)に終わってうれしい / be ~*ed of* one's purpose あてがはずれる. **2** 〈計画など〉の実現を妨げる, くじく (upset). ► *vi* 人を失望させる. ◆ **~·er** *n* [OF]
disappóint·ed *a* 失望した, 期待はずれの; 失恋した; 《廃》備えの不十分な. ◆ **~·ly** *adv* 失望して, がっかりして, あてがはずれて, 憮然(ぶぜん)として.
disappóint·ing *a* がっかりさせる, 案外の, あっけない, つまらない. ◆ **~·ly** *adv* **~·ness** *n*
disappóint·ment *n* 失望, 期待はずれ; 失望のもと, 案外つまらない人[事, もの]: The drama was a ~. 案外つまらなかった / to one's (great) ~ (大いに)失望したことには.
Dìs·appóint·ment [Lake] ディサポイントメント湖《Western Australia 州中北部の乾燥塩湖; 南回帰線が横切っている》.
dìs·approbátion *n* DISAPPROVAL, CONDEMNATION.
dìs·appróbatory, dis·ápprobative *a* 不満の意[非難]を示す, 不賛成の, 飽き足らない.
dìs·appróval *n* 不可とする[是認しない]こと, 不賛成; 反対意見, 不満; 非難: in [with] ~ 賛成しかねるとして, 非難の目で / meet with ~ 反対[非難]される.
dìs·appróve *vt* 不可[非]とする; …に不満を示す. ► *vi* 不可[非]とする〈*of*〉; 不賛成である[の意を表わす].
◆ **dìs·ap·próv·er** *n*
dìs·appróving *a* 不賛成[不満・非難]の〈表情・目つきなど〉, 許そうと[認めようと]しない〈親・家族など〉. ◆ **~·ly** *adv* 不可として; 不賛成の意を表わして; 非難して.
dis·arm /dɪsá:rm, dɪz-, *dísà:rm/ *vt* **1 a** …から(武器を)取り上げる〈sb (*of* weapons)〉, …の武装を解除する; 《フェンシングなどで》〈相手〉に武器を手放すようにしむける. **b** 《信管を取りはずすなどして》〈爆弾・地雷などを〉安全化する; 無力にする. **2** …の敵意[反感, 警戒心など]を除く, …の怒りを和らげる: ~ criticism 非難を和らげる. ► *vi* 武装を解除する, 軍備を縮小[撤廃]する. ► *n* 《フェンシングなどで》相手の武器をたたき落とす[奪う]わざ, ディスアーム. [OF (ARM[2])]
dis·ar·ma·ment /dɪsá:rməmənt, dɪz-/ *n* 軍備縮小; 武装解除; 《フェンシングなどで》無防備の状態: a ~ conference [subcommittee] 軍縮会議[小委員会].
Disármament Commìssion 軍縮委員会《国連安全保障理事会の補助機関; 1952 年発足》.
disárm·er *n* 非武装論者, 軍縮論者.
disárm·ing *a* 敵意[警戒心]を和らげる(ような), 心をなごませる(ような), 好感を与える: a ~ smile / ~ honesty. ◆ **~·ly** *adv*
dìs·arránge *vt* 乱す, 混乱させる. ◆ **~·ment** *n* かき乱すこと, 混乱; 乱脈.
dis·ar·ray /dìsəréɪ/ *n* 混乱, 乱雑; だらしのない服装: walk in ~ 入り乱れて歩く. ► *vt* DISARRANGE; 《古・詩》〈人〉の衣服を脱がせる; 〈…から付属物を〉奪う〈*of*〉.
dis·arth·ria /dɪsá:rθriə/ *n* 〘医〙発話困難症《発話を困難にする中枢神経の病気》.
dìs·artículate *vt*, *vi* 関節をはずす[がはずれる]; 解体する, 支離滅裂にする. ◆ **dìs·articulátion** *n* 関節離断[脱臼].
dìs·assémble *vt* 取りはずす, 分解する; 〘電算〙〈機械語のプログラム[コード]を〉記号言語に翻訳する, ディスアセンブル[逆アセンブル]する. ► *vi* 分解される, ばらばらになる; 〈群衆などが〉散らばる. ◆ **dìs·as·sém·bla·ble** *a*
dìs·assémbler *n* 〘電算〙ディスアセンブラー, 逆アセンブラー.
dìs·assémbly *n* 分解, 取りはずし; 取りはずした状態.
dìs·assímilate *vt* 〘生理〙分解[異化]する. ◆ **dìs·assimilátion** *n* 分解.
dìs·assóciate *vt*, *vi* DISSOCIATE.
dìs·associátion *n* DISSOCIATION: ~ of a personality 人格の分裂.
dìs·assórtative máting 〘生〙異類交配《2 つ以上の特性が異なる個体が, 偶然だけに予想されるよりも高頻度で交配する有性生殖; opp. *assortative mating*, cf. PANMIXIA》.
di·sas·ter /dɪzǽstər, dɪs-; -zá:s-/ *n* **1** 災害, 災厄; (思いがけない[大きな])不幸[災難], 大惨事: a natural ~ 自然災害, 天災 / an air ~ 空の惨事 / spell [be a] ~ 大損害となる, 大きな被害をもたらす〈*for*〉/ a ~ waiting to happen 惨事の発端, 悲劇の序章. **2** 大失敗. **3** 《廃》《星の》不吉の相, 凶兆. [F or It (L *astrum* star)]
disáster àrea *《洪水・地震などの》被災地, 《特に 救助法を適用する》災害指定地域; 《口》散らかり放題の場所, でたらめな[どうしようもない]やつ[ありさま].
disáster fìlm [mòvie] 大災害映画, パニックもの.
di·sas·trous /dɪzǽstrəs; -zá:s-/ *a* **1** 大災害をひき起こす, 大変な不幸をもたらす, 損害の大きい, 悲惨な; [*joc*] ひどい. **2** 《古》不吉な, 不運の. ◆ **~·ly** *adv* **~·ness** *n*
dis·avow /dìsəváʊ/ *vt* …について自分は責任はない[関知しない, 賛成しない]と言う, 否認する. ♦ **～·able** *a* **～·al** *n* **～·er** *n* [OF (*dis-*[1])]

dis·bálance *n* 不均衡 (imbalance).

dis·band /dɪsbǽnd/ *vt* 解散する; 解隊する; 〈兵士を〉除隊させる. ► *vi* 解散する. ♦ **～·ment** *n*

dis·bár *vt* **1**〘法〙〈弁護士 (lawyer)·法廷弁護士 (barrister)〉から法曹資格[特権]を剝奪する, 法曹界[弁護士会]から追放[除名]する: ～ sb *from* practicing law. **2** 締め出す, 除外[排除]する (debar). ♦ **～·ment** *n* [*bar*[1]]

dìs·belíef *n* 信じようとしないこと, 信じがたい気持, 不信, 疑惑 〈*in*〉; 不信仰, 不信心: in ～ (あまりのことに)驚いて, 信じられぬ思いで / the suspension of ～ 不信の停止, 信じがたい事を(進んで)受け入れること.

dìs·belíeve *vt* 信じない, 信用しない, 疑う, 否定する. ► *vi* (…の存在[意義]を)信じない 〈*in*〉: a *disbelieving* look 信じられないという表情, 不審顔. ♦ **-belíever** *n* 信じない人, 《特に》不信仰者, 信仰否認者. **-belíeving·ly** *adv*

dis·bénch" *vt* …から BENCHER の特権を奪う.

dis·bénefit *n* 不利益, 損失.

dis·bósom *vt* 打ち明ける, 告白する.

dis·bóund *a* 綴じがこわれて本からはずれた〈印刷物〉.

dis·bówel *vt* DISEMBOWEL.

dis·bránch *vt* …の枝を払う; 切り放す (sever).

dis·búd *vt* 摘芽[芽かき, 摘蕾(てきらい)]する; 〈牛など〉の生えかけた角を除去する.

dis·búrden *vt* …から荷物を降ろす; 〈人·心〉から重荷を降ろす (relieve) 〈sb *of* a burden〉; 〈荷物を〉降ろす; 打ち明ける, ぶちまける: ～ one's mind *of* doubt 心にのしかかっていた疑念を取り払う / ～ one*self of* one's anxieties 安心する. ► *vi* 重荷を降ろす. ♦ **～·ment** *n*

dis·burse /dɪsbə́ːrs/ *vt* 支払う (pay out), 《資金から》支出する; 分配する, 分け与える. ► *vi* 支払う. ♦ **dis·búrs·al, ～·ment** *n* 支払い, 支出; 支払金, 出費. **dis·búrs·er** *n* [OF (*dis-*[1], BOURSE)]

dis·búrthen *vt, vi* 《古》DISBURDEN.

disc[1] ⇨ DISK.

disc[2] /dísk/ *n* 《口》DISCOTHEQUE.

disc- /dísk/, **dis·ci-** /dís(k)ə/, **dis·co-** /dískoʊ, -kə/ *comb form* 「円盤」「レコード」 [L DISCUS]

disc. discount.

dis·caire /dɪskέər/ *n* 《ディスコの》DJ.

dis·cal /dísk(ə)l/ *a* 円盤(状)の.

dis·cal·ce·ate /dɪskǽlsiət, -eɪt/ *a* DISCALCED. ► *n*〘カト〙《フランシスコ会·カルメル会などの》跣足[裸足]修道士[修道女].

dis·calced /dɪskǽlst/ *a* 〈修道士·修道女など〉靴を履いていない, はだしの, (はだしで)サンダルを履いた, 跣足(せんそく)の. [L *calc- calx* heel]

Discálced Cármelites *pl* [the] 跣足カルメル会《16 世紀に成立したカルメル会の一派; 修道士[修道女]はサンダルを履く》.

dis·cant /*n* dískænt; *v* ─⌐/ *n, vi* DESCANT.

dis·card /dɪskáːrd, ─⌐/ *vt* 捨てる, 放棄する, 解雇する (discharge); 〘トランプ〙〈不用の手札を〉捨てる, 〈切り札以外の札を〉親の出した札と異なる組から出す. ► *vi*〘トランプ〙ディスカードする. ► *n* /─⌐/ 放棄; 捨てられたもの[人]; 《図書館の》廃棄本; 〘トランプ〙不用の手札を捨てること; 捨て札: throw into the ～ *放棄[廃棄]する. ♦ **～·able** *a* **～·er** *n* [*card*[1]]

dis·car·nate /dɪskáːrnət, -nèɪt/ *a* 肉体のない, 肉体を離れた, 実体のない.

dis·cáse *vt, vi* UNCASE.

dísc bràke ディスクブレーキ.

dísc càmera ディスクカメラ《ディスク状フィルムカートリッジを用いて, 本体を薄くした小型カメラ》.

discectomy ⇨ DISKECTOMY.

dis·cept /dɪsέpt/ *vi* 議論する, 異を立てる[唱える].

dis·cern /dɪsə́ːrn, dɪz-/ *vt, vi* 識別する, 見分ける, 見抜く; (目で)認める; 認識する: ～ good *and* [*from*] bad＝～ *between* good *and* bad 善悪を見分ける. ♦ **～·ible, ～·able** *a* 認められる; 認識[識別]できる. **～·ibly** *adv* 見分けられるように, 認識できるように, 目に見えて. **～·er** *n* [OF＜L (*cret- cerno* to seperate)]

discérn·ing *a* 眼識[見る目]のある, 違いの分かる, 炯眼な. ♦ **～·ly** *adv*

discérn·ment *n* 識別, 認識; 見抜く力, 炯眼, 眼識, 洞察力.

dis·cerp·ti·ble /dɪsə́ːrptəb(ə)l, dɪz-/ *a* 分離できる. ♦ **dis·cèrp·ti·bíl·i·ty** *n*

dis·cerp·tion /dɪsə́ːrpʃ(ə)n, dɪz-/ *n* 分離; 分離片.

dísc fìlm ディスクフィルム《DISC CAMERA 用のフィルム》.

dis·charge /dɪstʃáːrdʒ, ─⌐/ *vt* **1** 〈荷を〉降ろす, 陸揚げする, 〈乗客を〉下ろす 〈*from*〉; 〈船〉から荷揚げする. **2 a** 〈水などを〉放出する 〈*into*〉; 外に出す, 吐き出す, 発する; 〈銃砲を〉発射する, 〈弾を〉放つ 〈*from* a gun〉, 〈矢を〉射る; 〘電〙放電する; 排出する, 排泄する (eject); 〈うみを〉出す: The river ～*s* its waters *into* the sea. 川は海に注ぐ. **b**〘染〙色抜きする, 抜染(ばっせん)する; 〘建〙〈荷重を〉支持部に分散させる, 《荷重を分散して》〈壁など〉から余分の圧力を除く. **3 a** 〈束縛·義務·債務·誓約·勤務などから人を〉解放する (set free); 〈特別委員会などを〉解散させる; 除隊[退院]させる, 〈囚人·被告を〉放免[釈放]する, 〈負債者〉の債務を免ずる; 解雇[免職]する (dismiss) 〈*from*〉. **b**〘法〙〈契約などを〉無効にする, 〈命令を〉取り消す; 〈貸出し図書〉の返却を記録する. **4** 〈負債を〉払う, 弁済する; 〈職務などを〉果たす (perform), 〈約束·債務を〉履行する (fulfill). ► *vi* **1** 荷降ろしする, 陸揚げをする. **2** 〈川が〉注ぐ 〈*into*〉; 排出する; 〈傷が〉うみを出す; 〈色が〉散る, にじむ (blur); 〈銃などが〉発射される; 〘電〙放電する. **3** 解放[放免]される, 投げ出される. ► *n* /─⌐, ─⌐/ **1** 荷揚げ, 荷降ろし: ～ afloat 沖荷降ろし. **2 a** 発射, 発砲; 〘電〙放電; 吐き出し; 放出, 流出, 吐出; 排出物, 分泌物; 流出量[率]: a ～ *from* the ears [eyes, nose] 耳だれのうみ[目やに, 鼻汁]. **b** 色抜き, 抜染; 色抜き剤, 漂白剤. **3** 解放, 免除 〈*from*〉; 退院, 放免, 釈放, 免責, 責任解除; 《債務·契約などの》消滅; 除隊, 解職, 免職, 解雇 〈*from*〉; 解任状, 除隊証明書; 〘法〙《命令の》取消し. **4** 《義務の》遂行, 《債務の》履行, 償還, 弁済. ♦ **～·able** *a* [OF (*dis-*[1])]

dis·chárged bánkrupt" 免責破産者.

dis·charg·ee /dìstʃɑːrdʒíː/ *n* DISCHARGE された人.

díscharge làmp 放電ランプ《水銀灯など》.

dis·chárg·er *n* 荷降ろし人[具]; 射手, 射出装置; 放出者[具]; 〘電〙放電器; 〘染〙色抜き剤.

díscharge tùbe 〘電〙放電管.

dísc hàrrow ディスクハロー《トラクター用円板すき》.

dis·chuffed /dɪstʃʌ́ft/ *a*"《俗》腹を立てて (displeased).

disci *n* DISCUS の複数形.

disci- /dís(k)ə/ ⇨ DISC-.

dìsci·flóral *a*〘植〙花盤のある花をもつ.

dísci·fòrm *a* 円形[卵形]の, 円盤[円板]状の.

dis·ci·ple /dɪsáɪp(ə)l/ *n* 弟子, 門弟, 門人, 信奉者; 十二使徒 (Apostles) の一人, キリストの弟子; [D-] ディサイプル信徒 (⇨ DISCIPLES OF CHRIST). ► *vt* 《古》弟子にする; 《廃》教える, 仕込む (teach, train). ♦ **～·shìp** *n* 弟子の身分[期間]. **dis·cíp·lic** *a* [OE *discipul*＜L (*disco* to learn)]

Discíples of Chríst *pl* [the]〘キ教〙ディサイプル(ズ)教会《1809 年米国で Thomas および Alexander CAMPBELL によって組織された一派; 聖書を信仰の唯一の拠り所とする; 正式名 Christian Church》.

dis·ci·plin·able /dìsəplínəb(ə)l, dísəplə-/ *a* 訓練できる, 言うことを聞く, 教えることができる; 懲戒されるべき[に値する]〈罪など〉.

dis·ci·plin·ant /dísəplənənt, -plɪnənt/ *n* 修行者; [D-] 《特に昔のスペインの厳格な修道会の》鞭打(べんだ)苦行者 (cf. FLAGELLANT).

dis·ci·pli·nar·i·an /dìsəplənέəriən/ *n* 規律のきびしい人, 厳格な人: a good [poor] ～. ► *a* DISCIPLINARY.

dis·ci·plin·ary /dísəplənèri; -n(ə)ri/ *a* **1** 訓練上の, 訓育の, 規律上の; 矯正的な, 懲戒の: a ～ committee 懲戒委員(会) / ～ punishment 懲戒処分. **2** 学科の, 学問分野としての. ♦ **dìs·ci·plin·ár·i·ly** /; dísəplən(ə)rɪli/ *adv* **dis·ci·pli·nár·i·ty** *n*

Dísciplinary Bárracks [〈*sg/pl*〉] [the United States ～] 合衆国陸軍刑務所《Kansas 州 Fort Leavenworth にある》.

dis·ci·pline /dísəplən/ *n* **1 a** 鍛錬, 訓練, 修業, 修養, 陶冶; 教練 (drill); 《廃》教育 (instruction). **b** 懲戒, 懲らしめ, 折檻, 《俗》《サドマゾ遊びで》調教, 責め; 〘宗〙苦行 (penance); 《苦行用の》むち. **2** しつけ, 規律; 規律正しさ, 秩序; 自制 (self-control); 教会規律, 戒律, 宗規; 《古》戦術: military [naval] ～ 軍紀 / keep one's passions under ～ 情欲を抑制する. **3** 学問分野, 学科. **4***《俗》薬(やく), クスリ. ► *vt* **1 a** 〈子弟·精神を〉訓練[鍛練]する, しつける; 《俗》しごく. **b** 懲戒する, 懲らしめる, お仕置きする 〈*for* do*ing* [negligence etc.]〉. **2** 規律に服させる, 〈集団を〉統制する, 〈雑然としたものを〉整理する, まとめる, 引き締める, 締めつける: ～ one*self* 自分を律する, 習慣をつける 〈*to do*〉. ♦ **dís·ci·plin·al** *a* 訓練上の; 規律[風紀]上の; 懲罰の. **dís·ci·plin·er** *n* 訓練[懲戒]する人. [OF＜L＝teaching; ⇨ DISCIPLE]

dís·ci·plined *a* 訓練[鍛練]された; しつけのよい, 統制のとれた.

dis·ci·pling /dɪsáɪplɪŋ/ *n* 修業《新ペンテコステ派で行なわれる制度; リーダーの下にいくつかの班を形成した信者がリーダーに従い, 収入の十分の一を献じる》.

dis·cip·u·lar /dɪsípjələr/ *a* DISCIPLE の[に関する].

dis·cis·sion /dɪsíʃ(ə)n, -ʒ(ə)n/ *n*〘医〙切割, 切開, 切嚢(せつのう)(術), 水晶体切開(術)《白内障などの手術に行なう》.

dísc jòckey ディスクジョッキー《略 DJ; cf. DEEJAY》.

dis·claim /dɪskléɪm/ *vt* **1 a** 棄権する, …に対する権利を放棄する. **b** …の要求[権限]を拒否する. **2** …との関係[についての責任]を否認する. ► *vi* **1** 権利などを放棄する, 棄権する. **2**《廃》自分との関係を否認する, かかわりなしとする.

dis·claim·er /dɪskléɪmər/ *n*〘法〙棄権, 否認; 〘法〙棄権[否認]の意を表明する文書; 《製品の》注意書, 警告(文), 但し書き, 免責条項, お断わり《メーカーの製造責任を軽減するため誤った使い方をした時の危険性などを記したもの; また映画·テレビ·マスコミなどで「成人向け」「実在の事物とは無関係」「個人的見解で社の意見ではない」といった内容のもの》; 否認[拒否, 放棄]者. [AF]

dis·cla·ma·tion /dìskləméɪʃ(ə)n/ *n* 《権利の》放棄, 《責任・関係などの》否認.

dis·clímax *n* 〔生態〕妨害極相《人間や家畜に絶えず妨害されて生物社会の安定がくずれること》.

dis·cli·na·tion /dìsklənéɪʃ(ə)n/ *n* 〔晶〕回位, ディスクリネーション《高分子結晶・液晶などにおける回転による線状格子欠陥》.

dis·close /dɪsklóuz/ *vt* **1** 暴露[摘発]する, あばく; 〈秘密などを〉明らかにする, 発表する, 開示する. **2** 表わす, 露出させる; 《古》〈卵・ひなを〉かえす (hatch); 《廃》開く, 広げる. ► *n* 《廃》DISCLOSURE. ◆ **dis·clós·er** *n*

dis·clós·ing *a* 歯垢を染め出す, 歯垢染め出し剤を用いた: ～ agent 〔歯〕歯垢染め出し剤[染色剤, 顕示剤].

dis·clo·sure /dɪsklóuʒər/ *n* 暴露, 発覚; 発表; 開示, ディスクロージャー; 発覚した事, 打明け話; 《特許申請書に記した》明細.

dis·co /dískou/ *n* (*pl* ～**s**) 《口》ディスコ (discotheque); ディスコミュージック (=～ **mùsic**); ディスコダンス; ディスコのレコード[CD] 再生装置. ► *vi* ディスコで踊る.

disco- ⇨ DISC-.

dis·cob·o·lus, -los /dɪskábələs/ *n* (*pl* **-li** /-làɪ, -lìː/) 《古代ギリシアなどの》円盤投げ選手; 円盤を投げる人の像; [D-] 円盤を投げる男 《Myron 作の像; オリジナルのブロンズ像は失われた》. [L＜Gk (DISCUS, *ballō* to throw)]

dis·cog·ra·phy /dɪskágrəfi/ *n* ディスコグラフィー《**1**) 蒐集家の行なうレコード分類(記載法) **2**) レコード目録, 特に特定の作曲家[演奏家など]のレコード一覧表 **3**) レコード音楽史》. ◆ **-pher** *n* ディスコグラフィー作成者. **dìs·co·gráph·i·cal, -gráph·ic** *a* **-i·cal·ly** *adv*

dis·coid /dískɔɪd/ *a, n* 円板[円盤]状の(もの); 〔植〕〈キク科植物の小花(しょうか)・頭花が〉円盤状の.

dis·coi·dal /dɪskɔ́ɪdl/ *a* 円板[円盤]状の; 〔貝〕平たい渦状の〈殻〉; 〔動〕円盤状に絨毛(じゅうもう)の生えた.

discóidal cléavage 〔動〕盤割.

dísco jòckey ディスコジョッキー《ディスコの司会者・アナウンサー》.

dis·col·o·gy /dɪskáləʤi/ *n* レコード研究[学].

dis·col·or /dɪskʌ́lər/ *vt, vi* 変色[退色, 色あせ]させる[する]; 色をよごす, 色がよごれる. ◆ **～ed** *a* **～·ment** *n*

dis·colorátion *n* 変色, 退色; しみ (stain).

dis·com·bob·u·late /dìskəmbáb(j)əlèɪt/, **-bob·e·rate** /-bábərèɪt/ *vt**《口》混乱させる, どぎまぎ[あたふた]させる. ◆ **dis·com·bòb·u·lá·tion** *n*

dìs·com·bób·u·làt·ed 《口》*a* 混乱した, どぎまぎ[あたふた]した; 変な, 奇妙な, へんちくりんな; *《俗》《酒に》酔って.

dis·com·fit /dɪskʌ́mfət/ *vt* まごつかせる, 当惑させる; …の計画[もくろみ]をくじく, 挫折させる; 《古》負かす, 敗走させる. ► *n* DISCOMFITURE. ◆ **～·er** *n* [ME *disconfit*＜OF (*dis-*[1], CONFECTION)]

dis·com·fi·ture /dɪskʌ́mfəʧər, -ʧùər/ *n* 《計画などを》くじくこと, 挫折; うろたえ, 当惑; 《古》大敗, 敗走.

dis·com·fort /dɪskʌ́mfərt/ *n* 不快, 不安, 不便; 不快なこと, いやなこと, 苦痛[悩み]のたね; 軽い痛み; 《古》悩み, 悲嘆: feel ～ in one's chest 胸に違和感を覚える. ► *vt* 不快[不安]にする, 苦しめる; 《古》DISMAY. ◆ **～·er** *n* **～·ing·ly** *adv*

dis·cóm·fort·able *a* 《古》不愉快な, いやな.

discómfort ìndex 不快指数 (temperature-humidity index) 《略 DI》.

dìs·comménd 《まれ》*vt* …に賛成しない, けなす (disapprove); ほめない, 薦めない; …に対する好感を失わせる. ◆ **～·able** *a* **dis·commendátion** *n*

dis·com·mode /dìskəmóud/ *vt* 不便[不自由]にする; 困らせる, 悩ませる. ◆ **dìs·com·mó·di·ous** *a*

dìs·commódity *n* **1** 〔経〕非商品, 非財《人間に不便や損害を与えるもの: 病気・地震・火災・商品獲得の骨折りなど》. **2** 《古》不利, 不便.

dis·cómmon *vt* 〔法〕〈共有地を〉囲って私有地にする; …から入会権を取り上げる; 《Oxford 大学, Cambridge 大学で》〈商人〉に在学生との取引を禁ずる.

dìs·compóse *vt* 〈人〉の落ちつき[平静]を失わせる, 不安にする; 乱す, 混乱させる.

dìs·compósure *n* 心の動揺, 不安, 当惑.

dis·con·cert /dìskənsə́ːrt/ *vt* 困惑させる, どぎまぎさせる, めんくらわせる; 〈計画などを〉覆す, 混乱させる. ◆ **～·ing** *a* **～·ing·ly** *adv* **～·ment** *n* [F (*dis-*[1])]

dìs·con·cért·ed *a* 落ちつきを失った, 困惑した, 不安げな. ◆ **～·ly** *adv* **～·ness** *n*

dis·con·cer·tion /dìskənsə́ːrʃ(ə)n/ *n* 攪乱; 混乱(状態), 困惑 (confusion); 挫折.

dìs·confírm *vt* …の無効[虚偽]を証明する, 反証[否定, 否認]する. ◆ **dìs·confirmátion** *n*

dìs·confórm·able *a* 〔地質〕非整合の[に関する]. ◆ **-ably** *adv*

dìs·confórmity *n* 〔地質〕《地層の》平行不整合, 非整合; 《古》NONCONFORMITY 〈*to, with*〉.

dìs·connéct *vt* …の連絡[接続]を断つ, 分離する 〈*from, with*〉; …の電源を切る, …の供給源を断つ, 〈電話などを〉切る, 〈交換手が〉〈人〉の電話[通話]を切る[終わらせる]: a ～*ing* gear 掛けはずし装置 / We've been ～*ed*. 《交換手に》電話が(途中で)切れちゃったんですが. ► *vi* **1** 連絡を断つ; (電話などを)切る. **2** つながりを断つ, 自分の殻に閉じこもる, ふさぎこむ, 考え込む. ► *n* 切断; 不通; 《心理的な》断絶, 意思疎通の欠如 〈*between*〉.

dìs·connéct·ed *a* 連絡を断たれた, 隔絶された; 切れぎれの, ばらばらの; 支離滅裂の, まとまりのない. ◆ **～·ly** *adv* ばらばらに, 断片的に. **～·ness** *n*

dìs·connéction | -connéxion *n* 断絶; 〔電〕切断, 断線, 解放; 無連絡, 分離 (disconnectedness).

dìs·consíder *vt* …の信用を落とす, 不評にする.

dis·con·so·late /dɪskáns(ə)lət/ *a* 鬱々として楽しまぬ, わびしい, 落胆した, 悄然とした; 陰鬱な, 気のめいるような. ◆ **～·ly** *adv* **～·ness** *n* **dis·consolátion** *n* 心の慰めのない状態. [L (*dis-*[1], SOLACE)]

dìs·contént *n* 不平, 不満足; 欲求不満; 不平のもと; 〔法〕不服; 不服な人, 不平分子: *D*～ is the first step in progress. 《諺》不満は進歩の第一歩. ► *a* 不平な, 不満な (discontented) 〈*with*〉. ► *vt* [[U]*pp*] …に不満[不平]をいだかせる 〈*with*〉, 不機嫌にする (displease).

dìs·contént·ed *a* 不平のある, 不満な, 不機嫌な: ～ workers. ◆ **～·ly** *adv* **～·ness** *n*

dìs·contént·ment *n* DISCONTENT.

dìs·contíguous *a* 接触[隣接]しない, 離れた.

dìs·contínuance *n* 停止, 中止, 断絶, 途絶; 〔法〕《訴訟の》取下げ, 《占有の》中断.

dìs·continuátion *n* DISCONTINUANCE.

dis·con·tin·ue /dìskəntínju/ *vt* …を続けることをやめる (stop) 〈*doing*〉; 停止する, 中止[中断]する, …の製造[営業]を中止する, (一時)休止する, 休刊する; 〔法〕〈訴訟を〉取り下げる (abandon). ► *vi* 中止[休止]になる, とぎれる, 《特に》〈雑誌など〉廃刊[休刊]になる.

dìs·continúity *n* 不連続(性); 支離滅裂; 切れ目, とぎれ, 隔たり (gap), 断絶; 〔数〕不連続点; 〔地質〕不連続(面).

dìs·contínuous *a* とぎれた, 不連続の; 一貫性のない〈文体など〉; 〔数〕不連続の. ◆ **～·ly** *adv* とぎれとぎれに; 不連続的に.

dísco·phìle, -phìl *n* レコード蒐集家[研究家], レコード音楽ファン.

dis·cord /dískɔ̀ːrd/ *n* 不一致, 不和; 仲たがい, 内輪もめ, 軋轢(あつれき); 〔楽〕不協和(音) (opp. *concord*); 耳ざわりな音, 騒音. ► *vi* /, ─ ́─/ 一致しない (disagree), 不和である, 衝突する 〈*with, from*〉; 〔楽〕協和しない. [OF＜L (*dis-*[1], *cord- cor* heart)]

dis·cor·dance /dɪskɔ́ːrd(ə)ns/, **-dan·cy** *n* 不(調)和, 不一致; 〔楽〕不協和; 〔地質〕《地層の》不整合; 〔医〕不一致 (⇨ DISCORDANT).

dis·cór·dant *a* 調和[一致]しない; 仲の悪い, すぐけんかをする; 不協和の; 〈音声が〉調子はずれの, 耳ざわりな; 〔地質〕不整合の; 〔医〕〈双生児が〉不一致の《一方にある形質が他方に発現しない; cf. CONCORDANT》. ◆ **～·ly** *adv* 不調和に, 一致を欠いて; 耳ざわりに.

Dis·cor·dia /dɪskɔ́ːrdiə/ 〔ロ神〕ディスコルディア《「不和」の擬人化した女神; ギリシアの Eris に当たる》.

dis·cor·dia con·cors /dɪskɔ́ːrdiɑː kɔ́ːnkɔːrs/ 不和の調和.

dis·co·theque, -thèque /dískətèk, ─ ─ ́─/ *n* ディスコ(テック) 《レコード音楽で踊るナイトクラブなど》; ディスコ音楽を流す移動式の装置. ► *vi* ディスコで踊る. [F=record library]

díscotheque drèss ディスコドレス《襟ぐりが大きく裾にフリルが付いた短いドレス; 元来 ディスコでゴーゴーガールが着用》.

dis·count /dískàunt, ─ ́─/ *vt* **1 a** 割引する; 値引きして売る; 〈手形を〉割引して手放す[買い入れる]; 目前の小利のために手放す. **b** …の価値を減じる, 減少する. **2** 割引して聞く[考える], 疑問視する; 軽視する, みくびる: ～ the possibility 可能性を排除する 〈*of, that*〉. **3** あらかじめ考慮する, 見越す. ► *vi* **1** 割引する; 〔商〕割引歩合で貸し付ける. **2** 酌量する 〈*for*〉. ► *n* /─ ́─/ **1** 割引, 値引き 〈*on, off*〉; 割引額; 割引歩合[率]; 割引[天引]貸借; 《借金の》先払い利子; 《手形などの》割引; DISCOUNT RATE: give [allow] a (5%) ～ (5 分の)割引をする 〈*on*〉. **2** 斟酌(しんしゃく): accept a story *with* some ～ 話をいくらか割引して聞く. ● **at a ～** (額面以下に)割引して (below par) (opp. *at a premium*); 価格が低下して; 売れ口がなくて; 軽んじられて, 真価を認められないで, お呼びでない. ► *a* /─ ́─/ 割引[値引き]して売る; 割引(品)の: DISCOUNT HOUSE / ～ price [fare] 割引価格[料金]. [F or It (*dis-*[1], COUNT[1])]

díscount·able /, ─ ́─-/ *a* 割引できる; 特別割引の〈期間など〉.

díscount bròker 手形割引仲買人, ディスカウントブローカー.

díscount càrd 《商店・ホテル・鉄道などの》割引カード.

díscount·ed cásh flòw 〔経営〕割引キャッシュフロー法, 現金収支割引法《略 DCF》.

dis·cóuntenance *vt* …にいい顔をしない, 賛成しない; 恥じ入らせる, 当惑[どぎまぎ]させる. ► *n* 不賛成, 反対.

díscount·er /, ─ ́─-/ *n* 割引する人; DISCOUNT HOUSE (の経営者); DISCOUNT BROKER.

díscount hòuse 1 ᵘ割引商社, ディスカウントハウス《London 金融市場で, 商業銀行などから取り入れたコール資金で商業手形・財務省証券・CD などを割り引く金融機関》. **2** *安売り店, 割引店 (=*discount store*).

díscount màrket 〔金融〕 割引市場《商業手形・銀行引受手形などの売買が行なわれる公開市場で, 英国で発達した; 割引業者が自己資金または銀行から取り入れた資金で手形割引を行なう》.

díscount ràte 〔金融〕 手形割引歩合; *公定歩合.

díscount stòre [shòp] *安売り店, ディスカウントストア[ショップ] (discount house).

díscount wàrehouse 《郊外の》大型量販店[ディスカウントストア].

dis·cour·age /dɪskə́:rɪʤ, -kʌ́r-; -kʌ́r-/ *vt* (opp. *encourage*) **1** …の勇気[希望, 自信]を失わせる[くじく], がっかりさせる, 落胆させる. **2 a** 〈企て・行動などを〉〈人〉に思いとどまらせる, …にやめるよう説得する 〈*from*〉. **b** (…に反対して[…のじゃまをして])やめさせようとする, …はしないようにと言う, 阻止する, 妨げる, はばむ, …に水を差す. ► *vi* 勇気[意欲]をなくす, 落胆する. ♦ **dis·cóur·ag·er** *n* **~·able** *a* **~d** *a* ⁺*《俗》 酔っぱらった. [OF (*dis-*[1])]

discóurage·ment *n* 落胆; がっかりさせること; 意気をくじく支障[行為, 事情] 〈*to*〉.

dis·cóur·ag·ing *a* 落胆させる, 思わしくない, 張合いをなくさせる. ♦ **~·ly** *adv* 落胆させるように.

dis·course /dɪ́skɔ̀:rs, ─́─/ *n* **1 a** 対話, 対談, 会話, 論議, 談論. **b** 講話, 講演, 講義, 談義, 論説, 論文, 論述. **c** 〔言〕 談話, ディスコース. **2** 《古》 論理的思考力. **3** 《廃》 親交. ► *v* /─́─, ─́─/ *vi* 話す, 語る; 演説[講演, 説教]する; 論述する 〈*on, of*〉. ► *vt* 〈音楽を〉奏する; 《古》 論述する. ♦ **dis·cóurs·er** /, ─́──/ *n* 談話者, 議論家, 論客. [L=running to and fro, conversation; ⇨ DISCURSIVE]

díscourse anàlysis 〔言〕 談話分析《**1**) 文より大きな言語単位の構造パターンの研究 **2**) 伝達の場における言語の適切な使用の研究》.

díscourse màrker 〔言〕 談話標識《会話の中で, 同意や反論, 話題の転換などのために使われる語句; OK, however, well, I mean など》.

dis·cóurteous *a* 失礼な, ぶしつけな, 無作法な. ♦ **~·ly** *adv* **~·ness** *n*

dis·cóurtesy *n* 非礼, 失礼, ぶしつけ, 無作法 (rudeness); 無礼な言行, 無礼.

dis·cov·er /dɪskʌ́vər/ *vt* **1** 発見する; わかる, 悟る, …に気がつく; [ᵘ*pass*] 〈人材などを〉見いだす, 発掘する: ~ a plot たくらみのあるのに気がつく / It was never ~*ed* why she was late. なぜ遅れたかついにわからずじまいだった / Then she ~*ed* drugs and sex. それから彼女は麻薬とセックスをおぼえた. **2** 《古》 〈困惑などを〉期せずして表わす; 《古》 〈秘密などを〉明かす (disclose): ~ one*self* (*to* sb) (人に)名のる, 名のり出る. ► *vi* 発見する, わかる. ● **be ~ed** 〔劇〕 幕が上がると既に舞台に出ている, 板付きでいる. **~ check** 〔チェス〕 空き王手をする. ♦ **~·able** *a* 発見できる, 〈効果などが〉認められる. **~·er** *n* 発見者. [OF<L (*dis-*[1])]

dis·cóv·ered chéck 〔チェス〕 ディスカバードチェック《将棋の「空き王手」に相当》.

Discóverers' Dày 〔米〕 COLUMBUS DAY.

discóver·ist *a* 発見学習推進派の.

dis·cóvert *a* 〔法〕 夫のない身分の (not under coverture)《未婚[離婚した]婦人または寡婦にいう》.

dis·cov·ery /dɪskʌ́v(ə)ri/ *n* **1 a** 発見; 発見されたもの[場所], 《有望な》新人, めっけもの: the Age of *D*~ 〔史〕 発見の時代《大航海時代のこと》. **b** 《悲劇で》主人公が自分[他人]の身元[正体]または自分の置かれた状況の実態を知ること《『オイディプース王』などの》. **2** 〔法〕 《事実・書類の》開示(手続き); 《古》 発覚, 露見, 暴露 (disclosure); 《廃》 表明, 表出 (display). **3** [D-] ディスカヴァリー号《**1**) 1912 年 Scott 大佐が南極点に行くのに使った船; 今はスコットランド Dundee 市を流れる Tay 川につながれている **2**) 米国のスペースシャトルの第 3 号機》. **4** 《廃》 探ること, 探査 (exploration). [*discover*; *recover*: *recovery* の類推]

Discóvery Báy [the] ディスカヴァリー湾《オーストラリア南海岸 Victoria 州と South Australia 州の境にあるインド洋の入江》.

Discóvery Dày 〔米〕 COLUMBUS DAY.

discóvery mèthod 発見学習《学習者が結論のでき上がる過程に参加する》.

discóvery procèdure 〔言〕 発見の手順《与えられた資料のみに基づいて, 特定言語の正しい文法を自動的・機械的に発見することができる手順》.

discóvery wèll 発見井(せい)《新油田で最初の原油発掘に成功した油井》.

dísc pàrking DISK PARKING.

dísc plòw 〔機〕 円刃鋤, ディスクプラウ《回転する円盤の円周をすき刃とするもの》.

dìs·creáte *vt* 絶やす. ♦ **dìs·creátion** *n*

dis·crédit *vt* **1** 疑う, 信用しない. **2 a** …が正しくないことを示す, 信用に値しないとする. **b** …の評判を悪くする, 信用を傷つける. ► *n* 不信用, 不信任; 疑惑 (doubt); 不面目, 不名誉; 不名誉となるもの[人], 恥さらし: bring ~ on [to]…の名を汚す / fall into ~ 評判を落とす / cast [throw] ~ on…に不審[疑惑]をいだかせる / a ~ *to* our family [the school] 一家[学校]のつらよごし / to his ~ [文頭で, または挿入句として] 彼にとって不名誉だったことに(は), 彼の信用を失墜させたことだが.

dis·crédit·able *a* 信用を傷つけるような, 評判を落とすような, 不面目な, 恥ずべき. ♦ **-ably** *adv* 不面目に(も), 信用を傷つけるように.

dis·creet /dɪskrí:t/ *a* 分別のある, 思慮深い, 慎重な, 口が堅い; 慎み深い, 控えめな; さりげなく上品な〈宝飾品など〉. ♦ **~·ly** *adv* 慎重に. **~·ness** *n* [OF<L; ⇨ DISCERN]

dis·crep·ance /dɪskrép(ə)ns/ *n* 《まれ》 DISCREPANCY.

dis·crép·an·cy *n* 矛盾, 不一致, 食い違い, 齟齬: There was great ~ [There were many *discrepancies*] *between* their opinions. 彼らの意見には大きな[多くの]食い違いがあった. [L *dis-*(*crepo* to creak)=to be discordant]

dis·crep·ant /dɪskrép(ə)nt/ *a* 食い違う, 矛盾した, つじつまが合わない (inconsistent). ♦ **~·ly** *adv*

dis·crete /dɪskrí:t/ *a* 分離した, 別々の, 別個の; 不連続の; 〔数〕 離散の: ~ valuation 〔数〕 離散付値. ► *n* 《システムの一部をなす》独立した装置, 《ステレオの》コンポーネント. ♦ **~·ly** *adv* 別々に. **~·ness** *n* 分離性, 不連続, 非連関. [L; ⇨ DISCERN]

dis·cre·tion /dɪskréʃ(ə)n/ *n* **1** 分別, 思慮深さ, 慎重さ (prudence), 口を慎むこと; 《古》 判断力, 明察力: *D*~ is the better part of valor. 《諺》 用心は勇気の大半, '君子あやうきに近寄らず'《しばしば臆病の口実; Shak., *1 Hen IV* 5.4.120》 / An ounce of ~ is worth a pound of wit. 《諺》 1 オンスの思慮は 1 ポンドもの機知に値する / act with ~ 慎重に行動する 〈*in* do*ing*〉 / AGE [YEARS] OF DISCRETION. **2** 行動[判断, 選択]の自由, 裁量(権), 裁量判断, さじ加減: exercise [use] one's ~ 裁量権を行使する, さじ加減をする / leave to the ~ of…の裁量に任せる / leave sth to sb's ~ 事を人に一任する / It is within [in] one's ~ to do…するのは自分の裁量に任されている. **3** 《古》 分離. ● **at ~** 随意に; 無条件で: surrender *at* ~ 無条件降服する. **at sb's (own) ~=at the ~ of** sb 人の自由で, …の考えしだいで. **throw ~ to the wind(s)** ⇨ WIND[1]. ♦ **~·al** *a* DISCRETIONARY. **~·al·ly** *adv* [OF<L; ⇨ DISCREET]

discrétion·àry /; -(ə)ri/ *a* 裁量的な, (自由)裁量の, 一任された: ~ powers to act 裁量で行動できる権能 / ~ principle 独断主義.

discrétionary accóunt 売買一任勘定《株式[商品]市場における売買を代理業者の自由裁量に任せる勘定》.

discrétionary íncome 〔経〕 裁量所得《可処分所得から基本的な生活費を控除した残額》.

discrétionary trúst 〔法・金融〕 裁量信託《信託財産の管理・運用について受託者に裁量権のある信託》.

dis·cre·tive /dɪskrí:tɪv/ *a* 〔論〕 DISJUNCTIVE; 《古》 区別[識別]する. ♦ **~·ly** *adv*

dis·cret·iza·tion /dɪskrì:təzéɪʃ(ə)n; -taɪ-/ *n* 〔数〕 離散化. ♦ **dis·crét·ize** *vt*

dis·crim·i·na·bil·i·ty /dɪskrìm(ə)nəbɪ́ləti/ *n* 区別[識別]できること[する能力].

dis·crim·i·na·ble /dɪskrímənəb(ə)l/ *a* 区別[識別]できる. ♦ **-bly** /-bli/ *adv*

dis·crim·i·nance /dɪskrímənəns/ *n* 弁別手段[方法].

dis·crim·i·nant /dɪskrímənənt/ *a* DISCRIMINATING. ► *n* 弁別手段; 〔数〕 判別式.

discríminant fúnction 〔数〕 判別関数.

dis·crim·i·nate /dɪskrímənèɪt/ *vi* **1** 識別する, 弁別する 〈*between* A *and* B〉; 区別する, 判断する; 目が肥えている; 〔電子工〕 弁別する. **2** わけ隔てをする, 差別する: ~ *against* [*in favor of*]…を冷遇[優遇]する. ► *vt* 識別する, 区別する 〈A *from* B〉; 〔電子工〕 〈必要な周波数を〉弁別する. ► *a* /-nət/ 識別力のある, 目の肥えた; 区別された; 《古》 明確な. ♦ **~·ly** /-nət-/ *adv* [L *discrimino* to divide; ⇨ DISCERN]

dis·crím·i·nàt·ing *a* **1** 区別を示す, 識別する(ための), 弁別的な, 特徴的な; 分析的な. **2** 識別力のある, 違いのわかる, 目の肥えた[高い]: a ~ palate 味をきき分ける舌. **3** 差別的な (differential): a ~ tariff 差別税率. ♦ **~·ly** *adv*

dis·crim·i·na·tion /dɪskrìmənéɪʃ(ə)n/ *n* **1 a** 区別; 識別(力), 弁別(力), 眼識, 慧眼(けいがん); 〔電子工〕 弁別. **b** 《古》 相違点. **2** 差別; 差別待遇 〈*against, in favor of*〉: racial ~ 人種差別 / without ~ わけ隔てなく, 平等に. ♦ **~·al** *a*

discriminátion lèarning 〔心〕 弁別学習《異なる刺激に対して異なる反応をすることの学習》.

discriminátion tìme 〔心〕 REACTION TIME.

dis·crim·i·na·tive /dɪskrímənèɪtɪv, -nətɪv; -nətɪv/ *a* 区別的な, 差別的な; 識別[弁別]力のある; 区別を示す, 特殊の. ♦ **~·ly** *adv*

dis·crím·i·nà·tor *n* 識別[差別]する人; 〔電子工〕 《周波数・位相などの》弁別器[装置].

dis·crim·i·na·to·ry /dɪskrímənətɔ̀:ri; -t(ə)ri/ *a* DISCRIMI-

NATIVE, 《特に》差別的な. ♦ **dis·crìm·i·na·tó·ri·ly** /; dɪskrímɪnət(ə)rɪli/ *adv*

dis·crówn *vt* …の王冠[王位]を奪う, 退位させる; [*fig*] …の優越性[権威など]を奪い去る.

dis·cul·pate /dískəlpèɪt, dɪskʌ́lpèɪt/ *vt* EXCULPATE.

dis·cur·sion /dɪskə́:rʃ(ə)n/ *n* とりとめのない話, 漫談, 脱線; 支離滅裂, 散漫さ.

dis·cur·sive /dɪskə́:rsɪv/ *a* 〈人・文章・話など〉次々に[あちこちに]話題が飛ぶ, 散漫な, とりとめのない (digressive); 《一貫して》次々に話題が展開する; 言説の[に関する]; 《古》〖哲〗推論[論証]的な, 比量的な (opp. *intuitive*). ♦ **~·ly** *adv* 散漫に, 漫然と. **~·ness** *n* [L (*curs- curro* to run)]

dis·cur·sus /dɪskə́:rsəs/ *n* 理路整然たる討議[説明].

dis·cus /dískəs/ *n* (*pl* **~·es, dis·ci** /dís(k)àɪ/) 《競技用》円盤; [the] 円盤投げ (=*discus throw*(*ing*)); 〖魚〗ディスカス《南米原産の熱帯魚》; 〖植・動〗DISK. [L<Gk]

dis·cuss /dɪskʌ́s/ *vt* **1 a** (…のことを)話し合う 〈*with*〉; 論議[審議]する, 討議する; 《廃》明らかにする (declare). **b** 吟味[検討, 考察]する, 《書物などで》(詳細に)論じる. **c** 《まれ》[*joc*] 〈飲食物を〉賞味する (enjoy): ~ a bottle of wine ワインを楽しむ. **2** 〖法〗〈主債務者〉から債務の弁済をうける, 〈債務者〉の動産にまず強制執行する; 《廃》追い払う (dispel). ► *vi* 討議[相談]する. ♦ **~·able, ~·ible** *a* 議論[討論]できる. **~·er** *n* [L *discuss- discutio* to disperse (*quatio* to shake)]

dis·cus·sant /dɪskʌ́s(ə)nt/ *n* 討論参加者.

dis·cus·sion /dɪskʌ́ʃ(ə)n/ *n* **1** 討議, 審議: after much [a long] ~ ずいぶん[長く]討論したあとに / after several ~*s* 何回もの議論のあとに / come up for ~ 討議に持ち出される / hold ~*s* 話し合いをもつ 〈*with*〉/ under ~ 審議中で. **2 a** 〖数〗吟味; 〖法〗弁論, 討論; 論文, 論考 〈*on*〉. **b** 《まれ》[*joc*] 賞味 〈*of* a bottle of wine〉. ♦ **~·al** *a*

discússion gròup 討論[検討]グループ; 〖電算〗ディスカッショングループ《ネット上の討論の場 (forum)》.

discússion lìst 〖電算〗ディスカッションリスト《参加者どうしが議論するためのメーリングリスト[ウェブサイト]》: Celtic Art ~ ケルト芸術ディスカッションリスト.

díscus thròwer 円盤投げ選手.

díscus thròw(ing) 円盤投げ (discus).

dis·dain /dɪsdéɪn/ *vt* 軽蔑する, さげすむ, 見くだす (look down on); 歯牙にもかけない; 〈…するのを〉いさぎよしとしない 〈*to* do, do*ing*〉. ► *n* 軽蔑, 侮蔑(の態度[色]); 尊大. [OF<L (*de-*, DEIGN)]

disdáin·ful *a* 軽蔑的な (scornful), 尊大な (haughty): be ~ *of* …を軽蔑[無視]する. ♦ **~·ly** *adv* 軽蔑して. **~·ness** *n*

dis·ease /dɪzí:z/ *n* **1 a** 《人体・動植物の》病気, 疾病, 疾患: Rats spread ~. / catch [suffer from] a ~ 病気にかかる / a bad [foul] ~ 悪疾《性病など》/ a family ~ 家族的疾患, 遺伝病 / an inveterate [a confirmed] ~ 難病 / a serious ~ 重病. **b** 《精神・社会・制度などの》病い, 病弊. **c** 《廃》やっかい (trouble), わずらい; [ᵁdis-ease /dɪsí:z/] ここち悪さ. **2** 変質. ► *vt* [ᵁ*pp*] 病気にかからせる. ♦ **~d** *a* 病気にかかった, 病んでいる; 病的な (morbid): the ~*d* part 患部. [OF (*dis-*¹)]

diséase gèrm 病原菌.

dis·economics *n* マイナスとなる経済政策, 不経済成長, 負の経済学.

dìs·ecónomy *n* 不経済; 費用増大(の要因).

dis·édge *vt* …の縁(ふち)を落とす, …の鋭さを鈍くする.

díse-dràg /dáɪs-/ *n**《俗》貨車. [merchan*dise*]

dis·em·bark /dìsəmbá:rk/ *vt, vi* 〈船・飛行機などから〉〈乗客・積荷を[が]〉降ろす[降りる], 陸揚げする, 上陸させる[する] (land) 〈*from*〉. ♦ **dis·embarkátion** *n* **~·ment** *n* [F (*dis-*¹)]

dìs·embárrass *vt* 困難から解放する (free), 〈心配・重荷などを人〉から取り除く: ~ sb *of* [*from*] his burden 人の重荷を降ろしてやる, ほっとさせる (relieve) / ~ one*self of* [*from*] a burden 重荷を降ろす, ほっとする. ♦ **~·ment** *n* 解放, 離脱.

dìs·em·bód·ied *a* 肉体のない[から離れた]; 実体のない, 現実から遊離した.

dìs·embódy *vt* 〈霊魂などを〉肉体から離脱させる; 〈概念・理論など〉から現実性[具体性]を取り去る; 《古》〈軍隊を〉解隊する. ♦ **-embódiment** *n*

dis·em·bogue /dìsɪmbóʊg/ *vt* 〈川が河口で水を〉注ぐ; 《米では古》[*fig*] 注ぎ出す: ~ it*self* [its water] *into* the sea. ► *vi* 〈川が〉注ぐ, 流れ出る 〈*into* the sea〉; [*fig*] 流れ出る; 〖地理〗〈川が〉平野に流れ出る, 広い谷に流れ込む (debouch). ♦ **~·ment** *n*

dìs·embósom *vt* 〈秘密などを〉打ち明ける (reveal), 〈自身〉の思いを述べる: ~ one*self of* a secret 秘密を打ち明ける. ► *vi* 意中を明かす.

dìs·embówel *vt* …の内臓を抜き出す; 無内容[無意味]なものにする; (…の腹を)裂く; …から中身を取り出す. ♦ **~·ment** *n* 腸(わた)抜き. [*dis-*¹ utterly]

dìs·embróil *vt* …のもつれを解く, …の混乱を鎮める.

dìs·emplàne *vi* 飛行機から降りる.

dìs·employed *a* 《技術・教育などがなくて》職のない, 失業中の.

dìs·empówer *vt* 〈人〉の力[権限]を弱める, 無力にする, …から意欲[自信]を奪う. ♦ **~·ment** *n*

dìs·enáble *vt* 無能力にする, 不能にする (disable); …から資格を奪う (disqualify).

dis·en·chant /dìsɪnʧǽnt; -ʧá:nt/ *vt* 〈人を〉魔法から解く, 幻想からめざめさせる, 迷いをさます. ♦ **~·er** *n* **~·ing** *a* **~·ing·ly** *adv* **~·ment** *n* 幻想からの覚醒; 幻滅. [F (*dis-*¹)]

dìs·en·chánt·ed *a* 迷いからさめた; 失望した, 幻滅した.

dis·en·cum·ber /dìs(ə)nkʌ́mbər/ *vt* 〈負担・障害から〉〈人を〉解放する 〈*from*〉.

dìs·endów *vt* 〈教会など〉の寄進物[基本財産]を没収する. ♦ **~·er** *n* **~·ment** *n*

dìs·enfránchise *vt* 〈人〉から公民権[選挙権, 公職就任権]を剝奪する; 〈地区〉から(国会)議員選出権を剝奪する; 〈法人など〉から特権を剝奪する. ♦ **~·ment** *n*

dis·en·gage /dìs(ə)ngéɪʤ/ *vt* 〈約束・義務などから〉解放する, 自由にする 〈*from*〉; 解く, 離す, 〈ギア・ロックなどを〉はずす, 解除する 〈*from*〉; 〖化〗遊離させる; 〖軍〗〈部隊を〉撤退させる, 〈敵〉との交戦を休止して離脱する. ► *vi* はずれる, 離れる, 絶縁する 〈*from*〉; 〖軍〗撤退する, 離脱する; 〖フェン〗剣先を相手の剣の反対側に回す. ► *n* 〖フェン〗disengage する動作.

dìs·engáged *a* **1** 約束[予約]がない, 〈人が〉手が空いて, ひまな, 婚約を解消した; 〈場所が〉空いている. **2** 解かれた, 離脱した; 遊離している; 《自動車の》ギアがはいっていない; 《特定の立場に》かかわりのない.

dìs·engáge·ment *n* 解放; 解約, 《特に》婚約解消; 離脱, 撤退 〈*from*〉; 遊離; 解放状態, 自由, ひま; 《公約・既定方針などの》撤回; 〖フェン〗DISENGAGE.

dìs·en·gág·ing àction 〖軍〗交戦回避, 自発的撤退《時に「退却」に対する婉曲語としても用いる》.

dìs·entáil 〖法〗*vt* 〈財産〉の限嗣(げんし)相続を解く (free from entail). ► *n* 限嗣封土権廃除. ♦ **~·ment** *n*

dìs·entángle *vt* …のもつれをほどく; 〈もつれ・紛争などから人・真実・論点などを〉解放[分離]する, 解きほぐす 〈*from*〉. ► *vi* ほどける, ほぐれる. ♦ **~·ment** *n* 解きほぐすこと; 紛糾の解決; 離脱 〈*from*〉.

dìs·enthrál(l) *vt* 〈奴隷など〉の束縛を解く, 解放する (liberate). ♦ **~·ment** *n* 解放.

dìs·en·thróne *vt* DETHRONE. ♦ **~·ment** *n*

dìs·entítle *vt* …から権利[資格]を剝奪する 〈*to*〉. ♦ **~·ment** *n*

dìs·en·tómb *vt* 墓から取り出す; 発掘する. ♦ **~·ment** *n*

dìs·en·tráin *vt, vi* DETRAIN.

dìs·entránce *vt* DISENCHANT. ♦ **~·ment** *n*

dìs·en·twíne *vt* …のもつれを解く, ほどく. ► *vi* ほどける, 解ける.

di·sépalous /daɪ-/ *a* 〖植〗萼片の 2 つある, 二萼片の.

dis·equílibrate *vt* …の均衡[平衡, 釣合い]をくずす, 不安定にする. ♦ **dìs·equilibrátion** *n*

dis·equilíbrium *n* 《特に 経済の》不均衡, 不安定.

dìs·estáblish *vt* 〈制度・慣習を〉廃止する; …の官職を解く; 〈教会〉の国教制を廃止する. ♦ **~·ment** *n*

dìs·establishmentárian [ᴰD-] *n* 国教制度廃止論者. ► *a* 国教制度廃止論の.

dìs·estéem *vt* 低く評価する, 嫌う, 侮る, 軽んじる, 見くだす. ► *n* 低い評価, 軽蔑, 冷遇. ♦ **dis·estimátion** *n*

di·seuse /F dizø:z/ *n fem* (*pl* **~s** /—/) 《演芸の》話し家, 朗詠者. ♦ **di·seur** /F dizœ:r/ *n* (*pl* **~s** /—/). [F (*dire* to say)]

dis·fa·vor /dɪsféɪvər/ *n* **1** 疎むこと, 嫌うこと, 不賛成 (disapproval); 不人気, 不興; 冷遇, 不親切な行為, ひどい仕打ち: be [live] in ~ 不興をこうむっている, 不評をまねいている / fall [come] into ~ 人気を失う, 嫌われる. **2** 不利益. ► *vt* 疎んじる, 冷遇する, 嫌う.

dis·féature *vt* 汚損する, 醜くする. ♦ **~·ment** *n*

dìs·féllowship *n, vt* 《一部のプロテスタント教会やモルモン教会で》会員権制限(に処する)《聖礼典を拒否したり他の教会員との交際を禁止するなど》.

dis·fig·ure /dɪsfígjər; -gər/ *vt* …の美観[魅力]をそこなう, 醜くする; …の価値を傷つける; 《廃》変装する (disguise). ♦ **~·ment, dis·figurátion** *n* 美観をそこなうこと; 美観をそこなわれた状態; 美観をそこなうもの, きず 〈*to*〉.

dis·flúency *n* 失流暢, どもり.

dis·fórest *vt* 〈土地〉から森林を伐採[除去]する; 〖英法〗DISAFFOREST. ♦ **dis·forestátion** *n*

dis·fránchise *vt* DISENFRANCHISE. ♦ **~·ment** *n*

dis·fróck *vt* DEFROCK, UNFROCK.

disfunction ⇨ DYSFUNCTION.

dis·fur·nish /dɪsfə́:rnɪʃ/ *vt* 〈所有物を人〉から奪う, 〈設備を建物〉から取りはずす 〈*of*〉. ♦ **~·ment** *n*

disgerminoma ⇨ DYSGERMINOMA.

dis·gorge /dɪsgɔ́:rʤ/ *vt, vi* **1** 《のみ込んだ[中の]ものを》吐き出す; 〈乗物・建物が〉〈人を〉どっと吐き出す; 〈川などが〉注ぐ; 〈胃袋など〉の中身を全部吐き出す, 空(から)にする; 〖釣〗〈釣針を〉魚の口[のど]からはずす, 〈魚〉の口[のど]から釣針をはずす; 〈ワイン〉のおりを除く. **2** 〈不正な利益

を〉(やむをえず)吐き出す, 引き渡す. ♦ **~·ment** *n* [OF (*dis-*[1])]
dis·górg·er *n* 〖釣〗針はずし《道具》.
dis·grace /dɪsgréɪs/ *n* **1** 不名誉, 不面目 (dishonor), 恥辱 (shame); 不首尾, 不人気 (disfavor): bring ~ *on* one's family 家名を汚す / fall into ~ 不興をかう 〈*with* sb〉/ *in* ~ 面目を失って, 嫌われて, 不興をかっている. **2** 恥辱となるもの, つらよごし: He is a ~ *to* his family. 一家のつらよごし[名折れ]である. ► *vt* **1** …の恥となる; はずかしめる, …の面目をつぶす, 名を汚す (dishonor): ~ one*self* 恥をかく. **2** 〈人〉に寵[地位, 名誉]を失わせる. **3** 《古》顔色なからしめる, 恥じ入らす. ♦ **dis·grác·er** *n* 恥をかかせる人. [F<It]
disgráce·ful *a* 恥になる, 恥ずべき, 不名誉な. ♦ **~·ly** *adv* 不面目にも. **~·ness** *n*
dis·grúnt *vt* 吐きすてるように言う.
dis·grun·tle /dɪsgrʌ́ntl/ *vt* 不機嫌にする, …に不満をいだかせる, ふくれさせる. ♦ **~·ment** *n*
dis·grún·tled *a* 不機嫌な, むっとした, ふくれっつらをした.
dis·guise /dɪsgáɪz/ *vt* **1** 変装する, 偽装する: ~ one*self as* a beggar 乞食に身をやつす. **2** 偽る, 〈事実を〉隠蔽する, 〈意図・感情を〉隠す: a door ~*d as* a bookcase 本箱に見せかけたドア / ~ one's voice 作り声をする / ~*d in* [*with*] drink 酔った勢いで. **3** 《廃》醜くする (disfigure). ► *n* 変装, 仮装; 《人目をごまかす》偽り, ごまかし; かこつけ, 口実: make no ~ of one's feelings 感情をむきだしにする. ● **in ~** 変装した[して], 見せかけの: a BLESSING *in* ~. **in** [**under**] **the ~ of**…を口実に, …と偽って. **throw off** one's **~** 仮面をかなぐり捨てる, 正体をあらわす. **without ~** あからさまに. ♦ **~d** *a* [+*]《俗》酔っぱらった. **dis·guís·ed·ly** /-(ə)dli/ *adv* 隠れて; 偽って. **dis·guís·er** *n* **~·ment** *n* [OF (*dis-*[1])]
dis·gust /dɪsgʌ́st/ *n* 《むかむかするほどの》いや気, 嫌悪感, むかつき, いとわしさ 〈*at, for, toward, against*〉; 愛想づかし 〈*at*〉: in ~ いやになって, うんざりして / to one's (great) ~ (全く)うんざりした[愛想がつきた]ことには. ► *vt* 〈人〉にむかつく思いをさせる, 〈人〉に愛想をつかさせる, うんざり[げんなり]させる: be [feel] ~*ed* (*at* [*by, with*; *that*]…) (…で)むかむかする, うんざりする; (…に)愛想がつきる. ► *vi* (人を)むかつかせる, うんざりさせる. ● **D~ed, [D~ed of]** TUNBRIDGE WELLS. ♦ **~·ed** *a* **~·ed·ly** *adv* うんざりして; 愛想をつかして. [OF or It (*dis-*[1], GUSTO)]
disgúst·ful *a* DISGUSTING. ♦ **~·ly** *adv*
disgúst·ing *a* 不快きわまる, うんざりさせる, むかつく; 法外な. ♦ **~·ly** *adv* へどが出るほど, 許しがたいほど; 愛想をつかして. **~·ness** *n*
dis·gus·to /dɪsgǽstoʊ/ *a* *《俗》むかつく, うんざりの, やーな.
dish /díʃ/ *n* **1** 皿, 大皿, 盛り皿, (浅い)鉢《これから料理を各人用の小皿 (plate) に取り分ける》; [*pl*] 食器《カップやナイフ・フォークも含む》; [‖]《古》CUP: do [wash] the ~*es* 食べ終わった食器を洗う. **2** 一皿(の料理); 《皿に盛った》食べ物, 食品, 料理; 《一般に》料理: a nice ~ おいしい料理 / a standing ~ おきまりの料理; お定まりの話のたね[話題] / MADE DISH. **3** 鉢形のもの; 《車輪などの中心の》へこみ(の程度); 〖電子工〗放物面反射器, ディッシュ, DISH ANTENNA; 《野球俗》ホームベース. **4** 《口》魅力的な[セクシーな]人; [one's] 《口》自分の好きなもの[得意なもの, 好みの人] (cf. CUP OF TEA). **5** *《俗》《人の生活についての》うわさのたね, ばつの悪い話, ゴシップ. ● **a ~ of tea** (1) CUP OF TEA. (2) 《古》お茶一杯. ► *vt* **1** 〈食べ物を〉皿に盛る[盛って出す] 〈*up, out*〉. **2** 皿形にへこませる 〈*out*〉. **3** 〖政〗政策を横取りして〈相手の政党を〉負かす; 《口》〈相手を〉やっつける, 出し抜く, だます, 〈チャンスなどを〉つぶす, だめにする; …の仕返しをする. **4** *《俗》…の悪口を言う, けなす; *《俗》〈うそ・醜聞などを〉言い触らす, 流す (cf. *dish the* DIRT). **5** 《バスケ俗》〈ボールを〉パスする 〈*off*〉. ► *vi* **1** へこむ. **2** *《俗》雑談する, うわさ話をする, 〈…の〉悪口を言う 〈*on*〉. **3** 《バスケ俗》パスする 〈*off*〉. ● **~ it out** 《口》やっつける, けなす, こきおろす: You can ~ *it out* but you can't take it. きみは人にはぼろくそに言うくせに自分が言われると我慢できないんだな. **~ out** 〈食べ物を〉皿から取り分ける 〈*to* sb〉; 《口》配る, 惜しげなく提供する, 〈情報などを〉ばらまく, 流す; 《口》〈罰・批判などを〉加える, 与える, 見舞う; 《口》払う. **~ up** (食べ物を)出す, (食べ物を)皿に盛る 〈*for* sb〉; [*fig*] 〈話・議論などを〉持ち出す, 並べたてる. [OE *disc* plate, bowl<L DISCUS]
dìs·habílitate *vt* DISQUALIFY.
dis·ha·bille /dìsəbíːl, *-bíl/ *n* **1 a** 略装, 着流し; ふだん着: in ~ 略服で, 着流しで; 無造作な[しどけない]格好で. **b** 《古》部屋着. **2 a** 《心身の》乱れ, 取り乱し, 混乱. **b** わざとぞんざい[無頓着]にした様子. [F (*habiller* to dress)]
dìs·habítuate *vt* …に習慣をやめ[捨て]させる.
dis·hállow *vt* …の神聖を汚す, 冒瀆する (profane).
dísh antènna [àerial] 〖通信〗椀形アンテナ, パラボラアンテナ《衛星放送などの受信アンテナ》.
dìs·harmónic *a* 〖生〗不調和な《全体と器官, 器官どうしなどの成長率が異なる》; DISHARMONIOUS.
dìs·harmónious *a* 不調和な, 不協和の; DISHARMONIC.
dis·hármonize *vt* …の調和を破る[乱す]. ► *vi* 不調和である.
dis·hármony *n* 調和[一致]を欠くこと, 不調和, 不一致; 不調和なもの[状況], 不協和(音), 調子はずれ.
dísh·clòth *n* 皿洗い布; [‖]ふきん (dish towel*).
díshcloth góurd 〖植〗ヘチマの実 (=*luffa, sponge gourd* [*cucumber*]).
dísh·clòut *n* [‖]《方》DISHCLOTH.
dísh còver 皿おおい《金属または陶磁器で料理保温用》.
dish·da·sha /dìʃdáːʃə/, **-dash** /-dáːʃ/ *n* ディシュダーシャ《アラブの男性が着用する長くゆったりした外衣》. [Arab]
dis·héart·en *vt* 失望[落胆, 悄然と]させる, 〈人〉のやる気をなくさせる: feel ~*ed* at…を見て[聞いて]がっかりする. ♦ **~·ment** *n*
dishéarten·ing *a* がっかりさせる(ような), めいらせる. ♦ **~·ly** *adv*
dished /díʃt/ *a* **1 a** へこんだ, くぼんだ, 《中央が凹[凸]状で》皿型の: a ~ face 中くぼみの[しゃくれた]顔. **b** 〈車輪が〉上反(ぞ)りの, キャンバー角がプラスの《両輪の間隔が上部より下部のほうが狭い》. **2** 《俗》疲れた, へとへとの.
dis·hélm 《古》*vt* 〈人〉の helmet を脱がせる. ► *vi* かぶとを取る[脱ぐ].
dísh·er *n* *《口》DIRT-DISHER.
dis·her·i·son /dɪshérəs(ə)n, -z(ə)n/ *n* 《古》相続人廃除 (disinheritance).
dis·her·it /dɪshérət/ *vt* 《古》DISINHERIT.
di·shev·el /dɪʃév(ə)l/ *vt* (**-l-** | **-ll-**) 〈髪などを〉ばさばさにたれさがらせる, 〈衣服を〉だらしなく着る; 乱雑にする, 乱す; 〈人〉の身なり[髪]を乱れさせる. ♦ **~·ment** *n* [OF (*dis-*[1], *chevel* hair)]
di·shev·eled | **-elled** /dɪʃév(ə)ld/ *a* 〈髪が〉乱れた, ばさばさの, ほつれた, だらしない, しどけない; 雑然とした, 〈演劇など〉まとまりが悪い.
dísh·fùl *n* (*pl* **~s**) 皿[鉢]一杯の量.
dísh gràvy ディッシュグレービー《料理した肉の汁》.
dísh lìquid* DISHWASHING LIQUID.
dísh·màt *n* 熱い料理の下に敷くマット, 土瓶敷き, 鍋敷.
dísh·mòp *n* 皿洗いモップ.
dis·hon·est /dɪsɑ́nəst/ *a* 不正直な, 誠意のない, 不正な; 〈仕事など〉いいかげんな; 〈思想が〉真実性に欠ける; 《廃》恥ずべき, 身持ちの悪い. ♦ **~·ly** *adv* 不正に, 不正直[不誠実]に.
dis·hónesty *n* 不正直, 不誠実; 不正(行為), 詐欺, うそ, 卑怯さ.
dis·hon·or | **-hon·our** /dɪsɑ́nər/ *n* **1** 不名誉, 不面目; 恥さらし, つらよごし, 名折れ 〈*to*〉; 屈辱, 恥辱 (shame), 侮辱 (insult), 陵辱: live in ~ 不面目[屈辱]の生活をする / bring ~ 恥をかかせる 〈*on* sb〉. **2** 〖商〗《手形の》引受け[支払い]拒絶, 不渡り. ► *vt* **1** …の名誉を奪う[汚す]; 〈人〉に恥辱を与える (disgrace); 〈女を〉はずかしめる. **2** 〖商〗〈手形などを〉引受け拒絶する (opp. *accept*); 支払い拒絶する, 不渡りにする (opp. *pay*): a ~*ed* bill 不渡り手形. ♦ **~·er** *n* [F (*dis-*[1])]
dis·hon·or·able /dɪsɑ́n(ə)rəb(ə)l/ *a* 不名誉な, つらよごしの, 恥ずべき (shameful); 無節操な, 恥知らずの, 卑劣な. ♦ **-ably** *adv* 不名誉に, 卑劣に. **~·ness** *n*
dishónorable díscharge 〖米軍〗不名誉除隊《bad conduct discharge より重い罰; 退役軍人としての恩典の全部と公民権の一部を奪われる》; 不名誉除隊証明書.
dis·hórn *vt* 〈動物〉の角(つの)を切る[落とす].
dis·hóuse /-háuz/ *vt* 〈人を〉家から追い立てる[立ち退かせる]; 〈土地〉から家屋を取り払う.
dísh·pàn *n* *皿洗い容器, 洗い桶.
díshpan hánds [〈*sg/pl*〉] 炊事洗濯[家事]で荒れた手.
dísh·ràg *n* DISHCLOTH; *《俗》いくじなし, 全くふがいないやつ (limp dishrag).
dísh tòwel* 皿ふきタオル, ふきん (dishcloth[‖], tea towel[‖]).
dísh·wàre *n* 皿類.
dísh·wàsh *n* NONSENSE; 《古》DISHWATER.
dísh·wàsh·er *n* **1** 皿洗い《人》; 自動皿洗い機, 食器洗い機. **2** 〖鳥〗**a** ホクオウハクセキレイ (pied wagtail). **b** セグロヒタキ (restless flycatcher)《豪州産》.
dísh·wàsh·ing lìquid* 食器洗い用液体洗剤 (washing-up liquid[‖]).
dísh·wàter *n* 食器を洗ったよごれ水; 食器を洗うための水; 《口》水っぽい茶[コーヒーなど], まずそうな飲み物; 《口》中身のうすい話: (as) weak as ~ 〈お茶が〉水っぽい / (as) dull as ~ ひどく退屈な.
díshwater blónd *n, a* *《口》鈍い薄茶色の髪の(人).
díshy 《口》*a* [‖]〈特に男性が〉魅力的な, すてきな, かっこいい, いかした, セクシーな; *ゴシップ[スキャンダル]を満載した〈自伝など〉. [DISH=attractive person]
dìs·illúsion *n* 迷いをさますこと; 幻滅. ► *vt* …の迷い[目]をさまさせる; …に幻滅を感じさせる. ♦ **~ed** *a* 幻滅した, 失望した. **~·ment** *n* 幻滅; 現実暴露.
dìs·illúsion·àry /; -(ə)ri/, **-illúsive** *a* 幻滅的な.
dìs·illúsion·ìze *vt* DISILLUSION.
dìs·immúre *vt* 《監禁状態から》解放する.
dìs·impássioned *a* 冷静な, 落ちついた.
dìs·imprísοn *vt* 〈人〉の監禁を解く, 《監禁状態から》釈放する. ♦ **~·ment** *n* 釈放.
dìs·incéntive *n* 行動を抑制するもの, 意欲をそぐもの, 《経済成長・生産性向上などの》阻害要因. ► *a* 意欲をそぐ, がっくりさせる,

阻害要因として作用する〈*to*〉. ♦ **dìs·incéntivize** *vt*

dìs·inclinátion *n* いや気, 気乗りうす〈*for, to, to* do〉.

dìs·inclíne *vt* …にいや気を起こさせる, 気乗りうすにする〈*to* do, *for, to*〉. ► *vi* いや気を起こす.

dìs·inclíned *a* あまり…したくない, 気乗りがしない (reluctant)〈*for, to, to* do〉: be ~ *to* work 働く気にならない.

dìs·incórporate *vt* …の法人資格を解く, 〈法人組織を〉解散する; …から合同[共同]性を奪う.

dìs·inféct *vt* 消毒[殺菌]する; 《一般に》洗浄する; …から好ましくない要素を除く〈*of*〉. ♦ **dìs·inféctor** *n* 消毒者[器, 薬]. ［F (*dis*-[1])］

dìs·inféctant *a* 消毒の効力のある, 殺菌性の. ► *n* 防疫用殺菌消毒薬, 消毒薬, 殺菌剤.

dìs·inféction *n* 消毒(法), 殺菌(作用).

dìs·infést *vt* 〈家など〉から害虫[ネズミなど]を駆除する. ♦ **dis·infestátion** *n*

dìs·inféstant *n* 害虫[ネズミ]駆除剤.

dìs·infláte *vt* 〈物価〉のインフレを緩和する, ディスインフレを行なう.

dìs·inflátion *n* 〖経〗ディスインフレ(ーション)《デフレをまねかない程度にインフレを抑えること》. ♦ **dìs·inflátion·àry** /; -(ə)ri/ *a* インフレ緩和に役立つ; ディスインフレの.

dìs·infórm *vt* …に偽[逆]情報を流す.

dis·informátion *n* 《意図的に流す》偽情報, 逆情報.

dìs·ingénuous *a* 肚黒い, 陰険な; 不正直な, 不誠実な (dishonest). ♦ **~·ly** *adv* **~·ness** *n* **dìs·ingenúity** *n*

dìs·inhérit *vt* 〖法〗**1** …から相続権を剝奪する, 相続人廃除にする, 廃嫡(はいちゃく)する, 勘当する. **2** …の自然権[人権]を無視する; …から既得の特権を取り上げる. ♦ **dìs·inhéritance** *n* 相続権剝奪, 相続人廃除. ［*inherit* (obs) to make heir］

dis·inhibítion *n* 〖心〗脱抑制, 脱制止; 〖化〗反応阻害物質の除去, 脱阻害. ♦ **dìs·inhíbit** *vt* **dìs·inhíbitor** *n*

dis·in·sec·ti·za·tion /dìsɪnsèktəzéɪʃ(ə)n; -tàɪ-/, **dis·in·sec·tion** /dìsɪnsékʃ(ə)n/ *n* 昆虫[害虫]駆除, 駆虫, 無昆虫化. ［*dis*-[1], *insect*, *-ization*］

dis·íntegrant *n* 錠剤分解物質, 崩壊剤.

dis·íntegrate *vt, vi* 崩壊[瓦解]させる[する], 分解する; 〖理〗崩壊する; 《口》頭[体]が衰える. ♦ **dis·íntegrable** *a* 崩壊[分解]できる. **dis·íntegrative** *a*

dis·integrátion *n* 分解, 崩壊, 分裂, 分散; 〖理〗《放射性元素の》崩壊, 壊変; 〖生態〗崩壊統合; 〖社〗不統合.

disintegrátion cònstant 〖理〗崩壊[壊変]定数 (decay constant).

dis·íntegrator *n* 分解[崩壊]させるもの, 崩壊剤, 《原料などの》粉砕[砕解]機, 〖紙〗打解機, ディスインテグレーター.

dìs·intér *vt* 〈死体などを〉掘り出す, 発掘する; 見つけ出す; 明るみに出す, あばく. ♦ **~·ment** *n* 発掘; 発掘物.

dis·ínterest *n* 利害関係のないこと, 私利私欲のないこと, 公平無私; 無関心, 無頓着; 不利益, 不利 (disadvantage). ► *vt* 〈人〉に利害関係[私心, 関心]をなくさせる.

dis·ínterest·ed *a* **1** 私心[私欲, 偏見]のない, 公平無私な, 利害関係のない, 第三者的な. **2** 関心[興味]を失って, 無関心な, 冷淡な (uninterested)〈*in*〉. ★ この用法は誤用とする意見もある. ♦ **~·ly** *adv* **~·ness** *n*

dìs·inter·mediátion *n* 《証券市場に直接投資するための》銀行預金からの高額引出し, 金融機関離れ; 中間業者排除, メーカー直接取引《消費者が中間業者を通さずに商品・サービスを購入すること》. ♦ **-ìnter·médiate** *vi, vt*

dìs·intóxicate *vt* …の酔いをさまさせる, しらふの状態に戻す; 〈人〉の中毒症状を治す, 依存状態から脱却させる (detoxify). ♦ **-intoxicátion** *n*

dìs·invént *vt* 〈発明されてしまったものを〉発明されなかったことにする: You can't ~ guns. 銃の発明を取り消す[銃をなかったことにする]わけにはいかない.

dìs·invést *vi, vt* 《ある会社や国への》投資を減らす[やめる], …から資本を引き揚げる; 《資本財の売却などによって》純投資をマイナスにする, 負の投資を行なう.

dìs·invést·ment *n* 〖経〗負の投資《資本ストックすなわち生産設備の売却・廃棄または減耗分の補填不足で純投資がマイナスになること》; 《ある産業・会社・地域・国などからの》投資の引揚げ[撤退, 回収].

dìs·invíte *vt* …への招待を取り消す. ♦ **dis·invitátion** *n*

dis·ject /dɪsʤékt/ *vt* 〈四肢などを〉引き裂く; 投げ散らす, 散乱させる (scatter). ♦ **dis·jéc·tion** *n*

dis·jec·ta mem·bra /dɪsʤéktə mémbrə/ *pl* 《文学作品などの》(散乱した)断片 (fragments); 断片的な引用. ［L; Horace の *disjecti membra poetae* limbs of a dismembered poet の変形］

dis·join /dɪsʤɔ́ɪn/ *vt, vi* 分離する. ♦ **~·able** *a*

dis·joint /dɪsʤɔ́ɪnt/ *vt* …の関節をはずす, 脱臼させる; ばらばらにほぐす, 解体する, ばらす; 支離滅裂にする, ちぐはぐにする. ► *vi* 解体する, ばらばらになる; 関節[結合部]がはずれてばらばらになる. ► *a* 〖数〗共通の要素[元(げん)]をもたない, 互いに素の〈集合〉; 《廃》ばらばらの (disjointed).

disjóint·ed *a* 関節のはずれた(ような); ばらばらの; 〈思想・文体など〉一貫性を欠く, 支離滅裂の. ♦ **~·ly** *adv* **~·ness** *n*

dis·junct /dɪsʤʌ́ŋ(k)t/ *a* 分離した (disconnected); 〖楽〗跳躍進行の《3 度以上の上行 または 下行をする; cf. CONJUNCT》; 〖昆〗《頭・胸・腹の三部が》分離した, 分画している. ► *n* /⎯ ⎯, ⎯⎯́/ 〖論〗選言肢; 〖文法〗離接詞《話者の評言を伝え, しばしば文頭に置かれる文修飾の副詞(語句); apparently, fortunately, honestly など》.

dis·junc·tion /dɪsʤʌ́ŋ(k)ʃ(ə)n/ *n* 分離, 離断, 分裂, 乖離(かいり); 〖細胞〗染色体分離; 〖論〗選言(命題); 〖論〗結合子《∨ など》.

dis·junc·tive /dɪsʤʌ́ŋ(k)tɪv/ *a* 分離性の; 〖文法〗〈接続詞が〉離接的な《or など; また フランス語などの動詞に前接[後接]しない代名詞についてもいう》; 〖論〗選言的な (=*alternative*); 〖法〗択一的な〈申し立て〉: a ~ concept 選言概念. ► *n* 〖文法〗離接的接続詞《but, or, yet など》; 〖論〗選言命題. ♦ **~·ly** *adv*

dis·junc·ture /dɪsʤʌ́ŋ(k)ʧər/ *n* DISJUNCTION.

dis·june /dɪsʤúːn/ *n* 《スコ古》朝食 (breakfast).

disk, disc /dísk/ *n* **1** 平円盤(状のもの); 平円形の表面; 〖数〗円板《円によって囲まれる領域》; 《アイスホッケーの》パック (puck); 《古》《競技用》円盤 (discus): the sun's ~ 太陽面. **2** [ᵁdisc] レコード(盤), 音盤, ディスク; 〖電算〗ディスク (=*magnetic disk*); OPTICAL DISK, 《特に》COMPACT DISC; 《写植機の》円形格子, ディスク. **3** 〖植〗円盤状組織, 花盤; 〖解・動〗円板, 盤, 《特に》椎間板: ~ herniation 椎間板ヘルニア. **4** 《タービンの》翼車; 《駐車した車の中の》駐車時間表示板 (=*parking disk*) (⇨ DISK PARKING); DISK BRAKE; [ᵁdisc] 《disc harrow の》刃, ディスク. ► *vt* 平円形[状]に作る; 円板すきで耕やす; [ᵁdisc] ディスクに吹き込む, 録音する. ♦ **~·less** *a* ⁺〖電算〗ディスクなしの〈システムなど〉. **~·like** *a* ［F *or* L DISCUS］

disk- ⇨ DISC-.

dísk bàrrow 《青銅器時代の》円盤土塚, 円形古墳.

dísk bàt 〖動〗スイツキコウモリ (=*disk-wing bat*)《熱帯アメリカ産》.

dísk bràke DISC BRAKE.

dísk càche 〖電算〗ディスクキャッシュ《**1**) ディスク上のデータへのアクセスを高速化するためのキャッシュ (cache memory) **2**) 再アクセスするときのためにデータを蓄積しておくハードディスク領域》.

dísk capàcity 〖電算〗ディスク容量.

dísk clùtch 〖機〗円板クラッチ, ディスククラッチ.

dísk comprèssion 〖電算〗ディスク圧縮《ディスク上のデータを圧縮して空き領域を増やすこと》: a ~ program ディスク圧縮プログラム.

dísk crànk 円板クランク, ディスククランク.

dísk cràsh 〖電算〗ディスククラッシュ (HEAD CRASH).

dísk drìve 〖電算〗ディスクドライブ (=*disk unit*)《磁気ディスクを回転させ読出し・書込みをする装置》.

dis·kec·to·my, -cec- /dɪskéktəmi/ *n* 〖医〗椎間板切除(術).

disk·ette /dìskét/ *n* 〖電算〗ディスケット (FLOPPY DISK).

dísk flòwer [flòret] 〖植〗《キク科植物の》中心花.

dísk hàrrow DISC HARROW.

dísk jòckey DISC JOCKEY.

Dis·ko /dískou/ ディスコ《グリーンランド西岸沖の Davis 海峡にある島; 石炭・鉄鉱石を埋蔵; 別名 Qeqertarsuaq》.

dísk òperating sỳstem 〖電算〗ディスクオペレーティングシステム《磁気ディスクを補助記憶装置として使用するオペレーティングシステム; 略 DOS》.

dísk pàck 〖電算〗ディスクパック《取りはずし可能な一組の磁気ディスク》.

dísk pàrking ディスク駐車制《個々の車の駐車時刻または発車すべき時刻を示した円盤の掲示を義務づける制度》.

dísk ùnit 〖電算〗ディスクユニット (disk drive).

dísk whèel 《自動車などの, スポークのない》円板車輪; 《タービンの》翼車.

dísk-wìng bàt 〖動〗DISK BAT.

dis·líkable, -líke·able *a* 嫌悪を起こさせる, いやな感じの.

dis·líke *vt* 嫌う, いやがる《DETEST より意味が弱い》; 《古》DISPLEASE; 《廃》忌避する: He ~*s* working [traveling]. 仕事[旅行]が嫌いだ / He got him*self* ~*d*. 人に嫌われた. ► *n* 嫌い, いやがること, 反感, 嫌悪; 嫌忌; [ᵁ*pl*] 嫌いなもの[こと]; 《廃》不和 (discord): have a ~ *to* [*of, for*]…が嫌いだ / take a strong ~ *to*…が大嫌いになる / one's likes and ~*s* ⇨ LIKE[1] / one's PET[1] ~*s*. ♦ **dis·lík·er** *n* ［*like*[1]］

dis·límn *vt, vi* 《古・詩》かすませる, かすむ (dim).

dis·lo·cate /díslouk̀eɪt, -lə-, dɪslóukèɪt/ *vt* 脱臼させる, …の関節をはずす; …の位置を変える[ずらす]; 〈企業を〉撤退させる, 〈労働者を〉離職させる; 〖地質〗転位させる; 〈制度・計画・交通などを〉乱す, 狂わせる, 混乱させる. ［? 逆成く↓］

dis·lo·ca·tion /dìsloukéɪʃ(ə)n, -lə-/ *n* 《関節の骨の》転位, 脱臼; 転置, 転位; 撤退, 離職; 混乱, ずれ; 〖地質〗《岩石の》転位, 断層; 〖晶〗転位. ［OF or L (*dis*-[1])］

dis·lodge /dɪslɑ́ʤ/ *vt* 《固定位置から》無理に移動させる[押しのける, 取り除く] (remove); 《隠れ場所・拠点などから》追い払う, 追い出す (drive): ~ the enemy *from* a fort とりでから敵を追い払う. ► *vi* 今までいた[あった]所から移動する, 宿舎[宿営]から出る. ♦ **~·able** *a* **dis·lódg(e)·ment** *n* ［OF (*dis*-[1])］

dis·loy·al /dɪslɔ́ɪ(ə)l/ *a* 信義に欠ける, 不忠実な, 不実の; 不信の 〈*to*〉. ♦ **~·ist** *n* 不忠者, 《国家に対する》裏切り者 〈*to*〉. **~·ly** *adv*

dis·loy·al·ty /dɪslɔ́ɪ(ə)lti/ *n* 不忠(実); 不信; 不忠[不信]の行為.

dis·mal /dízm(ə)l/ *a* 陰鬱な, 陰気な, 暗い, 気がめいる; おもしろみ[取柄]のない, 索然たる; なさけない, みじめな, ひどい, 惨憺(さんたん)たる; 《古》悲惨な, 恐ろしい; 《廃》不吉な, 縁起の悪い: a ~ failure みじめな失敗. ► *n* [the ~s] 憂鬱; 陰鬱なもの; *《南部》《海岸沿いの》沼沢地; [*pl*] 《廃》喪服. ♦ **~·ly** *adv* **~·ness** *n* [AF<L *dies mali* unlucky days]

dísmal Jímmy "《口》陰鬱な人.

dísmal scíence [the] 陰気な学問[科学] 《Carlyle が経済学を呼んだことば》.

Dísmal Swámp, Gréat Dísmal Swámp [the] (大)ディズマル湿地 《Virginia 州南東部から North Carolina 州北東部にかけての沿岸湿地帯》.

dis·man·tle /dɪsmǽntl/ *vt* **1 a** 解体する, 分解する; 〈制度・組織などを〉廃止[撤廃]する. **b** 大差で破る, 粉砕する. **2** …から装備[飾りつけ]を取り除く, 取りはずす, 〈家〉から屋根[家具など]を取り去る, 〈要塞〉の防備を撤去する, 〈船〉の艤装(ぎそう)を解く[解除する]; …の衣服をはぐ. ♦ **~·ment** *n* **dis·mán·tler** *n* [OF (*dis-*¹)]

Dis·mas /dísmæs, díz-/, **Des-** /dés-, déz-/ ディスマス 《新約外典の一書「ニコデモによる福音書」に出るイエスと共に十字架にかけられた, 悔い改めた泥棒》.

dis·másk *vt, vi* 《古》UNMASK.

dis·mást *vt* 〈船〉の帆柱を奪う[折り倒す]. ♦ **~·ment** *n*

dis·may /dɪsméɪ, dɪz-/ *n* 狼狽(ろうばい), うろたえ; 落胆, 失望, 気落ち: to one's ~ 愕然とした[がっかりした]ことには. ► *vt* うろたえさせる, 〈人〉に度を失わせる, 愕然とさせる; がっかりさせる, 落胆[失望, 気落ち]させる. ♦ **~ed** *a* **~·ing·ly** *adv* [OF<Gmc (*dis-*¹ MAY¹)]

disme /dáɪm/ *n* ダイム 《1792 年鋳造の米国 10 セント貨》.

dis·mem·ber /dɪsmémbər/ *vt* 〈人〉の手足を切断する[もぎ取る]; 〈国土・組織などを〉分割する, 寸断する, ばらばらにする. ♦ **~·ment** *n*

dis·miss /dɪsmís/ *vt* **1** 解雇[免職]する (discharge), 放逐する (expel); 去らせる: The clerk was ~*ed* (*from*) his job for neglect. 怠慢のため解雇された. **2** 解散する, 退散させる; 《号令》別れ!: The teacher ~*ed* the class at noon. 正午にクラスを解散させた / Class ~*ed!* 授業は終わり. **3 a** 〈念頭から問題・疑いなどを〉捨てる, (きれいに)忘れてしまう (banish) 〈*from* one's mind [thoughts]〉. **b** 〈問題などを〉簡単に片付ける, 没にする, 〈…として〉退ける 〈*as*〉; 〖法〗却下する, 棄却する; 〈訴えを〉取り下げる. **4** 〖クリケット〗〈打者・チームを〉〈…点で〉アウトにする 〈*for* ten runs〉. ► *vi* 〈軍隊など〉解散する. ► *n* 《古》DISMISSAL. ♦ **~·ible** *a* 解雇できる; 解雇を免れない. [OF<L=sent away (*miss- mitto* to send)]

dismíss·al *n* 退去, 退散; 解放; 放校, 退会; 解雇, 免職 〈*from*〉; 放念; 解雇通知; 〖法〗《訴えの》却下, 棄却, 取下げ; 〖クリケット〗アウトに打ち取ること.

dis·mis·sion /dɪsmíʃ(ə)n/ *n* DISMISSAL.

dis·mis·sive /dɪsmísɪv/ *a* 退去させる, やめさせる; 拒否する; そっけない, 冷淡な, 軽蔑的な 〈*of*〉. ♦ **~·ly** *adv*

dis·mis·so·ry /dɪsmísəri/ *a* 解雇通知の.

dis·móunt *vi* 〈馬・自転車などから〉降りる (alight), 〈車などから〉降りる 〈*from*〉; 《廃》〈太陽など〉沈む (descend). ► *vt* 馬《など》から降ろす; 落馬させる; 〈騎兵中隊など〉から馬[乗物]を奪う; 台《など》から降ろす, 撤去する; 〈絵などを〉枠からはずす; 〈宝石などを〉台から取りはずす; 〈機械などを〉分解する; 〖電算〗〈ディスクなどを〉機器[システム]から切り放す, ディスマウント[アンマウント]する. ► *n* 降りる[降ろす]こと. ♦ **~·able** *a* [*mount*¹]

dis·náture *vt* 不自然にする. ♦ **dis·nátured** *a*

Dis·ney /dízni/ ディズニー **Walt(er Elias)** ~ (1901–66) 《米国の映画制作者; アニメーションの先駆; Mickey Mouse や Donald Duck の生みの親》. ♦ **~·ésque, ~·ish** *a* ディズニー的な[風の].

Dis·ney·fi·ca·tion /dìznifəkéɪʃ(ə)n/ *n* ディズニー化, ディズニーランド化 《社会問題や現実・史実の単純化・改変・美化などを辞さない大衆迎合化》. ♦ **dís·ney·fỳ** *vt*

Dísney·lànd **1** ディズニーランド 《1955 年 Walt Disney が Los Angeles 郊外の Anaheim 市に設立した広大な遊園地; 1971 年 Florida 州 Orlando 市近郊に系列の遊園地 Walt Disney World が開園, 82 年その一部として未来都市を想定したテーマパーク Epcot (Center) が開場》. **2** おとぎの国; 《口》狂気[虚妄]の世界.

Dísneyland dàddy *《俗》《離婚[別居]後に》面会権を活用してたまに自分の子供と会って楽しむパパ, ディズニーランドパパ[ダディー] 《遊園地[動物園, デパートのおもちゃ売場など]に連れてゆく》.

Dísney Wórld ディズニーワールド 《Walt Disney World の略称; ⇨ DISNEYLAND》.

dìs·obé·di·ence *n* 不従順, 反抗, 抗拒 〈*to*〉; 〈命令・法律・規則への〉不服従, 違反, 反則 〈*to*〉.

dis·obe·di·ent /dìsəbí:diənt/ *a* 不従順な, 反抗的な 〈*to*〉; 違反する 〈*to*〉. ♦ **~·ly** *adv*

dis·obey /dìsəbéɪ/ *vt* 〈言い付け・命令・規則・上官など〉に従わない. ► *vi* 反則する, 背く. ♦ **~·er** *n*

dis·ob·lige /dìsəbláɪʤ/ *vt* …に不親切にする, …の意に背く; おこらせる; …に迷惑をかける: I'm sorry to ~ you. ご希望に添えないですみません. [F<Romanic (*dis-*¹)]

dìs·oblíging *a* 不親切な, 思いやりのない, 無愛想な; 無礼な. ♦ **~·ly** *adv* 不親切に, 人の迷惑を顧みないで.

di·sódium phósphate /daɪ-/ 〖化〗リン酸(水素二)ナトリウム 《分析試薬・添加剤・媒染剤・医薬用》.

di·sómic /daɪ-/ *a* 〖生〗二染色体的な. ♦ **di·so·my** /daɪsóʊmi/ *n* 二染色体(性).

dis·or·der /dɪsɔ́:rdər/ *n* **1** 無秩序, 混乱; 不整頓, 乱雑; 不規則, 無規律, 不正行為; 不穏, 騒動, 動乱: be in ~ 混乱している / fall [throw] into ~ 混乱に陥る[陥らせる]. **2** 《心身の》不調, 障害, 疾患, 異常. ► *vt* 乱す, 乱雑にする; 〈人〉の(心身の)調子を狂わせる. ► *vi* 混乱に陥る, 変調になる, 障害を起こす, 狂う. [ME *disordain* <OF (*dis-*¹, ORDAIN); 語形は *order* に同化]

dis·ór·dered *a* 乱れた; 調子の狂った, 病気の; 《廃》不道徳な, 手に負えない; 《廃》規律[規則]に従わない: a ~ mind / a ~ digestion 消化不良. ♦ **~·ly** *adv* **~·ness** *n*

dis·or·der·ly /dɪsɔ́:rdərli/ *a* 無秩序の, 混乱した, 散らかった; 乱暴な, 騒々しい, 始末に負えない; 〖法〗治安[風紀]紊乱(びんらん)の: DRUNK AND DISORDERLY. ► *adv* 《古》無秩序に. ♦ **-li·ness** *n*

disórderly cónduct 〖法〗治安[風紀]紊乱行為 《軽罪》.

disórderly hóuse 〖法〗治安紊乱所 《特に 売春宿・賭博場》; 〖法〗近所迷惑な家.

disórderly pérson 〖法〗治安[風紀]紊乱者.

dis·òr·ga·ni·zá·tion *n* 解体, 分裂; 混乱, 無秩序.

dis·or·ga·nize /dɪsɔ́:rgənàɪz/ *vt* …の組織[秩序]を破壊する[乱す], 混乱させる, 紊乱する.

dis·ór·ga·nìzed *a* 無秩序な, 支離滅裂の; 〈人が〉手際のよくない, だらしない.

dis·ori·ent /dɪsɔ́:riənt, *-ènt/ *vt* **1** 〈人〉に方角をわからなくさせる, 迷わせる; …の向きを狂わせる; …の向きを東から変える. **2** 混乱させる, 分別を失わせる; 〖精神医〗〈人〉に見当識を失わせる.

dis·órientate *vt* 〈教会を〉内陣が東向きでないように建てる; DISORIENT.

dis·orientátion *n* 〖精神医〗失見当(識).

disórient·ed, dis·óri·en·tàt·ed "*a* 方向感を失って[失った], まごついて, ぼう然として.

dis·ówn *vt* 〈著作などを〉自作でないと言う; …の自分との関係を否認する; 〈子を〉勘当する, 縁を切る; …の合法性[権威]を認めない. ♦ **~·er** *n* **~·ment** *n*

disp. dispensary.

dis·par·age /dɪspǽrɪʤ/ *vt* けなす, さげすむ, そしる; …の地位[身分, 品位]を下げる (degrade), …の名誉を傷つける, おとしめる. ♦ **dis·pár·ag·er** *n* **~·ment** *n* けなして言うこと, さげすみ, 軽蔑; おとしめること, 不名誉の原因. **dis·pár·ag·ing** *a* けなした, さげすんだ. **-ag·ing·ly** *adv* 軽蔑して, けなして. [OF=to marry unequally (*dis-*¹, *parage* equality of rank < PAR¹)]

dis·pa·rate /dísp(ə)rət, *dɪspǽrət/ *a* (本質的に)異なる, 共通点のない, (全く)異種(類)の; 異質の要素を含む[からなる]: a ~ concept 〖論〗離隔概念. ► *n* [*pl*] 全く比較できないもの《言語概念など》, いろいろな人びと. ♦ **~·ly** *adv* **~·ness** *n* [L (pp) < *dis-*¹(*paro* to prepare)=to separate; 語義上 L *dispar* unequal の影響あり]

dísparate tréatment 〖法〗差別的待遇 《人種・性別・出身国・年齢・身体的障害などによる, 特に雇用関係での差別》.

dis·par·i·ty /dɪspǽrəti/ *n* 不同, 不等, 格差 (inequality), 不釣合い, 不均衡 〈*between, in*〉; 〖電算〗《3D 用の左右の画像間の》視差. [F<L (*dis-*¹)]

dis·párk *vt* 〈私園・猟園を〉開放する.

dis·par·lure /dɪspɑ̀:rlùər/ *n* マイマイガ誘引物質 《マイマイガの雌に対する合成性誘引物質》.

dis·part /dɪspɑ́:rt/ *vt, vi* 《古》分割[分離]する, 分裂する.

dis·pássion *n* 冷静 (calmness); 公平無私.

dis·pássionate *a* 感情に動かされない, 冷静な (calm); 私情をまじえない, 公平無私の. ♦ **~·ly** *adv* **~·ness** *n*

dis·patch, des- /dɪspǽʧ/ *vt* **1** 《公務・特別任務などで》急派[特派]する; 〈急信を〉発送する. **2 a** 〈事務を〉さっさと片付ける, やっつける; 《口》〈食事を〉さっさと済ます. **b** (手際よく)片付ける, 処分する, 殺す (kill); 《廃》奪う. **c** 打ち負かす, …に勝つ. **3** 《まれ》《会見のあとなどに》帰らせる, 退出させる. ► *vi* 《古》急ぐ; 《廃》かたをつける. ► *n* /, ⏑ ⏑/ **1 a** 急派, 特派, 急送. **b** 急送公文書; 速達便; 〖新聞〗至急報, 特電; 電報. **c** 急行輸送機関, 急行運送代理店. **2 a** 《処理などの》手早さ; 手際よい処置: with ~ 迅速に, てきぱきと, 手早く. **b** 死による解決, 殺害: a happy ~ [*joc*] 切腹. **3** 《廃》用件を終えた人を帰すこと, 解雇. ● **mentioned in ~es** "〈軍人が〉叙勲候補者名簿に名が載って. [It *dispacciare*, Sp *despachar* to expedite]

dispátch bòat 《昔の》公文書送達用船, 通報艦.

dispátch bòx **1** 公文書送達箱; 書類ケース[かばん], アタッシェケース. ★ **dìspatch càse** ともいう. **2** [the] 〖英〗ディスパッチボックス 《下院中央のテーブル上で与党側と野党側のそれぞれに置かれている木箱; この箱のわきで質疑応答をする》.

dispátch·er *n* 《列車・自動車などの》配車[操車, 発車]係, 《警察・救急サービスなどの, 無線による》緊急車両指令員, 《航空機の》運航管理者; 発送係, 急派する人; [*pl*]*《俗》いかさまさいころ.
dispátch nòte (外国郵便)小包送状.
dispátch rìder ᴵᴵ《オートバイ・馬で行く》伝令, 急使.
dis·péace *n* 不和, 不安, 動揺.
dis·pel /dɪspél/ *v* (-ll-) *vt* 追い散らす, 〈心配などを〉払い去る, 消散させる (disperse). ► *vi* 散る. ♦ **dis·pél·la·ble** *a* **-pél·ler** *n* [L (*pello* to drive)]
dis·pend /dɪspénd/ *vt* 《廃》支払う, 支出する.
dis·péns·able *a* なくても済む, 重要でない (opp. *indispensable*); 分配しうる, 施しうる; 〖カト〗特免できる〈罪〉; 適用免除できる, 拘束力のない. ♦ **dis·pèns·abíl·i·ty** *n*
dis·pen·sa·ry /dɪspéns(ə)ri/ *n* 《病院などの》薬局, 調剤室; 《学校・工場などの》医務室, 保健室; 施薬所, 施療院; *《南部》酒類販売店.
dis·pen·sa·tion /dìspənséɪʃ(ə)n, -pèn-/ *n* **1 a** 分配, 施与, 実施, 処理; 《医薬の》調剤: the ~ of justice [food] 法の施行[食料の施与]. **b** 分配品, 施し, 天与のもの. **2** 統治, 施政, 制度; 〖神学〗《神の》摂理, 天の配剤, 神の定めた制度(の時代): Christian ~ キリスト教天啓法(時代) / Mosaic ~ モーセの律法(時代). **3** 〖カト〗《教会法規からの》免除, 特免; 〖法〗(法の)適用免除《ある行為または不行為の免許》. ● **~ with**…なしで済ますこと. ♦ **~·al** *a*
dispensátion·al·ìsm *n* 〖神学〗天啓的史観《神の配剤によって歴史がつくられるという史観》. ♦ **dispensátional·ist** *n*
dis·pen·sa·tor /díspənsèɪtər/ 《古》*n* 分与する人 (distributor); 支配者 (manager); DISPENSE する人.
dis·pen·sa·to·ry /dɪspénsətɔ̀ːri; -t(ə)ri/ *n* (薬)局方注解, 薬局方; 《古》DISPENSARY.
dis·pense /dɪspéns/ *vt* **1** 分配[施与]する; 〈自販機・ATM などが〉出す; 調剤[投薬]する. **2** 施す, 施行する (administer): ~ justice 法を施行する. **3** 〈人〉の義務を免じる (exempt) 〈*from*〉; 〖カト〗〈人〉に免除を与える, 〈義務〉に関して免除を与える. ► *vi* 免除する; 〖カト〗免除する 〈*with*〉. ● **~ with**… (1) …を不要にする, …の手数を省く; [ᵁcan ~] …なしで済ませる (do without): The new method ~*s with* much labor. 新方式で大いに人手が省ける / ~ *with* the formalities 堅苦しいことは抜きにする / ~ *with* sb's services 人を解雇する. (2) …を特に免除する, 適用免除にする. [OF<L (freq) *dis*-¹(*pens- pendo* to weigh)=to weigh or pay out]
dis·péns·er *n* **1** 調剤師; 施与者, 分配者. **2** ディスペンサー《紙コップ・ちり紙・香水・錠剤などを必要量だけ出せる容器》; 自動販売機; 〖畜〗給餌機: a Scotch tape ~ 《カッター付きの》(セロ)テープディスペンサー, テープカッター.
dis·péns·ible *a* 《古》DISPENSABLE.
dis·péns·ing chémistᴵᴵ 調剤薬剤師.
dispénsing optícian 眼鏡士《眼鏡・コンタクトレンズの製作および処方資格をもつ》.
dis·péople *vt* DEPOPULATE. ♦ **~·ment** *n*
di·spérmous /daɪ-/ *a* 〖植〗種子の 2 つある, 二種子の.
dis·per·sal /dɪspə́ːrs(ə)l/ *n* 分散(作用) (dispersion); 〖生〗《個体の》散布; 疎開; [the D-] DIASPORA.
dispérsal príson 最も厳重な警備が必要な受刑者を収容する刑務所.
dis·per·sant /dɪspə́ːrs(ə)nt/ *n* 〖理・化〗分散剤. ► *a* 分散性の.
dis·perse /dɪspə́ːrs/ *vt* **1 a** 散らす, 散乱させる (scatter); 〈敵を〉追い散らす (rout); 〈会衆を〉解散させる; 〈軍隊などを〉分散させる; 〖理・化〗分散させる. **b** 〈雲・霧などを〉消散させる; 〈幻影などを〉追い払う. **2** 〈病気・知識などを〉まき散らす, 広める (diffuse). ► *vi* 分散[解散]する; 散在する, ばらつきがある; 消散する. ► *a* 〖理・化〗分散した. ♦ **dis·pérsed** *a* 散らばった, 分散した. **dis·pérs·ed·ly** /-ədli, -st-/ *adv* 分散して, ちりぢりに. **-pérs·er** *n* **-pérs·ible** *a* [L *dispergo* (*di*-², SPARSE)]
dispérse pháse 〖化〗分散相.
dispérse sỳstem 〖化〗《コロイドなどの》分散系.
dis·pérs·ing àgent 〖化〗分散剤 (dispersant).
dis·per·sion /dɪspə́ːrʒ(ə)n, -ʃ(ə)n; -ʃ(ə)n/ *n* **1** 散布; 散乱, 離散; 〖理・化〗分散; 〖光〗分散, 分光; 〖電子工〗分散, 散布[分散]度; 〖統〗ばらつき; 〖軍〗《爆弾などの》弾着散布パターン; 〖空〗ディスパージョン《ミサイルなどの予定経路からのずれ》. **2** [the D-] ユダヤ人の離散 (DIASPORA).
dispérsion èrror 〖軍〗散布誤差.
dispérsion hàrdening 〖冶〗分散硬化[強化].
dispérsion mèdium 〖理・化〗分散媒.
dis·per·sive /dɪspə́ːrsɪv, *-zɪv/ *a* 散布的な; 分散的な. ♦ **~·ly** *adv* **~·ness** *n*
dispérsive médium 〖理〗分散性媒質《伝搬する波の速さが振動数によって異なる媒質》; 〖化〗DISPERSION MEDIUM.
dispérsive pówer 〖光〗分散能.
dis·per·soid /dɪspə́ːrsɔ̀ɪd/ *n* 〖理・化〗分散質.
dis·pi·ra·tion /dìspàɪəréɪʃ(ə)n/ *n* 〖晶〗らせん回位.
di·spírit /dɪ-/ *vt* …の気力[意欲]を奪う, 気をめいらせる, 気落ちさせる. ♦ **~·ing** *a* **~·ing·ly** *adv* [*di*-²]
di·spírit·ed *a* 元気[やる気]をなくした[なくして], 意気消沈した, がっくりした. ♦ **~·ly** *adv* **~·ness** *n*
dis·pit·e·ous /dɪspítiəs/ *a* 《古》無慈悲な, 残酷な.
dis·place /dɪspléɪs/ *vt* **1** 《本来の場所から》はずす, 取り除く; 退去させる, 強制移住させる; 〈役人を〉解職[解任]する; 《廃》追い払う. **2 a** …に取って代わる; 置き換える, 転置する; 〖化〗置換する. **b** 〈艦船・エンジンが〉排水[排気]量が…である: ~ 25,000 tons 排水量 25,000 トンある. ♦ **~·able** *a* [*dis*-¹ or F]
dis·pláced hómemaker* 《離婚・別居, 夫の死亡・無能力などによって》生活手段を失った主婦.
displáced pérson 《戦争・迫害などによる》強制移住[退去]者, 難民, 流民《略 DP》: *displaced-persons* camp 難民キャンプ.
displáce·ment *n* **1** 転置, 置換, 転位; 〖理〗《平衡点からの》変位; 〖電〗電気変位; 〖化〗置換; 〖製薬〗濾過; 〖地質〗《断層面に沿った》移動, 転移, ずれ; 〖精神分析〗置き換え; 〖心・比較行動学〗転位 (displacement); 〖天〗《天体の》視運動. **2 a** 排除; 解職; 退去; 強制移住. **b** 〖流体力学〗排除量, 《通例 軍艦の》排水量[トン] (cf. TONNAGE); 〖機〗行程容積[体積], 排気[排出]量: piston ~ ピストン排出量.
displácement actìvity [behàvior] 〖心・比較行動学〗転位行動[活動].
displácement hùll 〖海〗排水型船体.
displácement làw 〖理〗変位則 (1) WIEN'S DISPLACEMENT LAW 2) RADIOACTIVE DISPLACEMENT LAW).
displácement tòn 〖海〗排水トン.
displácement tònnage 〖海〗排水トン数.
dis·plác·er *n* 排除する人[もの]; (調剤用)濾過器 (percolator); 〖建〗PLUM¹.
dis·pla·cive /dɪspléɪsɪv/ *a* displacement により生じる[を起こす]; 〖理〗変位型の.
displácive ferroeléctric 〖理〗変位型強誘電体《変位型相転移による強誘電体》.
displácive transformátion [pháse transìtion] 〖理〗変位型相転移《原子の結合状態を変えるのではなく, 変位の振幅が大きくなってもとに戻らなくなるような転移; 特に 永久双極子が整列するのではなく, 正負イオンが変位することによって自発電荷をもつようになる強誘電体への転移; cf. ORDER-DISORDER TRANSFORMATION》.
dis·play /dɪspléɪ/ *vt* **1** 〈旗・帆・地図を〉広げる (unfold), 掲げる; 広げて見せる, 〈商品などを〉展示する, 陳列する. **2 a** 表示[表明]する; 〈感情を〉表に出す, 〈無知などを〉(はからずも)見せる, 〈能力などを〉見せる, 披露する. **b** 見せびらかす, 〈知識などを〉ひけらかす, 開陳[誇示]する; 〖印〗〈ある語を〉特殊活字などを使って目立たせる. **c** 〖電算〗〈データを〉表示する. **3** 《廃》見つける (descry). ► *vi* 展示を行なう; 〈繁殖期の雄鳥などが〉ディスプレーを行なう; 《廃》誇示する. ► *n* **1 a** 展示, 陳列, ディスプレー; 展示[陳列]物: on ~ 陳列[展示]して. **b** 表明, 表示; 《感情などを》見せること; 《電子装置の》表示(装置), ディスプレー. **2 a** 見せびらかし, 誇示; 見せかけ; 〖動〗ディスプレー《繁殖期の雄鳥などが羽を広げたりする誇示行動》: make a ~ of one's courage 勇気のあるところを見せる / out of ~ これみよがしに. **b** 〖印〗特に目立つ組版(による印刷物), ディスプレー. **3** 広げる[掲げる]こと: the ~ of national flags 国旗掲揚 / the ~ of fireworks 花火の打上げ. ► *a* 《見出し・広告用の》大型活字の, ディスプレーの. ♦ **~·er** *n* **~·able** *a* [OF<L (*plico* to fold); cf. DEPLOY]
displáy àd 《新聞・雑誌の》ディスプレー広告.
displáy àdvertising 《新聞・雑誌の》ディスプレー広告《集合的》.
displáy àrtist 《室内・ショーウインドーの》ディスプレー広告製作者.
displáy càse [càbinet] 陳列[展示]ケース.
dis·pláyed *a* 〖紋〗〈鳥が〉翼と脚を広げた.
displáy tỳpe ディスプレータイプ《見出し・広告用活字》.
dis·please /dɪsplíːz/ *vt* 不機嫌にする, …の不興をかう: be ~*d with* sb [*at, with, by* sth] 人[事]を不愉快に思う, …に腹を立てる / not ~*d* けっこう満足して, まんざらでもない様子で. ► *vi* 人を不快にする. [F (*dis*-¹)]
dis·pléas·ing *a* 不愉快な (disagreeable). ♦ **~·ly** *adv* 人の気にさわるように, 不愉快に. **~·ness** *n*
dis·pleasure /dɪspléʒər, *-pléɪ-/ *n* 不愉快, 不満; 不機嫌, 不興, 気に入らぬこと, 立腹; 不快感; 《古》苦痛, 害: incur the ~ of …の機嫌をそこねる / look with ~ 不満そうに見る / express ~ 不満をあらわにする, 不快感を表明する. ► *vt* 《古》DISPLEASE. [OF DISPLEASE; 語形は *pleasure* に同化]
dis·plode /dɪsplóʊd/ *vt, vi* 《古》爆発する (explode). ♦ **dis·pló·sion** *n*
dis·plúme *vt* DEPLUME.
di·sport /dɪspɔ́ːrt/ *v* 《古風》*vt* 楽しませる; 見せる, 誇示する; 〈身を〉処する, ふるまう: ~ one*self* 遊び興ずる, はしゃぐ (frolic) 〈*at*〉. ► *vi* 遊ぶ, 戯れる. ► *n* 《古》息抜き, 遊び《sport はこの略から》. ♦ **~·ment** *n* [AF (*porter* to carry<L)]
dis·pós·able *a* 処置できる, 自由になる; 使い捨ての: ~ towels.

► *n* 使い捨てのもの《容器など》. ♦ **dis·pòs·abíl·i·ty** *n*
dispósable íncome 可処分所得《手取り所得》.
dis·pós·al *n* **1 a** 処分, 処理, 整理; 譲渡, 売却; 処分の自由, 思いどおりにできること, 自由裁量, 処分権: ～ by sale 売却処分. **b** ディスポーザー (disposer). **2** 配置, 配列, 配剤. ● **(be) at [in]** sb's ～ 人の自由になる, 勝手に使える: This money *is at your* ～. この金は自由につかいなさい / put [leave] sth *at* sb's ～ 人の自由に任せる.
dispósal bàg 《飛行機・ホテルなどに備え付けてある》汚物処理袋.
dis·pose /dɪspóuz/ *vt* **1** 配列する, 〈軍隊・艦隊を〉配置する; 《古》用に当てる, 配分する. **2** 〈人を〉…したい気にさせる 〈*to*〉; 〈人を〉…しがちにする 〈*to*〉; 《行動に移る》心構えをさせる 〈*for*〉: be ～*d to* go [*for* a walk] 行きたい[散歩したい] / His manners ～*d* her in his favor. 彼の態度を見て好感をいだいた. **3** 〈事務・問題などを〉処理[処置]する, …の決着をつける; 《廃》治める, 管理する, 命ずる, 指令する: *disposing* mind 〘法〙財産処分能力を有する精神, 遺贈能力. ► *vi* 物事の成り行き[成敗]を定める, 処置をつける 〈*of*〉; 《廃》折り合う: Man PROPOSES, God ～*s*. ● **～ of…** (1) …を片付ける, 処置する, …に始末[決着]をつける; …を人に譲る, 売り払う; …を捨てる, 始末[処分]する; 〈相手を〉打ち負かす, やっつける, 片付ける, 殺す; 〈飲食物〉を平らげる, 飲みほす: That ～*s of* your point. それできみの主張している点は解決する / ～ *of* oneself 身の振り方を決める. (2) 〈兵力・人員・資源など〉を有する. [OF *dispose*[1] to set in order]
dis·pósed *a* **1 a** …したいと思う, する気がある 〈*to* do〉: I was not ～ *to* argue. 言い争う気はなかった. **b** …の性質[傾向]がある, …に気が向いている 〈*for, to(ward), to* do〉: a boy ～ *to* violence 暴力的な少年 / He is [feels] well [favorably] ～ *to* [*toward*] her. 彼女に好感をもっている / ILL-DISPOSED / WELL-DISPOSED. **2** 配置された.
dis·pós·er *n* ディスポーザー《流し台に取り付け, 生ごみなどを粉砕処理して下水に流す機械》; 《古》監督者; 《古》DISPENSER.
dis·po·si·tion /dìspəzíʃ(ə)n/ *n* **1** 性向, 性癖, 気質, 性質; 傾向; 意向; 〘医〙素質, 素因: a girl with a melancholy ～ 物思いに沈みがちな少女 / a youth of a cheerful ～ 快活な気質の若者 / a ～ *to* argue 議論癖. **2** 配列, 配置; 配備; [*pl*] 作戦計画: a clever ～ of the fieldsmen (クリケットの)野手の巧妙な配置 / make one's ～*s* 万事手配する. **3 a** 処分, 整理 (disposal), 廃棄; 決着, 処理, 〘法〙処分決定; 〘法〙処分《譲渡や贈与》; 処分権, 裁量: God has the supreme ～ of all things. 神は万物の最高の支配者である. **b** 天の配剤: a ～ of Providence 天の配剤, 天意, 神慮. ● **at [in]** sb's ～ 人の意のまま[勝手]になる. ♦ **～·al** *a* [F<L; ⇨ DISPOSE]
dis·pos·i·tive /dɪspázətɪv/ *a* 《事件・問題などの》方向を決定する, 決着させる; 〘米法・スコ法〙財産処分の; (国際)紛争処理の.
dis·pos·sess /dìspəzés, *-sés/ *vt* 〈土地・家屋などを〉〈人〉から取り上げる, 奪う, …に明渡しを請求する 〈*of*〉; 追い出す (oust) 〈*of*〉; 〘スポ〙〈人〉からボールを奪う: ～ sb *of* his property 人から財産を取り上げる / ～ sb *of* his land 土地から人を立ち退かせる. ♦ **dìs·pos·sés·sor** *n* [OF (*dis*-[1])]
dìs·pos·sés·sed *a* 追い出された, 立ち退かされた; 財産[地位]を奪われた; 希望[見通しなど]を失った, 疎外された: the ～ 財産を奪われた[身のよりどころのない]人たち.
dìs·pos·sés·sion *n* 追いたて, 明渡し請求; 強奪, 奪取; 〘法〙《不動産の》占有奪取, 不動産不法占有.
dis·po·sure /dɪspóuʒər/ *n* 《古》DISPOSAL, DISPOSITION.
dis·praise /dɪspréɪz/ *vt* けなす, 悪く言う, そしる, 非難する. ► *n* けなすこと, 非難: speak in ～ of…をけなす. ♦ **dis·práis·er** *n* **dis·práis·ing·ly** *adv* けなして, あしざまに.
di·spréad /dɪ-/ *vt, vi* 広げる, 開く (spread out). ♦ **～·er** *n* [*di*-[2]]
Dis·prin /dísprɪn/ 〘商標〙ディスプリン《英国製の鎮痛剤・頭痛薬》.
dis·prize /dɪspráɪz/ *vt* 《古》軽んずる, 侮る, さげすむ.
dis·próduct *n* 有害製品《生産者の怠慢による》.
dis·próof *n* 反証(を挙げること) (⇨ DISPROVE), 論駁, 反駁, 弁駁.
dìs·propórtion *n* 不釣合い[不均衡](なもの). ► *vt* …の均衡を破る, 不釣合いにする (mismatch). ♦ **～·al** *a* DISPROPORTIONATE. **～·al·ly** *adv*
dìs·propórtion·ate *a* /-ət/ 不釣合いな, バランスを欠いた, 不相応な 〈*to*〉, 不相応に多い[少ない]. ► *v* /-èɪt/ *vt* 〘化〙…に不均化を起こさせる. ► *vi* 〘化〙不均化を起こす. ♦ **～·ly** *adv* 不釣合いに, バランスを欠いて, 不相応に. **～·ness** *n*
dìs·propòrtion·átion *n* 〘化〙不均化.
dìs·pro·pór·tioned *a* 不釣合いな, 不均衡な.
dis·prov·al /dɪsprúːvəl/ *n* DISPROOF.
dis·próve *vt* …の反証を挙げる, 〈主張・理論など〉の誤り[偽り]を証明する (refute). ♦ **dis·próv·able** *a*
Dis·pur /dɪspúər/ ディスプル《インド Assam 州の州都》.
dis·pút·able *a* 争うことのできる, 議論[疑問]の余地のある. ♦ **-ably** *adv* **～·ness** *n* **dis·pùt·abíl·i·ty** *n*
dis·pu·tant /dɪspjúːtnt, díspjət(ə)nt/ *n* 論争者; 議論家. ► *a* 論争中の (disputing).
dis·pu·ta·tion /dìspjətéɪʃ(ə)n/ *n* 論争, 議論, 討論; 《形式論理を用いる弁論術の練習のための》演習討議; 《廃》会話, 談話.
dis·pu·ta·tious /dìspjətéɪʃəs/ *a* 論争的な, 議論がましい; 論争好きな; 論争の的となる (controversial). ♦ **～·ly** *adv* **～·ness** *n*
dis·pu·ta·tive /dɪspjúːtətɪv/ *a* DISPUTATIOUS.
dis·pute /dɪspjúːt/ *vi* 論争[議論]する 〈*with* [*against*] sb *about* [*on, over*] sth〉; 言い争う, 口論[けんか]する. ► *vt* **1** 論じる (discuss) 〈*whether, how*, etc.; a question〉; 〈提案・事実関係〉に異論を唱える, 疑いをさしはさむ, 問題にする. **2** …に抵抗する (oppose): ～ the enemy's advance [landing] 敵の前進[上陸]を阻止しようとする. **3** 〈優位・勝利などを〉(得ようと)争う (contend for): ～ every inch of ground 寸土も失うまいと争う. ► *n* /, ⌐⌐/ 論争, 論議, 紛議; 口論, 言い争い, けんか (quarrel); 紛争, 争議; 《廃》戦闘, 闘争: international ～*s* 国際紛争 / labor ～ 労働争議. ● **beyond [past, without, out of]** ～ 論争[疑問]の余地なく. **in** ～ 論争中の[で], 未解決の[で]: a point *in* ～ 論争点. ♦ **dis·pút·er** *n* 論争者. **dis·pút·ed** *a* 論争[係争]中の: ～*d* territory. [OF<L *dis*-[1](*puto* to reckon)=to estimate]
dispúte resolùtion 〘法〙紛争解決策.
dis·qualificátion *n* 資格剝奪, 資格喪失, 失格; 無資格, 欠格; 失格事由, 欠格条項.
dis·quálify *vt* …から資格を奪う, 失格させる, 失格者[不適格]とする 〈*for, from*〉; (法律上)欠格者と宣告する 〈*for*〉; 〘競技〙…の出場[受賞]資格を取り上げる. ♦ **-quálifiable** *a*
dis·quántity *vt* 《廃》…の量を減らす.
dis·quíet *vt* …の平静を失わせる, …の心を乱す, 不安にする. ► *n* 社会的不安, 不穏; 心の不安, 胸騒ぎ, 心配. ► *a* 《古》不穏[不安, 心配]な. ♦ **～·ly** *adv* **～·ness** *n*
dis·quíet·ing *a* 不安にさせる, 不穏な, 物騒な. ♦ **～·ly** *adv*
dis·quíetude *n* 不安な状態, 不穏, 動揺; 心配.
dis·qui·si·tion /dìskwəzíʃ(ə)n/ *n* 長い[入念な]論文, 論考, 講演 〈*on*〉; 《古》《組織的な》探求. ♦ **～·al** *a* [F<L (*quisit- quaero* to seek)]
Dis·rae·li /dɪzréɪli/ ディズレーリ **Benjamin** ～, 1st Earl of Beaconsfield (1804–81)《英国の保守党政治家・小説家; 首相 (1868, 74–80); Suez 運河株の買収, インド帝国の成立など帝国主義政策を推進する一方, 国内では労働者の生活改善に努めた》.
dis·ráte *vt* 〘海〙〈人・船〉の階級[等級]を下げる, 格下げ[降等]する.
dìs·regárd *vt* 無視[軽視]する. ► *n* 無視, 無関心, 軽視 〈*of, for*〉. ♦ **～·ful** *a* 無視[軽視]した.
dìs·reláted *a* 関係がない.
dìs·relátion *n* 相応の関係がないこと.
dis·rélish *n* 嫌い, 好まぬこと: have a ～ *for*…が嫌いである, …を好まない. ► *vt* 嫌う, いやがる (dislike).
dìs·remémber *vt, vi* 《方・口》思い出せない, 忘れる.
dis·repáir *n* 《修繕・手入れを怠って》いたんだ状態, 荒廃: in ～ 〈家などが〉荒れて / fall into ～ 荒廃状態に陥る.
dis·réputable *a* 評判のよくない, 外聞の悪い, いかがわしい; 不面目な, 不名誉な; みっともない, うすぎたない, みすぼらしい. ► *n* いかがわしい人物, 悪評のある人. ♦ **-bly** *adv* **dis·reputabílity** *n* 悪評, 不評. **～·ness** *n*
dis·reputátion 《古》*n* 不評; 不面目, 不名誉.
dis·repúte *n* 不評, 悪評: be in ～ 評判が悪い / bring…into ～ …の評判を落とさせる.
dìs·respéct *n* 失礼, 無礼, 軽視, 軽蔑 〈*for*〉; 失礼なことば[行為]: no ～ to… (, but) …をけなすつもりはない(が). ► *vt* 軽視[軽蔑]する.
dìs·respéct·able *a* 伝統的作法[手法]に従っていない; 尊敬に値しない. ♦ **-ably** *adv* **dìs·respèct·abílity** *n*
dìs·respéct·ful *a* 失礼な, 軽視した 〈*of*〉. ♦ **～·ly** *adv* 失礼[無礼]に(も), 軽蔑して. **～·ness** *n*
dis·robe /dɪsróub/ *vt, vi* (…の)衣服[儀礼服]を脱がせる[脱ぐ]; …から取り払う (strip), …の地位[権威]を剝奪する 〈*of*〉.
dis·róot *vt* 根こぎにする (uproot); 取り除く.
dis·rupt /dɪsrʌ́pt/ *vt* 〈制度・国家などを〉分裂[崩壊]させる, 粉砕する; 〈会議などを〉混乱させる, (問題を起こして)妨害する; 〈交通・通信などを〉一時不通にする, 中断[途絶]させる. ► *vi* 《まれ》砕ける. ► *a* 分裂した, 粉砕された. ♦ **～·er, dis·rúp·tor** *n* [L; ⇨ RUPTURE]
dis·rup·tion /dɪsrʌ́pʃ(ə)n/ *n* 破裂, 分裂, 崩壊, 混乱, 妨害; [the D-] スコットランド教会分裂《1843 年国教から独立し自由教会を組織した》.
dis·rup·tive /dɪsrʌ́ptɪv/ *a* 分裂[崩壊]させる, 破壊的な; 《活動を》阻害[妨害]する, (問題を起こして)じゃまをする; 破裂[崩壊]して生じた. ♦ **～·ly** *adv* **～·ness** *n*
disrúptive díscharge 〘電〙破裂放電.
dis·rúpture *n* DISRUPTION. ► *vt* DISRUPT.
diss[1] /dís/ *n* 〘植〙ディース《地中海周辺の葦状の草で, かごや綱類の材料》. [Arab]
diss[2] ⇨ DIS.
diss. dissertation.
dis·satisfáction /dɪ(s)-/ *n* 不満(足), 不平 〈*with*〉; 不満のたね.
dis·satisfáctory /dɪ(s)-/ *a* 不満をいだかせる.

dis·sát·is·fìed /dɪ(s)-/ *a* 不満な, 飽き足りない ‹*with*›; 不満を示す: a ～ scowl. ♦ **～·ly** *adv*
dis·sátisfy /dɪ(s)-/ *vt* ‹人›に不満をいだかせる: be *dissatisfied* 不満をもっている ‹*with*, *at*, *that*, *to* do›.
dis·sáve /dɪ(s)-/ *vi* 《預金・資本金を引き出して》収入以上の金をつかう, 預金をおろす[取りくずす]. ♦ **dis·sáv·ing** *n* 〖経〗マイナス貯蓄, 貯蓄取りくずし《現在の収入以上に消費すること; 借金が過去の貯蓄からの引出して賄われる》; [*pl*] マイナス貯蓄額.
dis·séat /dɪ(s)-/ *vt* «古» UNSEAT.
dis·sect /dɪsékt, daɪ-, dáɪsèkt/ *vt*, *vi* 切り裂く; 解剖する; 詳細に分析[吟味]する. ♦ **～·ing** *a* 切開用の. [L; ⇨ SECTION]
disséct·ed *a* 切開[解剖]した; 〖植〗葉縁の切れ込みが特に深い, 全裂の (⇨ ENTIRE); 〖地理〗開析された《谷による切れ込みが多い地形についていう》.
disséct·ing mìcroscope 〖生〗解剖顕微鏡《解剖標本作成に使う, 焦点調節装置などをそなえた高倍率の拡大鏡》.
dis·sec·tion /dɪsékʃ(ə)n, daɪ-, dáɪsèk-/ *n* 切開; 解剖; 解剖体[模型]; 精密な吟味. ♦ **dis·séc·tive** *a*
dis·séc·tor *n* 解剖(学)者; 解剖器具.
dis·seise, -seize /dɪ(s)síːz/ *vt* 〖法〗‹人›から‹不動産の›占有権を侵奪する ‹*of*›. [AF (*dis-*[1], SEIZE)]
dis·seis·ee, -seiz- /dɪ̀(s)sìːzíː/ *n* 〖法〗(不動産占有)被侵奪者.
dis·sei·sin, -zin /dɪ(s)síːz(ə)n/ *n* 〖法〗(不動産)占有侵奪.
dis·séi·sor, -zor *n* 〖法〗(不動産占有)侵奪者.
dis·sem·blance[1] /dɪsémbləns/ *n* «古» 似ていないこと, 相違. [*dis-*[1]]
dissemblance[2] *n* «古» 偽り, 偽装, しらばくれること (dissimulation). [↓, *-ance*]
dis·sem·ble /dɪsémb(ə)l/ *vt* ‹性格・行為・感情などを›隠す, 偽る; 装う, …のふりをする (feign); «古» 見ないふりをする, 無視する: ～ fear by smiling 微笑して恐怖の色を隠す / ～ innocence 何食わぬ顔をする. ► *vi* 真実[真意, 真情]を隠す[ごまかす], とぼける, しらばくれる. ♦ **dis·sém·bler** *n* 偽善者, 猫かぶり. **dis·sém·bling·ly** *adv* 偽って, しらばくれて. [*dissimule* (obs)＜OF＜L (*dis-*[1], SIMILAR); 語形は *semblance* などの類推]
dis·sem·i·nate /dɪsémənèɪt/ *vt* ‹種子を›ばらまく; ‹説・意見などを›広める; 散布する, 行き渡らせる, 染みわたらせる. ► *vi* 広く散る, 広まる. ♦ **dis·sém·i·nà·tor** *n* 種をまく人; 広める人, 宣伝者; 散布器. **dis·sèm·i·ná·tion** *n* まき散らすこと, 種まき, 播種; 〖医〗播種, 転移; 普及, 流布, 伝播, 宣伝 (propagation); 散布. **dis·sém·i·nà·tive** *a* 播種性の. [L (*dis-*[1], SEMEN)]
dis·sém·i·nàt·ed *a* 〖医〗播種性の, 散在(性)の.
disséminated sclerósis 〖医〗散在[多発](性)硬化(症) (multiple sclerosis).
dis·sem·i·nule /dɪsémənjùːl/ *n* 〖植〗散布体《果実・種子・胞子など》.
dis·sen·sion, -tion /dɪsénʃ(ə)n/ *n* 意見の相違[衝突], 不和(のたね), 軋轢(あつれき), 紛争.
dis·sen·sus /dɪssénsəs/ *n* 意見の不一致 (cf. CONSENSUS). [L =disagreement]
dis·sent /dɪsént/ *vi* 《大多数の人などと》意見を異にする (disagree) ‹*from*›; 同意しない, 反対する; 国教に反対する: ～ *from* others *about* sth / ～ *from* an idea / pass without a ～*ing* voice 一人の異議もなく通過する. ► *n* 不同意, 意見の相違, 異議表示; 〖法〗DISSENTING OPINION; 国教反対; DISSENTERS. [L (*dis-*[1], *sentio* to feel)]
dissént·er *n* 《公式の見解・決議などへの》反対意見(表明)者, 少数意見(表明)者; [ᵁD-] (英国)国教反対者, 非国教徒, ディセンター (Nonconformist)《特にプロテスタント; opp. *Conformist*》.
dis·sen·tient /dɪsénʃ(i)ənt/ *a*, *n* 意見を異にする(人), (多数意見に)反対する(人). ♦ **-tience** *n* **～·ly** *adv*
dissént·ing *a* 異議を唱える; [ᴰD-] (英)国教に反対する: ～ views 異なる意見[見解] / a ～ minister [chapel] 非国教派の牧師[教会堂]. ♦ **～·ly** *adv*
dissénting opínion 〖法〗《多数意見で定まった判決に付記する少数意見の裁判官の》反対意見 (dissent).
dissention ⇨ DISSENSION.
dis·sen·tious /dɪsénʃəs/ *a* けんか好きの, 党派争いを事とする (quarrelsome, factious). ♦ **～·ly** *adv*
dis·sep·i·ment /dɪsépəmənt/ *n* 〖解・動・植〗隔膜, 隔壁 (septum), 《特に 植物の》子房中隔. ♦ **dis·sèp·i·mén·tal** /-mén-/ *a*
dis·sert /dɪsə́ːrt/ *vi* 論じる, 演説する (discourse).
dis·ser·tate /dísərtèɪt/ *vi* DISSERT; 論文 (dissertation) を書く. ♦ **-tà·tor** *n*
dis·ser·ta·tion /dɪ̀sərtéɪʃ(ə)n/ *n* 論文, 《特に》学位論文《略 diss.》; 論述: a doctoral ～ 博士論文. ♦ **～·al** *a* [L (*disserto* to discuss (freq)＜*dissert- dissero* to examine)]
dis·sérve /dɪ(s)-/ *vt* …に害をなす, 傷つける, そこなう.
dis·sérvice /dɪ(s)-/ *n* 害, 損害, 迷惑, あだ: do sb a ～ 人に迷惑をかける[害を与える], (善意のつもりが)あだとなる.
dis·sérvice·able *a* COUNTERPRODUCTIVE.
dis·sev·er /dɪsévər/ *vt*, *vi* 分離[分割]する, 切り離す, 分かれる. ♦ **～·ance, ～·ment** *n*
dis·si·dence /dísəd(ə)ns/ *n* 《意見・性格などの》相違, 不一致; 不同意, 異議.
dís·si·dent *a*, *n* 意見を異にする(人), 反体制の(人), 国教に異を唱える(人). ♦ **～·ly** *adv* [F＜L=to sit apart, disagree (*dis-*[1], *sedeo* to sit)]
dis·sil·i·ent /dɪsíliənt/ *a* はじけて開く, パッとわれる[離れる], 裂開する‹ホウセンカの実など›. ♦ **-ence, -en·cy** *n*
dis·símilar /dɪ(s)-/ *a* ‹…と›似ていない[異なる] ‹*to*, *from*›. ► *n* [ᵁ*pl*] 非同類項. ♦ **～·ly** *adv*
dis·similárity /dɪ(s)-/ *n* 似ていないこと; 不同性; 違い, 相違点.
dis·sim·i·late /dɪsíməlèɪt/ *vt* 不同にする[なる]; 〖生理・音〗異化する (opp. *assimilate*). ► *vi* 不同になる. ♦ **-là·tive** /; -lə-/ *a* **-la·tò·ry** /; -t(ə)ri/ *a* [L (*dis-*[1], SIMILAR); 語形は *assimilate* の類推]
dis·sim·i·la·tion /dɪsɪ̀məléɪʃ(ə)n/ *n* 不同化; 〖生化〗異化(作用) (catabolism); 〖言〗異化(作用)《古フランス語 ma*r*b*r*e から英語 ma*r*b*l*e への変化など》.
dis·simílitude /dɪ̀(s)-/ *n* 不同, 相違; 相違点.
dis·símulate /dɪ-/ *vt* ‹意志・感情などを›偽り隠す (dissemble): ～ fear こわくないふりをする. ► *vi* そらとぼける.
dis·simulátion /dɪ-/ *n* そらとぼけ, 《感情の》偽装; 偽り, 偽善; 〖精神医〗疾患隠蔽.
dis·símulator /dɪ-/ *n* DISSEMBLER.
dis·si·pate /dísəpèɪt/ *vt* **1 a** ‹雲・霧などを›散らす; ‹群集などを›追い散らす, 四散させる; ‹熱などを›放散させる. **b** ‹悲しみ・恐怖などを›消す, 晴らす. **2** 浪費[散財]する (waste). ► *vi* **1** ‹雲など›消散する. **2** 《飲酒・賭博などで》浪費[散財]する, 遊蕩する. ♦ **-pàt·er, -pà·tor** *n* [L (*dis-*[1], *sipo* to shake)]
dís·si·pàt·ed *a* 放蕩な, 道楽[歓楽, 酒色]にふける; 浪費された; 散らされた. ♦ **～·ly** *adv* **～·ness** *n*
dis·si·pa·tion /dɪ̀səpéɪʃ(ə)n/ *n* **1** 消散, 消失 ‹*of*› (opp. *conservation*); 〖理〗《エネルギーの》散逸; «古» 分裂, 崩壊. **2** 浪費, 蕩尽 ‹*of*›; 気晴らし, 遊び; 遊蕩, 放蕩.
dissipátion tràil 〖空〗消散航跡.
dis·si·pa·tive /dísəpèɪtɪv/ *a* 消散的な; 浪費的な; 〖理〗エネルギー散逸のある.
dis·so·ci·a·ble /dɪsóuʃ(i)əb(ə)l, -siə-/ *a* **1** 分離[区別]できる. **2** /-ʃəb(ə)l/ **a** 非社交的な. **b** 不調和な, 不釣合いの. ♦ **dis·sò·cia·bíl·i·ty** *n*
dis·sócial /dɪ(s)-/ *a* 非社交的な, わがままな.
dis·sócial·ize /dɪ(s)-/ *vt* 非社交的[利己的]にする.
dis·so·ci·ant /dɪsóuʃiənt, -siənt/ *a* ‹バクテリアが›変異型分離の.
dis·so·ci·ate /dɪsóuʃièɪt, -si-/ *vt* 引き離す, 分離する ‹*from*›; 別個のものとして考える; 〖化〗解離する; 〖精神医〗‹意識を›解離させる: a ～*d* personality 分裂人格. ● **～ oneself from**…との関係を断つ[否認する]. ► *vi* 交際[つきあい, 連合]をやめる; 分離[解離]する; 〖生〗‹バクテリアが›解離する. ► *a* /-sóuʃ(i)ət, -si-/ 分離[分裂]した. [L (*dis-*[1], ASSOCIATE)]
dis·so·ci·a·tion /dɪsòusiéɪʃ(ə)n, -ʃi-/ *n* 分離(作用[状態]); 〖精神医〗《意識・人格の》解離, 分離; 〖化〗解離; 〖化〗電離; 〖生〗《バクテリアの》解離. ♦ **dis·só·ci·à·tive** /, -ʃə-; -siə-, -ʃə-/ *a*
dissociátion cònstant 〖化〗解離定数《解離の平衡定数》.
dissóciative hystéria 〖精神医〗解離ヒステリー.
dissóciative idéntity disòrder 〖精神医〗解離性同一性障害 (MULTIPLE PERSONALITY DISORDER).
dis·sol·u·ble /dɪsáljəb(ə)l/ *a* 分解できる, 溶解性の; 解散できる; 解除[解消]できる. ♦ **-bly** *adv* **～·ness** *n* **dis·sòl·u·bíl·i·ty** *n* [F *or* L *dis-*[1](SOLUBLE)]
dis·so·lute /dísəlùːt, -lət/ *a* 自堕落な, ずぼらな, 放埒(ほうらつ)な; 放蕩な, 身を持ちくずした. ♦ **～·ly** *adv* **～·ness** *n* [L (pp)＜DISSOLVE]
dis·so·lu·tion /dɪ̀səlúːʃ(ə)n/ *n* **1 a** 《機能の》消滅, 崩壊; 死滅; 死. **b** 分離, 分解, 解体; 〖化・理〗溶解. **2** 《結婚・契約などの》解消 ‹*of*›; 《議会・団体・組合などの》解散; [the D-] 〖英史〗《Henry 8 世による》修道院の解散 (1536–40) (＝the **Dissolútion of the Mónasteries**). **3** «廃» 放埒, 放恣.
dis·solve /dɪzálv, *-zɔ́ːlv/ *vt* **1 a** 溶かす, 溶解する ‹*in*, *into*›; 融解する, 液化する, 分解する. **b** 〖映・テレビ〗‹画面を›ディゾルブさせる ‹*into*›. **2 a** 解散する (opp. *convoke*); ‹関係などを›終了させる, 解消する, 取り消す, 解除する (undo). **b** 消滅させる; 〖法〗無効にする; ‹魔力など›の効力を打ち破る. **3** 解く, 解決する. **4** ‹人›の気を動顛させる. **5** «古» 解き放す, はずす (loosen). ► *vi* **1** 溶ける, 溶解する ‹*in*, *into*›; 融解する; 分解する. **2** ‹議会など›解散になる; 解消する; 力を失う, 失効する; 消滅する. **3** ‹幻影が›しだいに薄れていく (fade away); 〖映・テレビ〗ディゾルブする ‹*into*, *to*›: *dissolving* views ディゾルブ画面. **4** 気が動顛する: ～ *into* grief 悲しみに打ちのめされる. ● **～ into [in] tears [laughter, giggles]** 泣きくずれる[噴き出す]. ► *n* 〖映・テレビ〗ディゾルブ (＝lap ～)《一つの画面に溶明 (fade-in) のショットと溶暗 (fade-out) のショットを重ねて時の経過や場面の交替を示す技法; cf. WIPE). ♦ **dis·sólv·able** *a* **dis·sólv·er** *n* [L (*dis-*[1], *solut- solvo* to loosen)]

dis·sólved gás 油溶性ガス《原油に溶解して存在する天然ガス》.

dis·sol·vent /dɪzálvənt, *-zɔ́:l-/ *a, n* SOLVENT ‹*of*›.

dís·so·nance, -cy *n* **1** 耳ざわりな[不快な]音; 〘楽〙不協和(音) (opp. *consonance*); 〘理〙非共振. **2** 不一致, 不調和, 不和; 〘心〙不協和, 不調和《自己の信念の矛盾または行動と信念との矛盾》.

dis·so·nant /dísənənt/ *a* 〘楽〙不協和の; 不調和な, 相容れない. ♦ **~·ly** *adv* 不協和的に; 不調和に. [OF or L *dis-*[1](*sono* to SOUND[1])=to be discordant]

dis·spírit /dɪ(s)-/ *vt* DISPIRIT.

dis·spréad /dɪ-/ *vt, vi* DISPREAD.

dis·suade /dɪswéɪd/ *vt* ‹人›に思いとどまらせる, 断念させる, 諫止(かんし)する ‹*from doing*› (opp. *persuade*); 《古》‹行為を›しないように忠告する. ♦ **dis·suád·er** *n* [L (*suas- suadeo* to advise)]

dis·sua·sion /dɪswéɪʒ(ə)n/ *n* 思いとどまらせること, いさめること, 諫止. [L (↑)]

dis·sua·sive /dɪswéɪsɪv, *-zɪv/ *a* 思いとどまらせる(ための), 諫止の ‹忠告・身振りなど›. ♦ **~·ly** *adv* **~·ness** *n*

dis·sy /dísi/ *a* 《俗》取り乱した, しどろもどろの.

dissyllable etc. ⇨ DISYLLABLE etc.

dis·sýmmetry /dɪ(s)-/ *n* 不均斉, 非対称; 反対[左右]対称《左右の手のように形状が同様で向きが反対》. ♦ **dis·symmétric, -rical** *a* **-rical·ly** *adv*

dist- /díst/, **dis·to-** /dístou, -tə/, **dis·ti-** /dístə/ *comb form* 「遠位の」「末端の」 [*distant*]

dist. distance ♦ distant ♦ distinguish(ed) ♦ district.

dis·taff /dístæf; -tɑ̀:f/ *n* (*pl* **~s** /-fs, -vz/) 糸巻棒; [the] 糸紡ぎ; [the] 女の仕事[分野]; [the] 女, 女性; 母方; 女性相続人. ► *a* 女性の, 女の (female); 母方の (maternal). [OE *distæf* (? LG *diesse*, MLG *dise(ne)* bunch of flax, STAFF[1])]

dístaff sìde [the] 母方, 母系 (opp. *spear side*): My cousin and I are related on *the* ~.

dis·tain /dɪstéɪn/ 《古》*vt* STAIN; …に恥辱を与える.

dis·tal /díst(ə)l/ *a* 〘解・植〙遠位の, 末端の (terminal) (opp. *proximal*); 〘解〙遠心の (cf. MESIAL); 〘歯〙遠心の (cf. MESIAL, PROXIMAL). ♦ **~·ly** *adv*

dístal cónvoluted túbule 〘解〙遠位曲尿細管.

dis·tance /díst(ə)ns/ *n* **1 a** 距離, 道のり; 間隔, 隔たり; 遠距離; 遠い所, 遠方; 〘画〙遠景: India is a great ~ away [off]. 非常に遠く離れている / walk a short ~ to the hotel ホテルまで少し歩く / be some [no] ~ 少し遠くに[すぐ近くに]ある / at a ~ ある距離をおいて, 少し離れて / from a ~ (かなり)遠方から / in the (far) ~ 遠方に (far away) / to a ~ (かなりの)遠方へ / within hailing [calling, hearing] ~ 呼べば聞こえる所に, すぐ近くに / within walking [driving] ~ of …から歩いて行ける[車で行ける]所に / STRIKING DISTANCE / SPITTING DISTANCE / *D*~ lends enchantment to the view. 《諺》離れて見るから美しく見える. **b** *〘競馬〙走程距離《ゴールと走程標 (distance pole) の間; 予選で勝馬のゴールイン前にここに達しなければ失格》; ″〘競馬〙ゴールの 240 ヤード手前の地点; ″〘競馬〙《20 馬身より大きい》大差; 〘競技〙長距離: a ~ runner 長距離走者. **c** 区域, 広がり; 〘競技〙走路: a vast ~ of water. **d** 進歩の跡[程度], 前進ぶり. **2 a** 《時日の》隔たり, 経過; [the (full) ~] 割当て時間, 《ボクシングなどの》所定試合時間: at this ~ of time 長い月日を経た今となっては[も]. **b** 〘楽〙音程. **3** 《身分などの》隔たり, 相違, 懸隔 ‹*between*›; 《態度の》隔て, 疎隔, 遠慮; 縁の遠さ; 《廃》不和 (discord). **4** 〘美学〙審美的距離 (aesthetic distance); 離れて[客観的に]ものを見る能力.
● **by some ~** 大差をつけて, 群を抜いて. **go [last] the (full) ~** 《口》《スポーツなどで》最後までやり通す, 〘ボク〙最終ラウンドまで戦い抜く, 〘野〙‹投手が›割り当てられた回数を投げ抜く, 完投する; 〘アメフト〙タッチダウンする. **keep sb at a ~** (よそよそしくして)遠ざける, 近寄らせない. **keep one's ~** (適当な)距離をおく ‹*from*›; なれなれしくしない, かかわらない: make him *keep his* ~ なれなれしくさせない. **know one's ~** 身のほどを知っている, 分を守る. **put some ~ between** one **and** sb [sth] *《口》人[物事]と距離をおく, 一線を画する. **stay the ~**=STAY[1] the course. **take ~** *《口》遠くへ去る.
► *vt* …に間隔をおく; 遠くに隔てる, 遠ざける; 《競走・競争で》抜く, 追い越す (outstrip), (大きく)引き離す (outdistance); 《まれ》遠く見せる: ~ *oneself from*…から距離をおく, …から遠ざかる / be ~*d* 抜かれる.

dístance lèarning [educàtion] 通信教育.

dístance mèasuring equìpment 〘空〙距離測定装置《航空機と空港・地上局との距離を自動的に計算するレーダー装置; 略 DME》.

dístance pòle [pòst″] 〘競馬〙走程標.

dis·tant /díst(ə)nt/ *a* **1 a** 《距離的に》遠い, 遠隔の, 遠く離れた; 遠方へ[から]の; 離れて(いる) ‹*from*›: The place is six miles ~ [is ~ six miles] *from* the sea. / a ~ sound 遠くから聞こえる音 / finished a ~ third (2 位から)ずっと遅れた 3 位でゴールした. **b** 《時間的に》遠い ‹時代›: at no ~ date 遠からずして, そのうちに. **c** 遠縁の‹親類など›; 《類似の度合いなど》遠い; かすかな (faint) ‹記憶など›: a ~ relative of mine わたしの遠縁. **2** ‹態度など›よそよそしい, 他人行儀の, 隔てのある, 敬遠的な, ひややかな ‹*toward*›; 遠まわしの: a ~ air よそよそしいそぶり / 'Mr.' is very ~. 'さん' 付けはよそよそしい. **3** 遠くを見るような, うわのそらの‹表情など›, 遠いものに向けられた‹思いなど›. ♦ **~·ly** *adv* **~·ness** *n* [OF or L (pres p) ‹ DI[2]*sto* to stand apart]

Dístant Éarly Wárning lìne DEW LINE.

dis·tan·ti·ate /dɪstǽnʃièɪt/ *vt* 《心理的に》…と距離をおく, 遠ざける, 疎んじる. ♦ **dis·tàn·ti·á·tion** *n*

dístant sígnal 〘鉄道〙遠方信号機.

dis·táste *n* 嫌うこと, 嫌悪(感), いや気 ‹*for*›; 《廃》不快なこと[経験]: have a ~ *for*…を嫌う[いやがる] / with ~ にがにがしげに, 疎ましそうに‹見るなど›. ► *vt* 《古》嫌う; 《古》不快にする. ► *vi* 《廃》いやな味がする.

dis·táste·ful *a* いやな味の, まずい; いやな, 不快な ‹*to*›; 嫌悪[不快感]を表わした. ♦ **~·ly** *adv* **~·ness** *n*

Dist. Atty °District Attorney.

dis·tel·fink* /dístlfɪŋk, díʃ-/ *n* ディステルフィンク《あざやかな色彩の様式化された鳥のデザイン; Pennsylvania Dutch の伝統的な装飾模様で家具・布地などに使われる》. [G (*distel* thistle, *fink* finch)]

dis·tem·per[1] /dɪstémpər/ *n* **1** 〘獣医〙ジステンパー《**1**) 犬の急性伝染病 **2**) 馬の腺疫 (strangles) **3**) ネコジステンパー (panleukopenia)》. **2** 《心身の》病気, 異状, 不調; 不機嫌, 不満; 《古》熱[カタル]性疾患. **3** 社会[政情]不安, 騒乱. ► *vt* [[U]*pass*] 《古》病的にする, ‹人›の(心身の)調子を狂わせる; 《古》…の機嫌をそこねる: a ~*ed* fancy 病的空想. ♦ **distémper·ate** /-p(ə)rət/ *a* [L *dis-*[1](*tempero* to mingle correctly)]

distemper[2] *n* **1** ディステンパー, デトランプ《にかわや卵黄などを用いたえのぐ》, 泥[にかわ]えのぐ; 《広く》水性塗料. **2** ディステンパー画[画法]; テンペラ画 (tempera); 《古》テンペラ画法. ► *vt* **1** …を混ぜ合わせてディステンパーをつくる; ディステンパーで描く. **2** 《廃》希釈する, 液につける[浸す], 液で溶く. [OF or L=to soak, macerate (↑)]

dis·témperature *n* 《心身の》不調; 《古》節度[中庸]の欠如.

distémper·òid *a* 〘獣医〙ジステンパー様の; ジステンパー減毒ウイルスの.

dis·tend /dɪsténd/ *vt, vi* 広げる[広がる]; 膨張させる[する], ふくらませる[ふくらむ], はれる; 誇張する: a ~*ed* belly 《病気や飢えで》ふくれた腹. ♦ **~·er** *n* [L (TEND[1])]

dis·ten·si·ble /dɪsténsəb(ə)l/ *a* 膨張させうる, 膨張性の. ♦ **dis·tèn·si·bíl·i·ty** *n*

dis·ten·sion, -tion /dɪsténʃ(ə)n/ *n* 膨張, 膨満, 拡張, 拡大.

dis·tent /dɪstént/ *a* 《廃》膨張した (distended).

disti- /dístə/ ⇨ DIST-.

dis·tich /dístɪk/ *n* 〘韻〙二行連句, 対句. [L‹Gk *di-*[1] (*stikhos* line)]

dis·ti·chous /dístɪkəs/ *a* 〘植〙対生の, 二列生の; 〘動〙二分した. ♦ **~·ly** *adv*

dis·till, -til | -til /dɪstíl/ *v* (**-ll-**) *vt* **1** 蒸留する ‹*off, out, into*› (cf. BREW): ~ whiskey *from* mash マッシュを蒸留してウイスキーを造る. **2** ‹文体などを›洗練する, 純化する; 抽出[凝縮]する, …の粋を抜く, まとめ上げる, 精選する ‹*from, into*›. **3** 放散する; したたらせる. ► *vi* 蒸留される; したたる, 留出する; ‹良さ・本質が›徐々にあらわれる, にじみ出る. [L (*de-, stillo* to drip)]

dis·til·land /díst(ə)lænd/ *n* 蒸留物.

dis·til·late /díst(ə)lèɪt, -lət/ *n* 留出物, 蒸留液; 石油製品; 粋, 精髄.

dis·til·la·tion /dìst(ə)léɪʃ(ə)n/ *n* 蒸留(法); 留出物, 蒸留液; 抽出したもの, まとめ, 粋, 抜粋, 精髄.

dis·til·la·to·ry /dɪstílətɔ̀:ri; -t(ə)ri/ *a* 蒸留(用)の. ► *n* 《廃》蒸留器 (still).

dis·tílled *a* 蒸留して得た.

distílled líquor 蒸留酒 (=*hard liquor*).

distílled wáter 蒸留水.

distíll·er *n* 蒸留者; 蒸留酒製造業者, 酒造家; 蒸留器; 《蒸留装置の》凝結器.

distíll·ery *n* 蒸留所; 蒸留酒製造所.

distíll·ing flàsk 蒸留(用)フラスコ.

distíl(l)·ment *n* 《古》DISTILLATION, DISTILLATE.

dis·tinct /dɪstíŋ(k)t/ *a* **1 a** はっきりした, 明瞭な, 〘論〙判明な; 明確な, 紛れもない, めざましい. **b** はっきりと識別する‹視覚など›. **2** 別個の (separate), 識別[区別]された, 明らかに異なる, 別種の ‹*from*›: as ~ from…と異なって. **3** 《古・詩》目立つ, 飾りたてた. ♦ **~·ly** *adv* 明瞭に, はっきりと, 識別されるように; 明確に, 疑いようもなく; ひどく. **~·ness** *n* [L (pp) ‹ DISTINGUISH]

dis·tinc·tion /dɪstíŋ(k)ʃ(ə)n/ *n* **1 a** 区別, 弁別, 識別; 差別, わけ隔て, 区別立て; 対比, 対照; 《テレビの》鮮明度; 品等, 等級: in ~ from…と区別して / without ~ 無差別に, 平等に / without ~ of rank (身分の)上下の別なく / draw a ~ [make no ~] between…の間に区別をつける[つけない]. **b** 相違, 違い; 相違点, 差異, 区別となる特質[特徴], 特異性. **2 a** 優秀さ, 非凡さ, 卓越性, 傑出; 著名, 高貴; 《文体の》特徴, 個性, 気品の高さ; 上品な風采[態度]; 目立った外観: a writer [novel] of ~ 著名な作家[小説]. **b** 《功績に基づいた》栄誉, 名声, 特別待遇; 栄誉のしるし《称号・学位・爵位・勲章・褒賞など》; 《ある種の試験の》最高のランク, 優等: gain [win] a ～ 優秀な成績をおさめる, 名を揚げる / have [hold] the ～ of...として名をはせ[よく知られ]ている / with ～ 手柄を立てて; 抜群の成績で. **3**《古》分割した一部分; 《廃》分割. ● **a ～ without a difference** 無用の区別立て. ♦ **～·less** *a* [OF<L; ⇨ DISTINGUISH]

dis·tinc·tive /dɪstíŋ(k)tɪv/ *a* 他との区別を示す, 識別的な, 特有の, 特徴的な; 〘言〙弁別的な, 示差的な: the ～ uniform of Boy Scouts ボーイスカウト特有の制服. ♦ **～·ly** *adv* 区別して, はっきりと, 目立つように; 特殊的に, 際立って. **～·ness** *n* 識別性.

distínctive féature 識別特徴, 識別性; 〘言〙弁別的素性, 示差的特徴.

dis·tin·gué /dìːstæŋgéɪ, dɪstǽŋgeɪ/ *a* (*fem* **-guée** /—/) 〈態度・容貌・服装など〉気品[風格]のある, 高貴な, 上品な, 秀でた, すぐれた. [F (pp)<↓]

dis·tin·guish /dɪstíŋ(g)wɪʃ/ *vt* **1 a** 識別[弁別, 区別]する, 見分ける, 聞き取る: ～ right *from* [*and*] wrong. **b** 分類する〈*into*〉. **2** 特徴づける, …の本質的特徴である: Reason ～*es* man *from* animals. 理性によって人は動物と区別される. **3 a** [ᵘ～ *-self* / *pass*] 目立たせる, 顕著にする: ～ one*self* 有名になる, 注目される, 名を揚げる〈*by* bravery; *among* one's peers〉. **b**《古》特別扱いする. ► *vi* 区別[弁別]する: He can ～ *between* right *and* wrong. 正と邪とを区別できる. ♦ **～·able** *a* 識別[区別]できる, 見分け[聞き分け]られる, 読み取れる. **～·ably** *adv* **~̀·abílity** *n* [F or L (*di-*¹, *stinct- stinguo* to extinguish); cf. EXTINGUISH]

dis·tín·guished *a* 顕著な, 卓越した, 名高い, 著名な〈*for, by*〉; 人品のよい, 気品[風格]のある, 高雅な: ～ services 殊勲.

Distínguished Cónduct Mèdal 〘英陸軍〙功労章《下士官以下に与えられる; 略 DCM》.

Distínguished Flýing Cròss 〘空軍〙空軍殊勲十字章《略 DFC》.

Distínguished Sérvice Cròss 〘米陸軍・英海軍〙殊勲十字章《略 DSC》.

Distínguished Sérvice Mèdal 〘軍〙殊勲章《米国では軍人一般に, 英国では下士官以下の海軍兵士に与えられる; 略 DSM》.

Distínguished Sérvice Òrder 〘英軍〙殊勲章《略 DSO》.

distínguish·ing *a* 際立って特徴的な, 顕著な.

disto- /dístou, -tə/ ⇨ DIST-.

dìsto·búccal *a* 〘歯〙遠心頬側の.

dìsto·língual *a* 〘歯〙遠心舌側の.

di·stome /dáɪstòum/ *a, n* 〘動〙二世代類の(吸虫), ジストマ.

dis·tort /dɪstɔ́ːrt/ *vt* **1 a** 〈顔・手足などを〉ゆがめる, ねじる: Pain ～*ed* her face. 痛みで顔がゆがんだ. **b** 〈音・信号を〉ひずませる; 〈光線などが色調を〉ゆがめる. **2** 〈事実・真理などを〉曲げる; ゆがめる; 曲解する: He ～*ed* my suggestion. わたしの提案を曲解した. ► *vi* ゆがむ, ゆがみ[ねじれ]を生じる. ♦ **～·er** *n* [L (*tort- torqueo* to twist)]

distórt·ed *a* ゆがんだ: ～ views 偏見 / ～ vision 乱視. ♦ **～·ly** *adv* ゆがめられて, 曲解して. **～·ness** *n*

dis·tor·tion /dɪstɔ́ːrʃ(ə)n/ *n* **1** ゆがめること; 《事実などの》歪曲; 〘精神分析〙歪曲《夢で潜在的思考がそうとはわからないような顕在物に変えられること》. **2** ゆがめられた状態[部分, 話], ゆがみ, ねじれ; 《体・骨格などの》湾曲, ひずみ; 捻挫; 〘理〙《像の》ゆがみ; ゆがんだ形[像]; 〘電子工〙ひずみ. ♦ **～·al** *a* **～·less** *a*

distr. distribute ♦ distribution.

dis·tract /dɪstrǽkt/ *vt* **1 a** 〈人〉の気を散らす, 集中を妨げる, 〈心・注意を〉散らす, そらす〈*from*〉: Don't ～ him *from* his studies. 勉強しているんだから彼のじゃまをするな. **b** 気晴らしさせる. **2** 〈心を〉悩ます (perplex)〈*with*〉; 混乱させる, 狂わせる〈*with, by, at, over*〉: His mind is ～*ed by* grief. 彼の心は悲しみのために乱れている. **3**《不和で》分裂させる. ► *a* /, ⏑⏑/《古》気の狂った (distracted). ♦ **dis·tráct·er, dis·trác·tor** *n* ⁺《多項選択式テスト中の》誤った選択肢. **～·ible, ～·able** *a* **~̀·ibílity** *n* **～·ing** *a* **～·ing·ly** *adv* 気を散らすように; 気を狂わさんばかりに. [L (*dis-*¹, *tract- traho* to draw)]

distráct·ed *a* 気が散って, うわのそらで[の], 気もそぞろの; 取り乱した, 狂気の(ような) (mad). ♦ **～·ly** *adv* 取り乱して, 狂気のように. **～·ness** *n*

dis·trac·tion /dɪstrǽkʃ(ə)n/ *n* **1 a** 気を散らすこと, 気の散ること, 注意散漫; 〘キ教〙《祈りの時の》散心, 他念; 気を散らすもの: Television is a ～ when you read. **b** 気晴らし, 娯楽: need some ～ after work. **2** 心が乱されること, もの狂おしさ, 乱心 (madness); 不和; 騒動. ● **to ～** 気も狂わんばかりに: drive sb *to* ～ 人を混乱[逆上]させる. ♦ **dis·trác·tive** *a* 狂気にする(ような).

dis·train /dɪstréɪn/ 〘法〙 *vt* 〈動産を〉自救的に差し押える[留置する], 〈人〉の動産を(自救的に)差し押える. ► *vi* 差し押えをする〈*on*〉. ♦ **～·able** *a* **dis·train·ee** /dìstrèɪníː/ *n* (自救的動産)被差し押え人. **distráin·er, dis·trái·nor** /; dìstrèɪnɔ́ːr/ *n* (自救的動産)差し押え人. **～·ment** *n* DISTRAINT. [OF<L *di-*²(*strict- stringo* to draw tight)]

dis·traint /dɪstréɪnt/ *n* 〘法〙(自救的)動産差し押え. [*constraint* にならって↑より]

dis·trait /dɪstréɪ/ *a* (*fem* **-traite** /-tréɪt/) ぼんやり[放心]して (absentminded), 《特に心配ごとに心を奪われて》うわのそらの. [OF (pp)<DISTRACT]

dis·traught /dɪstrɔ́ːt/ *a* 心を取り乱した, 《心配などで》頭が混乱した; 気の狂った. ♦ **～·ly** *adv*

dis·tress /dɪstrés/ *n* **1 a** 苦痛 (pain), 苦しみ, 心労, 苦悩, 悲しみ: emotional [mental] ～ 感情的[精神的]苦しみ. **b** 極度の疲労, 消耗; 呼吸困難. **2** 苦境, 窮地, 災難, 貧苦; 《船舶・航空機の》遭難. **3** 〘法〙(自救的)動産差し押え, 差し押え動産; 《廃》強制 (constraint). ● **in ～** 困って〈*for* money etc.〉; 〈船が〉遭難して: a ship *in* ～ 遭難している船. ► *a* 出血販売の, 投げ売りの: ～ goods 投げ売り品 / a ～ sale. ► *vt* **1 a** 苦しめる, 悩ます, 悲しませる: be ～*ed* 苦しむ〈*by*〉; 悲しむ, 気にする〈*about*〉/ ～ one*self* 悩む, 心を痛める〈*about*〉. **b** 《緊張・重圧で》弱らせる, 疲れさせる. **2** 窮迫させる. **3 a**《古》苦しめて…させる, 強制する〈*to do, into, out of*〉. **b**《古》DISTRAIN. **4** 〈衣料品・家具など〉ディストレス(ド)加工を施す《色を落としたり, 傷をつけたりなどして着古した, あるいは年代物めいた感じを出す》. [OF<Romanic; ⇨ DISTRAIN]

distréss càll 遭難呼び出し《SOS など》; 救難連絡.

dis·tréssed *a* 動揺した, ひどく苦しんで(いる); 苦痛にあえいで; 困窮した; 投げ売りの; 〈衣服・家具など〉ディストレス(ド)加工した (⇨ DISTRESS *vt* 4).

distréssed área *《洪水・台風などの》自然災害被災地; ᵘDEPRESSED AREA.

distréss·ful *a* 苦痛の多い, つらい, 悲惨な; 困窮している. ♦ **～·ly** *adv* 苦しく, 悲惨に. **～·ness** *n*

distréss gùn 〘海〙遭難号砲.

distréss·ing *a* 苦痛を与える(ような), 悲惨な. ♦ **～·ly** *adv* 悲惨なほどに, いたましく(も).

distréss mèrchandise* 投げ売り商品.

distréss ròcket 〘海〙遭難信号花火.

distréss sìgnal 〘海・空〙遭難信号.

distréss wàrrant 〘法〙差押令状.

dis·trib·u·tary /dɪstríbjətèri; -bjʊt(ə)ri/ *n* 《本流から分かれて二度と本流に合することのない》分流 (cf. TRIBUTARY).

dis·trib·ute /dɪstríbjut, -bjət, ᵘdístrɪbjùːt/ *vt* **1** 分配[配布, 配給, 頒布]する〈*among, between, to*〉; 配送[配達]する: ～ gifts (all) *around to* everyone / a *distributing* center [station] 集散地[配電所, 配給所]. **2** 配置する; 分類する; [ᵘ*pass*] 振り分ける, 分類する〈*into*〉; 〈物を〉それぞれの場所に置く; 〘印〙解版する《略 dis.》; 分解する. **3 a** 散布する, まく〈*over*〉; 分布[分散]させる; 〘論〙〈名辞を〉拡充[周延]する; 〘数〙《分配法則によって》分配する. **b**《古》〈正義を〉施す, 施行する. ► *vi* 分配[配布]を行なう; 〘数〙分配される. ♦ **dis·tríb·ut·able** *a* [L (*tribut- tribuo* to allot, assign)]

dis·tríb·ut·ed *a* **1** 〘統〙…の分布をした. **2** 〘電算〙分散型データ処理方式の《ネットワークでつながれた複数のプロセッサーの協働によって処理を行なう》: a ～ system 分散システム.

distríbuted dáta pròcessing 〘電算〙分散(型)データ処理《略 DDP》.

distríbuted práctice 〘心・教育〙分散学習[練習]《学習の合間に時間をおく; cf. MASSED PRACTICE》.

distríbuted prócessing 〘電算〙分散処理《略 DP》.

distríbuted térm 〘論〙拡充[周延]名辞.

dis·trib·u·tee /dɪstrìbjətíː/ 〘法〙 *n* 分配金受益権者; 《無遺言死亡者の》遺産相続権者.

dis·tríb·u·ter *n* DISTRIBUTOR.

dis·tri·bu·tion /dìstrəbjúːʃ(ə)n/ *n* **1** 分配, 配分, 配給, 配布, 配信, 頒布; 〘経〙分配; 〘法〙《遺産の》分配, 《法定相続人による無遺言者の》人的財産相続; 配給物, 頒布物, 〘電算〙DISTRO; 配布量; 《商品の》販売, 流通, 配送; 流通機構; 〘機〙配水, 配電, 配気: the ～ of posts 地位の割り振り. **2** 分類; 《郵便の》区分; 配置; 〘印〙解版. **3** 散布; 分布(区域[状態]), 〘統〙(度数)分布; 〘論〙周延; 〘数〙超関数. ♦ **～·al** *a*

distribútion chànnel 〘商〙流通経路, 販路; 《映画・テレビ番組・書籍などのメディアのエンドユーザーまでの》配給[流通]経路.

distribútion clàss 〘言〙FORM CLASS.

distribútion coeffìcient [ràtio] 〘化〙分配係数《平衡状態で 2 つの溶け合わない液体中の溶質の量の比》.

distribútion còst 流通経費[コスト].

distribútion cùrve 〘統〙分布曲線.

distribútion fùnction 〘統〙分布関数.

dis·trib·u·tism /dɪstríbjətìz(ə)m/ *n* 私有財産分配論; 土地均分論 (agrarianism). ♦ **dis·tríb·ut·ist** *n, a*

dis·trib·u·tive /dɪstríbjətɪv/ *a* 分配の[に関する]; 〘文法〙配分の; 〘論〙周延的な; 〘数・論〙分配の (cf. ASSOCIATIVE, COMMUTATIVE): the ～ principle [law] 〘数・理〙分配法則. ► *n* 〘文法〙配分詞, 配分代名詞[形容詞]《each, every など》. ♦ **～·ly** *adv* 分配的に; 別々に, 各個に. **dis·trìb·u·tív·i·ty** *n*

distríbutive bárgaining 配分的交渉《労使間などの交渉のアプローチの一つで, 当事者は有限の資源のより大きい配分を求めてゼロサムゲーム的状況下で妥協点を探る; cf. INTEGRATIVE BARGAINING》.

D

distríbutive educátion [°D- E-] 産学共同教育《学生に授業と職場実習とを並行して受けさせるよう学校と事業主の間で取り決めて行なう職業実習計画》.

dis·tríb·u·tor *n* 分配[配布, 配達]者; 配給業者, 《特に》卸売業者; 分配器; 《ガソリンエンジンの》配電器, ディストリビューター; 〘印〙解版工, 《Linotype の》自動解版装置.

distríbutor·shìp *n* 独占販売権(をもつ商社[営業所]).

dis·trict /dístrɪkt/ *n* **1 a** 《行政·司法·選挙·教育などの目的で区分された》地区, 区域, 管区, 行政区, 市区, 郡部; [the D-] DISTRICT OF COLUMBIA. **b** 〘米〙《下院議員の》選挙区 (congressional district); 《州議会議員の》選挙区 (election district). **c** 〘英〙分教区《大きすぎる教区 (parish) を分区した一区域で, それぞれの教会·礼拝堂·聖職者をもつ》. **d** 〘英〙地区《COUNTY[1] を細分した行政区で district council をもつもの》. **e** 〘スコ〙《1975–96 年の》州区《region (州) の下位区分》; 地方裁判区 (⇨ SHERIFF COURT). **f** 《北アイルランドの》地区. **2** 《一般に》地方, 地域 (region, area): the coal [fen] ～ 炭鉱[沼沢]地方. **3** 《官庁などの》部局, 局, 部. **4** 〘発生〙《胚中の》領域《ある器官のもとになる部分; cf. FIELD[1]》. ► *vt* 地区[管区] (districts) に分ける. [F＜L＝(territory of) jurisdiction; ⇨ DISTRAIN]

dístrict attórney 〘米〙地区(首席)検察官[法務官]《略 DA》.

dístrict commíssioner 《植民地の》一部の司法権を与えられた政府代表[文官].

dístrict cóuncil 〘英〙地区参事会 (⇨ DISTRICT).

dístrict cóurt 〘米〙地方裁判所《**1**) 連邦第一審裁判所 **2**) 諸州の第一審裁判所》; 〘豪〙治安判事裁判所, 簡易裁判所《旧称 magistrates' court》.

dístrict héating 地域暖房.

dístrict júdge 〘米〙地方裁判所裁判官.

dístrict léader 〘米〙《政党の》地方支部長.

dístrict núrse 〘英〙地区看護師, 保健師《特定地区で病人の家庭を訪問する》.

Dístrict of Colúmbia [the] コロンビア特別区《米国の連邦政府所在地; 区域は Washington 市の地域と同一で, どの州にも属さない連邦議会直轄地; 略 DC; Washington, DC /dì:sí:/ ともいう》.

dístrict superinténdent 《教会の》教区監督(者).

dístrict vísitor 〘英〙分教区世話人《教区牧師を補佐する婦人》.

dis·trin·gas /dɪstríŋgəs, -gæ̀s/ *n* 〘法〙《かつて sheriff に発せられた》出延強制差押命令状. [L＝you shall distrain; 令状の出だし]

Dis·tri·to Fe·de·ral /dɪstrí:toʊ fèðərá:l/ FEDERAL DISTRICT.

dis·trix /dístrɪks/ *n* 〘医〙毛端分裂, 枝毛.

dis·tro /dístroʊ/ *n* (*pl* ～**s**) 《口》《Linux などの》頒布用パッケージ, ディストリビューション.

dis·trúst *vt* 信用[信頼]しない, 疑う, 怪しむ. ► *n* 不信, 疑惑, 疑念. ♦ **～·er** *n*

dis·trúst·ful *a* 疑い深い, (容易に)信じない, 懐疑的な ⟨*of*⟩; 《古》疑わしい (doubtful). ♦ **～·ly** *adv* 疑い深く, 怪しんで. **～·ness** *n*

dis·turb /dɪstə́:rb/ *vt* **1 a** 乱す, かき乱す; (いじって)動かす, …の配置[形状など]を変える; 騒がせる, 不穏にする, ⟨治安を⟩妨害する. **b** …の自然のバランス[生態系]を乱す[破壊する]. **2** 妨げる, …のじゃまをする; ⟨権利を⟩侵害する: I won't be ～*ed*. じゃまは許さん. **3** 当惑[動揺]させる; …に迷惑をかける: Don't ～ yourself. どうぞそのまま, おかまいなく. ► *vi* じゃまをする: Do not ～. 入室ご遠慮ください《ホテルなどの部屋のドアに掛ける掲示の文句》. ♦ **～·er** *n* [OF＜L *dis-*[1] (*turbo* to confuse)]

dis·tur·bance /dɪstə́:rbəns/ *n* **1 a** 乱す[騒がす]こと, 攪乱(かくらん); 不安, 心配; 〘医〙障害. **b** 騒動, 動乱: cause [raise] a ～ 騒動をひき起こす. **2** 妨害, じゃま; 〘機〙《制御系に対する》外乱, 〘通信〙妨害; 〘法〙《権利などの》侵害, 《行為に対する》妨害: ～ of a public meeting 公開集会妨害. **3** 〘地質〙擾乱(じょうらん)《軽度の地殻変動》; 〘気〙《風の》擾乱, 《特に》低気圧 (cyclone, tornado).

dis·túrbed *a* 精神[情緒]障害(者)の; 不安[心配]な, 動揺した⟨心など⟩; 乱れた, 騒然たる, 物騒な; ⟨海·波などが⟩荒れた.

distúrb·ing *a* 心をかき乱す, 心配[不安]を生じさせる, 不穏な, 騒がしい: ～ news 気がかりなニュース. ♦ **～·ly** *adv*

di·style /dáɪstàɪl, dís-/ *a, n* 〘建〙二柱式の(前玄関).

di·súb·sti·tùt·ed /daɪ-/ *a* 〘化〙1 分子内に 2 個の置換原子[基]を有する.

di·súlfate, -súlphate /daɪ-/ 〘化〙 *n* 二硫酸塩 (pyrosulfate); BISULFATE.

di·súlfide, -súlphide /daɪ-/ *n* 〘化〙二硫化物, 《有機の》ジスルフィド: sodium ～ 二硫化ナトリウム.

di·sul·fi·ram /daɪsʌ́lfəræ̀m/ *n* 〘化〙ジスルフィラム《嫌酒薬として用いる》.

di·sul·fo·ton /daɪsʌ́lfətɑ̀n/ *n* 〘化〙ジスルホトン《有機リン系殺虫剤》.

dì·sulfúric ácid 〘化〙二硫酸 (pyrosulfuric acid).

dis·únion *n* 分離, 分裂; 不統一; 内輪もめ, 軋轢(あつれき).

dis·únion·ist *n* 分離[分派]主義者, 《特に 米国南北戦争当時の》分離主義者. ♦ **dis·únion·ìsm** *n*

dìs·uníte *vt* …の統一を破る, 分離する, 分裂させる; 反目させる. ► *vi* 分離する, 分裂する.

dìs·unìted *a* 分裂[分離]した, 分かれた ⟨*from*⟩; 統一のない; 反目する, 協調できない.

dis·únity *n* 統一を欠くこと, 不和, 分裂.

dis·use *vt* /dɪsjú:z/ …の使用をやめる. ► *n* /dɪsjú:s/ 不使用; 廃止: fall into ～ すたれる, 使われなくなる.

dis·úsed *a* 使用されていない, 廃止された, すたれた.

dìs·utílity *n* 不効用; 害[不便, 不快, 苦痛]を生じる性質.

dis·válue *vt* …に価値を(ほとんど)認めない; 《古》軽視する, 侮る. ► *n* 否定的価値, 負の価値; 《廃》軽視, 無視.

di·syl·la·ble /dáɪsɪ̀ləb(ə)l, ━ ´━, dísɪ̀ləb(ə)l, dɪ(s)sɪ́l-/, **dis·syl-** /dísɪ̀l-, dɪ(s)sɪ́l-, dáɪsɪ̀l-, ━ ´━/ *n* 二音節語[詩脚]. ♦ **di·syllábic, dis·syl-** /dàɪ-, dɪ̀(s)-/ *a* [F, ＜Gk (*di-*[1])]

dis·yóke *vt* …からくびきをはずす, 解放する.

dit /dít/ *n* 〘通信〙《トンツーの》トン (cf. DAH[2]). [imit]

di·ta /dí:tə/ *n* 〘植〙ジタノキ《キョウチクトウ科; 東アジア産》. [Tagalog]

dí·tal hárp /dí:tl-, dí-, dáɪ-/ 〘楽〙ディタルハープ《ハープの 7 鍵の操作で嬰音を出すハープギター》. [It *dito* finger]

di·tat De·us /dí:tɑ̀:t déɪʊs, dáɪtæ̀t dí:əs/ 神は富ませたもう《Arizona 州の標語》. [L＝God enriches]

ditch /dítʃ/ *n* **1** 溝, どぶ; 排水溝, 掘割, 水路; BOWLING GREEN の両端の溝: If one sheep leaps over the ～, all the rest will follow. 《諺》一頭が溝を飛び越せばすべての羊はあとから続く / to the LAST DITCH. **2** [the D-] ‖《空軍俗》イギリス海峡, 北海. ● DIE[1] **in a ～.** DIE[1] **in the last ～.** ► *vt* **1** …の周囲に溝をめぐらす; ⟨土地⟩に溝を掘る[設ける]. **2** ⟨乗物を⟩溝に落とす, 脱輪させる; *⟨列車を⟩脱線させる; 《俗》⟨飛行機を⟩不時着水させる. **3** 《口》捨てる, 始末[処分]する, ⟨計画などを⟩放棄する, ⟨人を⟩見捨てる; 《俗》隠す; *《俗》⟨人を⟩まく, 途方に暮れさせる, ⟨仕事·責任を⟩ずるける, ⟨学校などを⟩サボる. ► *vi* 溝を掘る, 溝さらい[溝の修築]を行なう; 《俗》不時着水する; 《俗》《学校などを》ずる休みする, サボる: hedging and ～*ing* 垣根と溝の修理. [OE *dic*＜?; cf. DIKE, G *Teich*]

dítch·able *a* 《俗》捨てられる, 捨ててよい.

dítch cròwfoot 〘植〙タガラシ《キンポウゲ科》.

dítch·dìgger *n* 溝[どぶ]掘り人[作業員]; 重労働者; 溝掘り機 (ditcher).

dítch·er *n* 溝掘り人[作業員], 溝さらい人夫; 溝掘り機.

dítch fèrn 〘植〙セイヨウゼンマイ (royal fern).

dítch rèed 〘植〙ヨシ《世界中の湿地に生えるイネ科植物》.

dítch·wàter *n* 溝のたまり水: (as) dull as ～ 沈滞しきって, 実につまらない.

dít-dà àrtist [jòckey, mònkey] *《俗》短波無線[電信]技師, ツートン屋.

dite /dáɪt/ *n* 《方》少量 (bit).

di·térpene /daɪ-/ *n* 〘化〙ジテルペン《炭素数 20 のテルペン》.

di·térpen·òid *n* 〘化〙ジテルペノイド《ジテルペンまたはその誘導体》.

di·the·ism /dáɪθiɪ̀z(ə)m, ━ ´━ ━/ *n* 二神教, (善悪)二神論. ♦ **-ist** *n* **di·the·ís·tic** *a*

dith·er /díðər/ *vi* (あれこれ)迷う, ためらう ⟨*over, about*⟩; 身震いする; おろおろ[そわそわ]する; ペチャクチャしゃべる. ► *vt* 〘電算〙⟨画像を⟩DITHERING 処理する. ► *n* 震え; [the ～s] *《俗》DELIRIUM TREMENS; 《口》うろたえ, おろおろ[そわそわ]した状態: all of a ～ 《口》びくびくして / have the ～*s* 《口》おろおろする. ● **in (all) a ～** 《口》混乱して, おろおろして, (ぐずぐず)迷って. ♦ **～·er** *n* **～y** *a* [変形＜*didder* DODDER[1]]

díth·ered *a* うろたえた, おろおろした.

díther·ing *n* 〘電算〙ディザー, ディザリング《中間色の表現を既定色のピクセルの組合わせで実現する技法》.

Dith·ers /díðərz/ ディザース (DAGWOOD の勤めている会社の社長で, すこぶるつきの恐妻家).

di·thi- /daɪθáɪ/, **di·thio-** /daɪθáɪoʊ, -θáɪə/ *comb form* 〘化〙「(2 酸素原子のところに) 2 硫黄原子を含む」 [*di-*[1], *thi-*]

di·thi·o·cárbamate *n* 〘化〙ジチオカルバミン酸塩[エステル].

-di·thi·ol /daɪθáɪɔ̀(:)l, -òʊl, -ɑ̀l/ *n comb form* 〘化〙「水素の代わりに 2 個のメルカプト基 (-SH) を含む」

dì·thiónic ácid 〘化〙ジチオン酸, 二チオン酸.

di·thi·o·nite /daɪθáɪənàɪt/ *n* 〘化〙亜ジチオン酸塩 (hydrosulfite).

di·thí·o·nous ácid /daɪθáɪənəs-/ 〘化〙亜ジチオン酸.

dith·y·ramb /díθɪræ̀m(b)/ *n* (*pl* ～**s** /-ræ̀mz/) **1** 〘古ギ〙ディテュラムボス《酒神バッコス (Bacchus) の熱狂的賛歌》. **2** 熱狂的詩歌[演説, 文章]. [L＜Gk]

dìth·y·rám·bic /-bɪk/ *a* ディテュラムボスの; 形式のくずれた; 熱狂的な, 熱烈な. ► *n* DITHYRAMB. ♦ **-bi·cal·ly** *adv*

di·tone /dáɪtòʊn/ *n* 〘楽〙二全音, ディトヌス《長三度》.

dì·tránsitive 〘文法〙 *a* ⟨動詞が⟩二重目的語をとる. ► *n* 二重他動詞.

ditsy ⇨ DITZY.

dit·tan·der /dətǽndər, dítən-/ *n* 〘植〙ペンケイナズナ.

dit·ta·ny /dít(ə)ni/ *n* 〖植〗 **a** ハナハッカの一種《Crete 島原産シソ科; ピンク色の花をつける; 昔は薬草として用いられた》. **b** 北米産のハッカの一種《うす紫色または白色の花をつける》. **c** ヨウシュハクセン (FRAXINELLA). 〔OF＜Gk〕

dít·tied *a* DITTY として作曲された[歌われる].

dit·to /dítoʊ/ *n* (*pl* ～**s**, ～**es**) **1 a** 同上, 同前, 同断 (the same)《略 do., d°, また 一覧表などでは 〃 (ditto mark) または — を代用する》. **b** DITTO MARK. **2** 複製 (duplicate), 写し (copy); よく似たもの; 《俗》生き写し; [*pl*]ᴵᴵ《古》《生地も色も同じ》上下そろいの服, スーツ (a suit of ～s): be in ～*s* 上下そろいの服を着ている. ● **say ～ to** … 《口》…に全く同意を表する. ► *a* 同様な; 複写した. ► *adv* (前と)同様に, 《口》(…も)そうで[同じで]; [⟨*int*⟩] まったくだ, 同感だ, 同じく, 賛成! ► *vt, vi* **1** (…の)写しをとる, 複写する. **2** 〃 じるしで反復を示す; 繰り返す. 〔It＜L; ⇨ DICTUM〕

dít·to·gràph /dítoʊ-/ *n* (誤写の)重複文字[文句, 語句].

dit·tog·ra·phy /dɪtágrəfi/ *n* 重複誤写《literature を literatature とするなど》; 重複誤写のある箇所. ♦ **dit·to·gráph·ic** /dɪtə-/ *a*

dítto machìne 複写器.

dítto màrk DITTO の符号《〃》.

dit·ty /díti/ *n* 素朴な短い歌[詩], 小曲, ディティ. 〔F *dité* composition＜L (pp)⟨DICTATE〕

dítty bàg 《水夫の裁縫具・洗面具用の》小物入れ.

dítty·bòp, -bòb *vi**《俗》軽くリズムをとって歩く[体を動かす, 踊る]. ► *n**《黒人俗》白人ぶるきざな黒人, 白かぶれ; *《俗》うぶでばかな黒人, ブルジョアになった黒人.

dítty bòx 《水夫の裁縫具・洗面具用》小道具箱, 手箱.

ditz /díts/, **dit·zo** /dítsoʊ/ *n* 《俗》軽薄なばか, お調子者, パー, まぬけ, 脳タリン. 〔*ditzy*〕

dit·zy, dit·sy /dítsi/ *a* 《俗》 **1** いかれた, 上っ調子な, 気まぐれな, ばかな (dizzy); 気取った, きざな, わざとらしい; かわいい. **2** ごてごて[ごちゃごちゃ]した, 凝りすぎの (fussy). ♦ **dít·zi·ness, -si-** *n* 〔C20＜?; *dizzy* の影響あり〕

Diu /díːuː/ ディウ《インド西部 Kathiawar 半島南端の旧ポルトガル植民地; 現在は Daman 地区と共に政府直轄地》.

di·ure·sis /dàɪ(j)əríːsəs; -jʊə-/ *n* (*pl* **-ses** /-sìːz/) 〖医〗利尿《尿分泌の増加》.

di·uret·ic /dàɪ(j)ərétɪk; -jʊə-/ *a* 利尿の. ► *n* 利尿薬[剤]. ♦ **-i·cal·ly** *adv* 〔OF or L＜Gk (*di-*[3], *oureō* to urinate)〕

di·ur·nal /daɪə́ːrnl/ *a* **1** 昼間の, 日中の (opp. *nocturnal*); 〖植〗昼間開花する; 〖動〗昼行性の. **2** 日ごとの (daily); 1 日昼夜の, 日周的な; 〖植〗1 日限りの; 〖天〗日周の. ► *n* 日中聖務日課書《時間ごとの祈りを書いた祈禱書》; 《古》日記 (diary), 日刊新聞 (daily newspaper). ♦ ～**·ly** *adv* 〔L *diurnus* daily (*dies* day); cf. JOURNAL〕

diúrnal párallax 〖天〗日周視差 (geocentric parallax).

di·u·ron /dáɪ(j)əràn; -jʊə-/ *n* 〖化〗ジウロン《尿素系除草剤》.

div /dív/ *n*ᴵᴵ《俗》変なやつ, まぬけ, 弱虫, 腰抜け. 〔*divvy*[2]〕

div 〖数〗divergence.

div. divide(d) ♦ dividend ♦ division ♦ divorce(d).

di·va /díːvə/ *n* (*pl* ～**s**, **di·ve** /-veɪ/) 歌姫, ディーバ《オペラ界・ポップス界の大女性歌手, プリマドンナ》; 尊大な女性. 〔It＜L＝goddess〕

di·va·gate /dáɪvəgèɪt, dív-/ 《文》*vi* さまよう; 離れる, それる, 〈話が〉脱線する ⟨*from*⟩. ♦ **dì·va·gá·tion** *n* 〔L (*di-*[1], *vagor* to wander)〕

di·válent /daɪ-, ⁀⁀⁀/ *a* BIVALENT. ♦ **-válence** *n*

Divali ⇨ DIWALI.

di·van[1] /dɪvǽn, dáɪvæn/ *n* **1 a** 《背板・肘掛けのない》寝椅子, ソファーベッド. **b** 《タバコ屋などで divan のある》喫茶室[店], 喫煙室; 《店名で》…タバコ店. **2** 《トルコなどの》枢密院; 議事室; 法廷; 謁見室; 《政府の》局; 公共の建物《税関など》; 《一般に》会議, 評議会, 委員会 (council). **3** 《アラビア・ペルシアなどの》詩集; 《イスラム法で》会計簿. 〔F or It＜Turk＜Arab＜Pers＝anthology, register, court, bench〕

di·van[2] /dɪvǽn/ *n* 〖料理〗ディヴァン《七面鳥または鶏肉の薄切りを平たくたたいてブロッコリー・チーズ入りクリームソースといっしょに焼いたもの》: chicken ～.

di·var·i·cate /daɪvǽrəkèɪt, də-/ *vi, vt* 二叉に分かれる[分ける], 分岐する[させる]; 大きく広がる[広げる]. ► *a* /-kət/ 〈枝が〉分岐した, 開出の; 〈翼が〉大きく広がった. ♦ ～**·ly** *adv*

di·vàr·i·cá·tion *n* 分岐(すること), 二叉分岐; 分岐点; 意見の相違; 手足を伸ばし広げること.

di·vár·i·cà·tor *n* 《二枚貝の》開筋 (cf. ADDUCTOR).

dive[1] /dáɪv/ *v* (～**d**, ***dove** /dóʊv/; ～**d**) *vi* **1 a** 《水中へ》(頭から)飛び込む ⟨*into* water, *off* (*of*) a cliff⟩, 《競技で》飛込みを行なう; 《水中へ》もぐる, 〈潜水艦が〉潜水する. **b** 〈数値・価格などが〉急速に低下する; 〖空〗急降下する. **2 a** 急に姿を消す, 〈やぶなどに〉もぐり込む, 飛び込む, 突進する ⟨*into*⟩; 〈ボールなどに〉飛びつく ⟨*for, after*⟩. **b** 手を突っ込む ⟨*into* a pocket⟩. **3** 〈研究・事業・娯楽などに〉(急に)熱心に取りかかる ⟨*into*⟩; 熱心に食べ[飲み]始める ⟨*into*⟩: *D～ in!* さあ召し上がれ. **4** 《ボク俗》《八百長で》ノックダウン[ノックアウト]されたふりをする, わざとぶっ倒れる. ► *vt* 〈飛行機を〉急降下させる; 〈潜水艦を〉潜水させる; 〈手などを〉突っ込む ⟨*into*⟩. ► *n* **1 a** 潜水, ダイビング; 《水泳の》飛込み (cf. FANCY DIVE). **b** 〖空〗急降下, ダイブ; 急速な低下, 急落: a nose [steep] ～ 急降下. **c** 突っ込み, 突進. **2** 没頭, 探求. **3** 《口》《地下室などにある》いかがわしい[安っぽい]飲み屋[クラブ], もぐり酒場, 賭博場, あいまい屋, SPEAKEASY; *《口》安食堂: an opium-smoking ～ アヘン窟. **4** 〖アメフト〗ダイブ (DIVE PLAY). ● **make a ～ for**…をつかもうとする. **take a ～** 《口》《価値などが》急落[ガタ落ち]する; 《ボク俗》《八百長で》ノックアウトされたふりをする; *《俗》逮捕される, パクられる. 〔OE *dūfan* (vi) to dive, sink, *dȳfan* (vt) to immerse; DEEP, DIP と同語源〕

dive[2] *n* DIVA の複数形.

díve-bòmb *vt, vi* 急降下爆撃する; 〈鳥などが〉急降下して襲う. ♦ ～**·ing** *n*

díve-bòm·ber *n* 急降下爆撃機.

díve bràke 〖空〗ダイブブレーキ《急降下速度調整用空気抵抗板》.

Div·e·hi /dívəhi/ *n* ディヴェヒ語 (＝*Maldivian*)《モルジヴ共和国の公用語; 印欧語族に属し Sinhalese の一変種》.

díve plày 〖アメフト〗ダイブプレー (＝*dive*)《短い距離をゲインするのをねらってボールキャリアがオフェンスラインの中央部をついて飛び込む攻撃プレー》.

div·er /dáɪvər/ *n* **1 a** 水に飛び込む[もぐる]人, ダイビング選手; 潜水夫, ダイバー. **b** 〖鳥〗水にもぐる鳥《ウミスズメ・カイツブリなど》, 《特に》アビ (loon). **c** 《俗》潜水艦; 〖空〗急降下爆撃機. **2** 《問題などの》探求者 ⟨*into*⟩. **3** ᴵᴵ《俗》スリ (pickpocket).

di·verge /dəvə́ːrʤ, daɪ-/ *vi* 分岐する, 分かれる; 逸脱する, それる; 〈意見など〉分かれる, 異なる ⟨*from*⟩; 〖理・数〗発散する (opp. *converge*). ► *vt* そらす. 〔L (*di-*[2], *vergo* to incline)〕

di·ver·gence /dəvə́ːrʤəns, daɪ-/ *n* **1** 分岐; 逸脱; 相違: a ～ of opinion 意見の相違 / ～ *from* the normal 常態からの逸脱. **2** 〖数〗《数列などの》発散; 〖数〗発散《ベクトルに対する微分演算の一; 記号 div》; 〖気〗《特定地域からの大気流の》発散; 〖心〗拡散; 〖植〗《葉序の》開度; 〖生〗分岐; 〖医〗《斜視・脱臼・麻痺などでの》開散; 放散[発散]性. ♦ **-gen·cy** *n*

di·vér·gent *a* 分岐する (opp. *convergent*); 互いに異なる; 規準からはずれた; 〖数・理〗発散(性)の; 〖医〗開散性の〈斜視・脱臼など〉: ～ opinions 異論. ♦ ～**·ly** *adv*

divérgent thínking 〖心〗拡散的思考.

di·vérg·er *n* DIVERGE する人[もの]; 〖心〗拡散的思考型の人《広範囲な想像力をはたらかせる思考に長じた人》.

di·vérg·ing *a* DIVERGENT.

divérging léns 〖光〗発散レンズ《凹レンズ》.

di·vers /dáɪvərz/ *a* いくつかの, 種々の; 《古》別種の. ► *pron* [⟨*pl*⟩] 数個, 数人. 〔OF＜L (↓)〕

di·verse /daɪvə́ːrs, də-, dáɪvəːrs/ *a* 別種の, 異なった (different) ⟨*from*⟩; 種々の, 多様な (varied): a man of ～ interests 多趣味の人 / at ～ times 時々. ♦ ～**·ly** *adv* さまざまに. ～**·ness** *n* 多様. 〔OF＜L; ⇨ DIVERT〕

di·ver·si·fi·ca·tion /dəvə̀ːrsəfəkéɪʃ(ə)n, daɪ-/ *n* 多様化; 多様性, 雑多さ; 《投資対象の》分散, 《事業の》多角化.

di·vér·si·fied *a* 変化に富んだ, 多様[多彩]な, 多角的な.

di·vér·si·fòrm /dəvə́ːrsə-, daɪ-/ *a* 多様な[種々の]形状の, 多形の.

di·ver·si·fy /dəvə́ːrsəfàɪ, daɪ-/ *vt* 多様化させる, さまざまにする, 多彩にする; …の単調さを破る; 〈投資対象を〉分散させる; 〈事業を〉多角化する. ► *vi* 多様化する; 多種多様なものを作る, 《特に》多様な作物[製品]を作る, 事業を多角化する. ♦ **di·vér·si·fi·able** *a* **-fi·er** *n* 〔OF＜L; ⇨ DIVERSE〕

di·ver·sion /dəvə́ːrʒ(ə)n, daɪ-, -ʃ(ə)n; daɪvə́ːʃ(ə)n, dɪ-, -ʒ(ə)n/ *n* **1** わきへそらすこと, 転換; 《資金の》流用; 進路[目的地]変更, 水路変更; ᴵᴵ《通行止めの際の》迂回路; 分水路; 〖空〗《緊急時などの》代替飛行場; 〖軍〗牽制[陽動](作戦). **2** 気晴らし, 遊び.

divérsion·àry /; -(ə)ri/ *a* 注意[関心]をそらす; 〖軍〗牽制のための, 陽動の.

divérsion·ist *n* 《政治的な》偏向[逸脱]者, 《共産主義者の用法で》破壊活動家, 反政府活動家; 陽動作戦をとる人.

di·ver·si·ty /dəvə́ːrsəti, daɪ-/ *n* 多様(性), 種々, 雑多, 変異 (variety), 分岐度; 相違(点): ～ in the workplace 職場における(人種的・文化的)多様性 / ～ of citizenship 〖米法〗《訴訟当事者の》州籍の相違.

divérsity recèption 〖通信〗ダイバーシチ受信《複数のアンテナ[周波数]を用い, 最良の信号を自動的に選択する無線受信方式》.

di·vert /dəvə́ːrt, daɪ-/ *vt* **1** わきへ向ける, そらす ⟨*from, to*⟩; 〈飛行機など〉の進路[行き先]を変更する ⟨*to*⟩; 流用[転用]する, 回す; ᴵᴵ〈交通を〉迂回させる: ～ the course of a river＝～ a river *from* its course 流れの進路を変える. **2** 〈注意・気持を〉そらす; 〈人〉の注意を転じる ⟨*from, to*⟩; 〈人〉の気を晴らす, 気分転換させる, 慰める (amuse): be ～*ed* by…に興じる / ～ *oneself* in…で楽しむ[気分転換する], 遊ぶ. ► *vi* それる. ♦ ～**·er** *n* ～**·ible** *a* 〔F＜L *di-*[2](*vers- verto* to turn)〕

divérter vàlve 〖機〗切換え弁.

D

di·ver·tic·u·lar /dàɪvərtíkjələr/ *a* 〔医・生〕 憩室 (diverticulum) の: ～ disease 憩室性疾患《diverticulitis, diverticulosis などによる腹痛》.

di·ver·tic·u·li·tis /dàɪvərtìkjəláɪtəs/ *n* 〔医〕 憩室炎.

di·ver·tic·u·lo·sis /dàɪvərtìkjəlóʊsəs/ *n* 〔医〕 憩室症.

di·ver·tic·u·lum /dàɪvərtíkjələm/ *n* (*pl* **-la** /-lə/) 〔医・生〕 憩室《1) 消化管の一部にできた袋状の陥入 2) 発生時に体腔などから枝分かれした盲管・盲嚢》.

di·ver·ti·men·to /dɪvɜ̀ːrtəméntoʊ, -vèərt-/ 〔楽〕 *n* (*pl* **-ti** /-ti/, **～s**) 嬉遊曲, ディヴェルティメント; DIVERTISSEMENT. ［It］

divért·ing *a* 気晴らしにする, 楽しい, おもしろい (amusing). ◆ **～·ly** *adv* 気晴らしに, 楽しく. **～·ness** *n*

D

di·ver·tisse·ment /dɪvɜ́ːrtəsmənt, -əz-; *F* divɛrtismɑ̃/ *n* **1** 〔楽〕 **a** ディヴェルティスマン《1) 幕あいの短いバレエなど 2) 接続曲 3) オペラなどに挿入される短い器楽曲》. **b** DIVERTIMENTO. **2** 気晴らし, 娯楽.

di·vér·tive *a* 《古》 気晴らしとなる.

Di·ves *n* **1** /dáɪviz/ 富める人, 富者, 金持《*Luke* 16: 19–31》. **2** /dáɪvz/ ダイヴズ《姓》. ［L=rich］

díves còsts /dáɪviz-/ *pl* [°D-] 〔法〕 通常の訴訟費用 (opp. *pauper costs*).

di·vest /daɪvést, də-/ *vt* **1** 〈衣服・装具などを〉〈人〉からはぎ取る, 脱がせる (strip) 〈*of*〉: ～ sb *of* his coat 上着をはぎ取る. **2** 〈権利・財産などを〉〈人〉から奪う, 剝奪する (deprive) 〈*of*〉; 〈厄介物を〉〈人〉から取り除く (rid) 〈*of*〉: ～ sb *of* his rights 人の権利を奪う / be *～ed of*... を奪われる, 喪失する. **3** 〔商〕 〈商品・持株などを〉安く売り払う, 売却する. ● **～ oneself of**...を脱ぎ捨てる; 〈財産など〉を処分する, 手放す; 〈考え・偏見など〉を棄てる. ◆ **～·ment** *n* DIVESTITURE. ［*devest* (16–19 世紀)＜OF＜L (*dis-*[1], VEST)］

di·vés·ti·ble *a* 〈土地など〉取り上げられる, 剝奪できる.

di·ves·ti·ture /daɪvéstətʃər, -tʃʊər, də-/, **di·ves·ture** /daɪvéstʃər, də-/ *n* 剝奪; 権利奪取[喪失]; 脱衣; 企業[資産]の一部売却, 切り離し, 子会社売却, 企業分割, 社名移譲; 《独禁法に基づく裁判所の》資産・保有株式売却命令, 売却命令に従った売却; 投下資本[出資金]引揚げ.

divi ⇨ DIVVY[1].

di·vide /dəváɪd/ *vt* **1 a** 分かつ, 分割する (split up) 《(*up*) *into*》; 分離する, 隔離する, 仕切る《(*off*) *from*》; 分ける (part); 分類[類別]する: ～ sth *into* two pieces 二分する / ～ *up* 〈国を〉分割する / ～ the hair *in* the middle 髪をまん中から分ける / ～ one's day *between* work and relaxation 一日を仕事と休養に分けている / A thin wall *～s* his room *from* [and] the living room. 彼の書斎と居間は薄い壁で仕切られている. **b** 分配する (distribute) 《(*up*) *among* or *between* several persons》; (共に)分かつ, 分け合う 〈(*up*) *with*〉. **2 a** ...の仲を裂く; 〈意見などを〉分裂させる; 〈心を〉惑わせる: Envy *～d* them. ねたみから彼らは仲が悪くなった / Opinions are *～d* on the issue of taxes. 課税問題で意見が分かれている / A house *～d against* itself cannot stand. 《諺》 内輪もめしている一家は立ち行かない《*Mark* 3: 25》. **b** ″〈議会・委員会など〉に賛否の決を採らせる: ～ the assembly [house]. **3** 〔数〕 割る; 割り切る, 整除する: 6 *～d by* 2 is [gives, equals] 3.＝*D～* 2 *into* 6 and you get 3. 6 割る 2 は 3 / 9 *～s* 36. 9 で 36 が割り切れる. **4** 〔機〕 ...に度盛りをつける, 目盛る, 《フライス加工などで》割出しする. ► *vi* **1** 分かれる, 割れる《(*up*) *into*》; 〈道が〉二つに分かれる 〈*into*〉; 〔生〕 〈細胞が〉分裂する. **2** 分配する 〈*with*〉. **3** ″賛否の採決をする 〈*on a point*〉 (⇨ DIVISION): *D～! D～!* 採決! 採決! **4** 〔数〕 割り算をする; 〈...を〉割り切る, 整除する 〈*into*〉; 割り切れる 〈*by*〉: 2 *～s into* 6 three times. / 8 *～s by* 2 and 4. ► *n* **1** 《決定的な》相違, 格差, 溝; *分界, 分水界 (watershed), 分水嶺 (cf. GREAT DIVIDE); 分割点[線]; [*fig*] 境界線, 分かれ目. **2** 分配; 割り算, 〔電算〕 除算; 《古》 分割, 区分 (division). ● **～ and conquer** 〔軍〕 分断攻略. **～ and rule** 分割統治《支配層が被支配層の対立・抗争を利用して行なうもの; cf. DIVIDE ET IMPERA》. ◆ **di·víd·able** *a* DIVISIBLE. ［L *divis- divido* to force apart］

di·víd·ed *a* 分割された; 分離した; 分配した; 隔てられた; 《意見などが》分裂した, 割れた; 〔植〕 〈葉が〉裂開した: ～ ownership 《土地の》分割所有 / ～ payments 分割払い. ◆ **～·ly** *adv* **～·ness** *n*

divíded híghway* 中央分離帯のある(高速)道路 (dual carriageway″).

divíded skírt ディバイデッドスカート, キュロットスカート.

divíded úsage 分割語法《catalog と catalogue; sing の過去が sang, sung など言語の同一レベルに異なるつづり・発音・構文などが存在する場合》.

di·vi·de et im·pe·ra /dí:wɪdè èt ímpɛrà:/ 分割して統治せよ《Machiavelli の政治哲学》. ［L］

div·i·dend /dívədènd, -dənd/ *n* **1 a** 〔証券・保険〕 配当, 配当金; 《破産清算の》分配金, 配当; 《相互貯蓄銀行の》預金利子; 分け前; ″《サッカーくじの》当籤(とうせん)金, 賞金; 《生活協同組合の》利益還付金. **b** 特別のおまけ[利益, 恩恵]. **2** 〔数〕 被除数 (opp. *divisor*). ● **～ on**＝CUM DIVIDEND. **～ off**＝EX DIVIDEND. **pay ～s** 〈会社が〉配当金を支払う, 〈株が〉配当(金)をもたらす; 利益[恩恵, 好結果]をもたらす. ［AF＜L; ⇨ DIVIDE］ ◆ **～·less** *a*

dívidend còver 配当倍率.

dívidend strìpping 〔英税法〕《支払者と課税者とが共謀して行なう》配当課税のがれ.

dívidend wàrrant 配当金支払証, 配当券.

di·víd·er *n* **1** 分割者, 分配者; 分裂のもと, 離間者. **2 a** 分割機, 割出し機; [(a pair of) ～s] 割りコンパス, ディバイダー. **b** [*pl*] 《ノートなどで色刷りの》仕切りページ; 《箱などの》仕切り; 《部屋の》(間)仕切り (=*room divider*) 《ついたて・カーテン・戸棚など》.

di·víd·ing *a* 分かつ, 区分的な; 〔機〕 度盛り[割出し]用の: ～ bars 格子骨(こうしぼね) / a ～ line 境界線 / a ～ ridge 分水界, 分水嶺. ► *n* *〔機〕 《計器などの》度盛り, 《フライス加工などでの》割出し.

di·vi·di·vi /dívidívi, dí:vidí:vi/ *n* (*pl* **～**, **～s**) 〔植〕 ジビジビ《熱帯アメリカ原産マメ科ジャケツイバラ属の常緑高木; さやはタンニンを含み, 皮なめしや染色に使用》. ［Sp＜Carib］

di·vid·u·al /dɪvídʒuəl/ 《古》 *a* 分離した; 分割できる; 分配された. ◆ **～·ly** *adv*

Di·vi·na Com·me·dia /dɪví:nə kɔmmé:dja/ [La] 『神曲』《Dante の作》. ［It］

div·i·na·tion /dìvənéɪʃ(ə)n/ *n* 占い, 易断; 予言; 予見, 先見の明, 勘. ◆ **di·vin·a·to·ry** /dəvínətɔ̀:ri, -váɪ-, dívənə-; dɪvínət(ə)ri/ *a*

div·i·na·tor /dívənèɪtər/ *n* 占者, 予言者 (diviner).

di·vine /dəváɪn/ *a* (**-vín·er**; **-est**) **1** 神の; 神からの, 神による, 神授の; 神にささげた; 神聖な (holy); 宗教の; 天の; 《古》 神性の, 神学上の: ～ grace 神の恵み / ～ nature 神性 / the ～ Being [Father] 神, 天帝. **2** 神のような, 神々しい, 天来の; 非凡な; 《古風口》 すてきな, すばらしい《女性語》: ～ beauty [purity] 神々しい美しさ[純潔] / ～ weather すてきな天気. ► *n* 神学者; 聖職者; [the D-] 神; [the D-, [S]the d-] 人間の神的側面. ► *vt, vi* 占う, 予知する, 予言する; 占い棒 (divining rod) で発見する, 占い探査する; 正しく予測する, 言いあてる, 〈人の意思などを〉見抜く; 《古》 ...の前兆となる. ◆ **～·ly** *adv* 神の力[徳]で; 神のように, 神々しく; 《口》 とってもすてきに. **～·ness** *n* 神性; 神聖さ; 神々しさ. ［OF＜L *divinus* (*divus* godlike)］

Divíne Cómedy [The] DIVINA COMMEDIA.

Divíne Líturgy 〔東方正教会〕 聖体礼儀《聖餐式》.

Divíne Mínd 〔クリスチャンサイエンス〕 神 (Mind).

Divíne Óffice 〔キ教〕 聖務日課《日々規定時間に一定の形式でささげる祈り》.

di·vín·er *n* 占者, 予言者; 占い棒による水脈[鉱脈]の探知者; 予測者.

divíne ríght 〔史〕 神授(の王権, 王権神授説 (=**divíne ríght of kíngs**); 《一般に》 神授の権利.

divíne sérvice 礼拝(式), 典礼.

div·ing /dáɪvɪŋ/ *n* 潜水; 〔泳〕 ダイビング, 飛込み; 〔サッカー〕 ダイビング (=*simulation*) 《相手側に倒されたふりをしてころび, 審判に反則を取らせようとする悪質なファウル》. ► *a* 水にもぐる; 潜水用[性]の; 降下[沈下]用の.

díving bèetle 〔昆〕 ゲンゴロウ.

díving bèll 〔海〕 潜水鐘(しょう) 《初期の水中作業具》.

díving bòard 《プール・湖などの》飛込板, 飛込台.

díving bòat ダイビング[潜水作業]用ボート.

díving dùck 〔鳥〕 潜水ガモ (cf. DABBLING DUCK).

díving hèlmet 潜水ヘルメット, 潜水兜(かぶと).

díving pètrel 〔鳥〕 モグリウミツバメ《南半球産》.

díving rèflex 〔生理〕 潜水反射《ヒトや哺乳動物にみられる生理的反応; 頭が冷水にはいると直ちに心拍が遅くなり, 酸素の豊富な血液が脳・心臓・肺に流入するため窒息や脳障害の発生を遅らせることができる》.

díving sáucer 潜水円盤《海洋調査用の潜水艇》.

díving sùit [drèss] 潜水服, 潜水衣.

di·vin·ing /dəváɪnɪŋ/ *n, a* 占い(の).

divíning ròd 《水脈・鉱脈探知に用いた》占い棒.

di·vin·i·ty /dəvínəti/ *n* **1 a** 〔神学〕 神性; 神格, 神力, 神威, 神徳. **b** [[U]the D-] GOD, DEITY; 《多神教の》神 (god, goddess); 天使, 神々しい人. **c** 神学 (theology); 《大学の》神学部: a Doctor of *D～* 名誉神学博士《略 DD》. **2** 〔菓子〕 ディヴィニティー《泡立てた卵白・ナッツ・砂糖で作る fudge》. ［OF＜L; ⇨ DIVINE］

divínity càlf 〔製本〕 神学書装《表紙に暗褐色の子牛革を用い, 書名などを箔押ししない; 神学書に多い》.

divínity cìrcuit (bìnding) 耳折れ表紙(装), たれ革表紙(装) (=*circuit* [*yapp*] *binding*) 《隅をまるくし, 革表紙のへりがはみだして書物をおおうようにする; 聖書などに多い》.

divínity schòol 神学校, 神学部.

div·i·nize /dívənàɪz/ *vt* 神格化する, 神に祭る (deify), ...に神性を付与する. ◆ **dìv·i·ni·zá·tion** *n*

di·vìnyl·bénzene /daɪ-/ *n* 〔化〕 ジビニルベンゼン《合成ゴム・イオン交換樹脂製造用》.

di·vis·i·bil·i·ty /dəvìzəbíləti/ *n* 分かちうること, 可分性; 〔数〕 割り切れること, 被整除性.

di·vis·i·ble /dəvízəb(ə)l/ *a* 分かつことができる, 可分の; 〔数〕 割り

切れる ‹by›: a ～ contract [offense] 可分契約[犯罪] / 10 is ～ *by* 2. ♦ **-bly** *adv* **～·ness** *n*

di·vi·sion /dəvíʒ(ə)n/ *n* **1 a** 分割, 分配;〘生〙分裂;〘園〙株分け;〘数〙除法, 割り算 (opp. *multiplication*): LONG [SHORT] DIVISION. **b**《意見などの》分裂, 不一致, 不和; 溝, 格差. **c** ″《賛否両派に分かれる》採決《特に 英国会の下院で 2 つの lobby に分かれて行なうもの》: a parliamentary ～ 議会採決 / take a ～ *on* a motion 動議の採決を行なう. **2** 分類;〘植〙門 (⇨ CLASSIFICATION);〘動〙《分類学上の》部門;〘論〙区分. **3 a** 区分, 部分, 区, 部, 段, 節;《行政上・司法上の》地区, 管区; ″《選挙区としての》州[自治都市]の一部. **b** *《官庁の》局, 課; 事業部;《刑務所の》組 (class)《初犯と常習犯といっしょにしないため》;〘スポ〙級, クラス, ディビジョン: 1st [2nd, 3rd] ～ ″刑務所の微罪[軽罪, 重罪]の組 / *D*～ I [II]《スポーツの》1 [2] 部リーグ. **c**〘陸軍〙師団 (⇨ ARMY);〘海軍〙分艦隊《普通 4 隻》;〘米空軍〙(航空)師団 (air division) (⇨ AIR FORCE). **d**《廃》《軍隊の》《戦闘》配置. **4** 境界線; 仕切り, 隔壁; 目盛り, 度盛り. [OF＜L; ⇨ DIVIDE]

divísion·al *a* **1** 分割上の, 区分を示す; 部分的な; ‹貨幣が›本位貨幣の補助をする;〘軍〙地区の, 師団の, 戦隊の: a ～ commander 師団長. **2**〘数〙除法の; 約数をなす. ♦ **～·ly** *adv* 分割的に, 区分的[部分的]に; 除法で.

divísional cóurt [the]〘英〙《高等法院 (High Court) の各部 (division) における》合議法廷.

divísion àlgebra〘数〙多元体.

divísional·ìze *vt* 分割[区分, 部門分け]する, ‹会社を›事業部制にする.

divísion·àry /; -(ə)ri/ *a* DIVISIONAL.

divísion bèll 採決の実施を知らせるベル.

divísion·ìsm *n* [°D-]〘美〙《新印象主義の》分割描法, ディヴィジョニスム (cf. POINTILLISM). ♦ **-ist** *n, a*

divísion lóbby〘英議会〙LOBBY.

divísion of lábor 分業.

divísion of pówers 三権分立 (separation of powers);〘米政治〙《連邦と州の》主権分立.

divísion sìgn〘数〙除法記号《÷》; 分数を示す斜線《/》.

di·vi·sive /dəváɪsɪv/ *a* 対立[分裂]を生む, 不和をもたらす;《古》区分のついた, 区別をする, 分析的な: a ～ issue 対立を生む問題. ♦ **～·ly** *adv* **～·ness** *n*

di·vi·sor /dəváɪzər/〘数〙*n* 除数, 法 (opp. *dividend*); 約数: COMMON DIVISOR.

di·vorce /dəvɔ́ːrs/ *n*〘法〙離婚《裁判所の判決に基づく法律上の結婚解消; cf. JUDICIAL SEPARATION》; 婚姻の無効の判決; [*fig*] 分離, 絶縁: get [obtain] a ～ 離婚する ‹*from*›. ► *vt* **1** ‹夫婦を›離婚させる ‹*from* sb's spouse›; …と離婚する;《古》‹結婚を›解消する: get ～*d* 離婚する / Mrs. Johnson ～*d* her husband. / ～ *oneself from* …と絶縁[離婚]する. **2** 分離[絶縁]する ‹*from*›: ～ church and state 教会と国家を分離する / be completely ～*d from*…とは完全にかけ離れている. ► *vi* 離婚する. ♦ **～d** *a* 離婚した. **～·ment** *n* 離婚; 分離. **～·able** *a* [OF＜L; ⇨ DIVERT]

di·vor·cé /dəvɔ̀ːrséɪ, -síː, ―⊥―/ *n* 離婚した男. [F]

divórce cóurt 離婚裁判所.

di·vor·cée, -cee /dəvɔ̀ːrséɪ, -síː, ―⊥―/ *n* 離婚した女. [F]

divórce mìll《口》離婚工場《簡単に離婚を許可する裁判所・州・都市など》.

div·ot /dívət/ *n*《スコ》(四角に切り取った)芝生 (sod);《ゴルフのクラブ・馬蹄で》切り取られた芝生の一片; *《俗》TOUPEE. [C16＜?]

di·vul·gate /dɪvʌ́lgèɪt, daɪ-, dívəl-, dáɪ-/ *vt*《古》DIVULGE.

dì·vul·gá·tion *n* 秘密漏洩(ろうえい); 暴露, すっぱ抜き; 公表.

di·vulge /dəvʌ́lʤ, daɪ-/ *vt* ‹秘密・秘事を›漏らす, 明かす (reveal) ‹*to* sb›; すっぱ抜く;《古》公表する. ♦ **di·vúlg·er** *n* [L *divulgo* to publish (*vulgus* common people)]

di·vúl·gence, divúlge·ment *n*《秘密・秘事の》すっぱ抜き, 暴露 (disclosure).

di·vul·sion /daɪvʌ́lʃ(ə)n, də-/ *n* 引き裂く[引き離す]こと;〘外科〙裂開, 強制離断(法).

div·vers /dívərz/ *n* [‹*sg*›] ″《学生俗》聖書試験《もと Oxford 大学で課せられた神学の第 1 次卒業試験》. [*divinity*]

div·vy[1], **divi** /dívi/《口》*vt, vi* 山分けする, 分配する ‹*up, out*›. ► *n* 分け前, 配当. [*divi*dend]

divvy[2] *a, n* ″《俗》変な(やつ), おかしな(やつ), いかれた(やつ) (cf. DIV). [C20＜?]

Di·wa·li, De·wa·li, Di·va·li /dəwɑ́ːli, -vɑ́ː-/ *n*〘ヒンドゥー教〙灯明の祭, ディワーリ (Feast of Lanterns)《10 月[11 月]に 5 日間行なう富の女神にささげる祭; cf. DIYA》. [Hindi]

diwan[1] ⇨ DEWAN.

di·wan[2] /dɪwɑ́ːn/ *n* DIVAN[1].

Dix[1] /díks/ *n*＊《俗》10 ドル札.

Dix[2] ディックス **Dorothea Lynde** ～ (1802–87)《米国の社会改革者; 刑務所・救貧院などにおける精神病患者の扱いの改善に尽力》.

Dix·i·can＊ /díksɪkən/ *n* 南部の共和党員.

dix·ie″, **dixy**″ /díksi/ *n* キャンプ用湯沸かし, 飯盒(はんごう). [Hind＝cooking pot＜Pers (dim)‹ *deg* pot]

Dixie *n* **1** 米国南部諸州 (＝*Dixieland*). **2** ディキシー《1859 年 Daniel D. Emmett (1815–1904) が作曲した歌で, 南軍兵士の行進歌としてポピュラーになった》. **3** *《俗》NEW ORLEANS; *《俗》DIXIELAND《ジャズ》. **4**〘商標〙ディキシー《紙コップ》. ● **whistle** ～ *《俗》調子のいいことを空想する; *《俗》だぼらを吹く, でまかせを言う: You ain't just *whistlin'* ～. そりゃ言えてる, まったくだ, いいこと言うぜ. ► *a* 米国南部諸州の. [C19＜?]

Díxie·cràt *n* ディキシークラット《米国南部の民主党離反派の人; STATES' RIGHTS DEMOCRATIC PARTY の候補に投票した》. ♦ **Dìx·ie·crát·ic** *a*

Díxie·lànd *n* **1** ディキシーランド《ジャズの一形式; New Orleans を発祥の地とする》. **2** [°Dixie Land] 米国南部諸州 (Dixie).

dix·it /díksɪt/ *n*《ある人の言った》ことば,《特に》恣意的[独断的]なことば. [L＝he has said]

Dix·on /díks(ə)n/ ディクソン **Jeremiah** ～ (1733–79)《英国の測量技師; ⇨ MASON-DIXON LINE》.

dixy ⇨ DIXIE.

DIY /díːàɪwáɪ/ *n* DO-IT-YOURSELF: a ～ store ホームセンター. ♦ **～·er** *n* 日曜大工 (do-it-yourselfer).

di·ya /díːjə/ *n*《インド》灯明皿, ディヤ《Diwali などの折に火をともして奉納する素焼きの皿》. [Hindi]

Di·yar·ba·kir /dijɑ̀ːrbɑːkíər/, **Di·ar·bekr** /dijɑ̀ːrbɛ́kər/ ディヤルバキル《トルコ南東部の Tigris 川に臨む市》.

di·zen /dáɪzn, dízn/ *vt*《古》BEDIZEN.

dì·zygótic, di·zýgous /daɪ-/ *a* ‹双生児が›二接合体性の, 二卵性の.

diz·zy /dízi/ *a* **1** めまいがして (giddy), ふらふらして; ‹運動・速度・高所・野心・成功など›目がくらむような, まばゆい(ばかりの); (頭が)混乱して. **2**《口》ばかな, まぬけな, とんまな, そそっかしい(けどかわいい): ～ blonde (美人だが)頭の弱い金髪女. ● **the ～** HEIGHTS **of**…. ► *vt* …にめまいを起こさせる, くらくらさせる, 眩惑する. ♦ **díz·zi·ly** *adv* めまいがするように, くらくらと. **díz·zi·ness** *n* めまい, くらくらすること. **～·ing** *a* 目が回る(ような), くらくらするほどの, めまぐるしい, めくるめく. **～·ing·ly** *adv* [OE *dysig* foolish, ignorant]

Dizzy ディジー《DISRAELI のニックネーム》.

diz·zy-wiz·zy /dízɪwìzi/ *n*＊《俗》ピル状麻薬[鎮静剤].

DJ /dìːʤéɪ/ *n* ディージェイ (disc jockey). ► *vi* ディージェイをつとめる[として働く].

d.j., DJ °dinner jacket ♦ °disc jockey (⇨ DJ) ♦ °dust jacket.

DJ °district judge ♦ Doctor of Jurisprudence ♦ °Dow Jones.

Djai·lo·lo, Jai- /ʤaɪlóʊloʊ/ ジャイロロ《HALMAHERA 島のオランダ語名》.

Djajapura ⇨ JAYAPURA.

Djakarta ⇨ JAKARTA.

Djambi ⇨ JAMBI.

Dja·wa /ʤɑ́ːvə/ ジャヴァ《JAVA のインドネシア語名》.

djebel ⇨ JEBEL.

Djebel Druze ⇨ DURŪZ.

djel·la·ba(h) /ʤəlɑ́ːbə/ *n* ジャラバ《アラブ人が着用するゆったりした長い外衣; 袖が広くフードが付いている》. [F＜Arab]

Djer·ba, Jer- /ʤɜ́ːrbə, ʤɛ́ər-/ ジェルバ《チュニジア南東部の Gabès 湾入口の島; 古代の地理学者のいう lotuseaters の島》.

Djerma ⇨ DYERMA.

DJIA °Dow Jones Industrial Average.

djib·ba(h) /ʤíbə/ *n* JIBBA.

Dji·bou·ti, Ji·b(o)u- /ʤəbúːti/ ジブチ《1) 東アフリカの Aden 湾に臨む国; 1977 年フランスより独立; 公式名 Republic of Djibouti (ジブチ共和国) 2) 同国の首都》. ♦ **～·an** *a, n*

Dji·las /ʤílɑːs/ ジラス **Milovan** ～ (1911–95)《ユーゴスラヴィアの政治家・作家; 第二次大戦後 共産党・政府の要職に就いたが, 政権批判で除名》.

djin(n) /ʤín/, **djin·ni, -ny** /ʤíni/ *n* JINN.

Djokjakarta ⇨ YOGYAKARTA.

dk dark ♦ deck ♦ dock. **DK** Denmark. **dkl** decaliter(s).

dkm decameter(s).

dl- /dìːɛ́l, ―⊥―/〘化〙*pref*「右旋形・左旋形の等量からなる」; [″DL-]「D- 形, L- 形の等量からなる」[L *dextro, levo*]

dl, dL deciliter(s). **DL**〘英〙°Deputy Lieutenant ♦〘野〙°disabled list. **D/L**〘電算〙°data link.

D layer /díː ―⊥/〘理〙D 層《電離層 (ionosphere) の最下領域に表われ, 主に低周波を反射する層》; D REGION.

DLit, DLitt [L *Doctor Litterarum*] Doctor of Letters [Literature]. **DLL**〘電算〙Dynamic Link Library《ライブラリールーチンのファイルを示す拡張子》. **DLO** °dead letter office.

D-lock /díː ―⊥/ *n* U 字ロック《自転車・バイク駐輪固定錠; U 字型部分に横棒をはめてロックした形を D の字に見たてた名》.

dlr dollar. **DLS** Doctor of Library Science.

DL side /díːɛ́l ―⊥/ [次の成句で]: **on the ～** *《俗》ひそかに, 秘密で. [*down low*]

dm decimeter(s). **DM** °diabetes mellitus ♦ °direct mail ♦ [F

Docteur en Medicine]°DOCTOR of Medicine. **DM, D-mark** °deutsche mark(s). **DMA**〘電算〙direct memory access 直接メモリーアクセス《主記憶とディスク装置などとの間のデータの伝送を CPU を介さず直接に行なう方式》♦ Doctor of Musical Arts.

DMA channel /dì:èméɪ ―/〘電算〙DMA チャンネル《メモリーから周辺機器へのデータ路; データのやりとりは CPU を使わず, 専用のチップ (DMA controller) が管理する》.

DMA controller /dì:èméɪ ―/〘電算〙DMA コントローラー (⇨ DMA CHANNEL).

DMD [L *Dentariae Medicinae Doctor*] Doctor of Dental Medicine ♦〘医〙°Duchenne muscular dystrophy. **DME**〘空〙°distance measuring equipment. **DMin** Doctor of Ministry. **DML**〘電算〙°declarative markup language.

Dmow·ski /dəmɔ́:fski, -mɔ́:v-/ ドモフスキ **Roman** ～ (1864–1939)《ポーランドの政治家》.

DMs°Dr Martens. **DMSO** °dimethyl sulfoxide. **DMT** dimethyltryptamine. **dmu** diesel multiple unit ‖〘鉄道〙(総括制御式)ディーゼル車. **DMus** Doctor of Music. **DMV**〘米〙°Department of Motor Vehicles. **DMZ** demilitarized zone. **dn** down.

d—n /dí:n, dǽm/ DAMN.

DNA /dí:èneɪ/ *n*〘生化〙DNA, デオキシリボ核酸 (DEOXYRIBONUCLEIC ACID): Design is in his ～.=He has design in his ～. 彼はデザインをやるべくして生まれた, 生まれながらにしてデザインの才能があった.

DNA fingerprinting /dí:èneɪ ―/ DNA 指紋[フィンガープリント]法 (=*DNA profiling* [*testing, typing*], *genetic fingerprinting*)《DNA の塩基配列の分析によって個人を識別する方法; 犯罪捜査に応用される》. ♦ **DNA fingerprint** /dí:èneɪ ―/ DNA 指紋[フィンガープリント].

DNA polymerase /dí:èneɪ ―/〘生化〙DNA ポリメラーゼ《DNA の複製・修復にかかわる重要な酵素》.

DNA print /dí:èneɪ ―/〘生化〙DNA 紋[プリント] (DNA fingerprint).

DNA probe /dí:èneɪ ―/〘生化〙DNA プローブ《鎖長 10–20 の特定の塩基配列の一本鎖 DNA オリゴマーで, 化学的に合成する; 特定の DNA 断片を釣り上げるのに用いる》.

DNA profiling /dí:èneɪ ―/ DNA FINGERPRINTING. ♦ **DNA profile** /dí:èneɪ ―/ *n*

DN·ase /dí:éneɪs, -z/, **DNA·ase** /dí:èneɪèɪs, -z/ *n*〘生化〙DN(A) アーゼ (DEOXYRIBONUCLEASE).

DNA testing [typing] /dí:èneɪ ―/ DNA 鑑定[タイピング] (DNA FINGERPRINTING).

DNA virus /dí:èneɪ ―/〘生〙DNA ウイルス《DNA を含むウイルス》.

DNB °Dictionary of National Biography.

DNC〘米〙Democratic National Convention.

Dnepr ⇨ DNIEPER.

Dneprodzerzhinsk ⇨ DNIPRODZERZHYNS'K.

Dnepropetrovsk ⇨ DNIPROPETROVS'K.

Dnestr ⇨ DNIESTER.

D net /dí: ―/ D 網《海底のプランクトンを採取するのに用いる口が D 字形の網》.

DNF did not finish.

Dnie·per /ní:pər/ [the] ドニエプル川 (Russ **Dne·pr** /dənjépr(ə)/)《Moscow の北西 Valdai 丘陵に発し, ベラルーシ東部・ウクライナを南流して黒海に注ぐヨーロッパ第 3 の長流》.

Dnies·ter /ní:stər/ [the] ドニエストル川 (Russ **Dnes·tr** /dənjéstr(ə)/)《ウクライナ西部, ポーランド国境近くのカルパティア山脈北斜面に発し, 南東に流れてモルドヴァ東部を経て黒海に注ぐ》.

Dni·pro·dzer·zhyns'k, Dne·pro·dzer·zhinsk /dənjèprəʤɪərʒí:nsk/ ドニプロジェルジンシク, ドニエプロジェルジンスク《ウクライナ中東部の Dnieper 川に臨む市; Dnipropetrovs'k の西に位置》.

Dni·pro·pe·trovs'k, Dne·pro·pe·trovsk /dənjèprəpətrɔ́:fsk/ ドニプロペトロフシク, ドニエプロペトロフスク《ウクライナ東部の Dnieper 川に臨む市; 冶金工業の中心; 旧称 Yekaterinoslav》.

D-notice ‖/dí: ―/ *n* D 通告《機密保持のため報道を自粛するよう報道機関に要請する政府通告》. [*d*efense]

DNP did not play. **DNR**〘米〙Department of Natural Resources ♦〘医・法〙do not resuscitate 蘇生(そせい)不要《病院や医療機関において, 入院者が心停止になった場合に蘇生術を施さないよう医師に対して指示する, 本人による意思表示(の文書)》.

DNS °domain name server [service] ♦ domain name system.

do[1] *v* /dú:/ (**did** /dɪ́d/, **done** /dʌ́n/; 三人称単数直説法現在形 **does** /dʌ́z/) *vt* **1 a**〈あることを〉する; 遂行する (carry out); 果たす; 〈力などを〉用いる, 〈全力を〉尽くす, 注ぐ (exert), …だけの効果[影響]がある; [do do*ing*]《職業として》する: What can I *do* for you? 何かご用でしょうか, 何かお役に立てますか? / *Do* your duty. 義務[本分]を果たせ / I have nothing to *do*. する事がない / *do* writ*ing* 執筆をする / Let's [We must] *do* this again (sometime). またいつかこんな機会をもちましょう / can't *do* anything about…をどうすることもできない / *do* much [a lot] for…に大いに役立つ / *do* nothing for…にとって何の足しにもならない[…を全然好きになれない] / *do* something to [for]… ⇨ 成句 / What do you *do*? お仕事は何ですか. **b** [‖have done, be done] してしまう, 済ませる (⇨ DONE): I *have done* writing. 書き物を済ませた《完了》/ The work *is done*. 仕事は済んでいる《状態》/ *have done* it (成句) / What *is done* cannot be undone [*is done*]. 《諺》済んだことは取り返せない[しかたがない]. **2 a** 処理する, 整理する, 繕う, …の手入れをする; 〈部屋を〉片付ける, 模様替えする; 清掃する; 〈花を〉生ける; 〈髪を〉整える; 〈顔を〉化粧する, つくる; 〈歯を〉磨く; 〈学課を〉勉強する (prepare), 専攻する, 〈学位を〉取る, 〈試験を〉受ける; 〈問題・計算を〉解く (solve), する; 〈写しを〉とる: *do* the shopping [washing] 買物[洗濯]をする / do the DISHES. **b** 作る, 制作[創作]する, 〈小説などを〉書く; 〈作品を〉翻訳する 〈*into* English〉; 〈絵を〉描く, 〈映画を〉つくる; 料理する, 調理する (cook) (cf. over*done*, under*done*, well-*done*); 〈食べ物・料理を〉こしらえる (prepare), 作る: I like my meat very well *done*. 肉はよく焼けた[煮えた]のが好きだ / *do* eggs and bacon. **c**〈劇を〉演じる, 上演する; …の役[まね]をする; [do the＋形容詞] …らしくふるまう: *do* Hamlet ハムレットをやる[演じる] / She always *does* the hostess amiably. いつも愛想よく主人役をつとめる / *do* black *《俗》黒人の役を演じる / *do the* big [grand, swell] 偉そうにふるまう. **d**〈食事・映画などを〉共にする, …に加わる; 見物[参観]する: Let's *do* lunch. / *do* (＝see) the sights (of…の)名所見物をする / *do* the Tower (of London) ロンドン塔を見物する. **e**〈ある距離を〉踏破する (cover); 《燃費を示して》〈…マイル・キロ〉走る; 〈時速…〉で進む; 〈旅程を〉終える: *do* 20 miles a day 一日に 20 マイル行く / *do* 15 miles to the gallon ガロン当たり 15 マイル走る. **f**《口》〈刑期を〉つとめる, 服役する; 《口》〈一定期間を〉過ごす, つとめあげる: *do* TIME / *do* 3 years / *did* 2 years of teaching. **3 a** [間接・直接両目的語を伴って]〈人〉に〈…を〉してやる, しむける, 〈敬意などを〉表わす; 〈害などを〉加える; 与える; もたらす: *do* sb a favor 人に恩恵を施す / Bad books *do* (us) harm. 悪書は害を与える / That *does* you great credit [honor]. それはあなたの非常な手柄[名誉]となる. **b**《古》〈ある位置・状態に〉置く (put) 〈*into* a pot, *in* prison, etc.〉; …させる: *do* him killed 彼を殺させる / do…to DEATH. **4 a** ‖〈人〉に役に立つ, …に用が足りる: That will *do* me very well. それでわたしはけっこう / Worms will *do* us for bait. ミミズは釣餌になる. **b** ‖《口》〈人を〉遇する, もてなす (entertain), 応対[接客]する; 〈人〉にふるまう (behave to), 賄う; 〈食事などを〉出す, 供する: *do* a man handsomely 人に気前よくしてやる / They *do* you very well at that hotel. あのホテルは客扱いがよい / *do* one*self* well 食い放題にする, ぜいたくな生活をする / This pub *does* lunch. このパブはランチが出る. **5 a**《口》だます; ‖《口》たたきのめす, やっつける, 殺す; ‖《俗》つかまえる, 逮捕[検挙, 起訴]する, 有罪とする (⇨ DO sb for… (成句)); 《口》すっかり疲労させる (tire out); 《卑》…とやる: I've been *done*. 一杯食わされた / That *does* me. それには参るよ. **b**《俗》…に盗みにはいる, 《証拠などを求めて》〈部屋などを〉捜索する: *do* the room. **6**《俗》〈薬物を〉常用する, やる; 《古風俗》〈酒を〉飲む, やる: *do* dope [drugs].

► *vi* **1 a** 行なう (act), 事をする; 行動[活動]する (work, be active); ふるまう (behave): *Do* as I say, not as I *do*. 《諺》わたしの言うとおりにせよ, わたしの為すようにではなく《*Matt* 23: 3 でイエスがパリサイ人を批判したことばのもじり》/ *Do* in [at] ROME as the Romans *do*. / *Do*; don't merely talk. しゃべってばかりいないで行動したまえ / *do* wisely 賢明にふるまう / You *did* well [right] to refuse. きみが断わったのはよかった. **b** 暮らす (get along): He *is doing* splendidly [very well] at the Bar. 弁護士としてりっぱにやっている / Mother and child *are* both *doing* well. 母子とも健在だ / How[1] do you *do*? **2** [完了形] してしまう, 済ます: *Have* you *done with* this book? この本はお済みになりましたか / I'd like to get this *done with*. 《口》これをやってしまいたい. **3 a**〈事物がうまく[まずく]〉運ぶ, いく; 〈植物が〉育つ, できる (grow): Flax *does* well after wheat. 小麦のあとには亜麻がよくできる. **b** 起こる (happen): Anything *doing* tonight? 今夜何かあるのか / What's *doing* here? ここで何かあるの[あったの] / NOTHING *doing*. **4** 適する, 役立つ, 間に合う, 十分である (suit) 〈*for, to* do〉; 当を得ている, 好ましい: That sort of person won't *do for* this company. そういう人はわが社にはだめだ / That won't [doesn't] *do*. それはだめだ / This will *do as* [*for*] a pillow. これは枕代わりになるだろう / It won't *do* to be late. 遅刻するのは好ましくないだろう / This *does* okay [fine] *for* me. 《口》これでけっこうだ. **5**《俗》薬(やく)をやる.

● **be doing well** 経過が良好である, よくなっている (cf. DO *well*). **be done with** 既に用済みである: All the magazines in that box *are done with*. あの箱の雑誌はすべてもう要らない. **be done with** …をやめる, 終える, …と手を切る. **be to do** (…は)しなければ[なされなければ]ならない. **be** (something, a lot, etc.) **to do with**…と[に](なにか[大いに など])関係がある: *be* nothing *to do with*…とはなんの関係もない. **do a**… 《口》…のようにふるまう (cf. *do a* GARBO). **do a good thing** うまくもうける. **do away** 《古》除く, 廃する. **do away with**…を除く, 廃止する (get rid of); 《口》〈人を〉殺す (kill): *do away with* one*self* 自殺する. **do badly** へまをする, 失敗する, 《試合・試験などで》ふるわない. **do badly for**… 《口》…のた

くわえがあまりない, …をあまりもらえない. **do by**…を(よく)遇する: He *does* well *by* his friends. 彼は友人によくする / Do as you would *be done by*. 己れの欲するところを人に施せ (⇨ GOLDEN RULE) / hard [badly] DONE *by*. **do sb down** "《口》人に恥をかかせる, 人をけなす, 人の陰口をきく[たたく], 人をだます[出し抜く]: ~ *oneself down* 卑下する. **do for**…の代役をする (act for); "《口》…の身のまわりの世話をする; [ᵁ*pass*]《口》…をやっつける, 殺す, やる, だめにする (⇨ DONE for); [what, "how に続く疑問文で]《口》…を手に入れる, …の手配をする (cf. DO *well* [*badly*] *for*…): *What* [*How*"] will you *do for* drinking water when you are camping? キャンプのとき飲み水はどうしますか. **do sb for**…《口》人をだまして…を巻き上げる; [ᵁbe [get] done for]"《俗》人を…の罪で告発[有罪と]する. **do in**《口》殺す, バラす; 《口》やっつける, 破滅させる; [ᵁ*pass*]《口》へとへとにする, へばらせる; "《口》〈体を〉痛める; 《俗》だます; [*do* (in)]《豪俗》使いはたす: *do* one*self in* 自殺する. **do it** 功を奏する, 成功する; 災難をまねく, へまをする; 《口》性交する, あれをやる; 《口》大小便をする: Gently [Dogged] *does it*. そっとやる[がんばる]のが肝心. **do it all** *《俗》終身刑に服する; *《俗》何でもこなせる, 多才[器用]だ. **do it up** *《俗》みごとにやってのける, うまくこなす, 決める. **do off**《古》PUT¹ off (opp. *do on*) (cf. DOFF). **do on**《古》PUT¹ on (opp. *do off*) (cf. DON²). **do or die** 死ぬ覚悟[死物狂い]でやる(しかない), 斃(たお)れてのちやむ, なにがなんでもやり遂げる (cf. DO-OR-DIE). **do out** "《部屋を》掃除する, 〈机を〉片付ける; "〈部屋などを〉《ペンキ・壁紙などで》飾る, 仕上げる, 内装する〈*in*〉. **do out of**…《口》…からうまい汁を吸う, うまくもうける. **do sb out of**…《口》人をだまして…を巻き上げる, 〈手当・機会・権利など〉を与えない. **do over** 〈部屋を〉改装する; *やりなおす, 作りなおす; 〈人〉の髪を整えなおす; 〈人〉に衣裳を用意する; 《俗》だます; "《口》打ちのめす; [ᵁ*pass*] "《口》〈家など〉から物を盗む, 荒らす. **do sb** PROUD. **do** one**self** *《俗》みっともないまねをする, 恥をかく. **do** one**self up** 盛装する. **do something for**…をよくする, 引き立てる, …に似合う[よい効果がある]. **do something to**… =DO something for…; …を興奮させる, 悩ます, …の心を乱す[ひきつける]. **do to** [**unto**]…《古》DO by…. **do up** (1) 修繕する; 片付ける; 洗濯する, アイロンをかける; 〈顔を〉つくろう; 〈髪を〉結い上げる; [~ *-self*/*pass*]《口》着飾らせる; 飾る. (2) 〈ボタンを〉かける, 〈服〉のボタン[ホック]をかける, 〈衣服が〉ボタン[ファスナーなど]がかかって留められる; 〈靴ひもなどを〉結ぶ; "包む, 包みにする; かんづめにする: How does this dress *do up*? どうやって留めるのですか. (3) すっかり疲れさせる (tire out); 《口》やっつける, たたきのめす; 〈人を〉陥れる; 《俗》薬(ヤク)をうつ[吸う]. **do sth up brown** [**nicely, right**]《口》物事を丁寧にやる, 完璧に仕上げる. **do well** りっぱにやる, 健闘する, 成功する; 順調である, 成績がよい. **do well by** sb ⇨ DO by…. **do well for**…《口》…をたくさん手に入れる, たくさんもらう: He *did* very *well for* tips. チップをたっぷりもらった. **do well for** one**self**《口》〈商人・医者などが〉繁盛する, 成功する. **do well to** do…するのが賢明である. **do well with** [**out of**]…でもうける. **do with**… [what で始まる疑問文で]〈かばん・鍵・書類などを〉を(どう)処置する, 〈人・問題などを〉(どう)扱う, 始末する; [ᵁ*neg*]" どうにか我慢する (endure); …で済ませる, どうにかする; …で満足だ; [could, can と共に用いて] …があればありがたい, 欲しい, 〈人・物事が〉…が必要である: *What* did you *do with* my umbrella? 傘をどこへやったのか / He doesn't know *what* to *do with* him*self* on Sunday. 日曜日にどう時間を過ごしてよいかわからない / I *can't do* anything *with* him. 彼は始末に負えない[どうしようもない] / I *could do with* a good night's rest. 一晩ゆっくり眠りたいよ / Since I'm busy this week I *can't do with* visitors. 今週は忙しいのでお客はご免こうむりたい / Your car *could do* [be *doing*] *with* a wash. きみの車は洗ったほうがいいね. **do without**…なしで済ます; [can, could と共に用いて]《口》…がなくてもいい, 〈干渉など〉を必要としない: He *can be done without*. 彼はいなくても間に合う / I *can do without* him. あの人はいやだ. **Don't do anything I wouldn't do.**《口》[*joc*] 悪いことはしないようにね, ほどほどにね, じゃあまたね《別れのときの挨拶》. **have done it**《口》しくじった, へまをやった: Now, you*'ve done it!* そら(へまを)やっちゃった. **have done with**…をし終わる, よす, …が不要になる; …と関係を断つ: *Have done!* やめろ! **have** (**got**) **to do** 仕事がある; 関係がある. **have** (something [a lot, nothing, etc.]) **to do with**…と[に](なにか[大いに など])関係がある; …とつきあい[取引]がある; …に関与している: Did you *have* anything *to do with* that plan? あの計画になにか関係していましたか. MAKE¹ **do. No, you don't.** いやそうはさせないぞ. **That dóes it!** もうたくさんだ, いいかげんにしろ! (=**That díd it!**); これでよし, できたぞ! **That's done it!**《口》うまくいったぞ, やったぞ; "《口》しまった, だめだ! **That will do.**《口》もうそれで十分[けっこう]だ; 《子供に向かって》もうよしなさい[やめなさい]. **to do with**…に関係する: He is interested in anything *to do with* (=anything that has *to do with*) cats. 猫に関係のあることならなんにでも興味をもっている. **What do you think you are doing here?** なぜこんな所にいるんだ, こんな所で何やってるんだ. **What is** [**are**]…**doing**…? [文尾に場所の副詞を伴って] なぜ[どうして]…は…にある[いる]のか: *What is* my hat *doing* on this table? 帽子がなぜこのテーブルの上にあるのか / *What are* you *doing* out of bed at this time of night? 夜こんな時間にどうして起き出しているのか. **What is** [**are**]…**doing with**…? なぜ[どうして]…は…を所有しているのか: *What is* a boy like him *doing with* a car? どうして彼のような子が車をもっているのか.

► *pro-verb* (代動詞) /dúː/. ★ 動詞(とその構文)の反復を避けるのに用いる. 助動詞と動詞 be, have の場合は用いない: I chose my wife as she *did* (=chose) her gown. / Who saw him?—I *did* (=saw him). / Do you like it?—Yes, I *do* (=like it). / I wanted to see him often, and I *did* (=saw him often). / He lives in London, *doesn't* he? / He doesn't speak German.—Nor [No more] *does* his brother. / He hates me, John *does* [*does* John]. 《方・口》おれが嫌いなんだよ, ジョンのやつはよ《強調》. ● **I do.**《結婚式で新郎・新婦が牧師に対して答える》「誓います」の返事: say ~ 結婚式を挙げる.

► *v auxil* /(子音の前) də, (母音の前) dʊ, dùː, dúː/ (**did** /dɪd, dìd, díd/; 三人称単数直説[叙述]法現在形 **does** /dəz, dʌ̀z, dʌ́z/) **1** [肯定を強調]: I *dó* think it's a pity. 本当に残念だと思う / *Dó* tell me. ぜひ聞かせてください (⇨ Do TELL¹!) / *Dó* be quiet! 静かになさいってば! / *Dó* sit down. どうぞおすわりください / I *díd* go, but…. 行くには行ったが(会えなかった など). **2** [否定形をつくる] be, have, dare, need など以外の動詞で not を伴う場合: I *do not* [*don't*] see. / I *did not* [*didn't*] know. / *Don't* go! **3** [Subject+Verb の語順を転倒する場合] **a** [疑問文をつくる]: *Do* you hear? / *Did* you meet her? **b** [強調・釣合いなどのため述語(の一部)を文頭に置く場合]: Never *did* I see such a fool. いまだかつてあのようなばか者を見たことがない (cf. I never saw such a fool).

► *n* /dúː/ (*pl* **~s, ~'s**) **1** "《口》パーティー, 祝賀会; "戦闘; 《方》騒ぎ; 《古》義務, 務め; [°*pl*] 守るべき[大事な]こと, 鉄則, 命令[希望]事項 (cf. DON'T); [*pl*] 分け前 "《古俗》詐欺, ペテン; 《豪俗》成功 (success); 《俗・幼児》うんち: do one's *do* 分を尽くす / *dos* and don'ts すべきこととすべからざること / FAIR *do's!* / make a *do* of…をものにする, …に成功する. **2**《口》髪型, セット (hairdo): a nice ~ 《口》すてきな髪型; ひどいヘアスタイル.

[OE *dōn* to do, put; cf. DEED¹, DOOM¹, G *tun*]

do² /dóʊ/ *n* (*pl* **~s, ~'s**)〘楽〙ド《長音階の第 1 音》, ハ音 (⇨ SOL-FA). [It *do*]

do double occupancy. **do.** ditto.

DO defense order ♦ Doctor of Osteopathy.

DOA /díːòʊéɪ/ *n* **1** 病院到着時死亡(者), 手遅れの患者. [*d*ead *o*n *a*rrival] **2** *《俗》フェンシクリジン (phencyclidine)《効きめが強く, 生命の危険をも伴うことから》. ► *a* 到着時に死亡していて; 手遅れで; *不首尾に終わって, 頓挫して.

DOA〘米〙°Department of Agriculture.

do·ab /dóʊàːb/ *n* 2 つの川にはさまれた地《特にインド北部の Ganges と Yamuna 両川の間》. [Pers]

dó·able *a* する[行なう]ことのできる, 可能で.

dó-àll *n* 雑役夫, 何でも屋 (factotum).

doat /dóʊt/ *vi* DOTE. **~·er** *n*

dob /dáb/ *vt* (-bb-) "《口》裏切る, 密告する〈*in*〉. ● **~ in**《豪俗》献金する.

Dob ドブ《男子名; Robert の愛称》.

DOB, d.o.b. date of birth.

dob·ber /dábər/ *n* *《方》《釣糸の》うき (bob); 《豪俗》DOBBER-IN.

dóbber-ín *n*《豪俗》密告者, 裏切り者.

dob·bin /dábən/ *n* 馬, 《特に》おとなしくてよく働く(野良仕事用の)馬, 駄馬《しばしば 子供の物語に出る》. [↓]

Dobbin 1 ドビン《男子名; Robert の愛称》. **2** ドビン Captain [Colonel] **William** ~ 《Thackeray, *Vanity Fair* 中の, Amelia Sedley の好人物の恋人》.

dob·by /dábi/ *n* **1**《方》《家庭に現われる》小妖精; "《方》まぬけ. **2**〘紡〙ドビー《織機の開口装置》; ドビー織り (=**~ wèave**). [cf. *dovie* (dial) stupid]

do·be, do·bie, do·by /dóʊbi/ *n* *《口》ADOBE.

Dobe /dóʊb/ *n*《口》DOBERMANN PINSCHER.

Dó·bell's solùtion /dóʊbɛ̀lz-, doʊbɛ́lz-/〘薬〙ドーベル液《もと鼻・咽頭の疾病に用いた》. [Horace B. *Dobell* (1828–1917) 英国の医師]

Do·be·rai /dóʊbəràɪ/ ドベライ《インドネシア West Papua 州北西部の半島; 旧称 Vogelkop》.

Dö·be·rei·ner /*G* dǿːbəraɪnər/ デーベライナー **Johann Wolfgang** ~ (1780–1849)《ドイツの化学者》.

Do·ber·man(n) /dóʊbərmən/ *n*〘犬〙DOBERMANN PINSCHER.

Dóberman(n) pínscher〘犬〙ドーベルマンピンシャー《中型で短毛の犬種; 軍用・警察犬》. [Ludwig *Dobermann* (1834–94) ドイツの飼育家, G *Pinscher* terrier]

do·bey·ing /dóʊbiɪŋ/ *n* *《海俗》洗濯. [*dhobi*, *-ing*]

do·bie /dóʊbi/ *n* *《口》ADOBE.

Dobie ドービー **J**(**ames**) **Frank** ~ (1888–1964)《米国の歴史学者・民俗学者; 西南部の民間伝承を研究》.

do·bla /dóʊblɑː/ *n*〘史〙ドブラ《スペインの旧金貨》. [Sp]

do·blón /dəblóʊn/ *n* (*pl* **~·es** /-blóʊniz/) DOUBLOON.

Dó·bos (**tórte**) /dóʊbòʊʃ(-), -s(-)/ [ˢd-] ドボシュトルテ《多層 (通例 7 層) の薄いスポンジケーキの間にモカチョコレートをはさみ, 上にカラメルがけしたトルテ》. [Josef C. *Dobós* (1847–1924) ハンガリーのペストリー作りのシェフ]

do·bra /dóubrə/ *n* ドブラ⦅**1**) 昔のポルトガルの硬貨, 特に 金貨 **2**) サントメ-プリンシペの通貨単位: ＝100 centimos⦆. [Port<L; ⇨ DOUBLE]

Do·brée /dóubrèɪ/ ドーブレ **Bonamy ~** (1891–1974)⦅英国の批評家; 王政復古時代演劇の権威; *Restoration Comedy* (1924), *Restoration Tragedy* (1929)⦆.

Do·bro /dóubrou/ (*pl* **~s**) 〔商標〕ドブロ⦅金属の反響板の付いたアコースティックギター⦆.

Do·bru·ja, -dja /dɔ́ːbrəʤà:, -ʤə/ ドブルジア⦅Danube 川下流と黒海間の地域; 北部はルーマニア領, 南部はブルガリア領⦆.

dob·son /dάbs(ə)n/ *n* ヘビトンボ (dobsonfly) の幼虫.

D

Dobson ドブソン (**Henry**) **Austin ~** (1840–1921)⦅英国の詩人・文筆家⦆.

dóbson·flỳ *n* 〔昆〕ヘビトンボ⦅同科総称; 雄は大きな牙状の大あごをもつ; cf. HELLGRAMMITE⦆.

doc[1] /dάk/ *n* ⦅口⦆ DOCTOR, [ᵁD-] 先生, 大将⦅医師または名前のわからない一般人に対する呼びかけ⦆.

doc[2] *n* ⦅俗⦆ DOCUMENT, DOCUMENTATION.

doc. document(s). **Doc.** Doctor.

DOC °Department of Commerce.

do·cen·do dis·ci·mus /dɔːkéndou dískɪmùs/ われわれは教えることによって学ぶ. [L]

do·cent /dóus(ə)nt, dousént/ *n* PRIVATDOZENT; 〔米大学〕講師 (lecturer); ⦅美術館・博物館などの⦆ガイド.

do·ce·tic /dousíːtɪk, -sét-/ *a* [ᴼD-] キリスト仮現説(信奉者)の.

Do·ce·tism /dousíːtɪz(ə)m, dóusə-/ *n* (キリスト)仮現説⦅地上のキリストは天上の霊的実在者としてのキリストの幻影であるとする 2 世紀ごろの説⦆. ◆ **-tist** *n* 仮現説信奉者.

doch-an-dor·rach /dάxəndɔ́ːrəx/, **-dor·(r)is** /-dɔ́ːrəs/ *n* ⦅スコ・アイル⦆ 別れの杯 (stirrup cup). [Gael＝drink at the door]

doc·ile /dάsəl, -àɪl; dóusàɪl/ *a* すなおな, 従順な, 御しやすい (opp. *difficile*); 教えやすい〈生徒〉. ◆ **~·ly** *adv* **do·cil·i·ty** /dousíləti, dα-/ *n* [L (*doceo* to teach)]

doc-in-a-box ⇨ DOCS-IN-A-BOX.

dock[1] /dάk/ *n* **1** 波止場, 船着場, 埠頭, 突堤, 岸壁, 桟橋 (pier); ⁿ⦅桟橋の間または桟橋に接する⦆船だまり. **2 a** 〔土木〕船渠, ドック (⇨ DRY [GRAVING, WET] DOCK); [ᴼ*pl*] 繋船渠; [ᵁ*pl*] 造船所 (dockyard): go into [enter] ~ 〈船が〉ドックにはいる / leave ~ ドックを出る. **b** 〔空〕機体検査[整備, 修理]場; 格納庫. **3***⦅トラック・貨車のための⦆積み降ろし用プラットホーム, 積荷場 (＝**lóading ~**). **4** ⦅劇場の⦆背景の道具立て; 道具部屋 (scene dock). ● **in ~** 修理工場[ドック]入りして(いる); ⁿ⦅口⦆ 入院して(いる). ► *vt* **1 a** ドックに入れる, 波止場に着ける. **b** 〈港など〉にドックを設ける. **2** 〈2つの宇宙船を〉合体[ドッキング]させる; つなぐ, 連結[接続]する. ► *vi* **1** ドックにはいる, 埠頭に着く 〈*at*〉. **2** 〈宇宙船が〉ドッキングする. [Du *docke*<?]

dock[2] *n* **1** 〔動〕尾根⦅毛の部分に対し尾の芯部⦆; 短く切った尾; しりがい (crupper). **2** ⦅給料の⦆減額(の額). ► *vt* **1** 〈尾・耳・毛などを〉短く切る; 〈ウマ・ヒツジなど〉の断尾(だんび)をする. **2** 〈給与などを〉削減する, 減額する; 〈人〉の給与を減額する, 減給処分にする; 〈給与〉から〈金額を〉差し引く 〈*from*〉; 〈人〉から〈…を〉奪う 〈*of*〉; …から〈一部を〉削る 〈*of*〉. [ME<?OE **docca*; cf. MLG *dokke* bundle of straw, OHG *tocka* doll]

dock[3] *n* 〔植〕 **a** ギシギシ, スイバ⦅タデ科⦆. **b** ⦅各種の⦆広葉の雑草. [OE *docce*]

dock[4] *n* [the] ⦅刑事法廷の⦆被告席. ● **be in the ~** 被告席に着いている, 裁判にかけられている; [*fig*] 審判を受けている. [Flem *dok* cage<?]

dóck·age[1] *n* ドック[船渠]設備; ドック使用料; ドック入り.

dockage[2] *n* 切り取ること; 切り詰め, 削減, 減額; ⦅洗浄処理で容易に除去される⦆穀物中の異物. [*dock*[2]]

dóck brìef 〔英史〕即席弁護(依頼)⦅被告人席 (dock) から事務弁護士 (solicitor) を介さず直接に在廷している法廷弁護士 (barrister) になされる弁護依頼⦆.

dóck dùes *pl* ドック使用料 (dockage).

dock·en /dάk(ə)n/ *n* ⦅スコ⦆ **1** 〔植〕ギシギシ (dock). **2** 少しばかり, ちっと: not worth a ~.

dóck·er[1] ⁿ*n* 港湾労働者⦅特に荷役⦆, ドック作業員.

docker[2] *n* 切り詰める人[もの]; ⦅家畜を⦆断尾する人[装置]. [*dock*[2]]

dock·et /dάkət/ *n* **1 a** 〔法〕*未決訴訟事件表⦅事実審理に付すべき事件の予定一覧表⦆; ⁿ要録(書), 事件要録. **b** *議事予定表, 会議事項; *処理予定事項表. **2** ⁿ⦅書類に付ける⦆内容摘要, ⦅小包などの⦆明細書, ⦅特に⦆荷札, 付箋, ラベル. **3** ⁿ⦅統制物資の入手・購入・移動に対する⦆権限授与書, 認可証, 証明書, ⦅特に⦆関税支払済証明書. ● **clear the ~** *⦅審理に付すか却下・棄却するかして⦆事件を処理する. **on the ~** *⦅俗⦆ 考慮中の[で], 当面の; 遂行[実施]されて. ► *vt* 〈文書・判決など〉の摘要を作る; 要約して帳簿[登録簿]に記入する; *未決訴訟事件表に記載する; 〈文書など〉の裏に内容摘要を記す; 〈小包など〉に docket を付ける. [C15<?]

dóck glàss 酒の試飲用の大型グラス.

dóck·hànd *n* 沖仲仕, 港湾労働者 (longshoreman).

dóck·ing *a* 入渠の, ドック入れの. ► *n* 入渠, ドック入れ; ⦅宇宙船の⦆結合, ドッキング.

dócking adàpter ドッキングアダプター⦅ドッキングした宇宙船の連絡通路⦆.

dócking stàtion 〔電算〕ドッキングステーション⦅ノート型コンピューターの底部・後部に装着する拡張キット⦆.

dóck·ize *vt* 〈川・港湾など〉に船渠を設ける.

dóck làborer 港湾労働者 (docker).

dóck·làndⁿ *n* 波止場地域; 波止場近辺の(さびれた)住宅地; [ᵁD-s, 〈*sg*/*pl*〉] ドックランズ⦅London の East End 付近の Thames 川北岸を中心とする旧 dock 地帯・再開発地域⦆.

dock·mack·ie /dάkmæ̀ki/ *n* 〔植〕北米原産の白い花をつけるガマズミ属の一種⦅スイカズラ科⦆. [Du<NAmInd]

dóck·màster *n* 船渠現場主任, ドックマスター.

dock·o·min·i·um* /dὰkəmíniəm/ *n* 分譲のボート係留場; 専用のボート係留場付きの分譲マンション. [*dock*[1]＋*condominium*]

dóck ràt *⦅俗⦆ 波止場の浮浪者.

dóck·sìde *n* 波止場(近辺). ► *a* 波止場(近辺)の.

dóck-tàiled *a* 切り尾の, 断尾された.

dóck·wàllop·er *n**⦅俗⦆ 波止場の臨時人足, 沖仲仕, 波止場ごろ. ◆ **dóck·wàllop·ing** *n*

dóck·wòrk·er *n* 沖仲仕, 港湾労働者 (longshoreman).

dóck·yàrd *n* 造船所 (shipyard); ⁿ海軍工廠(こうしょう) (naval shipyard*).

Doc Martens ⇨ DR MARTENS.

doco /dάkou/ *n* (*pl* **dóc·os**) ⦅豪口⦆ DOCUMENTARY.

doc·o·sa·hexa·enó·ic ácid /dὰkəsəhɛ̀ksəɪnóuɪk-/ 〔生化〕ドコサヘキサエン酸, DHA⦅魚油などに多く含まれる高度不飽和脂肪酸; 血中コレステロール抑制作用のほか脳のはたらきを高める効果があるとされる⦆.

dóc(s)-in-a-bóx *n**⦅俗⦆ ⦅ショッピングセンターなどにある⦆救急医療所 (cf. McDOCTORS).

doc·tor /dάktər/ *n* **1 a** 医者, 医師⦅英と異なり米では surgeon, dentist, veterinarian, osteopath などにも用いる⦆; [D-] [*voc*] 先生 ⦅略 Doc.⦆: see [go to] a ~ 医者に診てもらう / be under the ~ 加療中である / the ~ in charge 主治医. **b** まじない師, 呪医 (medicine man). **2 a** 博士 (cf. MASTER[1]); 名誉博士; 医学博士⦅略 D, Dr⦆; 博士号: a *D~* of Law [Divinity, Theology, Medicine] 法学[名誉神学, 神学, 医学]博士. **b** ⦅古⦆ 学者, 先生; 教会博士 (⇨ DOCTOR OF THE CHURCH): Who shall decide when *~s* disagree? 学者たちの意見がまちまちでは決しようもない⦅Pope, *Moral Essays*⦆. **3** ⦅俗⦆ ⦅船・野営の⦆賄い長, コック; ⦅俗⦆ 巨根の持主. **4 a** ⦅口⦆ 修繕屋; *⦅競馬俗⦆ 馬に薬を盛る者. **b** ⦅応急修理の間に合わせの⦆調節[補正]器具; 補助エンジン (donkey engine); 上塗りなどを広げる[はぎ取る]ためのナイフ (＝**~ blàde**). **c** 食品添加物. **d** ⦅古俗⦆ ⦅鉛を詰めた⦆いかさまさいころ. **5** 〔釣〕色あざやかなサケ釣り用の毛針. **6** 〔気〕ドクター⦅熱帯の涼しい海風⦆. ● **go for the ~** ⦅豪俗⦆ 一大発奮する, ⦅競馬で⦆猛烈に走る. **go to the ~** *⦅俗⦆ 酒を飲む. (**just**) **what the ~ ordered** ⦅口⦆ (まさに)必要なもの, (ちょうど)欲しいと思っていたもの. **play ~** お医者さんごっこをする. **You're the ~.** ⦅口⦆ きみしだいだ, よしわかった(そうしよう).

► *vt* **1 a** 治療[手当て]する 〈*up*〉; ⦅口⦆ [*euph*] 〈動物〉に不妊手術をする, 断種する: ~ *oneself* 手療治をする / ~ a horse 馬を診る. **b** 〈機械など〉の手入れ[修繕]をする (mend); 手を入れる, 手直しする, 修正する. **2 a** 〈飲食物など〉にまぜ物をする 〈*with*〉; 〈飲み物〉に麻酔薬を加える 〈*up*〉. **b** 〈計算などを〉ごまかす, 〈文書・証拠などを〉不正に変更する. **3** ⁿ〈人〉に博士号を授与する; 〈人〉に Doctor と呼びかける. ► *vi* **1** 医者をする. **2** ⦅方⦆ 薬を飲む, 医者にかかる. ● **~ shop** *⦅俗⦆ 処方箋により合法的に薬物を入手する.

◆ **~·hòod** *n* **~·less** *a* **~·ly** *a* [OF<L (*doct- doceo* to teach)]

dóctor·al *a* 博士の; 博士号の; 博士号を有する: a ~ dissertation 博士論文. ◆ **~·ly** *adv*

dóctor·ate *n* 博士号 (＝*doctor's degree*); 学位.

dóctor·bìrd *n* 〔鳥〕⦅西インド諸島産の⦆ハチドリ⦅ウチワハチドリなど⦆.

dóctor bòok 家庭用医学書.

dóctor·fìsh *n* 〔魚〕ニザダイ (surgeonfish).

doc·to·ri·al /dαktɔ́ːriəl/ *a* DOCTORAL.

Dóctor of Philósophy 博士号⦅大学院で与える, 法学・医学・神学を除く学問の最高学位⦆; ⦅これを取得した⦆博士⦅略 PhD, DPhil⦆.

Dóctor of the Chúrch 〔キ教〕教会博士⦅中世以降学徳の高い聖人・神学者に贈られる称号; 特に 西方教会の Ambrose, Augustine, Jerome, Gregory や東方教会の Athanasius, Basil, Gregory of Nazianzus, Chrysostom⦆.

dóc·tor's *n* (*pl* ~) DOCTOR'S DEGREE.

Dóctors' Cómmons ドクターズコモンズ⦅**1**) London にあった民法博士会館; 1857 年までここに教会裁判所・海事裁判所が設置され, 両裁判所で実務を行なう弁護士会 (College of Advocates) の事務所があった **2**) その所在した地⦆.

dóctor's degrèe 博士号 (doctorate); 名誉博士号.
dóctor·shìp *n* DOCTORATE; «古» DOCTOR の地位[資格].
dóctor's órders *pl**«俗» 人の忠告, アドバイス, (きつい)お達し: on ～ 忠告に従って, うるさく言われて.
dóctor's stúff [*derog*] 薬.
Dóctors Withòut Bórders [‹*sg*›] 国境なき医師団 《戦争・天災などの被害者に医療援助を提供する, 非営利の国際的な民間団体; フランス語名 Médecins sans Frontières (略 MSF); ノーベル平和賞 (1999)》.
doc·tress /dáktrəs/ *n* «まれ» 女医, まじない師.
doc·tri·naire /dàktrənέər/ *n* 空論家. ► *a* 空理空論の, 教条的な (dogmatic). ♦ **-náir·ìsm** *n* 空理空論, 教条主義. [F DOCTRINE, *-aire* -ARY]
doc·tri·nal /dáktrənl; dəktráɪ-/ *a* 教義上の; 学理上の. ♦ **～·ly** *adv* 教義上; 学理的に.
doc·tri·nar·i·an /dàktrənέəriən/ *n* DOCTRINAIRE.
doc·trine /dáktrən/ *n* 教義, 教理; 主義; 原則, 学説; *公式(外交)政策; 〖法〗法理 《判例を通して確立されている法原則》; «古» 教え, 教訓 (precept): TRUMAN DOCTRINE. [OF＜L *doctrina* teaching; ⇨ DOCTOR]
dóctrine of descént 〖生〗生命連続説 《すべての動植物は以前の動植物の直接の子孫であるとする説》.
dóctrine of précedent 〖法〗先例拘束性の法理.
dóc·trin·ìsm *n* 教義至上主義. ♦ **-ist** *n*
docu /dákju/ *n* «俗» DOCUDRAMA.
dócu·dràma /dákjə-/ *n* ドキュメンタリードラマ.
doc·u·ment /dákjəmənt/ *n* 《証拠・記録となる》文書, 書類, ドキュメント, 記録, 証拠資料; 証書 (deed); 証券; 記録映画 (documentary); 〖電算〗文書 《ワープロに限らずアプリケーションに関連するデータファイル》; «古» 証拠: a ～ of annuity [obligation] 年金[債権]証書 / shipping ～*s*＝～*s* of shipping 船積書類 / a public ～ 公文書. ► *vt* /-mènt/ **1 a** …に証拠書類を提供する; …に証書[証券]を交付する; 〈船舶〉に船積書類を与える. **b** 文書[証拠書類]で立証する; 〈著書・論文など〉に典拠を示す. **2** 詳細に報道[記録]する; 〈作品を〉細部描写を多用し事実関係を詳細に再現する手法で構成[製作]する. **3** «廃» 教育する. ♦ **～·able** *a* **doc·u·men·ta·tive** /dàkjəméntətɪv/ *a* **dóc·u·mènt·er** *n* [OF＜L＝proof; ⇨ DOCTOR]
doc·u·ment·al /dàkjəméntl/ *a* DOCUMENTARY.
documéntal·ist *n* ドキュメンタリスト 《documentation の専門家》.
doc·u·men·tar·i·an /dàkjəmәntέəriən, -mèn-/ *n* 《特に写真・映画などで》ドキュメンタリー的手法の主唱者; ドキュメンタリーの作家 [プロデューサー, 監督]; DOCUMENTALIST.
doc·u·men·ta·rist /dàkjəméntərɪst/ *n* DOCUMENTARIAN.
doc·u·men·ta·ry /dàkjəmént(ə)ri/ *a* 文書の, 書類[証書]の, 記録資料となる[にある, による]; 〈映画・テレビなど〉事実を記録した: ～ evidence 証拠書類, 証書. ► *n* 記録映画, ドキュメンタリー (＝～ **fìlm**); 〖ラジオ・テレビなど〗記録もの. ♦ **doc·u·men·tar·i·ly** /dàkjəməntérəli, -mèn-, ⌐—⌐—; dɔ̀kjumént(ə)rɪli/ *adv*
documéntary bíll [dráft] 荷為替手形.
documéntary crédit 荷為替信用状.
doc·u·men·ta·tion /dàkjəmәntéɪʃ(ə)n, -mèn-/ *n* **1 a** 文書[証拠書類]調べ; 証拠書類提出; 《脚注などによる》典拠の明示, 証拠[記録]資料による裏付け, 傍証; 考証; 《船舶の》船積書類備え付け. **b** 典拠[証拠]として挙げた資料. **2** 情報科学. **3** 文書資料の分類整理, 文書化, ドキュメンテーション; 文書分類システム; 〖電算〗ドキュメンテーション, 説明書, 手引書, マニュアル. ♦ **～·al** *a*
dócument ìmage mànagement 〖電算〗《紙の文書をスキャンして行なう》ドキュメントイメージ管理 《略 DIM》.
dócument rèader 〖電算〗文書読取り装置, ドキュメントリーダー 《記号や文字を読み取り入力する》.
dócu·sèries /dákjə-/ *n* ドキュシリーズ 《シリーズ番組で放映されるドキュメンタリー》.
dócu·sòap /dákjə-/ *n*"ドキュソープ 《特定の職業や地域の人びとを一定期間追ったエンターテイメント番組》. [*documentary*＋*soap* opera]
Dod /dád/ ドッド 《男子名; George の愛称》.
DOD 〖米〗°Department of Defense.
do·da /dóudə/ *n* 〖動〗FOUR-HORNED ANTELOPE. [India]
do-dad /dú:dæ̀d/ *n* DOODAD.
dod·der[1] /dádər/ *vi* 《中風や老齢で》震える, よろめく, よろよろ[よたよた]する. ♦ **～·ing** *a* よろよろする, よぼよぼの. **～·er** *n* [*dadder* (obs dial) の変形; cf. DITHER]
dodder[2] *n* 〖植〗ネナシカズラ (＝*love vine, hellweed*). [ME＜?; cf. MHG *toter*]
dód·dered *a* 〈木が〉老い朽ちて枝の落ちた; よぼよぼの.
dódder gràss 〖植〗QUAKING GRASS.
dód·dery *a* DODDERING; DODDERED.
dod·dle /dádl/ *n*"«口» 楽にできること, 朝めし前のこと.
Dod·dy /dádi/ ドディー 《男子名; George の愛称》.
dode /dóud/ *n**«俗» ばか, あほ, まぬけ, ダサ男.
do·deca- /doudékə; dəudékə/, **do·dec-** /doudék; dəudék/ *comb form*「12」[Gk *dōdeka* twelve]
do·deca·gon /doudékəgàn, -gən/ *n* 十二角[辺]形 (⇨ TETRAGON). ♦ **do·de·cag·o·nal** /dòudekǽgənl/ *a*
do·deca·hédron /doudèkə-; dəudèkə-/ *n* (*pl* **～s, -dra**) 十二面体 (⇨ TETRAHEDRON). ♦ **-hédral** *a*
Do·dé·ca·nese Íslands /doudékənì:z-, dòudɪkəní:z-, -s-/ *pl* [the] ドデカネス諸島 《エーゲ海南東部の南 Sporades 諸島南部のギリシア領の島々》. ♦ **-ne·sian** /doudèkəní:ʒ(ə)n, dòudɪkə-, -ʃ(ə)n/ *a, n*
do·dec·a·nó·ic ácid /doudèkənóuɪk-, dòudèk-/ 〖化〗ドデカン酸 (LAURIC ACID).
do·deca·pho·nism /doudékəfənìz(ə)m, dòudɪkǽfə-; dəudèkəfóunìz(ə)m/ *n* 〖楽〗十二音技法. ♦ **-nist** *n* 十二音技法の作曲家[演奏者].
do·deca·pho·ny /doudékəfəni, dòudɪkǽfə-; dəudèkəfóuni/ *n* 十二音音楽. ♦ **-phon·ic** /dòudèkəfánɪk, doudèkə-/ *a* **-i·cal·ly** *adv*
dodèca·sýllable *n* 十二音節の詩行[単語]. ♦ **-syllábic** *a*
dod·gast·ed /dadgǽstəd/ *a**«俗» いまいましい, ひどい.
dodge /dáʤ/ *vi* **1** ひらりと身をかわす ‹*round, about, behind, between, into*›; (ぬらりくらりと)言い抜ける, ごまかす: ～ *about* ひらりひらりと身をかわす 《とらえどころがない》. **2** 〖鳴鐘〗隣接する鐘を逆に鳴らす. ► *vt* **1** 〈打撃・衝突などを〉さっと身をかわして避ける; 〈責任などを〉要領よくのがれる, 〈質問などを〉うまくはぐらかす, 巧みにごまかす[そらす]: ～ the issue 問題をよけて通る. **2** 〖写〗おおい焼きにする, 〈画面(の一部)〉に陰(かげ)をつくる (opp. *burn in*). ► *n* **1** 身をかわすこと; «口» ごまかし, 言い抜け, ペテン: make a ～ 身をかわす / tax ～ 税金のがれ. **2** 工夫, 妙計, 便法 ‹*for*›; 新趣向, 新案器具; *«俗» 稼業, 商売, …業: a ～ *for* catching flies ハエ捕り器 / know (all) the ～*s* うまいやり方[あの手この手]を心得ている. **3** 〖鳴鐘〗dodge すること. ● **on the ～** «俗» 警察の目をのがれて, 不正をして. [C16＜?]
Dodge 1 ドッジ **Mary (Elizabeth)** ～ (1831–1905) 《米国の児童文学者; 旧姓 Mapes /méɪps/; *Hans Brinker* (1865)》. **2** ダッジ 《米国製乗用車; 現在は Chrysler 社の一部門が製造》. ● **get out of** ～*«俗» 場所から出て行く, 立ち去る.
dódge·bàll *n* ドッジボール 《ゲーム》.
Dódge Cíty ドッジシティー 《Kansas 州南部の Arkansas 川に臨む市; かつて Santa Fe Trail 沿いの辺境の町》.
dodg·em" /dáʤ(ə)m/ *n* ドッジェム (＝～ **càr**) (BUMPER CAR); ドッジェム [the ～s] 《bumper car をぶつけ合う遊園地の遊び》. [*dodge 'em*]
dodg·er /dáʤər/ *n* **1** ひらりと身をかわす人; 責任のがれをする人, 法の網をくぐる人; 一筋縄ではいかぬ人; 詐欺師, ペテン師: TAX DODGER / FARE DODGER 乗り逃げする人. **2** 《船の bridge の》波よけ壁; «米・豪» 小さいビラ[ちらし]; 〖写〗ドッジャー 《おおい焼き装置》. **3***«南部» CORN DODGER; «豪俗・英俗» サンドイッチ, パン, 食い物.
dodg·ery /dáʤ(ə)ri/ *n* 《責任などの》回避, 言いのがれ, 言い抜け, うまくそらすこと, ごまかし.
Dodg·son /dáʤs(ə)n, *dád-/ ドジソン **Charles Lut·widge** /lʌ́twɪʤ/ ～ 《Lewis CARROLL の本名》.
dodgy" /dáʤi/ «口» *a* ずるい, 油断のならない; あやしげな, おぼつかない; 〈機械など〉あてにならない, 粗悪な; 〈ひざ・脚など〉調子が悪い; 危険な, あぶない; やりにくい, 面倒な. ♦ **dódg·i·ly** *adv* **dódg·i·ness** *n* [*dodge, -y*[1]]
do·do /dóudou/ *n* (*pl* **～es, ～s**) 〖鳥〗ドードー 《インド洋 Mauritius 島などにすんでいた七面鳥より大きい, 鳩に近い飛べない鳥; 17 世紀に絶滅》; «口» 時代遅れの[古臭い]人[もの], 老いぼれ, のろま, まぬけ, 退屈なやつ; *«俗» 一人で飛んだことのない訓練中のパイロット: (as) dead as a [the] ～ 完全に(息)絶えて[時代遅れて, 忘れ去られて]. [Port *doudo* simpleton]
Do·do·ma /dóudəmà:, -mə/ ドドマ 《タンザニア中北東部の市; Dar es Salaam に代わる首都》.
Do·do·na /dədóunə/ ドドナ 《古代ギリシアの Epirus 地方にあった町; 最古の Zeus の神託所があった》.
Dods·ley /dádzli/ ドズリー **Robert** ～ (1703–64) 《英国の詩人・劇作家・出版業者》.
doe /dóu/ *n* (*pl* **～s, ～**) 雌鹿 《FALLOW DEER の雌; cf. DEER》, ドウ; 《シカ・レイヨウ・ヤギ・ウサギ・ネズミ・カンガルーなどの》雌 (opp. *buck*); *«俗» 《パーティーなどで》男性パートナーのいない女性. [OE *dā*＜?; cf. OE *dēon* to suck, G (dial) *te*]
Doe ⇨ JOHN DOE, JANE DOE.
DOE, DoE 〖米〗°Department of Education ♦ 〖米〗°Department of Energy. **DOE** depends on experience.
dóe-èyed *a* (雌鹿のように)大きくあどけない眼をした.
doek /dúk/ *n* «南ア口» ドゥク 《女性がかぶる四角い布》.
dó·er *n* **1** 行為者, 行動する人; やり手, 精力家. **2** 生育する動物[植物]: a good [bad] ～ 発育のよい[悪い]動物[草木]. ● **a hard ～** «豪» 変わり者. [*do*[1]]
does *v* DO[1] の三人称単数直説法現在形.
dóe·skìn *n* 雌鹿の皮; 雌鹿[羊, 子羊]のなめし革; [*pl*] 羊皮手袋;

D

ドスキン《鹿のなめし革まがいのラシャ・綿織物・ナイロンなどの織物》.

does·n't /dʌ́z(ə)nt/ does not の短縮形.

do·est /dú:əst/ *v*《古》DO[1] の二人称単数直説法現在形.

do·eth /dú:əθ/ *v*《古》DO[1] の三人称単数直説法現在形.

doff /dáf, *dɔ́:f/《古風》*vt* 脱ぐ (opp. *don*); 〈帽子を〉取る, (少し)持ち上げる; 〈習慣を〉捨てる, やめる: ～ one's hat [cap] *to* sb 帽子を取って人に挨拶する. ♦ **～·er** *n**〖紡〗かき取り円筒, ドッファー. [*do*[1] *off*]

do·fun·ny, doo- /dú:fʌ̀ni/ *n**《口》DOODAD.

dog /dɔ́(:)g, dág/ *n* **1 a** 犬; イヌ科の動物《オオカミ・ヤマイヌなど》: *Dog* bites ～. 似た者同士かみつき合う / *Dog* does not eat ～.《諺》同族[骨肉]相食(は)まず (cf. DOG-EAT-DOG) / Every ～ has his [its] day.《諺》だれにでも得意な時はあるものだ, 生きてりゃいつかはいいこともある《悪いことばかりではない》/ the ～ it was that died 死んだのは嚙んだほうの犬, '人を呪わば穴ふたつ'《Oliver Goldsmith の詩より》/ Give a ～ a bad name (and hang him).《諺》一度悪評が立ったらおしまいだ / Love me, love my ～.《諺》わたしを慕うなら犬まで慕え《一族友人まで慕えの意; cf. '坊主憎けりゃ袈裟(けさ)まで憎い'》/ Two ～*s* fight for a bone, and a third runs away with it.《諺》二犬骨を争い他がこれを持ち去る / TEACH a ～ to bark! / (as) SICK[1] as a ～ / DEAD DOG / SLEEPING DOG. ★ 猟犬 hound, のら犬 cur, 小犬 puppy, whelp; 犬小屋 kennel; 鳴き声 bark, bay, bowwow, arf; growl, howl, snarl; whine, yap, yelp; 形容詞は canine. **b** 雄犬 (opp. *bitch*); 雄: a ～ wolf 雄のオオカミ. **c** 犬に似た動物 (prairie dog, dogfish など). **d** [the D-]*《俗》Greyhound バス (Hound). **2 a**《口》くだらない[卑劣な]やつ;《米俗・豪俗》密告者, 裏切り者, 犬 (: turn ～ ⇨ 成句);《俗》魅力のない[醜い]女, ブス; *《俗》いかす女, いい女;《俗》淫売; 《ののしって》ちくしょう! **b***《俗》《大学の》新入生, 新米労働者; *《俗》自動車点検工; [[U]*pl*] *《俗》《航空機の》乗客. **c** *《黒人俗》信用できない男[やつ]; *《黒人俗》セックスを強要する男. **d** [通例 cunning, gay, jolly, lucky, sad, sly などの形容詞を伴って] [軽蔑・戯言・愛称] やつ (fellow): a *sad* [*jolly*] ～ 困った[愉快な]やつ / DIRTY DOG. **3 a***《俗》不快なもの, くだらないもの, 売れない[売れ残りの]品物, 負け犬, 死に筋, 失敗(作), おんぼろ, ぽんこつ, 役立たず, クズ, カス; 《学業成績の》D;《俗》勝ちっこない弱い相手 (underdog);《俗》扱いにくい馬, 遅い馬, 駄馬. **b** 価格だけの値打ちのない[額面割れの]株式[債券]; 約束手形. **4**《口》見え, 見せびらかし. **5 a** 鉄鉤(かぎ), 回し金, つかみ道具; 〖金工〗つかみ金, チャック; 《車の》輪止め; ANDIRON (＝*firedog*). **b**《俗》足 (*foot*), [*pl*] 足 (feet)《《韻俗》dog's meat より》. **6** [*pl*] *《口》ホットドッグ (hot dog). **7** [the ～s][U]《口》ドッグレース (greyhound racing). **8**《俗》[*euph*] 犬の糞 (dog-doo). **9** [the D-]〖天〗**a** おおいぬ座 (Great Dog), こいぬ座 (Little Dog). **b** シリウス, 天狼星 (Dog Star, Sirius). **10**〖気〗幻日 (parhelion, sun dog), 霧虹 (fogbow, fogdog).

● **a ～ in a blanket** スグリのだんご, 丸めたジャムのプディング. **a** HAIR **of the ～ that bit** sb. **(as) nervous as a ～ shitting razor blades***《卑》えらく神経質で. **blush like a black ～** 全然顔を赤らめない[恥ずかしがらない], しゃあしゃあとしている. **call off the ～s***《俗》態度を和らげる, 攻撃の手をゆるめる. **die like a ～ ＝die a ～'s death** 恥ずべき[悲惨な]死に方をする. DOG IN THE MANGER. DOG'S AGE. DOG'S CHANCE. DOG'S LIFE. **～ tied up**《豪俗》たまった勘定書. **eat ～***屈辱を忍ぶ (eat dirt). **fuck the ～***《卑》のらくら[ぐずぐず, ちんたら]する, ぶらぶらして過ごす. **go to the ～s**《口》おちぶれる, うらぶれる, さびれる. **help a** LAME[1] **～ over a stile. keep a ～ and bark** oneself《口》《人をただ遊ばせておいて》人にやらせるべき事まで全部自分でやってしまう(はめになる). **let slip the ～s of war** ⇨ *the* DOGS *of war* (成句). **let the ～ see the rabbit** [*impv*]《口》見せてくれ[やれ], どいてくれ[やれ], やらせてくれ[やれ]. **like a** DOG'S DINNER. **like a ～ with a bone** 執拗に[な], 懸命に[な]. **like a ～ with two tails** 大喜びで. **Never follow a ～ act.**《俗》他人の引立役にならないように注意しろ. **not fit to turn a ～ out** 〈天候が〉荒れ模様で. **not have a** WORD **to throw at a ～. put on (the) ～***《口》気取る, 見えを張る, 見せびらかす. **see a man about a ～**《口》ちょっと用事がある《欠席・中座などの言いわけ》: go to *see a man about a* ～ ちょっとお手洗いに立つ. **shouldn't happen to a ～***《俗》〈事が〉あまりにひどすぎる, こんなべらぼうなことがあっていいもんだろうか《イディッシュ的表現》. **teach an old ～ new tricks** [*fig*] 老人に新しい思想[やり方]を教える《今さらそんなことはできない》. **the ～s of war** [*fig*] 戦争の惨禍《Shak., *Caesar* 3. 1. 273》: let slip *the* ～*s of war* 戦端を開く, 混乱をひき起こす; 強権を発動する, 最後の手段に出る. **throw [give] to the ～s** 投げ捨てる; 犠牲にする. **try it on the ～** 犬に食わせてみる[毒味させる]; 打撃[被害]の少ないもので実験してみる. **turn ～**《豪俗》裏切る, たれ込む, 売る 〈*on* sb〉. WHIP **the ～**.

► *a* **1** 犬の (canine). **2** にせの, まがいものの: DOG LATIN.

► *v* (**-gg-**) *vt* **1** 尾行する (shadow); 犬で追いかける; 〈不幸・心配・記憶などが〉…に付きまとう, 悩ます; *《俗》〈人が〉うるさく悩ます. **2**〖機〗鉄鉤で掛ける, 鉤(かぎ)でつかむ. **3***《俗》(犬のように)がつがつ食う, かっこむ. ► *vi*《古》〈災難・不幸などが〉どこまでも付きまとう. ● **～ it**《口》手を抜く, なまける, やりそこなう,《スポ》力を出しきらない; *《俗》気取る, 見えを張る, めかしこむ, 着飾る; *《俗》逃げる, ずらかる, 手を引く; *《俗》ずぼら[自堕落]な生活をする, 人にたかって生きる. **～ out [up]** *《俗》めかす. **～ sb's footsteps [steps]** 〈不運・病気など〉人に付いてまわる[付きまとう].

► *adv* [*compd*] 全く (utterly): *dog*-cheap, *dog*-tired. [OE *docga*<?]

dóg and póny shòw [àct]《口》手の込んだ[派手な]宣伝[キャンペーン]; *《俗》ちんけなサーカス. ● **go into one's ～***《俗》ごたく[口上, 言いわけ]を並べる.

dóg àpe〖動〗ヒヒ (baboon).

dóg-àss *a**《卑》二流どころの, できそこないの, さえない, 不愉快な, 胸くそ悪い.

dog·ate /dóugèɪt/ *n*〖史〗総督 (doge) の職務[権威].

dóg·bàne *n*〖植〗バシクルモン (＝*dog's-bane*).

dógbane fàmily〖植〗キョウチクトウ科 (Apocynaceae).

dóg·bèrry /, -bəri/ *n*〖植〗食用に適さないミズキ・ナナカマドなどの実; その木 (dogwood).

Dogberry ドグベリー《Shakespeare, *Much Ado about Nothing* 中の無学で鈍感な警官》; [°d-] 愚鈍な役人.

dóg bìscuit ドッグビスケット《犬の餌として肉片や骨粉などを入れて堅く焼いたビスケット》; *《俗》《野戦食用の》堅パン, クラッカー; *《俗》ブス.

dóg bòx[U]〖鉄道〗犬箱《犬を運ぶ貨車の一部》.

dóg·càrt *n* 犬に引かせる車; 一頭立て二輪馬車《背中合わせの 2 座席がある; もと座席の下に猟犬を乗せた》.

dóg·càtch·er *n*《主に米》野犬捕獲員, 野犬狩り.

dóg-chéap *a, adv**《口》ばか安い[安く].

dóg clùtch〖機〗かみ合いクラッチ.

dóg cóllar 犬の首輪;《口》首にぴったり巻く幅広のネックレス;《口》CLERICAL COLLAR; *《俗》ドッグカラー《海兵隊員の制服の襟のような長いカラー》.

dóg dàys *pl* **1** 一年で最も蒸し暑い時期, 猛暑の候《Dog Star が太陽と共に出没する 7 月初めから 8 月中ごろまでの期間; 米国ではしばしば 9 月初めまでについていう》. [L *dies caniculares* の訳] **2** 沈滞[停滞]期; 《女性の》生理期間《この時期 'bitchy' になると考えられたため》.

dóg-dèw *n*《口》DOG-DOO.

dóg-dò *n*《口》DOG-DOO.

dóg·dom *n* 犬類; 犬たること, 犬の境遇; 愛犬家連.

dóg-dòo /-dù:/ *n*《口》犬の糞. [cf. *doodoo*]

doge /dóudʒ/ *n*〖史〗《Venice (697–1797) および Genoa (1339–1797, 1802–05) 共和国の》総督. [F<It<L *duc- dux* leader]

dóg-èar *n* 耳折れ, 折れ込み, 福紙 (＝*dog's-ear*)《本のページの隅が折れ込んだまま裁たれたもの》. ► *vt* 〈本〉のページの隅を折る, 〈ページ〉の隅を折る.

dóg-èared *a* ページの隅の折れた, 耳折れの; 使い古した, みすぼらしい, 古臭い.

dóg-èat-dóg *a* 冷酷に私利私欲を追求する, われがちの, 自制[徳義]のない, 食うか食われるかの. ► *n* 冷酷な私利私欲追求, われがちの競争, 共食い.

dóg ènd[U]《俗》タバコの吸いさし; つまらない[無益な]もの[やつ]; 犬の尻.

do·gey /dóugi/ *n* DOGIE.

dóg èye*《俗》非難がましい[嘆願的な]目つき[まなざし].

dóg·fàce *n**《俗》《米陸軍の》兵士, 《特に》歩兵. [初め米海軍水兵が軽蔑的に呼んだ]

dóg-fàced *a* 犬面の: a ～ baboon ヒヒ.

dóg fàll〖レス〗両レスラー同時のフォール《どちらもポイントにならない》; 勝者のない試合, 引分け.

dóg fàncier 愛犬家; 犬の専門家[鑑定家]; 畜犬商.

dóg fàshion《卑》《性交体位の》わんわんスタイル, 犬取り, バック.

dóg fènnel〖植〗**a** カミツレモドキ (mayweed). **b** ヒヨドリバナ属の一種《北米原産; キク科; 葉がウイキョウの葉に似る》.

dóg·fìght *n* 犬のけんか(のような激しい争い), あたりかまわぬけんか (cf. CATFIGHT); 《見世物としての》闘犬; 〖軍〗戦闘機の空中戦[接近戦, 乱戦]. ► *vi* 乱戦を演じる. ► *vt* …と空中戦を行なう. ♦ **～·er** *n*

dóg·fìsh *n*〖魚〗**a** ツノザメ科・メジロザメ科・トラザメ科の底生生活をする各種の小型のサメ. **b** BOWFIN. [ME *dokefyche*]

dóg fòod 犬の餌, ドッグフード; *《俗》コーンビーフのごたまぜ.

dóg fòx 雄ギツネ.

dóg·fùck *vi, vt**《卑》(…と)わんわんスタイル (dog fashion) でやる.

dog·ged /dɔ́(:)gəd, dág-/ *a* (決して)あきらめない, 不屈の, 粘り強い, 頑強な, 根気強い: It's ～ (as [that]) does it.《諺》事の成否はがんばりひとつ. ♦ **～·ly** *adv* **～·ness** *n* [*dog*]

dog·ger[1] /dɔ́(:)gər, dág-/ *n* ドッガー船《2 本マストのオランダ漁船》. [MDu＝trawler]

dogger[2]〖地質〗*n* ドッガー《砂・粘土中の鉄岩・二酸化ケイ素の凝結塊》; [D-] ドッガー統《ジュラ系の中部統》. [C17<?]

dogger[3] *n*《豪》ディンゴ (dingo) 狩り人. [*dog*]

Dógger Bánk [the] ドッガーバンク《北イングランドの東方, 北海中央部にある浅堆(せんたい)で世界有数の漁場; 水深 10–35 m》.

dog·ger·el, dog·grel /dɔ́(:)g(ə)rəl, dág-/ *n*《韻律不整で内容

下品な》狂詩, へぼ詩. ► *a* 滑稽な; まずい, へぼな〈詩など〉. [*dog Latin* などの用法からか]

dog·gery /dɔ́(ː)gəri, dɑ́g-/ *n* 犬のような[たちの悪い, ぶしつけな, げすな]ふるまい; 犬ども; 下層民 (rabble), 烏合(うごう)の衆 (mob); *《俗》安酒場 (dive).

Dóg·gett's Cóat and Bádge Ràce /dɔ́(ː)gəts-, dɑ́g-/ ドゲットのスカル競艇《毎年 8 月 1 日前後に Thames 川の London Bridge から Chelsea までの区間で行なわれるスカル競艇; 勝者には深紅の上着と銀のバッジが与えられる》. [Thomas *Doggett* (c. 1670–1721) アイルランド人の俳優, 創始者]

doggie ⇨ DOGGY.

dóggie bàg 《食べ残した食物の》持ち帰り袋《犬にやるという名目から》.

dóg·gish *a* 犬の; 犬のような; 無愛想な, がみがみ言う; 《口》いきで派手好みの, 気取った. ♦ **~·ly** *adv* **~·ness** *n*

dog·go /dɔ́(ː)gou, dɑ́g-/ *adv* 《俗》じっと隠れて, 潜んで: lie ~ じっと隠れている. ► *a**《俗》二流の, さえない, ちんけな, 不愉快な (dog-ass). [? *dog*]

dog·gone /dɑ́gɑ́n, *dɔ́ːgɔ́ːn/*《口》*a* 呪うべき, いまいましい, みじめな; ものすごい, とんでもない, ぶったまげた. ► *adv* 実に, 全く, どえらく, ものすごく. ► *int* くそっ, しまった. ► *vt* (**~d; -gón·ing**) [ᵁ*pp*] 呪う (damn): I'll be ~*d* if I'll go. だれが行くか / ~ it ちくしょう! / I'll be ~*d!*=I'll be DAMNED. ► *n* DAMN. [? *dog on it*=God damn it]

dóg·góned *a, adv**《俗》DOGGONE.

dóg gràss 〔植〕COUCH GRASS.

dog·gy, -gie /dɔ́(ː)gi, dɑ́gi/ *a* 犬の(ような); 犬好きの, 犬に詳しい; 《口》派手な, きざな, めかした, 気取った (stylish, showy); *《俗》もうからない, さえない, しょうもない. ► *n* **1** 小犬; 《幼児》わんわん, わんちゃん. **2** [ᵁ-gie]*《俗》陸軍の兵士, 《特に》歩兵 (dogface); *《俗》商船員, 海員, 水兵; ᴴ《俗》《士官候補生などがつとめる》将校付きの助手[従卒], 当番(兵). **3***《俗》ホットドッグ (hot dog). ♦ **dóg·gi·ness** *n* 犬らしいこと; 犬好き; 犬の臭気. [*-ie*]

dóggy bàg DOGGIE BAG.

dóggy fàshion [stỳle] 《卑》DOG FASHION.

dóggy [dóggie] pàddle 犬かき(泳法) (dog paddle). ♦ **dóggy-pàddle, dóggie-** *vi*

dóg hàndler ドッグハンドラー《警察犬など特別に訓練された犬を管理しその犬と共同して仕事に当たる専門員》.

dóg·hòle *n* 犬が一匹はいれるほどの小穴[場所]; むさくるしい所[家]; *《俗》《炭鉱などの》小穴.

dóg·hòod *n* 犬であること, 犬の性質; 犬《集合的》.

dóg hòok 材木を扱う鉄鉤(かぎ).

dóg·hòuse *n**犬小屋; DOGHOLE; 《ヨットの》箱型の小船室; 《ガラスタンク窯(かま)の》投入口; *《俗》車掌車 (caboose); *《俗》《ミサイル・ロケットなどの科学機器収納用の》突出部; 《俗》DOUBLE BASS. ● **in the ~** 《口》《特に一時的に》面目を失って, 不興をかって, にらまれて.

dóg·hùtch *n* 犬小屋; DOGHOLE.

do·gie, -gy /dóugi/ *n**《西部》《牧場の》母なし[迷い]子牛.

dóg in the mánger 《口》《自分に用のないものを他人が使うのをはばむような》意地悪者《イソップ物語から》.

dóg kènnel DOGHOUSE.

dóg Làtin 変則[不正確]なラテン語; ラテン語まがいの隠語[専門語].

dóg lèadᴴ /-lìːd/ 犬の綱, 犬の鎖, リード.

dóg·lèg *n* 《犬の後脚のように》曲がったもの; 《道路などの》急カーブ; 〔ゴルフ〕ドッグレッグ《フェアウェーがくの字に曲がったホール》; 飛行機のコース[方向]の急変, ドッグレッグ; ねじれ (kink); *質の悪いタバコ. ► *a* 《犬の後脚のように》くの字形に曲がった (crooked): a ~ staircase《踊り場で 180 度向きを変える》折り返し階段. ► *vi* ジグザグに進む. ♦ **dóg·lég·ged** /-gəd, -gd/ *a*

dógleg fénce WORM FENCE; 《豪》交差した支柱に木を渡した柵.

dóg-lètter *n* DOG'S LETTER.

dóg·like *a* 犬のような, 《特に》主人思いの, 忠実な.

dóg-lòg *n**《俗》[*joc*] 犬の一本糞.

dóg lòuse 犬ジラミ《イヌハジラミまたはイヌジラミ》.

dog·ma /dɔ́(ː)gmə, dɑ́g-/ *n* (*pl* **~s, -ma·ta** /-tə/) 《キリスト教会の》教義, 教理 (doctrine), 〔ギ正教〕定理《信徒が信ずべき教説》; 《政治上などの》教条, 信条; 《広く》定論, 定則, 定説; 独断的主張[見解], ドグマ: substructure of ~ 教義の基礎. [L<Gk (*dogmat-dogma* opinion)]

dóg·man /-mən/ *n* 《豪》クレーン作業の指揮者.

dog·mat·ic /dɔ(ː)gmǽtɪk, dɑg-/, **-i·cal** *a* 教義上の, 教理に関する; 〔哲〕独断主義の (cf. SKEPTICAL); 独断的な, 教条的な, おしつけがましい. ► *n* 《古》独断家. ♦ **-i·cal·ly** *adv* **-i·cal·ness** *n*

dog·mát·ics *n* [‹*sg/pl*›] 〔キ教〕教義[教理, 定理]学《キリスト教の教理を体系的に解説しようとする神学の一部門》.

dogmátic theólogy 教義神学 (DOGMATICS).

dog·ma·tism /dɔ́(ː)gmətìz(ə)m, dɑ́g-/ *n* 〔哲・神学〕独断論; 独断主義, 独断的態度, 教条主義, ドグマティズム. ♦ **-tist** *n* 独断論者; 独断家.

dog·ma·tize /dɔ́(ː)gmətàɪz, dɑ́g-/ *vi* 独断的に断定する ‹*on*›. ► *vt* 独断的に述べる, 教義化する. ♦ **-tìz·er** *n* **dòg·ma·ti·zá·tion** *n*

dóg mèat*《俗》死人, 死体《特に脅迫に用いる》: One false move, and you're ~. へたなまねしやがったら命はないぞ.

dóg nàil 《頭が片側へ出っ張った》犬釘.

dog·nap /dɔ́(ː)gnæ̀p, dɑ́g-/ *vt* (**-p-, -pp-**) 《俗》《特に実験用として売るために》〈犬を〉盗む. ♦ **dóg·nàp·(p)er** *n* 犬泥棒. [*dog*+*kidnap*]

Do·gon /dóugɑ̀n/ *n* **a** (*pl* **~, ~s**) ドゴン族《西アフリカのマリ中部の農耕民; 特有の仮面を用いた踊りで知られる》. **b** ドゴン語.

dó-gòod *a* 《ひとりよがりに》善行[社会改良]を志した, おせっかいな. ► *n* DO-GOODER. ♦ **~·ìsm** *n* **~y** *a*

dó-gòod·er *n* 《世間知らずで熱心な》善行の人, (困った)社会改良家, 人道主義者, おせっかいやき. ♦ **dó-gòod·ing** *n, a*

dó-gòod·ery *n* 善行(のふるまい).

dóg pàddle 犬かき(泳法). ♦ **dóg-pàddle** *vi*

Dog·patch /dɔ́(ː)gpæ̀ʧ, dɑ́g-/ ドッグパッチ《LI'L ABNER が住む Kentucky 州の山中の町》.

dóg plùm 〔植〕米国東部原産のツバメオモトの一種《若葉は山菜》.

dóg-póor *a* ひどく貧しい, 赤貧の.

Do·gra /dóugrə/ *n* (*pl* **~, ~s**) ドグラ族《インド北部の主に Jammu and Kashmir 州に住む Rajput 族の一族》.

dóg ràcing [ràce] 《通例 greyhound の》ドッグレース.

Dog·rib /dɔ́(ː)grɪb, dɑ́g-/ *n* **a** (*pl* **~, ~s**) ドグリブ族《カナダ北部 Great Bear, Great Slave 両湖間の Athapaskan 系インディアン》. **b** ドグリブ語. [なぞり <Dogrib *Thlingchadinne* dog's flank]

dóg·ròbber *n* 《軍俗》《将校の》当番兵; 《野球俗》アンパイア; [*pl*] ᴴ《俗》《海軍将校の》休暇用私服.

dóg ròse 〔植〕ヨーロッパノイバラ《生垣に多い》.

Dogs /dɔ́(ː)gz, dɑ́gz/ ■ **the Ísle of ~** アイル・オヴ・ドッグズ《London の Greenwich に相対する Thames 北岸部で, 川が大きく湾曲し半島のように突き出た地》.

dóg's àge 《口》長い間 (cf. DONKEY'S YEARS).

dóg sàlmon 〔魚〕サケ, シロザケ《日本で最も普通の種類》.

dóg's-bàne *n* 〔植〕DOGBANE.

dógs·bòdy *n* 《海俗》下級士官; ᴴ《俗》雑用係, 下働き, 下っぱ.

dóg's bréakfast 《口》めちゃくちゃな[乱雑な]状態 (dog's dinner).

dóg's chànce [ᵁ*neg*] 《口》ほんのわずかな見込み. ● **not stand [have] a ~** とても見込みはない.

dóg's dèath みじめな最期. ● **die a ~** ⇨ DOG 成句.

dóg's dínner 《口》残飯, 残り物; 《口》めちゃくちゃ, 混乱 (mess): make a ~ of...をめちゃくちゃにする, ぶちこわす. ● **like a ~** いやに派手に, ごてごてと: be dressed [done up] *like a* ~ やけに着飾っている.

dóg's disèase 《豪俗》インフルエンザ.

dóg's-èar *n, vt* DOG-EAR. ♦ **dóg's-èared** *a*

dóg's gràss 〔植〕DOG GRASS.

dóg·shit 《卑》*n* 犬の糞; *がらくた, たわごと (crap).

dóg·shòre *n* 〔造船〕《進水の間際まで船のすべり出しを食い止める》やり止め支柱, ドッグショア.

dóg shòw ドッグショー, 畜犬展覧会; *《軍俗》歩兵検分.

dóg-síck *a* ひどく気分が悪い (very sick).

dóg·skìn *n* 犬の皮; 犬のなめし革; 犬革の類似品《山羊革・羊革など》.

dóg·slèd *n* 《複数の犬で引く》犬ぞり. ► *vi* 犬ぞりで行く[移動する]. ♦ **-slèd·der** *n*

dóg slèdge DOGSLED.

dóg·slèep *n* 浅い眠り, 仮眠; 《古》たぬき寝入り.

dóg's lètter 犬音文字《r 字の俗称; r 音が犬のうなり声に似ているため》.

dóg's lìfe みじめで単調な生活: lead [live] a ~ みじめな暮らしをする / lead sb a ~ 人にみじめな暮らしをさせる.

dóg's mèat 犬にやる肉《馬肉など; cf. CAT'S MEAT》.

dóg's mèrcury 〔植〕欧州・南西アジア産のヤマアイ.

dóg's móther*《俗》[*euph*] 犬のおふくろ, BITCH.

dóg's nòse ビールとジン[ラム]の混合酒.

dóg spìke 《鉄道レール固定用の》犬釘.

dógs·tàil *n* 〔植〕クシガヤ属の草本, 《特に》クシガヤ (=crested ~) 《欧州原産のイネ科の牧草》.

Dóg Stàr [the] 〔天〕SIRIUS; 《まれ》PROCYON.

dóg·stick *n* 輪止め (sprag).

dóg's-tóngue *n* HOUND'S-TONGUE.

dóg's tóoth 〔建〕犬歯積み層, ドッグトゥース《煉瓦の隅角が連続して突出するように積まれた層》; HOUNDSTOOTH CHECK.

dóg's-tòoth gráss 〔植〕BERMUDA GRASS.

dóg's-tooth víolet 〔植〕DOGTOOTH VIOLET.

dóg stỳle 《卑》DOG FASHION.

dóg tàg 犬の首輪の金具《所有主の住所・姓名などが書いてある》, 犬の鑑札; [ᵁ*pl*]*《口》《兵員が身に着ける》認識票; 《一般に》名札, 身分証.

dóg·tàil *n* DOG'S-TAIL; DOGTAIL TROWEL.

dógtail trówel 煉瓦ごて《ハート形の小さいこて》.
dóg tènt 《俗》避難用テント, 小型テント.
dóg tìck 〔動〕イヌなどに寄生するダニ, 犬ダニ《土地によりいろいろ異なる; 米国では特に AMERICAN DOG TICK を指す》.
dóg-tíred *a* 《口》くたくたに疲れた, 疲れきった.
dóg·tòoth *n* 犬歯, 糸切り歯 (canine tooth, eyetooth); 〔建〕《ノルマン・英国ゴシック初期建築の》犬歯飾り (=*tooth ornament*); ⁿHOUNDSTOOTH CHECK. ► *vt* 犬歯飾りで装飾する.
dógtooth víolet 〔植〕カタクリ (=*dog's-tooth violet, trout lily*) 《同属の各種; ユリ科》.
dóg tòur 〔劇〕地方巡回公演, 地方巡業.
dóg tràin 《カナダ》《一連の犬が引く》犬ぞり.
dóg·tròt *n* 《犬を思わせる》小走り; *《南部・中部》《小屋などの 2 部分をつなぐ》屋根付き廊下[通路]. ► *vi* 小走りで走る.
dóg tùcker 《豪》牧羊犬の餌にする羊肉.
dóg tùne 《俗》《軽音楽の》二流の歌.
dóg·vàne *n* 〔海〕《船端の》風見(かざ).
dóg vìolet 〔植〕香りのない野生のスミレ.
dóg wàgon 市電[バス]を改造した食堂, 市電[バス]風に作った食堂; *《トラック運転手俗》おんぼろトラック.
dóg wàrden 野犬捕獲員 (dogcatcher).
dóg·wàtch *n* 〔海〕ドッグウォッチ《午後 4–6 時または同 6–8 時の 2 時間交代の折半直》; 《口》《一般に》夜の当番, おそ番.
dóg-wéary *a* ひどく疲れた.
dóg whèlk 〔貝〕ヨーロッパチヂミボラ.
dóg whìp 犬むち.
dóg·wòod *n* 〔植〕ミズキの類の樹木, 《特に》ハナミズキ, アメリカヤマボウシ (flowering dogwood), セイヨウミズキ《ユーラシア産》.
dógwood fàmily 〔植〕ミズキ科 (Cornaceae).
dogy ⇨ DOGIE.
dóg yèar ドッグイヤー《情報化社会の変化の速さをいう表現; 犬の寿命を人間の寿命にたとえると, 犬は 7 倍の速さで生きるということから》.
doh[1] /dóʊ/ *n* (*pl* ~s) 〔楽〕DO[2].
d'oh, doh[2] /dóʊ/ *int* あちゃー, ありゃー《ばかなことをしたときや期待を裏切られたとき発する》.
DOH, DoH 〔英〕°Department of Health.
Do·ha /dóʊhɑː/ ドーハ《カタールの首都・海港》.
DOHC double overhead camshaft.
Do·her·ty /dɔ́ː(ə)rti, dɑ́(ə)r-, dɔ́ːrəti, dɑ́r-; dɔ́ʊə-, dɔ́hə-/ ドハーティ **Peter (Charles)** ~ (1940–) 《オーストラリアの免疫学者・病理学者; 免疫系がいかにウイルス感染細胞と正常細胞を見分けるかに関する発見でノーベル生理学医学賞 (1996)》.
dohickey, do-hinkey ⇨ DOOHICKEY.
Doh·ná·nyi /dóʊnɑːnji/ ドホナーニ (1) **Christoph von** ~ (1929–) 《ドイツの指揮者; Ernő の孫》 (2) **Ernst von [Ernő]** ~ (1877–1960) 《ハンガリーの作曲家・ピアニスト》.
doh·yo /dóʊjòʊ/ *n* (*pl* ~s) 土俵. [Jpn]
DOI 〔米〕°Department of the Interior ♦〔電算〕digital object identifier デジタルオブジェクト識別子.
doiled /dɔ́ɪld/ *a* 《スコ》ばかな, 気のふれた.
doi·ly, doy-, doy·ley /dɔ́ɪli/ *n* ドイリー《花瓶などを敷く小さいマット》; 小ナプキン; *《俗》部分的なかつら (toupee). [*Doiley, Doyley* 18 世紀 London の布地商]
dó·ing *n* する[なす]こと, 実行, 努力; [°*pl*] 行ない, 行動, 行為, しわざ, ふるまい; [*pl*] できごと, 活動, 行事; 《口》折檻, 叱責; [~s, ‹*sg*/*pl*›] ⁿ《俗》なんとかいうもの[道具], あれ, なに; [*pl*] *《方》料理(の材料): It is none of my ~. わたしのせいではない. ● **do one's ~s** 《俗》トイレに行く. **take [want] some [a lot of, a bit of] ~** 《口》なかなかむずかしい.
Doi·sy /dɔ́ɪzi/ ドイジー **Edward Adelbert** ~ (1893–1986) 《米国の生化学者; ビタミン K の発見と合成に成功; ノーベル生理学医学賞 (1943)》.
doit /dɔ́ɪt/ *n* ダユト《オランダ 17 世紀の小銅貨》: not care a ~ てんでかまわない / not worth a ~ 一文の価値もない.
doit·ed /dɔ́ɪtəd/ *a* 《スコ》もうろくした, ぼけた (senile).
do-it-your·self /dùːətʃərsélf/ *n* 《略 DIY》人を頼まず自分でやること《日曜大工など》. ► *a* しろうとが自分でやれる, 日曜大工用の: a ~ kit 組立材料一式, 自作キット. ♦ **~·er** *n* **~·ery** *n* 日曜大工仕事. **~·ism** *n*
DOJ 〔米〕°Department of Justice.
do·jig·ger /dúːdʒìɡər/, **doo·jig·ger** /dúːdʒìɡər/ *n* *《俗》《名前のわからない》ちょっとした装置, 仕掛け (gadget), (何とかいう)もの, あれ; 《俗》役立たず, がらくた, (ただの)飾り (doodad).
do·jo /dóʊdʒoʊ/ *n* (*pl* ~s) 道場. [Jpn]
do·kus /dóʊkəs/ *n* *《俗》尻.
dol /dɑ́l/ *n* 〔医〕ドル《痛覚強度の単位》.
Dol ドル《女子名; Dorothea, Dorothy の愛称》.
dol. dollar(s). **DOL** 〔米〕°Department of Labor.
do·láb·ri·fòrm /doʊlǽbrə-/, **do·lab·rate** /doʊlǽbrət, -rèɪt/ *a* 〔植・動〕斧形の, なた形の.
Dol·by /dɔ́(ː)lbi, dóʊl-/ 〔商標〕ドルビー《録音再生時の高音域のノイズ成分を少なくするシステム》. [Ray M. *Dolby* (1933–) 考案した米国人技術者]
Dol·by·ized /dɔ́(ː)lbiàɪzd, dóʊl-/ *a* ドルビー方式の.
dol·ce /dóʊltʃeɪ; dɔ́ltʃi/ *a, adv* 〔楽〕甘美な[に], 優しく, ドルチェ. ► *n* (*pl* **dol·ci** /-tʃi/) ドルチェの指示; ドルチェ《オルガンのフルート音栓の一種》; 甘いデザート. [It]
dol·ce far nien·te /dóʊltʃi fɑ̀ːr niénti/ 愉しき無為, 安逸, 逸楽. [It=sweet doing nothing]
Dol·ce·lat·te /dɑ̀ltʃəlɑ́ːteɪ, -lǽti/ 〔商標〕ドルチェラッテ《イタリアのブルーチーズの一種》. [It=sweet milk]
dol·ce stil nuo·vo /dɔ́ːltʃeɪ stil nwɔ́ːvoʊ/ 甘美な新様式, 清新体《13 世紀後半に現われたイタリア抒情詩の文体, またそれに基づく詩の流派》. [It=sweet new style]
dol·cet·to /doʊltʃétoʊ/ *n* [°D-] ドルチェット《イタリア Piedmont 地方産の軽くフルーティーな赤ワイン》.
dol·ce vi·ta /dóʊltʃeɪ víːtɑː/ **1** [ᵘthe *or* la /lɑː/] 怠惰で放縦な生活, 甘い生活. **2** [La D- V-] 『甘い生活』《イタリア/フランス映画 (1960); Federico Fellini 脚本・監督作品》. [It=sweet life]
dol·drums /dɔ́(ː)ldrəmz, dóʊl-, dɑ́l-/ *n pl* [the] **1** [ˢthe D-] 赤道無風帯, ドルドラム; 無風状態, なぎ. **2** 重苦しさ, 憂鬱, ふさぎ込み, スランプ; 停滞[沈滞]状態[期間], 不況. ● **in the ~** 《船が》無風帯にはいって; ふさぎこんで; (活動が)沈滞[停滞]して, 不況で. [*dull*+*tantrum* か]
dole[1] /dóʊl/ *n* **1 a** 《金銭・食料などの》慈善的分配, 施し, 義援; 施し物, 援助物資[金]; 《一般に》定期的配給品[金]. **b** [the] 《英では口》失業手当(の給付): be *on* [*off*] *the* ~ 失業手当を受けている[受けずにいる] / go on [draw] *the* ~ 失業手当を受ける. **2** 《古》運 (destiny): Happy man may be his ~! 彼が幸福でありますように (Shak., *1 Hen IV* 2.2.81). ► *vt* 施す, ‹施し物を›与える; (少しずつ)分け与える, 配る, 支給する ‹*out*›. [OE *dāl* sharing; cf. DEAL[1]]
dole[2] 《古・詩》*n* 悲しみ, 悲嘆; 不幸. ► *vi* 嘆き悲しむ. [OF<L (*doleo* to grieve)]
dóle blùdger 《豪俗》[*derog*] 《職探しもせずに》失業手当で生活しているやつ.
dóle-dràw·er *n* 失業手当を受ける人.
dóle·ful *a* 悲しげな, 悲しい (sad), 憂(うれ)いに沈んだ; 悲しませる, 悲痛な; 陰鬱な. ♦ **~·ly** *adv* **~·ness** *n*
do·len·te /doʊlénti, -teɪ/ *a, adv* 〔楽〕悲しみをこめた[て], 陰鬱な[に], ドレンテ. [It]
dóle quèue ⁿ[the] 失業手当受給者の列; [*fig*] 失業者(総数).
dol·er·ite /dɑ́ləràɪt/ *n* 粗粒玄武岩, ドレライト; ⁿ輝緑岩 (diabase); 顕微鏡検査によってのみ成分の決定ができる火成岩. ♦ **dòl·er·ít·ic** /-rít-/ *a* [F (Gk *doleros* deceptive)]
dóles·man /-mən/ *n* (*fem* **-wòman**) 施し物を受ける人.
dóle·some *a* DOLEFUL.
Dol·gel·lau /dɑlɡé(h)làɪ/ ドルゲライ《ウェールズ北西部の町》.
do·li ca·pax /dóʊlàɪ kéɪpæks/ *a* 〔法〕(刑事)責任能力のある《英国では現在 10 歳以上の者についていう; これより下は doli incapax ((刑事)責任無能力の)となる》. [L=capable of wrong]
dol·ich- /dɑ́lɪk/, **dol·i·cho-** /dɑ́lɪkoʊ, -kə/ *comb form* 「長い」 [Gk *dolikhos* long]
dòlicho·céph·al /-séfəl/ *n* 〔人〕長頭人.
dòlicho·cephálic *a, n* 〔人〕長頭の(人) 《頭指数 75 未満; opp. *brachycephalic*》. ♦ **-céph·a·lìsm** *n* DOLICHOCEPHALY.
dòlicho·céphalous *a* DOLICHOCEPHALIC.
dòlicho·céphaly *n* 〔人〕長頭 (dolichocephalism); 〔医〕長頭(症).
dòlicho·cránial, -crá·nic /-kréɪnɪk/ *a* 〔人〕長頭蓋(とうがい)の《頭蓋示数 75 未満; opp. *brachycranial*》. ♦ **dólicho·cra·ny** /-krèɪni/ *n*
dòlicho·sáurus *n* 〔古生〕長竜, ドリコサウルス《頸・胴の長い白亜期の水生爬虫類》.
do·li in·ca·pax /dóʊlàɪ ɪnkéɪpæks/ *a* 〔法〕(刑事)責任無能力の (⇨ DOLI CAPAX). [L=incapable of wrong]
do·li·ne, -na /dəlíːnə/ *n* 〔地質〕ドリーネ《石灰岩が分布する地域にみられる穴・くぼみ》. [Russ]
dó·lìttle *n, a* なまけ者(の), 怠惰な(人).
Dolittle [Dr] ドリトル先生《Hugh Lofting の一連の童話の主人公で, 動物のことばがわかる医者》.
doll /dɑ́l, *dɔ́ːl/ *n* **1** 人形; [ˢ*voc, derog*] 《口》(頭のからっぽな)かわい子ちゃん, 白痴美の女; かわいい子供; 《俗》女の子, 女; 《口》《一般に》魅力的な人, いい人, 親切な人 (: LIVING DOLL); *《俗》かわいい男の子, いい子; [*voc*] SWEETHEART, DARLING. **2** *《俗》麻薬の錠剤[カプセル]; 《Aunt Sally のゲームの》木像, 《このゲームの》得点. ● **cutting out (paper) ~s [dollies]** 《俗》気が狂っている. NIX[1] **my ~!** ► *vt, vi* [ᵘ*pp*] 《口》美しく着飾る, めかす ‹*out, up*›; 飾りたてる ‹*up*›: ~ (*oneself*) *up*=get (all) ~*ed up* めかしこむ, ばっちりきめる (deck out). ♦ **~-lìke** *a* [↓; cf. Hal (< Harry), Sal (< Sarah), Moll (< Mary)]
Doll ドール《女子名; Dorothea, Dorothy の愛称》.
dol·lar /dɑ́lər/ *n* **1 a** ドル《米国・カナダ・オーストラリア・ニュージーラン

ド・ホンコン・シンガポール・中華民国 (cf. YUAN)・ガイアナ・リベリア・ジンバブウェ・ジャマイカなどの通貨単位: =100 cents; 記号 $, $): BRITISH DOLLAR / (as) sound as a ~ 安全で, 確実で; きわめて堅固で, しっかりして. **b** TALER; PESO; LEVANT DOLLAR. ★ドルが正式に連邦の国内通貨となったのは金銀複本位制の 1792 年である. **2 a 1** ドル貨《硬貨・紙幣・証書; cf. BUCK[1]》. **b** ″《俗》《十進法前の》5 シリング(銀貨) (crown). **3** [the ~s] 金銭 (money), 富 (wealth);《特定業種・分野からの》収入: a matter of ~*s* and cents お金[財政上]の問題. ● **~ for ~** *《口》この値段で, 出費を考えると. …**~s says** *《口》(…ということに)…ドル賭けてもいいよ. **~s to doughnuts** *《口》(1) わかりきった[確実な]こと: bet sb ~*s to doughnuts* (that …)《大きく賭けてもいいが》絶対に(…であると)請け合う. (2) 比較にならないこと, 月とすっぽん. **drop a ~** *《俗》(情報を)洗いざらいぶちまける《drop a DIME のもじり》. **(like) a** MILLION **~s.** [LG *daler*<G *Taler*]

dóllar àrea ドル地域《ドルまたはドルとの交換比率の確定した通貨の流通地域》.

dóllar àveraging 〔証券〕ドル平均(投資)法, ドルコスト平均法, 定額定期買い (=*dollar cost averaging*)《相場の高低と無関係に定期的に一定総額の証券を買う投資法》.

dóllar-a-yéar màn* ワンダラーマン《年俸 1 ドルなど事実上無報酬で連邦政府などの公共機関で働く民間人》.

dóllar bìrd 〔鳥〕ブッポウソウ.

dóllar còst àveraging 〔証券〕DOLLAR AVERAGING.

dóllar crísis 〔経〕《特に 米国 1950 年代後半の》ドル危機.

dóllar dày 1 ドル均一特売日;《広く》特売日.

dóllar diplòmacy ドル外交《海外における自国の金融[商業]上の利益の増進保護をねらう》; 金力外交.

dóllar·fìsh *n* 〔魚〕 **a** シズ, バターフィッシュ《米国大西洋岸産のスズキに近いマナガツオ科の魚》. **b** LOOKDOWN.

dóllar gàp 〔経〕ドル不足.

dóllar impèrialism ドル帝国主義《ドル貨の購買力による外国への支配力の拡張》.

dòllar·izátion *n* 《一国の通貨の》ドル(建て)化, 米ドル制の採用[への移行]. ♦ **dóllar·ize** *vt, vi*

dóllar màrk DOLLAR SIGN.

dóllar prèmium 〔英金融〕ドルプレミアム《米国またはカナダに投資するドルを購入するのに支払わなければならない割増金; 1979 年に廃止》.

dollars-and-cents /dálərz(ə)nsénts/ *a* 金銭面だけを考慮した.

dóllar sìgn ドル記号 (=*dollar mark*) ($ または $). ● **see ~s** 《口》商売[金もうけ]になると考える, ビジネスライクに判断する.

dóllar spìnner *《俗》ものすごく売れるもの, 売れ筋, ヒット(商品), 打出の小槌, ドル箱.

dóllar spòt 〔植〕ダラースポット《褐色の部分が徐々に広がっていく芝草の病気》.

dóllar stòre *ダラーストア, '百円ショップ' (cf. DIME STORE).

dóllar·wìse *adv* ドルで, ドルに換算して; 金銭的に, 財政面で.

dóll·fàce 《俗》*n* [*voc*] やあ(きみ); かわいらしい(顔だちの)人《特に 女性が男性に対して用いる》.

Doll·fuss /dálfəs; *G* dólfu:s/ ドルフス **Engelbert ~** (1892–1934)《オーストリアの政治家; 首相 (1932–34); ナチスに暗殺された》.

dóll·hòuse *n* おもちゃの家, 人形の家; ちっちゃな家.

dóll·ish *a* 人形のような, つんとりすました, 美しいが知能の低い. ♦ **~·ly** *adv* **~·ness** *n*

dol·lop /dáləp/ 《口》*n* 《バター・ゼリー・粘土など柔らかいもの》塊り, ひとすくい; ″《液体の》大量, たっぷり ‹*of* rain›; 少量の液体《特に 酒類》;《一般に》少量, ちょっぴり: a ~ *of* pudding [brandy, wit]. ► *vt* ‹食べ物を›どっさり配る ‹*out*›; ‹バターなどを›たっぷり塗る. [C16<? Scand (Norw (dial) *dolp* lump)]

dóll·shèet *n pl* 《ファッションの》型見本帳, デザインスケッチ, 図案集.

dóll's hòuse, dólls' hòuse ″DOLLHOUSE.

dol·ly /dáli, *dɔ́:li/ *n* **1 a** 《幼児》お人形ちゃん《愛称》; CORN DOLLY. **b** ″《口》女の子, かわい子ちゃん (dolly bird). **2** 《重い物を運んだりするための》車の付いた台, 台車, 小輪トロッコ; 〔映・テレビ〕カメラ移動車, ドリー. **3** 《転轍用などの》小型機関車. **4** 《米では方》《洗濯物の》かきまぜ棒,《鉱石用》攪拌機;《砕鉄用》つき杵(きね);《杭打ち・リベット打ち用の》当て盤;《鍛工用の》型鉄; 《南ア》《金を含む鉱物用の》旧式砕鉱機. **5** 〔クリケット〕DOLLY DROP, たやすい捕球. **6** *《俗》《アンフェタミン・メタドンなどの》錠剤, カプセル. ● **cutting out (paper) dollies** ⇨ DOLL. NIX[1] **my ~!** ► *a* **1** 《口》魅力的な, かわいい ‹娘›. **2** 〔クリケット〕‹打つのが・捕球が›たやすい. ► *vt* 〔映・テレビ〕‹カメラを›ドリーに載せて移動させる. ► *vi* 〔映・テレビ〕カメラをドリーに載せて移動させる; ‹カメラが›ドリーで移動する: ~ *in* [*up*] ドリーに載せてカメラを近づける / ~ *out* ドリーに載せてカメラを遠ざける. [*doll, -y*[3]]

Dolly ドリー《女子名; Dorothea, Dorothy の愛称》.

dólly bàg ″《口》DOROTHY BAG.

dólly bìrd ″《口》かわいい[いかした]女の子, (おつむの弱い)かわい子ちゃん, べっぴんさん.

dólly dàncer *《軍俗》将校に取り入って楽な任務をもらう兵士.

dólly dròp 〔クリケット〕山なりの(超)スローボール.

dólly·man /-mən/ *n* 〔映・テレビ〕ドリー操作係.

dólly mìxture [°*pl*] 色・形のさまざまな小さな菓子の取合わせ[詰合わせ].

dólly shòp 《海員相手の》古物商《質屋を兼ねる; 看板は黒い人形》.

dólly shòt 〔映・テレビ〕ドリーショット, 移動撮影(シーン) (tracking shot).

dólly tùb 金属鉱石の洗浄用桶《木製》; dolly で洗濯をするときに用いる洗濯桶.

Dólly Vár·den /-vá:rdn/ **1** ドリー・ヴァーデン《婦人用の花模様のサラサ服と帽子; 19 世紀のスタイル》. **2** 〔魚〕オショロコマ (=*bull trout*) (=**Dólly Várden tròut**)《イワナ属》. [Dickens, *Barnaby Rudge* (1841) 中の人物]

dol·ma /dálmə, dɔ́(:)l-/ *n* (*pl* **~s, dol·ma·des** /dalmá:ðiz, dɔ(:)l-/) ドルマ《ブドウの葉・キャベツなどに肉・米などを詰めて煮込んだ中近東の料理》. [Turk]

dol·man /dóulmən, dɔ́:l-, dál-; dɔ́l-/ *n* (*pl* **~s**) ドルマン《婦人用のケープ式袖付きマント; トルコの長外衣; または軽騎兵 (hussar) のたれ袖外套[マント式ジャケット]》. [Turk]

dólman sléeve ドルマンスリーブ《襟ぐりが広く手首に向かってだんだん細くなる婦人服の袖》.

dol·men /dóulmən, dɔ́:l-, dál-; dɔ́l-/ *n* 〔考古〕支石墓, ドルメン《巨大・扁平な天井石を他の石で支えた机石; cf. CROMLECH》; 〔フランス考古〕《一般に》巨石墓. [F<?Corn *tolmēn* hole of stone; cf. O Breton *dol* table]

Dol·metsch /dálmɛ̀tʃ/ ドルメッチ **Arnold ~** (1858–1940)《フランス生まれの英国の音楽学者; 古楽器・古楽を復興させた》.

do·lo /dóulou/ *adv* *《俗》一人で (on one's own).

do·lo·mite /dóuləmàɪt, dál-; dɔ́l-/ *n* 〔鉱〕苦灰石(くかいせき), ドロマイト;《主として苦灰石よりなる》苦灰岩, 白雲岩, ドロマイト (=*dolostone*). ♦ **dò·lo·mít·ic** /-mít-/ *a* [Dieudonné *Dolomieu* (1750–1801) フランスの地質学者, *-ite*]

Dó·lo·mìtes *pl* [the] ドロミティ(アルプス) (=**Dólomite Álps**)《イタリア北東部の Adige 川と Piave 川とにはさまれた山脈; 最高峰 Marmolada (3342 m)》.

do·lo·mi·tize /dóuləmətàɪz, dál-/ *vt* ‹石灰石を›苦灰石化する. ♦ **dò·lo·mi·ti·zá·tion** *n*

do·lor | -lour /dóulər; dɔ́l-/ *n* 《詩》悲しみ (grief), 嘆き: the ~*s* of Mary [the Virgin] 聖母マリアの(七つの)悲しみ. [OF<L (*dolor* pain)]

Do·lo·res /dəlɔ́:rəs/ ドローレス《女子名; 愛称 Lola, Loleta, Lolita》. [Sp<L=sorrows (of the Virgin Mary)]

do·lo·rim·e·ter /dòulərímətər, dàl-/ *n* 〔医〕痛覚計.

do·lo·rim·e·try /dòulərímətri, dàl-/ *n* 〔医〕痛覚測定.

do·lo·rol·o·gy* /dòulərálədʒi/ *n* 痛覚学, 疼痛学.

do·lo·ro·so /dòulərόusou, dàl-/ *a, adv* 〔楽〕悲痛な[に], 哀切な[に], ドロローソ (grievous(ly)). [It]

do·lo·rous /dóulərəs, dál-/ 《詩》[*joc*] *a* 悲しい, 陰気な, いたましい; 苦しい. ♦ **~·ly** *adv* **~·ness** *n* [OF<L; ⇨ DOLOR]

do·lose /dóulòus, dəlóus/ *a* 〔法〕犯意をもった.

do·los·se /dəlásə/ *n* (*pl* **~s, ~**) TETRAPOD.

dolo·stone /dáləstòun/ *n* 苦灰岩(くかいがん) (dolomite).

dolour ⇨ DOLOR.

dol·phin /dálfən, *dɔ́:l-/ *n* **1 a** 〔動〕イルカ,《特に》マイルカ《吻(ふん)が長い》,《時に》ネズミイルカ (porpoise). **b** 〔魚〕シイラ, エビスシイラ. **c** 《紋章などの》イルカ模様. **2** [the D-] 〔天〕いるか座 (Delphinus). **3** 〔海〕係船柱[ブイ],《ドックの》防舷用パイル, ドルフィン. [L<Gk *delphin- delphis*]

dol·phi·nar·i·um /dàlfənέəriəm, *dɔ:l-/ *n* イルカの水族館. [*aquarium*]

dólphin·fìsh *n* 〔魚〕シイラ (dolphin).

dólphin kìck ドルフィンキック《バタフライの足の蹴り》.

dólphin strìker 〔海〕ドルフィンストライカー《へさきに取り付けた槍形の円材》.

dolt /dóult/ *n* 《口》うすのろ, まぬけ《人》. [? *dol* dull, *dold*, stupid (pp)<ME *dollen, dullen* to DULL]

dólt·ish *a* ばかな, まぬけな. ♦ **~·ly** *adv* **~·ness** *n*

Dom *n* /dám/ ドン《ベネディクト会などの修道士の尊号》; /dõũ/ ドン《かつてポルトガルやブラジルの貴人・高位聖職者の洗礼名に冠した敬称; ⇨ DON[1]》. [DOMINUS]

DOM /dì:òuém/ *n* DOM (STP[2]). [2,5-*d*imethoxy-4-*m*ethylamphetamine]

-dom /dəm/ *n suf* (1)「…たる地位[位階]」「…権」「…の勢力範囲」「…領」「…界」: Christen*dom*, king*dom*. (2) [抽象的観念]: free*dom*, martyr*dom*. (3) [もとの名詞の複数と同様の「集合的観念」「…連中」「…の輩(やから)」またはその社会の「流儀」「気質」などを多くは軽蔑的に表わす]: official*dom*, squire*dom*. [OE *-dōm*; 本来独立した DOOM[1]]

dom. domestic ♦ dominant ♦ dominion.

DOM °Dominican Republic.

Do·magk /dóʊmὰːk/ ドーマク **Gerhard** ~ (1895-1964)《ドイツの細菌学者; 最初のサルファ薬 prontosil の抗菌効果を発見, ノーベル生理学医学賞を授与された (1939) が, ナチスの指示で辞退, 47 年あらためて受賞》.

do·main /doʊméɪn, də-/ *n* **1 a** 領地, 領土; 勢力範囲, 版図; 《個人の》地所; 〘法〙絶対的[完全]土地所有権: aerial ~ 領空 / ~ of use 〘法〙地上権《借地人の土地使用権》. **b**《特定の自然的特徴をもった》地域. **2 a**《学問・思想・活動などの》領域, …界 (sphere); 生育圏, 行動圏: be out of one's ~ 専門外[畑違い]である. **b**〘数〙《変数の》変域; 〘数〙《関数の》定義域《独立変数の変域》; 〘数〙整域 (integral domain); 〘論〙領域, 定義域; 〘理〙磁区, ドメイン (magnetic domain); 〘生〙領域, ドメイン《タンパク質分子の 3 次構造の中で独立に折りたたまれた球状の単位》; 〘生〙ドメイン《生物分類で界の上の単位; 古細菌・真正細菌・真核生物の 3 つ》. **3**〘インターネット〙 **a** ドメイン《ウェブサイトのアドレス文字列にみられる各階層》. **b** DOMAIN NAME. [F (OF *demeine* DEMESNE); *dominus* との連想による変形]

do·maine /doʊméɪn, də-; *F* dɔmɛn/ *n* ドメーヌ《フランスにおいて, ブドウ畑を所有し, ワインを生産している個人または団体; ドイツ語では Domäne》. [F=estate]

domáin nàme 〘インターネット〙ドメイン名, ドメインネーム.

domáin nàme sèrver 〘インターネット〙ドメインネームサーバー《個々のコンピューターを表わす文字列とプロトコルが認識する IP アドレスを媒介するシステム; 略 DNS》.

domáin nàme sèrvice 〘インターネット〙ドメインネームサービス《略 DNS》.

do·mal /dóʊm(ə)l/ *a* 〘音〙CACUMINAL; DOMIC.

do·ma·ni·al /doʊméɪniəl/ *a* 領地の; 地所の.

do·ma·tium /doʊméɪʃ(i)əm/ *n* (*pl* **-tia** /-ʃ(i)ə/) 〘植〙《植物中の》共生生物の住みか《昆虫やダニなどがすむ空洞など》.

dome /dóʊm/ *n* **1 a**〘建〙円蓋(えんがい), ドーム; 丸天井 (vault); 《半球状の》丸屋根. **b** ドーム状の建物; 大型の目立つ建造物; 大聖堂; (丸)屋根付きの競技場, ドーム球場; 《古・詩》壮麗な建物, 館(やかた) (mansion). **2** 丸屋根状のもの; 《山・樹林などの》円頂; 鐘形おおい; 〘機〙鐘形汽室; 〘鉄道〙ガラス張りの展望室; DOME CAR; 〘空〙ASTRODOME; 〘晶〙庇面(ひめん)体; 〘地質〙ドーム《円形・長円形の背斜》; DOME FASTENER; 《俗》頭, おつむ. ► *vt* …に丸屋根をつける; 半球形にする. ► *vi* 半球形にふくらむ. ♦ **~·lìke** *a* [F<It=cathedral, dome<L *domus* house]

Dôme /*F* doːm/ [Puy de ~] ピュイ・ド・ドーム《フランス中南部 Auvergne 山地の山 (1465m)》.

dóme càr 〘鉄道〙ドームカー, 展望車.

domed /dóʊmd/ *a* DOME の[でおおった], 丸天井の; 半球形の, 円蓋状の.

dóme dòctor*《俗》頭医者, 精神科医, 心理学者.

dóme fàstener SNAP FASTENER.

dóme lìght 車内灯, ルームランプ.

dóme·lìner *n* 展望列車.

dóme mòuntain 〘地質〙ドーム状の山《米国の Black Hills がその例》.

Do·me·ni·chi·no /doʊmèɪnəkíːnoʊ/ ドメニキーノ (1581-1641)《Bologna の画家; 本名 Domenico Zam·pie·ri /tsὰːmpiɛ́əri, zὰːm-/》.

Do·me·ni·co /doʊméɪnɪkòʊ/ **1** ドメニコ《男子名》. **2** ドメニコ《El Greco の別名》. [It; ⇨ DOMINIC]

Doménico Ve·ne·zi·á·no /-vənèɪtsiáːnoʊ/ ドメニコ・ヴェネツィアーノ (c. 1410-61)《イタリア, ルネサンスの画家》.

Dóme of the Róck [the]〘イスラム〙岩のドーム《Jerusalem にある聖殿; 7 世紀末に建立》.

domes·day /dúːmzdèɪ, dóʊmz-/ *n* 《古》DOOMSDAY; [D-] DOMESDAY BOOK.

Dómesday Bòok [the]〘英史〙ドゥームズデーブック《William 1 世が 1086 年に作らせた土地台帳; 略 DB》.

do·mes·tic /dəméstɪk/ *a* **1** 家庭の, 家事の; 家庭向きの, 家庭的な〈人〉: ~ affairs 家事 / ~ dramas 家庭劇, ホームドラマ. **2** 人家(の近辺)にすむ; 飼いならされた〈動物〉(opp. *wild*). **3** 自国の, 国内の, 内地の (opp. *foreign*); 国内産[製]の, 自家製の (homemade): ~ affairs 内政 / ~ industry 家内工業 / ~ postage [mail] 国内郵便料[郵便物] / ~ production 家内[国内]生産. **4** 土着の (indigenous). ► *n* **1** 召使, 奉公人《女中・料理人など》. **2** [*pl*] 国産品, 内地[自家]製品; *《麻薬俗》国内産マリファナ. **3** [*pl*] 家庭用リンネル類, 手織物; *《リンネルと区別して》木綿, 綿布. ♦ **do·més·ti·cal·ly** *adv* 家庭的に, 家庭向きに; 国内で, 国内問題[内政]に関して. [F<L (*domus* home)]

do·mes·ti·ca·ble /dəméstɪkəb(ə)l/ *a* (飼い)ならしやすい; 家庭になじみやすい.

doméstic ánimal 家畜《馬・牛・羊など》.

doméstic árt HOME ECONOMICS.

do·mes·ti·cate /dəméstɪkèɪt/ *vt* **1** 〈野生動物を〉飼いならす, 家畜化[飼養化]する, 〈野生植物を〉栽培植物化する. **2 a** 〈人を〉家庭[土地]になじませる; 〈野蛮人を〉教化する (civilize); 〈外来植物を〉環境に適応させる. **b** 〈外国の習慣・ことばなどを〉自家[自国]に取り入れる. **3** 〈話などを〉一般の人に親しみやすいものにする. ► 《古》*vi* **1** 共に暮らす. **2** 家庭になれる; 住居を定める. ► *n* /-kət, -kèɪt/ 飼いならされた動物; 栽培できるようにした植物. ♦ **do·mès·ti·cá·tion** *n*

do·més·ti·càt·ed *a* 飼いならされた; 栽培植物の; 家事の好きな[得意な], 家庭的な.

doméstic cát イエネコ, 猫.

doméstic cóurt 〘英法〙家事事件治安判事裁判所《家庭問題を処理》; 〘法〙住所地裁判所.

doméstic ecónomy 家政, 家庭管理.

doméstic fówl 家禽 (poultry), 《特に》にわとり.

doméstic góddess 《口》家事[料理]のじょうずな女性, 理想的な主婦.

do·mes·tic·i·ty /dòʊmèstísəti, -məs-, dὰm-/ *n* 家庭生活 (home life); 家庭的なこと; 家庭への愛着; [°the domesticities] 家事; 飼いならされていること.

do·mes·ti·cize* /dəméstəsàɪz/ *vt* DOMESTICATE.

doméstic pártner **1** 現地国パートナー《特に開発途上国で, 国際企業との共同事業に参加する現地国企業》. **2** 同棲の相手, パートナー.

doméstic pártnership 同棲関係, 内縁関係.

doméstic pígeon 〘鳥〙ドバト.

doméstic prélate 〘カト〙名誉高位聖職者《教会に対する貢献を聖座によって認知された司祭》.

doméstic relátions còurt 〘米〙COURT OF DOMESTIC RELATIONS.

doméstic scíence 《古風》家政学 (home economics).

doméstic sérvice 奉公人[召使]の仕事.

doméstic shórthair 〘猫〙ドメスティックショートヘア (American shorthair あるいはその雑種).

doméstic sỳstem 家内工業制度 (cf. FACTORY SYSTEM).

doméstic víolence 家庭内暴力, ドメスティックバイオレンス.

do·mes·tique /dòʊmɛstíːk/ *n* 〘自転車レース〙ドメスティーク《チーム内におけるリーダーの補佐役; ペースセッター・食料補給係などをつとめる》. [F]

Do·mes·tos /dəméstòʊs; -tɔ̀s/ 〘商標〙ドメスト(ス)《英国製の液状漂白剤》.

do·met(t) /doʊmét, dάmət/ *n* ドメット《白の綿フランネル; 経かたびら用》.

dom·i·cal /dóʊmɪk(ə)l, dάm-/, **-ic** *a* 丸屋根風の, 丸天井式の, ドームのある. ♦ **-i·cal·ly** *adv*

dom·i·cil /dάməsəl/ *n* DOMICILE.

dom·i·cile /dάməsàɪl, -səl/ *n* 住居, 居所, 居住地, 家; 〘法〙住所, ドミサイル《1) 人が現実にそこに住み本拠地とみなしている場所 2) 人・法人の法的な住所》; 〘商〙手形支払い場所. ► *vt* …の住所を定める 〈*in, at*〉; 〈為替手形〉の支払い場所を指定する. ► *vi* 住所を定める 〈*at, in*〉; 手形支払い場所を指定する 〈*at*〉. [OF<L; ⇨ DOME]

dóm·i·cìled /, -səld/ *a* 定まった住所のある; 支払い地指定の: a ~ bill 他所払い[支払い地指定]手形.

dómicile of chóice 〘法〙選択住所.

dómicile of órigin 〘法〙出生住所.

dom·i·cil·i·ary /dὰməsílièri, dòʊ-; dɔ̀mɪsíləri/ *a* 住所の, 家宅の; 本人の住居における, 在宅の; 傷病者に生活の場所と介護を提供する; 〘商〙手形支払い地の: a ~ nurse (家庭)訪問看護師 / a ~ register 戸籍.

domicíliary cáre [sérvices] 在宅ケア, 在宅(福祉)サービス《訪問看護など》.

domicíliary vísit 家宅捜索; 医師の家庭訪問.

dom·i·cil·i·ate /dὰməsílièɪt, dòʊ-/ *vt* DOMICILE. ► *vi* 住居を定める, 住む. ♦ **dòm·i·cìl·i·á·tion** *n*

dóm·i·nance, -nan·cy *n* 優位, 優越; 権勢; 支配 〈*over*〉; 優勢; 機能的不均斉《手の右利き・左利きなど》; 〘生態〙《植物群落における》優占度, 《動物個体間での》優位; 〘遺〙優性 (cf. LAW OF DOMINANCE).

dóminance hìerarchy 《動物集団内の》順位.

dom·i·nant /dάm(ə)nənt/ *a* **1 a** 支配的な, 最も有力な, 優勢な, 優位の, ボス的な; 目立つ, 顕著な, 主要な; 《体の一対の器官の一方が》機能的にすぐれた, 利きの; 〘生態〙優占した; 〘遺〙優性の, 顕性の (opp. *recessive*): a ~ character 優性形質 / the ~ party 第一[多数]党 / a ~ eye 利き目 / ~ species 優占種. **b** (群を抜いて)高い, そびえる. **2**〘楽〙属音の, ドミナントの《属音を根音とする和音・属音を主音とする調・5 度の進行についていう》. ► *n* **1** 主要[優勢]なもの; 優性対立遺伝子, 優性形質; 〘生態〙《植物の》優占種, 《動物個体間の》優位者. **2**〘楽〙属音《音階の第 5 音》; 〘楽〙ドミナント, 属和音. ♦ **~·ly** *adv* [F; ⇨ DOMINATE]

dóminant séventh chórd 〘楽〙属七の和音.

dóminant ténement [estáte] 〘法〙要役地《地役権をもつ土地; cf. SERVIENT TENEMENT》.

dóminant wávelength 〘理〙《色の》主波長.

dom·i·nate /dάmənèɪt/ *vt* **1** 支配[統治]する, 威圧する, 牛耳る; 〈激情などを〉抑える; …に優位を占める, 左右する, …に普及する, 特色づける. **2** …の上にそびえる, 見おろす; 〘言・数〙支配する. ► *vi* **1** 支配力を振う, 威圧する, 優位を占める[に立つ], 跳梁する 〈*over*〉. **2** そびえる, 著しく目立つ. ♦ **dóm·i·nàt·ing** *a* 支配的な, 支配的な影響力をもつ. **dóm·i·nà·tive** /; -nə-/ *a* 支配的な, 威圧的な, 優勢な. **dóm·i·nà·tor** *n* 支配者, 統治者. [L *dominor*; ⇨ DOMINUS]

dom·i·na·tion /dàmənéɪʃ(ə)n/ *n* 統治, 支配 (rule) 〈*over*〉; 優勢; [*pl*] 主天使 (dominions).

dom·i·na·trix /dàmɪnéɪtrɪks/ *n* (*pl* ~·es, -tri·ces /-néɪtrəsiz, -nətráɪsiz/) 《サド-マゾ行為で支配者的立場に立ち相手に虐待を加える》女王(様), 女主人, ドミナント; 《一般に》支配的な女性. [L (fem)‹ *dominator*]

dom·i·ne /dámənì:, dóu-/ *n* 《廃》[*voc*] ご主人さま.

Do·mi·ne, di·ri·ge nos /dɔ́:mɪnὲ dí:rɪgὲ nóus/ 主よ, われらを導きたまえ《London 市の標語》. [L]

do·mi·nee /dú:məni, dúə-/ *n* 《南アフリカで》アフリカーナー教会の牧師 (predikant).

dom·i·neer /dàmənɪ́ər/ *vi* いばりちらす, 圧制する 〈*over*〉; 高くそびえる 〈*over, above*〉. ► *vt* …に暴威をふるう, 牛耳る; …の上にそびえる. [Du<F; ⇨ DOMINATE]

dominéer·ing *a* 権柄(けんぺい)ずくの, 横暴な, 思うとおりにさせたがる, 傲慢な. ♦ **~·ly** *adv* 横暴に, 傲慢に. **~·ness** *n*

Do·min·go /doumíŋgou/ ドミンゴ **Placido** ~ (1941–)《スペインのテノール・指揮者》.

Domini *n* DOMINUS の複数形.

Dom·i·nic /dámənɪk/ **1** ドミニク《男子名》. **2** [Saint] 聖ドミニクス (c. 1170–1221)《スペイン生まれのドミニコ修道会の創立者; 本名 Domingo de Guz·mán /guzmá:n, gus-/; 祝日 8 月 8 日 (もと 4 日)》. [L=of the Lord]

Dom·i·ni·ca /dàmənì:kə, dəmínəkə/ **1** ドミニカ《女子名》. **2** ドミニカ《西インド諸島東部 Lesser Antilles の火山島で, 一国をなす; 1978 年に独立, 英連邦に属する; 公式名 Commonwealth of ~ (ドミニカ国); ☆Roseau》. [(fem)‹↑]

do·min·i·cal /dəmínɪk(ə)l/ *a* 主(しゅ)の (Lord's), キリストの; 主の日[日曜日]の: the ~ day 主の日, 主日(しゅじつ)《日曜日》. [F or L; ⇨ DOMINUS]

domínical létter 主の日文字《教会暦の日曜日を示す 7 文字 A より G までの中の一字, たとえばその年の 1 月 3 日が日曜に当たれば C, 5 日が日曜ならば E とする; 主に Easter の日を決定するのに用いる》.

domínical yéar 主の年《西暦年》.

Do·min·i·can /dəmínɪkən/ *a* **1 a** 聖ドミニクス (Dominic) の. **b** ドミニコ修道会の《聖 Dominic が 1215 年に設立》. **2** ドミニカ (Dominica または Dominican Republic) の. ► *n* **1** ドミニコ会(修道)士 (=*Black Friar*), ドミニコ修道女会修道女. **2** ドミニカ人.

Domínican Repúblic [the] ドミニカ共和国《西インド諸島にある Hispaniola 島の東半分を占める国; ☆Santo Domingo; 旧称 Santo [San] Domingo》.

Dom·i·nick /dámənɪk, -nὲk/ **1** ドミニク《男子名》. **2**〘鶏〙DOMINIQUE. [DOMINIC]

Dom·i·nick·er /dámənὲkər, -nɪ̀k-/ *n* [ˢd-]〘鶏〙DOMINIQUE.

dom·i·nie /dáməni, dóu-/ *n* 《スコ》学校教師, 先生 (schoolmaster); *《方》聖職者 (clergyman), 牧師 (minister); *オランダ改革派教会の牧師.

do·min·ion /dəmínjən/ *n* **1** 支配権[力], 統治権, 主権 (sovereignty); 支配, 統制;〘英法〙所有[領有]権 (dominium): gain [exercise] ~ over…に対して支配権を握る[ふるう] / be under the ~ of …の支配下にある. **2 a** 支配圏, 領土; [°*pl*]〘史〙《封建領主の》領地. **b** [D-]《大英帝国内にあって, 代議機関と責任政府をもつ》自治領《旧称》; [the D- (of Canada)] カナダ自治領《1867 年合同》: the *D~* of New Zealand ニュージーランド自治領《1907 年から》. **3** [*pl*] 主天使 (=*dominations*)《天使の階級の第 4 位; ⇨ CELESTIAL HIERARCHY》. [OF<L (*dominium* property); ⇨ DOMINUS]

Domínion Dày ドミニオンデー《CANADA DAY の旧称》.

Domínion Règister 会社の自治領支社の社員名簿.

Dom·i·nique /dámənɪk, -nì:k/ **1** ドミニク《女子名》. **2** [d-]〘鶏〙ドミニク種の鶏《羽に横縞がある米国産出の品種》, 《広く》羽に縞のある鶏. [F; ⇨ DOMINIC]

do·min·i·um /dəmíniəm/ *n*〘法〙所有権, 領有権.

dom·i·no /dámənòu/ *n* (*pl* ~·es, ~s) **1** ドミノ仮装衣《舞踏会で用いるフードと小仮面付き外衣》; 《顔の上半部をおおう》ドミノ仮面; ドミノ仮装衣[仮面]着用者. **2 a** ドミノ牌(はい)《骨・象牙・木・プラスチック製のさいの目 2 個を組み合わせた長方形の札》: fall like ~*es* 将棋倒しになる; 連鎖反応的に屈する 〈*to*〉. **b** [~es, 〈*sg*〉] ドミノ《28 枚の牌で行なうゲーム》. **c** 将棋倒しになるもの, 《連鎖反応を起こす》ドミノ牌 (cf. DOMINO THEORY). **3** 《俗》打倒の一撃; *《俗》黒人, 黒んぼ; [*pl*] *《俗》歯, (ドミノ牌形)角砂糖, さいころ; [*pl*] 《俗》ピアノの鍵盤; 《口》《演奏中の》しくじり. ● **it's ~ with…**ᴵᴵ《俗》…はもう絶望[終わり]だ. [F<? L DOMINUS]

Domino ドミノ **Fats** ~ (1928–)《米国のロックンロールシンガー・ソングライター・ピアニスト; 'Blueberry Hill' (1956)》.

dóm·i·nòed *a* ドミノ仮装衣[仮面]を着けた.

dómino efféct ドミノ効果《一つのことが起こると同様のことが次々起こる累積的効果》: a democracy ~ 民主化ドミノ.

dómino pàper ドミノ紙《大理石模様などの装飾紙; 壁紙・本の見返し用》.

dómino thèory [the] ドミノ理論《(1) ある地域が共産主義化するとそれが次々と隣接地域に及んでいくという考え方 2) ある行為が認められると同様なことが次々と起こりうるという考え方》.

Do·mi·nus /dámənəs/ *n* (*pl* -ni /-nì:, -nàɪ/) 主, 神. [L=lord, master]

Do·mi·nus il·lu·mi·na·tio mea /dámənəs ɪlù:mɪnéɪʃiou mí:ə/ 主はわが光なり《Oxford 大学の標語; *Ps* 27: 1》. [L=the Lord is my light]

Do·mi·nus vo·bis·cum /dɔ́:mɪnùs woubí:skùm/ 主が汝らと共にあらんことを; ご機嫌よう. [L=the Lord be with you]

Do·mi·tian /dəmíʃən/ ドミティアヌス (*L* Titus Flavius Domitianus Augustus) (51–96)《ローマ皇帝 (81–96); 専制的で, 元老院を無視し, 批判する者を弾圧; 暗殺された》.

dom·kop /dámkàp/ *n* 《南ア俗》ばか, まぬけ, のろま.

do·mó·ic ácid /dəmóuɪk-/〘生化〙ドウモイ酸《一部の珪藻類が産生する神経毒で, 魚介類を通してヒトや鳥などが摂取し, 中毒を起こすことがある》.

do·mo·voy /dəməvɔ́ɪ/ *n* ドモヴォーイ《スラヴ民族の民間信仰で, 家の精》.

dom·ra /dámrə, *dɔ́:m-/ *n*〘楽〙ドムラ《リュートに似たロシアの民俗楽器》. [Russ]

Dom. Rep. °Dominican Republic.

dom·sat /dámsæ̀t/ *n* 国内通信(用)衛星. [*domestic satellite*]

domy /dóumi/ *a* ドーム (dome) 状の; ドームのある.

don[1] /dán/ *n* **1 a** [D-] …さま[君, 殿]《スペインで名に冠する敬称で, もとは貴人の尊称; cf. SEÑOR》. **b** スペイン紳士; 《一般に》スペイン人 (Spaniard): DON JUAN, DON QUIXOTE. **c** [D-] …師《イタリア人聖職者の尊称》. **2** 名士, 偉い人; 《口》達人 〈*at*〉; *《口》《Mafia などの》ドン, ボス. **3** 《英国の大学, 主に Oxford, Cambridge で》学寮 (college) の学監, 個人指導教師, 特別研究員, ドン; 《一般に》大学教師. [Sp<L DOMINUS]

don[2] *vt* (-nn-) 〈衣服・帽子などを〉身に着ける, 着る, かぶる (put on) (opp. *doff*); [*fig*] 身につける, 受け入れる (assume). [*do*[1] *on*]

Don[1] ドン《男子名; Donald の愛称》.

Don[2] [the] ドン川《ヨーロッパロシアを南流し, Azov 海に注ぐ川》.

DON director of nursing.

do·na /dóunə/ *n* 《ポルトガル・ブラジルの》貴婦人; [D-] …夫人《貴婦人の洗礼名に冠する敬称》. [Port]

do·ña /dóunjə/ *n* 《スペインの》貴婦人; [D-] …夫人《貴婦人の洗礼名に冠する敬称》. [Sp (fem)‹ DOMINUS]

don·agh·er /dánəxər/ *n**《俗》DONICKER.

do·na(h) /dóunə/ *n* 《俗》女, 女の子, 女友だち, 彼女.

Don·ald /dánld/ ドナルド《男子名; 愛称 Don》. [Celt=world+power, ruler]

Dónald Dúck ドナルド・ダック《Walt Disney の漫画映画に登場するアヒル; cf. DAISY DUCK》.

Do·nar /dóunà:r/〘ゲルマン神話〙ドナール《雷神; 北欧神話では Thor》. [OHG; cf. THURSDAY]

do·na·ry /dóunəri/ *n* 《古》奉納品.

do·nate /dóunèɪt, ⸗⸗; də(u)néɪt/ *vt* 《慈善事業・公共機関などに》寄付[寄贈, 贈与]する; 〈臓器などを〉提供する;〘理・化〙〈電子などを〉供与する: ~ blood 献血する. ► *vi* 寄付[寄贈, 贈与]する. [逆成‹ *donation*]

Don·a·tel·lo /dànətélou/ ドナテロ (1386?–1466)《イタリア初期ルネサンス最大の彫刻家; 本名 Donato di Niccolò di Betto Bardi》.

do·na·tio mor·tis cau·sa /douná:tiòu mɔ́:rtəs káusɑ:, -kɔ́:zə/〘法〙死亡予期贈与《死の近いのを予期した者が財産を他人に贈与し, 死亡によって効力が発生するもの》. [L]

do·na·tion /dounéɪʃ(ə)n/ *n* 《慈善事業・公共機関などへの》贈与, 寄付, 寄贈; 寄付金, 寄贈品; 《臓器の》提供, 献血: imperial ~*s* 御下賜金. [OF<L (*dono* to give‹ *donum* gift)]

donátion lànd〘米〙《入植促進のため州や連邦政府が無償(に近い条件)で譲渡した》下げ渡し地.

donátion pàrty* 客が主催者への贈り物を持ち寄るパーティー.

Do·na·tism /dóunətɪ̀z(ə)m, *dán-/ *n*〘キ教史〙ドナトゥス派の教義《4 世紀に北アフリカに起こった同派は極端に厳格な教会生活を主張したが, のちに異端として迫害された》. ♦ **Dó·na·tist** *n*

don·a·tive /dóunətɪv, *dán-/ *n* 寄贈品, 寄付金; 《寄進者が直接に授けうる》直授聖職禄. ► *a* /, *dóunèɪtɪv, *⸗⸗⸗/ 寄付[寄贈, 贈与]の(ための); 直接授与の: ~ intent〘法〙贈与の意思.

do·na·tor /dóunèɪtər, ⸗⸗⸗; də(u)néɪtər/ *n* DONOR.

don·a·to·ry /dánətɔ̀:ri; -t(ə)ri/ *n*〘スコ法〙受贈者.

Do·na·tus /douná:təs/ **1** ドナトゥス **Aelius** ~《4 世紀のラテン文法家; *Ars Grammatica* は中世の代表的な文法書》. **2** ドナトゥス《4 世紀のカルタゴ (Carthage) の司教で, Donatists の指導者; ⇨ DONATISM》.

Do·nau /*G* dó:nau/ [the] ドナウ川《DANUBE 川のドイツ語名》.

Don·bas, -bass /dənbá:s, dánbæs/ [the] ドンバス (DONETS BASIN).

D

Don·cas·ter /dáŋkəstər/ ドンカスター《イングランド北部 South Yorkshire の町》.

don·cel·la /dɑnsélə/ *n* 西インド諸島や Florida 産の明るい色をしたベラ科の各種の魚. [AmSp]

done /dʌ́n/ *v* DO[1] の過去分詞; *《俗》DID: He ~ it. / *D~!* よしきた(Agreed!)《賭けを引き受けて》/ Well ~! うまいぞ, よくやった, あっぱれ! / WHODUNIT. ▶ *a* **1 a** 済んだ, 終了した; 命運が尽きた, おしまいで: Now the job is ~. さあ, 仕事は終わった / I'll be ~ right away. すぐに終わります / DONE DEAL. **b** だめになった; だまされた; 《口》へとへとになった (exhausted); 使いはたされた, 消耗された. **2** [[u]*compd*]〈食べ物が〉煮焼きされた: half*done*, over*done*, under*done*, etc. **3 a** 社会常識[礼儀]にかなった: be the ~ thing "常識的な[あたりまえの]ことである / That isn't ~. そんな行ないは認められないぞ / It's not ~ *for* sb *to* do.... 人が…するのは無作法だ. **b** 《俗》はやって. ▶ *adv* 《方》全く, すでに: I ~ made up my mind. すっかり[すでに]決心しちまったんだ. ● **(all) ~ and dusted** "《口》(準備)完了して. **badly ~ by [to]**=*hard* DONE *by*. **be ~ with** ⇨ DO[1]. **~ for** 《口》(もう)だめで, やられて, 打ち負かされて; (ほとんど)死んで; 疲れきって, くたくたで: I *am* ~ *for*. やられた, もうおしまいだ[だめだ]. **~ in** 《口》疲れきって, へとへとで; 《俗》殺された; 《俗》だいなしになった (ruined). **~ out** 《口》だまされて, だまし取られて〈*of*〉. **~ over** 《俗》負けて, やられて, 不利になって. **~ up** 《口》かっこよく着こなして; 疲れきって (⇨ DO[1] up); 完了して. **~ with** 完了して. **hard ~ by** おこって; 冷遇されて, 不当な扱いをうけて (⇨ DO[1] by).

dóne déal 《俗》完了した取引, 決着のついたこと.

do·nee /dòuníː/ *n* 受贈者, 贈与を受ける者 (opp. *donor*); 〔法〕権利帰属者指名権受贈者《ある人からその財産の受取人を指名する権限を与えられた人》; 〔医〕《臓器などの》被提供者, 《特に》受血者. [*donor*, *-ee*[1]]

Don·e·gal /dànɪgɔ́ːl, dàn-, ⁀⁀⁀/ ドニゴール《アイルランド北西部の県; ☆Lifford》.

Dónegal Báy ドニゴール湾《アイルランド北西部の大西洋の入江》.

Dónegal twéed ドニゴールツイード《色のついたスラブの平(ひら)または杉綾(すぎあや)に織ったツイード》.

dóne·ness *n* 食べ物がほどよく加熱調理されている状態, 《料理の》焼け[煮え]ぐあい.

dón·er kabòb [kebàb] /dánər-/ 〔料理〕ドネルケバブ《調味料に漬けた肉を串焼きにし, 薄く切り落としたトルコ料理; ピタ (pita) などと食べる》.

Do·nets /dənéts/ [the] **1** ドネツ川《ヨーロッパロシア南西部・ウクライナ南東部を南東に流れて Don 川に合流する》. **2** DONETS BASIN.

Donéts Básin [the] ドネツ盆地 (=*Donbas(s)*)《ウクライナ東部 Donets 川の南西の地域; 大炭田を有する重化学工業地帯》.

Do·netsk /dənétsk/ ドネツク《ウクライナ東部 Donets 盆地の工業都市; 旧称 Yuzovka, Stalin, Stalino》.

dong[1] /dɔ́(ː)ŋ, dáŋ/ *n* ガーン, ドーン, ゴーン《金属性の共鳴音, また頭をぶつけたときなどの音・様子》; 《豪口》強打; 《卑》ペニス, 一物. ● **flong** /flɔ́(ː)ŋ/ **one's ~** *《卑》せんずり[マス]をかく. ▶ *vi* ゴーンと鳴る. ▶ *vt* 《豪口》強打する, ぶんなぐる. [imit]

dong[2] *n* (*pl* ~) ドン《ヴェトナムの通貨単位; 記号 D》. [Vietnamese]

don·ga /dɔ́(ː)ŋgə, dáŋ-/ *n* 《南ア・豪》峡谷, 山峡; 《パプアニューギニアで》家, 小屋. [Afrik＜Bantu]

Dong·en /dɔ́ːŋən/ ドンゲン **Kees van ~** (1877–1968)《オランダ生まれのフランスの画家》.

Dong·hai /dúŋháɪ/, **Tung·hai** /túŋháɪ/ 東海(とうかい)(トンハイ)《連雲港 (Lianyungang) の旧称》.

Don Gio·van·ni /dàn ʤouváːni, -ʤiə-/ ドン・ジョヴァンニ《Mozart 作曲の同名のオペラ (初演 1787 年) の主人公である 17 世紀スペインの好色貴族; Don Juan の伝説に取材した台本による》.

don·gle /dáŋg(ə)l/ ドングル《正規ユーザー認証用のデバイス; これが入出力ポートに接続されている場合にのみ特定のプログラムを実行することができる》. [C20＜?]

Don·go·la /dáŋgələ/ ドンゴラ《DUNQULAH の別名》.

Dóngola kíd [léather] ドンゴラ革《キッドに見えるようになめした山羊・羊などの革》.

Dóngola pròcess ドンゴラなめし(法).

dong quai /dúŋ kwáɪ, dɔ́(ː)ŋ-/ 当帰, ドンクアイ《アジア産カラトウキの根で, 漢方では強壮薬・鎮痛薬・鎮痙薬・通じ薬として使われる》; 当帰エキス[製剤]. [Chin]

Dong·ting /dúŋtíŋ/, **Tung·ting** /túŋ-/ 洞庭湖(どうていこ)(トンティンフー)《中国湖南省北東部の湖》.

doniker ⇨ DONNICKER.

Dö·nitz /dɔ́ːnɪts; *G* dǿːnɪts/ デーニッツ **Karl ~** (1891–1980)《ドイツの海軍軍人; 海軍最高司令官 (1943–45); 1945 年 5 月 Hitler の後継内閣を組織し, 無条件降服を指令した》.

Don·i·zet·ti /dànə(d)zéti, dòu-/ ドニゼッティ (**Domenico**) **Gaetano** (**Maria**) ~ (1797–1848)《イタリアのオペラ作曲家; *Lucia di Lammermoor* (1835)》. ♦ **~·an** *a*

don·jon /dánʤən, dʌ́n-/ *n* 《城の》本丸, 天守閣. [DUNGEON の古形]

Don Juan /dán (h)wáːn, -ʤúːən/ **1 a** ドンファン《遊蕩生活を送ったスペインの伝説的貴族; cf. DON GIOVANNI》. **b** 放蕩者, 女たらし, ドンファン. **2**『ドンジュアン』《スペインの好色貴族を主人公にした, Byron の諷刺詩 (1819–24)》.

Don Juán·ism /, -ʤúːə-/ 男性の性的放縦, 〔医〕ドンファン症 (SATYRIASIS).

donk /dáŋk, dʌ́ŋk, *dɔ́ːŋk/ *n* *《俗・方》(自家製の)ウイスキー; 《米俗・豪俗》ばか, まぬけ, のろま; 《豪俗》車のエンジン. [*donkey*]

don·key /dáŋki, dʌ́ŋ-, *dɔ́ːŋ-/ *n* **1**《家畜としての》ロバ《米国ではこれを漫画化して民主党の象徴とする; cf. ELEPHANT》. **2** ばか者, とんま, のろま, ぐず; 頑固なやつ; DONKEY ENGINE. **3**〔美〕ベンチイーゼル (=**~ stòol** [**èasel**])《美術学校などで使う, 長方形のベンチ型スツールの一端にイーゼル台が付いたもの; ベンチに馬乗りにすわって描く》. ▶ *a* 〔機〕補助の. [C18 (? DUN[2] or *Duncan*); cf. NEDDY, DICKY, MONKEY]

dónkey àct *《俗》ばかな行為, へま, ちょんぼ.

dónkey bòiler 補助ボイラー, ドンキーボイラー.

dónkey dèrby ロバによる競馬.

dónkey dìck *《卑》ロバの一物《大きなソーセージ・サラミなど; cf. HORSE COCK》; *《卑》《ヘロイン服用による》持続的な勃起, 長いおっ立ち.

dónkey dròp 《テニス・クリケットなど》《口》ドンキードロップ《高く上がったゆるいカーブボール》.

dónkey èngine 補助エンジン[機関], 補機《船の荷揚げ用などの小型携帯用エンジン》; 小型機関車《転轍用など》.

dónkey jàcket "〔服〕ドンキージャケット《厚地の防水ジャケット; しばしば 革などの肩当てが付いている; 元来は作業着》.

dónkey-lìck *vt* 《豪俗》《特に 競馬で》〈相手〉に楽勝する, 完勝する.

dónkey·man /-mən/ *n* (*pl* **-men** /-mən/) ドンキーマン《DONKEY ENGINE の操作係》.

dónkey pùmp 〔機〕補助ポンプ.

dónkey ròast *《俗》盛大な[にぎやかな]パーティー.

dónkey's brèakfast 《俗》わらでできたもの, わらぶとん, 麦わら帽子.

dónkey's yèars [èars] *pl* "《口》実に長い間 (cf. DOG'S AGE): for ~.

dónkey vòte 《豪口》《順位指定連記投票で》用紙に印刷された順位どおりに番号を記した票.

dónkey·wòrk 《口》*n* 単調な骨折り仕事[雑用] (drudgery); 基礎, 土台, 下地 (groundwork).

don·ko /dáŋkou/ *n* (*pl* ~**s**) 《NZ口》《工場などの》喫茶室, カフェテリア, 食堂.

don·na /dánə, *dɔ́ː-/ *n* **1** (*pl* **don·ne** /-neɪ/)《イタリア・スペイン・ポルトガルの》貴婦人; [D-] …夫人 (Lady)《貴婦人の名に冠する敬称》. **2** [D-] ドンナ《女子名》. [It＜L *domina* mistress, lady; cf. DON[1]]

don·nard /dánərd/ *a* 《スコ》DONNERED.

Donne /dʌ́n, dán/ ダン **John ~** (1572–1631)《イングランドの形而上派詩人; St. Paul 大聖堂の司祭長 (1621–31)》. ♦ **Dónn·ean, -ian** *a*

don·né(e) /dɔːnéɪ, də-; *F* dɔne/ *n* (*pl* ~**s** /-z; *F* —/)《小説・劇などの》主題, テーマ; 設定《筋の展開のもととなる前提・社会情勢・人間関係など》; 基本前提, 基礎事実, 基盤; 〔論〕所与, 与件 (datum). [F (*pp*)〈*donner* to give]

don·nered /dánərd/, **-nert** /-t/ *a* 《スコ》ぼうっと[気の遠く]なった (dazed).

Dón·ner Pàrty /dánər-/ [the] 〔米史〕ドナー隊《George Donner, Jacob Donner に率いられ, California へ移住しようと Illinois 州を出発した 87 名からなる一隊; 1846–47 年現在の Donner Pass 付近で大雪のために動けなくなり, 糧食が尽きて約半数が死亡した》.

Dónner Páss ドナー峠《California 州北東部 Tahoe 湖の北西にある Sierra Nevada 山脈中の峠; 標高 2160 m; Donner Party 雪中遭難の地》.

don·nick·er, don·(n)i·ker /dánɪkər/ *n* **1** *《俗》便所, トイレ. **2** *《鉄道俗》貨車のブレーキ制動手.

Don·nie /dáni/ ドニー《男子名; Donald, Don の愛称》.

dón·nish *a* 《英国の大学の》学生監 (don) の(ような); 学者然とした, 堅苦しい. ♦ **~·ly** *adv* **~·ness** *n*

donny ⇨ DANNY.

don·ny·brook /dánibrùk/ *n* [[o]D-] 騒々しい言い争い, つかみ合いのけんか, 乱闘騒ぎ (free-for-all). [*Donnybrook* Fair]

Donnybrook ドニブルック《アイルランド東部 Leinster 地方にある市; Dublin の南東郊外に位置》.

Dónnybrook Fáir **1** ドニブルックの市(いち)《Donnybrook で 1855 年まで毎年開かれた市; けんかや騒動が多かった》. **2** DONNYBROOK.

do·nor /dóunər, -nɔ̀ːr/ *n* **1** 寄贈者, 施主(せしゅ) (opp. *donee*); 〔医〕《臓器などの》提供者, ドナー, 《特に》供血[給血]者, 恵皮者; 〔法〕贈与者《自分の財産の受取人の指名権を他人に与える人》; 〔生・遺〕供与体[者, 菌]; [〈*a*〉]《ドナーから》提供された: ~ organs 提供臓器. **2** 〔化〕ドナー《acceptor と結合するため, 原子基などを与える物質》; 〔電子エ》ドナー《半導体に混入して自由電子を増加させる不純物; opp. *acceptor*》. ♦ **～·ship** *n* ［AF＜L; ⇨ DONATION］
dónor càrd 《臓器提供承諾者が携行する》ドナーカード.
Do·nos·tia /dounɔ́:stiɑ:/ ドノスティア《SAN SEBASTIÁN のバスク語名》.
dó-nòthing *a* 何もしない, ぐうたらの; 現状の変更に消極的な, 前向きに行動しない. ► *n* なまけ者, 現状の変更に消極的な人. ♦ **～·ìsm** *n* なまけ癖, 不精を決め込むこと; 無為無策主義. **～·er** *n* 無為無策主義者.
Don Qui·xote /dàn ki(h)óuti, dàŋ-, ǁdɔn kwíksət/ **1** ドン・キホーテ《スペインの作家 Cervantes の諷刺小説 (1605, 15); また その主人公の郷士; cf. SANCHO PANZA》. **2** 現実のわからない高邁な理想主義者 (cf. QUIXOTIC(AL)).
don·sie, -sy /dánsi/ *a* 《スコ》不運な (unlucky); ǁ《方》きちんとした; ǁ《方》気むずかしい; 《スコ》手に負えない, 生意気な; *《方》元気のない, 加減が悪い. ［Gael *donas* bad luck］
don't /dóunt/ do not の短縮形: You know that, ～ you? きみは知ってるね(そうだろう) / Oh, ～! ああ, いけない(よしてくれ)! / *D*～ mister ['my dear' etc.] me. わたしに'ミスター' ['ねえきみ' など]なんか使うな《相手の呼びかけの語句などを臨時に動詞扱いする》. ★ does not の短縮形として用いられるのは《非標準》: He [She] ～ mean it. 本気で言っているんじゃない. ► *n* [ᵘ*pl*] [*joc*] 禁制, 「べからず集」(cf. DO¹).
dón't-cáre *n* 不注意な人, 無関心な人.
dón't-knów *n* 意志未決定の人, 態度保留者, 《アンケート調査で》「わからない」という回答者, 《特に》浮動票投票者.
do·nut* /dóunət/ *n* DOUGHNUT.
don·zel /dánz(ə)l/ *n* 《古》騎士見習い, 従者, 小姓. ［It］
don·zel·la /dɑnzélə/ *n* 《イタリア, Provence の》若い女性, ドンゼラ; 《古》若い貴婦人. ［It］
doo¹ /dú:/ *n* (*pl* ～s) 《スコ》DOVE¹.
doo² *n**《俗》髪型 (hairdo); 《俗》おしっこ, うんち (do).
doob·age, du·bage /dú:bɪʤ/ *n**《麻薬俗》ヤク, マリファナ, はっぱ.
doo·bie¹, -by /dú:bi/ *n**《俗》マリファナタバコ.
doo·bie², du·bee, du·by /dú:bi/ *n**《俗》データベース (database).
doob·r(e)y, -rie /dú:bri/ *n* ǁ《口》DOODAD.
doo·dad /dú:dæd/*《口》*n* (つまらない)飾り; 《名前のはっきりしない》何とか(いうもの[やつ]), 《例の》あれ, ナニ; 代物, 装置, 仕掛け.
doo·da(h) /dú:də/ *n* 《俗》興奮, 当惑; DOODAD. ● **all of a ～** うろたえて, 興奮して. ［C20＜?］
doo·dle¹ /dú:dl/ 《口》*vt, vi* 《ほかのことをしながら》いたずら書き[らくがき]する, (意味もなく)書きつける; *ぐずぐずと[ちゃらんぽらんに]過ごす; 気ままに演奏[即興]する; ǁ《俗》だます, ペテンにかける (diddle). ► *n* いたずら書き《絵・模様など》; くだらんもの. ♦ **dóo·dler** *n* ［C17＝foolish person; 意味上 *dawdle* の影響あり; cf. LG *dudeltopf* simpleton］
doodle² *n* アリジゴク (doodlebug).
dóodle·bràined *a**《俗》ばかな, まぬけな, 足りない.
dóodle·bùg *n**アリジゴク (ant lion)《など》; *ドゥードルバッグ《非科学的な鉱脈[水脈]探知機; 占い棒など》; 《口》《ナチスドイツが 特に London 爆撃に用いた》ミサイル[飛行]爆弾《V-one など》; *《口》短距離(折り返し)列車 (shuttle); *《口》小型自動車[飛行機 など].
dóo·dley-shìt /dú:dli-/, **dóodle-** *n**《卑》DIDDLY-SQUAT.
dóodley-squàt, dóodly- *《俗》*n* 何も[少しも](…ない) (DIDDLY-SQUAT); 金 (money); くそ, うんこ; 純度の低いマリファナ: not know [care] ～ about it それについては全然知らない[かまわない].
doo·dly /dú:dli/ *n**《俗》DIDDLY-SQUAT.
doo·doo /dú:du/, **-die, -dy** /-di/ *n, vi* (*pl* ～s, -dies) 《幼児・口》うんち(する). ● **in deep ～***《口》大変な[厄介な]ことになって.
doo·fer /dú:fər/ *n* ǁ《俗》なに, 何とかいうもの; 《俗》あとで吸うために取ってある(もらった[拾った])タバコ, 吸いさし. ［? *do for* (《 that will *do for* now)］
doofunny ⇨ DOFUNNY.
doo·fus, du- /dú:fəs/ *n**《俗》ばか, まぬけ, あほ, 変な[ダサい]やつ.
doo·hick·ey, -ie, do·hick·ey /dú:hìki/, **doo·hin·key, do·hin·key** /dú:hìŋki/ 《口》*n* 何とかいうもの, 代物 (doodad); にきび, 吹出物. ［*doodad*＋*hickey*］
doo·jee /dú:ʤi:/ *n**《俗》ヘロイン.
doo·jig·ger /dú:ʤìgər/*《俗》*n* 小物, 安物; DOODAD. ［*doodad jigger*］
dook¹, douk¹ /dúk/ *vi, vt, n* 《スコ》DUCK².
dook², douk² *n* 《スコ》《壁面に埋める》埋め木, プラグ (plug). ［C19＜?］
dook³ /dú:k/ *a**《俗》最悪[最低]の, どうしようもない.
dookie ⇨ DUKIE.
dool /dú:l/ *n* 《古・スコ》悲哀, 悲嘆 (dole).
doo·lal·ly /dú:lǽli/ *a* 《俗》頭が狂った, いかれた (＝～ **táp**). ［*Deolali*: Mumbai 近くの町］
doo·lan /dú:lən/ *n* [ˢD-] 《NZ俗》ローマカトリック教徒. ［*Doolan* アイルランドに多い姓］
Doo·ley /dú:li/ [Mr.] ドゥーリ氏《F. P. Dunne の一連の作品の主人公で, 機知に富むバーの主人》.
doo·lie¹ /dú:li/ *n**《俗》《空軍士官学校の》一年生: BIG DOOLIE. ［You are *duly* appointed…からか］
Doo·lit·tle /dú:lìtl/ **1** ドゥーリトル (**1**) **Hilda ～** (1886–1961)《米国のイマジスト詩人; 筆名 H. D.》(**2**) **James Harold ～ ['Jimmy' ～]** (1896–1993)《米国の軍人・飛行家》. **2** ドゥーリトル **Eliza ～** 《G. B. Shaw の喜劇 *Pygmalion* およびそれをもとにしたミュージカル *My Fair Lady* の主人公の花売り娘》.
doo·ly, -lie², dhoo·ly /dú:li/ *n* 《英・インド》簡易担架. ［Hindi＝litter］
doom¹ /dú:m/ *n* **1** 《通例 悪い》運命; 悲運, 破滅, 死滅: meet [go to, know] one's ～ 滅びる, 死ぬ. **2** 《不利な》判決; 《神が下す》最後の審判(の日); 〘史〙《アングロサクソン時代の》判決, 法, ドゥーム: the day of ～＝DOOMSDAY. ► *vt* [ᵘ*pass*] 悪く運命づける (fate), …の運命を定める (destine); …の失敗[破綻, 破滅]を決定的にする; …に判決を下す, 〈罪に〉定める 〈*to*〉; 《古》〈刑を〉宣告する: The policy *is* ～*ed to* failure. その政策は結局失敗に終わるだろう / *be* ～*ed to* do… する運命にある. ［OE *dōm* statute＜Gmc **dōmaz* that which is set; cf. DO¹］
doom² *n* DOOM PALM.
dóom and glóom GLOOM AND DOOM.
dóom·bòok *n* 《古代の》法典, 旧ケルト法典, 《特に》ドゥーム書《ウェセックス王 Alfred 大王 (在位 871–899) 編纂の法典》.
doomed /dú:md/ *a* 運の尽きた, 不運の; むなしい〈努力・試みなど〉: We are ～ now. もはやわれわれの命運も尽きた. ［⇨ DOOM¹］
doom·ful /dú:mfəl/ *a* 不吉な (ominous), まがまがしい, 不気味[暗鬱, 陰気]な. ♦ **～·ly** *adv*
dóom-làden *a* 宿命[破滅]を暗示する, 不吉な.
dóom pàinting 最後の審判を描いた中世の絵画.
dóom pàlm 〘植〙エダウチヤシ, ドームヤシ (＝*gingerbread palm* [*tree*])《熱帯アフリカ原産; 果実にジンジャー臭がある》.
dooms /dú:mz/ *adv* 《スコ》すごく, むやみに.
dóom·sày·er *n**《繰り返し》災難[不幸]を予言する人. ♦ **dóom·sày·ing** *n*
dooms·day /dú:mzdèɪ/ *n* 最後の審判の日 (the Judgment Day), 世の終わりの日, (世界の)破滅, (地球)滅亡, 破局; 判決日, 運命の決する日: till ～ 世の終わりまで, 永久に.
Dóomsday Bòok [the] DOMESDAY BOOK.
Dóomsday Clòck [the] 終末時計《核戦争による人類破滅までの残り時間を象徴的に表わす時計; 1947 年の発表以来零時数分前を推移し, 冷戦後の 1991 年に 17 分前とされたのが最も緊張が緩和した時期になる》.
dóoms·dày·er *n* DOOMSAYER.
Dóomsday Machìne 人類を破滅させる凶器《核による破壊を作動させる阻止不可能な仮想装置》.
doom·ster /dú:mstər/ *n* 裁判官; ǁDOOMSAYER.
dóom trèe 死刑囚を絞首刑にするのに使われる木.
dóom·wàtch *n* 《特に 環境の》現在の状況とその未来についての悲観論, 環境滅亡論; 環境破壊防止のための監視. ♦ **～·er** *n* この世の現在・未来を悲観する人. **～·ing** *n*
dóomy *a* DOOMFUL. ♦ **dóom·i·ly** *adv* **dóom·i·ness** *n*
doo·na /dú:nə/ *n* 《豪》[ᴼD-] CONTINENTAL QUILT.
Doones·bury /dú:nzbèri, -b(ə)ri; -b(ə)ri/ 『ドゥーンズベリー』《米国の漫画家 Garry Trudeau (1948–　) 作の社会・政治状況を諷刺した新聞連載漫画 (1970–　)》.
door /dɔ́:r/ *n* **1 a** 戸, 扉, ドア; 戸口, 門口, 《扉を備えた》出入口 (doorway): answer [get] the ～ 《ノックなどにこたえて》玄関に出る / He appeared *at* the ～. 玄関から現われた / *in* the ～ 入口[玄関]から〈はいる〉/ stand *in* the ～ 出入口に立ちふさがる / on the ～ 入口で《案内・見張りなどして》/ There is someone *at* the ～. 玄関にだれか(来訪者が)いる / A ～ must be either shut or open. 《諺》ドアは開けておくか閉めておくかしかない / When [As] one ～ shuts, another (one) opens. 《諺》ひとつの扉が閉まっても他の扉が開くものだ, 捨てる神あれば拾う神あり《失敗してもまた次の機会を待て》. **b** 一戸, 軒: three ～*s* away [down, up, along] 3 軒先, 2 軒おいた先. **2** 門戸, 〈…に達する[至る]〉道, 関門 〈*to* success; *for*〉. **3** [the D-s] ドアーズ《米国のロックグループ (1965–72)》. ● **at** DEATH**'s ～. behind closed [locked] ～s** 秘密に, 非公開で. **blow sb's ～s off** *《俗》〈トラック(運転手)が〉猛スピードで人の車を追い越す; *《俗》人を打ち負かす, やっつける, 上回る. **by [through] the back [side] ～** 正規の手続きによらず, 裏口から: get in [out] *by the back* ～. **close one's [its] ～s** 門戸[扉]を閉ざす 〈*to*〉; 店をたたむ, 閉店[廃業]する. **close [shut] the ～** 〈人などに〉扉を閉ざす, 締め出す 〈*on, to*〉; 〈議論・交渉など〉の可能性を断つ, …に道を閉ざす 〈*on, to*〉. **from ～ to ～** 一軒ごとに; 出発点[自宅など]から到着点まで. **in ～s** 屋内で[に] (cf. INDOORS). **Katie bar the ～.***《俗》厄介なことを覚悟なさい, 大変な事態になってるよ, ただじゃ済みそうもないよ. **lay [put]…at the ～ of** sb **[at** sb**'s ～]** 〈責任・罪などを〉人に負わせる; 〈問題など〉の解決を人に任せる: They *laid* the blame *at my* ～. わたしに責任をなすりつけた. **leave the ～ open** 可能性を残し

ておく. **lie at the ～ of** sb [**at** sb**'s ～**] 〈責任・罪などが〉人にある, 人のせいである. NEXT DOOR **to**…. **open its ～s** 〈…に〉門戸を開く, 便宜を与える 〈*to*〉; 商売を始める, 開店する. **open the ～ to** [**for**]…に門戸を開く, 便宜を与える (⇨ OPEN DOOR). **out of ～s** 戸外で[に] (⇨ OUT-OF-DOOR(s)): turn sb *out of ～s* 人を追い出す. **packed to the ～** ぎゅうぎゅうに詰まって. **show** sb **the ～** ドアを指して人に出て行けと言う, (さっさと)追い出す, 追い返す. **within** [**without**] **～s** 屋内[屋外]に, 屋内[屋外]で. ◆ **～·less** *a* [OE *duru*; cf. G *Tür*]

dóor·bèll *n* 戸口のベル, 玄関の呼び鈴.

dóor·bòlt *n* 戸のかんぬき.

D

dóor·bùst·er *n**《口》 **1** 《早朝など時間限定の》大特価; 《時間限定の》値引き商品, 特価品. **2** ドアバスター《ドアや鍵を打ち破る装置の付いた銃型の救助器具》.

dóor·càse *n* 出入口枠[額縁], ドア枠[額縁].

dóor chàin ドアチェーン.

dóor chèck [**clòser**] ドアチェック, ドアクローザー《ドアがバタンと閉まらないようにする装置》.

dó-or-díe *a* 決死の, 懸命の; いちかばちかの, のるかそるかの.

doored /dɔ́:rd/ *a* 戸[ドア]のある.

dóor·fràme *n* 《ドアをはめ込む》戸枠, ドアフレーム.

dóor fùrniture ドア部品《錠・引手など》.

dóor hàndle" ドアハンドル (doorknob).

dóor·hèad *n* 出入口の上枠.

dóor·jàmb *n* 《戸口両側の》側柱 (=*doorpost*).

dóor·kèep·er *n* 門衛, 門番 (porter); "《アパート・ホテルなどの》玄関番; 〔カト〕守門 (=*ostiary, porter*) 《MINOR ORDER の最下位》.

dóor·knòb *n* ドアノブ.

dóor·knòck·er *n* 《訪問者用》(ドア)ノッカー (knocker).

dóor·màn /, -mən/ *n* ドアマン《ホテル・百貨店などの玄関のサービス係; 荷物運び・タクシー呼びなどをする》; 門衛, 門番.

dóor·màt *n* **1** 《玄関先の》靴ぬぐい, ドアマット; [*fig*] 人にいいようにされる人, 他人のなすがままになる者; 《俗》いつもびり[だめ]になるチーム. **2** 〔植〕KNOTGRASS. ● WIN[1] **the hand-painted ～.**

dóor mìrror 〔車〕ドアに取り付けたサイドミラー, ドアミラー.

dóor mòney 入場料, 木戸銭.

Doorn /dɔ́:rn/ ドールン《オランダ中部 Utrecht 州の町; ドイツ皇帝 William 2 世が廃位後居住 (1919–41)》.

dóor·nàil *n* 《昔ドアの飾りに打ち付けた》鋲釘(びょうくぎ): (as) dead as a ～ 疑いもなく[完全に]死んで; 作動しないで, こわれて, 力を失って.

doorn·boom /dúərnbù:m, dɔ́:rn-/ *n* 〔植〕南アフリカのアカシアの一種《生垣・砂止め用; 樹皮は皮なめし用》.

Door·nik /dɔ́:rnɪk/ ドールニック《TOURNAI のフラマン語名》.

dóor·òpen·er *n* 《口》近づき[きっかけ]となる手段《訪問販売の手みやげなど》.

Dóor Península ドア半島《Wisconsin 州東部 Green 湾と Michigan 湖にはさまれた半島; リゾート地》.

dóor·plàte *n* 《金属製の》標札, ドアプレート.

dóor·pòst *n* DOORJAMB: (as) DEAF as a ～. ● BETWEEN **you, me, and the ～.**

dóor prìze 《催し物などの》入口で渡された券で当たった賞品.

Doors ⇨ DOOR.

dóor·scràper *n* 《戸口に置く》靴の泥落とし, 靴ぬぐい.

dóor·sìll *n* 沓摺(くつずり), 敷居《戸の下の石[木, 金属]》.

dóor·stèp *n* **1** 戸口の上がり段. **2** "《俗》厚切りのパン. ● **on** one**'s** [**the**] **～** すぐ近くに[で]. ► *a* "戸別訪問[訪問販売, 宅配]の. ► *vi, vt* "戸別訪問[訪問販売, 宅配]する; 《記者などが見張り[張込み]のために》戸口の階段で待つ; 〈子供を〉人の家の戸口に置き去りにする《人に育ててもらうために》.

dóor·stèpping *n* 《選挙運動などの》戸別訪問; 〔ジャーナリズム〕《インタビュー相手に接触するため当該人物の自宅やオフィス前でする》張込み (ambushing). ◆ **dóor·stèpper** *n*

dóor·stòne *n* 沓摺石(くつずりいし) (cf. DOORSILL).

dóor·stòp, -stòp·per *n* ドアストップ[ストッパー], 戸止め, あおり止め《ドアを開けておくのに用いる楔・おもしなど》; 戸当たり《開いたドアが壁に当たって損傷しないように壁や床に取り付ける先端がゴムの器具》; かさばる[重い]もの, 分厚い本.

dóor·strìp *n* ドアの下[まわり]の隙間ふさぎ.

dóor-to-dóor *a, adv* 各戸ごとの[に], 戸別の[に], 宅から宅への; 出発点から到着点まで直行の[で], 戸口直送の[で], 宅配の[で]: a ～ salesman 訪問販売員.

dóor·wày *n* 戸口, 玄関口, 出入口; [*fig*] 門戸(もんこ), (…への)道.

dóorway stàte 〔理〕戸口状態, ドアウェー状態《核反応で複合核を形成する際に初状態として考える単純な状態》.

dóor·yàrd* *n* 《住宅の》戸口[玄関先]の庭.

doo·te·roo·mus /dù:tərú:məs/ *n**《俗》銭(ぜに), マネー.

doo·wacky /dú:(h)wæ̀ki/ *n**《俗》(何とかいう)もの, ちょっとした装置[器具] (doodad); *《俗》金 (money): be out of ～ 文無しになっている.

doo·whang·am /dú:(h)wæ̀ŋəm/, **dóo·whistle** /dú:-/, **doo·wil·lie** /dú:wìli/ *n**《口》《名前のはっきりしない》ちょっとした装置[器具], あれ (doodad).

doo-wop /dú:wɑ̀p/, **do-whop** /-(h)wɑ̀p/ *n* ドゥーワップ《特に 1950 年代の米国で黄金期を迎えた, リズムアンドブルースのグループコーラス; 1–2 人のリード歌唱に 3–4 部のハーモニーが基本》. [? imit]

doo·zy, -zie, -sy, -sie /dú:zi/, **doo·zer** /dú:zər/*《口》*n* どえらい[どでかい]もの, すごいもの[やつ]: a ～ of a fight. ► *a* どえらい, みごとな.

dop[1] /dɑ́p/ *n* 《研磨・カットのための》ダイヤモンド押え《工具》. [Du=shell, goblet]

dop[2] 《南ア口》 *n* 酒のひと口; ドプ《ワイン製造後のブドウの皮を原料とした強い安物ブランデー》. [Afrik < ↑]

do·pa /dóupə, -pɑ:/ *n* 〔生化〕ドーパ《アミノ酸の一種; cf. L-DOPA》. [*d*ihydr*o*xy*p*henyl*a*lanine]

do·pa·mine /dóupəmì:n/ *n* 〔生化〕ドーパミン《脳内の神経伝達物質》; DOPA. [*dopa*+*amine*]

do·pa·min·er·gic /dòupəmì:nə́:rʤɪk/ *a* 〔生化〕ドーパミン作用性の.

dop·ant /dóupənt/ *n* 〔電子工〕ドープ剤, ドーパント《ドーピングのために半導体に添加する少量の化学的不純物》.

dope /dóup/ *n* **1** 糊(のり)状液, 高粘度の調合剤, 濃厚溶液, ドープ; 《ダイナマイトに配合する》〔吸収剤〕; 機械油; 《ガソリンの》添加剤《アンチノック剤など》; 〔写〕現像液; 〔空〕ドープ《航空機羽布(はぶ)などに塗る一種のワニス; また 気体漏れ防止のために気球に塗るもの》. **2 a** 《俗》麻薬, くすり, 薬(やく) (narcotic); *《俗》《医師が処方[投与]する》鎮静薬, 鎮痛薬; 《俗》《選手・競走馬・グレーハウンドなどに違法に使用される》興奮剤, 薬物《能力を刺激または阻害する各種の薬物》; 《主に米南部俗》炭酸飲料, 《特に》コカコーラ (Coca-Cola); *《俗》コーヒー; *《俗》紙巻きタバコ; *《俗》気付け薬: on [off] ～ 薬(やく)をやっている[いない] / a ～ addict 薬物常用者. **b** 《俗》麻薬(中毒)患者; 《口》ぐうたら, ばか, まぬけ, 老いぼれ《人》. **3** 《俗》内報, 《レースなどの》予想, 《一般に》(秘密)情報, データ, ネタ, うわさ, 真相, 内幕: straight ～ 真実; 確かな情報; 内報 / spill the ～ 《勝馬などの》内報を漏らす / the inside ～ *on*…についての秘密情報[内幕, 裏話]. ► *a**《俗》まぬけな (stupid); *《俗》すばらしい, 最高の. ● **～ on a rope***《俗》すばらしい, すごい. ► *vt* **1** 濃厚液[ドープ]で処理する; …にドープを塗る; 〔電子工〕〈半導体など〉に不純物 (dopant) を添加する, ドープする. **2** 《俗》…に薬[麻薬]を投与する[飲ませる] 〈*up*〉; …に(秘密に)興奮剤を与える, 薬物投与[ドーピング]する: ～ one*self with* cocaine コカインを飲用する. **3** 《俗》一杯食わせる, だます, …にうそをつく. **4** 《俗》〈試合・競走・その結果など〉について予想を立てる. ► *vi* 《俗》麻薬を吸飲する; 麻薬中毒になる. ● **～ off** 失策をやる, へまをやる (blunder); *《俗》うとうとする; *《俗》(仕事を)サボる, なまける. **～ out** 《俗》推測する, 見抜く, 突きとめる, わかる, 〈方法・計画などを〉見つけ出す; でっちあげる, ごまかして作り出す; *《俗》《競馬・スポーツなどで》予想する; 《俗》《丁寧に》説明する 〈*to*〉. **～ up** 《俗》(1) 薬(やく)を注射する[うつ], 薬をのむ. (2) 薬を買い求める. ◆ **dóp·er** *n* 麻薬常用[中毒]者; 鉄道貨車の軸箱注油係; 飛行機の油塗布係. [Du=sauce (*doopen* to DIP)]

doped /dóupt/ *a* 《俗》麻薬中毒である, 薬(やく)に酔っている.

dópe fìend 《俗》麻薬常用者 (drug addict).

dópe·hèad *n* 《俗》DOPE FIEND. ◆ **～·ed** *a*

dópe pùsher [**pèddler**] 《俗》薬(やく)の売人.

dópe·shèet *n* 《俗》競馬新聞, 《競馬などの》予想紙, 《一般に》予想, データ, 情報 〈*on*〉; 《放送俗》ドープシート《撮影のための詳細な指示書》.

dópe·ster *n**《俗》《選挙・競馬などの》予想屋.

dop·ey /dóupi/ 《俗》*a* (**dóp·i·er; -i·est**) (麻薬[酒]で)ぼうっとした, 薬をやったみたいで, 眠たい, (動きが)のろい, 鈍い; ばかな, たわけた. ► *n* *麻薬常習者. ◆ **dóp·i·ly** *adv* **dóp·i·ness** *n* [*dope*]

do·pi·a·za /dòupiá:ʒə, -zə/ *n* 《インド》ドピアザ, ドピアジャ《タマネギをたっぷり入れた羊肉・鶏肉などのカレー料理》. [Hindi]

dop·ie /dóupi/ *n* 《俗》DOPEY.

dop·ing /dóupɪŋ/ *n* ドーピング《**1**) 薬物を使って運動能力の向上をはかること **2**) 〔電子工〕《イオン注入法などにより半導体中に少量の不純物を添加して, 必要な電気的特性を得ること》. [*dope*]

dop·pel·gäng·er, -gang- /dɑ́p(ə)lgæ̀ŋər, -gɛ̀ŋ-/ *n* **1** 生霊(いきりょう), ドッペルゲンガー (wraith) 《特に 本人にのみ見える自分の生霊》. **2** もう一人の自分, 分身 (alter ego); うりふたつの人; 同じ名前の人. [G=double goer]

Dop·per /dɑ́pər/ *n* 厳格なカルヴァン派に属する南アフリカ生まれの白人.

Dop·pler /dɑ́plər/ ドップラー **Christian** (**Johann**) ～ (1803–53) 《オーストリアの物理学者・数学者》.

Dóppler bròadening 〔理〕ドップラー幅《ドップラー効果に起因するスペクトル線の幅の異なり》. [↑]

Dóppler effèct [the] 〔理〕ドップラー効果《観測者と波源の相対運動のため, 観測される波動の長さが変化する現象》. [↑]

Dóppler navigàtion 〔空〕ドップラー航法《ドップラーレーダーを用いる航法》.

Dóppler rádar ドップラーレーダー《ドップラー効果を利用して目標の速度を測定する》.

Dóppler-shìft *vt* 〈周波数など〉にドップラー偏移を起こす.

Dóppler shìft〘理〙ドップラー偏移《ドップラー効果による振動数の変化量》.

dopy /dóupi/ *a*《俗》DOPEY.

dor[1], **dorr** /dɔ́ːr/ *n* ブンブン音をたてて飛ぶ昆虫[甲虫], DORBEETLE. [OE *dora*<? imit]

dor[2] *n*《古》あざけり, からかい. [? ON *dára* to mock]

Do·ra /dɔ́ːrə/ **1** ドーラ《女子名; Dorothea, Dorothy, Theodora の愛称》. **2** DUMB DORA.

do·ra·do /dərɑ́ːdou/ *n* (*pl* ～**s**) **1**〘魚〙**a** シイラ (dolphin), MAHIMAHI. **b** ドラド《南米産の大型の淡水魚》. **2** [D-]〘天〙かじき座 (旗魚座) (Goldfish [Swordfish]). [Sp=gilt<L *de-*(*auratus*<*aurum* gold)]

dó-ràg *n**《俗》《CONK[4] した髪型をまもるための》スカーフ.

DORAN /dɔ́ːræn/ *n* ドラン《ドップラー効果を利用した距離測定装置》. [*D*oppler+*range*]

Do·ra·ti /dərɑ́ːti/ ドラティ **An·tal** /ɑ́ːntɑ̀ːl/ ～ (1906–88)《ハンガリー生まれの米国の指揮者・作曲家》.

dór·bèetle *n*〘昆〙ブンブン音をたてて飛ぶ甲虫 (=*dor*),《特に》ヨーロッパセンチコガネ.

Dor·cas /dɔ́ːrkəs/ **1** ドーカス《女子名》. **2**〘聖〙ドルカス《貧民に衣服を作って与えた婦人; *Acts* 9: 36–41》. [Gk=gazelle]

dórcas gazélle〘動〙ドルカスガゼル《北アフリカ・南西アジア産の, 特に砂漠地帯にすむ小型で薄茶色のガゼル》.

Dórcas socìety ドルカス会《貧民に衣服を作って与える教会の慈善婦人会》.

Dor·ches·ter /dɔ́ːrtʃɛ̀stər, -tʃɛ̀s-/ ドーチェスター《イングランド南部 Dorset 州の州都; Thomas Hardy が近郊の生まれで, 小説中に Casterbridge の名で描かれている》.

dor·cop·sis /dɔːrkɑ́psəs/ *n*〘動〙ドルコプシス属 (*D-*) のワラビー《New Guinea 産》.

Dor·dogne /dɔːrdóun; *F* dɔrdɔɲ/ **1** [the] ドルドーニュ川《フランス南西部を南西のち西流し, Garonne 川と合流して Gironde 三角江を形成》. **2** ドルドーニュ《フランス中南西部 Aquitaine 地域圏の県; ☆Périgueux》.

Dor·drecht /dɔ́ːrdrɛ̀kt/ ドルドレヒト (=*Dordt, Dort*)《オランダ南西部の Maas 川に臨む港湾都市》.

Dordt /dɔ́ːrt/ ドルト《DORDRECHT の別称》.

do·ré /dɔːréɪ/ *a* 金張りの, 金色の, 金めっきの.

Dore /*F* dɔːr/ [Monts] ドール山地《フランス中南部 Auvergne 山地の火山群; 最高峰 Puy de Sancy (1886 m)》.

Do·ré /dɔːréɪ, də-/ ドレ (**Paul-)Gustave** ～ (1832–83)《フランスのさしえ画家》.

Do·reen /dɔːríːn/ ドリーン《女子名》. [Ir=serious, または *Dorothy* の愛称]

do-re-mi, -me /dòurèɪmíː/ *n**《俗》金, ぜに (money, dough).

dorf /dɔ́ːrf/ *n**《俗》ばか, 変わり者, 変物. [?]

Dor·ge·lès /dɔ̀ːrʒəlɛ́s/ ドルジュレス **Roland** ～ (1885–1973)《フランスの作家; 本名 Roland Lécavelé》.

Dor·gon /dɔ́ːrgɑ̀n/ ドルゴン(多爾袞) (1612–50)《中国清初の皇族; 睿(えい)親王; 摂政 (1643–50) として清朝の基礎を固めた》.

dór·hàwk *n*〘鳥〙ヨーロッパヨタカ.

Do·ri·an /dɔ́ːriən/ *a*〘古代ギリシア〙ドーリス (Doris) (人)の; ドーリス方言の; 質実な. ▶ *n* ドーリス人.

Dórian Gráy ドリアン・グレイ《Oscar Wilde の小説 *The Picture of Dorian Gray* (1891) の主人公の美青年; 彼が快楽を求め悪徳を重ねるたびに, その肖像画は醜くなっていく》.

Dórian lóve 少年愛, ドーリス的愛.

Dórian mòde〘楽〙ドリア旋法《**1**) ギリシア旋法の一つ; ピアノの白鍵でホ—ホの下行音列 **2**) 教会旋法の一つ; ピアノの白鍵でニ—ニの上行音列》.

Dor·ic /dɔ́(ː)rɪk, dɑ́r-/ *a* **1 a** ドーリス (Doris) 地方の, ドーリス人の (Dorian); ドーリス方言の. **b**〈方言など〉田舎風の. **2**〘建〙ドーリス式の (cf. CORINTHIAN, IONIC). ● **the** ～ **order**〘建〙ドーリス式オーダー《最古のギリシア式建築; 柱身はふくらみをもち flute (縦溝) が 16–20 本あり, 上に向かって細くなる》. ▶ *n* **1 a**《古代ギリシア語の》ドーリス方言 (⇨ IONIC). **b**《英語の》方言, 田舎なまり《スコットランド方言など》: in broad ～ 田舎なまりまるだしで. **2**〘建〙ドーリス様式;〘印〙SANS SERIF.

Dor·i·den /dɔ́(ː)rədən, dɑ́r-/〘商標〙ドリデン《グルテチミド (glutethimide) 製剤》.

Dor·is[1] /dɔ́(ː)rəs, dɑ́r-/ **1**〘ギ神〙ドーリス《海神 Nereus の妻で Nereids の母》. **2** ドリス《女子名》. [Gk=Dorian woman]

Doris[2] ドーリス《**1**) ギリシア中部の Oeta 山地と Parnassus 山の間にあった古代の国で, ドーリス人の本拠 **2**) 古代小アジア南西部の地方で, 進出したドーリス人が定住していた》.

Do·ri·tos /dəríːtouz/〘商標〙ドリトス《米国のコーンチップ》.

dork /dɔ́ːrk/《俗》*n* ペニス; 変な[ダサい]やつ; くだらんやつ, ばか. ▶ *vt*〈女〉とセックスする. ● ～ **off** ぐずぐず[ちんたら]する, だらける, なまける. [Dick の影響をうけた *dirk* からか]

Dor·king /dɔ́ːrkɪŋ/ *n*〘鶏〙ドーキング種(の鶏). [イングランド Surrey 州の町]

dork·meier /dɔ́ːrkmàɪər/, **-mun·der** /-mʌ̀ndər/ *n**《俗》DORK.

dór·kus máximus /dɔ́ːrkəs-/ *《俗》大ばか者, DORK.

dorky /dɔ́ːrki/ *a*《俗》ばかな, 変な, 遅れた, むさい, ダサい. ◆ **dórk·i·ness** *n* [*dork*]

dorm /dɔ́ːrm/ *n*《口》寄宿舎[寮] (dormitory).

dor·man·cy /dɔ́ːrmənsi/ *n*〘植・動〙休眠(状態);《一般に》不活動状態, 休止, 静止.

dor·mant /dɔ́ːrmənt/ *a* **1 a** 眠っている(ような), 睡眠状態の;〘植・動〙休眠中の; 休眠中に行なう, 休眠期の〈接ぎ木・薬剤散布など〉;〘紋〙〈ライオンなど〉休眠姿勢の (cf. COUCHANT; ⇨ RAMPANT): ～ execution [judgment]〘法〙居眠り執行[判決]. **b** 休止状態にある〈火山〉(cf. ACTIVE, EXTINCT); 休止中の, 潜伏している〈病気・才能〉: a ～ volcano 休火山. **2**〈資金など〉遊んで[寝かされて]いる,〈権利など〉未発動の. **3** 匿名の〈組合員〉. **4**《古》固定された, 不動の: a ～ table 据え付けのテーブル. ● **lie** ～ 冬眠[夏眠]中である; 休止[潜伏]している; 使用されないで[手つかずで]いる. [ME=fixed, stationary<OF (pres p)<*dormir*<L *dormit- dormio* to sleep]

dórmant accóunt 何年も出し入れのない預金口座.

dórmant pártner SLEEPING PARTNER.

dórmant wíndow〘建〙DORMER.

dor·mer /dɔ́ːrmər/ *n*〘建〙屋根窓, ドーマーウインドー (=～ **wíndow**)《傾斜した屋根から突き出ている明かり採り用の窓》; 屋根窓のある突出部. ◆ **～ed** *a* 屋根窓のある.

dórmer ròom 屋根窓のある部屋.

dor·meuse" /dɔːrmə́ːrz; *F* dɔrmøːz/ *n* 寝台車.

dormice *n* DORMOUSE の複数形.

dor·mie, -my /dɔ́ːrmi/ *a*〘ゴルフ〙《マッチプレーで》残りのホール数と同数勝ち越した, ドーミーの. [C19<?]

dor·mi·ent /dɔ́ːrmiənt/ *a*《古》睡眠中の.

dor·min /dɔ́ːrmən/ *n*〘生化〙ABSCISIC ACID.

Dor·mi·tion /dɔːrmíʃ(ə)n/ *n*〘ギ正教〙生神女(しょうしんじょ)就寝(祭)《聖母マリアの永眠(の祝日); 8 月 15 日; ASSUMPTION に相当する》. [F<L (*dormitio* (*n-*) falling asleep)]

dor·mi·tive /dɔ́ːrmətɪv/ *a* 眠りを誘う, 催眠性の.

dor·mi·to·ry /dɔ́ːrmətɔ̀ːri; -t(ə)ri/ *n*《多人数用の》共同寝室;《精神的な》安息の場; *寄宿舎, 寮 (hall of residence"); "DORMITORY SUBURB. [L; ⇨ DORMANT]

dórmitory sùburb [tòwn] 住宅都市, ベッドタウン《昼間は大都市へ通勤するため夜間人口が多い中小都市》.

Dor·mo·bile /dɔ́ːrmoubìːl/〘英商標〙ドーモビール《生活設備のある旅行用ライトバン》. [*dorm*itory+auto*mobile*]

dor·mouse /dɔ́ːrmàus/ *n* (*pl* **-mice** /-màɪs/)〘動〙ヤマネ; [*fig*] 眠たがり屋. [ME<?(OF *dormir* to sleep+MOUSE)]

dórmouse opòssum [phalànger]〘動〙フクロヤマネ (=*mouse opossum*).

dormy ⇨ DORMIE.

Dor·ney·wood /dɔ́ːrniwʊ̀d/ ドーニーウッド《英国首相が任命した国務大臣が公邸として使う Buckinghamshire にあるカントリーハウス》.

dor·nick[1], **-neck** /dɔ́ːrnɪk/ *n* 紋織りの丈夫なリンネル. [ME; *Doornik* (F *Tournai*) 最初の製作地]

dornick[2] /, *dɑ́n-/ *n*《褐鉄鉱鉱山にみられる鉄鉱の》巨礫(きょれき); *《方》《投げるのに手ごろな》こぶし大の丸石[岩塊]. [? Ir *dornóg* fistful]

Dor·nier /dɔːrnjéɪ, ⌐⌐/ ドルニエ **Claudius** ～ (1884–1969)《ドイツの航空機製作者》.

Dor·noch /dɔ́ːrnək, -nəx/ ドーノック《スコットランド北部 Inverness の北にある町; Dornoch 湾に臨む保養地》.

do·ron /dɔ́ːrɑ̀n/ *n* ガラス繊維製の防弾着《45 口径の弾丸まで防弾能力がある》.

do·ron·i·cum /dərɑ́nɪkəm/ *n*〘植〙ドロニカム属 (*D-*) の各種の多年草《キク科》.

Dor·o·thea /dɔ̀(ː)rəθíːə, dɑ̀r-; -θíə/ ドロシーア《女子名; 愛称 Dol, Doll, Dolly, Dora, Dot, Dotty》. [Gk=gift of God]

Dor·o·thy /dɔ́(ː)rəθi, dɑ́r-/ **1** ドロシー《女子名; Dorothea の異形》. **2** ドロシー《L. Frank Baum の *The Wonderful Wizard of Oz* (1900) に始まる Oz シリーズに登場する闊達な孤児の少女; 愛犬 Toto と共に Kansas と Oz の国を行き来して冒険をかさねる》. [↑]

Dórothy bàg"《手首にかける》口をひもで絞るハンドバッグ.

Dórothy Díx《特に女性の》身の上相談の回答者. [身の上相談コラムを担当した米国のジャーナリスト Elizabeth M. Gilmer (1870–1951) の筆名]

Dórothy Díx·er《豪口》やらせの国会質問《大臣に政策などを表明する機会を与えるように事前に用意したもの》. [↑: 寄せられる '相談' は回答者の創作との臆測から]

Dórothy Pér·kins /-pɔ́ːrkənz/ ドロシー・パーキンズ《英国の婦人服チェーン店》.

dorp /dɔ́ːrp/ *n*《南ア》小村落.

Dor·pat /*G* dɔ́rpat/ ドルパット《TARTU のドイツ語名》.

dor·per /dɔ́ːrpər/ *n*〘羊〙ドーパー《南アフリカの体が白く顔が黒い羊;

肉用品種). [*Dorset*horn＋Blackhead *Persian* (羊の品種)]
dorr ⇨ DOR[1].
dors- /dɔ́ːrs/, **dor·si-** /dɔ́ːrsə/, **dor·so-** /dɔ́ːrsoʊ, -sə/ *comb form*「背」 [L DORSUM]
Dors. Dorset(shire).
dorsa *n* DORSUM の複数形.
dor·sad /dɔ́ːrsæd/ *adv* 〔解・動〕背部に; DORSALLY.
dor·sal[1] /dɔ́ːrs(ə)l/ *a* 〔解・動〕背(側)の, 背面の (opp. *ventral*); 背状の; 〔植〕背生の; 〔植〕葉軸とは反対側の面にある (abaxial); 〔音〕舌背を用いて発音する, 舌背の. ► *n* 背びれ; 脊椎; 胸椎; 〔音〕舌背音. ♦ **~·ly** *adv* 背側に[で]. [F or L; ⇨ DORSUM]
D
dorsal[2] *n* DOSSAL.
dórsal fín 〔動〕《魚などの》背びれ.
dórsal hórn 〔解〕後角.
dor·sa·lis /dɔːrsǽləs, -séɪ-/ *n* 〔解・動〕背動脈.
dórsal líp 〔動〕《両生類の》(原口)背唇[背縁].
dórsal róot 〔解〕《脊髄神経の》後根(こん), 背根 (cf. VENTRAL ROOT).
dórsal vértebra 〔解〕胸椎 (thoracic vertebra).
d'or·say /dɔːrséɪ/ *n* ドルセイ《両側面に V 字型の切れ込みのはいった婦人用パンプス》. [Count Alfred *d'Orsay* (1801–52) フランスの将軍で社交界・ファッション界の主導者]
dor·sel /dɔ́ːrs(ə)l/ *n* DOSSAL.
dor·ser /dɔ́ːrsər/ *n* DOSSER[1].
Dor·set /dɔ́ːrsət/ **1** ドーセット (=**~·shire** /-ʃɪər, -ʃər/)《イングランド南部の州; ☆Dorchester》. **2** ドーセット 1st Earl of ~ ⇨ Thomas SACKVILLE. **3**〔羊〕DORSET DOWN, DORSET HORN. **4** ドーセット《紀元前 800 年から紀元 1300 年ころにカナダ北東部および Greenland で栄えた先史文化》.
Dórset Dówn 〔羊〕ドーセットダウン《英国産の羊の品種; 顔と脚が褐色で, 肉質が良好》.
Dórset Hórn 〔羊〕ドーセットホーン《英国産の羊の品種; 顔が白く, 雌雄ともに角がある》.
dorsi- /dɔ́ːrsə/ ⇨ DORS-.
dor·sif·er·ous /dɔːrsíf(ə)rəs/ *a* 〔植〕葉の裏面にある[生じる]; 〔動〕卵[幼体]を背に載せる (=*dorsiparous*).
dórsi·flèx *vi, vt* 〔解〕〈手・足など〉背面の方向に曲がる[曲げる], 背屈する. ♦ **dòrsi·fléxion** *n*
dórsi·gràde *a* 〔動〕趾背歩行性の〈アルマジロなど〉.
dor·sip·a·rous /dɔːrsípərəs/ *a* 〔動〕DORSIFEROUS.
dòrsi·spínal *a* 〔解〕背と背骨[脊柱]の.
dòrsi·véntral *a* 〔植〕背部と腹部[表と裏の区別]がはっきりしている, 背腹性の〈葉など〉; 〔動〕DORSOVENTRAL. ♦ **~·ly** *adv* **-ven·trál·i·ty** /-vɛntrǽləti/ *n*
dorso- /dɔ́ːrsoʊ, -sə/ ⇨ DORS-.
dòrso·láteral *a* 〔解・動〕背面の, 側背の.
dòrso·véntral *a* 〔動〕背から腹に達する, 背腹(性)の; 〔植〕DORSIVENTRAL. ♦ **~·ly** *adv* **-ven·trál·i·ty** /-vɛntrǽləti/ *n* 背腹性.
dor·sum /dɔ́ːrsəm/ *n* (*pl* **-sa** /-sə/) 〔解・動〕背, 背部; 〔音〕舌背, 後舌面; 《教会祭壇の》背幕(はいまく). [L＝back]
Dort /dɔ́ːrt/ ドルト《DORDRECHT の別称》.
dor·ter, -tour /dɔ́ːrtər/ *n* 〔史〕《修道院などの》寮舎, 宿坊.
Dort·mund /dɔ́ːrtmʊ̀nt, -mənd/ ドルトムント《ドイツ西部 North Rhine-Westphalia 州の市; Ruhr 地帯の東端にあり, ドルトムント-エムス運河 (the **Dórtmund-Éms Canál**) の起点》.
dorty /dɔ́ːrti/ *a* 《スコ》不機嫌な, すねた, 横柄な.
do·ry[1] /dɔ́ːri/ *n* ドーリー《へさきが高く舷側が外広がりの平底の軽舟; ニューイングランドでタラ漁に用いられる》. [C18<?; cf. Miskito *dóri* dugout]
dory[2] *n* 〔魚〕**a** マトウダイ, ニシマトウダイ (John Dory)《欧州主産》. **b** 《北米の》WALLEYED PIKE. [F *dorée* gilded (pp) < *dorer* to gild; cf. DORADO]
do·ry·phore /dɔ́ːrɪfɔ̀ːr/ *n* 《重箱の隅をつつく》細かいやつ, ほじくり屋, うるさ型.
DoS 〔電算〕°denial of service. **DOS** °Department of State ♦ 〔電算〕/dás, dóʊs/ °disk operating system.
do·sa /dóʊsə/ *n* (*pl* **~s, -sai** /-sàɪ/) 《インド》ドーサ(イ)《米と豆で作るクレープの一種》. [Tamil]
dos-à-dos /dóʊzədóʊ/ *adv* 《古》背中合わせに. ► *n* (*pl* ~) 背中合わせの 2 座席(のある馬車); DO-SI-DO. ► *a* 〈2 冊の本が〉背合わせになった. ► *vt, vi* DO-SI-DO. [F *dos* back]
dos·age /dóʊsɪʤ/ *n* 投薬, 調剤; 1 回分の投薬[服用]量, 適量; 《電気などの》適用量; 《放射線の》線量, 〔遺・生〕供与量, 用量; 《発泡性ワイン製造工程における》糖液添加, 甘味調節, ドザージュ. [*dose*]
dósage compensàtion 遺伝子量補正《雌雄で遺伝子量が異なるにもかかわらず伴性遺伝子の表現型が同じになるように調節されていること》.
dose /dóʊs/ *n* **1 a** 《薬の》一服, 《1 回分の》(服[適])用量, 投与量; 〔理〕《放射線の》線量; 《ワイン・シャンパンの》添加香味料: give sb a ~ of his own MEDICINE / Do not take a double ~ to make up for a missed ~. 薬を飲み忘れても倍量摂取で補わないように. **b** 《刑罰・いやなものの》一回分, (多少の)経験 〈*of* hard work〉; *《俗》たっぷり, たくさん: have a regular ~ of...をたっぷりと飲む. **2** 《俗》性病, 《特に》淋病. ● **in small ~s** 少しずつ; 短時間. **like a ~ of salts** ⇨ SALT[1]. ► *vt* 〈人〉に投薬する, 服用させる, *《俗》《レース前に》〈出走馬・グレーハウンドなど〉に薬物を投与する, ドーピングする (dope); 調薬する, 〈薬を〉盛る, 適量に分ける; 〈ワインなど〉に香味料を添加する: ~ one*self with* aspirin アスピリンを飲む. ► *vi* 薬を飲む. ♦ **~d** *a* ⁺《俗》性病にかかった. [OF, <Gk *dosis* gift]
dóse equìvalent 〔理〕線量当量《放射線防護の目的で, 被曝の影響をすべての放射線に対し共通の尺度で評価するために使用する; sievert または rem で表わす》.
dóse ràte 〔理〕線量率《単位時間当たりに与えられる放射線量》.
dóse-respònse cùrve 用量作用曲線《用量と生理学的効果の関係を示す》.
dosh /dáʃ/ *n* ″《俗》金, ぜに (money). [? *dash* (obs) tip]
do·sha /dáʃə, dóʊ-/ *n* 〔インド哲学〕ドーシャ《Ayurveda で体調をつかさどる 3 種の体液ないしエネルギー》. [Skt]
do-si-do, do-se-do /dóʊsidóʊ/ *n* (*pl* **~s**) 〔スクエアダンス〕ドシド《背中合わせに回りながら踊る》; *《俗》《リングではねまわるだけの》つまらないボクシングの試合. ► *vt* 〈相手〉のまわりを背中合わせで回る. ► *vi* ドシドを踊る. [DOS-À-DOS]
do·sim·e·ter /doʊsímətər/, **dóse·mèter** *n* 《放射線の全線量を測定する》線量計; 薬量計, 《水薬の》計量計. ♦ **do·sím·e·try** *n* 線量測定; 薬量測定[決定](法). **do·si·met·ric** /dòʊsəmétrɪk/ *a*
Dos Pas·sos /dəs pǽsəs, dəs-; dɔs pǽsɔs/ ドス・パソス **John (Roderigo)** ~ (1896–1970)《米国の作家; *Three Soldiers* (1921), *Manhattan Transfer* (1925), *U.S.A.* (1930–36)》.
doss /dás/ ″《俗》*n* 《安宿の》寝台, 安宿; DOSS HOUSE; 睡眠; [″a ~] ″《口》(気)楽な仕事: It's (just) *a* ~. そんなのちょろいものだ. ► *vi* 安宿で寝る; 慣れない[適当な]場所で眠る[寝る] 〈*down*〉; のらくら過ごす 〈*about, around*〉: ~ *down* in a car 車の中で眠る / ~ *out* 野宿する. [OF<L *dorsum* back; 'seat back cover' の意か]
dos·sal, -sel[1] /dás(ə)l/ *n* 《祭壇の後方・内陣の周囲の》掛け布, たれ幕; 《古》《王座・椅子の背の》掛け布. [L DORSAL[1]]
dossel[2] *n* DOSSIL.
dos·ser[1] /dásər/ *n* 背負いかご, 《馬の背に付ける》荷かご; DOSSAL. [ME<AF; ⇨ DORSUM]
dosser[2] ″《俗》*n* 安宿を泊まり歩く者, 放浪者; 宿なし, ホームレス; なまけ者; DOSS HOUSE. [*doss*]
dos·se·ret /dàsərét/ *n* 〔建〕副柱頭, バルヴィン《ビザンティン式柱の厚い柱頂板》. [F (dim) < *dosser*[1]]
dóss hòuse ″《俗》木賃宿, 安宿 (doss).
dos·si·er /dɔ́(ː)sièɪ, -sjèɪ, -siər, dás-/ *n* 一件書類《特定の人物・問題に関する書類一式》. [F (*dos* < DORSUM); 裏のラベルより]
dos·sil /dás(ə)l/ *n* 《傷口を押える》リント, 包帯; 〔印〕プレートのインキをふき取る丸めた布.
dossy /dási/ *a* ″《口》粋(いき)な.
dost /dəst, dʌ̀st, dʌ́st/ *v auxil* 《古・詩》DO[1] の二人称単数直説法現在形.
Dos·to·yev·sky, -ev-, -ski /dàstəjéfski, -jév-/ ドストエフスキー **Fyodor Mikhaylovich** ~ (1821–81)《ロシアの小説家;『罪と罰』(1866),『白痴』(1868),『悪霊』(1871),『カラマーゾフの兄弟』(1879–80)》. ♦ **-ski·an** *a*
do svi·da·nia, do·svi·da·nya, do·sve·da·nya /doʊsvidáːnjə/ さようなら. [Russ]
dot[1] /dát/ *n* **1 a** 点, 小点, ぽち《i や j の点, 掛け算の演算符号 (: 2・3＝6) や小数点や終止符》. **b** 〔楽〕付点《音符または休符のあとに付けてその音符[休符]の 1/2 だけ音を長くすることを示す; また音符の上[下]に付けてスタッカートで演奏することを示す》; [*pl*] 《ジャズ俗》音譜, 'オタマジャクシ'. **c** 〔服〕水玉. **d** 〔インターネット〕ドット, ピリオド; 〔通信〕《モールス符号の》短点, トン (cf. DASH[1]). **2** 少量; 点のように小さいもの, ちび; 《口》規定の時間[量]: a mere ~ of a child ちっちゃい子供. ● **connect the ~s** *《口》各種の情報を関連づける; *《口》単純な作業をする (cf. CONNECT-THE-DOTS). **off one's ~** ″《俗》うすのろの, 気がふれて. **on the ~** 《口》(きっかり)時間どおりに, 定刻に. **the** YEAR **~.** **to a ~** 《口》完全に, きっかり. ► *v* (**-tt-**) *vt* **1 a** ...の上に点を打つ, 点々で示す: ~ an 'i' i に点を打つ; 〔楽〕〈音符・休符〉に付点を付ける. **b** ...に点在[散在]する, 散らばっている; ...に点在させる 〈*with*〉; ...に振りかける, 少量載せる[塗る] 〈*with*〉: a field *dotted with* trees 木が点在している野原 / ~ the pizza *with* cheese ピザにチーズをかける. **2** ″《俗》打つ, なぐる. ► *vi* 点を打つ. ● **~ and carry one** (1) 《加算で 10 になると》点を打って位を 1 桁送る. (2) DOT and go one. **~ and go one** 《古》(1) DOT and carry one. (2) [*joc*] びっこをひく(こと), 松葉杖で歩く(こと); びっこをひいて, 松葉杖で歩いて. **~ sb one** ″《俗》人にパンチをくらわす: ~ sb *one* in the eye. **~ one's i's** i の点を打つ; することが慎重である (cf. CROSS one's t's). **~ the** [**one's**] **i's and cross the** [**one's**] **t's** 詳細に記す, 明確に説明する[述べる]; 細部にまで十分気を配る. [C16 (<? OE *dott* head of boil); cf. OHG *tutta* nipple]
dot[2] *n* 〔法〕妻の持参金 (dowry). [F<L *dot- dos*]

Dot ドット《女子名; Dorothea, Dorothy の愛称》.
DoT 〔英・カナダ〕 Department of Transport.
DOT 〔米〕°Department of Transportation ♦〔医〕 directly observed therapy 直接服薬確認療法.
dót addrèss 〔インターネット〕ドットアドレス(IP ADDRESS).
dot·age /dóutɪdʒ/ *n* 耄碌(もうろく), 老いぼれ (=*second childhood*) (cf. ANECDOTAGE[2]); 盲目的愛情, 溺愛, 猫かわいがり, 《気に入って》目がないこと. [ME; ⇨ DOTE]
do·tal /dóutl/ *a* 持参金の[に関する].
dót-and-dásh *a* トンツー式の《モールス (Morse) 式電信符号》. ► *vt* トンツーで送信する[記す].
dot·ard /dóutərd/ *n* 耄碌(もうろく)した人, 老いぼれ. [DOTE]
do·ta·tion /doutéɪʃ(ə)n/ *n* 寄付; 〔法〕 新婦が新郎に嫁資を与えること (endowment).
dot-com /dátkàm/ *n* ドットコム企業《商品やサービスをウェブサイトを通じてオンラインのみで提供する企業》.
dót-còm·mer *n* ドットコム事業者, ドットコム企業の社員.
dote /dóut/ *vi* 耄碌(もうろく)する, ぼける; 〈立ち木・木材が〉朽ちかかる; 溺愛する, 猫かわいがりする, 〈…に〉目がない 〈*on*〉. ► *n* 《立ち木・木材の》腐朽 (doze); 《アイルロ》すてきな[いとしい]人. ♦ **dót·er** *n* [ME <?; cf. MDu *doten* to be silly]
dot·ey /dóuti/ *n* 《アイル》かわいいもの.
doth /dəθ, dʌθ, dáθ/ *v auxil* 《古・詩》 DO[1] の三人称単数直説法現在形.
dót·hèad *n**《俗》 [*derog*] 《額に bindi を付けている》インド人.
dot·ing /dóutɪŋ/ *a* 愛におぼれた, 溺愛する; (耄碌して)たわいがない: ～ parents 子煩悩すぎる親 / a ～ husband 非常な愛妻家. ♦ **～·ly** *adv* **～·ness** *n*
dot·ish /dóutɪʃ/ *a* 《カリブ》ばかな, まぬけな.
dót màtrix ドットマトリックス《写真植字機・プリンターのグリッドにある一群の点で, これらによって文字・記号などが形づくられる》.
dót-màtrix prìnter ドット(マトリックス)プリンター《点の配列で文字を構成して打ち出す印字機》.
dót pròduct 〔数〕ドット積, 内積 (scalar product).
dót·ted *a* 点付きの; 〔楽〕 付点のついた; 点線入りの; 点からなる; 点在する 〈*with*〉.
dótted líne 点線《…; cf. BROKEN LINE》; [the] 《署名箇所を示す》点線; [the] 予定コース. ● **sign on the ～** 文書に署名する; 《署名して》正式に承諾する, 指図に従う.
dótted swíss ドッテッドスイス《点々模様のある透き通ったモスリンで洋服・カーテン用の生地》.
dottel ⇨ DOTTLE.
dót·ter *n* 点をつけるもの, 《特に》点描器具; 〔砲〕《照準練習装置の》点的器.
dot·ter·el, -trel /dát(ə)rəl/ *n* 〔鳥〕コバシチドリ《欧州・アジア産》; 《豪》コチドリ; ″《方》(すぐだまされる)まぬけ, いいカモ. [*dote, -rel*; すぐつかまることから]
Dot·tie /dáti/ ドティー《女子名; Dorothea, Dorothy の愛称》.
dot·tle, -tel /dátl/ *n* 《パイプに残った》吸い残し. [*dot*[1]]
dót·ty[1] *a* 点のある; 点のような; 点在的な. [*dot*[1]]
dotty[2] 《口》 *a* **1** ふらふらした, 足もとの不確かな, かよわい: be ～ on one's legs 足がふらふらする / That's my ～ points. そこがぼくの弱みだ. **2** 気がふれた, ちょっとおかしい; 夢中の, うつつを抜かした 〈*about*〉; たわけた, 滑稽な. ♦ **dót·ti·ly** *adv* **-ti·ness** *n* [*dot*[1]; cf. *dot* (dial) to confuse]
Dotty ドティー《女子名; Dorothea, Dorothy の愛称》.
dót whèel 《点線を描く》点輪.
doty /dóuti/ *a* 〈木材が〉腐朽しかかった.
Dou, Douw, Dow /dáu/ ダウ **Gerrit** [**Gerard**] ～ (1613–75) 《オランダの肖像画・風俗画家》.
Dou·ai /duéɪ/ ドゥエー《フランス北部 Lille の南にある市; 16–17 世紀にはイングランドから追放されたカトリック教徒の間で政治的・宗教的中心をなした》.
Dou·a·la, Du- /duá:lə/ ドゥアラ《カメルーン南西部の, Bonny 湾に臨む港湾都市》.
douane /dwá:n/ *n* 税関. [F]
Dou·ay /duéɪ/ 《古》 DOUAI.
Douáy Bíble [Vérsion] ドゥエー聖書《カトリック教徒のためにウルガタ聖書 (Vulgate) から英訳された聖書; 新約は 1582 年 Reims で, 旧約は 1610 年 Douay で出版された; Rheims-Douay Bible [Version] ともいう》.
dou·ble /dʌ́b(ə)l/ *a* **1 a** 〈数量が〉2 倍の; 〈質が〉2 倍の価値[よさ, 濃さ, 強さなど]のある: a ～ portion 2 倍の分 / ～ work 2 倍の仕事 / a ～ whisky 《バーなどで》ダブルのウイスキー. ★ 名詞句の前に来ることがある: pay ～ the price 倍額払う / ～ my salary わたしの給料の 2 倍 / ～ what it was then 当時の 2 倍. **b** 〔印〕〈活字が〉背から腹までのサイズが…の 2 倍の大きさの: ～ great primer / ～ pica. **c** 二重の, 二様の (twofold); 対(つい)の (doubled); 複の, 〈花など〉八重の, 重弁の; 二つ折りの, 二枚重ねの, 二度塗りの《など》; 〔韻〕 重韻の (cf. DOUBLE RHYME). **2** 二人用の; 一人二役の: a ～ role 一人二役. **3** 表裏[二心]ある, 陰険な; 意味が二様にとれる, あいまいな: DOUBLE LIFE / wear a ～ face 表裏がある, 顔と心とが違う. **4** 〈楽器が〉記譜より 1 オクターブ低い音を出す; 2 拍子の.
► *adv* 2 倍だけ; 二重に, 二様に; 一対[一双]をなして; 2 つ[2 人]いっしょに: bend…～ …を二つに曲げる / play ～ 二様に行動する, どちらにも忠勤ぶる / ride ～ 相乗りする / see ～ 《酔って》物が二つに見える / sleep ～ 二人いっしょに寝る. ● DOUBLE OR NOTHING [QUITS].
► *n* **1 a** 倍, 2 倍(の数[量, 額]); 《口》《ウイスキーなどの》ダブル; 〔商〕《反物の》長尺物; 《ホテルなどで》DOUBLE ROOM. **b** 駆け足; 〔軍〕 DOUBLE TIME. **2 a** 二重; 重なり, 〔印〕 二重刷り; 半分から両側に同数の目があるドミノ牌(はい); 折り返し, ひだ (fold). **b** (…に)そっくりな人[もの] (duplicate), 分身, 映像; 生霊(いきりょう). **c** 〔映〕 代役, 替え玉, スタンドイン, スタントマン《身代わりに危険な技などを演じる》; 〔劇〕 二役演じる俳優. **3 a** 《追われた獣・河流の》急角度の方向転換, 身を翻すこと, 逆走; ごまかし, 策略, 言いのがれ. **b** 〔楽〕 変奏曲; 〔鳴鐘〕ダブル《change ringing で 5 つの鐘を使い二組ずつ順番を変えてゆく奏法》. **4 a** [～s, 〈*sg*〉] 〔テニスなど〕ダブルス (cf. SINGLES, MIXED DOUBLES); 〔テニス〕ダブルフォールト (double fault); 《同一の相手に対して 2 勝する, または重要な競技会 2 つを制する》二制覇, 両勝ち, ダブル. **b** 〔野〕 二塁打; 〔ボウル〕ダブル《2 回連続のストライク》. **c** 《野球などの》ダブルヘッダー. **d** ″ダブル《ダーツ (darts) で的板の外側の 2 円の間》, ダブルに投げること. **e** 〔ブリッジなど〕 相手の競り高 (bid) の倍加要求(を可能にする手), 競技者の手がある強さであることをパートナーに知らせる慣習的な競り. **f** *〔競馬など〕 DAILY DOUBLE. **5** 〔教会〕 復誦の祝日. ● **make a ～** (二連銃で) 2 羽[2 匹]もろともに撃ち取る. **on [at] the ～** 《口》 駆け足で; 《口》 走って, 急いで, 直ちに. **split a ～** 〔野〕《ダブルヘッダーで》星を分ける.
► *vt* **1 a** 2 倍にする, 倍加[倍増]する; …の 2 倍である: ～ itself 倍になる. **b** 〔ブリッジ〕 〈相手の競り高 (bid) を〉倍加する, 〈相手〉の競り高に挑戦する; 〈賭け金を〉倍加する 〈*up*〉. **2 a** 二重にする, 重ねる; 二つに折りたたむ 〈*over*〉; 〈糸などを〉二つ撚(よ)りにする; 対(つい)にする; 〈乗客などを〉同室に入れる, 相部屋にする 〈*up*〉; 〈こぶしを〉固める: ～ in (内側に)折り込む / ～ over 折り重ねる / be ～*d over* with pain 苦痛で体を二つに折る. **b** 〔楽〕 〈声部〉に 1 オクターブ上[下]の声部を重ねる. **3** 〔映〕 代役として演じる, 代役にする; 〈二役を〉演じる; 《受持ち楽器のほかに》〈他の楽器〉を担当する. **4 a** 身を翻してよける[かわす]. **b** 〔海〕 〈岬を〉回航する. **c** 〔玉突〕 はね返らせる. **5** 〔野〕 **a** 〈走者を〉二塁打で進塁させる, 二塁打で得点させる 〈*in*〉. **b** 〈走者を〉ダブルプレーの 2 つめのアウトとする. ► *vi* **1 a** 2 倍になる, 倍加[倍増]する; 賭け金を倍加する 〈*up*〉; 〔ブリッジ〕 相手の競り高を倍加する; 2 倍の力を出す; 〔軍〕 駆け足で行く, 走る: *D-!* 《号令》 駆け足! **b** 〔野〕 二塁打を放つ. **c** *《口》 ダブルデートする (double-date). **2** 二つに折り重なる 〈*up, over*〉. **3 a** あと戻りする, 引き返す 〈*back*〉; 〈ウサギが〉《追跡者をまくために》急角度に身をかわす: ～ *upon* one's steps もと来た方へ折り返しに走る / ～ *upon* the enemy 急転回して敵に向かう. **b** 〈道などが〉曲がりくねって走る. **c** 〔玉突〕 はね返る. **4** 二役をつとめる, 兼用になる〈(*up*) *as*〉; 〔楽〕 受持ち楽器のほかに他の楽器を担当する 〈*on*〉; 〔劇〕 二役する 〈*as*〉: The maid ～*d as* a cook. 女中がコックを兼ねた. ● **～ back** 《来た道を》引き返す 〈*on*〉 (cf. *vi* 3a); 〈用紙などを〉(まん中から)二つに折りたたむ: ～ *back on oneself* とって返す; 〈線などが〉折り重なる, 戻る. **～ for** … 〔映〕 《危険なシーンで》…の代役[スタントマン]をつとめる. **～ in brass** *《俗》 《サーカスで》バンド演奏と演技の両方をやる; 〔ジャズ〕 受持ち楽器のほかに他の楽器も担当できる; 本職のかたわら別のことをする[して収入を得る]; 別の役をも兼ねる 〈*as*〉. **～ the parts of**…の二役を演じる. **～ up** 二つに折る[折り返す, 折りたたむ]; 〈こぶしを〉固める; 〈苦痛・冗談などが〉(…の体を)折り曲げさせる; 〈悲しみの打撃などが人を〉立てなくする; 〈苦痛・笑いなどで〉前かがみになる, かがみ込む 〈*with, in*〉; 〔野〕 併殺する; 《他人[家族]と》〈寝床・部屋などを〉共にする 〈*with*〉, 〈食べ物などを〉分け合う 〈*on*〉, 相部屋をする; 組んで行なう; 〈乗客などを〉同室に入れる; 〈賭け金を〉倍加する.
[OF *doble, duble* < L DUPLE]
dou·blé /dubléɪ/ *a* 飾り見返し (doublure) を付けた.
dóuble àct 共演する 2 人の俳優[コメディアン], (お笑い)コンビ(の芸), 掛け合い漫才.
dóuble-áct·ing *a* 〔機〕 複動(作用)の, 複動式の (cf. SINGLE-ACTING); 2 倍の効果[力など]がある: a ～ engine 複動機関 / a ～ pump 複動ポンプ.
dóuble-áction *a* 引金を引くだけでコックし発射する, 複動式の〈銃〉; 〈蝶番・ドアなど〉二方向に開く, 自在の.
dóuble ágent 二重スパイ《表向きはある陣営のスパイとして活動しつつ裏ではその敵対陣営のために活動する》.
dóuble áx 両刃の斧.
dóuble-bàgger *n* **1** 《野球俗》 二塁打. **2***《俗》 どブス, ぶおとこ, いけすかないやつ (cf. TRIPLE-BAGGER).
dóuble-bàng *vt**《俗》 裏切る, だます (double-bank).
dóuble-bánk *vi, vt* DOUBLE-PARK; 《豪》 (馬[自転車]に)相乗りする; *《俗》 裏切る, だます.
dóuble-bánked *a* 双座の〈ボート〉; 二人でこぐ〈オール〉; 二段式の〈フリゲート〉; 二甲板に砲がある〈帆船軍艦〉: a ～ boat 双座艇.
dóuble bár 〔楽〕 複縦線.
dóuble-bárrel *n* 《左右双銃身の》二連銃. ► *a* DOUBLE-BARRELED.

dóuble-bárreled | -relled *a* **1 a** 〈銃が〉左右双銃身の, 二連式の; 双筒式の〈望遠鏡〉; 〘医〙〈人工肛門が〉複管の, 二連銃式の. **b** 非常に強力な. **2** 二重目的の, 二面的な (twofold): a ～ attack 二面攻撃. **3** 〈姓が〉2 つ重なった《たとえば Forbes-Robertson》.

dóuble-bárreled slíngshot [cátapult] 《俗》ブラジャー.

dóuble báss /-béɪs/ 〘楽〙ダブルベース (＝*bass, bass fiddle, bull fiddle, contrabass, string bass*). ◆ **dóuble báss·ist** ダブルベース奏者.

dóuble bassóon 〘楽〙CONTRABASSOON.

dóuble béd ダブルベッド (cf. TWIN BED).

dóuble-bèdded *a* 寝台が 2 つある; 〈部屋など〉ダブルベッド付きの.

dóuble-bíll *vt* 《一件について》〈2 人以上の顧客〉に同じ請求書を送る, 二重請求する; 〈映画を〉二本立てにする. ► *vi* 二重請求する.

dóuble bíll 《劇場などの》二本立て.

dóuble bínd 〘精神医〙二重拘束, 二重束縛《児童などが他者から 2 つの矛盾した命令[要求]を受け, どちらに反応しても関係をおびやかす場合》; ジレンマ, 板ばさみ.

dóuble-bítt *vt* 〘海〙〈索を〉繋柱に二重に巻きつける, 2 本の繋柱に巻きつける.

dóuble-bítted *a* 〈斧など〉両刃の.

dóuble Bláckwall hìtch 増し掛け結び.

dóuble-blínd *a* 〘医〙《薬物や治療法の効果を調べる際の》二重盲式の《実験中は被験者にも実験者にもその仕組みがわからない方式; cf. SINGLE-BLIND》: ～ test 二重盲検法. ► *n* 二重盲検法.

dóuble blúff はったりと思わせておきながら本当のことを話すこと, 裏の裏をかくこと.

dóuble bógey 〘ゴルフ〙ダブルボギー《一つのホールで, 基準打数 (⇨ PAR[1]) より 2 打多いスコア》. ◆ **dóuble-bógey** *vt* 〈ホールを〉ダブルボギーで上がる.

dóuble bóiler* 二重釜, 二重鍋《料理用》.

dóuble bónd 〘化〙二重結合.

dóuble-bóok *vt* 〈部屋・座席〉に二重に予約を受ける, ダブルブッキングする.

dóuble bóttom 《箱・艦船の》二重底.

dóuble-bréast·ed *a* 〘服〙両前の, ダブルの〈上着・スーツなど〉《略 d.b.; cf. SINGLE-BREASTED》: a ～ coat.

dóuble-bréast·ing *n* ユニオンショップ制の会社が子会社をつくって下請けさせて協定のがれをすること, 臨時工[社外工]導入(によるユニオンショップのがれ).

dóuble brídle 大勒ばみ (curb bit) をさばく手綱と小勒ばみ (snaffle bit) をさばく手綱が別々にある頭部馬具.

dóuble-búbble *a* 断面が円が 2 個つながったような形の, 西洋ナシ形の: a ～ fuselage.

dóuble búffalo* 《俗》DOUBLE NICKEL《旧 5 セント貨にはバッファローの絵が刻されていた》.

dóuble cháracter 二重人格: a man with a ～.

dóuble-chéck *vt, vi* (念のため)確かめる, 再確認する.

dóuble chéck 再確認; 〘チェス〙二重王手.

dóuble chín 二重あご. ◆ **dóuble-chínned** *a*

dóuble-clàw *n* 〘植〙ツノゴマ (unicorn plant).

dóuble-clíck 〘電算〙*vt* 〈マウスなどのボタンを〉ダブルクリックする《すばやく 2 度押しする》; 〈アイコンなどのオブジェクトを〉ダブルクリックする. ► *vi* ダブルクリックする 〈*on*〉.

dóuble-clóck *vt**《俗》〈恋人・配偶者を〉裏切る, 不義をはたらく (two-time).

dóuble clóth 二重織り, ダブルクロス.

dóuble-clútch* *vi* 〘車〙シフトダウンするためいったんニュートラルでクラッチをつないで空(ㇰ)吹かしする. ◆ **～·er*** *n* 《俗》ダブルクラッチが使える運転手; 《俗》見下げはてたやつ, くそったれ, げす (motherfucker). **dóuble-clútch·ing** *a**《俗》⁺MOTHERFUCKING.

dóuble cóconut 〘植〙オオミヤシ (COCO-DE-MER).

dóuble-cóncave léns 両凹レンズ.

dóuble concérto 〘楽〙二重協奏曲.

dóuble-cónvex léns 両凸レンズ.

dóuble cóunterpoint 〘楽〙二重対位法.

dóuble-cóver *vt* DOUBLE-TEAM.

dóuble créam" ダブルクリーム《乳脂肪濃度の高いクリーム; cf. SINGLE CREAM》.

dóuble-crèst·ed córmorant 〘鳥〙ミミヒメウ《北米産; 夏期に羽冠が 2 つみられる》.

dóuble-cróp *vi, vt* (〈土地〉で)二毛作をする.

dóuble-cróss 《口》*vt* 負ける約束を破って〈人〉に勝つ; 欺く, 裏切る, だます. ◆ **～·er** *n*

dóuble cróss **1** 《口》《勝負事で》負けると約束して勝つこと; 《口》裏切り. **2** 〘遺〙複交雑《2 つの単交雑雑種間の交雑》.

Dóuble-Crós·tic /-krɔ́(ː)stɪk, -krás-/ 〘商標〙ダブルクロスティック《クロスワードパズルの一種》.

dóuble-cùt file 複目[綾目, 両切り]やすり.

dóuble dágger 〘印〙二重短剣符, ダブルダガー (＝*diesis, double obelisk*) (‡).

dóuble-dáre *vt* …に倍の勇気をもって挑戦する, あえて立ち向かう.

dóuble dáte* 《口》2 組の男女間のデート, ダブルデート. ◆ **dóuble-dáte** *vi, vt**《口》(…と)ダブルデートをする.

Dóuble·dày ダブルデー **Abner ～** (1819–93)《米国の陸軍将校; 野球の基本ルールの考案者とする説が長く信じられた》.

dóuble-déal *vi* だます.

dóuble-déal·er *n* 言行に表裏のある人, 二心をいだく者.

dóuble-déal·ing *a, n* 表裏[二心]のある(言行).

dóuble-déck(ed) *a* 二層式の, 二階付きの: a ～ bus 二階建てバス / a ～ sandwich 二層サンド.

dóuble-déck·er *n* **1** ダブルデッカー《(**1**) 二階建てバス[電車, 車両], 客室二階建て旅客機; 二層船[艦] **2**)*《口》3 枚のパンに 2 層の詰め物をはさんだ二層サンドイッチ (CLUB SANDWICH)》. **2** 二段ベッド.

dóuble-de·clútch" /-di-/ *vi* DOUBLE-CLUTCH.

dóuble decomposítion 〘化〙複分解 (＝*metathesis*).

dóuble-déuces *n pl**《俗》《数字の》22.

dóuble-dígit* *a* 2 桁の, 10 パーセント以上の (double-figure"): ～ inflation.

dóuble dígits* *pl* 《10 から 99 までの》2 桁数字 (double figures").

dóuble díp *サーバーの 2 すくい分入りアイスクリームコーン, ダブルディップ; DOUBLE-DIP RECESSION.

dóuble-dípping *n* 《米・豪》二重収入を得ること, 金の二重取り《年金と給与[社会保障]など; 特に 国から年金と給与を同時に受けること; しばしば 不正に近い行為》; 《豪》税金控除を二重に受けること. ◆ **dóuble-díp** *vi* **dóuble-dípper** *n*

dóuble-dìp recéssion 〘経〙《景気の》二番底.

dóuble-dòme*《口》*n* インテリ (egghead). ► *a* インテリの, インテリ風に額がはげあがった.

dóuble dóor 両開きの扉, 両開き戸 (cf. DUTCH DOOR).

dóuble-dótted *a* 〘楽〙〈音符・リズムが〉複付点の.

dóuble-dóuble *n* 〘バスケ〙ダブルダブル《一試合で, 得点・リバウンド・アシスト・スティール・ブロックのうちいずれか 2 つで 2 桁のポイントを獲得すること》.

dóuble dríbble 〘バスケ〙ダブルドリブル《反則》.

dóuble drúmmer 《豪》騒々しく鳴く黒とオレンジ色の大きなセミ.

dóuble dúmmy 〘トランプ〙2 人空席の WHIST[1].

dóuble Dútch **1** 《口》ちんぷんかんぷん; *《俗》人をだますような言い方. **2***ダブルダッチ《両端の 2 人が 2 本のロープを交互に逆回りに回し, 別の人がその間を跳ぶ縄跳び》.

dóuble-dúty *a* 二つの役割[機能]をもつ.

dóuble dúty 二つの機能[用途]: do ～《同時に》二つの役割を果たす / do ～ *as*…としても使える.

dóuble-dýed *a* 二度染めの; [*fig*] 悪に深く染まった, 徹底した, きわめつきの〈悪党など〉.

dóuble éagle 〘紋〙双頭の鷲(ㇱ); 〘米〙20 ドル金貨《1849–1933 年鋳造, 今は廃止》; *〘ゴルフ〙ダブルイーグル (ALBATROSS").

dóuble-édged *a* 両刃の; 〈議論・批判などが〉敵味方双方にとって恐ろしい, 両刃[諸刃(もろは)]の剣となる; 二重目的[効果]の; 二様に解釈できる, あいまいな.

dóuble élephant" 《帳簿用紙の》エレファント倍型紙《27×40 インチ》.

dóuble-énd·ed *a* 両端が相似した; 両頭の, 両端のいずれも先頭になりうる〈船・電車〉: a ～ bolt 両ねじボルト.

dóuble-énd·er *n* 両頭物; 前後いずれにも切換えのきく乗物, 両頭機関車; 〘海〙船首尾同形の船, 両頭船.

dou·ble en·ten·dre /dʌ́b(ə)l ɑːntáːnd(rə); *F* dubl ɑ̃tɑ̃ːdr/ (*pl* **～s** /-(z)/) 両義をもつ語句(の使用)《その一つは しばしば 下品な意義》; 二重の意味. [F＝double understanding]

dou·ble en·tente /*F* dubl ɑ̃tɑ̃ːt/ (*pl* **～s** /—/) DOUBLE ENTENDRE.

dóuble éntry 〘簿〙複式記入法, 複式簿記 (cf. SINGLE ENTRY). ◆ **dóuble-éntry** *a*

dóuble envélopment 〘軍〙両翼包囲《敵の両側面を同時に攻撃すること》.

dóuble expósure 〘写〙二重露出(による写真), 二重写し.

dóuble-fáced *a* 両面[二面]のある; 両面とも使える〈本棚・接着テープなど〉; 両面表の, ダブルフェイストの〈織物〉(＝**dóuble-fáce**); 二心のある, 偽善的な, 人を欺く.

dóuble fáult ダブルフォールト《テニスなどでサーブを 2 回つづけて失敗すること; 1 ポイントを失う》. ◆ **dóuble-fáult** *vi*

dóuble féature 《映画などの》二本立て.

dóuble fertilizátion 〘植〙《被子植物の》重複受精.

dóuble-fígure" *a* DOUBLE-DIGIT.

dóuble fígures" *pl* DOUBLE DIGITS.

dóuble fírst 《英国の大学卒業試験の》二科目最優等(生)《Oxford 大学などで 2 科目の, Cambridge 大学などで 1 科目 2 期の》.

dóuble flát 〘楽〙重変記号, ダブルフラット (♭♭); 重変音.

dóuble fléece 《豪》ダブルフリース, オーバーグロウン《1 年以上刈り込みをしなかった羊の毛》.

dóuble-flówered *a* 〈花が〉重弁の, 八重(咲き)の.

dóuble-frónt·ed *a* 〈家が〉正面玄関の両側に主室の窓がある.
dóuble fúgue 〔楽〕二重フーガ《2つの主題をもつ》.
dóuble-gáit·ed *a* **1** *《俗》両性愛の, 両刀使いの, バイの《元来は馬が「gallop も trot も巧みな」の意》. **2**《俗》奇妙な, へんちくりんな (weird), 風変わりな (eccentric).
dóuble gáme 裏表のある[あいまいな]行動: play a ～.
dou·ble·gang·er /dʌ́b(ə)lgæ̀ŋər/ *n* DOPPELGÄNGER.
dóuble génitive 〔文法〕二重属格 (double possessive).
dóuble-glázed *a* ペア[二重]ガラスの. ♦ **dóuble-gláze** *vt* 〈窓などを〉ペアガラスにする.
dóuble glázing 《断熱・防音用の》二重[複層]ガラス, ペアガラス(の窓[ドア]).
dóuble Glóucester ダブルグロスター《cheddar に似たイングランド産の高脂肪の硬質チーズ》.
dóuble-hánd·ed *a* 〈ディンギー (dinghy) が〉2人乗りの; 〈レースが〉2人乗りボートによる.
dóuble hárness **1** 二頭立て馬車用引き具. **2** 共同, 協力; 結婚生活 (matrimony). ● **in ～** 二人協力して; 結婚して: work [run] *in* ～ 〈夫婦など〉共稼ぎする / trot *in* ～ (二人)協力してうまくやっていく, 〈夫婦が〉仲よく暮らす.
dóuble hárp 〔楽〕ダブルハープ《2列の弦をもつハープ》.
dóuble-héad·er *n* *《野球などの》ダブルヘッダー; 重連列車《機関車2台で牽引する列車》; 《豪口》《ギャンブルで》裏面にも表と同じ図柄をつけた硬貨; 《豪口》ダブルのアイスクリームコーン; *《俗》同時に同じ商品を2つ以上買う客. ► *a* *《俗》二つとも[両方]手に入れるような, 二重にうまくゆく. ♦ **-héad·ed** *a*
dóuble-héart·ed *a* 二心[表裏]のある.
dóuble-hélical *a* 〔生化〕二重らせんの.
dóuble-hèlical géar 〔機〕やまば歯車 (herringbone gear).
dóuble hélix 〔生化〕《染色体の DNA 分子中の》二重らせん.
dóuble hítch DOUBLE BLACKWALL HITCH.
dóuble hónours degrèe 〔豪大学〕複数専攻優等学位 (joint honours degree").
dóuble-húng *a* 両吊りの〈窓サッシ〉, 上げ下げ式の〈窓〉.
dóuble hýphen 〔印〕ダブルハイフン《行末に用いる ₌; 語本来のハイフンであることを示すのが普通》.
dóuble ímage ダブルイメージ《1つの画像が同時に別の画像としても見えること; 山が眠る獅子に見えるなど》; 〔医・生〕複像《1つの物体が二重に見える》.
dóuble indémnity 〔保〕災害倍額支払い(条項)《事故による死亡の場合》.
dóuble insúrance 〔保〕重複保険.
dóuble íntegral 〔数〕二重積分.
dóuble jéopardy 〔法〕二重の危険《同一犯罪で被告人に再度刑事責任を問うこと; 二重の危険の禁止はコモンローの原則; 合衆国憲法第5修正はこれを継承した》: prohibition against ～ 二重の危険の禁止.
dóuble-jóbber" *n* 《正規の給料補塡のため》副業をする人. ♦ **dóuble-jóbbing** *n*
dóuble-jóint·ed *a* 〈人・動物が〉異常に自由に動く[曲がる]関節をもった, 異様に体の柔らかい. ♦ **～·ness** *n*
dóuble júmp 〔チェス〕ポーン (pawn) が一度に2ます進むこと; 〔チェッカー〕2回連続して飛んで相手のコマを2つ取ること; 〔ブリッジ〕通常より2段階高いランクのビッド.
dóuble-knít *a* 二重編みの.
dóuble knít 二重編みの編物, ダブルニット.
dóuble knítting 〔織〕ダブルニッティング《しばしば手編みに使われる並太毛糸(で編んだ編物)》.
dóuble-léad·ed /-lɛ́dəd/ *a* 〔印〕〈印刷物が〉二倍のインテルを入れた《活字の組み方》.
dóuble·lèaf *n* 〔植〕フタバラン属のラン《葉が対生》.
dóuble létter 〔印〕合字 (LIGATURE).
dóuble lífe 二重生活, 裏表のある生活: lead [live, have, follow] a ～ 二重生活を営む, 二足のわらじを履く.
dóuble-lóck *vt* …に二重に錠をおろす, 厳重に…の戸締まりをする.
dóuble mágnum 大型酒瓶 (jeroboam).
dóuble méaning DOUBLE ENTENDRE.
dóuble-mínd·ed *a* 決心のつかない; 二心のある (deceitful). ♦ **～·ly** *adv* **～·ness** *n*
dóuble mórdent 〔楽〕複モルデント《MORDENT を反復すること》.
dóuble napóleon 40フランのナポレオン金貨.
dóuble négative 〔文法〕二重否定. ★(1) [俗語体での否定]: I do*n*'t know *no*thing. (=I know *no*thing. / I do*n*'t know anything.). (2) [婉曲な肯定]: *not un*common (=common).
dóuble·ness *n* 重複性; 二重; 二倍大; 《行動の》裏表, 二心.
dóuble níckel(s) *《俗》《数字の》55, 時速55マイル (=*double buffalo*)《幹線道路の制限速度》.
dóuble nóte 〔楽〕倍全音符, 二全音符.
double-o /—— óu/ *《俗》*n* (*pl* **～s**) [ᵘthe] 厳密な検査; 視察旅行. ► *vt* 厳密に検査する. [凝視する2つの眼をたとえたもの]
dóuble óbelisk [óbelus] 〔印〕DOUBLE DAGGER.
dóuble óption 〔証券〕複合オプション.
dóuble or nóthing [quíts] 2倍かゼロか《借りているほうが負ければ借りが2倍になり勝てば借りがなくなる賭け; これに基づくギャンブルゲーム》.
dóuble páddle ダブルパドル《両端に扁平部のある櫂(かい)》.
dóuble-pàge spréad DOUBLE SPREAD.
dóuble-párk *vi, vt* 二重[並列]駐車する《通例 駐車違反》: be ～*ed* 〈人・車が〉二重駐車している. ♦ **～·ing** *n*
dóuble píca 〔印〕ダブルパイカ《以前に用いられた活字の大きさの単位, 約22ポイント》.
dóuble pláy 〔野〕併殺, ダブルプレー: turn a ～ ダブルプレーをやってのける.
dóuble pneumónia 〔医〕両側肺炎.
dóuble posséssive 〔文法〕二重所有格《a friend of father's の of father's の類》.
dóuble póstal càrd [póstcard] 往復はがき.
dóuble precísion 〔電算〕倍精度.
dóuble príme ダブルプライム記号《″; インチなど特定の単位や導関数を示すのに用いる》.
dóuble prínting 〔写・映〕二重焼き[焼付け]《2つ以上のネガから一枚のプリントを作製すること》.
dóuble púrchase GUN TACKLE.
dóuble-quìck *n* 駆け足 (DOUBLE TIME). ► *vt, vi* DOUBLE-TIME. ► *a, adv* /—— ——/ 大急ぎの[で], 足早の[で, に]: in ～ time 大急ぎで.
dóuble quótes *pl* 二重引用符 (" ").
dóu·bler *n* DOUBLE するもの; 倍電圧器, ダブラー; 周波数二倍器.
dóuble-réed *a* 〔楽〕ダブルリードの.
dóuble réed 〔楽〕複簧(ふくこう), ダブルリード《オーボエ・バスーンなどの2枚の舌》; 複簧楽器.
dóuble-réef *vt* 〔海〕二段階縮帆する.
dóuble-refíne *vt* 〔冶〕精練する.
dóuble refráction 〔光〕複屈折 (birefringence).
dóuble revérse 〔アメフト〕ダブルリバース《2度 REVERSE を繰り返す攻撃側のトリックプレー》.
dóuble rhýme 〔韻〕二重押韻, 重韻《inviting, exciting のように末尾の2音節が押韻するもの; cf. FEMININE [MASCULINE, TRIPLE] RHYME》.
dóuble-ríng *a* 指輪交換の: a ～ ceremony.
dóuble-rípper*, -rúnner* *n* 二連ぞり (bobsled).
dóuble róom 《ホテルなどの》ダブルベッドのはいった二人部屋 (=*double*).
dóuble-rúle *vt* 〔簿〕〈収支勘定〉に二重下線[終了線]を引く.
dóuble rúm 〔トランプ〕COONCAN.
dóuble sált 〔化〕複塩.
dóuble sáucepan" DOUBLE BOILER.
dóuble sáw(buck) *《俗》20ドル札; *《俗》20年の刑.
dóuble scrúd *《俗》SCRUD.
dóuble scúll ダブルスカル《2人乗りで, それぞれ2本のオールをこぐボート; cf. PAIR-OAR》; [～s, 〈*sg*〉] ダブルスカル競技.
dóuble-séat·er *n* TWO-SEATER.
dóuble shárp 〔楽〕重嬰記号, ダブルシャープ (𝄪); 重嬰音.
dóuble shíft 《工場・学校などの》二交代制(で働く[勉強する]グループ). ♦ **dóuble-shíft** *a*
dóuble-shúffle *vt* 《俗》だます, ペテンにかける, 裏切る (double-cross).
dóuble shúffle 〔ダンス〕左右の足を交互に2度ずつすり足で動かすステップ; *《俗》はっきりしない話し方, あわただしい会見, 逃げを打つこと, だますこと, つけこむこと; 《俗》DOUBLE CROSS; 《俗》いかさま, ペテン.
dóuble-síded *a* 両面のある, 二面をもつ, 二相の; (表裏)両面仕上げの, 両面…《織物・粘着テープなど》: a ～ disk 〔電算〕両面ディスク.
dóuble-spáce *vt, vi* 行間に1行分のスペースをあけてタイプする.
dóuble·spèak *n* 《特に 政治家・官僚などの》故意にあいまいな話[ことば, 言い方], 玉虫色の物言い; ややこしい表現 (gobbledygook). ♦ **～·er** *n*
dóuble-spéed *a* 〔電算〕倍速の〈ドライブ〉(=*dual-speed*) (cf. QUAD-SPEED).
dóuble spréad 《新聞などの》2ページ大の広告[写真など], 見開き広告[写真] (=*double-page spread*).
dóuble stándard 二重基準, ダブルスタンダード《性行動について男より女にきびしい基準を要求する, 白人と黒人で法適用の厳格さを違えるなど》; 〔経〕複本位制 (bimetallism).
dóuble stár 〔天〕連星 (BINARY STAR); 二重星 (=*optical double star*)《ほぼ同一視線方向にあるために相接して見える2つの星》.
dóuble stéal 〔野〕重盗, ダブルスチール: pull a ～.
dóuble stém 〔スキー〕全制動《減速のため両方のスキーの後部を開く姿勢》.
dóuble stítch 〔服〕ダブルステッチ《2度縫い》.
dóuble-stóp 〔楽〕*vt* 《2本以上の弦を同時に弾いて》〈楽器〉で重音を出す[奏する]. ► *vi* 重音を出す. ► *n* 重音.

dóuble súgar 〘化〙二糖 (disaccharide).
dóuble súmmer tìme ʺダブルサマータイム《標準時より2時間早い夏時間》.
dóuble-sýstem sóund recòrding 〘映〙二重方式《画像撮影と録音を別々のテープに同時に採る方式》.
dou·blet /dʌ́blət/ *n* **1** ダブレット《腰のくびれた胴衣で, 15–17世紀ごろの男の軽装 'doublet and hose' の一方》. **2 a** 対(つい)のもの (pair, couple); よく似たものの一方, 対の片方; [*pl*] 双生児, ふたご. **b**〘言〙二重語《同語源異形または異義; 例 fashion–faction; hospital–hostel–hotel》. **c** [*pl*] 二連銃で撃ち落とした2羽の鳥. **d** [ᵘ*pl*] ぞろ目《いっしょに振った2個のさいに同じ数が出た目》;〘ドミノ〙ダブレット《両半面に同数の点のある牌》. **e** *«俗» にせもの, まがいもの. **3 a**〘光〙二重レンズ系, ダブレット;〘理〙《スペクトルの》二重項, 二重線;〘核物〙二重項, ダブレット;〘通信〙双極子アンテナ (dipole antenna). **b**〘生〙《繊毛・鞭毛にある9対の》二連微小管. **c**〘印〙重複;〘宝石〙張り石《2枚の貼り合わせからなる模造宝石》. [F; ⇨ DOUBLE]
dóuble táckle 二重滑車(綱具)《溝つき車輪が2つ付いたもの》.
dóuble tàke 《喜劇役者などの》笑って受け流したあとに気がついてぎょっとするしぐさ; 見直し: do [get] a ～ びっくりして見直す; (最初はのみ込めないでいて)突然わかる.
dóuble-tàlk «口» *n* でたらめなことばを並べて人を煙(けむ)にまく話; (故意に)あいまいなことば[物言い]. ▶ *vi* double-talk をする. ▶ *vt* double-talk で煙にまく. ♦ **～·er** *n*
dóuble tápe 《磁気テープの》両面に磁性材を塗布したテープ.
dóuble-tèam *vt, n* 《フットボール・バスケットボールなどで》同時に2人の選手でブロック[ガード]する(こと).
Dóuble Tén [Ténth] [the] 双十節, 国慶節《10月10日; 中華民国の建国記念日で辛亥革命記念日》.
dóuble·thìnk *n* 二重思考《矛盾する二つの考えを同時に容認する心的作用[能力]》. [George Orwell の造語]
dóuble-thrów *a* 〘電〙双投(式)の〈スイッチ〉.
dóuble tíde 〘海洋〙双潮 (agger).
dóuble-tìme* *vt, vi* 駆け足させる[する]; «俗» 裏切る, だます (double-cross, two-time).
dóuble tìme **1**〘米陸軍〙駆け足 (=*double-quick*)《歩幅3フィート, 1分間180歩》; 隊を組んで歩調を合わせた駆け足; «口»《一般に》駆け足. **2**〘楽〙2拍子 (duple time);〘楽〙ダブルタイム, ダブルテンポ《前のセクションの2倍の速度》. **3**《休日労働などの》賃金倍額払い.
dou·ble·ton /dʌ́b(ə)lt(ə)n/ *n* 〘トランプ〙二枚札, ダブルトン《主にブリッジで手にある2枚だけの組札; cf. SINGLETON, VOID》. [*singleton* にならって *double* より]
dóuble-tóngue *vi, vt* 〘楽〙《吹奏楽器で》(速いテンポのスタッカート楽節を)複切法で演奏する. ♦ **-tónguing** *n* 複切法, ダブルタンギング.
dóuble-tóngued *a* 二枚舌の, うそつきの. [ME]
dóuble-tòoth *n* 〘植〙ヤナギタウコギ《キク科センダングサ属の植物》.
dóuble tóp 〘ダーツ〙ダブルトップ《20点のダブル (double); 40点》.
dóuble tóuch 〘楽〙ダブルタッチ《CINEMA ORGAN に用いられた, 2段に押し下げられる鍵装置》.
dóuble-tráck *vt* 〘鉄道〙複線にする, 複線化する.
dóuble tráck 〘鉄道〙複線.
dóuble·trèe *n* 《二頭立て馬車などで》各馬の後ろに付けた横木 (whiffletree) をまとめる横木. [cf. SINGLETREE]
dóuble-tróuble* *n, a* ダブルトラブル《農場の黒人労働者間に始まったダンスステップ》; «俗» ひどく厄介な(こと), 非常に困難な(こと), しち面倒くさい(こと), 困り者(の).
dóuble trúck 《新聞などの》見開き《2ページ; 記事[広告]の紙面の単位》.
dóublet stòne *«俗» まがいもの,《特に》にせ宝石.
dóuble twíll 重ね斜文織り, ダブルツイル.
double-u, -you /dʌ́b(ə)lju/ *n* 《アルファベットの》W[w].
dóuble vísion 〘眼〙複視 (DIPLOPIA).
dóuble wédding 2組同時の結婚式.
dóuble whámmy «口» 二重の不利益[困難], 踏んだり蹴ったり, ダブルパンチ: a ～ of trouble.
dóuble whíp 複滑車(装置)《綱1本に動滑車と定滑車1個ずつの滑車装置》.
dóuble whóle nóte *〘楽〙二全音符 (breveᴵᴵ) (⇨ NOTE).
dóuble-wíde *a* 《通常の》2倍の広さの; 幅が2倍の, 2倍幅の. ▶ *n* /⏤ ⏤/ *2台連結の移動住宅.
dóuble wíndow 二重窓.
dóuble wíng(back formàtion) 〘アメフト〙ダブルウイング(バックフォーメーション)《両端翼に1人ずつバックを配した攻撃陣形》.
dóuble wóod 〘ボウル〙ダブルウッド《ほかのピンの真後ろに残ったピン》.
dóuble X /⏤ krɔ́(:)s, -krɑ́s, ⏤ ɛ́ks/ *«俗» 裏切り (double cross). ♦ **double-X** /⏤ ⏤/ *vt*
dóuble yèllow línes *pl* 黄色の二重線, 二重イエローライン《**1**) *道路のセンターライン **2**) ʺ道路わきの24時間駐車禁止の標識; ⇨ YELLOW LINE》.
dou·bling /dʌ́b(ə)lɪŋ/ *n* **1** 倍加, 倍増. **2 a** 二重にすること; 折り[折れ]込み; ひだ; [*pl*]〘紋〙《装束などの》裏;〘紡〙2本(以上)の糸の撚(よ)り合わせ, 合糸(ごう). **b** 再蒸留した酒. **3**《追跡を免れる》急転回; 回航, 周航.
dou·bloon /dʌ̀blúːn/ *n* ドブロン《昔のスペイン・スペイン領アメリカの金貨》; [*pl*] «俗» 金 (money). [F or Sp; ⇨ DOUBLE]
dou·blure /dʌ̀blúər, du-; *F* dublyːr/ *n* 《本の》飾り見返し《表紙裏の装飾張り; 通例 革または絹》.
dou·bly /dʌ́b(ə)li/ *adv* 2倍に; 二重に, 二様に; «廃» 二枚舌で.
Doubs /*F* du/ **1** ドゥー《フランス東部 Franche-Comté 地域圏の県; ☆Besançon》. **2** [the] ドゥー川《フランス東部 Jura 山脈に発し, スイスとの国境の一部をなし, 南西に流れて Saône 川に合流》.
doubt /dáʊt/ *vt* **1** 疑う, …に疑問をいだく, 不審に思う, …ではなさそうだと思う: I ～… 疑う, どうかと思う / I ～ it [that]. それはどうかな / I ～ the truth of his words. / [肯定文] I ～ *whether* [*if*] it is true. 本当かどうか疑問に思う / [否定文] I don't ～ (*but*) *that* it is true. それが本当であることを疑わない / [疑問文] Can you ～ *that* it is true? **2** «古・方» あやぶむ, 気づかう, 〈…かと〉思う (be afraid): I ～ we are late. 遅れているようだ. ▶ *vi* **1** 疑う, 疑問をいだく, おぼつかなく思う 〈*about, of*〉: I never ～*ed of* my success. 成功を疑わなかった. **2** «古» ためらう. ▶ *n* **1** 疑い, 疑念, 懐疑 〈*about, as to*〉; 不信;《結果などの》疑わしいこと, 不確かさ; «廃» 懸念, 不安: have one's ～*s about*…がはたして本当[賢明]かどうか怪しいと思う / have no ～ 疑わない, 確信する 〈*that*…, *of*〉 / make no ～ *of*…[*that*…, *but that*…] …を少しも疑わない, 確信する / cast [throw] ～ *on*… …に疑いを投げかける / (There is) no ～ *about* it. それは間違いない[確かだ]. **2** 未解決点, 困難. ● BENEFIT OF THE DOUBT. **beyond [out of] (all) ～＝beyond (the shadow of) a ～＝beyond a shadow of ～** (なんら)疑う余地もなく, もちろん: *beyond* (a) reasonable ～〘法〙合理的疑いの余地なく(有罪を立証するなど). **in ～** 疑って, 迷って; 不確かに: When *in* ～, no nowt /náʊt/. «諺» 確かでない時にはなにもするな / When *in* ～, leave out. «諺» 不確かな時には書かずにおけ《物書きに対する戒め》. **no ～** もちろん, きっと; おそらく, さだめし. **without (a) ～** 疑いなく (=no ～). ♦ **～·able** *a* 疑いの余地がある; 不確かな. **～·er** *n* 疑惑をいだく人. **～·ing·ly** *adv* 疑わしそうに, 不安そうに. [OF *douter*<L *dubito* to hesitate; -*b*- は15世紀に L の影響で挿入]
dóubt·ful *a* **1** 〈人が〉疑いをいだいて(いる), 確かでない (uncertain) 〈*of*〉. **2 a** 〈事実など〉疑わしい; あやふやな, はっきりしない; 怪しげな〈天気〉; おぼつかない, 不定で(ある), どうなるか(不明の). **b** 〈人物・行状・評判など〉信用できない, いかがわしい (suspicious): in ～ taste どうかと思われる(悪)趣味で. ♦ **～·ly** *adv* **～·ness** *n*
dóubt·ing Thómas 疑い深い人, (証拠がないと)何でも疑う人《Thomas がキリストの復活を疑い, イエスを見るまで信じなかったことから; *John* 20: 24–29》.
dóubt·less *a* 疑いのない, 確かな. ▶ *adv* 疑いもなく, 確かに; [弱まった意味で] むろん (no doubt), たぶん (probably), さだめし: I shall ～ see you tomorrow. たぶんお目にかかれましょう. ♦ **～·ly** *adv* «まれ» DOUBTLESS. **～·ness** *n*
douc /dúːk/ *n* 〘動〙アカアシファイリザル, アカアシドゥクモンキー, ドゥクラングール (=～ **làngur [mònkey]**)《ヴェトナムなどの林に生息する脚の赤いサル》. [F<Vietnamese]
douce /dúːs/ *a* «主にスコ» 穏やかな, 落ちついた, とりすました. ♦ **～·ly** *adv* [OF<L *dulcis* sweet]
douce·peres /dúːspɛ̀ərz/ *n pl* DOUZEPERS.
dou·ceur /duːsə́ːr/ *n* 心付け, チップ, 祝儀; 鼻薬 (bribe); «古» 優しさ, 感じのよさ; «古» 快いことば, お世辞. [F=pleasantness; ⇨ DOUCE]
dou·ceur de vivre /*F* dusœːr də viːvr/ 人生の楽しみ.
douche /dúːʃ/ *n* 《主に医療上の》灌注, 圧注(法), 洗浄,《特にビデ (bidet) などによる》膣洗浄; 灌水浴; 灌注器, 圧注器, 洗浄器; 膣洗浄器, 携帯用ビデ (douche bag), 膣洗浄水: take a ～ 圧注[洗浄]をうける, 洗浄器を使う / a cold ～ ʺ[*fig*] 冷水を浴びたようなショック. ● **take a ～** [ᵘ*impv*] «俗» とっとと出て行く. ▶ *vt* 圧注[洗浄]する. ▶ *vi* 圧注をうける, 膣洗浄を行なう. [F<It=pipe<L DUCT]
dóuche bàg 膣洗浄器(の洗浄水を入れる袋の部分); *«俗» ブス, いけすかない女, いやなやつ[男], くそったれ.
dou·cine /duːsíːn/ *n* 〘建〙S字形繰形(くりかた), 波繰形 (cyma).
Doug /dʌ́g/ ダグ《男子名; Douglas の愛称》.
Dou·gal /dúːgəl/ ドゥーガル《男子名》. [Celt=black stranger]
dough /dóʊ/ *n* **1** 《パンなどの》生地, 生パン, ドー《小麦粉と水などを混ぜてこねた焼く前の塊り》; (生パン状)軟塊《粘土など》; *«口» DOUGHBOY: a ～-brake こね混ぜ器. **2** «口» 金, 現ナマ (bread); *«口» 歩兵, 前線兵 (doughboy). ♦ **～·like** *a* [OE *dāg*; cf. G *Teig*]
dóugh·bàll *«俗» *n* 退屈な[くだらない]やつ; パンくずと肉桂皮でつくった釣りの餌.
dóugh bòx 物入れ《脚付きの木箱で, 仕事台にしたり物をしまっておいたりするもの》.
dóugh·bòy *n* ゆで[蒸し]だんご, ゆでパン, *揚げパン; *«口»《第一次大戦で》(米軍)歩兵 (infantryman).
dóugh·fàce *n* **1** 仮面 (mask). **2 a**〘米史〙奴隷制度に反対しなかった北部自由州 (Free States) の議員, 南北戦争当時南部に同調的だった北部住民. **b** *《口》人の言いなりになりやすい人, いくじなし.
♦ **dóugh-fáced** *《口》*a* いくじなしの; 青ぶくれの; 無表情な.
dóugh·fòot *n* (*pl* ～s, -fèet) *《口》歩兵 (doughboy).
dóugh·hèad *《俗》*n* ばか, まぬけ; パン屋.
dóugh·less *a* *《俗》金のない, 文無しの.
dough·nut /dóunət/ *n* ドーナツ; ドーナツ形のもの, *《俗》タイヤ; *《口》《車の》スピン (⇨ 成句); 〔理〕ドーナツ(管)《電子を加速》. ★《米》では donut とも書く. ● **blow [lose] one's ～s** *《俗》吐く, もどす. **do ～s** *《口》《雪の駐車場などで》車をスピンさせる, 小回りでぐるぐる回る《遊び》. ► *vi, vt* 《いっしょに映ろうとして》〈テレビカメラに撮られている人を〉取り囲む《英国の国会で議員が演説者を盛り立てるために行なう場合など》. ♦ **～-like** *a* **dóugh·nut·ting** *n* **dóugh·nut·ter** *n* サクラ議員.
dóughnut fàctory [fòundry, hòuse, jòint] *《俗》安食堂, 軽食堂; ただで食事のできる所.
dóugh-pòp *vt* 《俗》こてんぱんにやっつける.
dought *v* 《スコ》DOW[1] の過去・過去分詞.
dough·ty /dáuti/ *a* 勇敢な, 勇猛な; 熱烈な〈支持者・運動員など〉. ♦ **dóugh·ti·ly** *adv* **-ti·ness** *n* [OE *dohtig* (*dyhtig* の変形); cf. DOW[1]]
Doughty ダウティ **C**(harles) **M**(ontagu) ～ (1843–1926)《英国の作家・旅行家; *Travels in Arabia Deserta* (1888)》.
doughy /dóui/ *a* 生パン (dough) のような; 生焼けの (half-baked); 《不健康そうに》青白い, 青ぶくれの; 〈音が〉鈍く歯切れの悪い; 〈文体が〉締まりのない, たるんだ. ♦ **dóugh·i·ness** *n*
Doug·las /dʌ́gləs/ **1** ダグラス《男子名; 愛称 Doug》. **2** ダグラス (**1**) **Clifford** (**Hugh**) ～ (1879–1952)《英国の技術者・経済学者; 社会的信用説 (Social Credit) を唱えた》(**2**) **Gavin [Gawin]** ～ (1474?–1522)《スコットランドの詩人; *Aeneid* の最初の英訳者》(**3**) (**George**) **Norman** ～ (1868–1952)《英国の小説家; *South Wind* (1917)》(**4**) Sir **James** ～ (1803–77)《カナダの政治家; British Columbia 植民地初代知事 (1858–64), 'father of British Columbia' と呼ばれる》(**5**) Sir **John Sholto** ～, 8th Marquis of Queensberry (1844–1900)《スコットランドの貴族; ボクシングのパトロン; ⇨ QUEENSBERRY RULES》(**6**) **Keith** (**Castellain**) ～ (1920–44)《英国の詩人; Normandy 侵攻で戦死》(**7**) **Kirk** ～ (1916–)《米国の映画俳優・制作者; ロシア系》(**8**) **Michael** (**Kirk**) ～ (1944–)《米国の映画俳優・制作者; Kirk の息子》(**9**) **Stephen A**(**rnold**) ～ (1813–61)《米国の政治家; 通称 'Little Giant'; 南北戦争直前 (1858) に, 主に奴隷制の問題をめぐって Lincoln と論争》(**10**) **William O**(**rville**) ～ (1898–1980)《米国の法律家; 合衆国最高裁判所陪席裁判官 (1939–75); リベラルな立場をとった》. **3** ダグラス《Man 島の中心の港町・保養地》. **4** 《豪俗》おの (ax): swing ～ おのをふるう. [Sc=black water, dark gray]
Dóuglas bàg ダグラスバッグ《呼吸ガス測定のための呼気採集袋》. [Claude G. *Douglas* (1882–1963) 英国の生理学者]
Dóuglas fír [hémlock, píne, sprúce] 〔植〕アメリカトガサワラ, ベイマツ (米松), ダグラスファー, ダグラスモミ (=*Oregon pine, red fir*)《北米西部産のマツ科の 100 m にも及ぶ大木で建築の良材が採れる; Oregon 州の州木》. [David *Douglas* (1798–1834) 北米を踏査したスコットランドの植物学者]
Dóuglas-Hóme /-hjú:m, -hóum/ ダグラス-ヒューム (**1**) Sir **Alec** ～ (1903–95)《英国保守党の政治家; Alexander Frederick ～, Baron Home of the Hirsel of Coldstream (もと 14th Earl of Home) の通称; 首相 (1963–64), 外相 (1960–63, 70–74); 首相就任時に伯爵の位を放棄, 1974 年終身貴族とされた》(**2**) **William** ～ (1912–92)《英国の劇作家; 前者の弟》.
Dóuglas scàle ダグラス波浪度《1929 年の国際気象学会で推された波浪・うねりの複合階級》. [Sir (Henry) Percy *Douglas* (1876–1939) もと British Naval Meteorological Service の会長]
Dóuglas squírrel 〔動〕ダグラスリス《アメリカアカリスと同属のリスで, 北米西海岸産; 首筋にくさび形の黒斑がある半灰色の大型のリス》. [David *Douglas*]
douk ⇨ DOOK[1,2].
Dou·kho·bor, Du- /dú:kəbɔ̀:r/ 霊の戦士, ドゥホボル《18 世紀後半南ロシアの無政府主義的・無教会的な分派のキリスト教徒; 19 世紀末に大半がカナダへ移住》.
dou·la /dú:lə/ *n* 助産師, 産婆. [ModGk]
dou·ma /dú:mə, -mà:/ DUMA.
Dou·mer /*F* dumɛ:r/ ドゥメール **Paul** ～ (1857–1932)《フランスの政治家; 第三共和政第 13 代大統領 (1931–32)》.
Dou·mergue /*F* dumɛrg/ ドゥメルグ **Gaston** ～ (1863–1937)《フランスの政治家; 第三共和政第 12 代大統領 (1924–31)》.
dóum (pàlm) /dú:m(-)/ 〔植〕DOOM PALM.
Doun·reay /dú:nrèi, ⏑⏑/ ドゥーンレイ《スコットランド北部の町; 世界初の高速増殖炉 (1962–77) などがあった》.
doup·pi·o·ni, dou·pi-, du·pi- /d(j)ù:pióuni/, **du·pi·on** /d(j)ú:piɑ̀n; -ən/ *n* 《玉繭(たままゆ)から製した》玉糸; 玉糸の布; 玉繭. [F and It]
dour /dúər, dáuər/ *a* きびしい, 頑固な, 断固たる; 陰気な, 暗い, むっつりした, 気むずかしい; "活気[おもしろみ]のない, 退屈な〈町など〉. ♦ **～·ly** *adv* **～·ness** *n* [? Gael *dúr* stupid, obstinate]
dou·ra(h) /dúərə/ *n* DURRA
dou·rine /duəri:n/ *n* 〔獣医〕媾疫(こうえき)《馬の伝染病》.
Dou·ro /dɔ́:ru; dúərəu/ [the] ドーロ川 (*Sp* Duero)《スペイン北部・ポルトガル北部を西流して大西洋に注ぐ川; Iberia 半島の最長流》.
dou·ro(u)·cou·li /dùrəkú:li, dù:ru-/ *n* 〔動〕ヨザル (=*night ape, owl monkey*)《熱帯アメリカ産の目の大きな夜行性のサル》. [(SAm)]
douse[1], **dowse** /dáus/ *vt* 水中に突っ込む 〈*in*〉; …に水(など)をぶっかける 〈*with* water〉, 〈水を〉かける; 〈灯・火を〉消す, [*fig*]〈感情を〉押しころす, 〈活動を〉終える: ～ the GLIM. ► *vi* 水に落ちる[つかる]; 水浴を行なう. ► *n* 土砂降り (downpour); ずぶぬれ. ♦ **dóus·er, dóws·er** *n* [? *douse*[2]]
douse[2], **dowse** *vt* /dáus/ **1** 《口》〈靴・衣服・帽子などを〉脱ぐ. **2** 〔海〕〈帆を〉急いで下ろす; 〈綱を〉ゆるめる; 〈舷窓を〉閉じる; 《古》打つ, たたく. ► *n* /dú:s, dáus; dáus/ "《方》一撃. [C16<?; cf. MDu, LG *dossen* to strike]
douse[3] ⇨ DOWSE[3].
dout, dowt /dáut/ 《スコ》*vt* 〈火・明かりを〉消す. ► *n* 《タバコの》吸い殻, 吸いさし. [*do*[1] *out*]
do ut des /dóu ùt déis, dóu ʌ̀t dí:z/ わたしはあなたが与えるために与える《双務契約の条件としての文句》. [L]
Douw ⇨ DOU.
doux /dú:/ *a* 〈シャンパンが〉最も甘口の《糖量が 7% 以上》. [F= sweet]
douze·pers /dú:zpɛ̀ərz/ *n pl* 〔フランス史〕十二貴族; 《中世伝説》シャルルマーニュ (Charlemagne) の十二勇士. [OF *douze pers* (DOZEN, PEER[1])]
DOVAP /dóuvæ̀p/ *n* DOVAP《宇宙船・ミサイルの位置・速度をドップラー効果を用いて計算するシステム》. [*D*oppler *v*elocity *a*nd *p*osition]
dove[1] /dʌ́v/ *n* **1 a** 〔鳥〕ハト《PIGEON とほぼ同義であるが慣用による区別があり, 特にコキジバト (turtledove) など小さい種類を指すことが多い》. **b** DOVE GRAY. **c** [the D-] 〔天〕はと座 (鳩座) (Columba). **2 a** 《平和・無邪気・温順・柔和などの表徴としての》ハト; 平和の使者; 和平論者, 穏健派, ハト派 (opp. *hawk*): a ～ of peace 〔聖〕平和の鳩 (*Gen* 8: 8–12). **b** 純潔な[無邪気な, 優しい]人; [*voc*] かわいい人. **c** [D-] 聖霊 (Holy Spirit) (*Luke* 3: 22 etc.). ♦ **～·ish** *a* DOVISH. [ON *dúfa* (cf. G *Taube*); 一説に ? imit]
dove[2]* /dóuv/ *v* DIVE[1] の過去形.
dóve còlor 鳩色《紫味灰色》. ♦ **dóve-còlored** *a*
dóve·còte, -còt *n* 鳩小屋; 安定した集団, まとまった組織. ● **flutter [cause a flutter in] the ～s** 平和な里を揺るがす (Shak., *Corio* 5.6.114).
dóve·dàle mòss 〔植〕ユキノシタ属の多年草《欧州北西部産; クッションを作る》.
dóve-èyed *a* 目もとの優しい.
dóve gràу 紫がかった灰色, 紫味灰色.
dóve hàwk "《方》ハイイロチュウヒ (northern harrier).
dóve·hòuse *n* 鳩小屋 (dovecote).
dove·kie, -key /dʌ́vki/ *n* 〔鳥〕**a** ヒメウミスズメ (=*little auk*)《北極圏産》. **b** ハジロウミバト (black guillemot). [C19 (dim)< *dove*[1]]
dóve·let *n* 小鳩.
dóve·lìke *a* ハトのような; 優しい, 柔和な.
do·ven /dɔ́:vən/ *vi* DAVEN.
dóve pòx PIGEON POX.
dóve prìon 〔鳥〕ナンキョククジラドリ (=*Antarctic prion*)《ミズナギドリ科》.
Dó·ve prìsm /dóuvə-/ 〔光〕ドーフェのプリズム, ドーブプリズム《望遠鏡系の中に入れ, 像の上下あるいは左右を反転させるのに用いる台形のプリズム; cf. PORRO PRISM》. [Heinrich Wilhelm *Dove* (1803–79) ドイツの物理学者]
do·ver /dóuvər/ 《スコ》*n* まどろみ. ► *vi* まどろむ.
Dover ドーヴァー (**1**) イングランド南東部 Kent 州の Dover 海峡に臨む市 **2**) Delaware 州中部の市, 同州の州都》. ■ **the Stráit(s) of ～** ドーヴァー海峡 (*F* Pas de Calais)《イングランド南東部とフランス北部の間; 最狭部は 32 km》.
Dóver sóle 〔魚〕**a** (ヨーロッパ)ソール《欧州主産のササウシノシタ科の食用魚; シタビラメ類 (sole) の代表種》. **b** アメリカナメタガレイ《California 沿岸主産のカレイ》.
Dóver's pówder 〔薬〕ドーヴァー[ドーフル]散, アヘン吐根(とこん)散《発汗・鎮痛剤》. [Thomas *Dover* (1660–1742) 英国の医師]
dóve's-fòot *n* 〔植〕ヤワゲフウロ《欧州・アジア原産》; フウロソウ類の野草.
dóve shéll 〔貝〕フトコロガイ科の巻貝《タモトガイ・マツムシガイなどを含む》.
dóve·tàil *n* 〔建・木工〕あり (蟻)《先広の鳩尾形をした仕口(しくち)》; あり継ぎ. ► *vt* **1** あり継ぎにする; ありにカットする. **2** ぴったりはめ込む[調和させる]〈*into*〉; …とうまくかみ合う[調和する]. ► *vi* ぴったり適合[調和]する 〈*in, into, with*〉; *《軍俗》〈人の話などに〉関連したことを

つづけて話す, 〈…の〉あとをつづける[補う] 〈*on*〉. ♦ **～·er** *n*

dóve·tàiled *a* ハトのような尾をした; 〘紋〙 ハトの尾の形をした; 〘木工〙 あり継ぎで接合した.

dóvetail jóint 〘木工〙 あり組み, あり継ぎ, あり掛け.

dóvetail plàne 〘木工〙 蟻鉋(ありかんな).

dóvetail sàw 〘木工〙 柄(え)挽きのこ《あり継ぎ (dovetail) などの精密作業に用いる縦挽きのこ》.

dóve trèe 〘植〙 ダビディア, ハンカチノキ, ハトノキ《中国原産の落葉高木; 2 枚の白い花[苞]がハトの翼のように見える》.

dov·ey /dʌ́vi/ *a* *《口》 LOVEY-DOVEY.

dov·ish /dʌ́vɪʃ/ *a* ハトのような; ハト派的な, 金融緩和派の (opp. *hawkish*). ♦ **～·ness** *n*

D

dow[1] /dáu, dóu/ 《スコ・北イング》 *vi* (**dought** /dáut/, **～ed**) …できる; 栄える; 《廃》 役立つ. [OE *dugan* to be worthy]

dow[2] /dáu/ *n* ⇨ DHOW.

Dow[1] *n* [the] **a** DOW JONES AVERAGE. **b** DOW JONES INDUSTRIAL AVERAGE.

Dow[2] ⇨ DOU.

dow·able /dáuəb(ə)l/ 〘法〙 *a* 寡婦産権に従う; 寡婦産を受ける資格のある. [AF; ⇨ ENDOW]

dow·a·ger /dáuɪʤər/ *n*, *a* 〘法〙 有爵未亡人, 貴族未亡人(の)《亡夫の称号・財産を継承している寡婦》; 《口》 年配の貴婦人: a ～ duchess (英国の)公爵未亡人 / the Empress *D*～ 《帝国の》 皇太后 / the Queen *D*～ 《王国の》 皇太后. [OF; ⇨ DOWER]

dówager's hùmp 《老齢婦人の》 脊柱後湾(病).

dowd /dáud/ *n* むさくるしい[だらしない, 野暮ったい]やつ[女]. [ME <?; *dowdy* からの逆成も影響]

Dow·den /dáudn/ ダウデン **Edward ～** (1843–1913) 《アイルランドの文芸評論家・伝記作家・シェイクスピア学者》.

Dow·ding /dáudɪŋ/ ダウディング **Hugh Caswall Tremenheere ～** (1882–1970) 《英国の軍人; 戦闘機部隊司令官として Battle of Britain (1940) の勝利に貢献》.

dowdy /dáudi/ *a* (**dówd·i·er; -i·est**) 〈服装・外見・女性など〉だらしない, むさくるしい, 野暮な, 時代遅れの, みすぼらしい. ► *n* **1** むさくるしい身なりの[野暮ったい]女. **2** *PANDOWDY. ♦ **dówd·i·ly** *adv* **-i·ness** *n* **～·ish** *a* [ME *dowd* slut<?]

dow·el /dáu(ə)l/ *n* だぼ, 合い釘, しゃち, ドエル(ピン) (=～ **pìn**) 《2 材を固定するため穴に詰める木[金属]釘》; 《だぼを作る》 丸い棒; ジベル 《釘打ち用に石壁の穴に詰める木片》. ► *vt* (**-l-** | **-ll-**) dowel で合わせる. ♦ **dow·el·(l)ing** *n* [MLG; cf. THOLE[2]]

dówel scrèw 〘木工〙 だぼつぎねじ, ねじだぼ.

dow·er /dáuər/ *n* **1 a** 〘法〙 寡婦産(権) 《婚姻により夫の不動産に対して妻が取得した権利; cf. CURTESY》. **b** 嫁資, 結婚持参金 (dowry); 新郎から新婦への贈り物 (dowry). **2** 天賦の才能, 生まれつきの資質, 稟質(ひんしつ). ► *vt* **1** …に寡婦産を与える; 寡婦産として与える. **2** …に才能を与える (endow) 〈*with*〉. ♦ **～·less** *a* [OF<L (*dot- dos* dowry)]

dówer chèst HOPE CHEST.

dówer hòuse" 寡婦の住居 《寡婦産の一部としてしばしば亡夫の土地にある小家屋》; 《昔 country house の地所内にあった》 小家屋.

dow·ery /dáuəri/ *n* 《まれ》 DOWRY.

dowf /dóuf, dúːf/ *a* 《スコ》 まぬけな, のろまな.

dó-whìstle, dó-wìllie *n* *《口》 DOODAD.

do-whop ⇨ DOO-WOP.

dow·ie /dáui/ *a* 《スコ》 悲しい, 重苦しい. [変形<*dolly*]

dow·itch·er /dáuɪʧər/ *n* 〘鳥〙 オオハシシギ (=*brownback, grayback, red-breasted snipe*) 《アメリカオオハシシギは北米北部で繁殖》. [Iroquoian]

Dów Jónes ダウ・ジョーンズ(社) (～ & Co. Inc.) 《米国の大手通信・出版社; 略 DJ; Dow Jones average を毎日発表する; 1882 年設立; 本社 New York 市》; DOW JONES AVERAGE. [Charles H. *Dow* (1851–1902), Edward D. *Jones* (c. 1855–1920) 金融ジャーナリスト・設立者]

Dów Jònes áverage [índex] [the] 〘証券〙 ダウ・ジョーンズ平均(株価)[指数], ダウ(平均).

Dów Jònes indústrial àverage [the] 〘証券〙 ダウ・ジョーンズ工業平均株価 (=**Dów (Jònes) indústrials**) 《Dow Jones average のうち最も重視されるもの; New York 証券市場で扱われる 30 の工業株の価格から算出する; 略 DJIA》.

Dow·land /dáulənd/ ダウランド **John ～** (1563?–1626) 《イングランドのリュート奏者・作曲家》.

dow·las /dáuləs/ *n* ダウラス 《16–17 世紀の太糸の亜麻織物; それに似せた丈夫なキャラコ》. [ME *douglas*<*Daoulas* フランス Brittany の地名]

dow·ly /dáuli, dóu-/ *a* 《北イング》 DOWIE.

down[1] /dáun/ *adv, prep, a, n, v* ► *adv* (opp. *up*) [1–4 は「移動・変化」を, 5–8 は「静止位置」を示す]

1 a 下って, 降りて, 下へ[に, を], 下方へ[に], 階下へ, 〈…し〉下る; 《直立姿勢から》 すわって, 横へ, 《立っているものを》 地上へ, (…し)下す, 下げて, 倒して. **b** [*impv*] GET[1] [PUT[1], LIE[2], etc.] ～!: *D*～! 《犬に向かって》 おすわり, 《ソファなどから》 降りろ!; 《人に向かって》 伏せろ! / *D*～ oars! オールおろせ! **2 a** 下(しも)に; 下手に; 《薬・飲み物など》 飲み下して; 《流れを》 下って; 風下へ; "《London など都会から》 地方[田舎]へ; "《大学を》 さがって, 卒業[退学, 帰省]して; *《北から》 南の方へ; 根源へ, 実際ある所へ: He is just ～ *from* Oxford. "オックスフォード大学を出たところだ (cf. COME[1] down) / 〘海〙 *D*～ HELM! **b** [前置詞句などと共に用い, 漠然と話し手からの距離の隔たりを示す] …(の方)で[へ, に], 離れた[別の]所で[へ]: I'll meet you ～ at the station. 駅で会おう. **3** [順序] 《上から》 下位へ, 《上は…から》 下は〈…に〉至るまでずっと[すべて, 徹底して]; 《早い時期から》 後期へ, 《初期から》 下って〈…まで〉 〈*to*〉: from King (on) ～ *to* cobbler 上は王より下は靴直しに至るまで / all employees from president (on) ～ 社長以下すべての従業員 / from Shakespeare's time ～ *to* the present シェイクスピアの時代から現代まで. **4 a** [減少・消失・終止・完了状態へ]: boil ～ 煮詰める / die ～ 〈音・風など〉静まる / grind ～ 細かくすり砕く / hunt ～ 追い詰める. **b** [強意] 全く, すっかり; 本気で, 積極的に: wash ～ a car 車を十分に洗う / ～ to the GROUND[1]. **5 a** 下って(いる), 下方に傾いて[たれて, 突き出て]; 《階上などから》 降りて(いる); 〈戸などが〉下ろして(ある); 〈日が〉没して(いる), 〈船が〉沈んで(いる); 〈潮が〉引いて(いる); 〘アメフト〙 〈ボールが〉地上に置かれている: be ～ 下にある, 倒れている / He is up, and ～. もう起きて寝室から降りている / five ～ 《クロスワードの》 縦の鍵[列]の 5 番 (cf. ACROSS). **b** 〈風が〉落ちて, 静まって; 落ちついて. **6 a** 倒れて, 伏して, ダウンして, 動けずに; 病臥して 〈*with* fever〉; 〈人が〉弱りきって, 〈健康が〉衰えて 〈*in* health〉; 〈意気など〉衰えて, 沈んで; 《口》 投獄されて; やられて, 負けて; 〘野〙 アウトになって; 〘スポ〙 負け越して: be ～ on one's back あおむけに倒れている / one ～ 〘野〙 一死で, ワンアウトで; 第一段階の障害が取り除かれて; [〈*int*〉] 一丁あがり / two ～ (and one to go) 〘野〙 二死で, ツーアウトで; (3 つのうち) 2 つが済んで (⇨ *a* 3b) / six points ～ 6 点差をつけられて. **b** 〈温度が〉下がって(いる); 〈価格・株など〉下がって; 〈ある数量[金額]が〉不足して; 減少して; 〈質が〉低下して, 〈身分・地位・評判などが〉落ちて; 〈運が〉傾いて: ～ in the world おちぶれて / ～ in the MOUTH / Bread is ～. パンは安くなっている / The cashier was five dollars ～. レジは《計算の結果》 5 ドル不足していた / be ～ *to* one's last pound [one's underwear etc.] 最後の 1 ポンド[下着など]しか残していない. **7 a** 〈名前などが〉記入されて, 書き留められて 〈*in, on*〉; リストに載って, 申し込み済みで 〈*for*〉: His name's ～ *as* Browne in the telephone directory. 彼の名は電話帳には Browne と出ている / His son's name [His son] has been ～ *for* Eton. "彼の息子の名はイートン校の出願者名簿に載っている (⇨ PUT[1] ～ for) / She is ～ *for* six events. 6 種目にエントリーしている. **b** 予定されて, 段取りになって (on program): The committee is ～ for Thursday. / I am ～ *to* speak [*for* speaking] at the meeting. その会合で話をする予定である. **8** その場で; 現金で (in cash): ten dollars ～ 頭金 10 ドル / ～ on the nail=on the NAIL / PAY[1] ～. ★ 動詞＋down の成句は各動詞の項を見よ. ● **be ～ on**…につかみかかる, どなりつける; …に反対する, 〈話など〉をきびしく指摘する; …に悪感情をもっている, …を嫌う; 〈支払いなどを〉…に強く要求する 〈*for*〉. **be ～ to**…"…の義務[責任]で, …しだいで; …のおかげで[せいで]. **～ and out** 〘ボク〙 ノックアウトされて; [*fig*] すっかりおちぶれて, 尾羽(おは)うち枯らして, 文無し[家無し]で. **～ but not out** 苦しいがまだ望みはある, あきらめるのはまだ早い. DOWN UNDER. **～ with**… [*impv*] …を降ろせ; …を即座に出せ; …をぶっつぶせ!; 《ストライキを始める際》 仕事をやめろ!: *D*～ *with* your money! 金を出せ / *D*～ *with* the tyrant! 暴君打倒! UP **and ～.**

► *prep* /–́–, –̀–/ **1** [移動] **a** …を降(くだ)って[落ちて, おりて], 下方に; 〈街路〉に沿って (along): drive [ride, run, walk] ～ a street 街路を車で[馬で, 走って, 歩いて]通る / go ～ the river 川を下る. **b** 《方・口》 …の方へ. **2** [静止位置] **a** …の下[先]に, …の下手[…沿い]に(ある), 〈通り・廊下などの〉(同じ)並びで: ～ the Thames テムズ川の下流に / further ～ the river この川をずっと下った所に / (just) ～ the street (通りを少し行った)すぐそこに. **b** 《方・口》 …に, …で, …にて: ～ home. **3** [時] …を下って(ずっと): ～ the years. ● **～ the** ROAD. **～ (the)** WIND[1]. **～ town** 町(の中心)へ(行く), 町に(いる) (⇨ TOWN, DOWNTOWN).

► *a* **1** 下[下方]への; 低い, 下[床, 底]についた, 下にある, 倒れた, 落ちた; 降下の, 下り坂の, 下落した: ～ leap 飛び降り / be on the ～ grade 下り勾配にある; [*fig*] 下り坂に向かっている / a ～ lift 下りエレベーター / after four ～ days 《株価が》 4 日連続で下落したあと. **2** 〈列車など〉下りの, 下り線の; 南の方[商業地区 (downtown)]に向かう: a ～ train 下り列車 / the ～ line 下り線 / a ～ platform 下り線ホーム. **3 a** 〈風が〉落ちている, 静まっている; 〘アメフト〙 〈ボールが〉プレーされていない. **b** 終わった, 済んだ, 片付いた (⇨ *adv* 6a). **4** 落胆した, 落ち込んでいる; 寝込んだ, 元気のない, 病弱な 〈*with* the flu〉; *《俗》 陰気な, 気のめいるような, 暗い, 悲観的な; 《口》 獄中の. **5** 《賭博で》 …すった; …点差で負けている; 〘野〙 アウトの. **6** 頭金としての; 現金の: ～ money 頭金 / for nothing ～ 頭金なしで. **7** *《俗》 強い, 頑とした. **8** *《食堂俗》 トーストにした. **9** 故障して, こわれて; 《ハッカーなど》 運転[作動]していない, 止まっている. **10** *《俗》 **a** すっかり憶えて: get the dates ～ 日付を憶える / ～ COLD [PAT[2]]. **b** ちゃんと通じている, わかっている; …になじんで, 熟達して, …をものにして 〈*with*〉. **c** 準備ができた, いつでもやれる 〈*for*〉. **11** *《俗》 すばらしい, 最高[抜群]の, かっこいい, しぶい, ばっちりきまってる; *《俗》 仲のいい, …とうまくいって[つるんで]

〈*with*〉. **12***«俗»《酒に》酔って. **13**〘理〙〈クォークが〉ダウンの《電荷−1/3, バリオン数 1/3; cf. UP》. ● DOWN AND DIRTY.
► *n* **1 a** 下位, 下り, 下降; 悪化; [ᵘ*pl*] 衰運, おちぶれ, 落ち込み, 落ちめ, 下り坂: UPs and ~*s*. **b**〘レス〙ダウン;〘アメフト〙ダウン《(1) 1回の攻撃権を構成する4回の攻撃の一つ (2) ボールデッドの宣告までの全プレー》;〘バド〙ダウン《ダブルスでサーブ側が得点せず, サーブ権を失うこと; cf. HANDOUT》. **2** ᴴ«口» 恨み, 憎しみ. **3***«俗» 鎮静剤, バルビツール剤 (downer); *«俗» 不快な幻覚体験, 気のめいるようなこと (downer). **4**〘ドミノ〙POSE¹. **5***«俗»《客のおごり用のウイスキーなどと称する》ホステス用ドリンク《安い飲料にそれらしい色がつけてある》. **6***«食堂俗» トースト. ● **have a ~ on** sb ᴴ«俗» 人につらく当たる, 人を嫌う.
► *vt* **1** 下す; 下に置く: ~ TOOLS. **2**〈飛行機を〉撃墜する; 投げ[押し]倒す, 打ち[なぐり]倒す, ノックダウンする; 屈服させる, たたきのめす; «口» 負かす, 破る. **3** «口» 飲む, 食べる, 飲みほす, 飲み込む, 平らげる; ᴴ飲んで忘れる (drink down). **4**〘アメフト〙〈ボールを〉ダウンにする. **5***«俗» けなす, こきおろす, やっつける. **6***«俗» 売る, 売りつける.
► *vi* «まれ» 降りる (come down); 〈犬など〉すわる; *«俗» 鎮静剤を飲む. ● **~ a few** «口» 酒を(何杯か)飲む: Let's go ~ *a few*. **~ with it***«俗» 知る, わかる.
[OE *dūne* < *adūne* ADOWN (*off*, *dūn* down³, hill)]

down² *n* 《鳥の》綿毛(わたげ); 綿羽(めんう)(わたげ); 《綿毛に似た》柔毛, 軟毛; うぶ毛;〘植〙《タンポポ・桃などの》綿毛, 冠毛: a bed of ~ 羽根ぶとん. [ON *dúnn*]

down³ *n* **1 a** [ᵘ*pl*]《広い》高原地 (⇨ Downs). **b** «古» 小砂丘, ダウン (dune). **2** [D-] ダウン《南部イングランド高原地産の羊》. [OE *dūn*; cf. DUN³, DUNE]

Down¹ *n* [ᵘ〈*a*〉] DOWN SYNDROME: a ~ baby.

Down² ダウン《(1) 北アイルランド南東部の地区; ☆Downpatrick (2) 北アイルランド南東部の旧州》.

dówn and dírty *«口» *a*, *adv* 競争心[対抗意識]むきだしの[で], 熾烈な[に]; 飾らない(で), ありのままの[に], あからさまな[に], あけすけな[に]; にわか仕立ての[で], 荒削りの[で], 泥臭い, 泥臭く; いかがわしい, いやらしい, みだらな[に]; うすぎたない, みすぼらしい[く].

dówn-and-óut *a*, *n* 衰弱しきった(人); おちぶれはてた(人); 打ちのめされた(ボクサー);〘アメフト〙ダウンエンドアウト《レシーバーがまっすぐダウンフィールドを走るように見せかけながら, 突然サイドライン方向に曲がってパスを受けるプレー》. ♦ **~·er** *n*

dówn-at-héel(s), dówn-at-the-héel(s) *a* みすぼらしい, 尾羽(おは)うち枯らした.

dówn·bèat *n* **1**〘楽〙下拍《強拍, 特に拍子の最初の拍》;〘楽〙下拍を示す指揮者のタクトを振り下ろす動作. **2** 減退, 衰微. ► *a* «口» **1** 悲観的な, 陰鬱な, みじめな. **2** くつろいだ, 穏やかな, 冷静な, 落ちついた, おさえた.

dówn·bòund *a* 下りに向かう, 〈交通など〉下り線の.

dówn-bòw /-bòu/ *n*〘楽〙《弦楽器の運弓法の》下げ弓 (opp. *up-bow*).

dówn·bùrst *n*〘気〙ダウンバースト《積乱雲などの下の下降気流が地表付近で爆発的に発散する現象; しばしば雷雨を伴い, 飛行機離着陸時の事故などにつながる; cf. MICROBURST》.

dówn cálver *出産間近の雌牛.

dówn-càlving ᴴ *a* 〈雌牛が〉出産間近の.

dówn càrd〘スタッドポーカー〙HOLE CARD.

dówn·càst *a* 〈目が〉うつむきの; しおれた, 意気消沈した. ► *n* **1** 破滅, 滅亡; 伏し目, 憂鬱な顔つき. **2**〘鉱〙入気立坑; 入気立坑を流れる空気;〘地質・鉱〙《断層の》下り落差.

dówn·còme *n* «古» 落下, 急降下, 墜落; «古» 屈辱 (come-down); DOWNCOMER.

dówn·còmer *n* 《溶鉱炉の》降下管, 《水管式ボイラーなどの》降水管.

dówn·convèrt·er *n*〘電子工〙ダウンコンバーター《信号をより低い周波数に変える装置》. ♦ **-convèrsion** *n*

dówn·cóurt *adv*, *a* 《バスケットボールなどで》コートの反対側の[に].

dówn·cùrved *a* 先端[両端]が下向きの, 下向きに曲がった.

dówn·cỳcle *n* 《経済などの》下降サイクル.

dówn·dràft | -dràught *n* 下向き[下降]気流, 下方流, ダウンドラフト; 《立坑などの》下向き通気; 《景気などの》減退, 落ち込み.

dówn·drìft *n* 下向き[減退]傾向, 漸次減退.

dówn éast* *adv*, *a*, *n* [ᵒD- E-] 東部沿岸地方(へ[で, の]), 《特に》ニューイングランド, メイン (Maine) 州, «カナダ» 沿海州 (Maritime Provinces).

dòwn-éast·er **1** [ᵒDown-Easter] 東部沿岸地方の人, 《特に》ニューイングランド人, Maine 州人, «カナダ» 沿海州人. **2**《19世紀に》東部沿岸地方で作った帆船; メイン州から出帆する船.

dówn·er «口» *n* 鎮静剤, 《特に》バルビツール剤 (barbiturate); 気のめいるようなこと[もの, 人物]; 《麻薬による》不快な幻覚体験 (down trip); 《強さなどの》減退; へたり牛, ダウナー《病気・老齢などで立てなくなった牛[動物]》. ● **have a ~ on** sb 人を嫌う (have a down on sb). **on a ~** «口» (人が)落ち込んで, 不振で.

dówn·fàll *n* **1**《権力・高位・繁栄からの》急激な転落[衰退], 没落, 失墜, 失脚; 《人の》没落[失敗]の原因; おもりが獲物に落ちるわな. **2**《雨・雪などの》突然の大降り.

dówn·fàllen *a* 没落[失脚]した; 〈家など〉崩壊[荒廃]した.

dówn·fàult·ed〘地質〙*a* 断層作用で下がった; 下方に断層がある.

dówn·fíeld *adv*, *a*〘アメフト〙ダウンフィールドへ[の]《攻撃側が向かっていく方向》;〘理〙《chemical shift の偏移が》低磁場側の《基準物質に比べ, 電子による遮蔽が小さく, 必要な外部磁場も小さい; 高周波側に対応》.

dówn·flòw *n* 低い方へ流れること[もの]; 下降気流.

dówn·fòld *n*〘地質〙下向褶曲, 向斜 (syncline). ♦ **~·ed** *a*

dówn·fòrce *n* ダウンフォース《レーシングカーの走行時に空気の流れを利用してマシンを下方向に押えつける力》.

dówn·gràde *n*, *a*, *adv* *下り坂(の[で]); [*fig*] 落ちめ(の[で]), 左前(の[で]). ● **on the ~**《地位・影響力・健康などが》落ちめで, 下り坂で, 左前の[で]. ► *vt* …の品質[地位]を落とす; 軽視する, けなす; 《給料の低い職へ》格下げする, 降等[降格, 降任, 降職]する〈*to*〉; 〈書類〉の秘密順位を下げる. ♦ **-gràd·ing** *n*

dówn·hàul *n*〘海〙降ろし索, ダウンホール.

dówn·héart·ed *a* 落胆した: Are we ~! «俗» へこたれるもんか! ♦ **~·ly** *adv* **~·ness** *n*

dówn·hìll *n* 下り坂;〘スキー〙滑降, ダウンヒル《競技》(=~ **skíing**): the ~ (side) of life 人生の下り坂《晩年》; *«俗»《刑期・軍務の》後半の期間. ► *a* 下り(坂)の; いっそう悪くなった (worse);〘スキー〙滑降の[に適した]; 楽な, 容易な (easy). ► *adv* /—́—́/ 坂を下って, ふもとの方へ; 下り坂で, 衰えて. ● **be ~ all the way** = **be all ~**《峠は越えたのであとは》順調で[楽で]ある, すいすい進む; 下るばかりである, 悪化[凋落]の一途をたどっている. **~ from here on** ここからはずっと楽で, あとは簡単で. **go ~** 斜面を下る; 下り坂になる, 悪化する, 衰える, 左前になる〈*in* health, fortune〉.

dówn·hìll·er *n*〘スキー〙滑降[ダウンヒル]の選手;〘ゴルフ〙ダウンヒラー《グリーンの坂を下らなくてはならないパット》.

dówn·hòld* *n*, *vt* 削減(する).

dówn·hòle *a* 地面に掘った[ボーリングした]穴の[で使用する].

dówn-hóme* «口» *a* (米国)南部の, 南部的な, 南部特有の; 田舎風の; 気さくな, 愛想のいい; 素朴な, シンプルな, 家庭的な. ► *adv* [down home] 南部で[に]; 南部風に, 南部の黒人風に.

dówn·ie /dáuni/ *n* «俗» 鎮静剤, 《特に》バルビツール剤 (downer); *«俗» 不快な幻覚 (down trip); *«俗» 気のめいるようなこと.

Dówn·ing Strèet /dáunɪŋ-/ **1** ダウニング街《London の Whitehall から St. James's Park までの官庁街; 首相公邸 (10番地), 財務大臣公邸 (11番地), 外務連邦省などがある》. **2** 英国政府: find favor in ~ 英国政府のうけがよい. [Sir George *Downing* (1623–84) イングランドの政治家]

dówn-in-the-móuth *a* しょげた, 落胆した, がっくりした.

dówn jàcket ダウンジャケット《綿毛・羽毛入りのキルトのジャケット》.

dówn·lànd *n* 傾斜牧草地, 《特に》オーストラリア・ニュージーランドの起伏のある草原.

dówn·lèad /-lìːd/ *n*〘通信〙ダウンリード (=*lead-in*)《アンテナの引込線》.

dówn·lìght *n* ダウンライト (=**dówn·lìght·er**)《天井(のくぼみ)などから下向けにあてられるスポットライト(型の照明)》. ♦ **~·ing** *n*

dówn·lìne *n*〘鉄道〙下り線.

dówn·lìnk *n* 下りリンク, ダウンリンク《宇宙船・衛星からの地上への, また基地局から端末へのデータ送信》《宇宙船・衛星からの》地上へのデータ送信. ► *vt* 〈データを〉下りリンクで送信する.

dówn·lòad /, ᴴ—́—́/ *vt*, *vi*〘電算〙〈プログラム・データを〉ダウンロードする《情報を別の装置のメモリーに移すこと》. ► *n* ダウンロード; ダウンロードデータ[ファイル]. ♦ **~·able** *a*

dówn-lòok·ing *a* 〈レーダーが〉下方に電波を送る《低空の飛行機やミサイル対策》.

dówn-màrket /; —́—́/ *a* 低所得者層[大衆]向けの; 安価な, 安っぽい, 粗悪な; はやらない, 売れない. ► *adv* 低所得者層[大衆]向けに.

dówn·mòst *adv*, *a* 最も低く[低い].

Down·pat·rick /daunpǽtrɪk/ ダウンパトリック《北アイルランド南東部 Down 行政区の中心地; Saint Patrick 埋葬の地とされる》.

dówn páyment《分割払いの》頭金 (cf. PAY¹ *down*); 《事を進める》第一歩.

dówn·pìpe ᴴ *n* 縦樋(たてどい) (downspout).

dówn·plày *vt* 重要視しない, 軽く扱う, 低く見る, 控えめに言う.

dówn·pòur *n* 土砂降り, 豪雨.

dówn·prèss *vt* 抑圧する《レゲエ (reggae) 音楽の中で Rastafarian がジャマイカ政府について用いることば》.

dówn·ránge *adv* 〈ミサイルなどが〉予定飛行経路に沿って, ダウンレンジで. ► *a* /—́—́/ ダウンレンジの: a ~ station ミサイル観測所, 追跡ステーション.

dówn·ràte *vt* 重視しない, 低く見る.

dówn·rìght *a* **1** 全くの, 紛れもない (thorough): ~ nonsense 大たわごと / a ~ lie まっ赤なうそ. **2 a** まっすぐな, 率直な: a ~ sort of man 率直な質(たち)の人. **b** «古» 真下に向かう. ► *adv* 全く, 完全に, きわめて; «古» まっすぐ下へ; «廃» 率直に, 単刀直入に; «廃» 直ちに, すぐに. ♦ **~·ly** *adv* **~·ness** *n*

D

D

dówn·ríver *adv, a* 河口に向かって, 河口に向かう, 川下へ[の].
dówn·rùsh *n* 急速に流れ下る[下降する]こと.
Downs /dáunz/ *pl* [the] ダウンズ (**1**) イングランド南東部を東西に走る 2 列の低い草地性丘陵; ⇨ NORTH DOWNS, SOUTH DOWNS **2**) イングランド Kent 州東海岸沖の長さ 14 km, 幅 10 km の錨地; Goodwin Sands の浅瀬に守られている).
Down's /dáunz/ *n* 《口》 DOWN SYNDROME.
dówn·scàle *a* 低所得の, 低層の, 低所得者層のための[に属する]; 質の劣る, 廉価な, 実用的な. ► *vt* 規模を縮小する; 〈価格を〉安くする, 贅沢でなくする. ► *n* 低所得者層, 低層.
dówn·sèxed *a* セックスアピールを抑えた[強調しない].
dówn·shìft *vt, vi, n* 《自動車運転で》低速ギアに切り換える(こと), シフトダウン(する); ライフスタイル[仕事]をストレスの少ないものに切り換える(こと). ♦ **~·er** *n*
dówn·sìde *n* 下側, 裏側; 《グラフなどの》下降部分; 《株価などの》下落傾向; 《表裏の関係にある》マイナス面, 欠点: on the ~ 下側に; 下がり気味で; マイナス面では / ~ up 逆さになって, ひっくり返って. ► *a* 下側の; 下降の; マイナスの, 負の.
dówn·sìze* *vt* 〈製品などを〉小型化する; …の規模を小さくする, 〈部門などの〉人員を削減する, 〈人を〉解雇する. ► *vi* 小型化する; 規模縮小する. ♦ **dówn·sizing** *n*
dówn·slìde *n* 《物価・株価などの》下降.
dówn·slòpe *n, a* 下り坂(の), 下り勾配(の). ► *adv* 下り坂で.
dówns·man /-mən/ *n* (*pl* **-men** /-mən/) 高原地の住人, [D-] 《イングランドの》ダウンズ (Downs) 丘陵の住民.
dówn·spìn *n* 《価格などの》急降下, 下落; 加速度的な衰退, 凋落.
dówn·spòut *n* 《筒型の》縦樋(たてどい); "質屋 (cf. *down the* SPOUT).
Down's syndrome ⇨ DOWN SYNDROME.
dówn·stáge 〔劇〕 *adv* 舞台の前方で[に向かって], 映画[テレビ]のカメラに向かって (opp. *upstage*). ► *a* 舞台の前方の. ► *n* /ˈ—ˈ—/ 舞台の前方.
dówn·stàir *a* DOWNSTAIRS.
dówn·stáirs *adv* 階段を降りて; 階下へ[で]: go ~ 階下へ降りる / KICK[1] ~. ► *a* /ˈ—ˈ—/ 階下の. ► *n* /ˈ—ˈ—/ **1** [〈*sg/pl*〉] 階下 (the lower floor(s)); *《劇場の》一階. **2** 《一家の》使用人たち.
dówn·stàte* *n* 州南部; 《大都市圏が北方にある州の》南方の田舎. ► *a, adv* /ˈ—ˈ—/ 州南部の[へ, に]. ♦ **dówn·stát·er** *n*
dówn·stréam *a, adv* 下流の[で, に向かって]; 流れに沿った[沿って]; 《経済活動の》下流部門の[で, に], 川下の[で, に] 《加工の進んだ, 流通・マーケティング段階の, 親会社から子会社に向かって, 本部が下部組織に, など》.
dówn·stréet *adv* 通り(の先)で[へ].
dówn·stròke *n* 《ピストンなどの》下り行程; 《指揮棒などの》振り下ろし; 《運筆の》下におろす一筆; *《俗》頭金, 手付金.
dówn·swèep *vt, vi* 下方に曲げる[曲がる], 下方にそらせる[そる].
dówn·swèpt *a* 下方にそった.
dówn·swìng *n* **1** 《ゴルフなどの》ダウンスイング 《クラブを振り下ろす動作》. **2 a** 《ペンで書くときの》太い下向きの線. **b** 《景気・売上げ・出生率などの》下降(傾向).
Dówn sỳndrome, Dówn's sỳndrome ダウン症候群 《染色体 21 の三染色体性 (trisomy) による先天性の疾患; 精神遅滞, 吊り上がった目, 扁平化した頭蓋, 短指を特徴とする》. [John L. H. *Down* (1828–96) 英国の医師]
dówn·tàke *n* 《水・空気・煙などを》下方に導く管, 下向き送気[送水]管.
dówn·tèmpo *a, n* ダウンテンポ(の) 《踊るためでなく聴くための, 比較的ゆったりしたビートの(音楽)》.
dówn-the-líne *a, adv* 全面的な[に], 徹底的な[に]: support a friend ~ 友人を最後まで支持する.
dówn·thròw *n* 打倒, 転覆; 〔地質〕下り落差.
dówn·thùmb *vt**《俗》やめさせる, 〈行為を〉差し止める, 禁止する, 〈案を〉不認可[不許可]とする, 不可[非]とする, …に不満を示す, …に反対する.
dówn·tìck *n* 〔証券〕前回の引値より安い取引.
dówn·tìme *n* 《事故・装填・修理などによる工場・機械の》(作業)休止時間, 中断時間, ダウンタイム; 《仕事の合間の》休憩時間; 《口》休暇, 余暇, 休みの時.
dówn-to-dáte *a* UP-TO-DATE.
dówn-to-éarth *a* 現実的な, 実際的な; 地味な, 気取らない. ♦ **~·ness** *n*
dówn-to-the-wíre *a* 最後まで先行きのわからない, はらはらさせる, 気のもめる (cf. *down to the* WIRE).
dówn·tówn* *adv* 繁華街に[へ, で], ビジネス街に[へ, で], 中心街に[へ, で]: go ~ 町へ出る, 買物に行く. ● **go ~** 《野球俗》ホームランを打つ. ► *a* 繁華街[ビジネス街, 中心街]の: ~ Chicago シカゴの繁華街. ► *n* /ˌ—ˈ—/ 《都市の》繁華街, ビジネス街, 中心街; 《バスケ俗》深いところ (deep) 《バス・ショットが放たれる位置についていう》. ♦ **~·er** *n*
dówn·trènd *n* 下降傾向, 《経済活動の》下押し気配.
dówn tríp*《俗》 《LSD などによる》不快な幻覚; *《俗》いやな経験, 不愉快な[気のめいるような]こと.
dówn·tròd *a* 《古》DOWNTRODDEN.
dówn·tròdden *a* 踏みにじられた, しいたげられた.
dówn·tùrn *n* への字[下向き]に曲がること[曲がった状態]; 《景気などの》下降. ► *vt* [ᵘ*pp*] への字[下向き]に曲げる. [TURN *down*]
dówn únder [ᴰD- U-] 《口》 *adv, a* 地球の裏側に[で, の], オーストラリア[ニュージーランド]に[で, の]. ► *n* 対蹠地 (antipode); オーストラリア, ニュージーランド; オーストラリア・ニュージーランド地域.
down·ward /dáunwərd/ *a* 下方への, 下向きの; 下へ行く; 〈相場などが〉下押しの; [*fig*] 下り坂の; 衰微の, 堕落の; 起源[始祖など]からの: start on the ~ path 堕落[下落]し始める. ► *adv* 下方へ, 下向きに; 下って, 堕落して; …以降, 以来, …以下(すべて): from the 16th century ~. ♦ **~·ly** *adv* **~·ness** *n* [OE *adūnweard*]
dównward(ly) móbile *a* [*joc*] 《社会的に》下降移動した, 貧乏になった.
dównward mobílity 〔社〕下降移動 《社会的地位の下位の階層への移動》.
dówn·wards *adv* DOWNWARD.
dówn·wàrp *n* 〔地質〕曲窪(きょくわ) 《地殻のゆるやかな下方へのたわみ》.
dówn·wàsh *n* 〔空〕吹きおろし, 洗流 《翼が下方に押しやる空気》; 押し流されるもの 《山腹からの土砂など》.
dówn·wèll·ing *n* 〔地質〕《プレートテクトニクス理論において》剛体プレートの圧力で海洋が落ちくぼむこと.
dówn·wínd *adv* 風の吹く方へ, 風に沿って, 風下に[へ]. ► *a* 風向きに沿って動く; 風下の.
dówny[1] *a* **1 a** 綿毛[うぶ毛, むく毛]のような, 柔らかい; ふかふかした; 綿毛[柔毛]入りの, 綿毛でおおわれた; 〔植〕短軟毛の: a ~ couch 寝台. **b** 〈ひな鳥が〉綿毛だけでまだ羽が育たない. **2** ここちよい, 心の安まる. **3** 《俗》《見かけによらず》油断のならない, 食えない: a ~ bird 抜け目のない人. ► *n* 《俗》ベッド. ● **do the ~** 寝ている. ♦ **dówn·i·ly** *adv* 柔らかく; 《俗》巧妙に, 油断なく. **dówn·i·ness** *n* [*down*[2]]
dówny[2] *a* 〈土地が〉丘陵性の. [*down*[3]]
dówny háw [háwthorn] 〔植〕RED HAW.
dówny míldew 〔植・菌〕べと病(菌), 露菌(病) (cf. POWDERY MILDEW).
dówn yónder *adv, n**《俗》南部(地方)(で).
dówny wóodpecker 〔鳥〕セジロコゲラ 《北米産》.
dówn·zòne *vt* 〈土地〉の開発を制限する, …に建築可能な建物の数を制限する
dow·ry /dáuəri/ *n* 《新婦の》結婚持参金, 嫁資 (marriage portion); 〔キ教〕《修道女の》持参金[財産]; 天賦の才能; 《古》寡婦産 (widow's dower); 新郎から新婦の父への贈り物; 《古》新郎から新婦への贈り物. [AF=F *douaire* DOWER]
dówry dèath 《インド》持参金殺人 《新婦側の持参金支払い不履行を理由として行なわれる, 夫またはその家族による新婦殺し》.
dow·sa·bel /dúsəbèl, -zə-; dú:sə-, dáu-/ *n* 《廃》SWEETHEART.
dowse[1,2] ⇨ DOUSE[1,2].
dowse[3], **douse** /dáuz/ *vi* 占い棒 (divining rod) で水脈[鉱脈]を探る 〈*for*〉. ► *vt* 〈水脈を〉占い棒で見つける. [C17<?]
dows·er /dáuzər/ *n* DIVINING ROD; 占い棒で水脈[鉱脈]を探る人.
dóws·ing ròd /dáuzıŋ-/ DIVINING ROD.
Dow·son /dáus(ə)n/ ダウソン **Ernest (Christopher)** ~ (1867–1900) 《英国の詩人; 抒情詩 'Cynara'》.
dowt ⇨ DOUT.
Dów thèory /dáu-/ ダウ理論 《市場の値動きに基づく株式相場の予想法》. [DOW JONES AVERAGE]
dowy /dáui/ *a* DOWIE.
dox·as·tic /dɑksǽstık/ *a* 〔論〕意見の, ドクサの.
dox·e·pin /dáksəpìn/ *n* 〔薬〕ドクサピン 《抗鬱薬》.
Dox·ia·dis /dɔ̀ksiá:ðis/ ドクシアディス **Konstantinos Apostolos** ~ (1913–75) 《ギリシアの建築家》.
dox·ie[1] /dáksi/ *n* DOXY[1].
doxie[2] *n* DOXY[2].
dox·og·ra·pher /dɑkságrəfər/ *n* 学説誌家 《古代ギリシア哲学者の諸学説を収集分類した学者》.
dox·ol·o·gy /dɑksálədʒi/ *n* 〔キ教〕頌栄(しょうえい), 栄唱, ドクソロジー 《神をたたえる歌; 'Gloria in excelsis Deo' で始まる the **gréat(er)** ~, 'Gloria Patri' で始まる the **lésser** ~, および 'Praise God from whom all blessings flow' で始まる賛美歌》. ♦ **dòx·o·lóg·i·cal** *a* [L<Gk (*doxa* glory)]
dox·o·ru·bi·cin /dɑ̀ksərú:bəsən/ *n* ドキソルビシン 《広範な抗腫瘍作用をもつ抗生物質; 塩酸塩の形で投与する》.
doxy[1] /dáksi/ *n* 《特に宗教上の》説, 教義. [ortho*doxy*, hetero*doxy*]
doxy[2] *n* ふしだらな女, 売春婦; 情婦, いろ. [C16<?; cf. MFlem *docke* doll]
dox·y·cy·cline /dɑ̀ksəsáıklì:n, -klən/ *n* 〔薬〕ドキシサイクリン 《抗生物質; 気管支炎・淋病治療用》.

doy·en /dɔ́ɪən, dɔ́ɪ(j)ɛ̀n; *F* dwajɛ̃/ *n* (*fem* **doy·enne** /dɔɪ(j)ɛ́n; *F* dwajɛn/)《団体の》古参者, 長老, 首席者;《専門分野の》第一人者, 大御所; 最古の例, 草分け: the ~ of the corps diplomatique 外交団首席. [F; ⇨ DEAN[1]]

Doyle /dɔ́ɪl/ ドイル Sir **Arthur Co·nan** /kóunən, kán-/ ~ (1859–1930)《英国の医師・推理小説家; 名探偵 Sherlock Holmes を創造した》.

doyley, -ly ⇨ DOILY.

D'·Oy·ly Carte /dɔ́ɪli kɑ́ːrt/ ドイリー・カート **Richard** ~ (1844–1901)《英国の劇場経営者; Gilbert and Sullivan のオペレッタを興行》.

doz. dozen(s).

doze[1] /dóuz/ *vi* 居眠り[うたた寝]する, まどろむ 〈*off*〉; ぼんやりしている: ~ *off* うとうととする, まどろむ. ► *vt* 〈時を〉うとうと過ごす 〈*away*〉. ► *n* **1** 居眠り, うたた寝, まどろみ: have a ~ まどろむ / fall [go off] into a ~ (思わず)うとうとする. **2**《木材の》腐朽 (dote). ♦ **~d** *a* 《主にアイル》〈材木・ゴムが〉腐った. **dóz·er** *n* [C17<?; cf. Dan *døse* to make drowsy]

doze[2] *vt* 《口》 BULLDOZE. [逆成 < DOZER[2]]

doz·en[1] /dʌ́z(ə)n/ *n* (*pl* **~s, ~**) **1 a**《同種の物の》ダース, 12 (個) (略 doz., dz.); [〈*a*〉] 1 ダースの, 12 (個)の: half a ~ 半ダース, 6 つ / a round [full] ~ そっくり 1 ダース / by the ~ ダース単位で / BAKER'S [DEVIL'S, LONG, PRINTER'S] DOZEN. ★ a ~ of eggs よりも a ~ eggs が普通. また some 以外の数詞または相当語を伴って形容詞または名詞に用いる場合は概して単複同形: two [several] ~ eggs / five ~ of these eggs / some ~*s* of eggs 鶏卵数ダース (cf. some ~ (of) eggs 鶏卵約 1 ダース). **b** [a ~]《口》十個(の), 十数個(の), 若干(の), 多数(の); [~s]《口》数十, 多数: *a* ~ things to do 若干の仕事, たくさんの仕事 (cf. ~*s* (and ~*s*) of things to do とてもたくさんの仕事) / ~*s* of people [times] 何十人[回]. **2** [the (dirty) ~s, 〈*sg*〉] ダズンズ《相手の家族, 特に 母親の悪口を押韻で言い合うゲーム; 本来 黒人の男の子の遊びで, 悪口を言われて先におこり出したほうが負け》. ● **by the ~(s)** 何十と, たくさん (cf. 1a). **in ~s** 1 ダースずつ(で). **(It is)** SIX **of one and half a ~ of the other. play the (dirty) ~s** ダズンズをやる, 相手の家族[母親]の悪口を言い合う (=**shoot the ~s**); *《俗》〈…に〉つけこむ, だまくらかす, ペテンにかける 〈*on* sb〉. **talk [go, run, wag] thirteen [nineteen] to the ~** ″のべつ幕なしにしゃべる. ♦ **doz·enth** /-θ/ *a* TWELFTH. [OF<L *duodecim* twelve]

doz·en[2] /dóuz(ə)n/ *vt* 《スコ》 気絶させる, ぼうっとさせる. [ME<? Scand; cf. DOSE[1]]

dozer[1] ⇨ DOZE[1].

doz·er[2] /dóuzər/ *n* **1**《口》 BULLDOZER. **2***《俗》げんこつ一発, パンチ; *《俗》派手なもの; *《俗》抜群のもの, ピカー, すごいもの (doozer).

dózy *a* 眠い, 眠そうな; 〈木材が〉腐朽した, 朽ち[腐り]かかった (doty); ″《口》のろまの, ばかな. ♦ **dóz·i·ly** *adv* **dóz·i·ness** *n* [*doze*[1]]

DP /dìːpíː/ *n* (*pl* **~'s, ~s**) DISPLACED PERSON.

DP《電算》°data processing ♦ degree of polymerization ♦ dew point ♦ director of photography ♦《電算》°distributed processing ♦ Doctor of Podiatry ♦ °domestic prelate ♦ °double play ♦ °durable press.

D particle /díː —/《理》D 粒子《チャームと u または d クォークの反クォークからなる中間子》.

dpc °dampproof course. **DPE** Doctor of Physical Education. **DPh, DPhil** [L *Doctor Philosophiae*] Doctor of Philosophy. **DPH** Department of Public Health ♦ Doctor of Public Health.

D phase /díː —/《生》M PHASE.

dpi《電算》dots per inch《プリンターの解像度の尺度》.

DPJ《日》Democratic Party of Japan 民主党.

dpm dampproof membrane 防湿膜[シート].

DPM Doctor of Podiatric Medicine 手足治療医学士.

DPN /dìːpìːɛ́n/ *n*《生化》DPN (NAD). [*d*iphospho-*p*yridine *n*ucleotide]

DPP Department of Public Prosecutions ♦《英》°Director of Public Prosecutions. **dpt** department ♦ deponent.

DPT diphtheria, pertussis, tetanus.

DQ /dìːkjúː/ *《俗》*n* DAIRY QUEEN; DRAG QUEEN.

DQ disqualification ♦《スポ》disqualify.

d quark /díː —/《理》ダウンクォーク (⇨ DOWN *a*).

dr, dr. drachma(s) ♦ dram(s) ♦ drive ♦ drum. **dr, dr., Dr**《簿》debit ♦《簿》debtor. **Dr** Doctor ♦ Drive《通りの名》. **DR**《海》°dead reckoning ♦ °Deutsches Reich ♦ °dining room ♦《海兵隊》°dispatch rider ♦ °dry riser.

D/R, d.r. °deposit receipt.

drab[1] /drǽb/ *n* **1** ドラップ《くすんだ茶色[灰色]の布地, 特に厚手の毛または木綿》; くすんだ黄褐色. **2** 単調さ, 生気のなさ. ► *a* (**dráb·ber; dráb·best**) **1** くすんだ茶色の, 暗褐色の. **2** 単調でつまらない, さえない, 生気のない. ♦ **~·ly** *adv* **~·ness** *n* [? *drap* (obs) cloth<OF<L<? Celt]

drab[2] *n, vi* (**-bb-**) 自堕落女, うすぎたない女; 売春婦(と関係する). [? Celt; cf. ScGael *drabag* dirty woman, LDu *drabbe* mire, Du *drab* dregs]

drab[3] *n* 少量. ● DRIBS **and ~s.** [*drib* の加重か]

dra·ba /dréɪbə/ *n*《植》イヌナズナ属 (*D-*) の各種の草本《アブラナ科》.

drab·bet″ /drǽbət/ *n* ドラベット《太糸の綾織りリンネル地; 仕事着・ふきん用》.

drab·ble /drǽb(ə)l/ *vt* 〈衣服などを〉ひきずって泥でよごす. ► *vi* 泥だらけになる; ころがし針で釣る. [MLG]

Drabble ドラブル Dame **Margaret** ~ (1939–)《英国の小説家; *The Millstone* (1965), *The Gates of Ivory* (1991)》.

dra·bi /drɑ́ːbi/ *n*《インド》ラバ追い (muleteer). [変形 < *driver*]

drac ⇨ DRACK.

dra·cae·na /drəsíːnə/ *n*《植》ドラセナ《リュウゼツラン科ドラセナ属 [リュウケツジュ属] (*D-*) やセンネンボク属の観葉植物》.

Dra·chen·fels /drɑ́ːxənfɛ̀ls/ ドラッヘンフェルス《ドイツ西部 Bonn の南, Rhine 川の東岸にある山地 Siebengebirge 中の切り立った円錐形の山 (321 m); Siegfried が竜を退治したと伝えられる場所》.

drachm /drǽm/ *n* DRACHMA; ″DRAM.

drach·ma /drǽkmə/ *n* (*pl* **~s, -mae** /-mi, -màɪ/, **-mai** /-màɪ/) **1** ドラクマ (**1**) 古代または現代ギリシアの重量単位; cf. DRAM **2**) 現代ギリシアの euro になる前の通貨単位: =100 lepta; 記号 Dr **3**) 古代ギリシアの銀貨: =6 obols). **2** DRAM 1. [L<Gk]

Drach·mann /drɑ́ːkmən/ ドラクマン **Holger Henrik Herholdt** ~ (1846–1908)《デンマークの作家》.

drack, drac /drǽk/ *a*《豪俗》だらしない(かっこうをした), 魅力のない, ぞっとしない〈女〉: a ~ sort [sack]. [変形 < *dreck*]

Dra·co[1] /dréɪkou/《天》りゅう座(竜座) (Dragon).

Draco[2], **Dra·con** /dréɪkàn/ ドラコン《紀元前 7 世紀末のアテナイの立法家; 前 621 年に掟(おきて)を発布, その刑法は過酷をきわめた》.

dráco lìzard《動》トビトカゲ (dragon).

drac·one″ /drǽkòun/ *n* ドラコーン《液体を輸送するため海面を曳航できるようになった柔軟な大型容器》.

dra·co·ni·an /dreɪkóuniən, drə-/ *a* [°D-] ドラコン (Draco) 流の, 厳格な (rigorous), 情け容赦のない, 過酷な. ♦ **~·ism** *n* 厳格[厳罰]主義.

dra·con·ic[1] /dreɪkánɪk, drə-/ *a* 竜の(ような); [D-] りゅう座 (Draco) の.

dra·con·ic[2] /drəkánɪk/ *a* [°D-] DRACONIAN.

Drac·o·nid /drǽkənɪd, dréɪ-/ *n* りゅう座流星群.

Drac·u·la /drǽkjələ/ ドラキュラ《Bram Stoker の同名の小説 (1897) の主人公; 伯爵で吸血鬼; cf. TRANSYLVANIA》.

dra·cun·cu·li·a·sis /drəkʌ̀ŋkjəláɪəsəs/ *n* メジナ虫症 (=*guinea worm disease*)《メジナ虫 (guinea worm) による感染症; インドからアラビア半島にかけて, またアフリカ中部・東部などに分布》.

drae·ger·man /dréɪgərmən/ *n* (*pl* **-men** /-mən, -mɛ̀n/)《鉱山災害に対して特別訓練をうけている》炭鉱救助員. [Alex B. *Dräger* (1870–1928) ドイツの科学者]

draff /drǽf, ″drɑ́ːf/ *n* おり, モルトのかす;《豚に与える》台所の残り物. ♦ **dráffy** *a* かすの; 無価値な. **~·ish** *a* [ME; cf. MDu *draf*]

draft | draught /drǽft; drɑ́ːft/ *n* ★《英》でも 2 (草稿), 3a (分遣隊), 6 (手形) の意味では 'draft' のつづりが普通.

1 a 隙間風(の通り道), 通風, 通風力, ドラフト; 通風装置: a ~ from a door ドアからの隙間風. **b***《中部》狭い谷間, 峡谷; *《中部》短い流れ. **2** 設計図, 図面; 図案; 下絵;《文書・演説などの》下書き, 草稿, 草案, 文案; 描くこと;《石工》下削り;《石工》小叩縁(こたたきぶち)《石の端に刻む目印の線》: make out a ~ of…の草案を作る / a ~ *for* a machine 機械の下図 / a ~ *for* a speech 演説の下書き / the ~ folder《電子メールソフトの》下書きフォルダー. **3 a** 選抜, 選抜された人;《立候補への》要請, 引き出し, かつぎ出し; [the] *徴兵, 徴募 (conscription); *調達;《軍》分遣(隊), 特派(隊);《豪》群れから離れた家畜の一団: escape [evade] the ~ 徴兵をのがれる[忌避する]. **b**《スポ》新人選手選択制度, ドラフト制. **4 a**〈車などを〉引くこと, ひと引き;《牽引用の》(一連の)動物[牛, 馬], 役畜 (cf. BEAST OF BURDEN); 牽引されるもの, 荷, 牽引量; 牽引力. **b** 要求, 強要 (demand) 〈*on*〉; 負担 〈*on*〉. **5** [ᵘdraught] **a**《容器から容器への》注ぎ出し,《酒類の》樽抜き; 樽酒, DRAFT BEER; 吸引, ひと口, ひと飲み,《水薬の》一回分;《吸い込んだ》一度分の空気[煙など]: a ~ of water 水のひと飲み / have a long ~ of beer ビールをぐーっとひと飲みする. **b** 一網の漁獲高. **6 a**《商》手形振出し, 為替取組; 為替手形,《特に 銀行の支店から他支店あての》小切手, 支払命令書; 手形などによる金銭の引出し: a (bank) ~ for $100 100 ドルの(銀行)手形 / a ~ on demand 要求[一覧]払い為替手形 / issue a ~ on London ロンドンあてに手形を振り出す. **b**《商品貨物の》総量に対する減量; 重さの減少に対する値引き. **7**《機・鋳》抜きしろ, 抜き勾配《製品を取り出しやすくするための鋳型などの先細り》;《冶》圧下《ダイを用いる延伸(法)》; 水の放出口の大きさ; DRAFT TUBE. **8**《海》《船舶の》喫水: vessels of deep [shallow] ~喫水の深い[浅い]船舶. **9** [draughts] ″CHECKERS. **10**《動いているものの後ろに生じる》風圧の少ない空間(の利用)《レースで前の走者を風よけに使うなど》. ● **at a ~** ひと口に, ひと息に; 一気に. **feel a ~** *《俗》冷たくあしらわれて[嫌われて]いるように感じる, 〈黒人が〉自分

D

に対する人種的偏見を感じ取る. **feel the ～**《口》ふところが寒い, 困窮する. **make a ～ on**…から資金などを引き出す; [*fig*]〈友情·忍耐などを〉強要する. **on ～** 直接樽から出した[て]; 直接樽から出せるようにした: beer *on* ～＝DRAFT BEER.

► *a* **1** 牽引用の〈牛馬〉. **2**《瓶詰めしない》樽出しの〈エールなど〉. **3** 起草された (drafted), 草案の: a ～ bill《法案の》草案.

► *vt, vi* **1** 起草[立案]する;〈設計図·絵などの〉の下図[下絵]をかく; 製図工として働く;〖石工〗…に小叩線を刻む, 下削りする. **2 a**《一般的に》引く, 抜く; 牽引する. **b** 選抜する;《豪》〈家畜を〉選別する;〈軍隊などの一部を〉選抜派遣[特派]する,〈人員を〉採用[配置, 投入]する〈*in, into*〉; *徴兵する〈*into* the army〉;〖スポ〗〈プロの新人を〉ドラフト制で採用する, ドラフトする;《自動車レースで, 受ける風圧を少なくするため》〈前車〉の直後を走る.

[*draft* は *draught* (ME *draht*＜? ON *drahtr, dráttr*) の発音つづり; cf. DRAW]

D

dráft·able *a* 引くことのできる; 徴兵資格のある, 徴兵適格の.

dráft ànimal 荷を引かせるための動物, 役畜.

dráft bàit *《俗》徴兵間近の者.

dráft bèer 生ビール, 樽ビール (cf. BOTTLED beer).

dráft bòard *《自治体の》徴兵委員会;《俗》飲み屋, 酒場.

dráft càrd *徴兵カード.

dráft dòdger *徴兵忌避者.

draft·ee * /dræftíː; drɑːf-/ *n* 被徴募者,《特に》徴兵された者, 徴募兵, 召集兵.

dráft·er *n*《文書の》起草者; 下図工, ドラフトマン; 荷馬 (draft horse).

dráft hòrse 荷馬, 引き馬, 役馬, 輓馬(ばん).

dráft·ing *n* 起草(方法), 草案作り; 製図; *《徴兵の》選抜;《豪》《家畜の》選別;《自動車レースで》前車の直後を走ること: a ～ committee 起草委員会.

dráfting bòard DRAWING BOARD.

dráfting pàper 画用紙, 製図用紙.

dráfting ròom *製図室 (drawing room[¹¹]).

dráfting yàrd《豪》羊[牛]をグループごとに分けるように区分してある囲い地.

dráft lòttery 徴兵抽選制《適格者が兵役に就く順番をくじで決める制度; 1969–75 年米国で行なわれた》.

dráft nèt 引網, 地引網 (seine).

dráft òx 荷牛, 引き牛, 役牛.

dráft·pròof *a* 隙間風がはいらないように目張りをした[する], 隙間風を防ぐ. ► …に目張りをする.

dráfts·man /-mən/ *n* 製図者, 製図工, 図工, ドラフトマン; 起草者, 立案者; デッサン(に秀でた)画家, 素描家; DRAUGHTSMAN: a good ～ デッサンにすぐれた人. ♦ **～·ly** *a* **～·shìp** *n* 製図工[起案者]の技術[腕前].

dráfts·pèrson *n* 製図者[工].

dráft tùbe《反動水車の》吸い出し管.

dráfty | dráughty *a* **1** 隙間風のはいる; 空気の流れを生じる, 風通しのよい. **2**〈体格が〉荷馬にふさわしい, がっしりした. ► *n* [drafty] *《俗》生ビール (draft beer),《広く》ビール (beer). ♦ **dráft·i·ly** *adv* 風のように; 風を巻き起こすように. **dráft·i·ness** *n*

drag /dræg/ *v* (-gg-) *vt* **1 a**〈重いものなどを〉引く, ひきずる (haul);〈足·尾などを〉ひきずる. **b** 誘導する;《口》〈人を〉引っ張り出す, (無理に)引っ張って行く〈*to*〉;《俗》逮捕する, しょっぴく; *《俗》パーティーに〈女の子を〉連れて行く: Rising yen ～*s* stocks sharply lower. 円高により株価が急落する / ～ one*self* のろのろと[はうように]動く[進む]. **c**《GUI 環境で》〈マウス·オブジェクトを〉ドラッグする, '引っ張る'《マウスのボタンを押したままマウスを移動する; そのようにしてアイコンなどを動かす; cf. DRAG-AND-DROP》. **2 a** ひっかけ錨で探る,〈川を〉さらう, 掃海する; 底引き網で〈魚を〉捕る;〈土地を〉まぐわですきならす (harrow): ～ a pond *for* fish [a drowned person's body] 池をさらって魚[溺死体]を捜す. **b**〈猟犬がキツネ(の匂い)を〉(隠れ場所まで)追う, たどる. **3**〈関係のないことを〉持ち込む; *《俗》退屈させる. **4**〈車輪を〉輪止めて止める. **5**〖野〗ドラッグバントをする;《口》〈タバコを〉(深く)吸う, 吹かす; *《俗》〈人〉とドラッグレースをやる. ► *vi* **1** ひきずる, ひきずられる; のろのろ[足をひきずって]歩く[進む]〈*along*〉, けだるげ[ものうげ]に動く[なる]〈*around*〉;《網や錨で》水底をさらう〈*for*〉; *《俗》女の子同伴でパーティーに出る; *《俗》ドラッグレースに参加する;《口》タバコを吸う〈*on, at*〉: The door ～*s*. 戸が重い / anxiety *dragging at* one's heart-strings 胸を締めつけるような心配. **2** だらだら長引く[続く]; 遅れる; 引っ張る〈*at*〉;〖楽〗音を低く引っ張る;《口》〈芝居などが〉調子がだれる. ● **～ away** 引き離す〈*from*〉. **～ behind** あとについて行く[来る]; 遅れる. **～ by**〈時が〉だらだら過ぎる. **～ down** ひきずり降ろす[倒す]; …(の水準[地位])を引き下げる, 堕落させる;〈人を〉衰弱させる, みじめにする. **dragged out**《口》疲れはてて. **～ in [into…]** (…に)ひきずり込む; (行動·議論などに)引っ張り込む;〈関係のない話題などを〉(議論などに)持ち込む; [～ in] *《俗》到着する, やって来る. **～ in by the head and shoulders**〈余計な事柄を〉無理に持ち込む. **～ in your rope** [*impv*] 黙れ, 静かにしろ. **～ it** *《俗》《仕事·話など》やめる; *《俗》つきあいをやめる. **～ (off) (to…)**《口》無理に(映画·会合などに)連れて行く. **～ on** ものうく続ける[続く], だらだら長引かせる[長引く],〈時間を〉だらだらと[無為に]過ごす,〈不遇の生活を〉送る;《口》〈タバコなどを〉吸い込む (cf. *vi*). **～ out** ひきずり出す;〈人から真相などを〉(無理に)引き出す[聞き出す]〈*from, of*〉;《口》長引かせる[長引く],〈時間を〉だらだらと[無為に]過ごす,〈不遇の生活を〉送る;《口》〈物語·話を〉引き延ばす. **～ one's** BRAIN. **～ oneself along** 足をひきずって歩く. **～ one's feet [heels]** 足をひきずって歩く; 故意に遅らせる, いやいやる, (協力を)しぶる〈*on, over, about*〉. **～ through** やっと終わる. **～ up** ひきずり上げる,〈椅子などを〉引き寄せる; ひっこ抜く; [¹¹]《口》〈子供を〉しつけをせずに[いいかげんに]育てる;《口》〈いやなことを〉蒸し返す, ほじくり出す.

► *n* **1 a** 牽引; 釣糸が横に引かれること;《口》タバコ(の一服); ひと飲み; *《俗》SLOW DRAG: take a ～ at [on, of] a cigarette タバコを吸う. **b** *《俗》人を動かす力 (influence), 勢力, '顔', 縁故 (pull), コネ, ひいき (favor); *《俗》《詐欺師が用いる》おとりの札束[株券など]: have [enjoy] a ～ with one's master 主人の気に入っている. **2 a** 引かれるもの;《重いものを運ぶ》丈夫なそり (sledge),《運搬用の》乗物;《中と上に座席のあった》自家用四輪馬車; *《俗》列車, 貨車, のろのろした列車[貨車];《俗》自動車; DRAG RACE. **b**〖海〗ひっかけ錨, よつづめ錨; 引網, 地引網 (dragnet); 大まぐわ (＝～ **hàrrow**). **c**《鋳型枠の》下型(しもがた). **d**《獲物が逃げぬよう罠につける》おもり, おもし. **3 a**《車輪の》輪止め;〖釣〗リールのブレーキ, ドラッグ. **b** 障害, じゃま物, 足手まとい, お荷物 (burden)〈*to* sb, *on* sb's career, *on* development, etc.〉; 遅延;《俗》退屈な[つまらない]人[こと, もの] (bore); *《俗》気のめいる[うんざりする]ようなこと[状況], いやな[うっとうしい]やつ;〖流体力学〗抵抗,〖空〗抗力. **4 a**〖狩〗《狐などの》臭跡, 擬臭跡; 擬臭跡をつけるもの《アニスの実など》; DRAG HUNT. **b** *《俗》街路, 通り, 道 (street, road), MAIN DRAG. **5**《俗》**a** *《同伴の》女友だち, 連れの女. **b** 異性の服装, 異性装,《特に 男性の》女装;《一般に》衣服: in ～ 女装[男装]して. **c** DRAG PARTY; *ダンスパーティー. **6**〖楽〗ドラッグ(奏法)《装飾音符 2 回の後に本音符 1 回をそれぞれ別の手で鳴らすドラムの基本パターン》. ● **cop a ～** *《俗》タバコを吸う.

► *adv* 女性を連れて. ► *a* **1**《口》異性同伴の. **2**《俗》服装倒錯の, 男が女装[女が男装]した.

[OE *dragan* or ON *draga* to DRAW]

drág ànchor SEA ANCHOR.

drág-and-dróp *n* [[ᵘ]*attrib*]〖電算〗ドラッグアンドドロップ《GUI 環境で, アイコンをドラッグして別のアイコン上に移すことにより, ファイルをコピーしたり特定のアプリケーションで開いたりすること》.

drág·àss *《卑》*a*〈物事·人が〉退屈な;〈人が〉のろまな, とろくさい. ► *vi* (急いで)立ち去る, さっさと出て行く〈*out of*〉(depart); ぐずぐずする, のろのろする, むっつりする. ● **～ around** 悲しげな顔をして歩きまわる, 落ち込んでいる.

drág bàll《俗》DRAG PARTY.

drág·bàr *n* DRAWBAR.

drág bùnt〖野〗ドラッグバント《主に 左打者の》.

drág chàin〖機〗輪止め鎖;《車両の》連結鎖;《タンク車などの帯電防止用の》ドラッグチェーン; [*fig*] じゃま物.

drág coeffìcient〖理〗《流体の》抵抗係数 (＝*coefficient of drag*).

dra·gée /dræʒéɪ/ *n* ドラジェ《**1**》砂糖で包んだキャンディーやナッツなど **2**) チョコレートでくるんだ菓子》; アラザン《ケーキの飾りに用いる銀色の粒》; 糖衣錠. [F; cf. DREDGE[²]]

dragged /drǽgd/ *a* *《俗》《マリファナを吸ったあと》神経がたかぶって, 不安で, ピリピリして.

drág·ger *n* 引っ張るもの; *引き船, トロール船.

drág·ging *a* 疲れきった, のろのろした, 一向に進展しない; 引っ張るための. ► *n* [⁺*]《俗》ドラッグレースをすること;《俗》車上ねらい, 車上盗. ♦ **～·ly** *adv*

drág·gin' wàgon /drǽgɪn-/ *《俗》レッカー車 (tow truck); *《俗》《異性を魅了する》かっこいい車, ナンパ車; *《俗》《特注の》高速車, レースカー.

drag·gle /drǽg(ə)l/ *vt* ひきずってよごす[ぬらす]. ► *vi* 地面をひきずられて行く;〈服が〉地面をひきずられてよごれる[ぬれる]; のろのろついて行く, 遅れる. ♦ **～d** *a* ひきずられた; うすぎたない. [*drag*, -*le*[²]]

drággle-tàil *n* 裾をひきずってよごす女, だらしない女.

drággle-tàiled *a*〈女が〉裾をひきずってよごした, だらしない, うすぎたない.

drág·gy *a*《口》のろのろした, 退屈な, 活気のない.

drág·hound *n* DRAG HUNT 用に訓練した猟犬.

drág-hùnt〖狩〗*vi* (馬で) draghound の跡をつける. ► *vt*〈draghound〉に擬臭跡をたどらせる.

drág hùnt〖狩〗擬臭を使用する遊猟(のクラブ).

drág kìng《俗》ドラッグ[ドラァグ]キング《男装の女性(パフォーマー); 男装のレズビアン》.

drág·lìne *n*《砲車などの》引綱;《クモの》引き糸, しおり糸;《気球·飛行船などの》誘導索;〖土木〗ドラグライン, ドラクラ (＝～ **cràne**)《土砂などをかき取るバケット付きの掘削機》.

drág lìnk〖機〗《2 シャフトのクランクを連結する》引棒.

drág·nèt *n* 引網(ひきあみ), 底引網; [*fig*]《警察の》捜査網; [D-]「ドラグネット」《米国のラジオ·テレビの警察ドラマ (テレビは 1951–59, 67–70, NBC)》.

drag·o·man /drǽgəmən/ *n* (*pl* ~**s, -men** /-mən/)《アラビア・トルコ・イランなどの》通訳, ガイド. ［ME＜OF, ＜Aram＝speaker］
drag·on /drǽg(ə)n/ *n* **1 a**《翼・かぎづめをもち火を吐くという伝説の》竜;〖聖〗《特に 欽定訳で》巨鯨, さめ, 蛇, わに, やまいぬ《*Gen* 1:21, *Ps* 74:13》;《古》おろち, 大蛇. **b** [the D-]〖天〗りゅう座 (Draco). **c**〖紋〗竜紋; 竜紋旗. **2** [*derog*] きつい[気性の激しい]人《特に女性》; (若い女性の)厳格な付添いの女性, お目付け役 (chaperon)《竜が宝の守護者であるとの伝説から》. **3** [the (old) D-] 悪魔 (Satan). **4 a**〖動〗トビトカゲ (＝*flying dragon* [*lizard*], *draco lizard*)《同属 (*Draco*) のトカゲの総称》. **b**〖植〗テンナンショウの類の各種植物. **5**《16–17 世紀の》竜騎銃; 竜騎兵;《軍俗》装甲トラクター. **6** 東アジアの新興工業国, 竜《台湾・シンガポール・韓国など》. ● **chase the** ~《俗》アヘン[ヘロイン]を熱してその煙を吸う. ◆ **~·ish** *a* ［OF, ＜Gk＝serpent］
drágon bòat 竜船(りゅうせん)《竜をかたどった船; 中国やタイの祭事用の船など》.
drágon·ess *n* 雌の竜.
drag·on·et /drægənét, drǽgnət; drǽgnət/ *n* 小竜; 竜の子;〖魚〗ネズッポ (＝*sea dragon*)《同科の魚の総称》,《特に 大西洋の》シャレヌメリ.
drágon·fìsh *n*〖魚〗DRAGONET.
drágon·flỳ *n*〖昆〗トンボ《広くはトンボ目の総称》.
drágon·hèad, drágon's·hèad *n*〖植〗**a** ムシャリンドウ属の草本《シソ科》. **b** ハナトラノオ.
Drágon Làdy ドラゴンレディー《米国の漫画家 Milton Caniff (1907–88) の *Terry and the Pirates* に登場する妖婦型の中国人女性》; [ᵒd- l-] 猛女, おっかない女, 妖婦, 悪女.
drágon lìzard〖動〗KOMODO DRAGON.
drag·on·nade /drægənéɪd/ *n* 軍隊を用いての迫害[急襲]; [ᵘ*pl*]〖史〗竜騎兵の迫害《フランス王 Louis 14 世が竜騎兵を新教徒の居住地に駐屯させて恐怖を与えた》. ► *vt* 武力で迫害する.
drágon·ròot *n* JACK-IN-THE-PULPIT, GREEN DRAGON.
drágon's blòod 麒麟血(きりんけつ)《dragon tree の樹液から採った樹脂; 今は Sumatra 産のヤシ科キリンケツ属[ヒメトウ属]の果実から採る; 昔は薬用, 今はワニスなどの着色剤》.
drágon shìp《へさきに竜などの装飾の付いた》竜船, ヴァイキング船 (longship).
drágon's tèeth *pl* **1** 紛争のたね《CADMUS の故事から》: sow ~ 紛争のたねをまく. **2**《くさび形コンクリートの》対戦車防御施設.
drágon trèe〖植〗リュウケツジュ《Canary 諸島原産リュウゼツラン科の巨樹で非常な樹齢に達する; ⇨ DRAGON'S BLOOD》.
dra·goon /drəgúːn, dræ-/ *n* **1 a** 重装備の騎兵;《英国重騎兵連隊所属の》騎兵;〖史〗竜騎兵《竜騎銃を帯びた騎馬歩兵》. **b** おそろしく凶暴な男. **2**〖鳩〗イエバトの一種. ► *vt* 竜騎兵[武力]で迫害する; …にむりやり…させる〈*into doing*〉. ◆ **~·age** *n* ［C17＝carbine ＜F DRAGON; 火を噴くことから］
dragóon bìrd〖鳥〗ノドグロヤイロチョウ《豪州産; カタツムリを食う》.
Dragóon Guárds *pl* [the]〖英〗近衛竜騎兵連隊.
drág-òut *n*《口》長引くこと, だらだら続くこと; *《口》ダンスパーティー.
drág pàrachute〖空〗《飛行機の着陸時に用いる》制動(用落下)傘, ドラッグシュート.
drág pàrty《俗》異性の服装でするパーティー《特に 女装の》; ホモのパーティー.
drág quèen《俗》ドラッグ[ドラァグ]クイーン《女装(好き)のホモ, 服装倒錯趣味の男; *女っぽいホモ[おかま], ニューハーフ》.
drág ràce ドラッグレース《特に hot rod による出足を競うレース; 通例 1/4 マイルの直線コースで, しばしば 一対一で勝負する》. ◆ **drág ràcer** *n* **drág ràcing** *n*
drág·ròpe *n*《砲車の》引綱;《気球の》誘導索.
drág sàil [shèet]〖海〗帆布製の海錨 (sea anchor).
drágs·man /-mən/ *n* 四輪馬車の御者; ᴵᴵ《俗》動いている車[列車]から盗む者.
drag·ster /drǽgstər/ *n* DRAG RACE 用(に改造した)自動車; *《俗》ドラッグレース参加者.
drág strìp ドラッグストリップ《DRAG RACE を行なう舗装された直線コース》.
drágs·ville /drǽgzvìl/ *n, a*《俗》退屈な(もの), 長ったらしくて飽きあきする[あくびをかみころすのに苦労する](もの).
drág-tàil *vt**《俗》のろのろと[やっと]動かす.
drág·wày* *n* DRAG RACE のコース.
draht·haar /dráːthàːr/ *n*〖犬〗ワイヤヘア《硬く縮れた剛毛のドイツ種のポインター》. ［G＝wire hair］
drail /dréɪl/ *n*〖釣〗ころがし針;《引き馬をつなぐための》犂(すき)の柄の鉄製突起. ► *vi* ころがし針で釣る.
drain /dréɪn/ *vt* **1 a**〈水などを〉はく, 排出する〈*away, off, out*〉; …から排水[放水]する〈*off*〉,〈土地を〉干拓する;〈川などがある地域〉の排水をする;〈土地など〉に排水設備を施す: a well-~*ed* city 排水設備のよい都市. **b**〈水気を切る;〈洗った皿など〉の水気を切る;〈酒・グラスなど〉ぐいと飲みほす. **c**〖外科〗…の液[膿(うみ)]を出す, 排液[排膿]する. **2**〈貨幣・財宝・人材を〉国外に流出させる,〈富・力・電池などを〉消耗させる (exhaust)〈*from*〉; …から〈富・力などを〉奪い去る (deprive)〈*of*〉;《俗》〈人を〉へとへとに疲れさせる, へばらせる: ~ a country *of* its specie 国の正貨を枯渇させる / The will to live was ~*ed from* him.＝He was ~*ed of* the will to live. 生きようとする意志が尽きた. **3**〖球技〗〈ボール・パット・ショットを〉(穴などに)入れる, 沈める. **4**《廃》濾過する, こす (filter). ► *vi* **1**〈液が〉たらたら流れ出る〈*through, out* (*of*)〉, 流れ去る〈*off, away*〉;〈土地が〉排水される,〈ある地域が〉地表水を排水する〈*into*〉;〈沼地などが〉干上がる,〈ぬれた海綿・布など〉水が切れて乾く;〈水が〉はける, 切れる: The blood ~*ed from* her face. 彼女の顔から血の気が引いた. **2**〈生命が〉徐々に尽きる,〈怒り・不安などが〉なくなってゆく〈*away*〉. ● ~ (…) **dry** …の水気を切って乾かす,《水気が切れて》乾く;〈グラスを〉飲みほす; …から活力[感情]などをすっかり奪う: ~ sb *dry* (*of* energy) 人の精根を尽きさせる.
► *n* **1** 排水管, 排水渠, 放水路, 下水溝 (sewer); [*pl*] 下水(施設);〖外科〗排液管, 排膿管, ドレーン. **2 a** 排水, 放水;《膿などの》排出. **b**《貨幣などの》絶えざる[徐々の]流出(の原因),《資源・財源・時間・労力の》枯渇[消耗]のもと, 負担(となるもの), 物入り, (ひどく)…を食う[…がかかる]もの〈*on*〉: the ~ of specie *from* a country 正貨の国外流出 / a ~ *on* the national resources 国の資源を枯渇させるもの / a ~ *on* her time 彼女から絶えず時間を奪うもの[人]. **3**〖電子工〗ドレーン《FET で, 電荷担体が流れ出る電極をもつ領域》. **4**《俗》《酒の》ひと口; [*pl*]《杯の中の》飲み残り, おり (dregs). ● **down the** ~《口》浪費されて, むだになって, 水泡に帰して: go *down the* ~ 時代遅れ[過去のもの]となる, すたれる, 消滅する; むだとなる / throw money *down the* ~ 金をどぶに捨てる. **laugh like a** ~《口》大笑いする, 大声で[下品に]笑う. ［OE *drēahnian*; cf. DRY］
dráin·age *n* **1 a** 排水 (draining), 水はけ; 排水法;〖外科〗排液[排膿](法), ドレナージ: ~ work 排水工事. **b** 排出された水, 排水, 廃液; ᴵᴵ下水, 汚水 (sewage). **2** 排水施設[装置]; 排水[下水]路, 排水管[溝]; 排水区域;《河川の》流域, 集水域.
dráinage àrea DRAINAGE BASIN.
dráinage bàsin《河川の》流域, 集水域.
dráinage tùbe〖外科〗排液[排膿]管, ドレナージ管.
dráin·bòard* *n*《台所の流し横の》水切り板 (draining boardᴵᴵ); 水切りマット《ゴム製》.
dráined wéight 固形物重量《かんづめの正味重量から水・油の重量を差し引いたもの》.
dráin·er *n* 下水(配管)工事人; 排水器; 排水渠[溝];《台所の》水切り器具.
dráin·ing bòardᴵᴵ 水切り板 (drainboard*).
dráin·less *a* 排水設備のない;《詩》尽きない.
dráin·pìpe *n* 排水管, 下水管, ドレン管;《雨水用》縦樋(たてどい); [*pl*]《口》ドレーンパイプス (＝~ **tròusers [jèans]**)《1950 年代 Teddy boys の細いぴったりしたズボン》. ► *a*《口》すごく細い.
dráin ròd 排水管清掃具《つなげて使う可撓性のある棒》.
dráin·spòut *n*《雨水用の》縦樋 (downspout).
drai·sine /dreɪzíːn/ *n* ドライジーネ (DANDY HORSE).
Dráize tèst /dréɪz-/ [the] ドレイズ試験 (＝**Dráize éye tèst**)《皮膚用薬物・化粧品・シャンプーなどの刺激性試験; ウサギの眼や皮膚に当該物質を投与して調べる》. ［John H. *Draize* (1900–92) 考案した米国の薬理学者］
drake[1] /dréɪk/ *n* 雄ガモ[アヒル] (male duck) (opp. *duck*). ［ME ＜?; LG *drake, drache*］
drake[2] *n* カゲロウ (mayfly)《釣りの餌になる》; カゲロウ型毛針;《17–18 世紀の》ドレーク砲;《古》DRAGON. ［OE *draca* DRAGON］
Drake ドレーク Sir **Francis** ~ (c. 1543–96)《イングランドの提督・私掠船長; 英国で最初に世界周航 (1577–80), 私掠行為により, スペインの海上権をおびやかし, その無敵艦隊撃破 (1588) に功があった》.
Dra·kens·berg /dráːkənzbə̀ːrg/ [the] ドラケンスバーグ (*Sotho* Quathlamba)《南アフリカ共和国東部, レソトを北東方向に走る山脈; 最高峰 Thabana Ntlenyana (3482 m)》.
Dráke Pássage [Stráit] [the] ドレーク海峡《南米南端の Horn 岬と South Shetland 諸島との間の太平洋と大西洋を結ぶ海峡》.
Dra·lon /dréɪlɑ̀n; *G* dráːlɔn/ *n*〖商標〗ドラロン《ドイツ製のアクリル繊維》. ［G *Draht* thread＋ny*lon*］
dram /drǽm/ *n* **1** ドラム《**1**)〖常衡〗1/16 常用オンス, ＝1.772 g **2**)〖米薬局衡〗1/8 薬用オンス, ＝3.888 g **3**) 1/8 液量オンス, ＝0. 0037 lit.》. **2**《スコ・米》《ウイスキーなどの》微量, ひと口, 一杯,《一般に》わずか (a bit); 飲酒 (drinking): have not one ~ of learning 学問がまるでない / be fond of a ~ 飲酒にふける. **3** ドラム《アルメニアの通貨単位: ＝100 luma》. ► *v* (**-mm-**) *vi*《古》酒をちびちび飲む. ► *vt*《古》〈人〉に一杯飲ませる. ［OF or L *drama*; ⇨ DRACHM］
dram. dramatic ♦ dramatist.
DRAM /drǽm, díːræm/ *n*〖電算〗DRAM, ダイナミックラム《記憶保持動作が必要な随時読出し書込み可能な記憶素子》. ［*dynamic random-access memory*］
dra·ma /dráːmə, *drǽmə/ *n* **1 a** (一篇の)戯曲, (舞台[放送])劇, 劇詩, 脚本, ドラマ: a historical ~ 史劇 / CLOSET DRAMA. **b** 劇文学, 劇, 演劇, 芝居: Elizabethan ~ エリザベス朝演劇 / a student of (*the*) ~ 演劇研究家. **2** 劇的事件, 'ドラマ'; 劇的状況[効果, 要素]: moments [a day] of high ~ 劇的な瞬間[一日]. ● **make a**

~ out of…のことで大騒ぎする[騒ぎたてる]. ［L＜Gk *dramat-drama* (*draō* to do)］
dra·ma·logue /drǽməlɔ̀(ː)g, -lɑ̀g/ *n* 《観客に対する》劇の朗読.
Dram·a·mine /drǽməmìːn/ 〔商標〕ドラマミン《dimenhydrinate 製剤; 乗物酔い予防薬》.
dráma quèen 《俗》[*derog*] ドラマクイーン《(1) 大げさにふるまう[反応する]人[女, 女優, ホモ] 2) 自己中心的な人》.
dra·mat·ic /drəmǽtɪk/ *a* **1** 戯曲の, 脚本の; 演劇の[に関する]: a ~ performance (劇の)上演 / a ~ piece 一篇の戯曲, 脚本 / ~ presentation [reproduction] 上演. **2 a** 劇的な, 感動的な, めざましい; 芝居がかった, 大げさな: a ~ event 劇的事件. **b**〔楽〕〈オペラ歌手の声種が〉劇的な, ドラマティコ《力強く朗々とした; cf. LYRIC》. ◆ **-i·cal·ly** *adv* ［DRAMA］
dra·mát·i·cal *a* 《古》DRAMATIC.
dramátic írony 〔劇〕劇的アイロニー[皮肉] (＝*tragic irony*)《観客が承知していて登場人物みずからは理解していない皮肉な状況》.
dramátic mónologue 〔韻〕劇的独白《関係人物中ただ一人のことばで状況を演劇的に提示する技法》.
dra·mát·ics *n* [‹*sg*/*pl*›] 演出法; [‹*pl*›] しろうと芝居, 学校劇; [‹*sg*/*pl*›] 芝居がかった行動[表情], 演技.
dramátic ténor 〔楽〕ドラマティックテナー《豊かで力強く, 重々しい表現に適した太い声質のテノール(歌手)》.
dra·mat·i·cule /drəmǽtɪkjùːl/ *n* 小(演)劇, 二流の劇.
dramátic únities *pl* [the]〔劇〕《時・場所・行動の》三一致 (＝*the* (*three*) *unities*; *the unities of time, place, and action*)《Aristotle に始まるとされ, 特にフランス古典派が守った構成法: 一演劇においては時間は 24 時間を超えず, 場所は一か所に限り, 一つだけの筋を貫くべきだとする》.
dram·a·tism /drǽmətɪz(ə)m, drɑ́ː-/ *n* (演)劇的性格, 演劇的なやり方《しゃべり方など》; 劇化(された作品), 脚色(されたもの).
dra·ma·tis per·so·nae /drǽmətəs pərsóuni, drɑ́ː-, -nàɪ/ *pl* 登場人物; [‹*sg*›] 登場人物一覧表, 配役表《略 dram. pers.》; 《事件などの》主な関係者. ［L＝characters of the play］
dram·a·tist /drǽmətɪst, drɑ́ː-/ *n* 劇作家.
dram·a·tize /drǽmətàɪz, drɑ́ː-/ *vt* 〈事件・小説を〉劇にする, 脚色する, 戯曲化する; 劇的に[芝居がかったやり方で]表現する. ► *vi* 劇になる, 脚色される; 演技する, 芝居じみたこと[まね]をする. ◆ **-tìz·able** *a* **dràm·a·ti·zá·tion** *n* 脚色, 劇化, ドラマ化, 戯曲化; 劇化[戯曲化]したもの.
dram·a·turg(e) /drǽmətə̀ːrʤ/, **-tur·gist** /-ʤɪst/ *n* 劇作家; ドラマターグ《脚本家と演出家の調整, 彼らへの助言を行なう演劇の補助スタッフ》. ［F＜G＜Gk (*drama*, *-ergos* worker)］
dram·a·tur·gy /drǽmətə̀ːrʤi, drɑ́ː-/ *n* 劇作術[法], 脚本[劇]の上演[演出]法, ドラマトゥルギー. ◆ **dràm·a·túr·gic, -gi·cal** *a* **-gi·cal·ly** *adv* ［Gk; G *Dramaturgie* にならったものか］
Dram·bu·ie /drӕmbúːi; -bjúːi/ 〔商標〕ドランブイ《ウイスキーをベースにしたリキュール》.
drám drìnker ちびちび飲む人.
drame à clef /*F* dram a kle/ モデル劇《実在人物の名や事件を変えて作ったドラマ》. ［F＝a play with a key］
drame à thèse /*F* dram a tɛːz/ テーゼ劇《思想・理論などを説くために作られたドラマ》. ［F＝a play with a thesis］
dram·e·dy, dram·a- /drǽmədi, drɑ́ː-/ *n**《口》《テレビの》COMEDY DRAMA. ［*drama*＋*comedy*］
dram·ma gio·co·so /drɑ́ːmmɑː ʤoukóusou/ 喜劇, 滑稽劇. ［It＝jocose drama］
Dram·men /drɑ́ːmən/ ドラメン《ノルウェー南東部の市・港町》.
dram·mock /drǽmək/ *n* 《スコ》《調理せず》水で溶いただけのオートミール.
dram. pers. °dramatis personae.
drám·shòp *n* 《古》酒場 (barroom).
Dran·cy /drɑ̃sí/ ドランシー《フランス北部 Paris 北東郊外の住宅都市》.
Drang nach Os·ten /*G* dráŋ nax ɔ́stn/ 東方進出《東方・南方へ影響力を広げようとしたドイツの帝国主義的外交政策》. ［G＝drive to the East］
drank *v* DRINK の過去形.
drap /drǽp/ *n**《俗》スカート. ［F DRAPE］
drape /dréɪp/ *vt* 〈衣類・掛け布などで〉おおう, 飾る 〈*with, in*〉; 〈衣類などを…に〉まとわせる, 掛ける 〈*over, around*〉; 〈腕・脚などを〉だらりと置く[下げる, 伸ばす] 〈*over, around*〉; 〈カーテンなどに〉優美なひだをつくる; 〔医〕《手術[治療, 検査]する患部のまわりを》無菌布でおおう: ~ one-*self* 布[ゆるやかな衣]をまとう / The bier was ~*d with* the national flag.＝The national flag was ~*d over* the bier. 柩台は国旗でおおわれていた. ► *vi* おおってたれる 〈*over*〉, 優美なひだをつくる. ► *n* [°*pl*] 掛け布; [*pl*] カーテン; ドレープ《服・カーテンなどの装飾ひだ》; 紳士服上着などのカット[たれぐあい]; ひだのつきぐあい[つけぐあい]; [°*pl*]《俗》ドレープ《長くゆるいジャケットと細いズボンとの取合わせ; ZOOT SUIT の発展形》; 《俗》ドレープを着た男; [°*pl*]《俗》スーツ, 服, 服装; [°*pl*]〔医〕《手術部位のまわりをおおう》滅菌したおおい, 無菌布. ● **set of ~s** 《俗》(パリッとした)スーツ. ◆ **dráp·able, ~·able** *a* **dràp·abíl·i·ty, ~·ability** *n* **dráp·ey** *a* ［OF＜L *drappus* cloth］
drápe àpe*《俗》おくるみのサル, 赤ん坊, 幼児.
drap·er /dréɪpər/ 《主に英》*n* 布地屋, 生地屋, 服地屋, 呉服屋, 反物商; 衣料品商; 《古》布地を織る人: a linen [woolen] ~ リンネル[毛織物]商人 / a ~'s (shop) 布地屋, 生地商店.
Dra·per /dréɪpər/ ドレーパー (1) **Henry** ~ (1837–82)《米国の天文学者》(2) **John William** ~ (1811–82)《英国生まれの米国の化学者・歴史家; Henry の父》.
drap·ery /dréɪp(ə)ri/ *n* **1 a** [°*pl*]《掛け布・たれ幕などの》柔らかい織物の優美なひだ. **b** ひだの寄った掛け布[たれ幕, 服など]; [*pl*]*厚地のカーテン類. **2**ǁ布地, 生地, 服地, 織物 (dry goods*); ǁ布地販売業, 布地[生地]屋. **3**《絵画・彫刻の人物の》着衣; 着衣の表現(法). ［OF (*drap* cloth)］
drápe shàpe*《俗》《zoot-suiter が着る》長いだぶだぶの上着.
drápe sùit*《俗》ドレープスーツ《長い上着と細いズボン》.
drap·pie /drǽpi/ *n* 《スコ》少量の液体[《特に》蒸留酒].
dras·tic /drǽstɪk/ *a* 激烈な, 〈薬効が〉強烈な; 徹底的な, 思いきった, 抜本的な: a ~ measure 抜本策 / apply ~ remedies 荒療治を施す. ► *n* 劇薬, 《特に》峻下薬, 下剤. ◆ **-ti·cal·ly** *adv* ［Gk *drastikos*; ⇨ DRAMA］
drat /drǽt/ *vt, vi* (-tt-) 《俗》呪う《confound, bother, dash と同じく軽い呪いのことば》: *D~* it! いまいましい, ちくしょう! / *D~* you! うるさいよ! ► *int* チェッ, くそっ. ［(*Go*)*d rot*］
D ration /díː ―/ 〔米陸軍〕D 号携帯口糧《緊急用》.
drát·ted *a* 《口・方》いやな, しゃくな.
draught, draughty ⇨ DRAFT, DRAFTY.
dráught·bòardǁ *n* CHECKERBOARD.
draughtsǁ /drǽfts; drɑ́ːfts/ *n* [‹*sg*/*pl*›] CHECKERS.
dráughts·manǁ /-mən/ *n* (*pl* **-men** /-mən/) DRAFTSMAN; チェッカーのコマ.
Dra·va, -ve /drɑ́ːvə/ [the] ドラヴァ川《オーストリア南部に発し, スロヴェニア北東部からクロアチアとハンガリーの国境を南東に流れて Danube 川に合流》.
drave *v* 《古》DRIVE の過去形.
Dra·vid·i·an /drəvɪ́diən/ *a* ドラヴィダ人[語族]の. ► *n* **a** ドラヴィダ人《インド南部やスリランカに住む非アーリア系の種族》. **b** ドラヴィダ語族(の言語)《Tamil, Telugu, Kannada, Malayalam などインド南部・パキスタン・スリランカに分布する》.
Dra·vid·ic /drəvɪ́dɪk/ *a* DRAVIDIAN.
draw /drɔ́ː/ *v* (**drew** /drúː/; **drawn** /drɔ́ːn/) *vt* **1 a** 引く, 引っ張る, 牽引する (pull); 引き寄せる; たぐる (drag, haul); 〈手綱・はみなどを〉控える; 〈弓を〉引き絞る (bend); (つづけて)引く, 引っ張って下ろす[上げる, 寄せる, 入れる, 出す] 〈*over, down, up, aside, into, out, forth*〉; 〔史〕〈罪人を〉すのこそり (hurdle) などに載せて刑場に引いて行く: ~ *aside* かたわらに引っ張って行く / ~ *oneself aside* わきへ寄る / *D~* the chairs around. 椅子を引き寄せて囲みなさい / ~ the boat *on to* the beach ボートを浜辺へ引き揚げる / with his hat *drawn over* his eyes 帽子を目深にかぶって / ~ a belt tighter ベルトを引き締める / ~ a curtain (*over* [*across*] the window) (窓に)カーテンを引く. **b** 引き延ばす, 引き伸ばす (stretch); 〈金属線を〉引き抜き加工する; 〈熱したガラス・プラスチックを〉伸ばして成形する. **c** ピンと張る, 《緊張させて》縮める; 〈顔を〉ゆがめる (distort): His face was *drawn with* pain. 彼の顔は苦しみのためにゆがんでいた. **2 a** 〈物を〉引き抜く, 抜き取る; 〈刀剣・ピストルなどを〉抜く, (さやから)抜き放つ 〈*at, against*〉; 〈トランプの札を〉抜き出す, 取る; 〈くじを〉引く, 〈当たりくじを〉引き当てる; 《ブリッジで》〈組札を〉引いて集める; 〈鳥などの〉はらわたを抜く: ~ a BLANK / ~ the winner 当たりくじを引き当てる. **b** 選択する; 〔スポ〕《プレーの結果》…を受ける: ~ a walk 〔野〕四球を選ぶ[得る] / ~ a foul 〔バスケ〕(わざと)ファウルになる. **3 a** つるべで汲み揚げる (raise) 〈water *from* a well〉; 〈容器から液体を〉出す; …から排水する; 〈血・膿(うみ)などを〉出させる, 取る, 〔医〕〈パップなどが〉吸い出す, 〈化膿を〉促す; 〈茶を〉煎(せん)じ出す; 〈船が…フィート〉喫水する: He *drew* me a glass of beer *from* a barrel. 樽からビールを一杯ついでくれた / a boat ~*ing* 10 feet of water 喫水 10 フィートの船. **b** 〈源から〉引き出す, 得る (derive); 〈金を〉(銀行などから)引き出す, おろす; 〈給料を〉受け取る; 〈利子を〉生む; 〈供給を〉仰ぐ, …にたよる, 〔米軍〕《補給係などから》…の支給を受ける; 〔狩〕《獲物を求めて》〈隠れ場を〉あさる, 捜す: ~ a fox *from* a lair キツネを巣から狩り出す / ~ (one's) pay [salary] 給料をもらう. **c** 〈情報・才能・結論などを〉引き出す; 〈教訓を〉得る: What moral are we to ~ *from* this story? この話からどんな教訓が得られるだろうか. **4 a** 〈息・煙などを〉吸い込む (inhale) 〈*into*〉; 〈液体を〉(ストローなどで)吸う, 飲む; 〈ため息を〉つく (utter): ~ a deep breath 深く息を吸い込む / ~ a long sigh 長いため息をつく. **b** 〈人・心・注意・耳目などを〉ひきつける (attract) 〈*to, toward*〉, 〈注意・関心などを…から〉奪う 〈*away* (*from*)〉; 〈観客を〉集める, …の人気を呼ぶ; 〈人〉に意見を言わせる[感情を表わさせる]; 〈涙などを〉誘う; 〈喝采などを〉博する; 〈破滅などを〉まねく (bring): The show *drew* a great many spectators. そのショーはたくさんの見物人を集めた / Her fine performance *drew* enthusiastic applause. 彼女のみごとな演技に大喝采を博した / ~ interest 興味を誘う / ~ sb *on* a subject ある問題について人に話させる / ~ ruin *on* oneself 破滅を身にまねく. **5 a** 〈図・線を〉引く, 写す; 《線で》〈絵を〉描く (cf. PAINT); 《ことばで)描写する: ～ a straight line 直線を引く / ～ a diagram 図を描く / I'll ～ you a rough map. 略図をかいてあげよう. **b**〈比較・区別を〉設ける, 〈類似点を〉指摘する: ～ a distinction (*between*…の間の)相違点を指摘する / ～ a parallel [comparison] (*between*…の間の)類似点を示す[比較する]. **6**〈文書を〉作成する; 〖商〗振り出す: ～ a deed [bill] 証書[手形]を作成する / ～ a check *on* sb *for* 900,000 yen 人に 90 万円の小切手を振り出す / I'll ～ him a check. 彼に小切手を振り出そう. **7 a**〈勝負・試合を〉引分けにする: The game was *drawn*. 競技は引分けになった / DRAWN game. **b** 長引かせる: The battle was long *drawn out*. 戦闘はずいぶん長引いた. **8**〖玉突〗〈手球を〉引く《的球にあたって手前へはね返るように突く》; 《lawn bowling で》〈ボールを〉カーブするようにころがす; 〖カーリング〗〈石を〉なめらかにすべらせる; 〖クリケット〗《ウィケットと打者の左後方の間に落ちるように》〈ボールを〉バットを曲げて打つ; 〖ゴルフ〗〈ボールを〉左にそるように打つ《左利きのゴルファーの場合右》.

► *vi* **1 a** 引く, 牽引する, 引っ張る (pull); 弓を引く[引き絞る]; 刀[剣, ピストル]を抜く; くじを引く〈*for*〉: The horses *drew* abreast. 馬は並んで引いた. **b** 人目[注意]をひく, 人気を呼ぶ: "Hamlet" at the Old Vic is ～*ing* well. オールドヴィック座でやっているハムレットはなかなか好評だ. **2** 線を引く, 描く, (線画で)絵をかく, 製図する: ～ *from* memory 記憶をたどって描く / She ～*s* very well. 絵がとてもうまい. **3 a**《口座などからの》払い出し[支払い]請求をする〈*on*〉; 要求する〈*on*〉(⇨成句). **b**〈情報源などから〉引き出す〈*from*〉. **4 a** 移動する, 近づく, 寄り集まる〈*together*〉; 〈猟犬が〉獲物の跡をつける, 隠れ場を捜す: *D*～ near [close], please. お願いだからそばに来て / ～ *aside* わきへ寄る / The crowd *drew back* in alarm. 群衆はあわててあとずさりした / They *drew around* the fire. 彼らは火のまわりに集まった / Like ～*s to* like. 《諺》同気相求む. **b**〈時などが〉近づく〈*near*〉: The day *drew to* its close. その日も終わりに近づいた. **5** 風を通す, 〈タバコ・煙突などの〉煙が通る: This pipe ～*s* well [badly]. このパイプは通りがよい[悪い]; 抜ける; 〈茶などが〉出る (steep); 〈血・膿などが〉一点に集まる: The tea is ～*ing*. 茶が出てきた. **6**〈勝負・試合が〉引分けになる: The teams *drew*. 両チームは引分けとなった. **7**〈ロープ・ばねなど〉(引かれて)ピンと張る, 〈皮膚が〉ひきつる, 縮む; 〖海〗〈帆が〉張る.

● **～ against**… 〈給与など〉から《前もって》金を引き出す. **～ ahead**〈…を〉追い越す, 〈競争者の〉前へ出る〈*of*〉; 〈風が〉さらに向かい風になる. **～ alongside**(…の)わきに《あとから来て》並ぶ. **～ and quarter**〖中世史〗(1)〈罪人を〉手足別々に馬につないで走らせ四つ裂きにする. (2)〈処刑した人〉の内臓を抜き出し四つ裂きにする; [*fig*]〈人を〉ひどいめにあわす: He was hanged, *drawn and quartered*. **～ an inside straight**《俗》不可能なことに期待する, 万一に賭ける《ポーカー用語から》. **～ apart**〈カーテンなどを〉引いて開ける; 《物理的・心理的に》〈…から〉離れて行く〈*from*〉. **～ at**〈パイプで〉タバコを吸う, 〈パイプを〉吹かす. **～ away** (1)〈差し伸べた手などを〉引っ込める, 離す, 離させる; 〈軍隊を〉引き揚げる; 離れる〈*from*〉. (2) 離れる, 去って行く, 引き下がる〈*from*〉; 《競走などで》先に出る, 引き離す〈*from*〉: He quickly *drew away from* his competitors. ずんずんほかの者を引き離した. **～ back** (1) 引き戻す: He *drew back* the curtain. カーテンを開け放った. (2) 退く, たじろぐ〈*from*〉; 《企画などから》手を引く〈*from* (do*ing*)〉. **～ down** (*vt*) (1) 引き下ろす: ～ *down* the curtain カーテンを下ろす, 芝居を終える. (2) もたらす, 〈怒りなどを〉まねく〈*upon* one's head〉. (3)〈たくわえなどを〉減少させる, 減らす. (*vi*) 減少する, 縮小する. **～ down on**… *《俗》…に銃を向ける. **～ in** (*vt*) (1) 引き込む; 〈綱を〉たぐる, 〈手綱を〉引き締める; 〈角などを〉引っ込める: ～ *in* one's HORNS. (2) 吸い込む; 〈人を〉ひきずり[誘い]込む, おびき寄せる (entice). (3)〈出費を〉控えめにする, 引き締める. (4)〈計画など〉の素案を作る. (5) おおまかにスケッチする, 描き入れる. (*vi*) (6)〈列車などが〉《駅などに》はいって来る, 到着する; 〈車が〉道路際に寄る. (7)〈日が〉短くなる (cf. DRAW *out* 6); 〈日が〉暮れかかる: The days [nights] were ～*ing in*. 日が短くなっていた / The day is ～*ing in*. 日が暮れかかっている. (8)《出費を控えて》引き締める, 倹約する; 気を引き締める. **～ into**… (*vi*)〈列車などが〉…に到着する. (*vt*)〈けんかなど〉にひきずり込む. **～ it fine** 細かな区別立てをする. **～ it mild**《口》穏やか[控えめ]に言う (cf. *come it* STRONG); 大げさにしない. **～** LEVEL. **～ off** (1)〈手袋・靴下などを〉脱ぐ (cf. DRAW *on*); 《管などで》〈液を〉引く, 抜き[取り, 注ぎ]出す; 〈注意を〉他に転じる: ～ one's gloves *off* 手袋を脱ぐ. (2)〈軍隊など〉撤退する[させる]: The enemy *drew off*. 敵は撤退した. (3) 離れる; (後ろへ)下がる. **～ on** (*vt*) (1) 引き上げる; 《文》〈手袋・靴下などを〉はめる, 履く (cf. DRAW *off*): ～ *on* one's white gloves. (2)〈人を〉誘い込む, 〈…するように〉励ます〈*to* do〉; 〈期待感などが〉…に行動を続けさせる; 〈物事を〉ひき起こす (lead to). (3)〈手形を〉…あてに振り出す (cf. *vt* 6). (*vi*) (4)〈経験・知識・蓄えなど〉にたよる, …を利用する; …に要求する: ～ *on* one's savings [father] 貯金から出す[父親に出してもらう] / He *drew on* his experiences [imagination] *for* the details of his story. / You may ～ *on* me *for* any sum up to £500. 500 ポンドまでのお金ならいくらでもわたしに要求してよい. (5)〈タバコ〉を吸い込む. (6)〈時・季節などが〉近づく, 迫る; 〈時が〉過ぎゆく, 経過する, 〈夜が〉ふける; 〈船が〉他船に近づく: It became colder as night *drew on*. 夜になると[夜がふけると]冷え込んできた. **～ one** *《俗》生ビールをつぐ《バーなどでの注文のことばとして用いられる》. **～ out** (*vt*) (1) 引き出す, 抜き取る〈*of*〉; 〈銀行などから〉〈預金を〉おろす〈*of*〉; 〈列車を〉出発させる. (2)〈人を〉誘い出す〈*of*〉, (誘いをかけて)…に自由に話させる, うちとけさせる (cf. *vt* 4b); 〈…から〉〈情報・自白などを〉引き出す〈*of, from*〉. (3) 引き伸ばす, 〈金属を〉打ち延ばす; 長引かせる (cf. *vt* 7b): ～ *out* a lecture 講義を引き伸ばす. (4)〈文書を〉作成する; 〈案を〉立てる, 明細に書き表わす: ～ *out* a scheme 細かに案を立てる. (5)〈軍隊を〉宿営地から出発させる, 〈部隊を〉分遣する, 勢ぞろいさせる. (*vi*) (6) 引き伸ばされる, 長引く; 〈日が〉長くなる (cf. DRAW in 7): The days [nights] have begun to ～ *out*. 日が長くなり始めた. (7)〈列車などが〉〈駅などから〉出て行く〈*of, from*〉; 〈船が〉離れる〈*from*〉; 〈軍隊が〉宿営地から出発する. **～ oneself up**《威厳・憤慨を示して》きりっと直立する, そり身になる; 居ずまいを正す. **～ to**〈カーテンなどを〉閉める, 引く. **～ together** 集める, まとめる; 《精神的に》〈人を〉(互いに)引き寄せる. **～ up** (*vt*) (1) 引き上げる[寄せる]. (2)〈文書を〉作成する (cf. *vt* 6); 〈計画などを〉立案する. (3)〈軍隊を〉整列させる. (4)〈馬・車を〉止める. (*vi*) (5)《軍隊が》整列する. (6) 迫る, 詰め寄る〈*to*〉; 追いつく〈*with*〉. (7)〈車・馬車などが〉止まる (stop): The taxi *drew up at* the gate. (8) 縮む. **～ up sharp(ly)**〈物音・ことばなどが〉〈人を〉はっと立ち止まらせる[考え込ませる].

► *n* **1 a** 引くこと, ひと引き; 引き抜き; 《ピストルなどを》抜くこと; 引き延べ; 吸うこと; *タバコ[パイプ]の一服: take a long ～ on one's cigarette. **b** 弓を引き絞るのに要る力; 張った弓の弦と弓幹(ゆがら)との距離. **c** 抽選, 富くじ販売; くじ; 当たりくじを引くこと: the LUCK of the ～. **d**《セールスマンの》drawing account から引き出される前払いの手数料. **2 a** 群衆をひきつけるもの, 呼び物; 《人を釣り出す》誘い: The new film is a great ～. 今度の映画は大当たりだ. **b** [the] 優位, 強味, 勝ち目〈*on*〉. **3**《勝負などの》引分け, ドロー: end in a ～ 引分けに終わる. **4**〖玉突〗引き球; 〖ゴルフ〗ドロー《左曲球》; 〖アメフト〗DRAW PLAY; 〖ポーカー〗配られたカード; DRAW POKER; 〖ラクロス・ホッケー〗試合開始. **5***《はね橋の》開閉部; *溝状の小流, 《幅の広い》涸(か)れ谷, *《方》(間欠)河流, 峡谷; 〖鋳〗外引け《鋳物の表面にできる空洞状の欠陥》. ● **beat sb to the ～** 相手より速く剣[ピストル]を抜く; 人の機先を制する, 出し抜く. **quick [slow] on the ～** ピストル《など》を抜くのがすばやい[へただ]; [*fig*] 反応が速い[にぶい].

♦ **～·able** *a*

[OE *dragan*; cf. DRAFT, DRAG, G *tragen* to carry]

dráw·bàck *n* **1** 欠点, 難点, 問題点〈*in*〉; 障害, 故障〈*to*〉. **2** 控除〈*from*〉; 《融資枠からの》引出し; 払い[割り]戻し, 《特に 輸入品再輸出時の》戻し税 (=**dúty ～**): ～ cargo 戻し税貨物. **3** 引っ込めること, 撤去, 撤回 (withdrawal).

dráwback lòck 引錠《外からは鍵で, 内からは取っ手で開ける》.

dráw·bàr *n* 引っ張り棒, 牽引棒《機関車や車両連結用の, またはトラクターの連結棒》.

dráw·bènch *n*〖冶〗引抜き台, ドローベンチ《線・棒・管などを引き抜くときにダイスなどを保持する台》.

dráw·bòre *n*〖木工〗引付け(穴)《ほぞ穴に差し込んだほぞをさらに固定するための止め栓を打ち込む穴》. ► *vt* …に引付け穴をあける.

dráw·brìdge *n* 可動橋, はね橋; 《城の濠の》吊上げ橋.

Draw·can·sir /drɔ:kǽnsər/ **1** ドローキャンサー《2 代 Buckingham 公 George Villiers 作の笑喜劇 *The Rehearsal* (1672) 中の人物; 最後に敵・味方ともに皆殺しにする》. **2** からいばりする乱暴者.

dráw·càrd *n* DRAWING CARD.

dráw·còrd *n* DRAWSTRING.

dráw cùrtain《劇場の》引幕 (cf. DROP CURTAIN).

dráw·dòwn *n* **1 a**《貯水池などの》水位の低下, 水位降下; 降下水位; 消耗, 枯渇. **b***削減, 縮小. **2**〖印〗インキの色を決めるためにインキを紙上に一滴落としてへらで延ばすこと.

draw·ee /drɔ:í:/ *n*〖商〗《為替手形・小切手の》支払人 (cf. PAYEE, DRAWER).

dráw·er *n* **1 a** DRAW する人[もの]; 《特に》製図家. **b**〖商〗《為替手形・小切手の》振出人 (cf. DRAWEE, PAYEE). **c**《古》酒場の給仕. **2** /drɔ́:r/ ひきだし, [*pl*] たんす: CHEST OF DRAWERS, BOTTOM DRAWER, TOP DRAWER. **3** [*pl*] /drɔ́:rz/ ズボン下, ズロース, 下履き (underpants): a pair of ～*s* ズボン下一着. ● **get in [into] sb's ～s** = get in [into] sb's PANTS. ♦ **～·fùl** *n* ひきだし一杯分.

dráw·gàte *n*《運河の水量を調節する》引上げ水門.

dráw gèarᴵᴵ《鉄道車両の》牽引装置, 連結機.

dráw hòe 牽引式の鍬(くわ).

dráw·ing *n* **1**《鉛筆・ペン・クレヨン・木炭などで描いた》絵, スケッチ; 素描, デッサン (cf. PAINTING); 《外形を線で示した》図形, 図面; 製図: make a ～ 図取りをする / ～ instruments 製図器械 / a ～ master 図画[画学]教師. **2 a**《金銭の》引出し; 〖商〗《小切手・手形の》振出し: ～ in blank《手形の》白地振出し. **b** [*pl*] ᴵᴵ《店の》売上高. **3 a**《針金などの》引延ばし. **b** 抜刀, 抜剣. **c**《トランプ札の》引き抜き; *抽選(会), くじ引き, 当たりくじを引くこと. **4**《茶などの》煎じ出し: a ～ of tea 茶をいれること. ● **～ in**《銀行券などの》回収. **in ～** 正確に描かれて. **out of ～** 画法に反して, 描き違えて; 不調和に.

dráwing accòunt〖商〗引出金勘定; 《販売員のための》経費・給料などの前払い額を記す勘定; *CURRENT ACCOUNT.

dráwing blòck はぎ取り画用紙帳.

dráwing bòard 製図板; 画板. ● **back to the ～**《口》振出しに戻って: go *back to the* ～ 振出しに戻る, 原点に立ち返る / send

…*back to the* ～ …を白紙に戻す. **on the ～(s)** 計画[構想, 青写真]の段階で[の].

dráwing càrd* 《大入りになる》人気のある芸能人[講演者], 人気役者; 人気番組, 呼び物; 人目をひく広告.

dráwing còmpasses *pl* 製図用コンパス.

dráwing knìfe DRAWKNIFE.

dráwing pàper (図)画用紙, 画紙; 製図用紙.

dráwing pèn 《製図用》からす口.

dráwing pìnǁ 画鋲 (thumbtack*).

dráw·ing-ròom *a* 上流社会に適した[を扱った], 上品な.

dráwing ròom[1] /, ǁdrɔ́ɪŋ-/ **1 a** 客間, 応接室[間]. **b** 〘米鉄道〙《寝台・トイレ付きの2, 3人用の》特別室: a ～ car 特別客車. **2** 《客間に集まった》お客; [*pl*] 富裕な上流社会の人びと. **3** 《王侯などの》(正式の)会見, 接見: hold a ～ 公式の会見を行なう. [with*drawing room*: dinner のあと客たちが食堂から退出 (withdraw) して休憩する部屋の意]

D

dráwing ròom[2]ǁ /drɔ́ːɪŋ-/ 製図室 (drafting room*).

dráwing tàble 製図用机.

drawk /drɔ́ːk/ *vt* 《スコ》〈小麦粉・生石灰などを〉水に浸す.

dráw·knìfe *n* ドローナイフ《細身の刃物の左右両端に曲がり柄を付けた木工用具; 両手で手前に引いて樹皮などを削る》.

drawl /drɔ́ːl/ *vi, vt* 母音を延ばしてゆっくり話す, ものうげに[気取って]言う 〈*out*〉. ► *n* 母音を延ばしたのろくさい話しぶり: Southern ～ 米国南部人特有の母音を延ばした話しぶり. ♦ **～·er** *n* **～y** *a* [LG, Du *dralen* to delay, linger]

dráwl·ing *a* のろのろ引き延ばす (dragging), まだるっこい, ものうげな. ♦ **～·ly** *adv* **～·ness** *n*

drawn /drɔ́ːn/ *v* DRAW の過去分詞. ► *a* **1** さやから抜いた, 抜身の; はらわたを抜いた〈魚など〉. **2** 勝負なしの, 引分けの, ドローの: a ～ game 引分け, ドローンゲーム. **3 a** 引かれた; 引き延ばされた. **b** 〈人・顔などが〉やつれた, 悩んでいる; 〈顔などが〉ひきつった.

dráwn bútter 〘料理〙 溶かしバター《しばしば刻んだ香味野菜・調味料を加え, ソースとして用いる》.

dráw·nèt *n* 《粗い》鳥網.

dráwn gláss 機械引き板ガラス.

dráwn-óut *a* (長々と)引き延ばされた, 退屈な.

dráwn·wòrk, dráwn-thréad wòrk *n* ドロンワーク《抜きかがり刺繍》.

dráw·plàte *n* 《針金製造用》引抜き用鉄板, ダイス鉄板, 絞りリング.

dráw plày 〘アメフト〙 ドロープレー《パスすると見せかけて後退し, 直進する味方のバックにボールを渡すプレー》.

dráw póker 〘トランプ〙 ドローポーカー《最初に賭けを行ない, のち手札5枚中3枚まで取り換えられる》.

dráw rèin [ᵘ*pl*] 〘馬〙 折り返し手綱《はみ (bit) を通して腹帯ないし鞍に一端を固定した利きの強い手綱; MARTINGALE の一種で, 主に調教用》.

dráw·shàve *n* DRAWKNIFE.

dráw·shèet *n* 引抜きシーツ《患者が寝ていても容易に引き出すことができる幅の狭いシーツ》.

dráw shòt 〘玉突〙 引き球, ドローショット《的球にあたって手前にはね返るように手球の下部を突くこと》.

dráw·spàn *n* 《はね橋の》開閉部.

dráw·strìng *n* 《袋の口などを締める》引きひも.

dráw tàble 《板を引き出して面積を広げられる》引伸ばし(式)テーブル.

dráw·tùbe *n* 《顕微鏡などの》伸縮自在筒, 引抜き管.

dráw wèll 汲み井戸, つるべ井戸.

dráw wòrks [〈*sg*〉] ドローワークス《油井で掘削・掘り管の揚降などに用いる掘削装置の主体をなす巻揚げ装置》.

dray[1] /dréɪ/ *n* 《台が低く固定側板のない》荷車; 運搬用そり; 貨物自動車; 《豪》二輪車. ► *vt* dray で運搬する. ► *vi* dray を引く. ♦ **～·age** *n* 荷車運搬; 荷車運送料. [OE *dræge* dragnet, *dragan* to DRAW]

dray[2] ⇨ DREY.

dráy hòrse 荷馬車馬, 輓馬(ばん).

dray·man /dréɪmən/ *n* 荷車ひき.

dráy·plòw *n* 重たい土をすく鋤.

Dray·ton /dréɪtn/ ドレートン **Michael** ～ (1563–1631) 《イングランドの詩人; *Poly-Olbion* (多幸の国, 1612, 22)》.

DRC Democratic Republic of the CONGO.

dread /dréd/ *vt* ひどく恐れる, 恐れおののく 〈*doing, that…, to* do〉; …に対して気が進まない; 案ずる 〈*to* do〉; 《古》畏怖する: I ～ meeting people. 人に会うのがこわい / ～ the moment when…する時がこわい / ～ *to* think…を考えただけでぞっとする. ► *vi* 恐れる; 懸念する (feel dread). ► *n* **1** 強く恐れること, 恐怖 (fear); 不安, 憂慮; 恐ろしいもの, 恐怖[畏怖]の的; 《古》畏怖: be [live] in ～ of…を絶えず恐れている[暮らす] / have a ～ of…を恐れる. **2** DREADLOCK; [*pl*] DREADLOCKS. **3** 《鳥の群れの》突然の飛び立ち, 群れ立ち. ► *a* 非常に恐ろしい; おそれおおい (awful). [OE (*on*)*drǣdan*]

dréad·ed *a* 恐ろしい, 恐怖の; [*joc*] おっかない, 忌まわしい.

dréad·ful *a* **1** 恐ろしい, こわい, ものすごい; 畏怖の念をいだかせる: a ～ disaster 恐ろしい災難. **2** 《口》おそろしく不快な, 実にひどい: a ～ bore おそろしく退屈な男. ► *n* 安手の煽情的小説[雑誌] (penny dreadful). ♦ **～·ly** *adv* おそろしく, ものすごく, とても; こわごわ; 《口》いやに, ひどく (very badly). **～·ness** *n*

dréad·lòck *n* 髪の毛を縮らせて細く束ねたもの; [*pl*] ドレッドヘア《そのヘアスタイル; Rastafarians, レゲエミュージシャンから広まった》. ♦ **～ed** *a*

dréad·nòught, -nàught *n* ドレッドノート (FEARNOUGHT); こわいもの知らず《人》; [D-] 〘英〙 ドレッドノート型(軍艦), 弩級(どきゅう)戦艦; 《俗》ヘビー級ボクサー.

dream /dríːm/ *n* **1 a** 夢; 夢うつつ(の状態), 夢ごこち; 夢想, 幻夢, 白日夢, 幻想: a bad ～ 悪夢 / have a (curious) ～ (妙な)夢を見る / read a ～ 夢を判断する / a ～ reader 夢判断者, 夢占い者 / (I wish you) pleasant ～*s!* おやすみなさい / beyond one's (wildest) ～s 夢に見たより(はるかによく) / a waking ～ 白日夢, 空想 / be [live, go about] in a ～ 夢うつつに暮らす. **b** [〈*a*〉] 夢の(ようにすばらしい); 夢の中の, 幻想の: DREAM CAR / ～ children 幻の子供たち, 死児の幻影. **2** (実現させたい)理想, 夢; 夢のようにすばらしい[美しい, 魅力のある]もの: an impossible ～ かなわぬ夢 / She realized her ～ *of* becom*ing* a millionaire. 百万長者になりたいという夢を実現した / AMERICAN DREAM. ● **be (like) a ～ come true** まるで夢のようだ. **go to one's ～** 《詩》夢路にはいる. **In your ～s!** 《口》《相手の願望を嘲笑して》そりゃ無理だって, ありえないね. **like a ～** ＝like a CHARM[1]. **Sweet ～s!** [特に 子供に対して] (ぐっすり)おやすみ, いい夢を見るんですよ. **the land of ～s** 《詩》夢の, 眠り (dreamland). ► *v* (～ed /drémt, dríːmd/, **dreamt** /drémt/) *vi* 夢を見る, 夢に見る 〈*of* [*about*] home〉; 夢ごこちになる; 夢想する, 空想[幻想]にふける 〈*of*〉; [*neg*] 夢にも思わない 〈*of*〉: I should*n't* [would*n't*] ～ *of* (do*ing*) such a thing. こんな事(をしようなど)とは夢にも思わない / *D*～ on! 《相手の願望を嘲笑して》夢でも見てろ, 何寝ぼけたこと言ってんの, そんなに甘かないよ, ありえないね. ► *vt* **1** 夢見る, 夢に見る; [同族目的語を伴って] (…な)夢を見る; 夢想する 〈*that…, how…*〉; [*neg*] 夢にも思わない 〈*that*〉: Did you ～ anything? 何か夢を見ましたか / ～ a dreadful *dream* 《文》恐ろしい夢を見る. **2** [ᵘ～ away [out]] うかうか[ぼんやり]過ごす. ● **～ and cream*** 《俗》性的妄想にふける, (あそこが立つ[濡れる]ような)エッチな空想をする. **～ up** 《口》[ᵒ*derog*] 〈とんでもないことを〉考え出す, 夢想する. ♦ **～·ful** *a* 夢の多い. **～·ful·ly** *adv* **～·ful·ness** *n* **～·ing·ly** *adv* 夢うつつに, 夢想的に. **～·less** *a* 夢を[も]見ない〈眠り〉. **～·less·ly** *adv* **～·less·ness** *n* **～·like** *a* 夢のように美しい; 夢のようにおぼろげな. [OE *drēam* joy, song, noise; cf. G *Traum*]

dréam àllegory 夢想寓意詩 (DREAM VISION).

dréam anàlysis 〘精神分析〙 夢分析.

dréam bàit* 《俗》魅力的な異性, かっこうのデート相手.

dréam·bòat *n* 《口》すばらしく魅力的な人[異性], 理想の人, 理想のもの[乗物], (具現化した)夢.

dréam bòok 夢占いの本.

dréam bòx* 《俗》頭.

dréam càr ドリームカー《新しい考えや装置を盛り込んだ試作車》.

dréam càtcher ドリームキャッチャー, 夢捕り網《網を張った輪に羽根やビーズや貝殻で飾りを付けたもので, 元来は北米先住民のお守り; 悪い夢をとらえ, よい夢だけを見させてくれると信じられている》.

dréam·er *n* **1** (よく)夢を見る人; 夢想家, 空想家, 夢見る人; 《古》幻を見る人, 幻視者, 預言者. **2*** 《俗》シーツ, ベッド, 夢見台.

dréam fàctory 映画スタジオ; 映画産業.

dréam·ing *n* [ᵒD-] 《オーストラリア先住民の》夢(の時代) (ALCHERINGA).

dréam·lànd *n* 夢の国; 理想の国, ユートピア; 眠り: lapse into ～ いつしか眠ってしまう.

Dréam·lìner ドリームライナー《Boeing 社が2007年に開発した次世代中型旅客機787の通称》.

dréam machìne テレビ放送産業.

dréam pùss* 《俗》DREAM BAIT.

dréam·scàpe *n* 夢のような[超現実的な]情景(の絵).

dréam·stìck *n** 《俗》アヘン錠.

dreamt *v* DREAM の過去・過去分詞.

dréam tèam 《最強メンバーからなる》最強チーム, ドリームチーム.

dréam tìcket 《特に 選挙候補者の》理想の二人組, 最強の組合わせ, 夢のコンビ; またとない機会, 願ってもないチャンス.

dréam·tìme *n* [ᵒD-] 《オーストラリア先住民の》夢の時代 (ALCHERINGA).

dréam vìsion 《中世詩の》夢物語《詩人が夢の中で寓意的人物やできごとを見る形式をとった物語詩; *La Divina Commedia* や *The Pilgrim's Progress* など》.

dréam·wòrk *n* 〘精神分析〙 夢の仕事《潜在内容を顕在内容に変える過程》.

dréam·wòrld *n* DREAMLAND; 夢の世界, 空想の世界.

dréamy *a* 夢の多い; 夢見るような, 幻想にふける, 夢ごこちの; 夢のような, はかない, おぼろげな; 夢を誘う, 心のなごむ〈音楽など〉; 《口》すてきな, すばらしい. ♦ **dréam·i·ly** *adv* **-i·ness** *n*

drear /dríər/ *a* «詩» DREARY. ► *n* «古» DREARINESS; «俗» 退屈なやつ. ［逆成く↓］

dreary /dríəri/ *a* わびしい, ものさびしい, 暗い, 陰鬱な, 荒涼とした; ものうい, 退屈な, やるせない; «古» うら悲しい, みじめな: a ~ day. ► *n* 退屈な人[作家]. ► *vt* 退屈にする, 味気なくする. ♦ **dréar·i·ly** *adv* **-i·ness** *n* ものうさ, 単調; 単調で退屈なもの[事]; «古» うら悲しさ. **dréar·i·some** *a* DREARY. ［OE *drēorig* bloodstained, grievous, sad (*drēor* gore); OE *drēosan* to drop と同語源］

dreck, drek /drék/ «俗» *n* くそ; くだらないもの, くず, カス; ぼろ(服); [〈*int*〉] くそーっ, くだらん. ♦ **dréck·ish, drécky** *a* ［Yid］

dredge[1] /dréʤ/ *n* 曳航(えいこう)式採泥器, 浚渫(しゅんせつ)機; 浚渫船, ドレッジャー; 《カキなどを捕る》けた網, 底引網 (dragnet). ► *vt* 〈港湾・川を〉浚渫する, さらう; dredge で取り除く 〈*away, out*〉; dredge でさらって採る 〈*up*〉. ► *vi* dredge を用いる(ようにして探索を行なう) 〈*for*〉; 水底をさらう; けた網で捕る. ● **~ up** 〈過去のことを〉掘り起こす, ほじくり返す; (なんとか)思い出す, 見つけ出す, やっと〈笑顔・関心などを〉示す. ［C15 Sc *dreg*<?; cf. MDu *dregghe*］

dredge[2] *vt* 〖料理〗〈小麦粉などを〉振りかける 〈*over* meat etc.〉; 〈肉などに〉振りかける[まぶす] 〈*with* flour etc.〉. ［*dredge* (obs) sweetmeat<OF *dragée*<?Gk *tragēmata* spices］

dredg·er[1] /dréʤər/ *n* 浚渫作業員; «主に英» 浚渫機[船], ドレッジャー; 底引網使用者, カキ捕り船[漁夫].

dredger[2] *n* 《料理用・食卓用の》粉振り器.

drédg·ing machìne 浚渫機 (dredge).

dred·locks /drédlàks/ *n pl* DREADLOCKS.

Dréd Scótt decìsion /dréd skát-/ 〖米史〗ドレッド・スコット判決 《黒人奴隷 Dred Scott が自由州に移り住んだことを理由に解放を求めたのに対し, 1857 年合衆国最高裁判所は奴隷は所有物であり市民ではないとして却下した; これが南北戦争勃発を早めた》.

dree /dríː/ «スコ・古» *vt, vi* 我慢する (endure). ● **~ one's weird** 運命に甘んずる. ► *a* DREICH.

dreep /dríːp/ *n* «口» パッとしない人, とろいやつ (drip).

Dreft /dréft/ 〖商標〗ドレフト 《米国製の乳児衣料品用洗剤》.

dreg /drég/ *n* [[U]*pl*] 《液体の底にたまる》かす, おり; [[U]*pl*] くず, つまらないもの; ‖«口» くだらんやつ, くず; 少量の残り(もの): the ~*s* of society 社会のくず / not a ~ 少しも…ない / drink [drain]…to the ~*s* …を飲みつくす; 〈世の辛酸・幸福などを〉味わいつくす. ［? ON *dreggjar*］

drég·gy *a* かすを含んだ; かす[おり]の多い; 濁った, きたない.

D region /díː ―/ 〖理〗《電離層の最下領域をなす》D 領域, 《時に》D 層 (D layer).

Drei·bund /dráɪbùnt/ *n* 《ドイツ・オーストリア・イタリアの》三国同盟 (1882–1915); [[s]d-] 《一般に》三国同盟.

dreich, dreigh /dríːx/ «スコ» *a* ものさびしい, 陰鬱な; 長引いた, 時間のかかる, 退屈な; 《借金返済の》怠慢な.

drei·del, drei·dl /dréɪdl/ *n* **1** 各面にヘブライ文字 nun, gimel, he, shin が記されている四角いこま. **2** ユダヤの祭礼 Hanukkah に dreidel を用いてする子供のゲーム. ［Yid］

Drei·ser /dráɪsər, -zər/ ドライサー **Theodore** (**Herman Albert**) ~ (1871–1945) 《米国の小説家; *Sister Carrie* (1900), *An American Tragedy* (1925)》.

drek ⇨ DRECK.

drench /drénʧ/ *vt* **1 a** 水[液(体)]に浸す (soak); びしょぬれにする 〈*in, with*〉. **b** すっかり満たす[おおう, 包む]: SUN-DRENCHED. **2** 〈牛馬〉に水薬を投与する[口から注ぎ込む]; «古» むりやり飲ませる. ► *n* **1** びしょぬれ(にするもの): a ~ of rain 土砂降り. **2** 浸漬液; 《皮を浸すための》ふすま発酵液; 《牛馬に投与する》水薬; 《一時に多量に飲む》水薬. ♦ **~·ing·ly** *adv* ［OE *drencan*; ⇨ DRINK］

drénch·er *n* 《牛馬用の》水薬投与器; «口» 豪雨.

Dren·the, -te /dréntə/ ドレンテ 《オランダ北東部の州; ☆Assen》.

drep·a·nid /drépənɪd/ *n* 〖昆〗カギバガ; 〖鳥〗ハワイミツスイ.

Dres·den /drézd(ə)n/ *n* **1** ドレスデン 《ドイツ東部 Saxony 州の州都; Elbe 川に臨む; Saxony 選帝侯国の首都として繁栄; Napoleon 戦争, 第二次大戦で破壊されたがそのたびに復興した》. **2** マイセン焼き[磁器], ドレスデンチャイナ (=~ **china** [**pòrcelain, wàre**]) 《18 世紀初めから Dresden 近郊の Meissen で製作されている磁器》. ► *a* ドレスデンチャイナ風の, きゃしゃな美しさの.

dress /drés/ *n* **1 a** 服装, 装い, 衣服 (clothing), 衣裳 (costume); 男子の正装[礼装] (full dress); 《ワンピースの》婦人服, ドレス (gown, frock); 《ワンピースの》子供服: 19th century ~ 19 世紀風の衣裳 / Oriental ~ 東洋人の服装 / No ~. 正装にはおよびません 《平服でよいとの招待状の文句》/ She has a lot of ~*es*. 衣裳持ちだ. **b** [〈*a*〉] 衣服[ドレス](用)の; 正装[礼装]用の; 正装すべき, 盛装の許される: ~ affair 正装を必要とする会[催し]. **2** 《鳥の羽・樹木の枝葉などの》装い; 姿, 外観.
► *vt* **1** …に衣服を着せる (clothe) 〈*in* silk〉; 〈人・劇〉に衣服[衣裳]をあてがう; …の衣裳を整える[デザインする, 調達する]; 正装させる; 扮装させる 〈*as*〉: ~ oneself 服を着る, 身仕度をする; 正装する 〈*for* dinner〉. **2** 〈ショーウインドーなどを〉美しく飾る (adorn) 〈*with*〉. **3 a** 〈髪を〉手入れする, 結う, 整える; 〈馬〉の毛をすく; 〈庭木などを〉刈り込む (prune), 整枝する. **b** 〈土地を〉耕す, …に施肥する. **4 a** 〈皮・織物・石材・木材などを〉仕上げる; 〈鳥・魚・カニ・牛・豚・肉などを〉市場用[料理用, 食卓用]にさばく, 下ごしらえする 〈*out*〉《羽毛や皮を取る, 臓物や血を抜く, 切り分ける など》. **b** 〈サラダなど〉にドレッシング[ソース]をかける. **c** 〖釣〗〈餌・釣針を〉つける; 〖印〗締め板枠 (chase) の版の間[周囲]に〈込め物を〉入れる. **5** 〖軍〗〈隊を〉整列させる; 〖劇〗《背景・俳優などを効果的に配置して》〈舞台を〉整える. **6** 〈傷・負傷者〉に手当てをする 《包帯・膏薬などで》. **7** 〈動物を〉去勢[卵巣除去]する, 処置する. **8** 〈鉱石を〉選別する, 選鉱する. **9** *«俗» 《劇場などで》値引きなどによって〈客数を〉増やす. **10** «古» しかりつける (~ down). ► *vi* **1** 服を着る, 身仕度を整える; 正装する, 夜会服を着る 〈*for* dinner〉: get up and ~ 起き出して身仕度する / ~ well [badly] 服装がりっぱだ[悪い]. **2** 〈牛・豚など〉が市場用にさばいたあと目方が…ある 〈*out*〉. **3** 〖軍〗整列する: ~ back [up] 整頓するため後ろへさがる[前に出る] / Right―~! «号令» 右へーならえ! / ~ to [by] the right [left] 右[左]へならう. ● **all ~ed up and** [**with**] **no place** [**nowhere**] **to go** «俗» おめかししてもどこからもお呼びなし 《米国の喜劇俳優 Raymond Hitchcock (1865–1929) の歌から》. **be ~ed** 身仕度している; (…の)服装をしている 〈*in* white, *as* a sailor〉: *be ~ed* to kill [(up) to the nines, to death] «口» (ばっちり)めかしこんでいる, おしゃれして[着飾って]いる. **~ down** (1) 〈馬をくしばけなどで〉すいてやる (rub down). (2) 〈人を〉しかりつける (scold); (むち)打つ (thrash). (3) 控えめな[略式の, カジュアルな]服装をする 〈*in*〉. **~ in** *«俗» 投獄する. **~ out** 着飾らせる, 着飾る; 〈傷〉に手当てをする. **~ ship** 〈船が〉満艦飾を施す; 〖米海軍〗各檣頭に国旗を 旗ざおに大国旗を飾る. **~ up** 正装[盛装]する 〈*in*〉; 扮装させる, 扮装する 〈*as*〉; 飾る, よく見せる; 〈話などを〉粉飾する; 〈隊を〉整列させる.
［OF<L; ⇨ DIRECT］

dres·sage /drəsáːʒ, drɛ-; drésaːʒ/ *n* 〖馬〗馬場馬術, ドレサージュ 《騎手はほとんど体を動かさないで馬に複雑な演技をさせる; cf. HAUTE ÉCOLE》. ［F (*dresser* to train)］

dréss círcle 〖劇〗ドレスサークル 《二階正面席; そこではもと夜会服 (evening dress) 着用の慣例があった》.

dréss cóat TAILCOAT.

dréss còde 《学校・職場・社交の場における》服装規定, ドレスコード: What is the ~ *for* this party?.

dréss-dòwn dày ドレスダウン・デー, カジュアルデー 《カジュアルな服装での勤務が認められる日》.

dréss-dòwn Frìday ドレスダウン・フライデー (casual Friday).

dressed /drést/ *a* 服を着た; 〈鶏が〉《絞められ血を抜かれて》いつでも調理できる; (化粧)仕上げをした: a ~ brick 化粧煉瓦 / a ~ skin 仕上げ皮.

dréssed lúmber 化粧材.

dréss·er[1] *n* **1 a** 着付けをする人, 《劇場の》衣裳方, 着付け係, ドレッサー; 《ショーウインドーの》飾りつけ人. **b** 着こなしが…な人; 着こなしのいい人, おしゃれ. **2** ‖《病院で包帯などをする》手当て係, 手術助手. **3** 仕上げ工; 仕上げ用具, ドレッサー. ［*dress*］

dresser[2] *n* *鏡台, 鏡付き化粧だんす, ドレッサー; 食器棚; «廃» 《食器棚・ひきだし付き》平型調理台[給仕台]. ［F (*dresser* to prepare)］

drésser sèt 化粧道具一式 《くし・ブラシ・鏡など》.

dréss fòrm 人台(じんだい) 《衣服を合わせるのに用いる》.

dréss gòods [〈*sg/pl*〉] 《婦人・子供用》服地類.

dréss guàrd 《女性用自転車などの》衣服防護装置.

dréss impròver 《昔スカートを広げるのに用いた》腰当て (bustle).

dréss·ing *n* **1 a** 仕上げ; 〖鉱〗選鉱; 《庭木の》整枝; 《馬の》手入れ. **b** 《織物の》仕上げ糊, 《道路舗装の》化粧仕上げ材料, [[U]*pl*] 〖建〗化粧石材; 〖料理〗ドレッシング; 《鳥料理などの》詰め物 (stuffing); 肥料 (manure). **2** 外傷用医薬材料 《腫瘍・裂傷などの手当て用品》, 《特に》包帯; 包帯(法). **3** 着付け, 衣服 (dress), 服飾. **4** «口» DRESSING-DOWN.

dréssing bèll [**gòng**] 《晩餐などに臨むための》身仕度合図のベル.

dréssing càse [**bàg**] 化粧道具入れ.

dréss·ing-dówn *n* «口» きつくしかりつけること, 叱責, (むち)打つこと, 折檻: give sb a good ~ (for lying).

dréssing glàss 鏡台の鏡.

dréssing gòwn 《パジャマの上に着る》化粧着, 部屋着, ドレッシンググガウン.

dréssing jàcket ‖DRESSING SACK.

dréssing màid 化粧係 《侍女》.

dréssing ròbe DRESSING GOWN.

dréssing ròom 化粧室 《普通は寝室の隣り》; 更衣室; 《舞台裏の》楽屋.

dréssing sàck [**sàcque**]* ドレッシングサック 《婦人用の短い化粧着》.

dréssing stàtion 〖軍〗AID STATION.

dréssing tàble 化粧テーブル, 鏡台 (=*vanity* (*table*)*); ‖《lowboy に似た》サイドテーブル.

dréss·ing-úp‖ *n* 仮装[変装]ごっこ (dress-up*).

dréss lèngth ドレスを 1 着作るのに必要な長さの布, 着尺(きじゃく)の生地, 着分.

dréss·màker *n* ドレスメーカー 《婦人服の仕立てをする人; cf. TAI-

LOR). ► *a* 〈婦人服がやわらかい感じで手の込んだ (cf. TAILOR-MADE). ♦ **dréss·màking** *n* 婦人服仕立て(業), ドレスメーキング: a *dressmaking* school.

dréss-òff *n**《俗》《派手な服装の若い男たちによる》ベストドレッサーコンテスト.

dréss paràde 〔軍〕正装閲兵式; ファッションショー.

dréss preserver DRESS SHIELD.

dréss rehéarsal 《本番どおりの衣装・照明・装置による》本稽古, ドレスリハーサル, ゲネプロ; 《一般に》本番並みの練習, 予行演習.

dréss sènse 服装[着こなし]のセンス: have a good ～.

dréss shìeld 汗よけ《ドレスのわきのしたに付ける》.

D

dréss shírt ドレスシャツ《(1) 礼装用ワイシャツ 2) スポーツシャツに対して, ビジネス用などのワイシャツ; 白または薄色》.

dréss súit 《男子用》礼服, 夜会服.

dréss swórd 礼装用佩刀(はいとう).

dréss tíe 礼装用ネクタイ.

dréss úniform 〔軍〕正装用軍服, 礼装; 〔米海軍〕《寒冷時に着用する》紺色の制服.

dréss-ùp *a* 〈行事などが〉盛装する必要のある, 正装指定の. ► *n**DRESSING-UP.

dréssy 《口》*a* 服装に凝る; 身なりのよい; 〈服装・アクセサリーなどが〉上品な, ドレッシーな; 改まった装いを要求される〈パーティー・レストランなど〉; [*fig*] 凝りすぎた. ♦ **dréss·i·ly** *adv* **-i·ness** *n*

drest *v* 《古・詩》DRESS の過去・過去分詞.

drew *v* DRAW の過去形.

Drew /drú:/ **1** ドルー《男子名; Andrew の愛称》. **2** ドルー (1) **John** ～ (1827–62)《アイルランド生まれの米国の俳優》(2) **John** ～ (1853–1927)《米国の俳優; 前者の子》. **3** ドルー **Nancy** ～ ⇨ NANCY DREW. [OF＜Gmc; ⇨ ANDREW]

drey, dray /dréɪ/ *n* リスの巣.

Drey·er /dráɪər/ ドライヤー **Carl (Theodor)** ～ (1889–1968)《デンマークの演劇評論家・映画監督》.

Drey·fus /dráɪfəs, dréɪ-; *F* drefys/ ドレフュス **Alfred** ～ (1859–1935)《フランスの軍人で, ドレフュス事件の中心人物; cf. J'ACCUSE》.

Dréyfus affàir [the] ドレフュス事件《1894 年フランスでユダヤ系大尉 Dreyfus が機密漏洩の嫌疑で終身禁固にされたため Zola などが弾劾, 軍と右翼が反論して国論を二分; のちに真犯人が現われて 1906 年無罪》.

Drey·fu·sard /dràɪf(j)əsá:r(d), drèɪ-, -zá:r(d)/ *n* ドレフュス擁護派. [F (↑)]

Dr. Féelgood*《俗》《アンフェタミンなどの覚醒剤を定期的に処方して》患者をいい気分にさせる医師; 《一般に》いい気分にさせてくれる人, 慰めてくれる人.

Dr. Fu Man·chu /-fù: mænʧú:/ フーマンチュー博士 (⇨ FU MANCHU MUSTACHE).

DRG /dí:ɑ̀:rʤí:/ *n* 診断関連グループ《特に Medicare の患者の入院費用償還のための支払い分類種別; 病状の診断, 外科処置, 患者の年齢, 予想入院期間などをもとに分類される》. [*d*iagnosis *r*elated *g*roup]

drib /dríb/ *v* (-bb-) *vi* したたる (dribble). ►《廃》*vt* 少しずつ出す; 〈矢を〉的はずれに射る. ► *n* [ᵘ*pl*]《液体の》一滴; 少量; 断片. ● **～s and drabs** 《口》少量, 小額: in [by] *～s and drabs* 少しずつ, 三三五五. [変形＜*drop*]

drib·ble /dríb(ə)l/ *vi, vt* したたる[したたらせる], ポタポタたれる[たらす]; 〈煙・砂など〉少しずつ出る[出す]; よだれをたらす; 〔球技〕(ボール[パック]を)ドリブルする, 〈ボールが〉小刻みに弾む: ～ *out* [*away, back*] 少しずつ出る[なくなる, 戻る]. ► *n* したたり; 滴; 少量, 小刻み; こぬか雨; 〔球技〕ドリブル. ♦ **dríb·bler** *n* **dríb·bly** *a* [(freq)＜↑]

dríb·let, dríb·blet *n* 小滴〈*of*〉; 少量, 小額: in [by] *～s* 少しずつ. [DRIB]

dried /dráɪd/ *a* 乾燥させた: ～ eggs 乾燥卵 / ～ goods 乾物 / ～ fruit 干した果実, ドライフルーツ. [DRY]

dríed béef 干し牛肉.

dríed-frúit bèetle 〔昆〕クリヤケシキスイ《ケシキスイ科の小甲虫; 世界中にいる台所の害虫》.

dríed mílk 粉乳, ドライミルク.

dríed-ùp *a* 乾いた, ひからびた; 《老齢などで》しなびた.

driegh /drí:x/ *a* 《スコ》DREICH.

drí·er[1], **drý·er** *n* 乾燥する人; 乾燥器[機], ドライヤー; 《ペンキ・ニスに入れる》乾燥促進剤, ドライヤー.

drier[2] **[driest]** *a* DRY の比較級[最上級].

Driesch /drí:ʃ/ ドリーシュ **Hans Adolf Eduard** ～ (1867–1941)《ドイツの生物学者・哲学者》.

drift /dríft/ *n* **1 a** 押し流される[追いやられる]こと, 漂流 (drifting); 流れの方向; 移動, 放浪; 《態度・意見・立場などの》ゆるやかな変化; 《忠実な再生・再現・解釈からの》ずれ, 狂い. **b** 駆りたてる力; 威力. **2 a** 自然の成り行き; 《全般的な》傾向, 大勢 (tendency)〈*of*〉: a policy of ～ 成り行きまかせの策. **b** 《言うところの》主意, 趣旨 (＝general ～): the ～ of a speech 演説の大要 / get [catch, follow] the [sb's] ～ 相手の言いたいことがわかる, 趣旨を理解する / Get the [my] ～? わかった[わかる]? **3** 《風力による》緩慢な流れ; 海流(の速度); 〔海〕吹送(すいそう)流《風力による広い海域の流れ》; 《潮流・気流の》移動率; 〔海〕流程《風潮による船舶の移動距離》; 〔空・海〕《横風による機体・船体の》偏流, ドリフト; 〔宇〕《ロケットなどの》軌道からのずれ; 《カーブでレーシングカーを》横すべりさせること; 〔砲〕《旋転による弾丸の》定偏; DRIFT NET; 〔電子工〕ドリフト《回路の出力がゆるやかに変化してしまうこと》; 〔理〕ドリフト《電場内の荷電粒子の移動》; 〔言〕定向変化, ドリフト《一定の方向づけをもった言語変化》; 〔遺〕GENETIC DRIFT: the ～ of current 流速. **4 a** 追いやられるもの, 押し流される物; 《雨・雪・雲・砂ぼこり・煙などの》風に追われて移動する塊り; 《雪・砂などの》吹き寄せ, 吹きだまり; 漂流物; 〔地質〕漂積物, 《氷河による》漂礫(ひょうれき)(土); [the D-] DILUVIUM; CONTINENTAL DRIFT; 花をつける植物の大群; 《方》《(追われる)動物の》群れ. **b** 〔英森林法〕駆り集め《放牧家畜の所有者決定のため》. **5 a** 〔鉱〕《鉱脈[岩層]沿いに水平に掘った》鏈押(ひおし)坑道; 《2 つのトンネル間を結ぶ》連絡坑. **b** 《南ア》浅瀬 (ford), 時々水が流れる道路の急なくぼみ. **c** 〔機・建〕ドリフト, ドリフトピン, ボルシン (＝*driftpin*)《(1) 金属の穴を拡大する 2) 重ねた鋼材のリベットの穴を直す》; ドリル抜き《錐先などを抜き取るときに使う平たい先細の道具》; 打ち込み[穴あけ]用具. ● **on the ～** 《米西部・豪口》放浪して. ► *vi* **1** 漂流する, (吹き)流される〈*with* the current, *on* the tide, *down* the river〉; 《風または水に》運ばれて積もる, 吹き積もる, 吹きだまりになる, 漂積する. **2** あてどなく[ゆっくり]移動する; 流浪[放浪]する, さまよう; 漫然と過ごす; 《予定のコースから》それる, 逸脱する, 知らぬ間に[ずるずると]陥る〈*into* crime etc.〉; 《俗》出て行く, 出発する〈*out*〉: let things ～ 事態を成り行きにまかせておく / ～ (*along*) through life 一生をふらふらと暮らす / ～ *away* [*off*]〈群集・煙・雲などが〉他へゆっくり移っていく. **3** 穴をあける[広げる]. ► *vt* **1** 漂流させる, 〈気流が〉吹き流す; 吹き寄せる; 〈野・道などを〉吹き寄せておおう; 〈水の作用が〉堆積させる: be *～ed* into war いつの間にか戦争に追い込まれる. **2***《西部》《牧草地へ向けて》〈家畜を〉ゆっくりと[遠くまで]追う. ● **～ apart** 漂流して離ればなれになる; 〈人が〉互いに疎遠になる〈*from*〉. **～ off (to sleep)** いつの間にか眠る[眠りかける]. ♦ **～·ing·ly** *adv* [ON and MDu＝movement of cattle; ⇨ DRIVE]

dríft·age *n* 漂流(作用); 押し流される距離, 《船の》流程; 《風による弾丸の》偏差; 漂流[漂積]物.

dríft ànchor 〔海〕ドリフトアンカー (SEA ANCHOR).

dríft àngle 〔海・空〕偏流角, 偏角《船首尾線と船体運動方向[機軸と飛行方向]とのなす角》.

dríft bòat 流し網漁船 (drifter).

dríft·bòlt *n* 〔機〕串刺しボルト, ドリフトボルト《重い材質の木材を締め合わせるボルト》.

drift bòttle 《拾った人がその時と場所を記載するための紙片を入れた》海流[漂流]瓶(びん) (＝*floater*).

dríft·er *n* 漂流者[物]; 放浪者, 浮浪者, 流れ者; ふりの客; 流し網漁船[漁師]; 掃海艇; 大型削岩機, ドリフター; 〔海〕軽風時に用いる薄い素材の大きなジブ (jib).

dríft fènce 《米国西部などの》牧場の囲い[柵].

dríft·fìsh *n* 〔魚〕エボシダイ科・マナガツオ科の各種の魚《スジハナビラウオ, オオメメダイ, butterfish など; 多くは食用》.

dríft ìce 〔海洋〕流氷.

dríft ìndicator 〔空〕偏流計, 航路偏流測定器.

dríft·less área 〔地質〕無漂礫土(むひょうれきど)地域《氷河漂礫土がなく, 氷河期に氷河におおわれなかったと推定される地域》.

dríft mèter DRIFT INDICATOR.

dríft mìning 鏈押(ひおし)採鉱《水平坑による採鉱》.

dríft nèt 流し網. ♦ **dríft nètter** 流し網漁船[漁師] (drifter). **dríft nètting** 流し網漁.

dríft·pìn 〔機〕*n* DRIFTBOLT; ドリフトピン (drift).

drift sàil DRAG SAIL.

dríft sànd 《海流・潮流・波などによる》漂砂.

dríft sìght DRIFT INDICATOR.

dríft transìstor 〔電子工〕ドリフトトランジスター, 合金拡散型トランジスター.

dríft tùbe 〔通信〕ドリフト管.

dríft·wày *n* 〔鉱〕坑道; 〔海〕偏流; 《米では方》家畜を追う道.

dríft·wèed *n* 漂着海藻; 漂流海藻《ホンダワラ・コンブなど》.

dríft·wòod *n* 流木; 《社会・文化・思想の主流から取り残された》無用なもの; 浮浪の民.

drífty *a* 漂流性の, 押し流される; 漂積物の; 《雪・雨などが》吹き寄せている, 吹きだまりの; *《俗》ぼうっとなった, ぼんやりした, おめでたい (spaced-out).

drill[1] /dríl/ *n* **1 a** 《反復練習による》きびしい訓練[練習, 稽古], ドリル; 《軍隊の》教練: spelling ～ つづり字練習 / *～s* in grammar [pronunciation] 文法[発音]練習 / an emergency ～ 防災[避難]訓練 / be at ～ 訓練[教練]中である. **b** 《口》正しいやり方[手順]: What's the ～? どんなふうにやるのか? **2 a** 〔機〕錐(きり), 穴あけ道具, 削岩機, ドリル; ドリルの音. **b** 〔貝〕アクキガイ科の各種, 《特に》カキナカセガイ《殻に穴をあけてカキを食害する》. ● **What's the ～?***《口》どうした, 何事だ? (cf. 1b). ► *vt* **1** …に穴をあける; 〈穴を〉あける. **2** 教練する; …に〈技術・規則などを〉《反復して》教え込む〈*in, on*〉; 〈規則・事実などを〉教え込む, たたき込む〈*into*〉: The learners were *～ed in* the vowel sounds. ＝The vowel sounds were *～ed in* [*into* the learners]. 母音が(学習者に)教え込まれた. **3***《口》〈球を〉強打する, かっとばす, ライナーを放つ; *《俗》弾丸で撃ち抜く, 撃ち殺す. ► *vi* **1** 穴をあける 〈*into, through*〉: ～ *down to* bedrock 岩盤まで掘り下げる. **2** 教練をうける, 猛練習をする. **3***《俗》撃つ, 〈弾丸・球・車など〉まっすぐすっ飛ぶ. **4***《俗》〈遠い道などを〉歩く, テクる, 徒歩旅行[ハイキング]する, 重い足取りで進む. ● **～ down**〘電算〙《階層化されたデータベースなどで》より詳しいデータに行き着く, データを(下位区分へ)掘り下げる. ♦ **～·able** *a* **～·abílity** *n* **～·er**[1] *n**ボール盤; ボール盤工. [MDu *drillen* to bore＜?; cf. OHG *drāen* to turn]

drill[2] *n*〘農〙条(じょう)播き機, ドリル; 《種子をまく》小畦(あぜ); 畝(うね)(に植えた作物[まいた種子]の列): ～ husbandry 条播き法. ► *vt* 〈種子を〉畝に条播き[ドリル播き]する; 〈土地〉に(種[苗, 肥料]を)ドリル播き[ドリル植え]する. ♦ **～·er**[2] *n* [C17＜? *drill* (obs) rill＜?]

drill[3] *n*〘織〙雲斎, 葛城(かつらぎ), ドリル. [*drilling*＜G *Drillich*＜L *trilic- trilix* having three threads (*licium* thread)]

drill[4] *n*〘動〙ドリル《西アフリカ産; mandrill より小型》. [(W Afr)]

dríll bìt〘機〙《穿孔器・削岩機などの》先金, 錐先(きりさき), ビット.

dríll bòok〘軍〙操典; 練習帳.

dríll bòw /-bòu/ ドリルボー《弓錐の弓》.

dríll chùck〘機〙ドリル[錐]チャック.

dríll gròund 練兵場.

dríll hàrrow〘農〙畝の間の草を取る機械.

dríll·ing[1] *n* **1** 教練, 訓練, 練習. **2** きりもみ, 穴あけ, 穿孔, ドリリング; [*pl*] 穴あけくず: a ～ machine ボール盤.

drilling[2] *n*《種子の》条(じょう)播き法.

dril·ling[3] /drílɪŋ/ *n* DRILL[3].

drílling mùd〘石油〙掘穿(くっせん)泥水, マッド《油井(せい)掘穿中に穴に流し込む懸濁液》.

drílling plàtform〘海〙掘削[ドリリング]プラットホーム《drilling rig などを支える構造基台》.

drílling rìg〘海〙《海洋石油の》掘削装置, ドリリングリグ.

dríll instrùctor〘軍〙《行進・銃器の扱いなどを指導する, 通例 下士官の》教練指導官.

dril·lion /dríljən/ *a, n**《俗》莫大な数(の).

dríll·màster *n* 教練教官; (兵式)体操教師; 《細かい事にうるさい》きびしい訓練者.

dríll pìpe ドリルパイプ, 掘り管《ロータリー式坑井掘削に用いる肉厚鋼管で drill stem の一部をなす》.

dríll prèss〘機〙(立て型)ボール盤.

dríll sèrgeant 練兵係軍曹: swear like a ～ やたらに口ぎたないことばを吐く, 盛んに毒づく.

dríll·shìp *n* 海底掘削船《海底油田開発などのためのボーリング装置を備えた船》.

dríll stèm ドリルステム《ロータリー式掘削で地上のロータリーテーブルの回転をビットに伝える軸部分, 特に kelly》; DRILL STRING.

dríll·stòck *n*〘機〙ドリルストック《ドリルを保持するもの》.

dríll strìng ドリルストリング (＝*string*)《kelly から先端に至る回転部分の総称》.

dríll tèam《特別訓練をうけた》閲兵行進部隊.

drily ⇨ DRYLY.

Drin /drín/ [the] ドリン川《アルバニアとマケドニアの国境に発し, アルバニア北西部でアドリア海に注ぐ》.

Dri·na /drí:nə/ [the] ドリナ川《モンテネグロの北部国境付近からボスニアとセルビアの境界沿いに北流して Sava 川に合流する》.

Drin·amyl /drínəmìl/〘英商標〙ドリナミル《アンフェタミンとバルビツール酸塩を合成した薬; 一般には覚醒剤 purple heart, French blue として知られる》.

D ring /dí: ―/ D リング, D 環《ひもやロープを通すための D 字形の金属環; 登山靴・衣服などに用いられる》.

drink /dríŋk/ *v* (**drank** /drǽŋk/; **drunk** /drʌ́ŋk/, 《詩》**drunk·en** /drʌ́ŋk(ə)n/) *vt* **1 a** 〈水・酒などを〉飲む; 飲用する; 〈杯を〉飲みほす (empty): I could ～ the sea dry. ひどくのどが渇いている / What are you ～*ing?* 何をお飲みですか《酒を勧める時など》. **b** 〈給料などを〉飲んでしまう, 酒に消費する: He ～*s* (away) all he earns. **c** 飲んで〈ある状態・場所〉に至らせる: ～ one*self to* death [illness] 飲みすぎて死ぬ[病気になる] / ～ one*self out of* job 酒で職を失う. **d** …のために乾杯する: ～ sb's health 人の健康を祝して乾杯する / ～ success *to* sb [sb's undertaking] 人[企て]の成功を祈って乾杯する / ～ the toast of 'The King!'「国王万歳!」を唱えて乾杯する. **2** 〈植物・土地が水分を〉吸収する (absorb) 〈*up, in*〉; 〈人・動物が空気を〉深く吸う (breathe in). ► *vi* **1** (飲み物を)飲む; 酒を飲む, 《特に 常習的に》大酒を飲む; 〈容器・泉から〉飲む 〈*from, of*〉; 〈…のために〉乾杯する, 祝杯をあげる 〈*to*〉: ～ hard [heavily] 大酒を飲む / ～ too much 飲みすぎる / He smokes, but doesn't ～. タバコはやるが酒は飲まない / ～ and drive 飲酒運転をする / Let's ～ *to* his health [success]. 彼の健康[成功]を祈って乾杯しよう. **2** [補語を伴って] 飲むと…の味がする: This ～*s* like tea. お茶の味がする / This wine ～*s* flat. 味がしない, 気が抜けている. ● **～ away** 飲酒のために〈理性・財産を〉失う; 酒を飲んで〈夜を〉明かす, 飲み明かす. **～ deep of**…を多量に飲む; 〈文化などを〉存分に吸収する. **～ down**＝DRINK *off*; 〈悲しみ・心配などを〉酒で忘れる; 飲み比べで〈相手を〉酔いつぶれさせる. **～ in** 吸い込む; 〈事を〉大いに楽しむ, 聞きほれる, 〈景色など〉に見とれる. **～ it**《俗》大いに飲む. **～ off** (ぐっと)飲みほす. **～ the cup of joy [pain, agony, sorrow]** 喜び[苦痛, 苦悶, 悲哀]の限りを味わい知る. **～ sb under the table** 〈人を〉酔いつぶす (drink down). **～ up** [°*impv*] 飲みほす; 吸い上げる. **I'll ～ to that.**《口》同感, 賛成, そのとおり.

► *n* **1** 飲み物, 飲料; 酒類: food and ～ 食べ物と飲み物, 飲食物 / bottled ～*s* 瓶詰め飲料. **2** 《飲み物の》ひと口, ひと飲み; 大酒, 深酒: at one ～ ひと飲みで / have a ～ 一杯やる / be given [addicted] to ～ 酒におぼれている. **3** [the]《口》水 (body of water)《川・湖・海など》, 《特に》海: BIG DRINK / go in [into] *the* ～《俗》海に不時着する, 泳ぐ. ● **be on the ～** いつも酒を飲んで[痛飲して]いる. CHEW **a lone ～**. **do the ～ thing***《俗》大酒を飲む, 痛飲する. **drive sb to ～**《口》[[u]*joc*] 〈事が〉人を追いやって酒にうさ晴らしを求めさせる. **in ～** 酔って. LONG DRINK. MIX one**'s ～s. take a ～** 飲み癖がつく, 酒におぼれる; 《野球俗》三振する.
[OE *drincan*; cf. G *trinken*]

drínk·able *a* 飲める, 飲用に適する; 〈ワイン・ビールなどが〉おいしい. ► *n* [[u]*pl*] 飲料: eatables and ～*s* 飲食物. ♦ **-ably** *adv* **drìnk·abílity** *n*

drínk-dríving" *n* 飲酒運転 (drunk driving*). ♦ **drínk-dríver** *n*

drínk·er *n* 飲む人; 酒飲み; 《家畜用の》給水器; 〘昆〙ヨシカレハ (＝ ～ **mòth**)《ヨーロッパ産の大型のカレハガ; 幼虫は草の露などを飲む》.

Drínker rèspirator ドリンカー(氏)呼吸保護器, 鉄の肺 (iron lung). [Philip *Drinker* (1894–1972) 米国の公衆衛生技師]

drínk·ery *n*《口》酒場.

drínk·ie *n* [°～s]《口》酒 (liquor).

drínk·ing *n* 飲むこと, 飲用; 飲酒; 宴会; "《俗》《正規の食事の間に取る》軽食: He's too fond of ～. ► *a* 飲用の[に適した]; 酒飲みの〈男〉: ～ drivers 飲酒運転者.

drínking chòcolate" インスタントココア《粉末またはその飲料》.

drínking fòuntain《駅・公園などの》噴水式水飲み器.

drínking hòrn 酒を入れる角(つの).

drínking pròblem*[[s]*euph*] アルコール依存症(の傾向): have a ～.

drínking sòng 酒宴[宴席]の歌.

drínk·ing-úp tìme" 飲み干しタイム《パブで酒を飲み終えるため閉店後も居残っていい時間》.

drínking wàter 飲料水, 飲み水.

drínk mòney [pènny]《古》酒手(さかて), 飲み代(しろ).

drínk òffering〘宗・聖〙《ぶどう酒などを注いで神にささげる》灌祭(かんさい), 注祭, 注ぎのささげもの (libation).

drínk pròblem" DRINKING PROBLEM.

drínks machìne 飲み物自動販売機.

drínks pàrty" COCKTAIL PARTY.

drínk tàlking 酒を飲みながらの話: be (just) the ～ (ただの)酒のうえの話だ.

Drínk·wàter ドリンクウォーター **John ～** (1882–1937)《英国の史劇作家・詩人・批評家; *Abraham Lincoln* (1918), *Mary Stuart* (1921)》.

drinky·poo /dríŋkɪpù:/ *n*《俗》少量の酒(のひと飲み), ひと口, (軽く)一杯.

dri·og·ra·phy /draɪágrəfi/ *n* 乾平版印刷《平版と特殊インキを用いる印刷法で, インキがのる印刷面以外の部分に水が不要となる》. [*dry*＋litho*graphy*]

drip /dríp/ *v* (**drípped, dript** /drípt/; **dríp·ping**) *vi* **1** 〈液が〉したたる, ポタリポタリと落ちる; 滴をたらす. **2** したたるほどぬれている, [*fig*] こぼれんばかりである 〈*with*〉: be *dripping with* jewels / Her voice *dripped with* sweetness. **3** [*fig*] 〈音楽などが〉静かに流れる. **4**《俗》不平を言う, 文句をたらす. ► *vt* **1** 滴にしてたらす, したたらせる. **2** [*fig*] 大量に発する. ► *n* **1** したたり, 滴下; 滴の音, ポタリポタリ; [°*pl*] 滴, 雫; たれ汁, 肉汁, 脂汁; 〘建〙水切り; DRIPSTONE; 《ペンキの表面の下に固まっている》ポタ落ち; 〘医〙点滴, 滴注; 点滴剤[装置]: in a ～ したたって, ぬれて / put sb on a ～ 患者に点滴をする / the *drip*(*-drip-drip*) of information 断続的にわずかずつ提供される情報. **2**《俗》**a** つまらんやつ, 退屈な[さえない]やつ. **b** 不平, 文句; たわごと, お世辞; むだ話, ばか話, よた話. ► *a* ドリップ式の: ～ coffee ドリップ式でいれたコーヒー. ♦ **dríp·per** *n* [MDan; cf. OE *drypp* (*an*)＜DROP]

DRIP dividend reinvestment plan 配当再投資プラン.

dríp clòth 滴よけ《雨水が吊りかごにたれるのを防ぐため気球の周囲に巻いた布》.

dríp-drìp, -dròp *n* ポタリポタリ《雨だれ・水漏れなど》.

dríp-drý *vi* 〈ワイシャツなどが〉絞らずにつるしてすぐ乾く. ► *vt* 絞らずにつるして乾かす. ► *a* 《洗濯後に》絞り・アイロンがけ不要の, ドリップドライの〈生地・衣服〉(wash-and-wear). ► *n* ドリップドライの衣服.

dríp-fèed" *n, a* 点滴注射[注入](の), 点滴剤[装置]; 《潤滑油などの》滴注. ► *vt* 〈患者〉に点滴注射[注入]する; 《口》〈新会社など〉に資金を段階的に投入する.

dríp grìnd ドリップ用にひいたコーヒー豆.
dríp irrigàtion TRICKLE IRRIGATION.
dríp·less *a* 滴のたれない〈ろうそくなど〉.
dríp màt 《コップなどの滴受けの》下敷, コースター.
dríp mòld 〘建〙《ひさしなどに付けた》木製の水切り, 水切り繰形(くりかた).
Drip·o·la·tor /drípəlèɪtər/ 〘商標〙ドリポレーター《ドリップ式コーヒー用のポット》. [*drip*+percolator]
drip·page /drípɪʤ/ *n* 《蛇口などの》したたり; したたり出た水, 《たまった》滴下水.
dríp pàinting ドリップペインティング《えのぐをしたたらせたりはねかしたりするアクションペインティング》.

dríp pàn 《ガスレンジ・内燃機関などの》滴受け, 露受け, 油受け; DRIPPING PAN.
dríp·ping *n* 滴下, したたり; [°*pl*] したたるもの, 滴; [°*pl*] 肉汁《肉を調理したとき染み出る脂など》: Constant ～ wears away the stone. 《諺》点滴石をうがつ. ►*a* 雨だれの落ちる; ずぶぬれの, びしょびしょの: ～ with sweat 汗をびっしょりかいて. ►*adv* 徹底的に: be ～ wet ずぶぬれだ.
drípping pàn 焼肉用肉汁受け; DRIP PAN.
drípping róast [a ～] (努力をしないでも)いつまでも利益をもたらすもの, 涸れることのない源.
dríp pòt ドリップ式コーヒー用ポット.
dríp·py *a* **1** ポタポタ水のたれる〈蛇口〉; しとしと雨の降る〈天候〉. **2** 《口》めそめそした, めめしい, 甘っちょろい; 《口》力のない, 弱い, 陳腐な, つまらない. ♦ **dríp·pi·ly** *adv* **-pi·ness** *n*
dríp·stòne *n* 〘建〙《ひさしなどに付けた》石製の水切り, 雨押え石[繰形(くりかた)], ドリップストーン (=*hoodmold*); 点滴石《鍾乳石や石筍(せきじゅん)の形の炭酸カルシウム》.
dript *v* DRIP の過去・過去分詞.
dríp tìp 葉の細長くなった先端, 滴下先端.
dri·sheen /drɪʃíːn/ *n* 《アイル》ドリシーン《羊の血・オートミール・牛乳を羊の腸に詰めたソーセージ》. [Ir *drisín* intestine]
drìv·abíl·i·ty, drìve·abílity *n* 《自動車の》運転しやすさ.
drive /dráɪv/ *v* (**drove** /dróʊv/, 《古》**drave** /dréɪv/; **driv·en** /drív(ə)n/) *vt* **1 a** 追いたてる, 駆りたてる; 〈牛馬を〉追う, 〈鳥獣・敵または森林を〉狩り立てる; 追い詰める: *D*～ the dog *away*. 犬を追い払え / ～ the cattle *to* the fields 家畜を野原へ追って行く / ～ the enemy *from* the country 敵を国外へ追い払う. **b** 酷使する: They were hard *driven*. 酷使された / ～ sb hard 酷使する / ～ one*self* 根を詰めて働く. **2 a** 〈車などを〉駆る, 運転[操縦]する, ドライブする; 〈馬車馬を〉御する; 車で運ぶ[送る]; 〈ペンを〉駆使する: ～ one's own car [carriage] 車[馬車]を自分で運転する, 自家用車[馬車]を使う / ～ one's car *along* the beach 海岸に沿って車を走らせる / I will ～ you *home* [*to* the station]. お宅まで[駅まで]車で送ってあげましょう. **b** 〈機械を〉動かす, 作動させる: The machine *is driven* by electricity [water power]. **3** 〈風が〉吹きやる, 〈水が〉押し流す; 〈丸太を〉流す: The gale *drove* the boat *on to* the rocks. 疾風に吹きつけられて船は岩礁に乗り上げた. **4** 余儀なく[無理に]〈ある状態に〉押しやる, …させる (compel): His wife's death *drove* him *to* despair. 妻の死で彼は絶望に陥った / That'll ～ me mad [crazy]. そのためにわたしは気が狂いそうだ / That *drove* her *out of* her senses. そのことで彼女は狂乱状態に陥った / Hunger *drove* him *to* steal [stealing]. 飢えに迫られて彼は盗みをした / ～ sb *to* his wit's [wits'] end 人をほとほと困らせる. **5 a** 〈釘・杭などを〉打ち込む; (頭に)たたき込む; 〈坑道・トンネル・井戸などを〉掘る (bore), 開削する, 〈穴を〉打ち抜く, 〈鉄道を〉敷設する: *D*～ the nails *into* the board. / ～ a lesson *into* sb's head 教訓を頭にたたき込む / ～ a tunnel *through* a hill / ～ a railway *across* [*through*] a desert 砂漠に鉄道を開通させる. **b** 〈ボールを〉強打する; 〘ゴルフ〙《通例 ドライバーで》〈ボールを〉ティーから打ち飛ばす, ボールを打ち飛ばして〈グリーン〉へのせる; 〘テニス〙〈ボール〉にドライブをかける; 〘クリケット〙バットを打ちおろして〈ボールを〉投手の方向へ打ち返す; 〘野〙《安打[犠打]で》〈ランナーを〉進める, 〈…点〉得点させる, たたき出す; 〘バスケ〙〈レーン・ベースラインを〉ドライブする《すばやく駆け抜ける》. **6** 推し進める, 進展させる; 〈商売などを〉活発にやっていく[営む] (carry on); 〈取引などを〉決める (conclude): ～ a roaring trade 盛んに商売を営む, 商売繁盛である / ～ a good [bad] bargain 割のよい[悪い]取引をする. **7** 引き延ばす, 延期する.
►*vi* **1 a** 車を駆る[御する, 運転する]; 車に乗って行く, ドライブする, 馬車[自動車など]で旅行する: *D*～ ahead! (車を)進めろ, 前進! / *D*～ safely. 安全運転してください《別れ際のことば》/ ～ to work 車で通勤する / Shall we walk or ～? 歩こうか車で行こうか / We are just *driving through*. (止まらずに)ただ車で素通りするだけだ. **b** 〈車・船などが〉疾走[突進]する; 〈雲が〉飛ぶ; 激しくぶつかる: Motorcars were *driving along* the road. / The ship *drove on* the rocks. 船は岩礁に乗り上げた / The clouds *drove* before the wind. 雲は飛んで行った / The rain was *driving in* his face. 雨は彼の顔に激しく降りつけていた. **2** 《口》せっせと働く; 《俗》《ジャズ・スウィングなどを》猛烈に演奏する: He *drove away at* his work. 精を出して仕事に励んだ. **3** ボールを強く打ち出す; ねらい打ちする 〈*at*〉; 〘ゴルフ〙ドライバーで打つ; 〘バスケ〙ゴールに向かって突進する, ドライブする: let DRIVE (*at*) (成句).
● **～ at**… [what を目的語にして] …を言おうとする, 意図する, ねらう: *What* is he *driving at?* つまり彼は何を言いたい[やりたい]のか. **～ away** 駆逐する; 〈煩わしさなどを〉払う; 車で走り去る; 《口》せっせと励む 〈*at*〉. **～ back** 追い返す, 退ける. **～…back on**… 〈人〉に余儀なく…にたよらざるを得なくする: He was *driven back on* his pipe. やむなくまたパイプを使い出した. **～ down** 〈車を〉駆って行く 〈*to*〉; 〈値を〉下げる. **～ home** 〈釘などを〉打ち込む; 〈議論・事実を〉納得[痛感]させる 〈*to* sb〉; 車で送り届ける. **～ in** 追い込む, 押し込む; 打ち込む; 車を駆ってはいる; 〘野〙ヒットして〈走者を〉生還させる[〈打点を〉あげる]; 〘軍〙〈歩哨などを〉やむなく引き上げさせる. **～ into**… に追い込む; 〈風が雪などを〉吹き寄せて積もらせる; 〈課業などを〉たたき込む. **～…into the ground** ⇨ into the GROUND[1]. **～ off** 追い払う[返す]; 〈車などが〉走り[立ち]去る; 〈乗客を〉車で運び去る; 〘ゴルフ〙第一打を打つ. **～ on** 《車で》走りつづける; 〈人を〉〈成功などへ〉駆りたてる 〈*to*〉. **～ on the horn** 《口》(車の)運転中不要に警笛を鳴らす. **～ out** 追い出す, 排撃する, 〈考えなどを〉〈念頭から〉追い出す 〈*of*〉; 車で出かける. **～ over** 車でちょっと出かける. **～ up** 馬で[車を駆って]来る, 馬[車]を乗りつける 〈*to* the door〉; 〈車馬を駆って道を〉進んで来る; [*impv*] こっちへ来い (Come here!); 〈特定の事情が〉〈物価などを〉吊り[押し]上げる. **let ～** 飛ばす, 射放つ, 打ってかかる, ねらい撃つ 〈*at*〉: He *let* ～ *at* me with a book. あいつめ ぼくに向かって本を投げつけた.
►*n* **1** (車を)駆ること; 《自動車での》ドライブ; 突進; 〘バスケ〙ドライブ《ゴールに向かって切り込むこと》: take [go for] a ～ ドライブに出かける. **2** 車道, 大通り, …通り; 《景勝地を走る》ドライブ道路; 《敷地内の》車道 (driveway); 《馬車・自動車で行く》道のり; (水平)坑道 (drift): Wacker *D*～ ワッカー通り / an hour's ～ 1 時間の道のり. **3 a** 推進力, 精力, 活力, 迫力, 意欲, 衝動; 〘心〙動機, 動因《自己保存・飢餓・性などの基本的衝動》; 〘電子工〙励振: SEX DRIVE. **b** 《時勢などの》流れ (drift), 傾向 (tendency). **4 a** 〘商〙《市場価格の下落をねらった》たたき売り, 投げ売り; 《募金などの》《組織的な》運動 (campaign); 《軍隊の》猛攻撃, 大攻勢: a Red Cross ～ 赤十字募金運動 / a blood ～ 献血キャンペーン. **b** 競技大会 (tournament): a bridge ～. **5 a** 《獲物・敵を》狩り立てること; 《畜群の》追いたて; ハンターの方に獲物を狩り立てる狩り. **b** 《追い集めた》家畜の群れ (drove); いかだ流し(の材木). **6** ドライブ《〘ゴルフ〙ドライバーで打つこと, ティーショット; 〘テニス〙ライナー性の球を打つ打法; 〘クリケット〙強打》; 〘野〙ラインドライブ (liner). **7** 〘機〙駆動(装置); 《自動車の自動変速機の》ドライブ位置; 〘電算〙駆動装置, ドライブ《ディスクなど取替え可能な記憶媒体を作動させる装置》. **8** *《俗》《特に 麻薬をやって》いい気持の状態, 快感, 躍動感. ● **full ～** 全速力で, フルスピードで (at full speed).
►*a* 駆動(装置)の.
♦ **drív·able, ～·able** *a* [OE *drīfan*; cf. G *treiben*]
driveability ⇨ DRIVABILITY.
dríve·awày *n* 《自動車購入者への》自動車の配送; 《自動車の》発進; "DRIVEAWAY CAR.
dríveaway càr" 旅先などに配送される自家用車 (=*driveaway*).
dríve bày 〘電算〙ドライブベイ《フロッピーディスク装置やハードディスク装置などを組み込むためにコンピューターの筐体にあらかじめ用意された余地》.
dríve-bỳ *n* (*pl* ～**s**) 《ある土地・物・名所などの》そばを自動車で通ること; *走行中の車からの射撃. ►*a* 自動車[バス]で行ける; *走行中の車からの(射撃による); *大急ぎの, ぞんざいな, いいかげんな: ～ shootings [murders].
dríve-bỳ delívery DRIVE-THROUGH DELIVERY.
dríve chàin DRIVING CHAIN.
dríve-ìn* *n* **1** ドライブイン《車に乗ったままで用が足せる食堂・映画劇場・銀行など; cf. FLY-IN》. **2** [〈*a*〉] 乗入れ式の: a ～ theater.
driv·el /drív(ə)l/ *v* (**-l-** | **-ll-**) *vi* よだれ[はなみず]をたらす; たわいないことを言う; ばかみたいにふるまう; 《古》よだれのように流れる: a ～*ing* idiot 大ばか者. ►*vt* 子供[低能児]みたいな話し方で話す; 子供のようにつまらないことに費やす; 《廃》たらたらと流す[したたらせる]: ～ away 〈時を〉空費する. ►*n* ぐち, たわごと (nonsense); 《古》よだれ.
♦ **～·er** *n* よだれたらし《人》; たわいないことを言う者, ばか. [OE *dreflian*; cf. DRAFF]
dríve·lìne *n* 《自動車の》動力伝達系路《変速機と車軸を結ぶ部分: 推進軸と自在継手》.
driv·en /drív(ə)n/ *v* DRIVE の過去分詞. ►*a* 何かにつかれたような, いちずな; 〈感情が〉追い詰められた; 吹き寄せられた〈雪など〉; [*compd*] …を動力とする, …駆動の; …主導の: MOTOR-DRIVEN / MARKET-DRIVEN. ►*n* 〘機〙従車, 従動歯車. ♦ **～·ness** *n*
dríven wéll 打込み井戸《管を地下水位まで圧入する》.
dríve-òn *a* 〈船が〉自動車の輸送が可能な, 車乗入れ式の.
driv·er /dráɪvər/ *n* **1 a** 運転手, 操縦者, ドライバー; "機関手; 《軍俗》パイロット. **b** 御者; 牛追い, 馬方, 馬子 (drover); 《奴隷・囚人をこき使う》監督, 親方. **2** 《企画などの》推進者, 実行者; 推進力, 原動力. **3 a** 〘機〙動力伝導部, 駆動体; 《機関・動力車の》動輪, 原車, 駆動輪 (driving wheel); 〘海〙SPANKER. **b** 〘電子工〙励振器; 〘電〙ドライバー《送受信機の増幅器の一つ》; LOUDSPEAKER. **c** 〘電算〙ドライバー《周辺装置などとの入出力作業を制御するソフトウェア》. **d** 《杭などの》打込み機; 〘ゴルフ〙ドライバー《WOOD[1] の 1 番》; 〘建・機〙DRIFT.
♦ **～·less** *a* [*drive*]

dríver ànt ARMY ANT《特に アフリカ・アジア熱帯産の》.
dríver's lìcense* 運転免許(証).
dríver's pèrmit LEARNER'S PERMIT.
dríver's sèat 運転席. ● **in the ～**《口》支配的地位[立場]にいる, 権力の座にある, 実権を握って, 取り仕切って.
dríve·scrèw *n*〔機〕打込みねじ.
dríve·shàft *n*〔機〕駆動[原動]軸.
dríve-thròugh, -thrù *n* ドライブスルー《車に乗ったままでサービスが受けられる店や銀行(の窓口)》. ► *a* ドライブスルー(方式)の; 車に乗ったまま見るようになっている〈動物園など〉.
dríve-thròugh delívery《出産後短時日のうちに退院してしまう》駆け足出産 (＝*drive-by delivery*).
drive [dríving] tìme 1《2 地点間の》ドライブ(所要)時間. **2** ドライブタイム《ラッシュアワーに通勤者がカーラジオを使用するためにラジオの聴取率が上がる時間帯; 一般に週日の午前 6–10 時と午後 4–7 時》.
dríve·tràin *n* DRIVELINE.
dríve-ùp *a* 車に乗ったままでサービスを受けられる, 乗り込み式の, ドライブスルーの〈スタンド・窓口・銀行など〉.
dríve·wày *n*《公道から玄関・車庫に通ずる》私道; 牛馬[獲物]を追う道; 車道; 乾草や穀物などを納屋の高い所に運び込むための連絡路;〔カナダ〕景観のよい幹線道路《両側に樹木や花を植え込んだ市街地の道路》.
driv·ing /dráɪvɪŋ/ *a* **1 a** 推進の, 動力伝導の, 駆動の: ～ force 駆動力, 推進力. **b** 気持を駆りたてる, 強迫的な;〈物語など〉心をとらえて放さない: ～ narrative. **2** 猛烈な, 激しい; 吹きまくる; *精力的な (energetic): a ～ personality 精力家 / a ～ rain 吹き降りの雨 / in ～ snow 吹雪の中を. **3** 運転[ドライブ](用)の: ～ gloves / a ～ school. ► *n* 運転[操縦](の仕方); 推進, 駆動; 駆りたてる[追いたてる]こと;《釘などを》打ち込むこと;〔ゴルフ〕ティーからボールを長打すること: ～ while intoxicated 酒・麻薬による酩酊状態での運転, 酩酊運転《略 DWI》/ ～ while impaired 酒・麻薬により運転能力が弱っている状態での運転《略 DWI》.
dríving àxle〔機〕《機関車などの》駆動軸.
dríving bèlt 駆動ベルト.
dríving bòx 御者台;〔機〕動輪軸函.
dríving chàin〔工〕ドライビングチェーン, 駆動チェーン.
dríving clòck 調速機《時計などの規則的な運動を進める装置》; 運動時計《赤道儀が日周運動に従って自動的に回転するように進行させる機構》.
dríving ìron〔ゴルフ〕ドライビングアイアン (＝*number one iron*)《1 番 IRON》.
dríving lìcence‖ 運転免許(証).
dríving mìrror‖ バックミラー (rearview mirror).
dríving rànge ゴルフ練習場.
dríving sàil〔海〕ドライビングスル《風圧の垂直分力が下向きにはたらく帆》.
dríving sèat‖ DRIVER'S SEAT.
dríving tèst 運転免許試験.
driving time ⇨ DRIVE TIME.
dríving whèel〔機〕動輪, 原(動)車;《自動車などの》駆動輪,《機関車の》動輪.
driz·zle /dríz(ə)l/ *n* 霧雨, こぬか雨;《液体の》したたり, 水滴, 振りかけたもの《ドレッシングなど》; *《俗》DRIZZLE PUSS. ► *vi* 霧雨が降る. ► *vt* 霧雨のように降らせる,〈油・ドレッシングなどを〉パラパラ振りかける; 細かい水滴でぬらす,〈料理など〉に少々振りかける〈*with*〉. ♦ **dríz·zly** *a* 霧雨の降る. **dríz·zling·ly** *adv* [? ME *drēse*＜OE *drēosan* to fall]
drízzle pùss*《俗》退屈な[つまらない]やつ.
DRM digital rights management デジタル著作権管理.
Dr Martens /dɑ̀ktər ─́─/, **Dòc Mártens**〔商標〕ドク(ター)マーテンズ《英国製の丈夫で重量感のある靴・ブーツ; 特に 警官などの実用靴とされる; 略 DMs》.
drobe /dróʊb/ *n**《俗》《SF 関係の大会に》コスプレで参加するファン, コスプレイヤー.
Dro·ghe·da /drɔ́ɪədə, drɔ́:ɪdə/ ドローイダ《アイルランド東部 Louth 県の Boyne 川に臨む町; Cromwell による大殺戮 (1649) の地》.
dro·gher /dróʊgər/ *n* ドローガー《西インド諸島で使用される速力のおそい帆船; (これに似た)貨物船》. [Du＝drier (of herring)]
drogue /dróʊg/ *n*〔海〕バケツ形海錨, ドローグ《主に 減速用》;《捕鯨用》銛綱(もりづな)のブイ;《着陸滑走時に開く》減速用パラシュート, 制動傘, ドラッグシュート (＝～ **parachute [chùte]**);〔空〕《主傘を開くための》補助傘[パラシュート] (＝～ **pàrachute**);〔空軍〕曳行(えいこう)標的《空対空射撃演習用の吹流し》;〔気〕WIND SOCK;〔空〕ドローグ《空中給油機から繰り出すホースの先端にあって, 受油機の PROBE を受けるじょうご形の給油口》. [C18 *drug*＜*drag*]
droid /drɔ́ɪd/ *n*《口》アンドロイド (android);《ネットワークの情報を収集する》自動プログラム; *《俗》命令されて動くロボットのようなやつ, 人間のできそこない[失敗作], ロボット人間, 足りない[のろまな, 融通のきかない]やつ. [an*droid*]
droit /drɔ́ɪt, drəwɑ́:/ *n*〔法〕権利; 権利の対象; 法; [*pl*] 税 (dues), 関税 (customs duties). [F]
droit au tra·vail /*F* drwa o travaj/ 労働権.
droit d'au·baine /*F* drwa dobɛn/〔古フランス法〕死亡在留外国人所有財産没収権. [F＝the right of a stranger]
droit des gens /*F* drwa de ʤɑ̃/ 国際法. [F＝the law of nations]
droit du sei·gneur /*F* drwa dy sɛɲœ:r/, **droit de sei·gneur** /-də-/ **1**《家臣の新婦に対する》領主の初夜権 (*L* jus primae noctis). **2** [*fig*] 強力な[理不尽な]権利.
droi·tu·ral /drɔ́ɪʧərəl/ *a*〔法〕《所有権に対し》財産権の.
droll /dróʊl/ *a* ひょうきんな, おどけた, とぼけた;〈場面など〉噴き出したくなる. ► *n* ひょうきんな人, 道化者; 道化; 笑劇. ► *vi*《古》おどける, ふざける (jest); 単調に話す. ♦ **～·ness** *n* **dról·ly** *adv* [F＜? MDu *drolle* little man]
dróll·ery *n* おどけた挙動 (waggishness); 冗談, 滑稽; 漫画, 戯画; 笑劇, 寸劇, 人形芝居.
drom- /drám/, **dromo-** /drámoʊ, -mə/ *comb form* (1)「進路」「競走路」「走行」(2)「速さ」「速度」 [Gk (DROMOS)]
dró·mae·o·sàur /dróʊmiə-/, **drò·mae·o·sáu·rid** /-sɔ́:rəd/ *n*〔古生〕ドロメオサウルス《石炭紀の二足歩行肉食恐竜; DEINONYCHUS および VELOCIRAPTOR を含む》.
drome /dróʊm/ *n*《口》飛行場, 空港 (airport).
-drome /dròʊm/ *n comb form*「競走路」「広大な施設」: hippo*drome*, motor*drome*, aero*drome*, picture*drome*. ► *a comb form*「行く」「走る」: homo*drome*. [F＜L (Gk DROM-)]
Drôme /*F* dro:m/ ドローム《フランス南東部 Rhône-Alpes 地域圏の県; ☆Valence》.
drom·e·dary /drámədèri, drʌ́m-; -d(ə)ri/ *n*〔動〕ヒトコブラクダ (＝*Arabian camel*)《アラビア産; cf. BACTRIAN CAMEL》. [OF or L＜Gk *dromad- dromas* runner]
dromo·mánia /dràmə-/ *n* 放浪癖.
drom·ond /drámənd, drʌ́m-/, **drom·on** /drámən, drʌ́m-/ *n*《中世の主に 地中海で使われた》オール付きの高速大型木造帆船. [AF＜Gk]
drom·os /drámàs/ *n* (*pl* **dromi** /-màɪ, -mì:/, **drom·oi** /-mɔ̀ɪ/) ドローモス《(1) 古代エジプトなどの地下の墓への通路 (2) 古代ギリシアの競技用トラック》. [Gk＝course, running]
-d·ro·mous /─́ drəməs/ *a comb form*「行く」「走る (running)」: cata*dromous*. [*-drome*]
drone /dróʊn/ *n* **1 a**《ミツバチの》雄バチ《巣にいて働かない》. **b**《他人の働きで生活する》のらくら者. **c**《口》あくせく働く[退屈な作業をする]者 (drudge). **2**《無線操縦の》無人機[ヘリコプター, 船舶], ドローン; *《俗》《射撃[砲撃]演習の標的となる》小型無人飛行機. **3 a** ブーンとうなる音;〔楽〕持続低音, ドローン; ブーンという音; BAGPIPE, バグパイプの低音(管[弦]). **b** 単調な話し方の人. ► *vi*, *vt* **1**〈時を〉のらくら過ごす (idle)〈*away*〉. **2** ブーンとうなる; ものうげに[単調に]歌う[話す, 言う]〈*out*〉. ● **～ on [away]**《うんざりするほど》長々[だらだら]としゃべりつづける〈*about*〉;〈会などが〉だらだらと続く. ♦ **drón·er** *n* **drón·ing·ly** *adv* うなるように(低音で単調に), ものうげに, なまけて. **drón·ish** *a* [OE *drān*; cf. G *Drohne*]
dróne flỳ〔昆〕(ナミ)ハナアブ《ハナアブ (hoverfly) の一種》.
dron·go /drɑ́ŋgoʊ/ *n* (*pl* **～s**)〔鳥〕オウチュウ(烏秋) (＝～ **shrìke**)《オウチュウ科の鳥の総称; アジア・アフリカ・豪州産》;《豪俗》うすのろ, ついてない[いやな]やつ. [(Madagascar)]
drónk·gràss /drɑ́ŋk-/ *n*〔植〕南アフリカのコメガヤの一種《家畜に有毒》.
droob, drube /drú:b/ *n*《豪俗》哀れなやつ, ばか, のろま (dullard), まぬけ (oaf). [? *drip*＋*boob*(y)]
droog /drú:g/ *n* ギャングの一員. [Russ *drug* friend; Anthony Burgess, *A Clockwork Orange* (1962) 中の若いギャングに対して用いたのが初例]
droog·ie /drú:gi/ *n* ギャングの少年, 非行少年.
drool /drú:l/ *vi* よだれが出る, よだれをたらす;〈よだれが〉たれる;《口》くだらぬおしゃべりをする; [*fig*] よだれをたらす, やたらに喜ぶ[大事にする], 期待[羨望]の目で見る〈*over*〉. ► *vt*〈よだれなどを〉口からたらす; 感傷的な[大げさな]調子で語る[演じる]. ► *n* よだれ;《口》たわごと, ばか話;《俗》人に好かれない男の子. ♦ **～·er** *n* **～·ing** *n* よだれをたらすこと, 垂涎(すいぜん),〔医〕流涎(症), 流唾; *《俗》《番組放送時間の空きを埋めるために》司会者などが即席に行なうおしゃべり[会話]. [*driule*《変形》＜DRIVEL]
dróoly *a* **1** よだれをたらす〈子供〉. **2**《俗》とっても魅力的[すてき]な, 人気バツグンの, すばらしい; *《俗》〈服・車など〉よだれの出そうな, すごい. ► *n**《俗》もてる[人気のある]男の子.
droop /drú:p/ *vi* うなだれる, たれる, たれさがる;〈目が〉伏し目になる;〈草木が〉しおれる,〈人が〉元気が衰える, 弱る;〈意気が〉消沈する;《詩》〈太陽などが〉沈む, 傾く. ► *vt* たれさせる, 沈ませる;〈首・顔・目などを〉たれる, 伏せる, うつむける. ► *n* うなだれること, 意気消沈;《調子の》だれ (fall)〈*of* tone〉; [°the] BIG DRESS;《俗》退屈でいやがられるやつ. ♦ **～·ing·ly** *adv* うなだれて, 力なく. [ON *drúpa* to hang the head; ⇨ DROP]

dróop nòse 〘空〙ドループスヌート《着陸時の視界をよくするため下方に曲げられる機首》.

dróop snòot 〘空〙DROOP NOSE (の飛行機).

dróopy *a* うなだれた, うなだれぎみの; 意気消沈の. ♦ **dróop·i·ly** *adv* **-i·ness** *n*

dróopy-dràwers 《俗》 *n* ズボンが下がっている子供[人], デカパン《人》; 退屈な[さえない]やつ.

drop /dráp/ *n* **1 a** 滴下 (dropping); 滴, したたり, 一滴 (cf. DRIP); 一滴の分量; 《水薬の》滴量; [a ~] 微量, 少量 (small quantity); 少量[一杯]の酒; [*pl*] 滴剤, 点滴薬, 《特に》点眼薬: ~ by ~ 一滴ずつ, 少しずつ / *a* ~ of fever 微熱 / drink to the last ~ 最後の一滴まで[一滴残さず]飲みほす / not touch a ~ 《口》全く酒をやらない / The last ~ makes the cup run over. 《諺》最後の一滴でコップがあふれる / take a ~ 酒を一杯飲む / He has had *a* ~ too much [many]. 酔っている. **b** 滴状のもの; ペンダントにはめた宝石《真珠など》, (耳)飾り玉; 〘建〙つるし玉; 〘菓子〙ドロップ. **2 a** 急降下[下落, 低下] ⟨*in* prices⟩; 《落下傘による》空中投下; 落下傘降下; 落下傘[パラシュート]部隊. **b** 落下距離, 落差; (電圧)降下. **c** 〘ラグビーなど〙 DROPKICK; 〘野〙落ちる球, 縦のカーブ; 《豪俗》〘クリケット〙アウト《ボールがあたってウィケットが倒れること》. **3** 急斜面; 《地面の》陥没(の深さ). **4 a** 落ちる仕掛け, 落とし; 絞首台(の踏台); 中央集配所(への配送); 《郵便箱の》差入口; 《ドア・ひきだしなどの》鍵穴隠し; TRAPDOOR; 《俗》《麻薬・盗品・秘密情報などの》受渡し場所, 取引[連絡]場所, 隠し[預け]場所, 《そうした場所へ》届けること, 運び: make the ~ and wait 品物を(指定の場所に)届けて[置いて](回収者を)待つ. **b** 《劇場の》場景を描いた下げ幕, 背景幕 (backdrop); 下げ幕 (drop curtain); 〘海〙大横帆の中央上下の長さ. **5 a** 落下物, FRUIT DROP; 《俗》賄賂. **b** 《動物の》産み落とした子; 《俗》親の知れないスラムの男の子, 捨て子; *《俗》タクシーの客; *《俗》タクシーの最低[基本]料金. **6** 〘植〙《野菜の》菌核病. **7** 〘電〙引込線, ドロップ. ● **a ~ in a [the] bucket＝a ~ in the ocean** 大海の一滴, '九牛の一毛'. **at the ~ of a** HAT. **get [have] the ~ on** sb 《口》相手より早くピストルを突きつける《突きつけられた相手がピストルを落とすことから》; 人の機先を制する, 出し抜く. **have a ~ in one's [the] eye** ほろ酔い機嫌だ.

► *v* (**dropped, dropt** /-t/) *vi* **1 a** ⟨物が⟩落ちる (fall), ⟨花が⟩散る; したたる, ポタリと落ちる, 滴がたれる; ⟨ことばが⟩ふと漏れ出る: The apple *dropped* to the ground. / You could [might] hear a pin ~. ピン一本落ちる音でも聞こえる静かさだ / The remark *dropped from* him. **b** ⟨人が⟩ひょいと降りる, 飛び降りる; (丘・流れなどを)下る; ⟨胎児が⟩(子宮口へ)降りて[下がって]くる: He *dropped from* the window (*on*) *to* the garden. / The raft *dropped down* the river. いかだは川を下って(流れて)行った. **c** ⟨動物が⟩子を産み落とす; 《俗》⟨人が⟩産み落とす. **d** 〘スポ〙⟨ボールが⟩バスケットにはいる, カップにころがり込む. **e** 《俗》薬(ヤク)を飲む. **2 a** (ばったり)倒れる, 疲れて倒れる, へたばる; さっと身を低くする[かがめる], ひざをつく; 《戦傷などで》倒れる, 倒れて死ぬ; ⟨あごなどが⟩がくりと下がる《驚いたりして口がぽかんと開く》; ⟨犬が⟩(獲物を見て)うずくまる, 伏せる: work till [until] one ~*s* 倒れるまで働く / He *dropped* (*on*) *to* his knee. ぺたりと片ひざついた. **b** 《俗》逮捕される, つかまる; 〘トランプ〙《ブリッジなどで》⟨札が⟩死ぬ《上位札と同一トリックに使われる》. **3** ⟨文通などが⟩とだえる; ⟨事が⟩やめになる, 終わる (cf. *vt* 5a); 消える ⟨*from* sight⟩; 《口》⟨レース・社会などから⟩脱落[落後]する ⟨*out of, from*⟩; 後退する: The correspondence [conversation] has *dropped*. 文通[会話]はとだえた / The matter is not important, let it ~. そのことは重要でない, やめにしておくことにしよう / let the matter ~ 事を棚上げにする. **4** ⟨風が⟩なぐ; ⟨価格・音調などが⟩下がる, ⟨生産高が⟩落ちる, ⟨温度が⟩下がる: The wind seems to have *dropped*. 風がないだようだ / His voice *dropped to* a whisper. 彼はささやくような声になった. **5** 自然に⟨ある状態に⟩陥る: ~ *into* reveries いつしか空想にふけり始める / He soon *dropped* asleep. すぐに寝入ってしまった. **6** ⟨地面が⟩(急に)下降[傾斜]している, 落ち込む ⟨*away* (*from*)⟩.

► *vt* **1 a** ⟨物を⟩落とす (let fall), 手から(取り)落とす; (地上に)投下する, 落とす; ⟨ポストに郵便物を⟩入れる; 《俗》⟨麻薬[特に LSD]を⟩飲む (: ~ acid); *⟨卵を⟩熱湯に入れて料理する (poach); ⟨特に 羊が子を⟩産み落とす: They *dropped* the supplies by parachute. / Bill *dropped* the ball *to* the back of the court. **b** 〘ラグビー〙 DROPKICK で⟨ゴール⟩に成功する; 〘スポ〙⟨ボールを⟩ゴールに入れる: ~ a GOAL. **c** ふと口にする[漏らす], それとなく言う: He *dropped* (me) a hint. 彼は(わたしに)あることをほのめかした[なぞをかけた]. **2** したたらせる, たらす, こぼす; 《古》…に滴を振りかける; 《古》⟨…に⟩…をちりばめる. **3 a** ⟨途中で客・荷物を⟩降ろす, ⟨物を⟩(ついでに)届ける; 《俗》⟨品物を⟩少しずつあちこちに出す; 《俗》⟨違法の品を⟩届ける, 渡す; 《俗》⟨にせ金・偽造小切手などを⟩使う; ⟨短い手紙などを⟩書き送る; ⟨悪い知らせを⟩もたらす ⟨*in* sb⟩: Where shall I ~ you?—*D~* me *at* the next corner, please. / *D~* me a line [a note]. 一筆お便りください. **b** ⟨いかり・釣糸・幕などを⟩下ろす; 《飛行機が着陸前に》⟨脚輪を⟩出す; …の裾を伸ばす, 下ろす; ⟨垂線を⟩下ろす: ~ ANCHOR / ~ the CURTAIN / ~ a line 釣糸をたれる. **4 a** 切り[打ち]倒す; 《俗》なぐり倒す; 《俗》殺す, やる. **b** 《俗》⟨盗品所持の泥棒などを⟩取り押える, つかまえる. **5 a** ⟨習慣などを⟩やめる; ⟨議論などを⟩中断する, やめにする (cf. *vi* 3); ⟨人⟩と関係を断つ, 絶交する, 別れる: ~ a bad habit 悪い習慣をやめる / ~ the charges 告発を取り下げる / The subject has been *dropped*. その話題は打切りとなった / She *dropped* her work and rushed to the window. 彼女は仕事の手を止めて窓へ駆け寄った / He has *dropped* some of his friends. 交際しなくなった友だちもいる / *D~* it! 《口》よせ. **b** *解雇する, 放校する, 除名する, はずす: Members who do not pay dues will be *dropped from* the club. **c** 除外する, 削除する; ⟨h や ng の g または語尾のつづり字などを⟩落とした発音をする, ⟨文字などを⟩省略する (omit): ~ one's H's / *D~* the "e" in "drive" before adding "ing". drive に ing を加える前に e を落とせ. **6** ⟨目を⟩落とす, ⟨声を⟩落とす; …の質を落とす, …の量を減らす: He ~*s* his voice at the end of a sentence. 文の終わりで声を落とす. **7** 《俗》⟨ゲームを⟩落とす, 負ける; 《賭博・投機などで》⟨金を⟩する, なくす; 〘トランプ〙⟨札を⟩死なせる. **8** 〘海〙越えて行く, …が見えなくなるまで来る.

● **~ across** (1) ⟨人⟩にひょっこり出会う; ⟨物⟩を偶然見つける. (2) ⟨人⟩をしかりつける, 罰する (＝~ on). **~ around*** ひょっこり[ちょっと]立ち寄る (＝~ [stop] by). **~ away** ⟨家族・会員など⟩一人ずつ去る, (いつの間にか)立ち去る; 少なくなる, なくなる (＝~ off). **~ back** 《時に わざと》遅れる, 落後する; 後退する, 退却する; 〘アメフト〙スクリメージラインから後方へ直進する; ⟨生産高などが⟩落ちる, 下がる. **~** BEHIND. **~ by** ひょっこり立ち寄る (＝~ in). **~ dead** 《口》急死する, くたばる; [*impv*] 《俗》あっちへ行け, 消えうせろ, この野郎, ばかやろ, ざけんな. **~ down** 落ちる; 身を低くする, かがむ. **~ in** (1) ひょっこり訪ねる, ちょっと立ち寄る: He often ~*s in on* me [*at* my house]. / Yesterday some friends *dropped in to* tea. (2) (一人ずつ)はいって来る. **~ sb in it** 《俗》⟨人⟩に迷惑をかける. **~ into** (1) …の上にどっと身を投げ出す. (2) ⟨習慣など⟩に(自然に)陥る (cf. *vi* 5). (3) ⟨場所⟩に立ち寄る, …に寄港する. **~ in with**…と協調する. **D~ it!** *《俗》気にするな, いいから, 忘れちゃって (Forget it!). **~ off** (1) 落ちる, 落とす; ⟨取っ手などが⟩(…から)とれて落ちる, はずれる. (2) (しだいに)立ち去る, 見えなくなる; 少なくなる: Sales have *dropped off*. 売上げがだんだん落ちてきた. (3) 《口》寝入る (fall asleep); うとうとする (doze); 衰えて…になる; 死ぬ. (4) ⟨客などが[を]⟩《車などから》降りる[降ろす], ⟨荷物を⟩降ろす, 配達する; ⟨人を⟩便乗させる: We'll ~ you *off* at the station [in front of the bank]. **~ on**＝DROP across (2); ちょっとした幸運にめぐりあう. **~ out** (1) 消える, なくなる, 省かれる: A letter has *dropped out*. 《印刷で》一字脱落している. (2) 《競技の出場選手など》欠ける; 《団体などに》参加しない, 抜ける; 落後する, 中途退学する; 《既成社会から》脱落する, 脱出する, ドロップアウトする: A runner *dropped out*. 競走選手のうち 1 人欠けた. (3) 〘ラグビー〙ドロップアウトする《防御側が dropkick で試合を再開する》. **~ out of**… (1) …から(こぼれ)落ちる. (2) …から手を引く, …を脱退する; …から落後[中退, 脱落, 離脱]する: Dick has *dropped out of* the eleven. / ~ *out of* college [society] / ~ *out of* the public eye 公衆の面前から姿を消す. **~ over** 《口》DROP in (1): *D~ over to* our house for a visit. 家に訪ねて来てください. **~ round**"＝DROP around. **~ through** 全くだめになる, 問題にもならなくなる. **~ to**… 《俗》…に気づく, 悟る. **~ up**＝DROP by [in]. **let ~** ⇨ *vi* 3; 口をすべらす, 漏らす. **ready [fit] to ~** 《口》ダウン寸前で, くたくたで.

♦ **dróp·pable** *a* [OE *dropa*; cf. DRIP, DROOP]

dróp àrch 〘建〙鈍尖迫持(せりもち), ドロップアーチ.

dróp bìscuit 落とし焼きビスケット.

dróp càke 落とし焼きパンケーキ[ホットケーキ]《生地をスプーンで鉄板の上[熱した油の中]へ落として焼く》.

dróp càpital [càp] 〘印〙ドロップキャップ《章などの初めの文字を大きくしたもので, 文字下部が後続行に食い込んでいるもの; cf. STICK-UP INITIAL》.

dróp càse *《俗》役立たず, ばか, のろま, うすのろ, ぐず.

dróp cèiling 吊天井.

dróp clòth* 《ペンキ塗りの際に床・家具などに掛ける》よごれよけ[シート]布[紙など]; DROP CURTAIN.

dróp còokie 落とし焼きクッキー《drop cake と同様にして作るクッキー》.

dróp cùrtain 《劇場の》緞帳(どんちょう), 下げ幕 (＝*drop cloth*) (opp. *traveler*) (cf. DRAW CURTAIN).

dróp-dèad *a, adv* 《口》はっとさせる, 目を奪う, どぎもを抜く(ほど) (: ~ beautiful [gorgeous]); ぎりぎりの.

dróp-dèad lìst* 《口》いけすかなくて消えればよいと思う連中の架空のリスト, 死んでいい連中のリスト: I put Bill on my ~. ビルはつきあいたくない連中の一人となった.

dróp-dòwn mènu 〘電算〙ドロップダウン・メニュー (PULL-DOWN MENU).

dróp èar 〘犬〙 BUTTON EAR.

dróp-fòrge *vt* 〘冶〙落とし鍛造により成形する. ♦ **dróp fòrger** 落とし鍛造工.

dróp fòrge 落とし鍛造装置 (＝*drop hammer*).

dróp fòrging 落とし鍛造.

dróp frònt 落とし板《本棚付き書き物机の棚蓋で, 手前へ倒すと机の台になる》. ♦ **dróp-frònt** *a*

dróp gòal DROPPED GOAL.

dróp hàmmer 《鍛造用の》落とし[ドロップ]ハンマー.

dróp hàndlebars *pl* 《競走用自転車などの》ドロップハンドル.
dróp·hèad *n* **1** 落とし板《ミシンの機械部取付板など; 機械を中へしまうとテーブルになる》. **2** [°*attrib*]ᴵᴵ《自動車の》折りたたみ式の幌, ドロップヘッド, コンバーティブル (convertible): a ～ coupé.
dróp-ìn *n* **1 a** ひょっこり[ちょっと]立ち寄ること. **b** ひょっこりやって来た訪問客, 不意の訪問者. **c** ひょっこり立ち寄る場所; 《俗》たまり場; 予告なしにお客がやって来る気軽なパーティー. **2** 体制からドロップアウトした考え方・生活を残したまま体制に舞い戻った者; *《俗》もぐりの学生《社会に出たものの大学にあこがれてやって来る》. **3** *《俗》簡単なこと, あぶく銭. ► *a* 差し込み式の; 臨時収容の, 予約のいらない, 飛込みの.
dróp-ìn cènter 十代の若者などのためのレクリエーション・教育・カウンセリング施設のあるセンター.
dróp jàw 下顎下垂症《イヌの狂犬病の麻痺状態で, あごが下垂する》.
dróp kèel 〘海〙落下キール.
dróp·kìck *n* 〘ラグビー〙ドロップキック《ボールを地面に落とし, はね上がり際に蹴る方法; cf. PUNT[3], PLACEKICK》; 《プロレスの》ドロップキック《飛び蹴り》.
dróp-kìck *vt, vi* ドロップキックで…点得点する; ドロップキックする. ♦ **dróp·kìck·er** *n*
dróp·làmp *n* DROPLIGHT.
dróp lèaf 《テーブルのわきに蝶番(ちょうつがい)で取り付けた》たれ板. ♦ **dróp-lèaf** *a*
dróp·let *n* 小(水)滴, 飛沫(ひまつ).
dróplet infèction 〘医〙飛沫[しぶき]感染.
dróp lètter *受付局に受取人が取りに来る郵便書状; 《カナダ》受付局配達区内郵便書状.
dróp·lìght *n* 《上下移動自在の》つるしランプ, 吊り電灯.
dróp lìne 手釣り糸《さおを用いない》.
dróp mèter 《水薬の》計量計 (dosimeter).
dróp-òff *n* 急斜面, 断崖; 減少, 下落 〈*in*〉; 《荷物などの》引渡し, 《人を車から》降ろすこと; ドロップオフ《レンタカーを別の営業所へ返却すること》. ► *a* 《人や荷物を》降ろすべき〈地点・ゾーン〉; ドロップオフの〈レンタカー〉.
dróp·òut *n* **1 a** 落後, 脱落; 《高校などの》中途退学者; 《既成社会からの》脱落者, 落ちこぼれ; 《競争・仕事・活動などから》身を引いた人, 離脱者. **b** 《かつて》ソ連からイスラエルには行かず米国などへ移住したユダヤ人. **2** 〘ラグビー〙ドロップアウト《DROPKICK による蹴り出し》. **3** ドロップアウト《磁気テープ[ディスク]のデータ消失部》; 〘印〙ハイライト版《原画の白色部の網点を取り除いた網版》.
drop·page /drápɪʤ/ *n* 《成熟前の果実の》落下量; 《使用中・輸送途上などの》減量.
dróp pàss 〘アイスホッケー〙ドロップパス《ドリブルしたパックを残して前進し後続の味方にパスするプレー》.
dropped /drápt/ *a* 落ちた, 落とした; 〘服〙《ウエスト・袖付けなどが通常の位置より》落とした, 下がった (: ～ shoulders); 《俗》逮捕されて, とっつかまって.
drópped égg 落とし卵 (poached egg).
drópped góal 〘ラグビー〙ドロップゴール《dropkick によるゴール; 3点》.
drópped scóne DROP SCONE.
dróp·per *n* **1** 落とす人[もの]; 《点滴の》滴瓶, 《目薬などの》スポイト. **2** 《豪・南ア》《柵などの杭と杭の間にあって》針金どうしの間をあけておくための棒. **3** 〘釣〙ドロッパー《ウェットフライ (wet fly) で, 上部の毛針; 通例 3 本》. ♦ **～·ful** *n*
drópper-ìn *n* ひょっこり現われる訪問客 (drop-in).
dróp·ping *n* 滴下, 落下; [*pl*] 落下物, 滴下物, 《ろうそくの》たれ, 落ち毛, 《鳥獣の》糞 (dung).
drópping gròund [zòne] DROP ZONE.
dróp prèss PUNCH PRESS; DROP HAMMER.
dróp scène 場景を描いた下げ幕; 《劇などの》最後の場面; [*fig*] 《人生における》大詰の場面 (finale).
dróp scòneᴵᴵ ドロップスコーン (griddle cake) 《生地をひとさじずつフライパンなどに落として焼くパンケーキ》.
dróp sèat **1** 《車の》補助椅子. **2** 〘服〙《ボタンをはずして下ろしたり開けたりできる》コンビネーションの下着の尻の部分.
dróp shìpment 〘商〙生産者[産地]直送, 直販. ♦ **dróp-shìp** *vt*
dróp shòt **1** 〘テニス・バド・ラケットなど〙ドロップショット《ネット[前面の壁]ぎわに落とすショット》. **2** 〘冶〙ドロップショット《湯 (molten metal) を水中に落として粒にしたもの》. **3** *《俗》DROP CASE.
dróp shòulder 〘服〙ドロップショルダー《袖付けが肩の位置より下がった上腕の部分にあるスタイル》.
drop·si·cal /drápsɪk(ə)l/ *a* 水腫の; 水腫性の; 水腫症の; 腫れた, ふくれた, むくんだ. ♦ **～·ly** *adv* 水腫のように.
dróp sìding 〘建〙《外壁の》合いじゃくり下見板, ドロップサイディング (=*novelty siding*).
drop·sonde /drápsànd/ *n* 〘気〙投下[落下]ゾンデ《飛行機から落下傘で投下するラジオゾンデ》. [*drop*+radiosonde]
dróp stìtch ドロップステッチ《機械編みの穴のあいた模様》.
dróp-sùlfur *n* 〘化〙《溶かして水に落とした》粒状硫黄.
drop·sy /drápsi/ *n* **1** 〘医〙水症, 水腫[浮腫](症), 《特に》全身水腫[浮腫]. **2** 《俗》チップ, 賄賂; 《俗》[*joc*] よく物を落っことすこと. ♦ **dróp·sied** *a* DROPSICAL. [hy*dropsy*]
dropt *v* DROP の過去・過去分詞.
dróp tàble ドロップテーブル《壁に蝶番(ちょうつがい)で取り付けたテーブル; 使用しない時は壁にたたみかけておく》.
dróp tànk 〘空〙落下タンク, 増槽.
dróp tèst 落下試験[テスト]. ♦ **dróp-tèst** *vt*
dróp-tòp *n* コンバーティブル式の車 (drophead[II]).
dróp vòlley 〘テニス〙ボレーによるドロップショット, ストップボレー.
dróp wàist 〘服〙ドロップウエスト《縫い目がウエスト位置より下がったヒップの部分にあるスタイル》.
dróp window 落とし窓《列車などの》.
dróp·wòrt *n* 〘植〙**a** ロクベンシモツケ, ヨウシュシモツケ《欧州・西アジア原産》. **b** 北米産のセリ.
dróp zòne 《パラシュートによる》投下[降下]地帯; 《スカイダイバーの》降下目標, ドロップゾーン.
dros·era /drásərə/ *n* 〘植〙モウセンゴケ属 (*D-*) の各種の食虫植物 (=*sundew*). [Gk *droseros* dewy]
drosh·ky /dráʃki/, **dros·ky** /dráski/ *n* ドローシキ《ロシアの屋根なし軽四輪馬車》; 《一般に》二輪[四輪]辻馬車.
dro·som·e·ter /drousámətər/ *n* 露量計《表面の露の量を測定》.
dro·soph·i·la /drousáfələ, drə-/ *n* (*pl* **～s, -lae** /-lìː/) 〘昆〙キイロショウジョウバエ属 (*D-*) の各種のハエ《遺伝学の実験に用いられる》. [NL=dew-loving]
dross /drás, *drɔ́ːs/ *n* 〘冶〙《溶けた金属の》浮きかす, 垢(あか), 湯垢, ドロス; まじり物, 不純物; くず, かす; 無価値なもの: the ～ of iron かなくそ. [OE *drōs*; cf. MDu *droese* dregs]
dróssy *a* 浮きかすの(ような); ドロスがいっぱいの; 価値のない.
Drou·et /drué, -éɪ/ ドルーエ **Jean-Baptiste ～**, Comte d'Erlon (1765–1844) 《フランスの陸軍元帥》.
drought /dráut/ *n* 干魃, 日照り, 渇水; [*fig*] 長期の[慢性的な, 深刻な]欠乏[不足]; 《古・方》のどの渇き, 渇(かつ); 《古》乾燥. ● **in a ～** *《俗》長いこと恋人[デートの相手]がいなくて. [OE *drūgath* (*drȳge* DRY)]
dróughty *a* 干魃の, 渇水状態の; 乾燥した; 払底している; 《方》のどの渇いた. ♦ **dróught·i·ness** *n*
drouk /drúːk/ *vt* (**drouk·it, drouk·et** /-ət/; **～·ing**) 《スコ》びしょぬれにする (drench). [? Scand; cf. ON *drukna* to drown]
drouth /dráuθ/ *n* 《英方・詩・米》DROUGHT. ♦ **～y** *a*
drove[1] /dróuv/ *v* DRIVE の過去形.
drove[2] *n* **1** 《牛・豚・羊または人の》ぞろぞろ動く群れ; [*pl*] 多数, 大勢; ᴵᴵ《方》家畜を追うでこぼこ道: in **～s** 大勢で, 大挙して, ぞろぞろと. **2** 《石工の》荒削りのみ (=**～ chìsel**); 《石の》荒削り面 (=**～ wòrk**). ► *vt* **1** ᴵᴵ〈家畜の群れを〉追って行く. **2** ᴵᴵ〈石〉に荒削りを施す. ► *vi* ᴵᴵDROVER として働く. ♦ **dróv·ing** *n* [OE *drāf*; ⇨ DRIVE]
dro·ver /dróuvər/ *n* 家畜群を市場に追って行く人, 牛追い, 家畜商人; 《古》流し網漁船 (drifter).
dróve ròad [wày] 〘スコ〙《自動車などがはいれない》昔 家畜を追った道.
drow /dráu/ *n* 〘スコ〙(冷たい)霧雨. [C17<?]
drown /dráun/ *vt* **1 a** おぼれさせる, 水死させる; 《増水などで》水没させる: a **～ed** body 溺死体. **b** びしょぬれにする, 水浸しにする: eyes **～ed** in tears 涙にぬれた両眼. **2 a** 〈声・音を〉かき消す〈*out*〉; 圧倒する. **b** 〈憂い・苦労を〉紛らす〈*in* wine〉: ～ one's TROUBLES [SORROWS]. **c** [～ *-self* / *pass*] 〈…に〉とっぷりつからせる, 没頭させる, ふけらせる: **～ed in** sleep ぐっすり眠り込んで / ～ oneself *in* drink 酒におぼれる, 酒浸りになる. ► *vi* 溺死する: A **～ing** man will catch [clutch] at a STRAW[1]. ● **be ～ed out** 〈人・家畜など〉洪水で立ち退かされる. **～ in**…に圧倒される, 埋まる, 埋没する; 〈借金など〉に苦しむ, あえぐ, 〈ある感情〉に浸る; 〈衣服〉をまとう, …にくるまる. ♦ **～·er** *n* [ME *drun(e), droun(e)*<? OE **drūnian*; cf. ON *drukna* to be drowned]
drownd /dráund/ *vt, vi* 《非標準》DROWN.
drown·der /dráundər/ *n* GOOSE-DROWNDER.
drówned válley おぼれ谷《湖水・海水が侵入する谷》.
drówn·ing *a* 水におぼれ(かかっ)た; 声をかき消す, 騒々しい; *《俗》混乱した, 当惑した. ► *n* 水死, 溺死(の事例).
drówn·pròof·ing *n* 溺死防止法《自然の浮力と特別な呼吸法により長時間水に浮かんでいられる方法》.
drowse /dráuz/ *vi* とろとろとする, 眠気を催す; 不活発である, 眠ったようである. ► *vt* うとうとさせる; 〈時を〉夢うつつに過ごす〈*away*〉. ► *n* うとうとした状態, うたた寝, まどろみ. [OE *drūsian* to be languid or slow; cf. OE *drēosan* to fall]
drow·si·head /dráuzihèd/, **-hood** /-hùd/ *n* 《古》DROWSINESS.
drowsy /dráuzi/ *a* 眠い; 眠そうな; 眠気を誘う, けだるい; 眠ったような, 無気力な, やる気のない. ♦ **drówś·i·ly** *adv* **-i·ness** *n* [*drowse*; 語尾は cf. DREARY]
drówsy-hèad *n* 眠そうな人, ものうげな人.
Dr. Rúth ルース博士 (⇨ WESTHEIMER).

D

drub /drʌ́b/ *v* (-bb-) *vt* **1** 《棒などで》打つ, なぐる (beat); 〈足を〉踏み鳴らす. **2 a** 〈敵・競争相手を〉完全に打ち負かす, 大差でやっつける; 《批評などで》たたく, こきおろす. **b** 〈考えなどを〉たたき込む 〈*into* sb〉, たたき出す 〈*out of* sb〉. ► *vi* 打って音をたてる, 踏み鳴らす. ► *n* 《古》殴打 (thump), 打擲(ちょうちゃく). ◆ **drúb·ber** *n* **drúb·bing** *n* 棒で打つこと; 完敗, 大敗. [Arab *daraba* to beat]

drube ⇨ DROOB.

drudge /drʌ́ʤ/ *n* 《単調で骨の折れる仕事を》こつこつ[あくせく]やる人, 労役者, 雑役夫; DRUDGERY. ► *vi* いやな[苦しい]仕事をこつこつやる (toil) 〈*at*〉. ► *vt* 〈人〉に単調で骨の折れる仕事をさせる. ◆ **drúdg·er** *n* **drúdg·ing** *a* 単調な, 飽きあきする. **drúdg·ing·ly** *adv* あくせくと, 奴隷のように, 単調に. [C15<?; cf. DRAG, OE *dreogan* to work]

D

drudg·ery /drʌ́ʤ(ə)ri/ *n* 《単調でいやな》骨折り仕事.

drug[1] /drʌ́g/ *n* 薬, 薬品, 薬物, 薬剤, 薬種 《PHARMACEUTICAL *a*》; 《精神に作用し, 常用癖を生じさせる》薬物, 麻薬, 薬(ヤク), ドラッグ (cf. HARD DRUG, SOFT DRUG); [*pl*] *衛生薬品 《歯磨など》; 《廃》《染色・化学などで用いる》薬品: on ～*s* 薬物を使用[常用]して, 麻薬をやって. ● **do [take, use] ～s**＝*《俗》**do the ～ thing** 麻薬に手を染めている, 薬(ヤク)をやる[うつ]. **～ on [in] the market** 店(たな)ざらしもの; 滞貨; *《俗》好かれないやつ, その場に居てもらいたくないやつ, おもしろくない人物. ► *v* (-gg-) *vt* **1** …に薬を混ぜる, 〈飲食物〉に毒物[麻薬, 睡眠薬]を加える; …に薬[麻薬, 睡眠薬]を飲ませる; 薬で眠らせる[麻痺させる], 《麻薬作用のように》ぼうっとさせる: be *drugged* (*up*) to the eyeballs 薬漬けになっている. **2** *《俗》飽きあき[いらいら]させる 〈*with*〉. ► *vi* 麻薬を使用[常用]する. [OF *drogue*<? Gmc]

drug[2] *vt, vi* 《方》DRAG の過去形. ► *a* [ˢ～ out] 《俗》疲れはてて, 落ち込んで, 退屈して, 気力のない, 気乗りしない, うんざりして, 不機嫌になって, ぷりぷりして: I say 'No'. I'm too ～ to go out tonight. [cf. *drag* (vt) 3, (vi) 2]

Drug /drúg/ ドルグ 《DURG の旧称》.

drúg abùse 麻薬常用(癖), 薬物濫用 《米国ではアスピリンや鎮痛剤にたよる社会的傾向をも含む》.

drúg àddict [fìend] 麻薬常用者, 薬物嗜癖者.

drúg bàron 麻薬王 《麻薬密売組織のボス》.

drúg czàr *《口》麻薬問題担当長官, ドラッグツァー 《米国政府によって任命される Director of the Office of National Drug Control Policy の俗称; 国の麻薬撲滅キャンペーンを指揮していわゆる drug baron たちと戦う》.

Drúg Enfórcement Administràtion [the] 〘米〙麻薬取締局 (⇨ DEA).

drúg-fàst *a* 薬品に強い[耐える].

drúgged-óut *a* 《口》薬物[麻薬]にふけった, ヤク漬け[ヤク中]の.

drúg·ger *n* 薬剤師 (druggist); 薬物使用者[中毒者]. ◆ **drúg·gery** *n* 医薬品《集合的》; 薬屋, 薬局.

drug·get /drʌ́gət/ *n* 《インド産の》粗製じゅうたん; 《昔の》ラシャ. [F<?; OF *drogue* trash, drug の (dim) か]

drúg·gie *n* 《口》DRUGGY.

drúg·gist *n* 薬屋, 医薬品販売商; 《米・スコ》薬種屋; *薬剤師 (pharmacist); DRUGSTORE の主人.

drúg·gy 《口》*n* 麻薬常用者. ► *a* 麻薬(使用)の.

drúg·hèad *n* *《俗》麻薬の大量常用者, 薬(ヤク)でいかれたやつ, ヤク中(やくちゅう).

drúg lòrd *《俗》《組織の上部に位置する》麻薬の売人の親玉[元締], 麻薬密売組織のボス, 麻薬王 (＝*drug baron*).

drúg·màker *n* 薬剤師; 製薬業者.

drug·o·la /drəgóulə/ *n* *《俗》麻薬販売を黙認してもらうように警察や当局に渡す袖の下. [*drug*＋payola, *gayola*]

drúg·pùsh·er *n* 《口》麻薬密売人, 薬の売人 (pusher).

drúg rehabilitátion 薬物中毒からの回復[立ち直り].

drúg-resíst·ant *a* 〘医〙薬剤耐性の, 薬物抵抗性の.

drúg rùnner 麻薬の運び屋.

drúg squàd" 《警察の》麻薬捜査[取締]班.

drúg·ster *n* 麻薬常用者.

drúg·stòre* *n* ドラッグストア 《薬品・化粧品・タバコ・本などの雑貨を売り, 喫茶軽食店も兼ねる; cf. PHARMACY》.

drúgstore bèetle [wèevil] 〘昆〙ジンサンシバンムシ, クスリヤナカセ 《タバコ・薬・古本などを食い荒らす小甲虫》.

drúgstore cówboy *《俗》ドラッグストアのまわりや街路にたむろする若者; *《俗》《女性をひきつけようと》服装だけカウボーイの格好をしている者; *《俗》ほら吹き.

drúgstore ràce *《俗》薬を盛った馬が出走するレース.

drúg wàr 《麻薬撲滅のための》麻薬との戦い.

dru·id /drúːəd/ *n* **1** [ᴼD-] ドルイド 《キリスト教に改宗する前の Gaul, Britain のケルト族の僧; 預言者・詩人・裁判官・妖術者などを兼ねた》. **2** 《ウェールズの》詩人大会 (eisteddfod) の役員. **3** [D-] 《1781 年 London に設立された》ドルイド共済会の会員. ◆ **dru·id·ic** /druːídɪk/, **-i·cal** *a* **～·ess** *n fem* **～·ìsm, ～·ry** *n* [ᴼD-] ドルイド教. [F or L<Celt]

drúid stòne ドルイド石 《しばしば 古代ストーンサークルにみられる英国の珪質砂岩の一種》.

drum[1] /drʌ́m/ *n* **1 a** 太鼓, ドラム; 太鼓のように用いられる中空の木[それに類するもの]: (as) tight as a ～ 《俗》泥酔して / with ～*s* beating and colors flying ドラムを鳴らし旗をなびかせて. **b** [*pl*] 《オーケストラまたは楽隊の》ドラムパート; 〘軍〙鼓手 (drummer). **c** ドラムの音, ドラムに似た音; [the] 《豪俗》情報, 《競馬などの》予想, ネタ: give sb *the* ～. **2** 円筒形の容器, 《特に》ドラム缶; 精油槽, ドラム; 《連発銃の》円盤形の弾倉; 〘電算〙(磁気)ドラム (magnetic drum). **3 a** 〘解〙中耳 (middle ear); 〘解〙鼓膜 (tympanic membrane). **b** 〘動〙鼓状器官; 〘機〙《ウインチの》巻胴, 鼓(こ), ドラム; 〘機〙胴, ドラム 《中空円筒形の部品》; 《積み重ねて円柱にする》円筒石材, 太鼓石; 〘建〙穹窿(きゅうりゅう)胴. **4 a** サンカノゴイの鳴き声. **b** 〘魚〙太鼓のような音を出すニベ科の各種の魚 (＝*drumfish*). **5 a** 《俗》家, ナイトクラブ, 売春宿; 《俗》ブタ箱 (prison). **b** 《豪俗》身のまわり品の包み (swag). **6** 《廃》午後[夜]の大ティーパーティー. ● **beat the ～(s)＝bang the ～** 《口》鳴り物入りで宣伝する, (…を)派手に売り込む 〈*for*〉. **run a ～** 《豪俗》〈競走馬が〉予想どおりの成績をあげる.
► *v* (-mm-) *vi* **1** 太鼓を打つ[たたく, 鳴らす]. **2 a** ドンドン[トントン, コツンコツン]打つ[たたく, 踏み鳴らす] 〈*on* the table *with* one's fingers, *on* the piano, *at* the door, *with* one's heels *on* the floor, etc.〉. **b** 〈キツツキが〉ドラミングする 《木をつつく》. **c** 鳴り響く. **3** 〈…への関心をかきたてる, しきりに誘う 〈*for*〉. **4** 〈鳥・昆虫が〉ブンブン羽を鳴らす. **5** 《俗》空き巣をはたらく. ► *vt* **1** 〈ドラムを〉鳴らす; 〈曲を〉ドラムで奏する. **2** ドンドン[トントン, コツンコツン]鳴らす 〈*with* one's fingers etc.〉; 〈リズムを〉たたいて作る, 打ち[たたき]出す 〈*out*〉. **3** 〈人などを〉ドラムを鳴らして集める; 《口》〈セールスマンが〉〈商品を〉売ってまわる. **4** (耳が痛くなるほど)繰り返して〈ある状態に〉する; 〈思想などを〉たたき込む, 吹き込む 〈*into*〉; *《口》知らせる; *《口》宣伝する; *《口》顧客を得る: ～ sb *into* apathy 人にがみがみ言って無感覚[無関心]にする / ～ a rule *into* sb [sb's head] 絶えず繰り返し言って規則を教え込む. **5** ドラム(缶)いっぱいにする[たくわえる]. **6** 《俗》《留守を確かめるため》〈泥棒が〉…のドアをノックする[ベルを鳴らす]. ● **～ down** 沈黙させる. **～ out of…** ドラムを鳴らして〈軍隊〉から追放する; 〈団体など〉から追放[除名]する: He was *drummed out of* school. 放校された. **～ up** (ドラム[鳴り物入り]で)呼び集める, 〈支持・客などを〉獲得する, 〈商売・景気・関心などを〉刺激[鼓舞]する, 盛り上げる, 創り出す; 案出する, 編み出す; 《俗》《billycan などで》お茶を沸かす: ～ *up* some business 商売をつくり出す, 販売を促進する, 景気をつける.
◆ **～·lìke** *a* [*drombslade, drombyllsclad* (obs)<LG *trommelslag* drumbeat (*trommel* drum, *slag* beat)]

drum[2] *n* 《スコ・アイル》細長い丘陵[屋根]; 〘地質〙DRUMLIN. [Gael and Ir *druim* ridge]

drúm and báss" DRUM 'N' BASS.

drúm·bèat *n* 太鼓の音[一打], ドラムビート; 太鼓のような音; 声高に唱える主義[主張], 絶え間ない批判[苦情].

drúm·bèat·er 《口》*n* 広告[宣伝]人 (advertiser); 《主義・政策などを》声を大にして唱道する人; PRESS AGENT; 〘ラジオ・テレビ〙広告を読むアナウンサー. ◆ **drúm·bèat·ing** *n*

drum·ble /drʌ́mb(ə)l/ *vi* 《方》のろのろする.

drúm bràke ドラムブレーキ 《シューを回転するドラム表面に押しつけるブレーキ》.

drúm còrps 太鼓隊, 軍楽隊.

drúm·fìre *n* 〘軍〙連続集中砲火; 《質問などの》連発.

drúm·fìsh *n* 〘魚〙ニベ科の魚 (DRUM[1]).

drúm·hèad *n* 太鼓の皮; 〘解〙鼓膜 (tympanic membrane); 〘機〙車地(しゃち) (capstan) の頭. ► *a* 略式の.

drúmhead cóurt-martial 戦地(臨時)軍法会議.

drúm kìt [sèt] 〘楽〙ドラムセット 《各種ドラムとシンバルを組み合わせた一式》.

drum·lin /drʌ́mlən/ *n* 〘地質〙ドラムリン 《氷河の漂積物の氷堆石からなる細長い[長円形の]丘陵》. ◆ **～·òid** *a*

drum·ly /drʌ́mli/ *a* 混乱した; 《スコ》〈天気が〉陰鬱な.

drúm machìne ドラムマシーン, リズムマシーン 《ドラムなどの打楽器の音を出すようプログラムされた電子楽器》.

drúm màjor 軍楽隊長; マーチングバンドのリーダー; 《古》《連隊の》鼓手長.

drúm majorètte *バトンガール, バトントワラー; 《軍楽隊の》女性リーダー.

drúm·mer *n* **1** ドラム奏者, ドラマー, 《軍楽隊の》鼓手. **2** 《口》地方巡回セールスマン 《もとドラムで客集めをした》, 出張[訪問]販売員; 《俗》(押込み)強盗, 泥棒; 《豪俗》放浪者; 《豪俗》《グループ内で》羊の毛を刈るのがいちばんのろい人. **3** *《鉄道俗》貨車操作場の車掌. ● **march to [hear] a different ～** *人と違っている, 人と違った考え方[価値観, 信条]をもつ, 一風変わっている.

drúm·ming *n* ドラム演奏; 太鼓[ドラム]の音, トントン[ドンドン]という音; 《キツツキの》ドラミング.

drum·mock /drʌ́mək/ *n* 《スコ》DRAMMOCK.

Drum·mond /drʌ́mənd/ ドラモンド (1) **Henry ～** (1851–97) 《スコットランドの福音伝道者》 (2) **William ～ (of Haw·thorn·den** /hɔ́ːθɔːrndən/) (1585–1649) 《スコットランドの詩人》 (3) **William Henry ～** (1854–1907) 《アイルランド生まれのカナダの詩人》.

Drúmmond lìght ドラモンド光 (limelight). [Thomas

Drummond (1797–1840) スコットランドの技師]
Drúmmond's phlóx 〘植〙キキョウナデシコ《Texas 原産ハナシノブ科の植物》. [James *Drummond* (1787–1863) 英国の植物収集家]
drúm 'n' báss‖ /drʌ́mən-/ ドラムンベース《1990 年代初めに英国で発展したダンスミュージックの一種; 高速のドラムビートとゆったりとした動きのベースの重低音を特徴とする》.
drúm pàd ドラムパッド《スティックで打つとドラムセット (drum kit) の音が出る電子楽器》.
drúm prìnter 〘電算〙ドラム式印書装置, ドラムプリンター.
drúm prìnting ドラムプリンティング《別々のドラムに巻かれた縦糸などを, ドラムが回転して出て行くとき捺染(なっせん)する方法》.
drúm·ròll *n* 〘楽〙ドラムロール《ドラムの連打》.
drum set ⇨ DRUM KIT.
drúm·stick *n* 《太鼓の》ばち, ドラムスティック; ばち状のもの; 〘料理〙下腿(かたい), ドラムスティック《鶏のすね》; 〘医〙《女性の多核白血球の》(太鼓)ばち状核突起, (太鼓)ばち小体, ドラムスチック.
drúmstick trèe 〘植〙ナンバンサイカチ (=*golden shower, purging cassia*)《花木・薬用; cf. CASSIA FISTULA》.
drunk /drʌ́ŋk/ *v* DRINK の過去分詞. ▶ *a* [ᵖ*pred*] 酔って (intoxicated) (cf. DRUNKEN); 酔いしれて, うっとりして ‹*with* joy, power›; 酔ったための, 酔っぱらいの: be ~ 酔っ(ぱらっ)ている / get ~ *on* wine ワインで酔う / beastly [blind, dead] ~ ぐでんぐでんに酔って / ~ out of mind 完全に酩酊して / (as) ~ as a fiddler [lord, fish, skunk, 《俗》 fiddler's bitch] ひどく酔っぱらって, 泥酔して. ● **~ back** *《俗》《酒に》酔って, へべれけで. **~ in charge** 〘法〙酒酔い運転で, 飲酒運転で. ▶《口》*n* 酔っぱらい, のんべえ, のんだくれ; 酒盛り; 酔い, 酩酊; 《酔ったうえでの》警察ざた.
drúnk and disórderly *a* 泥酔して. ▶ *n* 泥酔した人; 泥酔.
drúnk·ard *n* 大酒飲み《人》; *《鉄道俗》土曜の深夜列車, 酔っぱらい列車. [*-ard*]
drúnk dríving* 飲酒運転 (drink-driving‖). ◆ **drúnk dríver** *n*
drunk·en /drʌ́ŋk(ə)n/ *a* **1 a** [ᵘ*attrib*] 酔った (opp. *sober*) (cf. DRUNK); 酔っぱらいの, 酒浸りの; 酒のうえの: ~ driving 酔っぱらい運転 (drink-driving‖). **b** 《廃》液体を染み込ませた. **2** ‹ねじ・管など› ねじすじのゆがんだ. ◆ **~·ly** *adv* 酔って; 酒のうえで. **~·ness** *n* 酩酊; 酒浸り.
drunk·o·me·ter* /drʌ̀ŋkɑ́mətər/ *n* 酔度計《呼気に含まれたアルコールの量を測定して酔度を計る》.
drúnk tànk*《口》酔っぱらい収容所[留置場], トラ箱.
dru·pa·ceous /drupéɪʃəs/ *a* 〘植〙石果性の; 石果を生じる (⇨ DRUPE).
drupe /drú:p/ *n* **1** 〘植〙石果, 核果 (=*stone fruit*)《サクランボ・プラム・オリーブなど》. **2** 〘貝〙ムラサキイガレイシ属の海産巻貝. [L<Gk =olive]
drúpe·let, dru·pel /drú:p(ə)l/ *n* 〘植〙小石果, 小核果《キイチゴなどの集合果は小石果が集合したもの》.
Drú·ry Láne /drúəri-/ **1** ドルリーレーン《London 中央部にある 17 世紀以来の歴史をもつ王立劇場 Theatre Royal (のある通り)》. **2** ドルリー・レーン《Barnaby Ross の名で ELLERY QUEEN が書いた推理小説に登場する探偵役の俳優》.
druse /drú:z/ *n* 晶洞, がま《岩石・鉱脈などの中の空洞》; 〘化〙集晶; 〘植〙《細胞内の》シュウ酸カルシウム結晶群. [G]
Druse, Druze /drú:z/ *n* ドルーズ派の人《イスラム教シーア派の過激派イスマイル派から派生した一宗派; シリアやレバノンの山岳部に本拠をもつ》. ◆ **Drú·si·an, -zi-, -se-, -ze-** *a*
Dru·sus /drú:səs/ ドルスス **Nero Claudius ~ Ger·man·i·cus** /ʤərmǽnɪkəs/ (38 B.C.–9 B.C.)《ローマの軍人; Tiberius 帝の弟》.
druth·ers /drʌ́ðərz/ *n pl**《方・口》好み, 自由選択: If I had my ~, I'd go skating. 好きなようにしていいならスケートに行くんだが. [(*I*) *would rather*]
Druze ⇨ DRUSE.
Dr. Who /dɑ̀ktər ─́/ ドクターフー《英国 BBC テレビの子供向けアクション SF シリーズ *Doctor Who* (1963–) の主人公で天才科学者; TARDIS というタイムマシンをもち, 時間と空間を自由に移動し仲間と共にさまざまな人物・魔物と戦う旅をする》.
dry /dráɪ/ *a* (**drí·er; -est**) **1 a** 乾いた, 湿っていない, 乾燥した, 乾質の, 乾性の (opp. *wet*); 水をかぶっていない‹土地›; 水気が少ない‹食品›; 乾燥させた, 粉末(状)の; 新鮮でなくなった, ひからびた‹パンなど›; ‹物が›《液体でなく》固体の (solid): a ~ towel / a ~ house 湿気のない家 / ~ wood 乾いた[枯れた]木材 / get ~ 乾く / keep ~ 乾かしておく / ~ land 陸地 / ~ fish 干物 / DRY GOODS / DRY MEASURE. **b** 日照り続きの; 水のかれた, 干上がった‹川・井戸など›; 乳がでない‹牛›; ‹赤ちゃんが›おむつの要らない, おむつが取れて: the ~ season 乾期, 渇水期 / run ~ ‹水・乳が›かれる, 出なくなる, [*fig*] ‹資金などが›尽きる / BLEED…~. **c** のどが渇いた; のどが渇く‹仕事など›: feel ~ のどが渇く. **d** 痰(たん)の伴わない, 乾性の, 空(から)の‹咳›. **e** 液体[潤滑油]を用いない, 乾式の‹写真複写・クラッチなど›. **f** 〘化〙無水の (anhydrous). **g** 《廃》出血[流血]をみない: a ~ blow [fight]. **2** バター(など)を塗らない‹トースト›. **3 a** 賄いなしの‹下宿›. **b** 《口》酒の出ない‹パーティー›; 酒類の製造・販売を禁じている, 禁酒派の (opp. *wet*); 酒[薬物]を断った, しらふの: DRY LAW / a ~ town [state] 禁酒の町[州]. **4 a** ‹ワインなど› 口当たりのさっぱりした, 辛口の (sec) (opp. *sweet*); ‖‹ビスケットが›甘くない. **b** さりげなく[まじめな顔をして]言う(辛辣な)‹冗談・皮肉›. **5 a** 涙のない; 涙を流さない[そそらない], 情味に乏しい; 無味乾燥な‹書物・講義›; そっけない‹返事›; 冷たい, 味気ない; 実りのない‹会見›: with ~ eyes ⇨ EYE[1] (成句) / ~ thanks 通り一遍のお礼(のことば) / There was not a ~ eye (in the house). 《口》(その場に居合わせた)だれもが悲しみ[感動]の涙を流した. **b** 〘美〙線の堅い, 色彩にやわらかさを欠いた, 枯れた. **c** 潤い[なめらかさ]を欠く, 乾いた, かさかさした‹声・音›; 残響のない‹音・部屋など›. **6 a** 潤色のない, そのまま[ありのまま]の‹事実など›; 《古》現金の, 即金の: ~ money 現金, 《芝居などの》その日の上がり. **b** 私的な偏り[かかわり, 感情]のない, 無私の. **7** 実弾[実包]を使わない, 練習の, 模擬の, 予行演習の (: ~ firing / ~ rehearsal); 〘建〙空(から)積みの, 空仕上げの. ● **come up ~*** 不成功である, 実を結ばない. **die a ~ death** 《溺死や流血ではなく》天寿を全うして死ぬ. **~ light** 陰影のない光線; 公平な見方[見解]. **go ~** 酒抜きでやる; 禁酒法をしく; 《人前で》あがる. **not ~ behind the ears**=still wet behind the EARS. **vote ~** 禁酒法に賛成の投票をする.
▶ *vt* **1** 乾かす, 干す; 乾燥させる, 干物にする; ぬぐって乾かす ‹one's hands *on* a towel etc.›: ~ one*self* (*off*) 体をふく / ~ one's tears [eyes] 涙をふき取る; 嘆くのをやめる. **2** ‹牛›の乳の出を止める ‹*off*›. ▶ *vi* 乾く, 干上がる, 体が乾く ‹*off*›; 食器をふく; ‹水が›かれる, ひからびる; ‹牛が›乳が止まる; 〘劇〙DRY up. ● **~ out** 《完全に》乾かす[乾く]; 《口》‹中毒者が[に]›禁断療法をうける[うけさせる], 酒を絶たせる; 《口》アルコール[麻薬]依存を脱却する[させる]. **~ up** 干上がらせる[干上がる], すっかり乾かす[乾く]; (食器などを)ふきんでふく; ‹発疹を› 《薬で乾かして》治す; ‹貯金・創作力などが›枯渇する; …の供給を断つ; しぼむ, 萎靡[衰微]する, 死ぬ; ことばに詰まる, 口ごもる, 〘劇〙せりふを忘れる; [*impv*]《口》話をやめる, 話がやむ.
▶ *n* (*pl* **dríes, ~s**) **1** 干魃 (drought); 乾燥状態 (dryness); 乾燥地帯, 乾いた場所[物], 《豪》砂漠; [the]《豪口》乾燥期, 乾期《4 月下旬から 11 月まで》. **2** 《口》禁酒主義者 (prohibitionist); ‖《口》保守党強硬派の政治家 (cf. WET). ● **in the ~** ぬれずに; 《海上でなく》陸上で, 陸(おか)で.
◆ **~·able** *a* **drý·ly, drí·ly** *adv* 乾燥して; 無味乾燥に; 冷静に; 冷淡に, そっけなく, 平然と, あっさりと; 《まじめな顔で》皮肉に. **~·ness** *n* 乾燥(状態), 乾き度; 日照り(続き); 無味乾燥; 冷淡; 甘味のない味. [OE *drȳge*; cf. G *trocken*]
dry- /dráɪ/, **dryo-** /dráɪou, -ə/ *comb form*「木」[Gk (*drus* tree, oak); cf. TREE]
dry·ad /dráɪəd, -æ̀d/ *n* (*pl* **~s, -a·des** /-ədì:z/) **1** 〘ギ神・ロ神〙ドリュアス《木の精; ⇨ NYMPH》; 《一般に》木の精 (wood nymph). **2** 〘昆〙ジャノメチョウ, ナミジャノメ. ◆ **dri·ad·ic** /draɪǽdɪk/ *a* [OF, <Gk (↑)]
dry·as /dráɪəs/ *n* **1** 〘植〙チョウノスケソウ《極地などにみられるバラ科チョウノスケソウ属 (*D*~) の矮性低木》. **2** [D-]〘地質〙ドリアス期《更新世末期の北部ヨーロッパに起きた気候変動期》.
dry·as·dust /dráɪəzdʌ̀st/ *n* [ᵖD-] 学究的でおもしろみのない学者《考古学者・統計学者など》. ▶ *a* 無味乾燥な. [dry as DUST]
drý báth 《俗》《囚人を裸にして行なう》身体検査, 検身.
drý bàttery 乾電池《数個の組合わせ》; DRY CELL.
drý béer ドライビール《辛口で, アルコール分がラガービールよりやや高い生ビール》.
drý-blòw *vi* 《豪》風を送って金(きん)を選別する.
drý-blòw·ing 《豪》*n* 風による金の選別, 風選; 《口》退屈な作業.
drý bòb ‖《俗》《Eton 校の》クリケット[ラグビー]部員 (cf. WET BOB).
drý-bòned *a* 骨と皮の, やせこけた.
drý-bòne óre SMITHSONITE.
drý-bònes *n* やせこけた人.
drý·brùsh *n* 乾筆, 渇筆《水気をほとんど含まない筆で描く水彩画や墨絵の技法》.
drý-bùlb thermómeter 乾球温度計.
drý cèll 〘電〙乾電池《単体》.
drý-clèan / ; ─́ ─́/ *vt* ‹衣類を›ドライクリーニングする. ▶ *vi* ドライクリーニングされる. ◆ **drý-cléan·able** *a* **drý cléaner** ドライクリーニング屋. [逆成く↓]
drý cléaning ドライクリーニング; ドライクリーニングした洗濯物.
drý-cléanse *vt* DRY-CLEAN.
drý-cúre *vt* ‹肉・魚などを›塩をして干す (dry-salt) (cf. PICKLE[1]). ◆ **drý cúring** 乾塩(かんえん)法.
drý cùsh 《口》クッキー (cookies).
Dry·den /dráɪdn/ ドライデン **John ~** (1631–1700)《イングランドの詩人・劇作家・批評家; 桂冠詩人 (1668–88); 悲劇 *All for Love* (1677), 諷刺劇 *Absalom and Achitophel* (1681), 劇詩論 *An Essay of Dramatick Poesie* (1688)》. ◆ **Dry·de·ni·an** /draɪdí:niən, -dén-/ *a*
drý distillátion 乾留 (destructive distillation).
drý-dòck *vt, vi* 乾ドックに入れる[はいる].
drý dòck 乾ドック《船底が露出するドック》. ● **in ~** *《口》失業して; 入院して.

drý dýeing 《繊維の》乾式染め.
dryer ⇨ DRIER[1].
drý-eráse bòard 白板, ホワイトボード (whiteboard).
drý-èyed *a* 泣いていない, 涙を流していない; 冷静な〈見方〉.
drý èye (sỳndrome) 〔医〕ドライアイ, 眼乾燥症[症候群]《涙の分泌が減って, 眼が充血したり, かゆくなったり, ヒリヒリしたりする》.
drý fàrm 乾地農場.
drý fárming 乾地農業《水利のないまたは雨の少ない土地で乾燥に強い作物を作る, たとえば米国西部などの耕作法》. ♦ **drý-fàrm** *vt* 〈土地を〉乾地農法で耕作する. **drý fárm·er** *n*
drý flý 〔釣〕ドライフライ《水面に浮かべて釣る毛針; cf. WET FLY》. ♦ **drý-flý** *vi*
drý fóg 〔気〕乾霧《低湿度でほこりと煙により起こる霧》.
drý·fòot *adv* 足をぬらさないで.
drý frésco SECCO.
drý-frý *vt* 油を使わずにフライパンで焼く[炒める], 乾煎りする.
drý fúck 《卑》《着衣のまま行なう》性交動作のまね, 模擬性交, ドライファック (=*dry hump*)《ダンスで下腹部をこすり合わせるなど》. ♦ **drý-fúck** *vi, vt*
drý gángrene 〔医〕乾性壊疽(えそ).
drý gás 乾性[ドライ]ガス《炭化水素を含まない天然ガス; メタン・エタンなど》.
Drý·gàs 〔商標〕ドライガス《米国製のガソリン不凍液》.
drý gínger ドライジンジャー《**1**) GINGER ALE **2**) 乾燥ショウガ》: whisky and ~ ウイスキーのジンジャーエール割り.
drý gòods 1 [〈*sg/pl*〉] **a**《食料雑貨や金物などと区別して, 布地・既製服などの》布製品, 衣料品. **b** ꞈ乾燥食品(類)《穀類, 砂糖, コーヒーなど》. **c** *《俗》衣服, ドレス, スーツ, コート. **2** *《俗》女, 女の子.
drý-gùlch *vt* *《口》静かな所で待伏せして殺す[襲う]; 高い所から突き落として殺す; 〈敵の羊などを〉流れのない谷間などに追い落として殺す; 《急に変節して》裏切る; なぐり倒す.
drý héaves *pl* 空吐き《繰り返し吐き気を催すが嘔吐物が出てこない状態》.
drý hígh *《俗》マリファナ, カンナビス, 興奮[陶酔]状態をひき起こす非アルコール性の物質.
drý hóle 《石油・天然ガスの》無産出井(せい), 空(から)井戸 (=*dry well*).
drý húmp 《卑》DRY FUCK. ♦ **drý-húmp** *vi, vt*
drý íce ドライアイス《固形二酸化炭素; 冷却剤》. [*Dry Ice* 商標]
drý·ing *a* 乾燥用の; 乾燥性の: ~ agent 乾燥剤 / a ~ house 乾燥所[室] / a ~ machine 乾燥機 / a ~ breeze [wind] 洗濯物がよく乾く風.
drýing òil 乾性油《薄膜状にして空気にさらすと固化する, 綿実(めんじつ)油・アマニ油・ダイズ油など》.
drý·ish *a* 乾きぎみの, 生乾きの.
drý kìln 《木材の》乾燥炉, 乾燥室, 乾燥キルン.
drý láke 乾燥湖 (playa).
drý·lànd *a* 乾燥地域の; 乾地農法の.
drý lánd 乾燥地域; 陸地 (terra firma).
drýland fàrming DRY FARMING.
drý làw 〔米〕禁酒法, 酒類販売禁止法 (cf. PROHIBITION).
drý léase 〔空〕ドライリース《乗務員を含まない航空機のリース; cf. WET LEASE》.
drý·lòt *n* 《家畜を肥育するための》草木のない囲い地: ~ feeding 舎(しゃ)飼い.
drý martíni ドライマティーニ《辛口ベルモット 1 に対しジンを 4–10 の割合で加えて作るカクテル》.
drý másonry 《石垣の》空(から)積み《モルタルを用いない》.
drý méasure 乾量《穀粒など乾燥したものの計量; cf. LIQUID MEASURE》.
drý mílk 粉乳, ドライミルク (powdered milk).
drý mòp 床ふき用モップ (=*dust mop*).
drý mòunting 〔写〕乾燥貼りつけ, ドライマウント[マウンティング]《印刷物・写真などを板[台紙]にあて, 熱可塑性物質でおおったものに熱を加えて貼りつける方法》.
drý nùrse 1 保母《自分の乳を飲ませない育児婦; cf. WET NURSE》. **2** 経験の乏しい上役をもりたてる人, お守り役, 相談役; 要らぬ世話をやく人. ♦ **drý-nùrse** *vt* 〈幼児を〉守り育てる; 〈経験の乏しい上役を〉もりたてる; 〈人〉に余計な世話をやく.
drý óffset 〔印〕ドライオフセット《凸版を版面として, 湿し水を用いないオフセット》.
Dry·o·pe /dráɪəpìː/ 〔ギ神〕ドリュオペー《ポプラに姿を変えられたニンフ》.
dry·o·pith·e·cine /dràɪoupíθəsàɪn, -sìːn/ *n, a* 〔人〕ドリオピテクス亜科 (Dryopithecinae) の(類人猿 (=**Dry·o·píth·e·cus** /-píθəkəs/)).
drý pàck 〔医〕乾パック, 乾罨法.
drý pàinting SAND PAINTING.
drý pàn ドライパン《煉瓦製造のための乾燥原料粉砕機》.
drý plàte 〔写〕乾板(かんぱん) (cf. WET PLATE).
drý pléurisy 〔医〕乾性胸膜炎.
drý·pòint *n* 〔美〕ドライポイント《腐食液を用いない銅版画用の彫針》; ドライポイント銅版(画); ドライポイント銅版技法.
drý ríser 連結送水管《火災時に地上から上階の取水口へ消火用水を送る》.
drý-róast·ed, drý-ròast *a* 〔料理〕ドライローストの[された]《油を少なくしてローストする方法; カリカリに乾燥した, 低カロリーの料理となる》.
drý rót 1 《菌類による木材の》乾燥腐敗, 乾腐, むれ腐れ, ふけ; 〔植〕《根・塊茎・果実の》乾腐病; 乾腐病菌. **2** 《道徳的・社会的な》頽廃, 腐敗 〈*in*〉. ♦ **drý-ròt** *vt, vi* 乾腐させる[する]; 腐敗[堕落]させる[する].
drý rún *n* 〔軍〕実弾なしの射撃[投爆]演習; 《口》《一般に》予行演習, 模擬試験, リハーサル; 《卑》DRY FUCK; 《卑》コンドームをつけてする性交. ► *vt* 《口》…の予行演習をする, (試しに)やって[使って]みる.
drý-sàlt *vt* DRY-CURE.
drý·sàlt·er ꞈ *n* 《塩物・かんづめ・薬品・ゴム・染料・油などの》乾物商人.
drý·sàlt·ery ꞈ *n* 乾物商, 乾物店; 乾物類.
drý sànd 乾燥型砂(すな)《鋳型乾燥用》.
Drys·dale /dráɪzdèɪl/ **1** ドライズデール Sir **George Russell** ~ (1912–81)《オーストラリアの風景画家》. **2** ドライズデール種の羊《ニュージーランド産》.
drý shampóo ドライシャンプー《水を使わない》.
drý sháve 水を使わないひげそり《電気かみそりを用いる場合など》.
drý-shód *a, adv* 靴[足]をぬらさない(で).
drý sìnk 乾洗面台, ドライシンク《19 世紀の台所[洗面]用流し; 洗面器などを置くように金属の受皿が付いた木製キャビネット; 下は食器棚》.
drý-skí *a* 屋内[人工雪面]でするスキーの: a ~ school / ~ slope = DRY SLOPE.
drý skíd 《自動車などの》乾いた路面におけるスリップ. ♦ **drý-skìd** *vi*
drý slòpe 屋内[人工雪面]スキー場 (=*dry-ski slope*).
drý sócket 〔歯〕ドライソケット, 感染抜歯窩(か), 歯槽骨炎《抜歯に伴って炎症を起こしたもの; 化膿はしない》.
drý stéam 〔化〕乾燥蒸気.
drý·stòne ꞈ *a* 《モルタルを用いず》空(から)積み工事で作った〈壁〉.
drý stóve 〔園〕《サボテンなどの》乾燥(植物用)温室.
drý sùit ドライスーツ《スキューバダイバーが冷水の中で着る二層になった潜水服; 暖気を入れ, 潜水中の気圧を一定に保つ》.
drý sùmp 〔機関〕ドライサンプ(方式)《エンジン本体外部に油だめを備えるエンジンの潤滑方式》.
Drý Tor·tú·gas /-tɔːrtúːgəz/ *pl* [the] ドライトルトゥーガス諸島《Florida 州南端の Key West の西方, Mexico 湾入口の小島群; Fort Jefferson (1846) の跡が残り, 国立公園に指定されている》.
drý válley 涸(か)れ谷.
drý wàll 1 空(から)積み石壁, ドライ壁 (=*drystone wall*)《セメント・モルタルを用いず, 通例 自然石で造る》. **2** [ꞈdrywall] *乾式壁《しっくいを用いない, 石膏ボード・繊維板・合板などの壁; その壁材》. ♦ **drý-wàll** *a, n*
drý wàlling 《モルタルを用いない》空(から)石積み; モルタルを用いない石壁 (dry wall).
drý wàsh 1 アイロンをかける前の乾いた洗濯物. **2** *《西部》ドライウォッシュ《水のとぎれた川床》.
drý wèll 吸込み《丸石を敷き詰めた雨水などの排水穴》; DRY HOLE.
drý whískey MESCAL BUTTON.
d.s. °daylight saving. **Ds** 〔化〕darmstadtium. **DS** 〔楽〕°dal segno ♦ °data set ♦ °dental surgeon ♦ 〔米〕°Department of State ♦ °detached service ♦ detective sergeant ꞈ巡査部長 ♦ 〔軍〕directing staff ♦ °disseminated sclerosis ♦ document signed ♦ °drop siding. **DSc** Doctor of Science. **DSC** 〔軍〕°Distinguished Service Cross. **DSL** °deep scattering layer ♦ °digital subscriber line.
D sleep /díː ⌒/ DESYNCHRONIZED SLEEP.
DSM 〔軍〕°Distinguished Service Medal. **DSO** 〔英軍〕(Companion of the) °Distinguished Service Order. **d.s.p., dsp, DSP** [L *decessit sine prole*] died without issue.
DSP 〔電算〕digital signal processing [processor] デジタル信号処理[処理装置]. **DSR** 〔医〕°dynamic spatial reconstructor.
DSS /díːèsés/ *n* ꞈ《口》[*derog*]《国からの》住宅手当受給者, 低所得者(層): No pets, No ~《貸家の広告などで》ペット, DSS お断わり. [*D*epartment of *S*ocial *S*ecurity]
DSS °decision support system ♦ 〔英〕°Department of Social Security ♦ °digital satellite service ♦ °digital satellite system ♦ digital signature standard.
'dst /dst/ wouldst [hadst] の短縮形.
DST °Daylight Saving Time ♦ Doctor of Sacred Theology.
D. Surg. °dental surgeon. **DSW** Doctor of Social Welfare ♦ Doctor of Social Work. **d.t.** °diethyl toluamide (cf. DEET). **d.t., DT** °delirium tremens ♦ °double time. **DT** °daylight time ♦ 〔米〕°Department of Transportation ♦ Doctor of Theology. **DTD** 〔電算〕document type definition 文書型

定義. **DTh** Doctor of Theology. **DTI** 〘英〙°Department of Trade and Industry.
DTp 〘英〙°Department of Transport. **DTP** °desktop publishing ♦ diphtheria, tetanus, pertussis.
DTs, DT's, d.t.'s /dìːtíːz/ *n pl* [the] 《口》 DELIRIUM TREMENS.
DTT digital terrestrial television 地上デジタル放送, 地デジ.
DTV °desktop video ♦ °digital television.
du /d(j)u; *F* dy/ 《フランス語起源の人名で》…出身の. [de と冠詞 le の縮約形]
Du. Duke ♦ Dutch.
DU °depleted uranium ♦ 〘気〙 Dobson unit(s).
du·ad /d(j)úːæ̀d/ *n* 一対 (pair).
du·al /d(j)úːəl/ *a* 2 の; 2 を表わす, 二者の; 二重の (double, twofold); 2 部分からなる; 二元的な; 〘文法〙両数の, 双数の; 〘数〙双対(そうつい)の. ► *n* 〘文法〙両数[双数](形)《古英語の *wit* (=we two) など; cf. PLURAL, TRIAL[2]》; 〘数〙双対関係. ► *vt* 〈道路を〉往復分離道路化する. ♦ **~·ly** *adv* 二重の資格で; 二様に. [L (*duo* two)]
Du·a·la /duáːlə/ *n* **1 a** (*pl* ~, ~s) ドゥアーラ族《カメルーンを中心とする西アフリカの黒人種族》. **b** ドゥアーラ語《Bantu 諸語の一つ》. **2** ⇨ DOUALA.
Dúal Allíance [the] 二国同盟《(1) フランス・ロシア間の同盟 (1890) で, 軍事協定で強化され (1892–93), 1917 年の Bolshevik 革命まで存続 2) ドイツとオーストリア-ハンガリー間のロシアに対する同盟 (1879–1918)》.
dúal cárriageway″ DIVIDED HIGHWAY.
dúal cítizenship 二重市民権, 二重国籍 (dual nationality).
dúal contról 二重管轄, 二国共同統治; 〘空・車〙《正副操縦士や教官と生徒の》複[二重]操縦装置.
dúal displácement èngine 二段排気量エンジン.
dual energy X-ray absorptiometry /–́– –́– ɛ́ks –́– –́–/ 二重エネルギー X 線吸収法《骨などの密度測定で, エネルギーの異なる 2 種の X 線の吸収線量を比較して判定を行なう方法》.
dúal-fúel *a* 〘機〙デュアル[二重]燃料(式)の〈エンジンなど〉.
dúal fúnd デュアルファンド《値上がり益をねらうものと利子配当収入を目的とするもののいずれかを選べる投資信託》.
dúal híghway DIVIDED HIGHWAY.
du·al·in /d(j)úːələn/, **du·al·ine** /-lìːn, -lən/ *n* ニトログリセリンとおがくずと硝石を混ぜた爆薬.
dual in-line package ⇨ DIP.
dúal·ism *n* 二重性, 二元性; 〘哲・宗・神学〙二元論 (cf. MONISM, PLURALISM). ♦ **-ist** *n*
dù·al·ís·tic *a* 二元的な; 二元論の; 二元論上の; DUAL: the ~ theory 二元論[説]. ♦ **-ti·cal·ly** *adv*
du·al·i·ty /d(j)uǽləti/ *n* 二重性, 二元性; 〘理〙《物質粒子と電磁放射における》波動・粒子の二重性; 〘射影幾何学〙双対(そうつい)性.
dúal·ìze *vt* 二重にする.
dúal méet 〘スポ〙《水泳・レスリングなどの》2 チーム間で行なう団体戦.
Dúal Mónarchy [the] 〘史〙《1867–1918 年のオーストリア-ハンガリーの》二重帝国.
dúal nationálity 二重国籍.
dúal númber 〘文法〙両数, 双数《二者または一対を表わし, 語形変化が単数・複数と異なる》.
du·a·logue /d(j)úːəlɔ̀(ː)g, -lɑ̀g/ *n* 対話, 問答 (dialogue).
dúal personálity 〘心〙二重人格.
dúal prícing 二重価格表示[設定].
dúal-púrpose *a* 二つの目的を兼ねた, 二重目的の; 〈車が〉旅客・荷物兼用の; 一石二鳥の; 〈牛・鶏などが〉二重目的のために飼育された: ~ breed 兼用種《肉牛兼乳牛など》.
dúal-pùrpose fúnd DUAL FUND.
dúal-scán(ned) *a* 〘電子工〙デュアルスキャンの《液晶表示装置で, 画面を上下に分割して別個に制御する; 制御電極の長さが半分になるので輝度やコントラストが改善される》.
dúal slálom PARALLEL SLALOM.
dúal-spéed *a* 〘電算〙DOUBLE-SPEED.
dúal-úse *a* 〈技術・装置が〉民生・軍事両用の, 汎用の.
du·ath·lon /d(j)uǽθlən, -lɑ̀n/ *n* デュアスロン《ランニング・自転車ロードレース・最終ランニングを順に行なう複合競技》. ♦ **du·ath·lete** /-ǽθlìːt/ *n* [*triathlon* などにならって *duo*-, Gk *athlon* contest]
dub[1] /dʌ́b/ *v* (-bb-) *vt* **1 a** 《国王が抜いた剣で肩を軽くたたいて》〈人〉に KNIGHT 爵を授ける (cf. ACCOLADE): He was *dubbed* (a) knight. **b** 〈新しい名・あだ名を〉与える, つける, 〈人を〉…と称する, …というあだ名で呼ぶ: He was *dubbed* 'Pimple Tom'. 'にきびのトム' とあだ名をつけられた. **2** 突く, つつく; 〈太鼓を〉ドンと打つ. **3** 〈革〉に油を塗る, ″〈釣りの毛針を〉仕上げる; 〈材木などを〉平らに[なめらかに]する. **4** 《俗》〈ゴルフボールを〉打ちそこなう, 《一般に》やりそこなう, へまをする. **5** 〈若い雄鶏〉のとさかと肉垂を切除する. ► *vi* 突く, つつく 〈*at*〉; 《俗》へまをやる. ● **~ out** 〈木片・スレートなどででこぼこ面を〉平らに仕上げる. ► *n* **1** ドンと鳴る音; 鈍い音を伴う突き. **2** 《俗》へま[不器用]なやつ, 新米(しんまい) (duffer), ばか. **3** ″《俗》《錠の》こじあけ道具, 合い鍵, 金十(かねじゅう). ● **flub the ~** *《俗》サボる; *《俗》のろのろやる, ぐずぐずる; *《俗》しくじる, だめにする, ドジる. ♦ **dúb·ber**[1] *n* [AF *duber*, *aduber* to equip with armor, repair<?; cf. OE *dubbian*]
dub[2] *v* (-bb-) *vt* 〘映〙〈フィルム〉に新しい録音を加える; 〈フィルムに音響効果を〉つける 〈*in*〉; 別の言語で〈フィルム〉に再録音する, 〈声・映画〉の吹き替えをする 〈*into* English; *over*〉; 〈テープ・ディスクなどを〉再録音[ダビング]する, コピー[複製]する; 〈複数のサウンドトラックを〉合成する, 〈音などを〉(テープに)加える, 重ねる, 入れる. ► *vi* 新たに録音を加える. ● **~ out** 〘映〙《フィルムから》音響(の一部)を消す. ► *n* 新たに加えられた音; *《俗》写し, コピー, デュープ, リレコ; ダブ《(1) レゲエ (reggae) のカラオケを音・歌詞の追加や差し替えによって新曲風にアレンジした曲; 風変わりなサウンドが特徴 2) レゲエのリズムに乗せて歌う西インド諸島の詩》. ♦ **dúb·ber**[2] *n* **dúb·by** *a* ダブ風の〈曲〉. [double]
dub[3] *vi* (-bb-) 《俗》[次の成句で]: **~ in** [**up**] 払い込む, 金を出す. [C19<?]
dub[4] *n* 《主にスコ》水たまり (pool). [C16; cf. MLG *dobbe*, G *Tümpel* pond, puddle]
dub[5] *vi, vt* 《豪口》《自転車などに》相乗り[2 人乗り]する (double-bank).
Dub. Dublin.
dub-a-dub /dʌ́bədʌ̀b/ *n* 太鼓のドンドン鳴る音. [imit]
dubage ⇨ DOOBAGE.
Du·bai, Du·bayy /dubáɪ/ ドゥバイ《(1) アラブ首長国連邦を構成する首長国の一つ 2) その首都》.
Dubái Wórld Cúp 〘競馬〙ドゥバイワールドカップ《ドゥバイで行なわれるレース; 世界最高額の賞金を出すことで知られる》.
du Bar·ry /d(j)u bǽri/ *n* [Comtesse] デュバリー伯夫人 (1743–93) 《フランス王 Louis 15 世の寵妾; 本名 Marie Jeanne Bécu》. ► *a* 〈スープ・ソースが〉カリフラワーでできた.
dub·bin /dʌ́bən/ *n* 保革油《皮革の防水・硬化防止用グリース》. ► *vt* 〈靴など〉に保革油を塗る.
dúb·bing[1] *n* ナイト爵授与; 毛針につける材料; DUBBIN.
dubbing[2] *n* 再録音, ダビング; 吹き替え, アテレコ; 合成録音.
dub·bo /dʌ́boʊ/ *n* (*pl* ~s) 《豪俗》ばか, あほ. [*dub*[1]]
Dub·ček /dúːbtʃɛ̀k, dúb-, dúp-/ ドゥプチェク **Alexander** ~ (1921–92)《チェコスロヴァキアの政治家; 共産党第一書記 (1968–69), 民主改革がソ連の軍事介入 (1968) をまねいた; 復権後 連邦議会議長 (1989–92)》.
du·bee[1], **du·by** /d(j)úːbi/ *《俗》*n* マリファナタバコ; 自動車, 車. [*dub*[1]]
dubee[2], **duby** ⇨ DOOBIE[2].
du Bellay ⇨ BELLAY.
Dub·he /dúbhɛ; dúbeɪ/ 〘天〙ズーベ《おおぐま座の α 星; 1.8 等; 重星; 北斗七星のうち北極星に最も近い先端の星》.
du·bi·e·ty /d(j)ubáɪəti/ *n* 疑惑, 疑念, あやふやさ; 疑わしいもの[事]. [L; ⇨ DUBIOUS]
du·bi·os·i·ty /d(j)ùːbiɑ́səti/ *n* DUBIETY.
du·bi·ous /d(j)úːbiəs/ *a* 〈人が〉半信半疑の 〈*of, about*〉; 疑わしい, うさんくさい, 不審な, うろんな, 怪しげな; 〈真意など〉あいまいな, 不分明な; 〈結果など〉怪しい, 心もとない, おぼつかない; 信頼できない, まともに受け取れない: a ~ character いかがわしい人物 / a ~ reputation 芳しからぬ評判, 不評 / have the ~ honor of…というありがたくない名誉をもらう. ♦ **~·ly** *adv* **~·ness** *n* [L (*dubium* doubt)]
du·bi·ta·ble /d(j)úːbətəb(ə)l/ *a* 疑わしい. ♦ **-bly** *adv*
du·bi·ta·tion /d(j)ùːbətéɪʃ(ə)n/ *n* 《文》疑い, 半信半疑.
du·bi·ta·tive /d(j)úːbətèɪtɪv; -tə-/ *a* 疑っている; 疑いを表わす. ♦ **~·ly** *adv* [F or L (*dubito* to doubt)]
Dub·lin /dʌ́blən/ ダブリン (*Gael* Baile Átha Cliath)《(1) アイルランド東部 Leinster 地方の県 2) アイルランドの首都および Dublin 県の県都; Liffey 川の河口にあって, Irish 海の入江のダブリン湾 (~ **Báy**) に臨む港湾都市》. ■ the **Univérsity of ~** 《TRINITY COLLEGE の別称》. ♦ **~·er** *n*
Dúblin (Báy) práwn LANGOUSTINE.
Dub·na /dúːbnə/ ドゥブナ《ヨーロッパロシア中西部 Moscow の北, Volga 川に臨む市; 科学研究のための計画都市として 1956 年に建設》.
dub·ni·um /dúːbniəm/ *n* 〘化〙ドブニウム《人工放射性元素; 第 2 番目の超アクチノイド元素で, 第 13 番目の超ウラン元素; 記号 Db, 原子番号 105》. [↑]
Du·bois /d(j)ubwɑ́ː; *F* dybwa/ デュボア (1) (**François-Clément-)Théodore** ~ (1837–1924)《フランスの作曲家・オルガン奏者》 (2) **Paul** ~ (1829–1905)《フランスの彫刻家》.
Du Bois /d(j)u bɔ́ɪs/ デュ・ボイス **W(illiam) E(dward) B(urghardt)** ~ (1868–1963)《米国の教育者・著述家・黒人運動指導者; NAACP を創立》.
Du·bon·net /d(j)ùːbənéɪ/ **1** 〘商標〙デュボネ《アペリチフ・カクテル用のベルモット》. **2** [d-] 暗紫紅色. [F]
Du·brov·nik /dúːbrɔ̀ːvnɪk, dubrɔ́ːv-/ ドゥブロヴニク (*It* Ragusa)《クロアチア南部の市・港町》.
Du·buf·fet /d(j)ùːbəféɪ; *F* dybyfɛ/ デュビュッフェ **Jean(-Philippe-Arthur)** ~ (1901–85)《フランスの画家》.
duby ⇨ DUBEE[1,2].

duc /*F* dyk/ *n* (*pl* ～**s** /—/) 公爵 (duke).
du·cal /d(j)úːk(ə)l/ *a* 公爵 (duke) の; 公爵らしい; 公爵領 (dukedom) の. ♦ ～**·ly** *adv* [F; ⇨ DUKE]
du Cange /*F* dy kɑ̃ʒ/ デュカンジュ **Charles du Fresne** ～, Seigneur ～ (1610-88)《フランスの古典学者》.
duc·at /dʌ́kət/ *n* ダカット《昔 欧州大陸で使用された金貨[銀貨]》; 硬貨, [*pl*] 金; *《俗》入場券, 切符, パス; *《俗》組合員証 (union card); *《俗》懇願の手紙, 目・耳の不自由な人が施しを乞うための印刷したカード. [It or L *ducatus* DUCHY]
dúcat-snàtch·er *n* *《俗》もぎり, 入場係.
Duc·cio (di Buo·nin·se·gna) /dúːtʃou (di bwɔ̀ninséɪnjɑː)/ ドゥッチョ(・ディ・ブオニンセーニャ) (c. 1319)《イタリアのシエナ派絵画の創始者》.
duc-duc /dʌ́kdʌ̀k/ *n* [*pl*] *《俗》金 (money).
du·ce /dúːtʃeɪ; -tʃi/ *n* 首領 (chief): IL DUCE. [It]
Du·champ /d(j)uʃɑ̃ː/ デュシャン **Marcel** ～ (1887-1968)《フランスの画家》. ♦ **Du·champ·ian** /d(j)uʃɑ́ːmpiən/ *a*
Du·chenne('s) /duʃén(z), də-/ *a* 〘医〙デュシェンヌ型筋ジストロフィーの. [G. B. A. *Duchenne* (1806-75) フランスの神経学者]
Duchénne('s) múscular dýstrophy デュシェンヌ型筋ジストロフィー《最も一般的な偽肥大性筋ジストロフィー; 重症型で, 伴性劣性遺伝病; 2-3 歳で発症し, 進行性で, 初期に骨盤帯や近位筋の筋力低下, 萎縮症状などを特徴とする; 略 DMD; cf. BECKER MUSCULAR DYSTROPHY》.
duch·ess /dʌ́tʃəs/ *n* **1** 公爵 (duke) 夫人, 公妃; 女公爵, 《公国の》女公. **2**《俗》**a** 姿[物腰など]のりゅうとした婦人; *女の子, お高くとまった[高慢ちきな]少女. **b** "呼び売り商人の女房, (お)かみさん; 女, 母, 女房; *《組織などの》事情のわかった女, ギャング仲間の女; *女ギャング. **3** [D-] ダッチス《赤縞入り卵形の料理用リンゴ》. ► *vt*《豪口》〈特に外国の要人などを〉ちやほやする, 下にも置かぬもてなしをする, 殿様扱いする. [OF＜L *ducissa*; ⇨ DUKE]
du·chesse /d(j)uʃés, dʌ́tʃəs/ *n*《18 世紀フランスで流行した》肘掛け長椅子, デュシェス; ダッチェスドレッシングテーブル《鏡の角度が変えられる鏡台》; ダッチェス(サテン)《高級しゅす織物》. [F]
duchésse làce ダッチェスレース《ベルギーの Flanders 地方原産の高級な手編みのボビンレース》.
duchésse potàtoes *pl* 卵と混ぜ合わせたマッシュポテト《焼くか揚げるかしたもの》.
duchésse sèt 化粧台カバー(セット).
duchy /dʌ́tʃi/ *n* 公国, 公爵領《duke または duchess の領地》; 《英国の》(王族)公領《Cornwall および Lancaster》. [OF＜L; ⇨ DUKE]
duck[1] /dʌ́k/ *n* **1 a** カモ, アヒル《ガンカモ科のうち首・脚が短く比較的ずんぐりしたものの総称》: WILD DUCK / SITTING DUCK / DUCKS AND DRAKES. **b** カモの雌, 雌アヒル (opp. *drake*). **c** 鴨肉. **2** [ᵒ～s, 〈*sg/pl*〉] "《口》かわいい人, [*voc*] ねえおまえ (darling). **3** "《口》〘クリケット〙《打者の》零点《duck's egg の略》: break one's ～ 最初の得点をあげる / make [score] a ～ 無得点に終わる. **4 a** LAME DUCK. **b**《俗》(すぐだまされる)ばか; *《俗》(変な)やつ, 野郎: a weird ～ 変なやつ. **c** *《俗》魅力のない女, イモ女. **5**〘魚〙BOMBAY DUCK; 〘貝〙米国東岸産バカガイ科の白い殻の二枚貝《フロリダチヨノハナガイなど》. **6**《俗》おまる. **7** *《俗》**a** 吸いかけのタバコ. **b** [*pl*] 入場券, 切符. **c** DUCKTAIL.
● **a fine day [lovely weather] for (young) ～s** 雨降りの日. **Can a ～ swim?**《口》(当然なので答える必要のないような質問に対して)もっちろん, あったりまえ, そりゃそうよ! **Fuck a ～.** *《俗》これは驚いた, まさか, 本当?, とんでもない, ばかな, 知るか! **get [have] (all) one's ～s in a row** *《口》準備を整える[完了する]. **in two** SHAKES **of a ～'s tail. like a (dying) ～ in a thunderstorm** 目を白黒させて; 天を仰いで, ひどく悲しそうに, なさけない顔[格好]をして. **like water off a ～'s back** なんの効きめもなく, けろっとして, 蛙のつらに水で. **Lord** LOVE **a ～! take to…like a ～ to water [the millpond]** きわめて自然に[すんなりと]…になじむ[…ができる]. [OE *dūce* diver (↓)]
duck[2] *vi* **1 a** (ぴょこりと)水にもぐる, 頭をひょいと水にもぐらせる; ちょいともぐってすぐ浮かぶ. **b** 頭をひょいと下げる, ひょいとかがむ 〈*down*; *at* the sound〉; ひょいとかがんで逃げる[身を隠す], 身をかわす: *D*-! 伏せろ! **c**《俗》ひょいとはいる[出る] 〈*in, out*〉; 逃げ込む 〈*in*〉, 抜け出す 〈*out*〉. **2**《口》(責任などを)避ける 〈*out* (*of*)〉: She tried to ～ *out of* do*ing* the dishes. 食器洗いから逃げようとした. **3**〘ブリッジ〙わざと低い札を出してトリックを取らせる. ► *vt* **1** 〈頭を〉ひょいと下げる, 上げ下げする (bob); 〈人〉の頭を水中に押し込む, 〈人などを〉ひょいと突き入れる 〈*in* water〉, ひょいと水につける; かわす, よける. **2**《口》〈責任などを〉回避する, …から逃げる, 〈人を〉避ける: ～ the issue 問題を避けて[よけて]通る. ● **～ and cover [dive]** (厄介事などを)避ける, よけてかわす, うまく立ちまわる. ► *n* 頭[全身]を下げる[かがめる]こと; ひょいと水にもぐること. [OE **dūcan* to dive; cf. G *tauchen* to dive]
duck[3] *n* 水陸両用トラック, ダック. [暗号名 *DUKW* から]
duck[4] *n* ズック, 帆布; [*pl*] ズック製ズボン《白》. [Du＜?]
duck[5] *n* *《俗》《収入からの》控除額[項目] (deduck). [*de*d*uction*]
dúck and dráke DUCKS AND DRAKES.
dúck ànt 〘昆〙TERMITE.
dúck àss [àrse], dúck's àss [àrse]《俗》DUCKTAIL《略 DA》.
dúck·bìll *n* 〘動〙カモノハシ (platypus); 〘古生〙カモハシ竜 (HADROSAUR); 〘魚〙ヘラチョウザメ《Mississippi 川産》. ► *a* アヒルのようなくちばしをもった; アヒルのくちばし状のひさしのある〈帽子〉.
dúck-bìlled *a* DUCKBILL.
dúck-bìlled [dúckbill] dínosaur 〘古生〙HADROSAUR.
dúck-bìlled [dúckbill] plátypus 〘動〙カモノハシ (platypus).
dúck·bòard *n* [ᵘ*pl*]《沼地などに渡した》板敷, 踏板.
dúck bùmps *pl*《俗》鳥肌 (gooseflesh).
dúck-bùtt *《俗》*n* 背の低いやつ, チビ(助), 寸詰まり (＝*dusty butt*); けつのでかいやつ.
dúck càll カモ・アヒル類の鳴き声をまねた笛, 鴨笛.
duck egg ⇨ DUCK'S EGG.
dúck-ègg blúe 淡緑青色.
dúck·er[1] *n* カモ[アヒル]飼育者; 鴨撃ちハンター.
ducker[2] *n* 水にもぐる人, 潜水者; 水にもぐる鳥, 《特に》カイツブリ.
dúck·ery *n* カモ[アヒル]飼育所[地].
duck·et /dʌ́kət/ *n*《俗》DUCAT.
dúck fìt《口》かっとなること, かんしゃく.
dúck·fòot *n* 〘家具〙WEB FOOT.
dúck·fóot·ed *a*《家禽の足の》後指が前向きの. ► *adv* 足を外側へ広げて, 外股(そとまた)で; 堂々と.
dúckfoot quòte 〘印〙(二重)ギュメ《« »》.
dúck hàwk 〘鳥〙**a** *ハヤブサ (＝*peregrine falcon*). **b** "チュウヒ (MARSH HARRIER).
dúck hòok 〘ゴルフ〙ダックフック《コースから大きくそれるフック》. ♦ **dúck-hòok** *vt*
duckie ⇨ DUCKY.
dúck·ing[1] *n* 鴨猟: a ～ pond 鴨猟池.
ducking[2] *n* 水にもぐらせること; 頭[体]を急にかがめること; 〘ボク〙ダッキング: give sb a ～ 人を水中に突っ込む.
dúcking stòol 棒の先につるした水責め椅子《ふしだらな女・口やかましい女・うそつき商人などを懲らしめるのに用いた; cf. CUCKING STOOL》.
dúck-légged *a* (アヒルのように)(短い足で)よちよち歩く; 足の短い, 短足の.
dúck·ling *n* 子ガモ, 雛アヒル; 暗い青緑色.
dúck·mòle *n* 〘動〙カモノハシ (PLATYPUS).
dúck mùssel 〘貝〙ドブガイの一種《川の砂底に棲むイシガイ科の淡水産二枚貝》.
dúck·pin *n* ダックピンズ用のピン; [～s, 〈*sg*〉] ダックピンズ《ずんぐりした小徳利形のピンと小さめなボールを用いる TENPINS》. [形の類似より]
dúck plàgue アヒルペスト《ヘルペスウィルスによる水禽, 特にアヒルの急性伝染病; 致死率が高い》.
dúcks and drákes 水切り(遊び). ● **make ～ of…＝play (at) ～ with…**をやたらに捨てる, 湯水のように浪費する; めちゃくちゃにする, 面倒をひき起こす. [動きの類似より]
duck's ass [arse] ⇨ DUCK ASS.
dúck sàuce 酸梅醤(スアンメイジャン)《中華料理で用いる, ウメやアンズなどの果実・酢・甘味料・薬味のはいった濃厚なソース》.
dúck's disèase [*joc*] 短足.
dúck's ègg, dúck ègg "《口》《クリケットで》零点 (cf. GOOSE EGG)《0 を卵とみて; 通例 DUCK[1] と省略》: make [score] a ～＝make [score] a DUCK[1].
dúck shòt 鴨打ち弾.
dúck·shòve《豪口》*vi* 不正をやる, 抜け駆けをねらう; 〈タクシー運転手が〉(順を待たずに)客を拾おうとする. ► *vt* 〈責任を〉回避する, 〈論点などを〉避ける, はずす. ♦ **dúck·shòver** *n*
dúck sìckness 野鴨病《米西部の野ガモがかかるボツリヌス菌中毒》; 《口》[*joc*] 短足.
dúck snìpe 〘鳥〙ハジロオオシギ, WILLET.
dúck sóup *《俗》たやすいこと《事柄》, 朝めし前; *《俗》すぐ信用する[だまされる]やつ, いいカモ, 扱いやすい人.
dúck squèezer *《俗》自然[環境]保護論者[運動家] (ecofreak, eagle freak).
dúck stàmp カモ切手《1934 年米国連邦政府発行の切手で, 売上金が渡り鳥保護の基金となっている》.
dúck·tàil *n* ダックテール《髪をバックにしてなでつけ, 両側の毛先が後頭部で合わさってリッジ[稜]を作るようにした男子の髪型》.
dúck·wàlk *vi*《がにまた・外股で》アヒルのように歩く.
dúck·wèed *n* 〘植〙ウキクサ, 《特に》アオウキクサ《アヒルの食用となる水草》.
dúck whèat 〘植〙ダッタンソバ, ニガソバ.
dúcky, dúck·ie *n* 子ガモ; "[*voc*]《口》DARLING, ねえ. ►《口》*a* かわいい (cute), きれいな, すてきな; [ᵒ*iron*] 全く申し分のない, けっこうな.
dúcky·wúcky /-wʌ́ki/ *n* [*voc*] "《口》DARLING.
duct /dʌ́kt/ *n* 送管, 導管, ダクト; 〘解〙導管, 輸送管, 管; 〘植〙導管,

脈管; 〘建〙暗渠; 〘建〙《冷暖房用の》風道, ダクト; 〘電〙線渠, ダクト; 〘印〙《印刷機の》インキ壺; 〘通信〙ダクト《異常気象などのために大気や海洋にできる層; この中では電波・音波が限られた進路をとる》. ► *vt* 〈ガス・電波などを〉duct で送る; …を duct に通す; [^{u}*pp*] …に duct を設ける. ♦ **dúc·tal** *a* **~·less** *a* [L *ductus* aqueduct (*duct-duco* to lead)]

dúct·ed fán [propéller] ダクテッドファン《ダクト内で駆動するファン; ダクトなしの場合より大きな推力が得られるものでジェット推進用エンジンなどに用いる》.

duc·ti·bil·i·ty /dʌ̀ktəbíləti/ *n* DUCTILITY.

duc·tile /dʌ́kt(ə)l, -tàɪl; -tàɪl/ *a* **1**〈金属が〉引き延ばせる, 延性の(ある); どんな形にもなる, しなやかな. **2** 人の言いなりになる, 御しやすい, 従順な. ♦ **~·ly** *adv* **duc·til·i·ty** /dʌktíləti/ *n* ⁺延性, 変形能. [OF or L; ⇨ DUCT]

dúct·ing *n* 導管[配管]組織, ダクト構造, ダクト系; 導管[配管]の材料.

dúctless glánd 〘解〙無導管腺, 内分泌腺 (endocrine gland).

dúct tàpe ダクトテープ《強力な粘着性をもつシルバーグレーのクロステープ; 配管工事・家屋修繕に用いる》.

duct·ule /dʌ́kʧul, -t(j)ul; -tjul/ *n* 小導管, 小ダクト. ♦ **dúc·tu·lar** *a*

duc·tus /dʌ́ktəs/ *n* 〘解〙DUCT.

dúctus ar·te·ri·ó·sus /-ɑːrtɪ̀əriόusəs/ 〘解〙動脈管《胎児の肺動脈と大動脈を結ぶ短い血管》.

dúctus déf·er·ens /-défərèns/ VAS DEFERENS.

dúct·wòrk *n* 《冷暖房装置などの》導管組織, ダクト構造, ダクト系, 配管(材料).

dud /dʌ́d/ 《口》 *n* **1** 不発弾; だめなもの[人], 役立たず, 失敗; にせもの, 模造品. **2** [*pl*] 服, 衣類; [*pl*] ぼろ (rags); [*pl*] 持物 (belongings). ► *a* だめな, 役に立たない, こわれた, にせの, むだな: ~ coin *贋造硬貨 / a ~ check 不渡り小切手. [ME<?]

dud·die, -dy /dʌ́di/ *a* 《スコ》ぼろぼろの; ぼろを着た. ► *n* *《俗》FUDDY-DUDDY.

dude /d(j)úːd/ *n* **1 a** *気取り屋, いやに着飾った男, しゃれ者. **b** 《米西部・カナダ》都会者, 都会育ちの東部人, 《特に》西部の牧場に遊びに来る東部の観光客. **2** 《俗》男, 野郎, やつ (guy), [*voc*] なあ, おい, よう. ► *vt, vi* [^{u}~ (*oneself*) up] 《俗》飾りたてる, めかしこむ. ► *a* *《俗》すげえ, 最高の. ♦ **dúd·ish** *a* 《俗》気取り屋の, おしゃれの. **dúd·ish·ly** *adv* [? G (dial) *dude* fool]

du·deen, du·dheen /dudíːn/ *n* 《アイル》短い陶製パイプ.

dúde hèaver *《俗》《劇場・バー・ホテルなどの》用心棒 (bouncer); 不渡り小切手; 偽造小切手.

dúde rànch 《米西部・カナダの》観光牧場《観光客用の乗馬施設などを備えた行楽用牧場・農場》.

du·dette /d(j)uːdèt/ *n* *《俗》女, ねえさん《DUDE の女性形》.

Du·de·vant /*F* dydvɑ̃/ [Baronne] デュドヴァン男爵夫人《George SAND の結婚後の本名》.

dud·geon[1] /dʌ́ʤ(ə)n/ *n* 立腹, 憤り. ● **in (high [great, deep])** ~ (ひどく)腹を立てて. [C16<?]

dudgeon[2] *n* 《古》《ツゲなどの》木の柄の付いた短剣[短刀]; 《廃》短剣の柄用の木材; 《廃》短剣の柄. [ME; cf. AF *digeon*]

du·di·cal /d(j)úːdɪk(ə)l/ *《俗》*a* 最高の, すげえ, すてきな. ► *n* 一風変わったやつ.

Dud·ley /dʌ́dli/ **1 a** ダッドリー《男子名》. **b** *《俗》UNCLE DUDLEY. **2** ダッドリー (**1**) Lady **Jane** ~ ⇨ GREY (**2**) **Robert** ~ ⇨ Earl of LEICESTER. **3** ダッドリー《イングランド中西部 Birmingham の西北西にある町》. [OE=Dudda's meadow, dry field]

due /d(j)úː/ *a* **1** 当然支払われる[与えられる]べき; 支払期日が来て, 満期で: Twenty dollars is ~ (*to*) me. 20 ドル払って[返して]もらえるはずだ / the money ~ (*to*) him 彼に払わねば[返さねば]ならない金 / the respect ~ (*to*) a teacher 教師に払われるべき敬意 / The weekly rent is ~ on Saturday. 週の家賃は土曜に払わねばならない / ★「…を当然与えられるはずで」の意で前置詞的に用いることがある: I'm ~ the money [ten day's leave]. その金をもらう権利がある[休暇が 10 日分もらえるはずだ] / fall [become] ~〈手形などが〉満期になる / DUE DATE. **2** 《原因を》〈…に〉帰すべき〈*to*〉. **3** [*attrib*] 正当な, 当然の, 相当の: after [upon] ~ consideration 十分考えたうえで / DUE PROCESS [COURSE] OF LAW / in ~ time [course] 時が来れば, そのうち, やがて / in ~ form 正式に. **4** (ある時期に)…することになって, …する予定で〈*to do*〉, …を受ける[得る]予定で〈*for* a promotion etc.〉; 到着する予定で(ある); 〈赤ん坊が〉出産予定で: be ~ back 戻って[帰って]来ることになっている / be ~ out 刊行[発売]予定である / The train is ~ in London at 5 p.m. / When is your baby ~? ● **~ to**…による, …のせい[おかげ]で; …のため (because of, owing to): The game was put off ~ *to* the rain. **with (all)** ~ RESPECT. ► *n* 当然払われる[与えられる]べきもの; [^{u}*pl*] 賦課金, 税, 料金, 手数料, 使用料, 組合費, 会費: club ~*s* クラブの会費. ● **give** sb his ~ 人を公平に扱う, いやな人にも認めるべきところは認める (cf. *give the* DEVIL *his due*). **pay** one's **~s** *《俗》責を果たす, 経験を積む; [or **pay ~s**] *《俗》報いをうける: *pay* one's ~*s* (to society) 禁固刑に服して[監獄づとめをして]罪を償う.
► *adv* **1** [方角名の前に付けて] 正[真]… (exactly): go ~ south 真南に行く. **2** 《廃》DULY.
♦ **~·ness** *n* [OF (pp) <*devoir*<L *debeo* to owe]

dúe bìll *《商品やサービスが受けられる》サービス券; 借用証書, つけ.

dúe cáre 〘法〙当然払うべき[相当な, しかるべき]注意《通常の思慮分別をもった個人が払う程度の注意》.

du·e·cen·to /d(j)ùːəʧéntoʊ/ *n* [°D-] 〘イタリア芸術〙十三世紀, デュエチェント; 十三世紀美術[文学]. ♦ **dù·e·cén·tist** *n* [It *milduecento* twelve hundred]

dúe cóurse of láw DUE PROCESS OF LAW.

dúe dáte 《支払いなどの》期日, 期限; 《手形の》満期日; 《図書館の本などの》返却日; 出産予定日.

dúe díligence 精査, デューディリジェンス (**1**) 〘法〙DUE CARE **2**) 企業買収・証券引受け・不動産売買などに先立って行なわれる調査・分析).

du·el /d(j)úːəl/ *n* 決闘, 果たし合い; [the] 決闘法; 《二者・二党間の》闘争; 対決; 《二者間の》論争, 激論. ► *vi, vt* (-l- | -ll-) (…と)決闘する; 対決する. ♦ **dúel·(l)er** *n* **dúel·(l)ing** *n* 果たし合い, 決闘(術). [It *duello* or L *duellum* (古形)<*bellum* war]

dúel·(l)ist *n* 決闘者.

du·el·lo /d(j)uélou/ *n* (*pl* ~**s**) 決闘(術); 決闘のおきて[規則]. [It DUEL]

dúel pìstol 決闘用ピストル《銃身が長い》.

du·en·de /duéndeɪ/ *n* 不思議な魅力, 魔力; 熱情; 悪魔, 魔物. [Sp]

du·en·na /d(j)uénə/ *n* 《スペイン・ポルトガルなどで住込みで良家の子女の指導や話し相手をつとめる中年の》付添い婦人; 《一般に》女性家庭教師; CHAPERON. ♦ **~·ship** *n* [Sp<L *domina* mistress; ⇨ DON[1]]

dúe prócess (of láw) 法の適正手続き, デュー・プロセス(・オブ・ロー) (=*due course of law*)《正当な法の手続きまたは法によらなければ個人の権利・自由は奪われないとすること; 合衆国憲法第 5 修正, 第 14 修正に保障されている》.

Due·ro /dwéərou/ [the] ドゥエロ川《DOURO 川のスペイン語名》.

du·et /d(j)uét/ *n* 〘楽〙二重唱, 二重奏, 二重唱[奏]曲, デュエット (cf. DUO; ⇨ SOLO); 二重唱[奏]者; 〘ダンス〙デュエット舞曲 (cf. PAS DE DEUX); [*fig*] 二人だけの対話 (dialogue); 一対 (pair). ► *vi* (-tt-) duet を奏する[演じる]. ♦ **du·ét·tist** *n* [G or It (dim)<*duo*<L *duo* two]

du·et·to /d(j)uétou/ *n* (*pl* ~**s, du·et·ti** /-ti/) DUET. [It]

du·fer /dúːfər/ *n* 《俗》DOOFER.

duff[1] /dʌ́f/ *n* **1 a** ダフ《布袋に小麦粉を入れてゆでた堅いプディングで, 一種のゆでだんご》. **b** ǁ《方》DOUGH. **2** 粉炭 (coal dust). **3** 〘生態・林〙落葉枝, 粗腐植, ダフ (=forest ~)《森林の地上で腐敗した枯れ葉や枯れ枝など》. **4** 《俗》尻, けつ (buttocks): sit around on one's ~ (すわり込んで)ぼうっとしている, ぶらぶら[のらくら]する. ● **get off** one's ~ *《俗》(だらだらせずに)まじめにやる, 本腰を入れる, 性根をすえる. **up the** ~ 《英俗・豪俗》妊娠して, はらんで. [変形<*dough*]

duff[2] 《俗》*vt* **1**〈品物を〉ごまかす, 〈古物・盗品を〉新しく見せかける (fake up); 《豪》〈牛を〉盗んで焼き印を変える, 〈盗んだ牛〉の焼き印を変える; ごまかす, だます. **2** 〘ゴルフ〙〈ボールを〉打ちそこねる, ダフる; しくじる. **3** ǁぶんなぐる, めった打ちする〈*up, over*〉. ► *n, a* ǁくだらない(もの), 役立たずな(もの), こわれた, いんちきな(もの), にせ金, 密輸品. [(v)? 逆成<*duffer*; (n, a)?=DUFF[1]]

duf·fel, -fle /dʌ́f(ə)l/ *n* ダッフル《けば立てた厚地粗製毛布; スポーツ着・外套用》; *《兵士・キャンパーなどの》(キャンプ用)携行品《一式》; DUFFEL BAG; DUFFLE COAT. [*Duffel* ベルギーの地名]

dúffel [dúffle] bàg ダッフルバッグ《キャンバス地などの円筒形手提げ[肩掛け]バッグ》.

duf·fer /dʌ́fər/ *n* **1** 《口》ばか者, へた[へま]なやつ; 《俗》へたなゴルファー; [^{u}old ~] 《口》(のろのろした)年寄り, (けったいな)爺さん. **2 a** 《俗》いかもの, にせ金, 偽画, 贋作, だめなもの; 《豪俗》出ない鉱山. **b** 《俗》いかさま師, いんちき商人, 《安ピカ物の》行商人; 《豪俗》牛泥棒. ► *vi* 《豪俗》〈鉱山など〉何も出ないことがわかる. [Sc (dial) *duffar, dowfart* dullard]

Duf·fer·in and Ava /dʌ́f(ə)rɪn ən(d) áːvə/ ダファリン・アンド・アーヴァ **Frederick Temple Hamilton-Temple-Blackwood,** 1st Marquis of ~ (1826–1902)《英国の外交官・行政官》.

Dúff-Górdon ダフ-ゴードン Lady **Lucie** ~ (1821–69)《英国の作家・翻訳家》.

dúffle [dúffel] còat ダッフルコート《フードの付いたひざ丈の防寒コート》.

Duf·fy /dʌ́fi/ ダフィー (**1**) **Carol Ann** ~ (1955–)《スコットランドの詩人; 桂冠詩人 (2009–)》 (**2**) Sir **Charles Gavan** ~ (1816–1903)《アイルランド独立運動の闘士, のちオーストラリアで政治家》.

du Fresne /*F* dy frɛn/ デュ・フレーヌ **Charles** ~ 《Seigneur DU CANGE の本名》.

Du Fu /dúː fúː/ 杜甫 (TU FU).

dufus ⇨ DOOFUS.

Du·fy /*F* dyfi/ デュフィ **Raoul(-Ernest-Joseph)** ~ (1877–1953)《フランスの画家》.

dug[1] /dʌ́g/ *v* DIG の過去・過去分詞.

dug[2] *n* ⦅母獣の⦆乳房, 乳首 (teat)⦅人に用いるのは軽蔑的⦆. ［C16 <?; cf. OSwed *dæggia* to suckle］

Du Gard ⇨ MARTIN DU GARD.

du·gite /d(j)úːgàɪt/ *n* 〘動〙ドゥーガイト⦅豪州中西部産コブラ科ブラウンスネーク属の灰色[オリーブ色, 褐色]の毒ヘビ⦆. ［(Nyungar オーストラリア西南地方語)］

du·gong /dúːgɑ̀ŋ, *-gɔ̀ːŋ/ *n* 〘動〙ジュゴン (=*sea cow*)⦅インド洋・西太平洋産の草食哺乳動物; 体長 3 m⦆. ［Malay］

dúg·òut *n* **1 a**〘軍〙塹壕, 壕, 地下掩蔽(えんぺい)壕, 地下壕, 防空壕, 待避壕;〘野〙ダッグアウト⦅球場の選手席⦆. **b** 丸木舟 (canoe); *«俗» 冷蔵庫. **2** "«俗» 再召集された退役将校[元公務員 など]. ［*dug*[1], *out*］

du Guesclin ⇨ GUESCLIN.

Du·ha·mel /*F* dyamɛl/ デュアメル **Georges** /ʒɔrʒ/ ~ (1884–1966)⦅フランスの作家・詩人; *Chronique des Pasquier* (1933–45)⦆.

duh /dəː/ *int* ばーか, (頭は)だいじょうぶ(か)?; DOH[2].

DUI driving under the influence (of alcohol and/or drugs) 飲酒および/または薬物の影響下での運転.

dui·ker /dáɪkər/ *n* (*pl* ~, ~s) **1**〘動〙ダイカー⦅南アフリカ産の小型の羚羊⦆. **2**〘鳥〙 **a** ⦅南アフリカの⦆カツオドリ. **b**〘鳥〙ネッタイチョウ (tropic bird). **c** «南ア» ウ (cormorant). ［Afrik=diver; 追われて茂みに突っ込むことより］

dui·ker·bok /dáɪkərbɑ̀k/, **-buck** /-bʌ̀k/ *n* 〘動〙DUIKER (羚羊).

Duis·burg /dúːəsbə̀ːrg, d(j)úːz-; *G* dýːsbʊrk/ デュースブルク⦅ドイツ西部 North Rhine-Westphalia 州の工業都市; Rhine 川と Ruhr 川の合流点にあり, ヨーロッパ第一の河港ができている; 旧称 **Dúisburg-Hám·born** /*G* -hámbɔrn/⦆.

duit /dɔ́ɪt, dáɪt/ *n* DOIT (銅貨).

du·ji /dúːʤi/ *n**«俗» ヘロイン (doojee).

du jour /du ʒʊ́ːr, də-/ *a* 本日の〈料理など〉; «口» 今はやりの, 最近うわさの. ［F=of the day］

du·ka, duk·ka /dúːkə/ *n* ⦅ケニアおよびアフリカ東部の⦆小売店. ［Swahili］

Du·kas /*F* dykɑːs/ デュカス **Paul(-Abraham)** ~ (1865–1935)⦅フランスの作曲家; 交響詩 *L'Apprenti sorcier* (1897)⦆.

dúka·wàllah *n* ⦅ケニア・アフリカ東部の⦆DUKA の店主.

duke /d(j)úːk/ *n* **1 a** ⦅英国およびヨーロッパの⦆公爵 (*fem* DUCHESS; cf. PRINCE; ⇨ PEER[1]): a royal ~ 王族の公爵. **b** ⦅欧州の公国または小国の⦆君主, 公, 大公. **c**〘史〙後期ローマ帝国の属州の司令官. **2**〘園〙デューク種のサクランボ (=~ **chèrry**). **3** «俗» **a** [*pl*] げんこつ (fists), 手 (hands); «ボク俗» 勝利の判定⦅レフェリーが手を持ち上げることから⦆. **b** [*pl*]*ひざ (knees): go down on one's ~*s* ひざまずく. **4** [the]*«俗» ⦅農場の⦆雄牛 (bull). ● **Put up your ~s.** «口» ⦅戦うために⦆構えて! ► *vi, vt* **1** *«俗» (こぶしで)なぐる, なぐり合う; 手渡す, 手に渡して売りつけようとする; 手に握った釣銭をちょろまかす; 握手する. **2** *«韻俗» 吐く, もどす (puke). ● **~ it (up [out])** *«俗» とことんなぐる, けんかする. **~ out** *«俗» ノックアウトする, なぐって気絶させる; *«俗» 〈人を〉傷つける, 〈人〉に損害を与える. ［OF<L *duc- dux* leader］

Duke デューク⦅男子名⦆. ［L (↑)］

dúke brèath *«俗» 臭い息.

dúke·dom *n* 君主領, 公国 (duchy); 公爵の位[身分].

Dúke of Argýll's téa trèe〘植〙ナガバクコ (=*tea tree*)⦅地中海原産の観賞用クコ⦆.

Dúke of Édinburgh's Awárd [the] エディンバラ公賞⦅1956 年 Edinburgh 公によって創設された制度で, スポーツ・趣味などの分野で創意ある活動をした 14–24 歳の若者に与えられる; 金・銀・銅のメダルよりなる⦆.

dúke-òut *n**«俗» なぐり合い.

dúkes-ùp *a**«俗» けんかっぱやい, けんか腰の.

duk·et /dʌ́kət/ *n* DUCAT.

Dúke Univérsity デューク大学⦅North Carolina 州 Durham にある私立大学; 1924 年創立⦆.

Dukhobor ⇨ DOUKHOBOR.

du·kie, doo·kie /d(j)úːki/ *n**«俗» 労働者などに配布される箱詰め弁当.

dukka ⇨ DUKA.

DUKW, Dukw /dʌ́k/ *n* 〘米軍〙DUCK[3].

du·ky /dúːki/ *n**«俗» くそ, うんち.

Dul·bec·co /dəlbékou/ ダルベッコ **Renato** ~ (1914–2012)⦅イタリア生まれの米国のウイルス学者; 腫瘍ウイルスの研究でノーベル生理学医学賞 (1975)⦆.

dul·ca·ma·ra /dʌ̀lkəméərə, -máːrə/ *n* ズルカマラ⦅ナス属の植物 bittersweet のエキス; 時に薬用とされる⦆. ［L (*dulcis* sweet, *amara* bitter)］

dulce ⇨ DULSE.

dul·ce et de·co·rum est pro pa·tria mo·ri /dúlkè ɛt dɛkóːrum ɛ̀st proʊ páːtrià: móːrìː/ 祖国のために死するは楽しく名誉なり. ［L=it is sweet and seemly to die for one's country; Horace より］

dul·cet /dʌ́lsət/ *a* 耳[目]に快い, 〈特に 音色が〉美しい, 甘美な, ⦅一般に⦆快い; «古» 甘い (sweet): your ~ tones [*joc*] 君の美声. ► *n* 〘楽〙ダルセット⦅DULCIANA より 1 オクターブ高い音栓⦆. ♦ **~·ly** *adv* ［*doucet*<OF (dim)〈*doux*<L *dulcis* sweet］

dul·ci·ana /dʌ̀lsiǽnə, -áː-/ *n* 〘楽〙ダルシアーナ⦅パイプオルガンのフルート音栓の一種; 柔和甘美な音が出る⦆.

Dul·cie /dʌ́lsi/ ダルシー⦅女子名⦆. ［L=sweet］

dul·ci·fy /dʌ́lsəfàɪ/ *vt* 甘くする; 〈気分などを〉快く[なごやかに]する, 和らげる. ♦ **dùl·ci·fi·cá·tion** *n*

dul·ci·mer /dʌ́lsəmər/ *n* 〘楽〙ダルシマー⦅**1)** 小さなハンマーによって発振する台形の弦楽器; ピアノやクラヴィコードの前身 **2)** 米国 Appalachia 地方の民族楽器; ヴァイオリンを細長くしたようなフレット付きの共鳴箱の上に弦を 3–4 本張ったもの; プレクトラム (plectrum) によってかき鳴らす (=Appalachian ~)⦆. ［OF; 一説に L *dulce melos* sweet song より］

dul·ci·more /dʌ́lsəmɔ̀ːr/ *n* 〘楽〙DULCIMER⦅米国の民族楽器⦆.

Dul·cin /dʌ́lsən/〘商標〙ズルチン⦅人工甘味料⦆.

Dul·cin·ea /dʌ̀lsəníːə, -síniə/ ドルシネア⦅Don Quixote の思い姫⦆; [d-] (理想の)恋人. ［Sp; ⇨ DULCIE］

dul·ci·tol /dʌ́lsətɔ̀(ː)l, -tòul, -tɑ̀l/ *n* 〘化〙ズルシトール⦅植物中の 6 価アルコールの一種⦆.

dul·ci·tone /dʌ́lsətòʊn/ *n* 〘楽〙ダルシトーン⦅チェレスタに似た鍵盤楽器⦆.

du·lia /d(j)uláɪə, d(j)úːliə/ *n* 〘カト〙聖人崇敬, ドゥリア⦅聖人に対する礼拝; cf. LATRIA, HYPERDULIA⦆. ［L］

dull /dʌ́l/ *a* **1 a** 〈頭が〉鈍い, 愚鈍な; 鈍感な, 感覚の鈍い, 感受性のない: (as) ~ as LEAD[2] / a ~ boy 頭の鈍い子 / be ~ *of* hearing [apprehension] 耳が遠い[のみ込みが悪い]. **b** 〈痛みなど〉鈍い, 鈍く感じる: a ~ pain 鈍痛. **2** ⦅動作・反応などが⦆鈍い, のろい, 不活発な; 沈んだ, 沈滞した〈気分など〉; 〈商売が〉活気がない, 不振の, 低調な (opp. *brisk*); 〈商品・在庫品が〉さばけない. **3** 〈刃など〉鈍い, なまくらの, 切れ味の悪い. **4** 〈色・光・音色・味など〉鈍い, さえない; 〈天候が〉どんよりした, 曇っている (cloudy), うっとうしい (gloomy). **5** だれた〈ゲームなど〉, つまらない〈本・講義など〉, 単調[退屈]な: (There's) never a ~ moment. [*joc*] ⦅忙しくて[おもしろくて]退屈しているひまがない⦆. ► *vt* 鈍くする; なまくらにする; 〈痛みなどを〉和らげる; 曇らせる, ぼんやりさせる; 〈知能・視力などを〉鈍くする: ~ the edge of…の刃を鈍らせる; …の感じ[快感]をそぐ. ► *vi* 鈍る. ［MLG, MDu; OE *dol* stupid と同語源］

dul·lard /dʌ́lərd/ *n* のろま, うすのろ. ► *a* 鈍い, 鈍感な.

dúll-bràined *a* 頭の鈍い.

dúll cóal DURAIN.

Dul·les /dʌ́ləs/ ダレス **John Foster** ~ (1888–1959)⦅米国の外交官; Eisenhower 政権の国務長官 (1953–59) として対共産圏強硬政策を推進した⦆.

Dúlles Internátional Áirport ダレス国際空港⦅Washington, D.C. の西 40 km の地点にある国際空港⦆.

dúll-èyed *a* 目のどんよりした.

dúll·hèad *n* うすのろ, まぬけ, ばか.

dúll·ish *a* やや鈍い; うすのろの; だれぎみの. ♦ **~·ly** *adv*

dúll·ness, dul·ness /dʌ́lnəs/ *n* 鈍さ; 鈍感, 遅鈍, のろさ, (感情)鈍麻; 不活発; 退屈; 重苦しさ; うっとうしさ.

dulls·ville /dʌ́lzvɪ̀l/ *«俗» *n* [°D-] 退屈なもの[事, 場所, やつ]; 退屈. ► *a* すごく退屈な.

dúll-wítted *a* 頭の鈍い (dull-brained).

dul·ly /dʌ́(l)li/ *adv* 鈍く, ぼんやり (stupidly), 不活発に; 退屈するように, のろくさく.

Dú·long and Pe·tít's láw /d(j)úːlɔ̀ːŋ ən(d) pətíːz-/ 〘理〙デュロン-プティーの法則⦅グラム当たりの比熱と固体元素の原子量の積は室温でほとんど一定であるとする⦆. ［Pierre L. *Dulong* (1785–1838), Alexis T. *Petit* (1791–1820) 共にフランスの物理学者］

du·lo·sis /d(j)ulóusəs/ *n* (*pl* **-ses** /-sìːz/) 〘昆〙奴隷共棲, 奴隷制⦅ある種のアリが他種のアリを幼虫やさなぎのうちに略奪して奴隷として使うこと⦆.

dulse, dulce /dʌ́ls/ *n* 〘植〙ダルス⦅アイルランドおよびスコットランドの海岸に産する紅藻類の食用海藻⦆.

Du·luth /dəlúːθ/ ダルース⦅Minnesota 州北東部の, Superior 湖西端に臨む市・港町⦆. ♦ **~·ian** *a, n*

Dul·wich /dʌ́lɪʤ, -ɪʧ/ ダリッジ⦅London 南東部の地区⦆.

du·ly /d(j)úːli/ *adv* **1 a** 正しく, 当然に; 正式に, 正当に, しかるべく. **b** 時宜にかなうように, 滞りなく, 時間どおりに (punctually), ちゃんと: ~ to hand〘商〙正に入手. **2** 十分に (sufficiently): ~ considered. ［DUE］

dum[1] /dʌ́m/ *a, n**«俗» RUMDUM.

dum[2] *a* «インド» 蒸し焼きにした, 蒸しあげた, ふかした. ［Hindi］

du·ma /dúːmə, -mɑ̀ː/ *n* 〘ロシア〙 **1** [°D-] ロシア帝国議会, ドゥーマ⦅1905 年 Nicholas 2 世が開設, 17 年廃止⦆. **2** ⦅1917 年以前の⦆代議員会, 議会. **3** [°D-] 国家会議 (=the **Státe D~**)⦅ロシア連邦議会下院⦆. ［Russ］

Du·mas /d(j)umáː, d(j)úːmɑ̀ː; *F* dyma/ デュマ **(1) Alexandre** ~ (1802–70)⦅フランスの小説家・劇作家; '~ père /*F* pɛːr/' (大デュ

マ); 小説 *Le Comte de Monte-Cristo* (1844–45), *Les Trois Mousquetaires* (1844)》 (2) **Alexandre** ～ (1824–95)《前者の子; '～ fils /F fis/' (小デュマ); 小説家・劇作家; *La Dame aux camélias* (1848)》 (3) **Jean-Baptiste-André** ～ (1800–84)《フランスの化学者》.

Du Mau·rier /d(j)ʊ mɔ́:rièɪ, ‖-mɔ́r-/ デュモーリエ (1) Dame **Daphne** ～ (1907–89)《英国の小説家・劇作家; *Rebecca* (1938), *My Cousin Rachel* (1951)》 (2) **George** (**Louis Palmella Busson**) ～ (1834–96)《英国の諷刺画家・小説家; Daphne の祖父; *Punch* 誌に多くの小説を描いた; 小説 *Trilby* (1894)》.

dumb[1] /dʌ́m/ *a* **1 a** [°*derog*] 口のきけない (mute), おしの, ものの言えない; 《驚き・恐怖・羞恥などで》ものも言えない(ほどの): the deaf and ～ 聾唖者 / ～ animals もの言わぬ禽獣 / ～ chum [friend] もの言わぬ友《家畜・ペット》/ Horror struck me ～. 恐怖で口もきけなかった / struck ～ with fear. **b** 口がきけないも同然の; 口に出さない, 口をつぐんだ, 無口な, 発言しない: the ～ millions 声なき大衆, 民衆. **c** 《口》鈍い, ばかな, 愚かな (stupid): play [act] ～ 何も知らない[ばかの]ふりをする. **2 a** 〈感情・考えなど〉口[ことば]では表わせない: ～ grief 無言の悲しみ. **b** 無音の, 音の出ない; 無言でなされる. **3 a** 普通なら備わっている性質[付属物]が欠けた, 《特に》〈船など〉自力推進力のない: DUMB BARGE. **b**〘電算〙〈端末装置が〉データ処理能力をもたない (cf. INTELLIGENT). ► *vt* 沈黙させる; 《口》(…の頭を)鈍らせる, 呆(ほう)けさせる. ► *vi* 黙る 〈*up*〉. ● **～ down** [*derog*] 〈特に 教科書など〉の)内容のレベルを下げる. ► *n* 《口》ばか者; 《口》ばかげた間違い, へま. ♦ **～·ly** *adv* 無言で, 黙々と. **～·ness** *n* 唖 (muteness); 無言, 沈黙 (silence); 無口; 愚鈍. [OE *dumb* dumb, silent<?; cf. G *dumm* stupid]

dumb[2] *a* 《口》DAMN.

dúmb áct 《ヴォードヴィルで》対話のない幕.

dúmb águe〘医〙唖発作《周期性も顕著でない無悪寒のマラリア発作》.

Dum·bar·ton /dʌ̀mbɑ́:rtn/ ダンバートン (1) スコットランド中西部の造船・醸造の町; the Rock of ～ と呼ばれる丘は古くからの要塞であった 2) DUNBARTON》.

Dúmbarton Óaks ダンバートンオークス《Washington, D.C. にある邸宅; 1944 年 8–10 月英・米・ソ・中が会議を開き, 国連憲章の母体となる提案を採択》.

dúmb·àss *n, a* 《卑》大ばか者(の), ぼんくら(の), 脳タリン(の).

dúmb bárge‖ 無帆船, 無動力船; 《Thames 川の》潮流で走るはしけ舟.

dúmb·bèll *n* 亜鈴(あれい), ダンベル; 《犬の '持ってこい' 訓練用の》ダンベル; 《口》のろま (dummy), ばか.

Dúmbbell Nébula〘天〙亜鈴(状)星雲《こぎつね座にある惑星状星雲》.

dúmb blónde おつむの弱い金髪美人.

dúmb búnny 《口》少々足りない[ばかな]やつ.

dúmb càne〘植〙唖甘蔗(あかんしょ) (DIEFFENBACHIA).

dúmb càrd ダムカード《記憶用磁気帯のみをもつ標準的なカード; smart card のようにコンピューターチップを組み込んだカードに対する》.

dúmb clúck 《口》まぬけ, へまなやつ, 散漫なやつ.

dúmb cómpass〘海〙方位儀 (pelorus).

dúmb cráft‖ 無帆船, 無動力船.

dúmb crámbo 韻捜しジェスチャーゲーム《一方のチームがある語を選んでそれと韻を踏む語を示し, 相手方チームが最初の語を身振りであてるゲーム》.

dúmb-dòdo *n**《俗》ひどいばか, 大まぬけ, あんぽんたん.

dúmb Dóra 《俗》ばかな女(の子); 《俗》恋人 (sweetheart).

dumb-dumb /dʌ́mdʌ̀m/ *n, a* 《俗》DUM-DUM.

dum·bek /dʌ́mbὲk/ *n* ダンベク《中東のてのひらでたたく小太鼓》.

dumb·found /dʌ̀mfáʊnd, ⌐⌐/, **-found·er**‖ /-ər/ *vt* 《口もきけないほど》びっくりさせる, 唖然とさせる, あきれてものも言えなくする. ♦ **dùmb·fóund·ing·ly** *adv* 唖然とするほど, 口がきけないほど.

dùmb·fóund·ed *a* 口もきけないほど驚いて, 唖然として, あっけにとられて.

dúmb·hèad *n* 《米俗・スコ俗》のろま, とんま.

dúmb ìron〘機〙《自動車の》ばね支え.

dúmb·jòhn *n**《俗》すぐだまされるやつ, カモ, なんにも知らないやつ, 遅れたやつ.

dumb·kopf /dʌ́mkɔ̀:pf, -kɔ̀:f/*《俗》*n* 脳なし, ばか, あほう; 酔っぱらい (alchy). [G=stupid head]

dum·ble·dor(e) /dʌ́mb(ə)ldɔ̀:r/ *n* 《方》**a** マルハナバチ (bumblebee). **b** コフキコガネ (cockchafer).

dúmb lúck 思いがけないめぐり合わせ: by sheer ～ 偶然の成り行きで, まさにたまたま. [ヴェトナムの作家 Vu Trong Phung (1912–39) ほかによる小説 (1936) の英訳名から]

dum·bo /dʌ́mboʊ/*《俗》*n* (*pl* ～**s**) ばか, まぬけ; ばかな間違い, どじ.

Dumbo **1** ダンボ《Walt Disney の漫画映画 (1941) の主人公; 大きな耳で空を飛ぶ子象》; [ᵘd-]*《俗》[*derog*] 耳でか, 大耳《人》. **2** [d-]〘空〙ダンボ《海難救助機》.

dúmb óx 《口》(でかいずうたいをした)うすのろ.

dúmb piáno 無音ピアノ《運指練習用》.

dúmb rábies〘医〙緘黙性狂犬病《病初から麻痺が強い狂犬病》.

dúmb·shìt *n, a**《卑》どあほう(の), 大うつけ(の), ばか(な).

dúmb shòw 黙劇, 無言劇《初期の英国劇で劇の一部として用いられた》; 無言の手まね[身振り].

dumb·ski /dʌ́mski/ *n, a**《俗》うすのろ, 三太郎, 抜作, ばか[まぬけ](な).

dúmb·strùck, -strìcken *a* 仰天して口のきけない.

dúmb·wáit·er *n* 《レストランなどの》食品・食器用小型エレベーター[リフト]; 小型貨物エレベーター; ‖《給仕用の》回転棚付き食品台; ‖《卓上用の》回転式食品台 (lazy Susan*); ‖給仕用ワゴン.

dum·dum /dʌ́mdʌ̀m/ *n* ダムダム弾 (=～ **bùllet**)《弾頭が軟質金属[鉛]で, あたるとひしゃげて直径が増し大きな傷をつくる》. [*Dum Dum* インド Kolkata 郊外の地区; ここの兵器廠で作り出された]

dum-dum /dʌ́mdʌ̀m/ *n, a* 《俗》ばか(な), まぬけ(な).

dúmdum fèver〘医〙ダムダム熱 (KALA-AZAR).

du·met /dú:mὲt/ *n* デュメット線《鉄とニッケルを銅で被膜した線材; 真空管・白熱電球の封入部材用》.

Dumf. Gal. °Dumfries and Galloway.

dumfound(er) ⇨ DUMBFOUND.

Dum·fries /dʌ̀mfrí:s, -z/ ダムフリース《(1) スコットランド南部の旧州 (=**Dum·fries·shire** /-frí:ʃʃɪər, -ʃər/) 2) スコットランド南部の町; Dumfries and Galloway, 旧 Dumfries 州の中心》.

Dúmfries and Gálloway ダムフリース・アンド・ギャロウェー《スコットランド南西端の参事会地域 (council area)・旧州 (region); ☆Dumfries》.

dum·ka /dúmkə/ *n* (*pl* **dum·ky** /-ki/) ドゥムカ《スラヴ民謡の一種; 憂鬱な哀歌と陽気な歌とが交替する》. [Czech=elegy]

dum(m)·kopf /dúmkɔ̀:pf, -kɔ̀:f, dʌ́m-/ *n* 《俗》とんま.

dum·my /dʌ́mi/ *n* **1 a** 擬製品, 擬装品, まがいもの, (見本用)模型; ‖おしゃぶり;〘医〙偽薬;〘軍〙空砲, 擬製弾;〘製本〙束(つか)見本 (pattern volume); 割付け見本, ダミー; 代本板《図書館で取り出した本の代わりに置いておく》;〘歯〙架工歯, ダミー;〘電算〙ダミー;〘言〙ダミー(記号). **b** 《洋服屋などの》人台(じんだい), マネキン, ダミー《ディスプレー用》; 《髪型などの》模造台 (block); 《射撃練習用・アメリカンフットボールのタックル練習用の》標的人形. **c** 替え玉; 名目上の人物, お飾り, ロボット, かかし《人》, 《人の》手先, あやつり人形; トンネル会社, 替え玉会社, ダミー; 腹話術師の人形,〘映〙替え玉人形;〘トランプ〙ダミー《whist や bridge で最初に持ち札要求 (call) をする人と組んでいる者; その手》;〘サッカーなど〙パス[キック]フェイント (⇨ sell the DUMMY). **2 a** 《俗》おし (dumb person); 《俗》無口な人, だんまり屋; 《口》ばか者, とんま, でくのぼう. **b***無音機関車《街路を走った初期の蒸気機関車》. **3**〘豪史〙《権利のない》人に代わって土地を買った者. **4***《俗》パン (bread). **5***《俗》空(から)の酒瓶[ビール瓶]; *《俗》タバコの吸いさし. **6***《鉄道俗》鉄道員輸送列車. **7***《俗》《弱い[うすめた, にせの]》ひどい薬(やく), がせ薬(やく). **8** 《俗》ペニ, 一物 (penis). **9** 《NZ俗》《刑務所の》処罰用独房. ● **beat** [**flog**] **the** ～*《卑》〈男が〉自慰をする. **chuck a** ～ 《俗》吐く, もどす, ゲロる. **sell** [**give**] **the** [**a**] ～〘サッカーなど〙ボールをパス[キック]すると見せて相手を欺く. ► *a* にせの, まがいの (sham); 人の手先の, 看板[名義]だけの; 架空の;〘トランプ〙ダミーの: a ～ cartridge 空包 / a ～ horse 木馬 / a ～ director 表向きだけの重役 / a ～ corporation トンネル会社. ► *vt* …をまねて作る, …の模型を作る,〘印・製本〙…の束(つか)見本[割付け見本]を作る 〈*up*〉; 模造品で示す 〈*in*〉. ► *vi* **1**〘サッカーなど〙パスすると見せてだます, フェイントする. **2** 《俗》押し黙る, 黙秘する, 口を割らない 〈*up*〉. [*dumb*]

dúmmy héad ダミーヘッド《バイノーラル・4 チャンネルによる伝達・再生のために両耳の部分にマイクロホンを組み込んだ人頭型の録音装置》.

dúmmy-hèad torpédo 擬製魚雷《爆薬をはずした訓練用のもの》.

dúmmy lòad〘電〙擬似負荷.

dúmmy rún 攻撃[上陸]演習; 試演, 下稽古.

dúmmy váriable〘数〙見かけ上の変数, ダミー変数.

du·mor·ti·er·ite /d(j)umɔ́:rtiəràɪt/ *n*〘鉱〙デュモルチエライト《青または緑青色で高級磁器製造・宝石用》. [Eugène *Dumortier* (1802–76) フランスの古生物学者]

Du·mou·riez /F dymurje/ デュムーリエ **Charles-François du Périer** ～ (1739–1823)《フランスの軍人》.

dump[1] /dʌ́mp/ *vt* **1 a** 〈ごみを〉投げ捨てる, 捨て場にどっと落とす, 投棄する; 〈積荷などを〉ドサッと降ろす[落とす, 投げ出す] 〈*away, down, into, out*〉; 〈容器を〉あける. **b** 《豪》《高波が》〈遊泳者・サーファーを〉投げ落とす;〘アメフト〙《ボールをパスする前に》〈敵のクォーターバックを〉タックルして倒す;〘アメフト〙〈パスを〉後方にそっと投げる 〈*off*〉,〘野〙〈バントを〉そっと打つ;〘アイスホッケー〙〈パックを〉ダンプする《敵陣深くに打ち込む》. **c** 〈弾薬などを〉積み残しておく. **2 a**〘商〙〈商品を〉大量に廉売する; 〈過剰商品を〉(国内価格以下で)外国市場へ投げ売り[ダンピング]する. **b** 〈過剰人口を〉外国へ送り出す. **3 a** 《口》厄介払いする, 放り出す, 首[お払い箱]にする, 〈恋人などを〉棄てる; 《口》〈子供など〉の世話を押しつける 〈*with* sb〉; 〈映画を〉広告・試写なしに封切る; 《俗》〈試合〉にわざと負ける, 八百長をする. **b** 《俗》ノックダウンする, のす, 殺す. **4**〘電算〙**a** 〈メモリーを〉ダンプする《その時点での内容 (image) を出力する》. **b** 〈コンピューター〉の電源を切る, ダンプする. **5** 《豪》《水力などで》〈羊毛の束を〉押し固める, 圧縮する. **6** 《野球俗》バントする. **7***《俗》吐く, 上げる,ゲーッとやる, ゲロる (vomit). ► *vi* ドサリと落ちる; ごみを投げ捨てる; ドシンと投げ降ろす; 中身を吐き出す; 投げ売り[ダンピング]をする; *《俗》吐く, ゲーッとやる; *《俗》脱糞する, くそをたれる. ● **~ all over**…＝DUMP on…(1). **~ on**…《口》(1)…を(がみがみ)しかりつける, ぼろくそ[くそみそ]に言う, …につらく当たる, …をいじめる, けなす, やっつける, 〈演説者など〉をやじり倒す, 質問攻めにする. (2)(迷惑にも)〈人〉に(問題[悩みなど]を)ぶちまける, ぐちる; 〈人〉に〈仕事などを〉押しつける. (3)[it などを主語として] 雪が…にどっと降る, どか雪を降らす. **~ one's** LOAD. ► *n* **1 a** ごみ捨て場(＝~ yard), ごみの山; 《口》きたない所, みすぼらしい場所, しけた家[アパート, ホテル, 店, 劇場], 《広く》建物, 家, 店; 書籍陳列箱; 《俗》ムショ, ブタ箱 (prison); *《俗》町 (city, town). **b**〖鉱〗《低品位の鉱石などを捨てるための装置のある》傾斜路; 捨て石の山; (ドサッと)捨てたもの, 堆積. **c**〖軍〗《弾薬などの》(臨時)集積場, 《臨時集積された》弾薬, 兵器. **2** ドサッと落とす[捨てる]こと; ドサッ, ドシン (thud), ビシャッ(音); *《俗》脱糞: take [have] a ~ くそ[うんこ]する. **3** ダンプ(カー) (dump truck). **4**〖電算〗(メモリー)ダンプ《メモリーのイメージ・バイナリーファイルの内容などを16[2, 8]進コードで出力すること[したもの]》. **5** *《俗》賄賂をもらってする負け試合, 八百長試合. ● **do a ~ on**… (1) *《俗》…をこわす. (2) ＝DUMP on… (1). [? Scand; cf. Dan *dumpe*, Norw *dumpa* to fall suddenly]

D

dump² *n* **1** [*pl*]《口》憂鬱. **2**《廃》哀しいメロディー; 《廃》曲; 《廃》独特のリズムのゆったりしたダンス. ● **(down) in the ~s** ふさぎこんで, 憂鬱になって, 不機嫌で. [? LG or Du＜MDu *domp* haze, mist; cf. DAMP]

dump³ *n* **1**《一般に》短くて太いもの; ″鉛片の数取り, 鉛製めんこ; 縄製の投げ輪; ″ねじこみボルト《船用の太く短いボルト[釘]》; 《古》ずんぐりした人. **2**〖豪史〗ダンプ《HOLEY DOLLAR の中央から切り取った代用硬貨: ＝15 pence》; 《豪口》小硬貨, わずかな量, [*pl*] お金. ● **do not care a ~**″《俗》ちっともかまわない. **not worth a ~**″《俗》なんの値打ちもない. [? LUMP¹]

Dump ダンプ《男子名; Humphrey の愛称》.

dúmp bìn バーゲン品を山積みにした陳列台.

dúmp càr〖鉄道〗傾斜台付き貨車, ダンプ車.

dúmp·càrt* *n* 放下式ごみ捨て車《手押しの二輪車》.

dúmp·er *n* ごみ捨て人, *ごみ投棄者 (: illegal ~); DUMP CAR, DUMPCART; DUMP TRUCK (＝~ trùck″); 投げ売り人; ごみ箱, くずかご; 《豪・南ア》サーファー[遊泳者]を投げ落とす波. ● **in the ~** *《俗》失われて, 取返しがつかなくなって, 破綻[破産]して, 失敗して; お払い箱で, 用なしで.

Dum·phy /dʌ́mfi/ ダムフィー《男子名; Humphrey の愛称》.

dum·pie /dʌ́mpi/ *n*《南ア》ビールの小瓶.

dúmp·ing *n*《ごみなどを》投げ捨てること, 投棄, 放下; 〖商〗投げ売り, 安値輸出, 不当廉売, ダンピング; PATIENT DUMPING.

dúmping gròund ごみ捨て場 (dump); 《不要な人員などを送り込む》はきだめ, うばすて山.

dúmp·ish *a* 悲しい, ものうい, 憂鬱な, ふさぎこんだ; 《廃》愚かな, 鈍い. ♦ **~·ly** *adv* **~·ness** *n*

dúmp·ling *n*《スープやシチューに入れて出す》ゆで[蒸し]だんご; リンゴ入り蒸し[焼き]だんご《デザート用》; 《だんごみたいな》でぶ, 太っちょ《人》, 丸々した動物, かわいい人 (darling). [? (dim)＜DUMP³]

dúmp òrbit《役割を終えた通信衛星を静止させる》投棄軌道.

dúmp ràke ダンプレーキ《二輪の間に等間隔にレーキを配した牧草寄せ集め用農機具》.

dúmp·sìte *n* ごみ捨て場, ごみ投棄物, 埋立地.

Dump·ster /dʌ́mpstər/〖商標〗ダンプスター《米国の大型の金属製ごみ収集箱》; 《一般に》大型のごみ収集容器.

dúmp trùck ダンプトラック, ダンプカー (＝*dump*).

dump·ty /dʌ́mpti/ *n* 大きなマットシート.

dúmpy¹ *a* ずんぐりした; 〈貨幣が〉小型で厚みがある; 〈部屋が〉きたない, みすぼらしい; 《俗》ぶかっこうな, 醜い. ► *n* 足の短い鶏《スコットランド原産》; 《南ア》DUMPIE. ♦ **dúmp·i·ly** *adv* **-i·ness** *n* [*dump*³]

dumpy² *a* ものうい, 憂鬱な (dumpish). [*dump*²]

dúmpy lèvel〖測〗ダンピレベル《望遠鏡付き水準器》.

dum spi·ro, spe·ro /dum spí:rou spéirou/ 息あるかぎり希望を捨てず《South Carolina 州の標語の一つ》. [L＝while I breathe I hope]

dum vi·vi·mus vi·va·mus /dum wí:wimùs wiwá:mus/ 生きている間われらは生きん. [L＝while we live, let us live]

Dum·yat /dumjá:t/ ドゥミャート《DAMIETTA のアラビア語名》.

dun¹ /dʌ́n/ *vt* (-nn-) 〈人に〉支払いをしつこく催促する 〈*for* payment〉; 〈人を〉うるさく悩ます. ► *n* 借金の催促(状); しつこい借金取り. [*dun*kirk (obs) privateer; ⇨ DUNKIRK]

dun² *a* **1** 灰褐色の (dull grayish brown); 〈馬が〉川原毛の, 月毛の《灰色または黄色がかった褐色の馬で, たてがみと尾が黒》. **2** 薄暗い, 陰気な. ► *n* 灰褐色; 川原毛[月毛]の馬; カゲロウ (mayfly) の亜成虫; 〖釣〗DUN FLY; 〖昆〗トビケラ (caddis fly). ► *vt* (-nn-) 灰褐色にする; 暗くする; 〈魚を〉塩漬けにして保蔵する. ♦ **~·ness** *n* [OE *dunn*; cf. OS *dun* nut-brown]

dun³ *n*《スコットランド高地やアイルランドの先史時代の》要塞化した山上の集落. [ScGael]

Du·na /dúnɔ:/ [the] ドゥナ川《DANUBE 川のハンガリー語名》.

Dü·na·burg /*G* dý:nabʊrk/ デューナブルク《DAUGAVPILS のドイツ語名》.

Du·naj /dúnɑ:j/ [the] ドゥナイ川《DANUBE 川のチェコ語名》.

du·nam, -num /dúnəm/ *n* ドゥナム《イスラエルなどにおける土地面積の単位: ＝1000 m²》.

Du·nant /d(j)unɑ́:/ デュナン (**Jean-)Henri ~** (1828–1910)《スイスの社会事業家; 国際赤十字を創立; ノーベル平和賞 (1901)》.

Du·nă·rea /dú:nərjà:/ [the] ドゥナリヤ川《DANUBE 川のルーマニア語名》.

Dun·a·way /dʌ́nəwèɪ/ ダナウェイ **Faye ~** (1941–)《米国の映画女優; *Bonnie and Clyde* (俺たちに明日はない, 1967), *Network* (ネットワーク, 1976)》.

Dun·bar /dʌ̀nbɑ́:r, ⌐⌐/ ダンバー **William ~** (1460?–?1530)《スコットランドの諷刺・滑稽詩人》.

Dun·bar·ton /dʌ̀nbɑ́:rtn/, **Dunbárton·shìre** /-ʃɪər, -ʃər/ ダンバートン, ダンバートンシャー《スコットランド中西部の旧州; ☆Dumbarton; 現在は East Dunbartonshire と West Dunbartonshire に分かれている》.

dún·bìrd *n*〖鳥〗**a** ″ホシハジロ (pochard). **b** *アカオタテガモ (ruddy duck).

Dun·can /dʌ́ŋkən/ **1** ダンカン《男子名》. **2** ダンカン **~ I** (d. 1040)《スコットランド王 (1034–40); Macbeth に殺された》. **3** ダンカン **Isadora ~** (1877–1927)《米国の舞踊家》. [Sc＝brown head, brown soldier]

Dúncan Phýfe [Fífe] /-fáɪf/ *a*〖家具〗ダンカン・ファイフ式の, フランス帝政時代風の (Empire). [*Duncan* PHYFE]

dunce /dʌ́ns/ *n* のろま, 低能; できない生徒, 遅進児, 劣等生. ♦ **dún·ci·cal** *a* [16 世紀のヒューマニストが DUNS SCOTUS の学徒たちを Dunses, Dunsmen と呼んであざけったことから]

dúnce càp, dúnce's càp 低能帽《昔 できの悪い生徒に罰としてかぶらせた円錐形の紙帽子》.

d'un cer·tain âge /*F* dœ̃ sɛrtɛna:ʒ/ 年配の, もう若くはない.

dunch /dʌ́nʃ, dúnʃ/ *n*《スコ》打つ[突く]こと.

Dun·dalk /dʌ̀ndɔ́:(l)k/ ダンドーク《アイルランド北東部の Dundalk 湾 (＝~ Báy) に臨む港町; Louth 県の県都》.

Dun·das /dʌ̀ndǽs/ ダンダス **Henry ~**, 1st Viscount Melville and Baron Dun·ira /dʌ̀níərə/ (1742–1811)《英国の政治家》.

Dun·dee /dʌ̀ndí:/ **1** ダンディー《スコットランド東部の Tay 湾に臨む市・港町》. **2** ダンディー **John Graham of Cla·ver·house** /kléɪvərhàus/, 1st Viscount ~ (1649?–89)《スコットランドの王党派・ジャコバイト; 名誉革命 (1688) に反対し, 挙兵, 戦死; 高地地方では 'Bonnie Dundee' の名で親しまれた》.

Dundée càke″ ダンディーケーキ《パウンドケーキにアーモンド・干しブドウなどを加えた菓子》. [↑の 1]

Dúndee màrmalade〖商標〗ダンディーマーマレード《元来 Dundee で製造されたマーマレードの一種》.

dun·der /dʌ́ndər/ *n* ダンダー《砂糖キビの汁を煮詰めた残り; ラムの蒸留に用いる》.

dún·der·hèad, -pàte /dʌ́ndər-/ *n* ばか者. ♦ **dúnder·héad·ed** *a* のろまな, 頭の悪い. [C17＜?; cf. *dunner* (dial) resounding noise; 一説に Du *donder* thunder]

dún díver〖鳥〗カワアイサ (goosander) の雌[若い雄].

dun·drea·ries /dʌ̀ndríəriz/ *n pl* [°D-] 長いほおひげ. [Tom Taylor の喜劇 *Our American Cousin* (1858) の主人公 Lord *Dundreary* から]

dùn·dréary whískers *pl* [°D-] DUNDREARIES.

dune /d(j)ú:n/ *n*《海浜・砂漠などの》砂丘, デューン. ♦ **~·like** *a* [F＜MDu; ⇨ DOWN³]

dúne bùggy デューンバギー (＝*beach buggy*)《砂丘走行用自動車》.

Dun·e·din /dʌní:d(ə)n/ ダニーディン《ニュージーランド南島南東岸の市・港町》.

dúne·lànd *n* 砂丘の多い地域.

dúne·mobìle *n* デューンモビール《砂丘走行用車》.

dun·er /d(j)ú:nər/ *n* デューンバギーを乗りまわす者.

Dun·ferm·line /dʌ̀nfə́:rmlən/ ダンファームリン《スコットランド東部の古都; スコットランド王の離宮跡がある》.

dún·fìsh *n* 塩漬けにして保存した魚[タラ].

dún flỳ〖釣〗カゲロウなどの幼虫に似せた黒ずんだ毛針.

dung /dʌ́ŋ/ *n*《動物, 特に牛馬などの》糞, うんこ, 畜糞; 厩肥(きゅうひ); 汚物. ► *vt* …にこやしをやる[まく]. ► *vi* 〈動物が〉脱糞する. [OE *dung*＜?; cf. ON *dyngja* manure heap]

Dun·gan·non /dʌŋgǽnən/ ダンギャノン《(1) 北アイルランド南部の行政区 2) その中心をなす町》.

dun·ga·ree /dʌ̀ŋgərí:, ⌐⌐⌐/ *n* ダンガリー《目の粗い丈夫な綾織り綿布》, 《特に》ブルーデニム; [*pl*] ″ダンガリーのズボン[オーバーオール] (overalls*). ♦ **~d** *a* [Hindi]

dun·gas /dʌ́ŋgəz/ *n pl*《豪口》DUNGAREES.

dúng bèetle [chàfer]〖昆〗糞虫(ふんちゅう)(くそむし)《糞玉(ふんだま)をこしらえる各種のコガネムシ》.

dúng càrt こやし運搬車, 厩肥車.

Dun·ge·ness /dʌ̀nʤənɛ́s/ ダンジネス《イングランド南東部 Kent 州南端の岬; 原子力発電所がある》.

Dún·ge·ness cráb /dʌ́nʤənɛ̀s-/ 〘動〙アメリカイチョウガニ《California から Alaska にかけて捕れる食用ガニ》. [*Dungeness* は Washington 州の村]

dun·geon /dʌ́nʤ(ə)n/ *n* **1**《城内の》土牢, 地下牢. **2** 天守閣, 本丸 (donjon). ► *vt* 土牢に閉じ[押し]込める ‹*up*›. [OF＝DONJON＜L; ⇨ DON[1]]

Dúngeons & Drágons 〘商標〙ダンジョンズ・アンド・ドラゴンズ《米国 TSR 社製のパソコン用 ROLE-PLAYING GAME; 1974 年開発; 略 D & D》.

dúng flỳ 〘昆〙フンバエ《同科のハエの総称》.

dúng fòrk こやし熊手.

dúng·hìll *n* **1** 牛馬糞[厩肥]の山, 堆肥; はきだめ; むさくるしい所[人]; DUNGHILL FOWL: The sun is never the worse for shining on a ～. 《諺》こやしの山を照らしても太陽は太陽《善人は環境に染まらない》/ Every cock crows [A cock is bold] on his own ～. 《諺》おんどりは自分の糞の山ではときをつくる[大胆だ]《内弁慶》. **2** 卑しい身分, おちぶれた境遇. ● **a cock on his [its] own ～** お山の大将.

dúnghill fówl にわとり《game fowl と区別して》.

dúng wòrm 〘動〙シマミミズ《釣りの餌》.

dúngy *a* 糞 (dung) のような; きたない.

du·ni(e)·wás·sal /dù:niwɑ́s(ə)l/ *n*《スコットランド高地の》中流紳士; 名門の次男以下の息子.

dun·ite /dú:nàɪt, dʌ́n-/ *n* 〘鉱〙ダナイト《ほとんど橄欖(かんらん)石からなる火成岩の一種; クロム原料》. ♦ **du·nít·ic** /-nít-/ *a* [Mt *Dun* ニュージーランドの山の名]

dunk /dʌ́ŋk/ *vt* **1**〈パンなどを〉コーヒー[紅茶など]につける[浸す]; ちょっと液体に浸す[沈める] ‹*in, into*›. **2**〘バスケ〙〈ボールを〉上からネットに投げ込む, ダンクショットをする. ► *vi* 液体に浸す; 水につかる; ダンクショットする. ► *n* 浸すこと; DUNK SHOT. [Penn G＝to dip (G *tunken*)]

dúnk·er *n* パンなどをコーヒーなどにつけて食べる人; 〘バスケ〙ダンクショットをするプレーヤー.

Dun·ker /dʌ́ŋkər/, **-kard** /-kərd/ *n* ダンカー派(信徒)《米国のドイツバプテスト同胞教会の信者; 浸礼・愛餐・兵役拒否などを実践, 無抵抗主義で誓いを拒否する》. [G＝dipper]

dun·kie /dʌ́ŋki/ *n*″《俗》女(の子) (girl).

Dun·kirk, -kerque /dʌ́nkə̀:rk, ━́━/ **1** ダンケルク《フランス北部の Dover 海峡に臨む市・港町; 第二次大戦中の 1940 年, ドイツ軍に追い詰められた英仏連合軍が, 猛攻をうけながらも撤退に成功したところ》. **2** (爆撃下の)必死の撤退; 危機, 緊急事態.

Dúnkirk spírit ダンケルク魂《危機における不屈の精神》.

dúnk shòt 〘バスケ〙ダンクショット (＝*slam dunk*)《ジャンプしてボールを上からネットに投げ込む》.

Dun Laoghai·re /dʌ̀n lέərə, dù:n-/ ダンレアレ《アイルランド東部の Dublin 湾に臨む市・港町; 旧称 Kingstown》.

dun·lin /dʌ́nlən/ *n* (*pl* ～, ～**s**) 〘鳥〙ハマシギ (＝*redbacked sandpiper*). [? DUN[2], *-ling*[1]]

Dun·lop[1] /dʌ́nlɑ̀p, ━́━/ **1** ダンロップ **John Boyd** ～ (1840–1921)《スコットランドの発明家; 空気入りタイヤを発明した》. **2**〘商標〙ダンロップ《タイヤ・スポーツ用品》.

Dunlop[2] ダンロップチーズ (＝～ **chèese**)《スコットランド南西部の Dunlop 村原産の白い圧搾チーズ》.

Dún·mow flítch″ /dʌ́nmoʊ-/ [the] 一年と一日仲むつまじく暮らした夫婦に贈る塩豚の片側 (＝*flitch of Dunmow*). [*Dunmow* イングランド Essex 州の村]

dun·nage /dʌ́nɪʤ/ *n* 荷敷(にしき), ダンネージ《積荷の損傷を防ぐ木片・板・むしろなどの下敷きまたは詰合わせ物》; 手荷物 (baggage); 《俗》《船乗り・無宿者の》衣服. [AL *dennagium*＜?]

dun·na·kin /dʌ́nɪkən/ *n*″《方》便所 (lavatory).

dun·nart /dʌ́nɑ̀:rt/ *n* 〘動〙スミントプシス《オセアニアのマウスに似た有袋類》. [(Austral)]

Dunne /dʌ́n/ ダン **Finley Peter** ～ (1867–1936)《米国のユーモア作家; ⇨ Mr. DOOLEY》.

Dún·net Héad /dʌ́nət-/ ダンネットヘッド《スコットランド北部 John o'Groat's の西の岬; スコットランド本土の最北端 (58°39′N)》.

dun·nite /dʌ́nàɪt/ *n* D 爆薬《米国の軍人 B. W. Dunn (1860–1936) が発明した高性能爆薬》.

dun·no /dənóʊ/ 《発音つづり》《口》don't know.

dun·nock″ /dʌ́nək/ *n* 〘鳥〙ヨーロッパカヤクグリ (hedge sparrow). [*dun*[2], *-ock*]

dun·ny /dʌ́ni/ *n* 《英方・豪俗》(屋外)便所; 《スコ》《古いアパートの》地下通路, 地下室. [C19＜?; cf. *dung*]

dúnny càrt 《豪》屎尿(しにょう)運搬車 (night cart).

Du·nois /*F* dynwa/ デュノア **Jean d'Orléans**, Comte de ～ (1403–68)《フランスの将軍; 通称 'the Bastard of Orléans'; ジャンヌダルク (Joan of Arc) による救援 (1429) まで英軍から Orléans を守った》.

Du·noon /dənú:n/ ダヌーン《スコットランド南西部の Clyde 湾に臨む町・保養地》.

Dun·qu·lah /dúŋkələ/ ドゥンクラ《スーダン北部 Nile 川左岸の町; Dongola ともつづる; 6–14 世紀キリスト教徒による Nubia 王国の首都》.

Duns /dʌ́nz/ ダンズ《スコットランド南東部の市》.

Dun·sa·ny /dʌ̀nséɪni/ ダンセーニ **Edward John Moreton Drax Plunkett**, 18th Baron ～ (1878–1957)《アイルランドの詩人・劇作家・短篇作家》.

Dun·si·nane /dʌ́nsənèɪn/ ダンシネーン《スコットランド中東部 Dundee の西方郊外にある丘 (303 m); 頂上の要塞跡は Macbeth の城とされる》.

Duns Sco·tus /dʌ́nz skóʊtəs/ ドゥンス・スコトゥス **John** ～ (1266?–1308)《スコットランドの神学者; Doctor Sub·ti·lis /səbtáɪləs/ (精妙博士) と呼ばれる; ⇨ SCOTISM》.

Dun·sta·ble /dʌ́nstəb(ə)l/ ダンスタブル **John** ～ (1385?–1453)《イングランドの作曲家》.

Dun·stan /dʌ́nstən/ **1** ダンスタン《男子名》. **2** [Saint] 聖ダンスタン (924–988)《Canterbury 大司教 (959–988); 祝日 5 月 19 日; 鍛冶屋の守護聖人》. [OE＝brown stone, stone hill]

dunt /dʌ́nt/ *n* 《スコ》《鈍い音をたてて強く》ズシン[ゴツン]と打つこと(による負傷[けが]); ″《空軍俗》《気流による》強い揺れ. ► *vt, vi* 鈍い音をたてて打つ. [変形く *dint*]

Dun·troon /dʌ̀ntrú:n/ ダントルーン《オーストラリアの首都, Canberra の郊外にあった牧羊場; 跡地に陸軍士官学校が建設され, 'Duntroon' といえば「士官学校」の意》.

dunum ⇨ DUNAM.

duo /d(j)ú:oʊ/ *n* (*pl* **dú·os**) 〘楽〙二重奏[唱](曲), デュオ (duet); 二重奏[唱]の二人; 《芸能人の》二人組, コンビ; 一対: a comedy ～ 喜劇二人組. [It＜L＝two]

du·o- /d(j)ú:oʊ, -ə/ *comb form*「2」 [↑]

dùo·bínary *a* 〘通信〙デュオバイナリーの《2 進信号に中間値を応用して伝達速度を増すデジタルデータ通信》.

dùo·décagon *n* DODECAGON.

dùo·decénnial *a* 12 年目ごとの[に起こる].

dùo·decíllion *n, a* デュオデシリオン(の)《10^{39}; 英ではかつて 10^{72} を表わした》. ★ ⇨ MILLION.

duo·dec·i·mal /d(j)ù:ədέsəm(ə)l/ *a* 12 分の 1 の, 12 の; 十二進の: the ～ system (of notation) 十二進法. ► *n* 12 分の 1; 十二進数; [*pl*] 十二進法. ♦ **～·ly** *adv* [L (*duodecim* twelve)]

du·o·dec·i·mo /d(j)ù:ədέsəmòʊ/ *n* (*pl* ～**s**) **1 a** 十二折判 (＝*twelvemo*)《各ページ約 $7^1/_2$×$4^1/_2$ インチ大; 12 mo, 12° とも書く; ⇨ FOLIO》. **b**《いわゆる》四六判, 四六判の本[紙, ページ]. **2**《古》小さい人[もの], ちび. **3**〘楽〙12 度 (twelfth). [L (*in*) *duodecimo* in a twelfth (↑)]

du·o·den- /d(j)ù:ədí:n/, **du·o·de·no-** /-noʊ, -nə/ *comb form*「十二指腸」 [*duodenum*]

du·o·de·nal /d(j)ù:ədí:nl, ˟d(j)uádnəl/ *a* 〘解〙十二指腸 (duodenum) の[に関する].

duodénal úlcer 〘医〙十二指腸潰瘍.

du·o·den·a·ry /d(j)ù:ədέnəri, -dí:-/ *a* (一単位) 12 の; 十二進の (duodecimal).

du·o·de·ni·tis /d(j)ù:oʊdənáɪtəs/ *n* 〘医〙十二指腸炎.

du·o·de·nos·to·my /d(j)ù:ədənɑ́stəmi/ *n* 〘医〙十二指腸開口(術)《十二指腸に恒久的な孔をつくる》.

du·o·de·not·o·my /d(j)ù:ədənɑ́təmi/ *n* 〘医〙十二指腸切開(術).

du·o·de·num /d(j)ù:ədí:nəm, ˟d(j)uádnəm/ *n* (*pl* **-na** /-nə/, ～**s**) 〘解〙十二指腸. [L (*duodeni*); ⇨ DUODECIMAL]

dúo·dràma *n* デュオドラマ《二人の演技者の対話に器楽演奏の伴う劇》.

dúo·gràph *n* 〘印〙DUOTONE.

duo·logue /d(j)ú:əlɔ̀(:)g, -lɑ̀g/ *n*《二人だけの》対話 (dialogue); 対話劇. [*duo-*, mono*logue*]

duo·mo /dwɔ́:moʊ, dwóʊ-/ *n* (*pl* ～**s**, **-mi** /-mi/) 大教会堂, 大聖堂, ドゥオモ (cathedral). [It]

dùo·piánist *n* ピアノ二重奏奏者.

dùo·plásma·tròn *n* 〘電子工〙デュオプラズマトロン《イオンビームを産する装置》.

du·op·o·ly /d(j)uɑ́pəli/ *n* 〘経〙(売手)複占《2 社による販売市場の独占》; 複占の 2 社; 二大強国による覇権. ♦ **du·òp·o·lís·tic** *a* [*duo-*, mono*poly*]

du·op·so·ny /d(j)uɑ́psəni/ *n* 〘経〙買手[需要]複占《2 社による購入市場の独占》.

dúo·ràil *n*《モノレールと区別して》二軌鉄道.

dúo·tòne 〘印〙*n* 二色画; 二色網版, デュオトーン, ダブルトーン《同一原図から 2 枚の網ネガを撮影して 2 枚の網凸版を作り, 二色の[単色の濃淡の]グラビアをつくる印刷法》; ダブルトーン印刷物. ► *a* 二色の.

dúo·tỳpe *n* 〘印〙二色網版, デュオタイプ《1 枚の網ネガから硬軟 2 種の網凸版をつくり, 2 種のインキで刷る》.

dup /dʌ́p/ *vt* (-pp-) 《古・方》開く (open).

dup. duplex ♦ duplicate. **DUP** 〘アイル〙°Democratic Unionist Party (⇨ ULSTER DEMOCRATIC UNIONIST PARTY).

Du·pan·loup /*F* dypɑ̃lu/ デュパンルー **Félix-Antoine-Philibert** ～ (1802–78)《フランスの聖職者・政治家; Orléans の司教 (1849); 自由思想をもつ教会人の代表者》.

Du·parc /*F* dypark/ デュパルク (**Marie-Eugène-**)**Henri** ～ (1848–1933)《フランスの作曲家》.

du·pat·ta /dupʌ́tə/ *n* ドゥパッタ《インド人女性のスカーフ》.

dupe[1] /d(j)úːp/ *n* だまされやすい人, まぬけ, お人よし, カモ; 他人[政治勢力など]の道具, 手先, 傀儡(かいらい), えじき. ► *vt* だます, かつぐ: ～ sb *into doing* 人をだまして…させる. ♦ **dúp·able** *a* [F＝hoopoe]

dupe[2] *n, vt, vi* 《口》DUPLICATE.

D

dup·er[1] /d(j)úːpər/ *n* だます[かつぐ]人.

du·per[2] *a**《俗》ばかでかい, ものすごい (super-duper).

dup·ery /d(j)úːp(ə)ri/ *n* だます[だまされる]こと, 詐欺.

Du·pin /*F* dypɛ̃/ デュパン **C. Au·guste** /*F* ɔgyst/ ～《E. A. Poe, *The Murders in the Rue Morgue* などに登場する探偵》.

dupioni, dupion ⇨ DOUPPIONI.

du·ple /d(j)úːp(ə)l/ *a* 倍の, 二重の, 2 つの部分からなる;〖楽〗2 拍子の. [L *duplus* (*duo* two)]

Du·pleix /d(j)upléks/ デュプレクス Marquis **Joseph-François** ～ (1697–1763)《フランスのインド植民地行政官》.

dúple mèasure DUPLE TIME.

Duplessis-Mornay ⇨ Philippe de MORNAY.

du·plet /d(j)úːplət/ *n*〖楽〗二連符;〖化〗《2 原子が共有する》電子対.

dúple tìme〖楽〗2 拍子 (two-part time).

du·plex /d(j)úːplèks/ *a* 重複の, 二連式の, 二重の;〖機〗複式の;〖生化〗二本鎖の, 二重鎖の;〖通信〗二重通信方式の, 同時送受話式の (cf. SIMPLEX): a ～ hammer 両面ハンマー / ～ telegraphy 二重電信. ► *n* DUPLEX APARTMENT; DUPLEX HOUSE;〖楽〗二連符; 両面の色[仕上げ]が異なる紙;〖生〗二本鎖 DNA [RNA] 分子. ► *vt* 二重にする. ♦ **du·pléx·i·ty** *n* [L＝double (*duo* two, *plic-* to fold)]

dúplex apártment 《上下二階の部屋で一世帯分をなす》重層型アパート.

dúplex·er *n* 《同一アンテナを送信・受信両用に使う》送受切換え自動スイッチ, 送受切換器.

dúplex hóuse 二世帯用住宅.

dúplex prìnting 両面印刷.

dúplex pùmp〖機〗複式ポンプ.

du·pli·ca·ble /d(j)úːplɪkəb(ə)l/, **du·pli·cat·able** /d(j)úː-plɪkèɪtəb(ə)l/ *a* 二重にできる; 複製にできる.

du·pli·cate /d(j)úːplɪkət/ *a* **1 a** 二重の, 一双の; 二倍の. **b** うりふたつの; 複製[控え, 写し, コピー]の: a ～ key 合い鍵 / a ～ copy 副本;《絵画の》複製. **2**〖トランプ〗デュープリケートの《同じ手札でプレーして得点を競う形式》. ► *n* **1**《同一物の》2 通の一つ[控え], 副本; 写し, 複製, 複写, コピー,《フィルムの》デュープ; 複製物; 他とそっくりなもの; 合い札, 質札; 同意語. **2**〖トランプ〗《ブリッジなどの》デュープリケートのゲーム, DUPLICATE BRIDGE. **3***TAX DUPLICATE. ● **in** ～ 正副二通作成して, 全く同一に. ► *vt* /-kèɪt/ **1** 二重[二倍]にする; …の写し[複製]を作る, コピーする. **2** 繰り返す, 再現する. **3** 匹敵[比肩]する. ► *vi* 二重[二倍]になる;〖生〗〈染色体が〉二つに分裂する; 繰り返す. ♦ **dú·pli·cà·tive** /; -kə-/ *a* [L (pp)〈*duplico*; ⇨ DUPLEX]

dúplicate brídge〖トランプ〗デュープリケートブリッジ《コントラクトブリッジなどで両チームに同じ手札を配ってプレーし, 別々に得点して競う》.

dúplicate rátio〖数〗二重[二乗]比.

dú·pli·càt·ing machìne 複写機, コピー機.

dù·pli·cá·tion *n* 二重, 重複, 二元; 複製, 複写(物);〖生〗《遺伝子の》重複;《廃》〖解〗《膜などの》折れ重なり.

dú·pli·cà·tor *n* 複写機; 複製者.

du·pli·ca·ture /d(j)úːplɪkətʃʊ̀ər, -tʃər, -kèɪtʃər/ *n* DUPLICATION;〖生〗《膜などの》ひだ (fold); 折れ込み.

du·plic·i·tous /d(j)uplísətəs/ *a* 二枚舌の, 二心ある;〖法〗二重の, 複合的な (⇨ DUPLICITY). ♦ **～·ly** *adv*

du·plic·i·ty /d(j)uplísəti/ *n* 二枚舌を使うこと, 二心あること, 不誠実; いかさま, ペテン; 二重性, 重複;〖法〗主張事実の複合《訴状その他で 1 個の項目中に複数の請求または抗弁が含まれていること》. [OF or L; ⇨ DUPLEX]

du·pon·di·us /d(j)upɑ́ndiəs/ *n* (*pl* **-dii** /-diàɪ/) ドゥポンディウス《古代ローマで青銅の, 帝国下で真鍮の硬貨; 2 アス (as) に相当》.

Du Pont /d(j)upɑ́nt, d(j)úːpɑ̀nt; *F* dypɔ̃/ デュポン (**1**) **Éleu·thère Irénée** ～ (1771–1834)《フランス生まれの米国の実業家; P. S. ～ de Nemours の子; 総合化学会社 E.I. du Pont de Nemours and Co. の創立者》 (**2**) **Pierre-Samuel** ～ **de Ne·mours** /*F* -də nəmuːr/ (1739–1817)《フランスの経済学者・政治家》.

dup·py /dʌ́pi/ *n* 《カリブ》幽霊, 悪霊.

Du·pré /*F* dypre/ デュプレ **Marcel** ～ (1886–1971)《フランスのオルガン奏者・作曲家》.

Du Pré /djupréɪ/ デュプレ **Jacqueline** ～ (1945–87)《英国のチェロ奏者》.

Du·púy·tren's contrácture /dəpwíːtrənz-/〖医〗デュピュイトラン拘縮《手足の指の湾曲変形》. [Guillaume *Dupuytren* (1777–1835) フランスの外科医]

Du·que de Ca·xi·as /dúːkə də kaʃíːəs/ デュケ・デ・カシアス《ブラジル南東部 Rio de Janeiro 州, Rio de Janeiro の北方にある市》.

Du·quesne /d(j)ukéɪn; *F* dykɛn/ デュケーヌ Marquis **Abraham** ～ (1610–88)《フランスの海軍軍人》.

dur /dúər/ *a*〖楽〗長調の (major): C ～. [G]

du·ra[1] /d(j)úərə/ *n* DURA MATER.

dura[2] ⇨ DURRA.

du·ra·ble /d(j)úərəb(ə)l/ *a* もちのよい, 耐久性のある, 丈夫な; 永続性のある, 恒久性の. ► *n* [*pl*] DURABLE GOODS. ♦ **-bly** *adv* 永続[恒久]的に, 丈夫に. **dù·ra·bíl·i·ty** *n* 耐久性[力], 耐用度. **～·ness** *n* [OF＜L (DURE)]

dúrable góods *pl* 耐久財《住宅・調度品・自動車など; opp. *nondurable goods*》.

dúrable préss パーマネントプレスした生地, パーマネントプレス加工 (permanent press)《略 DP》. ♦ **dúrable-préss** *a*

Du·ra·cell /d(j)úərəsèl/〖商標〗デュラセル《米国製の電池・懐中電灯》.

du·rain /d(j)uréɪn/ *n* デュレイン (＝*dull coal*)《石炭中で鈍光沢の帯状部分として認められる成分》.

du·ral[1] /d(j)úərəl/ *a*〖解〗硬膜 (dura mater) の.

dural[2] *n* DURALUMIN.

du·ral·u·min /d(j)urǽljəmən/ *n* ジュラルミン《アルミニウム・銅・マンガン・マグネシウムの軽合金; 航空機・自動車などの資材》. [商標]

du·ra ma·ter /d(j)úərə méɪtər, -máː-/〖解〗《脳・脊髄の》硬膜 (cf. PIA MATER). [L＝hard mother; Arab からの訳]

du·ra·men /d(j)uréɪmən/ *n* HEARTWOOD.

du·rance /d(j)úərəns/《古・文》*n* 監禁, 拘禁, 収監; 持続 (duration); 忍耐(endurance): in ～ (vile) (不当)監禁されて. [F＜L; ⇨ DURABLE]

Du·rance /*F* dyrɑ̃s/ [the] デュランス川《フランス南東部の川; Alps に発し, 南西に流れて Rhône 川に合流》.

Du·ránd Lìne /d(j)urǽnd-/ [the] デュアランド線《1893 年にアフガニスタンと英領インド間に引かれた境界; 現在のアフガニスタンとパキスタンの国境線》. [Sir Henry M. *Durand* (1850–1924) 英国の外交官]

Du·ran·go /d(j)urǽŋgoʊ/ ドゥランゴ (**1**) メキシコ中北西部の州 (**2**) その州都; 公式名 **Vic·tó·ria de ～** /vɪktɔ́ːriə də-/).

Du·ra·ni /durɑ́ːni/ *n* (*pl* ～, ～**s**) ドゥラーニ人《アフガニスタンに住むセム・イラン系の人》.

Du·rant /d(j)urǽnt/ デュラント **Will**(**iam James**) ～ (1885–1981)《米国の哲学者・教育者・著述家》.

du·ran·te vi·ta /durɑ́ːnteɪ wíːtɑː/ 生命が続く間, 一生の間. [L＝during life]

Du·ras /dyrɑ́ːs/ デュラス **Marguerite** ～ (1914–96)《フランスの小説家・脚本家・映画監督; 本名 Donnadieu; 小説 *L'Amant* (愛人, 1984), *Hiroshima mon amour* (二十四時間の情事, 1959), *India Song* (インディア・ソング, 1975) の脚本など》.

du·ra·tion /d(j)uréɪʃ(ə)n/ *n* 持続(時間[期間]), 存続(期間), 継続時間: of long [short] ～ 長期[短期]の / ～ of flight〖空〗航続[滞空]時間. ● **for the** ～ その間中; 戦争の終わるまで;〈…の〉間中〈of sth〉; (とても)長い間. ♦ **～·al** *a* [OF＜L; ⇨ DURABLE]

du·ra·tive /d(j)úərətɪv/ *a* 継続中の, 未完の;〖文法〗継続相の《keep, love, remain などのようにある動作・状態が多少とも継続することを示す動詞の相 (aspect); cf. PUNCTUAL》. ► *n*〖文法〗継続相(の動詞).

Du·raz·zo /durɑ́ːtsoʊ/ ドゥラッツォ《DURRES のイタリア語名》.

Dur·ban /də́ːrbən/ ダーバン《南アフリカ共和国東部 KwaZulu-Natal 州の市; インド洋の Durban 湾に臨む港町》.

dur·bar /də́ːrbɑ̀ːr, ⌐⌐/ *n* 《インド土侯の》宮廷;《インド土侯・インド総督などの》公式接見(室), 謁見(の間). [Hindi]

durch·kom·po·niert /*G* dúrçkɔmponìːrt/ *a* THROUGH-COMPOSED.

dure /d(j)úər/《古》*vi* 耐える, 持続する. ► *vt* 忍ぶ, 耐える. ► *a* きびしい (severe), 困難な (hard). [OF＜L (*duro* to endure＜*durus* hard)]

Dü·rer /d(j)úərər; *G* dýːrər/ デューラー **Albrecht** ～ (1471–1528)《ドイツルネサンス最大の画家・版画家》. ♦ **～·ésque** *a*

du·ress /d(j)urés/ *n* 拘束, 監禁; 強要;〖法〗強迫: ～ of imprisonment 拘禁による強迫 / economic ～ 経済的強迫 / under ～ 強迫されて. [OF＜L (*durus* hard)]

Du·rex /djúərèks/〖商標〗デュレックス (**1**) コンドーム; 英国の代表的なブランド (**2**)〖豪〗セロハンテープ》.

D'Ur·fey /də́ːrfi/ ダーフィー **Thomas** ～ (1653–1723)《英国の詩人・劇作家》.

Durg /dúərg/ ドゥルグ《インド中部 Chhattisgarh 州中部の市; 旧称 Drug》.

Dur·ga /dúərgɑː/〖ヒンドゥー教〗ドゥルガー《Siva の配偶神で, 破壊の神》.

durgah ⇨ DARGAH.

Dur·ga·pu·ja /dùərgɑpúːʤɑː/ *n* 〘ヒンドゥー教〙ドゥルガープージャー《Asin 月に 9 日間にわたって行なわれる女神 Durga をたたえる祭; Bengal 地方で特に盛ん》.

Dur·ga·pur /dúərgəpùər/ ドゥルガプール《インド北東部 West Bengal 州の市; 製鋼所がある》.

Dur·ham /dɔ́ːrəm, dʌ́r-, dúr-; dʌ́r(ə)m/ **1** ダラム《(1) イングランド北部の州 2) その州都; ノルマン時代の大聖堂, William 征服王の創建による城が有名 3) North Carolina 州中北東部の市》. **2** ダラム **John George Lambton,** 1st Earl of ～ (1792–1840)《英国の政治家; 植民地自治の原則を明らかにした Durham Report (1839) を作成》. **3** ダラム牛 (SHORTHORN).

Dúrham rúle 〘米法〙ダーラム事件の準則《犯行が精神障害の結果であった場合その刑事責任は問わないとする刑事責任能力判断基準; 米国ではもはや採用されていない》. [*Durham* v. United States 1954 年の合衆国控訴裁判所の判例]

du·ri·an, -on /d(j)úəriən, -àːn/ *n* 〘植〙ドリアン《Malay 半島原産のパンヤ科の常緑高木 (=～ **trèe**); 果肉は濃厚な甘味と独特の香りをもち美味》. [Malay (*dūri* thorn)]

du·ri·crust /d(j)úərəkrʌ̀st/ *n* 〘地質〙表層固結物, デュリクラスト《乾燥地帯で土壌が硬く皮殻状になった層; cf. CALICHE, HARDPAN》. [L *durus* hard, *-i-*]

dur·ing /d(j)úərɪŋ/ *prep* **1** …の間中(ずっと): ～ life 生涯を通じて. **2** …間に, …中: ～ my absence わたしの不在中に. [(pres p)< DURE]

Dur·i·ron /d(j)úəràɪərn/ 〘商標〙ジュリロン《酸, 特に硫酸に強い高ケイ素鋼の商品名》.

Dur·kheim /durkέm; dɔ́ːkhàɪm; *F* dyrkεm/ デュルケーム **Émile** ～ (1858–1917)《フランスの社会学者; 『社会分業論』(1893), 『自殺論』(1897)》. ♦ **～·ian** *a*

dur·mast /dɔ́ːrmæ̀st, -màːst/ *n* 〘植〙欧州産のナラの一種 (=*sessile oak*) (=～ **òak**)《建材として珍重》. [*dur*- (*dun*² の誤り?), *mast*²]

durn /dɔ́ːrn/ *v, a, adv, n**《口》DARN².

durned /dɔ́ːrnd/ *a, adv**《口》DARNED.

du·ro /dúərou/ *n* (*pl* ～**s**) ドゥーロ《スペインおよび中南米のペソ銀貨》. [Sp (*peso*) *duro* hard (peso)]

Du·roc /d(j)uərák/ デュロック **Géraud-Christophe-Michel** ～, Duc de Fri·oul /*F* friul/ (1772–1813)《フランスの軍人; Napoleon の下で将軍 (1799), 儀典長 (1804)》.

Dú·roc(-Jérsey) /d(j)úəràk(-)/ *n* デュロック(ジャージー)種(の豚)《暗赤色の毛をして強壮; 米国作出》.

du·rom·e·ter /d(j)uərámətər/ *n* デュロメーター《硬度測定計》. [L *durus* hard]

dur·ra, du·ra /dúərə/ *n* 〘植〙アズキモロコシ (=*Indian millet*)《アジア・アフリカ主産》. [Arab]

Dur·rell /dɔ́ːr(ə)l, dʌ́r-; dʌ́r-/ ダレル (1) **Gerald** (**Malcolm**) ～ (1925–95)《英国の自然史家; Lawrence の弟》 (2) **Lawrence** (**George**) ～ (1912–90)《英国の作家・詩人; 四部作小説 *The Alexandria Quartet* (1957–60) のほかに紀行文や詩劇もある》.

Dür·ren·matt /*G* dʏ́rənmat/ デュレンマット **Friedrich** ～ (1921–90)《スイスの劇作家・作家》.

Dur·res, -rës /dúərəs/ ドゥレス (*It* Durazzo)《アルバニア西部, アドリア海に臨む市・港町; 古代名 Epidamnus, Dyrrachium》.

dur·rie, dur·ry¹ /dɔ́ːri, dʌ́ri; dʌ́ri/ *n* DHURRIE.

durry² *n*《豪口》紙巻きタバコ (cigarette).

durst /dɔ́ːrst/ *v auxil*《古・方》DARE の過去形.

dú·rum (**whèat**) /d(j)úərəm(-)/ 〘小麦〙デュラムコムギ《マカロニやスパゲッティなどの原料》. [L=hard (wheat)]

Du·ruy /*F* dyrɥi/ デュリュイ **Victor** ～ (1811–94)《フランスの歴史家; 教育相 (1963–69)》.

Du·rūz /durúːz/ [Jabal al /ʤǽb(ə)l æl-/-～] ドゥルーズ山《シリア南部の山 (1800m); 周辺にイスラム教 Druse 派の人びとが居住している; Jebel el-Druz /ʤέbəl εl-/, Jebel [Djebel] Druze ともいう》.

Dur·ward /dɔ́ːrwərd/ ダーワード《男子名》. [Sc=doorkeeper]

Durzee, Durzi ⇨ DARZI.

Du·se /dúːzeɪ/ ドゥーゼ **Eleonora** ～ (1858–1924)《イタリアの女優》.

Dušek ⇨ DUSSEK.

Du·shan·be /d(j)uʃǽmbə, -ʃáːm-/ ドゥシャンベ《タジキスタンの首都; 旧称 Dyushambe (1929 まで), Stalinabad (1929–61)》.

Dusík ⇨ DUSSEK.

dusk /dʌ́sk/ *n* **1** 夕暮れ, たそがれ, 薄暮, 薄闇《暗闇になる前の dim part of twilight》: at ～ 日暮れに. **2**《森・部屋などの》うす暗がり. ▶ *a*《詩》DUSKY. ▶ *vi, vt*《詩》うす暗くなる[する], 暮れかかる. ♦ **～·ish** *a* やや暗い; やや黒い. [音位転換<OE *dox* dark haired, dusky, *doxian* to darken in color; cf. OS *dosan* brown]

dúsky *a* 黒っぽい; 《古風》[*euph*] 肌の黒い, 浅黒い; うす暗い; 陰鬱な (sad, gloomy). ♦ **dúsk·i·ly** *adv* **-i·ness** *n*

dúsky shárk 〘魚〙ドタブカ《メジロザメ属の青灰色のサメ》.

Dus·sek /dúsεk/, **Du·šek** /dúʃεk/, **Du·sík** /dúsɪk/ ドゥセック, ドゥシェク, ドゥシーク **Jan Ladislav** ～ (1760–1812)《ボヘミアの作曲家・ピアニスト》.

Düs·sel·dorf /d(j)úːsəldɔ̀ːrf; *G* dʏ́sldɔrf/ デュッセルドルフ《ドイツ西部 North Rhine-Westphalia 州の州都; Rhine 川に臨み, Ruhr 地帯の中心地》.

Dusserah ⇨ DASEHRA.

dust /dʌ́st/ *n* **1 a** ちり, ほこり, 塵, 粉塵; 《舞い上がった》ごみ, ほこり, 砂[土]ぼこり, 風塵, 土煙; 《鉱山で》塵肺症: What *a* ～! なんというひどいほこりだろう / the ～ of ages 長年積もったちり[ほこり] / the ～ settles (⇨ 成句) / *D*～ thou art, and unto ～ shalt thou return. 〘聖〙なんじはちりなればちりに帰るべきなり《*Gen* 3: 19; ⇨ 4b》/ (as) dry as ～ 乾ききって, くずれやすくて, もろくて; 無味乾燥の[で] (⇨ DRYASDUST). **b** 騒ぎ, 混乱 (⇨ *kick up* (*a*) DUST, *the* DUST *settles*). **c** ″ほこりを払うこと: give sth a ～. **2 a** 粉末; 粉剤; 粉茶 (=～ tea); 花粉 (pollen); 《古》一粒, 粒子. **b** GOLD DUST; 《俗》金, 現金 (cash): Down with the ～! 金を出せ! **c***《俗》タバコ《かみタバコ・かぎタバコも含む》; 《俗》粉末状麻薬, 白い粉, 粉薬《コカイン・ヘロイン・大麻などの粉末, または PCP 薬 (angel dust)》. **3 a** ″灰, 塵芥, 《家庭から出る》ごみ, くず (refuse); ″がらくた (junk); つまらぬ[無価値な]もの, ちりあくた. **b** [the] 卑しい[みじめな]状態. **4 a** [the] 《埋葬の場としての》土; 地面. **b** [the] 《遺体の朽ちた》ちり; [the] 屍(しかばね), 遺骸; 《ちりに帰るべき》肉体 (⇨ 1a): honored ～ 栄誉ある遺骸, なきがら.

● **bite** [**kiss**] **the** ～ 倒れる, 死ぬ, くたばる, 《特に》戦死する; 病気にかかる; 〈機械など〉役に立たなくなる, ガタがくる, ぶっこわれる, ぶっつぶれる; 敗北を喫する; 屈辱をうける; 落馬する; 失敗する. **cut the** ～*《俗》酒を一杯飲む, 一杯やる. **～ and ashes** 朽ちはてた遺体; 《昔 喜ばしかったものの》変わりはてた姿, 無残な姿. **eat** ～*《俗》殺される, 死ぬ. **eat sb's** ～*《俗》《競走・追跡で》人に後れる, …の後塵を拝する. **gather** ～ 無視される, 顧みられない, ほこりをかぶる. **hit the** ～《俗》くずれ落ちる, ノックダウンされる. **in** ～ **and ashes** 悲嘆に暮れて; 屈辱をうけて. **in the** ～ 死んで; 屈辱のうちに: lie *in the* ～ 土に埋もれている, 朽ちはてている. **kick up** [**make, raise**] (**a**) ～《口》騒動をひき起こす. **lay the** ～ 〈雨が〉ほこりを静める; [*fig*] 騒動を鎮める: A shower will *lay the* ～. ひと雨来ればほこりも静まろう. **leave…in the** ～ …を大きく引き離す, …に差をつける, はるかにしのぐ. **lick the** ～=bite the DUST; はいつくばる, ぺこぺこする《*Mic* 7: 17》. **make the** ～ **fly** 張り切って活動する, 元気に[すばやく]動く. **out of** ～ ちりの中から; 屈辱の境遇から. **shake the** ～ **off** [**from**] **one's feet** [**shoes**]=**shake off the** ～ **of one's feet** 席を蹴って[憤然と]去る, 軽蔑して去る《*Matt* 10: 14》. **the** ～ **settles** ほこりがおさまる[積もる]; 騒ぎが収まる: after [when] *the* ～ *settles* / let *the* ～ *settle* 事態を収拾する, ほとぼりをさます / wait for *the* ～ to *settle*. **throw** ～ **in** [**into**] **sb's eyes** 人の目をくらます[ごまかす]. **turn…to** ～ …をぶちこわす; 無価値[無意味]なものにする. **turn to** ～ 消滅する, 無に帰する, 〈夢・希望などが〉まぼろしに終わる. WATCH **sb's dust.** **will** [**can**] **not see** sb **for** ～《口》すばやく去ったので見当たらない. **You'll be** ～.*《俗》ぶっ殺されるぞ, ただじゃすまんぞ, ひどいめにあうぞ.

▶ *vt* **1** 〈防虫剤などを〉…にまく; *《口》空中散布する; 〈粉などを〉振りかける (sprinkle); 《古》ほこりだらけにする; *《俗》〈タバコ・マリファナタバコ〉の先端に粉末の薬(ヤク)を加える[かける]: hair ～*ed* with gray しらがまじりの頭髪. **2** …のちり[ほこり]を払う[ぬぐう] 〈*off, down, out*〉. **3** *《俗》なぐる, ぶったたく; *《俗》〈相手を〉打ち負かす, こてんぱんにやっつける; *《俗》殺す, 消す; *《ティーンエージャー俗》…に恥をかかす, こけにする.

▶ *vi* **1** ちり払いをする. **2** ほこりっぽくなる; 粉末をかける; 〈鳥が〉砂浴びする. **3** [°～ it] *《俗》(ちりを払って)急いで去る, (出て)行く, おさらばする. ● **～ down** ⇨ *vt* 2; きびしくしかる. **～ 'em off***《俗》勉強する; *《俗》過去のことを語る, 忘れていた事実[データ]を持ち出す; *《俗》長いブランクのあとで仕事・趣味などに復帰する. **～ off** ⇨ *vt* 2; 《口》《使うために》久しぶりに取り出す, 再び取り上げる; *《俗》なぐる, ひっぱたく; 《野球俗》〈打者〉にすれすれのボールを投げる (cf. DUSTER). **～ out** *砂あらしの影響で住む家を失わせる[窮乏に陥らせる]. **～ oneself off** [**down**″] 不振[失敗など]から立ち直る. **～ sb's jacket** [**coat**] (**for** him)《口》人をひっぱたく. **～ sb's pants** [**trousers**] 子供のお尻をひっぱたく. **～ the eyes of**…をだます, たぶらかす. **～ the** FLOOR **with.** **～ up**《口》〈人を〉攻撃する, やっつける, とっちめる.

♦ **～·less** *a* **～·lìke** *a* [OE *dūst*; cf. MDu *dūst* (meal) dust, G *Dunst* vapor]

dúst bàg 《電気掃除機の》集塵袋 (vacuum bag).

dúst·bàll *n**《口》綿ぼこり (dust bunny).

dúst bàth 《鳥の》砂浴び.

dúst·bìn″ *n* ごみ入れ[箱] (trash can*, garbage can*); [*fig*] ごみため; 《俗》《飛行機の胴体下の》突出機銃座.

dúst·bìn·man″ /-mən/ *n* ごみ収集人, ごみ屋さん.

dúst bòwl 黄塵地帯《干魃と砂あらしに見舞われる乾燥地帯, 特に 1930 年代に砂塵あらしに見舞われた米国中西部》. ♦ **dúst bòwler** 黄塵地帯の住人.

dúst·brànd *n* 〘植〙《麦の》黒穂病 (smut).

dúst bùnny*《口》綿ぼこり (=*dustball, dust kitten*); *《俗》PCP で様子がおかしくなったやつ.

dúst càrt″ ごみ運搬車[収集車] (garbage truck*).

dúst chàmber 集塵器.
dúst chìldren *pl* ごみっ子《東南アジアで現地女性と白人兵士の間に生まれた混血児》.
dúst·clòth *n* ちりふき布; ちりよけ布 (dustcover).
dúst clòud 宇宙塵雲; 砂煙.
dúst·còat" *n* ちりよけコート (duster*)《屋根のない自動車に乗るときなどに用いた》.
dúst còlor 鈍いとび色.
dúst còunter 塵埃計《空気中の粉塵の濃度を測る》.
dúst·còver *n* 《家具·備品などに掛ける》ほこりよけカバー; DUST JACKET.
dúst dèvil 《砂漠や乾燥地帯で発生する》塵(じん)旋風.
dúst disèase 《口》塵肺(病) (pneumoconiosis).
dúst·er *n* **1 a** ちりを払う人, ちり掃除人. **b** ちり払い, はたき, ちり掃除器; ふきん, ぞうきん. **2 a** 薄手のひざ掛け; ダスター(コート)《**1**) *ちりよけコート (dustcoat") **2**) 婦人用の軽い家庭着 **3**) 婦人用のゆったりした夏着 (=∼ **còat**)》. **b** 〔海軍〕軍艦旗 (ensign) (cf. RED DUSTER). **3** 《粉末殺虫剤などの》散粉機, *散布器; ふるい, 《調理用の》振りかけ器: a DDT ∼. **4 a** 《野球俗》打者すれすれの投球, フラッシュボール (cf. DUST off). **b** *《口》DUST STORM. **c** *《軍俗》ダスター《主砲の代わりに 40 ミリ砲を装備した戦車》; [*pl*] *《俗》BRASS KNUCKLES. **5** *空(から)井戸 (dry hole). **6** *《俗》尻, けつ.
dúst explósion 粉塵(ふん)[粉体]爆発.
dúst·fàll *n* 大気の塵の鎮静; 降下煤塵量.
dúst guàrd ちりよけ(装置), 泥よけ.
dúst·hèad *n* *《俗》合成ヘロイン (angel dust) の常用者.
dúst·hèap *n* ごみの山; 忘れ去られた[無用の]事柄, 忘却のかなた.
dúst hòle" ごみため(穴).
dúst·ing *n* **1 a** ごみ掃除. **b** 粉を振りかける[まき散らす]こと; 《火薬の》ふるい分け; 《粉おしろいの薄化粧ほどの》ひとはたき, 少量. **c** 《コンクリートの》表面の粉化, ダスティング. **2** 《俗》殴打; 《俗》あらし(に海上でもまれること).
dústing pòwder 《傷口にかける消毒用》散布剤; 《汗取りなどに用いる》打ち粉, 粉剤.
dúst jàcket 本のカバー (book jacket).
dúst kìtten [kìtty] *《方·俗》《ベッド·テーブルなどの下にたまる》ほこりの塊り, 綿ぼこり (dust bunny).
dúst·man" /-mən/ *n* ごみ収集人, 清掃員 (garbage collector*); 《童話·伝説の》眠りの精 (sandman): The ∼'s coming. ああ眠い.
dúst màsk 防塵マスク.
dúst mìte 〔動〕チリダニ《ハウスダストの中によくみられるチリダニ科などのダニ; cf. HOUSE-DUST MITE》.
dúst mòp DRY MOP.
dúst of ángels *《俗》ANGEL DUST.
dúst·òff *n* *《軍俗》MEDEVAC.
dus·toor, -tour /dəstúər/ *n* DASTUR.
dúst·pàn *n* ちり取り, ごみ取り.
dúst·pròof *a* ごみ[ほこり]を通さない, 防塵の.
dúst·ràiser *n* *《俗》FARMER.
dúst rùffle ダストラッフル《**1**) ちりや摩損から保護するために床まで届くスカート[ペチコート]の内縁に付けたひだべり **2**) ベッドの底部外辺に付けた床まで届く装飾用ひだべり; ちり·ほこりも防ぐ》.
dúst shèet" DROP CLOTH.
dúst shòt 最小散弾 (=*mustard seed*).
dúst stòrm 《乾燥地の》砂塵あらし, ダストストーム; 《一般に》砂塵を巻き上げる強風.
dúst tàil 〔天〕《彗星の》ダストの尾 (cf. GAS TAIL).
dúst tràp ほこりのたまりやすい箇所[場所].
dúst·ùp *n* 《口》騒ぎ, 騒動, けんか.
dúst whìrl DUST DEVIL.
dúst wràpper DUST JACKET.
dústy *a* **1 a** ほこりっぽい, ちり[ほこり]まみれの; 粉末状の (powdery); 〈天気が〉風の強い, あらしの. **b** 〈色が〉灰色がかった, くすんだ; 〈酒が濁った; "はっきりしない, 不満足な: DUSTY ANSWER. **2** 無味乾燥な, 不毛な, つまらない; みじめな, 卑しい. **3** *《俗》不機嫌な, むっとした. ● (It's) **not [none] so** ∼. "《口》まんざら[捨てたもの]でもない, なかなかいい (not so bad)《ただし, たいして良くない (not very good) の意味にも用いる》. ► *n* [^sD-] 《俗》ちび, 寸足らず. ♦ **dúst·i·ly** *adv* ちり[ほこり]にまみれて. **-i·ness** *n* [OE *dūstig*; ⇨ DUST]
dústy ánswer" 満足のいかない答え, あいまいな[気のない]返事, そっけない断わり: get a ∼.
dústy bútt *《俗》寸詰まり, ちび《人》.
dústy míller 〔植〕葉が白っぽい綿毛でおおわれた植物; 〔植〕シロタエギク; 〔植〕シロヨモギ (beach wormwood); 〔釣〕《主にサケ·マス用の》毛針; *〔昆〕羽に粉をもった蛾 (miller).
dústy wíng 〔昆〕コナカゲロウ科の昆虫.
Du·sun /dú:s(ə)n/ *n* **1** (*pl* ∼, ∼**s**) ドゥスン族《Borneo 島北東部の Sabah に住む Dayak 族の一種族》. **2** [d-]《マレーシアで》村落, 耕作地.
dutch /dʌ́ʧ/ *n* 《俗》女房, 山の神: my old ∼ うちの女房, かみさん. [*duchess*]
Dutch *a* **1** オランダの (⇨ NETHERLANDS, HOLLAND); オランダ人[語]の; オランダ製[産]の; オランダ風[流]の, [°*derog*/*iron*] オランダ人式[流]の; 《南ア》オランダ系の. **2** *PENNSYLVANIA DUTCH の; 《古》ドイツの, ドイツ人[語]. ● **go** ∼ [**d**∼] 《口》各人自分の分を払う, 割り勘にする《特に食事代を》. ► *n* オランダ語 (cf. HIGH [LOW] DUTCH); 《古》ドイツ語; [the, 〈*pl*〉] オランダ人; *PENNSYLVANIA DUTCH; 《古》ドイツ人; *《俗》ダッチ《ドイツ系の姓の前に愛称として冠される》; 《南ア》CAPE DUTCH; *《俗》ダッチ《てっぺんが短く, 脇が長い男性の髪型》. ● **beat the** ∼ *《口》あっと驚くことをする, 人のどぎもを抜く: That *beats the* ∼. それには全くあきれる. **do the** ∼ 《俗》自殺する (cf. DUTCH ACT). **get** sb's ∼ **up** 人をおこらせる. **in** ∼ 《口》機嫌をそこねて, 嫌われて, うまくいかなくて, ごたごたを起こして 〈*with*〉. sb's ∼ **is up** *《俗》おこって[かんしゃくを起こして]いる. **to** BEAT **the** ∼. ► *vt* 〔競馬〕〈賭けを〉誤まる; [d-] *《俗》〔競馬〕〈出走する各馬〉に均等に賭ける《昔の賭け方で, ある馬が勝つと賭けた総額より多い戻りがあった》; *《俗》〈賭博の胴元を〉破産させる; *《俗》ぶちこわし[だいなし, パー]にする. ♦ ∼**·ly** *adv* [Du=Hollandish, Netherlandish, German]
Dútch áct [the] *《俗》自殺.
Dútch áuction 逆競り, 競り下げ競売.
Dútch bárgain 一杯やりながら結ぶ売買契約.
Dútch bárn 骨組に屋根をふいただけの納屋《乾草などを入れる》.
Dútch Bélted ダッチベルテッド種(の牛)《黒地に白い帯状の縞のある中型乳牛; オランダ原産》.
Dútch bób *ダッチボブ《一種のおかっぱ; 前髪は短く, まわりは耳たぶまでの長さに水平に切りそろえた断髪》.
Dútch bóok *《俗》〔競馬〕ごく少額[《特に》1 ドル以下]しか受け付けない賭元.
Dútch Bórneo オランダ領ボルネオ《Borneo 島南部および東部, 同島の大部分を占める地域の旧称》.
Dútch cáp ダッチキャップ《**1**) 上部が突き出て, 両側は三角形の翼のようなものが付いている婦人用帽子; 元来オランダの女性·子供がかぶったもの **2**) ペッサリーの一種》.
Dútch chéese ダッチチーズ《**1**) *《北部》COTTAGE CHEESE **2**) オランダ産の, 特に球形の硬質チーズ》.
Dútch clínker オランダ煉瓦 (=*Dutch brick*)《黄みをおび, 細長く非常に堅い》.
Dútch clóver 〔植〕シロツメクサ, オランダゲンゲ (white clover).
Dútch Colónial *a* 〈家屋が〉腰折れ屋根 (gambrel roof) の, ダッチコロニアル様式の.
Dútch cómfort [consolátion] この程度でよかったという慰め, さっぱりありがたくない慰め.
Dútch cóurage "《口》《酔った勢いでの》空(から)元気; 酒; *《俗》ヤク, 麻薬.
Dútch cúre [the] *《俗》自殺 (Dutch act): take *the* ∼ 自殺する.
Dútch dóll 継ぎ目のある木製の人形.
Dútch dóor オランダ扉, ダッチドア (=*stable door*)《上下二段別々に開閉できるドア》; 雑誌の折りたたみ広告.
Dútch Èast Índies *pl* [the] NETHERLANDS EAST INDIES.
Dútch élm 〔植〕オランダエルム[ニレ]《オウシュウニレの交配種で観賞樹として植栽される》.
Dútch élm disèase 〔植〕ニレ立枯れ病, オランダエルム病《子嚢菌によるニレの病気で, 落葉して枯れる》.
Dútch fóil [góld] DUTCH METAL.
Dútch Guiána, Nétherlands Guiána オランダ領ガイアナ《SURINAME の旧称》.
Dútch Hárbor ダッチハーバー《Aleutian 列島東部 Unalaska 島北岸 Unalaska 湾内のアマクナク (Amaknak) 島にある米海軍基地》.
Dútch hóe SCUFFLE HOE.
dutch·ie /dʌ́ʧi/ *n* 《カリブ》大鍋. [*Dutch oven*]
Dútch intérior オランダの家庭の屋内の情景を描いた風俗画《特に 17 世紀オランダの Pieter de Hooch のもの》.
Dútch léaf DUTCH METAL.
Dútch líquid ETHYLENE DICHLORIDE.
Dútch lúnch 〔料理〕COLD CUTS の一人前; 費用自弁の昼食.
Dútch·man /-mən/ *n* (*pl* **-men** /-mən/) **1 a** オランダ人 (Hollander); オランダ船: FLYING DUTCHMAN. **b** 《古》[^s*derog*] ドイツ人. **2** 〔建〕《継ぎ目の隙間などの》穴ふさぎ, 埋め木. ● **I'm a** ∼. 《口》[断言を強めるきまり文句]: It is true, *or I'm a* ∼. そうにちがいないさ, 絶対だよ / *I'm a* ∼ *if* it's true. そんなこと絶対にない.
Dútchman's-bréeches *n* (*pl* ∼) 〔植〕**a** ツノコマクサ《北米東部原産のコマクサ属の多年草; 2 距をもつ花の形から; 花は白色》. **b** ケマンソウ.
Dútchman's-pípe *n* 〔植〕北米東部原産のウマノスズクサ属のつる性植物《花の形がパイプに似る》.
Dútch mètal オランダ金箔, ダッチメタル (=*Dutch foil* [*gold, leaf*])《銅と亜鉛の合金の模造金箔》.
Dútch Nèw Guínea オランダ領ニューギニア《PAPUA (州) の 1963 年までの名称》.
Dútch óven ダッチオーブン《重いふた付きの鉄製の鍋》; 《暖炉の火

格子に取り付ける前開き式の》金属製焼肉器; 《事前に壁面を熱して使う》煉瓦製オーブン.
Dútch Refórmed Chúrch [the] オランダ改革派教会《オランダ最古最大のプロテスタント教会で, 南アフリカでも最有力の教会; ヨーロッパ大陸から北米にもたらされた最初の改革派教会でもある》.
Dútch róll 〘空〙ダッチロール《機首を左右に振る運動と機体が左右に傾く運動が同時に発生し短い周期で繰り返されること》.
Dútch rúb *《俗》頭をごしごしこすって痛がらせるいたずら.
Dútch rúsh 〘植〙トクサ (=horsetail).
Dútch súpper 費用自弁の夕食.
Dútch tréat [ˢd- t-] 《口》*n* 費用自弁の会[食事, 行楽 など]. ► *adv* *費用自弁で, 割り勘で: go ～.
Dútch úncle 《口》ずけずけと[きびしく]批判[説教]する人: talk to sb like a ～ 人をきびしくさとす[しかる].
Dútch wífe 竹(ちく)夫人《南洋で涼しく寝るために手足を載せる籐製の台》; ダッチワイフ《男性の自慰のための人形》.
Dútch·wòman *n* オランダ(人)女性.
du·te·ous /d(j)úːtiəs/ *a* 《文》本分を守る, 従順な (dutiful). ♦ **～·ly** *adv* **～·ness** *n* [*duty*; cf. *beauteous*]
du·ti·able /d(j)úːtiəb(ə)l/ *a* 〈輸入品など〉関税がかかる, 有税の (cf. DUTY-FREE): ～ goods 課税品, 有税品.
dú·ti·ful *a* 本分を守る[尽くす], 忠順な, 従順な; 礼にかなった: ～ respect うやうやしい尊敬, 恭順. ♦ **～·ly** *adv* 忠順に, うやうやしく. **～·ness** *n* 忠順, 恭順.
Du·tra /dúːtrə/ ドゥトラ **Eurico Gaspar** ～ (1885–1974)《ブラジルの軍人・政治家; 大統領 (1946–51)》.
du·ty /d(j)úːti/ *n* **1 a** 本分, 義務, 責務, 義理; 義務感; [ᵒ*pl*] 務め, 職責, 職分, 任務, 《教会の》宗務, 礼拝式の勤め; 兵役: do [perform] one's ～ 本分を尽くす / England expects that every man will do his ～. 《Nelson のことば》/ out of (a sense of) ～ 義務感から / fail in one's ～ 本分[義務, 職務]を怠る / take sb's ～ 人の仕事を代わってする / military *duties* 軍務 / the *duties* of a policeman [clergyman] 警官[聖職者]の職務 / discharge [fulfill, perform] one's *duties* 職務を果たす / go above and beyond one's ～ [the call of ～] 任務以上のことをする / neglect one's *duties* 職務を怠る. **b** 用途, 機能, 役割: do DUTY for [as]... / DOUBLE DUTY. **2** 《長上に対する》礼, 尊敬, 敬意 〈*to*〉: pay [send, present] one's ～ *to*...に謹んで敬意を表する. **3** 税, 関税: excise *duties* 消費税 / a ～ *on* a car 自動車税. **4 a** 〘機〙《燃料消費量に対する》機関の効率, 能率. **b** DUTY OF WATER. ● **as in ～ bound** 義務の命ずるとおりに, 義務上 (cf. DUTY-BOUND). **do ～ for [as]**...の代用になる, 役割を果たす. **do one's ～** 《口》うんち[おしっこ]する. **～ calls** どうしてもやらなければならない仕事がある. **in the** LINE OF DUTY. **off [on] ～** 非番[当番]の[で]. ► *a* 義務で行なう; 任務に就いている, 当直の: a ～ call 義理の訪問 / a ～ officer 当番の士官[警察官]. [AF; ⇨ DUE]
dúty-bóund *a* 道徳的に(...する)義務のある 〈*to* do〉.
dúty-frée *a, adv* 免税[無税]の[で] (cf. DUTIABLE). ► *n* [ᵒ*pl*] 《口》免税品; 《口》免税店 (duty-free shop).
dúty-frée shóp 免税店.
dúty of wáter [the] 灌漑率, 用水量《1 エーカーの灌漑に必要な水量》.
dúty-páid *a, adv* 納税済みの[で].
dúty solìcitor 《英国の》当番事務弁護士.
du·um·vir /d(j)uʌ́mvər/ *n* (*pl* **～s, -vi·ri** /-vəràɪ, -rìː/) 〘古ロ〙《連帯責任をもつ》二頭政治者[二官]の一人; 二人連帯職にある官吏の一人. [L (*duum* two+*vir* man)]
du·um·vi·rate /d(j)uʌ́mvərət/ *n* 《古代ローマの》二人連帯職(の任期); 二頭政治, 二人統治, 二頭制.
Du·val /*F* dyval/ デュヴァル **Claude** ～ (1643–70)《Normandy 生まれの, London とその周辺の侠盗》.
Du·va·lier /d(j)uvǽljeɪ; *F* dyvalje/ デュヴァリエ (1) **François** ～ (1907–71)《ハイチの大統領 (1957–71); 通称 'Papa Doc'》 (2) **Jean-Claude** ～ (1951–)《ハイチの大統領 (1971–86); 前者の子; 反政府運動により失脚し, 亡命 (1986); 通称 'Baby Doc'》.
du·vayǁ /d(j)uvéɪ/ *n* 羽毛[羽]ぶとん.
du·vet /d(j)uvéɪ, d(j)úːvèɪ; d(j)úːvèɪ/ *n* キルト (quilt) の掛けぶとん, 羽毛の上掛け; 《羽毛を詰めた》ダウンジャケット (=**～ jàcket**). [F=down²]
dúvet dàyǁ 《口》《従業員が勝手に休める》自主休養日, 自主休業日.
du·ve·tyn(e), -tine /d(j)úːvətìːn, dʌ́vtìːn/ *n* デューベチン《ビロードに似たしなやかな織物》. [F (*duvet*)]
Du Vi·gneaud /d(j)u víːnjoʊ/ デュ・ヴィニョー **Vincent** ～ (1901–78)《米国の生化学者; 下垂体ホルモンのオキシトシンとバソプレシンの構造を決定, また合成, ノーベル化学賞 (1955)》.
Du·wa·mish /dəwáːmɪʃ/ *n* (*pl* ～, **～·es**) ドゥワーミシュ族《もと Washington 州に住んでいたアメリカインディアン》.
dux /dʌ́ks/ *n* (*pl* **～·es, du·ces** /d(j)úːsìːz/)《ローマ帝国後期の》地方駐屯軍司令官; 《主にスコ》《学級[全校]を通じての》首席の生徒; 〘楽〙《カノンやフーガの》主題, 先行声部 (cf. COMES). [L=leader]
dux·elles /dùːksél; *F* dysɛl/ *n* 〘料理〙デュセル《マッシュルーム・エシャロット・タマネギなどをみじんにして炒め, それに刻んだパセリを振り込んだもの; 付け合わせ・詰め物に用いる》. [Marquis *d'Uxelles* 17 世紀のフランスの貴族]
dux fe·mi·na fac·ti /dúks féɪmɪnɑː fáːktìː/ その事件の指導者は女であった《Vergil, *Aeneid*》. [L]
duy·ker /dáɪkər/ DUIKER.
DV ᵒDeo volente ♦ ᵒDouay Version.
dvan·dva /dváːndvɑː, dvʌ́ndvə/ 〘文法〙*a* 並列合成の《bittersweet のように構成要素の位が同じ複合語についていう》. ► *n* (*pl* **～s,** ～) 並列合成語. [Skt (*dva* pair)]
Dvá·pa·ra Yúga /dváːpərə-/ [the] 〘ヒンドゥー教〙ドゥワパラユガ《薄暗時代, 第三の時代; ⇨ YUGA》.
DVD digital versatile disc [videodisc]《CD の記録容量を飛躍的に増大させた光ディスク規格》.
DVD-A /díːvìːdìːéɪ/ *n* 〘電算〙DVD-A《DVD-Audio の略; 音楽用の DVD》.
DVD-R /díːvìːdìːáːr/ *n* 〘電算〙DVD-R《1 回だけ書込みが可能な DVD; R は recordable の略》.
DVD-RAM /díːvìːdìːrǽm/ *n* 〘電算〙DVD-RAM《書き換えが可能な DVD の一; DVD-Random Access Memory の略》.
DVD-ROM /díːvìːdìːrám/ *n* 〘電算〙DVD-ROM《読出し専用の DVD》.
DVD-RW /díːvìːdìːàːrdʌ́b(ə)lju/ *n* 〘電算〙DVD-RW《書き換えが可能な DVD の一; RW は rewritable の略》.
DVI 〘電算〙Digital Visual Interface《ディスプレー装置用のインターフェース規格》.
dvi- /dvaɪ/ *comb form* 〘化〙[(未知元素の)元素名に用いて]「周期表の同族欄で...の次の次の元素」(cf. EKA-): *dvi*-manganese ドビマンガン《現在の rhenium》. [Skt=two; cf. TWI-]
Dvi·na /dəvìːnáː/ [the] **1** 西ドヴィナ川 (=Western ～)《Moscow の北西の Valdai 丘陵から西流してベラルーシ北部を通り, ラトヴィアで Riga 湾に注ぐ川》. **2** 北ドヴィナ川 (=Northern ～)《ヨーロッパロシア北部を北西に流れて Dvina 湾に注ぐ川》.
Dvína Gúlf [Báy] ドヴィナ湾《ヨーロッパロシア北部にはいり込んだ白海の支湾; 旧称 Gulf of Archangel》.
Dvinsk /dəvínsk/ ドヴィンスク《DAUGAVPILS のロシア語名》.
DVLA 〘英〙Driver and Vehicle Licensing Agency 運転免許証交付局. **DVM** Doctor of Veterinary Medicine.
Dvor·ak /(də)vɔ́ːræk; dvɔ́ː-/ *n* [ᵒ〈*a*〉] ドヴォラック《使用頻度の高い文字が中央にあるキーボード; cf. QWERTY》. [August *Dvorak* (1894–1975) 考案した米国の教育者]
Dvo·řák /(də)vɔ́ːrʒɑːk, -ʒæk; dvɔ́ː-/ ドヴォルジャーク **Antonín** ～ (1841–1904)《ボヘミアの作曲家》.
DVR digital video recorder. **DVT** ᵒdeep vein thrombosis.
d.w., DW deadweight ♦ delayed weather ♦ ᵒdistilled water ♦ ᵒdust wrapper.
dwaal /dwáːl/ *n* 《南アロ》呆然とした状態, ぽかんとしていること. [Afrik]
dwale /dwéɪl/ *n* 〘植〙ベラドンナ (BELLADONNA).
dwalm, dwam /dwáːm/ 《スコ》*n* 卒倒, 気絶; 白日夢. ► *vi* 卒倒する, 気絶する. [?; cf. OE *dwolma* chaos, OHG *twalm* bewilderment]
dwang /dwǽŋ/ *n* 《スコ・NZ》胴つなぎ (nogging), 《各種の》短材.
dwarf /dwɔ́ːrf/ *n* (*pl* **～s, dwarves** /dwɔ́ːrvz/) **1 a** [ᵒ*derog*] こびと, 一寸法師 (pygmy)《通例 大頭で尻すぼまりな場合にいい, 背が低いなりに均整がとれた人は midget》: A ～ on a giant's shoulder sees the farther of the two. 《諺》巨人の肩に上がったこびとは巨人より遠くが見える《経験不足の者も経験豊かな人の教えをうければ有利である》. **b** 〘北欧神話〙こびと《通例 ぶかっこうで魔力があり金属細工が得意》. **c** 取るに足りない人, 小物. **2** 普通より小さい[矮小(わいしょう)]動物[植物], ちび, 矮小体[型]; DWARF STAR. ► *a* ちっぽけな, 小型の; [動植物名に付けて] 特別に小さい, 矮性の (opp. *giant*); いじけた: a ～ rose 矮性のバラ. ► *vt* 小さくする[見せる]; ...の発育[成長, 発達]を妨げる: a ～*ed* tree. ► *vi* 小さく[矮小に]なる, いじける. ♦ **～·lìke** *a* **～·ness** *n* [OE *dweorg*; cf. G *Zwerg*]
dwárf álder 〘植〙**a** アメリカ原産クロウメモドキ属の低木. **b** フォサーギラ属の低木《米国南東部原産; マンサク科》.
dwárf béan 〘植〙ツルナシインゲン (bush bean).
dwárf chérry 〘植〙各種の丈の低いサクラ.
dwárf chéstnut 〘植〙CHINQUAPIN.
dwárf córnel 〘植〙ゴゼンタチバナ《ミズキ属の草本; アジア・北米の亜高山帯に分布》; エゾゴゼンタチバナ《北半球北部に分布》.
dwárf·ish *a* こびとのような; 並はずれて小さい, 矮小な. ♦ **～·ly** *adv* **～·ness** *n*
dwárf·ìsm *n* 萎縮; 《動植物の》矮性; 〘医〙矮小発育症, こびと症.
dwárf lémur 〘動〙コビトキツネザル《総称; マダガスカル産》.
dwárf mále 〘生〙矮雄(わいゆう), 侏儒(しゅじゅ)雄《雌よりもはるかに小さく, しばしば 体の退化した雄; parasitic male がその典型》; 《サヤミドロの》小型精子体.
dwárf mállow 〘植〙**a** ゼニバアオイ《ユーラシア原産》. **b** ナガエアオイ, ハイアオイ《欧州原産》.

D

dwárf óak 〘植〙シソ科ニガクサ属の木《総称》.
dwárf palmétto 〘植〙チャボサバル《北米原産のヤシ》.
dwárf plánet 〘天〙準惑星《太陽のまわりを回る天体で, 自己重力で球形を保つだけの質量はもつが, 軌道付近の質量を事実上独占しているという惑星の定義を満たさないもの》.
dwárf poinciána 〘植〙オウコチョウ (⇨ PRIDE OF BARBADOS).
dwárf stár 〘天〙矮星(わいせい).
dwárf súmac 〘植〙北米東部のウルシ属の低木.
dwarves *n* DWARF の複数形.
Dwayne /dwéɪn/ ドウェーン《男子名》.
DWB driving while black*《俗》黒人運転《警官が人種的偏見から黒人運転者の車両をむやみに停車させて捜索する事態を揶揄した表現; DWI (飲酒運転)のもじり》.
dweeb /dwíːb/*《俗》*n* ダサいやつ, ぐず, ネクラ, 変人; マジメ学生, ガリ勉. ♦ **~·ish** *a* **dwéeby, dwéeb·ie** *a* [C20<?]
dwell /dwél/ *vi* (**dwelt** /dwélt/, **~ed** /-d, -t/) **1** 《文》居住する, 住まう (live) 〈*at, in, near, on, among*〉. **2 a** 〈ある状態に〉ある, とどまる; 〈…に〉存する 〈*in*〉. **b** 〈馬が〉足を上げるのがおそい, 柵を飛び越える前にちょっと立ち止まる. ● **~ on**(…のことを)長々と[詳しく]話す[説明する]; 思案する, こだわる; 〈音節・音符などを〉引き延ばす. ► *n* **1** 休止; 〘機〙ドエル《(1) 運転中の機械の一部分が周期ごとに一時運動を休止すること[時間] (2) サイクルの一部で従動節の動きを停止させておくカムの平面部分》. **2** 《馬の跳躍前の》ためらい. [OE *dwellan* to lead astray; cf. OHG *twellen* to tarry]
dwéll·er *n* 住人, 居住者; 《柵などを飛び越すとき》ぐずつく馬: city *~s*.
dwéll·ing *n* 居住; 住居, 住宅, 住まい, 住みか.
dwélling hòuse 《店舗などと区別して》住宅.
dwélling plàce 住居 (dwelling).
dwelt *v* DWELL の過去・過去分詞.
DWEM /dwém/ *n* [*derog*] ヨーロッパの知的文化の伝統的規範を形成した人物《たとえば Aristotle, Plato, Shakespeare, Socrates など》. [*d*ead *w*hite *E*uropean *m*ale]
DWI DRIVING while intoxicated [impaired] ♦ °Dutch West Indies.
Dwight /dwáɪt/ ドワイト《男子名》. [? Gmc=white]
dwin·dle /dwíndl/ *vi* **1** だんだん小さくなる; しだいに減少する; やせ細る; 〈名声など〉衰える: ~ (*away*) *to* nothing だんだん減ってなくなる / ~ *down to*…にまで減少[減退]する. **2** 質的に低下する, 堕落する. ► *vt* しだいに減らす. ► *n* [the ~s]《口》《老齢による》衰え. [(freq) <↓]
dwine /dwáɪn/ *vi* 《古・方》やつれる, 衰える (languish). [OE *dwīnan* to waste away]
DWM dead white male. **DWP** 〘英〙°Department for Work and Pensions. **dwt** pennyweight.
dwt, DWT °deadweight ton(nage).
DX /dìːéks/ *n, a* 〘通信〙遠距離(の) (distance; distant). ► *vi* 《俗》商業放送[CB 無線]を聴く.
dy /dáɪ/ *n* 泥炭泥, 腐植泥《湖底の有機質に富んだ堆積物》.
dy- /dáɪ/, **dyo-** /dáɪou, -ə/ *comb form*「2」 [L<Gk (*duo* two); cf. DUO]
dy delivery ♦ deputy ♦ duty. **Dy** 〘化〙dysprosium.
DY Benin《旧 Dahomey》.
d'ya /djə/ 《発音つづり》《口》do you.
dy·ad /dáɪæd, -əd/ *n* 《一単位としての》2; 2 個一組; 〘数〙ダイアド《2 つのベクトル *a* と *b* を並べて書いた *ab*》; 〘化〙ダイアド《2 価の元素[基]》; 〘生〙《減数分裂の際の》二分子; 〘生〙二分(にぶん)染色体; 〘社〙二人組《夫婦など》, 二者関係, ダイアド (cf. TRIAD); 二人[二組]の意義深い出会い[対話]. ► *a* DYADIC. [L<Gk (*duo* two)]
dy·ad·ic /daɪǽdɪk/ *a* DYAD の; 2 部分からなる, 二の. ► *n* 〘数〙ダイアドの和. ♦ **dy·ád·i·cal·ly** *adv*
dyádic sýstem 〘天・理・化〙BINARY SYSTEM.
Dyak ⇨ DAYAK.
dy·ar·chy, di- /dáɪɑ̀ːrki/ *n* 両頭政治《特に インドで統治機構を中央と州に分けて管轄した制度 (1921–37)》. ♦ **di·ár·chic, -chi·cal, -ár·chal** *a* [*monarchy*]
dyb·buk, dib- /díbək/ *n* (*pl* **dyb·bu·kim** /dìbukíːm/, **~s**) 〘ユダヤ伝説〙《人に取りつく》死人の霊. [Heb]
Dyce /dáɪs/ ダイス **Alexander ~** (1798–1869)《スコットランドの書籍編集者; Shakespeare 作品の編集で知られる》.
Dyck ⇨ VAN DYCK.
dye /dáɪ/ *n* 染料, 色素 (dyestuff)《固体・液体を問わない》; 染色, 色合い. ● **of the deepest [blackest] ~** 第一級の; 極悪の: a crime *of the deepest* [*blackest*] ~ / an intellectual *of the deepest* ~. ► *v* (**~·ing**) *vt* 〈布などを〉染める, 着色する; 〈色を〉加える. ► *vi* 〈生地などが〉染まる; 〈染料が〉色をつける[変える]. ● **~ in (the) grain=~ in the wool** 織る前に染める, 生(き)染めにする; [*fig*] 〈思想などを〉徹底的に染み込ませる. ♦ **~·able** *a* **~·abílity** *n* [OE *dēagian*<?; cf. OHG *tugōn* to change]
dýe·bàth *n* 〘染〙染浴(せんよく)《染色用溶液》.
dýed-in-the-wóol /dáɪdn-/ *a* 紡ぐ前に染めた; 徹底した, 筋金入りの, 根っからの: a ~ conservative.
dýe·hòuse *n* 染め物工場, 染色所, 染物屋.
dýe·ing *n* 染色(法), 浸染; 染め色; 染め物.
dýe làser 色素レーザー.
dýe·line *n* ジアゾタイプ (diazotype); ジアゾタイプによる写真(複写). ► *a* ジアゾ法による複写の (diazo).
dy·er /dáɪər/ *n* 染物師[屋]《しばしば 染料を採る植物の名に付ける》.
Dyer ダイアー **John ~** (1699–1757)《英国の詩人; 清新な自然描写を含んだ短詩 'Grongar Hill' (1726) の作者》.
Dyer·ma, Djer- /diéərmə, djέər-/ *n* **a** (*pl* **~, ~s**) ジェルマ族《Niger 川中流域に住む》. **b** ジェルマ語.
dýer's-bróom *n* 〘植〙ヒトツバエニシダ (woodwaxen).
dýer's bróom 〘色彩〙緑みの黄色.
dýer's bùgloss 〘植〙アルカンナ (alkanet).
dýer's gràpe POKEWEED.
dýer's gréenweed [gréenwood] 〘植〙ヒトツバエニシダ (woodwaxen).
dýer's móss 〘植〙リトマスゴケ《地中海地域や西アフリカの海岸の岩石上に生える樹枝状地衣; archil を採る》.
dýer's óak 〘植〙アレッポガシ, ニコゲナラ, ヨーロッパナラガシワ《小アジア産; 虫癭(ちゅうえい) (gall) からインクの原料没食子(もっしょくし)を採る》.
dýer's rócket 〘植〙ホザキモクセイソウ, ホソバモクセイソウ《欧州・西アジア原産》.
dýer's-wèed *n* 〘植〙**a** 染料の原料となる各種の植物 (⇨ DYER), 《特に》ホザキモクセイソウ《欧州原産》, ヒトツバエニシダ《ユーラシア原産》, ホソバタイセイ《欧州原産》. **b** アキノキリンソウ属のうち黄花が染料となる数種の草本.
dýer's wóad 〘植〙タイセイ《南欧原産アブラナ科の染料植物; かつて青色染料としてヨーロッパで盛んに栽培された》.
dýe·stùff *n* 染料, 色素 (dye).
dýe·wàre *n* DYESTUFF.
dýe·wèed *n* 〘植〙**a** ヒトツバエニシダ (woodwaxen). **b** タカサブロウ《キク科》.
dýe·wòod *n* 染料を採る各種木材; DYER'S BROOM.
dýe·wòrks *n* (*pl* ~) 染物工場.
Dyf·ed /dávɛd, -əd/ ダヴェッド《ウェールズ南西部の旧州; ☆Carmarthen》.
dy·ing /dáɪɪŋ/ *a* **1** 死にかかっている; 臨終の, 末期(まつご)の; 絶え入りそうな; 死ぬべき (mortal), 滅ぶべき (perishable): a ~ man / a ~ swan 瀕死の白鳥《死に瀕して初めて歌うとされた; ⇨ SWAN SONG》/ one's ~ bed [words] 臨終の床[遺言] / a ~ oath 死に際の誓約, 厳粛に行なわれる誓い / to [till] one's ~ day 死ぬまで. **2** [*fig*] 瀕死の, (今にも)消え[暮れ]ようとする: a ~ year 暮れて行く年 / in the ~ moments [seconds]《試合・戦争などの》終了間際に. ► *n* 死去, 臨終 (death). [*die*[1]]
dyke[1], **dykereeve** ⇨ DIKE[1], DIKEREEVE.
dyke[2], **dike** /dáɪk/ *n* 《俗》[°*derog*] 同性愛の女, レズ, 《特に》男っぽいレズ, たち. ♦ **dýk·ey, dík·ey** *a*
Dyl·an /dílən/ ディラン **Bob ~** (1941–)《米国のシンガー・ソングライター; 本名 Robert Allen Zimmerman》.
dyn 〘理〙dyne(s).
dý·na·gràph /dáɪnə-/ *n* 〘鉄道〙軌道試験器.
dy·nam- /dáɪnəm/, **dy·na·mo-** /dáɪnəmou, -mə/ *comb form*「力」「動力」 [Gk; ⇨ DYNAMIC]
dynam. dynamics.
dy·nam·e·ter /daɪnǽmətər/ *n* 〘光〙《望遠鏡の》倍率計.
dy·nam·ic /daɪnǽmɪk/ *a* **1 a** 動力の, 動的な (opp. *static*); 動態の, 動勢的な (cf. POTENTIAL); 絶えず変化する[流動している]. **b** エネルギー[原動力, 活動力]を生じる, 起動的な. **c** 力学(上)の; 〘哲〙力本説 (dynamism) の. **2** 〈人・性格が〉精力的な, 活動的な, 力強い; 有力な. **3** 〘医〙機能的な (functional) (cf. ORGANIC): a ~ disease 機能疾患. **4** 〘楽〙強弱法の, デュナーミクの. **5** 〘電算〙ダイナミックな, 動的な〈メモリー〉《定期的に記憶内容をリフレッシュする必要がある; cf. STATIC》. ► *n* 力, 原動力; 変遷[発達]の型 (dynamics); 〘楽〙DYNAMICS. [F<Gk=powerful (*dunamis* power)]
dy·nám·i·cal *a* DYNAMIC; 〘神学〙〈霊感が〉神の力を伝える. ♦ **~·ly** *adv* 動的に, 力学的に.
dynámical stabílity 〘造船〙動的復原力.
Dynámic Dúo [the] ダイナミックデュオ《Batman と Robin の二人組のこと》; [°d- d-]《一般に》特別な二人組[二つ組], おふたりさん, (名)コンビ.
dynámic electrícity 〘電〙動電気, 電流.
dynámic equilíbrium 〘化・理〙動的平衡《逆向きの過程が釣り合うことで結果的に平衡が保たれている状態》.
dy·nam·i·cist /daɪnǽməsɪst/ *n* 動力学者.
dynámic meteorólogy 気象力学.
dynámic óbject 〘電算〙ダイナミックオブジェクト, 動的オブジェクト《OLE のオブジェクトで, オブジェクト作成側の変更が埋め込まれた側に反映できるもの》.
dynámic posítioning 〘海〙《コンピューターによる》自動位置制御[定点保持].

dynámic psychólogy 動的心理学, 力動(的)心理学, 力学的心理学.
dynamic RAM /— rǽm/ 〔電算〕ダイナミックラム (DRAM).
dynámic ránge 〔音響〕ダイナミックレンジ《録音・再生が可能な信号の最強音と最弱音との幅; デシベルで表わす》.
dy·nám·ics *n* **1**〔理〕力学, 動力学;《一般に》力学. **2**[〈*pl*〉](原)動力,《一般に》力, 活力, 精神力学. **3**[〈*pl*〉]《社会文化的な》変遷[発達]の型 (pattern), 動学: social ～ 社会動学. **4**[〈*pl*〉] **a**《色・音・踊りなどにおける》強弱による調子の変化. **b**〔楽〕強弱法, デュナーミク.
dynámic scáttering 〔電子工〕《透明な液晶の》帯電による光の散乱《特に コンピューターの表示装置に利用する》.
dynámic similárity 〔機〕力学的相似性.
dynámic spátial reconstrúctor 〔医〕動的立体映像構成装置, 超高速 CT《大型コンピューターを用いて身体の器官, 特に 心臓の動きを立体的に映し出す X 線 computed tomography 装置; 略 DSR》.
dynámic vérb 〔文法〕動作動詞《play, swim, try など意志的行為を表わし, 通例 進行形や命令形が可能; action verb, nonstative (verb) ともいう; cf. STATIVE VERB》.
dynámic viscósity COEFFICIENT OF VISCOSITY.
dy·na·mism /dáɪnəmìz(ə)m/ *n* **1** 活力, 覇気, 勢力, 迫力; 呪力. **2 a**〔哲〕力本[力動]説, ダイナミズム《あらゆる宇宙現象は自然力の作用によると説く》. **b**〔心〕ダイナミズム《緊張を軽減する習慣的方法》. ◆ **-mist** *n* ダイナミズム信奉者. **dỳ·na·mís·tic** *a*
dy·na·mi·tard /dáɪnəmətɑ̀:rd/ *n*《特に 暴力的・革命的な目的のための》ダイナマイト使用者 (dynamiter).
dy·na·mite /dáɪnəmàɪt/ *n* **1** ダイナマイト. **2 a**《口》激しい性格の人[もの], 危険をはらむもの, 一触即発の状況. **b**《口》驚くべきこと[人], すごいもの[人];《俗》(良質の)ヘロイン[コカイン], マリファナ(タバコ); *《競馬俗》《危険分散のため, 客からの賭け金をさらに別のノミ屋に賭ける》両賭け用の賭け金. ► *vt* **1** ダイナマイトで爆破する; …にダイナマイトを仕掛ける. **2** 全滅させる, ぶっこわす; *《俗》いいかげんな話を持ちかけてひっかける. ► *a*《俗》ものすごい, すばらしい, 驚くべき, 強力な, 最高の. ◆ **dỳ·na·mít·ic** /-mít-/ *a* [Gk *dunamis* power, *-ite*; 発明者 Nobel の命名]
dýnamite chàrge 〔米法〕爆弾的説示 (ALLEN CHARGE).
dý·na·mìt·er *n* ダイナマイト使用者,《特に》DYNAMITARD; *《俗》荒っぽい運転でトラックを酷使するドライバー, ぶっこわし屋.
dý·na·mìt·ism /-màɪ-/ *n*《革命的な目的のための》ダイナマイト[爆発物]使用.
dy·na·mize /dáɪnəmàɪz/ *vt* 動的に[ダイナミックに]する, 増強する, 活性化する;〈薬〉の効果を強める. ◆ **dỳ·na·mi·zá·tion** *n*
dy·na·mo /dáɪnəmòʊ/ *n* (*pl* **～s**) **1**〔機〕発電機, ダイナモ: an alternating [a direct] current ～ 交流[直流]発電機. **2**《口》精力的な人. [*dynamo*electric machine]
dynamo- /dáɪnəmoʊ, -mə/ ⇨ DYNAM-.
dỳnamo·eléctric, -trical *a* 機械電気結合系の《力学的エネルギーと電気的エネルギーの変換にかかわる》.
dỳnamo·génesis *n*〔生理〕動力発生《感覚刺激によって神経や筋肉のエネルギー[力]が増すこと》.
dy·námo·gràph /daɪnǽmə-/ *n* 力量記録器《自動記録的力量計》.
dỳnamo·metamórphism *n*〔地質〕《岩石の》動力変成作用.
dy·na·mom·e·ter /dàɪnəmɑ́mətər/ *n* 動力計; 検力計; 握力[力量, 筋力]計, 力計; 液圧計; ‖《望遠鏡の》倍率計. ◆ **dỳ·na·móm·e·try** *n* 動力測定法. **dỳ·na·mo·mét·ric** *a* [F]
dy·na·mo·tor /dáɪnəmòʊtər/ *n* 発電動機.
dy·nap·o·lis /daɪnǽpələs/ *n* ダイナポリス《幹線道路沿線に秩序ある発展をするよう計画された都市》.
dy·nast /dáɪnæ̀st, -nəst; dínəst, -æst/ *n*《世襲の》支配者,《王朝の》君主. [L＜Gk (*dunamai* to be able)]
dy·nas·ty /dáɪnəsti; dín-/ *n* **1 a** 王朝《一連の歴代君主, またはその統治期間》: the Tudor ～ チューダー王朝. **b** 一連の指導者. **2**《ある分野の》名家, 名門. ◆ **dy·nas·tic** /daɪnǽstɪk; dɪ-/, **-ti·cal** *a* 王朝の, 王家の. **-ti·cal·ly** *adv* 王朝に関して, 王統によって. [F or L＜Gk＝lordship]
dy·na·tron /dáɪnətrɑ̀n/ *n*〔電子工〕ダイナトロン《二次放電を利用する四極真空管》;〔理〕中間子 (meson).
dýnatron òscillator 〔電子工〕ダイナトロン発振器.
dyne /dáɪn/ *n*〔理〕ダイン《力の cgs 単位: 1 g の質量に作用して 1 cm/sec² の加速度を生じさせる力》. [F＜Gk *dunamis* force, power]
dyne·in /dáɪnən/ *n*〔生化〕ダイニン《繊毛や鞭毛の運動に関与する ATP アーゼ作用のある酵素》.
Dy·nel /daɪnél/〔商標〕ダイネル《羊毛に似た合成繊維》.
dy·no /dáɪnoʊ/ *n* (*pl* **～s**) DYNAMOMETER;〔登山〕ダイノ, ランジ《登攀で, ホールドを求めて岩壁をすばやく移動するテクニック》.
dy·node /dáɪnòʊd/ *n*〔電子工〕ダイノード《二次電子放射効果を利用した電子流増倍のための電極》. [*dyne*, *-ode*]
dy·no·mite /dàɪnóʊmàɪt/ *a**《俗》DYNAMITE.
dy·nor·phin /daɪnɔ́:rfən/ *n*〔生化〕ダイノルフィン《強力な鎮痛作用を有する脳ペプチド》. [*dyn-* (Gk *dunamis* power)＋endor*phin*]
dyo- /dáɪoʊ, -ə/ ⇨ DY-.
dy·on /dáɪɑ̀n/ *n*〔理〕ダイオン《磁荷・電荷を共にもつ仮説上の核子》.
d'you /ʤʊ/《発音つづり》do you.
dypso ⇨ DIPSO.
Dyr·ra·chi·um /dəréɪkiəm/ ディラキウム (DURRES の古代名).
dys- /dɪs/ *pref*「不全」「異常」「悪化」「不良」「困難」「欠如」[Gk *dus-* bad]
dys·ar·thria /dɪsɑ́:rθriə/ *n*〔医〕《脳の損傷による》構語障害, どもり.
dys·au·to·no·mia /dɪsɔ̀:tənóʊmiə/ *n*〔主にヨーロッパ系ユダヤ人にみられる〕自律神経障害. ◆ **-àu·to·nóm·ic** /-nɑ́m-/ *a*, *n*
dys·bar·ism /dísbərɪ̀z(ə)m/ *n* 潜函病, 減圧病《急激な気圧低下による》.
dys·cal·cu·lia /dɪ̀skælkjú:liə/ *n*〔医〕《脳の損傷による》計算力障害.
dys·che·zia /dɪskí:ziə, -ʒ(i)ə/ *n*〔医〕排便障害[困難].
dys·chro·nous /dískrənəs/ *a* 時間に合わない; 時間に関係のない.
dys·cra·sia /dɪskréɪʒ(i)ə, -ziə/ *n*〔医〕悪液質; 障害, 疾患: blood ～ 血液疾患. ◆ **-crá·si·al** *a*
dys·en·tery /dís(ə)ntèri; -tri/ *n*〔医〕赤痢;《口》下痢. ◆ **dỳs·en·tér·ic** *a* [OF or L＜Gk (*entera* bowels)]
dỳs·esthésia *n*〔医〕知覚不全, 感覚異常.
dys·fúnction, dis- *n*〔医〕機能不全[障害, 異常];〔社〕逆機能. ► *vi* 機能不全に陥る.
dysfúnction·al *a* 正常に機能[作動]していない; 機能不全[障害, 異常]の; 逆機能的な. ◆ **～·ly** *adv*
dys·génesis *n*〔医〕(生殖腺)発育不全.
dys·gen·ic /dɪsʤénɪk/ *a* 劣生学の, 劣生学的な, 非優生的な, 逆選択の (opp. *eugenic*).
dys·gén·ics *n*〔生〕劣生学, 逆淘汰 (＝*cacogenics*).
dys·ger·mi·no·ma, dis- /dɪsʤə:rmənóʊmə/ *n* (*pl* **～s, -ma·ta** /-tə/)〔医〕未分化胚細胞腫, 卵巣精上皮腫, ジスゲルミノーマ《卵巣・精巣に多い腫瘍の一種》.
dys·graph·ia /dɪsgrǽfiə/ *n*〔医〕書字障害[錯誤]. ◆ **dys·gráph·ic** *a*
dys·hi·dro·sis /dɪ̀shaɪdróʊsəs/ *n*〔医〕発汗障害, 発汗異常(症).
dys·ki·ne·sia /dɪ̀skəní:ʒ(i)ə, -kàɪ-/ *n*〔医〕運動異常(症), ジスキネジー. ◆ **dys·ki·net·ic** /dɪ̀skənétɪk/ *a*
dys·la·lia /dɪsléɪliə/ *n*〔医〕(末梢性)構音障害.
dys·lex·ia /dɪsléksiə/ *n*〔医〕失読症, 読書障害;《広く》言語障害. ◆ **-léc·tic, -léx·ic** *a*, *n* 失読症の(人). [G (Gk *lexis* speech)]
dys·lo·gia /dɪslóʊʤiə/ *n*〔医〕談話困難, 論理障害.
dys·lo·gis·tic /dɪ̀sləʤístɪk/ *a* 非難[誹謗]的な, 人をけなす, 口ぎたない〈ことば〉(opp. *eulogistic*). ◆ **-ti·cal·ly** *adv*
dys·me·lia /dɪsmí:liə, -mél-/ *n*〔医〕肢異常.
dys·men·or·rhea | -rhoea /dɪsmènərí:ə/ *n*〔医〕月経困難(症). ◆ **-rhé·al, -rhé·ic** *a*
dys·met·ria /dɪsmétriə/ *n*〔医〕測定障害, ディスメトリア.
dys·mor·phia /dɪsmɔ́:rfiə/ *n*〔医〕奇形, 異形. ◆ **dys·mór·phic** *a*
Dy·son /dáɪs(ə)n/ ダイソン (**1**) **Freeman** (**John**) ～ (1923–)《英国生まれの米国の物理学者・教育者; Sir George の子; *Disturbing the Universe* (1979)》(**2**) Sir **George** ～ (1883–1964)《英国の作曲家》.
dys·pa·reu·nia /dɪ̀spərú:niə/ *n*〔医〕性交疼痛(症).
dys·pa·thy /díspəθi/ *n* 感情の行き違い, 悪感情, 反感.
dys·pep·sia /dɪspépʃə, -siə/, **-pep·sy** /-pépsi/ *n*〔医〕消化不良 (indigestion) (opp. *eupepsia*); 不機嫌, 不満. [L＜Gk (*peptō* to digest)]
dys·pep·tic /dɪspéptɪk/ *a* 消化不良(性)の; 気むずかしい, 不機嫌な. ► *n* 消化不良の人. ◆ **-ti·cal·ly** *adv*
dys·pha·gia /dɪsféɪʤ(i)ə/ *n*〔医〕嚥下(えんげ)困難[障害]. ◆ **-phag·ic** /dɪsfǽʤɪk/ *a*
dys·pha·sia /dɪsféɪʒ(i)ə, -ziə/ *n*〔医〕不全失語(症). ◆ **dys·phá·sic** /-féɪ-/ *a*, *n* 不全失語症の(人).
dys·phe·mia /dɪsfí:miə/ *n*〔心・医〕吃(きつ), どもり, 構音障害.
dys·phe·mism /dísfəmɪ̀z(ə)m/ *n*〔修〕偽悪語法《不快な[軽蔑的な]表現をそうでない語の代わりに用いること; axle grease を butter に代えて用いる類; opp. *euphemism*》; 偽悪語句. ◆ **dỳs·phe·mís·tic** *a* [*dys-*, eu*phemism*]
dys·pho·nia /dɪsfóʊniə/ *n*〔医〕発音障害, 発声困難. ◆ **-phon·ic** /dɪsfɑ́nɪk/ *a*
dys·pho·ria /dɪsfɔ́:riə/ *n*〔医・心〕不快(気分), ディスフォーリア (cf. EUPHORIA). ◆ **dys·phór·ic** /, -fɑ́r-/ *a*

D

dys·pho·tic /dɪsfóutɪk/ *a*〖生態〗弱光性の,《深海などの》ごく弱い光の中で生長する.
dys·pla·sia /dɪspléɪʒ(i)ə, -ziə/ *n*〖医〗形成異常(症), 異形成(症). ♦ **-plas·tic** /-plǽstɪk/ *a*
dysp·nea, -noea /dɪs(p)níːə, dís(p)niə/ *n*〖医〗呼吸困難 (opp. *eupnea*). ♦ **dysp·né·al, -ic, -nóe-** *a*
dys·prax·ia /dɪsprǽksiə/ *n*〖医〗統合運動障害.
dys·pro·si·um /dɪspróuziəm, -si-, *-ʒ(i)-/ *n*〖化〗ジスプロシウム《磁性の強い希土類元素; 記号 Dy, 原子番号 66》. [Gk *dusprositos* hard to get at]
dys·pro·tein·emia /dìspròut(ə)níːmiə, -pròutìːn-, -pròutiən-/ *n*〖医〗タンパク異常血(症).
dỳs·regulátion *n*〖医〗調節異常(症)《血液中の物質の濃度や器官の機能などの調節機構の欠陥》.
dys·rhyth·mia /dɪsríðmiə/ *n*〖医〗リズム障害, 律動不整[異常]. ♦ **dys·rhýth·mic** *a*
dys·sy·ner·gia /dìsɪnə́ːrʤiə/ *n*〖医〗《脳障害による》共同[協調]運動障害.
dys·tax·ia /dɪstǽksiə/ *n*〖医〗随意運動不能, 部分的運動失調(症).
dỳs·teleólogy *n*〖哲〗目的存在否定論;《人生などの》無目的論; 自然な機能[目的]を果たさないこと, 目的回避. ♦ **-teleológ·ical** *a*
dys·thy·mia /dɪsθáɪmiə/ *n*〖精神医〗気分変調;《廃》意気消沈. ♦ **dys·thý·mic** *a*
dys·to·cia /dɪstóuʃ(i)ə/ *n*〖医〗難産, 異常分娩.
dys·to·nia /dɪstóuniə/ *n*〖医〗《筋の》失調(症), ジストニー. ♦ **dys·ton·ic** /dɪstánɪk/ *a*
dys·to·pia /dɪstóupiə/ *n*《ユートピア (utopia) に対して》暗黒郷, 地獄郷, ディストピア; 暗黒郷を描いた作品. ♦ **dys·tó·pi·an** *a*
dys·troph·ic /dɪstróufɪk, -tráf-/ *a*〖医〗DYSTROPHY に関する[によって起こる];〖生態〗〈湖沼が〉腐食栄養の.
dys·tro·phi·ca·tion /dìstrəfəkéɪʃ(ə)n/ *n*〖生態〗腐食栄養化.
dys·tro·phin /dɪstróufən/ *n*〖生化〗ジストロフィン《筋ジストロフィー遺伝子の産物; その欠乏によって筋ジストロフィーが発病すると考えられている》.
dys·tro·phy /dístrəfi/, **dys·tro·phia** /dɪstróufiə/ *n*〖医〗栄養失調(症), 栄養不良;〖医〗異栄養(症), ジストロフィー;〖生態〗腐植栄養: MUSCULAR DYSTROPHY. [Gk *-trophia* nourishment]
dys·uria /dɪs(j)úriə, dɪʃúr-; -sjúər-/ *n*〖医〗排尿困難[障害].
dy·tis·cid /daɪtísəd, dɪ-/ *n*〖昆〗ゲンゴロウ. ► *a* ゲンゴロウ科 (Dytiscidae) の.
Dy·u·la /diúːlə, djúː-/ *n* **a** (*pl* ~, ~**s**) ディウラ族《主にコートジヴォアールの多雨林に住む黒人の一種族》. **b** ディウラ語.
dz. dozen(s). **DZ** Algeria ♦°drop zone.
Dzau·dzhi·kau /(d)zauʤíːkau/ ジャウジカウ《VLADIKAVKAZ の旧称》.
Dzer·zhinsk /dərʒínsk/ ジェルジンスク《ヨーロッパロシア中部 Nizhny Novgorod の西にある Oka 川に臨む市; 旧称 Rastyapino》.
Dzi·bil·chal·tun /dzibìːlʧɑːltúːn/ ジビルチャルトゥン《メキシコ Yucatán 半島の Mérida の近くにある古代マヤの大遺跡; 3000 B.C. ごろに建造され, 16 世紀まで栄えたらしい》.
dzig·ge·tai /ʤígətàɪ/ *n* CHIGETAI.
dzo /(d)zóu/, **dzho** /(d)ʒóu/, **zo** /zóu/, **zho** /ʒóu/ *n* (*pl* ~**s**, ~)〖動〗ゾー《ヤクとウシの雑種》. [Tibetan]
dzong /dzɔ́(ː)ŋ, dzáŋ/ *n*《ブータンの》要塞化された仏教僧院. [Tibetan]
Dzong·ka, -kha /záŋkə/ *n* ゾンカ語《ブータンの公用語; おそらく Sino-Tibetan 語族の一つ; 書形態は Tibetan と同じ》.
Dzun·gar·ia /(d)zʌ̀ŋgέəriə, (d)zʊ̀ŋ-/ ジュンガル(準噶爾)盆地, ジュンガリア《中国西部の新疆ウイグル自治区北部, 天山山脈の北にある盆地》.
Dzun·gár·ian Básin /(d)zʌŋgέəriən-, (d)zʊ̀ŋ-/ ジュンガル盆地 (DZUNGARIA).

E

E, e /íː/ *n* (*pl* **E's, Es, e's, es** /-z/) イー《英語アルファベットの第 5 字》; E [e] 字形(のもの); E または e の表わす音; [E]〘楽〙ホ音(の鍵[弦]), ホ調 (⇨ A); 5 番目(のもの); [E]《学業成績で》条件付き合格, 《時に》不合格, E 評価の人; *《成績・品質などで》優秀 (excellent); 《Lloyd's 船級協会格付けの》第 2 等級; *E 旗, E 章《第二次大戦中に優秀工場などを表彰して陸軍または海軍が与えたもの》; 〘英〙E《SOCIOECONOMIC GROUPS の最も下の階層(の人)》; 《靴幅サイズの》E《D より広く EE より狭い》; 〘電算〙《十六進数の》E《十進法で 14》.

e-[1] /ɪ, i/ *pref*「否定」「欠如」「外」「完全」「発散」「分離」 [*ex-*[1]]

e-[2] /íː/ *comb form*「電子的な」「インターネット(関連[利用])の」: *e-business*, *e-learning*, *e-finance*. [*electronic*]

e electron ♦〘理〙erg ♦〘数〙*e*《自然対数の底: ≒2.71828》♦〘数〙exponent《上付き数字が使えない時の代用; 例: 1.2e−12=1.2×10^{-12}》.

e. eldest ♦ ell ♦ empty ♦〘アメフト〙end ♦ energy ♦ excellent.

E East《London 郵便区の一つ》♦〘電〙°electric field strength ♦〘電〙°electromotive force ♦〘理〙energy ♦ English ♦〘野〙error(s) ♦ [Sp *España*] Spain ♦ exa- ♦〘数〙exponent (⇨ E) ♦〘論〙°universal negative. **E, E.** ‖〘電〙earth ♦ east ♦ easterly ♦ eastern ♦《俗》ecstasy ♦ E-number. **€** euro(s). **e⁻** electron. **ea.** each.

EA〘心〙°educational age; °Environment Agency.

each /íːtʃ/ *a* おのおのの, めいめいの, 各…: ～ man's happiness 各人の幸福 / at ～ side (=at both sides) of the gate 門の両側[内外]に / on ～ occasion そのたびごとに / ～ one (of us) (われわれ)各自. ● **～ time** [〈*conj*〉] …するたびに: *E～ time* they come, they bring something. 来るたびに何か持ってくる. EACH WAY. ► *pron* 各自, おのおの: *E～* of us earns ten dollars. =We ～ earn ten dollars. =We earn ten dollars ～. 各自 10 ドルずつ稼ぐ / We are responsible ～ for our own votes. =We are ～ responsible for our own votes. 各自その投票に対して責任がある. ★ (1) 上 2 例の each は主語と同格の代名詞. この each を副詞とみることもできる. (2) each (*a*, *pron*) は 2 または 3 以上の各自を指す; every (*a*) は 3 以上の各自を指すとともに全体を総合的にいうもので all の強意形: *E～* boy has a desk. (めいめい机をもっている) / *Every* boy has a desk. (机をもたない生徒は一人もいない). (3) *Each* of them has *his* [*his or her*, *their*] opinion. の代名詞の使い分けについては ⇨ HE OR SHE. ● **～ and all** 各自がみな, それぞれみな. **～ and every** どの…もすべて: *E～ and every* boy was present. どの生徒もみな出席していた / ～ and every one of us わたしたちのだれもがみな. **～ other** お互いを, 互いに (one another): They love ～ *other*. 愛し合っている / We sent presents to ～ *other*. お互いに贈り物をした / He and I saw [looked at] ～ *other*'s faces. お互いの顔を見た[見合った]《★ (1) 文の主語のときは分かれる: *E～* of them had given *the other* the same gift. お互いに同じ贈り物をし合っていた / We ～ know what *the other* [《口》～ *other*] wants. お互いにその要求を知っている. (2) each other は 2 者間, one another は 3 者以上の間の「お互い」の意を示すという区別は厳密ではない》. **～ to ～** それぞれ互いに: be equal ～ *to* ～ それぞれ互いに相等しい. ► *adv* 一人[一個]につき, めいめいに, それぞれ(に): They sell oranges, twopence ～. オレンジは 1 個 2 ペンスで売っている. [OE *ǣlc* (*ā* always, *gelīc* alike)]

éach wáy *a, adv*《英・豪》‖《賭けが》優勝と 3 位入賞の両方の[に], 複勝式の[で] (across-the-board*); 《豪俗》両性愛の, 両刀使いの (bisexual): an *each-way* bet 複勝の賭け, 手堅い[どちらにころんでも損のない]賭け / an *each-way* chance 3 位までにはいる可能性.

Eadmund ⇨ EDMUND.

Eads /íːdz/ イーズ **James B**(**uchanan**) ～ (1820–87)《米国の技術者・発明家; St. Louis を流れる Mississippi 川に 3 径間の鋼製アーチ橋を建設 (1874)》.

Eadward ⇨ EDWARD.

Eadwine ⇨ EDWIN.

ea·ger[1] /íːgər/ *a* **1 a** 熱望[切望]して 〈*for* success, *after* fame, *about* knowledge〉; しきりに…したがって (impatient) 〈*to* travel〉: ～ *to* please 人に喜んでもらいたいと思って, サービス精神が旺盛で. **b** 熱心な, 熱意あふれる, 関心に満ちた 〈*in* one's studies〉. **2**《古》鋭い, きびしい, 激しい, 刺すような〈寒気など〉; 《廃》酸っぱい (sour). ► *n* [the ～s]*《俗》熱心さ, 大げさな[過度の]やる気. ♦ **～·ly** *adv* **～·ness** *n* [OF<L *acer* keen, sharp]

eager[2] ⇨ EAGRE.

éager béaver《口》張り切り屋, やり手, 《昇進目当ての》がんばり屋. ♦ **éager-béaver** *a*

ea·gle /íːg(ə)l/ *n* **1**〘鳥〙ワシ《ワシタカ科の各種; 通例 大型で強力な種類を指す; AQUILINE *a*》: (as) bold as an ～ とても大胆で / *E～s* fly alone. ワシはひとり飛ぶものなり《孤高》/ *E～s* catch no flies. ワシはハエは捕らぬ《小事にかかわらぬ》. ★ 子ワシ eaglet; ワシの巣 aerie. **2** [the E-]〘天〙わし座 (鷲座) (Aquila). **3 a** ワシじるしの国章[国璽, 軍旗, 紋章, 階級章, 会員章, 図形など]《ローマ帝国・フランス軍の軍標, 米国の国章[国璽], 米軍大佐の階級章など》. **b**《米国の》ワシじるし 10 ドル金貨《1933 年廃止》. **4**〘ゴルフ〙イーグル《一つのホールで, PAR[1] より 2 打少ないスコア》. **5***《俗》《戦闘機の》ベテランパイロット; *《俗》《学業成績の》E. **6** [E-] イーグルズ友愛組合の会員. **7** [E-]『イーグル』《英国の週刊冒険漫画雑誌 (1950–69, 82–94)》. ● **squeeze the ～** *《俗》金を出すのをしぶる, しみったれる. **the day the ～ flies** [**screams**, 《卑》**shits**] *《俗》給料日 (cf. EAGLE DAY). **when the ～ flies** *《俗》給料日. ► *vt*〘ゴルフ〙〈ホールを〉イーグルで上がる. [OF<L *aquila*]

éagle dày *《軍俗》給料日《米国通貨のワシのマークから》.

éagle èye 鋭い眼力, 炯眼(けいがん); 眼力の鋭い人, 炯眼の人; 監視, 警戒; *《俗》人の行動を監視する人《売場監督など》, 世話やき (busybody). ♦ **éagle-èyed** *a*

éagle frèak *《俗》[°*derog*] 自然[環境]保護主義者.

éagle-hàwk *n*〘鳥〙**a** ワシとタカの中間の大きさの熱帯アメリカ産の各種猛禽. **b** オオイヌワシ (wedge-tailed eagle)《豪州産》. ► *vi*《豪俗》死んだ羊の毛をむしり取る.

éagle òwl〘鳥〙ワシミミズク属の各種の鳥, 《特に》ワシミミズク《欧州最大のもの》.

éagle rày〘魚〙トビエイ《同科の魚の総称》.

Éagle Scòut [[S]e- s-] イーグルスカウト《最高位に達した米国ボーイスカウト団員》; [[S]e- s-]《俗》まじめできちんとしていて自信家タイプの人, 模範男子.

éagle·stòne *n* ワシの安産石《泥鉄鉱のクルミ大の塊り; ワシが無事に産卵するため巣に持ち帰ると信じられた》.

ea·glet /íːglət/ *n*〘鳥〙ワシの子, 子ワシ. [*-et*]

éagle·wòod *n*〘植〙ジンコウ《インド・東南アジア産の高木》; 沈香材.

ea·gre, ea·ger[2] /íːgər; éɪgər/ *n*《特に イングランド Humber, Trent および Severn 河口の》暴張湍(ぼうちょうたん), 海嘯(かいしょう) (bore). [C17<?; cf. OE *ēagor* flood]

EAK (East Africa) Kenya.

Ea·kins /éɪkənz/ エーキンズ **Thomas** ～ (1844–1916)《米国の画家・彫刻家》.

EAL English as an Additional Language 付加語としての英語《非母語話者を対象とする英語教育(プログラム)》.

eal·der·man, -dor- /ǽldərmən; ɔ́ːl-/ *n*〘英史〙エアルドルマン (alderman).

Ea·ling /íːlɪŋ/ イーリング《London boroughs の一つ; 都心のほぼ真西, Kew Gardens の北郊》.

Éaling cómedy イーリング喜劇《1940 年代末から 50 年代初めに London の Ealing Studios で制作された一連の喜劇映画の一つ》.

Éames chàir /íːmz-/ イームズチェア《**1**) スチールパイプと成形合板でできた肘掛けのない小椅子 **2**) ヘッドレストと足載せ台の付いた, 合板や成形プラスチックの肘掛け椅子》. [Charles *Eames* (1907–78) 米国のデザイナー]

-ean ⇨ -AN[1].

EAN European Article Number 欧州商品コード. **E & OE** errors and omissions excepted《送り状で》誤記と脱漏は別として.

EAP English for Academic Purposes 学術研究のための英語《ESP の一種》.

ear[1] /íər/ *n* **1** 耳 (AURAL[2] *a*); 《特に》耳介, 外耳: the external [internal, middle] ～ 外[内, 中]耳. **2 a** 聴覚, 聴力; 音感; 語感: a keen [nice] ～ 鋭い聴力 / a good ～ よい耳 / have no ～ [not much of an ～] for music 音楽が全然[ほとんど]わからない. **b** 傾聴, 注意: listen with half an ～ ぼんやり[うわのそらで]聴く / have [gain] sb's ～ ⇨ 成句. **3 a** 耳の形をしたもの; 《水差し・ジョッキなどの》取っ手 (handle), 《鐘の》耳, 《鳥の》EAR TUFT; 《新聞の》題字わき《広告スペースなど》. **b** [*pl*] *《俗》CB 無線機. ● **about** [**around**] **sb's ～s** 人のまわり[身辺]に〈起こる〉, 人を襲うようにして, 完全に〈くずれ落ちるなど〉. **a** FLEA **in one's ～.** **a** THICK **～.** **a word in sb's ～** 耳打ち, 忠告, 内緒話: *A word in your* ～. ちょっとお耳を拝借. **be all ～s**《口》一心に耳を傾ける (be all attention). **bend sb's ～** (相手が)うんざりするほどしゃべりまくる. **be solid** [**thick**] **between the ～s** ‖賢明[愚か]である, 頭がいい[悪い]. BLOW[1] **it out your ～!** **bring a storm about one's ～s** まわりからごうごうたる非難を浴びる. **bring sb down about his ～s** 瓦

解[失敗]させる. **burn** sb's **~s** 《俗》顔のほてる思いをさせる《どなりつけたり毒舌を浴びせたりして》. **by ~** 楽譜を見ないで, 楽譜なしで (cf. *play it* [*things*] *by* EAR). **by the ~s** 不和で[に]: fall together *by the ~s* つかみ合い[けんか]を始める. **cannot believe** one's **~s** 聞いた事[自分の耳]が信じられない. **catch** [**fall on, come to, reach**] sb's **~s** 耳にはいる, 聞こえてくる. CHEW sb's **~ off. close** [**shut, stop**] one's **~s** 耳をかさない, 全く聞こうとしない ‹*to, against* entreaties›. **eat** [**drink**] (sth) **till** [**until**] **it comes out of** one's **~s** 《口》食べ[飲み]すぎる. **fall down about** sb's **~s** ‹組織・考えなどが›瓦解する, 失敗する. **fall on deaf ~s** 耳を傾けられない, 顧みられない, 馬の耳に念仏である. **from ~ to ~** 顔中で‹笑う›. **give** (**an** [**one's**]) **~ to**… 《文》…に耳を傾ける. **give** one's **~s** 犠牲をいとわない: I would *give my ~s* ‹*for* sth, *to* do…› ‹…が得られたら, …することができたら›どんな犠牲もいとわない. **go in** (**through**) **one ~ and out** (**of**) **the other**=**go in** (**at**) **one ~ and out** (**at**) **the other** 《口》右の耳にはいって左の耳から抜けていく, 印象[感銘]を与えない, 馬耳東風と聞き流される. **have an ~ out** ⇨ **keep an** EAR **out. have… coming out** (**of**) one's **~s** 《口》あり余るほどの…をもっている: She's *got* talent *coming out of her ~s*. 豊かな才能の持主である. **have hard ~s** 《カリブ》頑として従わない. **have nothing** [**something**] **between** one's **~s** 《口》愚かだ[賢明だ], 軽薄な[賢明な]顔つきをしている. **have** [**get, win, gain**] sb's **~** [**the ~ of** sb] 人に話を聞いてもらえる[もらう]; 顔がきく(ようになる). **have** one's **~s on** 《CB 無線俗》無線機を受信状態にしておく. INCLINE one's **~. keep** [**hold, have**] **an ~** [one's **~**(**s**)] (**close**) **to the ground** 世の中[世論]の動きに注意を払う, いろいろなうわさを聞きのがさないようにする《開拓者が馬の接近を地に耳をつけて聞いたことから》. **keep** one's **~s** [**an ~**] **open**=**keep an ~ out** 耳を澄ましている, 注意深くしている ‹*for*›. **lay back** one's **~s** ᴵᴵ《スポ俗》全速力で走る (sprint). **lend an ~** [one's **~**(**s**)] **to**…に耳を傾ける, 耳をかす. **make a** PIG'S EAR (**out**) **of**…. **meet the ~** 耳に触れる, 聞こえる. **nail** sb's **~s back** 《俗》人をこっぴどくしかる. **not dry behind the ~s**=《口》(still) wet behind the EARS. **on** one's **~** *《俗》なぐり[投げ]倒されて, しりもちをついて; *《俗》怒って, かっとして; *《俗》酔っぱらって. **out on** one's **~** 《口》ほうり出されて, 《特に》突然首になって: throw [kick] sb *out on* his ~ 人をおっぽり出す / If you fail, you'll be *out on* your ~. 失敗したらクビだよ. (**over**) HEAD **and ~s.** PIN one's [sb's] **~s back. play it** [**things**] **by ~** 臨機応変に対処する, ぶっつけ本番でやる. POUND[3] one's **~.** PRICK **up** one's **~s. Put it in your ~.**=**Take it in the ~.** 《俗》くそくらえだ, 勝手にしろ! (cf. *stick it up your* ASS[2]). one's **~s burn** 耳がほてる《人がうわさをしている》: feel one's *~s burning*. **set** sb **by the ~s** [**on** his **~**] 人びとを仲たがいさせる, 不和にする; 人を驚かせる[あっといわせる]. (**still**) **wet behind the ~s** 《口》(まだ)未熟で, 不慣れで, うぶで, くちばしの黄色い, 尻の青い. **stop** [**shut**] one's **~s**=close one's EARS. TALK sb's **~ off. to the ~s** (限度)ぎりぎりまで. **turn a deaf ~** (**to**…に)少しも耳をかさない, 馬耳東風である. **up to the** [one's] **~s** 《口》‹仕事に›没頭して, 忙殺されて, ‹借金に›身動きがとれなくて, …が山ほどあって, …に埋もれて ‹*in*›. **warm** sb's **~** *《俗》人にまくしたてる.
► *vt* 《英廃・米俗》…に耳をかす, 聴く (listen, hear).
♦ **~·less**[1] *a* 耳のない; 音感に欠陥のある, 音痴の. **~·like** *a*
[OE *ēare*; cf. G *Ohr*, L *auris*]

ear[2] *n* 《麦などの》穂; 《トウモロコシなどの》雌穂《果実・包葉を含む》: be in (the) ~ 穂が出ている / come into ~ 穂を出す. ► *vi* 穂を出す, 出穂(しゅっすい)する ‹*up*›. ♦ **~·less**[2] *a* [OE *ēar*; cf. G *Ähre*, L *acus* husk]

éar·àche *n* 耳痛 (otalgia).

éar·bàng·er *《俗》*n* ごますり屋; ほら吹き, 自慢屋; EARBENDER.

éar·bàsh 《英俗・豪俗》*vt* ‹人に›ペラペラしゃべりまくる; くそみそにけなす, こきおろす. ► *vi* ひっきりなしにしゃべる. ♦ **~·er** *n* **~·ing** *n*

éar·bènd·er *n* 《口》のべつしゃべりまくる人, おしゃべり屋.

éar·bìter *n* 《俗》しょっちゅう金をせびるやつ, たかり屋.

éar·bùd *n* イヤーバッド《耳に挿入する小型イヤホン; その耳にあたる部分》.

éar canàl 〖解〗外耳道.

éar càndy *《俗》耳にここちよい(だけの)音楽, 静かなポピュラーミュージック.

éar-càtch·er *n* 人の耳をそばだてさせるもの; 憶えやすい節(ふし)[曲, 歌].

éar·clip *n* イヤークリップ《耳たぶに留めるクリップ式イヤリング》.

éar·dròp *n* EARRING[1], 《特に》ペンダント付きのイヤリング; [*pl*] 〖医〗点耳剤《外耳道挿入用滴剤》.

éar·drùm *n* 鼓膜 (tympanic membrane).

éar dùster *《俗》ゴシップ, うわさ話, おしゃべり屋; *《俗》《野球で》打者の頭をかすめるような投球.

eared[1] /íərd/ *a* 耳(状部)のある, 耳付きの; …な耳のある: long-~ 長耳の. [EAR[1]]

eared[2] *a* 穂の出た; …な穂のある: golden-~ 黄金色の穂の出た. [EAR[2]]

éared phéasant 〖鳥〗カケイ, ミミキジ《チベット・中国・モンゴル原産》.

éared séal 〖動〗アシカ類《耳介を有するアシカ科の海獣; オットセイ・アシカ・トドなど》.

éar·flàp *n* 〖解〗耳介 (pinna); 耳おおい, 《特に》帽子の耳おおい (earlap)《防寒用》.

éar·fùl 《口》*n* 耳に入ってくる(あまりにも)たくさんの情報[ニュース, うわさ]; きつい小言, 大目玉; 意外な[驚くべき]返事. ● **give** sb **an ~** 《口》人に小言を言う; 《口》人に驚くべき秘密を話す.

éar hànger *《俗》自慢家.

Ear·hart /éərhà:rt, *íər-/ エアハート, イヤハート **Amelia ~** (1897–1937)《米国の飛行家; 女性として最初の大西洋横断飛行に成功 (1928); 世界一周飛行中南太平洋上で消息を絶った》.

éar·hòle *n* 耳の穴, 耳道. ● **on the ~** 《俗》ペテン[かたり]をやって.

ear·ing, ear·ring /íərɪŋ/ *n* 〖海〗イヤリング《帆船の帆の隅などに取り付けたロープ》.

earl /ə́:rl/ *n* **1** 〖英〗伯爵 (⇨ PEER[1])《英国以外では count という; 伯爵夫人は共に countess》. **2** 《アングロサクソン時代のイングランドの》太守. **3** [E-] アール《男子名》. ► *vi* 《俗》もどす (vomit). ● **call ~** [**E~**]=**talk to ~** 《俗》吐く, オエッとやる (⇨ HUGHIE). [OE *eorl* brave man, nobleman<?; cf. OS *erl* man, ON *jarl* chieftain]

ear·lap /íərlæ̀p/ *n* 耳たぶ (earlobe); 耳介 (pinna); 耳おおい (earflap).

éarl·dom *n* 伯爵(夫人)の位[身分, 領地].

Earle /ə́:rl/ アール《男子名》. [OE; ⇨ EARL]

éarless lízard 〖動〗ツンボトカゲ.

éarless séal 〖動〗アザラシ《アザラシ科の海獣の総称; cf. EARED SEAL》.

Éarl Gréy アールグレイ《ベルガモット (bergamot) で風味をつけた高級紅茶》.

Éarl Márshal 〖英〗軍務伯《紋章院 (Heralds' College) 総裁を主たる職務とし, 国家礼典をつかさどる, Norfolk 公爵家の世襲職》.

éar·lòbe *n* 耳たぶ, 耳垂, 耳朶(じだ).

éar·lòck *n* 耳の前の髪のふさ.

éarl palátine 〖英史〗COUNT PALATINE.

Éarls Cóurt アールズコート《London の Earls Court 地区にある展示会場; 三軍による演習展示 (Royal Tournament), ドッグショー (Cruft's), ボートショー (Boat Show) などが行なわれる; 1937 年開設》.

éarl·shìp *n* 伯爵の位[身分].

ear·ly /ə́:rli/ *adv* (**-li·er; -li·est**) **1** 早く, 早くから, 早めに; 初期に: ~ in the day [morning] 朝早く (cf. early in the DAY) / get up ~ 朝早く起きる / ~ in life まだ若い時に / as ~ as May [1800] 早くも 5 月[1800 年]に / as ~ as possible できるだけ早く / four days *earlier* (その) 4 日前に / *E~* to bed and ~ to rise makes a man healthy, wealthy, and wise. 《諺》早寝早起きすれば健康で金持で賢くなれる. **2** 《古》近いうちに, 間もなく (soon). ● **earlier on** あらかじめ, 前もって (cf. LATER *on*). **~ and late** (朝)早くから(夜)おそくまで, 明けても暮れても. **~ on** 早い時期に, 早くから. **~ or** LATE.
► *a* (**-li·er; -li·est**) **1 a** [時刻・季節など] 早い, 早めの, 早期の; 初期の; 昔の: an ~ death 若死に / an ~ riser 早起きの人 / an ~ visitor 早朝の訪問者 / at an ~ hour 朝早く / ~ habits 早寝早起きの習慣 / keep ~ hours 早寝早起きする / an ~ night 早めの就寝 / in one's ~ days [years] 若いころ / in the ~ days 当初(は), 初めのころは / in the ~ years of the era その年代の初期に. **b** 早できの, はしりの: ~ fruits はしりの果物 / ~ rice 早稲(わせ). **2** 近い将来の: at an ~ date 近いうちに, 近々 / at your *earliest* convenience ご都合のつきしだい, なるべく早く. ● **at** (**the**) **earliest** 早くとも. (**It's**) **~ days** (**yet**). ᴵᴵ《口》結果を判断する[結論を出す]には時期尚早だ (=*It's ~ in the day.) ► *n* [*pl*] 早取りジャガイモ; [*pl*] 早朝勤務, 早番. ♦ **éar·li·ness** *n* 早いこと; 早期. [OE (adv) *ærlīce* (ERE, *-ly*[1])]

Early アーリー **Ju·bal** /ʤú:bəl/ **A**(**nderson**) **~** (1816–94)《米国南部連合軍の将校; Shenandoah 川流域の戦いで敗北を繰り返し (1864–65), 南軍の最終的な敗退のきっかけにもなった》.

éarly adópter 〖商〗《新製品・新技術の》早期採用[購入]者, 新し物好き.

Éarly Américan *a* ‹建物・家具など›米国の英領植民地時代に建てられた[作られた, 用いられた](のと同じ様式の). ► *n* 《建築・家具などの》アーリーアメリカン様式.

éarly-bìrd 《口》*a* 早朝の; 非常に早く来る人のための; 早期申込[購売]者への‹特典・割引など›, 先着サービスの: ~ special 早朝特別割引; 《早朝にかぎらない》早割り.

éarly bird 1 《口》早起きの人; 《口》定刻より早めに来る人, 人より早めに事をなす人; 《口》一番列車, 始発便: The ~ catches [gets] the worm. 《諺》早起きは三文の得. **2** [E- B-] アーリーバード《1965 年 Intelsat が打ち上げた第 1 号通信衛星》.

éarly blíght 〖植〗幼期の菌病, 《特に》夏疫病《ジャガイモの葉に斑点ができる》.

éarly bríght *《俗》夜明け, 朝.

Éarly Chrístian *a* 〖建〗初期キリスト教様式の《3–5 世紀のローマ

帝国の建築を特徴づける》.
éarly clósingǁ《商店がそろって実施する週一回の》早じまい; 早じまいの日 (=**éarly clósing dày**).
éarly dóorǁ 早木戸《高料金で定刻より早く入れる入口》.
Éarly Énglish (stýle)〘建〙初期英国式《13 世紀の英国ゴシック初期の様式》.
Éarly Léarning Cèntre アーリーラーニングセンター《子供向けの良質玩具・書籍などを販売する英国のチェーン店》.
éarly léaverǁ《学校で》中途退学者, 落伍者, 落ちこぼれ (dropout).
Éarly Módern Énglish 初期近代英語《1500 年ごろから 1750 年ごろまでの英語》.
éarly músic 古楽《中世・ルネサンス音楽; バロック・初期古典派の音楽を含めることもある; 特に 古楽器で演奏されるもの》. ♦ **éarly musícian** *n*
éarly púrple òrchid〘植〙欧州・アジアに自生する早春に紫の花をつけるオルキス属のランの一種 (=*blue butcher*).
Éarly Renaissánce [the]〘美・建〙初期ルネサンス《イタリアの 15 世紀》.
éarly retírement《定年前の》早期退職: take ～.
éarly-Victórian *a, n* ヴィクトリア朝初期の(人[作家]); 時代遅れの(人).
éarly wárning《核攻撃などに対する》早期警戒[警報];《病気に対する》早期の警告〈*of*〉. ♦ **éarly-wárn·ing** *a*
éarly-wárning ràdar〘軍〙早期警戒レーダー.
éarly-wárning sỳstem〘軍〙早期警戒[警報]組織.
éarly·wòod *n* 早材 (SPRINGWOOD).
éar·màrk *n* **1 a** 耳標《羊などの所有権を示すために耳に付けるマーク》. **b** 所有主のしるし; 目印, 特徴: under ～《特定の用途・人のものとして》指定された, 取り分けてある〈*for*〉. **2**《公的資金の》用途指定項目[条項];《用途指定の》助成金. ► *vt* **1**〈羊などに〉耳標を付ける; …に目印を付ける, 特徴づける; 注目する, みなす〈*as*〉: a man ～*ed* as a future president 将来の大統領と目される人. **2 a**〈資金などを〉〈特定の用途・人に〉指定する, 割り当てる〈*for*〉: ～*ing* of taxes 租税の使途指定. **b**〘国際金融〙〈一国の中央銀行の保有金を〉他国の中央銀行[政府]の財産として指定する[取り分ける].
éar-mìnd·ed *a*〘心〙〈人が〉聴覚型の (audile).
éar·mùff *n* [ᵘ*pl*]《防寒・防音用の》耳おおい, イヤマフ.
earn[1] /ə́ːrn/ *vt* **1 a** 働いて得る, 稼ぐ, もうける: ～ one's bread [living] 生計の資を稼ぐ. **b**〘野〙《相手のエラーによらず》得点する: ～ two runs 2 点をあげる. **2**〈利益などを〉生む, 受けさせる, もたらす (bring). **3 a**〈名声を〉博する,〈評判を〉取る,〈地位を〉得る;〈非難などを〉うける. **b**〈感謝などを〉うけるに値する (deserve), …にふさわしいだけの働きをする. ● **～ out**〈作家・作品などが〉〈(前払い)印税を〉補う程度に売れる; 収支が償う. **～ one's** KEEP. [OE *earnian* to win, labor for; cf. OE *esne* laborer]
earn[2] *vi*《廃》悲しむ, 嘆く. [OE *eornian* to murmur < ? YEARN]
éarned íncome /ə́ːrnd-/ 勤労所得 (cf. UNEARNED INCOME).
éarned rún〘野〙アーンドラン《相手のエラーによらないであげた得点》, (投手の)自責点《略 ER》.
éarned rún àverage〘野〙防御率《略 ERA》.
éarned súrplus 利益剰余金 (retained earnings).
éarn·er *n* **1** (お金を)稼ぐ人, 稼ぎ手: a high(-income) ～ 高所得者 / WAGE EARNER. **2** もうかる物[こと]: the top ～《店で》一番の売れ筋, ドル箱, 稼ぎがしら / a nice little ～ ǁ《口》よくもうかる品[ビジネス], おいしい仕事,《ぬれ手で粟(あわ)の》もうけ口.
ear·nest[1] /ə́ːrnəst/ *a* **1** まじめな, 真剣な, 本気の; 熱烈な. **2** まじめに考慮すべき, 重大な. ► *n* **1** まじめ, 本気. **2** [E-] アーネスト《男子名》. ● **in ～** まじめに[な], 本気で[の], 真剣に[な]; 本格的に[な]: Are you *in* ～? 本気で言ってるのか / It began raining *in* ～. 本降りになってきた / *in* good [real, sober, dead(ly)] ～ 真剣に[な], 大まじめで[の]. ♦ **～·ly** *adv* まじめに, 大まじめで, 本気で. **～·ness** *n* [OE *eornost*; cf. G *ernst*, ON *ern* vigorous]
earnest[2] *n* EARNEST MONEY; かた, 抵当 (pledge); 証拠; 兆し, 前兆. [ME *ernes* 変形? < *erles, arles* <? L (*arrha* pledge)]
éarnest mòney 手付金, 証拠金, 内金 (=*hand money*).
éarn·ing pòwer〘経〙収益(能)力.
éarn·ings *n pl* 稼ぎ高, 所得, 稼いだもの;《企業の》収益;《個人の投資から生ずる》配当所得, 利子所得.
éarnings per sháre〘証券〙1 株当たり利益《略 EPS》.
éarnings-relàted *a* 所得に連動する, 所得比例の.
éarnings-relàted súpplement [bénefit]〘英〙所得比例給付《失業者[病人]に, 失業[疾病]給付とは別に, 前年度の所得に応じて約 6 か月間支払われたもの》.
éarnings yìeld〘証券〙益回り《一株当たりの純収益を株価で除した数値》.
éarn-òut *n*〘商〙アーンアウト契約, 企業買収価格補正約定《企業買収後一定期間内に一定の利益があがった場合, 買収側が売手に買収代金の追加払いをする約定; 通例 売手がしばらく経営を支援する》.
earp, urp /ə́ːrp/ *《俗》*vi, n* ゲーッと吐く, ゲロ, へど. ● **E～ slop, bring the mop.** *《俗》だれかゲロ吐いたよ《子供の表現》. [imit]
Earp /ə́ːrp/ アープ **Wy·att** /wáɪət/ (**Berry Stapp**) ～ (1848–1929)《米国西部のガンマン; Arizona 州で連邦保安官補佐をしていたときに 'OK 牧場 (O.K. Corral) の決闘' の主役となった》.
éar·phòne *n* [ᵘ*pl*] イヤホン, ヘッドホン(の耳にあたる部分),《頭にかける型の》電話受話器.
éar pìck《しばしば 貴金属製の》耳かき.
éar·pìece *n*《帽子などの》耳おおい;《聴診器・補聴器などの》耳当て,《特に》EARPHONE;《眼鏡の》つる.
éar-pìercing *a*〈音・声が〉耳をつんざくような, 鋭い. ► *n* 耳ピアスすること.
éar·plùg *n* 耳栓《騒音・水圧防ぎ》; イヤホン; イヤプラグ《耳たぶにつける糸巻き型の飾り》.
éar·rìng[1] *n* イヤリング, 耳飾り, 耳輪.
earring[2] ⇨ EARING.
éar ròt〘植〙《トウモロコシなどの》黒穂病.
éar·sèt *n* イヤーセット《小型マイクのついたイヤホン; (携帯)電話やパソコンに接続して使う》.
éar shèll〘貝〙ミミガイ (abalone).
éar·shòt *n* 呼べば聞こえる所, 音[声]の届く距離: within [beyond, out of] ～ 呼んで聞こえる[聞こえない]所に[で].
éar·splìtting *a*〈音・声が〉耳をつんざくような.
éar stòne〘解〙耳石 (otolith).
earth /ə́ːrθ/ *n* **1 a** [(the), ᵒthe E-] 地球《TERRESTRIAL, TELLURIC *a*》. **b** 地球上の住民: the whole ～ 全世界の人. **2 a** [the]《天空に対する》大地,《海に対して》陸地, 地面: bring to *the* ～ (地上に)射落とす / of *the* ～, EARTHY. **b**《天国・地獄に対して》この世, 現世 (this world);《soul, spirit に対して》肉体; [the] 俗界, 世俗のこと, 俗事. **3 a**《岩石に対して》土, 土壌 (soil);《各種の》土壌;〘化〙土類 (cf. ALKALINE EARTH, RARE EARTH); 土性顔料 (earth color). **b**〘古代哲学〙土《四元素の一つ; ⇨ ELEMENT》. **4**《キツネ・ウサギなどの》(隠れ)穴 (burrow): go [run] to ～=take ～ 穴に逃げ込む (cf. 成句) / run to ～〈キツネなどを〉穴に追い込む (cf. 成句). **5** ǁ〘電〙接地, アース (ground*). **6** [〈*a*〉]〘占星〙地性三角形の おうし座・おとめ座・やぎ座の 3 星座の; ⇨ FIRE》. **7** [the]《口》莫大な量[金], 目の玉が飛び出るほどの額: cost [pay] *the* ～. ● **bring** sb **back [down] to ～ (with a bump [bang])** 現実に引き戻す. **come back [down] to ～ (with a bump [bang])** (夢から)現実の世界に戻る. **down to ～**《口》全く, すっかり, 徹底的に; 実際的な, 現実的な (cf. DOWN-TO-EARTH). **the E～ moved**《口》大地が揺れた《すばらしいセックスを冗談めかしていう表現》. **～ to** sb *《口》もしもーし…さん《ぼんやりしている相手に注意を喚起する表現》. **the face of the ～** 地表, 地上, この世: vanish [disappear, drop] from [off] *the face of the* ～ 跡形もなく[きれいさっぱり, 忽然と]消えうせる / wipe…off *the face of the* ～=wipe…off the MAP / the happiest man on *the face of the* ～ この世でいちばんしあわせな男. **gone to ～** [*fig*] 隠れて. **go the** WAY[1] **of all the ～.** **go to ～** 巣穴[隠れ家]へ逃げ込む. **like** NOTHING **(else) on ～.** **on ～** (1) この世に: while he was *on* ～ 在世中に. (2) [最上級を強めて] 世界中で: the greatest man *on* ～ 世界一偉い人. (3) [否定を強めて] 全然, ちっとも (at all): It's *no* use *on* ～. てんで役に立たない. (4) [疑問詞を強めて]《口》一体全体 …?: *What* [*When, Where, Who, Why, How*] *on* ～…? いったい何[いつ, どこで, だれが, なぜ, どうやって]…? / *What on* ～ is the matter? いったいどうしたのか / *Where on* God's green ～…? 一体全体どこで …? **run to ～**=go to EARTH; ǁ〈キツネなどを〉穴に追い込む;〈人を〉《長い間探して》ようやく見つけ出す;〈事実などを〉突きとめる, 調べ上げる.
► *vt* **1** [ᵘ～ up]〘園〙〈木の根・野菜などに〉土をかぶせる, 土寄せ[土入れ]する. **2**〈キツネなどを〉穴に追い詰める. **3** ǁ〘電〙接地[アース]する (ground*). ► *vi*〈キツネが〉穴に逃げ込む.
♦ **～·lìke** *a* [OE *eorthe*; cf. G *Erde*]
éarth àrt〘美〙アースアート (=*land art*)《地形・景観そのものを素材とする芸術》. ♦ **éarth àrtist** *n*
éarth·bòrn《詩》*a* 地から生まれた; 地上に生まれた, 人間の, 死ぬ運命をもつ (mortal); この世の, 浮世の, 世俗的な〈野心など〉: ～ creatures 地上の生き物.
éarth·bòund[1] *a* 地に固着した〈根など〉; 陸地[地上, 地球]のみに行動範囲の限られた; 世俗[現世]的な関心にとらわれた, 低俗な; 想像力に欠けた, 散文的な, 平凡な: an ～ bird 空を飛べない鳥《にわとり・ペンギンなど》. [BOUND[1]]
earthbound[2] *a* 地球に向かう. [BOUND[4]]
éarth clòsetǁ 土砂散布式便所;《土を掘っただけの》野天便所.
éarth còlor 土性(どせい)顔料《黄土など》; EARTH TONE.
éarth·dày *n* 地球日(び)《天体や人工衛星の時間を計るときに用いる, 地球の 24 時間; cf. EARTH TIME》.
Éarth Dày 地球の日《1970 年に米国で始まった環境保護の日; 4 月 22 日; cf. EARTH WEEK》.
éarth èating 土食 (geophagy).
éarth·en *a* 土の, 土製の, 陶製の; 現世的な (earthly).
éarth·en·wàre *n* 土器,《特に》陶器; 陶土; [〈*a*〉] 土器[陶器]の, 土製[陶製]の.

E

éarth-fríend·ly *a* [°E-] 地球に優しい, ECO-FRIENDLY.

éarth·gòd *n* (*fem* **-gòddess**) 大地の神《植物の生長と豊穣の神; 通例 冥界にもかかわる》.

Éarth Hòur アースアワー《地球温暖化への警鐘として世界の大都市が毎年 3 月の最終土曜日に 1 時間の消灯を行なう運動》.

éarth hòuse 土中の住居; 泥で作った家; 《ピクト人 (Picts) の》地下住居.

éarth·ian *n* [°E-] 地球人.

earthily *adv* ⇨ EARTHY.

éarth indùctor còmpass 〘空〙 INDUCTION COMPASS.

éarth·i·ness *n* EARTHY なこと; 《文芸作品·劇作などの》現実主義的な[写実的な, 人間臭い]性質; 《ワインなどの》土臭い香り.

éarth·lìght *n* 〘天〙 EARTHSHINE.

éarth·ling *n* 《SF の中で異星人から見た》地球人, 人間; 世俗的な人, 俗人, 俗物.

éarth·lùbber *n* 地球から出た[宇宙旅行をした]ことのない人. [cf. LANDLUBBER]

earth·ly /ə́:rθli/ *a* **1 a** 地球の, 地上の. **b** 世俗的な; この世の, 現世の; 俗界の. **2** [否定·疑問を強めて] 《口》 全然, ちっとも (at all); [疑問を強めて] 《俗》 一体全体 (on earth): There is *no* ~ use for it. 全然用途がない / *What* ~ purpose can it serve? いったいそれはどんな役に立つのか. ● **not have [stand] an ~** ‖《口》 てんで見込みがない. ♦ **éarth·li·ness** *n* [OE *eorthlic*]

éarthly-mínd·ed *a* 《古》 WORLDLY-MINDED.

éarth·màn /, -mən/ *n* 地球の住人, 地球人.

éarth mòther [°E- M-] 《豊穣·万物の源としての》聖なる地母, 地母神, 母なる大地 (mother earth); 《口》 肉感的な女; 慈母的な[母親タイプの]女性.

éarth·mòver *n* 大量の土を動かす大型機械, 土工機械《ブルドーザー·パワーショベルなど》. ♦ **éarth-mòving** *a*

éarth·nùt *n* 《各種植物の》根, 塊茎, 地下の莢果《**1)** 西ヨーロッパ産セリ科の双子葉植物の塊根; 焼いたクリのような風味がある **2)** ピーナッツ (peanut), など》; earthnut を生じる植物; 地中に生ずる食菌, 《特に》 TRUFFLE.

éarth pìg 〘動〙 ツチブタ (AARDVARK).

éarth pìllar 〘地質〙 土柱《ゆるく膠結(こうけつ)した砂礫(されき)層が, 雨の浸食をうけて生ずる土砂の柱》.

éarth·quàke *n* 地震 (SEISMIC *a*); [*fig*] (社会的)大変動, 激震. ♦ **éarth·quàking** *a*

éarthquake lìghts [lìghtning] (*pl*) 光りもの《地震時の発光現象》.

éarth·quàke-pròof *a* 耐震の.

éarthquake séa wàve 地震津波 (tsunami).

éarth resòurces sàtellite 地球資源衛星.

éarth·rìse *n* 《月または月を回る宇宙船からみた》地球の出. [cf. SUNRISE, MOONRISE]

éarth sátellite 《地球を周回する》人工衛星.

éarth scìence 地球科学《地質学·地理学·地形学·地球物理学·地球化学·気象学·海洋学など》. ♦ **éarth scìentist** 地球科学の研究者, 地球科学者.

éarth·shàker *n* **1** 世界を揺るがすもの, 非常に重要な[価値のある]もの. **2** [the E-] 〘ギ·ロ神〙 大地を揺るがす者《POSEIDON または NEPTUNE》.

éarth·shàking *a* 世界を揺るがす, きわめて重大な. ♦ **~·ly** *adv*

éarth-shàttering *a* EARTHSHAKING.

éarth-shèltered *a* 一部[大部分]が地下に建てられた, アースシェルター方式の.

éarth·shìne *n* 〘天〙 地球照《新月のころ月の暗部をうす明るく照らす地球からの太陽の反射光》.

éarth sòunds *pl* 地鳴り.

éarth·stàr *n* 〘菌〙 エリマキツチグリ《キノコ》.

éarth stàtion 《宇宙通信の》地上局; DISH ANTENNA.

Éarth Sùmmit [the] 地球サミット《1992 年に Rio de Janeiro で開催された '環境と開発に関する国連会議' の通称》.

éarth tàble 〘建〙 根石.

éarth tìme 地球時間《地球の自転周期を基に計られる時間; 他の天体や人工衛星などで時間を計るときに用いる》.

éarth tòne アーストーン《いくぶん褐色を含んだ豊かな黒っぽい色》. ♦ **éarth-tòned** *a*

éarth trèmor 弱い地震.

éarth·ward, -wards *adv, a* 地[地球]の方に(向かう).

Éarth·wàtch *n* 地球監視《国連環境計画 (UNEP) の活動分野の一つ》.

éarth wàx 〘鉱〙 地蠟 (OZOKERITE).

Éarth Wèek 地球週間《環境保護週間; EARTH DAY を含む 4 月の 1 週》.

éarth wìre ‖〘電〙 アース線 (ground wire*).

éarth wòlf 〘動〙 ツチオオカミ (AARDWOLF).

éarth·wòman *n* 地球の女性, 女の地球人.

éarth·wòrk *n* 土工事, 土工; 土塁; 〘美〙 アースアート (earth art) の作品.

éarth·wòrks *n* [〈*sg*/*pl*〉] 芸術作品の素材となる土·泥·岩石·砂·氷などの天然の材料; アースワーク《そのような材料を用いた作品, 特に写真芸術》. ♦ **-wòrk·er** *n*

éarth·wòrm *n* 地中にすむ虫, 《特に》ミミズ; 《古》 虫けらのような人間, 卑劣漢.

earthy /, *-ði/ *a* **1 a** 土の, 土でできた, 土のような, 土臭い; ‖〘電〙 接地した. **b** 洗練されていない, パッとしない, 粗野な; 露骨な, あけすけな. **2 a** 自然な, 素朴な, 簡素な; 率直な, あけっぴろげの, 実際的な. **b** 《古》 地上の, 世俗の. ● **of the earth, ~** (人は)地より出でて土に属して (*1 Cor* 15: 47); 俗臭ふんぷんたる. ♦ **éarth·i·ly** *adv*

éarth·yèar *n* 地球年《地球の 365 日の 1 年; cf. EARTH TIME》.

éar trùmpet 《昔用いられた》らっぱ形補聴器.

éar tùft 〘鳥〙 耳羽(じう), 羽角(うかく)《特にミミズク (horned owl) の頭頂に生える耳に似た一対の長い羽の房》.

éar·wàx *n* 耳あか (cerumen).

éar·wìg *n* 〘昆〙 ハサミムシ, 《特に》 COMMON EUROPEAN EARWIG; *〘動〙 小型のヤスデ. ► *vt* 《古》 〈人〉にそっと入れ知恵をする[取り入る]; 〈人〉に小言を言う. ► *vi* ‖《口》 盗み聞き[立ち聞き]する.

éar·wítness /, ⌒⌒/ *n* 他人どうしの話を聞く人; 自分の聞いたことについて報告[証言]する人, 〘法〙 伝聞証人.

éar·wòrm *n* **1** 〘昆〙 トウモロコシの果穂を食害する幼虫《corn earworm など》. **2** 耳について離れない歌[曲].

ease /í:z/ *n* **1** 容易さ, 平易さ. **2 a** 《身体の》楽, 安静; 《痛みが》楽になること, 軽減 (relief) 〈*from* pain〉; 《規制などの》緩和. **b** 《態度·様子などの》堅苦しくないこと, 気軽さ, ゆったりしていること. **c** 気楽, 安心; 《生活の》安楽; 安易, 安逸. **3** 《衣服·靴などの》ゆるさ, ゆとり. **4** 《市場·価格などの》下落[低落]傾向, 〘金融〙 低金利化, 金利負担の軽減, 利下げ. ● **at (one's) ~** 気楽に; くつろいで: be [feel] *at* ~ 安心する, 落ちつく; 《痛みがなくなって》気分がよくなる / be ill *at* ~ 不安だ, 固くなっている / *At* ~! 《号令》 休め! (Stand at ~!) / do the task *at one's* ~ 気の向いた時に仕事をする / live *at* ~ 安楽に暮らす / put [set] sb *at his* ~ 楽に[ゆったり]させる / put [set] sb's mind [heart] *at* ~ 人を安心させる / sit *at* ~ 楽に[くつろいで]すわる / *at* ~ in Zion 安逸の生活をする / march *at* ~ 〘軍〙 途足(みちあし)《歩調をとらない行進》 / stand *at* ~ 〘軍〙 休めの姿勢でいる (opp. *stand at attention*); 〘軍〙 休め! **take one's ~** 体を楽にする, くつろぐ. **with ~** やすやすと, 楽々と.

► *vt* **1 a** 〈苦痛·困難·緊張·規制などを〉緩和[軽減]する, 和らげる; 〈事を〉容易にする, 楽にする: ~ one's mind 心を軽くする / ~ sb's conscience 良心[心]を安める / ~ credit 金融緩和を行なう. **b** 〈重荷などを除いて〈人を〉楽にする: ~ sb *of* pain [a burden] 人の苦痛[重荷]を除いて楽にする. **c** [*joc*] 奪う (rob): ~ sb *of* his purse 人から財布を奪う. **2** ゆるめる, タイトでなくする, 楽にする: ~ a belt ベルトをゆるめる / ~ a coat under the armpits 上着のわきのところに余裕をもたせる / ~ one's leg 休めの姿勢にする. **3** …の勢い[速度など]をゆるめる[落とす]; 慎重に[そろそろ]動かす[入れる, 置く] 〈*across, along, away, down, in*, etc.〉; [~ *-self*] ゆっくりと身を動かす 〈*into, off out*, etc.〉; 〈新人などを〉徐々に〈仕事などに〉慣らす 〈*into, to*〉: *E~* her! 〘海〙 速力ゆるめ! / ~ a piano *into* place ピアノを慎重に設置する / ~ *oneself into* the car おもむろに車に乗る / ~ one's way ゆっくりと移動していく.

► *vi* **1** 〈激しさ·情勢·緊張·苦痛などが〉和らぐ, ゆるむ, 緩和する; 〈市況が〉ゆるむ, 〈株などが〉値下がりする. **2** [副詞(句)を伴って] ゆるやかに動く 〈*along, over*, etc.〉. ● **~ away** 〈栓などを〉(…から)ゆっくりはずす 〈*from*〉; 〘海〙 〈索具などを〉ゆるめる. **~ (…) back**=**~ back (on …)** (操縦桿などを)そっと手前に引く; (処罰などを)和らげる. **~ down** (…の)スピードをゆるめる; 〘海〙 EASE away: ~ (a car) *down* (車の)スピードを落とす. **~ off** 〈雨·風などが弱まる, 〈痛みなどが〉和らぐ, 緩和する; 速度[努力]を緩める, のんびりする (slow down); 〈売上げが落ち込む, 〈相場が〉下がる; 〈…に対して〉態度を和らげる 〈*on*〉; ゆっくり[そっと]離れる 〈*from*〉; 〈負担などを〉軽くする; EASE away. **~ on** *《俗》 去る. **~ (on) out** 〈車などが[を]〉(…から)ゆっくり[そっと]出る[出す] 〈*of*〉; 〈栓などを〉(…から)ゆっくり抜く 〈*of*〉; 〈人を〉やんわりと[うまく]辞めさせる[降ろす] 〈*of*〉, 〈人が〉ひっそりと辞める〈*of* office〉; *《俗》 去る: He ~*d* his car out of the parking lot. 駐車場からゆっくりと車を出した. **~ oneself** 安心する (=~ one's mind); 気[無念]を晴らす; 排尿[排便]する. **~ the helm [rudder]** 〘海〙 舵をゆるめる[戻す]. **~ up** 〈雨·風などが弱まる, 収まる; 〈事態·緊張が〉ゆるむ, 緩和する; くつろぐ, のんびりする; 〈…を〉ゆるめる, 少なくする, 〈…に対して〉態度を和らげる 〈*on*〉; EASE down; 《場所をあけるために》詰める: ~ *up on* cigarettes タバコを控えめにする. ♦ **éas·er** *n* [OF<L; ⇨ ADJACENT]

éase·ful *a* 気楽な, 安楽な, 安らかな; 安らぎを与える(のに適した). ♦ **~·ly** *adv* **~·ness** *n*

ea·sel /í:z(ə)l/ *n* 画架, イーゼル; 黒板掛け; 掛け台. [Du *ezel* ass[1]=G *Esel*]

éase·less *a* 休みのない, 絶え間のない, 不断の.

éase·ment *n* 《苦痛·不快·不便などの》軽減[緩和](をもたらすもの); 〘法〙 地役権《他人の土地の通行権など》. [OF; ⇨ EASE]

eas·i·ly /í:z(ə)li/ *adv* **1 a** 容易に, たやすく, あっさり, わけなく, すらすらと, 手軽に, すぐに, たちまち: win ~ 楽勝する / write English ~

英語をすらすらと書く / get bored ~ 飽きっぽい, 飽きやすい. **b** 安らかに, 気楽に: live ~ 楽に暮らす. **2** もちろん, 文句なく; たいてい, たぶん: It is ~ the best hotel in the city. 確かに市内でいちばんいいホテルだ / be ~ the first 断然一番である / It is ~ 30 miles. 優に 30 マイルはある / He may ~ consent. たいてい承諾するだろう. ● **come ~** = come EASY.

éas·i·ness *n* 容易さ, 平易さ; 気軽さ, 気楽さ, 落ちつき; 《文体などの》なだらかさ; 安易さ, 怠慢; 《古》信じやすい性質, だまされやすさ.

east /í:st/ 《ここにない成句・用例については NORTH を参照》 *n* **1** [ᵁthe] 東, 東方 《略 E, E.》. **2 a** [ᵁthe E-] 《ある地域の》東部地方[地域]. **b** [the E-] 東洋 《ORIENTAL *a*》: *E*~ is *E*~, and West is West, and never the twain shall meet. 《諺》東洋と西洋は互いに相容れないものだ, 場所が違えば文化も違う 《Kipling のことば》. **c** [the E-] 東ヨーロッパの共産圏, 東側(諸国). **d** [the E-] *東部 《狭義では Allegheny Mountains 以東の Maine 州から Maryland 州までの地域; 広義では Mississippi 川以東 Ohio 州以北の地域; cf. WEST》. **e** [E-] 東ローマ帝国. **3 a** 《教会堂の》東(側), 祭壇側 《真東とはかぎらない》. **b** [ᴼE-] 《図上の》東, 右; [ᴼE-] 《ブリッジなどで》東の座(の人) (cf. SOUTH). **4** 《詩》東風. ● **~ and south** 《韻俗》口 (mouth). ► *a* **1 a** 東(へ)の, 東にある, 東に面した; 《教会堂で》祭壇側の. **b** [E-] 東部の. **2** 〈風が〉東からの: the ~ wind 東風. ► *adv* 東に[へ]; 《まれ》東から. ● **back E~** *《西部から(みて)》東部へ[に, から]. **~ and west** 東西に〈広がる, 横たわるなど〉. **out E~** ᴴ東洋[アジア]へ〈行く〉. ► *vi* 東へ進む, 東進する; 東に方向転換する. [OE *ēast*; cf. G *Ost*]

éast·abòut *adv* EASTWARD.

Éast África 東アフリカ. ♦ **Éast Áfrican** *a, n*

Éast Ánglia イーストアングリア 《**1**) Norfolk, Suffolk 両州と Cambridgeshire, Essex 両州の一部からなるイングランド東部地方 **2**) 同地方にあった Anglo-Saxon 時代の古王国の一つ; ⇨ HEPTARCHY》. ♦ **Éast Ánglian** *a, n*

Éast Antárctica 東南極大陸 《南極横断山地によって二分される南極大陸のうち, 東半球側に属する部分》.

Éast Ásia 東アジア 《日本・中国・朝鮮半島・ロシア東部を含む地域; cf. FAR EAST》. ♦ **Éast Ásian** *a, n*

Éast Bánk [the] ヨルダン川東岸地区 (cf. WEST BANK).

Éast Bengál [the] 東ベンガル 《1947 年パキスタン領とされたインドの旧 Bengal 州の一部; 現在はバングラデシュ領》. ♦ **Éast Bengáli** *a, n*

Éast Berlín 東ベルリン (cf. BERLIN[1]). ♦ **~·er** *n*

Éast Béskids *pl* [the] 東ベスキディ山脈 (⇨ BESKIDS).

éast·bòund *a* 東行きの, 東向けの, 東回りの.

East·bourne /í:s(t)bɔ̀:rn/ イーストボーン 《イングランド南部 East Sussex のイギリス海峡に臨む町・行楽地》.

éast by nórth *n* 東微北 《東から 11°15′ 北寄り; 略 EbN》. ► *a, adv* 東微北に(ある)[から(の), へ(の)].

éast by sóuth *n* 東微南 《東から 11°15′ 南寄り; 略 EbS》. ► *a, adv* 東微南に(ある)[から(の), へ(の)].

Éast Càpe イーストケープ 《**1**) New Guinea 島の最東端 **2**) ニュージーランド北島にある同国の最東端 **3**) Cape DEZHNYOV の別称》.

Éast Caribbéan dóllar 東カリブドル 《英領西インド諸島の多くで使われている基本通貨単位》.

Éast Chína Séa [the] 東シナ海.

Éast Cóast [the] 《米国の》東海岸 《大西洋岸; 時に Washington, D.C. 以北を指す》.

Éast Énd [the] イーストエンド 《London の東部のもとは低所得者層の居住地域; Docklands を含む工業地区; cf. WEST END》. ♦ **~·er** *n*

éast·er *n* 東風, 東寄りの風; 《特に》東から吹いてくる暴風[強風].

Eas·ter /í:stər/ *n* 復活日, 復活祭, イースター (= ~ day [Sunday]) 《キリストの復活を祝う祭日; 春分の日以降最初の満月のあとの最初の日曜日; PASCHAL *a*》; EASTERTIDE, 《特に》EASTER WEEK. [OE *ēastre*, (pl) *ēastron*; cf. G *Ostern*; 本来 春の女神 Eostre (の祭日)]

Éaster bàsket 復活祭のかご, イースターバスケット 《ゼリービーンズ, 小さな卵やウサギの形のチョコレートなどの菓子を入れたかご; 米国で復活祭の朝に戸外に隠し置いて子供たちに探させる》.

Éaster bònnet / ; ⸍ ⸍/ 復活祭の帽子, イースターボンネット 《かつて婦人が復活祭に教会へ行く時に着用した》.

Éaster bùnny / ; ⸍ ⸍/ 復活祭のウサギ, イースターバニー 《復活祭に贈り物を持ってくるといわれるウサギ》.

Éaster càctus 〘植〙 イースターカクタス, ゲ氏孔雀(くじゃく) 《ブラジル原産の着生サボテン; 観賞用に栽培される》. [*Easter* のころに開花することから]

Éaster dày / ; ⸍ ⸍/ EASTER SUNDAY.

Éaster ègg 復活祭の卵 《Easter basket に入れて復活祭の飾り物または贈り物とする彩色したゆで卵でキリストの復活のシンボル; チョコレートなどを卵形にしたものもある; ⇨ EGG HUNTING》; 《俗》イースターエッグ 《ソフトウェア・書籍・DVD などにこっそり埋め込まれたメッセージ》.

Éaster éve [éven] [the] 復活祭の前日, イースター前夜.

Éaster Ísland / ; ⸍ ⸍/ イースター島 《太平洋南東部の島; チリの領土; 1722 年の復活祭の日にオランダの軍人 Jacob Roggeveen が発見; 数百の巨石像 moai が残っている; 原地語名 Rapa Nui, スペイン語名 Isla de Pascua》. ♦ **Éaster Íslander** *n*

Éaster-lèdge púdding 《北イング》 イブキトラノオの若葉で作ったプディング.

Éaster-lèdges *n* (*pl* ~) 〘植〙 イブキトラノオ (bistort).

Éaster lìly 《復活祭に飾る》白ユリ, 《特に》テッポウユリ.

east·er·ling /í:stərlɪŋ/ *n* 東方の国の住民, 東邦人, 《特に》バルト海沿岸都市の商人[住民], ハンザ都市の商人.

east·er·ly /í:stərli/ *a* 東の; 東寄りの; 東方への; 〈風が〉東からの. ► *adv* 東の方へ; 東(の方)から. ► *n* 東風, [*pl*] 偏東風.

Éaster Mónday 復活祭の翌日 《イングランド・ウェールズなどでは法定休日》.

east·ern /í:stərn/ *a* **1** 東(へ)の[にある], 東に面した: an ~ voyage 東への航海. **2** 東から吹く: an ~ wind 東風. **3** [ᴼE-] 東部地方の, *東部の; [ᴼE-] *東部方言(独特)の: the *E*~ States 東部諸州. **4 a** [E-] 東洋の, 東洋風の: the *E*~ question 《トルコ・バルカン地方などに関する》東方問題. **b** [E-] 東側(諸国)の. **c** [E-] 東方教会の; [E-] 東方正教会の. ► *n* [E-] 東洋人; [E-] 東方(正)教会信徒; [ᵁE-] *東部方言; [E-] EASTERN STANDARD TIME. [OE]

Éastern Abnáki 〘言〙 東アブナキ語 《Maine 州中部および西部に分布する東アルゴンキン諸語の言語; ペノブスコット語 (Penobscot) はその主な方言》.

Éastern Algónquian 〘言〙 東アルゴンキン諸語 《アルゴンキン語族の一派で, カナダの Nova Scotia から米国 North Carolina 州北東部に分布する言語群》.

éastern blúebird [ᴼE- b-] 〘鳥〙 ルリツグミ 《主に北米東部産; のどと胸が赤茶色をしている》.

Éastern Cápe 東ケープ, イースタンケープ 《南アフリカ共和国南東部の州; ☆Bisho》.

Éastern Chúrch [the] 東方教会 (cf. WESTERN CHURCH) 《もと東ローマ帝国の教会に発するキリスト教諸教会の総称; 特に 東方正教会 (EASTERN ORTHODOX CHURCH)》.

éastern dáylight tìme [ᴼE-] 〘米〙 東部夏時間 《eastern time の夏時間; 略 EDT》.

éastern díamondback (ráttlesnake) 〘動〙 ヒガシダイヤガラガラヘビ 《北米東部産の大きな毒ヘビ》.

Éastern Empire ⇨ EASTERN ROMAN EMPIRE.

éastern·er *n* 東部地方の人, [E-] 米国東部(諸州)の人 (⇨ EAST *n* 2d); 東洋人.

Éastern Gháts *pl* [the] 東ガーツ山脈 《インド Deccan 高原東縁を Bengal 湾沿いに走る山脈; cf. WESTERN GHATS》.

Éastern Hémisphere [the] 東半球 《ヨーロッパ・アジア・アフリカ・オーストラリアを含む》.

éastern hémlock 〘植〙 カナダツガ (=*Canadian hemlock*) 《Pennsylvania 州の州木》.

éastern·ìze [ˢE-] *vt* (米国)東部風にする; ORIENTALIZE.

éastern·mòst *a* 最も東の, (最)東端の.

Éastern Órthodox *a* 東方正教会の.

Éastern Órthodox Chúrch [the] 東方正教会 《東ローマ帝国のキリスト教会を起源とし, 11 世紀 (1054 年) に西方教会から分離した諸教会の総称; 単に the Orthodox Church ともいう; ギリシア正教会, ロシア正教会, ブルガリア正教会など主として東欧・西アジアのそれぞれ独立した民族教会の連合体で, Constantinople 総主教を名誉首長にいただく》.

éastern réd cédar 〘植〙 エンピツビャクシン (red cedar).

Éastern ríte [the] 東方式典礼; 東方典礼教会.

Éastern (Róman) Émpire [the] 東ローマ帝国 《BYZANTINE EMPIRE の別称》.

Éastern Rumélia 東ルメリア 《現在のブルガリア南部の地域; Rhodope 山脈や Maritsa 川流域を含む; ☆Plovdiv; 1878 年トルコの自治地区, 1885 年にブルガリアに併合されたためセルビアとブルガリアの戦争となった》.

Éastern Samóa 東サモア 《AMERICAN SAMOA の別称》.

Éastern Shóre *[the] 東岸地方 《Chesapeake 湾より東側にある Maryland 州と Virginia 州の地域; 時に Delaware 州全部も含めることがあり, そのときは Delmarva 半島と同じ地域を指す》.

éastern (stándard) tìme [ᴼE-] 〘米・カナダ〙 東部標準時 《UTC より 5 時間おそい; 略 E(S)T; ⇨ STANDARD TIME》.

Éastern Sudánic 〘言〙 東部スーダン言語群 《ナイル-サハラ言語群 (Nilo-Saharan) の一派; アフリカ東部と中央部で話され, ナイル諸語 (Nilotic) を含む》.

Éastern Thráce 東トラキア (⇨ THRACE).

Éastern Tównships *pl* イースタンタウンシップス 《カナダ Quebec 州南部の地域; St. Lawrence 川の南の 11 の郡区からなる; 中心は Sherbrook》.

Éastern Transváal 東トランスヴァール 《MPUMALANGA の旧称》.

Éastern Túrkestan 東トルキスタン (CHINESE TURKESTAN).

Éastern Wéstern *《俗》 東洋のウェスタン, 侍[ちゃんばら, 拳法]ウェスタン 《西部劇と同趣向の日本・中国の時代劇映画》.

éastern whíte píne 〘植〙ストローブマツ (white pine).

Éaster óffering(s) (*pl*) 復活祭献金.

Éaster Rísing [Rebéllion] [the] イースター[復活祭]蜂起《1916 年の復活祭の翌日 (Easter Monday) (4 月 24 日) に Dublin に起こった英国統治に反対する武装蜂起》.

Éaster sépulcher [the] 聖物置棚《聖木曜日から復活日までの聖物安置所》.

Éaster Súnday 復活祭日 (⇨ EASTER).

Éaster térm **1**〘英大学〙イースター学期《古い大学では, 以前はイースターから聖霊降臨節までであったが, 今は Trinity term に含まれる; 一部の大学ではクリスマスからイースターまで》. **2**〘英〙復活祭開廷期《(1) 4 月 15 日から 5 月 8 日までの昔の上級裁判所の開廷期 **2**) 4 月 21 日から 5 月 29 日までの英国高等法院開廷期 (＝**Éaster sít·ting**)》.

Éaster·tìde *n* 復活祭の季節, 復活季節《宗派によって異なり, 復活祭後 Ascension Day まで, Whitsunday まで, または Trinity Sunday まで》; EASTER WEEK.

Éaster wéek 復活祭週《Easter Sunday から始まる》.

Éast Flánders 東フランドル《ベルギー中北西部の州; ☆Ghent》.

Éast Germánic 〘言〙東ゲルマン語(群)《文献が残っているのは現在では死語となった Gothic のみ; ⇨ GERMANIC》.

Éast Gérmany 東ドイツ《公式名 German Democratic Republic (ドイツ民主共和国); ☆Berlin; ⇨ GERMANY》. ♦ **Éast Gérman** *a, n*

Éast Hám イーストハム《イングランド南東部 Essex 州の旧 county borough; 現在 Newham の一部》.

Éast Índia 東インド (EAST INDIES).

Éast Índia Còmpany [the] 東インド会社《17–19 世紀, インド貿易や南および東南アジアにおける植民活動に従事したヨーロッパ諸国の会社; 英国のものは 1600–1873 (実質的には 1858) 年, オランダのものは 1602–1798 年, フランスのものは 1664–1769 年, デンマークのものは 1729–1801 年》.

Éast Índiaman 〘史〙東インド貿易船《大型帆船》.

Éast Índian *a* 東インド(諸島)の. ► *n* 東インド(諸島)人, 《西インド諸島に住む》東インド系[アジア系]の移民.

Éast Índies *pl* [the] **1** 東インド諸島, マレー諸島. **2** 東インド (＝*East India*)《India, Malay 半島, Indochina, および Malay 諸島を含む地域の旧称; cf. WEST INDIES》.

éast·ing *n* 〘海〙偏東[東航]航程《東への航行距離》; 東行, 東進; 東[東寄り]の方向, 東方位; 〈風・海流が〉東寄りになること; 〘地図〙偏東距離《南北の基準線から東方に測った距離》, 経度線.

Éast Lóndon イーストロンドン《南アフリカ共和国 Eastern Cape 州南東部のインド洋に臨む港湾都市》.

Éast Lóthian イーストロジアン《スコットランド南東部の参事会地域・旧州; ☆Haddington》.

Éast Maláysia 東マレーシア《Borneo 島北部のマレーシアの領土; Sabah, Sarawak 両州からなる》.

East·man /íːstmən/ イーストマン **George** ～ (1854–1932)《米国の発明家・実業家; Kodak カメラを発明した》.

éast·mòst /, ″-məst/ *a* EASTERNMOST.

éast-nòrth·éast *n* [the] 東北東《略 ENE》. ► *a, adv* 東北東に(ある)[から(の), へ(の)].

Éast Pákistan 東パキスタン《BANGLADESH の旧称》.

Éast Prússia 東プロイセン, オストプロイセン《ヨーロッパ北部 Pomerania の東, バルト海に臨む地域; もとプロイセンの州; 1919 年ポーランド回廊によってドイツの飛び地となり, 45 年ポーランドとソ連で分割》.

Éast Punjáb 東パンジャブ《インド北西部 Punjab 地方東部の旧州; 1966 年 Punjab, Haryana 両州に分割された》.

Éast Ríding イーストライディング《イングランド東部, 旧 Yorkshire 内に位置する一元的自治体; ☆Beverley》.

Éast Ríver [the] イーストリヴァー《New York 州南東部, 南北に Upper New York 湾と Long Island 湾を結び, 東西に Manhattan 島と Long Island を分かつ海峡》.

Éast Sibérian Séa [the] 東シベリア海《東シベリアの Yakut 共和国の北の北極海の一部, New Siberian 諸島から Wrangel 島までの海域》.

Éast Síde [the] イーストサイド《New York 市 Manhattan 島の 5 番街より東の地区; ⇨ UPPER [LOWER] EAST SIDE》.

Éast Slávic 東スラヴ諸語 (⇨ SLAVIC).

éast-sòuth·éast *n* [the] 東南東《略 ESE》. ► *a, adv* 東南東に(ある)[から(の), へ(の)].

Éast Sússex イーストサセックス《イングランド南東部の州; ☆Lewes》.

Éast Tímor 東ティモール《Timor 島の東半分と北西岸の飛び地からなる国; 公式名 Democratic Republic of Timor-Leste /-léstì/ (東ティモール民主共和国); もと PORTUGUESE TIMOR, のちインドネシアが併合; 2002 年独立; ☆Dili》.

Éast Turkestan EASTERN TURKESTAN.

éast·ward *adv, a* 東方へ(の). ► *n* [the] 東方(の地域[地点]). ♦ **～·ly** *adv, a*

éast·wards *adv* EASTWARD.

Éast·wòod イーストウッド **Clint(on)** ～ **Jr.** (1930–)《米国の映画俳優・制作者・監督》.

easy /íːzi/ *a* **1** 容易な, 平易な, やさしい, たやすい, 簡単な (opp. *difficult, hard*); 安易な; 御しやすい, かっこうの〈えじき〉: an ～ task [problem] やさしい仕事[問題] / ～ of ACCESS / It is (all) too ～ to do.... うっかりしていると…してしまいがちだ / That's ～ for you to say. あなたにとってはそう言うのは簡単だ, あなたは簡単にそう言うけれど. **2 a** 安楽な, 気楽な, 楽な (at ease); 〈気分・態度などの〉くつろいだ (frank); 心地よい (pleasant); のんきな, 寛大な (easygoing), 〈人に〉甘い 〈*on*〉; 〈衣服などが〉きつくない, ゆるい: be in ～ circumstances 安楽[裕福]に暮らす / ～ grace 気取りのない上品さ / ～ in one's mind 心安らかな / Be ～! ゆっくり構えるさ, 心配無用 / It hasn't [Things haven't] been ～. このところ大変だったよ《なんとか切り抜けたが》. **b** 《口》(性的に)だらしない, ふしだらな: a woman ～ *in* her morals 品行のだらしない女 / a lady of EASY VIRTUE. **3** 〈傾斜が〉なだらかな; 〈談話・文体などの〉すらすらした; 〈感情などが〉思わず知らず出てくる; 〈速度などが〉ゆるやかな: be ～ *in* conversation すらすらと話す. **4 a** 〈規則・条件など〉きびしくない, ゆるやかな. **b** 〘商〙〈商品が〉供給豊富な, 〈市場の取引が〉緩慢な (cf. TIGHT). **5** *十分…の: She looks an ～ 30. らくに 30 歳には見える. ● **～ on the ear** 聴いて心地よい, 聴きやすい. **～ on the eye(s)** 目に楽な, 見やすい; 《口》見て快い[楽しい]; 《口》《性的に》魅力のある. **I'm ～ (to please)**. 《口》どちらでもかまわない, どうでもよい. **on ～ terms** うちとけた間柄で; ″〘商〙分割払いで. ► 《口》*adv* 容易に, 簡単に (easily); ゆっくりと, 落ちついて; 楽に, 気楽に, 自由に; 優に (easily); 軽い罰で (cf. GET[1] off ～): *E～* come, ～ go. 《諺》得やすいものは失いやすい / (It's) *easier* said than done. 《諺》言うのはやさしいが行なうのは困難だ. ● **come ～** 〈…にとって〉容易である; 簡単に手にはいる 〈*to* [*for*] sb〉: Dancing *came* ～ *to* Mike. / Money *came* ～ *to* Nick. **E～!** 気をつけて!; 心配するな, 落ちつけ!; 〘海〙ゆっくり, 静かに, 慎重に!: *E～* all! (こぎ方)やめ! **E～ does it!** 《口》ゆっくりやれ, あわてないで, 落ちつけ! **～ over** (1) OVER EASY. (2) *《俗》だいじょうぶ, 心配するな. **go ～** 《口》気楽にやる 〈*on*〉; 寛大にする, 優しく扱う 〈*on*〉; 控えめに使う[食べる など] 〈*on, with*〉. **have it ～** 《口》幸運に恵まれる, 困難[苦難]を免れる. **Stand ～!** 〘軍〙休め! 《位置を離れさえしなければよく, Stand at EASE! よりももっと楽な姿勢》. **take it ～** 《口》のんきに構える, あせらない, 無理しない; [*impv*] さよなら, じゃあまたね; 休む; 冷静さを保つ, やさしくする 〈*on*〉; 控えめに使う[食べるなど] 〈*on*〉. **take things ～** 《口》のんびりと[安逸に]暮らす, あくせくしない; 休む, 休養をとる. ► *n* **1** ″《俗》休息, 《こぎ方などの》休憩: take an ～. **2** [E-] イージー《文字 e を表わすのにかつて用いられた通信用語; cf. ECHO》. [F (pp) < *aisier* to EASE, *-y*[1]]

éasy-càre *a* 手入れの簡単な, NO-IRON.

éasy chàir 安楽椅子.

éasy dígging *《俗》やすやすとできたこと, 楽勝.

éasy gáme 《口》だまされやすい人, お人よし, いいカモ.

éasy-gó·ing *a* 穏やかな, 落ちついた, ゆったりとした; のんきな, 悠長な; 気のおけない; 無精な, だらしない; ゆるやかな歩調の〈馬〉. ♦ **～·ness** *n*

éasy láy 《俗》落ちやすい女, モノにしやすい女; *《俗》くみしやすいやつ, ちょろい相手.

éasy lístening イージーリスニング.

éasy máke 《俗》EASY MARK; 《俗》すぐ寝る女, 尻軽女.

éasy márk 《口》だまされやすい[くみしやすい]人, いいカモ; えじきになりやすい動物.

éasy méat 《口》たやすいこと, 簡単に手に入るもの; 《口》だまされやすい人, カモ.

éasy móney 楽にもうけた金, あぶく銭, 《しばしば》悪銭; 金融緩和(政策); 金融緩和時に低利で借りた資金, 低利資金.

éasy-péasy /-píːzi/ *a* ″《俗》とても簡単な, なんでもない, ちょろい《特に子供のことば》.

éasy ríder *《俗》《特にバイクで》社会の拘束を離れて渡り歩く流れ者; *《俗》寄生者, 売春婦のヒモ; *《俗》満足なセックスパートナー; *《俗》ギター.

éasy strèet [ºE- S-] 《口》安楽な境遇, 金に困らない身の上: be (living) *on* [*in*] ～ 安楽に暮らす.

éasy tárget 《口》EASY MARK.

éasy touch 《俗》SOFT TOUCH.

éasy vírtue 性的品行の悪さ, ふしだら: a lady [woman] of ～ ふしだらな女, 《特に》売春婦.

eat /íːt/ *v* (**ate** /éɪt; ét, éɪt/, ″《方》**eat** /ét/, *《方》**et** /ét/; **eat·en** /íːtn/, *《方》**et** /ét/) *vt* **1 a** 食べる, 〈食事を〉する, 取る, 〈かゆを〉すする, 〈スープを〉飲む: ～ good food 美食する / (be) good to ～ 食べられる, 食用になる / ～ one's FILL. **b** [～ *-self*] 食べすぎて〈ある状態に〉陥る: ～ one*self* sick [into a sickness] 食べすぎて気分が悪くなる / ～ one*self* into grave 食べすぎて命を縮める. **2** 食い尽くす, 破壊する; むしばむ, 〈酸などが〉侵す, 腐食する; かじって[腐食して]〈穴を〉あける: Acid *ate* holes in my suit. 酸で服に穴があいた. **3** *《口》〈損失・損害を〉こうむる, 受ける, …の損失[費用]をかぶる (absorb, pay for); 《口》進んで受け入れる, うのみにする. **4** 《口》〈人を〉困らせる, いらいらさせる: What's ～*ing* you? 何をむずかしい顔をしているんだ / Well, don't ～

me! [*joc*] そう食ってかかるな, まあお手柔らかに. **5** "《俗》〈観客が場面〉に見とれる; *《俗》〈ボールを〉パスしそこなう, 食らう. **6** 《卑》…の性器をなめる[しゃぶる]. ► *vi* 物を食べる; EAT away; 食事をする; 〈食物が〉食べられる; 〈…の〉味がする; 食い入る[込む], 侵食[腐食]する: ~ and drink 飲食する / When do we ~? 食事はいつになるの《おなかがすいた》/ *E*~, drink, and be merry! 《口》現在を楽しめ《*Eccl* 8:15》/ ~ well よく食べる; おいしく食べられる, 食べごろである / This cake ~*s* crisp. この菓子はカリカリする / It ~*s* like fish. 魚のような味がする.
● **I could ~ a horse.**＝**I could ~ the hind [back] legs off a donkey.** 《口》何だって[いくらだって]食える, 腹ぺこだ. **(Do) you ~ with that mouth?** *《俗》(きたないことを言った)その口で食べるのかよ?《口ぎたない人に対して言う; cf. Do you KISS your momma with that mouth?》. **~ sb alive [for breakfast]** 《口》人をわけなくやっつける, ひどいめにあわせる, 死ぬ思いをさせる, (男を)手玉にとる, 好きなようにあしらう, 食い物[えじき]にする, 食い殺す. **~ and run** 《客として食事に招かれて》食べてすぐ帰る. **~ away** (*vt*) しだいにくずす[削る], 侵食する, 腐食させる. (*vi*) どんどん[がつがつ]食べる; 侵食[腐食]する 〈*at*〉; 〈病気などが〉人をむしばむ, 〈事が〉人を悩ます 〈*at*〉. **~** CROW. **~** DIRT. **~ high on the** HOG. **~** HUMBLE PIE. **~ in** 家で食事する; "《持ち帰らずに》店で食べる. **~ into** …をしだいに侵食[腐食]する; 〈貯金・時間などに〉に食い込む. **~ it** 《卑》人の性器をなめる[しゃぶる]; [*impv*] 《俗》くそでも食らえ, ばかめ; 《俗》〈不満などを〉《やむなく》我慢する, のむ. **~ of** (the repast) 《古》(ごちそう)にあずかる; 《古》…の一部を食べる. **~ off** 侵食[腐食]する 〈*from*, 《口》*of*〉. **~ out** (*vt*) 食い尽くす; 侵食する; 《俗》叱責する, どやしつける; 《俗》人にクンニリングス[フェラチオなど]をする. (*vi*) 外食する. **~ sb out of house and home** [ᵘ*joc*] 〈人を〉食いつぶす; 〈人〉の家で《その家計が傾くほどに》大食いする. **~ out of sb's** HAND. **~ sb's** DUST. **~ one's** HEAD **off.** **~ one's** HEART **out.** **~ one's terms [dinners]** "法学院会食に出る; "(高等)弁護士の資格を取るために修業する. **~ one's** WORDS. **~ the** BREAD **of affliction [idleness].** **~ through**…を腐食して穴をあける. **~ to windward** 《海》〈帆走船が〉風を極力利用するため詰め開きで走る. **~ to windward of…**＝**~ the wind out of…** 〈詰め開き帆走中の他船〉の風上に出て風を奪う[じゃまする]. **~ up** 全部食べる, 平らげる, 食い尽くす; 使いはたす, 《大量に》消費する; 〈相手を〉やっつける, 食い物にする; [ᵒ*pass*] 〈人を〉困らせる, 悩ます 〈*by*, *with*〉; 〈虫が〉…の体中を刺す; 通り抜ける; 〈道路・距離を〉一気に進む; 《口》…に聴き入る, 夢中になる, 進んで受け入れる, まるごと信用する: be *eaten up with* pride 慢心しきっている / ~ it *up* 大いに楽しむ, もっと聞き[見]たがる. **~ sb up (with a spoon)** *《俗》〈子供などを〉とてもかわいがる. **I'll ~ my hat [hands, boots] (first) if…** 《口》[強い否定・拒絶]…だったら首をやる, …なんてことがあるものか (I'm a Dutchman if…). ► *n* [*pl*] 《口》《特にパーティー用の》食べ物 (food).
[OE *etan*; cf. G *essen*]

EAT (East Africa) Tanzania.

éat·able *a* 食べられる, 食用の. ► *n* [ᵘ*pl*] 食べ物, 食料品: ~*s* and drinkables 食べ物と飲み物.

éat·age *n* 《北イング》牧場使用権, 放牧権.

eaten *v* EAT の過去分詞.

éat·er *n* **1 a** 食べる人[生物]: a big ~ 大食らい, 大食漢 / a meat ~ 肉食の人, 肉食動物 / OPIUM ~. **b** 腐食物[剤]. **2** "生で食べる果物, 生食果実.

éat·ery *n* *《口》軽食堂, レストラン, 食い物屋.

eath /íːθ/ *adv*, *a* 《スコ》EASY.

éat·ing *n* 食べること, 食べる動作, 摂食; 食べられるもの, 食べ物: be good [bad] ~ うまい[まずい]食べ物だ. ► *a* 食い入る, むしばむ〈心配など〉; 食事用の; 食用に適した, 《特に》生で食べるのに適した: ~ irons 食卓用刃物 (cutlery).

éating àpple 《料理用に対して》生食用リンゴ (cf. COOKING APPLE).

éating disòrder 摂食障害《拒食症・過食症など, 心理的障害による摂食行動の異常》.

éating hòuse 飲食店; 安食堂.

éating stùff [pùssy] *《俗》《セクシーで》食べたくなるようないい女, おいしそうな女.

Éa·ton àgent /íːtn-/ 《生》イートン因子[病原体]《MYCOPLASMA の旧称》. [Monroe D. *Eaton* (1904–89) 米国の細菌学者]

eau /óu; *F* o/ *n* (*pl* **eaux** /óu(z); *F* o/) 水 (water).

EAU (East Africa) Uganda.

eau de co·logne /òu də kəlóun/ (*pl* **eaux de cologne**) [ˢE-de C-] オーデコロン (cologne)《ドイツ Cologne 原産の香水》. [F＝water of Cologne]

èau de Ja·vélle /-ʒævél, -ʒə-/ (*pl* **èaux de Javélle**) JAVEL WATER. [F]

èau de níl(e) /-níːl/ (*pl* **èaux de níl(e)**) [ᵒeau de N-] にぶい緑色. [F＝water of the Nile]

èau de par·fúm /-pàːrfǽ/ オードパルファム《eau de toilette と香水の中間の濃度のもの》.

èau de toi·létte /-twaːlét/ (*pl* **èaux de toilétte**) オードトワレ《オーデコロンと香水の中間のもの》.

èau-de-víe /-víː/ *n* (*pl* **eaux-de-vie**) 蒸留酒, ブランデー, オードヴィー. [F＝water of life]

èau-de-víe de márc /-máːrk/ (*pl* **èaux-de-víe de márc**) オードヴィー・ド・マール (marc)《ワインのしぼりかすから造るブランデー》.

eau su·crée /*F* o sykre/ (*pl* **eaux sucrées** /—/) 砂糖水. [F＝sugared water]

eaves /íːvz/ *n* [<*sg*/*pl*>] 《建物の》軒(のき), ひさし, 《一般に》ひさしのように突き出た縁《逆成の単数形 eave が用いられることもある》. [OE *efes* brim, brink; 本来 単数形]

éaves·dròp *vi* 立ち聞きする, 盗み聞きする 〈*on* sb, the conference〉. ► *n* 《まれ》軒からしたたる水(の落ちる地面). ♦ **-dròpper** *n* 立ち聞きする者: *Eavesdroppers* never hear any good of themselves. 《諺》立ち聞きに自分のいいうわさを聞くことはない《好奇心をもちすぎるな》. **-dròpping** *n* 「軒下で立ち聞きする」の意]

éaves spòut [tròugh] 《建》軒樋.

éaves swàllow 《鳥》CLIFF SWALLOW.

Eb, EB 《電算》exabyte(s). **EB** eastbound.

Eba·di /ɛbɔːdíː/ エバディ **Shirin ~** (1947–) 《イランの女性弁護士・人権活動家; 民主主義と女性・子供の人権擁護に対する努力によりノーベル平和賞 (2003); 初のイラン人受賞者》.

e·Bay /íːbèɪ/ 《商標》イーベイ《大手ネットオークションサイト》: buy sth *on* ~.

ebb /ɛ́b/ *n* 引き潮, 干潮 (opp. *flood*, *flow*); 減退, 衰退期 〈*of* life〉.
● **be at the [a low] ~** 〈潮が〉引いている; 〈事物が〉衰退期にある. **the ~ and flow** 《潮の》干満; 《事業・人生の》盛衰, 《戦闘・試合経過の》一進一退. ► *vi* 〈潮が〉引く; 〈勇気・活気・威光など〉衰える, 弱まる, うせる, 〈身代など〉傾く: ~ *away* だんだん衰えて[弱まって, 消えて]いく / ~ *back* 盛り返す. ● **~ and flow** 《潮のように》満ちたり引いたりする, 盛衰を繰り返す, 変動する. [OE *ebba*; cf. MDu *ebbe*]

eb·bet /ɛ́bət/ *n* 《動》米国東部産の緑色のブチイモリの一種.

Eb·bing·haus /ɛ́bɪŋhàus/ エビングハウス **Hermann ~** (1850–1909)《ドイツの心理学者; 機械的な暗記や記憶の研究に実験的方法を用い, 忘却曲線を作った》.

ébb tìde 引き潮, 下げ潮, 落潮; 衰退(期): civilization at its ~ 衰退期の文明.

Eb·bw Vale /ɛ́bu véɪl/ エブヴェール《ウェールズ南東部の町; かつて炭鉱の町として知られた》.

EBC Educational Broadcasting Corporation. **EBCDIC** /ɛ́psədìk, ɛ́b-/ 《電算》extended binary coded decimal interchange code 拡張二進化十進コード《英数字を表わす》. **EBD** emotional and behavioral difficulties [disorder] 情緒行動障害.

Eb·en /ɛ́bən/ エベン《男子名》. [⇨ EBENEZER]

Eb·e·ne·zer /ɛ̀bəníːzər/ エベニーザー《男子名; 愛称 Eben》. [Heb＝stone of help; cf. *1 Sam* 7: 12]

Ebert /éɪbərt; *G* éːbərt/ エーベルト **Friedrich ~** (1871–1925)《ドイツ社会民主党の政治家; ドイツ共和国の初代大統領 (1919–25)》.

Ebi·o·nism /íːbiənɪ̀z(ə)m, ɛ́b-/ *n* エビオン派の教義[慣習].

Ebi·o·nite /íːbiənàɪt, ɛ́b-/ *n* エビオン派の人《キリストの神性を否定し, 聖パウロとその著作を排し, マタイ伝福音書のみを受け入れた 2–4 世紀の異端》.

EBIT 《会計》earnings before interest and tax 利払い前税引前利益, イービット. **EBITDA, Ebitda** 《会計》earnings before interest, taxes, depreciation and amortization 利払い前税引前償却前利益, イービットダー, イービットディーエー.

Eb·la·ite /ɛ́bləàɪt, íːb-/ *n* エブラ語《シリア北部の古代エブラ (Ebla) 王国の遺跡より出土した楔形文字文書に記された古代セム語》. ► *a* エブラ語[王国]の.

Eb·lan /ɛ́blən, íːb-/ *a* EBLAITE.

Eb·lis /ɛ́bləs/ *n* 《イスラム神話》悪魔 (Satan).

EbN ᵒeast by north.

E-boat "/íː—/ *n* E ボート《第二次大戦におけるドイツの快速魚雷艇の呼称》. [*enemy*]

Ebo·la /ibóulə, ɪ-/ *n* EBOLA VIRUS; エボラ出血熱 (＝~ **fèver**).

Ebóla vìrus エボラウイルス《出血熱の原因となるフィロウイルス属のウイルス; 形態的に Marburg virus と似るが, 免疫学的には異なる》. [*Ebola* コンゴ民主共和国北部の川]

eb·on /ɛ́bən/ *a*, *n* 《古・詩》EBONY. [OF, <Gk]

Ebon·ics /ibánɪks, ɪ-/ *n* [ᵒe-] エボニックス《アフリカ系アメリカ人の母語を英語とはみなさない学派・人びとが BLACK ENGLISH や AAVE に替えて使う用語》.

ébon·ist *n* 黒檀細工師[職人].

eb·on·ite /ɛ́bənàɪt/ *n* 硬質[硬化]ゴム, エボナイト. [*ebony*, *-ite*]

ébon·ìze *vt* 黒檀まがいに黒くする.

eb·o·ny /ɛ́bəni/ *n* **1** 黒檀(こくたん)《家具用材; また これを産するカキノキ科の各種の木》; 黒檀色, 漆黒. **2** [E-]『エボニー』《米国の黒人向けの月刊誌; 1945 年創刊》. ► *a* 黒檀製の; 黒檀のような, まっ黒な: an ~ face. [*hebeny* <(*h*)*eben*(*e*) EBON; 語尾は *ivory* の類推か]

ébony fàmily 《植》カキノキ科 (Ebenaceae).

e-book /íː —/ *n* 電子書籍.

Ebo·ra /ɛ́bərə/ エボラ《ÉVORA の古代名》.

Ebo·ra·cum /ɪbɔ́ːrəkəm, ɪbár-; ibɔ́rə-, ɪ̀bɔːráː-/ エボラクム

《YORK の古代名; ローマ時代のブリテンの軍事拠点》.

ebrác·te·ate /i-/ *a* 〖植〗包葉(ほう)のない. [*e*-]

ebrác·te·o·late /i-/ *a* 〖植〗小包葉のない. [*e*-]

EBRD European Bank for Reconstruction and Development 欧州復興開発銀行.

ebri·e·ty /ɪbráɪəti/ *n* 《まれ》 INEBRIETY.

Ebro /éɪbroʊ, íː-; íː-, éb-/ [the] エブロ川《スペイン北東部 Cantabrian 山脈から東南東に流れて地中海に注ぐ》.

EbS °east by south.

ebul·lience /ɪbúljəns, ɪbʌ́l-/, **-cy** /-si/ *n* 沸騰; あふれ出ること, ほとばしり: the ~ of youth 横溢する若さ.

ebúl·lient *a* 沸きこぼれる, 沸騰している; 〈感情・元気など〉あふれるばかりの, ほとばしり出る, 〈人が〉熱意[活気]にあふれた. ♦ **~·ly** *adv* [L *ebullit*- *-bullio* to BOIL[1] out]

ebul·li·om·e·ter /ɪbʊ̀liámətər, ɪbʌ̀l-/ *n* 〖化〗沸点測定装置. [*ebullio*- (↑)]

ebul·li·os·copy /ɪbʊ̀liáskəpi, ɪbʌ̀l-/ *n* 〖化〗沸点(上昇)法《モル沸点上昇を利用する分子量測定法》.

eb·ul·lism /éb(j)əlìz(ə)m/ *n* 〖医〗《極端な気圧低下による, 体組織内での》沸騰, 体液沸騰.

eb·ul·li·tion /èbəlíʃ(ə)n/ *n* 沸騰 〈*of* water, lava〉; 激発, ほとばしり, 噴出, 突発, 勃発 〈*of* anger, war〉.

ebur·na·tion /èbərnéɪʃ(ə)n, ìːb-/ *n* 〖医〗象牙質化[形成]《骨・軟骨硬化症》.

e-business /íː-⏤/ *n* 〖商〗e ビジネス《**1**) 電子商取引 (e-commerce) **2**) ネット企業; cf. DOT-COM》.

EBV °Epstein-Barr virus.

EB virus /íːbíː-⏤/ EB ウイルス (EPSTEIN-BARR VIRUS).

ec /ék/ *n* 《俗》経済学 (economics).

ec-[1] /ɛk, iːk/, **eco-** /ékoʊ, íːk-, -kə/ *comb form*「所帯」「経済」「生息地」「環境(保護)」「生態(学)」「エコロジー」 [*ecology*]

ec-[2] /ɛk, ɪk/ *pref*「外」「外側」 [Gk *ex*-[1]]

EC East Central《London 郵便区の一つ》♦ Ecuador ♦ °electronic commerce ♦ °Established Church ♦ °European Commission ♦ °European Community ♦ Executive Committee.

ecad /íːkæd, ékæd/ *n* 〖生態〗エケード, 適応型《環境に応じて変化した生物》.

ecár·i·nàte /i-/ *a* 〖生〗竜骨(突起)[竜骨弁] (carina) のない.

écar·té[1] /èɪkɑːrtéɪ; ⏤⏤/ *n* 〖トランプ〗エカルテ《32 枚の札を用い 2 人でするゲーム》. [F=discarded]

écarté[2] *n* 〖バレエ〗エカルテ《客席に対して体を斜めにし, 同じ側の手足を伸ばした姿勢》. [F=spread (pp)]

e-cash /íː-⏤/ *n* ELECTRONIC CASH.

ECB England and Wales Cricket Board ♦ European Central Bank 欧州中央銀行.

Ec·bat·a·na /ɛkbǽt(ə)nə/ エクバタナ《古代メディア (Media) の首都; ペルシア王・パルティア王の避暑地; 現在のイランの Hamadan》.

ec·bol·ic /ɛkbálɪk/ *n* 〖医〗《子宮収縮を促す》分娩[陣痛]促進薬, 堕胎薬. ► *a* 分娩[流産]を促進する.

ec·ce /ékeɪ, éksi, 《カト》 étʃeɪ/ *int* 見よ!《迫害をうけた者への注意を喚起するときに用いることが多い》. [L=behold]

écce hó·mo /-hóʊmoʊ/ **1** [°E- H-] エッケ・ホモ, エッチェ・ホモ《いばらの冠をいただいたキリストの画像[彫像]》. **2**「見よこの人なり」《いばらの冠をかぶったキリストを指して Pilate がユダヤ人に言ったことば; *John* 19: 5》. [L=behold the man]

ec·cen·tric /ɪkséntrɪk, ɛk-/ *a* **1** 〈人・行動・風習などが〉普通でない, 常軌を逸している, 風変わりな, 奇矯な: an ~ person 奇人, 変わり者. **2** 〈円・球などが他の円・球などと〉中心を異にする, 偏心の 〈*to*〉; 〈軌道が〉偏心的な, 真円でない; 〈天体などが〉偏心軌道を移動する; 中心から離れた, 〈車輪など〉偏心軸をもつ. ► *n* 変人, 奇人; 一風変わったもの; 〖機〗偏心器[輪(ᵖ)], 機構]. ♦ **-tri·cal·ly** *adv* [L<Gk (*ec*-[2], CENTER)]

ec·cen·tric·i·ty /èksəntrísəti, -sɛn-/ *n* **1** 《服装・行動・風習などの》風変わり, とっぴさ, 奇抜, 奇矯; 奇行, 奇癖. **2** 偏心; 〖機〗偏心, 偏心率, 偏心距離; 〖数・天〗離心率.

ec·ce sig·num /ékɛ sígnʊ̀m, éksi sígnəm/ ここに証拠あり. [L=behold the sign]

ec·chy·mosed /ékəmòʊzd, -st/ *a* 〖医〗斑状出血の[を生じた].

ec·chy·mo·sis /èkəmóʊsəs/ *n* (*pl* **-ses** /-sìːz/) 〖医〗斑状出血. ♦ **èc·chy·mót·ic** /-mát-/ *a*

Ec·cle·fech·an /èk(ə)lféxən/ エクルフェカン《スコットランド南部 Dumfries の近くにある村; Thomas Carlyle 生誕 (1795) の地》.

Ec·cles /ék(ə)lz/ エクルズ Sir **John Carew** ~ (1903–97)《オーストラリアの神経生理学者; 神経系の伝達機能解明に貢献; ノーベル生理学医学賞 (1963)》.

eccl(es). ecclesiastic ♦ ecclesiastical.

Eccl(es). 〖聖〗Ecclesiastes.

Éccles càke[‖] エクルズケーキ《干しブドウなどの詰まった丸い焼き菓子》.

ec·cle·si- /ɪklíːzɪ, *ɛk-/, **ec·cle·sio-** /-zioʊ, -ziə/ *comb form*「教会」 [Gk (↓)]

ec·cle·sia /ɪklíːziə, -ʒ(i)ə, *ɛk-/ *n* (*pl* **-si·ae** /-ziː, -ʒi-/) 〖古ギ〗《特にアテナイの》人民会議; 〖キ教〗《信徒の集合体としての》教会, エクレシア; 〖キ教〗教会堂, 礼拝堂. ♦ **ec·clé·si·al** *a* 教会の (ecclesiastical). [Gk=assembly, church<*ekklētos* summoned out (*ek* out, *kaleō* to call)]

ec·cle·si·arch /ɪklíːziɑ̀ːrk, *ɛk-/ *n* 〖東方教会〗《特に修道院の》聖堂納室[香部屋]係; 高位聖職者.

ec·cle·si·ast /ɪklíːziæ̀st, *ɛk-/ *n* 《古代アテナイの》人民会議員; 聖職者 (ecclesiastic); [the E-] 伝道者 (the Preacher)《Ecclesiastes の作者とされる Solomon のこと》.

Ec·cle·si·as·tes /ɪklìːziǽstiz, *ɛk-/ *n* 〖聖〗伝道の書, コヘレトの言葉《旧約聖書の ~, or the Preacher; 略 Eccl., Eccles》. [Gk=public speaker, preacher; ⇨ ECCLESIA]

ec·cle·si·as·tic /ɪklìːziǽstɪk, *ɛk-/ *n* 《特に高位の》聖職者. ► *a* ECCLESIASTICAL. [F or L<Gk; ⇨ ECCLESIA]

ec·clè·si·ás·ti·cal *a* 教会の, 《統一体制としての》教会組織の, 聖職者たちの (opp. *secular*), 教会用の; 〈ラテン語・ギリシア語が〉初期キリスト教文献で用いられた. ♦ **~·ly** *adv*

Ecclesiástical Commíssioners *pl* 《英国教の》教務委員会 (1835–1948)《財産の管理・運営に当たった; 1948 年 Queen Anne's Bounty と合体して Church Commissioners となる》.

ecclesiástical cóurt 教会裁判所.

ecclesiástical yéar 〖キ教〗CHRISTIAN YEAR.

ec·cle·si·as·ti·cism /ɪklìːziǽstəsìz(ə)m, *ɛk-/ *n* 教会の法規[儀式, 慣行など](の偏重), 教会万能主義.

Ec·cle·si·as·ti·cus /ɪklìːziǽstɪkəs, *ɛk-/ *n* 〖カト〗集会の書, 〖プロ〗ベン・シラの知恵《51 章からなる旧約聖書外典中の最大の文書 The Wisdom of Jesus the Son of Sirach, or ~; 略 Ecclus.》. [L=of (i.e. to be read in) church; ⇨ ECCLESIASTIC]

ec·cle·si·ol·a·try /ɪklìːziálətri, *ɛk-/ *n* 教会崇拝.

ec·cle·si·ol·o·gy /ɪklìːziáləʤi, *ɛk-/ *n* 〖神学〗教会論; 《装飾・絵画なども含めた》教会建築学. ♦ **-gist** *n* **ec·clè·si·o·lóg·i·cal** *a*

Ecclus. 〖聖書外典〗Ecclesiasticus.

ec·cre·mo·car·pus /èkrəməkɑ́ːrpəs/ *n* 〖植〗エックレモカルプス《南米産ノウゼンカズラ科エックレモカルプス属 (*E*-) の常緑のつる性低木, 特に *E. scaber*》.

ec·crine /ékrən, -raɪn, -rìːn/ 〖生理〗*a* 漏出分泌の (cf. APOCRINE); エクリン腺の分泌する.

éccrine glànd 〖解〗漏出分泌腺, エクリン腺.

ec·cri·nol·o·gy /èkrənáləʤi/ *n* 〖医〗分泌腺学.

ECCS Emergency Core Cooling System 緊急[非常用]炉心冷却装置.

ec·dem·ic /ɛkdémɪk/ *a* 〖医〗〈疾病が〉外来性の (cf. ENDEMIC, EPIDEMIC). [*endemic* にならって *ec*-[2] より]

ec·dys·i·ast /ɛkdíziæ̀st/ *n* [*joc*] STRIPTEASER.

ec·dy·sis /ékdəsəs/ *n* (*pl* **-ses** /-sìːz/) 〖動〗脱皮. ♦ **ec·dys·i·al** /ɛkdíziəl/ *a*

ec·dy·sone /ékdəsòʊn, ‖ɛkdáɪsòʊn/, **-son** /ékdəsàn/ *n* 〖生化〗エクジソン《昆虫の蛹化(ょう)・脱皮を促進する前胸腺ホルモン》.

ec·dy·ste·rone /èkdəstéròʊn/ *n* 〖生化〗エクジステロン《甲殻類・昆虫などから単離されるエクジソンに似た脱皮ホルモン》.

ece·sis /ɪsíːsəs/ *n* 〖植・動〗定着 (ESTABLISHMENT).

Ece·vit /ɛʧəvɪt/ エジェヴィト **Bülent** ~ (1925–2006)《トルコのジャーナリスト・政治家; 首相 (1974, 77, 78–79, 1999–2002)》.

ECG electrocardiogram ♦ electrocardiograph.

ech /ék/*《俗》*int* オエッ, ゲッ, ウヘー! ► *n**オエッとなる[不快な, むかつく]人[もの, こと].

ech·ard /ékɑːrd/ *n* 〖生態〗無効水分《植物が吸収できない土壌中の水分; cf. CHRESARD》.

Eche·ga·ray y Ei·za·guir·re /èɪʧəgəráɪ ìː èɪθəgwíəreɪ, -sə-/ エチェガライ・イ・エイサギレ **José** ~ (1832–1916)《スペインの劇作家・数学者・政治家; ノーベル文学賞 (1904)》.

echelle /eɪʃél/ *n* 〖理〗エシェル《高分解能を得るため, 鋸歯状の溝を刻み, 高い次数のスペクトルを用いる回折格子》. [F=ladder<SCALE[3]]

ech·e·lon /éʃəlàn/ *n* **1 a** 《部隊・艦船・飛行機などの》梯形(ていけい)編成[編隊, 配置], 梯形, 梯団: in ~ 梯陣をなして. **b** 《単位としての, また位置・任務からみた》部隊: the first ~ 第一攻撃波. **2** 《権限・任務・実力などの》段階, レベル; 段階[レベル]を同じくする人びと[軍人, 選手など]: officials in the lower [higher] ~ 下級[高級]官吏 / people *on* every ~ あらゆる階層の人びと / the upper ~*s* 上層部. **3** 〖理〗エシュロン[階段]格子《分散性回折格子》. ► *vt* 梯陣に配置する. ► *vi* 梯状に位置を占める. [F=rung of *échelle* (ladder)]

ech·e·ve·ria /èʧəvəríːə; èʧɪvíəriə/ *n* 〖植〗エケベリア属 (*E*-) の各種の多肉植物《熱帯アメリカ原産; ベンケイソウ科》.

Eche·ver·ría Ál·va·rez /èɪʧəvəríːə ǽlvərɛ̀z, èʧə-/ エチェベリア・アルバレス **Luis** ~ (1922–)《メキシコの政治家; 大統領 (1970–76)》.

echid·na /ɪkídnə/ *n* 〖動〗ハリモグラ (=*spiny* [*porcupine*] *anteater*)《豪州・タスマニア・ニューギニア産》. [L<Gk=viper]

echin- /ɪkáɪn, ɛ-, ɛ́kən/, **echi·no-** /ɪkáɪnoʊ, ɛ-, -nə/ *comb form*「とげ」「ウニ」［Gk; ⇨ ECHINUS］
ech·i·na·cea /ɛ̀kɪnéɪsiə, -ʃ(i)ə/ *n*〖植〗ムラサキバレンギク, エキナセア, エキナケア《北米産キク科ムラサキバレンギク[エキナセア]属 (*E-*) の多年草; 薬草・ハーブとして用いる》.
ech·i·nate /ɛ́kənèɪt, -nət/, **-nat·ed** /-nèɪtəd/ *a* とげでおおわれた, 有棘(きょく)の.
ech·i·nite /ɛ́kənàɪt/ *n* ウニの化石.
echi·no·coc·co·sis /ɪkàɪnəkɑkóʊsəs/ *n* (*pl* **-ses** /-sì:z/)〖医〗エキノコックス症, 包虫症.
echìno·cóccus *n* (*pl* **-cócci**)〖動〗エキノコックス属 (*E-*) の各種の条虫, 包条虫《食肉類の腸に寄生し, 幼虫[包虫]はウシ・ヒツジ・ブタ・ヒトの肝臓などの組織に侵入する》.
echíno·dèrm *n*〖動〗棘皮(きょく)動物. ♦ **echìno·dérmatous** *a* ［Gk *dermat- derma* skin］
echi·noid /ɪkáɪnɔ̀ɪd, ɛ́kənɔ̀ɪd/ *a*〖動〗ウニの(ような).
► *n* ウニ (sea urchin).
echi·nu·late /ɪkínjələt, ɪkáɪ-, -lèɪt/ *a* 小さなとげ[針]のある, 有刺(性)の. ♦ **echì·nu·lá·tion** *n*
echi·nus /ɪkáɪnəs/ *n* (*pl* **-ni** /-nàɪ/) **1**〖動〗ウニ (sea urchin). **2**〖建〗エキヌス《ドーリス式柱頭などのまんじゅう形; その繰形(くりかた)》. ［L<Gk=hedgehog, sea urchin］
ech·i·um /ɛ́kiəm/ *n*〖植〗シャゼンムラサキ属 (*E-*) の各種の草本[低木]《ムラサキ科; 花が美しく栽培される》. ［NL (Gk *ekhis* viper)］
echi·u·roid /ɛ̀kijʊ́ərɔ̀ɪd/ *n*〖動〗ユムシ《海生の環形動物》.
echo /ɛ́koʊ/ *n* (*pl* **éch·oes**) **1 a** 反響(音), こだま; エコー《録音などに付加される反響効果音》. **b**〖楽〗エコー《楽節の静かな反復》; ECHO ORGAN; ECHO STOP. **c**《詩的・修辞的効果のための》同一音[音節, 語]の反復, 反響. **2** [E-]〖ギ神〗エーコー《森の nymph; 美青年 Narcissus に恋慕してこがれ死にし, あとに声だけが残った》. **3 a** (同調的)反応, (波及的)影響; 《過去のものの》なごり, 痕跡: find an ~ in sb's heart 人の共鳴を得る / have ~*es* of…を彷彿とさせる[思い出させる], …によく似ている. **b**《他人のことば・考え・動作などの》繰返し[まね, 模倣](をする人); *«俗»《政治家の》下働き, 《人の意見の》受け売り屋. **4**〖ブリッジ〗エコー《不必要に高位の手札を出す, パートナーへのシグナルプレー》. **5 a**〖通信・ラジオ・テレビ〗エコー《一度受信した無線電波が異なる径路により再び聞こえる; 有線では伝送電波の一部が反射して発信者自身が聞く》. **b**〖電子工〗《レーダーなどに用いる》電磁波の反射, エコー; レーダーに現われる反射波. **6** [E-] エコー《文字 e を表わす通信用語; ⇨ COMMUNICATIONS CODE WORD》. ● **applaud** [**cheer**] sb **to the ~** 大喝采する. ► *vi* **1**〈部屋・場所に〉反響する, 響きわたる〈*around, through*〉; 〈場所が〉鳴り響く, こだま[反響]を生む〈*with* sounds〉. **2** (こだまのように)繰り返される. **3**〖ブリッジ〗エコーする. ► *vt* **1**〈音を〉反響する; …の音を反響させる. **2** (そのまま)繰り返す (repeat), (そっくり)まねる (imitate); …と同じことを言う[する, 伝える, 表わす]; 〖電算〗〈入力した文字などを〉画面にそのまま表示する〈*back*〉. ● **~ back to**… 〈事が〉〈過去の事〉を思い出させる. ♦ **~·er** *n* **~·ey** /-i/ *a* **~·less** *a* ［OF or L<Gk］
ècho·cárdio·gràm *n*〖医〗超音波心臓検査図, 心(臓)エコー図.
ècho·cárdio·gràph *n*〖医〗超音波心臓検査計.
ècho·cardiógraphy *n*〖医〗超音波心臓検査(法), 心臓エコー検査(法), 心エコー法. ♦ **-cardiógrapher** *n* **-cardiográphic** *a*
écho chàmber〖放送〗エコールーム[チェンバー]《演出上必要なエコー効果をつくり出す部屋》; エコーチェンバー《同様の機能をもつ電子装置》.
écho effèct 反響[エコー]効果《あるできごとに遅れて起こるその結果[反復]》.
ècho·encephalógraphy *n*〖医〗超音波脳検査(法), 脳エコー検査(法). ♦ **-encephalográphic** *a*
écho·gràm *n*〖海〗音響測深図; 〖医〗《オシロスコープのスクリーンに出る患部組織の》超音波図, エコー図, エコーグラム.
écho·gràph *n* 自記音響測深器.
echog·ra·phy /ɛkɑ́grəfi/ *n* 超音波検査[診断](法). ♦ **èchográph·ic** *a* **-i·cal·ly** *adv*
echo·ic /ɛkóʊɪk/ *a* 反響の, こだまのような; 〈語が〉自然の音[声]を模写した, 擬音[擬声]の (onomatopoeic). ♦ **-i·cal·ly** *adv*
echóic mémory〖心〗音響的記憶, エコーイックメモリー.
écho·ism *n*〖言〗**1** 反響《自然音をそのまま模倣するもの; 例 cuckoo, quack-quack》. **2** 進行同化《母音などの先行音への同化》.
echo·la·lia /ɛ̀koʊléɪliə/ *n*〖精神医〗反響言語《人のことばをおうむ返しにまねる行動》; 幼児期にみられる他人のことばの繰返し. ♦ **ècho·lál·ic** /-lǽl-, -léɪ-/ *a* ［*-lalia*］
èchо·locátion *n* **1** 反響定位, エコロケーション (=*sonar*)《コウモリなどがみずからの発した超音波の反射をとらえることで物体の位置を知る》. **2**〖電子工〗反響位置決定法. ♦ **ècho·locáte** *vt, vi*
écho òrgan〖楽〗エコーオーガン《オルガンの手鍵盤の一つで, エコーの効果を出す機構》.
écho plàte 反響板《録音・放送用に反響・残響効果音を作り出す電気機械装置》.
echo·prax·ia /ɛ̀koʊprǽksiə/, **-práxis** *n*〖精神医〗反響動作(症)《人の動作を反射的に模倣する行動》. ♦ **-prác·tic** *a*
écho rànging 反響測距《音響反響による距離測定》.
écho sòunder 音響測深器 (sonic depth finder).
écho sòunding 音響測深.
écho stòp〖楽〗《オルガンの》エコー音栓.
écho vèrse 反響反復詩《前行末の音節を次行で繰り返す詩》.
écho·vìrus, ÉCHO vìrus /ɛ́koʊ-/ *n* エコーウイルス《ヒトの腸管内で増殖している一群のピコルナウイルスの一種; 髄膜炎の原因ともなる》. ［*e*nteric *c*ytopathogenic *h*uman *o*rphan *virus*］
écho wòrd〖言〗擬音語.
ECHR °European Convention on Human Rights.
echt /G ɛçt/ *a* 純正な, 真正の, 真の, 本物の.
ECJ °European Court of Justice.
Eck /ɛ́k/ **1** エック《男子名; Alexander の愛称》. **2** エック **Johann** ~ (1486–1543)《ドイツのカトリック神学者; Luther と論争を行なった》.
Eck·er·mann /ɛ́kərmɑ̀:n, -mən/ エッカーマン **Johann Peter** ~ (1792–1854)《ドイツの作家; 『ゲーテとの対話』(1836–48)》.
Eck·ert /ɛ́kərt/ エッカート **J(ohn) Presper ~, Jr.** (1919–95)《米国の技術者; John W. Mauchly と共同で世界最初の大型 ENIAC を開発した》.
Eck·hart /ɛ́k(h)ɑ̀:rt/ エックハルト **Johannes** ~ (c. 1260–1327 or 28)《ドイツ神秘主義の思想家; 通称 'Meister ~'; ドミニコ会士》.
Ecky /ɛ́ki/ エッキー《男子名; Alexander の愛称》.
éclair /eɪklɛ́ər, ɪ-, éɪ⌐⌐, *í:⌐⌐/ *n*〖菓子〗エクレア. ［F=lightning］
éclair·cisse·ment /F eklɛrsismɑ̃/ *n* 解明, 説明; 釈明; [E-] ENLIGHTENMENT: come to an ~ *with* sb 人と了解がつく.
ec·lamp·sia /ɪklǽmpsiə/ *n*〖医〗痙攣(けいれん), 《特に》子癇(しかん).
♦ **ec·lamp·tic** /ɪklǽmptɪk/ *a* 子癇(性)の.
éclat /eɪklɑ́:, ⌐⌐/ *n* 光輝, 華美; 見せびらかし, 誇示, 顕示; 大成功; 喝采; 名声: with (great) ~ (大)喝采のうちに; はなばなしく, 盛大に. ［F (*éclater* to burst out)］
ec·lec·tic /ɪklɛ́ktɪk, ɛk-/ *a* 《多様な分野から》取捨選択する (selecting); 折衷主義の, 折衷的な; 〈趣味・意見など〉幅広い, 雑多な; 〖哲〗折衷学派の. ► *n* 折衷学派の哲学者; 折衷主義者; [the E-s]《イタリアの》折衷画派の人びと. ♦ **-ti·cal·ly** *adv* ［Gk (*eklegō* to pick out)］
ec·lec·ti·cism /ɪklɛ́ktəsìz(ə)m, ɛk-/ *n* 折衷主義.
Ecléctic Schóol [the] 折衷学派《独自の様式を創出せず過去の様式を借用する》; [the] 折衷画派《16 世紀末イタリアのボローニャ画派, また 19 世紀初めのフランス絵画の一派》.
eclipse /ɪklíps/ *n* **1 a**〖天〗《太陽・月の》食 (cf. OCCULTATION, TRANSIT): a phase of the ~ 食変相, 食分. **b** 光の消滅; 《灯台の》周期的全暗. **2**《栄誉・名声などの》失墜, 陰り. **3**《鳥の》冬羽状態; 〖医〗《細胞内ウイルスの》陰性期, エクリプス. ● **in ~** 〈太陽・月が〉欠けて; 光彩を失って; 〈鳥が〉(求愛用の美しい羽毛を失い)冬羽になって. ► *vt* **1 a** 〈天体が〉〈他の天体を〉食する, おおい隠す: The moon ~*s* the sun. 月が太陽を食する. **b** 〈光・灯を〉暗くする. **2** …の評判[重要性 など]を低くする, 顔色なからしめる; しのぐ, 上回る. ［OF, <Gk (*ekleipō* to fail to appear)］
eclípse plùmage〖鳥〗冬羽(ふゆばね)《秋の換羽後の羽衣(うい)》; cf. NUPTIAL PLUMAGE》.
eclíps·ing bínary〖天〗食連星 (eclipsing variable).
eclípsing váriable〖天〗食変光星 (=*eclipsing binary*).
eclip·sis /ɪklípsəs/〖言〗*n* (*pl* **-ses** /-sì:z/, **~·es**)《ゲール語で》先行語の影響による語頭子音の変化《無声破裂音が有声化し, 有声音が鼻音化する》; «まれ» ELLIPSIS.
eclip·tic /ɪklíptɪk/〖天〗*a* 食 (eclipse) の; 黄道の. ► *n* 黄道.
♦ **-ti·cal** *a* **-ti·cal·ly** *adv* ［L<Gk; ⇨ ECLIPSE］
ec·lo·gite /ɛ́klədʒàɪt/ *n*〖岩石〗榴輝(りゅうき)岩, エクロジャイト《緑輝石とざくろ石の粒状集合からなる》.
ec·logue /ɛ́klɔ̀(:)g, -lɑ̀g/ *n* 牧歌, 田園詩《牧夫を主とした対話体の短詩》. ［L<Gk=selection; ⇨ ECLECTIC］
eclose /ɪklóʊz/ *vi* 〈昆虫が〉孵化[脱蛹]する.
eclo·sion /ɪklóʊʒ(ə)n/〖昆〗*n* 脱蛹(だつよう), 羽化; 脱卵殻, 孵化(ふか). ［F<L EXCLUDE］
ECM °electronic countermeasure(s) ♦ °European Common Market. **ECN** electronic communication(s) network 電子証券取引ネットワーク.
eco /í:koʊ/ *n* ECOLOGY.
Eco /éɪkoʊ/ エーコ **Umberto** ~ (1932–)《イタリアの記号学者; *A Theory of Semantics* (1976), 小説『薔薇の名前』(1980; 86 年映画化)》.
eco- /í:koʊ, ɛ́koʊ, -kə/ ⇨ EC-[1].
èco·áctivist *n* 環境保護活動家. ♦ **èco·actívity** *n*
èco·catástrophe *n* 《環境汚染などによる》大規模な[世界的な]生態系異変.
èco·céntrism *n* BIOCENTRISM.
éco·cìde *n* エコサイド《環境汚染による生態系破壊》. ♦ **èco·cíd·al** *a*

éco·clìmate *n* 生態気候《生息地の気候要因の総体》.
éco·cònscious *a* 環境(保護)意識の強い, 環境(問題)への関心の高い.
èco·devélop·ment *n* 環境維持開発《環境・経済両面の均衡を保った開発》.
éco·dòom *n* 生態系の大規模な破壊.
èco·dóomster *n* ECODOOM を予言する人.
éco·fàllow *n* 耕作の削減と輪作により雑草の抑制と土壌水の保存をはかる農法.
èco·féminism *n* エコフェミニズム《エコロジー・自然環境保護との関連でとらえられたフェミニズム》. ♦ **-féminist** *n*
éco·frèak *n* 《俗》[°*derog*] 熱狂的な環境保護主義者 (=*econut*).
éco-frìend·ly *a* 環境にやさしい.
èco·geográphic, -ical *a* 生態地理的な《環境の生態的面と地理的面の両方にかかわる》. ♦ **-ical·ly** *adv*
ecol. ecological ♦ ecology.
éco·làbel *n* エコラベル, エコマーク《環境に配慮した製品であることを示す表示》. ♦ **～·ing** *n* エコ表示.
école /*F* ekɔl/ *n* SCHOOL[1].
E. co·li /iː kóulàɪ/ 大腸菌 (*Escherichia coli*).
eco·log·i·cal /iːkəlɑ́ʤɪk(ə)l, èkə-/, **-lóg·ic** *a* 生態学の, 生態学的な; 環境(保護)意識をもった, エコ(ロジー)の. ♦ **-i·cal·ly** *adv* 生態学的に; 環境保護の観点から.
ecológical állergy 環境アレルギー《プラスチック・石油製品・殺虫剤などに含まれる化学薬品によってひき起こされる》.
ecológical árt エコロジカルアート《自然の土・砂・氷などを素材にした芸術》.
ecológical displácement 生態的転位.
ecológical fóotprint 〘環境〙エコロジカルフットプリント (FOOTPRINT).
ecol·o·gy, oe·col- /ɪkɑ́ləʤi/ *n* 生態学, エコロジー; 〘社〙HUMAN ECOLOGY; 《生体との関係でみた》生態環境; 《一般に》(周辺)環境, (複雑な)体系, システム, 仕組み. ♦ **-gist** *n* 生態学者; 環境保護論者[運動家]. [G＜Gk *oikos* house]
èco·mánage·ment *n* 生態[自然環境]管理.
e-commerce /íː—/ *n* 電子商取引, e コマース (electronic commerce).
econ /íːkɑ̀n/ *n* 《口》経済学: an ～ major 経済学専攻生.
econ. economic ♦ economics ♦ economist ♦ economy.
éco·nìche *n* 生態的地位.
ecóno·bòx /ɪkɑ́nou-, i-/ *n* 経済車《燃料をあまり消費しない小さな箱のような自動車; opp. *gas-guzzler*》.
econo·met·rics /ɪkɑ̀nəmétrɪks/ *n* 計量経済学. ♦ **-mét·ric** *a* **-mét·ri·cal·ly** *adv* **-mét·rist** *n* **-me·trí·cian** /-mətríʃ(ə)n/ *n*
ec·o·nom·ic /èkənɑ́mɪk, ìːkə-/ *a* **1** 経済学 (economics) の; 経済(上)の; 財政[家計](上)の; 《古》所帯(の管理)の: an ～ policy [blockade] 経済政策[封鎖] / the *E*～ Report 《米国大統領の》経済報告《年頭に上下両院に送る》. **2** 実利的な, 実用上の (practical); 利益の上がる, もうかる; 《口》値段の安い, 経済的な; 《まれ》節約になる, やりくりのじょうずな (economical); 物的資源に影響を及ぼす. [OF or L＜Gk; ⇨ ECONOMY]
èc·o·nóm·i·cal *a* **1 a** 経済的な, 節約になる (saving); 〈人が〉倹約な, やりくりのじょうずな, むだのない, 効率的な (opp. *wasteful*): an ～ article 徳用品 / He is ～ *of* money [time]. 金[時間]のやりくりがうまい. **b** 〈文章・表現などが〉簡潔な. **2** 経済上[学]の (economic); 《古》所帯(の管理)の. ● **～ with the truth** [*euph*] (率直に)真実を言おうとしない, 隠しだてして, 歯切れが悪い, 奥歯に物がはさまったような, すっきりしない.
económical·ly *adv* 経済的に, 節約して, 安く; 経済(学)的には; 簡潔に, すっきりと: ～ disadvantaged people 経済的に恵まれない人たち / ～ active people 稼いでいる人びと, 就業層.
económic and mónetary únion 経済通貨同盟 (⇨ EMU).
Económic and Sócial Cóuncil [the] 〘国連〙経済社会理事会《略 ECOSOC, ESC》.
económic bótany 経済植物学.
económic cóst 経済的代償[損失]; 〘経営〙OPPORTUNITY COST.
económic críme 《特に 共産圏・第三世界の国々で, 横領・贈収賄・密輸などの》経済犯罪.
económic cýcle 〘経〙BUSINESS CYCLE, 経済周期, 《不況と好況の》波.
económic detérminism 経済決定論.
económic geógraphy 経済地理学.
económic geólogy 経済地質学.
económic grówth 経済成長.
económic índicator 経済指標.
económic mígrant 経済的移住者《経済的向上を求めて移動する人》.
económic refugée 経済難民《自国での迫害をのがれるためではなく, よりよい生活水準を求めて出国する難民》.
económic rént 〘経〙《採算のとれる》経済地代[家賃].
èc·o·nóm·ics *n* [〈*sg/pl*〉] **1** 経済学 (cf. POLITICAL ECONOMY). **2** 《一国の》経済状態, 経済的な側面, 経済.
económic zóne 経済水域 (EXCLUSIVE ECONOMIC ZONE).
ecónomies of scále *pl* 〘経〙規模の経済, スケールメリット《すべての生産要素の投入量を同一の割合で増加させて生産規模を拡大したとき, 規模の拡大率以上の率で産出量が増加すること》.
econ·o·mism /ɪkɑ́nəmɪ̀z(ə)m/ *n* 経済(偏重)主義; 〘マルクス主義〙経済主義《革命を犠牲にして物質的な生活の向上を求めること》.
econ·o·mist /ɪkɑ́nəmɪst/ *n* **1** 経済学者, 経済専門家, エコノミスト. **2** 《古》家計を執る人, 《金銭の》管理者; 《古》経済家, 倹約家. **3** [The E-]『エコノミスト』《英国のニュース週刊誌; 1843 年創刊》.
econ·o·mize /ɪkɑ́nəmàɪz/ *vt* 経済的に使用する, 節約する; 最大限有効に使う. ► *vi* 経済をはかる, 倹約をする, 浪費を避ける 〈*on*〉: ～ *on* food and time. ♦ **ecòn·o·mi·zá·tion** *n*
ecón·o·mìz·er *n* 倹約家, 経済家; 《火力・燃料などの》節約装置, エコノマイザー, 《ボイラーの》節炭器.
Ecón·o·mo's disèase /ɪkɑ́nəmouz-/ 〘医〙エコノモ病, 嗜眠(しみん)性脳炎 (encephalitis lethargica). [K. von *Economo* (1876–1931) オーストリアの神経科医]
econ·o·my /ɪkɑ́nəmi/ *n* **1** 経済, 景気; 経済構造[システム]; 経済圏(としての国家); 《古》家計, 財政: national ～ 国家経済 / feudal ～ 封建制経済 / an ～ based on cutting-edge technology 最先端技術に基盤をおく経済(構造). **2 a** 節約, 倹約 (frugality); 節約の例[工夫]; 効率的使用: practice [use] ～ =make *economies* 倹約する, むだを省く / It's an ～ to buy good quality goods. 良質の品を買うのが経済的だ / a man of ～ 倹約家 / ～ of time [labor] 時間[労力]の節約 / ～ of truth 真理に手加減をすること, ありのまま言わないこと (cf. ECONOMICAL with the truth). **b** ECONOMY CLASS. **3 a** 《自然界などの》理法, 秩序; 有機的組織: the ～ of nature 自然界の秩序, 自然の経済. **b** 〘神学〙摂理, 経綸(けいりん): the ～ of redemption [salvation] あがない[救い]の経綸. ► *attrib a* 金の節約になるよう設計[計画]した, 経済的な; 徳用の: ～ cars 《低燃費の》省エネ車 / an ～ pack 徳用パック. ► *adv* エコノミークラスで: travel ～. [F or L＜Gk=household management (*oikos* house, *-nomos*＜*nemō* to manage)]
ecónomy clàss 《旅客機などの》エコノミークラス. ► *adv* エコノミークラスで: travel ～ エコノミーに乗る[で行く].
ecónomy clàss sỳndrome エコノミークラス症候群《旅客機(特にエコノミークラス)などの狭い座席に長時間すわりつづけることが原因で発症する深部静脈血栓症 (deep-vein thrombosis)》.
ecónomy drive 節約運動[キャンペーン], 倹約期間: have an ～ 節約に努めている, できるだけむだを省く.
ecónomy of scále ECONOMIES OF SCALE.
ecónomy-size *a* 徳用サイズの, エコノミーサイズの.
e con·tra·rio /èɪ kɔːntrɑ́ːriòu/ 反対に[から]. [L]
éco·nùt *n* 《俗》[°*derog*] ECOFREAK.
éco·òffice *n* エコオフィス《汚染物質など有害な要素のない, 環境面で安全なオフィス》.
èco·physiólogy *n* 生態[環境]生理学. ♦ **-physiológical** *a*
éco·pòlicy *n* 生態[自然環境]政策.
èco·pólitics *n* 経済政治学; 環境政治学.
èco·pornógraphy *n* エコポルノ《環境問題に対する大衆の関心を利用した広告・宣伝》.
écor·ché /èɪkɔːrʃéɪ/ *n* 皮膚をはいだ人体模型《筋肉・骨格研究用》. [F=skinned]
èco·région *n* 〘生態〙エコリージョン, 生態域《生物地理区をさらに生物相や生態環境で区分した地域》.
ECOSOC °Economic and Social Council.
éco·spècies *n* 〘生態〙生態種. ♦ **èco·specífic** *a*
éco·sphère *n* 《宇宙の》生物生存圏, 《特に 地球上の》生物圏 (biosphere), 生態圏. ♦ **èco·sphéric** *a*
ecos·saise /èɪkouséɪz; -kɔ-/ *n* エコセーズ《4 分の 2 拍子の速いダンス; それのための舞曲》. [F=Scottish (fem)]
éco·sỳstem *n* 〘生態〙生態系.
eco·tage /ékətɑ̀ːʒ/ *n* エコタージュ《環境保護計画の必要を訴えるための環境破壊者に対する破壊・妨害活動》. [*eco*-, sabo*tage*]
eco·tec·ture /ékətèkʧər/ *n* 実用を環境要因に従属させた建築デザイン. [*eco*-, archi*tecture*]
èco·telémetry *n* BIOTELEMETRY.
èco·térror·ism /; ―――――/ *n* 環境テロ《(1) 環境破壊への抗議として行なわれる暴力的活動や破壊行為 2) 敵側の自然環境を破壊する政治テロ行為》. ♦ **èco·térror·ist** /; ―――――/ *n, a*
éco·tòne *n* 〘生態〙移行帯, 推移帯, エコトーン《隣接する生物群集間の移行部》. ♦ **-tònal** *a*
éco·tòur *n* エコツアー《ECOTOURISM の立場から自然との触れ合いを主眼に置いた体験型観光ツアー》. ► *vt, vi* エコツアーで旅行する, エコツアーをする.
èco·tóur·ìsm *n* エコツーリズム《環境保護志向の観光(業)》. ♦ **-ist** *n*

èco·toxicólogy *n* 環境毒物学《汚染物質が環境に与える毒物的影響についての化学的研究》. ◆ **-gist** *n* **-toxicológical** *a*
éco·tỳpe *n*《生態》生態型(型). ◆ **èco·týpic** *a* **èco·týpical·ly** *adv*
éco-wàrrior *n*《過激な》環境保護活動家, エコ戦士.
ec·phra·sis /ékfrəsəs/ *n* (*pl* **-ses** /-sì:z/) EKPHRASIS.
écra·seur /*F* ekrazœ:r/ *n*《医》絞断系蹄《腫瘍切除器》.
écra·sez l'in·fâme /*F* ekraze lɛ̃fɑ:m/ 恥知らず(=迷信)をぶっつぶせ《Voltaire のことば》.
ecru /ékru, éɪ-/ *a, n* 生成り色(の), 淡褐色(の), ベージュ(の) (beige). [F=unbleached]
ECSC °European Coal and Steel Community.
ec·sta·size /ékstəsàɪz/ *vt, vi* 有頂天[夢中]にする[なる].
ec·sta·sy /ékstəsi/ *n* 感情が異常に高揚した状態, エクスタシー, 《特に》喜悦, 有頂天; 逆上, 自失; 《宗教家・詩人などの》忘我, 法悦, 恍惚, 《カト》脱魂; 《心》恍惚《意識混濁状態・精神昏迷》; 《古》失神状態 (swoon); [°E-]《俗》エクスタシー《強力なアンフェタミン系の麻薬 MDMA》: in an ~ of joy 狂喜して / be [go, get, be thrown] into *ecstasies* (*over*…) (…に)無我夢中になる. [OF, <Gk *ekstasis* standing outside oneself]
ec·stat·ic /ɛkstǽtɪk, ɪk-/ *a* ECSTASY の(ような); 忘我状態によってひき起こされる, 恍惚となっている(ことを示す), うっとりさせる; 忘我状態になりやすい. ▶ *n* **1** 忘我状態になりやすい人. **2** [~s] 忘我, 歓喜, 喜悦: be in ~*s* over…に夢中である. ◆ **-i·cal·ly** *adv*
ect- /ékt/, **ec·to-** /éktoʊ, -tə/ *comb form*「外(部)…」(opp. *end-*) (cf. EXO-). [Gk *ektos* outside]
ECT °electroconvulsive therapy.
ec·ta·sia /ɛktéɪʒ(i)ə; -ziə/ *n*《医》拡張(症).
ec·ta·sis /éktəsəs/ *n* (*pl* **-ses** /-sì:z/) **1**《韻》エクタシス《普通 短い音節を延ばすこと》. **2** ECTASIA. [L<Gk=stretching out]
ec·thlip·sis /ɛkθlípsəs/ *n* (*pl* **-ses** /-sì:z/) エクスリプシス《h または母音で始まる語の前にくる語の語尾の m の消失》.
ec·thy·ma /ɛkθáɪmə, ékθəmə/ *n*《医》膿瘡(のうそう).
écto·blàst *n*《発生》EPIBLAST. ◆ **ècto·blástic** *a*
ècto·comménsal *n*《生》外部片利共生者.
ec·to·crine /éktəkrən, -krì:n, -kràɪn/ *n*《生化》エクトクリン《ある有機物が生産し, 別の有機物が利用する代謝産物》.
écto·dèrm *n*《発生》外胚葉 (cf. ENDODERM); 外胚葉から分化した組織, 外胚葉細胞. ◆ **èc·to·dér·mal** *a*
ècto·énzyme *n*《生化》《細胞》外酵素 (exoenzyme).
ècto·génesis *n*《生》体外発生. ◆ **-genétic** *a*
ècto·génic *a* EXOGENOUS;《生》ECTOGENOUS.
ec·tog·e·nous /ɛktɑ́ʤənəs/ *a*《生》体外で発育しうる, 《寄生微生物が宿主の外で発育しうる, 外因[外原](性)の.
ècto·hórmone *n*《生化》外分泌[エクト]ホルモン (PHEROMONE). ◆ **ècto·hormónal** *a*
écto·mère *n*《発生》外胚葉割球. ◆ **ec·to·mer·ic** /ɛktəmérɪk, -mɪ́ərɪk/ *a*
écto·mòrph *n*《心》外胚葉型の人.
ècto·mórphic *a*《心》外胚葉型の《やせて弱々しい; cf. ENDOMORPHIC, MESOMORPHIC》. ◆ **-mórphical·ly** *adv* **écto·mòrphy** *n* 外胚葉型.
-ec·to·my /éktəmi/ *n comb form*「切除(術)」: nephr*ectomy*. [Gk *ektomē* excision]
ècto·párasite *n*《生》外部寄生者. ◆ **-parasític** *a*
écto·phỳte *n*《植》外部寄生植物. ◆ **ec·to·phyt·ic** /ɛktəfítɪk/ *a*
ec·to·pia /ɛktóʊpiə/ *n*《医》転位(症)《内臓などの先天性の位置異常》.
ec·top·ic /ɛktɑ́pɪk/ *a*《医》正規の場所外の, 異所性の. ◆ **-i·cal·ly** *adv*
ectópic prégnancy《医》子宮外妊娠.
écto·plàsm *n*《心霊》《霊媒の体から発する》心霊体, エクトプラズム;《生》《細胞質の》外質. ◆ **ècto·plásmic** *a*
ec·to·proct /éktəprɑ̀kt/ *n, a*《動》外肛動物(の)《コケムシ類》. ◆ **èc·to·próc·tan** *a*
écto·sàrc /-sɑ̀:rk/ *n*《動》《アメーバなどの原生動物の》外肉, 外質.
ect·os·to·sis /ɛktɑ̀stóʊsəs, ɛktəs-/ *n* (*pl* **-ses** /-sì:z/)《生理》骨外生, 軟骨外生. ◆ **ect·os·te·al** /ɛktɑ́stiəl/ *a*
écto·thèrm *n*《動》外温[変温]動物.
ècto·thérmic *a*《動》外温[変温]性の (opp. *endothermic*). ◆ **écto·thèrmy** *n*
ècto·tróphic, -trópic *a* 外生の《根の表面を菌糸がおおう形の; cf. ENDOTROPHIC》: an ~ mycorrhiza 外(生)菌根.
ècto·zóa *n pl* (*sg* **-zóon**) [°E-]《生》外部寄生動物.
éc·tỳpe *n* 複写[模写]したもの;《建》浮彫り. ◆ **ec·ty·pal** /éktàɪpəl, -tə-/ *a*
ec·ty·pog·ra·phy /ɛktaɪpɑ́grəfi/ *n* プレート上に線を浮彫りにするエッチング.
ecu, ECU /eɪkú:, í:sì:jú:; ékjù:, éɪ-, í:-, í:sì:jú:/ *n* (*pl* ~, ~s) 欧州通貨単位, エキュー《European Monetary System における通貨単位; 1999 年 1 月 1 日に 1 対 1 の交換比率で euro に移行した》. [*E*uropean *C*urrency *U*nit]
écu /éɪkjù:; *F* eky/ *n* (*pl* ~s /-z; *F* —/) エキュ《古いフランスの金[銀]貨》; 小盾.
Ec·ua·dor /ékwədɔ̀:r/ エクアドル《南米北西部の国; 公式名 Republic of ~ (エクアドル共和国); 略 **Ecua.**; ☆Quito》. ◆ **Èc·ua·dór·an, -dór·ean, -dór·ian** *a, n* [Sp=equator]
ecu·ma·ni·ac /ɛkjəméɪniæk; ì:-/ *n* 熱狂的な教会一致主義者[世界教会主義者].
ec·u·men·ic /ɛkjəménɪk; ì:-/ *a* ECUMENICAL.
èc·u·mén·i·cal, òec- *a* 世界的な, 全般的な, 普遍的な; 全教会の; 世界教会的な《諸キリスト教会の協力と統合を促進する》; 異教間の, 宗派間の; さまざまな要素の混じった, 多様な, 雑多な. ◆ ~**·ly** *adv* [L<Gk *oikoumenikos* of the inhabited earth]
ecuménical cóuncil《カト》公会議; 全教会会議; 世界教会会議.
ecuménical·ism *n*《キ教》《教派を超えた》世界教会主義, 教会一致主義[運動].
ecuménical pátriarch [°E- P-]《東方正教会の》総大主教.
ec·u·men·i·cism /ɛkjəménəsìz(ə)m; ì:-/ *n* ECUMENICALISM. ◆ **-cist** *n*
ec·u·me·nic·i·ty /ɛkjəmənísəti, -mɛ-; ì:-/ *n* 世界教会性《世界教会の実現を求める感情ないし運動を軸とする超教派的連帯(性)》.
èc·u·mén·ics *n*《キ教》世界教会学[論].
ec·u·me·nism /ɛkjú:mənìz(ə)m, ɪ-, ékjə-, ɛkjəmén-/ *n* 教会一致主義[運動]; 全宗教間協力[相互理解]推進主義[運動]. ◆ **-nist** *n*
ecu·me·nop·o·lis /ɛkjəmənɑ́pələs, ɛkjù:-/ *n* 世界都市, エキュメノポリス《世界を連続した一つの都市として考える》.
écu·rie /*F* ekyri/ *n* 所属が同じレーシングカー《集合的》. [F=a stable]
ec·ze·ma /ɪgzí:mə, égzə-, éksə-; éksɪ-/ *n*《医》湿疹. ◆ **-zem·a·tous** /ɪgzémətəs; ɛksém-/ *a* [L<Gk]
ed /éd/ *n*《口》教育: higher *ed*=HIGHER EDUCATION.
Ed /éd/ **1** エド《男子名; Edgar, Edmund, Edward などの愛称》. **2***《俗》頭の古いやつ, 遅れたやつ.
-ed /《d 以外の有声音の次では》d, 《t 以外の無声音の次では》t, 《t, d の次では》əd/ *suf* (1) [規則動詞の過去・過去分詞をつくる]: call*ed* /-d/; talk*ed* /-t/; want*ed* /-əd/, mend*ed* /-əd/. (2) [名詞から形容詞をつくる]「…を有する」「…をそなえた」「…の特徴をもった」: armor*ed*, wing*ed*, diseas*ed*, bigot*ed*, warmheart*ed*. ★ 形容詞の場合 /t, d/ 以外の音のあとでも /əd/ と発音されるものがある: AGED, BLESSED, LEGGED. (3) [-ate で終わる形容詞から同じ意味の形容詞をつくる]: crenulat*ed*. [OE]
ed. edited (by) ♦ (*pl* **eds.**) edition ♦ (*pl* **eds.**) editor ♦ education.
ED《米》°Department of Education ♦ effective dose ♦ °election district ♦ *Emergency Department《病院の》救急(救命)部 ♦ ERECTILE dysfunction ♦ °ex dividend.
eda·cious /ɪdéɪʃəs/ *a* 食いしん坊の, 大食の; 《古》食に関する; 食欲な, 飽くなき. ◆ ~**·ly** *adv*
edac·i·ty /ɪdǽsəti/ *n* 盛んな食欲; 大食.
Edam /í:dəm, -dæm; -dæm/ **1** エダム《オランダ西部 North Holland 州, IJsselmeer 沿岸にある町; Edam cheese の原産地》. **2** エダムチーズ (=~ **chéese**)《通例 扁平な球形で, しばしば赤いワックスでコーティングしてある, いわゆる赤玉チーズ》.
ed·a·ma·me /ɛdəmɑ́:meɪ/ *n* 枝豆. [Jpn]
edaph·ic /ɪdǽfɪk/ *a* 土壌の;《生態》《気候よりも》土壌による (cf. CLIMATIC); 土着の (autochthonous). ◆ **-i·cal·ly** *adv* [G<Gk *edaphos* ground]
edáphic clímax《生態》土壌的極相 (cf. PHYSIOGRAPHIC CLIMAX).
E-Day /í:—/ *n*《英》EC 参加記念日《1973 年 1 月 1 日》.
EDB °ethylene dibromide.
ed·biz /édbìz/ *n**《俗》教育産業. [*ed*ucation+*b*us*i*ness]
EDC《電算》electronic data capture 電子データ収集. **EdD** Doctor of Education. **EDD** English Dialect Dictionary.
Ed·da /édə/『エッダ』《古アイスランド語で書かれた詩歌集または詩論の書: (1)『古[歌謡]エッダ』(the **Élder** [**Poétic**] ~) は, 9–13 世紀に書かれたもので, 神話詩・英雄詩・格言詩からなる (2)『新[散文]エッダ』(the **Yóunger** [**Próse**] ~) は, 13 世紀アイスランドの学者 Snorri Sturluson の散文による詩学入門書》. ◆ **Ed·dic** /édɪk/, **Ed·da·ic** /edéɪɪk/ *a* [ON 詩の中の名前, または ON *óthr* poetry]
Ed·die /édi/ **1** エディー《男子名; Edgar, Edward などの愛称》. **2** [e-]*《俗》魅力のない男, ぶおとこ.
Ed·ding·ton /édɪŋt(ə)n/ エディントン Sir **Arthur Stanley** ~ (1882–1944)《英国の天文学者・物理学者》.
Éddington('s) lìmit《天》エディントン限界《所与の質量の星の達しうる最大の光度》. [↑]
ed·dish /édɪʃ/ʺ《方》*n*《草刈の後の》二番生え; 刈り株.
ed·do /édoʊ/ *n* (*pl* ~**es**)《植》サトイモ (TARO). [(WAfr)]
ed·dy /édi/ *n*《水・空気などの》主流に逆らう流れ, 《特に》小さな渦;

《風・ほこり・人の流れなどの》渦;《思想・政策などの》反主流, 傍流. ► *vi, vt* 渦巻く; 渦巻かせる. [? OE *ed*-again, back; cf. ON *itha*]

Eddy 1 エディー《男子名; EDDIE の異つづり》. 2 エディー **Mary (Morse)** ~ (1821–1910)《米国の宗教家; 旧姓 Baker; Christian Science Church の創始者》.

éddy cùrrent 〖電〗渦(うず)電流.

éd·dy·ròot /ɛ́di-/ *n* TARO. [*eddo*+*root*]

Éd·dy·stone Rócks /ɛ́distòun-; -st(ə)n-/ *pl* [the] エディストンロックス《イギリス海峡にある英国領の岩礁; Plymouth の南西沖に位置; 灯台がよく知られる》.

Ede 1 /éɪdə/ エーデ《オランダ東部 Gelderland 州 Arnhem の北西にある市》. 2 /éɪdèɪ/ エーデ《ナイジェリア南西部 Osun 州の市; Ibadan の北北東に位置》.

Ed·el·man /ɛ́dlmən/ エデルマン **Gerald (Maurice)** ~ (1929–)《米国の分子生物学者; 抗体の化学構造決定の業績によりノーベル生理学医学賞 (1972)》.

edel·weiss /éɪd(ə)lvàɪs, -wàɪs/ *n* 〖植〗エーデルワイス《キク科ウスユキソウ属の草本; アルプス, ピレネー 山脈などの原産》. [G=noble white]

ede·ma, oe·de- /ɪdíːmə/ *n* (*pl* **-ma·ta** /-tə/) 〖医〗水腫, 浮腫, むくみ; 〖植〗水腫様膨潤(ぼうじゅん). ♦ **edem·a·tous, oe·dem-** /ɪdɛ́mətəs/ *a* [L<Gk (*oideō* to swell)]

Eden[1] /íːdn/ 1 エデン(の園) (=Garden of ~)《人類の始祖 Adam と Eve が住んだ楽園; *Gen* 2: 8–24》. 2 楽土, 楽園; 至福. 3 イーデン《女子名》. [L<Gk<Heb=delight]

Eden[2] イーデン (**Robert**) **Anthony** ~, 1st Earl of Avon (1897–1977)《英国の保守党政治家; 外相 (1935–38, 40–45, 51–55), 首相 (1955–57)》.

Eden·ic /ɪdɛ́nɪk, i-/ *a* エデンの園の(ような).

eden·tate /idɛ́ntèɪt/ *a* 〈動物が〉歯のない, 無歯の, 貧歯の; 〈葉が〉鋸歯(きょし)のない; 〖動〗貧歯類の. ► *n* 貧歯類の動物《アリクイ・ナマケモノ・アルマジロなど》. [L (*dent- dens* tooth)]

eden·tu·late /idɛ́nʧələt, -lèɪt/ *a* 〖動〗歯のない, 無歯の.

eden·tu·lous /idɛ́nʧələs/ *a* 歯のない; 歯を失った.

Edes·sa /ɪdɛ́sə/ エデッサ (1) メソポタミア北西部にあった古代都市で初期キリスト教の中心; 現在のトルコの Urfa 2) 現代ギリシア語名 **Édhes·sa** /éɪðɛsɑː/; ギリシア北部 Macedonia 西部の市; 古代マケドニアの首都があった地といわれたが, 現在では南東のヴェルギナ (Verghina) がそれに相当すると考えられている》.

Edfu ⇨ IDFU.

Ed·gar /ɛ́dgər/ 1 エドガー《男子名; 愛称 Ed, Ned》. 2 エドガー(賞)《米国推理作家協会が毎年最もすぐれた推理小説・短篇小説などに対して与える Edgar Allan Poe の小胸像》. 3 エドガー《Shakespeare, *King Lear* で, 乞食に変装している Gloucester 伯の長男》. [OE=rich, happy+spear]

edge /ɛʤ/ *n* 1 a《刃物の》刃;《刃の》鋭利さ, 切れ味: This knife has no ~. このナイフは切れない / put an ~ on a knife ナイフの刃を立てる. b《口調・欲求などの》鋭さ, 激しさ; 有効性, 効力, 力; 精力, 活力, 勢い: the ~ *of* sarcasm 痛烈な皮肉 / have an ~ *to* [*in*] one's voice 声にとげがある / This cheese has an ~ *to* it. このチーズはピリッと舌にくる. 2 a 縁, へり, かど, エッジ; 端, はずれ, ほとり; 〖数〗《多面体の》稜; 〖数〗《グラフのノード間を結ぶ》辺, エッジ;《峰・屋根などの》背 (crest); 〖製本〗小口(こぐち); ˈ《方》丘(の斜面), 断崖: the ~ of a table テーブルの縁 / stand a coin on [in its] ~ 硬貨を立てる / the water's ~ 水際 / the ~ of a wood 森のはずれ / gilt ~*s*《書物の》金縁, 三方金(さんぽうきん) (cf. GILT-EDGED). b [*fig*]《国・時代などの》境目; 危機, あぶないはめ, 瀬戸際. c 〖電算〗エッジ《画像中のオブジェクトの境界》. 3〈…に対する〉強味, 優勢, 利 〈*on, over*〉: give…the [an] ~ …を有利にする, …の利益となる / have [get] the [an] ~ (*on* [*over*] sb)《口》(人に)まさる, より有利である. 4*《口》《酒・麻薬による》ほろ酔い, 酩酊(の初期状態). ● **blunt the ~ of**… 〈食欲・空腹・怒り・失望・楽しみなど〉を鈍らせる, 和らげる. **by** [**with**] **the ~ of the sword** 抜身を突きつけて; 強制的に. **close to the ~** 縁[端]すれすれ[ぎりぎり]のところに;《不安などで》半分おかしくなって, どうにかなりそうで, ノイローゼ気味[情緒不安定]で, 神経がとがって (on the edge). **do the inside** [**outside**] **~** 〖スケート〗内側[外側]エッジですべる. **~ on** 縁を前にして: The board hit him ~ *on*. 板の縁が彼にあたった. **give an ~ to** 〈刃物〉に刃をつける; 〈議論・食欲など〉を強める[そそる]. **give**…[**get, feel**] **the** (**rough** [**sharp**]) **~ of one's** [**sb's**] **tongue** 悪口雑言する[される], ことば鋭くしかる[しかられる]. **go** [**be**] **over** [**off**] **the ~**《口》《心配・恐怖で》気が狂う[狂っている]. **have an ~ on***《俗》ほろ酔いかげんである. **live** (**life**) **on the ~***危険な生き方をする, むちゃをやる. **lose one's ~** 切れ味[腕]が鈍る[落ちる], なまくらになる, 精彩[威力]を失う, 焼きがまわる. **moist around the ~s***《俗》酒に酔って. **not to put too** FINE[1] **an ~ on it.** **on ~**《縁を下にして》立って (⇨ 2a);〈人が〉《不快なことが起こりそうで》いらいらして, 不安[心配]で, 〈神経が〉とがって;〈…したくて〉むずむずして 〈*to do*〉: set a book *on* ~ 本を立てる / be [feel] *on* ~ / set sb [sb's nerves] *on* ~ 人(の神経)をいらだたせる / set sb's [the] teeth *on* ~ ⇨ TOOTH. **on the ~** 縁[端]に; 瀕して, 寸前で; 頭が変になりそうで. **on the ~ of one's chair** [**seat**] ひどく興奮して, うずうずして, 手に汗握って, 夢中で, 身を乗り出して. **put sb to the ~ of the** SWORD. ROUGH EDGES. **set an ~ on** [**to**] 〈食欲など〉をそそる. **take the ~ off**… 〈刃物〉の刃をなまらせる;《口》〈議論・食欲・勢いなど〉を鈍らせる; 〈不快感・苦痛など〉を和らげる, 抑える. **the thin ~ of nothing** わずかの余地. **the thin ~ of the** WEDGE.

► *vt* 1 a 〈剣〉に刃をつける; 鋭くする (sharpen). b [ᵘ*pass*] …にかど[縁]をつける[整える], 縁取る 〈*with*〉; 〈丘などが…〉の縁をなす. 2 横向きに[側面を前にして]進める, じりじり進める[動かす] 〈*away, into, in, out, off, nearer*〉: ~ oneself into…に割り込む, じりじりはいり込む / ~ one's way through the crowd 人込みの中を体を横にして進む. 3 〖スキー〗〈スキー〉のエッジを立てる; 〖クリケット〗〈ボールを〉バットのエッジで打つ. 4*…に辛勝する, 僅差で破る. ► *vi*《一定方向に》じりじり進む[変化する], 横向きに[側面を前にして]進む 〈*along*, down, *forward, into, up*〉: ~ *away* [*off*] (じりじりと)次第に離れる[遠ざかる] / Interest rates have ~*d down*. 金利が徐々に下がってきた / ~ *down upon* a ship 〖海〗船にじりじり接近する / ~ *up* にじり寄る 〈*to, on*〉; じりじり上昇する. ● **~ in** 〈船が〉じりじりと〈海岸に〉接近する 〈*with* the coast〉; 〈ことばを〉差しはさむ. **~** (sb) **on** 励ます 〈*to*〉. **~ out** 《用心して》じりじりと出る[出す] 〈*of*〉;《競争・選挙などで》〈相手〉に僅差で勝つ; 〈…から〉追い出す, 〈…から〉しだいに駆逐する 〈*of*〉. [OE *ecg*; cf. G *Ecke*]

édge·bòne *n* AITCHBONE.

édge cìty* エッジシティー《都市の外縁部に発達したオフィスビル・ショッピングセンター・ホテルなどの密集地》.

edged /ɛʤd/ *a* 1 鋭利な; 痛烈な〈諷刺など〉; *《俗》ほろ酔いの, 一杯機嫌の; *《俗》腹を立てた, 頭にきた, カリカリした. 2 [*compd*] …な刃[縁, へり]のある: single [double]-~ 片[両]刃の. ⇨ EDGE TOOL 成句.

édge effèct 〖生態〗《生物群集の推移帯などでの》周辺[際縁, 辺縁]効果.

édge-gràin(ed) *a* 〖木工〗柾目の (quartersawed).

Èdge·híll エッジヒル《イングランド中部 Warwickshire 南部の山; Charles 1 世の国王軍と議会軍が初めて交戦した地 (1642)》.

édge·less *a* 刃のない, なまくらな; へりのない, 縁[輪郭]の不鮮明な.

édge·lìght·ing *n* 〖電子工〗エッジライティング《液晶表示画面のパネルを周囲の光源から照明する backlighting の一方式》.

edg·er /ɛ́ʤər/ *n*《衣服の》縁かがり工,《レンズの》縁磨き工; 縁かがり機;《芝生の》縁刈り機; 縁取り鋸.

édge spècies 〖生態〗《生物群集の推移帯の》周辺種.

édge tool 刃物《のみ・かんな・ナイフなど; 比喩的な意味では **édged tóol** ともいう》; 縁取り用工具. ● **play** [**jest**] **with edge(d) tools** あぶないことをする[きわどい冗談を言う].

édge·wàys, -wìse *adv* 刃[へり, 端]を外側[前方, 上方]に向けて; 縁[へり]に沿って; 〈二つのものが〉端と端を接して; 横向きに〈運ぶ など〉. ● **get a** WORD **in ~.**

Edge·worth /ɛ́ʤwərθ/ エッジワース **Maria** ~ (1767–1849)《英国のアイルランド系作家; 小説 *Castle Rackrent* (1800)》.

edg·ing /ɛ́ʤɪŋ/ *n* 縁[へり]をつけること; 縁[へり]を形成するもの; 縁[へり]飾り: an ~ of lace レースの縁飾り. ► *a* 縁取り(用)の.

édging·ly *adv* じりじりと, 少しずつ, 徐々に, 漸次.

édging shèars *pl*《芝の縁を刈りそろえる》芝刈りばさみ.

edgy /ɛ́ʤi/ *a* 〈機知・声などが〉鋭い, 鋭利な, 痛烈な; いらいらした, ピリピリした; 〈場所・雰囲気が〉緊張[緊迫]した, とげとげしい; 〈絵画など〉輪郭(線)の鋭すぎる; 〈映画・本・音楽などが〉斬新な, 先端を行く, シャープな. ♦ **édg·i·ly** *adv* **édg·i·ness** *n*

édgy cár*《俗》《整備を要する》おんぼろ車, ぽんこつ車.

edh, eth /ɛð/ *n* エズ (1) ð [Ð] の字; 古英語・中英語やアイスランド語などのアルファベットの一つ; cf. THORN 2) 音声記号の ð》.

Édhessa ⇨ Edessa.

EDI °electronic data interchange.

Edi·a·car·an /ìːdiǽk(ə)rən, -əkǽrən/ *a, n* 〖古生〗エディアカラ化石群の(生物)《オーストラリア南部 Torrens 湖北東方のエディアカラ山地 (Ediacara Hills) で発掘された先カンブリア紀末の古生物化石群についていう》. ♦ **Edi·á·cara** *a*

ed·i·ble /ɛ́dəb(ə)l/ *a* 食べられる, 食用に適する, 可食の (opp. *inedible*): ~ fat [oil] 食用脂[油] / an ~ fungus 食用キノコ, 食菌《マツタケなど》. ► *n* [ᵘ*pl*] 食料, 食物. ♦ **ed·i·bil·i·ty** /ɛ̀dəbíləti/ *n* **~·ness** *n* [L (*edo* to eat)]

édible bírd's nèst 燕巣(えんそう), 燕窩(えんか)《アナツバメの巣を乾燥させたもので, 中国料理のスープの浮き実とする》.

édible dórmouse 〖動〗オオヤマネ《時に食用》.

édible snáil 食用蝸牛, エスカルゴ (escargot).

edict /íːdìkt/ *n* 布告, 王令, 勅令; 命令. ■ **the Edict of** NANTES. ♦ **edic·tal** /ɪdíkt(ə)l/ *a* [L *e*-(*dict- dico* to say)=to proclaim]

Edie /íːdi/ イーディ《女子名; Edith の愛称》.

ed·i·fi·ca·tion /ɛ̀dəfəkéɪʃ(ə)n/ *n*《道徳的・精神的な》啓発, 教化;《古》建設, 設立. ♦ **edif·i·ca·to·ry** /ɪdífəkətɔ̀ːri; ɛ̀dɪfɪkéɪt(ə)ri/ *a*

ed·i·fice /ɛ́dəfəs/ *n* 建物; 大建築物, 殿堂; 《巨大・複雑な》構造, 組織, 制度, 仕組み: a holy ～ 大寺院 / build the ～ of knowledge 知識の体系を築く. ♦ **ed·i·fi·cial** /ɛ̀dəfíʃ(ə)l/ *a* [OF<L (*aedis* dwelling, *-ficium*〈*facio* to make)]

édifice còmplex* 巨大建築志向.

ed·i·fy /ɛ́dəfàɪ/ *vt* 《道徳的・精神的に》教化する, 啓発する; 《古》建設[設立]する. ♦ **éd·i·fì·er** *n* **édify·ing** *a* 啓発的な; 教訓的な, ためになる. **～·ing·ly** *adv* [OF<L (*aedifico* to build)]

edile ⇨ AEDILE.

Ed·in·burgh /ɛ́dnbə̀:rə, -bʌ̀rə, -b(ə)rə; ɛ́dɪnb(ə)rə/ **1** エディンバラ (**1**) スコットランドの首都; Forth 湾に臨む; 略 Edin.; cf. EDINBURGH FESTIVAL **2**) [or **Édinburgh·shìre** /, -ʃər/] MIDLOTHIAN の旧称). **2** [the Duke of ～] エディンバラ公 (⇨ Prince PHILIP). ■ the **Univérsity of** ～ エディンバラ大学 (Edinburgh にある大学; 1583 年創立).

Édinburgh Féstival [the] エディンバラ芸術祭 (毎年 8 月後半から 9 月初めに行なわれる国際的な芸術祭; 1947 年に始まるもので, 音楽・演劇のほか, Fringe と呼ばれる実験劇などの非公式な演目群がよく知られる).

Édinburgh Revíew [The] 『エディンバラ・レヴュー』(Edinburgh で刊行された政治・文芸季刊雑誌 (1802–1929); 政治的には Whig 党を支持, Wordsworth, Southey などのロマン派詩人を攻撃した; cf. QUARTERLY REVIEW).

Édinburgh róck エディンバラロック (堅いポキポキする砂糖の棒菓子).

Edir·ne /eɪdíərnə/ エディルネ (トルコのヨーロッパ側の市; Maritsa 川に臨む; 旧名 Adrianople). ■ the **Tréaty of Edírne** エディルネ条約 (Treaty of ADRIANOPLE の別名).

Ed·i·son /ɛ́dəs(ə)n/ エディソン **Thomas Alva** ～ (1847–1931) (米国の発明家). ♦ **Ed·i·so·ni·an** /ɛ̀dəsóuniən/ *a*

ed·it /ɛ́dət/ *vt* 〈原稿・書物などを〉編集する; 〈映画・録音テープ・コンピューターのプログラムなどを〉編集する; 〈新聞・雑誌など〉の編集責任者をつとめる; 〈古書などを〉校訂する; 〈演説原稿・新聞の通信などに手を入れる. ● ～ **out** (編集段階で)〈語句などを〉〈原稿・映画などから〉削除する 〈*of*〉. ► *n* 編集 (editing); 社説, 論説 (editorial). ♦ **～·able** *a* [F; ⇨ EDITION; 一部 (逆成)〈*editor*]

edit. edited (by) ♦ edition; editor.

Edith /í:dɪθ/ イーディス (女子名). [OE=rich, happy+war]

edi·tion /ɪdíʃ(ə)n/ *n* **1** 版 (**1**) 初版・再版など同一組版(くみはん)から刷った書物の全部; cf. IMPRESSION, PRINTING **2**) 普及版・豪華版などの造本様式 **3**) オックスフォード版など異なる編集者・出版社によって同一作品の趣向を変えた刊行書 **4**) 日曜版など特定の日のために特集した新聞, また 同じ朝刊 または夕刊のうち市内版・郊外版など組版の異なる新聞): the first [second, third] ～ 初[第 2, 第 3]版 / go through ten ～*s* 10 版を重ねる / a cheap [popular] ～ 廉価[普及]版 / an ～ deluxe 豪華版 / a revised [an enlarged] ～ 改訂[増補]版 / LIBRARY [POCKET, LIMITED] EDITION / the Robinson ～ of Chaucer チョーサーのロビンソン(校訂)版. **2** [*fig*] 複製: He is an inferior ～ of his father. よく似ているがおやじよりできが悪い. **3 a** (催しなどの) 提供形式. **b** (同一様式の物品の) 一回の生産総数. [F<L *edition- editio*〈*e-(dit- do* to give)=to put out, publish]

edítion·al·ìze *vt* …の数種の版を出す.

edítion bìnding 数物(かずもの)製本 (=*publisher's binding*) (一タイトルの本を同一装丁で大量に製本する; cf. LIBRARY BINDING).

édi·tion de luxe /F edisjɔ̃ də lyks/ 豪華版.

edi·tio prin·ceps /eɪdìtiou príŋkɛ̀ps, ɪdìʃiou prínsɛ̀ps/ (*pl* **edi·ti·o·nes prin·ci·pes** /eɪdìtióunèɪs príŋkəpèɪs, ɪdìʃióuniz prínsəpì:z/) (特に 印刷の普及前に写本で読まれていた本を印刷した) 初版. [L]

ed·i·tor /ɛ́dətər/ *n* **1 a** 編集者; (新聞・雑誌・放送局の各部門の) 編集主任; (新聞・雑誌の) 編集発行人: a general ～ 編集主幹, 監修者 / a chief ～=an EDITOR IN CHIEF / a financial ～ *経済欄主任, 経済部長 / CITY [SPORTS] EDITOR. **b** (古典などの出版の) 校訂者. **2** (新聞の) 論説委員 (editorial writer*, leader writer‖). **3 a** (映画などの) 編集者. **b** (映画フィルム・録音テープ用の) 編集機. **4** 〔電算〕編集プログラム, エディター (**1**) プログラムのソースコードやテキストの編集のためのプログラム (text editor) **2**) 一般にデータを編集するためのプログラム). [L=producer, exhibitor; ⇨ EDITION]

ed·i·to·ri·al /ɛ̀dətɔ́:riəl/ *n* 社説, 論説; (ラジオ・テレビ局の) 声明, 社論. ► *a* **1** 編集者の(ような), 編集者による; 編集(上)の, 編集用の: an ～ conference 編集会議 / the ～ staff 編集部. **2** 社説[論説]としての, 社説のような, 社説的な(論調の): an ～ article 社説 / an ～ paragraph [note] 社説欄の小論[短評] / an ～ writer *論説委員 / ～ 'we' ⇨ WE. **3** (広告などに対して, 刊行物の) 内容の, 記事の. ♦ **～·ly** *adv* ⁺社説で.

editórial·ist *n* 社説執筆者, 論説委員.

editórial·ìze *vi* 社説で論じる[に書く] 〈*on, about*〉; (報道記事などに) 編集者の意見を入れる, 私見を交える; (問題などについて) 意見を述べる, 発言する. ♦ **-ìz·er** *n* **editòrial·izátion** *n*

éditor in chíef 編集長, 編集主幹[主任], 主筆; (各部)主任記者.

éditor·shìp *n* 編集者の地位[職, 任期, 権威, 指導, 手腕], エディターシップ.

ed·i·tress /ɛ́dətrəs/ *n* 女性の editor.

ed·i·trix /ɛ́dətrìks/ *n* (*pl* **～·es, -tri·ces** /ɛ̀dətráɪsiz/) EDITRESS.

édit suìte 〔映・テレビ〕編集室 (cutting room).

Ed·ler /ɛ́ɪdlər/ エードラー (男子名). [G]

EdM Master of Education.

Ed·mond /ɛ́dmənd/ エドモンド (男子名; 愛称 Ed, Ned). [OE=protector of wealth (rich, happy+protection)]

Ed·mond Dan·tès /F ɛdmɔ̃ dɑ̃tɛs/ エドモン・ダンテス (Dumas père, *Le Comte de Monte-Cristo* の主人公; 陰謀によって牢獄に送られるが, 脱獄して復讐を遂げる).

Ed·mon·do /ɛdmɑ́ndou/ エドモンド (男子名). [It; ⇨ EDMOND]

Ed·mon·ton /ɛ́dmənt(ə)n/ エドモントン (**1**) カナダ Alberta 州の州都 **2**) 旧 London の Metropolitan boroughs の一つ; 今は Enfield の一部). ♦ **Ed·mon·to·ni·an** /ɛ̀dməntóuniən, -njən/ *n*

Ed·mund /ɛ́dmənd/ **1** エドマンド (男子名; 愛称 Ed, Ned). **2** [or **Ead·mund** /ɛ́dmənd/] エドマンド ～ **II** (c. 990–1016) (イングランド王 (1016); 通称 'Ironside' (剛勇王)). [⇨ EDMOND]

edn edition.

Ed·na /ɛ́dnə/ エドナ (女子名). [Heb=renewal, delight]

Édna Év·er·age /-ɛ́vərɪʤ/ [Dame] エドナ・エヴァレッジ (オーストラリアのコメディアン Barry Humphries (1934–) が扮する大きな眼鏡をかけ派手な服装をした中年女性).

Edo /ɛ́dou/ *n* **1 a** (*pl* ～, **Éd·os**) エド族 (=*Bini, Beni*) (ナイジェリア南部 Benin 地方に住む黒人族). **b** エド語 (KWA 語派に属する). **2** エド (ナイジェリア南西部の州; ☆Benin City).

Edom /í:dəm/ **1** 〔聖〕エドム (ESAU の別称; *Gen* 25: 30, 32: 4). **2** エドム (古代に死海と Aqaba 湾の間にあった国; Esau に与えられた地 (*Gen* 36); のち領土を移し, Judaea 南部を占め, ヘレニズム・ローマ時代にはイドマヤ (Idum(a)ea) と呼ばれた). [Heb=red]

Édom·ìte *n* 〔聖〕エドム人(びと) (ESAU の子孫; 死海の南方に住んでいた; *Num* 20: 14–21); エドム語 (ヘブライ語と近縁の古代セム語). ♦ **Édom·ìt·ish** *a*

Édouard /eɪdwɑ́:r; F edwa:r/ エドワール (男子名). [EDWARD]

EDP °electronic data processing.

edro·phó·ni·um (chlóride) /ɛ̀drəfóuniəm(-)/ 〔化〕塩化エドロホニウム (骨格筋弛緩薬の拮抗物質; 重症筋無力症の診断薬).

EdS Specialist in Education.

Ed·sel /ɛ́ds(ə)l/ **1** エドセル (男子名). **2*** 《俗》役立たず, 大しくじり, 大失敗, 失敗作 (米国 Ford 社の車 Edsel の失敗より). [OE=rich+hall]

EDT 〔米〕°eastern daylight time.

EDTA /ì:dì:tì:éɪ/ *n* 〔化〕エチレンジアミン四酢酸, EDTA (キレート試薬・抗凝血薬; 鉛中毒の治療に用いる). [*e*thylene*d*iamine*t*etra*a*cetic acid]

edu 〔インターネット〕educational (DOMAIN 名の一つ).

Edu·ard /G é:duart/ エドゥアルト (男子名). [⇨ EDWARD]

educ. education(al).

ed·u·ca·ble /ɛ́ʤəkəb(ə)l, ‖ɛ́djə-/ *a* 教育[訓練]できる, (特に) ある程度は学習能力のある, 教育可能な. ► *n* 精神遅滞者, 教育可能児. ♦ **èd·u·ca·bíl·i·ty** *n* 教育可能性.

ed·u·cand /ɛ́ʤəkæ̀nd, ‖ɛ́djə-/ *n* 被教育者.

ed·u·cate /ɛ́ʤəkèɪt, ‖ɛ́djə-/ *vt* 〈人を〉教育する, 育成する, 訓練する 〈*for* a job〉; …に学校教育を授ける, 学校へ行かせる; 〈精神・特殊能力・趣味などを〉養う; 〈動物を〉仕込む, ならす; 〈人〉のために教育費を出す; 〈人〉に知らせる (inform): ～ the mind of a child 児童の知能を育てる / ～ one*self* 独学[修養]する / ～ the ear [eye] 耳[目]を肥やす / be ～*d* at a college 大学で学ぶ / be ～*d in* sciences 諸科学を学ぶ / ～ people *about*... 人びとに…について教える. ► *vi* 教育[訓練]を行なう. ♦ **éd·u·càt·a·ble** *a* EDUCABLE. [L *educat- educo* to rear; cf. EDUCE]

éd·u·càt·ed *a* **1** (高度の)教育[教養]のある; 訓練[練習]を積んだ, 熟練した; 教養人にふさわしい: a Yale-～ lawyer イェール大卒の弁護士. **2** 知識[経験]に基づいた: an ～ guess 長年の勘, くろうと筋の推測[予測]. ♦ **～·ly** *adv* **～·ness** *n*

ed·u·ca·tion /ɛ̀ʤəkéɪʃ(ə)n, ‖ɛ̀djə-/ *n* **1 a** 教育; 学校教育; 教育課程; 教育学: intellectual [moral, physical] ～ 知育[徳育, 体育] / get [give] a good ～ よい教育をうける[与える]. **b** (品性・能力などの) 訓育, 養成; [°*joc*] ためになる[思いがけない]経験 〈*for, to* sb〉; (動物の) 仕込み: This trip was an ～ for us. この旅行に行ってよい勉強になりました. **2** (教育の結果としての) 知識, 学識, 教養, 徳性 (など); 教育的経験, 教訓, よい勉強: a man with a classical [legal] ～ 古典[法律]の素養のある人 / deepen one's ～ 教養を深める. **3** (ハチ・バクテリアなどの) 飼育, 培養.

educátion·al *a* 教育(上)の; 教育の分野の; 教育的な: ～ films 教育映画 / ～ leave 教育[研修]休暇. ♦ **～·ist** *n* EDUCATIONIST. **～·ly** *adv*

educátional áge 教育年齢 (achievement age).

educátion·al-indústrial cómplex 産学協同.
educátional párk 〘米〙 教育公園《いくつかの初等・中等学校を統合した大規模な教育施設》.
educátional psychólogy 教育心理学. ♦ **educátional psychólogist** *n*
educátional télevision PUBLIC TELEVISION; 教育テレビ.
Educátional Wélfare Òfficer 〘英〙 教育監督官《学校外の問題と生徒の教室での問題との相関性を調べたり生徒の生活指導を行なったりする地方教育官》.
educàtion·ése *n* 教育関係者用語[語法].
educátion·ist *n* ″教育専門家 (educator); *[″*derog*] 教育学者.
educátion pàrk 〘米〙 EDUCATIONAL PARK.
ed·u·cat·ive /éʤəkèɪtɪv; éʤukə-, édjʊ-/ *a* 教育的な, 教育上有効な; 教育(上)の.
éd·u·cà·tor *n* 教育専門家, 教育者, 教職者; 教育学者 (educationist); 教育行政に従事する人; 学校経営者.
ed·u·ca·to·ry /éʤəkətɔ̀:ri; éʤukət(ə)ri, èʤukéɪ-, édjʊ-/ *a* 教育に役立つ, 教育的な; 教育(上)の.
educe /ɪd(j)ú:s/ *vt* 〈潜在する性能などを〉引き出す; 〈データから推論を〉引き出す, 推断する, 演繹する; 抽出する. ♦ **edúc·ible** *a* 抽出[演繹]できる. [L *e*-(*duct- duco* to lead)=to draw out]
edu·crat* /éʤəkræ̀t, ″édjʊ-/ *n* 教育行政家, 教育官僚.
educt /í:dʌ̀kt/ *n* 抽出物; 〘化〙 遊離体, 抽出物 (opp. *product*); 〘論〙 INFERENCE.
educ·tion /ɪdʌ́kʃ(ə)n/ *n* **1** 引き出されたもの, 抽出物; 引き出すこと, 抽出; 排出; 《蒸気機関・内燃機関の》排気行程; 《液体を》抜く[抜き取る]こと. **2** 推断; 〘論〙 INFERENCE. [EDUCE]
educ·tive /ɪdʌ́ktɪv/ *a* 引き出す; 抽出的な; 演繹的な.
educ·tor /ɪdʌ́ktər/ *n* EDUCE する人[もの, 装置], 《特に》《流体などの》排出装置, エゼクター (EJECTOR); エダクター《2 種類の流体を混ぜ合わせるのに用いる》.
edul·co·rate /ɪdʌ́lkərèɪt/ *vt* 〘化〙 …から酸[塩分, 可溶分, 不純分]を洗い去る, 洗浄する; 〈人〉の荒々しさを除く, 気持を和らげる. ► *vi* 快くする. ♦ **edùl·co·rá·tion** *n*
ed·u·tain·ment /èʤətéɪnmənt, ″èdjə-/ *n* エデュテイメント《娯楽的要素を取り入れた教育ソフト[番組, 映画, 図書など]》. [*educa*tion+enter*tainment*]
Ed·vard /édvɑ̀:rt/ エドヴァルト《男子名》. [Norw; ⇨ EDWARD]
Edw. Edward.
Ed·ward /édwərd/ **1** エドワード《男子名; 愛称 Ed, Ned, Ted, Teddy》. **2** [Saint] 聖エドワード (c. 1003–66)《イングランド王 (1042–66); **Ead·ward** /édwərd/ ともつづる; 通称 'the Confessor' (告解王, 証聖王); 祝日 10 月 13 日》. **3** エドワード王《歴代のイングランド[英国]王 8 人の名》: **(1)** ～ **I** (1239–1307)《イングランド王 (1272–1307); 通称 'Longshanks' (長脛王)》 **(2)** ～ **II** (1284–1327)《イングランド王 (1307–27)》 **(3)** ～ **III** (1312–77)《イングランド王 (1327–77)》 **(4)** ～ **IV** (1442–83)《イングランド王 (1461–70, 71–83)》 **(5)** ～ **V** (1470–?83)《イングランド王 (1483); ロンドン塔に幽閉され殺されたとされる; ⇨ PRINCES IN THE TOWER》 **(6)** ～ **VI** (1537–53)《イングランド・アイルランド王 (1547–53); Henry 8 世と Jane Seymour の子》 **(7)** ～ **VII**=Albert ～ (1841–1910)《英国王・インド皇帝 (1901–10); Victoria 女王の長男》 **(8)** ～ **VIII**, Duke of Windsor (1894–1972)《英国王・インド皇帝 (1936); George 5 世の長男; Wallis Warfield Simpson 夫人との結婚のために退位》. **4** エドワード **(1)** Prince of Wales, Duke of Cornwall (1330–76)《イングランド王 Edward 3 世の長男; 通称 'the Black Prince' (黒太子); 百年戦争中 Crécy (1346), Poitiers (1356) でフランス軍を破った》 **(2)** Earl of Wessex (1964–)《英国女王 Elizabeth 2 世の第 4 子, 三男》. **5** [Lake] エドワード湖《コンゴ民主共和国とウガンダの国境にまたがる湖; ここから流出するセムリキ (Semliki) 川によって北の Albert 湖に結ばれる》. [OE=guardian of wealth (rich, happy+guardian)]
Ed·war·di·an /edwɑ́:rdiən, -wɔ́:r-; -wɔ́:-/ *a* **1** エドワード王時代の. **2 a** 〘建〙 エドワード (1 世から 3 世時代)(の様式)の. **b** エドワード 7 世時代の(ような)《**1)** 物質的豊かさに対する自己満足と華美絢爛を特徴とする **2)** 〈婦人の服装が〉腰が細くくびれた, 〈紳士の服装が〉体にぴったりの細作りの長いスーツを特徴とする》. ► *n* エドワード 7 世時代(風)の人.
Ed·wards /édwərdz/ エドワーズ **(1) Gareth (Owen)** ～ (1947–)《英国のアマチュアラグビー選手》 **(2) Jonathan** ～ (1703–58)《米国のカルヴァン主義の神学者; 信仰復活運動 Great Awakening を推進》 **(3) Robert G(eoffrey)** ～ (1925–)《英国の医学者; 体外授精技術の開発によりノーベル生理学医学賞 (2010)》. ♦ **Ed·ward·ean** /edwɑ́:rdiən, -wɔ́:r-; -wɔ́:-/ *a*
Ed·win /édwən/ **1** エドウィン《男子名; 愛称 Ed, Ned》. **2** or **Ead·wine** /édwən/ エドウィン (585?–633)《Northumbria 王 (616 or 617–633)》. [OE=rich, happy+friend]
Ed·wi·na /edwí:nə, -wínə/ エドウィーナ《女子名》. [(fem)<↑]
ee /í:/ *int* ″《方》 OH[1].
'ee /i/ *pron* 《俗》 ye (=you) の省略形: Thank'*ee*.
-ee[1] /í:/ *n suf* (1)「行為をうける者」「被…者」: appoint*ee*, employ*ee*, grant*ee*, train*ee*. (2)「行為者」: escap*ee*. (3)「…な状態にある人」: absent*ee*, refug*ee*. (4)「…保有者」: patent*ee*. [F (pp) *-é* または これにならったもの]
-ee[2] *n suf* (1)「…の小さなもの」: boot*ee*, coat*ee*. (2)「…に関係のある人」: barg*ee*, town*ee*. (3)「…に似たもの」: goat*ee*. [*-ie*]
EE °Early English ♦ °electrical engineer ♦ 《靴幅サイズの》EE《EEE より狭く E より広い》. **EEA** European Economic Area 欧州経済領域《欧州連合およびアイスランド・ノルウェー・リヒテンシュタインの計 30 か国からなる共同市場; 1994 年発足》. **EEC** °European Economic Community. **EEE** 〘靴〙 《靴幅サイズの》EEE《最も幅広》. **EEG** electroencephalogram ♦ electroencephalograph ♦ electroencephalography.
ee·jit /í:ʤɪt/ *n* 《アイル・スコ》 IDIOT.
eek /í:k/ *int* キャーッ, ヒャッ, ウェッ! [imit]
eel /í:l/ *n* 〘魚〙 ウナギ; ウナギに似た魚《デンキウナギ・アナゴなど》; 〘動〙 EELWORM; [*fig*] すべっこくて捕えられないもの, とらえどころのない人物: (as) slippery as an ～ ぬるぬるとすべっこい; なかなかつかまらない, とらえどころがない. ► *vi* ウナギ釣りをする; くねくね動く[進む] (worm). [OE *ǣl*<?; cf. G *Aal*]
éel bùck″ EELPOT.
éel·fàre *n* ウナギの稚魚の遡河(そか).
éel·gràss *n* 〘植〙 **a** アマモ《海草》. **b** TAPE GRASS.
éel·lìke *a* ウナギのような; くねくねと曲がった; 泳ぎの巧みな; 捕えにくい.
éel·pòt *n* ウナギおとし《箱形のやな》.
éel·pòut *n* 〘魚〙 **a** ゲンゲ科の各種の食用魚. **b** BURBOT.
éel spèar ウナギ突き用のやす.
éel·wòrm *n* 〘動〙 線虫, ネマトーダ, 《特に》酢(す)線虫.
éely *a* ウナギ (eel) のような; すべっこい, ぬらりくらりとのたくる.
Eem·ian /í:miən/ *a* 〘地質〙 エーム間氷期の《北欧地域の更新世の最終間氷期についていう; Weichsel 氷期の前にくる》.
e'en[1] /í:n/ *adv* 《詩》 EVEN[1].
e'en[2] *n* 《詩》 EVEN[2].
-een[1] /í:n/ *n suf*「…まがいの織物」: velvet*een*. [ratteen などにならったものか; ↓の連想もある]
-een[2] *n suf* 《アイル》「…の小さなもの」「…のかわいいやつ」「…のちっぽけなやつ」: buck*een*, squir*een*. [Ir *-īn*]
ee·nie, mee·nie, mi·nie, moe /í:ni mí:ni máɪni móʊ/ どれにしようかな.
een·sy(-ween·sy) /í:nsi(wí:nsi)/ *a* 《幼児》 ちっちゃな, ちっちゃい, ちょっぴりの. [変形<*Teensy-weensy*]
EENT eye, ear, nose, and throat 眼科および耳鼻咽喉科.
EEO equal employment opportunity 平等雇用機会.
EEOC °Equal Employment Opportunity Commission.
EEPROM /í:í:prɑ̀m, dʌ̀b(ə)lí:prɑ̀m, í:prɑ̀m/ *n* 〘電算〙 電気的消去可能 PROM, EEPROM《EPROM の一種で, 電気的にデータの書込み・消去を行なうことができる PROM》. [*e*lectrically *e*rasable *p*rogrammable *r*ead-*o*nly *m*emory]
e'er /éər/ *adv* 《詩》 EVER.
-eer /íər/ *n suf*「…関係者」「…取扱者」「…製作者」: auction*eer*, mountain*eer*; [*derog*] sonnet*eer*, profit*eer*. ► *v suf*「…に関係する」: auction*eer*, election*eer*. [F *-ier*<L *-arius* または これにならったもの; cf. -IER, -ARY]
EER °energy efficiency ratio.
ee·rie, ee·ry /íəri, *í:ri/ *a* (**ée·ri·er; -ri·est**) 不気味で恐ろしい, 気味の悪い; 不可解で神秘的な, 得体の知れない, この世のものとも思えない; 《スコ》《迷信的に》びくびくおびえた. ♦ **ée·ri·ly** *adv* **-ri·ness** *n* [ME=timid<OE *earg* cowardly; cf. G *arg* bad]
EES 〘電算〙 Escrowed Encryption Standard エスクロー暗号化規格《一定条件下で第三者機関の保管するキーを用いれば保安当局が解読できるようにする暗号規格; DES の代替として導入が検討された; cf. CLIPPER CHIP》.
Ee·yore /í:ɔ̀:r/ イーヨー《*Winnie-the-Pooh* に登場する年寄りの灰色のロバ; 森の中に一人で住むひねくれ者》.
Ee·yor·ish″ /í:ɔ:rɪʃ/, **Éeyore-** *a* 《Eeyore のように》陰気な, 悲観的な, ひねくれた.
EEZ °exclusive economic zone.
ef /éf/ *n* 《アルファベットの》F [f].
ef- /ɪf, əf, ɛf/ *pref* EX-[1] 《f- の前の形》.
EFA 〘英〙 Education Funding Agency ♦ °essential fatty acid.
Efa·te /efɑ́:tèɪ/ エファーテ《太平洋南西部ヴァヌアツ中部にある島; 首都 Vila がある》.
eff /éf/ ″《口》 [*euph*] *vt, vi, n* FUCK; 《fuck などの》タブー語を口にする. ● **～ and blind** ″《口》 のべつ悪態をつく, きたないことばを使う 〈*at*〉. **～ off** [*impv*] ″《口》 立ち去れ, うせろ. **～ up** ″《俗》 めちゃめちゃにしてしまう. **～ you** ″《俗》 てやんでえ, こんちきしょう! [EF<*f*uck]
eff. efficiency.
ef·fa·ble /éfəb(ə)l/ *a* 言いうる, 表現[説明]できる. [OF<L (*effor* to speak out)]
ef·face /ɪféɪs, ɛ-/ *vt* こすって消す, 削除する; 〈思い出・印象などを〉ぬぐい去る; 目立たないようにする: ～ one*self* 表立たないようにする. ♦ **～·able** *a* **～·ment** *n* **ef·fác·er** *n* [F (*ex-*[1], FACE)]

ef·fect /ɪfέkt, ε-/ *n* **1** 結果 (consequence); 遂行, 成就: CAUSE and ～. **2** 効果; ⦅法律などの⦆ 効力; ⦅薬などの⦆ 効きめ, 効能; 影響, 作用, 反応; [発見者名のあとに付けて]〘理〙…効果: The experience had a bad [an adverse] ～ on me. その経験はわたしに悪い影響を及ぼした / DOPPLER EFFECT. **3 a** 色彩·形の配合, 光景, 趣き, 印象; 外見, 見え, 体裁: STAGE EFFECT. **b** [ᵘ*pl*] ⦅劇·映画·放送などの⦆ 効果(装置); [*pl*] SPECIAL EFFECTS. **4** 趣旨, 意図 (purport); 本質, 基本的意味. **5** [*pl*] 動産物件, 持物: household ～*s* 家財 / PERSONAL EFFECTS. ● **bring [carry, put]**…**into** ～ …を実施[施行]する. **come [go] into** ～ 有効になる, 実施される. **for** ～ ⦅見る人·聞く人への⦆ 効果をねらって, わざと: be calculated *for* ～ 〈装飾など〉目につきやすいように考案されている. **give** ～ **to**…を実行[実施]する. **in** ～ (1) 結果[実際]において; 事実上, 実質的に; 要するに; «古» 本当は (in fact). (2)〈法律など〉実施[施行]されて, 効力を有して. **no** ～**s** 無財産, 預金皆無 ⦅銀行が不渡り小切手に記入する文句; 略 N/E⦆. **of no** ～ ＝**without** ～ 無効で (useless). **take** ～ 効力を生ずる, 発効する, 実施される. **to good** ～ 良い効果をあげて, 効果的に. **to no** ～ なんら効果なく, 無効で. **to that [this, the same]** ～ その[この, 同じ]趣意で[の]: He said "…", or words *to that* ～. …とかいう意味のことを言った. **to the** ～ **that**…という趣意で[の]: I had a letter *to the* ～ *that* he would soon arrive. じき到着するという意味の手紙をもらった. **with** ～ 効果的に, 力強く. **with** ～ **from** (ten) (10 時)から有効.
► *vt* 〈変化などを〉もたらす; 〈目的·計画などを〉果たす, 遂げる; 実施[施行]する: ～ an escape 逃げおおす / ～ insurance [a policy] 保険をつける / ～ a reform 改革をなし遂げる.
♦ **～·ible** *a* **～·less** *a* ［OF or L *ef-(fect- ficio*＝FACT)］

effect·er *n* 実施[施行]する人[もの] (effector).

ef·fec·tive /ɪféktɪv, ε-/ *a* **1** 効力のある, 有効な; 有力な, 有能な; 効果的な; 強い印象を与える: an ～ range 有効距離[射程] / become ～ *効力を生ずる / ～ as of June 1*＝～ as from 1 June" 6 月 1 日から有効 / an agent ～ *against* this disease この病気に効く薬. **2** 実際の, 事実上の;〘軍〙〈兵員などが〉応戦態勢にある;〘理〙実効[有効](値)の;〘商〙実効金利の (opp. *nominal*) ⦅複利計算などを含め実際に払わねばならないもの⦆. ► *n* 有効なもの, 有能な人; [ᵘ*pl*]〘軍〙⦅応戦態勢にある⦆ 実動兵員, 実兵力: an army of 1,000,000 ～*s* 100 万の兵員を擁する陸軍. ♦ **～·ly** *adv* 有効に; 効果的に; 有力に; 実際上, 事実上. **～·ness** *n* **ef·fec·tiv·i·ty** /ɪfεktívəti/ *n*

efféctive demánd〘経〙有効需要.

efféctive témperature〘理·天〙有効温度 ⦅恒星と表面積および全放射エネルギーが同じ黒体 (blackbody) の温度⦆.

ef·féc·tor *n* 実施[遂行]する人[もの];〘生理〙効果器, 作動体, エフェクター ⦅神経インパルスをうけて活動する器官や組織⦆;〘生化〙エフェクター ⦅酵素の基質結合部位と立体構造の異なる部位に結合することによって酵素活性を変化させる物質⦆; エフェクター ⦅電気楽器·ヴォーカルなどの音色に特殊効果を付加する装置⦆.

ef·fec·tu·al /ɪfέkʧuəl/ *a* 有効な, 望ましい結果を生み出す(ことのできる), 適切な; 〈証書などが〉法的に有効な; 実際の, 実効的な: ～ measures 有効な手段. ♦ **～·ness** *n* **ef·fec·tu·al·i·ty** /ɪfὲkʧuǽləti/ *n*

efféctual·ly *adv* 有効に, 効果的に, うまく, 手際よく, さっと; (希望どおり)完全に.

ef·fec·tu·ate /ɪfέkʧuèɪt/ *vt* 実現[実施, 遂行]する (effect).
♦ **ef·fèc·tu·á·tion** *n*

ef·fem·i·na·cy /ɪfέmənəsi/ *n* めめしさ, 柔弱, 優柔不断.

ef·fem·i·nate /ɪfέmənət/ *a* めめしい, 柔弱な, 男らしくない, 女みたいな; 〈文明·芸術など〉柔弱な, やわな, 繊細すぎる. ► *n* 柔弱な人, めめしい男. ► *vt* /-nèɪt/ めめしくする. ♦ **～·ly** *adv* ［L (pp)〈*ef-(femino*〈*femina* woman)］

ef·fem·i·nize /ɪfέmənàɪz/ *vt* めめしくする.

ef·fen·di /εféndi, ə-/ *n* エフェンディ ⦅トルコで資産家·役人·知識階級の人に対する敬称, Sir, Master などに相当; official title としては 1934 年廃止⦆; ⦅東地中海沿岸[アラブ]諸国の⦆ 教育[地位, 資産]のある人. ［Turk］

ef·fer·ent /έfərənt, έfὲr-, íː-/〘解〙*a* (opp. *afferent*) 輸出[導出, 出力]性の〈血管〉; 遠心性の〈神経〉. ► *n* 輸出管; 遠心性神経.
♦ **～·ly** *adv* **éf·fer·ence** *n*

ef·fer·vesce /ὲfərvés/ *vi* **1** 〈炭酸水などが〉(沸騰するように)ガスの気泡を出す, 泡立つ, 発泡する; 〈液体中のガスなどが〉泡となって出る. **2** 〈人が〉興奮する, 活気づく, 熱っぽい話し方になる. ♦ **èf·fer·vésc·ing·ly** *adv* EFFERVESCENTLY.

èf·fer·vés·cence, -cen·cy *n* 起沸, 発泡, 泡立ち; 感激, 興奮, 活気. ［L; ⇨ FERVENT］

èf·fer·vés·cent *a* 快活な, はつらつとした; 沸き立つような; 〈液体が〉発泡[起沸, 沸騰]性の: ～ mineral water ガス入りのミネラルウォーター, 天然炭酸水. ♦ **～·ly** *adv*

ef·fete /εfíːt, ɪ-/ *a* **1 a** 精力の尽きた, 活力を失った, 疲労した, 退廃的な〈人·帝国·文明〉; 志を忘れた; あせた, 気の抜けた; 時代遅れの〈制度·組織〉. **b** 柔弱な, めめしい〈若者〉. **2** 再生産力を失った, 枯渇した〈土地·動植物〉. ♦ **～·ly** *adv* **～·ness** *n* ［L＝worn out by bearing young; cf. FETUS］

ef·fi·ca·cious /ὲfəkéɪʃəs/ *a* 意図した効果を生ずる, 効果的な; 〈薬·治療など〉効きめ[効能, 効験]のある: ～ *against* fever 熱に効く. ♦ **～·ly** *adv* **～·ness** *n* ［L *efficax*; ⇨ EFFICIENT］

ef·fi·cac·i·ty /ὲfəkǽsəti/ *n* EFFICACY.

ef·fi·ca·cy /έfɪkəsi/ *n* 効力, 効験, 効きめ (effectiveness).

ef·fi·cien·cy /ɪfíʃ(ə)nsi/ *n* **1** 能率[効率]のよさ[度合い], 有効性[度]; 効率のよい仕事;〘理·機〙効率, 能率: an ～ test 効率試験. **2** *簡易[能率, 一室]アパート (＝～ **apàrtment**) ⦅家具付きの一部屋と最小限の炊事·洗面·浴用の設備とからなる⦆.

effíciency bár" 能率バー ⦅給料が一定額に達した時に, 一定の能率達成が明示されるまで給料を頭打ちにしておくこと⦆.

effíciency èxpert [enginèer*] 能率技師 ⦅企業などの最大限の生産効率の達成をはかる⦆.

ef·fi·cient /ɪfíʃ(ə)nt/ *a* **1 a** 能率[効率]のよい, 有効な. **b** ある結果を直接ひき起こす, 動因となる. **2** 有能な, 腕利きの. ♦ **～·ly** *adv* ［L＝EFFECTING］

effícient cáuse 動因;〘哲〙動力因, 作用因 ⦅Aristotle の運動の四原因の一つ; ⇨ FORMAL CAUSE⦆.

Ef·fie /έfi/ **1** エフィー ⦅女子名; Euphemia の愛称⦆. **2** エフィー(賞) ⦅米国マーケティング協会が毎年効果のすぐれた広告に対して与える⦆.

ef·fig·ial /ɪfíʤ(i)əl/ *a* 肖像[人形]の[に似た].

ef·fig·i·ate /ɪfíʤièɪt/ *vt* «古» …の肖像をつくる.

ef·fi·gi·es /ɪfíʤiìːz/ *n* (*pl* ～) EFFIGY.

ef·fi·gy /έfəʤi/ *n* ⦅特に 人の⦆ 像, 肖像, 彫像; ⦅憎むべき人物を模した粗末な⦆ 人形(ひとがた). ● **burn [hang] sb in** ～ 憎い人の人形を作って公衆の面前で焼く[縛り首にする]. ［L *effigies* (*fingo* to fashion)］

eff·ing /έfɪŋ/ *n, a, adv*" «口» [*euph*] FUCKING (cf. EFF).

ef·fleu·rage /ὲflərάːʒ, -lu-/〘医〙*n* ⦅マッサージの⦆ 軽擦法. ► *vi* 軽擦する. ［F (*effleurer* to stroke lightly)］

ef·flo·resce /ὲflərés; -lɔː-/ *vi* **1** 〈文化など〉花開く, 開花する, はなやかにパッと栄える. **2**〘化〙**a** 〈地·壁など〉白華を生ずる. **b** 風解[風化]する. ［L (incept)〈*floreo*; ⇨ FLOWER］

èf·flo·rés·cence *n* **1 a** 開花; 開花期[状態]. **b** 絶頂, 全盛, 最高潮. **2 a**〘化〙風解, 風化;〘化〙白華(はっか) ⦅コンクリートなどの白色析出物⦆, 白華現象. **b**〘医〙発疹, 皮疹.

èf·flo·rés·cent *a* **1** 開花する, 咲き出る. **2** 風解[風化]性の; 白華を形成する, 白華でおおわれた, 白華のような.

ef·flu·ence /έflùəns, *εflúː-, *əflúː-/ *n* ⦅光線·電気·液体などの⦆ 発出, 放出, 流出 (opp. *affluence*); 発出[流出, 放出]物, 流出水.

éf·flù·ent /, *εflúːənt, *ə-/ *a* 流れ出る. ► *n* 流れ出るもの; ⦅川の本流·湖などからの⦆ 流出する川, 分流, 流出水; 排出物, 廃棄物 ⦅特に環境を汚染する煤煙·工場廃液·下水·放射性廃棄物など⦆. ［L (*flux- fluo* to flow)］

ef·flu·vi·um /ɪflúːviəm, *ε-/, **-via** /-viə/ *n* (*pl* **-via** /-viə/, **～s**) 目に見えない発散物; 臭気, 悪臭; ⦅通例 廃棄物として出る⦆ 副産物.
♦ **-vi·al** *a* ［L (↑)］

ef·flux /έflʌks/, **ef·flux·ion** /εflʌ́kʃ(ə)n/ *n* **1** ⦅液·空気·ガスなどの⦆ 流出, 発散 (opp. *influx*); 流出量[物], 発散するもの. **2** ⦅時の⦆ 経過; 期日の終了, 満期. ★ effluxion は 特に 時について用いられる. ［L; ⇨ EFFLUENT］

ef·fort /έfərt, *έfɔːrt/ *n* **1** 努力, 奮闘, 骨折り; 努力の要ること, 骨の折れること; ⦅目的達成のための⦆ 活動, 行動; 募金運動; 努力の成果, 労作, 力作: make an [the] ～ 骨折る 〈*to do*〉/ make every ～ あらゆる努力をする 〈*to do*〉/ with (an) ～ 骨折って / without (any) ～ 楽に, わけなく / spare no ～ 骨身を惜しまない / put ～ into…に努力する / WAR EFFORT. **2**〘機〙作用力. ［F＜Romanic (L *fortis* strong)］

éffort bàrgain〘労〙努力協定 ⦅団体交渉による労使の協定により, 一定の賃金および賃金体系のもとでなされる労働を時間だけでなく完遂作業量で示す協定⦆.

éffort·ful *a* 努力している, 無理をした; 骨の折れる. ♦ **～·ly** *adv* **～·ness** *n*

éffort·less *a* 苦労の跡のない〈文章·演技〉; 骨の折れない, たやすい〈仕事〉; «古» 努力しない, 骨を折らない. ♦ **～·ly** *adv* やすやすと. **～·ness** *n*

éffort sỳndrome〘医〙努力症候群 (＝*cardiac neurosis*).

ef·fron·tery /ɪfrʌ́ntəri, ε-/ *n* あつかましさ, ずうずうしさ. ［F＜L *ef-(front- frons* forehead)＝shameless］

ef·fulge /ɪfʌ́lʤ, ε-/ «まれ» *vi* 光り輝く. ► *vt* 〈光を〉発する, 放つ.

ef·ful·gence /ɪfʌ́lʤ(ə)ns, ε-, -fύl-/ *n* 光輝, 光彩.

ef·fúl·gent *a* 光り輝く, まばゆいばかりの. ♦ **～·ly** *adv* ［L (*fulgeo* to shine)］

ef·fuse *vt, vi* /ɪfjúːz, ε-/ **1** 〈液·光·香気など〉放出する, 発散する; 流れ出る; にじみ出る. **2** (興奮して)やたらと[くどくどと]話す, しゃべりちらす[まくる]. ► *a* /ɪfjúːs, ε-/ ほとばしり出る;〘植〙〈地衣などが〉不規則な形に広がった, 〈花が〉花序がまばらに広がった; 〈貝殻が〉溝で分かれたへり[唇部]をもつ. ［L *e-, fus- fundo* to pour］

ef·fu·si·om·e·ter /ɪfjùːziάmətər/ *n*〘理〙噴散計 ⦅気体の噴散速度を測る⦆.

ef·fu·sion /ɪfjúːʒ(ə)n, ε-/ *n* **1** 発散, 放出, 流出; 流出物;〘医〙⦅血液·漿液などの⦆ 滲出(しんしゅつ) (＝*extravasation*); 滲出液;〘理〙⦅気

体の》噴散, 吹き出し. **2** «主に文»《感情・考えなどの》発露, 流露; 口をついて出ることば[詩文 など].

ef·fu·sive /ɪfjúːsɪv, ɛ-, -zɪv/ *a* 感情あふれるばかりの; 〘地質〙非爆発的なマグマ噴出でできた, 噴出性の; «古» ほとばしり出る: ~ rocks 噴出岩《火山岩》. ♦ **~·ly** *adv* **~·ness** *n*

Ef·ik /ɛ́fɪk/ *n* **a** (*pl* ~, ~s) エフィク族《ナイジェリア南東部の黒人農耕部族》. **b** エフィク語.

E-FIT, e-fit /íːfɪt/ *n* 電子的顔面同定技術(によるモンタージュ写真)《コンピューターにあらかじめ記憶させてある典型的な顔面諸部分の画像を画面上で組み合わせてモンタージュ写真を構成する技術》. [*E*lectronic *F*acial *I*dentification *T*echnique]

EFL English as a foreign language.

e-fraud /íː–/ *n* ネット詐欺.

Ef·rem /ɛ́frəm/ エフレム《男子名》. [Russ]

e-friend /íː–/ *n* メル友 (e-pal).

EFSF European Financial Stability Facility 欧州金融安定ファシリティー, 欧州金融安定(化)基金《財政難に陥ったユーロ加盟国を支援する特別目的事業体; 2010 年設立; 本部 Luxembourg》.

eft[1] /ɛ́ft/ *n* 〘動〙《特に 地上で生活する時期の》イモリ (newt). [OE *efeta*<?]

eft[2] «古» *adv* 再び (again); あとで (afterward). [OE *eft*; cf. AFT(ER)]

EFT °electronic funds transfer. **EFTA** /ɛ́ftə/ °European Free Trade Association. **EFTPOS** /ɛ́ftpɑ̀s/ electronic funds transfer at point of sale 販売時電子資金移動《クレジットカードなどと専用端末を用いて, 店頭での商品販売時に購入者の口座から販売者の口座に自動的に代金を振り替えるシステム》.

EFTS electronic funds transfer system.

eft·soon(s) /ɛftsúːn(z)/ «古» [*joc*] *adv* まもなく, すぐに (soon afterward); 再び (again); しばしば. [OE (EFT[2], SOON)]

e.g., eg /íːdʒíː/ *adv* たとえば (for example). ★ for example とも読む. [EXEMPLI GRATIA]

Eg. Egypt ♦ Egyptian ♦ Egyptology.

egad /ɪgǽd/, **egads** /-dz/ *int* «英では古» おや, まあ, なんだって, いやはや, ヒェーッ《軽いののしり・驚き・感激などを表わす発声》. [*Ah God*]

Éga·di Íslands /ɛ́gədi-/, **Ae·gá·di·an Íslands** /igéɪdiən-/ *pl* [the] エガディ諸島《地中海の Sicily 島の西にある島群; 付近でカルタゴ軍がローマ軍に敗れ第 1 次ポエニ戦争が終結 (241 B.C.); 古代名 Aegates》.

egáds swìtch [bùtton] *«俗» 緊急脱出スイッチ; *«俗» 自爆スイッチ (chicken switch). [*e*lectronic *g*round *a*utomatic *d*estruct *s*equencer]

egal /íːgəl/ *a* «廃» EQUAL.

egal·i·tar·i·an /ɪgæ̀lətέəriən/ *a, n* 平等主義の(人). ♦ **~·ìsm** *n* 平等主義. [F (*égal* equal)]

éga·li·té /*F* egalite/ *n* 《社会的・政治的な》平等.

egal·i·ty /ɪgǽləti/ *n* ÉGALITÉ.

Egas Mo·niz /ɛ́gɑːs mouníːz/ (エガジュ)ムニシュ, (エガス)モーニス **António** (**Caetano de Abreu Freire**) ~ (1874–1955)《ポルトガルの神経科医・政治家; ノーベル生理学医学賞 (1949)》.

Eg·bert /ɛ́gbərt/ **1** エグバート《男子名》. **2** エグバート (c. 775–839)《Wessex 王 (802–839); 一時的にほぼ全イングランドを制覇し, 時にその初代の王とされる》. [OE=sword+bright]

eger /íːgər/ *n* EAGRE.

Eger **1** /ɛ́gɛər/ エゲル《ハンガリー中北部の市》. **2** /*G* éːgər/ [the] エーガー川《OHŘE 川のドイツ語名》.

Ege·ria /ɪdʒíəriə/ **1** 〘ロ神〙エーゲリア《Diana の森の泉の女神; Numa Pompilius 王の相談役》. **2** 女性助言者, 女性相談役.

egest /ɪdʒɛ́st/ *vt* 排出する, 排泄する (opp. *ingest*). [L *egero* to carry out]

eges·ta /ɪdʒɛ́stə/ *n pl* 排出物, 排泄物.

eges·tion /ɪdʒɛ́stʃ(ə)n/ *n* 排出, 排泄. ♦ **eges·tive** /ɪdʒɛ́stɪv/ *a*

EGF °epidermal growth factor.

egg[1] /ɛ́g/ *n* **1 a** 卵, 鶏卵; 〘生〙EGG CELL; 《アリなどの》繭, さなぎ, '卵': a boiled ~ ゆで卵 / a soft-boiled ~ 半熟卵 / (as) full as an ~ ぎっしり詰まって; *«俗» へべれけに酔って / sit on ~*s* 〈めんどりが〉卵を抱く / Don't put all your ~*s* in one basket. «諺» 全部の卵を一つのかごに入れるな《全資産を一事業にかけてしまうようなことはするな》/ Better an ~ today than a hen tomorrow. «諺» 今日の卵は明日の鶏にまさる / (as) SURE as ~*s* is [are] ~*s*. **b** *«俗» 卵形のもの《ボール・頭・数字のゼロなど》; «俗» (投下)爆弾, 手榴弾, 機雷. **2** «俗» **a** [good, bad, old, tough などを伴って] やつ, もの, こと; ˈ«口» 青二才, よくないやつ; EGGHEAD: GOOD EGG / BAD EGG. **b** さえない冗談, へたな演技. ● **a tough ~ to crack**=a tough NUT to crack. **be full of meat as an ~** 栄養[教訓]をいっぱい含んでいる. **~ in one's beer** *«俗» ぜいたく[欲望]の極み, ひどく欲ばった望み. **~ [jam] on [all over] one's face** «口» 恥, 不面目: have [get] ~ *on* one's *face* 面目を失う, ばかに見える / with ~ *on* one's *face* 当惑して, 面目を失って, いい笑いもので. **Go fry an ~!** *«俗» とっととうせろ, 行っちまえ (Beat it!). **have [put] all one's [the] ~s in [into] one basket** «口» 一つの事業[一人の人]にすべてをかける《⇨ 1a 諺》. **have ~s on the spit** 仕事で手がふさがっている. **in the ~** 未発の[に], 初期の(うちに): crush *in the* ~ ふたばのうちに枯らす / a thief *in the* ~ 泥棒の卵. **lay an ~** 卵を産む; *«口» 〈しゃれ・興行など, または人が〉完全に失敗する, まるでうけない《「無得点に終わる」の意の 'lay a duck's egg' より》; «俗» 爆弾を投下する; *«俗» 大声で激しく笑う, キャッキャッと笑う, 爆笑する. **suck ~s** *«南部俗» 不機嫌である, いらいらする; *«俗» むかつく, うんざりする (suck); *«俗» ろくでもないことをしでかす, ばかなまねをする, クソでも食らう. TEACH **one's grandmother [granny] to suck ~s. tread [walk] on ~s** 細心の注意を払う, 薄氷を踏む思いをする.
► *vt* 〘料理〙…に溶いた卵をつける; «口» …に卵を投げつける. ► *vi* 鳥の卵を採集する.
♦ **~·less** *a* **éggy** *a* [ON; cf. OE *ǣg* egg]

egg[2] *vt* [ᵁ~ on] 煽動する, そそのかす, けしかける: ~ sb *on to* an act [*on to* do] 人をそそのかして…させる. [ON; ⇨ EDGE]

égg and bácon 〘植〙EGGS AND BACON.

égg and dárt [ánchor, tóngue] 〘建〙卵鏃(らんぞく)(たまごやじり)模様《卵形と矢じり形[錨形, 舌形]とを交互に並べた建築用・家具用の繰形(くりかた)模様》.

égg-and-spóon ràce スプーンレース《卵をスプーンに載せて走る》.

égg àpple 〘植〙ナス (eggplant).

egg·ar, -er /ɛ́gər/ *n* 〘昆〙カレハガ《幼虫は樹葉を食害》.

égg·bèat·er *n* 《卵・クリームなどの》泡立て器; *«口» ヘリ (helicopter); *«俗» 《飛行機の》プロペラ; *«俗» 船外モーター; *«俗» 肩にかかる程度の長さでわざとほつれた感じにした女性のヘアスタイル.

égg bònnet 〘植〙ジュンサイ (water shield).

égg-bòund *a* 〈家禽・魚が〉普通に卵を産み落とせない.

égg·bòx *n* 鶏卵箱, 卵パック[ケース]; ˈ«口» 《同一間隔に仕切っただけで装飾抜きの》卵箱状ビル[アパート]. ► *a* ˈEGGCRATE.

égg càpsule 〘動〙卵嚢 (egg case).

égg càse 〘動〙卵鞘, 卵嚢 (ootheca) (=*egg capsule*); 《商業用の》卵ケース.

égg cèll 〘生〙卵子, 卵細胞 (ovum).

égg còal 鶏卵大の無煙炭《直径 $2^7/_{16}$–$3^1/_4$ インチ; ⇨ ANTHRACITE》.

égg còzy ゆで卵カバー《保温用》.

égg·cràte *a* 《電灯の光を散らすための》枡形ルーバーのある.

égg crèam* エッグクリーム《牛乳・シロップ・炭酸水で作る飲み物》.

égg·cùp *n* ゆで卵立て, エッグカップ.

égg cústard カスタード (custard).

égg dànce 卵踊り《目隠しして散乱した卵の間を踊り歩く昔の英国の踊り》; 非常に骨の折れる仕事.

égg·dròp sóup かき玉スープ.

egger ⇨ EGGAR.

égg flìp EGGNOG.

égg fòo yóng [yóung, yúng], égg fù yúng エッグフーヤン, 芙蓉蟹(フヨウハイ)《豆モヤシ・タマネギ・豚の挽肉[エビなど]を入れた中国風の卵料理》.

égg glàss EGGCUP; EGG TIMER.

égg·hèad *n* «口» [ᵒ*derog*] 知識人, インテリ; *«俗» はげ《人》. [1952 年禿頭の Adlai Stevenson が米国大統領候補に立った時に支持したインテリがこう呼ばれて一般化]

égg·héad·ed *a* «口» 知識人[インテリ]の(ような). ♦ **~·ness** *n*

égg·hèad·ìsm *n* «口» インテリ性, 理屈.

égg hùnting 卵さがし, エッグハント《Easter の日に庭に隠した Easter egg を子供が集める遊び[行事]》.

egg·ler /ɛ́glər/ *n* ˈ«方» 卵商人, 卵売り, 卵屋.

Eg·gle·ston /ɛ́g(ə)lstən/ エグルストン **Edward** ~ (1837–1902)《米国の作家・歴史家》.

égg·nòg *n* エッグノッグ (=*egg flip, nog*)《鶏卵にミルクと砂糖を入れてかきまぜ, しばしば ラム・ブランデーなどを加え温めるか冷やすかして飲む》.

égg-nòg·gin /-nɑ̀gɪn/ *n* EGGNOG.

égg·plànt* *n* 〘植〙ナス; なすび色, 黒味がかった紫色.

égg plùm 小さい卵形の黄色いスモモ.

égg ròll* 〘料理〙春巻(はるまき) (pancake rollˈ) (=*spring roll*).

égg ròlling 卵ころがし《復活祭の時期に行なわれるゲームで Easter eggs をわらずにころがした者が勝ち; White House の芝生で催されるものが有名》.

égg sàc 《クモの》卵嚢.

éggs and bácon 〘植〙赤みがかった茶色や黄色の花をつける植物, 《特に》ミヤコグサ (bird's-foot trefoil); BACON AND EGGS.

égg sàuce 〘料理〙鶏卵入りソース, エッグソース.

éggs Bénedict [〈*sg/pl*〉]〘料理〙エッグズベネディクト《半分に切った英国風マフィンのトーストに焼いたハムと半熟卵を載せてオランデーズソースをかけたもの》.

égg-shàped *a* 卵形の.

égg·shèll *n* 卵殻(のようなもの); こわれやすいもの; 帯黄白色; 表面がやや粗い仕上げの紙; つや消しペンキ《木製品用》: walk on ~*s* ⇨ walk on EGGS. ► *a* 薄くてこわれやすい; 〈ペンキなど〉光沢のほとんどない, 半つや消しの; 帯黄白色の.

éggshell pórcelain [chína] 卵殻磁器.
égg slìce フライ返し《オムレツ・卵焼きなどをすくう道具》.
égg spòon エッグスプーン《ゆで卵を食べるのに用いる》.
égg stànd エッグスタンド《eggcups と egg spoons からなる》.
égg sùcker *《俗》おべっか野郎, お追従屋.
égg tìmer エッグタイマー《卵をゆでる時間を計る砂時計》.
égg tòoth 卵歯(らんし)《鳥・爬虫類など卵生動物がかえるとき卵を破って出るのに用いるくちばし[鼻]の先の小突起》.
égg trànsfer (受精)卵移植《子宮内の受精卵を外科的手段で他の子宮へ移すこと》.
égg·wàlk *vi* 《口》きわめて慎重に動く.
égg whìsk‖ 泡立て器 (eggbeater).
égg whìte 卵の白身, 卵白 (cf. YOLK).
eggy-peggy /ɛ́gipɛ́gi/ *n* エギーペギー《母音の前に egg を入れて文を作り替える, 英国の子供のことば遊び; I'll be back. は Eggi'll begge beggack. となる》.
egis ⇨ AEGIS.
eglan·du·lar /iglǽnʤələr; -djʊ-/, **-lous** /-ləs/ *a* 〘生〙無腺(性)の.
eg·lan·tine /ɛ́gləntàɪn, *-tìːn/ *n* 〘植〙SWEETBRIER. ［OF (L *acus* needle)］
eglo·mi·se, églo·mi·sé /èɪgləmizéɪ, ɛ̀g-, ⌐ー⌐ー⌐/ *a* 《表から見えるように》裏に装飾を施した(ガラスの), 金箔ガラス技法の: an ~ mirror. ［F (Jean-Baptiste *Glomy* (d. 1786) Paris の額縁製作職人)］
EGM EXTRAORDINARY general meeting.
EGmc °East Germanic.
Eg·mond /ɛ́gmɑ̀nt/ エグモント **Lamoraal** van ~, Graaf van ~ (1522–68)《フランドルの軍人・政治家; 伯爵; スペインの Philip 2 世の圧政に抵抗, 処刑された; Goethe の悲劇 *Egmont* (1788) のモデル》.
Eg·mont /ɛ́gmɑ̀nt/ **1** エグモント《男子名》. **2** EGMOND. **3** [Mount] エグモント山《ニュージーランド北島中西部の死火山 (2518 m); マオリ語名 Taranaki; 一帯は国立公園》. ［OE＝sword＋protection］
ego /íːgoʊ, ɛ́goʊ/ *n* (*pl* ~**s**) **1** 自己を意識した個人, 自分; 〘哲〙我, 自我; 〘精神分析〙自我 (cf. ID[1], SUPEREGO): absolute [pure] ~ 〘哲〙絶対[純粋]我. **2** 過大な自負心, うぬぼれ; 自尊心 (self-esteem): boost sb's ~ 自尊心を高める / a bruised ~ 傷ついた自尊心. ♦ **~·less** *a* ［L＝I］
ègo·céntric *a* **1** 自己中心の, 利己的な; 個人中心の. **2** 〘哲〙 **a** 自我を哲学の出発点とする. **b** 〈世界が〉個人の精神に認識されたものとしてのみ存在する. ► *n* 個人[自己]中心的な人. ♦ **-tri·cal·ly** *adv* **ègo·centrícity** *n*
ègo·cén·trism /-séntrìz(ə)m/ *n* EGOCENTRIC な状態[であること]; 〘心〙《子供の》自己中心性.
ègo-defénse *n* 〘心〙自己防衛《意識的・無意識的に自己のイメージや自尊心を防衛すること》.
ègo-dystónic *a* 〘精神分析〙自我異和的な.
égo idèal 〘精神分析〙自我理想, 理想我《個人が念願する理想的自我像》; 《俗に》自己の理想化; 《俗に》良心.
ègo-invólve·ment *n* 〘心〙自我関与《行動に「わたしが」「わたしの」という態度が含まれていること》.
égo·ìsm *n* **1 a** 利己主義, 自己中心的な[自己本位の, 利己的な]性向. **b** 過度の自負心, うぬぼれ (egotism). **2** 〘哲・倫〙エゴイズム《**1**) 理論的自我主義, 主観(主義)的観念論, 独在論 **2**) 実践的利己主義; opp. *altruism*》. ［F＜NL; ⇨ EGO］
égo·ist *n* 利己主義者, 自己中心的な人, エゴイスト; うぬぼれの強い人 (egotist); 〘哲・倫〙EGOISM の信奉者.
ego·is·tic /ìːgoʊístɪk, ɛ̀goʊ-/, **-ti·cal** *a* 利己的な, 自己本位の (opp. *altruistic*); うぬぼれの強い; EGO の; EGOISM の; EGOIST の. ♦ **-ti·cal·ly** *adv*
egoístic hédonism 〘倫〙個人的快楽説《行為を決定する動機は主観的快楽であるとする説》.
ègo·mánia *n* 病的に[極端に]自己中心的な性向, 自己優越症; 極端なうぬぼれ.
ègo·mániac *n* 病的に[極端に]自己中心的な人; 極端な自尊家. ♦ **-maníacal** *a* **-níacal·ly** *adv*
égo massàge *《俗》お世辞で安心させること.
égo prìcing *《俗》《不動産を売却する側の》独断的価格設定, 身勝手な値付け.
égo psychòlogy 自我心理学.
égo-stàte *n* 《交流分析における》自我状態《親 (parent), 成人 (adult), 子 (child) の 3 態がある》. ［1967 年 Eric Berne (1910–70) カナダ生まれの心理学者の造語］
ègo-syntónic *a* 〘精神分析〙自我親和的な.
ego·tism /íːgətìz(ə)m, ɛ́gə-/ *n* **1 a** 自己中心癖, 自己本位の性向《I, my, me などを使いすぎること, または自分自身のことを話しすぎること》. **b** うぬぼれ, 過大な自負心. **2** 〘哲〙EGOISM. ［*ego*, *-ism*; *-t-* は L *idiotismus* にならった挿入字］
égo·tist *n* 自己中心主義者; うぬぼれ屋. ♦ **ego·tis·tic** /ìːgətístɪk, ɛ̀gə-/, **-ti·cal** *a* **-ti·cal·ly** *adv*
ego·tize /íːgətàɪz, ɛ́gə-/ *vi* 自分のことばかり言う.
égo-trìp *vi* 《口》自分勝手に[ひとりよがりに]ふるまう.
égo trìp 《口》自分勝手な行為, ひとりよがり(なふるまい): be on an ~ 自分勝手な行動をする.
égo-trìpper *n* 《口》ひとりよがり[自分勝手]な人, うぬぼれ屋.
e-government /íː-⌐ー/ *n* ELECTRONIC GOVERNMENT.
egre·gious /ɪgríːʤəs/ *a* 実にひどい, はなはだしい, 言語道断な〈間違い・うそなど〉; 《古》著しい, 顕著な. ♦ **~·ly** *adv* **~·ness** *n* ［L *e-*(*gregius*＜*greg- grex* flock)＝standing out from the flock, illustrious］
egress *n* /íːgrɛ̀s/ 《特に 囲いの中から》出て行く[来る]こと, 現われること (opp. *ingress*); 出口, はけ口; 外に出る権利; 〘天〙EMERSION. ► *vi* /igrés/ 出て行く[来る]. ［L EGRESS- *-gredior* to walk out］
egres·sion /igrέʃ(ə)n/ *n* 外に出る[現われる]こと (egress), 〘天〙EMERSION.
egres·sive /igrέsɪv/ *a* EGRESS の[に関する], OUTGOING; 〘音〙呼気の, 呼気音の.
egret /íːgrət, -grèt/ *n* **1** 〘鳥〙サギ, 《特に》シラサギ《総称》; シラサギの飾羽[みの羽], 羽毛飾り (aigrette). **2**‖《アザミ・タンポポなどの》冠毛. ［変形＜F *aigrette*］
Egypt /íːʤəpt/ エジプト (*Arab* Miṣr)《アフリカ北部の国; 公式名 Arab Republic of ~ (エジプト-アラブ共和国); ☆Cairo; cf. UNITED ARAB REPUBLIC》. ［Heb＝black］
Egyp·tian /ɪʤípʃ(ə)n/ *a* **1 a** エジプト(人)の; エジプト文化の; エジプト語の. **b** 《まれ》ジプシーの. **2** [°e-] 〘印〙〈活字が〉エジプシャン体の. ► *n* **1 a** エジプト人; エジプト語《Afro-Asiatic 語族に属する古代エジプト人の言語; cf. COPTIC》; エジプト巻きタバコ. **b** 《まれ》ジプシー. **2** [°e-] 〘印〙エジプシャン《欧文書体の一つ; 肉太ローマンに平らな肉太のセリフがつく》; エジプシャン判《画用紙の大判》. ● SPOIL **the ~s.**
Egýptian alfálfa wèevil 〘昆〙エジプトアルファルファゾウムシ《北米西部でアルファルファやクローバーを食害する旧世界原産のゾウムシ》.
Egýptian clóver 〘植〙BERSEEM.
Egýptian cótton 〘植〙エジプトメン《エジプト主産》.
Egýptian góose 〘鳥〙エジプトガン《アフリカ産》.
Egýptian·ize *vt* エジプト化する; エジプト国有にする. ♦ **Egỳptian·izátion** *n*
Egýptian jásper 〘鉱〙エジプト碧玉, エジプシャンジャスパー《エジプトの砂漠地帯にみられる碧玉の一種》.
Egýptian líly 〘植〙オランダカイウ, カラー (calla lily).
Egýptian Máu /-máʊ/ 〘猫〙エジプシャンマウ《米国で作出された, ぶちで毛が短く目が明るいグリーンまたは黄褐色のネコ》.
Egýptian ónion TREE ONION.
Egýptian PT /-⌐ー pìːtíː/‖《俗》エジプト式トレーニング, 昼寝. ［PT (*p*hysical *t*raining)］
Egýptian vúlture 〘鳥〙エジプトハゲワシ (＝*Pharaoh's chicken*)《アフリカ・南欧・南アジア産》.
Egypto- /iʤíptoʊ, -tə/ *comb form* EGYPT の意.
Egyp·tol·o·gy /ìːʤɪptáləʤi/ *n* エジプト学《古代エジプトの文物研究》. ♦ **-gist** *n* エジプト学者. **Egyp·to·log·i·cal** /ɪʤìptəláʤɪk(ə)l; ìːʤɪp-/ *a*
eh /(上昇調で) éɪ, ɛ́, ǽ(i); éɪ/ *int* 《英・カナダ》えっ, 何だって, そうではないか《驚き・質疑を示す, またはあいづちを求める発声》. ［ME *ey* (imit)］
EH °Western Sahara.
eheu fu·ga·ces la·bun·tur an·ni /èɪhèʊ fʊgáːkèɪs laːbúntʊ̀r áːnìː/ ああ, 逃げ去る年はすべり行く. ［L］
EHF 〘通信〙°extremely high frequency.
Éh·lers-Dán·los sỳndrome /éɪlərzdǽnlɑs-/ [the] 〘医〙エーラース-ダンロー症候群《過度の可動性をもつ関節と, 過度の伸展性をもつ脆弱な皮膚を特徴とする先天性遺伝性の症候群; 傷が治りにくく, 羊皮紙状の瘢痕を残す》. ［Edvard L. *Ehlers* (1863–1937) デンマークの皮膚科医, Henri-Alexandre *Danlos* (1844–1912) フランスの皮膚科医］
EHP electric horsepower.
EHRC 〘英〙°Equality and Human Rights Commission.
Eh·ren·burg /érənbʊ̀rg, -bʊ̀rk; ɛ́ərənbə̀ːg/ エレンブルグ **Ilya (Grigoryevich)** ~ (1891–1967)《ソ連の作家》.
Ehr·lich /ɛ́ərlɪk; G éːrlɪç/ エールリヒ **Paul** ~ (1854–1915)《ドイツの細菌学者; 1910 年秦佐八郎と共に梅毒治療薬サルバルサンを発見; ノーベル生理学医学賞 (1908)》.
ehr·lich·i·o·sis /ɛərlìkióʊsɪs/ *n* 〘医〙エー(ル)リキア症《マダニの媒介するリケッチア科エールリキア属 (*Ehrlichia*) の細菌の感染による疾患》.
EHV extra high voltage. **EI** °East Indian ♦ °East Indies.
EIB °Export-Import Bank ♦ °European Investment Bank.
Ei·chen·dorff /G áɪçndɔrf/ アイヒェンドルフ **Joseph** von ~, Freiherr von ~ (1788–1857)《ドイツの詩人・小説家・批評家》.
Eich·mann /G áɪçman/ アイヒマン **(Karl) Adolf** ~ (1906–62)《ナチスの指導者の一人; 第二次大戦中, 強制収容所でのユダヤ人殺害を指揮, 1960 年アルゼンチンで捕えられイスラエルで処刑された》.

ei·cos·a·noid /aɪkóʊsənɔ̀ɪd/ *n* 〖生化〗エイコサノイド《アラキドン酸のようなポリ不飽和酸から形成される化合物の総称; プロスタグランジンやトロンボキサンなど》.［Gk *eicosa-* twenty, *eidos* form］

ei·co·sa·pen·ta·e·nó·ic ácid /àɪkoʊsəpɛ̀ntəɪnóʊɪk-/ 〖生化〗エイコサペンタエン酸《水産生物に含まれる, 炭素数 20 の長鎖の高度不飽和脂肪酸; 循環器系疾患の予防と治療に有効; 略 EPA》.

Eid /í:d/ *n* 〖イスラム〗Iᴅ.

ei·der /áɪdər/ *n* 〖鳥〗ケワタガモ (=～ **dùck**)《海鴨》; ケワタガモの綿羽 (eiderdown).［Icel］

éider·dòwn *n* **1** ケワタガモの綿羽(を入れた掛けぶとん (duvet)). **2** アイダーダウン《片面または両面をけば立てたウール[綿, 人造繊維]製の軽くて柔らかい衣料用ニット地[織地]》.

ei·det·ic /aɪdɛ́tɪk/ 〖心〗*a* 〈像が〉実在のものを見るように鮮明な, 直観の; 直観像の: ～ imagery 直観像. ► *n* 直観像を見る人. ♦ **-i·cal·ly** *adv*［G＜Gk (ᴇɪᴅᴏs＝form)］

ei·do·lon /aɪdóʊlən; -lɔ̀n/ *n* (*pl* ～**s**, **-la** /-lə/) 幽霊, 幻影; 理想(像), 理想的人物. ♦ **ei·dó·lic** *a*［ɪᴅᴏʟ］

ei·dos /áɪdɑ̀s, éɪ-/ 〖哲〗*n* (*pl* **ei·de** /áɪdì:, éɪdèɪ/) エイドス《プラトン哲学で, イデアとほぼ同じ》; 形相《アリストテレス哲学で, 一種類の事物を他のものから区別する本質的特徴》.

EIEIO /í:àɪí:àɪóʊ/ *int* イーアイイーアイオー《童謡などのはやしことば》.

Ei·fel /áɪf(ə)l/ アイフェル《ドイツ西部 Rhine 川の西, Moselle 川の北に広がる高原》.

Eif·fel /áɪf(ə)l; *F* ɛfɛl/ エッフェル (**Alexandre-**)**Gustave** ～ (1832–1923)《フランスの土木技術者; Eiffel 塔を建設した (1887–89)》.

Éiffel Tówer [the] エッフェル塔《Gustave Eiffel が 1889 年の万国博覧会のために Paris に建てた高さ 320 m (もと 300 m) の鉄塔》.

Ei·gen /áɪgən/ アイゲン **Manfred** ～ (1927–)《ドイツの物理化学者; 高速化学反応の研究によりノーベル化学賞 (1967)》.

ei·gen- /áɪgən/ *comb form*「固有の」［G; cf. ᴏᴡɴ］

éigen·frèquency *n* 〖理〗固有振動数.

éigen·fùnction *n* 〖数〗固有関数.

éigen·mòde *n* 〖理〗固有(振動)モード《振動系の基準(振動)モード》.

éigen·stàte *n* 〖理〗《量子力学系の》固有状態.

éigen·tòne *n* 〖理〗固有音.

éigen·vàlue *n* 〖数〗固有値.

éigen·vèctor *n* 〖数〗固有ベクトル (=*characteristic vector*).

Ei·ger /áɪgər/ [the] アイガー《スイス中西部 Jungfrau の北東にある山 (3970 m)》.

eight /éɪt/ *a* 8 つの, 8 人[個]の: an ～-day clock 8 日巻き時計. ► *n* **1**《数の》8, 8 つ; 8 の字, 8 の数字[記号]《8, viii, VIII》; 8 字形のもの; 〖スケート〗8 字形のフィギュア, エイト (figure eight). **2** 8 時, 8 歳; 8 番目のもの[人]; 《トランプなどの》8 の札; 《サイズの》8 番, [*pl*] 8 番サイズのもの《衣料など》; [*pl*] 〖製本〗ᴏᴄᴛᴀᴠᴏ; [後置] 第 8 の. **3** 8 人[個]の一組; 8 気筒エンジン[車]; 8 本オールのボート(のクルー), エイト; [the E-s]《Oxford 大学や Cambridge 大学で行なう》エイトの学寮対抗レース. **4** [the E-] Aꜱʜᴄᴀɴ Sᴄʜᴏᴏʟ. ★ (1) 用法は ꜱɪx の例に準ずる. (2) 接頭辞 octa-, octo-. ● **have** [**be**] **one over the** ～ ″《口》飲みすぎる, 酔っぱらう[酔っぱらっている].［OE *eahta*; cf. ᴏᴄᴛᴀᴠᴏ, Oᴄᴛᴏʙᴇʀ, G *acht*］

éight báll*1 〖玉突〗エイトボール《**1**) ポケットビリヤードの 8 と書いてある黒いボール **2**) 1 個の手球と 15 個の的球で行なうゲーム; 1–7 番または 9–15 番のボールをポケットに入れたあと, 早く 8 番を入れたほうが勝ち》. **2** 〖ラジオ〗エイトボール《丸くて黒い無指向性マイクロフォン》. **3**《俗》[*derog*] 黒人; 《俗》要領の悪いやつ, へまの多い兵隊, どじなやつ, とんま. ● **behind the** ～ *《俗》不利な立場で, 困った状況で; *《俗》文無しで, 金欠で.

éight béllls *pl* 〖海〗八点鐘《4, 8, 12 時を知らせる》.

eigh·teen /èɪtí:n/ *a* 18 の, 18 人[個]の: in the ～ sixties 1860 年代に. ► *n*《数の》18; 18 の記号《XVIII》; 18 番目のもの; 《サイズの》18 番; 18 人[個]の一組; [〈*sg/pl*〉] 豪式フットボールのチーム; [*pl*] 〖製本〗ᴇɪɢʜᴛᴇᴇɴᴍᴏ.［OE *eahta-*, *tīene*］

18 /èɪtí:n/ 〖英〗18《18 歳以上を対象とする映画・ビデオを表示する番号; ⇨ ʀᴀᴛɪɴɢ[1]》.

eightéen·mo /-moʊ/ *n* (*pl* ～**s**) 十八折判(の本[紙, ページ]) (=*octodecimo*)《18 mo, 18° とも書く》.

eigh·teenth /èɪtí:nθ/ *n*, *a*《略 18th》第 18 (の), 18 番目(の); 18 分の 1 (の): three ～*s* 18 分の 3. ♦ ～**·ly** *adv*

Éighteenth Améndment [the] 合衆国憲法第 18 修正《酒類の製造・販売を禁止した条項; 1920 年に成立したが 1933 年の第 21 修正で廃止》.

18 [eighteen]-wheel·er /éɪtì:n ─́─/ *n**《俗》トレーラートラック《典型的な車輪数から》.

éight·er from Decátur *《韻俗》《クラップス・ポーカーなどで》8 (を出すこと) (=*Ada from Decatur*).［? *Decatur* Illinois 州の町］

éight·fòld *a*, *adv* 8 つの部分[要素]からなる; 8 倍の[に].［OE *eahtafeald*］

éightfold wáy [the] 〖原子物理〗八道説《重粒子や中間子を八重項として体系化する考え; クォーク組成により裏付けられた》.

éight-fóur *a* 〖米教育〗8–4 制の《初等教育 8 年, 中等教育 4 年》.

eighth /éɪtθ, *éɪθ/ *n* (*pl* ～**s** /éɪtθs, *éɪθs, *éɪts/)《略 8th》第 8, 8 番目; 《何月》8 日; 〖楽〗8 度 (octave); 八分音符 (eighth note) (⇨ ɴᴏᴛᴇ); 8 分の 1. ► *a* 第 8 の, 8 番目の; 8 分の 1 の. ► *adv* 8 番目に. ♦ ～**·ly** *adv*

éighth nòte* 〖楽〗八分音符 (quaver″) (⇨ ɴᴏᴛᴇ).

éight-hòur *a* 《一日労働》8 時間制の: (an) ～ labor 8 時間労働 / the ～ law 8 時間労働法.

éighth rèst 〖楽〗八分休符.

800 number /éɪthʌ́ndrəd ─́─/ 〖米〗《フリーダイヤルの》800 で始まる電話番号 (⇨ 800 Sᴇʀᴠɪᴄᴇ).

éight-hùndred-póund gorílla*《俗》ꜱɪx-ʜᴜɴᴅʀᴇᴅ-ᴘᴏᴜɴᴅ ɢᴏʀɪʟʟᴀ.

800 Service /éɪthʌ́ndrəd ─́─/ 〖米〗800 (番)サービス, フリーダイヤル・サービス《企業や団体が顧客サービスのために加入する料金受信者払いの長距離専用電話; 市外局番の部分に 800, 888, 877, 866, 855 で始まる番号が与えられる; WATS の一種》.

eight·i·eth /éɪtiəθ/ *n*, *a* 第 80 (の), 80 番目(の); 80 分の 1 (の).

éight·pènny náil* 長さ 2½ インチの釘.［もと 100 本 8 ペンス］

éight·scóre *n* 160.

éight-síx *vt**《俗》追い出す, はねつける (eighty-six).

éight·some *n* エイトサム (=～ **rèel**)《**1**) 8 人で踊るスコットランドの活発な舞踏 **2**) それを踊る 8 人の組》.

Éights Wéek [the] 〖オックスフォード大学〗エイツウィーク《年中行事のクリケット試合とボートレース (the Eights), Mᴀʏ Bᴀʟʟ などの行なわれる 5 月ごろの週》.

éight-tràck, 8-track /éɪt-─́─/ *n* エイトトラック《8 トラックのカートリッジテープ》.

éight·vo /-vòʊ/ *n* (*pl* ～**s**) 〖製本〗ᴏᴄᴛᴀᴠᴏ.

eighty /éɪti/ *a* 80 の. ► *n*《数の》80; 80 の記号《lxxx, LXXX》. ★ 用法は ᴛᴡᴇɴᴛʏ の例に準じる.［OE］

Éighty Clúb [the] 八十年クラブ《1880 年に創設された英国自由党のクラブ》.

éighty-éight(s) *n**《俗》ピアノ《キーの数から》.

éighty-fírst[...éighty-nínth] *a*, *n* 第 81[...89]番目(の). ★ ᴛᴡᴇɴᴛʏ-ғɪʀꜱᴛ の例に準じる.

éighty-fóur *n**《海軍俗》海軍刑務所.

84-key keyboard /éɪtifɔ́:r─́─ ─́─/ 〖電算〗84 キーキーボード (AT ᴋᴇʏʙᴏᴀʀᴅ).

éighty-óne[...éighty-níne] *a*, *n* [数詞] 81[...89] (の). ★ ᴛᴡᴇɴᴛʏ-ᴛʜʀᴇᴇ の例に準じる.

éighty-óne *n**《食堂俗》グラス一杯の水.

éighty-séven *n**《食堂俗》おい美人がはいってきたぞ, 見なよ《注意を促す合図》.

éighty-síx, 86 *《俗》*n*《食堂》売切れ, 品切れ; 料理[酒]を出さない客, お断わり客, 泥酔客. ● ～ **on**...はもうたくさん. ► *vt* 〈客〉の応対を断わる; 追い出す, はねつける; 殺す, バラす, 消す.［*nix*[1] との押韻俗語］

83-key keyboard /éɪtiθrí: ─́─ ─́─/ 〖電算〗83 キーキーボード《初期の IBM パソコンのキーボード; 特殊キーの配列が不評で AT ᴋᴇʏʙᴏᴀʀᴅ に移行》.

éighty-twó *n**《食堂俗》一杯の水 (eighty-one).

Eijk·man /áɪkmɑ̀:n, éɪk-/ エイクマン **Christiaan** ～ (1858–1930)《オランダの医学者; 脚気が米ぬか中の成分の欠乏によることを証明; ノーベル生理学医学賞 (1929)》.

eikon ⇨ ɪᴄᴏɴ.

Ei·lat /eɪlɑ́:t/ エイラト《Eʟᴀᴛ の別称》.

Éi·lean Dón·an Cástle /élən dɑ́nən-/ エラン・ドナン城《スコットランド北西部, 高地地方西岸の Duich 湾口沖の島にある美しい城; 20 世紀前半に 13 世紀風に復元したもの》.

Ei·leen, Ai- /aɪlí:n, eɪ-; áɪlì:n/ アイリーン《女子名; アイルランド系に多い》.［Anglo-Ir; ⇨ Hᴇʟᴇɴ, Eᴠᴇʟʏɴ］

-ein, -eine /ì:n/ *n suf* 〖化〗[-in, -ine 形化合物と区別して]「...化合物」: narcein*e*, phthale*in*.［*-in*, *-ine*］

ei·na /éɪnɑ:/ 〖南ア〗*int* あいてっ, 痛い! ► *n* 痛み, 苦痛; 傷, 外傷, けが.

Ei·nar /áɪnɑ̀:r, éɪ-/ アイナル, エイナル《男子名》.［Gmc＝warrior chief］

E Ind(.) °East Indian.

Eind·ho·ven /áɪnthòʊvə(n), éɪnt-/ アイントホーフェン, エイントホーフェン《オランダ南部 North Brabant 州の工業都市》.

ein' feste Burg ist un·ser Gott /G aɪn fɛ́stə búrk ɪst ʊ̀nzər gɔ́t/ 神はわがやぐら《Luther 作の賛美歌の冒頭》.［G＝a mighty fortress is our God］

ein·korn /áɪnkɔ̀:rn/ *n* 〖植〗アインコルン (=～ **whèat**)《栽培型の一粒系コムギ》.［G＝one kernel］

Ein·stein /áɪnstàɪn/ **1 a** アインシュタイン **Albert** ～ (1879–1955)《米国に帰化したユダヤ系ドイツ人物理学者; ノーベル物理学賞 (1921)》. **b** [ˢe-] 天才 (a genius), 高度に知的な人. **2** [°e-] 〖化〗アインシュタイン《光化学で用いる光のエネルギーの単位》.

Éinstein equàtion 〖理〗アインシュタイン方程式《重力場の方程

式 (Einstein's field equations); 質量とエネルギーの恒等式 (mass-energy relation), 光化学当量の式, ブラウン運動の式など》.
Ein·stein·ian /aɪnstáɪniən/ *a* アインシュタイン(流)の; 相対性原理の.
ein·stein·i·um /aɪnstáɪniəm/ *n* 〘化〙 アインスタイニウム《放射性元素; 記号 Es, 原子番号 99》.
Éinstein's fíeld equàtions *pl* 〘理〙 アインシュタインの場の方程式《一般相対性理論において, 物質分布と重力場(時空の幾何学)を関係づける方程式》.
Éinstein shìft 〘理·天〙 アインシュタイン偏移《重力によるスペクトルの赤方偏移》.
Éinstein's photoeléctric equàtion 〘理〙 アインシュタインの光電(子についての)方程式《光電効果によって放出される光電子のエネルギーが, 入射した光量子のエネルギーから仕事関数を引いた値になることを表わす式》.
Éinstein thèory 〘理〙 アインシュタイン理論, 《特に》 相対性理論 (=**Éinstein's théory of relatívity**).
Eint·ho·ven /áɪnthòuvən, éɪnt-/ アイントホーフェン, エイントホーフェン **Willem** ~ (1860–1927)《オランダの生理学者; ノーベル生理学医学賞 (1924)》.
Ei·re /éərə, *éɪr-, *áɪr-, *-i/ エール《アイルランド共和国のゲール語名》.
eirenic ⇨ IRENIC.
ei·ren·i·con, iren- /aɪrénɪkàn; -rí:-/ *n* 《特に 宗教上の係争に対する》平和[仲裁]提議. [Gk (*eirēnē* peace)]
EISA 〘電算〙 Extended Industry Standard Architecture《ISA の後継バス規格; VL-Bus, その後 PCI に移行》.
eis·ege·sis /àɪsədʒí:səs/ *n* (*pl* **-ses** /-si:z/) 《テクストに関する》自分の思想を織り込んだ解釈, 《特に》聖書の自己解釈.
Ei·se·nach /áɪz(ə)nà:k; *G* áɪzənax/ アイゼナハ《ドイツ中部 Thuringia 州の市; J. S. Bach の生地 (1685)》.
Ei·sen·how·er /áɪz(ə)nhàuər/ アイゼンハワー **Dwight D(avid)** ~ (1890–1969)《米国の元帥·政治家; 愛称 Ike; 西ヨーロッパ連合軍最高司令官 (1943–45); 第 34 代大統領 (1953–61); 共和党》.
Ei·sen·stadt /áɪz(ə)nstæ̀t/ アイゼンシュタット《オーストリア東部 Burgenland 州の州都》.
Ei·sen·staedt /áɪz(ə)nstæ̀t/ アイゼンシュテット **Alfred** ~ (1898–1995)《ドイツ生まれの米国の写真家》.
Ei·sen·stein /áɪz(ə)nstàɪn/ エイゼンシテイン **Sergey (Mikhaylovich)** ~ (1898–1948)《ソ連の映画監督·理論家; 『戦艦ポチョムキン』(1925), 『アレクサンドル·ネフスキー』(1938), 『イワン雷帝』(第 1 部 1944, 第 2 部 1946)》.
Eisk ⇨ YEYSK.
ei·stedd·fod /aɪstéðvɔ̀:d, eɪ-; aɪstéðvəd, -stédfəd/ *n* (*pl* **~s, -fod·au** /-stèðvɔ́:dàɪ; -vɔ́d-/) アイステズヴォッド《毎年 8 月第一週に南北ウェールズで順番に開かれるウェールズ語だけの音楽·文芸祭 the **Róyal Nátional E~**》; 《文学·音楽·舞踊などの》芸術祭. ♦ **èi·stedd·fód·ic** *a* [Welsh=session (*eistedd* to sit)]
eis·wein /áɪswàɪn, -vàɪn/ *n* [°E-] アイスヴァイン《自然の状態で氷結したブドウ果実を収穫して造る甘味の多いドイツワイン》.
ei·ther /í:ðər, áɪ-; áɪ-, í:-/ *a* **1** 《二者のうち》 **a** [肯定] どちらの…でも: Sit on ~ side. どちら側にでも着席なさい. **b** [否定] どちらの…も: I don't know ~ boy. どちらの子供も知らない. **c** [疑問·条件] どちらかの…: Did you see ~ boy? どちらかの子供に会ったか. **2** 両方の, おのおのの: of ~ sex 両性の / curtains hanging on ~ side of the window 窓の両側にたれているカーテン. ★ *a, pron* とも 2 の場合は口語では通例 both (sides) または each (side) を用いる. ● **~ way** どちらにも; どっちみち, どうころんでも, 多かれ少なかれ. ► *pron* **1** 《二者のうち》 **a** [肯定] どちら: *E~* (of them) is acceptable. どちらでもよろしい. **b** [否定] どちらも (cf. *adv* 1): I did not buy ~. どちらも買わなかった. **c** [疑問·条件] どちらか: Did you see ~ of the two boys? 二人の子供のどちらかに会ったか. **2** 《まれ》 両方, おのおの: *E~* of his two sons is handsome. 二人の息子は両方とも顔だちがよい.
► *adv* [*neg*] **1** …もまた(…ない): If you do not go, I shall *not* ~ (=neither shall I). きみが行かないならぼくも行かない / *Nor* I ~. ぼくも…しない / I'm not fond of parties, and my wife is *not* ~. わたしはパーティーを好まないが妻も同様だ《この構文では either の前のコンマはあってもなくてもよい》. **2** …と言っても, それも: There was once a time, and not so long ago ~…. ある時のこと, それもそう昔のことではないが…. ► *conj* [次の成句で]: **~…or…** …かまたは…か(どちらでも[いずれかを]): *E~* you *or* I must go. きみかぼくかどちらかが行かなければならない / *E~* come in *or* go out. 中にはいるか出て行くかどちらかにしなさい / *E~* come *or* write. 来るか手紙をよこすかしなさい. [OE *ǣgther, ǣghwæther*; cf. AYE[2], EACH, WHETHER]
éither-ór *a* 二つに一つの, 二者択一の; 白か黒かにはっきり分けた. ► *n* 二者択一; 二分法.
eiusdem generis ⇨ EJUSDEM GENERIS.
ejac·u·late /ɪdʒǽkjəlèɪt/ *vt* **1** 〈体液を〉射出する, 《特に》〈精液を〉射出する. **2** 《文》 不意に激しい調子で〈語·声を〉発する, 喚(わめ)く, 一叫する. ► *vi* **1** 不意に飛び出す; 体液を射出する, 《特に》 射精する. **2** 突然叫び声をあげる. ► *n* /-lət/ 《一回の》射精液. [L (*ejaculor* to dart out ‹ *jaculum* javelin)]
ejac·u·la·tion /ɪdʒæ̀kjəléɪʃ(ə)n/ *n* 〘生理〙 《体液の》射出, 《特に》射精; 《文》 突然の叫び; 〘カト〙 《数語からなる》射禱: PREMATURE EJACULATION. ♦ **ejác·u·là·tive** /; -lət-/ *a* EJACULATORY. **-là·tor** *n*
ejac·u·la·to·ri·um /ɪdʒæ̀kjələtɔ́:riəm/ *n* 《精子銀行の》射精室, 採精室.
ejac·u·la·to·ry /ɪdʒǽkjələtɔ̀:ri; -t(ə)ri, -lèɪt(ə)ri/ *a* 射出する, 投げ出す, 放出する; 射出[射精](用)の; 突然の叫びのような; 不意に叫び声をあげる癖のある.
ejáculatory dúct 〘解〙 射精管.
eject *vt, vi* /ɪdʒékt/ **1** 追い出す, 放逐[追放]する; 〘法〙 立ち退かせる; 《役職などから》はずす, 降ろす, 降等する, 解雇する. **2** 〈液体·煙などを〉噴出する, 排出する, 射出する, 放射する, 噴射する 〈*from*〉; 射出座席[カプセル]で〈飛行機から〉(緊急)脱出させる[する]; 《機器の操作で》〈ディスクなどを[が]〉ポンと取り出す[出てくる], 〘銃〙 〈空(から)薬莢を〉(ejector によって) 排莢(はいきょう)する. **3** 〘精神医〙 〈自己の動機·性格を〉他に帰する. ► *n* /í:dʒèkt/ 〘心〙 PROJECTION. ♦ **eject·able** *a* [L *Eject- -jicio* to throw out]
ejec·ta /ɪdʒéktə/ *n* [‹*sg/pl*›] 噴出物, 排出物.
ejec·tion /ɪdʒékʃ(ə)n/ *n* **1** 放出, 噴出, 排出; 《心臓の》駆出; 噴出物 (ejecta). **2** 〘法〙 《土地·家屋からの》放逐, 追い立て; 〘スコ法〙 不動産回復訴訟(開始の令状). **3** 《射出座席[カプセル]による》(緊急)脱出; 《ディスクなどの》取り出し, 押し出し, 〘銃〙 排莢.
ejéction càpsule 〘空〙 射出カプセル.
ejéction sèat 〘空〙 射出座席 (=*ejector seat*)《緊急時に乗員を安全に機体外に放出する装置》.
ejec·tive /ɪdʒéktɪv/ *a* EJECTION をひき起こす; 〘音〙 〈無声子音が〉声門閉鎖を伴う. ► *n* 〘音〙 放出音《声門閉鎖を伴う》. ♦ **~·ly** *adv*
ejéct·ment *n* 占有侵害 (dispossession); 〘法〙 不動産(占有)回復訴訟.
ejéc·tor *n* 放逐[放出, 排出, 放射]する人[装置, 器械]; 〘法〙 占有侵害者; 〘機〙 《成形品の》はね出し装置, エゼクター; 〘機〙 《ジェットポンプによる流体·粉末の》排出装置, エゼクター; 蹴子(しゅう)《小火器の空薬莢はじき出し装置》.
ejéctor sèat EJECTION SEAT.
eji·do /ɛhí:dou/ *n* (*pl* **~s**) 〘メキシコ〙 エヒード《村民共有の大農地; これのある村》. [Sp]
ejus·dem ge·ne·ris /ɪdʒúsdəm dʒénərɪs, eɪjú:sdɛm génɛrɪs/, **eius-** /iʌ́s-, eɪús-/ *a, adv* 〘法〙 同種[同類]の[として]: ~ rule 同類解釈則《最初にある人や物が具体例によって特定されていれば, あとの文中でも同種のものを当該事例に限定して解釈する原則》. [L=of the same kind]
eka- /ɛ́kə/ *comb form* 〘理·化〙 [(未知の)元素名に用いて]「周期表の同族欄で…の下の空位にはいる元素」(cf. DVI-): *eka*cesium エカセシウム《現 francium》/ *eka*hafnium エカハフニウム《現 rutherfordium》/ *eka*lead エカ鉛《原子番号 114 になる元素》/ *eka*element エカ元素. [Skt]
Ekaterinburg ⇨ YEKATERINBURG.
Ekaterinodar ⇨ YEKATERINODAR.
Ekaterinoslav ⇨ YEKATERINOSLAV.
eke[1] /í:k/ *vt* **1** [~ out] **a** 〈不十分なもの〉の不足分を補う, 補足する: ~ *out* one's pay *with* odd jobs [*by* writing]. **b** 〈食糧·燃料·資金などを〉長持ちさせる, 細々と〈生計を〉営む, 糊口をしのぐ (=~ a living): ~ *out* a living [a livelihood, an existence]. **c** *なんとか〈勝利·利益などを〉得る: ~ *out* a win [profit] 辛勝する[利益をひねり出す]. **2** 《古·方》 加える, 大きくする, 長くする, 増やす. [OE *geȳcan, ēcan, ēacian* to increase]
eke[2] *adv, conj* 《古》 また, さらに, そのうえ. [OE *ē(a)c*; cf. G *auch*]
EKG [G *Electrokardiogramm*] *electrocardiogram • *electrocardiograph.
ekis·tics /ɪkístɪks/ *n* 人間定住の科学, 人間居住学, エキスティックス. ♦ **ekís·tic, -ti·cal** *a* **èkis·tí·cian** *n*
ek·ka /ɛ́kə/ *n* 《インド》 一人乗り二輪一頭引き馬車.
Ék·man drèdge /ɛ́kmən-/ エクマンドレッジ《海底の標本採取器械》. [Vagn W. *Ekman* (1874–1954) スウェーデンの海洋学者]
Ékman làyer エクマン層《大気·海洋における境界層の一種》. [↑]
ek·phra·sis /ɛ́kfrəsəs/ *n* (*pl* **-ses** /-si:z/) エクフラシス《特に 美術作品に描かれた事物を微に入り細にわたって活写すること》. [Gk=description; cf. EC-[2], PHRASE].
ekt·éxine /ɛkt-/ *n* 〘植〙 外層《外膜 (exine) の外側の層》.
el[1] /él/ *n* [°the El] *《口》 高架鉄道 (elevated railroad).
el[2] *n* 《アルファベットの》 L [l] の字; 〘建〙 ELL[2].
el[3] *n* ELL[1].
el. elevation.
El Aaiún AAIÚN.
elab·o·rate *v* /ɪlǽbərèɪt/ *vt* **1 a** 念入りに作る, 苦心して仕上げる; 精巧に作り上げる; 〈文章·考えなどを〉練る, 彫琢する. **b** 詳しく述べる. **2** 〘生理〙 〈食物などを〉同化する, 〈複合的有機化合物を〉合成する. ► *vi* 精巧になる; 詳しく述べる 〈*on*〉. ► *a* /ɪlǽb(ə)rət/ 手の込んだ, 入念な, 凝った, 複雑な; 精巧な, 精妙な, 精緻な; 労を惜しまない, まめな. ♦ **eláb·o·rà·tive** /; -rət-/ *a* 入念な[精巧な]仕事のできる[に役立つ]. **eláb·o·rà·tor** *n* **～·ly** *adv* **～·ness** *n* [L=worked out (*e-*, LABOR)]
elab·o·ra·tion /ɪlæbəréɪʃ(ə)n/ *n* **1 a** 入念に作る[仕上げる]こと; 手の込んでいること, 精巧さ; 入念に作られたもの, 労作. **b** 詳述; 詳細. **2**〖生理〗同化, 合成.
elaeoptene ⇨ ELEOPTENE.
El·a·gab·a·lus /èləgǽbələs, ìːlə-/ エラガバルス《HELIOGABALUS の別名》.
Elaine /ɪléɪn/ **1** エレイン《女子名》. **2**〖アーサー王伝説〗エレイン《**1)** Lancelot に恋いこがれて死んだ娘; 異名 the maid of Astolat **2)** Lancelot との間に Galahad を生んだ女》. [OF; ⇨ HELEN]
El Alamein ⇨ ALAMEIN.
Elam /íːləm/ エラム《ペルシア湾頭, バビロニアの東にあった古代王国; ☆Susa; 別称 Susiana》.
Elam·ite /íːləmàɪt/ *n* エラム人; エラム語 (=*Anzanite, Susian*). ► *a* エラムの; エラム人[語]の.
Elam·it·ic /ìːləmítɪk/ *n* エラム語 (Elamite). ► *a* ELAMITE.
élan /eɪláːn, -lǽn; *F* elɑ̃/ *n* 《文》《軍隊などの》猛進, 突進; 気力, 鋭気, 情熱, 意気込み, 勢い: with ～ 意欲的に, 大胆に, 張り切って. [F (*élancer* to launch)]
eland /íːlənd, -lænd/ *n* (*pl* **～, ～s**)〖動〗エランド《アフリカ産の大型羚羊》. [Du=elk]
élan vi·tal /*F* elɑ̃ vital/〖哲〗生命の躍動, エラン・ヴィタール《Bergson の用語》.
el·a·pid /éləpəd/ *a, n*〖動〗コブラ科 (Elapidae) の(ヘビ).
el·a·pine /éləpàɪn/ *a* ELAPID.
elapse /ɪlǽps/ *vi* 〈時が〉経つ, 過ぎる, 経過する. ► *n* 《時の》経過. [L *Elaps- elabor* to slip away]
elápsed tíme /ɪlǽpst-/ 経過タイム, 所要実時間《ボート・自動車が一定コースを走破するのに実際に要した時間》.
elasm- /ɪlǽzm/, **elas·mo-** /ɪlǽzmoʊ, -mə/ *comb form*「金属延べ板」[Gk]
elas·mo·branch /ɪlǽzməbræ̀ŋk, ɪlǽs-/ *a, n*〖魚〗《軟骨魚綱の》板鰓(ばんさい)亜綱 (Elasmobranchii) の(魚)《サメ・エイなど》.
elásmo·sàur, elàsmo·sáurus *n*〖古生〗エラスモサウルス《首の長い海生恐竜》.
elas·tance /ɪlǽstəns/ *n* エラスタンス《静電容量の逆数》.
elas·tane" /ɪlǽstèɪn/ *n* エラステーン《伸縮性ポリウレタン素材・繊維; 下着などに使われる》.
elas·tase /ɪlǽstèɪs, -z/ *n*〖生化〗エラスターゼ《エラスチンを消化する特に膵液の酵素》.
elas·tic /ɪlǽstɪk/ *a* **1** 〈固体が〉弾性[弾力]のある; 〈気体が〉弾性[膨張力]のある; 伸縮性のある, しなやかな; 融通[順応]性のある; はずむような, 躍動する;〖経〗弾力的な《経済要因の変化に呼応して変動する; opp. *inelastic*》: ～ hours of work 融通のきく[幅のある]勤務時間. **2**《意気消沈・失望・疲労などから》速やかに立ち直れる, 屈託のない, 快活な: an ～ conscience ものにこだわらない心. ► *n*《ひも状[帯状]の》弾性ゴム; 輪ゴム (rubber band); 弾力性のある布地(で作ったガーターなど). ♦ **-ti·cal·ly** *adv* 弾力的に. [NL=expansive<Gk *elastikos* propulsive]
elas·ti·cat·ed" /ɪlǽstəkèɪtəd/ *a* ELASTICIZED.
elástic bánd" ゴムバンド (rubber band).
elástic bitúmen ELATERITE.
elástic clàuse〖米国憲法〗伸縮条項《連邦議会への委託権限に含まれる権限につき憲法上の根拠を与える条項》.
elástic collísion〖理〗弾性衝突.
elástic deformátion〖理〗弾性変形《弾性限界内の応力による固体の可逆的変形》.
elástic fíber〖生〗弾性繊維《結合組織にみられる繊維で, 伸長性に富む》.
elas·tic·i·ty /ɪlæ̀stís(ə)ti, ìː-/ *n* 弾力(性),〖理〗弾性; 伸縮性; 融通性, 順応性, 適応性; 明朗さ, 快活さ;〖経〗弾力性《価格・所得などある変数の変化に対する需要や供給などの他の変数の反応の度合い》.
elas·ti·cize /ɪlǽstəsàɪz/ *vt*《ゴム糸の織り込みなどによって》…に弾性[伸縮性]をもたせる.
elás·ti·cized *a* 弾性のある糸[ゴム糸]で織った[編んだ]; ゴム入り布を用いた.
elástic límit〖理〗弾性限界《固体に力を加えて変形させる場合, 外力を除いても変形が消えなくなる応力の限界》.
elástic módulus〖理〗弾性率 (modulus of elasticity).
elástic rebóund〖地質〗弾性はね返り[反発](説)《地殻の隣接する部分の相互変位が徐々に大きくなってひずみが蓄積し, あるレベルで岩石が破壊され, 地震が起こるとする説》.
elástic scáttering〖理〗弾性散乱.
elástic sìdes" *pl*《昔の》両側がゴム布の深靴.
elástic stócking〖医〗弾性ストッキング《静脈瘤などの治療の際に脚部支持のために用いるゴム製などのストッキング》.
elástic tíssue〖解・生〗弾性組織.
elas·tin /ɪlǽstən/ *n*〖生化〗エラスチン, 弾力素.
elàs·to·hỳdro·dynámics /ɪlǽstoʊ-/ *n* 流体弾性力学. ♦ **-dynámic** *a*
elas·to·mer /ɪlǽstəmər/ *n*〖化〗エラストマー《常温でゴム状弾性を有する物質》. ♦ **-mer·ic** /ɪlæ̀stəmérɪk/ *a* [*isomer* にならって *elastic* より]
elas·tom·e·ter /ɪlæstɑ́mətər/ *n* 弾性率計, 弾力計.
Elas·to·plast /ɪlǽstəplæ̀st; -plàːst/〖英商標〗エラストプラスト《伸縮性のある救急ばんそうこう》.
Elat /íːlàːt/ エーラート《イスラエル南部 'Aqaba 湾の最奥部にある海港; 同国の紅海への唯一の出口》.
elate /ɪléɪt/ *vt* (…の意気を)高揚させる; 得意がらせる: be ～*d with* [*by*]…で高揚している. ► *a* 《古・詩》意気盛んな. [L *Elat- EFfero* to lift up]
El·a·tea /èlətíːə/ エラテア《CITHAERON の旧称》.
elát·ed *a* 高揚した, 意気揚々とした, 大得意の. ♦ **～·ly** *adv* **～·ness** *n*
el·a·ter /élətər/ *n*〖昆〗コメツキムシ《総称》;〖植〗弾糸《苔類の蒴(さく)中の, また 粘菌類の胞子散布器官》.
elat·er·id /ɪlǽtərəd/ *a, n*〖昆〗コメツキムシ科 (Elateridae) の(甲虫).
elat·er·in /ɪlǽtərən/ *n*〖薬〗エラテリン《峻下剤》.
elat·er·ite /ɪlǽtəràɪt/ *n*〖鉱〗弾性瀝青(れきせい), エラテル鉱 (=*elastic bitumen, mineral caoutchouc*).
el·a·te·ri·um /èlətíəriəm/ *n*〖薬〗エラテリウム《峻下剤》.
Elath /íːlæθ/ **1** エラテ, エロテ, エイラト《'AQABA の古代名》. **2** エーラト《ELAT の別称》.
ela·tion /ɪléɪʃ(ə)n/ *n* 高揚, 意気揚々, 盛んな意気; 多幸症 (euphoria): in ～ 感極まって, 喜びのあまり.
ela·tive /íːlətɪv/〖文法〗*a* 出格の《フィンランド語などで「…(の中)から(離れて)」を意味する》. ► *n* 出格(の語); 絶対最上級.
El·a·vil /élavɪl/〖商標〗エラヴィル《amitriptyline 製剤》.
E layer /íː —/ E 層 (=(*Kennelly-*)*Heaviside layer*)《E REGION またはその中でも昼間に現われる地上 90–100 km 付近の電離層で, 中長波の電波を反射する》.
Ela·zig /èlɑːzíː, -zíː(g)/ エラーズー《トルコ中東部の市; Euphrates 川の支流 Murat 川の流域にある》.
El·ba /élbə/ エルバ《地中海の Corsica 島東方にあるイタリア領の小島; Napoleon 1 世の最初の流刑地 (1814–15)》; [*fig*] 流刑(地), 幽閉(先).
El Bah·na·sa /ɛl bǽnəsə/ エルバナサ《OXYRHYNCHUS のアラビア語名》.
El·Bar·a·dei /èlbáːrɑːdèɪ/ エルバラダイ **Mohamed ～** (1942–)《エジプトの法学者・政府高官; 国際原子力機関 (IAEA) 事務局長 (1997–2009); IAEA と共にノーベル平和賞 (2005)》.
El·be /élbə, élb/ [the] エルベ川 (*Czech* Labe)《チェコ北部に発し, ドイツ北東部を北西に流れて北海に注ぐ》.
El·bert /élbərt/ **1** エルバート《男子名; 愛称 Bert》. **2** [Mount] エルバート山《Colorado 州中部 Sawatch 山脈にある山; 同州および Rocky 山脈の最高峰 (4398 m)》. [⇨ ALBERT]
El·ber·ta /elbə́ːrtə/ エルバータ《女子名》. [(fem) <↑]
El·blą̨g /élblɔ̀ːŋk/ エルブロンク (G **El·bing** /élbɪŋ/)《ポーランド北東部の市・港町; Vistula 川河口三角洲の右岸に位置》.
el·bow /élbòʊ/ *n* **1**《人や動物の》ひじ, 肘;《服の》ひじ;《椅子の》肘掛け: JOG[1] sb's ～. ★ elbow は, 自分の身体空間を広げ確保し, また人を押しのけて進むための身体部位として比喩的に用いられることがある: have sharp ～*s*《人を押しのけて進む》強いひじをもっている. **2** ひじ状のもの; 肘継手, エルボー; ひじ状の屈曲;《河川・道路などの》急な曲がり, (L 字)カーブ. ● **at one's** [**the**] **～**《いつでも役立つように》すぐかたわらに(控えて), そばに, 近くに. **bend** [**crook, lift, raise, tip**] **one's** [**the, an**] **～** 《口》酒を飲む, 飲みに出かける,《特に》飲みすぎる. **get the ～** "《口》袖にされる, 肘鉄を食う. **give sb the ～** "《口》人と縁を切る, 追放する, 人に肘鉄を食わせる. **More** POWER **to your ～!** NUDGE[1] **～s with**…. **out at** (**the**) **～**(**s**) 〈衣服が〉ひじの所が破れて, ぼろになって; 〈人が〉みすぼらしい服装の;《経済的に》困窮して, 貧乏して. **square one's ～s** ひじを張る《けんかの身構え, いばった態度》. **touch ～s with**…=RUB[1] ～*s* with…. **up to the** [**one's**] **～s** 〈仕事などに〉没頭して, 忙殺されて 〈*in* [*with*] work etc.〉. ► *vt* ひじで押す[突く]; 押しやる, 突き出す; ひじで押し分けて進む: ～ people *aside* [*off*] 人びとを押しのける / ～ sb *out of* office 人を職から追い出す / ～ oneself *into*…に人を押し分けて入る / We ～*ed* our way *through* the crowd. 人込みの中を押し分けて通った. ► *vi* **1** 押し分けて進む. **2** くの字[L 字]のように曲がる. **3** *《俗》友だちづきあいする. [OE *el*(*n*)*boga* (ELL[1], BOW[3]); cf. G *Ellenbogen*]
élbow-bènd·er *n* 《口》人と飲むのが好きな人, 酒好き.
élbow-bènd·ing 《口》*n* 飲酒. ► *a* 酒飲みの.
élbow·bòard *n* 膳板(ぜんいた), 窓下の板.
élbow chàir* ARMCHAIR.
élbow grèase 《口》《清掃などの》力仕事, ハードワーク: use some ～ 力仕事をする, 骨を折る.
élbow ròom ひじを自由に動かせる余地; 十分な空間;《活動[思考]に十分な》余裕, ゆとり, 余地.
El·brus, El'·brus /elbrúːz, -s/ [Mount] エリブルス山《ロシア, 北

Caucasus の Kabardino-Balkariya 共和国にある Caucasus 山脈の最高峰 (5642 m); ヨーロッパでも最高》.

El·búrz Móuntains /ɛlbúərz-/ *pl* [the] エルブルズ山脈《イラン北部のカスピ海南岸沿いの褶曲山脈; 最高峰は Damavand (5671 m)》.

El Cap·i·tan /ɛl kæ̀pətǽn/ エルカピタン《California 州中東部 Sierra Nevada 山脈の山 (2307 m); 1100 m に及ぶ一枚岩の絶壁がある》.

El·che /ɛ́ltʃeɪ/ エルチェ《スペイン南東部 Alicante 県の市》.

el cheapo /ɛl tʃíːpoʊ, ɛ́l-/ *《俗》 *a* 安物の, 安っぽい (cheap). ► *n* (*pl* **el chéap·os**) 安物, 粗悪品. [*el -o*]

El Chi·chón /ɛl tʃɪtʃóːn/ エルチチョン《メキシコ南東部の火山 (1205 m); 1982 年大噴火》. [Sp=the Lump]

El Cid ⇨ CID.

eld /ɛ́ld/ 《古·詩》 *n* 老齢, 老年; 古代, 昔, いにしえ; 老人; ᵘ《方》年齢. [OE OLD]

Él·den Hóle /ɛ́ldən-/ エルデンホール《イングランド Derbyshire 北部高原の底無しといわれた穴》; 口からでまかせを言う人: ~ needs filling. 《古諺》でまかせ言う口ふさがにゃならぬ.

el·der[1] /ɛ́ldər/ *attrib a* **1 a** 年上の, 年長の, 先代の (opp. *younger*): the *E*~ Pitt 大ピット / an [one's] ~ brother [sister] 兄[姉]. ★ elder は兄弟姉妹関係をいうときに用い, 叙述的には be older than という. **b** 経験の豊富なほうの, 古参の, 上位の. **2** 昔の, 過去の, 古い. **3** 《廃》年をとってからの, 後年の. ► *n* **1** [ᵖ*pl*] **a** 年上の人, 年長者: one's ~*s* and betters ⇨ BETTER[1]/ He is my ~ by two years.=He is two years my~. 彼はわたしより 2 つ年上だ. **b** 老齢者; 《部落·部族などの》古老, 村長(そんちょう); 《一般に, 教会の》長老; 《長老教会の》長老 (presbyter), 《Shaker 派の》長老, 長(おさ) (cf. ELDRESS); 〚モルモン教〛 Melchizedek 神権の聖職者. **2** 昔の人, 先人, 先祖. [OE *eldra*; ⇨ OLD]

elder[2] *n* 〚植〛ニワトコ属の各種低木[小高木]《スイカズラ科; 葉と花を煎じてかぜ薬にする》; 葉[花]がニワトコに似た植物《box elder, marsh elder など》. [OE *ellærn*]

élder abùse 老人虐待.

élder·bèrry /, -b(ə)ri/ *n* 〚植〛《各種の》ニワトコの実《赤, 黒, または黒紫色の液果様の核果》; ニワトコの木 (elder).

élderberry wíne エルダーベリーワイン《各種のニワトコの実で造る地酒》.

élder bróther (*pl* **élder bréthren**) 水先案内協会 (TRINITY HOUSE) の幹部会員.

élder·càre* *n* 高齢者[老人]介護.

Élder Édda [the]『古エッダ』(⇨ EDDA).

élder·flòwer *n* ニワトコの花.

élder hánd ELDEST HAND.

élder·ly *a* **1** かなりの年配(者)の, 初老(期)の, お年を召した, お年寄りの, 高齢者(向け)の. **2** 時代遅れの, 年代物の. ► *n* (*pl* ~, **-lies**) 年配の人, 高齢者, お年寄り. ♦ **-li·ness** *n*

élder·shìp *n* ELDER[1] であること; 〚教会〛長老の地位[集団], 長老職.

élder státesman 《政界·実業界などの》長老, 元老, 有力者, 大御所, 'ドン'.

élder wíne ELDERBERRY WINE.

el·dest /ɛ́ldəst/ *a* 長子である; 一番年上の: an [one's] ~ brother [sister, child] 長兄[姉, 子] / an [one's] ~ son [daughter] 長男[女] / the [one's] ~ 《口》いちばん上の子, 長男, 長女. [OE; ⇨ OLD]

éldest hánd 〚トランプ〛エルデストハンド (=*elder hand*)《カードが最初に配られる, ディーラーの左隣の人》.

El·don /ɛ́ld(ə)n/ エルドン **John Scott**, 1st Earl of ~ (1751–1838)《英国の裁判官·政治家; 大法官 (1801–06, 07–27); 自由主義的な法や政治改革に反対した》.

El Do·ra·do, El·do·ra·do /ɛ̀l dəráːdoʊ, -réɪ-/ **1** エルドラド《スペイン人が南米 Amazon 川岸にあると想像した黄金の国》. **2** [ˢeldorado] (*pl* ~**s**) 《一般に》黄金郷. [Sp *el dorado* the gilded]

El·dred /ɛ́ldrəd/ エルドレッド《男子名》. [OE=old in counsel]

el·dress /ɛ́ldrəs/ *n* 《特に Shaker 派などのプロテスタント教会で指導者の役をつとめる》女性長老. [*elder*[1], *-ess*[1]]

el·dritch, -drich /ɛ́ldrɪtʃ/ *a* 気味の悪い, 不気味な. [C16 <?OE **elfrīce* fairy realm; cf. ELF]

Elea /íːliə/ エレア《古代イタリア Lucania の都市, ギリシアの植民地; 哲学のエレア派の本拠地》.

El·ea·nor, El·i·nor /ɛ́lənər, -nɔ̀ːr/, **El·e·a·no·ra** /ɛ̀liənɔ́ːrə/ エレナー, エレノア, エレアノーラ《女子名; Helen の変形; 愛称 Ella, Nell(e), Nellie, Nora》. [OF; ⇨ HELEN]

Éleanor Cróss エレナーの十字架, エレナークロス《Eleanor of Castile の柩が Lincoln から London に運ばれた時, Edward 1 世の命によって 12 の休息箇所に建てられた十字架; 現在も Northampton など数箇所に残る》.

Éleanor of Áquitaine アキテーヌのエレオノール, アリエノール·ダキテーヌ (1122?–1204)《フランス王 Louis 7 世の妃 (1152 年離婚), のちイングランド王 Henry 2 世の妃》.

Éleanor of Cástile カスティリャのレオノール (c. 1246–90)《イングランド王 Edward 1 世の妃》.

Éleanor of Provénce プロヴァンスのエレオノール (1223–91)《イングランド王 Henry 3 世の妃》.

e-learning /íː-–/ *n* e ラーニング《IT 技術やネット[オンライン]スクールを活用した学習システム》.

El·e·at·ic /ɛ̀liǽtɪk/ *a, n* 〚哲〛エレア学派の(人).

El·e·at·i·cism /ɛ̀liǽtəsɪz(ə)m/ *n* エレア学派哲学《紀元前 6–5 世紀, Parmenides や Zeno などが唱道した》.

El·e·a·zar, -zer /ɛ̀liéɪzər/ **1** エリエーザー《男子名》. **2** 〚聖〛エレアザル, エルアザル《Aaron の第 3 子でその大司祭の職を継いだ; *Num* 20: 25–28》. [Heb=God is help]

el·e·cam·pane /ɛ̀lɪkæmpéɪn/ *n* 〚植〛オオグルマ《キク科》; ᵘオオグルマの根から採った香料で香味付けした菓子. [L *enula* elecampane, *compana* of the fields]

E

elect /ɪlɛ́kt/ *vt* **1** 選挙する, 選出[選任]する: ~ a person (*to be* [*as*]) president [*to* the presidency] 人を総裁[会長, 大統領]に選ぶ / the ~*ed* 当選者たち. **2** 選ぶ, 選択する, 決める; 〚神学〛〈神が〉選ぶ: ~ to die rather than to surrender. ► *vi* 選挙する, 選ぶ. ► *a* 選挙[選任]された《名詞のあとにハイフンを伴って置かれる》; 選ばれた, えり抜きの; 〚神学〛神に選ばれた: the President-~《当選した》次期大統領 / the bride-~ いいなずけ. ► *n* 選ばれた人; [the] 選ばれた人びと; 特権[エリート]階級; 選ばれた者, 《神の》選民 (=God's ~)《イスラエル人; opp. *the reprobate*》. [L ELECT- *-ligo* to pick out]

eléct·able *a* 選ばれうる, 選出されるにふさわしい. ♦ **elèct·abíl·ity** *n*

elect·ee /ɪlɛ̀ktíː/ *n* 選ばれた人.

elec·tion /ɪlɛ́kʃ(ə)n/ *n* **1** 選挙, 選出, 選任; 当選 〈*as* president, *to* the presidency〉; 投票, 票決: hold [have] an ~ 選挙を行なう / contest [fight] an ~ 選挙戦を戦う / call an ~ 〈首相などが〉選挙実施を宣言する, (解散)総選挙に打って出る / carry [win] an ~ 選挙に勝つ, 当選する / an ~ campaign 選挙運動. **2** 選択, 選定; 〚神学〛(神の)選び (opp. *reprobation*); 選択権: WRIT OF ELECTION.

eléction dày 公職選挙の日; [ᵖE- D-] 〚米〛大統領選挙日《11 月第 1 月曜の次の火曜日; 大抵の州で公休日》.

eléction dìstrict 選挙区.

elec·tion·eer /ɪlɛ̀kʃəníər/ *vi* 選挙運動をする. ► *n* 選挙運動者[員]. ♦ **~·er** *n* **~·ing** *n, a* 選挙運動(の).

elec·tive /ɪlɛ́ktɪv/ *a* **1** 選挙による, 選挙に基づいた〈職·権能など〉(cf. APPOINTIVE); 選挙の[に関する]; 選挙権を有する: (an) ~ office 公選職《選挙によって任命される職·地位》/ an ~ body 選挙団体. **2 a** *〈科目が〉随意選択の: an ~ course 選択科目 / an ~ system 選択科目制度. **b** 〈手術など〉選択的な《緊要ではない》; 〚化〛選択的な. **3** 一方に片寄った. ► *n** 選択科目. ♦ **~·ly** *adv* **~·ness** *n*

eléctive affínity 〚化〛選択親和力.

eléc·tor /, -tɔ̀ːr/ *n* 選挙人, 有権者; 〚米〛選挙人《electoral college の一員》; [ᵖE-] 〚史〛《神聖ローマ帝国の皇帝選定権をもっていた》選挙侯, 選帝侯.

eléc·tor·al /ɪlɛ́kt(ə)r(ə)l, *ìːlɛktɔ́ːrəl/ *a* 選挙の; 選挙人の; 選挙人からなる; 〚史〛選挙侯の: an ~ district 選挙区 / an ~ Prince 選挙侯 (Elector). ♦ **~·ly** *adv*

eléctoral cóllege 選挙人団; [ᵖE- C-] 〚米〛選挙人団《選挙人は各州を代表して大統領および副大統領を選出する》.

eléctoral róll [régister] 選挙人名簿.

eléctoral vóte 〚米〛大統領選挙人による投票《形式的なもの; cf. POPULAR VOTE》.

eléctor·ate *n* 選挙人, 有権者《集合的》; 〚史〛選挙侯の位階[支配権, 管轄], 選挙侯領 (⇨ ELECTOR); 〚豪〛下院議員選挙区.

eléctor·shìp *n* ELECTOR の資格[地位], 選挙人資格.

electr- /ɪlɛ́ktr/, **elec·tro-** /ɪlɛ́ktroʊ, -trə/ *comb form*「電気」「電解」「電子」 [*electric*]

Elec·tra /ɪlɛ́ktrə/ **1** エレクトラ《女子名》. **2** 〚ギ神〛エーレクトラー《(**1**) Agamemnon の娘; 弟 Orestes を助けて母 Clytemnestra らを殺し, 父の敵を討った (**2**) PLEIADES の一人; Oceanus の娘で Iris の母》. **3** 〚天〛エレクトラ《Pleiades 星団の一星》. [Gk=bright, shining]

Eléctra còmplex 〚精神分析〛エレクトラコンプレックス《女性における OEDIPUS COMPLEX と同内容の心的傾向》.

elec·tress /ɪlɛ́ktrəs/ *n* 婦人有権者; [ᵘE-] 〚史〛選挙侯夫人[未亡人].

elec·tret /ɪlɛ́ktrət, -trɛ̀t/ *n* 〚理〛エレクトレット《残留分極を有する誘電体》.

elec·tric /ɪlɛ́ktrɪk/ *a* **1 a** 電気の; 電気を帯びた[起こす]; 電気を伝える; 電気で作動する, 電動式の, 電気仕掛けの. ★ electrical に比べ, 具体的な製品·器具を修飾する傾向があるが同義のこともある. **b** 〈オルガンなど〉電子工学的に音を出す (electronic); 〈ギターなど〉電子工学的に音を増幅する; 電気楽器による演奏の[で演奏する]. **2** 電撃的な, 刺激的な, 興奮させる, しびれるような; 〈雰囲気などが〉興奮した, 緊張した, ピリピリした, わくわく[ぞくぞく]するような, 熱狂的な. **3** とても明るい, あざやかな: ELECTRIC BLUE. ► *n* **1** 電気で作動[稼働]するもの, 電灯, 電車, 電気自動車; [ᵘ*pl*] ᵘ電線, 回路, 電気設備, 配線; 《口》電気, 電力. **2** 《古》起電物体《琥珀(こはく)・ガラスなど》. [L<Gk *ēlektron* amber; こすると静電気が起こることから]

eléc·tri·cal *a* 電気[電力]に関する, 電気関係の〈人・仕事など〉; 電気を利用する; 発電の; ELECTRIC: ~ equipment [goods, appliances] 家電[電化]製品, 電気[電動]器具 / ~ current [storm]＝ELECTRIC CURRENT [STORM]. ► *n* [*pl*] 電気装置[設備, 製品], 回路 (electrics). ♦ **~·ly** *adv* **~·ness** *n*

eléctrical enginéer 電気(工学)技師, 電気技術者.

eléctrical enginéering 電気工学.

eléctrical stórm ELECTRIC STORM.

eléctrical transcríption トランスクリプション《(1) ラジオ放送用の番組を録音したレコード[テープ] 2) それによる放送番組》.

eléctric árc 〔電〕 ARC.

eléctric-àrc fúrnace ARC FURNACE.

eléctric blánket 電気毛布.

eléctric blúe 明るい金属的な[冷たい]感じの青.

eléctric bráin ELECTRONIC BRAIN.

eléctric bróom 電気ほうき《軽量のたて型掃除機》.

eléctric cálamine 異極鉱 (hemimorphite).

eléctric cár 電気自動車.

eléctric céll 〔化〕電解槽 (cell).

eléctric cháir 電気椅子; [^{u}the] 電気(椅子)処刑.

eléctric chárge 〔理〕電荷.

eléctric cónstant 〔電〕 ABSOLUTE PERMITTIVITY.

eléctric córd* 《電気の》コード, 可撓(かとう)ひも線 (flex‖).

eléctric cúrrent 〔電〕電流.

eléctric dípole mòment 〔電〕電気双極子モーメント.

eléctric displácement 〔電〕電気変位, 電束密度《電場に誘電率を乗じたもの》.

eléctric éel 〔魚〕デンキウナギ《南米産》.

eléctric éye 〔電〕光電セル, 光電池 (photoelectric cell); 蛍光指示管, マジックアイ《受信器の同調指示用》.

eléctric fénce 通電柵《動物や侵入者を近寄らせない》.

eléctric fíeld 〔理〕電場(でんば), 〔電子工〕電界.

eléctric fíeld strèngth 〔電〕電界強度.

eléctric fíre‖ 電気白熱ヒーター.

eléctric flúx dènsity 〔電〕 ELECTRIC DISPLACEMENT.

eléctric fúrnace 電気炉.

eléctric glów 〔電〕コロナ放電 (corona discharge).

eléctric guitár 〔楽〕エレキギター.

eléctric háre 《ドッグレースで犬に追わせる》電動模型ウサギ.

eléctric héater 電気ストーブ.

elec·tri·cian /ɪlɛ̀ktríʃ(ə)n, i-, ‖ɛ̀lɪk-/ *n* 電気の専門家; 電気技術者, 電気工, 電気係.

elec·tric·i·ty /ɪlɛ̀ktrís(ə)ti, i-, ‖ɛ̀lɪk-/ *n* **1 a** 電気; 電流; 電荷; 《電灯・電熱用などの》供給電力. **b** 電気学. **2** 感情的緊張, 神経のたかぶり; 《人から人へ広がる》激しい興奮, 熱狂.

eléctric líght 電光, 電灯光.

eléctric néedle 〔外科〕電気針.

eléctric néws tàpe 電光ニュース.

eléctric órgan 〔楽〕電気[電子]オルガン; 〔動〕《デンキウナギ・シビレエイなどの》発電[電気]器官.

eléctric poténtial 〔電〕電位.

eléctric pówer 電力.

eléctric ráy 〔魚〕シビレエイ《総称》.

eléctric sháver 電気かみそり.

eléctric shóck 電気ショック, 感電, 電撃(傷).

eléctric shóck thèrapy [trèatment] 〔精神医〕電気ショック療法 (electroshock therapy).

eléctric stéel 〔冶〕電炉鋼.

eléctric stórm 電光・雷鳴・降雨を伴った突発的な激しいあらし, 激しい雷雨 (thunderstorm).

eléctric stréngth 〔電〕絶縁耐力 (dielectric strength).

eléctric tápe FRICTION TAPE.

eléctric tórch‖ 《棒型》懐中電灯 (flashlight*).

eléctric tówel 電気タオル《手や顔を乾かすための電気温風器》.

eléctric wáve 電波; ELECTROMAGNETIC WAVE.

elec·tri·fi·ca·tion /ɪlɛ̀ktrəfəkéɪʃ(ə)n/ *n* **1** 帯電, 感電; 充電; 《鉄道などの》電化. **2** 強い興奮[感動, ショック](を与えること).

elec·tri·fy /ɪléktrəfàɪ/ *vt* **1 a** 〈物体〉に電気をかける[通ずる], 帯電させる, 〈人を〉感電させる: an *electrified* body 帯電体 / *electrified* fence＝ELECTRIC FENCE. **b** …に充電する; …に電力を供給する; 電化する; 〈音楽を〉電子工学的に増幅する: ~ a railroad. **2** …に電気ショックを与える; 《電撃的に》興奮[感動]させる. ♦ **-fì·er** *n* **-fì·able** *a* **~·ing** *a* 電撃[感動]的な, しびれるような (electric): an ~*ing* musical performance.

elec·tro /ɪléktroʊ/ *n* **1** (*pl* ~s) ELECTROTYPE; ELECTROPLATE. **2** エレクトロ(ファンク)《drum machine などテクノサウンドが主体のダンスミュージック; 特に 1980 年代米国の hip-hop で流行》.

electro- /ɪléktroʊ, -trə/ ⇨ ELECTR-.

elèctro·acóustics *n* 電気音響学. ♦ **-tic** *a*

elèctro·análysis *n* 〔化〕電解分析. ♦ **-analýtic, -ical** *a*

elèctro·an·tén·no·gràm /-ænténə-/ *n* 〔昆〕触角電図.

elèctro·biólogy *n* 生物電気学. ♦ **-gist** *n*

elèctro·cárdio·gràm *n* 〔医〕心電図《略 ECG, EKG》.

elèctro·cárdio·gràph *n* 〔医〕心電計. ♦ **-cardiógraphy** *n* 〔医〕心電図記録[検査](法). **-cardiográphic** *a* **-gráph·i·cal·ly** *adv*

elèctro·cáutery 〔医〕 *n* 電気メス; 電気焼灼(しょうしゃく).

elèctro·chémical *a* 電気化学の. ♦ **~·ly** *adv*

electrochémical equívalent 〔理・化〕電気化学当量.

electrochémical séries ELECTROMOTIVE SERIES.

elèctro·chémistry *n* 電気化学. ♦ **-chémist** *n*

elèctro·chromatógraphy *n* 通電クロマトグラフィー.

elèctro·chróm·ism /-króʊmɪz(ə)m/ *n* 〔理〕エレクトロクロミズム, 通電変色(性)《電圧印加による酸化状態の変化を通じた色の変化》. ♦ **-chró·mic** /-króʊmɪk/ *a*

elèctro·convúlsive *a* 〔医〕電気痙攣(けいれん)の[に関する, を伴う].

electroconvúlsive thérapy 〔精神医〕電気痙攣療法 (electroshock therapy)《略 ECT》.

elèctro·córtico·gràm *n* 〔医〕皮質脳波図, 皮質電図《電極を直接脳に接触させてつくる脳電図》.

elèctro·cor·ti·cóg·ra·phy /-kɔ̀ːrtɪkágrəfi/ *n* 〔医〕皮質脳波記録[検査](法). ♦ **-còr·ti·co·gráph·ic** *a* **-i·cal·ly** *adv*

elec·tro·cute /ɪléktrəkjùːt/ *vt* 電気椅子で処刑する; 電気(事故)で殺す, 感電死させる. ♦ **elèc·tro·cú·tion** *n* 電気処刑; 電撃死, 感電死. [*execute*]

eléctro·cỳte *n* 〔動〕《発電器官の》発電細胞.

elec·trode /ɪléktròʊd/ *n* 〔電〕電極. [*electr-, -ode*]

eléctrode effíciency 〔化〕電極効率.

elec·tro·del·ic /ɪlèktrədélɪk/ *a* 電光[照明]でサイケ調にした. [*electro-*, psyche*delic*]

elèctro·depósit 〔化〕 *vt* 電着させる. ► *n* 電着物.

elèctro·deposítion *n* 〔化〕《電解液中のイオンの》電着.

eléctrode poténtial 〔化〕電極電位.

elèctro·dérmal *a* 皮膚の電気的性質に関する, 皮膚電気の.

elèctro·desiccátion *n* 〔医〕電気乾燥(法), 電気乾固(法) (＝*fulguration*)《針状の電極に高周波電流を流して, 皮膚や粘膜の組織を乾燥させ, 病変を破壊したり血管を閉鎖したりすること》.

elèctro·diagnóstic *a* 電気診断(法)の. ♦ **-tical·ly** *adv*

elèctro·diálysis *n* 〔化〕電気透析. ♦ **-dialýtic** *a* **-díalyze** *vt* **-díalyzer** *n*

elèctro·dynámic, -ical *a* 電気力学の, 電気力学的な.

elèctro·dynámics *n* 電気力学.

elèctro·dynamómeter *n* 電流力計.

elèctro·encéphalo·gràm *n* 〔医〕脳波図, 脳電図《略 EEG》.

elèctro·encéphalo·gràph *n* 〔医〕脳波計.

elèctro·encephalógraphy *n* 〔医〕脳波記録[検査](法). ♦ **-en·cèph·a·lóg·ra·pher** *n* **-en·cèph·a·lo·gráph·ic** *a* **-gráph·i·cal·ly** *adv*

elèctro·ènd·osmósis *n* ELECTROOSMOSIS. ♦ **-ènd·os·mótic** *a*

elèctro·extráction *n* 〔化〕電解抽出《電気分解によって工業的に純度の高い金属を得ること》.

eléctro·fish·ing *n* 電気漁法《水中に置いた直流電源の集魚効果を利用する》.

eléctro·fòrm *vt* 電気鋳造する. ► *n* 電気鋳造したもの; 電鋳用鋳型. ♦ **~·ing** *n* 電気鋳造(法), 電鋳.

elèctro·gálvanize *vt* 電気亜鉛めっきする.

elèctro·gàs·dynámics *n* 電気流体力学. ♦ **-dynámic** *a*

eléc·tro·gèn /ɪléktroʊʤèn/ *n* 電子放出分子《照明をあてると電子を放出する分子》.

elèctro·génesis *n* 電気発生《生体組織の中での電気の発生》. ♦ **elèctro·génic** *a*

eléctro·gràm *n* 〔医〕電気記録[曲線]図, エレクトログラム《脳・心臓などの組織の中に電極を直接差し込む方法で作成する活動電位図》.

eléctro·gràph *n* 電気記録器; 電気記録図; 電気版彫刻器; 写真電送装置, ファクシミリ伝送装置; 電送写真, ファクシミリ. ♦ **elèc·tro·gráph·ic** *a* **-i·cal·ly** *adv* **elec·trog·ra·phy** /ɪlɛ̀ktrágrəfi, ìː-/ *n*

elèctro·hydráulic *a* 電気水力学的な: a ~ governor 電気調速機 / ~ brake 電動油圧押上げ機ブレーキ. ♦ **-ical·ly** *adv*

elèctro·hydráulics *n* 電気水力学.

eléctro·jèt *n* エレクトロジェット《電離層中に生じる集中電流; 磁気あらし・オーロラ現象などを起こす》.

elèctro·kinétic *a* 動電学的な[上の]. ♦ **-ical·ly** *adv*

elèctro·kinétics *n* 動電学 (cf. ELECTROSTATICS).

elèctro·kýmo·gràph *n* 〔医〕(心臓)動態記録器, 電気キモグラフ.

eléctro·less *a* 〔化〕非電着性金属析出の[を伴う].

elec·tro·lier /ɪlὲktrəlíər/ *n* シャンデリア状の電灯架, 電灯用シャンデリア.
elec·trol·o·gist /ɪlὲktrálədʒɪst/ *n* 〔医〕電気分解法の施術者《針状電極を用いて皮膚に電流を通じさせ, 毛・いぼ・ほくろ・あざなどを取り除く》. ♦ **elèc·tról·o·gy** *n*
elèctro·luminéscence *n* 〔電〕エレクトロルミネセンス《蛍光体の電圧[電場]発光》. ♦ **-néscent** *a*
Elec·tro·lux /ɪléktrəlʌ̀ks/ エレクトロラックス (AB ~)《スウェーデン最大の家電メーカー; 1910 年創業》.
elec·trol·y·sis /ɪlὲktráləsəs, ì:lɛk-/ *n* 〔化〕電気分解, 電解; 〔医〕電気分解(法) (cf. ELECTROLOGIST).
eléctro·lỳte *n* 〔化〕電解質[液].
eléctrolyte àcid BATTERY ACID.
elèctro·lýtic *a* 電解の[による]; 電解質[液]の[を含む]. ► *n* 〔電〕電解液を使った装置, 《特に》ELECTROLYTIC CAPACITOR. ♦ **-lýt·i·cal** *a* **-lýt·i·cal·ly** *adv*
electrolýtic capácitor [condénser] 〔電〕電解コンデンサー.
electrolýtic céll 〔化〕電解槽.
electrolýtic dissociátion 〔化〕電離《電解質が水に溶け, 電気を帯びた陰陽のイオンに分解すること》.
electrolýtic gás 爆鳴気《水の電気分解によって生じる水素 2 体積と酸素 1 体積の混合気体》.
elec·tro·lyze /ɪléktrəlàɪz/ *vt* 電解する, 電解処理する; 〔医〕電気分解法で取り除く.
elèctro·mágnet *n* 電磁石.
elèctro·magnétic *a* 電磁石の; 電磁気の[による]; 電磁相互作用に関する. ♦ **-ical·ly** *adv*
electromagnétic field 〔理〕電磁場, 電磁界.
electromagnétic indúction 〔理〕電磁誘導.
electromagnétic interáction 〔理〕電磁相互作用《自然界の 4 つの基本相互作用の一つ》.
electromagnétic púlse 電磁パルス《上空の核爆発によって生ずる短時間の強い電磁放射; 地上の電子機器・電気系統を破壊するものとされている; 略 EMP》.
electromagnétic púmp 〔電〕電磁ポンプ《導電性の液体を電磁作用により移送する》.
electromagnétic radiátion 〔理〕電磁放射.
elèctro·magnétics *n* 電磁気学 (electromagnetism).
electromagnétic spéctrum 〔電〕電磁スペクトル《電磁波の全波長範囲》.
electromagnétic únit 電磁単位《略 emu, EMU》.
electromagnétic wáve 〔理〕電磁波.
elèctro·mágnet·ìsm *n* 電磁気; 電磁(気)力; 電磁気学.
elèctro·mechánical *a* 電気(と)機械の. ♦ **~·ly** *adv*
elèctro·mechánics *n* 電気機械技術.
eléctro·mer *n* 〔化〕電子異性体.
elèctro·mér·ism /-mérìz(ə)m/ *n* 〔化〕エレクトロメリー, 電子異性.
elèctro·métallurgy /, "-mətǽl-/ *n* 電気冶金(学). ♦ **-gist** *n* **-metallúrgical** *a*
elec·trom·e·ter /ɪlὲktrámətər, "ὲlɪk-/ *n* 電位計. ♦ **elèc·tro·métric** *a* 電位測定の. **elec·trom·e·try** /ɪlὲktrámətri, "ὲlɪk-/ *n* 電位測定.
eléctro·mobìle *n* 電気自動車.
elèctro·mótive *a* 電動の, 起電の.
electromótive fórce 起電力《略 emf》.
electromótive séries 〔化〕起電列 (=*electrochemical series*) (=**elecromótive fórce sèries**).
elèctro·mótor *n* 電気モーター.
elèctro·mýo·gràm *n* 〔医〕筋電図《略 EMG》.
elèctro·mýo·gràph *n* 〔医〕筋電計. ♦ **-myógraphy** *n* 〔医〕筋電図記録[検査](法). **-mỳo·gráph·ic, -i·cal** *a* **-i·cal·ly** *adv*
elec·tron /ɪléktràn/ *n* 〔理〕電子, エレクトロン. [*electr*ic, *-on*]
eléctron affínity 〔理〕電子親和力[度].
elèctro·narcósis *n* 〔医〕電気麻酔(法).
eléctron bèam 〔理〕電子ビーム.
eléctron càmera 電子カメラ.
eléctron càpture 〔理〕電子捕獲.
eléctron clòud 〔理〕電子雲(え)《原子を取り巻く電子の電荷密度分布》.
eléctron diffràction 〔電〕電子回折《光と同じように波動性をもつ電子線が示す回折現象》.
elèctro·négative *a* 負に帯電した; 〔化〕〈原子・基・分子が〉(電気)陰性の. ► *n* 〔化〕(電気)陰性物質. ♦ **-negatívity** *n* 〔化〕電気陰性(度).
eléctron gàs 〔理〕電子気体, 電子ガス.
eléctron gùn 〔電子工〕《陰極線管の》電子銃.
elec·tron·ic /ɪlὲktránɪk, ì:lɛk-/ *a* **1** 電子の; 電子装置の[による], 電子化[コンピューター(ネットワーク)化]した. **2**《オルガンなど》電子工学的に音を出す; 電子音楽の. **3**《テレビなど》電子メディアの: ELECTRONIC JOURNALISM. ► *n* 電子回路; 電子装置, 電子機器, 電子部品. ♦ **-i·cal·ly** *adv* 電子的に; 電子工学的に.
elec·tron·i·ca /ɪlὲktránɪkə/ *n* エレクトロニカ《techno などを含む電子音楽の一分野》; 電子機器[装置], 電算技術.
electrónic árt 電子芸術, エレクトロニックアート《照明ディスプレーなどに電子工学を応用する》.
electrónic bóok 電子書籍.
electrónic bráin 電子頭脳, 電子計算機.
electrónic búlletin bòard 〔電算〕電子掲示板 (=*bulletin board*)《電子ネットワーク上で多数者が書き込みをできるようにして情報交換を可能にするシステム》.
electrónic cárillon 〔楽〕電子カリヨン.
electrónic cásh 電子現金, e キャッシュ (electronic money)《特に利用歴がシステムに把握されない匿名性のあるもの》.
electrónic cómmerce 電子商取引, エレクトロニックコマース《コンピューターを利用した取引形態; 略 EC》.
electrónic compúter 電子計算機 (computer).
electrónic cóuntermeasure 〔軍〕電子(兵器)対策, 対電子《敵のミサイル誘導などを狂わせる; 略 ECM》.
electrónic cúrrency 電子通貨 (electronic money).
electrónic dáta ìnterchange 〔電算〕《ネット上の文書交換や商取引を可能にする》電子データ交換(システム)《略 EDI》.
electrónic dáta pròcessing 〔電算〕電子データ処理《略 EDP, e.d.p.》.
electrónic éditing 〔ラジオ・テレビ・映〕電子編集《テープを切ったり重ね継ぎしたりせずに電子的に処理して編集する》.
electrónic fétal mónitor 〔医〕電子胎児監視装置《胎児の心搏および陣痛中の母体の子宮収縮の強さを監視する装置》.
electrónic flásh 〔写〕電子フラッシュ, ストロボ(ライト) (strobe light).
electrónic fúnds trànsfer 電子資金移動《コンピューターによる資金移行決済》.
electrónic gáme コンピューターゲーム, テレビゲーム (video game).
electrónic góvernment 電子政府 (=*e-government*)《政府がインターネットを利用して, 情報伝達をしたり, コンピューターを利用して投票をさせたりする仕組み》.
electrónic ignítion 電子点火装置.
elec·tron·i·cize /ɪlὲktránəsàɪz/ *vt* 電子工学装置で装備する.
electrónic jóurnalism テレビ報道, テレビジャーナリズム.
electrónic mágazine 電子雑誌《ウェブ上で公開されるものや E メールで配信されるメールマガジンがある》.
electrónic máil E メール, 電子メール (=*e-mail*).
electrónic máilbox 電子郵便受 (MAILBOX).
electrónic móney 電子マネー, エレクトロニックマネー (=*electronic cash, electronic currency*)《電子ネットワークを使って決済する方式や IC カードなどの媒体を使う方式がある》.
electrónic mónitoring 電子観察[監視] (=*electronic tagging*)《電子タグなどの電子機器による遠隔監視》.
electrónic músic エレクトロニックミュージック《**1**) シンセサイザーなどの電子楽器を用いて演奏されるポピュラー音楽 **2**) 電子機器を用いて作曲・演奏される 20 世紀半ばの前衛音楽; 電子音楽》.
electrónic néws gàthering 〔テレビ〕電子(機器による)ニュース取材 (⇨ ENG).
electrónic órgan 電子オルガン.
electrónic órganizer 電子手帳.
electrónic públishing 電子出版《**1**) 記録媒体としてフロッピーディスク, CD-ROM, IC カードなどを用いた出版 **2**) 電子ネットワークを介して行なう情報の配布 **3**) 編集過程でコンピューターなどの電子機器を使用した出版》.
elec·trón·ics *n* [*<sg>*] 電子工学, エレクトロニクス; [*<pl>*] 電子機器.
electrónic sígnature 〔電算〕電子署名 (DIGITAL SIGNATURE).
electrónic smóg エレクトロニックスモッグ《健康に害を及ぼすラジオ・テレビなどの電波》.
electrónic survéillance 電子機器を使った監視[見張り, 情報収集].
electrónic tág 電子タグ (TAG[1]).
electrónic tágging ELECTRONIC MONITORING.
electrónic téxt 電子テキスト《機械可読のテキスト》.
electrónic tícketing 電子発券《紙の券を発行せず, 電子データ上で行なわれる航空券などの発券》.
electrónic túbe 〔電〕電子管 (electron tube).
electrónic wárfare 電子戦.
electrónic wátermark 電子透かし (=*digital watermark*)《デジタル化された音声・画像などの著作物に, 知覚的には判別できないような変化を加えることによって埋め込まれる, その権利者や流通経路などを表わすデータ》.
eléctron lèns 〔電子工〕電子レンズ.

E

eléctron mícrograph 電子顕微鏡写真. ◆ **eléctron micrógraphy** *n*
eléctron mìcroscope 電子顕微鏡《略 EM》. ◆ **eléctron micròscopy** *n* **eléctron micròscopist** *n*
eléctron mùltiplier 〘電〙電子増倍管.
elec·tróno·gràph /ɪlèktránə-/ *n* 〘電子工〙電子描像機(描像). ◆ **elec·tro·nog·ra·phy** /ɪlèktrənágrəfi/ *n*
eléctron óptics 電子光学. ◆ **eléctron-óptical** *a*
eléctron pàir 〘理〙《同じ軌道にある》電子対.
eléctron paramagnétic rèsonance 〘理〙電子常磁性共鳴 (electron spin resonance)《略 EPR》.
eléctron pròbe 〘化〙電子プローブ《電子ビームを試料に照射して固有 X 線を発生させるマイクロプローブ》.
eléctron pròbe microanàlysis 〘化〙電子プローブ微量分析.
eléctron spín rèsonance 〘理〙電子スピン共鳴《略 ESR》.
eléctron tránsport 〘生化〙《生体酸化還元反応における》電子伝達: ～ chain [system] 電子伝達(連)鎖[系].
eléctron tùbe 〘電子工〙電子管.
èlectro·núclear machíne 〘核物〙粒子加速器《cyclotron, synchrotron など》.
eléctron vòlt 〘理〙電子ボルト, エレクトロンボルト《記号 eV》.
elèctro·nys·tag·móg·ra·phy /-nìstægmágrəfi/ *n* 〘医〙電気眼振記録[検査](法). ◆ **-nys·tag·mo·gráph·ic** /-nìstægməgrǽfɪk/ *a*
elèctro·óculo·gràm *n* 〘医〙電気眼球図, 眼電図《略 EOG》.
elèctro·ocu·lóg·ra·phy /-àkjəlágrəfi/ *n* 〘医〙電気眼球図記録(法), 眼電図記録(法).
elèctro-óptical, -óptic *a* 電気光学の; OPTOELECTRONIC: ～ effect 電気光学効果. ◆ **-tical·ly** *adv*
elèctro-óptics *n* 電気光学《電場の光学現象に対する影響の研究》; 電気光学素子《集合的》.
elèctro·osmósis *n* 電気浸透 (=*electroendosmosis*). ◆ **-osmótic** *a*
eléctro·pàint *vt, vi* 電着塗装する. ► *n* 電着塗装料.
elèctro·palatógraphy *n* 電気口蓋図法.
elèctro·phé·ro·gràm /-fíərə-, -féərə-/ *n* ELECTROPHORETOGRAM.
eléctro·phìle *n* 〘化〙求電子剤[試薬, 体]《分子・イオン・族・基など》.
elèctro·phílic *a* 〘化〙求電子性の (cf. NUCLEOPHILIC): ～ reaction 求電子反応. ◆ **-phi·líc·i·ty** /-fəlísəti/ *n*
eléctro·phòne *n* 電子楽器. ◆ **elèc·tro·phón·ic** /-fán-/ *a*
electrophónic músic ELECTRONIC MUSIC.
elec·tro·pho·rese /ɪlèktrəfərí:z, -s/ *vt* 〘理・化〙電気泳動にかける.
elèctro·phorésis *n* 〘理・化〙《ゾル内のコロイド粒子などの》電気泳動 (=*cataphoresis*). ◆ **-pho·rét·ic** /-fərétɪk/ *a* **-i·cal·ly** *adv*
elèctro·pho·réto·gràm /-fərétə-/ *n* 電気泳動図.
elec·troph·o·rus /ɪlèktráfərəs/ *n* (*pl* **-ri** /-ràɪ, -rì:/) 電気盆, 起電盤.
elèctro·photógraphy *n* 《乾式複写などに用いる》電子写真(術). ◆ **-phóto·gràph** *n* **-photográphic** *a*
elèctro·phrénic respirátion 〘医〙横隔神経電気刺激呼吸(法).
elèctro·physiólogy *n* 電気生理学; 電気生理現象. ◆ **-gist** *n* **-physiológic, -ical** *a* **-ical·ly** *adv*
eléctro·plàte *vt* …に電気めっきをする; ELECTROTYPE. ► *n* 電気めっきしたもの; 電気めっき銀器《集合的》; ELECTROTYPE. ◆ **-plàter** *n* **-plàting** *n* 電気めっき.
eléctro·plexy[II] /-plèksi/ *n* ELECTROCONVULSIVE THERAPY.
elèctro·pneumátic *a* 〘機〙電気力と空気力との[による], 電空の.
elèctro·pólish *vt* 電解研磨する.
elèctro·po·rá·tion /-pɔ:réɪʃ(ə)n, -pə-; -pɔ-, -pə-/ *n* 〘生〙電気穿孔法, エレクトロポレーション《電気パルスによって細胞膜に一時的に穴をあけ, そこから DNA を細胞内に導入することを利用した遺伝子導入法》. ◆ **eléctro·po·ràte** /-pərèɪt, ―⌣―pɔ:réɪt; -pərèɪt, -pəréɪt/ *vt*
elèctro·pósitive *a* 正に帯電した; 〘化〙〈原子・基・分子が〉(電気)陽性の. ► *n* 〘化〙(電気)陽性物質. ◆ **-positívity** *n* 〘化〙電気陽性(度).
elèctro·recéptor *n* 〘動〙電気受容器《サメ・デンキウナギ・ナマズなどの体表にある弱い電気を感知する器官》. ◆ **-recéption** *n* 電気受容.
elèctro·rétino·gràm *n* 〘眼〙網膜電位図, 網電図《略 ERG》.
elèctro·rétino·gràph *n* 〘眼〙網膜電計. ◆ **-ret·i·nóg·ra·phy** /-rèt(ə)nágrəfi/ *n* 網膜電図記録[検査](法). **-rèt·i·no·gráph·ic** *a*
elèctro·rheólogy *n* 電気流動学; 電気流動. ◆ **-rheológical** *a*
eléctro·scòpe *n* 検電器. ◆ **elèctro·scópic** *a*
elèctro·sénsitive *a* 電気感光性の; 電流感応性の.
eléctro·shòck *n* 〘医〙電気ショック; ELECTROSHOCK THERAPY.
eléctroshock thèrapy [trèatment] 〘精神医〙電気ショック療法 (=*electric shock therapy* [*treatment*], *electroconvulsive therapy*).
eléctro·slèep *n* 〘医〙電気睡眠《頭部への通電による》.
elèctro·státic *a* 静電気の; 静電学の; 静電塗装の. ◆ **-ical·ly** *adv*
electrostátic fíeld 〘電〙静電界 (electric field).
electrostátic génerator 〘理〙静電(高圧)起電機.
electrostátic indúction 〘電〙静電誘導.
electrostátic léns 〘電子工〙《荷電粒子ビーム用の》静電レンズ.
electrostátic precípitator 静電[電気]集塵器《略 ESP》. ◆ **electrostátic precipitátion** *n*
electrostátic prínting 静電写真[印刷]法《ゼログラフィーなどの電子複写法》.
elèctro·státics *n* 静電学 (cf. ELECTROKINETICS).
electrostátic únit 静電単位《略 esu, ESU》.
elèctro·stríction *n* 〘電〙電気ひずみ, 電歪(でんわい).
elèctro·súrgery *n* 電気外科(学). ◆ **-súrgical** *a*
elèctro·sýnthesis *n* 〘化〙電気合成.
elèctro·technólogy, -téchnics *n* 電気工学. ◆ **-téchnical** *a*
elèctro·thérapy, -therapéutics *n* 〘医〙電気療法. ◆ **-thérapist** *n* 電気療法医. **-therapéutic, -ical** *a*
elèctro·thérmal, -thérmic *a* 電熱の, 電気と熱との; 熱電学的な, 熱電学上の. ◆ **-thérmal·ly** *adv*
elèctro·thérmics *n* 電熱工学.
elec·trot·o·nus /ɪlèktrát(ə)nəs/ *n* 〘生理〙電気緊張. ◆ **elèc·tro·tón·ic** /-tán-/ *a* **-i·cal·ly** *adv* [*tonus*]
eléctro·tỳpe *n* 〘印〙電気版 (=*electro*); 電鋳コイン. ► *vt* 〈印刷版〉から電気版を作る. ► *vi* 電気製版による複製が可能である; 電気版を作る.
eléctro·typ·er /-tàɪpər/ *n* 電気版を作る人.
eléctro·typy /-tàɪpi/ *n* 電気製版法.
elèctro·válence, -valency *n* 〘化〙イオン原子価 (cf. COVALENCE). ◆ **-válent** *a* **-válent·ly** *adv*
electrovàlent bónd 〘化〙IONIC BOND.
eléctro·wèak *a* 〘理〙電弱の《弱い力 (weak force) と電磁気力を統一して説明する理論についていう》.
eléctro·wìnning *n* 〘鉱〙《純金属を採り出す》電解採取.
elec·trum /ɪléktrəm/ *n* 琥珀(こはく)金, エレクトラム《金と銀との合金; 古代では貨幣に用いた》. [L＜Gk]
elec·tu·ary /ɪléktʃuèri; -əri/ *n* 舐剤(しざい) (confection)《略 elec., elect.》.
el·e·doi·sin /èlədɔ́ɪs(ə)n/ *n* エレドイシン《ジャコウダコなど *Eledone* 属のタコの唾液腺から採る生理活性ペプチド; 血管拡張・降圧作用がある》.
el·ee·mos·y·nary /èlɪmás(ə)nèri, -móus-, -máz-; èliimɔ́sɪn(ə)ri, -máz-/ *a* 慈善の; 慈善[寄付]に依存する; 寄付された. [L; ⇨ ALMS]
el·e·gance /élɪgəns/ *n* 優雅, 上品; 科学的精密さと簡潔さ, エレガンス; 優雅[高雅]なもの, 上品なことば[作法]: ～ and politeness 優麗典雅《18 世紀英文学の理想》.
el·e·gan·cy /élɪgənsi/ *n* [ᵁ*pl*] ELEGANCE.
él·e·gant *a* **1 a** 上品な, 優雅な, しとやかな; 〈芸術・文学・文体など〉気品のある, 高雅な: life of ～ ease ゆったりした優雅な生活 / ～ arts 高雅な芸術《ほとんど fine arts と同じ》. **b** 好みや態度にやかましい. **2** 〈理論など〉精密で簡潔[明快]な, あざやかな, すっきりした. **3***上質の, みごとな, すばらしい. ► *n* 上品な人, 洗練された人. ◆ **～·ly** *adv* [F or L; ⇨ ELECT]
el·e·gi·ac /èlədʒáɪək, *-æk, *ɪlí:dʒiæ̀k/ *a* 〘古典韻律〙エレゲイア体の (⇨ ELEGIAC COUPLET); ELEGY の[のような, にふさわしい]; 哀歌[挽歌]調の, 哀調に満ちた. ► *n* [*pl*] エレゲイア体の詩. ◆ **èl·e·gí·a·cal** *a* **-cal·ly** *adv* [F or L＜Gk; ⇨ ELEGY]
elegíac cóuplet [dístich] 〘古典韻律〙哀歌二行連句 (dactyl (―⌣⌣) の六歩句と elegiac pentameter との対句で, エレゲイア体の基本となる).
elegíac pentámeter 〘古典韻律〙哀歌[エレゲイア]体五歩格《2 つの dactyl と 1 つの長音からなる半行 (hemistich) が 2 回続く不完全六歩句; cf. METER[1]》.
elegíac stánza 〘韻〙哀歌連《弱強調 (iambic) 五歩格の abab と押韻する四行連句》.
el·e·gist /élədʒɪst/ *n* ELEGY の詩人[作詩家, 作曲家].
ele·git /ɪlí:dʒət/ *n* 〘法〙強制管理令状《これにより, 判決債権者が負債者の動産・不動産を債務完済まで管理する》.
el·e·gize /élədʒàɪz/ *vi* ELEGY を作る 〈*upon*〉; elegy で悲しみ[称賛]を表わす. ► *vt* …の哀歌を作る, 哀歌(風)に歌う.

el·e·gy /ɛ́lədʒi/ *n* 悲歌, 哀歌, 挽歌, エレジー; 哀歌[挽歌]調の詩[話, 文章, 楽曲]; エレゲイア体の詩. [F or L<Gk (*elegos* mournful poem)]

elem. element(s) ♦ elementary.

el·e·ment /ɛ́ləmənt/ *n* **1 a** 要素, 成分, 素; (構成)分子, 《社会・組織の中の》特定集団[グループ]; 〖理・化〗元素; 〖数〗《集合の》要素, 元素, 元; 《行列の》要素, 成分; 《図形を形づくる》要素; 〖天〗《軌道決定などのために必要な》要素; 要因; 〖文法〗《文の》要素《主部・述部など》; 〖電算〗エレメント《HTML を構成する各部分; 表題・見出し・本文など》: There is an ～ of truth in what you say. きみの言うことには一理ある / discontented ～*s* of society 社会の不平分子. **b** 〖電〗《ヒーターの》電熱線; 〖電〗素子; 〖光〗素子. **c** 〖軍〗(小)部隊, 分隊; 〖米空軍〗戦闘機の小編隊《2–3 機》. **d** [E-s] 〖教会〗《聖餐の》パンとぶどう酒. **2** [the ～s] 《学問の》原理 (principles), 《知識・技芸の》初歩 (ABC): *the* ～*s* of physics 物理学初歩. **3 a** 〖古代哲学〗元素《万物の根源をなす要素と考えられた土・気・火・水 (earth, air, fire, water)》: the four ～*s* 四元素, 四大, 四行, 四根 / the devouring ～ 猛火. **b** [the ～s] 《天候に現われる》自然力, 《特に》暴風雨: the fury of *the* ～*s* 自然力の猛威 / a strife [war] of *the* ～*s* 大暴風雨 / be exposed to *the* ～*s* 風雨にさらされる / BRAVE *the* ～*s*. **4 a** 《生物の》固有の領分[環境]《鳥獣虫魚がそれぞれすむ所》. **b** 《人の》本領, 持ち前, 適所. ● **be in one's** ～ 《魚が水中にいるように》本来の活動範囲内[得意の境地]にある. **be out of one's** ～ 《水を離れた魚のように》本領外にある, 不得意である. [OF<L=first principle]

el·e·men·tal /ɛ̀ləméntl/ *a* **1 a** ELEMENT の[である]; 〖化〗元素状態で存在する; 根本的[終極的]構成要素の[である]: ～ substances 単体. **b** 不可欠な部分を形成している, 本質的な, 生来の; 素朴な, 単純な. **2** *基本の, 基本原理を扱う, 初歩の. **3 a** 〖古代哲学〗(四)元素の; 自然力の: the ～ spirits 四元素をよび起こす精霊 / ～ strife [tumults] 四元素の闘争, 大暴風雨 / ～ worship 自然力崇拝. **b** 自然力に似た, 絶大な, すさまじい; 〈衝動など〉本源的で抑えがたい; 直情(径行)型の〈性格〉. ► *n* **1** 四元素の精霊. **2** [ᵘ*pl*] 基本原理. ♦ **～·ly** *adv*

eleméntal·ìsm *n* 自然(力)崇拝; 〖哲〗要素(還元)主義.

el·e·men·ta·ry /ɛ̀ləmént(ə)ri/ *a* 基本の, 基本原理を扱う, 初歩の; やさしい, 簡単な; 初等教育[学校]の; 〖数〗〈関数が〉初等の; ELEMENTAL: ～ education 初等教育 / *E*～, my dear Watson. [*joc*] 簡単な推理だよ, ワトソン君《探偵 Sherlock Holmes の決めぜりふとされるが, このとおりのせりふは原作中にはない》. ♦ **-tar·i·ly** /ɛ̀ləmɛ̀ntɛ́rəli, -méntrəli; ɛ̀ləméntərɪli/ *adv* **-ta·ri·ness** *n*

eleméntary bódy 〖医〗《封入体 (inclusion body) を構成する》基本小体.

eleméntary párticle 〖理〗素粒子; 〖生〗基本粒子 (oxysome).

eleméntary schòol 小学校《〖米〗6–3–3 制では 6 年, 8–4 制では 8 年; 〖英〗PRIMARY SCHOOL の旧称》.

element 126 /―⏤ wàntù:síks/ 〖化〗126 番元素《原子核理論上安定なため天然に存在すると信じられているが未発見》.

el·e·mi /ɛ́ləmi/ *n* エレミ《熱帯産カンラン科植物から採る芳香性樹脂; 軟膏・ワニス・ラッカー・印刷インクなどに用いる》.

El·e·na /ɛ́lənə, əléɪnə/ エレナ, エレーナ《女子名》. [⇨HELEN]

elen·chus /ɪléŋkəs/ *n* (*pl* **-chi** /-kàɪ, -ki/) 〖論〗反対論証; エレンコス《ある命題の結論の逆を証明することによってその命題を論駁する三段論法》; 《一般に》論駁 (refutation). [L<Gk=refutation]

elenc·tic, elench·tic /ɪléŋktɪk/ *a* 〖論〗反対論証的な (opp. *deictic*); 論駁的な.

el·e·op·tene, el·ae- /ɛ̀liáptì:n/ *n* 〖化〗エレオプテン《揮発性油の液体部; cf. STEAROPTENE》.

el·e·paio /ɛ̀ləpáɪou/ *n* (*pl* **-pái·os**) 〖鳥〗ハワイヒタキ《ハワイ島産》. [Haw]

el·e·phant /ɛ́ləfənt/ *n* **1** 〖動〗ゾウ《ゾウに近縁のマンモス・マストドンなどにもいう》: ⇨ PINK ELEPHANTS, WHITE ELEPHANT / An ～ never forgets. 《諺》象は忘れない. ★ (1) 雄 bull ～, 雌 cow ～, 子 calf ～, 鳴き声 trumpet, 鼻 trunk. (2) 米国では象を漫画化して共和党の象徴とする (cf. DONKEY). **2** 巨大な物[人]. **3** ᴴ《画用紙の》エレファント型《紙のサイズ; 28×23 インチ》. **4** ᴴ《軍俗》波形鉄板で補強した塹壕 (=～ **dùgout**). ● **the ～ in the room** 重要なのにだれも触れたがらない問題. **see the** ～=**get a look at the** ～ *《俗》世間を見る, 世の中の経験を積む. ♦ **el·e·phan·toid** /ɛ̀ləfǽntɔ̀ɪd, ⏤―⏤/ *a* 象の(ような). [ME *olifaunt* etc.<OF, <Gk *elephant- elephas* ivory, elephant]

El·e·phan·ta /ɛ̀ləfǽntə/ エレファンタ (*Hindi* Gharapuri) 《インド西部 Mumbai 港外の小島; ヒンドゥー教の石窟で有名》.

élephant bìrd 〖古生〗隆鳥(りゅうちょう), 象鳥 (AEPYORNIS).

élephant èar ELEPHANT'S EAR; 《口》ミサイル外殻の厚い金属板.

élephant fìsh 〖魚〗ゾウギンザメ《吻端にくわ状の肉質突起をもつ; ゾウギンザメ科》.

élephant gàrlic 〖植〗エレファントガーリック, グレートヘッドガーリック《欧州などに産する leek の一種; ニンニクに似た大型の食用鱗茎をもつが, においが少ないので, 日本では「無臭ニンニク」の名でも知られる》.

élephant gràss 〖植〗**a** 《南欧からインドにかけて産する》葉をかご編みに用いる大型のガマ. **b** NAPIER GRASS.

élephant gùn 象撃ち銃《象などを撃つ大口径の銃》.

el·e·phan·ti·a·sis /ɛ̀ləfəntáɪəsəs, -fæn-/ *n* (*pl* **-ses** /-sì:z/) 〖医〗象皮病; 《好ましくない》肥大, 膨張. [L<Gk (*-iasis*)]

el·e·phan·tine /ɛ̀ləfǽntì:n, -tàɪn, ɛ́ləfən-; ɛ̀lɪfǽntàɪn/ *a* 象の; 象のような, 巨大な, 怪力の; ぶざまな, どっしりした, 重い, のろい: ～ humor さえないユーモア / ～ movements.

El·e·phan·ti·ne /ɛ̀ləfæntáɪni, -fən-, -tí:-/ エレファンティネ《上エジプト南方 Aswan を流れる Nile 川にある小島; 多くの古代建築の跡が残っている》.

élephant sèal 〖動〗ゾウアザラシ (=*sea elephant*) 《2 種ある》.

élephant's èar 〖植〗**a** BEGONIA, 《特に》美しい大葉のベゴニア. **b** サトイモ (taro), 《特に》アロカシア《葉の大きなサトイモ科クワズイモ属の観葉植物》.

élephant's-fòot *n* (*pl* **～s**) 〖植〗キッコウリュウ(亀甲竜), (旧称) ツルカメソウ《ヤマノイモ科; 南アフリカ原産; 巨大な根茎はホッテントットの食用》.

élephant shrèw 〖動〗ハネジネズミ《アフリカ産》.

élephant trànquilizer *《俗》ゾウトランキライザー (angel dust, PCP).

Elert /éɪlərt; *G* é:lərt/ エーラート《男子名》. [G]

El Escorial ⇨ ESCORIAL.

El·eu·sin·i·an /ɛ̀ljusíniən/ *a, n* ELEUSIS の; ELEUSINIAN MYSTERIES の; エレウシスの市民[住民].

Eleusínian mýsteries *pl* エレウシスの密儀《Eleusis (のち Athens で) で毎年行なった Demeter および Persephone を祭る神秘的儀式》.

Eleu·sis /ɪlú:səs/ エレウシス (*ModGk* Elevsís) 《古代 Attica のアテナイの北西にあった市》.

Eleu·thera /ɪlú:θərə/ エリューセラ《バハマ諸島の New Providence 島の東にある島》.

elev elevation.

el·e·vate /ɛ́ləvèɪt/ *vt* **1** 上げる, 高める, 持ち上げる (raise); 〈鉄道などを〉高架にする; 〖カト〗《ミサで》〈聖体を〉奉挙する: ～ a gun 砲口を上げる. **2 a** 〈人を〉昇進させる, 登用する (exalt) 〈*to*〉: ～ sb *to* the peerage 人を貴族に叙する. **b** 〈品性・知性を〉高尚にする, 向上させる; 〈声を〉大きくする, 張りあげる; 元気づける, 〈人〉の意気を盛んにする (elate): ～ the mind. **3** *《俗》《銃を突きつけて》…から強奪する (hold up). ► *vi* 上がる; 品性[知性]を向上させる; *《俗》《銃を突きつけられて》手を上げる. ► *a* 《古》ELEVATED. [L (*levo* to lift < *levis* light)]

él·e·vàt·ed *a* **1** 高められた, 《地面・基準面より》高い, 高架の; 増大した, 異常に高い. **2 a** 知的[道徳的]に程度の高い, 高尚な, 気高い, 高潔な; 〈地位が〉高い: ～ thoughts 高尚な思想. **b** いかめしい, 堅苦しい; 高慢な, 尊大な. **3** 意気盛んな, 陽気な, 《口》一杯機嫌の. ► *n* *ELEVATED RAILROAD.

élevated ráilroad [ráilway] 高架鉄道《俗に L, el と略する》.

él·e·vàt·ing *a* ため[勉強]になる, 知的な, 高尚な.

el·e·va·tion /ɛ̀ləvéɪʃ(ə)n/ *n* **1 a** 高さ, 高度; 〖地理〗海抜(高), 標高; 〖天〗仰角, 高度; 〖軍〗高低角, 射角; 〖測〗仰角. **b** 小高い所, 高所, 高位. **c** 隆起, 《皮膚の》はれあがり. **2 a** 高める[挙げる, 持ち上げる]こと; 《関節の》挙上; [the E- (of the Host)] 〖カト〗《ミサ中の》(聖体)奉挙. **b** 〖バレエ・スケート〗空中跳躍(力)《大きく跳躍して空中で止まっているように見せること》. **3** 登用, 昇進 〈*to*〉. **4** 《思考・文体などの》気高さ, 高尚; 高尚にすること, 向上; 〖言〗AMELIORATION. **5** 〖建〗立面図, 正面図, 姿図. ♦ **～·al** *a*

él·e·và·tor *n* **1** 持ち上げる人[もの, 装置]; *昇降機, エレベーター (liftᴴ); 揚穀機, 揚水機, 汲み揚げ機《など》; 《揚穀設備のある》大穀物倉庫 (=grain ～). **2** 〖外科〗起子, てこ, エレベーター, 骨膜起子; 〖歯〗歯根てこ; 〖空〗昇降舵; 〖解〗挙筋.

élevator mùsic *《口》エレベーターミュージック《有線放送でエレベーター・レストランなどに流す単調な音楽》, ありきたりの BGM.

élevator pìtch 《主に米口》《エレベーターに乗っている間に説得できるほどの》巧みなセールストーク, 立て板に水, さわやかな弁舌.

élevator shàft 〖建〗エレベーターシャフト《エレベーターを収める垂直空間》.

élevator sùrfing エレベーターサーフィン《エレベーターの箱の上に乗ったり, すれ違いざまに箱から箱へ飛び移ったりしてスリルを楽しむ遊び》.

el·e·va·to·ry /ɛ́ləvətɔ̀:ri; ɛ́lɪvèɪt(ə)ri/ *a* 上げる, 高める.

elev·en /ɪlɛ́v(ə)n/ *a* 11 の; 11 人[個]の. ► *n* **1** 《数の》11; 11 の記号《xi, XI》. **2 a** 11 歳, 11 時, [*pl*] ᴴ《口》ELEVENSES. **b** 11 番目のもの[人]; 《サイズの》11 番, [*pl*] 11 番サイズのもの. **3** 11 人[個]の一組; 《サッカー・クリケットの》イレブン; [the E-] 《キリストの》十一使徒《十二使徒から Judas を除く》: be in *the* ～ イレブンの一人である. ★ 他の用法は SIX の例に準じる. [OE *endleofon* etc.; 'one *left* over (ten)' の意か; cf. G *elf*]

eléven-plús (examinátion) 〖英〗十一歳試験《primary school の最終学年の 11–12 歳で, grammar, technical または secondary modern のいずれの中等学校に進むかを決定するための試験; comprehensive school の編成が進むにつれて廃止になった》.

E

elev·ens·es /ɪlév(ə)nzəz/ *n pl* [^s⟨sg⟩]"《ロ》《午前 11 時ごろの》軽食, お茶 (=*elevens*)《仕事を中休みして取る tea または coffee》.
elev·enth /ɪlév(ə)nθ/ 《略 11th》 *n, a* 第 11 (の), 11 番目(の); 《月の》11 日; 〘楽〙十一度(音), ELEVENTH CHORD; 11 分の 1 (=an ~ part) (の): the ~ of November 11 月 11 日《第一次大戦休戦記念日; ⇨ ARMISTICE DAY》. ♦ **~·ly** *adv*
eléventh chòrd 〘楽〙十一の和音《3 度を 5 回重ねた和音》.
eléventh hóur [the] 期限ぎりぎりの時, 最後の瞬間: the ~ decision どたんばでの決定. ● **at the ~** きわどい時に[ところで], どたんばで《*Matt* 20: 6, 9》.
el·e·von /éləvàn/ *n* 〘空〙エレボン《昇降舵と補助翼の役目をする操縦翼面で, デルタ翼機などにみられる》. [*elev*ator+ailer*on*]
Elev·sís /èlɛfsíːs/ エレフシス《ELEUSIS の現代ギリシア語名》.
elf /élf/ *n* (*pl* **elves** /élvz/, **~s**) 小妖精; こびと; ちびっこ, 《特に》いたずらっ子, 腕白小僧; いたずら好き, 悪いいたずらをする人: play the ~ わるさ[いたずら]をする. ♦ **~·lìke** *a* [OE; cf. G *Alp* nightmare]
ELF Earth Liberation Front 地球解放戦線 ♦ English as a lingua franca ♦ °extremely low frequency.
El Faiyum [Fayum] ⇨ FAIYUM.
élf àrrow [bòlt, dàrt] 小妖精の石矢じり《英国の俗信では石鏃(せきぞく)ないし矢じり形の石を小妖精の放ったものとし, 不思議な力があるとする》.
El Fasher ⇨ FASHER.
élf chìld CHANGELING.
élf cùp 〘菌〙チャワンタケ《チャワンタケ目のキノコ; あざやかな色彩のものが多い》.
élf dòck 〘植〙ELECAMPANE.
El Fer·rol (del Cau·di·llo) /ɛ̀l fəróːl (dɛ̀l kauðíː(l)jou)/ エルフェロル(・デル・カウディーリョ)《スペイン北西部 A Coruña 県の市; 大西洋に臨む港町》.
elf·in /élfən/ *a* 小妖精の(ような); 小妖精にふさわしい; 不思議な性質[力]をもった. ► *n* 小妖精; 腕白小僧. [*elf*; ME *elvene* (gen pl) ‹ELF とアーサー王物語の *Elphin* の影響か]
élfin·wòod *n* KRUMMHOLZ.
élf·ish *a* 小妖精の(ような); いたずら好きな, 腕白な, ちゃめな. ♦ **~·ly** *adv* **~·ness** *n*
élf·lànd *n* FAIRYLAND.
élf·lòck *n* [^u*pl*] もつれ髪, 乱れ髪.
el fol·do /ɛl fóuldou/ [次の成句で]: **pull an ~** *《俗》衰える, 力を失う (fold). [*el -o*]
élf òwl 〘鳥〙ヒメスズメフクロウ《米国南西部・メキシコの砂漠地帯産》.
élf-strùck *a* 魔法にかかった, 魅せられた (bewitched).
El·gar /élgàːr, -gər/ エルガー Sir **Edward** (**William**) ~ (1857–1934)《英国の作曲家》.
El Gezira ⇨ GEZIRA.
El·gin 1 /éldʒən/ エルジン《Illinois 州北東部 Chicago の西北西にある市》. **2** /élgən/ エルギン (**1**) スコットランド北東部の旧州; ⇨ MORAY **2**) スコットランド北東部の町》.
Élgin márbles *pl* [the] エルギンの大理石彫刻《大英博物館にある古代アテナイの大理石彫刻コレクション; 7 代 Elgin 伯 Thomas Bruce (1766–1841) が収集・寄贈した》.
Élgin·shire /-ʃɪər, -ʃər/ エルギンシャー《ELGIN 州の別称》.
El Giza, El Gizeh ⇨ GIZA.
El·gon /élgàn/ [Mount] エルゴン山《ウガンダとケニアの国境にある死火山 (4321 m); 火口径 8 km》.
El Greco ⇨ GRECO.
El Hasa ⇨ HASA.
el·hi /élhàɪ/ *a* 小学校から高校までの. [*el*ementary, *hi*gh school]
Eli /íːlàɪ/ **1** イーライ《男子名》. **2** 〘聖〙エリ《預言者 Samuel を育てた Shiloh の祭司; *1 Sam* 1–3》. [Heb=height, the highest]
Elia /íːliə/ イーリア, エリア《Charles LAMB のペンネーム》. ♦ **Elian** /íːliən, -ljən/ *a*
Elia·de /eɪljáːdeɪ/ エリアーデ **Mircea** ~ (1907–86)《ルーマニア出身の宗教学者・文学者》.
Eli·as /ɪláɪəs/ **1** エライアス《男子名》. **2** 〘聖〙ELIJAH. [Gk; ⇨ ELIJAH]
elic·it /ɪlísət/ *vt* 〈見えないもの・潜在的なものなどを〉顕現させる, 顕在化させる; 〈真理などを〉《論理的手順によって》導き出す; 〈情報などを〉引き出す; 〈反応・返事・笑い声などを〉誘い出す, 誘発する, よび起こす, 喚起する. ♦ **~·able** *a* **elíc·i·tor** *n* **elic·i·ta·tion** /ɪlìsətéɪʃ(ə)n, ìː-/ *n* [L *e*-(*licit*- *licio*=*lacio* to deceive)]
elide /ɪláɪd/ *vt* 〘文法〙〈音・音節を〉省く, 脱落させる《例: *th'* (=the) inevitable hour》, 〈語を〉短縮する《例: do not → don't》; 取り除く, 削除する; 考慮外に置く, 無視する; 削減する, 短縮する, 融合する, まとめる. ► *vi* 〘文法〙省略が起こる; 融合[一体化]する. ♦ **elíd·ible** *a* [L *elis*- *-lido* to crush out]
Élie /eɪlíː/ エリー《男子名》. [F; ⇨ ELI]
el·i·gi·bil·i·ty /èlədʒəbíləti/ *n* 適任, 適格(性), 有資格.
el·i·gi·ble /élədʒəb(ə)l/ *a* **1** 適格の, 資格のある 〈*for, to* do〉; 〘アメフト〙フォワードパスを捕球する資格がある〈レシーバー〉: They are ~ *for* membership. 会員となる資格がある. **2** 望ましい, 好適の, 《特に》〈…の〉結婚相手にふさわしい 〈*for*〉: the most ~ man in America アメリカの結婚したい男性のナンバーワン. ► *n* 適任者, 適格者, 有資格者 〈*for*〉. ♦ **-bly** *adv* **~·ness** *n* ELIGIBILITY. [F‹L; ⇨ ELECT]
El·i·hu /éləhjùː, ɪláɪhjùː/ **1** エリヒュー, エライヒュー《男子名》. **2** 〘聖〙エリフ, エリウ《自己を正しいとする Job を議論してたしなめた若者; *Job* 32–37》. [Heb=whose God is]
Eli·jah /ɪláɪdʒə/ **1** エライジャ《男子名》. **2** 〘聖〙エリヤ《紀元前 9 世紀のヘブライの預言者; *1 Kings* 17–21, *2 Kings* 1–2》. [Heb=my Lord is Yah]
El·i·kón /èlɪkán/ エリコーン《HELICON の現代ギリシア語名》.
elim·i·na·ble /ɪlímənəb(ə)l/ *a* 除去できる.
elim·i·nant /ɪlímənənt/ *n* 〘数〙終結式 (resultant).
elim·i·nate /ɪlímənèɪt/ *vt* 除去する, 削除する, 排除する; 《候補から》はずす, 《消去法で》落とす, 無視する; 〈敵対者などを〉抹殺する, 消す; [^u*pass*]《予選で》ふるい落とす, 失格[敗退]させる; 〘生理〙排出[排泄]する; 〘化〙脱離させる; 〘数〙消去する; [^u*pp*] *《俗》酔っぱらわせる. ► *vi* 〘生理〙排出[排泄]する. ♦ **elím·i·nà·tive** /; -nət-/ *a* 除去に役立つ; 消去する; 排出[排泄](作用)の. **elím·i·na·tò·ry** /; -nèɪt(ə)ri/ *a* [L=turned out of doors (*limin*- *limen* threshold)]
elim·i·na·tion /ɪlìmənéɪʃ(ə)n/ *n* 除去, 削除, 排除; 《敵対者の》抹殺; 無視; 〘数〙消去(法) (=process of ~); 〘競技〙予選(敗退); 〘生理〙排出, 放出, [*pl*] 排出[排泄]物《大小便・嘔吐物》; 〘化〙脱離: an ~ match [contest, race] 予選試合.
eliminátion dìet 除外食《食物アレルギーなどの原因となっている食物を確定するための制限食》.
elím·i·nà·tor *n* ELIMINATE する人[もの], 除去者, 排除器; 〘電〙エリミネーター《電池代わりに用いる装置; 交流整流器など》; "〘競技〙予選 (elimination).
Élim Pentecóstal Chùrch /íːləm-/ [the] エリムペンテコステ教会《英国のペンテコステ派教会の一つ; 1915 年創設; 西インド諸島出身者が多い》.
El·i·nor /élənər, *-nɔ̀ːr/ エリナー《女子名》. [ELEANOR]
el·int, ELINT /élɪnt, ɪlínt/ *n* 電子情報収集, エリント《SIGINT の一環で, レーダー電波など通信用でない電磁波からの情報収集》; 《それによる》電子情報. [*el*ectronic *int*elligence]
el·in·var /élənvàːr/ *n* 〘冶〙エリンバー《熱膨張率が小さく, 弾性率が温度によりほとんど不変のニッケルクロム鋼; 精密機器用》. [F (*él*asticité *invar*iable)]
El·i·on /éliən/ エリオン **Gertrude** (**Belle**) ~ (1918–99)《米国の薬理学者; ノーベル生理学医学賞 (1988)》.
El·i·ot /éliət, éljət/ **1** エリオット《男子名》. **2** エリオット (**1**) **Charles William** ~ (1834–1926)《米国の教育者; Harvard 大学学長 (1869–1909)》 (**2**) **George** ~ (1819–80)《英国の女性小説家; 本名 Mary Ann [Marian] Evans; *Adam Bede* (1859), *The Mill on the Floss* (1860), *Silas Marner* (1861), *Middlemarch* (1872)》 (**3**) Sir **John** ~ (1592–1632)《イングランドのピューリタン・政治家・弁論家; Charles 1 世と対立した議会の指導者; 権利の請願 (Petition of Right) の起草に主導的役割を果たしたが獄死》 (**4**) **John** ~ (1604–90)《アメリカのピューリタンの牧師; 聖書をインディアンの言語に訳して布教し, 'Apostle to the Indians' と呼ばれる》 (**5**) **T**(**homas**) **S**(**tearns**) ~ (1888–1965)《米国生まれの英国の詩人・評論家; ノーベル文学賞 (1948); *Prufrock and Other Observations* (1917), *The Waste Land* (1922), *Four Quartets* (1943), *The Cocktail Party* (1950)》. ♦ **El·i·ot·ian** /èlióʊtiən, -ʃ(i)ən/, **El·i·ot·ic** /èliátɪk/ *a* T. S. エリオットの[的な]. [⇨ ELIAS]
Elis /íːləs/ エリス《古代ギリシア Peloponnesus 半島北西部の地方; Olympia をはじめ多くの遺跡がある; cf. ILÍA》.
ELISA /ɪláɪzə, -sə/ *n* 〘医〙酵素結合免疫吸着(剤)検定(法), エリザ, イライザ《特定の感染症 (エイズなど) の血清学的診断法》. [*e*nzyme-*l*inked *i*mmuno*s*orbent *a*ssay]
Elis·a·beth /ɪlízəbəθ/ **1** エリザベス《女子名》. **2** 〘聖〙エリサベツ, エリサベト《John the Baptist の母; *Luke* 1: 5–25》. [ELIZABETH]
Elísabeth·vìlle エリザベトヴィル《LUBUMBASHI の旧称》.
Eli·sha /ɪláɪʃə/ **1** エライシャ《男子名》. **2** 〘聖〙エリシャ《Elijah の弟子でヘブライの預言者; *2 Kings* 2–9》. [Heb=the Lord is salvation]
eli·sion /ɪlíʒ(ə)n/ *n* 〘文法〙《音・音節などの》省略, 《語の》短縮; 《一般に》削除, 省略. [L; ⇨ ELIDE]
Elis·ta /ɪlístə/ エリスタ《ヨーロッパロシア南部 Kalmykiya 共和国の市・首都》.
elite /eɪlíːt, ɪ-, i-/ *n* **1** [^uthe] 精粋, 選ばれた人びと, 選良, エリート(集団), 精鋭; 《社会の》中枢 〈*of*〉: the ~ *of* London society ロンドン社交界の名士たち. **2** 〘タイプライター〙エリート《1 インチに 12 字; cf. PICA[1]》. ► *a* エリートの[にふさわしい]; えり抜きの, 極上の. [F (pp) ‹ELECT]
elit·ism /eɪlíːtɪ̀z(ə)m, ɪ-, i-/ *n* エリートによる統治[指導]; エリート主義《エリートによる統治[指導]をよしとする考え[主張]》; エリート意識.
elít·ist *a* エリート主義の. ► *n* エリート主義者; エリート(自認者).
elix·ir /ɪlíksər/ *n* **1** 《文》**a** 錬金薬液, エリクシル (=*philosophers'*

stone)《卑金属を金に化するという》. **b** 不老不死の霊薬 (＝〜 **of life**); 万能薬 (cure-all). **2**〔薬〕エリキシル(剤)《薬品を飲みやすくする甘味のあるアルコール溶液》. **3**《まれ》精髄, 本質. [L＜Arab (*al* the, *iksīr*＜? Gk *xērion* desiccative powder for wounds＜*xēros* dry)]

Eliz. Elizabeth ♦ Elizabethan.

Eli·za /ɪláɪzə/ エライザ, イライザ《女子名; Elizabeth の異称 (愛称 Liza)・愛称》.

Eliz·a·beth /ɪlízəbəθ/ **1** エリザベス《女子名; 愛称 Bess, Bessie, Bessy, Beth, Betsey, Betsy, Bettie, Betty, Eliza, Elsa, Elsie, Libby, Lily, Lisa, Lise, Lisette, Liz, Liza, Lizzie, Lizzy; Elisabeth ともつづる》. **2**〔聖〕ELISABETH. **3 a** エリザベス (**1**) (＝〜 **Stúart**) (1596–1662)《ボヘミア王 Frederick 5 世の妃; スコットランド王 James 6 世 (のちのイングランド王 James 1 世) の長女》 (**2**) (1900–2002)《英国王 George 6 世の妃; 全名 〜 Angela Marguerite, 旧姓 Bowes-Ly·on /bóʊzláɪən/; エリザベス 2 世の母》 (**3**) 〜 **I** (1533–1603)《イングランドの女王 (1558–1603); Henry 8 世と 2 番目の妃 Anne Boleyn の子》 (**4**) 〜 **II** (1926–)《英国の女王 (1952–); 全名 〜 Alexandra Mary; George 6 世の長女》. **b** エリーザベト (**1**) (1843–1916)《ルーマニアの王妃・作家; 筆名 Carmen Sylva》 (**2**) Saint 〜 of Hungary (1207–31)《ハンガリー王 Andrew 2 世の王女; 貧者に奉仕を行なった; 祝日 11 月 17 日[19 日]》. **4** エリザベス (**1**) New Jersey 州北東部の市 **2**) South Australia 州南東部 Adelaide の郊外都市》. **5** [the] エリザベス川《Virginia 州南東部, Norfolk 市と Portsmouth 市の間を流れ, Hampton Roads に注ぐ》. [Heb＝God has sworn (God＋oath)]

Eliz·a·be·than /ɪlìzəbíːθ(ə)n, *-bɛ́θ-/ *a* エリザベス 1 世[《時に》2 世](時代)の; 〔建〕エリザベス様式の: 〜 drama エリザベス朝演劇. ► *n* エリザベス朝の人[詩人, 劇作家]; エリザベス 2 世時代の人.

Elizabéthan sónnet エリザベス朝風ソネット (ENGLISH SONNET).

Elízabeth Bénnet エリザベス・ベネット《Jane Austen, *Pride and Prejudice* の主人公; 勝ち気で才気煥発な娘》.

Elízabeth Pe·tróv·na /-pətróːvnə/, **Ye·li·za·véta Pe-** /jɪlɪzəvɛ́tə-/ エリザヴェータ・ペトロヴナ (1709–62)《ロシアの女帝 (1741–62); Peter 大帝の娘》.

elk /ɛ́lk/ *n* (*pl* 〜**s**) **1** (*pl* 〜)〔動〕**a** ヘラジカ《欧州・アジア産》. **b** ワピチ (wapiti)《北米産》. **c** オオジカ《漠然とアジア産の各種の大型のシカ》. **2** 丈夫で柔らかく防水性のある牛[馬]のなめし革. **3** [E-]〔米〕エルクス慈善保護会員 (cf. BPOE); [E-]*《俗》時代遅れの人. [ME ＜? OE *eolh*; cf. G *Elch*]

élk·hòrn còral〔動〕エルクホーンコーラル[サンゴ]《カリブ海域にみられるヘラジカの角に似た形のミドリイシ属の造礁サンゴ》.

élkhorn fèrn〔植〕STAGHORN FERN.

élk·hòund *n*〔動〕NORWEGIAN ELKHOUND.

ell[1] /ɛ́l/ *n* エル《(**1**) 以前イングランドで使われた布地などの長さの単位: 45 インチ (約 1.14 m) **2**) これと同様に使われた何種類もの単位》: Give him [knaves] an INCH[1] and he [they] will take an 〜. [OE *eln* forearm; cf. ULNA, G *Elle*]

ell[2] *n*《アルファベットの》L [l] (el); L 字形のもの; 建物の端から直角方向に延びた部分; 直角エルボ《90° の接続曲管》. [ME *ele* wing; cf. AISLE]

El·la /ɛ́lə/ エラ《女子名》. [OE＝elf; ? Gmc＝all; または, Eleanor あるいは Isabella など *-ella* 語尾をもつ名の愛称]

-el·la /ɛ́lə/ *n suf* (*pl* **-el·lae** /ɛ́làɪ, ɛ́liː/, 〜**s**)「小さなもの」《分類上の名, 特に バクテリアの属名に用いる》: Salmon*ella* / Moluccc*ella* カイガラサルビア属. [L or It *dim suf*]

el·lág·ic ácid /əlǽdʒɪk-, ɛ-/〔化〕エラグ酸.

El·lás /ɛláːs/ エラス《GREECE の現代ギリシア語名》.

El·len /ɛ́lən/ エレン《女子名》. [HELEN; 時に Eleanor の愛称]

El·len·bor·ough /ɛ́lənbə̀ːrə, -bʌ̀rə, -b(ə)rə/ エレンバラ (**1**) **Edward Law,** 1st Baron 〜 (1750–1818)《英国の法律家》 (**2**) **Edward Law,** 1st Earl of 〜 (1790–1871)《英国の政治家; 前者の息子; インド監督局長 (1828–30, 34–35, 41, 58), インド総督 (1842–44), 海軍大臣 (1846)》.

El·lery /ɛ́l(ə)ri/ エラリー《男子名》. [ME *eller* elder]

Éllery Quéen エラリー・クイーン《(**1**) 米国の探偵小説作家 Frederic Dannay (1905–82) といとこの Manfred B. Lee (1905–71) の共同筆名; 両者は Barnaby Ross の筆名も用いた **2**) その作品に登場する作家兼探偵》.

Élles·mere Ísland /ɛ́lzmɪ̀ər-/ エルズミア島《カナダの北東端, Greenland 北西部の西の島; 北岸の Columbia 岬はカナダ最北端に当たる》.

Él·lice Íslands /ɛ́ləs-/ *pl* [the] エリス諸島《TUVALU の旧称; 別称 Lagoon Islands》.

El·lick /ɛ́lɪk/ エリック《男子名; Alexander の愛称》.

El·lie /ɛ́li/ エリー《女子名; Alice, Eleanor, Helen の愛称》.

El·ling·ton /ɛ́lɪŋt(ə)n/ (デューク) エリントン **'Duke'** 〜 [**Edward Kennedy** 〜] (1899–1974)《米国のジャズピアニスト・バンドリーダー・作曲家》.

El·li·ot, -ott /ɛ́liət, ɛ́ljət/ エリオット《男子名》. [ELIOT]

Élliot's phéasant〔鳥〕カラヤマドリ《中国原産》. [Daniel G. *Elliot* (1835–1915) 米国の動物学者]

el·lipse /ɪlíps, ɛ-/ *n*〔数〕長円, 楕円; 卵形 (oval); ELLIPSIS. [F, ＜Gk *elleipsis* deficit]

el·lip·sis /ɪlípsəs, ɛ-/ *n* (*pl* **-ses** /-sìːz/)〔文法〕《語の》省略, 省略法;《話の》(非論理的な)飛躍;〔印〕省略符号《——, …, *** など》;〔数〕ELLIPSE. [L＜Gk＝omission]

ellípsis pòints [**dòts**] *pl*〔印〕省略符号《… または ***》.

el·lip·so·gràph /ɪlípsə-, ɛ-/ *n* 楕円コンパス (＝*elliptic compass*).

el·lip·soid /ɪlípsɔ̀ɪd, ɛ-/ *n*〔数〕長円[楕円]体; 長円[楕円]面. ► *a* ELLIPSOIDAL.

el·lip·soi·dal /ɪlìpsɔ́ɪdl, ɛ-/ *a* 長円[楕円]体(様)の.

ellípsoid of revolútion〔数〕回転楕円面 (spheroid).

el·lip·som·e·try /ɪlìpsámətri, ɛ-/ *n*〔理〕偏光解析法.

el·lip·ti·cal /ɪlíptɪk(ə)l, ɛ-/, **-tic** *a* **1** 長円[楕円] (ellipse) の, 長円[楕円]形の: 〜 trammels 楕円コンパス. **2** 省略法 (ellipsis) の, 省略的な. **3**《話し方・文章が》極端にことばを削った, 余計なことを言わない. **4**《ことばが省略されて》意味があいまいな, わかりにくい. ► *n* ELLIPTICAL GALAXY. ♦ **-ti·cal·ly** *adv* [Gk＝defective; ⇨ ELLIPSE]

ellíptical gálaxy〔天〕楕円銀河.

ellíptical tráiner [**machíne**] エリプティカルトレーナー[マシン] (＝*cross-trainer*)《両手でレバー状の取っ手を前後に動かすのと連動するようにペダルを踏んで上下半身を同時に鍛えるトレーニング器具; 脚の動きが楕円 (ellipse) を連想させる》.

ellíptic cómpass ELLIPSOGRAPH.

ellíptic geómetry 楕円幾何学 (RIEMANNIAN GEOMETRY).

el·lip·tic·i·ty /ɪlɪptísəti, ɛ-/ *n*〔数〕楕円率,《特に》地球楕円率.

El·lis /ɛ́ləs/ **1** エリス《男子名》. **2** エリス (**1**) **Alexander John** 〜 (1814–90)《英国の言語学者; 旧姓 Sharpe; 英国で最初に音声学を科学の次元のものとした》 (**2**) (**Henry**) **Havelock** 〜 (1859–1939)《英国の心理学者・性科学者・著述家》. [ELIAS]

Éllis Ísland / ; ⸺ ⸺/ エリス島《Upper New York 湾の小島; もと移民局施設があった (1892–1954)》.

El·li·son /ɛ́ləs(ə)n/ エリソン **Ralph** (**Waldo**) 〜 (1914–94)《米国の作家; *The Invisible Man* (1952)》.

El·lo·ra /ɛlóːrə/ エローラ《インド西部 Maharashtra 州, Aurangabad の北西にある村; 仏教・ヒンドゥー教・ジャイナ教の石窟が並ぶ遺跡で有名》.

Ells·worth /ɛ́lzwərθ/ エルズワース (**1**) **Lincoln** 〜 (1880–1951)《米国の探検家; 北極圏飛行 (1926), 南極横断飛行 (1935) に成功》 (**2**) **Oliver** 〜 (1745–1807)《米国の法律家・政治家; 合衆国最高裁判所首席裁判官 (1796–1800)》.

Éllsworth Lánd エルズワースランド《南極大陸の高地; Marie Byrd Land から東, Weddell 海西岸にわたる》.

elm /ɛ́lm/ *n*〔植〕ニレ (楡)《ニレ属の各種高木・小高木》; 楡材. [OE＝OHG *elm*]

El·ma /ɛ́lmə/ エルマ《女子名; 米国に多い》. [Gk＝amiable]

El·man /ɛ́lmən/ エルマン **Mi·scha** /míːʃə/ 〜 (1891–1967)《ロシア生まれの米国のヴァイオリン奏者》.

El-Man·sura ⇨ MANṢŪRAH.

élm bàrk bèetle〔昆〕ニレキクイムシ《DUTCH ELM DISEASE を媒介するキクイムシ科の甲虫: **1**) 欧州原産で米国にも広く分布する smaller European elm bark beetle **2**) 北米東部原産の native elm bark beetle》.

élm blìght DUTCH ELM DISEASE.

El·mer /ɛ́lmər/ **1** エルマー《男子名; 米国に多い》. **2***《俗》監督, 支配人; *《俗》田舎者. [AYLMER]

élm fàmily〔植〕ニレ科 (Ulmaceae).

El Minya ⇨ MINYĀ.

El Misti ⇨ MISTI.

élm lèaf bèetle〔昆〕ニレハムシ《ニレの葉を食害する》.

El·mo /ɛ́lmoʊ/ エルモ《男子名》. [It＜Gk＝amiable]

élmy *a* ニレの多い, ニレで成り立っている; ニレを特徴とする.

El Ni·ño /ɛl níːnjoʊ/ (*pl* 〜**s**) エルニーニョ《(**1**) 毎年クリスマス前後エクアドルからペルー北部沿岸にかけてみられる暖水塊の南下現象 **2**) 数年に一度ペルー沖に発生する大規模な異常暖水塊; 沿岸の農漁業に被害を与え, 発生年を中心に地球全体にわたって異常気象 (**El Niño Effect**) をもたらす》. [Sp＝the (Christ) child; クリスマスのころ訪れることから]

el -o /ɛl oʊ/ *n comb form, a comb form**《俗》[*joc*]「…な(もの)」: *el* cheap*o* / *el* zilch*o* 無, ゼロ. [語形をスペイン語風にしたもの]

El Obeid ⇨ OBEID.

el·o·cute /ɛ́ləkjùːt/ *vi* [*joc*] 演説する, 弁舌をふるう. [逆成＜↓; *execute* などの類推]

el·o·cu·tion /ɛ̀ləkjúːʃ(ə)n/ *n*《聴衆に対する》話し[演説, 朗読]の仕方, 語り口, せりふまわし; (効果的)演説[朗読, 舞台発声]法, 雄弁術: theatrical 〜 舞台発声法. ♦ 〜·**àry** /; -(ə)ri/ *a* elocution の[を踏まえた]. 〜·**ist** *n* elocution のうまい人[教師]; 朗読の専門家. [L (*locut*- *loquor* to speak)]

E

elo·dea /ɪlóʊdiə/ *n* 〘植〙エロデア属[カナダモ属] (*E-*) の各種水草《北米原産; トチカガミ科》.

éloge /*F* elɔ:ʒ/ *n* 賛辞; 《特に フランス学士院会員の》追悼演説.

Elo·him /ɛlouhí:m, -hím, ɛlóuhɪm/ エロヒム《ヘブライ人の神; 旧約聖書中の神の呼称の一つ; cf. YAHWEH》.

Elo·hist /ɛlóuhɪst/ エロヒスト《旧約聖書の初めの 6 篇の著者で, 神を Elohim と呼んだ; cf. YAHWIST》.

El·o·his·tic /ɛlouhístɪk/ *a* ELOHIST の; 神を (Yahweh でなく) エロヒムの名で崇拝した[呼んだ].

Eloi /í:lɔ̀ɪ/ *n pl* イーロイ人《H. G. Wells, *The Time Machine* で, 猿のような Morlocks に奴隷にされている人種》.

eloi(g)n /ɪlɔ́ɪn/ *vt* 〘法〙〈差し押えられそうな品を〉よそへ隠す; 《古》〈みずからを〉遠ざける, 隔離する, 隠遁[隠退]させる; 《古》〈財産を〉遠い所[わからない場所]に移す, 隠す. ♦ **~·ment** *n*

El·o·ise /ɛlouí:z, ⎯⎯⎯/ エロイーズ《女子名》. [OF＜Gmc＝healthy＋ample]

elon·gate /ɪlɔ́:ŋgèɪt, í:lɔ̀:ŋ-; í:lɔ̀ŋ-/ *vt* 延長する, 引き延ばす. ► *vi* 長くなる, 〘植〙伸長する; 《古》離れ去る; 〘天〙離隔する. ► *a* 〘植・動〙伸長した, 細長い. [L (*longus* long)]

elón·gàt·ed /, í:lɔ̀:ŋ-; í:lɔ̀ŋ-/ *a* ELONGATE.

elon·ga·tion /ɪlɔ̀:ŋgéɪʃ(ə)n, ì:lɔ̀:ŋ-; ì:lɔ̀ŋ-/ *n* 延長(線), 伸長(部), 伸び; 〘機〙《材料の》伸び; 〘天〙離隔, 離角《太陽と惑星[月]との間の角距離》.

elope /ɪlóup/ *vi* 駆け落ちする 〈*with* a lover〉; 出奔する, 逐電する 〈*with* money〉. ♦ **~·ment** *n* **elóp·er** *n* [AF＜?ME **alope* (pp)＜**alepe* to run away (*a-*[3], LEAP)]

el·o·quence /ɛ́ləkwəns/ *n* 雄弁, 能弁; 流暢な談話, 達意の文章; [*fig*] 理性に訴える力, 感情を動かす武器; 《古》雄弁法, 修辞法 (rhetoric).

él·o·quent *a* 雄弁の, 能弁な; 〈弁舌・文体など〉人を動かす力のある, 感銘を与える; [*fig*] 〈…を〉よく表現する 〈*of*〉: Eyes are more ~ than lips. 目は口よりもものを言う. ♦ **~·ly** *adv* [OF＜L; ⇨ ELOCUTION]

El Paso /ɛl pǽsou/ エルパソ《Texas 州西端の, Rio Grande に臨む市》. ♦ **El Paso·an** /-pǽsouən/ *n*

El·phin·stone /ɛ́lfənstòun; -stən/ エルフィンストン (1) **Mount·stu·art** /mauntst(j)ú:ərt/ ~ (1779–1859)《英国のインド行政官》 (2) **William** ~ (1431–1514)《スコットランドの司教・政治家》.

el pri·mo /ɛl prí:mou/ *a* 《俗》第一級の, 極上の, 最上質の (primo). [Sp＝the first; cf. EL -O]

El·sa /ɛ́lsə; *G* ɛ́lza/ エルサ, エルザ《女子名; Elizabeth の愛称》.

El Sal·va·dor /ɛl sǽlvədɔ̀:r, ⎯⎯⎯⎯/ エルサルバドル《中米太平洋側の国; 公式名 Republic of ~ (エルサルバドル共和国); ☆San Salvador》. ♦ **El Sàl·va·dór·an** *n, a* [Sp＝the Saviour]

El·san /ɛ́lsæ̀n/ 〘英商標〙エルサン《化学薬品で汚物の殺菌・脱臭処理をする移動式便所》.

El·sass /*G* ɛ́lzas/ エルザス《ALSACE のドイツ語名》.

Élsass-Lóthringen エルザス-ロートリンゲン《ALSACE-LORRAINE のドイツ語名》.

else /ɛls/ *adv* **1** [疑問[不定]代名詞・疑問副詞に伴って] そのほかに, ほかに (besides), 代わりに (instead): *What* ~ did you say? そのほかに何と言いましたか / if nothing ~ ほかのことはともかく, 少なくとも / *Where* ~ did you go? ほかにどこへ行きましたか / *who* ~'s＝*whose* ~ だれかほかの人の / (Do you want) *anything* ~? ほかになにか(要り)ますか) / There is *no one* ~ to come. ほかに来る人はだれもいない / He took *someone* ~'s book. だれかほかの人の本を取った. **2** [ᵁor ~] でなければ, さもないと: He must be joking, *or* ~ he is mad. ふざけているに違いない, でなければ頭がおかしい / Do as I tell you *or* ~. おれの言うとおりにしろ, さもないと…. [OE *elles*; cf. L *alius*]

El·se·ne /ɛ́lsənə/ エルセネ《IXELLES のフラマン語名》.

élse·whère /; ⎯⎯/ *adv* どこかよそで[に, へ]; ほかの場所で[に, へ]; ほかの場合に: here as ~ ほかの場合同様この場合も / from ~ よそから, ほかから.

El·sie /ɛ́lsi/ エルシー《女子名; Alice, Alison, Elizabeth などのスコットランド系愛称》.

Élsie Díns·more /-dínzmɔ̀:r/ エルシー・ディンズモア《米国の児童文学作家 Martha Finley (1828–1909) の一連の物語 (1867 以降) の主人公で, 信仰あつい少女》.

Élsie Már·ley /-má:rli/ エルシー・マーリー《英国の伝承童謡の主人公; 気取り屋で朝寝坊の女の子》.

El·si·nore /ɛ́lsənɔ̀:r; ⎯⎯⎯/ エルシノア《HELSINGØR の英語名》.

El·speth /ɛ́lspəθ, -pɛ̀θ/ エルスペス《女子名; Elizabeth のスコットランド系愛称》.

El·ste·ri·an /ɛlstíəriən/ *a* 〘地質〙エルスター氷期の《北欧地域の更新世の氷期についていう; アルプスの Mindel 氷期に相当》.

Els·tree /ɛ́lstrì:/ エルストリー《London の北西 Hertfordshire 南部の町; 英国映画産業の中心 (~ **Stúdios**) として 'British Hollywood' の名で知られる》.

ELT English Language Teaching.

El·ton /ɛ́lt(ə)n/ エルトン《男子名》.

El Tor vibrio /ɛl tɔ́:r ⎯/ 〘菌〙《コレラ菌の》エルトール菌株. [Sinai 半島にあるエジプトの検疫所の名から]

el·u·ant /ɛ́ljuənt/ *n* 〘化〙溶離剤.

Élu·ard /*F* elɥa:r/ エリュアール **Paul** ~ (1895–1952)《フランスのシュールレアリスト詩人》.

el·u·ate /ɛ́ljuèɪt, -ət/ *n* 〘化〙溶出液, 溶離液. [L *eluo* to wash out]

elu·ci·date /ɪlú:sədèɪt/ *vt, vi* (なぞ・問題などを)解明[説明]する, はっきりさせる. ♦ **-dà·tor** *n* **-dà·tive, -da·to·ry** /-dətɔ̀:ri; -dèɪt(ə)ri/ *a* **elù·ci·dá·tion** *n* [L; ⇨ LUCID]

elu·cu·brate /ɪlú:k(j)əbrèɪt/ *vt* 熱心な努力によってなし遂げる[表現する]. ♦ **elù·cu·brá·tion** *n*

elude /ɪlú:d/ *vt* 巧みに[抜け目なく]避ける, かわす, のがれる; 〈法律・義務・支払いなどを〉回避する; …の目をのがれる, …に発見[理解]されない: ~ the law 法網をくぐる / The meaning ~*s* me. その意味がわたしにはわからない / ~ one's grasp (捕えようとしても)つかまらない / His name ~*s* me. 彼の名前が思い出せない. ♦ **elúd·er** *n* [L (*lus- ludo* to play)]

el·u·ent /ɛ́ljuənt/ *n* 〘化〙ELUANT.

Elul /ɛlú:l, ɛ́lʊl/ *n* 〘ユダヤ暦〙エルル《政暦の第 12 月, 教暦の第 6 月; 現行太陽暦で 8–9 月; ⇨ JEWISH CALENDAR》. [Heb＜Akkad＝harvest]

El Uq·sor /ɛl úksɔ̀ər/ エルウクソル《LUXOR のアラビア語名》.

Elu·ra /ɛlúərə/ エルーラ (ELLORA).

elu·sion /ɪlú:ʒ(ə)n/ *n* (巧妙な[狡猾な])回避. [L＝deception; ⇨ ELUDE]

elu·sive /ɪlú:sɪv, -zɪv/ *a* **1** つかまえにくい, 手に入れにくい; (巧みに)逃げを打つ, うまく逃げる. **2** わかりにくい, つかまえどころのない; いわく言いがたい. **3** 孤独と無名を好む, 人目を避ける. ♦ **~·ly** *adv* **~·ness** *n*

elu·so·ry[1] /ɪlú:səri/ *a* ELUSIVE.

elusory[2] *a* ILLUSORY.

elute /ɪlú:t/ *vt* 抜き取る, 抽出する; 〘化〙溶離する, 溶出する.

elu·tion /ɪlú:ʃ(ə)n/ *n* 〘化〙溶離, 溶出.

elu·tri·ate /ɪlú:trièɪt/ *vt* 洗い清める; 〘医〙傾瀉(けいしゃ)する; 〘化・医・鉱〙水簸(すいひ)する. ♦ **-à·tor** *n* **elù·tri·á·tion** *n*

elu·vi·al /ɪlú:viəl/ *a* 〘土壌〙洗脱の; 洗脱(した)物質の; 〘地質〙残積層の.

elu·vi·at·ed /ɪlú:vièɪtəd/ *a* 〘土壌〙洗脱[溶脱]された.

elu·vi·a·tion /ɪlù:viéɪʃ(ə)n/ *n* 〘土壌〙洗脱, 溶脱《雨水などにより岩石・土壌中の物質が洗い出されること》.

elu·vi·um /ɪlú:viəm/ *n* 〘地質〙風化残留物.

el·van /ɛ́lvən/ *n* 《イングランド Cornwall 州のスズ産地の》脈斑岩(の岩脈).

el·ven /ɛ́lvən/ *a* 《文》ELVISH.

el·ver /ɛ́lvər/ *n* 〘魚〙シラスウナギ (＝*glass eel*)《葉形幼生直後のウナギの稚魚》. [*eel*-FARE＝brood of young eels]

elves *n* ELF の複数形.

El·vi·ra /ɛlváɪərə, -víərə/ エルヴァイラ, エルヴィラ《女子名》. [Sp＜Gmc＝elf counsel]

El·vis /ɛ́lvəs/ **1** エルヴィス《男子名》. **2***《俗》エルヴィス《耳に髪がかぶり, もみあげを目立たせるヘアスタイル; Elvis Presley のヘアスタイルから》. [cf. ALVIN, ON *Alviss* all wise]

el·vish /ɛ́lvɪʃ/ *a* 小妖精 (elf) の(ような); いたずら好きな, 意地悪な, うるさい. ♦ **~·ly** *adv*

Élvis sìghting*《死んだはずの》エルヴィス (Elvis Presley) を見たという話, エルヴィス目撃談.

Elwa 〘英〙Education and Learning Wales《2000–06; 現在は児童・教育・生涯学習・技能省 (DCELLS) が引き継いでいる》.

El·way /ɛ́lwèɪ/ エルウェー **John** (**Albert**) ~ (1960–)《アメリカンフットボールの選手; 強肩のクォーターバック》.

Ely[1] /í:li/ イーリー《イングランド東部 Cambridgeshire 中北部の町; 11 世紀に起工された大聖堂がある》. ■ the **Ísle of** ~ イーリー島《イングランド東部の旧州; 現在は Cambridgeshire の一部; 古くは沼地の中で高くなっていたところ》.

Ely[2] /í:làɪ/ イーライ《男子名》. [ELI]

El·yot /ɛ́liət, ɛ́ljət/ エリオット Sir **Thomas** ~ (1490?–1546)《イングランドの学者・外交官》.

Ély·sée /èɪlizéɪ; eɪlí:zeɪ/ [the] エリゼ宮《Paris のフランス大統領官邸》; [the] フランス政府.

Ely·sian /ɪlíʒ(ə)n; ɪlíziən/ *a* ELYSIUM の(ような); 至福の, 喜びに満ちた: ~ joy 楽土[極楽浄土]の喜び.

Elýsian fíelds *pl* [the] ELYSIUM. ★ ⇨ CHAMPS ÉLYSÉES.

Ely·si·um /ɪlíʒiəm, -zi-/ (*pl* **~s, -sia** /-iə/) **1** 〘ギ神〙エーリュシオン《英雄・善人が死後に住む極楽》. **2** 《文》幸福の理想郷, 楽土, 至上の幸福. [L＜Gk]

El·y·tis /ɛlí:tis/ エリティス **Odysseus** ~ (1911–96)《ギリシアの詩人; ノーベル文学賞 (1979)》.

el·ytr- /ɛ́lətr/, **el·y·tri-** /-trə/, **el·yt·ro-** /-trou, -trə/ *comb form*「翅鞘 (elytron)」 [Gk ELYTRON]

elytra *n* ELYTRON の複数形.

el·y·tral /ɛ́lətrəl/ *a* さやばねの[に関する].

el·y·troid /éləträɪd/, **-trous** /élətrəs/ *a* さやばねに似た.

el·y·tron /élətrɑ̀n/, **-trum** /-trəm/ *n* (*pl* **-tra** /-trə/) 〘昆〙翅鞘(しょう), さやばね. [Gk=sheath]

El·ze·vir, -vier /élzəvɪ̀ər/ **1** エルゼヴィル《1581–1712 年に印刷・出版業に従事したオランダの一家; **Lodewijk** または **Louis** (1546?–1617), その息子 **Bonaventura** (1583–1652), Lodewijk の孫 **Abraham** (1592–1652) など》. **2 a** エルゼヴィル活字体. **b** エルゼヴィル版の書物.

em[1] /ém/ *n* 《アルファベットの》M [m]; 〘印〙全角, エム (cf. EN[1]), 《特に》パイカエム (PICA[1]).

em[2], **'em** /əm, m/ *pron pl* 《口》THEM《歴史的には hem (=them) の h の脱落したもの》: I saw *'em*.

em[3], **emm** /ém/ *n**《俗》空(から)の酒瓶. [*em*pty bottle]

Em /ém/ エム《女子名; Emily, Emma などの愛称》.

em-[1,2] /əm/ ⇨ EN-[1,2].

EM °Earl Marshal ♦ electromagnetic ♦ °electron microscope ♦ °electron microscopy ♦ end matched ♦ Engineer of Mines (=°Mining Engineer) ♦ °enlisted man [men].

EMA European Monetary Agreement 欧州通貨協定.

ema·ci·ate /ɪméɪʃièɪt; -si-/ *vt* やせ衰えさせる, やつれさせる; 弱める. ► *vi* やつれる. ♦ **emá·ci·àt·ed** *a* やせ衰えた, やつれた; 貧弱な; 勢いの弱まった. [L (*macies* leanness)]

ema·ci·a·tion /ɪmèɪʃiéɪʃ(ə)n; -si-/ *n* やつれ, 憔悴(しょうすい), 〘医〙羸瘦(るいそう)病; 〘獣医〙削痩.

e-mail, email /íː—/ *n* E メール, 電子メール (ELECTRONIC MAIL). ► *vt* 〈人〉に E メールを送る; E メールで送る. ♦ **~·er** *n* ⁺〘電算〙MAILER.

e-mail address /íː— —/ 〘電算〙E メールアドレス《E メールの送配でネットワーク上の個人を特定する 'name @ site address' の形のアドレス情報》.

emalangeni *n* LILANGENI の複数形.

em·a·nant /émənənt/ *a* (一つの源から)発する, 広がる, 流れ出る, 発散する.

em·a·nate /émənèɪt/ *vi* 〈光・熱・音・蒸気・香気など〉発出[発散, 放射]する 〈*from*〉; 〈考え・命令などが〉出る, 広まる, 発する 〈*from*〉. ► *vt* 発散させる. [L (*mano* to flow)]

em·a·na·tion /èmənéɪʃ(ə)n/ *n* **1** 発出, 発散, 放射; 放散物, 放射物《香気など》; 〘新プラトン主義〙《一者「神」からの万物の》流出, エマナティオ; 〘化〙エマナチオン《放射性物質より放出される気体, 特に RADON; 略 Em》. **2** 感化力; 《社会環境・文化などの》所産. ♦ **~·al** *a*

ém·a·nà·tive /; -nət-/ *a* 発散[放射]する[させる], 発散性[放射性]の; 発散[放射](の結果として)の.

eman·ci·pate /ɪmǽnsəpèɪt/ *vt* 《政治的・社会的・道徳的・知的束縛から》解放する 〈*from*〉; 〘法〙〈子供を〉父権などから解放(して法的な成年者に)する. ♦ **-pàt·ed** *a* 解放された; 伝統にとらわれない, 自主的な, 自由な. **-pà·tive** *a* EMANCIPATORY. [L=to free from possession (*manus* hand, *capio* to take)]

eman·ci·pa·tion /ɪmæ̀nsəpéɪʃ(ə)n/ *n* 解放; 〘法〙《父権などからの》解放. ♦ **~·ist** *n* (奴隷)解放論者.

Emancipátion Proclamàtion [the] 〘米史〙奴隷解放宣言《南北戦争中の 1863 年 1 月 1 日 Lincoln 大統領が発した宣言; 合衆国に対して反乱状態にある南部連合諸州の奴隷を解放するというもの》.

emán·ci·pà·tor *n* 解放者, (奴隷)解放論者: the Great *E*~ 大解放者《Abraham Lincoln のこと》.

eman·ci·pa·to·ry /ɪmǽnsəpətɔ̀ːri; -pət(ə)ri/ *a* 解放のための[に役立つ].

eman·ci·pist /ɪmǽnsəpɪst/ *n* 〘豪史〙赦免された元囚人, 満期出獄者.

Ema·nu·el /ɪmǽnjuəl, -jəl/ エマニュエル《男子名》. [Heb=God is (with) us]

Ema·nu·e·le /èɪmɑːnwéɪleɪ/ エマヌエレ《男子名》. [It (↑)]

emar·gi·nate /ɪmɑ́ːrʤənèɪt, -nət/, **-nat·ed** /-nèɪtəd/ *a* 〘植・動〙へりに切れ目のある, 凹形の; 〘晶〙欠稜の. ♦ **-nàte·ly** /, -nət-/ *adv* **emàr·gi·ná·tion** *n*

emas·cu·late /ɪmǽskjəlèɪt/ *vt* 去勢[除雄]する; 無気力にする, 弱くする; 〈文章・法律などを〉骨抜きにする; 〘植〙〈花〉の雄蕊(ゆうずい)を取り去る, 除雄する. ► *a* /-lət, -lèɪt/ 去勢[除雄]された; 無気力な; 骨抜きになった. ♦ **-là·tor** *n* 去勢する人[道具]. **-là·tive** /, -lət-/ *a* **emàs·cu·lá·tion** *n* 去勢(された状態), 除雄; 骨抜き, 無力化, 柔弱; 〘植〙除雄. **-la·to·ry** /ɪmǽskjələtɔ̀ːri; -t(ə)ri/ *a* [L; ⇨ MALE]

em·bálm *vt* 〈死体〉に防腐処置を施す; 永く記憶にとどめる; そのままの状態で保存する; 香気で満たす. ♦ **~·er** *n* 死体防腐処理師, エンバーマー. **~·ment** *n* 防腐保蔵処置, 死体防腐処理, エンバーミング; 防腐保蔵剤. [OF (*en*-[1])]

em·bálmed *a* 《俗》酔っぱらった, きこしめした.

em·bálm·ing flùid *《俗》《強い》コーヒー, ウイスキー.

em·bánk *vt* 〈貯水池などを〉築堤で囲む, 〈河川など〉に堤防を築く, 〈鉄路などを〉築堤で支える. [*en*-[1], BANK[1]]

em·bánk·ment *n* 堤を築くこと, 築堤(工事); 堤防, 盛土, 土手.

em·bár *vt* 止める, 抑制する, 妨げる; 《古》閉じ込める, 監禁する.

em·bar·ca·dero /ɛmbɑ̀ːrkədéərou/ *n* (*pl* **-dér·os**)*《西部》桟橋, 波止場. [Sp]

embarcation ⇨ EMBARKATION.

em·bar·go /ɪmbɑ́ːrgou, ɛm-/ *n* (*pl* **~es**) 《船舶の》抑留, 出港[入港]禁止; 貨物留め置き命令; 通商停止, 禁輸; 禁止, 禁制, 妨害: ~ *on* the export of gold 金輸出禁止. ● **be under an ~** 〈船が〉抑留されている; 〈輸出が〉禁止されている. **lay [impose, put, place] an ~ on…=lay…under an ~** 〈船舶・貨物を〉抑留[没収]する; 〈通商を〉停止する; 《一般に》禁止[妨害]する: *lay an ~ upon* free speech 言論の自由を抑圧する. **lift [take off, remove] an ~** 出港停止を解く; 《一般に》解禁する. ► *vt* 《法令によって》〈船〉の出港[入港]を禁止する; 《法令によって》〈通商を〉禁止する; 〈船・貨物を〉抑留[没収]する; 〈文書など〉の公表を差し止める. [Sp (*embargar* to arrest); ⇨ BAR[1]]

em·bark /ɪmbɑ́ːrk, ɛm-/ *vt* 船[飛行機]に乗せる[積み込む] (opp. *disembark*); 〈人を〉(事業に)引き入れる, 〈金を〉(事業に)投資する: ~ one*self* in…に乗り出す. ► *vi* 船[飛行機]に乗り込む; 船出する, 旅立つ 〈*for* America〉; 開始する, 乗り出す, 着手する 〈*in*, *on*〉: ~ *on* a voyage 船旅に出る / ~ *in* a war / ~ *upon* a joint enterprise 共同事業に乗り出す / ~ *on* matrimony 結婚生活にはいる. ♦ **~·ment** *n* [F (BARK[3])]

em·bar·ka·tion, -ca- /ɛ̀mbɑːrkéɪʃ(ə)n, -bər-/ *n* **1** 乗船, 船出; 飛行機に乗る[乗せる]こと, 搭乗, 搭載; 《荷の》積み込み; 搭載物[人員], 船荷; 《古》舟, 船. **2** (事業への)乗り出し, 着手.

em·bar·ras de [du] choix /*F* ɑ̃bara də [dy] ʃwa/ 多すぎて選択に迷うこと; あれこれ迷うほどたくさんある選択.

em·bar·ras de ri·chesse(s) /*F* ɑ̃bara də riʃɛs/ 困るほど物があること, 目移り; あり余る豊かさ.

em·bar·rass /ɪmbǽrəs, ɛm-/ *vt* **1 a** まごつかせる, 当惑[困惑]させる; 〈人〉に気恥ずかしい[てれくさい, ばつの悪い]思いをさせる 〈*about*, *with*〉: ~ sb *by* questions 質問で困らせる / ~ sb *into* do*ing* 人にばつの悪い思いをさせて…させる. **b** [°*pass*] 金銭的に困らせる: be financially ~*ed* 金に困る / be ~*ed* in one's affairs 資金難に陥っている. **2** …の動きを制約する; 妨げる, じゃまする; 〈政府・会社など〉に面目を失わせる; 〈消化・呼吸; 胃・肺など〉の機能をそこなう, …に障害をきたす. **3** 〈問題などを〉紛糾させる, こじらせる. ► *vi* どぎまぎする, 恥ずかしがる. ♦ **~·able** *a* [F<Sp<It (*imbarrare* to bar in< BAR[1])]

em·bar·rassed /ɪmbǽrəst/ *a* 〈人が〉恥ずかしがって, 当惑した, (…するのが)てれくさい, ばつ[体裁]の悪い, きまりわるい 〈*about*, *at*; *to* do〉: Don't be too ~ *about* making mistakes in this English class. この英語のクラスでは間違いをそんなに恥ずかしがることはありません / He looked ~ *to* be seen with her. 彼女といるところを見られててれくさそうだった / She was ~ *at* my surprise visit. 私にいきなり来られてどぎまぎした[あせった] / The guest sat in ~ silence. 客は気まずそうに押し黙っていた. ♦ **~·ly** /-əstli, -əsədli/ *adv* 困りきって, 身の縮む思いで; きまりわるそうに; 気恥ずかしげに.

embárrass·ing *a* 当惑させるような, 厄介な, 間の悪い, ばつの悪い, なさけない, ひどい; 面目にかかわる: an ~ situation 厄介な事態, 難局 / ~ question 答えにくい質問. ♦ **~·ly** *adv* 恥ずかしいほどに: ~*ly* polite ばか丁寧な / ~*ly* bad 見ているほうが恥ずかしくなるほどおそまつ[へた]な.

embárrass·ment *n* **1 a** 当惑, 困惑; 気恥ずかしさ, 気おくれ, きまりわるさ: to *one's* ~ 恥ずかしい[なさけない]ことに. **b** [°*pl*] 金銭上の困難. **2 a** 妨げとなるもの, 当惑させるもの, 困りもの, 恥部: an ~ *to* one's parents 親のつらよごし, 不肖の子. **b** 《心臓・肺などの》機能障害. **3** あまりの多数[量]. ● **an ~ of riches**=EMBARRAS DE RICHESSES.

em·bas·sa·dor /ɛmbǽsədər/ *n* AMBASSADOR.

em·bas·sage /émbəsɪʤ/ *n* 大使の任務[使命]; 《古》EMBASSY.

em·bas·sy /émbəsi/ *n* **1** 大使館[公邸]; 《特に 大使を長とする》外交使節団(の公式訪問), 大使および随員. **2** 大使の地位[職能, 任務]; 《一般に》重大な[公的な]使命. [C16 *ambassy*<OF; ⇨ AMBASSADOR]

em·báttle[1] *vt* 〈軍隊など〉の陣容[戦闘準備]を整える; 〈町・建物・立場など〉の防備を固める[強化する]. [OF (*en*-[1])]

embattle[2] *vt* 〈建物・城壁〉に狭間(はざま)胸壁を設ける. [*en*-[1], OF *bataillier*; cf. BATTLEMENT]

em·báttled[1] *a* 陣容を整えた, 戦いに備えた; 戦い[争い, 論争]のさなかにある; 戦い[争い, 論争]をした; 包囲された; 〈人・組織などが〉窮地に陥った, 難問をかかえた.

embattled[2] *a* 狭間胸壁のある; 〘紋〙線に狭間状の凹凸のある.

em·báttle·ment[1] *n* EMBATTLED[1] な状態.

embattlement[2] *n* BATTLEMENT.

em·báy *vt* 〈船を〉湾内に入れる[退避させる, 追い込む]; 閉じ込める, 包囲する; 湾状にする: an ~*ed* shore 湾状になった海岸.

em·báy·ment *n* 湾形成; 湾, 湾状のもの.

Emb·den /émdən/ *n* エムデン《くちばしと脚の黄色い大型白色のガチョウの一品種》. [EMDEN]

Émbden-Méyerhof pàthway [the] エムデン-マイヤーホーフ

経路《グルコースをピルビン酸に分解するまでの代謝経路》. [Gustav Embden (1874–1933) ドイツの生理化学者, Otto MEYERHOF]

em·béd *vt* **1** ぴったりとはめ込む, 埋め込む; 〈花などを〉植え込む; しっかりと付着させる, 固定する; 〘文法〙〈節などを〉埋め込む; 抱き込むように取り囲む; 〘電算〙〈画像・音声・システムなどを〉埋め込む, 組み込む; 《一定の厚さに切断するためにパラフィンなどの物質中に》〈顕微鏡標本を〉包埋(ほうまい)する: ～ *itself in* a tree 〈矢・弾などが〉木に食い込む. **2** 《心・記憶などに》深くとどめる, 植え付ける. **3** [ᵘ*pass*] 〈記者・兵士などを〉《紛争地域に》派遣する, 配属する. ► *vi* はまり込む. ► *n* 従軍記者 (embedded reporter). ♦ **em·béd·ding** *n* ⁺〘文法〙埋め込み《文の中に従属節を入れること》. **～·ment** *n*

em·béd·ded *a* 〘文法〙〈節・句が〉埋め込まれた; 〈感情などが〉しみついた, (深く)根ざした, 根強い, 切り離せない; 〈取材などが〉軍に密着した: an ～ system 埋め込み[組み込み]システム, エンベデッドシステム《大きなシステムの一部として作動する》. ♦ **em·béd·ded·ness** *n*

em·bel·lish /ɪmbélɪʃ, ɛm-/ *vt* 装飾する; 〈文章・物語などを〉潤色[粉飾, 脚色]する; 〘楽〙〈メロディーなど〉に装飾音をつける, 装飾する. ♦ **～·er** *n* [OF (*bel* ‹ BEAU)]

embéllish·ment *n* 装飾; 潤色, 脚色; 装飾[潤色]のために付加された[役立つ]もの; 〘楽〙装飾 (ornament).

em·ber /émbər/ *n* 燃えさし, おき; [*pl*] 残り火, 余燼; [*pl*] [*fig*] 《感情・思い出などの》なごり: rake (up) hot ～*s* 残り火をかきたてる / ～*s* of an old love 昔の恋の残り火. [OE *ǣmyrge*; *-b-* は cf. SLUMBER]

émber dàys *pl* [ᵒE-] 〘カト〙四季の斎日, 〘英国教〙聖職按手節《年 4 回定められた週の水・金・土曜日で, 断食と祈りを行なう》. [OE *ymbren* (n) ‹ ? *ymbryne* period, circuit (*ymb* about, *ryne* course)]

émber·gòose *n* 〘鳥〙ハシグロアビ (common loon). [Norw *emmer*]

émber wèek [ᵒE-] 〘カト・英国教〙EMBER DAYS を含む週.

em·bez·zle /ɪmbéz(ə)l, ɛm-/ *vt* 〈委託財産・金などを〉使い込む, 横領[着服]する. ♦ **～·ment** *n* 使い込み, 横領, 着服. **-béz·zler** *n* [AF (*en-*[1], *besiler*＝OF *besillier* to maltreat, ravage‹?)]

em·bítter *vt* …の味を(一段と)にがくする; [ᵒ*pp*] にがにがしい気持にさせる, 恨み[憎しみ]と憤りの感情に染ませる; 〈感情・不幸などを〉ますますひどくする, 激化[悪化]させる. ♦ **～·ment** *n*

em·bít·tered *a* 世をすねた, ひねくれた, 偏屈な, 気むずかしい.

em·bláze[1] *vt* 豪華に飾る; 《古》紋章で飾る (emblazon).

emblaze[2] *vt* …に点火する, 燃え立たせる; 《古》(炎で)明るく照らす, 輝かせる. [*blaze*[1]]

em·bla·zon /ɪmbléɪz(ə)n, ɛm-/ *vt* 〈紋章を〉紋章描画法に従って記述[彩色]する 〈*on, onto*〉; 〈盾・旗などを〉紋章で飾る; 目もあやに描く 〈*on, onto*〉; あざやかな色[図, 文字]で飾る, …に(…と)大書する 〈*with*〉; ほめたたえる, 激賞する. ♦ **～·er** *n* **～·ment** *n* [ᵒ*pl*] 紋章描画(法); あざやかな装飾. **～·ry** *n* 紋章描画(法); あざやかな装飾.

em·blem /émbləm/ *n* **1 a** 象徴, 表象; 標章, 記章, 紋章, エンブレム《会社などのシンボルマーク》: an ～ *of* peace [spring] 平和[春]の象徴. **b** 《美徳などの》典型的人物: an ～ *of* honesty 誠実の典型のような人. **2** 寓意画《寓意的に倫理を表わした標語[詩句]入りの画》. ► *vt* 《まれ》象徴する. [L‹Gk＝insertion]

em·blem·at·ic /èmbləmǽtɪk/, **-i·cal** *a* 象徴の; 象徴的な; 象徴である: be ～ of…を象徴する. ♦ **-i·cal·ly** *adv*

em·blem·a·tist /emblémətɪst/ *n* 標章[寓意画]の製作者[考案者, 作者].

em·blem·a·tize /emblémətàɪz/, **émblem·ìze** *vt* 象徴する; …の象徴[標章]である.

émblem bòok 寓意画集.

em·ble·ments /émbl(ə)mənts/ 〘法〙*n pl* 《自然的なものでなく労働による》人工耕作物(による収益), 勤労果実; 《借地人の》(農)作物収得権.

em·bod·i·ment /ɪmbádɪmənt, ɛm-/ *n* **1 a** 肉体化; 具体化, 体現. **b** 具体的表現; 《発明の》実施形態, 実施例; 《美徳などの》権化, 化身. **2** 組織化, 体系化; 組み込み, 組み入れ, 包含.

em·body /ɪmbádi, ɛm-/ *vt* **1** 〈精神〉に形体を与える, 肉体を付与する; 〈思想・感情などを〉具体的に表現する, 具体化する, 体現する: O'keeffe's pictures ～ intelligent passionateness. オキーフの絵画は理知的な熱情を具現化している. **2** 一つの組織体としてまとめる, 組織[体系]化する; 《組織体の一部として》組み入れる, 織り込む, 包含する. ♦ **em·bód·i·er** *n*

em·bóg *vt* 泥沼に踏み込ませる, 動きがとれなくする.

em·bol- /émbəl/, **em·bo·li-** /-lə/, **em·bo·lo-** /-loʊ, -lə/ *comb form*「塞栓(そくせん), 栓子 (embolus)」

em·bóld·en *vt* **1** 大胆にする, 勇気づける: be ～*ed by*…で大胆になる[自信をつける]. **2** ボールド[太字体]にする.

em·bo·lec·to·my /èmbəléktəmi/ *n* 〘医〙塞栓摘出(術).

em·bol·ic /embálɪk, ɪm-/ *a* 〘医〙塞栓(症)の[による]; 〘発生〙陥入(期)の, 陥入による.

em·bo·lism /émbəlìz(ə)m/ *n* 閏日[閏月](としての日[月]の挿入) (intercalation); 〘医〙塞栓症, 塞栓形成; 〘カト〙挿入祈禱《ミサ聖祭で, 主禱文の最後の祈願につける祈禱》; 《医俗》EMBOLUS. ♦ **èm·bo·lís·mic** *a* [ME＝intercalation‹L‹Gk]

em·bo·li·za·tion /èmbələzéɪʃ(ə)n; -laɪ-/ *n* 〘医〙《血管などの》塞栓《形成過程もしくは状態》.

em·bo·lus /émbələs/ *n* (*pl* **-li** /-làɪ/) 〘医〙塞栓(そくせん), 栓子 (cf. THROMBUS); 《古》挿入されたもの《打ち込まれたくさびや注射器のピストンなど》. [L＝piston‹Gk＝peg, stopper]

em·bo·ly /émbəli/ *n* 〘発生〙陥入 (invagination).

em·bon·point /*F* ɑ̃bɔ̃pwɛ̃/ *n* [*euph*] 《主に女性の》肉付きのよさ. ► *a* 肉付きのよい. [F＝in good condition]

em·bosk /ɛmbásk, ɪm-/ *vt* 《葉・茂みなどで》隠す.

em·bósom *vt* **1** [ᵒ*pp*] かばうように取り囲む: The temple is ～*ed in* [*with*] trees. 神殿は木立に囲まれている. **2** 《古》胸にいだく, 抱きしめる; 《古》心にいだく, 大切にする.

em·boss[1] /ɛmbɔ́(ː)s, ɪm-, -bás/ *vt* …に浮彫り[型押し]細工を施す; 〈模様・図案を〉浮出しにする; 〈金属〉に打ち出す, エンボシング[エンボス加工]する; 飾る, 装飾する: ～*ed* work 浮彫り細工, 浮出し模様 / an ～*ed* address 浮出しに刷った住所 / ～*ed* stamps 打出し印紙[切手] / an ～*ing* calender 《織布仕上げの》押型機. ♦ **～·able** *a* **～·er** *n* [OF (BOSS[2])]

emboss[2] *vt* 《古》〈獲物を〉追い詰める.

embóss·ment *n* 浮彫りにすること, 浮彫り; 《彫刻法・加工法などとしての》浮出し工法, エンボシング, エンボス加工; 浮出し(模様).

em·bou·chure /áːmbʊʃʊ̀ər, ⏝–⏝/ *n* 河口; 谷口; 〘楽〙アンブシュール《**1**) 管楽器の歌口 (mouthpiece) **2**) 管楽器の演奏における唇・舌・歯の位置・使い方》. [F (*bouche* mouth)]

em·bour·geoise·ment /*F* ɑ̃burʒwazmɑ̃/, **em·bour·geoi·si·fi·ca·tion** /ɛmbʊ̀ərʒwàːzəfəkéɪʃ(ə)n, ɑːm-/ *n* 中産階級化, ブルジョア化.

em·bow /ɪmbóʊ, ɛm-/ *vt* [*pp* 以外は《古》] 弓[アーチ, 丸天井]の形にする. ♦ **～ed** *a* 弓状の; アーチ形の, 丸天井形の; 湾曲した. **～·ment** *n*

em·bówel *vt* DISEMBOWEL; 《廃》深く埋める[はめ込む].

em·bówer *vt* 樹陰でおおう[囲む]; 《一般に》こんもりおおう.

em·brace[1] /ɪmbréɪs, ɛm-/ *vt* **1** 抱擁する, 抱きしめる; いつくしむ, かわいがる; 包囲する, 取り巻く, 囲む. **2 a** 〈一群のもの〉にわたる, 〈広範囲の事柄などを〉包含する (include). **b** …に達する, …に等しい, …と同等の価値をもつ. **3** 〈信仰・考え・変化・機会などを〉(いとわず)受け入れる, 受容する, 迎え入れる. **4** 見て取る, 悟る, 会得[了解]する. ► *vi* 抱き合う. ► *n* **1 a** 抱擁; [ᵒ*pl*] [*euph*] 性交. **b** 囲み, 包囲. **2** 《主義などの》受容, 受け入れ. ♦ **～·able** *a* **embrác·er**[1] *n* **～·ment** *n* EMBRACE[1]; 《特に》受容. **em·brác·ing·ly** *adv* [OF‹L (BRACE)]

embrace[2] *vt* 〘法〙〈陪審を〉抱き込む. [逆成‹↓]

embráce·or, em·brác·er[2] *n* 〘法〙陪審抱込み者[犯人]. [OF＝instigator (*embraser* to set on fire)]

em·brác·ery *n* 〘法〙陪審抱込み罪.

em·brác·ive *a* 抱擁を好む; 包括的な.

em·bránch·ment *n* 《谷・川・山系などの》分岐, 分流.

em·bran·gle /ɪmbrǽŋg(ə)l, ɛm-/ *vt* 混乱[紛糾]させる; 巻き込む, 巻添えにする. ♦ **～·ment** *n* [*embroil*＋*entangle*]

em·bra·sure /ɪmbréɪʒər, ɛm-/ *n* 〘建〙《戸口・窓の両壁が内側に向かって広がった》朝顔口, 斜間(はすま); 〘城〙《胸壁などの外側に向かって広がる》狭間(はざま), 銃眼, 矢筈(やはず). ♦ **～d** *a* [F (*embraser* to splay‹?)]

em·brec·to·my /ɛmbréktəmi/ *n* EMBRYECTOMY.

em·bríttle *vt, vi* もろくする[なる], 脆化(ぜいか)させる[する]. ♦ **～·ment** *n*

em·bro·cate /émbrəkèɪt/ *vt* 〈患部〉に薬液を塗布してこする, 塗擦する 〈*with*〉.

em·bro·ca·tion /èmbrəkéɪʃ(ə)n/ *n* 《薬液・ローションなどの》塗擦; 外用塗擦剤, 塗布剤 (LINIMENT). [F or L (Gk *embrokhē* lotion)]

em·bro·glio /ɛmbróʊljoʊ/ *n* (*pl* ～**s**) IMBROGLIO.

em·broi·der /ɪmbrɔ́ɪdər, ɛm-/ *vt* …に刺繍する; 〈模様などを〉縫取りする; …に装飾(的要素)を加える, 飾る (embellish), 〈物語などを〉潤色する, 誇張する. ► *vi* 刺繍をする; 飾りを付ける; 潤色する 〈*on*〉. ♦ **～·er** *n* [AF‹Gmc]

em·broi·dery /ɪmbrɔ́ɪd(ə)ri, ɛm-/ *n* **1** 刺繡(法), 縫取り(の技術); 刺繡品; 《不可欠ではない》飾りもの. **2** 潤色, 文飾, 粉飾, 彩飾.

em·broil /ɪmbrɔ́ɪl, ɛm-/ *vt* 巻添えにする, 巻き込む; 混乱[紛糾]させる, もつれさせる; 反目させる: be ～*ed in* a dispute 紛争に巻き込まれる / ～ A *with* B A と B を反目させる. ♦ **～·ment** *n* 混乱, 紛糾; 争い, 騒動; 巻添え, 掛かり合い. [F (BROIL[2])]

em·brówn, im- *vt* 茶色にする; 暗くする (darken).

embrue, embrute ⇨ IMBRUE, IMBRUTE.

em·bry- /émbrɪ/, **em·bryo-** /-brioʊ, -ə/ *comb form* EMBRYO の意.

èmbry·éctomy *n* 《子宮外妊娠時の》胎児切除(術).

em·bryo /émbriòʊ/ *n* (*pl* **-bry·òs**) **1** 胎児, 胎芽《ヒトの場合は特に妊娠 8 週末までのものをいう; cf. FETUS》; 〘生〙胚, 幼胚, 胚子, 《embryo transfer などの》受精卵. **2** 未発達のもの; 兆し, 萌芽; 《発達の》

初期. ● in ～ 未発達な(状態の), 初期の, まだ形の整っていない. ► *a* EMBRYONIC. ［L＜Gk *en-*²(*bruō* to grow)］
èmbryo·génesis *n*〘生〙胚発生, 胚形成 (embryogeny). ♦ **èmbryo·genétic** *a*
em·bry·og·e·ny /èmbriáʤəni/ *n*〘生〙胚発生, 胚形成; 発生[胎生]学. ♦ **èmbryo·génic** *a*
ém·bry·òid〘生〙*n* 胚様体. ► *a* 胚様の.
em·bry·ol·o·gy /èmbriáləʤi/ *n*〘生〙発生学,〘医〙胎生学; 胚の形成・発達における諸特徴・現象. ♦ **-gist** *n* 発生[胎生]学者. **em·bry·o·log·i·cal** /èmbriəláʤɪk(ə)l/, **-ic** *a* 発生[胎生]学(上)の. **-i·cal·ly** *adv*
em·bry·on- /émbriən/, **em·bry·o·ni-** /-nɪ/ *comb form* EMBRYO の意.
em·bry·o·nal /embráiənl, émbriə-/ *a* 胚の; 胎児[胎芽]の. ♦ **～·ly** *adv*
em·bry·o·nat·ed /émbriənèɪtəd/ *a* EMBRYO を有する.
em·bry·on·ic /èmbriánɪk/ *a* 胚の(ような); 胎児[胎芽]の(ような); 初期の; 未発達の. ♦ **-i·cal·ly** *adv*
embryónic dísk〘生〙BLASTODISC;〘生〙BLASTODERM;〘動〙胚盾 (＝*embryonic shield*).
embryónic láyer〘生〙GERM LAYER.
embryónic mémbrane〘動〙胚付属膜, 胚膜.
embryónic shíeld〘動〙胚盾(はいじゅん) (embryonic disk).
embryónic stém cèll〘生〙胚(性)幹細胞《発生初期の受精卵の内部細胞塊を培養して得られる, 生体のすべての組織に分化する能力を備えた細胞》.
émbryo·phỳte *n* 有胚植物.
émbryo sàc〘植〙胚嚢.
em·bry·ot·ic /èmbriátɪk/ *a* 初期の, 未発達の.
em·bry·ot·o·my /èmbriátəmi/ *n*〘医〙切胎(術)《胎児の死亡または母体の危険切迫のときの胎児切断》.
émbryo trànsfer [trànsplant]〘(獣)医〙胚移植《着床前の受精卵や胚を外科的手段で他の子宮へ移すこと; 不妊治療や育種で用いる》.
em·bry·ul·cia /èmbriʌ́lsiə/ *n* 胎児摘出[牽引](術).
em·bue /ɪmbjúː, ɛm-/ *vt* IMBUE.
em·bús *vt, vi*〘軍〙バス[トラック]に乗せる[乗る].
em·bus·qué /*F* ɑ̃byske/ *n* (*pl* ～**s** /—/) 官職に就いて兵役を免れる者.
em·cee /émsíː/《口》*n* 司会者 (master of ceremonies); ラッパー (⇨ MC). ► *vt, vi* 司会する; MC [ラッパー]をやる. ［*m*aster of *c*eremonies の略形 MC の発音つづり］
EMCF European Monetary Cooperation Fund 欧州通貨協力基金 (cf. EUROPEAN MONETARY SYSTEM).
ém dàsh〘印〙全角ダッシュ《m 1 字分の長さのダッシュ》.
Em·den /émdən/ **1** エムデン《ドイツ北西部 Lower Saxony 州, Ems 川の河口にある市・港町》. **2** EMBDEN. **3** エムデン《第一次大戦におけるドイツ軍の軽巡洋艦》.
eme /íːm/《スコ》*n* おじ (uncle); 友人, 昔なじみ.
-eme /iːm/ *n suf*「…素《特定言語の構造の弁別単位》」: pho*neme*, morph*eme*, tax*eme*, ton*eme*. ［F］
Emeline ⇨ EMMELINE.
emend /iménd/ *vt* 〈文書・本文などを〉校訂する, 修正する;《古》…の欠点を除く, 改める. ♦ **～·able** *a* **～·er** *n* ［L *e*-(*mendo*＜*menda* fault)＝to free from faults］
emen·date /íːmèndèɪt, émən-, émèn-/ *vt* EMEND.
emen·da·tion /ìːmèndéɪʃ(ə)n, èmən-, emèn-/ *n* 校訂, 修正; [°*pl*] 校訂[修正]箇所[語句]. ♦ **emen·da·to·ry** /iméndətɔ̀ːri; -t(ə)ri/ *a*
emer. emeritus.
em·er·ald /ém(ə)rəld/ *n* **1 a** エメラルド, 翠玉(すいぎょく)《5 月の BIRTHSTONE》. **b** EMERALD GREEN. **2**ᴴ〘印〙エメラルド (minionette*)《6½ ポイント活字; ⇨ TYPE》;〘昆〙EMERALD MOTH. **3** [E-] エメラルド《女子名》. ► *a* エメラルド(製)の; エメラルド色の, 鮮緑色の; 〈宝石の台が〉正[長]方形の, 〈宝石のカットが〉エメラルドカットの. ［OF, ＜Gk *smaragdos*］
Émerald Cìty エメラルドの都《*The Wonderful Wizard of Oz* をはじめとする Oz シリーズのオズの国の首都》.
émerald cópper〘鉱〙翠(すい)銅鉱 (dioptase).
émerald cùckoo〘鳥〙ミドリカッコウ《アフリカ産》.
émerald cùt〘宝石〙エメラルドカット《各面が正方形または長方形のステップカット》.
émerald gréen 鮮緑色, エメラルドグリーン.
em·er·al·dine /ém(ə)rəldìːn, -dàɪn/ *n* 暗緑色染料. ► *a* エメラルド色の, 鮮緑色の.
Émerald Ísle / ; ⸗ ⸗ / [the] エメラルド島 (Green Isle)《アイルランドの雅名》.
émerald mòth〘昆〙アオシャク《シャクガ科 *Geometra, Hemithea, Cleora* 属などの緑色をしたガの総称》.
émerald wédding エメラルド婚式《結婚 55 周年記念; ⇨ WEDDING》.

emerge /ɪmə́ːrʤ/ *vi* **1 a**《水中・暗闇などから》出てくる, 現われる (opp. *submerge*); 〈…の中へ〉出ていく 〈*into*〉. **b** 〈不景気・貧困・低い身分などから〉抜け出る, 脱出する 〈*from*〉; (…として)頭角を現わす, 台頭する 〈*as*〉;〘生〙((創発的)進化によって)出現[発生]する. **2** 〈新事実などが〉わかってくる, 現われる, 明らかになる; 〈問題・困難などが〉持ち上がる. ［L (MERGE)］
emer·gence /ɪmə́ːrʤ(ə)ns/ *n* 出現; 浮上;《困難・逆境からの》脱出; 台頭;〘地質〙(海底)上昇, 陸化, エマージェンス; 発生;〘哲・生〙《進化の過程での》創発;〘植〙毛状体;〘昆〙羽化.
emér·gen·cy *n* 非常時, 緊急事態, 急場; [the E-]《アイル》第二次大戦; 急患;《豪》控えの選手, リザーブ: declare a state of ～ 非常事態を宣言する / in this ～ この危急の際に / in case of [in an] ～ 非常の場合に(は) / ～ fund〘商〙偶発損失準備資金 / an ～ man 臨時雇い; 補欠選手 / ～ measures 緊急処置, 応急対策 / ～ ration〘軍〙非常携帯口糧.
emérgency bràke《自動車の》サイドブレーキ《駐車用・非常用》.
emérgency càse 救急箱; 急患.
emérgency còrd*《列車の》緊急[非常]停止コード.
emérgency dòor [èxit] 非常口.
emérgency lánding fìeld〘空〙緊急着陸場.
emérgency médical tèchnician EMT.
emérgency mèdicine 救急医学[医療].
emérgency ròom* 緊急治療室, 救急室《略 ER》.
emérgency sèrvicesᴴ *pl* 救急隊《警察・消防・救急医療など》.
emér·gent *a* **1 a**《隠れていた所から》姿を現わす, 現われ出る; 持ち上がる, 発生する〈問題〉; 放たれる〈光線〉;〘植〙抽水[挺水]性の. **b** 新生の, 新興の〈国家〉;〘哲〙創発的な. **2** 突発的な, 不意の; 急を要する, 緊急の. ► *n* emergent なもの;〘生態〙巨大木, エマージェント《周囲の森からぬきんでる木》;〘植〙抽水[挺水]植物《ハスなど》.
emérgent evolútion〘哲・生〙創発的進化《既存の要素の予期できない再編成の結果, 進化のある段階で全く新しい生物や行動様式や意識が出現するとする説》.
emér·gi·cènter /ɪmə́ːrʤə-/ *n* 一次救急医療施設, 応急診療所 (＝*urgicenter*). ［*emerg*ency, *-i-*, *center*］
emérg·ing *a* 新生の, 新興の: ～ countries.
emer·i·ta /ɪmérətə/ *a* EMERITUS《女性に用いる》.
emer·i·tus /ɪmérətəs/ *a* 名誉…: an ～ professor＝a professor ～ 名誉教授《複数名詞のあとに置いて修飾する場合には professors *emeriti* とすることがある》. ► *n* (*pl* **-ti** /-tàɪ, -tìː/)《退職後も名誉称号として》前職の称号を保つことを許された人《名誉教授など》. ［L (pp)〈*e*-(*mereor* to earn)＝having earned discharge］
em·er·ods /émərὰdz/ *n pl*《古》HEMORRHOIDS.
emerse /ɪmə́ːrs/ *a*〘植〙EMERSED.
emersed /ɪmə́ːrst/ *a* 表面[水面]から出た;〘植〙抽水の.
emer·sion /ɪmə́ːrʃ(ə)n, *-ʒ(ə)n/ *n* 出現 (emergence);〘天〙《食または掩蔽(えんぺい)後の天体の》出現.
Em·er·son /émərs(ə)n/ エマソン **Ralph Waldo ～** (1803–82)《米国の思想家・詩人; ニューイングランド超越主義の代表的提唱者; 'Sage of Concord' といわれた; *Essays* (1841, 44), *Representative Men* (1850)》.
Em·er·so·ni·an /èmərsóuniən, -njən/ *a* エマソンの; エマソン風の (cf. TRANSCENDENTALISM). ♦ **～·ism** *n*
em·ery /ém(ə)ri/ *n* エメリー, 金剛砂《粉末状研磨剤》. ［F＜It＜Gk＝polishing powder］
Emery エメリー《男子名》. ［Gmc＝industrious ruler (work＋rule)］
émery bàll*《俗》表面をざらざらにしたボールによるカーブ.
émery bòard《ボール紙板に金剛砂を塗った》爪やすり.
émery clòth エメリークロス《金剛砂を塗った布やすり; 金属研磨用》.
émery pàper エメリーペーパー, エメリー研磨紙.
émery whèel《金剛砂製の, または金剛砂を塗った》回転砥(と), 砥石車.
Em·e·sa /éməsə/ エメサ《シリアの市 ḤIMṢ の古代名》.
em·e·sis /éməsəs, ɪmíː-/ *n* (*pl* **-ses** /éməsìːz, ɪmíː-/)〘医〙嘔吐 (vomiting).
e-message /íː⸗/ *n* 電子通信文, メール.
emet·ic /ɪmétɪk/ *a* 嘔吐を催させる, 催吐性の; [*fig*] へどの出るような. ► *n* (催)吐薬, 吐剤. ♦ **-i·cal·ly** *adv* ［Gk (*emeō* to vomit)］
em·e·tine /émətìːn, -tən/, **em·e·tin** /-tən/ *n*〘薬〙エメチン《吐剤・去痰剤・抗アメーバ赤痢剤》.
emeu /íːmjuː/ *n*《古》EMU.
émeute /*F* emøːt/ *n* (*pl* ～**s** /—/) 暴動, 反乱.
emf, EMF °electromotive force. **EMF** °electromagnetic field(s) ♦ European Monetary Fund 欧州通貨基金. **EMG** electromyogram ♦ electromyograph ♦ electromyography.
EMI /ìːèmáɪ/ EMI《英国のレコード会社のレーベル; 前身の Electrical and Musical Industries (略 EMI) は 1931 年設立》.
-e·mia, -ae·mia /íːmiə/, **-he·mia, -hae·mia** /híːmiə/ *n*

comb form「…な血液を有する状態」「血液中に…を有する状態」: septic*emia*, ur*emia*; polycyt*hemia*. [Gk; ⇨ HEM-]

emic /íːmɪk/ *a* イーミックな, 文化相的な《言語その他の人間行動の分析・記述において機能面を重視する観点に関していう; cf. ETIC》. [phon*emic*]

emic·tion /ɪmíkʃ(ə)n/ *n* 〘医〙排尿 (urination).

em·i·grant /émɪgrənt/ *n* 《他国・他地域への》(出国)移民, 移出者 (opp. *immigrant*); 移出植物[動物], 移出者. ► *a* (出国)移住する; 移住[移出]の.

em·i·grate /éməgrèɪt/ *vi* 《他国・他地域へ》(出国)移住する, 移出する; "《口》転居する: ～ *from* Japan *to* Brazil. ► *vt* 移住[移出]させる[を助ける]. [L (MIGRATE)]

em·i·gra·tion /èməgréɪʃ(ə)n/ *n* 《他国・他地域への》(出国)移住, 移出; (出国)移住者, 移出者, 移民《集合的》.

E

emigrátion tàx 〘ソ連〙EXIT TAX.

em·i·gra·to·ry /éməgrətɔ̀ːri; -t(ə)ri, -grèɪt(ə)ri/ *a* (出国)移住[移出]の (migratory).

émi·gré, emi·gré /émɪgrèɪ, ⌐⌐⌐/ *n* 移住者 (emigrant); 亡命者. [F (pp) < *émigrer*; ⇨ EMIGRATE]

Emil /íːm(ə)l, éɪ-; ɛmíːl, eɪ-; *G* éːmiːl/ エミール《男子名》. [Gmc =industrious; cf. L *Aemilius*]

Emile /eɪmíːl/ エミール《男子名》. [F (↑)]

Emi·lia[1] /ɪmíliə, -ljə/ エミリア《女子名; 愛称 Millie》. [Gmc<L (fem) < EMIL]

Emi·lia[2] /eɪmíːljə/ エミリア《(1) イタリア北部 Emilia-Romagna 州の西部に当たる地方 (2) EMILIA-ROMAGNA の旧称》.

Emi·lia-Ro·ma·gna /eɪmíːljəroumáːnjə/ エミリア-ロマーニャ《イタリア北部 Po 川とアペニノ山脈とアドリア海で仕切られた州; ☆Bologna; 旧称 Emilia, 古代名 Aemilia》.

Em·i·ly, -lie /éməli/ エミリー《女子名; 愛称 Millie》. [EMILIA[1]]

em·i·nence /émənəns/ *n* **1 a** 《地位・身分などの》高いこと, 高位, 高貴, 《学徳などの》卓越 ‹*in* science›: achieve [reach, win] ～ as a writer 卓越した作家として有名になる. **b** 高位[高貴]の人, 卓越した人. **c** [E-]〘カト〙猊下(げいか), エミネンス《cardinal に対する尊称》: Your [His etc.] *E*～ (⇨ MAJESTY). **2** 高所, 高台; 〘解〙隆起.

émi·nence grise /*F* eminɑ̃ːs griːz/ (*pl* **-nences grises** /—/) 腹心の手先; 黒幕, 隠然たる勢力; 大御所, 大家, 巨匠; 《政界の》長老. [F=gray cardinal; もと 17 世紀 Cardinal Richelieu の秘書 Père Joseph のこと]

ém·i·nen·cy *n* 《古》EMINENCE.

ém·i·nent *a* **1** ‹地位・身分の›高い; 高名な, 著名な; すぐれた, 卓越した, ぬきんでた. **2** 突き出た, 突出した, ‹山・ビルなどが›そびえている. ♦ **～·ly** *adv* 著しく, 顕著に; 大いに. [L *emineo* to jut out]

éminent domáin 〘法〙収用権《政府が所有主の承諾なしに私有財産を公益のために収用する権利》.

em·i·o·cy·to·sis /èmiousaɪtóusəs/ *n* EXOCYTOSIS. ♦ **èm·i·o·cy·tót·ic** /-tát-/ *a*

emir, amir, ameer /ɪmíər, eɪ-/ *n* アミール《(1) アラビア・アフリカ・アジアの一部のイスラム教国の王族[首長] (2) 軍の司令官[隊長], かつてのトルコ高官の称号 (3) Muhammad の娘 Fatima の子孫の尊称》. [F<Sp<Arab=commander]

emir·ate /émərət, -rèɪt, ɪmíər-/ *n* EMIR の管轄区域[地位, 統治]; 首長国.

Em·i·scan /èməskǽn/ 〘商標〙エミスキャン《コンピューターと組み合わされた放射線走査による軟組織の医用検査技術》.

em·is·sary /éməsèri; -s(ə)ri/ *n* 使者, 《特に》密使; 密偵, 間諜 (spy). ► *a* 使者の, 密使の; 〘解〙‹静脈が›排出部の, 導出の. [L =scout, spy; ⇨ EMIT]

emis·sion /ɪmíʃ(ə)n, ɪ-/ *n* **1 a** 《光・熱・電子・電磁波などの》放出, 放射, 発出, 射出, エミッション. **b** 放出されるもの; 放出[放射]電子; 放射電磁波; 《煙突・自動車エンジンなどからの》大気中への排出物質, 排気; 悪臭 (effluvium): CARBON EMISSIONS. **2** 〘生理〙《体内からの》射出, 流出, 《特に》射精, 遺精, 夢精 (nocturnal emission); 《体内からの》射出物, 流出物, 《特に》射精液 (ejaculate). **3** 《紙幣などの》発行; 《古》《著作などの》刊行. [L; ⇨ EMIT]

emíssion crèdit 〘環境〙排出クレジット《京都議定書に基づく温室効果ガス排出権の単位; EMISSIONS TRADING において売買単位となる》.

emíssion lìne 〘光〙《発光スペクトルの》輝線 (cf. ABSORPTION LINE).

emíssion spèctrum 〘光〙発光スペクトル (cf. ABSORPTION SPECTRUM).

emíssion stàndard 《汚染物質の》排出基準.

emíssions tràding 〘環境〙排出権[量]取引《国家や企業が割り当てられた温室効果ガスの排出許容量を金銭で売買すること》.

emis·sive /ɪmísɪv, ɪ-/ *a* 放射する[できる]; 放射された.

emíssive pówer 〘理〙放射度[力]《物体の単位表面積から単位時間に放射されるエネルギーの量》.

em·is·siv·i·ty /èməsívəti, ìːmɪ-/ *n* 〘理〙放射率.

emit /ɪmít, ɪ-/ *vt* (-tt-) **1** ‹ガス・光・熱・煙・香りなどを›放射[放出]する; ‹水などを›噴出する; ‹音を›発する; ‹信号を›送る; ‹意見を›吐く, 発表する. **2** ‹紙幣・手形などを›発行する; ‹法令などを›発布する. [L *e*-(*miss- mitto* to send)]

emit·tance /ɪmít(ə)ns, ɪ-/ 〘理〙*n* エミッタンス《物体表面の単位面積から 1 秒間に放射されるエネルギー》; 放射率 (emissivity).

emít·ter *n* 《排気ガスなどの》排出者[企業]; 〘理〙エミッター《担体や粒子を放出するもの》; 〘電子工〙《トランジスターの》エミッター.

Em·lyn /émlən/ エムリン《女子名; 男子名》. [?]

emm ⇨ EM[3].

Emm /ém/ エム《女子名; Emma の愛称》.

Em·ma[1] /émə/ *n* [ᵘe-] "《俗》エマ《無線で文字 m を表わす通信用語》.

Emma[2] **1** エマ《女子名; 愛称 Em, Emm, Emmie》. **2** エマ (1) ～ **Woodhouse** 《Austen, *Emma* (1815) の主人公》 (2) ～ **Bovary** (⇨ MADAME BOVARY). [Gmc=whole, universal]

Emma[3] "《口》エマ《Cambridge 大学の Emmanuel College の略称》.

Em·man·u·el /ɪmǽnjuəl, -jəl/ **1** エマニュエル《男子名; 異形 Immanuel, Manuel》. **2** 〘聖〙インマヌエル (IMMANUEL). [EMANUEL]

Em·me /émə/ [the] エメ川《スイス Bern 州の東部を流れる Aare 川の支流》.

Em·me·line, Em·e- /éməlìːn, *-làɪn/ エメリン, エメライン《女子名; Amelia の愛称》.

Em·men /émən/ エメン《オランダ北東部 Drenthe 州の市; 第二次大戦後の新興工業都市》.

em·men·a·gog·ic /əmènəgáʤɪk, əmìːn-, ɛ-/ *a* 月経を促進する, 通経性の.

em·men·a·gogue /əménəgàg, əmíːn-, ɛ-/ *n* 〘薬〙月経促進薬, 通経薬. ► *a* EMMENAGOGIC.

Em·men·tal, -thal /éməntàːl/, **-t(h)a·ler** /-tàːlər/ *n* エメンタール《弾力のある組織, クルミのような風味, 熟成中にできる大きなガス孔を特徴とする硬質チーズ》. [*Emmental* スイス Emme 川の流域地方]

em·mer /émər/ *n* 〘植〙エンマーコムギ (=～ **whèat**) 《(1) 小穂に 2 粒ずつの果実をつけるコムギ (2) 一般に 四倍体のコムギ》.

Em·mery /éməri/ エメリー《女子名》. [cf. EMERY]

em·met /émət/ *n* 《方》アリ (ant). [OE *ǣmette* ANT]

Emmet **1** エメット《男子名》. **2** エメット **Robert** ～ (1778–1803) 《アイルランドの民族主義者; 独立を謀って暴動を起こしたが, 捕えられ絞首刑となった》. [Gmc=industrious]

em·me·tro·pia /èmətróupiə/ *n* 〘眼〙正(常)視. ♦ **èm·me·tróp·ic** /-tráp-/ *a* ‹眼が›正視の.

Em·my[1], **-mie** /émi/ エミー《女子名; Emily, Emilia, Emma の愛称》.

Emmy[2] *n* (*pl* **～s, -mies**) エミー(賞)《米国で毎年テレビ界の優秀な業績に対して与えられる小彫像; 賞は 1949 年創設; cf. GRAMMY》. [C20<?; 一説に *Immy* < image orthicon tube, -*y*[3]]

em·o·din /émədən/ *n* 〘化〙エモジン《フラングラ皮やカスカラサグラダから採るオレンジ色の針状晶; 緩下剤》.

emol·lient /ɪmáljənt/ *a* 柔らかにする; 皮膚を軟化する, 粘膜にここちよい; 苦痛を和らげる, 怒りを鎮める, 気持を落ちつかせる. ► *n* 和らげるもの; 〘薬〙皮膚軟化薬; 緩和薬. ♦ **-lience** *n* [L (*mollis* soft)]

emol·u·ment /ɪmáljəmənt/ *n* [ᵘ*pl*] (諸手当を含む)報酬, 俸給, 賃金; 《古》利益 (advantage). [OF or L; 'payment for corn grinding' (L *molo* to grind) の意か]

e-money /íː-⌐⌐/ *n* eマネー (ELECTRONIC MONEY).

Em·o·ry /éməri/ エモリー《男子名; 女子名》. [⇨ EMERY]

Émory Univérsity エモリー大学《Georgia 州 Atlanta にある私立大学; 1836 年創立》.

emote /ɪmóut/ *vi* 《口》感情をあらわに見せる, (大げさに)演技する. ♦ **emót·er** *n* [逆成 < *emotion*]

emo·ti·con /ɪmóutɪkàn/ *n* 〘電算〙感情アイコン, 顔文字, エモーティコン《ASCII 文字を組み合わせて作った人の表情に似せた図; E メールなどで感情を表現するのに用いる; 例 (右側を下にして見る) :-) (笑顔), :-((渋面)》.

emo·tion /ɪmóuʃ(ə)n/ *n* 感激, 感動; 感情, 情緒, 情愛; [ᵖ*pl*] 〘心〙情動《喜悦・憎悪・激怒・恐怖などのように生理的変化をも伴う急激な感情》. ♦ **～·able** *a* [F (*émouvoir* to excite); F における MOVE, MOTION の類推]

emótion·al *a* 感情(面)の, 心情(面)の; 感情に動かされやすい, 激情[熱情]家の; 感情に訴える, 感情論の; 感情的な, 感動的な; 興奮した: an ～ actor 感情表現の巧みな俳優 / ～ words ぐっとくる[ほろりと泣かせる]ことば / an ～ issue 冷静な議論のしにくい[理屈では割り切れない]問題 / an ～ cripple 感情の扱いがへたな[情緒不安定な, 無神経な]やつ / ～ BLACKMAIL / get ～ 感情を抑えられなく[ヒステリックに]なる, 感きわまる. ♦ **～·ly** *adv* 感情的に; 感情に動かされて: ～*ly* disturbed 情緒障害の. **emò·tion·ál·i·ty** *n*

emótional intélligence 心の知能, 感情知性 (⇨ EQ).

emótion·al·ìsm *n* 感激性; 多情多感; 感情表白癖; 強く感情に訴えること; 《倫理・芸術における》主情主義.

emótion·al·ist *n* 感激性の人, 感情家, 感情に訴える弁士[作家]. ♦ **emò·tion·al·ís·tic** *a*

emótion·al·ìze *vt* 感情に訴えるように処理[表現, 解釈]する; 感情に訴えるような性質を…に付与する; 〈人〉の感情に強く訴える, 〈人を〉強く感動させる. ► *vi* 感情的な[非理性的な]言動をする. ♦ **emòtion·al·izátion** *n*

emótion·less *a* 感情のない, 感情に動かされない, 無感動な, 無表情な. ♦ **~·ly** *adv* **~·ness** *n*

emo·tive /ɪmóutɪv/ *a* 感情の[を表わす]; 感情に訴える (emotional). ♦ **~·ly** *adv* **~·ness** *n* **emo·tiv·i·ty** /ɪmòutívəti, ì:mòu-/ *n*

emo·tiv·ism /ɪmóutɪvìz(ə)m/ *n* 〖倫〗情緒主義《道徳的言明は真理値をもたず, 話者の感情表出であるとする》.

Emp. Emperor ♦ Empress. **EMP** °electromagnetic pulse.

em·pále *vt* IMPALE.

em·pa·na·da /ɛ̀mpəná:də/ *n* エンパナーダ《味付けした肉のはいった折り返しパイ》. [Sp=breaded]

em·pánel *vt* IMPANEL.

em·paque·tage /*F* ɑ̃pakta:ʒ/ *n* 〖美〗アンパクタージュ《カンバスなどで物を包んで縛る概念芸術の一手法》. [F=packaging, package]

em·pa·thet·ic /ɛ̀mpəθétɪk/ *a* 感情移入の[に基づく]. ♦ **-i·cal·ly** *adv*

em·path·ic /ɛmpǽθɪk, ɪm-/ *a* EMPATHETIC. ♦ **-i·cal·ly** *adv*

em·pa·thist /émpəθɪst/ *n* 感情移入理論の支持者.

em·pa·thize /émpəθàɪz/ *vt, vi* 感情移入する 〈*with*〉.

em·pa·thy /émpəθi/ *n* 〖心〗感情移入, 共感. [Gk *empatheia* (PATHOS) にならった G *Einfühlung* (*ein* in, *fühlung* feeling) の訳]

Em·ped·o·cles /ɛmpédəklì:z/ エンペドクレス (c. 490–430 B.C.) 《ギリシアの哲学者・詩人・政治家》.

em·pen·nage /à:mpəná:ʒ, ɛ̀m-; ɛmpénɪʤ/ *n* 〖空〗《飛行機・飛行船の》尾部, 尾翼 (tail assembly).

em·per·or /émp(ə)rər/ *n* **1** 皇帝, 帝 (*fem* EMPRESS); 天皇; 〖史〗東[西]ローマ皇帝: The ~ has no clothes on. 王様は裸である《EMPEROR'S NEW CLOTHES から》. ★ the Emperor Haile Selassie のように 通例 定冠詞を付ける. **2** EMPEROR BUTTERFLY; EMPEROR MOTH. **3** エンペラー《手すき紙の最大の大きさ: 48×72 インチ》. ♦ **~·shìp** *n* [OF<L *imperator* (*impero* to command)]

émperor bùtterfly 〖昆〗タテハチョウ《総称》.

émperor mòth 〖昆〗ヤママユガ, 《特に》クジャクサン.

émperor pènguin 〖鳥〗エンペラーペンギン, コウテイペンギン《最大種》.

Émperor's Nèw Clóthes **1** [The]『皇帝の新衣裳』『裸の王様』《Andersen の童話 (1837)》. **2** [e- n- c-] [〈*pl*〉] 《俗》当人はその存在を信じて疑わないのに実は存在しないもの.

em·pery /émp(ə)ri/ *n* 《詩》皇帝の領土[統治権]; 広大な領土[権力].

em·pha·sis /émfəsəs/ *n* (*pl* **-ses** /-sì:z/) 強調, 重み(づけ); 重点, 力点 〈*on*〉; 〖音〗強勢, 語勢 (stress) 〈*on* a syllable〉; 〖修〗強声法; 〖画〗《輪郭・色彩の》強調: dwell on a subject *with* ~ 諄々と力説する / lay [place, put] (great) ~ *on*…に(非常に)重きをおく, …を(大いに)強調する, 重視[力説]する / ~ added [supplied] 強調は引用者《引用の際など, 特定部分を斜字体にするなどして強調した場合の表示》 / ~ his [hers] 強調は原著者《引用文中の強調箇所への注記として, 強調が引用者ではなく原著者によることを示す》. [L<Gk *em-*[2] (*phainō* to show)=to exhibit]

em·pha·size /émfəsàɪz/ *vt* 〈事実・語句などを〉強調する, 力説する; 際立たせる, くっきりさせる.

ém·pha·sìz·er *n* 〖電子工〗エンファシス回路.

em·phat·ic /ɪmfǽtɪk, ɛm-/ *a* 語気の強い, 断固たる; 強調された; はっきりした, 明確な, 際立った; 輪郭のはっきりした; 〖文法〗強調用法の《特に助動詞 do: I *do* like him.》; 〖音〗〈セム語の子音が〉強勢音の: be ~ *about* [*that*]…(であること)を強く主張する, 声を大にして言う / an ~ win 大勝[圧勝]. ► *n* 〖音〗強勢音[子音]. ♦ **-i·cal·ly** *adv* 強調して; 力強く; 断固として; [強意] 断然, まさに. [L<Gk; ⇨ EMPHASIS]

em·phy·se·ma /ɛ̀mfəsí:mə, -zí:-/ *n* 〖医〗気腫, 《特に》肺気腫 (pulmonary emphysema). ♦ **èm·phy·sém·a·tous** /-sém-, -sí:-, -zém-, -zí:m-/ *a* **èm·phy·sé·mic** /-sí:-, -zí:-/ *a* [L<Gk (*emphusaō* to puff up)]

ém pìca 〖印〗12 ポイント全角《1 インチの約 1/6》.

em·pire /émpàɪər/ *n* **1** 帝国; 帝王の領土; 《企業・団体などの》一大帝国. **2** [the E-] **a** BRITISH EMPIRE. **b** HOLY ROMAN EMPIRE). **c** 《フランスの》第一帝政 (FIRST EMPIRE), 第二帝政 (SECOND EMPIRE). **3** 皇帝の主権, 皇帝の統治, 帝政, 絶対支配権; 帝政期, 帝政時代 〈*over*〉. **4** [E-] 〖園〗エンパイア《旭 (McIntosh) とレッドデリシャスのかけあわせでできた皮が濃い色のリンゴ》. ► *a* /, á:mpìər/ [E-] 〈家具・服装など〉第一帝政様式の. [OF<L *imperium* dominion; cf. EMPEROR]

émpire bùilder みだりに勢力[領土]拡張をはかる人.

émpire bùilding EMPIRE BUILDER の行動, 勢力[版図]拡大.

Émpire Cìty [the] 帝都, エンパイアシティー《New York City の俗称》.

Émpire Dày [the] 帝国記念日《COMMONWEALTH DAY の旧称》.

Émpire lìne 〖服〗エンパイアライン《大きく開いた襟ぐりとハイウエストを特徴とする細身で直線的な婦人服のスタイル; 最初フランスの第一帝政時代 (1804–14) に流行した》.

Émpire Stàte [the] 帝国州, エンパイアステート《New York 州の俗称》.

Émpire Stàte Bùilding [the] エンパイアステートビルディング《1931 年 New York 市に完成した 102 階, 381 m の摩天楼; 50 年さらに 67.7 m のテレビ塔を設置》.

Émpire Stàte of the Sóuth [the] 南部の帝国州[エンパイアステート]《Georgia 州の俗称》.

em·pir·ic /ɪmpírɪk, ɛm-/ *a* EMPIRICAL. ► *n* 経験にたよる人, 経験主義の科学者[医師]; 《古》経験一方のやぶ医者; いかさま師, ペテン師. [L<Gk (*emperia* experience < *en-*[2], *peiraō* to try)]

em·pír·i·cal *a* 経験的な; 経験[観察]のみにたよる[に基づく]; 経験[観察]によって立証[反駁]できる; 経験主義の; 《古》やぶ医者の, やぶ医者的な: ~ philosophy 経験哲学. ♦ **~·ly** *adv* 経験的に; 経験に基づいて.

empírical fórmula 実験式, 経験式《**1**) 分子中の原子数の比を示す式; cf. MOLECULAR [STRUCTURAL] FORMULA **2**) 理論的根拠はさておき, 実験数値から導かれた関係式》.

empírical probabílity 〖統〗経験的確率《ある事象の起こった回数と全試行数の比》.

em·pir·i·cism /ɪmpírəsìz(ə)m, ɛm-/ *n* 経験主義[論]; 〖哲〗論理実証主義 (logical positivism); 《医療の》経験主義, 経験依存[非科学的]療法; やぶ医者的治療. ♦ **-cist** *n* 経験主義者, EMPIRIC.

em·pláce *vt* 《砲床などに》据え付ける. [逆成<↓]

em·pláce·ment *n* 据え付け; 位置, 場所; 据え付け場所, 《砲・ミサイル・レーダーなどの》据え付け用台座, 砲床, 掩体. [F (*en-*[1], PLACE)]

em·pláne *v* ENPLANE.

em·ploy /ɪmplɔ́ɪ, ɛm-/ *vt* **1 a** 〈人を〉使用する, 雇用する 〈*in*, *for*〉; 〈人〉に仕事[職]を与える; 〈動物を〉使役する: ~ one*self* [be ~*ed*] *in* [(in) *do*ing]…に従事する / I am ~*ed* in his factory. 彼の工場に雇われている / the ~*ed* 被雇用者, 労働者, 従業員, 使用人たち / The work will ~ 60 men. この仕事は 60 人仕事だ. **b** 〈道具・手段を〉用いる, 使用する (use). **2** 〈時・精力などを〉費やす (spend). ► *n* /ɪmplɔ́ɪ, ⏤⏤, émplɔ̀ɪ/ **1** 雇用; 《古・詩》職業: be in sb's ~ 人に使われている / leave sb's ~ 人の会社を辞める / have (many persons) in one's ~ (多くの人を)使用している. **2** 《古》用, 目的. [OF<L *implicor* to be involved; cf. IMPLICATE]

emplóy·able *a, n* 雇用できる(人), 雇用条件にかなった(人). ♦ **emplòy·abílity** *n*

em·ployé /ɪmplɔ̀(ɪ)í:, ɛm-, ⏤⏤⏤; ɑ:(m)plɔ́ɪeɪ, ɔ:(m)-/ *n* (*fem* **em·ploy·ée** /⏤/) EMPLOYEE. [F]

em·ploy·ee, 《米》-ploye /ɪmplɔ̀(ɪ)í:, ɛm-, ⏤⏤⏤/ *n* 被雇用者, 被用者, 雇い人, 使用人, 従業員. [*-ee*]

employée associàtion *職員組合《特に州・地方政府職員や教員などの専門職による共通目的追求のための任意団体》; ‖従業員会, 職員クラブ《単一の雇用組織の下で働く従業員からなる, 親睦その他の目的の団体》.

emplóy·er *n* 雇用者[主], 雇い主, 雇主, 使用者.

emplóyers' associátion 使用者[雇用主, 経営者]団体《産別労組と統一交渉などを行なう》.

emplóy·ment *n* **1 a** 《労力・労働者の》使用, 雇用; 使役; 仕事, 職業; 就職率[数]: be in [out of] ~ 職に就いて[失業して]いる / get [lose] ~ 就職[失職]する / seek ~ 求職する / take sb into ~ 人を雇い入れる / throw sb out of ~ 人を解雇する / ~ at will 〖法〗解約自由の雇用契約 / FULL EMPLOYMENT. **b** 《道具などを》用いること, 使用 (use). **2** 《古》目的, 用途.

Emplóyment Àct [the] 雇用法《**1**) 〖米〗1946 年制定の連邦法; 雇用の創出と維持, 成長の持続, 通貨購買力の安定のための努力を政府に義務づけ, 大統領経済諮問委員会 (Council of Economic Advisers) の設置を規定 **2**) 〖英〗1989 年制定の法律; 職業教育から昇進まであらゆる段階における男女差別を禁じた》.

Emplóyment Áction 〖英〗《失業者救済のための国による》雇用促進計画, エンプロイメント・アクション.

emplóyment àgency 《民間の》職業紹介所.

emplóyment bùreau EMPLOYMENT AGENCY; 《学校の》就職課, 職業指導課.

emplóyment exchànge 〖英〗職業安定所.

emplóyment òffice 〖英〗職業紹介所.

Emplóyment Tràining 〖英〗職業訓練制度《失業者に対し就業のための訓練・指導を行なうとともに手当を給付する; 1988 年に制度化された; 略 ET》.

em·póison *vt* **1** 恨みをいだかせる, 憎しみに燃えさせる (embitter) 〈*against*〉. **2** 《古》…に毒を入れる; 《古》〈心を〉毒する; 《古》腐敗[堕落]させる. ♦ **~·ment** *n*

E

em·pólder, im- *vt* 干拓する; 埋め立てる.
em·po·ri·um /ɪmpɔ́:riəm, ɛm-/ *n* (*pl* ～s, **-ria** /-riə/) 中央市場, 商業の中心地; 大商店, 専門店; 百貨店. [L<Gk (*emporos* merchant)]
em·pov·er·ish /ɪmpɑ́v(ə)rɪʃ/ *vt* 《廃》 IMPOVERISH.
em·pówer *vt* …に公的[法的]な権能[権限]を与える (authorize) 〈sb *to* do sth〉; …に能力[資格]を与える (enable) 〈sb *to* do〉; …の自立を促す.
em·pówer·ment *n* 権限の付与, 自立の促進, 地位の向上: female ～ 女性の権利拡大[地位向上].
em·press /ɛ́mprəs/ *n* 皇后; 女帝, 女王 (cf. EMPEROR); 女王的存在, 絶大な権力[勢力]をもつ女性: Her Majesty [H.M.] the *E*～ 皇后陛下; 女王陛下. [OF (fem) < EMPEROR]
em·presse·ment /*F* ɑ̃prɛsmɑ̃/ *n* 熱意; 温かい心づかい[思いやり].
em·prise, -prize /ɛmpráɪz/ 《古》 *n* 企て, 事業; 壮図, 冒険; 豪勇.
Emp·son /ɛ́mps(ə)n/ エンプソン Sir **William** ～ (1906–84) 《英国の詩人・批評家; *Seven Types of Ambiguity* (1930)》. ♦ **Emp·so·ni·an** /ɛmpsóuniən/, **Emp·son·ic** /-sɑ́nɪk/ *a*
empt /ɛ́m(p)t/ *vt* 《方》 空(から)にする (empty).
emp·ty /ɛ́m(p)ti/ *a* **1** 空(から)の; 住む人のいない, 無人の; 持物のない; 人通り[人気(ひとけ)]のない, 通行の少ない; 《口》 空腹な (hungry); 〈雌牛などが〉子をはらんでいない; 〖数〗〈集合が〉要素を含まない, 空の (null): ～ seed しいな / an ～ house 空き家; 家具のない家 / an ～ street 人通りのない街路 / ～ cupboards [*fig*] 食物の欠乏 (lack of food) / ～ stomachs 飢えた人びと / feel ～ ひもじい / return [come away] ～ むなしく[手ぶらで]帰る / send away (sb) ～ 素手[空手]で帰す. **2** 空虚な, うつろな, 虚脱した〈心・表情など〉; 無意味な (meaningless), 内容[価値 など]のない, くだらない, むなしい; 誠意のない, そらぞらしい; 軽薄な, あさはかな; 無為に過ごす〈日・時間など〉: She [Her life] felt ～. 彼女[彼女の人生]はむなしいここちがした / ～ words 空虚な話; 空(から)約束 / ～ promises 空(から)約束[手形] / an ～ threat こけおどし / an ～ gesture うわべだけの行為. ● **～ of**…の欠けている, …がない: a word ～ *of* meaning 意味のない語 / The room is ～ *of* furniture. 部屋には家具がない. **on an ～** STOMACH. ► *n* [ᵘ*pl*] 《口》 空にした[空いた]入れもの《箱・かご・瓶・缶など》; 空のトラック[荷車, タクシーなど], 空車; 空き部屋. ● RUN **on ～.** ► *vt, vi* 〈容器・場所など〉空[無人]にする[なる], 空ける; 〈…から〉取り去る 〈*of*〉; 〈中身を〉あける; 〈銃〉の弾がなくなるまで撃つ 〈*into*〉; (他の器に)移す (transfer): ～ a pail 桶を空にする / ～ a purse *of* its contents 財布を空にする / ～ water *out of* a glass *into* another / ～ (*itself*) *into* the sea 〈川が〉海に注ぐ / ～ *one's* mind 心を空(くう)にする, 無の境地になる. ● **～ out** すっかり空にする[なる]. ♦ **émp·ti·ly** *adv* むなしく, 空虚に. **émp·ti·ness** *n* 空(から); 《心・思想・内容などの》空虚; はかなさ; 無知, 無意味; 空腹. [OE *ǣm(et)tig* unoccupied (*ǣmetta* leisure)]
émpty cálorie 空カロリー《タンパク質・無機質・ビタミンなどの栄養価を欠く食物(多くはジャンクフード)のカロリー》.
èmpty-hánd·ed *a* 素手の, 空手の, 手ぶらの; なんの収穫もなく: come [go] away ～ 手ぶらで戻ってくる[立ち去る].
èmpty-héad·ed *a* 《口》 頭のからっぽな, 無知で愚かな.
émpty nést [the] 《子が巣立って》親だけになった家.
émpty néster 《口》 《子供が巣立って》家に残された親, 空(から)の巣人.
émpty-nést sỳndrome 空の巣症候群《子供に巣立たれた親にみられる鬱状態》.
Émpty Quàrter [the] 空白[からっぽ]の四半分 (⇨ RUB' AL KHALI).
émpty sét 〖数〗空(くう)集合 (NULL SET).
émpty súit 《口》 [*derog*] 外見だけはりっぱなビジネスマン, 無能役付き.
em·púrple *vt, vi* 紫色にする[なる]; 紫に染める[染まる].
em·py·e·ma /ɛ̀mpàɪí:mə, -pi-/ *n* (*pl* **-ma·ta** /-tə/, ～s) 〖医〗蓄膿(症), 《特に》膿胸(のうきょう). ♦ **èm·py·é·ma·tous, èm·py·é·mic** *a*
em·py·re·al /ɛ̀mpàɪəríːəl, -pə-, ɛmpíriəl, -páɪə-/ *a* 最高天 (empyrean) の; [*fig*] 崇高な, 高尚な; 浄火の; 天空の; 《古》 火[光]で形づくられた.
em·py·re·an /ɛ̀mpàɪərí:ən, -pə-, ɛmpíriən, -páɪə-/ *n* 《五天中の》最高天《火と光の世界で, のちに神の住居と信じられた》; 天空, 大空; 理想の場所[状態]. ► *a* EMPYREAL. [L<Gk (*pur* fire)]
em·py·reu·ma /ɛ̀mpərú:mə/ *n* (*pl* **-ma·ta** /-tə/) 《密閉容器で焼いた有機物の放つ》焦臭. ♦ **èm·py·rèu·mát·ic** /-mǽt-/ *a*
ém quàd 〖印〗エム[全角](幅の)クワタ.
ém rùle 〖印〗 EM DASH.
Ems /ɛ́mz, -s/ **1** エムス《ドイツ西部 Rhineland-Palatinate 州の町; 別称 Bad Ems; 1870 年 7 月, 当地で保養していたプロイセン国王とフランス公使の会見の事情を伝えた電報 (～ telegram) が Bismarck の手で短縮して発表されてフランス世論を激昂させ, 普仏戦争開始に至った》. **2** [the] エムス川《ドイツ北西部を流れて北海に注ぐ》.
EMS /ì:èmɛ́s/ *n* EMS《(1) 携帯電話間で画像・音声・長い文字メッセージをやりとりできるサービス **2**) EMS でやりとりするメッセージ》. [*e*nhanced *m*essage *s*ervice]
EMS emergency medical service 救急医療(サービス) ♦ emergency medical services 救急医療所, 救急隊 ♦ °European Monetary System ♦ 〖電算〗 expanded memory specification 《DOS で通常の 1MB を超えたメモリーを使うための規格》.
EMT emergency medical technician 救急医療技術者《病院に移送する前あるいは移送中に基本的な救急医療を施すことが認定されている特別な訓練を受けた医療技術者》.
emu /í:mju/ *n* **1** 〖鳥〗 **a** エミュー《ダチョウに似た無飛力の大鳥; 豪州産》. **b** 大きくて飛べない鳥 (cassowary, rhea など). **2** 《豪口》 《当たりの券を期待して》捨てられたくじを集める者. [Port; cf. EMEU]
emu, EMU electric multiple unit 総括制御電車《複数の動力車を 1 か所で制御する》 ♦ °electromagnetic unit(s).
EMU /ì:èm:jú:, í:mju/ economic and monetary union [初期には European monetary union] 《EC の》経済通貨同盟《EC の通貨統合構想; EMS を基礎に, euro 導入を実現させた》.
ému bùsh 〖植〗 **a** エミューブッシュ《豪州産ハマジンチョウ科 *Eremophila* 属の低木; 実をエミューが食べる》. **b** 豪州産ムクロジ科の木.
em·u·late /ɛ́mjəlèɪt/ *vt* …と競う, …の向こうを張る; 熱心に見習う, まねる; 〖電算〗〈他のシステム〉に似せて機能させる, エミュレートする; …に(ほぼ)匹敵する, …と肩を並べる. ► *a* /-lət/ 《廃》 張り合おうとする (emulous). [L; ⇨ EMULOUS]
em·u·la·tion /ɛ̀mjəléɪʃ(ə)n/ *n* 競争, 張り合うこと, 対抗; まね, 模倣; 〖電算〗エミュレーション《プログラムや装置が他のプログラムや装置の動作を模倣して動作すること》; 《廃》 《他人の優位に対する》ねたみ, 《ライバル間の》争い, 悪意, 嫉妬.
ém·u·là·tive /; -lət-/ *a* 追いつこうとする, 負けず嫌いの. ♦ **～·ly** *adv*
ém·u·là·tor *n* 競争者, 張り合ってまねをする人; 〖電算〗エミュレーター《ある機種用のプログラムを別の機種に解読・実行させるハードウェア・ソフトウェア》.
em·u·lous /ɛ́mjələs/ *a* 負けまいとする, 競争心の強い; 競争心からの; 《廃》 ねたむ. ● **be ～ of** 〈人〉に負けまいと励む; 〈名誉・名声など〉を熱望する. ♦ **～·ly** *adv* 競って, われがちに. **～·ness** *n* [L (*aemulus* rival)]
emúl·si·fì·er *n* 乳化する人[もの]; 乳化剤; 乳化機.
emul·si·fy /ɪmʌ́lsəfàɪ/ *vt* 乳状[乳剤]に化する: *emulsified* oil 乳化油. ♦ **emúl·si·fi·able, emúl·si·ble** *a* 乳化できる. **emùl·si·fi·abíl·i·ty, emùl·si·bíl·i·ty** *n* **emùl·si·fi·cá·tion** *n* 乳化(作用).
emul·sin /ɪmʌ́lsən/ *n* 〖生化〗エムルシン《アーモンドなどから分離され, アミグダリンなどの β-グリコシドを分解する加水分解酵素》. [G]
emul·sion /ɪmʌ́lʃ(ə)n/ *n* 〖化〗乳濁液, 乳状液, エマルション, エマルジョン; 〖写〗感光乳剤; 〖薬〗乳液, 乳剤; 〖化〗乳濁; EMULSION PAINT. ► *vt* ᵘエマルジョンペイント[塗料]で塗る. ♦ **emúl·sive** *a* **～·ìze** *vt* [F or NL (*mulgeo* to milk)]
emúlsion chàmber 〖理〗エマルションチェンバー《原子核乾板や X 線フィルムと鉛板を交互に積層した形の高エネルギー宇宙線検出器》.
emúlsion pàint エマルジョンペイント, エマルション塗料《展色剤がエマルション状の塗料; cf. GLOSS PAINT》.
emul·soid /ɪmʌ́lsɔ̀ɪd/ *n* 〖化〗乳濁質. ♦ **emul·soi·dal** /ɪmʌ̀lsɔ́ɪdl/ *a*
emunc·to·ry /ɪmʌ́ŋ(k)t(ə)ri/ *n* 〖生理〗排出器(官)《皮膚・腎臓・肺など》. ► *a* 排出の; 排出器(官)の.
ému wrèn 〖鳥〗エミュームシクイ《豪州産》.
en[1] /ɛ́n/ *n* 《アルファベットの》 N [n]; 〖印〗半角, エヌ, 二分(にぶん) 《EM[1] の 1/2》.
en[2] /ɛn, ɑ:ŋ, ɑ:n; *F* ɑ̃/ *prep* …に(おいて), …で, …として (in, at, to, like). ★ en bloc などの成句は見出し語.
en-[1] /ɪn, ɛn/, **em-** /ɪm, ɛm/ *pref* ★ この接頭辞が弱く発音されるとき, 日常語やくだけた談話では /ɪn, ɪm/, 比較的まれな語や多少改まった場合は /ɛn, ɛm/ となる傾向がある. この了解のもとにこの辞書では一つだけあげることが多い. **1** [名詞に付けて] **a**「…の中に入れる[はいる]」「…に載せる[乗る]」「…でおおう」の意の動詞をつくる: *en*case, *en*shrine; *en*train, *em*bus; *en*robe. **b**「…を与える」の意の動詞をつくる: *en*courage, *em*power. **2** [名詞・形容詞に付けて]「…にする」「…ならしめる」の意の動詞をつくる: *en*dear, *en*slave, *em*bitter. ★ この場合さらに接尾辞 -en が加わることがある: *em*bolden, *en*lighten **3** [動詞に付けて]「内(側)に…する」「すっかり…する」の意の動詞をつくる: *en*fold, *en*shroud, *en*tangle. ★ en- と in- は交換できる場合があるが, 《米》 は in-, 《英》 は en- を用いることが多い. [F<L *in-*]
en-[2], **em-** *pref*「中」「内」: *en*demic, *en*zootic, *em*pathy. [Gk]
en-[3] *comb form* 〖化〗「不飽和の」「二重結合が一つある」: *en*amine. [*-ene*]
-en[1] /(ə)n/, **-n** *v suf* [強変化不規則動詞の過去分詞語尾]: spok*en*, swor*n*. [OE *-an*]
-en[2], **-n** *a suf* [物質名詞に付けて]「…質[性]の」「…からなる」「…製の」: ash*en*, silver*n*, wheat*en*. [Gmc]

-en[3] *v suf* [形容詞・名詞に付けて]「…にする[なる]」(⇨ EN-[1]): dark*en*, sharp*en*, height*en*, length*en*. [OE *-an*]
-en[4] *n suf* [指小名詞語尾]: chick*en*, kitt*en*, maid*en*. [Gmc]
-en[5] *n suf* [複数名詞語尾]: ox*en*, childr*en*. [OE *-an*]
-en[6] *n suf* [女性名詞語尾]: vix*en*. [Gmc]
Ena /í:nə/ イーナ《女子名》. [Ir=fire; ⇨ EUGENIA]
en·able /ɪnéɪb(ə)l, ɛn-/ *vt* 可能にする; 〈人などに〉授権する,《手段・機会・権能などを与えて》…できるようにする 〈*to* do〉; 〈機器・システムなどを〉有効[使用可能]にする: Money ~*s* a person *to* do a lot of things. 金があればいろいろなことができる / a Java-~*d* browser Java 対応ブラウザー. ♦ **~·ment** *n* [*en*-[1]]
en·abler /ɪnéɪb(ə)lər/ *n* 目的をかなえさせる人[もの],《特に》イネーブラー《アルコール依存や麻薬常用などの悪癖を容認し助長してしまう人[家族など]; cf. CODEPENDENT》;〔電算〕イネーブラー《ハードウェアの機能を有効にするソフトウェア》.
en·ábl·ing *a* 事を実現させる, 支援する;〔法〕権能を付与する, 授権的な.
enábling áct [státute]〔法〕授権制定法, 授権規定.
enábling legislátion〔米〕授権立法.
en·act /ɪnǽkt, ɛn-/ *vt* **1**〈法案などを〉法律にする, 立法化する,〈法律を〉制定する; 〈…と〉定める 〈*that*〉: as by law ~*ed* 法律の規定するとおり. **2**〈ある役・ある場面を〉舞台で[実生活で]演ずる. ● **be ~ed** [*fig*] 起こる. **Be it further ~ed that**… 次のとおり法律で定める《ENACTING CLAUSE 冒頭の文言》. ♦ **~·able** *a* **en·ác·tor** *n*
enáct·ing cláuse〔法〕制定条項《法律案または制定法の頭書文句》.
en·ac·tion /ɪnǽkʃ(ə)n, ɛn-/ *n* ENACTMENT.
en·ac·tive /ɪnǽktɪv, ɛn-/ *a* 法律制定の, 制定権を有する.
enáct·ment *n* **1**《法案の》立法化,《法の》制定; 制定法, 法律, 条令, 法規. **2** 演じること, 演技.
en·ac·to·ry /ɪnǽktəri, ɛn-/ *a*〔法〕《新しい権利・義務を創設する》法律制定の.
enal·a·pril /ɛnǽləprɪl/ *n*〔薬〕エナラプリル《マレイン酸塩 (~ maleate) の形で経口投与される抗高血圧薬; ACE 阻害薬》.
enam·el /ɪnǽm(ə)l/ *n* **1 a** エナメル《他の物質の表面上に焼き付ける着色被覆》,《特に》琺瑯(ほうろう),《陶器の》釉(ゆう). **b** エナメル塗料, 光沢剤; NAIL POLISH. **2** エナメルのような表面[上塗り]; エナメル加工品, 琺瑯細工; ENAMELWARE. **3**《歯の》エナメル[琺瑯]質. ► *vt* (**-l-** | **-ll-**) …にエナメルを引く[かぶせる, かける]; 〈革・布・厚紙などに〉エナメル光沢をつける, つや出しする; 〈模様などを〉エナメルで描く; 美しく彩色する, 五色に彩る: ~*ed* glass 焼き付けガラス / ~*ed* leather エナメル革 / ~*ed* paper つや紙. ♦ **-el·(l)er, -el·(l)ist** *n* エナメル引き職人, エナメル細工師, 七宝細工師. [AF<Gmc]
enámel·ing *n* エナメル細工; エナメル加工; エナメル装飾[被覆], 琺瑯引き.
enámel·wàre *n* エナメル引きの金属製品, 琺瑯容器《台所用品など》.
enámel·wòrk *n* エナメル加工品.
en ami /*F* ɑ̃nami/ 友人として.
en·amine /ɛ́nəmì:n, í:-, ɛnǽmì:n/ *n*〔化〕エナミン《C=C—N を含むアミン》.
en·am·or | **-our** /ɪnǽmər, ɛn-/ *vt* [ᵁ*pass*] ほれさせる, 魅了[魅惑]する: be [become] ~*ed of* [*with*] a girl 娘にほれている[ほれる] / be ~*ed with* fame 名声に夢中になる. [OF (*amour* love)]
en·an·them /ɪnǽnθəm/, **en·an·the·ma** /ɛ̀nænθí:mə/ *n* (*pl* **-thems, -ma·ta** /-tə/)〔医〕粘膜疹.
enan·tio- /ɪnǽntioʊ, -tiə/ *comb form*「対称」「相対」「反」[Gk=*opposite*]
enántio·mer *n*〔化〕鏡像(異性)体, 対掌体. ♦ **enàntio·mér·ic** /-mɛ́r-/ *a* 鏡像(異性)の. **-i·cal·ly** *adv*
enántio·mòrph *n*〔化〕ENANTIOMER;〔晶〕左右像[晶]. ♦ **enàntio·mórphic, -mórphous** *a* 鏡像(異性)の. **enàntio·mórphism** *n* 鏡像異性.
en·an·ti·op·a·thy /ɪnæ̀ntiɑ́pəθi/ *n* ALLOPATHY.
en·an·ti·o·sis /ɪnæ̀ntióʊsəs/ *n*〔修〕反語的表現.
en·an·ti·ot·ro·py /ɪnæ̀ntiɑ́trəpi/ *n*〔化〕互変, エナンチオトロピー《同一物質の結晶系の関係; 転移点で一方から他方へ可逆的に転換する》.
en·ar·gite /ɪnɑ́:rʤàɪt, ɛ́nər-/ *n*〔鉱〕硫砒銅鉱.
en ar·rière /*F* ɑ̃narjɛ́:r/ *adv, a*〔バレエ〕後ろへ(の).
èn·arthrósis *n* (*pl* **-ses**)〔解〕球窩(きゅうか)[杵臼(しょきゅう)]関節 (=*ball-and-socket joint, multiaxial joint*). ♦ **èn·ar·thró·di·al** *a*
enate /í:nèɪt/ *n* 母方の親族. ► *a*〔生〕外部に(向かって)生長する; ENATIC. [L (*enascor* to be born from)]
enat·ic /inǽtɪk/ *a* 母系の.
ena·tion /inéɪʃ(ə)n/ *n*〔植〕《葉の組織の》隆起生長.
en at·ten·dant /*F* ɑ̃natɑ̃dɑ̃/ *adv* 待っている間に, 待ちながら (while waiting); その間に.
en avant /*F* ɑ̃navɑ̃/ *adv, a*〔バレエ〕前へ(の).
en banc /*F* ɑ̃ bɑ̃/ *adv, a*〔法〕IN BANC.
en bloc /*F* ɑ̃ blɔk/ *adv, a* ひとまとめにして(の): buy ~ 一括購入する / resign ~ 総辞職する / ~ casting 一体鋳造[形成].
en bro·chette /*F* ɑ̃ brɔʃɛt/ *adv, a* 〈肉など〉小串に刺して, 串焼きにして.
en brosse /*F* ɑ̃ brɔs/ *adv, a* 〈男の頭髪が〉(ブラシの毛のように)短く直立して[した].
enc. enclosed ♦ enclosure.
en·cae·nia /ɛnsí:njə -niə/ *n* [‹*sg*/*pl*›]《都市・教会などの》創立記念祭; [E-]《特に Oxford 大学の》創立記念祭 (Commemoration). [L<Gk (*kainos* new)]
en·cáge *vt* かご[おり]に入れる, 閉じ込める (cage).
en·cámp *vi* 野営する, 宿営する; 陣を張る. ► *vt* 宿営所に入れる; 宿営所にする.
en·cámp·ment *n* 野営, 宿営; 宿営所; 宿営地, 野営地, 陣地; 宿営者《集合的》.
en·cap·si·dat·ed /ɪnkǽpsədèɪtəd, ɛn-/ *a* 〈ウイルス粒子が〉CAPSID[1] に包まれた. ♦ **en·càp·si·dá·tion** *n*
en·cap·su·lant /ɪnkǽpsələnt, ɛn-/ *n*《薬の》カプセルの材料.
en·cap·su·late /ɪnkǽpsəlèɪt, ɛn-/, **en·cápsule** *vt* CAPSULE に入れる[包む], 封じ込める; 要約する, 圧縮する, 手短かに[かいつまんで]述べる;〔電算〕〈情報などを〉カプセル化する, 組み[埋め]込む. ► *vi* CAPSULE にはいる[包まれる]. ♦ **en·càp·su·lá·tion** *n*
en·cáp·su·làt·ed *a* カプセルに入れた, 被包性の.
en·cárnal·ize *vt* 肉感的にする, 官能的にする; …に肉体を与える (incarnate).
en·cáse *vt* 容器に入れる; 〈おおいなどで〉すっぽり包む, おおう 〈*in*〉.
en·cáse·ment *n* 容器(に入れること); 包むこと;〔発生〕《前成説の》いれこ(説).
en·cásh‖*vt* 〈証券・手形などを〉現金化する, 現金で受け取る (cash). ♦ **~·able** *a* **~·ment** *n*
en cásserole /ɛn-; ɑ:ŋ-/ *adv, a*〔料理〕キャセロールで料理した. [F]
en·cas·tré /*F* ɑ̃kastre/ *a*〔土木〕〈梁が〉はめ込まれた, 埋め込みの.
en·caus·tic /ɪnkɔ́:stɪk/ *n* エンカウスティーク《蜜蠟と樹脂を顔料に混ぜてつくった塗料》; 蠟画法《エンカウスティークで描き熱で固定させる画法》; 蠟画. ► *a* encaustic の; 焼付け[加熱]法を用いて作った; 〈煉瓦・タイルなどが〉色粘土をちりばめて焼き付けた. ♦ **-ti·cal·ly** *adv* [L<Gk (CAUSTIC)]
-ence /(ə)ns/ *n suf*「…すること[行為]」「…な性質[状態]」: sil*ence*, prud*ence*. [F<L]
en·ceinte[1] /ɑ̃:(n)sǽnt; ɔnsǽnt; *F* ɑ̃sɛ̃t/ *a* 妊娠している. [F *in*-[1](*cincta* ‹ CINCTURE)]
enceinte[2] *n*〔城〕城[町]を取り巻く外郭, 城郭; 城郭内, 郭内, 囲郭内. [F *in*-[2](*cincta* ‹ CINCTURE)]
En·cel·a·dus /ɛnsɛ́lədəs/ **1**〔ギ神〕エンケラドス《神々に抗した巨人の一人; Etna 火山を投げつけられて下敷きになった》. **2**〔天〕エンケラドス《土星の第 2 衛星》.
en·ceph·al- /ɪnsɛ́fəl, ɛn-/, **en·ceph·a·lo-** /-loʊ, -lə/ *comb form*「脳」[Gk; ⇨ ENCEPHALIC]
encephala *n* ENCEPHALON の複数形.
en·ce·phal·ic /ɛ̀nsəfǽlɪk/ *a* 脳の; 脳に近い; 頭蓋腔内にある. [Gk *egkephalos* brain (*kephalē* head)]
en·ceph·a·lin /ɪnsɛ́fələn, ɛn-/ *n* ENKEPHALIN.
en·ceph·a·li·tis /ɪnsɛ̀fəláɪtəs, ɛn-/ *n* (*pl* **-lit·i·des** /-lítədì:z/)〔医〕脳炎: Japanese ~ 日本脳炎. ♦ **en·cèph·a·lít·ic** /-lít-/ *a* [*-itis*]
encephalítis le·thár·gi·ca /-lɪθɑ́:rʤɪkə, -lɛ-/〔医〕嗜眠(しみん)性脳炎 (=*lethargic encephalitis*).
en·ceph·a·li·to·gen /ɪnsɛ̀fəláɪtəʤən, ɛn-/ *n*〔医〕脳炎誘発物質.
en·ceph·a·li·to·génic /ɪnsɛ̀fəlàɪtə-, ɛn-/ *a* 脳炎誘発性の.
encèphal·izátion *n*〔生〕大脳化《系統発生における皮質中枢から皮質への機能の移動》.
encephalizátion quòtient〔生〕大脳化指数.
encéphalo·gràm *n*〔医〕脳造影[撮影]図.
encéphalo·gràph *n* ENCEPHALOGRAM; ELECTROENCEPHALOGRAPH.
en·ceph·a·log·ra·phy /ɪnsɛ̀fəlɑ́grəfi, ɛn-/ *n*〔医〕脳造影[撮影](法), 脳写. ♦ **en·cèph·a·lo·gráph·ic** *a* **-i·cal·ly** *adv*
en·ceph·a·lo·ma /ɪnsɛ̀fəlóʊmə, ɛn-/ *n* (*pl* **-ma·ta** /-tə/, **~s**)〔医〕脳腫瘤.
encèphalo·ma·lá·cia /-məléɪʃ(i)ə/ *n*〔医〕脳軟化(症).
encèphalo·myelítis *n*〔医・獣医〕脳脊髄炎.
encèphalo·myo·carditis *n*〔医〕脳心筋炎.
en·ceph·a·lon /ɪnsɛ́fəlɑ̀n, -lən, ɛn-/ *n* (*pl* **-la** /-lə/)〔解〕脳.
en·ceph·a·lop·a·thy /ɪnsɛ̀fəlɑ́pəθi, ɛn-/ *n*〔医〕脳障害, 脳症, エンセファロパシー. ♦ **en·cèph·a·lo·páth·ic** *a*
en·cháin *vt* 鎖で縛る, 鎖につなぐ; 〈注意などを〉ひきつけておく. ♦ **~·ment** *n* [F (*en*-[1])]
en·chaîne·ment /ɑ̃:ʃɛnmɑ́:; ɔ̃ʃɛ́nmɔ̃/ *n* (*pl* ~ /—/)〔バレエ〕アンシェヌマン《2 つ以上のパ (steps) による連続的な動き; フレーズを形成する》. [F=series]

en·chant /ɪnʧǽnt, ɛn-; -ʧɑ́:nt/ *vt* **1** 〈人など〉に魔法をかける: an ～*ed* palace 魔法をかけられた宮殿. **2** 魅惑[魅了]する, うっとりさせる: be ～*ed with* [*by*] the music 音楽にうっとりとなる. ［F (*en-*¹)］

enchánt·er *n* 魔法をかける人[もの], 魔法使い, 妖術者; 魅惑する人[もの].

enchánter's níghtshade 〘植〙ミズタマソウ《アカバナ科》.

enchánt·ing *a* 魅惑的な, うっとりさせる(ような): an ～ smile. ♦ **～·ly** *adv* **～·ness** *n*

enchánt·ment *n* **1** 魔法を使うこと; 魔法, 魔術; 魔法にかかったさま: lay an ～ *on*…に魔法をかける. **2** 魅了すること; 魅せられたさま; 魅力; 魅惑するもの, うっとりさせるもの; 大きな喜び, 喜悦, 歓喜.

enchánt·ress *n* 魔法使いの女, 魔女; 魅惑的な女.

en·chase /ɪnʧéɪs, ɛn-/ *vt* 〈宝石などを〉(台に)はめる, はめ込む, ちりばめる; …に浮彫り[象眼など]の装飾を施す; 〈模様などを〉彫り込む: ～ diamonds *in* gold＝～ gold *with* diamonds 金にダイヤをちりばめる.

en·chi·la·da /ɛ̀nʧəlɑ́:də, -lǽdə/ *n* 〘メキシコ料理〙エンチラダ《挽肉を載せて巻いたトルティーヤ (tortilla); チリソースをかけて食べる》. ● **the** BIG ENCHILADA. **the whole ～***《口》なにもかも, 一切合財, 洗いざらい. ［AmSp (*enchilar* to season with chili)］

en·chi·rid·i·on /ɛ̀nkàɪrídiən, -kɪ̀-/ *n* (*pl* **-rid·ia** /-rídiə/, **～s**) 手引, 便覧.

en·chon·dro·ma /ɛ̀nkəndróʊmə/ *n* (*pl* **-ma·ta** /-tə/, **～s**) 〘医〙内軟骨腫. ♦ **-drom·a·tous** /-drɑ́mətəs/ *a*

en·cho·ri·al /ɛnkɔ́:riəl/, **en·chó·ric** /-rɪk/ *a* ある国[地方]特有の; 土着民の, 民衆の; 〘古代エジプト〙DEMOTIC.

-en·chy·ma /ɛ́ŋkəmə/ *n comb form* (*pl* **-en·chy·ma·ta** /ən-kímətə, -káɪ-/, **～s**)「細胞組織」: coll*enchyma*. ［L］

en·ci·na /ɪnsí:nə, ɛn-/ *n* 〘植〙LIVE OAK.

en·cínc·ture *vt* …に帯を巻く; 帯などで取り巻く. ► *n* 帯などで取り巻くこと.

en·cí·pher *vt* 〈通信内容を〉暗号にする, 暗号化する. ♦ **～·er** *n* **～·ment** *n*

en·cír·cle *vt* 取り囲む 〈*by, with*〉; …のまわりを一周する. ♦ **～·ment** *n*

Encke /ɛ́ŋkə/ エンケ **Johann Franz ～** (1791–1865)《ドイツの天文学者; エンケ彗星 (Encke's comet) の周期を確定, 土星の環のエンケ間隙 (Encke's division) を発見した》.

Éncke's cómet 〘天〙エンケ彗星《木星族の彗星; 周期の最も短い (3.3 年) 彗星》.

Éncke's divìsion 〘天〙エンケ間隙《土星の外環を 2 個に分離している細い暗い部分》.

encl. enclosed ♦ enclosure.

en clair /F ɑ̃ klɛ:r/ *adv, a* 〈外交用電報が〉(暗号でなく)平文で[の].

en·clásp *vt* 握る, つかむ; 抱きしめる.

en·clave /ɛ́nklèɪv/ *n* **1 a** 包領《他国の領土に囲まれた領土; それを囲んでいる国の立場から用いることば; cf. EXCLAVE》. **b** 飛び地. **2** 《周囲から孤立した》少数民族集団, 異種文化圏: a Spanish ～. **3** 〘生態〙大群落の中に孤立する(残存性の)小さな植物群落. ［F (L *clavis* key)］

en·clit·ic /ɛnklítɪk/ 〘文法〙*a* 〈単語など〉前接(的)の (cf. PROCLITIC). ► *n* 前接語《みずからにアクセントがなく直前の語の一部のように発音される: I'll の 'll, cannot の not など》. ♦ **-i·cal·ly** *adv* ［L＜Gk (*klinō* to lean)］

en·close /ɪnklóʊz, ɛn-/ *vt* **1 a** 囲む, 囲う; 〘数〙〈図形を〉囲う; 〈公有地を〉私用に当てるために囲いで仕切る, 囲い込む: ～ a house *with* hawthorn hedges 家をサンザシの生垣で囲む. **b** 《修道院などで》禁域とする. **2** 同封[封入]する; 〈場所に〉閉じ込める, 封じ込める 〈*in, within*〉: an ～*d* community [life] 孤立した地域社会[生活] / ～ a check *with* a letter 手紙に小切手を同封する / *E～d* please find a check for 100 dollars. 100 ドルの小切手を同封いたしますのでお受け取りください《古風な表現》. ♦ **en·clós·er** *n* ［OF＜L; ⇨ INCLUDE］

en·clo·sure /ɪnklóʊʒər, ɛn-/ *n* **1 a** 囲いをすること; 《共有地の》囲い込み, エンクロージャー《英国史上盛んに行なわれたのは, 15 世紀末から 17 世紀中ごろと 18 世紀後半から 19 世紀初頭》. **b** 囲い地; 囲い《柵・塀など》; 収容器, 外被; 《スピーカーの》エンクロージャー《密閉型キャビネット・バスレフ (bass reflex) などの型がある》; 《競技場などの》特定の観客のための観覧席. **c** 《修道院などでの》禁域(制度). **2** 封入; 同封の物, 封入物; 閉じ込めること. ［AF and OF; ⇨ *enclose*］

enclósure àct 〘英史〙囲い込み法《18–19 世紀に成立した, 共有地などを私有地として囲い込むことを認める法》.

en·clóthe *vt* 〈人などに〉衣服を着せる.

en·códe *vt* 〈情報などを〉暗号[記号, バイナリーデータなど]に変える, 符号化する, コードで表わす, エンコードする; 〈遺伝子が〉〈タンパク質など〉の遺伝暗号を規定する (opp. *decode*); 外国語で表現[発信]する.

en·cód·er *n* 暗号器; 〘電算〙符号器, エンコーダー (＝*coder*).

en·col·pi·on /ɛnkóʊlpiən, -kɑ́lpiɑ̀n/ *n* (*pl* **-pia** /-piə/) 首掛けメダイユ《キリストまたはマリア像をはめ込んだもの, ビザンツ式典礼司教はよくこれを身に着ける》.

en·co·mi·ast /ɛnkóʊmiæ̀st, -əst/ *n* 賛辞を述べる[書く]人, 賛美者; こびへつらう者. ♦ **en·co·mi·as·tic** /ɛnkòʊmiǽstɪk/ *a* ［Gk; ⇨ ENCOMIUM］

en·co·mi·en·da /ɛnkòʊmiɛ́ndə/ *n* エンコミエンダ《植民地時代のスペイン領アメリカで王が先住民の保護とキリスト教化を条件として入植者が先住民に税と労役を課すのを認めた制度》. ［Sp (*encomendar* to entrust)］

en·co·mi·um /ɛnkóʊmiəm/ *n* (*pl* **～s, -mia** /-miə/) 熱烈なほめことば[賛辞], 絶賛, べたほめ. ［L＜Gk (*kōmos* revelry)］

en·cóm·pass *vt* **1 a** 取り囲む, 取り巻く, 包囲する 〈*in, within*〉; 《廃》一周する. **b** 包む, 含む, 包含する. **2** 達成する, やり遂げる; もくろむ, たくらむ. **3** 《廃》〈人〉の(計略の)裏をかく, 出し抜く. ♦ **～·ment** *n*

en·co·pre·sis /ɛ̀nkəprí:səs, -kɑ̀p-/ *n* (*pl* **-ses** /-sì:z/) 〘精神医〙糞便[大便]失禁, 遺糞, 屎(し)失禁 (cf. ENURESIS). ［NL (*enuresis, copr-*)］

en·core /ɑ́nkɔ:r; ɔ́ŋkɔ:r, ―́―/ *n* アンコールの叫び; アンコールに応ずる演奏[歌唱]; アンコール曲; [〈*int*〉]《再演[再登場]を求めて》アンコール! ► *vt* (アンコール! と叫んで)〈歌手・演奏者・歌曲など〉の再演(奏)[再登場]を求める: ～ the singer. ［F＝once again］

en·coun·ter /ɪnkáʊntər, ɛn-/ *vt* …に(偶然)出会う, でくわす; 初めて見る[会う]; 〈危険・困難など〉に遭(あ)う; 〈敵〉に遭遇する, …と争う[戦う, 対決する]. ► *vi* でくわす, 敵対[対決]する 〈*with*〉. ► *n* 遭遇, (偶然の)出会い 〈*with*〉; 初体験, 《ものごととの》出合い 〈*with*〉; 《その場かぎりの》(性)交渉; 遭遇戦, 衝突 〈*with*〉; 〘スポ〙対戦, 対決, 試合; 論戦; 《天体への》接近: close ～《特に危険なものとの》はち合わせ, きわどい[ぎりぎりの, 間一髪の]接近, 命拾い. ♦ **～·er** *n* ［OF (CONTRA)］

encóunter gròup 〘心〙エンカウンターグループ《少人数からなる集団療法のためのグループ; メンバーが公けの場では話せない意思・感情を表明しあうことによって心理的成長や対人関係の改善をはかるもの》.

en·cour·age /ɪnkə́:rɪʤ, ɛn-, -kʌ́r-; -kʌ́r-/ *vt* (opp. *discourage*) **1** 勇気[元気]づける; 励ます, 激励する, 奨励する, (…するように)勧める 〈*to* do, *in*〉: be ～*d at* one's success 成功に勢いづく / ～ sb *to* make efforts 人を励まして努力させる / ～ sb *in* his studies 研究を続けるよう励ます / ～ sb *in* his idleness 人の怠惰を助長する. **2** 〈成長・活動・産業などを〉促進する, 助長する: actively ～ recycling リサイクルを積極的に奨励する / That will ～ fraud. それは詐欺行為を助長する. ♦ **en·cóur·ag·er** *n* ［F (*en-*¹)］

encóurage·ment *n* 激励, 奨励, 促進; 励みになるもの, 刺激: grants for ～ of research 研究奨励金 / shouts of ～ 激励の叫び.

en·cóur·ag·ing *a* 激励[奨励]の, 励みになる, 有望な. ♦ **～·ly** *adv*

en·crím·son *vt* 深紅色にする[染める].

en·cri·nite /ɛ́nkrənàɪt/ *n* 〘動〙ウミユリ (crinoid), 《特に》ウミユリの化石.

en·croach /ɪnkróʊʧ, ɛn-/ *vi* 蚕食する, 侵略[侵犯]する 〈*on* a neighbor's land〉; 侵害する 〈*on* another's rights〉; 〈海が〉侵食する 〈*on* the land〉: ～ *upon* sb's leisure じゃまして人の時間をつぶす. ♦ **～·ment** *n* 蚕食, 侵略(地), 侵犯; 不法拡張, 侵害; 侵食地. **～·er** *n* ［OF (*croc* CROOK)］

encróach·ing *a* 侵入してくる; 迫り出す(ように茂る)〈草木など〉; 迫り来る〈夕闇など〉; 勢いを増す; 悪化する〈汚染など〉.

en croûte /ɑn krú:t/ *a* 〘料理〙パイ生地[パンの皮]にくるんで焼いた: jambon ～ ハムのパイ包み焼き. ［F＝in crust］

en·crúst *vt* …の表面に皮[殻]をつくる; おおう; …の表面にちりばめる, …に化粧張りをする 〈*with*〉. ► *vi* 外皮[表皮, 外殻]を形成する. ♦ **～ed** *a* **～·ment** *n* ［F (*en-*¹)］

encrustation ⇨ INCRUSTATION.

en·crýpt *vt* 暗号[符号]化する. ♦ **en·crýp·tion** /-kríp∫(ə)n/ *n* 暗号化.

en·cúl·tu·rate *vt* 〘社〙所属社会の一般的文化類型に適応させる, 文化化[文化適応]させる. ［逆成く↓］

en·cul·turá·tion *n* 〘社〙文化化, 文化適応.

en·cum·ber /ɪnkʌ́mbər, ɛn-/ *vt* **1 a** じゃまする, 妨げる, …の足手まといになる 〈*with* some difficulty〉; 〈人を〉苦しめる 〈*with* cares〉. **b** 〈場所を〉ふさぐ 〈a place *with* chairs〉. **2** 〈重荷を〉〈人〉に負わせる 〈*with* parcels〉; 〈借金を〉〈人〉に負わせる 〈*with* debts〉, 〈不動産〉に負担させる 〈an estate *with* mortgages〉. ［OF＝to block up＜Romanic］

en·cum·brance /ɪnkʌ́mbrəns, ɛn-/ *n* じゃま物, 厄介者; 係累, 足手まとい; 〘法〙《不動産上の》負担《地役権, 譲渡抵当権など》. ● **be without ～** 係累[子供]がない.

en·cúm·branc·er *n* 〘法〙《不動産上の》負担の権利者, 抵当権者.

-en·cy /(ə)nsi/ *n suf*「…な性質」「…な態度」: consist*ency*, depend*ency*. ［L *-entia*; cf. -ANCY］

ency., encyc. encyclopedia.

en·cyc·li·cal /ɪnsíklɪk(ə)l, ɛn-/, **-cyc·lic** *n* 回状, 回書, 《特に》回勅《ローマ教皇が送る全司教への同文通達》. ► *a* 一般に送る, 回覧の, 回送の. ［L＜Gk (CYCLE)］

Encyclopáedia Bri·tán·ni·ca /-brɪtǽnɪkə/ [the]『ブリタニ

ヵ百科事典』《英語の百科事典; 1768 年スコットランドの Edinburgh で創刊》.

en·cy·clo·pe·dia, 《英》 **-pae-** /ɪnsàɪkləpíːdiə, ɛn-/ *n* 百科事典; 《特定分野の》百科事典, 専門事典 (: an ～ of ecology); [the E-] 〖フランス史〗百科全書《Diderot, d'Alembert などが編集; 啓蒙思想の集大成》. [NL＜spurious Gk＝all-round education; ⇨ CYCLE]

en·cy·clo·pe·dic, 《英》 **-pae-** /ɪnsàɪkləpíːdɪk, ɛn-/ *a* 百科事典的な; 知識の広い, 博学な, 該博な. ♦ **-di·cal·ly** *adv*

en·cy·clo·pe·dism, 《英》 **-pae-** /ɪnsàɪkləpíːdɪz(ə)m, ɛn-/ *n* 百科事典的知識, 博識.

en·cỳ·clo·pé·dist, 《英》 **-páe-** *n* 百科[専門]事典編集者[執筆者]; [ºE-] 〖フランス史〗百科全書派の人, アンシクロペディスト.

en·cýst 〖生〗 *vt* 包嚢 (cyst) に包む. ► *vi* 包嚢に包まれる. ♦ **～·ment** *n* 包嚢形成, 被嚢.

en·cys·ta·tion /ɛ̀nsɪstéɪʃ(ə)n/ *n* 〖生〗包嚢形成, 被嚢.

end[1] /ɛ́nd/ *n* **1 a** 終わり, 終結, 停止 ⟨*of* a day, *to* violence⟩; 《話などの》結末, 結び; 結末, 結果: BITTER END[2] / And there is the ～ (of the matter). それでおしまいだ. **b** 終止; 滅亡; 最期, 死; 死[破滅, 滅亡]のもと; 《世の》終わり: near one's ～ 死期が迫って / make a good ～ りっぱな[恥ずかしくない]死に方をする《Shak., *Hamlet* 4.5.185》/ The ～ makes all equal. 《諺》死ねばみな平等 / the ～ is not yet まだ終わりではない《いやなことが続く, まだ話がある; cf. *Matt* 24: 6》. **2 a** 端, 末端; 《一方の》側(がわ), 極; 《街路などの》はずれ; 《部屋などの》突き当たり; 《棒などの》先端; 《手紙・本などの》末尾; 《世界の》果て; 〖スポ〗サイド, エンド《グラウンド・コートなどを半分に分けた一方の側》; 〖アメフト〗エンド, 翼《前衛線両端の選手》; 〖競技〗《bowls やカーリングなど, コースの一方のサイドから他方へ行なわれる競技の》回 (inning): ROPE'S END / the deep ～ 《プールの》深い方 / no problem at my ～ こちら側としては問題なし / at the other ～ 反対側で; (受話器の)向こう側で / change ～*s* チェンジエンド[コート]する. **b** [ᶜ*pl*] 端切れ, くず; [*pl*] 尻 (buttocks); [*pl*]*《俗》靴 (shoes). **3 a** 果て, 限り, 限度, 際限 (limit); [the (absolute) ～] 《口》忍耐の限界, ひどいもの: at the ～ of stores [endurance] たくわえ[忍耐力]が尽きて / There is no ～ to it. 際限がない. **b** [the (very [living]) ～]*《俗》きわめつけ, 傑作, 最高[最低](のもの[人]). **4 a** 目的 (aim); 〖カント哲学〗究極目的: a means to an ～ 目的に達する手段 / gain [attain] one's ～(*s*) 目的を達する / The ～ justifies the means. 《諺》目的は手段を正当化する, 'うそも方便' / have an ～ in view もくろみがある. **b***《口》《ぶんどり品などの》分け前 (share); [*pl*]*《俗》金 (money). **5** 分担, 役割; 《事業などの》部門, 面. ★ 形容詞 FINAL, TERMINAL, ULTIMATE.

● **all ～s up** すっかり, 徹底的に. **at an ～** 尽きて, 終わって. **at the deep ～** 《仕事などの》いちばん困難なところに[で]. **at the ～** 終わりに, ついに (at last). **at the ～ of the** DAY. BEGIN **at the wrong ～.** **bring**...**to an ～** ...を終わらせる, 済ませる. **come to [meet] a bad [no good, a nasty, a sticky] ～** 《口》いやなめにあう, 不幸な最期を遂げる. **come [draw] to an ～** 終わる: *come to a* happy ～ めでたく終わる / *come to an* untimely ～ 早死にする. **～ for ～** 両端を逆に, 反対に: turn ～ *for* ～ ひっくり返す. **an ～ in itself** 自己目的, 《手段ではなく》それ自体が目的でやるもの, やりたいからやるもの. **～ of story** (話は)これでおしまい. **～ on** 先端をこちら向きに[突き合わせて, つなぎ合わせて]. **～ to ～** 端と端を(縦に)つないで. **～ up** 一端を上にして. **from ～ to ～** 端から端まで; 縦に. **from one week's [month's, year's] ～ to another** 《長期にわたって》ずっと. **get (hold of) the wrong ～ of the** STICK[1]. **get one's ～ away** ᴵᴵ《俗》[ºjoc] ⟨男性が⟩(久しぶりに)性交する. **get the dirty ～ of the** STICK[1]. **get the short ～** 損な役回りになる, かすをつかむ. **go off [in off, off at, in at] the deep ～** 《口》かっとなる, 逆上する, キレる; 理性を失う, 取り乱す, おかしくなる; 極端[無鉄砲]に行動する, むちゃをする, 見境をなくす. **hold [keep] up one's ～ of the bargain** 《責任をもって》約束どおりのことをする. **hold [keep] one's ～ up＝hold [keep] up one's ～** 《口》自分の受持ちの仕事を十分に果たす; 《口》《困難にめげずに》気力を保つ, 希望をもち続ける; ＝hold up one's END of the bargain. **in the ～** 《主に口》ついに, 結局は. **jump off [jump in at] the deep ～** 《口》(経験もないのに)急にむずかしいことに飛び込む, 無鉄砲にやり始める《プールの深場のことから》; ⟨…に⟩夢中になる ⟨*over*⟩; 頭にくる, かっとなる (go off the deep end). LOOSE END. **make an ～ of＝put an** END to; 《特に》⟨自分がしていること⟩をやめる, 終わりにする. **make (both [two]) ～s meet** 収支を合わせる; 収支の合う範囲内でやっていく. **meet one's ～** 最期を遂げる, 死ぬ. **never hear the ～ of**...についてきりなく聞かされる. **no ～** 《口》ひどく; 《口》ずっと続けて: I'm *no* ～ glad. ひどくうれしい / She helped him *no* ～. どれほど力になったか知れない / The baby cried *no* ～. 赤ん坊はずっと泣き続けた. **no ～ of**... 《口》数知れぬ, たくさんの; ひどい; すばらしい: *no* ～ *of* people [trouble, a fool, a scholar]. **not know [tell] one ～ of a [an]**...**from the other** ...のことは何も知らない. **on ～** (1) 直立して, 縦にして[なって]《横長の場合は横が下》(upright): make one's hair stand *on* ～ (恐怖などのため)髪を逆立たせる. (2) 引き続いて: It rained for three days *on* ～. 3 日続いて雨が降った. PLAY **both ～s (against the middle).** **put an ～ to**...を終わらせる, ...に終止符を打つ (stop); 廃する, つぶす; 殺す: *put an* ～ *to* it all [*one*self] 自殺する, この世とおさらばする. **right [straight] on ～** 《口》打ち続いて; 直ちに (at once). **see an ～ of [to]**... ⟨いやなこと・争いなど⟩が終わるのを見届ける. **start at the wrong ～＝**BEGIN at the wrong end. **the dirty ～ (of the stick)** ᴵᴵ《口》《仕事・状況の》面倒な[いやな]部分. **the ～ of the road [line]** 《鉄道・バスの》終点; 目的の地, 最終目標, '旅路の果て'; [*fig*] 行き詰まった所, どんづまり, 窮地, 最期: reach [come to] *the* ～ *of the road* にっちもさっちも行かなくなる. **the ～ of the world** 《口》破滅, 世の終わり: It's not *the* ～ *of the world.* この世の終わりじゃあるまいし, そんなのどうってことはないさ. **think no ～ of** sb 人を尊重する, 高く評価する. **throw** sb **in at the deep ～** 《口》人を急にむずかしい事に当たらせる. **to no ～** 無益に: I labored *to no* ～. むだに働いた. **to [until] the ～** 終わりまで; 永久に: *to the* ～ of time いつまでも. **to the ～s of the earth** 地の果てまでも, どこまでも: go *to the* ～*s of the earth* 死物狂いでやる. **to the ～ that**...するために. **to this [that, what] ～** この[その, 何の]ために. **without ～** 果てしない (endless); 果てしなく, 永久に (for ever).

► *a* **1** 最後の, 最終的な: END RESULT / END USER. **2***《俗》一番[ベスト, 最高]の.

► *vt* **1** 終える, 済ます ⟨*with*⟩; やめる; ...の終わり[結び]となる. **2** 殺す. ► *vi* 終わる, 済む; 死ぬ: The story ～*ed* happily. めでたしめでたしで終わった / All's well that ～*s* well. 終わりよければすべてよし / The day ～*ed with* a storm. あらしで暮れた. ● **～ by doing**... することで終わりにする; 結局...する: I ～ as I began, *by* thank*ing* you. 終わりにあたって再びお礼を申し上げます. **～ in**... 末端が...になる; 《結果として》...に終わる[帰する]: ～ *in* tears 不幸な結末になる. **～ it (all)** 《口》自殺する. **～ off** ⟨演説・本などを⟩結ぶ, 終える (conclude); 終わる. **～ up** 《主に口》⟨...で⟩終わる, 終える ⟨*with*⟩; [補語または副詞句を伴って] ⟨...で⟩終わる, 最後に⟨...に⟩なる, 結局⟨...と⟩わかる: ～ *up* the dinner *with* fruit and coffee 食事をフルーツとコーヒーで終わる / ～ *up* (*as*) head of a firm 最後に会社の社長になる / ～ *up* in jail 最後には刑務所行きとなる / ～ *up* (*by*) do*ing* 最後に...する, ついには...することになる / ～ *up in* SMOKE. MEND **or ～.** **the [a, an] thing to ～ all things [them all]** 《口》[ᵁ*joc*] きわめつきの...: *a* novel *to* ～ *all* novels 小説中の小説.

[OE *ende*; cf. G *Ende*]

end[2] *vt* ᴵᴵ《方》⟨穀物・乾草を⟩納屋に入れる. [? 変形 ⟨*in* to harvest ＜OE *innian* to lodge, put up; cf. INN]

end- /ɛ́nd/, **en·do-** /ɛ́ndoʊ, -də/ *comb form* (1)「内(部)...」(opp. *ect-*, *exo-*) (2)「吸収」(3)「環の内部の 2 原子間に橋を形成している」 [Gk *endon* within]

énd·àll *n* 究極の目的, いちばん大切なもの[こと].

en·dámage *vt* 傷つける, ...に害を与える. ♦ **～·ment** *n*

ènd·amóeba *n* 〖生〗エンドアメーバ《昆虫の腸内に寄生することが多い》.

énd-and-énd *a* 縦糸に白糸と色糸を交互に用いて縞[格子]効果を出した, エンドアンドエンドの.

en·dánger *vt* 危険にさらす[陥らせる], 危うくする. ► *vi* 危険な状況をつくる. ♦ **～·ment** *n*

en·dán·gered *a* 危険にさらされた; ⟨種など⟩絶滅の危機に瀕した.

endángered spécies 〖生〗絶滅危惧[危険]種.

en·darch /ɛ́ndɑ̀ːrk/ *a* 〖植〗内原型の《後生木部が外方へ発達する; cf. EXARCH[2], MESARCH》.

énd aròund 〖アメフト〗エンドアラウンド《エンドがスクリメージラインの後方でクォーターバックからハンドオフを受け相手のサイドに回り込むプレー》.

end·ar·ter·ec·to·my /ɛ̀ndɑ̀ːrtərɛ́ktəmi/ *n* 〖医〗動脈内膜切除(術).

ènd·arterítis *n* 〖医〗動脈内膜炎.

én dàsh 〖印〗エヌ[二分(にぶ)]ダッシュ《n 1 字分の長さ[全角の半分]のダッシュ》.

énd-blòwn *a* ⟨フルート属の楽器が⟩片端に吹口があり縦にして吹く.

énd·bràin *n* 〖解〗終脳 (telencephalon).

énd brùsh END PLATE.

énd bùlb 〖解〗神経終末球.

énd·càp *n* 〖商〗エンド(陳列), エンドディスプレー《細長い商品陳列棚の両端側面を背にして置く特売品・ワゴンセールなどのコーナー》.

énd consùmer 《製品の》最終[末端]消費者 (end user).

en·déar *vt* **1 a** いとしく思わせる, 慕わせる: His kindness of heart ～*ed* him *to* all. 彼は優しいので皆に慕われた / ～ one*self to* sb 人に慕われる, 愛される. **b** 《廃》...の愛をかちうる. **2** 《廃》高価にする.

en·déar·ing *a* 人に好かれる, かわいらしい, かわいげのある, 親愛の情を起こさせる, 人好きのする; 愛情を表わす[のこもった]. ♦ **～·ly** *adv* **～·ness** *n*

en·déar·ment *n* 親愛; 愛情の表現, 愛のことば《darling, sweetheart》, 愛撫; かわいさ.

en·deav·or | -our /ɪndɛ́vər, ɛn-/ *n* **1** 努力, 《計画目標を定めた》真剣な努力[活動]: do [make] one's (best) ～*s* 全力を尽くす / make every ～ あらゆる努力をする ⟨*to* do⟩. **2** [HMS Endeavour]

エンデヴァー号《Captain James Cook が第 1 回探検航海 (1768–71) でオーストラリア・ニュージーランド方面を周航したときに乗船した英国海軍の帆船 (約 370 トン)》. ► *vi* 努力する ‹*to* do, *at doing, after* sth›. ► *vt* …の達成に向かって努力する. [(put oneself) *in* DEVOIR]

En·de·cott, En·di- /éndɪkət, -dəkàt/ エンデコット **John** ~ (1588–1665)《アメリカ Massachusetts 湾植民地の総督 (1629–30)》.

en·de·mi·al /ɛndí:miəl; -dém-/ *a* ENDEMIC.

en·dem·ic /ɛndémɪk, ɪn-/ *a* **1** ‹病気・動植物など›特定の地方[環境]に限られた[特有の], 地方病性の, 固有の (cf. EPIDEMIC, PANDEMIC). **2** 特定の民族[国]に固有な, 特定の分野[環境など]に特有な[日常的な], 蔓延した[して]. ► *n* 地方病[風土病]的流行, 地方病, 風土病;〔生〕固有種. ♦ **en·dém·i·cal** *a* **-i·cal·ly** *adv* [F or NL<Gk=native; ⇨ DEMOS]

en·de·mic·i·ty /èndəmísəti/ *n* ENDEMISM.

en·de·mism /éndəmìz(ə)m/ *n* 一地方の特有性, 固有.

en·dénizen *vt* …に市民権を与える, 帰化させる.

En·der·bury /éndərbèri/ エンダーベリー《太平洋中部キリバスに属する Phoenix 諸島の島[環礁]》.

Én·der·by Lànd /éndərbi-/ エンダービーランド《南極大陸のインド洋に面する一部》.

end·er·gon·ic /èndə:rgánɪk/ *a*〔生化〕エネルギー吸収性の: an ~ reaction 吸エルゴン反応.

en·der·mic /endə́:rmɪk/ *a*〔医〕皮膚を通して作用する, 経皮(吸収)性の, 皮内の: ~ liniment 塗布剤 / ~ injection 皮内注射. ♦ **-mi·cal·ly** *adv* [*en-*[2]]

En·ders /éndərz/ エンダーズ **John F(ranklin)** ~ (1897–1985)《米国のウイルス学者・微生物学者; ポリオウイルスの組織培養に成功, ワクチン製造のきっかけをつくった; ノーベル生理学医学賞 (1954)》.

en dés·ha·bil·lé /*F* ã dezabije/ *adv, a* 部屋着姿で[の], ふだん着で[の].

end·éxine *n*〔植〕内膜《胞子や花粉の外膜の内側の膜質層》.

énd fòot〔解〕BOUTON.

énd·gàme *n*《ブリッジ・チェスなどの》終盤;《戦局・政局などの》最終局面, 大詰め.

énd gràin《木を輪切りにしたときの》横断面(の木目), 木口(こぐち)(面).

Endicott ⇨ ENDECOTT.

énd·ing *n* **1** 終止, 終結, 終焉(しゅうえん); 終局, 末尾, 最期, 末期, 死: a happy ~ めでたしめでたしの大団円, ハッピーエンド. **2**〔文法〕(活用)語尾,《一般に》語の尾部《shadow の -dow》: plural ~*s* 複数語尾.

en·disked /ɪndískt, ɛn-/ *a* レコードに録音された.

en·dístance *vt*〔劇など〕‹観客›に距離感をいだかせる, ‹観客を›異化する (cf. ALIENATION).

en·dite[1] /ɪndáɪt/ *vt* INDITE.

en·dite[2] /éndàɪt/〔動〕*n*《節足動物の二枝型付属肢の》内突起;《クモ類の脚鬚(きゃくしゅ)・小顎の》内葉. [*end-, -ite*]

en·dive /éndàɪv, à:ndí:v; éndɪv, -dàɪv/ *n*〔野菜〕**a** キクヂシャ, エンダイブ (=*escarole*)《サラダ用; 縮葉系の curly ~ と広葉系の Batavian ~ に分けられる》. **b** *チコリーの若葉《サラダ用》. [OF<L *endivia*<Gk]

énd làp〔建〕(隅)相欠き.

énd·lèaf *n* ENDPAPER.

énd·less *a* **1** 終わりのない; 永久に続く; 無限に繰り返される, きわめて頻繁な;〔機〕両端をつないで輪にした, 循環の: an ~ band [belt, strap] 循環調帯 / an ~ chain 循環連鎖 / an ~ saw 帯のこ / an ~ tape エンドレステープ. **2** 無数の, きわめて多くの. ♦ **~·ly** *adv* 果てしなく, 継続的に, 永久に. **~·ness** *n* [OE *endelēas* (END)]

éndless póol エンドレスプール《水が絶えず循環する小型の流水プール; 水流に逆らってターンをせずに泳ぎつづけられる》.

éndless scréw〔機〕ウォームねじ.

énd lìne 末端[限界, 境界]を示す線;〔スポ〕《テニス・バスケットボール・アメリカンフットボールなどの》エンドライン.

énd·lòng *adv*《古》LENGTHWISE.

énd màn 列の端の人; *エンドマン《MINSTREL SHOW で一座の端にいて司会役と掛け合い漫才をする道化役》.

énd màtter BACK MATTER.

énd·mòst *a* いちばん端の[に近い], 最も遠い. [HINDMOST にならって *end* より]

énd·nòte *n*《本の》巻末[章末]の注.

endo- /éndoʊ, -də/ ⇨ END-.

èndo·biótic *a*〔生〕宿主の細胞[組織]内に寄生(生活)する, 生物体内生の.

éndo·blàst *n*〔発生〕内胚葉 (endoderm); HYPOBLAST. ♦ **èndo·blástic** *a*

èndo·cár·di·al /-ká:rdiəl/, **èndo·cárdiac** *a*〔医〕心臓内の;〔解〕心内膜 (endocardium) の.

èndo·carditis *n*〔医〕心内膜炎. ♦ **-car·dít·ic** /-ka:rdítɪk/ *a*

èndo·cárdium *n* (*pl* **-dia**)〔解〕心内膜.

éndo·càrp *n*〔植〕内果皮 (cf. EXOCARP, MESOCARP). ♦ **èndo·cár·pal, -cár·pic** *a*

éndo·càst *n* 頭蓋内鋳型 (endocranial cast).

èndo·céntric *a*〔言〕内心的な (opp. *exocentric*): an ~ construction 内心構造《全体としての機能がその構成要素の一つの機能と同じ語群; 例 He is *a very old man*》.

èndo·chón·dral /-kándrəl/ *a*〔医〕軟骨(基質)内の[で起こる]: an ~ bone 軟骨内性骨.

èndo·comménsal *n*〔生〕内部片利共生者《宿主の体内で生活する片利共生生物》.

èndo·cránial〔解〕*a* 頭蓋内の; 硬膜の.

endocránial cást〔解〕内鋳型.

èndo·cránium *n* (*pl* **-nia, ~s**)〔解〕頭蓋内膜, 硬膜 (dura mater);〔昆〕内頭蓋.

en·do·crine /éndəkrən, -kràɪn, -krì:n/〔生理〕*a* 内分泌の; 内分泌腺の(ような). ► *n* 内分泌物, ホルモン; ENDOCRINE GLAND. ♦ **èn·do·crí·nal** /-kráɪnl/, **èn·do·crín·ic** /-krín-/, **en·doc·ri·nous** /endákrənəs/ *a* [Gk *krinō* sift]

éndocrine glànd〔医〕内分泌腺 (=*ductless gland*).

en·do·cri·nol·o·gy /èndəkrɪnáləʤi, -kràɪ-/ *n* 内分泌学. ♦ **-gist** *n* 内分泌学者. **èn·do·crìn·o·lóg·ic, -i·cal** /-krìn(ə)láʤɪk, -kràɪ-, -krì:-/ *a* 内分泌(腺)の; 内分泌学の.

èn·do·cri·nóp·a·thy /-krənápəθi, -kràɪ-, -krì:-/ *n*〔医〕内分泌障害. ♦ **èn·do·crì·no·páth·ic** /-krìnəpǽθɪk, -kràɪ-, -krì:-/ *a* [*endocrine, -o-, -pathy*]

éndo·cùticle *n*〔昆〕内クチクラ《外骨格の内層》. ♦ **èndo·cutícular** *a*

èndo·cỳto·biólogy *n*〔生〕内細胞生物学《細胞小器官その他の細胞内構造を研究分析する生物学》.

èndo·cý·tose /-sáɪtòʊs, -z/ *vt, vi*〔生〕‹物質を›エンドサイトーシスによって取り込む.

en·do·cy·to·sis /èndəsaɪtóʊsəs/ *n* (*pl* **-ses** /-sì:z/)〔生〕飲食作用, エンドサイトーシス《細胞膜の小胞化によって外界から物質を取り込む作用》. ♦ **èn·do·cy·tót·ic** /-saɪtátɪk/ *a*

éndo·dèrm *n*〔発生〕内胚葉 (cf. ECTODERM).

èndo·dérmal, -dérmic *a*〔発生〕内胚葉の;〔植〕内皮の.

èndo·dérmis *n*〔植〕内皮.

èndo·dón·tia /-dánʃ(i)ə/, **-dón·tics** /-dántɪks/ *n*〔歯〕歯内療法[治療]学. ♦ **-dón·tist** *n* **-dón·tic** *a* **-ti·cal·ly** *adv*

èndo·énzyme *n*〔生化〕(細胞)内酵素.

èndo·ér·gic /-ə́:rʤɪk/ *a*〔理・化〕エネルギーを吸収する, 吸熱の (endothermic) (opp. *exoergic*): an ~ reaction 吸熱反応.

èndo·erỳthro·cýt·ic /-sítɪk/ *a*〔医〕‹マラリア原虫の発育期が›赤血球内における.

énd-of-dáy glàss スパターグラス (=*spatter glass*)《さまざまの色が混ざったガラス; 装飾品用》.

énd of stéel《カナダ》鉄道路線の終点(にある町).

en·dog·a·my /ɛndágəmi/ *n*〔社〕《特定社会単位内の》内婚(制), 族内婚 (opp. *exogamy*);〔植〕同株他花受粉 (cf. AUTOGAMY). ♦ **-dóg·a·mous, èndo·gámic** *a*

en·do·gen /éndəʤən, -ʤèn/ *n*〔植〕内生植物《単子葉植物 (monocotyledon) の旧名》.

èndo·génic *a* ENDOGENOUS;〔地質〕内因性の, 内成の.

en·dog·e·nous /ɛndáʤənəs/ *a* 内から発する, 内発的な;〔植〕内生の;〔医・生化〕内因(性)の;〔地質〕ENDOGENIC: ~ budding 内生出芽 / ~ branching 内生分枝 / ~ respiration〔植〕固有呼吸. ♦ **~·ly** *adv*

en·dog·e·ny /ɛndáʤəni/ *n*〔生〕《芽胞などの》内生, 内部生長, 内部的細胞形成.

èndo·líthic *a*〔生態〕‹ある種の藻類などが›岩内生の《岩石・サンゴなどの中で生活する》.

éndo·lỳmph *n*〔解〕内リンパ《内耳の膜迷路を満たす液体》. ♦ **èndo·lymphátic** *a*

èndo·me·tri·ó·sis /-mì:trióʊsəs/ *n*〔医〕子宮内膜症, エンドメトリオーシス.

èndo·metrítis *n*〔医〕子宮内膜炎.

èndo·mé·tri·um /-mí:triəm/ *n* (*pl* **-tria** /-triə/)〔解〕子宮内膜. ♦ **-mé·tri·al** *a*

èndo·mitósis *n*〔生〕核内(有糸)分裂. ♦ **-mitótic** *a*

èndo·míx·is /-míksəs/ *n*〔動〕《繊毛虫類の》内混, 単独混合, エンドミクシス. ♦ **-míc·tic** /-míktɪk/ *a*

éndo·mòrph *n*〔鉱〕内容鉱物《他の鉱物内に包まれた鉱物; cf. PERIMORPH》;〔心〕内胚葉型の人.

èndo·mórphic *a*〔鉱〕内包鉱物の;〔鉱〕内変の[に起因する];〔心〕内胚葉型の《肥満型; cf. ECTOMORPHIC, MESOMORPHIC》. ♦ **éndo·mòrphy** *n* 内胚葉型.

èndo·mórphism *n*〔地質〕混成(作用), エンドモルフィズム内変《貫入火成岩中で起こる変化》;〔数〕自己準同形.

èndo·néu·ri·um /-n(j)ʊ́əriəm/ *n* (*pl* **-ria** /-riə/)〔解〕神経内膜.

èndo·núclease *n*〔生化〕エンドヌクレアーゼ《ヌクレオチド鎖を末端に隣接しない部位で分解して, 2 つ以上の短い鎖に切断する酵素; cf. EXONUCLEASE》.

èndo·nu·cle·o·lýt·ic /-n(j)ù:klioʊlítɪk/ *a*〔生化〕内ヌクレオチド鎖分解性の.

èndo·párasite *n* 〘生〙 内部寄生者. ♦ **-párasitism** *n* 内部寄生. **-parasític** *a*
èndo·péptidase *n* 〘生化〙 エンドペプチダーゼ《ポリペプチド鎖内部のペプチド結合の加水分解を触媒する一群の酵素の一つ; cf. EXOPEPTIDASE》.
èndo·perídium *n* (*pl* **-ia**) 〘植〙《菌類の》内子殻.
èndo·peróxide *n* 〘生化〙 エンドペロキシド《プロスタグランジン形成の生合成中間体》.
en·doph·a·gous /ɛndáfəgəs/ *a* 〘生〙 内食性の《食物の内部にはいって内部からこれを食する》.
èndo·phílic *a* 〘生態〙 人間環境と関係のある, 内部好性の. ♦ **en·doph·i·ly** /ɛndáfəli/ *n*
en·doph·o·ra /ɛndáfərə/ *n* 〘文法〙 内部照応《名詞・代名詞などが言語コンテクスト内の対象を指示する場合の照応; 既出の事柄を指示する場合は anaphora (前方照応), これから述べる事柄を指示する場合は cataphora (後方照応) という; cf. EXOPHORA》.
éndo·phỳte *n* 〘植〙《他の植物生体内で生活する》内生植物. ♦ **èndo·phýtic** *a*
éndo·plàsm *n* 〘生〙《細胞質の》内質. ♦ **èndo·plás·mic** /-plǽzmɪk/ *a*
endoplásmic retículum 〘生〙 小胞体《細胞質に存在する細胞内膜系》.
èndo·pléura *n* 〘植〙 内種皮.
en·dop·o·dite /ɛndápədàɪt/ *n* 〘動〙 内枝, 内肢《甲殻類の二肢型付属肢の内側の分枝; opp. *exopodite*》. ♦ **en·dòp·o·dít·ic** /-dít-/ *a*
èndo·póly·plòidy *n* 〘生〙 核内(多)倍数性. ♦ **-póly·plòid** *a*
éndo·proct /-pràkt/ *n* 〘動〙 内肛動物《スズコケムシなど》.
èndo·rádio·sònde *n* 〘医〙 内部[内腔, 体内, 臓器内]ラジオゾンデ《生理学的データをとる装置》.
énd òrgan 〘生理〙《神経の》終末器官, 末端[端末]器.
en·dor·phin /ɛndɔ́:rfən/ *n* 〘生化〙 エンドルフィン《モルヒネ様作用を示す内因性ペプチドの一種; 鎮痛作用がある》.
en·dorse /ɪndɔ́:rs, ɛn-/ *vt* **1 a** …の裏に書く; 〈小切手・手形など〉に裏書きする; 裏書き譲渡する 〈*over*〉: ～ a bill *to* sb. **b** 〈文書・書類〉の裏に説明[注記, メモ など]を書き入れる, 裏書きする; ᴴ〈《運転》免許証〉に違反記録[点数]を記入する. **c** 〈署名を〉書き記す; 〈受領書など〉に署名して確認[保証]する. **2** 公けに承認する, …の支持を表明する; 〈商品を〉推奨[宣伝]する, …の CM [広告]に出る. ● **～ out** 《南ア》〈黒人を〉都会から地方に追放する. ♦ **en·dórs·able** *a* **en·dórs·er** *n* 裏書(譲渡)人. **en·dórs·ing·ly** *adv* [*endoss* (obs) <OF<L (*dorsum* back)]
en·dors·ee /ɪndɔ̀:rsí:, ɛ̀n-/ *n* 《手形・小切手などの》被裏書人, (裏書)譲受人.
endórse·ment *n* **1** 裏書きすること; 《文書・小切手などの》裏書, エンドースメント; ᴴ運転免許証に記入された交通違反記録; 〘保〙《証券記載内容の変更・追補を確認する》裏書条項. **2** 承認, 是認, 支持表明; 推薦, 推奨; 推薦のことば, 宣伝文句, CM[広告](出演); CM [広告]出演料.
endórsement in blánk BLANK ENDORSEMENT.
éndo·sarc /-sà:rk/ *n* 〘生〙 内肉, 内質 (endoplasm)《原生動物の内部原形質》.
éndo·scòpe *n* 〘医〙《胃腸内・尿道などの》内視鏡《胃カメラなど》.
en·do·scop·ic /ɛ̀ndəskápɪk/ *a* 〘医〙 内視鏡(検査)の[による], 内視鏡的な. ♦ **-i·cal·ly** *adv*
en·dos·co·py /ɛndáskəpi/ *n* 〘医〙 内視鏡検査(法), 内視法. ♦ **en·dós·co·pist** *n*
èndo·skéleton *n* 〘解・動〙 内骨格 (cf. EXOSKELETON). ♦ **-skéletal** *a*
ènd·osmósis *n* 〘化・生〙 内方浸透. ♦ **-osmótic** *a* **-osmótical·ly** *adv*
éndo·sòme *n* 〘生〙 核内体, エンドソーム《原生動物の核内にみられる小体; カリオソーム (karyosome) または 仁 (nucleolus)》.
éndo·spèrm *n* 〘植〙 内乳, 内胚乳. ♦ **èn·do·spér·mic, -spér·mous** *a*
éndosperm nùcleus 〘植〙 内乳核.
éndo·spòre *n* 〘生〙 ENDOSPORIUM; 《細菌の》内生胞子. ♦ **èn·do·spór·ic** /-spɔ́:rɪk/, **en·dos·por·ous** /ɛndáspərəs, ɛ̀ndəspɔ́:rəs/ *a* **-ous·ly** *adv*
èndo·spó·ri·um /-spɔ́:riəm/ *n* (*pl* **-ria** /-riə/) 〘生〙《胞子・花粉粒の》内膜, 内壁 (intine).
en·dos·te·al /ɛndástiəl/ *a* 骨内膜の; 骨[軟骨]の内に位置する: an ～ layer 骨内層. ♦ **～·ly** *adv*
èndo·stérnite *n* 〘動〙 内腹板.
en·dos·te·um /ɛndástiəm/ *n* (*pl* **-tea** /-tiə/) 〘解〙 骨内膜《骨髄腔の内壁をなす組織の層》.
ènd·ostósis *n* 〘解〙 軟骨内骨形成.
éndo·stỳle *n* 〘動〙《円口類の》内柱.
èndo·súl·fan /-sʌ́lfæn/ *n* 〘薬〙 エンドサルファン《強力な殺虫剤》.
èndo·symbiósis *n* 〘生〙 内部共生. ♦ **-symbiótic** *a* **-sýmbiont, -sýmbiote** *n*
èndo·tésta *n* 〘植〙 外種皮の内側の層.
èndo·thécium *n* (*pl* **-cia**) 〘植〙 エンドテシウム《コケの蒴の内層》; 《葯の》内被, 内側壁.
en·do·the·li- /ɛ̀ndəθí:li/, **en·do·the·lio-** /-liou, -liə/ *comb form*「内皮 (endothelium)」 [Gk]
en·do·the·li·al /ɛ̀ndəθí:liəl/ *a* 〘解〙 内皮の.
èndo·thé·li·oid /-θí:liɔ̀ɪd/ *a* 〘解〙 内皮に似た, 内皮様の.
en·do·the·li·o·ma /ɛ̀ndouθì:lióumə/ *n* (*pl* **-ma·ta** /-tə/, **～s**) 〘医〙 内皮腫.
èndo·thé·li·um /-θí:liəm/ *n* (*pl* **-lia** /-liə/) 〘解〙 内皮(細胞); 〘植〙 内種皮.
èn·do·thé·loid /-θí:lɔ̀ɪd/ *a* ENDOTHELIOID.
éndo·thèrm *n* 〘動〙 内温動物.
èndo·thérmal *a* ENDOTHERMIC.
èndo·thérmic *a* 〘理・化〙 吸熱の, 吸熱を伴う[による] (endoergic) (opp. *exothermic*); 〘動〙 内温性の (opp. *ectothermic*). ♦ **-mical·ly** *adv*
éndo·thèrmy *n* 〘動〙 内温性《体温が代謝熱の影響をうけること》.
èndo·tóxin *n* 〘生化〙 (菌体)内毒素, エンドトキシン. ♦ **èndo·tóxic** *a*
èndo·trácheal *a* 〘医〙 気管内の; 気管内を通じての: ～ anesthesia 気管内麻酔(法).
èndo·tróphic, -trópic *a* 内生の《根の内部に菌糸がはいり込んだ形の; cf. ECTOTROPHIC》: an ～ mycorrhiza 内(生)菌根.
èndo·vénous *a* INTRAVENOUS.
énd·òver *n* 〘スケートボード〙 エンドオーバー《180° のスピンを連続して行なってする直進》.
en·dow /ɪndáu, ɛn-/ *vt* **1** 〈学校・病院・人など〉に基金を寄付する: an ～*ed* school 基本財産をもつ学校, 財団法人組織の学校 / Mr. Smith ～*ed* the college *with* a large sum of money. スミス氏は大学に多額の金を寄付した. **2** [ᵁ*pass*] 〈人〉に賦与する, 授ける; 〈資質などが〉…にあると考える 〈*with*〉: be ～*ed with* life [genius] 生命[天才]を賦与されている / a man richly ～*ed* by nature 天分の豊かな人 / ～ him *with* an excellent sense of beauty 彼のことをすぐれた審美感覚の持主と考える. **3** 《古》…に寡婦産[結婚持参金]を与える. ♦ **～·er** *n* [AF (*en*-¹, DOWER)]
endów·ment *n* **1 a** 寄付(行為); 《学校・法人などに寄付された》寄付[基本]財産, 基金: The college received a large ～ from Mr. Smith. スミス氏から多額の寄付金を受けた. **b** 《寡婦産・恒常所得などの》贈与, 遺贈, '分与'. **c** 《豪》CHILD ENDOWMENT. **2** [ᵁ*pl*] 《天賦の》資質: possess natural ～*s* 天賦の才を有する.
endówment assùranceᴴ 養老保険.
endówment insùrance 養老保険.
endówment mòrtgageᴴ 養老保険抵当融資《住宅ローンを組む時に同額同期間の養老保険に加入し, 満期または死亡時に保険金でローンを返済する契約》.
endówment pòlicy 養老保険証券.
èndo·zóic *a* 〘生〙 動物の体内で生活する, 動物体内生の.
énd·pàper *n* 〘製本〙 見返し (＝*endsheet*).
énd pìn 〘楽〙 脚棒, エンドピン《チェロやコントラバスの胴の最下端にあって高さを調節できる》.
énd plàte 末端の平たい板[構造]; 〘電〙 端板; 〘解〙《運動神経繊維の》終板.
énd·plày 〘ブリッジ〙 *n* エンドプレー《コントラクトブリッジの終わり近くで使う手》. ► *vt* 〈相手を〉エンドプレーに陥れる.
énd·pòint *n* 〘数〙《線分や射線の》端点, 終点.
énd pòint 終了点, 終点; 〘化〙《滴定の》終点; ENDPOINT.
énd pròduct 最終産物[製品]; 最終結果; 〘核物〙《崩壊鎖列の》最終生成物.
énd resúlt 最終結果[成績], とどのつまり.
énd rhỳme 〘韻〙 脚韻.
en·drin /éndrən/ *n* 〘薬〙 エンドリン《殺虫剤》.
énd-rùn *vt, vi**《口》 うまく避けて通る, 巧みにはずす.
énd rùn 〘アメフト〙 エンドラン《ボールを持つ選手が味方エンドの外側を大きく回り後方に出るプレー》; *回避策, 迂回手段.
énd·shèet *n* ENDPAPER.
énd-stàge *a* 終末期の, 末期の: ～ cancer 末期癌 / ～ kidney 末期腎.
énd stàndard 〘工〙 端度器《両端面の面間距離が正確に規定の寸法だけ離れている金属棒やブロックゲージ (slip gauge) などの標準器》.
énd-stòpped *a* 〘韻〙 行末止めの〈詩〉 (opp. *run-on*); 動作の終わりの休止を特徴とする.
Ends·ville /éndzvìl/ *a, n* [ᵒe-]*《俗》 究極の(もの), 最高の(もの).
énd sỳstem 〘電算〙 エンドシステム《ネットワーク上で, 中継点ではなく末端にあるシステム; パソコンのほか家電製品なども含む》.
énd tàble 側卓《ソファーの横や椅子のそばに置く》.
énd-tìme *n* 末期; 《特に この世の》終末の時.
énd-to-énd *a* 端と端を接した; END-AND-END.
en·due /ɪnd(j)ú:, ɛn-/ *vt* **1** [ᵁ*pass*] …に授ける[賦与する]: He is ～*d with* genius. 天賦の才能がある. **2** 〈人〉に着せる; 〈衣服・帽子などを〉身に着ける: ～ sb *with* robes 人に服を着せる. [OF<L; ⇨ INDUCE; 意味は L *induo* to put on (clothes) の影響]

en·dúr·able *a* 耐えられる. ♦ **-ably** *adv* **en·dùr·abíl·i·ty** *n*
en·dúr·ance *n* **1 a** ENDURE すること; 持久力, 耐久性, 忍耐力, 我慢[辛抱]強さ: beyond [past] ～ 我慢しきれないほど / an ～ test 耐久試験. **b** 持続(時間), 存続(期間);〘空〙航続時間. **2**《まれ》苦痛, 困難, 試練.
endúrance lìmit FATIGUE LIMIT.
en·dure /ɪnd(j)ʊ́ər, ɛn-/ *vt* **1**〈苦痛・不安・困難など〉に耐える, 持ちこたえる, こらえる, 粘り抜く; [°*neg*]〈人・侮辱など〉に平気でいる, 我慢する,〈…に〉耐える〈*doing, to* do〉: can*not* ～ the sight 見るに耐えない / I can*not* ～ see*ing* [*to* see] her tortured. 彼女が苦しめられるのを見ていられない / What can't be cured must be ～*d*.《諺》直せないものは我慢せよ《文句を言うばかりではしかたがない》. **2**〈解釈などを〉許す, 認める. ► *vi* (長いこと)持続する, 続く, もつ; 我慢[辛抱]する, 持ちこたえる. [OF＜L *in-*[2](*duro* to harden＜*durus* hard)]
en·dúr·ing *a* 永続する; 耐久性のある; 辛抱強い: ～ fame 不朽の名声. ♦ **～·ly** *adv* **～·ness** *n*
en·duro /ɪnd(j)ʊ́əroʊ, ɛn-/ *n* (*pl* **～s**)《自動車・オートバイなどの》耐久レース. [変形＜*endurance*]
énd ùse《生産物の》最終用途.
énd ùser 最終使用者, 最終[末端]消費者, エンドユーザー.
End·ville /ɛ́ndvɪ̀l/ *a, n* [°e-]*《俗》ENDSVILLE.
énd·wàys *adv, a* 直立して[した]; 手前に向けて[た]; 縦に[の], まっすぐに[の]; 端を接して[接した].
énd·wìse *adv, a* ENDWAYS.
En·dym·i·on /ɛndímiən/〘ギ神〙エンデュミオーン《月の女神 Selene に愛された美少年; Keats の同名の物語詩 (1818) の主題》.
énd zòne〘アメフト〙エンドゾーン《ゴールラインとエンドラインの間のエリア; ここにボールを持ち込めばタッチダウンになる》.
-ene /iːn/ *n suf* (1)〘化〙「不飽和炭素化合物」: benzene, butylene. (2)「…に生まれた[住む]人」: Nazar*ene*. [Gk *-ēnē* (fem suf)＜*-ēnos*]
ENE east-northeast.
en ef·fet /*F* ɑ̃nefɛ/ 事実, 本当に, 実際に.
en·e·ma /ɛ́nəmə/ *n* (*pl* **～s, -ma·ta** /-tə/)〘医〙浣腸; 浣腸剤[液]; 浣腸器. [L＜Gk]
énemies lìst 敵対人物一覧表[名簿], 政敵リスト.
en·e·my /ɛ́nəmi/ *n* 敵, 敵対者《INIMICAL *a*》; 害を与えるもの; [the (old) E-] 悪魔 (the Devil); [the,〈*sg/pl*〉] 敵, 敵軍, 敵艦隊, 敵国; [〈*a*〉] 敵の, 敵性の, 敵対する: a lifelong [mortal, sworn] ～ 生涯の敵, 許しておけない敵 / ～ property 敵国人資産 / *The* ～ *was* driven back. 敵(軍)は撃退された / *The* ～ *are* in great force. 敵は多勢だ / make many *enemies* 多くの敵をつくる / make ～ of…を敵にまわす / an ～ *of* freedom 自由の敵 / an ～ *to* faith 信仰の敵 / be one's own worst ～＝be nobody's ～ but one's own われとわが身をそこなう / Every man is his worst ～.《諺》最大の敵は自己である / Never tell your ～ that your foot aches.《諺》足が痛いことは敵に言うな《わざわざ弱点を知らせることはない》. ● **be an ～ to**…を憎む; …を害する. **How goes the ～?**《口》今何時か (What time is it?). [OF＜L (*in-*[1], *amicus* friend)]
énemy álien《交戦国内または自国内の》敵性外国人.
en·er·get·ic /ɛ̀nərʤɛ́tɪk/, **-i·cal** *a* 精力的な, 活気に満ちた, 馬力のある, エネルギッシュな, 強力な, 効果的な; エネルギーの[に関する]. ♦ **-i·cal·ly** *adv* [Gk; ⇨ ENERGY]
èn·er·gét·ics *n*〘理〙エネルギー論; エネルギー特性《量・性質など》.
ener·gic /ɛnə́ːrʤɪk, ɪ-/ *a* ENERGETIC.
en·er·gid /ɛ́nərʤəd, -ʤɪd/ *n*〘生〙エネルギド《1 個の核とその作用範囲内の細胞質》.
en·er·gism /ɛ́nərʤɪz(ə)m/ *n*〘倫〙エネルギズム, 活動主義《意志活動を最高善とする》.
en·er·gize /ɛ́nərʤàɪz/ *vt* …に精力[エネルギー]を与える; 活気[元気]づける, 激励する;〘電〙…に電圧を加える. ► *vi* 精を出す; 精力的に活動する. ♦ **-giz·ing** *a* 元気にさせる, 元気の出る. **-gìz·er** *n* energize する人[もの]; 賦活薬, 抗鬱薬. **èn·er·gi·zá·tion** *n*
en·er·gu·men /ɛ̀nərgjúːmən/ *n* 悪魔に取りつかれた(ような)人; 狂信者, 熱心な支持者.
en·er·gy /ɛ́nərʤi/ *n* **1** 力, 勢い, 勢力;《ことば・文体などの》表現力; 精力, 気力, 根気, 活気, 元気; [°*pl*]《個人の》活動力, 行動力;《古》能力: full of ～ 精力盛んで, 元気いっぱいで[の] / brace one's *energies* 力[元気]を奮い起こす / put [devote, apply, throw] one's ～ [*energies*] to…に精魂を傾ける. **2**〘理〙エネルギー; エネルギー源: conservation [dissipation] of ～ エネルギー保存[散逸] / KINETIC [POTENTIAL, etc.] ENERGY. [F or L＜Gk (*ergon* work)]
énergy àudit《施設のエネルギー消費節減のための》エネルギー監査[診断]. ♦ **énergy àuditor** *n*
énergy bànd〘理〙エネルギー帯[バンド].
énergy bàr《スティックタイプの》栄養補給食[剤].
énergy bùdget《生態系の》エネルギー収支.
énergy convèrsion エネルギー変換[転換].
énergy crìsis エネルギー危機.
énergy dènsity〘理〙エネルギー密度.
énergy drìnk スタミナ[強壮, 栄養]ドリンク剤.
énergy effíciency ràtio [°E- E- R-] エネルギー効率比《ルームエアコンなどの相対効率を表わすもので, 装置の 1 時間当たり出力の BTU 値をエネルギー必要量のワット数で割ったもの; 略 EER》.
énergy-inténsive *a* 生産に多大のエネルギーを消費する, エネルギー集約的な[型の].
énergy lèvel〘理〙エネルギー準位.
énergy pàrk エネルギー団地《経費節減のためエネルギー生産設備を一か所にまとめたもの》.
Énergy Stàr エナジースター《米国環境保護局が中心になって進めている, 使われていないときの消費エネルギーを削減できるコンピューターなどの製造を奨励するプログラム》.
énergy stàte〘理〙エネルギー状態.
énergy strùcture キネティックアートの作品.
en·er·vate *vt* /ɛ́nərvèɪt/ …の気力[精神力, 知力, 体力]を弱める. ► *a* /ɪnə́ːrvət/ 体力[知力, 精神力, 気力, 生彩]に欠けた. ♦ **-vàt·ed** *a* 疲れはてた, くたびれた, 衰弱した. **-vàt·ing** *a* 元気[気力]をなくさせる: an *enervating* climate. **-vàt·ing·ly** *adv* **èn·er·vá·tion** *n* 元気[気力]を失うこと, 衰弱; 柔弱. [L; ⇨ NERVE]
Enes·co /ənɛ́skoʊ/ エネスコ **Georges** ～ (1881–1955)《ルーマニアのヴァイオリン奏者・作曲家; もとの名は Gheorghe [George] Enes·cu /ənɛ́sku/》.
en·fáce" *vt*〈手形・証券〉の表に記入[印刷]する;〈指定事項などを〉手形[証券]の表に記入する. ♦ **～·ment** *n*
en face /*F* ɑ̃ fas/ *a* 正面を向いた; 見開きの(ページの).
en fa·mille /*F* ɑ̃ famij/ *adv* 家族そろって, 水入らずで; くつろいで, うちとけて.
en·fant ché·ri /*F* ɑ̃fɑ̃ ʃeri/ (*pl* **en·fants ché·ris** /—/) [*fig*] 寵児.
en·fant gâ·té /*F* ɑ̃fɑ̃ gɑte/ (*pl* **en·fants gâ·tés** /—/) 甘やかされた子; わがままな人; おだてられた人.
en·fants per·dus /*F* ɑ̃fɑ̃ pɛrdy/ *pl* 失われた[迷える]子供たち; 決死隊.
en·fant ter·ri·ble /*F* ɑ̃fɑ̃ tɛribl/ (*pl* **en·fants ter·ri·bles** /—/) 恐るべき[手に負えない, ませた]子供; はた迷惑[無思慮, 無責任]な人;《作品・思想・行動などで》因襲にとらわれない人, 異端児. [F＝terrible child]
en·féeble *vt* 弱くする, 弱める. ♦ **～d** *a* **～·ment** *n* 衰弱. [OF (*en-*[1])]
en·féoff *vt*〘法〙〈人〉に封(土)を与える, 封を譲渡する, 授封[下封]する;《古》ゆだねる〈*to*〉.
en·féoff·ment〘史〙*n* 封の譲渡; 譲渡された封, 封(土); 封譲渡証書.
en fête /*F* ɑ̃ fɛt/ *adv, a* 晴れ着を着て; お祭り気分で.
en·fétter *vt* …に足かせをつける; 束縛する; 奴隷にする.
en·féver *vt* 熱狂させる (fever).
En·field /ɛ́nfiːld/ **1** エンフィールド《London boroughs の一つ》. **2** ENFIELD RIFLE.
Énfield rífle エンフィールド銃《**1**) クリミア戦争で英軍が, 南北戦争で南北両軍が用いた口径 0.577 インチの先込め銃 **2**) 英軍が用いた口径 0.303 インチの元込めライフル **3**) 第一次大戦で米軍が用いた口径 0.30 インチのライフル》. [↑: 最初の製造地]
en·fi·lade /ɛ́nfəlèɪd, ━ ━ ´, *ɛ́nfəlɑ̀ːd, *━ ━ ´/ *n*〘軍〙縦射;〘建〙縦列(配置)《特に 宮殿などで並んだ各室をすべて見通せるように各室間の扉を一直線上に配置した構造》. ► *vt*〘軍〙縦射する. [F (FILE[2])]
en·fin /*F* ɑ̃fɛ̃/ *adv* 結局, つまり.
en·fláme *v* INFLAME.
en·fleu·rage /ɑ̀ːnflərɑ́ːʒ; ɔ̃flə-; *F* ɑ̃flœraːʒ/ *n* アンフルラージュ《花の蒸発気に無臭油をあてる香水製法》.
en·flur·ane /ɛnflʊ́ərèɪn/ *n*〘薬〙エンフルラン《揮発性の吸入麻酔薬》.
en·fóld *vt* 包む〈*in, with*〉; 抱く, 抱擁する; 折りたたむ; …にひだをつける. ♦ **～·er** *n* **～·ment** *n*
en·fórce *vt* **1**〈法律などを〉守らせる,〈規制などを〉実施[施行]する: ～ the speed limit スピード違反を取り締まる[監視する]. **2** 強いる, 強制する;《廃》力ずくでやる: ～ obedience *upon* sb 人に服従を強いる. **3**〈言説・要求などを〉強く主張する; 強化[補強]する. ♦ **～·able** *a* 実施[強制]できる, 強制可能な. **～·abílity** *n*
en·fórced *a* 強制的な: ～ insurance 強制保険 / ～ education 義務教育. ♦ **en·fórc·ed·ly** /-sədli, -stli/ *adv*
en·fórce·ment *n*《法律・規制などの》施行, 執行; 強制.
enfórcement nòtice〘英法〙《都市田園計画法 (Town and Country Planning Act) 違反に対する》是正通知.
en·fórc·er *n* 実施者, 施行者, 執行者; 強制する人;〘アイスホッケー〙エンフォーサー《相手チームにすごみをきかすラフプレーヤー》;《俗》用心棒, 殺し屋. [OF (FORCE[1])]
en·fráme *vt* 枠[額縁]にはめる (frame). ♦ **～·ment** *n*
en·fran·chise /ɪnfrǽnʧàɪz, ɛn-/ *vt* **1 a**〈人〉に公民権[参政権, 選挙権]を与える, 公権を賦与する. **b**〈都市〉に国会議員選出権を与える,〈都市を〉選挙区にする. **2** 釈放する,〈奴隷・農奴などを〉解放する, 自由民とする;〘英封建法〙〈土地を〉謄本保有から自由保有に変える.

♦ ～·ment /-ʧəz-, *-ʧàɪz-/ *n* ［OF *en-*¹(*franchir* ＜ FRANK¹)］
eng /έŋ/ *n* 〘音〙エング《発音記号 /ŋ/ の名称》.
eng. engine ♦ engineer(ing) ♦ engraved ♦ engraving.
Eng. England ♦ English. **ENG** electronic news gathering 電子(機器による)ニュース取材《小型のビデオカメラと VTR でテレビニュースを取材し, 短時間で編集・放映できるシステム》.
En·ga·dine /èŋgədíːn, ⸗⸗⸗/ [ºthe] エンガディン《スイス東部 Graubünden 州にある Inn 川上流の谷; 保養地》.
en·gage /ɪngéɪʤ, εn-/ *vt* **1 a** [ᵘ*pass*/～ *-self*] 契約[約束]で束縛する; 保証する ‹*to* do, *that*›: I *am* ～*d for* tomorrow. 明日は(他に)約束がある / ～ one*self to* do…することを約束する. **b** [ᵘ*pass*/～ *-self*] 婚約させる ‹*to*›: I *am* ～*d to* her. 彼女と婚約中である / ～ one*self to* a girl ある娘と婚約する. **c** 雇う (hire); ‹部屋・席を›予約する: The seat is ～*d*. 予約済み. **2 a** [ᵘ*pass*/～ *-self*] 従事させる (occupy); ‹軍隊を›交戦させる ‹*with* the enemy›; ‹敵軍›と交戦する: be ～*d in* (do*ing*) sth ある事に従事している / have one's time fully ～*d* 時間がふさがっている / ～ one*self in*…に従事する. **b** ‹人を会話などに›引き込む (draw) ‹sb *in* conversation›; ‹心・注意などを›ひく, ‹人を›魅了する (attract). **3 a** 〘建〙‹柱を›壁に埋め込む[付ける]; 〘機〙‹歯車などを›かみ合わせる, …とかみ合う, …と係合する, ‹ギアなどを›入れる, …に切り替える, 作動させる; 《フェンシングなどで》‹剣を›組み合わせる. **b** 《廃》わなにはめる, からませる. ► *vi* **1** 約束する, 請け合う, 保証する ‹*for* success etc.›. **2** 従事する, 携わる, 乗り出す (embark) ‹*in* controversy›; 参加する ‹*in* a contest›; ‹人・物事に›関心をもつ, かかわる ‹*with*›; 交戦する ‹*with* the enemy›; 参戦する. **3** 〘機〙‹歯車などが›掛かる, かみ合う, はいる, 連動する ‹*with*›. ♦ **en·gág·er** *n* ［F *engager* to pledge something (GAGE¹)］
en·ga·gé /*F* ɑ̃gaʒe/ *a* (*fem* **-gée** /—/) ‹作家など›政治[社会]問題に積極的に関与している, 参加の, アンガージュマンの. ［F (pp) ＜ ↑］
en·gáged *a* **1** 約束済みの; ‹…と›婚約中の ‹*to*›; ‹席・部屋が›予約済みの: an ～ couple 婚約中の男女. **2 a** 活動[仕事]中で, 忙しい, 暇がない ‹*in*›; 交戦中の. **b** 積極的に関心をいだいている, 直接的に関与している. **3** ‹便所などが›使用中の; ᴵᴵ‹電話が›話し中の (busy): NUMBER's ～. **4** 〘機〙連動の; 〘建〙‹部材が›(壁などに)埋め込んだ[取り付けた]: an ～ column 付け柱, 半柱. ♦ **en·gág·ed·ly** /-ʤ(ə)dli/ *adv* **-gág·ed·ness** /-ʤ(ə)dnəs/ *n*
engáged tòneᴵᴵ 〘電話〙話中(ちゅう)音 (busy tone)《「話し中」を示す信号音》.
engáge·ment *n* **1 a** 《会合などの》約束, 予約; 誓約, 契約; 《契約による》雇用(期間); 婚約(期間); 《芸能人などの》契約(期間): a previous ～ 先約 / make an ～ 約束[契約]をする / be *under* an ～ 契約がある / break off an ～ 解約する, 破談にする. **b** 関与, 参加, 従事, 取組み; 関心. **c** [*pl*] 債務: meet one's ～*s* 債務を果たす. **2** 交戦, 戦闘. **3** 〘機〙連動, 連結, かみ合い, 係合.
engágement rìng 婚約指輪, エンゲージリング.
en·gág·ing *a* 人をひきつける, 魅力的な, 愛敬のある. ♦ **～·ly** *adv* 愛想よく (attractively); とても, きわめて. **～·ness** *n*
en garçon /*F* ɑ̃ garsɔ̃/ *adv, pred a* ‹男が›独身で.
en garde /*F* ɑ̃ gard/ 〘フェン〙*a* 受けの構えをして; [*impv*] 受け, 構え!
en·gárland *vt* 花輪で飾る ‹*with*›.
En·gel /έŋəl/ エンゲル **Ernst** ～ (1821–96)《ドイツの統計学者・経済学者; ⇨ ENGEL'S LAW》.
En·gel·bert /έŋ(ə)lbə̀ːrt; *G* έŋlbεrt/ エンゲルベルト《男子名》. ［ME (ANGLE, BRIGHT)］
Én·gel·mann sprúce /έŋgəlmən-/ 〘植〙エンゲルマントウヒ《Rocky 山脈周辺産のトウヒの一種; マツ科》. ［George *Engelmann* (1809–84) ドイツ生まれの米国の植物学者］
Eng·els /έŋ(g)əlz; *G* έŋls/ エンゲルス **Friedrich** ～ (1820–95)《ドイツの社会主義者; Marx の友人・同志》.
Éngel's coefficient エンゲル係数《ENGEL'S LAW において, 実支出に対する食費の百分比》.
Éngel's láw 〘経〙エンゲルの法則《Engel が示した家庭経済の法則; 収入が増すと食費の割合は減少し, 衣・住の費用はほとんど変わらず, 文化費・医療費などの割合は増加する》.
en·gen·der /ɪnʤέndər, εn-/ *vt* ‹感情などを›生ずる, 発生させる; 産む: Pity often ～*s* love (in people). ► *vi* 発生する, 生まれる. ［OF＜L; ⇨ GENERATE］
en·gíld *vt* 《古》GILD¹.
en·gine /έnʤən/ *n* **1** エンジン, 発動機, 機関; 《複雑精巧な》機械, 機関; 蒸気機関 (steam engine); 機関車 (locomotive); 消防車 (fire engine); 〘電算〙エンジン《システムの機能を担う部分》: SEARCH ENGINE. **2** 動力源となるもの, 原動力 ‹*of*›; 手段, 道具 ‹*of*›; 《古》兵器; 《廃》責め道具. **3** 《廃》発明の才, 奸計. ► *vt* …に(蒸気)機関を据え付ける. ♦ **～·less** *a* ［OF＜L＝talent, device; ⇨ INGENIOUS］
éngine blòck CYLINDER BLOCK.
éngine còmpany 消防車隊.
-én·gined *a comb form*「…な[…基の]エンジンの」
éngine drìverᴵᴵ《特に 鉄道の》機関士[手] (engineer*).
en·gi·neer /εnʤəníər/ *n* **1 a** 工学者; 技術者, 技師; 土木技師 (＝civil ～); 機関[エンジン]製作者; 〘電算〙ソフトエンジニア, プログラマー. **b** 〘商船〙機関士; *《鉄道の》機関士, 機関手 (engine driverᴵᴵ); ᴵᴵ機械工 (mechanic): a chief ～《船の》機関長. **c** 〘陸軍〙工兵; 〘海軍〙機関将校 (engineer officer). **2** 巧みに事を処理する人; 人間工学の専門家, ヒューマンエンジニア; 立役者, 推進者 ‹*of* a plan, victory, etc.›; 《廃》計略家. ► *vi* 技術者として働く; 巧みに処理する. ► *vt* **1** [ᵘ*pass*] 設計して作る, 設計施工する. **2** 工作する, たくらむ, 仕組む: a CIA-～*ed* coup CIA が工作したクーデター. **3** 遺伝子工学で作る[作り変える]. ♦ **～·ship** *n* ［OF *engigneor*＜L (ENGINE); 語尾は *-eer* に同化］
èn·gi·néered fóod 強化(保存)食品.
enginéered wóod エンジニアドウッド《木材の小片・薄板・繊維などを接着剤で固めて[張り合わせて]作った各種の集成材・合板》.
enginéer·ing *n* 工学; 工学技術; 機関操縦術; 工事; 巧みな処理[計画, 管理].
enginéering brìck 〘建・工〙エンジニアリングブリック《半浸透性で高強度の緻密な煉瓦》.
enginéering geòlogy 土木地質学, 土質工学《地質学理論の鉱山・建築・石油工学・地下水利用などへの応用》.
enginéering scìence 基礎工学《工学の物理的・数学的基礎を扱う分野》.
enginéer òfficer 〘海軍〙機関将校.
enginéer's chàin 〘測〙エンジニアズチェーン (⇨ CHAIN).
éngine·hòuse *n* 《消防自動車・機関車などの》車庫.
éngine·màn /, -mən/ *n* 機関操縦[監督, 整備]者; 機関士 (engine driver).
éngine ròom 《船舶などの》機関室; 《口》むずかしい仕事をどんどんやる場所.
éngine·ry *n* 機械[機関]類, 《特に》兵器《集合的》; 《まれ》巧みな計略.
éngine tùrning ロゼット模様の装飾(を時計側などにつける方法).
en·gírd *vt* 取り巻く (gird).
en·gírdle *vt* GIRDLE¹.
en·glácial *a* 氷河に埋まっている, 氷河内の.
Eng·land /íŋglənd, íŋlənd/ イングランド《略 Eng.; ANGLICAN *a*》《**1**) Great Britain 島南部の地域; グレートブリテン-北アイルランド連合王国の一部をなす; ☆London; ラテン語名 Anglia **2**) 狭義のイングランドにウェールズを加えた地域 **3**) ＝UNITED KINGDOM》. ［OE＝the land of ANGLES］
Éngland·erᴵᴵ *n* LITTLE ENGLANDER; 《まれ》イングランド人, 英国人.
En·gle /έŋgəl/ エングル **Robert F(ry)** ～ (1942–　)《米国の経済学者; ノーベル経済学賞 (2003)》.
Eng·lish /íŋglɪʃ, íŋlɪʃ/ *a* イングランド (England) の; イングランド人の; 英国人の; 英国の (British); 英語の. ► *n* **1** 英語 (＝the ～ language); 《学科としての》英語, 英文学, 英作文; (簡明で)英語らしい表現: the ～ of the gutter 貧民街の英語 / the ～ for *hana*「花」に対する英語 / This novel was translated from the ～. この小説は英語から翻訳された / Give me the ～ of it. やさしいことばで言ってくれ / not ～ 本当の英語流の表現でない. **2** [the, ‹*pl*›] **a** イングランド人. **b** イギリス人, 英国民, 英軍: *The* ～ are a nation of shopkeepers. 英国人は商業国民《Adam Smith のことば》. **3** 〘印〙イングリッシュ《14 ポイントに相当; ⇨ TYPE》; 古い書体の黒体活字. **4** [ˢe-] *《テニス・ビリヤードなどで》ひねり: REVERSE (RUNNING) ENGLISH. **5** ᴵᴵ髪をこめかみから耳の上部を通って後方へ流す男性のヘアスタイル. ● **in plain ～** 平易な英語で; 平たく[ありていに]言えば. **talk ～** 《口》わかりやすいことばで話す: Please *talk* ～! ► *vt* [ˢe-] **1** 《英では古》英語に訳す; ‹発音・つづりなどを›英語風にする, ‹外国語を›英語に採り入れる. **2** *〘玉突など〙‹球›にひねりをかける. ［OE *englisc, ænglisc* (ANGLE, *-ish*)］
Énglish bónd イギリス積み《煉瓦の小口積みと長手積みを各段交互にする》.
Énglish bréakfast 英国式朝食《ベーコンエッグ[ハム, ソーセージなど]にバター[マーマレード]付きトーストの朝食; cf. CONTINENTAL BREAKFAST》; ENGLISH BREAKFAST TEA.
Énglish bréakfast tèa 工夫(クンフー)紅茶 (CONGOU); 《一般に》工夫紅茶に似た紅茶.
Énglish búlldog 〘犬〙BULLDOG.
Énglish Canádian イギリス系カナダ人; 英語を日常語とするカナダ人.
Énglish Chámber Òrchestra [the] イギリス室内管弦楽団《London を拠点とする室内オーケストラ》.
Énglish Chánnel [the] イギリス海峡, 英仏海峡《イングランドとフランスを分かつ海峡; 北海と大西洋を連絡する; フランス語名 La Manche》.
Énglish Chúrch [the] CHURCH OF ENGLAND.
Énglish Cívil Wár [the] 〘英史〙大内乱, ピューリタン革命 (Civil War).
Énglish cócker spániel 〘犬〙イングリッシュコッカースパニエル《英国で品種改良された小型のスパニエル; 鳥猟犬》.
Énglish dáisy *〘植〙ヒナギク (daisy).

Énglish diséase [the] **1** 英国病《福祉国家英国のさまざまな労働管理上の問題と経済の停滞》. **2**《古》佝僂(くる)病, 気管支炎.

Énglish élm〘植〙オウシュウニレ《欧州西南部原産》.

Énglish Énglish イギリス英語 (British English).

Énglish flúte〘楽〙RECORDER.

Énglish fóxhound〘犬〙イングリッシュフォックスハウンド《狐猟犬》.

Énglish gálingale〘植〙セイタカハマスゲ (galingale).

Énglish góoseberry〘植〙セイヨウスグリ.

Énglish Héritage〘英〙イングリッシュ・ヘリテッジ《イングランドの遺跡・歴史的建造物の保護管理のため 1984 年に設立された特殊法人》.

Énglish hólly〘植〙セイヨウヒイラギ.

Énglish hórn〘楽〙イングリッシュホルン《oboe 族の木管楽器; オーボエより 5 度低い》.

Énglish íris〘植〙イギリスアヤメ《ピレネー山地原産》.

Énglish·ìsm *n* イギリス語法 (Briticism) (cf. AMERICANISM); イギリス風[流]; イギリス主義.

Énglish ívy〘植〙セイヨウキヅタ.

Énglish·man /-mən/ *n* イングランド人(男性); イギリス人; 英国船: An ~*'s* house [home] is his CASTLE.

Énglishman's knót [tíe] FISHERMAN'S KNOT.

Énglish·ment *n* 英語訳, 英訳版.

Énglish múffin* イングリッシュマフィン《イーストを入れた平たいマフィンで, 横ふたつに切りトーストにする; 英国では単に muffin という》.

Énglish mústard イングリッシュマスタード《特に辛味の強いからし》.

Énglish Nátional Bállet [the] イングリッシュ・ナショナル・バレエ《1950 年に設立された英国のバレエ団》.

Énglish Nátional Ópera [the] イングリッシュ・ナショナル・オペラ《1931 年に設立された英国の歌劇団; London の Coliseum に本拠を置き, 英語で上演を行なう; 1974 年 Sadler's Wells Opera を改称; 略 ENO》.

Énglish Náture〘英〙イングリッシュ・ネイチャー《イングランドの環境保護に従事する政府機関; 2006 年他機関との統合により Natural England になった》.

Énglish·ness *n* 英国(人)的特徴, イギリス(人)らしさ.

Énglish óak〘植〙オウシュウナラ《ユーラシア産》.

Énglish péa*《南部》《ササゲ (black-eyed pea) に対して》エンドウ (pea).

Énglish phéasant〘鳥〙スミレキジ.

Énglish plántain〘植〙ヘラオオバコ (ribgrass).

Énglish rábbit〘畜〙イングリッシュ種のウサギ《英国で改良された白地に黒のイングリッシュ斑のある小型愛玩種》.

Énglish Revolútion [the]〘英史〙イギリス革命 (GLORIOUS REVOLUTION).

Énglish róse イングリッシュローズ, イギリスのバラ《色白で肌の美しい典型的な英国人美少女》.

Énglish·ry《まれ》*n*《特にアイルランドの》イングランド系の人《集合的》; イングランド[英国]生まれであること; 英国風.

Énglish sáddle イギリス鞍(くら)《狩猟用・馬場用》.

Énglish sétter〘犬〙イングリッシュセッター《鳥猟犬》.

Énglish shéepdog〘犬〙OLD ENGLISH SHEEPDOG.

Énglish shépherd〘犬〙イングリッシュシェパード《羊・牛の番犬としてイングランドで作出された中型の作業犬》.

Énglish síckness ENGLISH DISEASE.

Énglish sónnet〘韻〙英国式ソネット (=*Elizabethan* [*Shakespearean*] *sonnet*)《押韻形式は abab, cdcd, efef, gg の十四行詩》.

Énglish spárrow〘鳥〙イエスズメ (house sparrow).

Énglish-spéak·ing *a* 英語を話す: the ~ world [peoples] 英語(使用)圏[諸国民].

Énglish sprínger (spániel)〘犬〙イングリッシュスプリンガー(スパニエル)《からだつきが筋肉質で, 長めのつややかな被毛をもつ鳥猟犬; イングランドで作出された》.

Énglish Stáge Còmpany [the] イングリッシュ・ステージ・カンパニー《1956 年に設立された英国の演劇団体; 内外の新しい演劇, 特に新進作家による革新的・実験的な作品の上演で知られる; 略 ESC》.

Énglish sỳstem [the] BRADFORD SYSTEM; [the] ヤード・ポンド法.

Énglish tóy spániel〘犬〙イングリッシュトイスパニエル《胴が短く小柄で, 丸い頭に短い上向きの鼻をもつスパニエル》.

Énglish wálnut〘植〙ペルシアグルミ (=*Persian walnut*).

Énglish·wòman *n* イングランド人女性; 英国人女性.

Énglish yéw〘植〙セイヨウイチイ (=*European yew*).

en·glut[1] /ɪnglʌ́t, ɛn-/ *vt* (-tt-)《古・詩》ゴクリと飲み下す, むさぼり食う. [OF＜L=to swallow; ⇨ GLUTTON]

englut[2] *vt* (-tt-)《古》飽かせる, 堪能させる. [*glut*]

en·gobe /ɑ:ngóʊb, ɛn-/ *n* エンゴーベ《白色または淡い色のスリップ (slip); 釉薬(ゆうやく)またはエナメルの補助として用いる》.

en·górge *vt* …に食べ物をたらふく食わせる[詰め込む]; むさぼり食う; [ᵘpass]〘医〙充溢(じゅういつ)[充血]させる: ~ itself *with* blood [*on* an animal]〈蚊などが〉(動物の)血をいっぱい吸う. ► *vi* むさぼり食う;〈吸血動物が〉体腔いっぱい血を吸う〈*with* blood, *on* sb〉. ♦ **~·ment** *n*

engr engineer ♦ engraver. **engr.** engraved ♦ engraving.

en·gráft *vt*〘園〙〈接ぎ穂を〉差し込む, 接ぐ;〘外科〙〈組織を〉植え付ける〈*into, on*〉;〈思想・徳などを〉植え付ける〈an idea etc. *in* the mind〉; (接ぎ木のように)合体させる, 付け足す〈*into, upon*〉. ♦ **~·ment** *n*

en·grail /ɪngréɪl, ɛn-/ *vt*〈紋章〉の縁を波形にする; ぎざぎざ[鋸歯状]にする;《詩》《特に縁にくぼみを入れて》装飾する. ♦ **~·ment** *n*

en·gráiled *a*〘紋〙〈紋章図形など〉縁をぎざぎざの波形にした, 波形縁の; 盛り上がった点が連続してできた, 盛り上がった点の連続模様で縁取られた.

en·gráin *vt* INGRAIN; 木目のように彩る. [OF=to dye in GRAIN]

en·gram | -gramme /ɛ́ngræ̀m/ *n*〘心〙記憶痕跡, エングラム (memory trace);〘生理〙印象. ♦ **en·gram·mat·ic** /ɛ̀ngrəmǽtɪk/ *a* **en·gram·mic** /ɛngrǽmɪk/ *a*

en grande te·nue /*F* ɑ̃ grɑ̃nd tənу/ *adv* 正装して.

en·grave /ɪngréɪv, ɛn-/ *vt* **1 a**〈金属・木・石など〉に彫刻を施す〈*with* a design〉;〈文字・模様などを〉彫り刻む〈*on, onto, into* stone〉. **b**〈写真版・銅版などを〉彫る; 彫った金属版[木版]で印刷する; PHOTOENGRAVE. **2**〈教訓・教義などを〉刻み込む: be ~*d in* [*on*] one's memory [mind, heart] 脳裏に焼き付いている. [*grave*[3]]

en·gráved invitátion [次の成句で]: **Do you want an ~?** *《俗》招待状差し上げないとだめだって言うわけ?,《遠慮しないで》気軽に来てよ, 堅いこと言うなよ.

en·gráv·er *n* 彫刻師,《特に》彫版工.

engráver's próof ARTIST'S PROOF.

en·gráv·ing *n* 彫刻(術), 彫版術; 彫刻細工[模様];《銅版・木版などの》彫版; 版画.

en·gross /ɪngróʊs, ɛn-/ *vt* **1** [ᵘpass]〈人を〉夢中にさせる: She is ~*ed in* conversation [read*ing* the novel]. 話に[小説を読むのに]夢中である. **2 a**〈注意・時間を〉奪い去る;〈話などを〉独占して人にものを言わせない. **b**〈権力・市場を〉独占する,〈商品を〉買い占める (monopolize);《古》集める, 集積する. **3**〈文書を〉大きな字で書く,〈公文書・法律文書などを〉清書する. ♦ **~·er** *n* [AF; *en* in, *grosse* large writing と *en gros* wholesale から]

engróss·ing *a* 人を夢中にさせる, 心を奪う, 興味津々の. ♦ **~·ly** *adv* **~·ness** *n*

engróss·ment *n* **1** 専心, 没頭, 夢中. **2** 正式の字体で清書すること, 浄書; 清書した文書, 浄書物. **3**《投機目的での》買占め;《共有地・公有地の》占有.

en·gúlf *vt* 淵などに吸い込む, 投げ込む;〈波・火災などが〉飲み込む, 巻き込む, 包み込む;〈感情などが〉襲う, 圧倒する;〈戦乱が〉〈国などを〉おおいつくす: The boat was ~*ed by* [*in*] waves. ボートは波にのみ込まれた. ♦ **~·ment** *n*

en·hálo *vt* 後光で包む; …に栄光を与える.

en·hance /ɪnhǽns, ɛn-, ᴴ-hɑ́:ns/ *vt* **1 a**〈質・能力・魅力などを〉高める, 増す, 強化する;〘天〙《コンピューターにより》〈写真〉の画質を向上させる: This invention ~*d* his reputation. この発明で彼の名声は高まった. **b**〈価格を〉上げる: Rarity ~*s* the worth of things. 少ないと物の価値が上がる. **2**《古》誇張する. **3**《廃》〈堰(せき)の水量などを〉上げる. ► *vi* 高まる, 増す. ♦ **~·ment** *n* [AF＜Romanic (L *altus* high)]

en·hánced *a* 高性能化した, 強化された; *《俗》マリファナでハイになって[高揚して].

Enhanced CD /—́— sì:dí:/〘電算〙エンハンスト CD《音楽用 CD に電算データを併録する規格》.

enhánced kéyboard〘電算〙拡張キーボード (101 (one-o-one) -KEY KEYBOARD).

enhánced radiátion〘軍〙強化放射線《中性子爆弾から放出される, 瞬間殺傷力を有する高エネルギー中性子および γ 線》.

enhánced radiátion wèapon〘軍〙強化放射線兵器《熱爆風を少なくして人員殺傷力の強い放射線を強化した核兵器; 中性子爆弾など》.

enhánced recóvery 増進採収 (tertiary recovery).

en·hánc·er *n* 高めるもの, 向上[増加]させるもの;〘遺〙エンハンサー《DNA 鎖上にある, 特定の mRNA 合成だけを促進するシグナル (一定の塩基配列)》; FLAVOR ENHANCER.

èn·harmónic〘楽〙*a* 半音以下の音程の, エンハーモニックの,《ギリシア音階で》四分音を含む; 異名同音的な〈音程・転換〉; 純正調の〈オルガン〉. ♦ **-ical·ly** *adv*

en·héart·en *vt* 勇気づける, 奮い立たせる.

ENIAC /í:niæ̀k, ɛ́n-/ *n* ENIAC, エニアック《1946 年 Pennsylvania 大学で完成された世界最初の汎用電子計算機》. [*E*lectronic *Nu*merical *I*ntegrator *a*nd *C*alculator]

Enid /í:nəd/ **1** イーニッド《女子名》. **2**〘アーサー王伝説〙イーニッド《Geraint の妻; 貞女の鑑(かがみ)》. [Welsh=pure; wood lark]

enig·ma /ɪnígmə, ɛ-/ *n* (*pl* ～**s**, **-ma·ta** /-tə/) なぞ; なぞめいた話[文章]; なぞの人; 不可解なこと. ［L＜Gk *ainigmat- ainigma* (*ainos* fable)］

enig·mat·ic /ɛ̀nɪgmǽtɪk, *ì:-/, **-i·cal** *a* なぞの(ような), 不可解な, 得体の知れない, 不思議な. ♦ **-i·cal·ly** *adv*

enig·ma·tize /ɪnígmətàɪz, ɛ-/ *vt* なぞ[不可解]にする.

Enisei ⇨ YENISEY.

en·ísle 《文》 *vt* 島にする; 孤島に置く; 孤立させる.

En·i·we·tok /ɛ̀nɪwí:tɑ̀k/ エニウェトク《西太平洋の Marshall 諸島北西端にある環礁; 米国の核実験場 (1948–62)》.

en·jamb·ment, -jambe- /ɪnʤǽmmənt, -ʤǽmb-, ɛn-; *F* ɑ̃ʒɑ̃bmɑ̃/ *n* 〘韻〙 句またがり《詩の一行の意味・構文が次行へまたがって続くこと》. ♦ **en·jámbed** /-ʤǽmd/ *a* ［F＝encroachment (*jamber* ＜ *jambe* leg)］

en·join /ɪnʤɔ́ɪn, ɛn-/ *vt* 〈沈黙・従順などを〉申し付ける, 強いる 〈silence *on* sb〉; 命令する 〈sb *to* do, *that* it should be done〉; 〘法〙禁ずる, …に差止め命令 (injunction) を出す 〈sb *from* do*ing*〉. ♦ ～**·er** *n* ～**·ment** *n* ［OF＜L *in-*[2](*jungo* to join)＝to attach］

en·joy /ɪnʤɔ́ɪ, ɛn-/ *vt* **1 a** 享楽する, 楽しむ, 喜ぶ: ～ life 人生を楽しむ / ～ ski*ing* スキーを楽しむ / *E*～ your meal. どうぞ召し上がりください《給仕などのことば》/ How did you ～ your excursion? ご旅行はいかがでしたか / We ～*ed* talk*ing* about old times. 昔話に興じた. **b** 《古》〈女〉と性交する. **2 a** 享受[享有]する, 〈よいものを〉もっている: ～ good health [a fortune] 壮健である[財産をもっている] / ～ the confidence of one's friends 友人の信頼をうけている. **b** 〈悪いものを〉もっている: ～ poor health 体が弱い / ～ bad reputation. ▶ *vi* 楽しむ. ● **E～!** 《食べ物などを勧めて》さあ, どうぞ; 《別れる時に》じゃあ, 元気で. ～ **oneself** 愉快に過ごす: *E*～ your*selves!* さあ大いに楽しくやってください / He ～*ed* him*self* over his whiskey. 楽しくウイスキーを飲んだ. ♦ ～**·er** *n* ［OF *en-*[1](*joier* 〈 *joie* joy)＝to give joy to または OF *en-*[1](*joïr*＜L *gaudeo* to rejoice)］

enjóy·able *a* おもしろい, 楽しい, 愉快な. ♦ **-ably** *adv* ～**·ness** *n* **enjòy·abílity** *n*

enjóy·ment *n* 享有, 享受 〈*of* property, rights〉; 享楽, 愉快; 愉快にするもの, 楽しみ, 喜び: get ～ from…を楽しむ / spoil sb's ～ 人の楽しみをだいなしにする.

en·keph·a·lin /ɪnkɛ́fələn, ɛn-, -lɪn/ *n* 〘生化〙 エンケファリン《モルヒネ様作用を示す内因性ペプチドの一種》. ［ENCEPHAL-］

en·kíndle *vt* 〈燃料などを〉発火させる, 燃え立たせる; 〈情熱・情欲を〉かきたてる; 〈戦争などを〉起こさせる; 〈作品など〉に光彩を与える. ▶ *vi* 燃え上がる.

enl. enlarged ♦ enlisted.

en·láce *vt* ひもで囲む, …に堅く巻きつく; からませる, 組み合わせる, 織り交ぜる. ♦ ～**·ment** *n* 組合わせ(の型) (interlacement). ［OF＜Romanic (LACE)］

en·lárge *vt* **1** 大きくする, 拡大する; 〈写真を〉引き伸ばす; 〈事業などを〉拡張する; 〈本などを〉増補する; 〈心・見解などを〉広くする: an ～*d* photograph 引伸ばし写真 / revised and ～*d* 改訂増補した / Knowledge ～*s* the mind. 知識は心を広くする. **2** 《古》 放免する. ▶ *vi* **1** 広がる, 大きくなる, 増大する; 〈写真が〉引き伸ばせる. **2** 詳しく述べる 〈*on* a subject〉. ♦ **en·lárg·er** *n* 大きくする人[もの]; 〘写〙 引伸ばし機. ～**·able** *a* ［OF (LARGE)］

en·lárge·ment *n* 拡大, 増大, 拡張; 増補; 増築; 拡大された[させる]もの, 引伸ばし(写真).

en·líght·en *vt* 啓発[啓蒙]する, 教化する; 〈人〉に教える, 説明する 〈*about, on*〉; 《古・詩》 照らす: Please ～ me *on* this subject. この点を教えてください / He is ～*ed upon* the question. その問題に明るい. ♦ ～**·er** *n* ～**·ing** *a* ［*en-*[1]］

en·líght·ened *a* 啓発[啓蒙]された, 正しい知識のある; 開けた, 文明の進んだ; 十分な理解に基づく: the ～ world 開けた世界. ♦ ～**·ly** *adv*

en·líght·en·ment *n* 啓発, 教化, 啓蒙; [the E-] 《18 世紀の》啓蒙思潮[運動, 主義]; 〘仏教・ヒンドゥー教〙 悟り.

en·línk *vt* 連結する 〈*with, to*〉.

en·líst *vt* **1** 兵籍に入れる[留める]; 軍隊にとる: ～ sb *in* the army 人を陸軍に入れる / ～ one*self for* service in the army 陸軍に入隊する. **2** …の賛助[協力, 支持]を得る 〈*in* a cause〉; 〈支持・援助・同情・関心などを〉取り付ける, ひきつける. ▶ *vi* (志願して)兵籍にはいる[留まる]; 積極的に協力[参加]する 〈*in* a cause〉: ～ *in* the army 陸軍にはいる. ♦ ～**·er** *n* ～**·ment** *n* enlist する[される]こと; (志願による)兵役期間. ［*en-*[1]］

en·líst·ed *a* 《主に米》《軍隊の》士官 (commissioned officer)・准尉 (warrant officer) より下の階級の, 下士官兵の.

enlisted màn* 《士官・准尉より下の階級の》兵士, 兵《略 EM》.

enlisted wòman* 《士官・准尉より下の階級の》女性兵士, 女性兵《略 EW》.

en·list·ee /ɪnlɪstí:, ɛn-, -lísti/ *n* 志願兵; 兵士 (enlisted man).

en·liv·en /ɪnláɪv(ə)n, ɛn-/ *vt* …に活気を添える, …に元気をつける; 〈光景・談話などを〉陽気[にぎやか]にする; 〈商売を〉景気づかせる. ♦ ～**·er** *n* ～**·ment** *n*

en masse /*F* ɑ̃ mas/ *adv* 群れをなして, 集団で; ひとまとめに, 全部いっしょに; 全般的に.

en·mésh *vt* 網[わな]にかける, 網の目にからませる; [[u]*pass*] 〈困難などに〉巻き込む 〈*in*〉: get ～*ed in* difficulties 困難に陥る. ♦ ～**·ment** *n*

en·mi·ty /ɛ́nməti/ *n* 敵意, 悪意, 恨み, 憎しみ; 反目: be at ～ with…とは犬猿の仲である / have [harbor] ～ against…に対して恨みをいだく. ［OF＜Romanic; ⇨ ENEMY］

En·na /ɛ́nə/ エンナ《イタリア領の Sicily 島中部, Palermo の南東にある市》.

en·nage[u] /ɛ́nɪʤ/ *n* 〘印〙 半角数, n 数《半角を単位として表わした組版原稿の長さ》.

en·nea- /ɛ́niə/ *comb form* 「9」 ［Gk］

en·ne·ad /ɛ́niæ̀d/ *n* 9 つからなる一群[一式]; 《書籍・論文・詩などの》九編もの; 《エジプト神話の》九体の神々の一団. ♦ **en·ne·ad·ic** /ɛ̀niǽdɪk/ *a* ［Gk *ennea* nine］

en·nea·gon /ɛ́niəgɑ̀n; -gən/ *n* 九角[九辺]形 (nonagon) (⇨ TETRAGON).

ènnea·hédron *n* 〘数〙 九面体 (⇨ TETRAHEDRON).

En·nis /ɛ́nəs/ エニス《アイルランド西部 Clare 県の県都》.

En·nis·kil·len /ɛ̀nəskílən/, **In·nis·kil·ling** /ɪ̀nəskílɪŋ/ エニスキレン, イニスキリング《北アイルランド南西部 Fermanagh 地区の町・中心地》.

En·ni·us /ɛ́niəs/ エンニウス **Quintus** ～ (239–169 B.C.) 《ローマの叙事詩人・劇作家》.

en·nóble /ɪ-, ɛ-/ *vt* 貴族に列する, …に授爵する; 気高くする; 〘化〙 貴金属[腐食しない金属]にする. ♦ ～**·ment** *n* **en·nó·bler** *n* ［F (*en-*[1])］

Enns /ɛ́nz, -s/ [the] エンス川《オーストリア中部を東流のあと北流して Danube 川に合流する》.

en·nui /ɑ̀:nwí:, ⏑⏑; ɔ́nwì:, ⏑⏑; *F* ɑ̃nɥi/ *n* 倦怠, 退屈, 手持ちぶさた, アンニュイ; 憂愁; 退屈させるもの. ▶ *vt* (～**ed, -nuyed; -nuy·ing**) [[u]*pp*] 退屈させる, 倦(う)ませる. ［F; ⇨ ANNOY; cf. ODIUM］

en·nuyé /*F* ɑ̃nɥije/ *a, n* (*fem* **-nuy·ée** /—/; *pl* ～**s,** (*fem*) **-nuy·ées** /—/) 倦怠を感じている(人).

Eno /í:noʊ/ 〘商標〙 イーノー《発泡性制酸胃腸薬・緩下薬; 粉末状で水に溶かして飲む》.

ENO °English National Opera.

Enoch /í:nək, -nɪk; -nɔ̀k/ **1** イーノック《男子名》. **2** 〘聖〙 エノク《**1)** Methuselah の父; *Gen* 5:18–24 **2)** Cain の長男; *Gen* 4: 17–18》. ［Heb＝initiated; teacher, follower］

Énoch Árden イーノック・アーデン《Tennyson の同名の物語詩 (1864) の主人公; 船の難破で長い間家に帰れない間に死んだと思われ, 妻が幼な友だちと結婚してしまう》.

enó·ki (múshroom) /ɛnóʊki(-)/ 〘菌〙 エノキタケ, ナメタケ《キシメジ科のキノコ; 食用》. ［Jpn］

enol /í:nɔ̀(:)l, -nòʊl, -nɑ̀l/ *n* 〘化〙 エノール. ♦ **eno·lic** /inóʊlɪk, -nɑ́l-/ *a*

Enó·la Gáy /ɪnóʊlə-/ [the] エノラ・ゲイ《広島に原子爆弾を投下した米国陸軍航空隊所属の B-29 爆撃機のニックネーム》.

eno·lase /ɛ́nəlèɪs, -z/ *n* 〘生化〙 エノラーゼ《グルコース分解に重要なはたらきをする酵素》.

enol·o·gy, oe·nol- /inɑ́ləʤi/ *n* ぶどう酒(醸造)学, ワイン研究. ♦ **-gist** *n* **eno·log·i·cal** /ì:n(ə)lɑ́ʤɪk(ə)l/ *a* ［Gk *oinos* wine］

eno·phile /í:nəfàɪl/ *n* OENOPHILE.

enorm /ɪnɔ́:rm/ *a* 《古》 厖大な (enormous).

enor·mi·ty /ɪnɔ́:rməti/ *n* **1** 無法さ, 法外さ, 《特に》極悪(非道); 重大な犯罪行為, 大罪, 大それた行為; 重大な誤り. **2** 《口》《問題・仕事などの》巨大さ, 厖大さ. ［F＜L (↓)］

enor·mous /ɪnɔ́:rməs/ *a* **1** 《規模・数・程度が》非常に大きい, 巨大な, 莫大な, 《特に》桁はずれの: an ～ difference たいそうな相違 / an ～ fortune 巨万の富. **2** 《古》 異常な, 法外な; 《古》 極悪な, 実にひどい: the most ～ crime 極悪犯罪. ♦ ～**·ly** *adv* 法外に, 非常に: Recently she has changed ～*ly*. 最近非常に様子が変わった. ～**·ness** *n* ［L *enormis* (NORM)］

Enos /í:nəs; -nɔ̀s/ **1** イーノス《男子名》. **2** 〘聖〙 エノス, エノシュ《Seth の息子; *Gen* 4: 26, 5: 6》. ［Heb＝mortal man］

eno·sis /ɪnóʊsəs/ *n* 同盟; エノシス《キプロスにおけるギリシアへの復帰運動》. ♦ **enó·sist** *n* ［ModGk＝union］

enough /ɪnʌ́f/ *a* 必要なだけの, 十分な (sufficient); …するに足る, …するだけの; …に不足のない: Thank you, that's ～. ありがとう, それで十分です / Five men are [is] ～. 5 人で足りる / ～ eggs [butter] ＝eggs [butter] ～ 《名詞の前にもあとにも置くが, 前置のほうが普通で, 後置はやや文語的》/ time ～ *for* the purpose その目的に十分な時間 / He doesn't have ～ sense [sense ～] *to* realize his mistakes. 間違いを悟るだけの分別がない / ～ to make one weep [cry, throw up] 泣きたくなる[吐きたくなる]ほど(ひどい). ▶ *pron* **1** 十分(な量[数]) 〈*to* do〉; たくさん (too much): more than ～ 十二分(に) / ～ to go (a)round 皆に行き渡るだけのもの[量] / We have had ～ *of* everything. なにもかも十分いただきました / I *have had* quite [about] ～ *of* this rainy weather. この雨はもうたくさんだ / *E～ of* that! ＝That's ～! ＝*E～* already! 《口》 もうたくさんだ, もうよせ! / (That's) ～ (*of* this) foolishness! ばかなことはよせ, もうたくさんだ / *E～* is as good as a feast. 《諺》 満腹はごちそうも同様 / not nearly [nowhere near]～ 《口》 全く不十分な[何の足しにもならない]もの. **2** [°〈*int*〉] もうたくさんだ! (No more!): Cry '～'! もうたくさん[参った]と言え! ● **～ and to** SPARE. **E～ is ～.** 《口》 もうたくさんだ. **have ～ to** do…するのがやっとだ.

► *adv* 《形容詞・副詞・形容詞的な名詞 (例: fool＝foolish / man＝manly) のあとに置く》 **1** 必要なだけ, …するに足るだけ: Is it large ～? その大きさで足りるか / It is good ～ *for* me. わたしにはそれでけっこうです / It isn't good ～. それだけでは不十分です / The meat is done ～. 肉がよく焼いてある / I was foolish [fool] ～ *to* think so. 愚かにもそう考えた 《fool は形容詞的だから冠詞を付けない》 / be old ～ *to* do…してもよい年ごろだ. **2** 十分(に) (fully); まずまず, かなり (passably): You know well ～ what I mean. ぼくの気持はきみもよくわかっているはずだ / He reads well ～. 読みっぷりはまずまずだ, そうまずくもない 《気のないほめ方》. **3** [強意語] 全く, 実に: a small ～ sum ほんのわずかな金額 / oddly [strangely] ～ おかしなことに, どういうわけか. ● **cannot** do **～** いくら…しても足りない: I *can never* thank you ～. お礼の申しようもありません / *cannot* [*couldn't*] do often ～ 飽きずに[どんどん]…する, いくら…してもしすぎることはない. **E～ said.** 《口》 《相手の話をさえぎって》 もうわかった. **It's bad ～ without**… それでなくても[ただでさえ]やっかいなのにそのうえ[おまけに]…(なのだから). RIGHT **～**. **soon ～** まあそのうち, (もう)すぐ, 近いうち. SURE **～**. [OE *genōg*; cf. G *genug*]

enounce /ɪnáʊns/ *vt* 明快に[論理的に]述べる; 声明する, 宣言する; 〈語を〉(はっきりと)発音する. ♦ **～·ment** *n* [F ENUNCIATE; 語形は *announce, pronounce* の類推]

Eno·vid /ɛnóʊvɪd, ɛnáv-/ 〘商標〙 エノビッド 《ノルエチノドレル (norethynodrel) およびメストラノール (mestranol) を成分とする経口避妊薬》.

enow /ɪnáʊ, ɪnóʊ/ *a, n, adv* 《古・詩》 ENOUGH.

en pan·tou·fles /*F* ɑ̃ pɑ̃tufl/ スリッパを履いて; くつろいで, 気楽に.

en pa·pil·lote /*F* ɑ̃ papijɔt/ *a* 〈肉・魚など〉紙包み焼きの.

en pas·sant /ɑ̀ːpàːsɑ́ː, -pə-; ɑ̀ː(m)pǽsɑ̀ː(ŋ)/ *adv* ついでに (by the way), ちなみに; 〘チェス〙 通過捕獲で, アンパッサンで 《相手のポーンが 2 升進んだとき, 1 升進んだと同様とみなし, 自分のポーンを 1 升目に動かして取れるルール (＝**èn passánt rùle**)》: take a pawn ～. [F＝in passing]

en pen·sion /*F* ɑ̃ pɑ̃sjɔ̃/ *adv, a* 全食事付きで宿泊して(いる), 賄い付きの下宿をして(いる); 室代・食費込みで[の].

en·phy·tot·ic /ɛ̀nfaɪtátɪk/ *a* 〘植〙 あまりひどくはならないが一地域に定期的に起こる, 風土病の. ► *n* (植物)風土病(の発生).

en·pláne *vi* 飛行機に乗る (opp. *deplane*). ► *vt* 〈人を〉飛行機に乗せる.

en plein /*F* ɑ̃ plɛ̃/ *adv, a* 《ルーレットなどで》 一つの数などに全て賭けて[た]. [F＝in full]

en plein air /*F* ɑ̃ plɛnɛːr/ 戸外で, 野外で.

en plein jour /*F* ɑ̃ plɛ̃ ʒuːr/ 真昼間に[の].

en pointe /ɑ̀ːpwǽt; ɔ̃-/ *a* 〘バレエ〙 つまさきで立って. [F]

en poste /*F* ɑ̃ pɔst/ *a* 〈外交官が〉赴任[駐在]して.

en pri·meur /*F* ɑ̃primœːr/ *a* 〈ワインが〉新酒[プリムール]の 《Beaujolais Nouveau など》. [F＝as being new]

en·print /ɛ́nprɪnt/ *n* 〘写〙 標準サイズ(のプリント).

en prise /*F* ɑ̃ priːz/ *adv, a* 〘チェス〙 敵にとられそうになって[なった].

én quàd 〘印〙 エヌ[半角](幅の)クワタ.

en·quire /ɪnkwáɪər, ɛn-/ *v* INQUIRE.

en·qui·ry /ɪnkwáɪəri, ɛn-, *ínkwəri, *ínkwəri, íŋ-/ *n* INQUIRY.

en·ráge *vt* おこらせる, 立腹させる: He was ～*d with* me [*at* [*by*] the insult]. わたし[侮辱]に対しておこった. ♦ **～·ment** *n* [F (*en*-[1])]

en·ra·gé /*F* ɑ̃raʒe/ *n* 戦闘的急進派の人.

en·ráged *a* 立腹した, 激怒した, かっとなった. ♦ **en·rág·ed·ly** /-ʤ(ə)dli/ *adv*

en rap·port /ɑ̀ːn ræpɔ́ːr, -rə-; *F* ɑ̃ rapɔːr/ *adv, a* 一致[調和]して(いる), 気が合って(いる), 共鳴して(いる) 〈*with*〉.

en·rápt *a* うっとりしている, 有頂天の.

en·rápture *vt* うっとりさせる, 狂喜させる: I was ～*d with* [*over, at*] the good fortune. 幸運に有頂天になった.

en·rávish *vt* (喜びで)夢中にさせる.

en·régiment *vt* 連隊に編成する; 訓練する; 秩序ある統制のもとにおく.

en·régister *vt* 登記[登録]する, 記録に載せる.

en règle /*F* ɑ̃ rɛgl/ 規則にかなった[かなって], 整然と(した). [F＝in rule]

en re·tard /*F* ɑ̃ rətaːr/ 遅れている, おそい.

en re·traite /*F* ɑ̃ rətrɛt/ 引退して, 退職[退役]して(いる).

en re·vanche /*F* ɑ̃ rəvɑ̃ːʃ/ *adv* その代わりに; それに反して.

En·ri·ca /ɛnríːkə/ エンリカ 《女子名》. [(fem); ⇨ ENRICO]

en·rích *vt* **1** 富ませる, 豊かにする, 豊富にする; 〘教育〙 《科目増設や指導内容強化によって》〈教育課程を〉拡充する: ～ the mind *with* knowledge 知識で精神を豊かにする. **2 a** …の質[価値, 重要性, 効果]を高める; 〈土壌を〉肥やす; 《ミネラルやビタミンなどを添加して》〈食物〉の栄養価を高める, 強化する: ～*ed* food 強化食品. **b** 〈味・香気・色彩などを〉濃厚にする; 〘理〙 〈ウラニウムなどを〉濃縮する: ～*ed* uranium 濃縮ウラン. **3** 飾りたてる. ♦ **～·er** *n* **～·ing·ly** *adv* **～·ment** *n* ⁺利益を得ること, 利得: unjust ～*ment*. [OF (*en*-[1])]

En·ri·co /ɛnríːkoʊ/ エンリコ 《男子名》. [It; ⇨ HENRY]

en·ríng *vt* 取り囲む; …に(指)輪をはめる.

en·róbe *vt* …に衣服を着せる; 装う; 〈ケーキなどを〉コーティングする. ♦ **-rób·er** *n*

en·roll /ɪnróʊl, ɛn-/, 《英》 **-rol** *v* (-ll-) *vt* **1** 名簿に記載する, 登録する; 会員にする 〈*in, on*〉; 兵籍に入れる: About 1000 students were newly ～*ed at* the school. 約 1000 名の学生が新たに入学した / ～ one*self for* [*in, on*‖] mathematics 数学のクラスに登録する. **2 a** 記録する; *〈議会で可決された法案を〉清書する: ～*ed* bill 登録法案. **b** 〈証書などを〉裁判所記録として保管する. **3** 《まれ》 巻く, くるむ. ► *vi* 登録[記載]する 〈*for, in, on*‖ a course〉; 入学[入会, 入隊]する 〈*at*〉. ♦ **en·róll·er** *n* [OF (*en*-[1])]

en·roll·ee /ɪnròʊlíː, -róʊlìː, ɛn-/ *n* 入学者, 入会者, 入隊者, 登録者.

enróll·ment, 《英》 **-rol-** *n* 記載; 登録, 入隊, 入学; 登録簿, 登録者名簿; [[U]*pl*] 登録(者)数: a school with a total ～ of 800 students 学生総数 800 名の学校 / ～*s* for science courses.

en·róot *vt* [[U]*pass*] 根付かせる; 堅く据え付ける, 深く植え付ける 〈*in* one's mind〉. ► *vi* 根付く, 根をおろす.

en route /ɑ̃ː(n) rúːt, -ráʊt, *ɛn-, ‖ɔn-/ *adv, a* 途上で[の] (on the way) 〈*to, for*〉.

én rùle 〘印〙 EN DASH.

ens /ɛ́nz/ 〘哲〙 *n* (*pl* **en·tia** /ɛ́nʃiə/) 存在, 実在(物); 実体. [L＝being]

Ens., ENS Ensign.

ENSA /ɛ́nsə/ *n* 〘英〙 《軍隊慰問の》 慰安奉公会 (Entertainments National Service Association) (1939–45).

en·sámple *n* 《古》 模範, 手本 (example).

en·sánguine *vt* 血に染める, 血まみれにする; 深紅色にする. ♦ **～d** *a* 《文》 血にまみれた.

en·sate /ɛ́nsèɪt/ *a* ENSIFORM.

En·sche·de /ɛ́nskədèɪ, -xə-/ エンスヘデ 《オランダ東部 Overijssel 州, ドイツ国境の近くにある市》.

en·sconce /ɪnskáns, ɛn-/ *vt* 隠す, 忍ばせる; [[U]*pass*/～ *-self*] 安坐させる, 落ちつかせる, 安置する, 定着させる: ～ one*self in* an armchair 肘掛け椅子におさまる / be firmly ～*d* in that position その地位にしっかりとおさまっている. [*sconce*[4]]

en·scróll, in- /ɪn-, ɛn-/ *vt* SCROLL に書き込む, 記載する; 記録する.

en se·condes noces /*F* ɑ̃ səgɔ̃ːd nɔs/ 再婚で.

en·sem·ble /ɑːnsɑ́ːmb(ə)l/ *n* **1** (総合的)全体; 全体的調和[効果]; 〘楽〙 アンサンブル 《1) 2 部以上からなる合唱曲・合奏曲; その合唱[合奏]者たち 2) 演奏者・歌手・踊り手の一団; その演奏や演技の統一性》. **2** 〘劇〙 《主役以外の》 共演者団; CORPS DE BALLET. **3** 《調和のとれた》 一そろいの衣装, アンサンブル; 《家具などの》 そろい一組. **4** 〘数・理〙 (系の)集合, 集団. ► *adv* 全部いっしょに[同時に]. [F＜L (*in*-[2], *simul* at the same time)]

ensémble àcting [plàying] 〘劇〙 アンサンブル演出 《スター中心でなく全俳優の演技を統一し総合的効果をねらう演出》.

En·se·na·da /ɛ̀nsənáːdə/ エンセナダ 《メキシコ北西部 Baja California 州北部の太平洋に臨む市・港町》.

en·se pe·tit pla·ci·dam sub li·ber·ta·te qui·e·tem /ɛ́nsɛ pétɪt pláːkɪdàːm sʊb lìːbertáːtɛ kwiétɛ̀m/ 剣をもって自由のもとに平穏を求める 《Massachusetts 州の標語》. [L]

en·sépulcher, -chre *vt* 墓に納める, 葬る.

en·sérf *vt* 奴隷にする. ♦ **～·ment** *n*

en·shéathe, -shéath *vt* SHEATH でおおう.

en·shríne *vt* **1 a** 聖堂[聖櫃(せいひつ)など]に祭る[安置する]; 神聖なものとして大事にする[保存する, 温存する], 秘める 〈*in* one's heart〉. **b** 〈箱が遺品などを〉聖堂[聖櫃 など]として収納する: The casket ～*s* his relics. 小箱には彼の遺品がはいっている. **2** [[U]*pass*] 〈人権・理想などを〉公式文書などに〉正式に記す 〈*in* the constitution〉. ♦ **～·ment** *n*

en·shri·nee /ɪnʃráɪni, -ʃraɪníː, ɛn-/ *n* (栄誉の)殿堂 (Hall of Fame) 入りした人.

en·shróud *vt* 経かたびらで包む; おおい隠す; わかりにくくする: be ～*ed* in mystery なぞに包まれている.

én·si·fòrm /ɛ́nsə-/ *a* 〘生〙 剣状の; 剣状突起の.

énsiform cártilage 剣状突起 (xiphoid process).

en·sign /ɛ́ns(ə)n, -sàɪn/ *n* **1 a** 《船・飛行機の国籍を示す》 旗, 国旗 《いわゆる国旗のデザインのほかに別の標章を添加することもある》: BLUE [RED, WHITE] ENSIGN. **b** *《職・階級などの》 記章, 標章; 象徴, しるし. **2** /*ɛ́ns(ə)n/ 〘米海軍・米沿岸警備隊〙 少尉 (⇨ NAVY). **3** 《古》 旗手 (standard-bearer), 《特に 1871 年以前の英陸軍の》 連隊旗手 《少

尉). ♦ ~·ship, ~·cy *n* ENSIGN の職[階級]. [OF INSIGNIA]

en·si·lage /éns(ə)lɪʤ, ɪnsáɪlɪʤ/〘畜〙*n* エンシレージ《生牧草のサイロ保蔵法》; SILAGE. ► *vt* ENSILE.

en·sile /ɛnsáɪl, ⌐⌐/ *vt*〘畜〙〈生牧草を〉サイロに貯蔵する, SILAGE にする. [F<Sp (*en*-¹, SILO)]

en·ský *vt* 大いにほめ上げる; 天(国)に昇らせる.

en·sláve *vt* 奴隷にする; [ᵘ*pass*] とりこにする: ~ sb *to* superstition 人を迷信のとりこにする. ♦ **~·ment** *n* 奴隷にすること; 奴隷状態. **en·sláv·er** *n* 奴隷にするもの; 男たらし.

en·snáre *vt* わなにかける (snare); 陥れる〈*in*〉; 誘惑する. ♦ **~·ment** *n*

en·snárl *vt* もつれさせる, 混乱させる.

En·sor /ɛ́nsɔ̀ːr/ アンソール, エンソール **James** (**Sydney**) ~, Baron ~ (1860–1949)《ベルギーの表現主義の画家・版画家》.

en·sor·cell, -cel /ɪnsɔ́ːrs(ə)l, ɛn-/ *vt* (**-ll-**, **-l-**) …に魔法をかける; 魅了する. ♦ **en·sór·cell·ment** *n* [OF; *sorcerer* の異化]

en·sóul *vt* 心に入れる[しまう]; …に霊魂を吹き込む. ♦ **~·ment** *n*

en·sphére *vt* すっぽりと包む[囲む]; 球形[球状]にする.

en·sta·tite /ɛ́nstətàɪt/ *n* 頑火(がんか)輝石, エンスタタイト《斜方輝石》.

en·sue /ɪns(j)úː, ɛn-/ *vi* あとで起こる, あとに続く; 結果として起こる: What will ~ *from* [*on*] this? これから何が起こるだろうか. ► *vt*《古》…の実現[達成]に向かって努力する;《廃》…のあとに続く. [OF <Romanic (L *sequor* to follow)]

en·sú·ing *a* 次の, 続く (following); 次いで起こる, 結果として続く: the ~ months その後の数か月 / the war and the ~ disorder 戦争とそれに続く混乱.

en suiteᴵᴵ /*F* ɑ̃ sɥit/ *adv, a* 続いて[た], ひと続きに[の], ひとそろいになって[の], ひとそろいのものの一部分として(の): an ~ bedroom 浴室[バス・トイレ]付きの寝室. [F=in sequence]

en·sure /ɪnʃúər, ɛn-, ᴵᴵ-ʃɔ́ːr/ *vt* **1**〈成功などを〉確実にする, 保証する〈*that*…〉,〈地位などを〉確保する: It will ~ you success. それで成功は確実だ / ~ *that* their rights are respected 彼らの権利が確実に尊重されるようにする. **2** 安全にする〈*against, from*〉. [AF; ⇨ ASSURE]

en·swáthe *vt* (包帯で)くるむ[包む]〈*in*〉. ♦ **~·ment** *n*

ent- /ɛnt/, **en·to-** /ɛ́ntoʊ, -tə/ *comb form*「内の」「内部の」[Gk *entos* within]

-ent /(ə)nt/ *n suf*「…をする人[もの]」: resid*ent*, solv*ent*. ► *a suf*「(…するように)行なう[ふるまう, 存在する]」: insist*ent*, rever*ent*, subsequ*ent*. [L]

ENT ear, nose, and throat 耳鼻咽喉.

en·tab·la·ture /ɪntǽbləʧər, ɛn-, -ʧùər, -t(j)ùər/ *n*〘建〙エンタブレチュア《オーダーの柱頭より上の部分; 上から cornice, frieze, architrave の 3 部からなる》. [It (*intavolare* to put on TABLE)]

en·táble·ment *n*〘建〙像台《base と dado の上の台座》.

en·tail /ɪntéɪl, ɛn-/ *vt* **1** 必然的に伴う; 必要とする;〘論〙論理的必然として意味する, 内含する: Freedom ~*s* responsibility. 自由には責任が伴う / Business expansion ~*s* hiring new workers. 事業拡大には新たな雇用が必要だ. **2**《古》〘法〙〈不動産〉の相続を直系卑属に限定する; 限嗣相続の形で譲与する〈*on* sb〉. **3**〈人を〉《ある状態・地位に》永久的に固定する. ► *n* **1**〘法〙限嗣相続, 継嗣限定; 限嗣相続財産; 継嗣限定の規定; 継承順位: cut off the ~ 限嗣相続の制限を解く. **2**《性質・信念などの》宿命的遺伝; 必然的な結果; 論理的な帰結. ♦ **~·er** *n* **~·ment** *n*〘法〙継嗣限定;〘論〙内含, 伴立. [*en*-¹, AF TAIL²]

ènt·amóeba /ɛ̀nt-/ *n*〘生〙体内寄生性アメーバ, エントアメーバ《脊椎動物の 特に腸内に寄生する; 多くは無害だが, ヒトのアメーバ赤痢の原因となる赤痢アメーバを含む》.

en·tángle *vt*〈糸などを〉もつれさせる; 紛糾させる; 混乱させる, まごつかせる; からませる, ひっかける;《落とし穴・困難などに》陥れる, 巻き込む: ~ one's feet *in* a net 網に足をひっかける / be ~*d with*…とからみ合っている;〈人が〉…と深くかかわり合っている / ~ one*self* (*in* debt) (負債で)動きがとれなくなる. ♦ **en·tán·gler** *n*

en·tángle·ment *n* **1** もつれ(させること), 巻き込む[引き入れる]こと〈*in* the affairs〉;《好ましくないこと・人との》深いかかわり, 危険な結びつき; もつれた男女関係. **2** 足手まとい; わな; [*pl*]〘軍〙鉄条網.

en·ta·sia /ɛntéɪʒ(i)ə/ *n*〘生理〙緊張性[強直性]痙攣.

en·ta·sis /ɛ́ntəsəs/ *n* (*pl* **-ses** /-sìːz/)〘建〙エンタシス《円柱中央部のふくらみ》; ENTASIA. [Gk]

En·teb·be /ɛntɛ́bə, -bi/ エンテベ《ウガンダ南部 Victoria 湖北岸の町; 旧英国総督府所在地, cf. KAMPALA; 国際空港がある》.

en·tel·e·chy /ɛntɛ́ləki/ *n*〘哲〙エンテレケイア《質料が形相を得て完成する現実》;《生気論の》生命力, 活力, エンテレヒー, エンテレキー.

en·tel·lus /ɛntɛ́ləs/ *n*〘動〙HANUMAN.

en·tente /ɑːntáːnt/ *n* 協約, 協商《条約ほど正式でなく同盟よりもゆるい国家間の親善関係の約束》; 協商国《集合的》. [F=understanding; ⇨ INTENT]

enténte cor·diále /-kɔ̀ːrdjáːl/ 和親協商 (entente); [the E-C-] 和親協商《**1**) 1904 年英国とフランスの間で結ばれたもの **2**) 英仏露三国間で成立した TRIPLE ENTENTE》. [F]

en·ter /ɛ́ntər/ *vt* **1 a** …にはいる (come [go] into);〘法〙侵入する, 占取する: ~ a house *by* [*through*] the back door 裏口から家にはいる / ~ a new stage 新しい段階にはいる / *Enter*ing Harvard Square. まもなくハーヴァードスクエアです《地下鉄内のアナウンス》. **b**〈考えなどが浮かぶ (occur to): A new idea ~*ed* my head [mind]. 新しい考えが頭に浮かんだ. **2 a**〈弾丸・とげなどが〉…にはいり込む, 刺さる: A thorn ~*ed* my little finger. とげが小指に刺さった. **b** 入れる, 差し込む (insert): ~ a wedge *into* a log 丸太にくさびを打ち込む. **3 a** …の一員となる (join), …に参加[エントリー]する; …に入学[入会, 入隊]する;〈サイト〉に入場する, はいる, アクセスする: ~ a school [a college] 学校[大学]に入学する / ~ the army [church] 陸軍軍人[聖職者]になる / ~ a profession (医師などの)職業に就く / ~ business 実業界にはいる. **b** 入学[入会]させる; 参加させる: ~ one's son *at* college [*in* school] 息子を大学[学校]に入れる / ~ a horse *for* [*in*] a race 競馬に馬を出走させる / ~ students *for* the examination 学生を受験させる. **4 a**〈名前・日付などを〉書き入れる, 記入する;〈取引などを〉記帳する; 登録する;〈データなどを〉入れる, 入力する: ~ an appointment *in* [*into*] the diary 日記に面会約束を記入する / press *E*~ エンター(キー) (enter key) を押す. **b** 法廷に提出する, 提起する; 正式に記録する;〈船・船荷を〉税関に申告する; *〈公有地〉の所有権を申請する: ~ a protest〘英上院〙少数意見書を作成し会議録に掲載する;《一般に》異議を申し立てる, 抗議する. **5**〈犬・馬を〉調教する, ならす. ► *vi* **1** はいる; 入学する; [三人称への命令]〘劇〙登場せよ (opp. *exit*): ~ *at* [*by, through*] the door 戸口からはいる / *E*~ Hamlet. ハムレット登場. **2**《競技などへの出場を》申し込む, 登録する〈*for, in*〉. ● **~ an appearance**=make an APPEARANCE. **~ into**〈仕事・談話・交渉などを〉始める, 従事する;〈詳細〉に立ち入る, 取り扱う;〈関係・協約などを〉結ぶ;〈勘定・計画など〉の中にはいる, …に加わる; …の一部[要因]となる;〈人の感情・考えなど〉に共鳴する;〈おもしろみなど〉がわかる; 参加する; 考慮する; 論議する: ~ *into* the spirit of …〈行事など〉の雰囲気に溶け込む. **~ on**…の所有権を得る; …を始める (begin);〈新生活など〉にはいる;〈問題〉を取り上げる: ~ *upon* one's duties 就任する. **~ oneself for**…への参加を申し込む, …に応募する. **~ the** LISTS. **~ up** 正式に記帳する;〘法〙(裁判)記録に載せる. [OF<L (*intra* within)]

en·ter- /ɛ́ntər/, **en·tero-** /ɛ́ntəroʊ, -rə/ *comb form*「腸」[Gk; ⇨ ENTERON]

entera *n* ENTERON の複数形.

énter·able *a* はいれる; 参加登録の資格がある; (会計簿に)記帳できる.

en·ter·al /ɛ́ntər(ə)l/ *a* ENTERIC. ♦ **~·ly** *adv*

en·ter·ec·to·my /ɛ̀ntəréktəmi/ *n*〘医〙腸切除(術).

en·ter·ic /ɛntérɪk, ɪn-/ *a* 腸の; 腸溶性の: an ~ capsule 腸溶カプセル. ► *n* ENTERIC FEVER. [Gk; ⇨ ENTERON]

entéric féver 腸熱《TYPHOID FEVER の旧称》.

en·ter·it·i·dis /ɛ̀ntərítədəs/ *n*〘獣医〙《特に 若い動物の》腸炎.

en·ter·i·tis /ɛ̀ntəráɪtəs/ *n*〘医・獣医〙腸炎.

énter kèy〘電算〙エンターキー (return key).

èntero·bactérium *n*〘菌〙腸内細菌. ♦ **-bactérial** *a*

èntero·bác·tin /-bǽktən/ *n*〘生化〙腸内バクチン《腸内細菌によってつくられる細菌抑止物質》.

èntero·bí·a·sis /-báɪəsəs/ *n* (*pl* **-ses** /-sìːz/)〘医〙蟯虫(ぎょうちゅう)症.

èntero·chrómaffin *a*〘医〙腸クロム親和性の.

èntero·cóccus *n*〘菌〙腸球菌, エンテロコッカス. ♦ **èntero-cóccal** *a*

éntero·còele, -còel *n*〘動〙腸体腔. ♦ **èntero·cóe·lic, -cóe·lous** *a*

èntero·colítis *n*〘医〙全腸炎.

èntero·gás·trone /-gǽstròʊn/ *n*〘生化〙エンテロガストロン《胃液分泌を抑えるホルモン》.

èntero·hepatítis *n*《七面鳥などの》腸肝炎 (BLACKHEAD).

èntero·kínase *n*〘生化〙腸活素, エンテロキナーゼ《トリプシノゲンを酵素トリプシンにする活性化反応の触媒酵素》.

en·ter·on /ɛ́ntəràn/ *n* (*pl* **-tera** /-tərə/, **~s**)〘動・解〙《特に 胚・胎児の》消化管. [Gk=intestine]

èntero·pathogénic *a* 腸病原(性)の: ~ bacteria.

en·ter·op·a·thy /ɛ̀ntərápəθi/ *n*〘医〙腸疾患.

en·ter·os·to·my /ɛ̀ntərástəmi/ *n*〘外科〙腸フィステル形成(術), 腸造瘻(ろう)術. ♦ **-to·mal** /-təm(ə)l/ *a*

en·ter·ot·o·my /ɛ̀ntərátəmi/ *n*〘外科〙腸切開(術).

èntero·toxémia *n*〘医〙腸毒血症《腸内で生成した毒素による》;〘獣医〙腸性中毒症, エンテロトキセミア《ウェルシュ菌による羊の伝染病》.

èntero·tòxi·génic *a*〘生化〙腸毒素原性の, 腸毒素産生性の.

èntero·tóxin *n*〘生化〙腸毒素, エンテロトキシン《ブドウ球菌などによる毒素; 食中毒の原因となる》.

èntero·vírus *n* 腸内ウイルス, エンテロウイルス《コクサッキーウイルスなどのピコルナウイルスの一群; 一般に腸管に存在するが, 時に神経症状などをも呈する》. ♦ **-víral** *a*

en·ter·prise /ɛ́ntərpràɪz/ *n* **1 a**《重大[困難, 危険]な》計画, 企

E

て; 仕事, 事業, 企業《特に 大胆な実行力を要する[困難な, 冒険的な]事業》. **b** 企業経営. **2** 経済組織[活動]の単位《一工場・一農場・一鉱山など》,《特に》会社, 企業(体): a government [private] ～ 公[私]企業 / FREE ENTERPRISE. **3** 冒険心; 進取の気性: a man of ～ 進取の気性に富む人 / a spirit of ～ 企業心, 進取の気性. **4** [E-] エンタープライズ《米国海軍の, 世界で最初の原子力推進空母; 1961 年完成》; [E-] エンタープライズ《SF ドラマ 'Star Trek' に登場する宇宙連邦軍の巨大な最新鋭宇宙船》. [OF (pp)＜*entreprendre*＜*emprendre* (L *prehendo* to grasp)]

énterprise cùlture 《進取・独立の気性に富む》企業[事業]家精神, 起業(奨励)の気運, 企業家社会(の風土), 自由経済(社会).

én·ter·pris·er *n* 企業家, 事業家.

énterprise zòne 《大都市中心部の》産業振興地域, 都市再活性化区域, 企業(誘致)地区《減税などの特典によって私企業を誘致し雇用機会の増加をはかることを定めた, 失業者の多い老朽化地域》.

én·ter·prìs·ing *a* 〈人が〉進取の気性に富んだ; 〈行動が〉進取的な. ♦ **～·ly** *adv*

en·ter·tain /ɛ̀ntərtéɪn/ *vt* **1 a** 客に呼ぶ, もてなす, 歓待する; [°*iron*] 楽しませる, 慰める: ～ sb *at* [*to*‖] dinner 人をごちそうに呼ぶ / We were ～*ed with* refreshments. 茶菓のもてなしをうけた / ～ the company *with* music 音楽で一座を慰める. **b**〔スポ〕〈相手チームを〉自軍の根拠地に迎えて試合をする; 《廃》〈人を〉受け入れる (receive). **2** 〈申し出などを〉受け入れる, 考慮する; 〈考え・感情・希望などを〉心にいだく. **3** 《古》維持する (maintain). ► *vi* もてなす, 歓待する; 楽しませる. [ME＝to hold mutually＜F＜Romanic (*teneo* to hold)]

entertáin·er *n* 人を楽しませる人,《特に》芸人, 芸能人, エンターテイナー.

entertáin·ing *a* おもしろい, 愉快な. ► *n* もてなし, 接待, パーティー. ♦ **～·ly** *adv*

entertáin·ment *n* **1** 歓待, もてなし, ごちそう; 宴会, パーティー: ～ expenses 接待費 / give an ～. **2 a** 楽しい気晴らし(を与える[得る]こと), 慰み, 娯楽; 《劇場・サーカスなどでの》見世物, 催し物, 興行もの, 余興, 演芸: much to one's ～ 非常におもしろかったことに / find ～ in reading 読書を楽しむ / Television affords good ～ to invalids. テレビは病弱者によい娯楽である / give a dramatic [theatrical] ～ 演劇を催す / a musical ～ 音楽会, 音楽の余興. **b**《気楽に読める》娯楽[冒険, エンタメ]小説. **3**《申し出などの》受け入れ, 考慮. **4** 《古》支給(額), 払い (provision); 《廃》職 (employment).

entertáinment tàx‖ 興行税.

en·thal·pi·met·ry /ɛnθæ̀lpəmétri/ *n*〔化〕エンタルピー計測(法). ♦ **-mét·ric** *a*

en·thal·py /ɛ́nθæ̀lpi, -θəl-, ɛnθǽl-/ *n*〔理〕エンタルピー (＝*heat content, total heat*)《熱力学特性関数の一種》.

en·thet·ic /ɛnθétɪk/ *a*〔医〕《接種などによる》外因性の〈病気〉; 補塡療法の.

en·thral(l) | **-thral** /ɪnθrɔ́ːl, ɛn-/ *vt* (**-ll-**) [ᵘ*pass*] 〈人〉の心を奪う, 魅了[魅惑]する, とりこにする 〈*with*〉; 《まれ》奴隷(状態)にする (enslave). ♦ **～·ment** *n* 奴隷化; 奴隷状態; 心を奪うこと, 魅惑: with ～*ment* うっとりと(して).

en·thráll·ing *a* おもしろい, わくわくする.

en·thróne *vt* 〈人を〉王位につかせる;〔教会〕BISHOP の座につかせる; 上座に据える; あがめる, 敬愛する; …に最高の価値を付与する. ♦ **～·ment** *n* 即位させること; 即位式,《特に》〔教会〕(新)司教推戴[着座式].

en·thròn·izá·tion *n* ENTHRONEMENT.

en·thuse /ɪnθ(j)úːz, ɛn-/ *vi, vt* 《口》熱心に[熱く]語る 〈*about, over, that*〉; [ᵘ*pass*] 熱中[熱狂, 感激]させる: be ～*d by* [*with*]…に熱中[感激]する, 夢中になる. [逆成く↓]

en·thu·si·asm /ɪnθ(j)úːziæ̀z(ə)m, ɛn-/ *n* 熱中, 熱狂, 熱意; 感激; 意気込み 〈*for, about*〉; 熱狂の対象; 《古》宗教的熱情, 狂信; 《古》神がかり: damper [fire] sb's ～ 熱意を冷ます[かきたてる]. [F or L＜Gk (*entheos* inspired by god)]

en·thu·si·ast /ɪnθ(j)úːziæ̀st, ɛn-/ *n* 熱中している人, 熱狂者, ファン (fan); 《古》狂信者: those ～*s about* politics 例の政治狂たち / an ～ *for* sports スポーツファン.

en·thu·si·as·tic /ɪnθ(j)ùːziǽstɪk, ɛn-/ *a* 熱心な, 熱狂的な 〈*about, over*〉; 《古》狂信的な. ♦ **-ti·cal·ly** *adv* 熱心に, 夢中になって.

en·thy·meme /ɛ́nθɪmìːm/ *n*〔論〕省略三段論法.

entia *n* ENS の複数形.

en·tice /ɪntáɪs, ɛn-/ *vt* 誘う, 誘惑する: ～ *away from* home 家から誘い出す / ～ *in* 誘い込む, 釣り込む / ～ sb *with*…で人を誘惑する / ～ sb *into* do*ing* [*to* do] 人をそそのかして…させる. ♦ **～·ment** *n* 誘惑; 誘惑物, 心をひくもの, 餌 (allurement). **en·tíc·er** *n* [OF ＝to incite (L *titio* firebrand)]

en·tíc·ing *a* 気をひく(ような), 誘惑的な: an ～ advertisement 心をそそる広告. ♦ **～·ly** *adv* **～·ness** *n*

en·tire /ɪntáɪər, ɛn-/ *a* **1** [*attrib*] **a** 全体の (whole), 全…: clean the ～ room 部屋をくまなく掃除する / an ～ day まる一日. **b** 全くの (utter), 完全な, 絶対の: You have my ～ confidence. きみに全幅の信頼を寄せている. **2 a** 〈そろいの物が〉そろった, 完備した; 〈所蔵品など〉もとのままの, 手つかずの; 〈陶器など〉無きずの; 《廃》純粋な, 均質の. **b** 去勢されていない〈雄馬〉: an ～ horse. **3**〔植〕〈葉が〉葉縁に切れ込みや刻みのない, 全縁の. ★ 葉縁 (margin) の形状: entire (全縁), lobed (浅裂), cleft (中裂), incised (鋭浅裂, 深裂), dissected (全裂). ► *adv* ENTIRELY. ► *n* **1 a** 《古》全体, 完全 (entirety); 〔郵〕エンタイア《使用された切手のついた, 宛名・消印などの完全な封筒[はがき]》. **b** 種馬 (stallion). **2** 純粋なもの; 品質均等の品; ‖《古》黒ビール (porter) の一種. ♦ **～·ness** *n* 完全(無欠); 純粋. [OF＜L; ⇨ INTEGER]

entíre·ly *adv* 全く, 完全に, すっかり; もっぱら, ひたすら: ～ useless 全然役に立たない / not ～ [部分否定] 必ずしも[すべてが]…というわけではない.

entíre·ty *n* 完全, そっくりそのまま(の状態); [the] 全体, 全額 〈*of*〉; 〔法〕《分割でない》全部保有: hold a property *in* ～. ● **in its** [**their**] **～** 全体として, そっくりそのまま, ことごとく, 完全に: 'Hamlet' *in its* ～『ハムレット』全幕(上演).

en·ti·sol /ɛ́ntaɪsɔ̀(ː)l, -sòʊl, -sɑ̀l/ *n*〔土壌〕エンチゾル《層位がほとんどあるいは全くみられない土壌》. [? *entire*, *-sol* (L *solum* soil)]

en·ti·tle /ɪntáɪtl, ɛn-/ *vt* [°*pass*] **1** 〈本などを〉…と題する; …に名称[称号]を与える: a book ～*d* "Robinson Crusoe"「ロビンソンクルーソー」と題する本. **2** 〈人〉に(…の[する])権利[資格]を与える: You are ～*d to* a seat [*to* sit]. あなたは席に着く資格[権利]がある. [AF＜L (TITLE)]

entítle·ment *n* 〈…を受ける〉資格, 権利 〈*to*; *to* do〉; 《法律・契約で規定された給付の》受給権;〔米〕エンタイトルメント《特定集団の成員に給付を与える政府の施策; 社会保障, 恩給, Medicare, Medicaid など》, エンタイトルメントの資金[による給付金].

en·ti·ty /ɛ́ntəti/ *n* **1 a**《客観的・観念的な》存在物, 実在物;〔哲〕存在者 (ens);〔法〕法主体: an actual [a real] ～ / an abstract ～ 抽象(的存在) / a legal ～ 法的実在[主体], 法人 / a public ～ 公的法主体, 公法人 / Utopia is an ideal ～. ユートピアは観念的存在である. **b** 自主[独立]的なもの; 統一体: a political ～ 国家. **2** 存在, 実在 (being, existence); 自主性, 独自性: lose one's ～. **3**《属性などに対して》本質 (essence), 実体 (substance). **4**〔電算〕エンティティー《SGML, HTML の外字や参照データなど》. ♦ **en·ti·ta·tive** /ɛ́ntətèɪtɪv; -tɪtə-/ *a* [F or L; ⇨ ENS]

ento- /ɛ́ntoʊ, -tə/ ⇨ ENT-.

ènto·blàst〔発生〕*n* 内胚葉 (endoderm); HYPOBLAST. ♦ **èn·to·blástic** *a*

ènto·dèrm *n*〔発生〕ENDODERM. ♦ **ènto·dérmal, -dérmic** *a*

en·tóil *vt* 《古・詩》わなにかける.

en·tom- /ɛ́ntəm/, **en·to·mo-** /ɛ́ntəmoʊ, -mə/ *comb form*「昆虫」[Gk; ⇨ ENTOMOLOGY]

entom. entomological ♦ entomology.

en·tómb *vt* 《文》墓に入れる, 埋葬する, 葬る 〈*in*〉; …の(ための)墓場となる; 閉じ込める 〈*in*〉. ♦ **～·ment** *n* 埋葬; 埋没. [OF (TOMB)]

en·tom·ic /ɛntámɪk/ *a* 昆虫の, 昆虫に関する.

èntomo·fáuna *n*〔生態〕《一地域の》昆虫相.

entomol. entomological ♦ entomology.

en·to·mol·o·gize /ɛ̀ntəmáləʤàɪz/ *vi* 昆虫学の研究をする; 昆虫を採集する.

en·to·mol·o·gy /ɛ̀ntəmáləʤi/ *n* 昆虫学《略 entom.》. ♦ **-gist** *n* 昆虫学者. **èn·to·mo·lóg·i·cal** *a* **-i·cal·ly** *adv* [F or NL (Gk *entomon* INSECT)]

en·to·moph·a·gous /ɛ̀ntəmáfəgəs/ *a*〔動〕昆虫を食う, 食虫性の (insectivorous). ♦ **-gy** /-ʤi/ *n*

en·to·moph·i·lous /ɛ̀ntəmáfələs/ *a*〔植〕虫媒の《昆虫による受粉媒介; cf. ANEMOPHILOUS》: an ～ flower 虫媒花. ♦ **èn·to·móph·i·ly** *n* 虫媒.

en·to·mos·tra·can /ɛ̀ntəmástrɪkən/ *a, n*〔動〕切甲類の(動物)《ミジンコ・フジツボなど》. ♦ **-mós·tra·cous** *a*

ènto·párasite *n* ENDOPARASITE.

énto·phỳte *n* ENDOPHYTE. ♦ **ènto·phýtic** /-fít-/ *a*

en·top·ic /ɛntápɪk/ *a*〔解〕正常位置に起こる[ある].

en·to·proct /ɛ́ntəprɑ̀kt/〔動〕*n* 内肛動物《スズコケムシなど》. ► *a* 内肛動物門の. ♦ **èn·to·próc·tous** *a*

ent·óptic /ɛnt-/ *a* 〈視覚現象が〉眼球内にある[原因がある], 内視性の.

ènto·rhínal *a*〔解〕嗅内野[嗅内皮質]の《大脳の連合野と海馬をつなぐ情報伝達経路としてはたらく皮質》: the ～ area [cortex].

ent·otic /ɛntóʊtɪk, -tát-/ *a* 耳内に位置する.

en·tou·rage /ɑ̀ːnturáːʒ; ɔ́nturɑ̀ːʒ, ─ ─ ´/ *n* 側近, 随(行)員, お供, お付き《集合的》; 同僚, 仲間《集合的》; 周囲, 環境. [F (*entourer* to surround)]

en-tout-cas /ɑ̃ːtùːkáː/ *n* (*pl* ～) **1** 晴雨兼用の傘. **2** [En-Tout-Cas]〔商標〕アンツーカー《全天候用のテニスコート》. [F＝in any case]

ènto·zóa *n pl* (*sg* **-zó·on** /-zóuɑ̀n/) 体内寄生虫《回虫など》. ♦ **-zó·an** /-zóʊən/ *a, n*

èn·to·zó·al /-zóʊ(ə)l/ *a* ENTOZOIC.
èn·to·zóic *a* 体内寄生の; 体内寄生虫の.
entozoon *n* ENTOZOA の単数形.
en·tr'acte /á:ntrӕkt, ã́:(n)-, ─́─́; 5ntrӕkt, ã́:(n)-, ─́─́/ *n* 幕あい; 幕あいの演芸; 間奏曲, アントラクト. ［F (*entre* between, ACT)］
en·trails /éntrèɪlz, *-trəlz/ *n pl* 内臓, はらわた;《一般に》内部, 中身. ［OF<L *intralia* (*intra* within)］
en·tráin[1] *vt* 〈特に 軍隊を〉汽車[列車]に乗せる. ► *vi* 汽車[列車]に乗る (opp. *detrain*). ［*en*-[1]］
entrain[2] *vt* **1** いっしょに引っ張って行く, ひきずる;〈できごとを〉伴う, ひき起こす;〘化〙〈流体が小滴・粒子などを〉浮遊させて運ぶ, 飛沫同伴する: ～*ed* air 連行空気. **2**〈微細気泡を〉コンクリート中に混入させる. **3** …の段階[周期]を決定[限定]する;〘生〙〈生体の概日リズムを〉別の日周周期に同調させる. ♦ **～·ment** *n*〘化〙飛沫同伴;〘生〙同調化, エントレインメント《乳児が母親の語りかけに反応して体動・表情・音声などを同調させること》. **～·er** *n* ［F *en*-[1](*traîner* to drag< TRAIN[1])］
en·train[3] /*F* ɑ̃trɛ̃/ *n* 活気, 熱心.
en train /*F* ɑ̃ trɛ̃/ 進行中で.
en·trámmel *vt* …に網をかける; 束縛する, 妨げる.
en·trance[1] /éntrəns/ *n* **1 a** はいること; 入場, 入港;《俳優の》登場〈*on, to* a stage〉;〘楽〙《声部・演奏の》入り, 出だし: have free ～ *to* …に自由にはいることを許されている / at the ～ of the night [holidays] 夜[休暇]にはいると / make [effect] one's [an] ～ はいる, はいりおおせる / *E*～ Free《掲示》入場随意 / No *E*～《掲示》立入り[入場]禁止. **b** 入学, 入社, 入会;《新生活・職業などの》門出, 就任, 就業: ～ *into* life 人生への門出 / ～ *into* [*upon*] an office 就任 / America's ～ *into* war アメリカの参戦 / apply for ～ *at* a school 入学を志願する. **2** はいる機会[権利]〈*to*〉; 入場料, 入会金 (entrance fee [charge]): gain ～ to…にはいるのを認められる, はいり込む. **3** 入口〈*to, of*〉; 戸口, 玄関, 昇降口;〘海〙水切(ﾐｽﾞｷﾘ)部《喫水線下の船首前部》: the front ～ 表玄関《訪問客用》/ the back ～ 裏戸口《商用》/ an ～ hall 玄関の広間, 玄関ホール《特に大きな建物の》. ［OF; ⇨ ENTER］
en·trance[2] /ɪntrǽns, ɛn-; -trá:ns/ *vt* **1**《喜び・驚嘆などで》感きわまらせる, 我を忘れさせる〈*with*〉; …の魂を奪う, うっとりさせる: be ～*d at* [*by*]…にすっかり魅了される. **2** 失神[昏睡]させる. ♦ **～d** *a* ［*en*-[1]］
éntrance fèe 入場料; 入会[入学]金;《大会などへの》参加費.
entránce·ment *n* 失神[うっとり]させること; 失神[昏睡]状態; 忘我[恍惚]の境地, 有頂天, 狂喜; 茫然自失; うっとりさせるもの.
éntrance mòney ENTRANCE FEE.
éntrance pùpil〘光〙入射ひとみ.
éntrance·wày *n* 入口, 通路 (entryway).
en·tránc·ing *a* 魂を奪う, うっとりさせる. ♦ **～·ly** *adv*
en·trant /éntrənt/ *n* 入来者, 新入会員, 新入生; 競技参加者, 出場者. ［F (pres p)〈*entrer* to ENTER］
en·tráp *vt* わなにかける, とらえて放さない;〈物質を〉閉じ込める;〈人を〉陥れる〈*with*〉: ～ sb *to* destruction [*into* doing…] だまして破滅に導く[…させる]. ［OF *en*-[1](*traper*〈TRAP[1])］
en·tráp·ment *n* わなにかけること, 閉じ込めること; わなにかかること;〘法〙わな, おとり捜査《捜査陣が犯意のなかった者を誘惑して罪を犯させること》.
en·tréasure *vt* 宝庫にたくわえる.
en·treat /ɪntrí:t, ɛn-/ *vt* **1** 懇願[嘆願]する: ～ sb *to* do…してくれるよう頼む / ～ sb *for* mercy [*to* have mercy] しきりに慈悲を請う / I ～ this favor *of* you. どうぞこの願いを聞いてください. **2**《古》扱う (treat). ► *vi* **1** 懇願[嘆願]する. **2**《廃》交渉する; 仲裁する. ♦ **～·ing** *a* **～·ing·ly** *adv* 懇願するように, 折り入って. **～·ment** *n* ［OF (*en*-[1], TREAT)］
en·tréaty *n* 懇願, 嘆願, 哀願.
en·tre·chat /*F* ɑ̃trəʃa/ *n*〘バレエ〙アントルシャ《跳び上がっている間に脚を交差させ, 時にはかかとを打ち合わせる動作》.
en·tre·côte /*F* ɑ̃trəko:t/ *n*〘料理〙アントルコート《あばら骨間のステーキ肉, 時にサーロイン》. ［F=between rib］
entrecôte mi·nute /*F* -minyt/ MINUTE STEAK.
En·tre-Deux-Mers /*F* ɑ̃trədømɛ:r/ アントル-ドゥー-メール《(1) フランス Bordeaux 地方の Garonne, Dordogne 両河にはさまれた地区 (2) 同地区産のワイン》.
en·trée, en·tree /á:ntrèɪ; 5n-; *F* ɑ̃tre/ *n* **1** 出場, 入場; はいり方; 入場[加入, 参加, 使用]権[許可]: have the ～ of a house 家に自由に出入りを許されている. **2**〘料理〙アントレ《(1) メインとなる料理 (2) 正式のコースで, 魚料理と肉料理との間に出す料理》. ［F=entry］
en·tre·mets /*F* ɑ̃trəmɛ/ *n* (*pl* ～ /*F* ─/) アントルメ (side dish)《(1) 主要な料理の間に出る添え料理 (2) デザート》.
en·trénch *vt* **1** 塹壕で囲む[に入れる]. **2** [*pass*/～ *-self*] 安全な場所に身を置く; …の地歩を固める; 固定化する, 定着させる. **3** (侵食で) …に深い溝[峡谷]をうがつ. ► *vi* **1** 塹壕を掘る, 壕を構築する; 塹壕に身を隠す. **2** (権利)侵害をする〈*on*〉. ♦ **～·ment** *n* 塹壕の構築; 塹壕に囲まれている状態; 塹壕, 壕;《権利の》侵害; 固定化, 定着, 確立.
en·trénched *a* 塹壕で防備された; [°*derog*]〈態度・習慣・考えなどが〉固定化した, 凝り固まった, 抜きがたい.
en·tre nous /*F* ɑ̃trə nu/ *adv* ここだけ[内緒]の話だが. ［F=between ourselves］
en·tre·pôt /*F* ɑ̃trəpo/ *n* 倉庫 (storehouse); 貨物集散地: an ～ trade 中継(ﾁｭｳｹｲ)貿易, 仲継(ﾅｶﾂｷﾞ)貿易. ［F (*entre*- INTER-, *poser* to place)］
en·tre·pre·neur /à:ntrəprənə́:r, ɑ̀:(n)-, -n(j)ʊ́r; ɔ̀ntrə-prənə́:r, ɑ̀:(n)-/ *n* 企業家, 起業家, 事業主 (enterpriser); 興行主; 請負人; 仲介者. ♦ **～·ial** /-iəl/ *a* **～·ial·ism** *n* **～·ial·ly** *adv* **～·ship** *n* ［F; ⇨ ENTERPRISE］
en·tre·sol /ã́:(n)trəsɑ̀l; *F* ɑ̃trəsɔl/ *n* 中二階 (mezzanine).
en·trism /éntrìz(ə)m/ *n* ENTRYISM. ♦ **én·trist** *n*
en·tro·pi·on /ɛntróupiɑ̀n, -piən/ *n*〘医〙(眼瞼)内反. ［Gk *entropē* a turning in］
en·tro·py /éntrəpi/ *n* **1** エントロピー《(1)〘理〙熱力学における状態量の一つ; 系の無秩序さの尺度 (2)〘情報〙ある状態に関する情報の欠如(無秩序さ)を示す量》. **2**《漸進的な》一様化, 均質化;《質の》低下, 崩壊; 無秩序, 混沌. ♦ **en·tro·pic** /ɛntróupɪk, -trɑ́p-/ *a* **-pi·cal·ly** *adv* ［G<Gk (*tropē* transformation)］
en·trúst *vt* ゆだねる, 任せる, 預ける, 委任[委託]する: ～ sb *with* a task=～ a task *to* sb 任務を人に委任する / ～ sb *with* a secret 信用して秘密を明かす / ～ a child *to* sb's care 子供の世話を任せる. ♦ **～·ment** *n* ［*en*-[1]］
en·try /éntri/ *n* **1 a** はいること, 入場,《俳優の》登場; はいる自由[権利, 特権]. **b**〘法〙《土地・家屋への》立入り(権), 土地占有;〘法〙家宅侵入: an illegal ～ 不法侵入[入国] / refuse [deny] ～ to…への立入りを拒否する / NO *E*～《掲示》立入り[進入]禁止. **2 a** はいり道, 入口, 門口, 戸口, 玄関 (entrance); 河口;《建物の間の》通路;〘海〙ENTRANCE[1]. **b**〘楽〙《特にフーガの, 声部の》入り. **3 a** 記入, 記帳, 登録, 登記;〘商〙《税関での》(船[船荷]の)登録(書類);《船荷の》通関: make an ～ (*of* an item) (事項を)記入[登録]する / SINGLE [DOUBLE] ENTRY. **b** 記載事項;《辞書などの》収録項目, 見出し項目《見出し語およびその記載事項》. **4**《競走・競技・会議などへの》参加, 出場, エントリー; 参加者[馬, 車, 作品](数), 出展[出品](作); 参加者名簿: a developing nation's ～ *into* the UN 発展途上国の国連加盟 / an ～ for a speech contest 弁論大会への参加 / The *entries* from one school are limited to five players. 一校からの参加選手は 5 名に限られる. **5**〘トランプ〙エントリー《自分またはパートナーの手に勝たせて打出し権 (lead) を移行すること[手段]》; エントリーを可能にする札 (=**～ càrd**). ［OF<Romanic; ⇨ ENTER］
éntry·ìsm *n*《政策・目的の変更をねらって政治組織に》加入すること, 潜入(活動). ♦ **-ist** *n*
éntry-lèvel *a* 入門レベルの, 初歩的な; 初めて購入する人(向き)の: ～ jobs [word processors].
éntry pèrmit 入国許可.
Éntry·phòne〘商標〙《事務所・マンションの》(入口の)インターホン.
éntry·wày* *n*《進入用の》通路.
éntry wòrd HEADWORD.
en·twíne *vt* からみ[より]合わせる; からませる; 密接に結びつける: ～ one thing *about* [*around, with*] another / They walked with their arms ～*d* 腕をからませて[組んで]歩いた. ► *vi* からみ合う, からまる〈*about, around, with*〉. ♦ **～·ment** *n*
en·twíst *vt* ENTWINE.
enu·cle·ate /ɪn(j)ú:klièɪt/ *vt*〘医〙摘出する;〘生〙〈細胞〉から核を取り除く, 除核[脱核]する;《古》…の意味を明らかにする. ► *a* /-kliət, -èɪt/〘生〙除核[脱核]した〈細胞〉. ♦ **-à·tor** *n* ［L (*e*-, *nucleus*)］
enù·cle·á·tion *n*〘医〙摘出(術);〘生〙除核, 脱核.
enuf /ɪnʌ́f/ *a, adv, n*《視覚方言》ENOUGH.
Enu·gu /eɪnú:gu/ エヌグ《(1) ナイジェリア南部の州 (2) その州都; 内戦 (1967-70) 中 Biafra の首都》.
E-number /í: ─/ *n* E 番号《E のあとに数字を入れて食品添加物を表わす; 1970 年代より EC の規定に定められた》;《口》食品添加物. ［*E*uropean］
enu·mer·a·ble /ɪn(j)ú:m(ə)rəb(ə)l/ *a* DENUMERABLE. ♦ **enù·mer·a·bíl·i·ty** *n*
enu·mer·ate /ɪn(j)ú:m(ə)rèɪt/ *vt* 数える; 数え上げる, 列挙する;《カナダ》〈名前を〉選挙人名簿に登録する. ［L; ⇨ NUMBER］
enù·mer·á·tion *n* 数え上げること; 数え上げた数値; 列挙, 枚挙; 目録, 一覧表;《カナダ》選挙人名簿の作成.
enú·mer·à·tive /, -rət-/ *a* 列挙する; 列挙の, 枚挙の; 数を数える; 計数(上)の.
enú·mer·à·tor *n* 数を数える人,《特に》国勢調査員;《カナダ》選挙人名簿作成員.
enun·ci·a·ble /ɪnʌ́nsiəb(ə)l, -ʃ(i)ə-/ *a* 発音できる.
enun·ci·ate /ɪnʌ́nsièɪt, -ʃi-/ *vt* **1**〈理論などを〉明確に説く[述べる]. **2**〈理論・主義などを〉宣言する, 公表する. **3**〈語を〉(はっきりと)発音する. ► *vi* 明確な発音で話す. ♦ **enùn·ci·á·tion** *n* 明確に述べること; 言明, 宣言;《聴き取りやすさからみた》話し方, 発声;《曇りのない》はっきりとした話し方[発声]. **enún·ci·à·tive** /; -siətɪv/ *a*

発音(上)の; 言明[宣言]的な. **-à·tor** *n* [L (*nuntio* to announce)]

en·ure /ɪn(j)ʊ́ər, ɛ-/ *vt, vi* INURE.

en·ure·sis /ènjurí:səs/ *n* 〘医〙遺尿(症): nocturnal ~ 夜尿(症). ♦ **en·uret·ic** /ènjurétɪk/ *a, n*

env. envelope.

en·vel·op /ɪnvéləp, ɛn-/ *vt* 包む, おおう, 囲む; 隠す; 〘軍〙包囲する: ~ one*self in* a blanket 毛布にくるまる / be ~*ed in* flames [mystery] 火炎[神秘]に包まれる. ► *n* ENVELOPE. ♦ **~·er** *n* [OF (*en-*[1]); cf. DEVELOP]

en·ve·lope /énvəlòup, *á:n-, ˈɔ́n-/ *n* **1** 封筒; 包み, おおい; 〘空〙《気球・飛行船の》気嚢, 《気嚢の》外包; 〘天〙《彗星の》包被, エンベロープ; 〘天〙コーマ (coma); 〘生〙外被, 包膜, エンベロープ; 〘電〙《電子管・電球などの》管球容器; 《俗》コンドーム: stuff ~*s* 封筒詰めの仕事をする; [*fig*] 退屈な仕事をする. **2** 〘数〙包絡線, 包絡面; 〘電子工〙《被変調波の振幅変化を示す》包絡線; 〘空〙範囲, 包囲線図, エンベロープ《飛行機などの安全[有効]運用の範囲を規定する諸限界の集合》.
● **push (out) the ~** 限界に挑む, 許容範囲を広げる. **the back of an ~** ありあわせのメモ[計算]用紙 (cf. BACK-OF-THE [AN]-ENVELOPE). [F (↑)]

E

envélop·ment *n* 包み込むこと; 包み込まれた状態; 〘軍〙包囲; 包み, 包み紙.

en·ven·om /ɪnvénəm, ɛn-/ *vt* 〈弓矢など〉に毒を塗る, …に毒を入れる[含ませる]; …に毒気[敵意, 悪意, 憎悪]をおびさせる: an ~*ed* tongue 毒舌. [OF (VENOM)]

en·ven·om·ate /ɪnvénəmèɪt, ɛn-/ *vt* 《かむことなどにより》毒物[液]を注入する. ♦ **en·vèn·om·átion** *n*

en·vènom·izátion *n* 毒蛇や虫のかみ傷[刺し傷]から起こる中毒, エンベノミゼーション.

En·ver Pa·şa [Pa·sha] /énvèər pá:ʃə, -pǽʃə, -pəʃá:/ エンヴェル・パシャ (1881–1922)《トルコの軍人・政治家; 青年トルコ革命の指導者》.

en·vi·able /énviəb(ə)l/ *a* うらやましい. ♦ **-ably** *adv* うらやましいほど, すばらしく. **~·ness** *n* [*envy*]

en·vi·er /énviər/ *n* うらやむ[ねたむ]人.

en·vi·ous /énviəs/ *a* 嫉妬深い; うらやましそうな; 《古》負けまいとする; 《古》ENVIABLE: be ~ *of* another's luck 人の幸運をねたむ. ♦ **~·ly** *adv* ねたんで, そねんで; うらやんで. **~·ness** *n* [OF; ⇨ ENVY]

en·vi·ro /ɪnváɪərou/ *n* (*pl* **~s**) 《口》ENVIRONMENTALIST.

en·vi·ron /ɪnváɪərən, *-váɪ(ə)rn/ *vt* 取り巻く, 包囲する, 囲む: a house ~*ed by* [*with*] trees 木々に囲まれた家. [OF (*environ* surroundings); cf. ENVIRONS]

en·vi·ron·ics /ɪnvàɪərɑ́nɪks/ *n* 環境管理学.

envíron·ment *n* **1** 周囲を取り巻くもの[事情, 情況]; 《生態学的・社会的・文化的な》環境; [the] 自然(環境); 〘電算〙環境《ハードウェア・オペレーティングシステム・アプリケーションなどで決まる総合的な作業環境》; 〘言〙環境《ある言語要素の現われる前後の条件》: destroy [preserve] the ~ 自然を破壊[保存]する. **2** 環境芸術の作品《見る人との全体的な交流を目指す芸術作品・演劇》. **3** 《まれ》囲む[囲まれる]こと.

Envíronment Àgency [the] 〘英〙環境庁《環境・食糧・農林地域省 (DEFRA) 管轄下の独立行政機関; 1996 年設立》.

en·vi·ron·men·tal /ɪnvàɪərənméntl, *-vàɪ(ə)rn-/ *a* 周囲の, 環境(上)の; 環境芸術の; 環境保護を目指す: ~ pollution 環境汚染 / ~ policy 環境保護策. ♦ **~·ly** *adv* 環境的に(は): ~*ly* friendly＝ENVIRONMENT-FRIENDLY / ~*ly* sensitive 環境破壊[汚染]を受けやすい, 環境保護の必要な〈地域など〉.

environméntal accóunting 環境会計《企業が環境保全に投資したコストと効果を定量的に測定する会計手法》.

environméntal árt 環境芸術 (⇨ ENVIRONMENT).

environméntal áudit 環境監査《ある企業の環境保全への取り組み方を第三者が調査・査定すること》.

environméntal biólogy 環境生物学, 生態学 (ecology).

environméntal engineér 環境工学者《環境保全の専門技術者》.

Environméntal Héalth Òfficer 〘英〙環境衛生監視官, 公害防止管理官.

Environméntal Héalth Sèrvice [the] 〘英〙《地方自治体の》環境衛生監視[公害防止]事業[業務]《Environmental Health Officer が実施する大気汚染・騒音の防止や食品衛生の監督など》.

environmental impact stàtement 環境影響評価[アセスメント]報告.

environméntal·ìsm *n* 環境決定論[主義]《個人・社会の発達においては遺伝よりも環境が有力な要因だとする説》; 環境保護(主義).

environméntal·ist *n* 環境決定論者; 環境保護論者, 環境問題専門家; 環境芸術作家.

Environméntal Protéction Àgency [the] 〘米〙環境保護局《略 EPA》.

environméntal scíence 環境科学.

environméntal théater 環境演劇.

envíronment-fríend·ly *a* 環境[地球]にやさしい, 環境に害を与えない, 環境保全に配慮した.

en·vi·ron·men·tol·o·gy /ɪnvàɪərənmèntɑ́ləʤi, *-vàɪ(ə)r(n)-/ *n* 環境学.

envíronment vàriable 〘電算〙環境変数《動作環境を指定する変数; ワークスペースなどを指定する》.

envíron·pòlitics *n* 環境(保全)政策.

en·vi·rons /ɪnváɪərənz, énvərənz, *ɪnváɪ(ə)rns/ *n pl* 《都市の》周辺地域[地区], 近郊, 郊外; 環境, 周囲; 隣接地域[地区], 付近. [OF＝round about (*en* in, *viron* circuit, neighborhood＜VEER[1])]

en·vis·age /ɪnvízɪʤ, ɛn-/ *vt* 《ある見方で》見る, 考える, 認識する 〈*as*〉; 心に描く (visualize); 想像する, 構想する 〈*doing, that*〉; 《まれ》〈事実を〉正視[直視]する, 〈危険など〉に直面する. ♦ **~·ment** *n* [F (VISAGE)]

en·vísion* *vt* 〈将来のことなどを〉心に描く, 構想する, 夢見る.

en·voi /énvɔɪ, *á:n-/ *n* ENVOY[1]; 別れに際して[終わりに臨んで]言うことば[すること]. [OF＜*envoyer* to send (*en voie* on the way＜VIA)]

en·voy[1] /énvɔɪ, *á:n-/ *n* **1** 跋(ばつ), あとがき《詩・エッセイ・著書などの末尾に付記する献詞・説明などを含む結びのことば》. **2** 〘韻〙反歌, エンヴォイ《バラードのような古体詩の最終連; 献詞ないし結びのことばの役をする》. [OF (ENVOI)]

envoy[2] *n* 外交使節, 《特に》特命全権公使 (＝~ **extraórdinary (and mínister plenipoténtiary)**); 《広く》使節, 特使, 使者: an Imperial ~ 勅使. ♦ **~·ship** *n* [F (pp)＜↑]

en·vy /énvi/ *n* **1** ねたみ, 嫉妬, うらやみ, そねみ: in ~ of…をうらやんで / out of ~ 嫉妬から / feel ~ at [of] another's success 人の成功をうらやましがる. **2** 羨望の的: He has become the ~ of others. 羨望の的となった. **3** 《廃》悪意 (malice). ● GREEN **with ~**. ► *vt* **1** うらやむ, ねたむ: I ~ you (*for* your success). きみ(の成功)がうらやましい / I ~ (you) your success. きみの成功がうらやましい / I ~ you hav*ing* a close family. 家族仲がよくていいね. **2** 《廃》惜しむ (begrudge). ► *vi* 《廃》うらやむ, ねたむ. ♦ **~·ing·ly** *adv* [OF＜L *invidia*＜*in-*[2](*video* to see)＝to look askance, envy]

en·wéave *vt* INWEAVE.

en·whéel *vt* 《廃》取り囲む (encircle).

en·wínd /-wáɪnd/ *vt* (**-wóund** /-wáund/) 巻き込む, 包む; …に巻きつく, まといつく.

en·wómb *vt* 子宮のように包む, 奥[くぼみ]に埋める[隠す, 封じ込む].

en·wráp *vt* 包む, くるむ 〈*in*〉; [°*pass*] 夢中にさせる, …の心を奪う 〈*in*〉: be *enwrapped in* thought 物思いにふける.

en·wréathe *vt* 《文》花輪で取り巻く, 取り囲む; からみ合わせる.

En·zed /ènzéd/ *n* 《豪口》NEW ZEALAND(ER). ♦ **Èn·zéd·der** *n* NEW ZEALANDER.

en·zo·ot·ic /ènzouɑ́tɪk/ *a* 〈動物の病気が〉地方病[風土病](性)の (cf. EPIZOOTIC). ► *n* 《動物の》地方病, 風土病. ♦ **-i·cal·ly** *adv*

en·zygótic /ɛ̀n-/ *a* 〈双生児が〉一卵性の.

en·zy·mat·ic /ènzaɪmǽtɪk, -zə-/ *a* 酵素の[による]. ♦ **-i·cal·ly** *adv*

en·zyme /énzaɪm/ *n* 〘生化〙酵素. ♦ **en·zy·mic** /ɛnzáɪmɪk/ *a* ENZYMATIC. **-mi·cal·ly** *adv* [G (Gk *en* in, *zumē* leaven); cf. ZYMOTIC]

énzyme detèrgent 酵素洗剤.

énzyme engineèring 酵素工学《酵素(作用)の農工業への応用》.

énzyme-lìnked immunosórbent àssay 〘生化〙ELISA.

en·zy·mol·o·gy /ènzàɪmɑ́ləʤi, -zə-/ *n* 酵素学. ♦ **-gist** *n* 酵素学者. **èn·zy·mo·lóg·i·cal** *a*

en·zy·mol·y·sis /ènzàɪmɑ́ləsəs, -zə-/ *n* 〘生化〙酵素性分解.

eo- /í:ou, -ə/ *comb form*「最も早い[古い] (earliest)」 [Gk; ⇨ EOCENE]

e.o. °ex officio. **EO** °executive order.

Eo·an·thro·pus /ì:ouǽnθrəpəs/ *n* 〘人〙エオアントロプス属《Piltdown man のみに与えられた分類名》.

èo·bíont *n* エオビオント《生命の発生の前段階で生命の特徴のいくつかをそなえた仮想化学構造》.

EOC 〘英〙°Equal Opportunities Commission.

Éo·cène 〘地質〙*a* 始新世[統]の. ► *n* [the] 始新世[統]. [Gk *ēōs* dawn, *kainos* new]

EOE °equal opportunity employer.

EOF 〘電算〙end of file ファイルの終わり, ファイルの終端.

Éo·gène *a, n* PALEOGENE.

èo·híppus *n* 〘古生〙エオヒップス属 (*E-*) のウマ, 始新馬, アケボノウマ《米国西部の始新世前期の地層から発見された最も原始的な 4 本指の小型の馬》.

eo ip·so /í:ou ípsou, èɪ-/ それ自体に; その事実によって. [L]

EOKA /eɔ́:kɑ:/ エオカ《キプロスのギリシア系住民によるギリシア・キプロス併合運動の中心組織》. [ModGk *E*thnikí *O*rgánosis *K*ipriakoú

Agónos (National Organization of Cypriot Struggle)]
eo·li·an /ióuliən, -ljən/ *a* 〘地質〙風成の; [E-] AEOLIAN. ► *n* [E-] AEOLIAN.
eol·ic /iálɪk/ *a* EOLIAN; [E-] AEOLIC: an ～ deposit 風成層. ► *n* [E-] AEOLIC.
Eolie ⇨ AEOLIAN ISLANDS.
eo·li·enne /eɪòulién, i-; *F* eɔljɛn/ *n* エオリエンヌ《絹と羊毛[レーヨン, 綿]との交ぜ織りの軽い服地》. [F＝Aeolian]
eol·i·pile /iáləpàɪl/ *n* AEOLIPILE.
éo·lìth *n* 〘考古〙原石器《人類最古の石器》. [*eo-*, *-lith*]
Èo·líthic *a* [°e-] 〘考古〙原石器時代の.
EOM, e.o.m. 〘主に商〙end of (the) month.
EOM dating /í:òuém ―/ 〘商〙月末日付, 月末起算《支払い条件の表記で取引月の月末を起算日とするやり方; たとえば 2/20 EOM は翌月の 20 日までに支払えば 2% の現金割引があることを示す》.
eon, eonian ⇨ AEON, AEONIAN.
E[1] /í:wʌ́n/ E[1]《LHOTSE の別称; インドが測量に用いた記号 (Everest 1 の意)》.
eon·ism /í:ənìz(ə)m/ *n* 〘精神医〙《特に 男性の》服装倒錯 (transvestism), エオニズム. [Chevalier d'*Éon* (1728–1810) 女装で暗躍したフランスのスパイ]
eo no·mi·ne /ì:ou náməni, èɪou nɔ́:mɪnɛ/ その名によって. [L ＝under that name]
Eos /í:às/ 〘ギ神〙エーオース《あけぼのの女神; ローマの Aurora に当たる》. [Gk＝dawn]
eo·sin /í:əsən/, **-sine** /-sən, -sì:n/ *n* 〘化〙エオシン《鮮紅色の酸性染料・分析試薬; 細胞質の染色などに用いる》; エオシン類似の染料.
♦ **èo·sín·ic** *a*
eo·sín·o·phìl /ì:əsínə-/, **-phìle** *n* 〘解〙エオシン好性白血球, 好酸球; 〘生〙エオシン好性の細胞[組織, 微生物など]. ► *a* エオシン好性の (eosinophilic).
eo·sin·o·phília /ì:əsìnə-/ *n* 〘医〙好酸球増加(症).
eo·sin·o·phílic /ì:əsìnə-/ *a* エオシン好性の, 好酸性の; 好酸球増加症(性)の.
EOT 〘電算〙end of tape テープの終わり, テープの終端 ♦〘通信〙end of transmission 伝送終了.
-eous /iəs, jəs/ *a suf*「…のような」「…に似た」: vitre*ous*. [L]
Eo·zo·ic /ì:əzóuɪk/ 〘地質〙*a* 暁生代の. ► *n* [the] 暁生代 (PRECAMBRIAN の旧称).
EP /ì:pí:/ *n* EP 盤《45 回転レコード; EP 盤 CD》: a three-song *EP* 3 曲入り EP. [*e*xtended *p*lay]
ep- /ɛp, ɪp/ ⇨ EPI-.
e.p. 〘チェス〙°en passant. **Ep.** 〘聖〙Epistle.
EP electroplate ♦ estimated position ♦ °European Parliament ♦ °European plan ♦ extreme pressure《潤滑剤の》極圧性.
EPA economic partnership agreement 経済連携協定 ♦〘生化〙°eicosapentaenoic acid ♦ °Environmental Protection Agency.
ep·ac·me /ɛpǽkmi/ *n* 〘生〙繁栄期《系統発生の途上で最繁栄期 (ACME) の前の繁栄しつつある期間》.
epact /í:pækt, ɛ́p-/ *n* 太陽年と太陰年の日数差《前者の日数が約 11 日多い》; 歳首月齢《1 月 1 日の月齢》; 暦月と朔望月の日数差. [F, ＜Gk＝intercalated]
ep·a·go·ge /ɛ́pəgòuʤi/ *n* 〘論〙エパゴーゲー《個々の命題から一般的な命題を引き出すこと》.
e-pal /í: ―/ *n* メル友 (＝*e-friend*). [*e-*[2]]
Epam·i·non·das /ɪpæ̀mənándəs/ エパミノンダス (c. 410–362 B.C.)《テーバイの軍人・政治家》.
ep·a·na·lep·sis /ɛ̀pənəlɛ́psəs/ *n* 〘修〙隔語句反復《同一の語句を他の語句を挿入したあと反復する; 例 I *might*, unhappy word, O, I *might*》. [*ep-*, Gk *lēpsis* taking]
ep·a·naph·o·ra /ɛ̀pənǽf(ə)rə/ *n* 〘修〙首句反復 (ANAPHORA). [Gk＝reference]
ep·a·nor·tho·sis /ɛ̀pənɔ̀:rθóusəs/ *n* 〘修〙換語《一度用いた語を改めて他のより適当な語で置き換える修辞法》. [Gk＝correction]
ep·arch /ɛ́pɑ̀:rk/ *n* 《古代ギリシアの》知事; 《現代ギリシアの》郡長; 〘東方正教会〙首都大司教, 主教.
ep·arch·ate /ɛ́pɑ̀:rkət, -kèɪt/ *n* EPARCHY.
ep·archy /ɛ́pɑ̀:rki/ *n* 《古代ギリシアの》州; 《現代ギリシアの》郡; 〘ギ正教〙司教区. ♦ **ep·ar·chi·al** /ɛpɑ́:rkiəl/ *a*
épa·tant /*F* epatɑ̃/ *a* びっくりするほど型破りな.
épa·ter /*F* epate/ *vt* びっくりさせる, …にショックを与える: ～ le [les] bourgeois /*F* -lə[le] burʒwa/ 保守的ブルジョワのどぎもを抜く《19 世紀前半のロマン派の標語》.
ep·au·let(te) /ɛ̀pəlɛ́t, ɛ́pəlɛ̀t, -lət/ *n* 肩を飾る[保護する]もの; 《各種制服, 特に 将校制服の》肩章; 《婦人服の》肩飾り; 〘宝石〙エポーレット《5 面のステップカット》: win one's ～*s*〈下士官が将校に昇進する. ♦ **èp·au·lét·ted** /, ―――/ *a* [F (dim)〈*épaule* shoulder; ⇨ SPATULA]
ep·áxial /ɛp-/ *a* 〘解〙軸上(部)の, 上軸椎の.
ep·a·zote /ɛ́pəzòut/ *n* 〘植〙アリタソウ (Mexican tea). [MexSp ＜Nahuatl]
Ep·cot /ɛ́pkɑ̀t/ 〘商標〙エプコット (⇨ DISNEYLAND). [*EPCOT*: *E*xperimental *P*rototype *C*ommunity *o*f *T*omorrow 未来の実験モデル社会]
épée /ɛ́pèɪ, eɪpéɪ/ *n* 〘フェン〙エペ《**1**) 先のとがった試合刀 **2**) エペを用いる技術[競技]》. ♦ **～·ist** *n* [F＝sword; ⇨ SPATHE]
epei·ric /ɪpáɪrɪk, ɛ-/ *a* 〈浅海が〉大陸周縁から内陸に延びる (cf. EPICONTINENTAL): an ～ sea 内陸海, 内海. [Gk *ēpeiros* mainland]
epei·ro·génesis /ɪpàɪərou-/ *n* EPEIROGENY. ♦ **-genétic** *a* EPEIROGENIC.
ep·ei·rog·e·ny, ep·i- /ɛ̀paɪərɑ́ʤəni/ *n* 〘地質〙造陸運動.
♦ **-ro·gen·ic** /ɛpaɪərəʤɛ́nɪk/ *a* **-i·cal·ly** *adv*
Epeirus ⇨ EPIRUS.
ep·encéphalon /ɛp-/ *n* 〘解〙上脳《**1**) ＝METENCEPHALON **2**) ＝RHOMBENCEPHALON》.
ep·en·dy·ma /ɛpɛ́ndəmə/ *n* 〘解〙《脳室の》上衣.
ep·en·the·sis /ɪpɛ́nθəsəs, ɛ-/ *n* (*pl* **-ses** /-sì:z/) 〘言・音〙挿入字《thunder は OE thunor であって d は挿入字》, 挿入音《athlete /ǽθəlì:t/ の発音で /ə/ は挿入音; cf. ANAPTYXIS》. ♦ **-thet·ic** /ɛ̀pənθɛ́tɪk, ɛ̀pɛn-/ *a* [Gk＝insertion]
epergne /ɪpɔ́:rn, *eɪ-/ *n* 食卓中央に置く銀[金, ガラス]製スタンド《先端に花・果物・キャンディー・ろうそくなどを入れる大小の容器のついた数本の枝がある》. [C18＜?; cf. F *épargne* treasury]
ep·exegésis /ɛp-/ *n* (*pl* **-géses**) 〘修〙補足的解説, 補説.
♦ **-exegétic, -ical** *a* **-ical·ly** *adv*
eph- /ɛf, ɪf/ ⇨ EPI-.
Eph. 〘聖〙Ephesians.
ephah, epha /í:fə, ɛ́fə/ *n* エバ, エファ《古代イスラエルの容量単位: ＝1/10 homer で, 1 米 bushel より少し多い》. [Heb]
ephebe /ɪfí:b, ɛ́fi:b/ *n* 青年, 《特に》EPHEBUS.
ephe·bus /ɪfí:bəs, ɛ-/ *n* (*pl* **-bi** /-bàɪ/) 〘古ギ〙青年市民《特に 正市民になるための軍事訓練・体操訓練に参加中の 18–20 歳のアテナイの青年》. ♦ **ephé·bic** *a*
ephe·dra /ɪfɛ́drə, ɛ́fə-/ *n* 〘植〙マオウ (麻黄)《マオウ属 (*E-*) の小低木の総称; ephedrine を含む》. [NL＜Gk]
ephed·rine /ɪfɛ́drən; ɛ́fə-/, **-rin** /-rən/ *n* エフェドリン《白色結晶性アルカロイドで枯草熱・喘息(ぜんそく)・鼻充血などの薬》. [↑, *-ine*[2]]
ephem·era[1] /ɪfɛ́m(ə)rə/ *n* (*pl* **-er·as, -er·ae** /-(ə)rì:/) 〘昆〙カゲロウ (mayfly, ephemerid); 短命な[はかない, かりそめの]もの. [L＜Gk＝lasting only a day (*epi* on, *hēmera* day)]
ephemera[2] *n* EPHEMERON の複数形.
ephem·er·al /ɪfɛ́m(ə)rəl/ *a* 一日の命の, 一日限りの〈昆虫・草など〉; 短命な, 束の間の, はかない. ► *n* きわめて短命なもの[生物]; 《数日のうちに生長・開花・枯死する》短命な植物. ♦ **～·ly** *adv* **～·ness** *n*
ephem·er·al·i·ty /ɪfɛ̀mərǽləti, -fi:-/ *n* 短命; はかなさ; [*pl*] 短命な[はかない]もの.
ephèmeral·izátion *n* 短命な商品の生産, 《商品の》短命化.
ephem·er·id /ɪfɛ́mərəd/ *n* 〘昆〙カゲロウ (mayfly).
ephem·er·is /ɪfɛ́mərəs/ *n* (*pl* **eph·e·mer·i·des** /ɛ̀fəmɛ́rədì:z/) 〘天・海〙天体暦《各月各日の天体位置の早見表; これを含む天文暦》; 《古》暦; 《古》日誌; EPHEMERAL.
ephémeris sécond 〘天〙暦表秒.
ephémeris tìme 〘天〙暦表時《天体力学の理論に基づいた一様均斉な時系》.
ephem·er·on /ɪfɛ́mərɑ̀n, -rən/ *n* (*pl* **～s, -era** /-rə/) EPHEMERID; EPHEMERAL; [[U]-era] 一時的に興味をひく[使用される, はやる]だけの(商業)印刷物, エフェメラ《ビラ・ポスター・チケットなどの端物(はもの), ペラ物の類でマニアの蒐集の対象となる》. ♦ **-er·ist** *n* 《ビラ・チラシなどの》エフェメラ蒐集家, 紙物マニア[コレクター].
ephem·er·op·ter·an /ɪfɛ̀mərɑ́pt(ə)rən/ 〘昆〙*a* カゲロウ目 (Ephemeroptera) の. ► *n* カゲロウ (ephemerid).
ephem·er·ous /ɪfɛ́m(ə)rəs/ *a* EPHEMERAL.
Ephe·sian /ɪfí:ʒ(ə)n/ *a* EPHESUS (の住民)の. ► *n* エフェソスの住民; [～s, 〈*sg*〉] 〘聖〙エペソ[エフェソ]書《新約聖書の The Epistle of Paul the Apostle to the ～s (エペソ人(びと)[エフェソの信徒]への手紙); 略 Eph., **Ephes.**》.
Eph·e·sus /ɛ́fəsəs/ エフェソス, エペソ《小アジア西部のイオニアの古都; TEMPLE OF ARTEMIS の所在地》. ■ the **Council of ～** エフェソス公会議《431 年 Theodosius 2 世が召集した宗教会議; Nestorius を破門》.
eph·od /í:fɑ̀d, ɛ-/ *n* エポデ, エフォド《**1**) 古代のユダヤ教大祭司が肩からつるして着た刺繍飾りのあるエプロン状祭服 **2**) 古代ヘブライ人の聖職者が神意をうかがうために用いた器具》. [Heb]
eph·or /ɛ́fɔ̀:r, ɛ́fər/ *n* (*pl* **～s, -o·ri** /-əràɪ/) 〘古ギ〙民選長官《国王に対する監督権のあった Sparta の民選五長官の一人》; 〘近代ギリシア〙官吏, 《特に》公共事業の監督官. [Gk＝overseer]
eph·or·ate /ɛ́fərèɪt, -rət/ *n* EPHOR の職; ephors の集団.
Ephra·im /í:friəm; -frèɪɪm/ **1** イーフリイム《男子名》. **2** 〘聖〙**a** エフライム《Joseph の次男で Ephraim 族の祖; *Gen* 41: 52》. **b** エフライム族《イスラエル十二部族の一つ》. **c** エフライム山地 (＝**Mòunt ～**)

《エフライム族が領土とした, 特に Shechem から Bethel 付近の Jordan 川西方の丘陵地帯》. **d** 北王国イスラエル (Israel). [Heb＝(very) fruitful]

Éphraim·ìte 〘聖〙 *n* エフライムの子孫; エフライム族の人; 北王国イスラエルの住民. ► *a* EPHRAIMITIC.

Ephra·im·it·ic /ìːfriəmítɪk; -frèɪɪ-/ 〘聖〙 *a* エフライム族の; 北王国イスラエルの.

epi- /ɛ́pə, -ɪ/, **ep-** /ɛp, ɪp/, **eph-** /ɛf, ɪf/ *pref* 「上」「追加」「付帯」「外側」「後(のち)」「間(あいだ)」; 〘化〙「…のエピ異性体」「橋状結合の存在によって…とは区別される化合物」 [Gk]

èpi·andrósterone *n* 〘生化〙 エピアンドロステロン (＝*isoandrosterone*) 《男性の尿から抽出されるアンドロステロンの不活性異性体》.

èpi·bénthos *n* 〘生〙 《海底の》 表在底生生物.

épi·blàst *n* 〘発生〙 原外胚葉, 《主に鳥類の》 胚盤葉上層; エピブラスト 《イネ科植物の胚的器官の一つ》. ♦ **èpi·blástic** *a*

ep·i·blem /ɛ́pəblɛ̀m/ *n* 〘植〙 エピブレム 《水に浸った水生植物の大部分の根・茎において真の表皮に代わる表層の組織》.

epib·o·ly /ɪpíbəli, ɛ-/ *n* 〘発生〙 被包, 被覆 《胚表のある部位が他の胚表面をおおう過程》. ♦ **ep·i·bol·ic** /ɛ̀pəbɑ́lɪk/ *a*

ep·ic /ɛ́pɪk/ *n* **1 a** 叙事詩, 史詩, エピック 《英雄の冒険・業績・民族の歴史などを歌った長詩; たとえば *Iliad*; cf. LYRIC》: a national ～ 国民詩. **b** 叙事詩的物語[事件]. **2** 《映画・小説などの》 大作: a Hollywood ～ ハリウッドの(超)大作. ► *a* 叙事詩の(ような), 波瀾万丈の; 雄壮な, 長大な; 桁はずれの: an ～ poet 叙事詩人 / a disaster of ～ proportions 巨大災害. [L＜Gk (*epos* song)]

ép·i·cal *a* EPIC. ♦ **～·ly** *adv* 叙事詩的に; 叙事体に.

èpi·cályx *n* (*pl* ～·es, -yces) 〘植〙 萼(がく)状総苞(そうほう).

epi·cán·thic fóld /ɛ̀pəkǽnθɪk-/ 〘解〙 内眼角贅皮(ぜいひ) (＝*Mongolian fold*).

èpi·cánthus *n* (*pl* **-thi**) EPICANTHIC FOLD.

èpi·cárdium *n* (*pl* **-dia**) 〘解〙 心外膜. ♦ **-cárdial** *a*

épi·càrp *n* 〘植〙 EXOCARP.

épic dráma 叙事(的)演劇 (＝*epic theater*) 《観客の理性に訴えて社会問題に対する批判的思考を促そうとする 20 世紀の物語風ドラマ》.

ep·i·cede /ɛ́pəsìːd/, **ep·i·ce·di·um** /ɛ̀pəsíːdiəm/ *n* (*pl* **ep·i·cedes** /ɛ́pəsìːdz/, **ep·i·ce·dia** /ɛ̀pəsíːdiə/) 弔いの歌, 挽歌, 哀歌. ♦ **èp·i·cé·di·al, -cé·di·an** *a*

ep·i·cene /ɛ́pəsìːn/ *a* **1** 〘文法〙 通性の 《ギリシア・ラテン文法用語; 文法上は男性または女性を示す語尾をもつが, 意味上は両方の性を表わす名詞についていう; たとえばラテン語の vulpēs は文法的には女性形であるが, fox (雄キツネ), vixen (雌キツネ) のいずれをも表わす; 英文法では, 性別を示さない通性 (common gender) の名詞・代名詞について用いられる》. **2** 男女両性具有の, 《特に》 めめしい, 柔弱な; 男とも女ともつかない. ► *n* 両性具有者[動物]; 通性語. ♦ **èp·i·cén·ism** *n* [L＜Gk *epi*-(*koinos* common)＝common to many]

épi·cènter *n* **a** 〘地震〙 震央 (＝**èpi·céntrum**) 《震源の真上の地表上の地点》. **b** 《困難な事態の》 中心, 中核, 発生源[地]. ♦ **èpi·céntral** *a* [Gk (CENTER)]

èpi·chlorohýdrin *n* 〘化〙 エピクロルヒドリン 《エポキシ樹脂製造原料・塩化ゴム安定剤》.

ep·i·cist /ɛ́pəsɪst/ *n* 叙事詩人.

ep·i·cle·sis, -kle- /ɛ̀pəklíːsəs/ *n* (*pl* **-ses** /-sìːz/) 〘東方正教会〙 エピクレシス 《聖変化のため聖霊降下を求める祈り》. [Gk＝calling on]

èpi·cóndyle *n* 〘解〙 《上腕骨・大腿骨の》 上顆(じょうか). ♦ **èpi·cóndylar** *a*

epi·con·dy·li·tis /ɛ̀pɪkɑ̀ndəlàɪtəs, -d(ə)láɪ-/ *n* 〘医〙 上顆炎.

èpi·continéntal *a* 大陸塊[大陸棚]上にある[広がる].

èpi·cótyl *n* 〘植〙 上胚軸. ♦ **-cotylédon·àry** /; -(ə)ri/ *a*

èpi·cránial *a* 頭蓋の上にある; EPICRANIUM に属する.

èpi·cránium *n* 〘解〙 頭蓋頂; 〘昆〙 頭蓋 《額より頸部までの頭部上面》.

epic·ri·sis[1] /ɪpíkrəsəs/ *n* 《特に病歴の》 批評的[分析的]研究[評価]. [Gk＝judgment]

épi·crisis[2] *n* 〘医〙 二次性分利, 分利後症状.

epi·crit·ic /ɛ̀pəkrítɪk/ *a* 〘生理〙 〈皮膚感覚など〉 (精密)識別[判別]性の (opp. *protopathic*).

épic símile 叙事詩的比喩 《主題の雄大さに見合う広大な感じを出すために叙事詩で用いられる延々たる比喩》.

Ep·ic·te·tus /ɛ̀pɪktíːtəs/ エピクテトス (c. 55–c. 135) 《帝政ローマ期の後期ストア派の哲学者》. ♦ **Èp·ic·té·tian** /-tíːʃ(ə)n/ *a*

épic théater EPIC DRAMA.

ep·i·cure /ɛ́pɪkjʊ̀ər/ *n* 《文》 食道楽の人, 美食家; 《古》 快楽主義者, エピキュリアン. [*Epicurus*]

ep·i·cu·re·an /ɛ̀pɪkjʊəríːən, *-kjʊ́riən/ *a* 《文》 快楽趣味の; 飲み食いの好きな, 食道楽の, 美食家的な; [E-] エピクロス(主義)の. ► *n* [ˢE-] 美食家 (epicure); [E-] エピクロス主義者.

Epicuréan·ism /, *⌒⌒⌒⌒⌒/ *n* 〘哲〙 《エピクロス(学派)の》 快楽主義, エピクロス主義; 快楽主義的生活態度; [e-] EPICURISM.

ep·i·cur·ism /ɛ́pɪkjʊ̀ərìz(ə)m, *⌒⌒⌒⌒/ *n* 食道楽, 美食主義; [E-] 《古》 EPICUREANISM.

Ep·i·cu·rus /ɛ̀pɪkjʊ́ərəs/ エピクロス (341–270 B.C.) 《ギリシアの哲学者でエピクロス学派の祖》.

èpi·cúticle *n* 〘昆〙 上角皮, 上クチクラ, エピクチクラ 《最外層》. ♦ **èpi·cutícular** *a*

epi·cy·cle /ɛ́pəsàɪk(ə)l/ *n* 〘天〙 《プトレマイオス系の》 周転円 《中心が他の大円 (deferent) の円周上を回転する小円》; 〘数〙 周転円 《一つの円の外側または内側をころがる円》. ♦ **èpi·cý·clic, -cý·cli·cal** /, -sík-/ *a*

epicýclic tráin 〘機〙 遊星歯車装置 《1 つ以上の歯車が中央の歯車を中心にして公転する装置》.

epi·cy·cloid /ɛ̀pəsáɪklɔ̀ɪd/ *n* 〘数〙 外(がい)[外転]サイクロイド, 外擺線(はいせん). ♦ **-cloi·dal** /ɛ̀pəsaɪklɔ́ɪdl/ *a*

epicycloídal géar [whéel] 〘機〙 外転サイクロイド車 《epicyclic train の歯車》.

Ep·i·dam·nus /ɛ̀pədǽmnəs/ エピダムヌス 《DURRES の古代名》.

Ep·i·dau·rus /ɛ̀pədɔ́ːrəs/ エピダウロス 《古代ギリシア南東部 Peloponnesus 半島北東岸にあった町; 医神 Asclepius の神殿や円形劇場があった》.

ep·i·deic·tic /ɛ̀pədáɪktɪk/ *a* 〘修〙 誇示的な.

ep·i·dem·ic /ɛ̀pədɛ́mɪk/ *a* 〘医〙 流行[伝染](病)性の (cf. ENDEMIC, PANDEMIC); (極端に)流行している (prevalent), はやりの; 〈感情・行動などが〉人にうつりやすい, 伝染する. ► *n* **1** 流行病; 《流行病の》 流行; 《思想などの》 突発的な流行, 《事件などの》 多発. **2** 一定地域内の急激に膨張した生物個体群, 異常発生. ♦ **ep·i·de·mic·i·ty** /ɛ̀pədəmísəti/ *n* [F(L＜Gk *epidēmia* prevalence of disease; ⇨ DEMOS)]

èp·i·dém·i·cal *a* EPIDEMIC. ♦ **～·ly** *adv*

epidémic encephalítis 〘医〙 流行性脳炎.

epidémic meningítis 〘医〙 流行性髄膜炎 (cerebrospinal meningitis).

epidémic parotítis 〘医〙 流行性耳下腺炎, おたふくかぜ (mumps).

ep·i·de·mi·ol·o·gy /ɛ̀pədìːmiɑ́lədʒi, *-dɛ̀mi-/ *n* 疫学, 医生態学, 流行病学; 病気[病原菌]の有無を統御する要因の総体. ♦ **-gist** *n* 疫学者. **èp·i·dè·mi·o·lóg·ic, -i·cal** *a* **-i·cal·ly** *adv*

ep·i·den·drum /ɛ̀pədɛ́ndrəm/, **ep·i·den·dron** /-drən/ *n* 〘植〙 エピデンドルム属 (*Epidendrum*) の各種のラン, エピデンドロン 《南北アメリカ原産》.

epi·derm- /ɛ́pədə̀ːrm/, **epi·der·mo-** /-də̀ːrmoʊ, -mə/ *comb form* 「表皮」 [Gk; ⇨ EPIDERMIS]

epi·der·mal /ɛ̀pədə́ːrm(ə)l/, **-mic** /-mɪk/, **-mi·cal** /-mɪk(ə)l/, **-mous** /-məs/ *a* EPIDERMIS の[から発生する], 表皮性の.

epidérmal grówth fàctor 〘医〙 表皮成長因子, 上皮増殖因子 《上皮細胞の増殖を調節する一種のホルモン; 傷の治癒や癌の発生に関与; 略 EGF》.

epi·der·min /ɛ̀pədə́ːrmən/ *n* 〘生化〙 エピデルミン 《表皮の主構成要素である繊維状タンパク質》.

epi·der·mis /ɛ̀pədə́ːrməs/ *n* 〘解・動・植〙 表皮. [L＜Gk (*derma* skin); ⇨ DERMIS]

epi·der·moid /ɛ̀pədə́ːrmɔ̀ɪd/ *a* 〘解・動・植〙 類表皮の.

èpi·día·scòpe *n* エピディアスコープ 《透射式と反射式投映機の機能をもち透明体・不透明体いずれの画像をも幕面に映写できる》; EPISCOPE. [*epi-*, *dia-*, *-scope*]

ep·i·dic·tic /ɛ̀pədíktɪk/ *a* EPIDEICTIC.

epi·did·y·mis /ɛ̀pədídəməs/ *n* (*pl* **-di·dym·i·des** /-dɪdímədìːz, -dídə-/) 〘解〙 精巣上体, 副睾丸. ♦ **-did·y·mal** /-dídəm(ə)l/ *a*

ep·i·did·y·mi·tis /ɛ̀pədɪdəmáɪtəs/ *n* 〘医〙 精巣上体炎, 副睾丸炎. [*-itis*]

ep·i·dote /ɛ́pədòʊt/ *n* 緑簾(りょくれん)石. ♦ **èp·i·dót·ic** /-dɑ́t-/ *a* [F＜Gk＝given besides; その長い水晶より]

èpi·dúral *a* 〘解・医〙 硬膜外の. ► *n* EPIDURAL ANESTHESIA.

epidúral anesthésia 〘医〙 硬膜外麻酔(法), 硬麻 《無痛分娩によく用いる》.

èpi·fáuna *n* 〘動〙 表在[表生]動物(相), エピファウナ 《底面上で生活している動物(相); cf. INFAUNA》. ♦ **èpi·fáunal** *a*

èpi·fócal *a* 〘地震〙 震央の (epicentral).

ep·i·gam·ic /ɛ̀pɪgǽmɪk/ *a* 〘動〙 〈色など〉誘性的な.

epi·gas·tri·um /ɛ̀pɪgǽstriəm/ *n* (*pl* **-tria** /-triə/) 〘解〙 上腹部, 心窩部; 〘昆〙 腹部第一腹板. ♦ **-gás·tric** *a*

epi·ge·al /ɛ̀pɪdʒíːəl/, **-ge·an** /-dʒíːən/, **-ge·ic** /-dʒíːɪk/ *a* 〘植〙 〈子葉などが〉地上に出た; 〘植〙 地上子葉を出す; 〘植・動〙 地上(性)の: ～ germination 地上発芽.

ep·i·gene /ɛ́pɪdʒìːn/ *a* 〘地質〙 〈岩石が〉表面[地表近く]で生成された, 外力的な, 表成の (cf. HYPOGENE); 〈結晶が〉(形成後)化学的に変質した. [F (-*gen*)]

èpi·génesis *n* **1** 〘生〙 後成; 後成説 《生物の発生は漸次分化によるとする; opp. *preformation*》. **2** 〘地質〙 後生 《1) 母岩の生成後に鉱床ができること; cf. SYNGENESIS 2) 外的影響による岩石の鉱物的性質の変化》. ♦ **-sist** *n* 〘生〙 後成論者.

èpi·genétic 〘生・医〙 後成(説)の; 〘遺〙後成的な, エピジェネティックな《DNA 配列自体は変化しないが細胞分裂後にも継承される後天的な制御・修飾による細胞分化や癌化(の研究)についていう》;〖地質〗〈鉱床・構造が〉後生的な; EPIGENE: ～ carcinogen 後成的発癌物質 / ～ deposits 後生鉱床. ♦ **-i·cal·ly** *adv*

èpi·genétics *n* エピジェネティクス《エピジェネティック現象の研究》.

èpi·génic *a*〖地質〗EPIGENETIC.

epig·e·nist /ɪpíʤənɪst/ *n* EPIGENESIST.

epig·e·nous /ɪpíʤənəs/ *a*〖植〗表面に生じる,《特に》葉の表面に生じる (cf. HYPOGENOUS).

epi·ge·ous /ɛpɪʤí:əs/ *a* EPIGEAL.

èpi·glóttis *n*〖解〗喉頭蓋;〖動〗《コケムシ類の》口上突起;〖昆〗上咽頭. ♦ **-glóttal, -glóttic** *a* [Gk (*glōtta* tongue)]

e·pig·na·thous /ɪpígnəθəs/ *a*〖鳥〗〈鳥が〉上嘴が下嘴よりも長くて曲がった, 上嘴鉤状の《猛禽類やオウムなどのように》.

ep·i·gone /ɛ́pəgòun/, **-gon** /-gàn/ *n* 父祖のような才能のない子孫;《思想家・芸術家などの》亜流, エピゴーネン. ♦ **ep·i·gon·ic** /ɛ̀pəgánɪk/, **epig·o·nous** /ɪpígənəs, ɛ-/ *a* **epig·o·nism** /ɪpígənɪ̀z(ə)m, ɛ-/ *n* [＜Gk＝born after]

epig·o·nus /ɪpígənəs, ɛ-/ *n* (*pl* **-ni** /-nàɪ, -nì:/) **1** EPIGONE. **2** [the Epigoni]〖ギ神〗エピゴノイ, 後裔《Seven against Thebes の息子たち; それぞれ父の志を継いでテーバイへ再征し勝利を得た》. [L (↑)]

ep·i·gram /ɛ́pəgræ̀m/ *n* エピグラム, 寸鉄詩《機知と諷刺を込めた短詩》; 警句; 寸鉄的表現. [F or L＜Gk (*-gram*)]

ep·i·gram·mat·ic /ɛ̀pəgrəmǽtɪk/, **-i·cal** *a* エピグラムの(ような); エピグラムの多い〈詩文・作家〉. ♦ **-mát·i·cal·ly** *adv* エピグラム風に.

ep·i·gram·ma·tism /ɛ̀pəgrǽmətɪ̀z(ə)m/ *n* エピグラム的性質[諷刺性]; エピグラム[警句]的表現[文体].

èp·i·grám·ma·tist *n* 寸鉄詩人; 警句家.

ep·i·gram·ma·tize /ɛ̀pəgrǽmətàɪz/ *vt, vi* エピグラム化する,(…について)エピグラムを作る. ♦ **-tìz·er** *n* EPIGRAMMATIST.

ep·i·graph /ɛ́pəgræ̀f; -grà:f/ *n* 彫り込んだ文[記録], 刻文,《特に》金石文, 碑文, 銘文, エピグラフ;《巻頭・章の》題辞, 題句 (motto). [Gk (*-graph*)]

epig·ra·pher /ɪpígrəfər, ɛ-/ *n* EPIGRAPHIST.

ep·i·graph·ic /ɛ̀pəgrǽfɪk/, **-i·cal** *a* EPIGRAPH の; EPIGRAPHY の. ♦ **-i·cal·ly** *adv*

epig·ra·phist /ɪpígrəfɪst, ɛ-/ *n* 金石学の専門家.

epig·ra·phy /ɪpígrəfi, ɛ-/ *n* 金石学,《特に》古代銘文の解読; 刻文, 金石文《集合的》.

epig·y·nous /ɪpíʤənəs, ɛ-/ *a*〖植〗〈雄蕊(ずい)・花弁・萼片が〉子房上の,〈花が〉子房下位の. ♦ **epíg·y·ny** *n* 子房下位(性),(子房)上生. [*epi-*, *-gynous*]

epiklesis ⇨ EPICLESIS.

epil. epilepsy • epileptic.

ep·i·late /ɛ́pəlèɪt/ *vt* …の毛を抜く, 脱毛する. [F *épiler*; DEPILATE にならったもの]

ep·i·la·tion /ɛ̀pəléɪʃ(ə)n/ *n*《特に 毛根の破壊による》脱毛.

ép·i·là·tor *n* 脱毛薬 (depilatory); 脱毛器.

ep·i·lep·sy /ɛ́pəlɛ̀psi/ *n*〖医〗癲癇(てんかん). [F or L＜Gk *epi*-(*lambanō* to seize)＝to attack]

ep·i·lept- /ɛ̀pəlɛ́pt/, **ep·i·lep·ti-** /-tə/, **ep·i·lep·to-** /-tou, -tə/ *comb form*「癲癇 (epilepsy)」

ep·i·lep·tic /ɛ̀pəlɛ́ptɪk/ *a*〖医〗癲癇(性)の; 癲癇にかかったような, 痙攣的な. ► *n* 癲癇患者. ♦ **-ti·cal·ly** *adv* [F＜Gk; ⇨ EPILEPSY]

epilépti·fòrm *a*〖医〗癲癇様の.

epilèpto·génic *a*〖医〗癲癇を誘発する, 癲癇源の.

ep·i·lep·toid /ɛ̀pəlɛ́ptɔ̀ɪd/ *a* EPILEPTIFORM; 癲癇に似た, 類癲癇の.

epi·lim·ni·on /ɛ̀pəlímniàn, -niən; -niən/ *n* (*pl* **-nia** /-niə/)《湖沼の》表水層.

èpi·líthic *a*〈植物が〉岩表(がんぴょう)生の.

epil·o·gist /ɪpíləʤɪst/ *n* EPILOGUE の作者[を述べる人].

ep·i·logue, 《米》 **-log** /ɛ́pəlɔ̀(:)g, -làg/ *n* **1** (opp. *prologue*)《小説など》跋(ばつ), 結びのことば;〖劇〗納め口上(を述べる俳優)《口上は通例 韻文》;〖劇〗終幕, エピローグ. **2**〖楽〗末尾楽章[楽句];《放送》一日の最後の(宗教)番組. ► *vt* …に epilogue を付ける. [F, ＜Gk＝peroration of speech (LOGOS)]

ep·i·loia /ɛ̀pəlɔ́ɪə/ *n*〖医〗結節性硬化(症), エピロイア.

epi·mer /ɛ́pɪmər/ *n*〖化〗エピマー, エピ異性体. ♦ **èpi·mér·ic** /-mɛ́rɪk/ *a* [*epi-*, isomer]

epim·er·ase /ɪpímərèɪs, ɛ-, -z/ *n*〖生化〗エピメラーゼ《エピ化酵素》.

épi·mère *n*〖発生〗上分節《胴部中胚葉が器官分化する前の背方域》.

epim·er·ism /ɪpímərɪ̀z(ə)m, ɛ-/ *n*〖化〗エピ異性.

epimer·ìze *vt*〖化〗エピマー化する.

Epi·me·theus /ɛ̀pəmí:θiəs, -θjù:s/ **1**〖ギ神〗エピメーテウス《Prometheus の弟; 兄の忠告にもかかわらず Pandora を妻とする》. **2**〖天〗エピメテウス《土星の第 11 衛星》. [Gk＝after thinker]

èpi·mórphism *n*〖数〗全射 (surjection).

èpi·mórphosis *n*〖動〗真再生, 付加形成. ♦ **-mórphic** *a*

epi·my·si·um /ɛ̀pəmíziəm, *-ʒi-/ *n* (*pl* **-sia** /-ziə, *-ʒiə/)〖解〗筋外膜, 筋肉鞘(しょう).

Épi·nal /F epinal/ エピナル《フランス北東部 Vosges 県の県都; Moselle 川に臨む》.

ep·i·na·os /ɛ̀pənéɪàs/ *n* (*pl* **-na·oi** /-néɪɔ̀ɪ/)〖建〗《古代ギリシア・ローマ神殿の》後室, エピナオス《ケラ (cella) の後方にある部屋》.

epi·nas·ty /ɛ́pənæ̀sti/ *n*〖植〗《葉・花・弁などの》上偏生長 (opp. *hyponasty*). ♦ **èpi·nás·tic** *a*

epi·neph·rine /ɛ̀pənɛ́frən, -rì:n/, **-rin** /-rən/ *n* *〖生化〗エピネフリン (＝*adrenaline*)《副腎髄質ホルモン; 止血・強心剤》.

èpi·néural〖解〗*a* 神経弓上の. ► *n* 神経弓突起.

epi·neu·ri·um /ɛ̀pən(j)ʊ́əriəm/ *n*〖解〗神経上膜, 神経鞘. ♦ **-néu·ri·al** *a*

èpi·pelágic *a*〖生態〗表海水層の《漂泳区の区分で, 光合成に十分な光の浸透する水深 100 m までの層》.

Epi·Pen /ɛ́pɪpɛ̀n/〖商標〗エピペン《エピネフリン (epinephrine) が適量封入されたペン型の救急皮下注射器; アナフィラキシーショックなどの発作時に着衣の上からでも簡単に注射できる》.

èpi·pétal·ous *a*〖植〗花冠着生の《雄蕊(ずい)が花弁に癒着し, 花冠上についている》.

ep·i·phan·ic /ɛ̀pəfǽnɪk/, **epiph·a·nous** /ɪpífənəs/ *a* EPIPHANY の(ような).

Epiph·a·ny /ɪpífəni, ɛ-/ *n* **1**〖キ教〗**a** [the] 神の顕現《東方の三博士のベツレヘム来訪が象徴する異邦人に対する主の顕現》. **b** 公現祭, 顕現日 (＝*Twelfth Day*)《1 月 6 日, Christmas から 12 日目; cf. TWELFTH NIGHT》. **c** [e-]《神の》顕現. **d** [e-] epiphany を描写した文学作品. **2** [e-] 本質(的意味)の突然の顕現[知覚]; 直観的な真実把握, 悟り; 本質を明らかにする発見; 本質が明らかになる場面[瞬間]. [OF＜Gk (*phainō* to show)]

èpi·phenómenal·ìsm *n*〖哲〗随伴[付随]現象説《精神現象は生理現象の反映だとする説》. ♦ **-ist** *n*

èpi·phenómenon *n* (*pl* **-na**, ～**s**) 付帯現象;〖医〗付帯徴候;〖哲・心〗随伴[付随]現象. ♦ **èpi·phenómenal** *a* **-nal·ly** *adv*

epiph·o·ra /ɪpífərə/ *n* **1**〖医〗流涙(症), 涙漏. **2**〖修〗EPISTROPHE.

ep·i·phragm /ɛ́pəfræ̀m/ *n*〖動〗冬蓋(ふた)《カタツムリ・ヒラマキガイなどの, 冬眠[夏眠]中にへたの代わりに殻口をおおう膜》;〖植〗口膜《蘚類の蒴の口をおおう》.

épi·phỳll *n*〖植〗葉上着生植物《地衣類など》.

epiph·y·sis /ɪpífəsəs/〖解〗*n* (*pl* **-ses** /-sì:z/) 骨端; 松果体 (pineal body), 上生体 (＝～ **cér·e·bri** /-sɛ́rəbràɪ/). ♦ **ep·i·phys·e·al, -i·al** /ɛ̀pəfíziəl/ *a*

épi·phỳte *n*〖生態〗着生植物 (＝*air plant, aerophyte*)《他の植物などに付着; ラン科植物・シダ類・地衣類などに多い》. ♦ **èpi·phýt·ic** /-fít-/, **-phýt·al** /-fáɪtl/ *a* 着生の.

ep·i·phy·tol·o·gy /ɛ̀pəfaɪtáləʤi/ *n* 植物寄生病学; 植物病(の病原体)の発生の全要因.

ep·i·phy·tot·ic /ɛ̀pəfaɪtátɪk/ *a*〈植物病が〉特発的流行性の; 流行性植物病発生の. ► *n* 流行性植物病(の発生).

epip·lo·on /ɪpíplouàn/ *n* (*pl* **-loa** /-louə/)〖解〗網膜,《特に》大網膜.

EPIRB emergency position-indicating radio beacon 非常用[緊急]位置指示無線標識, イーパブ.

epirogeny ⇨ EPEIROGENY.

Epi·rus, Épei- /ɪpáɪərəs/ エペイロス **(1)** ギリシア北西部, イオニア海に接する地域; 現代ギリシア語名 Ípiros **2)** 前者と現在のアルバニア南部にまたがる古代ギリシアの国家》. ♦ **Epi·rote** /ɪpáɪəròut, -rət/ *n* エペイロス人.

epi·scia /ɪpíʃ(i)ə/ *n*〖植〗エピスシア属[ベニギリソウ属] (*E-*) の各種の草本《イワタバコ科; 熱帯アメリカ原産》.

epis·co·pa·cy /ɪpískəpəsi/ *n*〖教会〗監督[主教, 司教]制《bishops, priests, deacons の 3 職を含む教会政治形態》; [the] 監督[主教, 司教]団 (the episcopate). [*prelacy* の類推で *episcopate* より]

epis·co·pal /ɪpískəp(ə)l/ *a* 監督[主教, 司教]の(管理する); EPISCOPACY の[を唱道する]; [E-] 監督教会派の. ► *n* [E-] EPISCOPALIAN. ♦ ～**·ly** *adv* [F or L; ⇨ BISHOP]

Epíscopal Chúrch [the] 監督教会《特に スコットランド聖公会 (Episcopal Church in Scotland) と米国聖公会 ((Protestant) Episcopal Church) を指す》.

Epis·co·pa·lian /ɪpɪ̀skəpéɪljən/ *a* 監督[主教, 司教]制の; EPISCOPAL. ► *n* 監督教会員; [e-] 監督[主教, 司教]制主義者. ♦ ～**·ism** *n*

epíscopal·ìsm *n*〖教会〗監督[主教, 司教]制主義 (cf. GALLICANISM).

epíscopal vícar〖カト〗司教代理《司教区の一部を牧することをゆだねられた司祭》.

epis·co·pate /ɪpískəpət, -pèɪt/ *n* BISHOP の職[地位, 任期]; 監督(管)区, 主教区, 司教区; [the] 監督[主教, 司教]団.

épi·scòpe *n* 反射投映機, エピスコープ《不透明体の画像を幕面に映写する装置; cf. EPIDIASCOPE》.
epis·co·pize /ɪpískəpàɪz/ *vt* 監督[主教, 司教]に任ずる; 監督教会員にする. ► *vi* 監督[主教, 司教]職権を行使する.
èpi·semátic *a* 〔動〕〈色彩が〉同一種間での認識に役立つ.
epis·i·ot·o·my /ɪpìziátəmi, ɪpì:-/ *n* 〔医〕会陰(えいん)切開(術).
ep·i·sode /ɛ́pəsòud, *-zòud/ *n* **1 a**《一連[一時期]のできごとの中の》事例, 一件, ひとこま; 《小説・劇などの》挿話, エピソード; 《結びつきの強くない一連の物語・場面などの》一コマ, 《続きものの放送番組・映画などの》一回分の話[作品]: ～ 12 第 12 話[回]. **b** 〔楽〕《2 つの主題間の》挿句, 間奏, エピソード. **c** 〔ギリシア悲劇〕エピソード《2 つの合唱の間にはさんだ対話の段》. **2** 〔医〕《再発性疾患の》症状の発現(期間). [Gk=coming in addition (*eisodos* entrance, entry)]
ep·i·sod·ic /ɛ̀pəsádɪk, *-zád-/, **-i·cal** *a* **1** エピソード(風)の, 挿話的な; いくつかのエピソードからなる[に分かれた]. **2** 一時的な; あまり重要ではない; 時たまの, 気まぐれな. ♦ **-i·cal·ly** *adv*
épi·sòme *n* 〔遺〕エピソーム《細菌の細胞質内にあって独立にあるいは染色体に組み込まれて増殖できる因子; バクテリオファージの DNA など》. ♦ **èpi·sóm·al** *a* **èpi·só·mic** *a* **èpi·sóm·al·ly** *adv*
ep·i·spas·tic /ɛ̀pɪspǽstɪk/ *a* 〔医〕皮膚刺激性の, 発疱性の. ► *n* 皮膚刺激薬, 発疱薬 (vesicant).
épi·spòre 〔植〕*n*《胞子・芽胞の》外膜, 上膜; 外生胞子 (exospore).
epis·ta·sis /ɪpístəsəs/ *n* (*pl* **-ses** /-sì:z/) **1 a** 液体の上膜; 〔医〕《尿標本の》浮渣(ふさ). **b** 〔医〕《出血などの》鬱滞. **2** 〔遺〕上位(性), エピスタシス《ある遺伝子による異なった座にある遺伝子の発現の抑止; 発現型が現われる遺伝子を epistatic (上位の), 抑止されたものを hypostatic (下位の)という》. ♦ **ep·i·static** /ɛ̀pəstǽtɪk/ *a* [Gk=stoppage]
epis·ta·sy /ɪpístəsi/ *n* 〔遺〕EPISTASIS.
ep·i·stax·is /ɛ̀pəstǽksəs/ *n* (*pl* **-stax·es** /-stǽksì:z/) 〔医〕鼻(び)出血, 鼻血 (nosebleed).
ep·i·ste·mic /ɛ̀pəstí:mɪk, -stɛ́m-/ *a* 知識の[に関する], 認識(論)の[に関する]; 認識様態の. ♦ **-mi·cal·ly** *adv*
epis·te·mol·o·gy /ɪpìstəmálədʒi/ *n* 認識論. ♦ **-gist** *n* 認識論学者. **epis·te·mo·log·i·cal** /ɪpìstəməládʒɪk(ə)l/ *a* **-i·cal·ly** *adv* [Gk *epistēmē* knowledge]
èpi·stérnal *a* 胸骨上の; EPISTERNUM の.
èpi·stérnum *n* (*pl* **-na**) 〔解・動〕胸骨柄 (manubrium); 〔動〕上胸骨 (interclavicle); 〔昆〕前側板.
epis·tle /ɪpís(ə)l/ *n* **1** 《文》書簡 (letter); 書簡体の文章. **2** [the E-] **a** 〔聖〕《新約聖書中の》使徒書簡: The *E*～ of Paul to the Romans ローマ人への手紙, ロマ書. **b** 《ミサなどで読み上げたり歌ったりする》使徒書簡の抜粋. ♦ **epís·tler** /-s(t)lər/ *n* EPISTOLER. [OF, ＜Gk *epistolē* (*stellō* to send)]
epístle side [the, °the E-] 〔プロ〕使徒書側, 〔カト〕書簡側《祭壇の南側, 向かって右側; 副助祭が聖簡を朗読する側; cf. GOSPEL SIDE》.
epis·to·lary /ɪpístəlɛ̀ri; -l(ə)ri/ *a* 《文》手紙[信書, 書簡]の[にふさわしい]; 手紙による; 書簡体の: an ～ style 書簡体. ► *n* (副助祭) 朗読用書簡集《一群の聖簡を含む聖句集》. [F or L; ⇨ EPISTLE]
epístolary nóvel 書簡体小説.
epis·to·la·to·ry /ɪpístələtɔ̀:ri; -t(ə)ri/ *a* EPISTOLARY.
epis·to·ler /ɪpíst(ə)lər/ *n* 書簡[手紙]の筆者; [ºE-] 《ミサの》(使徒)書簡朗読者 (cf. GOSPELER).
epi·stol·ic /ɛ̀pəstálɪk/ *a* EPISTOLARY.
epis·to·list /ɪpíst(ə)lɪst/ *n* EPISTOLER.
ep·i·stome /ɛ́pəstòum/ *n* 〔動〕口上突起《コケムシ類の口前葉 (prostomium) や昆虫の額片 (clypeus) など》. [NL (*epi-*, *-stoma stoma* mouth)]
epis·tro·phe /ɪpístrəfi/ *n* 〔修〕結句反復 (cf. ANAPHORA).
epi·style /ɛ́pəstàɪl/ *n* 〔建〕エピステュリオン (ARCHITRAVE).
ep·i·taph /ɛ́pətæ̀f; -tà:f/ *n* 墓碑銘, 墓誌, 碑文; 碑銘体の詩[文]; 故人[過去の事柄]をたたえることば[文]; 《人・ものに対する》最終的判断[評価]. ♦ **～·ist** *n* **-taph·ial** /ɛ̀pətǽfiəl/, **-taph·ic** /-tǽfɪk/ *a* [OF, ＜Gk *epi-*(*taphion*＜*taphos* tomb)=funeral oration]
epit·a·sis /ɪpítəsəs/ *n* (*pl* **-ses** /-sì:z/) 〔劇〕展開部《古代演劇で, 導入部 (protasis) に続く本筋が展開される部分》.
epitáxial láyer 〔電子工〕エピタキシャル層.
epitáxial transístor 〔電子工〕エピタキシャル(型)トランジスター《メサ型トランジスターを高周波向きに改良したもの》.
ep·i·tax·is /ɛ̀pətǽksəs/ *n* EPITAXY.
ep·i·taxy /ɛ́pətæ̀ksi/ *n* 〔理〕エピタクシー《ある結晶が他の結晶の表面で, 特定の方位関係をとって成長すること》. ♦ **èp·i·táx·i·al, -táx·ic** *a* **-táx·i·al·ly** *adv*
ep·i·tha·la·mi·on /ɛ̀pəθəléɪmiən/ *n* (*pl* **-mia** /-miə/) EPITHALAMIUM.
ep·i·tha·la·mi·um /ɛ̀pəθəléɪmiəm/ *n* (*pl* **～s, -mia** /-miə/) 婚礼の歌, 婚礼祝歌, 祝婚歌. ♦ **èp·i·tha·lám·ic** /-lǽm-/ *a* [L＜Gk=nuptial]
èpi·théca *n* (*pl* **-cae** /-sì:, -kì:/) 〔動〕外莢(がいきょう)《多くのサンゴ類の莢壁 (theca) の下部をおおう外部の層》; 〔植〕上殻, 上函《珪藻の細胞の外側の殻; cf. HYPOTHECA》.
ep·i·the·li- /ɛ̀pəθí:lɪ/, **ep·i·the·lio-** /-liou, -liə/ *comb form* 「上皮 (epithelium)」
ep·i·the·li·al /ɛ̀pəθí:liəl/ *a* EPITHELIUM の[に関する].
epithèlial·izátion *n* EPITHELIZATION.
epithélial·ìze *vt* EPITHELIZE.
ep·i·the·li·oid /ɛ̀pəθí:liɔ̀ɪd/ *a* 上皮に似た, 類上皮の.
ep·i·the·li·o·ma /ɛ̀pəθì:lióumə/ *n* (*pl* **-ma·ta** /-tə/, **～s**) 〔医・獣医〕上皮腫, エピテリオーマ. ♦ **-om·a·tous** /-ámətəs, -óum-/ *a*
ep·i·the·li·um /ɛ̀pəθí:liəm/ *n* (*pl* **-lia** /-liə/, **～s**) 〔解〕上皮; 〔植〕エピセリウム《空洞・管の内側をおおう柔組織の細胞層》. [L (Gk *thēlē* teat)]
ep·i·the·li·za·tion /ɛ̀pəθì:ləzéɪʃ(ə)n; -làɪ-/ *n* 上皮 (epithelium) でおおわれる[に転化する]こと, 上皮化.
ep·i·the·lize /ɛ̀pəθí:làɪz/ *vt* 上皮でおおう, 上皮化する.
ep·i·them /ɛ́pəθɛ̀m/ *n* 〔植〕被覆組織.
èpi·thérmal *a* 〔地質〕〈鉱脈・鉱床が〉浅熱水(生成)の《地下浅所の熱水溶液から低温・低圧条件のもとで生じた》; 〔理〕熱中性子 (thermal neutron) よりやや高いエネルギーをもつ〈中性子〉: ～ neutrons 熱外[エピサーマル]中性子.
ep·i·thet /ɛ́pəθɛ̀t, *-θət/ *n* **1 a** 《人・ものの特徴を表わす》形容語句, 形容辞, 異名《例 Richard the *Lion-Hearted*》; あだ名, 通り名. **b** 〔生〕小名《二名法[三名法]による学名のうち属名のあとに付けて種・亜種・変種を表わす形容詞》. **2** 侮蔑[ののしり]のことば, 悪口, 悪罵, 蔑称; 《廃》ことばづかい, 表現 (expression). ► *vt* 〈…を〉形容して…と言う. ♦ **ep·i·thet·ic** /ɛ̀pəθɛ́tɪk/, **-i·cal** *a* [F or L＜Gk (*tithēmi* to place)]
epit·o·me /ɪpítəmi/ *n* 抜粋, 梗概; 大要, 要約; [the] 権化, 縮図, 典型 〈*of*〉: man, the world's ～ 世界の縮図である人間. ● **in ～** 簡約[縮小]した形で. ♦ **epít·o·mist** *n* 摘要[梗概]作者. **ep·i·tom·ic** /ɛ̀pətámɪk/, **-i·cal** *a* [L＜Gk *epi-*(*temnō* to cut)=to abridge]
epit·o·mize /ɪpítəmàɪz/ *vt* …の縮図[典型]である; …の抜粋[梗概]を作る; 要約[摘要]する. ♦ **-mìz·er** *n* **epìt·o·mi·zá·tion** *n*
epi·tope /ɛ́pətòup/ *n* 〔免疫〕エピトープ (ANTIGENIC DETERMINANT).
ep·i·tra·che·lion /ɛ̀pɪtrəkí:ljən/ *n* 〔東方正教会〕司祭頸垂帯.
ep·i·trich·i·um /ɛ̀pətríkiəm/ *n* 〔解〕胎児表皮. [*trich-* hair]
epi·zo·ic /ɛ̀pəzóuɪk/ *a* 〔動・植〕動物体表生の; 〔植〕種子[果実]を動物の体表に付着させて散布する. ♦ **èpi·zó·ìsm** *n* 動物体表生. **-zó·ite** /-àɪt/ *n* 動物体表生物.
epi·zo·ol·o·gy /ɛ̀pəzouálədʒi/ *n* EPIZOOTIOLOGY.
epi·zo·on /ɛ̀pəzóuàn/ *n* (*pl* **-zoa** /-zóuə/) 〔生〕外皮[体表]寄生虫[動物].
epi·zo·ot·ic /ɛ̀pəzouátɪk/ *a* 〈病気が〉同時に同種の動物間に伝染発生する, 動物(間)流行(病)性の (cf. ENZOOTIC). ► *n* 動物(間)流行病. ♦ **-i·cal·ly** *adv*
epizoótic áphtha 〔獣医〕FOOT-AND-MOUTH DISEASE.
epi·zo·ot·i·ol·o·gy /ɛ̀pəzouàtiálədʒi/ *n* 動物疫学[流行病学], 獣疫学; 動物病発生の支配要因. ♦ **èpi·zo·òt·i·o·lóg·ic, -i·cal** *a* **-i·cal·ly** *adv*
epi·zo·o·tol·o·gy /ɛ̀pəzòuətálədʒi/ *n* EPIZOOTIOLOGY.
epi·zo·o·ty /ɛ̀pəzóuəti/ *n* EPIZOOTIC.
EPLF Eritrean People's Liberation Front エリトリア人民解放戦線《現在は PFDJ》.
e plu·ri·bus unum /ì: plúərəbəs (j)ú:nəm, èɪ plúrɪbus ú:num/ 多数からできた一つ; 多くの州の連合でできた一つの政府《米国の国璽および一部の硬貨の標語》. [L=one out of many]
EPM, EPMA 〔化〕°electron probe microanalysis.
EPN /í:pì:ɛ́n/ *n* EPN《有機燐系殺虫剤》. [*e*thyl *p*ara-*n*itrophenyl]
EPNS electroplated nickel silver.
EPO erythropoietin ♦ European Patent Office 欧州特許庁.
ep·och /ɛ́pək, -àk; í:pɔ̀k/ *n* **1** 新時代を開く[画期的な]できごと; 銘記すべきできごと[日]; 新しい時代のあけぼの, 新紀元; 〔天〕元期(げんき); 〔理〕初角《振動体のゼロ時刻における変位》: make [mark, form] an ～ 一新紀元を画する. **2** 《重要な事件の起こった》時代; 〔地質〕世(せい)《年代区分の一単位で, period (紀) より小さく age (期) より大きい》; 《まれ》ある一定の時刻[日時]. [NL＜Gk=pause]
époch·al *a* EPOCH の; 新しい時代をもたらす, 一新紀元を画する, 画期的な; 前代未聞の, 比類のない. ♦ **～·ly** *adv*
époch-màking *a* 画期的な (epochal).
ep·ode /ɛ́pòud/ *n* 〔韻〕エポード《**1**) ローマの詩人 Horace の詩のように長短の行が交互する古代抒情詩形 **2**) 古代ギリシア抒情詩の第 3 段[終結部]》. [F or L＜Gk (*epi-*, ODE)]
ep·o·nym /ɛ́pənɪ̀m/ *n* **1** 名祖(なおや)《国民・土地・建物などの名の起こりとなった人名; たとえば Brut (＞Britons) や Röntgen (＞Roentgenography) など》. **2** 名祖の名を付した[もとにした]名前, 人名由来の語. ♦ **èp·o·ným·ic** *a* [Gk (*onoma* name)]
epon·y·mous /ɪpánəməs, ɛ-/ *a* 名祖の(名を付した), 《事物・作品

の》名の由来となった〈人・主人公〉.

epon·y·my /ɪpánəmi, ɛ-/ *n* 名祖があるものと想定した名の起こりの説明.

ep·o·pee /ɛ́pəpìː/, **-pea, -peia** /ɛ̀pəpíːə/ *n* 叙事詩.

ep·os /ɛ́pɑ̀s/ *n* 《口承による一群の》原始的叙事詩; 叙事詩; 叙事詩の主題にふさわしい一連のできごと. [L<Gk=word, song]

EPOS /íːpɑ̀s, ″-z/ electronic point of sale イーポス《POS の一種で bar code による商品管理システム》.

epox·i·da·tion /ɛpɑ̀ksədéɪʃ(ə)n/ *n* 〘化〙エポキシ化《ニポキシドを生ずる反応》.

ep·ox·ide /ɛpɑ́ksàɪd, -səd/ *n* 〘化〙エポキシド《エチレンオキシド環をもつ化合物》.

epóxide rèsin EPOXY RESIN.

ep·ox·i·dize /ɛpɑ́ksədàɪz/ *vt* 〘化〙〈不飽和化合物を〉エポキシド化する.

ep·oxy /ɪpɑ́ksi/ 〘化〙 *a* エポキシの《酸素原子が同一分子内の 2 原子の炭素と結合している構造の基をもつ》; エポキシ樹脂の. ► *n* EPOXY RESIN. ► *vt* エポキシ樹脂で接着する.

epóxy rèsin 〘化〙エポキシ樹脂《主に塗料・接着剤》.

Ép·ping Fórest /ɛ́pɪŋ-/ エッピングの森, エッピングフォレスト《London の北東に隣接する Essex 州南西部の行楽地; もと王室御料林; 森の北方の町 Epping を中心に自治区をなす》.

ep·pur si muo·ve /eɪppúːər si mwɔ́ːveɪ/ それでもそれ(=地球)は動く《Galileo のことば》. [It]

EPR °electron paramagnetic resonance.

E-prime /íː-—/ *n* be 動詞なしの英語. [*E*nglish-*prime*]

épris /F epri/ *a* (*fem* **éprise** /F epriz/) …にほれている (enamored) 〈*with, of*〉.

EPROM /íːprɑ̀m/ *n* 〘電算〙消去プログラム可能 ROM. [*e*rasable *p*rogrammable *r*ead-*o*nly *m*emory]

EPS °earnings per share.

ep·si·lon /ɛ́psəlɑ̀n, -lən, ″ɛpsáɪlən/ *n* **1** エプシロン《ギリシア語アルファベットの第 5 字 *E*, ε; 英字の短音の E, e に当たる》. **2** 〘数〙イプシロン《零に近い任意の正の数》; [E-] 〘天〙イプシロン星, ε星《星座中明るさが第 5 位の星》. ♦ **ep·si·lon·ic** /ɛ̀psəlɑ́nɪk/ *a* [Gk=bare E (*psilos* bare)]

Épsilon Au·rí·gae /-ɔːráɪʤiː/ 〘天〙ぎょしゃ座 ε 星《食連星; 主星は超巨星, 周期が 27.1 年で連星の中でも特に長い》.

Ep·som /ɛ́psəm/ エプソム《イングランド南東部 Surrey 州の町で Epsom and Ewell 自治区の一部; London の南西に位置; 郊外に Derby および Oaks が行なわれる競馬場がある; 近くの鉱泉からエプソム塩 (~ salts) がつくられた》.

ep·som·ite /ɛ́psəmàɪt/ *n* 〘鉱〙《天然》瀉利(しゃり)塩.

Épsom sàlt(s) [⟨*sg*⟩] 瀉利塩, エプソム塩《下剤用》.

EPSRC 〘英〙 Engineering and Physical Sciences Research Council 工学・物理科学研究会議《SERC から分かれた学術振興団体》.

Ep·stein /ɛ́pstàɪn/ エプスタイン Sir **Jacob** ~ (1880–1959)《米国生まれの英国の彫刻家》.

Épstein-Bárr vìrus /-bɑ́ːr-/ エプスタイン-バーウイルス (=*EB virus*)《伝染性単核症をひき起こすヘルペスウイルス; バーキットリンパ腫・上咽頭癌に関係する; 略 EBV》. [Michael A. *Epstein* (1921–), Yvonne M. *Barr* (1932–) 英国のウイルス学者]

ept /ɛ́pt/ *a* 有能な, 器用な, 効率のよい. ♦ **ep·ti·tude** /ɛ́ptət(j)ùːd/ *n* [in*ept*]

epyl·li·on /ɛpíliən, -ɑ̀n/ *n* (*pl* **-lia** /-liə/) 短い叙事詩, 叙事詩の小品. [Gk (dim) < EPOS]

eq. equal ♦ equation ♦ equivalent.

EQ emotional (intelligence) quotient 情動[感情知性]指数, '心の知能指数'《IQ に対し, 感情の把握・制御能力を示す; 米国の Daniel Goleman が著書 *Emotional Intelligence* (1996) で提唱しブームとなった》♦ °encephalization quotient ♦ equalization ♦ equalizer.

eq·ua·ble /ɛ́kwəb(ə)l, íːk-/ *a* 一様な, 均等な, むらのない; 〈気候など〉安定した; 〈心などが〉平静な, 落ちついた. ♦ **-bly** *adv* **~·ness, èq·ua·bíl·i·ty** *n* 一様なこと, 均等性; 《気分・心の》平静, 落ちつき. [L; ⇨ EQUATE]

equal /íːkw(ə)l/ *a* **1** 〈…に〉等しい (equivalent) 〈*to*〉, 同等の: Twice 3 is ~ *to* 6. 3 の 2 倍は 6 / divide…into two ~ parts …を 2 等分する / OTHER things being ~. **2** 平等の, 対等の, 均等な; 互角の: on ~ terms (*with*…と)同等の条件で, 対等で / All animals are ~ but some animals are more ~ than others. 動物はみんな平等, でも一部の動物はもっと平等 (=待遇がよい)《小説 ANIMAL FARM で, 豚たちの唱える詭弁のスローガン》. **3** 匹敵する; 耐えうる 〈*to*〉: He is ~ *to* the task. その任に耐える / He is ~ *to* (do*ing*) any thing. どんな事でもやってのける / ~ *to* (=worthy of) the honor 栄誉にふさわしい / be ~ *to* the occasion [situation] その場に臨んで動じない / He felt ~ *to* meeting [meet] the enemy. 敵と渡り合える気がした. **4** 《古》 **a** 〈心などの〉平静な, 乱れない; 正しい (just), 公平な. **b** 《古》平らな (level). ► *n* 同等[対等]の人[もの]; 比類, 匹敵者; 等しい数量; [*pl*] 同等の物事: mix with one's ~*s* 自分の同輩と交わる / have no ~ *in* strength [cook*ing*] 力では[料理にかけては]かなう者がない. ● **be the ~ of one's word** 約束を守る. **without (an) ~** 匹敵するものがなく. ► *vt* (-l- | -ll-) **1 a** …に等しい (be equal to): Two and two ~*s* four. 2 足す 2 は 4. **b** …に匹敵する[劣らない] (be as good as): I ~ him *in* weight. 彼と体重は同じ. **2** …に等しいものを作る. **3** 《古》等しくする. [L (*aequus* even)]

équal-área *a* 〘地図〙等積(投影)の, 正積(図法)の.

Équal Emplóyment Opportùnity Commìssion [the] 〘米〙雇用機会均等委員会《1964 年に設立された政府機関; 人種・皮膚の色・宗教・性別・出身国に基づく雇用差別をなくし雇用者・労働組合などによる平等雇用機会創出の計画を推進することを目的とする; 略 EEOC》.

equal·i·tar·i·an /ɪkwɑ̀lətɛ́əriən/ *a, n* EGALITARIAN. ♦ **~·ìsm** *n* EGALITARIANISM.

equal·i·ty /ɪkwɑ́ləti/ *n* 等しいこと; 平等, 対等, 同等 〈*between, with*〉; 一様性; 等式 (equation). ● **on an ~ with**…と対等[同等]で.

Equálity and Húman Ríghts Commìssion [the] 〘英〙平等・人権委員会《人種平等委員会 (CRE)・機会均等委員会 (EOC)・障害者権利委員会 (Disability Rights Commission, 略 DRC) の統合により 2007 年に設立された政府組織; 略 EHRC》.

equálity sìgn EQUAL SIGN.

Equálity Stàte [the] 平等州《Wyoming 州の俗称; 婦人参政権が最初に認められたところ (1869)》.

équal·ize *vt* 等しくする, 平等[同等]にする 〈*with*〉; 一様にする, 《特に》均等[一律]に分配する; 平準化する, 《特に》補正する; 〘電子工〙〈信号を〉等化する. ► *vi* ″〘スポ〙同点にする. ♦ **èqual·izátion** *n*

équal·ìz·er *n* **1** 等しくするもの[人]; 〘スポ〙同点, 同点ゴール[打]; 《俗》拳銃, ピストル. **2** 〘機〙《牽引力・制動力などの》平衡装置; 〘空〙《飛行機補助翼の》平衡装置; 〘電〙均圧母線[結線, 器]; 〘電子工〙等化器, イコライザー《音響再生システムなどにおける周波数特性の補正装置》.

équal·ly *adv* 等しく; 平等に; 均一に, 均等に; 同じ程度に; [前文と対立する観念を表わす文中で] 同時に, また.

Équal Opportúnities Commìssion [the] 〘英〙機会均等委員会《1975 年に設立された政府機関; 性差別廃止・機会均等のための組織で, Equal Pay Act (1970), Sex Discrimination Act (1975) の実施をはかる; 略 EOC; 2007 年統合により EHRC となった》.

équal opportúnity 《雇用における》機会均等.

équal opportúnity emplòyer 機会均等雇用者《人種・皮膚の色・宗教・性別・出身国による差別扱いをしない雇用者》.

équal páy 《同一労働に対する》同一賃金.

Équal Páy Àct [the] 同一賃金法《**1)** 米国で公正労働基準法 (Fair Labor Standards Act, 1938) を修正した 1963 年の連邦法; 州際通商に従事する企業および連邦資金受領の企業に男女同一労働同一賃金の支払いを義務づけた **2)** 英国で 1970 年に制定された同様の趣旨の法律》.

équal protéction 〘米法〙法の平等な保護《合衆国憲法第 14 修正に定められた, 同一の状況にある者は同一に扱わねばならないとする原則》.

Équal Ríghts Amèndment [the] 〘米〙男女平等憲法修正案《必要数の州の批准を得られず不成立; 略 ERA》.

équal sìgn, équals sìgn 等号 (=).

équal témperament 〘楽〙等分平均律《オクターブを 12 の等しい半音に分割した音階》.

équal tíme* 《政見放送における》均等時間割当て; 非難や反対意見に応酬する平等な機会.

equa·nim·i·ty /ìːkwənímәti, ɛ̀k-/ *n* **1** 《心の》平静, 沈着, 落ちつき; あきらめ, 運命の甘受: *with* ~ 落ちついて. **2** 安定した配列, 平衡, 均衡. [L (*aequus* even, *animus* mind)]

equan·i·mous /ɪkwǽnəməs/ *a* 平静な, 落ちついた.

equant /íːkwənt/ *n* 〘天〙エカント《惑星の運動速度が変化して見えることを Ptolemy 説で説明するために導入された点; 従円 (deferent) の中心から離れて対称な位置に地球とエカント点があり, エカント点から見ると惑星の角速度が一定になる》. ► *a* 〘鉱〙等方的な形の《立方体状・球状など》.

equate /ɪkwéɪt/ *vt* **1** 等しくする (equalize); 平均水準に合うように加減[補正]する. **2** 同等と考える, 相等しいとして示す; 〘数〙等式化する, 方程式で示す: ~ A and B=~ A *with* [*to*] B A と B を同一視する. ► *vi* 匹敵する, 等しい 〈*with*〉. ♦ **equát·able** *a* [L *aequat- aequo* to make EQUAL]

Equat. Gui(n). °Equatorial Guinea.

equa·tion /ɪkwéɪʒ(ə)n, -ʃ(ə)n/ *n* **1** 等しくすること; 等しい状態, 平衡[均衡]状態: ~ *of* supply and demand 需給の均衡. **2** 等しい[同等]とみなすこと, 同一視. **3** 〘数〙等式, 方程式; 〘化〙方程式, 反応式: an ~ of the first [second] degree 一[二]次方程式 / a chemical ~ 化学方程式 / a simple ~ 一元一次方程式 / simultaneous ~*s* 連立方程式 / IDENTICAL EQUATION. **4** 〘天〙誤差, 均差: the ~ of the equinoxes 平均分点と真分点との差 / PERSONAL EQUATION. **5** 要因; 《込み入った》問題, 事態: enter [come into] the ~ 問題となる / take sth out of the ~ 考慮しない, 無視する.

equátion·al *a* **1** EQUATION の[を用いた, を伴う]. **2**〘生〙〈有糸分裂が〉2つの等しい部分に分かれる: ～ division 均等(的)分裂, 平等分裂. ◆ **～·ly** *adv*

equátion of státe〘化〙状態(方程)式《圧力・温度と気体[液体]の比体積の関係を与える式》.

equátion of tíme〘天〙《平均太陽時と真太陽時との》(均)時差.

equa·tor /ɪkwéɪtər, iːkwèɪ-/ *n* [the]《地球・天体・卵など球状物の》赤道; 天の赤道 (=celestial ～); EQUATORIAL PLANE; GREAT CIRCLE: right on *the* ～ 赤道直下で[の] / MAGNETIC EQUATOR. [OF or L (EQUATE); equinoxes を含むことから]

eq·ua·to·ri·al /iːkwətɔ́ːriəl, èk-/ *a* 赤道(上)の;〈衛星の軌道が〉赤道面上の; 赤道付近の, 赤道地方(特有)の;〘天〙赤道儀式の;〘化〙赤道結合の (cf. AXIAL). ► *n*〘天〙赤道儀《**1**) 天体の日周運動を追跡するための架台を備えた望遠鏡 (=～ **télescope**) **2**) EQUATORIAL MOUNT》. ◆ **～·ly** *adv*

E

equatórial clímate 赤道気候《高温多湿な気候; およそ北緯5度と南緯5度の間》.

Equatórial Guínea 赤道ギニア《赤道よりやや北の西アフリカ沿岸の Río Muni と Bioko 島などからなる国; 公式名 Republic of Equatorial Guinea (赤道ギニア共和国); 旧スペイン領ギニア, 1968年独立; ☆Malabo》.

equatórial móunt [móunting]〘天〙赤道儀《天体の日周運動に合わせて望遠鏡の向きを変えるための架台》.

equatórial pláne〘天〙《特に地球の》赤道面;〘生〙赤道面《細胞の両極から等距離の面》.

equatórial pláte〘生〙赤道板 (=*metaphase plate*)《核分裂中期に紡錘体内の染色体が赤道面に集まってできる平面》;〘生〙EQUATORIAL PLANE.

equátor·ward *adv* 赤道の方向に. ► *a* 赤道の近くにある; 赤道方向に進む.

eq·uer·ry /ékwəri, ɪkwéri/ *n*《王公貴族の》馬匹(ばっ)係;《英国王室の》侍従. [C18 *esquiry*<F *escurie* stable<?; 英語で誤って L *equus* horse と連想]

eques /ékwès, íːkwìːz/ *n* (*pl* **eq·ui·tes** /ékwətèɪs, -tìːz/)〘ロ史〙騎兵, 騎士. [L (*equus* horse)]

eques·tri·an /ɪkwéstriən/ *a* 馬[騎手, 乗馬, 曲馬, 馬術]の; 乗馬姿の〈像など〉;《古代ローマ・中世の》騎士の[からなる];《古》馬に乗った, 騎乗した. ► *n* (*fem* **eques·tri·enne** /ɪkwèstrién/) 乗馬者; 騎手; 曲馬師. [L *equestris* (↑)]

equéstrian diréctor《サーカスなどの》興行主任, 演技主任 (cf. RINGMASTER).

equéstrian·ìsm *n* 馬術; 曲馬術.

equi- /íːkwə, -kwɪ, ék-/ *comb form*「等しい」「等しく」 [L; ⇨ EQUAL]

èqui·ángular *a* 等角の.

èqui·calóric *a*〈異なる食物が〉《体内で》等量のエネルギーを出す, 等カロリーの.

eq·uid /ékwɪd, íːk-/ *n*〘動〙ウマ科 (Equidae) の動物.

èqui·dístant *a* 等距離の〈*from*〉;〘地図〙等距(投影)の, 正距(図法)の: ～ conic [cylindrical] projection 正距円錐[円筒]図法. ◆ **～·ly** *adv* **-dístance** *n* 等距離.

èqui·fínal *a*〈異なるできごとが〉同じ結果になる.

èqui·láteral *a* 等辺の; 等面の: an ～ triangle [polygon] 正三角形[多角形] / an ～ polyhedron 等面多面体. ► *n* 等辺; 等辺形. ◆ **～·ly** *adv*

equiláteral hypérbola〘数〙等辺双曲線 (rectangular hyperbola).

equil·i·brant /ɪkwíləbrənt/ *n*〘理〙平衡力.

equil·i·brate /ɪkwíləbrèɪt, iːkwəláɪbrèɪt/ *vt* 平衡させる, 釣り合わせる. ► *vi* 平衡に達する, 釣り合う. ◆ **equíl·i·brà·tor** *n*《航空機などの》平衡を保たせる装置, 安定装置. **equil·i·bra·to·ry** /ɪkwíləbrətɔ̀ːri; -brèɪt(ə)ri/ *a* **equil·i·bra·tion** /ɪkwìləbréɪʃ(ə)n, ⁱⁱiːkwɪlaɪ-/ *n* 釣り合わせる[釣り合う]こと; 平衡, 釣合い (equilibrium).

equil·i·brist /ɪkwíləbrɪst, ìːkwəlíb-, èkwə-/ *n* 綱渡り芸人 (ropewalker), 軽業師 (acrobat). ◆ **equìl·i·brís·tic** *a*

equi·lib·ri·um /iːkwəlíbriəm, èk-/ *n* (*pl* **～s, -ria** /-riə/) 釣合い, 平衡, 均衡;《感情の》安定,《心の》平静, 知的不偏;《動物体の》姿勢の安定, 体位を正常に保つ能力;〘理・化〙平衡: in ～. ◆ **-ri·al** *a* [L (*equi-*, LIBRA)]

equilíbrium cònstant〘化〙平衡定数《可逆的な化学反応において平衡状態にある時の生成物と反応物の量の関係を表わす数》.

èqui·mólal〘化〙*a* 等重量モル濃度の; 等モルの.

èqui·mólar〘化〙*a* 等モルの; 等モル濃度の.

èqui·molécular〘化〙*a* 等分子の; 等モルの.

equine /íːkwàɪn, ék-/ *a* 馬の(ような);〘動〙ウマ科 (Equidae) の. ► *n*〘動〙ウマ科の動物; 馬 (horse). ◆ **～·ly** *adv* [L (*equus* horse)]

équine distémper〘獣医〙腺疫 (strangles).

équine encephalítis〘獣医〙馬脳脊髄炎《ウマやラバに中枢神経障害を起こす急性のウイルス疾患; 南北アメリカ各地で発生し, ヒトに神経疾患を起こすこともある》.

équine inféctious anémia〘獣医〙馬伝染性貧血 (INFECTIOUS ANEMIA).

equi·noc·tial /iːkwənɑ́kʃ(ə)l, èk-/ *a* 昼夜平分時《春分または秋分》の; 昼夜平分の; 赤道(近く)の;〘天〙天の赤道の;〘植〙定時に開花する. ► *n* [the] 天の赤道 (celestial equator); [°*pl*] 彼岸あらし (=～ **stórm [gáles]**). [OF or L; ⇨ EQUINOX]

equinóctial círcle [líne]〘天〙天の赤道 (celestial equator).

equinóctial póint〘天〙分点, 昼夜平分点 (equinox): the autumnal [vernal] ～ 秋[春]分点.

equinóctial yéar〘天〙分点年 (tropical year).

equi·nox /íːkwənɑ̀ks, ék-/ *n* 春[秋]分, 昼夜平分時;〘天〙分点: PRECESSION OF THE EQUINOXES / AUTUMNAL [VERNAL] EQUINOX. [OF<L (*noct- nox* night)]

èqui·númerous *a*〘数・論〙同数の要素を有する〈*with*〉.

equip /ɪkwíp/ *vt* (-pp-) …に必要なものをもたせる[備え付ける] (provide),〈船を〉艤装(ぎそう)する,〈軍隊を〉装備する; 身支度させる; …に〈技能・知識を〉授ける: ～ a ship *for* a voyage 航海のために船を艤装する / ～ an army *for* the field 軍隊に戦場へ行くための装備をする / ～ sb *for* a journey 人に旅支度をさせる / be *equipped with*…を身に着けている / ～ one*self* 身支度をする〈*with* clothing, *for* a trip〉/ ～ sb *with* knowledge 人に知識を授ける. ◆ **equípped** *a* **equíp·per** *n* [F<?ON *skipa* to man SHIP]

eq·ui·page /ékwəpɪdʒ/ *n* **1** (供まわり[随員]付きの)りっぱな馬車;《古》供まわり, 随員 (retinue). **2**《軍隊・船舶・探検隊などの》装備品, 必要品(一式);《古》ひとそろいの道具, 用具一式 (: a coffee ～);《古》衣服と装(身)具のひとそろい;《古》《指抜き・ハサミなどの小物を入れる》小箱, 手箱;《古》仰々しい飾り;《廃》装備. [F; ⇨ EQUIP]

èqui·partítion〘理〙エネルギー等分配 (=～ **of énergy**). ◆ **-partítioned** *a*

equipe /eɪkíːp/ *n*《スポーツ・自動車レースの》チーム.

equíp·ment *n* **1** 準備, 支度; 装備, 艤装(ぎそう); 装置, 器具, 備品, 設備, 装具, 艤装品《通例 集合的》;〘鉄道〙車両: a piece of ～ 備品一点 / a soldier's ～ 兵士の装備 / the cost of ～ 設備費. **2** 素質, 資質, 素養, 知識, 技術.

eq·ui·poise /ékwəpɔ̀ɪz, íː-/ *n* 均衡, 釣合い, 平衡(状態); COUNTERBALANCE. ► *vt* 釣り合わせる; …と釣り合う, 均衡する.

equi·pol·lence /iːkwəpɑ́ləns, èk-/, **-cy** *n* 力[勢力, 効力, 重量]の均等;《効果・結果・意味の》等価値;〘論〙《概念・命題の》等値.

èqui·pól·lent *a, n* 力[勢力, 効力, 重量]の等しい(もの); 効果[結果, 意味]の同じ(もの);〘論〙等値の(命題). ◆ **～·ly** *adv*

equi·pon·der·ant /iːkwəpɑ́nd(ə)rənt, èk-/ *a, n* 重さ[勢力, 権力]の等しい(もの); 釣合い[均衡]のとれた(もの). ◆ **-ance, -an·cy** *n*

equi·pon·der·ate /iːkwəpɑ́ndərèɪt, èk-/ *vt*〈重さなどを〉平衡させる, 釣り合わせる. ► *vi*〈力・重さが〉均衡する.

èqui·pótent *a* 等しい効力[能力]をもった, 等力の.

èqui·poténtial *a* 等しい力[潜在能力, ポテンシャル]をもった; EQUIPOTENT;〘理〙等位の, 等ポテンシャルの;〘電〙等電位の. ► *n*〘理〙等ポテンシャル線[面];〘電〙等電位線[面].

èqui·próbable *a*〘論・数〙同程度の蓋然性[確率]のある. ◆ **-probabílity** *n*〘論〙等[同]蓋然性;〘数〙等確率性.

eq·ui·se·tum /èkwəsíːtəm/ *n* (*pl* **～s, -ta** /-tə/)〘植〙トクサ (=*horsetail, scouring rush*)《トクサ属 (*E-*) の多年草の総称; トクサ, スギナなど》.

eq·ui·ta·ble /ékwətəb(ə)l/ *a* 公正な, 公平な;〘法〙エクイティー[衡平法]上の, エクイティー上有効な. ◆ **-bly** *adv* **～·ness** *n* **èq·ui·ta·bíl·i·ty** *n*

eq·ui·tant /ékwətənt/ *a*〈葉が〉またぎ重ねの, 跨(こ)状の.

eq·ui·ta·tion /èkwətéɪʃ(ə)n/ *n* 馬術; 乗馬. [F or L (*equito* to ride horse; ⇨ EQUULENS)]

eq·ui·tes /ékwətìːz/ *n* EQUES の複数形.

eq·ui·ty /ékwəti/ *n* **1** 公平, 公正; 公平[公正]なもの. **2**〘法〙**a** エクイティー, 衡平法《公平と正義の点で common law の不備を補う法律》;《広く》正義衡平法. **b** エクイティーに基づく裁判[救済裁定]. **c** エクイティー上の権利; EQUITY OF REDEMPTION. **3** 純資産額《財産・営業資産などからそれに対する抵当債権・請求権などの金額を差し引いた残りの価額》,《株式会社の》持分; 株主所有権; [*pl*] 普通株. **4** [E-] ACTORS' EQUITY ASSOCIATION. [OF<L *aequitas*; ⇨ EQUAL]

équity càpital〘経〙自己資本, 株主資本, 株主持ち分 (stockholders' equity) (opp. *borrowed capital*).

équity-lìnked pólicy〘英保〙株式リンク生命保険契約《保険料の一部を証券などへの投資に当て, 残りを保険の払込金とする約定の生命保険のうち, 普通株に投資するもの》.

équity mòrtgage《融資を受ける者が住宅売却時に得る利益から一定率の支払いをすることを条件に》同率の金利を軽減してもらう家屋抵当契約, エクイティーモーゲージ.

équity of redémption〘法〙エクイティー上の受戻権《債務不履行による受戻権喪失の手続きがとられる前に, 債務・利息・費用を支払って譲渡抵当を受け戻す権利》.

équity secùrity [ᵁ*pl*] 持分証券《株式会社の部分所有権を示す証券; 通常は普通株か優先株》.

equiv. equivalency ♦ equivalent.

equiv·a·lence /ɪkwív(ə)ləns/, **-cy** *n* 同等, 同値, 等価, 同意義, 同価, 等価, 等量;〘数〙同値;〘数〙等積;〘化〙当量, 等価;〘論〙等値;〘韻〙《詩脚の》等価.

equívalence clàss 〘数〙同値類.

equívalence relàtion 〘数〙同値関係.

equív·a·lent *a* 同等の, 同価値[量]の, 同じ力の, 同意義の;〘化〙当量の, 等価の;〘数〙同値の;〘数〙等積の;〘数〙〈集合が〉対等の;〘論〙等値の;〈…に〉相当する, 等しい 〈*to*〉;《廃》《権力などが》同等の 〈*with*〉. ► *n* equivalent なもの;〘文法〙相当語句, 同義語;〘化〙当量. ♦ **~·ly** *adv* [OF<L; ⇨ VALUE]

equívalent áir spèed 〘空〙等価対気速度.

equívalent círcuit 〘電〙等価回路.

equívalent fócal lèngth 〘光〙等価焦点距離.

equívalent wéight 〘化〙当量 (equivalent).

equiv·o·cal /ɪkwívək(ə)l/ *a* **1** 二つ(以上)の解釈のできる, 両義にとれる, 意義のあいまいな, 多義的な. **2** 不確かな, はっきりしない; どっちつかずの, 煮えきらない; 疑わしい, いかがわしい: give an ~ answer あいまいな返事をする. ♦ **~·ly** *adv* **~·ness** *n* [L=ambiguous (*voco* to call)]

equívocal generátion ABIOGENESIS.

equiv·o·cal·i·ty /ɪkwìvəkǽləti/ *n* 多義性, あいまいさ; 疑わしさ, いかがわしさ; EQUIVOQUE.

equiv·o·cate /ɪkwívəkèɪt/ *vi* あいまいなことばを使う; 明言を避ける, ことばを濁す; ごまかす. ♦ **-cà·tor** *n* あいまいなことばを使う人, ごまかし屋. **-ca·to·ry** /-kətɔ̀:ri; -t(ə)ri/ *a*

equiv·o·ca·tion /ɪkwìvəkéɪʃ(ə)n/ *n* あいまいさ, 多義性,《特に》両義性; 多義的[両義的]なことばで述べる[だます, 明言を避ける]こと;〘論〙多義の虚偽 (cf. AMPHIBOLOGY).

eq·ui·voque, -voke /ékwəvòuk, í:k-/ *n* あいまいな言い方[語句];《ことばの》多義性; しゃれ, 掛けことば.

Equu·le·us /ɪkwú:liəs; -wúl-/ 〘天〙こうま座(小馬座) (Little Horse). [L (dim)〈*equus* horse]

er /ə:r/ *int* えー, えーと, あー, あの一《躊躇またはことばのつかえた時などの発声》: I —*er*— わたしは—あの—. [imit]

-er[1] /ər/ *n suf* (1) [動詞に付けて]「…する人[もの]」「…する対象として恰好なもの」「…するためのもの[行為]」: report*er*, transform*er* / broil*er*, fry*er* / din*er*, breath*er*, demurr*er*. (2) [名詞に付けて]「職業[専門]として…に関係のある人」「…に属する[関連のある]人[もの]」「…に住む人」「…を有する人[もの]」「…を産するもの」: hatt*er*, geograph*er* / high school*er*, head*er* / cottag*er*, London*er* / tenpound*er*, three-deck*er* / pork*er*, veal*er*. (3) [形容詞に付けて]「…な人[もの]」: foreign*er*. (4) [名詞(句)からその俗語・口語的略形をつくる]: foot*er*<football / hom*er*<home run / rugg*er*<Rugby football. ⇨ -ERS. [OE *-ere* one who has to do with; cf. G *-er*]

-er[2] /ər/ *a suf, adv suf* [形容詞・副詞の比較級をつくる]: rich*er*, laz*ier*. [OE(a) *-ra*, (adv) *-or*]

-er[3] /ər/ *v suf* [動詞に付けて]「頻繁に[反復的に] …する」: flick*er*, patt*er*. [OE *-(e)rian*; cf. G *-ern*]

Er 〘化〙erbium. **ER** 〘野〙°earned run; ♦ °East Riding ♦ [L *Edwardus Rex*] King Edward ♦ [L *Elizabeth Regina*] Queen Elizabeth ♦ °emergency room ♦ °en route.

era /íərə, *ɛ́rə, *í:rə/ *n* **1** 紀元; 紀年法《ある時点を起算の時と定め, これを紀元として年を数える方法》: the Christian ~ キリスト紀元. **2** 年代, 時代, 時期; 新時代の始まり, 転換期[点] (epoch);〘地質〙代《年代区分の最上位の単位で, いくつかの periods (紀) からなる》: the Victorian ~. **3**《成長・発達などの》段階. [L=number expressed in figures (pl)〈*aer- aes* money]

ERA 〘野〙°earned run average ♦〘米〙°Equal Rights Amendment.

era·di·ate /ɪréɪdièɪt/ *vt* 〈光線・熱などを〉放射する (radiate). ♦ **eràdi·á·tion** *n* 放射.

erad·i·ca·ble /ɪrǽdɪkəb(ə)l/ *a* 根絶できる. ♦ **-bly** *adv*

erad·i·cant /ɪrǽdɪkənt/ *n* ERADICATOR.

erad·i·cate /ɪrǽdəkèɪt/ *vt* 根こぎにする (root up); 撲滅する, 根絶する (root out), 皆無にする. ♦ **eràd·i·cá·tion** *n* [L *e-(radico*〈RADIX)=to uproot]

erád·i·càt·ed *a* 〘紋〙〈木・植物などが〉根も描き表わした, 根上がり図の.

erád·i·cà·tive /; -kə-/ *a* 根絶[根治]させる: an ~ medicine 根治薬.

erád·i·cà·tor *n* 根絶する人[もの],《特に》しみ抜き液.

era·dic·u·lose /ìərədík(j)əlòus/ *a* 〘植〙小根のない.

erase /ɪréɪs; -z/ *vt* **1 a** 〈文字を〉こすって[削って]消す;〈録音・コンピューター記憶データなどを〉消去する. **b** ぬぐい去る, (ぬぐったように)忘れる 〈*from* memory〉. **2** …の効果[効力]を無にする. **3**《俗》殺す, 消す (kill). ► *vi* 消せる, 消える; 記号[信号など]を消す. ♦ **erás·able** *a* **eràs·abíl·i·ty** *n* [L (*ras- rado* to scrape)]

eras·er /ɪréɪsər; -zər/ *n* 消す人[もの]; 黒板ふき, 消しゴム, インク消し; *《俗》ノックアウト(パンチ).

era·sion /ɪréɪʒ(ə)n/ *n* 抹消, 削除 (erasure);〘外科〙《患部組織の》搔爬(そうは), 切除.

Eras·mus /ɪrǽzməs/ **1** エラズマス《男子名》. **2** エラスムス **Desiderius** ~ (1466?–1536)《オランダの人文学者; 文芸復興運動の先覚者》. ♦ **Erás·mi·an** *a, n* [Gk=beloved]

ERASMUS /ɪrǽzməs/ *n* エラスムス計画《EU 内の学生交流促進のための計画》. [*E*uropean Community *A*ction *S*cheme for the *M*obility of *U*niversity *S*tudents]

Eras·tian /ɪrǽstiən, -ʧən/ *a* THOMAS ERASTUS の, エラストゥス主義の《教会にかかわる事柄における国家の支配権を主張する》. ► *n* エラストゥス主義者. ♦ **~·ìsm** *n* エラストゥス主義.

Eras·tus /ɪrǽstəs/ **1** エラスタス《男子名》. **2** エラストゥス **Thomas** ~ (1524–83)《スイスの医師・神学者》. [Gk=lovable]

era·sure /ɪréɪʃər, -ʒər/ *n* ぬぐい消すこと, 抹消; 削除箇所, 消したもの; 消し跡.

Er·a·to /ɛ́rətòu/ 〘ギ神〙エラトー《竪琴を持ち抒情[恋愛]詩をつかさどる女神で, ムーサたち (nine Muses) の一人》. [Gk]

Er·a·tos·the·nes /ɛ̀rətɑ́sθənì:z/ エラトステネス ~ **of Cyréne** (c. 276–c. 194 B.C.)《ギリシアの天文学者・地理学者》.

erb /ə:rb/ *n**《俗》マリファナ, くさ, はっぱ (herb).

Erbīl ⇨ ARBĪL.

er·bi·um /ə́:rbiəm/ *n* 〘化〙エルビウム《希土類元素; 記号 Er, 原子番号 68》. [Ytt*erby* スウェーデンの町で発見地; cf. TERBIUM, YTTERBITE]

Er·ci·yas Da·gi /ɛ̀rʤijù:s dɑ:(g)í:/ エルジャス山《トルコ中部の死火山 (3916 m); 小アジアの最高峰》.

Erck·mann-Cha·tri·an /*F* ɛrkmanʃatriɑ̃/ エルクマン-シャトリアン《共作したフランスの作家 Émile Erckmann (1822–99) と Louis-Alexandre Chatrian (1826–90) の筆名》.

ere /ɛ́ər/ *prep*《古・詩》BEFORE: ~ long まもなく, やがて (before long). ► *conj* **1** …する前に, …しないうちに (before). **2**《古・詩》〈…するよりは〉むしろ (rather than). ►《スコ》*adv* 早く (early); まもなく (soon). [OE *ǣr*; cf. G *eher*]

e-read·er /í:—/ *n* 電子ブック[コンテンツ]リーダー, 電子書籍端末.

Er·e·bus /ɛ́rəbəs/ **1 a** 〘ギ神〙エレボス《「原初の暗黒」「冥界」の意の擬人神; Chaos の子とされる》. **b**《Earth と Hades の間の》暗黒界: (as) black as ~ まっ暗で. **2** [Mount] エレバス山《南極大陸 Ross 海南西部にある Ross 島の活火山 (3794 m)》. [L<Gk]

Erech /í:rɛk, ɛ́r-/ エレク《イラク南部 Euphrates 川の近くにあった古代シュメールの都市; シュメール語名 Uruk; *Gen* 10: 10》.

Erech·the·um /ɪrékθiəm, ɛ̀rəkθí:əm/, **Erech·thei·on** /ɪrékθàɪən, -ɑ̀n, ɛ̀rəkθáɪən/ エレクテイオン《アテナイの Acropolis 上のイオニア式神殿; 紀元前 421–405 年建設, 女人像柱 (caryatids) で知られる》.

Erech·theus /ɪrékθjù:s, -θiəs/ 〘ギ神〙エレクテウス《神託により Eleusinians に勝つために娘の一人を犠牲にささげたアテナイの王》.

erect /ɪrékt/ *a* **1 a** 直立した;〈毛髪が〉逆立った;〘光〙〈像が〉正立した: stand ~ 直立する / with ears ~ 聞き耳を立てて / an ~ stem [cell]〘植〙直立茎(けい)[細胞] / with hair ~ 髪を逆立てて. **b** 勃起した, 立った. **c**《古》上を向いた. **2** 〈動作・態度が〉こわばった, 硬直した. **3**《古》精神的に高揚した;《廃》気を張りつめた, 注意怠りない. ► *vt* **1 a** 直立させる, 立てる;〘光〙〈像を〉正立させる;〘数〙〈垂線・図形などを〉底線上に立てる[描く]: ~ *oneself* 体を起こす. **b**〘生理〙勃起させる. **c**《古》上に向ける. **2 a** 組み立てる, 建設[構築]する;〈制度・理論など〉をうち立てる, 創設する. **b** 昇格させる, 格上げする; 理想として掲げる: ~ a custom *into* a law 習慣を法律化する. **3**《廃》勇気づける. ► *vi* 直立する;〘生理〙勃起する. ♦ **~·able** *a* **~·er** *n* **~·ly** *adv* **~·ness** *n* [L (ERECT- -*rigo* to set up)]

erec·tile /ɪrékt(ə)l, -tàɪl; -tàɪl/ *a* 直立できる;〘解〙〈組織・器官が〉勃起(性)の (cavernous): ~ dysfunction 勃起不全 (略 ED). ♦ **erec·til·i·ty** /ɪrɛ̀ktíləti/ *n*

erec·tion /ɪrékʃ(ə)n/ *n* ERECT すること[したもの]; 直立, 起立; 建設, 組み立て, 架設; 建築物, 建物; 設立;〘生理〙勃起; 勃起した陰茎.

erec·tive /ɪréktɪv/ *a* 直立[起立]力のある.

eréc·tor *n* ERECT する人[もの]; 建設者; 創設者, 設立者;〘解〙挙筋, 起立筋; [E-]〘商標〙エレクター《工事現場の鉄骨やクレーンを模した米国製の組立て玩具セット》.

E region /í: —/ E 層[領域] (1) 地上約 65–145 km に現われる電離層で, 昼間の E layer や sporadic E layer を含む層 2) E LAYER).

Ere·ğli /ɛ̀reɪ(g)lí:/ エレーリ (1) トルコ南部 Ankara の南南東にある町 2) トルコ北西部, アジア部の黒海沿岸にある港町).

ere·lóng *adv*《古・詩》まもなく (ere long).

er·e·mite /ɛ́rəmàɪt/ *n*《特に キリスト教の》隠者, 隠修士 (hermit). ♦ **ér·e·mìt·ìsm** *n* **èr·e·mít·ic** /-mít-/, **-i·cal** *a* 隠者的な. [OF; ⇨ HERMIT]

er·e·mu·rus /ɛ̀rəmjúərəs/ *n* (*pl* **-ri** /-ràɪ/)〘植〙エレムルス属 (*E-*) の各種多年草 (=*foxtail lily*)《ユリ科; 中央アジア原産》.

ere·nów *adv* «古・詩» 今より前に, 従前.
erep·sin /ɪrépsən/ *n* 〔生化〕エレプシン《腸液中のタンパク質分解酵素; ペプチダーゼの混合物》.
er·e·thism /érəθìz(ə)m/ *n* 〔医〕過敏(症).
Erets [Eretz] Yis·ra·el /érets jìsrɑːél/, **Éretz Ísrael** /érəts-/ イスラエルの地《パレスティナ (Palestine) のこと》. [Heb (*erets* land of, *Yiṣrā'ēl* Israel)]
Erevan ⇨ YEREVAN.
ere·whíle(s) *adv* «古・詩» 少し前に.
Er·e·whon /érə(h)wàn/ エレウォン《Samuel Butler の同名の諷刺小説 (1872) の舞台である未知の国》. [nowhere のつづり換え (anagram)]
erf /ɔ́ːrf/ *n* (*pl* **er·ven** /ɔ́ːrvən/, ~**s**) «南ア» 小地面, 小区画 (plot), 宅地: water [dry] ~ 灌漑用水路のある[ない]土地. [Afrik]
Er·furt /éərfərt; *G* érfurt/ エルフルト《ドイツ中部 Thuringia 州の市》.
erg[1] /ɔ́ːrg/ *n* 〔理〕エルグ《エネルギーの単位: 1 ダインの力が物体にはたらいて 1 cm だけ移動させる仕事の量; 記号 e》. [Gk *ergon* work]
erg[2] *n* (*pl* ~**s**, **areg** /ərég/) 〔地質〕エルグ《砂丘が波状に続く広大な砂漠; 岩石砂漠と区別していう》. [F＜Arab]
erg- /ɔ́ːrg/, **er·go-** /ɔ́ːrgoʊ, -gə/ *comb form*「仕事」 [Gk ERG[1]]
ERG electroretinogram.
er·gas·tic /ərgǽstɪk/ *a* 〔生〕〈細胞間分泌物・沈積物が〉潜在エネルギーを有する.
er·gás·to·plàsm /ərgǽstə-/ *n* 〔生〕エルガストプラスム《好塩基性の細胞質, 特に小胞体》. ♦ **er·gàs·to·plás·mic** *a*
er·ga·tive /ɔ́ːrgətɪv/ 〔言〕 *a* 能格を用いる《自動詞文の主語が他動詞文の目的語と同じ格形態を示し他動詞文の主語とは別の格形態を示す言語についていう; グルジア語・バスク語・エスキモー語など》; 能格の《(1) 能格言語における他動詞文の主語の格についていう (2) 他動詞にも自動詞にも用いられる動詞(を他動詞として用いた文の主語の格)についていう; 例: He opened the door. の He や open (開ける, 開く) などの動詞》. ► *n* 能格; 能格の語. ♦ **èr·ga·tív·i·ty** *n* 能格性. [*ergat-*]
er·ga·toc·ra·cy /ə̀ːrgətɑ́krəsi/ *n* 労働者政治.
-er·gic /ɔ́ːrʤɪk/ *a comb form*「活動を示す[促す]」「活性化する」 [aller*gic* にならった adren*ergic*, cholin*ergic* などから]
er·go /ɔ́ːrgoʊ, éər-/ *adv* [[s]*joc*] この故に (therefore). [L]
ergo-[1] /ɔ́ːrgoʊ, -gə/ ⇨ ERG-.
ergo-[2] /ɔ́ːrgoʊ, -gə/ *comb form*「麦角 (ergot)」
èrgo·calcíferol *n* 〔生化〕エルゴカルシフェロール (calciferol).
er·go·dic /ərgɑ́dɪk, -góʊ-/ *a* 〔統〕測度可遷的な, エルゴード的な: the ~ hypothesis. ♦ **er·go·dic·i·ty** /ə̀ːrgədísəti/ *n* エルゴード性.
èrgo·génic *a* 仕事量増強(性)の, 作働性の, 疲労回復性の.
érgo·gràph *n* 作業記録器, エルゴグラフ《筋肉の作業能力・疲労度などの計測記録器》. ♦ **èr·go·gráph·ic** *a*
er·gom·e·ter /ərgɑ́mətər/ *n* 作業計, エルゴメーター, 《固定自転車型などの》エルゴメーター付きトレーニング機. ♦ **er·góm·e·try** *n* **èr·go·mét·ric** *a*
er·go·met·rine /ə̀ːrgəmétrìːn, -trən/ *n* ERGONOVINE.
er·go·nom·ics /ə̀ːrgənɑ́mɪks/ *n* [⟨*sg/pl*⟩] 人間工学, エルゴノミックス《人間の能力に作業環境・機械などを適合させる研究》; BIOTECHNOLOGY. ♦ **èr·go·nóm·ic** *a* **-i·cal·ly** *adv* **er·gon·o·mist** /ərgɑ́nəmɪst/ *n* [*economics* にならって Gk *ergon* work より]
er·go·no·vine /ə̀ːrgənóʊvìːn/ *n* 〔薬〕エルゴノビン, エルゴメトリン (＝*ergometrine*)《麦角アルカロイドの一種で, そのマレイン酸塩は産婦の子宮収縮促進に用いる》.
érgo·sphère *n* 〔天〕エルゴ領域《回転するブラックホールの事象の地平面の外側にある領域; 理論的にエネルギーを取り出すことができる》.
er·gos·ter·ol /ərgɑ́st(ə)rɔ̀(ː)l, -ròʊl, -rɑ̀l/ *n* 〔生化〕エルゴステロール, エルゴステリン《麦角・酵母・青カビなどに含まれ, 紫外線照射によってビタミン D_2 になる》.
er·got /ɔ́ːrgət, -gɑ̀t/ *n* 麦角(ばっかく)《麦角菌が麦などの子房に寄生してできた菌核》; 〔植〕麦角病; 〔薬〕麦角《子宮収縮促進・産後の子宮止血薬》; 麦角アルカロイド《交感神経遮断作用がある》; 〔動〕距(きょ), けづめ (calcar)《馬の球節 (fetlock) の後部にある角質突起》. ♦ **er·got·ic** /ərgɑ́tɪk/ *a* [F＝cock's spur; その外見より]
er·got·a·mine /ərgɑ́təmìːn, -mən/ *n* 〔薬〕エルゴタミン《麦角アルカロイドの一つ; 片頭痛の治療用》.
er·got·in(e) /ɔ́ːrgətən/ *n* 〔薬〕麦角流(動)エキス, 麦角素[精]エルゴチン.
érgot·ìsm *n* 〔医〕麦角中毒, エルゴチン中毒 (＝*Saint Anthony's fire*)《麦角の混入したパンなどを食べたり麦角を多用しすぎて起こる胃腸障害と知覚鈍麻》.
ér·got·ìzed *a* 麦角を含んだ; 麦角中毒にかかった.
Er·hard /*G* éːrhart/ エアハルト **Ludwig** ~ (1897–1977)《西ドイツの政治家; 経済相 (1949–63), 首相 (1963–66)》.
er·hu /ərhúː/ *n* 〔楽〕二胡(にこ)(アル フー)《金属弦を 2 本張った中国の弦楽器; ひざの上に立てて弓で弾く》. [Chin]
er·ic, er·iach /érɪk/ *n* 〔古アイル法〕殺人犯およびその親族が犠牲者の家族[友人]に払った罰金 (cf. WERGILD). [Ir]
Eric 1 エリック《男子名; 愛称 Rick》. **2** エリック (ERIK). [Scand ＝sole ruler (ever＋king)]
er·i·ca /érɪkə/ *n* 〔植〕エリカ《ツツジ科エリカ属 (*E*~) の各種小木; cf. HEATH》. [Gk＝heath]
Erica エリカ《女子名》. [(fem); ⇨ ERIC]
er·i·ca·ceous /èrəkéɪʃəs/ *a* 〔植〕ツツジ科 (Ericaceae) の; 〈配合土が〉ツツジ科の石灰質を嫌う植物に適した.
Erich /*G* éːrɪç/ エーリヒ《男子名》. [G; ⇨ ERIC]
er·i·coid /érəkɔ̀ɪd/ *a* 〔植〕〈葉が〉HEATH に似た.
Er·ic·son /érɪks(ə)n/ エリクソン **Leif** ~＝LEIF ERIKSSON.
Er·ics·son /érɪks(ə)n/ エリクソン (1) **John** ~ (1803–89)《スウェーデン生まれの米国の技術者; 船舶用スクリュープロペラを開発, 最初の装甲砲塔艦 Monitor 号を建造》 (2) **Leif** ~＝LEIF ERIKSSON.
Erid·a·nus /ɪrídənəs/ **1** 〔ギ神〕エーリダノス《Phaëton が Zeus の怒りの電光に撃たれ墜死した川》. **2** 〔天〕エリダヌス座.
Erie /íəri/ *n* **1** (*pl* ~**s**, ~) エリー族《17 世紀に Erie 湖の南に居住していた北米先住民の一種族》; エリー語. **2 a** [Lake] エリー湖《米国・カナダ国境にある湖; 五大湖の一つ》. **b** エリー《Erie 湖に臨む Pennsylvania 州北西部の港湾都市》. ● **on the ~** «俗» 聞き耳を立てる, 立ち聞きして; 隠れて. [*Erie*＜Huron＝at the place of the partner]
Érie Canál [the] エリー運河《New York 州を東西に走り, Hudson 川と Erie 湖を結ぶ運河; Albany から Buffalo に至る; 1817–25 年建設, その後 New York State Canal System の主水路となった》.
Erig·e·na /ɪríʤənə, èrɪʤíː-/, **Er·iu·ge·na** /ɛrjúːgə-/ エリゲナ, エリウゲナ **Johannes [John] Scotus** ~ (c. 810–c. 877)《アイルランド生まれの神学者・哲学者》.
erig·er·on /ɪríʤərɑ̀n/ *n* 〔植〕エリゲロン属[ムカシヨモギ属] (*E*-) の各種の草本《アレチノギク・ヒメジョオンなど》.
Eri·ha /aríːə/ エリーハ (JERICHO のアラビア語名).
Er·ik /érɪk/ **1** エリック《男子名》. **2** (赤毛の)エーリーク **'~ the Red'** 《10 世紀ノルウェーの航海者; 本名 ~ Thorvaldson; アイスランドから西に向かい発見した国を Greenland と命名, 植民; Leif Eriksson の父》. **3** エーリク ~ **XIV** (1533–77)《スウェーデン王 (1560–68)》. [Swed; ⇨ ERIC]
Er·i·ka /érɪkə/ エリカ《女子名》. [ERICA]
Eriksson ⇨ LEIF ERIKSSON.
Er·in /érən; íər-, éər-/ «詩» エリン (IRELAND): sons of ~ アイルランド人. [Ir]
er·i·na·ceous /èrənéɪʃəs/ *a* ハリネズミの(ような).
eringo ⇨ ERYNGO.
Er·in go bragh /érən gə brɔ́ː, -goʊ brɑ́ː/ アイルランドよ永遠なれ. [Gael＝Ireland forever]
Erin·y·es /ɪríniìːz/ *pl* (*sg* **Erin·ys** /ɪrínəs, ɪráɪ-/) 〔ギ神〕エリーニュエス (FURIES).
er·i·o·phy·id /èriɑ́fiəd/ *a, n* 〔動〕フシダニ科 (Eriophyidae) の(ダニ)《植物寄生性》.
Eris /írəs, ér-/ **1** 〔ギ神〕エリス《「不和」「争い」の擬人化された女神; ローマの Discordia に当たる》. **2** 〔天〕エリス《2003 年に発見された準惑星 (dwarf planet); 海王星軌道の外側を回る; 冥王星より大きいことが判明し, 惑星の定義を見直すきっかけとなった》. [Gk＝discord]
ERISA /ərísə/ 〔米〕Employee Retirement Income Security Act 従業員退職所得保障法, エリサ法《1974 年制定された年金改革法》.
eris·tic /ɛrístɪk/ *a* 争論の; 論争的な, 議論好きな. ► *n* 議論好き, 論争者; 争論術; 議論, 論争. ♦ **-ti·cal** /-tɪk(ə)l/ *a* **-ti·cal·ly** *adv* [Gk (*Eris*)]
Er·i·trea /èrətríːə, -tréɪə/ **1** エリトリア《アフリカ北東部の紅海に臨む地方》. **2** エリトリア《同地方にある国; 公式名 State of ~ (エリトリア国); ☆Asmara; かつてはイタリアの植民地, のちエチオピアの一州, 1993 年に独立》. ♦ **Èr·i·tré·an** *a, n*
Eriugena ⇨ ERIGENA.
Erivan ⇨ YEREVAN.
erk, irk /ɔ́ːrk/ «俗» *n* 水兵; 空軍三等兵; できそこない, うすのろ, 単細胞; 嫌われ者. [C20＜?; *A.C.* (＝aircraftman) か]
Er·lan·der /ɛərlɑ́ːndər/ エルランデル **Ta·ge** /tɑ́ːgə/ **(Fritiof)** ~ (1901–85)《スウェーデンの政治家; 首相 (1946–69)》.
er·lang /ɔ́ːrlæŋ/ *n* 〔通信〕アーラン (＝~ **ùnit**)《通信系統におけるトラフィックの密度[呼量]の単位; 略 e.》. [Agner K. *Erlang* (1878–1929) デンマークの数学者]
Er·lang·en /éərlɑ̀ːŋən/ エルランゲン《ドイツ南部 Bavaria 州, Nuremberg の北にある市; 大学 (1743)》.
Er·lang·er /ɔ́ːrlæŋər/ アーランガー **Joseph** ~ (1874–1965)《米国の生理学者; 神経幹の構成繊維が異なる機能をもつことを発見, ノーベル生理学医学賞 (1944)》.
Ér·len·mey·er flàsk /ɔ́ːrlənmàɪər-, *ér-/ エルレンマイヤーフラスコ, 三角フラスコ. [Richard August Carl Emil *Erlenmeyer* (1825–1909) ドイツの化学者]

erl·king /ə́:rlkìŋ/ *n* 〖ゲルマン伝説〗エールキング, 妖精の王《あごひげを生やし黄金の冠をかぶった巨人で, 子供を死の国に誘うという; これを題材にした Goethe の詩 *Erlkönig* をもとに Loewe, Schubert などが歌曲「魔王」を作曲した》. [G *Erlkönig* alder-king; Dan *ellerkonge* king of the elves の誤訳]

erm /ə́:rm/ *int* ER.

ERM °exchange rate mechanism.

Er·man·a·ric /ərmǽnərɪk/ エルマナリック (d. between 370–376)《東ゴート王; ウクライナに広大な領土を支配した》.

er·mine /ə́:rmən/ *n* **1** (*pl* ～, ～**s**)〖動〗オコジョ, エゾイタチ, ヤマイタチ, アーミン;〖昆〗ERMINE MOTH. **2 a** アーミンの白い毛皮《詩語では純潔の象徴》; アーミン毛皮のガウン[外套]《王侯・貴族・裁判官用》. **b** 《権威などの象徴として》アーミンを着る役職[地位]: wear [assume] the ～ 裁判官の職に就く. **3**〖紋〗白地に黒い斑点を配した紋章. ▸ *a* アーミンの; アーミン毛皮の; 《詩》純白の. [F<?L (*mus*) *Armenius* Armenian (mouse)]

ér·mined *a* アーミン毛皮で縁取りをした[の裏を付けた]; アーミン毛皮の服を着用した; 王侯[貴族, 裁判官]にされた.

érmine mòth〖昆〗白地に小さい黒斑のあるガ《スガ科・ヒトリガ科のものなど》.

Érmine Strèet アーミンストリート《**1**) イングランドのローマ人による主要道路の一つで, London と York を結ぶもの **2**) イングランド南部にあるローマ人が造った道路》.

Er·mite /ə́:rmàɪt/ *n* アーマイト《カナダ Quebec 地方産のブルーチーズ》.

Er·moú·po·lis, Her- /ɛərmú:pələs, -poulì:s/ エルムポリス《ギリシア領 Cyclades 諸島の Syros 島東岸にある港町; 同諸島の中心地; 別称 Síros》.

-ern /ərn/ *a suf*「…の方(へ)の[からの]」: east*ern*. [OE *-erne*]

Er·na /ə́:rnə/ アーナ《女子名》. [OE=eagle; または (dim)<ERNESTINE]

erne, ern /ə́:rn, *ɛ́rn/ *n*〖鳥〗ワシ (eagle),《特に》オジロワシ (white-tailed sea eagle). [OE *earn*; cf. G *Aar*]

Erne /ə́:rn/ [the] アーン川《アイルランド共和国北部に発し, 北流して北アイルランドにはいり, 上アーン湖 (**Úpper Lòugh** ～), 下アーン湖 (**Lówer Lòugh** ～) を経て西流し, 共和国に戻って Donegal 湾に流入する》.

Er·nest /ə́:rnəst/ アーネスト《男子名; 愛称 Ernie》. [OF=earnest, grave]

Er·nes·tine /ə́:rnəstì:n/ アーネスティーン《女子名》. [(fem); ↑]

Er·nie[1] /ə́:rni/ アーニー《**1**) 男子名; Ernest の愛称 **2**) 女子名; Ernestine の愛称》.

Ernie[2‖], **ERNIE** /ə́:rni/ *n* アーニー《Premium Bonds の当選番号を決めるコンピューター》. [*e*lectronic *r*andom *n*umber *i*ndicator *e*quipment]

Ernst /ə́:rnst, ɛ́ərnst/ **1** アーンスト, エアンスト《男子名》. **2** エルンスト (**1**) **Max** ～ (1891–1976)《ドイツ生まれのシュールレアリスムの画家; 1948 年米国籍を得たが, 58 年フランスに帰化》 (**2**) **Richard R(obert)** ～ (1933–)《スイスの化学者; 核磁気共鳴分光学 (NMR spectroscopy) の発展に貢献, ノーベル化学賞 (1991)》. [G; ⇨ ERNEST]

erode /ɪróud/ *vt* 〈癌などが〉むしばむ, 〈酸などが〉腐食する; 侵食する 〈*away*〉; 侵食作用によって〈谷などを〉形成する;〖医〗《潰瘍形成により》腐食する, 侵食する, 糜爛(びらん)させる; 徐々に減退させる, むしばむ. ▸ *vi* 腐食する, 腐る; 侵食される; 減退する. ◆ **eród·ible** *a* **eròd·ibíl·i·ty** *n* [F or L (*ros- rodo* to gnaw)]

erod·ent /ɪróudnt/ *a* 腐食[侵食]をひき起こす.

erog·e·nous /ɪrɑ́ʤənəs/, **ero·génic** /ɛ̀rə-/ *a* 性欲を刺激する, 催情性の, 発情の; 性的満足を与える; 性的刺激に敏感な: ～ zones 性感帯. ◆ **erog·e·ne·i·ty** /ɪrɑ̀ʤəní:əti/ *n* [*erotic, -genous*]

-er·oo /ərú:/ *n suf* *《俗》「…する者」《名詞に付けて誇張・親しさ・滑稽味などを表わす》: flopper*oo*. [? buck*eroo*]

Eros /ɛ́ərɑ̀s, íər-/ **1**〖ギ神〗エロース《Aphrodite の息子で恋愛の神; ローマの Cupid に当たる》. **2**〖精神分析〗生の本能, エロス (=*life instinct*) (cf. THANATOS). **3** [°e-] **a** 官能の愛, 性愛, 欲情 (cf. AGAPE). **b** 熱望, 渇望. **4**〖天〗エロス《太陽に近い小惑星》. **5** エロス《London の Piccadilly Circus の中心にある, キリスト教でいう charity を表わす天使の像》. [L<Gk *erōt- erōs* sexual love]

erose /ɪróus/ *a* でこぼこの, 不規則なぎざぎざのある;〖植〗〈葉が〉不斉歯牙状の縁を有する. ◆ ～**·ly** *adv* [L; ⇨ ERODE]

ero·si·ble /ɪróuzəb(ə)l, -sə-/ *a* 侵食される (erodible).

ero·sion /ɪróuʒ(ə)n/ *n* 腐食; 侵食;〖医〗腐食, 糜爛(びらん); 衰退, 低下: wind ～ 風食作用. ◆ ～**·al** *a* ～**·al·ly** *adv* [ERODE]

ero·sive /ɪróusɪv, -zɪv/ *a* 侵食[腐食]性の;〖医〗糜爛性の. ◆ ～**·ness** *n* **ero·siv·i·ty** /ɪròusívəti/ *n*

er·o·te·ma /ɛ̀routí:mə/, **er·o·teme** /ɛ́routi:m/, **er·o·te·sis** /ɛ̀routí:səs/ *n*〖修〗修辞疑問, 反語的問いかけ. ◆ **er·o·te·mat·ic** /ɛ̀routəmǽtɪk/, **er·o·tet·ic** /ɛ̀routétɪk/ *a* [Gk]

erot·ic /ɪrɑ́tɪk/ *a* 性欲をかきたてる[満足させる], エロティックな; 性愛を扱った, 色恋の; 〈人が〉好色な. ▸ *n* 恋愛詩[論]; 好色家. ◆ **erót·i·cal** *a* **-i·cal·ly** *adv* [F<Gk; ⇨ EROS]

erot·i·ca /ɪrɑ́tɪkə/ *n* [〈*sg/pl*〉] 性愛の文学[芸術]作品, 春本, 春画, エロティカ.

erot·i·cism /ɪrɑ́təsɪ̀z(ə)m/ *n* エロティシズム, 好色; 性的興奮; 性衝動, 性欲; 異常な性欲亢進. ◆ **erót·i·cist**‖ *n* 性欲の強い人; エロ作家[俳優].

erot·i·cize /ɪrɑ́təsàɪz/ *vt* 春本[春画]化する, エロティックにする; 性的に刺激する. ◆ **eròt·i·ci·zá·tion** *n*

er·o·tism /ɛ́rətɪz(ə)m/ *n* EROTICISM.

er·o·tize /ɛ́rətàɪz/ *vt* …に性的な意味[エロティックな感じ]を与える, エロティックにする[扱う]. ◆ **èr·o·ti·zá·tion** /-tə-; -tàɪ-/ *n*

ero·to- /ɪróutou, ɪrɑ́tou, -tə/ *comb form*「性欲」 [Gk; ⇨ EROS]

eròto·génic, er·o·tog·e·nous /ɛ̀rətɑ́ʤənəs/ *a* 色情[性感]発生の, EROGENOUS.

er·o·tol·o·gy /ɛ̀rətɑ́ləʤi/ *n* 性愛学, エロトロジー; 好色[性愛]文学[芸術]. ◆ **-gist** *n* エロ作家. **èr·o·to·lóg·i·cal** *a*

eròto·mánia *n*〖医〗色情狂, 色情亢進;〖精神医〗恋愛[被愛]妄想, エロトマニー. ◆ **-mániac** *n*

eròto·phóbic *a* 性愛表現[行為]を忌避する, 色情恐怖(症)の.

ERP enterprise resource planning 企業資源計画 ♦ °European Recovery Program.

err /ə́:r, *ɛ́r/ *vi* **1** 誤る, 間違いをする, あやまちを犯す;《道徳的に》罪を犯す: ～ *in* judgment 判断を誤る / ～ *in* believing (that…と)誤信する / To ～ is human, to forgive, divine. あやまつは人の常, 許すは神の業(わざ)《Pope の句》. **2**《古》道からそれる, さまよう. ● ～ **on the right** [**safe**] **side** 小さなあやまちにとどめる. ～ **on the side of** lenity [severity] 寛大[厳格]に失する[すぎる]. [OF<L (*errat- erro* to stray, wander)]

er·ran·cy /ɛ́rənsi/ *n* 誤った状態; あやまち(を犯しやすい傾向);〖キ教〗教義に反する見解をもつこと, 誤謬.

er·rand /ɛ́rənd/ *n* 使い, 使い走り;《使いの》用件, 用事;《古》言い付け;《古》使命 (mission): finish one's ～*s* 用事を済ます / a gawk's ～=a FOOL'S ERRAND / go (on) ～*s* [an ～]=run ～*s* [an ～] 使いに行く / send (out) sb on an ～ 人を使いにやる / send a boy on a man's ～ 人に力量以上の仕事をさせる / make an ～ 使い走りする; ちょっと出かける(口実をつくる) / an ～ of mercy 救援[救出](に出向くこと) / on an ～ of…の使命を帯びて. [OE *ǣrende*; cf. OE *ār* messenger, ON *erendi* message]

érrand bòy 使い走りの少年[給仕, 男];《口》下働き. ◆ **érrand gìrl** *n fem*

er·rant /ɛ́rənt/ *a* **1** (冒険を求めて)遊歴する, (諸国)遊歴の; 〈役人など〉巡回の;〖動〗〈多毛類が〉遊在性の《ゴカイ・イソメなど》. **2 a** 道に迷った, 道からそれた; 道を誤った, 誤りを犯す, 不実な. **b** 〈風などが〉向きの不規則な;《廃》ARRANT. ▸ *n* KNIGHT-ERRANT. ◆ ～**·ly** *adv* [OF<L *itinero* (*iter* journey) と ERR, *-ant*]

érrant·ry *n* 放浪, 遊歴; 放浪性; 放浪生活,《特に》武者修業のための諸国遍歴; 騎士道(精神).

er·ra·re hu·ma·num est /ɛrá:reɪ humá:nʊm ɛ́st/ あやまつは人の常. [L=to err is human]

er·ra·ta /ɛrá:tə, ɛréɪ-, *ɛrǽtə/ *n* **1** ERRATUM の複数形. **2** [〈*sg*〉] (*pl* ～**s**) 正誤表 (corrigenda).

er·rat·ic /ɪrǽtɪk/ *a* **1** 常軌を逸した, とっぴ[奇矯]な: an ～ behavior 奇行. **2 a** 軌道[進路]の定まらない; 一貫性のない, 不安定な, 不規則な. **b**《古》一か所に定まらない, 一所不住の, 放浪性の;〖地質〗(氷河によって)移動する, 漂移性の;〖医〗〈痛み・症状が〉迷走性の, 随伴性の: ～ boulder [block] 迷子(まいご)石. ▸ *n* erratic なもの[人];〖地質〗迷子石. ◆ **er·rát·i·cal** *a* **-i·cal·ly** *adv* **er·rat·i·cism** /ɪrǽtəsɪ̀z(ə)m/ *n* [OF<L; ⇨ ERR]

er·ra·tum /ɛrá:təm, ɛréɪ-, ɛrǽt-/ *n* (*pl* **-ta** /-tə/)《書写・印刷の》誤り, 誤字, 誤写, 誤植 (⇨ ERRATA). [L; ⇨ ERR]

er·rhine /ɛ́ràɪn, ɛ́rən/ *a*〖医〗くしゃみ誘発性の (sternutatory);〖医〗鼻汁を増加[分泌]させる. ▸ *n*〖薬〗エルヒーナ (STERNUTATOR); 鼻汁増加薬.

Er Rif(f) ⇨ RIF.

érr·ing *a* あやまちを犯す, 身を誤る,《特に》不義[密通]の, 不貞の: an ～ wife 不義の人妻. ◆ ～**·ly** *adv*

erron. erroneous.

er·ro·ne·ous /ɪróuniəs, ɛr-/ *a* 誤った, 間違った;《古》さまよっている. ◆ ～**·ly** *adv* ～**·ness** *n* [OF or L (*erron- erro* vagabond <ERR)]

er·ror /ɛ́rər/ *n* **1 a** 誤り, 間違い, ミス 〈*in* spelling, *of* judgment〉;〖法〗《訴訟手続き・判決・執行などに関する》誤謬, 瑕疵(かし), 誤審: a CLERICAL ～ / make [commit] an ～ 間違いをする / WRIT OF ERROR / see the ～ of one's ways [*joc*] あやまちを悟る, 目がさめる. **b** しくじり;《道にはずれた》あやまち: lead sb into ～ 人を邪道に導く / ～*s* of commission [omission] 過失[怠慢]の罪. **c**〖スポ〗エラー, ミス, 失策. **d**《構造・機能の》欠陥, 障害;〖電算〗エラー《プログラムの誤りや操作障害》. **2 a** 考え[思い]違い, 錯誤, 誤解: in ～ うっかりして, 誤って. **b**〖クリスチャンサイエンス〗誤り《人間の苦しみのもととなる実在についての誤った幻想》. **3**〖数・統〗誤差: a personal ～ 個人(誤)差. **4**〖郵〗エラー《図案・文字・刷色などの誤った切手》. ● **and no** ～《口》

間違いなく (and no mistake). ♦ **~·less** *a* ［OF<L; ⇨ ERR］

érror bàr〘理〙エラーバー《グラフで, 測定点などのまわりの誤差の範囲を示す線》.

érror bòx〘理〙エラーボックス《縦横に実験値などを目盛ったグラフで, 誤差範囲を示す方形; cf. ERROR BAR》.

érror catàstrophe〘生化〙エラーカタストロフィー《加齢学説の一つ; タンパク質合成の誤りによる不活性タンパクの蓄積が細胞の死をもたらすとするもの》.

érror còde〘電算〙エラーコード《エラーを特定するための番号など》.

érror corrèction〘電算〙誤り(自動)訂正, エラー修正.

érror detèction〘電算〙誤り[エラー]検出《データの送受信などで誤りを検出すること》.

érror mèssage〘電算〙エラーメッセージ《プログラムの誤りを知らせるメッセージ》.

érror of clósure〘測〙閉塞[閉合]誤差 (=*closing error*).

érror tràpping〘電算〙エラートラッピング《プログラムの動作中に起こったエラーを検出して対処すること》.

ers /ə́:rs, *ɛ́rs/ *n*〘植〙オオヤハズエンドウ (=*ervil*)《欧州では家畜の飼料》. ［OF］

-ers /ərz/ *n suf*, *a suf* [俗語・口語的略形をつくる]: bonk*ers*, champ*ers*, pregg*ers*, stark*ers*. ★ 同機能の -ER[1] より造語力がある; 19 世紀末に英国のパブリックスクールや Oxford 大学などで使われ出したもの.

ERS °earnings-related supplement.

er·satz /ɛ́rsɑ̀:ts, -zɑ̀:ts, ━━́; ɛ́əzæts, ə́:-, -sæts/ *n* 代用品, 模造品, イミテーション. ► *a* 代用の, 模造の, 人工の, にせの; 本気でない, うその. ［G=replacement］

Erse /ə́:rs/ *n* アース語《(1) =SCOTTISH GAELIC (2) =IRISH GAELIC》. ► *a*《スコットランド高地などの》ケルト族の; アース語の. ［early Sc *Erisch* IRISH］

Er·skine /ə́:rskən/ **1** アースキン《男子名》. **2** アースキン (1) **Ebenezer ~** (1680–1754)《スコットランドの牧師; スコットランド分離教会 (⇨ SECESSION) の創設者》(2) **John ~** of Dun (1509–91)《スコットランドの宗教改革者》(3) **John ~** of Carnock (1695–1768)《スコットランドの法律家》(4) **John ~** (1879–1951)《米国の教育者・作家》. [?ScGael=projecting height］

erst /ə́:rst/《古》*adv* 以前, 昔; 最初に[は]. ［OE *ǣrest* (superl) < ERE］

érst·whìle *adv*《古》昔, 以前に. ► *a* 昔の, かつての.

ERT °estrogen replacement therapy.

Er·té /*F* ɛrte/ エルテ (1892–1990)《ロシア生まれのフランスのファッションイラストレーター・デザイナー; 本名 Romain de Tirtoff; アールデコのエレガンスを代表する作家》.

Er·te·bølle /ɛ̀rtəbǿlə; ə̀:-/ *a*, *n*〘考古〙《北欧の中石器時代後期・新石器時代初期の》エルテベレ文化(期)(の).

Er·tl /ɛ́ərtl/ エルトゥル **Gerhard ~** (1936–)《ドイツの化学者; 固体表面の化学プロセスの研究でノーベル化学賞 (2007)》.

er·u·bes·cent /ɛ̀rubɛ́s(ə)nt/ *a* 赤くなる, 赤らむ, 紅潮する (reddening). ♦ **-bés·cence** *n* 赤らむこと.

erú·cic ácid /ırú:sık-/〘化〙エルカ酸.

eruct /ırʌ́kt/ *vi* おくびを出す (belch);〈火山などが〉噴出する (emit). ► *vt*〈おくびを〉出す;〈煙などを〉噴出する. ［L *e*-(*ructo* to belch)］

eruc·tate /ırʌ́ktèıt/ *vi*, *vt* ERUCT. ♦ **-ta·tion** /ırʌ̀ktéıʃ(ə)n, ì:-/ *n* おくび; 噴出; 吐出[噴出]物.

er·u·dite /ɛ́r(j)ədàıt/ *a* 学問のある, 学識を示す, 博学な: an ~ scholar [book]. ► *n* 学識のある人. ♦ **~·ly** *adv* ［L *Erudit-* -*rudio* to instruct, train; ⇨ RUDE］

er·u·di·tion /ɛ̀r(j)ədíʃ(ə)n/ *n* 博学, 博識; 学問の探究.

erum·pent /ırʌ́mpənt/ *a* 突き破って現われる;〘植〙〈胞子・子実体が〉表皮を破って突起する; 噴出する, 爆発的な.

erupt /ırʌ́pt/ *vi*〈火山灰・間欠泉などが〉噴出する;〈火山が〉噴火する,〈人が怒り[笑いなど]を爆発させる;〈歯が〉生える, 萌出する;〈皮膚が〉発疹する,〈発疹が〉吹き出る;〈暴動などが〉突然起こる, 勃発する;〈ある事態に〉急に発展する, 陥る〈*in*, *into*〉: ~ with fury 突然怒り狂う / The whole house *~ed in* cheers. 観客全員が大喝采した. ► *vt* 噴出させる;〈命令などを〉突然爆発的に発する. ♦ **~·ible** *a* ［L *Erupt*- -*rumpo* to break out］

erup·tion /ırʌ́pʃ(ə)n/ *n* **1**《火山の》噴火;《溶岩・間欠泉などの》噴出;〘医〙発疹, 皮疹;(歯牙)萌出, 出齦(しゅつぎん). **2**《怒り・笑いなどの》爆発;《病気・戦争などの》突発. ♦ **~·al** *a*

erup·tive /ırʌ́ptıv/ *a* 突発的な; 噴火による, 噴出性の;〘医〙発疹性の: ~ rocks 噴出岩, 火成岩 / ~ fever 発疹熱. ► *n* 噴出岩, 火成岩 (igneous rock). ♦ **~·ly** *adv*

er·uv /ɛ́ruv/ *n* (*pl* **er·u·vim** /ɛ̀ruví:m/)〘ユダヤ教〙エルーヴ《安息日に通例禁じられている行為が便宜的に許容される境界範囲》. ［Heb］

erven *n* ERF の複数形.

er·vil /ə́:rvəl/ *n*〘植〙オオヤハズエンドウ (ers).

Er·vine /ə́:rvən/ **1** アーヴィン **St. John** (**Greer**) **~** (1883–1971)《アイルランドの劇作家・小説家》. **2***《黒人俗》ポリ公, サツ (Irvine).

Er·ving /ə́:rvıŋ/ アーヴィング **Julius Winfield ~** (1950–)《米国のバスケットボール選手; 'Dr. J' とあだ名される黒人》.

ERW °enhanced radiation weapon.

Er·win /ə́:rwən/ アーウィン《男子名》. ［⇨ IRVING; F=wild-boar friend］

-ery /(ə)ri/, **-ry** /ri/ *n suf*「性質」「行為」「言動」;「…業」「…術」;「作業場」「飼育場」「…製造所」「…販売所」;「…類」「集団」;「…状態」: brav*ery*, robb*ery*, fool*ery*, mimic*ry*; fish*ery*, quak*ery*, wizard*ry*; bak*ery*, brew*ery*, groc*ery*, pigg*ery*; jewell*ery*, machin*ery*, citizen*ry*; slav*ery*, rival*ry*. ［OF<L］

Er·y·mán·thi·an bóar /ɛ̀rəmǽnθiən-/〘ギ神〙エリュマントスのイノシシ《Hercules が 12 の功業の 4 番目として生け捕りにした Erymanthus 山の狂暴なイノシシ》.

Er·y·man·thus /ɛ̀rəmǽnθəs/ [Mount] エリュマントス山 (ModGk **Erí·man·thos** /ɛrí:mɑ:nθɔ̀:s/)《ギリシア南部 Peloponnesus 半島北西部の山 (2224 m)》.

eryn·gi·um /ıríndʒiəm/ *n*〘植〙エリンジューム属 (*E-*) の草本 (eryngo).

eryn·go, erin- /ıríŋgoʊ/ *n* (*pl* **~es, ~s**)〘植〙エリンジューム属[ヒゴタイサイコ属]の各種草本《セリ科》;《廃》媚薬をつくるその根. ［L］

er·y·sip·e·las /ɛ̀rəsíp(ə)ləs, *ìr-/ *n*〘医〙丹毒 (=*Saint Anthony's fire*). ［L<Gk］

er·y·si·pel·a·tous /ɛ̀rəsəpɛ́lətəs, *ìr-/ *a*〘医〙丹毒の.

er·y·sip·e·loid /ɛ̀rəsípəlɔ̀ıd, *ìr-/ *n*〘医〙類丹毒.

er·y·the·ma /ɛ̀rəθí:mə/ *n*〘医〙紅斑. ♦ **èr·y·thé·mal** *a* **èr·y·thém·a·tous** /-θɛ́mətəs, -θí:-/, **-thé·mic** /-θí:mık/ *a* 紅斑(性)の. ［L<Gk (*eruthros* red)］

erythéma (chròn·i·cum) mí·grans /-(krɑ̀nəkəm) máıgrænz/〘医〙遊走性(慢性)紅斑《米国産のマダニの一種に刺された部位から生じて広がる環状の紅斑性の皮膚病変で, ライム病 (Lyme disease) の初期の徴候》.

er·y·thor·bate /ɛ̀rəθɔ́:rbèıt/ *n*〘化〙エリソルビン酸塩[エステル]《食品に添加される抗酸化剤》.

er·y·thór·bic ácid /ɛ̀rəθɔ́:rbık-/〘化〙エリソルビン酸《イソアスコルビン酸》.

erythr- /ıríθr/, **eryth·ro-** /-roʊ, -rə/ *comb form*「赤」「赤血球」［Gk; ⇨ ERYTHEMA］

er·y·thre·mia, -thrae- /ɛ̀rəθrí:miə/ *n*〘医〙赤血病 (polycythemia vera).

er·y·thrism /ɛ́rəθrìz(ə)m, ıríθ-/ *n*《哺乳動物の》赤髪症,《鳥類の》赤羽症《毛髪・羽翼などが異常に赤みをおびる》. ♦ **er·y·thris·tic** /ɛ̀rəθrístık/, **-thris·mal** /-θrízm(ə)l/ *a*

er·y·thrite /ɛ́rəθràıt, ıríθ-/ *n*〘鉱〙コバルト華 (=*cobalt bloom*); ERYTHRITOL.

eryth·ri·tol /ıríθrətɔ̀(:)l, -tòʊl, -tɑ̀l/ *n*〘化〙エリトリトール《無色柱状結晶の 4 価アルコール; 血管拡張薬用》.

erýthro·blàst *n*〘解〙赤芽球, 赤芽細胞. ♦ **erỳthro·blás·tic** *a*

erỳthro·blas·tó·sis /-blæstóʊsəs/ *n* (*pl* **-ses** /-sì:z/)〘医〙赤芽球症,《特に》ERYTHROBLASTOSIS FETALIS.

erythroblastósis fe·tá·lis /-fıtǽləs/〘医〙胎児赤芽球症, 新生児溶血性疾患 (=*hemolytic disease of the newborn*).

erýthro·cỳte *n*〘解〙赤血球 (red blood cell). ♦ **erỳth·ro·cýt·ic** /-sít-/ *a*

erỳthro·cy·tóm·e·ter /-saıtɑ́mətər/ *n*〘医〙赤血球計 (hemacytometer).

erỳthro·cỳto·pénia *n*〘医〙赤血球減少(症) (=*erythropenia*).

erỳthro·cy·tó·sis /-sàıtóʊsəs/ *n* (*pl* **-ses** /-sì:z/)〘医〙赤血球増加(症) (polycythemia).

erỳthro·dérma *n*〘医〙紅皮症《皮膚が異常に赤くなりしばしば表皮に落屑(らくせつ)を生じる症状》.

erỳthro·génesis *n*〘生理〙赤血球生成 (erythropoiesis).

erỳthro·génic *a*〘医〙〈毒素が〉紅斑誘発性の.

ery·throid /ıríθrɔ̀ıd, ɛ́rə-/ *a* 赤血球[赤芽球]の.

erỳthro·leukémia *n*〘医〙赤白血病.

erỳthro·mel·ál·gia /-məlǽldʒiə/ *n*〘医〙先端[肢端]紅痛症.

erỳthro·mýcin *n*〘薬〙エリスロマイシン《広域スペクトルの抗生物質》.

er·y·thron /ɛ́rəθrɑ̀n/ *n*〘生理〙エリスロン《骨髄内の赤血球とその前身》.

er·y·thro·ni·um /ɛ̀rəθróʊniəm/ *n*〘植〙カタクリ属 (*E-*) の各種の球根植物 (dogtooth violet).

erỳthro·pénia *n*〘医〙赤血球減少(症) (erythrocytopenia).

erỳthro·phóbia〘精神医〙*n* 赤色恐怖(症); 赤面恐怖(症).

erýthro·phòre *n*〘生化〙赤色素胞.

erýthro·phỳll *n*〘生化〙エリトロフィル《花青素の一つ》.

erỳthro·poiésis *n*〘生理〙赤血球生成[産生, 新生]. ♦ **-poiétic** *a*

erỳthro·pói·e·tin /-pɔ́ıət(ə)n, -pɔıí:-/ *n*〘生理〙赤血球生成促進因子, エリトロポ(イ)エチン《体液性造血因子; 貧血治療薬だが時にドーピングに悪用される; 略 EPO》.

eryth·ro·sin /ɪríθrəsən/, **-sine** /-sən, -sìːn/ *n* 〘染〙エリトロシン《紅色のキサンチン染料; 写真用増感剤・食品用》.
Erz·ber·ger /ɛ́ərtsbɛ̀ərgər/ エルツベルガー **Matthias** ~ (1875–1921)《ドイツの政治家; 中央党の指導者; 第一次大戦の休戦協定に署名》.
Erz·ge·bir·ge /ɛ́ərtsgəbìərgə; *G* éːrtsgəbɪrgə/ *pl* [the] エルツ山脈 (*E* Ore Mountains, *Czech* Krušné Hory)《チェコ北西部の Bohemia 地方とドイツの Saxony 地方の境界をなす山脈; かつて鉱物資源が豊富で多くの鉱山町があったが, 衰退した》.
Er·zin·can /ɛ̀ərzɪnʤáːn/ エルジンジャン《トルコ中東部 Erzurum の西, Euphrates 川に臨む市》.
Er·zu·rum /ɛ̀ərzərùm, ⏤⏤⏤/ エルズルム《トルコ北東部 Armenia 高原山間の市》.
es- *pref* EX-[1].
-es[1], **-s** /(s, z, ʃ, ʒ, ʧ, ʤ の次では) əz, ɪz, (その他の有声音の次では) z, (その他の無声音の次では) s/ *n pl suf* **1** [名詞の複数形をつくる]: box*es* /-əz/; dog*s* /-z/; cup*s* /-s/. **2** [*習慣的反復を表わす副詞として機能する名詞の複数形をつくる]: Christmas*es* we go to grandmother's. / Sunday*s*=on every Sunday / morning*s*=most mornings. [OE *-as*]
-es[2], **-s** *v suf* [一般動詞の第三人称・単数・現在形をつくる]: match*es* /-ɪz, -əz/, play*s* /-z/, look*s* /-s/. [OE (dial)]
Es 〘化〙einsteinium. **ES** °El Salvador ♦ °embryonic stem (cell). **ESA** ENVIRONMENTALLY sensitive area ♦ °European Space Agency.
Esá·ki dìode /ɪsáːki-, eɪ-/ 〘電子工〙エサキダイオード (tunnel diode). [江崎玲於奈]
Esau /íːsɔː/ 〘聖〙エサウ《Isaac の長子; 一杯のかゆのために弟 Jacob に相続権を売った; *Gen* 25: 21–34; cf. EDOMITE》. [Heb=hairy]
ESB electrical stimulation of the brain 脳電気刺激.
es·bat /ɛ́sbæ̀t/ *n* 魔女の集会. [OF=diversion]
Es·bjerg /ɛ́sbjɛ̀ər(g)/ エスビアウ, エスビェア《Jutland 半島中部西岸にあるデンマークの市・港町》.
Esc °escape (key). **ESC** Economic and Social Committee《EU の》経済評議会 ♦ °Economic and Social Council.
es·ca·beche /ɛ̀skəbéɪʧeɪ/ *n* エスカベーチェ《魚や鶏を揚げてマリネにしたもの》. [Sp]
es·ca·drille /ɛ̀skədríl, ⏤⏤⏤; *F* ɛskadrij/ *n*《欧州 特にフランスの, 通例 6 機編成の》飛行機中隊; 小艦隊.
es·ca·lade /ɛ̀skəlèɪd, -làːd, ⏤⏤⏤/ *n* はしご登り; 〘軍〙《はしごで》城壁をよじのぼること. ► *vt* はしごでよじのぼる. ♦ **és·ca·làd·er** *n* [F<It; ⇨ SCALE[3]]
es·ca·late /ɛ́skəlèɪt/ *vi* **1** エスカレーターに乗って昇る(ように上昇する); 〈価格・賃金が〉急騰[急上昇]する; 〈価格・賃金など〉エスカレーター方式で自動的に上昇する (cf. ESCALATOR CLAUSE). **2** 段階的に拡大する, エスカレートする 〈*into*〉. ► *vt* 拡大[エスカレート]させる 〈*into*〉. [逆成 < *escalator*]
es·ca·la·tion /ɛ̀skəléɪʃ(ə)n/ *n* 段階的拡大, エスカレーション; 〘経〙エスカレーター方式による売買価格[賃金など]の調整.
és·ca·là·tor *n* **1** エスカレーター (moving staircase [stairway]). **2**《エスカレーターのような》段階的上昇[下降]の道, *《安楽な》出世コース. **3** ESCALATOR CLAUSE. ► *a* エスカレーター方式の. ♦ **~ed** *a* エスカレーター装備の. [*escalade*+*elevator*]
éscalator [escalátion] clàuse 伸縮条項, エスカレーター条項《特定の情況に応じた売買価格・賃金・印税などの伸縮を規定した契約の一項目》.
es·ca·la·to·ry /ɛ́skələtɔ̀ːri; -lèɪt(ə)ri, -lə-/ *a*《特に 戦争の》規模拡大につながる.
es·cal·lo·nia /ɛ̀skəlóuniə/ *n* 〘植〙エスカロニア《ユキノシタ科 *E*~ 属の各種低木; 南米原産》. [*Escallón* 18 世紀のスペイン人]
es·cal·(l)op /ɛskáləp, -kǽl-/ *n, vt, vi* SCALLOP; 〘紋〙帆立貝; 〘料理〙SCALLOPINI. [↓]
es·ca·lope /ɛ́skəlòup, ″-lɔ̀p/ *n* 〘料理〙エスカロップ (SCALLOPINI). [OF=shell; cf. SCALLOP]
ESCAP Economic and Social Commission for Asia and the Pacific (国連)アジア太平洋経済社会委員会, エスカップ.
es·ca·pade /ɛ́skəpèɪd, ⏤⏤⏤/ *n* 脱線(的行為), とっぴな行為, 冒険, いたずら; *《男女の》火遊び, アバンチュール; 《古》逃避, 脱出. [F <Prov or Sp; ↓]
es·cape /ɪskéɪp, ɛs-/ *vi* **1** 逃げる, 脱出する, 脱走する 〈*from, out of*〉; 逃避する 〈*from*〉; 〈危険・災難・罪・病気などを〉のがれる, 免れる 〈*from*〉; 《文》〈嘆息などが〉漏れる 〈*from* one's lips〉; 《口》《休暇をとって》旅行[行楽]に行く 〈*to*〉: ~ with bare life 命からがら逃げる. **2** 〈液体・ガスなどが〉漏れ(出)る 〈*from*〉. **3** 〈栽培植物が〉野生にかえる, 逸出する. ► *vt* **1** 脱出する, 離脱する; のがれる, 免れる (avoid): narrowly ~ death [being killed] あやうく死を免れる / ~ punishment [being punished] 罰を免れる: There's no *escaping* the fact that …なのはのがれようのない事実だ. **2** 〈人(の注意など)を〉免れる, 〈記憶を〉逸する: His name just ~*d* me. 彼の名をちょっと忘れた / Nothing ~*s* you [your attention]! きみはどんな事でも見のがさない. **3** 〈ことば・微笑・嘆息などが人〉から漏れ出る: A groan ~*d* his lips. うめき声が口から漏れた. ► *n* **1 a** 脱出, 逃亡, 逃走 〈*from, out of*〉, 《家畜などの》逸走; 《現実などからの》逃避; 〈罪・災難・疫病などを〉免れること, 回避 〈*from*〉: have an ~ 逃げる, のがれる / have a narrow [hairbreadth] ~ 九死に一生を得る / make (good) one's ~ 逃げおおせる 〈*from*〉 / There was no ~ (*from* the enemies). (敵から)のがれることはできなかった. **b** のがれる手段, 避難装置, 逃げ路; 行楽, 観光旅行; 排出路, ESCAPE VALVE; FIRE ESCAPE. **2** 〈ガス・水などの〉漏れ (leakage) 〈*of* steam, gas〉. **3** 逸出植物《栽培植物から野生にかえったもの》; 野生化したペット. **4** 〘電算〙ESCAPE KEY. ► *a* 逃避の; 免責の. ♦ **es·cáp·able** *a* [AF<Romanic=to remove one's cloak, free oneself (EX-[1], L *cappa* CAPE[2])]
escápe àrtist 縄抜け[脱出]の曲芸師; 脱獄の名人.
escápe chàracter 〘電算〙拡張[エスケープ]文字[キャラクター]《本来は後続の文字の属する符号表を切り換える文字であるが, プログラムによりいろいろな意味に用いられる; ⇨ ESCAPE KEY》.
escápe clàuse 免責条項.
escápe còck ESCAPE VALVE.
es·cáped *a* 逃げた, 逃亡した: an ~ convict [fugitive] 逃亡犯.
es·cap·ee /ɪskèɪpíː, ɛ̀skeɪ-, ɛ̀skə-/ *n* 逃避者, 逃亡者; 脱獄囚.
escápe hàtch 《潜水艦・船・航空機・エレベーターなどの》緊急避難口, 脱出用ハッチ; 《一般に》逃避手段.
escápe kèy 〘電算〙エスケープキー《escape character を入力するためのキー; しばしばプログラムを中断させたり, 強制終了させるキーとして用いる; 略 Esc》.
escápe lìterature 逃避文学.
escápe mèchanism 〘心〙逃避機制.
escápe·ment *n* 《時計の》脱進機構, エスケープ; 《タイプライターの》文字送り装置; エスケープメント《ピアノのハンマーが弦をたたいたあと もとの位置にはね返らせる装置》; 《まれ》脱出, 逃亡; 《まれ》逃亡手段, 逃げ道, はけ口.
escápe nòte 〘楽〙逸音, エシャペ《非和声音の一種》.
escápe pìpe 《蒸気・ガスなどの》逃がし管.
es·cáp·er *n* のがれる人; 脱出者, 逃亡者.
escápe ròad 《制御不能になった自動車を停止させるために土盛りをした》緊急避難道路.
escápe shàft 《鉱山の》避難用立坑, 非常用立坑.
escápe vàlve 〘機〙逃がし弁《安全弁の一種》.
escápe velòcity 〘理〙脱出速度《ロケットなどが惑星などの重力場から脱出するための最低速度》.
escápe·wày *n* 逃げ道, 脱出口; FIRE ESCAPE.
escápe whèel 〘時計〙がんぎ車.
es·cap·ism /ɪskéɪpìz(ə)m/ *n* 現実逃避(癖). ♦ **-ist** *n, a*
es·ca·pol·o·gist /ɪskèɪpáləʤɪst, ɛ̀skeɪ-; ɛ̀skeɪ-, -kə-/ *n* 縄抜け[脱出]の曲芸師 (escape artist); 脱獄の名人; 現実逃避主義者.
es·cap·ol·o·gy /ɪskèɪpáləʤi, ɛ̀skeɪ-; ɛ̀skeɪ-, -kə-/ *n* 遁走術; 脱出術.
es·car·got /ɛ̀skɑːrgóu; *F* ɛskargo/ *n* (*pl* **~s** /-z; *F*—/) エスカルゴ《料理用カタツムリ》.
es·ca·role /ɛ́skəròul/ *n* 〘野菜〙キクヂシャ (endive). [F]
es·carp /ɪskáːrp, ɛs-/ *n, v* SCARP.
es·carp·ment /ɪskáːrpmənt, ɛs-/ *n* 〘城〙《防塁前面の》急な傾斜地; 〘地理〙断層崖, …崖(がい); 海底崖; 《一般に》急斜面, 層崖. [F <It; ⇨ SCARP]
Es·caut /*F* ɛsko/ [the] エスコー川《SCHELDT 川のフランス語名》.
-esce /ɛ́s/ *v suf*「…し始める」「…になる[化する]」: coal*esce*, effer*vesce*. [L]
-es·cence /ɛ́s(ə)ns/ *n suf*「…し[…になり]始めている段階[状態]」「…の光を出す[反射する]性質[状態]」: conval*escence*, efferves*cence*, obsol*escence*. [F<L]
-es·cent /ɛ́s(ə)nt/ *a suf*「…し[…になり]始めている」「…性の」「…の光を出す[反射する]」: adol*escent*, conval*escent*, fluor*escent*. [F <L]
esch·a·lot /ɛ́ʃəlɑ̀t, ⏤⏤⏤/ *n* SHALLOT.
es·char[1] /ɛ́skɑ̀ːr, -kər/ *n* 〘医〙焼痂(しょうか)《特にやけどのあとにできるかさぶた》. [ME; ⇨ SCAR]
eschar[2] *n* ESKER.
es·cha·rot·ic /ɛ̀skərátɪk/ 〘医〙*a* 〈薬品などが〉かさぶたをつくる, 腐食性の. ► *n* 腐食薬.
es·cha·tol·o·gy /ɛ̀skətáləʤi/ *n* 〘神学〙終末論《死・最後の審判・天国・地獄の 4 つを論ずる》. ♦ **-gist** *n* **ès·cha·to·lóg·i·cal** *a* **-i·cal·ly** *adv* [Gk *eskhatos* last]
es·cha·ton /ɛ́skətɑ̀n/ *n* 〘神学〙終末, 世の終わり. [↑]
es·cheat /ɪsʧíːt, ɛs-/ 〘法〙*n* 不動産復帰《相続人のない財産が封建領主[英国王, 米州政府]に帰属すること》; 復帰財産; 《財産を没収する》(不動産)復帰権 (=*escheatage*). ► *vt* 〈財産を〉復帰させる 〈*to, into*〉, 復帰によって没収する. ► *vi* 〈財産が〉復帰する 〈*to*〉. ♦ **~·able** *a* [OF<L *ex-*[1](*cado* to fall)]
eschéat·age *n* 〘法〙(不動産)復帰権 (ESCHEAT).
es·chéat·or /, -tɔ̀ːr/ *n* 〘英史〙復帰不動産管理官, エスチーター. ♦ **~·ship** *n*
Esch·er /ɛ́ʃər, ɛ́sxər/ エッシャー **M(aurits) C(ornelis)** ~ (1898–

1972)《オランダのグラフィックアーティスト; 幾何学を応用した錯覚を利用し, だまし絵的な手法でありえない世界を写実的に描出する》.

Esch·e·rich·ia co·li /ɛʃəríkiə kóulàı/ [*E- c-*]〘菌〙大腸菌《エシェリキア属の代表的な菌種; 哺乳類の腸管に寄生する》. [Theodor *Escherich* (1857–1911) ドイツの小児科医]

es·chew /ıstʃúː, ɛs-, *ɛʃúː, *ıʃúː/ *vt* 避ける, 慎む, 控える: ～ violence. ♦ **～·al** *n* [OF＜Gmc; ⇨ SHY¹]

esch·schol(t)·zia /ɛʃóultsiə; ıʃóltsiə, ıskólʃə, ɛ-/ *n*〘植〙ハナビシソウ《ハナビシソウ属 (*E-*) の草本の総称; ケシ科》. [J. F. von *Eschscholtz* (1743–1831) ドイツの植物学者]

es·clandre /*F* ɛsklɑ̃ːdr/ *n* 醜聞; 人前での大騒ぎ.

Es·cof·fier /ɛ̀skɔːfiéı; ıskɔ́fièı/ エスコフィエ (**Georges-)Auguste** ～ (1846–1935)《フランス人シェフ; London の Savoy Hotel の料理長 (1890–99)》.

es·co·lar /ɛ̀skəláːr/ *n* (*pl* ～, ～**s**)〘魚〙クロタチカマス科の海産魚 (＝*snake mackerel*)《総称; 世界の熱帯・温帯の深海産》,《特に》アブラソコムツ, バラムツ (oilfish)《いずれも肉には多量のワックス(蠟)を含む》. [Sp＝scholar]

Es·co·ri·al /ɛskɔ́ːriəl; ɛ̀skɔriáːl, ɛskɔ́ːriæ̀l/ [the] (エル)エスコリアル《スペイン王 Philip 2 世の命によって Madrid 近郊 El /ɛl/ Escorial 村に建設された (1563–84) 大建築; 王宮・歴代王の霊所・礼拝堂・修道院などからなる代表的なルネサンス建築》.

es·cort *n* /ɛ́skɔːrt/ **1 a** 護衛者[隊], 護送者[隊], 護送車(隊), 護送船[艦](隊), 護送機(隊). **b**《女性に対する》同伴の男性;《有料の》同伴者[女性], エスコート, コンパニオン; [*euph*] コールガール. **2**《人・艦船・航空機などによる》護衛, 護送: under police ～ 警官に護衛されて. **3** [E-]〘商標〙エスコート《Ford 社製の小型乗用車》.
► *vt* /ıskɔ́ːrt, ɛs-, ɛ́skɔːrt/ escort として…に付き添う; 護衛[警護]する; 護送する: ～ a young lady home 若い女性を家に送り届ける. [F＜It (*scorgere* to conduct)]

éscort àgency [sèrvice] 同伴者紹介業者[会社], コンパニオンサービス; [*euph*] 売春斡旋組織.

éscort càrrier 護衛空母《主に対潜用》.

éscort fìghter《爆撃機の》護衛戦闘機.

es·cot /ıskát, ɛs-/ *vt*《廃》養う.

escribe /ıskráıb, ɛ-/ *vt*〘数〙〈円を〉傍接させる.

es·cri·toire /ɛ̀skrətwáːr, ⌐⌐⌐/ *n* ライティングデスク[ビューロー]《書類分類箱とひきだしの付いた折り込みぶた式の机》. [F＜L SCRIPTORIUM]

es·crow /ɛ́skròu, ─⌐/〘法〙*n* (条件付き)第三者預託, エスクロー《第三者に預け, 一定条件が成就した場合にその第三者が預かった証書・金銭・財産を約束されていた人に引き渡す預託方式》; 第三者預託証書[預託金]: ～ account 第三者預託金口座. ● **in** ～〈証書・金銭などが〉エスクローとして第三者に預託されて: hold sth *in* ～.
► *vt* エスクローとして第三者に預託する. [AF＝scroll, ＜Gmc]

es·cu·age /ɛ́skjùːıdʒ/〘史〙*n* 領臣が領主に対して負う軍役; SCUTAGE. [AF, OF]

es·cu·do /ɛskúːdou/ *n* (*pl* ～**s**) エスクード《**1**) カボヴェルデの通貨単位: ＝100 centavos; 記号 Esc **2**) ポルトガルの euro になる前の通貨単位: ＝100 centavos; 記号 Esc **3**) チリの旧通貨単位: ＝100 centesimos; 記号 E *or* E° **4**) 昔のスペイン・ポルトガルおよびその植民地の各種の硬貨》. [Sp and Port＜L *scutum* shield]

es·cuer·zo /ɛskwɛ́ərzou/ *n*〘動〙ツノガエル《南米産》.

es·cu·lent /ɛ́skjələnt/ *a, n* 食べられる(もの), 野菜. [L]

Es·cu·ri·al /ɛskjúəriəl/ [the] ESCORIAL.

es·cutch·eon /ıskʌ́tʃ(ə)n, ɛs-/ *n* 紋章入りの盾;〘紋〙盾(形)の紋地; 盾形のもの;《鍵穴・ドアの取っ手・ラジオのダイヤルなどのまわりの》盾形の縁飾り板,〘建〙鍵座, 鍵穴隠し (＝～ **plàte**);《船尾の》船名を示す盾形部分. ● **a blot on one's [the]** ～ 名折れ, 不名誉. **blot one's** ～ 不名誉なことをする, 名を汚す. ♦ **～ed** *a* [AF (L *scutum* shield)]

escútcheon of preténse〘紋〙女子相続人の生家の紋章をその夫の紋章の中央に加えた盾.

Esd. Esdras.

Es·da /ɛ́zdə, ɛ́s-/ *n* エズダ《ある文書のページがどの順番で作成されたかを判定する法科学技術》. [*e*lectrostatic *d*eposition [*d*ocument] *a*nalysis]

Es·dra·e·lon /ɛ̀zdrəíːlən/ ■ **the Pláin of** ～ エスドラエロン平野《イスラエル北部 Carmel 山の北東にある平野; 古戦場で, 聖書では Jezreel》.

Es·dras /ɛ́zdrəs; -dræs/ *n* エズラ(書[記])《Ezra の異形で, 聖書関連の書名に用いられる; Vulgate 聖書では 4 書あり, 1 & 2 Esdras はプロテスタントの旧約聖書の Ezra, Nehemiah に同じ, 3 & 4 Esdras はプロテスタントの旧約聖書外典の 1 & 2 Esdras に相当》.

-ese /íːz, íːs/ *a suf* [国名・地名に付けて]「…の」「…起源の」「…語[方言]の」「…人の」; [作家名に付けて]「…風の」: Chin*ese*＜China; Portugu*ese*＜Portugal; London*ese*＜London; Carlyl*ese*, Johnson*ese*. ► *n suf* (*pl* ～) [国名・地名に付けて]「…人」「…の住民」「…語」; [地名・人名・集団名に付けて通例軽蔑的に]「…に特有な話法[語法, 文体]」: Japan*ese*, Portugu*ese*; Brooklyn*ese*, Carlyl*ese*, journal*ese*, official*ese*. [OF *-eis*＜L]

ESE east-southeast.

es·em·plás·tic /ɛ̀sɛm-/ *a*〈想像力が〉統一力[作用]のある.

Esenin ⇨ YESENIN.

es·er·ine /ɛ́səriːn/ *n*〘生化〙エゼリン (PHYSOSTIGMINE).

Eș·fa·hān /ɛsfəháːn, -hǽn/ エスファハーン《イラン中西部の市; ペルシアの古都; 別称 Isfahan, Ispahan》.

Esher /íːʃər/ イーシャー《イングランド南東部 Surrey 州の町; London の南西郊外に位置; 競馬場がある》.

Esh·kol /ɛʃkɔ́ːl/ エシュコル **Levi** ～ (1895–1969)《イスラエルの政治家; もとの姓は Shkol·nik /ʃkɔ́ːlnik/; 首相 (1963–69)》.

e-signature /íː ─⌐─/ *n* 電子署名 (DIGITAL SIGNATURE). [*e-*²]

Esk. Eskimo.

es·ker, -kar /ɛ́skər/ *n*〘地質〙エスカー (＝*os*)《氷河底の流水によってできた砂や小石の細長い曲がりくねった堤防状の丘; cf. KAME》. [Ir *eiscir* ridge]

Es·kils·tu·na /ɛ́skəlstùːnə/ エスキルストゥーナ《スウェーデン南東部の市》.

Es·ki·mo /ɛ́skəmòu/ *n* (*pl* ～, ～**s**) [ˢ*derog*] エスキモー族 (cf. INUIT, YUIT); エスキモー語; ESKIMO-ALEUT; ESKIMO DOG; [ᵒe-] エスキモー色 (rustic brown). ► *a* エスキモー族[語, 文化]の.
♦ **Ès·ki·mó·an** *a* [Dan＜F＜Algonquian]

Éskimo-Aléut *n* エスキモー-アリュート語族.

Éskimo cúrlew〘鳥〙エスキモーコシャクシギ《北米の北極圏に生息するがほぼ絶滅; 国際保護鳥》.

Éskimo dòg エスキモー犬《Greenland および Labrador 原産のそり犬》;《俗に》アメリカ原産のそり犬.

Éskimo ròll〘カヌー〙エスキモーロール《転覆して再び起き上がる完全な一回転》.

Eski·șe·hir /ɛ̀skıʃəhíər/, **-shehr** /-ʃɛ́ər/ エスキシェヒル《トルコ中西部の工業都市》.

Es·ky /ɛ́ski/〘豪商標〙エスキー《飲食物の携帯用保冷容器》.

ESL English as a second language.

ESM European Stability Mechanism 欧州安定メカニズム《ユーロ圏諸国に金融支援を行なうための制度》.

Es·mé /ɛ́zmi/ エズミ《男子名; 女子名》. [(pp)＜OF *esmer* to estimate, love]

Es·me·ral·da /ɛ̀zmərǽldə/ エズメラルダ《女子名》. [Sp＜Gk＝emerald]

Es·mond /ɛ́zmənd/ エズモンド《男子名》. [OE＝grace＋protector]

ESN educationally subnormal ♦ electronic serial number 電子シリアル番号《携帯電話に組み込まれた個々の端末の識別番号》.

eso- /ɛ́sə/ *pref*「内部の (inner)」: *eso*tropia. [Gk *esō* within]

ESOL /íːsɔ̀(ː)l, -sàl, ɛ́s(ə)l/ English for Speakers of Other Languages.

ESOP /íːsàp, ìːsòupíː/ *n* 従業員持株制度. [*e*mployee *s*tock [shareᴵᴵ] *o*wnership *p*lan]

esoph·ag- /ısáfəg/, **esoph·a·go-** /-gou, -gə/ | **oe·soph·ag-** /ısáfəg/, **oesoph·a·go-** /-gou, gə/ *comb form*「食道 (esophagus)」[Gk]

esoph·a·gi·tis /ısàfədʒáıtəs, -gáı-/ *n* (*pl* **-git·i·des** /-dʒítədìːz, -gít-/)〘医〙食道炎.

esòphago·gástric *a* 食道と胃の[に関する], 食道胃の.

esóphago·scòpe *n*〘医〙食道鏡.

esoph·a·gos·co·py /ısàfəgáskəpi/ *n* 食道鏡検査(法).

esoph·a·gus | **oe·soph-** /ısáfəgəs/ *n* (*pl* **-gi** /-dʒàı, -gàı/, ～·**es**)〘解・動〙食道. ♦ **-ge·al** /ısàfədʒíːəl/ *a* [Gk]

es·o·ter·ic /ɛ̀sətérık/ *a* 奥義に達した少数の者に向けられた[に(のみ)理解される]; 奥義の, 奥義に達した; 深遠な, 難解な (opp. *exoteric*); 秘密の; 狭い世界の, 仲間内の; マニア的な, オタク的な: *E~* Buddhism 密教. ► *n* 秘教[奥義]に通じた人; [*pl*] 奥義, 秘伝.
♦ **ès·o·tér·i·cal** *a* **-i·cal·ly** *adv* [Gk (*esōterō* (compar)＜*esō* within)]

es·o·ter·i·ca /ɛ̀sətérıkə/ *n pl* 秘事; 秘義, 奥義; PORNOGRAPHY.

es·o·ter·i·cism /ɛ̀sətérəsìz(ə)m/ *n* 秘教, 密教; 秘伝; 難解なこと. ♦ **-cist** *n*

es·o·tro·pia /ɛ̀sətróupiə/ *n*〘医〙内斜視 (cross-eye).

esp. especially. **ESP**〘写〙electro-selective pattern ♦ ᵒelectrostatic precipitator ♦ English for specific [special] purposes 特殊目的のための英語 ♦ ᵒextrasensory perception.

es·pa·da /ɛspáːdə/ *n* (*pl* ～)〘魚〙《Madeira 島などの》タチウオ (scabbard fish). [Sp＝sword]

es·pa·drille /ɛ́spədrìl, ⌐⌐⌐/ *n* エスパドリーユ (＝*alpargata*)《甲が布で底 (しばしば縄を編んだもの) が柔らかい靴》. [F＜Prov; ⇨ ESPARTO]

es·pa·gnole /ɛ̀spənjóul, -pæ̀-/ *n*〘料理〙エスパニョールソース《茶色に炒めたルーをだし汁で溶いた中に炒めた野菜を加えて煮込んだもの》. [F]

es·pa·gno·lette /ɛspǽnjəlɛ̀t/ *n* クレモン, クレモンボルト《両開き窓の締め金具》. [F]

es·pal·ier /ɪspǽljər, -jèɪ, ɛs-/ *n* 垣根仕立ての樹木《垣根状に枝を平たく仕立てた果樹など》; 垣根仕立てにするための垣[格子, 支柱]; 垣根仕立て. ► *vt* 〈果樹などを〉垣根仕立てにする;《垣根仕立てにするために》…に垣[格子, 支柱]を設ける. ♦ **~ed** *a* [F<It (*spalla* shoulder)]

Es·pa·ña /eɪspáːnjɑː/ エスパーニャ《SPAIN のスペイン語名》.

es·pa·ñol /ɛspàːnjóʊl/ *n* スペイン語; (*pl* **-ño·les** /-njóʊleɪs/) スペイン人. ► *a* スペイン(人[語])の. [Sp]

Es·pa·ño·la /ɛspàːnjóʊlə/ エスパニョーラ《HISPANIOLA のスペイン語名》.

Es·par·te·ro /ɛspərtéəroʊ/ エスパルテロ **Baldomero** (**Fernández**) ~, Conde de Luchana (1793–1879)《スペインの軍人・政治家; カルリスタ戦争に勝利をあげたのち摂政 (1841–43)》.

es·par·to /ɛspáːrtoʊ/ *n* (*pl* **~s**)〘植〙アフリカハネガヤ (=**~ gràss**)《スペイン・北アフリカ産のイネ科の草; 縄・かご・靴・紙などの原料》. [Sp<L<Gk *sparton* rope]

espec. especially.

es·pe·cial /ɪspɛ́ʃ(ə)l, ɛs-/ *a* 特別な, 格別の; 特殊な (opp. *general*); ある特定の; 大好きな, 親密な: a thing of ~ importance 特別重大な事. ● **in ~** とりわけ, 特に. [OF<L SPECIAL]

espécial·ly *adv* **1**《特定して》特に, 主として, わけても, なかんずく《文頭には置かない; 略 esp., espec.》: ~ for… わざわざ…のために. **2** 大いに, 非常に, 特に, とりわけ, ことのほか: I ~ like…が大好きだ, …に目がない / not ~ あまり[それほど, たいして]…でない,《返事で》(いや)別に, 特にそういうわけじゃ, さほどでも.

es·per·ance /ɛ́sp(ə)rəns/ *n*《廃》希望, 期待.

Es·pe·ran·tist /ɛ̀spərǽntɪst, -ráːn-/ *n* エスペラント語学者; エスペラント語の普及に熱心な人. ► *a* エスペラント語の; エスペラント語学者の. ♦ **-tìsm** *n*

Es·pe·ran·to /ɛ̀spərǽntoʊ, -ráːn-/ *n* エスペラント《1887年ユダヤ系ポーランド人眼科医 L. L. Zamenhof によって考案された人工国際語》; [ᵒe-] (人工)国際語[記号]. [L *spero* to hope; 考案者の筆名 Dr *Esperanto* (=Hoping one) から]

es·pi·al /ɪspáɪəl, ɛs-/ *n* 偵察, 監視, 観察; 発見; スパイ活動. [OF; ⇨ ESPY]

es·piè·gle /*F* ɛspjɛgl/ *a* いたずらっぽい (roguish), ちゃめな. [F; (TILL) EULENSPIEGEL の変形]

es·piè·gle·rie /*F* ɛspjɛgləri/ *n* いたずらっぽさ.

es·pi·o·nage /ɛ́spiənɑ̀ːʒ, -nɑ̀ːdʒ, -nɪdʒ, ɛ̀spiənáːʒ, -náːdʒ/ *n* スパイ行為, 偵察;《国・企業などの》スパイによる諜報活動. [F; ⇨ SPY]

Es·pí·ri·to San·to /əspíərətùː sǽntu/ エスピリトサント《ブラジル東部, 大西洋に臨む州; ☆Vitória》.

Es·pí·ri·tu San·to /əspíərətùː sǽntu/ エスピリトゥサント《太平洋南西部, ヴァヌアツ北西部にある同国最大の島》.

es·pla·nade /ɛ́splənèɪd, -nɑ̀ːd, ⌒⌒⌒/ *n* エスプラネード《平坦地, 特に 海岸や湖岸の眺望の開けた遊歩道・ドライブ道; もとは, 城塞と最寄りの市街との間の空地》. [F<Sp<L *ex*-¹(*plano*<*planus* level) =to make level]

ESPN 〘米〙Entertainment and Sports Programming Network.

Es·poo /ɛ́spoʊ/ エスポー《フィンランド南部の市》.

es·pous·al /ɪspáʊz(ə)l, ɛs-, -s(ə)l/ *n* **1**〈主義・説などの〉支持, 擁護 〈*of*〉. **2** [ᵒ*pl*]《英では古》**a** 婚約(式). **b** 婚礼, 結婚.

es·pouse /ɪspáʊz, ɛs-, -s/ *vt* **1**〈主義・説を〉信奉[支持]する,〈社会問題などに〉傾倒する; 主義[方針]として採り上げる. **2**《英では古》めとる, 妻にする; 嫁にやる, 縁づける. ♦ **es·póus·er** *n* [OF<L (*spons- spondeo* to betroth)]

es·pres·si·vo /ɛ̀sprɛsíːvoʊ, -prə-/ *a, adv*〘楽〙表情豊かな[に], 感情をこめた[て], エスプレッシーヴォの[で]. [It]

es·pres·so /ɛsprɛ́soʊ/ *n* (*pl* **~s**) エスプレッソ《挽いたコーヒー豆に蒸気を通していれた濃いコーヒー》; エスプレッソをつくる器具;《町の社交場としての》(カフェ)エスプレッソの店. [It=pressed out]

es·prit /ɛspríː, ɪs-/ *n* **1** 精神; 機知, 才気; ESPRIT DE CORPS. **2** [E-] エスプリ《男子名》. [F; ⇨ SPIRIT]

esprit de corps /─ də kɔ́ːr/ 団体精神, 団結心《軍隊精神・愛校心・愛党心など》. [F]

esprit de l'es·ca·lier /*F* ɛspri də lɛskalje/, **esprit d'es·ca·lier** /*F* -dɛskalje/ あとで思いついた気のきいたことば, あと知恵. [F=spirit of the staircase]

esprit fort /─ fɔ́ːr/ 意志の強い人; 自由思想家. [F]

es·pun·dia /ɪspúːndiə, ɛs-, -pún-/ *n*〘医〙鼻咽頭リーシュマニア症.

es·py /ɪspáɪ, ɛs-/ *vt*《文》〈遠くのもの・見えにくいものを〉見つける, 認める,〈欠点などを〉発見する;《古》偵察する, 観察する. [OF; ⇨ SPY]

Esq., Esqr. Esquire.

-esque /ɛ́sk/ *a suf*「…の様式の」「…風の」「…のような」: arabesque, picturesque, Kafkaesque. [F<It<L *-iscus*]

Es·qui·line /ɛ́skwəlàɪn, -lən/ [the] エスクイリヌス丘 (=the **~ Híll**)《SEVEN HILLS OF ROME の一つ》.

Es·qui·mau /ɛ́skəmòʊ/ *n* (*pl* **~, -maux** /-(z)/) ESKIMO.

es·quire /ɛ́skwàɪr, ɪskwáɪr, ɛs-; ɪskwáɪər, ɛs-/ *n* **1 a**〘英〙郷士(ごう)《GENTRY に属し KNIGHT に次ぐ身分の者》. **b**《古》SQUIRE. **2 a**〘英史〙《盾持ちとして中世の騎士の従者をつとめた》騎士志願者. **b**《まれ》《婦人に》同伴する男. **3** [E-]ᴴ殿, 様《手紙の名宛などで氏名のあとに付ける敬称, 公文書以外は通例 John Smith, Esq. のように略す; 米国では弁護士などに限って用いることがある》. ► *vt*《まれ》ESCORT. [OF<L *scutarius* shield bearer (*scutum* shield)]

ESR ᵒelectron spin resonance.

ESRC 〘英〙Economic and Social Research Council 経済社会学研究会議《1965 年 Social Science Research Council として設立され, 84 年改称した学術振興団体》.

ess /ɛ́s/ *n*《アルファベットの》S [s]; S 字形のもの,《道路の》S 字カーブ.

-ess¹ /əs, ɪs, ɛ̀s/ *n suf* [女性・動物の雌を示す名詞をつくる]: actr*ess*, princ*ess*, godd*ess*; tigr*ess*. ★ 近年, 特に 職業を表わす語では, waitress の代わりに waiter, server を使ったり, stewardess を flight attendant に言い換えるなどして, -ess 語の使用を避ける傾向が見られる. [F<Gk *-issa*]

-ess² /ɛ̀s/ *n suf* [形容詞から抽象名詞をつくる]: larg*ess*, dur*ess*. [F<L *-itia*; cf. -ICE]

Es·sa·oui·ra /ɛ̀səwíərə/ エッサウィーラ《モロッコ南西部の市・港町; 旧称 Mogador》.

es·say *n* /ɛ́seɪ/ **1** 小論, 評論; 随筆, エッセイ 〈*on*〉;《学校の》作文, レポート, 小論文; エッセイ風のもの: a photographic ~ フォトエッセイ. **2** /, ɛséɪ/ **a** 企て, 試み 〈*at, in*〉. **b** 不採用になった切手・紙幣の図案の試し刷り. **c**《廃》試し, 試験, 実験;《廃》試作. ► *vt* /ɛséɪ, ⌒⌒/ 試みる, 企てる; 試す, 試験する, 試金する (assay): He ~*ed* escape. 逃走を試みた / I ~*ed to* speak. 話してみようとした. ♦ **~·er** *n* [F (L *exigo* to weigh); cf. ASSAY]

éssay examinàtion ESSAY TEST.

essay·ist /ɛ́seɪɪst/ *n* 随筆家, エッセイスト; 評論家.

es·say·is·tic /ɛ̀seɪístɪk/ *a* エッセイ[エッセイスト]の; エッセイ風の; 説明的な; 形式ばらない, 個人的色彩の濃い.

éssay quèstion 論文式問題[設問].

éssay tèst 論文[文章]体テスト (=*essay examination*) (cf. OBJECTIVE TEST).

es·se /ɛ́si/ *n*〘哲〙存在, 実在; 本質: in ~ 存在して. [L]

Es·sen /ɛ́s(ə)n/ **1** エッセン《ドイツ西部 North Rhine-Westphalia 州にある Ruhr 地域最大の市》. **2** エッセン Count **Hans Henrik von** ~ (1755–1824)《スウェーデンの軍人》.

es·sence /ɛ́s(ə)ns/ *n* **1 a** 本質, 真髄, 精髄; 核心, 要諦: He is the ~ of goodness. 全く善良だ. **b** 実在, 存在: God is an ~. 神は実在である. **2** 精, エキス; 精油; 精油のアルコール溶液, エッセンス; 香水; 匂い, 香り. ● **in ~** 本質において. **of the ~** 最も重要で: Time is *of the* ~. [OF<L=the being (*esse* to be)]

éssence of mír·bane /-mɔ́ːrbèɪn/ NITROBENZENE.

Es·sene /ɛ́sìːn, ⌒⌒, ɪsíːn/ *n* エッセネ派の信徒《前 2 世紀から後 1 世紀末までパレスティナにあったユダヤ教の一派; 禁欲・財産共有が特色; cf. QUMRAN》. ♦ **Es·sé·ni·an** /ɛsíːniən/, **Es·sen·ic** /ɛsɛ́nɪk/ *a* **Es·sen·ism** /ɛ́sɪ̀nɪz(ə)m, ɛsíːnɪ̀z(ə)m/ *n* [L<Gk]

es·sen·hout /ɛ́s(ə)nhàʊt, -hòʊt/ *n*〘植〙CAPE ASH. [Afrik]

es·sen·tial /ɪsɛ́nʃ(ə)l/ *a* **1 a** 本質の, 本質的な; 絶対的な; 完全な; 欠くことのできない, 必須の, 最も重要な 〈*to, for*〉: an ~ being 実在物 / an ~ element 本質的要素. **b**〘楽〙楽曲の和声進行構成に必要な, 主たる: an ~ note 主音 / ~ harmonies 主要和音. **c**〘医〙本態性の, 特発性の (idiopathic): ~ anemia 本態性貧血 / ~ renal bleeding 特発性腎出血. **2** 精[エキス]の, 精を含む. ► *n* [ᵘ*pl*] 本質的なもの[要素], 基本; [the ~s] (ある主題の)要点, 重要事項 〈*of*〉;〘楽〙主音: *the* bare [barest] ~*s* 必須事項, 基礎の基礎 / It is the same in ~(*s*). 本質は同じ / *E~s* of English Grammar 英文法要説《書名》. ♦ **~·ness** *n* [L; ⇨ ESSENCE]

esséntial amíno ácid 〘生化〙必須[不可欠]アミノ酸.

esséntial fátty ácid 〘生化〙必須[不可欠]脂肪酸《略 EFA》.

esséntial hypertènsion 〘医〙本態性高血圧.

esséntial·ìsm *n* **1**〘米教育〙本質主義, エッセンシャリズム《ある文化の根幹をなす思想・技能を体系的にすべての児童に与えることを主張する; cf. PROGRESSIVISM》. **2**〘哲〙実在論;〘哲〙本質主義 (cf. EXISTENTIALISM). ♦ **-ist** *n*

es·sen·ti·al·i·ty /ɪsɛ̀nʃiǽləti/ *n* 本性, 本質, 根本的重要性, 不可欠性; [*pl*] 要件, 骨子.

esséntial·ìze *vt* …の本質[精髄]を示す[表わす]; 本質(的なもの)にする, 粋にまで高める.

esséntial·ly *adv* 本質的に; 主に, 本来(は); 基本的[実質的]には, つまるところ, 要するに, ぜひとも, どうしても: He is ~ an artist.

esséntial óil 〘化〙精油《芳香の揮発性油; opp. *fixed oil*》.

esséntial proposítion ANALYTIC PROPOSITION.

es·sen·tic /ɛsɛ́ntɪk/ *a* 感情を外に表わす.

es·se quam vi·de·ri /ɛ́seɪ kwɑ̀ːm wɪdéɪri/ 外観よりは実質を《North Carolina の標語》. [L]

Es·se·qui·bo /ɛ̀səkíːboʊ/ [the] エセキボ川《ガイアナを北流して大西洋に注ぐ》.

Es·sex /ɛ́sɪks/ **1** エセックス《(1) イングランド南東部の州; 北海に流出する Thames 川河口部北岸一帯を占める; ☆Chelmsford (2) イングランド東部にあったアングロサクソン時代の古王国; ⇨ HEPTARCHY》. **2** エセックス **Robert Devereux**, 2nd Earl of ~ (1566–1601)《イングランドの軍人・宮廷人; Elizabeth 1 世の寵愛をうけたが, のちに反逆罪で処刑》.
Es·sie /ɛ́si/ エッシー《女子名; Esther の愛称》.
Ess·ling·en /ɛ́slɪŋən/ エスリンゲン《ドイツ南西部 Baden-Württemberg 州にある市; Stuttgart の東南東, Neckar 川沿岸に位置》.
Es·so /ɛ́soʊ/ 〘商標〙 エッソ《軽油・ガソリンなど》.
es·soin /ɪsɔ́ɪn/ *n* 〘英法〙 不出頭の正当な理由(の申し立て); 《廃》口実, 延引. ［OF］
es·so·nite /ɛ́s(ə)nàɪt/ *n* 〘鉱〙 黄ざくろ石. ［Gk *hēssōn* less; 他のざくろ石に比して軽く, 軟らかい］
Es·sonne /*F* ɛsɔn/ エソンヌ《フランス北部 Île-de-France 地域圏の県; ☆Évry》.
est /ɛ́st/ *n* エアハルト式セミナートレーニング, エスト《自己発見と自己実現のための体系的方法》. ［*E*rhard *S*eminars *T*raining; 米国の企業家 Werner Erhard が 1971 年に始めたもの］
-est[1] /əst, ɪst/ *a suf, adv suf* [形容詞・副詞の最上級をつくる]: hard*est*, clever*est*; often*est*; beggarli*est*. ［OE］
-est[2] /əst, ɪst/, **-st** /st/ *v suf* 《古》 [THOU[1] に伴う動詞(第二人称・単数・現在形および過去形)をつくる]: thou sing*est*, get*test*, did*st*, can*st*. ［OE］
est. established (in [by]) ♦ estimate(d). **EST** 〘米・カナダ〙 °Eastern standard time ♦ °electroshock therapy [treatment].
estab. established.
es·tab·lish /ɪstǽblɪʃ, ɛs-/ *vt* **1** 確立する, 設置[設立]する, 開設[創立]する, 〈制度・法律などを〉制定する (constitute): ~ a government [business] 政府[事業]を設立する / ~ friendly relations 友好関係を確立する / *E~ed* 200 years 創立 200 年の / *E~ed* (in) 1800 1800 年創立の《est. 1800 などと略す》/ be *~ed* by law 法律で制定される. **2 a** 安定させる; 〈人を〉〈場所・地位・職業に〉定着させる, つかせる: He is *~ed in* business [*as* chairman]. 実業について[議長をつとめて]いる / ~ *oneself as a* physician 一本立ちして医師を開業する. **b** 〈先例・習慣・所信・要求・名声などを〉確立する, 不動のものとする, 一般に確認させる, 樹立する; 〈事実・理論などを〉確証[立証]する; 《映画・演劇で》〈人物・場所〉の設定を明らかにする; 《廃》〈財産〉の継承権を設定する: ~ one's credit 信用(の基礎)を固める / It is *~ed as* a fact. 事実として確認されている. **3** 〈教会を〉国教会にする. **4** 〘トランプ〙《相手に上位札を出し尽くさせて》〈ある(suit の残余の全)カードを〉勝てるようにする, エスタブリッシュする. **5** 〘植〙〈新品種などを〉定着させる. ► *vi* 〘植〙 定着する. ♦ **~·able** *a* **~·er** *n* ［OF<L; ⇨ STABLE[1]］
es·táb·lished *a* 確立した, 確定の; 国教の; 〘生態〙〈動植物が〉(新しい土地に)定着した: an ~ fact 既定の事実 / an old ~ shop 老舗(しにせ) / (a person of) ~ reputation 定評(のある人物) / ~ usage 確立された慣用法 / an ~ invalid 慢性病者, 不治の病人 / the ~ order 既成の体制 / the ~ religion 国教.
Estáblished Chúrch [the] 《イングランド・ウェールズで》英国国教会, イングランド教会 (CHURCH OF ENGLAND)《略 EC》; [e- c-] 国家教会, 国教会.
estáblish·ing shòt 〘映〙 場面設定ショット《場面設定を見せるためのシーン冒頭の長めのショット》.
estáblish·ment *n* **1 a** 確立, 確定, 樹立; 設立, 創立; 制定. **b** 取決め, 《特に》法規; 制度. **2 a** 《公共または私設の》設立物, 施設《学校・病院・会社・営業所・店舗・旅館など》: a manufacturing ~ 生産工場[会社] / a large ~ 大工場, 大会社. **b** 《教会の》国立, 国定; [the E-] ESTABLISHED CHURCH; [the E-] 《スコットランドの》長老教会. **3 a** [ᵘthe E-] 体制(側), 既成の権力組織, エスタブリッシュメント; 主流派; ᴴ《教会・王室・富豪の》権力複合体: *the* literary *E~* 文壇主流派. **b** 《企業体などの》(幹部)職員. **4** 《官庁・陸海軍などの》常設[常備]編制, 常置人員, 定員: peace [war] ~ 平時[戦時]編制の兵力. **5** 世帯, 所帯; 住居, 家; 《まれ》《結婚などで》身を固めること: a large ~ 使用人の多い大所帯 / keep a second [separate] ~ [*euph*] 妾宅(しょうたく)を構えている. **6** 〘植・動〙 定着, 土着 (=*ecesis*)《外来種の新環境での馴化(じゅんか)》. **7** 《古》 定収入. ● **be on the ~** 使用人である.
es·tab·lish·men·tar·i·an /ɪstæ̀blɪʃməntέəriən, ɛs-, -mèn-/ *a* (英)国教主義(支持)の; 体制派の, 体制主義(者)の. ► *n* 国教主義(支持)者; 既成体制所属者, 体制派の人. ♦ **~·ism** *n*
Es·taing /*F* ɛstɛ̃/ エスタン (**Jean-Baptiste-)Charles-(Henri-)Hector d'~**, Comte **d'~** (1729–94)《フランスの海軍司令官; フランス艦隊を率いて独立戦争中のアメリカ植民地勢力を支援した》.
es·ta·mi·net /*F* ɛstaminɛ/ *n* (*pl* **~s** /*F* —/)《ビール・ワイン・コーヒーなどを飲ませる》小酒場 (bar), 小さなカフェ.
es·tan·cia /ɛstɑ́:nsiə/ *n* 《スペイン語系中南米諸国の》広大な私有地, 《特に》牛の大放牧場. ［AmSp=dwelling］
es·tate /ɪstéɪt, ɛs-/ *n* **1 a** 地所, 《別荘・庭園などがある》私有地 (landed property); 《ゴム・茶・ブドウなどの》栽培地: buy an ~ 地所を買う. **b** ᴴ団地: a housing [an industrial] ~ 住宅[工場]団地. **2** 〘法〙 **a** 財産; 遺産: real ~ 不動産《土地と建物》/ personal ~ 動産. ★「遺産」の意では, たとえば Jones sued the *estate* of Jackson のように, 法的主体 (legal entity) であるかのごとくに用いられることがある. **b** 財産権, 不動産権. **3** 《人生の》時期, 境遇; 生活状態, 情況: reach [arrive at, attain to] man's [woman's] ~ 一人前の男[女]になる / suffer in one's ~ 暮らし向きが苦しい / the (holy) ~ of matrimony 《古》夫[妻]のある身分. **4** 《政治・社会上の》階級 (= ~ of the realm), 《特に 中世ヨーロッパの》三身分の一つ (⇨ THREE ESTATES); 地位, 身分, 《特に》高い地位[身分]: FIRST [SECOND, THIRD, FOURTH] ESTATE / a man of ~ 《古》貴顕. **5** 《廃》威容, 華麗. **6** ᴴESTATE CAR. ［OF; ⇨ STATUE］
estáte àgent ᴴ不動産管理人; ᴴ不動産仲買業者, 不動産屋 (real estate agent*).
estáte-bòttled *a* 〈ワインが〉生産者元詰めの.
estáte càr ᴴ エステートカー (STATION WAGON*).
estáte dùty 〘英〙 遺産税《相続人への移転前に遺産に課される租税; 1894 年制定, 1974 年資本承継税 (capital transfer tax) に取って代わられた》.
estáte of the réalm 《政治・社会上の》階級 (estate).
estáte sàle 遺品売却[競売]処分《garage sale より大規模・高級なものが多い》.
Estátes Géneral [the] 〘史〙 STATES GENERAL.
estáte tàx 〘米法〙 遺産税《死亡者の財産の転移に際し, 相続人にではなく被相続人の遺産に課せられる税; cf. INHERITANCE TAX》.
Es·te /ɛ́steɪ, ᴴ-ti/ エステ《イタリアの貴族の家系; 始祖は Alberto Az·zo /ɑ́:dzoʊ/ II (996–1097), イタリア北東部の町 Este に定住; 13–16 世紀 Ferrara を, 中世後期から 18 世紀末まで Modena と Reggio を支配した》.
Es·teb·an /eɪstéɪvɑ:n/ エステバン《男子名》. ［Sp; ⇨ STEPHEN］
Es·tée Lau·der /ɛ́steɪ lɔ́:dər/ 〘商標〙 エスティ ローダー《米国の化粧品メーカー Estée Lauder, Inc. のブランド》.
es·teem /ɪstí:m, ɛs-/ *vt* **1** 尊ぶ (respect), 重んじる, 尊重[珍重]する: your *~ed* letter お手紙, 貴簡. **2** …を…と考える[思う] (consider); …と思う (think), 信じる (believe); 《古》評価する (estimate): I ~ it (*as*) an honor to attend this party. この会に列するのを光栄に存じます. ► *n* 尊重, 尊敬; 《古》価値; 《古》評価, 鑑定, 判断: feel no ~ for sb 人に対して尊敬の念が起こらない / hold sb in (high) ~ 人を(大いに)尊重[尊敬]する. ［OF<L ESTIMATE］
Es·tel·la /ɛstɛ́lə/, **Es·telle** /ɛstɛ́l/ エステラ, エステル《女子名》. ［L; ⇨ STELLA, ESTHER］
es·ter /ɛ́stər/ *n* 〘化〙 エステル《酸・アルコールから水のとれた形の化合物》. ［G; *Essig* vinegar＋*Äther* ether か］
Ester エスター《女子名》. ［ESTHER］
es·ter·ase /ɛ́stərèɪs, -z/ *n* 〘生化〙 エステラーゼ《エステルの加水分解を触媒する酵素》.
Es·te·rel /*F* ɛstərɛl/ エストレル《フランス南東部 Cannes の西にある山地; 最高点は Vinaigre 山 (616 m)》.
éster gùm エステルガム《ロジンとグリセリンを加熱してつくる; ワニス・ラッカー製造用》.
Es·ter·ha·zy /ɛ́stərhɑ̀:zi/ エステラジー (**Marie-Charles-)Ferdinand-Walsin ~** (1847–1923)《フランスの陸軍将校; 1899 年, 自分はドイツのスパイで, Dreyfus 事件で Dreyfus 有罪の証拠とされた書類を捏造したと告白》.
Es·ter·há·zy, Esz- /ɛ́stərhɑ̀:zi/ エステルハージ《ハンガリーの貴族の家柄》: Prince **Miklós József ~** (1714–90)《軍人; 所有する Esterháza 城をルネサンス様式に改築, Haydn を楽長として雇い, 活動させた》.
es·ter·i·fy /ɛstέrəfàɪ/ *vt, vi* 〘化〙 エステル化する. ♦ **es·tèr·i·fi·cá·tion** *n* エステル化.
es·ter·o·lyt·ic /ɛ̀stərəlítɪk/ *a* 〘化〙 エステルを分解する, エステル分解性の. ♦ **es·ter·ol·y·sis** /-rɑ́ləsəs/ *n* (*pl* **-ses** /-sì:z/)
Esth. 〘聖〙 Esther.
Es·ther /ɛ́stər/ **1** エスター《女子名; 愛称 Essie, Hetty》. **2** 〘聖〙 **a** エステル《ペルシア王 Ahasuerus の妃となったユダヤ人の娘; ユダヤ民族を虐殺から救った》. **b** エステル記《旧約聖書の The Book of ~; 略 Esth.》. ■ **the Rést of ~** エステル記追加《旧約聖書外典の The Rest of the Chapters of the Book of ~; 略 Rest of Esth.》. ［Heb<?Pers=star］
es·the·sia | aes- /ɛsθí:ʒ(i)ə, ɪs-, -ziə/ *n* 感覚, 知覚(力), 感受性.
es·the·sio- | aes- /ɛsθí:zioʊ, -ə/ *comb form*「知覚」「感覚」「触覚」 ［Gk］
es·the·si·om·e·ter | aes- /ɛsθì:ziɑ́mətər/ *n* 触覚計, 知覚計, エステジオメーター.
esthèsio·physiólogy *n* 感覚生理学.
es·the·sis | aes- /ɛsθí:səs/ *n* 知覚, 感覚 (sensation).
esthete, esthetics, etc. ⇨ AESTHETE, AESTHETICS, etc.
Esthonia(n) ⇨ ESTONIA(N).
Es·tienne /ɛstjɛ́n; *F* etjɛn, ɛs-/ **1** エティエンヌ《男子名》. **2** /*F* etjɛn/ エティエンヌ《フランスの人文主義者・印刷・出版業者の一族; Étienne ともつづる》: ⑴ **Henri I ~** (c. 1470–1520)《1502 年ころ Paris で創業》 ⑵ **Henri II ~** (1528–98)《Robert 1 世の子》 ⑶ **Robert I ~** (1503–59)《Henri 1 世の子; Paris から Geneva に移って事業を行なった》. ［F; ⇨ STEPHEN］
es·ti·ma·ble /ɛ́stəməb(ə)l/ *a* 尊重[尊敬]すべき[に値する]; 《まれ》

評価[見積もり]できる; 《古》 価値のある. ♦ **-bly** *adv* **〜·ness** *n*

es·ti·mate *v* /ɛ́stəmèɪt/ *vt* **1** …の価値[意義など]について判断する, 評価する: You 〜 his intellect too high(ly). 彼の知力を買いかぶっている. **2** 見積もる; …の見積もり書を作る; 判断[推定]する; 統計的に予測する: I 〜 his income *at* $80,000. 彼の収入を 8 万ドルとみている / 〜 how much damage was done どれほどの被害が出たかを見積もる / We 〜 that the construction will take [〜 the construction to take] five years. 工事には 5 年かかると推定している / The time for its construction is 〜*d* at five years. 工事に要する期間は 5 か年と見積もられている. **3** 《古》 鑑定する; 《古》 尊重する. ► *vi* 評価[見積もり]をする; 見積もり書を作る. ► *n* /ɛ́stəmət, -mèɪt/ 評価, 価値判断; 見積もり, 概算; 〘統〙 推定値; [°*pl*] 見積もり(計算)書; [the E-s] 〘英〙 歳出予算 《財務大臣が議会に提出する》: a conservative [rough] 〜 控えめ[大ざっぱ]な見積もり / by 〜 概算で / form an 〜 of…の見積もりを作る; …を評価する / get two 〜*s on* the repairs 修理の見積もり書を 2 箇所からとる. ♦ **és·ti·mà·tive** *a* 評価できる; 評価の; 見積もりによる. **és·ti·mà·tor** *n* 評価[見積もり]をする人, 見積もり士, 鑑定人; 〘統〙 推定値 (estimate); 〘統〙 推定量. [L *aestimo* to fix price of; cf. ESTEEM, AIM]

és·ti·màt·ed *a* 見積もりによる, 概算の, 推定の: an 〜 sum 見積もり額 / an 〜 500 deaths 推定で 500 人の死者 / the 〜 crop for this year 今年度の予想収穫高 / the 〜 time of arrival 到着予定時刻 《略 ETA》.

es·ti·ma·tion /ɛ̀stəméɪʃ(ə)n/ *n* **1** 判断, 評価, 意見; 尊重, 尊敬: in my 〜 わたしの見るところでは / in the 〜 of the law 法律上の見方では / hold in (high) 〜 (大いに)尊重する / stand high in 〜 大いに尊敬される, 高く買われる. **2** 推定, 見積もり, 推算; 評価価値, 見積もり額, 推定値, 推定規模: be low in 〜 見積もりは低い.

estip·u·late /ɪstípjulət, -lèɪt/ *a* EXSTIPULATE.

estival, estivate, estivation ⇨ AESTIVAL, AESTIVATE, AESTIVATION.

est mo·dus in re·bus /ɛst mɔ́:dùs ɪn réɪbùs/ ものには程(ほど)がある. [L]

es·toc /ɛ́stàk, ―⊥/ *n* エストック 《特にルネサンス時代の突き用の剣》. [OF=tree trunk<Gmc]

Es·to·nia /ɛstóuniə, -njə/, **-tho-** /-tóu-, -θóu-/ エストニア 《バルト海沿岸の国; 公式名 Republic of 〜 (エストニア共和国); ☆Tallinn; 1721–1917 年ロシア領, 1918–40 年独立共和国, 1940–91 年ソ連邦構成共和国 (the Estonian SSR)》.

Es·tó·ni·an, -thó- *a* エストニアの; エストニア人[語]の. ► *n* エストニア人; エストニア語 《フィン-ウゴル語派に属する》.

es·top /ɛstáp, ɪs-/ *vt* (**-pp-**) 〘法〙 禁反言 (estoppel) で禁ずる 〈*from*〉; 《まれ》 禁ずる; 《古》 〈穴などを〉ふさぐ, 〈開口部〉に栓をする. ♦ **es·tóp·page** *n* [OF; ⇨ STOP]

es·to per·pe·tua /ɛ́stòu pərpɛ́tuà:/ 永遠なれかし 《Idaho 州の標語》. [L=may she endure forever]

es·top·pel /ɛstáp(ə)l, ɪs-/ *n* 〘法〙 禁反言(きんはんげん) 《あとになって前と反対の申し立てをすることを禁止すること》. [OF=bung[1]; ⇨ ESTOP]

Es·to·ril /ì:ʃtəríl; ɛ̀st(ə)ríl/ エストリル 《ポルトガル西部 Lisbon の西, 大西洋に臨むリゾート地》.

es·touf·fade /*F* ɛstufad/ *n* 蒸し煮(料理). [F=meat stew]

es·to·vers /ɛstóuvərz/ 〘法〙 *n pl* [[U]common [right] of 〜] 〘史〙 《領主から認められた》採木(入会)権; 必要物 《借地人が借地から採る薪や家屋修繕用の材木など》; 離婚扶助料 (alimony).

estr- | **oestr-** /ɛ́str, ᴵᴵí:str/, **es·tro-** | **oes·tro-** /ɛ́strou, -trə, ᴵᴵí:s-/ *comb form* 「発情」 [Gk; ⇨ ESTRUS]

Es·tra·da /eɪstrá:ðə/ エストラダ **Joseph 〜** (1937–) 《フィリピンの政治家; 大統領 (1998–2001)》.

Estráda Pál·ma /-pá:lmə/ エストラダ・パルマ **Tomás 〜** (1835–1908) 《キューバの政治家; 初代大統領 (1902–06)》.

es·trade /ɛstrá:d/ *n* 台, 壇. [F<Sp]

es·tra·di·ol | **oes-** /ɛ̀strədáɪɔ̀(:)l, -òul, -àl/ *n* 〘生化〙 エストラジオール 《ESTROGEN の一種》.

es·tra·gon /ɛ́strəgàn; -gən/ *n* TARRAGON.

es·tral /ɛ́strəl/ *a* ESTROUS.

éstral cỳcle ESTROUS CYCLE.

es·trange /ɪstréɪndʒ/ *vt* 引き離す, 離れさせる; 〈人〉の心を離す, 〈人びと〉の仲を裂く, 離間する (alienate); 〈人を〉疎遠にする, よそよそしくさせる; 〈人〉の愛情に水を差す: be [become] 〜*d* (*from* each other) 疎遠になる, 仲が疎くなる / 〜 one*self from* politics 政治から遠ざかる. ♦ **〜·ment** *n* 離間, 仲たがい, 疎遠, 疎外. [OF<L=to treat as a STRANGER]

es·tránged *a* 疎遠になった, 仲たがいをした; 〈夫婦が〉別居中の; 《社会的に》疎外された, 孤立した. ♦ **〜·ness** *n*

es·tráng·er *n* よそ者.

es·tra·pade /ɛ̀strəpéɪd/ *n* 《あと足で立ったりして》馬が乗り手を放り出そうとすること.

es·tray /ɪstréɪ/ *n* 〘法〙 逃失家畜 《さまよっている飼い主の知れない馬・羊など》; 正常な位置[場所]からはずれたもの. ► *a* 迷い出た; はずれた. ► *vi* 《古》 さまよう (stray).

es·treat /ɛstrí:t, ɪs-/ 〘法〙 *n* 《罰金・科料・誓約保証金についての部分を写した》裁判記録抄本; 《抄本による罰金などの》取立て[没収]の執行. ► *vt* 裁判記録抄本を送り〈罰金・科料など〉の取立て[没収]を執行させる; 《広く》〈罰金などを〉取り立てる, 没収する. ♦ **〜·ment** *n*

Es·tre·ma·du·ra /ɛ̀strəmədúərə/ **1** エストレマドゥラ 《ポルトガルの Lisbon を中心とする地方》. **2** EXTREMADURA.

es·trin | **oes-** /ɛ́strən, ᴵᴵí:s-/ *n* 〘生化〙 エストリン 《発情ホルモン, 特に ESTRONE》.

es·tri·ol | **oes-** /ɛ́striɔ̀(:)l, -òul, -àl, ᴵᴵí:s-, *ɛstráɪ-/ *n* 〘生化〙 エストリオール (=*theelol*) 《ESTROGEN の一種》.

es·tro·gen | **oes-** /ɛ́strədʒən, ᴵᴵí:s-/ *n* 〘生化〙 発情ホルモン, 発情物質, エストロゲン 《女性ホルモンの特性をもつ発情物質の総称》.

èstro·génic *a* 発情を促す, 発情性の; エストロゲンの[による], エストロゲン様の. ♦ **-gén·i·cal·ly** *adv*

es·tro·ge·nic·i·ty /ɛ̀strədʒənísəti, ᴵᴵì:s-/ *n* 〘生化〙 発情原性.

éstrogen replàcement thèrapy エストロゲン補充療法 《閉経後に骨粗鬆(こつそしょう)症や心疾患を防ぐためにエストロゲンを投与すること; 略 ERT》.

Es·tron /ɛ́stràn/ 〘商標〙 エストロン 《酢酸繊維素エステルでつくる半合成繊維》.

es·trone | **oes-** /ɛ́stròun, ᴵᴵí:s-/ *n* 〘生化〙 エストロン (=*theelin*) 《ESTROGEN の一種》.

es·trop·i·at·ed /ɪstrápièɪtəd/ *a* 肢体不自由の, 不具の.

es·trous | **oes-** /ɛ́strəs, ᴵᴵí:s-/ *a* 発情(期)の(ような).

éstrous cỳcle 〘動〙 発情周期, 性周期.

es·tru·al /ɛ́struəl, ᴵᴵí:s-/ *a* ESTROUS.

es·trum | **oes-** /ɛ́strəm, ᴵᴵí:s-/ *n* ESTRUS.

es·trus | **oes·trus** /ɛ́strəs, ᴵᴵí:s-/ 〘動〙 *n* 《雌の》発情(現象); 発情期; ESTROUS CYCLE. [L=gadfly, frenzy<Gk]

es·tu·ar·i·al /ɛ̀stʃuɛ́riəl, ɛ̀ʃ-; -tjuɛ́ər-/ *a* ESTUARINE.

es·tu·a·rine /ɛ́stʃuəràɪn, -rì:n, -rìn, ɛ́ʃ-; -tju-/ *a* 河口(域)の; 河口に形成された; 河口(域)に適した: 〜 deposit 河口堆積物.

es·tu·ary /ɛ́stʃuèri; -tjuəri/ *n* 《潮の差す》広い河口; 河口域, 入江. [L=tidal channel (*aestus* tide)]

Éstuary Énglish ᴵᴵエスチュアリー英語 《London を中心としてそこからイングランド南東部へ広がりつつある発音様式; 標準発音 (RP) とロンドンなまり (cockney) の両方の特徴を含む》. [the *estuary* (of River Thames)]

es·tu·fa /ɛstú:fə/ *n* エストゥファ 《Madeira ワインの熟成用加熱室》; KIVA. [Sp]

esu, e.s.u., ESU °electrostatic unit(s).

esu·ri·ent /ɪsúriənt; ɪsjúər-/ *a* 飢えた, がつがつした, 強欲な. ♦ **〜·ly** *adv* **-ence, -cy** *n*

Eszterházy ⇨ ESTERHÁZY.

et[1] /ɛt; *F* e/ *conj* AND.

et[2] 《方》 ATE, EATEN.

E.T. /ì:tí:/ E.T. 《Steven Spielberg 監督の SF ファンタジー映画 *E. T. The Extra-Terrestrial* (1982) に登場する地球外生物》.

-et /ɛ́t, ɛ̀t, ət, ɪt/ *n suf* 「…の小さなもの」「…の集団」: baron*et*, cellar*et*; oct*et*. [OF *-et* (masc), *-ete* (fem)]

Et 〘化〙 ethyl. **ET** 〘米・カナダ〙°eastern time ♦ °Easter term ♦ Egypt ♦ 〘(獣)医〙°embryo transfer ♦ 〘英〙°Employment Training ♦ °ephemeris time ♦ extraterrestrial.

&, & [L *et*] and (⇨ AMPERSAND).

eta /éɪtə, í:tə; í:tə/ *n* エータ 《ギリシア語アルファベットの第 7 字; Η, η》. [Gk]

ETA /ɛ́tə/ エタ 《スペイン Basque 地方の非合法組織; バスク語で「バスク祖国と自由」(Euskadi Ta Askatasuna) の略称; バスク地方の完全独立を要求してテロを繰り返した》.

ETA ESTIMATED time of arrival.

etae·rio /ɛtíəriòu/ *n* (*pl* **-ri·òs**) 〘植〙 イチゴ状果. [F]

éta·gère, eta·gere /èɪtà:ʒɛ́ər, -tə-; *F* etaʒɛ:r/ *n* 《背部に鏡をはめたり基部にキャビネットを付けたりした》飾り棚スタンド, WHATNOT.

e-tail /í:tèɪl/ *n* 電子小売, ネット小売[販売], e テイル. [*e-*[2], re*tail*]

é-tàil·er *n* ネット小売[販売]会社, e テイラー 《インターネット上で注文を取る通販業者》. ♦ **é-tàil·ing** *n*

et al. /ɛt ǽl, -ɔ́:l, -á:l/ [L *et alibi*] and elsewhere ♦ [L *et alii, et aliae, et alia*] and others.

et alia /ɛt á:l(i)jə, -éɪ-, -ǽl-/ …その他, …およびその他 (and others) 《略 et al.》.

eta·lon /ɛ́t(ə)làn, éɪ-/ *n* 〘理〙 エタロン 《2 枚の反射鏡を向かい合わせた高分解能干渉計》. [F=standard]

éta mèson 〘理〙 エータ中間子, η 中間子.

et·a·mine /ɛ́təmì:n, éɪ-/, **-min** /-mən/ *n* エタミン 《粗目の細糸平織りの綿布・梳毛織物》. [F]

eta·oin shrd·lu /ɛ́tiɔ̀ɪn ʃɔ́:rdlù:/ 〘印〙 エタオインシャードルー 《ライノタイプで一時的な目印とするために, キーボード左側の最初の 2 縦列に順に指を走らせて作られる etaoin shrdlu の文字からなる活字塊; 時に不注意から実際に印刷される》.

éta pàrticle 〘理〙 エータ粒子 (eta meson).

étape /eɪtǽp; *F* etap/ 〘軍〙 *n* (*pl* **~s** /-s; *F* —/) 《一日の行軍終了後の》宿営地; 一日の行程; 《古》行軍中の部隊に支給される糧食. ［OF＜MDu *stapel* emporium］

etat·ism /eɪtá:tɪz(ə)m/, **éta·tisme** /*F* etatism/ *n* 国家社会主義 (state socialism). ♦ **etát·ist** *a* ［F *état* state］

état-ma·jor /eɪtá:mæʒɔ́:r; *F* etamaʒɔr/ *n* 〘軍〙 参謀(部), 幕僚(部) (staff).

etc., &c. /ɛt sét(ə)rə/ …その他, …など: lakes, rivers, *etc.* 湖・河川など / lakes *etc.* 湖など / Yours *etc.* 敬具, 草々《手紙の結び文句の代用》. ★(1) and so forth [on] などとも読む. (2) 前に並ぶものが2つ以上のときは etc. の前に comma を置く; 1つのときは必ずしも必要でない. (3) 主として参考書・商業文に用いられる. (4) and &c. は誤り. ［*et cetera*］

et cet·era /ɛt sét(ə)rə; ɪt sétrə/ …その他, …など (and so forth [on]) 《略 etc., &c.; 通例 略語の形を用いる》. ［L］

et·cét·era *n* (その他)種々のもの[人]; [*pl*] がらくた, 雑品.

etch /ɛʧ/ *vt* 〈銅板など版材〉に食刻[エッチング]する; エッチングで〈絵・模様を〉つくる 〈*into*〉; [ᵘ*pass*] 《顔・心などに》くっきり描く[焼き付ける], 刻み込む 〈*on, in, into*〉. ► *vi* エッチングをする. ● **~ in** 《ペン・鉛筆などで》〈背景・細部などを〉書き入れる. ► *n* 腐食(作用[効果]), 食刻; 腐食液, エッチ液. ♦ **~·er** *n* ［Du *etsen*＜G; Gmc で EAT の causative］

étch·ant *n* 《エッチング用の》腐食液.

etched /ɛʧt/ *a* 《主に文》〈心・記憶などに〉刻み込まれた, 焼き付いた 〈*on, in, into*〉; 〈顔(の表情)に〉〈疲れ・悲しみ・苦痛などが〉はっきり現われた, 隠せない 〈*with*〉: The scene still remained ~ *in* my mind. あの光景はいまだに脳裏に焼き付いて離れない / His face is ~ *with* tiredness. 彼の顔には疲労の色が濃い.

étch·ing *n* 食刻法, 腐食銅版術, エッチング; エッチングによる図形[模様]; エッチングの版; エッチング(版)画; スケッチ画; 印象記; 〘歯〙腐食《エナメル質のこわれた状態》.

étching nèedle エッチング針.

étch pìt 〘天〙 食凹, エッチピット《火星表面の小凹地》.

ETD estimated time of departure.

Ete·o·cles /ɪtí:əklì:z/ 〘ギ神〙 エテオクレース《Oedipus と Jocasta の息子; 弟の Polynices とテーバイの王位を争い一騎討ちで二人とも死んだ》.

eter·nal /ɪtə́:rn(ə)l/ *a* **1** 永遠の, 永久の (everlasting); 不朽の, 不変の (immutable): ~ life 永遠の生命 / ~ truths 不変の真理. **2** 果てしない, 絶え間のない (unceasing): ~ chatter 果てしのないおしゃべり. **3** 《古》[強意的に] いまいましい (infernal). ► *n* 永遠なもの; [the E-] 神 (God). ♦ **~·ly** *adv* **~·ness** *n* **eter·nal·i·ty** /ɪtə̀:rnǽləti/ *n* ［OF＜L *aeternus* (*aevum* age)］

etérnal chéckout [ᵘthe]*《俗》死 (death).

Etérnal Cíty [the] 永遠の都《Rome の別称》.

etérnal·ìze *vt* ETERNIZE.

etérnal recúrrence 〘哲〙《Nietzsche 哲学の》永遠回帰, 永劫(えいごう)回帰.

etérnal tríangle [the] 《いつの世にもある》男女の三角関係.

eterne /ɪtə́:rn/ *a* 《古・詩》ETERNAL.

eter·ni·ty /ɪtə́:rnəti/ *n* **1** 永遠(性), 永久(性); 永久不滅のもの; [the eternities] 永久不変の真理[真実]. **2** 《死後に始まる》永遠の世, 来世; [*pl*] 永遠の歳月 (ages); [an ~] 《際限なく思われる》長時間: for [to] all ~ 未来永劫, 永遠に / between this life and ~ この世とあの世[来世]との間[生死の境]を / It seemed to me *an* ~. 長い長い時間に思われた. ● **from here to ~** 永遠に. ［OF＜L; ⇨ ETERNAL］

etérnity bòx *《俗》棺桶, 霊柩, 柩(ひつぎ).

etérnity rìng エタニティリング[指輪]《切れ目なく宝石をはめ込んだ細い指輪; 永遠を象徴する》.

eter·nize /ɪtə́:rnàɪz/ *vt* …に永遠性を与える; 永遠に続かせる; 不朽にする, 永遠に伝える. ♦ **etèr·ni·zá·tion** *n*

ete·sian /ɪtí:ʒ(ə)n/ *a* [ᴼE-] 〈地中海東部の風が〉例年の, 季節的に吹く. ► *n* [ᴼE-; ᵘ*pl*] エテジアン (＝**~ wínds**) 《地中海東部で毎夏およそ 40 日間吹く乾いた北西風》.

e-text /í:tèkst/ *n* 電子テキスト (electronic text).

eth ⇨ EDH.

eth- /ɛθ/, **etho-** /ɛ́θoʊ, ɛ́θə/ *comb form* 〘化〙「エチル (ethyl)」

-eth[1] /əθ, ɪθ/, **-th** /θ/ *v suf* 《古》動詞の第三人称・単数・現在形をつくる《現在は -(e)s と変わっている》: he go*eth* (＝goes), think*eth* (＝thinks), ha*th* (＝has), sai*th* (＝says). ［OE］

-eth[2] ⇨ -TH[1].

ETH Ethiopia.

eth·a·crýn·ic ácid /èθəkrínɪk-/ 〘薬〙 エタクリン酸《水腫治療用利尿薬》.

eth·am·bu·tol /ɛθǽmbjʊtɔ̀(:)l, -tòʊl, -tɑ̀l/ *n* 〘薬〙 エタンブトール《合成抗結核薬》.

etha·mi·van /ɛθǽməvæ̀n, ɛ̀θəmáɪvən/ *n* 〘薬〙 エタミバン《中枢神経系刺激興奮薬》.

Ethan /í:θən/ イーサン《男子名》. ［Heb＝strength］

eth·a·nal /ɛ́θənæ̀l/ *n* 〘化〙 エタナール (acetaldehyde).

eth·an·am·ide /ɛθǽnəmàɪd/ *n* 〘化〙 エタン[酢酸]アミド (acetamide). ［↓, amide］

eth·ane /ɛ́θeɪn; í:-/ *n* 〘化〙 エタン《無色無臭の可燃性ガス》. ［*ether*, *-ane*］

ethane·di·ó·ic ácid /ɛ̀θeɪndaɪóʊɪk-; ì:-/ 〘化〙 エタン二酸 (oxalic acid).

ethane·di·ol /ɛ́θeɪndàɪɔ̀(:)l, -òʊl, -ɑ̀l; í:-/ *n* 〘化〙 エタンジオール (ethylene glycol).

Éthan Fróme イーサン・フローム《Edith Wharton の同名の小説 (1911) の主人公で, ニューイングランドの農民》.

eth·a·nó·ic ácid /ɛ̀θənóʊɪk-/ 〘化〙 エタン酸 (acetic acid).

eth·a·nol /ɛ́θənɔ̀(:)l, -nòʊl, -nɑ̀l/ *n* 〘化〙 エタノール (＝*ethyl alcohol*, *grain alcohol*). ［*ethane*, *-ol*］

eth·a·nol·amine /ɛ̀θənɑ́ləmì:n, -nóʊ-/ *n* 〘化〙 エタノールアミン《炭酸ガスなどの吸収剤・フェノール抽出溶剤》.

eth·a·noyl /í:θənɔ̀ɪl/ *n* 〘化〙 エタノイル (acetyl).

éthanoyl chlóride 〘化〙 塩化エタノイル (acetyl chloride).

Eth·el /ɛ́θ(ə)l/ **1** エセル《女子名》. **2***《俗》めめしい[なよなよした]男. ［OE＝noble］

Eth·el·bert /ɛ́θ(ə)lbə̀:rt, *ɛ́ð(ə)lbɛ̀rt/ **1** エセルバート《男子名》. **2** [St] 聖エセルバート《AETHELBERHT の別称》. ［OE＝noble＋bright］

Eth·e·lind /ɛ́θəlɪnd/ エセリンド《女子名》. ［OE＝noble＋shield］

Eth·el·red /ɛ́θ(ə)lrɛ̀d/ **1** エセルレッド《男子名》. **2** エセルレッド ~ **II** (968?–1016)《イングランド王 (978–1013, 1014–16); 通称 'the Unready' (無策王)》. ［OE＝noble＋counsel］

eth·ene /ɛ́θì:n/ *n* 〘化〙 エテン (ethylene).

eth·e·phon /ɛ́θəfɑ̀n/ *n* エテフォン《植物生長調整剤》.

ether, ae·ther /í:θər/ *n* **1** 〘化〙 エーテル, 《特に》エチルエーテル (ethyl ether) 《溶媒・麻酔薬》. **2** [the] **a** 《詩》《雲のかなたの》天空, 青空; 《まれ》空気. **b** 《古人が想像した》天空上層の空間(に満ちる精気[霊気]). **c** 〘理〙 エーテル《19 世紀に考えられた光・熱・電磁気の輻射現象の仮想的媒体》. **3** [the] 《音声・放送・通信用電波が通る》空気, 大気, 空間. ● **come out of the ~** どこからともなく現われる. **vanish into the ~** 跡形もなく消える, 雲散霧消する. ♦ **~·ish** *a* **~·like** *a* ［OF or L＜Gk (*aithō* to burn, shine)］

ethe·re·al, -ri·al, ae·the- /ɪθíəriəl/ *a* **1** 〘理・化〙 エーテルの(ような), エーテルを含んだ. **2** 《詩》天空の, 天上の; この世のものでない, 精神[心霊]界の; 空気のような, ごく軽い; 無形の, 触知できない; 優美な, たえなる. ♦ **ethe·re·al·i·ty** /ɪθìəriǽləti/ *n* **~·ly** *adv* **~·ness** *n*

ethéreal·ìze *vt* ETHEREAL にする[とみなす]; …にエーテルを加える; エーテル(様)にする. ♦ **ethèreal·izátion** *n*

ethéreal óil 精油 (essential oil).

Eth·er·ege /ɛ́θ(ə)rɪʤ/ エセレッジ Sir **George** ~ (1635?–92)《イングランドの喜劇作家; *The Man of Mode* (1676)》.

éther èxtract 〘化〙 エーテル抽出物《粗脂肪のこと》.

etherial ⇨ ETHEREAL.

ether·ic /ɪθérɪk, ɪθíər-/ *a* ETHEREAL.

ether·i·fy /ɪθérəfàɪ, í:θə-/ *vt* 〘化〙〈アルコールなどを〉エーテル化する. ♦ **ethèr·i·fi·cá·tion** *n* エーテル化.

éther·ìze *vt* エーテルで処理する; 〘医〙 …にエーテル麻酔をかける; 無感覚にする. ♦ **-iz·er** *n* **èther·izátion** *n* エーテル麻酔(法).

Eth·er·net /í:θərnɛ̀t/ 〘商標〙 イーサネット《local area network システム》.

eth·ic /ɛ́θɪk/ *a* ETHICAL. ► *n* 倫理, 道徳; 倫理的[道徳的]価値観[体系]. ［OF or L＜Gk; ⇨ ETHOS］

éth·i·cal *a* **1** 道徳上の, 倫理的な; 倫理(学)の; 倫理にかなった; 職業上の[所属集団の]倫理にかなった: an ~ movement 倫理化運動. **2** 〈医薬が〉医師の処方[同意]なしには売買できない; 〈薬品が〉認定基準に従った. ► *n* ethical な医薬. ♦ **~·ly** *adv* **~·ness, eth·i·cal·i·ty** /ɛ̀θəkǽləti/ *n* 倫理性.

Éthical Cúlture 倫理協会運動《神学・形而上学を離れた倫理を至高のものと主張する運動; 1876 年 Felix Adler が New York 市で始めた》.

éthical dátive 〘文法〙 心性的与格《感情を強調するために添える与格の me または you: Knock me at the door. (ドアをノックしておくれ) における me》.

éthical invéstment CONSCIENCE INVESTMENT.

eth·i·cist /ɛ́θəsɪst/, **ethi·cian** /ɛθíʃ(ə)n/ *n* 道徳家.

eth·i·cize /ɛ́θəsàɪz/ *vt* 倫理的にする[と考える]; …に倫理性を与える. ► *vi* 《まれ》倫理を論じる.

éth·ics *n* 倫理学; 倫理学書; [〈*pl*〉] 道徳(原理), 《個人・特定職業の》倫理綱領, 倫理的規範; [〈*pl*〉] 《決定事項・行動方針などの》倫理性: practical ~ 実践倫理学 / *E~* deals with moral conduct. 倫理学は道徳行為を扱う / Medical [Business] ~ do not permit it. 医者の徳義として[商道徳上]それは許されない / His ~ are abominable. 彼の道徳観念はひどいものだ.

ethíd·i·um (brómide) /ɛθídiəm(-)/ 〘生化〙 (臭化)エチジウム《DNA の染色などに用いる色素》.

ethi·nyl /ɛθáɪn(ə)l, ɛ́θənɪ̀l, ˈɛ́θɪnàɪl/ *n* ETHYNYL.
ethínyl estradíol 〘生化〙 エチニルエストラジオール《きわめて強力な活性を有する合成エストロゲン; 経口投与される》.
eth·i·on /ɛ́θiàn/ *n* 〘化〙 エチオン《殺虫剤》. [*eth-, thion-*]
eth·i·on·amide /ɛ̀θiánəmàɪd/ *n* 〘薬〙 エチオナミド《結核菌などのマイコバクテリアに対して用いられる抗菌薬》.
ethi·o·nine /ɛθáɪənìːn/ *n* 〘化〙 エチオニン《合成アミノ酸の一種》.
Ethi·op /íːθiàp/, **-ope** /-òʊp/ *n* 《古・詩》 ETHIOPIAN. ► *a* 《古》 皮膚の黒い.
Ethi·o·pia /ìːθióʊpiə/ *n* **1** エチオピア《アフリカ大陸北東部の国; 公式名 Federal Democratic Republic of ～ (エチオピア連邦民主共和国); 略 Eth.; ☆Addis Ababa; cf. ABYSSINIA》. **2** エチオピア《紅海に面してエジプト南部から今日のエチオピア北部に至る地域にあった古代国家》.
Èthi·ó·pi·an *a* (古代)エチオピアの; (古代)エチオピア人の; エチオピア語の; 《古》 黒人の (Negro); 〘生物地理〙 エチオピア亜区の; 〘キ教〙 エチオピア正教の. ► *n* (古代)エチオピア人; エチオピア語, 《特に》アムハラ語 (Amharic); 《古》 黒人.
Ethiópian (Órthodox) Chúrch [the] 〘キ教〙 エチオピア正教会《4 世紀に設立されたといわれ, キリスト単性論を奉ずる》.
Ethi·op·ic /ìːθiápɪk/ *a* ETHIOPIAN; 古代エチオピア語の; エチオピア語群の. ► *n* 古代エチオピア語 (＝*Geez*); エチオピア語群.
ethis·ter·one /ɛθístəròʊn/ *n* 〘薬〙 エチステロン《半合成のステロイド; 黄体ホルモンとして使われる》.
eth·moid /ɛ́θmɔ̀ɪd/ 〘解〙 *a* 篩骨(しこつ)の[に隣接する]: an ～ bone 篩骨. ► *n* 篩骨. ♦ **eth·mói·dal** *a* [Gk]
eth·narch /ɛ́θnàːrk/ *n* 〘史〙 《ビザンティン帝国などの一地方[民族]の》 行政長官. ♦ **éth·nàr·chy** *n* ethnarch の統治[職, 地位, 職権]. [Gk; ⇨ ETHNOS]
eth·nic /ɛ́θnɪk/, **-ni·cal** *a* **1 a** 民族の, 人種の: ～ minorities 少数派民族 / an ～ patchwork 人種のパッチワーク. **b** [ᵁ-nical] 民族学(上)の (ethnological). **2** 少数派民族の; ある民族に特有な, 《欧米諸国からみて》 異民族調の, エスニック風の; 《まれ》 異邦人の, 異教徒の (opp. *Jewish, Christian*): ～ Chinese 中国系の人びと, 《海外の》 華僑, 華人. ★ ethnic(al) は言語・習慣などから, racial は皮膚や目の色・骨格などからみた場合に用いる. ► [-nic] *n** 少数民族の一員; [*pl*] 民族的背景. ♦ **-ni·cal·ly** *adv* [L＜Gk＝heathen; ⇨ ETHNOS]
éthnic cléansing 民族浄化《(少数)異民族を組織的に迫害して自分たちの国・支配地域から追い出すこと; 1992 年に激化したボスニア-ヘルツェゴヴィナ内戦でセルビア人勢力が実施したものなど》.
éthnic gróup 〘社〙 民族, 民族集団《人種的特徴を共有する集団に対して, 言語・宗教・慣習などの文化的諸特徴を共有する成員よりなる集団》.
eth·ni·cism /ɛ́θnəsɪ̀z(ə)m/ *n* 民族性重視主義, 民族分離主義; 《古代の》 異教; 《古》 異教的信仰[風習].
eth·nic·i·ty /ɛθnísəti/ *n* 民族性, 民族的帰属, 民族意識; 民族集団.
eth·ni·con /ɛ́θnəkàn/ *n* 種族[部族, 人種, 民族]名《Hopi, Ethiopian など》.
éthnic púrity 《地域・集団内の》 民族的純粋性.
éth·nics *n* ETHNOLOGY.
eth·no- /ɛ́θnoʊ, -nə/ *comb form* 「民族」「人種」 [Gk ETHNOS]
èthno·archeólogy *n* 民族考古学《特定民族の文化を研究する考古学》.
èthno·biólogy *n* 民族生物学《未開民族の生活諸方式とその生物環境の関係を調べる》. ♦ **-gist** *n* **-biológical** *a*
èthno·bótany *n* 特定民族の植物に関する伝承(の研究), 民族植物学. ♦ **-bótanist** *n* **-botánical** *a* **-botánical·ly** *adv*
èthno·céntric *a* 民族中心的な; 自民族中心主義の. ♦ **èth·no·céntrical·ly** *adv* **èthno·centrícity** *n*
èthno·cén·trism /-sɛ́ntrɪ̀z(ə)m/ *n* 〘社〙 自民族中心主義, エスノセントリズム《他民族に対し排他的・蔑視的; cf. NATIONALISM》.
éthno·cìde *n* 《文化的同化政策としての》 特定民族集団の文化の破壊.
èthno·cúltural *a* 民族文化の; 《ある社会内の》 特定の民族集団の[に関する].
èthno·génesis *n* 〘社〙 民族[人種]集団 (ethnic group) 形成.
eth·nog·e·ny /ɛθnáʤəni/ *n* 民族発生学.
eth·nog·ra·phy /ɛθnágrəfi/ *n* 民族誌(学)《記述民族学》. ♦ **-pher, -phist** *n* 民族誌学者. **eth·no·graph·ic** /ɛ̀θnəgrǽfɪk/, **-i·cal** *a* 民族誌的な, 民族誌学上の. **-i·cal·ly** *adv*
èthno·hístory *n* 民族歴史学《民族の歴史的解明のための調査・研究》. ♦ **-histórian** *n* **-históric, -ical** *a*
èthno·linguístics *n* 民族言語学《言語と文化の関係を研究する言語学の分野》.
eth·nol·o·gy /ɛθnáləʤi/ *n* 民族学; 《広く》 文化人類学. ♦ **-gist** *n* **eth·no·log·i·cal** /ɛ̀θnəláʤɪk(ə)l/, **-ic** *a* 民族学の. **-i·cal·ly** *adv*
èthno·médicine *n* 〘医〙 民間療法(の研究). ♦ **-médical** *a*
èthno·methodólogy *n* 〘社〙 エスノメソドロジー《社会構造に対する一般人の常識的理解を扱う》. ♦ **-gist** *n*
èthno·musicólogy *n* 音楽民族学, 民族音楽学, 音楽人類学. ♦ **-gist** *n* **-musicológical** *a*
èthno·mycólogy *n* 民族菌類学《幻覚性の食菌その他の菌類のさまざまな文化・社会における使用を研究する》. ♦ **-gist** *n* **-myco·lógical** *a*
eth·no·nym /ɛ́θnoʊnɪ̀m/ *n* 部族名, 種族名, 民族名.
èthno·pharmacólogy *n* 民族薬理学《さまざまな民族・文化集団によって使われている薬剤, 特に民間薬の研究》.
èthno·psychólogy *n* 民族心理学.
eth·nos /ɛ́θnàs/ *n* エトノス (ethnic group). [Gk＝nation]
èthno·scíence /, ―́ ―̀―/ *n* エスノサイエンス《未開民族のもつ自然に関する知識の総体》. ♦ **-scíentist** *n* **-scientífic** *a*
et hoc ge·nus om·ne /ɛt hóʊk gɛ́nʊs ɔ́ːmnɛ/, **et id genus omne** /-íd-/ その他これに類するすべてのもの. [L]
étho·gràm /íːθə-/ *n* エソグラム《ある動物の行動の詳細な記録》.
ethol·o·gy /iθáləʤi/ *n* 行動(の)生物学, (動物)行動学, エソロジー; 人性学; 品性論. ♦ **-gist** *n* **etho·log·i·cal** /ìːθəláʤɪk(ə)l, ɛ̀θ-/ *a* **-i·cal·ly** *adv* [Gk; ⇨ ETHOS]
eth·o·none /ɛ́θənòʊn/ *n* KETENE.
ethos /íːθàs/ *n* 《一国民・一社会・一制度などの》 気風, 精神, 民族[社会]精神, 風潮, エートス. [L＜Gk *ēthos* (settled) character]
eth·o·sux·i·mide /ɛ̀θoʊsʌ́ksəmàɪd/ *n* 〘薬〙 エトスクシミド《癲癇の発作に用いる抗痙攣剤》.
eth·ox·ide /ɛθáksàɪd, -ɪ-/ *n* 〘化〙 エトキシド, エチラート (＝*ethylate*) 《エチルアルコールの水酸基の水素を金属で置換した化合物》.
eth·oxy /ɛθáksi/ *a* 〘化〙 エトキシル基の[を含む], エトキシ….
ethòxy·éthane *n* 〘化〙 エトキシエタン (ETHYL ETHER).
eth·ox·yl /ɛθáksəl, ˈ-sàɪl/ *n* 〘化〙 エトキシル基.
eth·yl /ɛ́θ(ə)l, ˈ(化学者) íːθàɪl/ *n* 〘化〙 エチル(基) (＝～ **ràdical** [**gròup**]). ♦ **eth·yl·ic** /ɛθílɪk/ *a* [G (*ether, -yl*)]
Ethyl 〘商標〙 エチル《**1**) 四エチル鉛アンチノック剤 **2**) それを含むガソリン》.
éthyl ácetate 〘化〙 酢酸エチル.
éthyl álcohol 〘化〙 エチルアルコール (ethanol).
éthyl·amìne *n* 〘化〙 エチルアミン《溶剤・染料中間体・有機合成に用いられる》.
eth·yl·ate /ɛ́θəlèɪt/ 〘化〙 *n* エチラート (ETHOXIDE). ► *vt* 〈化合物〉にエチル基を導入する, エチル化する. ► *vi* エチル化する. ♦ **èth·y·lá·tion** *n* エチル化.
èthyl·bénzene *n* 〘化〙 エチルベンゼン《通例 ベンゼンとエチレンから合成; スチレンの合成原料》.
éthyl cárbamate 〘化〙 カルバミン酸エチル (urethane).
éthyl céllulose 〘化〙 エチルセルロース《プラスチック製品原料・コーティング剤》.
éthyl chlóride 〘化〙 塩化エチル《局部表面麻酔用》.
eth·yl·ene /ɛ́θəlìːn/ *n* 〘化〙 エチレン; エチレン(基) (＝～ **gròup** [**ràdical**]). ♦ **èth·yl·é·nic** *a* [*-ene*]
éthylene brómide 〘化〙 臭化エチレン (ETHYLENE DIBROMIDE).
éthylene chlóride 〘化〙 塩化エチレン (ETHYLENE DICHLORIDE).
èthylene·dì·amìne·tètra·ácetate /, -daɪǽmən-/ *n* 〘化〙 エチレンジアミン四酢酸 (EDTA) 塩.
èthylene·dì·amìne·tètra·acétic ácid 〘化〙 エチレンジアミン四酢酸 (EDTA).
éthylene dibrómide 〘化〙 二臭化エチレン《クロロホルムに似た匂いがある無色の有機液体; 燻蒸剤・殺線虫剤; 以前, ガソリンに鉛の除去剤として添加した; 発癌物質; 略 EDB》.
éthylene dichlóride 〘化〙 二塩化エチレン《無色の重い液体; 溶剤・塩化ビニル合成用》.
éthylene glýcol 〘化〙 エチレングリコール (＝*glycol*) 《不凍液に用いる》.
éthylene óxide 〘化〙 エチレンオキシド, 酸化エチレン.
éthylene sèries 〘化〙 エチレン列 (＝*alkene* [*olefin*] *series*).
éthyl éther 〘化〙 エチルエーテル (⇨ ETHER).
éthyl nítrate 〘化〙 硝酸エチル《有機合成に用いる》.
éthyl nítrite 〘化〙 亜硝酸エチル《医薬・有機合成用》.
éthyl nítrite spírit 〘薬〙 亜硝酸エチル精, 甘硝石精 (＝*sweet spirit of nitre*) 《亜硝酸エチルのアルコール溶液; 利尿薬・発汗薬として用いた》.
èthyl-pàra-amìno·bénzoate *n* 〘化・薬〙 *p*-アミノ安息香酸エチル (BENZOCAINE).
eth·yne /ɛ́θàɪn, ―́―/ *n* 〘化〙 エチン, アセチレン (acetylene).
ethy·nyl /ɛθáɪn(ə)l, ɛ́θənɪ̀l, ˈɛ́θɪnàɪl/ *n* 〘化〙 エチニル(基) (＝～ **ràdical** [**gròup**]).
et·ic /ɛ́tɪk/ *a* エティックな, 自然相的な《言語その他人間行動の分析・記述において機能面を問題にしない観点についていう; cf. EMIC》. [phon*etic*]
-et·ic /ɛ́tɪk/ *a suf* 「…の」「…のような」「…の性質の」: limn*etic*, ge*netic*. ★ しばしば -esis 形の名詞に対応. [L]

e-ticket /íː—/ *n* e チケット, 電子チケット《電子発券 (ELECTRONIC TICKETING) における, 電子データとしてのみ存在する航空券など》. [*e-*²]
et id genus omne ⇨ ET HOC GENUS OMNE.
et·i·dro·nate /ìːtədróunèɪt, èt-/ *n* 〘薬〙 エチドロネート (=～ **disódium**)《別名 エチドロン酸二ナトリウム; 骨粗鬆(ᶜᶦˢʸᵒ)症や骨のパジェット病 (Paget's disease) の治療に用いられる》.
Étienne /eɪtjén; *F* etjɛn/ **1** エティエンヌ《男子名》. **2** ESTIENNE. [F; ⇨ ESTIENNE]
et in Ar·ca·dia ego /ɛt ɪn ɑːrkáːdiə égoʊ/ わたしもまたアルカディアに住んでいた; わたしもそれはみな知っている. [L]
etio·cho·lan·o·lone /ìːtioukòulǽn(ə)lòun/ *n* 〘生化〙 エチオコラノロン《尿中に排出されるテストステロンの代謝産物》.
eti·o·late /íːtiəlèɪt/ *vt, vi* (病的に)青ざめさせる[青ざめる]; 元気[勢い]を失わせる[失う]; 〈セロリなど〉(暗所栽培で)黄化させる[する], 軟白する. [F (L *stipula* straw)]
éti·o·làt·ed *a* 青ざめた, 生白い; 弱々しい; 〘植〙 黄化した.
eti·o·la·tion /ìːtiəléɪʃ(ə)n/ *n* 〘植〙 黄化(ᵒᵘ)《光の欠乏のため葉緑素が形成されない現象; cf. CHLOROSIS》, 〘園〙 軟白.
eti·ol·o·gy | ae·ti- /ìːtiáləʤi/ *n* 原因論, 《特に》病因論[学]; 原因, 病因. ♦ **eti·o·log·ic** /ìːtiəláʤɪk/, **-i·cal** *a* **-i·cal·ly** *adv* [L<Gk (*aitia* cause)]
ètio·pàtho·génesis /ìːtiou-/ *n* 〘医〙 原因病理論.
et·i·quette /étɪkət, -kèt, ètɪkét/ *n* 礼儀作法, エチケット; 《同業者間の》不文律, しきたり, 礼儀, 仁義: a breach of ～ 不作法. [F=TICKET, memorandum]
Et·na, Aet·na /étnə/ **1** [Mount] エトナ山《イタリア領の Sicily 島にある, 欧州最大の活火山 (3323 m); 1169 年および 1669 年に大噴火》. **2** [e-] アルコール湯沸かし器.
ETO 〘軍〙 European Theater of Operations《第二次大戦の》欧州戦域.
étoile /*F* etwal/ *n* (*pl* ～**s** /—/) 星, 星形のもの; プリマバレリーナ, トップダンサー.
Eton /íːtn/ **1** イートン《London 南西方, Berkshire 南部の町; Eton College の所在地》. **2** イートン校 (ETON COLLEGE); [*pl*] イートン校制服: go into ～*s* 初めてイートン校制服を着る, イートンに入学する.
Éton blúe 明るい青み緑, イートンブルー (=*Cambridge blue*)《Eton 校のスクールカラー》.
Éton cáp イートンキャップ《まびさしの短い男子用の帽子》.
Éton cóat ETON JACKET.
Éton cóllar イートンカラー《上着の襟にかける, 白いリンネル製の堅い幅広のカラー》.
Éton Cóllege イートン校《Eton にある有名な男子のパブリックスクール; 1440 年創立》.
Éton cróp 《女性の頭髪の》刈り上げ断髪.
Eto·ni·an /itóuniən/ *a* イートン校の. ► *n* イートン校生徒[卒業生]: an old ～ イートン校出身者, イートン OB.
Éton jácket イートンジャケット《Eton 校式の黒の短いジャケット; 燕尾服に似ているが尾がなく前開きのまま着用》.
Éton súit イートンスーツ《イートンジャケット, 黒または縞(ˢʰᶦᵐᵃ)のズボンおよび黒のチョッキからなる昔の三つぞろい》.
etor·phine /itɔ́ːrfìːn, ɪ-/ *n* 〘薬〙 エトルフィン《モルヒネに似た麻薬性鎮痛薬》.
étouf·fée, etouf·fee /èɪtuféɪ/ *n* (*pl* ～**s** /-(z)/) 〘料理〙 エトゥフェ《ザリガニ・野菜・香辛料で作る Cajun 風のシチュー; ライスにかける》. [F=stifled]
étri·er /*F* etri(j)e/ *n* 〘登山〙 あぶみ, エトリエ《登攀用の短いなわばしご》. [F=stirrup]
Etrog /íːtràg, ét-/ *n* 〘映〙 エトログ《1968–78 年毎年与えられたカナダ映画賞; 12 インチの小彫像; cf. GENIE》. [Sorel *Etrog* (1933–) デザインしたカナダの彫刻家]
Etru·ria /ɪtrúəriə/ **1** エトルリア《古代イタリア中部, 現在の Tuscany 州 および Umbria 州の一部に当たる地域にあった国》. **2** エトルリア《1769 年 Josiah Wedgwood が Staffordshire に建てた工場; cf. ETRUSCAN WARE》. ♦ **Etrú·ri·an** *a, n* ETRUSCAN.
Etrus·can /ɪtrʌ́skən/ *a* エトルリア(人)の; エトルリア芸術[文明]の; エトルリア語の. ► *n* エトルリア人; エトルリア語.
Etrúscan álphabet [the] エトルリア文字《ギリシア文字を基にしたアルファベットで, 最も初期の紀元前 8–7 世紀には 26 の文字からなっていたが, のちに 23, 最後に 20 字になった》.
Etrúscan wàre エトルリア焼き《古代エトルリア陶器と古代青銅器に似せて, 無光沢の顔料をかけた basalt; Josiah Wedgwood が製作》.
Etrus·col·o·gy /ɪtrʌ̀skáləʤi/ *n* エトルリア学.
ETS 〘米〙 Educational Testing Service《College Board などが 1947 年に共同設立した教育 NPO; TOEIC, TOEFL, GRE, SAT などの主催者》.
et seq. °et sequens ♦ °et sequentes ♦ °et sequentia.
et seqq., et sqq. °et sequentes ♦ °et sequentia.
et se·quens /ɛt sékwèɪns, -síːkwènz, -síːkwənz/ …以下参照, …および次(の語[行, ページ])参照《略 et seq.》. [L=and the following one]
et se·quen·tes /ɛt sɛkwéntèɪs, -sɪkwéntiz/ …以下参照《複数のとき; 略 et seqq., et sqq.》. [L=and those that follow]
et se·quen·tia /ɛt sɛkwéntiàː, -sɪkwénʃiə/ ET SEQUENTES. [L=and those that follow]
et sic de si·mi·li·bus /ɛt síːk deɪ sɪmílɪbʊs/ 同類のものについても同様に. [L=and so of like things]
Et·ta /étə/ エッタ《女子名; Henrietta の愛称》.
-ette /ét, ɛt, ət, ɪt/ *n suf*「…の小さなもの」「…の集団」「…の女の人」「…をまねた代用品」: statu*ette*; oct*ette*; usher*ette*; leather*ette*. [F; cf. -ET]
Ét·trick Fórest /étrɪk-/ エトリックフォレスト《スコットランド南東部のもと森林地帯・狩猟場; 現在は放牧が行なわれている》.
et tu, Bru·te! /ɛt túː brúːtɛ/ ブルータスよ おまえもか! 《Julius Caesar の最期のことば》. [L=and you (too), Brutus!]
étude /éɪt(j)ùːd; *F* etyd/ *n* 〘楽〙 練習曲; 《絵画・彫刻などの》習作, エチュード. [F=study]
etui, etwee /eɪtwíː, ɛt-, ←́/ *n* 《針・はさみ・眼鏡・つまようじ・化粧品などを入れる》手箱, 小箱. [F]
-e·tum /-íːtəm/ *n suf* (*pl* **-e·ta** /-tə/, ～**s**)「…樹園」「…花園」: arbor*etum*, pin*etum*. [L]
et uxor /ɛt ʌ́ksɔːr/ 〘法〙 およびその妻《通例 **et ux.** と略して権原要約書に用いられる》. [L=and wife]
ETV °educational television.
ety., etym., etymol. etymological ♦ etymology.
et·y·mo·log·i·cal /ètəməláʤɪk(ə)l/, **-ic** *a* 語源の[に基づいた]; 語源学(上)の. ♦ **-i·cal·ly** *adv*
ety·mo·log·i·con /ètəməláʤɪkàn, -kən/ *n* 語源辞典.
et·y·mol·o·gize /ètəmáləʤàɪz/ *vt* …の語源を調べる[示す]. ► *vi* 語源(学)を研究する; 語源学的に定義[説明]する. ♦ **-gìz·able** *a*
et·y·mol·o·gy /ètəmáləʤi/ *n* 語源(説明); 語源学, 語源論; 《語の》語源的意味; 〘文法〙 ACCIDENCE. ♦ **-gist** *n* 語源学者, 語源研究家. [OF<Gk (↓)]
et·y·mon /étəmàn/ *n* (*pl* ～**s, -ma** /-mə/) 《語の》原形, 本義, エティモン; 外来語の原語; 複合語[派生語]の形成要素. [L<Gk=literal meaning or original form of a word (*etumos* true)]
E-type /íː—/ *n* E タイプ《高級スポーツカー Jaguar の車種》.
Et·zel /éts(ə)l/ 〘ゲルマン伝説〙 エッツェル《*Nibelungenlied* で, Siegfried 死後の Kriemhild の夫; Hun 族の王 Attila とされる; cf. ATLI》.
eu- /ju/ *comb form*「良…」「好…」「容易に」「常態の」「真正の」「真に」「完全生活環をもつ」 [Gk (*ou* well)]
Eu 〘化〙 europium. **EU** °European Union.
èu·bactéria *n pl* (*sg* **-rium**) 〘菌〙 ユーバクテリア《真正細菌目の細菌》. ♦ **èu·bactérial** *a*
Eu·boea /jubíːə/ エウボイア (ModGk **Év·voia** /évjɑː/)《エーゲ海にあるギリシア領の島; Attica, Boeotia の北東に位置; ☆Chalcis》. ♦ **Eu·bóe·an** *a, n*
eu·caine /jukéɪn, júː←/ *n* 〘薬〙 ユーカイン《以前, 塩酸塩を局所麻酔薬とした》.
eu·ca·lypt /júːkəlɪ̀pt/ *n* 〘植〙 ユーカリノキ (eucalyptus).
eu·ca·lyp·tol, -tole /jùːkəlɪ́ptɔ̀(ː)l, -tòul, -tàl/ *n* 〘化〙 オイカリプトール (CINEOLE).
eu·ca·lyp·tus /jùːkəlɪ́ptəs/ *n* (*pl* ～**·es, -ti** /-tàɪ, -tìː/) 〘植〙 ユーカリノキ《フトモモ科ユーカリノキ属 (*E-*) の常緑高木の総称; 豪州・マレーシア原産; 樹皮からゴムを出すので俗に blue gum, gum tree ともいう》; EUCALYPTUS OIL. [L (*eu-*, Gk *kaluptos* covered); 開花前の花がおおわれていることから]
eucalýptus òil ユーカリ油《医薬・香水・浮遊選鉱用》.
eu·cárpic *a* 〘植〙 分実性の (cf. HOLOCARPIC).
eu·cary·ote /jukǽriòut, -iət/ *n* EUKARYOTE.
eu·cha·ris /júːk(ə)rəs/ *n* 〘植〙 ユーチャリス属 (*E-*) の各種鱗茎植物, アマゾンユリ《ヒガンバナ科; 南米原産》.
Eu·cha·rist /júːk(ə)rəst/ *n* [the] 聖餐, 〘カト〙 聖体, 聖体祭儀[拝領], ミサ (mass), 〘プロ〙 聖餐式 ((Holy) Communion)《聖別されたパンとぶどう酒をキリストの肉と血として拝領する儀式; また そのパンとぶどう酒(のいずれか), 特に パン》; [e-] 感謝(の祈り); 〘クリスチャンサイエンス〙 聖晩餐《神との霊的交わり》. [OF, <Gk=thanksgiving]
Eu·cha·ris·tic /jùːkərístɪk/, 《古》 **-ti·cal** *a* EUCHARIST の; [e-] 感謝を表明する. ♦ **-ti·cal·ly** *adv*
eu·chlo·rin¹ /juklɔ́ːrən, júːklə-/ *n* 〘鉱〙 鮮緑石, ユークロリン《銅・カリウム・ナトリウムの硫酸塩鉱物》. [It]
eu·chlo·rine /juklɔ́ːrìːn/, **-rin**² /-rən/ *n* 〘化〙 ユークロリン《塩素と二酸化塩素の爆発性混合気体》.
eu·cho·lo·gi·on /jùːkəlóuʤiàn/ *n* (*pl* **-gia** /-ʤiə/) 〘ギ正教〙 聖餐式次第書, 祈禱書.
eu·chre /júːkər/ *n* 〘トランプ〙 ユーカー《各プレーヤーが 5 枚を手札にし, 切り札を宣言したプレーヤーは 3 トリックを取らないと勝てないゲーム》; euchre する[される]こと. ► *vt* **1** 《ユーカーで》〈切り札宣言をした相手)の上がりを阻止する; «口» 出し抜く (outwit) ‹*out*›; «口» ‹人›から巻き上げる, だまし取る (cheat) ‹*out of* sth›. **2** [ᵘ*pass*] «豪口» 疲れはてさせる, 消耗させる, だめにする. [C19<?]

eu·chrómatin *n* 〘遺〙真正染色質, ユークロマチン (cf. HETEROCHROMATIN). ♦ **èu·chromátic** *a*

eu·chrómo·sòme *n* 真正染色体 (AUTOSOME).

Euck·en /ɔ́ɪkən/ オイケン **Rudolf Christoph** ~ (1846–1926) 《ドイツの哲学者; ノーベル文学賞 (1908)》.

eu·clase /júːklèɪs, -z/ *n* 〘鉱〙ユークレース《無色ないし緑色または青色のガラス光沢をもった容易に劈開(へきかい)する結晶》.

Eu·clid /júːkləd/ **1** エウクレイデス, ユークリッド《紀元前 300 年ごろの Alexandria の数学者》: ~*'s* Elements ユークリッド初等幾何学. **2** ユークリッド幾何学 (Euclidean geometry). ♦ **Eu·clid·e·an, -i·an** /juklídiən/ *a* エウクレイデスの, ユークリッド(幾何学)の.

Euclídean álgorithm 〘数〙ユークリッドの互除法.

Euclídean geómetry ユークリッド幾何学.

Euclídean spáce 〘数〙ユークリッド空間.

Éuclid's álgorithm EUCLIDEAN ALGORITHM.

eu·crite /júːkràɪt/ *n* 〘鉱〙ユークライト《スコットランドに多い斑糲(はんれい)岩; またこれに似た隕石》. ♦ **eu·crit·ic** /jukrítɪk/ *a*

eu·cryph·ia /jukrífiə/ *n* 〘植〙エウクリフィア《エウクリフィア科エウクリフィア属 (*E-*) の低木; 豪州・南米原産; 白い花をつける》.

eu·cýclic *a* 〘植〙‹花が›真正輪状の.

eu·dáemon, -dé- *n* 善魔, 善霊.

eu·dae·mo·nia, -de- /jùːdimóuniə/, **-dai-** /-dàɪ-/ *n* 幸福; 《アリストテレス哲学で》エウダイモニア《理性に基づく生活(から生まれる幸福)》. [Gk=happiness; ⇨ DAIMON]

eu·dae·mon·ic, -de- /jùːdimánɪk/ *a* 幸福をもたらす; 幸福(追求)主義の.

èu·dae·món·ics, -de- *n* 幸福論; EUDAEMONISM.

eu·dae·mo·nism, -de- /judíːmənìz(ə)m/, **-dai-** /-dáɪ-/ *n* 〘哲·倫〙幸福主義, 幸福説《倫理の究極目的·行為の基準を幸福におく考え[説]》. ♦ **-nist** *n* **eu·dàe·mo·nís·tic** *a*

eu·di·om·e·ter /jùːdiámətər/ *n* 〘化〙水[ガス]電量計, 酸水素クーロメーター, ユージオメーター. ♦ **èu·di·óm·e·try** *n* **eu·di·o·met·ric** /jùːdiəmétrɪk/, **-ri·cal** *a* **-ri·cal·ly** *adv*

Eu·dist /júːdɪst/ *n* 〘カト〙ユード会会員《フランスの司祭 St Jean Eudes (1601–80) が 1643 年に設立した, 教育と伝道を目的とするイエズス·マリア会 (Congregation of Jesus and Mary) の会員》.

Eu·do·ra /judɔ́ːrə/ **1** ユードーラ《女子名》. **2** ユードラ《E メールを扱うソフトウェア》. [Gk=generous]

Eu·dox·us of Cni·dus /judáksəs əv náɪdəs/ クニドスのエウドクソス (c. 400–c. 350 B.C.)《ギリシアの天文学者·数学者》.

Eu·gá·ne·an Hílls /jugéɪniən-, jùːgəníːən-/ *pl* [the] エウガネイ丘陵《イタリア北東部 Veneto 州南西部, Padua の西に位置する丘陵地帯; 標高約 600 m》.

eu·ga·rie /júːgəri/ *n* «豪クイーンズランド方言» PIPI[1].

Eu·gen /*G* ɔ́ʏgeːn, ⏤⏤/ オイゲン《男子名》. [G; ↓]

Eu·gene /judʒíːn, júːdʒìːn/ **1** ユージーン《男子名; 愛称 Gene》. **2** / ; *F* øʒɛn/ ウジェーヌ, オイゲン **François-Eugène de Savoie-Carignan,** Prince of Savoy (1663–1736)《オーストリアの軍人》. **3** ユージーン《Oregon 州西部 Willamette 川沿岸にある市》[F< Gk=well-born]

Eugéne Oné·gin /-ounjéɪgən, -an-/ エフゲーニー·オネーギン《Pushkin の韻文小説 (1825–32), および それに基づく Tchaikovsky の歌劇 (1877–78) の主人公》.

Eu·ge·nia /judʒíːniə, -njə/ **1** ユージーニア《女子名; 愛称 Genie》. **2** [e-] 〘植〙フトモモ属 (*E-*) の各種の常緑樹. [(fem) ‹ EUGENE]

eu·gen·ic /judʒénɪk/, **-i·cal** *a* 優生学的にすぐれた (opp. *dysgenic*); 優生学の. ♦ **-i·cal·ly** *adv* [*eu-*, Gk *gen-* to produce]

eu·gen·i·cist /judʒénəsɪst/ *n* 優生学者; 優生学推進論者, 人種改良論者.

eu·gén·ics *n* 優生学.

Eu·gé·nie /júːdʒənìː, judʒéɪni, -dʒíː-; *F* øʒeni/ **1** ウジェニー《女子名》. **2** ウジェニー **Eugénia Maria de Montijo de Guzmán,** Comtesse de Teba (1826–1920)《Napoleon 3 世の妃; スペイン生まれ; フランス皇后 (1853–70); 第二帝政崩壊で亡命》. [F (fem) ‹ EUGENE]

eu·gen·ist /judʒénɪst, júːdʒə-/ *n* EUGENICIST.

eu·ge·nol /júːdʒənɔ̀(ː)l, -nòul, -nàl/ *n* 〘化〙オイゲノール《黄色の油状液体; 香料原料》.

eu·gèo·sýncline *n* 〘地質〙優地向斜《正地向斜のうち火山性物質の多い場合にいう》. ♦ **-synclínal** *a*

eu·gle·na /juglíːnə/ *n* 〘動〙ユーグレナ属[ミドリムシ属] (*E-*) の各種鞭毛虫.

eu·gle·nid /juglíːnəd/ *n* EUGLENOID.

eu·gle·noid /juglíːnɔ̀ɪd/ *n, a* 〘生〙ユーグレナ類の(各種鞭毛虫).

euglénoid móvement 〘生〙《ミドリムシの》ユーグレナ様運動《細胞の一部の膨張がうねるように移動する運動》.

eu·glóbulin *n* 〘生化〙真性グロブリン, ユーグロブリン.

eu·hédral *a* 〘鉱〙IDIOMORPHIC.

eu·he·mer·ism /juhíːmərìz(ə)m, -hém-/ *n* エウヘメロス説 (**1**) [ᵒE-] 神話の神々は神格化された人間であるとする説 **2**) [ˢE-] 神話史実説: 神話は史実としての人物·事件の記録であるとする神話観》. ♦ **-ist** *n* **eu·hè·mer·ís·tic** *a* **-ti·cal·ly** *adv* [*Euhemerus* 300 B.C. ごろのギリシアの哲学者]

eu·he·mer·ize /juhíːməràɪz, -hém-/ *vt* ‹神話を›エウヘメロス説 (euhemerism) に基づいて解釈する.

eu·kary·ote /jukǽriòut, -ət/ *n* 〘生〙真核生物《PROKARYOTE 以外の全生物》. ♦ **eu·kàry·ót·ic** /-át-/ *a*

eu·la·chon, -chan /júːləkàn/ *n* (*pl* ~, ~**s**) 〘魚〙ユーラカン (= *candlefish*)《北太平洋のキュウリウオの一種; 食用》.

Eu·la·lia /juléɪljə/, **-lie** /-li/ ユーレイリア, ユーレイリー《女子名》. [Gk=fair speech]

eu·la·mel·li·branch /jùːləméləbræ̀ŋk/ *n* 〘貝〙真弁鰓(さいしい)類の各種の貝. ♦ **èu·la·mèl·li·bránchiate** *a, n*

Eu·len·spie·gel /ɔ́ɪl(ə)nʃpìːg(ə)l/ オイレンシュピーゲル **Till** [**Tyll**] /tíl/ ~《16 世紀初期の行商本に出てくる伝説上の人物で, 放浪癖のあるいたずら好きな 1300 年代のドイツの小作人》.

Eu·ler /ɔ́ɪlər/ オイラー (**1**) **Leonhard** ~ (1707–83)《スイスの数学者·物理学者》(**2**) **Ulf** (**Svante**) **von** ~ (1905–83)《スウェーデンの生理学者; Euler-Chelpin の息子; ノーベル生理学医学賞 (1970)》.

Éuler-Chél·pin /-kélpən/ オイラー=ケルピン (**1**) **Hans** (**Karl August Simon**) **von** ~ (1873–1964)《ドイツ生まれのスウェーデンの化学者; 糖の発酵や酵素の研究に業績をあげた; ノーベル化学賞 (1929)》(**2**) **Ulf Svante von** ~ = Ulf von EULER.

eu·lo·gia /julóudʒiə/ *n* (*pl* **-gi·ae** /-dʒiː/) 〘キ教〙エウロギア《特に東方正教会で, 聖体礼儀の後に会衆に与える成聖されてはいないが祝福されたパン》; 《もと》聖体, 聖餐 (EUCHARIST); «古» 祝福(されたもの); EULOGIUM の複数形. [Gk EULOGY]

eu·lo·gist /júːlədʒɪst/ *n* 賛辞を呈する人, 賛美者, 称賛者.

eu·lo·gis·tic /jùːlədʒístɪk/, **-ti·cal** *a* 賛美の, ほめたたえる (opp. *dyslogistic*). ♦ **-ti·cal·ly** *adv*

eu·lo·gi·um /julóudʒiəm/ *n* (*pl* ~**s**, **-gia** /-dʒiə/) EULOGY.

eu·lo·gize /júːlədʒàɪz/ *vt* ほめたたえる, 賛美する, …の賛辞を述べる[記す]. ♦ **-gìz·er** *n* EULOGIST.

eu·lo·gy /júːlədʒi/ *n* 《口頭·文章による》賛辞, 《死者に対する》頌徳(しょうとく)のことば[文]; 称賛, 称揚: chant the ~ *of*…をほめたてる / pronounce a ~ *on*…に対する賛辞を述べる. [L *eulogium*<Gk *eulogia* praise]

Eu·mae·us /jumíːəs/ エウマイオス《*Odyssey* 中の Odysseus の忠実な豚飼い》.

Eu·men·i·des /juménədìːz/ *pl* 〘ギ神〙エウメニスたち《FURIES に対する「慈悲深い女神たち」の意の美称》.

eu·mórphic *a* 〘心〙中胚葉型の (MESOMORPHIC).

Eu·nice **1** /júːnəs/ ユーニス《女子名》. **2** /junáɪsi/ 〘動〙イソメ《イソメ属 (*E-*) の環形動物の総称》. [Gk=happy victory]

eu·nuch /júːnək, -nɪk/ *n* 去勢された男; 〘史〙宦官(かんがん); [*fig*] いくじなしの[無能な]男, ふぬけ (: political ~); 〘医〙宦官《傷病などのため睾丸の機能を失った男》. ♦ **~·ism** *n* 宦官たること; [*fig*] 柔弱; 宦官症. [L<Gk=bed keeper (*eunē* bed)]

éunuch·òid *n, a* 〘医〙類宦官症の(患者).

eu·on·y·mus /juánəməs/ *n* 〘植〙ニシキギ (=*spindle tree*)《ニシキギ属 (*E-*) の低木·小高木の総称》. [L<Gk=of lucky name (*onoma* name)]

eu·pa·to·ri·um /jùːpətɔ́ːriəm/ *n* 〘植〙ヒヨドリバナ《キク科ヒヨドリバナ属 (*E-*) の各種の多年草の総称》.

eu·pat·rid /jupǽtrəd, júːpə-/ *n* (*pl* ~**s**, **-ri·dae** /-dìː/) [ᵒE-] 《古代アテナイで立法·司法権を独占した》世襲貴族. [Gk=having good father]

Eu·pen /ɔ̀ːpén; *G* ɔ́ʏpn; *F* øpɛn/ オイペン, ウペーヌ《ベルギー東部 Liège 州の町; 1919 年 Malmédy と共にドイツより割譲された》.

eu·pep·sia /jupépʃə, -siə/, **-sy** /-si/ *n* 〘医〙正常消化 (opp. *dyspepsia*).

eu·pép·tic *a* 〘医〙正常消化の; 陽気な, 快活な, 楽天的な. ♦ **-ti·cal·ly** *adv* [Gk (*peptō* to digest)]

eu·phau·si·id /jufɔ́ːziəd/ *n* 〘動〙オキアミ《総称》. ► *a* オキアミ類 (Euphausiacea) の.

Eu·phe·mia /jufíːmiə/ ユーフィーミア《女子名; 愛称 Effie, Phemie, etc.》. [Gk=(of) good repute]

eu·phe·mism /júːfəmìz(ə)m/ *n* 〘修〙婉曲語法 (opp. *dysphemism*); 婉曲語句: 'Pass away' is a ~ for 'die'. ♦ **-mist** *n* [Gk (*phēmē* speaking)]

èu·phe·mís·tic, -ti·cal *a* 婉曲語法の; 婉曲な. ♦ **-ti·cal·ly** *adv* 婉曲に.

eu·phe·mize /júːfəmàɪz/ *vt, vi* 婉曲語法で表現する[書く, 話す]. ♦ **-mìz·er** *n*

eu·phen·ics /jufénɪks/ *n* 優現学《臓器移植·補綴工学などによる》. ♦ **eu·phén·ic** *a*

eu·phóbia *n* [*joc*] 吉報[朗報]恐怖《のちに悪い知らせが続くので》.

eu·pho·nia /jufóuniə/ *n* 〘鳥〙スミレフウキンチョウ《熱帯アメリカ産》.

E

eu·phon·ic /jʊfánɪk/ *a* 音調のよい, 快音調の; 口調のよい: ～ changes 音便. ♦ **-i·cal·ly** *adv*
eu·phón·i·cal *a* 《古》 EUPHONIC.
eu·pho·ni·ous /jʊfóuniəs/ *a* 耳に快い, 口調[響き]のよい. ♦ **～·ly** *adv* **～·ness** *n*
eu·pho·ni·um /jʊfóuniəm/ *n* 〔楽〕ユーフォニューム《金管楽器の一種でバリトン音域》. [*eupho*ny＋har*monium*]
eu·pho·nize /júːfənàɪz/ *vt* …の音調[口調]をよくする.
eu·pho·ny /júːfəni/ *n* 快い音, 快い音調 (opp. *cacophony*); 快い響きをもった一連のことば; 〔言〕快音調. [F＜L＜Gk (*phōnē* sound)]
eu·phor·bia /jʊfɔ́ːrbiə/ *n* 〔植〕ユーホルビア属[タカトウダイ属] (*E-*) の各種(多肉)植物《トウダイグサ科》. [L *euphorbea*＜*Euphorbus* 1 世紀ごろのモーリタニアの医者]
eu·phor·bi·a·ceous /jʊfɔ̀ːrbiéɪʃəs/ *a* 〔植〕トウダイグサ科 (Euphorbiaceae) の.
eu·pho·ria /jʊfɔ́ːriə/ *n* 幸福(感); 〔医·心〕多幸(症), 上機嫌《根拠のない過度の幸福感; cf. DYSPHORIA》; 《俗》(麻薬による)陶酔(感). ♦ **eu·phór·ic** /, -fár-/ *a* **-i·cal·ly** *adv* [Gk *eu-*(*phoros*＜*pherō* to bear)=well-bearing]
eu·pho·ri·ant /jʊfɔ́ːriənt/ *a* 多幸(症)の, 多幸感をもたらす. ► *n* 〔医〕陶酔薬.
eu·pho·ri·génic /jʊfɔ̀ːrə-/ *a* 多幸感[陶酔]をひき起こす.
eu·pho·ry /júːfəri/ *n* EUPHORIA.
eu·pho·tic /jufóutɪk/ *a* 〔生態〕真光層の《水面から, 光合成の行なわれる限度の深さまで》.
eu·phra·sy /júːfrəsi/, **-sia** /jufréɪʒ(i)ə/ *n* 〔植〕コゴメグサ属 (*Euphrasia*) の草本, 《特に》EYEBRIGHT. [L＜Gk=cheerfulness]
Eu·phra·tes /jʊfréɪtiz/ [the] ユーフラテス川《西アジアの長流; トルコ東部に発し, シリアを貫流し, イラク南で Tigris 川と合流して Shatt-al-Arab 川となりペルシア湾に注ぐ; 下流域は古代文明の発祥地》. ♦ **Eu·phra·te·an** /jufréɪtiən/ *a*
eu·phroe, uphroe /júːfròu/ *n* 〔海〕天幕吊板《天幕吊りの枝綱を通す小穴の並んだ細長い板》; TENT SLIDE.
Eu·phro·ni·us /jʊfróuniəs/ エウフロニオス (fl. c. 520–470 B.C.) 《ギリシアの陶画家·陶工》.
Eu·phros·y·ne /jufrás(ə)nìː; -frɔ́zɪ-/ 〔ギ神〕エウプロシュネー《「喜び」の意で, 美の三女神 (three Graces) の一人》.
eu·phu·ism /júːfjuìz(ə)m/ *n* ユーフュイズム, 誇飾体《16–17 世紀英国で流行した気取った華麗な文体》; 浮華, 美辞麗句. ♦ **-ist** *n* **èu·phu·ís·tic, -ti·cal** *a* **-ti·cal·ly** *adv* [*Euphues*, John Lyly 作の小説(流の書き方); Gk=well-endowed by nature]
eu·plástic *a* 〔生理〕速やかに組織化する, 正常形成の.
eu·ploid /júːplɔ̀ɪd/ 〔生〕*a* 正倍数性の《基本数の完全な整数倍の染色体数をもつ; cf. ANEUPLOID》. ► *n* 正倍数体. ♦ **eu·ploi·dy** /júːplɔ̀ɪdi/ *n* 正倍数性.
eup·nea, -noea /jupníːə, júːpniə/ *n* 〔医〕正常呼吸 (opp. *dyspnea*). ♦ **eup·ne·ic** /jupníːɪk, júːpniɪk/ *a*
eu·po·tam·ic /jùːpətǽmɪk/ *a* 〔生態〕流止水性の《動植物が淡水の流水·止水の両方で生育する; cf. AUTOPOTAMIC, TYCHOPOTAMIC》.
Eur- /júər/, **Eu·ro-** /júərou, -rə/ *comb form* 「ヨーロッパ」「EC」「EU」 [*Europe*]
Eur. Europe ♦ European.
Eur·áfrican /jʊər-/ *a* ヨーロッパとアフリカの, ユーラフリカの; ヨーロッパ人とアフリカ人との混血の; 〔生物地理〕ユーラフリカ区の.
Éu·rail·pàss /júərèɪl-/ *n* ユーレールパス《ヨーロッパ鉄道周遊券》. [*European railroad pass*]
Èur·américan *n, a* EURO-AMERICAN.
Eur·ásia /jʊər-/ ユーラシア《ヨーロッパとアジアを合わせて一つの大陸塊とみた場合の名称; 全陸地面積の約 40%》.
Eur·ásian *a* 欧亜の, ユーラシアの; 欧亜混血の: the ～ Continent ユーラシア大陸. ► *n* 欧亜混血の人《インドではしばしば蔑称》; ユーラシア人.
Eu·rat·om /jʊərǽtəm/ *n* 欧州原子力共同体, ユーラトム (⇨ EUROPEAN COMMUNITY). [*European Atomic* Energy Community]
Eure /ə́ːr; *F* œːr/ **1** ウール《フランス北部 Haute-Normandie 地域圏の県; ☆Évreux》. **2** [the] ウール川《フランス Paris 盆地を流れる川; Orne 県に発し, 北流して Rouen の上流で Seine 川に合流》.
Eure-et-Loir /*F* œrelwaːr/ ウール-エ-ロアール《フランス中北部 Centre 地域圏の県; ☆Chartres》.
eu·re·ka /jʊəríːkə/ *int* わかった, しめた! 《Archimedes が王冠の金の純度を測る方法を発見したときの叫び; California 州の標語》: a ～ moment 突然のひらめき[天啓], (驚きの)大発見. ► *n* ユーリカ線《電熱抵抗線·フィラメント用の銅·ニッケル合金》. [Gk=I have found (it)!]
Euréka Stockáde ユリーカ砦事件《1854 年オーストラリア Victoria 植民地の Ballarat で, 採鉱従事者がたてこもって政府の産金取締まりに反抗した事件; 同国労働運動の端緒》.
eurhythmic, eurhythmics, eurhythmy ⇨ EURYTHMIC, EURYTHMICS, EURYTHMY.
Eu·rip·i·des /jʊərípədìːz/ エウリピデス (c. 484–406 B.C.) 《ギリシアの悲劇詩人; Aeschylus, Sophocles と並ぶ三大悲劇詩人のうち最年少》. ♦ **Eu·rìp·i·dé·an** *a*
eu·ri·pus /jʊəráɪpəs/ *n* **1** (*pl* **-pi** /-pàɪ/) 《干満潮の流動の激しい》海峡; 《まれ》激動; 動揺. **2** [E-] エウリプス《EVRIPOS の別称》 [L＜*Euripos*]
eu·ro[1] /júərou/ *n* (*pl* **～s**) 〔動〕ケナガワラルー (wallaroo). [(Austral)]
euro[2] *n* (*pl* **～s, ～**) ユーロ《1999 年 1 月 1 日 ecu に代わって導入された EU の共通通貨: =100 cents; 記号 €》.
Euro *a* ヨーロッパの, ユーロ… (European). ► *n* (*pl* **～s**) **1** ヨーロッパ人; ユーロコミュニズム信奉[支持]者 (Eurocommunist). **2** 〔金融〕《EUROBOND, EURODOLLAR (の先物), EUROCURRENCY など》ユーロ市場 (Euromarket) で取引される債券[通貨].
Euro- ⇨ EUR-.
Éuro-Américan *n* ヨーロッパとアメリカの血を引く人; ヨーロッパ系アメリカ人. ► *a* 欧米の; 《共産圏ではない》西側の; 西方教会の.
Éuro·bàbble *n* EU 関連の特殊用語, EU をめぐるとりとめない会話.
Éuro·bànk *n* ユーロ銀行, ユーロバンク《ユーロカレンシーの取引を行なう欧州の銀行》.
Éuro·bànk·er *n* ユーロ銀行の幹部[経営者]; ユーロ銀行.
Éuro·blènd *n* ユーロブレンド《ドイツ以外のヨーロッパで製造されたワインをブレンドしたドイツのテーブルワイン》.
Éuro·bònd *n* 〔証券〕ユーロ債, ユーロボンド《表示通貨国の国外でユーロカレンシー吸収のために発行される債券》.
Èuro·céntric *a* ヨーロッパ(人)中心(主義)の. ♦ **-centrícity** *n* **-cén·trìsm** *n* **-céntrist** *n*
Éuro·chèque *n* 〔英〕ユーロチェック《Eurocheque Card の提示を条件にヨーロッパ諸国の提携店で通用する特別な小切手》.
Éuro·clèar *n* ユーロ市場の手形交換所.
eu·roc·ly·don /jəráklədàn/ *n* 〔気〕GREGALE; 《一般に》暴風. [Gk (*kludōn* wave)]
Èuro·cómmunism *n* ユーロコミュニズム《西欧諸国の共産党の自主·自由·民主路線》. ♦ **-nist** *n, a*
Eu·roc·racy /jʊərákrəsi/ *n* 欧州連合行政; 欧州連合行政官《集合的》.
Éuro·cràt *n* 欧州連合行政官[官僚], ユーロクラット. ♦ **Èuro·crátic** *a*
Éuro·crèdit *n* ユーロクレジット《ユーロバンクによる貸出し》.
Èuro·cúrrency *n* 〔経〕ユーロカレンシー, ユーロマネー (=*Euromoney*) 《発行国の国外の銀行に預けられ, ユーロ市場で取引される各国の通貨》.
Éuro·dòllar *n* ユーロダラー, ユーロドル《Eurocurrency の代表的通貨》.
Éuro·elèction *n* 欧州議会議員選挙.
eu·ro·ky /jʊəróuki/, **-ry·o-** /jùərióuki/ *n* 〔生態〕広環境性《多くの環境要因に対して広い耐忍範囲をもつこと; opp. *stenoky*》. ♦ **eu·ró·kous, -ry·ó-** *a*
Éuro·lànd *n* EUROZONE.
Éuro·màrket *n* [the] 欧州共同市場 (=**Éuro·màrt**) (EUROPEAN ECONOMIC COMMUNITY); 〔金融〕ユーロ市場, ユーロマーケット《ユーロマネーまたはユーロ債の金融市場》.
Éuro·mòney *n* EUROCURRENCY.
Euro-MP /—ɛ̀mpíː/ *n* 欧州議会 (European Parliament) 議員.
Éuro·nèxt ユーロネクスト《ユーロ圏の取引所が合併して 2000 年に誕生したユーロ圏最大の証券取引所; 2007 年ニューヨーク証券取引所 NYSE グループとの合併により NYSE Euronext となった》.
Eu·ro·pa /jʊəróupə/ **1** 〔ギ神〕エウローペー《フェニキアの王女; Zeus が彼女に恋し, 白い牡牛となって連れ去った》. **2** 〔天〕エウロパ《木星の第 2 衛星; cf. GALILEAN SATELLITES》.
Éuro·pàtent *n* 欧州特許《欧州特許条約に基づきほぼ全欧州諸国に有効な特許》. [*European patent*]
Eu·rope /júərəp/ ヨーロッパ, 欧州; 《英国と区別して》(欧州)大陸; 欧州連合 (European Union). [L＜Gk *Eurōpē*＜? Sem=the land of the setting sun]
Eu·ro·pe·an /jʊərəpíːən/ *a* ヨーロッパの; ヨーロッパ(系)人の, 白人の; ヨーロッパ原産の, ヨーロッパ風の; 全欧州的な; 欧州連合の. ► *n* ヨーロッパ人; ヨーロッパ系人; 白人; 欧州連合支持者. ♦ **～·ness** *n* [F＜L (↑)]
Européan Américan EURO-AMERICAN.
Européan ásh 〔植〕セイヨウトネリコ.
Européan áspen 〔植〕ヨーロッパヤマナラシ (=*trembling poplar*) 《ヨーロッパ·北アフリカ·シベリア産》.
Européan Atómic Énergy Commùnity [the] EURATOM.
Européan bírd chèrry 〔植〕エゾノウワミズザクラ.
Européan bíson 〔動〕ヨーロッパバイソン (wisent).

Européan cháfer 〔昆〕コフキコガネの一種《幼虫は北米東部で芝生の大害虫》.

Européan Cóal and Stéel Commùnity [the] 欧州石炭鉄鋼共同体《ヨーロッパに石炭と鉄鋼の単一市場を設定するために1952年に創設, 2002年 European Community に吸収された; 略 ECSC》.

Européan Commíssion [the] 欧州委員会《加盟国ごとに1人の委員 (**Européan Commíssioner**) からなる EU の執行機関; 加盟国間の利害を調整する実質的決定機関である閣僚理事会 (Council of Ministers) に対し, 政策提案を行ないその決定を実施するとともに EU 全体の立場から諸機関を監督する; 略 EC》.

Européan Cómmon Márket [the] 欧州共同市場《EUROPEAN ECONOMIC COMMUNITY の別称; 略 ECM》.

Européan Commúnity [the] 欧州共同体《EEC, ECSC, Euratom の統合体; 1967年発足, 本部 Brussels; 略 EC; 原加盟国: フランス・(西)ドイツ・イタリア・オランダ・ベルギー・ルクセンブルク; 73年以降 英国・デンマーク・アイルランド・ギリシア・スペイン・ポルトガルが順次加盟; 93年これを母体として欧州連合 (European Union) が発足; これ以降 旧 EEC が EC (European Community) と改称して EU の主要組織となった; ECSC は2002年 EC に吸収され, EC 自体も09年 EU と統合して消滅; かつては法的文脈などで構成3共同体を意識したときは複数形 European Communities が使われた》.

Européan Convéntion on Húman Ríghts [the] ヨーロッパ人権条約《西欧諸国が人権と基本的自由の保護を集団的に保障するために成立させた条約で, Strasbourg にヨーロッパ人権委員会 (the **Européan Commíssion of Húman Ríghts**) とヨーロッパ人権裁判所 (the **Européan Cóurt of Húman Ríghts**) を常設機関として設置した; 1953年に発効; 略 ECHR》.

Européan córn bòrer 〔昆〕アワノメイガ《幼虫はトウモロコシ・ダリア・ジャガイモの害虫》.

Européan Cóuncil [the] 欧州理事会《EU の閣僚理事会 (Council of Ministers) や欧州委員会 (European Commission) で解決できない重大問題や国際政治問題を討議する EU 加盟国首脳会議; 通称 EU サミット》: the President of *the* ～ 欧州理事会常任議長《Lisbon 条約により2009年にもうけられたもので, EU の対外代表をつとめる》.

Européan Cóurt [the] **1** 欧州裁判所 (＝**Européan Cóurt of Jústice**)《EU の諸条約とその関連法適用についての判定を下す EU 機関; 正式には Court of Justice of the European Communities, 略称 ECJ; 所在地 Luxembourg》. **2** 欧州人権裁判所 (⇨ EUROPEAN CONVENTION ON HUMAN RIGHTS).

Européan cránberry 〔植〕ツルコケモモ.

Européan Cúp [the] ヨーロッパカップ《**1**) サッカーの UEFA 加盟各国から国内リーグ戦優勝チームが出場する欧州大会; 1956年開始 **2**) その優勝杯》.

Européan Cúrrency Ùnit 欧州通貨単位, エキュー (ecu).

Européan Económic Área [the] 欧州経済領域 (⇨ EEA).

Européan Económic Commùnity [the] 欧州経済共同体《COMMON MARKET の公式名; 略 EEC; ⇨ EUROPEAN COMMUNITY》.

Européan élder 〔植〕セイヨウニワトコ (bourtree[u]).

Européan flát 〔貝〕ヨーロッパヒラガキ, ヨーロッパガキ, フランスガキ《丸く平たい殻の欧州産イタボガキ属の食用カキ; フランス料理ではブロン (belon) とも呼ぶ》.

Européan flóunder 〔魚〕ヨーロッパヌマガレイ《北大西洋産》.

Européan Frée Tráde Associàtion [the] 欧州自由貿易連合, エフタ《略 EFTA》.

Européan glóbeflower 〔植〕セイヨウキンバイ《キンポウゲ科》.

Européan Invéstment Bànk [the] 欧州投資銀行《略 EIB, BEI》.

Européan·ìsm *n* ヨーロッパ精神,《風習などの》ヨーロッパ風;《政治的・経済的統合を主張する》ヨーロッパ主義. ◆ **-ist** *a, n* ヨーロッパ主義の; ヨーロッパ主義者; ヨーロッパの専門家[研究者], 欧州通.

Européan·ìze *vt* ヨーロッパ風にする, 欧化する;〈土地・経済などを〉欧州連合[共同体]の管理下に置く. ◆ **Europèan·izátion** *n*

Européan lárch 〔植〕セイヨウカラマツ.

Européan Mónetary Sỳstem [the] 欧州通貨制度《EC の経済統合を通貨の面で完成させるため1979年に発足した制度; 計算単位としての ecu, 加盟国通貨間の為替レート維持装置としての ERM (為替相場メカニズム), および市場介入資金の融資機関としての EMCF (欧州通貨協力基金) を3本柱としたが, 1999年の euro 導入で役割を終えた; 略 EMS》.

Européan Párliament [the] 欧州議会《欧州連合の議会; 加盟国別に議席が割り当てられ, 各国民により直接選挙される議員からなる; 略 EP》.

Européan plàn* [the] ヨーロッパ方式《室代と食費を別勘定にするホテル料金制度; cf. AMERICAN PLAN》.

Européan póplar 〔植〕セイヨウヤマナラシ.

Européan ráspberry 〔植〕ヨーロッパキイチゴ.

Européan Recóvery Prògram [the] 欧州復興計画 (＝*Marshall plan*) (1948–51)《略 ERP》.

Européan réd míte 〔動〕リンゴハダニ《リンゴなどの果樹の葉を食害する》.

Européan Spáce Àgency [the] 欧州宇宙機関《1975年に発足した宇宙研究開発機関; 本部 Paris; 略 ESA》.

Européan Únion [the] 欧州連合《1993年の欧州連合条約発効を機に European Community を改称したもの; 条約発効時の12か国に95年加盟のフィンランド・スウェーデン・オーストリア, 2004年加盟のポーランド・チェコ・ハンガリー・スロヴァキア・リトアニア・ラトヴィア・スロヴェニア・エストニア・キプロス・マルタ, 07年加盟のルーマニア・ブルガリア, 13年加盟のクロアチアを合わせた28か国の共同体; 略 EU》. ■ the **Tréaty on Européan Únion** 欧州連合条約 (＝*Maastricht Treaty*)《1991年12月, 欧州共同体12か国がローマ条約 (Treaty of Rome) に代わる基本条約としてオランダの Maastricht で合意した条約; 域内の政治・経済・通貨などの統合の道筋を定めた; 93年11月発効》.

Européan wíldcat 〔動〕ヨーロッパヤマネコ《欧州産》.

Européan yéw 〔植〕ヨーロッパイチイ (English yew).

eu·ro·pi·um /juəróupiəm/ *n* 〔化〕ユウロピウム《金属元素; 記号 Eu, 原子番号63》.

Éuro·plùg *n* 〔電〕ユーロプラグ《欧州諸国の種々のソケットに共用できるプラグ》.

Eu·ro·po·céntric /juəròupə-/ *a* EUROCENTRIC. ◆ **-cén·trism** *n*

Eu·ro·port /júərəpɔ̀ːrt/ ユーロポート (Du **Eu·ro·poort** /ǿːroupɔ̀ːrt/)《1958年以降オランダ南西部 Rotterdam 付近に建設された大規模な港湾施設》.

Éuro-rèbel *n* 欧州連合に積極的な党の造反分子.

Éuro·skèptic, -scèptic *n* /, ─ ─́─/ EU 懐疑派, 反 EU 派《欧州連合の力の増大[連合との関係強化]に反対する人[政治家]》. ◆ **Èuro·sképtical, -scéptical** *a* **Éuro·skèpticism, -scèpticism** /, ─ ─́─/ *n*

Éuro·stàr 〔商標〕ユーロスター《London とヨーロッパ大陸の都市を英仏海峡トンネル (Channel Tunnel) 経由で結ぶ高速旅客列車》.

Éuro·stèrling *n* ユーロスターリング《欧州大陸諸国の銀行に預けられた英国ポンド》.

Éuro·tràsh *n* 《俗》ユーロトラッシュ《特に米国で遊び暮らすヨーロッパの若い有閑族》.

Éuro·tùnnel ユーロトンネル《Channel Tunnel の運営企業》; CHANNEL TUNNEL.

Éuro·vìsion *n* ユーロヴィジョン《ヨーロッパ放送連合 (European Broadcasting Union) が運営するニュース・テレビ番組の交換のための国際ネットワーク》.

éuro·zòne *n* [the; °the E-] ユーロ圏, ユーロゾーン《EU 加盟国のうち euro を共通通貨として導入した国々によって形成される通貨圏》.

Eu·rus /júərəs/ 〔ギ神〕エウロス《東風または南東風の神》; 東[南東]の風.

eu·ry- /júərɪ/ *comb form*「広い (broad, wide)」(opp. *sten-*). [Gk *eurus* wide]

Eu·ry·a·le /juəráɪəli/ 〔ギ神〕エウリュアレー《GORGONs の一人》.

eu·ry·bath /júərɪbæθ/ *n* 〔生態〕広深性生物《さまざまな深度の水底に生息できる; opp. *stenobath*》. ◆ **èu·ry·báth·ic** *a* 広深性の.

Eu·ryd·i·ce /juərídəsi/ 〔ギ神〕エウリュディケー《**1**) Orpheus の妻 **2**) テーバイ (Thebes) 王 Creon の妻》.

eu·ry·ha·line /jùərɪhéɪlàɪn, -hǽl-, -lən/ *a* 〔生態〕広塩性の《さまざまな塩度の水に生息できる; opp. *stenohaline*》.

eu·ry·hy·gric /jùərɪháɪgrɪk/ *a* 〔生態〕広湿性の《さまざまな湿度に耐えられる; opp. *stenohygric*》.

euryoky ⇨ EUROKY.

eu·ryph·a·gous /juərífəgəs/ *a* 〔生態〕〈動物が〉広食性の《食物の選択範囲の広い; opp. *stenophagous*》.

eu·ryp·te·rid /juəríptərəd/ *a, n* 〔古生〕広翼類 (Eurypterida) の(動物).

Eu·rys·theus /juərísθiəs, -θjùːs/ 〔ギ神〕エウリュステウス《Perseus の孫; Hera の寵により Mycenae の王となる》.

éury·thèrm *n* 〔生態〕広温性生物《さまざまな温度に耐えられる; opp. *stenotherm*》. ◆ **èury·thérmal** *a* 広温性の.

eu·ryth·mic, -rhyth- /juəríðmɪk/, **-mi·cal** *a* 調和と均斉のとれた;〈音楽・ダンスが〉快いリズムをもった, 律動的な; EURYTHMICS の; EURYTHMY の.

eu·rýth·mics, -rhýth- *n* リトミック, ユーリズミックス《スイスの作曲家 Émile Jaques-Dalcroze の考案したリズム教育法で, 音楽のリズムを体の動きで表現する》.

eu·ryth·my, -rhyth- /juəríðmi/ *n* 律動的運動, 調和のとれた動き; 均斉; オイリュトミー《ドイツの哲学者 Rudolf Steiner が提唱した教育法で, 音楽・ことばのリズムに合わせた身体表現を行なう》.

eu·ry·top·ic /jùərɪtápɪk/ *a* 〔生態〕広(こう)場所性の《単一の[2つ以上の]環境因子の広範な変化に適応しうる; opp. *stenotopic*》. ◆ **eu·ry·to·pic·i·ty** /jùərɪtoupísəti/ *n*

èury·trópic *a* EURYTOPIC.

Eus·den /júːzdən/ ユーズデン **Lawrence** ～ (1688–1730)《英国の詩人; 桂冠詩人 (1718–30)》.

Eu·sé·bi·us of Caesaréa /jusíːbiəs-/ カエサレアのエウセビオス (c. 260–c. 339)《Palestine の神学者・教会史家》.
Eus·ka·ra /júːskərə/ *n* エウシカラ《Basque 語における Basque 語自体の名称》.
eu·sócial *a* 〘動〙〈ミツバチ・アリなど〉完全に社会性の, 真社会性の. ♦ **eu·sociálity** *n* 真社会性.
eu·sol /júːsɔ̀(ː)l, -sòul, -sɑ̀l/ *n* 〘薬〙 ユーソル《外傷の消毒液》.
eu·spo·ran·gi·ate /jùːspərǽnʤiət, -ʤièɪt/ *a* 〘植〙〈シダ植物が〉真嚢胞子嚢をもつ, 真嚢性の: ～ ferns 真嚢シダ類.
Eus·tace /júːstəs/ ユースタス《男子名》. [L<Gk=steadfast; rich in harvest]
eu·stá·chian tùbe /justéɪʃ(i)ən-, -kiən-/ [ºE-] 〘解〙 エウスタキオ管, 欧氏管, 耳管 (=*auditory tube*).
Eu·sta·chio /èustáːkiòu/ エウスタキオ **Bartolommeo** ～ (c. 1520–74)《イタリアの解剖学者; ラテン名 **Eu·sta·chius** /justéɪkiəs, -ʃ(i)əs/》.
eu·sta·sy /júːstəsi/ *n* 〘地理〙 ユースタシー《世界的規模の海面の昇降》. ♦ **eu·stat·ic** /justǽtɪk/ *a* [逆成<G *eustatisch* (EU-, STATIC)]
eu·stele /júːstìːl, justíːli/ *n* 〘植〙 真正中心柱.
eu·style /júːstàɪl/ *n, a* 〘建〙 正柱式(の)《柱間の間隔を柱基部の直径の $2^1/_4$ 位にする柱式》.
eu·taxy /júːtæ̀ksi, ju⌐―/ *n* 整頓, 秩序 (opp. *ataxy*).
eu·tec·tic /jutέktɪk/ 〘化〙 *a* 〈合金・混合物が〉極小融点を有する, 共融の, 共晶の; 共融合金[混合物]の, 共融点の: the ～ temperature [point] 共融[共晶]温度[点]. ► *n* 共融混合物, 共晶; 共融点. [Gk=easily melting]
eu·tec·toid /jutέktɔɪd/ 〘化〙 *a* 共析の〈金属〉; EUTECTIC. ► *n* 共析晶.
Eu·ter·pe /jutə́ːrpi/ 〘ギ神〙 エウテルペー《笛を持ち音楽・抒情詩をつかさどる女神; ムーサたち (nine Muses) の一人》.
Eu·tér·pe·an *a* エウテルペーの; 音楽の.
eu·tha·na·sia /jùːθənéɪʒ(i)ə, -ziə/ *n* 〘医〙 安楽死, 安死[楽死]術 (mercy killing); 安らかな死. ♦ **èu·tha·ná·sic** /-néɪzɪk, -sɪk/ *a* [Gk (*thanatos* death)]
eu·than·a·tize /juθǽnətàɪz/ *vt* EUTHANIZE.
eu·tha·nize* /júːθənàɪz/ *vt* 安楽死させる.
eu·then·ics /juθέnɪks/ *n* 優境学, 生活改善学, 環境優生学. ♦ **eu·thé·nist** /, júːθənɪst/ *n*
eu·the·ri·an /juθíəriən/ *a, n* 〘動〙 真獣類(の)《真獣下綱 (Eutheria) の哺乳動物》.
eu·thýroid *a* 〘医〙 甲状腺機能正常の.
eu·tróphic *a* 〘生態〙〈湖沼・河川が〉富栄養の (cf. MESOTROPHIC, OLIGOTROPHIC).
eu·troph·i·cate /jutrɑ́fəkèɪt/ *vi* 〘生態〙〈湖など〉富栄養化する, 《処理廃水などで》栄養汚染する. ♦ **eu·tròph·i·cá·tion** /, ⌐――⌐―/ *n* 富栄養化, 栄養汚染; 富栄養水.
éu·tro·phied *a* 富栄養化した, 栄養汚染された〈湖・川〉.
eu·tro·phy /júːtrəfi/ *n* 〘医〙 栄養良好, 正常栄養; 〘生態〙《湖沼・河川の》富栄養(型).
eux·e·nite /júːksənàɪt/ *n* 〘鉱〙 ユークセナイト《暗褐色の希土類鉱物》.
Éux·ine Séa /júːksən-, -sàɪn-/ [the] ユークシン海《BLACK SEA の別称》.
eV ºelectron volt(s). **EV** electric vehicle 電気自動車.
Eva /íːvə/ イーヴァ《女子名; 愛称 Evelina, Eveleen, Evie》. [It, Sp, G; ⇨ EVE]
EVA 〘化〙 ethylene vinyl acetate エチレン-酢酸ビニル《エチレンと酢酸ビニルの共重合体》♦ EXTRAVEHICULAR activity.
evac·u·ant /ɪvǽkjuənt/ *a* 空(から)にする; 〘医〙 排泄[瀉下(しゃげ)]促進の. ► *n* 排泄薬, 瀉下薬.
evac·u·ate /ɪvǽkjuèɪt/ *vt* **1** 〈人を〉避難[疎開]させる, 〈軍隊を〉撤退させる 〈*from, to*〉; 〈場所・地域〉から避難する[させる], 撤退する[させる]; 〈家などを〉立ち退く: Police ～*d* the theater. 警察は人びとを劇場から避難させた. **2** 〈容器・腸などを〉空(から)にする; …の空気[ガス, 水など]を抜く; 〈内容物・大便などを〉取り除く, 抜く, 排出する, 排泄する: ～ the bowels 排便する / ～ a vessel *of* air=～ air *from* a vessel 容器を真空にする. ► *vi* 疎開[避難]する; 撤退する; 排泄する, 《特に》排便する. ♦ **-à·tor** *n* **evác·u·à·tive** /; -ətɪv/ *a, n* EVACUANT. [L; ⇨ VACUUM]
evàc·u·á·tion *n* **1** 空(から)にすること, 排出, 排気; 《ことばなどの》空疎化; 排泄, 瀉出, 《特に》排便; 排泄物. **2** 疎開, 避難; 立退き; 〘軍〙 撤退, 撤兵.
evac·u·ee /ɪvæ̀kjuíː, *―⌐―⌐/ *n* 避難者[民], 疎開者 〈*from, to*〉.
evade /ɪvéɪd/ *vi* 巧みに逃げをうつ; 《まれ》逃げる, こっそり立ち去る. ► *vt* (巧みに)避ける, かわす, のがれる, すり抜ける; 〈質問などを〉はぐらかす; 〈義務・支払いなど(の履行)を〉回避する; 〈法律・規則を〉くぐる; 《主に文》〈物・事が〉…の手に負えない; 〈幸福・成功などが〉…からすり抜ける: ～ capture [prosecution] 逮捕[起訴]をのがれる / ～ one's pursuer 追跡者をまく / She ～*d* tell*ing* me. わたしに話すのを避けた / ～ one's duties 自己の義務を回避する / ～ (pay*ing*) taxes 脱税する / The answer ～*d* me. 答が思いつかなかった. ♦ **evád·able** *a* **evád·er** *n* [F<L *e-*(*vas- vado* to go)=to escape]
evag·i·nate /ɪvǽʤənèɪt/ *vt* …の内側を外に出す; 〘医〙 膨出する. ► *vi* 膨出する; めくれ出る. ♦ **evàg·i·ná·tion** *n*
eval·u·ate /ɪvǽljuèɪt/ *vt* 評価する, 値踏みする 〈*as*〉; 〘数〙 …の数値を求める. ► *vi* 評価を行なう. ♦ **evál·u·à·tive** /; -ətɪv/ *a* **-à·tor** *n* [逆成く↓]
eval·u·a·tion /ɪvæ̀ljuéɪʃ(ə)n/ *n* 評価《略 **eval**》. [F; ⇨ VALUE]
Ev·an /έv(ə)n/ エヴァン《男子名》. [Welsh; ⇨ JOHN]
ev·a·nesce /ɛ̀vənέs, ⌐―⌐/ *vi* (次第に)消えうせる, (蒸気のように)消散する, すーっと見えなくなる. [L; ⇨ VANISH]
èv·a·nés·cent *a* (蒸気のように)消えていく; 束(つか)の間の, はかない, 一過性の; きゃしゃな, 繊細な; 《古》小さくなってだんだん見えなくなる, きわめてかすかな. ♦ **～·ly** *adv* **-cence** *n* 消失, 雲散霧消; 消失性.
evan·gel[1] /ɪvǽnʤəl/ *n* **1 a** 福音 (gospel); 《福音のような》吉報, 朗報. **b** [ºE-] 〘聖〙 福音書《新約聖書中の *Matthew, Mark, Luke, John* の四書の一つ》. **2** 《政治などの》基本的指導原理, 要諦. [OF<Gk=good news; ⇨ ANGEL]
evangel[2] *n* 福音伝道者 (=*evangelist*).
evan·gel·ic /ìːvænʤέlɪk, ɛ̀vən-/ *a, n* EVANGELICAL.
èvan·gél·i·cal *a* **1** 福音(書)の, 福音伝道の. **2** [ºE-] 福音主義の《儀式などに依存せず, キリストの贖罪を信じ, 聖書の教え, 説教を重んじることによって得られる救いを強調する立場》; [E-] ドイツ福音主義教会の; [ºE-] 根本主義 (fundamentalism) の; [ºE-] 低教会派の; 新教の. **3** 《みずからの主張に》熱情的な, 戦闘的な, 強引な. ► *n* [E-] 福音主義者, 福音派の人, 福音主義教会の信徒. ♦ **Evangélical·ism** *n* 福音主義. **～·ly** *adv*
Evan·ge·line /ɪvǽnʤəlìːn/ エヴァンジェリーン《女子名》. [Gk=(one) bringing good news]
evan·ge·lism /ɪvǽnʤəlìz(ə)m/ *n* (熱心な)福音伝道; 《主義などのための》伝道者的熱意; 福音主義.
evan·ge·list *n* [ºE-] 福音書記者《Matthew, Mark, Luke, John》; 福音伝道者; 熱烈な唱道者; [E-] 〘モルモン教〙 (大)祝福師 (patriarch).
evan·ge·lis·tic /ɪvæ̀nʤəlístɪk/ *a* 福音書記者の; 福音伝道(者)の, 伝道的な. ♦ **-ti·cal·ly** *adv*
evan·ge·lize /ɪvǽnʤəlàɪz/ *vt* …に福音を説く, 伝道[教化]する. ► *vi* 福音を説く, 伝道する; 熱く主張[宣伝]する, 売り込む 〈*about*〉. ♦ **-lìz·er** *n* **evàn·ge·li·zá·tion** *n*
evan·ish /ɪvǽnɪʃ/ *vi* 《文・詩》消失する, 消滅する, 死ぬ. ♦ **～·ment** *n*
Ev·ans /έvənz/ エヴァンズ (**1**) Sir **Arthur** (**John**) ～ (1851–1941)《英国の考古学者; Knossos 宮殿を発掘した》 (**2**) Dame **Edith** (**Mary**) ～ (1888–1976)《英国の女優》 (**3**) **Herbert McLean** ～ (1882–1971)《米国の解剖学者・発生学者》 (**4**) Sir **Martin J**(**ohn**) ～ (1941–)《英国の遺伝学者; 胚性幹細胞を使用してマウスの特定遺伝子に変異を起こさせる原理を発見した功績によりノーベル生理学医学賞 (2007)》 (**5**) **Mary Ann** ～ 《George ELIOT の本名》 (**6**) **Maurice** (**Herbert**) ～ (1901–89)《英国生まれで米国に帰化した俳優》 (**7**) **Oliver** ～ (1755–1819)《米国の発明家; 高圧蒸気機関・オートメーションの先駆》 (**8**) **Walker** ～ (1903–75)《米国の写真家》. [F=(son) of EVAN]
évans'-ròot *n* 〘植〙 ダイコンソウ属の多年草の一種.
Ev·ans·ton /έv(ə)nstən/ エヴァンストン《Illinois 州 Chicago の北郊の市; Northwestern 大学 (1851) がある》.
Ev·ans·ville /έv(ə)nzvìl/ エヴァンズヴィル《Indiana 州南西部 Ohio 川に臨む市》.
evap. evaporate.
evap·o·rate /ɪvǽp(ə)rèɪt/ *vt* 蒸発させる; 〈果物など〉の水分を抜く, 脱水する; 消散させる; 〘化〙〈金属などを〉蒸着させる; 〘理〙〈核子を〉核蒸発させる. ► *vi* 蒸発する; 水分が抜ける; 消散する, 消えてなくなる. ♦ **evap·o·ra·ble** /ɪvǽp(ə)rəb(ə)l/ *a* 蒸発可能な[しやすい]. **evàp·o·ra·bíl·i·ty** *n* [L=dispersed in VAPOR]
eváp·o·ràt·ed mílk 無糖練乳, エバミルク.
eváp·o·ràt·ing dìsh [**bàsin**] 〘化〙 蒸発皿.
evàp·o·rá·tion *n* 蒸発(作用); 蒸発脱水; 消散, 消失.
eváp·o·rà·tive /; -pərə-/ *a* 蒸発の[を起こす, による]. ♦ **～·ly** *adv* **evàp·o·ra·tív·i·ty** /-pərə-/ *n* 蒸発性; 蒸発度[率].
eváp·o·rà·tor *n* 蒸発作業の作業員; 蒸発器, 蒸発装置; 《陶器の》蒸発乾燥がま.
evap·o·rim·e·ter /ɪvæ̀pərímətər/, **-róm-** /-rɑ́m-/ *n* 蒸発計 (atmometer).
evap·o·rite /ɪvǽpəràɪt/ *n* 〘地質〙 蒸発(残留)岩. ♦ **evàp·o·rít·ic** /-rít-/ *a*
evapo·transpirátion /ɪvæ̀pou-/ 〘気〙 *n* 蒸発散; 蒸発散量《地球から大気に還元される水分の総量》. ♦ **evàpo·transpíre** *vt* 蒸発散させる.
eva·sion /ɪvéɪʒ(ə)n/ *n* 《責任・義務などの》回避, 《法律の》くぐり抜け, 《特に》脱税; 《質問に対する答弁などの》言い紛らし, はぐらかし; 言い抜け, 逃げ口上; 脱出(の手段): take shelter *in* ~*s* 逃げ口上を使って逃げる. ◆ **~·al** *a* [OF<L; ⇨ EVADE]

eva·sive /ɪvéɪsɪv/ *a* 回避的な; 捕捉[理解]しがたい; 言い抜けようとする[はぐらかそう]とする: an ~ answer 回避(的)[あたりさわりのない]答弁 / be ~ *about* how to do it そのやり方についてことばを濁す[明言しない]. ◆ **~·ly** *adv* **~·ness** *n*

evásive áction 《危険・衝突・面倒などからの》回避行動, 予防策: take ~.

Ev·att /évət/ エヴァット **Herbert Vere** ~ (1894–1965)《オーストラリアの法律家・政治家》.

eve /íːv/ *n* **1** [°E-] 《祭日などの》前夜, 前日; 《重要な事件・行事などの》直前, '前夜': Nelson died *on* the ~ *of* victory. 勝利の直前に死んだ. **2** 《古・詩》晩, 夕べ (evening). [ME EVEN²; -*n* の消失は cf. MAID]

Eve **1 a** イヴ《女子名; 愛称 Evie》. **b** 〖聖〗エバ, イブ《ADAM の妻; 神が創造した最初の女; *Gen* 3: 20》. **2** [e-] *《俗》《主翼の》リブ (rib). ● **a daughter of ~** 《エバの弱点を受け継いで, 好奇心の強い》女. [OE *Ēfe*<L<Heb=life, living]

evec·tion /ɪvékʃ(ə)n/ *n* 〖天〗出差《太陽の引力による月の運行の周期的不等》. ◆ **~·al** *a*

Ev·e·leen /évəliːn; íːvliːn/ エヴェリーン, イーヴリーン《女子名; Eva の愛称》.

Ev·e·li·na /èvəláɪnə, -líː-; -líː-/ **1** エヴェライナ, エヴェリーナ《女子名》. **2** エヴェリーナ《Fanny Burney の同名の小説 (1778) の主人公で, 社交界に出ていく女性》. [It (dim)‹ EVE]

Eve·line /évəlàɪn, -liːn; íːvlɪn/ エヴェライン, エヴェリーン, イーヴリン《女子名》. [EVELYN]

Eve·lyn /év(ə)lən; íːv-/ **1** エヴェリン, イーヴェリン《女子名; 男子名》. **2** イーヴリン **John** ~ (1620–1706)《イングランドの日記作家》. [OF<Gmc (dim)‹ EVE]

even¹ /íːv(ə)n/ *a* (**~·er**; **~·est**) **1 a** 〈面が〉平らな, 平坦な (flat, level); なめらかな (smooth); 水平の; 〈…と〉平行した, 同一平面の 〈*with* the ground〉: on an ~ KEEL¹. **b** むらのない, 一様な; 〈動作が〉規則正しい (regular), 整然とした; 単調平凡な (monotonous): an ~ color むらのない色 / His work is not ~. 彼の仕事にはむらがある / ~ breathing 規則正しい息づかい / an ~ tempo 一様なテンポ / have ~ teeth 歯並びがいい. **c** 〈心・気質が〉むらがない, 平静な (calm); 《廃》〈ことばなど〉率直な, 単刀直入の: an ~ temper 穏やかな気質. **2** 同等の (equal), 同一の (identical); 釣合いのとれた, 対等の, 五分五分の, 互角の; 同点の; 〈裁きなどが〉公平な (fair): on ~ ground 対等(の立場)で / an ~ match 互角の相手(同士) / The chances [odds] are ~. チャンス[勝ち味など]は五分五分だ / This makes us ~. これで同点[タイ]だ; これで貸し借りなし[あいこ] / an ~ bargain (損得なしの)公平な取引. **3** 偶数の (opp. *odd*); 〖数〗〈関数が〉偶の; 端数のない, ちょうどの: an ~ number 偶数 / ~ pages 偶数ページ / an ~ hundred ちょうど 100. ● **be [get] ~ with** sb 人に仕返しをする; *人に対して借りがない[を返す]: Don't get mad, *get* ~. 《口》やられて怒るよりやり返せ, 怒り見せるな目にもの見せろ(「むだに腹を立てているひまがあったらうまい計画を立てて仕返しをしてやれ」の意; Kennedy 大統領の父で富豪の Joseph Patrick Kennedy のことば). BREAK¹ **~. of ~ date** 〖法・商〗同一日付の〈手紙など〉.

► *vt* 平らにする, ならす 〈*off*〉; 平等[同等]にする; 平衡させる; 《古》同等[互角]に扱う. ► *vi* 同等になる, 〈勝敗の見込みが〉五分五分である[となる]. ● **be ~ed out** *《俗》正常に戻る, 平静[健康]を回復する, まともになる, 正気である. **~ out** (*vi*) 〈道路などが〉平らになる; 〈物価など〉一様になる, 安定する; 均等になる; 〈脈搏など〉規則的になる. (*vt*) 〈道などを〉平らにする, ならす; 〈物価など〉一様にする, 安定させる; 〈負担など〉均等[公平]にする. **~ up** (*vt*) 等しく[一様に]する; そろえる; …の差をなくする, 五分五分[互角]にする; 〈合計額など〉の端数を切り上げる[切り捨てる]: ~ things *up* 《試合などで》互角[五分五分]になる, 並ぶ; 貸し借りなどをなくす. (*vi*) 等しく[一様に]なる; 清算する, 負債を払う. **~ up on [with]** sb *《口》人に(好意などの)お返しをする (requite); 人に仕返しする, 報復する.

► *adv* **1 a** [名詞・代名詞をも修飾し, 話し手の主観的な気持を強めて] …(で)さえ, …(で)すら, …までも: He disputes ~ the facts. (推論だけでなく)事実までもとやかく言う / *E~* a child [she] can answer it. 子供[彼女]だって答えられる / I never ~ opened the letter. 手紙を(読むどころか)開けもしなかった. **b** [比較級を強めて] いっそう (still): This book is ~ *better* than that. この本はあの本よりもっとよい. **c** 実のところ, …でさえ (indeed): He was well-off, ~ rich. 彼はかなり, いや, 本当に富裕であった / It will be difficult, impossible ~. 困難であろう, 不可能といってもいいくらいである. **d** …にもかかわらず (in spite of): *E~* with his head start, I soon overtook him. 先行させたもののすぐに追いついた. **2 a** [同時性などを強めて] まさに, ちょうど (just): *E~ as* he was speaking a shot rang out. 話している折しも一発鳴った / It happened ~ *as* I expected. 《古》まさに予期したとおりに起こった. **b** ずっと, 全く (fully): He was in good spirits ~ to his death. 死ぬまでずっと意気盛んであった. **c** 《古》すなわち (that is): This is Our Master, ~ Christ. これわれらの主, すなわちキリストなり. **3 a** 平らに; 一様に: The road ran ~. 道が平らに延びていた / The motor runs ~. モーターがなめらかに回る. **b** 互角に (evenly): The two horses ran ~. 負けず劣らず走った. ● **~ if**… たとえ…でも[だとしても]. **~ now** 今でさえ, 今でも; それでも; 今まさに: *E~ now* it's not too late. 今でもおそくはない. **~ so** (1) たとえそうでも: He has some faults; ~ *so* he is a good man. 欠点はあるが, たとえそうだとしても善人だ. (2) 《古》全くそのとおり(に) (quite so). **~ then** その時でさえ; それでさえ, それでも; ちょうどその時. **~ though**… (1) …であるのに[ではあるが] (although). (2) EVEN if. **Not ~!** *《俗》まさか, ばかな, 全然.

◆ **~·ness** *n* **~·er** *n* [OE *efen*; cf. G *eben*]

even² *n* 《古・詩・方》EVENING; 《古》前夜, 前日 (eve). [OE *ǣfen*; cf. G *Abend*]

événe·ment /*F* evɛnmɑ̃/ *n* 事件, 《特に》社会的・政治的大事件.

éven·fàll *n* 《詩》夕暮れ, たそがれ, 薄暮.

éven fúnction 〖数〗偶関数《$f(x)=f(-x)$ となる関数; cf. ODD FUNCTION》.

éven·hánd·ed *a* 公平な (fair), 公明正大な (impartial): ~ justice 公平な裁き. ◆ **~·ly** *adv* **~·ness** *n*

eve·ning /íːvnɪŋ/ *n* 夕暮れ, 晩《日没から就寝時まで》; …の夕べ (soiree); 《米南部・英方》午後《正午から日没まで》; [*fig*] 晩年, 末路, 衰退期 〈*of* life, one's days, one's glory〉: a charity ~ 慈善の夕べ / ~ by ~ 夜な夜な / GOOD EVENING / of an ~ 《やや古》よく夕方に / the next [following] ~ 翌晩 / this [yesterday, tomorrow] ~ 今[昨, 明]晩 / toward ~ 夕方近くに / early [late] in the ~ 夕方早く[おそく]《このほうが in the early [late] ~ よりも普通》/ on the ~ of the 3rd 3 日の夕方に. ● **make an ~ of it** 一晩愉快に過ごす, 飲み明かす. [OE *ǣfnung* (gerundive)‹ *ǣfnian*; ⇨ EVEN²]

évening clàss 《普通 成人を対象とする》夜間クラス, 夜間授業.

évening clòthes *pl* EVENING DRESS.

évening drèss 夜会服; EVENING GOWN.

évening·er *n* 《インド》EVENING PAPER.

évening gòwn 《婦人用》夜会服《ゆるやかで長い》.

évening grósbeak 〖鳥〗キビタイシメ, タソガレシメ (=*sugarbird*)《北米産》.

évening páper 夕刊(紙).

évening práyer [°E- P-] 晩禱, 夕べの祈り (EVENSONG).

évening prímrose 〖植〗マツヨイグサ《種子から得る油には薬効があるといわれる》, 《特に》メマツヨイグサ《北米原産; アカバナ科》.

évening-prímrose fàmily 〖植〗アカバナ科 (Onagraceae).

éve·nings* *adv* 夜は(いつも[たいてい]), 毎夜. [-*es*¹]

évening schòol 夜学校 (night school).

Évening Stándard [The]『イヴニング・スタンダード』《London の夕刊紙》.

évening stár 宵の明星《日没後西方に見える明るい惑星, 特に金星; cf. MORNING STAR》.

éven-kèeled *a* 安定した, 落ちついた, 冷静沈着な.

Even·ki /ɪvénki, ɪwéŋ-/ *n* **a** (*pl* ~, ~**s**) エヴェンキ族《シベリア東部およびモンゴル北部と中国北東部に散在する民族; かつては Tungus の名で知られた》. **b** エヴェンキ語《Tungusic 諸語の一つ》.

éven·ly *adv* 平らに, 平坦に; 平等に, 均等に; 公平に; 対等に, 互角に; 一様に, 均一に; 等間隔に; 平静に.

éven-mínd·ed *a* 心の平らかな, 平静な. ◆ **~·ness** *n*

éven móney 同額[対等]の賭け金; 賭け金と同額の配当金《払戻金は倍額》; 《口》五分五分の確率.

éven ódds *pl* 五分五分の賭け率[見込み]: It's ~ that he'll be late. 遅刻の見込みは五分五分だ.

éven permutátion 〖数〗偶順列; 〖数〗偶置換.

evensᴵᴵ /íːv(ə)nz/ *adv*, *a* 《賭けで》平等に[の], 均等に[の], 同額配当で[の]. ► *n* [〈*sg*〉] EVEN MONEY.

éven·sòng *n* **1** [°E-] **a** 〖英国教〗晩禱(ばんとう), 夕べの祈り (=*evening prayer*)《Morning Prayer と共に毎日行なう夕べの祈りで, カトリックの vespers (晩課) に相当》. **b** 〖カト〗晩課 (VESPERS). **2** 《古》祈りの時刻, 夕暮れ.

éven-stéven(s), éven stéphen *a*, *adv* [°e- S-] 《口》五分五分の[に], 等分の[に], 対等な[に], 互角で[に]: it is ~ 状況は五分五分だ.

event /ɪvént/ *n* **1 a** 《特に 重大事の》発生; できごと, (偶発)事件 (incident); 大事件; 行事, イベント; 《原子炉・発電所などの》事故, 故障; 〖医〗発病[発症, 発生](事例): It was quite an ~. それはなかなか大事件[大騒ぎ]だった / the ten chief ~*s* of last year 去年の十大事件 / Coming ~*s* cast their shadows before. 《諺》事が起ころうとする時にはその前兆があるもの, '桐一葉落ちて天下の秋を知る' / a double ~ 併発事件; 二番勝負. **b** 〖数〗事象; 〖理〗事象; 〖電算〗イベント. **2** [°the] 成り行き (result); 結果 (outcome); 訴訟の結果, 判決: Fools are wise [It is easy to be wise] after the ~. 《諺》げすのあと知恵. **3** 〖競技〗種目, 《番組の中の》一番, 一試合, ひと勝負 (item): a main ~ 主要な勝負[競技] / a sporting ~ スポーツ競技[種目] / make an ~ of her marriage 結婚するか否かで賭けをする. ● **at all ~s** いずれにしても, とにかく. **in any ~** とにかく, 少なくとも. **in either ~** いずれにしても. **in that ~** その場合には. **in the ~** ᴵᴵ結局, ついに, 結果的には (finally). **in the ~ of [that…]** (万一)…の場合には (in case of). [L=outcome (*vent- venio* to come)]

E

evént-dríven *a*〘電算〙イベント駆動型の《プログラムなどが, ふだんは空転していて, マウスやキーからの入力があったときにそれに応じた処理をする》.
éven-témpered *a* 心の平静な, 冷静な, ものに動じない.
evént·er *n* 馬術競技会 (eventing) に出場する馬[人].
evént·ful *a* できごと[波乱]の多い, 多事な; 重大な: an ~ affair 重大事件. ♦ **~·ly** *adv* **~·ness** *n*
evént horìzon〘天〙事象の地平線[面]《ブラックホールの外縁》.
éven·tìde *n*《古・詩》夕まぐれ.
éventide hòmeᴵᴵ《もと救世軍運営の》老人ホーム.
evént·ingᴵᴵ *n*〘馬術〙THREE-DAY EVENTING.
evént·less *a* 事件のない, 平穏な. ♦ **~·ness** *n*
evént màrketing イベントマーケティング《コンサートや競技会主催を通じた企業の PR 活動・販売促進》.
even·tra·tion /ìːvèntréɪʃ(ə)n/ *n*〘医〙内臓脱出(症), 内臓突出(症)《腸・胃などの消化器官が腹壁から突出すること》. [F (*e-, ventre* belly)]
evént trèe《装置・系統の》事故[故障]結果予想系統図 (cf. FAULT TREE).
even·tu·al /ɪvénʧuəl/ *a* 結果として[いつか]来たるべき, 最後の;《古》条件しだいであるいは起こりうる. [*actual* の類推で *event* より]
even·tu·al·i·ty /ɪvènʧuǽləti/ *n* 不測の事態, 万一の場合; 究極, 結末.
evéntual·ly *adv* 結局, ついに.
even·tu·ate /ɪvénʧuèɪt/ *vi* **1** 結局…に終わる, …の結果になる: ~ *in* a failure 失敗に終わる / ~ well [ill] 好結果[不首尾]に終わる. **2** 起こる, 生じる 〈*from*〉. ♦ **evèn·tu·á·tion** *n* [*actuate* の類推で *event* より]
ev·er /évər/ *adv*《すること・起こることの有無をいう不定副詞で, ものの有無をいう不定代名詞 ANY に対応する》**1** いつか, かつて, これまでに (at any time). **a** [否定]: not…~ 決して…ない (=never) / *Nothing* ~ happened in his absence. 彼の不在中何事も起こらなかった. **b** [疑問・条件]: Is he ~ at home? 在宅することがあるか / Have you ~ seen [Did you ~ see] a koala? コアラを見たことがあるか / Did you ~ see him while you were in Boston? ボストン滞在中彼に会ったか / if you (should) ~ come this way… もしこちらへおいでになることがあるなら… / If I ~ catch him! 彼を捕えようものなら(ただではおかないぞ)! **2** [肯定]《古・詩・文》いつも, 常に, 始終; 絶えず(繰り返して) (repeatedly): He repeated ~ the same words. いつも同じことばを繰り返した / one life is all we ~ get 人生はたった一度だけ / work as hard as ~ 相変わらず懸命に仕事をする / work harder than ~ ますます仕事をする / ~ after(ward) その後常に (⇨ HAPPILY) / ~ SINCE. ★ (1) 以上のような句以外は今は ALWAYS のほうが普通. (2) 分詞などと結んで用いられる: *ever*-recurring, *ever*-present. **3** [強意語] **a** [as…as, 最上級などを強めて]: He is *as* great a poet that [*as*] ~ lived. 古来彼以上の詩人はない / *as* much [little] *as* ~ I can できるだけ多く[少なく] / He is the *greatest* poet that ~ lived in England. 英国第一の詩人 / the *nicest* (man) ~ (=that ~ was) いちばん親切な人 / his *first* [*last*, *only*] victory ~ at Wimbledon. **b** [疑問詞を強めて] いったい: *What* ~ is the matter? 一体全体どうしたのだ / *Who* ~ can it be? いったいだれだろう / *Why* ~ did you not say so? いったいなぜそう言わなかったのだ / *Which* ~ way did he go? いったいどっちの方へ行ったのか. **c** *[倒置の感嘆文で]《口》とても, すごく: Was she ~ proud of it! それを彼女がいばることといったら! (大変なもの) / Can he ~ *do*… よくまあ…できるもんだ, …するのしないのって.
● **as ~** あいかわらず; 例のとおり. **as ~ is [was]**《俗》実に, 全く. **Did you ~!**《口》これは実に驚いた, まさか! (Did you ~ see [hear] the like?). **~ and again [anon]**《古》折々, 時々. **~ more**《文》《時が経つにつれて》ますます, さらに. **~ so** (=never so《古》) どんなに, いくらでも (to any extent); ᴵᴵ《口》非常に (very); ᴵᴵ《俗》大変に (very much): if I were ~ *so* rich どれほど金持でも / Home is home, be it ~ *so* humble (=however humble it may be). どんなに貧しくてもわが家にまさる所はない / I like it ~ *so* much. 大好きだ / That is ~ *so* much better. そのほうがずっといい / Thanks ~ *so*. どうもどうも. **~ such** ᴵᴵ《口》とても…な, 大変な: ~ *such* nice neighbors 実に実にすばらしい隣人たち / ~ *such* a storm ほんとに大変なあらし. **for ~** (=forever)=**for ~ and ~**=**for ~ and a day** 永久に (eternally); いつも (always), 絶えず (constantly);《口》とても長い間. **hardly [scarcely] ~** ほとんど…ない (almost never): He *hardly* ~ smiles. めったに笑わない. **never ~**《口》NEVER. SELDOM **if ~**. **Yours ~**=**E~ yours**《手紙の結句》いつもあなたの親友である〈だれそれ〉《親しい間で用いる; ⇨ YOURS》.
[OE *ǣfre*<?]
Everage ⇨ EDNA EVERAGE.
Ev·e·rard /év(ə)rɑ̀ːrd/ エヴェラード《男子名》. [Gmc=boar+hard]
èver·béar·ing *a*〘植〙EVERBLOOMING, 四季なり性の.
èver·blóom·ing *a*〘植〙生育シーズン中咲き続ける, 四季咲きの (opp. *seasonal*).
èver·dúring *a*《古》EVERLASTING.
Ev·er·est /év(ə)rəst/ **1** [Mount] エヴェレスト山《ヒマラヤ山脈中の世界の最高峰 (8848 m); チベット語名 Chomolungma》. **2** [*fig*] 最高の到達点[目標].
Ev·er·ett /év(ə)rət/ **1** エヴェレット《男子名》. **2** エヴェレット **Edward** ~ (1794–1865)《米国の聖職者・弁論家・政治家》. [⇨ EVERARD]
ev·er·glade /évərglèɪd/ *n* **1** [ᵁ*pl*] 低湿地, エヴァグレーズ《通例 丈の高いスゲの類の草が点在し, 季節によっては水面下に没する》. **2** [the E-s] エヴァグレーズ《Florida 州南部の大湿地帯; 南西部は国立公園 (**É~s National Párk**) をなす》.
éverglade(s) kìte [ᵒE-]〘鳥〙タニシトビ《南米から Florida にかけて分布》.
Éverglade Stàte [the] エヴァグレード州《Florida 州の俗称》.
éver·grèen *a* 常緑(性)の (opp. *deciduous*); 常に新鮮な, 不朽の〈作品〉. ► *n* 常緑植物,《特に》常緑樹《特に 松柏類》; [*pl*] ときわ木の小枝《装飾用》; いつでも新鮮なもの, 不朽の作品《名作・名画・名曲など》.
évergreen magnólia〘植〙タイサンボク (=*bat tree, bull bay*).
évergreen óak〘植〙常緑オーク《葉が 2 年間落ちないので常緑にみえるトキワガシなど》.
Évergreen Stàte [the] 常緑州《Washington 州の俗称》.
èver·lást·ing *a* **1** 永久不変の, 不朽の; 永続性の, 耐久性の (durable): ~ fame. **2** 果てしない, 退屈な, うんざりする (tiresome): ~ jokes のべつ幕なしの冗談. ► *n* **1** 永久, 永遠 (eternity); [the E-] 永遠なるもの《神》: for ~ 未来永劫に / from ~ 永遠の昔から. **2 a**〘植〙EVERLASTING FLOWER. **b** エバーラスチング《丈夫で緻密な毛織・綿毛織で, ゲートル・靴表地用》. ♦ **~·ly** *adv* **~·ness** *n*
everlásting flówer〘植〙永久花《乾燥してももとの形や色が長く変わらない花をつけるムギワラギク・ローダンセなど》.
everlásting péa〘植〙レンリソウ《マメ科レンリソウ属の多年草の総称; 紫の花は装飾用》,《特に》ヒロハノレンリソウ《欧州原産》.
èver-lóving《俗》*a* すごい, ひどい, いまいましい, むかつく《mother-loving (=motherfucking) の偽装表現》. ► *n* かみさん, だんな, 彼女, 彼氏.
èver·móre *adv* 常に, いつも; とこしえに, 永久に;《古・詩》将来は. ● **for ~** 永久に; 常に (=*forevermore*).
ever·sion /ɪvə́ːrʒ(ə)n, -ʃ(ə)n; -ʃ(ə)n, -ʒ(ə)n/ *n*〘医〙《まぶたなどの》外転,《器官の》外翻,《足の》回外. ♦ **evér·si·ble** /-səb(ə)l/ *a*
evert /ɪvə́ːrt/ *vt* 〈まぶたなどを〉外にめくり返す, 裏返す; 〈器官を〉外翻させる;《古》〈政府・学説などを〉覆す. [L]
Evert /évərt/ エヴァート **Chris(tine Marie)** ~ **(Lloyd)** (1954–)《米国の女子テニス選手》.
evér·tor *n*〘解〙外転筋.
ev·ery /évri/ *a* **1 a** ことごとくの, 一つ残らずの, あらゆる, いずれも皆 (each of all): *E~* word of it is false. 一語一語ことごとく偽りだ / ~ day [week, year] 毎日[週, 年] / ~ day [week, year] or two 一二日[週, 年]ごとに / ~ moment [minute] 刻々 / I expect him ~ minute. 今か今かと待っている / ~ *other*… その他すべての… / (He was absent;) ~ *other* boy was (=all the other boys were) present. 他の者は残らず出席. ★ 単数構文をとるが, 多くのものにつき個々にみてこれを総括するもので, 従って all, each よりも強い. **b** [抽象名詞に付けて] あらゆる, 全くの (all possible): He was given ~ assistance. あらゆる援助を与えられた (=He was assisted in ~ way.) / He showed me ~ kindness. 彼は親切の限りを尽くしてくれた / I have ~ reason to do so. そうする理由が十分ある (cf. SOME *reason*) / I have ~ confidence in him. 彼に全幅の信頼を寄せている. **2** [not を伴って部分否定] ことごとく…とは限らない: *E~* man can*not* be an artist.=*Not* ~ man can be an artist. だれでも芸術家になれるとは限らない. **3** [序数, 基数, other, few と用いて] 毎…, …ごとに (each): ~ *other* [*second*]… 一つおきの…; (およそ)半数の…, [*fig*] 多数の… / ~ *other* [*second*] day 一日おきに / on ~ *other* line 1 行おきに / *E~ third* person in this country has a car. この国では 3 人に 1 人は車を持っている / He comes ~ *few* days. 数日おきに来る. ● **at ~ step** 一歩ごとに, 絶えず. **~ bit** どの点からみても, 全く: You were ~ *bit* as nice as your father. **~ bit of…**=**~ single [last] bit of…** すべての…. **~ man Jack** ⇨ JACK[1] *n* 2 a. **(~) mother's son (of you [them])**《口》[強意] 一人残らず, だれもかれも (everybody). **~** NOW **and then [again]**. **~ once in a while [way**ᴵᴵ**]**=**~ so often** 時々, 折々. **~ one (1)** /–́ –̀/ すべての人, だれもかれも (everybody). **(2)** /–́ –́/ どれもこれもことごとく (each): They were killed ~ *one* of them. 一人残らず殺された. **~ single [last] (one of)**…《一団の中で》最後の…までも, だれもかれも皆, どれもこれもことごとく《every one の強調形》. **~ thing** [thing に強勢を置いて] あらゆるもの: *E~ thing* that he touched turned gold. 彼の手が触れたものはことごとく黄金と化した. **~ time** [〈*conj*〉] 〈…する〉たびごとに (whenever);《口》例外なく, 早速. **~ time** one **turns around**《口》しょっちゅう. **~ which way** *《口》四方八方に; 散乱して, 無秩序に, 雑然と (in disorder); ありとあらゆる方法で. **(in) ~ way** あらゆる方法を尽くして; どの方面[点]でも; 全く (quite). [OE *ǣfre ǣlc* EVER EACH]
ev·ery·body /évribɑ̀di, *-bʌ̀di/ *pron* 各人が[皆が]皆, だれでも

(皆), 万人: Not ~ can do it. だれでもできるとは限らない (cf. EVERY 2) / In this class ~ knows ~ else. このクラスではだれも皆知り合いだ. ★(1) 文法的には単数であるから単数代名詞で受けるが, 口語では複数代名詞で一致することもある: *E~* [Everyone] has the right to speak *his* [*their*] mind. (2) ⇨ SOMEBODY. **● ~ and his uncle** *《口》だれでもかれでも.

évery·dày *a* 毎日の, 日々の (daily); 日常(用)の, 平常(用)の, いつもの (usual); ありふれた, 平凡な (commonplace): an ~ occurrence [matter] 珍しくないできごと[事柄] / ~ affairs 日常の(些細な)事 / ~ clothes [wear] ふだん着 (cf. SUNDAY CLOTHES) / ~ English 日常英語 / ~ words 常用語 / the ~ world 実世間, 浮世. **♦ ~·ness** *n* ふだんの状態, 日常性.

évery·màn *pron* EVERYBODY. ► *n* [E-] エヴリマン《15 世紀イングランドの道徳劇の中の人物》; [°E-] 通常人, ただの人: Mr. ~ 平凡人.

évery·òne /, -wən/ *pron* EVERYBODY (cf. SOMEONE, EVERY one (成句)).

évery·plàce* *adv* 《口》 EVERYWHERE.

évery·thìng *pron* 何でもみな, なにもかもことごとく, 万事: ~ good あらゆるよいもの / Is that ~? それですべてでしょうか, 以上でよろしいですか《店員が客に尋ねる表現》/ I will do ~ in my power to assist you. 力の及ぶかぎりの事は何でもいたします / *E~* has its drawback. 欠点のないものはない / We must know ~ about something and something about ~. 専門知識と一般常識が必要 / Now I've seen [heard] ~. [°*iron*] これはたまげた, すごいもんだ, もう何を見ても[聞いても]驚かないぞ. ► *n* [補語に用いて] (大切なものの)すべて: You are [mean] ~ to me. きみがすべてだ / Money is ~. 万事は金(しだい)だ / Money is not ~. 金がすべてではない (cf. EVERY 2). **● and ~** 《口》その他もろもろ[あれこれ]. **before ~ (else)** 何はさておき, なによりも. LIKE² **~.**

évery-wày *adv* あらゆる点[面]で.

évery·whère *adv* **1** どこでも, どこにも, いたるところ; 《口》いたるところで[に]: look ~ for it それを見つけるためあらゆる所を捜す. **2** [譲歩の副詞節を導いて] WHEREVER: *E~* we go, people are much the same. どこへ行っても人にそう変わりはない.

évery·wòman *n* [°E-] 典型的な女性, 女性らしい女性《道徳劇の EVERYMAN にならってつくられた語》.

Eve·sham /íːvʃəm/ イーヴシャム《イングランド中西部 Birmingham の南, Avon 川に望む町; 1265 年 Henry 3 世の子 Edward が Simon de Montfort を破った地; 果樹栽培の盛んなイーヴシャムの谷 (the **Vále of ~**) にある》.

Éve's púdding" イブのプディング《スライスなどにしたリンゴを敷いて焼いたスポンジプディング》.

evg evening.

Évian(-les-Bains) /*F* evjɑ̃(lebɛ̃)/ エヴィアン(-レ-バン)《フランス東部 Haute-Savoie 県の町; スイス国境の Leman 湖に面する保養地》.

Evián wàter /eɪvjɑ́-/ エヴィアン水《フランス Évian-les-Bains 産のアルカリ性鉱泉水》.

evict /ɪvíkt/ *vt* 〈借地人・借家人を〉《法的手続きによって》追い立てる; 〈土地・物権を〉《法的手続きによって》取り戻す; 《一般に》追い出す: ~ sb *from* land [a house] 人を土地[家]から立ち退かせる / ~ the property *of* [*from*] sb 人から所有権を取り戻す / ~ the enemy *from* the village 村から敵を追い払う. **♦ evíc·tion** *n* 追い立て, 占有剥奪. **evíc·tor** *n* [L *Evict- -vinco* to conquer]

evict·ee /ɪvìktíː, *ー ー ´ー/ *n* 追い立てられた人, 占有被剥奪者.

evíction òrder 立退き命令, 占有剥奪命令.

ev·i·dence /ɛ́vəd(ə)ns, *-dɛ̀ns/ *n* **1 a** 《真偽を》明らかにするもの, 証拠 〈*of, for, that*〉; 〖法〗証拠 (⇨ CIRCUMSTANTIAL [DIRECT, HEARSAY] EVIDENCE): Is there any ~ *of* [*for*] this? これにはなにか証拠がありますか / hard ~ *of* her involvement [*that* she is involved] 彼女が関与しているという確証 / VERBAL ~ / give ~ at the trial 公判で証言する / MORAL EVIDENCE. **b** 〖神学〗明証, 直証: the *E~s* of Christianity 証験論. **2** 〖法〗証人; KING'S [QUEEN'S, STATE'S] EVIDENCE: take ~ 証人調べをする. **3** しるし, 徴候, 形跡 (sign) 〈*of, for, that*〉: give [bear, show] ~*(s) of*…の形跡がある / give no ~ *of*…の形跡がない. **4** [ᵘthe] *《俗》酒 (liquor), '証拠物件'《証拠は '隠滅すべき' [飲むべき]ものであることから》. **● in ~** 目立つ, はっきりと見える[感じられる]; 証拠[証人]として: Children were not much *in* ~. 子供はあまり見かけなかった / He produced it *in* ~. 証拠としてそれを提出した / call sb *in* ~ 人を証人として召喚する. **on ~** 証拠に基づいて: *on* no ~ 証拠がなくて. ► *vt* [ᵘ*pass*] (証拠によって)証明する; 明示する; …の証拠[証人]となる: as ~*d* by…によって明らかなように.

ev·i·dent /ɛ́vəd(ə)nt, *-dɛ̀nt/ *a* 明白な, 明らかな (plain); はっきり(それと)わかる; 〖医〗顕性の: with ~ satisfaction [pride] さも[いかにも]満足そう[誇らしげ]に. **♦ ~·ness** *n* [OF<L (*video* to see)]

ev·i·den·tial /ɛ̀vədɛ́nʃ(ə)l/ *a* 証拠の; 証拠となる; 証拠に基づいた. **♦ ~·ly** *adv* 証拠として[によって]. **èv·i·dèn·ti·ál·i·ty** /-ʃiǽləti/ *n*

ev·i·den·tia·ry /ɛ̀vədɛ́nʃ(ə)ri, *-ʃièri/ *a* EVIDENTIAL.

évident·ly *adv* **1** 明らかに, 明白に, 疑いなく. **2** /, *ー ー ´ー ー/ 見たところ(では), どうやら…らしい.

Evie /íːvi/ イーヴィ《女子名; Eva, Eve の愛称》.

evil /íːv(ə)l/ *a* (**more ~, most ~; évil·(l)er, évil(l)est**) **1** 悪い (bad), 邪悪な, 凶悪な (wicked): an ~ countenance 悪相 / ~ devices 悪だくみ / an ~ life 邪悪な生活 / an ~ tongue 毒舌; 中傷者 / of ~ repute 評判のよくない. **2** 縁起の悪い, 不吉な, 凶の: ~ news 凶報. **3** いやな, 不快な; 有害な; 《古》質の悪い: an ~ smell [taste] いやな匂い[味]. **4** *《俗》幻滅した, がっかりした; *《俗》怒った; 《俗》すばらしい, ぞくぞくさせる, しびれるような; *《俗》意地悪な, 陰険な, 辛辣な. **● fall on ~ days** 不運にぶつかる. **in an ~ hour [day]** 運悪く, 不幸にも. **postpone [put off] the ~ day [hour]** いやなことを先に延ばす. ► *n* **1** 悪, 不善, 邪悪 (wickedness); 罪悪 (sin); 悪事, 悪行; 害悪, 悪弊, 弊害: good and ~ 善悪 / do ~ 悪事をはたらく / return good for ~ 善をもって悪に報いる / the social ~ 社会悪, 売春 / the lesser of several ~*s* 諸悪の中でましなほう / Hear no ~, see no ~, speak no ~. 《諺》(悪い事は)見ざる, 聞かざる, 言わざる / War is an ~. 戦争は罪悪だ / The ~ that men do lives after them. 人のする悪事はいつまでも記憶に残る, 人の悪事は死後まで影響を残す《Shak., *Caesar* 3.2.75》/ *E~* be to him who evil thinks. 悪く思う者に災いあれ《このフランス語形 Honi soit qui mal y pense が Garter 勲章の銘》. **2** 災い, 災害 (disaster); 不運, 不幸 (ill luck); 悪疾, 《特に》瘰癧(るいれき) (the king's evil). ► *adv* 《古》悪く (ill): It went ~ *with* him. 彼はひどいめにあった / ~ entreat 〖聖〗虐待する《*Exod* 5: 22》/ speak ~ of…の悪口を言う. **♦ ~·ness** *n* 悪, 不善, 邪悪. [OE *yfel*; cf. G *Übel*]

èvil·dó·er /, ー ー ´ー ー/ *n* 悪事を行なう者, 悪人. **♦ èvil·dó·ing** /, ー ー ´ー ー/ *n* 悪事, 悪行.

évil éye [the] 悪意のこもった目つき; 凶眼(をもつ人)《その視線に触れると災難が来るという; cf. SINGLE eye》; [the] 凶眼の魔力, 不幸: give sb ~ 憎らしげに相手をにらむ. **♦ évil-éyed** *a*

evil·ly /íːv(ə)l(l)i; íːv(ə)li/ *adv* 邪悪に (wickedly), 意地悪く: be ~ disposed 悪意をもっている.

évil-mínd·ed *a* 悪心のある, 肚黒い; 意地悪な; 《ことばを》悪意にとる; 《口》[*joc*] 好色の, わいせつな. **♦ ~·ly** *adv* **~·ness** *n*

Évil Òne [the] 悪魔王 (Devil, Satan).

évil-témpered *a* 不機嫌な.

evince /ɪvíns/ *vt* 明示する, 示す, 証明する; 〈感情・態度などを〉表わす; 〈反応などを〉ひき起こす. **♦ evínc·ible** *a* 表明[証明]できる (demonstrable). [L; ⇨ EVICT]

evin·cive /ɪvínsɪv/ *a* 明示的な; 証明する, 例証的な.

evi·rate /íːvərèɪt/ *vt* 去勢する (castrate); 柔弱にする. [L (*e-*, *vir* man)]

evis·cer·ate /ɪvísərèɪt/ *vt* …の腸(はらわた)[内臓]を抜く; 〖外科〗〈眼球など器官〉の内容を摘出[除去]する, 〈患者〉の内臓を摘出する; 〈議論・企画など〉を骨抜きにする, 形骸化[弱体化]させる; …から〈肝心な部分を〉取り去る 〈*of*〉. ► *vi* 〈内臓が〉切開口から飛び出す; 〈人の〉切開口から内臓が飛び出す. ► *a* 腸抜きした; 内臓を摘出した. **♦ evìs·cer·á·tion** *n* 腸抜き; 〖医〗内器官全摘出(術), 内臓摘出(術), 除臓(術); 内臓脱出[放出]; 骨抜きにすること. [L (VISCERA)]

Evi·ta /evíːtə, ɪ-/ **1** エヴィータ《女子名; Eva のスペイン語形》. **2**『エヴィータ』《アルゼンチンの Juan Domingo Perón 大統領夫人 Eva de Perón (通称 'Evita') の情熱的な短い生涯を描いたミュージカル (1978)》.

ev·i·ta·ble /ɛ́vətəb(ə)l/ *a* 避けられる (avoidable).

evite /ɪváɪt/ *vt* 《古》避ける (avoid).

ev·o·ca·ble /ɛ́vəkəb(ə)l, ɪvóʊ-/ *a* EVOKE できる.

evo·cate /ɛ́vəkèɪt, íːvoʊ-/ *vt* 《古》EVOKE.

ev·o·ca·tion /ɛ̀vəkéɪʃ(ə)n, ìːvoʊ-/ *n* EVOKE すること; 《記憶・感情などを》よび起こすこと, 喚起; 《口寄せ・神降ろしの》呼び出し; 〖発生〗喚起作用; 〖法〗《上級裁判所への》訴訟移送. [EVOKE]

evoc·a·tive /ɪvɑ́kətɪv, ɪvóʊ-/ *a* 想像力をかきたてる, 喚情的な, 〈…を〉喚起する, よび起こす, 彷彿とさせる 〈*of*〉: ~ psychotherapy 喚起的心理療法. **♦ ~·ly** *adv* **~·ness** *n*

ev·o·ca·tor /ɛ́vəkèɪtər, íːvoʊ-/ *n* EVOKE する人[もの]; 死者の霊をよび起こす人, 降神[降霊]者; 〖発生〗喚起因子.

evoc·a·to·ry /ɪvɑ́kətɔ̀ːri; -t(ə)ri/ *a* EVOCATIVE.

evoke /ɪvóʊk/ *vt* **1** 〈感情・心象・記憶などを〉よびさます, 喚起する; 〈笑い・喝采などを〉ひき起こす; 〈死者の霊などを〉呼び出す 〈spirits *from* the other world〉; 〈情景などを〉生きいきと再現する[描き出す]. **2** 引合いに出す. **3** 〖法〗〈訴訟を〉上級裁判所へ移送する. **♦ evók·er** *n* [L (*voco* to call)]

evóked poténtial 〖生理〗《大脳皮質の》誘発電位.

évo·lué /*F* evolɥe/ *a, n* ヨーロッパ風の教育をうけた[思考をもった](アフリカ人). [F (pp)<*évoluer* to EVOLVE]

ev·o·lute /ɛ́vəlùːt; íːvəlùːt, ɛ́v-/ *a* 〖数〗縮閉した; 〖植〗後ろに反った, 開いた. ► *n* 〖数〗縮閉線 (cf. INVOLUTE); 〖建〗《フリーズの》漸縮線装飾. ► *vi, vt* 進化[発展]する[させる]. [v は逆成く↓]

ev·o·lu·tion /ɛ̀vəlúːʃ(ə)n, ìː-; ìː-, ɛ̀v-/ *n* **1 a** 展開, 発展, 進展, 《社会的・政治的・経済的な》漸進的変化, 〖理〗《系の》時間発展; 進展変化の産物[結果]. **b** 〖生〗進化 (opp. *devolution*), 進化論; 〖天〗

《銀河の》進化: the theory [doctrine] of ~ 進化論. **c** 考案, 案出. **d**〘数〙開方 (opp. *involution*). **2**《機械の》旋回, 旋転;〘軍〙《陸海軍の》機動演習,《部隊・艦船などの》展開;《ダンス・スケートなどの》展開動作, 旋回. **3**《熱・光などの》放出, 放散. ♦ **~·al** *a* **~·al·ly** *adv* [L *evolutio* unrolling; ⇨ EVOLVE]

evolútion·àry /; -(ə)ri/ *a* EVOLUTION の[による]. ► *n* (社会)進化論者 (evolutionist). ♦ **-àr·i·ly** /; -(ə)rɪ-/ *adv*

evolútionary psychólogy 進化心理学《人間心理を進化的適応の観点から研究する》. ♦ **-psychólogist** *n*

evolútion·ism *n*〘哲・生〙進化論 (cf. CREATIONISM); 社会進化論; (社会)進化論の信奉. ♦ **-ist** *n, a* (社会)進化論者; (社会)進化論の.

ev·o·lu·tive /évəlùːtɪv, íː-; ɪvɔ́ljətɪv/ *a* 進化[発展]の[する, を促進する].

evolve /ɪvɑ́lv/ *vt* **1** 発展させる; 展開する; 進化[発達]させる; 〈解答・計画などを〉案出[考案, 開発]する; 〈理論などを〉引き出す. **2**〈熱・光・ガスなどを〉放出する. ► *vi* 徐々に発展[展開]する; 漸進的に変化する; 進化する 〈*from, out of; into*〉; *判明する. ♦ **evólv·able** *a* **~·ment** *n* [L (*volut- volvo* to roll)]

evon·y·mus /ɛvɑ́nəməs/ *n* EUONYMUS.

Évo·ra /ɛ́vərə/ エヴォラ《ポルトガル中南部の市; 古代名 Ebora》.

e-voting /íː—/ *n* 電子投票. [*e*-[2]]

Évreux /*F* evrø/ エヴルー《フランス北部 Eure 県の県都; Paris の西北西に位置; 12–17 世紀に建造された大聖堂がある》.

Ev·ri·pos /ɛ́vrɪpɔ̀ːs/ エヴリポス《ギリシアの Euboea 島と本土との間の狭い海峡; 潮流が激しい; 別称 Euripus》.

Év·ros /ɛ́vrɔ̀ːs/ [the] エヴロス川《MARITSA 川の現代ギリシア語名》.

Év·ry /*F* evri/ エヴリー《フランス Paris の南南西の町; Essonne 県の県都》.

evulse /ɪvʌ́ls/ *vt* 引き抜く, 抜き取る; 引き裂く. [L *evuls- evello* to pluck out]

evul·sion /ɪvʌ́lʃ(ə)n/ *n* 引き抜く[根こぎにする]こと.

Évvoia ⇨ EUBOEA.

ev·zone /ɛ́vzòʊn/ *n* 《ギリシア軍の》精鋭歩兵部隊員《制服としてスカートを着用》.

EW °electronic warfare ♦ °enlisted woman [women].

Ewald /ívɑ̀ːl/ エーヴァル **Johannes ~** (1743–81)《デンマークの詩人・劇作家》.

Ew·an, Ew·en /júːən/ ユーアン, ユーエン《男子名》. [⇨ EVAN, OWEN]

e-waste /íː—/ *n* 電気電子機器廃棄物.

ewe /júː, (米方) jóʊ/ *n* 《特に 成熟[経産]した》雌羊, 雌緬羊(めんよう) (⇨ SHEEP); ヤギ[レイヨウなど]の雌. [OE *ēowu*; cf. OHG *ouwi*]

Ewe /éɪwèɪ, -vèɪ/ *n* **a** (*pl* ~, ~**s**) エウェ族《ガーナ・トーゴおよびベニンに住む黒人の一部族》. **b** エウェ語.

éwe làmb 《まだ乳離れしない》雌の小羊;〘聖〙雌の小羊《最も大切にしているもの,「虎の子」; *2 Sam* 12: 3》.

Ew·ell /júːəl/ ユーエル **Richard Stoddert ~** (1817–72)《米国南部連合国の軍人》.

Ewen ⇨ EWAN.

éwe-néck *n* 《馬・犬の》細く貧弱な発育不全の首; 首が細く貧弱な馬[犬]. ♦ **~ed** *a*

ew·er /júːər/ *n* 広口の取っ手付き水差し[ジョッキ]. [AF<Romanic (L *aqua* water)]

ewig·keit /*G* éːvɪçkaɪt/ *n* 永遠. ● **into** [**in**] **the ~** [*joc*] 跡形もなく, 虚空へ.

Ewig-Weib·li·che /*G* éːvɪçváɪplɪçə/ 永遠に女性的なるもの《Goethe の *Faust* 中のことば》.

Éw·ing's sarcóma [**túmor**] /júːɪŋz-/〘医〙ユーイング肉腫[腫瘍], 骨髄原性肉腫. [James *Ewing* (1866–1943) 米国の病理学者]

EWO〘英〙°Educational Welfare Officer.

eww /iː(j)u/ *int* 《口》ゲー, やだー, キモーい.

ex[1] /ɛks/ *prep* **1 a** …から (from). **b**〘商〙…渡し: ~ bond 保税倉庫渡し / ~ dock [pier, quay, wharf] 埠頭渡し / ~ rail 線路[鉄道]渡し / EX SHIP / ~ store [warehouse] 倉庫渡し. **2 a***…年度クラス中退の: ~ '62 '62 年クラス中退の. **b**〘証券〙…落ちで[の], なしで[の] (opp. *cum*): ~ coupon 利札落ち(で[の]) / ~ interest 利落ち(で[の]) / ~ new "新株落ち(で[の]). [L=out of]

ex[2] *n* 《アルファベットの》X [x]; X 字形のもの.

ex[3] 《口》*a* 以前の, 元の; 時代遅れの. ► *n* 先夫, 先妻, 前の彼[彼女], 元カレ, 元カノ. [*ex*-[1] 2]

ex[4] *n* EXPENSE (⇨ EXES).

ex[5] [the] *《俗》《カーニバルの売店などの》独占的営業権. [*ex*clusive (privilege)]

ex-[1] *pref* (1) /ɪks, ɛks/「外」「無」「非」「超過」「徹底」「上昇」: *ex*clave, *ex*patriate, *ex*pel; *ex*stipulate, *ex*animate; *ex*cess; *ex*terminate; *ex*alt. (2) /ɛks/ [通例 ハイフン付きの複合語をつくって]「前の」「前…」「元の」: *ex*-president 前大統領[総裁, 学長など] / *ex*-convict 前科者. [L=out of]

ex-[2] /ɛks/ ⇨ EXO-. [Gk]

ex. examined ♦ example ♦ exception ♦ exchange ♦ executive ♦ exit ♦ export ♦ express ♦ extra. **Ex.**〘聖〙Exodus.

exa- /ɛ́ksə/ *comb form*〘単位〙エクサ (=10^{18}; 記号 E): *exa*meter エクサメートル (=10^{18} m). [C20; *exo*- outer の変形か]

éxa·bỳte *n*〘電算〙エクサバイト (10^{18} バイト, 10 億ギガバイト; 記号 Eb, EB).

ex·ac·er·bate /ɪgzǽsərbèɪt, ɪksǽs-/ *vt* 〈苦痛・病気・恨みなどを〉悪化[増悪, 激化]させる, つのらせる; 〈人を〉憤激させる, いらだたせる. ♦ **ex·àc·er·bá·tion** *n* 悪化, 激化;〘医〙増悪, (病状)再燃; 憤激. [L; ⇨ ACERB]

ex·act /ɪgzǽkt/ *a* 正確な, 的確な (accurate); 〈規則などが〉厳格な (severe, rigorous); 精密な, 厳密な (precise); まさにその〈人・もの〉; きちょうめんな (strict) 〈*in* one's work〉: an ~ account 正確な記述 / an EXACT SCIENCE / the ~ same thing 《口》全く同じもの / the ~ opposite 正反対(の人[物]). ● **to be ~** 厳密に言えば. ► *vt* 〈税などを〉きびしく取り立てる; 〈譲歩・履行・承諾・服従などを〉強要する, 強いる; 必要とする: ~ money *from* [*of*] sb / ~ respect *from* [*of*] sb / work that ~*s* patience / ~ a high price 高い金[料金]を取る, 高くつく, [*fig*]《失策などが》高いツケ[痛手]となる,《無理が》あとでたたる / ~ revenge on…に復讐を果たす[遂げる], …への恨みを晴らす. ► *vi* 《古》強要する, 強制取立てを行なう. ♦ **~·able** *a* **~·er** *n* EXACTOR. [L *exact- exigo* to drive out, require (*ago* to drive)]

ex·ac·ta* /ɪgzǽktə/ *n* PERFECTA.

exáct differéntial〘数〙完全微分.

exáct·ing *a* 苛酷な, きびしい; 骨の折れる, つらい; 精密さを要求する; 取立てのきびしい: an ~ teacher きびしい教師 / an ~ job. ♦ **~·ly** *adv* **~·ness** *n*

ex·ac·tion /ɪgzǽkʃ(ə)n/ *n* 強請, 強制取立て; (不当な)きびしい要求;《心付け・謝礼などの》不法[不当]要求; 強制取立て金, 苛税;〘法〙不法報酬請求罪《官吏が受けてはならない手数料・報酬などを請求すること》.

ex·ac·ti·tude /ɪgzǽktət(j)ùːd/ *n* 正確, 厳密; 精密; きちょうめん, 厳格, 厳正.

exáct·ly *adv* 正確に(言えば), 厳密に;《数量など》きっかり, ぴったり, ちょうど;《様態について》まさに, そっくり(同じ), そのまま (just, quite): *Just ~ how* did he escape? いったいどうやって逃げたんだ / He came here this afternoon, or more ~ at half past three. ● **E~** (**so**). 全く, まさしく, そのとおり (quite so). **not ~** [部分否定] 本当は[正しくは]…ない; 必ずしも…ない;《返答を和らげて》《口》いやそうでもない(けど), 少し違うね, そこまでは言えないね; [全面否定] [*iron*]《口》およそ…とは言いかねる[ほど遠い], …と言ったらうそになる: *not* ~ bright お世辞にも秀才とは呼べない.

exáct·ness *n* 正確さ; 精密さ; 厳格さ.

exác·tor *n* 強要者《特に 権力によって強要する人》.

exáct scíence 精密科学《数学・物理学など定量的な科学》.

ex·a·cum /ɛ́ksəkəm/ *n*〘植〙エクサクム《リンドウ科ベニヒメリンドウ(*E*-)属の草本; 熱帯アジア産; ベニヒメリンドウなど》.

ex·ag·ger·ate /ɪgzǽʤərèɪt/ *vt* **1** 大げさに言う, 誇張する; 誇大に考える, 過大視する; 際立たせる. **2**〈病気・状態を〉悪化[激化]させる; 〈器官を〉肥大させる. ► *vi* 誇張した言い方をする. ♦ **-àt·ed** *a* 誇大な, 過度の;〘動〙異常に大きな[顕著な], 肥大した. **-àt·ed·ly** *adv* **-àt·ed·ness** *n* **ex·ág·ger·à·tive** /; -rə-/ *a* 誇張的な, 大げさな. **ex·ág·ger·à·tor** *n* 大げさに言う人; 誇張的なもの. **ex·ág·ger·a·to·ry** /-ʤ(ə)rətɔ̀ːri; -t(ə)ri/ *a* [L (*aggero* to heap up < *agger* heap)]

ex·àg·ger·á·tion *n* 大げさに言うこと, 誇張; 過大視; 大げさなことば, 誇張した表現: a gross ~ 大ぼら / It's no ~ to say that…と言っても過言でない.

ex-áll *adv*〘証券〙全権利落ちで.

ex·alt /ɪgzɔ́ːlt/ *vt* **1 a** 〈人〉の身分[地位, 権力, 名誉, 富, 品性 など]を高める; 昇進させる (promote): He was ~*ed* to the most eminent station. 最高の地位まで出世した. **b** 高く上げる. **2 a** ほめそやす, 称賛[称揚]する: ~ sb to the skies 人をほめそやす. **b** 大いに喜ばせる, 狂喜させる, 得意がらせる. **3** 〈口調・色調などを〉強める; 〈想像力などの〉活動[効果]を強める, 刺激する. ► *vi* 心を高揚させる. ♦ **~·er** *n* [L (*altus* high)]

ex·al·ta·tion /ɛ̀gzɔːltéɪʃ(ə)n, ɛ̀ksɔːl-/ *n* **1** 高めること, 高揚 (elevation); 昇進 (promotion); 称揚, 賛美; 大得意, 意気軒昂; 狂喜, 興奮;〘医〙(機能)亢進, 心的高揚. **2** "《飛んでいる》ヒバリの群れ;〘占星〙最高星位.

Exaltátion of the Cróss [the] 聖十字架の称賛《西方教会における聖十字架をあがめる祝日; 9 月 14 日》.

ex·al·té /*F* ɛgzalte/ *a, n* (*fem* **-tée** /—/) 有頂天の(人).

exált·ed *a* 高められた; 位[身分]の高い, 高貴な, 上流の, 偉い; [°*neg*] 過大な, 誇大な; 高尚な; 有頂天の, 意気揚々とした: an ~ personage 高位の人, 貴人. ♦ **~·ly** *adv* **~·ness** *n*

ex·am /ɪgzǽm/ *n* 《口》試験; 試験問題用紙; 検査. [*exam*ination]

ex·a·men /ɪgzéɪmən/ *n*〘カト〙糾明; 検討, 審査, 調査, 検査, 審理; 批評[分析]的研究. [L *examin- examen* tongue of a balance (*exigo* to EXACT, weigh)]

ex·am·i·nant /ɪgzǽmənənt/ *n* EXAMINER; 審査される人, 尋問をうける人《証人など》.

ex·am·i·na·tion /ɪgzæ̀mənéɪʃ(ə)n/ *n* **1** 調査, 検査, 審査 〈*of, into*〉; 《学説・問題などの》考察, 吟味; 診察: a clinical ～ 臨床検査(法) / MEDICAL EXAMINATION / a mass ～ 集団検診 / make an ～ of…を検査[審査]する / on (closer) ～ (さらに詳しく)調べてみると / under ～ 検査[調査]中の[で]. **2** 試験, 成績考査: an ～ *in* English 英語の試験 / an oral [a written] ～ 口頭試問[筆記試験] / go in [up] for one's ～ 試験をうける / sit for [take] an ～ 試験をうける. **3**〘法〙尋問 〈*of* a witness〉; 審理: a preliminary ～ 予備尋問. ♦ **～·al** *a* 試験[審問]の; 検査[審理]上の. [OF＜L; ⇨ EXAMINE]

examinátion in chíef〘法〙主尋問 (direct examination). ♦ **exámine-in-chíef** *vt*〘法〙…に主尋問をする.

examinátion pàper 《印刷した》試験問題; 試験答案.

ex·am·i·na·to·ri·al /ɪgzæ̀mənətɔ́ːriəl/ *a* EXAMINER の; EXAMINATION の.

ex·am·ine /ɪgzǽmən/ *vt* **1** 検査[調査, 審査, 検定]する (inspect, investigate); 考察[吟味]する;〘医〙検査[診査, 検診]する: He ～*d* it under the microscope. 顕微鏡で検査した / ～ one*self* 内省する / ～ a cat *for* fleas 猫にノミがいないか調べる. **2** 試験する, 試問する: ～ students *in* history [*on* their knowledge of history] 学生の歴史(の知識)を試験する. **3**〘法〙〈証人・被告を〉尋問[審問]する; 審理する: ～ a witness 証人を尋問する. ► *vi* 調査[審理, 吟味]する 〈*into*〉. ♦ **ex·ám·in·able** *a* [OF＜L; ⇨ EXAMEN]

ex·am·in·ee /ɪgzæ̀məníː/ *n* 検査[審理, 尋問]をうける人, 受験者, 被験者.

ex·ám·in·er *n* 試験官, 審査官, 検査官; 審判官; (証人)尋問官; *MEDICAL EXAMINER.

ex·am·ple /ɪgzǽmp(ə)l; -záːm-/ *n* **1 a** 例, 実例, 用例, 例証; 前例 (precedent): by way of ～ 例証として, 一例に (＝as an ～) / give an ～ 例を挙げる / be beyond [without] ～ 先例がない / *E*～ is better than PRECEPT. **b**〘数〙例題: an ～ in arithmetic 算数の例題. **2** 手本, 模範 (model); 見本, 標本 (specimen, sample): follow the ～ of sb＝follow sb's ～ 人の例にならう / set [give] a good ～ (*to* others) (ほかの人たちに)よい手本を示す. **3** 見せしめ, 戒め (warning). ● **for ～** たとえば (for instance). **make an ～ of** sb 人を見せしめに懲らす. **take ～ by** sb 人の例にならう. ► *vt* **1** [ᵘ*pp*] 例示する, 典型として示す. **2**《古》…に手本を示す. [OF＜L *exemplum*; ⇨ EXEMPT]

ex·an·i·mate /ɛgzǽnəmət/ *a* 死んでいる, 生命のない; 死んだように見える, 活気のない. ♦ **ex·àn·i·má·tion** *n*

ex an·i·mo /ɛks áːnɪmòʊ/ *adv, a* 心の底から(の), 誠心誠意で[の]. [L＝from the soul]

ex an·te /ɛks ǽnti/ *a*〘経〙事前の, 事前的な (opp. *ex post*): ～ saving 事前の貯蓄. [L＝from before]

ex·an·them /ɛgzǽnθəm, ɛksǽn-, *ɛ́ksænθɛ̀m/, **ex·an·the·ma** /ɛ̀gzænθíːmə, ɛ̀ksæn-/ *n* (*pl* **～s, -them·a·ta** /-θɛ́mətə, -θíː-/)〘医〙発疹, 皮疹; 発疹性熱病. ♦ **-the·mat·ic** /-θəmǽtɪk/, **-them·a·tous** /-θɛ́mətəs/ *a*

ex·ap·ta·tion /ɛ̀gzæptéɪʃ(ə)n, ɛ̀ksæp-/ *n*〘生〙イグザプテーション, 外適応(形質), 二次適応《前適応 (preadaptation) とほぼ同義だが, 偶然性を強調した用語》. [*ex*-[1], ad*aptation*]

ex·a·rate /ɛ́ksərèɪt/ *a*〘昆〙〈さなぎの〉触角・翅・肢が体部に密着していない (opp. *obtect*): an ～ pupa 裸蛹(らよう).

ex·arch[1] /ɛ́ksɑ̀ːrk/ *n* **1**《ビザンティン帝国の》(地方)大守, 総督. **2**〘東方正教会〙総主教代理, エクサルク《patriarch と metropolitan の間に位する bishop; bishop の地位をもつ総主教の代理; 時には patriarch または metropolitan を意味することもある》. ♦ **éxarch·àte, éx·ar·chy** *n* exarch の職[権限, 地位, 管区]. **ex·ár·chal** *a* [L＜Gk (*arkhō* to rule)]

exarch[2] *a*〘植〙外原型の《後生木部が内方へ発達する; cf. ENDARCH, MESARCH》. [*-arch*[2]]

ex·as·per·ate /ɪgzǽsp(ə)rèɪt; -záːs-/ *vt* **1** おこらせる, ひどくいらいらさせる[不快にする], 激昂させる: be ～*d against* sb 人に腹を立てる / be ～*d by* [*at*] sb's dishonesty 人の不正直に腹を立てる / be ～*d* to the limit of one's endurance 腹にすえかねてぶち切れそうである / ～ sb *to* do… 人をおこらせて…させる. **2**〈感情・病気などを〉激化[悪化]させる, つのらせる. ► *a* /-p(ə)rət/ **1**〘生〙〈甲皮・種皮などが〉とげ[突起]でざらざら[でこぼこ]した. **2**《古》憤った (exasperated). ♦ **ex·ás·per·àt·ed·ly** *adv* ひどくおこって[いらいらして], 激昂して, 頭にきて, 腹立ちまぎれに. **-àt·er** *n* 憤激をかう人, 激昂させる人. **ex·ás·per·àt·ing** *a* 腹立たしい, 頭にくる, ひどくしゃくにさわる. **-ing·ly** *adv* [L EX-[1]*aspero* to make rough; ⇨ ASPERITY]

ex·as·per·a·tion /ɪgzæ̀spəréɪʃ(ə)n; -zɑ̀ːs-/ *n* ひどいいらだち, 激昂, 憤激, 腹立ち; 大いにいらだたせること; ひどいいらだち[不快]の原因[もと];〘医〙《病気の》悪化.

exc. excellent ♦ except.

Ex·cal·i·bur /ɛkskǽləbər/ **1**〘アーサー王伝説〙エクスキャリバー《Arthur 王の名剣》. **2** エクスキャリバー《米国製のクラシックタイプのスポーツカー》. [OF *Escalibor*＜L＜Welsh]

ex·car·di·na·tion /ɛkskɑ̀ːrd(ə)néɪʃ(ə)n/ *n*《聖職者の》教区移転[転出].

ex ca·the·dra /ɛks kəθíːdrə/ *adv, a* (職[地位]に伴う)権威をもって[もった], 職権に基づいて[基づいた];〘カト〙〈教義・信仰・道徳が〉教皇の不可謬性に基づいて真と宣言された, 聖座宣言の. [L＝from the (teacher's) chair]

ex·cáudate *a*〘動〙尾のない, 尾状隆起のない.

ex·ca·vate /ɛ́kskəvèɪt/ *vt* …に穴を掘る[あける]; 〈穴を〉あける, 〈トンネル・地下貯蔵庫などを〉掘削する; 〈鉱石・土砂などを〉掘り出す; 発掘する. ► *vi* 穴を掘る. [L EX-[1]*cavo*; ⇨ CAVE[1]]

ex·ca·va·tion /ɛ̀kskəvéɪʃ(ə)n/ *n* **1 a** 穴掘り, 開削, 掘削; 《基礎工事の》根切り;〘考古〙発掘. **b** 発掘物; 《切通し・掘割などをつくる際の》掘り出された土砂[岩石]. **2** 穴, くぼみ, 縦穴, 横穴, ほら穴, 洞穴; 切通し, 掘割;〘歯〙陥凹(かんおう);〘解〙窩(か). ♦ **～·al** *a*

éx·ca·và·tor *n* 穴を掘る人[動物], 開削者, 掘削機;〘歯〙エキスカベーター.

ex·ceed /ɪksíːd/ *vt* **1** …の限度を超える; 〈堤防などを〉越えて広がる: ～ one's authority 権限を超える. **2** …より卓越する, 〈ある数量〉上回る, …よりすぐれる[多い, 大きい] 〈*by* some amount〉: ～ another *in* height [courage] 他より背が高い[勇気がある] / ～ (sb's) expectations (人の)期待を超える. ► *vi* 《質的・量的に》他よりすぐれる[多い, 大きい] 〈*in*〉; 《廃》度を超える: ～ *in* eating 食べすぎる / ～ *in* beauty 美しさがまさる. ♦ **～·ance, ～·ence** *n* 超過, 超越. [OF＜L EX-[1]*cess- -cedo* to go beyond]

excéed·ing *a* 異例の, 並々ならぬ, 非常な. ► *adv*《古》EXCEEDINGLY.

excéed·ing·ly *adv* きわめて, 非常に, すこぶる.

ex·cel /ɪksɛ́l/ *v* (**-ll-**) *vt* 〈他〉よりすぐれる, …にまさる; [～ *-self*] ᴴいつもよりうまくやる: ～ others *in* courage [*in* do*ing*, *at* sports]. ► *vi* 衆にぬきんでる, 他にまさる, 長じる: ～ *in* good qualities [*in* do*ing*, *in* English, *at* a game, *as* a speaker]. ► *n* [E-]〘商標〙エクセル《スプレッドシートプログラム》. [L *excello* to be eminent (cf. *celsus* lofty)]

ex·cel·lence /ɛ́ks(ə)ləns/ *n* 卓越, 優秀, 傑出; 長所, 美点, 美徳; 《敬称》EXCELLENCY: CENTER OF EXCELLENCE.

éx·cel·len·cy *n* **1** [E-] 閣下《大使・知事・総督その他の高官およびその夫人, ならびに司教・大司教に対する敬称; 略 Exc.》. ★ Your [His, Her] *E*～ として用いる; 用法については ⇨ MAJESTY. **2** EXCELLENCE, 《特に》[ᵘ*pl*] 長所.

éx·cel·lent *a* 優秀な, 一流の, すばらしい; 《古》他よりすぐれた, 他を上回る: an ～ teacher / ～ weather / *E*～! [〈*int*〉] たいへんけっこうです, それはいい. ♦ **～·ly** *adv* 非常によく[うまく, すばらしく]; 非常に. **～·ness** *n* EXCELLENCE. [OF; ⇨ EXCEL]

ex·cel·si·or /ɪksɛ́lsiər, ɛkskɛ́lsiɔ̀ːr/ *int* 《特に 標語として》より高く《New York 州の標語》. ► *n* **1** *木毛(もくもう)《梱包用の詰め物》: (as) dry as ～ からからに乾燥して. **2**〘印〙エクセルショール《3 ポイントの非常に小さい活字; ⇨ TYPE》. [L＝higher]

Excélsior Stàte [the] より高く州《New York 州の俗称》.

éx·cènter /ɛ́k(s)-/ *n*〘数〙傍心《傍接円の中心》.

ex·cen·tric /ɪksɛ́ntrɪk/ *a* ECCENTRIC, 《特に》偏心の. [*ex*-[1]]

ex·cept *prep* /ɪksɛ̀pt, ―⌐/ …を除いては, …のほかは (but) 《略 exc.》: Everyone is ready ～ him. / He won't work ～ when [if] he is pleased. 気の向いた時のほかは仕事をしようとしない / I had nothing to do ～ watch TV. テレビを見る以外することはなかった. ● **～ for…** 《一般的言明の但し書きとして》…を除いては (except); …がなければ (but for), …があるだけでそのほかは: She has enjoyed perfect health, ～ *for* an occasional cold. たまにかぜをひくほかは健康そのものだ / a charming book ～ *for* a few blunders つまらない間違いが少しあるほかはおもしろい本 / *E*～ *for* him, I would be out of work. 彼がいなかったら失業しているところだ. **～ that…** であるほかは, …であることを除いては, …であるが: That will do ～ *that* it is too long. 長すぎること以外はそれでよろしい. ★ not, without, always のあとでは EXCEPTING. ► *conj* /―⌐, ―⌐/ **1**《口》…という点を除けば, ただし (only): I would go ～ (that) it's too far. 行きたいのだが, ただ遠すぎる. **2**《古・聖》…でなければ (unless): ～ ye be born again 生まれ変わるのでなければ. ► *v* /―⌐/ *vt* 除く, 除外する, 仲間はずれにする (exclude): ～ certain names *from* a list 表からある名を除く / ～ sb *from* a group ある人をグループからはずす / nobody ～*ed* 一人の例外もなく / present company ～*ed* [not ～*ed*] ここ(にお集まり)の皆さまは別として[も含めて]. ► *vi* 《まれ》異議を唱える (object) 〈*against, to*〉. [L EX-[1]*cept- -cipio* to take out]

excépt·ing *prep* EXCEPT: ～ present company＝present company EXCEPTED / not [without] ～…も例外でなく. ● ALWAYS **～**. ► *conj* EXCEPT.

ex·cep·tion /ɪksɛ́pʃ(ə)n/ *n* **1** 除外; 例外, 除外例, 異例;〘法〙除外条項: This is an ～ *to* the rule. これは規則の例外です / The ～ proves the rule. 《諺》例外があるということはすなわち規則のある証拠 / make an ～ for [of]…は例外とする, 別扱いにする / make no ～(*s*) どんな別扱いもしない / with the ～ of [that]…を除いては, …のほかは / without ～ 例外なく / No rule without ～. 例外のない規則はない. **2** 異議, 不服;〘法〙《口頭・文書による》抗議, 正式異議. ● **above**

[**beyond**] ～ 批判[非難]の余地のない. **take** ～ 異を唱える, 不服を唱える ‹*to, against*›; 腹を立てる ‹*at*›.

excéption·able *a* 異議をまねきそうな; 不快な, いやな, 味のまずい; EXCEPTIONAL. ♦ **-ably** *adv* ～**·ness** *n* **excèption·abílity** *n*

excéption·al *a* 例外的な, 異例な, まれな, 珍しい; ひときわすぐれた, 別格の: This warm weather is ～ for January. こんなに暖かいのは一月としては珍しい. ► *n* 例外的損益項目 (＝～ ítem) 《企業の正常な活動内で, 異常に金額が大きい[小さい]損益上の項目》. ♦ ～**·ly** *adv* 例外的に; 非常に. ～**·ness** *n* **ex·cèp·tion·ál·i·ty** *n*

excéptional chíld 〘教育〙特殊児童《能力優秀・心身障害などのため特別の教育を要する児童》.

excéption·al·ìsm *n* 例外的状況; 《国家・地域などについての》例外論. ♦ **-list** *n*

ex·cep·tio pro·bat re·gu·lam de re·bus non ex·cep·tis /ɛksképtiòʊ próʊbaːt réɪgulàːm deɪ réɪbʊ̀s nòʊn ɛksképtìːs/ 例外は例外でないものの規則を確立する. [L]

ex·cep·tis ex·ci·pi·en·dis /ɛksképtìːs ɛkskìpiéndìːs/ *adv* しかるべき例外を認めたうえで. [L＝exceptions having been made]

ex·cep·tive /ɪkséptɪv/ *a* **1** 例外の; 例外を含む[構成する]; 〘文法〙例外を導入する: an ～ clause 除外条項 / ～ conjunctions 除外の接続詞《unless など》. **2** «まれ» とがめだて[異議申し立て]の好きな. ♦ ～**·ly** *adv*

ex·cerpt *n* /ɛ́ksəːrpt, ɛ́gzəːrpt/ 抄録, 抜粋, 抜き書き, 引用句[文]; 《論文などの》抜刷り; 抜粋曲. ► *v* /ɛksə́ːrpt, ɛgzə́ːrpt, ⌐⌐; ɛksə́ːpt/ *vt* 抜粋する, 引用する ‹*from*›; ‹書物›から抜粋する, 簡約化する. ► *vi* 抜粋を作る. ♦ ～**·er, ex·cérp·tor** *n* ～**·ible** *a* [L *ex-*[1](*cerpt- cerpo*＝*carpo* to pluck)＝to pick out]

ex·cerp·tion /ɛksə́ːrpʃ(ə)n, ɛgzə́ːrp-; ɛksə́ːp-/ *n* 抜粋, 抄録.

ex·cess *n* /ɪksés, ɛ́ksès/ **1** 過多, 過剰, 過度; 余分; 超過(した数[量, 額, 度合い]); "〘保〙エクセス, 超過額 (deductible*) 《被保険者の自己負担となる損害額》: ～ *of* blood [light] / an ～ of births (*over* deaths) (死亡数に対する)出産数の超過 / ～ of individualism 個人主義の行きすぎ. **2** やりすぎ, 不謹慎, 不節制 ‹*in*›; [°*pl*] 暴飲, 暴食; [ᵘ*pl*] 行き過ぎた行為, 乱暴な[非道な, 残虐な]行為. ● **carry**...**to** ～ ...をやりすぎる: Don't *carry* modesty *to* ～. 過度の慎みは禁物. **go** [**run**] **to** ～ 極端にやる, やりすぎる. **in** ～ **of**... を超過する[上回る, 超えた], ...より多く[多い]. **to** [**in**] ～ 過度に. ► *a* /ɛ́ksès, ɪksés/ 超過の, 過剰の, 余分の: ～ deaths 過剰死亡《通常の死亡者数を超えた死亡数; しばしば公害による死亡者数を表わすのに用いられる》. ► *vt* /ɪksés, ɛ́ksès/ *...の職[ポスト]をなくす, 解雇する, 人員整理する. [OF＜L; ⇨ EXCEED]

éxcess bággage 《無料輸送斤量の》制限超過手荷物; «口» 余計なもの[人], お荷物.

éxcess chàrge 《パーキングメーターの》駐車時間超過料金.

éxcess demánd 〘経〙需要超過, 需要過剰.

éxcess fàre 《鉄道の》乗越し料金; 《上級車への》直り料金.

ex·ces·sive /ɪksésɪv/ *a* 行き過ぎた, 度を超えた, 過度の, 過大な, 過多な, 法外な. ♦ ～**·ly** *adv* ～**·ness** *n*

éxcess lúggage 制限超過手荷物 (excess baggage).

éxcess pòstage (郵券)不足料金.

éxcess-prófits tàx 超過利得税.

éxcess supplý 〘経〙供給超過, 供給過剰.

exch. exchange(d) ♦ exchequer.

ex·change /ɪkstʃéɪndʒ/ *vt* **1 a** 交換する; 交易する (barter); ‹金銭を›両替する; 別の品と取り替える; 〘チェス〙‹コマを›(同位のコマと)交換する; 代える, 換える (change): ～ a knife *for* a pen ナイフとペンを交換する / ～ tea *for* sugar 茶を砂糖と交易する / ～ prisoners 捕虜を交換する / ～ euros *for* dollars ユーロをドルに両替する / We can ～ no fruit. 果物はお取り換えいたしかねます / ～ Japanese money *into* American 円をドルに換える. **b** (引き替えに)放棄する, やめる, 去る: I would not ～ my house *for* a palace. わが家は宮殿とも交換したくない / ～ a life of ease *for* one of hard work 安楽な生活を捨て刻苦の生活にはいる. **2** 取り交わす (interchange); "«売買›契約を›交わす, 結ぶ: ～ greetings 挨拶を交わす / ～ letters (*with* sb) (人と)手紙をやりとりする / ～ blows [words] (*with* sb) (人と)なぐり[言い]合う / have not ～*d* more than a few [half a dozen] words *with*...とあまりことばを交わしていない / Will you ～ seats *with* me? 席を代わってくれませんか. ► *vi* **1** 交換する, 交易する. **2** 入れ替わる, 交代する; 転勤[転属]する: ～ *into* another regiment 他の連隊へ移る. **3** 両替できる, 交換される ‹*for*›: American dollar ～*s* well. 米ドルは引き合いが多い. ● ～ **contracts** "不動産の売買契約をする. ► *n* **1 a** 交換; 交易; 交流; 取替え; 取り交わし, やりとり; 《銃撃などの》応酬; 口論; 《リレーの》バトンタッチ (take-over); 〘チェス〙《同位の》コマの交換; 〘医〙輸血 (transfusion); 〘理〙《核子間の粒子の》交換: ～ *of* gold *for* silver 金と銀との交換 / (a) cultural ～ 文化交流 / on an ～ 交換留学して / *E*～ [A fair ～] is no robbery. [*joc*] 交換は強奪ではない《不当な交換を押しつけるときの弁解に悪用される》/ make an ～ 交換する / in ～ for [of]...と引き替えに / ～ of fire 銃撃戦. **b** 取換え品, 交換物. **2** 両替; 為替, 為替相場; 為替相場の開き, 為替差額; 両替金; [°*pl*] 手形交換高: first [second, third] of ～ (組為替手形の)第一[第二, 第三]手形 / BILL OF EXCHANGE / PAR OF EXCHANGE / RATE OF EXCHANGE / a set of ～ 組為替手形《正副 2 通または 3 通発行し, 支払人は 1 通のみに対して支払う》. **3 a** [ᵘE-] 取引所 (Change); 《特定の商品の》専門店; 協同組合(の売店); 《電話の》交換局 (central*): the Stock [Corn] *E*～ 証券[穀物]取引所. **b** 〘電〙交換器. ● **win** [**lose**] **the** ～ 〘チェス〙ビショップ[ナイト]と交換にルークを得る[失う]. [AF; ⇨ CHANGE]

exchánge·able *a* 交換[交易]できる: ～ value 交換価値. ♦ **-ably** *adv* **exchànge·abílity** *n*

Exchánge and Márt 『エクスチェンジ・アンド・マート』《英国の広告専門週刊誌; 1868 年創刊》.

exchánge contròl 為替管理.

ex·chang·ee /ɛkstʃeɪndʒíː, ɪks⌐⌐, *ɪks⌐⌐/ *n* 人物交流計画の(もと)参加者, 《特に》交換学生[留学生].

exchánge equalizátion fùnd 為替平衡資金.

exchánge profèssor 交換教授.

ex·cháng·er *n* 交換をつかさどるもの[人, 装置]; 両替商; 〘理〙交換器; 〘理〙イオン交換体; 熱交換器 (heat exchanger).

exchánge ràte (外国)為替相場, 為替レート.

exchánge ràte mèchanism 為替相場メカニズム《各国の通貨当局が市場介入によって外国為替相場を調整する制度; 略 ERM; 特に EU のものを指す》.

exchánge stabilizátion fùnd 為替安定資金.

exchánge stùdent 交換学生[留学生].

exchánge tèacher 交換教員.

exchánge tìcket 《ニューヨーク証券取引所の》売買株式照合票 (comparison).

Ex·chang·ite /ɪkstʃéɪndʒàɪt/ *n* ナショナルエクスチェンジクラブ会員《全米に大規模な組織を有する社会奉仕クラブ National Exchange Club の会員》.

ex·che·quer /ɪkstʃékər, *ékstʃèkər/ *n* **1** 国庫 (national treasury); 《個人・会社などの》財源, 財力, 資力; [°the E-] 《英国の》国庫金, 国庫貯金. **2** [the E-] 〘英〙財務省, 大蔵省; [the E-] 〘英史〙《中世の》財務府; [the E-] COURT OF EXCHEQUER: CHANCELLOR OF THE EXCHEQUER. [OF＜L *scaccarium* chessboard; その上で勘定を行なった chequered tablecloth より; *ex-* は *exchange* などの *ex-*[1] との誤った連想]

éxchequer bill 〘英史〙財務府証券, 国庫証券.

ex·cide /ɪksáɪd/ *vt* 切り取る.

ex·ci·mer /ɛ́ksəmər/ *n* 〘化〙エキシマー《励起状態において存在する二量体》.

éxcimer làser 〘光〙エキシマーレーザー《励起状態でのみ存在する分子のレーザー; 真空紫外域の短波長レーザーは高効率・高出力》.

ex·cip·i·ent /ɪksípiənt/ *n* 〘薬〙賦形剤, 補形薬.

ex·ci·ple /ɛ́ksəp(ə)l/ *n* 〘植〙《地衣類の子実層の》果托 (＝thalloid ～), 果殻 (＝proper ～).

ex·ci·plex /ɛ́ksəplɛ̀ks/ *n* 〘化〙励起錯体, エキシプレックス.

éx·circle /ɛ́k(s)-/ *n* 〘数〙傍接円.

ex·cise[1] *n* /ɛ́ksàɪz, -s; ɛ́ksàɪz, ɪksáɪz/ **a** (内国)消費税, 物品税 (＝～ tàx) 《酒・タバコなどの商品の生産・販売または消費に対する課税》: There is an ～ *on* tobacco. タバコには消費税がかかっている. **b** 《営業などの》免許税 (＝～ tàx). ► *vt* /ɛ́ksàɪz, -s, ɪksáɪz; ɪksáɪz/ ...に消費税を課する; «古・方» ...に法外な代金を請求する, ...からぼる. ♦ **ex·cís·able**[1] /, *ɛ́ksàɪ-/ *a* [Du *excijs*＜?Romanic (L CENSUS tax)]

ex·cise[2] /ɪksáɪz/ *vt* 削り取る, 削除する; 〘医〙‹患部を›摘出する, 切除する; [ᵘ*pp*] えぐる. ♦ **ex·cís·able**[2] *a* [L EX[1]*cis- -cido* to cut out]

éxcise·man /-mən/ *n* 〘英史〙消費税収税吏《消費税の課税・徴税・税法違反防止を担当》.

ex·ci·sion /ɪksíʒ(ə)n/ *n* 摘出, 切除(術); 削除; 〘教会〙破門. ♦ ～**·al** *a* [EXCISE[2]]

ex·ci·sion·ase /ɪksíʒənèɪs, -z/ *n* 〘生化〙除去酵素《核酸鎖からヌクレオチド分節を除去する》.

excísion repàir 〘生化〙《DNA の》除去[切除]修復.

ex·cít·able *a* 激しやすい; 〘生理〙被刺激性のある, 興奮性の. ♦ **-ably** *adv* 激しやすく, 興奮するように. ～**·ness** *n* **ex·cit·abíl·i·ty** *n* 興奮性.

ex·cit·ant /ɪksáɪtnt, ɛ́ksətənt/ *a* 刺激[興奮]性の. ► *n* 刺激するもの; 興奮薬, 《特に》覚醒薬.

ex·ci·ta·tion /ɛ̀ksaɪtéɪʃ(ə)n, -sə-/ *n* 刺激, 興奮; «古» 刺激するもの, 興奮の原因; 〘理〙《分子・原子などの》励起; 〘電〙励磁; 〘電〙励弧; 〘電子工〙励振.

ex·cit·ative /ɪksáɪtətɪv/, **ex·cit·ato·ry** /-tɔ̀ːri; -t(ə)ri/ *a* 興奮性の, 刺激的な.

ex·cite /ɪksáɪt/ *vt* **1** 刺激する, 興奮させる; 性的に興奮させる, その気にさせる, そそる; 行動に駆り立てる, 奮い立たせる ‹*to* anger; *to* get angry〉: ～ one*self* 興奮する. **2 a**〈感情などを〉起こさせる, 〈注意・憐れみの情を〉喚起する, 〈興味・好奇心を〉よび起こす, そそる (awaken): ～ jealousy *in* her＝～ her *to* jealousy 彼女に嫉妬心を起こさせる. **b**〈暴動などを〉煽動する, ひき起こす (bring about): ～ comment 人の話題になる / ～ speculation 臆測を呼ぶ. **3**〔生理〕〈生体・組織などを〉刺激する, 興奮させる; 〔電〕〈発電機などを〉励磁する, 〈電流を〉起こす; 〔理〕〈分子・原子などを〉励起する. ［OF or L (freq)＜ex-[1](*cieo* to stir up)］

ex·cít·ed *a* 興奮した, 気が立った 〈*at, by, about*〉; 活発な; 性的に興奮した; 〔理〕励起状態の: It's nothing to get ～ *about*. 《口》騒ぎたてるほどのことではない. ◆ **～·ly** *adv* 興奮して, 夢中になって. **～·ness** *n*

excíted státe 〔理〕励起状態.

excíte·ment *n* 興奮(状態); 《喜びの》騒ぎ, 《人心の》動揺; 刺激, 興奮させるもの 〈*of* town life〉: in ～ 興奮して, 興奮のあまり, 躍起になって.

ex·cít·er *n* 刺激する[興奮させる]人[もの]; 〔理〕励起子; 〔電〕励磁機; 〔電子工〕励振器.

ex·cít·ing *a* 刺激的な, 興奮させる, はらはらするような, 血沸き肉おどる, 活気に満ちた; 〔電〕励磁させる; 〔理〕励起する. ◆ **～·ly** *adv* **～·ness** *n*

ex·ci·ton /ɛ́ksətɑ̀n, -sàɪ-/ *n* 〔理〕励起子, エキシトン. ◆ **èx·ci·tón·ic** /, -sàɪ-/ *a*

èx·ci·tón·ics /, -sàɪ-/ *n* 〔理〕エキシトン学.

ex·cí·tor *n* 〔生理〕刺激神経; 《古》EXCITER.

excl. exclude ◆ excluded ◆ excluding ◆ exclusive.

ex·claim /ɪkskléɪm/ *vi, vt* 《苦痛・怒り・喜び・驚きなどで》叫ぶ, 声をあげる; 声を大にして言う[主張する]: ～ *against*…の非を鳴らす. ◆ **～·er** *n* ［F or L (CLAIM)］

ex·cla·ma·tion /ɛ̀ksklәméɪʃ(ә)n/ *n* 絶叫, 感嘆; 叫び; 激しい抗議[不満]の声; 〔文法〕感嘆詞, 間投詞; 感嘆文; 感嘆符. ［OF or L; ⇨ EXCLAIM］

exclamátion màrk [pòint*] 感嘆符 (＝*mark* [*note*] *of exclamation*) (!).

ex·clam·a·to·ry /ɪksklǽmәtɔ̀:ri; -t(ә)ri/ *a* 感嘆の; 感嘆を含む[表わす]; 感嘆口調の: an ～ sentence 感嘆文.

ex·claus·tra·tion /ɛ̀ksklɔ̀:stréɪʃ(ә)n/ *n* 修道生活から俗界に戻ること, 還俗(げんぞく).

ex·clave /ɛ́ksklèɪv, -klɑ̀:v/ *n* 《主権国からみた》飛び領土《本土から離れて他国内にある領土; cf. ENCLAVE》.

ex·clo·sure /ɪkslóʊʒәr/ *n* 囲い地, 禁牧区《動物などの侵入を防ぐため柵などをめぐらした地域; cf. ENCLOSURE》.

ex·clud·able, -ible /ɪksklú:dәb(ә)l/ *a* 除外できる, 〈証拠が〉排除しうる, 〈収入が〉控除対象の; *入国資格のない: an *excludable* alien 入国資格のない外国人. ◆ **ex·clùd·abíl·i·ty** *n*

ex·clude /ɪksklú:d/ *vt* **1 a** 締め出す, 除外する, 排除する (opp. *include*); 追放する, "停学処分にする; 《特に 出産や孵化に際して》放出する: ～ sb *from* a house 人を家から締め出す / ～ light for weed control 雑草防除のため光を遮断する. **b** 除く, 落とす, 抜かす (omit) 〈*from*〉. **2** 考慮しない, 無視する; 〈証拠などを〉取り上げない, 排除する, 退ける (reject). **3**〈可能性・見込み・疑いを〉全く許さない, …の余地を与えない: LAW OF EXCLUDED MIDDLE. ［L EX[1]*clus-* -*cludo* to shut out］

ex·clúd·er *n* 締め出す人[もの, 装置]; "厚いゴムのオーバーシューズ.

ex·clúd·ing *prep* …を除いて (opp. *including*).

ex·clu·sion /ɪksklú:ʒ(ә)n/ *n* 除外, 排除; "停学(処分); 《移民などに対する》入国拒否; 除外[排除]されたもの; 〔法〕免責, 《特に保険証券上の》免責約款; 〔論〕EXCLUSIVE DISJUNCTION: an ～ zone 《危険地域・軍事施設などの》立入り禁止区域 / to the ～ of…を除外して[するほどに]. ◆ **～·àry** /; -n(ә)ri/ *a* ［L; ⇨ EXCLUDE］

exclúsionary rùle [the] 〔米法〕(違法収集証拠)排除の原則《被告人の憲法上の権利を侵犯するような方法で収集された証拠は採用されないという原則》.

exclúsion clàuse 〔保〕免責約款[条項].

exclúsion·ist *n, a* 排他的な人, 排他主義者; 排他主義的な; 〔豪史〕元囚人に完全な市民権を与えることに反対した人, 排除派(の). ◆ **exclúsion·ìsm** *n*

exclúsion òrder 〔英法〕《テロリストに対する》入国拒否命令; 《特定の場所への》接近禁止命令.

exclúsion prìnciple 〔量子力学〕《パウリの》排他原理 (＝Pauli ～).

ex·clu·sive /ɪksklú:sɪv/ *a* (opp. *inclusive*) **1 a** 相容れない, 両立しない; 排他的な: ～ choices [ideas, rules]. **b** 両端[両極]を除いた; …を除いた: from 10 to 20 ～ 10 から 20 まで《10 と 20 を除いて》. **c**〔文法〕〈'we' が〉除外の《話者と第三者を含むが聴者を含まない; opp. *inclusive*》. **2** 全面的な, もっぱらの; 唯一の: ～ attention 専念 / the ～ means of transport 唯一の交通手段. **3 a** 独占的な; 限定的な, 限られた; 他にない, 唯一の: an ～ agency 特約店, 一手販売店 / an ～ use 専用 / an ～ story 独占記事 / be ～ to [in]…にしかない / an ～ dress 二つとないドレス. **b** 会員[顧客]を厳選する; 上流向け[相手]の, 高級な; いきな (stylish): an ～ attitude / an ～ hotel. ● **～ of**…を除いて: There are 26 days in this month, ～ *of* Sundays. 今月は日曜を除いて 26 日ある / the price ～ *of* tax 税抜き価格. ► *n* **1** 排他的な人. **2** 独占記事; 独占的な権利《専売権など》. ◆ **～·ness** *n* ［L; ⇨ EXCLUDE］

Exclúsive Bréthren *pl* [the] エクスクルーシヴブレズレン《PLYMOUTH BRETHREN の非開放的一分派; cf. OPEN BRETHREN》.

exclúsive disjúnction 〔論〕排他的選言《通例 $p+q$ で表わし, 命題 *p* または *q* のいずれか一方, の意》.

exclúsive económic zóne 《水産・鉱物資源に関する》排他的経済水域 (economic zone).

exclúsive·ly *adv* 排他的に; 独占的に; もっぱら, 全く…のみ (solely, only).

exclúsive ór 〔論〕排他的な「あるいは」(EXCLUSIVE DISJUNCTION).

exclúsive ÓR cìrcuit [gàte] 〔電算〕排他的論理和回路[ゲート].

ex·clú·siv·ìsm *n* 排他[排外, 党派, 孤立]主義. ◆ **-ist** *n, a* **ex·clù·siv·ís·tic** *a*

ex·clu·siv·i·ty /ɛ̀ksklu:sívәti/ *n* EXCLUSIVE なこと[性質, 状態], 高級さ; 排他性, 党派性, 孤立主義; 独占的な諸権利.

ex·clu·so·ry /ɪksklú:s(ә)ri, -z(ә)-/ *a* 排除できる; 排除する, 排他的な.

ex·cog·i·tate /ɛkskɑ́ʤәtèɪt/ *vt* 熟考する; 考え出す, 案出[考案]する. ► *vi* 熟考する (cogitate). ◆ **ex·cóg·i·ta·ble** /-tәb(ә)l/ *a* **ex·còg·i·tá·tion** *n* 熟考, 熟慮; 案出, 工夫; 考案(物). ［L (COGITATE)］

ex·cóg·i·tà·tive /; -tәtɪv/ *a* 熟考[考案]の; 熟考[工夫]を要する.

ex·com·mu·ni·cant /ɛ̀kskәmjú:nɪkәnt/ *n* 破門された人 (excommunicate).

ex·com·mu·ni·cate *vt* /ɛ̀kskәmjú:nәkèɪt/ 〔教会〕破門する; 放逐する. ► *a, n* /-nɪkәt, -nәkèɪt/ 破門[放逐]された(人). ◆ **-mú·ni·cà·tor** *n* 破門[放逐]する人, 破門宣告者. **èx·com·mú·ni·cà·tive** /, -nɪkә-; -kә-/ *a* 破門を好む[宣告する]. **-ca·to·ry** /-kәtɔ̀:ri; -kèɪt(ә)ri/ *a* 破門[放逐]の, 破門を宣告する. ［L＝to put out of the community; ⇨ COMMON］

èx·com·mù·ni·cá·tion *n* 〔教会〕破門(状), 陪餐(ばいさん)停止; 除名, 放逐: major ～ 〔カト〕正式破門《教会から放逐する》/ minor ～ 〔カト〕無式破門《陪餐停止》.

ex-con /ɛ́kskɑ́n/ *n* 《口》前科者, 前持ち. ［*ex-convict*］

ex con·trac·tu /ɛ̀ks kәntrǽkt(j)u/ 〔法〕契約上の, 契約から. ［L＝upon [from] contract］

ex·co·ri·ate *vt* /ɛkskɔ́:rièɪt/ 〈人〉の皮膚をすりむく; …の表皮をむく[はぐ]; [*fig*] 激しく非難する, 酷評する. ► *a* /, -riәt/ 〈皮膚が〉すりむけた; 〈被覆が〉はがれた. ◆ **ex·cò·ri·á·tion** *n* 《皮膚の》すりむき, 表皮剥離; すり傷, 擦過傷; [*fig*] 激しい非難, 酷評. ［L (*corium* hide)］

ex·cre·ment /ɛ́kskrәmәnt/ *n* 排泄物, 排出物; ["*pl*] 糞便 (cf. EXCRETION). ◆ **èx·cre·men·tí·tious** /-mɛ̀ntíʃәs, -mәn-/, **ex·cre·men·tal** /ɛ̀kskrәméntl/ *a* ［F or L; ⇨ EXCRETE］

ex·cres·cence /ɪkskrés(ә)ns/ *n* (異常)突出物, (病的)増殖物《贅肉(ぜいにく)・こぶ・いぼなど》; [*fig*] 余計なもの, (醜い)突出物; 《まれ》自然の生長物《髪・爪など》.

ex·crés·cen·cy *n* 病的増殖; EXCRESCENCE.

ex·crés·cent *a* 病的[異常]増殖する; 余計な; 〔音〕贅音の, 剰音の. ◆ **～·ly** *adv* ［L (*cresco* to grow)］

ex·cres·cen·tial /ɛ̀kskrәsénʃ(ә)l/ *a* (病的)増殖物の; 余計な.

ex·cre·ta /ɪkskrí:tә/ *n pl* 〔生・生理〕排出物, 《特に》排泄物《汗・尿・糞便など》. ◆ **ex·cré·tal** *a* ［L (pp)＜↓］

ex·crete /ɪkskrí:t/ *vt* 〔生・生理〕排出する (cf. SECRETE[1]); 放出する. ◆ **ex·crét·er** *n* **-cré·tive** *a* 排出(促進性)の. ［L EX[1]*cret*- -*cerno* to sift out］

ex·cre·tion /ɪkskrí:ʃ(ә)n/ *n* 〔生・生理〕排出, 《特に》排泄; 排出物《尿・汗など; cf. EXCREMENT》; 《広く》排泄物《糞便・尿・嘔吐物を含む》.

ex·cre·to·ry /ɛ́kskrәtɔ̀:ri; ɪkskrí:t(ә)ri/ *a* 排出[排泄](性)の: ～ organs 排泄器官《人の場合は特に泌尿器》. ► *n* 排出[排泄]器官.

ex·cru·ci·ate /ɪkskrú:ʃièɪt/ *vt* 〈五官を〉激しく苦しめる; 《肉体的・精神的に》苦しめる, 責めさいなむ. ［L EX[1]*crucio* to torment (*crux* cross)］

ex·crú·ci·àt·ing *a* 非常につらい, 耐えがたい; 激しい, 極端な, 異常な: in ～ detail くどいくらい詳しく. ◆ **～·ly** *adv* 耐え難いほどに, ひどく.

ex·cru·ci·a·tion /ɪkskrù:ʃiéɪʃ(ә)n, -si-/ *n* 《肉体的・精神的に》苦しめること; 責め苦, 激しい苦痛[苦悩].

ex·cul·pate /ɛ́kskәlpèɪt, ɛkskʌ́lpèɪt/ *vt* 無罪にする, 〈人〉の嫌疑を晴らす, …の無罪を証明する 〈sb *from* a charge〉: ～ one*self* 身のあかしを立てる 〈*from*〉. ◆ **ex·cúl·pa·ble** *a* **èx·cul·pá·tion** *n* 無実の証明; 弁明, 弁解, 弁護. ［L＝freed from blame (*culpa* blame)］

ex·cúl·pa·tò·ry /; -pət(ə)ri/ *a* 無罪を証明する, 無罪弁明の; 言いわけの, 弁解的な.

ex·cúrrent *a* 流出する, 流出性の; 〈動脈血が〉心臓から流れ出る; 〘植〙〈微凸形葉の中肋が〉突出形の; 〘植〙一本幹の, 上達幹の; 〘動〙水が流出する: an ~ canal 流出溝.

ex·curse /ɛkskə́:rs; ɪks-/ *vi* [ᵁ*fig*] わき道にそれる, 脱線する (digress); 遠足[短い周遊旅行]をする.

ex·cur·sion /ɪkskə́:rʒ(ə)n, -ʃ(ə)n/ *n* **1 a** 遠足, 修学旅行, 周遊, 遊覧; 《列車・バス・船などによる》割引往復[周遊]旅行: go on [for] an ~ 遠足に行く / make [take] an ~ to the seashore [into the country] 海岸[田舎]へ遠足をする. **b** 旅行[遠足, 遊覧]団体. **2** 《話などが》わき道へそれること, 脱線; 〈新分野への〉進出, 取組み 〈*into*〉; 〘理〙《ピストン・スピーカーの振動板などの》変位《動き・その量》; 〘理〙《原子炉の》暴走《出力が事故で急激に増大すること》; 〘医〙《眼球や呼吸時の肺の》可動域; 〘機〙《可動部上の点の》軌跡, 《特に 回転する軸の》たわみ; 〘天〙《通常の軌道からの》偏倚. **3** 《古》出撃, 攻撃 (sortie) (cf. ALARUMS AND EXCURSIONS). ♦ **~·ist** *n* **~·al, ~·àry** /; -n(ə)ri/ *a* [L EX¹*curs- -curro* to run out]

excúrsion ticket 周遊券.

excúrsion tràin 周遊列車.

ex·cur·sive /ɪkskə́:rsɪv/ *a* 本題から[わき道に]それた, 枝葉にわたる; 散漫な, とりとめのない: ~ reading 乱読. ♦ **~·ly** *adv* **~·ness** *n*

ex·cur·sus /ɪkskə́:rsəs/ *n* (*pl* **~·es**, ~) 《通例 巻末の補遺で示す》本文中の論点に関する詳説, 余論; 《一般に》余談.

ex·cús·able *a* 許される, 許してもよい, 申しわけの立つ, 免責される: ~ homicide 〘法〙免責される殺人. ♦ **-ably** *adv* **~·ness** *n*

ex·cus·a·to·ry /ɪkskjú:zətɔ̀:ri; -t(ə)ri/ *a* 申しわけの.

ex·cuse *v* /ɪkskjú:z/ *vt* **1** 許す, 勘弁する (forgive), 大目に見る: ~ a fault [sb *for* his fault] 過失[人の過失]を許す / can be ~*d for* doing…するのももっともだ / if you will ~ the EXPRESSION / *E*~ my ignorance, but… ばかな質問ですみませんが / *E*~ me *for* not having answered your letter sooner. 返事が遅れてすみません / If you'll kindly ~ me, …. まことに失礼ですが…. **2** [ᴼ*pass*] 〈人を〉〈義務から〉免ずる (exempt); 〈義務・罰を〉免除する; 〈人に〉退出を許す; 無しで済ませる (dispense with): ~ sb (*from*) a duty 人の義務を免ずる / May I be ~*d?* 席をはずしていいですか? / Would you ~ me? 失礼してよろしいですか《1) いとまを告げるときの丁寧な表現 2) 人の間を通してもらいたいときの丁寧な表現》/ We will ~ your presence. きみの出席は勘弁しよう. **3** 言いわけする, 弁解する (apologize for); [ᵁ*neg*] 〈事情が…〉の弁解になる (justify): Nothing can ~ your behavior. 君のふるまいに弁解の余地はない. ► *vi* 許しを乞う[与える]; 申しわけになる. ● **E~ me.** /ᴼskjú:z mi/ (**1**) [知らない人に対する話しかけ・人前の通過・口出し・反駁などのちょっとした非礼のわび] ごめんなさい, 失礼(します), すみません: *E~ me,* (but)…. 失礼ですが… / *E*~ me for living! 《口》《おどけた[すねた]謝罪として》はいはい悪うございました, どうせわたしが悪いのよ, ああ悪かったよ謝るよ / *E*~ me all to hell. 《俗》[*iron*] 大変失礼しましたね. (**2**)*[足を踏んだりして] すみません (I am sorry). **E~ me?** もう一度言ってください. **~ oneself** (**1**) 弁解する, 謝る, わびる: I want to ~ my*self for* my conduct. わたしの行動の言いわけをしたい / He who ~*s* him*self*, accuses him*self*. 《諺》言いわけをするのは自分を責めることになる《かえって疑われる》. (**2**) 辞退する: ~ one*self from*…を辞退する, …はご免こうむりたいと言う / He ~*d* him*self from* attendance [be*ing* present]. 出席を辞退した. (**3**) 一言断わって中座する: ~ one*self from* the table 失礼しますと言って食事の席を立つ. **You're ~d.** 行っていいですよ《May I be ~d? への応答》; もう行きなさい《しかりつけたあとなどの表現》; いいですよ, 大目に見てあげます《E~ me. への応答》.
► *n* /ɪkskjú:s/ **1 a** 弁解, 言いわけ, 申しわけ*; 《過失などの》理由; 逃げ口上, 言い抜け, 口実 (pretext); 欠席[病欠]届: a good ~ *to* miss work 仕事をサボるいい口実 / You have no ~ *for* be*ing* lazy. なまけていては申しわけが立たない / IGNORANCE of the law is no ~. / An ill payer [paymaster] never wants (an) ~. 《諺》払うつもりがなければ口実はあるものだ. **b** 《口》申しわけ程度[名ばかり]のもの[人], 貧相な[最低の]代物 〈*for*〉: a poor ~ *for* a house 家とは名ばかりのもの. **2** 容赦, 勘弁 (pardon). ● **in ~ (of…)** (…の)言いわけに. **make** one's **[an] ~ (for…)** (…の)言いわけをする. **make** one's **~s** わけを言って退席する. **on the ~ of [that]**…を口実にして. **without ~** 理由なく〈欠席するなど〉.
♦ **ex·cús·er** /-zər/ *n* [OF＜L *ex-*¹(*cuso*＜*causa* accusation)]

excúse-mè (dánce) 人のパートナーと踊ってもよいダンス.

ex de·lic·to /ɛ̀ks dəlíktoʊ/ *a, adv* 不法の; 不法行為によって. [L=of or by reason of a wrong]

èx-diréctoryᴴ *a* 電話帳に載っていない[番号を載せていない] (unlisted*): go ~ 電話帳に番号を載せないでおく.

èx dívidend *adv, a* 〘証券〙配当落ち(で[の]) 《略 **ex div.**, xd; opp. *cum dividend*》. [L]

EXE 〘電算〙executable《実行可能ファイル (EXE file) の拡張子》.

ex·e·at /ɛ́ksiæ̀t/ *n*ᴴ《学校・修道院が与える》短期休暇の許可, 外泊許可; 《聖職者の》教区移転許可書. [L=let him [her] go out (3rd sg pres subj)＜*ex-*¹(*eo* to go)]

ex·ec /ɪgzɛ́k/ *n* 《口》EXECUTIVE (OFFICER).

exec. executive ♦ executor.

ex·e·cra·ble /ɛ́ksɪkrəb(ə)l/ *a* 呪うべき, 忌まわしい, 実にいやな; 劣悪な, ひどい. ♦ **-bly** *adv* **~·ness** *n*

ex·e·crate /ɛ́ksəkrèɪt/ *vt* 口ぎたなくののしる, 痛烈に非難する, 痛罵する; 忌み嫌う; 《古》呪う. ► *vi* 《怒り・いらだち・憎悪などのため》口にしてはならないことばを発する, 呪う (curse). ♦ **éx·e·crà·tive** *a* **éx·e·crà·tor** *n* **ex·e·cra·to·ry** /ɛ́ksəkrətɔ̀:ri; -krèɪt(ə)ri/ *a* [L *ex(s)ecror* to curse; ⇨ SACRED]

ex·e·cra·tion /ɛ̀ksəkréɪʃ(ə)n/ *n* ののしり, 痛罵; 嫌悪; 呪い; ののしり[呪い]のことば; 呪い[悪]の対象.

ex·ec·u·tant /ɪgzɛ́k(j)ətənt/ *n* 実行者; 〘楽〙演奏者, 《特に》名演奏家 〈*on* a piano〉. ► *a* 演奏する; 演奏者の.

ex·e·cute /ɛ́ksɪkjù:t/ *vt* **1 a** 〈計画・目的などを〉実行する, 遂行する; 〈職務などを〉果たす; 〈命令・布告・遺言(ゆいごん)などを〉執行[履行]する; 〈法律などを〉施行する: ~ a warrant 令状を執行する. **b** [ᵁ*pass*] 《判決に基づいて》〈罪人〉の死刑を執行する, 〈人を〉〈…のかどで〉処刑する 〈*for*〉. **2** 施工する; 〈美術品などを〉《デザイン[設計図]に基づいて》仕上げる[製作する]. **3** 〈配役・ダンスなどを〉演ずる; 〈楽曲を〉演奏する; 〈高難度の技を〉行なう; 〘電算〙〈コマンド・プログラムを〉実行する. **4** 〘法〙**a** 〈証書・契約書などを〉作成・交付する, 完成する. **b**ᴴ〈財産を〉譲渡する.
► *vi* 《スポーツ・プレーの》基本をうまくこなす, 確実にプレーする; 〘電算〙〈プログラム・ルーチンが〉実行する. ♦ **éx·e·cùt·able** *a* 実行[執行, 遂行]できる. **-cùt·er** *n* [OF＜L (*secut- sequor* to follow)]

ex·e·cu·tion /ɛ̀ksɪkjú:ʃ(ə)n/ *n* **1 a** 《職務・裁判処分・遺言などの》執行, 実行 (enforcement), 《特に》強制執行; 〘法〙《判決の》強制執行令状; 〘電算〙《コマンド・プログラムの》実行: carry…into [put…into, put…in] ~ …を実行する; …を仕上げる. **b** 処刑, 死刑執行. **2** 施工; 《美術作品の》製作, できばえ, 手法; 演技, 演じぶり, 演奏 (performance), 演奏ぶり, 手並. **3** 奏功; 《武器の》破壊力, 殺傷効果. **4** 仕上げ, 完成; 〘法〙《証書の》作成・交付. ● **do ~** 威力を発揮する. ♦ **~·al** *a* [OF＜L; ⇨ EXECUTE]

Execútion Dòck [the] 〘英史〙海賊処刑場《London の Thames 川北岸 Wapping の近くにあった》.

execútion·er *n* 実行[執行]者, 《特に》死刑執行人, 《政治[犯罪]組織の放つ》暗殺者.

ex·ec·u·tive /ɪgzɛ́k(j)ətɪv/ *a* **1** 実行[遂行, 執行]の; 行政上の; 行政部の: the ~ branch [department] 行政府[部]. **2 a** 執行役員の, 幹部[経営者, 重役, 行政機関の長]の: an ~ committee 執行[実行]委員会 / an ~ board 執行役員[委員]会, 取締役会 / an ~ director 常務理事; 社内重役. **b** 幹部[重役, 経営者]にふさわしい, 重役専用の〈飛行機など〉; 豪華[高級]な, VIP 向けの: an ~ jet [suite, lounge, house, car, etc.]. ► *n* **1** 《略 ex(ec).》[the] 《国家の統治機関における》行政府, 執行部; 《個人・集団としての》行政官; 行政機関の長, 大統領, 州知事, 《地方自治体の》首長: CHIEF EXECUTIVE. **2** 《政党・労組などの》執行部, 執行委員会; (執行)役員, 経営者, 幹部, 重役, 管理職, エグゼクティブ. ♦ **~·ly** *adv* [L; ⇨ EXECUTE]

exécutive agréement* 行政協定.

exécutive clémency 〘米〙行政官減刑《大統領・州知事などによる減刑》.

exécutive còuncil 《英国植民地などの》行政委員会[審議会]; 最高執行委員会; [E- C-] 〘豪〙行政評議会《総督が議長をつとめる全閣僚会議で, 閣議決定に法的効果を与える》.

Exécutive Mánsion [the] 〘米〙大統領官邸 (the White House); 〘米〙州知事官邸.

exécutive òfficer 行政官; 〘軍〙《師団より下位の部隊の》副隊長, 《中隊などの》先任将校, 《軍艦などの》副長; 《団体の》役員 (cf. CEO).

exécutive órder 行政命令, 大統領令《行政機関・大統領の発する命令・規則で法律と同等の効力を有するもの》.

exécutive prívilege 〘米〙《機密保持に関する》行政特権, 大統領特権.

exécutive sécretary 事務局長, 事務総長.

exécutive séssion 〘米〙《合衆国上院などの, 通例 非公開の》幹部会議.

ex·ec·u·tor /ɪgzɛ́k(j)ətər/ *n* **1** /, *ɛ́ksəkjù:-/ 実行[遂行, 履行, 執行]者; 〘法〙遺言(ゆいごん)執行者; LITERARY EXECUTOR; 《廃》死刑執行人 (executioner). **2** 《美術品などの》製作者; 《役の》演技者; 《曲・楽器の》演奏者. ♦ **~·shìp** *n* 遺言執行者の資格[職務]. **ex·ec·u·to·ri·al** /ɪgzɛ̀k(j)ətɔ́:riəl/ *a* [AF＜L; ⇨ EXECUTE]

ex·ec·u·to·ry /ɪgzɛ́k(j)ətɔ̀:ri; -t(ə)ri/ *a* **1** 行政(上)の. **2** 〘法〙未済の, 未履行[完成]の, 将来の: an ~ contract 未履行の契約 / ~ trust 未完成信託 / ~ interests 将来権.

ex·ec·u·trix /ɪgzɛ́k(j)ətrɪks/ *n* (*pl* **~·es, -tri·ces** /ɪgzɛ̀k(j)ətráɪsi:z/) EXECUTOR の女性形; 〘法〙女子遺言執行者.

ex·e·dra /ɛ́ksədrə, ɛksí:-/ *n* (*pl* **-drae** /-drì:, -dràɪ/) エクセドラ (**1**) 古代ギリシア・ローマの建築の, 表に面した半円形の張出し; ここに腰掛けが付いて応接・談話室とした **2**) 半円形をした屋外用の大型の背付きベンチ). [L＜Gk (*hedra* bench)]

EXE file /ɛ́ksi —, í:ksi-, í:ɛ́ksì:-/ 〘電算〙EXE(エグゼ)ファイル《EXE

の拡張子のついたファイル; COM file とともに実行可能なファイルの一つだが, 64 K の大きさの制限のないこと, アドレスが相対アドレスで表わされているなどの点で異なる》.

ex·e·ge·sis /ɛ̀ksəʤíːsəs/ *n* (*pl* **-ses** /-siz/) 説明, 解説, 解釈, 評釈, 釈義《特に聖書の解釈》. ♦ **ex·e·get·i·cal** /ɛ̀ksəʤɛ́tɪk(ə)l/, **-ic** *a* **-i·cal·ly** *adv* [Gk *ex-*²(*hēgeomai* to lead)=to interpret]

ex·e·gete /ɛ́ksəʤìːt/, **ex·e·get·ist** /ɛ̀ksəʤíːtɪst, -ʤɛ́t-/ *n* 釈義学者.

ex·e·get·ics /ɛ̀ksəʤɛ́tiks/ *n* 聖書解釈学, 釈義学.

exempla *n* EXEMPLUM の複数形.

ex·em·plar /ɪgzɛ́mplər, -plɑ̀ːr/ *n* 手本, 模範; 典型, 見本, 標本; 模本, 謄本; 〔哲〕範型. [OF＜L; ⇨ EXAMPLE]

ex·em·pla·ry /ɪgzɛ́mpləri/ *a* **1 a** 模範的な; 称賛に値する, 見上げた, りっぱな. **b** 見せしめの, 戒めの, 〔法〕懲戒的な. **2** 典型的な, 例示的な, 例証的な, 具体例としての. ♦ **-ri·ly** *adv* **-ri·ness** *n* **ex·em·plar·i·ty** /ɛ̀gzɛ̀mplǽrəti/ *n*

exémplary dámages *pl* PUNITIVE DAMAGES.

ex·em·pli·fi·ca·tion /ɪgzɛ̀mpləfəkéɪʃ(ə)n/ *n* 例証, 例示; 典型的な具体例, 模範, 見本, 適例; 〔法〕(認証)謄本.

ex·em·pli·fy /ɪgzɛ́mpləfàɪ/ *vt* **1** 例証する, 例示する 〈*by*〉; 〈事が…〉のよい例となる, 典型的に示す; 体現[具現]する. **2** 複写する; 〔法〕…の(認証)謄本を作る. ♦ **ex·em·pli·fi·ca·tive** /ɪgzɛ́mpləfəkèɪtɪv/ *a* 例証[範例]となる.

ex·em·pli gra·tia /ɪgzɛ̀mpli gréɪʃ(i)ə, -grɑ́ːtiɑ̀ː/ *adv* たとえば (for example) 《略 e.g., ex. g(r).》. [L]

ex·em·plum /ɪgzɛ́mpləm, ɛg-/ *n* (*pl* **-pla** /-plə/) 例, 模範, 見本, 具体例, 事例; 教訓話, 道徳的物語. [L; ⇨ EXAMPLE]

ex·empt /ɪgzɛ́m(p)t/ *vt* **1** 免除する: ~ sb *from* a fine 人の罰金を免除する. **2**《廃》取っておく, 取りのける; 除外する. ► *a* **1** 免除された; 免疫の〈*from*〉; 〔教会〕〈修道院が〉司教区などに属さない, 免属の: ~ from taxation 免税の (tax-exempt) / ~ income 非課税所得. **2**《廃》隔てられた, 遠く離れた; 除外された. ► *n* **1** (義務・法の適用など)免除された人[もの], 《特に》免税者. **2** ᴵᴵEXON¹. ♦ **~·ible** *a* [L (EX¹-*empt*- -*imo* to take out)]

ex·emp·tion /ɪgzɛ́m(p)ʃ(ə)n/ *n* 《義務・税などの》免除, 解除〈*from*〉; 免除される人[もの]; (所得)控除.

ex·en·ter·ate /ɪgzɛ́ntərèɪt/ *vt* 〔外科〕〈眼窩・骨盤などの内容を除去する; 《もと》…の内臓を除去する. ► *a* /-rət/ 内臓を除去した. ♦ **ex·èn·ter·á·tion** *n* 内容除去(術).

ex·e·qua·tur /ɛ̀ksəkwéɪtər/ *n* **1**《一国の政府が自国に駐在する外国の領事・商務官などに与える》認可状. **2**〔教会〕《教皇勅書の発行および司教の任務遂行に対する俗人国家元首による》国家認可(制度). [L=let it be executed]

ex·e·quy /ɛ́ksəkwi/ *n* [ᵘ*pl*] 葬儀, 葬式, 《時に》葬列. [OF＜L *exsequiae* (EX¹*sequor* to follow after)]

ex·er·cise /ɛ́ksərsàɪz/ *n* **1**《身体の》運動, 体操, トレーニング, エクササイズ: outdoor ~ 戸外運動 / lack of ~ 運動不足 / take [get, do] (more) ~ (もっと)運動する. **2 a** 練習, 稽古, 実習, 訓練, 修練; [ᵘ*pl*] 演習, 軍事教練 (=military ~s): ~*s in* debate 討論の練習 / ~*s for* the flute フルートの練習 / physical [gymnastic] ~*s* 体操 / an ~ *in* articulation 発音練習 / a spelling ~ つづり字練習 / spiritual ~*s*〔カト〕心霊修行 / be on an ~ 〈部隊が〉演習に出ている[演習中である]. **b** 練習問題[教材, 曲], 課題; [*pl*]《学位請求に必要な》修業課程: do ~*s in* grammar 文法の練習問題をする / do one's ~*s* 課題を練習する, 自分の練習曲をさらう. **3** 試み, 仕事, 任務, 作業〈*in*〉: a cost-cutting ~=an ~ *in* cutting costs 経費節減の努力 / an ~ *in* futility 骨折り損 / the object of the ~ 行動の本来の目的. **4**《職権・能力・権利の》行使, 使用〈*of*〉; 《任務などの》遂行〈*of*〉: the ~ *of* one's imagination 想像力の駆使[発揮] / Will power is strengthened by ~. 意志力は実行によって強くなる. **5** 礼拝, 勤行(ごんぎょう) (=~s of devotion); 行事; [*pl*] *式次第, (学位)授与式: a school ~ 学校の行事 / graduation [opening] ~*s* 卒業[開会]式. ► *vt* **1** 〈馬・犬などに運動させる; 訓練する (drill): ~ boys *in* swimming. **2 a** 〈手足を〉動かす; 〈器官・機能・想像力などを〉はたらかせる, 用いる (employ): ~ self-control 自制する. **b** 〈権力などを〉行使する; 〈威力などを〉及ぼす (exert): ~ one's right(s) [prerogative] 権利[特権]を行使する / ~ one's influence *over*…に影響を及ぼす. **c** 〈役目などを〉果たす (discharge); 〈善事などを〉行なう (practice). **3** [ᵘ*pass*] …の注意をひく, 《特に》〈心・人を〉煩わす, 悩ます (perplex, worry): *be* greatly ~*d by* [*about, over*]…で大いに心配している. ► *vi* 練習する; 運動する. ♦ **éx·er·cìs·able** *a* [OF＜L *ex-*¹(*erceo*=*arceo* to restrain)=to keep busy]

éxercise bìcycle [bìke] 《トレーニング用の》室内固定自転車, エクササイズバイク (=*stationary bicycle* [*bike*]).

éxercise bòok ノート (notebook); 練習問題[曲]集.

éxercise prìce 〔商〕《オプションを行使できる》権利行使価格, 買取価格 (=*strike* [*striking*] *price*)《株式・株価指数・通貨・商品などのオプション取引の裏付け資産を売買するあらかじめ約定された価格》.

éx·er·cìs·er *n* EXERCISE をさせる[する]人[もの]; 運動[トレーニング]用器具; 馬を運動させる馬丁.

éxercise yàrd 《刑務所内の》運動場.

ex·er·ci·ta·tion /ɪgzə̀ːrsətéɪʃ(ə)n/ *n* EXERCISE.

Ex·er·cy·cle /ɛ́ksərsàɪk(ə)l/ 〔商標〕エクササイクル《ペダルを踏むだけの室内運動器械》.

ex·er·gon·ic /ɛ̀ksərgɑ́nɪk/ *a* 〔生化〕エネルギー発生性の: an ~ reaction 発エルゴン反応.

ex·ergue /ɛksə́ːrg, ɛ́gzəːrg; ɛksə́ːg, ⌐⌐/ *n* 《貨幣・メダルなどの》刻銘部《通例 裏面の意匠の下部[周囲]の》; 《そこに打ち出した年月日・地名などの》刻銘. ♦ **ex·érgu·al** *a* [F]

ex·ert /ɪgzə́ːrt/ *vt* 〈力などを〉用いる, はたらかせる; 〈影響力・圧力などを〉長期にわたって持続的に行使する; 〈指導力などを〉ふるう, 発揮する: ~ one's powers 力を尽くす. ● ~ **one*self*** 精いっぱい努力[尽力]する〈*to* do, *for* an object〉. [L *ex-*¹(*sert- sero* to bind)=to put forth]

ex·er·tion /ɪgzə́ːrʃ(ə)n/ *n* 尽力, 努力, 奮発; 《力の》行使, 発揮〈*of*〉; 骨の折れる作業[運動]: It is no ~ to him to do so. そうすることは彼にとっては何でもない / use [make, put forth] ~*s* 尽力[努力]する.

exértion·al *a* 〔医〕労作(ろうさ)性の《運動によって起こる》: ~ dyspnea 労作性呼吸困難.

exért·ive *a* 力を発揮する; 努力する.

ex·es /ɛ́ksəz/ *n pl* ᴵᴵ《口》費用. [EX⁴ の複数]

Ex·e·ter /ɛ́ksətər/ エクセター《イングランド南西部 Devon 州の州都》.

ex·e·unt /ɛ́ksiənt, -ʊ̀nt/ *vi* 〔劇〕《ト書(とがき)で》退場する (cf. EXIT², MANENT, MANET). [L=they go out]

éxeunt óm·nes /-ɑ́mnìːz/ *vi* 〔劇〕《ト書で》一同退場(する). [L=they all go out]

ex fa·cie /ɛks féɪʃìː, -fɑ́ːkièɪ/ *adv* 《法律文書の》文面では. [L]

ex·fíltrate *vi, vt* *《軍俗》敵中からこっそり脱出する[させる]. ♦ **èx·filtrátion** *n* [*ex-*¹, in*filtrate*]

ex·fo·li·ant /ɛksfóʊliənt/ *n* 《古い角質を落とす》洗顔用スクラブ剤[フォーム, クリーム], 角質除去[ケア]用化粧品.

ex·fo·li·ate /ɛksfóʊlièɪt/ *vi, vt* **1** 〈岩石・歯の表面や樹皮などが剝離[剝落, 剝脱]する[させる]; 角質ケア化粧品をつける[で除去する]. **2** 葉を広げるようにして発展[展開]する[させる]. ♦ **ex·fó·li·àt·ing** *a* **ex·fó·li·à·tive** /, -ətɪv/ *a* 剝離[剝落, 剝脱]させる; 剝離[剝落, 剝脱]性の; 角質ケア用の. **ex·fó·li·à·tor** *n* EXFOLIANT. **ex·fò·li·á·tion** *n* 剝離[剝落, 剝脱](物). [L (*folium* leaf)]

ex. g(r). °exempli gratia.

ex gra·tia /ɛks gréɪʃ(i)ə/ *adv, a* 好意[親切]から(の), 見舞金として(の): an ~ payment 任意給付, 見舞金. [L=from favor]

ex·hal·ant, -ent /ɛks(h)éɪlənt/ *a* 発散[放出](用)の. ► *n* 吐出(導)管; 《ハマグリなどの》出水管, 《海綿の》流出溝.

ex·ha·la·tion /ɛ̀ks(h)əléɪʃ(ə)n/ *n* 発散, 蒸発, 呼気; 〔生理〕呼息; 蒸発気《水蒸気・もやなど》; 発散物; 〈怒りなどを〉ぶちまけること, 爆発〈*of*〉.

ex·hale /ɛks(h)éɪl/ *vt* 〈息・ことばなどを〉吐き出す (opp. *inhale*); 〈ガス・匂いなどを〉発散させる; 《古》〈怒りなどを〉ぶちまける; 《古》蒸発させる. ► *vi* 〈ガス・匂いなどが〉立ちのぼる, 発散する, 蒸発する〈*from, out of*〉; 消散する; 息を吐き出す. ♦ **ex·hál·able** *a* [OF＜L (*halo* to breathe)]

ex·haust /ɪgzɔ́ːst/ *vt* **1 a** 使いはたす[つくす] (use up); 〈容器を〉空(から)にする (empty), 真空にする; 〈井戸を〉汲み干す, 涸(か)らす; 〈資源・国庫を〉枯渇させる; 〈体力・忍耐力などを〉消耗する (consume). **b** 〈国・人を〉へとへとに疲れさせる, 疲弊させる (tire out), 〔生理〕消耗させる; 〈薬品などの〉可溶成分を除去する: ~ one*self* 疲れきる, くたくたになる, へばる. **2** 〈研究題目などを〉余すところなくきわめる[述べる]; 〈可能性などを〉すべて試す, 尽くす. **3** 〈空気・ガスなどを〉排出する, 排気する. ► *vi* 〈エンジンが〉排気する; 〈ガス・蒸気などが〉排出される. ► *n* 《エンジンの》排(気)ガス (=~ **fùmes**); 《気体の》排出, 排気; 排気管[装置]; 部分的真空化: auto ~*s* 自動車の排(気)ガス / ~ control 排出物規制. ♦ **~·ing** *a* 極度に疲労[消耗]させる, くたくたになる, とてもハードな. **~·ing·ly** *adv* **~·ible** *a* **exhàust·ibílity** *n* [L (*haust- haurio* to drain)]

exháust·ed *a* 使いつくされた, 消耗した, 枯渇した; 汲み干した, 水の涸れた〈井戸など〉; へとへとになった: be ~ 尽きる; 疲れきる / feel quite ~ (*with*…) (…で)ひどく疲れる. ♦ **~·ly** *adv*

exháust·er *n* 排気装置[器械](を操作する人); 《かんづめ食品の》脱気係.

exháust fàn 排気扇風機, 換気扇, 吐出しファン.

ex·haus·tion /ɪgzɔ́ːsʧ(ə)n/ *n* **1 a** 使いつくすこと, 消耗, 枯渇〈*of* wealth, resources〉. **b** 極度の疲労, 疲労困憊(こんぱい), 消耗, 疲憊; 《過度の緊張・疲労による》ノイローゼ. **2** 《問題などの》徹底的検討. **3** 〔機〕排気.

ex·haus·tive /ɪgzɔ́ːstɪv/ *a* **1** 徹底的な, 余すところのない, 網羅的な (thorough): an ~ study. **2** 枯渇させる, 消耗的な. ♦ **~·ly** *adv* **~·ness** *n* **ex·hàus·tív·i·ty** *n*

exháust·less *a* 尽きることのない, 無尽蔵の; 疲れ知らずの. ♦ **~·ly** *adv* **~·ness** *n*

exháust mànifold 〔機〕《内燃機関の》排気マニホルド.

exháust pìpe 〔機〕《エンジンの》排気管.

exhbn exhibition.

ex·he·dra /ɛks(h)íːdrə/ *n* (*pl* **-drae** /-drìː/) EXEDRA.

ex·hib·it /ɪɡzíbət/ *vt* **1** 〈感情などを〉表わす, 〈徴候などを〉示す; 〈能力・特性などを〉見せる, 披露する; 公然と示す, 誇示する. **2 a** 《展覧会などに》展示[出品]する. **b** 〔法〕《証拠として》〈文書・物件を〉提示する, 〈訴えなどを〉正式に提出する. **3** 《古》 投薬する. ► *vi* 展示[出品]する; 公演する (perform). ► *n* **1** 展示, 陳列, 公開; *展覧会, 展示会; 展示[陳列]品. **2** 〔法〕 証拠物件[書類]; 重要証拠物件[証人]: ～ A 証拠物件 A [第 1 号]. **3** [*pl*] ᴵᴵ聖職者着任報告. ● **on ～** 展示[陳列]されて. ♦ **～·able** *a* [L *exhibit- exhibeo* (*habeo* to hold)]

ex·hi·bi·tion /èksəbíʃ(ə)n/ *n* **1 a** [the *or* an ～] 展示, 《能力などの》発揮, 披露; ひけらかし; 〔法〕 提出; 展示品, 陳列品, 出品物: an ～ of musical talent 音楽的才能の発揮 / an ～ of bad manners あからさまな無礼. **b** 展覧会, 展示会, 博覧会, 品評会; *学芸会; 公開演技[試合], エキシビション: a competitive ～ 品評会, 共進会 / an ～ game [match] 公開試合, エキシビションゲーム. **2** ᴵᴵ《学校が支給する》奨学金《かつては個人の寄付によった》. **3** 〔医〕 投薬. ● **make an ～ of oneself** 《ばかなことをして》恥さらしをする, 物笑いになる. **on ～** ＝on EXHIBIT.

exhibítion·er *n* ᴵᴵ奨学生, 給費生 (⇨ EXHIBITION); EXHIBITOR.

exhibítion·ìsm *n* 目立ちたがり, かっこつけ, 自己顕示(傾向); 〔精神医〕 露出症; 露出行為. ♦ **-ist** *n, a* 露出狂(の); 目立ちたがり屋(の). **èx·hi·bi·tion·ís·tic** *a* **-ti·cal·ly** *adv*

ex·hib·i·tive /ɪɡzíbətɪv/ *a* 〈…を〉表示する, 示す 〈*of*〉.

ex·híb·i·tor, -it·er *n* 出品者, 出展者; *映画上映者, 映画館主[支配人].

ex·hib·i·to·ry /ɪɡzíbətɔ̀ːri; -t(ə)ri/ *a* 展示の; 展示用の.

ex·hil·a·rant /ɪɡzílərənt/ *a* EXHILARATING. ► *n* 気分を爽快にするもの, 興奮剤.

ex·hil·a·rate /ɪɡzílərèɪt/ *vt* …の気分を浮き立たせる, 陽気[快活]にする; …に刺激[活力]を与える. ♦ **-ràt·ed** *a* **-rà·tive** /; -rə-/ *a* [L; ⇨ HILARIOUS]

ex·híl·a·ràt·ing *a* 気分を引き立たせる, 爽快な: an ～ drink 酒. ♦ **～·ly** *adv*

ex·hil·a·ra·tion /ɪɡzìləréɪʃ(ə)n/ *n* 気分を引き立たせること; 爽快な気分, 陽気, 快活, 上機嫌, 興奮.

ex·hort /ɪɡzɔ́ːrt/ *vt* 〈人〉に熱心に説く[勧める], …に勧告[警告, 訓戒]する; 〈改革などを〉唱道する: ～ sb *to* be diligent [*to* diligence] 人に勤勉を勧める. ► *vi* 勧告[警告, 訓戒]を与える; 熱心に訴える[説く]. ♦ **～·er** *n* [OF or L EX[1]-*hortor* to encourage]

ex·hor·ta·tion /ɛ̀ɡzɔ̀ːrtéɪʃ(ə)n, ɛ̀ks-/ *n* 熱心な勧め, 勧告, 警告, 訓戒; 熱心な勧め[励まし]のことば[説教].

ex·hort·a·tive /ɪɡzɔ́ːrtətɪv/ *a* 勧告[忠告]の, 勧告[訓戒]的な.

ex·hort·a·to·ry /ɪɡzɔ́ːrtətɔ̀ːri; -t(ə)ri/ *a* 勧告[忠告]的な (exhortative).

ex·hume /ɪɡz(j)úːm, ɪks(h)júːm/ *vt* 〈特に 死体を〉発掘する; 〈埋もれた人材・名作などを〉掘り起こす, 掘り出す, 明るみに出す; 侵食して露出させる. ♦ **ex·húm·er** *n* **ex·hu·ma·tion** /èks(h)juméɪʃ(ə)n, ɛ̀ɡz(j)u-/ *n* 《特に死体の》発掘. [F<L (*humus* ground)]

ex hy·poth·e·si /ɛ̀ks haɪpɑ́θəsàɪ/ *adv* 仮説によって[従って]. [L＝from the hypothesis]

ex·i·gence /éksəʤəns/ *n* EXIGENCY.

ex·i·gen·cy /éksəʤ(ə)nsi, ɪɡzíʤ-/ *n* 緊急性, 急迫, 危急, 緊急事態, 急場; [ᵘ*pl*] 急迫[切迫]した事情, (焦眉の)急: in this ～ この危急の際に / meet the *exigencies* of the moment 急迫した情勢に対処する.

ex·i·gent /éksəʤənt/ *a* **1** 緊急の, 危急の (critical), 急迫した (pressing). **2** 過度の[法外な]要求をする, 苛酷な; しきりに要求する 〈*of* rest〉; せちがらい (exacting). ♦ **～·ly** *adv* [L (*exigo* to EXACT)]

ex·i·gi·ble /éksəʤəb(ə)l, ɛ́ɡzə-/ *a* 強要[要求]できる 〈*against, from*〉.

ex·ig·u·ous /ɪɡzíɡjuəs, ɪks-/ *a* 微々たる, 乏しい, 少ない, 貧弱な. ♦ **～·ly** *adv* **～·ness** *n* **ex·i·gu·i·ty** /èksɪɡjúːəti, ɛ̀ɡzɪ-/ *n* [L (*exigo* to weigh exactly; cf. EXACT)]

ex·ile /ɛ́ɡzàɪl, éks-/ *n* **1** 《自分の国・町・村・家からの》追放, 流罪, 流刑; 《自分の意志による》長期の異境[異郷]生活, 亡命; [the E-] バビロニア捕囚 (the BABYLONIAN CAPTIVITY): a place of ～ 流刑の地 / go into ～ 追放[流浪]の身となる, 亡命する / live in ～ 流刑[亡命]生活を送る / send sb into ～ 人を追放する. **2** 国外[他郷]に追放された人, 流人; 異郷生活者, 亡命者, 故郷を離れた人, 古巣を追われた人, 流浪者 (cf. TAX EXILE). ► *vt* [ᵘ*pass*] (国外[他郷]に)追放する, 流罪に処する; 追い出す: He was ～*d from* his country [*to* Australia]. 故国から[オーストラリアへ]追放された / ～ one*self* 流浪する, 亡命する. ♦ **éx·il·er** *n* [OF<L＝banishment]

ex·il·ian /ɛɡzíliən/ *a* EXILIC.

ex·il·ic /ɛɡzílɪk/ *a* 追放(の民)の, 《特に ユダヤ人の》バビロニア捕囚の[に関する].

Ex-Im Bank /éksɪmbæ̀ŋk/ EXPORT-IMPORT BANK OF THE UNITED STATES.

ex·im·i·ous /ɛɡzímiəs/ *a* 《古》 卓越した.

ex·ine /éksiːn, -sàɪn/ *n* 〔植〕 外膜, 外壁 (＝*exosporium*) 《胞子や花粉の主な 2 層の膜のうち外側のもの》.

ex·ist /ɪɡzíst/ *vi* 存在する, 現存する; 〈特殊な条件または場所に〉ある, 現われる (be, occur) 〈*in, on*〉; 存続する; 生存する, 生命を維持する; 《やっと》暮らしていく 〈*on* one's pension〉; 〔哲〕 存在する, 実存する. ● **～ as**…として[の形で]存在する. [C17 ? 逆成く↓]

ex·ís·tence *n* **1** 存在; 実在, 現在, 現存; 〔哲〕 実存: I believe in the ～ of ghosts. 幽霊の実在を信じている. **2** 生存, 《特に 逆境での》生活; 存在のしかた, 生活ぶり: lead a peaceful [dangerous] ～ 平和[危険]な生活をする. **3** 全存在物; 個体的存在物. **4** 《廃》《うわべでなく》実体, 実質. ● **bring** [**call**] **into ～** 生じさせる, 生み出す; 成立させる. **come into ～** 生まれる; 成立する. **go out of ～** 消滅する, なくなる. **in ～** 世にある, 現存の, 存在する (existing). **put …out of ～** …を絶滅させる, 殺す. [OF or L (*existo* (redupl)く *sto* to stand)]

ex·ís·tent *a* 存在[実在]する; 現存する (existing); 現行の, 目下の (current): the ～ circumstances 目下の事情. ► *n* 存在するもの[人].

ex·is·ten·tial /ɛ̀ɡzɪsténʃ(ə)l, èksɪs-/ *a* 存在に関する, 存在を表わす; 生活[経験]に基づいた; 〔哲〕 実存的な; 〔哲〕 実存主義(者)の (existentialist): ～ propositions 〔論〕 存在命題. ♦ **～·ly** *adv* [L; ⇨ EXISTENCE]

existéntial·ìsm *n* 〔哲〕 実存主義. ♦ **-ist** *n, a* 実存主義者; 実存主義(者)の; 実存的な (existential). **èx·is·tèn·tial·ís·tic** *a* **-ti·cal·ly** *adv* [G (↑)]

existéntial psychólogy 実存心理学.

existéntial quántifier [**óperator**] 〔論〕 存在記号, 特称記号 《記号∃; opp. *universal quantifier*》.

exíst·ing *attrib a* 現存する, 既存の, 既成の; 現在の, 現行の: ～ homes sales 中古住宅販売(額).

ex·it[1] /éɡzət, éks-/ *n* **1** 出口 (way outᴵᴵ); *《高速道路などの》出口 (opp. *access*). **2 a** 《俳優などの》退場; 《政治家などの》退陣, 退職; 外出[退出, 出国](の自由[権利]); 撤退, 敗退; 死去 (death): make one's ～ 退去[退出, 退場]する; 死ぬ. **b** 〔電算〕 《プログラムなどの》終了; 〔トランプ〕 逃げ打ち 《ブリッジなどで LEAD[1] 権が自分のものにならないように札を出すこと》, 《そのために出す》逃げ札. **3** [E-] 〔英〕 エグジット 《末期患者などの意志に基づく安楽死合法化を求める団体》. ► *vi* 出て行く, 去る; 死ぬ; 〔電算〕 《プログラムを》終了する, 《サイトから》出る 〈*from*〉; 〔トランプ〕 逃げ打ちする. ► *vt* 《口》 〈建物・部屋・舞台など〉から出る, 立ち去る, 出て行く, 〈車など〉から降りる (leave); 〔電算〕 〈プログラムを〉終了する. ♦ **～·less** *a* [L (*exit- exeo* to go out)]

exit[2] *vi* 〔劇〕 《ト書(ト書き)で》 退場する (opp. *enter*) (cf. EXEUNT, MANENT, MANET): *E*～ Hamlet. ハムレット退場. [L (3rd sg pres ind)く↑]

ex·i·tance /éksətəns/ *n* 〔理〕 《物体表面における光・放射などの》発散度.

éxit ìnterview 退職者面接 《今後の参考のために退職者に面接して退社の理由や会社へのコメントなどを聞くこと》.

éxit pèrmit 出国許可(証).

éxit pòll 出口調査 《選挙結果の予測のため, 投票を済ませて投票所から出てきた人に対して実施するアンケート調査》. ♦ **～·ing** *n*

éxit pùpil 〔光〕 射出ひとみ.

éxit stràtegy 出口戦略 《戦争や経済危機・株式投資などにおいて損害や不利益を最小限にとどめて撤退するための戦略》.

éxit sùrvey EXIT POLL; 《会社・店舗・空港・駅などの出口でさまざまなテーマへの意見や好みを尋ねる》出口アンケート.

éxit tàx 《かつてソ連で国外への移住者に課した》出国税.

ex·i·tus ac·ta pro·bat /éksɪtʊ̀s ɑ́ːktɑː próːbɑ̀ːt/ 結果が行為を正当化する. [L]

éxit vìsa 出国査証.

ex li·bris /ɛks líːbrɪs, -rìːs/ *n* (*pl* ～) 蔵書票, 書票, エクスリブリス (bookplate) 《略 **ex lib.**》. ► *adv* …の蔵書から. [L＝from the books (of)]

ex-li·brism /ɛkslíːbrɪ̀z(ə)m/ *n* 書票[蔵書票]収集.

ex-li·brist /ɛkslíːbrɪst/ *n* (蔵)書票収集者.

ex me·ro mo·tu /ɛ̀ks mérou móutu/ 単なる衝動で; 自分から進んで. [L]

Ex·moor /éksmʊ̀ər, -mɔ̀ːr/ **1** エクスムア 《イングランドの Somerset 州から Devon 州にわたる高原地方で, 国立公園 **Éxmoor Nátional Párk** がある》. **2** エクスムア種(の羊) 《食用》; エクスムア種(の馬) 《小型》.

ex ne·ces·si·ta·te rei /ɛ̀ks nekèsɪtáːtɛ réɪ(ìː)/ 事件の必要から; 緊急の場合であるため. [L]

Éx·ner's cénter /éksnərz-/ 〔解〕 エクスナー中枢 《大脳の一次運動皮質の運動連合野》. [Siegmund *Exner* (1846–1926) オーストリアの生理学者]

èx néw *adv, a* 〔証券〕 新株落ち(で[の]) 《略 **ex n.**, xn》.

ex ni·hi·lo /ɛks níː(h)əlòu, -ní(h)ə-, -náɪ-/ *adv, a* 無から(の). [L＝from nothing]

ex ni·hi·lo ni·hil fit /ɛ̀ks níhɪlòu níhɪ̀l fít/ 無からは何も生じない. [L]

exo- /ɛ́ksoʊ, -sə/, **ex-** /ɛ́ks/ *comb form*「外(部)…」「産出」(opp. *endo-*). [Gk *exō* outside]

èxo·átmosphere *n* EXOSPHERE. ♦ **-atmosphéric** *a*

èxo·biólogy *n* 宇宙生物学 (astrobiology). ♦ **-gist** *n* **-biológical** *a*

éxo·càrp *n*〘植〙外果皮 (cf. ENDOCARP, MESOCARP).

èxo·céntric *a*〘言〙外心的な (opp. *endocentric*): an ～ construction 外心構造《全体としての機能がその構成要素のいずれとも異なる語群[複合語]; 例: He is *at work*; bittersweet》.

Ex·o·cet /ɛ́ksousèt; *F* ɛgzɔsɛ/〘商標〙エグゾセ《フランス製対艦巡航ミサイル》.

exo·crine /ɛ́ksəkrən, -kràɪn, -krì:n/ *a*〘生理〙外分泌を行なう; 外分泌腺の. ► *n* 外分泌物; EXOCRINE GLAND. [Gk *krinō* to sift]

éxocrine glànd〘生理〙外分泌腺.

ex·o·cri·nol·o·gy /ɛ̀ksəkrɪnáləʤi, -kràɪ-/ *n* 外分泌学.

éxo·cùticle *n*〘昆〙外角皮, 外表皮, 外クチクラ《中間層》.

èxo·cýclic *a*〘化〙環の外に位置する, 環外….

èxo·cy·tó·sis /-saɪtóusəs/ *n* (*pl* **-ses** /-sì:z/)〘生〙開口分泌, エキソサイトーシス《細胞の小胞体内の物質を小胞体膜と形質膜の融合により分泌する作用》. ♦ **èxo·cy·tót·ic** /-tát-/ *a*

Exod.〘聖〙Exodus.

exó·dèrm *n*〘植〙EXODERMIS;〘発生〙ECTODERM. ♦ **èxo·dérmal** *a*

èxo·dérmis *n*〘植〙外皮, 外被.

ex·odon·tia /ɛ̀ksədánʃ(i)ə/, **ex·odon·tics** /-dántɪks/ *n*〘歯〙抜歯(術). ♦ **-tist** /-dántɪst/ *n*

ex·o·dus /ɛ́ksədəs/ *n* **1**《多くの人の》集団的脱出[移動],《移民などの》大量出国. **2 a** [the E-] イスラエル人のエジプト脱出. **b** [E-]〘聖〙出(しゅつ)エジプト記《旧約聖書の The Second Book of Moses, called ～; 略 Ex., Exod.》. [L<Gk EX[2]*odus* (*hodos* way)]

èxo·eléctron *n* エキソ電子《応力の下で金属表面から放出される電子》.

èxo·énzyme *n*〘生化〙(細胞)外酵素 (ectoenzyme).

exo·er·gic /ɛ̀ksouə́:rʤɪk/ *a*〘理·化〙エネルギーを放出する, 発熱の (exothermic) (opp. *endoergic*): ～ reaction 発熱反応.

èxo·erythrocýtic *a*〘医〙〈マラリア原虫の発育期が〉赤血球外における.

ex of·fi·cio /ɛ̀ks əfíʃiòʊ, -si-/ *adv, a* 職権上(の), 職権による, 職権上兼帯する《略 e.o., **ex off.**》: be an ～ chairman 職権上議長を兼務する. [L=from office]

ex·og·a·my /ɛksɑ́gəmi/ *n*〘社〙外婚(制), 族外婚 (opp. *endogamy*);〘生〙異系交配. ♦ **ex·óg·a·mous** *a* **ex·o·gam·ic** /ɛ̀ksəgǽmɪk/ *a* [*-gamy*]

ex·o·gen /ɛ́ksəʤən/ *n*〘植〙外生植物《双子葉植物 (dicotyledon) の旧称》.

èxo·génic *a*〘地質〙EXOGENOUS.

ex·og·e·nous /ɛksáʤənəs/ *a*〘植〙外生の;〘医·生化〙〈肥満·感染などが〉外因[外来](性)の; 外部集団[社会]の;〘地質〙〈岩石が〉外成の, 表成の《地表で形成された》. ♦ **～·ly** *adv*

èxo·hórmone *n*〘生化〙外ホルモン《体外に分泌され他の動物に対しホルモン様作用をする》.

ex·ómphalos *n*〘医〙へそヘルニア.

ex·on[1] /ɛ́ksàn/ *n*《英国王室の4人の》親衛兵長, 近衛伍長 (=*exempt*)《上官不在の時には交代で指揮を執る》. [F *exempt* の発音つづり]

exon[2] *n*〘生化〙エクソン《最終的にタンパク質または RNA として発現する遺伝子中のポリヌクレオチド配列; cf. INTRON》. ♦ **ex·on·ic** /ɛksánɪk/ *a*

ex·on·er·ate /ɪgzánərèɪt/ *vt*〈人〉の容疑を晴らす〈sb *of* [*from*] a charge〉;〈人を義務·責任·困難などから〉免除する, 解放する〈sb *of* [*from*] duty〉. ♦ **ex·òn·er·á·tion** *n* 無実の罪を晴らすこと; (義務の)免除, 責任解除, 免責. **ex·ón·er·à·tive** /; -rət-/ *a* **-à·tor** *n* [L (*oner- onus* load)]

Éxon-Flório amèndment [clàuse, provìsion] [the]〘米〙エクソン-フロリオ修正[条項, 規定]《外国企業による国家安全保障をそこなうような企業買収·合弁を阻止しうる権限を大統領に与える, 包括通商·競争力強化法の規定; 1988 年成立》.

èxo·núclease *n*〘生化〙エキソヌクレアーゼ《分子鎖の末端から順次ヌクレオチドを除去して核酸を分解する酵素; cf. ENDONUCLEASE》.

exo·nu·cle·o·lyt·ic /ɛ̀ksoun(j)ù:kliəlítɪk/ *a*〘生化〙外ヌクレオチド鎖分解性の.

èxo·nú·mia /-n(j)ú:miə/ *n pl* 硬貨·紙幣以外のメダル·レッテル·クーポン類.

èxo·nú·mist /-n(j)ú:mɪst, ⌐⌐⌐‒/ *n* メダル·レッテル·クーポン類 (exonumia) 専門家[蒐集者].

ex·o·nym /ɛ́ksənɪ̀m/ *n* 外国人[語]による地名の異名, 外国語地名. [*ex-*[1], *-onym*]

èxo·péptidase *n*〘生化〙エキソペプチダーゼ《ポリペプチド鎖の末端からペプチド結合を加水分解する一群の酵素の一つ; cf. ENDOPEPTIDASE》.

èxo·perídium *n*〘植〙外子殻《子殻が2層のときの外側のもの》.

èxo·phílic *a*〘生態〙人間環境から独立した, 外親性の. ♦ **ex·oph·i·ly** /ɛksáfəli/ *n*

ex·oph·o·ra /ɛksáfərə/ *n*〘文法〙外部照応《名詞·代名詞などが言語外の事象を指示する場合の照応; cf. ENDOPHORA》. ♦ **exo·phor·ic** /ɛ̀ksəfɔ́(:)rɪk, -fár-/ *a*

ex·oph·thal·mic /ɛ̀ksɑfθǽlmɪk/〘医〙*a* 眼球突出(症)の; 眼球突出性の.

exophthálmic góiter〘医〙眼球突出性甲状腺腫 (=*Basedow's* [*Graves'*] *disease*)《甲状腺機能亢進症》.

ex·oph·thal·mos /ɛ̀ksɑfθǽlməs; -mɔs/, **-mus** /-məs/, **-mia** /-miə/ *n*〘医〙眼球突出(症).

éxo·plànet *n*〘天〙太陽系外惑星. ♦ **-plánetary** *a*

éxo·plàsm *n*〘生〙ECTOPLASM.

èxo·pléura *n*〘植〙《種皮が2枚ある場合の》外種皮.

ex·op·o·dite /ɛksápədàɪt/ *n*〘動〙《甲殻類の》外枝, 外肢 (opp. *endopodite*). ♦ **ex·òp·o·dít·ic** /-dít-/ *a*

exor executor.

ex·o·ra·ble /ɛ́ksərəb(ə)l/ *a* 《古》嘆願に心を動かされる.

ex·or·bi·tant /ɪgzɔ́:rbət(ə)nt/ *a* 〈欲望·要求·値段などが〉法外な, 途方もない, 過大な〈*in*〉;〈訴訟事件など〉法律の意図した範囲内にはいらない. ♦ **～·ly** *adv* **ex·ór·bi·tance,** 《古》**-cy** *n* 法外, 過度, 過大. [L; ⇨ ORBIT]

ex·or·cise, -cize /ɛ́ksɔ̀:rsàɪz, -sər-/ *vt*《祈禱·まじないによって》〈悪霊などを〉追い払う;〈人·場所〉の清めをする;〈悪い考え·記憶などを〉追い払う;《まれ》〈悪霊を〉呼び出す: ～ a demon *from* [*out of*] a house 悪魔を家から追い出す / ～ sb [a place] *of* evil spirits 人[場所]から悪霊を払って清める. ♦ **ex·or·ci·sa·tion, -za-** /ɛ̀ksɔ:rsəzéɪʃ(ə)n; -saɪ-/ *n* **-cìs·er, -cìz-** *n* EXORCIST. [F<Gk (*horkos* oath)]

ex·or·cism /ɛ́ksɔ̀:rsɪz(ə)m, -sər-/ *n* 悪魔払い; 悪魔払いの呪文[儀式].

éx·or·cist *n* 《悪魔払いの》祈禱師;〘カト〙祓魔(ふつま)師《下級聖品第三段》. ♦ **èx·or·cís·tic, -ti·cal** *a*

ex·or·di·um /ɛgzɔ́:rdiəm, ɛks-/ *n* (*pl* ～**s, -dia** /-diə/) 初め, 冒頭;《講演·説教·論文などの》前置き, 序論. ♦ **ex·ór·di·al** *a* [L EX[1]*ordior* to begin]

èxo·skéleton *n*〘動〙外骨格《カキの殻·エビの角皮や爪·ひづめなど; cf. ENDOSKELETON》. ♦ **-skéletal** *a*

èx·osmósis *n*〘化·生〙外方浸透《半透膜を通して液体が外部へ出ること》. ♦ **-osmótic** *a*

éxo·sphère *n* 外気圏, 逸出圏《大気圏の最外域; 高度約 1000 [500] km 以上の部分》. ♦ **èxo·sphéric** *a*

éxo·spòre *n*〘植〙外生胞子.

exo·spo·ri·um /ɛ̀ksəspɔ́:riəm/ *n* (*pl* **-ria** /-riə/)〘植〙EXINE.

ex·os·to·sis /ɛ̀ksastóusəs/ *n* (*pl* **-ses** /-sì:z/)〘医·獣医〙外骨腫, 外骨(腫)症;〘植〙《木の木質部表面にできる》こぶ.

ex·o·ter·ic /ɛ̀ksətérɪk/ *a* **1**《門外漢へ》開放的な, 部外者にもわかりやすい,〘宗·哲〙公教的な (opp. *esoteric*); 公開的な; 通俗的な (popular); 平凡な (simple). **2** 外の, 外部[外面]の (external). ► *n* しろうと, 門外漢, 部外者; [*pl*] 一般大衆[しろうと]にわかりやすい教理[説教, 論文]. ♦ **èx·o·tér·i·cal** *a* **-i·cal·ly** *adv* **èx·o·tér·i·cìsm** *n* **-cist** *n* [L<Gk (*exō* outside の比較級)]

èxo·thérmal *a* EXOTHERMIC. ♦ **～·ly** *adv*

èxo·thérmic *a*〘理·化〙発熱を伴う[による], 発熱の (=*exoergic*) (opp. *endothermic*). ♦ **-thér·mi·cal·ly** *adv* **-thèr·mí·ci·ty** *n*

ex·ot·ic /ɪgzátɪk/ *a* **1 a** 外国産の, 外来の (foreign);《古》外国の, 異国の. **b** 異国情緒の, 異国風の; 風変わりな, 珍しい, 奇抜な; ストリップショーの. **2**〈燃料·金属など〉新種の, 新型の;〘核物〙エキゾチックな《通常と異なる粒子からなる》: ～ atoms [resonances] エキゾチック原子[共鳴]. ► *n* (*pl* ～**s, -i·ca** /-kə/) 異国風の[風変わりな]もの[人]; 外来植物, 外来語《など》; EXOTIC DANCER; [E-] EXOTIC SHORTHAIR. ♦ **-i·cal·ly** *adv* **～·ness** *n* [L<Gk (*exo-*)]

ex·ot·i·ca /ɪgzátɪkə/ *n pl* 異国風の[風変わりな]もの; 異国趣味の文学作品[美術作品]; 奇習. [L (neut pl)<↑]

exótic dáncer ヌードダンサー.

ex·ot·i·cism /ɪgzátəsɪ̀z(ə)m/, **ex·o·tism** /ɛ́gzətɪ̀z(ə)m, ɛ́ksə-/ *n*《芸術上の》異国趣味; 異国風, 異国情緒; 異国特有の語法[表現].

Exótic shórthair〘猫〙エキゾチックショートヘア《ペルシア猫と American shorthair の交配種; 体型などはペルシア猫で, 被毛だけが短い》.

èxo·tóxin *n*〘生化〙(菌体)外毒素. ♦ **-tóxic** *a*

exo·tro·pia /ɛ̀ksətróupiə/ *n*〘医〙外斜視 (walleye).

exp. expense(s) ♦ experience ♦ experiment ♦ experimental ♦ expiration ♦ expiry ♦ exponent ♦〘数〙exponential ♦ export, exported ♦ exportation ♦〘写〙exposures ♦ express.

ex·pand /ɪkspǽnd/ *vt* **1** 広げる (spread out); 拡張[拡大]する (enlarge); 膨張させる, ふくらませる: ～ wings 翼を広げる / ～ a business 商売を拡張する / ～ one's chest 胸を(鍛えて)発達させる; 胸を(吸気で)ふくらませる / Heat ～*s* metal. 熱は金属を膨張させる. **2**

〈観念などを〉発展[展開, 進展]させる (develop); 〈要旨・草稿などを〉詳述[敷衍(ふえん), 拡充]する; 略さずに書く; 〘数〙展開する; 〘電算〙展開する, 戻す, 復活させる《ディレクトリー構造の階層表示などで, 非表示にした階層を再び表示させること; cf. COLLAPSE》. **3** 〈心を〉広くする, 伸ばす. ► *vi* **1** (伸び)広がる; 膨張する (opp. *contract*); 発展する (develop) 〈*into*〉. **2** 〈心が〉ひらける 〈*with* knowledge〉; 〈人が〉うちとける, 陽気になる, おおらかな気持になる. **3** 詳説する 〈*on*〉. ♦ **~·able, ~·ible** *a* 伸張[展開]できる; 膨張しうる[しやすい]; 発展性のある. **expànd·abílity** *n* 拡張性; 発展性. [L (*pans- pando* to spread)]

expánd·ed *a* 拡大された, 膨張した; 〘印〙〈活字・字体が〉エキスパンドの《字幅がやや広い字体》; 〈翼が〉広げられた; 発泡させた〈プラスチック〉.

expánded cínema INTERMEDIA.

expánded mémory 〘電算〙EMS メモリー《EMS 仕様によって利用されるメモリー》.

expánded métal エキスパンデッドメタル《網目状に伸展した薄板二次製品; 一般・床用・コンクリート下地用》.

expánded plástic 発泡プラスチック (=*foamed plastic, plastic foam*)《多孔質樹脂》.

expánded ténse 〘文法〙拡充時制, 進行形.

expánd·er *n* EXPAND する人[もの, 装置]; 〘機〙管ひろげ, エキスパンダー; 〘医〙増量剤 (=*extender*); エキスパンダー《筋肉を鍛えるための器具》; 〘電子工〙伸長器.

expánd·ing úniverse 〘天〙膨張する宇宙.

expánding úniverse thèory 〘天〙膨張宇宙論.

ex·panse /ɪkspǽns/ *n* **1** (さえぎるもののない)広大な広がり; 広々とした区域; 大空, 穹窿 (firmament): an ~ of water 広々とした水面; 広大な水域 / the boundless ~ of the ocean 限りなく広がる大洋 / the blue ~ 青空, 蒼穹. **2** EXPANSION. [NL (pp) < EXPAND]

ex·pán·si·ble *a* EXPANDABLE. ♦ **ex·pàn·si·bíl·i·ty** *n* 伸張力[性]; 膨張力, 発展性[力]; 〘理・化〙膨張性.

ex·pan·sile /ɪkspǽnsəl, -sàɪl; -sàɪl/ *a* 拡張[拡大]の, 拡張[拡大]できる, 膨張性の.

ex·pan·sion /ɪkspǽnʃ(ə)n/ *n* **1 a** 拡大, 拡張, 伸展, 伸張, 膨張; 〘機〙《内燃機関や蒸気機関のシリンダー内のガスなどの》膨張. **b** [〈*a*〉] 〘スポ〙連盟拡充による[伴う]〈チーム・選手選抜〉. **2 a** 広がったさま; 広がり, 広々とした表面. **b** 広げられたもの[部分]; 広がった量[度合い, 範囲]. **3** 敷衍(したもの), 詳述(したもの); (縮約しない)完全表記; 〘数・論〙展開(式). ♦ **~·al** *a* [L; ⇨ EXPAND]

expánsion·àry /; -(ə)ri/ *a* 拡大性の, 膨張性の; EXPANSIONISM の.

expánsion bòlt 〘機〙開きボルト.

expánsion càrd [bòard] 〘電子工〙拡張カード, 拡張ボード[基板]《スロットに挿入して用いる付加回路を組み込んだ機能拡張・追加用の基板; 単に card ともいう》.

expánsion·ìsm *n* 《領土の》拡張主義; 《商取引・通貨などの》膨張主義[論]. ♦ **-ist** *n, a* **ex·pàn·sion·ís·tic** *a*

expánsion jòint 〘建・機〙伸縮継手, 伸縮[収縮]継目, 《コンクリートの膨張などを吸収する》伸縮[膨張, 収縮]目地, 《骨組などの》エキスパンションジョイント.

expánsion slòt 〘電算〙拡張スロット《機能拡張用の回路基板を挿入するコンピューター本体のスロット》.

ex·pan·sive /ɪkspǽnsɪv/ *a* **1 a** 膨張力のある, 膨張性の; 拡張的な; 展開的な; 拡大[膨張]主義の. **b** 〘機〙膨張[伸張]を応用する. **2** 広々とした, 広大な; 多岐にわたる, 多角的な. **3 a** 心の広い, 包容力の大きい; のんびりした, 屈託のない, 開放的な, おおらかな; 悠々とした, 余裕のある, ゆったりした. **b** ぜいたくな, 豪勢な. **c** 〘精神医〙発揚妄想の, 誇大妄想の. ♦ **~·ly** *adv* **~·ness** *n*

ex·pan·siv·i·ty /èkspænsívəti/ *n* EXPANSIVE な性質[状態]; 膨張[伸張]力; 〘理〙膨張係数 (=*coefficient of expansion*).

ex par·te /ɛks pá:rti/ *adv, a* 〘法〙当事者の一方に偏して[た]; 一方的に[な]. [L]

ex·pat /ékspæt, ━ ́/ *n*[II] 《口》 EXPATRIATE.

ex·pa·ti·ate /ɛkspéɪʃièɪt/ *vi* 詳細に説く[話す], 長々と論ずる 〈*on* a subject〉; 自由に動きまわる[活動する]. ♦ **-à·tor** *n* **ex·pà·ti·á·tion** *n* 詳細な説明, 詳説, 敷衍(ふえん). [L *ex-*[1](*spatior* to walk about < *spatium* SPACE)]

ex·pa·tri·ate *n* /ɛkspéɪtriət, -trièɪt, -pǽt-/ 国外在住者; 国外に追放された人; 国籍離脱者. ► *a* /-triət, -trièɪt/ 国籍を離脱した; 国外在住の. ► *v* /-péɪtrièɪt; -pǽt-/ *vt* 国外に追放する: ~ one*self* (外国へ)移住する, 《特に 帰化するため》国籍を離脱する. ► *vi* 《まれ》生国を離れる; 生国の国籍を離脱する. [L (*patria* native land)]

ex·pà·tri·á·tion *n* 国外追放; 国外移住; 〘法〙国籍離脱: the right of ~ 国籍離脱権.

ex·pa·tri·a·tism /ɛkspéɪtriətɪz(ə)m; -pǽt-/ *n* 国外在住; 国籍離脱.

ex·pect /ɪkspékt/ *vt* **1** 予期する, 予想する, 見込む; 〈人・知らせが〉来るものと思う; …するつもりである 〈*to do*〉: We ~ a storm. あらしが来ると思う / when least ~*ed* 思いがけない時に / I will ~ you (*for* dinner) (next week). (来週)(夕食に)お待ちしています / Don't ~ me. わたし(が来るの)をあてにしないでください / I will not ~ you till I see you. 好きな時においでなさい / *E*~ me back when you see me. 《口》いつ戻るかわからない / I ~ *to* finish this by tomorrow. 明日までにこれを終えるつもりだ / I ~ him *to* come. =I ~ (*that*) he will come. 彼が来るだろうと思っている / I ~ there *to* be [~ *that* there will be] no argument about it. これには議論の余地はなかろうと思っている. ★ expect されるものは良いものとは限らない: ~ the worst 最悪を予期する. **2** (当然の事として)期待する, 〈…することを〉期する, 求める: I ~ you *to* obey. =I ~ your obedience. =I ~ *that* you will obey. きみは(当然)おとなしくするのですよ / You are ~*ing* too much of him. 彼への期待が大きすぎる / Blessed is he who ~*s* nothing, for he shall never be disappointed. 期待せざる者は幸いなり, 失望することなければなり《Pope のことば》/ England ~*s* that every man will do his DUTY. / As might be ~*ed* of a gentleman, he was as good as his word. さすが紳士だけあって彼はりっぱに言責を果たした / I will do what is ~*ed* of me [my duty]. 期待に背かない[本分を尽くす]覚悟です / It's (only) to be ~*ed*. 《口》それは全く当然のことです / What (else) can [do] you ~? 《口》何も驚く[失望する]ことじゃない / How do [can] you ~…? 《口》…なんかできる[ある]わけない. **3** 《口》…と思う (think, suppose, guess): I ~ *to go* there. そこに行こうと思う / Will he come today?—Yes, I ~ so.—No, I don't ~ so. =No, I ~ not. 今日来るでしょうかーええ, 来るでしょうーいや, 来ないでしょう. **4** 《古》待つ (wait for). ► *vi* 期待する; 《古》待つ.
● **be ~ing (a baby [a child])** 《口》妊娠中[おめでた]である, 近々赤ちゃんが生まれる. ♦ **~·able** *a* **~·ably** *adv* **~·ed** *a* 予想された; 期待された; 予定(どおり)の: ~*ed* earnings 収益見込み. **~·ed·ly** *adv* **~·ed·ness** *n* [L *ex-*[1](*specto* to look)=to look forward to]

expéct·ancy, -ance *n* 予期[期待, 待望]すること; 予期[期待, 待望]されること[もの]; 見込み; 〘法〙将来財産権; 《統計に基づく》予測数量: LIFE EXPECTANCY.

expéct·ant *a* **1** 期待している, 待ち設けている 〈*of*〉; [*attrib*] 近くこどもが生まれる, 妊娠中の, おめでたの; 〘法〙将来入手できる(可能性のある), 期待の: an ~ look [pause] (返答などを)期待して待つ表情[話の間] / ~ *of* something hopeful 何か希望に満ちたものを期待して / an ~ father こどもが生まれるのを心待ちにしている父親 / an ~ mother 妊婦 / an ~ heir 《家督の》期待相続人. **2** 成り行きを待つ: an ~ treatment [method] 〘医〙期待療法, 対症[自然]療法 / an ~ policy 日和見(ひより)政策 / an ~ attitude 傍観的態度. ► *n* 期待[待望]している人; 《聖職などの》志望者, 候補者; 〘法〙期待相続人. ♦ **~·ly** *adv*

ex·pec·ta·tion /èkspɛktéɪʃ(ə)n/ *n* **1 a** 予想, 予期, 見込み; 期待, 待望: according to ~(*s*) 予想どおりに / in line with ~(*s*) 期待どおりに / on ~*s* of [that]…を予期して / against [contrary to] (all) ~(*s*) 予期に反して / beyond (all) ~(*s*) 予想以上に / in ~ (当然来る[はいる]ものとして)期待されて[して] / in (the) ~ of [that]…(であること)を予想して, 見越して / with ~ (of…を)期待して / exceed [surpass] sb's ~*s* 予想[期待]を超える / meet [come up to] sb's ~*s* 人の期待に添う, 予想どおりになる / fall short of sb's ~*s* 期待はずれになる, 予想を下回る / *E*~ is better than realization. 《諺》期待は実現にまさる. **b** [°*pl*] 予想[期待]される事柄, 有望な見込み, 《特に》見込まれる遺産相続: have great ~*s* / GREAT EXPECTATIONS. **2** 公算, 確率, 《特に 統計に基づいた》予測数量; 〘統〙期待値 (expected value): There is little ~ *of* [*that*]…の[である]可能性はほとんどない. ♦ **~·al** *a*

expectátion of lífe [the] LIFE EXPECTANCY.

ex·pect·a·tive /ɪkspéktətɪv/ *a* 期待の; 期待の的である; 〘教会〙聖職禄の復帰権の. ► *n* 期待されるもの; 〘教会〙空位の聖職禄.

expéct·ed utílity 〘統〙期待効用.

expécted válue 〘統〙期待値.

ex·pec·to·rant /ɪkspékt(ə)r(ə)nt/ *a* 〘医〙粘液[《特に》痰(たん)]を喀出(かくしゅつ)する, 去痰性の. ► *n* 去痰薬.

ex·pec·to·rate /ɪkspéktərèɪt/ *vt, vi* 〈痰・血を〉喀出する; つばを吐く. ♦ **-rà·tor** *n* **ex·pèc·to·rá·tion** *n* 痰[つば]を吐くこと, 喀出, 喀痰; 喀出物《痰・血・つばなど》. [L (*pector- pectus* breast)]

ex pe·de Her·cu·lem /ɛks péde hérkulèm/ ヘーラクレースの足から(彼の大きさを推し測ることができる); 部分から全体を推し測ることができる. [L]

ex·pe·di·en·cy /ɪkspí:diənsi/, **-ence** *n* **1 a** 便宜, 好都合; 適切(さ). **b** 方便, 便法; (打算的な)便宜主義, (功利的な)ご都合主義; (あくどい)私利追求 (=*self-interest*). **2** 《廃》急ぐこと (haste); 《廃》(急[慎重]を要する)事業, 企て (enterprise).

ex·pé·di·ent *a* **1** 便宜の, 好都合の, 得策な; 当を得た, 適切な: You'll find it ~ to see him. 彼に会うのが得策とわかるだろう. **2** (打算的な)ご都合主義の, 方便的な, 政略的な (politic); 私利をはかる. ► *n* (打算的な)手段, 方便; (当座しのぎの)便法, 臨機の処置: resort to an ~ 便法を講じる. ♦ **~·ly** *adv* [L; ⇨ EXPEDITE]

ex·pe·di·en·tial /ɪkspì:diénʃ(ə)l/ *a* 便宜上の, ご都合主義の, 方便的な.

ex·pe·dite /ékspədàɪt/ *vt* **1** はかどらせる, 促進する, 迅速化する

(speed up); 〈仕事などを〉手早く片付ける[処理する]. **2**《まれ》〈教書・公文を〉発する, 送る (issue), [*fig*] 〈弾薬・使者など〉送り出す[派遣する]. ► 《古》 *a* すぐ使える; 〈道路など〉障害物のない; 〈動作が〉のびやかな; 〈人・行動など〉てきぱきした, 迅速[敏速]な; 〈方法など〉速効の, 速やかな; 〈兵隊など〉身軽な, 軽装の. [L EX[1]*pedit- -pedio* (*ped- pes* foot)=to free the feet, put in order]

éx·pe·dìt·er, -dì·tor *n* 促進する人[もの]; 原料供給係; 《特に生産・製品積み出しの》督促係, 促進係.

ex·pe·di·tion /ɛ̀kspədíʃ(ə)n/ *n* **1 a** 《探検・戦闘など明確な目的のための》長い旅[航海], 長征, 遠征; 遠出; 遠征に送り出すこと, 派遣; 遠征に出発すること: an antarctic exploring ~ 南極探検旅行 / go on an ~ (to...へ) 遠征の旅に出る / make [mount, undertake] an ~ 遠征する. **b** 遠征隊, 遠征艦隊[船団]. **2** 遊覧旅行, 遊山, お出かけ: go on a shopping ~. **3** 急速, 迅速: use ~ 急ぐ, てきぱきやる / (do sth) *with* ~ 迅速に[さっさと](する). ♦ **~·er** *n*

expedítion·àry /; -(ə)ri/ *a* 遠征の; 〈軍隊が〉海外に派遣された: an ~ force 派遣軍.

ex·pe·di·tious /ɛ̀kspədíʃəs/ *a* 速くて能率的な, 迅速な, てきぱきとした. ♦ **~·ly** *adv* **~·ness** *n*

ex·pel /ɪkspɛ́l/ *vt* (-ll-) **1** 《強大な力で》放出[排出]する, 〈ガスなどを〉噴出する, 押し出す; 〈老廃物などを〉排出[排泄, 除去]する; 〈弾丸を〉発射する. **2** 追い出す, 追い払う, 駆逐する (drive out); 放逐[免職, 除名]する (dismiss): ~ an invader *from* a country 侵入者を国外へ追い払う / be *expelled from* school 放校処分をうける.
♦ **ex·pél·la·ble** *a* **ex·pél·ler** *n* [+][*pl*] 《豆類の》搾油かす《飼料用》. [L (*puls- pello* to drive)]

ex·pél·lant, -lent *a* 駆除力のある. ► *n* 駆除剤.

ex·pel·lee /ɛ̀kspɛ̀líː, ɪks-/ *n* 追放された人; 国外に追放された人《特に人種的につながりのある他国に移された人》.

ex·pend /ɪkspɛ́nd/ *vt* **1** 〈金・時間・労力などを〉費やす, 消費する; 使いつくす (use up): ~ money [care, energy, time, thought] *on* [*in, for*] sth [*in doing*]. **2**〔海〕〈余りのロープを〉円柱などに巻きつける. ♦ **~·er** *n* [L (*pens- pendo* to weigh)]

expénd·able *a* 消費[消耗]してよい, 費消できる, 消耗用の, 使い捨ての, 代用のきく; 保存に値しない; 〔軍〕〈物資・兵器が〉使用[消費]認可の; 〔軍〕〈兵力・資材など〉犠牲にしてもよい. ► *n* [^{u}*pl*] 消耗品; 《作戦目的達成のための》犠牲, 捨て石《兵員または物資》. ♦ **-ably** *adv* **expènd·abílity** *n*

ex·pend·i·ture /ɪkspɛ́ndɪtʃər, *-dətʃʊ̀r, *-dət(j)ʊ̀r/ *n* 支出; 《金銭・時間・労力などの》消費; 出費, 経費, 費用, 支出額; 消費量; 消費時間[労力]: annual ~ 年間支出, 《国・公共団体の》歳出 / current [extraordinary] ~ 経常[臨時]費 / revenue and ~ 収支 / ~ *on* armaments 軍事費. [*expenditor* (obs) にならって *expend* から]

ex·pense /ɪkspɛ́ns/ *n* **1** 《金・時間などを》費やすこと, 支出; 出費, 経費, 費用 (expenditure): at public ~ 公費で / at an ~ of $55 55ドル使って / spare no ~ 金に糸目をつけない / No ~ should be spared for books. 本代を惜しむな / Blow the ~! 《俗》費用なんかかまうもんか. **2** [^{u}*pl*] 所要経費, 実費, ...費, 手当: incur an ~ 経費がかかる / meet [cover] ~*s* かかった金額を払う / put sth on ~*s* 所要経費につける[で落とす] / Keep ~*s* as low as possible. 費用をできるだけ切り詰めなさい / school ~*s* 学費 / social ~*s* 交際費 / travel ~*s**=travelling ~*s*" 旅行経費, 旅費 / the ~*s* of production 生産費 / all-~*s*-paid=ALL-EXPENSE. **3** 金のかかるもの[こと]. **4** 損失; 迷惑, 犠牲. ● **at any ~** どんなに費用がかかっても; どんな犠牲を払っても (at any cost). **at sb's ~** 人の費用で, ...持ちで; 人に損失[迷惑]をかけて, 人を犠牲[だし]にして: They laughed [amused them*selves*] *at* his ~. 彼をからかって笑った[おもしろがった]. **at one's (own) ~** 自費で, 自腹を切って; 自分を犠牲にして. **at the ~ of...** が費用を負担して; ...を犠牲にして; ...という犠牲を払って: *at the ~ of* the firm=*at the* firm's ~ 会社持ちで / He did it *at the ~ of* his health. 健康を犠牲にしてそれをやった / *at the ~ of* repetition 重複を顧みずに. **go to any ~** 金に糸目をつけない, 手間ひまを惜しまない. **go to ~** (to do)=**go to the ~ of** (do*ing*) (...するのに)金をつかう. **put sb to ~**=**put sb to the ~ of** (do*ing*) 人に費用を負担させる, 金をつかわせる. ► *vt* ...に必要経費を請求する; 費用勘定につける, 必要経費で落とす. ♦ **~·less** *a* [OF<L; ⇨ EXPEND]

expénse-accòunt *a* 費用勘定の, 交際費の, 社用族(向け)の: ~ dinners.

expénse accòunt 費用勘定《業務上の必要経費を会社・雇い主が払い戻す勘定; その記録》; 費用勘定金, 交際費.

ex·pen·sive /ɪkspɛ́nsɪv/ *a* 費用のかかる; 高価な, 不経済な, ぜいたくな (costly); 損失の大きい, 高くつく: It's too ~ for me to buy. 高すぎて買えない / an ~ shop (金のかかる)高級店 / come ~ 高くつく / an ~ mistake 手痛い誤り, 痛恨のミス. ♦ **~·ly** *adv* 費用をかけて, 高価に. **~·ness** *n*

ex·pe·ri·ence /ɪkspíəriəns/ *n* **1 a** 経験, 体験: learn [know, speak] *from* past ~ 過去の経験によって学ぶ[知る, 話す] / some ~ *of* hang-gliding ハンググライダーによる多少の滑空体験 (cf. 1b) / *E*~ tells. 経験がものを言う / *E*~ teaches. 人は経験で利口になる / *E*~ is the best teacher. 《諺》経験は最良の師 / *E*~ is the mother [father] of wisdom. 《諺》経験は知恵の母[父] / *E*~ is the teacher of fools. 《諺》経験は愚人の教師なり《賢者は経験せずとも学ぶ》. **b** 経験内容《経験によって得た知識・能力・技能》: gain [get] one's ~ 経験を身につける / some ~ *in* teaching 多少の教職経験 (cf. 1a) / a man of ripe ~ 経験豊富な人. **2** 体験した事柄[できごと]; [the... ~] 《時代・民族などの》共通[共有]体験; [*pl*] 経験談; [*pl*] 宗教的体験; 《俗》麻薬の効果; 異常な事: have an interesting [a painful] ~ おもしろい[苦しい]経験をする / put...down [chalk...up] to ~ 〈不快なことを〉《何事も経験だと》冷静に受け止める, 割り切る / *the* black ~ 黒人の体験(してきた歴史). **3**〔哲〕経験《広義の対象・事象などを知覚その他を通して認識する過程, または その成果としての知識》.
► *vt* 経験する, 体験する; 経験して知る 〈*how, that*〉: ~ great hardships 非常な難儀にあう / ~ RELIGION. ♦ **~·able** *a* **~·less** *a* **-enc·er** *n* [OF<L (EX[1]*pert- -perior* to try, prove)]

ex·pé·ri·enced *a* 経験のある, 経験を積んだ, 場数を踏んだ; 老練な: have an ~ eye 目がきく, 眼識が高い / a man ~ *in* teaching 教職の経験を積んだ人.

expérience mèeting 《教会の》信仰体験座談会.

expérience tàble 〔生保〕経験死亡表 (MORTALITY TABLE).

ex·pe·ri·en·tial /ɪkspìəriɛ́nʃ(ə)l/ *a* 経験(上)の, 経験に基づいた[から引き出した], 経験的な. ♦ **~·ly** *adv* [*inferential* などの類推で *experience* より]

experiéntial·ìsm *n* 〔哲〕《認識論の》経験主義《あらゆる知識は経験から得られるとする》. ♦ **-ist** *n, a*

experiéntial philósophy 〔哲〕経験哲学 (EXPERIENTIALISM).

ex·per·i·ment *n* /ɪkspɛ́rəmənt/ **1** 《科学上の》実験; 《実地の》試験, 試み; 試し (test); 《廃》EXPERIENCE: a new ~ *in* education 教育上の新しい試み / learn *by* ~ 実験して知る / make [carry out] an ~ *on* [*in, with*]...に関して実験をする. **2** 実験[測定]装置.
► *vi* /ɪkspɛ́rəmɛ̀nt/ 実験する 〈*with* a new method; *in* painting〉: ~ *on* [*with*] mice 《薬などの効果を知るために》マウスで実験する.
♦ **-mènt·er, -mèn·tor** *n* [OF or L; ⇨ EXPERIENCE]

ex·per·i·men·tal /ɪkspɛ̀rəmɛ́ntl/ *a* **1** 実験に基づく, 実験の; 実験用の; 実験的な, 試験的な, 試みの: an ~ rocket 実験用ロケット / an ~ theater 実験劇場 / ~ philosophy 実験[経験]哲学 / an ~ science 実験科学 / an ~ chemist 実験化学者. **2** 経験に基づく, 経験的な (empirical) (cf. OBSERVATIONAL). ♦ **~·ly** *adv*

experiméntal·ìsm *n* 実験主義, 経験主義, 《特に》INSTRUMENTALISM; 実験好き, 新しい経験[手法]を試すのが好きなこと.
♦ **-ist** *n, a*

experiméntal·ìze *vi* 実験をする.

experiméntal psychólogy 実験心理学.

ex·per·i·men·ta·tion /ɪkspɛ̀rəmɛntéɪʃ(ə)n, -mɛn-/ *n* 実験 〈*in, with*〉; 実験法.

expérimenter effèct 〔心〕実験者効果《実験者の属性・予見などが結果に及ぼす影響》.

expériment stàtion 農事試験場, 生物実験場, 気象実験場, 《各種の》実験[試験]場.

ex·pert /ɛ́kspəːrt/ *n* **1** 専門家, 熟練者, 達人, くろうと 〈*in, at, on* an art〉 (opp. *amateur*); 〔米軍〕特級射手(の階級) (cf. SHARPSHOOTER, MARKSMAN): a linguistic ~ 語学の専門家 / a mining ~ 鉱山技師. **2** [the] 《豪口》羊毛刈り小屋の機械[刃物]係. ► *a* /, ɪkspə́ːrt/ **1** 熟練した, 老練な 〈*in, at, on*〉; 専門家である; 専門家からの[としての]: an ~ surgeon 専門の外科医 / ~ evidence 専門家による証拠, 専門家の証言 / be ~ *in* the use of rifles ライフルの使用法に熟練している. **2** 巧妙な〈製作品など〉. ► *vt* **1** ...のために専門的助言[指導]を与える. **2** 《口》専門家として...を研究[調査]する. ► *vi* 〈...の〉専門家である[として活動する] 〈*at, on*〉. ♦ **~·ly** *adv* じょうずに, 巧妙に, 専門家の手腕で. **~·ness** *n* 練達. [OF<L; ⇨ EXPERIENCE]

ex·per·tise[1] /ɛ̀kspərtíːz, *-s/ *n* 専門家の意見[評, 判断]; 《実際的な》専門技術[知識], 熟練の技 〈*in*〉. [F (*expert*)]

éxpert·ìsm *n* 《実際的な》専門技術, 専門知識, 練達の技 (expertise).

éxpert·ìze, -ìse[2] *vi* 《十分に検討したうえで》専門的意見を述べる, 鑑定する. ► *vt* ...に専門的判断を下す. [*expert*]

ex·per·to cre·de /ɛkspɛ́rtoʊ kréɪdɛ/ [**cre·di·te** /-kréɪdɪtɛ̀/] 経験した人を信ぜよ. [L]

éxpert sýstem 〔電算〕エキスパートシステム《知識データベースをもとに, 医師・弁護士・技術者などの専門家の役割をコンピューターが代行するソフトウェア》.

éxpert wítness 〔法〕専門家証人, 鑑定証人, 鑑定人《医師など, 特定分野の専門家》.

ex·pi·a·ble /ɛ́kspiəb(ə)l/ *a* 償うことのできる.

ex·pi·ate /ɛ́kspièɪt/ *vt* **1** 〈罪・あやまちなどを〉償う, ...の償いをする; ...に対する罰金を払う[罰をうける]: ~ one*self* 罪滅ぼしをする. **2** 《廃》消す, 終わらせる, やめさせる. ► *vi* 償いをする. ♦ **-à·tor** *n* [L *ex*[1]-(*pio* to seek to appease < PIOUS)]

ex·pi·a·tion /ɛ̀kspiéɪʃ(ə)n/ *n* 罪滅ぼし, 罪のあがない, 償い, 贖罪;

償いの方法: in ~ of one's sin [crime] 罪滅ぼしに. ◆ ~·al *a*
ex·pi·a·to·ry /ékspiətɔ̀:ri; -t(ə)ri/ *a* 償いをする, 償いの意味での; 補償として有効な.
ex·pi·ra·tion /èkspəréɪʃ(ə)n/ *n* **1** 終結; 《期間などの》満了, 《権利などの》失効 (expiry): at [on] the ~ of the term 満期の際に. **2 a** 息を吐き出すこと, 呼気作用, 〖生理〗呼息 (opp. *inspiration*); 呼気; 呼気音. **b** 《古》最後の息を吐く[引き取る]こと, 最期.
expirátion dàte* 有効[使用]期限; 店頭販売期限; 満了日, 満期(日).
ex·pir·a·to·ry /ɪkspáɪərətɔ̀:ri; -t(ə)ri/ *a* 呼気(作用)の, 呼息(性)の, 息を吐き出す; 呼気の強さによる〈アクセント〉.
ex·pire /ɪkspáɪər/ *vi* **1** 満期になる, 終了する; 〈契約・権利などが〉(満期になって)失効[消失]する, 期限が切れる. **2** 息を吐く (opp. *inspire*); 《文》息を引き取る, 死ぬ; 〈灯火などが〉消える. ► *vt* 〈息を〉吐き出す; 呼気のように吐き出す; 《古》〈匂いなどを〉放つ. ◆ **ex·pír·er** *n* [OF<L (*spiro* to breathe)]
ex·pír·ing *a* 満了[終了]の; 息を引き取ろうとしている〈人・動物〉, 今はの(際の)〈ひと息・ことば〉, 消えようとしている〈炎〉; 息を吐く. ◆ ~·**ly** *adv* 息を引き取ろうとしている人のように.
ex·pi·ry /ɪkspáɪəri, *ékspəri/ *n* **1 a** 消滅; 終結; 《期間の》満了, 満期 (expiration): at [on] the ~ of the term 満期に当たって[の際に]. **b** 《古》臨終, 死. **2** 呼気作用.
expíry dàte‖ EXPIRATION DATE.
ex·pis·cate /ékspəskèɪt/ *vt* 《スコ》手を尽くして捜し出す.
ex·plain /ɪkspléɪn/ *vt* 〈事実などを〉説明する, 明白にする; 解明する, (論理的に)証明する; 〈章句などを〉解釈する; 〈行為・立場などを〉釈明する (account for): Will you ~ this rule *to* me? / We ~*ed* (*to* him) *that* it was impossible. / I cannot ~ his behavior. 何が彼の行動の原因なのかわたしには説明できない / That ~*s* his absence [why he was absent]. それで彼の欠席の理由が読めた. ► *vi* 説明[解釈, 釈明, 弁明]する: I can ~. 《誤解されそうな状況で》これにはわけがあるんだ. ● ~ **away** 〈困難な立場・失言・失態などを〉うまく釈明する, ことば巧みに言い抜ける; 《なんでもないと》説明して片付ける. ~ **oneself** 自分の言っていることの意味を明らかにする; 自分の行為(の動機)を弁明[釈明]する. ◆ ~·**able** *a* ~·**er** *n* [L *explano* to flatten (*planus* flat); 語形は PLAIN[1] に同化]
ex·pla·na·tion /èksplənéɪʃ(ə)n/ *n* **1** 説明, 解説, 釈明, 弁解; 説明となる言明[事実, 事情]; 《説明によって明らかにされた》意味: by way of ~ 説明として / in ~ of…の説明として, …の釈明に / give an ~ *for* one's delay 遅延の理由を述べる. **2** 《誤解や見解の相違を解くための》話し合い; 和解.
ex·plan·a·tive /ɪksplǽnətɪv/ *a* EXPLANATORY. ◆ ~·**ly** *adv*
ex·plan·a·to·ry /ɪksplǽnətɔ̀:ri; -t(ə)ri/ *a* 説明のための, 説明的な, 説明に役立つ〈*of*〉; 説明したがる: ~ notes 注釈 / an ~ title (映画の)字幕. ◆ **ex·plàn·a·tó·ri·ly** /; ɪksplǽnət(ə)rɪli/ *adv*
ex·plánt /ɛks-/ *vt* 〖生〗〈動植物の生きた細胞群・組織片を〉外植する. ► *n* /⌐—⌐/ 外植片, 外植体, エクスプラント. ◆ **èx·plan·tá·tion** *n* 外植, 外移植.
ex·ple·tive /éksplətɪv; ɪksplí:tɪv/ *a* **1** 単に補足的な, つけたりの. **2** ののしりの間投詞の多い[目立つ]. ► *n* **1 a** 〖文法〗虚辞 (it rains の it, there is no doubt の there など 単に補足的な助辞). **b** 《詩の行を埋める》補充語句. **2** 《しばしば無意味な》(卑俗な[卑猥な, ののしりの])間投詞的な語[句, 表現] (Damn!, My goodness! など): ~ deleted [°*joc*] 強意の卑語削除 (印刷物で卑猥な語句が削除されたことを示す; 公表された Watergate 事件のテープに頻出した表現). **3** 《まれ》補充[補足]的なもの. [L (EX-[1] *plet*- -*pleo* to fill out)]
ex·ple·to·ry /éksplətɔ̀:ri; ɪksplí:t(ə)ri/ *a* EXPLETIVE.
ex·pli·ca·ble /ɛksplíkəb(ə)l, éksplɪkə-/ *a* 説明できる, 説明のつく. ◆ **-bly** *adv* [L (EX-[1] *plicit*- -*plico* to unfold)]
ex·pli·cate /éksplәkèɪt/ *vt* 解説する, 詳説する; (…の意味を)はっきりさせる, 解明する, 解釈する; 〈命題などを〉解析する (analyze); 〈仮説などを〉展開する (develop). ◆ **èx·pli·cá·tion** *n* 解説, 詳説, 詳述; 解明, 解釈, 解析. **-cà·tor** *n*
ex·pli·ca·tion de texte /*F* ɛksplikasjɔ̃ də tɛkst/ (*pl* **ex·pli·ca·tions de texte** /—/) テクスト分析.
ex·pli·ca·tive /ɛksplíkətɪv, *éksplәkèɪtɪv, ‖-plәkә-/ *a* 説明する, 解説的な. ► *n* 解説式; 解説的表現. ◆ ~·**ly** *adv*
ex·pli·ca·to·ry /ɛksplíkətɔ̀:ri, éksplɪkətɔ̀:ri; ɛksplíkət(ə)ri, éksplɪkèɪ-/ *a* EXPLICATIVE.
ex·plic·it[1] /ɪksplísәt/ *a* **1** 明示的な, 明確な, はっきりした (opp. *implicit*); 〈人が〉率直な, はっきり言う〈*about, in*〉; 《性・暴力の表現が》あからさまな, 露骨な, どぎつい; 十分に展開した, 系統立った: an ~ content 露骨な[どぎつい]内容[表現]. **2** 〖数〗陽関数表示の, 陽の (opp. *implicit*). **3** 現金支出を伴う. ◆ ~·**ly** *adv* ~·**ness** *n* [F or L; ⇨ EXPLICABLE]
ex·pli·cit[2] /éksplәkɪt, ɪksplísәt/ *n* 「完」「終わり」《古写本や初期刊本で時に著者名などと共に巻末[章末]に記されたことば》; 巻末[末尾]語. [L=unfolded, i.e. here ends]
explícit fáith [belíef] 《教義などを理解したうえでの》明示的信仰.
explícit fúnction 〖数〗陽関数 (opp. *implicit function*).
ex·plode /ɪksplóʊd/ *vt* 爆発[爆裂]させる; 〈迷信・デマ・学説・理論などの誤りをあばく, 論破する; 〖音〗破裂音として発音する; 《古》〈俳優・歌手などを〉やじって舞台から引っ込ませる. ► *vi* 爆発[爆裂]する; 破裂する; 《文》〈雷が〉とどろく; 〈人が〉激昂[爆笑]する, 〈感情が〉激発する; 〈事が〉急に様相を変える〈*into*〉, 〈人口などが〉爆発的に増える; 〈…を〉どっと[大量に]産み出す〈*with*〉; 急に勢いよく動く; 〖音〗破裂音として発音される: ~ *into* uproar 大騒ぎになる / They ~*d with* laughter [anger]. 彼らはどっと笑った[一斉におこり出した] / ~ out of the closet いきなり押入れから飛び出す. ● ~ **a** BOMBSHELL. ◆ **ex·plód·able** *a* [L EX-[1] *plos*- -*plodo* to hiss off the stage; ⇨ PLAUDIT]
ex·plód·ed *a* 分解した部分の相互関係を示す: an ~ diagram [view] 《機械などの》分解組立図.
ex·plod·ent /ɪksplóʊdnt/ *n* EXPLOSIVE.
ex·plód·er *n* 爆発させる人[もの]; 起爆装置, 点火器 (雷管・起爆用発電機など).
ex·plód·ing stár 〖天〗爆発する星 (新星・超新星などのように急激に光度を増す変光星).
ex·ploit[1] /éksplɔɪt, *ɪksplɔ́ɪt/ *n* [[U]*pl*] 偉業, 手柄, 功績. [ME=outcome, success < ↓]
ex·ploit[2] /ɪksplɔ́ɪt, *éksplɔ̀ɪt/ *vt* **1** 〈鉱山・土地・天然資源などを〉開発[開拓]する; 〈持ち味などを〉活かす, 活用する; 〖広告〗〈製品・商品〉の市場性を開発する[高める], 宣伝する. **2** 〈人(の労働力)などを〉食い物にする, 搾取する; 都合よく[いいように]利用する. ◆ ~·**able** *a* ~·**er** *n* **exploit·abílity** *n* [OF<L; ⇨ EXPLICABLE]
explóit·age *n* EXPLOITATION.
ex·ploi·ta·tion /èksplɔɪtéɪʃ(ə)n/ *n* **1** 活用; 《天然資源の》開発; 《商品などの》市場性開発, 宣伝; ニュース性の利用. **2** 私利をはかる利用, 搾取; 〖生態〗《異種生物間での》搾取作用, とりこみ: sexual ~ 性的搾取 (特に子供を売春・ポルノなどに使うこと).
ex·ploit·ative /ɪksplɔ́ɪtətɪv, *éksplɔɪ-/ *a* 資源開発の; 搾取的な. ◆ ~·**ly** *adv*
ex·ploit·ive /ɪksplɔ́ɪtɪv/ *a* EXPLOITATIVE.
ex·plo·ra·tion /èkspləréɪʃ(ə)n, *-plɔ:-/ *n* 探検, 踏査, 探査; 《問題などの》調査, 探究; 〖医〗診査, 探査, 検査; 〖鉱〗探鉱. ◆ ~·**al** *a*
ex·plor·ative /ɪksplɔ́:rətɪv/ *a* EXPLORATORY. ◆ ~·**ly** *adv*
ex·plor·ato·ry /ɪksplɔ́:rətɔ̀:ri; -t(ə)ri/ *a* (実地)踏査の, 探検[探査]の; 調査[探究]のための; 〖医〗診査[探査]の; 予備的な, 入門的な.
ex·plore /ɪksplɔ́:r/ *vt* **1 a** 探検[踏査, 探査, 探索]する; 探訪する; 〖医〗〈傷・器官などを〉診査[探査]する. **b** 〈問題などを〉探究する, 調査する. **c** 〈未体験のものを〉試してみる. **2** 《手などで》さわって[触れて]みる, 手探りする; 《廃》捜し求める, 探る. ► *vi* 組織的調査をする〈*for*〉; 探検[探査]する. ◆ **ex·plór·able** *a* [F<L EX-[1] *ploro* to search out]
ex·plór·er *n* **1** 探検家, 探究者, 調査者; [E-] 〖米〗エクスプローラー (Boy Scouts of America による職業意識の育成などを目的とするプログラムに参加している 14–20 歳の男女). **2** 〖医〗《傷・歯髄腔などの》診査器具, エキスプローラー, 《特に》探査針. **3** [E-] エクスプローラー (米国の初期の科学衛星 (1958–75)). **4** [E-] 〖電算〗エクスプローラー (Windows で, ファイルやフォルダーを管理するツール).
ex·plo·si·ble /ɪksplóʊzəb(ə)l, -sə-/ *a* 爆発させることのできる, 爆発性の. ◆ **ex·plò·si·bíl·i·ty** *n*
ex·plo·sion /ɪksplóʊʒ(ə)n/ *n* 爆発(音), 突然の大音響; 《怒り・笑いなどの》爆発; 急激な変化, 激増, 急騰; 〖音〗《閉鎖音の》破裂. [L *explosio* act of driving off by clapping; ⇨ EXPLODE]
explósion shòt 〖ゴルフ〗イクスプロージョンショット (砂を巻き上げるように打つ, バンカーからの打球法).
ex·plo·sive /ɪksplóʊsɪv/ *a* 爆発(性)の; 起爆(性)の; 爆発によって作動する; 爆発時の圧力を利用する〈溶接・成形など〉; 爆発的な; かんしゃく持ちの; 一触即発の, 危険な; 〖音〗破裂音の. ► *n* 爆発物, 爆薬; 〖精神医〗爆発性精神病質人, 爆発人[者]; 〖音〗破裂音. ◆ ~·**ly** *adv* ~·**ness** *n*
explósive evolútion 〖生〗爆発的進化 (短期間にある類から爆発的に多数の類が生ずる現象).
ex·po /ékspoʊ/ *n* (*pl* ~**s**) 展覧会, 博覧会; [E-] 万国博覧会, 万博. [*exposition*]
ex·pon·ence /ɪkspóʊnəns, *ékspòʊ-/ *n* 〖言〗具現 (cf. EXPONENT).
ex·pó·nent /, *ékspòʊ-/ *n* **1** 《教義などの》解説者, 《芸術についての》解釈者, 演奏家; 《思想・手法などの》擁護者, 唱道者. **2** 典型的[象徴的]な人[もの], 代表的存在; 名手, 達人; 〖言〗具現形 (範疇の具体形; 名詞に対する boy など); 〖数〗累乗の指数, 冪(べき)指数. ► *a* 説明的な, 解釈的な (explaining). [L EX-[1] *pono* to put out, EXPOUND]
ex·po·nen·tial /èkspənénʃ(ə)l/ *a* 〖数〗指数の; 〈増加などが〉指数関数的な, 急激な; 解説者の, 唱道者の. ► *n* 〖数〗指数関数 (=~ fúnction). ◆ ~·**ly** *adv*
exponéntial cúrve 〖数〗指数曲線.
exponéntial distribútion 〖統〗指数分布.
exponéntial equátion 〖数〗指数方程式.
exponéntial hórn 指数ホーン, エキスポーネンシャルホーン (形状が指数関数曲線のスピーカーホーン).

ex·po·nen·ti·a·tion /èkspənènʃiéɪʃ(ə)n/ *n* 〘数〙累乗(法), 冪法 (=*involution*). ◆ **èx·po·nén·ti·àte** *vt* 累乗する.

ex·po·ni·ble /ɪkspóunəb(ə)l/ *a* 説明できる; さらに説明が必要な. ► *n* 〘論〙説明の要る命題.

ex·port *vt, vi* /ɛkspɔ́:rt, ⌐⌐/ 輸出する (opp. *import*); 《まれ》運び去る; 〘電算〙〈アプリケーションがデータを〉他のアプリケーションで使用できるようにフォーマット(して出力)する, エクスポートする (cf. IMPORT). ► *n* /⌐⌐/ 輸出; [°*pl*] 輸出品[用役]; [ᵘ*pl*] 輸出(総)額; [〈*a*〉] 輸出(用)の. ◆ **ex·pórt·able** *a* 輸出できる, 輸出向きの. **expòrt·abílity** *n* **expórt·er** *n* 輸出者[商, 業者]. [L *ex*-¹(*porto* to carry)]

ex·por·ta·tion /èkspɔ:rtéɪʃ(ə)n, *-pər-/ *n* 輸出; *輸出品.

éxport-ímport bànk 輸出入銀行; [Export-Import Bank (of the United States)] 合衆国輸出入銀行《1934 年設立; 略 Ex-Im Bank》.

éxport rèject 輸出品としての品質規準に達しない国内向け商品.

ex·pos·al /ɪkspóuz(ə)l/ *n* EXPOSURE.

ex·pose¹ /ɪkspóuz/ *vt* **1 a** 〈日光・風雨・攻撃・危険などに〉さらす; 〘史〙〈子供などを〉路傍に捨てる: a situation ～*d to* every wind 吹きさらしの位置 / ～ one*self to* ridicule あざけりを浴びる. **b** 〈人〉に…を触れさせる[経験させる], …の影響をうけさせる; 〘写〙〈フィルムなどを〉露光する, 感光させる; [*pass*] 〈家などを〉向ける 〈*to*〉: ～ kids *to* arts and culture 子供を芸術や文化に触れさせる. **2 a** 人目にさらす, あらわにする, 公表する, 出陳[陳列]する; 〘教会〙〈聖遺物を〉公開する, 顕示する; 〘トランプ〙《しばしば ルールに反して》〈札を〉見せる, 開く: ～ oneself 《人前で》陰部を露出する. **b** 公然と売りに出す: ～ goods *for* [*to*] sale. **3** 〈罪・悪事などを〉暴露する, あばく (disclose); 〈人〉の正体をあばく, 化けの皮をはがす (unmask): ～ a secret 秘密をあばく / ～ sb *as* a fraud …が詐欺師であることをあばく. ◆ **ex·pós·er** *n* [OF<L (*pono* to put)]

ex·po·sé, ex·po·se² /èkspouzéɪ, -spə-; ɪkspóuzeɪ/ *n* 《醜聞などの》暴露, すっぱ抜き; 暴露記事[本, 発言]; 詳述, 解説. [F (pp) <↑]

ex·pósed *a* 《危険などに》さらされた; 絶縁されていない; むきだしの, 露出した; 〘登山〙切り立った岩壁における; 〘トランプ〙〈札が〉開かれた.

ex·pos·it /ɪkspázət/ *vt* EXPOUND.

ex·po·si·tion /èkspəzíʃ(ə)n/ *n* **1** 《聖遺物・秘仏などの》公開, 開帳, 顕示; 展示会, 展覧会, 《しばしば 国際的規模の》博覧会: a world ～ 万国博覧会. **2** 説明, 解説, 注解; 《劇などの》序説的説明部, 《ソナタ・フーガの》提示部. **3** 〘医〙《臓器などの病菌などに対する》暴露; 《乳幼児の》遺棄. ◆ **～·al** *a* [OF or L; ⇨ EXPOSE¹]

ex·pos·i·tive /ɪkspázətɪv/ *a* 解説[説明, 注解]の, 説明[解説]的な.

ex·pos·i·tor /ɪkspázətər/ *n* 説明者, 解説者.

ex·pos·i·to·ry /ɪkspázətɔ̀:ri; -t(ə)ri/ *a* 解説の; 釈義的な: ～ writing 解説文.

ex post /ɛks póust/ *a* 事後の, 事後的な (opp. *ex ante*).

ex post fac·to /éks pòust fǽktou/ *a, adv* 〘法〙事後の[に], 遡及(そきゅう)的な[に]: an ～ law 事後法. [L=from what is done afterwards]

ex·pos·tu·late /ɪkspástʃəlèɪt; -tjʊ-/ *vi* いさめる, さとす, 説諭する, 忠告する 〈*with* sb *on* [*about, against, for*] sth〉. ► *vt* 《廃》論ずる. ◆ **ex·pòs·tu·lá·tion** *n* 忠告; [°*pl*] 忠言, いさめ(のことば). **ex·pós·tu·là·tor** *n* **-la·to·ry** /ɪkspástʃələtɔ̀:ri; -tjʊlət(ə)ri/ *a* [L (POSTULATE)]

ex·po·sure /ɪkspóuʒər/ *n* **1 a** さらす[さらされる]こと; 《特に風雨などに》さらされている状態, 曝露; 《病原菌への》曝露, 《放射線への》被曝; 損失可能状態[度, 投資額], エクスポージャー; 《乳幼児などの》遺棄: by ～ 《風雨などに》さらされて / INDECENT EXPOSURE. **b** 〘写〙露光[露出](時間); 照射(線量); 〘写〙《フィルムなどの》一コマ; 〘写〙《一コマの》露光量. **2 a** 《テレビ・ラジオなどを通じて》人前に(頻繁に)現われること; 《音楽などの》上演. **b** 人に見えるようにすること, 公開; 《商品などの》陳列; 〘トランプ〙札を見せること: ～ of person 〘法〙《裸体や陰部を露出する》公然猥褻. **c** 《感情・意見などの》表出. **3** 《秘事・悪事などの》露顕, 発覚, 暴露, 摘発: He killed him*self* on ～. 事がばれて自殺した. **4 a** 《方角・太陽・風などに対する家・部屋などの》向き, 立地: a house with a southern ～ 南向きの家. **b** 《岩石の》露出面. **c** 〘登山〙切り立った岩壁にいること(の感覚). [*enclosure* などの類推で *expose*¹ より]

expósure àge 〘天〙照射年代《隕石が地球大気に突入する以前に宇宙放射線に照射されていた期間》.

expósure mèter 〘写〙露光[露出]計 (=*light meter*).

ex·pound /ɪkspáund/ *vt* 詳細に説く; 〈特に 聖典を〉説明する, 解釈する; 〈意見などを〉述べる; 弁論によって擁護する, 弁護する. ► *vi* 意見を述べる; 説明[解説]する 〈*on, upon*〉. ◆ **～·er** *n* [OF<L (*posit*- *pono* to place)]

ex·press /ɪksprés/ *vt* **1** 〈意見・考えなどを〉表明する, 《明確に》述べる, 表現する; 〈感情などを〉表に[顔に]出す, 表わす, 〈関心などを〉示す (show, reveal); 《記号などで》〈数値・価値などを〉表示する (represent); [ᵘ*pass*/～ *-self*] 〘遺〙〈遺伝子を〉発現させる: Words cannot ～ it. ことばでは言い表わせない / ～ regret 遺憾の意を表する. **2** 急行便で送る, 急送する; ᵘ速達(郵便)で送る. **3** 〈果汁・母乳などを〉しぼり出す (press out); 〈果物などを〉しぼる; 圧搾する: ～ the juice of grapes ブドウの汁をしぼり出す / ～ poison from a wound 傷口から毒をしぼり出す. ● **～ itself** 〈感情・考えなどが〉表われる, 外に出る. **～ oneself** 自分の考えを述べる; 《特に 創造的活動によって》自己を表現する: ～ one*self in* English 英語で自分の考えを述べる / ～ one*self* (*as*) satisfied 満足の意を表わす. ► *n* **1** 《列車・バス・エレベーターの》急行便; 《スーパーマーケットの》特急レジ (express lane): travel by ～ 急行で行く《通例 train は略す》/ the ten o'clock ～ to London 10 時のロンドン行き急行(列車) / the ORIENT EXPRESS. **2** 《貨物の》急行便, 速達便, 《金の》至急送; 急行便貨物, 急送金; *急行便運送会社 (=～ **cómpany**): send by ～ 急行便で送る (cf. 3). **3** 急報, 急信; [the…E-] …エクスプレス(紙)《新聞名》; [the E-] DAILY EXPRESS; 急使, 特派; ᵘ速達郵便(配達人): send by ～ 速達で送る (cf. 2). **4** EXPRESS RIFLE. **5** 〘英史〙PONY EXPRESS. ► *a* **1 a** 明示された (expressed) (opp. *implied*); 明確な (definite), 明白な (clear): an ～ command 明示された命令 / an ～ consent 明白な承諾 / an ～ provision 《法律の》明文. **b** 目的のはっきりした; 特殊の: for the ～ purpose of…のために特に, わざわざ…のため. **c** そっくり(そのとおり)の (exact): You are the ～ image of your father. きみはお父さんにそっくりだ. **2** 急行の (cf. LOCAL¹); 高速(用)の; 急行運送(便)の; 急ぎの, 急送の; ᵘ速達郵便の: an ～ bus [train] 急行バス[列車] / an ～ ticket 急行券 / an ～ highway [route] 高速幹線道路 / an ～ message 急信 / an ～ messenger 特使; ᵘ速達配達人 / ～ post [mail] ᵘ速達郵便; *急行運送(便) / the ～ business (小荷物)急行便運送業 / an ～ truck 急行便トラック / ～ cargo 急行貨物 / offer an ～ service 特急仕上げを提供する. ► *adv* **1** 急行(列車)で (=by ～); 急行便で, ᵘ速達(郵便)で (=by ～): travel ～ 急行で行く / send a package ～ (to…) (…へ)小包を急行便[速達]で送る. **2** 《古》特別に, わざわざ (expressly). ◆ **～·er** *n* **～·ible, ～·able** *a* [OF<L EX-¹(*press- primo*=*premo* to press)=to squeeze out]

expréss·age *n* 急行便(料金), 速達(料金).

expréss delívery 速達便 (special delivery).

ex·pres·sion /ɪkspréʃ(ə)n/ *n* **1 a** 表現; 《ことばの》言いまわし, 語法; 語句, 辞句; 〘数〙式; 〘論〙表式; 〘論〙表現: give ～ to one's feelings 感情を表現する / a happy ～ 巧みな表現, うまい言いまわし / beautiful beyond [past] ～ 言いようもないほど美しい / if you'll pardon [excuse] the ～ こんな言い方が許されるなら, 品のない[陳腐な]言い方ですけれども (cf. FRENCH¹). **b** 《顔・声などの》表情 〈*of* the face, eyes〉; 《音声の》調子, 音調; 〘楽〙発想, 表出, 表現. **c** 《気持・性格・元気の》現われ; 〘遺〙(形質)発現: an ～ of thanks 感謝のしるし. **2** 圧搾, しぼり出し. ● **find ～ in**…に現われる: This desire for freedom *found* ～ *in* the French Revolution. この自由への切望がフランス革命となって現われた. ◆ **～·al** *a*

expréssion·ism *n* [°E-] 〘芸〙表現主義《19 世紀末から, 印象主義や自然主義の反動として起こった, 作家の主観的感情表現を追求しようとする芸術思潮》. ◆ **-ist** *n, a* [°E-] 表現主義の(作家). **ex·près·sion·ís·tic** *a* **-ti·cal·ly** *adv*

expréssion·less *a* 無表情な, 表情の乏しい (opp. *expressive*). ◆ **～·ly** *adv* **～·ness** *n*

expréssion màrk 〘楽〙発想記号《楽曲の表情・表現の方法を指示する記号・標語; 特に アクセント・スラー・スタッカートなど》.

expréssion stòp 〘楽〙エクスプレッションストップ《ハルモニウムの音に抑揚をつける音栓》.

ex·pres·sive /ɪksprésɪv/ *a* 表現の; 表現[感情表出]を特徴とする; …を表わす[示す] 〈*of*〉; 表現[表情]の豊かな, 感情に満ちた (opp. *expressionless*); 意味深長な: be ～ *of* joy 喜びを表わしている. ◆ **～·ly** *adv* 表情豊かに; 意味深長に. **～·ness** *n*

ex·pres·siv·i·ty /èksprèsívəti/ *n* 〘発生〙《遺伝子の》表現度《遺伝子が特定の表現型に発現する割合; cf. PENETRANCE》; 表現[表情, 感情表出, 意味]の豊かさ, 表現力.

expréss làne* **1** 高速[追越し]車線 (fast lane). **2** 特急レジ (=**expréss lìne**)《スーパーなどで, 少数品目購入者専用のレジ》.

expréss létterᵘ 速達 (special-delivery letter*).

expréss·ly *adv* 明白に, はっきりと; 特に, 特別に, わざわざ.

Expréss Màil 〘サービスマーク〙エクスプレスメール《米国郵政公社 (US Postal Service) が行なう大都市間の翌日配達郵便サービス》.

expréss·màn* /, -mən/ *n* (*pl* **-mèn** /, -mən/) 急行便運送会社員, 《特に》急行便貨物の集配運転手.

ex·pres·so /ɪksprésou/ *n* (*pl* **～s**) ESPRESSO.

expréss rìfle エクスプレスライフル《初速が大で弾道の湾曲が少ない猟銃; 近距離で大型猟獣を仕留めるのに用いる》.

expréss·wày* *n* エクスプレスウェー, 高速道路《出入りを制限し, 交差部を立体交差とした中央分離帯のある高速幹線道路; cf. FREEWAY, PARKWAY, TURNPIKE》.

ex·pro·bra·tion /èksproubréɪʃ(ə)n/ *n* 《古》とがめること, 非難, 叱責.

ex·pro·pri·ate /ɛkspróuprièɪt/ *vt* 〈人〉から所有権を取り上げる;

〈土地・財産などを〉(不正に)取り上げる, 自分のものとする, 着服[収奪]する; 収用する, 接収する, 公用収用[徴収]する: ～ sb *from* his land 人から地所の所有権を取り上げる. ♦ **-à·tor** *n* [L (*proprium* property)]

ex·pro·pri·a·tion /ɛkspròupriéɪʃ(ə)n/ *n* 《土地などの》収用, 接収, 公用収用[接収], 収用権行使; 《財産などの》取上げ, 押収.

expt experiment. **exptl** experimental.

ex·pugna·ble /ɛkspjúːnəb(ə)l, -pʌ́g-/ *a* 征服しうる, 破りうる.

ex·pulse /ɪkspʌ́ls/ *vt* EXPEL.

ex·pul·sion /ɪkspʌ́lʃ(ə)n/ *n* 追い出すこと, 追放, 放逐, 排除, 駆逐, 駆除, 除名, 除籍, 放校 〈*of* a member *from* a society〉; 〘医・畜〙駆出, 娩出. [L; ⇨ EXPEL]

expúlsion fùse 〘電〙放出ヒューズ.

expúlsion òrder 《外国人に対する》国外退去命令.

ex·pul·sive /ɪkspʌ́lsɪv/ *a* 追い出す, 追放する; 駆逐力のある, 排除性の.

ex·punc·tion /ɪkspʌ́ŋkʃ(ə)n/ *n* 抹消, 抹殺.

ex·punge /ɪkspʌ́nʤ/ *vt* 消し去る, 抹消[削除, 抹殺]する 〈*from*〉; ぬぐい取る; 破壊する, 絶滅させる. ♦ **～·ment** *n* **-púng·er** *n* [L EX[1]*punct-* -*pungo* to prick out (for deletion)]

ex·pur·gate /ɛ́kspərgèɪt/ *vt* 《発表[刊行, 上演]前に》〈書籍・脚本など〉の不穏当な[間違った]箇所を削除する: an ～*d* edition 削除版. ♦ **-gà·tor** *n* 《書籍などの》削除(訂正)者. **èx·pur·gá·tion** *n* 《不穏当な箇所の》(事前)削除. **ex·pùr·ga·tó·ri·al** *a* 削除(者)に関する; 削除的な. **ex·púr·ga·tò·ry** /; -t(ə)ri/ *a* 削除(訂正)の. [L; ⇨ PURGE]

expwy expressway.

ex·quis·ite /ɛkskwízət, ɛ́kskwɪzət/ *a* **1** 〈眺め・美しさなど〉このうえなくすばらしい, 絶美の; 〈細工・演奏など〉精妙な, みごとな(できの); 〈食べ物・ワインなど〉極上の, 美味な: an ～ day 全くすばらしい一日 / a dancer of ～ skill 絶妙の技量をもつ踊り手. **2** 鋭敏な; 洗練された; 細かく気をつかう, 繊細な: an ～ critic 鋭い批評家 / a man of ～ taste 洗練された感覚の人. **3** 〈喜び・苦痛・満足感など〉鋭い, 激しい, 強い (acute). **4** 《古》正確な. ► *n* 凝り性のしゃれ者. ♦ **～·ly** *adv* **～·ness** *n* [L EX[1]*quisit-* -*quiro* to seek out]

éx ríghts /ɛ́ks-/ *adv, a* 〘証券〙権利落ち(で[の]) (opp. *cum rights*) (cf. EX NEW) 《略 xr, x.rts》.

exrx executrix.

ex·san·gui·nate /ɛk(s)sǽŋgwənèɪt/ *vt* …から全血を採る, 放血する. ♦ **ex·sàn·gui·ná·tion** *n* 放血, 全採血.

ex·san·guine /ɛk(s)sǽŋgwən/ *a* 血のない; 貧血の.

ex·san·gui·nous /ɛk(s)sǽŋgwənəs/ *a* EXSANGUINE.

ex·scind /ɛksínd/ *vt* 切り取る, 切除する (excise).

ex·sect /ɛksɛ́kt/ *vt* 切除する (excise).

ex·sec·tion /ɛksɛ́kʃ(ə)n/ *n* 切除(術) (excision).

ex·sert /ɛksə́ːrt/ 〘生〙 *vt* 突き出す, 突き出させる. ► *a* EXSERTED. ♦ **ex·sér·tile** /-t(ə)l, -tàɪl/ *a* 突き出せる, 伸出させられる. **ex·sér·tion** *n*

exsért·ed *a* 〘生〙〈雄蕊(ずい)などが〉突出した, 伸出した, 裸出した.

éx-sérvice‖ *a* かつて軍隊に属していた; 軍払い下げの〈物資〉, 退役の〈軍人〉.

éx-sérvice·màn‖ *n* (*pl* **-mèn**) 退役軍人 (veteran*). ♦ **-wòman** *n fem*

éx shíp *adv, a* 〘貿易〙着船渡し(で[の]) 《貨物の仕向港到着まで売手が一切の費用と危険を負担し, 以後の費用と危険は買主が負担する売買条件; cf. FREE ON BOARD》.

ex·sic·cate /ɛ́ksɪkèɪt/ *vt* からからにする, 干す, 干上がらせる; …の水気をとる, 乾燥させる. ► *vi* からからになる, 乾ききる. ♦ **éx·sic·cant** *n* 乾燥剤. **éx·sic·cà·tor** *n* 乾燥剤[器]. **èx·sic·cá·tion** *n* [L (*siccus* dry)]

ex si·len·tio /ɛ̀k(s)səlɛ́nʃiòu, -sàɪ-/ *adv, a* 反証がないので[ないことによる]. [L＝from silence]

ex·solútion /ɛk(s)-/ *n* 〘鉱〙溶離, 離溶.

ex·sólve /ɛk(s)-/ *vi* 〘鉱〙溶離[離溶]する《単一相だった固溶体鉱物が低温で 2 種の固相に分離する》.

ex·stípulate /ɛk(s)-/ *a* 〘植〙托葉 (stipules) のない, 無托葉の.

ex·stro·phy /ɛ́kstrəfi/ *n* 〘医〙《器官, 特に 膀胱の》外転, 外反(症), エクストロフィー.

ext. extension ♦ exterior ♦ external(ly) ♦ extra ♦ extract.

ex·tant /ɛ́kst(ə)nt, ɛkstǽnt/ *a* 現存する, 実在の (opp. *extinct*); 〈文書などが〉今も失われずに残っている; 《古》《外に[上に]》突き出た; 《古》目立つ, 顕著な. [L *ex(s)to* to exist]

ex·ta·sy /ɛ́kstəsi/ *n* 《古》ECSTASY.

ex·tem·po·ral /ɛkstɛ́mp(ə)rəl/ *a* 《古》EXTEMPORANEOUS. ♦ **～·ly** *adv*

ex·tem·po·ra·ne·ity /ɛkstɛ̀mpərəníːəti, -néɪ-/ *n* 即座, 即席; 間に合わせ.

ex·tem·po·ra·ne·ous /ɛkstɛ̀mpəréɪniəs/ *a* 即座の, 即席の, 即興の, 準備なしの (impromptu); メモ[原稿]なしで行なう; 即興の演説[演技など]を得意とする; (原因・因果関係がわからないまま)突発的に発生する; その場しのぎの, 間に合わせの. ♦ **～·ly** *adv* **～·ness** *n*

ex·tem·po·rary /ɪkstɛ́mpərɛ̀ri; -rəri/ *a* EXTEMPORANEOUS. ♦ **-rà·ri·ness** /; -rərɪ-/ *n* **-rar·i·ly** /ɪkstɛ̀mpərɛ́rəli; -tɛ́mp(ə)rərɪli/ *adv*

ex·tem·po·re /ɪkstɛ́mpəri/ *adv, a* 準備なしに[の], 即席に[の], 即興的に[な], アドリブで[の], 間に合わせに[の]: speak ～. [L＝out of time (*tempus* time)]

ex·tem·po·ri·za·tion /ɪkstɛ̀mpərəzéɪʃ(ə)n; -ràɪ-/ *n* 即興, 即席; 即興演奏[演説など].

ex·tem·po·rize /ɪkstɛ́mpəràɪz/ *vt, vi* 即席に演説する, 即興で作曲[演奏]する, その場しのぎに作る[考え出す], その場しのぎをする. ♦ **-rìz·er** *n*

ex·ten·ci·sor /ɪkstɛ́nsàɪzər/ *n* 手指・手首の強化器具. [*extensor*＋*exerciser*]

ex·tend /ɪkstɛ́nd/ *vt* **1 a** 〈手・足などを〉伸ばす; 〈体・翼などを〉いっぱいに伸ばす, 広げる; 〈建物・土地などを〉拡張する; 〈縄・針金などを〉張る, 張り渡す (stretch); 〘軍〙散開させる: ～ one's hand (for a handshake) (握手のため)手を差し出す / ～ a rope *across* the street / ～ a wire *from* post *to* post. **b** 〈距離を〉延長する; 〈期間を〉延ばす (prolong); 〈支払い期限を〉延ばす: ～ a visit 訪問を延長する. **c** 〈速記を〉普通の文字に清書する, 反訳する. **2 a** 〈領土・勢力などを〉広げる, 拡張する (enlarge); 〈ことばの意味範囲を〉拡大する; 《廃》誇張する: ～ one's domains *to* the sea [*across* the ocean]. **b** 〈能力などを〉伸ばす; [[U]*pass*/～ -*self*] 〈馬・競技者〉に全力を出させる; 《一般に》精いっぱい努力させる: *be* ～*ed* (in…に)全力を出す / ～ one*self* (to do…するために)全力を挙げる. **3** 〈恩恵・親切・援助などを〉及ぼす, 施す, 提供する: ～ sympathy [a welcome, an invitation] *to*…に同情を表わす[…を歓迎する, 招待する] / ～ a helping hand 救いの手を差し伸べる / ～ a loan 貸す / ～ sb credit＝～credit to sb 人に信用貸しする. **4** 〘英法〙〈地所などを〉評価する (assess); 〈土地などを〉差し押える (seize). **5** 《粗悪なものを加えて》…の量を増やす, 水増し[増量, 希釈]する. **6** 〘簿〙〈数字を〉別の欄に移す; 〘簿〙…の総額[合計]を計算する. ► *vi* **1** 《空間的・時間的に》広がる, 伸びる[延びる], 及ぶ, わたる, 延在する 〈*over, across*〉; 〈影響・法律などが〉及ぶ, 届く (reach) 〈*into, to*〉: ～ for miles around 数マイルにわたる / The river ～*s to* the Japan Sea. 日本海まで達している / The conference ～*s over* five days [from Monday to Friday]. 会議は 5 日間[月曜から金曜]にわたる / This discount ～*s to* family members. この割引は家族にも適用される. **2** 〘軍〙散開する. ♦ **～·able, ～·ible** *a* **extènd·abílity, -ibílity** *n* [L EX[1]*tens-* -*tendo*; ⇨ TEND[1]]

exténd·ed *a* **1 a** いっぱいに伸ばした[広げた]; 〘競馬〙〈歩調が〉足を十分伸ばしての: ～ dislocation 拡張転移 / ～ molecule 伸長分子. **b** 〘印〙〈活字・字体が〉エキステンドの《字幅が広い字体》. **2** (期間を)延長した; 長期の: an ～ vacation. **3** 広大な, 広範な; さらに詳しい, 増補した; 〈保証などが〉(標準的なものより)拡大[延長]した; 〈語義などが〉派生的な, 拡大した. **4** 〈努力など〉精いっぱいの; 〈学習課程など〉集中的な (intensive). ♦ **～·ly** *adv* **～·ness** *n*

exténded cáre 拡張看護[管理], 拡大援護《退院後の回復期にある人あるいは障害者に対する健康管理・介護》.

exténded fámily 〘社〙拡張[拡大, 複合]家族《核家族のほかに近親を含むもの; cf. NUCLEAR FAMILY》.

exténded mémory 〘電算〙拡張メモリー《DOS のサポートする 1 MB よりも高いアドレスのメモリー》.

exténded órder 〘軍〙散開隊形 (cf. CLOSE ORDER).

exténded pláy EP 盤, 45 回転レコード《略 EP》. ♦ **exténded-pláy** *a*

extended VGA /⸗ vìːʤìːéɪ/ 〘電算〙SVGA.

exténd·er *n* EXTEND する人[もの]; 〘化・医〙増量剤[材], エキステンダー《増量・希釈・特性強化などのために添加する物質》; 《料理で》増量のために加える材料; 体質顔料; 延長部分; ‖大学公開講座の教師: ～ oil エキステンダー油(*).

ex·ten·si·ble /ɪkstɛ́nsəb(ə)l/ *a* 広げうる, 伸ばせる, 伸張性[伸展性]の(ある). ♦ **ex·tèn·si·bíl·i·ty** *n*

ex·ten·sile /ɪkstɛ́ns(ə)l, -sàɪl; -sàɪl/ *a* EXTENSIBLE.

extensimeter ⇨ EXTENSOMETER.

ex·ten·sion /ɪkstɛ́nʃ(ə)n/ *n* **1 a** 広げること, 伸長, 拡張; 《権限・範囲などの》拡大; 《影響・知識の及ぶ》範囲, 限界; 〘外科〙《骨折・脱臼・関節疾患の整復のための》牽引(法); 〘医〙《屈曲肢の》伸展. **b** 伸び, 伸張量[度], 伸張力; 〘バレエ〙《上げた脚の》伸び, 開脚(力); 〘理〙填充(てんじゅう)性《物体が空間を占める性質》. **2** 〈…の〉増設, 増築, 建増し 〈*to*〉; 伸張[延長, 拡張, 付加]部分, 《線路の》延長線; 延長コード; [*pl*] つけ毛, エクステ (＝hair ～s); 《電話の》内線(番号), 切替え電話. **3** 《期限などの》延長 〈*on*〉, 猶予(期間); 《契約・営業許可期間などの》延長 〈*to*〉. **4 a** 〘文法〙《語意などの》拡充, 敷衍(えん); 〘論〙外延 (denotation). **b** 〘数〙《体・群の》拡大, 《指数の》拡張. **5** 〘電算〙拡張子, エクステンション《ファイル名のピリオド以降の部分; 通例ファイルの種別を表わすのに用いる》. **6** 《大学などの教育機会の》拡張, 公開講座, エクステンション (＝*university extension*). ● **by ～** さらには, ひいては. ► *a* 長く伸ばせる; 延長用の. [L; ⇨ EXTEND]

exténsion àgent 〘米〙COUNTY AGENT.

ex·ten·sion·al /ɪkstɛ́nʃ(ə)n(ə)l/ *a* EXTENSION の; 〘論〙外延的な; 客観的現実に基づいた: ～ definition [logic] 外延的定義[論理

学]. ♦ ～·ly *adv* **ex·tèn·sion·ál·i·ty** *n*
exténsion còrd* **[càble**"**]** 延長[継ぎ足し]コード.
exténsion còurse 《大学などの》公開講座.
exténsion làdder 繰出し式はしご, 継ぎ足しはしご.
exténsion lèad" EXTENSION CORD.
exténsion lècture 《大学などの》公開講義.
exténsion rìng 〖写〗EXTENSION TUBE.
exténsion tàble 伸縮テーブル.
exténsion tùbe 〖写〗中間リング《クローズアップ写真を撮るためにレンズとカメラ本体の間に挿入する組合わせ可能な管》.
ex·ten·si·ty /ɪksténsəti/ *n* 伸張性, 広がり; 〖心〗空間性, 延長性.
ex·ten·sive /ɪksténsɪv/ *a* **1 a** 広い, 広大な; 広範囲な (opp. *intensive*); 長い; 完璧な, 徹底的な: ～ reading 多読 / ～ knowledge 該博な知識. **b** 〖医〗〈脱臼が〉拡張性の. **2** 大量の; 大規模な; 多数の: an ～ order 大量注文 / ～ damage from the storm 甚大な被害. **3** 〖経・農〗粗放的な (opp. *intensive*). **4** 〖論〗外延的な (extensional); 〖理〗〈変数などが〉物質の量から独立でない, 示量…. ♦ ～·ly *adv* ～·ness *n*
ex·ten·som·e·ter /èkstènsámətər/, **-sim-** /-sím-/ *n* 〖機〗伸び計《材料試験で試験片の変形量を測定する》.
ex·ten·sor /ɪksténsər/ *n* 〖解〗伸筋 (＝～ **mùscle**) (cf. FLEXOR).
ex·tent /ɪkstént/ *n* **1** 広さ, 大きさ (size); 広がり, かさ: in ～ 大きさ[広さ, 長さ]は. **2** 範囲 (scope), 程度 (degree), 限度 (limit) 〈*of* one's patience〉: to a great [large] ～ 大部分は, 大いに / to some [a certain] ～ ある点までは, ある程度は / to the ～ *of*…の程度[範囲]まで / to the full [utmost] ～ *of* one's power 力の限り, 精いっぱいに, 極度に / to such an ～ that…であるほどまでに / to the ～ that…であるかぎり; …という程度まで, …であるほどまでに. **3** 〖論〗外延 (denotation). **4 a** 《古》〖英〗《特に課税のための土地などの》評価. **b** 〖英古法〗差押令状 (writ of extent), 差押令状による財産差押[身柄拘束](権). **c** 〖米法〗差押令状《債権者に対して債務者の財産の一時的所有権を与える令状》. [AF＜L (pp)＜EXTEND]
ex·ten·u·ate /ɪksténjuèɪt/ *vt* **1 a** 〈犯罪・罪過などを〉軽くみなす, 酌量する, 軽減する: Nothing can ～ his guilt. 罪状は酌量の余地がない / *extenuating* circumstances 酌量すべき事情, 軽減事由. **b** 〈事情が〉…の言いわけとなる; 〈人が〉…について弁解する. **2** 《古》過小に評価する, みくびる. **3 a** 《古》〈人を〉やせさせる, 衰弱させる. **b** 《まれ》〈法令などの〉力[効果]を弱める. **c** 《古》〈液体・気体などを〉希薄にする. ♦ **-àt·ing·ly** *adv* **-à·tor** *n* **-à·tive** /; -ténjuət-/ *a* EXTENUATORY. [L (*tenuis* thin)]
ex·ten·u·a·tion /ɪkstènjuéɪʃ(ə)n/ *n* 情状酌量, 《罪の》軽減: He pleaded circumstances *in* ～ *of* his guilt. 情状酌量による減刑を申し立てた.
ex·tén·u·a·tò·ry /; -t(ə)ri/ *a* 酌量に役立つ, 軽減事由となる〈事情など〉; 弱める, 薄める.
ex·te·ri·or /ɪkstíəriər/ *a* **1 a** 外の, 外側の[にある, から作用する] (opp. *interior*); 外部用の, 外装用の; 外面[外観](上)の: the ～ man 《「内部の精神」に対する》外貌上の人, 人の外面. **b** 無関係な: ～ *to* one's real character 本性とは無関係の. **2** 対外的な, 外交上の. ► *n* **1** 《建物などの》外部, 外面, 外側 (outside); 外形 〈*of*〉; 外貌, 外観: Despite his tough ～, he has a heart of gold. 外見はこわそうだが心はとても優しい. **2** 〖映・テレビ・劇〗**a** 野外[屋外]風景《撮影用セット・舞台用書割(かきわり)》. **b** 《実際に外で撮影する》野外[屋外, ロケ]シーン(のフィルム). ♦ ～·ly *adv* 外側に; 外面的には). [L (compar)＜*exterus* outside]
extérior ángle 〖数〗外角.
extérior ballístics 砲外弾道学.
ex·te·ri·or·i·ty /ɪkstìərió(:)rəti, -ár-/ *n* 外面性, 外部性; 外見, 外観.
extérior·ìze *vt* 具象化する, 外面化する (externalize); 〖医〗《手術などのために》〈内臓・内部の組織を〉体外に出す. ♦ **extèrior·izá·tion** *n*
ex·ter·mi·nate /ɪkstə́:rmənèɪt/ *vt* 〈病気・思想・信仰・雑草・害虫などを〉根絶する, 絶滅させる, 皆殺しにする. ♦ **ex·tèr·mi·ná·tion** *n* 根絶, 絶滅, 皆殺し; 駆除. **ex·tér·mi·nà·tive** /; -nə-/ *a* EXTERMINATORY. [L; ⇨ TERMINUS]
exterminátion càmp 《特にナチスによる大量殺人のための》絶滅収容所 (*G* Vernichtungslager), 死の収容所 (death camp).
ex·tér·mi·nà·tor *n* 絶滅させる人[もの]; *《燻蒸による, ネズミ・ゴキブリなどの》駆除(業)者; *《害虫などの》駆除剤.
ex·tér·mi·na·tò·ry /; -t(ə)ri/ *a* 根絶的な, 絶滅的な.
ex·ter·mine /ɪkstə́:rmən/ *vt* 《廃》EXTERMINATE.
ex·tern *n* /ékstə̀:rn, "ーー/ 通い[通勤]の人, 《大学の》通学生, 通勤医師[医学生], エキスターン (cf. INTERN[2]); 《カルメル会などで》修道院内禁域外に住む修道女, 渉外修女. ► *a* /ɛkstə́:rn, ーー/ 《古》外側の[にある] (external).
ex·ter·nal /ɛkstə́:rn(ə)l, ɪks-/ *a* **1 a** 外の, 外部の, 外側の; 外部からの; 外面的な, 表面上の, うわべの (opp. *internal*); 〈機器が〉外付けの; 〈薬などが〉外用の; 〖解〗正中面から離れたところにある, (最)外側の: the ～ ear 外耳 / a medicine for ～ use [application] 外用薬 / ～ evidence 外的証拠, 外証. **b** 外国との, 対外的な: ～ trade 対外貿易. **2** 〖哲〗外界の, 現象[客観]界の; 偶然[付帯]的な, 非本質的な; 〖キ教〗形式上の, 外面的行為の: ～ objects 外物《外界に存在する事物》/ the ～ world 外界《客観的世界》. **3 a** "〈学生が〉学外で学んで試験だけ受ける; 〈学位が〉学外で学習した者に授与される: an ～ student [degree]. **b** "〈試験官が〉学外の; 〈試験が〉学外者の出題・採点による; 外部[組織外]の: an ～ examination [examiner] / an ～ auditor 社外[外部]監査役. ● ～ **to** 〈人が〉…に関係のない; 〈物が〉…の外側にある; 〈事が〉…の埒外にある. ► *n* 外部 (outside), 外面; [*pl*] 外形, 外観, 外貌, うわべ, 見かけ, 外面的特徴; 《宗教の》形式面; 外的事情: judge sb by (mere) ～*s* 人を外観(だけ)で判断する. ♦ ～·ly *adv* 外部的に, 外部から, 外面上, 外見的に(は); 学外で〈研究するなど〉. [L (*externus* outer)]
extérnal áuditory meátus 〖解〗外耳道.
extérnal cáche 〖電算〗外部キャッシュ (SECONDARY CACHE).
extérnal combústion èngine 〖機〗外燃機関 (cf. INTERNAL COMBUSTION ENGINE).
extérnal fertilizátion 〖動〗《水生動物に一般的な》体外受精; 《ヒトなどの人工的な》体外受精 (＝*in vitro fertilization*).
extérnal gálaxy 〖天〗系外銀河, 銀河系外星雲.
extérnal·ism *n* 外的であること, 外面[在]性; 外形主義; 《宗教上の》形式尊重主義; 〖哲〗外在論, 現象論. ♦ **-ist** *n*
ex·ter·nal·i·ty /èkstə:rnǽləti/ *n* 外部的[外面的]性質, 客観性; 〖哲〗外界[客観的]存在性, 外在性; 外界, 外形, 外観; 形式主義; 《あることに伴って生じる》思わぬ影響, 予期せぬ結果, 外的[副次的]影響[結果]; 〖経〗外部性, 外部効果《一つの経済活動の影響がその活動の当事者以外の個人・企業・部門などに及ぶこと》.
extèrnal·izátion *n* 外面化; *体現, 具現; *〖証券〗取引所取引 (cf. INTERNALIZATION).
extérnal·ìze *vt* 外面化する; 〈思想・概念などを〉《ことばなどによって》具現化する, 具体的に表現する, 表に出す; 〈内部的なものを〉客観化する; 表面[形式]的に扱う; 〈人を〉外向的にする; 〖心〗外的原因によるとする.
extérnal lóan 外債《外国資本市場で募集される公債》.
extérnal respirátion 〖生・生理〗外呼吸《生体と外界との間で酸素と炭酸ガスを交換する最も普通の呼吸; cf. INTERNAL RESPIRATION》.
extérnal scréw 〖機〗おねじ (male screw).
ex·ter·nat /ɪkstə́:rnæ̀t; *F* ɛkstɛrna/ *n* 通学学校 (day school). [F]
ex·terne /ékstə̀:rn/ *n* EXTERN.
éxtern·shìp *n* 《教職・工学などの学生の》学外研修.
ex·tero·cep·tive /èkstərouséptɪv/ *a* 〖生理〗外受容(性)の, 外部感受性の.
ex·tero·cep·tor /èkstərouséptər/ *n* 〖生理〗外受容器《目・耳・鼻・皮膚など; cf. INTEROCEPTOR》.
èx·terréstrial *a* EXTRATERRESTRIAL.
èx·territórial *a* EXTRATERRITORIAL. ♦ ～·ly *adv* **èx·territoriálity** *n*
ex·tinct /ɪkstíŋ(k)t, *ékstìŋ(k)t/ *a* **1** 〈生命が〉終息した; 死に絶えた, 絶滅した (opp. *extant*); 〈言語・風習・法律などが〉すたれた; 〈官職が〉廃止された; 〈爵位が〉請求権者としての適格者がない: ～ species 〖生〗絶滅種 / become ～ 絶滅する. **2** 〈火・希望が〉消えた; 活動を停止した〈火山〉(cf. ACTIVE, DORMANT): an ～ volcano 死火山, [*fig*] 以前の活力を失った人. ► *vt* 《古》EXTINGUISH. [L EX-[1](*stinct-*) -(*s*)*tinguo* to quench]
ex·tinc·tion /ɪkstíŋ(k)ʃ(ə)n/ *n* **1** 死滅, 絶滅; 《家系の》廃絶; 〖法〗《権利・義務・負債などの》消滅; 〖心〗《条件反射における反射の》消去. **2** 消火, 消灯; 〖理〗消光《**1**) 光のエネルギーの減衰 **2**) 結晶板の干渉による光の減衰》; 〖化〗《溶液の》吸光度; 〖天〗《地球大気による天体からの光の》減光.
extínction coeffìcient 〖光〗吸光係数[率].
extínction mèter 〖写〗消像式光学露出計.
ex·tinc·tive /ɪkstíŋ(k)tɪv/ *a* 消滅的な, 消滅させる(力のある): ～ prescription 〖法〗消滅時効.
ex·tine /ékstì:n, -tàɪn/ *n* EXINE.
ex·tin·guish /ɪkstíŋ(g)wɪʃ/ *vt* **1** 〈火・灯などを〉消す (put out); 《英では古》…の輝きを失わせる, 顔色なからしめる. **2** 〈生命・希望などを〉失わせる, 絶つ; 〈反対者などを〉沈黙させる, 無力にする; 〖心〗〈条件反射を〉消去する. **3** 〈慣行・官位などを〉廃止する; 〖法〗〈権利などを〉消滅させる, 無効にする, 失効させる; 〖法〗〈債務を〉《弁済などで》消滅させる. ► *vi* 《古》消える. ♦ ～·**able** *a* ～·**ment** *n* [L EXTINCT; cf. DISTINGUISH]
extínguish·ant *n* 消火剤.
extínguish·er *n* 消火器[剤] (fire extinguisher); 《ろうそく・ランプなどを消すときに用いる中空円錐形の》消灯器.
ex·tir·pate /ékstərpèɪt, *ɛkstə́:r-/ *vt* 根こそぎにする; 根絶する, 絶滅させる; 〖外科〗摘出する. ♦ **éx·tir·pà·tor** /, *ɛkstə́:r-/ *n* **éx·tir·pà·tive** /, *ɛkstə́:r-/ *a* **èx·tir·pá·tion** *n* [L *ex*(*s*)*tirpo* (*stirps* stem of tree)]
ex·tol, 《米》**-toll** /ɪkstóul/ *vt* (**-ll-**) 〈美徳・業績などを〉賞揚する, ほめたたえる, 〈人を〉激賞する 〈*as* a heroine〉: ～ sb to the skies 人を

口をきわめてほめる. ♦ **ex·tól·ler** *n* **ex·tól(l)·ment** *n* 《古》激賞. [L (*tollo* to raise)]

ex·tor·sion /ɛkstɔ́ːrʃ(ə)n, ⌐⌐—/ *n* 〘医〙《眼球などの》外方旋回, 外転.

ex·tort /ɪkstɔ́ːrt/ *vt* **1** 《脅迫・暴力・職権濫用などによって》〈金銭・約束・自白・承認などを〉無理に入手する, 強要[強請]する〈*from* sb〉; 〈法外な値段・金利などを〉要求する. **2** 〈意味などを〉こじつける (force) 〈meaning *from* words〉. ► *vi* 《古》強奪する. ♦ **~·er** *n* **ex·tórt·ive** *a* 強要[強奪]の[による]. [L (*tort- torqueo* to twist)]

ex·tor·tion /ɪkstɔ́ːrʃ(ə)n/ *n* 無理に入手する[引き出す]こと, 強要; 《特に 金銭・財物の》強奪, ふんだくり, ゆすり, たかり; 〘法〙《特に 官吏の》財物強要(罪); 強奪された[ふんだくられた]もの, 《特に》法外な掛け値. ♦ **~·er, ~·ist** *n* 強要[強請]者, ゆすり; 〘法〙財物強要罪を犯した者.

extórtion·àry /; -əri/ *a* 《古》EXTORTIONATE.

extórtion·ate *a* 強要的な, 強奪的な; 〈値段・要求などが〉法外な, 過大な. ♦ **~·ly** *adv*

ex·tra /ɛ́kstrə/ *a* **1 a** 余分の, 臨時の, 特別の: ~ pay 臨時給与 / ~ time 余分の時間 (⇨ EXTRA TIME) / an ~ edition 特別号, 臨時増刊 / an ~ inning 《野球などの》延長のイニング / an ~ train [bus] 臨時列車[バス]. **b** 追加料金での, 別勘定による: Dinner costs $50, and wine is ~. 食事代 50 ドルでワインは別料金 / ~ freight 割増し運賃. **2** 極上の; 特大の: ~ binding 特別装丁, 特装 / ~ whiteness (つやのある)極上の白 / ~ octavo 特大八折(判)判. ► *n* **1 a** 余分[特別]のもの; 特別の添えもの, おまけ; 《新聞の》号外; 余分の利益, 余禄, 余得; 余分なコピー[写し]; 〘クリケット〙エキストラ《打球以外で得た点》. **b** [°*pl*] 割増金; 別料金の商品[サービス]. **2** 臨時雇い《人》, 《特に 映画・テレビ・舞台劇などの》エキストラ. **3** *極上品. ► *adv* 余分に; 特別に, 格別に: ~ good wine 極上ワイン / try ~ hard 特別にがんばってみる. [C18 < ?*extra*ordinary]

ex·tra- /ɛ̀kstrə/ *pref* 「…外の」「…の範囲外の」 [L *extra* outside]

èxtra-atmosphéric *a* 大気圏外の.

éxtra-báse hít 〘野〙長打《二・三・本塁打》.

éxtra·bóld *n* 〘印〙エクストラボールド《非常に肉太のボールド体》.

èxtra·canónical *a* 〘聖〙正典外の.

èxtra·céllular *a* 〘生〙細胞外の[での]. ♦ **~·ly** *adv*

èxtra·chromosómal *a* 〘遺〙染色体外の(要因による): ~ inheritance 染色体外[遺伝子外]遺伝《細胞質遺伝や感染遺伝など》.

èxtra-condénsed *a* 〘印〙〈活字が〉特別に幅の狭い, エクストラコンデンスの.

èxtra·corpóreal *a* 〘生理・医〙生体の外の, 体外の: ~ circulation 体外循環 / ~ dialysis 体外(血液)透析. ♦ **~·ly** *adv*

éxtra cóver (pòint) 〘クリケット〙エキストラカバー《後衛 (cover point) と投手の左側にいる野手 (mid off) との間の守備位置; またその位置を守る野手》.

èxtra·cránial *a* 〘医〙頭蓋外の.

ex·tract *vt* /ɪkstrǽkt/ **1 a** 〈歯・栓などを〉引き抜く, 抜き取る 〈*from*〉: have a thorn ~*ed* とげを抜いてもらう. **b** / , *ɛ́kstræ̀kt/ 〈章句などを〉抜き書きする, 抜粋[引用]する; 〈書物など〉から抜粋[引用]する, 〈公文書〉の抄本を作る: ~ a passage *from* the report 報告書から一節を引く. **2** 《溶媒の使用によって》〈精分などを〉抽出する, 蒸留して取る, しぼり取る, 煎じ出す; 〈金属・鉱石・鉱物を〉抽出[採収]する. **3** 〈情報・金銭などを〉(強引に)引き出す, (やっと)手に入れる; 〈喜びなどを〉引き出す, 得る; 〈原理などを〉導き出す, 引き出す: ~ a promise [concession] 約束[譲歩]を取りつける. **4** 〘数〙〈数〉の根を求める, 開く. ► *n* /ɛ́kstræ̀kt/ **1** extract されたもの, 抽出物; 《精分を取り出して濃縮した》エキス, エッセンス; 〘石油〙エキストラクト; 〘薬〙エキス(剤): beef ~ 牛肉エキス / vanilla ~ バニラエッセンス. **2** 《書物・楽曲などからの》抜粋, 引用章句, 《公文書の》抄本. ♦ **extráct·able, -ible** *a* **extràct·abílity** *n* [L (*tract- traho* to draw)]

ex·trac·tion /ɪkstrǽkʃ(ə)n/ *n* **1 a** 抜き取り, 引抜き, 摘出(法); 〘歯〙抜去[抜歯](術), 抜去した歯. **b** 〘化〙抽出; 《薬物などの》煎じ出し; 《汁・油などの》しぼり出し; 〘鉱・冶〙採収; 〘電算〙取り出し, 解凍《圧縮ファイルからもとのファイルを復元すること》. **2 a** 抜き取ったもの; 抜粋; エキス. **b** [*pl*] 《豆類の》抽油かす《飼料用》. **3** 血統, 系統: an American of Japanese ~ 日系米人. **4** 〘数〙《根の》開方: ~ of square root 開平(法) / ~ of cubic root 開立(かいりゅう)(法).

ex·trac·tive /ɪkstrǽktɪv, *ɛ́kstræ̀ktɪv/ *a* **1 a** 抜き取り[抽出]の; 抜き取ることのできる, 抽出できる. **b** 〈鉱業・採油業・農林業など〉自然界から産物を採取する: ~ industries 採取産業. **2** エキスのような. ► *n* 抽出されたもの, 抽出できるもの, エキス; エキスから分離できる物質; 《抽出操作時に生ずる》不溶性物質; エキスのようなもの. ♦ **~·ly** *adv*

ex·trác·tor *n* **1** 抽出者; 抜粋者. **2 a** 抽出装置[器]; 《果汁などの》しぼり器; 換気[抽気]装置, 換気扇 (=~ fàn). **b** 〘歯〙抜歯鉗子, 抜歯用器械; 《後装銃の》抽筒子《薬莢抜き取り装置》.

èxtra·curricular, -currículum *a* 教科課程外の, 課外の (cf. COCURRICULAR); [°*joc*]《口》本務[本業]を離れた, 日課外の; 権限を超えた, 立場上あるまじき; *《俗》不正な, 不道徳な, 不倫の, 婚外の. ► *n* [-lar] 課外活動.

extracurrícular actívity 課外活動; 《俗》不正[不道徳]行為; 《俗》情事, 浮気; 《俗》浮気の相手の女.

éx·tra·dìt·able *a* 〈犯罪人が〉外国[他州など]に引き渡されるべき; 〈犯罪が〉引渡し処分に該当する.

ex·tra·dite /ɛ́kstrədàɪt/ *vt* 〈自国・自州などに逃げ込んだ犯罪人を〉《裁判権のある外国[他州など]に》引き渡す, 送還する; 〈外国・他州などに逃げ込んだ犯罪人〉の引渡しをうける. [逆成く↓]

ex·tra·di·tion /ɛ̀kstrədíʃ(ə)n/ *n* 〘法〙《国際間などにおける》逃亡犯罪人引渡し, 送還; 〘心〙感覚の射出. [F (TRADITION)]

éxtra dívidend 特別配当.

ex·tra·dos /ɛ́kstrədɑ̀s, -dòʊ, ɛkstréɪdɑ̀s; ɛkstréɪdɔ̀s/ *n* (*pl* ~·**es** /-dɑ̀səz/, ~ /-dòʊz, -dɑ̀s/) 〘建〙《アーチの》外輪(そとわ) (opp. *intrados*), (アーチ)背面. [F (*dos* back)]

éxtra drý *a* 〈飲み物が〉ほとんど[全く]甘味のない, 《特に》EXTRA SEC.

èxtra·dúral *a* 〘医・解〙〈出血などが〉硬膜外の.

èxtra·embryónic *a* 〘生〙胚体外の: an ~ membrane 〘動〙胚体外膜.

èxtra·galáctic *a* 〘天〙銀河系外(から)の.

extragaláctic nébula 〘天〙銀河系外星雲《EXTERNAL GALAXY の古称》.

èxtra·hepátic *a* 肝外(で)の: ~ blood flow 肝外血流(量).

èxtra-íllustrate *vt* 〈書物など〉に他の資料から絵[写真]を入れる.

èxtra·judícial *a* 〈告訴など〉裁判所の管轄外の, 司法権の及ばない; 〈証拠など〉審理中の裁判と無関係な; 〈自白が〉法廷外(で)の, 〈意見など〉裁判を離れての; 〈処刑など〉通常の法手続きを踏んでいない, 違法の: an ~ confession 法廷外の自白. ♦ **~·ly** *adv*

extrajudícial opínion 〘法〙不要の意見《当該事件の判決に必ずしも不可欠でない事項または論点外の事項について述べられた裁判所の意見》.

extra·láteral ríghts *pl* 〘鉱〙鉱脈追求権.

èxtra·légal *a* 法で規制されない, 法の枠外(で)の, 法律外の, 法外的な, 超法規的な. ♦ **~·ly** *adv*

èxtra·límit·al *a* 〈ある種の生物が〉当該地域にはいない.

èxtra·linguístic *a* 言語外の; 言語学外の. ♦ **-ti·cal·ly** *adv*

èxtra·líterary *a* 文学外の.

ex·tral·i·ty /ɛkstrǽləti/ *n* 《口》EXTRATERRITORIALITY.

èxtra·lógical *a* 論理を考慮に入れない, 論理によらない.

èxtra·lúnar *a* 月外の[にある].

èxtra·márital *a* 婚外の〈性交渉〉, 姦通の, 不倫の: have ~ relations with…と不倫関係にある. ♦ **~·ly** *adv*

èxtra·métrical *a* 〘韻〙余剰音節の《韻律上必要とされるよりも音節数が多い》.

èxtra·mitochóndrial *a* ミトコンドリア外の.

èxtra·mundáne / , ⌐⌐⌐/ *a* 地球外の, 地球大気圏外の (extraterrestrial); 物質世界[この世]の外の.

èxtra·múral *a* 都市の城壁[境界]の外の; 組織の外の; 外部団体からの; 施設[病院, 学校]外(から)の; "大学教育公開講座の; *《大学間の》非公式対抗試合の (opp. *intramural*): ~ students (通信[社会人]教育の)校外生 / ~ activities 学外活動. ♦ **~·ly** *adv*

èxtra·músical *a* 音楽外の.

ex·tra·ne·ous /ɛkstréɪniəs/ *a* 《固有のものでなく》外来の; 外側にある, (外に)付着した; 本質的部分を形成していない, 異質の, 外在的な; 的はずれの, (…とは)関連性のない, 別個の〈*to*〉; 〘数〙無縁の: ~ roots 無縁根. ♦ **~·ly** *adv* **~·ness** *n* [L; ⇨ STRANGE]

éxtra·nèt *n* 〘電算〙エクストラネット《INTRANET を限られた部外の者にもアクセスできるようにしたもの》.

èxtra·núclear *a* 《細胞中の》核外部(で)の, 核外の; 《原子の》核外の: ~ inheritance 核外遺伝 / ~ electrons.

èxtra·ócular múscle 〘解〙外眼筋.

ex·traor·di·naire /ɪkstrɔ̀ːrd(ə)nɛ́ər, ɛkstrə-/ *a* [後置] 並はずれた, 非凡な, すばらしい; 特別な, 特命の: a chef ~ カリスマシェフ. [F]

ex·traor·di·nar·i·ly /ɪkstrɔ̀ːrd(ə)nɛ́rəli, ɛ̀kstrəɔ̀ːr-; ɪkstrɔ́ːd(ə)n(ə)rɪ-, ɛ̀kstrəɔ́ː-/ *adv* 並はずれて, はなはだしく, 非常に, とびきり; 異常に, 変なふうに; 奇妙なことに.

ex·traor·di·nary /ɪkstrɔ́ːrd(ə)nèri, ɛ̀kstrəɔ́ːr-; -d(ə)n(ə)ri/ *a* **1 a** 異常な, 異例の; 奇妙な, 変な; 風変わりな. **b** 並はずれた, 非凡な; 驚くべき, 意外な; すばらしい: ~ casualty 甚大な災害. **2 a** 特別な, 臨時の: ~ expenditure [revenue] 臨時歳出[歳入] / an ~ general meeting 臨時総会《略 EGM》/ an ~ session 臨時国会. **b** 特命の, 特派の; 特別任用の: an ~ ambassador=an ambassador ~ 特命大使 / a physician ~ 《王室の》特別任用医. ► *n* 《古》並でないもの; [*pl*] "《古》〘軍隊の〙特別手当. ► *adv* 《古》EXTRAORDINARILY. ♦ **-nà·ri·ness** /; -n(ə)rɪ-/ *n* [L (*extra ordinem* out of usual course)]

extraórdinary ràyˌ 〘理〙異常光線《複屈折で分かれた 2 種の光のうち, 屈折率が方向によって異なるもの》.

extraórdinary rendítion 〘法〙特別な引渡し (⇨ RENDITION).

èxtra·phýsical *a* 物質的法則外の.

éxtra póint 〘アメフト〙POINT AFTER TOUCHDOWN.

ex·trap·o·late /ɪkstrǽpəlèɪt/ *vt* 〘数〙〈未知の変数値を〉外挿[補外]により求める,〈既知のデータを〉外挿[補外]する (cf. INTERPOLATE);〈既知の事実などを〉推断の基礎とする;〈未知のことを〉既存の資料に基づいて推定する. ► *vi* 〘数〙外挿[補外]する. ♦ **ex·tráp·o·là·tive** *a* **-là·tor** *n* [*extra*-, inter*polate*]

ex·tràp·o·lá·tion *n* 〘数〙外挿[補外](法) (cf. INTERPOLATION); 推定; 延長; 敷衍(ふえん).

èxtra·posítion *n* 外側に置くこと;〘文法〙外置変形.

èxtra·proféssion·al *a* 専門外の, 専門的興味以外の.

èxtra·pyrámidal 〘解〙*a* 錐体外路の; 錐体路外の.

èxtra·rénal *a* 腎臓の外(で)の, 腎外….

éxtra séc *a* 〈シャンパンが〉かなり辛口の, エクストラセックの《1.5–3% の糖分を含む》.

èxtra·sénsory *a* 〈知覚が〉五感以外の, 超感覚の.

extrasénsory percéption 超感覚的知覚《千里眼・透視・精神感応など; 略 ESP》.

èxtra·sólar *a* 太陽系外の: an ～ planet 〘天〙太陽系外惑星.

èxtra·somátic *a* 人間個体外の; 体外の.

éxtra·spécial *a* ″夕刊最終版の;《口》全く特別な; 特にすぐれた, 極上の. ► *n* ″夕刊最終版 (cf. SPECIAL EDITION);《出版物の》特別号, 臨時増刊.

èxtra·sýstole *n* 〘医〙《心臓の》期外収縮. ♦ **-systólic** *a*

èxtra·terréstrial *a* 地球外の, 地球大気圏外(の空間)の. ► *n* 地球(大気圏)外生物, 宇宙人, 異星人《略 ET》.

èxtra·territórial *a* 国[州など]の領土[司法権]の外にある[で発生する], 治外法権を有する, 治外法権(上)の (=*exterritorial*). ♦ **～·ly** *adv*

èxtra·territoriálity *n* 治外法権; 域外性, 域外適用, 域外的管轄権《領土外にあっても, 特定の場合に法権力を行使すること》.

èxtra·téxtual *a* テキスト外の[にある].

éxtra tíme″〘スポ〙《同点の場合やロスタイム (injury time) を補うためなどの》延長時間, エキストラタイム.

èxtra·trópical cýclone 〘気〙温帯低気圧.

èxtra·úterine *a* 〘解・医〙子宮外にある[起こる].

extraúterine prégnancy 〘医〙子宮外妊娠.

ex·trav·a·gance /ɪkstrǽvəgəns/ *n* ぜいたく, 奢侈(しゃし); 濫費, 浪費; 無節制, 放縦; むちゃな言行, 途方もない考え: ～ *in* behavior 放縦な行動. ♦ **-gan·cy** *n*

ex·tráv·a·gant *a* 浪費する, ぜいたくな; 過度の, とっぴな, むちゃな;〈要求・代価など〉法外な (exorbitant); 過度に飾りたてた;《古》〈境界から出て〉さまよっている: be ～ *with*…を湯水のように使う. ♦ **～·ly** *adv* [L (*extra* out of bounds, *vagor* to wander); cf. ASTRAY]

Ex·trav·a·gan·tes /ɪkstræ̀vəgǽntiːz/ *n pl* [the]〘カト〙旧教会法付属書《旧教会法典 (Corpus Juris Canonici) の一部をなす教令集; 1317 年教皇 John 22 世がまとめたもので, 教皇自身の教令 (付属書, Extravagantes) とその他のもの (普通付属書, Extravagantes Communes) とからなる》.

ex·trav·a·gan·za /ɪkstræ̀vəgǽnzə/ *n* **1 a** 狂詩文, 狂想曲, 狂想劇. **b** エクストラヴァガンザ《豪華絢爛な催し, 特に 19 世紀の米国の豪華なミュージカルショー[映画]》. **2** とっぴな[奇抜]なもの; 狂気じみた言動[ことば], 狂態. [It *estravaganza*; *extra*- に同化]

ex·trav·a·gate /ɪkstrǽvəgèɪt/《古》*vi* 迷い出る, 踏みはずす; さまよう, 放浪する; 法外な[とっぴな]ことをする, 常軌を逸する. ♦ **ex·tràv·a·gá·tion** *n*

ex·trav·a·sate /ɪkstrǽvəsèɪt/ *vt* 〈血液・リンパ液などを〉管外に遊出させる;〈溶岩などを〉噴出する. ► *vi* 〈血液などが〉(血)管外に遊出[溢出(いっしゅつ)]する;〈溶岩が〉噴出する. ► *n* 遊出物, 溢出物, 噴出物《血液・溶岩など》. [L outside, *vas* vessel]

ex·tràv·a·sá·tion *n* 〘医〙《血液・リンパ液などの》管外遊出[溢出]; 溢出したもの; 噴出(した溶岩).

èxtra·váscular *a* 〘植〙維管束(系)外の;〘解〙(血)管外の;〘解〙無管の.

èxtra·vehícular *a* 乗物[《特に》宇宙船]の外(で)の (opp. *intravehicular*); 船外活動(用)の: ～ activity 船外活動《略 EVA》/ ～ space suits 船外宇宙服.

ex·tra·ver·sion /èkstrəvə́ːrʒ(ə)n, -ʃ(ə)n/ *n* 〘心〙EXTROVERSION.

ex·tra·vert /ékstrəvə̀ːrt/ *n, a, vt* EXTROVERT. ♦ **～·ed** *a* EXTROVERTED.

èxtra·vírgin *a* 〈オリーブ油が〉最上等処女油の, エクストラヴァージンの.

extrema *n* EXTREMUM の複数形.

Ex·tre·ma·du·ra /èkstrəmədúərə/ エストレマドゥラ《スペイン西部, ポルトガルと境を接する地方; Cáceres, Badajoz 両県からなる自治州をなす; ☆Mérida; Estremadura ともつづる》.

ex·tre·mal /ɪkstríːm(ə)l/〘数〙*a* 極値的な: ～ length 極値的長さ. ► *n* 極値関数[曲線]. [*extremum*]

ex·treme /ɪkstríːm/ *a* **1** 極度の, 非常な; 最大の, 最高の (maximum): ～ joy / ～ poverty 赤貧 / the ～ penalty 極刑, 死刑 / ～ cold 極寒, 酷寒 / with ～ caution 細心の注意を払って. **2** 〈施策などが〉徹底的な, 思いきった; 度を超えた, 普通では考えられない;〈思想・行動・人が〉急進的な, 過激な; きわめて危険な, とても困難な: take an ～ view of…について極端な意見をもつ / the ～ Left [Right] 極左[右](派) / EXTREME SPORTS / an ～ case of cruelty 残忍の極み / in ～ circumstances 極限の状況下で / ～ weather 極度の悪天候. **3 a** いちばん端の, 最果ての, 先端[末端]の: the ～ north / the ～ edge. **b**《古》最終の, 最後の: in one's ～ moments 臨終の際に. ► *n* **1** 極端; 極度, 極値; [ᵘ*pl*] 極端[過激]な行為[手段, 処置]; 極端な状態: *E～s* meet.《諺》両極端は一致する. **2** 端にあるもの, 始め[終わり]のもの; [*pl*] 両極端をなす事物;〘数〙外項《比例式の初項または末項; cf. MEAN³》;〘論〙《命題の》主辞または賓辞 (cf. COPULA);《三段論法の》判断の両端《大名辞または小名辞》. ● **go [run] to ～s** 極端に走る, 極端なことを言う[する]. **go to the other [opposite] ～=go from one ～ to another [the other]** 反対の極に走る,《それまでと》正反対の行動をとる. **in the [to an] ～** 極端に, 極度に. ► *adv*《古》EXTREMELY. ♦ **～·ness** *n* [OF<L (superl) < *exterus* outward]

extréme fíghting 《打撃・投げ技・寝技などがほぼ無制限に使える》総合格闘技.

extréme·ly *adv* 極度に, 極端に, きわめて, ごく; [強意] とても, すこぶる (very).

extrémely hígh fréquency 〘通信〙極高周波, ミリメートル波《30–300 gigahertz; 略 EHF》.

extrémely lów fréquency 〘通信〙極低周波《30–300 hertz; 略 ELF》.

extréme spòrt [ᵘ*pl*]《バンジージャンプやスカイダイビングなどの》アドベンチャースポーツ,《危険な行為に挑む》命知らずのスポーツ.

extréme únction [ᵒE- U-]〘カト〙終油の秘跡《臨終の時に聖油を塗ること; 今はふつう the anointing of the sick という》.

extréme válue 〘数〙極値 (extremum).

ex·trem·ism /ɪkstríːmìz(ə)m/ *n* 極端に走ること;《特に政治的な》極端主義, 過激主義, 急進主義 (radicalism). ♦ **-ist** *n, a* 過激派(の).

ex·trem·i·ty /ɪkstréməti/ *n* **1 a** 先端, 末端: at the eastern ～ of…の東端に. **b** 腕, 脚,《狭義の》手, 足, 外肢; [*pl*] 四肢, 両手両足: lower [upper] *extremities* 人間の下肢[上肢]. **2**《痛み・感情などの》極み, 極度 ⟨*of*⟩: an ～ *of* joy [misfortune] 歓喜[悲運]の極み. **3 a** きわめて危険な状態, せっぱつまった状態, 窮境, 難局, 窮地: be driven [reduced] to an [the last] ～ (全くの)窮地に追い込まれる / be in a dire ～ 悲惨な窮境にある. **b** 破滅[崩壊]の寸前; 臨終: to the last ～ 最後まで; 死ぬまで. **4** [ᵘ*pl*] 非常手段, 強硬手段, 窮余の策: proceed [go, resort] to *extremities* 最後の手段に訴える[行動をとる]. ● **in extremities** 大変な窮地に追い込まれて, 最期で. [OF or L; ⇨ EXTREME]

ex·trem·o·phile /ɪkstríːməfàɪl/ *n* 極限環境微生物. [*extreme*, *-phile*]

ex·tre·mum /ɪkstríːməm/ *n* (*pl* **-ma** /-mə/, **～s**)〘数〙極値《関数の極大値または極小値》. [L]

ex·tri·cate /ékstrəkèɪt/ *vt* **1** 解放する, 救い出す, 脱出させる: ～ sb *from* [*out of*] dangers 人を危険から救い出す / ～ one*self from* ruin [a crisis] 破滅[難局]を脱する. **2** 識別する, 区別する. **3**《まれ》〘化〙遊離させる;《古》…のもつれを解く. ♦ **èx·tri·cá·tion** *n* **ex·tri·ca·ble** /ɪkstríkəb(ə)l, ɛks-, ékstrɪ-/ *a* **èx·tri·ca·bíl·i·ty** *n* [L (*tricae* perplexities)]

ex·trin·sic /ɛkstrínsɪk, -zɪk/ *a* 外部(から)の (external); 外来的な, 付帯的な, 非本質的な (opp. *intrinsic*);〘生理〙〈筋肉など〉外因性の, 外来性の: ～ influences 外からの影響 / ～ potential 外(因)性電位. ♦ **ex·trín·si·cal** *a*《古》EXTRINSIC. **-si·cal·ly** *adv* [L *extrinsecus* outwardly (*secus* beside)]

extrínsic fáctor 〘生化〙外(性)因子《抗貧血因子として内因子 (INTRINSIC FACTOR) と結合するビタミン B_{12}》.

ex·tro- /ékstrou, -trə/ *pref*「外へ」(opp. *intro*-). [*intro*- にならって *extra*- より]

ex·tror·sal /ɛkstrɔ́ːrs(ə)l/ *a* EXTRORSE.

ex·trorse /ékstrɔ̀ːrs, ―⌐/ *a* 〘植〙〈葯(やく)が〉外向きの, 外旋[外向, 外開]の (opp. *introrse*). ♦ **～·ly** *adv*

ex·tro·spec·tion /èkstrəspékʃ(ə)n/ *n* 外部考察, 外界観察 (opp. *introspection*).

ex·tro·ver·sion /èkstrəvə́ːrʒ(ə)n, -ʃ(ə)n/ *n* 〘医〙外翻 (exstrophy);〘心〙外向(性) (opp. *introversion*) (cf. AMBIVERSION).

ex·tro·vert /ékstrəvə̀ːrt/ *vt* 外へ向ける,〘医〙外翻させる. ► *n* 〘心〙外向型の人, 外向者 (opp. *introvert*). ► *a* EXTROVERTED.

éxtrovert·ed *a* 外向性の強い, 外向型の.

ex·trude /ɪkstrúːd/ *vt* 押し出す, 突き出す; 追い出す;〈金属・樹脂・ゴムを〉押し出し成形する. ► *vi* 押し[突き, 追い]出される; 押し出し成形される; 突出する;〘地質〙〈溶岩などが〉噴出する. ♦ **ex·trúd·er** *n* ⁺押し出し成形機. **ex·trúd·able** *a* **ex·trùd·abíl·i·ty** *n* [L EX¹*trus*- *-trudo* to thrust out]

ex·tru·sile /ɪkstrúːsàɪl, -səl/ *a* EXTRUSIVE.

ex·tru·sion /ɪkstrúːʒ(ə)n/ *n* 押し出し, 突き出し; 駆逐; 押し出し成形(の製品);〘地質〙《溶岩などの》噴出(物), 迸出(物). [L; ⇨ EXTRUDE]

ex·tru·sive /ɪkstrúːsɪv, -zɪv/ *a* 押し出す, 突き出す;〖地質〗噴出(性)の (cf. INTRUSIVE): ～ rocks 噴出岩. ► *n*〖地質〗噴出塊[岩].

ex·tu·bate /ɛkst(j)úːbèɪt, ⌐⌐⌐/ *vt*〖医〗…から管状器官を取り除く. ♦ **èx·tu·bá·tion** *n* 抜管.

ex·u·ber·ance /ɪgzúːb(ə)rəns; -zjúː-/, **-an·cy** *n* あふれるばかりの豊かさ, 充溢(じゅういつ); 繁茂: an ～ of joy あふれる喜び / an ～ of foliage 生い茂った枝葉.

ex·ú·ber·ant *a* 豊富な; 生い茂る, 繁茂した; 元気のよい, 喜びのあふれた, 生きいきとした;〈気力·健康など〉あふれるばかりの;〈想像力·天分など〉豊かな; 並はずれた, たいした;〈言語·文体が〉華麗な. ♦ **～·ly** *adv* [F<L EX-[1](*ubero* to be abundant<*uber* fertile)]

ex·u·ber·ate /ɪgzúːbərèɪt; -zjúː-/ *vi* 繁茂する; 狂喜する;〈俳優などが〉誇張的な表現をする;《古》富む (overflow);《古》〈…に〉ふける〈*in*〉.

ex·u·date /ɛ́ks(j)ʊdèɪt, *-ʃʊ-/ *n* 滲出(しんしゅつ)物, 滲出液水.

ex·u·da·tion /ɛ̀ks(j)ʊdéɪʃ(ə)n, *-ʃʊ-/ *n* 滲出(作用), 染み出し, 出液;〖昆〗浸出; EXUDATE. ♦ **ex·ud·a·tive** /ɪgzúːdətɪv; -zjúː-/ *a* 滲出(作用)の; 滲出性の.

ex·ude /ɪgzúːd; -zjúːd/ *vi* 染み出す, にじみ出る, 滲出する; 発散する. ► *vt* にじみ出させる; 発散させる. [L (*sudo* to sweat)]

ex·ult /ɪgzʌ́lt/ *vi* こおどりして喜ぶ, 大喜びする〈*in, at, over* one's success, *to* find…〉; 勝ち誇る〈*over* one's rival〉;《廃》(喜んで) 飛び上がる. ♦ **～·ing·ly** *adv* [L *ex-(s)ulto* (*salt- salio* to leap)]

exúlt·ant *a* 大喜びの; 大得意の, 勝ち誇った. ♦ **～·ly** *adv* 大得意で, 狂喜して. **exúlt·ance, -ancy** *n*

ex·ul·ta·tion /ɛ̀gzəltéɪʃ(ə)n, ɛ̀ksəl-/ *n* 歓喜, 狂喜, 大喜び〈*at*〉; 勝利の喜び〈*over*〉.

Ex·u·ma /ɪksúːmə, ɪgzúː-/ エクスマ《Bahama 諸島中部の島群; 首都 Nassau のある New Providence 島の南東, エクスマ海峡 (～ **Sóund**) の南にある; Great Exuma 島, Little Exuma 島とほかの岩礁からなる》.

ex un·gue le·o·nem /ɛks úŋgwɛ lɛóʊnɛ̀m/ 爪によって獅子を(推し測ることができる); 部分から全体を推し測ることができる. [L=from the claw (one may know) the lion]

ex·urb /ɛ́ksəːrb, ɛ́gzəːrb/ *n* 準郊外《SUBURB よりさらに都市を離れ, 主に富裕階級の住む半田園的住宅地域》. ♦ **ex·úrban** *a*

ex·ur·ban·ite /ɛksə́ːrbənàɪt, ɛgzə́ːr-/ *n, a* 準郊外居住者(の), exurb の.

ex·ur·bia /ɛksə́ːrbiə, ɛgzə́ːr-/ *n* 準郊外住宅地, 脱都会地.

ex·u·vi·ae /ɪgzúːvìː, -vìaɪ; -zjúː-/ *n pl* (*sg* **-via** /-viə/)《セミ·ヘビなどの》脱け殻, 脱殻, 脱皮殻; [*fig*] 残骸. ♦ **ex·ú·vi·al** *a*

ex·u·vi·ate /ɪgzúːvièɪt; -zjúː-/ *vt, vi*〖動〗脱皮する (molt). ♦ **ex·ù·vi·á·tion** *n* 脱皮.

ex vi ter·mi·ni /ɛks wíː tɛ́rmənìː/ このことばの力[意味]によって. [L]

ex-vo·to /ɛksvóʊtoʊ/ *adv, a* 誓いに基づいて(ささげる), 奉納の (votive). ► *n* (*pl* ～**s**) 奉納物. [L=according to a vow]

éx-wòrks[‖] *adv, a* 工場渡し(で[の]).

Éx·xon·Móbil /ɛ́ksɑ̀n-/ エクソンモービル(社) (～ Corp.)《世界最大の石油会社; 1999 年 Exxon Corp. と Mobil Corp. の合併で設立; 本社 Texas 州 Irving》.

Éxxon Val·déz /-vældíːz/ [the] エクソン·ヴァルディーズ《1989 年 Alaska 南部の Prince William 湾で大規模な原油流出事故を起こした Exxon 社のタンカー》.

-ey[1] /i/ *a suf*《語尾が y の時または黙音の e 以外の母音の時の形》-Y[4]: clay*ey*, ski*ey*, mosquito*ey*.

-ey[2] ⇨ -IE.

eya·let /èɪjəlét/ *n* VILAYET.

ey·as, ey·ess /áɪəs/ *n* 巣びな;《特に鷹狩り用に慣らすために巣から取り出した》タカの子, ひなたか. [*a nyas* の異分析<OF *niais* nestling]

Eyck /áɪk/ (ファン·)アイク **Hubert** [**Huybrecht**] **van** ～ (c. 1370–1426), **Jan van** ～ (1395 より前–1441)《フランドルの画家兄弟》.

eye[1] /áɪ/ *n* **1 a** 目, 眼《OCULAR, OPHTHALMIC *a*》: Where are your ～*s*? どこに目をつけているんだ《よく見ろ》/ lose one [an] ～ 片眼を失う (cf. 3a) / *E～s* right [left]!《号令》頭(かしら)右[左]! / *E～s* front!《号令》直れ, 注目! / BLACK EYE / NAKED EYE / What the ～ doesn't see, the heart doesn't grieve over.《諺》知らないことに悩まされることはない, 見ぬこと清し. **b** 虹彩, ひとみ(: blue ～*s* 青い目); 眼球 (eyeball); 目のまわり, 目もと: a swollen ～ はれぼったい眼 / narrow one's ～*s* 目を細く狭める《しばしば, 相手を見すえるときや敵意·侮辱·疑いなどを現わす目つき》. **c** [*pl*] 眼鏡. **2 a** 目つき, まなざし; (向ける)目, (送る)視線: a stern ～ きびしい表情 / *with* a tranquil ～ 落ちついたまなざしで / GREEN EYE / GLAD EYE / My ～(*s*) fell *on* …に目をやった, …が目に留まった / All ～*s* are *on*…. 人びとの関心が…に集まっている, 世界が…を注目している / fix one's ～*s on*…に目を注ぐ, じっと見る / throw one's ～*s at*…をちらっと見る. **b** 凝視, 注視, 注目; 注意, 警戒, 監視: get one's ～ *on*…じっと見守る[見張る] / All ～*s* are *on* you. みんながじっと見ているよ. **3 a** [°*pl*] 視力, 視覚: have good [weak] ～*s* 目がよい[悪い] / have sharp ～*s* 目がよく見える[きく] (cf. 3b) / lose one's ～*s* 視力を失う (cf. 1a). **b** 鑑識眼, 眼識, 観察力: an ～ *for* beauty 審美眼 / an ～ *for* color 色彩の識別力 / have a sharp ～ 見る眼が確かである[高い], 目がよくきく (cf. 3a). **4** [°*pl*] 見方, 見地, 見解: in my ～*s* わたしの見るところでは / through the ～*s* of an economist 経済学者の目で / to her trained ～ 彼女の慣れた目には. **5** 眼状のもの;《ジャガイモなどの》芽, 目;《クジャクの尾の》羽紋;《針の》めど,《ホック留めの》小穴,《縄·索などの端の》小環 (loop), 鳩目;《的の》星 (bull's-eye); 光電池 (electric eye);〖食肉〗目, アイ《**1**) 牛肉のラウンド (round) の中心部をカットした三角形の肉 **2**) 肉片 (chop) の中の主筋肉 **3**) リブ·ロインの脂身の中にある筋肉組織》; [[u]*pl*] *《俗》おっぱい (cf. BIG BROWN EYES): the ～ of night [heaven]《詩》星 (star). **6 a**《花·渦巻模様または回転などの》中心;〖気〗暴風の眼, 台風の眼, 台風眼(がん) (cf. in the ～ of the STORM);〖海〗風が吹いてくる方向; [*pl*]〖海〗へさきの最先端, 船首. **b**《問題などの》中心, 核心;《豪》最良部分, 粋. **7** [[u]the E-]《俗》ピンカートン探偵社 (The Pinkerton National Detective Agency) (の探偵);《俗》探偵 (detective); *《軍俗》レーダー受像装置; 探知[監視]機; *《俗》テレビ; *《鉄道俗》信号: PRIVATE EYE / EYE IN THE SKY.

● **All my** ～ (**and Betty Martin**)!《口》とんでもない, ばっかばかしい! **an** ～ **for an** ～ (**and a tooth for a tooth**)〖聖〗目には目(歯には歯を), 同じ手段[方法]による報復 (*Exod* 21: 24). **be all** ～**s** (全身を目のようにして)一心に注視する, 目を皿にして見る. **before** one's **very** ～**s** すぐ目の前に; おおっぴらに. **by** (**the**) ～ 目分量で. **cannot believe** one's ～**s** 自分の目が信じられない. **cast an** ～ **on**…について論評する. **cast an** [**one's**] ～ **over**…=run an EYE over…. **catch** sb's ～ 人の目をひく[目に留まる]; 人と視線が合う. **clap** [**set, lay**] ～**s on**…《口》…を見つける, (偶然)見かける. **close** one's ～**s** 死ぬ. **close** [**shut**] one's ～**s to**…に目をつぶる, …を見よう[注意しよう]としない. CRY one's ～**s out. cut** one's ～ **after** [**at, on**] sb《カリブ》〈人を〉にらみつけたあと目を閉じて顔をそむける. **do** sb **in the** ～《口》人をだます. **do not** BAT[3] **an** ～. **drop** one's ～**s** (恥じて)視線を落とす. EASY **on the** ～(**s**). ～**s and no** ～**s** (ものを)見る眼と見ない眼《自然科学書のタイトルとしても用いる》; 目があっても気がつかない人. **E～s down.** 注目《bingo のスタートの合図から》. ～**s like pissholes in the snow** *《俗》《過度の飲酒·疲労などからくる》かすんだ[ぼんやりした]目, しょぼい目, くされ目, ただれ目. ～**s only**《口》他見無用 (for your eyes only) (cf. EYES ONLY). ～**s on stalks**《口》《驚きなどのために》目が飛び出して (cf. STALK-EYED). ～**s to cool it**《俗》のんびりしたい気持. **feast** one's ～**s on**… [*joc*] …で目を楽しませる. **get** one's ～**s in**[‖] 見る眼を養う;〖クリケット·テニスなど〗ボールに目を慣らす;〖射撃·ボウルなど〗距離感をつける. **get** sb's ～=catch sb's EYE. **get the** ～《口》色目で見られる;《口》冷たく見つめられる. **give an** ～ **to**…に注目する; …の世話をする. **give** one's ～**s for**…のためなら眼でもくれてやる. **give** sb **the** ～《口》人に見とれる, 色目をつかう;《口》人をじろりと見る;《口》人に目で合図する. **give with the** ～《俗》見る, 見つめる. **go** ～**s out**《豪口》懸命に働く, やたらがんばる. **have an** ～ **for**…に対して眼識がある; …を見のがさない; …を見る目がある; …が好み[タイプ]だ. **have** [**keep**] **an** ～ **for** [**on, to**] **the** MAIN CHANCE. **have an** ～ **in** one's **head** 眼識がある; 抜かりがない. **have an** [**one's**] ～ **on**… ⇨ keep an EYE on…. **have an** ～ **out** ⇨ keep an EYE out. **have an** ～ **to**…を将来の目標[目的]としている, もくろんでいる; …に注意する; …の世話をする. **have** ～**s bigger than** one's **stomach**=one's EYES are bigger than one's stomach. **have** ～**s in the back of** one's **head** よく見通している, 背中に目がついている. **have** ～**s for**…に興味[関心]がある;《俗》…に欲情する. **have** ～**s only for**…=only have EYES for…. **have half an** ～ **on**…をそれとなく見張っている. **have… in** one's ～ …を眼中に置く, 思い浮かべる; …をもくろむ. **have** [**keep**] **one** ～ **on**…(同時に)片方では…にも注意を払っている. **have** one's ～ **in a sling**《口》うちひしがれている, 苦境にある. **hit** sb **between the** ～**s**《口》強烈な印象を与える, 大いに驚かす. **hit** sb [**give** sb **one**] **in the** ～ 目のあたりに一発くらわす; 拒絶する; [*fig*] 明々白々である. **if** sb **had half an** ～《口》人がもう少し利口だったら. **in a** [**the**] **pig's** ～ ⇨ PIG[1]. **in the** ～**s of**…の見るところでは (cf. 4): He may look a fool *in the* ～*s of* sensible men. もののわかった人たちの目にはばか者と見えるかもしれない / *in the* ～ [～*s*] *of* the law 法の目で見れば, 法的に見れば. **in the public** ～ 世間の目によく触れて, よく知られて. **in the wind's** ～=in the ～ of the WIND[1]. **jump to the** ～(**s**) 目につく, 目立つ, 顕著である. **keep** [**have**] **an** [**one's**] ～ **on**…から目を離さないでいる, …を監視する, …に気を配っている; …に目をつけている, …を欲しがっている: *keep* one's ～ *on the* BALL[1]. **keep** [**have**] **an** ～ [**one's** ～(**s**)] **open**=《口》**keep** [**have**] **both** [**one's**] ～**s** (**wide**) **open** [**peeled, skinned**[‖]] 油断なく気を配っている〈*for*〉. **keep an** ～ [**one's** ～(**s**)] **out** 見張っている, 注意して[探して]いる〈*for*〉. **keep** one's ～ **in**[‖]《練習を続けて》(ボールなどを見る)目を鈍らせない. **keep** one's ～**s off**…を見ないでいる; [not be able to keep one's ～*s* off として] …に魅惑される. **knock** sb's ～**s out** *《俗》人の目をみはらせる, 仰天させる. **lay**

~s on ⇨ clap EYES on. **look** sb (**straight** [**right**]) **in the ~(s)** 《うしろめたさ・興奮などを示さず》人をまともに見る. **make** sb **open** his **~s** びっくり仰天させる. **make** (**sheep's**) **~s at**… 《口》…に色目をつかう. **meet** sb's **~(s)** 相手をまともに見る, 正視[直視]する. **meet the** [sb's] **~** 目に触れる, 目に見える. MIND **your ~**. **not a dry ~ in the house** 《聴衆・一団で》涙を流さない人は一人もいない. **not know where** [**which way**] **to turn** one's **~s** 《口》ばつの悪い思いをする. **Oh my ~!=My ~(s)!** 《口》怪しいもんだね, ばかな, いやだな, とんでもない; まあ(驚いた)!: That's all *my* ~! ばっかばかしい. **one in the ~**[II]《口》ひと泡吹かせるもの, 人を落胆[狼狽]させるもの, 落胆のもと, 負け, いやなもの, 一発 〈*for*〉. **only have ~s for**…にしか関心がない, …しか欲しない[愛せない, 眼中にない]. **open** (**up**) sb's **~s=open** (**up**) **the ~s of** sb 《驚きなどで》目をみはらせる; 《通例 不快なことに》目を向けさせる, 認識させる 〈*to*〉: *open* his *~s to* the truth 事実に彼の目を開いてやる, 迷いをさまさせる. **out of the public ~** 世間の目に触れなくなって; 世間から忘れ去られて. **pass** one's **~ over**…をざっと見る[に目を通す]. **pipe** one's **~=put** one's **finger in** one's **~** 泣く. **pull the** WOOL **over** sb's **~s**. **put the ~ on**…を見る, 調べる; *《俗》…に色目をつかう. **run** [**cast**] **an ~** [**one's ~(s)**] **over**…にざっと目を通す, ひととおり見る. **see ~ to ~** (**with** sb) (**about** [**on, over**] sth) 《口》(ある事で)(人と)見解が全く一致する. **see with half an ~** ちらっと見る; 容易に見える, 一見してわかる. **set ~s on**… ⇨ clap EYES on…. **set** one's **~ by**…を尊重する, かわいがる. one's **~s are bigger than** one's **stomach** [**belly**] 《口》食べきれないくせに欲ばる, がつがつする. sb's **~s nearly** [**almost, practically**] **pop out of** his **head**=sb's **~s stand out of** his **head**=sb's **~s stick out like organ-stop** [**chapel hatpegs**] 《口》《驚き・恐怖などで》目の玉が飛び出しそうになる. **shut** one's **~s to** ⇨ close one's EYES to. **spit in** sb's **~** 《口》人の顔につばを吐きかける. **take** one's **~s off**…から目を離す: can't *take* one's *~s off* …から目が離せない《魅了される, 感嘆して眺めるなど》. **take** [**pick**] **the ~s from** [**out of**]…の最良部分を選び取る. **There's more to it than meets the ~.** これには見かけ以上のものがある. **to the ~** 見た目には, 表面上は. **turn a blind ~** 見て見ぬふりをする, 見のがす, 目をつぶる 〈*to* [*on*] sth〉. **under** one's (**very**) **~s**=before one's very EYES. **up to the** [**one's**] **~s**=《口》up to the ears (⇨ EAR[1]). **wipe** sb's **~=wipe the ~ of** sb 人の鼻をあかす《猟で他の人が射そこなった獲物を撃ち取ることから》. **with an ~ for**…に眼識があって. **with an ~ to**…を目的として, …をもくろんで; …に関連して. **with dry ~s** 涙一滴流さずに; 平然と, けろりとして. **with half an ~** 《口》ちらっと見ただけで, たやすく. **with one ~ on**… 一方の目で…を見ながら. **without** BLINK**ing an ~**. **with** one's **~s closed** [**shut**] 目をつぶったままで(も), よく事情を知らずに, 楽々と. **with** one's **~s** (**wide**) **open** (欠点・危険などを)十分承知のうえで.

► *v* (**éy(e)·ing**) *vt* **1** じっと[つくづく, じろじろ]見る, 見つめる; 《疑い・嫉妬・警戒などの》あるまなざしで見る; 《口》物欲しそうに見る 〈'*up*〉; 《口》…に色目をつかう 〈'*up*〉: He *~d* me curiously. わたしに好奇の目を注いだ. **2** 〈針など〉にめどをあける; 〈ジャガイモ〉の芽[目]をとる.
► *vi* 《廃》…のように見える (seem).
♦ **~·lìke** *a* **éy·er** *n* [OE *ēage*, (pl) *ēagan* (ME *eyen*); *-s* 複数形は 14 世紀末より; cf. G *Auge*]

eye[2II] *n* NIDE.

éye appèal *《口》人目をひくこと, 目に快いこと, 魅力. ♦ **éye-appèal·ing** *a* *《口》魅力的な, 美しい.

éye·bàll *n* 眼球, 目の球; [*pl*] 見る人びと, 閲覧者. ● **~ to ~** 間近で向かい合って, にらみ合って: go ~ *to* ~. **get an ~ on**… *《俗》…を(ちらっと)見かける, …に目をやる. **give** sb **the hairy ~** *《俗》恐ろしい目でにらみつける. **to the ~s** 《口》徹底的に. **up to the** [**one's**] **~s**=《口》up to the ears (⇨ EAR[1]). ► *vt, vi* 《口》じっと[鋭く]見つめる[にらむ], ねめつける, ガンをつける; 目測する, ざっと目星をつける.

éye·bàll-to-éye·bàll *a* 面と向かっての (face-to-face): an ~ confrontation にらみ合い.

éye bànk 角膜銀行, アイバンク.

éye·bàr *n* 〘機・建〙輪付き棒, アイバー《先端に穴のあいた鋼棒・鋼板など》.

éye·bàth[II] *n* 洗眼コップ (eyecup).

éye-bèam *n* 《古》眼光の一閃, 一瞥(いちべつ).

éye·blàck *n* マスカラ (mascara).

éye·blìnk *n* 一瞬; まばたき.

éye·bólt *n* 〘機〙輪頭ボルト, 目付きボルト, アイボルト.

éye·brìght *n* 〘植〙コゴメグサ《昔 眼病に効くとされた》.

éye·brow /-bràu/ *n* **1** まゆ, 眉上弓《少し盛り上がった部分》; まゆげ: knit the *~s* まゆをしかめる. **2** 〘建〙《窓の》眉形繰形(ふちかた); 平縁(ひらぶち) (fillet); 《波形屋根の付いた》屋根窓. ● **hang** [**hold**] **on by** one's [**the**] **~s**=hang [hold] on by one's EYELASHes. **lift an ~**=raise one's EYEBROWS. **raise an ~** (1) raise some EYEBROWS. (2) raise one's EYEBROWS. **raise** one's **~s** まゆを上げる《軽蔑[驚き, 疑い]の表情》. **raise some** [**a few, a lot of,** sb's] **~s** 人を驚かす, 人のひんしゅくをかう. **to the** [(**one's**)] **~s** 《口》徹底的に, ものすごく. **up to the** [**one's**] **~s**=《口》up to the ears (⇨ EAR[1]).

éyebrow pèncil ペンシル型まゆずみ, アイブロウ.

éye càndy 《口》見た目(だけ)がいい[楽しい]もの[人], 子供だまし[見かけ倒し]の娯楽, お遊び.

éye-càtch·er *n* 人目をひくもの, アイキャッチャー; 目玉商品.
♦ **éye-càtch·ing** *a* 人目をひく, パッと目立つ, 心をひきつける.
éye-càtch·ing·ly *adv*

éye chàrt 視力検査表.

éye cònbtact 視線交差, アイコンタクト: make [establish] ~.

éye·cùp *n* 洗眼カップ; 《双眼鏡などの》接眼目当て; OPTIC CUP.

eyed /áɪd/ *a* **1** 眼状の小孔[めど]のある; 眼状斑紋[羽紋]のある; 〘魚〙卵の目が見えるまでに育った. **2** [*compd*] (…の)目をした: blue-*eyed*, bug-*eyed*, eagle-*eyed*.

éye dìalect 〘言〙視覚方言, 視覚なまり《women を wimmin, says を sez とつづるなど; 方言・話し手の無学を示すのに用いる》.

éyed·ness *n* 《単眼顕微鏡を使用するときなどの》利き目, 片目利き(の傾向).

éye dòctor 目医者; 検眼士.

éye dòg 《豪》眼で指揮する羊の番犬.

éye·dròp *n* 涙 (tear); [*pl*] 目薬.

éye·dròpper* *n* 点眼器, 点眼瓶 (dropper).

éye-fìll·ing *a* 見た目に魅力のある[気持のいい], 美しい.

éye fòld 蒙古ひだ (epicanthic fold).

éye-fùck 《卑》*vt* 視姦する, 目で犯す, いやらしい目で(じっと)見る; じっと見る.

éye·fùl *n* **1** 目に入る[見える, 見たい]だけ(の量): get [have, take] an ~ of… 《口》…をたっぷりと[よく]見る. **2 a** 目に飛び込んでくる物質《水・ほこりなど》: get an ~ of dirt. **b** 《口》目をみはらせる光景[もの]; 《口》ひときわ人目をひく人[もの], 《特に》美人. **3** 《口》《見てはいけない[見たくもない]ものを》見てしまうこと: give sb an ~ 人にえらいもの[醜態]を見せる.

éye·glàss *n* 眼鏡のレンズ; 単眼鏡, 片めがね (monocle); [*pl*]*眼鏡; 《望遠鏡・顕微鏡などの》接眼レンズ; 洗眼コップ (eyecup).

éye·hòle *n* 〘解〙眼窩(がんか) (=*eye socket, orbit*); 《仮面などの》のぞき穴; 《ひもなどを通すための》円い小穴 (eyelet).

éye·hòok *n* アイフック《索・鎖などの端の環に付けた鉤》.

éye in the ský 《賭博場で》上方からの監視員, 高い位置にある監視カメラ; ヘリコプター搭乗の交通監視警官, 警察のヘリコプター; 〘野〙記者席のコーチ《グラウンドのコーチに指示を出す》.

éye·làsh *n* [[U]*pl*] まつげ《1 本・ひと並び》; [*fig*] HAIRBREADTH.
● **by an ~** わずかの差で. **do not** BAT[3] **an ~.** **flutter** one's **~es at**… 〈女性が〉…に色目をつかう《気のあるそぶりでまばたきする》. **hang** [**hold**] **on by** one's [**the**] **~es** 《俗》かろうじて苦境を耐え抜く[がんばり通す]. **without** BLINK**ing an ~.**

éye lèns 眼[対眼]レンズ《EYEPIECE のレンズ系のうち目に最も近いレンズ》.

éye·less *a* 目のない; 〈針など〉めどのない; 目の見えない, 盲目の; 盲目的な.

éyeless síght 無眼視覚, 触視覚《指先による色・文字の判別能力》.

éye·let *n* 《ひもなどを通すためまたは装飾としての》円い小穴, アイレット; 鳩目(金); のぞき穴, 銃眼 (=~ **hòle**); 小さな眼(のような模様); 〘昆〙単眼 (ocellus); 〘刺繍〙アイレット(ワーク)《目打ち穴を巻縫いでかがったもの》; アイレットエンブロイダリー (=~ **embròidery**)《アイレットワークの刺繍物》. ► *vt* (**-t-, -tt-**) …に目穴をつくる, …に鳩目をつける. [OF (dim)〈*oil* eye〈L *oculus*]

eye·le·teer /àɪlətíər/ *n* 千枚通し.

éye lèvel 目の高さ.

éye·lìd *n* まぶた, 眼瞼; 〘空〙クラムシェル (=*clamshell*)《ジェットエンジンのスラストリバーサー》. ● **do not** BAT[3] **an ~.** **hang on by the ~s** [*fig*] わずかにすがりついている, あぶない状態にある. **without** BLINK**ing an ~.**

éye·lìft *n* 美容眼瞼形成, アイリフト (=*eye tuck*).

éye·lìne *n* 目線, 視線, 目の高さ (eye level).

éye·lìner *n* アイライナー《(1) 目の輪郭を際立たせるためまぶたの縁に塗る化粧品 2) これをつけるペンシル》.

éye-mínd·ed *a* 〈人が〉視覚型の. ♦ **~·ness** *n*

ey·en /áɪ(ə)n/ *n* 《古・方》EYE[1] の複数形.

éye of dáy [**the mórning, héaven**] [the] 《詩》太陽 (sun).

éye-òpen·er 《口》*n* 目をみはらせるもの, 驚嘆すべきこと, 暴露[啓発]的な事実; *目ざましの飲み物[朝酒, 麻薬]. ♦ **éye-òpen·ing** *a*

éye·pàtch *n* 眼帯.

éye pèncil EYEBROW PENCIL.

éye·pìece *n* 〘光〙接眼レンズ, 接眼鏡, アイピース《望遠鏡などの接眼部にあるレンズまたはレンズ系》.

éye·pìt *n* 〘解〙眼窩(がんか) (eyehole).

éye·pòint *n* 〘光〙眼点《望遠鏡などの光学器械を使用する時にひとみを置く位置; 射出ひとみ (exit pupil) の位置と一致する》.

éye·pòpper *«口» *n* 目をみはらせるもの, 興奮[感動]をよび起こすもの, あっといわせるもの; すごい美人, マブい女, いい女. ♦ **éye-pòp·ping** *a*
éye rhỳme 〘韻〙視覚韻《母音の発音が異なっても, つづりの上では押韻しているようにみえるもの; 例 move, love》.
éye-sèrvant *n* «古» 主人の目の前でだけ働く使用人.
éye-sèrvice *n* «古» 主人の目の前だけの勤めぶり; 賛嘆のまなざし.
éye·shàde *n* 《バンドで頭に固定する》まびさし《テニス・灯下の読書などに用いる》; EYE SHADOW.
éye shàdow アイシャドー.
éye·shòt *n* 目の届く距離[範囲], 視界; «古» 視線: beyond [out of] ~ (of…) (…の)目の届かない所に / in [within] ~ (of…) (…の)目の届く所に.
éye-shùt *n**«俗» 眠り (shut-eye).
éye·sìght *n* 視覚, 視力; «古» 見ること, 観察; «古» 視野, 視界 (eyeshot).
éye sòcket 眼窩 (orbit).
éye·some *a* «古» 目に美しい.
éyes ónly* *a* 〈機密文書・情報など〉受領者だけが読むための, マル秘の. [for your *eyes only*]
éye·sòre *n* 目に不快な[醜い, 目ざわりな]もの, 景観をこわす建物.
éye·spàn *n* 視範囲《一目で把握できる視覚対象の範囲》.
éye splìce 〘海〙索眼《綱の端をまるく曲げて組み継ぎした部分》.
éye·spòt *n* 〘動・植〙眼点《鞭毛虫類・下等藻類などの感光器官》; 《クジャクの上尾筒・チョウの羽などの》眼状斑点[紋], 目玉模様, 眼点; 〘植〙《サトウキビなどの》眼状斑点病, 眼点病.
éye·stàlk *n* 〘動〙《エビ・カニなどの》眼胞茎, 眼柄.
éye·stràin *n* 目の疲れ, 眼精疲労.
éye·strìngs *n pl* «古» 眼のひも《眼の筋肉・神経・腱など; 盲目になったり死んだりしたときは切れると信じられていた》.
Eye·tal·ian /aɪtǽljən/ *a*, *n* «俗» イタリア(人)(の) (Italian).
Eye·tie, Ey·tie /áɪti; -taɪ/ *n* «俗» [*derog*] イタリア人, イタ公 (Eyetalian).
éye·tòoth /ˌ ─́─ ─́─/ *n* 《特に上あごの》犬歯, 糸切り歯; [*pl*] 非常に貴重なもの, かけがえのないもの. ● **cut one's eyeteeth** «口» 世間に明るくなる, 経験を積む, 世慣れる; 〈…の〉味をおぼえる 〈*on*〉. **give one's eyeteeth** «口» 〈…のためには〉大きな犠牲も惜しまない 〈*for*; *to* do〉.
éye tùck EYELIFT.
éye vìew 視点, 観点, 見方 (point of view): a visitor's ~.
éye·wàll *n* 〘気〙暴風の眼や台風眼(がん)の周囲の積乱雲の壁, 台風眼の壁.
éye·wàsh *n* **1** 目薬, 洗眼水. **2** «古風口» おためごかしの言辞[行為], いいかげんな言いわけ, ペテン, でたらめ, たわごと; *«俗» 甘言, おべっか, お世辞, 'ヨイショ'. **3***«俗» 酒, きす. ► *vt* «口» …を飾りたてて人目をあざむく, …の見てくれだけをよくする, …のうわべを飾る.
éye·wàter *n* 涙; 《眼の》水様液; 目薬, 洗眼水.
éye-wàter·ing *a* 〈辛さ・つらさが〉涙が出る(ほどの); 〈価格・費用などが〉予想以上の, 過当な. ♦ **~·ly** *adv*
éye·wèar *n* アイウェア《視力改善や眼の保護のための用具; 眼鏡・コンタクトレンズ・ゴーグルなど》.
éye·wìnk *n* まばたき; 一瞬間; «廃» ひと目, 一瞥(いちべつ).
éye·wìnk·er *n* まつげ; まぶた; まばたきさせるもの《目にはいったごみなど》.
éye·wìtness /ˌ ─́─ ─́─/ *n* 目撃者; 〘法〙目撃証人: an ~ account 目撃証言. ► *vt* 目撃する. ♦ **~·er** *n* «口» 目撃記事, 現場レポート.
éye wòrm 〘動〙眼虫(がんちゅう)《人や動物の眼に寄生するアフリカの各種線虫; テラジア属の線虫, ロア糸状虫など》.
eyne /áɪn/ *n* «古» EYE の複数形.
eyotǁ /éɪ(ə)t, áɪt/ *n* AIT[1].
ey·ra /éɪrə, ɛ́ərə, áɪərə/ *n* 〘動〙アイラ《赤色に体色変化した JAGUARUNDI》. [AmSp and Port＜Tupi]
eyre /ɛ́ər/ 〘英史〙*n* 《裁判官の》巡回, 巡察; 巡回裁判; 巡回裁判記録: justices in ~ 巡回裁判官. [OF *erre* journey]
Eyre [Lake] エア湖《South Australia 州北東部にある干上がった塩湖》.
Éyre Península エア半島《South Australia 州南部 Spencer 湾の西にある半島》.
ey·rie, ey·ry /áɪəri, ɛ́əri, íəri/ *n* AERIE.
ey·rir /éɪrɪər/ *n* (*pl* **au·rar** /áurɑ̀ːr, œ́ɪ-/) アウラル《アイスランドの通貨単位: ＝1/100 krona》.
Eytie ⇨ EYETIE.
Ez. 〘聖〙Ezra. **Ezech** Ezechiel.
Ez·e·chi·as /ɛ̀zəkáɪəs/ 〘ドゥエー聖書〙HEZEKIAH.
Eze·chi·el /ɪzíːkjəl, -kiəl/ 〘ドゥエー聖書〙EZEKIEL.
Eze·ki·el /ɪzíːkjəl, -kiəl/ **1** イジーキエル《男子名; 愛称 Zeke》. **2 a** エゼキエル《紀元前 6 世紀ユダ王国末期の預言者》. **b** 〘聖〙エゼキエル書《エゼキエルの預言を収録した旧約聖書の The Book of the Prophet ~; 略 **Ezek.**》. [Heb＝God strengthens]
e-zine /íːzìːn/ *n* 電子雑誌 (electronic magazine)《ウェブ上で公開するもの (webzine) と E メールで配布するものとがある》. [*e*-[2], maga*zine*]
Ez·ra /ɛ́zrə/ **1** エズラ《男子名》. **2 a** エズラ《紀元前 5 世紀末のユダヤの指導者の一人》. **b** 〘聖〙エズラ記《旧約聖書の一書; 略 Ez., **Ezr.**》. [L＜Heb＝help(er)]

F

F, f /éf/ *n* (*pl* **F's, Fs, f's, fs** /éfs/) エフ《英語アルファベットの第 6 字》; F の表わす音; F 字形(のもの);〘楽〙ヘ音, ヘ調 (⇨ A); 6 番目(のもの); *《学業成績で》不可, 落第 (failure),《時に》可 (fair); F 評価の人, 落第生;〘電算〙《十六進数の》F《十進法で 15》.

f〘理〙femto-♦°focal length.　**f, f.** failure♦false♦family♦〘電〙faraday♦feast♦feet♦female♦feminine♦fine♦finish♦fluid♦fluidness♦folio♦following♦foot♦〘楽〙forte♦〘スポ〙foul(s)♦fragile♦frequency♦from♦full.　**f, F**〘理〙角運動量量子数 l =3 であることを表わす (⇨ s, S).［fundamental 分光学の慣用から］　**f/, f:, *f*.**〘写〙f-number.　**F**〘化〙faraday(s)♦〘競馬〙favorite♦female♦〘米軍〙fighter♦ ″〘鉛筆〙fine《HB と H の間の硬度》♦〘化〙fluorine♦〘理〙force♦formula(e)♦France♦French♦《試合結果表で》goals [points] for.　**F, f** Fahrenheit♦〘電〙farad(s)♦fermi♦〘遺〙後代 (filial generation)♦franc(s)♦〘数〙function.　**F.** February♦Friday.

fa, fah /fá:/ *n*〘楽〙ファ《長音階の第 4 音》, ヘ音 (⇨ SOL-FA).［ME *fa*＜L *famuli*; cf. GAMUT］

fa', faa /fá:, fɔ́:/ *v, n*《スコ》FALL.

FA ″《俗》°Fanny Adams♦〘軍〙°Field Artillery♦〘野〙°fielding average♦°Fine Arts♦°Football Association♦〘畜〙°forage acre.

FAA《米》°Federal Aviation Administration♦°Fleet Air Arm♦〘海保〙free of all average 全損のみ担保.

fab /fǽb/ *a*《口》驚くべき, すばらしい.［*fab*ulous］

fá·ba béan /fá:bə-/ FAVA BEAN.

fa·ba·ceous /fəbéɪʃəs/ *a*〘植〙マメ科 (Fabaceae) の; マメの(ような).

fab·bo /fǽbou/**, -by** /-bi/ *a* FAB.

Fa·ber·gé /fæ̀bərʒéɪ; fǽbəʒèɪ, -ʤèɪ/ ファベルジェ **Peter Carl ～** (1846–1920)《ロシアの金細工師・宝石職人; ユグノーの子孫; ヨーロッパの王侯貴族に重んじられた》.

Fa·bi·an /féɪbiən/ *a* 将軍ファビウス (Fabius) 流の, 持久策の; 慎重な; フェビアン協会の: a ～ policy 持久策 / ～ tactics 持久戦法. ► *n* **1** フェビアン協会会員[シンパ]. **2** フェービアン《男子名》. ♦ **～·ìsm** *n* フェビアン主義.　**～·ist** *n*［L＜FABIUS］

Fábian Socíety [the] フェビアン協会《1884 年 Sidney Webb, G. B. Shaw たちが London に創立した英国の漸進的社会主義思想団体; 労働党成立 (1906) 当時の思想状況に大きな影響を与えた; 名称は持久漸進の将軍 Fabius にちなむ》.

fá·bi·fòrm /féɪbə-/ *a* 豆の形をした.

Fa·bio·la /fæ̀bióulə, fəbjóu-/ ファビオラ (1928–　)《ベルギー王 Baudouin 1 世の妃》.

Fa·bi·us /féɪbiəs/ ファビウス **Quintus ～ Maximus Verrucosus** (c. 275–203 B.C.)《ローマの将軍; 持久戦法で Hannibal を悩ませたことから後代 'Cunctator' (遷延家)と呼ばれた》.［L＝?bean grower］

fa·ble /féɪb(ə)l/ *n* **1** 寓話《動物などを擬人化した教訓的な話》; 伝説, 神話《集合的》: Aesop's *F～s* イソップ物語 / be celebrated in ～ 伝説に名高い. **2**《特に超自然的性格の》話, 物語; 作り話, 作り事, うそ; むだ話, よた話: a mere ～ 全くの作り話 / old wives' ～*s* むだ話. **3**《古》《劇・史詩などの》筋. ► *vi*《古》寓話を話す[書く]; うそをつく. ► *vt* …の作り話をする; 話に作る. ♦ **fá·bler** *n* 寓話作者; うそつき.［OF＜L *fabula* discourse］

fa·bled /féɪb(ə)ld/ *a* 物語[伝説]に名高い, 伝説的な, 有名な; 作り話の, 虚構の, 架空の.

fáb·less /fǽb-/ *a* 工場をもたない《製造施設をもたない, 設計などに特化した企業をいう; しばしば foundry と対で使う》.［*fab*rication, *-less*］

fab·li·au /fǽbliòu/ *n* (*pl* **-aux** /-òuz/) ファブリオ《主に 13 世紀フランスで書かれた諷刺的な韻文滑稽譚》.［F (dim)＜FABLE］

Fab·lon /fǽblàn, -lən/〘商標〙ファブロン《英国製の, 裏面に糊の付いたビニールシート; 棚・カウンターの装飾用, 手工芸用》.

Fa·bre /*F* fabr/ ファーブル **Jean-Henri ～** (1823–1915)《フランスの昆虫学者; *Souvenirs entomologiques* (昆虫記, 1879–1910)》.

fab·ric /fǽbrɪk/ *n* **1** 織物, 生地, ファブリック《織物・ニット地・フェルト地など各種の布地》; 織方, 織地: silk [cotton, linen, woolen] ～*s* 絹[綿, 亜麻, 毛]織物. **2** 構造, 構成, 組織; 基本構造, 枠組, 骨組 〈*of*〉(: the ～ *of* society 社会の根幹);《建築物の》壁, 床, 屋根 〈*of*〉; 構造物, 建造物; 構築, 建設,《特に》教会の建設と維持;〘地質〙ファブリック, 構造《岩石の構成成分の幾何学的配置》;〘空〙羽布(ɪ̃).［F＜L (*faber* metal worker)］

fab·ri·ca·ble /fǽbrɪkəb(ə)l/ *a* 形づくれる: a ～ alloy.

fab·ri·cant /fǽbrɪkənt/ *n*《古》製作者, 製造業者.

fab·ri·cate /fǽbrɪkèɪt/ *vt* **1** 作る, 製作する; 組み立てる;〈部品を〉規格に従って作る;〈原料を〉加工品に仕上げる 〈*into*〉. **2**〈伝説・うそなどを〉作り上げる, でっちあげる, こしらえる, 捏造する;〈文書を〉偽造する: ～*d* evidence 捏造証拠. ♦ **fáb·ri·cà·tive** *a*［L; ⇨ FABRIC］

fáb·ri·càt·ed fóod 組立て食品《動植物資源から特定成分を取り出して組み合わせ, 調味料・着色料などを加えて作った食品; 肉状にした植物タンパク質食品など》.

fàb·ri·cá·tion *n* 製作, 構成; 組立て,《木造建築の》切組; 組立て部品; 作り事, うそ; 偽造; 偽造物[文書].

fáb·ri·cà·tor *n* 製作者; 組み立てる人; うそつき.

Fa·bri·ci·us /fɑ:brí:siʊs, fəbríʃ(i)əs/ ファブリシウス **Johann Christian ～** (1745–1808)《デンマークの昆虫学者》.

fábric sòftener [condìtioner] 柔軟仕上げ剤[風合剤].

Fab·ri·koid /fǽbrikɔ̀ɪd/〘商標〙ファブリコイド《防水織物で革・布などの代用品; 椅子張り・製本などに用いる》.

Fa·bri·ti·us /fɑ:brí:tsiʊs/ ファブリツィウス **Carel ～** (1622–54)《オランダの画家; Rembrandt の下で学んだ実験的な構図や光線の描写が弟子 Vermeer に影響を与えた》.

Fa·brý-Pe·rót interferòmeter /fɑ:brí:peɪróu-/〘理〙ファブリー-ペロー干渉計《間隔の調節できる 2 枚の反射鏡からなる干渉計》.［Charles *Fabry* (1867–1945), A. *Pérot* (1863–1925), ともにフランスの物理学者］

Fá·bry's disèase /fá:briz-/〘医〙ファブリー病《α-ガラクトシダーゼ欠乏による遺伝性脂質代謝異常症》.［Johannes *Fabry* (1860–1930) ドイツの皮膚科医］

fab·u·lar /fǽbjələr/ *a* 寓話の[に関する], 寓話的な.

fab·u·late /fǽbjəlèɪt/ *vi* 作り話をする, 捏造する. ♦ **fab·u·la·tion** /fæ̀bjəléɪʃən/ *n*［L (*fabulat-* narrated as a fable)］

fab·u·list /fǽbjəlɪst/ *n, a* 寓話作者[の語り手](の); うそつき(の). ♦ **fàb·u·lís·tic** *a*［F; ⇨ FABLE］

fab·u·los·i·ty /fæ̀bjəlásəti/ *n* FABULOUS であること;《古》作り話, 作り事 (fable).

fab·u·lous /fǽbjələs/ *a* **1** 物語にあるような, 信じられないような, うそのような, 途方もない, 法外な: a ～ sum of money すごい大金. **2**《口》すばらしい, すてきな: a ～ party [vacation, time, idea]. **3** 寓話で知られる, 伝説上の, 伝説的な: a ～ hero 伝説上の英雄. ♦ **～·ness** *n*［F or L; ⇨ FABLE］

fábulous·ly *adv* 途方もなく, 驚くほど, 非常に;《口》みごとに, すばらしく.

fab·ur·den /fǽbərdn/ *n* FAUXBOURDON.

fac. facsimile♦faculty.　**FAC**〘軍〙°forward air controller.

fa·cade, -çade /fəsá:d/ *n*〘建〙《建物の》正面, 前面, ファサード (front);《特別な建築仕様を施した, 通り・中庭側の》一面;《事物の》見かけ, 外見, うわべ.［F; ⇨ FACE］

face /féɪs/ *n* **1 a** 顔, 顔面; 顔色, 顔つき, 顔貌 (look): Her ～ is her fortune. 美貌が彼女の財産だ《持参金・才能はない》/ a happy [sad] ～ うれしい[悲しい]顔つき / have a ～ as long as a fiddle ひどく陰鬱な顔をしている / a firm ～ 自信に満ちた表情 / LONG FACE. **b** [°*pl*] しかめっつら (grimace). **c** 沈着な表情, 冷静さ: set one's ～ not to do…しないように顔を引き締める. **d**《口》平気な[涼しい]顔, あつかましさ 〈*to* do〉: have the ～ *to* do あつかましくも…する. **e** 面目, めんつ: lose (one's) ～ めんつを失う, 顔がつぶれる / get ～ 面目を施す / save (one's) ～ 顔をつぶさない, 顔が立つ / FACE-SAVING. **f**《口》化粧品. **g**《古・文》見えるところ (sight), 面前 (presence). **2**《物の》表面 (surface), 外面, 表側 (right side);《硬貨・メダル・トランプなどの》おもて;《時計などの》文字盤;〘商〙券面;〘印〙《活字の》字づら,《版の》版づら, フェース;〘印〙書体, 字体;《本の》上側面;《コンクリ紙の》仮面;〘鉱〙切羽(きりは);《岩石の》露出面;《山の》切り立った面 (: the north ～);《多面体・結晶などの》面;《器具などの》使用面;〘機〙《バイトの》すくい面《切削刃の前面; cf. FLANK, RAKE[4]》;《槌・ゴルフクラブなどの》打つ面, フェース;〘空・海〙《プロペラの》圧力面《機体[船体]の後方を向いた面》;《建物などの》正面, 見付き (facade);《サッカーなどの》ゴールの正面側: the ～ of the EARTH. **3 a** 外観, 様相; うわべ, 見せかけ, 上っつら: the unacceptable ～ of capitalism 資本主義の容認しがたい様相 / socialism with (a) human ～ 人間の顔をした社会主義《Dubček の掲げた民主的社会主義》. **b** 地形, 地勢 (topography). **c**《文書の》文面, 表面の記載. **d** 額面 (face value). **4** 人 (: a new ～);《俗》著名人, '顔'; ″《俗》きまってる[かっこいい](ので目立つ)やつ;《黒人俗》白人;《俗》[*voc*] きみ, あなた, おまえ: a familiar ～ 顔なじみ.

● **at [in, on] the first ～** ちょっと見たところでは. **Bag your ～!** *《俗》顔隠せ, おまえむかつく, うせろ. **before sb's ～** 人の面前で. **be more than (just) a pretty ～**《口》[*joc*] not be just a pretty FACE. **break sb's ～** *《俗》人の顔をなぐる, ぶちのめす. **change the ～ of**…の様相を一変させる. **chew ～** *《俗》[*joc*] キスする. **do one's ～** 化粧をする. **eat ～** *《俗》ディープキスをする. **～ down** 顔を下げて; 表を下にして: lay a book ～ *down* 本を伏せる. **～ on** 顔をその方に向けて; うつ伏せに〈倒れるなど〉. **～ to ～**＝FACE-TO-FACE. **～ up** 顔を上げて; 表を上にして. **fall (flat) on one's ～** うつ伏せに[ぶざまに]倒れる; 《ぶざまに》失敗する (cf. *fall* FLAT[1]). **feed one's ～**《俗》がつがつ食う. FLY[1] **in the ～ of. get out of sb's ～** [[○]*impv*] *《俗》人にうるさくするのをやめる, 口出しをやめる, ほっとく; *《俗》《人の前から》去る. **go [hit] upside sb's ～ [head]** *《黒人俗》ぶんなぐる; *《俗》打ち負かす, やっつける (clobber). GRIND **the ～s of. have two ～s** 表裏がある, 二心をいだく; 〈ことばが〉どちらにもとれる. HIDE[1] **one's ～. in sb's ～** (人の顔に)まともに; 人の面前で, 公然と; 不意に, 思いがけなく; *《俗》人にうるさくして, じゃまして, 口を出して: have the wind *in* one's ～ 風をまともにうける / LAUGH *in* sb's ～ / get *in* sb's ～ 人の前にしゃしゃり出る. **in (the) ～ of**…とまともに; …に向かい合って; …に直面[遭遇]して; …をものともせずに, …にもかかわらず (in spite of): *in the* ～ *of* the world 世間体もはばからず / *in the* (very) ～ *of* day [the sun] 白昼堂々と; おおっぴらに. **In your ～!** *《俗》《敵に対する挑戦・侮辱を表わして》やーい, へへーんだ. **keep one's ～ (straight)＝keep a straight ～** 笑いをこらえる, 真顔でいる. LAUGH **on [out of] the wrong [other] side of one's ～. look sb in the ～＝look in sb's ～** まともに[臆せず]人の顔を見る. **make [pull] a ～ [～s]** 妙な顔をする, いやな顔をして見せる, 顔をしかめる〈*at* sb〉(cf. LONG FACE). **not be just a [another] pretty ～**《口》[*joc*] 人が考えているより有能だ, かわいい顔をしているだけじゃない. **on one's ～** うつ伏せに (opp. *on* one's *back*): lie *on* one's ～ 〈人が〉身を伏せている, 〈物が〉伏せてある / ⇨ fall flat on one's FACE (成句). **on the ～ of**…〈文書など〉の文面では. **on the (mere) ～ of it** 見たところ(では); 明らかに (obviously). **open one's ～** *《俗》口を開く, しゃべる. POWDER[1] **one's ～. pull a ～ [～s]** ⇨ make a FACE [faces]. **put a bad ～ on**…にどぎまぎする. **put on a brave [bold, good] ～＝put a brave [bold, good] ～ (on**…を)大胆に[何食わぬ顔で]やり過ごす, しらを切る, 〈難局を〉せいぜい我慢する. **put a new ～ on**…の局面[面目, 外観, 見方]を一新する. **put [get] one's ～ on**《口》化粧[メイク]をする. **set [put] one's ～ against**…"…に断固として反抗[反対]する, 峻拒する. **set one's ～ to [toward]**…の方に向く; …に志す; …に着手する. **sb's ～ doesn't fit** "〈人が〉(仕事・活動・組織に)合わない, 向いていない. SHOOT[1] **off one's ～. show one's ～** 顔を出す, 現われる. **shut one's ～** [[○]*impv*]《俗》黙る. **smash [put] sb's ～ in**《口》人をひどくなぐりつける. **stand there with one's bare ～ hanging out** *《俗》(なにもせず[言わず]に)ぼうっと(ばかづら下げて)突っ立っている, お手上げである; *《俗》ぬけぬけと[恥ずかし気もなく]言ってのける[ふるまう]. **stare sb in the ～** じっと人の顔を見る; 〈事実などが〉(そうと気づかれないだけで)もともと明白である; 〈不幸・死などが〉眼前に迫る[ちらつく] (＝**stare in sb's ～ [in the ～ of** sb]). STRAIGHTEN **one's ～. stuff one's ～** *《俗》がっついて食う. **suck ～** *《俗》キス[ネッキング]する. **talk [scream, complain, laugh, work, etc.] until [till] one is blue in the ～** 際限もなく[疲れはてるまで]無益に話す[わめく, 文句を言う, 笑う, 働くなど]. **throw [fling, cast]**…**(back) in sb's teeth [～]** ⇨ TOOTH. **to sb's ～** 人の面前で, 人に面と向かって, 公然と (opp. *behind* sb's *back*). **turn ～ about** くるりと振り向く. **wipe [take] the** SMILE **[grin] off one's [sb's] ～.**

► *vt* **1** …に向かう, 面する (look toward): The building ～*s* the square. 建物は広場に面している. **2** …にまっこうから立ち向かう, 対抗する (confront); 〈災難など〉に敢然と立ち向かう (brave); 〈相手〉と対戦する; 〈事実・事情など〉に直面する, 直視する; 〈問題などが〉…の前に現われる, …に差し迫る; 面と向かわせる; …に〈事実などを〉突きつける〈*with* the evidence〉: ～ (the) facts 事実を直視する, 現実を見すえる / let's ～ it ⇨ 成句 / ～ a charge 嫌疑をうける / be ～*d with* the reality 現実と向き合う / can't ～ *doing*…するなんて無理だ[できやしない] / ～ a minimum prison term of five years 最低 5 年の懲役刑を科せられる可能性がある. **3** 〈ある方向に〉向ける〈*to, toward*〉; 〖軍〗〈部隊を〉転回させる. **4** 〈トランプ札を〉表向きにする; 〈郵便物を〉面そろえする《宛名面を上にして同じ向きにそろえる》. **5** [[U]*pass*] 〈壁などを〉上塗りする, …に化粧張り[上張り]する〈*with*〉; 〈石材などを〉磨く, 仕上げる〈*with*〉; 〈服〉にフェーシング (facing) を付ける; 〈茶などを〉着色する; …の見かけをよくする〈*up*〉. **6** 〖アイスホッケーなど〗《フェースオフで》〈審判がパックなどを〉向かい合った 2 人の競技者の間に落とす[置く] (＝～ off)《これを 2 人が取り合って試合が始まる》; 〖ゴルフ〗〈ボールを〉クラブの面のまん中で打つ. ► *vi* 〈顔が人[物]やある方角に〉向く, 向いている; 〈建物がある方角に〉向かう, 面する (look) 〈(*on*) *to, toward*〉; 〖軍〗転回する; 〖アイスホッケーなど〗フェースオフによって試合を開始[再開]する (＝～ off): How does his house ～? 彼の家はどちら向きですか—It ～*s* (to the) north. 北向きです / About ～! *《号令》回れ右! / ～ about 〖軍〗回れ右をする; 向き直る / Left [Right] ～! 《号令》左向け左[右向け右]! ● **～ away** 顔を背ける; 〈建物などが〉向きが〈…から〉それている〈*from*〉. **～ down** 〈人を〉恐ろしい剣幕でおどす, 威圧する; 〈災難など〉に敢然と立ち向かう; 〈トランプ札などを〉下に向ける. **～ into**…の方向にまともに向く[向ける]. **～ off** 〖アイスホッケーなど〗⇨ *vt* 6, *vi*; *《試合・論争などで》対決する〈*against, with*〉. **～ out** 〈困難などを〉耐え抜く, 〈批判など〉に臆せず立ち向かう; FACE sb down. **～ the matter [it, them, etc.] out** 物事に大胆に立ち向かう, 難事を臆せず乗り切る. **～ the** MUSIC. **～ up to**…〈現実などを〉認識する, (正面から)受け取る, …に臆せず立ち向かう. **let's ～ it**《口》現実を直視しよう, (言いたくはないが)率直に言おう, 事実は事実として認めよう.

♦ **～·able** *a* [OF＜L *facies* form, face]

fáce·àche "*n* **1** 顔面神経痛 (neuralgia). **2**《俗》醜い人, 悲しそうな顔つきの人; 《俗》《漠然と》あいつ, あの野郎.

fáce àngle 面角《多面角の隣り合う 2 辺のなす角》.

fáce·bàr *n* 〖レス〗相手の顔の皮膚を後方に引っ張る技.

Fáce·bòok 〖商標〗フェイスブック《会員制交流サイト (social networking site)》.

fáce brìck 表積み《壁の表面に出る煉瓦》, 《特に》化粧煉瓦.

fáce càrd 《トランプの》絵札 (＝*court card*); *《俗》重要人物, お偉方, 花形, 人気者, スター.

fáce-cèntered *a* 〖晶〗面心の《立方体の各面の隅と中心に格子点が存在する》.

fáce·clòth *n* 死人の顔に掛ける布; WASHCLOTH; 逆毛(さかげ)ラシャ《表面が光沢のある仕上げになっている》.

fáce còrd フェースコード (＝*rank*)《薪の計量単位: 長さ 8 フィート高さ 4 フィートに 12–16 インチの薪を積んだもの》.

fáce crèam 美顔用化粧クリーム, フェイスクリーム.

faced /féɪst/ *a* **1** 顔[面]をもった; 表面をかぶせた[こすり落とした], 表面に特別の仕上げを施した. **2** *《俗》酔っぱらった, べろんべろんの (shitfaced). **3** *《俗》面目を失った, 無視[侮辱]された, 相手にされない, ふられた, 肘鉄をくらった.

-faced /féɪst/ *a comb form*「…のような顔をした」「…個の面をもった」: rosy-*faced*, two-*faced*. [*face, -ed*]

fáce·dòwn *adv* 顔を下げて, うつ伏せに; 表を下にして, 伏せて. ► *n* /─ ─/ *対決.

fáce èdge WORKING EDGE.

fáce-fírst *adv* 顔を先にして, 顔から〈転倒する〉(cf. FEETFIRST).

fáce flànnel "洗面用タオル (washcloth*).

fáce flỳ 〖昆〗家畜の顔面にたかるイエバエ属の一種.

fáce fùngus《口》[*joc*] ひげ (beard, mustache).

fáce gèar 〖機〗正面歯車, フェースギヤ《円盤面に歯がある歯車》.

fáce guàrd 《溶接工・フェンシング選手などの》顔当て, マスク.

fáce-hàrd·en *vt* 〈鋼鉄など〉に表面硬化処理を施す, 膚焼きをする (cf. CASE-HARDEN).

fáce·less *a* 顔のない; 特徴[個性]のない; 身元を隠した, 匿名の.

♦ **～·ness** *n*

fáce-lìft *n, vt* (…に) FACE-LIFTING (を施す).

fáce-lìft·ing *n* 顔の若返り術, 美容整形; 《建物などの》化粧[外装]直し, 改装; 《自動車などの》ちょっとしたモデルチェンジ, フェイスリフト: have [get] a ～.

fáce·man /-mən/ *n* (*pl* **-men** /-mən/) 切羽作業員 (face worker).

fáce màn *《俗》顔がいいだけの男, 頭が弱い美男.

fáce màsk **1** 顔面を保護するおおい, 《スポーツ選手などの》フェースマスク; *フェイスマスク《美顔用マスクや美顔用シートマスク》. **2** 〖アメフト〗フェースマスク《フェースマスクをつかむ反則; 5 ヤード (重大な違反は 15 ヤード) 罰退》.

fáce massàge 《美容のための》顔のマッサージ.

fáce-òff *n* 〖アイスホッケーなど〗フェースオフ (⇨ FACE *vt* 6); 会談; *対決.

fáce pàck 美顔用パック.

fáce pàint フェイスペイント《顔に模様を描くのに使うえのぐ》.

♦ **fáce pàinter** えのぐで顔に模様を描いた人. **fáce pàinting** *n*

fáce pèel フェイスピール (CHEMICAL PEEL).

fáce-plànt *n* 《自転車・スケートなどで》つんのめって顔から突っ込むこと, 転倒して顔面を強打すること《モトクロスの隠語から》.

fáce·plàte *n* 〖機〗《旋盤の》面板(めんいた), 鏡板(かがみいた); 《機械・装置の》保護板, 《ドアロックの》錠面, 《スイッチなどの》表面カバー, 〖機〗定盤 (surface plate); フェースプレート《ブラウン管の前面のガラス》; 《ダイバーなどの》顔を保護する金属[ガラスなど]のプレート.

fáce pòwder 粉おしろい, フェイスパウダー.

fac·er /féɪsər/ *n* 化粧仕上げをする人[もの]; 〖機〗フェーシング工具《工作物を旋盤の回転軸に対して垂直にする工具》; 《ボクシングなどの》顔面打ち, 顔面パンチ; "《口》思いがけぬ難問, 不意の困難[障害].

fáce-sàver *n* めんつ[顔]を立てるもの.

fáce-sàving *a, n* めんつ[顔]を立てる(こと), 体面を保つ(こと): a ～ compromise めんつをつぶさずにすむ妥協(案).

fáce sìde 〖建〗見えがかり《部材の目に見える面》; 《材木の》木表(きおもて).

fac·et /fǽsət/ *n* 《結晶体・宝石の》小面, 彫面, 《カットグラスの》切子面, 刻面, ファセット; 《物事の》一面, 相 (aspect); 〘建〙《フルーティングのある柱の溝間の》畦(ᵃᵉ); 〘解〙切子面, 小関節面《骨などの小平滑面》; 〘歯〙咬合局面[小面]; 〘昆〙《複眼の》個眼[小眼](面). ► *vt* (-t-, -tt-) …に切子面を刻む, ファセットを作る. [F (dim) < FACE]

fa·cete /fəsíːt/ *a* 《古》滑稽な, 機知に富んだ (witty).

fácet·ed, fác·et·ted *a* 小面[切子面]のある.

fa·ce·ti·ae /fəsíːʃiìː/ *n pl* しゃれ, 諧謔; 〘カタログ〙滑稽本, 猥本, ポルノ. [L (pl) < *facetia* jest]

fáce tìme 《テレビに》短時間出る[映る]こと; 《短時間の》対面, 面談, 顔合わせ; 《勤務時間外に》職場で過ごす時間; 《電算俗》対面時間, フェースタイム, オフラインで会う時間, オフ会《E メールなどではなく, じかに会って交流する時間》.

fa·ce·tious /fəsíːʃəs/ *a* 滑稽な, ひょうきんな〈人〉; 冗談の(つもりの), おどけた〈ことば〉; 愉快な. ♦ **~·ly** *adv* **~·ness** *n* [F (L FACETIAE)]

fáce-to-fáce *adv, a* 面と向かって(の), 対面で(の); 直面して 〈*with*〉; 向かい合わせに[の]: come ~ *with* sb 人とばったり出くわす / meet (sb) ~ (人と)直接会う / come ~ *with* sth …に直面する.

fáce tòwel フェイスタオル《顔をふいたりするのに使う小型のタオル》.

fáce·úp *adv* 顔を上げて, あおむけに; 表を上にして.

fáce valídity 〘心〙《テストなどの》表面的妥当性.

fáce válue 額面(価格[価額]), 券面額《公債などの表面に記載してある額》; 額面[表面]上の価値[意味]: take [accept] sb's promise at ~ 人の約束を額面どおり信用する.

fáce·wòrk *n* 《壁面などの》外装 (facing).

fáce wòrker 《鉱山の》切羽作業員.

facia ⇨ FASCIA.

fa·cial /féɪʃ(ə)l/ *a* 顔の, 顔面の; 顔に用いる: ~ cream 化粧クリーム / ~ neuralgia 顔面神経痛. ► *n* 美顔術, フェイシャル《クレンジング・マッサージ・パックを含む》. ♦ **~·ly** *adv* [L; ⇨ FACE]

fácial àngle 〘人〙顔面角; 〘数・晶〙面角《2 つの平面のなす角》.

fácial índex [the] 〘人〙顔(ᵍᵃⁿ)示数《顔面の高さの幅に対する百分比》.

fácial·ist *n* フェイシャルエステティシャン, フェイシャリスト.

fácial nèrve 〘解〙顔面神経.

fácial tíssue 化粧紙《吸湿性のティッシュペーパー》.

fa·cient /féɪʃ(ə)nt/ *n* 作用するもの (doer, agent).

-fa·cient /féɪʃ(ə)nt/ *a comb form*「…化する」「…作用を起こす」「…性の」: calefacient, somnifacient. ► *n comb form*「…作用をひき起こすもの」: absorbefacient, rubefacient. [L (pres p) < *facio* to make]

fa·ci·es /féɪʃiìːz, -ʃiz/ *n* (*pl* ~) 〘医〙《病状を示す》顔, 顔貌; 〘医〙面; 〘地質〙(層)相; 〘生態〙《動植物の個体(群)の》外観, 外見; 〘植〙ファシース《種の量的相違による, 植物群落の下位単位》; 〘考古〙ある有史前文化に特徴的な相.

fac·ile /fǽs(ə)l; -àɪl/ *a* **1** 容易な, 骨の折れない, たやすく得られる, 苦心の跡をとどめない; 手軽な, 軽便な: a ~ style 平易な文体. **2** 軽妙な, 流暢な; (口の)よくまわる, 口八丁手八丁の, 手早い. **3** 軽率な, うわすべりな; 安易な, いいかげんな: a ~ pen (悪)達者な筆 / a ~ solution 安易な解決策. **4** 《態度・人柄が》くつろいだ, 穏やかな; 《古》優しい, ものやわらかな; 《古》従順な: a ~ personality おとなしい性格. ♦ **~·ly** *adv* **~·ness** *n* [F or L (*facio* to do)]

fa·ci·le prin·ceps /fáːkɪlɛ príŋkèps, fǽsəli prínsèps/ *a, n* 優に一番である(人); 卓越せる(指導者). [L=easily first]

fa·ci·lis de·scen·sus Aver·no [Aver·ni] /fáːkɪlɪs deɪskéɪnsʊ̀s ɑːwérnoʊ [-ni]/ 冥界[アウェルヌス](Avernus)への下降は容易なり; 悪への道を歩むのはたやすい《Vergil, *Aeneid* 6:126》. [L=the descent to Avernus is easy]

fa·cil·i·tate /fəsílətèɪt/ *vt* 〈事情が事を〉容易にする, 楽にする, 促進[助長]する; 〈討論〉の進行役をつとめる. ♦ **-tà·tive** *a* [F<It; ⇨ FACILE]

fa·cil·i·ta·tion /fəsìlətéɪʃ(ə)n/ *n* 容易[軽便]にすること, 簡便化; 〘生理〙疎通, 促通《必要な刺激をあらかじめ[同時に]与えて他の場所における反射運動を起こりやすくすること》.

fa·cíl·i·tà·tor *n* 《討論などの》進行役, まとめ役; 促進剤.

fa·cil·i·ta·to·ry /fəsílətətɔ̀ːri; -t(ə)ri/ *a* 〘生理〙促通を誘発する, 促通性の.

fa·cil·i·ty /fəsíləti/ *n* **1 a** 容易さ (ease); 《容易に学び または 行なう》才, 器用さ, 腕前, 流暢: with great ~ きわめて容易に / Practice gives ~. 練習をすれば腕が上がる / ~ *in* cooking 料理の腕. **b** 人のよさ, 御しやすさ. **2** [ᵘ*pl*] 便, 便宜(をはかるためのもの), 便益, 設備, 施設; 《付加的な》機能, サービス; 〘軍〙(補給)基地; [ᵒ*pl*] 洗面所, お手洗い: educational [public] *facilities* 教育[公共]施設 / *facilities* of civilization 文明の利器 / give [afford, offer] every ~ for…にあらゆる便宜を与える / an overdraft ~ 当座貸越し機能 / have the ~ to *do* sth 〈機器などが〉…する機能をもつ. [F or L: ⇨ FACILE]

facílity trìpˈˈ 官費[公費]旅行.

fac·ing /féɪsɪŋ/ *n* **1** 面すること, 《家の》向き. **2** 〘建〙外装, 化粧, 表面仕上げ; 外装[仕上げ, 表面化粧]材; 《茶・コーヒーの》着色; 〘機〙(端)面削り. **3** 〘服〙見返し, フェーシング《コントラストまたは補強のために衣服などの一部に重ねて当てた素材; へムやカフスなどの折り返した部分の裏布など》; [*pl*] 《軍服の》定色《兵種を示す襟章と袖章》. **4** 〘軍〙《号令に応じて行なう》転回, 向き(変え). ● **go through one's ~s** 《古》腕前を試される. **put sb through his ~s** 《古》人の腕前を試す. ► *a* 反対側の, 向かい合う; …向きの: ~ page 対向ページ; [*pl*] 見開き / south-~ 南向きの. [*face*]

fácing brìck FACE BRICK.

fácing tòol 〘機〙《旋盤などの》正面バイト.

fa·cin·o·rous /fəsínərəs/ *a* 《古》極悪の, 悪名高い.

fack /fǽk/ *n**《方》FACT. ► *vi**《黒人俗》本当のことを言う.

fa·çon de par·ler /*F* fasɔ̃ də parle/ 話し方, 言い方; きまり文句.

fa·con·ne, fa·çon·né /fæ̀sənéɪ, ━━━/ *a* 〈織物が〉細かく精巧な模様を出した, ファソネの. ► *n* ファソネ《そのような織物; その模様》. [F (pp) < *façonner* to work]

fac·sim·i·le /fæksíməli/ *n* 《筆跡・印刷物・絵画などの》複写, 複製, 模写; 〘通信〙ファクシミリ, ファックス: (reproduce) in ~ そっくりに[原物どおりに](複写する). ► *a* 複写の, 模写の, ファクシミリの. ► *vt, vi* 複写する, 模写する, ファクシミリにとる. [NL *fac* (impv) < *facio* to make, *simile* (neut) < *similis* like]

facsímile transmíssion ファクシミリ通信 (fax).

fact /fǽkt/ *n* **1 a** 事, 事実; 《理論・意見・想像などに対し》事実, 実際, 真相; 現実: an established ~ 動かしがたい事実 / a false ~ うその事 / an amazing ~ 驚くべき事実 / I know that as [for] a ~. わたしはそのことが事実であることを知っている / Is that a ~? 《相手の言ったことに驚いて》本当なのか / It is a ~ that…は本当だ《強調したいとき》/ FACT OF LIFE / *F*~ or fiction? 本当かうそか? / *F*~ is stranger than FICTION. / This novel is founded on ~. この小説は事実に基づいている. **b** (人の言う)事実, 申し立て: ascertain ~*s* 事実(の有無)を確かめる / We doubt his ~*s*. 彼の申し立ては疑わしい. **2** 〘法〙《犯罪などの》事実, 犯行 (⇨ 成句): confess the ~ 犯行を自白する. **3** 《廃》行為 (deed), 偉業 (feat). ● **after [before] the ~** 〘法〙犯行後[犯行前]の, 事後[事前]の. **(and) that's a ~** 《口》(信じられないかもしれないが)本当だ, 間違いない. **and that's ~!** 《前言の決意を強めて》本当[本気]だぞ, いいね, わかったな! **~s and figures** 精確な情報; 詳細 (details). **get one's ~s straight [right]** 事態を正しく[きちんと]把握する. **in (actual) ~=in point of ~** 《予想・見かけなどに対して》実際に, 現実に; 《名目・約束などに対して》実際には, 事実(上)は; (だが)実は, それどころか (as a matter of fact). MATTER OF FACT. **the ~ (of the matter) is (that)**… 実は[真相は]…. [L *factum* (neut pp) < *facio* to do]

facta *n* FACTUM の複数形.

fac·ta, non ver·ba /fǽktə nóʊn wéərbə, -vəːrbə/ 行為にしてことばにあらず. [L]

fáct-chèck *vt* 〈原稿など〉の事実確認をする, 内容をチェックする. ♦ **~·er** *n*

fáct-fìnd·ing *n, a* 事実認定(の); 実情[現地]調査(の); 調停(の): a ~ committee 実情調査委員会 / a ~ panel 調停委員団. ♦ **fáct fìnder** 〘法〙事実認定者 (trier of fact); 実情調査(委)員.

fac·tice /fǽktəs/ *n* 〘化〙ファクチス, 油ゴム, 加硫油, サブ. [商標]

fac·tic·i·ty /fæktísəti/ *n* 事実であること, 事実性.

fac·tion¹ /fǽkʃ(ə)n/ *n* **1** 党中の党, 徒党, 党派, 派閥, 分派, 閥 〈*of*〉. **2** 党争, 内紛; 党派心, 派閥根性: ~ fighting 派閥抗争. [F<L; ⇨ FACT; cf. FASHION]

faction² *n* ファクション《事実と虚構を織り交ぜた小説・映画・番組など》. [*fact*+*fiction*]

-fac·tion /fǽkʃ(ə)n/ *n comb form* [-fy の動詞の名詞形]「作用」(cf. -FICATION): satisfy>satis*faction*. [L; ⇨ FACT]

fáction·al *a* 徒党[党派]の; 党派的な. ♦ **~·ism** *n* 派閥主義, 党派心, 派閥根性[争い]. **~·ist** *n* **~·ize** *vi, vt* 派閥[分派]に分かれる; 分派させる, 党派的にする. **~·ly** *adv* [*faction*¹]

fáction·àry /; -(ə)ri/ *n* 党派[派閥, 徒党]の一人 (partisan). ► *a* 党派[派閥]の[に関する].

fac·tious /fǽkʃəs/ *a* 党派的な; 党派心の強い, 党派本位の; 煽動的な (seditious). ♦ **~·ly** *adv* **~·ness** *n*

fac·ti·tious /fæktíʃəs/ *a* 人為[人工]的な; 不自然な (opp. *natural*), 作為的な. ♦ **~·ly** *adv* **~·ness** *n* [L; ⇨ FACT]

fac·ti·tive /fǽktətɪv/ *a* 〘文法〙作為の (cf. CAUSATIVE): ~ verbs 作為動詞《VOC 型の make, cause, think, call など》. ► *n* 作為動詞. ♦ **~·ly** *adv* [NL; ⇨ FACT]

fac·tive /fǽktɪv/ *a* 〘言・論〙叙実的な《動詞・形容詞・名詞について, その従属節の意味内容が事実であると前提されているものをいう; Mary doesn't regret that she refused the offer. の regret など》. ► *n* 叙実的表現.

-fac·tive /fǽktɪv/ *a comb form*「作る」「原因となる」: petri*factive*. [F; ⇨ -FACTION]

fáct of lífe 《口》厳然たる事実, 《一般に》現実; [the facts of life] 生の実態《特に 子供に教えるセックスに関する諸事実》.

fáct·òid *n* 《活字化され繰り返し報じられることによって》事実として受け取られていること[話], 類事実; *些末なニュース[情報]. ► *a* 類事実 (factoid) の[じみた]. [Norman Mailer の造語 (1973)]

fac·tor /fǽktər/ *n* **1** 要素, 要因, ファクター; 〘経〙生産要素 (factor of production): an important [a major, a key] ～ 大切な要素 / a ～ of happiness 幸福の要因. **2**〔数〕因数, 約数;《増減の》倍率, 係数; 指数, 尺度 (cf. SPF);〔生〕因子,《特に》遺伝因子 (gene);〔化〕力価: a common ～ 共通因子, 公因数, 公約数 / PRIME FACTOR / resolution into ～*s* 因数分解. **3** 問屋(とい)《寄託された物品を販売して手数料を受け取る者》; ファクター《在庫資産や売掛債権を担保として融資を行なう者》; 債権買取り[取立て]業者[会社];《スコ》土地管理人. ● **by a ～ of**…《増減の規模が》…(倍)だけ. ► *vt*〔数〕因数分解する〈*into*〉; 要因として入れる[含める, 考慮する]〈*in, into*〉; 要因として除外する〈*out*〉;〈売掛債権を〉債権買取り業者に売る. ► *vi* 問屋として働く, 仲買いをする; 売掛債権を買い取る. ♦ **～·able** *a* **～·ship** *n* [F or L; ⇨ FACT]

fáctor·age *n* 問屋(とい)手数料, ファクターの手数料; 問屋業, ファクター業, 債権買取り[取立て]業.

fáctor anàlysis〔統〕因子分析(法). ♦ **fáctor analýtic** *a*

fáctor còst〔経〕要素費用.

factor VIII /ーー éɪt/〔生化〕第 VIII 因子 (＝*antihemophilic factor*)《哺乳類の血液凝固の因子で, 可溶性タンパク質の一種》.

factor V /ーー fáɪv/ ACCELERATOR GLOBULIN.

fáctor gròup〔数〕因子群 (quotient group).

fac·to·ri·al /fæktɔ́ːriəl/ *n*〔数〕連乗積,《特に》階乗《*n* 以下の自然数全部の積; 記号 *n*!; 0!＝1 とする》. ► *a*〔数〕階乗の;〔数〕因数の; FACTORY の. ♦ **～·ly** *adv*

fáctor·ing *n* **1**〔数〕因数分解. **2** 問屋(とい)業; ファクター業; 債権買取り[取立て]業.

fàctor·izátion *n*〔数〕因数分解;〔法〕債権差押通告.

fáctor·ìze *vt*〔数〕因数分解する;〔法〕GARNISHEE. ► *vi*〔数〕因数分解できる.

fáctor of prodúction〔経〕生産要素 (＝*agent of production*)《土地・労働・資本など》.

fáctor of sáfety〔機〕安全率《構造物の破壊強さを許容応力で割った数値》.

factor XIII /ーー θə̀ːrtíːn, -ーー/〔生化〕第 XIII 因子《血液凝固に関与するフィブリン安定化因子》.

fac·to·ry /fǽkt(ə)ri/ *n* **1 a** 工場, 製造所 (works)《小規模のものは workshop》; FACTORY SHIP: an iron ～ 鉄工所. **b** [〈*a*〉] 工場の: a ～ girl 女工 / a ～ hand 工員, 職工. **2**《ものを生み出す》場所, 巣; 在外代理店;〔英史〕在外商館,〔米史〕交易所: the vice *factories* of the slums 悪の温床であるスラム街. **3** "《俗》警察署;《豪俗》女子刑務所; *《俗》麻薬注射用器具(一式). ♦ **～·like** *a* [Port and L; ⇨ FACTOR]

Fáctory Àcts *pl* [the]〔英史〕工場法《労働時間・保安基準などを定めた 19 世紀の法律; 最初は 1802 年》.

fáctory fàrm 工場方式で運営される(畜産)農園.

fáctory fárming〔畜・農〕工場飼育 (＝*confinement farming*)《ブロイラーなど食肉動物を, 飼育舎に閉じ込め, 大量に飼育すること》.

fáctory flóor SHOP FLOOR.

fáctory-gàte príce 工場渡し価格.

fáctory-màde *a* 工場製の.

fáctory òutlet [shòp] メーカー直営店, アウトレット店.

fáctory shìp 工船《蟹工船・鯨工船など》; 工作船[艦].

fáctory sỳstem 工場制度 (cf. DOMESTIC SYSTEM).

fac·to·tum /fæktóutəm/ *n* 雑事一切をする雇い人, 雑用係, 何でも屋; 便利屋. [L (*fac* (impv)〈*facio* to do, *totum* all)]

fáct shèet《特定の問題についての》概要説明文書, ファクトシート.

fac·tu·al /fǽkʧuəl/ *a* 事実(について)の; 実際の; 事実に基づく. ♦ **～·ly** *adv* **～·ness** *n* **fàc·tu·ál·i·ty** /-ǽləti/ *n* [*act*²: *actual* の類推で *fact* から]

fáctual·ìsm *n* 事実尊重(主義). ♦ **fáctual·ist** *n* **fàc·tu·al·ís·tic** *a*

fac·tum /fǽktəm/ *n* (*pl* **～s, -ta** /-tə/)〔法〕事実, 行為;《遺言書の》作成; 捺印証書; 事実の陳述書. [L＝fact]

fac·ture /fǽkʧər/ *n* 制作; 制作法, 手法; 制作物, 作品;〔美〕ファクテュール《画布の上に置かれるえのぐの層のつき方[構造]》;《作品の》質, できばえ;〔商〕送り状 (invoice). [OF＜L *factura*; ⇨ FACT]

fac·u·la /fǽkjələ/ *n* (*pl* **-lae** /-lìː, -làɪ/)〔天〕《太陽の》白斑. ♦ **fác·u·lar** *a* **fác·u·lous** *a*

fac·ul·ta·tive /fǽk(ə)ltèɪtɪv; -tə-/ *a* 権能[許可]を与える, 許容的な; 随意の, 任意の; 偶発的な; 機能の, 能力の;〔生〕条件的な, 任意の, 通性の (opp. *obligate*); FACULTY の: a ～ parasite 条件的寄生菌. ♦ **～·ly** *adv* [F (↓)]

fac·ul·ty /fǽk(ə)lti/ *n* **1 a**《特に 頭脳的な》能力 (ability), 才能; *《口》技能, 手腕; 資力, 財産; 支払い能力: He has a ～ *for* mathematics. 数学の才がある. **b** [°*pl*]《身体・精神の》機能;《心的》能力《意志・理性・記憶力など》: the ～ of hearing [sight] 聴覚[視覚]能力 / critical *faculties* 判断力, 批判力 / be in (full) possession of all one's *faculties* 心身ともに(全く)異状がない, 正常そのものである. **2 a**《大学の》学部, 学部の教授団[構成員]; *《大学・高校の》教員,《時に》教職員《集合的》: the science [medical] ～ 理[医]学部 / the four *faculties*《中世の大学の》四学部《神学・法学・医学・文学》/ a ～ meeting 教授会, 職員会議 / The ～ are meeting today. 今日は教授会[職員会議]がある. **b**《医師・弁護士などの》同業者団体, [the] "《口》医者連中《医師全体》;《古》職業. **3**《上から与えられる》権限, 権能;〔英国教〕《教会堂の新改築・取りこわしなど, 教会法上の》許可. [OF＜L; ⇨ FACILE]

Fáculty of Ádvocates [the]《スコットランドの》弁護士会《イングランドの Inns of Court に相当する》.

fáculty thèory [the] 支払い能力課税説《個人はその支払い能力に応じて公費を負担すべきであるとする》.

FA Cup /ɛ́féɪ ーー/ [the] FA 杯, FA カップ《**1**) イングランドサッカー協会 (Football Association) 加盟チームによる年次勝抜き競技会; Premier League と Football League のプロチームのほか, アマチュアチームも参加する **2**) その純銀製優勝杯》.

fad /fǽd/ *n* 一時的流行[熱狂]; 気まぐれ, 酔狂; "《特に 食べ物についての》好みのむずかしさ, うるさいこと, こだわり. ♦ **fád·dish** *a* **fád·dish·ly** *adv* **fád·dish·ness** *n* [C19＜? *fidfad*＜FIDDLE-FADDLE]

FAD /ɛ̀féɪdíː/ FLAVIN ADENINE DINUCLEOTIDE.

fad·a·yee /fæ̀də(j)íː/ *n* (*pl* **fad·a·yeen** /-(j)íːn/) FEDAYEE.

Fad·den /fǽdn/ ファデン **Sir Arthur William** ～ (1895–1973)《オーストラリアの政治家; 首相 (1941)》.

fád·dìsm *n* 流行かぶれ, 物好き. ♦ **fád·dist** *n* 気まぐれな人, 物好きな人, 一時的流行を追う人; "食べ物にうるさい人. **fad·dis·tic** /fædístɪk/ *a* [*fad*]

fád·dy *a* "《口》〈特に 子供が〉食べ物の好みがむずかしい, 好き嫌いが多い. ♦ **fád·di·ness** *n*

fade¹ /féɪd/ *vi* 〈色が〉あせる;〈容色が〉うつろう;〈音・光が〉消えていく; しぼむ, しおれる;〈気力が〉衰える;〈記憶など〉おぼろになる〈*away, out*〉;〈習慣が〉すたれる;《徐々に》見えなくなる, 姿を消す〈*from* view〉; *〈選手・チームが〉不振になる, 落ちめになる, さえなくなる;《俗》〈人が〉去る (leave), 消える, [*euph*] 死ぬ (die);〈ブレーキが〉しだいにきかなくなる, フェードする〈*away, out*〉;〔ゴルフなど〕〈ボールが〉カーブする, コースをそれる, フェードする;〔アメフト〕〈クォーターバックが〉フェードバックする (＝～ back)《フォワードパスをするため後退する》;〔通信〕〈信号が〉強さが変動する. ► *vt* しぼませる, しおれさせる, 老けさせる; …の色をあせさせる;〈音を〉次第に小さくしていく;〔ゴルフ・ボウル〕〈ボールを〉フェードさせる《利き腕の方へカーブさせる; opp. *hook*》; *《俗》《さいころ賭博で》…の賭けに応ずる, …と同額を賭ける. ● **～ away** (薄れて)消失する,〈音が[を]〉溶暗する (fade out); 見えなくなる, 立ち去る, [*impv*] 出て行け! **～ back**〔アメフト〕⇨ *vi*. **～ down**〈音が[を]〉小さくなる[する]. **～ in**〔映・放送〕音[映像]が[を]しだいにはっきりする[させる], 溶明する. **～ into**… 徐々に小さくなって[変化して]…になる. **～ out**〔映・放送〕音[映像]が[を]しだいにぼんやりする[させる], 溶暗する. **～ up**＝FADE in. ► *n* **1 a** FADE-IN; FADE-OUT;〔映・テレビ〕映像の漸移, フェード. **b**〔車〕《摩耗・過熱による》ブレーキ力の減退, フェード. **c**〔ゴルフ〕フェード. **d** フェード《角刈りに似ているが, トップが高くタイトな髪型》. **2**《口》失敗, あてはずれ. **3** *《黒人俗》白人, 白人好きの黒人. ● **do [take] a ～** *《俗》いなくなる, 消える, 去る (depart). [OF (*fade* dull, insipid)]

fade² /*F* fad/ *a* 気の抜けた, 退屈な, おもしろくない. [↑]

fáde·awày *n* 消えていくこと, 消失, 衰微, 衰弱, 衰退;〔野〕SCREWBALL;〔野〕HOOK SLIDE;〔バスケ〕フェードアウェイ《ゴールネットのところでジャンプし落下するときに放つジャンプショット》.

fad·ed /féɪdəd/ *a* しおれた, 色あせた; 衰えた. ♦ **～·ly** *adv*: a ～*ly* handsome woman かつての美しさはさこそと思わせる美人.

fáded bóogie *《俗》黒人のたれ込み屋; *《俗》[*derog*] 白人かぶれの黒人, 白っぽいクロ.

fáde-ìn *n*〔映・放送〕《音・映像が》しだいにはっきりすること, 溶明, フェードイン.

fáde·less *a* しぼむことがない, 色あせぬ; 衰えぬ; 不変の. ♦ **～·ly** *adv*

Fade-Om·e·ter /feɪdɑ́mətər/〔商標〕フェードメーター《日光の代わりにアーク光で照射して日光に対する色のあせぐあいを試験する装置, 退色試験機》.

fáde-òut *n*〔映・放送〕《信号・音・映像が》しだいにぼんやりすること, 溶暗, フェードアウト; 消失: take ～*s* 姿を消す.

fad·er /féɪdər/ *n*〔映〕《トーキーの》音量調節器;〔電子工〕フェーダー《音声[映像]信号などの出力レベル調節器》;《フィルム現像の》光量調節器.

fadge¹ /fǽʤ/ *vi*《古・方》適応して栄える, 成功[適合]する. [C16＜?]

fadge² *n*《方》包み, 荷,《特に》《豪》羊毛のやわらかい包み, 羊毛をゆるく詰めた梱(こり). [C16＜?]

fad·ing /féɪdɪŋ/ *n*《容色・気力などの》衰え; 退色;〔通信〕フェーディング《信号強度が時間的に変動する現象》.

FADM °Fleet Admiral.

fa·do /fɑ́ːduː, -doʊ/ *n* (*pl* **～s**) ファド《ポルトガルの哀愁をおびた民謡・舞踊; 通例 ギターで伴奏する》. [Port＝fate]

Fadometer ⇨ FADE-OMETER.

fa·doo·dle /fədúːdl/ *n*《俗》ばかげた[あほくさい]こと, ナンセンス. [*flapdoodle* にならって *faddle* (＝nonsense) からか]

FAE °fuel air explosive.

faecal, faeces ⇨ FECAL, FECES.

fa·e·na /fɑːéɪnɑː/ *n* 〘闘牛〙 ファエナ《牛にとどめを刺すに先立つ最終段階で, マタドールが赤い布 (muleta) と剣を持って牛を挑発し, 一連の牛かわしを行なうもの》. [Sp=task]

Fa·en·za /fɑːénzə, -éntsə/ ファエンツァ《イタリア北部 Emilia-Romagna 州の都市; ファイアンス焼 (faience) で有名だった》.

fa·er·ie, -ër-, fa·ery, -ëry /féɪəri, féəri/ 《古·詩》 *n* 妖精の国 (fairyland), 夢幻郷; FAIRY; 魅惑. ► *a* 妖精の(ような); 夢幻郷の(ような). [*fairy*]

Fáerie Quéene /-kwíːn/ [The]『妖精の女王』《Edmund Spenser の寓意的騎士物語詩》.

Fáer·oe [Fár·oe] Íslands /féəroʊ-/ *pl* [the] フェロー諸島《アイスランドと Great Britain の間の火山島群; ☆Thorshavn; デンマーク領》.

Faero·ese, Faro·ese /fɛəroʊíːz, -s/ *n* **a** (*pl* ～) フェロー諸島民. **b** フェロー語《Germanic 語派に属する》. ► *a* フェロー人[語]の.

Fae·su·lae /fíːzəlìː/ ファイスライ《FIESOLE 市の古代名》.

faff /fæf/ ᴵᴵ《口》 *vi* とりとめのない行動をする, 無為に[だらだらと]過ごす, もたもたする ‹*about, around*›. ► *n* どたばた騒ぎ.

Faf·nir /fáːvnər, -nìr; fæfnɪər, fæv-/ 〘北欧神話〙 ファーヴニル《黄金の財宝を守った竜; Sigurd に殺された》. [ON]

fag[1] /fæɡ/ *v* (**-gg-**) *vi* 懸命に働く ‹*at* business›; (懸命に働いて)疲れる; ᴵᴵ《public school で》‹下級生が›上級生のために働く; ‹ロープの端が›ほぐれる. ► *vt* ‹仕事などが›疲れさせる ‹*out*›; ᴵᴵ‹下級生を›雑用に使う; 〘クリケット〙‹人›に外野手をさせる; ‹ロープの端を›ほぐす: be *fagged out* へとへとに疲れる (⇨ FAGGED). ● **～ along** *《俗》 馬を飛ばす《カウボーイ用語》. **～ out** ⇨ *vt*; 〘クリケット〙 外野手をする (field). ► ᴵᴵ*n* つまらない[骨の折れる]仕事(をこつこつとする人); 上級生の雑用をする下級生. ♦ **fág·ging** *n* [C18<?; cf. FLAG[3], *fag* (obs) to droop]

fag[2] *n* ᴵᴵ《口》 紙巻きタバコ, もく (cigarette); FAG END. ► *《俗》 *vt, vi* ‹人›にタバコをやる; タバコを吸う. [C18<?]

fag[3] *《俗》 *n* [ᵁ*derog*] 《男の》 同性愛者, ホモ, おかま; いやな男, いけすかないやつ. ► *a* ホモの. [*fagot*]

fa·ga·ceous /fəɡéɪʃəs/ *a* 〘植〙 ブナ科 (Fagaceae) の.

fág bàg *《俗》 ホモと結婚している[つきあっている]女, おこげ.

fág-bùst·ing *n* *《俗》 男性同性愛者に乱暴すること, ホモいじめ.

fág ènd 切れはし; 末端, 残りくず (remnant); ᴵᴵ《口》 タバコ(の吸いさし); 《織物の》 織り端; 綱のほつれた端; [the] (一番の)端, (全くの)最後 ‹*of*›; 《口》 つまらない[損な]結末. [ME *faga* flap<?]

fágged *a* [ᴾ～ out] ᴵᴵ《口》 疲れきって. ● **can't be ～ to do** ᴵᴵ《口》 へとへとで…できない, うんざりして…する気にならない.

fággot·ry *n* 《俗》 男性同性愛, ホモ.

fággot's mòll *《俗》 FAG HAG.

fág·goty, fág·got·ty, fág·gy *a* 《俗》 ホモの, ホモみたいな, いかにもおかまっぽい.

fág hàg 《俗》 [*derog*] ホモとつきあう女.

Fa·gin /féɪɡən/ **1** フェイギン (Dickens, *Oliver Twist* に登場する, 子供たちを使うスリの親分). **2** [ᴼf-] 子供たちに盗みを仕込む親分; [ᴼf-] 《俗》 老悪党, 老いかさま師.

fág·màster ᴵᴵ *n* 雑役をする下級生をかかえている生徒.

fag·ot, fag·got | fag·got /fæɡət/ *n* **1 a** 薪束, そだ, 草の束. **b** 《加工用の》 錬鉄棒の束, 積み地金. **c** ひとからげ (collection). **2** [ᵁ*pl*]ᴵᴵ ファゴット《肉屋でフライにしたり焼いたりして売る豚のレバーを主にした肉だんごまたはロール》; ファゴット《パセリ·ベイリーフ·タイムなどの料理用香草の一束》. **3** 〘英史〙 FAGOT VOTE. **4** [ᵁfaggot] **a** *《俗》 [*derog*] 《男の》 同性愛者, ホモ (fag). **b** ᴵᴵ《俗》 [*derog*] (いやな)女, ばばあ, いやなやつ, ばかなやつ: an old ～. **c** ᴵᴵ《口》 坊主《いたずらっこへの呼びかけ》. ► *vt, vi* 束にする, 束ねる; ‹織物を› fagoting で飾る[つなぎ合わせる]. [OF<It]

fágot·ing, fággot- *n* ファゴティング《布と布を糸などでかがり合わせること; 布レースの飾り接(は)ぎ, また 布を千鳥がけでつなぎ合わせること》.

fágot-stìtch *n* ファゴットステッチ《fagoting のステッチ》.

fa·got·to /fəɡátoʊ/ *n* (*pl* **-got·ti** /-ti/) 〘楽〙 ファゴット (bassoon). [It]

fágot vòte 〘英史〙《財産の一時的譲与で選挙資格を得た人の》 かき集め投票.

fah ⇨ FA.

Fah. Fahrenheit.

Fahd /fáːd/ ファハド ～ **ibn 'Abd al-'Azīz as-Sa'ūd** (1923–2005)《サウジアラビア王 (1982–2005)》.

fahl·band /fáːlbænd/ *n* 〘鉱〙 黝色(ゆうしょく)鉱染帯, ファールバンド《岩石中の金属の硫化物の帯[層]》. [G=pale band]

Fahr·en·heit /færənhàɪt, fáː-, *fér-/ *a* 〘理〙 カ氏[華氏]の《略 F, Fah., **Fahr.**; cf. CENTIGRADE, CELSIUS》: 32°*F*=thirty-two degrees ～ カ氏 32 度. ► *n* **1** カ氏温度計, カ氏目盛 (=～ **scàle**). ★ 現在でも米国では特に断わらないときは温度はカ氏. **2** ファーレンハイト **Daniel Gabriel** ～ (1686–1736)《カ氏目盛を考案したドイツの物理学者》.

Fa-hsien 法顕 (⇨ FAXIAN).

Fai·al, Fa·yal /fəjáːl, faɪ-/ ファイアル《Azores 諸島中部の島》.

fai·ble /féɪb(ə)l/ *n* 〘刀剣〙 FOIBLE.

Fai·dherbe /fɛdɛ́ərb/ フェデルブ **Louis(-Léon-César)** ～ (1818–89)《フランスの植民地行政官; セネガル総督 (1854–61, 63–65) をつとめ, フランスの支配領域を大幅に拡大した》.

fa·ience, fa·ïence /faɪáːns, feɪ-; *F* fajɑ̃ːs/ *n* ファイアンス《彩釉陶器》. [F (FAENZA)]

fail[1] /féɪl/ *vi* **1** 失敗する, しくじる, 落第する ‹*at*, *in* do*ing*, *to* do› (opp. *succeed*); ‹銀行·会社などが›破産[倒産]する; 誤りであることがわかる: ～ *in* history 歴史で落第点を取る / if all else ～*s* たとえほかは全部失敗しても. **2 a** 怠る (neglect), 懈怠する, …できない, しそこなう, しそびれる, しない ‹*to do*›: ～ *to* keep one's word 約束を守らない / Don't ～ *to* let me know. 必ず知らせてください / I ～ *to* see [understand]. わたしには理解しかねます / He ～*ed to* come. 《いつも来るのに[待っていたのに]》 彼はついに来なかった. **b** *《俗》 理解できない. **3 a** ‹供給などが›欠乏[不足]する, なくなる: The crop ～*ed* last year. 昨年は不作だった / The rain ～*ed*. 雨不足だった, 空梅雨だった / The electricity has just ～*ed*. 電気が切れた, 停電した. **b** ‹徳性·義務などを›欠く (be wanting) ‹*in*›: He ～*ed in* his duty. 職務を怠った. **4** ‹力などが›弱る, 衰える; 作用[作動, 機能]しなくなる, はたらかなくなる: His health has ～*ed* sadly. めっきり衰えた / My heart is ～*ing*. 心臓が止まりそうだ / The wind ～*ed*. 風力が落ちた / The engine ～*ed*. エンジンが故障した, エンストだ. **5** 消滅する, 死に絶える. ► *vt* **1** 失望させる (disappoint), 《いざという時に》 …の役に立たない, 見捨てる (desert): He ～*ed* me at the last minute. いよいよという時にわたしを見捨てた / Words ～*ed* me. 《ショック·怒りなどで》 わたしはことばが出なかった / His courage [voice] ～*ed* him. いざという時に勇気[声]が出なかった. **2** …に欠けている: They never ～*ed* an invincible courage. どんな時にも不屈の勇気に欠けることはなかった. **3** 《試験で》 不合格にする, ‹生徒›に落第点をつける; …で落第点を取る: The professor ～*ed* him *in* history [*on* the test]. 教授は歴史[テスト]で彼を落とした / He ～*ed* the exam. 試験に落第した. ● **～ of** …‹目的›を達成できない; …しそこなう. **～ safe** 《故障時に》 安全側に作動する (cf. FAIL-SAFE). **never [cannot] ～ to** do… 必ず…する. ► *n* **1** 不合格, 落第(点). **2** *《売買された株式の》 引渡し不履行; [次の成句で] 不履行. ● **without ～** 間違いなく, 必ず, きっと. [OF<L *fallo* to deceive, disappoint]

fail[2] *n* 《スコ》 芝生, 芝土 (turf, sod). [Gael *fàl* sod]

failed /féɪld/ *a* 失敗した, 破綻した, うまくいかなかった: a ～ attempt 挫折した試み / a ～ actor 俳優として成功しなかった人.

fáil·ing *n* 失敗, 落第, 破産; 《性格などの》(ちょっとした)欠点, 短所, 弱点. ► *prep* /⌐‒, ‒⌐/ …がないので (lacking); …がない場合には, …がなければ (in default of): *F*～ a purchaser, he rented the farm. 買手がないので農地を人に貸した / *F*～ an answer by tomorrow, I will go. 明日まで返事がない場合にはぼくが行く. ● **～ that** [前述の内容を受けて] そうでなければ, それがだめ[不可能]なら. **whom ～=～ whom** 当人さしつかえの場合は. ► *a* 衰えた; 死にゆく.

fáil·ing·ly *adv* 消え入りそうに, 絶えるかのように; 欠いて; しくじって.

faille /fáɪl, féɪl; *F* faj/ *n* ファイユ《衣服または室内装飾用の軽いつや消しうね織り生地》.

fail place ⇨ FAIL SPOT.

fáil-sàfe *a* (装置が正しく作動しなくても)安全を保障する機構の; 未確認命令で出撃した爆撃機がそのまま爆撃を完了してしまわないようにする安全装置の, フェイルセーフの; 全く問題のない, 絶対安全な. ► *n* 《誤作動や誤操作に対する安全を保障する》 フェイルセーフ機構; 《爆撃機の》 進行制限地点. ► *vi, vt* 自動安全装置がはたらく(ようにする).

fáil-sòft *a* ‹電子機器が›フェイルソフトの《コンピューターなどの一部に故障が生じても機能が制限されるだけで完全停止やデータの消失に至らないようにする保障機構を備えた》.

fáil spòt [plàce] 森林の再生ができなかった場所.

fáil·te /fɔ́ɪltʃə, fáːltə/ 《アイル·スコ》 *int* ようこそ. ► *n* 歓迎. [Ir]

fail·ure /féɪljər/ *n* **1 a** 失敗, 不首尾, 不成立, 不成就 (opp. *success*): end *in* [meet *with*] ～ 失敗に終わる. **b** 失敗した企て, ふできな者, 失敗者; 〘教育〙 落第, 落第点 (cf. F), 落第者[生]: He was a ～ as an artist. 画家としては失敗した. **2** 怠慢, 懈怠, 不履行 ‹*to* do›; 支払い不能, 破産, 倒産: a ～ *to* keep a promise 約束不履行 / a ～ *in* duty 職務怠慢. **3** ないこと, 欠如; 不十分, 不足: ～ of heirs 法定相続人欠如 / the ～ of crops=crop ～*s* 不作. **4** 《力などの》 減退; 〘医〙 機能不全; 故障; 〘機〙 破壊, 破損: a ～ *in* health 健康の衰え / (a) power ～ 停電 / engine [brake] ～ エンジン[ブレーキ]故障 / respiratory ～ 呼吸不全. [*failer*<AF; ⇨ FAIL[1]]

fain[1] /féɪn/ 《古·詩》 *adv* [would ～で] 喜んで (gladly), 快く; むしろ (rather): I WOULD ～ do. ► *pred a* 喜んで, うれしい (glad); 望んで, 熱心な (eager), …しがちな; …せざるをえない, しかたなく…する ‹*to* do›. ♦ **～·ly** *adv* [OE *fægen*]

fain[2] /féɪn/, **fains** /-z/, **fen(s)** /fén(z)/ *vt* [ᵁfain(s) I, fain(s) it などとして] ᴵᴵ《学童俗》 …はごめんだよ《子供がゲームなどである動作をやめさせたりいやな役目を免れるのに用いるきまり文句》. [FEND (obs) to forbid]

fai·naigue /fənéɪɡ/ *vi* ᴵᴵ《方》 〘トランプ〙 台札と同種の札を持ちながら

別種の札を出す; ‖《方》仕事を怠る; 《口》いんちきをやる. ► *vt* 《口》だます, ペテンにかける. ◆ **fai·nái·guer** *n* 〔? OF *fornier* to deny〕

fai·né·ant /féɪniənt; *F* fɛneɑ̃/ *n* (*pl* ~**s** /; *F* —/) なまけ者, 無精者. ► *a* 怠惰な, 無精な, ものぐさな. ◆ **fái·ne·an·cy, -ance** *n* ~**·ism(e)** /-ìz(ə)m; *F* -tism/ *n* 〔F *fait néant* (he) does nothing〕

fains ⇨ FAIN².

faint /féɪnt/ *a* **1** 〈音・色・考えなど〉かすかな, ほのかな, ぼんやりした; 力のない, 弱い; 微弱な: ~ lines [ruling] 薄野線(けいせん) / ~ breathing 虫の息 / There is not the ~*est* hope. わずかな望みもない / She doesn't have [She hasn't] the ~*est* (idea of it). (その事について)さっぱり見当がついていない. **2** 活気[やる気]のない; 勇気のない, 気の弱い: a ~ effort 気のはいらない努力 / *F*~ heart never won fair lady. 《諺》弱気が美人をかち得たためしなし. **3** めまいがして, 気が遠くなって; 《古》〈空気・匂いが〉むかつくような: feel ~ めまいがする / I am ~ *with* hunger. 空腹でふらふらだ. ► *vi* 卒倒する, 気絶する, 気を失う 〈*away*〉; 《古・詩》弱る, 元気がなくなる, おじけづく; 《古》色あせる, 生気を失う: ~ dead *away* 気絶する / ~ *from* the heat 暑さのために倒れる. ► *n* 気絶, 卒倒, 失神: in a dead ~ 気絶して / fall into a ~ 気絶する. ◆ ~**·ly** *adv* かすかに, ほのかに, うすうす; 力なく, 弱々しく; いくじなく, おずおずと. ~**·ing·ly** *adv* 気が遠くなって; おどおどと. ~**·ness** *n* 〔OF (pp) 〈FEIGN〕

fáint·hèart *n* 臆病者. ► *a* FAINTHEARTED.

fáint·héart·ed *a* いくじのない, 臆病な, 気の弱い. ● **not for the** ~ 〈仕事など〉小心者には向かない. ◆ ~**·ly** *adv* ~**·ness** *n*

fáint·ing *n* 気絶, 失神, 卒倒; 気おくれ.

fáint·ish *a* なんとなく気が遠くなりそうな; かすかな, あるかないかの. ◆ ~**·ness** *n*

fáint-rúled *a* 〈レターペーパーなどが〉薄野線入りの.

faints ⇨ FEINTS.

fair¹ /féər/ *a* **1** 正しい, 公明正大な, 公正な, 公平な; 妥当な, 適正な〈配分など〉; 《競技などで》規則にかなった, 正当な, フェアな (opp. *foul*); 〖野〗フェアの: ~ and impartial 公正で偏りのない / He is ~ *to* people he dislikes. 自分の好かない人にも公平だ / be ~ *with* one another 互いに公明正大である / It's not ~ to sb …にとって公平でない, …に悪い / a ~ wage [price] 適正賃金[価格] / ~ comment 《相手の批判などを認めて》もっともだ, 確かに / It's (not) ~ to do…するのは正しい[正しくない] / It is only ~ (that)…するのが妥当だ, すべきだ / by ~ means or foul 正当な手段によるにせよ不正な手段によるにせよ, 手段を選ばず / All's ~ in love and war. 《諺》恋と戦は手段を選ばぬ / a ~ blow [tackle] 正しい打撃[タックル]. **2 a** まずまずの, 良くも悪くもない, 中ぐらいの, 並みの. **b** [*attrib*] 〈数量・財産など〉かなりの, 相当な: a ~ income [heritage] 相当の収入[遺産]. **c** [*attrib*] 《口》全くの, 徹底的な, まるまるの: It's a ~ treat to see you again. また会えてとてもうれしい. **3 a** 〈天候が〉晴れの, 好天の (opp. *foul*); 〈風・潮が〉順調な, 航行に好都合な (favorable): a ~ wind 順風, 追い風. **b** 有望な, 見込みのある (promising), …しそうな (likely) 〈*to*〉: a ~ prospect 有望な見込み. **4 a** 色白の, 白皙の; 金髪の, ブロンドの (opp. *dark*): a ~ complexion 色白 / a ~ man 色白の男 / ~ hair 金髪. **b** 美しい, 魅力的な: a ~ woman [one] 美人 / the ~ readers 女性読者. **5 a** 清らかな, 汚れのない; 明瞭な, 読みやすい: a ~ name 美名, よい評判 / He writes a ~ hand. 読みやすい筆跡だ. **b** なめらかな, でこぼこのない (smooth), まっすぐな, なめらかな曲線を描く. **c** 《古》障害のない, ひらけた, 見通しのよい: a ~ view ひらけた見晴らし. **6** まことしやかな, もっともらしい (plausible): a ~ promise もっともらしい約束 / ~ words 巧言. **7** 丁寧な; 《古》情け深い, 親切な: ~ sir [*voc*] だんな(さん). ● **Be** ~**.** あまり無理[きびしいこと]言うなよ. **be [seem, look] set** ~ ‖《口》好天が続きそうである; いい調子である, 順調にいきそうだ. ~ **and square** 公正な[に], 正しい[正しく], 正々堂々たる[と]; 正確に, ぴったり, まともに; 明確な, あいまいでない. ~ **do's [dos]** ‖《口》[*joc*] (1) 公平な分け前[扱い]. (2) [〈*int*〉] 公平[フェア]にやろうよ; そりゃ不当[曲解]だ《自分の言い分の正当性を主張する場合などに用いる》. **F**~ **enough!** 《口》《提案などに対して》けっこうだ, よし, 確かにそうだ!; 《しぶしぶ認めて》まあいいだろう. **a** ~ **question** もっともな質問. **F**~**'s** ~**.** 《口》公平[公正, 正直]にやろう, このことは公平で正しい, 恨みっこなしだ. ~ **to middling** 《口》まあまあの, まずまずの (so so): The dinner was ~ *to middling*. 食事はまずまずといったところだった. **(I) can't say** ~**er than that.** これが精いっぱいだ, これ以上はできない. **in a** ~ WAY¹ **to do(*ing*).** **keep** ~ **with**…と仲よくしている. **stand** ~ **with**…に好評である. **to be** ~ 公正に[フェアな目で]見て; 公正を期して[正確に]言えば, 本当のところ. **with one's own** ~ **hands** ‖[*joc*] わざわざ自分で, みずから. ► *adv* **1** 公正に; きれいに, りっぱに; しとやかに, 丁寧に: fight ~ 正々堂々と戦う / play ~ 公正に[堂々と]勝負する[ふるまう] / copy [write out] ~ 清書する (cf. FAIR COPY) / speak (sb) ~ (人に)丁寧にものを言う. **2** まさしく, まっすぐに, まともに; ‖《方》実に, 全く, 本当に: The stone hit the boy ~ in the head. 石は少年の頭にまともにあたった. ● **bid** ~ **to** do…する見込みが十分ある: Our plan *bids* ~ *to* succeed. 計画は成功しそうだ. ~ **and soft(ly)** 丁寧かつ穏やかに, (まあまあそう)急がずに[早まらずに]: *F*~ *and soft*(*ly*) goes far (in a day). 《諺》丁寧かつ穏やかにが目的達成に肝要. ~ **and square** ⇨ *a*. ~**, fat and forty** 〈女が〉中年太りで. ► *n* **1 a** [the] 女性 (women). **b** [a ~] 《古》女, 美人, 恋人. **2** 《古》けっこうなもの, 幸運. **3** 《廃》美しさ (beauty, fairness). ● **for** ~ *《口》全く, 全然, 大々的に; 《ビー玉遊びで》取ったものをあとで返すことにして, うそっこで. **no** ~ 決めに反する事; 不正事; [〈*int*〉] いんちきだ, ずるーい, きたない! **through** ~ **and** FOUL. ► *vt* 〈文書を〉清書する; 〈航空機・船舶を〉《流線型などに》整形する 〈*up, off*〉; ぴったりとつなげる; 〈材木などを〉なめらかにする. ► *vi* 〈天気が〉晴れる, 好転する 〈*up, off*〉. ● ~ **out** 《方》公平に分配する. 〔OE *fæger*; cf. OHG *fagar* beautiful〕

fair² *n* 定期市, 縁日《聖人祭日などに定期的に立つ市場; 余興や飲食小屋もあってにぎわう》; ‖FUNFAIR; 慈善市, バザー; 共進会, 品評会, 見本市, 博覧会, フェア; *《娯楽を兼ねた》農業[畜産]品評会; 説明会, 相談会; *《学校行事としての》コンテスト, …祭: WORLD'S FAIR / COUNTY FAIR / an international trade ~ 国際見本市 / JOB FAIR / SCIENCE FAIR. ● **(a day) after the** ~＝**behind the** ~ あとの祭り, '六日のあやめ, 十日の菊' (too late). 〔OF＜L *feriae* holiday〕

fáir báll 〖野〗フェアボール (opp. *foul ball*).

Fair·banks /féərbæ̀ŋks/ **1** フェアバンクス (1) **Douglas (Elton)** ~ (1883–1939)《米国の映画俳優; もとの姓は Ulman》 (2) **Douglas** ~**, Jr.** (1909–2000)《前者の子; 米国の映画俳優》. **2** フェアバンクス《Alaska 州中東部の市; Alaska Railroad と Alaska Highway の終点》.

fáir cátch 〖アメフト・ラグビー〗フェアキャッチ. ◆ **fáir-cátch** *vt*

fáir cópy 訂正済みコピー, 清書; 正確なコピー.

fáir déal SQUARE DEAL.

Fáir Déal [the] 〖米〗フェアディール《Truman 大統領が 1949 年に唱えた内政政策》. ◆ **Fáir Déal·er** *n*

fáir emplóyment* 公正雇用《人種・性・宗教などによる差別をしない》.

Fáir Emplóyment Pràctices Commìttee [the] 〖米史〗公正雇用慣行委員会《1941 年 Franklin D. Roosevelt の大統領命令で, 軍需産業などの雇用における人種・性別による差別の撤廃を目的として設置された政府機関; 略 FEPC》.

fáir·er séx [the] FAIR SEX.

faire suivre /*F* fɛːr sɥiːvr/ 《郵便物》転送を乞う.

fáir-fáced *a* 色白の; 美しい; うわべはきれいな, もっともらしい; ‖〈煉瓦の壁が〉しっくいの塗ってない.

Fair·fax /féərfæ̀ks/ フェアファクス **Thomas** ~, 3rd Baron ~ (1612–71)《英国の軍人; ピューリタン革命で議会軍を率い, 新型軍 (New Model Army) の司令官として国王軍に対して決定的勝利をおさめた》.

fáir gáme 解禁された猟鳥獣; 《攻撃・嘲笑の》かっこうの的, よい獲物.

fáir gó 《豪口》公平な機会.

fáir·gò·er *n* 見本市[博覧会]へ行く人, 縁日好き.

fáir gréen 《古》〖ゴルフ〗FAIRWAY.

fáir·gròund *n* [°~s, 〈*sg*〉] 屋外催事場《米国では通例市・郡・州の所有地》.

fáir-háired *a* 金髪の; 気に入りの (favorite).

fáir-hàired bóy* お気に入り, 目をかけられている男 (blue-eyed boy‖), 有望な人, 成長株: the ~ of the family その家の秘蔵っ子.

fáir héll* 《俗》ずばぬけた男, 猛烈なやり手.

fáir hóusing* 公正住宅取引 (OPEN HOUSING).

fáiries' bónnets *pl* 〖菌〗イヌセンボンタケ《溝のある黄色っぽい茶色のシンブル (thimble) 形の傘をもつ小さなキノコ》.

fáir·i·ly *adv* 妖精のように.

fáir·ing¹‖ *n* (市(いち)で買った)みやげ, 贈り物; 当然の報い[報酬, 罰]. 〔*fair²*〕

fairing² *n* 整形《抵抗を減らすために機体・船体などの表面を平滑かつ流線型にすること》; 整形板, フェアリング《流線型のおおい》. 〔*fair¹* (v)〕

fáir·ish *a* かなりの, 相当の; ブロンドに近い. ◆ ~**·ly** *adv*

Fáir Ísle **1** フェア島《スコットランド北東沖 Shetland 諸島の島》. **2** [°f- i-] /ˊ— ˊ—/ フェアアイル《フェア島から広まった 2 色以上の幾何学模様(のニット)》.

fáir·lèad *n* フェアリード, フェアリーダー (＝**fáir·lèad·er**) (1) 〖海〗索道器, つな道 2) 〖空〗アンテナを機体内に導く絶縁部品 3) 〖空〗操縦索の摩耗防止部品》; 〖海〗索の伸びる方向[経路].

fáir·lìght‖ *n* TRANSOM WINDOW.

fáir·ly *adv* **1 a** 公正に, 公平に: treat sb ~ 人を公平に遇する / fight ~ 正々堂々と戦う. **b** みごとに, きちんと, 適切に, ふさわしく: a table ~ set きれいにしつらえた食卓 / ~ priced stocks 適正価格の(在庫)商品. **2** /ˊ—/ [程度を示して] まあまあ, どうやら (moderately); なかなか, かなり (considerably): ~ good まずまずよい. **3** 全く, 実際に, 本当に; ほとんど, まるで: He was ~ exhausted. すっかり疲れきった / I was ~ caught in the trap. まんまとわなにかかった / ~ jumped for joy うれしくて飛び上がらんばかりだ. **4** 明瞭に, はっきり: be ~ visible はっきりと見える. **5** 《廃》穏やかに, 静かに; 《廃》丁寧に,親切に. ● ～ and squarely 公正に, 堂々と (cf. FAIR[1] and square).
fáir márket vàlue [prìce] 公正市場価格《理性的な売手と買手が共に妥当な関連情報を得てみずからの意志で取引を行なったときに成立する価格》.
fáir-mínd·ed *a* 公正な, 公平な, 偏見を交じえない, 忌憚のない. ♦ ～·ly *adv* ～·ness *n*
fáir·ness *n* 色白, 美しさ; 《頭髪の》金色; 公明正大, 公平, 公正; 《古》清朗, 順調. ● **for ～** 公平のため(付言すれば). **in (all) ～** 公平に言って, 〈人のために〉公正を期して言うと 〈*to* sb〉.
fáirness dòctrine 〘米〙公平[公正]原則《社会的に重要な問題に関するさまざまな見解の放送のために, 放送事業者が適切な機会を与えるよう義務づけたもの》.
Fáir Óaks フェアオークス《Virginia 州 Richmond の東にある古戦場; 南北戦争で北軍が南軍を撃退; 別称 Seven Pines》.
fáir pláy 正々堂々のプレー, 公明な行動, 公正な扱い, フェアプレー: *Fair play* to sb (for do*ing*). (…するとは)…の行為はりっぱだ, …はえらい.
Fáir Rósamond [Rósamund] ⇨ ROSAMOND.
fáir séx [the] 《古風》女性, 婦人 (women).
fáir sháke*《口》公平な機会, 公正な扱い: give sb a ～ 人を公平に扱う. [さいころをちゃんと振ることから]
fáir-spóken *a* ことばの丁寧な (polite, courteous), そつなく話をする. ♦ ～·ness *n*
fáir-tráde *vt* 〈商標の付いている商品〉に最低小売価格を付ける; 〈商標の付いている商品を〉公正取引協定の規定に従って売る. ♦ **fáir tráder** 公正取引業者; 公正貿易論者.
fáir tráde 公正取引《公正取引協定 (fair-trade agreement) に従った取引》; フェアトレード《途上国の産品の輸入において, 適正価格で取引するのみならず, 途上国の社会発展に資するよう継続性などの面でも配慮する貿易形態》; 公正貿易《貿易相手国の不公正貿易慣行 (unfair trade practice) により自国経済が不利益をこうむった場合には報復措置をとりうるとする貿易理念》; 《俗》密輸.
fáir-tráde agrèement*〘経〙公正取引協定《商標の付いた商品は所定価格未満では売らないという生産業者と販売業者との協定》; 互恵貿易協定.
fáir úse 〘法〙公正使用《書評や批判など限られた目的のもとで, 著作権者の同意なしに著作物を利用できること》.
fáir·wàter *n* 〘海〙フェアウォーター《渦流防止のために船尾骨材に付いている薄い鋼板》.
fáir·wày *n* 障害のない通路; 〘海〙《川・湾などの》航路, 澪筋(みおすじ); 〘ゴルフ〙フェアウェー (cf. ROUGH).
fáir-wèather *a* 好天の時だけの, 好天候時(用)の; 順境の時だけの, まさかの時にたよりにならない〈友人など〉.
Fair·weath·er /fέərwèðər/ [Mount] フェアウェザー山《Alaska 州と British Columbia 州の境にある山; Coast 山脈の支脈フェアウェザー山地 (the ～ **Ránge**) の最高峰 (4670 m)》.
fairy /fέəri/ *n* **1** 妖精; 《俗》[ᵁ*derog*] ホモ, 女役のホモ: There are *fairies* at the bottom of the [one's] garden. 庭の地下には妖精たちがいる《身のまわりにも不思議なことがあるものだ; 英国の児童文学作家 Rose Fyleman (1877–1957) の詩 'Fairies' の初行から》. **2** 〘鳥〙セニョハチドリ属のハチドリ《中南米産; 背は緑色で長い尾をもつ》; FAIRY GREEN. ► *a* 妖精の, 妖精に関する; 妖精のような; 優美な. ♦ ～·lìke *a* 妖精の(作った)ような. [OF (FAY, *-ery*)]
fairy blúebird 〘鳥〙ルリコノハドリ《インド周辺産》.
fairy càke″フェアリーケーキ《糖衣などで飾った小さなカップケーキ》.
fairy cìrcle FAIRY RING; 妖精の踊り.
fairy cỳcle″子供用自転車.
fáiry·dom *n* FAIRYLAND.
fáiry flòss 《豪》CANDYFLOSS.
fáiry gódfather*《俗》(いい)スポンサー.
fáiry gódmother [one's] 《おとぎ話で》主人公を助ける妖精; 《困っている時などに突然現われる》親切な人[おばさん]; *《俗》ホモ関係の手ほどきをしてくれるホモ.
fáiry gréen 黄色がかった緑色 (＝*fairy*).
fáiry·hòod *n* 妖精であること, 魔性; 妖精 (fairies).
fáiry·ìsm *n* 妖精のような性質, 妖精であること; 《古》魔力, 魔性; 妖精の存在を信ずること, 妖精実在説.
fáiry làdy 《俗》女役のレズ.
fáiry làmps *pl* 《装飾用の》豆ランプ.
fáiry·lànd *n* 妖精[おとぎ]の国; このうえもなく美しい所, 不思議な世界.
fáiry lìghts″*pl* 着色豆電灯《クリスマスツリーなどの飾りつけに用いられる》.
Fáiry Líquid 〘商標〙フェアリーリキッド《食器用液体洗剤》.
fáiry mòney 妖精からもらった金; 拾った金.
fáiry pénguin 〘鳥〙コガタペンギン (LITTLE PENGUIN).
fáiry rìng /; ⌐―⌐/ 妖精の輪, 菌輪, 菌環《芝地の中に菌糸が環状に成長して, 有機質の分解がよく栄養がよいためにできた濃い緑色の部分, またはそのまわりに環状に生えたキノコ; 妖精たちの舞踏の跡と信じられた》; シバフタケ, ワヒダタケ (＝**fáiry-rìng mùshroom**).
fáiry shrìmp 〘動〙無甲類のエビ《ホウネンエビ・ホウネンエビモドキなど, 透明で優美な動きをする淡水産のエビ》.
fáiry-slipper *n* 〘植〙ホテイラン (CALYPSO).
fáiry swàllow [ˢF- S-] 《羽毛が青と白の》愛玩用の家バトの一種.
fáiry-tàle *a* おとぎ話のような, 信じられないほど美しい[運がいい].
fáiry tàle [stòry] おとぎ話; 作り話, うそ.
fáiry tèrn 〘鳥〙**a** シロアジサシ《熱帯産》. **b** オーストラリア区のアジサシ.
Fai·sal, (Ar) **Fay·ṣal** /fáɪsəl, féɪ-/ **1** ファイサル (c. 1906–75)《サウジアラビア王 (1964–75); Ibn Saʻūd の子》. **2** ファイサル (**1**) ～ **I** (1885–1933)《シリア王 (1920), イラク王 (1921–33)》 (**2**) ～ **II** (1935–58)《イラク王 (1939–58)》.
Fai·sa·la·bad /fàɪsɑ̀ːləbɑ́ːd, -sæ̀ləbǽd/ ファイサラーバード《パキスタン北東部 Lahore の西にある市; 旧称 Lyallpur》.
fai·san·dé /féɪzɑːndèɪ; *F* f(ə)zɑ̃de/ *a* 気取った, 芝居がかった, わざとらしい.
fait ac·com·pli /*F* fɛtakɔ̃pli/ (*pl* **faits ac·com·plis** /*F* fɛzakɔ̃pli/) 既成事実. [F＝accomplished fact]
faites vos jeux /*F* fɛt vo ʒø/ 賭けてください《ルーレットなどでクルピエ (croupier) が言うことば》.
faith /féɪθ/ *n* (*pl* ～**s** /féɪθs, -θz, -ðz/) **1** 信, 信頼 (trust, confidence); 信仰, 信念 (belief); [the] 真正の信仰, キリスト教(の信仰): pin one's ～ *on* [*in, to*]…を信頼する / ～, hope, and charity [love] 信・望・愛《キリスト教の三大徳; *1 Cor* 13: 13》/ have ～ *in*…を信じている[信仰する] / put one's ～ *in*…を信じる / lose ～ *in*…への信頼を失う / restore [destroy] sb's ～ *in*…に対する信頼を回復させる[打ち砕く]. **2** 信条, 教旨, 教義 (doctrine): the Christian [Jewish, Muslim] ～ キリスト[ユダヤ, イスラム]教. **3** 信義, 誠実 (honesty); 誓約, 約束 (promise): BAD FAITH / GOOD FAITH / engage [pledge, plight] one's ～ 誓いを立てる, 堅く約束する / give one's ～ 誓約[断言]する. **4** [F-] フェイス《女子名》. ● **by my ～**＝**in ～**＝**i' ～**＝**～** 《古》誓って, 断じて, 実に, 全く. **keep [break] ～ (with**…への)信頼[約束]を守る[破る]. **keep the ～** 《口》信念を守り通す; [*impv*]*《俗》その調子だ, しっかりやれ, がんばれよ. **on ～** 信用して, 疑わないで: take [receive] sb's story *on* ～ 人の話をうのみにする. **on the ～ of**…(の保証)を信頼して. ► *vt* 《古》信ずる, 信用[信頼]する. [AF *feid*＜L *fides*]
fáith commùnity 信仰集団, 信仰共同体.
fáith cùre 祈りによるいやし, 信仰療法 (faith healing).
fáith·ful *a* **1** 信義にあつい, 誠実な, 忠実な 〈*to*〉; 貞節な; 信頼するに足る; 《廃》信仰心のあつい: a ～ friend 誠実な友 / a ～ dog 忠犬. **2** 〈事実・原本などに〉忠実な (true), 正確な; 真に迫った. ► *n* [the] 忠実な信者たち《特にキリスト教徒またはイスラム教徒》; 忠実な支持者: the Father of *the* ～ 信徒の父《〘聖〙Abraham のこと; 〘イスラム〙Caliph の称号》/ the party ～ 政党の忠実な支持者(層), 強固な地盤. ● **one of the ～** 《俗》酔っぱらい, のんべえ, 大酒飲み, のんだくれ. ♦ ～·**ness** *n* 忠実, 誠実, 信義; 貞節; 正確さ, 真実.
fáith·ful·ly *adv* 忠実に, 誠実に; 正確に; 《口》固く保証して: deal ～ with…を誠実に扱う; …をきつく扱う, 罰する / promise ～ 《口》堅く[はっきり]約束する / Yours ～ ″敬具《手紙の結び; ⇨ YOURS》.
fáith hèaling 祈りによるいやし, 信仰療法, 神癒(しんゆ) (＝*faith cure*). ♦ **fáith hèaler** 信仰療法家.
fáith·less *a* 信義のない, 不実な, 不貞な; あてにならない (unreliable); 信仰のない. ♦ ～·**ly** *adv* ～·**ness** *n*
fáith schòol″宗教系学校.
fai·tour /féɪtər/ *n* 《古》詐欺師.
faits di·vers /*F* fɛ divɛːr/ *pl* 新聞だね; 雑報; 些細なできごと.
Fai·yum, Fa·yum /faɪ(j)úːm, feɪ-/ [Al /æl-/ ～, El /ɛl-/ ～] ファイユーム《エジプト北部 Nile 川西岸, Cairo の南南西にある市》.
Faiz·a·bad /fáɪzəbæ̀d, -bɑ̀ːd/ ファイザバード (＝*Fyzabad*) (**1**) アフガニスタン北東部の町 (**2**) インド北部 Uttar Pradesh 中北東部の市》.
fa·ji·ta /fəhíːtə, fɑː-/ *n* [ᵁ*pl*] 〘料理〙ファヒータ《細長く切った牛肉または鶏肉を焼いてマリネにしたもの; トルティーヤといっしょに食べる》. [AmSp (dim)＜*faja* belt]
fake[1] /féɪk/ *vt* **1** (いいかげんに)こしらえあげる 〈*up*〉; 捏造(ねつぞう)する, でっちあげる; 模造する. **2** だます, 見せかける; 〘スポ〙〈相手〉にフェイントをかける 〈*out*〉, 〈プレーを〉すると見せかける; …のふりをする, 偽装する: ～ illness 仮病をつかう / ～ understanding 理解したふりをする. **3** 〘ジャズ〙即興で演奏する (improvise). **4** くすねる, 盗む. ► *vi* いかさまをする; 〘スポ〙フェイントする; 仮病をつかう; 〘ジャズ〙即興で演奏する, フェイクする. ● **～ it** 知っている[できる]ふりをする, だます; 〘ジャズ〙場あたりで演奏する, 《よく知らない曲を》アドリブでやる. **～ off***《俗》ずるける; 〘アメフト〙巧妙にボールをパスする 〈*to*〉. **～ out***《俗》だます, かつぐ, …の裏をかく. **～ sb out of**…*《俗》…を人からだまし取る. ► *n* 模造品, にせもの, 贋作, まやかしもの; いんちき; 虚報; 詐欺師, 食わせ者; 〘スポ〙フェイント; 《手品師が使う》仕掛け, からくり. ► *a* にせの, まやかしの, 模造の: ～ pearls 模造真珠 / a ～ smile 作り笑い / ～ emotion 偽りの情. ♦ ～·**ment** *n* いんちき, ペテン; いかさま. [*feak, feague*

(obs) to thrash＜G *fegen* to sweep, thrash]

fake² 〘海〙 *vt* 〈綱を〉《すぐにするすると出せるように円形・8 字形などに》わがねる 〈*down*〉. ► *n* わがねた一折れ. [ME; cf. Sc *faik* to fold]

fáke-bàke *n**《俗》日焼けサロン(で焼いた肌).

fáke bòok* フェイクブック《ジャズ演奏用のスタンダードナンバーの楽譜集; 即興演奏などで独自のアレンジができるように, コード進行と基本的な旋律が採譜されている》.

fa·keer /fəkíər/ *n* FAKIR¹.

fáke·lòre *n* いんちき民間伝承《物語や歌》. [*fake*¹+*lore*; cf. FOLKLORE]

fák·er *n* 模造[偽造]者, 《特に》ペテン師; *《いかがわしい品物を売る》大道[露店]商人, 行商人. ♦ **fák·ery** *n* ごまかし, いかさま, ペテン.

fak·ie /féɪki/ *n, adv* 《スケートボード・スノーボードで》後ろ向き乗り(で), 後進(して).

fa·kir¹, **-keer, -quir, -qir** /fəkír, féɪkər; féɪkɪər/ *n* 《イスラム教・ヒンドゥー教などの》行者, 托鉢僧. [Arab=poor man]

fa·kir² /féɪkər/ *n* FAKER.

fa·kus /féɪkəs/ *n* 《口》《名前のはっきりしないものを指して》それ, (その何とかいう)やつ, あれ, 装置, 仕掛け (gadget).

fa la, fal la /fɑːlɑ́ː/ 〘楽〙 ファーラー《古謡のリフレーンに使われた句; または 16–17 世紀に流行したマドリガル》.

fa·la·fel, fe- /fəlɑ́ːfəl/ *n* (*pl* ～) フェラフェル《**1**) ソラマメ・ヒヨコマメなどをつぶして香味をつけ, これを丸めて揚げたもの **2**) これをピタ (pita) に詰めたイスラエル・アラブ諸国のスナック》. [Arab]

Fa·laise /fæléɪz; *F* falɛːz/ ファレーズ《フランス北西部 Caen の南東にある市; William the Conqueror の生誕の地とされている》.

fa·lan·ga /fəlɑ́ːŋgə, -lǽŋ-/ *n* 足の裏を打つ拷問法. [ModGk]

Fa·lan·ge /féɪlæ̀nʤ, fɑːlɑ́ːnheɪ/ *n* [the] ファランヘ党《**1**) Franco 政権下のスペインで唯一の公認政党 **2**) レバノンのキリスト教右派政党; cf. PHALANGIST》. ♦ **Fa·lan·gist** /fəlǽnʤɪst, féɪlæn-/ *n* ファランヘ党員. ► *a* ファランヘ党の. **-gìsm** *n*

Fa·la·sha /fɑːlɑ́ːʃə/ *n* (*pl* ～, ～**s**) ファラシャ (=*Black Jew*)《エチオピアに住みユダヤ教を信奉するハム族; 多くがイスラエルに移住した》.

fal·ba·la /fǽlbələ/ *n* 《婦人服の》裾飾り, 裾ひだ. [F]

fal·cate /fǽlkèɪt, *fɔ́ːl-/ *a* 〘解・植・動〙 鎌形の, 鉤状の; 〘天〙〈月・水星・金星が〉三日月[弦月]状の.

fál·càt·ed *a* FALCATE.

fal·chion /fɔ́ːl(t)ʃ(ə)n/ *n* 《中世の》広幅湾曲刀; 青竜刀; 《古・詩》《一般に》刀, 剣 (sword). [OF＜L *falc- falx* sickle]

fál·ci·fòrm /fǽlsə-/ *a* FALCATE.

fal·cíp·a·rum (malária) /fælsípərəm(-), fɔːl-/ 〘医〙 熱帯熱マラリア《熱帯熱マラリア原虫を病原体とする重篤なマラリア; 発熱が持続する》. [L *falc-* (*falx* sickle)+*-parum* -parous]

fal·con /fǽlkən, fɔ́ː(l)-; fɔ́ː(l)-/ *n* **1** 《鷹狩りの》タカ, 《特に》ハヤブサ (peregrine)《特に 雌をいう; cf. TIERCEL》; 〘鳥〙 ハヤブサ《総称》: (as) swift as a ～ きわめて速い. **2** 〘史〙《15–17 世紀の》軽砲; [F-] 〘米空軍〙 ファルコン《空対空ミサイル》. [OF＜L *falcon- falco*]

fálcon·er *n* 鷹匠, 鷹使い.

fal·con·et /fǽlkənèt, fɔ́ː(l)-; fɔ́ː(l)-/ *n* 小型のタカ; 〘鳥〙 スズメハヤブサ《小鳥大; 南アジア産》; 〘鳥〙 ハシブトモズガラ (=*shrike tit*)《豪州産》; 〘史〙《16–17 世紀の》小型の軽砲.

fálcon-géntle *n* 〘鷹匠〙 雌ハヤブサ.

fal·co·ni·form /fælkóʊnəfɔ̀ːrm, fɔː(l)-; fɔː(l)-/ *a* 〘鳥〙 ワシタカ目(もく) (Falconiformes) の.

fal·co·nine /fǽlkənàɪn, fɔ́ː(l)-; fɔ́ː(l)-/ *n* 〘鳥〙 ワシ, タカ《ワシタカ目の鳥の総称》. ► *a* タカの[に似た]; 〘鳥〙 ハヤブサ科 (Falconidae) の.

fálcon·ry *n* 鷹の訓練法; 鷹狩り (=*hawking*).

fal·cu·la /fǽlkjələ, fɔ́ːl-/ *n* (*pl* **-lae** /-lìː/) 〘動〙《ネコ科動物や鳥の》鋭いかぎづめ. [L (dim)〈*falc- falx* sickle]

fal·cu·late /fǽlkjəlèɪt, fɔ́ːl-/ *a* 〘動〙 小鎌[かぎづめ]状の, 鉤状の.

fal·de·ral /fɑ́ːldərɑ̀ːl; -ræ̀l/, **-rol** /-rɑ̀l/ *n* FOLDEROL.

fald·stool /fɔ́ːldstùːl/ *n* 〘教会〙《bishop のすわる》背なし椅子; 《英国国王戴冠式に使う》折りたたみ椅子; 礼拝用たたみ床几; 〘英国教〙 連禱 (litany) 用の小机, 連禱台. [OE *fældestōl*＜L＜Gmc (FOLD¹, STOOL)]

fa·le /fɑ́ːleɪ/ *n* 《サモア諸島の》家《壁のない草ぶき屋根の家》. [Samoan]

Fa·le·rii /fəlíriàɪ/ ファレリイ《イタリア中部 Rome の北にあった古代 Etruria の都市》.

Fa·ler·ni·an /fələ́ːrniən/ *a* 〈ワインが〉Campania 地方(産)の《イタリア南部; Campania 地方はもと Falernus ager といい, ここで産したワインはローマ人に喜ばれ, Vergil, Horace がうたっている》.

Fa·lier /fəljɛ́ər/, **-ro** /-roʊ/ ファリエーロ **Marino** ～ (1274–1355)《Venice の総督 (1354–55)》.

Fa·lis·can /fəlískən/ *n, a* ファリスキ語(の)《古代ファリスキ人の言語; ラテン語に近い》; ファリスキ人(の) (⇨ FALISCI).

Fa·lis·ci /fəlísàɪ, -lískìː/ *n pl* [the] ファリスキ人 (=*Faliscans*)《Falerii を中心都市として Etruria 南部に住んでいた古代人; 前 241 年にローマ人によって首都を破壊され, 征服された》.

Fal·ken·hau·sen /*G* fálknhaʊzn/ ファルケンハウゼン **Ludwig von** ～, Freiherr **von** ～ (1844–1936)《ドイツの軍人》.

Fal·ken·hayn /*G* fálknhaɪn/ ファルケンハイン **Erich (Georg Anton Sebastian) von** ～ (1861–1922)《ドイツの将軍; プロイセンの陸相 (1913); 第一次大戦初期の参謀総長 (1914–16)》.

Fal·kirk /fɔ́ːlkərk/ フォールカーク《スコットランド中部 Glasgow の東北東にある町; 1298 年 Edward 1 世がスコットランド軍を破った地; また 1746 年 Charles Edward のスコットランド軍がイングランド軍を破った地》.

Fálk·land Íslands /fɔ́ː(l)klənd-/ *pl* [the] フォークランド諸島 (*Sp* Islas Malvinas)《南アメリカ大陸南端の北東方にある英国の海外領土; ☆Stanley; アルゼンチンが独立以来領有権を主張, 1982 年 4 月 2 日から 6 月 14 日まで英国とアルゼンチン間に軍事紛争 (**Fálkland Ìslands Wár**) が起こった》.

Fálkland Ìslands Depéndencies *pl* [the] フォークランド諸島保護領《Falkland 諸島の東方の英領の無人島群; South Sandwich 諸島, South Georgia 島など》.

Falkner ⇨ FAULKNER.

fall /fɔ́ːl/ *v* (**fell** /fél/; **fall·en** /fɔ́ːl(ə)n/) ► *vi* **1 a** 落ちる, 落下する, 〈雨・雪など〉降る, 〈霜が〉降りる, 〈葉が〉散る, 〈毛が〉抜ける: ～ head over heels in [into] a pool 池にさかさまに落ちる / He *fell off* the bench [*out of* bed]. ベンチ[ベッド]から落ちた / ～ to one's death 墜落[転落]死する / The snow ～*s* fast. 雪が激しく降る / The curtain ～*s*. 幕が下りる. **b** 《数量などが》減少する, 〈温度・水銀柱などが〉下がる, 〈値が〉下がる; 〈声が〉低くなる, 小さくなる: ～ below the average 平均以下に下がる / The glass [temperature] has *fallen*. 晴雨計[温度]が下がっている. **c** 〈土地が〉傾斜する (slope), 下がっている; 〈河川が〉流れ下る (flow), 注ぐ: The land ～*s* gently *into* the beach. 土地はゆるやかに浜辺まで傾斜している. **d** 〈髪・衣服などが〉たれさがる 〈*over, onto, to*〉. **e** 〈動物の子が〉生まれる. **f** 〈音声・ことばが〉漏れ出る: The news *fell from* his lips. **2 a** ころぶ, 倒れる, 転落する; 平伏する; 〈建物などが〉くずれる, 倒壊する; 〘クリケット〙〈ウィケットが〉倒れる《打者がアウトになる》; *《俗》強盗に失敗する: ～ downstairs 階上からころがり落ちる / ～ *to* one's knees ひざをつく, ひざまずく / ～ *into* bed ベッドに倒れ込む / The child stumbled and *fell*. 子供はつまずいてころんだ / Did he ～ or was he pushed? 転んだ[落ちた]のか突き飛ばされた[落とされた]のか? 《けがや事故の原因を冗談半分に尋ねるときに用いる》/ ～ (*down*) *at* sb's feet 人の足下にひれふす. **b** 《文》傷つき倒れる; 死ぬ: ～ in battle 戦死する / ～ dead 倒れて死ぬ. **c** 〈要塞・都市など〉陥落する; 〈国家・政府・政治家など〉倒れる, くつがえされる, 失脚する; …の手にかかる 〈*to*〉; 《俗》逮捕される, 禁固刑をうける: Berlin *fell to* the Allies. ベルリンは連合国側の手に落ちた / The constituency *fell to* Labour. その選挙区は労働党がとった. **d** 〈誘惑などに〉屈する, 堕落する; *《俗》ほれる, ほれている; 《古》〈女が〉貞操を失う, 《古・方》妊娠する; 悪くなる, 悪化する: a FALLEN woman. **3 a** 〈あらしなどが〉激しさを減ずる, 弱まる: The wind has *fallen*. 風はないだ. **b** 〈心が〉静まる, 沈む. **c** 〈顔が〉悲しみ[落胆, 恥じ入った色など]を示す; 〈目・目つきが〉伏し目になる; 〈元気が〉なくなる: His face *fell*. 顔が暗くなった, 沈んだ顔つきになった. **4 a** (落ちてくるように)やって来る; 〈仕返し・罰が〉急に襲う (swoop); 〈光・影が〉さす, かかる: Night [Darkness, Dusk] began to ～ (*upon* the village). (村に)宵闇が迫った, 夜のとばりがおり始めた / a silence [hush] ～*s* 《文》急に静寂が訪れる, 突然静まりかえる. **b** 〈事が〉起こる, 行なわれる; 来る, 至る: Easter ～*s* early [Christmas ～*s on* a Tuesday] this year. 今年のイースターは早い[今年のクリスマスは火曜日に当たる] / It ～*s* to be described. それを述べる段取りとなる. **c** 〈負担・責任などが…に〉かかる 〈*on, to*〉: The expense ～*s on* me. 費用はわたしにかかってくる. **d** 〈遺産などが〈…の〉手に移る 〈*to*〉; 〈くじなどが〉〈…に〉当たる 〈*on, to*〉: The lot *fell upon* him. **e** [it を仮主語として]〈…の〉務め[責任]となる, 〈…が〉…することになる 〈*on, to*〉: It *fell on* [*to*] him *to* do the job. 彼がその仕事をせざるをえなくなった. **f** 〈光・視線などが〉〈…に〉向く, 留まる 〈*on*〉; 〈音などが〉〈…に〉届く, あたる 〈*on* the ear〉; 置かれる: His eyes *fell on* a coin on the table. 彼の目がテーブルの上の硬貨に注がれた / The accent ～*s on* the last syllable. アクセントは最後の音節にある / let a perpendicular ～ *on* [*to*] a line 直線に垂線を下ろす[引く]. **5** [補語を伴って]〈ある状態に〉なる: It ～*s* calm. 風がなく / ～ ill 病気になる / ～ quiet 黙る / ～ asleep 寝入る / ～ open 偶然開く / ～ due 〈手形が〉満期になる / ～ to [in] pieces 粉みじんになる / ～ a prey [victim, sacrifice] *to*…のえじき[犠牲]になる. **6** 《分類などで》分けられる, 分類される, 属する, 分かれる: ～ *within* [*outside*] the competence of… 〈問題などが〉…の能力の範囲内にはいる[範囲外になる] / ～ *into* the category of…の範疇に属する. **7** 〘トランプ〙〈札が〉落ちる, 死ぬ (drop).

► *vt* 《米・豪》《英方》〈木などを〉伐り倒す (fell).

● ～ ABOARD (**of**) a ship. **～ about (laughing [with laughter])** 《英口・豪口》笑いころげる. **～ across**…に偶然出会う. **～ (a-)doing**…し始める (fall to doing): ～ (*a-*)*weeping* 泣き出す《*a-* の付いた形は今日では古・方言》. **～ all over**…のことで懸命になる, …に好かれようとちやほやする; 〈人〉に対する愛情[感謝]をオーバーに表現する. **～ (all) over oneself** 《特に 人を喜ばすために》懸命に努力する, 先を争って…しようとする 〈*to do*〉; あたふたする, ぎこちなくなる. ～

among… 偶然…の中にはいる; ‹盗賊など›に出会う[取り囲まれる]. **～ apart** ばらばらにこわれる; ‹組織・事業・計画などが›失敗に終わる; 《心理的に》動揺する, どぎまぎする, 落ちつき[自信]をなくす, 泣きくずれる: things ～ *apart*, the center cannot hold すべてはばらばらとなり中心は持ちこたえられない《社会[体制, 哲学, 信条など]は内部からこわれる; W. B. Yeats の詩 'The Second Coming' の一節から》. **～ astern** 〖海〗 遅れる. **～ away** はずれて落ちる ‹*from*›; ‹土地が‹…の方へ›(急)傾斜している ‹*to, toward*›; ‹人数・需要・生産などが‹…まで›減少する, 落ち込む ‹*to*›; やせ衰える; 《質が》低下する; ‹支持・偏見などが›なくなる; ˈ《文》 ‹音が›消えゆく, ‹感情などが›薄れてゆく; ‹支持者などが›‹…を›見捨てる, ‹…に›背く ‹*from*›; 変節する ‹*from*›; ‹船が›針路をそらす. **～ back** 後ろに下がる, 退く, たじろぐ (retreat); ‹水など›後退する (recede); ‹量・価値などが›減少する ‹*to*›. **～ back on**…にたよる (have recourse to); 退いて…を拠点とする. **～ behind**(…より)遅れる; 地歩を失う; ‹支払い・仕事などが›遅れる, ‹…を›滞納する ‹*with, in*›. **～ by**＝FALL down (2). **～ down** (1) 倒れる, ころぶ; 平伏する; 病に臥す; [進行形で] ‹建物が›くずれかけている, 痛んでいる; ‹計画・主張などが›失敗する, くずれる; ‹ズボンなどが›ずり落ちる; 流れ下る: *F～ down* seven times, get up eight. 七転び八起き《日本の諺》. (2) *《俗》 訪ねる, やって来る. **～ down and go boom** *《俗》 ドッと倒れる; *《俗》 完全に失敗する. **～ down (on…)** (‹仕事›に)失敗する, (‹スケジュール›を)守りきれなくなる: ～ *down on it* [the job] 《ある事を》うまくやれない. **～** FLAT¹. **～ (flat) on one's** FACE. **～ for**… 《口》…が好きになる, …にほれ込む; 《口》…を信じ込む, …にだまされる, のせられる, ひっかかる. **～** FOUL **of.** **～ from**… 《廃》…に背く. **～ home** ‹木・舷側が›内側に湾曲する. **～ in** ‹建物・屋根など›落ち込む, ‹地盤が›めりこむ, 陥没する, ‹ほおなどが›こける; 〖軍〗 整列する[させる], 《号令》 集まれ, 整列!; ‹負債・契約など›期限切れになる; ‹土地が›《賃貸期限が切れて》所有者のものになる, 利用できるようになる; 出会う; 同意する; *《俗》 やって来る, 着く; 《豪》 誤りを犯す, わなにはまる, してやられる; 《NZ》 妊娠する. **～ in alongside [beside]**… ‹歩いている人›に合流する. **～ in behind**… ‹人›の後ろについて歩き始める. **～ in for**… ‹分け前など›にあずかる; ‹非難・同情など›をこうむる[うける]. **～ in one's way** 手にはいる; 経験する. **～ into**…となる, …に陥る; …し始める (begin); …に分かれる, 分類される (⇨ *vi* 6): ～ *into* conversation ‹初対面の人と›話し始める ‹*with*› / ～ *into* a rage / ～ *into* ruin 破滅する / ～ *into* LINE¹ / ～ *into* PLACE. **～ in with**…に偶然出会う; …に同意[同調]する; …に参加する; …とつきあう; …と調和[一致]する, …に適応する; ‹点・時が›…と符合する. **～ off** (離れて)落ちる, ‹ボタンなどが›取れる ‹《口》 *of*›; 離反する; ‹出席数・入場者数・売上高など›落ち込む, 減る; ‹質などが›低下する; ‹健康など›衰える, やせる; 堕落する; 〖海〗 風下に転航する, 針路からそれる; ‹海岸線が›向きを変える (trend). **～ on [upon]**…を襲う (attack), …に急に抱きつく; ‹物›を(がつがつ)食べ始める; ‹災難などが›…(の身)に降りかかる; …の義務[責任]になる (⇨ *vi* 4); …に出くわす; ‹考えなど›を思いつく: ～ *on* evil days [hard times] 不運[つらいめ]にあう. **～ on one's feet** ⇨ land on one's feet (⇨ FOOT). **～ out** ‹毛髪などが›抜け落ちる; 争う, 不和になる ‹*with; about, over*›; 起こる, …と判明する, …の結果となる ‹*that*…, *to* be…›; 〖軍〗 隊列を離れる, 落後する, ‹兵・部隊を›解散する; 〖軍〗 屋外に出て整列する; *《俗》 愕然とする, 驚く, 《俗》 笑いころげる; *《特に 麻薬で》 意識を失う, 眠り込む; *《俗》 死ぬ; ˈ《俗》 しくじる, どじる; *《俗》 FALL down (2). **～ out of**… ‹習慣›をやめる. **～ over**(…の)上に倒れ(かか)る, (…に)つまずく; …の向こう側に落ちる; ‹髪が›…にたれかかる; ˈ〖電算〗 ‹コンピューター・プログラムが›作動しなくなる (＝*crash*); 《スコ》 寝つく. **～ over** BACKWARD(**s**). **～ over each other** 《口》 先を争う, 激しく競争する. **～ over oneself** 《つまずいて》 ころぶ; ＝FALL all over oneself. **～** SHORT (**of**…). **～ through** ‹計画・取引などが›失敗に終わる, だめになる (fail). **～ to**…し始める (begin) ‹work, doing›, ‹仕事›に懸命に取りかかる; なぐり合いを始める; 食べ始める; ‹門など›自動的に閉まる. **～ together** 〖音〗 ‹音が›同一のものになる, 一致する. **～ to the** GROUND¹. **～ under**…にはいる《分類上》, …に該当する; ‹吟味・注目など›を受ける, ‹影響など›をこうむる: ～ *under* sb's notice 人の目に留まる. **～ up**＝*《俗》 FALL down (2). **～ within**…以内にある; …の中に含まれる (cf. *vi* 6). **let ～** 口をすべらす, 漏らす (let drop); 〖数〗 ‹垂線を›下ろす, 引く (⇨ *vi* 4f).

► *n* **1 a** 落下, 墜落, (急に)倒れること: a ～ from a horse 落馬. **b** 低下, 減少, 下落; 降下, 沈降; 傾斜, 勾配; 落下距離, 落差: a ～ of 5% *in* sales 5% の売上高減少. **2 a** 落ちた[降った]もの(の量), 落下[崩落]物[量], 降雨[降雪](量): a heavy ～ of snow 大雪 / a ～ of leaves 落葉. **b** [ᵘ～s, 固有名詞としては ‹*sg*›] 滝 (waterfall): The ～*s* are 30 ft high. その滝は 30 フィートの高さだ / NIAGARA FALLS. **c** 《動物の》出産, 一腹の子《子羊など》. **3 a** *秋, 秋季《落葉期の意から; ⇨ AUTUMN》: in the ～ of 1976 1976 年の秋に. **b** ‹夜や闇が›落ちるようにやって来ること, 到来: at the ～ of evening 日暮れ時に. **4 a** 転倒, 倒壊. **b** 《木材の》伐採(量). **c** 〖レス〗 フォール, 一試合: try a ～ フォールを試みる; 一番やってみる, 闘う ‹*with*›. **d** *《俗》 逮捕, 刑期; *《俗》《特に 無実の罪で受ける》処罰, とがめ; *《俗》 強盗のやりそこない. **5 a** 瓦解, 崩壊; 陥落; 衰亡, 没落, 失脚; 減退: the ～ of the Shah / the ～ of the city 都市の陥落 / ～ from favor 失脚. **b** 堕落; 悪化; [the F- (of Man)] 人類の堕落《Adam と Eve の原罪; ⇨ ORIGINAL SIN》; 貞操を失うこと: In Adam's *F～* we sinned all. アダムの堕落で我らは罪人《*New England Primer*》. **6 a** たれさがること; たれさがっているもの, ひだ飾りのたれ, 《ある種の犬の》顔面にたれかかる被毛, 《長くたれた髪型をつくる》ヘアピース; 《水兵などのズボンの》前だれ, 前フラップ; FALLING BAND. **b** 〖植〗《アヤメ属の花の》下弁, 外花被片. **c** 《滑車の》通索, 《特に》引綱, 吊綱(づな); BOAT FALL; 〖狩〗 落としわな (fall-trap). **7 a** しかるべき所[位置]: the ～ of an accent アクセントのあるべき所. **b** 《スコ》 宿命, 運. **8** 〖楽〗 終止(形), カデンツ; 《音調の》下降. ● **go over the ～s** *《サーフィン俗》 カール (curl) に乗る. **head for a ～**＝RIDE **for a ～.** **take a ～** *《俗》 逮捕される, パクられる, (ムショに)ぶち込まれる; *《ボク俗》 ノックダウンされたふりをする, わざとノックアウトされる. **take [get] a ～ out of** sb 《口》 人を負かす. **take the ～** 《俗》 ‹犯人の›身代わりになる, 罪をかぶる ‹*for*›.

► *a* **1** 秋の. **2** 秋蒔(ま)きの; 秋に実る; 秋向きの: brisk ～ days 爽快な秋の日々 / ～ goods 秋向きの品.

[OE *f(e)allan;* cf. G *fallen*]

fal la ⇨ FA LA.

Fal·la /fáː(l)jə/ ファリャ **Manuel de ～** (1876–1946)《スペインの作曲家・ピアニスト》.

fal·la·cious /fəléɪʃəs/ *a* 誤った, 虚偽の; 人を惑わす[誤る], あてにならない. ♦ **～·ly** *adv* **～·ness** *n* [F (↓)]

fal·la·cy /fǽləsi/ *n* 誤信; 誤った考え, 謬見; 誤った推論, 謬論; 欺瞞性; 〖論〗 虚偽; 《廃》 悪だくみ; 《廃》 ごまかし, うそ (deception): popular *fallacies*《普通の人がいだきがちの》通俗誤信. [L (*fallo* to deceive)]

fal·lal /fæ(l)lǽl, ーーˊ/ *n* (見かけ倒しの)華美な装身具, 安ピカ物, あんぺら. [? 変形 ‹*falbala*›]

fal·lal·(l)ery /fælǽləri/ *n* けばけばしい装飾品.

fáll àrmyworm 〖昆〗 シロナヨトウと同属のヤガの一種《アメリカ産; 幼虫は作物に大害を与える》.

fáll·awày 〖バスケ〗 *a* バスケットから後退しながら行なう. ► *n* 後退しながらするジャンプショット.

fáll·bàck *n* 《万一のとき》たよれるもの, 頼みの綱, 予備 (reserve), 代替物; 〖電算〗《故障時の》代替システム; 退くこと, 後退. ► *a* 予備の, 代替の: a ～ plan 代替案 / a ～ position 《交渉事などで》当初のものに代わる立場.

fall·en /fɔ́ːl(ə)n/ *v* FALL の過去分詞. ► *a* 落ちた; 倒れた, (戦で)死んだ; [the, ‹*pl*›] 戦死[戦没]者; おちぶれた, 零落の; 堕落した, 淪落の; 転覆した, 破壊された; 陥落した; ‹肉が›縮んだ (shrunken), 凹んだ: ～ leaves 落葉 / a ～ idol 落ちた偶像 / a ～ woman 《古風》 淪落の女, 《俗》 売春婦 / a ～ angel 堕落天使《地獄に落ちた天使》/ ～ cheeks 落ちたほお. ♦ **～·ness** *n*

fállen árch 扁平足.

fáll·er *n* 伐採者, 伐倒者, 伐木手, きこり, 杣人(そまびと) (＝*feller*); 〖機〗 落下機構, フォーラー; 〖競馬〗《障害競走で》転倒する馬.

fáll·fìsh *n* 〖魚〗 フォールフィッシュ《北米東部産のコイ科の淡水魚》.

fáll frónt DROP FRONT.

fáll gùy 《口》 だまされやすいやつ, カモ (dupe); 《口》 貧乏くじを引かされる者, 身代わり (scapegoat); 《喜劇の》ぼけ役, からかわれ役, 引立役.

fáll hèrring 〖魚〗 ニシン科アロサ属の魚 (＝*hickory shad, tailor herring*)《Cape Cod 以南の北米大西洋沿岸産》.

fal·li·ble /fǽləb(ə)l/ *a* 誤りに陥りがちな; 誤りを免れない; 不完全な. ♦ **-bly** *adv* **fàl·li·bíl·i·ty** *n* [L; ⇨ FALLACY]

Fal·lières /fæljέər/ ファリエール (**Clément-)Armand ～** (1841–1931)《フランスの政治家; 第三共和政下の大統領 (1906–13)》.

fáll·ing *n* 落下, 墜落; 降下; 転倒; 陥落; 《岩石の》崩落; 堕落; 伐木. ► *a* 落ちる; 下がる; *《方》 (今にも)雨[雪]の降りそうな‹天気›: a ～ body 落下体 / ～ market 下向きの市況 / a ～ tide [water] 落潮.

fálling bànd フォーリングバンド《17 世紀に男子が着用した豪華な幅の広い平らな折返し襟》.

fálling díphthong 〖音〗 下降二重母音《第 1 要素が第 2 要素より強い /ɔɪ/ のような二重母音》.

fáll·ing-dòwn drúnk 《俗》 *a* ぐでんぐでんに酔って. ► *n* ひどく酔って倒れる者, ぶっ倒れる酔っぱらい.

fálling èvil FALLING SICKNESS.

fálling léaf 〖空〗 木の葉落とし.

fáll·ing-óff *n* FALLOFF.

fáll·ing-óut *n* (*pl* **fáll·ings-óut, ～s**) 不和, 仲たがい.

fálling rhýthm 〖韻〗 下降韻律 (＝*descending rhythm*)《詩脚 (foot) の第 1 音節に連続して強勢のおかれる韻律形》.

fálling sìckness 《古》 癲癇(てんかん) (epilepsy).

fálling stár 流星, 流れ星 (meteor).

fáll lìne **1** 瀑布(ばく)線, 瀑線《台地の始まりを示す線で, 滝・急流が多い》; [the F- L-] 瀑布線《米国大西洋海岸平野の軟層と Piedmont 高原の硬層との境界線》. **2** [the] 〖スキー〗 最大傾斜線《傾斜面を自然の状態で滑降する時に描くコース》.

fáll mòney *《俗》《逮捕された時のための》たくわえの金.

fáll·òff *n* 《量的・質的な》減少, 低下, 衰え (decline).

fal·ló·pi·an túbe /fəlóʊpiən-/ [ᵒF- t-] 〖解〗 ファロピーオ(氏)管,

らっぱ管, (輸)卵管 (oviduct). ［Gabriel *Fallopio* [L *Fallopius*] (1523–62) イタリアの解剖学者］

fáll·òut *n* **1**《不都合な》結果, 影響; 余波, 後遺症. **2**《放射性物質などの》降下;《核爆発後の》放射性降下物, 死の灰;《火山灰などの》降下物: a ～ shelter 放射性降下物(からの)退避所[シェルター].

fal·low¹ /fǽloʊ/ *a* **1**《すき耕しはするが》作付けしてない, 休耕中の《一年または一期間》; 未開墾の;《利用価値がありながら》使われていない: lay land ～ 土地を休める / lie ～ 〈畑など〉休閑中である;〈潜在価値など〉利用されないでいる. **2** 修養を怠っている;〈精神など〉休んでいる, 眠っている. **3**〈雌豚が〉妊娠していない. ► *n* **1** 休耕地; 休耕, 休作;《作付けをせずに》すき耕すこと: land in ～ 休耕地. **2**《廃》耕作された土地. ► *vt* 〈土地を〉すき返しただけで休めておく. ♦ **～·ness** *n* ［OE *fealh* (n); cf. G *Felge*］

fallow² *a* 淡黄褐色の, 朽葉(くちば)色の. ► *n*《馬の》河原毛(かわらげ). ［OE *f(e)alu*; cf. G *fahl*］

fállow déer (*pl* ～)〔動〕ダマジカ《淡黄褐色の小型の欧州・アジアの鹿; 夏は白い斑点を生じる》.

fáll-pìpe *n* 縦樋 (downspout).

fáll·plòw* *vt* 〈土地を〉秋に耕す.

Fáll Ríver フォールリヴァー《Massachusetts 州南東部の工業都市; 織物の産地》.

fáll-sówn* *a* 秋蒔(ま)きの.

Fálls Róad [the] フォールズロード《Belfast のカトリック系労働者の居住地区にある通り; 1960 年代末からカトリック・プロテスタント両教徒の武力衝突・暴動・テロが何度も発生している》.

fáll-tràp *n*〔狩〕落としわな (=*fall*).

Fal·mouth /fǽlməθ/ ファルマス《Massachusetts 州南東部 Cape Cod の南西にある町; 海洋学研究所がある》.

faloosie ⇨ FLOOZY.

false /fɔ́:ls, ˈfɔ́ls/ *a* **1 a** 間違った, 誤った, 不正確な; 不正な, 不法な; [〈*int*〉]*《ティーンエージャー俗》うそつけ, ばかな!: I had a ～ idea of the man. その男について間違った考えをもっていた / a ～ impression 間違った印象 / ～ pride [shame] 誤った誇り[羞恥心] / ～ hope 空頼み / a ～ sense of security 根拠のない安心感 / FALSE POSITION / a ～ balance 不正はかり / ～ weights 不正分銅 / a ～ dice いかさまさいころ. **b**〔楽〕〈音・音程が〉調子のはずれた;〈完全 4 度[5 度]音程が〉《半音》減の;〈終止が〉偽の: a ～ note 調子はずれの音. **2 a** 偽りの, 虚偽の (opp. *true*): a ～ attack 陽攻, 擬攻 / a ～ charge 誣告(ぶこく) / a ～ god 偽りの神 / ～ modesty 謙遜(して見せること), 卑下. **b** にせの, 偽造の; 人造の: a ～ coin にせ金(がね) / FALSE BOTTOM / a ～ eye 義眼, 入れ目 / ～ hair 入れ毛, かもじ / ～ papers 偽造書類. **c**〔植〕擬似の;〔医〕偽性の, 擬似の: FALSE ACACIA / a ～ cholera 擬似コレラ. **3** 不誠実な, 不実の, 不貞の: be ～ of heart 不実である / be ～ *to*…に背く, 不実[不貞]である. **4** 仮の, 一時的な; 補助の (subsidiary). ► *adv* **1** 偽って, 不実に, 不正に. **2** 調子をはずして: sing ～. ● **play** sb ～ 人をだます (cheat); 裏切る (betray). RING² ～. ［OE *fals* and F<L *falsus* (pp)〈FAIL］

fálse acácia〔植〕ハリエンジュ, ニセアカシア (locust).

fálse accóunting 不正経理[会計].

fálse alárm 間違い警報, 偽警報; 人騒がせなもの[人], 期待はずれ.

fálse ankylósis〔医〕偽強直 (PSEUDARTHROSIS).

fálse arrést〔法〕違法逮捕.

Fálse Báy フォールス湾《南アフリカ共和国南西部, 喜望峰の東にある湾》.

fálse-bédded *a* CROSS-BEDDED. ♦ **fálse bédding** *n*

fálse begínner やりなおし語学学習者《多少の学習経験はあるが最初から始める人》.

fálse bóttom 上げ底,《特に 秘密の》二重底.

fálse bróme〔植〕ヤマカモジグサ《イネ科》.

fálse cárd〔トランプ〕フォールスカード《ブリッジで手をごまかすために出す》. ♦ **fálse-cárd** *vi* フォールスカードを出す.

fálse céiling《本当の天井より低い》吊天井.

fálse círrus〔気〕偽[雷雨]巻雲, 濃密巻雲.

fálse cléavers〔植〕トゲナシヤエムグラ《ユーラシア原産; 果実にとげがない》.

fálse cólor 偽(ぎ)色彩(法)《可視光以外の電磁放射エネルギーを計測し, 色合成によって彩色映像として表現する技術》. ♦ **fálse-cólor** *a*

fálse cólors *pl* 偽りの国旗; 正体[素姓]をくらますもの, 偽りの見せかけ, 偽名. ● **sail under** ～ 〈船が偽りの国旗を掲げて[国籍をくらまして]走る; 正体[素姓]を偽る, 本当の自分を偽ってふるまう.

fálse cóncord〔文法〕《性・数・格などの》不一致.

fálse dáwn 夜明け前の微光, ZODIACAL LIGHT;《はかなく消える》一時的な成功, むなしい希望[期待], ぬか喜び.

fálse ecónomy《実際にはより多くの出費につながる》見かけの[誤った]節約[経済性].

fálse éyelash 付けまつげ.

fálse fáce 仮面.

fálse fóxglove〔植〕ニセジギタリス《北米原産; ゴマノハグサ科》.

fálse friénd〔言〕FAUX AMI.

fálse frúit〔植〕偽果 (accessory fruit).

fálse gávial〔動〕ガビアルモドキ《東南アジア産のワニ; 普通のガビアルより小型》.

fálse·héart·ed *a* 誠実でない, 背信の. ♦ **～·ly** *adv*

fálse héllebore〔植〕シュロソウ[バイケイソウ]属の多年草 (=*white hellebore*).

fálse·hòod *n* 虚偽, 誤り; うそ, 偽り, うそをつくこと, 欺瞞.

fálse horízon 擬似水平《高度測定用平面鏡・水銀の表面など》.

fálse imprísonment〔法〕不法監禁.

fálse índigo〔植〕**a** クロバナエンジュ《マメ科; 米国東部産》. **b** BAPTISIA,《特に》ムラサキセンダイハギ《北米原産》.

fálse jóint〔医〕偽関節 (PSEUDARTHROSIS).

fálse kéel〔海〕仮竜骨, 張付けキール.

fálse lábor〔医〕偽性陣痛.

fálse líly of the válley〔植〕マイヅルソウ《北東アジアから北米西部の亜寒帯に分布するユリ科の多年草》; カナダマイヅルソウ (=*bead-ruby*)《北米東部産》.

fálse·ly *adv* 偽って, だまして; 誤って; 不正に; 不実に.

fálse mémory〔精神医〕虚偽記憶《実際にはなかった事柄を記憶があるように信じ込む状態; 特に 精神分析の際の暗示から生ずる幼時の性的虐待の記憶》.

fálse míterwort〔植〕FOAMFLOWER.

fálse morél〔菌〕シャグマアミガサタケ《ノボリリュウタケ科シャグマアミガサタケ属のキノコの総称; しばしば毒キノコ》.

fálse móve 人に警戒心を起こさせる動き;《事故や失敗につながる》誤った[不注意な]行為[動作]: make a ～.

fálse négative〔医〕偽陰性. ♦ **fálse-négative** *a*

fálse·ness *n* 不誠実, 虚偽, 裏切り.

fálse óxlip〔植〕ニセセイタカセイヨウサクラソウ《サクラソウ (primrose) とキバナノクリンザクラ (cowslip) との自然交配種; cf. OXLIP》.

fálse páca〔動〕パカラナ (=*long-tailed paca*)《パカに似た尾の長い齧歯動物; 南米産》.

fálse posítion 迷惑な[不本意な, 意図に反する]立場: put sb in a ～ 人を誤解されるような立場に置く.

fálse pósitive〔医〕偽陽性. ♦ **fálse-pósitive** *a*

fálse prégnancy〔医〕偽[想像]妊娠 (PSEUDOCYESIS).

fálse preténses *pl*〔法〕欺罔(ぎもう),《欺罔による》詐取(罪);《一般に》虚偽の表示: obtain sth *by* [*under, on*] ～.

fálse quántity〔韻〕母音の長短の誤り, 音量の誤り.

fálse relátion〔楽〕対斜, レラーティオ・ノン・ハルモニカ (=*cross relation*)《異なる声部間での斜めの増 1 度の関係》.

fálse ríb〔解〕仮肋骨, 仮肋, 偽肋《胸骨に連結していない; cf. FLOATING RIB》.

fálse ríng〔林〕偽年輪.

fálse scórpion〔動〕擬蠍(ぎかつ)類, カニムシ (BOOK SCORPION).

fálse Sólomon's séal〔植〕ユキザサ《ユリ科》.

fálse stáge〔劇〕舞台上に設けられたもう一つの舞台.

fálse stárt《競走の》不正スタート; 誤った第一歩, 出だしのつまずき: make a ～ フライングを犯す.

fálse stép つまずき, 失策 (cf. FAUX PAS): make [take] a ～ 足を踏みはずす; へまをやる.

fálse téeth *pl* 義歯, 入れ歯,《特に》総入れ歯.

fálse tópaz〔鉱〕擬黄玉《黄水晶または黄色の蛍石》.

fal·set·to /fɔ:lsétoʊ, ˈfɔl-/〔楽〕*n* (*pl* **～s**)《男性の》裏声, ファルセット; ファルセット歌手. ► *a, adv* 裏声の[で]. ♦ **fal·sét·tist** *n* ファルセット歌手, 裏声で話す人. ［It (dim)〈*falso* FALSE］

fálse vámpire (bàt)〔動〕肉食性の大型のコウモリ: **a** アラコウモリ《同属の 3 種; 旧世界産; オーストラリアオオアラコウモリを含む; アラコウモリ科》. **b** チスイコウモリモドキ《新世界熱帯産; ヘラコウモリ科》.

fálse vócal còrds *pl*〔解〕偽[仮]声帯.

fálse·wòrk *n*《建築の際の》足場, 仮構.

fals·ie /fɔ́:lsi, ˈfɔ́l-/《口》*n* [ᵘ*pl*]《豊胸用の》パッド(入りのブラジャー);《胸以外に用いる》パッド; 付けひげ; まがいもの. ［FALSE, *-ie*］

fal·si·fi·ca·tion /fɔ:lsəfəkéɪʃ(ə)n, ˈfɔl-/ *n* 変造, 偽造;《事実の》曲解; 虚偽であることの立証, 反証, 論破;〔法〕文書変造[偽造];〔法〕偽証.

fal·si·fy /fɔ́:lsəfàɪ, ˈfɔ́l-/ *vt* 〈書類などを〉変造[偽造]する;〈事実を〉偽る, 曲げる, 偽り伝える; …の偽り[誤り]を立証する; 論破する;〈期待などを〉裏切る,〈心配などを〉無用のものにする. ► *vi** うそをつく, 偽る. ♦ **fál·si·fì·er** *n* 偽造者; うそつき; 曲解者. **fàl·si·fí·able** *a* **fàl·si·fi·abíl·i·ty** *n* ［F or L (*falsificus* making false)］

fal·si·ty /fɔ́:lsəti, ˈfɔ́l-/ *n* 事実に反すること; 虚偽(性), 偽り, うそ.

Fal·staff /fɔ́:lstæ̀f; -stɑ̀:f, ˈfɔ́l-/ フォールスタッフ Sir John ～《Shakespeare の *Merry Wives of Windsor* および *Henry IV* に出る大兵肥満の騎士; 陽気で頓智があってずぼらな喜劇的人物》. ♦ **Fal·stáff·ian** *a*

Fal·ster /fɑ́:lstər, fɔ́:l-/ ファルスター《バルト海上の Sjælland 島の南にある島; デンマーク領》.

fal·sy /fɔ́:lsi, ˈfɔ́l-/ *n*《口》FALSIE.

falt·boat /fɑ́:ltbòʊt, fɔ́:lt-; fǽlt-/ *n* FOLDBOAT. ［G］

fal·ter /fɔ́:ltər, ˈfɔ́l-/ *vi* **1 a** つまずく, よろめく; ふらつく, ぐらつく. **b** どもる, 口ごもる. **2** たじろぐ, ひるむ 〈*in* one's resolution [faith, etc.]›; 活気をなくす, 衰える. ► *vt* 口ごもりながら言う ‹*out, forth*›. ► *n* よろめき; ためらい; どもり, 口ごもり; 《声・音の》震え. ♦ **~·er** *n* [ME<?; *totter*¹ などの類推で *falde* (FOLD¹) (obs) to falter からか; cf. Icel *faltrast*]

fálter·ing *a* 不安定な, ぐらつく; 弱々しい, たどたどしい. ♦ **~·ly** *adv*

Fa·lun, Fah·lun /fá:lùn, ー´ー/ ファールン《スウェーデン中部 Stockholm の北西にある市》.

Fa·lun Gong /fá:lún gúŋ/ 法輪功(ほうりんこう)(ファールンコン)《中国人 李洪志(リーホンチー) (Li Hongzhi) が 1992 年に始めた気功修練団体; 中国政府から非合法団体に指定され, 取締まりの対象になっている》.

fam. familiar ♦ family.

FAM °Free and Accepted Masons.

Fa·ma·gus·ta /fà:məgú:stə, fæ̀m-/ ファマグスタ《Cyprus 島東岸のファマグスタ湾 (**~ Báy**) に臨む市・港町》.

fame /féɪm/ *n* 名誉, 高名, 名声, 声望, 誉れ; 評判, 風聞, 聞(きこ)え; 《古》世評, うわさ: come [rise, shoot] to [win] ~ 有名になる / ILL FAME / HOUSE OF ILL FAME / good ~ 好評 / ~ and fortune 富と名声. ► *vt* [ᵁ*pass*] …の名声を広める, 有名にする ‹*for*›; 《古》…と伝える, 取りざたする ‹*to* be, *as*›. ♦ **~·less** *a* [OF<L *fama* report]

famed /féɪmd/ *a* 名だたる, 名にし負う, ‹…で›名高い (famous) ‹*for*›: the world's most ~ garden 全世界に名だたる庭園.

fa·mil·ial /fəmíljəl/ *a* 家族[一族]の[に関する]; 一族に特有な, 家族性の‹病気›. [F; ⇨ FAMILY]

famílial (adenómatous) polypósis 〘医〙家族性大腸腺腫症, 家族性腺腫性ポリポーシス《大腸の遺伝性疾患; 特に 結腸・直腸に多数の腺腫が発生し, 癌化しやすい; 略 FAP》.

famílial hypercholesterolémia 〘医〙家族性コレステロール過剰血(症), 家族性高コレステロール血(症)《血液中の LDL コレステロールの値が高くなる遺伝性の代謝性疾患》.

fa·mil·iar /fəmíljər/ *a* **1 a** よく知られている, 通俗な, 珍しくない, ありふれた, (お)なじみの (common); よく見かける, 身近な; 見おぼえ[聞きおぼえ]のある: a ~ voice 聞き慣れた[おぼえのある]声 / a ~ figure [face] at concerts 音楽会の常連 / a ~ example 卑近な例 / He is ~ *to* me. あの人のことはよく知っている / an all-too ~ problem あまりにもよくある問題 / horribly [painfully, depressingly] ~ ごくありふれた. **b** 熟知[知悉(ちしつ)]して(いる): He is ~ *with* the subject.＝The subject is ~ *to* him. 彼はよくその問題に通じている. **2 a** 親しい, 心安い (intimate); 遠慮気兼ねのない, うちとけた, 気ままな; なれなれしい, あつかましい: a ~ friend 親友 / be on ~ terms *with*…と懇意にしている / ~ letters 日用[社交]文《商用文・公文書でなく》/ He was much too ~ *with* me. いやにわたしになれなれしくした. **b** 性的に関係のある, 親密な ‹*with*›. **c** 《廃》愛想のいい (affable, sociable). **3** ‹動物など›飼いならした (domesticated); 家族の, 家族のよく訪れる. ● **in a [the] ~ way** 《口》妊娠して《in a [the] family way とのしゃれ》. **make oneself ~ with**…に精通する; …と懇意にする; …となれなれしくする. ► *n* **1** 親友; FAMILIAR SPIRIT; 〘カト〙《ローマ教皇・司祭の》用人, 雇人, 《宗教裁判所の》捕吏; 高官[高僧]一族の構成員. **2** (あることに)精通している人, (ある場所を)よく訪れる人. ♦ **~·ly** *adv* 親しく, 心安く; なれなれしく, うちとけて: ~*ly* called [known as]… 通称…, 俗称…. **~·ness** *n* [OF<L; ⇨ FAMILY]

fa·mil·iar·i·ty /fəmɪljǽrəti, -mɪ̀liǽr-/ *n* **1** よく知っていること, 精通, 熟知, 知悉 ‹*with*›. **2** 親しみ, 親交; 懇意, 心安さ; なれなれしさ, 無遠慮; [ᵁ*pl*] なれなれしい行為[ふるまい]; [*pl*] みだらな[性的な]関係; [*pl*] 愛撫 (caresses): *F*~ breeds contempt. 《諺》なれすぎると侮りをまねく.

famíliar·ìze *vt* 親しませる, 慣らす, 習熟[慣熟]させる ‹*with*›; なじみのあるものにする, 世間に広める: ~ sb *with* sth / ~ one*self with* …に精通する. ► *vi* 《古》心安くふるまう, 周囲にうちとける. ♦ **famìliar·izátion** *n*

famíliar spírit 使い魔《人・魔女・魔法使いなどに仕える》; (死者の)霊魂《霊媒に呼びかけられて助言[予言]をする》.

fam·i·lism /fǽməlɪ̀z(ə)m/ *n* 家族主義《個人より家族を重視する社会様式》; [ᴼF-] familist の教義[慣行]. ♦ **fàm·i·lís·tic** *a*

fám·i·list *a* 家族主義の. ► *n* [ᴼF-] ファミリスト《16–17 世紀ヨーロッパで行なわれた神秘主義的キリスト教の一派 Family of Love (愛の朋(とも), 愛の家族)の信徒》.

fa·mille jaune /*F* famij ʒo:n/ ファミーユ・ジョーヌ《黄を地色とした中国の軟彩磁器》. [F＝yellow family]

famille noire /*F* famij nwa:r/ ファミーユ・ノアール《黒を地色とした中国の軟彩磁器》. [F＝black family]

famille rose /*F* famij ro:z/ ファミーユ・ローズ《ピンクを地色とした中国の軟彩磁器》. [F＝pink family]

famille verte /*F* famij vɛrt/ ファミーユ・ヴェルト《緑を地色とした中国の軟彩磁器》. [F＝green family]

fam·i·ly /fǽm(ə)li/ *n* **1 a** 所帯 (household)《夫婦とその子供, 奉公人も含む》. **b** 家族, 一家《夫婦とその子供》; 《一家の》子供たち: have a large ~ 子だくさんだ / a ~ of four 四人家族 / Has he any ~? 彼には子供がいるか / My ~ are all very well. 家族一同元気です / like [as] one of the ~ 家族の一員のような[ように] / bring up [raise] a ~ 子供を育て上げる. **2 a** 一家, 一族, 一門, 家門; ᴴ家柄, 門閥, 名門: a man of (good) ~ 名門の出 / a man of no ~ 家柄の低い者 / be in sb's [the] ~ (人の)一族の所有である / friends and ~ [~ and friends] 友人と親族一同. **b** 種族, 民族 (race). **c** 《家畜の品種のうちで》同じ血統[家系]のもの, 系統群; (ある)血統を引いているもの. **3** 《考えなどを同じくする》仲間; 門徒; 《高官・事務所の》スタッフ (staff); 《政治[宗教]的利害を同じくする人[国家]の》グループ; *《マフィアなどの》活動組織単位, ファミリー; 《コミューンなどで生活を共にする》ヒッピーのグループ, ファミリー: the ~ of nations. **4** 〘動・植〙科 (⇨ CLASSIFICATION); 〘言〙語族; 〘化〙《元素の》族 (group); 〘数〙《集合・曲線などの》族; 〘地質〙ファミリー《断面が類似し, 1 つもしくは複数の土壌統 (soil series) を含む土壌群》. ● **a happy ~** 同じおりにはいっている異種の動物たち. **keep…(all) in the ~** …を家族[一族]の中だけのことにしておく, 内輪のことにする. **one (big) happy ~** 《考えや目的を同じくする》仲のよい[気の合う]仲間[グループ]. **run in the** [sb's] **~** ‹性質・素質などが›一族に共有されて[遺伝して]いる, 血筋である. **start [have] a ~** 初めての子をもうける. ► *a* 家族(向き)の, 家庭(向け)の: a ~ butcher 《家庭に》出入りの肉屋 / ~ life 家庭生活 / a ~ council 親族会議 / a ~ friend 家族一同の友人 / a ~ film 家族向き映画 / a ~ favorite 家族全員に好まれる物[人], わが家のお気に入り[人気者] / ~ publication 一般家庭向け出版物《新聞を含む》. ● **in a ~ way** くつろいで; 遠慮なく, うちとけて; 《口》in the FAMILY way. **in the ~ way** 《古風口》妊娠して, 身重で. ♦ **~·ish** *a* 家族間のきずなの固い; 家族的な. **~·hòod** *n* [L *familia* household; ⇨ FAMULUS]

fámily allówance ᴴ《政府・雇用者が出す》家族手当; *《被相続人の遺産の中から家族の扶養のため留保される》扶養割当て分.

fámily Bíble 家庭用聖書《出生・死亡・婚姻などを記録する余白ページのついた大型聖書》.

fámily círcle 1 内輪(の人びと), 一家; 《劇場などの》家族席《dress circle の上または後ろの安い席》. **2** [F- C-]『ファミリーサークル』《主に若い主婦を対象にした米国の実用誌; 1932 年創刊》.

fámily cóach ᴴ大型の有蓋馬車; 一種の罰金遊び.

Fámily Cómpact 1 [the] **a** 〘史〙家族協定《1733, 43 および 61 年のスペイン・フランス両 Bourbon 家の同盟》. **b** 〘カナダ史〙家族盟約《1791–1841 年 Upper Canada を支配した寡頭政治》. **2** [ᴼf- c-] 支配的党派.

fámily còurt 家庭裁判所 (court of domestic relations).

fámily crédit 〘英〙低所得世帯育児給付金《養育者の収入が一定基準以下の場合に支給された; 旧称 Family Income Supplement》.

Fámily Divìsion 〘英〙《高等法院 (High Court) の》家事部《養子縁組・離婚などを扱う》.

fámily dóctor 一般医 (general practitioner, GP); 《家族の》主治医, かかりつけの医者, 家庭医, ホームドクター.

fámily-friénd·ly *a* ‹映画・番組・娯楽施設などが› 性描写・暴力シーンなどを含まない, 家族そろって楽しめる.

fámily gáng·ing 〘米〙患者の家族まで不必要に診察して保険料を請求する行為.

fámily·gràm *n* 家族電報《家族などが洋上の船員に送るもの》.

fámily gróuping ファミリーグルーピング《いろいろな年齢の児童を一つの学習集団に編成する方式》.

fámily hotél ファミリーホテル《家族用特別料金がある》.

fámily hóur *〘テレビ〙家族向け時間帯《極端な暴力やセックスを含んだ番組を放映しない, 通例 午後 7–9 時》.

Fámily Íncome Sùpplement 〘英〙世帯所得補足手当《FAMILY CREDIT の旧称》.

fámily jéwels 《俗》*pl* 家の宝《睾丸・男性性器》; [the] *内密にしておくべき恥 (family skeleton), 《特に》CIA の非合法活動.

fámily léave 育児・介護休暇《出産・育児や病気の家族を看るための 通例 無給の休暇》.

fámily líkeness 肉親の類似点, 血族の似通い.

fámily màn 所帯持ち《妻子のある男》; 家庭を大切にする男, 家庭的な男, 外出嫌いの男.

fámily médicine 家族医療《家族を単位として継続的に提供される包括的治療と健康管理; cf. COMMUNITY MEDICINE》.

fámily nàme 姓 (surname) (⇨ NAME); ある家で好んで用いられる洗礼名.

fámily pàck 《店売商品の》家庭用パック, 大型パック.

fámily physícian FAMILY DOCTOR.

fámily plàn 家族運賃割引《世帯主が正規の航空運賃を払うと家族を割引運賃で同伴できる》.

fámily plánning 家族計画《受胎調節などによって産子数・産子間隔を調節する; cf. PLANNED PARENTHOOD》.

fámily práctice *FAMILY MEDICINE.

fámily practítioner FAMILY DOCTOR.

fámily romànce 1 〘精神医〙家族ロマンス[空想]《自分は両親の実の子ではなく, もっと高貴な家の生まれだという妄想》. **2** 一族の歴史, 系譜.

fámily ròom *《一家の》娯楽室, 居間; ᴴファミリールーム《**(1)** ホテルなどの家族向けの部屋 **2**) pub 内の子供もはいれる部屋》.

fámily-síze *a* 《家族全体で使える》大型の, 徳用の: a ～ car / a ～ bottle 徳用瓶.

fámily skéleton 《外聞をはばかる》一家の秘密 (=*a skeleton in the closet* [*cupboard*"]).

fámily style *n* 《下宿・食堂で各自大皿から取る》家族方式. ► *a*, *adv* /ˊ-- --ˊ/ 家族方式の[で]; 一家全員に向く, 家庭向きの: a ～ humorist.

fámily thérapy 〘精神医〙《患者の家族を含めて行なう》家族療法. ♦ **fámily thérapist** *n*

fámily trée 家系図, 系図, 系譜; 《一家の》先祖と子孫, 家系《集合的》; 《言語の》系統樹.

fámily válues *pl* 《伝統的な》家族観, 家族の価値観.

fam·ine /fǽmən/ *n* **1** 凶作; 飢饉; «古» ひどい空腹, 飢餓: water ～ 水飢饉 / die of [suffer from] ～ 飢餓で死ぬ[苦しむ]. **2** ひどい不足状態, 払底, 欠乏: a ～ of teachers ひどい教師不足. [OF (*faim*<L *fames* hunger)]

fámine príces *pl* 飢饉相場《品不足による高値》.

fam·ish /fǽmɪʃ/ *vt* [ᵘ*pass*] 飢えさせる (starve); «古» 餓死させる. ► *vi* 欠乏に耐える; «古» 餓死する: I'm ～*ing*. «口» おなかがぺこぺこだ. ♦ **～ed** *a* 飢えた; «口» 腹ぺこの; 欠乏した. **～·ment** *n* [ME *fame* (FAMINE), *-ish*]

fa·mous /féɪməs/ *a* **1** 有名な, 名高い (well-known): London is ～ *for* its fogs. / ～ *for* being ～《メディア露出度がなぜか高く》有名だということで有名である / Brighton is ～ *as* a bathing place. **2** «古風口» すばらしい, たいした (excellent): a ～ performance / That's ～. そりゃすごい. **3** «古»《悪い意味で》評判の, 名うての (notorious). ♦ **～·ness** *n* [AF, OF<L; ⇨ FAME]

fámous·ly *adv* よく知られているように; «口» みごとに, りっぱに, うまく; 非常に, たいへん: She ～ said.... 周知のとおり彼女は...と言った / After that, Susan and I are getting along [on] ～. その後スーザンとはとてもうまくいっている.

fámous víctory [ᵒ*iron*] 名だたる勝利, 圧倒的な[予期しない]勝利[成功]. [Robert Southey の詩 'The Battle of Blenheim' にあることば]

fam·u·lus /fǽmjələs/ *n* (*pl* **-li** /-làɪ, -lìː/) 《魔術師・錬金術師・学者の》手下, 助手. [L=servant]

fan[1] /fǽn/ *n* **1** うちわ, おうぎ, 扇子(せん); 扇風機, 送風機, 換気扇, ファン. **2** 扇形のもの《推進器の翼・風車の翼・鳥の尾など》; 《風車の大翼を風に向けるための》小翼; «俗»《飛行機の》プロペラ, エンジン; 箕(み), 唐箕 (winnowing fan); 〘地質〙扇状地 (alluvial fan). **3** 〘野〙三振; *«俗»《スリが財布のありかを探るために人にさわる》ひとなで, 触診. ● HIT **the ～**. ► *vt*, *vi* (**-nn-**) **1** 扇であおぐ, あおる; 〈風が〉そよそよ吹く[吹きつける]; 《扇のように》ひらひらと揺れ動く; 〈穀物を〉《箕で》吹き分ける, 〈もみがらを〉飛ばす; 〈気流が〉〈火を〉おこす; 〈感情などを〉かきたてる, あおる; «古» 振る: ～ the FLAME / She *fanned* herself *with* a handkerchief. ハンカチであおいだ / ～ fear 恐怖心をあおる. **2** 扇形に広げる[広がる] 〈*out*〉; 〘軍〙散開する 〈*out*〉. **3** «俗» 平手で(ピシャッと)打つ (spank); 《引金を引くとすぐもう一方のてのひらで撃鉄を平手打ちのようにして手前へ起こして, また自動銃の引金を引きつづけて》〈銃を〉連射する; «俗»《武器・金などを捜すため》〈人(の服)・部屋などを〉調べる, 〈スリが人〉のふところなどをなでる, こする; *«俗»《コインを取り出そうと》〈公衆電話のコイン返却レバーを〉ゆさぶる; 〘野・アイスホッケー〙空振りする; 〘野〙三振させる[する]; *«俗» おしゃべりする; *«俗» 無視する, 〈授業を〉サボる. ● **～ it** *«俗» 気にしない, 忘れる; [*impv*] *«俗» 楽にして, ゆっくりと, 静かに. **～ the** AIR. **～ the** BREEZE. ♦ **～·lìke** *a* [OE *fann*<L *vannus* winnowing basket]

fan[2] *n* 《特定の人物・趣味などの》ファン, 熱心な愛好家 〈*of*〉: a baseball [movie] ～ 野球[映画]ファン. [*fanatic*]

fan[3] *n* "«俗» 女性性器; *«俗» 尻, けつ. [*fanny*[1]]

Fan /fǽn, fáːn/ *n* FANG.

Fa·na·ga·lo /fáːnəgəlóʊ; fǽnəgəlàʊ/, **-na·ka-** /-kə-/ *n* 〘言〙ファナガロ語《Bantu 系言語と英語, Afrikaans 語などが混交したピジン言語; 南アフリカの一部で部族間の共通語として話される》.

fan·a·lo·ka /fæ̀n(ə)lóʊkə/ *n* 〘動〙マダガスカルジャコウネコ. [(Madagascar)]

fa·nat·ic /fənǽtɪk/ *n* 熱狂者, 狂信者; «口» FAN[2], ...気違い. ► *a* 《特に政治的・宗教的に》熱狂的な, 狂信的な. ♦ **fa·nát·i·cal** *a* **-i·cal·ly** *adv* 熱狂して, 狂信的に. **-i·cal·ness** *n* [F or L=inspired by god; ⇨ FANE]

fa·nat·i·cism /fənǽtəsɪ̀z(ə)m/ *n* 熱狂, 狂信; 狂信的行為[態度].

fa·nat·i·cize /fənǽtəsàɪz/ *vt*, *vi* 狂信的にさせる; 狂信的にふるまう.

fán bèlt 《自動車の》ファンベルト.

fán·bòy *n* 《漫画・映画などの》マニアの少年, おたく.

fán·ci·able *a* "«口» 性的魅力のある.

fán·cied *a* 想像上の, 架空の; 望まれた, 待望の, ひいきの.

fán·ci·er *n* 《音楽・美術・花・鳥・犬などの》愛好家; 《品種改良を目的とする》飼育者, 栽培者; 空想家 (dreamer): BIRD FANCIER / a rose ～, a dog ～.

fán·ci·ful *a* 空想にふける; 空想的な; 気まぐれの (whimsical); 奇想を凝らした; 〈意匠など〉風変わりな, 奇抜な. ♦ **～·ly** *adv* 空想的に; 気まぐれに; 奇抜に. **～·ness** *n*

fan·ci·fy /fǽnsəfàɪ/ *vt* 飾りたてる, ...の意匠を凝らす. ► *vi* 空想にふける.

fán·ci·less *a* 想像[空想](力)に欠ける; 無味乾燥な.

fán·ci·ly *adv* 空想[想像]を刺激するように; 念入りに, 飾りたてて.

fán·ci·ness *n* 《文体などの》(過度の)装飾性, 凝った表現.

fán clùb 《歌手・俳優などの》後援会, ファンクラブ.

Fan·có·ni's anémia /fɑːnkóʊniz-, fæn-, -ŋk-/ 〘医〙ファンコーニ貧血《悪性貧血に似た, 子供の体質性貧血》. [Guido *Fanconi* (1892–?1940) スイスの小児科医]

Fancóni sýndrome 〘医〙ファンコーニ症候群《腎臓の曲近位細尿管の機能障害で, アミノ酸尿・糖尿・高燐酸尿を示す》. [↑]

fan·cy /fǽnsi/ *n* **1 a** 想像(力), 空想(力); 心象, イメージ; 奇想, 幻想; 妄想; «古» 夢幻. **b** 思いつき; 気まぐれ(な考え) (whim): a passing ～ 一時のでき心, 気まぐれ. **c** ファンシーケーキ (fancy cake). **d** 《動物の》変種を作り出す技術. **2 a** (気まぐれな)好み, 嗜好, 愛好; 恋慕 (love); 好きな道, 道楽 (hobby), 《特に》ボクシング; [the] «まれ» 好きな道に入れ込んでいる人びと, 好事家(こうず)連, 《特に》ボクシングファン, 動物愛好家連: passing ～ 一時的な愛好[好み] / a house after my ～ 気に入った家 / to sb's ～ 人の気に入った[て] / catch [strike, please, suit, take, tickle] the ～ *of* sb=catch [strike, etc.] sb's ～ 人の気に入る / have a ～ *for*...を好む / take a ～ *to* [*for*]...が好きになる. **b** 審美眼, 鑑賞力: a person of refined ～. **3** 〘楽〙ファンシー《16–17 世紀英国の対位法を用いた器楽曲》. ● RING[2] **in one's ～.**
► *a* [ᵘ*attrib*] **1 a** 風変わりな, 奇抜な, おかしな, 装飾的な, 意匠を凝らした, 手の込んだ (opp. *plain*); 気取った, えらぶった: ～ buttons 飾りボタン / ～ words もったいぶったことば / talk ～ もったいぶって話す. **b** 意匠を凝らした品を扱う, 特選品を売る; 高級な, しゃれた; 極上の, 特選の (choice) 〈かんづめなど〉: a ～ hotel しゃれたホテル / ～ fruit 極上の果物. **c** むずかしい技の, 曲技の: a ～ flier 曲技飛行家 / ～ skating 曲技スケート. **d** 変わり種の〈動物など〉, 愛玩[鑑賞]用(品種)の, 珍種の; 〈花など〉染め分けの, まだらの: ～ dogs ファンシードッグ《鑑賞用・愛玩用に飼う》. **2 a** 想像の, 空想的な; 気まぐれの. **b** 法外な: at a ～ price 法外な値段で / at a ～ rate べらぼうな速度で.
► *vt* **1 a** 心に描く, 想像[空想]する (imagine): Can you ～ a life without electricity? / *F*～ his [him] doing a thing like that! あの人がそんなことをするなんて! / *F*～ meeting you here. こんなところで会うとは(意外だね), 珍しいところで会ったもんだ, 奇遇だね / *F*～ (that)! そんなことがあるなんて, まあ(驚いた), あきれた! **b** «古風»(なんとなく)...だと思う, ...だと信ずる: I ～ she is about thirty. / Do you ～ it's all right?—I ～ so [I ～ not]. だいじょうぶと思うかね—だいじょうぶさ[だいじょうぶでないかもしれん] / I *fancied* that I heard a noise. 物音がしたような気がした. **c** [～ *-self*] (...と)うぬぼれる; "...が勝つ[うまくいく]と思う: She *fancies herself* (*as* [*to* be]) an artist. 芸術家のつもりでいる / ～ one's game in bridge ブリッジで自分が勝つとうぬぼれる. **2** "«口» **a** たしなむ, 好む 〈*doing*〉, ...が気に入る: She *fancies* this yellow hat. / a little of what you ～ does you good 好きな気晴らしをすると体によい, たまには少しはめをはずすのもいいじゃない. **b** 欲しいと思う: Don't you ～ anything? 何か食べてみたいものはないか《病人などに》. **c** 《肉体的に》...にひかれる, ...に魅力を感じる. **3** 《変種を作るために》〈動物を〉飼育する, 〈植物を〉栽培する. ● **Just** [**Only**] **～!** まあ考えてもごらん; (それは)不思議な[うれしい]話じゃないか. **～ up** 《新しく見せるために》飾りを付ける. [FANTASY]

fáncy báll 仮装舞踏会 (fancy dress ball).

fáncy cáke ファンシーケーキ《糖衣をかけた小さいケーキ[ビスケット]》.

fáncy-dán *a* [ᵒfancy-Dan] *«俗» 派手な, きざな, わざとらしい, これみよがしの.

fáncy Dán [ᵒF-] *«俗» しゃれ者, きざな身なりの色男; *«俗» 技巧を見せつけるやつ, 《パンチの弱い》技巧派のボクサー; *«俗» ポン引き.

fáncy-dáncy *a* *«俗» やけにしゃれている, 派手な, きざっぽい, ちゃらちゃらした.

fáncy díve 《一度の》曲飛込み, ファンシーダイブ.

fáncy díving ファンシーダイビング, 曲飛込み《競技》. ♦ **fáncy díver** *n*

fáncy dréss 仮装服; 一風変わった服.

fáncy dréss báll [**párty**]" 仮装舞踏会.

fáncy fáir" 小間物市, バザー.

fáncy [**fást**] **fóotwork** みごとなフットワーク; *«口»《状況に即応した》巧みな対応[措置], 巧妙な考え[いいのがれ]《ボクシング用語から》.

fáncy fránchise 〘史〙恣意的に決められた資格に基づく選挙権.

fáncy-frée *a* 無邪気な, 《特に》(まだ)恋を知らない, 恋愛中ではない, 特定の恋人のいない; 一つの事に執心しない; 想像をほしいままにする.

fáncy gòods *pl* 《実用よりもおもしろみを意図した》珍奇な品物; 小間物, 装身具, ファンシーグッズ.

fáncy làdy «俗» FANCY WOMAN.

fáncy màn «俗» [*derog*/*joc*] 愛人, 《売春婦の》情人, いろ, ヒモ; «俗» 賭け事をする人, 《特に》競馬に賭ける人.

fáncy-pànts *a**《俗》上品ぶった, 気取った, きざな, ちゃらちゃらした, にやけた.
fáncy pànts [⟨sg⟩]《俗》着飾った男, めかし屋, (身なりが)きざなやつ; めめしい男, にやけ男, 弱虫.
fáncy pìece 《俗》[*derog*/*joc*] 気に入りの女, 愛人.
fáncy-schmán·cy /-ʃmǽnsi/ *a**《口》ひどく上品な[手の込んだ], 凝った, 気取った (cf. SCHM-).
fáncy·sìck *a* 恋にやつれた, 恋に悩む (lovesick).
fáncy wòman 《俗》[*derog*/*joc*] 情婦, かこい女, めかけ, 娼婦.
fáncy·wòrk *n* 手芸(品), 編物, 刺繡.
F and A FORE and aft.
F & AM °Free and Accepted Masons.
fán dànce ファンダンス《大きな扇を使って踊るソロのヌードダンス; cf. BUBBLE DANCE》. ♦ **fán dàncer** *n*
fan·dan·gle /fændǽŋg(ə)l/ *n* 奇異[奇抜]な装飾; ばかげたこと[行為] (nonsense); *《口》機械, 器具.
fan·dan·go /fændǽŋgoʊ/ *n* (*pl* **~s, ~es**) ファンダンゴ《スペインの陽気で軽快な 3 拍子系の舞踏[舞曲]》; *舞踏(会);《公共的に重大結果をもたらす》愚行; 幼稚な[お粗末な]行為[話, 講演, 質疑応答など]. [Sp]
fán délta 〔地理〕扇状地デルタ (=*delta fan*).
F & M °Free and Accepted Masons.
fán·dom *n*《特定のスポーツ・趣味領域などの》すべてのファン, ファン仲間, ファン層; ファンであること.
F & WS °Fish and Wildlife Service.
fane /féɪn/《古・詩》*n* 神殿, 聖堂; 教会堂. [L *fanum*]
Fan·euil /fǽnjəl, fǽnl, fǽnjuəl/ ファニエル **Peter ~** (1700–43)《Faneuil Hall を建てた Boston の豪商》.
Fáneuil Háll ファニエル会館《Boston の市場の建物; 革命戦争時に愛国者が集会場としたので, 'the Cradle of Liberty' と呼ばれた》.
Fan·fa·ni /fɑːnfɑ́ːni/ ファンファーニ **Amintore ~** (1908–99)《イタリアの政治家; 首相 (1954, 58–59, 60–63, 82–83, 87)》.
fan·fare /fǽnfɛ̀ər/ *n* 〔楽〕はなやかなトランペット(など)の合奏, ファンファーレ; (はなやかな)誇示, 虚勢;《口》派手な宣伝: with great [much] ~ はでばでしく, 鳴り物入りで. [F (imit)]
fan·fa·ron /fǽnfərɑ̀n/ *n* ほら吹き; 〔楽〕FANFARE.
fan·fa·ro·nade /fæ̀nfæ̀rənéɪd, -nɑ́ːd/ *n* からいばり, こけおどし (swaggering), 大ぼら; 〔楽〕FANFARE. [F<Sp]
fan·fic /fǽnfɪk/ *n*《口》FAN FICTION.
fán fìction ファンフィクション, 二次創作《あるテレビドラマ・映画などのファンがその登場人物を使って書いたオリジナルストーリー》.
fán·fòld *n*《カーボン紙をはさんだ伝票類の》複写つづり; ファンフォールド紙《プリンターなどに使用する, 扇と同様の仕方で折りたたんだ連続紙》. ► *a* ファンフォールド[折りたたみ]式の: ~ paper. ► *vt* 扇のように折りたたむ.
fán fóld 〔地質〕扇状[扇形]褶曲.
fang /fǽŋ/ *n*《肉食動物の》牙(きば); 犬歯;《ヘビの》毒牙(どくが);《クモの毒腺の開口する》鋏角; とがった先端; 歯根; [ᵘ*pl*] ″《口》《人の》歯;《小刀などの》小身(こみ), なかご (tang). ● **draw** sb's [sth's] **~s** …の牙を抜く, …の凶暴性を取り去る, 無害[無力]にする. ► *vt* 牙でかむ; ⟨ポンプ⟩に迎え[呼び]水をやる (prime). ♦ **~ed** *a* 牙のある; 牙状突起のある. **~·less** *a* 牙のない; 害毒を与える力を失った, 牙をなくした. **~·lìke** *a* [OE<ON *fang* a grip; cf. G *Fang*, OE *fōn* to seize]
Fang /fǽŋ, fɑ́ːŋ/ *n* **a** (*pl* **~, ~s**) ファン族《ガボン・赤道ギニアの雨林地帯に住む》. **b** ファン語《Bantu 語の一つ》.
fáng·er *n**《俗》口腔外科医, 牙抜き屋 (oral surgeon).
Fan·gio /fǽndʒoʊ/ ファンヒオ, ファンジオ **Juan Manuel ~** (1911–95)《アルゼンチンの自動車レーサー; F1 世界チャンピオン (1951, 54–57)》.
fan·gle /fǽŋg(ə)l/ *n*《廃》風変わりな[ばかげた]考案品, 装飾品, から騒ぎ. ● **new ~** [ᵘ*derog*] 新しい流行, 新奇なもの. ► *vt*《廃・方》[*derog*] 作る, 飾りたてる. [? *newfangle*]
F angles /éf ─/ *pl* 〔数〕同位角 (corresponding angles)《'F' の縦線が 2 本の横線となす二つの角が同位角にあたるので》.
fan·go /fǽŋgoʊ/ *n* (*pl* **~s**)《イタリア産の》温泉泥, ファンゴ《リウマチなどの治療用》. [It]
fán hèater 送風式電気ストーブ, (電気)ファンヒーター.
fa·nig·gle, -ni·gle /fəníg(ə)l/ *vt, vi*《俗》FINAGLE.
fan·ion /fǽnjən/ *n*《軍人・測量技師などの》位置表示小旗.
fán-jèt *n* ファンジェット (turbofan); ファンジェット(飛行)機.
fan·kle /fǽŋk(ə)l/《スコ》*vt* もつれさせる, からませる (entangle). ► *n* もつれ, からまり.
fán-lèaf pálm FAN PALM.
fán lètter ファンレター.
fán·lìght *n* 扇(形)窓, ファンライト《窓・出入口などの上にある半円形の明かり採り窓[欄間]; しばしば放射状の桟が入る》. ★《英》では四角い欄間窓 (transom*, transom window) のことも fanlight という.
fán magazìne 《有名人の動静などを載せる》ファン雑誌.
fán màil ファンからの手紙, ファンレター (fan letters).
fán màrker 〔空〕扇形位置標, 扇形マーカー.

fán·ner *n* あおぐ人; 唐箕(とうみ) (winnowing fan); 通風機, 送風機, 扇風機; *《俗》FAN DANCER; *《俗》札入れを身に着けた場所を探るスリの手下; *《俗》コインを取り出すために電話機のコイン返却レバーをゆさぶるのを常習とする者.
Fan·nie, Fan·ny /fǽni/ ファニー《女子名; Frances の愛称》.
Fánnie Máe [Máy] *ファニー・メイ《(1) FEDERAL NATIONAL MORTGAGE ASSOCIATION の俗称 2) 同協会の発行する抵当証券; cf. FREDDIE MAC, GINNIE MAE》.
fan·ni·gle /fǽnəg(ə)l/ *vt, vi**《俗》FINAGLE.
Fán·ning Ísland /fǽnɪŋ-/ ファニング島《TABUAERAN 島の旧称》.
fán·ning mìll* 唐箕(とうみ) (winnowing machine).
fán·nish *a**《俗》ファンにとってのみ関心[興味]があるような, おたく的な.
fan·ny[1] /fǽni/ *n**《古風口》[*euph*] お尻 (buttocks); ″《俗》女性器, まんこ; ″〔海〕《飲み物を入れる》ブリキ製の容器: Get off your ~. *《口》立ちなさい / fan sb's ~ *《口》人の尻をひっぱたく. ► *vi* ″《口》のろまである, もたもた[ちんたら]する ⟨*about, around*⟩ [C19<?]
fanny[2] *n, vt*《俗》もっともらしい話(で言いくるめる). [C20<?]
Fánny Ádams″ **1** [ˢf- a-]《海俗》かんづめ肉《特に羊肉》, 煮込み (stew). **2** [°sweet ~]《俗》**a**《全くの》無 (FA). **b** ごくわずか, 雀の涙. [1867 年殺されてばらばらにされた少女の名から; *f*uck-*a*ll の婉曲表現]
fánny-bùmp·er *n**《俗》ごった返すほど大勢の集まる行事[場所], 押し合いへしあい (mob scene).
fánny-dìpper *n**《俗》《波乗りをする人 (surfer) に対して》海水浴をする人.
fánny pàck* ウエストバッグ[ポーチ] (=*belt bag*) (bum bag″).
fan·on, phan·on /fǽnən/ *n* 〔教会〕《司祭の》腕帛(わんぱく) (maniple);《教皇の》上肩衣《司教盛儀ミサで用いる》.
Fa·non /*F* fanɔ̃/ ファノン **Frantz (Omar) ~** (1925–61)《西インド出身の精神科医・社会思想家; *Peau noir, masques blancs* (黒い皮膚, 白い仮面, 1952)》.
fán òven″ ファンオーブン《ファンが熱風を送るタイプ》.
fán pàlm 〔植〕扇状葉のヤシ (cf. FEATHER PALM).
fán-shàped *a* 扇形の.
fan·tab·u·lous /fæntǽbjələs/ *a*《口》信じられないほどすばらしい. [*fantas*tic+*fabulous*]
fantad ⇨ FANTOD.
fán·tàil *n* 扇形の尾; 〔鳥〕クジャクバト; 〔鳥〕オウギヒタキ (=~ **flýcatcher**)《南アジア・オーストラリア産》; 〔金魚〕琉金(りゅうきん), クジャクオ (=~ **góldfish**); 〔木工〕あり, ほぞ; 〔建〕扇形の構造[部材]; 扇形の炎をつくる火口; 《風車の》小翼 (FAN[1]); 〔海〕扇形船尾; ″扇形帽 (sou'wester). ♦ **fán-tàiled** *a*
fán-tàiled ráven 〔鳥〕チビオガラス《アフリカ産》.
fán-tàiled wárbler 〔鳥〕セッカ《ヒタキ科》.
fan-tan /fǽntæ̀n/ *n* ファンタン《中国の賭博の一種》; 〔トランプ〕ファンタン (=*sevens*)《七並べに似る》. [Chin]
fan·ta·sia /fæntéɪʒ(i)ə, -ziə, fæ̀ntəzíːə/, **fan·ta·sie** /fæ̀ntəzíː, fɑ̀ːn-/ *n* **1** 〔楽〕幻想曲, ファンタジア; 〔楽〕FANCY; 〔楽〕ファンタジア《よく知られた曲の数々を自由に織り込んだ楽曲》; 幻想的文学作品; 奇怪[異様]なもの. **2** [F-]『ファンタジア』《ディズニー映画 (1940); Stokowski 指揮の Philadelphia 管弦楽団が演奏する古典的名曲の数々に合わせて構成されたアニメ》. [It; ⇨ FANTASY]
fán·ta·sied *a* 想像上の, 架空の (fancied);《廃》空想にふけった.
fan·ta·sist /fǽntəsɪst, -zɪst/ *n* 幻想曲[幻想的作品]を物する作曲家[作家]; 夢想家.
fan·ta·size, phan- /fǽntəsàɪz/ *vi* 夢想する, 空想をめぐらせる ⟨*about*⟩. ► *vt* 夢に描く ⟨*that*⟩. ♦ **-sìz·er** *n*
fantasm, fantasmagoria ⇨ PHANTASM, PHANTASMAGORIA.
fan·tas·mo /fæntǽzmoʊ/《口》*a* 奇妙きてれつな; 途方もなくすばらしい[速い, 高い など].
fan·tast /fǽntæst/ *n* 夢想家, 幻想家 (visionary); 風変わりな人; FANTASIST.
fan·tas·tic /fæntǽstɪk, fən-/ *a* **1 a**《口》すばらしい, すてきな, すごい, ひどい. **b**《口》途方もない, 膨大な: ~ sum of money. **2 a** 空想的な; 幻想的な; 想像上の, 根拠のない, 現実離れした; 気まぐれな. **b** 風変わりな, 怪奇な, 異様な. ● TRIP **the light ~.** ► *n*《古》空想家, 奇想天外な考えをする人, 奇矯な人物. [OF, <Gk; ⇨ FANTASY]
fan·tás·ti·cal *a* FANTASTIC. ♦ **~·ly** *adv* **~·ness** *n*
fan·tas·ti·cal·i·ty /fæntæ̀stɪkǽləti, fən-/ *n* 空想的であること, 気まぐれ, 狂想; 奇異[怪奇]な事物.
fan·tas·ti·cate /fæntǽstəkèɪt, fən-/ *vt* 幻想的にする. ♦ **fan·tàs·ti·cá·tion** *n*
fan·tas·ti·cism /fæntǽstəsìz(ə)m, fən-/ *n* 怪奇[奇異]を求める心; 風変わり;《文学・芸術で》FANTASY を採用する[盛り込む]こと.
fan·tas·ti·co /fæntǽstɪkòʊ, fən-/ *n* (*pl* **~es**) これみよがしに勝手なことをする人, 途方もなく気ままな人. [It]
fan·ta·sy, phan- /fǽntəsi, -zi/ *n* **1** とりとめもない想像, 空想,

夢想, 幻想, 白日夢; 気まぐれ, 酔狂, 甘い夢; 〖心〗空想《過去のイメージをもとに新しいイメージをつくり出すこと》; 《廃》幻覚 (hallucination). **2** 空想的作品; 〖楽〗幻想曲, ファンタジー (fantasia); 〖楽〗ファンシー (fancy); 〖文芸〗空想小説, ファンタジー (=～ **fìction**); 出所・目的のいかがわしい硬貨, 《特に》通貨としてよりはむしろ蒐集家に売るために発行された硬貨. ► *vt* 心に描く, 想像する. ► *vi* **1** 空想にふける; 白日夢を見る. **2** 幻想曲を奏する; 即興的に楽器を奏する. [OF, ＜Gk *phantasia* appearance]

fántasy fóotball ファンタジーフットボール《実在の選手をもとに仮想のフットボール[サッカー]チームをつくり, 彼らの実際の成績によって勝敗を競うゲーム》.

fántasy·lànd *n* おとぎの国, 理想郷, 理想的状態; ファンタジーランド (theme park)《おとぎ話や異国のテーマで統一された遊園地》.

Fan·ti, -te /fǽnti, fɑ́ːn-/ *n* **a** ファンティ語《AKAN 語の 2 大方言の一つ; cf. TWI》. **b** (*pl* ～, ～s) ファンティ族《ガーナ・コートジヴォアールの熱帯雨林に住む黒人種族》. ● **go** ～ 〈ヨーロッパ人が〉現地の習慣に順応する.

Fan·tin-La·tour /*F* fɑ̃tɛ̃latuːr/ ファンタン-ラトゥール (**Ignace-**)**Henri**(**-Jean-Théodore**) ～ (1836–1904)《フランスの画家; 静物画・肖像画で有名》.

fan·toc·ci·ni /fɑ̀ːntətʃíːni, fæ̀n-/ *n pl* 《糸でまたは機械仕掛けであやつる》あやつり人形(芝居). [It]

fan·tod /fǽntɑ̀d/, **-tad** /-tæ̀d/ *n* 気まぐれなふるまい; [ᵘthe ～s] いらいら[そわそわ, やきもき]すること, 心配, 苦悩, 心痛; [ˢ～s] 怒りの爆発, 憤激, 感情の激発: give sb the ～*s*. [*fant*igue, *-od* (＜?)]

fantom ⇨ PHANTOM.

fán tràcery 〖建〗扇はざま, 扇形トレサリー.

fán vàult 〖建〗《英国ゴシックの》扇形ヴォールト.

fán vàulting 〖建〗扇形ヴォールト(構造).

fán wìndow 〖建〗扇形窓.

fán·wìse *adv, a* 扇を広げたように[ような].

fán wòrm 〖動〗ケヤリムシ (FEATHER-DUSTER WORM).

fán·wòrt *n* 〖植〗ハゴロモモ属の各種《スイレン科》, 《特に》ハゴロモモ, フサジュンサイ《北米南東部原産; 金魚藻として栽培されてきた》.

fan·zine /fǽnziːn/ *n* ファン雑誌, ファンジン. [*fan*, *maga*zine]

FAO °Food and Agriculture Organization. **FAO, fao** for the attention of…宛《受取人名の前に付ける》. **FAP** °familial adenomatous polyposis. **FAQ** fair average quality 中等品 ♦ /fæk/ 〖電算〗frequently asked question(s) よくある質問.

faquir, faqir ⇨ FAKIR[1].

far /fɑ́ːr/ *adv* (**farther, further; farthest, furthest**) (各見出し語参照) **1** [場所] 遠くに, はるかに (at a great distance), 遠くへ (to a great distance): ～ ahead [back] はるか前方[後方]に. ★《口》では疑問文・否定文で用い, 肯定文では a long way などを用いるのが普通: How ～ is it to [from] your house? / Don't go too ～. **2** [時間] 遠く: ～ *into* the night 夜ふけまで / ～ back ずっと昔. **3** [程度] はるかに, 大いに (in [to] a great degree) (cf. FAR *and away*): ～ better はるかによい / ～ different 大違いで / ～ away [off] 遠くに, はるか向こうに / ～ out 遠く外に / ～ above [below] 相当上回って[下回って] / ～ too much [big] あまりにも多すぎて[大きすぎて] / He was ～ *too* young for me. 彼は私には若すぎた. **4** [〈*n*〉]: from ～ 遠方から / from ～ and near＝from near and ～ いたるところ[方々]から. ● **as** [**so**] **～ as** 《否定では通例 not so ～ as》[〈*prep*〉]〈ある場所〉まで; 《口》…に関して(言えば) (as for); [〈*conj*〉] …するかぎり(では): *as* ～ *as* Manhattan マンハッタンまで / (*as*) ～ *as* I /ái/ know [can remember] わたしの知る[憶えている]かぎり(では) / (*as* [*so*]) ～ *as* he /híː/ is concerned 彼に関するかぎりでは. **as** [**so**] **～ as possible** できるかぎり, 極力. **by ～** はるかに, 断然《最上級, 時に 比較級を修飾する》: *by* ～ the most popular winter sports 断然人気のある冬のスポーツ. **～ and away** はるかに, 断然《far の強調形; 比較級・最上級と共に用いる》: ～ *and away* the best 断然一番. **～ and near** [**nigh**] いたるところに. **～ and wide** 遠く広く, あまねく: come from ～ *and wide* (遠く)あちこちからやって来る. **F～ be it from** [**for**] **me to** do…しようなどという気はわたしには全くない. **～ from** 少しも[断じて]…でない (not at all): He is ～ *from* happy. 彼はちっとも幸福ではない. **～ from doing**…するどころか(全く反対). **F～ from it.** そんなことは断じてない, とんでもない, それどころか(むしろ逆だ). **～ gone**＝FAR-GONE. **～ out***＝FAR-OUT. **～ to seek** 見つけにくい: The cause is not ～ *to seek*. 原因は手近にある. **few and ～ between** 非常に間隔のあいた; きわめてまれな (＝～ between). GET ～. GO ～. GO **too ～**. **how ～** どこまで, どの程度まで: *How* ～ can he be trusted? どこまで信用できるだろうか. **in so ～ as**… ⇨ INSOFAR as. **so ～＝thus ～** (**1**) ここ[これ]まで(は): *So* ～, so good. これまではこれでよし / *so* ～ FORTH (as). (**2**) [so ～] ある程度まで(は). **thus** [**this, so**] **～ and no further** ここまでそしてこれが限度.

► *a* [比較形は *adv* と同じ] 遠い, 遠くへの; 向こうの, あちらの; はるかな; 中心から離れた; 極端な; 広い〈視野〉: a ～ country [journey] 《文》遠い国[旅] / the ～ end of the room 部屋の向こうの側 / the ～ left [right] いちばん左[右]寄り; 極左[極右] / FAR EAST / FAR WEST. ● **a ～** CRY.

[OE *feor*(*r*); cf. G *fern*]

FAR Federal Air Regulation.

far·ad /fǽræ̀d, -əd/ *n* 〖電〗ファラド《電気容量の実用単位; 記号 F, f》. [↓]

Far·a·day /fǽrədèɪ, -di/ **1** ファラデー **Michael** ～ (1791–1867)《英国の物理・化学者; 電磁気学の開拓者》. **2** [ᶠf-] 〖化〗ファラデー(定数) (＝～ **cònstant, ～'s cónstant**)《電気分解に用いられる電気量の単位; 記号 F》.

Fáraday càge 〖理〗ファラデー箱《接地された導体網の箱; 外部静電界の影響を遮蔽する》.

Fáraday cùp 〖理〗ファラデーカップ《荷電粒子をとらえてそのタイプ・荷電量方向を決定する装置》.

Fáraday effèct 〖理〗ファラデー効果《磁気旋光》.

Fáraday rotàtion 〖理〗ファラデー回転《ファラデー効果による電磁波の偏波方向の回転》.

Fáraday's láw 〖理〗ファラデーの法則《**1**) 析出量・溶解量は通過電荷量に比例するという法則 **2**) 電磁誘導起電力は鎖交磁束の減少率に比例するという法則》.

fa·rad·ic /fərǽdɪk, fæ-/, **far·a·da·ic** /fæ̀rədéɪɪk/ *a* 〖電〗誘導[ファラデー]電流の.

far·a·dism /fǽrədìz(ə)m/, **far·a·di·za·tion** /fæ̀rədəzéɪʃ(ə)n; -dàɪ-/ *n* 〖電〗誘導[ファラデー]電流の応用; 〖医〗感応通電法[電流療法], ファラデー療法.

far·a·dize /fǽrədàɪz/ *vt* 〖医〗感応通電法で刺激[治療]する. ♦ **-dìz·er** *n*

fárad·mèter *n* 〖電〗容量計, ファラドメーター.

Fár·al·lon Íslands /fǽrəlɑ̀n-/ *pl* [the] ファラロン諸島《California 州中西部 Golden Gate の西にある小島群》.

farand ⇨ FARRAND.

far·an·dole /fǽrəndòʊl/ *n* ファランドール《手をつないで踊る Provence 起源の 6/8 拍子の舞踏; その曲》. [F＜Prov]

fa·rang /fərǽŋ/ *n* 《タイ》《地元民から見た》ヨーロッパ人, 外人さん. [Thai]

fár·awáy *a* 《時間的・空間的に》遠い, はるかな, 遠くからの; 〈表情・目つきが〉かなたを見るような, 夢見るような.

far·blon·(d)jet /fɑːrblɑ́(ː)ndʒət/ *a**《俗》迷った, 混乱した. [Yid]

farce /fɑ́ːrs/ *n* **1 a** 笑劇, 茶番狂言, 道化芝居, ファルス. **b** 茶番, '芝居'; お笑いぐさ; 滑稽, 人笑わせ, 道化. **2** 〖料理〗詰め物, FORCEMEAT. ► *vt* **1** 〈劇・演説などにしゃれ・滑稽味などを〉添える, 加える 〈*with*〉: ～ a play *with* old jokes. **2** 《廃》〈ガチョウなど〉に詰め物をする. [F＝stuffing＜L *farcio* to stuff; 「間(あい)狂言」の意]

fárce·mèat *n* 《廃》FORCEMEAT.

far·ceur /fɑːrsə́ːr; *F* farsœːr/ *n* (*fem* **far·ceuse** /*F* farsœːz/) 道化師; 笑劇作者; おどけ者, ひょうきん者.

far·ci, -cie /fɑːrsíː/ *a* 〖料理〗詰め物をした (stuffed). [F; ⇨ FARCE]

far·cial /fɑ́ːrʃ(ə)l/ *a* FARCICAL.

far·ci·cal /fɑ́ːrsɪk(ə)l/ *a* 茶番めいた; 笑わせる, ばかげた, 無益な. ♦ **～·ly** *adv* **far·ci·cal·i·ty** /fɑ̀ːrsɪkǽləti/ *n*

far·ci·fy /fɑ́ːrsəfàɪ/ *vt* 笑劇化する; からかう.

farc·ing /fɑ́ːrsɪŋ/ *n* 〖料理〗詰め物 (stuffing).

far·cy /fɑ́ːrsi/ *n* 〖獣医〗(馬)鼻疽(そ) (glanders); 《牛の》致命的慢性放線菌症.

fárcy bùd [**bùtton**] 〖獣医〗(馬)鼻疽潰瘍.

fard /fɑ́ːrd/ *n* 《古》化粧品. ► *vt* [*pp*] 〈顔〉に化粧品を塗る; 《古》うまく言い抜ける, ごまかす, 糊塗する: thickly ～*ed* cheeks 厚化粧をしたほお.

far·del[1] /fɑ́ːrdl/ 《古》*n* 束, 包み, 荷; たくさん 〈*of*〉; 重荷 (burden). [OF＝bundle]

fardel[2] *n* 《廃》4 分の 1. [ME *ferde del* fourth part]

fár-dístant *a* はるかかなたの.

fare /féər/ *n* **1 a** 《電車・バス・船などの》運賃, 料金: a railway [taxi] ～ 鉄道運賃[タクシー料金] / a single [double] ～ 片道[往復]運賃. **b** 《列車・バス・タクシーなどの》乗客. **2** 《文》食物 (food), 食事: good [coarse] ～ ごちそう[粗食]. **3** 《娯楽などのために》提供されるもの, 《劇場などの》出し物, 上演作品, 《テレビなどの》番組, 《新聞・雑誌の》記事; 《デザイナーの》創作衣裳. **4** 《古》状態, 情勢, 運.

► *vi* **1** 《文》 **a** 〈人・組織などが〉やっていく, 暮らす (get on): How did you ～ in your exam? 試験ではいかがでしたか / ～ badly 不振をかこつ, 成績[業績]がふるわない. **b** [非人称主語 it を用いて] 《古》〈事が〉成り行く, 運ぶ (turn out): How ～*s* it with you? どうしていますか《お変わりありませんか》/ *It* has ～*d* ill with him. 彼はうまくいかなかった. **c** 《古・文》行く (go), 旅をする: ～ *forth* on one's journey 旅に出る. **2** 《英では古》食べる; 飲食物をもてなされる, ごちそうになる: ～ well [ill, badly] うまいもの[まずいもの]を食べる. ● **F～ you well!** 《古》FAREWELL! **go further and ～ worse** ⇨ FURTHER 《諺》.

[OE *fær* and *faru* journey, *faran* to go; cf. G *fahren*]

Fár Éast [the] 極東《東アジアおよびマレー諸島の諸国; 通例 太平洋に臨むアジアの諸国とされるが, インド・スリランカ・バングラデシュ・ミャンマー・シベリアを含める場合もある; 元来はヨーロッパからみた概念》.
♦ **Fár Éastern** *a*

fáre bèater 《口》無賃乗車する人.

fáre·bòx* *n* 《地下鉄・バスなどの》料金箱.

fáre dòdger 無賃[不正]乗車人, ただ乗り客.

Fa·rel /*F* farɛl/ ファレル **Guillaume** ～ (1489–1565) 《フランスの宗教改革指導者》.

far·er /fέərər/ *n* [ᵘ*compd*] 旅人: sea*farer*, way*farer*.

fáre stàgeˈˈ 《バスなどの》同一料金区間(の終点).

fáre-thee-wèll, fáre-you-wèll, -ye- *n* [通例 次の成句で]: **to a** ～ 《口》完璧に, 最高度に; 徹底的に; 最後まで.

fàre·wéll *int* ごきげんよう, さらば! (Good-bye!): *F～ to* arms! 武器よさらば! ► *n* **1** いとまごい, 告別; 告別の挨拶; 《旅立つ人・退職者などのための》お別れパーティー, 送別会: bid ～ to...=take one's ～ of ...に別れを告げる / make one's ～*s* 別れの挨拶をする. **2** 《俗》後味 (aftertaste). ► *a* /ㄧㄧ/ 別れの, 送別の, 告別の: a ～ address 告別の辞 / a ～ performance さよなら公演 / a ～ dinner [party] 送別の宴[会] / a ～ present 餞別. ► *vt, vi* (...に)別れを告げる; 《豪》...のために送別会を催す.

Fare·well /fέərwὲl, -wəl/ [Cape] **1** ファーヴェル岬《グリーンランドの南端の岬 (59°46′N, 44°W)》. **2** フェアウェル岬《ニュージーランドの南島北端の岬 (40°30′S, 172°41′E)》.

farewéll-to-spríng *n* 〔植〕イロマツヨイグサ《北米中西部, 特に California 産の, 夏に紫・白または鮮紅色の花を咲かせる一年草》.

far·fal·le /fɑːrfɑ́ːlei, -li/ *n* ファルファッレ《蝶形パスタ》.

fár-fámed *a* 広く知れわたった《特に 好意的に》.

far·fel, far·fal /fɑ́ːrfəl/ *n* 〔ユダヤ料理〕ファルフェル《小さく丸めた小麦粉のだんご》. [Yid]

fár-fétched *a* **1** もってまわった, まわりくどい; こじつけの, 無理な (forced), ありそうもない, 不自然な, 強引な, 牽強付会の〈解釈・比較・比喩・弁解・アリバイなど〉. **2** 《古》遠く[古く]からの. ♦ **fár-fétched·ness** *n*

fár-flúng *a* 広がった, 広範囲にわたる; 遠く離れた: the ～ mountain ranges of the West 西部の広大な山脈.

Far·go /fɑ́ːrgou/ **1** ファーゴ **William George** ～ (1818–81) 《米国の運送業の先駆者; 1850 年 American Express 社を創立した一人; 1862–66 年 Buffalo 市長; ⇨ WELLS FARGO》. **2** ファーゴ《North Dakota 州東部 Red 川に臨む, 同州最大の市》.

fár-góne *a* 〈病状など〉よほど進んだ, 昂じた; 《口》ひどく酔った; 借金がかさんだ; 〈衣服・靴など〉ぼろぼろになった; 〈夜が〉ふけた.

Fa·ri·da·bad /fəríːdəbɑ̀ːd, færídəbæ̀d/ ファリダバード《インド北部 Haryana 州の工業都市》.

fa·ri·na /fəríːnə/ *n* 穀粉, ファリーナ《プディング, 朝食用シリアルなどに使う》; ˈˈ《特に ジャガイモの》澱粉 (starch); 粉; 花粉 (pollen). [L (*far* corn)]

Fa·ri·na /fəríːnə/ ファリーナ **Salvatore** ～ (1846–1918) 《イタリアの小説家》.

far·i·na·ceous /fæ̀rənéɪʃəs/ *a* 穀粉の; 澱粉を生じる; 澱粉質の; 〔植・昆〕表面が穀粉の[粉をふいた]ような. ♦ **～·ly** *adv*

fár-ìnfra·réd *a* 〔理〕遠赤外の《赤外スペクトルのうち波長が長い, 特に 波長が, 10–1000 マイクロメートルの》.

fa·ri·nha /fəríːnjə/ *n* カッサバ澱粉(製のパン). [Port]

far·i·nose /fǽrənòus, -z/ *a* 穀粉状の, 穀粉を生ずる; 〔植・昆〕穀粉様の白粉でおおわれた. ♦ **～·ly** *adv*

Far·jeon /fɑ́ːrʤ(ə)n/ ファージョン **Eleanor** ～ (1881–1965) 《英国の児童文学作家・詩人・劇作家》.

fár·kle·bèrry /fɑ́ːrk(ə)l-, ˈˈ-b(ə)ri/ *n* 〔植〕食べられない黒い実をつけるツツジ科スノキ属の低木《米国南東部産》.

farl, farle /fɑ́ːrl/ *n* 《スコ》《オートミールまたは小麦粉で作る》薄焼きケーキ《もと四分円形, 今はしばしば三角形》. [*fardel*[2]]

farm /fɑ́ːrm/ *n* **1 a** 農地, 農場, 農園 (cf. PLANTATION); 農家 (farmhouse): work on a ～ 農場で働く. **b** 飼育場, 養殖場: a chicken ～ 養鶏場 / an oyster ～ カキ養殖場. **c** 託児所 (⇨ BABY FARM); 〔野・アイスホッケー〕ファーム(チーム)《大リーグチーム所属の二軍リーグのチーム》; 《石油タンク・通信用アンテナなどの》集合基地 (⇨ TANK FARM); ˈˈ《卑》刑務所付属診療所. **2 a** 〔史〕租税取立て請負い(制度); 《その制度で》請負いに出した地域; 《取り立てた中からの一定額の》上納金. **b** 〔英史〕《借地契約による》借地; 《借地の》地代. **c** 《廃》《税・賃料などで》定期的に払う一定の額. ● BET **the** ～. **buy the** ～*《俗》死ぬ. ► *vt* **1** 〈土地を〉耕作する; 農場[飼育場]として使う; 栽培[飼育, 養殖]する; 《廃》賃借する. **2 a** 〈囚人などの労力を〉料金を取って貸す; 〈幼児・貧乏人などを〉料金を取って世話する. **b** 〈租税・料金など〉の取立てを請け負う, 〈事業を〉請け負う. **c** 〈土地・事業などを〉貸す, 請け負わせる, 委託する. **3** 〔クリケット〕〈ボールを〉受けようと努める. ► *vi* **1** 耕作[畜産]をする, 農業を営む, 農場を経営する. **2** 〔クリケット〕ボールを受けようと努める. **3*** 《軍俗》戦死する (buy the farm). ● **～ out** 〈土地・施設などを〉貸す; 〈仕事を〉外部[下請け]へ出す; 〈人を〉働きに出す, 仕事に派遣する; 〈幼児・依存状態の人などを〉人に預ける; 〔野〕〈選手を〉ファームに預ける; 〔史〕〈租税・料金の取立てを〉請け負わせる; 〔農〕連作して〈土地を〉だめにする; 〈坑井(こうせい)を〉法律[リース条件, 状況]の許すかぎり掘削する. ♦ **～·able** *a* [OF *ferme*<L *firma* fixed payment; ⇨ FIRM[1]; ME は「借地」「土地を借りる」の意]

far·man /fɑ́ːrmən, fərmɑ́ːn/ *n* FIRMAN.

Far·man /fɑ́ːrmən; *F* farmɑ̃/ ファルマン (**1**) **Henri** ～ (1874–1958) 《フランスの航空および航空機製造の草分け》 (**2**) **Maurice** ～ (1877–1964) 《Henri の弟; 航空の草分け》.

fárm bèlt [ˢF- B-] 穀倉地帯《米国中西部など》.

fárm-bìke *n* 《NZ》オフロードバイク《舗装道路外走行用》.

fárm blòc 農民利益代表団《米下院の超党派団体》.

fárm chèese FARMER CHEESE.

fárm clùb 〔野・アイスホッケーなど〕FARM.

Fárm Crédit Bànk [the] 〔米〕農業信用銀行《連邦政府援助により不動産抵当などの農業融資を行なう民間金融機関; 1987 年連邦土地銀行と連邦中期信用銀行の統合により設立; 略 FCB》.

fárm·er *n* **1 a** 農場[農園]主, 農場経営者, (畜産)農家, 酪農家, 農業家 (agriculturist), 飼育[養殖]業者 (cf. PEASANT): a landed [tenant] ～ 自作[小作]農 / a sheep ～ 羊の飼育農家. **b** 田舎者, 百姓. **2** 《有料で》幼児を預かる人. **3** 一定額を支払って権利[収入源]を保有する人; 《税金などの》取立て請負人. **4** 《海俗》《操舵や見張りの仕事のない》夜間非番の船員.

Far·mer /fɑ́ːrmər/ ファーマー **Fannie** (**Merritt**) ～ (1857–1915) 《米国の料理研究家》.

fármer chèese ファーマーチーズ (=*farm cheese*) 《全乳ないし部分脱脂乳で造られる非熟成のチーズ; cottage cheese に似るが, より水分が少なく堅い》.

farm·er·ette /fɑ̀ːrmərέt/ *n**《口》女性農場経営者[労働者].

fárm·er-géneral *n* (*pl* **fárm·ers-géneral**) 《フランス革命前の》徴税請負人.

Fármer Géorge 農夫ジョージ《英国王 George 3 世の田園趣味にちなむあだ名; Gillray の諷刺漫画により広まった》.

Fárm·er-Lábor pàrty [the] 〔米〕労農党 (**1**) 1918 年 Minnesota 州に創立, 44 年民主党に併合 **2**) 1919 年 Chicago に創立, 24 年以降消滅.

fármers' coóperative 農業協同組合.

fármer's lúng 〔医〕農夫肺《かびた乾草の塵を吸入して起こる急性肺疾患》.

fármers' màrket 農民市場 (=*greenmarket*), 産地直売所.

fárm·ery *n* 農場(施設)《farmhouse, farmyard を含む》. ► *a* 農場のような.

fárm-gàte sále 〔NZ〕《農産物の》生産者による直売, 産地直売.

fárm·hànd *n* 農場労働者, 作男; 〔野〕ファームの選手.

fárm·hòuse *n* 農場内にある農場主の居宅, 農家; ˈˈ《ブリキの型で焼いた》大型の食パン (=～ **lòaf**).

fárm·ing *n* 農業, 農作; 農業[農場]経営; 飼育, 養殖; 〔史〕《租税の》取立て請負い. ► *a* 農業(用)の: ～ implements / ～ land.

far·misht /fɑ́ːrmɪʃt/ *a**《俗》入りまじった, 混乱した, 《感情的に》どっちつかずの. [Yid]

fárm làborer 農場労働者 (farmhand).

fárm·lànd *n* [ˢ～s] 農地, 農用地.

fárm mànagement 農業[農場]経営.

fárm·òut *n* 探鉱[鉱業]権などを転貸する[下請けに出す]こと; 転貸された[下請けに出された]もの《鉱業権など》.

fárm pròduce 農産物.

fárm·stày *n* 農場宿泊体験, ファームステイ.

fárm·stèad, -stèad·ing *n**《農舎を含めた》農場.

fárm sỳstem 《野球などの》ファーム制度 (⇨ FARM).

fárm tèam 《野球などの》ファームチーム (⇨ FARM).

fárm·wìfe *n* FARMER の妻; 女性農場主.

fárm·wòrk *n* 農場労働.

fárm·wòrk·er *n* 農場労働者 (farmhand).

fárm·yàrd *n* 農場構内, 農家の庭《住宅・納屋・牛舎などに囲まれた》. ► *a* 粗野な.

Farn·bor·ough /fɑ́ːrnb(ə)rə/ ファーンバラ《イングランド南部 Hampshire の町; London の西南西に位置し, 1 年おきに航空ショーが開かれる》.

Fárne Íslands /fɑ́ːrn-/ *pl* [the] ファーン諸島《イングランド北部 Northumberland 州北東海岸沖にある島群; Longstone 島の灯台には Grace Darling が住んでいた》.

Far·ne·se /fɑːrnéizi, -si/ ファルネーゼ《イタリア Latium 地方出身の公爵一族; 16–17 世紀に全盛》: (**1**) **Alessandro** ～ 《PAUL 3 世の俗名》 (**2**) **Alessandro** ～, Duke of Parma (1545–92) 《軍人・外交官; スペイン王 Philip 2 世に仕えた; ネーデルラント総督 (1578–92)》.

far·ne·sol /fɑ́ːrnəsɔ̀(ː)l, -sòul, -sɑ̀l/ *n* 〔化〕ファルネソール《香水の原料》. [Odoardo *Farnese* (1573–1626) イタリアの枢機卿]

fár·ness *n* 遠いこと; 《古》遠方, かなた.

far nien·te /fɑ́ːr niénti/ 何もしないこと, 無為 (DOLCE FAR NIENTE). [It]

Fár Nórth [the] 極北《北極・亜北極地方》.

faro /fέərou/ *n* (*pl* **～s**) 銀行《賭けトランプの一種》. [F *pharaon* PHARAOH; ハートのキングの呼称か]

Fa·ro /fɑ́:ru/ ファロ《ポルトガル南部の港町》.
Faroe Islands ⇨ FAEROE ISLANDS.
Faroese ⇨ FAEROESE.
fár-óff *a* 《時間的・空間的に》はるかかなたの, 遠い未来[昔]の; うわのそらの (abstracted). ♦ **～·ness** *n*
fa·rouche /fərú:ʃ/ *a* あまり人前に出たことのない, 内気な, 洗練されない; 粗暴な, 残忍な. ♦ **～·ly** *adv* **～·ness** *n* ［OF<L (*foras* out of doors)］
Fa·rouk, Fa·ruk /fərú:k/ ファルーク ～ **I** (1920–65)《エジプト王 (1936–52); アラビア語名 **Fārūq al-Aw·wal** /fɑrú:k ælǽwæl/; 軍のクーデターで廃位され追放された》.
fár-óut *a* 非常に遠く離れた; «口» 常識離れした, 型破りな; «口» 前衛的な, 斬新な, 進んだ《もと前衛ジャズに関していった》; «口» 前衛的なジャズを好む(連中の); «口» 極端な; «口» 深遠な, 難解な; «口» すばらしい, バツグンの; [far out; 〈*int*〉] «口» すごい, すばらしい!; «俗»《酒・麻薬に》酔っぱらった. ► *n* /ˊ— ˋ—/ far-out なもの. ♦ **fár-óut·er** *n* «口» 因襲[伝統]にとらわれない人, 型破りな人, 変わり者. **～·ness** *n*
fár pòint 〘眼〙遠点《明視のできる最遠点; opp. *near point*》.
Far·quhar /fɑ́:rk(w)ər/ **1** ファーカー **George** ～ (1678–1707)《アイルランドの劇作家; *The Beaux' Stratagem* (1707)》. **2** ファーカー《男子名》. ［Gael=manly］
Fárquhar Íslands *pl* [the] ファーカー諸島《インド洋北西部, マダガスカルの北東にあるセーシェル領の島群》.
far·rag·i·nous /fərǽʤənəs/ *a* 寄せ集め[ごたまぜ]の.
far·ra·go /fərɑ́:goʊ, -réɪ-/ *n* (*pl* **～es, ～s**) 寄せ集め, ごたまぜ (mixture) 〈*of*〉. ［L=mixed fodder (*far* corn)］
Far·ra·gut /fǽrəgət/ ファラガット **David (Glasgow)** ～ (1801–70)《米国の提督; 南北戦争で連邦軍を数々の勝利に導いた》.
Far·ra·khan /fɑ́:rəkɑ̀:n, fǽrəkæ̀n/ ファラカン **Louis** ～ (1933–)《米国の宗教指導者; 本名 Louis Eugene Walcott; 黒人イスラム教組織 Nation of Islam 議長 (1978–2007)》.
far·rand, far·and /fǽrənd/ *a* «スコ» ある(特異な)様子をした: auld-～, fair-～.
fár-ránging *a* 広範囲な, 幅広い.
Far·rar 1 /fǽrər/ ファラー **F(rederic) W(illiam)** ～ (1831–1903)《英国の聖職者・作家; 宗教的著作のほかに学園生活を扱った小説 *Eric* (1858) がある》. **2** /fərɑ́:r/ ファラー **Geraldine** ～ (1882–1967)《米国のソプラノ》.
fár-réach·ing *a* 広範囲にわたる, 遠くまで及ぶ. ♦ **～·ly** *adv* **～·ness** *n*
fár-réd *a* 〘理〙遠赤外の (NEAR-INFRARED).
Far·rell /fǽrəl/ ファレル (**1**) **J(ames) G(ordon)** ～ (1935–79)《英国の小説家; *Troubles* (1970), *The Singapore Grip* (1978)》 (**2**) **James T(homas)** ～ (1904–79)《米国の小説家; 三部作 *Studs Lonigan* で知られる》 (**3**) **Suzanne** ～ (1945–)《米国のバレリーナ》.
far·ri·er /fǽriər/ *n* 《馬に蹄鉄をはかせる》蹄鉄工; 馬医者, 《広く》獣医; ″〘軍〙《騎兵隊の》軍馬係下士官. ［OF<L (*ferrum* iron, horseshoe)］
far·ri·ery″ /fǽriəri/ *n* 蹄鉄工の仕事; 蹄鉄所[工場].
Far·ring·ford /fǽrɪŋfərd/ ファリンフォード《イギリス海峡の Wight 島西岸にある Alfred Tennyson の家》.
far·row[1] /fǽroʊ/ *n* 《豚の》分娩; 一腹の子. ► *vt* 〈子豚を〉産む. ► *vi* 〈豚が〉子を産む 〈*down*〉. ［OE *fearh, færh* pig; cf. G *Ferkel*; IE では PORK と同語源］
farrow[2] *a* 〈牝牛が〉子をはらんでいない. ［ME<MDu］
far·ru·ca /fərú:kə/ *n* ファルーカ《フラメンコの一種》. ［Sp］
Far·rukh·a·bad /fərú:kəbæ̀d, -bɑ̀:d/ ファルーカバード《インド北部 Uttar Pradesh 中西部にある市; Ganges 川右岸に位置; Fa·teh-garh /fətéɪgər/ (ファテーガル) と自治共同体を形成》.
Fārs /fɑ́:rz/ ファールス《イラン南西部の地方; 別称 Farsistan; 一州をなす, ☆Shīrāz》.
Fár·sa·la /fɑ́:rsələ/ ファルサラ《PHARSALUS の現代ギリシア語名》.
fár-sée·ing *a* 先見の明ある; 遠目のきく. ♦ **～·ness** *n*
Far·si /fɑ́:rsi/ *n* **a** 《イランの言語としての》ペルシア語 (Persian). **b** (*pl* **～, ～s**) イラン人. ［Pers (*Fārs* Persia)］
fár-síde *n* [the] 遠い方の側, 向こう側, 裏側. ● **on the ～ of**... の向こう側に; ...(歳)の坂を越えて (beyond).
fár-síght·ed *a* 遠目のきく; 先見の明ある, 分別のある; *遠視の (″longsighted) (opp. *nearsighted*). ♦ **～·ly** *adv* **～·ness** *n*
Far·si·stan /fɑ̀:rsəstǽn, -stɑ́:n/ ファールシスタン《FĀRS の別称》.
fart /fɑ́:rt/ «俗» *n* 屁(へ); (くだらない)やつ, ろくでなし, (いやな)野郎; 《なんの役にも立たない》屁のようなもの; [*neg*] ちっとも, ぜんぜん: *not* worth a ～ / I do*n't* give [care] a ～ about it. 屁とも思わない. ● **lay [blow, cut, let] a ～** 屁をひる[こく]. ► *vi* 屁をひる. ● **～ around [about]** 愚かしいことをする, ふざける, ぶらぶら過ごす. **～ (around) with**... *...をいじくる, もてあそぶ. ［OE **feortan*; cf. OHG *ferzan*］
fárt-fàce *n* «卑» いけすかないやつ.
far·ther /fɑ́:rðər/ *adv* [FAR の比較級] **1** さらに遠く, もっと先に: I can go no ～. もうこれ以上行けない / No ～! もうよい[たくさん]! / I'll see you [him] ～ (first). ⇨ FURTHER / You could [may] go (a lot) ～ and fare (a lot) worse. ⇨ FURTHER. **2** なおそのうえに, かつまた, さらに. ● **～ on** もっと先[後]に. **wish** (sb [sth]) **～** ⇨ FURTHER. ► *a* [FAR の比較級] **1** もっと遠い[先の]: the ～ shore 向こう岸. **2** [ᵁFURTHER] もっと進んだ (more advanced), さらに後の (later); そのうえの, それ以上の (additional, more): a ～ stage of development もっと発達した段階 / Have you anything ～ to say? 何かもっと言うことがありますか / make no ～ objection これ以上反対しない. ★ farther は「距離」に, further は「程度もしくは量」に使い分けることがあるが, 口語ではいずれの場合にも further を多用する傾向がある. ［FURTHER］
Fárther Índia INDOCHINA.
fárther·mòst /, -məst/ *a* 最も遠い (farthest).
far·thest /fɑ́:rðəst/ *a* [FAR の最上級] 最も遠い; 最大限の; «まれ» 最長の. ● **at (the) ～** ⇨ FURTHEST. ★ しばしば FURTHEST の代わりにも用いる. ► *adv* 最も遠く; 最大限に; 非常に. ［FURTHEST］
far·thing /fɑ́:rðɪŋ/ *n* ファージング《英国の小銅貨, =1/4 penny; 1961 年廃止》; [*neg*] わずか, 少し: be *not* worth a (brass) ～ 一文の値打もない / *not* CARE a (brass) ～. ［OE *fēorthing* (FOURTH)］
far·thin·gale /fɑ́:rðəngèɪl, -ðɪŋ-/ *n* ファージンゲール (**1**) 16–17 世紀にスカートを広げるのに用いたくじらひげなどで作った腰まわりの張り輪 **2**) それで広げたスカート[ペチコート]》. ［C16 *vard-, verd-*<F<Sp (*verdugo* rod)］
fárt·hòle *n** «俗» いやなやつ, あほ (asshole).
fart·lek /fɑ́:rtlɛ̀k/ *n* ファルトレク《自然環境の中で急走と緩走を繰り返すトレーニング法》; INTERVAL TRAINING. ［Swed=speed play］
farts *n* [〈*sg*〉]* «学生俗» [*joc*] 美術. [*f*ine *arts*]
fárt sàck «軍俗» 屁袋 (sleeping bag), 屁床 (bed).
Faruk ⇨ FAROUK.
fár-ultravíolet *a* 〘理〙遠紫外の《紫外スペクトルで波長が最も短い, 特に 100–300 ナノメートルの; 殺菌作用が最も大きい領域》.
Fár Wést [the] 《米国の》極西部地方《Rocky 山脈から太平洋岸まで》. ♦ **Fár Wéstern** *a*
FAS °fetal alcohol syndrome ♦ firsts and seconds ♦ 〘商〙°free alongside ship. **fasc.** fascicle.
fas·ces /fǽsì:z/ *n* [〈*sg/pl*〉] 〘古ロ〙束桿(そっかん), ファスケス《束ねた棒の中央に斧を入れて縛った一種の権威標章で, 執政官などの先駆である lictor が奉持した; のちにイタリアファシスト党の象徴となる》; 束桿の象徴する官職[権威]. ［L (pl) 〈*fascis* bundle］
Fa·sching /fɑ́:ʃɪŋ/ *n* 《特に 南ドイツ・オーストリアの》謝肉祭(週間), カーニバル. ［G］
fas·cia, fa·cia /féɪʃ(i)ə, fǽʃ(i)ə/ *n* (*pl* **-ci·ae** /-ʃiì:/, **～s**) **1** ひも, 帯, バンド, リボン; 〘医〙包帯; /fǽʃ(i)ə/ 〘解・動〙筋膜; 〘動・植〙色帯, 横帯. **2** 《着脱式の》携帯電話カバー; /féɪ-/ 〘建〙鼻隠し(板) (=～ **bòard**) 《部材, 特に 垂木の先端を隠す》; /féɪ-/ 〘建〙《イオニア・コリント両様式の architrave の》幕面; ″《店の正面上部の》看板; [ᵁfacia] /féɪ-/ ″《自動車の》計器盤 (dashboard) (=～ **bòard**). ♦ **fas·ci·al, fa·ci·al** /fǽʃ(i)əl/ *a* ［L=band, doorframe］
fas·ci·ate, -at·ed /fǽʃièɪt(əd)/ *a* ひも[バンド, 包帯]を巻いた; 〘植〙〈茎・枝・根など〉異常発育で平たくなった, 帯化した; 〘植〙束生した; 〘動〙帯状の縞(しま)のある, 色帯のある.
fas·ci·a·tion /fæ̀ʃiéɪʃ(ə)n, -si-/ *n* 〘植〙《ケイトウなどの》帯化《茎・枝などが異常発育により癒着して平たくなること》.
fas·ci·cle /fǽsɪk(ə)l/ *n* 小束; 《逐次刊行される本の》分冊 (=*fascicule*); 〘植〙密錐花(序), 束生葉; 〘解〙FASCICULUS. ［L (dim) 〈 FASCES］
fás·ci·cled *a* 〘植〙〈葉・花が〉束生の; 〘解〙繊維束の.
fas·cic·u·lar /fəsɪ́kjələr, fæ-/ *a* 〘植〙束生の; 〘解〙繊維束からなる. ♦ **～·ly** *adv*
fas·cic·u·late /fəsɪ́kjələt, -lèɪt, fæ-/, **-lat·ed** /-lèɪtəd/ *a* 〘植〙束生の; 〘解〙繊維束の.
fas·cic·u·la·tion /fəsɪ̀kjəléɪʃ(ə)n, fæ-/ *n* 〘解〙繊維束形成, 束状配列; 〘医〙繊維束(性)攣縮(れんしゅく).
fas·ci·cule /fǽsɪkjù:l/ *n* FASCICLE, 《特に》分冊.
fas·cic·u·lus /fəsɪ́kjələs, fæ-/ *n* (*pl* **-li** /-làɪ/) 〘解〙《筋または神経の》束(そく); 分冊 (fascicle).
fas·ci·i·tis /fæ̀ʃiáɪtəs, fæ̀s-/ *n* 〘医〙筋膜炎. ［*fasci*a, *-itis*］
fas·ci·nate /fǽs(ə)nèɪt/ *vt* **1** 魅了する, ...の関心を引きつける, ...の心を奪う; «廃» ...に魔法をかける: He was ～*d with* [*by*] her beauty. 美しさに魅せられた. **2** 〈ヘビが〉〈カエルなどを〉見込む, にらんでへこませる. ► *vi* 魅力的である, 人の関心を引く, 興味をそそる. ♦ **-nàt·ed** *a* 魅せられた 〈*with, by*〉; FASCINATING; うれしい, うずうずしている 〈*to* do〉. ［L (*fascinum* spell[1])］
fás·ci·nàt·ing *a* 魅惑[魅力]的な, うっとりさせる; すばらしい, とてもおもしろい. ♦ **～·ly** *adv*
fas·ci·na·tion /fæ̀s(ə)néɪʃ(ə)n/ *n* **1 a** 魅せられること, 魅惑, うっとりすること, 魅了; 《ヘビが》見込むこと; 《催眠術の》感応: have [hold] a ～ *for* [*with*]... に魅惑され[夢中になっ]ている, ...が気に入っている / in [with] ～ うっとりして. **b** 魅力, あだっぽさ; 魅力のあるもの. **2** 〘トランプ〙ファシネーション《solitaire の一種》.
fás·ci·nà·tor *n* 魅了するもの; 魔法使い; 魅惑的な女性; ファシ

ネーター《昔の婦人が頭などに巻いたかぎ編みのかぶりもの》.

fas·cine /fæsíːn, fə-/ *n* 〘工・城〙粗朶(そだ), 束柴(そくさい)《塹壕の側壁などに用いる》: a ~ dwelling《有史以前の》湖上家屋. ► *vt* 束柴で補強する[おおう].

fas·ci·no·ma /fæs(ə)nóumə/ *《俗》 *n* 《医者にとって》珍しくておもしろい病気, ワクワク性腫; おもしろい病気の患者.

fas·ci·o·li·a·sis /fæsìəláɪəsəs, -sàɪ-/ *n* (*pl* **-ses** /-sìːz/)〘医〙肝蛭(かんてつ)症《ファスキオラ属 (*Fasciola*) の肝吸虫による》. [L *fasciola* small bandage]

fas·cis /fǽsəs/ *n* FASCES の単数形.

fas·cism /fǽʃɪz(ə)m, fǽs-/ *n* [°F-] ファシズム《(1) Mussolini を党首としたイタリア国粋党の主義 (1919 [1922]–43); cf. NAZISM (2) 広く独裁的国家主義》. [It (*fascio* bundle, organized group; ⇨ FASCES)]

fa·scis·mo /fɑːʃíːzmou/ *n* (*pl* **~s**) [°F-] FASCISM.

fas·cist /fǽʃɪst, fǽs-/ *n* [°F-]《イタリアの》ファシスト党員; ファシズム信奉者, 国粋主義者, ファッショ; [*derog*] 極右《人》; 《口》独裁者. ► *a* [°F-] ファシスト党の[に属する]; ファシズム的な, ファシズム信奉の; ファシスト党員の: a ~ government ファシスト党政府. ♦ **fas·cis·tic** /fəʃístɪk, -sís-/ *a* **-ti·cal·ly** *adv*

Fa·scis·ta /fəʃístə, fɑːʃíːstɑː/ *n* (*pl* **-ti** /-tiː/)《イタリアの》ファシスト党員 (Fascist); [*pl*] ファシスト党. [It]

fa·scis·tize /fæʃəstàɪz, fǽs-/ *vt* ファッショ[ファシスト]化する. ♦ **fà·scis·ti·zá·tion** *n* ファッショ化.

fas est et ab ho·ste do·ce·ri /fɑːs ést ɛt ɑːb hɔ́ːstɛ dɔːkéːriː/ 敵からでさえも学ぶことは正しい. [L]

fash /fǽʃ/ 《スコ》 *vt* 悩ます: ~ *oneself* 悩む, 苦しむ; 興奮する. ► *vi* 苦労する, 苦しむ. ► *n* 悩み, 苦悩. [OF (L *fastidium* loathing)]

Fa·sher /fǽʃər/ [El /ɛl/ ~] ファシェル《スーダン西部 Darfur 地方の市》.

fash·ion /fǽʃ(ə)n/ *n* **1 a** 流行 (vogue), はやり(の型), 時代の好み; 上流社会の慣習; [the] 流行のもの[人]; 服飾(業界): follow (*the*) ~ 流行を追う / lead (*the*) ~ 流行のさきがけをなす / the latest ~ (in dresses) (服装の)最新流行型[ファッション] / It is *the* ~ to do...するのがはやりだ / He who goes against *the* ~ is himself its slave. 《諺》流行に逆らう者もまた流行の奴隷なり / He is *the* ~. 彼は売れっ子だ. **b** [the] 上流社会(の人びと), 流行界; 社交(界の人びと): All *the* ~ of the town were present. 社交界総出だった. **2 a** [a ~, the] 仕方, 流儀, …ふう (manner, way): He walks in *a* strange ~. 妙な歩き方をする / in true boy ~ 典型的な男の子のやり方で / the ~ of his speech 彼の話しぶり / do sth in one's own ~ 自己流にやる. **b** [*n*+~, ‹*adv*›] …流[式]に: walk crab-~ カニのように歩く, 横ばいに動く. **3 a** 造り, でき, 様式, 型, スタイル (style, shape). **b** 《古》種類. ● **after [in] a** ~ まずどうやら, 曲がりなりにも, 一応は. **after** one**'s [its]** ~ 自分のやり方で, それなりに, ある意味では[見ようによっては]…と言えなくもない. **after** one**'s usual** ~ いつものやり方[流儀]で. **after [in] the ~ of**…にならって[た], …風に[の], …流に[の], …ばりで[の]. **be all the** ~ ‹服装・行動などが›たいへん人気がある, はやっている. **(be) in (the)** ~ 流行して(いる), 現代風[今ふう]で(ある) ((be) fashionable). **bring [come] into** ~ 流行させる[し始める]. **of** ~ 上流社会[社交界]の: a man [woman] *of* ~. **out of (the)** ~ すたれて: go *out of* ~ すたれる. **set the [a]** ~ 流行[流儀]を創り出す. **(spend money) like [as if] it's going out of** ~ ⁱⁱ《口》見境もなく[むちゃくちゃに](金をつかう). ► *vt* **1** 形づくる (shape, mold), 作る, 形成する ‹*into*›; (うまく)こしらえる; 変える, 変形する: ~ clay *into* a vase 粘土で花瓶を作る / ~ a pipe *from* clay 粘土でパイプを作る. **2** 適応させる, 合わせる (fit) ‹*to*›. **3** 《廃》工夫[計画]する, うまく仕組む (contrive). [OF<L *faction*- *factio*; cf. FACT]

fash·ion·able /fǽʃ(ə)nəb(ə)l/ *a* 流行の, 当世風の, 今人気の, おしゃれな; 流行[社交]界の; 上流社会の; 《社交人の集まる》一流の; はやっている, 売れっ子の ‹*with*›: ~ clothing 流行の衣服 / the ~ world 流行界, 社交界 / a ~ tailor 上流社会に得意の多い洋服屋 / a ~ painter 昨今人気の画家. ► *n* 流行を追う人. ♦ **-ably** *adv* 流行に合わせて, 当世風に. **~·ness** *n* **fash·ion·abil·i·ty** /fæ̀ʃ(ə)nəbíləti/ *n*

fáshion bòok ファッションブック《新しいファッションの服をイラスト入りで紹介する本》.

fáshion-cònscious *a* 流行に敏感な, 流行を気にする.

fáshion coòrdinator ファッションコーディネーター《企業内などで服飾品の商品企画の立案や情報の分析や収集, また販売促進計画など全体を調整する人》.

fáshion crìminal *《俗》あるファッションスタイルを主張しているつもりでかえって見苦しい者, ファッション犯罪者.

fáshion designer ファッション[服飾]デザイナー.

-fásh·ioned *a* …風[式]の: old-*fashioned*.

fáshion·er *n* 形を与える[作る]人; 裁縫師, 洋裁師.

fash·ion·ese /fæ̀ʃ(ə)níːz, -s/ *n* ファッション界のことば, ファッション業界用語[語法].

fáshion-fórward *a* 流行の先を行く.

fáshion hòuse ファッションハウス《流行の服をデザイン・製作・販売する会社》.

fash·ion·is·ta /fæʃəníːstə/ *n* 最新のファッションのデザイナー[仕掛け人]; 最新ファッションを追いかける人, ファッションに敏感な人, ファッショニスタ.

fáshion·mònger *n* 流行研究家, 流行を生む[追う]者.

fáshion plàte 新型服装図, 流行意匠服装図, ファッションプレート; 《口》常に最新流行の服を着ている人.

fáshion políce *《俗》ファッション警察《fashion criminal など見苦しい服装の者を捕える架空の組織》.

fáshion shòw ファッションショー.

fáshion stàtement ファッション通であることを見せつける服装・所持品.

fáshion vìctim 似合わないのに流行ものを身に着けている者, ファッションの犠牲[被害者].

Fa·sho·da /fəʃóudə/ ファショダ《南スーダン北東部, 1898 年英仏両勢力が衝突事件 (the **~ ìncident**) を起こした地; 現在の Kodok》.

fashy /fǽʃi/ *a* ⁱⁱ《俗》おこった (angry).

Fass·bin·der /fɑ́ːsbɪndər; fǽs-/ ファスビンダー **Rainer Werner** ~ (1946–82)《ドイツの映画監督》.

F

fast[1] /fǽst; fɑ́ːst/ *a* **1 a** 速い, 急速な (opp. *slow*): a ~ pace [tempo] / a ~ train 急行列車. **b** すばやい, 敏捷な; 理解の速い, 鋭敏な; ‹男が›手の早い; 《口》ペラペラしゃべる, 口先だけの; 〘野・クリケット〙‹投手が›速球派の: a ~ reader [learner] 読むの[物おぼえ]が速い人 / a ~ pitcher [bowler] 速球投手 / FAST WORKER. **c** 短期間の: a ~ trip. **d** 時間のかからない, 手間の要らない. **e** ‹時計が›早い, 進んでいる; ‹はかりが›実際より大きな値を示す; 夏時間の: Our clock is ten minutes ~. うちの時計は 10 分進んでいる. **f** 高速(用)の, 敏速な動きに適した; ‹ビリヤード台・テニスコート・バッティンググリーンなど›球のよく走る, 速い: a ~ highway 高速道路 / FAST LANE / a ~ tennis court 速いテニスコート. **g** 〘競馬〙《ダートの走路が》よく乾いた, 堅い: FAST TRACK. **h** 〘写〙‹フィルム・感光剤が›高感度の, 速い; ‹レンズが›明るい, F 値が小さい. **i** 精力を消散する, せわしない; 享楽的な, 不道徳な: a ~ way of life めまぐるしい生活 / a ~ LIVER[2] / a ~ woman 《古風》(性的に)奔放な女, 淫婦 / a ~ life ふしだらな生活. **j** *《口》難なく手に入る, ぬれ手に粟(あわ)の. **2 a** 固着[固定]した, しっかりした, ぐらつかない (opp. *loose*): a stake ~ in the ground しっかり地中に打ち込んだ杭. **b** 固く締まった; ‹結び目・握り方などが›しっかりした: The door is ~. 戸がしっかりと締まっている / make a door ~ 戸締まりをする / make a boat ~ 舟をつなぐ / lay ~ hold on…=take ~ hold of…をしっかりつかむ. **c** 心の変わらぬ (constant), 忠実な: They are ~ friends. 彼らは親友だ / ~ friendship 変わらぬ友情. **d** ‹色が›あせない, 色あせ[色落ち]しない, 退色しない, 堅牢な; 耐…性の; 〘菌〙《破壊または染色に対して》耐性のある: a ~ color 不変色 / sun ~ 耐光性の. **e** 《古》‹眠りが›深い; 《古》‹人が›熟睡して: ~ sleep 熟睡. ● **~ and** FURIOUS. **hard and** ~ ⇨ HARD-AND-FAST. **pull a** FAST ONE **(on** sb).

► *adv* **1 a** 速く, 急速に (rapidly), 急いで (hurriedly), 速やかに; ‹時計・計画などが›進んで: speak ~ 早口でしゃべる. **b** どしどし, しきりに, 次から次へ: Her tears fell ~. 涙がとめどなく落ちた / It was snowing ~. 雪がしきりに降っていた. **c** むこうみずに, 放埒(ほうらつ)に: live ~ 放埒な生活をする; 精力を短時日に消耗する. **d** 《古・詩》近くに, 間近に ‹*by, beside*›. **2 a** しっかりと, 固く: a door ~ shut 固く締まっている戸 / be ~ bound by the feet 両足を固く縛られている / hold ~ to a rail 手すりにしっかりつかまる[しがみつく] / *F*~ bind, ~ find. 《諺》締まりが固ければ失う心配がない / stand ~ ふんばる, あとへ引かない, (考えが)堅固である; 進歩しない; 〘軍〙《非常事態発生のため》停止して次の命令を待つ, 待機する / stick ~ ぴったりくっつく, 粘着する. **b** ぐっすり‹眠る›: ~ asleep 熟睡して / sleep ~ 熟睡する. ● **as ~ as** one**'s legs can carry** one できるだけ速く, 全速力で; (いそいそと)大急ぎで. **Not so ~!** 急ぐな, 落ちつけ, ちょっと待った. **play ~ and loose** いいかげんにふるまう[扱う], 無責任なやり方をする, もてあそぶ ‹*with*›.

► *int* 〘弓〙行射やめ!

[OE *fæst* firm; cf. G *fest*]

fast[2] *vi* 断食する, ある種の食べ物を断つ, 精進する; 絶食する (go without food): ~ *on* bread and water パンと水だけで精進する / I have been ~*ing* all day. 一日中なにも食べていない / ~ off 絶食して‹病気を›治す. ► *vt* 絶食させる. ► *n* 断食; 断食日; 〘カト〙大斎(だいさい); 断食期間: go on a ~ of five days 5 日間の断食を始める. ● **break** one**'s** ~ 断食をやめる; BREAKFAST (*vi*). ♦ **~·er** *n* [OE *fæstan*; cf. G *fasten*]

fast[3] *n* 《船の》もやい綱, 係索. [ME<ON=rope; cf. FAST[1]]

fást-áct·ing *a* ‹薬が›速効性の.

fást·bàck *n* **1** ファーストバック《後部バンパーまで流線型を描いた自動車の屋根》; ファーストバックの自動車. **2** [°F-]〘畜〙ファーストバック《1971 年英国で作出された豚の品種; 飼育が経済的で脂肪が少ない》.

fást·bàll *n* 〘野〙速球; 《カナダ》ファーストボール《ソフトボールの一種》. ♦ **fást bàll·er** 速球投手.

fást bréak 《バスケットボールなどの》速攻. ♦ **fást-bréak** *vi* 速攻する.

fást bréeder, fást-bréed·er reàctor 〔原子力〕高速増殖炉《略 FBR》.
fást búck *《口》楽に稼いだ金, あぶく銭 (easy money) (=*quick buck*): make a ~ さっとひともうけする.
fást bùrner *《軍俗》出世の速いやつ.
fást cóloureds ‖*pl* 《洗濯したとき》色落ちしない衣類.
fást dày 〔宗〕断食日, 斎日(さいにち), 精進日; 〔カト〕大斎(だいさい)日《食事の量を減らし, 魚以外の肉は食べない》.
fas·ten /fǽs(ə)n; fɑ́ːs(ə)n/ *vt* **1 a** しっかり結びつける〈*to, around*〉, 留める, 締める, 固定する: ~ a door 戸締まりをする / ~ a glove 手袋をはめてボタンをかける / ~ one's arms *around* sb [sth] 〈人[物]〉にしがみつく, 抱きつく / ~ *off* 留める《結び目・返し針などで》/ ~ *up* 縛りつける; 〈ボタン・ファスナーなどを〉留める, 閉じる, 〈ボタンなどで〉留める〈*with*〉; 釘付けにする / ~ one's teeth 食いついて離れない〈*in*〉/ ~ one's eyes *on*...にじっと目を注ぐ. **b** 〈罪などを〉押しつける; 〈名前などを〉つける; [~ *-self*] (人に)まとわりつく: ~ a nickname [crime, quarrel] *on* sb 人にあだ名をつける[罪をきせる, けんかをふっかける]. **2** 〈動物を〉囲う, 〈人を〉閉じ込める〈*in* a cage; *up*〉. ► *vi* 〈戸など〉締まる; 〈鍵など〉かかる; 留まる: This window will not ~. この窓はどうしても締まらない.
● **~ down** 〈箱のふたなどを〉釘付けにする; 〈意味などを〉確定する; 〈人に...を〉約束させる〈*to*〉. **~ on [upon]**...をつかむ, ...にしがみつく, かみつく; 〈目が〉じっと...に注がれる (cf. *vt* 1a); 〈口実など〉をとらえる, 〈考えなど〉を採り入れる; 〈注意などを〉...に集中する; ...に目星をつける《攻撃などのために》; (まとわりついて)〈人〉を離さない; 固執する, こだわる. [OE *fæstnian*; ⇨ FAST[1]]
fásten·er *n* 締める人[もの]; 留め[締め]金具[金物], ファスナー《ジッパー・クリップ・スナップなど》; 綴じ込み機; 色留め剤.
fásten·ing *n* 締めること, 留めること; 締め具, 留め金具[金物]《ボルト・かんぬき・掛け金・錠・ボタン・ホック・ピンなど》.
fast·en's (e'en) /fǽs(ə)nz(íːn); fɑ́ːs(ə)nz(-)/, **fast·ern's (e'en)** /fǽsərnz(íːn); fɑ́ː-/, **fásten's [fástern's] éve** 《スコ》SHROVE TUESDAY.
fást-fóod *a* 〈レストラン・スタンドなどが〉ファ(ー)ストフードの; *《口》お手軽な, 底の浅い, 即席の.
fast food ファ(ー)ストフード.
fast footwork ⇨ FANCY FOOTWORK.
fást-fórward *n* 《ビデオなどの》早送り《機能, または そのボタン・スイッチ; cf. REWIND》; 急速な前進, 速やかな進歩. ► *vt* 〈ビデオなどを〉早送りする; 〈コマーシャルなどを〉早送りで飛ばす. ► *vi* 早送りする; 《時間に関して》急速に前進する, どんどん先に行く.
fast íce 《海岸沿いの》定着氷.
fas·tid·i·ous /fæstídiəs, fəs-/ *a* 好みのむずかしい, 潔癖な; 綿密な, 入念な, 細心の; 〔菌〕培養条件の面倒な, 選好性の; 《古》高慢な, 嘲笑的な: ~ *about* one's food [clothes]. ♦ **~·ly** *adv* **~·ness** *n* [L (*fastidium* loathing)]
fas·tig·i·ate /fæstíʤiət, -èɪt/, **-at·ed** /-èɪtəd/ *a* 円錐状に先のとがった; 〔植・動〕円錐束状の.
fas·tig·i·um /fæstíʤiəm/ *n* 〔医〕極期《症状の最も顕著になる時期》; 〔解〕《第四脳室の》脳室頂.
fást·ing *n* 断食, 絶食; 物忌み. ► *a* 絶食(者)の.
fást·ish *a* かなり速い.
fást làne 1 《道路の》追越し車線. **2** 出世街道 (fast track): life in the ~ はなやかでスリリングな生き方. ♦ **fást-láne** *a*
fást mótion 〔映〕コマ落とし撮影による動き《現実より速く見える; opp. *slow motion*》.
fást-móving *a* 動きの速い, 高速の; 〈演劇などが〉展開の速い.
fást·ness *n* 固着, 《染料・染色物の》堅牢度; 〔菌〕耐性; 要塞, とりで (stronghold); [ᵘ*pl*] 隠遁所; 迅速, 速さ; 不身持ち, 放埒(ほうらつ): a mountain ~ 《山賊などの》とりで.
Fast·net /fǽs(t)nət; fɑ́ːs(t)nèt/ [the] ファーストネットレース (=~ **Ráce**)《イングランドの Wight 島の Cowes からアイルランド南西沖合の Fastnet Rock を回り, Devon 州の Plymouth まで戻る国際ヨットレース; 隔年で 8 月に開催され, 全長 1085 km に及ぶ》.
fast néutron 〔理〕高速中性子.
Fást of Ésther エステルの断食《ユダヤ教の断食日の一つ: Purim の前日》.
fast òne 《口》いんちき, ペテン, 《競技などでの》だまし討ち: pull a ~ 一杯食わす〈*on* sb〉.
fast óperator *《口》抜け目のないやつ, 手の早いやつ (fast worker).
fást-páced *a* 展開の速い, めまぐるしい.
fást-pìtch sóftball ファーストピッチ《投手が下手投げで速球を投げるソフトボール; 盗塁は許される; cf. SLOW-PITCH》.
fást reáctor 〔原子力〕高速中性子炉, 高速炉.
fást shúffle *《俗》DOUBLE SHUFFLE.
fást-tàlk *vt, vi* *《口》(まくしたてて)言いくるめる. 口車に乗せる: ~ sb *into doing* 人を言いくるめて...させる. ● **~ one's way** *《口》人を言いくるめて進んでいく: ~ *his way* into the chairman's office うまいことを言って会長室にはいり込む. ♦ **~·er** *n*
fást tálk *《口》《人を言いくるめる》まくしたて, 口車.
fást-tálk·ing *a* 早口の, 言いくるめるような.
fást tíme * DAYLIGHT SAVING TIME.
fást-tràck *a* **1** 出世を望む, 出世コースに乗った, きわめて意欲[野心]的な; 〔建・土木〕早期着工方式の, 逐次分割発注方式の《全体の設計が完了する前に基礎工事などを開始する》. **2** *一括優先通商交渉権の《大統領が結んだ通商協定を議会が一定期間内に無修正で承認または否決すべきことに関していう》. ► *vi, vt* 速やかに昇進する[させる], 急速に発展する[させる]; 《目標に合わせて》...の処理[生産, 建設]速度を上げる; 《口》優先的に進める. ♦ **fást-tràck·er** *n*
fást tràck / ⸗ ⸗/ **1 a** 堅い馬場, 良馬場. **b** 急行列車用線路; 出世街道, 最短コース. **c** *《俗》《東部都市の》売春婦が仕事をする通り[街区]. **2** 優先的に検討[承認]をする手続き[事項]. **3** [〈*a*〉] FAST-TRACK.
fást trácking 〔建・土木〕早期着工(方式).
fást-twìtch *a* 〔生理〕〈筋繊維が〉《瞬発力を出すために》急激に収縮する, 速い収縮の (cf. SLOW-TWITCH).
fas·tu·ous /fǽsʧuəs/ *a* 傲慢な; 見えを張る.
fást wórker 《口》抜け目のないやつ; 《口》異性とすぐに親しくなる人, 手の早いやつ.
fat /fǽt/ *a* (**fát·ter; fát·test**) **1 a** (丸々と)太った, 肥えた, 肥満した, でぶの (opp. *lean, thin*) (cf. STOUT): (as) ~ as a pig / (as) ~ as butter [a young thrush] 丸々と太った / a ~ woman 《見世物などの》太った大女 / get ~ 太る, 肥える / Laugh and grow ~. 《諺》笑って太れ《心配は身の毒, 笑う門には福来たる》/ Inside every ~ man there's a thin man trying to get out. 太った人はそれが自分の真の姿ではないと思っている《みな内心はやせたほうがいいと思っている》/ The show [It] isn't over until the ~ lady sings. 《口》物事はどたんばになるまでわからないものだ. **b** 《食用に》特に太らせた, 肥育した (fatted): a ~ ox [sow] 肥育牛[豚]. **c** 分厚い; 〈指など〉太い, ずんぐりした (stumpy); 〈活字など〉肉太の. **2 a** 〈肉が〉脂肪の多い; 〈料理など〉油っこい: ~ soup 油っこいスープ / a ~ diet 油っこい食事. **b** 樹脂の多い〈木材〉; べたつく〈粘土〉; 揮発油を含んだ〈石炭〉: ~ coal 粘結炭 / ~ clay 油粘土. **3 a** ふくれた; いっぱい[十分]はいった; 豊かな, 豊富な; スペースのたっぷりある〈ページ〉: a ~ purse [pocketbook] 金がたんまりはいった財布. **b** 地味の肥えた, 肥沃な (fertile), 実り豊かな (productive): the ~ years and the lean years 実り豊かな年と不作の年, 《人生などの》繁栄の時期と苦難の時期《*Gen* 41: 1-36》. **c** 実入りのよい, もうかる; 《口》〈値段・報酬・利益が〉多額[高額]の; 見せ場のある〈役〉: a ~ job [office] もうかる仕事[役職] / a ~ benefice 収入の多い聖職 / pay a ~ price 報酬をはずむ. **d** 富んだ, もうけた, 富裕な: grow ~ *on*...〈不正な方法〉で金持になる. **4** 鈍い, 遅鈍な (cf. FATHEAD); 怠惰な, 無精な. **5** 《口》楽しい; *《俗》みごとな, すばらしい, かっこいい, セクシーな《phat ともつづる》. **6** 〔野〕〈投球が〉ゆるくて打ちやすい[打ちやすそうに見える]: a ~ pitch. ● **a ~ chance** 《口》心細い見込み, 見込みうす[なし]〈*of*〉. **a ~ lot** 《口》たんまり, 大いに; [*iron*] 少しも...でない (not at all): *A ~ lot* you know about it! 少しも知らないくせに / *a ~ lot* of good [help, use] まるで役に立たない. CUT **it (too) ~.** **~ and happy** 食が足りて満足した. **sit ~** *《俗》有力な立場にある, (軌道に乗って)順調である.
► *n* **1** 脂肪; 脂肪分; 《料理用の》脂《常温で(半)固体のもの; バター・マーガリン・ヘット・ラード・植物油など, cf. LARD》; 〔動・植〕脂肪組織; 脂身, 脂肉 (cf. LEAN[2]): body ~ 体脂肪. **2** [the] 最も良い[滋養に富んだ]部分; 〔劇〕《見せ場の多い》もうけ役. **3** 肥満, 脂肪太り, 〔畜〕過肥; [ᵘ*pl*] 肥育した家畜, 肥畜; [ᵘ*pl*] 太った人, でぶ; 余分なもの, 不要物. ● **(All) the ~ is in the fire.** [*fig*] とんだへまをやった《ただではすまぬ》. **a bit of ~** 《口》ちょっとした幸運. CHEW **the ~.** **live off [on] the ~ of the land** ぜいたくに暮らす《*Gen* 45: 18》. **live on one's (own) ~** 居食いする; [*fig*] たくわえを食いつぶす. **run to ~** 太りすぎる. **shoot the ~** *《俗》おしゃべりをする.
► *vt, vi* (**-tt-**) 肥やす, 肥える (fatten). ● **~ out [up]** 〈動物を〉太らせる, 肥育する. **kill the fatted calf** 〈...を迎えて〉最大限の歓待をする〈*for*〉《肥えた牛を殺して放蕩息子の帰りを迎えた父親の話から; *Luke* 15: 23》.
[OE *fæt(t)* (pp) < *fǽtan* to cram; cf. G *feist*]
FAT 〔電算〕file allocation table《保存されているファイルがディスクのどの位置に記録されているか管理しているデータ》.
Fatah ⇨ AL FATAH.
fa·tal /féɪtl/ *a* **1** 致命[致死]的な〈*to*〉; 破滅的な, 惨事に至る, 不運な: a ~ disease 不治の病, 死病 / a ~ accident 死亡事故 / a ~ wound 致命傷 / prove ~ 致命傷となる. **2** 運命を決する; 重大な, 決定的な: a ~ blow 決定的打撃 / a ~ flaw 重大な欠陥. **3** 《廃》宿命的な, 免れがたい; 《廃》悲運の. ● **the ~ shears** 死《運命の女神の一人が手にするはさみから》. **the ~ sisters [F~ Sisters]** 運命の三女神 (the FATES) (=*the three Sisters*). **the ~ thread** 命数, 寿命《運命の女神の握る糸から》. ► *n* 致命的結末, 《特に》事故死. ♦ **~·ness** *n* [OF or L; ⇨ FATE]
fátal érror 〔電算〕致命的なエラー[誤り], フェイタルエラー《コンパイル[プログラムの実行]を続けることを不可能にするようなソースプログラム[プログラムやデータ]の誤り》.
fátal·ìsm *n* 運命論, 宿命論; 宿命論的諦観; 《難事に会しての》あきらめ. ♦ **-ist** *n* 運命論者, 宿命論者. **fà·tal·ís·tic** *a* 宿命(論)的な, 宿命論者の. **-ti·cal·ly** *adv*

fa·tal·i·ty /feɪtǽləti, fə-/ *n* **1** 不運, 不幸; 災難, 惨事 (disaster). **2** 《事故・戦争などによる》死; 死者, 死亡数: hundreds of *fatalities* 何百人という死者. **3** 〈病気などの〉死[災難]をもたらす力, 致命的なこと 〈*of*〉: reduce the ～ *of* cancer 癌による致死率を減らす. **4** 宿命, 運命, 因縁; 運命の業(わざ)[はたらき]; 宿命論.

fatálity ràte 死亡率.

fátal·ly *adv* 致命的に; 宿命的に; 取返しのつかないほど, ひどく; 悲惨[潰滅的]なまでに; 抗しがたいほど〈魅力的な〉.

fa·ta mor·ga·na /fá:tɑ: mɔ:rgá:nɑ:/ **1 a** [ˢF- M-] 蜃気楼 (mirage) 《特に Sicily 島の沖, Messina 海峡付近に見られるものをいう》. **b** 幻想(の所産). **2** [F- M-] MORGAN LE FAY. 〔It=fairy Morgan〕

fát-àss 《卑》 *n* 太っちょ, でぶっちょ; けつのでかいやつ, デカ尻.

Fa·ta vi·am in·ve·ni·ent /fá:tɑ: wí:à:m ɪnwéniènt/ 運命は道を見いだすであろう; 運命には抗しがたい. 〔L〕

fát·bàck *n* **1** 《豚の》背脂(せあぶら) 《通例 細く切って干して塩漬けにする》. **2** 〔魚〕 MENHADEN. ► *a* *《俗》 南部黒人風の, ファンキーな.

fát bòdy 〔生〕脂肪体 《(1) 両生類・爬虫類の生殖腺についた脂肪組織 (2) 昆虫の幼虫の体のまわりの脂肪組織》.

fát càmp 《口》《夏期に開かれる肥満児のための》減量合宿.

fát-càt 《俗》 *a* 大金持の(やるような), 貧乏人には縁のない, 大金の(かかった), ばか高い. ► *vt* 特権に浴する.

fát càt 《俗》金持の有力者, 《特権に浴する》金持; 《俗》多額の政治献金をする金持; 《俗》大物, お偉方; *《俗》無気力で満足しきったやつ.

fát cèll 〔解〕脂肪細胞.

fát cíty *《俗》 **1** 申し分のない[とても満足な]状態[状況]: I'm in ～. おれごきげんだ. **2** 肥満, でぶ(の人); 《太りすぎによる》体の不調: be in ～ 太っている; 不調である / be on one's way to ～ でぶになりつつある.

fát dèpot ADIPOSE TISSUE.

fát dórmouse 〔動〕 EDIBLE DORMOUSE.

fate /féɪt/ *n* **1 a** 宿命, 運命. **b** [the F-s] 運命の三女神 《(1)〔ギ神〕モイラたち (Moirai): 人間の生命の糸を紡ぐ Clotho, その糸の長さを決める Lachesis, その糸を断ち切る Atropos の 3 人; ローマ人はパルカたち (Parcae) をこれと同一視した (2)〔北欧神話〕 NORNS》. **2** 運, 非運 (doom); 破滅 (destruction); 死 (death); 最終結果, 結末; 《予期される》発達[発育]の結果: decide [fix, seal] sb's ～ 人の運命を決する / suffer a ～ 悲運に苦しむ, ひどいめにあう / go to one's ～ 非運[破滅]におもむく / (as) sure as ～ (このうえなく)確かな[に] / leave sb *to* his ～ 人を運命にまかせる / meet one's ～ 最期を遂げる, 死ぬ; 運命の[自分の妻となるべき]女に会う. ● **a ～ worse than** DEATH. TEMPT **～.** ► *vt* [ᵁ*pass*] 運命づける, 悲しい宿命を負わせる: He *was* ～*d* to be hanged. 絞首刑になる運命を負っていた / It *was* ～*d* that we should fail. 〔It and L *fatum* that which is spoken (neut pp)〈*farior* to speak〕

fat·ed /féɪtəd/ *a* 運命の決まった, 運命に支配された, 宿命の; 運の尽きた.

fáte·ful *a* 宿命的な, 運命の定まった; 予言的な, 不吉な; 重大な, 決定的な; 破滅をもたらす, 致命的な. ♦ **～·ly** *adv* **～·ness** *n*

Fatehgarh ⇨ FARRUKHABAD.

fáte màp 〔発生〕原基分布図, 運命地図, 予定運命図 《胚の各域とそれが将来形成する器官原基との対応を示す模式図》.

fát fàrm *《口》減量道場[リゾート] (cf. HEALTH SPA).

fát-frée *a* 《口》〈食品が〉脂肪を含まない, 無脂肪の.

fath. fathom(s).

fát·hèad *n* **1** 《口》ばか, まぬけ, 鈍物; *《俗》へま, どじ. **2** 〔魚〕 FATHEAD MINNOW. ♦ **fát·héad·ed** *a* **-héad·ed·ly** *adv* **-ed·ness** *n*

fáthead mínnow 〔魚〕北米産のコイ科の魚 《雄の前頭部が隆起している》.

fát hén 〔植〕多汁[多肉]の植物, 《特に》シロザ.

fa·ther /fá:ðər/ *n* **1 a** 父, 父親; [ᵁ*pl*] 祖先, 父祖: a ～ of two 2 人の子をもつ父 / Like ～, like son. 《諺》この父にしてこの子あり, 似たもの父子 (cf. MOTHER 《諺》) / The CHILD is ～ of [to] the man. / be (like) a ～ to...に父のようにふるまう. **b** 《動物の》雄親, SIRE. **2 a** 父として仰がれる人, 師父; [ᴼF-] [尊称として]...翁, ...老; 始祖, 創始者, 鼻祖, 父; [the F-s] *米国憲法制定者: the *F*～ of His Country *国父 《George Washington》 / the *F*～ of the Constitution *憲法の父 《James Madison》 / the *F*～ of English poetry 英詩の父 《Chaucer》 / the *F*～ of History 歴史の父 《Herodotus》 / the *F*～ of Medicine 医学の父 《Hippocrates》 / (the) *F*～ of Waters *百水の父, 父なる川 《Mississippi 川》 / the *F*～ of lies 偽りの祖 《(1) Satan; *John* 8:44 (2) Herodotus》. **b** 源; 原型: The sun is the ～ of light. 太陽は光の源 / The wish is ～ to the thought. 《諺》そう願っているとそう信ずるようになる, 願望は信仰のもと. **3** [the F-] 父なる神, 天帝 (God) 《三位一体の第 1 位》; [ᴼF-s] 《初期キリスト教の》教父 (=the Early F～(s), the F～(s) of the Church); [尊称として] 神父, 教父, 修道院長, 祖師, 上人, ...師; 聴罪司祭: OUR FATHER / HEAVENLY [ALMIGHTY] *F*～ 天なる[全能の]神 / the Most Reverend *F*～ in God 〔英国教〕大主教 (archbishop) の尊称 / the Right Reverend *F*～ in God 〔英国教〕主教 (bishop) の尊称 / *F*～ Hill ヒル師[神父] / HOLY FATHER. **4** [*pl*] 長老, 古参者, 《議会などの》最年長者; [*pl*] 《古代ローマの》元老院議員 (conscript fathers): the ～*s* of a city 市の長老たち (city fathers) / the *F*～*s* of the House (of Commons) 〔英〕最古参の(下院)議員たち. ● **be gathered to one's ～s** 死ぬ (die). **from ～ to son** 代々. **how's your ～** ᴴ《口》[ᵁ*joc*, 〈*n*〉] 例のこと, あれ 《名前を忘れたことや口にしたくないセックス・不正などを指して用いる》. **sleep with one's ～s** 先祖と共に葬られる, 死ぬ. **the ～ (and mother) of a...** 《口》とても大きい[きびしい].... **the F～ of the** FAITHFUL.

► *vt* **1 a** ...の父となる, 《父として》〈子を〉もうける (beget). **b** ...に父親らしくふるまう. **2** 創始する, 〈計画などを〉始める. **3** ...の父[作者]と名のる; 〈...を〉...の父親[著作者, 創始者]とする 〈*on*〉: They ～ the book *upon* him. 彼がその本の作者だとする. **4** 《(根拠なしに)》結びつける, こじつける 〈*on*〉. ► *vi* 父親のように人の世話をする.

〔OE *fæder*; cf. G *Vater*, L PATER; *-th-* は r の前で d が /ð/ と変わった結果; *mother*, *weather* など参照〕

Fáther Brówn ブラウン神父 《G. K. Chesterton の一連の探偵小説に登場するカトリック司祭で, しろうと探偵》.

Fáther Chrístmas ᴴ SANTA CLAUS.

fáther conféssor 〔カト〕聴罪司祭 (confessor); 私事を打ち明けられる人.

fáther fìgure 父親に対するような感情をいだかせる人物, 父親的存在, 信頼すべき指導者.

fáther·fùck·er *n* MOTHERFUCKER.

fáther·hòod *n* 父たること, 父性, 父の資格, 父権; [ᵁF-] 父なる神 (Godhood).

fáther ìmage 《理想化された》父親像; FATHER FIGURE.

fáther-in-làw *n* (*pl* **fáthers-in-làw**) 義父 《通例 配偶者の父; まれに STEPFATHER》.

fáther·lànd *n* 祖国 《特に 第二次大戦下のドイツで》; 父祖の地.

fáther·làsh·er *n* 〔魚〕ショートホーンスカルピン 《イギリス海峡など大西洋のギスカジカ属のカジカ》.

fáther·less *a* 父(親)のない; 作者不詳の: a ～ child 父を失った子; 父親のわからない私生児. ♦ **～·ness** *n*

fáther·lìke *a*, *adv* FATHERLY.

fáther·ly *a* 父親の; 父親らしい; 慈父のような. ► *adv* 父親らしく. ♦ **fáther·li·ness** *n* 父親らしさ; 父の慈愛.

fáther of the chápel 〔英〕出版[印刷]労働組合の代表 《略 FoC》.

Fáther of the Hóuse [the] 本院の父, ファーザー・オヴ・ザ・ハウス 《英国の上院および下院での最長期間在任者に対して与えられる称号》.

Fáther's Dày 父の日 《6 月の第 3 日曜日; オーストラリアでは 9 月の第 1 日曜》.

fáther·ship *n* 父たること, 父の身分[資格], 《特に 団体において》古老[元老]たること.

Fáther Tíme 時の翁(おきな) 《「時」の擬人化; はげ頭で, 鬚髯(しゅぜん)があり, 手に大きな鎌と水差し[漏刻]を持つ老人》.

fath·om /fǽðəm/ *n* **1** (*pl* **～s, ～**) **a** 尋(ひろ) 《主に水深の単位: =6 feet, =1.83 m; 略 f., fm, fath.》. **b** ᴴファゾム 《木口 6 フィート平方の木材の量名》. **c** ᴴ〔鉱〕ファゾム 《6 フィート平方の鉱脈体》. **2** 理解, 洞察. ► *vt* ...の水深を測る (sound); [ᵁ〈*neg*〉] 〈人の心などを〉推測する, 見抜く, 理解する 〈*out*〉; 《古》《長さを測ったりするため》手で囲む. ► *vi* 水深を測る; [*fig*] 探りを入れる. ♦ **～·able** *a* 〔OE *fæthm* (length of) the outstretched arms; cf. G *Faden*〕

Fa·thom·e·ter /fæðámətər, fǽðəmì:tər/ 〔商標〕ファゾメーター (sonic depth finder) 《音響測深機》.

fáthom·less *a* 測り知れない, 底の知れない; 不可解な, 洞察できない. ♦ **～·ly** *adv* **～·ness** *n*

fáthom lìne 〔海〕尋数測深索; 《海図の》尋等深線.

fa·tid·ic /feɪtídɪk, fə-/, **-i·cal** *a* 預言の, 預言的な. 〔L *fatum* fate, *dico* to say〕

fat·i·ga·ble /fǽtɪgəb(ə)l, fətí:gə-/, **fa·tigu·able** /fətí:gəb(ə)l/ *a* 疲れやすい, 疲労性の. ♦ **fàt·i·ga·bíl·i·ty** /, fətì:gə-/, **fa·tìgu·abíl·i·ty** *n*

fa·tigue /fətí:g/ *n* **1** 疲労, 疲れ; 〔工〕《材料の》疲れ, 疲労; 〔生理〕疲労 《刺激の持続による感覚受容器などの一時的反応低下》. **2** 《疲労をきたす》労働, 労苦, 労役 (toil); 〔軍〕《本務以外の, 特に 罰としての》雑役 (=～ **dùty**), 作業班 (=～ **pàrty**), [*pl*] 作業服, 野戦服 (=～ **clòthes**, ～ **ùniform**): be [be put] on ～ 〔軍〕雑役に服して[を課されて]いる. ► *a* 〔軍〕雑役の, 作業の. ► *vt* 《文》疲れさせる; 弱らせる; 〔工〕〈材料を〉疲労させる: be ～*d* with...で疲労している. ► *vi* 〔工〕強度が落ちる, 疲労する; 〔軍〕雑役[作業]をする. ♦ **～·less** *a* 疲労しない, 疲れを知らない. 〔F＜L *fatigo* to exhaust〕

fatígue drèss 《兵卒の》作業服.

fatígue lìfe 〔工〕《材料の》疲労[疲れ]寿命.

fatígue lìmit 〔工〕《材料の》疲労[疲れ]限度, 耐久限度 (=*endurance limit*).

fatígue strèngth 〔工〕《材料の》疲労強度.

fatígue tèst 〔工〕《材料の》疲労試験.

fa·tígu·ing *a* 疲れる, 骨が折れる; 気が重くなる. ♦ **～·ly** *adv*

fa·ti·ha(h) /fá:tihà:/ *n* [ᴼF-] 〔イスラム〕ファティハ 《クルアーンの第 1

章; 祈禱文として用いられる). [Arab=that which begins]

Fat·i·ma /fǽtəmə/ **1** ファーティマ (FĀṬIMAH). **2** ファーティマ《Bluebeard の最後の妻; 女性の好奇心の象徴とされる》.

Fá·ti·ma /fǽtəmə, fáː-/ ファティマ《ポルトガル中部 Lisbon の北北東にある村; 聖母マリアの聖堂があり, 巡礼者を集める》.

Fāt·i·mah /fǽtəmə/ ファーティマ (c. 606–633)《Muhammad の娘; 通称 az-Zahrā' (輝けるもの); 4 代目カリフ Ali の妻; 後世に理想の女性とみなされるようになった》.

Fat·i·mid /fǽtəməd/ *n, a* FĀṬIMA の子孫(の); ファーティマ朝の(人)《ファーティマ朝 (909–1171) は北アフリカに興ったイスラム王朝で, ファーティマの子孫と称した》.

Fat·i·mite /fǽtəmàɪt/ *n, a* FATIMID.

fatism ⇨ FATTISM.

fát lámb 《豪》《輸出冷凍肉用の》肥育子羊.

fát·less *a* 脂の少ない, 赤身の〈肉〉.

fát líme 富石灰.

fát·ling *n* 肥畜《食肉用に太らせた子牛・子豚など》.

fát líp 《俗》《なぐられて》はれあがった唇: give sb a ～.

F

fát·ly *adv* 太って; 不器用に; 大いに; 豊富に; 満足げに, 悦に入って.

Fát Màn ファットマン, 太っちょ《長崎に投下された原子爆弾のコードネーム》.

fát móuse 〔動〕アフリカ人が好んで食べる短尾のネズミ.

fát-mòuth /-ð/*《俗》*vi, vt* おしゃべりする, しゃべくる; 言いくるめる, うまいこと言ってだます. ► *n* おしゃべり《人》.

fát·ness *n* 肥満; 油っこいこと; 《地味の》肥沃; 富裕[繁栄]をもたらすもの, 恵み.

Fatshan 仏山 (⇨ FOSHAN).

fats·hed·era /fæts(h)édərə/ *n* 〔植〕ファツヘデラ《ヤツデの園芸改良種とセイヨウキヅタの雑種; 観葉植物》.

fat·sia /fǽtsiə/ *n* 〔植〕**a** ヤツデ, テングノハウチワ (=*Japanese aralia*)《ウコギ科ヤツデ属; 日本原産》. **b** タラノキ《ウコギ科タラノキ属》. **c** アメリカハリブキ.

fat·so /fǽtsoʊ/ *n* (*pl* **～es, ～s**) [°*voc*]《口》[derog] でぶ, でぶっちょ. ► *a**《俗》 FAT.

fát-sòluble *a* 〔化〕〈ビタミンなど〉油脂に溶解する, 脂溶性の.

fát·stòckᴵᴵ *n* 肥畜《すぐに出荷できる食肉用家畜》.

fát-tàiled shéep 〔畜〕脂尾羊(しびよう), 脂肪尾種《尾骨の両側に多量の脂肪をつけた毛の粗い肉用羊》.

fát·ted *a* 太らせた, 肥育した: kill the ～ calf ⇨ FAT.

fat·ten /fǽtn/ *vt* 《屠殺用に》太らせる, 肥育する 〈*up*〉; 〈土地を〉肥やす; 〈お金・会社の価値を〉大きくする, 増やす 〈*up*〉; 〔ポーカー〕〈場〉の積立てを増やす. ► *vi* 太る, 大きくなる; 肥沃になる 〈*out*〉: ～ *on* the labors of others 人の労力を食い物にして太る[裕福になる]. ♦ **～·er** *n* 肥畜飼育者; 肥畜. **～·ing** *a*

fat·ti ma·schii, pa·ro·le fe·mi·ne /fáːtti máːskìː pɑːróːleɪ féːmɪnèɪ/ 行為は男性で ことばは女性である; 行為はことばよりも効果的である; 男らしい行為 女らしいことば《Maryland 州の標語》. [It]

fát·ti·ness *n* 脂肪質; 油っこさ; 〔医〕脂肪過多(性).

fát·tish *a* やや太った, 太りぎみの. ♦ **～·ness** *n*

fát·(t)ism, fát·ty·ìsm *n* [ᵁ*joc*] 肥満者差別, デブいじめ. ♦ **fát·(t)ist** *a, n*

Fát Túesday MARDI GRAS 1.

fát·ty *a* 脂肪質の; 油っこい; 脂肪過多(症)の; 〔化〕脂肪性の (aliphatic). ► *n* 《口》でぶ, 太っちょ《人・動物》. ♦ **fát·ti·ly** *adv* [*fat*]

fátty ácid 〔化〕脂肪酸《天然の脂肪や油脂を構成する脂肪族モノカルボン酸》.

fátty degenerátion 〔医〕《細胞の》脂肪変性.

fat·ty·gews /fǽtigjùːz/ *n pl**《俗》作業服 (fatigues).

fattyism ⇨ FATTISM.

fátty líver 〔医〕脂肪肝.

fátty óil 〔化〕脂肪油 (=*fixed oil*).

fátty tíssue 〔動〕脂肪組織 (adipose tissue).

fátty túmor 〔医〕脂肪腫 (lipoma).

fa·tu·i·tous /fət(j)úːətəs/ *a* 愚鈍な (fatuous).

fa·tu·i·ty /fət(j)úːəti/ *n* 愚かさ, 愚鈍; ばかげたことば, 愚行; 《古》痴呆, 低能. [F (↓)]

fat·u·ous /fǽʧuəs/ *a* まぬけの, 愚鈍な; 愚かしい, ばかげた; 軽薄な; 《古》実体のない (illusory): a ～ fire 鬼火 (ignis fatuus). ♦ **～·ly** *adv* ぼんやりと, たわいもなく. **～·ness** *n* [L *fatuus* foolish]

fat·wa, -wah /fáːtwɑː; fǽt-/ *n* 〔イスラム〕ファトワー《宗教上の問題について, 有資格者である法官またはイスラム教指導者が下すイスラム法にのっとった裁断》. [Urdu<Arab]

fát-wítted *a* 愚鈍な, のろまな, 鈍物の.

fát·wòod *n**《南部》たきつけ用の木 (lightwood).

fau·bourg /fóʊbʊ̀r(g); -bùər; *F* fobuːr/ *n* 郊外, 《特に Paris の》近郊 (suburb); 市区.

fau·cal /fɔ́ːk(ə)l/ *a* FAUCIAL; 〔音〕咽喉音の (guttural). ► *n* 〔音〕咽喉音.

fau·ces /fɔ́ːsìːz/ *n* [〈*sg*/*pl*〉]〔解〕口峡, 〔動〕喉(のど), 《特に》咽喉; 〔植〕花喉. [L=throat]

fau·cet* /fɔ́ːsət, *fáː-/ *n* 《水道・樽の》飲み口, 蛇口, 水栓, コック (tapᴵᴵ). [OF *fausset* vent peg<Prov (*falsar* to bore)]

fau·cial /fɔ́ːʃəl/ *a* 〔解〕口峡 (fauces) の.

faugh /pɸː, fɔː/ *int* フッフ, ヘッ!《嫌悪・軽蔑を表わす》. [imit]

fauld /fɔ́ːld/ *n* 〔甲冑〕フォールド《腰から腿(もも)にかけての鉄札の防具》.

Faulk·land /fɔ́ːklənd/ フォークランド《Sheridan, *The Rivals* に出るつむじまがりで嫉妬深い男》.

Faulk·ner, Falk- /fɔ́ːknər/ フォークナー **William** (**Cuthbert**) ～ (1897–1962)《米国の小説家; *The Sound and the Fury* (1929), *Light in August* (1932), *Absalom, Absalom!* (1936); ノーベル文学賞 (1949)》. ♦ **Faulk·ner·ian** /fɔːkníəriən, -nέər-/ *a*

fault /fɔ́ːlt, ᴵᴵfɔ́lt/ *n* **1 a** 誤り, 過失, おちど, 手落ち; 〔テニスなど〕フォールト《サーブの失敗[無効], そのようなサーブ》; 〔狩〕臭跡を失うこと: acknowledge one's ～ 自分が悪かったと言う / through no (particular) ～ of one's own (特に)自身が悪いわけではないのに / He that commits a ～ thinks everyone speaks of it. 《諺》あやまちを犯した者は人が皆うわさをしていると思うものだ. **b** 《過失の》責任, 罪; 〔馬〕《障害飛越(ひえつ)競技の》罰点: It's (all) your ～ *that*…[*for doing*…] …なのは(すべて)きみのせいだ / The ～ is mine.=The ～ lies with me. 責任はわたしにある / The ～ is in ourselves, not in our stars. 《諺》罪は運勢の星にあるのではなくてわれわれ自身にあるのだ《Shak., *Caesar* 1.2.140 に由来》. **2 a** 欠点, あら, 短所, あな; 《機器・システムの》欠陥, 《製品の》きず; 《廃》不足 (lack): Know your own ～*s* before blaming others for theirs. 《諺》人の欠点を責める前に自分の欠点を知れ. **b** 〔地質〕断層; 〔電〕障害, 故障; 漏電 (leakage). ● **at ～** (1) 責任があって, 悪い; 間違って. (2) 〈猟犬が〉臭跡を失って; 〈人が〉途方に暮れて, 当惑して. **find ～** (**with** …の)欠点を指摘する, あらを探す, (…に)文句[けち]をつける, (…を)けなす. **in ～** 間違って; 《古》悪い, 罪がある. **to a ～** 《美点について》欠点となるほどに, 極端に: He is kind [generous] *to a* ～. 親切[寛大]すぎる. **with all ～s** 〔商〕《表示》損傷保証せず, 一切買主の責任で. **without ～** 誤りなく, 確実に. ► *vt, vi* **1** [ᵁ*pass*]〔地質〕…に断層を起こさせる; 断層を生じる. **2** …のあらを探す, 責める (blame) 〈*for*〉; 欠点ありと宣する: The plan is hard [difficult] to ～. 計画の欠点を指摘するのはむずかしい. **3** 〔テニスなど〕フォールトを犯す; 過失を犯す. [OF *faut*(*e*) <L (pp)〈*fallo* to deceive; *-l-* は 17 世紀以後の標準形]

fáult·fìnd·er *n* とがめ立て[あら探し]をする人, やかまし屋; 〔電〕障害点測定器.

fáult·fìnd·ing *n, a* とがめ立て[あら探し](をする), 難癖(をつける).

fáult·less *a* 過失[欠点]のない, 申し分のない, 完全な. ♦ **～·ly** *adv* **～·ness** *n*

fáult líne 〔地質〕断層線; 断絶, 分裂.

fáult plàne 〔地質〕断層面.

fáult tòlerance 〔電算〕フォールトトレランス《故障が起きてもバックアップシステムを使うなどして動作に支障がないこと》. ♦ **fáult-tòlerant** *a*

fáult trèe 事故[故障]結果予想系統図 (cf. EVENT TREE).

fáulty *a* 〈思考・論理が〉欠点のある, 不完全な, 〈機械装置などが〉欠陥のある; 《古》非難すべき, 誤った, 誤りを犯しがちな. ♦ **fáult·i·ly** *adv* 不完全に, 誤って. **-i·ness** *n*

faun /fɔ́ːn, *fáːn/ *n* 〔ロ神〕ファウヌス《人の胴と山羊の下半身をもつ角の生えた林野牧畜の神; cf. SATYR》. [OF or L FAUNUS]

fau·na /fɔ́ːnə, *fáː-/ *n* (*pl* **～s, -nae** /-nìː, -nàɪ/) [ᵁthe] 動物相, ファウナ《一地域または一時期に生息するすべての動物; cf. FLORA, AVIFAUNA》; 動物誌. ♦ **fáu·nal** *a* **-nal·ly** *adv* [L *Fauna* (fem)〈↑]

faun·et /fɔ́ːnət/ *n**《俗》《ホモの相手としての》若者, 少年, 稚児さん.

fau·nist /fɔ́ːnɪst, *fáː-/ *n* 動物相研究者.

fau·nis·tic /fɔːnístɪk, *fɑː-/, **-ti·cal** *a* 動物地理学上の; 動物相[誌]の (faunal). ♦ **-ti·cal·ly** *adv*

faun·let /fɔ́ːnlət/ *n**《俗》FAUNET.

Faun·tle·roy /fɔ́ːntlərɔ̀ɪ, *fáːn-/ *n* [Lord] フォーントルロイ卿《F. E. Burnett, *Little Lord Fauntleroy* (小公子) の主人公 Cedric Errol; 純真で心優しい少年》; 小公子風の少年. ► *a* 《外見が》フォーントルロイに似た, 小公子風の《巻き毛の頭髪・黒いビロードの上衣と半ズボン・幅広のレースの襟・ひだ飾りを施したシャツなどを特徴とする》.

fau·nule /fɔ́ːnjùːl/ *n* 〔生態〕小動物相. [*fauna*, *-ule*]

Fau·nus /fɔ́ːnəs, *fáː-/ 〔ロ神〕ファウヌス《家畜・収穫の保護神; cf. PAN》.

Faure /fɔ́ːr/ フォール **François-Félix** ～ (1841–99)《フランスの政治家; 大統領 (1895–99)》.

Fau·ré /fɔːréɪ/ フォーレ **Gabriel**(**-Urbain**) ～ (1845–1924)《フランスの作曲家》.

faust /fɔ́ːst/ *a**《俗》醜い, ぞっとする.

Faust /fáʊst/, **Fau·stus** /fáʊstəs, fɔ́ː-/ **1** ファウスト《16 世紀ドイツの伝説的人物; 全知全能を望み Mephistopheles に魂を売った》: ～ legend ファウスト伝説. **2** [Dr Faustus] フォースタス博士《Marlowe の劇 *The Tragical History of Doctor Faustus* の主人公; ドイツのファウスト伝説に基づく》.

Faus·ta /fɔ́:stə, fáʊ-/ ファウスタ **Flavia Maximiana** ～ (289–326)《ローマ皇帝 Constantine 大帝の妃; 3 人の皇帝の母; 絶大な権力をふるった》.
Fáust·ian *a* Faust の[に関する]; ファウスト的な, あくなき魂をもった, 《権力・知識・富などを獲得するために》魂を売り渡す, 常に精神的に苦悩する.
Faustus ⇨ FAUST.
faut /fɔ́:t/ *n, v* 《スコ・古・方》 FAULT.
faute de mieux /*F* fo:t də mjø/ *adv, a* 他によいものがないので(取り上げた).
fau·teuil /fóʊtìl; fóʊtə:i; *F* fotœj/ *n* 肘掛け椅子 (armchair); ᴴ《劇場の》平土間一等席 (stall); 肘掛け椅子風のバスの座席; フランス学士員会員の席[位].
fauve /fóʊv; *F* fo:v/ *n* [ᴼF-]〘美〙野獣派画家, フォーヴ (fauvist); 反抗派, 反逆者; [Les F-s] 野獣派. ► *a* [ᴼF-] 野獣派の, フォーヴの, 色のあざやかな, 原色的な. [F=wild animal]
fau·vism /fóʊvìz(ə)m/ *n* [ᴼF-]〘美〙野獣主義, フォーヴィスム《20 世紀初頭 Matisse, Rouault, Dufy, Vlaminck, Derain などによる絵画運動; 原色と荒々しい筆触を用いて野獣にたとえられた》.
♦ **fáu·vist** *n* [ᴼF-] 野獣派画家, フォーヴ. [F (↑)]
faux /fóʊ; *F* fo/ *a* 虚偽の, にせの, 人造の.
faux ami /fóʊzəmí:/〘言〙空似(そらに)ことば, フォザミ《2 言語間で, 形態はよく似ているが意味の異なる語》. [F=false friend]
faux bon·homme /*F* fo bɔnɔm/ 善人づらした男, うわべの善人.
faux·bour·don /fóʊbərdàn/ *n*〘楽〙フォブルドン《1) 上声部と下声部だけを記し, 中間声部は上声部の 4 度下におく 15 世紀の作曲技法 2) 6 の和音の連続に基づく和声進行》.
faux-naïf, -naif /fóʊnɑːí:f/ *a, n* うぶ[純真, 素朴]に見せかける(人), ねこかぶり, かまとと.
faux pas /fóʊ pá:; *F* fo pɑ/ (*pl* ～ /-pá:(z); *F* —/) 誤ち, 失策, 過失; 軽率なことば[行ない];《特に 女性としての評判をあやうくするような》非礼, 不品行: commit a ～. [F=false step]
fá·va (béan)* /fá:və(-)/ ソラマメ (broad bean). [It<L *faba* bean)]
fave /féɪv/ *n, a* 《口》お気に入りの(もの), 人気者(の). [FAVORITE]
fa·ve·la, fa·vel·la /fəvélə/ *n* 《ブラジルの都市周辺部の》スラム街, 貧民街, ファヴェーラ. [Port]
fa·ve·la·do /fɑ̀:vɛlɑ́:doʊ/ *n* (*pl* ～**s**) 貧民街の住人. [Port]
fa·ve·o·late /fəví:əlèɪt/ *a* 蜂の巣状の, 胞状の, 小窩性の.
fáve ràve 《俗》お気に入りのもの《歌・映画など》;《俗》人気タレント[歌手], アイドル.
fa·vism /féɪvìz(ə)m, fá:-/ *n*〘医〙ソラマメ中毒(症)《ソラマメを食べたり, その花粉を吸い込んだりして起こる急性溶血性貧血》. [*fava*]
fa·vo·ni·an /fəvóʊniən/ *a* 西風の(ような);《詩》温和な, 穏やかな.
fa·vor | fa·vour /féɪvər/ *n* **1 a** 好意, 親切, 世話, 恩顧; 恩典: ask sb a ～=ask a ～ *of* sb 人に事を頼む, お願いする / do sb a ～= do a ～ *for* sb 人のために尽くす, 人の願いを聞き入れる, 人に恩恵を施す / I need a ～. 頼みたいことがある / owe sb a～ 借りがある / return a ～ 借りを返す, 恩返しをする / do…as a ～ 好意で…する. **b** 引立て, ひいき, 愛顧, 知遇; 人気; 賛成, 支持; 支援;《古》寛大さ, 寛大な処置 (lenity);《古》許可: show ～ to sb 人をひいきする, 取り立てる / win sb's ～ 人の愛顧を得る, 人の気に入る / find [lose] ～ in sb's eyes [with sb] 人に引き立てられる[疎まれる] / out of sb's ～=out of ～ with sb 人に嫌われて / fall from [out of] ～ with sb 人の信頼[支援]を失う. **2 a** 寵愛; 偏愛, えこひいき, 情実: by ～ えこひいきして. **b** [ᵁ*pl*]《古風》《特に 女性が》身を許すこと: bestow her ～*s* on her lover 〈女性が〉愛人に身を許す / be free with one's ～*s* 簡単に身を許す / the ultimate [last] ～ (女性の)最後の許し《身を許すこと》. **3 a**《好意・愛情を示す》贈り物; 記念品; *パーティーの景品 (party favor);《会・クラブなどの》記章, 会員章《メダル・リボンなど》;《昔女性が騎士に贈るなどした》寵愛のしるし《手袋・リボンなど》: WEDDING FAVOR. **b**《古》〘商〙書簡: your ～ of April 24 4 月 24 日付貴簡. **4**《古・方》外観, 様子 (appearance);《古》顔だち, 容貌. ● **by [with]** ～ **of** Mr. A A 氏に託して《封筒の添書》. **by (the)** ～ **of** =under (the) FAVOR of. **by your** ～ ご免をこうむって, (こう申しては)失礼ですが. **Do me [us] a** ～**!**《口》人をかつぐんじゃない, そんなばかな. **do yourself a** ～ (*and*) [忠告の前置きとして] 自分のためだと思って, 悪いことは言わないから. **in** ～ はやって; 賛成して: styles *in* ～ 流行[人気]のスタイル / with 60% *in* ～ 60% が賛成して. **in** ～ **of**…に賛成して, …に味方して (for) (opp. *against*); …のほうを選んで; …の利益となるように, …のために; 〈小切手など〉…に払い渡すように (to be paid to): write a check *in* ～ *of*…を受取人として小切手を書く / rule [find] *in* ～ *of* sb 人に有利な判決を下す (cf. FIND *vi*). **in sb's** ～ 人の気に入って, 認められて; 人のために〈弁ずる〉, …に有利に; 〈小切手など〉…に払い渡すように, …受取りの (in favor of sb): be [stand] high *in* sb's ～ 人に大いに気に入られて / go [work, count] *in* sb's ～ 〈訴訟が〉人に有利に判決される; 〈情勢などが〉人の有利になる. **not do oneself any** ～**s** 自分のためにならないことをする. **out of** ～ 気に入られ[認められ]ないで. **under** ～=by your FAVOR. **under (the)** ～ **of**…を利用して, …に援助されて: *under* ～ *of* the darkness 闇に乗じて[紛れて]. **with** ～ 好意的に; 賛成[支持]して: regard [look on] sb [sth] *with* ～ 人[もの]を好意的に見る; 人[もの]を支持する. **without** FEAR **or** ～.
► *vt* **1 a** …に好意を示す; …に賛成する, 支持する; …に味方する. **b** 恵む, 贈る; 〈…の栄を与える〈*with*〉: Will you ～ us *with* a song? 歌を聞かせてくださいませんか / The queen ～*ed* him *with* an audience. 女王は彼に謁見の栄を与えた. **c** 〈天候・事情など〉…に有利[好都合]である; …に似合う. **2 a** 特に目をかける; 偏愛する, えこひいきする. **b** 好んで着る[身に着ける]. **c** 〈負傷箇所などを〉かばう, 大事にする. **3** 暗に奨励する; 助力する. **4**《米口・英では古風》〈肉親など〉に顔が似る: The girl ～*s* her mother. 少女は母親似だ. ● ～**ed by**…《手紙で》…に託して.
[OF<L (*faveo* to be kind to)]
fa·vor·able | fa·vour·able /féɪv(ə)rəb(ə)l/ *a* **1** 好意を示す〈*to*〉, 好意ある; 賛成[承認]する, 承諾の: make a ～ impression 〈人に〉好印象を与える〈*on* sb〉/ a ～ comment 好意的な批評 / a ～ answer 色よい返事. **2** 有利な, 好都合の, 順調な〈*to*〉; 有望な; 〈貿易収支が〉輸出超過の: a ～ opportunity [wind] 好機[順風] / take a ～ turn 好転する / ～ terms 好条件. ♦ ～**·ness** *n*
fá·vor·ably *adv* 好意をもって; 有利に, 好都合[順調]に; 有望に: be ～ impressed by…からよい印象をうける.
fá·vored *a* **1** 好意[好感]をもたれている; 恵まれた; 特恵扱いの: MOST FAVORED NATION. **2** [*compd*] 顔(つき)[外見]が…の: ILL-[WELL-]FAVORED.
fávor·er *n* 愛顧者; 保護者, 補助者; 賛成者.
fávor·ing *a* 好都合[順調]な, 有利な; 有望な. ♦ ～**·ly** *adv*
fa·vor·ite | fa·vour·ite /féɪv(ə)rət/ *a* 大好きな, 気に入りの, 寵愛の, 格別人気のある; 得意の, おはこの: a ～ child 秘蔵っ子 / one's ～ book 愛読書 / one of her ～ songs 彼女のお気に入りの歌のひとつ. ► *n* お気に入り, 人気者; 寵児;《宮廷の》寵臣; 特に好きなもの; [the]《競馬・競技の》本命, 人気馬: a fortune's ～ 幸運児 / be a ～ with…の寵児である, …に人気がある / an old ～ 昔からのお気に入り / a gold medal ～ 金メダルの本命. ● **play** ～**s (with** sb) 《口》(人を)えこひいきする. [F<It (pp)<FAVOR]
fávorite són* 出身地における人気者, 地元出身の人気有名人;《党の全国大会で自州の代議員から大統領候補者として指名される》秘蔵候補者.
fá·vor·it·ism *n* 偏愛, えこひいき; 気に入られていること.
fa·vose /féɪvòʊs, —⌐/ *a* 蜂の巣状の (alveolate). [FAVUS, *-ose*]
favour ⇨ FAVOR.
Fa·vrile /fəvrí:l/〘商標〙ファヴリール《L. C. Tiffany によって創出された真珠光沢のガラス器》.
fa·vus /féɪvəs/ *n*〘医〙黄癬(おうせん). [L=honeycomb]
Fawkes /fɔ́:ks/ フォークス **Guy** ～ (1570–1606)《GUNPOWDER PLOT を企てたイングランド人カトリック教徒; cf. GUY FAWKES DAY》.
Fáwl·ty Tówers /fɔ́:lti-/ トラブル続きの最悪のホテル《英国の同名のテレビ番組より》.
fawn[1] /fɔ́:n, *fá:n/ *n* 《特に 1 歳以下の》子鹿; 子ヤギ, 幼獣 (kid); 淡黄褐色 (=～ **brówn**); 淡黄褐色のもの: in ～ 〈鹿が〉子をはらんで. ► *a* 淡黄褐色の. ► *vi* 〈鹿が〉子を産む. ♦ ～**·lìke** *a* [OF<L; ⇨ FOETUS]
fawn[2] *vi* 〈犬が〉じゃれつく; ご機嫌を伺う, へつらう, ちやほやする〈*on, upon, over*〉. ♦ ～**·er** *n* [OE *fagnian, fægnian*; ⇨ FAIN[1]]
fáwn-còlored *a* 淡黄褐色の.
fáwn·ing *a* じゃれつく; 卑屈な, こびへつらう. ♦ ～**·ly** *adv*
fáwn lìly〘植〙カタクリ (dogtooth violet).
fáwny *a* 淡黄褐色がかった.
fax[1] /fǽks/ *n* ファックス, ファクシミリ (facsimile); ファックス文書: send instructions by ～ ファックスで指示を送る. ► *vt* ファックスで送る: ～ the document (*through*) *to* me=～ me the document.
fax[2] *n pl* 《口》事実, 情報 (facts).
Fa·xian /fá:ʃíén, -ʃiá:n/, **Fa-hsien** /fá:ʃíén/ 法顕(ほっけん)(ファーシエン)《4 世紀後半から 5 世紀初めの中国の僧・大旅行家》.
fáx machìne ファックス装置.
fáx mòdem〘電算〙ファックスモデム《コンピューターでファックスの送受信ができるようにする装置》.
fáx nùmber ファックス番号.
fay[1] /féɪ/ *n* 《詩》妖精 (fairy), 小妖精 (elf). ► *a* 《詩》小妖精の(ような);《口》もったいぶった, 気取った; *《俗》ホモの. [OE<L *fata* (pl) the FATES]
fay[2] *vt, vi* ぴったり接合する, 密着させる[する]. ● ～ **in [with]** ぴったり合わさる. [OE *fēgan* to join]
fay[3] *n* 《廃》信念, 誠意 (faith). [AF *feid*]
fay[4] *n* 《黒人俗》[*derog*] 白人 (ofay).
Fay, Faye /féɪ/ フェイ《女子名》. [OF<L=faithful; *fay*[1] fairy]
Fayal ⇨ FAIAL.
fay·al·ite /féɪəlàɪt, faɪɑ́:làɪt/ *n*〘鉱〙鉄橄欖(かんらん)石.
fay·nights /féɪnàɪts/ *vt* ᴴ《学童俗》FAIN[2].
fayre /féər/ *n* FAIR[2] の擬古的つづり.
Faysal ⇨ FAISAL.
Fayum ⇨ FAIYUM.

faze /féɪz/ *vt* [ᵁ*neg*]《口》〈人〉の心を騒がせる, 度を失わせる, あわてさせる, 気おくれさせる, 困らせる.

fa·zen·da /fəzéndə/ *n*《特に コーヒー豆を栽培する》ブラジルのプランテーション. [Port=Sp *hacienda*]

fa·zoom /fəzú:m/ *int* ゴーッ《火炎の音など》. [imit]

FB Facebook; °foreign body ♦ freight bill 運賃請求書. **FBA** Fellow of the British Academy. **FBI**〘米〙Federal Bureau of Investigation 連邦捜査局《1908 年 Department of Justice の一局として創設; 1924 年 J. Edgar Hoover が長官になって再編成され, 34 年から銃器携行が許可されている》. **FBR** °fast-breeder reactor. **fc** forthcoming. **f.c.**〘野〙°fielder's choice ♦ °fire control ♦〘印〙follow copy. **FC** °fire control ♦ °food control ♦ Football CLUB ♦ °Forestry Commission ♦ °Free Church (of Scotland). **FC, fc** foot-candle. **FCA**〘米〙Farm Credit Administration 農業金融局. **FCB** °Farm Credit Bank.

FCC〘米〙°Federal Communications Commission.

FCIC〘米〙°Federal Crop Insurance Corporation.

F clef /éf ─/〘楽〙ヘ音記号 (=*bass clef*) (⇨ CLEF).

f. co.〘印〙°fair copy. **FCO**〘英〙°Foreign and Commonwealth Office. **fcp.** foolscap. **FD** °Fidei Defensor ♦ °fire department ♦ °floppy disk ♦ °focal distance. **FDA**〘米〙°Food and Drug Administration. **FDC** °first day cover ♦ °fleur de coin. **FDD**〘電算〙°floppy disk drive.

FDDI /éfdì:dì:áɪ/ *n*〘電算〙FDDI《光ケーブルを用いたコンピューターネットワークの規格》. [*F*iber *D*istributed *D*ata *I*nterface]

FDI foreign direct investment 対外[海外, 外国]直接投資.

FDIC〘米〙°Federal Deposit Insurance Corporation.

F distribution /éf ─/〘統〙F 分布《$X_1, \ldots, X_m, Y_1, \ldots, Y_n$ が標準正規分布に従う独立な確率変数の時, $X_1, \ldots, X_m$ の平方の平均と $Y_1, \ldots, Y_n$ の平方の平均との商が従う確率分布》. [Sir Ronald Aylmer FISHER]

FDM °frequency division multiplex. **FDR** Franklin Delano ROOSEVELT. **Fe**〘化〙[L *ferrum*] iron.

FE °further education.

feal /fí:l/ *a*《古》忠実な, 誠実な (faithful).

fe·al·ty /fí:(ə)lti/ *n*〘史〙《領主に対する》誠実(義務); 誠実の誓い; 忠義, 忠節;《一般に》誠実, 信義. [OF<L; ⇨ FIDELITY]

fear /fíər/ *n* **1** 恐れ, 恐怖 (terror); [°*no* ~] 危険; 不安, 心配, 懸念, 危惧 (anxiety) 〈*for*〉; 不安の種, 危惧の念を起こさせるもの: feel *no* ~ 恐れ[こわさ]を感じない / with [in] ~ こわくて, 恐怖のあまり / have a ~ of...を恐れる / There is not the slightest ~ of rain today. 今日雨の気づかいは少しもない / The only thing we have to fear is ~ itself. われわれが恐れなければいけないのは恐れそのもののみである《Franklin D. Roosevelt の大統領就任演説 (1933) のことば》. **2**《神などに対する》畏(おそ)れ, 畏怖, 畏敬 (awe): the ~ of God 神を畏れること[気持], 畏敬の念. ● **F~!** *《ティーンエージャー俗》おっかねえなあ, おおこわ. **for ~ of** (*doing*)...を恐れて; ...をしないように, ...のないように. **for ~ (that [lest])**...することのないように; ...するといけないと思って. **have no ~s for** sb ⇨ TERROR. **in ~ and trembling** ひどくこわがって, びくびくして. **in ~ of**...を恐れて; ...を気づかって: live [go] *in* ~ *of* one's life 命を取られる[殺される]のではないかとびくびくしている. **No ~!**《口》いえいえ, まっぴらだ (Certainly not!);《口》心配ご無用, だいじょうぶ. **no ~ but [that, what]**...はだいじょうぶ, おそらく.... **no ~ of...**《口》...など決してない[ありっこない]. **put the ~ of God into [in, up]** sb 人をひどく恐れさせる[おどかす]. **without ~ or favor** 公平に, 厳密に.

► *vt, vi* **1** 恐れる, こわがる 〈*to do, doing*〉; 気づかう, 懸念する, 危ぶむ 〈*for*〉 (⇨ HOPE); 〈神などを〉畏れる, 畏敬[畏怖]する: Never ~.=*F*~ not.《古風》心配無用, だいじょうぶ! / She ~*ed to* take the drink. その飲み物を飲むのをこわがった《飲めなかった》/ I ~ *for* her. 彼女の身が心配だ / She ~*ed for* his health [life, safety]. 彼の健康[生命, 安全]を案じた / I ~ [《口》I am afraid] (*that*) we are too late. もう間に合いそうもない / Will he get well?—I ~ not. よくなるのだろうか—どうも怪しいようだ / I ~ me [挿入句として]《古》恐れる / Is she going to die?—I ~ so. 死ぬだろうか—死ぬだろう / *F*~ God. 神を畏れよ. **2**《古・方》こわがらせる (frighten).

♦ **~·er** *n* [OE *fǣr* sudden calamity, danger; cf. G *Gefahr* danger]

féar·ful *a* **1** 恐ろしい, ぞっとする: a ~ railroad accident 恐ろしい鉄道事故 / a ~ storm ものすごいあらし. **2 a** 恐れて, 気づかって 〈*of, to do; that [lest] one should...*〉. **b** 神を畏れる, 敬虔な. **c**〈表情・ことばなどが〉おびえた, びくびくした: ~ speech おどおどした話し方 / ~ cries 恐怖の叫び声 / a ~ look びくびくした顔. **3**《口》ひどい, とんでもない: a ~ mistake [waste] ひどい誤り[浪費]. ♦ **~·ness** *n* 恐ろしさ, 恐怖(心).

féar·ful·ly *adv* 恐るおそる; 恐ろしいほどに;《口》おそろしく, ひどく.

féar·less *a* 〈何物をも〉恐れない 〈*of*〉; 大胆不敵な, 豪胆な.
♦ **~·ly** *adv* **~·ness** *n*

féar·mònger *n* SCAREMONGER. ♦ **-mònger·ing** *n*

féar·nòught, -nàught *n* フィアノート (=*dreadnought*)《オーバー地などの重目の紡毛織物; その服[オーバー]》;〘紡〙《カード工程の前工程に用いる》調合機.

féar prèmium〘金融〙フィアプレミアム《戦争の勃発などの不安材料に起因する価格の上昇》.

féar·some *a* 〈顔など〉恐ろしい, 恐怖を覚えさせる; 恐ろしいほどの, ものすごい, 非常な; 臆病な, びくびくした. ♦ **~·ly** *adv* **~·ness** *n*

feart /fíərt/ *a*《スコ》こわがって (afraid).

fea·sance /fí:z(ə)ns/ *n*〘法〙作為, 行為.

fea·si·bil·i·ty /fì:zəbíləti/ *n* 実行できること, 成否, 可能性 〈*of*〉: a ~ study 実行可能性[採算性, 企業化]調査, フィージビリティスタディ.

fea·si·ble /fí:zəb(ə)l/ *a* **1** 実行できる, 実現可能な (possible): a ~ scheme 実行可能な計画. **2**〈話などが〉もっともな, ありそうな (likely): a ~ story 無理のない話. **3**〈...に〉適した, 便利な (suitable) 〈*for*〉: fields ~ *for* cultivation 耕作に適した畑. ♦ **-bly** *adv* 実行できるように, (実際的に)間に合うように, うまく. **~·ness** *n* [OF (L *facio* to do)]

feast /fí:st/ *n* **1 a** 饗宴, 祝宴, 宴会 (banquet); ごちそう; [a ~ of ...] たくさん, 多量: give [make] a ~ ごちそうする. **b**《耳目を》喜ばせるもの, 喜び, 楽しみ: a ~ for the eyes [ears, soul] 目[耳, 心]のごちそう / a ~ of colors 色の饗宴 / a ~ of reason 名論卓説. **2**《宗教的な》祭, 祝祭; 祭礼; 祭日, 祝日: IMMOVABLE [MOVABLE] FEAST. ● **a ~ or a famine** 豊富か欠乏か, 大成功か大失敗か. ► *vt* ...にごちそうする, もてなす; 喜ばせる, 楽しませる; 毎年祭礼を行なって祝う. ► *vi* 祝宴に列する[を張る]; ごちそうを食べる; 満喫する 〈*on* Peking duck〉; 大いに楽しむ[喜ぶ] 〈*on*〉: ~ *on* the night view 夜景を楽しむ. ● **~ away** 〈夜などを〉宴を張って過ごす. **~ oneself on**...を大いに楽しむ. **~ one's eyes** ⇨ EYE[1]. ♦ **~·er** *n* [OF<L (*festus* joyous)]

féast dày 祭日, 祝祭日; 宴会日.

féast·ful *a* うれしい, 陽気な; 祭礼の, 祝祭の.

Féast of Bóoths [the]〘ユダヤ教〙仮庵(かりいお)の祭 (SUKKOTH).

Féast of Dedicátion [the]〘ユダヤ教〙神殿奉献祭 (HANUKKAH).

Féast of Hóly Ínnocents [the] HOLY INNOCENTS' DAY.

Féast of Lánterns [the]《中国の》元宵(げんしょう)[元夜]の祭《旧暦 1 月 15 日; 五彩のちょうちんを飾り, 子供はちょうちん行列をする》;《日本の》盆 (BON);〘ヒンドゥー教〙DIWALI.

Féast of Líghts [the]〘ユダヤ教〙光の祭 (HANUKKAH).

Féast of Lóts [the]〘ユダヤ教〙PURIM;〘ヒンドゥー教〙DIWALI.

Féast of Tábernacles [the]〘ユダヤ教〙仮庵(かりいお)の祭 (SUKKOTH).

Féast of Trúmpets [the]〘ユダヤ教〙新年祭.

Féast of Wéeks [the]〘ユダヤ教〙SHABUOTH.

feat[1] /fí:t/ *n* 注目すべき行ない, 手柄, 偉業, 勲功; 離れわざ, 早わざ, 妙技, 芸当; 行為 (act, action), 行ない (deed): a ~ of arms [valor] 武勲 / a ~ of balancing / a ~ of memory / no mean ~ なかなかの快挙. [OF<L; ⇨ FACT]

feat[2]《古》*a* 適当な, ふさわしい; 巧妙な, うまい; こぎれいな; 〈服が〉よく似合う. [OF (↑)]

feath·er /féðər/ *n* **1 a**《鳥の》羽(はね); [ᵁ*pl*]《全身の》羽毛 (plumage); [*pl*] [*fig*] 装い, 衣裳 (attire): Fine ~*s* make fine birds.《諺》馬子にも衣裳 / (as) light as a ~ きわめて軽い / in ~ 羽のある, 羽でおおわれた. **b** 鳥類, 猟鳥類 (cf. FUR). **2 a**《帽子などの》羽根飾り; 矢羽根, 矢はず; [ᵁ*pl*]《犬・馬などの》ふさ毛, 立毛 (feathering);《宝石・ガラスの》羽状のきず, フェザー;《潜水艦の潜望鏡による》航跡;《シャフトなど機械部品の》突出部分, リブ, フランジ. **b**《羽毛のように》軽い[つまらない, 小さい]もの; FEATHERWEIGHT: do not care a ~ ちっともかまわない. **3**〘木工〙《板の接合の》さね;〘機〙フェザーキー, 平行[すべり]キー;〘ボート〙フェザー《オールの水かきを水面と平行に返すこと》. **4 a** 種類 (kind): BIRDS of a ~ flock together. **b** 調子, 状態 (fettle); 気分 (mood). ● **a ~ in sb's cap [hat]** 誇りとなるもの, 名誉, 手柄《インディアンなどが, 戦闘での勇敢さを示すのに使う羽根飾りから》. **be spitting ~s**《口》かんかんにおこる; ᴴ《俗》のどがからからである. **crop sb's ~s=crop the ~s of** sb 人の高慢の鼻を折る. **cut a ~** 〈船が〉船首でしぶきをあげて進む;《口》自分を目立たせようとする. **have not a ~ to fly with** 一文無しだ. **in fine ~** 元気で, 絶好調で; *《口》りっぱな身なりで, きちんとした服装で. **in full ~** 〈ひな鳥など〉羽が生えそろって; 盛装して; 元気そのもので, 絶好調で (in fine feather). **in good [high] ~** 元気で, 好調で (in fine feather). **make the ~s fly**《口》(1) =make the FUR fly. (2) ばりばり仕事をする. **not take [knock] a ~ out of** sb《アイル》人を混乱させない[傷つけない]. **ruffle** sb's **~s** 人をおこらせる, いらだたせる. **show the** WHITE FEATHER. **smooth one's [sb's] (rumpled [ruffled]) ~s** 気を取り直す[人をなだめる]. **the ~s fly** 大騒動が起こる. **You could [might] have knocked me down [over] with a ~.** びっくり仰天した.

► *vt* **1** 羽毛でおおう; 〈帽子など〉に羽根飾りを付ける; ...に矢羽根を付ける; ふさふさとおおう: TAR[1] and ~. **2** 〈鳥が〉〈風を〉翼で切る; 〈魚が〉〈水を〉ひれで切る;〘ボート〙〈オールの水かきを〉水平に返す《空気抵抗を弱めるため》;〘カヌー〙〈パドルを〉水中で進行方向と平行にする《静かに進むため》;〘空〙〈プロペラ・ローター〉の羽根角を飛行方向と平行に変えて

空気抵抗を減らす, フェザリングする; 飛行中に〈エンジンを〉切る. **3**〈毛を〉短く先細に切る; 〘建〙そぎ端に合うように…の端をそぐ; 〈板などを〉溝をつくって凸縁と結合する; 〈塗料を〉塗り広げてふちをぼかす. **4**〘狩〙〈鳥を〉(殺さずに)羽を撃って落とす; 〘スポ〙〈ボールなどを〉そっと(正確に)打つ[パスする, シュートする].. ► *vi* **1** 羽毛を生ずる, 羽が伸びる〈*out*〉. **2** 羽のように動く[浮く, 広がる]; 〘ボート〙オールを水平に返す; 〘空〙プロペラの羽根角を飛行方向と平行に変えて抵抗を減らす. **3**〈猟犬が〉臭跡を捜しながら毛を立てて身震いする. **4 a** 羽状をなす. **b**〈インクなど〉散る, にじむ; 〈煙など〉広がって輪郭が薄れる. ● **~** one's NEST. **~ out** *しだいに消滅する (taper off). **~ up to**… *《俗》…に言い寄る, …を口説く. [OE *fether*; cf. G *Feder*]

féather álum 〘鉱〙ALUNOGEN.

féather·bèd *a* フェザーベッディングの[を求める, による]. ► *vi* 水増し雇用を要求する; フェザーベッディングで生産制限をする; フェザーベッディングを行なう. ► *vt* フェザーベッディングで行なう; 〈産業・経済などを〉政府補助金で援助する; 甘やかす (pamper).

féather béd 羽毛マットレス(のベッド); [*fig*] 安楽な状態[地位] (sinecure).

féather·bèdding *n* 〘労〙フェザーベッディング《組合規則や安全規則に従って雇用者に水増し雇用や生産制限を要求する労働組合の慣行》.

féather bóa 《昔の》羽毛製の襟巻.

féather·bòne, -bòning *n* 羽骨(うこつ)《鶏・あひるなどの羽の茎から作った鯨のひげの代用品; コルセット・ガードルの土台やフープスカートの輪骨に用いる》.

féather·bràin *n* 粗忽者, そそっかし屋, まぬけ. ♦ **~ed** *a*

féather crèw *《俗》CREW CUT に似た男子の髪型.

féather·cùt *n* フェザーカット《髪を短くふぞろいに切り, カールを羽のように見せる女性の髪型》. ♦ **féather-cùt** *vt* 〈髪を〉フェザーカットにする.

féather dúster 羽のはたき, 毛ばたき; *《陸軍士官学校俗》《正装時の軍帽に付ける》長い羽毛.

féather-dùst·er wórm 〘動〙ケヤリ, ケヤリムシ (=*fan worm, feather worm, peacock worm*)《花のような鰓冠(さいかん)を広げて呼吸・捕食をするケヤリ科 (Serpulidae) の多毛類》.

féath·ered *a* 羽毛の生えた; 羽[羽根]をつけた; 羽根飾りのある; 羽毛でできた; 羽状の; 翼のある, 速い: our ~ friends [*joc*]=the ~ tribes 鳥類.

féather·èdge *n* 羽のように薄くなった(めくれたり折れたりしやすい)端; 〘建〙薄刃べり, そぎ端. ► *vt* 〈板〉の片端をそぐ, 薄刃べりにする.

féather-fòot·ed *a* 音をたてずに敏捷に動く.

féather gràss 〘植〙ナガホハネガヤ《イネ科》.

féather·hèad *n* FEATHERBRAIN. ♦ **~·ed** *a*

féather·ing *n* **1** 羽衣(うい), 羽毛, 羽 (plumage); 矢羽根; 《犬の足などの》ふさ毛; 〘建〙茨飾り. **2** フェザリング《**1**)〘ボート〙オールを抜いた時に水かきを水平にすること **2**)〘楽〙ヴァイオリンの弓の軽い微妙な使い方》. **3**〘印〙(サイズ不足による)インキのにじみ; ひげ《印刷された画線部の周囲に発生したインキのはみ出し[ぶれ]》. **4**〘電算〙フェザリング《desktop publishing などで, 行間を調整して他のマージンをコラム[ページ]間でそろえる処理》.

féather·less *a* 羽のない. ♦ **~·ness** *n*

féather·líght *a* きわめて軽い, 羽のように軽い.

féather mèrchant *《俗》責任回避者 (slacker), のらくら者 (loafer), 兵役忌避者; *《海軍俗》予備将校, すぐに将校になる人, 軍属; *《海軍俗》事務職の水兵.

féather pàlm 〘植〙羽状葉のヤシ (cf. FAN PALM).

féather·pàte *n* FEATHERHEAD. ♦ **-pàted** *a*

féather stàr 〘動〙ウミシダ (COMATULID).

féather·stìtch *n* 羽根形縫い, フェザーステッチ《羽のような装飾的デザインの V 字形ステッチ》. ► *vt, vi* 羽根形に縫う[飾る].

féather-vèined *a* 〘植〙葉脈が羽状の〈葉〉.

féather·wèight *n* 非常に軽いもの[人]; 取るに足らぬ人[もの]; 《ボクシング・レスリングの》フェザー級の選手 (⇨ BOXING WEIGHTS); 〘競馬〙最軽量のハンディキャップ[騎手]. ► *a* フェザー級の; 非常に軽い; 取るに足らぬ: ~ paper 《嵩高(かさだか)な》軽量紙.

féather wòrm 〘動〙ケヤリムシ (FEATHER-DUSTER WORM).

féath·ery *a* 羽[羽毛]のような, 羽毛状の; 羽毛でおおった(ような), 羽の生えた; 羽を広げたような; (羽のように)ふわふわして軽い. ♦ **féath·er·i·ness** *n*

feat·ly /fíːtli/ *adv* 正しく; きちんと, こぎれいに; 上品に; 手際よく, 巧みに. ► *a* 上品な; こぎれいな, きちんとした.

fea·ture /fíːʧər/ *n* **1 a** (著しい)特徴, 特色; 主要点: a safety ~ 《自動車などの》安全装置. **b**〘言〙素性, 特徴. **2 a**《新聞・雑誌などの》特別[特集]記事, フィーチャーストーリー (=**~ stóry** [**árticle**]) 〈*on*〉《ニュース以外の記事・小論文・エッセイ・連載漫画など》; 特別番組 (=**~ prógram**); 《映画・ショーなどの》呼び物, 聞き物, 見もの; 〘映〙《同時上映されるもののうちの》主要作品, 長編特作映画, フィーチャー(フィルム) (=**~ fìlm**): a two-~ program 二本立て番組 / make a ~ *of*…を呼び物とする, 特集する. **b**《バーゲンなどの》特別提供品, 目玉商品; 《豪俗》性交. **3 a** 顔の造作の一つ《目・鼻・口・耳・額・あごなど》. **b** [*pl*] 顔 (the face), 容貌, 顔だち, 目鼻だち, 眉目; 《古》《人や物の》造り, 姿, 形; 《廃》肉体の美しさ, 容姿端麗. **c**《山・川などの》布置, 地勢, 地形. ► *vt* **1 a** 特色[呼び物]にする; 〈新聞・雑誌などが〉〈事件を〉特集[特別扱い]する, 《放送番組などで》…にスポットをあてて扱う; 〈俳優・演奏家などを〉特別出演させる, フィーチャーする《目玉として登場させる》〈*as*〉; 《目玉として》宣伝する. **b** …の特色をなす, 特徴づける. **2** *《口》想像する, 心に描く〈*as*〉; *《俗》理解する, …に注意[注目]する, 気づく; 《古》…の特徴を描く. **3**《口・方》顔が(肉親の)…に似る (favor). ► *vi* 重要な役割を演ずる, 〈俳優などが〉フィーチャーされる〈*in*〉; 《豪俗》性交する〈*with*〉. [OF <L *factura* formation; ⇨ FACTURE]

féa·tured *a* 特色とした, 呼び物の〈女優・読物〉; [*compd*] …の顔つきをした; 《廃》形の整った, 容姿の魅力的な: sharp-~ 目鼻だちのはっきりした / a hard-~ face きつい顔つき.

féature-lèngth *a* 〈映画・読物が〉長編[長篇]の, 特作並みの長さをした.

féature·less *a* 特色のない, おもしろくない; 〘経〙(ほとんど)値動きのない.

fea·tur·ette /fìːʧərɛ́t/ *n* 小編特作映画; 《漫画・ニュースなどの》短編映画 (short).

feaze[1] ⇨ FEEZE.

feaze[2] /fíːz, féɪz/ *vi* 〘海〙〈端が〉ほぐれる, ぼろぼろになる〈*out*〉; ″《方》でこぼこ[ぎざぎざ]になる. [? Du (obs) *vese* fringe]

feaz·ings /fíːzɪŋz/ *n pl* 〘海〙ほぐれたロープの先端.

Feb. February.

Fe·bold Fe·bold·son /fíːbòʊld fíːbəlds(ə)n/ フィーボルド・フィーボルドソン《米国の大草原地帯の民間英雄》.

feb·ri- /fɛ́brə/ *comb form*「熱 (fever)」 [L FEVER]

fe·bric·i·ty /fɪbrísəti/ *n* 熱のある状態 (feverishness).

fe·bric·u·la /fɪbríkjələ/ *n* 〘医〙軽熱, 微熱.

fe·bri·fa·cient /fɛ̀brəféɪʃənt/ *a, n* 熱を出す[発熱する](もの).

fe·brif·er·ous /fɪbríf(ə)rəs/ *a* 熱を出す, 発熱性の.

fe·brif·ic /fɪbrífɪk/ *a* 熱を出す, 熱のある.

fe·brif·u·gal /fɪbríf(j)əg(ə)l, fɛ̀brəfjúːg(ə)l/ *a* 解熱性の, 解熱剤となる.

feb·ri·fuge /fɛ́brəfjùːʤ/ *n* 解熱剤; 清涼飲料. ► *a* 解熱(性)の. [F (L *febris* fever, *fugo* to drive away)]

fe·brile /fɛ́bràɪl, fíːb-/ *a* 熱の, 熱性の; 熱病の; 熱狂的な. ♦ **fe·bril·i·ty** /fəbríləti, fi-/ *n* [F or L; ⇨ FEVER]

Feb·ru·ary /fɛ́b(j)uɛ̀ri, fɛ́brə-; fɛ́bruəri, fɛ́bju-/ *n* (*pl* **-ar·ies, -ar·ys**) 二月《略 Feb.; ⇨ MARCH》. [OF <L (*februa* purification feast held in this month)]

Fébruary fíll-dike FILL-DIKE.

Fébruary Revolútion [the] 二月革命《1917 年 2 月 (グレゴリオ暦 3 月) に起きたロシア革命の発端をなす革命; 帝政がくずれ, 臨時政府が出現》.

fec. fecit.

fe·cal | fae- /fíːk(ə)l/ *a* 糞(便)の; おり (dregs) の. [FECES]

fe·ce·runt /fisíərənt/ *a* …らの作[筆, 刀]《略 ff.; ⇨ FECIT》. [L =they made (it)]

fe·ces | fae- /fíːsiz/ *n pl* 糞, 糞(便); おり (dregs). [L (pl)‹ *faex* dregs]

Fech·ner /fɛ́knər; G fɛ́çnər/ フェヒナー **Gustav Theodor ~** (1801–87)《ドイツの物理学者・心理学者; 心身平行論を唱え, 実験心理学の祖とされる》.

fecht /fɛ́xt/ *v, n* 《スコ》FIGHT.

fecial ⇨ FETIAL.

fe·cit /fíːsət, féɪkət/ *a* …の作[筆, 刀]《画家などが作品の署名に添える; 略 fe., fec.》. [L=he [she] made (it)]

feck /fɛ́k/ 《スコ・廃》*n* [the (most) ~] 大部分, 大半 (majority); 部分; 価値; 《莫大な》数, 量. [*effect* の語頭音消失形]

féck·less *a* 弱い, 力[気力, 能力, 決断力]のない, ふがいない; 無価値な; 軽率な, 無責任な; 不器用な. ♦ **~·ly** *adv* **~·ness** *n* [*feck*]

féck·ly 《スコ》*adv* 大部分は, 大勢としては; ほとんど, およそ.

fec·u·la /fɛ́kjələ/ *n* (*pl* **-lae** /-lìː/) 澱粉; 〘昆〙虫糞; 《一般に》汚物. [L (dim)‹ *faex* dregs]

fec·u·lence /fɛ́kjələns/ *n* 不潔; 汚物 (filth); おり, かす.

féc·u·lent *a* 汚れた, 不潔な, 糞便の(ような).

fe·cund /fíːkənd, fɛ́k-/ *a* 多産の (prolific); 〈土地が〉よく実る, よく肥えた (fertile); 創造力豊かな. [F or L]

fe·cun·da·bil·i·ty /fìːkəndəbíləti, fɛ̀k-/ *n* 〘医・動〙《一定期間内における》受胎確率.

fe·cun·date /fíːkəndèɪt, fɛ́k-/ *vt* 多産[多作]にする; 豊かに実らせる; 〘生〙受胎[受精]させる. ♦ **-dà·tor** *n* **fè·cun·dá·tion** *n* 受胎, 受精.

fe·cun·di·ty /fɪkʌ́ndəti, fɛ-/ *n* 生産力; 《特に 雌の》生殖[繁殖]能(力), 産卵力, 多産(性); 〘植〙稔性; 《土地の》肥沃; 《想像力・発明力などの》豊かさ, 急速な増殖力[性].

fed[1] *v* FEED の過去・過去分詞.

fed[2] /fɛ́d/ *《口》*n* [^{o}F-, ^{u}*pl*] 連邦政府の役人, 《特に》連邦捜査官; [the F-] 連邦政府 (Federal Government), 連邦準備制度[銀行,

制度理事会] (Federal Reserve System [Bank, Board]). [*federal*]

Fed., fed. Federal ♦ Federation.

fe·da·yee, fi·da- /fɪdǽ(j)íː, -dὰː-/, **fed·ai** /fέdɑːíː/ *n* (*pl* **fe·da·yeen, fi·da-** /-(j)íːn/, **fed·a·yin** /fέdɑː(j)íːn/) [ᵘ*pl*]《イスラエルに対する》アラブゲリラ[戦士], フェダーイー. [Arab]

fed·er·a·cy /féd(ə)rəsi/ *n* 連合, 同盟 (confederacy).

fed·er·al /féd(ə)rəl/ *a* **1**《国家間の》連合の, 同盟の;《中央政府をもつ》連邦の, 連邦制の; 連邦政府の. **2 a** [ᵘF-] 連邦政府の, アメリカ合衆国の (cf. STATE). **b** [ᵘF-]〘米史〙《南北戦争時代の》北部連邦同盟の. **c** [F-]〘米史〙連邦派[党]の, フェデラリストの (⇨ FEDERALIST). **3**〘神学〙神人盟約の, 聖約説の, 契約神学の;《古》盟約の. **4**〘英大学〙《自主性の強い》カレッジの連合よりなる. **5** [F-]〘建〙連邦様式の《1790 年ころから 1830 年ころの米国で流行した古典主義復興の様式》. ► *n* 連邦主義者 (federalist); [F-]〘米史〙《南北戦争当時の》北部連盟支持者, 北軍兵 (opp. *Confederate*); [F-] 連邦政府職員. ♦ **~·ly** *adv* ⁺連邦政府によって: a ~*ly* funded program 連邦政府資金による計画. **~·ness** *n* [L (*foeder- foedus* covenant)]

F

Federal *n* FEDERALES の単数形.

Féderal Aviátion Administrátion [the]〘米〙連邦航空局《運輸省の一局; 略 FAA》.

Féderal Búreau of Investigátion [the]〘米〙連邦捜査局 (⇨ FBI).

Féderal Cápital 連邦区 (⇨ FEDERAL DISTRICT).

Féderal Cápital Térritory [the] 連邦首都特別地域《AUSTRALIAN CAPITAL TERRITORY の旧称》.

Féderal cáse* [ᵒf- c-] 連邦当局[裁判所]が調査[決定]すべき事柄. ● **make a ~ out of**…《口》…について大騒ぎする[ガタガタ言う].

Féderal Cíty [the] 連邦都市《WASHINGTON, D.C. の俗称》.

Féderal Commúnications Commìssion [the]〘米〙連邦通信委員会《放送・電信・電話・衛星通信などを監視する連邦政府の独立機関; 略 FCC》.

Féderal Constitútion [the]〘米〙連邦憲法, 合衆国憲法 (Constitution of the United States).

féderal cóurt 連邦裁判所.

Féderal Cróp Insúrance Corporàtion [the]〘米〙連邦穀物保険公社《農務省の一局; 略 FCIC》.

Féderal Depósit Insúrance Corporàtion [the]〘米〙連邦預金保険公社《1933 年銀行法によって設立; 略 FDIC》.

féderal diplóma*《俗》連邦銀行券[紙幣], 札.

féderal dístrict 1 連邦区《連邦政府の所在する特別行政地区; 米国の例でいえば Washington, D.C.》. **2** [F- D-] 連邦区 (*Sp, Port* Distrito Federal)《**1)** アルゼンチン東部の Buenos Aires を含む区; Federal Capital, Capital Federal ともいう **2)** ブラジル中東部の Brasília を含む区 **3)** メキシコ中央部の Mexico City を含む区 **4)** ベネズエラ北部の Caracas を含む区》.

féderal dístrict còurt〘米〙連邦地方裁判所《連邦裁判所の管轄下にある地方[下級]裁判所》.

Féderal Eléction Commìssion [the]〘米〙連邦選挙委員会.

Féderal Énergy Régulatory Commìssion [the]〘米〙連邦エネルギー規制委員会《エネルギー省の一局; 略 FERC》.

Fe·de·ral·es /fèdərǽleɪz/ *n pl* (*sg* **Fe·de·ral** /fèdərǽl/) [ˢ⟨*sg*⟩]《メキシコの》連邦政府軍. [MexSp]

fed·er·al·ese* /fèd(ə)rəlíːz, -s, ⸗(–)–⸗/ *n* 連邦政府用語, 役所[官僚]ことば (bureaucratese).

féderal fúnds *pl*〘米〙フェデラルファンド《連邦準備加盟銀行が連銀に無利子預託する法定支払い準備の過剰分; 加盟銀行間で過不足調整のために短期で貸借され, わが国のコールローンに相当する》.

Féderal Góvernment [the]〘米〙連邦政府《各州の state government に対する中央政府》.

Féderal Híghway Administràtion [the]〘米〙連邦幹線道路局《運輸省の一局; 略 FHWA》.

Féderal Hóusing Administràtion [the]〘米〙連邦住宅局《略 FHA》.

féderal·ìsm *n* **1** 連邦主義[制度]; [F-]〘米史〙フェデラリスト党 (Federalist Party) の主義[主張]; [F-]*連邦政府による統制. **2** [F-]〘神学〙聖約説.

féderal·ist *n, a* **1 a** 連邦主義者(の); [ᵒF-] WORLD FEDERALIST. **b** [F-]〘米史〙連邦派(の), フェデラリスト(の)《アメリカ革命後, 連邦憲法の批准を支持した人》; [F-]〘米史〙連邦党員(の), フェデラリスト党員(の) (⇨ FEDERALIST PARTY). **2** [The F-]「ザ・フェデラリスト」《合衆国憲法の批准を支持して Alexander Hamilton, James Madison, および John Jay が書いた一連の論文 (全 85 篇, 1787–88); 米国政治学の古典》. ♦ **fèd·er·al·ís·tic** *a*

Féderalist Pàrty 1 [the]〘米史〙連邦党, フェデラリスト党 (= *Federal Party*) (1789–1816)《合衆国初期に強力な中央政府の確立を主張; cf. DEMOCRATIC-REPUBLICAN PARTY》. **2**《広く》連邦(推進)派.

féderal·ìze *vt* 連邦化する; 連邦管轄下に置く. ♦ **fèderal·izátion** *n* 連邦化.

féderal júg*《俗》連邦刑務所.

Féderal Máritime Commìssion [the]〘米〙連邦海事委員会《1961 年に設立された独立政府機関; 略 FMC》.

Féderal Mediátion and Conciliátion Sèrvice [the]〘米〙連邦調停庁.

Féderal Nátional Mórtgage Associàtion [the]〘米〙連邦全国譲渡抵当協会《俗称 Fannie Mae, 略 FNMA》.

Féderal Ópen Márket Commìttee [the]〘米〙連邦公開市場委員会《Federal Reserve System における短期金融政策決定機関; 準備制度理事会に主な連邦準備銀行の総裁を加えて構成され, 公開市場操作 (open-market operations) 実施などを決定する; 略 FOMC》.

Féderal Pàrty [the] FEDERALIST PARTY.

Féderal Régister〘米〙《連邦政府発行の》連邦行政命令集, フェデラル・レジスター.

Féderal Repúblic of Gérmany [the] ドイツ連邦共和国《ドイツ・旧西ドイツの公式名; ⇨ GERMANY》.

Féderal Reséve [the] FEDERAL RESERVE SYSTEM.

Féderal Reséve Bànk [the]〘米〙連邦準備銀行《略 FRB; ⇨ FEDERAL RESERVE SYSTEM》.

Féderal Reséve Bòard [the]〘米〙連邦準備制度理事会《略 FRB; 公式名 the Board of Governors of the Federal Reserve System; ⇨ FEDERAL RESERVE SYSTEM》.

Féderal Reséve dìstrict〘米〙連邦準備区《全米 12 の各連邦準備銀行の受持ち地区》.

Féderal Reséve nòte〘米〙連邦準備券.

Féderal Reséve Sỳstem [the]〘米〙連邦準備制度《1913 年の連邦準備法 (Federal Reserve Act) によってできた中央銀行制度; 全国を 12 区に分け, 各区の中央銀行として Federal Reserve Bank を置き, これらをさらに Federal Reserve Board が監督する; 略 FRS》.

Féderal Státes *pl* [the] 連邦国家《南北戦争時の北部諸州》.

féderal térritory FEDERAL DISTRICT.

féderal theólogy 契約神学 (=*covenant theology*).

Féderal Tráde Commìssion [the]〘米〙連邦取引委員会《日本の公正取引委員会に相当する連邦政府の独立した機関; 略 FTC》.

fed·er·ate /féd(ə)rèɪt/ *vt* 連邦化する, …に連邦制をしく; 連合[同盟]させる ⟨*with*⟩. ► *vi* 連合[同盟]に加わる. ► *a* /-rət/ 連合の, 連邦制度の (federated). [L; ⇨ FEDERAL]

féd·er·àt·ed chúrch 連合教会《教派を異にする 2 つ以上の会衆の連合からなる教会》.

Féderated Maláy Stàtes *pl* [the] マレー連合州《Malay 半島の 4 土侯国 (Negri Sembilan, Pahang, Perak, Selangor) からなる旧英国保護領; ☆Kuala Lumpur》.

fed·er·a·tion /fèdəréɪʃ(ə)n/ *n* **1 a**《諸植民地・州・国家の結合した》連邦, 連盟; 連邦政府. **b** 連邦化, 連盟結成. **2**《組合などの》同盟, 連合(体). **3**《豪》**a** [the F-]《オーストラリア植民地の》連邦化 (1901). **b** [F-]〘建〙連邦化当時の建築様式, 連邦化様式《赤煉瓦・テラコッタの屋根瓦・波状の曲線・重い窓枠が特徴》. ♦ **~·ist** *n* 連邦主義者.

Federátion of Rhodésia and Nyásaland [the] ローデシア-ニアサランド連邦《北ローデシア・南ローデシア・ニアサランドからなる旧英領の連邦 (1953–63)》.

federátion whèat [ᵒF- w-]《豪》連邦小麦, フェデレーション小麦《農学者 William Farrar (1845–1906) によって改良されてできた小麦; 早生で, 日照りにも強い; オーストラリア連邦政府が成立した 1901 年の直後, 1902–03 年から栽培》.

fed·er·a·tive /fédərèɪtɪv, féd(ə)rə-; -rə-/ *a* 連合[連盟]の; 連合の傾向のある; 連邦の. ♦ **~·ly** *adv*

Fed·er·er /fédərər/ フェデラー **Roger** ~(1981–)《スイスのテニスプレーヤー; Wimbledon で優勝 (2003–07, 09), 生涯グランドスラムを達成 (2009)》.

Fed·Ex /fédèks/ フェデックス(社) (~ Corp.)《米国の宅配便会社》.

fedn federation.

fe·do·ra /fɪdɔ́ːrə/ *n* フェドーラ《(バンド付きの)フェルトの中折れ帽》. [Victorien Sardou の戯曲 *Fédora* (1882) より]

féd úp *a*《口》飽きあきして, うんざり[げんなり]して ⟨*with*⟩: be [get] ~ (*with*) doing…するのにうんざりする.

fee /fíː/ *n* **1**《医師・弁護士・家庭教師などへの》報酬, 謝礼; 手数料, 料金; [ᵒ*pl*] 授業料; 受験料; 入会金, 入場料 (admission fee); 公共料金;《サッカー選手などの移籍の際にもとの雇い主に払う》移籍料;《古》チップ, 心付け, 祝儀 (gratuity). **2**《封建制下の》封, 封土 (fief); 封土権;〘法〙相続可能不動産権, 相続可能財産: FEE SIMPLE [TAIL]. ● **hold in ~** ⟨土地を⟩単純封土権[相続可能不動産権]として保有する;《古・詩》完全に制圧して[抑えて]いる. ► *vt* (~**d**, ~**'d**) ⟨人⟩に料金[謝礼]を払う;《スコ》雇う. [AF=F *feu* etc.<L *feudum* cattle property<? Gmc; cf. FEUD², *fief*]

feeb[1] /fíːb/ *n**《俗》低能, あほう. [*feeble*]

feeb[2] *n* [°F-]*《俗》FEEBIE.
Fee·bie /fíːbi/ *n**《俗》連邦捜査局員, FBI.
fee·ble /fíːb(ə)l/ *a* (**-bler; -blest**) 弱々しい, 弱い, かよわい, もろい; かすかな, 微弱な; 意志の弱い; 低能の; 力のない〈作品など〉, 不十分な, 説得力を欠く〈議論〉: a ~ attempt [effort] 弱気な試み[努力] / a ~ excuse へたな言いのがれ. ► *n* [*pl*]*《俗》二日酔い, いらいら. ♦ **~·ness** *n* [OF＜L *flebilis* lamentable (*fleo* to weep)]
féeble-mínd·ed *a* 精神薄弱の; 低能の, 暗愚な; 《廃》意志の弱い, 優柔不断な. ♦ **~·ly** *adv* **~·ness** *n*
fée·blish *a* やや弱々しい; 弱そうな, 力のなさそうな.
fée·bly *adv* 弱く; 力なく; かすかに.
fee·by, fee·bee /fíːbi/ *n**《俗》FEEBIE.
feed[1] /fíːd/ *v* (**fed** /féd/) *vt* **1 a** …に食べ物[餌]を与える, 食べさせる, 給餌(きゅう)する 〈*on, with*〉; 〈植物〉に養分を与える, 施肥する; 〈赤ちゃん〉に授乳する; 養う, 飼養する, …のための食料を供給する[賄う]; …の(精神的)糧となる, 涵養する: ~ dogs *on* meat 犬に肉を食わせる / ~ one's family 家族を養う / be properly *fed* ちゃんと食べさせてもらっている / The valley ~*s* an entire country. この流域で国全体の食料が賄われている / Grass ~*s* cows. 草が牛を養う / *F*~ a cold and starve a fever. 《諺》かぜには大食, 熱には小食(がよい) / Well *fed*, well bred. 《諺》衣食足りて礼節を知る. **b** 食物として与える, 食わせる, 〈餌を〉やる 〈*to*〉; 〈植物・土壌〉に肥料をやる: ~ meat *to* dogs. **c** 《一般に》〈ものを〉供給する, 与える; 〈うそ・たわごと・秘密などを〉提供する, 聞かせる: ~ money *into* the broker 仲買人に金をつぎ込む / ~ false information *to* sb / ~ sb *with* false information. **2 a** 〈機械〉に原料を送る, 〈ランプ〉に油を差す, 〈ボイラー〉に給水する: ~ the stove *with* coal ストーブに石炭をくべる / ~ paper *into* the shredder 書類をシュレッダーにかける / ~ the FLAME. **b** 〈原料・燃料を〉機械に送り込む 〈*into, through*〉; 〈作業を〉送る; 〖鉱〗給鉱する; 〖電子工〗給電する; 〖放送〗《通信衛星やネットワークによって》供給する, 送る: ~ coal *to* the stove. **c** 〈川が〉…に注ぎ込む: a river *fed* by tributaries 支流が注ぎ込む川. **3** 〈土地を〉牧草地として用いる. **4 a** 〈耳目などを〉楽しませる, 〈虚栄心などを〉満足させる (gratify) 〈*with*〉; 〈悪癖・中毒などを〉充足させる, 養う: ~ an addiction 中毒を続ける. **b** 〈怒りなどを〉つのらせる, あおる. **5** 〖劇〗〈俳優〉にせりふのきっかけを与える (prompt); 〖競技〗〈ゴール前の味方〉にパス[フィード]する. ► *vi* 〈牛・馬などが〉物を食う; 《口》/[*joc*]〈人が〉食事をする; 〈…を〉餌にする, 食い物にする 〈*on, off*〉; 満足する; 〈原料・燃料が〉送り込まれる; 〈情報などが〉入れられる: Bullets *fed* into a machine gun. 機関銃に弾が込められた. ● **fed to death** [**to the gills,** (**up**) **to the** (**back**) **teeth**]《口》飽きあき[うんざり]して, いやになって (fed up) 〈*with, about; that*〉. **~ at the high table**＝**~ high** [**well**] 美食する. **~ back** [°*pass*] 〖電子工など〗〈出力・信号・情報などを…に〉フィードバックする 〈*into, to*〉; (*vi*) 〈聴衆の反応などが〉かえってくる, 〈考え・経験などが〉《形を変えて》戻ってくる 〈*from; into, to*〉. **~ into**… 〈機械など〉に投入される; …に流入する, はいり込む; 〈影響が〉…に及ぶ, …に影響する: His writings will ~ *into* the debate. 彼の著作は議論に影響を及ぼすだろう. **~ off**…を食料[餌]とする, 常食する, …から養分を得て育つ; 〈皿〉から取って食べる; 食料[動力]を〈基地[発電所]など〉から補給される; …に力を得る, 〈感情などが〉…によって強まる; 〈新聞社・放送局などが〉…から情報を得る. **~ on**… 〈鳥獣が〉…を餌にする (cf. *vt* 1a); …を常食にする; [*fig*] …で生きている; …にはぐくまれる; …に満足する: ~ *on* hope 希望にすがって生きる / His ego ~*s on* flattery. 彼の自尊心はお世辞に満足する. **~ oneself** (人手を借りずに)ひとりで食う. **~ through to** [**into**]…に達する; …に通じる; …に影響する: It will ~ *through to* inflation. それはインフレを呼ぶだろう. **~ up** うまいものをうんと食べさせる; 太らせる, 飽きるほど食べさせる; [*pass*] ⇨ FED UP.
► *n* **1** かいば, 飼料; 飼料の一食分; 《口》(たっぷりした)食事; 食料供給, 給餌, 飼養; 授乳: at one ~ 一食に / have a good ~ ごちそうを腹いっぱい食べる / have a ~ ミルクを飲む / give sb a ~ 授乳する. **2** 〖機〗《原材料・燃料・刃先などの》送り, 供給, 給送; 〖機〗送り量[速度, 装置]; 〖電子工〗給電; 《供給される》原材料, 原料油, 燃料; 肥料; テレビ番組の供給; 全国[海外]に供給された地方局のテレビ番組. **3** ″《口》〖劇〗せりふのきっかけを与える役(者) (feeder) 《特に コメディアンの相手[引立役]》; 〖競技〗《ゴール前の味方への》パス (assist). ● **off** (**one's**) **~** 〈牛馬・赤んぼが〉食欲がなくて; 《口》病気ぎみで; 《口》がっくりして, 沈んで (sad). **on the ~** 〈特に 魚が〉餌をあさって, 餌について[を食って]. **out at ~** 〈牛などが〉牧場に出て草をはんでいる. [OE *fēdan*; cf. FOOD, FODDER]
feed[2], **fee'd** *v* FEE の過去・過去分詞.
féed·bàck *n* **1 a** 〖電子工〗帰還, フィードバック 《**1**) 出力側のエネルギーの一部の入力側への返還; 特に 自動制御装置の制御系の要素の出力信号を入力側に戻すこと **2**) 生体機構における異なる環境に対する適応の機能》. **b** 帰還される信号. **c** [〈*a*〉] 帰還[フィードバック]の. **2** スピーカーからの音の一部がマイクロホンを通じて繰り返し増幅されること (によるキーンという音), ハウリング. **3** 《情報・質問・サービスなどの受け手の側からの》反応, 意見, 感想 〈*on*〉: give [provide] ~ / get ~. [FEED[1], BACK]
féedback inhibìtion 〖生化〗フィードバック阻害.
féed·bàg *n* かいば袋《飼料を入れて馬の首に掛けるもの; nose bag など》; [the]《俗》食事. ● **put on the ~** 《俗》食事をする.
féed·bòx *n* 飼箱; 〖機〗送り変速装置.
féedbox [**féedbag**] **informàtion** *《俗》《競馬の》内密情報.
féed cròp 《換金作物 (cash crop) に対して》飼料作物.
féed dòg 《ミシンの》送り歯《生地を針の下の位置に送るための, V 字形の刻み目がついた金具》.
féed·er *n* **1 a** 食べる人[獣]; *肥育用家畜, 素畜: a large [gross] ~ 大食家 / a quick ~ 早食いの人 / a bad [slow] ~ 食が細い[食べるのが遅い]赤ちゃん / a plankton ~ プランクトンを餌にする動物. **b** 飼養家, 肥畜飼育者. **c** かいば桶[袋], 餌箱, 給餌器[機]; 哺乳瓶 (feeding bottle); ″よだれ掛け (bib) 《食事の時に子供が掛ける》. **2 a** 支流 (tributary); 〖鉱〗支脈; 培養水路; 〖電〗給電線, フィーダー, 送電線, 〖鉄道〗饋電(きでん)線, 給電線; 《航空路・鉄道・バスなどの》支線, ローカル線 (＝**~ line, ~ àirline**); FEEDER ROAD. **b** 〖機〗供給機[装置], 送り装置, フィーダー; 〖鉱〗給鉱機; 給水器, 給油器; 〖印〗(自動)給紙機. **c** 〖競技〗《rounders などの》投手; 〖劇〗FEED. [*feed*[1]]
féed·er·lìner *n* 支線運航(用)旅客機.
féeder ròad 《幹線道路に通じる》支線道路.
féeder schòol 供給校《多くの卒業生を同じ地域[分野]の上級学校へ送り出す学校》.
féed·fòrward *n* フィードフォワード《制御系の出力を乱す外的要因を検知したら出力が乱れないよう前もって修正を行なう制御方式》.
féed gràin 飼料用穀物.
féed-ìn *n* 無料給食会. ► *a* 〖機〗送り(込み)の.
féed·ing *a* **1 a** 食物を摂取する; 給食の, 飼料を与える. **b** 〖機〗送りの, 給送の; 給水の, 給電の. **2** しだいに激しくなる: a ~ storm 荒れつのる暴風雨. ► *n* 摂食, 摂餌, 採餌, 採食, 給食, 給餌, 《家畜の》飼養; 牧草地, 放牧場; 〖機〗送り, 給送; 給水, 給電.
féeding bòttle 哺乳瓶 (nursing bottle).
féeding cùp 吸い飲み (＝*spout cup*).
féeding frènzy 《サメなどが》狂ったように餌を奪い合う[むさぼる]こと, 狂食状態; よってたかって食い物にすること; 《過熱した》報道合戦.
féeding gròund 《動物の》餌場.
Féeding of the Fíve Thóusand [the] [*joc*] 多数の人を饗応する機会, 一大宴会. [イエスが 5000 人の群集に食べ物を与えた故事から; *Mark* 6: 35–44 ほか]
féed·ing·stùff *n* FEEDSTUFF.
féeding tìme 《家畜などの》給餌時間, えさの時間: like ~ at the zoo 大騒ぎで, 大混乱で.
féed·lòt *n* 《家畜の》飼養場, フィードロット.
féed pìpe 〖機〗供給管, 送り管, 《ボイラーの》給水管.
féed pùmp 《ボイラーの》給水ポンプ.
féed·stòck *n* 《機械に送る》供給原料[材料], 原料油.
féed·stòre* *n* 飼料店.
féed·stùff *n* 《家畜の》飼料 (＝*feedingstuff*).
féed tànk 給水タンク.
féed·thròugh *n* 〖電〗フィードスルー《ある面の両側にある二つの回路を結ぶ導体》.
féed tròugh 《蒸気機関車の》給水タンク; *かいば桶.
féed·wàter *n* 《ボイラーに》給水される水, 給水.
fee-faw-fum /fíːfɔ̀ːfʌ́m/, **-fo-** /-fòu-/ *int* 取って食うぞ! 《童話 'Jack and the Beanstalk' の巨人のおどしの発声》. ► *n* おどし, こけおどし; 人食い鬼, 吸血鬼.
fée-for-sérvice *n* [°〈*a*〉] 《医療料金の》診療ごとの支払い: the ~ system.
feel /fíːl/ *v* (**felt** /félt/) *vt* **1 a** (体に)感じる, 感知する: ~ hunger [pain] 飢え[痛み]を覚える / ~ no PAIN / ~ the cold [heat] 寒さ[暑さ]を感じる[苦にする] / An earthquake was *felt* last night. 昨夜地震があった / They *felt* the building shake [shaking]. 建物が揺れる[揺れている]のを感じた. **b** …に見舞われる: The whole region *felt* the storm. **c** 〈無生物が〉…に感じるかのように動く: The ship is still ~*ing* the helm. 船はまだ舵がきいている. **2 a** 〈喜び・怒りなどを〉感じる, 〈重要性などを〉悟る, 自覚する; 痛切に感ずる; 〈影響・不便などを〉こうむる: ~ the need 〈*to* do〉 / ~ guilt 罪悪感を覚える / ~ sb's death 人の死を悼む. **b** 〈…である〉と感じる, なんとなく〈…だ〉という感じがする: I *felt* it my duty to help him. 彼を助けるのは自分の義務だと感じた / I ~ that we shall win. 勝てそうな気がする. **3 a** さわる, さわってみる; さわって調べる: ~ the pulse of…の脈をとる; [*fig*] …の意向をうかがう. **b** 手探りする, 探る; 《俗》FEEL up: ~ one's way 手探りで進む / ~ the enemy 敵状を偵察する. ► *vi* **1** 感覚[感じ]がある. **2** 探る 〈*around, about*〉, 手探りで捜す 〈*for*〉; 動静を探る 〈*after, for*〉. **3** [補語を伴って] **a** 感じ[ここち]がする: ~ cold [hot] 寒い[暑い] / ~ good 精神状態がよい; *《口》少し酔っている, 気分がいい / ~ well 体の調子がよい / (Are you) ~*ing* okay? 気分はどう, だいじょうぶ / A man is as old as he ~*s*, and a woman as old as she looks. 《諺》男の年は気持のとおり, 女の年は見かけのとおり. **b** 〈…らしく〉感じられる, 〈…のように〉思う: I ~ certain [doubtful] (that…は)だいじょうぶ[疑わしい]と思う. **c** 〈…の〉感じを与える, さわると〈…の〉感じがする: The air ~*s* cold. 空気が冷たく感じられる / Velvet ~*s* soft. ビロードは手ざわりが柔らかだ. **4** 〈…について〉ある考え方をする, 意見をもっている

F

〈*about*〉: She ~*s* strongly *about* equal rights for women. 彼女は男女同権について確固とした考えをもっている. **5** 共鳴する, 同情する〈*with*〉; あわれむ〈*for*〉.

● **F~** FREE! **~ in one's** BONES. **~ like** (**1**) …のような感触がする, …らしく感じられる; …のような気がする: I *felt like* a stranger. 見知らぬ所に来た気がした. (**2**) [天候について] どうやら…らしい: It ~*s like* rain. どうやら雨らしい. (**3**) …がしたい(ような気がする) 〈(*doing*) sth〉; 〈飲み物・金など〉が欲しい: I ~ *like going* out for a walk. 散歩に出かけたい気がする / I ~ *like* a cup of coffee. コーヒーが飲みたい. **~ like a** MILLION (**dollars**). **~** (**like**) **oneself**＝FEEL (quite) oneself. **~ of…** *…を手でさわってみる. **~ out** 《口》〈人〉の意向などをそれとなく探る[打診する]; …の有効性を調べる. **~ out of it** [**things**] その場に溶け込めない思いをする. **~** (**quite**) **oneself** 気分がよい, 調子がよい. **~ one's legs** [**feet, wings**] 歩けるようになる, 足もとがしっかりする; [*fig*] 自信がつく, 腰がすわる. **~ up** 《口》〈いやがる女性〉の体をまさぐる, 愛撫[おさわり]する. **~** UP **to….** **make itself felt** 〈感情などが〉表に出る, (人に)気づかれる[伝わる]. **make oneself** [**one's presence**] **felt** 《行動の結果》人に自分の存在[力]を印象づける(ことになる).

► *n* **1** さわること; 《俗》(性的な)愛撫, おさわり; 感触, 触感, 手ざわり, 肌ざわり; 触覚: It is rough [soft] to the ~. 手ざわりが粗い[柔らかい]. **2** 《場所などの》感じ, 気配: a ~ of a home 家庭的雰囲気. **3** 《生来の》能力, 理解力, 適性〈*for*〉: have a ~ *for*… 《口》…に生まれつきの才能がある / develop a ~ *for* words ことばに対する感覚を養う. ● **by the ~ of it** 《口》ただなんとなく, 感じで. **cop a ~** 《俗》相手の胸[お尻など]にさわる[をまさぐる]. **get the** [**a**] **~ of** [**for**]… に慣れる, …のこつをおぼえる, …の感じをつかむ. **have the ~ of**…の感触[感じ]がする.

[OE *fēlan*; cf. G *fühlen*]

féel·er *n* [*pl*] 〖動〗触角, 触毛, 触鬚(しょくしゅ), 感触器; 探り, 'かま'; さわってみる人, 触知者; 〖軍〗斥候; 《口》密偵, スパイ, まわし者, 情報屋; 〖機〗フィラー(ゲージ), 隙間ゲージ (＝~ **gàuge**); 〖印〗《蠟型の》埋め線. ● **put out** (**some**) **~s** 反応[感触]を探る, 探りを入れる.

féel·gòod *n* いい気分, 満足感.

Feelgood DR. FEELGOOD.

féel-gòod *a* 満足[幸福]感の[を与える], 満悦させる, いい気分にさせる: a ~ film / ~ factor 《市場・世論などにおける》楽観的要素. ♦ **~·ism** *n* 快楽主義.

feel·ie /fíːli/ *n* **1** 見たり聞いたりかいだりすることができると同時に感じることのできる芸術作品[媒体]. **2***《俗》《性的な》愛撫, おさわり.

féel·ing *n* **1 a** 触感, 感覚, 知覚; 手ざわり, 感触: lose ~ 感覚を失う〈*in*〉. **b** 感受性; 感性, センス〈*for*〉: a man of fine ~ 感受性のすぐれた人 / have [get] a ~ *for*…へのもって生まれた感性がある. **2** 心持, 気持: a ~ of affection 親愛の情, 情愛 / I know the ~ 気持はよくわかるよ. **3** 感想, 意見, 思い, 気持; 予感, 気: have mixed ~*s about* [*on*]…について複雑な気持[思い]をいだく / local ~ against nuclear power 原子力発電への地元の反感 / I had [got] a [the] ~ *that*…という気がした. **4 a** [*pl*] 感情: hurt [injure] sb's ~*s* 人の感情を害する / enter into sb's ~*s* 人の気持になってみる / spare sb's ~*s* 人の気持に配慮する / HARD FEELINGS. **b** 同情, 思いやり: have no ~ *for*…に対する同情がない. **c** 反感, わだかまり. **5 a** 感じ, 雰囲気, 印象: give a ~ *of*… [*that*…] …という感じを与える. **b** 《芸術作品・音楽などが伝える[に込める]》感情, 気持, 気分, 心, 情感: play with ~ 気持を込めて演奏する. ► *a* 感覚のある; 感じやすい, 多感の; 思いやりのある; 感情的な〈返答・報告など〉; 《廃》深く感じた, 感情のこもった, 心からの (heartfelt). ♦ **~·less** *a* 感情のない, 感知する能力のない; 触感を失った. **~·ly** *adv* 感情をこめて, しみじみと, 実感をこめて. **~·ness** *n*

feel·thy /fíːlθi/ *a* 《俗》わいせつな, いやらしい. [外国人の *filthy* の発音をふざけてまねたもの]

feep /fíːp/ 《ハッカー》 *n* ピー(音)《端末の発するやわらかい電子音》. ► *vi* ピーと鳴る.

fée-pày·ing" *a* 授業料を払っている〈学生〉, 料金を払っている〈客〉; 授業料を取る〈学校〉.

fée símple (*pl* **fées símple**) 〖法〗単純封土権; 絶対単純封土権 (＝**fée símple ábsolute**) 《不動産権の中で最も大きなもので, 実質的には所有権に等しい》.

fée splìtting 《医師[弁護士]が患者[依頼人]を紹介した同業者との間に行なう》料金の割戻し.

feet *n* FOOT の複数形.

fée táil 〖法〗(*pl* **fées táil**) 限嗣(げんし)封土権; 限嗣相続財産(権).

féet·fìrst *adv* 足から先に; 《俗》棺桶にはいって, くたばって. ● **go home ~** 《俗》死ぬ, くたばる.

féet of cláy 陶土の足, 隠れた欠点, 《特に 人の上に立つ人物の》知られざる弱み《*Dan* 2: 33》.

fee-TV /⌐ ⌐/ *n* 有料テレビ.

feeze[1], **feaze** /fíːz, féɪz/ *vt* 《方》折檻する, 放逐する; *《方》おびえさせる, 動揺させる. ► *vi* 《方・口》いらいらする, 気をもむ. ► *n* 《方》突進, 衝撃, 摩擦; 《米口・英方》驚き, 動揺, 興奮. [OE *fēsian* to drive away]

feeze[2] ⇨ PHEEZE.

fe·ge·lah, fey·ge·lah /féɪgələ/ *n**《俗》男性同性愛者, ホモ. [Yid＝little bird]

feh[1] /féɪ/ *n* PEH.

feh[2], **fehh** /féɪ/ *int* 《俗》いまいましい, くそっ, チョッ《嫌悪感・愛想づかしを表わす》. [Yid]

Féh·ling's solútion /féɪlɪŋz-/ 〖化〗フェーリング液《糖の検出・定量用の試薬》. [Hermann *Fehling* (1812–85) ドイツの化学者]

Feif·fer /fáɪfər/ ファイファー **Jules ~** (1929–) 《米国の諷刺漫画家・作家》.

feign /féɪn/ *vt* **1** …を装う, …のふりをする: ~ friendship 友情を装う / She ~*ed to* be asleep. 眠っているふりをした. **2 a** 《古》〈口実などを〉でっちあげる, 作る, 〈文書を〉偽造する; 《古》〈声などを〉つくる, まねる. **b** 《古》想像する, 想像で描く. **c** 《廃》隠す, 偽る. ► *vi* 人前を偽る, だます, うそをつく; 〈作家など〉話を作り上げる. ♦ **~·er** *n* **~·ing·ly** *adv* [OF＜L *fict- fingo* to shape, contrive]

feigned /féɪnd/ *a* **1** 偽りの, 虚偽の; 変えた〈声など〉, うわべだけの〈世辞〉: in a ~ voice 作り声で, 声色をつかって. **2** 《まれ》架空の, 仮構の, 想像上の. ♦ **féign·ed·ly** /-ədli/ *adv* 偽って, そらぞらしく; 架空に. **-ed·ness** /-ədnəs/ *n*

fei·joa /feɪjóʊə, -hóʊə/ *n* 〖植〗フェイジョア《南米南東部・北米南部産フトモモ科 *F*~ 属の低木; 2 種あり, うち一種は別名 pineapple guava と呼ばれ, 果実が美味》. [João da Silva *Feijó* (1760–1824) ブラジルの自然誌家]

fei·jo·a·da /fèɪʒoʊɑ́ːdə/ *n* 〖料理〗フェイジョアーダ《豆と肉を煮込んだブラジル・ポルトガルなどの料理》. [Port]

Fei·ning·er /fáɪnɪŋər/ ファイニンガー **Lyonel** (**Charles Adrian**) ~ (1871–1956) 《米国の画家》.

fein·schmeck·er /fáɪnʃmɛ̀kər/ *n**《俗》《これみよがしな》文化愛好家. [G＝gourmet, fine taster]

feint[1] /féɪnt/ *n* 見せかけ; 〖ボク・フェンなど〗フェイント《打つふり》, 陽動, 牽制. ► *vi* 打つふりをする, 見せかけの攻撃をする, フェイントをかける〈*at, upon, against*〉. ► *vt* 見せかけでだます; …のふりをする. [F (pp)〈FEIGN]

feint[2] 〖印〗*a* 〈罫線が〉細くて色がうすい (faint): ~ lines 薄罫線 / ruled ~＝~ ruled 薄罫線引きの. ► *n* 細く薄い罫線. [(異形)〈*faint*; ↑と同語]

feints, faints /féɪnts/ *n pl* 後留液, フェイント《ウイスキーなどを蒸留する時に出るアルコール度数の低い, 不純物の混じったアルコール》.

fei·rie /fíːri/ *a* 《スコ》活発な, 強い, がんじょうな.

feis /féʃ/ *n* (*pl* **fei·sean·na** /féʃənə/) 《アイルランド人[系住民]によって毎年開かれる》芸術祭; 古代ケルトの王侯会議. [Ir＝meeting, assembly]

feist /fáɪs(t)/*《方》*n* 雑種の小犬; 役立たずな人, つまらないやつ, 短気者.

féisty*《口・方》*a* 〈身なり・態度が〉雑種の小犬のような; よくはしゃぐ; 威勢のいい, 精力的な; いらいら[せかせか]した, おこりっぽい, けんかっぱやい, 戦闘的な, 気骨[反骨精神]のある; 厄介な, むずかしい; 虚勢を張った, 高慢な. ♦ **féist·i·ly** *adv* **féist·i·ness** *n*

felafel ⇨ FALAFEL.

Fél·den·krais mèthod /féld(ə)nkràɪs-/ フェルデンクライス法《運動する際の神経筋活動の分析を通じて身につけていく心身の健康法》. [Moshé *Feldenkrais* (1904–84) ロシア生まれのイスラエルの物理学者]

feld·sher, -scher, -schar /féldʃər/ *n* 《ロシア・旧ソ連で, 中等医学教育をうけて医師の助手をつとめる》医師補, 准医師. [Russ ＜G＝field surgeon]

feld·spar /fél(d)spɑ̀ːr/, **-spath** /-spæ̀θ/ *n* 〖鉱〗長石. [G (*feld* field, *spat*(*h*) spar[3]); FELSPAR の形は, G *fels* rock との誤った連想]

feld·spath·ic /fɛl(d)spǽθɪk/, **-spath·ose** /fél(d)spæ̀θòʊs/ *a* 長石の[を含む], 長石質の: ~ glaze 長石釉.

feld·spath·oid /fél(d)spæ̀θɔ̀ɪd/ *a, n* 〖鉱〗准長石(の).

fé·libre /*F* felibr/ *n* (*pl* **~s** /-z; *F* —/) [ºF-] FÉLIBRIGE の会員. [F＜Prov＝teacher in the temple (*Luke* 2: 46)]

Fé·li·brige /*F* felibriːʒ/ [the] フェリブリージュ《1854 年プロヴァンス語の保存・純化を目的に Frédéric Mistral などが結成した詩人・作家の結社》.

Fe·lice /fəlíːs/ フェリース《女子名》. [↓]

Fe·li·cia /fəlíːʃ(i)ə; -siə/ フェリシア《女子名》. [L (fem)〈FELIX]

fe·li·cif·ic /fìːləsífɪk/ *a* 幸福をもたらす[にする]; 幸福を価値の規準とする.

felicífic cálculus HEDONIC CALCULUS.

fe·lic·i·tate /fɪlísətèɪt/ *vt* 祝う, 祝賀する〈a friend *on* his success〉; 繁栄させる; 幸運と考える; 《古》幸福にする. ► *a* 《廃》幸福になった. ♦ **-tà·tor** *n* [L＝to make very happy (*felic- felix* happy)]

fe·lic·i·ta·tion /fɪlìsətéɪʃ(ə)n/ *n* [ᵘ*pl*] 祝賀, 祝辞.

fe·lic·i·tous /fɪlísətəs/ *a* **1** 〈表現が〉(その場に)ぴったりの, うまい, 適切な; 表現の巧みな〈作家〉. **2** 《まれ》めでたい; 幸運な; 楽しい, ここちよい. ♦ **~·ly** *adv* **~·ness** *n* ぴったりに, 適切に.

fe·lic·i·ty /fɪlísəti/ *n* **1** 至福 (bliss); 幸福をもたらすもの, 慶事;

《古》幸運, 成功. **2**《表現の》うまさ; 適切な表現, 名文句: with ～ 適切に, うまく. ［OF＜L; ⇨ FELICITATE］
fe·lid /fíːləd/ *a, n* 〘動〙ネコ科 (Felidae) の(動物).
fe·line /fíːlàɪn/ *a* 〘動〙ネコ科[属]の; 猫のような; おとなしい (shy), 物腰の柔らかな; 狡猾な, 陰険な, こそこそした: ～ amenities 裏に針を蔵した巧言. ► *n* ネコ科の動物; 猫. ♦ **～·ly** *adv* **fe·lin·i·ty** /fɪlínəti/ *n* 猫の性; そつのなさ, 狡猾さ; 残忍, 陰険さ. ［L (*feles* cat)］
féline agranulocytósis ネコ無顆粒球症[顆粒血球減少症] (panleukopenia).
féline distémper ネコジステンパー (panleukopenia).
féline leukémia vìrus ネコ白血病ウイルス《レトロウイルスの一種; 略 FeLV, FLV》.
féline panleukopénia 〘獣医〙ネコ汎白血球減少症 (PANLEUKOPENIA).
Fe·lix /fíːlɪks/ フィーリクス《男子名》. ［L＝happy］
Fé·lix /fíːlɪks; *F* feliks/ フィーリクス, フェリクス《男子名》. ［↑］
fe·lix cul·pa /féɪlɪks kúlpɑː, fíːlɪks kʌ́lpə/ 幸福なる罪過《原罪の結果キリストが出現したことに関連していう》.
Félix the Cát 猫のフィーリックス《米国の漫画のキャラクター; 顔だけが白い賢い黒猫; 作者は Pat Sullivan (1887–1933) と Otto Messmer (1892–1983), 無声漫画映画 (1919) で初登場》.
fell[1] *v* FALL の過去形.
fell[2] /fél/ *vt* 〈木を〉伐り倒す, 伐採[伐倒]する; 〈人を〉打ち倒す, 投げ倒す, なぐり倒す; 殺す; FLAT-FELL. ► *n* 《木などを》伐り[打ち]倒すこと; 《一期の》伐採量; FLAT-FELL. ♦ **～·able** *a* ［OE *fellan*; Gmc で *fall* の causative; cf. G *fällen*］
fell[3] *a* 残忍な, すさまじい, 恐ろしい; 悪意のある; 《古·文》致命的な, 破壊的な; 《スコ》ピリッとした味の. ● **at [in] one ～** SWOOP. ♦ **～·ness** *n* ［OF; ⇨ FELON[1]］
fell[4] 《スコ·北イング》*n* 《荒れた》高原, 山の背; 《地名で》ごつごつした山 (hill): Bow *F*～. ［ON *fjall*, *fell* hill; cf. G *Fels* rock, cliff］
fell[5] *n* 獣皮, 毛皮 (pelt); 《皮膚下の》膜皮; 《人間の》皮膚; 《もじゃもじゃの》毛房, ぼうぼうの髪. ● FLESH **and ～**. ［OE *fel(l)*; cf. G *Fell*］
Fell [Doctor] フェル先生《英国の伝承童謡 'I do not like thee, Doctor Fell, The reason why I cannot tell' にうたわれる教師》.
fel·la, fel·lah[1] /félə/ *n* 《口》FELLOW.
fel·lah[2] /félə, fəláː/ *n* (*pl* **～s, fel·la·heen, fel·la·hin** /fèləhíːn, fəlàː-/) 《エジプトなどアラブ諸国の》農夫. ［Arab＝husbandsman］
fel·late /fəléɪt, félèɪt/ *vi, vt* (…に)フェラチオをする. ♦ **fel·la·tion** /fəléɪʃ(ə)n, fɛ-/ *n* FELLATIO. **fel·lá·tor** /, félèɪ-/ *n* **-trix** *n fem* ［逆成く↓］
fel·la·tio /fəléɪʃiòu, fɛ-, -láːti-/ *n* (*pl* **-ti·òs**) フェラチオ, 吸茎. ［L *fello* to suck］
féll·er[1] *n* 伐採者, 伐倒者, 伐木手, 杣夫(そま); 伐木機; 伏せ縫いをする職人, 《ミシン付属の》伏せ縫い装置. ［*fell*[2] (v)］
feller[2] *n* 《口》FELLOW: a young ～-me-lad 軽薄な若者.
Fel·ling /félɪŋ/ フェリング《イングランド北部 Newcastle upon Tyne の南にある町; かつては炭鉱で知られた》.
Fel·li·ni /fəlíːni/ フェリーニ **Federico ～** (1920–93)《イタリアの映画監督; *La Dolce Vita* (甘い生活, 1960), *Otto e Mezzo* (8½, 1963), *Fellini Satyricon* (サテリコン, 1969)》. ♦ **Fellìni·ésque** *a*
féll·mòngerᴮ *n* 毛皮から毛を取り除く職人; 獣皮[毛皮]商, 《特に》羊皮商. ♦ **～·ing** *n* **-mòn·gery** *n*
féll·mòn·gered *a*ᴮ〈毛が〉毛皮から取り除かれた.
fel·loe /félou/ *n* FELLY[1].
fel·low /félou/ *n* **1** /, félə/《口》**a** 人, 男, 男の子, やつ《しばしば親しい呼びかけ; 動物に対しても用いる》: a good [jolly] ～ (つきあって)おもしろい男 / my dear [good] ～＝old ～ おいきみ《親しい間柄の呼びかけ》/ Poor ～! 気の毒なやつ, かわいそうに! / like a GOOD ～. **b** [a ～]《一般に》人 (person), だれでも (one), わたし (I): A ～ must eat. 人は食わねばならぬ / What can a ～ (＝I) do? ぼくに何ができよう. **c** [the] [*derog*] やつ, やから, あいつ. **d** 求愛者, 色男; 《口》彼, 彼氏 (boyfriend). **e** 《古》つまらないやつ, くだらない男; 《廃》下賤の者. **2** **a** [ᵘ*pl*] 仲間, 《悪事の》連れ, ぐる; 同志, 同輩, 同僚; 同業者; 同時代人. **b** 匹敵する者, 相手. **c** 《一対のものの》片方: the ～ of a shoe [glove] 靴[手袋]の片方 / These boots are not ～*s*. この靴は片ちんばだ. **3**《大学·研究機関の》特別研究員, フェロー (research ～); *奨学金給費大学院生 (graduate ～); ᴮ《大学の》(上級)専任教員; ᴮ《大学の》評議員; ᴮ《大学の》名誉校友; [ᵘF-]《学術団体の》特別会員《通例 普通会員 (member) より高位》: a ～ of the British Academy 英国学士院特別会員. ● **hail ～ (well met)**＝HAIL-FELLOW(-WELL-MET). ► *a* 仲間の, 同輩の, 同僚の, 同業の, 同類[同じ境遇]の: a ～ citizen 同郷の市民 / a ～ countryman 同国人, 同胞 / a ～ lodger 同宿者 / a ～ passenger 同乗[同船]者 / a ～ soldier 戦友 / ～ students 学友 / ～ sufferers 受難者同士. ► *vt* 対等にする; 《古》…に仲間をつける, 組み合わせる. ［OE *fēolaga*＜ON＝partner (who lays down money); ⇨ FEE, LAY[1]］
féllow cómmoner 〘英大学〙フェローコモナー《上級教員·評議員と同じ食卓に着くことを許された学部学生》.
féllow créature 人間同士, 同胞; 同類(の動物).
féllow féeling 同情, 共感; 相互理解; 仲間意識.
féllow·ly *a, adv* 親しい[親しく], うちとけた[て].
féllow mán 人間同士, 同胞: one's ～ [*fellow men*] 自分の周囲の人びと, ほかの人.
féllow sérvant 〘法〙共働者《同一雇用者の下の被用者; 共働者の準則により, 他の同僚被用者の過失によって起きた労働災害について雇用者はコモンロー上 損害賠償責任を免除される》.
féllow·shìp *n* **1** 仲間であること; 親交, 親睦; 共同, 協力 〈*in*, *of*〉: give [offer] the right hand of ～ 握手して仲間に入れる, 交友のちぎりを結ぶ. **2** 同好の集まり; 団体, 組合, 講社; 信徒集会[集団]. **3** **a**《大学の》特別研究員[評議員]の地位[資格], 《学会などの》特別会員の地位[資格]. **b** 特別研究員の給費, 研究[創作]奨励金. **c** 研究[創作活動]奨励金授与財団. **d**《廃》《ある会などの》会員[同人]たること. **4**《大学の》特別研究員[評議員]団. ► *v* (**-p(p)-**) *vt* 〈特に宗教団体〉の会員に加える. ► *vi* 《宗教団体の》会員になる.
féllow tráveler 旅の道連れ, 同行者; 同調者, 《特に 共産党の》シンパ. ♦ **féllow-trável·ing** *a* ［Russ *poputchik* の訳］
Fell·tham /félθəm/ フェルサム **Owen ～** (1602?–68)《イングランドの文人; 教訓的エッセイ集 *Resolves Divine, Morall, and Political* (1623)》.
fellwort ⇨ FELWORT.
fel·ly[1] /féli/ *n* 《車輪の》大輪, 外縁(そとぶち), 輪縁. ［OE *felg*＜?; cf. G *Felge*］
felly[2] 《古》*adv* 激しく; 残酷に. ［*fell*[3]］
fe·lo-de-se /féloudəséɪ, -síː, fìːloudəsíː/ 〘法〙*n* (*pl* **fe·lo·nes-de-se** /fəlóunizdə-/, **fe·los-de-se** /-louz-/) 自殺; 自殺者. ［L ＝evildoer upon himself］
fel·on[1] /félən/ *n* 〘法〙重罪犯(人); 《古》悪党. ► *a* 《古》凶悪な, 残酷な; 《古》乱暴な, 野蛮な. ［OF＜L *fellon- fello* a criminal］
felon[2] *n* 〘医〙瘭疽(ひょうそ) (＝*whitlow*). ［ME＜? ↑］
fe·lo·ni·ous /fəlóuniəs/ *a* 〘法〙重罪(犯)の; 重罪を犯す意思をもってなした; 法に背いた; 《古·詩》極悪な, 凶悪な: ～ homicide 〘法〙重罪たる殺人. ♦ **～·ly** *adv* 重罪として, 重罪を犯す意思をもって; 凶悪に. **～·ness** *n*
félon·ry *n* 重罪犯(人) (felons); 《徒刑地の》囚人団.
fel·o·ny /féləni/ *n* 〘法〙重罪《murder, arson, armed robbery, rape など; cf. MISDEMEANOR》. ● **compound the [a] ～** 重罪を私和する[示談にする]《違法》; 事態を悪化させる.
félony múrder 〘法〙重罪謀殺《強盗など重罪を犯す際, 殺意なく起こした殺人で, 謀殺 (murder) とみなされる》.
fel·sen·meer /félzənmèər/ *n* 〘地〙《山頂や山の斜面の》岩海, 岩塊原. ［G＝rock sea］
fel·sic /félsɪk/ *a* 〘鉱〙珪長質の (cf. MAFIC). ［*fel*dspar, *si*lica, *-ic*］
fel·site /félsàɪt/ *n* 珪長岩. ♦ **fel·sit·ic** /fɛlsítɪk/ *a* ［↓, *-ite*］
fel·spar /félspɑ̀ːr/ *n* FELDSPAR.
fel·spath·ic /fɛlspǽθɪk/, **fel·spath·ose** /-θòus/ *a* FELDSPATHIC.
fel·stoneᴮ /félstòun/ *n* FELSITE.
felt[1] /félt/ *v* FEEL の過去·過去分詞. ► *a* (痛切に)感じられる: a ～ want 切実な要求.
felt[2] *n* フェルト; フェルト製品[帽]; 〘紙〙フェルト《製紙機械で紙のシートを作るための不織布》; フェルト状のもの《断熱材など》. ► *a* フェルト製の: a ～ hat フェルト帽, 中折帽. ► *vt* フェルト状にする, フェルト化する; フェルトでおおう. ► *vi* フェルト状になる 〈*up*〉. ♦ **～·like** *a* **félty** *a* ［OE *felt*; cf. G *Filz*］
félt·ing *n* フェルト製法, 縮充; フェルト地, フェルト製品.
félt sìde 〘紙〙フェルトサイド《抄紙機のすき網に接しない面で, 通例機械ずき紙では表; opp. *wire side*》.
félt-tìp(ped) pén, félt pén [típ] フェルトペン.
fe·luc·ca /fəlúːkə, -lʌ́kə; fɛlʌ́kə/ *n* フェラッカ船《地中海沿岸を航行する無甲板·三角帆の小型船》. ［It *feluc(c)a*＜Sp＜Arab］
FeLV °feline leukemia virus.
fél·wòrt, féll- /fél-/ *n* 〘植〙オノエリンドウ. ［FIELD[1]］
fem /fém/ *《俗》*a* めめしい, 女性的な; 女の, 女性の. ► *n* FEMME.
fem. female ♦ feminine. **FEM** °field-emission microscope.
FEMA /fíːmə/ 〘米〙Federal Emergency Management Agency 連邦緊急事態管理庁.
fe·male /fíːmèɪl/ (opp. *male*) *a* 《男性に対して》女性の, 女子の, 女の; 女性的な, 女らしい; 雌の; 〘植〙めしべのみをもつ, 雌性の; 〘機〙雌の, 雌型の; 〈宝石が〉うすき色の: the ～ sex 女性 / a ～ flower 雌花. ► *n* 《男性·男子に対して》女性, 女子; [*derog*] 女; 《動物の》雌; 〘植〙雌性植物, 雌株, 雌花: Far fewer ～*s* than males commit crimes. 犯罪を犯すのは男性よりも女性のほうがはるかに少ない / A young ～ came to see you. 若い女が会いに来たぞ / The ～ of the species is more deadly than the male. 《諺》雌のほうが雄より危険である《Kipling の詩 'The Female of the Species' の一節から》. ♦ **～·ness** *n* ［OF＜L *femella* (dim)＜*femina* woman; 語形は *male* に同化］
fémale cháuvinism 女性優越主義. ♦ **-ist** *n*

fémale cháuvinist píg [*derog*/*joc*] 女性優越主義の雌ブタ《人》.
fémale circumcísion 女子割礼 (FEMALE GENITAL MUTILATION).
fémale cóndom 女性用コンドーム《膣内に挿入する薄いゴム製の避妊具》.
fémale génital mutilátion 女性性器切除, 女子割礼《略 FGM; cf. INFIBULATION》.
fémale impérsonator 《ヴォードヴィルの》女装の男性俳優, 女形.
fémale rhýme 〘韻〙 FEMININE RHYME.
fémale scréw 〘機〙 めねじ.
fémale súffrage WOMAN SUFFRAGE.
fe·ma·lize /fíːmèɪlàɪz/ *vt* 〘韻〙 女性行末 (feminine ending) にする.
fem·cee /fèmsíː/ *n* 女性司会者《特にラジオ・テレビ番組の》. [*female*+*emcee*]
feme /fém, fíːm/ *n* 〘法〙 女性, 《特に》妻: BARON and ～.

féme cóvert 〘法〙 夫の庇護下にある女性, 《現在婚姻関係にある》既婚婦人.
féme sóle 〘法〙 独身女性《寡婦または離婚した女性も含む》; 〘法〙 独立婦人《夫から独立した財産権をもっている妻》.
Fem·ge·richt /*G* féːmgərɪçt/ VEHMGERICHT.
Fé·mi·na /*F* feminə/ *n* [Prix ～] フェミナ賞《1904 年創設のフランスの文学賞; 選考委員はすべて女性》.
fem·i·na·cy /fémənəsi/ *n* 《まれ》 女性らしい性質, 女らしさ.
fem·i·nal /fémən(ə)l/ *a* 女らしい, 女性的な.
fem·i·nal·i·ty /fèmənǽləti/ *n* FEMININITY; [*pl*] 女性の所持品.
fem·i·na·zi /fémənàːtsi/ *n* [°*derog*] フェミナチ《急進的[戦闘的]フェミニスト》. [*feminist*+*Nazi*]
fem·i·ne·i·ty /fèməníːəti/ *n* FEMININITY.
fem·i·nie /féməni/ *n* 女性, 婦人 (women); 〘ギ神〙 女族(国), アマゾネス (Amazon) 族(の国).
fem·i·nin /fémənən/ *n* 〘生化〙 ESTRONE.
fem·i·nine /fémənən/ *a* (opp. *masculine*) **1 a** 女の, 女性の, 婦人の; 女性特有の; 女らしい (womanly), 優しい, かよわい. **b** 〈男が〉女じみた, めめしい, 柔弱な (womanish). **2** 〘文法〙 女性の《略 f., fem.》; 〘楽〙 女性終止の; 〘韻〙 女性行末の, 女性韻の. ► *n* 〘文法〙 女性, 女性形, 女性名詞[代名詞など]; [the] 女性的なもの; [the] 《sex, gender の別としての》女性. ♦ **～·ly** *adv* **～·ness** *n* [OF or L (*femina* woman)]
féminine cádence 〘楽〙 女性終止《最後の和音が弱拍にくるもの》.
féminine caesúra 〘韻〙 女性行中休止《弱音節の直後にくるもの》.
féminine énding 〘韻〙 女性行末《詩の行の終わりの音節が mótion, nótion のようにアクセントを置かないもの; cf. MASCULINE ENDING》; 〘文法〙 女性語尾.
féminine rhýme 〘韻〙 女性韻《アクセントのない音節で終わる二[三]重韻: nótion と mótion, fórtunate と impórtunate; cf. MASCULINE [DOUBLE, SINGLE, TRIPLE] RHYME》.
fem·i·nin·ism /fémənənìz(ə)m/ *n* めめしさ; 女性特有の言いまわし, 女ことば.
fem·i·nin·i·ty /fèmənínəti/ *n* 女性であること, 女性性; 〘生〙 雌性; 女らしさ; 《男の》めめしさ; 女性, 婦人 (women).
fem·i·nism /fémənìz(ə)m/ *n* **1** 男女同権主義[論], 女権拡張運動, 女性解放論, フェミニズム. **2** 女性的特質; 〘医〙 《男の》女性化, めめしさ.
fem·i·nist /fémənɪst/ *n* 女権主張者, 女権拡張論者, フェミニスト. ► *a* FEMINISM の. ♦ **fèm·i·nís·tic** *a*
fe·min·i·ty /fəmínəti, fɛ-/ *n* FEMININITY.
fem·i·nize /fémənàɪz/ *vt, vi* 女性化する; 〘生〙 雌性化する; 女性中心のものに変える, …の女性の比率を高める; 女性に適したものにする. ♦ **fèm·i·ni·zá·tion** *n* 女性化; 雌性化.
fem lib, fem·lib /fémlìb/ 《口》 WOMEN'S LIB.
femme /fém; *F* fam/ *n* (*pl* **～s** /-z; *F* —/) 女 (woman), 妻 (wife); 《口》 レスビアンの女役, ねこ (opp. *butch*), 男の同性愛の女役, うけ.
femme de cham·bre /*F* fam də ʃɑ̃ːbr/ (*pl* **femmes de chambre** /F —/) 《ホテルの》客室係のメード (chambermaid); 小間使, 侍女.
femme fa·tale /fèm fətǽl, -tɑ́ːl; *F* fam fatal/ (*pl* **femmes fa·tales** /-(z); *F* —/) 危険な魅力をもつ女, 妖婦, 傾城(けいせい).
femme ga·lante /*F* fam galɑ̃ːt/ (*pl* **femmes ga·lantes** /*F* —/) 売春婦.
femme in·com·prise /*F* fam ɛ̃kɔ̃priːz/ (*pl* **femmes in·com·prises** /*F* —/) 理解されていない[真価を認められていない]女.
femme sa·vante /*F* fam savɑ̃ːt/ (*pl* **femmes sa·vantes** /*F* —/) 学[教養]のある女.
femora *n* FEMUR の複数形.
fem·o·ral /fém(ə)rəl, -ər(ə)l/ *a* 〘解〙 大腿部の.
fémoral ártery 〘解〙 大腿動脈.
fem·to- /fémtoʊ, -tə/ *comb form* 〘単位〙 フェムト《=10^{-15}; 記号 f》. [Dan or Norw *femten* fifteen]
fémto·mèter *n* フェムトメートル《=10^{-15} m》.
fémto·sècond *n* フェムト秒《=10^{-15} 秒》.
fe·mur /fíːmər/ *n* (*pl* **～s, fem·o·ra** /fém(ə)rə/) 〘解〙 大腿骨 (=*thighbone*); 〘解〙 大腿 (thigh); 〘昆〙 腿節. [L=thigh]
fen[1] ⇨ FAIN[2].
fen[2] /fén/ *n* 沼地, 沼沢地, 湿原 (marsh); [the F-s] FENS. [OE *fen(n)*; cf. G *Fenn*]
fen[3] *n* [°*pl*] *《俗》 フェンタニール (fentanyl).
fen[4] /fén, fʌ́n/ *n* (*pl* ～) 〘中国〙 分, フェン《中国の通貨単位: =1/100 元 (yuan)》. [Chin]
Fen /fén, fʌ́n/ 汾河(ふんが)(フェンホー) (=～ **Hé** /-hə́ː/, ～ **Hó** /-hóʊ/) 《黄河の支流; 山西省中部を南南東に流れ, 同省南西部で黄河に合流する》.
FEN Far East Network 《米軍の》極東放送網《現在は AFN》.
fe·na·gle /fənéɪg(ə)l/ *vt, vi* 《口》 FINAGLE.
fén·bèrry /; -b(ə)ri/ *n* CRANBERRY.
fence /féns/ *n* **1 a** 囲い, 柵, 垣根, 塀, フェンス; 《馬術の》障害柵; 《古》 防護, 防護物, 防壁: SUNK FENCE / put the horse at [to] the ～ 馬に垣などを飛び越すようにしむける / I want to see more than a ～ running around your garden. 早くお子さんが見たいものです《新婚夫婦に言う》/ ⇨ NEIGHBOR 《諺》. **b** 《機械・工具の》案内, 囲い; 〘空〙 《境界層の翼端方向への流れを阻止する》境界層板. **2** 剣術, フェンシング; [*fig*] 弁論[答弁]の巧妙さ: a master of ～ 剣術師範, 剣術[フェンシング]の達人; 討論の名手, 応答の巧みな人. **3** 盗品売買者[所], 故買(こばい)屋, 贓物(ぞうぶつ)収受者. ● **come down on the right side of the ～** 《形勢を見たうえで》旗色のいいほうに味方する. **come [get] off the ～** 中立的態度をやめて一方の側につく. **fall at the first ～** 〈馬が〉最初の障害物のところで倒れる; 最初の局面で挫折する. **go for the ～s** 《野球俗》 長打をねらう, 一発ねらう (slug). **mend [look after, repair, look to] one's ～s** 《個人交渉・策略によって》自分の立場[地盤]を固める, 関係を修復する; *〈国会議員が〉自己の地盤の手入れをする. **on both [opposite] sides of the ～** 論争の両側の[で]. **on the ～** 決めかねて 〈*about*〉; *《ホモ俗》 ヘテロに変わりかけて. **on [from] the other side of the ～** 全く異なる状況で[から], 正反対の立場で[から]. **over the ～** 《豪口》 理不尽で, 法外で; 《空俗》 滑走路に接近して. **refuse one's ～s** ″危険を回避する. **ride (the) ～** *《西部》 〈カウボーイなどが〉柵のまわり[牧場]を見まわる. **rush one's ～s** ″《口》 性急にふるまう, あわてる. **sit on [stand on, straddle, walk] the ～** 形勢を見る, どっちつかずの態度をとる. **stop to look at a ～** 障害[困難など]に面してしりごみする.
► *vt* **1 a** …に垣根[柵, 塀]をめぐらす, 囲いをする. **b** (囲いをして)防護する, さえぎる, かばう 〈a place *from*, *against*〉; 〈人・危険・寒さ・病気などを〉締め出す, 寄せつけない, 防ぐ 〈*off*, *out*〉; 〈攻撃・質問などを〉うまくかわす. **2** 〈盗品を〉売買する, 故買する; 〈盗品を〉贓物収受者に売る.
► *vi* **1 a** 剣を使う, 剣術[フェンシング]をする. **b** 〈人と〉言い争う 〈*with*〉; (うまく)言い抜けする, 〈質問(者)などを〉かわす 〈*with* a question(er)〉. **c** しのぎを削る, 競る 〈*for*〉. **d** 《古》 防護する, 身を護る 〈*against*〉. **2** 〈馬が〉柵を飛び越す, 飛越(ひえつ)する. **3** 《口》 故買する.
● **～ around [about]** 囲いをめぐらす 〈*with*〉; [°*pass*] 〈防護物で〉固める, 〈規制するもので〉制限する 〈*with*〉. **～ in** 囲い込む; [°*pass*] 〈人〉の自由を制限する, 束縛する: feel ～*d in* by…で束縛されていると感じる / Don't ～ me *in!* ぼくを束縛するな《カウボーイの歌の文句にもなる》. **～ off** 囲い[柵など]で仕切る 〈*from*〉; 〈攻撃・質問などを〉受け流す. **～ out** 囲い[柵]をして締め出す. **～ round**=FENCE around. **～ up** 垣をめぐらす.
[de*fence*]
fénce bùster 《野球俗》 《ボールがフェンスをこわさんばかりのヒットを打つ》強打者.
fenced /fénst/ *a* *《俗》 おこって, かんかんになって (angry) 《主に California で用いる》.
fénce-hàng·er *《俗》 *n* 決心のついてない人; うわさ話.
fénce·less *a* 囲い[柵]のない; 《古・詩》 無防備の. ♦ **～·ness** *n*
fénce lìzard 〘動〙 カキネハリトカゲ《米国南部産》.
fénce-mènd·ing *n* 《外国などとの》関係修復, 《議員の》地盤固め (cf. *mend* one's FENCES): a ～ trip 関係修復の旅.
fénce mònth ″《鹿の》禁猟月《特に 6 月半ばから 7 月半ばの出産シーズン》.
fenc·er /fénsər/ *n* 剣客, 剣士 (swordsman), フェンシング選手; 柵を飛び越す訓練をした馬; 《豪》 柵[垣根]を作る人, 柵[垣根]修理人.
fénce·ròw* /-ròʊ/ *n* フェンスロウ《柵の立っている一条の土地; 柵の両側の耕作されていない部分も含めていう》.
fénce sèason ″禁猟[禁漁]期 (=*fence time*).
fénce-sitter *n* 形勢を見る人, 日和見(ひよりみ)主義者, 中立の人. ♦ **fénce-sitting** *a, n* 形勢を見守る(こと).
fénce-stràddler *n* *《口》 《論争などで》双方にいい顔をする人. ♦ **-stràddling** *a, n*
fénce tìme ″ FENCE SEASON.
fen·ci·ble /fénsəb(ə)l/ *a* 国防軍の; 《スコ》 防ぐことができる. ► *n*

《18 世紀後半–19 世紀前半の英米の》国防兵.

fenc·ing /fénsɪŋ/ *n* **1** フェンシング, 剣術; 巧妙な議論, 議論[質問]の巧みな受け流し, 言い抜け: a ~ foil《練習用の》フェンシング刀. **2** 垣根[柵, 塀]の材料; 垣, 柵, 塀《集合的》. **3**《盗品の》故買(こばい).

fend /fénd/ *vt* 〈攻撃・質問などを〉受け流す, かわす 〈*off*〉; 追い払う, 撃退する 〈*off*〉; 《古》 守る; ″《方》 養う, 扶養する. ► *vi* 身を守る; やりくりする; 養う 〈*for*〉; 《古・詩》 防ぐ (defend); ″《方》 苦闘する, 努力する: ~ *for* oneself 独力でなんとかやっていく, 自活する. ► *n* ″《方》 自主独行の努力. [de*fend*]

fénd·er *n* **1***フェンダー《**1**) 自動車の側面の車輪の上の部分; ＝wing″ **2**) 自転車・オートバイなどの泥よけ; ＝mudguard″》. **2**《機関車・電車などの前後に付ける》緩衝装置, 《前部に付ける》排障器; 〔海〕防舷物, 《特に》FENDER BEAM, 《桟・橋・橋脚などの》防護物, 防護柵. **3**〔乗馬〕フェンダー《乗り手の脚を保護するために鞍やあぶみ革に取り付けられた長方形あるいは三角形の皮革の覆い》. **4**《暖炉 (hearth) の前面に置く》(低い)炉格子; ストーブ囲い. ♦ **~ed** *a* **~·less** *a*

Fender 〔商標〕フェンダー《米国 Fender Musical Instruments 製のエレキギター》. [Leo *Fender* (1909–91) 創業者]

fénder bèam 〔海〕《船の舷側に付ける》防舷材.

fénder bèlly*《俗》 太って腹の出た船員[船乗り]《海軍の古参の曹長など》.

fénder bènder*《口》 (小さな)自動車事故; *《口》 自動車事故を起こした人.

fénder pìle 〔海〕防舷杭 (＝*pile fender*)《船舶発着時の衝撃から船着場を守るために海中[河底]に打ち込まれた杭》.

fénder stòol″《炉格子前の》足載せスツール.

Féne·lon /*F* fenlɔ̃/ フェヌロン **François de Salignac de La Mothe-~** (1651–1715)《フランスの聖職者・作家》.

fen·es·tel·la /fènəstélə/ *n* (**~s, -lae** /-lìː, -làɪ/) 《祭壇の南側の》窓形壁龕(へきがん)《祭器棚を納める》; 《祭壇前面の》小窓《中の聖遺物を見せる》; 《広く》小窓. [L (dim)＜↓]

fe·nes·tra /fənéstrə/ *n* (*pl* **-trae** /-trìː, -tràɪ/) 〔解〕窓《蝸牛窓または正円窓》; 〔医〕窓《**1**) 骨にあけた穿孔(せんこう) **2**) 包帯・ギプスの開放部》; 《内視鏡など外科用器械の》のぞき窓; 〔昆〕《ガ・シロアリの羽の》明斑, 《ゴキブリの頭部の》微窓. ♦ **fe·nés·tral** *a* [L＝window]

fenéstra ovál·is /-oʊvéɪləs/ 〔解〕卵円窓 (oval window). [L]

fenéstra rotúnda 〔解〕正円窓 (round window). [L]

fe·nes·trate /fənéstrèɪt, fénəs-/ *a* FENESTRATED.

fén·es·tràt·ed *a* 〔建〕窓[開口部]のある, 〔医・生〕有窓(性)の, 穴あきの.

fénestrated mémbrane 〔解〕有窓膜.

fen·es·tra·tion /fènəstréɪʃ(ə)n/ *n* 〔建〕窓割り, 主窓意匠[設計]; 〔建〕採光用開口, 明かり採り窓; 〔医〕開窓術《聴骨などの穿孔(せんこう)》; 〔生〕有窓.

fén fìre IGNIS FATUUS. [FEN²]

fen·flur·amine /fɛnflʊ́ərəmìːn/ *n* 〔薬〕フェンフルラミン《アンフェタミンの誘導体; 塩酸塩を食欲抑制薬として使う》.

Feng·jie /fʌ́ŋʤiéɪ/ 奉節(ほうせつ)(フォンチエ)《中国四川省東部, 長江沿岸の県; 県城の東にある白帝城は長江三峡 (Yangtze Gorges) の西の起点にあたる》.

feng shui /fʌ́ŋ ʃwéɪ, ″fɛ́ŋ ʃúːi/ 《中国の民間伝承で》風水《**1**) 山川水流の状態を見て宅地や墓地を定める術 **2**) 風水の定める縁起のよい方位[配置]》.

Feng·tien /fʌ́ŋtién/ 奉天(ほうてん)(フォンティエン)《**1**) 瀋陽 (SHENYANG) の旧称 **2**) 遼寧 (LIAONING) 省の旧称》.

Feng Yu·xiang [Yü-hsiang] /fʌ́ŋ júːʃiáːŋ/ 馮玉祥(ふうぎょくしょう)(ひょうぎょくしょう) (1882–1948)《中国国民政府の軍閥政治家; 夫人は李徳全》.

Fe·ni·an /fíːniən, fénjən/ *n* **1**〔アイル伝説〕《2–3 世紀の》フィアナ騎士団[戦士団]員《王に雇われて外敵と戦った; cf. FIANNA》. **2** フィニアン(同盟員)《アイルランドおよび米国のアイルランド(系)人がアイルランドにおける英国支配の打倒を目指して結成 (1858) した 19 世紀の秘密革命組織》. **3** [*derog*] アイルランド(系)のカトリック教徒. ► *a* フィアナ騎士団の; フィニアン(同盟)の. ♦ **~·ism** *n* フィニアン同盟の主義[運動].

Fénian Cýcle [the] フィアナ伝説群《古代アイルランドのフィアナ騎士団 (Fianna) の騎士たちをたたえた一連の伝説群; Ossian にまつわる物語が特に有名》.

fe·nit·ro·thi·on /fənìtroʊθáɪən/ *n* 〔農薬〕フェニトロチオン《リンゴなどの果樹用殺虫剤》.

fenks /féŋks/ *n pl* 鯨の脂肪の繊維組織《採脂かす》.

fén·lànd *n* [°*pl*] 沼沢地; [the F-] FENS.

fén·man /-mən/ *n* 沼沢地方の人; イングランド東部沼沢地帯 (Fens) の住民.

Fenn /fén/ フェン **John B(ennett) ~** (1917–2010)《米国の化学者; 生体高分子の質量分析法のための脱離イオン化法の開発によりノーベル化学賞 (2002)》.

fen·nec /fénɪk/ *n* 〔動〕フェネック《耳の大きい北部アフリカ産のキツネ》. [Arab *fanak*]

fen·nel /fénl/ *n* 〔植〕**a** ウイキョウ (茴香), フェンネル《セリ科; 薬用・香味料》. **b** FLORENCE FENNEL. **c** カミツレモドキ (dog fennel). [OE *finugl* etc. and OF＜L (*fenum* hay)]

fénnel·flòwer *n* 〔植〕クロタネソウ《キンポウゲ科》.

fénnel óil 茴香(ういきょう)油《矯味薬・香料》.

Fen·no·scan·dia /fɛ̀noʊskǽndiə/ フェノスカンディア《スカンディナヴィアにフィンランドを含めた政治的・地質学的単位としての地域》.

fén·ny *a* 沼沢地の; 沼沢の多い; 沼沢地特有の.

fen-phen /fɛ́nfɛ̀n/ *n* 〔薬〕フェンフェン (＝*phen-fen*)《以前使用されたダイエット薬; フェンテルミン (phentermine) とフェンフルラミン (fenfluramine) またはデキスフェンフルラミン (dexfenfluramine) の合剤》.

fén rèeve″ 沼沢地方監督官吏.

Fen·rir /fénrɪər/, **Fén·ris(·wòlf)** /-rɪs(-)/ 〔北欧神話〕フェンリル《大きな狼の姿をした怪物》.

fens ⇨ FAIN².

Fens /fénz/ [the] フェンズ《イングランド, 特に東部 Lincolnshire の Wash 湾付近の低地; 沼沢地であったが長期にわたって干拓工事が行なわれ, 現在では肥沃な耕地になっている》.

fen·ta·nyl /fɛ́nt(ə)nɪ̀l/ *n* 〔薬〕フェンタニル《合成麻薬性鎮痛薬, オピオイドの一種; モルヒネと同様の薬理作用があり, 特にクエン酸塩を処方する》.

fen·thi·on /fɛnθáɪən/ *n* 〔農薬〕フェンチオン《有機燐系の殺虫剤》.

fén thrùsh 〔鳥〕ヤドリギツグミ (mistle thrush).

fen·u·greek /fénjəgrìːk/ *n* 〔植〕コロハ《マメ科レイリョウコウ属の草本》. [OF＜L＝Greek hay]

feod /fjúːd/ *n* 《古》 FEUD². ♦ **~·al** *a*

feoff /fíːf/ *n* FIEF. ► *vt* /féf, fíːf/ …に封(土)を与える (enfeoff).

feoff·ee /fɛfíː, fiː-/ *n* 〔法〕封譲受人; FEOFFEE IN TRUSTEE.

feoffée in [of] trustée 封土[領地]管理人; 《慈善事業のためなどの》公共不動産管理人.

feoff·ment /féfmənt, fíːf-/ *n* 〔法〕封の譲渡, 封土公示譲渡.

feof·for /féfər, fíː-; fɛfɔ́ːr, fiː-/, **feoff·er** /féfər, fíː-/ *n* 封譲渡人.

FEPA 〔米〕Fair Employment Practices Act 公正雇用慣行法.

FEPC 〔米〕Fair Employment Practices Commission 公正雇用慣行委員会.

fer /fər/ *prep, conj* 《発音つづり》 FOR.

-fer /fər/ *n comb form*「…を生み出すもの」「…を含むもの」(cf. -FEROUS): aqui*fer*, coni*fer*. [L (*fero* to bear)]

fe·ra·cious /fəréɪʃəs/ *a* 《まれ》 多産の, 実り多い.

fe·rac·i·ty /fərǽsəti/ *n* 《まれ》 肥沃, 多産.

fe·rae na·tu·rae /fíəri nət(j)ʊ́ri, féraɪ nətúːraɪ/ *a* 〔法〕〈動物が〉野生の《動産でなく土地の従物とされる》. [L]

fe·ral¹ /fíərəl, fér-/ *a* 野生の; 野にいる; 野生にかえった, 野生化した; 〈人が〉野獣のような, 凶暴な. [L *ferus* wild]

feral² 《古・詩》 *a* 死の, 弔いの, 暗鬱な; 致命的な, 致死の. [L *feralis* relating to corpses]

fer·bam /fɔ́ːrbæ̀m/ *n* 〔農薬〕ファーバム《果樹用殺菌薬》.

Fer·ber /fɔ́ːrbər/ ファーバー **Edna ~** (1887–1968)《米国の小説家・劇作家; *Show Boat* (1926)》.

fer·ber·ite /fɔ́ːrbəràɪt/ *n* 〔鉱〕鉄重石(じゅうせき). [Rudolph *Ferber* 19 世紀ドイツの鉱物学者]

FERC 〔米〕°Federal Energy Regulatory Commission.

fer-de-lance /fèərd'lǽns, -láːns; -láːns/ *n* (*pl* ~) 〔動〕フェルドランス《アメリカハブ属の猛毒ヘビ; 中米・南米産》. [F＝iron (head) of lance]

Fer·di·nand /fɔ́ːrd(ə)nænd/ **1** ファーディナンド《男子名; cf. FERNANDO》. **2** フェルディナンド, 《スペイン王》フェルナンド (*Sp* Fernando), 《オーストリア・神聖ローマ皇帝; ブルガリア・ルーマニア王》フェルディナント《**1**) ~ **I** the Great (1016 or 18–65) Castile 王 (1035–65), León 王 (1037–65) **2**) ~ **I** (1503–64) 神聖ローマ皇帝 (1558–64), ボヘミアおよびハンガリー王 (1526–64) **3**) ~ **I** (1751–1825) 両シチリア (Two Sicilies) 王 (1816–25), ~ IV として Naples 王 (1759–1806, 1815–25) **4**) ~ **I** (1793–1875) ハンガリー王 (1830–48), オーストリア皇帝 (1835–48) **5**) ~ **I** (1861–1948) ブルガリア王 (1908–18) **6**) ~ **I** (1865–1927) ルーマニア王 (1914–27) **7**) ~ **II** (1578–1637) 神聖ローマ皇帝 (1619–37), ハンガリー王 (1618–25), Bohemia 王 (1617–19; 1620–27) **8**) ~ **II** (⇨ FERDINAND V) **9**) ~ **III** (1608–57) ハンガリー王 (1625–47), Bohemia 王 (1627–56), 神聖ローマ皇帝 (1637–57) **10**) ~ **III** (⇨ FERDINAND V) **11**) ~ **IV** (⇨ FERDINAND (3)) **12**) ~ **V** the Catholic (1452–1516), ~ II として Sicily 王 (1468–1516), Aragon 王 (1479–1516), ~ III として Naples 王 (1504–16), ~ V として Castile 王 (1474–1504), 妻の Isabella 1 世と Aragon および Castile を共同統治 **13**) ~ **VII** (1784–1833) スペイン王 (1808, 1814–33) **14**) FRANCIS FERDINAND》. [Gmc＝venture of a military expedition (journey＋risk)]

Fer·di·nan·da /fɔ̀ːrdənǽndə/ ファーディナンダ《女子名》. [(fem)＜↑]

Ferdowsī ⇨ FIRDAWSĪ.

fere /fíər/ *n* 《古》 仲間, 連れ合い, 配偶者; ″《方》《位階・力量などの》同格者. [OE *gefēra* (FARE)]

fer·e·to·ry /férətɔ̀ːri; -t(ə)ri/ *n* 《聖人の骨を納める》聖骨箱, 聖遺

物箱[匣(こ)], フェリトリー; 《教会堂内の》聖骨箱安置所, フェリトリー; ᵁ棺架 (bier).

Fer·ga·na, -gha- /fərgáːnə/ フェルガナ《(1) 中央アジアの天山山脈の西端, キルギスタン・タジキスタン・ウズベキスタンにまたがる地域, 盆地 2) ウズベキスタン東部にある, この地域の中心都市》.

Fer·gus /fɚ́ːrgəs/ **1** ファーガス《男子名》. **2**〘アイル伝説〙ファーガス《Ulster の勇士・王; Conchobar に王位を奪われる》. [Celt＝manly strength]

fe·ria[1] /fíəriə, fɛ́r-/ *n* (*pl* **fé·ri·as, fe·ri·ae** /fíəriìː, -rièɪ, fɛ́r-/)〘教会〙《祭日でも断食日でもない, 土曜日以外の》平日; [*pl*]《古代ローマの》祝祭日. [L *feria* FAIR[2]]

fe·ria[2] /fɛ́riə, -ìɑː/ *n* 《スペイン・ラテンアメリカで教会の祝日に開かれる》市, 縁日. [Sp＝holiday＜↑]

fe·ri·al /fíəriəl, fɛ́r-/ *a*〘教会〙平日の; 《古》公休(日)の.

fe·rine /fíəràɪn/ *a* FERAL[1].

fe·rin·ghee, -gi /fəríŋgi/ 《インド》*n* [ᵁ*derog*] 白人, ヨーロッパ人, アメリカ人; 《古》インド人との混血のポルトガル人.

fer·i·ty /fɛ́rəti/ 《古》*n* 野生(状態); 凶暴, 獰猛(どう).

fer·lie, -ly /fɛ́ərli/ 《スコ》*a* 不思議な, 驚くべき, 驚異の (wonderful, strange). ► *n* 驚き, 驚異, 不思議(なもの). ► *vi* 不思議に思う, 驚く. [OE *fǣrlic* sudden]

Fer·lin·ghet·ti /fɚ̀ːrlɪŋgéti/ ファーリンゲッティ **Lawrence** ～ (1919–)《米国の詩人; Beat Generation の作家の代表的存在》.

Fer·man·agh /fərmǽnə/ ファーマナ《(1) 北アイルランド南西部の行政区; ☆Enniskillen; 略 **Ferm.** 2) 北アイルランド西部の旧州》.

Fer·mat /fɛərmɑ́ː/ フェルマー **Pierre de** ～ (1601–65)《フランスの数学者》.

fer·ma·ta /fɛrmɑ́ːtə; fɚː-/ *n* (*pl* ～**s, -te** /-ti/)〘楽〙延音(記号), フェルマータ《記号 𝄐 or 𝄑》. [It＝stop, pause]

Fermát's lást théorem〘数〙フェルマーの最終[大]定理《「*n* が 2 より大きい自然数のとき $x^n+y^n=z^n$ は整数解をもたない」というもの; Fermat が「証明を見つけた」とだけメモを残し, 長らく未解決であったが, 1994 年に証明された》.

Fermát's prìnciple〘光〙フェルマーの原理《一定点から他の一定点に達する光は通過時間が極小値となる径路を進む》.

fer·ment *vt, vi* /fərmɛ́nt/ 発酵させる[する]; 〈血潮など〉沸き立たせる[立つ], たぎる, 刺激する, かきたてる (stir up). ► *n* /fɚ́ːrmɛ̀nt/ 発酵素《(1) 発酵を起こさせる生物体; 酵母など 2) 酵素 (enzyme)》; 発酵; 《沸きかえるような》騒ぎ, 動乱, 興奮: in a ～ 大騒ぎで, 動乱になって. ♦ **fer·mént·able** *a* 発酵させられる, 発酵性の. **fer·mént·er** *n* 発酵を起こさせる有機体; 発酵槽 (＝**fer·mén·tor**). [OF or L; ⇨ FERVENT]

fer·men·ta·tion /fɚ̀ːrməntéɪʃ(ə)n, -mɛ̀n-/ *n* 発酵; 騒ぎ, 動乱, 興奮.

fermentátion lòck 発酵栓《酒類の発酵中に生じる炭酸ガスを逃がす弁》.

fer·ment·a·tive /fərmɛ́ntətɪv/ *a* 発酵性の, 発酵力のある, 発酵による. ♦ ～**·ly** *adv* ～**·ness** *n*

fer·mi /fɛ́ərmi, fɚ́ːr-/ *n*〘理〙フェルミ《長さの単位: $=10^{-13}$ cm》. [↓]

Fermi フェルミ **Enrico** ～ (1901–54)《イタリア生まれの米国の物理学者; フェルミ統計・ベータ崩壊の理論を発表, 原子炉による核分裂連鎖反応を達成; ノーベル物理学賞 (1938)》.

Férmi-Dirác statìstics〘理〙《半奇数 (1/2, 3/2, …) のスピンをもつ粒子の従う》フェルミ-ディラック統計. [↑, Paul A. M. *Dirac*]

Férmi ènergy〘理〙フェルミエネルギー (FERMI LEVEL).

Férmi·làb フェルミ研究所《Illinois 州 Chicago の近郊にあるフェルミ国立大型加速器研究所 (Fermi National Accelerator Laboratory, 略 FNAL) の通称; cf. TEVATRON》.

Férmi lèvel〘理〙フェルミ準位《固体の電子のエネルギー準位のうち, それより低い準位はほとんど電子が存在し, それより高い準位はほとんど空であるような境の準位; 固体内電子のもちうる最大のエネルギーの目安となる》.

Fer·mi·ol·o·gy /fɛ̀ərmiɑ́ləʤi, fɚ̀ːr-/ *n*〘理〙フェルミオロジー《量子力学と Enrico Fermi による諸理論に基づいて物理現象を研究する分野》.

fer·mi·on /fɛ́ərmiɑ̀n, fɚ́ːr-/ *n*〘理〙フェルミ粒子, フェルミオン《スピンが半奇数の素粒子・複合粒子》.

Férmi sùrface〘理〙《結晶内の電子のエネルギーの》フェルミ面.

fer·mi·um /fɛ́ərmiəm, fɚ́ːr-/ *n*〘化〙フェルミウム《人工放射性元素; 記号 Fm, 原子番号 100》. [E. *Fermi*]

fern /fɚ́ːrn/ *n*〘植〙シダ; シダの茂み. ♦ ～**·like** *a* ～**·less** *a* [OE *fearn*; cf. G *Farn*]

Fer·nan·da /fərnǽndə/ ファーナンダ《女子名》. [Sp; ⇨ FERDINANDA]

Fer·nan·del /*F* fɛrnɑ̃dɛl/ フェルナンデル (1903–71)《フランスの喜劇俳優; 本名 Fernand Joseph Désiré Contandin》.

Fer·nán·dez /fərnǽndɛ̀z/ フェルナンデス **Juan** ～ (c. 1536–c. 1604)《スペインの航海者》.

Fernández de Córdoba /-ˊ— ðeɪ —ˊ-/ フェルナンデス・デ・コルドバ (1) **Francisco** ～ (1475?–1525 or 26)《スペインの軍人・探検家; Yucatán 半島を発見》 (2) **Gon·za·lo** /gɔːnzɑ́ːloʊ/ ～ (1453–1515)《スペインの軍人; 通称 'el Gran Capitán'; イタリアからフランス軍を駆逐し, トルコ人の手からイタリア都市を奪回した》.

Fer·nan·do /fərnǽndoʊ/ ファーナンド《男子名》. [It, Port, Sp; ⇨ FERDINAND]

Fernándo de No·ró·nha /-də nəróʊnjə/ フェルナンド・デ・ノローニャ《ブラジル北東岸にある Natal 市の北東の大西洋上に浮かぶ火山島; 連邦直轄地; 18 世紀以来流刑植民地として開発》.

Fernándo Pó [Póo] /-póʊ/ フェルナンド・ポー《BIOKO 島の 1973 年までの名称》.

férn bàr シダなどの観葉植物でしゃれた飾りつけをしたバー[レストラン].

férn·bìrd *n*〘鳥〙シダセッカ《ニュージーランドの沼地に集まる小さなヒタキ科シダセッカ属の鳴鳥》.

férn·bràke, -bùsh *n* シダのやぶ, シダの茂み.

Fer·nel /*F* fɛrnɛl/ フェルネル **Jean** ～ (1497–1558)《フランスの物理学者・天文学者・数学者》.

férn·ery *n* シダ栽培地, シダ園; 群生したシダ; シダ栽培ケース.

Fer·net Bran·ca /fərnét brǽŋkə/〘商標〙フェルネブランカ《イタリア産のビターズ (bitters)》.

férn gréen にぶい黄緑色.

férn òwl〘鳥〙ヨーロッパヨタカ.

férn sèed シダの胞子《昔これを持っている人はその姿が見えなくなると信じられた》.

férny *a* シダ (fern) の; シダの茂った; シダ状の.

fe·ro·cious /fəróʊʃəs/ *a* 獰猛(どう)な, 凶暴な; 残忍な, 苛酷な; 猛烈な, すさまじい, 想像を絶する: a ～ appetite ものすごい食欲. ♦ ～**·ly** *adv* ～**·ness** *n* [L *feroc-* FEROX]

fe·roc·i·ty /fərɑ́səti/ *n* 獰猛さ, 残忍[狂暴]性; 蛮行. [F or L (↑)]

-f·er·ous /-ˊ- f(ə)rəs/ *a comb form*「…を生み出す」「…を含む」(cf. -FER): auri*ferous*, metali*ferous*. [F or L (*fero* to bear)]

fer·oxᵁ /fɛ́rɑ̀ks/ *n*〘魚〙スコットランドの湖水産の大型のマス. [L＝fierce]

Fer·rar /fɛ́rər/ フェラー **Nicholas** ～ (1592–1637)《イングランドの神学者; Huntingdonshire の Little Gidding に国教会の原則に沿ったユートピア村を建設 (1626)》.

Fer·ra·ra /fərɑ́ːrə/ フェラーラ《(1) イタリア北部 Emilia-Romagna 州の県 2) その県都》. ♦ **Fer·ra·rese** /fərɑ́ːrìːz, fɛrəríːz, *-s/ *a, n*

Fer·ra·ri /fərɑ́ːri/ **1** フェラーリ **Enzo** ～ (1898–1988)《イタリアのレーシングカー設計製作者, 自動車会社経営者》. **2** フェラーリ《Ferrari 社製のスポーツカー・レーシングカー》.

Fer·ra·ro /fərɑ́ːroʊ/ フェラーロ **Geraldine A(nne)** ～ (1935–2011)《米国の政治家; 二大政党では初の女性副大統領候補 (1984); 民主党》.

fer·rate /fɛ́ərèɪt/ *n*〘化〙鉄酸塩.

Fer·ré /fɛréɪ/ フェレ, フェッレ **Gianfranco** ～ (1944–2007)《イタリアのファッションデザイナー》.

fer·re·dox·in /fɛ̀rədɑ́ksən/ *n*〘生化〙フェレドキシン《葉緑体に検出される鉄と硫黄を含むタンパク質》.

fer·rel /fɛ́r(ə)l/ *n, vt* 《古》FERRULE.

fer·re·ous /fɛ́riəs/ *a*〘化〙鉄の; 鉄色の; 鉄分を含む.

Fer·re·ro /fərɛ́əroʊ/ フェレーロ **Guglielmo** ～ (1871–1943)《イタリアの歴史家》.

fer·ret[1] /fɛ́rət/ *n* **1**〘動〙**a** フェレット《ケナガイタチ (POLECAT) の家畜型で, アルビノ, 白色, または薄い黄色; ネズミ退治やアナウサギを穴から追い出すために飼育された; 実験動物にもされる》. **b** クロアシイタチ (black-footed ferret). **2** 熱心な捜索者, 探偵. ► *vt, vi* フェレットを使って〈ウサギ・ネズミを〉狩る[狩り出す] 〈*out, away*〉; 〈秘密・犯人などを〉《徹底的に追求して》捜し[見つけ]出す 〈*out*〉; 捜しまわる 〈*about, around*〉; せんさくする; 苦しめる, 悩ます (harass). ● ～ **out*** 〈問題のある人物などを〉(見つけて)追い出す. ♦ ～**·er** *n* フェレットを使ってウサギ狩り[ネズミ退治]をする人. **fér·rety** *a* フェレットのような, ずるそうな. [OF＜L (*fur* thief)]

ferret[2], **férret·ing** *n* 《絹・綿の》細幅リボン[テープ]. [It＝floss silk]

férret-bàdger *n*〘動〙イタチアナグマ《東南アジア産》.

fer·ri- /fɛ́raɪ, fɛ́ri/ *comb form*〘化〙「鉄」「鉄 (III), 第二鉄」(cf. FERRO-). [FERRUM]

fer·ri·age, 《米》**-ry-** /fɛ́riɪʤ/ *n* 船渡し, 渡船(業); 渡船料, 渡し賃.

fer·ric /fɛ́rɪk/ *a* 鉄質の, 鉄分を含む, 鉄の;〘化〙鉄 (III) の, 第二鉄の (cf. FERROUS). [FERRUM]

férric ammónium cítrate〘化〙クエン酸鉄 (III) アンモニウム, クエン酸第二鉄アンモニウム《青写真用》.

férric chlóride〘化〙塩化鉄 (III), 塩化第二鉄《収斂(しゅうれん)剤・汚水処理用》.

férric hydróxide〘化〙水酸化鉄 (III), 水酸化第二鉄《吸収剤・砒素解毒剤》.

férric óxide〘化〙酸化鉄 (III), 酸化第二鉄《赤色顔料・ガラス研磨用》.

férric súlfate 〘化〙硫酸鉄 (III), 硫酸第二鉄《収斂剤·媒染剤》.
fèrri·cyánic ácid 〘化〙フェリシアン酸, ヘキサシアノ鉄 (III) 酸《褐色の結晶》.
fèrri·cýanide *n* 〘化〙フェリシアン化物, ヘキサシアノ鉄 (III) 酸塩.
Fer·ri·er /fériər/ フェリアー **Kathleen ~** (1912–53)《英国のアルト歌手》.
fer·rif·er·ous /fəríf(ə)rəs/ *a* 鉄を生ずる[含む].
férri·màgnet *n* 〘理〙フェリ磁性体.
fèrri·mágnet·ìsm *n* 〘理〙フェリ磁性《遷移金属を含む化合物の磁性》. ♦ **-magnétic** *a*, *n* フェリ磁性(体)の; フェリ磁性体. **-ical·ly** *adv*
Fér·ris whèel /férəs-/《遊園地の》観覧車. [G. W. G. *Ferris* (1859–96) 米国の技術者でその考案者]
fer·rite /fé(ə)ràɪt/ *n* フェライト (**1**)〘化〙$MO·Fe_2O_3$ (M は 2 価の金属) なる強磁性の鉄酸化物 **2**)〘冶〙α 鉄またはその固溶体 **3**)〘岩石〙ある種の火成岩に赤黄色の粒子として産する鉄化合物). ♦ **fer·rit·ic** /fɛrítɪk/ *a*
férrite-ròd áerial 〘電子工〙フェライトロッドアンテナ.
fer·ri·tin /férət(ə)n/ *n* 〘生化〙フェリチン《脾臓·腸粘液·肝臓中に存在する, 鉄を含む複合タンパク質》.
fer·ri·tize /férətàɪz/ *vt* 〈鋼を〉フェライト化する.
fer·ro- /férou, -rə/ *comb form* 〘化〙「鉄」「鉄 (II), 第一鉄」(cf. FERRI-). [L; ⇨ FERRI-]
Fer·ro /férou/ フェロ (HIERRO の旧称).
fèrro·álloy *n* 〘冶〙合金鉄, フェロアロイ.
fèrro-cemént *n* 〘建〙フェロセメント《薄いセメント板の内部に金網で補強した建築材; 小型船舶の構造材料などに使用される》.
fer·ro·cene /férousì:n/ *n* 〘化〙フェロセン《ジェット燃料·ガソリンのアンチノック剤》.
férro·chròme *n* 〘冶〙FERROCHROMIUM.
fèrro·chrómium *n* 〘冶〙クロム鉄, フェロクロム.
fèrro·cóncrete *n*, *a* 鉄筋コンクリート(製の).
fèrro·cyánic ácid 〘化〙フェロシアン酸, ヘキサシアノ鉄 (II) 酸《無色の結晶》.
fèrro·cýanide *n* 〘化〙フェロシアン化物, ヘキサシアノ鉄 (II) 酸塩.
fèrro·eléctric *a* 〘理〙強誘電性の. ► *n* 強誘電体.
♦ **fèrro·electrícity** *n* 強誘電性.
férro·flùid *n* 強磁性流体《磁性微粒子を含む液体》.
Ferrol (del Caudillo) ⇨ EL FERROL (DEL CAUDILLO).
fèrro·magnésian *a*, *n* 〘地質〙鉄とマグネシウムを含む(鉱物), 鉄苦土質の(鉱物).
fèrro·mágnet *n* 〘理〙強磁性体.
fèrro·magnétic *a* 〘理〙強磁性の. ► *n* 強磁性体.
fèrro·mágnet·ìsm *n* 〘理〙強磁性.
fèrro·mánganese *n* 〘冶〙マンガン鉄, フェロマンガン.
fèrro·molýbdenum *n* 〘冶〙モリブデン鉄, フェロモリブデン.
fèrro·níckel *n* 〘冶〙ニッケル鉄, フェロニッケル.
fèrro·psèudo·brόokite *n* 〘岩石〙鉄偽板(ぎ)チタン石《月の岩石の一つ》.
fèrro·sílicon *n* 〘冶〙ケイ素鉄, フェロシリコン.
fèrro·titánium *n* 〘冶〙チタン鉄, フェロチタン.
fèrro·túngsten *n* 〘冶〙タングステン鉄, フェロタングステン.
fèrro·tỳpe *n* 〘写〙鉄板写真(法), フェロタイプ (=*tintype*)《乳剤を塗付した鉄板により直接陽画像を得る写真(法)》. ► *vt* フェロタイプ板にかける.
férrotype plàte [tìn] 〘写〙フェロタイプ板《プリントつや出し用》.
fer·rous /férəs/ *a* 〘化〙鉄 (II) の, 第一鉄の (cf. FERRIC);《一般に》鉄を含む: ~ and non-~ metals 鉄金属と非鉄金属. [FERRIC]
férrous chlóride 〘化〙塩化鉄 (II), 塩化第一鉄《媒染剤·冶金に用いる》.
férrous óxide 〘化〙酸化鉄 (II), 酸化第一鉄.
férrous súlfate 〘化〙硫酸鉄 (II), 硫酸第一鉄《鉄塩類·顔料·インキの製造, 工場廃棄物処理, 貧血治療用》.
férrous súlfide 〘化〙硫化鉄 (II)《黒色結晶; 硫化水素·陶器の製造に用いられる》.
fèrro·vanádium *n* 〘冶〙バナジン鉄, フェロバナジン.
fèrro·zircónium *n* 〘冶〙ジルコニウム鉄, フェロジルコニウム.
fer·ru·gi·nous /fərú:ʤənəs, fɛ-/, **fer·ru·gin·e·ous** /fɛ̀r(j)uʤíniəs/ *a* 鉄分を含有する, 鉄質の, 含鉄…; 鉄さび(色)の: a ~ spring 含鉄鉱泉, 鉄泉. [L *ferrugin- ferrugo* rust; ⇨ FERRUM]
ferrúginous dúck 〘鳥〙メジロガモ《ユーラシア産の潜水ガモ; ハジロ属》.
ferrúginous háwk 〘鳥〙アカケアシノスリ (=*squirrel hawk*)《北米西部産》.
ferrúginous róughleg 〘鳥〙FERRUGINOUS HAWK.
fer·rule /fér(ə)l, -rù:l; -rù:l/ *n*《杖·傘などの》石突き;《接合部補強の》はばき金, 金環, フェルール;〘釣〙《さおの》継ぎ口《すげ口またはすげ込み》;《ボイラー管の》口輪. ► *vt* …にフェルールを付ける. ♦ **~d** *a* [C17 *verrel* etc.＜OF＜L (dim)〈*viriae* bracelet; 語形は ↓ に同化]
fer·rum /férəm/ *n* 鉄 (iron)《記号 Fe》. [L]
fer·ry /féri/ *n* **1** 渡し船, 連絡船, フェリー (ferryboat); 渡し船の便; 渡し場, 渡船場;〘法〙渡船営業権: cross the ~ 渡しを渡る. **2**《新造飛行機の工場から現地までの》自力現地輸送, フェリー. **3** (定期)航空[自動車]便; 定期航空機(の発着場);《宇宙船と惑星[衛星]との間で飛行士を運ぶ》連絡船. ► *vt* **1**〈客などを〉船で渡す;〈渡し船[フェリー]を〉通わせる; 渡し船で〈川·海峡を〉渡る: ~ sb [an animal] *across* [*over*] a river 人[動物]を川向こうへ渡す. **2 a** 航空機[自動車]で輸送する;〈飛行機を〉《海を越えて》往き来させる: ~ voters to and from the polls 投票者を投票所へ車で送り迎えする / ~ children *around* 子供たちを車であちこち連れまわす. **b**〈飛行機·自動車を〉《特に工場から現地まで》自力空輸[輸送]する. ► *vi* 渡し船で渡る〈*across* [*over*] a river〉;〈渡し船が〉通う;〈飛行機が〉往き来する. [ON *ferja*; cf. FARE]
ferryage ⇨ FERRIAGE.
férry·bòat *n* 渡し船, 連絡船, フェリーボート.
férry brìdge 渡船橋, フェリー桟橋(さん); 列車運搬用連絡船, 列車用フェリー.
férry·hòuse *n* 渡船[フェリー]業者の家; フェリー待合所.
férry·man /-mən/ *n* 渡船[フェリー]業者; フェリー乗組員, 渡船夫, 渡し守.
férry pìlot 《新造飛行機の》現地輸送操縦士.
férry ràck 連絡船接岸誘導桟橋.
Fer·ry·ville /férivìl/ フェリーヴィル (MENZEL BOURGUIBA の旧称).
Fert /féər/ フェール **Albert ~** (1938–)《フランスの物理学者; 巨大磁気抵抗の発見によりノーベル物理学賞 (2007)》.
fer·tile /fə́:rtl; -tàɪl/ *a* **1 a**〈土地が〉肥えた, 肥沃な, 豊穣(ほうじょう)な (opp. *sterile*); 多産な〈*in* [*of*] wheat etc.〉; 豊作をもたらす〈雨〉. **b** [*fig*] 豊かな, 実り多い; 創造力に富む, 創意豊かな, 成長[発達]を促す〈土地柄, 環境〉: a ~ mind / a ~ climate for innovation [corruption] 技術革新を育む[腐敗を生みやすい]環境. **c**《廃》豊富な: ~ tears あふれる涙. **2**〘生〙繁殖力のある[旺盛な];〘生〙受精した (fertilized);〘植〙受精[結実]能力のある;〘植〙胞子を生じる機能をもった: a ~ egg 受精卵. **3**〘理〙〈物質が〉核分裂物質に変換できる, 親(おや)の. ♦ **~·ly** *adv* **~·ness** *n* [F＜L (*fero* to bear)]
Fértile Créscent [the] 肥沃な三日月地帯《地中海南東岸のイスラエルから Tigris 川, Euphrates 川の流域を経てペルシア湾北岸に至る弧状の農耕地帯; 古来, ヘブライ·フェニキア·アッシリア·バビロニア·シュメールなどの高度文明発祥の地; 現在は一部が砂漠になっている》.
fértile matérial 〘理〙親(おや)物質《核分裂物質に変換できる uranium 238 など》.
fer·til·i·ty /fərtíləti/ *n* **1** 肥沃, 多産, 豊穣,《土地の》肥沃度, 土壌生産力, 地力;《創意などの》豊富さ. **2** 出生率 (birthrate);〘生〙受精[受胎]能力, 生殖能力;〘畜〙(有効)繁殖力; 受精率, 稔性, 妊性. ■ the **Séa of F~**〘天〙MARE FECUNDITATIS.
fertílity cùlt 《農耕社会の》豊穣神崇拝(を行なう人びと[集団]).
fertílity drùg 排卵誘発[促進]剤.
fertílity pìll 排卵誘発型避妊錠《排卵日を調節する》.
fertílity sỳmbol 《fertility cult で祭る》豊穣神のシンボル《特に男根》.
fér·til·ìz·able *a* 肥沃化可能な; 受精[受胎]可能な.
fer·til·iza·tion /fə̀:rt(ə)ləzéɪʃ(ə)n; -laɪ-/ *n* 地味を肥やすこと[方法], 肥沃化; 施肥; 量産[多産]化;《知的[経済的]に》豊かにすること;〘生理·生〙受精, 配偶子合体;〘植〙胞子生殖. ♦ **~·al** *a*
fertilizátion mèmbrane 〘動〙受精膜《受精後に卵のまわりに形成され, 他の精子の侵入を防ぐ膜》.
fer·til·ize /fə́:rt(ə)làɪz/ *vt* **1**〈土地を〉肥沃にする, 肥やす;〈精神などを〉豊かにする; …の発達を促す. **2**〘生理·生〙受精させる, 受胎させる. ► *vi* 土地に肥料を与える, 施肥する.
fér·til·ìz·er *n* **1** 肥料,《特に》化学肥料; 生長[成長, 発達]を助ける人[もの]. **2** 受精媒介物《ハチ·チョウなど》.
fer·u·la /fér(j)ələ/ *n* (*pl* **~s, -lae** /-lì:, -làɪ/)〘植〙オオウイキョウ属 (*F-*) の各種草本《セリ科; 薬用·鑑賞用》; FERULE[1]. [L=giant fennel, rod]
fer·u·la·ceous /fɛ̀r(j)uléɪʃəs/ *a* アシ (reed) の; アシ状の.
fer·ule[1] /férəl, -ù:l/ *n* 木べら, むち《体罰用, 特に子供のてのひらを打つ》; きびしい学校教育: be under the ~《学校で》きびしく教育される. ► *vt* 木べらで打つ. [FERULA]
ferule[2] *n*, *vt* FERRULE.
fe·rú·lic ácid /fərú:lɪk-/ 〘化〙フェルラ酸.
fer·vent /fə́:rv(ə)nt/ *a* 熱い, 焼ける, 燃える; 熱烈な, 強烈な.
♦ **~·ly** *adv* **fér·ven·cy** *n* FERVOR. [OF (L *ferveo* to boil, be hot)]
fer·vid /fə́:rvəd/ *a* 燃えるような, 熱烈な, 熱情的な;《詩》熱い, 白熱した. ♦ **~·ly** *adv* **~·ness** *n* **fer·vid·i·ty** /fərvídəti/ *n* 熱烈, 熱心. [L (↑)]
Fer·vi·dor /*F* fɛrvidɔ:r/ *n* THERMIDOR.
fer·vor | fer·vour /fə́:rvər/ *n* 情熱, 熱情, 熱意, 熱誠; 白熱(状態); 炎熱: with ~ 熱烈に. [OF＜L; ⇨ FERVENT]
Fès ⇨ FEZ.

Fes·cen·nine /fésənàɪn, -nìːn, -nən/ *a* 古代イタリアの田園地方の祝祭[結婚式]で詠唱された; [°f-] 下品な, 卑猥な. [*Fescennia* 古代 Etruria の一都市]

fes·cue /féskju/ *n* **1** 《子供に読み方を教える時に用いた, 文字を指し示す》指示棒 (pointer). **2** 〖植〗フェストゥーカ属[ウシノケグサ属]の各種草本 (=**∼ gràss**) 《イネ科; 芝生·牧草》. [OF＜L *festuca* stalk, straw]

féscue fòot 〖獣医〗ウシノケグサ中毒《麦角中毒に似た牛の足の疾患》.

fesh·nush·kied /fɛʃnúːʃkid/ *a**《俗》《酒に》酔って.

fess[1], **'fess** /fés/ *vi* 《口》白状する 〈*up* (*to doing*)〉. [con*fess*]

fess[2], **fesse** /fés/ 〖紋〗*n* フェス《盾の約 1/3 幅の横帯》; FESS POINT. ● **in ∼** 横帯状に(配した). [OF＜L *fascia* band]

féss pòint 〖紋〗《盾形紋地の》中心点.

féss·wise, -wàys *adv* 〖紋〗横帯状に.

-fest /fèst/ *n comb form* 「にぎやかな集い」「催し」「激発」: song*fest*, slug*fest*. [G *Fest* feast]

fes·ta /féstə/ *n* 祭, 祭祀, 祝祭(日); 《特にイタリアの》守護聖人を祝う地方の祭. [It]

fes·tal /féstl/ *a* 祝祭の; 陽気な (gay), 楽しい. ◆ **∼·ly** *adv* [OF＜L; ⇨ FEAST]

Fes·te /fésti/ フェスティー, フェステ《Shakespeare, *Twelfth Night* で Olivia に仕える道化》.

fes·ter /féstər/ *vi* **1 a** 〈傷口などが〉うむ, ただれる; 〈食品·ごみなどが〉腐敗する. **b** ᴵᴵ《口》〈人がくさる, くすぶる. **2** 〈不満·怒りなど〉昂じる; 〈問題·事態が〉悪化する. ► *vt* …に炎症を起こさせる; うませる; …に悪影響を与える; 悩ます; 痛ませる. ► *n* 化膿, 膿瘡(のうそう). [OF＜L FISTULA]

fés·ter·ing *adv, a* ᴵᴵ《俗》[強意] いやになるほどに[ような].

fes·ti·na len·te /fɛstíːnɑː léntèɪ/ ゆっくり急げ. [L]

fes·ti·nate /féstənət, -nèɪt/ *a* 《まれ》急速な, 性急な. ► *vi* /-nèɪt/ 急ぐ, 〈歩調が〉病的に早まる. ► *vt* 急がせる, 早める. ◆ **∼·ly** *adv* [L *festinare* to hasten]

fes·ti·na·tion /fɛstənéɪʃ(ə)n/ *n* 急ぐこと; 〖医〗《パーキンソン病などにみられる》加速歩行.

fes·ti·val /féstəv(ə)l/ *n* **1 a** 祝祭, 祭礼, 祝い, 祭; 祝日, 祭日. **b** 《しばしば 定期的な》催し物のシーズン, …祭, 説明会: the Bach ∼ バッハ祭 / the EDINBURGH FESTIVAL / JOB FESTIVAL. **2** 饗宴; お祭り騒ぎ; 陽気, 上機嫌: hold [keep, make] a ∼ 饗宴を催す. ► *a* 祝祭[祭礼, 祝日]の; 祝祭用の[にふさわしい]. [OF; ⇨ FESTIVE]

féstival·gòer *n* 祝祭に行く[参加する]人, お祭り好き.

Féstival Háll [the] ROYAL FESTIVAL HALL.

Féstival of Brítain [the] 英国祭《1951–52 年に London の Thames 川南岸を会場に催された大博覧会百周年記念祭; 戦後耐乏時代の終了を画すできごと》.

Féstival of Líghts [the] 〖ユダヤ教〗光の祭 (HANUKKAH); 〖ヒンドゥー教〗DIWALI.

Féstival of Níne Léssons and Cárols 九つの日課とクリスマスキャロルの祭《クリスマスの直前に一部の教会で行なわれる礼拝; 人びとはキャロルを歌い, 聖書の一部を朗読する》.

Féstival of the Déad [the] 《日本の》お盆 (Bon).

fes·tive /féstɪv/ *a* 祝祭の, お祝いの, ᴵᴵクリスマス(期)の; 祝祭にふさわしい[らしい]; お祭り気分の, 陽気な: a ∼ mood お祭り気分 / a ∼ season [period] ᴵᴵ祝祭の季節《Christmas から新年にかけての時期》. ◆ **∼·ly** *adv* **∼·ness** *n* [L; ⇨ FEAST]

fes·tiv·i·ty /fɛstívəti, fəs-/ *n* 祭礼, 祝祭, 祭典; [*pl*] 祝いの催し事, お祭り騒ぎ; 陽気, お祭り気分.

fes·ti·vous /féstəvəs/ *a* FESTIVE.

fes·toon /fɛstúːn/ *n* **1** 花綱(はなづな)《花や葉をリボンなどとつなぎ合わせてしめなわ式に飾る》; 《建築·家具の》花綱装飾. **2** 〖歯〗フェストゥーン **(1)** 歯肉縁の膨隆および湾曲 **2)** それに似せて義歯床に刻まれた彫刻》. **3** 〖昆〗**a** タイスアゲハ. **b** イラガの一種 (**∼ mòth**) 《幼虫はオークの葉を食害する》. ► *vt* [°*pass*] 花綱で飾る 〈*with*〉; …から花綱状にぶらさがる; 花綱状に[のもので]飾る; 花綱に作る; 花綱でつなぐ: ∼ the picture *with* roses＝∼ roses *round* the picture 写真をバラの花綱で飾る. [F＜It; ⇨ FEAST]

festóon blínd 花綱型ブラインド《布製で, 引き上げるとカーブしたひだ状にまとまる窓用の日よけカーテン》.

festóon·ery *n* 〖建·家具〗花綱(装飾) (festoons).

fest·schrift /féstʃrɪft/ *n* (*pl* **-schrif·ten** /-ʃrɪft(ə)n/, **∼s**) [°F-] 《同僚·教え子などによる》記念論文集. [G＝festival writing]

Fes·tus /féstəs/ フェストゥス **Porcius ∼** (d. c. A.D. 62) 《ローマのユダヤ行政長官 (58[60]–62)》.

FET 〖米〗federal excise tax 連邦消費税 ◆ 〖電子工〗°field-effect transistor.

feta /fétə, fétɑː/ *n* フェタチーズ (=**∼ chèese**) 《ヤギや羊の乳から造られるギリシアの白いチーズ》. [ModGk]

fe·tal, foe- /fíːtl/ *a* 胎児 (fetus) の, 胎児の段階[状態]の: ∼ movements 胎動.

fétal álcohol sỳndrome 〖医〗胎児(性)アルコール症候群《妊娠中の母親のアルコール過飲による精神遅滞·異常小頭症など; 略 FAS》.

fétal circulátion 〖生理〗胎児循環, 胎児血行.

fétal diagnósis 〖医〗《羊水穿刺法による》胎児診断.

fétal hémoglobin 〖医〗胎児性血色素, 胎児性[胎児型]ヘモグロビン《胎生期のヘモグロビンの主成分; 再生不良性貧血·白血病などの際に異常増加をみる》.

fétal posìtion 胎児型姿勢《手足を縮めて胸元に引き寄せ体を丸めた姿勢》.

fe·ta·tion, foe- /fitéɪʃ(ə)n/ *n* 胎児形成; 妊娠, 懐妊.

fetch[1] /fétʃ/ *vt* **1 a** (行って)取って[連れて, 呼んで]くる (go and get [bring]); 〈人〉に〈物を〉取ってくる: ∼ a doctor 医者を呼んでくる / ∼ me a chair＝∼ a chair *for* me わたしのところに椅子を持ってくる / ∼ one's child from school 《車で》学校から子供を連れて帰る / ∼ the washing *in* 洗濯物を取り込む. **b** 〈人〉の意識を回復させる 〈*to, around*〉; 〈人を〉説得する 〈*around*〉. **c** …の心を捕える, 魅了する, 〈聴衆〉の人気を呼ぶ; いらいらさせる. **d** 〖電算〗〈命令などを〉《メモリーから》取ってくる, フェッチする. **2 a** 〈水·涙·血·人などを〉出させる, 引き出す, 誘い出す; 〈源泉から〉引き出す, 得る (derive) 〈*from*〉: ∼ a pump ポンプに迎え水をする. **b** 〈息を〉吸う, 吐く, 〈ため息を〉漏らす, 〈叫び·うめき声などを〉出す: ∼ a deep breath. **c** 《まれ》推論する (infer). **3** 〈ある値〉で売れる, 〈好い値を〉呼ぶ: The car ∼*ed* $2,500. 車は 2500 ドルで売れた / This won't ∼ (you) much. これはたいした値になるまい. **4 a** 《口》〈一撃を〉見舞う; 《卑》殺す: ∼ sb a box [blow, slap] on the ears 耳[横っつら]に一撃を食わせる. **b** 《方》〈急激な動作を〉やってのける: ∼ a leap. **5 a** 〖海〗《逆風·逆流に抗して》〈港〉に到達する: ∼ port. **b** …に着く (reach). ► *vi* **1 a** 行って物を持ってくる; [しばしば 猟犬に対する命令] (獲物を)取ってこい: Go ∼! **b** 意識[体力, 体重]を取り戻す 〈*up*〉. **2 a** 〖海〗〈ある方向に〉針路をとる, 進航する; 針路を転ずる (veer): ∼ headway [sternway] 前進[後進]する / ∼ about 〈帆船が〉進路を変える. **b** 回り道をする 〈*about, around, round*〉. **3** 《スコ》息切れがする. ● **∼ a compass** 回って行く, 回り道をする. **∼ and carry** 忙しく使い走りをする, 雑役をする 〈*for*〉. **∼ away** [**way**] 〈船上のものが〉揺れてずれる. **∼ down** 射落とす; 〈市価を〉引き下げる. **∼ in** 〈利益などを〉もたらす, 〈客などを〉呼び寄せる; 《廃》囲む. **∼ out** 引き出す; 〈色つやなどを〉出す, 現わす. **∼ up** 《口》着く 〈*at, in*〉, 《意図しないで》行き着く 〈*in*〉, 〈溺死者などが〉流れ着く; 結局…する 〈*doing*〉; 急に止まる[止める]; 作り出す, 〈記憶などを〉よび起こす; 〈遅れなどを〉取り戻す; 《俗》吐く (vomit); *《方》〈子供·動物を〉育てる. ► *n* **1** (行って)取って[持って, 連れて]くること, もたらすこと; ぐっと手を伸ばすこと; 〖電算〗《命令などの》取り出し. **2** 《想像力などの及ぶ》範囲; 《風の吹き及ぶ》距離, 《風による波の》吹送距離; 対岸距離. **3** 術策, 策略 (trick). ◆ **∼·er** *n* [OE *fecc*(*e*)*an*; OE *fetian* to catch の異形; cf. G *fassen* to seize]

fetch[2] *n* 生霊(いきりょう)《死の直前に現われるという》; 《外見·動作が》そっくりなもの (counterpart). [C18＜?]

fétch·ing *a* 《口》人をひきつける, 魅惑的な. ◆ **∼·ly** *adv*

fete, fête /féɪt, fét/ *n* **1 a** 祝祭, 祭; 祝日, 祭日, 休日 (holiday): a national ∼ 国の祝祭日. **b** 聖名祝日, 祝名節《カトリック教国で自分の名を採った聖徒の祝祭日で, 誕生日のように祝う》. **2** (戸外で行なう)祝宴, 饗宴; ᴵᴵ《学校·教会主催の》慈善パーティー, バザー; 《カリブロ》野外(ダンス)パーティー, ピクニック: a garden [lawn] ∼ *園遊会 / a village ∼ ᴵᴵ村の縁日. ► *vt* …のために宴を張って祝う, (式を挙げて)祝う; …に大いに敬意を表する, 尊敬[称揚]する. ► *vi* 《カリブロ》野外パーティー[ピクニック]に加わる. [F; ⇨ FEAST]

fête cham·pê·tre /*F* fɛt ʃɑ̃pɛtr/ (*pl* **fêtes cham·pê·tres** /—/) 野外の祭, 園遊会; 〖美〗《18 世紀フランスの》雅宴画 (=**fête ga·lante** /*F* -galɑ̃t/). [F *champêtre* rural]

fete [**fête**] **day** /ˊ— ˋ—/ 祝日, 祭日.

Fête-Dieu /*F* fɛtdjø/ *n* (*pl* **Fêtes-** /—/) 〖カト〗CORPUS CHRISTI. [F]

fet·er·i·ta /fɛtəríːtə/ *n* 〖植〗米国南西部のモロコシ.

fe·ti-, foe·ti- /fíːtə/, **fe·to-, foe·to-** /-toʊ, -tə/ *comb form* 「胎児 (fetus)」 [L]

fe·tial, fe·cial /fíːʃəl/ *n* (*pl* **∼s**, **fe·ti·a·les** /fiːʃiéɪliz, fɛ̀itiáːlèɪs/) 《古代ローマの》従軍祭官, 伝令僧《外交交渉·宣戦布告·終戦の儀式の主宰を行なった 20 人のうちの一人》. ► *a* 従軍祭官伝令僧の; 外交(上)の; 伝令使の (heraldic). [C16＜?]

fetich(e), fetichism ⇨ FETISH, FETISHISM.

féti·cìde, fóe- *n* 胎児殺し, 堕胎.

fet·id, foet- /fétəd, fíːtəd/ *a* 強い悪臭[異臭]を放つ, 臭い. ◆ **∼·ly** *adv* **∼·ness** *n* [L (*feteo* to stink)]

fe·tip·a·rous, foe- /fitípərəs/ *a* 未熟のままの子を産む(動物の)《有袋動物など》.

fet·ish, -ich(**e**) /fétɪʃ, fíː-/ *n* 呪物(じゅぶつ), ものがみ《霊が宿っているとして崇拝される物》; 迷信の対象, 盲目的崇拝物; 〖精神医〗フェティッシュ《性的喜びをひき起こす対象物たる靴·手袋·毛髪など》; 呪物崇拝の儀式[祭礼]; 《病的な》執着, 固執. ● **make a ∼ of**…を盲目的に崇拝する, …に熱狂する. [F＜Port＝charm (n)＜artificial (a)＜L; ⇨ FACTITIOUS]

fétish·ism, -ich- *n* 呪物崇拝, ものがみ崇拝, フェティシズム; 盲目的崇拝; 〘精神医〙フェティシズム《異性の体の一部・衣片などによって性的満足を得る異常性欲の一種》. ♦ **-ist** *n* **fèt·ish·ís·tic** *a* **-ís·ti·cal·ly** *adv*

fétish·ìze *vt* FETISH として崇拝する[あがめる]; …に固執する, (やけに)こだわる. ♦ **fèt·ish·izátion** *n*

fet·lock /fétlɑ̀k/ *n* 《馬の脚の》けづめ突起, 球節《けづめ毛の生じる部分》; けづめ毛, 距毛; 〘馬具〙FETTERLOCK. [ME *fet(e)lak* etc.; cf. FOOT]

feto- /fíːtoʊ, -tə/ ⇨ FETI-.

fe·tol·o·gy /fitálədʒi/ *n* 〘医〙胎児(治療)学. ♦ **-gist** *n*

fèto·prótein *n* 〘生化〙フェトプロテイン《正常胎児の血清中にみられるタンパク質の一つ; ある種の疾患では成人にもみられる; cf. ALPHA-FETOPROTEIN》.

fe·tor, foe- /fíːtər, -tɔ̀ːr/ *n* (強烈な)悪臭. [L; ⇨ FETID]

féto·scòpe *n* 〘医〙胎児鏡《子宮内の胎児を直接観察するためのファイバー内視鏡》; 胎児用聴診器《胎児の心音を聴くための聴診器》. ♦ **fe·tos·co·py** /fitáskəpi/ *n* 胎児鏡検査.

fet·ta /fétə/ *n* FETA.

fet·ter /fétər/ *n* [ᵘ*pl*] 足かせ, 足鎖; [ᵘ*pl*] 束縛, 拘束: in ~*s* 囚人の身で, 束縛されて. ► *vt* …に足かせをかける; 束縛[拘束]する. ♦ **~·er** *n* **~·less** *a* [OE *feter*; cf. FOOT]

fétter bòne 《馬の》大あくと (great pastern bone) (⇨ PASTERN).

fétter·bùsh *n* 〘植〙**a** (アメリカ)イワナンテン《米国東部産; ツツジ科》. **b** 米国南部原産のツツジ科ネジキ属の常緑低木. **c** アメリカアセビ《北米南東部産の常緑低木》.

fétter·lòck *n* 〘馬具〙D 字形足かせ; D 字形足かせの紋章; 《馬の脚の》球節 (⇨ FETLOCK).

Fét·tes Cóllege /fétəs-/ フェテス校《スコットランドの Edinburgh にあるパブリックスクール; 1870 年創立》.

fet·tle /fétl/ *n* 《心身の》状態; FETTLING: in fine [good] ~ 《古風》すこぶる元気で, すばらしい状態で. ► *vt* 〈反射炉など〉に内壁を付ける; 〈塑造[鋳造]したもの〉に仕上げを施す, 鋳肌掃除をする; ᴵᴵ《方》修理[修復]する; ᴵᴵ《方》片付ける, きれいにする; ᴵᴵ《方》準備する. ♦ **fét·tler** *n* ⁺《英・豪》保線員. [=(dial) girdle＜OE *fetel* belt]

fét·tling *n* 耐火裏張り炉床材, フェトリング《鉱石・砂など》.

fet·tuc·ci·ne, -tu·ci·ne, -tu·ci·ni /fɛ̀tətʃíːni/ *n* [‹*sg*/*pl*›] フェットチーネ《(1) ひもかわ状のパスタ (2) これを主材料とする料理》. [It (pl, dim)‹*fetta* slice]

fettuccíne (àll') Al·fré·do /-(æl) ælfréɪdoʊ/ 〘料理〙フェットチーネ・アルフレード《フェットチーネをバター・パルメザンチーズ・クリームであえて味付けした料理》. [*Alfredo all' Augusteo* この料理を創出した Rome のレストラン]

fe·tus, foe- /fíːtəs/ *n* 胎児《ヒトの場合, 受精後 9 週以降; cf. EMBRYO》. [L *fetus* offspring]

feu[1], **few** /fjúː/ 〘スコ法〙*n* 永代租借地; 領地, 封土; 軍事的奉仕の代わりに金銭や穀物を地代として支払う土地保有. ► *vt* 〈土地を〉feu として与える. [OF; ⇨ FEE]

feu[2] /*F* fø/ *a* (*fem* **feue** /—/) 故…, 亡き… (late). [L *fatutus*]

feu·ar /fjúːər/ *n* 〘スコ法〙FEU の保有者.

Feucht·wang·er /fɔ́ɪktvɑ̀ːŋər; *G* fɔ́ʏçtvaŋər/ フォイヒトヴァンガー **Li·on** /*G* líːɔn/ ~ (1884–1958)《ドイツの小説家・劇作家》.

feud[1] /fjúːd/ *n* 《2 家族[氏族]間の何代にもわたる》不和, 宿怨(しゅくえん), 確執; 《一般に》敵対関係, 反目, 争い: a family ~ 家族間の不和, 一族内の争い / death [deadly] ~ 相手を殺さずにはおかぬ深い恨み / at ~ with…と不和で / a ~ between two groups. ► *vi* 反目する, 争う 〈*with*〉. [OF＜Gmc; ⇨ FOE; cf. OE *fæhthu* enmity]

feud[2] *n* 〘法〙封, 封土, 領地 (fee, fief): in ~ 封(土)として. [L *feudem* FEE]

feu·dal[1] /fjúːdl/ *a* **1 a** 封の, 封土(権)の; 封建制(度)の, 封建法の[に基づく]: a ~ lord 領主, 大名. **b** 封建時代の, 中世の. **2 a** 少数特権階級中心の; 群雄割拠的な; 〈社会・組織など〉《封土の恩給に対して軍務の奉仕を提供するような》契約的・互恵的関係を特徴とする. **b** 豪勢な, 豪壮な; 封建(時代)的な, 旧式な. ♦ **~·ly** *adv* [*feud*[2]]

feudal[2] *a* 確執の, 不和の, 争いの. [*feud*[1]]

féudal invéstiture 《封建領主による》封土公示授与.

féudal·ìsm *n* 封建制(度), 封建主義. ♦ **féudal·ist** *n* 封建制主張者; FEUDIST[2]. **fèu·dal·ís·tic** *a.*

feu·dal·i·ty /fjudǽləti/ *n* 封建的状態[特質], 封建的権力集中; 封建制; 領地, 封土 (fief); 封建貴族, 特権階級, 支配階級.

féudal·ìze *vt* …に封建制度をしく, 封建化する, 〈土地を〉封土にする; 〈人を〉封建諸侯[家臣]にする. ♦ **fèudal·izátion** *n* 封建制化.

féudal sýstem 封建制(度) (feudalism).

feu·da·to·ry /fjúːdətɔ̀ːri; -t(ə)ri/ *a* 封を受けている; 封臣である, 主従[君臣]の関係の 〈*to*〉; 宗主権の下にある. ► *n* 封建的不動産保有者; 封臣, 家臣 (vassal); 宗主支配下の王侯; 《宗主権下の》属国; 侯の身分; 領地, 封土.

feu de joie /*F* fø də ʒwa/ (*pl* **feux de joie** /*F* —/) 祝砲; 祝火. [F=fire of joy]

féud·ist[1*] *n* 宿怨によって争っている人, 宿敵. [*feud*[1]]

feudist[2] *n* 封建法学者. [*feud*[2]]

féu-dùty *n* 〘スコ法〙永代租借地に対する毎年の借地料.

Feu·er·bach /*G* fɔ́ʏərbax/ フォイエルバハ **Ludwig (Andreas)** ~ (1804–72)《ドイツの哲学者; ヘーゲル左派に属する; *Das Wesen Christentums* (1841)》.

Feuil·lant /*F* fœjɑ̃/ *n* 〘フランス史〙フイヤンクラブ員《革命時の立憲君主派》.

Feuil·let /*F* fœjɛ/ フォイエ **Octave** ~ (1821–90)《フランスの小説家・劇作家》.

feuille·té /*F* fœjte/ *n* 《料理・デザート用の》折りパイ. [F=flaky]

feuil·le·ton /fʌ̀jətɔ̃ː, fəːr-; *F* fœjtɔ̃/ *n* 《フランスなどの新聞の》文芸欄(の記事)《連載小説・娯楽読物・評論など》; 連載小説, 軽いエッセイ[読物]. ♦ **-ton·ism** /-tóunìz(ə)m, -tɔ̃ː-/ *n* 文芸欄執筆. **~·ist** *n* 《新聞の》文芸欄作家. [F *feuillet* (dim)‹*feuille* leaf]

Feul·gen /fɔ́ɪlgən/ *a* フォイルゲン反応の[を利用した, による]. [Robert *Feulgen* (1884–1955) ドイツの生理学者]

Féulgen reàction 〘生化〙フォイルゲン反応《R. Feulgen たちによる DNA 検出の細胞化学反応》.

feux d'ar·ti·fice /*F* fø dartifis/ *pl* 花火; 一瞬人目を奪うもの.

fe·ver[1] /fíːvər/ *n* **1** [ᵘa ~] 発熱(状態), 熱《FEBRILE *a*》; 熱病: an attack of ~ 発熱 / have a high ~ [a ~ of 102 degrees] 高熱[102 度の熱]がある. **2** [ᵒa ~] 興奮, 熱中, 熱狂 〈*of*〉; 熱狂的大流行, …熱[フィーバー]: in a ~ 熱に浮かされて; 熱狂して. ► *vt, vi* **1** 熱病にかからせる[かかる], 発熱する. **2** 興奮させる, 熱狂させる; 熱望する 〈*for*〉; 熱狂的に活動する. [OE *fēfor* and OF＜L *febris*]

fever[2] *n* *《俗》《トランプの》5 の札. [変形‹*fiver*]

féver blìster* 〘医〙単純ヘルペス[疱疹] (cold sore).

fé·vered *a* (病的な)熱のある; 熱病にかかった; 熱のこもった, ひどく興奮した: a ~ imagination 妄想.

fe·ver·few /fíːvərfjùː/ *n* 〘植〙ナツシロギク, マトリカリア, フィーバーフュー. [OE *feferfuge* FEBRIFUGE]

féver hèat 発熱, 熱《98.6°F, 37°C 以上の病的高体温》; 熱狂.

féver·ish *a* **1** 熱のある, 熱っぽい; 熱病の[による]; 〈土地など〉熱病の多い[発生しそうな]; 〈気候が〉蒸し暑い. **2** 熱狂的な; 大騒ぎの; 〈相場が〉不安定な: in ~ haste 大急ぎで / ~ market 熱狂相場. ♦ **~·ly** *adv* 興奮して, あわてふためいて. **~·ness** *n*

féver·ous *a* FEVERISH. ♦ **~·ly** *adv*

féver pìtch 病的興奮, 熱狂.

féver·ròot *n* 〘植〙ツキヌキソウ属の多年草 (=*feverwort, horse gentian*)《北米原産; スイカズラ科; 根は薬用》.

féver sòre 〘医〙熱病疱疹 (COLD SORE).

féver thèrapy 〘医〙発熱療法.

féver thermòmeter 体温計 (clinical thermometer).

féver trèe 解熱効果がある[熱病のおそれのない土地の指標]と信じられた樹木《ユーカリノキの一種, 南アフリカの沼沢地に多いアカシアの一種, 米国南東部産のアカネ科の一種ピンクネヤなど》.

féver·wèed *n* 〘植〙ヒゴタイサイコ属の各種《セリ科》, 《特に 西インド諸島産の》オオバコエンドロ《薬用》.

féver·wòrt *n* 〘植〙**a** ツキヌキソウ (feverroot). **b** ヒヨドリバナ (boneset).

fé·vrier /*F* fevrije/ *n* 二月 (February)《略 fév.》.

few[1] /fjúː/ *a, n* **1** [a を付けない否定的用法] 少しの…しかない, ほとんどない, ほんの少数の (opp. *many*) (cf. LITTLE): He has ~ friends. 彼には友だちはほとんどない / Very ~ understood what he said. 彼の言ったことのわかる人はごく少なかった / a man of ~ words 口数の少ない人 / We are many and they are ~. **2** [a ~ として肯定的用法] ないことはない, 少しはある (some) (opp. *no, none*) (cf. *a* LITTLE): He has *a* ~ friends. 彼には友だちが多少[数人]いる / in *a* ~ days 数日経てば, 近日中に. **3 a** [the] 《「多数」に対する》少数 (the minority); 少数の選ばれた人 (opp. *the many*): *the* happy [privileged] ~ 特権的少数派. **b** [the F-] 少数《Battle of BRITAIN でドイツ空軍を退けた英空軍の戦闘機部隊のこと; Churchill の下院議会演説 (1940 年 8 月 20 日) 中のことば so many to so few (これほど多数がこれほど少数に(負うて)) に由来》. ★ (1) few は数に関して用いる, 量については LITTLE. (2) FEWER は数に, LESS は量に用いる; また fewer number(s) より smaller number(s) のほうがよい: Less construction means ~*er* jobs. 建築量が減るとは仕事が少なくなることだ. (3) 不定冠詞の有無による「少しはある」「ほとんどない」は気持の問題で必ずしも数量の大小による相違ではない. ● **a ~** ⇨ 2; 《俗》大いに, たくさんに. **a good ~** 《口》相当の数(の), かなり多数(の) 〈*of*〉 (cf. *a good* MANY). **but ~** ほんの少し(の) (only a few): I have *but* ~ chances of success. 成功のチャンスはほんの少ししかない. **every ~** days [years, etc.] 数日[年など]ごとに. **~ and** FAR **between. have a ~ (in)** 《口》酒を何杯かやる: *have a* ~ too many 飲みすぎる / have *had a* ~ 酔っている. **in ~** 《古・詩》数語で, 手短かに. **no ~er than…** (数が)…もの (as many as)《期待値より大きいことを表わす》: *No ~er than* fifty people were present. 50 人も出席した. **not a ~** 少なからぬ, かなりの, 相当数(の): *Not a* ~ of the members were present. かなりの会員が出席していた. **only a ~** ほんのわずか[少数]だけ. **quite a ~** 《口》かなり多数(の). **some ~** 少数の(もの), いくらか(の) (a few); 《口》かなりたくさん(の). [OE *fēawe, fēawa*; cf. OHG *fao* little]

few[2] ⇨ FEU.

féw·er *pron* [〈*pl*〉] より少数の人, より少数のもの.
fewmet ⇨ FUMET².
féw·ness *n* 僅少, わずか.
few·trils /fjúːtrəlz/ *n pl* ˈˈ《方》つまらないもの[事].
-fex /fɛ̀ks/ *n comb form*「…を作るもの」: spinifex, tubifex.
fey /féɪ/ *a* **1 a** 頭の変な, 気がふれた; この世のものでない, 異様な. **b** 魔力をもった, 妖精のような; 第六感のある, 千里眼の; 凝った; 奇矯な. **2** 《スコ》死ぬ運命の, 死にかけている; 死[災厄]の前兆となる; 異常にはしゃいだ, 高ぶった《昔 死の前兆とされた》. ♦ **~·ly** *adv* **~·ness** *n* [OE *fǣge* doomed to die; cf. G *feig* cowardly]
Fey·deau /*F* fɛdo/ フェドー **Georges** ~ (1862–1921)《フランスの劇作家》.
feygelah ⇨ FEGELAH.
Feyn·man /fáɪnmən/ ファインマン **Richard Phillips** ~ (1918–88)《米国の理論物理学者; ノーベル物理学賞 (1965)》.
Féynman dìagram 〘理〙ファインマン図《素粒子間などの相互作用を表わす図》. [↑]
fez /féz/ *n* (*pl* **féz·(z)es**) フェズ, トルコ帽《バケツを伏せた形の赤いフェルトの帽子で, 黒いふさが付いている》. ♦ **fézzed** *a* [Turk; かつて産地であった ↓ か]
Fez /féz/, **Fès** /fés/ フェス《モロッコ中北部の市; かつて諸王朝の首都》.
Fez·zan /fɛzǽn/ フェザン《リビア南西部の地域[旧州]; Sahara 砂漠の一部》.
ff, ff. folios ♦ following (pages, lines, etc.) ♦〘楽〙fortissimo.
FF °functional food. **FFA** Future Farmers of America.
FFA, f.f.a. 〘商〙free from alongside 船側渡し.
F factor /ɛ́f ―/ 〘菌〙F 因子, 稔性因子《大腸菌の性決定因子》. [*f*ertility+*factor*]
Ffes·tín·i·og Ráilway /fɛstíniɔ̀g-/ [the] フェスティニオグ鉄道《ウェールズ北西部の軽便鉄道; 19 世紀にスレート搬出用に敷設された; 現在は観光用蒸気機関車が走っている》.
F.F.V. /ɛ̀fɛ̀fvíː/ *n* ヴァージニア開拓時代からの旧家 (First Families of Virginia); *《俗》エリート層; *《俗》罪人, 囚人.
f.g. 〘バスケ・アメフト〙°field goal(s). **FG** 〘英〙°Foot Guards.
FGF °fibroblast growth factor. **FGM** °female genital mutilation. **Fg Off.** °Flying Officer.
FHA °Federal Housing Administration.
f-hole /ɛ́f―/ *n* 〘楽〙*f* 字孔《ヴァイオリン属楽器の表板の *f* 字形の通気孔》.
FHWA 〘米〙°Federal Highway Administration.
fi /fáɪ/ 《俗》*n* ハイファイ (hi-fi); 《録音再生の》忠実度.
FI °Falkland Islands. **FIA** [F *Fédération internationale de l'automobile*] 国際自動車連盟.
fi·a·cre /fiáːkər/ *n* (*pl* **~s** /-(z)/) フィアクル《フランスの四輪辻馬車》. [F]
Fia·na·rant·soa /*F* fjanarɑ̃tsɔa/ フィアナランツォア《マダガスカル南東部の市》.
fi·an·cé /fiːɑːnséɪ, fiɑ́ːnseɪ; fiɑ́ːnseɪ/ *n* (*fem* **fi·an·cée** /―/) 婚約者, いいなずけ, フィアンセ. [F (pp)〈*fiancer* to betroth (OF *fiance* a promise)]
fi·an·chet·to /fiːənkétoʊ, -tʃét-/ 〘チェス〙*n* (*pl* **~es, -ti** /-ti/) ビショップを隣のナイトの前へ移動すること, やぐら(構え). ► *vt, vi* (ビショップを)やぐらに構える. [It]
Fi·an·na /fíːənə/ *n pl* 〘アイル伝説〙フィアナ 騎士団[戦士団] (=~ **Éir·eann** /-éərən/) (the FENIANS).
Fianna Fáil /―fɔ́ɪl/ アイルランド共和党, フィアンナファイル《アイルランド共和国の二大政党の一つ; 1926 年, 英国からのアイルランドの独立を目指して de Valera によって組織された; 二大政党の他方 Fine Gael よりは伝統的に共和主義的性格が強い》.
fi·ar /fíːər/ *n* 〘スコ法〙単純封土権所有者.
fi·as·co /fiǽskoʊ/ *n* **1** (*pl* **~es, ~s**) 大失態, 大失敗. **2** (*pl* **~es, -chi** /-ki/) 瓶 (bottle), 《特に わらで巻いた》酒瓶. [It=bottle; cf. FLASK]
fi·at /fíːət, -æ̀t, -ɑ̀ːt; fáɪət, -æ̀t/ *n* 《専断的な》命令, 厳命; 認可; 決定; 勝手な布告. [L=let it be done]
Fi·at /fíːɑ̀ːt, -æ̀t; fíːət, fíːæ̀t/ 〘商標〙フィアット《イタリア Fiat Auto 社製の自動車》. [It *F*abbrica *I*taliana *A*utomobili *T*orino Italian automobile factory, Turin]
fi·at ex·pe·ri·men·tum in cor·po·re vi·li /fíːɑ̀ːt ɛkspɛ̀riméntʊm ɪn kɔ̀ːrpərɛ wíːli/ 実験は安価な身体[物]でなされるべきである. [L=let experiment be made on a worthless body]
fi·at ju·sti·tia, ru·at cae·lum /fíːɑ̀ːt justítiɑː rúɑ̀ːt káɪlʊ̀m/ たとえ天が落ちようとも正義は行なわしめよ. [L]
fi·at lux /fíːɑ̀ːt lúks/ 光あれ《ウルガタ聖書 *Gen* 1: 3 のことば》. [L=let there be light]
fíat mòney 〘米〙《国家によって法的に認められた正貨準備なしの》名目貨幣, 法定不換紙幣.
fib¹ /fíb/ *vi* (**-bb-**) 小さな[罪のない]うそをつく. ► *n* 小さなうそ, 罪のないうそ, 軽いうそ. ♦ **fíb·ber** *n* **fíb·bing** *a* [? *fible-fable* (obs) nonsense (redupl)〈FABLE]
fib² ˈˈ《俗》*vt* (**-bb-**) 打つ, たたく《ボクシングなどで》. ► *n* 一撃. [C17<?]
fi·ber | fi·bre /fáɪbər/ *n* **1 a** (一本の)繊維, ファイバー《(1) 植物体の組織をつくる (2) 神経繊維・筋繊維, 結合組織の膠原繊維・弾性繊維など (3) 紡いで糸・織物を作る天然・人工のもの》. **b** 繊維製品《布など》; 繊維質[組織]: flax [hemp] ~ 亜麻[麻]繊維 / silk [wool] ~ 絹[羊毛]繊維 / artificial [natural] ~ 人造[天然]繊維. **c** 〘栄養学〙食物繊維, 繊維食物 (=*bulk, dietary fiber, roughage*)《腸の蠕動(ぜんどう)を促す不消化物, また そうしたものを多く含む食物》. **d** 《イネ科植物などの》ひげ根; 木の最も細い枝の一本. **e** VULCANIZED FIBER; OPTICAL FIBER. **2 a** 性質, 素質, 性格, 本質: a man of strong moral ~ 道義心の強い人. **b** 強み, 力, 堅牢[耐久]性. ● **with every ~ of one's being** 心底〈嫌う, 愛する〉. [F<L *fibra*]
fíber àrt 〘美〙ファイバーアート《特殊な枠組に繊維を巻きつけるなどして立体的な構成物を作り上げる芸術》.
fíber·bòard *n* 繊維板, ファイバーボード《植物繊維を主原料とする建築用材》.
fí·bered *a* 繊維質の; 繊維[素質]を有する.
fíber·fìll *n* 《ふとんなどの》合成繊維の詰め物.
Fi·ber·glas /fáɪbərglæ̀s; -glɑ̀ːs/ 〘商標〙ファイバーグラス (fiberglass の商品名).
fíber·glàss *n* 繊維ガラス, ガラス繊維, ファイバーグラス (=*fibrous glass, spun glass*); ガラス繊維強化プラスチック. ► *vt* 繊維ガラスで作る[おおう]. ► *vi* 繊維ガラスを用いる.
fíber·ìze *vt* 繊維にばらす[ほぐす], 繊維に分解する. ♦ **fiber·izátion** *n*
fíber·less *a* 繊維のない; 性格が弱い, 骨なしの.
fíber-òptic *a* 光ファイバーの.
fíber-òptic cáble 光ファイバーケーブル.
fíber óptics *pl* **1** 光ファイバー《可撓性のあるガラス[プラスチック]繊維 (optical fiber) を束ねてその中を光が伝わるようにしたもの; ファイバースコープ・光ケーブルなどに用いる》. **2** [〈*sg*〉] ファイバー光学, ファイバーオプティクス《光ファイバーの応用技術》.
fíber·scòpe *n* ファイバースコープ《内視鏡などに使う, 映像をガラス繊維束によって伝達する装置》.
fíber-tìp pén ˈˈフェルトペン (felt-tip pen).
Fi·bi·ger /fíːbigər/ フィビゲル **Johannes (Andreas Grib)** ~ (1867–1928)《デンマークの病理学者; ラットに癌腫瘍を発生させることに成功, ノーベル生理学医学賞 (1926)》.
Fi·bo·nac·ci /fìbənɑ́ːtʃi/ フィボナッチ **Leonardo** ~ (1170?–?1250)《イタリアの数学者; 別称 Leonardo of Pisa; インド・アラビアの数学をヨーロッパに紹介した》.
Fibonácci nùmbers *pl* 〘数〙フィボナッチ数列《1, 1, 2, 3, 5, 8, 13, …のように, 最初の 2 項が 1, 1 であとは先行する 2 項の和がその数となっている数列》. [↑]
Fibonácci sèquence [sèries] 〘数〙FIBONACCI NUMBERS.
fi·br- /fáɪbr, fíbr/, **fi·bro-** /-broʊ, -brə/ *comb form*「繊維」「繊維組織」「繊維素」「繊維腫」 [L (*fibra* FIBER)]
fi·branne /fáɪbræ̀n, ―⌐/ *n* スパンレーヨン織物. [F (*fibre* fiber)]
fibre ⇨ FIBER.
fi·brid /fáɪbrəd, fíb-/ *n* 繊維状の合成ポリマー.
fí·bri·fòrm /fáɪbrə-, fíbrə-/ *a* 繊維状の.
fi·bril /fáɪbrəl, fíb-/ *n* 小繊維, フィブリル; 〘植〙根毛 (root hair); 〘解〙《筋肉・神経の》原繊維. ♦ **fi·bril·lar** *a* [NL (dim)〈FIBER]
fi·bril·la /faɪbrílə, fə-/ *n* (*pl* **-lae** /-lìː/) FIBRIL.
fi·bril·lary /fáɪbrəlɛ̀ri, fíb-; -ləri/ *a* (小)繊維の; 根毛の; (筋)原繊維(性)の: ~ contraction 繊維性収縮.
fi·bril·late /fáɪbrəlèɪt, fíb-/ *vi* 小[原]繊維になる; 〈心臓が〉細動する, 〈筋肉が〉繊維攣縮する. ► *vt* 小[原]繊維にばらす[分解する], フィブリル化する; 〈心臓〉に細動を起こさせる, 〈筋肉を〉繊維攣縮させる. ► *a* /-lèɪt, -lət/ 繊維状構造の; 小繊維のある.
fí·bril·làt·ed *a* FIBRILLATE.
fi·bril·la·tion /fàɪbrəléɪʃ(ə)n, fìb-/ *n* (小)繊維[根毛]形成; 〘医〙《心臓の》細動, 顫動(せんどう); 《筋肉の》繊維(性)攣縮.
fi·bríl·li·fòrm /faɪbrílə-, fə-/ *a* 小繊維状の.
fi·brin /fáɪbrən, fíb-/ *n* 〘生化〙繊維素, フィブリン; 〘植〙麩質(ふすま) (gluten).
fìbrin·bío·plàst *n* 〘医〙繊維素ビオプラスト《人体の欠損組織の代用とする合成繊維組織》.
fíbrin fòam 繊維素泡.
fi·brin·o·gen /faɪbrínədʒən, fə-/ *n* 〘生化〙繊維素原, フィブリノ(ー)ゲン.
fi·bri·no·gen·ic /fàɪbrənoʊdʒɛ́nɪk, fìb-/ 〘生理〙*a* フィブリンを生成する; フィブリンの(ような).
fi·brin·o·gen·o·pe·nia /faɪbrìnədʒɛ̀nəpíːniə, -njə/ *n* 〘生理・医〙《血液中の》繊維素原[フィブリノゲン]減少(症).
fi·bri·nog·e·nous /fàɪbrənɑ́dʒənəs/ *a* 〘生化〙繊維素を生成する.
fi·bri·noid /fáɪbrənɔ̀ɪd, fíb-/ 〘生化〙*n* 類繊維素, フィブリノイド.

► *a* 繊維素[フィブリン]様の.

fi·bri·no·ly·sin /fàɪbrənəláɪs(ə)n, -nálə-, fɪb-/〘生化〙*n* フィブリン溶解酵素, 繊溶酵素, フィブリノリジン (PLASMIN); STREPTOKINASE.

fi·bri·no·ly·sis /fàɪbrənəláɪsəs, -nálə-, fɪb-/ *n*〘生化〙繊維素溶解(現象), 繊溶(現象), フィブリン溶解(現象). ♦ **-lyt·ic** /-brənəlítɪk/ *a*

fi·bri·no·péptide /fàɪbrənoʊ-, fɪb-/ *n*〘生化〙フィブリノペプチド《繊維素原を構成するペプチド》.

fi·brin·ous /fáɪbrənəs, fɪ́b-/ *a* 繊維素[フィブリン](性)の.

fi·bro /fáɪbroʊ/ *n* (*pl* **~s**)《豪》繊維セメント板 (FIBROCEMENT) (で作った家).

fibro- /fáɪbroʊ, -rə, fɪ́b-/ ⇨ FIBR-.

fìbro·adenóma *n*〘医〙繊維腺腫.

fíbro·blàst *n*〘解〙繊維芽細胞《肉芽組織の基本構成成分》. ♦ **fìbro·blástic** *a*

fíbroblast grówth fàctor〘生化〙繊維芽細胞増殖因子《略 FGF; 塩基性 FGF と酸性 FGF の 2 種類があり, 両者とも繊維芽細胞の増殖を促進する因子; 血管内皮細胞の増殖促進活性を示す》.

fìbro·cártilage *n*〘解〙繊維軟骨.

fìbro·cemént *n*《豪》繊維セメント板《セルロース繊維を混入させたセメント板; 建材》.

fìbro·cýstic *a*〘医〙繊維嚢胞性の.

fíbro·cỳte *n*〘解〙FIBROBLAST, 《特に》繊維細胞《不活性型繊維芽細胞》. ♦ **fì·bro·cýt·ic** /-sít-/ *a*

fìbro·elástic *a*〘解·医〙繊維組織と弾性組織との, 繊維性弾性組織の.

fìbro·elas·tó·sis /-ɪlæ̀stóʊsəs/ *n*〘医〙《心内膜などの》繊維弾性症, 繊維弾力繊維症.

fìbro·génesis *n*〘生〙繊維成長.

fìbro·génic *a*〘生〙繊維形成誘導性の.

fi·broid /fáɪbrɔ̀ɪd, fɪ́b-/ *a* 類繊維の, 繊維性の. ► *n*〘医〙類繊維(腫);〘医〙子宮(平滑)筋腫. [FIBER]

fi·bro·in /fáɪbroʊən, fɪ́b-/ *n*〘生化〙フィブロイン《繊維状の硬タンパク質》.

fíbro·lìte *n* **1**〘鉱〙SILLIMANITE. **2** [F-]〘NZ 商標〙フィブロライト《アスベストとセメントを含む建築用ボード》.

fi·bro·ma /faɪbróʊmə, fə-/ *n* (*pl* **~s, -ma·ta** /-tə/)〘医〙繊維腫. ♦ **fi·brom·a·tous** /faɪbrámətəs, fə-/ *a*

fìbro·myálgia *n*〘医〙FIBROSITIS.

fi·bro·nec·tin /fàɪbrənéktən/ *n*〘医〙フィブロネクチン《細胞の形質膜や血漿中に存在し, 細胞間の接着や細菌などへの防衛機構形成を行なう繊維性糖タンパク》. [L *necto* to bind, *-in*²]

fìbro·plásia *n*〘医〙繊維増殖(症).

fìbro·sarcóma *n*〘医〙繊維肉腫.

fi·bro·sis /faɪbróʊsəs, fə-/ *n* (*pl* **-ses** /-sì:z/)〘医〙繊維症, 繊維増多. ♦ **-brot·ic** /-brát-/ *a* [NL; ⇨ FIBER]

fi·bro·si·tis /fàɪbrəsáɪtəs, fɪb-/ *n*〘医〙結合組織炎. ♦ **fìb·ro·sít·ic** /-sít-/ *a* [NL (↓, *-itis*)]

fi·brous /fáɪbrəs/ *a* 繊維の(多い), 繊維質の, (結合)繊維性の; 繊維状の; 強い, 強靭な.

fíbrous róot〘植〙ひげ根《主根がなく四方に伸びる不定根; cf. TAPROOT, TUBEROUS ROOT》.

fìbro·váscular *a*〘植〙維管束の.

fibrováscular búndle VASCULAR BUNDLE.

fíb·ster *n*《口》軽いうそをつく人 (fibber).

fib·u·la /fɪ́bjələ/ *n* (*pl* **-lae** /-lì:, -làɪ/, **~s**)〘解〙腓骨(ひこつ);《古代ギリシア·ローマ人が用いた》留め針. ♦ **fíb·ular** *a* [L=brooch]

-fic /⌐fɪk/ *a suf*「…にする」「…化する」: terri*fic*. [F or L (*facio* to make)]

FICA〘米〙Federal Insurance Contributions Act 連邦保険拠出金法.

-fi·ca·tion /fəkéɪʃ(ə)n/ *n comb form* [-FY の動詞の名詞形]「…化すること」(cf. -FACTION): puri*fication*. [OF and L]

fice /fáɪs/ *n* FEIST.

fiche /fí:ʃ/ *n* (*pl* **~, fích·es**) フィッシュ《情報処理用のカード·フィルム》; MICROFICHE, ULTRAFICHE. [F=slip of paper]

Fich·te /fɪ́ktə; *G* fɪ́çtə/ フィヒテ **Johann Gottlieb ~** (1762–1814)《ドイツ観念論の代表的哲学者》. ♦ **Fích·te·an** /-tiən/ *a*

Fich·tel·ge·bir·ge /*G* fɪ́çtlgəbɪrgə/ [the] フィヒテル山地《ドイツ Bavaria 州北東部の山地; 最高峰 Schneeberg (1051 m)》.

fi·chu /fɪ́ʃu, fí:-/ *n* フィシュ《婦人用の三角形のスカーフ[ショール]で, 肩にかけ胸の位置で結ぶ》. [F<?]

fi·cin /fáɪs(ə)n/ *n*〘生化〙フィシン《イチジクの樹液から採るタンパク質分解酵素》.

Fi·ci·no /fɪʧí:noʊ/ フィチーノ **Marsilio ~** (1433–99)《イタリアの哲学者; Plato をはじめギリシアの作品を翻訳した》.

fick·le /fɪ́k(ə)l/ *a* 変わりやすい; 気まぐれな, 移り気の, 飽きっぽい: ~ weather 変わりやすい天候 / Fortune's ~ wheel 定めなき運命の車. ♦ **fíck·ly** *adv* **~·ness** *n* 変わりやすさ; 移り気. [OE *ficol*; cf. OE *befician* to deceive]

Fíck prìnciple /fɪ́k-/〘生理〙フィックの原理《血液流量は組織に流入する時と流出する時の物質の濃度差に比例するという原理》. [Adolf E. *Fick* (1829–1901) ドイツの生理学者]

fi·co /fí:koʊ/《古》*n* (*pl* **~es**) 極少量; 取るに足らない事[もの]; 軽蔑のしぐさ (fig). [It]

fict. fiction ♦ fictitious.

fic·tile /fɪ́ktl, -tàɪl; -tàɪl/ *a* 可塑性の, 粘土製の; 陶製の, 陶器の; 陶器製造の; 〈人が〉他人に影響されやすい; 〈意見·性格などが〉固まっていない. [L *fict- fingo* to shape]

fic·tion /fɪ́kʃ(ə)n/ *n* **1** 小説 (novels, a novel), フィクション《ジャンルまたは一作品; cf. NONFICTION》; 作り事 (invention), 捏造, 虚構, 作り話, 創作: Fact [Truth] is stranger than ~.《諺》事実は小説よりも奇なり. **2**〘法〙《法律上の》擬制; 仮説: by a ~ of law 法の擬制により. [OF<L (*fict- fingo* to fashion)]

fíction·al *a* 作り事の, 虚構の, 小説的な, 小説に関する. ♦ **~·ly** *adv* **fìc·tion·ál·i·ty** *n*

fíction·al·ìze *vt* 小説化する, 脚色する, 潤色する. ♦ **fìction·al·izátion** *n*

fìction·éer *n* 乱作する作家, 小説書き. ♦ **~·ing** *n*

fíction exècutive《雑誌社の》編集長.

fíction·ist *n* 創作者, 《特に》小説家.

fíction·ìze *vt* 小説化する, 脚色する. ► *vi* 小説を書く. ♦ **fiction·izátion** *n*

fic·ti·tious /fɪktɪ́ʃəs/ *a* 小説的な; 架空の, 想像上の, 仮想の, 作り話の; うその, 虚偽の;〘法·商〙擬制の, 架空の, 仮装の: a ~ character 架空の人物 / a ~ name 偽名 / a ~ bill [paper]〘商〙空(から)手形 / a ~ price 掛け値 / ~ transactions 空(から)取引 / a ~ action 仮装訴訟 / a ~ party 架空当事者. ♦ **~·ly** *adv* 偽って;〘法〙擬制的に. **~·ness** *n* [L; ⇨ FICTION]

fictítious pérson〘法〙法人; 架空の人.

fic·tive /fɪ́ktɪv/ *a* 想像(上)の, 架空の; 作り事の: ~ tears そら涙. ♦ **~·ly** *adv* **~·ness** *n*

fi·cus /fáɪkəs/ *n* (*pl* **~, ~·es**)〘植〙フィクス[イチジク]属 (*F-*) の植物《イチジク (fig) やインドゴムノキ (rubber plant) などを含み, 葉が厚いものが多いのでよく観葉植物とする》. [L]

fid /fɪ́d/ *n* 支材, 固定材; くさび形の鉄栓;〘海〙帆柱止め栓;〘海〙円錐状の木製ピン, フィッド《ロープの strand を解きほぐす》; ᴴ厚ぎれ, 大きな塊り, 山. [C17<?]

-fid /fəd, fɪd/ *a comb form*「…に分割された」「…に分裂した」: bi*fid*, multi*fid*, pinnati*fid*, sexi*fid*. [L *-fidus*〈*findo* to cleave]

fidayee ⇨ FEDAYEE.

Fid. Def., FID DEF °Fidei Defensor.

fid·dle /fɪ́dl/ *n* **1**《各種の》弓奏弦楽器, 擦弦楽器, フィドル, 《特に》ヴァイオリン《中世以来の用語; クラシック音楽の 'violin' の意味では口語または軽蔑的》: (as) FIT¹ as a ~ / have a FACE as long as a ~ / There's many a good tune played on an old ~.《諺》古いヴァイオリンでもいくらもいい曲が弾けるものだ《年はとってもいろいろ能力はある》. **2** くだらないこと, 些細なこと; [⟨*int*⟩] くだらない, つまらない. **3**〘海〙食器受け, 留め枠《食卓から物の落ちるのを防ぐ》. **4** ᴴ《口》詐欺, いかさま, 詐取; ᴴ《口》(面倒な仕事; ᴴ《口》《修理や調整のために機器を》いじること: a tax ~ 脱税. ● **hang up one's ~ when one comes home** 外でははしゃぎ内では沈む. **on [at] the ~** ᴴ《口》いんちき[いかさま]をやって. **play first [second] ~ (to**…に対し) 主役[端役(はやく)]をつとめる, (人の)上に立つ[下につく] (⇨ SECOND FIDDLE): It needs more skill than I can tell to *play the second* ~ well.《諺》第二ヴァイオリンをちゃんと弾くのは大変な手腕を要するものだ《脇役はむずかしいもの》. ► *vt, vi* **1**《口》〈曲を〉フィドル[ヴァイオリン]で弾く;《口》フィドル[ヴァイオリン]を弾く. **2** いじくる, もてあそぶ〈(*about* [*around*]) *with* a pipe etc.〉; 《神経質に》指[手]を動かす; 《機器などを調整するために》いじる 〈*with*〉; 〈時間を〉空費する 〈*away*〉: ~ *about* doing nothing ぶらぶらしている / ~ *around* 無為に過ごす. **3**《口》だます, ごまかす;《口》改竄(かいざん)する, 操作する: ~ the figures [books, accounts] 数字[帳簿, 経理]を改竄(かいざん)する. ● **~ while** ROME **burns.** [OE *fithele*; cf. VIOL, G *Fiedel*]

fíddle·bàck *n* 背がヴァイオリン形の椅子 (=**~ cháir**); ヴァイオリン形のカズラ (=**~ chásuble**).

fíddleback spíder〘動〙BROWN RECLUSE SPIDER.

fíddle bòw /-bòʊ/ ヴァイオリンの弓 (fiddlestick).

fid·dle·dee·dee, -de·dee /fɪdldidí:/ *int* くだらん, ばっかばかしい! (Nonsense!).

fid·dle-fad·dle /fɪ́dlfædl/ *vi* くだらない事をする, つまらない事に騒ぐ. ► *n* ばかげたこと, くだらないもの. ► *a* つまらない, くだらない(事に騒ぐ). ► *int* くだらない, ばからしい. ♦ **-fàd·dler** *n*

fíddle-fàrt*《俗》*vi* むだに時間を過ごす, 勉強をサボる 〈*around*〉; いじくりまわす.

fíddle-fóot·ed* *a* 落ちつかない, びくびくした, そわそわした; 放浪癖のある.

fíddle·fùck·ing *a* [強意語]*《卑》べらぼうな, くそいまいましい.

fíddle·hèad, -nèck *n*〘海〙渦巻形の船首飾り《ヴァイオリンの頭部装飾に似る》; *《ゼンマイなどの》渦巻状若葉 (=**fíddlehead fèrn [grèens]**)《食用になる》.

fíddle pàttern 《フォークやナイフの》柄のヴァイオリンのような形.

fíd·dler *n* フィドル奏者, «口» ヴァイオリン弾き; 〔動〕FIDDLER CRAB; のらくら時を過ごす人; «口» けちないんちきをやる者, ペテン師: (as) drunk as a ～ «俗» 酔っぱらって, へべれけで. ● **pay the ～** ⇨ pay the PIPER.

fíddler cràb 〔動〕シオマネキ (=*soldier crab*)《雄の片方のはさみが胴に匹敵するほど大きいスナガニ》.

Fíddler's Gréen 水夫の楽園《船乗りが死後に行く, 酒と女と歌の世界》.

fíddle·stìck *n* **1** «口» ヴァイオリンの弓 (fiddle bow); [ᵘ*pl*]*«南部» 拍子棒《ヴァイオリンを弓で弾きながら拍子をとるために同時に弦をたたくための棒》. **2** わずか, 少し; [ᵘ*pl*, *derog*] くだらない事; [～s, 〈*int*〉] «古風» ばからしい, ちゃんちゃらおかしい, 驚いたね, へえ, 何だって! (Nonsense!).

fíddle strìng «口» ヴァイオリンの弦.

fíddle·wòod *n* 〔植〕フィドルウッド《クマツヅラ科の数種の樹木; 西インド諸島原産; 材は重くて堅い》.

F

fid·dley, fid·ley /fídli/ *n* 〔海〕ボイラー室通風囲壁(いへき).

fíd·dling *a* つまらない, くだらない (petty); «口» FIDDLY.

fid·dly /fídli/ *a*ᵘ«口» 《細かくて》扱いにくい, しち面倒くさい, 厄介な〈仕事〉.

fi·dei·com·mis·sary /fàɪdiàɪkɑ́məsèri, -kəmísəri; -kɔ́mɪsəri, -kəmís-/ *a, n* 〔ローマ法・大陸法〕信託遺贈の(受益者).

fi·dei·com·mis·sum /fàɪdiàɪkəmísəm/ *n* (*pl* **-sa** /-sə/) 〔ローマ法・大陸法〕信託遺贈. [L (FIDES, *committo* to entrust)]

Fi·dei De·fen·sor /fídeɪ: deɪféɪnsɔ̀:r/ 信仰の擁護者 (DEFENDER OF THE FAITH). ★ **Defensor Fidei** ともいう. [L=Defender of the Faith]

fi·de·ism /fí:deɪìz(ə)m/ *n* 信仰主義, 唯信主義《宗教的真理は理性では把握できず, 信仰によってのみ把握できるとする立場》. ♦ **-ist** *n* **fì·de·ís·tic** *a*

Fi·del·ia /fɪdí:liə/ フィディーリア《女子名》. [L=faithful (fem)]

Fi·de·lio /fidéɪljoʊ/ フィデリオ《Beethoven の同名の歌劇 (初演 1805) で, 主人公 Leonora が男装した時の名》.

Fi·del·ism /fɪdélìz(ə)m/, **Fi·del·is·mo** /fì:dəlí:zmoʊ/ *n* [ˢf-] カストロ主義(運動) (Castroism)《Fidel Castro に指導されたキューバ・中南米の革命運動》. ♦ **Fi·del·ist** /fɪdélɪst/ *n, a*

Fi·del·is·ta /fì:dəlí:stə/ *n* [ˢf-] カストロ主義者.

fi·del·i·ty /fədéləti, faɪ-/ *n* **1** 忠実, 誠実, 忠誠 〈*to*〉; 貞節. **2** 原物そっくり, 迫真(性); 〔電子工〕忠実度 (cf. HIGH FIDELITY): reproduce with complete ～ 全く原物[原音]どおりに複製[再生]する. **3**〔生態〕《群落などへの》適合度. [F or L (*fidelis* faithful＜*fides* faith)]

fidélity insùrance 〔保〕身元信用保険《従業員の不誠実行為・契約不履行による使用者損害を塡補する》.

fi·des Pu·ni·ca /fáɪdiz p(j)ú:nɪkə/ カルタゴ人の信義, 背信. [L =Punic faith]

fidge /fɪʤ/ *vi, vt, n* «スコ» FIDGET.

fid·get /fíʤət/ *vi* そわそわする 〈*around, about*〉; 気をもむ 〈*about*〉; いらだって[無意識に]いじりまわす 〈*with*〉. ► *vt* そわそわ[いらいら]させる; 落ちつかずにいじりまわす. ► *n* [ᵒ*pl*] «口» そわそわ[せかせか]すること; せかせかする人《特に子供》: in a ～ そわそわして / give sb the ～*s* せかせかさせる / have the ～*s* せかせかする. ♦ **～·er** *n* **～·ing·ly** *adv* [*fidge* (obs or dial) to twitch]

fíd·gety *a* «口» そわそわしている, 落ちつきがない; から騒ぎする. ♦ **fíd·get·i·ness** *n*

fíd hòle 〔海〕檣止め栓孔, フィッド穴.

fid·i·bus /fídəbəs/ *n* (*pl* ～·**es**, ～) 《パイプ・ろうそくなどの》点火用こより.

fidley ⇨ FIDDLEY.

fi·do /fáɪdoʊ/ *n* (*pl* ～**s**) 鋳造ミスのある硬貨, 欠陥コイン. [*f*reaks＋*i*rregulars＋*d*efects＋*o*ddities]

Fido[1] ファイドー《飼い犬によく用いられる名;「忠犬」の意》.

FIDO, Fi·do[2] /fáɪdoʊ/ *n* (*pl* ～**s**) 〔空〕ファイド《滑走路の両側に取り付けた液体燃料燃焼器の熱で霧を消す方法[装置]》. [*F*og *I*nvestigation *D*ispersal *O*peration(s)]

fi·du·cial /fəd(j)ú:ʃəl, faɪ-; -ʃ(i)əl/ *a* **1**〔天・測〕起点の, 基準の: a ～ line [point] 《目盛の》起線[点], 基準線[点]. **2** 信仰[信頼]に基づく, (神を)信じて疑わない; 信託の (fiduciary). ♦ **～·ly** *adv*

fi·du·ci·ary /fəd(j)ú:ʃièri, -ʃəri; -ʃ(i)əri/ *a* **1**〔法〕受託者の, 被信託人の; 信認[信託]に基づく; 信用上の; 信託の; 保証[信用]発行の〈貨幣〉: a ～ loan 信用貸付金《対人信用のみによる》/ ～ notes [paper currency] 保証発行紙幣 / ～ work 信託業務. **2**〔理〕《光学測定器の網線上の》基準(点)の. ► *n* 〔法〕受認者; 〔法〕受託者, 被信託者 (trustee). ♦ **fi·dú·ci·àr·i·ly** /; -ʃ(i)ə-/ *adv* 受認者[受託者]として. [L (*fiducia* trust)]

fidúciary bònd 〔法〕受認者(義務)保証証書.

fidúciary ìssue 《特にイングランド銀行による金準備のない銀行券の》信用[保証]発行.

fi·dus Acha·tes /fí:dəs ɑkɑ́:teɪs, fáɪdəs əkéɪti:z/ 忠実なるアカーテース (⇨ ACHATES).

fie /faɪ/ *int* «古»/[*joc*] エーイ, チェッ! 《軽蔑・不快・非難を表わす》: *F*～, for shame! まあみっともない! 《子供をしかるときなど》/ *F*～ upon you! まあ, いやだね(おまえは)! [OF＜L]

Fied·ler /fí:dlər/ フィードラー **Arthur** ～ (1894–1979)《米国の指揮者》.

fief /fi:f/, **fíef·dom** *n* 封(ほう), 封土, 領地; 封土権; 支配[管轄, 勢力]の領域, (息のかかった)なわばり, 《政治家などの》地盤. [F; ⇨ FEE]

field[1] /fi:ld/ *n* **1 a** 野, 原, 野原, 原野《CAMPESTRAL *a*》: ride through forests and ～*s*. **b** 《海・水・空などの》一面の広がり: a ～ of sea 海原 / ICE FIELD. **c** 《都市周辺の》原っぱ. **d** 《生垣・溝・土手などで区画した》畑, 田畑, 圃場(ほじょう), 牧草地, 草刈場: a ～ of wheat 小麦畑. **e** 《鉱物などの》産地: OIL FIELD / COALFIELD. **2** 《ある用途に当てた》地面, …使用地; 広場; 乾燥場; AIRFIELD; 《浄化槽排水の》吸収場. **3 a**〔陸上〕フィールド《トラックの内側の競技場; cf. TRACK》; フィールド競技; 《野球・フットボールなどの》球場, 競技場; 〔野〕外野, 《広く》内外野: on [off] the ～ 競技場で[の外で], 試合中に[競技を離れて]. **b** [ᵘthe] 《競技の》全出場者, 《本命または優勝者以外の》他の出場者たち; 《選挙の》全立候補者; 〔競馬〕《人気馬以外の》全出走馬; 〔狩〕遊猟参加者; 〔クリケット・野〕守備側, 野手 (fieldsman), 外野手: a good ～ 多くの優秀な競技者. **4 a** 戦場, 戦地 (battlefield); 〔軍〕演習場; 戦い, 戦闘 (battle): a hard-fought ～ 激戦 / a single ～ 一騎討ち / a stricken ～ 苦戦. **b** 競争の場, 活躍舞台; 《特定の》業界: the presidential ～ 大統領選挙の現場. **c** 《調査などの》現地, 実地, 現場: study…in the ～ フィールドワークをする. **5** 《学問の》分野, 範囲: the ～ *of* medicine 医学の分野[領域]. **6 a** 《絵・旗・貨幣などの》地 (groundwork), 地色; 〔紋〕紋地. **b** 《カメラ・顕微鏡・望遠鏡などの》視野; 〔テレビ〕フィールド《2 フィールドで 1 frame》. **c**〔理・心〕場(ば), 〔電〕界. **d**〔電〕《モーター・発電機の》界磁; 界磁石, 界磁巻線. **e**〔数〕体(たい), 《特に》可換体. **f**〔電算〕欄, フィールド《特定部類のデータに対して割り当てられる指定域》. **g**〔発生〕《胚中の》場《特定部分と周囲からそこへの作用; cf. DISTRICT》. **7** [The F-]『フィールド』《英国のカントリーライフ・スポーツなどを扱う月刊誌; 1853 年創刊》. ● **a fair ～ and no favor** 《競技などで》えこひいきなし. **fresh ～s and** PASTURE**s new**. **hold the ～** 有利な地歩を占める; 一歩も退かない. **in the ～** 出征[従軍]中で, 現役で; 競技に参加して; 〔放送〕〈記者が〉取材に出て; 野外研究をして; 実地で, 現地で. **keep the ～** 陣地[戦線]を維持する, 作戦[活動]を続ける. **lay ～ to ～** 〔聖〕田畑に田畑を増し加える, 次々と所有地[財産]を増やす (*Isa* 5: 8). **lead the ～** 《ある分野で》先頭[トップ]に立つ, 群を抜いている; 遊猟で一等になる. **leave the ～** 戦闘[競技]をやめる. **lose the ～** 陣地を失う, 敗戦を喫する. **out in** LEFT FIELD. **play the ～** 人気馬以外の出走馬全部に賭ける; 手広くあさる; «口» 与えられたチャンスはすべて利用する, 《特に》相手を限らずいろいろな異性と交際する (opp. *go steady*). REVERSE **～. sweep the ～** 全勝する, 全種目に勝つ. **take the ～** 戦闘[競技]を始める; 出陣する. **win the ～** 勝利を得る.
► *a* 野外[野生]の; 野戦(用)の; 実地の, 現場の; 担当地区の; 〈政府機関など〉出先の; 〔競技〕《track に対して》フィールドの: a ～ survey 実地踏査 / ～ agency 地方出先機関.
► *vi* 〔野・クリケット〕(野手として)守備する (opp. *bat*). ► *vt* **1** 〈選手・チームを〉守備につける; 《競技会に》出場させる; 〈軍隊を〉配備する; 〈候補者を〉立てる: Sinn Fein ～*ed* 27 candidates シンフェーン党は 27 名の候補者を擁立した. **2** 〈打球を〉受け止めて投げる, さばく; 〈問い合わせなど〉に対応する, 処理する, 〈質問〉に受け答えする, 応答する; 〈立場などを〉守る.
[OE *feld*; cf. G *Feld*]

field[2] ⇨ FJELD.

Field フィールド (**1**) **Cyrus West** ～ (1819–92)《米国の実業家; 大西洋間に初の海中電信ケーブルを引く事業をおこした》(**2**) **Eugene** ～ (1850–95)《米国の詩人・ジャーナリスト》(**3**) **John** ～ (1782–1837)《ロシアに住んだアイルランドのピアニスト・作曲家》(**4**) **Marshall** ～ (1834–1906)《米国の実業家; MARSHALL FIELD's の創立者》.

fíeld allòwance 〔英軍〕出征手当.

fíeld àmbulance 〔軍〕(野外)救急車.

fíeld àrchery 〔スポ〕フィールドアーチェリー《野外に狩りの場面を想定したコース・標的を設けて行なうアーチェリー競技》.

fíeld àrmy 〔軍〕野戦軍《戦闘単位; ⇨ ARMY》.

fíeld artìllery 〔軍〕野砲, 野戦砲兵(隊); [F- A-] 米国野戦砲兵隊.

fíeld bàg MUSETTE BAG.

fíeld bàttery 野砲隊, 野戦砲兵中隊.

fíeld bèd 野戦用ベッド; 移動式野外ベッド; アーチ形の天蓋の付いたベッド.

fíeld bìndweed 〔植〕セイヨウヒルガオ (=*sheepbine, wild morning glory*)《欧州原産》.

fíeld bòok 測量用備忘録, 現場用手帳; 《動植物の》野外標本ノート, 野外調査[観察]ノート, 野帳.

fíeld bòot ひざまでの長さの軍靴.

fíeld càptain **1**〔弓〕射会で安全管理に当たる上級役員. **2** フィールドキャプテン《アメリカンフットボールなどのオフェンスまたはディフェ

ンスプレーの中心となるプレーヤー》.

fíeld cènter 現地調査基地, 現地調査支援センター.

fíeld clùb 野外自然研究会, 博物学同好会.

fíeld còil 〔電〕界磁コイル.

fíeld còrn*《主に 家畜の飼料用の》(青刈り)トウモロコシ.

fíeld-cornèt 〔南ア〕 *n* 《かつての原地人蜂起時の》Cape 州の民兵隊長; 《治安判事に類する中央派遣の》下級地方行政官.

fíeld·cràftˈˈ *n* 戦場で必要な技術; 野生動植物・野外生活などに関する知識・技術, 自然の中で生きる[遊ぶ]ための知恵.

fíeld cròp 《広い畑から取る》農作物《乾草・棉など》.

fíeld dày 〔軍〕(公開)野外演習日; 〔海軍〕一斉大掃除の日; 野外の集会[集い]; [*fig*] 思う存分のことがやれる機会, 《待望の》好機, いつになく楽しい時, はしゃぐ時; 《生物学協会などの》野外研究日; 遊猟日; 野外運動日, *運動会の日 (sports dayˈˈ); 〔豪〕農機具の展示日; 〔アマチュア無線〕一昼夜の交信数を競う競技会(の日); FIELD NIGHT: have a ～ with…で思いきり楽しむ, 大騒ぎする.

fíeld dràin 排水用の土管 (＝*field tile*).

fíeld drèssingˈˈ《戦闘中の》応急手当て.

fíeld-effèct *a* 〔電子工〕電界効果の[を用いた].

fíeld-effèct transìstor 〔電子工〕電界効果トランジスター, FET.

fíeld emìssion 〔理〕電界放出[放射] (＝*cold emission*) 《加熱の代わりに電界を加えることによる導体表面からの電子放出》.

fíeld-emìssion mìcroscope 電界放出顕微鏡《略 FEM》.

fíeld·er *n* 〔クリケット〕野手; 〔野〕野手, 外野手.

fíelder's chóice 〔野〕野選, フィルダーズチョイス.

fíeld evènt 〔陸上〕フィールド競技《走り幅跳び・棒高跳び・砲丸投げなど; cf. TRACK EVENT》.

fíeld·fare /fíːldfɛ̀ər/ *n* 〔鳥〕 **a** ノハラツグミ (＝*snowbird*) 《ユーラシア産》. **b** コマツグミ (American robin).

fíeld glàss 小型望遠鏡; [ᵘ*pl*] 双眼鏡 (binoculars).

fíeld gòal フィールドゴール《**1**)〔アメフト〕トライフォーポイント以外のキックによるゴールで 3 点 **2**)〔ラグビー〕DROPPED GOAL **3**)〔バスケ〕フリースロー以外のゴールで 2 点または 3 点》.

fíeld gràde 〔陸軍〕佐官級 (⇨ FIELD OFFICER).

fíeld guìde 野外観察図鑑, 検索図鑑, フィールドガイド《鳥・植物・岩石などの名前を知るための携帯用図鑑》.

fíeld gùn 〔軍〕野戦砲, 野砲 (fieldpiece). ♦ **fíeld gùnnery** *n*

fíeld hànd* 作男, 農業労働者.

fíeld hòckey* 《ice hockey と区別して》フィールドホッケー.

fíeld hòller 〔楽〕フィールドホラー《黒人労働歌で裏声や音程をなめらかにつなげたり急に変えたりする発声法を用いた叫び; のちにブルースの唱法に採り入れられた》.

fíeld hòrsetail 〔植〕スギナ (＝*colt's-tail*) 《トクサ科》.

fíeld hòspital 野戦病院.

fíeld hòuse*《選手の更衣や用具収納のための》競技場の付属建物; 《室内競技用の》大体育館.

fíeld ìce 野氷, 氷原.

fíeld·ing *n* 〔野〕守備, フィールディング.

Fiel·ding /fíːldɪŋ/ フィールディング **Henry** ～ (1707–54) 《英国の小説家・エッセイスト; Samuel Richardson と共に英国近代小説の基礎を確立した; 長篇 *Joseph Andrews* (1742), *Tom Jones* (1749) など》.

fíelding percéntage [àverage] 〔野〕《野手の》守備率《アウトにした数とアウトに導いた数の和をその機会の数で除した値; 略 FP, FA》.

fíeld intènsity 〔理〕場の強さ (＝*field strength*); 〔通信〕電界強度.

fíeld ionizàtion 〔理・電〕電界電離《強電界中にある孤立原子[分子]からの電子放出》.

fíeld-ìon mìcroscope イオン放射顕微鏡, 電界イオン顕微鏡.

fíeld jùdge 〔陸上〕フィールド審判員《投擲(とうてき)・跳躍などの》; 〔アメフト〕フィールドジャッジ《レフェリーを補佐する審判員》.

fíeld kìtchen 〔軍〕野外[野戦]炊事場.

fíeld làrk*《南部・中部》MEADOWLARK.

fíeld làyer 〔生態〕《植物群落の》草本層 (⇨ LAYER).

fíeld lèns 〔光〕《接眼鏡の》視野レンズ.

fíeld lìne 〔理〕力線(りきせん) (line of force).

fíeld màdder 〔植〕ハナヤエムグラ, アカバナムグラ (＝*spurwort*) 《欧州原産のアカネ科の一年草》.

fíeld màgnet 〔電〕《特に発電機・モーターの》界磁石.

fíeld màrk 《バードウォッチングで》フィールドマーク《野鳥の種類判別に役立つ斑紋・翼の上げ方などの特徴》.

fíeld márshal 《英・独・仏の》陸軍元帥《米陸軍の General of the Army に当たる; ⇨ ARMY; 略 FM》.

fíeld mòuse 〔動〕野ネズミ《モリネズミ・ハタネズミなど》.

fíeld mùshroom ハラタケ (meadow mushroom).

fíeld mùsic 〔軍〕軍楽隊(員), 軍楽隊用行進曲.

fíeld mùstard 〔植〕ノハラガラシ (charlock).

fíeld nìght 重要事件討議(の日) (＝*field day*).

fíeld nòte フィールドノート《現地調査で得たデータの個々の記録》.

fíeld òfficer 〔陸軍・空軍・海兵隊〕佐官《colonel, lieutenant colonel および major; 略 FO》.

fíeld of fíre 〔軍〕射界《所定の地点からの火器(群)の射撃可能範囲》.

fíeld of fórce 〔理〕力の場(ば).

fíeld of hónor 決闘場, 戦場, 戦いの場.

fíeld of víew 〔光〕視野, 視界《望遠鏡などを通して見ることのできる外界の範囲》.

fíeld of vísion 視野 (⇨ VISUAL FIELD).

fíeld pèa 〔植〕エンドウ《飼料作物・食用》; COWPEA.

fíeld·pìece *n* 〔軍〕野砲 (field gun), 野戦曲射砲.

fíeld pòppy 〔植〕ヒナゲシ (corn poppy).

fíeld póst òffice 野戦郵便局《略 FPO》.

fíeld púnishment 〔英軍〕戦地刑罰.

fíeld rànk 〔軍〕佐官級 (⇨ FIELD OFFICER).

fíeld ràtion 〔米陸軍〕《戦場用》携帯口糧.

Fields /fíːldz/ フィールズ (**1**) Dame **Gracie** ～ (1898–1979) 《英国の歌手・コメディアン; 本名 Grace Stansfield》 (**2**) **W. C.** ～ (1880–1946) 《米国のエンターテイナー; 本名 William Claude Du·ken·field /d(j)úːkənfiːld/》.

fíeld sécretary* 外勤役員, 地方連絡員 (cf. DESK SECRETARY).

fíelds·man /-mən/ *n* 〔クリケット〕野手 (fielder); 営業マン.

Fíelds Médal [the] フィールズ賞《4 年に一回開かれる国際数学者会議で若い数学者に授与される '数学のノーベル賞'》. [J. C. *Fields* (1863–1932) 資金を寄付したカナダの数学者]

fíeld spàniel フィールドスパニエル《英国産の鳥猟犬》.

fíeld spàrrow 〔鳥〕 **a** ヒメスズメモドキ《北米産; ホオジロ族》. **b** ヨーロッパカヤクグリ (hedge sparrow).

fíeld spòrtsˈˈ *pl* 野外スポーツ《特に 狩猟・射撃・釣り》.

fíeld·stòne *n* 自然石, 粗石《未加工のまま建材とする》.

fíeld stòp 〔光〕視野絞り.

fíeld strèngth 〔理〕場の強さ (field intensity); 〔通信〕電界強度.

fíeld·strìp *vt* 〈武器を〉普通分解する; 〈タバコの吸い殻を〉《目立つごみにしないように》もみ散らす.

fíeld stùdy [ᵒ*pl*] 《社会学などの》現地調査, フィールドスタディー.

fíeld tèlegraph 野戦用携帯電信機.

fíeld-tèst *vt* 〈新製品を〉実地試験する. ♦ **fíeld tèst** 実地試験.

fíeld thèory 〔理〕場の理論《物質間の相互作用を電磁場・重力場などの場が媒介するとする理論》; 〔心〕場(ば)理論.

fíeld tìle 《英・NZ》FIELD DRAIN.

fíeld trìal 《猟犬などの》野外実地試用, 猟野競技会, フィールドトライアル (cf. BENCH SHOW); 《新製品の》実地試験.

fíeld trìp (実地)見学旅行, 社会見学; 《研究調査のための》野外研究調査旅行.

fíeld·ward(s)ˈˈ *adv* 野原の方へ.

fíeld wìnding /-wàɪnd-/ 〔電〕界磁巻線.

fíeld·wòrk *n* **1** 《人類学・社会学・測量などの》現地[実地]調査, フィールドワーク; 《学生などの》現場での研修, 実習. **2** [ᵘ*pl*] 〔軍〕野堡(やほう), 《臨時に盛り土で作った》堡塁. ♦ **fíeld·wòrk·er** *n*

fíeld-wrèn *n* 〔鳥〕ノハラムシクイ《豪州南部産》.

fiend /fíːnd/ *n* **1 a** 魔神, 悪霊, 鬼, 悪鬼 (demon); [the F-] 悪魔王 (the Devil, Satan). **b** 鬼のような人, 残忍酷薄[非道]な人, 鬼畜; 《口》困り者, 悪いやつ, いたずらっ子. **2** 《口》凝り屋, 熱中者, …狂, …の鬼[達人] 〈*at, for*〉; 《口》中毒者, 耽溺者: an opium ～ アヘン中毒者 / a cigarette ～ すごい愛煙家 / a ～ *at* tennis テニスの鬼[名人] / a film ～ 映画狂. ♦ **～·lìke** *a* [OE *fēond*; cf. G *Feind*]

fíend·ish *a* 悪魔[鬼]のような, 魔性の; 極悪(非道)な, 残酷な; ひどい, やっかいな; 〈計画などが〉抜け目ない, 巧妙な. ♦ **～·ly** *adv* とんでもなく, えらく. **～·ness** *n*

Fiennes /fáɪnz/ ファインズ (**1**) **Joseph** ～ (1970–) 《英国の俳優; 映画 *Shakespeare in Love* (恋に落ちたシェイクスピア, 1998) など》 (**2**) **Ralf** (**Nathaniel**) ～ (1962–) 《英国の俳優; Joseph の兄; 映画 *Schindler's List* (シンドラーのリスト, 1993), *The English Patient* (イングリッシュ・ペイシェント, 1997) など》 (**3**) Sir **Ranulph** (**Twisleton-Wykeham**) ～, 3rd Baronet (1944–) 《英国の冒険家; 1993 年 史上初めて南極を徒歩で踏破》.

fierce /fíərs/ *a* **1 a** 荒々しい, 獰猛(どうもう)な, 猛々しい; けんか好きな: a ～ tiger 猛虎. **b** 《外見が》恐しげな, 険しい. **2 a** すさまじい, 猛烈な, 〈風雨など〉荒れ狂う; 〈痛みなど〉激しい: ～ anger / a ～ argument / ～ competition / ～ rivals 激しく張り合っている者同士. **b** 積極的な, 熱烈な, 熱心な, 強い: ～ loyalty 熱誠. **3 a** 《口》ひどい, いやな, 不快な: ～ taste ひどい悪趣味 / It was ～ of me to say that. あんなことを言ったのは悪かった. **b** *《俗》強烈にかっこいい. **4** 〈機構が〉作動がなめらかでない[唐突な]. ● **something ～** [*adv*] *《口》大いに, 猛烈に, ものすごく (⇨ SOMETHING *adv*). ♦ **～·ly** *adv* 猛烈に, ひどく. **～·ness** *n* [OF＝proud＜L *ferus* savage]

fi·eri fa·ci·as /fáɪəri féɪʃ(i)əs, fíːəri fáːkiàːs/ 〔法〕動産執行令状《略 fi. fa.》. [L＝that you cause to be made]

F

fi·ery /fáɪəri/ *a* **1 a** 火の, 猛火の, 火炎の; 火による, 火を使った; 火がついた, 燃えている. **b** 〈ガス・炭層など〉引火[爆発]しやすい. **2 a** 火のような, 火のように熱い; 燃え立つような; まっ赤な; 〈味など〉ヒリヒリする, 激辛の: ~ eyes (おこって)ギラギラ光る目 / a ~ taste 舌を焼くような(辛い)味. **b** 熱烈な, 激しい; 気の荒い, 激しやすい, 癇癖(かんぺき)の強い: a ~ speech 火を吐くような熱弁 / a ~ steed 癇の強い馬 / go through a ~ trial 火の試練を経る. **3** 〈額など〉赤く熱っぽい; 炎症を起こした. **4** 〘クリケット〙〈投球が〉危険なほど高くはずむ. ► *adv* 火のように. ♦ **fí·er·i·ly** *adv* 火のように, 激しく, 熱烈に. **fí·er·i·ness** *n* 激烈, 熱烈. [*fire*]

fíery cróss **1** 〘史〙血火の十字(架) (=*fire cross*) 《昔スコットランド高地で, 募兵のために戦いの合図として集落から集落へ持ち歩いた, 焼いて血に浸したという十字架》. **2*** 火の十字(架) 《Ku Klux Klan などの標章》.

Fie·so·le /fiéɪzəlèɪ, -li/ **1** フィエーゾレ **Giovanni da ~** 《Fra ANGELICO の僧名》. **2** フィエーゾレ《イタリア中部 Tuscany 州, Florence の北東にある古都・保養地; 古代名 Faesulae》.

fi·es·ta /fiéstə/ *n* 《特に スペイン・ラテンアメリカの宗教上の》祝祭, 休日, 聖日 (saint's day) の祭り; 祭典, 祭り; 《口》パーティー. [Sp=feast]

Fiésta wàre フィエスタ焼き《米国で 1936–69 年に作られた陶器; 不透明なうわぐすりをかけ, さまざまな色彩をもつ》.

fièvre bou·ton·neuse /*F* fjɛ:vr butɔnø:z/ BOUTONNEUSE FEVER.

fi. fa., fi fa /fáɪ féɪ/ 〘法〙°fieri facias.

FIFA /fí:fə/ [F *Fédération Internationale de Football Association*] 国際サッカー連盟, フィファ《1904 年創立; 本部 Zurich》.

fife /fáɪf/ *n* 《鼓笛隊・軍楽隊の》横笛; 横笛吹奏者 (fifer). ► *vi* 横笛を吹く. ► *vt* 〈曲を〉横笛で吹く. ♦ **fíf·er** *n* [G *pfeife* PIPE or F *fifre*]

Fife **1** ファイフ《スコットランド東部 Tay 湾と Forth 湾にはさまれた参事会地域・歴史的州》. **2** ファイフ **Duncan ~** =Duncan PHYFE.

fífe ràil 〘海〙ファイフレール《**1)** メインマストの帆綱止め座 **2)** 後甲板の手すり》.

Fife·shire /fáɪfʃɪər, -ʃər/ ファイフシャー《FIFE 1 の別称》.

Fi·fi /fí:fi/ フィフィ《女子名》. [F; ⇨ JOSEPHINE]

fí·fi hòok /fí:fi-/ 〘登山〙フィフィ《あぶみ (étrier) の上端に取り付ける金属製の鉤》. [C20<?]

fi·fi·nel·la /fì:fɪnélə/ *n* 《空軍俗》機に故障を起こさせる女の妖精.

FIFO /fáɪfou/ 先入れ先出し(法) (first in, first out) 《**1)** 〘会計〙在庫品払出しには最初に入庫したときの仕入れ価格を, 在庫評価には最近の庫入れの価格を適用する方法 **2)** 〘電算〙最初に入れたデータが最初に取り出される方式のデータの格納法》.

fif·teen /fìftí:n, ⌐⌐/ *a* 15 の; 15 人[個]の. ► *n* **1** 《数の》15; 15 の記号《XV》; 15 番目(のもの); 《サイズの》15 番; 15 人[個]の一組; 〘テニス〙フィフティーン《1 点目のポイント》; ラグビーのチーム, フィフティーン: ~ love [forty] フィフティーンラブ[フォーティ]《サーブ側 1 対レシーブ側 0 [3]》. **2** [the F-] 〘英史〙十五年反乱 (=the **Fiftéen Rebéllion**) 《1715 年の JACOBITE RISING》. [OE *fiftēne* (FIVE, *-teen*)]

15 /fìftí:n/ 〘英〙15《15 歳以上を対象とする映画・ビデオを表示する番号; ⇨ RATING[1]》.

fif·teenth /fìftí:nθ, ⌐⌐/ 《略 15th》*a, n* 第 15(の), 15 番目(の); 15 分の 1 (の); 《月の》15 日; 〘楽〙15 度(音程) 《2 オクターブ》, 第 15 音; 〘楽〙《オルガンの》2 オクターブ高く響く音栓, 2 フィート音栓; 〘英史〙十五分の一税.

fifth /fífθ/ 《略 5th》*a* 第 5 の, 5 番目の; 5 分の 1 の: the ~ act 第 5 幕; 終幕; 老境. ● **smite sb under the ~** RIB[1]. ► *adv* 第 5 に, 5 番目に. ► *n* 第 5; 5 番; 《月の》5 日; [the F-] *FIFTH AMENDMENT; [*pl*] 5 等品; 5 分の 1 (=a ~ part); 5 分の 1 ガロン《酒類の容量単位》, 5 分の 1 ガロン入り瓶[容器]; 〘楽〙5 度(音程), 《特に》完全 5 度 (perfect ~), 第 5 音, 5 度和音; 〘車〙《変速機の》第 5 段[速]. ● **take [plead] the F~ (Amendment)** *《口》黙秘する (cf. FIFTH AMENDMENT); *《口》[*joc*] 〈…について〉回答を拒む, ノーコメントである 〈*on*〉. ♦ **~·ly** *adv* [*fift*<OE *fifta* (FIVE); 語尾は *fourth* に同化]

Fífth Améndment [the] 合衆国憲法第 5 修正《被告人が自己に不利益な証言をすることを強要されず, すでに裁かれて刑が確定した罪状のために再度裁かれることがないこと, および法の正当な手続きによらずに生命, 自由または財産を奪われないことを定めたもの》.

Fífth Ávenue 五番街《New York 市の繁華街》.

fífth cólumn 第五列《**1)** スペイン内乱時代の Madrid 市内の Falange 党同調者; 同市に進攻した Franco 派のモラ (Mola) 将軍の 4 縦隊の反乱軍に第 5 列として加わるとされた **2)** 戦時に後方攪乱・スパイ行為などで他国の進撃をたすける者》. ♦ **fífth cólumn·ism** *n* **fífth cólumn·ist** *n*

Fífth dày 木曜日《クエーカー教徒の用語》.

fífth diséase 〘医〙第五病《伝染性紅斑のこと; 主として小児に起こる》.

fífth estáte [the, °the F- E-] 《伝統的にいわれる 4 階級に比肩する》第五階級《労働組合など》.

fífth fórce 〘理〙第 5 力《4 種の基本的相互作用 (重力・電磁力・強い力・弱い力) 以外に仮定される理論上の力; 等価原理の破れに比例して重力を弱める》.

fífth-generátion *a* 〘電算〙第五世代の《人工知能の実現を目指す次世代のコンピューター・プログラム言語について いう》: a ~ computer.

Fífth Mónarchy [the] 〘聖〙第五王国《Daniel が預言した五大王国の最終の国; *Dan* 2: 44》.

Fífth Mónarchy Mèn *pl* 〘英史〙第五王国派《Cromwell の共和政時代にキリストの再来が近いとして急進的行動をとった過激な左派》. [↑]

fífth posítion [the] 〘バレエ〙第五ポジション《一方の足のかかとを他方のつまさきにつけ, 両足を平行に開いた状態》.

Fífth Repúblic [the] 〘フランス〙第五共和政 (1958–) 《de Gaulle の政界復帰と憲法改正によって成立した, 現在の政体》.

fífth whéel 《馬車の》転向輪; 《セミトレーラーの》第 5 輪; キャンピングトレーラー (=**fífth-wheel tráiler**); 《4 輪馬車の》予備車輪; めったに使わないもの, 余計な人[もの], 無用の長物.

fif·ti·eth /fíftiəθ/ *a, n* 第 50 (の), 50 番目(の); 50 分の 1 (の).

fif·ty /fífti/ *a* 50 の, 50 個[人]の; 《漠然と》多くの: I have ~ things to tell you. 話したいことが山ほどある. ► *n* 50; 50 の記号《L》; 50 ドル[ポンド]札, 50 ペンスコイン. ★ 用法は TWENTY の例に準じる. ♦ **~·ish** *a* 《年齢・数値など》50 ぐらいの, 五十がらみの. [OE *fiftig* (FIVE)]

fífty-fífty *a, adv* 50 対 50 の[に], 賛否同数の[に], 五分五分の[で]; 半々[等分]の[に]: a ~ chance *of* do*ing*…[*that*…] …する見込みは五分五分 / on a ~ basis 半々に / divide [split] sth ~ 半々に分ける / go ~ *on*…を割り勘にする, 〈分け前を〉折半する, 〈責任を〉半分ずつ負う.

fífty-fírst [**…fífty-nínth**] *a, n* 51[…59] 番目(の). ★ ⇨ TWENTY-FIRST.

fífty·fòld *a, adv* 50 倍の[に].

Fífty-Nín·er /-náɪnər/ *n* 〘米史〙59 年組《1859 年に金を求めて Colorado へ乗り込んだ探鉱者; cf. FORTY-NINER》.

fífty-óne [**…fífty-níne**] *a, n* [数詞] 51[…59] (の). ★ ⇨ TWENTY-THREE.

fífty-óne *n* *《食堂俗》ココア, ホットチョコレート.

fífty-síx *n* *《警察俗》土日に働く人の代休《土日勤務者の週休は, 週末の代休として 56 時間であることから》.

fífty-twó *n* *《食堂俗》ホットチョコレート 2 杯《注文》.

fig[1] /fíg/ *n* **1** イチジク(無花果); 〘植〙イチジクの木 (=~ **trèe**) 《クワ科イチジク属》; イチジク属の各種《イチジク状の実 (syconium) のなる木; cf. SYCAMORE》. **2** イチジク形のもの; 《方》《オレンジの》房 (segment); 2 本の指の間[上歯の下]に親指を差し込む下品な軽蔑のしぐさ. **3** [しばしば 軽蔑・怒りを表わす間投詞用法で] つまらないもの 〈*for*〉; [a ~; 〈*neg*〉] ちっとも(…ない): A ~ *for*…が何だ(くだらない)! / not care [give] *a* ~ [*a* ~*'s end*] *for* [*about*]… 《古風口》…なんかどうでもいい / not worth *a* ~ なんの値打もない, 屁(へ)にもならぬ. [OF<Prov<L *ficus*]

fig[2] 《口》*n* 服装, 身支度; 様子, 健康状態, 意気: in full ~ 盛装を凝らして / in good ~ とても元気で. ► *vt* (**-gg-**) 盛装させる (dress) 〈*out, up*〉; 〈馬〉の肛門[膣]にジンジャー[コショウ]を入れて活気をつける. ● **~ up** 磨き上げる, 面目を一新する. [*feague* (obs); ⇨ FAKE[1]]

fig. figurative ♦ figuratively ♦ figure(s).

Fig·a·ro /fígəròu; *F* figaro/ **1 a** フィガロ《Beaumarchais の喜劇 *Le Barbier de Séville* (1775), *Le Mariage de Figaro* (1784), また Mozart のオペラ *Le Nozze di Figaro* (1785–86), Rossini の *Il Barbiere di Siviglia* (1816) に登場する, 機知あふれる理髪師》. **b** 機知にあふれたうそつき; 《俗》理髪師, 床屋. **2** [Le] 『フィガロ』《Paris で発行される日刊紙(初めは週刊); 1826 年創刊》.

fíg·bird *n* 〘鳥〙メガネコウライウグイス《豪州周辺産; イチジクなどの果実を食する》.

fíg·eat·er *n* 〘昆〙GREEN JUNE BEETLE.

fight /fáɪt/ *v* (**fought** /fɔ́:t/) *vi* **1 a** 戦う, 闘う, 戦闘[格闘]する 〈*about, over*; *against* [*with*] an enemy; *for* a cause, *to do*〉: ~ *against* time 時間と戦う[格闘する], 急ぐ / He that ~*s* and runs away may live to ~ another day. 《諺》戦って逃げる者は生きてまた戦う日もあろう《無謀さを戒めることば》. **b** ボクシングをする. **2** 《議論・論争で》戦う, 争う, けんかする 〈*over, about*〉; 優劣を競う 〈*for*〉. **3** 奮闘する, がんばる: ~ to stay awake 睡魔と戦う / ~ for survival 生き残りをかける. ► *vt* …と戦う; …と言い争う; …について戦う, 争う; 〈戦い・試合を〉戦う 〈*for, over*〉; …とボクシングをする; 〈ボクサー・鶏を〉闘わせる; 〈兵・艦・砲を〉指揮する; 〈機器を〉手荒に扱う: ~ an enemy 敵と戦う / ~ a fire [blaze] 火災の消火にあたる / ~ a battle 一戦を交える / ~ a prize 賞を争う / ~ cocks [dogs] 鶏[犬]を闘わせる / ~ a gun 砲撃を指揮する. ● **~ a lone hand** 孤軍奮闘する. **~ back** 反撃する, やり返す 〈*against, at*〉; 抵抗する; 食い止める; 〈感情・涙などを〉抑える, こらえる; 努力して〈もとの状態などに〉戻る 〈*to*〉. **~ down** 〈人〉に打ち勝つ; 〈感情・くしゃみなどを〉抑える, こらえる; 〈薬などを〉やっと飲み込む. **~ it out** 勝負がつくまで戦う, 雌雄を決する. **~ like cat(s) and dog(s)** 《口》(しょっちゅう)猛烈にやり合う[いがみ合う]. **~ off** 戦って撃退する; …を退治する; 〈病気などを〉退ける, …を避けようと努力する; …から手を引こうと努める. **～ out** 戦って…に決着をつける (cf. FIGHT it out). **～** SHY[1] **of.** **～ one's way** 戦って[奮闘して]進路を切り開く, 活路を見いだす: ～ one's *way back to*… 〈もとの地位・健康状態など〉を苦闘して回復する / ～ one's *way out* of a slump 苦労してスランプから脱出する. **～ the good fight** 《信仰・信念を貫いて》りっぱに戦いぬく《*1 Tim* 6:12》. **～ through**…を押し分けて進む; 苦労して〈議案など〉が…を通るようにする. **～ to a finish [the finish, the death]** 最後[とことん]まで闘う, 闘って決着をつける; 奮闘する, 必死にがんばる. **～ up against**…に対して奮戦する. **～ with** (1) ⇨ *vi* (2) …と共同で戦う: England *fought with* France *against* Germany. イギリスはフランスと共にドイツと戦った.

► *n* **1 a** 戦い, 戦闘, 合戦, 会戦; 闘争; 取っ組み合い, 格闘; ボクシングの試合 〈*against*〉: give [make] a ～ 一戦を交える / give up the ～ 《敗北して》戦いをやめる / The quarrel led to a ～. 口論から取っ組み合いになった. **b** 争い, 論争: have a ～ 言い争う 〈*with*〉. **c** 争覇戦, 勝負, 競争, 奮闘 〈*against, for*〉. **d** 戦闘力; 闘志, 戦意, ファイト 〈*to do*〉: have plenty of ～ in one 闘志満々である. **2** *《俗》パーティー. **3** 《廃》《船で戦闘中の兵員を守る》隔壁. ● **make a good ～ of it** 善戦する. **put up a good [poor] ～** 善戦する[だらしのない闘いをする]. **show ～** 戦う意欲を示す, 抵抗する.

[OE (n)〈(v) *feohtan*; cf. G *fechten*]

fíght·bàck" *n* 反撃, 反攻.

fíght·er *n* 戦士, 闘士, 武人; プロボクサー (prizefighter); 〚軍〛戦闘機 (＝～ plàne); 闘志のある人, ファイター, けんか好きな人.

fíght·er-bómb·er *n* 〚軍〛戦闘爆撃機.

fíght·er-intercépt·er *n* 〚軍〛要撃戦闘機.

fíghter pìlot 戦闘機飛行士, 戦闘機乗り.

fíght·ing *n, a* **1** 戦い 〈*between*〉, 戦う; 戦闘(の), 交戦(の), 戦争(の); 好戦的な, 尚武の; 試合決行に適した: a ～ formation 戦闘隊形 / ～ men 戦闘員, 戦士, 闘士 / ～ fields 戦場. **2** [〈*adv*〉] 《口》: ～ drunk [tight] 酔ってけんかっぱやくなって / ～ mad 激怒して / ～ fit 戦闘に適して; 体調がすこぶるよくて, 絶好調で.

fíghting chàir *〚釣〛船上で大物と闘うための甲板に固定した回転椅子.

fíghting chánce 懸命に努力すれば得られる成功の見込み, わずかな勝ち目[勝機, 勝算].

fíghting cóck 闘鶏, しゃも (gamecock); けんか好きな者: feel like a ～ 闘志に燃える. ● **live like a ～ [～s]** "《口》ぜいたくに暮らす, 食におごる.

fíghting físh 〚魚〛闘魚(とうぎょ), ベタ (betta).

Fíghting Frénch FREE FRENCH.

fíghting fùnd 闘争資金, 軍資金.

fíghting [fíght·in' /fáɪtɪn-/] tòols *pl* *《軍俗》食事用具《ナイフ・フォーク・スプーン》.

fíghting tálk [wórds] (*pl*) けんか(を売る)ことば, 挑発的な言辞.

fíghting tòp 〚海〛戦闘楼《マスト上の円形砲床[銃座]》.

fíght-or-flíght (reàction) 〚心〛闘争・逃走(反応)《ストレス下で闘争か逃走に向かおうとする本能的反応》.

fíght sòng 応援歌, ファイトソング.

Fi·gl /fíːgəl/ フィーグル **Leopold ～** (1902–65)《オーストリアの政治家; 首相 (1945–53)》.

fíg lèaf イチジクの葉《彫刻などで局部を隠す》; [*fig*] 不都合なものを隠すおおい, 臭いものにするふた.

fíg màrigold 〚植〛メセンブリアンテマ《アフリカ南部産ツルナ科の多肉植物》.

fig·ment /fígmənt/ *n* 作り事, 虚構, 絵空事: a ～ of the [one's] imagination 想像[空想]の産物, 目の錯覚. [L; ⇨ FIGURE; cf. FEIGN]

Fíg Néwton 〚商標〛フィグニュートン《イチジクジャムのはいった四角いクッキー》.

Fi·guei·re·do /fiːgɛréɪdu/ フィゲイレード **João Baptista de Oliveira ～** (1918–99)《ブラジルの軍人・政治家; 大統領 (1979–85)》.

Fi·gue·roa /fiːgəróʊə/ フィゲロア **Francisco de ～** (c. 1536–c. 1620)《スペインの詩人》.

fig·u·line /fígjəlàɪn/ 《まれ》*n* 陶器, 《粘土製の》彫像. ► *a* 粘土の.

fi·gu·ra /fɪgjúərə/ *n* ある事実などを象徴[具現]する人物[物事], 表象; 〚神学〛予型 (type).

fig·ur·al /fíg(j)ərəl; -gə-/ *a* **1** 描写的な; 〚楽〛修飾的な; 〈芸術作品・構図など〉人間[動物]像を主とした; 《廃》像[図]で示された. **2** 比喩的な (figurative). ♦ **～·ly** *adv*

fig·u·rant /fígjərɑ̀ːnt, -rænt, ⌐⌐⌐; -rənt/ *n* 《グループの一員としてのみ出演する》オペラやバレエの男性ダンサー; 〚劇〛《せりふの付かない》端役(はやく). ♦ **fig·u·rante** /fígjərɑ̀ːnt; ⌐⌐⌐, -rǽnti/ *n fem* (*pl* **-rantes** /-ts/, **-ran·ti** /-ti/) バレエの踊り子; 端役女優. [F (*figurer* to represent)]

fig·ur·ate /fígjərət, -rèɪt/ *a* 〚楽〛装飾的な; 定形をもった. ♦ **～·ly** *adv*

fig·u·ra·tion /fɪg(j)əréɪʃ(ə)n/ *n* 形体付与; 成形; 形状, 形態, 外形; 象徴(化), 比喩的表現; 《図形などによる》装飾; 〚楽〛《音・旋律の》装飾, フィギュレーション; 〚楽〛低音部数字を付けること. [F or L; ⇨ FIGURE]

fig·u·ra·tive /fíg(j)ərətɪv/ *a* 比喩的な (metaphorical); 比喩の多い, 修飾文句の多い, はなやかな; 表象[象徴]的な, 〈…を〉象徴する 〈*of*〉; 絵画的[彫塑的]表現の: the ～ arts 造形美術《絵画・彫刻》. ♦ **～·ly** *adv* 比喩的に; 象徴的に. **～·ness** *n* [L (↓)]

fig·ure /fígjər, -gər; -gə/ *n* **1 a** (アラビア)数字; 《数字の》位, 桁; 合計数, 総額, 高, 価値: double [three] ～*s* 2[3] 桁の数 / single ～*s* 1 桁の数 / six ～*s* 6 桁の数, 10 万ドル[ポンド]を超える金額 / give [cite] ～*s* 数字を挙げる / put a ～ on…の正確な金額を言う, …に値をつける; …の数値を明らかにする / get sth at a low [high] ～ 安[高]値で手に入れる. **b** [*pl*] 計算: do ～*s* 計算する / He is poor at ～*s*. 計算がへただ. **2 a** 形, 形態, 形状, 外観. **b** 人の姿, 人影; 《絵画・彫刻などの》人物, 絵姿, 画像, 肖像; 姿, 容姿, 風采, スタイル; 《特に女性の》体型; 目立つ姿, 異彩; 人物; 名士; フィギュア《映画やアニメの人物[動物]をかたどった人形》: a slim ～ ほっそりした体型 / a prominent ～ 大立者 / PUBLIC FIGURE / ACTION FIGURE. **3 a** 図案, 模様, 文様, デザイン; 《材木の》木目, 杢(もく); 図, 図解, さしえ; 〚数〛図形; 〚心〛図柄 (⇨ FIGURE-GROUND). **b** 〚ダンス〛フィギュア《一連の旋回運動》; 一旋回; 〚スケート〛フィギュア《スケート靴で氷上をすべりながら描く図形》. **c** 〚論〛《三段論法の》格, 図式《大前提・小前提における中名辞 (middle term) が主語と述語のどちらに現われるかによって 4 つに分類した一つ》; 〚楽〛音形, 音型; 〚光〛曲線(図). **4** 表象, 象徴; 〚修〛比喩, 文彩, ことばのあや (figure of speech); 〚文法〛修飾上の変則[破格]. ● **cut [make] a ～** 《古風》異彩を放つ: *cut* [*make*] *a* brilliant [conspicuous] ～ 異彩を放つ, 頭角をあらわす / *cut* a fine ～ 風采がよい / *cut a* poor [sorry] ～ みすぼらしく見える / *cut a* dashing ～ さっそうとしている / *cut* no ～ in the world 世間に名が現われない[問題にされない]. **a fine ～ of a man [woman]** 《古風》堂々たる風采の男性[女性]. **go the big ～** *《俗》見えを張る. **go the whole ～** *徹底的にやる. **keep one's ～** 《太らずに》姿がすらっとしている. **lose one's ～** 《太って》体の線をくずす. **a man of ～** 地位のある人, 有名人. **miss a ～** *《口》大間違いをする, しくじる. **on the big ～** *大規模に, 大げさに. **watch one's ～** 太らないように気をつける.

► *vt* **1** 数字で表わす; 見積もる, 計算する. **2** 想像する, 心に描く 〈*to oneself*〉; *《口》思う, 考える, 判断する, 理解する 〈*that*〉: He ～*d* him*self* (*to* be [*as*]) a good candidate. 自分をりっぱな候補者だと考えた / You ～ this *for* a gang kill? これはギャングの殺しだと思うかね. **3** かたどる, 彫像・絵画などに表わす; 図形に表わす; 描写する; …に模様を施す; 〚楽〛《伴奏和音などを示して》装飾する. **4** 比喩で表わす, 表象する. ► *vi* **1** 登場する, 出る 〈*as, in*〉; 顕著に[重要なものとして]現われる, 重要な役を演ずる 〈*in*〉; …に加わる, 関係[関与]する 〈*in*〉. **2** 〚ダンス・スケート〛フィギュアを行なう. **3** 計算する. **4** 《口》道理にかなっている, 筋が通る, 意味をなす, 当然である; (…と)思われる: That [It] ～*s*. それは当然であろう, なるほど; やっぱりそうだ《主語を省いて *Figures*. ともいう》/ He doesn't ～ *to* live. 生きていそうにない / It ～*s* (*that*) he didn't make it to the meeting. どうやら会合に間に合わなかったらしい. ● **～ in [into…]** *《口》計算に加える: ～ the phone bill *into* the total 電話代を合計に含める. **～ on…** *《口》…を計算[考慮]に入れる, 予期する; *《口》…をあてにする; *《口》…を計画する. **～ out** (1) 〈経費などを〉計算して出す, 算定する, 見積もる; 計算して〈…に〉なる 〈*at, to*〉. (2) 〈問題などを〉解く, 解決する, 〈答などを〉見つけ出す, 考え出す, 考えつく. (3) 理解する, (…の訳が)わかる: I can't ～ her *out* [～ *out* why she said that]. 彼女の考えが[なぜああ言ったのか]わからない. **～ up** 総計する. **Go ～!** 《口》信じられない, わけわかんない, どうなってんの? (‘Go ～ that out!’ の短縮形).

♦ **fíg·ur·er** *n* [OF＜L *figura*; ⇨ FEIGN]

fíg·ured *a* あやのある, 型つきの, 意匠模様のある; かたどられた, 描かれた; 絵[図式]で示した; 文飾のある, 形容の多い; 〚楽〛装飾された, 華彩の: a ～ mat 花ござ / ～ satin 紋繻子(じゅす), 繻珍(しゅちん) / ～ silk 紋織絹.

fígure dànce フィギュアダンス. ♦ **fígure dàncer** *n*

fígured báss /-béɪs/ 〚楽〛数字付き低音, 通奏低音 (continuo) 《低音の下または上に記した数字で和音を示すことから》.

fígure éight 数字 8 に似た図形; 〚フィギュア〛エイト (＝*figure of eight*); 〚ダンス〛フィギュアエイト《腰を 8 の字に回す動き》; 〚空〛横 8 字飛行; 《ロープの》8 字形結び (＝**fígure éight knót**); 〚刺繍〛8 の字ステッチ.

fígure-gróund *a, n* 〚心・美〛図柄と地づらの, 図-地の〈関係など〉; 見たものを図-地として知覚すること《浮き上がって見えるのが「図」, 背景が「地」》.

fígure·hèad *n* 〚海〛《水切りの上の》船首像; [*joc*] 人の顔; 名目上[表向き]の頭首・党首, 表看板.

fígure-húgging *a* 〈衣服が〉ぴったりしていて体の線が出る, ‘ボディコン’の: a ～ dress / ～ pants.

fígure·less *a* (定まった)形のない.

fígure of éight"〚フィギュア〛FIGURE EIGHT.

fígure-of-èight knót 8 の字[8 字形]結び.

fígure of fún "物笑いになる人, 笑いもの.

fígure of mérit 〘理〙性能指数, 示性数《ある目的をもった装置またはその基礎になる材料物質の, その目的に対する効率のよさを表現する数値》.
fígure of spéech 〘修〙比喩的表現, 文彩, 詞姿, ことばのあや.
fígure skàte フィギュアスケート靴.
fígure skàting フィギュアスケート. ◆ **fígure skàter** *n*
fig·u·rine /fìg(j)əríːn/ *n*《金属・陶土などで作った》小立像 (statuette). [F<It (dim)<FIGURE]
fíg wàsp 〘昆〙イチジクコバチ.
fíg·wòrt *n* 〘植〙ゴマノハグサ《同属の草本の総称》.
fígwort fàmily 〘植〙ゴマノハグサ科.
Fi·ji /fíːdʒi; ─́─/ *n* **1 a** フィジー《330 の島々からなる南太平洋の国; 公式名 Republic of ～ (フィジー共和国); 1970 年英国より独立; ☆Suva》. **b** フィジー諸島 (＝the **～ Íslands**). **2** (*pl* **～, ～s**) フィジー諸島人 (Fijian); フィジー語. ► *a* FIJIAN.
Fi·ji·an /fíːdʒiən, fɪdʒíːən/ *a* フィジー諸島(人)の; フィジー語の. ► *n* フィジー諸島人 (Fiji); フィジー語.
fike ⇨ FYKE.
fikh, fiqh /fík/ *n* 〘イスラム〙イスラム法学, フィクフ.
fil /fíl/ *n* FILS[2].
fila *n* FILUM の複数形.
filagree ⇨ FILIGREE.
fil·a·ment /fíləmənt/ *n* 長繊維, フィラメント; 〘植〙花糸; 〘植〙《海草・菌類などの》糸状体; 〘鳥〙《綿羽の》羽枝; クモの糸; 〘冶〙フィラメント《非常に細く引き伸ばされた金属線》; 《電球・真空管の》フィラメント, 線条; 〘解〙繊条(組織); 〘天〙フィラメント《太陽表面上で観測した紅炎》. ◆ **～·ed** *a* **fil·a·men·ta·ry** /fìləmént(ə)ri/, **-men·tous** /-méntəs/ *a* [F or NL; ⇨ FILUM]
filaméntous vírus 繊維状ウイルス.
fi·lar /fáɪlər/ *a* 糸[線]の; 《視野内に》糸線入りの〈望遠鏡など〉. [*filum*]
fil·a·re, fil·a·ree* /fìlərí:/ *n* 〘植〙オランダフウロ (alfilaria).
fi·lar·ia /fəléəriə/ *n* (*pl* **-i·ae** /-riì:, -riàɪ/) 〘動〙糸状虫, フィラリア《フィラリア症の因をなす線虫》. [FILUM]
fi·lár·i·al *a* 糸状虫[フィラリア]の; 糸状虫に冒された; 糸状虫による; 糸状虫を運ぶ. ◆ **～·ly** *adv* **～·ness** *n*
fi·lár·i·an *a* FILARIAL.
fil·a·ri·a·sis /fìləráɪəsəs/ *n* (*pl* **-ses** /-sì:z/) 〘医〙糸状虫症, フィラリア症《象皮病 (elephantiasis) はその一典型》.
fi·lar·i·id /fəléəriəd/ *a*, *n* 糸状虫[フィラリア](の).
fi·lar·i·ous /fəléəriəs/ *a* 糸状虫[フィラリア](性)の.
fi·lasse /fəlǽs/ *n* フィラース《生(き)の繊維と区別して, 紡績の準備をした植物繊維》. [F]
fi·late /fáɪlèɪt/ *a* 糸の[からなる], 糸状の.
fil·a·ture /fílətʃər, -tʃùər/ *n* 《繭(まゆ)からの》糸繰り, 機械繰り, フィラチャー; 糸繰り機; 製糸; 《生糸の》製糸場: ～ silk 機械生糸.
fil·bert /fílbərt/ *n* **1** 〘植〙フィルバート ⑴ 栽培されたハシバミ (hazel) ⑵ そのナッツ, ＝HAZELNUT》. **2** 《俗》頭 (head). **3** 〘美〙フィルバート (＝**～ brùsh**)《油彩用の平たい楕円形の絵筆》. [ME *philliberd* etc.<AF; St. *Philibert's* day (8 月 20 日) ごろ熟すことから]
filch /fíltʃ/ *vt* (こっそり)盗む, 失敬する, くすねる, ちょろまかす〈*from*〉. ◆ **～·er** *n* [C16<?; 盗賊仲間の隠語]
Fílch·ner Íce Shèlf /fílknər-/ フィルヒナー氷棚《南極の Weddell 海湾奥の氷棚》.
file[1] /fáɪl/ *n* 紙差し, 状差し, 書類差し; 書類ばさみ, 書類保管ケース, ファイル; 《書類・新聞などの》綴じ込み; 綴じ込み帳; 《整理された》資料, 記録; ファイル ⑴ 関連データの集まり ⑵ 〘電算〙一単位として取り扱われるデータの集まり》; 《古》名簿, 目録; 《俗》くずかご: keep in [on] a ～ 綴じ込みにしておく. ● **on ～** 綴じ込んで, ファイルに保管されて, 整理[記録]されて: have sth *on* ～. ► *vt* **1** (項目別に)綴じ込む〈*under*〉; (綴じ込んで)整理保管する, 記録簿に保管する〈*away*〉. **2** 〈証書・書類を〉正式に提出する; 〘ジャーナリズム〙〈記事を〉送信のために配列する; 〈記事を〉送る; 〘法〙〈告訴などを〉起こす〈*against* sb〉: ～ a petition *with*…に陳情書を提出する / ～ an application *for* a scholarship 奨学金の申請書を提出する. ► *vi* **1** 《法的手続きを開始するための》書類[申請書, 申立書]を提出する, 申請する, 申し立てる〈*for* divorce [bankruptcy]〉; 訴訟を起こす, 提訴する〈*against* sb〉. **2** *候補者として登録する, 《特に予備選挙に》立候補する〈*for*〉. **3** 綴じ込む, 整理して保管する. ● **～ and forget***《俗》忘れるにまかす, 忘れ去る. [F<L FILUM]
file[2] *n* 《縦の》列; 〘軍〙伍, 縦列 (cf. RANK[1]); 《チェス盤の》縦列: a blank ～ 欠伍 / double the ～*s* 伍を重ねる. ● **close the ～s** 〘軍〙隊列を詰める. **～ by ～** 組々に; 続々と. **in ～** 伍をなして; 二列縦隊で〈行進する〉. **in Indian** [**single**] **～** 一列縦隊で. ► *vi* 列をなして行進する〈*with*〉; 縦列で進む: ～ *away* [*off*] (単縦列で)分列行進する / ～ *in* [*out*, *through*] 列をなしてはいる[繰り出す, 通り抜ける] / F～ left [right]! 《号令》組々左[右](へ進め)! [F (↑)]
file[3] *n* やすり; 爪やすり; [the] 磨きたてること, 仕上げ, 《文章などを》練ること; 《俗》抜け目のないやつ, ずるいやつ; 〘昆〙鑢状(ろじょう)器, やすり状器《摩擦発音に使用》: a close ～ けちんぼ / an old [a deep] ～ 食えないやつ. ● **bite** [**gnaw**] **a ～** むだ骨を折る. ► *vt* …にやすりをかける, やすりで削る[磨く, とく, 切る]; 〈文章を〉練り上げる: ～ *away* [*off*] やすりですり落とす / ～ *down* やすりですりつぶす[磨く] / ～ it smooth やすりをかけてなめらかにする / ～ a saw 鋸(のこ)の目を立てる. ► *vi* やすりで仕事をする; 推敲する: ～ through…をやすりで削り[切り]取る. [OE *fīl*; cf. G *Feile*]
file[4] *vt* 《古・方》汚す (defile). [OE *fȳlan*]
file[5] *n* 《俗》スリ (pickpocket). [道具の *file*[3] と F *filou* pickpocket の影響か]
file[6] *vi**《俗》これみよがしに[注意をひくように]歩く (profile).
fi·lé /fəléɪ/ *n* 〘料理〙フィレ《sassafras の葉を粉にしたもの》.
fíle càrd[1] 綴じ込み用(定形)カード, ファイルカード.
file card[2] やすりブラシ《やすりの目を掃除する》.
fíle clèrk 文書整理係 (＝*filer*).
fíle extènsion 〘電算〙ファイル拡張子.
fíle·fìsh *n* 〘魚〙カワハギ, モンガラカワハギ (＝*foolfish*)《総称》. [やすりのようなうろこから]
fíle fòotage*〘テレビ〙収蔵フィルム, 資料映像 (library pictures).
fíle fòrmat 〘電算〙ファイル形式[フォーマット].
fíle lòcking 〘電算〙ファイルの封鎖, ファイルロッキング《ファイルへのアクセス禁止》.
fíle mànager 〘電算〙ファイル管理ツール[プログラム].
fil·e·mot /fíləmɑ̀t/ *n*, *a* 《古》黄みがかった褐色(の), 朽葉(くちば)色(の).
fíle·nàme *n* 〘電算〙ファイル名《ファイルにつけられた名前》.
fíle phòto 《新聞社などの》保管[資料]写真.
fíle protèction 〘電算〙ファイル保護.
fíle·pùnch *n* 綴じ込み用打抜き器, ファイル用パンチ.
fil·er[1] /fáɪlər/ *n* 文書整理係 (file clerk). [*file*[1]]
filer[2] *n* やすりをかける人, やすり師. [*file*[3]]
fíle sèrver 〘電算〙ファイルサーバー《ネットワークにおいて, ファイル管理を行なう装置[システム]》.
file 17 /─́─ sèv(ə)ntíːn/ 《俗》くずかご (file 13).
fíle shàring 〘電算〙ファイル共有. ● **fíle-shàring** *a*
fi·let[1] /fɪléɪ, ─́─; fíleɪ, fíː-, fílɪt; *F* filɛ/ *n*, *vt* 〘料理〙FILLET; *《俗》いい女.
filet[2] *n* フィレレース (＝**～ làce**)《網目のレース》. [F＝net]
file 13 /─́─ θəːrtíːn/ 《俗》くずかご (＝*file 17*).
fi·let mi·gnon /fíleɪ mɪnjóʊ, fɪléɪ-; fíleɪ míːnjɔ̃ː(ŋ), fíː-, -mínjɔ̀n, -míː-/ (*pl* **fi·lets mi·gnons** /-(z)/) 〘料理〙フィレミニョン《テンダーロインの端の厚い部分から切り取った牛のヒレ肉》. [F＝dainty fillet]
fíle trànsfer utìlity 〘電算〙ファイル転送プログラム.
fili- /fílə, fáɪ-/, **filo-** /fíloʊ, -lə/ *comb form*「糸」 [L; ⇨ FILUM]
fil·i·al /fíliəl/ *a* 子の, 子としての (: ～ duty [affection]); 〘遺〙親から…世代の. ◆ **～·ly** *adv* 子として, 子らしく. [OF or L (*filius* son, *-a* daughter)]
fil·iale /*F* filjal/ *n* 《フランスで》子会社.
fílial generátion 〘遺〙雑種世代《交雑による子孫; 記号: 第 1 代 F_1, 第 2 代 F_2》: first ～ 雑種第 1 代 (＝F_1).
fílial píety 孝心, 《特に儒教の》孝.
fil·i·ate /fílièɪt/ *vt* 〘法〙〈非嫡出子〉の父を決定する; 《古》〘法〙AFFILIATE.
fil·i·a·tion /fìliéɪʃ(ə)n/ *n* 《ある人の》子であること, 親子関係《特に息子の父親に対する》; 〘法〙《非嫡出子の》父の決定 (affiliation); 〘法〙AFFILIATION ORDER; 素姓; 《言語・文化などの》分出, 分岐, 派生, 派生関係[系統]の解明.
filibeg ⇨ FILLEBEG.
fil·i·bus·ter /fíləbʌ̀stər/ *n* 《長い演説などによる, 立法府での》議事妨害, 議事妨害演説; *議事妨害者; 《政府の命令に従わないで外国を侵す》不法戦士; 《19 世紀中葉のラテンアメリカにおける》革命[暴動]煽動者; 《17 世紀ごろの》海賊. ► *vi**議事の進行を妨害する (stonewall[1]); (外国に)侵入する; (外国で)革命[暴動]を煽動する〈*against*〉; 略奪を事とする. ► *vt**議事妨害(演説)によって〈議案〉の通過を遅らせる[阻止する]. ◆ **～·er** *n* 議事妨害者. [Du (FREEBOOTER); 語形は F *flibustier*, Sp *filibustero* などの影響]
fílibuster·ìsm* *n* 議事進行妨害《長演説・牛歩投票・不信任案連続上程など》.
fil·i·cide /fíləsàɪd/ *n* 子殺し《罪・犯人》. ◆ **fìl·i·cíd·al** *a*
fi·lif·er·ous /faɪlíf(ə)rəs/ *a* 糸状部のある, 有糸の.
fí·li·fòrm /fílə-, fáɪlə-/ *a* 糸[繊維] (filament) 状の.
fil·i·gree, fil·a-, fil·la- /fíləgrìː/ *n* 細線(さいせん)細工, フィリグリー《金・銀・銅の細い線などを装飾的に加工して金・銀などの面に鑞付(ろうづ)けする貴金属工芸》; 精緻な透かし細工; 透かし模様; 装飾. ► *vt* 金銀線細工で飾る[にする]. ◆ **～d** *a* フィリグリーを施した. [C17 *filigreen*, *filigrane*<F *-grane*<It (L FILUM, *granum* seed)]
fil·ing[1] /fáɪlɪŋ/ *n* 《書類の》綴じ込み, ファイリング; 《書類の》提出, 申請, 申告; 提訴; *提出[申請, 申告]書類: tax ～ 納税申告. [*file*[1]]
filing[2] *n* やすりがけ, やすり仕上げ, 《鋸(のこ)の》目立て; [[u]*pl*] やすり粉, やすりくず. [*file*[3]]
fíling càbinet ファイリングキャビネット《書類整理収納用の什器》.
fíling clèrk 《事務所の》文書整理係.

fil·io·pi·etis·tic /filioupàiətístik/ *a* 過度な祖先[伝統]崇拝の. [*fili*al, *-o-*, *piety*, *-istic*]

filip ⇨ FILLIP.

fil·i·pin /fíləpən/ *n* 〔生化〕フィリピン《Philippines で発見された微生物から得た抗真菌性抗生物質》.

Fi·li·pi·nas /fi:lipí:na:s/ ■ **Re·pú·bli·ca de ～** /rɛpú:blika: ðeɪ ―́―/ フィリピン共和国《Republic of the PHILIPPINES のスペイン語名》.

Fil·i·pine /fíləpì:n/ *a* PHILIPPINE.

Fil·i·pi·no /filəpí:nou/ *n* (*fem* **Fi·li·pi·na** /-nə/; *pl* ～**s**) フィリピン人; フィリピン[フィリピノ]語 (＝*Pilipino*)《公用語としての TAGALOG の公式名》. ► *a* フィリピン(人)の. [Sp＝Philippine]

Fi·lip·po /filípou/ フィリポ《男子名》. [It; ⇨ PHILIP]

filister ⇨ FILLISTER.

fill /fíl/ *vt* **1** 満たす, いっぱいにする; …に詰める, 詰め込む; …にいっぱいに注ぐ, 盛る: ～ a box *with* books / ～ a bottle *with* water / He ～*ed* me a glass of whiskey. ウイスキーをグラスになみなみとついでくれた. **2 a** 〈場所・空間・時間を〉占める, ふさぐ; 〈音などが〉…にいっぱいに広がる: The audience ～*ed* the hall. 聴衆は会場いっぱいになった / how to ～ one's days 日々をどう過ごしたらいいか. **b** 〈心を〉満たす; (十分)満足させる; …の腹[心]を満たす: Sorrow ～*ed* her heart. 彼女の心は悲しみでいっぱいになった / The sight ～*ed* my heart *with* anger. その光景を見て怒りがこみ上げた. **c** …に多量に供給する: ～ a stream with trout 川にマスを放流する. **3 a** 〈穴・隙間などを〉うずめる, ふさぐ; 〈ページ・空白を〉埋める, 塗りつぶす; 〈歯など〉に充塡(じゅうてん)する[詰める]; 〈布地・木材・皮など〉の隙間を埋めて加工する; …にまぜ物をする, 増量剤を入れる: a ～*ed* circle 黒丸 / ～*ed* soaps. **b** …に金などを被(き)せる; 〔土木〕土盛りする. **c** 〈風が〉〈帆を〉いっぱいに張る, 〔海〕〈帆〉に風をはらませる, 《風をはらむように》〈帆桁を〉回す. **4 a** 〈空位を〉満たす, 補充する; 〈地位を〉占める; 〔野〕〈塁を〉満たす, 満塁にする. **b** 〈職務・約束などを〉果たす; 〈要求・需要などを〉満たす, …に応ずる. **c** *〈処方箋〉に従って処方薬を出す[調合する]; *〈注文〉に応ずる《注文どおりの品物を出す》. **d** 〔ポーカー〕札を引いて〈手を〉完成[よく]する. ► *vi* 満ちる, 〈場所・河川・胸・目が〉いっぱいになる 〈*with* people, tears, etc.〉; 〈帆が〉〈風を〉はらむ 〈*with* wind〉; いっぱいに注ぐ.

● **～ and stand on** 〔海〕〈帆船が〉向かい風で止まっていた後に間切る. **～ away** 〔海〕風に乗って走る, 帆桁を回して帆に風がよくあたるようにする. **～ in** (1) 〈穴・空所を〉ふさぐ, 充塡する; 〈穴などが〉ふさがる; 〈手形・文書など〉に所要の書入れをする; 〈住所・名前などを〉記入する; 〈デザインなど〉に塗り込む: ～ *in* the time ひまな[空いた]時間を埋める / *F～ in* this form, please. こちら(の書式)にお書きください / *F～ in* the blanks. 空欄を埋めなさい; «口» あとは想像にまかせる. (2) 〈…の〉代わりをする, 代理[代役]をつとめる 〈*for*〉. (3) ᴵᴵ«俗» なぐる, 痛めつける. **～ sb in** «口» 〈…について〉詳しい知識[最新の情報]を人に与える, 人に教える 〈*on, about*〉: *F～* me *in on* it. その事について詳しく教えてくれ. **～ out** (*vt*) 〈帆などを〉(十分)ふくらませる; 〈話などを〉《材料を追加して》より完全にする, …に肉付けする; 〈酒を〉なみなみとつぐ; *〈申込書・報告書などに書き入れる; 〈注文など〉の要求を満たす; *〈ある期間を〉《代行して》埋め合わせる: ～ *out* an application 申込書に必要事項を記入する. (*vi*) いっぱいになる, ふくらむ; 肥える, 肉がつく, 丸みをおびる. **～ up** (*vt*) 〈空所を〉満たす; ぎっしり詰める[ふさぐ] 〈*with*〉; 〈車を〉満タンにする 〈*with*〉; [ˢ～ *-self*] 満腹にする; 〈池などを〉埋める; 書き入れる, ᴵᴵ〈書式など〉の空所を満たす; だます: *F～* it [her] *up*! «口» 満タンにしてくれ. (*vi*) いっぱいになる, 満員になる, ふさがる 〈*with*〉; 埋まる; 満タンにする 〈*with*〉; 満腹にする 〈*on*〉; 〈海底が〉浅くなる.

► *n* **1 a** [a ～]《容器に》いっぱいの量: *a* ～ of tobacco パイプにタバコ一服. **b** [one's] 欲しいだけ, 思う存分: drink [eat, get, have, take] one'*s* ～ たらふく飲む[食う] / grumble one'*s* ～ さんざん不平を言う / have one'*s* ～ of sorrow 悲哀を十分に味わう / take [get] one'*s* ～ of rest 十分に休む / weep one'*s* ～ 存分に泣く, 心ゆくまで泣く. **2** 埋める[ふさぐ]ための材《石・土など》; 《堤などの》盛り土[石]; 〔楽〕つなぎの部分[伴奏]; [ᵒ〈*a*〉]〔写〕補助光《明暗の調節のために陰の部分に当てる照明光》.

[OE *fyllan*; cf. FULL, G *füllen*]

fillagree ⇨ FILIGREE.

fíll-dike *n* 《降雨・雪解けで》溝の水のあふれる時期《特に 二月 (February fill-dike) をいう》.

fille /fí:j(ə); *F* fij/ *n* 少女, 娘; 女中; 未婚[独身]の女; 女, 売春婦.

fil·le·beg, fil·(l)i-, phil·a-, phil·i- /fíləbèg/ *n* KILT.

fille de cham·bre /*F* fij də ʃɑ̃:br/ (*pl* **filles de cham·bre** /―/) «古» 《婦人に仕える》小間使, 侍女.

fille de joie /*F* fij də ʒwa/ (*pl* **filles de joie** /―/) 売春婦, 売笑婦. [F＝girl of pleasure]

fílled góld /fíld-/ 圧延金被覆板, 金張り (ROLLED GOLD).

fille d'hon·neur /*F* fij dɔnœ:r/ (*pl* **filles d'hon-** /―/) 《女王などの》侍女; 花嫁に付き添う若い娘.

fílled mílk 置換乳, フィルドミルク《脱脂乳に植物性脂肪を加えた牛乳》.

fíll·er[1] *n* **1 a** 満たす[詰める]人. **b** 詰込み機[具], 充塡機, 満たすのに用いる道具《じょうごなど》. **2 a** 満たす[詰める]もの, 詰め物; 《コイン蒐集などで良質の蒐集品が見つかるまでの》一時的代用品. **b** 《板穴などの》埋め木, 充塡材; 《2 材の間にはさむ》かい木, フィラー; 《塗料の》目止め(剤); 埋め金. **c** 充塡剤; 溶加材; 《量を増すための》まぜ物, 増量剤. **d** 《織物の糸と糸の間を緻密にするための》糊; 〔紙〕塡料《炭酸カルシウムなど, 不透性・平滑性・重量などを増加させるために紙に配合する鉱物質の粉末》. **e** 《新聞・雑誌の》埋め草《記事・写真》; 《時間つなぎの》短編映画, 小曲. **f** つなぎ語《会話で間投詞的に使われるあまり意味のない語句; 'you know' 'I mean' 'Well' など》. **g** 《葉巻・紙巻きタバコの》芯葉, 充塡葉, 中身 (cf. WRAPPER); 《ルーズリーフなどの》替え用紙. **h** 〔建〕《大梁の上の》小さな梁(はり), 桁. **3** 〔通信〕テレビ・ラジオのサービスエリアをカバーするための小さな送信所.

fil·ler[2], **fil·lér** /fílɛər/ *n* (*pl* ～**s**, ～) フィレル《ハンガリーの通貨単位: ＝1/100 forint》; 1 フィレル銅貨. [Hung]

fíller càpᴵᴵ 〔車・空〕フィラーキャップ《燃料[ガソリン, エンジンオイル] 注入口のふた》.

fíller mètal 〔溶接〕溶加材.

fillester ⇨ FILLISTER.

fil·let /fílət/ *n* **1 a** /, *fɪléɪ, *―́―/ 〔料理〕ヒレ(肉)《骨なしの切り身; 牛・豚では柔らかい腰肉, 羊では腿(もも)の厚肉》, 《魚の三枚におろした》切り身, 《鶏の》胸肉, 手羽先. **b** [*pl*] 《馬などの》腰部. **c** 〔機・溶接〕隅肉(すみにく)《工具の鉤(かぎ)形に曲がった部分の内側の, 股(また)部材の支線に溶着された肉盛り部》; 〔空〕フィレット《翼と胴体間などの整形部材》. **2 a** 細長いひも, 髪ひも, リボン, ヘアバンド; 《ひも状の》帯. **b** 《木材・金属などの》条片. **c** 〔解〕《帯状の》繊維束, 《特に》毛帯. **d** 《砲口などの》環状帯; 〔紋〕盾形の下部横線帯; 〔製本〕《表紙の》筋線(すじせん); 筋線をつける道具, 筋車(すじぐるま). **e** 〔建〕《2 つの繰形(くりかた)の間の》平縁(ひらぶち), 幕面 (＝*listel*); 《円柱の溝と溝の間の》あぜ, 円縁; 《石材の隙間の》目つぶし. ► *vt* **1** /, *fɪléɪ, *―́―/ 〔料理〕〈魚を〉三枚におろす, …からヒレ肉を取る. **2** リボンなどで巻く, 〈頭髪を〉ひもでくくる; 〔製本〕…に輪郭線をつける. [OF＜L (dim) ＜FILUM]

fíllet·ing *n* FILLETS (材料); 〔建〕拓(つ)り掛け《雨押えのしっくいや石膏》.

fíllet stèak 牛ヒレ肉 (fillet)《サーロイン (sirloin) の下部》.

fíllet wèld 〔機〕隅肉溶接.

fíll flàsh 〔写〕フィルフラッシュ《明るい日光によってできる濃い陰影を取り除くための強制発光》.

fillibeg ⇨ FILLEBEG.

fíll-ìn *n* **1** 代理, 代役, 補欠, 空席を満たす人; 代用品, 埋め草. **2** 《書式などの》記入, 書込み; *«口» 概要説明[報告]. ► *a* 一時的な〈仕事〉.

fíll·ing *n* **1** 満たすこと, 詰めること, 充塡; 〔医〕充塡術; 《生地の》おもめづけ, フィリング; 〔紡〕切綿(きれわた). **2** 《パイ・サンドイッチなどの》中身, あん, 具; 詰め物, 充塡物, 《クッションなどの》中綿; 《歯科の》充塡材; 《織物の》横糸 (woof); 《道路・土手の》盛り土. ► *a* 満腹にさせる, 腹を満たす: cheap and ～ dishes.

fílling knìtting 横編み (weft knitting).

fílling stàtion ガソリンスタンド, 給油所 (＝*service station*) (gas station*, petrol stationᴵᴵ); *«俗» 小さな町; *«黒人俗» 酒屋.

fíll-ìn lìght FILL LIGHT.

fil·lip, fil·ip /fíləp/ *vt* 指ではじく; はじき飛ばす; コツンと打つ; 刺激する, 刺激して喚起する: ～ one's memory 記憶を促す. ► *vi* 指をはじく. ► *n* 指ではじくこと; 軽くたたくこと; 軽い刺激, 励まし, 元気づけ; つけたし, 飾り; 意外な展開: make a ～ 指先ではじく / give a ～ to…に刺激を与える; 向上させる, 高める. [imit]

fil·li·peen /filəpí:n, ―́―̀―/ *n* PHILOPENA.

fil·lis /fíləs/ *n* 〔園〕《麻などの》ゆるめの撚(よ)りひも.

fil·lis·ter, fil·is-, fil·les- /fíləstər/ *n* 〔木工〕えぐりかんな (＝～ **plàne**)《溝つけ用》; 《窓サッシの桟の》えぐり(溝).

fíllister hèad [scrèwhead] 《ねじの》丸平頭《溝つき頭》.

fíll lìght 〔写・映〕補助光《主照明によってできた影を除去したりやわらかくする照明》.

fíll-mìll *n* *«俗» 飲み屋, 酒場, バー.

Fill·more /fílmɔ̀:r/ フィルモア **Millard** ～ (1800–74)《米国第 13 代大統領 (1850–53); ホイッグ党》.

fil·lo /fí:lou, fáɪ-/ *n* (*pl* ～**s**) PHYLLO.

fíll-or-kíll òrder 〔証券〕即時執行注文, フィルオアキル オーダー (＝**fíll or kíll**)《即時実行できなければ自動的に取消しとなる売買の注文; 略 f.o.k.》.

fíll-ùp *n* FILL up すること[もの], 《車を》満タンにすること.

fil·ly /fíli/ *n* 《通例 4 歳未満の》雌の子馬 (cf. COLT); «古風口» 女の子, 若い女, (元気のいい)娘. [? ON *fylja*; cf. FOAL]

film /fílm/ *n* **1** 薄皮, 薄膜; 薄い層; 薄葉; 《表面に生じた》被膜; 薄い雲母板; 《プラスチックなどの》薄く透明なシート, 包装用フィルム, ラップ. **2 a** 〔写〕フィルム, 感光膜, 乾板; 映画用[シネ]フィルム. **b** 映画 (motion picture); [*pl*] 映画産業: a silent ～ 無声映画 / SOUND FILM / a ～ actor 映画俳優 / shoot [take, make] a ～ 映画を撮影する / make a novel into a ～ 小説を映画化する. **3** 目のかすみ, 曇り, 混濁; 薄がすみ, もや. **4** 《くもの糸様の》細い糸; 細い糸の網. ► *vt* 薄皮でおおう; 〔写〕フィルムに写す[撮る]; 〔映〕撮影する; 〈小説など〉映画化する. ► *vi* 薄皮でおおわれる; 薄膜が張る, 薄膜を生ずる 〈*over*〉; かすむ, ぼやける; 映画を作る; 〈人・作品が〉映画[写真]撮影に適する: ～ well [ill] 映画に向く[向かない]. ♦ **～·able** *a* 〈小説など〉映画化できる, 映画向きの. **～·less** *a* フィルムの要らない[を使わない]〈カメラなど〉. **～·er** *n* [OE *filmen* membrane; cf. FELL[5]]

fílm bàdge フィルムバッジ《放射線被曝量の検知に用いられるフィルムのはいったバッジ》.

fílm·càrd *n* MICROFICHE.

fílm clìp 〖テレビ〗フィルムクリップ, フィルムインサート.

fílm còlor 〖心〗面色, フィルムカラー《特定の表面に定位されずに感知される漠たる色の広がり; たとえば青空の色》; やわらかな色調の広がり.

fílm·dom *n* 映画界[産業]; 映画界の人びと, 映画人.

fílm fèstival 映画祭.

fílm·gò·er *n* よく映画を見に行く人, 映画ファン.

fil·mi /fílmi/ *n* 〖映〗フィルミー《インド映画に使われる音楽》. ► *a* インド映画(産業)の, ボリウッド (Bollywood) の; 《インド映画特有の》劇的高揚場面を含む.

fílm·ic *a* 《描写·展開などが》映画の(ような). ♦ **-i·cal·ly** *adv*

fílm·ing *n* 映画撮影, 映画制作.

fílm·ìze *vt* 映画化する (cinematize). ♦ **fìlm·izátion** *n* 映画化(による作品).

fílm·lànd *n* FILMDOM.

fílm·let *n* 短編映画, 小映画《8 ミリなどの》.

fílm lìbrary フィルムライブラリー《映画·スライド·マイクロフィルムなど各種フィルムを収蔵して一般の利用に供する一種の図書館》.

fílm·màker *n* 《全権をもつ》映画制作者 (moviemaker).

fílm·màking *n* 映画制作, 映画作り.

film noir /fílm nwá:r/ 〖映〗フィルムノワール《暗鬱な犯罪映画》. [F=black film]

film·og·ra·phy /fɪlmágrəfi/ *n* 〖映〗フィルモグラフィー《1) 特定の映画作家[俳優, 主題]の全作品系列リスト 2) 映画に関する著作 3) 特定の俳優[監督]の映画についての本[論文]》.

fílm pàck 〖写〗パック入りフィルム, フィルムパック.

film première /―́ ―́/ 《新作映画の》プレミアショー.

fílm ràting 〖映〗観客年齢制限(表示) (⇨ RATING).

fílm recòrder 映画用録音機.

fílm·scrìpt *n* 映画脚本, シナリオ (screenplay).

fílm·sèt *a*‖〖印〗写真植字の. ► *vt*‖〖印〗写真植字する. ♦ **-sètter** *n*

fílm·sètting‖ *n* 〖印〗写真植字 (photocomposition).

fílm·slìde *n* スライド《映写用》.

fílm spèed 〖写〗フィルム感度; 〖映〗《撮影カメラまたは映写機の》フィルム速度.

fílm stàr‖ 映画スター (movie star*).

fílm stòck 未使用の映画フィルム.

fílm·strìp *n* フィルムストリップ (=*slidefilm, stripfilm*)《一コマずつ見せるための映写用フィルム》; 《情報提供のための》短編映画.

fílm tèst 《映画俳優の志願者の》画面審査.

fílm thèatre‖ 映画館.

fílmy *a* 薄皮状の, 薄膜性[状]の; 〈布地などが〉透けて見えるほど薄い, 繊維[薄物]のような; 薄皮[薄膜]でおおわれた; 薄もやのような, かすんだ: ～ ice 薄氷. ♦ **fílm·i·ly** *adv* **-i·ness** *n*

fílmy férn 〖植〗コケシノブ科のシダ《総称》.

fi·lo /fí:lou/ *n* (*pl* ～**s**) PHYLLO.

filo- /fílou, -lə/ ⇨ FILI-.

FILO 〖電算〗first in, last out 先入れ後出し(法), ファイロ《最初に入れたデータが最後に取り出される方式のデータの格納法; ⇨ LIFO, STACK》.

Fil·o·fax /fáɪloufæks/ 〖商標〗ファイロファックス《ルーズリーフ式のシステム手帳》.

filo·plume /fíləplù:m, fáɪ-/ *n* 〖鳥〗毛状羽(う), 糸状羽《羽軸だけあって羽枝をほとんど欠く羽毛》.

fil·o·po·di·um /fìləpóudiəm/ *n* (*pl* **-dia** /-diə/) 〖生〗糸状仮足.

fi·lose /fáɪlòus/ *a* 糸状の; 先端が糸状の.

fil·o·selle /fìləsél, -zél, ―́―̀―́/ *n* かま糸.

fí·lo·vìrus /fáɪlou-/ *n* フィロウイルス《主に繊維状の一本鎖マイナス RNA を有するフィロウイルス科 (F-) のウイルス; エボラウイルスとマールブルグウイルスがこれに含まれる》.

fils[1] /F fis/ *n* 息子《フランス人の固有名のあとに付けて父親と区別する; opp. *père*, cf. JUNIOR》: Dumas ～ 小デュマ. [F=son]

fils[2] /fíls/ *n* (*pl* ～) フィルス《1) ヨルダン·クウェート·イラク·バーレーンの通貨単位: =1/1000 dinar 2) アラブ首長国連邦の通貨単位: =1/100 dirham 3) イエメンの通貨単位: =1/100 rial》. [Arab]

fil·ter /fíltər/ *n* **1** 濾過器[装置], 濾過板, 水こし, 濾紙, 《タバコの》フィルター; 〖写·光〗フィルター, 濾光器; 〖理〗濾波器, フィルター. **2** 濾過用多孔性物質, 濾(過)材《布·木炭·砂利など》. **3** «口» フィルター(付き)タバコ. **4**‖《交差点で左折または右折を許可する》矢印[補助]信号; 分流車線. **5** 〖電算〗フィルター《1) 入力を加工して出力するプログラム[ルーチン] 2) データを選別するためのパターン》. ► *vt* 濾過する, こす; 〈不純物·固体物などを〉濾過して[フィルターで]取り除く[分離する]〈*out*〉; 《不適切な候補などを》ふるい落とす, 除外する〈*out*〉. ► *vi* **1** 濾過される. **2** 徐々に移動する[来る, 行く, はいる, 出る], 浸透する〈*through, in, into, out*〉; 〈光·音など〉漏れてくる〈*in, into, through*〉, 〈知らせ·うわさが〉だんだん知られてくる〈*through, out, back*〉. **3**‖《交差点で》〈交通が〉分流する《信号に従って, 直進はストップしたまま左折または右折だけが流れる》. ♦ **～·er** *n* [F, <Gmc; ⇨ FELT[2]; もと felt 製であったため]

fílter·able, fil·tra·ble /fílt(ə)rəb(ə)l/ *a* 濾過できる; 濾過性の. ♦ **filter·abílity** *n*

fílterable vírus 濾過性ウイルス[病原体].

fílter bèd 《水処理用の》濾床, 濾過池, 濾水タンク.

fílter càke 濾過ケーク《濾過器に残った固体物; 特にサトウキビの搾液を濾過して分離した肥料用の不純物》.

fílter cènter 《防空情報を選別伝送する》対空情報本部[検査所].

fílter cigarètte フィルター(付き)タバコ.

fílter clòth 濾布(ろふ).

fílter còffee フィルターを使っていれたコーヒー.

fílter fàctor 〖写〗フィルター係数《フィルター使用時の露光倍数》.

fílter fèeder 〖動〗濾過摂食者《水中の微生物などを体の一部を濾過器として摂取する動物》. ♦ **fílter fèeding** *n*

fílter fùnnel 濾過用漏斗.

fílter pàper 濾紙(ろし).

fílter prèss 圧搾濾過器, 圧濾器, フィルタープレス《一連の濾室に原液を圧送する加圧濾過装置; 工業的に汎用される》.

fílter pùmp 濾過ポンプ.

fílter tìp 《タバコの》フィルター; フィルター付きタバコ. ♦ **fílter-típ(ped)** *a* 〈タバコが〉フィルター付きの.

filth /fílθ/ *n* 汚物, 不潔なもの, 芥(あくた), 汚穢(おわい); 不潔, 不浄; 卑猥(なことば), 悪態, みだらな考え[思い]; 堕落, 腐敗; ‖«方» 悪党, ならず者, 売春婦; 雑草; [[°]the]‖«俗» 警察, サツ, デカ. [OE *fȳlth*; ⇨ FOUL]

fílth·bàg *n**«俗» 見下げはてたやつ, いやな野郎.

filthy /fílθi/ *a* 不潔な, よごれた, きたない, きたならしい; 不浄の, 汚らわしい, 醜悪な; みだらな, 卑猥な (obscene); 堕落した, 不道徳な, 卑劣な; ‖«口» 実にいやな, 大荒れの〈天気〉; *«口» どっさりもっている〈*with* money〉; *«俗» かっこいい. ► *adv* «口» 非常に, とても: ～ rich [dirty]. ► *n* [the]*«俗» 金(かね). ♦ **fílth·i·ly** *adv* きたならしく, 不潔に; 汚らわしく. **-i·ness** *n*

fílthy lúcre «口» 《不浄の》金, 悪銭, 不正所得《*1 Tim* 3: 3, *Titus* 1: 11》; [*joc*] 金(かね).

filtrable ⇨ FILTERABLE.

fil·trate /fíltreɪt/ *vt, vi* 濾過する. ► *n* 濾過されたもの; 濾過水, 濾液.

fil·tra·tion /fɪltréɪʃ(ə)n/ *n* 濾過(法), 濾過作用; 浸透, 拡散: a ～ plant 浄水場.

fi·lum /fáɪləm/ *n* (*pl* **-la** /-lə/) 繊条[糸状]組織, 繊条, …糸(し), フィラメント. [L=thread]

fim·ble /fímb(ə)l/, **fímble hèmp** *n* 〖植〗雄麻(おあさ); 雄麻の繊維.

fim·bria /fímbriə/ *n* (*pl* **-bri·ae** /-briì:, -briàɪ/) [*pl*] 〖動·植〗ふさ状へり, 襞(ひだ)状の突起, (長)毛縁(ちょうもうえん), 〖解〗《特にファロピーオ管先端の》ふさ(采), フィムブリエ. ♦ **fím·bri·al** *a* [L=fringe]

fim·bri·ate /fímbrièɪt, -ət/, **-at·ed** /-èɪtəd/ *a* 〖動·植〗ふさ状に深く裂けた, (長)毛縁のある; 〖紋〗《異色の》細い帯状の線で縁取られている. ♦ **fìm·bri·á·tion** *n*

fim·bril·late /fímbrəlèɪt, -lət, fɪmbrílət/ *a* 〖動·植〗小毛縁のある.

fi·mic·o·lous /faɪmíkələs, fə-/ *a* 〖生〗糞の上[中]に生活する[生じる], 糞生の. [L *fimus* dung, *-colous*]

fin[1] /fín/ *n* **1** 《水生動物の》ひれ (鰭): DORSAL [PECTORAL, VENTRAL] FIN. **2** ひれ状のもの: **a** 〖空〗垂直安定板 (vertical stabilizer), フィン, 《ロケットの》尾翼; 〖海〗水平舵; 〖海〗FIN KEEL; 《レーシングカーの》水平翼, フィン. **b** 〖鋳〗鋳ばり; 〖機〗《暖房器·冷却器·空冷機関などの》フィン, ひれ, 《機械の》ひれ状部, フェザーキー. **c** [[°]*pl*] 《スキンダイビングの》フィン (flipper); «俗» 手, 腕; *«俗» 頭: Tip [Give] us your ～. さあ手を出したまえ《握手だ》. ● **～, fur, and feather(s)** 魚類, 獣類および鳥類. ► *v* (**-nn-**) *vi* ひれを(激しく)動かす; 〈魚が〉水面上にひれを見せる; ひれを動かして泳ぐ, 〈人が〉あおむけの姿勢で手首から先だけを動かして泳ぐ. ► *vt* 〈魚〉のひれを切り落とす; 〖機〗…にフィン[ひれ]を取り付ける. ♦ **～·less** *a* **～·lìke** *a* [OE *fin(n)*; cf. L *pinna* wing]

fin[2] «俗» *n*‖FINNIP; *5 ドル(札) (five-spot, fiver). [Yid *fin(e)f* five]

fin. °ad finem ♦ finance ♦ financial ♦ finish.

Fin. Finland ♦ Finnish.

fin·able[1], **fine-** /fáɪnəb(ə)l/ *a* 科料[罰金] (fine) に処せられる, 罰金の対象となる.

finable[2] *a* 清くできる, 洗練しうる. [*fine*[1]]

fi·na·gle, -gel /fənéɪg(ə)l/ «口» *vt* うまく工面する; ごまかして手に入れる, だましてせしめる. ► *vi* 小細工をする, ごまかす. ♦ **fi·ná·gler** *n* 小細工をする人, 詐欺師, 策士. [*fainaigue* (dial) to cheat]

finágle fàctor *«俗» FINK'S CONSTANT.

fi·nal /fáɪn(ə)l/ *a* **1** 最終の, 最後の, これを限りの; 決定[最終]的な;

〖法〗最終(審)の, 終局の; 〖音〗語[音節]の最後にくる; 〖楽〗完全な: the ~ aim 究極目的 / the ~ ballot 決選投票 / a ~ contest [game] 決勝戦 / the ~ round《競技試合の》最終回, 決勝 / a ~ judgment 終局判決 / get the ~ word《議論などで》決定的な発言をする, 最終的な意見を述べる / one ~ word [thing] 最後に一言[一つだけ]. **2**〖文法〗目的を表わす: a ~ clause 目的節《例 We eat (*in order*) *that we may live*.》. ► *n* 最終のもの; 語の最終文字[音]; 《新聞のその日の》最終版; [ᵘ*pl*]《大学などの》最終[*期末]試験 (cf. MIDYEAR, MIDTERM); [ᵘ*pl*]《競技会・コンクールの》決勝(戦[試合]), 本選, ファイナル (cf. SEMIFINAL); 〖楽〗《教会旋法の》終止音, フィナリス: run [play] in the ~*s* 決勝に残って競走[競技]する. [OF or L; ⇨ FINIS]

fínal cáuse〖哲〗目的因, 究竟(くきょう)因《Aristotle の運動の四原因の一つで, 一般に善とされる; ⇨ FORMAL CAUSE》.

fínal cúrtain [the] 終演; 《人生の》最期, 死.

fínal cút〖映〗《撮影フィルムの》最終編集版.

fínal destinátion《旅行の》最終目的地.

fínal dríve〖車〗最終駆動装置, 終減速機.

fi·nale /fənǽli, fɪnáː-; fɪnáː-/ *n*〖楽〗フィナーレ《終楽章; またオペラの各幕の最終場面の音楽》; 〖劇〗最後の幕, 大詰め; 終局; 大団円. [It FINAL]

fínal-fínal *n**《俗》《酒の》最後の最後の一杯.

fínal·ìsm *n*〖哲〗目的因論. ♦ **fi·nal·ís·tic** *a*

fínal·ist *n* 決勝戦[本選]出場選手, 最終選考に残った者, ファイナリスト; ″《大学の》最終試験受験者; 〖哲〗目的因論[信奉]者. ► *a*〖哲〗目的論(上)の (teleological).

fi·nal·i·ty /faɪnǽləti, fə-/ *n* 最後[最終的]であること; 結末, 決着; 最終的なもの, 最後の言行, 究極; 〖哲〗究竟(くきょう)性, 究極性, 合目的性: with an air of ~ 最終[決定]的態度で / speak with ~ きっぱりと言う, 断言する.

fínal·ìze *vt, vi* 決定的にする, 仕上げる, 完成させる; …に結末をつける; 最終的に承認する. ♦ **fìnal·izátion** *n*

fínal·ly *adv* 最後に, 終わりにあたって, ついに, ようやく, 結局; 最終[決定]的に.

fínal sálary schème″ 最終給与方式《給付額を雇用期間と退職時の給与額に基づいて決定する年金制度》.

fínal solútion [the, ᵒthe F- S-] 最終的解決《ナチスの欧州ユダヤ人絶滅計画》; 集団虐殺, 民族抹殺. [G *Endlösung* の訳]

fínal stráw [the] LAST STRAW.

fi·nance /fənǽns, fáɪnæns, faɪnǽns/ *n* **1** 財務, 財政, 金融; 財政学: public ~《国・地方公共団体などの》財政 / the Minister [Ministry] of *F*~ 財務大臣[財務省]: raise [obtain] ~ 資金を集める[調達する]. **2** 資金; [*pl*] 財源, 財力; 資金調達, 融資; 財源確保: ~ rates ローンの金利 / PERSONAL FINANCE. ► *vt* …の資金を調達する[供給する, 賄う]; …に金を融通する, 融資する, 〖商〗…に商品を掛け売り[信用売り]する: ~ a project 計画に資金手当をする / ~ an enterprise 企業に融資する / ~ a son *through* college 息子に大学の学資を出して卒業させる. ► *vi* 資金を調達する. [OF (*finer* to settle debt < FINE²)]

fínance bìll 財政法案; *金融手形.

fínance còmpany 金融会社, ファイナンスカンパニー《銀行借入れなどで調達した資金で個人・企業に融資する会社; 個人金融, 耐久消費財割賦払い手形の買取りによる販売金融, 企業に対する売掛債権担保や在庫担保の金融が主要分野》; ″割賦金融会社 (finance house).

fínance dirèctor″《会社の》財務担当役員, 最高財務責任者, 財務(担当)部長.

fínance hòuse″ 割賦金融会社, 金融会社, ファイナンスハウス (＝*finance company*)《商品の売手に支払った代金を買手から分割払いで回収する会社; 他の金融分野の会社を意味することもある》.

fi·nan·cial /fənǽnʃ(ə)l, faɪ-/ *a* **1** 財政上の, 財務の; 金融[金銭]上の, 経済的な; 金融関係者の: a ~ ability 財力 / ~ adjustment 財政整理 / a ~ adviser ファイナンシャルアドバイザー / ~ circles [community]＝the ~ world 金融界, 財界 / a ~ crisis 金融危機 / ~ difficulties 財政的困難 / a ~ district 金融の中心地, 金融街 / a ~ institution 金融機関 / ~ resources 財源 / ~ inequity 経済的不平等. **2**《クラブ・組合などの》会費を払う〈会員〉(cf. HONORARY). **3**《豪口》金をもっている. ♦ **~·ly** *adv* 財政的に, 金融上, 資金的に.

fináncial accóunting〖会計〗財務会計, 外部報告会計《株主・債権者・政府など外部者に財務状況を知らせる財務報告書 (financial statement) を作成するための会計; management accounting (管理会計) に対する語》.

fináncial áid*《大学生に供与または貸与される》学資援助.

fináncial intermédiary〖金融〗金融仲介機関《貯蓄者から預金・債券売却代金などの形で受け入れた余剰資金を資金必要者に貸付けなどの形で供与する機関; 商業銀行・貯蓄貸付組合・信用組合・投資信託など》.

fináncial márket〖金融〗金融市場《資金の供給者と需要者を結びつけ需給関係で成立する金利を価格として資金の売買 (＝貸借) が行なわれる市場》.

fináncial plánner 個人資産運用コンサルタント, ファイナンシャルプランナー《略 FP》.

fináncial sérvices *pl* 投資情報サービス業[機関]《市場を研究して定期刊行物で投資の助言・推奨を行なう》.

fináncial státement 財務報告書, [*pl*] 財務諸表《balance sheet, income statement など》.

Fináncial Tímes [the]『ファイナンシャルタイムズ』《英国の高級経済紙; 1888 年創刊; 略 FT》.

Fínancial Tímes-Stóck Exchànge 100 Sháre Ìndex /-ˊ-ˊ-ˊ-ˊ- wʌ́n hʌ̀ndrəd -ˊ-ˊ-/, **-100 Ìndex** /-wʌ́n hʌ́ndrəd -ˊ-/〖英証券〗ファイナンシャルタイムズ 100 種総合株価指数《英国の代表的株価指数; London 証券取引所上場上位 100 銘柄の 1984 年 1 月 3 日の値を 1000 とした時価総額指数で, 株価指数先物取引などの対象を提供するために 84 年に創設された; 略称は FT-SE 100, FT-SE index ほかがあるが, 通称の Footsie で言及されることが多い》.

fináncial yéar″《企業の》会計年度; 《法人税の》課税年度《4 月 1 日から翌年の 3 月 31 日まで》; 《政府の》会計年度 (fiscal year*), 課税年度《所得税・キャピタルゲイン税・相続税の計算期間で, 国家予算の期間でもある 4 月 6 日からの 1 年》.

fin·an·cier /fìnənsí(ə)r, faɪ-; fɪnǽnsɪər, faɪ-/ *n* 財政家, 財務家, 《特に》財務官; 金融業者, 融資家. ► *vi*《しばしば 非情であこぎなやり方で》金融業を営む.

fi·nánc·ing *n* 資金調達, 資金供給, 融資, 金融; 調達金, 融資金.

fi·nas·te·ride /fənǽstəràɪd/ *n*〖薬〗フィナステリド《テストステロン還元酵素阻害薬; 良性前立腺肥大および男性型脱毛症の治療に用いる》.

fín·bàck *n*〖動〗ナガスクジラ (＝**~ whále**) (FIN WHALE).

fin·ca /fíŋkə, fíːŋ-/ *n*《スペインやスペイン語圏アメリカ諸国の》大農園, (広い)土地. [Sp]

finch /fíntʃ/ *n*〖鳥〗フィンチ《(**1**) アトリ科の小鳥の総称 **2**) アフリカ・オーストラリア産のキンパラ科の鳥の総称》. [OE *finc*; cf. G *Fink*]

Finch·ley /fíntʃli/ フィンチリー《London 北部の住宅区域; 1965 年からは BARNET の一部》.

find /fáɪnd/ *v* (**found** /fáʊnd/) *vt* **1 a** (捜して)発見する, 見つける, 見つけ出す; 《調査などをして》〈未知のこと・答などを〉見いだす: Please ~ me my overcoat. わたしのオーバーを捜してください / ~ an answer [a solution] to…の解決策を見いだす / *F*~ the cube root of 27. 27 の立方根を求めよ. **b** (捜すと)見いだせる, …がいる[ある]ことを知る: You can ~ hares [Hares are *found*] *in* the wood. 野ウサギは森に見られる / Where will I ~ you? どこに行けばあなたに会えますか / Please ~…attached. 添付の…をご覧ください (⇨ ENCLOSE). **c** (ふと)見つける, …に出会う[出くわす]: I *found* a dime in the street. 通りで 10 セント硬貨を見つけた. **d**〈待遇・歓迎などを〉受ける, …に出会う; 〈望ましいものを〉得る: ~ many readers 大勢の読者を得る. **2 a** 認める; (経験して)知る, 悟る, (試みて)わかる, 気づく, 感ずる: I *found* it difficult *to* do so.＝I *found that* it was difficult to do so. そうするのは困難だと悟った / ~ sb *out* [*in*] 人が外出している[《家・会社などに》いる]のを知る / ~ sb do*ing* 人が…しているのに気づく / They *found* the house deserted. 家には人気のないことがわかった / Columbus *found* a warm supporter *in* the Queen. コロンブスは女王という熱心な後援者を得た / How do you ~ Paris? パリの印象はいかがですか. **b**〖法〗〈陪審が評決を〉下す, 〈人〉に評決を下す: ~ sb guilty [not guilty] 人を有罪[無罪]と評決する. **3 a**〈必要なものを〉求めて得る, 〈時間などを〉見つける: ~ work [employment, a job] 仕事を見つける, 就職する / cannot ~ the money 金の工面ができない / ~ the time [courage] to do…する時間の都合をつける[勇気を出す]. **b**〈器官〉の機能を獲得[回復]する, …が使えるようになる: ~ one's SEA LEGS / ~ one's VOICE. **c**〈目標を〉見いだす, …に届く, 達する; 自然に…になる: The blow *found* his chin. その一撃は彼のあごをとらえた / ~ ingress [outlet] はいってくる[出てゆく] / Rivers ~ their way to the sea. 川の水は海へ注ぐ / Water always ~*s* its own LEVEL. **4**〈手段を〉提供する, 供給する; 《古風》〈人〉に〈衣食などを〉支給する, あてがう 〈*in*〉: all [everything] *found* ⇨ 成句 / They *found* him *in* clothes and food. 彼らが彼の衣食の世話をした. ► *vi* **1** 見つける; 見いだす: Seek, and ye shall ~.〖聖〗尋ねよ, さらば見いださん《*Matt* 7:7》. **2**〖法〗〈陪審・裁判官が〉評決[判決]を下す: ~ in sb's favor …に有利な判決を下す / The jury *found for* [*against*] the defendant. 陪審は被告に有利な[不利な]評決を下した.

● **all [everything] found**《古風》《給料以外に》食事と住居を支給されて. **be well found in**〈調度〉の設備が十分だ; 〈学問〉の素養が十分だ. **~ it in one's heart [oneself] to** do [ᵘ*neg*/*inter*; can, could と共に] …する気になる. **~ out**〈事を〉発見する; 〈…について〉事実を知る 〈*about*〉; 〈解答を〉出す, 〈なぞを〉解く; 〈人〉の罪[悪事]を看破する, …の正体を見破る, 〈犯人を〉捜し出す: Your sin will ~ you *out*. あなたたちの罪は露見するだろう《*Num* 32:23》. **~ oneself** (**1**) 自分が〈ある場所・状態に〉いるのに気がつく; 〈どんな〉ここちがする: She *found* her*self* blushing. 我知らず顔を赤らめた / How do you ~ your*self* this morning? 今朝はいかがですか. (**2**) 自分の天分などを知る, 適所を得る. (**3**) 衣食を自弁する. **~ up** 捜し出す. **speak as** one ～s《古風》《好悪は別にして》自分で見たとおりにものを言う[評する]. **take** sb [sth] **as** one **～s** him [it] ありのままに受け入れる.

► *n* **1**《財宝・鉱泉などの》発見; ‖《狩》獲物[《特に》キツネ]の発見. **2** 発見されたもの, 発見物, めっけもの, 掘出し物, 拾い物: She was the theatrical ～ of the year. 彼女はその年の演劇界にとって発見であった / a real ～ 全くの掘出し物 / have [make] a great ～ すばらしい掘出し物をする / a sure ～《捜す獲物, 特に キツネの》きっといる所; 《口》《尋ねて行けば》必ずいる人.

♦ **～·able** *a* [OE *findan*; cf. G *finden*]

fínd·er *n* **1** 発見者, 拾得(しゅうとく)者; 《税関の》密輸出入品検査係: *F~s* keepers (, losers weepers). 《諺》見つけた者が持主(, なくした者は泣きをみる), 見つけた者勝ち. **2**《カメラ・望遠鏡の》ファインダー, 《方向・距離の》探知機; 測定機. **3** *職業用の諸道具の商人 (⇨ FINDINGS). **4**《法》《商取引の》仲介者.

fínder of fáct《法》事実認定者 (trier of fact).

fínder's fèe《金融》ファインダーフィー, 仲介手数料《商取引, 特に金の貸し借りで適当な相手を見つけてくれた者に払う斡旋手数料》.

fin de siè·cle /*F* fɛ̃ də sjɛkl/ *n, a* (十九)世紀末(の); 《19 世紀末の時点で》現代的な, 当世風の; 頽廃派の. [F=end of the century]

fínd·ing *n* **1** 発見; [°*pl*] 発見物, 拾得物; 調査結果, 研究の成果, 知見; 所見: *F~'s* keeping. =Findings keepings. 《諺》見つけたものは自分のもの. **2**《法》《裁判所・陪審の》事実認定; 《陪審の》評決, 《委員会などの》答申. **3** [*pl*] *《職業用の》諸道具・材料・付属品類《靴屋では釘・靴ひも・鳩目・留め金など, 洋裁店ではボタン・糸・ジッパーなど; cf. FINDER》.

fínd·spòt *n*《考古》《遺物・埋蔵品などの》発見地(点), 出土地(点).

fínd the lády《トランプ》THREE-CARD TRICK.

fine[1] /fáɪn/ *a* **1** [°*iron*] みごとな, すばらしい, (実に)りっぱな (cf. SWEET); 優秀な, 卓抜な: a ～ specimen みごとな見本 / a ～ play ファインプレー / We have had a ～ time. 実に愉快だった / That's a ～ excuse to make. うまい[まずい]言いわけを考えたね / a ～ state of affairs いやな[とんでもない]事態 / a ～ mess ひどい混乱 / a ～ poet すぐれた詩人. **2 a** 完成[洗練]された, 申し分ない, 最高の仕上がりの; 正直で誠実な; 上品な, 高雅な; 〈人・態度など〉お上品ぶった, こうるさい; 精巧な, 入念な, 芸術的な: ～ manners 洗練された作法 / a ～ athlete [horse] 鍛え上げられた選手[馬]. **b** 雄大な, 広々とした; 大きくてりっぱな〈体など〉, 大柄の: a ～ view 壮大な眺め. **c** 天気の晴れた, 雨の降らない, 晴れ間の: ～ weather 快晴, 晴天 / It's very ～, isn't it? よいお天気ですね. **d** 健康によい; 快い, 元気で: ～ air さわやかな空気 / How are you?—Very ～, thank you. お元気ですか—ありがとう, とても元気です. **e** けっこうな, 十分な, 満足な: That's ～ with [by, for] me. わたしはそれでけっこうです. **f** 精製した, 純粋な; 純度の高い; 純度…の: ～ gold [silver] 純金[銀] / 18 carats ～ 18 金の / ～ sugar 精製糖. **3 a** 細い, ほっそりした; (粒子の)細かい (opp. *coarse*), ごく小さな; 《印》細かい字で印刷された; 《織り目などの》細かい, 緻密な; 薄い; 希薄な: ～ wire 細い針金 / a ～ line《製図の》細線 / ～ dust [powder] 細塵[細粉] / ～ rain [snow] こぬか雨[粉雪] / a ～ skin きめの細かな皮膚 / ～ gas 薄いガス. **b** 先のとがった; 細字用の; 鋭い: a ～ edge [point] 鋭い刃[切っ先]. **4** 鋭敏な; 繊細な, 微妙な, 細やかな, デリケートな: a ～ ear さとい耳 / ～ [*finer*] details [points] 詳細 / make a ～ distinction 微細な区別をする / a ～ line 微妙な区別 〈*between*〉 / a ～ sense of humor ユーモアを解する繊細な心. **5** 美しい; 服装のりっぱな; 美貌の, 端麗な; 派手な, けばけばしい; ひどく凝った; *《俗》魅力的な, セクシーな: a ～ young man ハンサムな若者 / ～ features 目鼻などが小作りで整った顔だち / ～ writing 美文. **6**《クリケット》〈守備位置が〉ウィケットの斜め後方の. ● ALL **very ～ (and large [dandy])**. **～ and**… とても…で: He'll be ～ *and* glad. とても喜ぶでしょう. **～ and dandy**《口》[°*iron*] まことにけっこうで (nice), よい (good), 元気で; ‖《韻俗》ブランデー (brandy). **a ～ gentleman [lady]** りっぱな紳士[淑女]; [*iron*] お上品な紳士[淑女]. **～ thing** [〈*int*〉] やれやれ, いやだな, やりきれん, あきれたな, いやはや. **not to put too ～ a point [an edge] on it** あけすけに[単刀直入に, 露骨に]言えば. **one [some] ～ day [morning]**《天候とは無関係に》ある日[朝], いつか. **one of these ～** DAYS. **say ～ things** お世辞を言う 〈*about*〉. **one's finer feelings** 高潔な感情[気持], 良心, 仏心. **one's finest hour** 最高の時, 全盛期, 黄金時代《Dunkirk 撤退をたたえた Sir Winston Churchill のことばから》. **the finer points (of…)**(…についての)より微妙な[細かな]点, (詳しい)専門的知識.

► *n* **1** 晴天: get home in the ～ 晴れ間に帰宅する. **2** [*pl*] 微粒子, 《紙》微細繊維. ● RAIN **or ～**.

► *adv* **1**《口》りっぱに, みごとに, よく, うまく, ちゃんと: talk ～ うまいことを言う / It'll do you ～. それで十分あなたの役に立ちましょう / It worked ～. *《口》それはうまくいった. **2 a** 微細に. **b**《玉突》手球が的球をかすするように. **3**《クリケット》ウィケットの斜め後方に. ● **cut it ～**《口》きちんと区別する. **cut [run] it ～ =cut things ～**《時間・空間などの》余裕をみない, ぎりぎりを見込む.

► *vt, vi* **1** 細かくする, こまやかにする, 細かになる. **2**《玉突》的球をかすするように〈手球を〉突く. **3**〈ビール・ワインを〉清澄させる, ファイニングする 〈*down*〉; 清澄になる. **4**《豪口》〈天気が〉晴れる, 好転する 〈*up*〉. ● **～ away [down]** だんだん細く[細かに, きれいに, 純良に]なる[する]; だんだん小さくなる, 減少させる, 縮小する; 消えてなくなる.

[OF *fin* (L *finio* to FINISH)]

fine[2] *n* 罰金, 科料; 《借地人が借地契約(の更新)時に払う》権利金; 《史》封建的土地保有者負担金; 《英法》和解譲渡《擬制的訴訟と和解を用いた土地譲渡; 英国では; 1833 年廃止》; 《古》罰; 《古》終わり, 結論. ● **in ～** 最後に, 結局; 要するに. ► *vt* 〈人〉に罰金を科する, 科料に処する 〈*for* speeding〉; 罰金として払う. [F *fin* settlement of dispute; ⇨ FINIS]

fi·ne[3] /fíːneɪ/ *n*《楽》フィーネ《楽曲の終止》. [It=end]

fine[4] /*F* fin/ *n* 高級フランス産ブランデー; FINE CHAMPAGNE. [F=fine]

fineable ⇨ FINABLE[1].

fíne ággregate《土木》細骨材《ほぼ 3/16 インチ以下》.

fíne árt [°the ～s] 美術, 芸術《絵画・彫刻・建築・文学・音楽など》; 美術品; 《広く》高度の技術(を要すること), 洗練されたテクニック, 名人芸: the ～ of argumentation. ● **have [get]…down to a ～**《長年の修練により》ほとんど芸術的に…をこなせる.

fíne bóat ‖《ボート》SHELL.

fine cham·pagne /*F* fin ʃɑ̃paɲ/ フィーヌ・シャンパーニュ《フランス Charente 県の Grande Champagne, Petite Champagne 両地方産の高級ブランデー》.

fíne chémical 精製化学製品, 精薬品《医薬・香料など少量で取り扱われる高純度の化学薬品; cf. HEAVY CHEMICAL》.

fíne-cómb *vt* くまなく捜す.

fíne-cút *a* 〈タバコなど〉細刻みの (opp. *rough-cut*).

fíne cút 細刻みのタバコ.

fíne-dráw *vt* 縫い目の見えないように縫い合わせる, かけはぎする, 手際よく繕う; 〈金属・針金などを〉細く引き伸ばす.

fíne-dráwn *a* 〈ほころびなど〉かけはぎした; きわめて細く引き伸ばした〈針金〉; 〈議論など〉精細をきわめた; (練習で)体重を落とした〈競技者〉; 繊細な, 洗練された.

Fí·ne Gáel /fínə-/ 統一アイルランド党《アイルランド共和国の二大政党の一つ》. [IrGael *fine* tribe, race]

fíne-gráin *a*《写》微粒子の〈画像・現像液・乳剤〉.

fíne-gráined *a* きめの細かい; 《写》FINE-GRAIN.

fíne lég《クリケット》ファインレッグ《ウィケットの後方レッグサイドの守備位置[野手]》.

fíne·ly *adv* **1 a** りっぱに, みごとに, 美しく, 堂々と, きれいに. **b** 大いに, 実に (really). **2** 微細に; 細かく〈刻む〉, 精細に; 繊細に; 精巧に; 微妙に: ～ balanced [poised] 均衡していて予断を許さないほど.

fi·nem re·spi·ce /fíːnèm réɪspɪkè/ 終わりを考慮せよ. [L=consider the end]

fíne·ness *n* **1 a**《形状などの》りっぱさ, みごとさ, 美しさ; 《品質の》優良, 上品さ. **b**《合金中の金銀の》純度, 公差. **2 a** 細かさ, 細さ, 粉末度; 《紡》繊度《繊維の太さ》. **b**《精神・知能などの》繊細, 明敏さ, 鋭敏さ, 微妙さ; 詳しさ, 精細, 精密さ.

fíneness ràtio《空・宇》長短比, 細長比《航空機の胴体やロケットなど流線形の物体の長さと最大直径の比》; 《ロケット》ロケット[ミサイル]の平均直径と長さの比 (aspect ratio).

fíne print 細字部分 (=*small print*)《契約書などで本文より小さい文字で印刷された注意事項》; 《主に米》《契約などで》隠された不利な条件.

fin·ery[1] /fáɪn(ə)ri/ *n* 美服, 晴れ着, 美装, 美しい装飾品; 《まれ》りっぱさ, 華美: in one's best ～ 美装を凝らして. [*bravery* などの類推で *fine*[1] より]

finery[2] *n*《冶》精錬炉, 精錬所 (refinery).

fines herbes /fíːn(z) ɛ́ərb; *F* finzɛrb/ *pl*《料理》フィーヌゼルブ《スープ・オムレツなどに香味を添えるための細かく刻んだパセリ・アサツキなど》. [F=fine herbs]

fíne·spún *a* (極度に)細く紡いだ; 繊細な, きゃしゃな; 〈学説・議論など〉細かすぎる, あまりに精細な.

fi·nesse /fənés/ *n* **1** 優雅, 上品; 巧妙な処理, 精巧なできばえ, 技巧, 腕のさえ, 手腕; 術策, 策略: the ～ of love 恋の技巧, 手練手管. **2**《トランプ》フィネッス《ブリッジで高位の札を残しておいて低位の札で場札を取ろうとすること》. ► *vt* 巧みになし遂げる[避ける]; *《俗》〈人を〉だます, 巧みに出し抜く, …の裏をかく; 《トランプ》フィネッスのために〈札を〉出す. ► *vi*《トランプ》フィネッスをする 〈*for, against*〉. [F; ⇨ FINE[1]]

fin·est /fáɪnəst/ *n* [the, 〈*pl*〉] *《口》警察, 警官たち: Chicago's ～ / the city's ～.

fíne strùcture《生・理》《生物体の顕微鏡的な, また スペクトル線の》微細構造. ♦ **fíne strùctural** *a*

fíne-tòoth-cómb *vt* 徹底的[入念]に調査[吟味]する, 精査する.

fíne-tòoth(ed) cómb 目の詰んだ櫛; [*fig*] 徹底的[入念]に調査吟味する態度[制度]. ● **go over [through] with a ～** しらみつぶしに調査する, 徹底的に捜査[チェック]する.

fíne-túne *vt* 〈ラジオ・テレビなどを〉微調整する; [*fig*] 〈経済を〉微調整する. ♦ **fíne-túning** *n* 微調整.

fín·fish *n* 《shellfish に対して》魚.

fín·fòot *n* (*pl* **~s**) 〘鳥〙ヒレアシ (sun-grebe).

fín-fóot·ed *a* 〘鳥〙ひれあしをもった.

Fín·gal's Cáve /fíŋɡəlz-/ **1** フィンガルの洞窟《スコットランド西部 Hebrides 諸島の Staffa 島にある; 奥行 69 m, 高さ 36 m, 幅 13 m》. **2**『フィンガルの洞窟』《Mendelssohn 作曲の演奏会用序曲 (1830)》.

fin·ger /fíŋɡər/ *n* **1 a** 手の指《通例 親指以外の 4 指の一本; cf. THUMB, TOE; DIGITAL *a*》; [*pl*]《仕事をする》手;《手袋の》指: the first [index] ~ 人差し指 (forefinger) / the second [middle] ~ 中指 / the third [ring] ~ 薬指 / the fourth [little] ~ 小指 (pinkie) / He has more wit in his little ~ than in your whole body. すばらしい知恵者だ / *F~s* were made before forks.《諺》指はフォークより前からあるさ《指で物を食べるときの言いわけの文句》. **b** 指状のもの;《菓子などの》指形小片; ふさになったバナナの一本, 果指;《機械などの》指状突起; 指示物,《時計などの》指針 (pointer); フィンガー《空港[港]の細長い乗降・送迎デッキ[桟橋]》. **2** 指幅 (=*fingerbreadth, digit*)《グラスのウイスキーなどを計る単位: 約 3/4 インチ》, グラスに注いだ指幅分の酒 (: two [three] ~*s*); 中指の長さ《約 $4^1/_2$ インチ》. **3**《俗》密告者 (finger man), 警官, スリ; *《俗》盗む目標を実行犯に指示する者; [the]*《俗》殺す相手[盗む目標, 指名手配犯 など]の指示[指摘]; [*pl*]*《俗》盗品の 10 パーセント(の取り分); [*pl*]*《俗》《ジャズの》ピアニスト. **4** [the]*《俗》中指を立てる卑猥な侮蔑のしぐさ (bird): give sb the ~ ⇨ 成句.

● **burn** one**'s ~s**=**get** one**'s ~s burned** [**burnt**] (手出しをして)やけどをする, ひどいめにあう, 痛いめをみる. **by a ~'s breadth** ほんのわずかの差で, あやうく. **can** [**be able to**] **count**...**on** one**'s ~s** [(**the ~s of**) **one hand**]《口》...は 5 本の指で数えられるぐらいわずかだ. **click** one**'s ~s** ⇨ snap one's FINGERS (成句). **crook** one**'s** (**little**) **~**《口》(指を曲げて)人の注意をひく;《俗》《特に過度に》酒を飲む. **cross** one**'s ~s** 人差し指の上に中指を重ねる《(1) 成功[幸運]を祈るしぐさ (2) うそをつくときにその罪を消すつもりでするしぐさ》. **give** sb **the ~**《俗》中指を突き上げて人を愚弄する; *《俗》人に不当な扱いをする, だます, もてあそぶ, 愚弄する. ★ 具体的なしぐさは, 手の甲を相手側に向けて握り, 中指だけを突き立てて見せる. 卑猥で強烈な侮辱のしぐさ (この中指は男根の象徴) で, 'Fuck you!' 'Stick it up!' 'Up yours!' などの侮蔑表現に対応するもの. **have a ~ in**...に関係している, 手を出している. **have** [**put**] **a** [**one's**] **~ in every** [**the**] **pie**《口》事に参加する, 手出しをする, 関係する, 干渉する: She likes to *have a ~ in every pie*. 彼女は何にでも手を出したがる. **have**...**at** one**'s ~(s') ends** ...に精通している (cf. FINGERTIP). **have** LIGHT FINGERS. **have** [**keep**] one**'s ~ on the pulse** (**of**...)《口》(...の)実状[現状]を正確に把握している. **have** [**keep**] one**'s ~s crossed** (事の)成功[幸運]を祈る, うまくいくように願う《指で十字をつくると厄払いできるという迷信から; cf. *cross* one's FINGERS》. **lay** [**put**] **a ~ on**... [通例 否定文・条件文で] ...に(害意をもって)触れる, ...に手をかける, ...をしかる, なぐる. **let**... [**allow**...**to**] **slip through** one**'s ~s** ...を手の中から(うっかり)するりと落とす;〈好機などを〉のがす. **lift** [**raise**] **the little ~** (過度に)酒を飲む. **look through** one**'s ~s at**...をそっと見る, 見て見ぬふりをする. **My little ~ told me that**...と風の便りに聞いた. **not lift** [**move, raise, stir, turn**] **a ~** (**to** do) (...するために)指一本動かさない, 少しも(...をする)労をとらない. **on the ~***《俗》掛けで, ただで. **point a** [**the, one's**] **~ at**...〈犯人・責任のある人物など〉を指し示す, ...を公然と責める[非難する]. **point ~ at**...《軽蔑して》...を指さす. **pull** [**get, take**] one**'s ~ out**ᴵᴵ《口》《態度を改めて》懸命に働き始める, 発奮する, [*impv*] てきぱきやれ, ぐずぐずするな; ᴵᴵ《俗》妨害をやめる. **put** [**lay**] one**'s** [**a**] **~ on**...〈問題点・原因など〉をはっきりと指摘する, 特定する; ...を思い出す;〈ありかなど〉を見つける. **put** [**lay**] **the ~ on**...《口》...が犯人だと言う, (警察などに)...を密告する, さす;《俗》〈人・場所〉を犯行の目標として実行者に指示する. **One's ~s are all thumbs.**=One is [feels] **all ~s and thumbs.**《口》おそろしく不器用だ (cf. *be all* THUMBS). **put** [**stick**] **two ~s up at**...ᴵᴵ《口》〈人〉に向けて 2 本の指を突き上げて見せる《give sb the ~ と同様の侮蔑のしぐさ; 中指と人差し指の間をあけるのは V SIGN ともいう》; やけを起こす, 荒れる. **One's ~s itch for** [**to** do]...が欲しくて[...したくて]むずむずする. **shake** [**wag**] one**'s ~ at** sb [**in** sb**'s face**] 人の目の前で人差し指を立てて前後に振る《脅迫・警告・非難・叱責などのしぐさ》. **sit there with** one**'s ~** [**thumb**] **up** one**'s ass** *《卑》手をこまねいている, てんでやる気がない. **slip through** sb**'s ~s** (人の知らないうちに)逃げ去る, つかまらない;〈物が〉うせる, なくなる;〈命などが〉取り留められない (cf. let...slip through one's FINGERS). **snap** [**click**] one**'s ~s** 《中指と親指で》(パチッと)指を鳴らす. ★ (1) 用を言いつけたい相手などの注意を喚起するとき, 何かを思いついたとき, リズムをとるとき, などの動作. (2) 通例 snap one's ~s at... の形で,「...の権威を問題にしない」「軽蔑[無視]する」の意の比喩的表現. **stand around with** one**'s ~ up** one**'s ass** [**in** one**'s ear**] *《卑》ボサッとなまけている, 能もなく突っ立っている, 役立たずである. **stick to** sb**'s ~s**《口》〈金・物などが〉人に着服[横領]される, 盗まれる. **the fickle ~ of fate** *《俗》運命の気まぐれな指, 予測できない不運: fucked by *the fickle ~ of fate*《卑》不運に苦しんで. **the ~ of God** 神のみ手[みわざ] (⇨ see the HAND of God in...). **twiddle** one**'s ~s**《俗》twiddle one's THUMBS. **twist** [**turn, twirl, wind, wrap**] sb **around** [**round**] one**'s** (**little**) **~**〈特に 女性が〉人を意のままにあやつる, 丸め込む, 手なづける. **with a wet ~** 容易に, 苦もなく. **work** one**'s ~s to the bone**《口》身を粉にして働く.

► *vt, vi* **1** ...に指を触れる; 指でいじる;《俗》...の膣[肛門]を指で愛撫する, 指でやる (fingerfuck);〈賄賂など〉に手を出す, くすねる (pilfer). **2**〈楽器を〉弾奏[指奏]する;〈楽曲を〉特定の運指法で奏する;〈楽譜〉に運指法を示す; [ᵁ*pass*]〈フルート・クラリネットなど〉の鍵を特定の運指法に従って配する. **3***《俗》〈殺す相手・盗む目標を〉実行者に指示する; *《口》警察に密告する, さす〈*for*〉;《口》指し示す,〈...だと〉同定する〈*as*〉. **4** 縦長に伸びる,〈光線・道路などが〉〈空間を〉貫く, 突き通す.

♦ **~·er** *n* **~·lìke** *a* [OE; cf. G *Finger*]

fínger àlphabet MANUAL ALPHABET.

fínger·bòard *n*《ヴァイオリンなどの》指板(ゆびいた)(しばん);《ピアノなどの》鍵盤; (指)道標, 案内標.

fínger bòwl フィンガーボウル《食卓に出す指洗い用の鉢》.

fínger·brèadth *n* 指幅《約 3/4 インチ; ⇨ FINGER *n* 2》.

fínger bùffet 手でつまんで食べる軽食が出されるビュッフェ形式の食事.

fínger-drỳ *vt, vi*《ドライヤーを使わずに》(髪を)指でかき上げ[整え]ながら乾かす.

fín·gered *a* [*compd*] ...指の, 指が...の;〈家具など〉指の跡がついた;〘植〙〈果実・根が〉指状の, 指のある,〈葉など〉てのひら状の;〘楽〙運指記号の付いている: long-*fingered* / LIGHT-FINGERED.

fínger·fìsh *n*〘動〙ヒトデ (starfish).

fínger fòod 指でつまんで食べる食べ物《ニンジン・ラディッシュや材料を小さめに切ってフライにしたものなど》.

fínger·fùck *vt, vi**《卑》(女の性器[肛門]を)指で愛撫[刺激]する, 指でやる, くじる.

fínger glàss ガラス製フィンガーボウル.

fínger·gràss *n*〘植〙南アフリカのメヒシバの一種.

fínger·hòld *n* 指でつかむ[保持する]こと,《体を支えたりするために》指をかける所; 弱い[わずかな]支え.

fínger hòle 指穴《管楽器・電話のダイヤル・ボウリングのボールなどの》.

fínger·ing[1] *n* 指でいじること, つまぐり;〘楽〙指づかい, 運指法;〘楽〙運指記号.

fingering[2] *n*〘紡〙ウステッドの諸撚(もろより)糸《手編み用》. [*fingram* <? F *fin grain* fine grain; cf. GROGRAM]

fínger làke 1 フィンガーレーク《広げた手の指のように並ぶ数個の細長い湖の一つ》. **2** [the F- L-s] フィンガー湖群《New York 州西部にある 11 の細長い氷河湖群》.

fínger lànguage《聾唖者の》指話(法); MANUAL ALPHABET.

fínger·less *a* 指なしの, 無指の; 指を失った.

fínger-lìck·in' /-lìkɪn/, **-lìck·ing**《口》*adv*《食べ物をつまんだ》指をなめたくなるほど〈おいしいなど〉. ► *a* とてもおいしい, うまい. [it's *finger lickin'* good: ケンタッキーフライドチキン (商標) の宣伝文句から]

fínger·ling *n* 小魚《特に サケ・マスの 1 年に満たない幼魚》; 非常に小さいもの.

fínger màn《俗》密告者, たれ込み屋; *《俗》殺し[盗み など]の標的を実行者に指示する者.

fínger·màrk *n* (よごれた)指の跡. ♦ **fínger-màrked** *a*

fínger mìllet〘植〙シコクビエ (ragi).

fínger mòb*《俗》密告の見返りに警察の保護をうける犯罪者グループ.

fínger·nàil *n* 指の爪. ● **hold** [**hang**] **on** (**to**...) **by** one**'s ~s** ぎりぎりのところでがんばる[踏みとどまる]. **to the ~s** 全く, すっかり.

fínger nùt〘機〙WING NUT.

fínger-pàint *vt, vi* フィンガーペイントで描く.

fínger pàint フィンガーペイント《ゼリー状のえのぐ; 湿った紙の上に指でのばして絵を描く》.

fínger pàinting フィンガーペイント画(法).

fínger·pìck〘楽〙*vt, vi* (ギターなどを)《ピックを使わず》指先で弾く, 指弾きする, つまびく. ► *n* フィンガーピック《指先にはめて使う爪 (plectrum)》. ♦ **~·er** *n* **~·ing** *n* フィンガーピッキング, 指弾き, つまびき.

fínger plàteᴵᴵ〘建〙指板《ドアに指跡がつかないようドアノブの上下に張った金属板・陶器板》.

fínger-pòint·ing *n**《口》《しばしば 不当な》告発をすること, 指弾, 責任のなすりつけ.

fínger pòpper 指を鳴らす人; *《ジャズ俗》《音楽に》乗っている奏者[聴き手].

fínger-pòpping *a* ビートのよく効いた〈音楽など〉.

fínger·pòst *n* (指)道標, 道しるべ; 案内書.

fínger·prìnt *n* 指紋 (cf. ARCH[1], LOOP[1], WHORL); 識別特徴; 影響, 関与の痕跡;〘化・生化〙指紋, フィンガープリント《物質の同定の証拠となるクロマトグラム[電気泳動図, スペクトル]》; DNA FINGERPRINT: take sb's ~*s* 人の指紋をとる / His ~*s* are on [all over]...には彼の影響[関与]が明白だ. ► *vt* **1**〈人〉の指紋をとる;〈人〉の DNA サンプルをとる;〘化・生化〙《クロマトグラムなどによって》識別する.

F

2*《トラック運転手俗》〈運転手が荷物を〉自分で積む[降ろす]〈on, off〉. ♦ ～·ing n

finger rèading 《盲人が指を使ってする》点字読法 (cf. BRAILLE).

finger ring 指輪.

finger's breadth FINGERBREADTH.

finger-shàped a 指形の.

finger spèlling 手話 (=*dactylology*). ♦ **finger-spèll** vt, vi

finger·stàll n 指サック《手作業用·傷口の保護用》.

finger-tight a, adv 手で可能なかぎりしっかりと(締めた).

finger·tip n 指先; 指サック. ● **have [keep]...at one's ～s** 直ちに利用できる, すぐ手に入れることができる; 精通している, 楽々と処理できる (cf. have...at one's FINGER(s') ends). **to one's [the] ～s** 完全に, 徹底的に: British *to his ～s* 根っからのイギリス人. ► a 1 すぐ利用できる[手が届く], 軽く触れるだけで操作できる, ワンタッチ操作の. 2〈コートなど〉下げた腕の肩から指先までの丈のある, フィンガーティップの. 3〔考古〕指先による装飾を施した.

finger wàve 1〔調髪〕フィンガーウェーブ《水やセットローションで湿らせた髪を指で巻きながらウェーブさせる》. 2*《俗》中指を突き立てる卑猥なジェスチャー: give sb the ～=give sb the FINGER. 3*《医俗》肛門検査, 肛門触診.

finger-wring·er n*《俗》オーバーな感情演技をする俳優[女優].

Fin·go /fíŋgou/ n (*pl* ～, ～s, ～es) フィンゴ族《南アフリカ共和国南東部 Ciskei, Transkei 両地方に住む Xhosa 語を用いる部族》.

fi·ni /F fini/ a 終わった, 完了した, 最後の.

fin·i·al /fíniəl, fáɪ-/ n 頂部装飾《寝台の柱·ランプの笠などの上の》; 〔建〕頂華(ちょう), フィニアル《切妻·尖塔の頂部の装飾》. ♦ ～**ed** a [AF; ⇨ FINE²]

fin·i·cal /fínɪk(ə)l/ a FINICKY. ♦ ～·**ly** adv ～·**ness, fin·i·cal·i·ty** /fɪnəkǽləti/ n [?*fine*¹, -*ical*; 16 世紀の学生俗語]

fin·ick·ing /fínɪkɪŋ, -kən/, **fin·i·kin** /fínɪkən/ a FINICKY.

fin·icky, fin·nicky /fíniki/ a いやに気にする[やかましい], 気むずかしい〈*about*〉; 細心の注意[緻密な神経]を要する, 煩雑な〈作業など〉. ♦ **fin·ick·i·ness** n [cf. FINICAL]

fin·if, fin·iff /fínɪf/ n*《俗》FIN².

fin·i·gal /fínɪgəl/ vt, vi*《俗》FINAGLE.

fin·ing /fáɪnɪŋ/ n〔窯·醸〕《ガラス液·ワインなどの》清澄(法), ファイニング; [°*pl*] 清澄剤.

fin·is /fínəs, fáɪ-, finí:/ n 終わり, 完《巻末·映画の終わりなどに記す》; 最期, 死. [L=end, boundary]

fi·nis co·ro·nat opus /fí:nɪs kɔ:róunà:t óupʊs/ 終わりが仕事を花輪で飾る; 事はその結末が肝心. [L]

fin·ish /fínɪʃ/ vt 1 済ます, 終える, 完了[完成]する (complete); 読み[書き]終える; 使い切る, 〈飲食物を〉すっかり平らげる. 2 ...の(最後の)仕上げをする, ...に磨きをかける; ...の仕上げ教育をする; 〈家畜を〉《出荷用に》仕上げ肥育する《給餌により目標体重に調整する》. 3《口》〈相手を〉やっつけてしまう, 片付ける; 負かす, つぶす, 殺す; だいなし[だめ]にする. ► vi 1 おしまいになる, 済む, 終わる. 2《過程·作業などを》完了[終了]する, 終える, 上がる; 決勝線にはいる, ゴールインする: ～ by *doing*... 最後に...をして(あることを)終える / ～*ed* third 3 位にはいった. 3〈家畜が〉仕上がる《肥育されて出荷用の目標体重に達する》. ● **be ～ed** 終えてしまう: I *was* not yet ～*ed with* work. まだ仕事が済んでいなかった. **～ off**〈仕事などを〉片付ける, 完了する; 〈飲食物を〉平らげる, 飲みほす; こわす, 破壊する; やっつける, 打ち負かす; 殺す; 〈...て[...して]〉終わりにする〈*with* chorus [*by* singing]〉; 《口》くたくたに疲れさせる. **～ up** 完了する; 平らげる; 〈...て[...して]〉終わりにする[なる]〈*with* sth [*by doing*]〉; 終わる〈*in* failure〉, 最後に...になる; 〈場所に〉落ちつく〈*at, in, on*〉. **～ with**...でおしまいにする[切り上げる]; [°*pp*] ...の用がなくなる, 〈本など〉を読み終わる, 〈道具など〉を使い終わる, 〈人〉を処罰し終える; ...と絶交する[手を切る]: I'*m* not ～*ed with* you. きみとはまだ話が済んでいない. ► n 1 a 終わり, 終結, 最後; 終局, 最終の場面, 〔スポ〕ゴール, フィニッシュ: FIGHT to a [the] ～. b 決着をつけるもの, 破滅のもと. 2 a 完結, 完成; 《作品などの》できばえ, 仕上がり. b《最後の》仕上げ; 《壁の》上塗り; つや出し; 仕上げ材《上質の材木》; 仕上げ塗料. c《仕上げに肥育した家畜の》皮下脂肪. d《態度の》あかぬけしていること, 洗練, 教養. e《ワインなどを飲んだあとの》余韻, 後味, 切れ味. ● **be in at the ～**《狐狩りで》キツネの最期を見届ける; 最後の場に居合わせる[立ち合う]. [OF<L; ⇨ FINIS]

fin·ished a 1 a 終えた, 完成した, でき上がった, 仕上がった: ～ goods [product] 完成品. b〈教養など〉完全な, 申し分のない; あかぬけした, 洗練された〈紳士など〉. 2 a 望みを絶たれた, 死に[消え]かかった, 滅びた, 過去のものとなった; [*pred*]《口》(プロとしての生命が)終わった, もはやプロとして通用しない. b 使いつくした, 〈たくわえなど〉尽きた.

finish·er n 完成者; 仕上げ工; 仕上げ機械; 仕上がった家畜 (cf. FINISH vt 3); 《口》とどめの一撃, ノックアウトパンチ, 決定的事件.

finish·ing a 最後の; 仕上げの: a ～ stroke とどめの一撃 / the ～ touch(es) [stroke(s)] 仕上げの一筆[手入れ など]. ► n 最後の仕上げ; [*pl*] 建物の設備品《電灯·鉛管など》; 〔アメフト〕ゴールを決めること[技術].

finish(ing) còat 《壁·天井などの》仕上げ塗り.

finishing lineᴵᴵ FINISH LINE.

finishing nàil 仕上げ釘《頭の部分が小さい》.

finishing schòol 教養学校[学院]《若い女性が社交界に出るための準備をする私立学校》.

finish line* 《racecourse の》決勝線, ゴール: cross the ～ ゴールインする; 〈法案などが〉成立する.

Fin·is·tère /F finistɛ:r/ フィニステール《フランス北西部 Bretagne 地域圏の県; ☆Quimper》.

Fin·is·terre /fìnəstέər, -téri/ 1 [Cape] フィニステレ岬《スペイン北西端の岬で, 同国本土の最西端 (9°16′W)》. 2 フィニステア《FINISTÈRE の英語名》.

fi·nite /fáɪnàɪt/ a 限定されている; 限りのある; (大きすぎも小さすぎもせず)測定可能な; 絶対でない, 神ならぬ, 有限の〈存在〉; 〔数〕有限の (opp. *infinite*); 〔文法〕〈動詞(の形)が〉定形の. ► n [the] 有限なもの. ♦ ～·**ly** adv ～·**ness** n [L (pp) < FINISH]

finite difference 〔数〕階差, 差分 (difference).

finite vérb 〔文法〕定(形)動詞《数·人称·時制·法によって限定された動詞の語形》.

fi·nit·ism /fáɪnàɪtìz(ə)m/ n〔哲〕有限論, 有限主義. ♦ **-ist** n, a

fi·ni·to /fɪní:tou/ a《口》終わった, 完了した. [It]

fin·i·tude /fáɪnət(j)ù:d, fín-/ n 有限性.

fink¹ /fíŋk/*《口》n《組合活動に対する》スパイ, 密告者, たれ込み屋; 《職業的な》スト破り; 刑事, デカ; [*derog*] いやな[きたない, おもしろくない, 信用ならない]やつ; 勝手口で食べ物を乞う浮浪者; 《こわれた人形·風船などの》がらくた商品. ► vi 密告する, たれ込む〈*on*〉; スト破りをやる; 弱腰になる. ● **～ out** 手を引く, しりごみする, 《あとになって》協力[支持]をやめる〈*on* sb [sth]〉; 信用できなくなる; 完全に失敗する. [C20<?]

fink² n《南ア》〔鳥〕WEAVERBIRD. [Afrik *vink* finch]

Fink フィンク **Mike** ～ (1770 or 80–1823)《米国のフロンティア開拓者; keelboat の船頭; 西漸時代の豪胆不敵の英雄とされる》.

Finke /fíŋk/ [the] フィンク川《オーストラリア中央部 Macdonnell 山地に発し, 南東に流れ Eyre 湖に注ぐ間欠河川》.

fin kéel 〔海〕《ヨットなどの》深竜骨, フィンキール; フィンキール艇《深竜骨を付けた細長く浅い船》.

fink-òut n*《俗》脱退, 足抜き, 裏切り.

Fink's cónstant *《俗》フィンクの定数 (=*finagle factor*)《誤答に乗じると正答が得られると推定されている定数》.

finky /fíŋki/ a《俗》不愉快な, いやな.

Fin·land /fínlənd/ フィンランド (*Finn* Suomi)《北欧の国; 公式名 Republic of ～ (フィンランド共和国); ☆Helsinki》. ■ the **Gúlf of ～** フィンランド湾《フィンランドとエストニアにはさまれたバルト海の湾》. ♦ ～·**er** n

Fìnland·izátion n フィンランド化《ヨーロッパの非共産国がソ連に対してとった中立的な外交政策; そのような政策への転換》. ♦ **Fínland·ìze** vt フィンランド化させる.

Fin·lay¹, **-ley** /fínli/ フィンリー《男子名》. [Gael=a sunbeam]

Fin·lay² /fìnláɪ/ フィンライ **Carlos J(uan)** ～ (1833–1915)《キューバの医師·生物学者》.

fín·let n〔魚〕《サバなどの》離れびれ, 小離鰭(き).

finmark ⇨ FINNMARK.

finn /fín/ n*《俗》5 ドル札 (fin).

Finn¹ n フィン族の人; フィンランド人; フィンランド系人. [OE *Finnas* (pl); cf. ON *Finnr*]

Finn² 〔アイル伝説〕フィン (=*Fionn, Finn MacCool* [*MacCumhaill*])《Fenian Cycle に登場するアイルランドの王; フィアナ騎士団 (Fianna) の団長で, Ossian の父》.

Finn³ n*《俗》MICKEY FINN.

Finn. Finnish.

fin·na·gel /fínɪgəl/ v*《俗》FINAGLE.

fin·nan (had·die) /fínən (hǽdi)/, **fínnan háddock** フィナンハドック《タラの一種 (haddock) の燻製》. [*Findhorn* or *Findon* スコットランドの地名]

Finn·bo·ga·dót·tir /fínbòugədɔ̀:tər/ フィンボーガドゥッティル **Vigdís** ～ (1930–)《アイスランドの政治家; 大統領 (1980–96); 世界初の公選女性元首》.

fínned a ひれをもった; [*compd*] ひれが...の, ...びれの.

fín·ner n〔動〕ナガスクジラ (finback).

finnes·ko /fínzkòu, fín(ə)s-, fənέs-/ n (*pl* ～) フィネスコ《外側が毛皮のトナカイ革の長靴》. [Norw]

Fin·ney /fíni/ フィニー (1) **Albert** ～ (1936–)《英国の舞台·映画俳優; 映画 *Tom Jones* (トムジョーンズの華麗な冒険, 1963) など》 (2) **'Tom'** ～, Sir Thomas ～ (1922–)《英国のサッカー選手》.

Finn·ic /fínɪk/ a フィン族の; フィン諸語の. ► n フィン諸語《Finnish, Estonian などを含む》.

finnicky ⇨ FINICKY.

fin·nif /fínɪf/ n*《俗》FIN².

fin·nip /fínɪp/《俗》nᴵᴵ5 ポンド札; *FINNIF.

Finn·ish /fínɪʃ/ a フィンランド(人[語])の; フィン族の. ► n フィンランド語.

Fínn Mac·Cóol [Mac·Cúmhaill] /-məkú:l/〔アイル伝説〕フィン·マックール (FINN²).

finn·mark, fin- /fínmɑ̀ːrk/ *n* フィンランドマルク, フィンマルク《通貨; ⇨ MARKKA》.

Finnmark フィンマルク《ノルウェー北端の州; ☆Vadsø》.

Fin·no- /fínoʊ-, -nə/ *comb form*「フィンランド(人[語])の (Finnish)」「フィン族(の言語)の (Finnic)」

fin·noc(k), -nack /fínək/ *n*〘魚〙フィノック《ヨーロッパ産の降海性のマス: **1**) スコットランド北部・西部の白い種類 **2**) 初めて遡河(そか)した若いマス》. [ScGael *fionnag* whiting]

Fínno-Úgrian *n, a* フィン-ウゴル人(の);〘言〙FINNO-UGRIC.

Fínno-Úgric *a*〘言〙フィン-ウゴル語派の; FINNO-UGRIAN. ▶ *n*〘言〙フィン-ウゴル語派《フィンランドからシベリア東部にかけて広がる語群; Finnish, Hungarian, Lappish など; さらに Samoyed を含めることもある》; フィン-ウゴル(祖)語.

fín·ny *a* ひれ状の; ひれを有する (finned); 魚の;《詩》魚の多い: ~ tribes 魚族.

fi·no /fíːnoʊ/ *n* (*pl* **~es, ~s**) フィノ《淡色で辛口の(スペイン産)シェリー》. [Sp=fine]

fi·noc·chio, fi·no·chio /fənóʊkioʊ, -nɔ́ː-; -nɔ́k-/ *n* (*pl* **-chi-òs**)〘野菜〙フィノッキオ, イタリーウイキョウ (Florence fennel).

FINRA〘米〙Financial Industry Regulatory Authority 金融取引業規制機構《前身は NASD》.

fín ràv〘魚〙ひれすじ, 鰭条(きじょう)《魚のひれを支える細い線状の構造》.

Fins·bury /fínzbèri, -b(ə)ri; -b(ə)ri/ フィンズベリー《London の旧 metropolitan borough; 今は ISLINGTON の一部》.

Fin·sen /fínsən, fénsən/ フェンセン **Niels Ryberg** ~ (1860–1904)《デンマークの医学者; 光線療法の基礎を築いた; ノーベル生理学医学賞 (1903)》.

Fin·ster·aar·horn /fìnstərɑ́ːrhɔ̀ːrn/ フィンステラールホルン《スイス南部, ベルンアルプスの最高峰 (4274 m)》.

fín whàle〘動〙ナガスクジラ (=*finback*).

FIO, f.i.o. for information only お知らせのみ返信不用 ♦〘商〙free in and out 積み降ろし費用船主無負担, 積み降ろし賃荷主負担.

Fi·o·na /fióʊnə/ フィオーナ《女子名》. [? Gael *fionn* fair, white]

Fionn /fín/〘アイル伝説〙FINN[2].

Fionn·ua·la /fınúːlə/〘アイル伝説〙フィヌーラ《Lir の娘; 継母のために白鳥に変えられ, キリスト教が伝来するまで何百年もアイルランドの湖上をさまよった》.

fiord ⇨ FJORD.

Fiord·land /fjɔ́ːrdlænd, fiɔ́ːrd-/ フィヨルドランド《ニュージーランド南島南西部の山岳地域; 国立公園》.

fi·o·rin /fáɪərən, fíːə-/ *n*〘植〙ハイコヌカグサ (creeping bent grass). [IrGael]

fio·ri·tu·ra /fiɔ̀ːrətúərə/ *n* (*pl* **-re** /-ri/) [ᵘ*pl*]〘楽〙フィオリトゥーラ, 装飾 (ornament). [It=bloom]

fip* /fíp/ *n* FIPPENNY BIT.

fip·pence /fípəns/ *n* ᴵᴵ《口》5 ペンス(貨) (fivepence).

fíp·pen·ny bìt [pìece] /fíp(ə)ni-/〘米史〙5 ペンス貨《1857 年以前米国東部に流通したスペイン銀貨の呼称; 1/2 real で約 6 セント》.

fip·ple /fíp(ə)l/ *n*〘楽〙《フルートの歌口やオルガンのパイプを調節する》詰め栓, フィプル. [C17<?; cf. Icel *flipi* horse's lip]

fípple flùte〘楽〙フィプルフルート《FIPPLE の付いている縦笛: リコーダー・フラジョレットなど》.

fiqh ⇨ FIKH.

fir /fə́ːr/ *n*〘植〙モミ (=**~ trèe**)《マツ科モミ属》;〘植〙モミ属に近縁の樹木《Douglas fir, Scotch fir など》; 樅(もみ)材 (cf. DEAL[2]). [OE *fyrh*<? ON *fyri*-; cf. OE *furhwudu* pine, G *Föhre*]

FIR〘空〙°flight information region.

fír bàlsam〘植〙BALSAM FIR.

Fir·bank /fə́ːrbæ̀ŋk/ ファーバンク (**Arthur Annesley**) **Ronald** ~ (1886–1926)《英国の作家; *The Flower Beneath the Foot* (1923), *Concerning the Eccentricities of Cardinal Pirelli* (1926)》. ♦ **Fìr·bánk·ian** *a*

Fir·bolg(s) /fíərbələg(z)/ *n pl*〘アイル伝説〙初期のアイルランドへの移住民.

fír còne モミの球果.

Fir·daw·sī, Fer·dow·sī /fərdáʊsi/**, Fir·du·si, Fir·dou·si** /-dúː-/ フィルドゥーシー (c. 935–c. 1020 or 26)《ペルシアの叙事詩人; 本名 Abū ol-Qāsem Manṣūr; *Shah-nama* (王書)》.

fire /fáɪər/ *n* **1 a** 火; 炎; 燃焼; 炉火, 炭火, たき火: make [build] a ~ 火をおこす / stir the ~ 火をかきたてる / by [round] the ~ 炉辺で[炉を囲んで], くつろいだ雰囲気で / HOME FIRE / A FALSE ~ のろし;《敵をおびき寄せるための》にせ信号火. **b** ᴵᴵ暖房器, ヒーター. **c** 火事, 火災: *F~!* 火事だ / ~ protection 防火 / suspicious ~ 不審火 / insure a house against ~ 住居に火災保険をかける. **2 a** 火のような輝き, きらめき: the ~ of a gem. **b**《古》稲光, 雷電;《詩》光を放つもの, 輝くもの《星など》. **3 a** 熱, 焦熱;《強い酒などの》ほてり, 熱気. **b** 情火, 情熱; 熱烈; 活気; 活発な想像力; 詩的霊感. **4 a** 炎症; 熱病. **b** [the] 火責め; 火あぶりの刑, 焚刑(ふんけい); [ᵘ*pl*] 試練, 苦難. **5**《銃砲の》発射, 発砲, 射撃; 銃火, 砲火; 爆破; [*fig*]《非難・質問などを》浴びせること: cease ~ 発射[発砲]をやめる;《号令》撃ち方やめ! (cf. CEASE-FIRE) / Commence ~!《号令》撃ち方始め! / random ~ 乱射 / a line of ~ 弾道, 射方向 (⇨ CROSS FIRE) / RUNNING FIRE. **6**〘古代哲学〙火《四元素の一つ; ⇨ ELEMENT》. **7** [〈*a*〉]〘占星〙火性三角形の《ホロスコープ上で正三角形をつくるおひつじ座・しし座・いて座の 3 星座の; cf. AIR, EARTH, WATER》.

● **between two ~s**《文》腹背に敵の砲火をうけて, 板ばさみになって. BREATHE **~ and slaughter [venom, brimstone, etc.]**. **build [light] a ~ under...**《口》〈怠慢な人・ぐずな人などを〉奮起させる, たきつける, …に発破をかける, …の尻をたたく. **catch ~** 火がつく, 燃え出す (=**catch on ~**); 熱意に燃える, 興奮する; 熱狂をよぶ, 熱烈な支持[関心]を得る. **draw (sb's) ~** (敵の)射撃の的となる,《他人を助けるために》攻撃を自分に向けさせる 〈*away from*〉; 非難[論議]をまねく. **fan the ~**=fan the FLAME(s). **fight ~ with ~** 火の戦いに火で応ずる, 相手と同じ手段で対決[対抗]する. **~ and brimstone** 火と硫黄,《悪事をなした人間が死後にうける》地獄の責め苦《*Gen* 19: 24》; [〈*int*〉] ちくしょう《呪い》. **~ and fagot**《異教徒の》火あぶりの刑. **~ and sword** 戦禍. **~ in the [one's] belly** 意欲, 情熱, 野心; have ~ *in the belly* (情熱に)燃えている. **go on ~**《スコ・アイル》catch FIRE. **go through ~ and water** 水火をいとわない, あらゆる危険を冒す《*Ps* 66: 12》. **hang ~** 〈火器が〉遅発する, 発火が手間どる; ぐずつく, 手間どる, 実現[具体化]しない. **hold (one's) ~** 発砲を控える; 批判[議論, コメント]を控える, 言わずにおく. **lay a ~** 火を燃やす支度をする. **miss ~** 〈銃砲が〉不発になる; うまくいかない, 失敗する. **on ~** 火災を起こして, 〈家など〉燃えて; [*fig*] 興奮して, 熱中して; 〈傷など〉ヒリヒリして; *《俗》とても魅力的で, セクシーで. **on the ~** *《俗》考慮[準備]中の. **open ~** 射撃を開始する, 火ぶたを切る 〈*on*〉; 始める. **play with ~** (軽々しく)危険なことをする, 火遊びをする. **pull [snatch]...out of the ~** (破滅的状況から)…を救う, …の劣勢を挽回する. **set ~ to [on]...**=**set...on ~** …に火をつける; …を興奮させる, 激させる. **set the world [river, ᴵᴵThames,《スコ》heather] on ~** [ᵘ*neg*] (めざましいことをして)世間を驚かす, 名を揚げる. **strike ~** 打って発火させる; 深い感銘を与える. **take ~** 火がつく (catch fire); 激する, 興奮する. **trade ~** 砲火を交える, 銃撃戦をする; 激論を交わす 〈*over*〉. **under ~** 砲火を浴びて; 非難[攻撃]をうけて: come *under* ~ 砲火[非難]を浴びる. **Where's the ~?**《口》何を急いでるんだ, どこに走っていくんだ?

▶ *vt* **1 a** 発射する; 爆発させる, 爆破する: ~ a shot 一発撃つ / ~ a salute 礼砲を放つ. **b** 〈質問・非難など〉浴びせる 〈*at*〉;《口》〈石・ボールなどを〉勢いよく投げる, 投げつける 〈*at*〉. **c**《ゴルフ・射的などで》〈何点〉あげる. **2 a** …に火をつける[放つ]; …に点火する; 〈燃料を〉くべる, …の火を燃やす; 火に当てる, …に火を通す;〘窯〙焼成する; 火で乾燥する; …に火を入れる, たきつける: ~ dead leaves 枯れ葉を焼く / ~ bricks 煉瓦を焼く / ~ tea 茶をほうじる / ~ a rocket engine ロケットエンジンに点火する / ~ a furnace 炉に火を入れる. **b**〘獣医〙《深部の炎症の治療で》〈皮膚〉に焼きごてを当てる, 焼灼(しょうしゃく)する. **3 a** まっ赤にする; 輝かせる. **b** 〈人〉の心を燃え立たせる, 鼓舞する 〈*with*〉; 〈想像力・感情を〉刺激する, かきたてる, 燃え立たせる: ~ sb with enthusiasm 人の興味[関心]をかきたてる 〈*for, to* do〉. **4 a**《口》お払い箱にする, 首にする, 解雇[免職]する;《口》…に出て行ってもらう: be ~*d* 首になる. **b**《古》《火で》追い払う 〈*out*〉. ▶ *vi* **1** 火がつく; 火を燃やす;《暖炉などの》火の番をする, 火を見る; 輝く, 光る, 赤くなる. **2** 〈内燃機関が〉発火する, 始動する; 〈鉄砲が〉火を吹く; 発砲[射撃]する, 狙撃する 〈*at, into, on*〉; すばやく投げる, 力を込めて放つ: *F~!*《号令》撃て! **3** 熱する, 興奮する, 激する; まっ赤になる;《豪口》〈運動選手などが〉燃える, がんばる. **4** 〈穀類が〉早枯れして葉が黄色くなる, やける. **5**〘窯〙〈陶土などが〉《ある状態に》焼成される. **6**〘生理〙〈ニューロンが〉神経インパルスを発する. ● **~ away** 撃ち始める, 撃ちつづける 〈*at*〉; 〈弾薬を〉撃ちつくす; 〈議論を〉出しつくす; [また **~ ahead**] [°*impv*]《口》始める, 遠慮せずに言う, どんどん質問する, 質問[批判]を浴びせる 〈*at*〉. **~ back** 撃ち返す, 反撃する 〈*at*〉; (相手に)言い返す 〈*at*〉, 〈返答を〉激しく返す;《口》〈物を〉直ちに送り返す, 戻す. **~ off** 発砲する, 発射する; 放つ; 〈手紙・メモなどを〉即座に[すぐさま]送る; 〈弾丸を〉撃ちつくす; 〈ロケットなどを〉発射しつくす; 〈質問などを〉出しつくす; 〈炉火を〉消す. **~ on** *《俗》ぶんなぐる. **~ out** *《口》解雇する, 首にする. **~ up** (〈炉[かまど, ボイラーなど]〉に)火をおこす;《俗》パイプ[タバコ]に火をつける; *《俗》マリファナタバコに火をつける; 憤激する, かっとなる; 意欲[闘志]を燃やす 〈*for*〉; *〈人を〉燃え立たせる, 奮い立たせる, 奮起[憤激]させる 〈*with*〉, 〈関心などを〉刺激する, 〈機械・エンジンなどを〉始動させる; 〈想像力を〉はたらかせる.

♦ **~·able** *a* [OE *fȳr*; cf. G *Feuer*]

Fire ファイアー **Andrew Z**(**achary**) ~ (1959–)《米国の遺伝学者; RNA 干渉 (RNA interference) の発見によりノーベル生理学医学賞 (2006)》.

FIRE finance, insurance and real estate 金融・保険・不動産業.

fíre alàrm 火災警報; 火災報知器.

fíre-and-brímstone *a* 〈説教などが〉地獄の火を思い起こさせるような, 劫罰を説く (⇨ FIRE *and brimstone*).

fíre ànt〘昆〙焼けるような痛みを与えるトフシアリ,《特に》IMPORTED FIRE ANT.

fíre·àrm *n* [ᵘ*pl*] 小火器《rifle, pistol など; cf. ARME BLANCHE》.

fíre·bàck *n* **1** 炉の背壁《炉火を反射させる》. **2**〘鳥〙コシアカキジ

(=～ phéasant)《東南アジア産; 最も鶏に近い》.
fíre·bàll *n* 火の玉, 稲妻;〔天〕《ビッグバン宇宙モデルの》火の玉宇宙;〔天〕大流星, 火球; 太陽;《昔の》焼夷弾; 火球《核爆発の際に生ずる中心の光輝部》;〔野〕速球, 火の玉;《口》精力家, 野心家, 熱情家, やり手.
fíre·bàll·ing *a* (豪)速球を投げる; [*fig*] 精力的な. ♦ **-báll·er** *n* 〔野〕速球投手.
fíre ballòon 熱気球;《夜空に揚げる》花火気球.
fíre·bàse *n* 〔軍〕重砲基地.
fíre bàsket 火かご《かがり火をたく》.
fíre bàyᐦ〔城〕射撃壕.
fíre bèan 〔植〕ベニバナインゲン (scarlet runner).
fíre bèll 出火警鐘, 半鐘.
fíre·bèlt *n* 防火帯 (firebreak).
fíre·bìrd *n* 羽が赤色または朱色の鳥《ボルチモアムクドリモドキ・アカフウキンチョウなど》.
fíre blànket 《ファイバーグラス製などの》消火用毛布.
fíre blàst 〔植〕《ホップなどの》枯縮病.
fíre blìght 〔植〕《西洋ナシ・リンゴなどの》火傷病.
fíre·bòat *n* 消防船, 消防艇.
fíre·bòmb *n* 焼夷弾, 火炎瓶. ► *vt* 焼夷弾[火炎瓶]で攻撃する.
fíre bòss* (坑内)保安係員.
fíre·bòx *n* 《ボイラーなどの》火室; 火災報知器;《廃》TINDERBOX.
fíre·brànd *n* 燃え木;《ストなどの》煽動者; 激情家, 熱血漢, 大精力家.
fíre·bràt *n* 〔昆〕マダラシミ.
fíre·brèak *n* 《山火事・野火の拡大を防ぐ》防火帯[線]; 通常兵器使用から核兵器使用への移行を防止する境界線.
fíre-brèath·ing /-brì:ðɪŋ/ *a* 《話し方や態度が》恫喝的な, 攻撃的な(感じの). ♦ **fíre-brèath·er** *n*
fíre·brìck *n* 耐火煉瓦 (cf. FIRECLAY).
fíre brigàde 《私設の》消火隊, 消防団; ᐦ《消防署の》消防隊;〔軍〕緊急機動部隊.
fíre·bùg *n**《方》ホタル (firefly);《口》放火魔.
fíre certìficateᐦ《建物・建材などの》耐火[防火]認定証.
fíre chìef* 消防署長, 消防部長.
fíre·clày *n* 耐火粘土《耐火煉瓦の原料》.
fíre cómpany 火災保険会社; 消防隊.
fíre contról 〔軍〕砲撃[射撃]管制《fire direction より範囲が広い》;〔空〕火器管制; 防火[消火](活動).
fíre córal 〔動〕アナサンゴモドキ, ミレポラ《群体をなし, サンゴに似たヒドロ虫; 刺されると痛い》.
fíre·cràck·er *n* 爆竹, 爆筒; *《俗》爆弾, 魚雷.
fíre·crèst *n* 〔鳥〕マミジロキクイタダキ (=**fíre-crèst·ed wrén**).
fíre cròss 血火の十字 (⇨ FIERY CROSS).
fíre-cùre *vt* タバコを直火(じか)で煙にあてながら乾燥処理する (cf. FLUE-CURE). ♦ **～d** *a*
-fired /fáɪərd/ *a comb form*「燃料に…を使う」「…をたく」「…火力の」: a coal-[oil-]*fired* power station 石炭[石油]火力発電所.
fíre·dàmp *n* 《炭鉱の》坑内爆発ガス《主成分はメタン》.
fíre depàrtment* 消防部, 消防署; 消防部員[署員], 消防隊《集合的》.
fíre dirèction 〔軍〕《射撃単位部隊に与える》射撃指揮《fire control より範囲が狭い》.
fíre·dòg *n* ANDIRON.
fíre dòor 《炉・ストーブなどの》燃料注入口, たきぐち戸; (自動)防火戸[扉].
fíre·dràke, -dràgon *n* 火竜《特にゲルマン神話の火を吐く竜で, 財宝の守り手; 民間伝承では, 時に処女の守り手[誘拐者]》.
fíre drìll 消防演習, 防火訓練, 火災避難訓練;《火をおこすための》火鑽(ひきり)(杵).
fíred-úp 《口》*a* 熱狂[興奮]した; 憤激した.
fíre-èat·er *n* 火食い奇術師; 血気の無鉄砲者, けんか[議論]好き; 党派心むきだしの人; *《口》消防士.
fíre-èat·ing *a* 血気にはやる, 戦闘的な, けんかっぱやい. ► *n* 火食い術.
fíre èngine 消防(自動)車, 消防ポンプ.
fíre-èngine réd 《消防車のような》あざやかな赤.
fíre escàpe 火災避難装置《非常階段・避難ばしごなど》; ᐦはしご車のはしご.
fíre èxit (火災)非常口.
fíre extínguisher 消火器.
fíre-èyed *a* 《古・詩》目のギラギラ光る, 燃える目をもつ.
fíre·fìght *n* 〔軍〕火戦, 砲戦, 射撃戦《肉薄戦に対して》; 銃撃戦; 小論争.
fíre·fìght·er *n* 消防士 (fireman).
fíre fìghting 消火(活動), 消防; ᐦ《トラブルに対する》緊急対応措置.
fíre fìnch 〔鳥〕**a** コウギョクチョウ, 'ルビー'《しばしば飼鳥とされるベニスズメに似た鳥; アフリカ原産》. **b** カゲロウチョウ《アフリカ産》.
fire·flaught /fáɪərflɔ̀:t/ 《スコ》*n* 閃光, 稲妻, 流星; 鬼火, オーロラ.
fíre·flòod, -flòod·ing *n* 火攻法《油層に圧搾空気を送り, 原油の一部を燃焼させて石油の産出増をはかる方法》.
fíre·flỳ 〔昆〕*n* 発光飛翔昆虫; ホタル (cf. GLOWWORM).
fíre gràte 《炉の》火格子.
fíre·guàrd *n* 炉前の囲い金網, ストーブ囲い; 防火帯[線] (firebreak); *火災監視者, 消防士.
fíre hàll 《カナダ》FIRE STATION.
fíre hòok 鳶口(とびぐち)《消防用具》; 火かき棒.
fíre·hòrse *n* 《昔の》消防車の引き馬.
fíre hòse 消火ホース.
fíre·hòuse *n**FIRE STATION; ᐦ《方》暖炉のある住まい.
fíre-hùnt* *vt* 灯火を用いて〈獲物を〉狩る; 森に火をつけて〈獲物を〉狩る. ► *vi* 灯火を用いて狩りをする.
fíre hùnt* 夜間灯火を用いて行なう狩猟; 森の一部分に火をつけて行なう狩猟.
fíre hỳdrant 消火栓 (fireplug).
fíre insùrance 火災保険.
fíre ìrons *pl* 暖炉道具《tongs, poker, shovel など》.
fíre làdder 非常[消防]はしご.
fíre·less *a* 火のない, 火の気のない; 火の消えた; 活気のない.
fíreless cóoker 蓄熱調理器[鍋].
fíre·lìght *n* 火明かり, 炉火の光. ♦ **fíre·lìt** *a*
fíre·lìght·erᐦ *n* たきつけ(にする燃えやすいもの).
fíre lìne [ᵁ*pl*]《火災現場の》消防非常線; 防火帯 (firebreak).
fíre·lòck *n* 火縄式発火装置, 火縄銃; 火打ち石式発火装置, 火打ち石銃 (flintlock); 歯輪式撃発装置 (wheel lock);《古》火縄銃兵.
fíre·man /-mən/ *n* 消防士, 消防署員[隊員], 消防官;《炉・機関の》火夫, かまたき, 機関助手;〔米海軍〕機関兵;《炭鉱の》(坑内)保安係員 (fire boss*);《野球俗》リリーフ投手, 火消し役, ファイアマン; *《俗》スピード狂.
fire·man·ic /fàɪərmǽnɪk/ *a* 消防士の[に関する], 消防の.
fíre màrk 火災保険加入者之証《18 世紀に戸口に付けた金属プレート》.
fíre màrshal* 《ある州や市の》消防部長;《工場などの》防火管理[責任]者.
fíre-néw *a* 《古》新品の (brand-new).
Fi·ren·ze /firéntseɪ/ フィレンツェ《FLORENCE のイタリア語名》.
fíre òfficeᐦ 火災保険会社(事務所).
Fíre of Lóndon [the] ロンドン大火 (GREAT FIRE OF LONDON).
fíre òpal 火蛋白石, ファイアオパール (girasol).
fíre·pànᐦ *n* 火取り具, 十能; 火鉢.
fíre·plàce *n* 暖炉, 壁炉, ファイアプレース; 炉床 (hearth); 暖炉の前, 炉辺; 野外[戸外]炊事炉. ♦ **～d** *a*
fíre·plùg *n* 消火栓 (=*fire hydrant, water plug*)《略 FP》; *《口》ずんぐりした人[スポーツ選手].
fíre pòint [the]〔理〕燃焼点 (=*burning point*).
fíre pòlicy 火災保険証書.
fíre·pòt *n* 〔史〕《発火物[爆発物]を詰めた》陶製の砲弾;《ストーブ・炉の》火壺;《中華料理で使う》火鍋, 火鍋料理.
fíre·pòwer *n* 〔軍〕《部隊・兵器の》火力;《チームの》得点能力[行為]; (活動[達成])能力, もてる力; *《黒人俗》体力, 肉体的能力: intellectual ～ 知的能力.
fíre pràcticeᐦ 消防演習, 防火訓練 (fire drill).
fíre·pròof *a* 防火の, 耐火性の, 不燃[防燃]性の;《俗》非難をうける心配のない, 安全な. ► *vt* 耐火性にする.
fíre·pròof·ing *n* 耐火性化, 防火装工; 耐火材料.
fir·er /fáɪərər/ *n* **1** 点火物; 点火装置, 発火器; [*compd*] 銃,《特定の型の》火器: a single-～ 単発銃. **2** 発火[発砲]者;《窯(かま)などの》火入れ工; 放火犯.
fíre-ràisingᐦ *n* 付け火, 放火罪 (arson). ♦ **fíre-ràiser** *n*
fíre rèels *pl* 《カナダ》消防(自動)車 (fire engine).
fíre resìstance 耐火度[性], 耐炎性.
fíre-resìst·ant *a* 耐火性の; 難燃性の.
fíre-resìst·ive *a* 耐火性の.
fíre-retàrdant *a* 燃焼速度を鈍化させる, 難燃性の.
fíre retàrdant 難燃材料, 難燃剤.
fíre-retárd·ed *a* 難燃材料で保護された.
fíre rìsk 火災の危険[原因となりうるもの].
fíre·ròom *n* 《汽船の》機関室, ボイラー室.
fíre sàlamander 〔動〕ファイアサラマンダー, マダラサラマンドラ《黒い皮膚に赤・オレンジ・黄の模様のある尾の短い夜行性イモリ》.
fíre-sàle *a* 大安売りの, 特別割引の.
fíre sàle 〔商〕焼け残り品の特売; 処分セール, 大安売り.
fíre scrèen 《暖炉の》火熱よけのついたて;《暖炉の》囲い[飾り]金網[格子] (FIREGUARD).
fíre sèrvice ᐦ消防《制度》; ᐦ消防隊 (FIRE BRIGADE).
fíre shìp 〔史〕火船, 焼打ち船《爆発物を満載して火を放ち, 敵船間に流し入れた》.

fíre shòvel 石炭すくい, 十能.
fíre·side *n* 炉辺; 家庭 (home); 一家団欒(だんらん): sit by the ~ 炉辺にすわる. ► *a* 炉辺の; 家庭的な, うちとけた, くつろいだ.
fireside chát 炉辺談話《Franklin D. Roosevelt 大統領が 1933 年から任期中たびたび放送したラジオ政見談話; くつろいだ感じで国民に話しかけ, 親近感をよび起こした》.
fíre·spòtter *n* FIREWATCHER.
fíre stàrter* たきつけ (firelighter[u]).
fíre stàtion 消防署, 消防詰所 (firehouse).
fíre stèp FIRING STEP.
fíre stìck 火おこし棒, 火鑽(ひきり)(杵); 燃え木; *《俗》鉄砲, ガン; [*pl*] 火ばし.
fíre·stòne *n* 耐火石材《暖炉・溶鉱炉用》; 火打ち石.
Firestone 〘商標〙ファイアストーン《米国 Firestone Tire & Rubber Co. 製のタイヤおよびゴム製品》.
fíre·stòp *n* 火炎止め, 防火充填材《火炎の遮断のために空いている部分をふさぐ》. ► *vt* …に火炎止めを設ける.
fíre·stòrm *n* 火事場風《焼夷弾や核爆弾などによる大火によってひき起こされる激しい(雨を伴う)風》; 激しく燃えさかる炎; 《憤り・抗議などの》激発, あらし; 激論.
fíre·tàil *n* 尾の赤い鳥; [u]《方》シロビタイジョウビタキ (redstart); [u]《方》オオキンカチョウ (diamond sparrow).
fíre·thòrn *n* 〘植〙ピラカンサ (=*pyracanth*), 《特に》トキワサンザシ.
fíre tòngs *pl* 火ばさみ, 火ばし.
fíre tòwer 小灯台; 《山頂などの》火の見やぐら.
fíre tràil 《豪》《森林火事の際に消防士が通れるよう切り開いた》消防道.
fíre·tràp *n* 《避難口がなかったり燃えやすかったりして》火災時に危険な建物.
fíre trèe 〘植〙 **a** POHUTUKAWA. **b** ヒノキ (sun tree).
fíre trènch 〘軍〙散兵壕.
fíre trùck* 消防自動車 (fire engine).
fíre-tùbe bòiler 煙管ボイラー.
fíre wàlking 火渡り《火の中や焼け石の上をはだしで歩く; 宗教儀式・裁判法として行なわれるもの》. ♦ **fíre wàlker** *n*
fíre wàll, fíre·wàll *n* **1** 防火壁; 突破できない障壁, '高い壁', 大きなギャップ; 〘米政〙《予備選挙で》ある候補が相手候補に圧勝して立候補を断念させる州[地域, 選挙区]. **2** [[u]firewall] ファイアウォール **(1)** 〘電算〙LAN とインターネットの間に介在させる保安用のシステム **2)** 〘証券〙金融機関の銀行業務と証券業務の分離(に関する規定)》. ► *v* [firewall] *vt, vi* 〘電算〙ファイアーウォールで《ネットワーク・システムを》外部侵入[ハッキング]から守る; 《俗》(…の)パワーを全開にする.
fíre wàrd 《古》FIRE WARDEN.
fíre wàrden* 《森林地の》防火担当官, 消防監督官; 《キャンプの》火の番.
fíre·wàtch·er *n* (空襲)火災監視人. ♦ **-wàtch·ing** *n*
fíre·wàter *n* 火酒《ウイスキー・ジン・ラムなど》.
fíre·wèed *n* 火跡(かせき)地雑草《開墾地・焼跡などに生える厄介な雑草》, 《特に》ダンドボロギク, 《または》ヤナギラン (=*rosebay, rosebay willow (herb), (great) willow herb*).
Fíre·Wìre 〘電算〙ファイアワイア《シリアルバス規格 IEEE 1394 の呼称の一》.
fíre·wòod *n* 薪, たきぎ.
fíre·wòrk *n* **1** 花火(装置); [*pl*] 花火(の打上げ), 花火大会, のろし; [*pl*] *《俗》発砲, 銃撃, 砲撃. **2** [*pl*] 《口》《感情などの》火花を散らすこと, 憤激, 激論, けんか, 合戦; [*pl*] 《口》はなばなしい[あざやかな]見もの, 妙技(の披露), 絢爛(けんらん), 《才気の》煥発.
Fíreworks Nìght GUY FAWKES NIGHT.
fíre wòrship 拝火; 拝火教《火を神化する宗教, 特にゾロアスター教》. ♦ **fíre wòrshipper** 拝火教徒.
fír·ing /fáɪərɪŋ/ *n* **1** 発火, 着火, 点火; 発砲, 発射. **2** 火をたくこと; 《陶器などの》焼成; 《窯(かま)などの》火入れ; 《茶を》ほうじること; *《悪条件の土壌などによる植物の》やけ, 枯死. **3** 燃料, 薪炭(しんたん). **4** 解雇.
fíring ìron 〘獣医〙焼烙(しょうらく)針.
fíring lìne 〘軍〙火線, 射線, 砲列線; 火線[砲列線]部隊; 《一般に》第一線: on*[in[u]] the ~ 存在がおびやかされて; 非難の矢面に立たされて; 第一線で.
fíring òrder 《多筒内燃機関の各気筒の》点火順序.
fíring pìn 《銃砲・地機雷・砲弾などの》撃針.
fíring rànge 射撃練習[訓練]場; 射程.
fíring squàd [pàrty] 《軍隊葬の》弔銃射撃部隊; 銃殺(刑)執行隊.
fíring stèp 《塹壕内の》発射踏台《射撃・敵情観測用》.
Fi·rish·tah /fɪríʃtɑː/ フィリシュタ (c. 1570–c. 1620)《インド, ムガル時代の歴史家》.
fír·kin /fɔ́ːrkən/ *n* ファーキン《英国の容量単位: =1/4 barrel》; 《バターなどを入れる》小桶《8–9 gallons 入り》. [? MDu (dim) ‹ *vierde* fourth]
firm[1] /fɔ́ːrm/ *a* **1** 堅く引き締まった, 堅い: ~ muscles / ~ snow. **2 a** ぐらつかない, しっかりした, 安定した, 堅固な: (as) ~ as a rock しっかりしている / be ~ on one's legs しっかり(自分の足で)立っている. **b** きっぱりした, 断固たる; 堅実な, 確固不抜の, 《信念・主義など》変わらない: on ~ GROUND[1] / a ~ hand ⇨ HAND *n* 5 / ~ friends 大の親友. **c** 〘商〙確定的な; 《市価・市況が》堅調な, しっかりした, 引き締まった. ► *adv* しっかりと, 堅く (firmly): hold ~ (to…) (…を)しっかと捕えて放さない; どこまでも固守する / stand ~ ふんばる, あとへ引かない, (考えが)堅固である. ► *vt* 固める, 堅固にする, 安定させる ‹*up*›; 《契約・計画などを》《最終的な形に》固める, 確定させる ‹*up*›; 強化する ‹*up*›; 《植物を》しっかりと土に植え込む, 定植する ‹*in*›. ► *vi* **1** 固まる, 安定する ‹*up*›; 《市況が》堅調になる. **2** 《豪俗》〘競馬〙《馬が》賭け率が下がる. ● **~ up** 《筋肉・皮膚などを》(運動などによって)引き締める; 筋肉[体]を引き締める. [OF<L *firmus*]
firm[2] *n* 商事組合, 《合資経営の》商会, 商店; 《一般の》会社, 企業; 協同して働く一団の人びと, 《特に》医療チーム; [u]《俗》犯罪者の一団, ギャング; 《俗》[*euph*] (秘密)組織《諜報機関・秘密捜査班など》: a law ~ 法律事務所. [C16=signature, style<Sp and It<L *firma* (*firmo* to confirm ‹ FIRM[1]); cf. FARM]
fir·ma·ment /fɔ́ːrməmənt/ *n* [[u]the] 《文》天空, 大空, 蒼穹; 《関心・活動などの》領域, 界; 《廃》基礎 (basis). ♦ **fir·ma·men·tal** /fɔ̀ːrməméntl/ *a* [OF<L=prop, support; ⇨ FIRM[1]]

fir·man /fɔ́ːrmən, fərmɑ́ːn/ *n* 《トルコ皇帝の》勅令; 免許状, 旅行免状. [Turk<Pers]
fír·mer /fɔ́ːrmər/ *a* 薄のみの. ► *n* FIRMER CHISEL.
fírmer chìsel ほぞ穴などをあける木工用のみ, 薄のみ.
fírm·ly *adv* 堅く, しっかりと; 堅固に; 確固として.
fírm·ness *n* 堅固, 堅実; 確固不動, 決意の固さ.
fírm óffer 〘商〙確定申し込み《承諾の回答期限をつけてなされた売り[買い]の申し込み》.
fírm órder 〘商〙確定注文, 正式発注.
fírm·wàre *n* 〘電算〙ファームウェア《ハードウェアで実行されるソフトウェアの機能; たとえば ROM に格納されたマイクロプログラム》.
firn /fíərn/ *n* 《氷河の上方にある》粒雪(りゅうせつ), フィルン (névé) (=**~ snòw**). [G]
fír nèedle モミの葉.
fír·ry *a* モミ (fir) の, 樅材の; モミの多い.
first /fɔ́ːrst/ *a* **1** 《略 1st》第一の, 一番目の; 最初の, 初めての, 先頭の (opp. *last*); 一等の: the ~ two [three, four] years=the two [three, four] ~ years 初めの 2 [3, 4] 年《今は first を先にいうのが普通》/ take the ~ opportunity of do*ing* 機会のありしだい…する. **2** 第一位の; 最も重要な, 最高の, 一流の; 大統領[首長]の: He is ~ in his class. クラスで一番だ / *F*~ things ~. 《諺》重要なものから順番に, 優先度の高い順に / the ~ scholar of his day 当時第一流の学者 / FIRST LADY / the ~ couple 大統領[首相]夫妻. **3** 〘車〙第一速の, ローの; 〘楽〙最高音部の, 首位の, 旋律部の. ● **at ~ sight [view]** 一見して, ひと目で; 一見したところでは: love sb *at* ~ *sight*. **~ thing off the bat** すぐに. **~ thing you know,** … 《成り行きまかせにしておいたら》たちまち[やがて]…という事態になってしまうだろう. **for the ~ time** ⇨ TIME *n* 5. **not know the ~ thing about** …=**not have the ~ idea about**…について基本的なことも[何も]知らない. **(the) ~ thing** まず第一に, いの一番に, 何はさておき, まっさきに: I'll visit him (*the*) ~ *thing* when I arrive there. **(the) ~ time (that)** 最初…した時には: *The* ~ *time* I met him, he was a young man about your age. **the ~est with the mostest***《俗》最大の数で第一番に, まっさきに最良の装備で《Stonewell Jackson 将軍の戦闘モットーより》.
► *adv* **1** [時・順位など] 第一に, 他のなによりも先に (opp. *last*); 一等(の乗物)で: stand ~ (まず)第一位に立つ / rank ~ 第一位を占める / bat ~ 〘野〙1 番を打つ / come (in) ~ 一着になる / *F*~ come, ~ served. 《諺》先着順に応対, 早い者勝ち / Women and children ~. 女性と子供が先です / You ~. お先にどうぞ. **2** まず第一に, 最初に (firstly); 初めて (for the first time); 最初の時期に: when I ~ visited London 初めてロンドンへ行った時は… / when we were ~ married 結婚したてのころに…. **3** まず‹…する›, むしろ‹…ほうを選ぶ›, いっそ‹…のほうが›よい: He said he would die ~. (そんなことをするくらいなら)いっそ死んでしまうと言った / I'll see you damned [hanged] ~. 《口》そんなことをだれがするものか《絶対的拒絶のきまり文句》.
● **come ~** **(1)** 一着になる. **(2)** …が最優先だ: Money *comes* ~ *with* them. 彼らにとっては金が第一だ. **~ and foremost** まっさきに, いの一番に. **~, last, and all time***終始一貫して. **~ (, midst) and last** 前後を通じて, 総じて, 終始一貫して, 徹頭徹尾. **~ of all** (まず)第一に. **~ off** 《口》(まず)第一に, 最初は, 直ちに. **~ or last** おそかれ早かれ, 早晩 (sooner or later). **~ up** [u]《口》まず最初に. **put…~** …を最優先[最重要視]する.
► *n* **1 a** [the] 第一; 初め, 始まり; 第一日, ついたち; *月[週]初め《必ずしも初日のみではない; cf. LAST》; [the F-] [u]9 月 1 日《ヤマウズラ (partridge) 猟開始日》: May (*the*) ~ 5 月 1 日. **b** [the] 最初のもの[人], 最初の機会[時]; [a ~] かつてなかったこと, 初の快挙; 第一号; 初版; [無冠詞] 〘野〙一塁 (first base): He was *the* ~ *to* fly across the Atlantic. 彼は大西洋横断飛行をした最初の人である / It's *the* ~ I've heard of the plan. その計画は初耳だ. **2** 第一位, 首席; 首席奏者; 〘英大学〙《優等試験の》第一級, (最)優等; 《乗物の》一等; [*pl*] 〘主に商〙一級品, 極上品: get [take] a ~ *in* mathematics 数

学で第一級に入る / a double ～ 2 科目最優等 / FIRST CLASS. **3** 〘車〙第一速, ロー(ギア); 〘楽〙最高音部, 旋律部《声・楽器について》; 〘楽〙一度, 同音. ● **at (the) ～** 最初は, 初めは: if *at* ～ you don't succeed, (try, try again) 最初はうまくいかなくても(何度もやってごらん)《W. E. Hickson (1803–70) の詩 'Try and Try Again' の一節》. **～ among equals** 仲間と同等だが指導者[責任者]の立場にある者, 同輩の代表; 〘政〙同輩中の首席 (primus inter pares)《特に 近世英国の》議院内閣制における首相の立場を形容することば》. **from ～ to last** 初めから終わりまで, 終始. **from the (very) ～** 初めから. [OE *fyr(e)st*; cf. G *Fürst* prince, one who is first in rank]

fírst-áid *a* 救急の: a ～ treatment 応急手当て / a ～ kit [box, case] 救急箱.

fírst áid 〘医〙救急(処置), 応急手当て(: give ～); 《バルバドスで》定時を過ぎて営業する日用品店.

fírst áiderᴵᴵ 救急処置[応急手当て]のできる人, 救急員.

Fírst Améndment [the] 合衆国憲法第 1 修正《議会が宗教・言論・集会・請願などの自由に干渉することを禁じた条項; 1791 年権利章典 (Bill of Rights) の一部として成立》.

fírst báse 〘野〙一塁, 一塁手の守備位置; 《一般に》第一段階. ● **get to [reach, make] ～** 一塁に出る; [ᵁ*neg*/*inter*]*《口》やや進歩する, 《計画などの》第一歩をなし遂げる, 出足がよい 〈*with*〉; *《俗》(性的行為の)第一段階まで行く《キス・抱擁から体の一部を愛撫したりする段階》. ♦ **fírst báse·man** /-mən/ 一塁手.

fírst blóod 《ボクシングの試合などで》最初に出血させること; 《相手に対する》当初の優位.

fírst·bórn *a* 最初に生まれた. ► *n* 初生児, 初子, 《特に》長男.

fírst cáll 《集合時間前の》第一らっぱ; 第一回払い込み; 《株式市場の》前場.

fírst cáuse 原動力; 〘哲〙第一原因; [the F- C-] 〘神学〙造物主, 神 (Creator).

fírst-cháir *a* 《管弦楽の各パートの》首席の〈奏者〉: a ～ violinist.

fírst cháir 《オーケストラ・バンドの》首席. ● **play ～** 首席奏者をつとめる; 指導者の役割を果たす.

fírst-chóp *a* 《インド》FIRST-CLASS (cf. CHOP⁴).

fírst-cláss *a* **1** 第一流の, 最高級の, 最上の; 《口》すばらしい, とびきりの. **2** 〈乗物・ホテルなどが〉一等の; 〘郵〙第一種の: ～ mail [matter] 第一種郵便[郵便物] / ～ passengers [tickets] 一等(席)の客[切符]. ► *adv* **1** 一等で; 第一種(郵便)で: travel [go] ～ / mail ～. **2** すばらしく, すてきに.

fírst cláss (第)一級; 一流; 《乗物の》一等, ファーストクラス; 〘郵〙第一種《米・カナダ》手書き[タイプ]の書状とはがき・密封小包; 〘英〙わが国の速達に準ずる扱い》; 〘英大学〙《優等試験の》第一級, 最優秀.

fírst cláss·man /-mən/ 《米国の海軍兵学校・陸軍士官学校の》四年生.

fírst cóat 《壁などの》下塗り, 下地[地膚]塗り; SCRATCHCOAT.

fírst·cómer *n* 初の来訪者, 先着者.

Fírst Cómmoner 〘英〙第一庶民《SPEAKER OF THE COMMONS の別称》.

Fírst Commúnion 〘カト〙初聖体.

fírst cónsonant shìft 〘言〙第一子音推移《ゲルマン語を他の印欧語と区別する閉鎖子音の音韻変化》.

fírst cóstᴵᴵ PRIME COST.

fírst cóusin いとこ, 従兄[弟, 姉, 妹] (⇨ COUSIN); 〈…と〉密接な関係にある[類似した]もの[人], 近親 〈*to*〉.

Fírst dày 日曜日《クエーカー教徒の用語》.

fírst dày cóver 〘郵〙初日カバー《発行初日の消印がおされた切手が貼ってある封筒; 略 FDC》.

fírst-degrée *a* 最も低い[軽い など]; *〈罪状など〉第一級の, 最高の: ～ murder 第一級謀殺 (⇨ MURDER).

fírst degrée 第一学位《大学卒業で得られる最初の学位; 通例 BA, BSc》.

fírst-degrèe búrn 〘医〙第一度熱傷《赤熱・疼痛を伴うが自然治癒する最も軽度の火傷》.

fírst-degrèe rélative 最近親者《父母・兄弟姉妹・子》.

fírst divísion 〘英〙上級公務員; 〘野〙A クラス; ᴵᴵ〘サッカー〙第 1 部.

fírst dówn 〘アメフト〙ファーストダウン《(**1**) 1 回の攻撃権を構成する 4 回の攻撃の第 1 (**2**) 4 回の攻撃でボールを 10 ヤード進めること; 新たに攻撃権を得る》.

fírst edítion 《本の》初版; 初版本; 《新聞の》第一版.

Fírst Émpire [the] 《フランスの》第一帝政《Napoleon Bonaparte による治世 (1804–14); cf. FIRST REPUBLIC》.

fírst estáte [ᵒF- E-] 第一身分《中世ヨーロッパの三身分 (Three Estates) のうちの僧族》; 《英国上院の》高級聖職議員.

fírst-éver *a* (これまでで)初めての, 前例のない.

fírst fámily [the] 《社会的に》最高の地位にある一門; [the, ᵒthe F- F-]*大統領[州知事]一家; [the]*《植民地時代からの》名門, 旧家.

fírst fínger 人差し指 (forefinger).

Fírst Fléet [the] 〘豪史〙《1788 年英国から Port Jackson に到着した》第一次囚人移民船団.

Fírst Fléet·er 《豪》第一次船団組《第一次囚人移民船団で到着した英国人(の子孫)》.

fírst flóor [the]*一階, ᴵᴵ二階《米国でもホテルなどでは英国式に二階の意味に用いることがある; ⇨ FLOOR》.

Fírst Fólio [the] ファーストフォリオ《最初の Shakespeare 全集 (1623); Shakespeare の死後, 劇団仲間の John Heminge と Henry Condell によってまとめられたもので, 判型は二折 (folio) 版, 全部で 36 本の戯曲が喜劇・史劇・悲劇に類別して収められている》.

fírst-fòot 《スコ》*n* 元旦の初客(はつきゃく)《大みそか (Hogmanay) の夜 12 時を過ぎて最初に家の敷居をまたいで来る訪問者; brunet は幸運をもたらし, blonde は不幸をもたらすとされた》; 《結婚式・洗礼式などに行く道で》最初に出会う人. ► *vi* 元旦の初客になる; 元旦の初客の挨拶回りをする. ► *vt* 元旦の初客として〈家〉にはいる. ♦ **～·er** *n* **～·ing** *n*

fírst fóur shíps *pl* 《NZ》最初の四隻《ニュージーランドの Canterbury 地方に着いた最初の移民船》. ● **come with the ～** カンタベリー地方の創立メンバーである.

fírst·frúits *n pl* 初収穫, 《作物などの》はしり, 《神に供える》初穂(はつほ); 最初の成果; 〘史〙《借地取締人が上納した》初年度収益.

fírst géar 〘車〙第一速ギア, 低速ギア (low gear).

fírst-generátion* *a* 第一世代の《(**1**) ある国に帰化した移民の世代, 一世 (**2**) 移民の子の世代, 二世; 特に 米国民についていう》.

fírst·hánd *a* じかに得た, 直接仕入れの; 直接体験によって得た: ～ information 一次[直接]情報. ► *adv* 直接, じかに; 直接体験によって: experience war ～ 戦争を体験する.

fírst harmónic 〘理〙FUNDAMENTAL FREQUENCY.

fírst impréssion 第一印象; 〘法〙先例のないこと, 初例.

fírst ín, fírst óut 〘会計〙先入れ先出し法 (⇨ FIFO).

fírst inténtion 〘医〙一次癒合《肉芽を形成することなく直接に結合する癒合》; 〘スコラ哲学〙第一志向《直接対象に向けられた意識》.

Fírst Internátional [the] 第一インターナショナル (⇨ INTERNATIONAL).

fírst invérsion 〘楽〙第一転回《三和音や七の和音の第 3 音がバス[最低音]にある形》.

fírst lády **1** 《芸術・職業などの各界を代表する》指導的立場にある女性; [the, ᵒthe F- L-]*ファーストレディー《大統領[州知事, 首相]夫人; 夫人不在のときはその娘など》. **2***《食堂俗》スペアリブ《Eve が Adam の肋骨から造られたことから》.

fírst lánguage 〘言〙第一言語, 母語; 第一公用語.

fírst lieuténant 〘米陸空軍・海兵隊〙中尉 (⇨ ARMY, AIR FORCE, MARINE CORPS); 〘米海軍〙甲板士官《艦内補修・維持・整頓担当の士官》; 〘英海軍〙《小型艦の》副長.

fírst líght 明け方; 〘天〙《新造望遠鏡の》初受光, ファーストライト.

fírst-líne *a* 第一線の; 最優秀の, 最も重要な.

fírst·ling *n* [ᵁ*pl*] 初物, はしり; [ᵁ*pl*] 《家畜の》初児; [ᵁ*pl*] 最初の産物[結果]; [ᵁ*pl*] 《同類中で》いちばん上等なもの.

Fírst Lórd 〘英〙第一卿(きょう), 長官, 大臣, 総裁.

Fírst Lórd of the Ádmiralty [the] 〘英〙海軍第一卿, 海軍大臣《1964 年廃止》.

Fírst Lórd of the Tréasury [the] 〘英〙大蔵第一卿《首相の兼任》.

fírst lóve 初恋(の人); お気に入りのもの[仕事, 持物, 娯楽など].

fírst·ly *adv* (まず)第一に. ★ 列挙するときは first [*firstly*], secondly, thirdly, …lastly のようにいう.

fírst mán*《軍俗》FIRST SERGEANT.

fírst máte 〘海〙一等航海士 (=*first officer, chief officer*)《商船で船長の次位》.

fírst merídian PRIME MERIDIAN.

fírst méssenger 〘生化〙一次[第一]メッセンジャー《細胞膜(近く)で, 第二メッセンジャーと受渡しをするホルモン; cf.SECOND MESSENGER》.

fírst mínister [ᵁF- M-] 〘英〙《北アイルランドやスコットランド自治政府の》首相.

fírst mórtgage 第一順位譲渡抵当(権), 第一譲渡抵当.

fírst móver 第一動因, FIRST CAUSE.

fírst-nàme *vt* ファーストネームで呼びかける. ► *a* (ファーストネームで呼び合うほど)親しい: on ～ terms with sb =*on a ～ basis with sb 人とごく親しい間柄で.

fírst nàme ファーストネーム, 第一名《姓 (surname) に対して, 個人名; キリスト教徒の場合はしばしば Christian name と同義; 最初の名だけでなく姓以外の複数の名 (たとえば *John Fitzgerald* Kennedy の前 2 者) も first names という; ⇨ NAME》.

Fírst Nátion [ᵒ～s] 《カナダ》第一国民《Inuit 以外の先住民族》.

fírst níght 《演劇の》初日; 初日の舞台; *除夜の祭.

fírst-níght·er *n* 《演劇の》初日を欠かさぬ人, 初日の常連.

fírst offénder 〘法〙初犯者.

fírst offénse 〘法〙初犯.

fírst ófficer 〘海〙FIRST MATE; 〘空〙COPILOT.

fírst-of-Máy *n, a**《俗》新米(の).

fírst-órder *a* **1** 〈構成・分析・経験などが〉最も根本的な(レベルの), 単純な, 直接の, 第一次の. **2** 〘数〙一次の, 一階の.

fírst-òrder pháse transìtion 〖理〗一次相転移 (first-order transition).

fírst-òrder transítion 〖理〗一次(相)転移《潜熱を伴う相転移》.

fírst pápers *pl* *《口》第一書類《米国市民権取得の意思を具申する書類; 1952 年以降は不要; cf. SECOND PAPERS》.

fírst-pàst-the-póst *a* 〈選挙制度が〉相対多数制の, 単純最多得票主義の《絶対多数を必要とせず, 最多得票者を当選者とする》: ～ voting [electoral system] 相対多数投票制[選挙制].

fírst pérson 1 [the]〖文法〗第一人称(形);〖文芸〗一人称(形式)《作中で主人公が一人称で語る》: ～ singular [plural] 第一人称単数[複数](形) / a novel written in the ～ 一人称小説, 私小説, イッヒロマン. **2** [F- P-]《三位一体の》第一位格《父なる神; ⇨ PERSON》.

fírst posítion [the]〖バレエ〗第一ポジション《両足を一直線にしてかかとをくっつけた状態》.

fírst póst 〖英軍〗就床予備らっぱ (cf. LAST POST);《郵便の》最初の便.

fírst príncíple [ᵘ*pl*]〖哲〗第一原理《論理の基礎となる公理・定理・概念など》.

fírst quárter 〖天〗《月の》新月から半月までの期間; 上弦の月; 第一四半期;〖スポ〗第一クォーター.

fírst-ránk *a* FIRST-RATE.

fírst-ráte *a* 第一流の, 第一級の, 最上の;《口》すばらしい, すてきな. ► *adv*《口》すてきに, 非常によく: My car runs ～. 車の走りは最高だ. ◆ **～·ness** *n* **fírst-rát·er** *n* 第一級の人[もの].

Fírst Réader 〖クリスチャンサイエンス〗《集会・儀式の》第一読唱者《Mary Baker Eddy の著作を読み上げて会を指揮する》.

fírst réading 〖議会〗第一読会(どくかい)《通例 名称と番号のみの形で議案を議会に提出すること》.

fírst refúsal 《家屋・商品などの》第一先買権.

Fírst Réich [the]《ドイツ》第一帝国, 神聖ローマ帝国 (Holy Roman Empire) (962–1806).

Fírst Repúblic [the]〖フランス史〗第一共和政 (1792–1804)《フランス革命における王政廃止から Napoleon の皇帝即位までの政体; cf. FIRST EMPIRE》.

fírst respónder 第一応答者, ファーストレスポンダー《災害などの発生時に現場で最初に対応に当たる警察官や消防隊員》.

fírst-rún* *a* 〈映画・映画館が〉封切りの.

fírst sácker *《野球俗》一塁手.

fírst schóol 《イングランドの地方当局の設ける》初等学校《5 歳から 8 または 9 歳の児童を入れる》.

Fírst Séa Lórd 《英国海軍本部委員会の》第一軍事委員, 軍令部(部)長, 軍令部総長.

fírst sérgeant* 〖陸軍・海兵隊〗(先任)曹長, MASTER SERGEANT. ★ 下士官 (noncommissioned officer) の最高位.

fírst shírt *《軍俗》FIRST SERGEANT.

fírst sóldier *《軍俗》FIRST SERGEANT.

fírst spéed 〖車〗第一速, ロー.

fírst-stríke *a* 〖軍〗先制攻撃用の, 第一撃の〈核兵器〉: ～ capability 第一撃能力.

fírst stríke 《核兵器による》先制攻撃, 第一撃 (cf. SECOND STRIKE).

fírst-stríng *a* 一線級の, 第一(線)の, 主たる, 一流の; 正選手の, レギュラーの: a ～ critic [quarterback] 一流の批評家[レギュラーのクォーターバック]. ◆ **fírst-string·er** *n*

fírst-tìme búyer 初めて不動産を購入する人.

fírst tím·er /-táɪmər/《口》初めてする[行く]人.

fírst wátch 〖海〗初夜(当)直《午後 8 時から同 12 時まで》.

fírst wáter ファーストウォーター《ダイヤモンドなど宝石類の評価で最良質》. ● **of the ～** 第一級の, 最高(級)の: a diamond *of the* ～ 一等光沢[最高級]のダイヤモンド; [*fig*] 第一級の人物, ピカ一 / a villain *of the* ～ 比類のない悪党.

Fírst Wórld [the] 第一世界《1) 米国・ソ連[ロシア]・西欧諸国・日本を含む先進工業諸国 2) 西側先進工業諸国》.

Fírst Wórld Wár [the] WORLD WAR I.

firth /fɜ́ːrθ/ *n* 入江, 峡湾, 湾; 河口 (estuary). [Sc＜ON FIORD]

Firth ファース **John R(upert)** ～ (1890–1960)《英国の言語学者; 意味を扱う際の「場面の脈絡」, 音韻論のプロソディー分析「prosodic analysis」などで知られる》.

fisc, fisk /físk/ *n* 国庫《国家・君主の金庫》. [F or L *fiscus* rush basket, treasury]

fis·cal /físk(ə)l/ *a* 国庫収入の, 財政(上)の, 課税の; 財務の, 会計の: a ～ law 会計法. ► *n* **1**《イタリア・スペインなどで》検察官, 検事;〖スコ法〗PROCURATOR FISCAL;《オランダなどで》税務担当判事. **2** 収入印紙; FISCAL YEAR. ◆ **～·ly** *adv* 国庫収入[財政]上; 財務上, 会計上. [F or L *fiscalis*; ⇨ FISC]

físcal ágent 財務代理人[機関].

físcal drág 財政的歯止め[障害]《税収超過などの果たす経済成長抑制効果》.

físcal·ist *n* 財政主義者, フィスカリスト《Keynes のように主として財政の運営に依存して経済政策を考えようとする人》.

fis·cal·i·ty /fɪskǽləti/ *n* 財政重視; 財政政策; [*pl*] 財政問題.

físcal stámp 収入印紙 (revenue stamp).

físcal yéar* 《企業の》会計年度, 事業年度, 営業年度;《政府の》会計年度 (financial year")《米国政府は 10 月 1 日からの 1 年》.

Fi·scher /fíʃər/ フィッシャー **(1) Annie** ～ (1914–95)《ハンガリーのピアニスト》**(2) 'Bobby'** ～ [**Robert James** ～] (1943–2008)《米国のチェスプレーヤー; 世界チャンピオン (1972–75)》**(3) Edmond H(enri)** ～ (1920–)《米国の生化学者; 生体制御機構としての可逆的タンパク質リン酸化の発見でノーベル生理学医学賞 (1992)》**(4) Edwin** ～ (1886–1960)《スイスのピアニスト・指揮者》**(5) Emil (Hermann)** ～ (1852–1919)《ドイツの化学者; 糖類・プリン類の研究でノーベル化学賞 (1902)》**(6) Ernst Otto** ～ (1918–2007)《ドイツの化学者; ノーベル化学賞 (1973)》**(7) Hans** ～ (1881–1945)《ドイツの化学者; 血色素ヘミン, 葉緑素の構造の解明でノーベル化学賞 (1930)》.

Físcher-Díes·kau /-díːskaʊ/ フィッシャー-ディースカウ **Dietrich** ～ (1925–2012)《ドイツのバリトン》.

Físcher-Trópsch pròcess /-tróʊpʃ-/〖化〗フィッシャー-トロプシュ法《一酸化炭素と水素から炭化水素燃料を合成する方法》. [Franz *Fischer* (1877–1948) ドイツの化学者, Hans *Tropsch* (1889–1935) チェコ生まれのドイツの化学者]

Fischer von Er·lach /fíʃər fɑn ɛ́ərlɑːx/ フィッシャー・フォン・エルラハ **Johann Bernhard** ～ (1656–1723)《オーストリアのバロック建築家》.

fish[1] /fíʃ/ *n* (*pl* **～·es, ～**) **1 a** 魚, 魚類 (PISCINE[1] *a*): All is ～ that comes to the [sb's] net.《諺》何でもござれ, ころんでもただでは起きない (cf. GRIST[1]《諺》) / The best ～ smell when they are three days old.《諺》よい魚も三日経てば臭くなる, 珍客も三日居れば鼻につく《*F*～ and guests smell in three days. も同様》/ There are [is] as good ～ in the sea as ever came out of it.＝There are plenty more ～ [plenty of (other) ～] in the sea.《諺》魚は海にはいくらでもいる《チャンスはいくらでもある, (失恋しても)落胆するな》/ The best ～ swims near the bottom.《諺》いちばんいい魚は底近く泳ぐ《いいものは簡単に入手できない》/ ⇨ BAIT《諺》. **b** 魚肉, さかな: eat ～ on Fridays 金曜日[精進日]に(肉の代わりに)魚を食べる. **c** [*compd*] 水産動物, 魚介: shell*fish*, jelly*fish*. ★ 初期キリスト教会において, 魚はキリストの象徴とされた. ギリシア語 *I*esous *CH*ristos *TH*eou *U*ios *S*oter (Jesus Christ Son of God Saviour) の頭文字 ichthus が「魚」の意味であったから. **2** [形容詞を伴って]《口》[ˢ*derog*] …な人, やつ, やから《餌につられることから》: COLD FISH, ODD FISH. **3**《俗》**a***ばかなやつ, いいカモ, まぬけ; *《スポ》弱い相手; *不良グループにはいっていないやつ,《不良からみて》いやな野郎; 捜査網にひっかかる犯人, お尋ね者. **b** *新参者, 新入り,《特に》新入りの囚人; *刑務所内のホモ. **c** [*derog*] 女, スケ; *ふしだらな女, 娼婦; *《同性愛者からみて》異性愛の女. **d***カトリック教徒 (fish eater). **e***ドル. **4** [the F-es]〖天〗うお座(魚座), 双魚宮 (Pisces);〖海〗錨の巻揚げ機;《海軍俗》魚雷 (＝*tin fish*).

● **a** BIG FISH **in a small [little] pond.** **a pretty [fine, nice, rare]** KETTLE **of ～.** **be not the only ～ in the sea**＝be not the only PEBBLE on the beach (⇨ 1a《諺》). **cry stinking ～** 自分で自分(の仕事[商品, 職業, 努力, 家人など])をけなす. **drink like a ～** 酒をがぶがぶ飲む, 大酒飲みである. **feed the ～es** 溺死する; 船に酔って吐く. **～ and bread** 〖キ教〗魚とパン《聖体の象徴》. **have (got) other [bigger] ～ to fry**《口》ほかにもっと大切な仕事がある. **land one's ～** 捕えた魚を引き揚げる; ねらったものを手中に収める. **like a ～ out of water** 陸(おか)に上がった魚[河童]のように《勝手が違って本領が発揮できない》. **like shooting ～ in a barrel** *《俗》朝めし前で, ちょろいもので. **make ～ of one and flesh [fowl] of another** 差別待遇する. **neither ～ (, flesh,) nor fowl**＝**neither ～, flesh, (fowl,) nor good red herring** 全くえたいの知れないもの.

► *a* 魚の; 釣りの; 魚を商う.

► *vi* **1** 魚を捕る, 釣りをする, 漁をする; それとなく求める, 釣り出す 〈*for*〉; 水中を探る; 探る, 捜す 〈*for, around*〉: go ～*ing* 釣りに出かける;〈情報・事実を〉探ろうとする / ～ *for* an invitation 招待状を出すようにそれとなくしむける / ～ *for* compliments ほめてもらおうと水を向ける / It is good ～*ing* in troubled waters.《諺》波立った水[濁水]で魚を捕るのはうまいやり方. **2***《俗》《ボクシングで》フェイントをかける.

► *vt* 〈魚を〉捕る, 釣る;〈川・海など〉で魚を捕る[釣る], 漁をする;〈川・海などを〉探索する 〈*for*〉;〈毛針・網など〉で釣る[捕る],〈船を〉釣りに使う;〖海〗《水中などから》引き揚げる; 引っ張り出す, 取り出す: ～ the stream 川で魚を釣る / ～ the stream for the body 川で死体を捜索する / ～ the anchor〖海〗いかりを引き揚げて船べりに据える / ～ the map from the drawer. ● **be ～ing without bait***《口》頭がどうかしている, いかれている. **～ in troubled waters** 混乱に乗じて利をはかる[得る]; 面倒な[厄介な, あぶない]事にかかわる (＝**～ in muddy waters**). **～ or cut bait** 去就をはっきりさせる, やるのかやらないかを決める. **～ out** 〈湖など〉から魚を捕りつくす;〈水中[懐中]から〉探り出す, 取り出す 〈*of, from*〉;〈情報・秘密などを〉探り出す: ～ a card *out of* one's pocket. **～ up** 〈池などから〉引き揚げる, 引き出す 〈*out of, from*〉.

◆ **～·less** *a* [OE *fisc*; cf. G *Fisch*]

fish[2] *n*《象牙製の》魚型の数取り;〖海〗添え木《マストや帆げたを補強

する)；〔建・土木〕継ぎ目板 (fishplate). ► *vt* 〈マスト・帆などを〉添え木で補強する；〈レールなどを〉継ぎ目板で補強する. [F *ficher*＜L *figo* to FIX]

físh·able *a* 漁に適した；漁獲の見込みの十分な；漁獲の認められている. ◆ **fìsh·abílity** *n*

físh-and-chíps *n pl* フィッシュアンドチップス《細切りのフライドポテトを添えた魚 (普通はタラ) のフライ；塩と酢, (好みによってコショウ, ケチャップまたはタルタルソース)で食べる》；[〈*sg*〉] FISH-AND-CHIP SHOP.

físh-and-chíp shòp 〔英〕FISH-AND-CHIPS を作って売る店.

Físh and Wíldlife Sèrvice 〔米〕魚類野生動物庁《米国内務省内の機関；1940 年創設され, 魚類や野生動物などの自然資源, 荒野, 原生林, 河川流域などの保全と育成にたずさわっている；略 FWS》.

físh bàll フィッシュボール《魚肉とマッシュポテトの揚げだんご》；*«俗» いやなやつ.

físh·bòlt *n* 〔鉄道〕《レールの継ぎ目板の》継ぎ目ボルト, モール.

físh·bòne *n* 魚の骨.

Físh·bourne /fíʃbɔ̀ːrn/ フィッシュボーン《イングランド南部 West Sussex 州の州都 Chichester 近郊の地；1960 年 古代ローマ時代の壮大な邸宅が発掘された》.

F

físh·bòwl *n* 金魚鉢《ガラス製》；[*fig*] 衆人環視の場所[状態], ガラス張り；*«俗» 《刑務所の》観察房 (fish tank), 《警察署の》観察室《容疑者をその中に入れて, 犯人同定のために外側から見られるようにした部屋》.

físh càke フィッシュケーキ《**1**) 魚肉とマッシュポテトを混ぜて扁平にまとめたもの；通例 フライにする **2**) かまぼこなど練製品に野菜とライスを添えたアジア料理》.

físh càrver 《卓上用》魚肉切り分けナイフ；[*pl*] 魚肉切り分け用ナイフおよびフォーク.

físh cròw 〔鳥〕ウオガラス《魚貝類を食べる小型のカラス；米大西洋・メキシコ湾沿岸産》.

físh cùlture 魚の養殖, 養魚(法) (＝*pisciculture*).

físh dày 〔宗〕《魚を食べる》肉食禁止日.

físh dùck 〔鳥〕アイサ (merganser).

físh èagle 〔鳥〕ミサゴ (osprey).

físh èater **1** 魚を食べる人；*«俗» [*derog*] カトリック教徒《金曜日に魚を食べる習慣から》. **2** [*pl*] ˈˈ魚料理用のナイフとフォーク.

físh·er *n* **1** 捕魚性動物；〔動〕フィッシャー (＝*pekan*) (＝〜**-càt**) 《北米産の大型のテン》；フィッシャーの毛皮. **2** «古» 漁夫 (fisherman). «古» 漁船. ● **a 〜 of men** 人間をとる漁師, 人を漁(すなど)る者《福音伝道者 (evangelist)；*Matt* 4:19》.

Fisher **1** フィッシャー (**1**) **Andrew 〜** (1862–1928)《スコットランド生まれのオーストラリアの政治家；首相 (1908–09, 10–13, 14–15)》 (**2**) **Dorothy 〜** (1879–1958)《米国の小説家；もとの名は Dorothea Frances Canfield, 筆名 Dorothy Canfield；*The Bent Twig* (1915)》 (**3**) **Geoffrey Francis 〜**, Baron 〜 **of Lambeth** (1887–1972)《英国の聖職者；Canterbury 大主教 (1945–61)》 (**4**) **Irving 〜** (1867–1947)《米国の経済学者；経済学に数学的・統計的分析法を本格的に導入, 貨幣数量説・物価指数の研究に貢献した》 (**5**) Saint **John 〜** (1469–1535)《イングランドの聖職者・人文主義者；国王の至上権を否認して Henry 8 世に抵抗, 投獄・処刑された；祝日 6 月 22 日(もと 7 月 9 日)》 (**6**) **John Arbuthnot 〜**, 1st Baron 〜 of Kilverstone (1841–1920)《英国の提督；海軍軍令部長 (1904–10, 14–15)》 (**7**) **M**(ary) **F**(rances) **K**(ennedy) 〜 (1908–92)《米国の著述家；料理に関する著作で知られる；*The Physiology of Taste* (1949, Brillat-Savarin『美味礼讃』の翻訳)》 (**8**) Sir **Ronald Aylmer 〜** (1890–1962)《英国の統計学者・遺伝学者》. **2** フィッシャー《Jutland 半島の北, Shagerrak 海峡の海上気象予報海域》. **3** ˈˈ«俗» 1 ポンド札, 紙幣《財務省事務次官 Sir Warren Fisher (在任 1919–39) にちなむ》.

físh·er·bòat *n* 漁船.

físh·er·fòlk *n pl* 漁民.

físh·er·man /-mən/ *n* 漁夫, 漁師；釣りをする人, 釣師, 釣りの名人, 太公望；漁船；[*pl*] 漁撈民；FISHERMAN'S KNIT. ◆ **físh·er·wòman** *n fem*

fisherman's bénd 〔海〕いかり結び (＝*anchor bend*).

Físherman's Fríend 〔商標〕フィッシャーマンズ フレンド《英国製のメントールキャンディー》.

físherman's knít フィッシャーマンズニット (＝**fisherman's ríb**)《厚い盛上がりで立体的な柄をつくったニット》.

físherman's knót てぐす結び, フィッシャーマンズノット (＝*Englishman's* [*true lover's, waterman's*] *knot*)《2 索の両端を継ぐ結び方の一種》.

físherman's ríng 〔カト〕漁夫の指輪《封印に用いる教皇の指輪》.

físherman's stóry [**tále, yárn**] 大げさな話, ほら話 (fish story).

físh·ery *n* 漁業, 水産業；漁場；養魚場；〔法〕漁業権；水産会社；水産業従事者《集合的》；漁獲高；漁期；[*pl*] 漁業技術, 水産技術：the 〜 zone 漁業専管水域 / a pearl [oyster] 〜 真珠[カキ]養殖場.

físh·èye *n* **1** 魚眼レンズ. **2** [the] 無表情な[冷たい, 疑いの]目：give sb *the* 〜. **3** [ᵁ*pl*] «俗» 《煮て透明になった》タピオカ, タピオカ入りプディング. **4** 《しっくい仕上げ・金属の》斑, 斑点《欠陥》.

físh-èye *a* 〔写〕魚眼の, 魚眼レンズを用いた：a 〜 lens.

físh-èyed *a* *«俗» 冷たい目つきの, 冷淡な, 非人間的な.

físh-fàce *n* さかなづら《人をばかにしていうことば》.

físh fàrm 養魚場. ◆ **físh fàrming** *n* **físh-fàrm** *vt* 養魚する.

físh-fìght *n* *«俗» 女(どうし)のけんか.

físh·fìnd·er *n* 魚群探知機.

físh fínger ˈˈフィッシュフィンガー (FISH STICK).

físh flàke *魚干し棚[架].

físh flòur 魚粉《粉末の魚タンパク食品》.

físh fòrk 《食卓用》フィッシュフォーク；魚肉を取り分けるのに使う大型フォーク；鮮魚の積み降ろしに使うフォーク.

físh frỳ *フィッシュフライ《魚をその場でフライにして食べる通例 野外[屋外]での食事(会)》；魚フライ.

físh gèlatin にべ (ISINGLASS).

físh·gìg *n* 《魚を突く》やす, 銛(もり).

físh glòbe 《ガラス製の丸い》養魚器, 金魚鉢.

físh glùe にべ (ISINGLASS)；にかわ.

físh hàwk 〔鳥〕ミサゴ (osprey).

físh·hòok /, ˈˈfíʃʊk/ *n* 釣針；〔海〕収錨鉤(しゅうびょうかぎ)；[*pl*] *«俗» 指《全体》.

físh hòrn *«俗» サクソフォーン, サックス.

físh·ify /fíʃəfàɪ/ *vt* 〈池などに〉魚を放す；〈肉 (flesh) を〉魚に変える.

físh·ing *n* 魚釣り；漁業；漁撈(ぎょろう)(生活)；漁業権, 漁獲権；釣場, 漁場. ● **take a 〜 trip** «野球俗» take a DRINK.

físhing bànks *pl* 《海の》漁礁《通例 魚類が群棲する浅瀬堆(たい)》.

físhing bòat 釣舟, 釣船, 漁船.

físhing càt 〔動〕スナドリネコ《東南アジア産》.

físhing èagle 〔鳥〕**a** 《各種の》魚食猛禽. **b** ミサゴ (osprey). **c** ハクトウワシ《米国の国鳥》.

físhing expedìtion 《情報・罪証などを得るための》法的尋問；《広く》探りを入れること：go on a 〜 情報を得ようとする, 探りを入れる.

físhing flỳ 〔釣〕飛ぶ昆虫の生き餌[疑似餌].

físhing fròg 〔魚〕アンコウ (angler).

físhing gròund 漁場.

físhing lìne 釣糸.

físhing owl ⇨ FISHOWL.

físhing pòle 釣りざお《直接先端から糸をたらすもの》.

físhing ròd 《リール用の》釣りざお.

físhing smàck 《生簀(いけす)のある》小型漁船.

físhing stòry 大げさな話 (fish story).

físhing tàckle 釣具《針・糸・さお・リールなど》.

físhing wòrm FISHWORM.

físh jòint 〔建・土木〕《2 つの部材の》添え(木[板])継ぎ.

físh kèttle 魚の丸煮用の長方形[円形]の大鍋.

físh·kìll *n* 《水質汚濁による》魚の大量死.

físh-kìss *«俗» *vt, vi* (…に)唇をすぼめてキスする. ► *n* 唇をすぼめてするキス.

físh knífe 《食卓用》フィッシュナイフ《通例 峰側に装飾がある》；魚肉を切り分けるのに使う大型ナイフ.

físh làdder 魚梯(ぎょてい)《魚が堰(せき)・ダムなどを上れるようにした階段式の魚道(ぎょどう)》.

físh·lìke *a* 魚のような；冷淡な.

físh·lìne *n* 釣糸 (fishing line).

físh lìps *pl* *«俗» 厚く突き出た唇.

físh lòuse 〔動〕サカナジラミ《魚の皮膚・えらに寄生》.

físh màrket 魚市場.

físh mèal 魚粉, フィッシュミール《乾燥させた魚の粉末で肥料・飼料に用いる》.

físh·mònger ˈˈ*n* 魚屋《人または店；店は fishmonger's ともいう》.

físh mòth 〔昆〕(セイヨウ)シミ (silverfish).

físh mùsic *«俗» RACE MUSIC.

físh·nèt *n* 漁網；目の粗い網目織物. ► *a* 網目織りの〈布・衣類〉：〜 stockings 網目のストッキング.

físh òil 魚油《鯨・魚類の油で塗料用・石鹸用》.

físh·òwl, físhing òwl *n* 〔鳥〕**a** ウオミミズク《魚食；南アジア産》. **b** ウオクイフクロウ《魚食；アフリカ産》.

físh·pàste *n* 練り魚肉, フィッシュペースト.

físh·plàte *n* 〔建・土木〕継ぎ目板, ペーシ, 添え(継ぎ)板, 添え木, 添え金物；〔鉄道〕継目板. [*fish*²]

físh pòle FISHING POLE.

físh·pònd *n* 養魚池 (＝**físh pòol**)；[*joc*] 海 (sea)；釣りざおで中から品物を取らせる福袋 (grab bag).

físh pòt かご状の魚わな, うけ《ウナギ・エビ・カニなどを捕る》.

físh·pòund *n* 簗(やな) (weir).

físh pròtein cóncentrate 魚肉濃縮タンパク《米国で開発された無味・無色の食用精製魚粉；略 FPC》.

físh sàuce 魚肉用(白)ソース; 魚醤(ぎょしょう).
físh shòp‖ FISH-AND-CHIP SHOP.
físh·skìn *n* 魚皮, 《特に》サメ皮《木を磨くのに用いる》; *《俗》ドル札; *《俗》コンドーム, スキン.
físhskin [físh-scàle] disèase ICHTHYOSIS.
físh slìce‖《食卓用》魚ナイフ《主人が魚を切り分ける》; 《料理用》魚返し, フライ返し《鍋の中で魚をすくい返す》.
físh sòund 《魚の》うきぶくろ.
físh spèar やす《魚を突く道具》.
físh stìck* フィッシュスティック (fish finger‖)《魚肉を細長く切って[細長い形にまとめて]パン粉をつけたもの, またそれを揚げたもの》.
físh stòry 《口》ほら話, まゆつば《釣師の手柄話から》.
físh tàckle 〘海〙フィッシュテークル《吊り上げた錨を船ばたに引き寄せて載せるための滑車と索具》.
físh·tàil *a* 魚尾状の. ► *vi* 〈飛行機が〉《着陸の際速度を落とすために》尾部を左右に振る; 〈車が〉《カーブなどで》尻を振る. ► *n* 〘化〙魚尾, 拡炎器《ガス口》; FISHTAIL BURNER; *《口》《自動車の尾灯を入れるために》上方に広がるフェンダー; *《口》裾が魚尾状に広がるタイトスカートのドレス; 《着陸の際の》尻振り滑空, フィッシュテール; 《車の》尻振り; 足をすばやく交差させる社交ダンスのステップ; 〘宝石〙フィッシュテール《石止め爪を2つに分けて魚尾状にしたもの》.
físhtail búrner 魚尾バーナー《交差するガスジェットにより魚尾状の炎をつくるバーナー》.
físhtail wínd 魚尾風《射撃の弾道を狂わせる風》.
físh tàle*《口》ほら話, まゆつば (fish story).
físh tànk 水槽 (aquarium); 《俗》《刑務所の》観察房[所] (=*fish bowl*)《新入りの囚人たちを種分け・検査などのため一時的に収容する場所》.
físh tràp 《魚を捕える》簗(やな), 筌(うけ); 《俗》口 (mouth).
físh wàrden* 漁業監督官.
físh·wày* *n* 魚道(ぎょどう), 《特に》FISH LADDER.
físh·wìfe *n* 魚売り女; 《古風》口ぎたない女, がみがみ女; *《俗》ホモの男の法律上の妻.
físh·wòrm *n* ミミズ《釣りの餌》.
físh-wràpper *n* *《俗》新聞.
físhy *a* **1** 魚の; 魚のような〈臭気・味・形〉; 魚の多い; 〈献立が〉魚で作った. **2** (魚のように)どんよりした, 生気のない〈目〉, 鈍色の〈宝石〉. **3** 《口》怪しい, いかがわしい, 疑わしい, うさんくさい, まゆつばの: smell [sound] ～. ● **～ about the gills** ⇨ GILL[1]. ♦ **físh·i·ly** *adv* **-i·ness** *n*
físhy·bàck* *n* トラックトレーラー[鉄道貨車, コンテナ車]の船舶輸送 (cf. PIGGYBACK). ► *a* fishyback の[による].
fisk ⇨ FISC.
Fisk /físk/ フィスク **'Jim' ～ [James ～]** (1834–72)《米国の投機家; Jay GOULD と結んで株を偽造したり, 金市場の操作を行なったりした》.
Fiske /físk/ フィスク (**1**) **John ～** (1842–1901)《米国の哲学者・歴史学者; 本名 Edmund Fisk Green》(**2**) **Minnie Maddern ～** (1865–1932)《米国の女優; もとの名 Marie Augusta Davey》.
fis·si- /fɪ́sə/ *comb form*「分裂」「裂開」 [L (*fiss- findo* to cleave)]
fis·sile /físəl, -àɪl; -àɪl/ *a* 裂けやすい, 〈結晶などが〉剝離性の; 〘理〙核分裂性の (fissionable), 《特に》低速中性子によって核分裂を起こす. ♦ **fis·sil·i·ty** /fɪsíləti/ *n* 分裂しやすい性質, 剝離性, 裂開性. [L (↑)]
fis·sion /fíʃ(ə)n, fíʒ-/ *n* 裂開, 分裂; 〘生〙分裂, 分体; 〘理〙核分裂 (=nuclear ～) (opp. *fusion*) (cf. SPALLATION). ► *vt* 分裂させる; 〘理〙…に核分裂を起こさせる. ► *vi* 分裂する; 〘理〙核分裂する. ♦ **～·al** *a* [L; ⇨ FISSURE]
físsion·able 〘理〙*a* 核分裂する, 核分裂性の: ～ material 核分裂物質《ウランなど》. ► *n* [ᵁ*pl*] 核分裂物質. ♦ **fìssion·abílity** *n*
físsion bòmb 核分裂爆弾《核分裂反応のみを用いた原子爆弾》.
físsion-fúsion bòmb FUSION BOMB.
físsion pròduct 〘理〙核分裂生成物.
físsion reàctor 〘理〙核分裂炉 (cf. FUSION REACTOR).
físsion-tràck dàting 核分裂トラック年代測定法《ウラン238が自然に核分裂を起こして残した特徴的な跡を数えて岩石などの年代を測定する方法》.
fis·si·pal·mate /fìsəpǽlmèɪt/ *a* 〘鳥〙〈足が〉指が広くて平らな, 弁足の《カイツブリなどの足》.
fis·si·par·i·ty /fìsəpǽrəti/ *n* 〘生〙分裂繁殖(性).
fis·sip·a·rous /fɪsípərəs/ *a* 〘生〙分裂繁殖の, 分体生殖の; 分裂を生ずる. ♦ **～·ly** *adv* **～·ness** *n*
fis·si·ped /físəpèd/ 〘動〙*a*, *n* 分趾の; 裂脚類 (Fissipeda) の(動物)《イヌ・ネコ・クマなど》.
fis·sip·e·dal /fɪsípədl, fìsəpí:dl/ *a* 〘動〙FISSIPED.
fis·si·ros·tral /fìsərɑ́strəl/ *a* 〘鳥〙くちばしの深く裂け込んだ〈鳥〉; 深く裂けた〈くちばし〉.
fis·sure /fíʃər/ *n* 裂け目, 割れ目, 亀裂, ひび; 《意見などの》分裂, 亀裂; 《皮膚・粘膜の》裂, 裂傷, あかぎれ; 〘地質〙《岩石中の》割れ目, 裂罅(れっか); 〘解〙《脳や脊髄の》裂, 裂溝; 〘歯〙《エナメル質表面の》裂溝. ► *vt*, *vi* 亀裂[裂け目, 割れ目]を生じさせる[生じる]. ♦ **～d** *a* 亀裂の生じた, 裂け目[割れ目]のはいった. **～·less** *a* [OF or L (*fiss- findo* to cleave)]
físsure erùption 〘地質〙割れ目噴火《溶岩が地表に生じた細長い割れ目から噴き出す噴火》.
físsure of Ro·lán·do /-roulǽndou, -lá:n-/ 〘解〙ローランド溝 (CENTRAL SULCUS). [Luigi *Rolando* (1773–1831) イタリアの解剖学者・生理学者]
físsure of Sýl·vi·us /-sílviəs/ 〘解〙SYLVIAN FISSURE.
fist[1] /físt/ *n* **1** 握りこぶし, げんこつ, 鉄拳; 握る[つかむ]こと, 把握, 握り; FISTFUL: the mailed ～ 暴力. **2**《口》手; 《口》筆跡; 〘印〙INDEX: Give us your ～. 手を出したまえ《握手しよう》/ write a good [an ugly] ～ 筆跡がみごとだ[まずい]. ● HAND **over ～**. **make a (good [bad, poor]) ～ at [of]**… 《口》…をうまく[へたに]やる. **make the ～** *《黒人俗》握りこぶしのサインをする《ブラックパワーの象徴》. **shake** one's **～ (at** sb) (人に向かって)こぶしを振りかざす《怒り・威嚇のしぐさ》. ► *vt* げんこつでなぐる; 〘海〙〈帆・オールなどを〉握る, つかむ; 〈手を〉握りこぶしにする (: ～ one's hands in one's pockets); 〘野〙バットの握り近くで[バットいっぱいに長く持って]打つ; 《卑》FIST-FUCK. [OE *fȳst*; cf. G *Faust*]
fist[2] *n* FEIST.
físt bùmp フィストバンプ, 'グータッチ'《お互いの握りこぶしを軽くぶつけ合う挨拶・祝福などのしぐさ》. ♦ **físt-bùmp** *v*
-físt·ed *a comb form* こぶし[握り]の…な: close*fisted*.
físt·fìght *n* 素手でのなぐり合い.
físt-fùck 《卑》*n* フィストファック《相手の肛門に握りこぶしをねじ込んで動かすサディスティックなホモ性戯; 時に膣に対する同様の行為》; 男の自慰. ► *vt*, *vi* フィストファックする; 〈男が〉自慰をする.
físt·fùl *n* ひと握り, ひとつかみ (handful); 多数; *《俗》多額の金 (=～ of money); *《俗》5年の禁固刑.
fist·ic /fístɪk/, **-i·cal** *a* [*joc*] なぐり合いの, ボクシングの: ～ skill.
fist·i·cuff /fístɪkʌ̀f/ *n* げんこつでの一撃; [ᵖ*pl*]《古風》なぐり合い, 拳闘, ボクシング: come to ～*s* なぐり合いになる. ● **～ law** 強い者勝ち, 鉄拳制裁, 弱肉強食. ► *vt*, *vi* こぶしでなぐる. ♦ **～·er** *n* (プロ)ボクサー. [C17; *fisty* with fist+*cuff*[2] か]
físt·mele /-mì:l/ *n* 〘弓〙フィストメル《親指を立てた握りこぶしの幅; 弓に張った弦の位置を確かめるのに使う; 約7インチ》. [*fist*[1], *mele* (変形)〈*meal* measure]
físt·nòte *n* 指じるし注《☞ によって示された注記》.
fis·tu·la /fístʃələ; -tju-/ *n* (*pl* **～s, -lae** /-lì:, -làɪ/)〘医・動〙瘻(ろう), 瘻管, 瘻孔, 異常導管, フィステル (: anal ～ 肛門フィステル, 痔瘻); 〘獣医〙FISTULOUS WITHERS; 《昆虫などの》管状器官, 《鯨の》気孔; 《廃》笛. ♦ **fís·tu·lar** *a* FISTULOUS. [L=pipe, flute]
fis·tu·lous /fístʃələs; -tjʊ-/, **fis·tu·lose** /-lòus/ *a* (空)管状[筒形]の, 中空の; 《複数の》管をもった, 管でできた; 〘医〙瘻の, 瘻性の. [L (↑)]
fístulous wíthers [〈*sg*/*pl*〉]《馬の》鬐甲(きこう)瘻.
fit[1] /fít/ *a* (**fít·ter; fít·test**) **1 a** 適当な, ふさわしい; 至当な, 穏当な; 〈任に〉耐えうる, 適任の: a banquet ～ *for* a king [queen] 大変なごちそう / I am not ～ *to* be seen. このままでは人前に出られない / It is not ～ *for* him *to* say so.=It is not ～ that he should say so. 彼がそういうのは穏当でない / Is he ～ *for* [～ *to* do] the job? その仕事をするのに適任か. **b**〘生〙《環境に対して》適応した, (生存)適者の. **2** 体調がよい, 健康で; 健全な; ‖《口》かっこいい, セクシーな: (as) ～ as a fiddle [a flea]《口》ぴんぴんして / ～ and trim 健康でスリムな / feel ～ 体調がよい / get ～ 体調を整える. **3** (いつでも…する)用意ができて, 今にも…しそうな: He was ～ *to* fall. 今にも倒れそうだった / She cried ～ *to* break her heart. 胸も張り裂けんばかりに泣いた. ● **～ for purpose** 〈施設や設備などが〉目的[役割]に十分適った. **～ to be tied** *《口》おこって, いらいらして; [〈*adv*〉] *《非標準》ひどく, すごく: laugh ～ *to be tied*. **～ to bust [burst]** ‖《口》大いに: laugh [cry, sing] ～ *to bust* [*burst*]. **～ to drop** ‖疲れはてて **～ to kill** *《口》極度に: dressed up ～ *to kill* ひどくめかして. **think [see] ～** 適切とみなす[考える]; …するのを適当と思う, …することに決める 〈*to* do〉《しばしば話者が賛同しかねる判断・決定について使われる》: Do as you see ～. 自分でいいと思うようにやりなさい / if you think ～ *to* put it off 延期するほうがいいと考えるなら.
► *v* (**fit·ted, ***～) *vt* **1** …に適合する, 合う, フィットする; …と調和[一致]する, …に相応ずる; 《古》〈人〉にふさわしい: These gloves ～ me well. この手袋はぴったりだ / ～ the case その場合に適合する, 適例だ / a curve that approximately ～*s* the observed data〘数〙観測データに近似的にあてはまる曲線 (cf. 3c, 4). **2 a** 適合させる, 合うようにする; 〈服を〉《体型に合わせて》直す; …の合いぐあいを見る; …に合わせて寸法[型など]を決める; [ᵁ*pass*]《服・靴などを選ぶ[直す]ために》〈人〉の寸法をはかる, 採寸する 〈*for*〉: ～ a speech *to* the occasion スピーチをその場にふさわしいものにする / ～ a coat *on* sb=～ sb *with* a coat 人に上着を試着させる, 人の上着の仮縫いをする (cf. 3b) / ～ a room *for* a curtain 部屋に合わせてカーテンの寸法を決める / be *fitted for* a new suit スーツを新調するために(試着して)採寸してもらう. **b** (能力をつけて)〈仕事などに〉適した[向いた]ものにする 〈*for*, *to* do〉; …に(入学の)準備をさせる: ～ one*self for* a job 仕事に耐えられる力をつける / This school ～*s* students *for* college. この学校は大学の入学準備教育をする. **3 a**《空間などに》うまく入れる[はめ込む, 納める]; 《正しい位置に》取り付ける, 据える: ～ a key *into* a lock 鍵を錠前に差し込む / ～ a cupboard under the stairs 階段の下に戸棚を納める / ～ sb *into* a party 人を一行の中に組み入れる / ～ new tires *to* a car 車に新タイヤを取り付ける (cf. 3b) / ～ a knob *on* [*to*] a door ドアにノブを付ける. **b**〈部屋・人などに〉合ったものを備える[据え付ける, 見つける]: ～ a car *with* new tires 車に新しいタイヤを装着する (cf. 3a) / ～ a man *with* a coat 人にぴったりの上着を調えてやる (cf. 2a) / The steamer is *fitted with* wireless. 汽船には無線が備え付けられている. **c**〔数〕〈データ〉に合う曲線を見つける: Data is *fitted* with a quadratic curve. データに合う二次曲線を見つける (cf. 1, 4). **4**〔数〕〈曲線を〉(与えられたデータ点を通る[最もよく近似する]ように)あてはめる (cf. 1, 3 c, CURVE FITTING): ～ a curve to data points 曲線をデータ点にあてはめる. ► *vi* 合う, ぴったりする, フィットする; 〈…に〉収まる〈*into*〉; 調和[適合]する〈*in, with*〉; *《口》道理にかなう, 納得がいく; 《古》ふさわしい: The door ～*s* badly. ドアがぴったり合わない / The coat ～*s* perfectly. この上着はぴったりと合う / You don't ～ here. ここはきみの居る所ではない / It doesn't ～. *《口》それは納得がいかない / ～ like a GLOVE. ● **～ in** 適合させる[する]; 〈家具などを〉はめ込む; 〈行事・訪問客(との面会)などを〉《予定表に》組み込む; 調和する, 〈人と〉うまく合う〈*with*〉; 一致する, 〈期待に〉添う〈*with*〉: I can ～ you *in* on Monday afternoon. あなたとは月曜の午後にお会いできます. **～ on** 着てみる, (仮縫いして)着せてみる; 〈ふたなど〉うまくはまる. **～ out**〈船を〉艤装(ぎそう)する, …に装備する, 〈人〉に必要品の支度をする, (身仕度を)整えてやる〈*with, for*〉. **～ together** 組み立てる; 統一体をなす, まとまる; 〈部品などが〉ぴったり合う. **～ up** (1) 準備[支度]する; 備え付ける〈*with*〉: ～ *up* a room 部屋に家具を備え付ける. (2) ″《口》〈人を〉にせの証拠で犯人に仕立てる, はめる.

► *n* **1** 適合; 《衣服などの》合いぐあい; 〔機〕《部品の》嵌(は)め合い; 〔統〕適合度 (goodness of fit): The coat is an easy [a poor] ～. この上着は体によく合う[合わない]. **2** 合うもの; [ᵘa ～] 体に合う衣服; 〔数〕あてはめ結果[曲線]: *a* perfect ～ ぴったり合う服 / the best ～ 最良あてはめ(曲線). **3** *《俗》麻薬注射器具一式 (outfit, works). [ME＜?; cf. MDu *vitten*, ON *fitja* to knit]

fit[2] *n* 《病気の》発作; ひきつけ, 痙攣(けいれん); 《感情の》激発, 一時的興奮, 気まぐれ: a ～ of epilepsy 癲癇(てんかん)の発作 / have [suffer] a ～ *of* …の発作を起こす / go *into* ～*s* 卒倒[気絶]する / *in* a ～ *of* anger [rage] 腹立ちまぎれに, かっとなって / when the ～ is *on* him 気が向くと, どうかすると. ● **beat [knock]** sb **into ～s** 人をさんざんにやっつける. **by ～s (and starts)＝in ～s and starts** 発作的な不規則さで, 時々思い出したように, (少しずつ)断続的に. **give** sb **a ～** 人をびっくりさせる; 人をおこらせる[激怒させる]. **give** sb **～s** (1) beat sb into FITS. (2) *人をひどくしかりつける, どなりつける. (3) *《口》人をオタオタさせる, おこらせる, 卒倒させる. **have a ～** [**(forty) ～s**, 《卑》**a shit ～**] 《口》びっくりする, オタオタする, かんかんにおこる, 卒倒する. **in ～s (of laughter)** 笑いころげて, 抱腹絶倒して: have sb *in* ～*s* 人を死ぬほど笑わせる. **throw [pitch] a ～** 《口》ひどく興奮する[驚く, おこる]. ► *vi* ″発作を起こす《特に 癲癇の》. [ME＝position of danger＜?OE *fitt* strife]

fit[3] *n* 《古》詩歌(の一節), 物語(の一節). [OE *fitt*; cf. OHG *fizza* yarn]

fit[4] *v* 《方》FIGHT の過去形.

fitch /fítʃ/ *n* 〔動〕ケナガイタチ (polecat); ケナガイタチの毛皮, フィッチ; ケナガイタチの毛で作った絵筆 (＝～ **brúsh**).

Fitch フィッチ (1) **John** ～ (1743–98)《米国の発明家; 実用蒸気船を発明》(2) (**William**) **Clyde** ～ (1865–1909)《米国の劇作家》(3) **Val Logsdon** ～ (1923–)《米国の物理学者; 中性 K 粒子崩壊における基本的対称性の破れの発見で, ノーベル物理学賞 (1980)》.

fitch·é(e), fitchy /fítʃi/ *a* 〔紋〕〈十字が〉下端のとがった.

fitch·et /fítʃət/ *n* 〔動〕ケナガイタチ (polecat).

fitch·ew /fítʃu/ *n* 〔動〕ケナガイタチ (fitchet).

fít·ful *a* **1** 発作的な, 断続的な; 変わりやすい, 気まぐれの: a ～ wind 気まぐれに吹く風. **2** 《廃》発作特有の, 発作性の. ♦ **～·ly** *adv* 発作的に, 継続的に; 時々思い出したように, 気まぐれに. **～·ness** *n* [*fit*[2]]

fít·ly *adv* 適当に, 適切に, ぴったりと; 適宜に, 適時に, 都合よく.

fít·ment *n* **1** [ᵘ*pl*] ″備品, 据付け品, 家具, 調度; 〔機〕付属品, アクセサリー. **2** 取り付けること, 据え付け. [*fit*[1]]

fit·na(h) /fítnə, -nὰ:/ *n* 〔イスラム〕動乱, 謀叛. [Arab]

fít·ness *n* **1** 適当, 適合, 適格〈*for, to* do〉; 適合性, 適応度, 《言行などの》よろしきを得ること; 良好な体調[健康状態], フィットネス: the (eternal) ～ of things 事物本来の合目的性, 物事の合理性. **2** 〔生〕適応度 (＝*Darwinian fitness*)《自然淘汰に対する個体の有利・不利の程度を表わす尺度》.

fítness cènter フィットネスクラブ, スポーツジム.

fít·òut *n* 《口》《旅などの》支度.

fít·ted *a* 向いた, 適した〈*for, to* do〉; ″ぴったり合うように作られた, はめ込み式の; 調度[付属品]の備わった: a ～ sheet フィットシーツ《マットレスを包み込むタイプのシーツ》/ a ～ shirt 体の線にぴったりしたシャツ / a ～ kitchen ″フル装備のキッチン.

fít·ter *n* 《機械・部品などの》取付け人, 組立て工, 整備工; フィッター《服や靴の裁断・寸法合わせ・直しの監督者》; 装身具[旅行用品]商; 〔映〕着付方[係], 衣裳方, スタイリスト (dresser).

fít·ting[1] *a* ぴったりの, 適切[適当]な, 似合いの. ► *n* **1** 合わせること; 《衣服の》仮縫い(の試着), 寸法合わせ; ″《服の》型, 大きさ (size). **2** [ᵘ*pl*] ″建具類, 造作, 家具類; 備品, 調度品; 付属器具類, 付属品, 取付け部品《移動・持出し可能; 移動できないものは fixture》: GAS ～. ♦ **～·ly** *adv* ぴったりと, 適当に, ふさわしく. **～·ness** *n* [*fit*[1]]

fitting[2] *n* 発作.

-fít·ting *a suf* [形容詞・副詞と共に] サイズの…な: loose [tightly] *-fitting* jeans ゆるい[きつい]ジーンズ.

fítting ròom 《店の》試着室.

fítting shòp 《機械の》組立工場.

fít-ùp *n* ″《俗》**1** 臨時劇場, 臨時[仮設]舞台(装置); 旅回り劇団 (＝～ **còmpany**). **2** 犯人に仕立てること, はめる[ぬれぎぬを着せる]こと (frame-up).

Fitz- /fɪts/ *pref* …の息子 (the son of). ★ 昔 王族の庶子の姓の前に付けた; 今も姓に残っている (cf. MAC-, O'). [AF＝son]

Fitz·ger·ald /fɪtsdʒérəld/ フィッツジェラルド (1) **Ella** ～ (1917–96)《米国の黒人女性ジャズ歌手; スキャットの名手》(2) **F(rancis) Scott (Key)** ～ (1896–1940)《米国の作家; *The Great Gatsby* (1925)》.

FitzGerald フィッツジェラルド (1) **Edward** ～ (1809–83)《英国の詩人; Omar Khayyám, *The Rubáiyát* の訳者》(2) **Garret** ～ (1926–2011)《アイルランドの政治家; 首相 (1981–82, 82–87)》(3) **George Francis** ～ (1851–1901)《アイルランドの理論物理学者》.

FitzGérald(-Lórentz) contràction 〔理〕LORENTZ-FITZGERALD CONTRACTION.

Fitz·her·bert /fɪtshə́:rbərt/ フィッツハーバート **Maria (Anne)** ～ (1756–1837)《英国王 George 4 世の妻; 旧姓 Smythe /smáɪð, -θ/; 1785 年に Prince of Wales (のちの George 4 世) とひそかに結婚するが, カトリック教徒であったため無効とされた》.

Fitz·ro·via /fɪtsróuviə/ フィッツローヴィア《London の Oxford Street の北側, Fitzroy Square の周辺地区を指す呼称; 一種の文士村的なおもむきがあった》.

Fitz·sim·mons /fɪt(s)símənz/ フィッツシモンズ **Robert Prometheus** ～ (1862–1917)《米国のボクサー; 通称 'Bob' ～; ミドル・ヘビー・ライトミドルの 3 クラスで世界チャンピオン》.

Fitz·wíl·liam Cóllege /fɪtswíljəm-/ フィッツウィリアムカレッジ《Cambridge 大学の学寮の一つ》.

Fitzwílliam Muséum [the] フィッツウィリアム博物館《Cambridge 大学付属の美術館; 1816 年設立》.

Fiu·me /fjú:meɪ, fiú:-/ フィウメ《RIJEKA のイタリア語名》.

Fiu·mi·ci·no /fjù:mətʃí:nou/ フィウミチーノ《イタリアの首都ローマの南西郊外, Tyrrhenian 海に臨む町; Leonardo da Vinci 国際空港がある》.

five /fáɪv/ *a* 5 つの, 5 人[個]の. ► *n* **1** 《数の》5, 5 つ; 5 の数字[記号]《5, v, V》. **2** 5 人[個]; *《口》5 ドル(紙幣); ″5 ポンド紙幣 (fiver); 〔クリケット〕5 点打(だ), 〔テニス〕FIFTEEN; [*pl*]《口》5 分利物. **3** 5 時, 5 歳; 5 番目のもの[人]; 《トランプなどの》5 の札, 《さいころ・ドミノの》5 の目; 《サイズの》5 番, [*pl*] 5 番サイズのもの; [後置] 第 5 の. **4** 5 人[個]の一組; バスケットボールのチーム. **5** [*pl*]《俗》5 本の指, こぶし, けんか: use one's ～*s* なぐり合う. **6** [～s] ⇨ FIVES. ★ (1) 他の用法は SIX の例に準じる. (2) 接頭辞 penta-, quinque-. ● **a** BUNCH **of ～s. ～ of clubs** *《俗》げんこつ. **give** sb **～** *《俗》人に手を貸す, 手伝う. **give [slap]** sb **～** 《口》人と握手する, 《挨拶・おめでとうの意味で》人と手を打ち合わせる《もと黒人間のしぐさ》. **Give [Slip] me ～.** *《口》さあ握手しよう, てのひらを打ち合わせよう《挨拶・祝福のしぐさ》. HANG **～. plead a ～** *《俗》FIVE it (*v* 成句). TAKE **～.** ► *v* [次の成句で]: **～ it** *《俗》《FIFTH AMENDMENT を盾にとって》黙秘権を行使する, 返答を拒否する (take the Fifth). [OE *fif*; cf. G *fünf*]

fíve-alárm *《口》*a* 大火の; 激辛の.

fíve-and-díme *n, a* *《口》FIVE-AND-TEN.

fíve-and-tén *《口》*n* 安物雑貨店 (＝**fíve-and-tén-cènt stòre**)《もと 5 セントか 10 セント均一の品物を売った》. ► *a* 安物の, つまらない, 取るに足らぬ, くだらん, 二流の.

fíve-a-síde *n* ″5 人制サッカー《各チーム 5 人でプレーする》.

Fíve Bóoks of Móses [the] 〔聖〕モーセ五書 (PENTATEUCH).

fíve-by-fíve *a* *《俗》(ずんぐりで)でぶの.

fíve-càse nóte *《俗》5 ドル札.

Fíve Cívilized Tríbes *pl* [the] 文明化五部族《北米インディアンの 5 つの部族, Cherokee, Chickasaw, Choctaw, Creek, Seminole の呼称; 1830 年の移住法 (Removal Act) の成立によって米国の南東部から Trail of Tears などを通って Oklahoma の Indian Territory に強制移住させられた; 'civilized' とは Territory 時代に彼らが白人の制度を大幅に受け入れたために呼ばれるようになったもの》.

fíve-córner(s) *n* (*pl* **-córners**) 〔植〕豪州産エパクリス科のヒースに似た低木になる五角形の果実.

fíve-dày wéek 労働日数が 5 日の週; 週休二日制.

fíve-dòllar góld pìece [次の成句で]: **come up with the**

〜*《俗》並はずれて幸運である.

fíve-éighth(s) *n*《豪》ファイブエイス《ラグビーで, ハーフバックとスリークォーターの間にいる競技者; そのポジション》.

fíve-fàced bíshop〘植〙ゴリンバナ (moschatel).

fíve-fìnger *a* 五指の: 〜 exercises《ピアノの》五指練習; [*fig*] 楽な仕事. ► *n* **1**〘動〙ヒトデ;〘植〙キジムシロ (cinquefoil);〘植〙ミヤコグサ (birds'-foot trefoil);〘植〙アメリカヅタ (Virginia creeper);〘植〙セイタカセイヨウサクラソウ (oxlip). **2** [ᵘfive finger] [ᵒ*pl*]*《俗》泥棒 (thief); [*pl*]*《俗》5 年の禁固刑. ● **give five fingers to** sb *《俗》親指を鼻に当て他の指を人に向ける《相手をばかにするしぐさ》.

fíve-fìnger díscount *n**《俗》万引き(のあがり), 窃盗, '5 本指割引': get sth with a [one's] 〜. ► *a*《CB 無線俗》盗まれた, 盗品の.

fíve fíve *a, adv**《俗》FIVE SQUARE.

fíve·fòld *a, adv* 5 つの部分[要素]からなる; 5 倍の[に], 5 重の[に].

fíve-gáit·ed *a*〈馬が〉五種歩訓練済みの《並足 (walk), 速足 (trot), 普通駆け足 (canter), 軽駆け (rack), 緩足 (slow gate) を仕込まれた》.

5-HT /fáɪvèɪtʃtíː/〘生化〙SEROTONIN. [*5-hydroxytryptamine*]

fíve húndred〘トランプ〙五百, ノートランプ《ユーカー (euchre) の一種で 500 点を取るのを目的とするゲーム》.

five Ks /─ kéɪz/ *pl* [the]〘シク教〙5 つの K《シク教徒の軍事集団 Khalsa 党の党員が身に着けるべき 5 つのもの: kesh (ケーシュ, 長髪とあごひげ), kangha (カンガー, 櫛), kirpan (キルパーン, 剣), kara (カラー, 鉄製の腕輪), kuccha (カッチャー, 膝下までの短ズボン)》.

Fíve Nátions *pl* [the] 五族連盟 (⇨ IROQUOIS LEAGUE).

Five-O /─ óu/ *n**《俗》警官, おまわり, 警察《テレビ番組の刑事物 'Hawaii Five-O' より》.

fíve-o'clòck shádow《朝そったが》夕刻に目立ってきたひげ, (午後) 5 時の影.

fíve-o'clòck téaᵘ 午後のお茶《軽い食事》.

five of a kínd〘ポーカー〙ファイブカード (⇨ POKER).

fíve-óuncers *n pl**《俗》げんこつ(による一撃). [ボクシング用グラブの最軽量から]

five·pence /fáɪvpəns, -pèns; fáɪfpəns, fáɪv-/ *n* ᵘ5 ペンス《俗称 fippence》; *5 セント(白銅貨) (nickel).

five·pen·ny /fáɪvpèni; fáɪfpəni, fáɪv-/ *a* 5 ペンスの.

fívepenny náil* 長さ 1¾ インチの釘. [もと 100 本 5 ペンス]

fíve-percént·er* *n* 5 分(ぶ)の手数料をもらって役所関係の仕事を斡旋する人,《一般に》利権屋.

fíve-per-cénts *n pl* 5 分利物, 5 分配当株(券).

Fíve Píllars of Íslam *pl* [the] PILLARS OF ISLAM.

fíve·pìns *n* [‹*sg*›] 五柱戯, ファイブピン. ♦ **fíve·pìn** *a*

five póinter*《俗》優秀な学生, 秀才; *《俗》《テストなどの》優秀な成績.

fíve-pòund bág [次の成句で]: **look like ten pounds of shit in a 〜***《俗》だらしない服装をしている,《特に》服が小さすぎて肉がはみ出している; *《俗》詰めすぎである, 太りすぎである, はみ出ている.

fiv·er /fáɪvər/《口》*n* *5 ドル札, ᵘ5 ポンド札; 5 点ゲーム; 5 点得点者;〘クリケット〙5 点打; *5 年の禁固刑.

fivesᵘ /fáɪvz/ *n* [‹*sg*›] ファイブズ《2–4 人で行なう HANDBALL に似た球技》: a 〜 court ファイブズ球技場.

fíve·scòre *a* 百の, 100 の.

five sénses *pl* [the] 五感《視覚・聴覚・嗅覚・味覚・触覚》.

five-sìded púzzle pàlace*《俗》五面の迷宮, ペンタゴン (Pentagon).

fíve-spíce pòwder 五香粉(ウーシアンフェン) (=**fíve-spìce**)《中国の混合香辛料: 普通は, アニス・胡椒・茴香(ういきょう)・丁字(ちょうじ)・桂皮(けいひ)の 5 種類が混合されている》.

fíve-spòt *n**《口》5 ドル札 (=*fiver, fin*);《さいの》5 の面,《トランプの》5 の札,《ビリヤードの》5 の球; *《俗》5 年の禁固刑.

five squáre *a**《俗》〈無線信号が〉強くてわかりやすい, 大きくはっきりした; *《俗》すごくはっきりとした, よくわかる. ► *adv**《俗》はっきりと, 明瞭に. [軍隊で無線信号の強度と明瞭度を 5 段階で評価することから]

fíve-stàr *a*〈ホテル・レストランなどが〉五つ星の;〘米軍〙五つ星の: a 〜 general 米陸軍元帥.

fíve·stònesᵘ *n* [‹*sg*›] 5 つの小石を用いるお手玉.

fíve-tòed jerbóa〘動〙イツユビトビネズミ《欧州東部・アジア産》.

fíve-to-twó *n*《韻俗》ユダヤ人 (Jew).

Fíve Tówns *pl* [the] ファイヴタウンズ《イングランド中部 Staffordshire の陶磁器工業地区 (Potteries) を構成した 5 つの町: Tunstall, Burslem, Hanley, Stoke-on-Trent, Longton; Arnold Bennett の作品の舞台となっている; 1910 年に合併して Stoke-on-Trent となった》.

five W's /─ dʌ́b(ə)ljuz/ *pl* [the]〘ジャーナリズム〙5 つの W《who, what, when, where, why を表わす; how と共にニュースの前文 (lead) に盛り込まねばならない要素》.

Fíve-Yèar Plán 五か年計画《ソ連・中国などの》.

fix /fíks/ *vt* **1 a** 固定[固着]させる, 取り付ける, 据える ‹*on, onto*›,〘軍〙〈銃剣を〉着ける: 〜 a mast *on* the boat 舟に帆柱を立てる / 〜 a shelf *to* the wall 壁に棚を吊る / 〜 a mosquito net かやを張る. **b**〈考え・意見などを〉固定させる,〈心・記憶に…を〉とどめる: 〜 the date *in* one's mind その年代を銘記する. **c**〘化〙凝固させる,〈空気中の窒素を〉固定する;〘生〙《顕微鏡検査をするために》〈生物体・組織を〉固定する; 不揮発性にする; 色留めする;〘写〙定着する. **2**〈意味・場所などを〉確定する;〈日時・場所などを〉決定する;〈範囲・価格などを〉定める: 〜 a place *for* the meeting 会合の場所を決める. **3 a**〈人を〉じっと見る;〈目・注意・思いなどを…に〉じっと向ける, 凝らす ‹*on*›: She 〜*ed* me icily [*with* a cold look]. ひややかに見すえた / He 〜*ed* his attention *on* the picture. じっと絵に注意を向けた. **b**〈事物が〉〈人の注意などを〉引き留める. **4**〈罪・責任などを〉‹…に›負わせる, 被(き)せる ‹*on*›: The blame was 〜*ed on* the leader. 責任は指導者に負わされた. **5 a**〈機械を〉調整する; 修理[修繕]する, 直す; 治療する, 治す;《口》〈不和・苦境などを〉修復する, 調停する;《口》〈特に猫・ペットを〉去勢[不妊化]する, [*joc*]〈人〉に避妊処置をする;《俗》…に麻薬をうつ: if it ain't BROKE, don't 〜 it. **b**〈部屋などを〉片付ける, 整理する;《口》〈女性が〉〈顔を〉つくろう, 化粧を直す,〈髪を〉結う: She 〜*ed* her hair in Hollywood manner. ハリウッド風に髪を結った. **c**〈問題などを〉解決する. **6**〈物を〉〈人〉に供給する; *〈食事・飲み物などを〉用意[準備]する,〈食べ物を〉料理する: 〜 a meal 食事の支度をする / 〜 him a salad 彼のためにサラダを作る. **7**《口》**a**〈選挙・試合など〉に不正工作をする; 買収する: a 〜*ed* game 八百長試合. **b** 懲らしめる; …に仕返しをする; 黙らせる; 片付ける, 殺す. ► *vi* **1** 固定[固着]する; 固まる; 硬化する;〈目が〉すわる;〈視線・注意が…に〉留まる ‹*on, to*›; 定住する ‹*in* town etc.; *down, out*›. **2*** 用意する, 予定する: 〜 for a trip 旅支度をする / I'*m* 〜*ing* (=going) *to* go hunting. 狩りに行くつもりだ. **3**《俗》麻薬をうつ. ● **be 〜ed on** (doing)…《口》…(すること)に決めている, …のことばかり考える. **be 〜ing like**…*《俗》…しようとしている (cf. *be* FIX*ing to* do): She *is* 〜*ing like* she's going to leave here. **〜 it***《口》始末する, 処理する. **〜 on**…を[に]決定する: 〜 *on* a date for a meeting 会合の日取りを決める / 〜 *on* starting tomorrow 明日出発に決める / 〜 *on* John *as* the leader [*to* do the work] ジョンをリーダーに[仕事をする人に]決める. **〜 over***《口》〈衣服などを〉作り変える. **〜 up** 手はずを整える, 手配する ‹*about, for* sb *to* do›;《口》〈人〉のために手配する, …に〈必要なものを〉あてがう ‹*with*›;《口》〈人に〉‹…との›デート[*《俗》売春]の手配をする ‹*with*›; ‹…に›宿泊させる ‹*in*›; 取り決める, 定める; まとめる; 組織[編成]する; *解決[和解]する; *《口》修理する, 手入れする; 治療する, 治す; 盛装する[させる]; 整頓する, 掃除する: 〜 it [things] *up* (*with* sb) (人と)話をつける.

► *n* **1**《口》苦しいはめ, 苦境, 窮地; *状態: be in a (pretty [fine]) 〜 (*for*…) (…のことで)苦しいはめに陥る, 進退きわまる / get [get sb] into a 〜 苦境に陥る[人を苦境に陥らせる]. **2 a**《船舶・飛行機などの》位置; 位置決定, 定位; 明確な考え, 正確な認識 ‹*on* sth›: get [have] a 〜 *on* …の位置を確認する; …(の正体)を突きとめる, (…の性格[方向性など])をはっきり見定める / give sb a 〜 *on*… 人に…の位置を教える. **b***《俗》《警官などの》持ち場. **3** [ᵒthe] 買収, 不正取決め, 裏取引,《賄賂・共謀により》恩典[免罪]を得ること; 八百長(試合); 賄賂. **4 a** 一回の麻薬注射《特にヘロイン》, 麻薬一回分の量: get [give] a 〜 (人に)麻薬をうつ. **b**《口》いつも[どうしても]欲しいもの, (習慣になって)やめられないもの《タバコなど》: need one's daily 〜 *of*… 毎日の…がどうしても欠かせない. **5**《緊急の》修理, 調整, 解決策, 治療 ‹*for* a problem›: a quick 〜 応急処置. **6** FIXATION. ● **be out of 〜**〈時計・体が〉調子が狂って. **blow a 〜***《俗》麻薬注射をうちそこねる. **cop [get] a 〜***《俗》麻薬 (1 回分)を買う[手に入れる]. [OF or L (*fix- figo* to fasten)]

fíx·able *a* 固定することのできる, 固まる, 定着性の; 留めることのできる; 決定することのできる.

fix·ate /fíksèɪt/ *vt* **1** 固定させる; …に視線を集中する, 凝視する: 〜 the eyes じっと見つめる. **2** [ᵘ*pp*] (病的に)執着[固執]させる, 夢中にさせる ‹*on*›;〘精神分析〙〈リビドーを〉乳児的な満足の形式に向ける, 固着させる《特に 精神・性的発達の前性器期の段階に停止させる》. ► *vi* 固定[定着]する; 凝視する, こだわる ‹*on*›;〘精神分析〙固着する.

fíx·àt·ed *a*《病的に》固執[執着]して, こだわって, とりつかれて, 依存して ‹*on, with*›;《発達や適応が》停止した, 固定された.

fix·a·tion /fɪkséɪʃ(ə)n/ *n* **1** 定着, 固着, 固定 ‹*with, about*›; 据え付け;〘化〙凝固,《窒素などの》固定, 不揮発性化;〘写〙定着;〘染〙色留め(法). **2**〘心〙凝視, 固視;《未成熟期に認められる人・物品などへの》病的執着, 固執;〘精神分析〙固着;《フラストレーションに対する反応などにみられる》類型的行動.

fix·a·tive /fíksətɪv/ *n* 定着薬[液, 剤], 固定剤[液],〘染〙色留め料, 媒染剤,〘画〙フィクサチーフ; 接着剤. ► *a* 固定[固着]力のある, 定着性の; 色留めの.

fixed /fíkst/ *v* FIX の過去・過去分詞. ► *a* **1** 固定した, 定着した, 据え付けの; 不動の, 安定した, 一定の; 確固たる, 凝り固まった;〈視線など〉じっと動かない, すわった; 支度してある; 毎年同じ日付にきまった, 固定した〈祝日など〉;〘化〙凝固した, 不揮発性の〈酸・油〉;〘化〙化合物に取り入れられた, 固定した〈窒素など〉. **2**《口》内密[不正]に取り決められた, 買収された, 八百長の. **3**〘占星〙不易相の《金牛・獅子・天蝎・宝瓶の 4 宮に関係した; cf. CARDINAL, MUTABLE; ⇨ ZODIAC》. **4**《俗》麻薬を使って[うって], 酔って. ● **be 〜 for**…《口》〈金銭[時間など〉についてたくわえ[余裕]がある: How *are* you ～ *for* time [money]? 時間[お金]はだいじょうぶ? **be ～ for life** 《口》一生困らないだけの金がある. ♦ **fix·ed·ly** /fíksədli, -st-/ *adv* 定着[固定, 安定]して; 固く; じっと; 決心して (determinedly). **fix·ed·ness** /fíksədnəs, -st-/ *n*

fíxed ásset [°*pl*]〘会計〙(有形)固定資産《土地・建物・機械など; opp. *current asset*; cf. CAPITAL ASSET》.

fíxed cápital 固定資本 (cf. CIRCULATING CAPITAL).

fíxed chárge 固定料金; 確定負債; [*pl*] 固定費.

fíxed cóst [ᵘ*pl*] 固定費(用).

fíxed dísk〘電算〙固定(磁気)ディスク, ハードディスク.

fíxed-dó sỳstem /-dóu-/〘楽〙固定ド方式《調の変化に関係なく楽譜のハ音 (C) をいつもドとして歌う唱法; cf. MOVABLE-DO SYSTEM》.

fíxed fócus 《写真機の》固定焦点.

fixed-head coupéᴵᴵ /ˊ—ˋ—ˊ—/〘車〙COUPÉ.

fíxed idéa 固定観念;〘精神医〙固着観念;〘楽〙固定楽想 (IDÉE FIXE).

fíxed-íncome *a* 確定収入の, 定率利益の.

fíxed íncome 固定収入, 定額所得.

fíxed liabílities *pl*〘商〙固定負債.

fíxed-móbile convérgence 固定・移動融合《携帯電話を家では固定電話として使えるようにするサービス; 略 FMC》.

fíxed ódds *pl* 固定賭け率《配当率が前もって決められているもの》.

fíxed óil〘化〙固定油《不揮発性油, 特に FATTY OIL; opp. *essential oil*》.

fíxed-pítch propéller〘空〙固定ピッチプロペラ.

fíxed-póint *a*〘電算〙固定小数点式の (cf. FLOATING-POINT): ～ representation 固定小数点表示.

fíxed póint 固定点;〘理〙定点《温度目盛りの基準となる水の融点・沸点など》;〘数〙不動点; 交番, 巡査駐在所.

fíxed príce 固定価格, 定価; 均一価格; 公定[協定]価格.

fíxed próperty 固定資産, 不動産.

fíxed sátellite〘宇〙固定衛星, 静止衛星.

fíxed stár〘天〙恒星《天球上の相対位置が一定》.

fíxed-térm *a* 期間を限定[固定]した, 期限付きの, 任期制の: a ～ contract 有期契約 / a ～ employee 期限付き[有期]被用者.

fíxed trúst 固定型投資信託 (opp. *flexible trust*).

fíxed vírus 固定ウイルス, 固定毒《通常の宿主以外の動物を用いた連続的動物通過により毒性や潜伏期を安定化したウイルス》.

fíxed-wíng áircraft〘空〙固定翼機.

fíx·er *n* 定着剤, 定着液, 色留め料;《口》《不正手段で》取りまとめを企てる人, 事件などをもみ消す人, フィクサー;《交渉・紛争の》まとめ役; *《口》弁護士; *《俗》麻薬の売人.

fíx·er-úpper *n*《口》**1** なんでも修理屋. **2** 特価で提供されている廃屋, ぼろ家, ぼろ車《修理して転売することを目的に購入される》. [*fix up*]

fíx·ing *n* **1** 固定, 固着, 凝固,〘写〙定着; 据え付け, 取付け; *調整, 修理;《試合などでの》不正工作, 八百長. **2** [*pl*] *《口》《室内などの》設備, 器具, 備品; [*pl*]ᴵᴵ固定[取付け]用の器具《ねじ・ブラケットなど》; [*pl*] *《口》添えるもの,《特に 料理の》付け合わせ (trimmings); [*pl*] *《口》《料理の》材料. **3**〘金融〙GOLD FIXING.

fix·in(')s /fíksənz/ *n pl* *《俗》FIXINGS.

fíx-it *a* *《口》簡単な修理の[をする], 調整[手直し]の[をする]: a political ～ man 政治(的)調整役.

fix·i·ty /fíksəti/ *n* 定着, 固定;《視線などの》不動; 不変(性); 不揮発性; 固定されたもの.

fixt /fíkst/ *v*《古》FIX の過去・過去分詞.

fix·ture /fíkstʃər/ *n* **1** 定着[固定]物, 据え付け品, (付属)設備; 作り付けの備品《移動可能な備品 fitting》; [ᵘ*pl*]〘法〙定着物《土地または家屋に付属した動産》. **2**《ある場に》付き物の[お定まり]のもの[要素, 特徴], 欠かせない[なくてはならない]もの,《一定の職や場所に》居つきの人: be a ～ in…に付き物である, …に定着している. **3**ᴵᴵ《競技・競馬・公演などの》恒例の催し[大会, 試合];《競技・会合の》開催日, 日取り;〘商〙定期貸付金: a home ～ 本拠地での試合. **4** FIX すること, 固定(状態). [C16 *fixure*<L; ⇨ FIX]

fíx-ùp *n* *《俗》麻薬一回分の量.

fiz·gig /fízgìg/ *n* むちごま《おもちゃ》; シューシューと音をたてる花火; 見かけ倒し;《豪俗》《警察への》密告者, たれ込み屋;《古》はすっぱ娘; やす (fishgig). ► *a* 軽薄な, はすっぱな. [変形<*fisgig* (*fis* flatus, *gig* girl)]

fizz[1] /fíz/ *vi* シュー[シュッ]という[鳴る] (hiss), シューシューと発泡する 〈*up*〉; 興奮した様子をみせる, うきうきした気分を示す;《口》どんどん動く, てきぱきやる 〈*along*〉. ► *n* シューという音;《飲み物の》発泡(性); 発泡性飲料《シャンパン・ソーダ水など》, フィズ《炭酸水入りのアルコール飲料》; 活発, 活気; *《俗》失敗. ● **full of ～**《口》興奮した, 意気盛んな, 活発な. [imit]

fizz[2] *n*《豪俗》密告者, 通報者, たれ込み屋. [*fizgig*]

fizz·bo /fízbou/ *n* *《俗》所有者による売出し(物件).

fízz-bòat *n*《NZ俗》モーターボート. [エンジン音から]

fízz·er[1] *n* シューというもの;《口》第一級のもの, 一級品;〘クリケット〙快速球;《豪口》不発, 大失敗, とんだ期待はずれ; ᴵᴵ《軍俗》告発状.

fizzer[2] *n*《豪俗》FIZZ[2].

fízz·ing《口》*a* 第一級の, すばらしい; めざましく速い.

fízz jòb *《俗》ジェット機.

fiz·zle /fíz(ə)l/ *vi* シューと音をたてる[たてて消える]; 元気[勢い]がなくなる;《口》《好調な出だしのあとで》失敗する. ● **～ out** 〈飲み物が〉泡立ちがなくなる; 〈湿った火薬など〉プスッと消える; 尻すぼみに終わる, 立ち消えになる. ► *n* シューシュー(音);《口》失敗, 水の泡. [*fizz*, *-le*; 一説に *fist* (obs) to break wind, *-le*]

fizzog ⇨ PHIZ.

fízz·wàter *n* 発泡する水, ソーダ水, 炭酸水.

fízzy *a* シューシュー泡立つ; はつらつとした, 快活な: ～ drinks 炭酸飲料. ♦ **fíz·i·ly** *adv* **fíz·zi·ness** *n*

fjeld, field /fjéld, fiél/ *n* フィエルド《Scandinavia 半島の不毛な台地で, 多くは氷河がある》. [Dan; cf. FELL[4]]

fjord, fiord /fjɔ́:rd, fiɔ́:rd/ *n* 峡湾, フィヨルド《高い断崖の間に深くはいり込んだ狭い湾; ノルウェーの海岸に多い》. [Norw<ON; cf. FIRTH, FORD]

FK °Falkland Islands. **fl.** flanker ♦ floor ♦〘オランダ〙[*florin(s)*] guilder(s) ♦ [L *floruit*] he [she] flourished ♦ fluid. **Fl** flerovium. **Fl.** Flanders ♦ Flemish. **FL** °Flag Lieutenant ♦ Florida ♦ °focal length ♦ foreign language ♦ [G *Fürstentum Liechtenstein*] (Principality of) Liechtenstein.

Fla. Florida.

flab /flǽb/ *n*《口》《体の肉の》たるみ, 贅肉(ぜいにく). [逆成<*flabby*]

flab·ber·gast /flǽbərgæ̀st; -gɑ̀:st/ *vt*《口》びっくり仰天させる, 面くらわせる (dumbfound). ♦ **～·ing·ly** *adv* [C18<?; *flabby* ＋*aghast* か]

fláb·ber·gàst·ed *a*《口》びっくりして, たまげて;《俗》《酒に》酔って.

flab·by /flǽbi/ *a* 〈肉が〉締まりのない, たるんだ; 無気力な, 軟弱な, だれている. ♦ **-bi·ly** *adv* たるんで; だらしなく, 活気なく. **-bi·ness** *n* たるみ, 弛緩, 軟弱; 無気力. [*flappy*]

fla·bel·late /fləbélət, -èɪt, flǽbəlèɪt/ *a*〘植・動〙扇形の.

fla·bel·li- /fləbélə/ *comb form*「扇 (fan)」 [FLABELLUM]

flabélli·fòrm *a* FLABELLATE.

fla·bel·lum /fləbéləm/ *n* (*pl* **-la** /-lə/)《儀式用の》大扇,《教皇などの》羽扇;〘動〙扇状部, 扇状器官. [L＝fan]

flac·cid /flǽksəd, flǽsəd/ *a* 〈筋肉が〉弛緩(しかん)した, 弛緩性の;〘植〙しおれた; 〈精神など〉ゆるんだ, だらけた, たるんだ, 柔弱な. ♦ **～·ly** *adv* **flac·cid·i·ty** /flæ(k)sídəti/, **～·ness** *n* 弛緩, 締まりなさ, 弛緩症, 無気力. [F or L (*flaccus* limp)]

flack[1] /flǽk/ *《俗》*n* 広報係[担当], 宣伝係; 広報, 宣伝, パブリシティー. ► *vi, vt* 広報係として働く, 宣伝する, 売り込む, プロモートする. ♦ **fláck·er** *n* **fláck·ery** *n* 宣伝, 売込み, 広報, パブリシティー; 広告会社. [C20<?Gene *Flack* 映画広告代理業者; 異説に 'flags' を振ることから]

flack[2] ⇨ FLAK.

flack[3] *vi* *《俗》[次の成句で]: **～ out** 眠る; 意識を失う; 疲れる, めいる; 死ぬ, くたばる. [cf. FLAKE[3]]

flac·on /flǽkən, -ɑ̀n; *F* flakɔ̃/ *n*《香水などの》小瓶.

fla·court·ia /fləkɔ́:rtiə, -kɔ́:r-/ *n* [*F-*]〘植〙フラクールティア属《スミレ目イイギリ科; 中南米・アフリカ・南アジアなどに産する数属の樹木を含む》. [Étienne Bizet de *Flacourt* (1607–60) フランス人の植民地開拓者]

fladge /flǽdʒ/ *n* ᴵᴵ《俗》《性的倒錯行為としての》むち打ち, 鞭打(べんだ). [*flag*ellation]

flag[1] /flǽg/ *n* **1 a** 旗;〘野〙《優勝チームに与えられる》チャンピオンフラッグ: RED [WHITE] FLAG, YELLOW FLAG[2]. **b**〘海軍〙旗艦旗, 司令旗, 将旗; 旗艦 (flagship);《艦隊の》司令長官. **c** [the] 自国, 母国;《船・飛行機の》国籍: allegiance to the ～ 国家への忠誠. **d**〘英〙《旗の日 (flag day) に売られる》紙の小旗. **2**〘狩〙《鹿やセッターの》尾; [ᵘ*pl*]《タカ・フクロウ・サギなどの》脚部の長い羽毛. **3 a**《新聞・雑誌の》発行人欄 (masthead);《新聞第一面の》紙名. **b** テレビカメラの遮光布. **c**〘楽〙《音符の》旗, フック, かぎ (hook)《♪♪などの旗形の部分》. **d**〘印〙《訂正・加筆などの行間にはさむ》差し紙, フラッグ;《一般に》《心憶えのための》付箋, しおり. **e**〘電算〙フラッグ《**1**) データに付加されて, それについての情報を示す部分 **2**) プログラムの実行途中で状態を示す変数・レジスタ》. **f**《英・豪》《タクシーメーターの》空車標示板. **g** *《俗》落第点, 不可, F: get a ～ on algebra. **4** *《俗》偽名, 仮名. **5** [the]〘豪式フット〙チーム対抗選手権 (premiership). ● **dip the ～**《商船が軍艦に会ったとき》旗を少し下げて敬意を表わす. **fly the ～** (**1**) 〈船舶が〉特定国に船籍登録しその船籍旗を掲げて航行する. (**2**) 愛国心を明らかにする, 自国[自党など]への支持を表明する, 旗を振る 〈*for*〉《★ **carry** [**show, wave**] **the ～** ともいう》. **hang out** [**hoist**] **a ～ half-mast high** [**at half-mast***] 半旗を掲げて弔意を表わす. **haul down** one's **～**＝lower one's FLAG. **hoist** one's **～**《艦隊司令官が就任して》将官旗を掲げる, 指揮を執る. **hoist the ～**《新発見地などの領有を主張して》旗を立てる. **keep the ～ flying** 降参しない. **lower** one's [**the**] **～** 旗を降ろす《敬意・降服のしるしに》; 降参する. **put** [**hang**] **the ～(s) out** 旗を掲げて勝利(など)を祝う. **show the ～** 〈特に軍艦が〉外国の港(など)を公式訪問する;

(武力を背景に)権利を主張する, 旗幟(きし)[主張]を鮮明にする, 国威(など)を示す; ⇨ fly the FLAG[1] (成句); ‖《パーティーなどに》一応[ちょっとだけ]顔を出す. **strike one's ～**＝lower one's FLAG; 司令官の任を去る. **under the ～ of**…の旗の下に(はせ参じて), …の庇護の下に. **wave the ～** ⇨ fly the FLAG[1] (成句). **wrap oneself in the ～** *《特に政治的な目的で》愛国心をあらわに表明する, 国旗に身をくるむ. ► *v* (-gg-) *vt* **1** …に旗を立てる; 旗で飾る. **2**〈乗物・運転者などを〉信号[合図]で停止させる; 旗で合図する[知らせる]; …の反則を旗で合図する, …にペナルティーを科す: ～ a taxi(cab) 手を上げてタクシーを止める. **3**〈猟鳥を〉旗などでおびき寄せる. **4** …に目印[マーク]を付ける; 《検索のために》〈ページなどに〉紙片[付箋]を貼る; 〖米軍〗〈書類やカード〉に特別な色の付箋を付けて変更[処理]を凍結する. **5** *《俗》〈人を〉退ける; *《俗》〈授業を〉欠席する, サボる; *《俗》〈試験・学科〉に落第する; *《俗》逮捕する, しょっぴく, パクる. **6**《NZ》軽視する, あしらう〈*away*〉. ► *vi* *《俗》落第する. ● **～ down**〈乗物・運転者などを〉停止させる. **～ it** *《俗》試験[学科]を落とす. **～…off** 旗を振って…にスタートの合図をする. **～ up** ‖…に注意を喚起する, 注目させる. [C16＜? *flag* (obs) drooping; cf. FLAG[3]]

flag[2]〖植〗*n* 刀状葉を有する植物《ショウブ・アヤメなど》; ガマ (cattail); 刀状葉. [ME＜?; cf. MDu *flag*, Dan *flæg*]

flag[3] *vi* (-gg-)〈帆など〉だらりとたれる;〈草木が〉しおれる;〈気力・興味など〉衰える, 弱くなる, ゆるむ;〈人が〉気力をなくす, なえる;〈話題などが〉関心をひかなくなる, つまらなくなる. [FLAG[1]]

flag[4] *n* 《平たい》敷石, 板石(いたいし), フラッグストーン (＝*flagstone*); [*pl*] 敷石道. ► *vt* (-gg-)〈地面・路面〉に板石を敷く. ♦ **～·less** *a* [ME＝sod＜?Scand; cf FLAKE[1], ON *flaga* slab of stone]

flag[5] *n*〖鳥〗《翼にある》おおばね (quill-feather) (＝**～ fèather**). [? *fag* (obs) loose flap; cf. FLAG[3]]

flág àirline 一国を代表する航空会社 (FLAG CARRIER).

flág-bèar·er *n* 旗手; 《社会運動の》指導者, 旗手 (standard-bearer).

flág bòat 旗艇《ボートレースの目標ボート》.

flág càptain〖海軍〗旗艦の艦長.

flág càrrier 一国を代表する航空[船]会社, フラッグキャリアー.

flág dày **1**〖英〗旗の日《街路で慈善事業基金を募り, 寄付をした者に小旗・ワッペンなどを配る; cf. TAG DAY》. **2** [F- D-]〖米〗国旗制定記念日《6 月 14 日; 制定は 1777 年》.

flagella *n* FLAGELLUM の複数形.

flag·el·lant /flǽdʒələnt, flədʒél-/ *a* むち打ちの[を好む]; きびしく非難する, むち打つ. ► *n* [°F-] むち打ち[鞭打(べんだ)]苦行者《人の見る所で自己をむち打った中世の苦行者; cf. DISCIPLINANT》; 《むちで自身を打つ[人を打つ, 人に打たれる]ことに性的快感を覚える》むち打ち性感者. ♦ **～·ìsm** *n* [L *flagello* to whip; ⇨ FLAGELLUM]

fla·gel·lar /flədʒélər, flǽdʒə-/ *a* 鞭毛 (flagellum) の.

flag·el·late /flǽdʒəlèɪt/ *vt* 《特に苦行あるいは性的快感を得るため》むちで打つ; 駆りたてる〈*to*〉; きびしく罰する. ► *a* /-lət, -lèɪt/〖生〗鞭毛状の;〖生〗鞭毛の有る;〖植〗匍匐(ほふく)枝の有る; 鞭毛虫[鞭毛藻]の, 鞭毛虫に起因する. ► *n* /-lət, -lèɪt/ 鞭毛虫, 鞭毛藻. ♦ **-là·tor** *n* むち打つ人. **flág·el·làt·ed** *a* FLAGELLATE. [*flagellum*]

flag·el·la·tion /flæ̀dʒəléɪʃ(ə)n/ *n* むち打ち; むち打ち苦行;〖生〗鞭毛発生;〖生〗鞭毛(配列). ♦ **-la·to·ry** /flǽdʒələtɔ̀ːri; -t(ə)ri/ *a*

fla·gél·li·fòrm /flədʒélə-/ *a*〖生〗鞭毛状の, 鞭状….

fla·gel·lin /flədʒélən/ *n*〖生化〗フラジェリン《細菌の鞭毛繊維の主な構成要素となっている粒状タンパク質で, 鞭毛繊維の抗原性の特異性を決定する》. [↓]

fla·gel·lum /flədʒéləm/ *n* (*pl* **fla·gel·la** /-lə/, ～**s**)〖生〗《精子・原生動物・藻類などの》鞭毛;〖昆〗《触角の》鞭節;〖植〗糸状の匍匐茎[苗条]; [*joc*] むち (whip, lash). [L＝whip (dim)＜*flagrum* scourge]

flag·eo·let[1] /flæ̀dʒəlét, -léɪ/ *n*〖楽〗フラジョレット, フラジョレ (＝French ～)《音孔 6 個の小型の縦笛》; PENNY WHISTLE; 《パイプオルガンの》フラジョレットストップ. [F]

fla·geo·let[2] *n* 小粒のインゲンマメの一種.

flág-fàll *n* 旗の振り下ろし《スタートの合図》; 《英・豪》《タクシーの》最低料金.

flág flỳing 《口》《ブリッジで》高くはりすぎること.

flág fòotball フラッグフットボール《米国の子供や女子の間で普及しているタックル抜きのフットボール; 腰まわりにフラッグかハンカチを下げ, ボールキャリアーがこれを取られた時点でボールデッド; オフェンス側は 4 回内のダウンで得点しなければ攻撃権を失う; 通常 6 人でプレー》.

Flagg /flǽg/ フラッグ **James Montgomery ～** (1877–1960)《米国の画家・イラストレーター・作家》.

flagged[1] /flǽgd/ *a* *《俗》パクられて, (とっつかまって)しぼられて, 目をつけられて, にらまれて.

flagged[2] *a* 石を敷き詰めた, 石畳の.

flag·ger *n* FLAGMAN; *《俗》タクシーを止める人.

flág·ging[1] *a* たれさがる; だれぎみの; 減少ぎみの, 弱体化している, 衰退しつつある, 先細りの. ♦ **～·ly** *adv*

flagging[2] *n* 板石(いたいし)舗装; 板石類 (flags); 敷石道.

flág·gy[1] *a* ショウブ類の多い; 《古》ショウブ[刀状葉]状の.

flaggy[2] *a*〈岩石が〉板石状にはがれやすい.

flaggy[3] *a* たれさがる, だれる; だるそうな; ぐにゃぐにゃの.

fla·gi·tious /flədʒíʃəs/ *a* 極悪非道の, 凶悪な; 破廉恥な, 不埒な, 悪名高い. ♦ **～·ly** *adv* **～·ness** *n*

flág lieutènant〖海軍〗将官[司令官]付き副官.

flág lìst〖英海軍〗現役将官名簿.

flág·man /-mən/ *n* 信号旗手[旗兵]; 《レースの》旗振り;〖鉄道〗信号手, 踏切番;〖測〗ポール (range pole) 係.

flag of convénience 《船の》便宜置籍国の国旗《税金のがれなどのために船籍を登録した他国の国旗》.

flág of distréss 《船の》遭難信号旗.

flág òfficer 《座乗艦に将官旗を掲げる資格のある》海軍将官 (cf. FLAG RANK), (艦隊)司令官《略 FO》.

flág of necéssity *FLAG OF CONVENIENCE.

flág of trúce〖軍〗休戦旗《戦場での交渉を求める白旗》.

flag·on /flǽgən/ *n* 細口瓶《食卓または聖餐式用》; 大型のだるま瓶《ワイン・りんご酒用》; 大型瓶の容量[内容]. [ME *flakon*＜OF＜L *flascon- flasco* FLASK]

flág·pòle *n* 旗ざお;〖測〗RANGE POLE. ● **run** sth **up the ～ (and see if anybody salutes [see who salutes it])** *《口》…に対する反応[反響]を確かめる, 試してみる, 観測気球を上げる.

flágpole sìtter 《抗議・売名などのために》旗ざおのてっぺんに長時間とどまる人.

fla·grancy /fléɪgr(ə)nsi/, **-grance** *n* 目に余るひどさ, 非道, 凶悪, 極悪.

flág rànk〖海軍〗将官の階級 (cf. FLAG OFFICER).

fla·grant /fléɪgr(ə)nt/ *a* 極悪の, 目に余る, はなはだしい; (悪名)隠れなき, 名うての, 札付きの; 《古》燃えさかる ♦ **～·ly** *adv* [F or L (*flagro* to blaze)]

fla·gran·te de·lic·to /fləgrǽnti dɪlíktoʊ/ 現行犯で, 《特に姦通など》不法な性行為の最中に. [L＝while the crime is blazing]

flág·shìp *n* 旗艦《将官旗を掲げ司令官が座乗》; 《ある航路の就航船[機]中》最大の[最も豪華な, 最新の]船[航空機]; 《グループ中で》最も重要な[大きい, すぐれた]もの: a ～ store 旗艦店, 主力店舗.

Flag·stad /flάːgstɑː, flǽgstæ̀d/ フラグスタート **Kir·sten** /kíʃtən, kíərstən/ ～ (1895–1962)《ノルウェーのソプラノ》.

flág·stàff *n* 旗ざお.

flág stàtion〖鉄道〗信号停車駅 (⇨ FLAG STOP).

flág·stìck *n*〖ゴルフ〗ホールに立てる旗ざお, ピン.

flág·stòne *n*, *vt* 板石[フラッグストーン](を敷く) (FLAG[4]). ♦ **～d** *a* FLAGGED[2].

flág stòp 《バス・電車・汽車などの》信号停車駅《前もって取決めのある時および旗などの合図のある時だけ止まる》.

flág-ùp *a* *《俗》《料金を着服するために》タクシーの料金メーターを立てたまま乗せる, エントツする.

flág·wàgging ‖《口》*n* 手旗[腕木]信号; 狂信的な愛国の言動 (flag-waving).

flág-wàver *n* **1** 煽動屋 (agitator); これみよがしの愛国者; 愛国心を駆りたてるもの《歌など》. **2** 旗で合図をする人.

flág-wàv·ing *n*, *a* 愛国心をあおりたてる(活動), 狂信的愛国の言動, 旗振り(の).

Fla·her·ty /flάː(ə)rti, flǽ(ə)r-; flέəti/ フラハティー **Robert J(oseph) ～** (1884–1951)《米国の記録映画作家》.

flail /fléɪl/ *n* 《穀物を打つ》殻竿(からさお); 《中世の》殻竿状の武器. ► *vt*, *vi* **1** 殻竿で打つ; 打つ, たたく; 殻竿で脱穀する;〈腕を〉振りまわす,〈脚を〉ばたばたさせる;〈腕が〉振りまわされる,〈脚が〉ばたばたする; もがく〈*about, around*〉. **2** *《学生俗》試験で失敗する, へまをやる; *《俗》ぶざまな[自信のない]サーフィンをやる. [OE *flegil＜? L FLAGELLUM]

fláil tànk フレール戦車, 対地雷戦車《前部に地雷爆破装置がある》.

flair /flέər/ *n* ものをかぎつける勘, (本能的な)識別力, 嗅覚; 天性, 才能, 素質〈*for*〉; 性向〈*for*〉; 《口》センス[趣味]のよさ; 《まれ》〖狩〗(鋭い)嗅覚: she dresses with ～. 彼女は服装のセンスがよい. [F＝scent; ⇨ FRAGRANT]

flak[1], **flack** /flǽk/ *n* (*pl* ～) 高射砲(火), 対空砲(火); 高射砲の炸裂弾; 《口》《激しい》非難, 批判, 攻撃, 反発, '集中砲火'; *《俗》悶着, もめごと, ごたごた; 《俗》FLAK-CATCHER: catch [take] a lot of ～ 多くの批判を浴びる. [G *Fl*ieger*abwehrk*anone aviator-defense gun, antiaircraft cannon]

flak[2] *《俗》*n*, *v* FLACK[1].

flák-càtch·er *n* 《俗》苦情処理係《役所や会社で一般からの苦情や問い合わせが上司の目に触れる前に処理する係》. ♦ **flák-càtch·ing** *a*, *n*

flake[1] /fléɪk/ *n* **1** (はげ落ちる)薄片; 《魚肉の》層; ‖《食用としての》サメ, ツノザメ (dogfish);〖考古〗剝片; [*pl*] フレーク《穀粒を薄片にしたもの》; 雪片; 火の粉: fall *in* ～*s* 薄片となってはげ落ちる;〈雪が〉ちらちら降る. **2** *《俗》コカイン; [[s]*pl*] *《俗》フェンシクリジン (phencyclidine), PCP. **3** *《口》奇抜な個性(をもった人[選手]), 奇人, いかれた[奇矯な]やつ, あほう; *《俗》点数稼ぎ[ノルマ達成]のための逮捕. **4**〖冶〗白点《鋼材中に生ずる微細な割れ目》. **5** [F-]〖商標〗フレーク《ミルクチョコレートバー》. ► *vt*, *vi* **1** 薄片にはがす, はげる〈*away, off*〉; 片々と散らす[落ちる]; 薄片でおおう; ちらちらと降る. **2** *《俗》〈人を〉はめる, でっちあげの容疑で逮捕する《逮捕時に麻薬所持者に仕立ててしまうなど》. **3**

«口»《疲れて[酔って]》寝入る, 眠る, ぶっ倒れる ‹out›; *«俗»《議論から》引き下がる. **4** *«口» 約束をすっぽかす. ● **～ down** *«俗» 寝る, 眠る. **～ off** *«俗» 立ち去る. **～ out** ⇨ *vi* 3; «俗» 立ち去る, 消えうせる; *«俗» 失敗する; *«口» 奇矯なふるまいをする, おかしくなる. ► *a* *«口» 風変わりな, 奔放な, 型破りな. ♦ **flák·er** *n* [ME＜?; cf. ON *flakna* to flake off]

flake² *n* 魚干し棚[すのこ]; 《食料品などの》貯蔵棚; 〘海〙《ペンキ塗りなどの時につるす》船側足場. [ME＝hurdle＜? ON *flaki* wicker shield]

flake³ *n, vt* 〘海〙 FAKE². [cf. G *Flechte*]

fláke·bòard *n* フレークボード《木の薄片を合成樹脂で結着した板》.

flaked /fléɪkt/ *a* [ᴾ～ out] «口» 疲れはてて, ぶっ倒れて; [ᵁ～ out] *«俗»《酒に》酔って,《薬(ᵏˢᵘ)で》意識を失って.

fláke-òut *n* *«俗» 大失敗, へま.

flak·ers /fléɪkərz/ *a* «俗» くたくたで (⇨ HARRY).

fláke spòon *«俗»《粉末コカインをかぐために用いる》小型スプーン, フレーク[粉雪]スプーン.

fláke tòol 〘考古〙 剝片石器.

fláke whíte 鉛白(ᵉⁿᵖᵃᵏᵘ)《薄片状の顔料》.

flakey ⇨ FLAKY.

flák jàcket 防弾服[チョッキ] (＝*flak vest*).

fla·ko /fléɪkoʊ/ *a* *«俗» 酔っぱらった.

flák vèst 防弾チョッキ (flak jacket).

flaky, flak·ey /fléɪki/ *a* **1** 薄片状にはがれる, はげ落ちやすい; 薄片状の, 片々たる. **2** «口» 奇抜な, 型破りの, 個性的な; «俗» いかれた, 奇矯な; «俗» あてにならない; *«俗» もうろうとした, わけがわからなくなった; *«俗»《酒に》酔った; *«俗» コカインを常用して. ♦ **flák·i·ly** *adv* **-i·ness** *n* [*flake*¹]

fláky pástry 《パイ皮状に》薄片を何層にも重ねたペストリー.

flam¹ /flǽm/ *n* 作り話, 虚偽, うそ; ごまかし (deception); «口» ナンセンス, くだらんこと, よた. ► *vt* (-mm-) だます, ごまかす. [? *flim-flam*]

flam² *n* 〘楽〙 フラム《1 打目を装飾音として 2 打をほとんど同時に打つ太鼓の打ち方》. [imit]

flam·bé /flɑːmbéɪ; *F* flɑ̃be/ *a, n* ブランデー[ラム など]をかけて火をつけた(料理[デザート]), フランベ; ‹陶磁器が›火炎釉の. ► *vt* (～ed) ‹料理・菓子›に酒をかけて火をつける. [F (pp)＜*flamber* to singe (↓)]

flam·beau /flǽmbòʊ/ *n* (*pl* **～s, -beaux** /-bòʊ(z)/) たいまつ; 《装飾を施した》大燭台. [F; ⇨ FLAME]

Flám·bor·ough Héad /flǽmbə̀ːrə-, -bʌ̀rə-, -b(ə)rə-; -b(ə)rə-/ フランバラ岬《イングランド北東部 Scarborough の南東にある白亜の岬》.

flam·boy·ance /flæmbɔ́ɪəns/**, -cy** *n* 派手さ, けばけばしさ, 華麗さ.

flam·bóy·ant *a* [ᴼF-] 〘建〙《15-16 世紀にフランスで流行した》フランボアイヤン様式の, 火炎式の; 燃えるような; けばけばしい, どぎつい; ‹人物・行動が›派手な, はなばなしい, 華麗な; ‹色・形が›炎のような. ► *n* 〘植〙 ホウオウボク (royal poinciana). ♦ **～·ly** *adv* [F (pres p)＜*flamboyer*; ⇨ FLAMBEAU]

flam·doo·dle /flǽmdùːdl/ *n* «口» たわごと, ばかげたこと, でたらめ. [変形＜*flapdoodle*]

flame /fléɪm/ *n* **1** [ᴼ*pl*] 炎, 火炎; 炎のような輝き; 輝かしい光彩; 炎色《あざやかな赤みがかったオレンジ色》: in *～s* 炎となって / burst [break] into ～(*s*) パッと燃え上がる / set in [on] ～ 燃やす / the ～ of the setting sun 燃えるような夕映え. **2 a** 情熱, 燃える思い, 激情: a ～ of rage 激怒 / feed the ～ (of jealousy [anger]) (嫉妬[怒り]の)炎をあおる. **b** «口» 恋人, 愛人: an old ～ of his 彼の昔の恋人 (⇨ OLD FLAME). **c** 《故人の》思い出, 名声, 信念. **3** «ハッカー» ののしり(のメール), フレーム《電子掲示板や E メールで口ぎたなくののしること[文書]》. ● **burn with a low** (**blue**) **～** *«俗» めろめろに酔っぱらっている; *«俗» ひそかに怒りをたぎらせる, 表向きは平静だがはらわたが煮えくりかえっている. **fan the ～**(**s**) 激情[怒り など]をあおりたてる, 事態をさらに悪化させる. **go down in ～** *«俗» 炎上墜落する, 完全にだめになる, みごとに失敗する《第一次大戦当時パラシュートを身に着けていないパイロットが撃墜された場合になぞらえた表現》. **go up in ～s** 燃え上がる, 消えてなくなる. SHOOT¹...**down in ～s.**
► *vi* **1** 火炎を発する[吐く]; 燃え立つ ‹*up*›; 炎のように輝く[照り映える]; ‹顔が›さっと赤らむ ‹*up*›; ‹太陽が›ギラギラと照らす; 炎のように揺らぐ. **2** ‹情熱など›燃え上がる; ‹目などが›怒り・憎しみなどに›燃える ‹*with* anger, hatred›; ‹人が›かっと怒り出す ‹*out, up*›, 怒りに燃える. **3** «ハッカー» わめきたてる,《特に 電子掲示板などで》ののしる. **4** «ホモ俗» **a** おかま風をひけらかす, ことさら女っぽく見える. **b** 化粧する. ► *vt* **1** 《殺菌のために》火に当てる, 火にかける; ‹料理など›に酒をかけて火をつける (flambé). **2** ‹信号などを›火炎で伝える. **3** «ハッカー» ののしる, …にののしりのメールを送る. **4** «古・詩» ‹感情などを›たきつける, 燃え上がらせる. ● **～ it up** «ホモ俗» おかまっぽさを見せびらかす. **～ out** 突然燃え上がる; 〘空〙 ‹ジェットエンジンが[を]›突然燃焼を停止する[させる] (cf. FLAMEOUT); *«口» 大失敗する, 派手に頓挫する.
♦ **～·less** *a* **～·lìke** *a* **～y** *a* FLAMY. [OF＜L *flamma*]

fláme-àrc lìght 〘電〙 フレームアーク灯《炭素電極に金属塩を染み込ませて光に色がつくようにしたアーク灯》.

fláme bàit フレームメール《ののしり合いを誘発するメール》.

fláme cèll 〘動〙《ジストマなどの》炎(ᵉⁿ)細胞.

fláme-còlored *a* 炎色の, 赤みがかっただいだい色の.

fláme cùltivator 〘農〙 火炎カルチベーター[除草機].

fláme-cùt *vt* ‹金属を›ガスの炎で切断する, ガス切断[炎切断]する. ♦ **fláme cùt·ting** ガス[炎]切断.

fláme flìer *«俗» ジェット機の飛行士[操縦士].

fláme·flòwer *n* 〘植〙 RED-HOT POKER.

fláme gùn 〘農〙 火炎除草機, 草焼きバーナー.

fláme-hàrd·en *vt* 〘冶〙 炎焼入れする. ♦ **fláme hàrden·ing** *n*

fláme·hòld·er *n* 〘空〙 火炎保持器, 保炎器《ジェットエンジンのアフターバーナー内で火炎を安定させる装置》.

fláme làmp 〘電〙《電球部分が炎の形をした》炎型電球.

fláme·let *n* 小さな炎.

fláme lìly 〘植〙 ユリグルマの一種.

fla·men /fléɪmən, -mèn; -mèn/ *n* (*pl* **～s, flam·i·nes** /flǽmənìːz/) 〘古ロ〙 神官, 祭司.

fla·men·co /fləméŋkoʊ/ *n* (*pl* **～s**) フラメンコ《スペイン Andalusia 地方のジプシーの踊り; その曲[歌]》. [Sp＝Fleming, like gypsy; 一説に ＝FLAMINGO]

fláme-of-the-fórest *n* 〘植〙 **a** 《特に マレーシアで》ホウオウボク (royal poinciana). **b** ハナモツヤクノキ《インド・ミャンマー原産; ふさ状にたれる真紅の花をつける》.

fláme·òut *n* 〘空〙 フレームアウト《燃料の不完全燃焼・不足などで飛行中のジェットエンジンが突然止まること》; *突然の失敗, 頓挫; *破壊, 消滅; *大失敗してうちひしがれた人, 魅力を失ったもの.

fláme photòmeter 炎光光度計. ♦ **fláme photòmetry** 炎光光度測定. **fláme photomètric** *a*

fláme projèctor FLAMETHROWER.

fláme·pròof *a* 燃えない, 耐炎性の; ‹電気器具が›防炎設計の《内部のスパークが外部の可燃ガスの発火をひき起こさないようにした》; ‹鍋など調理器具が›オーブン・こんろ両用の. ► *vt* 耐炎性にする. ♦ **～·er** *n*

flam·er /fléɪmər/ *n* **1** *«俗» ホモ, 見えみえのおかま. **2** *«プレッピー俗» へま(をやらかすやつ), どじ(なやつ); «ハッカー»《電子掲示板などで》ののしるやつ.

fláme-resìst·ant *a* 耐炎性の.

fláme-retàrdant *a* 引火しにくい, 難燃性の.

fláme retàrder 難燃材[剤], 難燃性素材[付与剤].

fláme stìtch 〘刺繍〙 フレームステッチ《火炎状のジグザグ模様をつくるニードルポイントステッチ》.

fláme tèst 〘化〙 炎色試験.

fláme·thròw·er *n* 火炎放射機; 〘農〙 火炎殺虫[除草]機, フレーム除草機; *«俗» ジェット機; *«野球俗» 豪速球投手, 火の球投手; *«口» 口の悪い人, 辛辣な悪口[憎まれ口]を吐く人, 毒舌家. [G *Flammenwerfer*]

fláme tràp 《バーナーのノズルにある》火炎逆行引火防止装置, フレームトラップ.

fláme trèe 〘植〙 **a** ゴウシュウアオギリ. **b** ホウオウボク (royal poinciana).

fláme wàr 《電子掲示板での》ののしり合戦.

flamines *n* FLAMEN の複数形.

flam·ing /fléɪmɪŋ/ *a* **1** 燃え立つ, 火を吐く. **2 a** (色彩が)燃えるような, 燃え立つように赤い. **b** 情熱に燃える, 熱烈な, ギラギラと光る; ‹議論などが›激しい, 怒りに燃える. **c** «口» [強意] DAMNED: You ～ fool! 大ばか者め! **d** *«俗» えらく女っぽい, 露骨におかまっぽい.
► *adv* [ᵁso ～] «口» ばかに, ひどく, 超… (very). ► *n* «ハッカー» 《電子掲示板などでの》荒っぽい[どぎつい]ことばの使用, わめきたてること.
♦ **～·ly** *adv*

fláming àsshole [fàg, frùit·bar] *«卑» おかま, ホモ野郎.

fla·min·go /fləmíŋgoʊ/ *n* (*pl* **～es, ～s**) 〘鳥〙 フラミンゴ, ベニヅル《フラミンゴ科の各種渉禽; 熱帯産》; フラミンゴ色《明るい黄みをおびた赤》. [Port＜Prov (FLAME, *-enc*＝*-ing*³)]

flamíngo flòwer [plànt] 〘植〙 ベニウチワ, オオベニウチワ《いずれもアンスリューム (*Anthurium*) 属》.

fláming pìsspot *«軍俗» 火を吐く手投げ弾《兵器部隊の記章》.

Fla·mín·i·an Wáy /fləmíniən-/ [the] フラミニア街道《ローマに発してアドリア海岸の Ariminum (現在の Rimini) に至る古代ローマの道路》.

Flam·i·ni·nus /flæ̀mənáɪnəs/ フラミニヌス **Titus Quinctius ～** (c. 227-174 B.C.)《ローマの軍人・政治家; マケドニアに戦勝し, ギリシアに自由を宣した》.

Fla·min·i·us /fləmíniəs/ フラミニウス **Gaius ～** (d. 217 B.C.)《ローマの軍人・共和政期の民主的政治家; Flaminian Way を建設した》.

flam·ma·ble /flǽməb(ə)l/ *a, n* 可燃性[引火性]の高い(もの), 燃えやすい(もの) (cf. INFLAMMABLE). ♦ **flàm·ma·bíl·i·ty** *n* 燃えやすさ; 引火性, 可燃性. [FLAME]

Flam·ma·rion /*F* flamarjɔ̃/ フラマリオン (**Nicolas-**)**Camille ～**

(1842–1925)《フランスの天文学者》.

Flam·steed /flǽmstìːd/ フラムスティード **John** ~ (1646–1719)《英国の天文学者; Greenwich の王立天文台の初代台長》.

flamy /fléɪmi/ *a* «まれ» 炎の(ような), 燃える.

flan /flǽn; *F* flɑ̃/ *n* **1** フラン (crème caramel*)《チーズ・クリームまたは果物などを詰めた tart の類の菓子》. **2**《図柄を刻印する前の》貨幣[メダル]の地金. [F=round cake<L<Gmc]

Flan·a·gan /flǽnɪgən/ フラナガン (**1**) **Bud** ~ (1896–1968)《英国のコメディアン・歌手; Crazy Gang の一員で, Chesney Allen と組んで有名になった; 歌 *Underneath the Arches*》 (**2**) **Edward Joseph** ~ (1886–1948)《アイルランド生まれの米国のカトリック司祭; 通称 'Father Flanagan'; 少年の町 (Boys Town) を創設》.

flan·card, -chard /flǽŋkərd/ *n* «古»《よろいの》腿部[脇腹]防具.

flán càse〘料理〙フランのかわ.

flanch[1] /flɑ́ːntʃ/ *n* FLANGE.

flanch[2] /flǽntʃ; flɑ́ːntʃ/, **flaunch** /flɔ́ːntʃ, *flɑ́ːntʃ/ *vi, vt* 〈煙突など〉弓形に頂部が細くなっている[を細くする]. ► *n*《煙突頂部に塗った》セメント[モルタル]勾配. ♦ **~·ing** *n* [C18<?]

Flan·ders /flǽndərz; flɑ́ːn-/ フランドル, フランダース, フランデレン (F **Flan·dre** /*F* flɑ̃ːdr/, Flem **Vlaan·de·ren** /vlɑ́ːndərə(n)/) (**1**) ベルギー北西部・オランダ南西部・フランス北部を含む北海沿岸地域; 中世にはフランドル伯領として国家的なまとまりがあった, ☆Lille; FLEMISH *a* **2**) ベルギーの北半分からなる地域, ☆Ghent; フラマン語が話され Antwerp, East Flanders, Limburg, Flemish Brabant, West Flanders 各州が含まれる》.

Flánders póppy〘植〙ヒナゲシ (corn poppy)《第一次大戦で多くの英兵が戦死した Flanders の地にちなむ赤紅色の花で, 戦没者のしるしとされる》;《休戦記念日 (Poppy Day) に身に着ける》造花のヒナゲシ.

Flan·din /*F* flɑ̃dɛ̃/ フランダン **Pierre-Étienne** ~ (1889–1958)《フランスの政治家; 首相 (1934–35)》.

Flan·dri·an /flǽndriən; flɑ́ːn-/ *a*〘地質〙フランドル期の《北欧の完新世[現世]の時期についていう》.

flâ·ne·rie /*F* flɑnri/ *n* 散歩; 遊惰, 怠惰.

fla·neur, flâ- /flɑːnə́ːr; *F* flanœːr/ *n* (*pl* **~s** /-z/; *F* —/) のらくら者, 遊民.

flange /flǽndʒ/ *n*〘機〙フランジ, 突縁(とつえん),《車輪の》輪縁(わぶち);《レールなどの》出縁,《鉄管などの端の》つば;〘機〙つば出し工具;〘服〙フランジ《袖付けに立体感をもたせること》. ► *vt* …にフランジをつける. ► *vi* フランジを作る; 広がる 〈*out*〉. ♦ **~d** *a* **~·less** *a* [C17〈?*flange* to widen out<OF *flangir*; cf. *flanch*[1]]

flánge còupling〘機〙フランジ継手, フランジカップリング《回転軸どうしをフランジでつなぐ仕組み》.

flánged ràil〘鉄道〙フランジ付きレール (FLAT-BOTTOMED RAIL).

flánge-hèad *n**«俗» 中国人.

flang·er /flǽndʒər/ *n* FLANGE を作る機械, つば出し機;〘鉄道〙フランジャー《軌間の雪を排除するための除雪板》;〘音響〙フランジャー《周期的に遅延時間を変化させたディレーを利用するエフェクター; ジェット機の通過のような音を出せる》.

flang·ing /flǽndʒɪŋ/ *n*〘機〙フランジング《金属板・金属管の端を折り曲げてつばをつくる加工》;〘音響〙フランジャーの効果を加えること.

flank /flǽŋk/ *n* **1** 横腹, 脇腹,《家畜の》脾腹(ひばら); 腿(もも)の外側; 脇腹肉(の切り身): a ~ of beef. **2**《建物・山の》側面;〘軍〙《隊の》側面,《左右の》翼(よく);〘ラグビー〙FLANK FORWARD;〘城〙側堡(そくほう);〘紋〙わき《盾形の紋の両脇》;〘機〙《ねじやまなどの》フランク《側面》;〘機〙《切削工具の》逃げ面《切削面 (face) に対して裏側の面》: take *in* ~ 側面をつく / turn the enemy's [army's] ~ 側面または背後から敵に攻撃を加えるために迂回する / turn sb's ~ 人を出し抜く; 論破する. ► *vt* …の側面に立つ[置く, 並べる], …の側面を守る[固める, 攻撃する, 迂回する]. ► *vi* 側面に位置する,〈堡塁などが〉側面を接する 〈*on*〉. [OF<Gmc=side]

flan·ken /flɑ́ːŋkən/ *n*〘食肉〙はらこわ, フランケン《牛肉のショートリブの先端からとった細い肉塊; ゆでるか煮込むかしてセイヨウワサビ (horse-radish) と共に食する》. [Yid]

flánk·er *n* 側面に位置する人[もの];〘城〙側面堡塁[砲台], 側堡;《建物の》脇付け;〘軍〙側兵; [*pl*] 側面部隊;〘ラグビー〙FLANK FORWARD;〘アメフト〙フランカー (=~ **bàck**)《右[左]端にいるプレーヤー, 特に ハーフバック》; «俗» ペテン. ● **do [work] a** ~ «口» 裏をかく, (うまく)出し抜く.

flánk fórward〘ラグビー〙フランクフォワード (=*wing forward*)《スクラムで両翼につく選手の一人》.

flánk spèed《船の》全速力; 猛スピード.

flánk stéak フランクステーキ《牛の脇腹の洋ナシ形の切り身; そのステーキ》.

flan·nel /flǽn(ə)l/ *n* **1** フランネル, フラノ, 本ネル; 綿(めん)ネル (cotton flannel); [*pl*] フランネルの衣類《肌着・ズボンなど》; [*pl*] «口» 毛織の厚い肌着; ″洗面用タオル (washcloth*); [〈*a*〉] フランネル製の: a warm ~ skirt 暖かいフランネルのスカート. **2** ″«口»《肝心なことは言わない》調子いい物言い, 巧言, おべんちゃら, ナンセンス. ● **win one's ~s** 選手になる. ► *vt, vi* (-l- | -ll-) **1** …にフランネルを着せる, フランネルでくるむ; フランネルでふく[こする]. **2** ″«口» (…に)調子いいこと[おべんちゃら]を言う, ごまかす. ● ~ **through**… «口» 〈困難などを〉うまく言いのがれて切り抜ける. [Welsh *gwlanen* (*gwlân* wool)]

flánnel bòard フランネルボード《フランネルやフェルトを張った教授用掲示板; cf. FLANNELGRAPH》.

flánnel càke*«東部・中部» フランネルケーキ《柔らかくて薄い一種の pancake》.

flan·nel·ette, -et /flæ̀n(ə)lɛ́t/ *n* フランネレット《片面または両面をけばだてた軽量の綿(めん)ネル》.

flánnel·flòwer *n*〘植〙**a** ビロードモウズイカ (mullein). **b** フランネルフラワー (=*satinflower*)《フランネル状の白い花(苞)をつけるオーストラリア産のセリ科の多年草》.

flánnel·gràph *n* フランネルグラフ《**1**) *FLANNEL BOARD に付着させて用いる図形 **2**) ″FLANNEL BOARD》.

flán·nel·(l)ed *a* フランネルを着た, フラノのズボンをはいた.

flan·nel·(l)er *n* ″«俗» FLANNELMOUTH.

flánnel·ly *a* フランネルの(ような);〈声が〉(フランネル越しに話すように)はっきりしない.

flánnel·mòuth* *n* たどたどしく[モゴモゴ]話す人; [*derog*] アイルランド人; 口先のうまい[調子のいいことを言う]やつ.

flánnel·móuthed *a* モゴモゴものを言う; 口先のうまい.

flap /flǽp/ *vt, vi* (-pp-) **1 a** 〈鳥が〉はばたきする; はばたいて飛ぶ. **b** 《平たいもので》(軽く)たたく (: *at* sth), たたいて追う, 払う;〈帆・カーテンなど〉バタバタと動かす[動く], はためかす[はためく];〈ピラピラした部分など〉たれさがらせる[たれさがる];〘音〙〈r 音を〉弾音で発音する; «口» 〈平たいものを〉(軽く)投げる, ほうる: ~ *out* 〈明かりを〉はたき消す / ~ *away* [*off*] はたいて追う, 払いのける. **c** «口» 〈耳が〉そばだつ: have [keep] one's ears *flapping* 聞き耳を立てる. **2** ″«口» そわそわする, うろたえる, おたおたする 〈*about, around*〉. ● ~ **about** むだ話をする, しゃべってばかりいる. ~ **one's chops [jowls, jaw, lip]***«俗» ペチャクチャしゃべる, むだ口をきく, 言い争う. ► *n* **1 a** はたき打ち, 平手打ち (slap);《鳥の》はばたき(の音), パタパタ, バタバタ;《帆布・旗布などの》はためき, バタバタする音;〘音〙弾音《**1**) 舌尖を歯茎付近に向けてはじく音 **2**) 上歯に押えられた下唇をはじくように解放する音》. **b** (ピラピラする)垂下物,《ポケットの》たれぶた[雨ぶた],《つば広帽子の》たれぶち, フラップ; はね[揚げ]ぶた;《バルブの》舌; あおり戸,《蝶番の》片ひら;《魚の》えらぶた;《封筒の》折り返し片;《本のカバーの》折り返し, そで;《鞍の》あおり革;〘医〙弁, 皮(膚)弁, 組織弁《手術の際に切り残しておく皮膚や組織の弁状片》;《犬などの》たれ耳; [*pl*] «俗»《人の》耳;〘空〙《飛行機の》下げ翼, フラップ;《キノコ類の》開いた傘(かさ); «廃» たたくのに使う平たいもの《はえたたき (flyswatter) など》. **2 a** «口» 動揺, 興奮, 恐慌, 騒ぎ, 騒動; «口» 空襲(警報); «口» 危機, 緊急事態; «俗» 口論, けんか,《チンピラの》乱闘; *«俗» (騒がしい)パーティー; *«俗» へま, しくじり: get in(to) a ~ «口» 動揺[興奮]する, 騒ぎたてる. **b** 短期間に狭い地域で UFO が集中的に観測されること. ● **roll up one's ~s***«俗» おしゃべりをやめる. [ME (? imit)]

flap·doo·dle /flǽpdùːdl/ «口» *n* でたらめ, たわごと; ばか.

fláp·dràgon *n* 干しブドウつまみ(の干しブドウ) (SNAPDRAGON).

fláp-èared *a* 耳が大きくて左右に突き出た〈人〉;〈犬など〉たれ耳の.

fláp·jàck *n* ホットケーキ (pancake); ″フラップジャック《押しカラス麦で作った甘いケーキ[ビスケット]》; ″コンパクト《化粧用》.

fláp·jàw*«俗» *n* おしゃべり; おしゃべりな人.

fláp·pa·ble *a* «俗»《危機に際して》興奮[動揺]しやすい. [cf. UN-FLAPPABLE]

fláp·per *n* **1 a** 軽く[はたと]打つ人. **b** はえたたき;《鳥追いの》鳴子(なるこ);《殻竿(からざお)の》振り竿; ばたつく垂下物,《蝶番付きの》扉, あおり戸;《魚の》幅広びれ;《海獣・ウミガメの》ひれ状の前肢;《エビなどの》平尾; «俗»《人の》手. **c** 記憶・注意などをよび起こさせる人[もの]《Swift, *Gulliver's Travels* 中の役人 Flapper から》. **2 a**《ウズラやカモの》羽をバタバタし始めたひな鳥. **b** «口»《特に 1920 年代の》現代娘, フラッパー《しきたりにとらわれない奔放な生活態度・服装などでおとなたちのひんしゅくをかい, 不道徳を非難された》.

fláp·py *a* ぱたぱたする, はためく; ゆるい, だらりとした, 締まりのない. [*flap*]

fláp [flápper] vàlve〘機〙《ポンプなどの》フラップ弁, 蝶形弁.

flare /flέər/ *vi* **1 a** 〈炎が〉ゆらめく, めらめらと燃える; [°~ up] パッと燃え上がる; «廃» 〈髪などが〉風になびく, 翻る. **b** パッと輝く, まぶしく光る;〈空など〉赤々と輝く. **2** [°~ up] **a** かっとなる, 激怒する. **b** 〈争い・病気などが〉突発する, 激化する. **3** 朝顔形[じょうご状]に開く 〈*out*〉;〘海〙〈船首・船側など〉上方[外方]に張り出す;〈鼻孔が〉広がる. ► *vt* めらめら燃え立たせる;〈ランプなどを〉ちろちろと燃やす, ゆらゆらさせる; 閃光で合図する;〈スカートなどを〉(朝顔形に)広げる, フレアにする 〈*out*〉; 誇示する;〘冶〙〈溶けた金属・合金を〉その蒸気が燃え上がる温度まで加熱する;《油井(ゆせい)・製油所で》〈不要なガスを〉放出し燃焼させる 〈*off*〉. ● ~ **out** かっとおこる;〘空〙《接地に備えて》機体を引き起こす.
► *n* **1 a** ゆらめく炎, 揺らぐ光; パッと燃え上がること. **b** 閃光(装置), 照明装置[材];《海上などで用いる》発火[火炎]信号, 照明弾. **c**《感情などが》燃え上がること, 激発, かっとなること;《病巣などの》拡大;〘医〙発赤, (発赤)拡大. **d**〘光・写〙フレア《**1**) 光学機械内部での反射による像面上にかぶさる好ましくない光 **2**) それにより生じた曇り (fog) やコントラスト低下など》;〘天〙フレア《太陽・星などが一瞬輝きを増すこと; ⇨ SOLAR FLARE》;〘石油〙フレア《油井などで不要なガスを燃やす炎》. **2 a**

朝顔形の開き; 外に向かって開いている部分; 《スカートの》フレア; [*pl*] フレア型のズボン[スラックス], らっぱズボン; 〘海〙《船側または船首の》張出し. **b** 〘アメフト〙フレア (=～ **pàss**) 《ランニングバックへのショートパス》; 〘野〙ポテンヒット. [C16=to spread out<?]

fláre·bàck *n* 後炎《発砲後の砲尾や溶鉱炉などから出る火炎の逆流》; 《冬などの》ぶり返し; 激しい反論.

fláred *a* 〈スカート・ズボンが〉フレアの.

fláre-òut *n* 〘空〙《接地前の》引き起こし(姿勢).

fláre pàth 《離着陸する飛行機を誘導する》照明路.

fláre stàr 〘天〙閃光星, フレアスター《時々閃光的に増光する変光星》.

fláre-ùp /ˌ-ˈ-, ˈ- ˌ-/ *n* パッと光る[燃え上がる]こと; 《信号の》光炎, 炎火 (=～ **lìght**); かっとおこること; 《問題などの》急激な再燃[表面化], 勃発, 《病気などの》(突然の)再発; 一時的な人気, 底抜け騒ぎ; *《俗》《ジャズで和音を繰り返すなどして》クライマックスに達すること.

flar·ing /fléərɪŋ/ *a* **1** ゆらゆら[めらめら]燃える, ギラギラ光る; けばけばしい. **2** 朝顔形の, 外側に向かって開いて[広がって]いる; フレアのはいった〈スカート〉: a ～ bow 張出し船首. ♦ **～·ly** *adv* ゆらゆらと(燃えて); けばけばしく.

flash /flǽʃ/ *vi* **1** (断続的に)光を放つ, ひらめく, ピカッと光る; ちらちら光る[輝く]; 〈火薬が〉パッと発火する; 〈刀など〉キラリと光る, 《怒りや興奮で》〈目が〉ギラギラ光る. **2 a** 突然現われる; 〈機知・考えなどが〉パッと浮かぶ: ～ *into* view 突然視界にはいる / A happy idea ～*ed on* me. =A happy idea ～*ed into* [*through*, *across*] my mind. うまい考えがふっと心にひらめいた. **b** 〈怒りなどが〉突発する 〈*out*, *up*〉; (かっとなって)突然言う[行動に出る] 〈*out*〉; 《口》陰部[乳房, 下着]をパッと露出させる. **c** *《口》突然思い出す[気づく], パッと思いつく, ひらめく 〈*on* sth〉; 《俗》《薬物の注射直後に》幻覚を体験する, 急激な快感を感じる. **3** さっと通る, あっという間に過ぎる; 〈水など〉急速に蒸発[気化]する; 〈溶解したガラスが〉さっと流れて板状に伸びる; 〈水が〉しぶきを上げて流れる: ～ *past* [*through*] a station さっと停車場を通過する. **4** *《俗》吐く, ゲーッとやる. ► *vt* **1 a** ひらめかせる, 〈光を〉パッと当てる 〈*at*〉; 〈火薬などを〉パッと発火させる; ピカッと反射させる; 〈刀・目を〉ぎらつかせる: ～ a lantern *in* sb's face 真正面から吊りランプの光をパッと浴びせる / ～ a glance [a smile] *at* sb=～ sb a glance [smile] 人に視線[微笑]を投げかける. **b** 閃光で伝える; (パッと)伝える, 速報する: The news was ～*ed* over North America. そのニュースはパッと北アメリカ中に伝わった. **c** 《口》一瞬[ちらっと]見せる, 見せびらかす, 誇示する 〈*around*〉; 《口》〈人〉に陰部[乳房, 下着]をパッと見せる; *《俗》…に《賭博の》賞品を展示する. **d** 短時間だけ熱線[放射線]にあてる. **e** 急速に気化[蒸発]させる. **f** *《俗》麻薬で…を幻覚する. **2** (どっと水を引き入れて)いっぱいにする; 〈船を〉せき水で押し流す; 《古》〈水を〉はねかける 〈*about*, *on*〉. **3 a** 〘ガラス製造〙〈溶けたガラスを〉吹いて板ガラスにする, 色違いのガラスをかぶせる, 〈ガラスを〉着色[不透明に]する. **b** 薄い層でおおう; 〘建〙〈屋根〉に雨押えを張る (cf. FLASHING). **4** 〘写〙〈現像前の感光材料〉にフラッシング (flashing) を行なう. ● **～ back** 〈光を〉照り返す; (眼光で)射返す, ぐっとにらみ返す; 急に過去に戻る[場面を転じる], フラッシュバックする 〈*to*, *on*〉; 急に[まざまざと]思い出される. **～ forward** 《映画などで》フラッシュフォワード (flash-forward) で場面を転じる 〈*to*〉. **～ in the pan** 〈火打ち石銃が〉火皿の中で発火するだけで空発に終わる; [*fig*] 一瞬だけの成功[はなばなしさ]に終わる. **～ it** 《俗》陰部[乳房など]をパッと見せる. **～ one's meat** 《俗》男性性器をパッと見せる. **～ off** 〈照明が〉パッと消える. **～ on** 〈照明が〉パッとつく. **～ on…** 〈光が〉パッと…を照らし出す; ⇨ *vi* 2c. **～ over** 〘電〙閃絡させる.

► *n* **1 a** ひらめき, 閃光, パッと出る発火; 〘写〙フラッシュ[閃光](撮影), FLASHBULB; *《口》懐中電灯 (flashlight); 《爆弾などの》閃光, 強烈な熱放射; 信号旗[灯]の一振り; 急速な蒸発[気化]; [ᵘ*a*] 〘電算〙フラッシュ (flash memory): a ～ of lightning 電光のひらめき, 稲光 / (as) quick as a ～ 瞬時に, 即座に. **b** 瞬間; ちらっと見ること; 微笑; 〘映〙フラッシュ《瞬間場面》; 〘新聞・ラジオ〙(ニュース)速報: a ～ of hope 一瞬の希望 / in a ～=like a ～ たちまち, 瞬時に, 即座に. **c** 《感興・機知などの》ひらめき, 一閃, …の突発 〈*of*〉; 思いつき; *《俗》関心のあること; 《俗》麻薬使用直後の快感 (rush); 《俗》ぞくっとする感じ, 興奮. **d** 見せびらかし, 誇示; 《口》陰部[乳房, 下着]の露出; 《動物などの》パッと目立つ[あざやかな]斑点; *《俗》人目をひくためのもの[賞品]. **e** はでばでしさ, けばけばしさ; *《俗》カリスマ的な魅力, 品格. **f** *《口》傑出した人, ずばぬけた運動選手, 敏捷な人, 敏腕家, 切れ者, 達人; 《古》いやに派手な[これみよがしな]人. **2 a** 〘海〙せきの落とし水; 落下装置のせき[水門]. **b** ᵘ《方》《土地の沈下でできた》池. **c** 鋳ばり, 咬(ᵏ)み出し《鋳型からはみ出た突起》. **3 a** 《ラム・ブランデーなどの》着色料; 《煉瓦・タイル用の》うわぐすり, 釉薬(ゆうやく), 釉. **b** 〘英軍〙着色記章《師団などの区別を示す》. **4** *《俗》酒を一杯やること; *《俗》小便, おしっこ (piss). **5** 《廃》《泥棒仲間の》隠語. ● **a ～ in the pan** 《火打ち石銃の》火皿の中の発火[空発]; 《口》一時的な成功[活躍, はなばなしさ](で終わってしまうもの[人]), 期待はずれの人.

► *a* **1** 《口》派手な (flashy), きざな, (いやに)しゃれた, 見かけがりっぱな; にせものの (counterfeit); 《俗》抜け目のない, ずる賢い, こすい; *《俗》すばらしい, すてきな. **2 a** 急で短い, 一瞬の, 瞬時の. **b** 閃光による〈傷害〉; 閃光防止用の. **3** 泥棒[売春婦]仲間の, 裏の社会の; ギャンブラーの, ボクシング[競馬]ファンの: a ～ word 悪漢仲間の隠語.

► *adv* 《高熱・強い冷気などに接触させて》瞬間的に.

[ME (? imit); cf. SPLASH]

Flásh 〘商標〙フラッシュ《ブラウザーに必要なプラグインさえ組み込んであればアニメーションを表示できる技術; またその動画, それを作成するソフトウェア》.

flásh and trásh *《俗》[*derog*]《視聴率を上げるための》セックス[暴力]がらみの話題(を大きく扱うテレビのニュース番組).

flásh·bàck *n* **1 a** 〘映・文芸・劇〙フラッシュバック《物語の進行中に過去のできごとを現出させること; その場面》. **b** 鮮明な過去の記憶[情景] 〈*of*, *to*〉. **c** 《幻覚剤をやめたあとで経験する》幻覚の再現(現象), フラッシュバック. **2** 火炎の逆流; 逆火(ぎゃっか). ► *vi* FLASH back. ► *vt* フラッシュバックの形で示す.

flásh·bòard *n* 〘土木〙決潰(けっかい)板, フラッシュボード《ダムの水位を高めるせき板》.

flásh bòiler フラッシュボイラー《内部に水を噴霧状にして吹き込み, 直ちに蒸発させるボイラー》.

flásh·bùlb *n* 〘写〙閃光電球, フラッシュバルブ.

flásh bùrn 〘軍〙《原爆などによる》閃光熱傷[火傷].

flásh càrd フラッシュカード《単語や数字などを書いたカードで, 瞬間的に見せて速く読み取る練習に使う》.

flásh-còok *vt* 《赤外線などで》きわめて短時間で調理する.

flásh·cùbe *n* 〘写〙フラッシュキューブ《閃光電球 4 個を内蔵する立方体; 一個で連続して 4 回使える》.

flásh drìve 〘電算〙フラッシュドライブ《flash memory を利用した記憶装置》.

flásh elìminator FLASH SUPPRESSOR.

fláshed gláss /flǽʃt-/ 透掛(すき)けガラス《透明ガラスに色ガラスや金属酸化物を被(き)せたガラス》.

flásh·er *n* 閃光を放つもの; 《交通信号・自動車の方向指示器などの》点滅光; 《救急車・パトカーなどの》回転灯, 警光灯; 自動点滅装置; 《俗》露出狂.

flásh flóod *n* 《豪雨・融雪による》射流洪水, 鉄砲水. ► *vt* 鉄砲水が襲う.

flásh-fòrward *n* 〘映・文芸・劇〙フラッシュフォワード《物語の途中に未来の場面を挿入する表現技法; その挿入場面》.

flásh-fréeze *vt* 急速冷凍する (quick-freeze).

flásh-frỳ *vt* 高温の油で短時間調理する, 強火で手早く炒める.

Flásh Górdon フラッシュ・ゴードン《米国の漫画家 Alex Raymond (1909–56) の同名の SF 漫画 (1934) の主人公》.

flásh·gùn *n* 〘写〙フラッシュガン《カメラの閃光装置》.

Flásh Hárry ᵘ《俗》態度のでかい[生意気な, きざな]やつ, かっこつけた野郎.

flásh hìder フラッシュハイダー (FLASH SUPPRESSOR).

flásh·ing *n* 閃光(を発すること); 〘写・映〙閃発(作用)《**1**) 未使用フィルムを短時間弱い光に感光させることによって感度を上げること **2**) コントラストを抑えるために印画紙を露光させること》; せき止め水(を流して下水などを掃除すること); 〘建〙雨押え, 水切り, フラッシング《屋根と壁の接触部, 部材の貫通部など水の漏れやすい箇所をおおう金属板》. ► *a* きらめく, ギラギラ輝く; 点滅する: a ～ lantern 発光信号灯《夜間用》/ with ～ eyes 目をぎらつかせて.

fláshing ímage 〘テレビ〙フラッシュ使用画像《見る人に不快感を起こさせることがあるとされる》.

fláshing pòint 〘化〙FLASH POINT.

flásh làmp 〘写〙閃光灯[電球, ランプ], フラッシュランプ, ストロボ.

flásh·lìght *n* 閃光; 《灯台の》回転灯; 〘写〙フラッシュ[閃光](装置); フラッシュ撮影写真; *懐中電灯 (torchᵘ).

fláshlight fìsh 〘魚〙ヒカリキンメダイ(科の魚)《光を明滅させる発光器官をもつ》.

Flásh·man /flǽʃmən/ フラッシュマン《Thomas Hughes の小説 *Tom Brown's School Days* (1857) の登場人物; 年若い少年たちをいじめる残酷な人物》.

flásh mèmory 〘電子工〙フラッシュメモリー《コンピューター内でデータの消去・書き込みのできる型の EEPROM》.

flásh·mèter *n* TACHISTOSCOPE.

flásh mòb *n* フラッシュモブ《インターネット掲示板やメールなどの呼びかけに応じた者たちが決められた日時に公共の場に集結して申し合わせた行動をとったあとすぐに解散する集会》. ► *vi* フラッシュモブを行なう[に参加する]. ♦ **flásh mòbber** *n* **flásh mòbbing** *n*

flásh·òver *n* **1** 〘電〙フラッシュオーバー, 閃絡《固体または液体絶縁体の表面の放電》. **2** 爆燃(現象), フラッシュオーバー. ► *vi* フラッシュオーバーする.

flásh pàckᵘ 〘商〙《スーパーマーケットなどで売られる》割引価格表示製品.

flásh photógraphy フラッシュ写真(術); 《テレビの》フラッシュ使用画像《見る人が不快感を覚えることがあるとされる》.

flásh photólysis 〘理・化〙閃光光分解《低圧のガス状試料に閃光をあてて遊離基を得ること, また 分光学的にそれを調べる方法》.

flásh pìcture フラッシュを用いて撮影した写真, フラッシュ写真.

flásh pòint 〘化〙引火点; [*fig*] 引火点, 発火点; 一触即発状況(になっている地域).

flásh rìder *《俗》野生馬をならすプロ.

flásh ròll *《俗》《取引の用意があることの証拠に》パッと出して見せる札束.
flásh sèt 《コンクリートなどの》急速硬化, 瞬結.
flásh-spòrt *n**《俗》派手に[いきに]着飾った男, だて男.
flásh supprèssor フラッシュサプレッサー, 消火器, 遮光器 (=*flash eliminator, flash hider*)《銃口[砲口]に付いていて, 発砲時の閃光を抑える; 敵からの発見やみずからが閃光で目がくらむことを避けるためのもの》.
flásh·tùbe *n* 〔写〕フラッシュ放電管, フラッシュチューブ.
fláshy *a* **1** 閃光的な, 一瞬だけ光り輝く. **2** 派手な, きざな, けばけばしい, やけに目をひく, 見かけがりっぱな[かっこいい]: ～ manners / a ～ sports car. **3**《廃・方》水っぽい, 味のない, 気の抜けた. ♦ **flásh·i·ly** *adv* **-i·ness** *n* [*flash*]
flask[1] /flǽsk; flɑ́:sk/ *n* **1 a**《実験用・ワイン移し用などの》フラスコ;《携帯用の》酒瓶, ヒップフラスク (hip flask); ‖魔法瓶 (vacuum bottle);《水銀輸送用の》鉄製フラスコ《容量 76 ポンド》;《使用済核燃料運搬用の》キャスク (=nuclear ～). **b** flask 一杯の量. **2**〔史〕弾薬盒(ごう)《狩猟用》;〔鋳〕鋳(型)枠, (型)枠. ► *vt* FLASK の中に入れる;〔歯〕〈義歯を〉義歯用フラスコに入れる, 埋没する. [F and It＜L *flasca, flasco*; cf. FLAGON]
flask[2]〔軍〕*n* 砲車架尾の側面板, プレート;《廃》《砲車の》砲座, 砲床. [F *flasque* cheek of a gun carriage]
flask·et /flǽskət; flɑ́:s-/ *n* 小型フラスコ; ‖洗濯(物入れ)かご; 底の浅い横長のかご.
flat[1] /flǽt/ *a* (**flát·ter; flát·test**) **1 a** 平らな, 平たい; 平坦な, のっぺりした;〔陸上・競馬〕障害物を使わない, 平地(用)の;〈地図・手など〉広げた;(グラフの線に)変化がない, 平板な;〈周波数応答が〉平坦な;〈宇宙が〉平坦な《曲率が正 (有限時間で膨張が止まる) でも負 (無限に膨張を続ける) でもない》. **b** ひれ伏して, べったり横たわって[もたれ掛かって];《平面で》ぴったり接して〈*against* the wall〉; 横倒しになって, 倒壊して: ～ on one's back あおむけになって; 病臥して / The storm left the wheat ～. あらしが小麦をなぎ倒した / knock sb ～ 人を打ち倒す / lay a city ～ 都市をぺしゃんこに崩壊させる. **c** ひらべったい, 浅い; 扁平の〈足〉;〈靴が〉かかとの低い, フラットな; 空気の抜けた〈タイヤ〉; *《口》〈女が〉ペチャパイの (=*flat-chested*): (as) ～ as a board. **2** 区分のない[少ない];〈料金など〉均一[一律, 定額]の, フラットな;〈組織・システムなど〉役職・階層が少ない, フラットな: a ～ rate [fee]. **3** きっかりの, 正確な; きっぱりとした, 率直な, にべもない, 全くの: in a ～ 10 seconds 10 秒フラット[きっかり]で / give a ～ denial にべもなく否定[否認]する / a ～ refusal すげない拒絶 / (...and) that's ～.《口》《既述の拒絶・否定的返答を強調して》(…そして)それは変わらないんだ, 絶対本当だ. **4 a**〈ワイン・食べ物など〉風味のない,〈発泡飲料が〉気の抜けた (insipid); 単調な, 平板な, つまらない;〔商〕不活発な;〈売上げなどが〉低調な, さえない: a ～ lecture 退屈な講義 / a ～ joke おもしろくもない[的を射ない]冗談 / feel ～ 気がくさる. **b** 平塗りの, 色調が平板な, 立体[遠近]感に乏しい;〔写〕明暗の差がない;〈照明状態が〉陰影のない, 平調の;〈ペンキが〉つやのない;〈声・音が〉平板な, 単調な, 生気[表情]のない, 明瞭さ[めりはり]に欠ける. **c** ‖〈バッテリーが〉切れて, あがって. **d**《口》無一文の. **5 a**〔楽〕変音の, 半音下がった; ピッチが低すぎる. **b**〔音〕LENIS. **c**〔音〕平唇の: ～ a 平唇の a 音《cat /kǽt/ などの/æ/; cf. BROAD A》. **d**〔テニス〕フラットに打った《スピンをかけずにラケットに直角に打った》; 低く飛ぶ〈矢・パスなど〉. **6**〔海〕〈帆が〉ほとんど船の前後方向に整えられた;〈帆が〉風を受けない;〈帆が〉ピンと張られた. **7** *《俗》カーニバルの賭博の. ● **fall ～** ばったり倒れる; 少しも効きめがない, 期待した成果があがらない,〈冗談が〉うけない. **fall ～ on** one's ASS[2]. **～ on** one's **ass** *《卑》疲れはてて, へとへとで, くたくたで; *《卑》文無しで, からっけつ[すってんてん]で; *《軍卑》無能で, 無力で.
► *n* **1 a** 平面; 平たい部分, 平たい側, …の平(ひら): the ～ of a hand [sword] てのひら[刀のひら]. **b** 平面図, 絵画: draw from the ～ 臨本から模写する / in [on] the ～ 紙[画布]に; 絵として. **2** 平たいもの: **a** 平底船; だし (float); FLATCAR. **b**《底の浅い》平かご,《育苗用の》平箱. **c** ‖麦わら帽子《婦人用で扁平》; [*pl*]《主に米》ヒールのない[低い]靴[スリッパ]; [*pl*] *《俗》《人の》足; [*pl*] *《俗》《harness racing に対して》騎手が騎乗する競馬. **d**〔建〕平屋根, 陸(ろく)屋根;〔海〕《艦長室・士官室から出られる》平甲板;〔劇〕枠張り物, フラット《背景を構成する押出し・せり出しなど》: float a ～ 枠張り物を宙に漂わせながらゆっくり下ろす / walk a ～《上演中に》枠張り物を動かす. **e**〔鉱〕水平層, 水平鉱脈; 平地, 平原; 低地; [ᵘ*pl*] 平洲(ひらす), 干潟(ひがた); [ᵘ*pl*] 浅瀬, 平瀬. **f**〔アメフト〕フラット《攻撃フォーメーションの両翼のエリア》; [the, ᵒthe F-]〔競馬〕平地競走 (flat racing) (の季節), 平地競走用コース: on *the F*~. **g**《主に米》《口》空気の抜けた[パンクした]タイヤ: I've got a ～. パンクした. **h** *《俗》へりが平らになってゆがんださころ. **3**〔楽〕変音《半音低い音》; 変記号, フラット《記号 ♭; cf. SHARP》. **4**《俗》だまされやすいやつ, のろま, まぬけ;《豪俗》警官, おまわり (flatfoot). ● **join the ～s**《話などの》つじつまを合わせる, 筋を通す《舞台のフラットを組み合わせることから》. **on the ～**《上り坂ではなく》平地で;〔競馬〕《障害物のない》平地コースで.
► *adv* 平らに, ぱったり;《口》すっぱりと, きっぱりと, 断然; 全く;《口》きっかり, ちょうど;〔金融〕無利息勘定で, 定額で;〔楽〕半音低く, 正しい音より低く: ～ BROKE / in 10 seconds ～ 10 秒フラットで / sing ～ 半音下げて歌う. ● **～ aback** すっかりどぎもを抜かれて. **～ out**《口》全速力で, 全力を尽くして;《口》平然と, きっぱり; *《口》明らかに, はっきり[正直]言って; ‖《口》大の字になって, 疲れきって, くたくたで. **in nothing [no time] ～** *《口》たちまち, あっという間に. **leave** sb **～**《口》人を急に見捨てる.
► *vt, vi* (-tt-) 平らにする[なる];〔楽〕半音下げる[下がる], 半音下げて歌う[演奏する];〈表面を〉つや消しにする; 単調[平板]になる, 気が抜ける, だれる. ● **～ in**〔海〕〈帆を〉いっぱいに張って平らにする (flatten in). **～ out** *しだいに薄れる; 竜頭蛇尾に終わる; *《俗》全速力で走らせる[飛ばす].
[ME＜ON *flatr*; cf. OHG *flaz*]
flat[2] *n* ‖フラット (apartment*)《同一階の数室を一戸とした住居》; [*pl*] ‖フラット式の集合住宅, アパート, マンション; ‖《まれ》《家屋の》階, 層 (story); *《北部》旧式集合住宅の一戸分: a block of ～*s* ‖共同住宅棟, アパート (apartment house*). ► *vi*《豪》フラットに住む[を共有する]〈*with*〉. ● **go flatting**《豪》《家族から離れて》フラット[アパート]暮らしを始める. [flet (obs)＜OE and ON *flet* floor, dwelling; *flat*[1] (a) の影響あり]
flát ádverb〔文法〕単純形副詞《-ly の付かない副詞; 例: go *slow*》.
flát ápple《ボウル俗》レーン[順番]を間違って投げたボール.
flát-àss *a, adv**《卑》全面的に[な], まるっきり(の), すっかり.
flát bàck〔製本〕角背(本)《丸味出ししていない》.
flát·bàck·er *n*《俗》売春婦.
flát·bèd *a*〈トラックなど〉平台[平床]型の;〈シリンダープレスが〉平台[平盤]型の. ► *n*《主に米》平台[平床]型貨物自動車[トレーラー]; 平台[平盤]印刷機 (=～ **(cýlinder) prèss**); FLATBED SCANNER.
flátbed scánner〔電算〕フラットベッドスキャナー《原稿を一枚一枚平らに置くもの》.
flát·bòat *n, vt* 平底船(で運ぶ)《主に浅水用の運搬船》.
flát-bóttomed *a* 平底の〈船など〉.
flát-bòttomed ráil〔鉄道〕平底レール (=*flanged rail*)《上端より下端が広く, T の字を逆さにしたような断面をもつ》.
flát·brèad *n* フラットブレッド (=**flát·bròd** /-brɔ̀ud/)《ライ麦・大麦などとマッシュポテトで作ったウエハース状の薄いパン, 特にノルウェーで食される》;《しばしばパン種を使わないで焼く》円くて薄いパン, チャパティー《インド・中東などで食べるものなど》.
flát·càp *n* フラットキャップ《16–17 世紀に London 市民が着用した浅い縁なし[細縁]帽》; flatcap をかぶっている人《特にロンドン市民》.
flát cáp ‖CLOTH CAP.
flát·càr* *n*〔鉄道〕長物(ながもの)車《屋根も側壁もない貨車》.
flát-chést·ed *a*〈女が〉ペチャパイの.
flát-còat·ed retríever〔犬〕フラットコーテッドレトリーバー《英国原産の黒っぽい鳥猟犬》.
flát-éarth·er *n* 地球が平らであると信じている人; 誤りと証明されて久しい考え[理論]に依然として固執する人.
flát-éarth·ist *n* FLAT-EARTHER.
Flát Éarth Socìety [the] 平らな地球協会《米国の団体 Flat Earth Research Society International; 地球は平たく, 科学は信用ならないと考えている》.
flát·en·er *n**《俗》《ボクシングで》ノックアウトパンチ.
flat·ette /flætét/ *n*《俗》小フラット (⇨ FLAT[2]).
flát-fèll *n* 折伏せ縫い《縫いしろのしまつの一種》. ► *vt*〈縫いしろを〉折伏せ縫いにする.
flát fìle〔電算〕単層ファイル, 無構造[階層]ファイル, フラットファイル《階層構造やネットワーク構造をもたない単独のファイル》.
flát-fìle dátabase〔電算〕フラットファイル・データベース《1 個のデータベースが単一のファイルに格納されるデータベースシステム》.
flát·fìsh *n*〔魚〕カレイ, ヒラメ《カレイ目の魚の総称》.
flát·fòot *n* (*pl* **-fèet**) **1** /, ˊ—ˊ—/ 扁平足. **2** (*pl* ᵒ**～s**)《俗》警官, 巡査, 刑事, おまわり;《俗》船員, 水兵 (sailor).
flát-fóot·ed *a* **1** 扁平足の; 足をひきずって歩く. **2** 両足でしっかりと立った;《口》きっぱりした, 妥協しない;《口》無器用な, ぎこちない, 気のきかない;《口》平凡な, パッとしない;《口》不意をつかれた. ● **catch** sb **～**《口》不意討ちで捕える, 人に不意討ちを食わせる, 人を現行犯で捕える. ► *adv*《口》きっぱりと; 足の裏をぴったり地面(など)につけて. ♦ **～·ly** *adv* **～·ness** *n*
flát-fòur *a*〈エンジンが〉水平(対向) 4 気筒の. ► *n* 水平 4 気筒エンジン.
flát-gràin *a* 板目の〈材木〉.
flát-hàt *vi* 無謀な低空飛行をする. ♦ **flát-hàt·ter** *n*
flát·hèad *a* 頭の平たい; *サイドバルブ型の〈エンジン〉; *皿頭の〈ねじ〉. ► *n* (*pl* **～s, ～**) **1** [F-] フラットヘッド《頭を平たくする習慣のあったアメリカインディアン: **1**) Chinook, Choctaw など **2**) Montana 州西部に住んでいた Salish (誤信に基づく呼称)》. **2** 頭の平たい魚,《特に》コチ;〔動〕ハナダカヘビ (hognose snake) (=～ **àdder**). **3**《俗》ばか, まぬけ; *《俗》ポリ公; *《俗》《レストランなどで》チップを出さない客.
fláthead cátfish [cát]〔魚〕フラットヘッド《米国 Mississippi 川流域からメキシコにかけての大きな川にすむナマズ目イクタルルス科の魚; 黄色に褐色の斑紋があり, 頭は平たく, 下あごのほうが長い》.
flát·héad·ed *a* 頭の平たい, 平頭の; *《俗》まぬけな.
flát hóop *《俗》退屈なやつ, つまらない相手 (flat tire).

F

flát·ìron *n* アイロン, 火のし, こて (iron);〘地質〙フラットアイアン《アイロンを立てたようにみえる三角形の hogback》.

Flátiron Buìlding [the] フラットアイアンビル《1902 年に完成した New York 市最初の高層建築 (22 階建て); その形 (平面が三角形) が昔のアイロンに似ていることから命名》.

flát jòint *《俗》《金を賭ける》賭博[遊戯]場; *《俗》いんちき賭博[遊戯]場; *《俗》金もうけ目的でするゲーム, (いんちき)賭博.

flát knòt REEF KNOT.

flát·lànd *n* 起伏の少ない平らな土地, 平地, フラット; [^{u}*pl*] 平地地方.

flát·lànd·er *n* 起伏の少ない土地の人; 《サーフィン俗》へたな bodysurfer.

flát·let‖ *n* 小フラット《寝室居間兼用一間に浴室と台所程度のアパート》.

flát·lìne 《口》 *a* [次の成句で]: **go ～** 死ぬ《脳波図が水平になることから》. ► *vi* 《モニターが》脳死[心停止]を示す; 死ぬ; 低調である, 低迷[停滞]する; 終わる. ♦ **flát·lin·er** *n*

flat·ling /flǽtlɪŋ/ 《古・英方》 *adv* (刀剣などの)ひらで; 平らに. ► *a* (刀剣の)ひらでの: a ～ blow (刀の)ひら打ち.

flát·lings *adv* 《古・英方》 FLATLING.

flát·ly *adv* 平たく, 平らに; 単調に; 活気なく; 気が抜けて; きっぱりと, にべもなく, 事もなげに, あっさりと.

flát·màte‖ *n* フラットの同居人 (roommate*).

flát·ness *n* 平坦, 平面度; 《宇宙の》平坦性; 断固たる態度; 明白さ; 単調さ; 活気のないこと, 不景気; 《音の》低下.

flát-nósed *a* 平鼻(ひらはな)の, しし鼻の.

flát-òut *a* 《口》全力による; 全速力の; 《口》全くの, 完全な〈うそなど〉; 《方》率直な, あけすけな. ► *adv* ⇨ FLAT[1] *out*; 《口》全く, まるっきり. ► *n* *《俗》大失敗.

flát·pàck *n* **1** [〈*a*〉] ‖組立て式家具《平たい段ボール箱にパーツに分けて梱包され, 購入者が組み立てる》. **2**〘電子工〙フラットパック《四角い薄板状で側面からリード線の出ている IC 容器》. ♦ **～ed** *a*

flát-pánel *a*〘電算〙〈ディスプレー装置が〉薄型の: a ～ monitor 薄型モニター.

flát-pìck·ing *n*〘楽〙フラットピッキング《ギターなどの弦楽器で, ピック (plectrum) を親指と人指し指にはさんで弦をはじく奏法》.

flát-pláte collèctor 《吸光物質製の太陽熱の》平面集熱器.

flát ràce〘陸上・競馬〙《障害物のない》平地競走, フラットレース (cf. HURDLE RACE, STEEPLECHASE).

flát ràcing 平地競走, 《特に》平地競馬.

flát ràte 定額制料金《電話など, 使用量と無関係で一定の(月額)料金》.

flát róof〘建〙陸(ろく)屋根, 平屋根《排水のためわずかの傾斜はある》.

flát-sáwn *a* 板目に挽いた〈材木〉.

flát shàre‖《複数の者でアパート一戸を使用する》フラット共有[共住].

flát sìlver* 食卓用銀食器類 (flatware)《bowls, jugs などと区別して knives, forks, spoons など》.

flát spín〘空〙《飛行機の》水平きりもみ(運動); ‖《口》動揺, 狼狽, 逆上 (cf. *go into a flat* SPIN).

flát spòt〘車〙フラットスポット《加速時にエンジンの出力がアクセルの踏み込みに応じなくなる点》.

flát táx 均一(率)税, 固定率税《所得額の大小にかかわりなく同一の税率を課するという所得税》.

flat·ten /flǽtn/ *vt, vi* **1** 平らにする[なる] 〈*out*〉; ぺしゃんこにする[なる]; ばったり倒す[倒れる], 〈建物を〉倒壊させる, 〈町を〉破壊する; へたばらせる, へたばる; 打ちひしぐ; 《口》ノックアウトする, のす; 《口》決定的にやっつける, 完敗させる; 《口》〈人を〉やりこめる, へこます. **2** 平板[単調]化する, 無味にする[なる]; 横ばい状態にする; 気が抜ける; 〈風が〉静まる, なぐ;〘楽〙半音下げる; 〈塗料〉の光沢を消す, つや消しする. ● **～ in** = FLAT[1] in. **～ out** (**1**)《ハンマーなどで》平らに打ち延ばす; 《ローラーなどで》平らにならす; 《低いレベルで》〈価格など〉安定する[させる], 横ばいになる; しょげさせる. (**2**)〘空〙《着陸前などに》引き起こす《飛行機を水平飛行姿勢にする》. **～ oneself against**…にぴったり体を寄せる. ♦ **～ed** *a* 《他人のことばに》打ちのめされて, 落ち込んで; 破壊されて. **～·er** *n* *《口》ノックアウトパンチ, KO パンチ.

flat·ter[1] /flǽtər/ *vt* **1** 《過分に》ほめる, おだてる, …にお世辞[うれしがらせ]を言う, …におもねる; [^{o}*pass*] うれしくさせる, 気をよくさせる, 得意がらせる: Oh, you ～ me. まあ 口がおじょうずですね / I feel greatly ～*ed* by [at] your invitation. ご招待にあずかりたいへんうれしく存じます / ～ *oneself* 〈…と〉自負する, うぬぼれる 〈*that*…〉. **2 a** 〈写真・肖像画・画家が…を〉実物以上によく見せる; 〈衣裳・色などが〉引き立てる: This picture ～*s* her. この写真は実物の彼女よりもよく撮れている. **b** 《英では古》〈耳目などを〉喜ばせる (gratify); 《古》〈悲しみなどを〉紛らす, 慰める. ► *vi* おもねる, おだてる. ● **～ to deceive** 期待はずれ[評判倒れ]である. [? OF *flater* to smooth]

flatter[2] *n* 平たくするもの; ならし槌, 平へし《金工用》; 《時計のぜんまいなどの》引抜き板. [*flat*[1]]

flátter·able *a* おだてに乗る, お世辞に弱い.

flátter·er *n* おだてる人, おべっか使い.

flátter·ing *a* **1** おだてる, お世辞の, うれしがらせる, 気をよくさせる: ～ unction 気休め. **2** 〈見込みなどが〉有望な; 〈写真・衣服などが〉実物以上に見せる. ♦ **～·ly** *adv*

flát·tery *n* おだて, お世辞, うれしがらせ; 《廃》うぬぼれ, 自己欺瞞: *F*～ will get you nowhere. 《諺》お世辞を言ってもだめ / *F*～ will get you anywhere [every where]. 《諺》どうせお世辞でしょ. [*flatter*[1]]

flát·tie, flát·ty *n* カレイ, ヒラメ (flatfish); かかとのない[低い]靴; 平底船; *《俗》《普通の》平面映画, 二次元映画; 《俗》警官, ポリ公 (policeman); *《俗》FLAT JOINT. [*flat*[1]]

flát tíme sèntence〘米法〙定期禁固刑《刑期が法律によって固定的に決められていて, 裁判官の裁量や仮釈放による短縮がない》.

flát·ting *n* 平たくすること; 《金属の》展伸(加工), 《木材を》平板にすること; つや消し塗り, 《めっきの》つや消し仕上げ;〘楽〙ピッチを下げること.

flát tíre **1** ぺしゃんこになったタイヤ; *おもしろみのない人, 意気があがらぬ人: We [Our car] had a ～. パンクした / fix a ～ on a car 車のパンクを直す. **2** *《口》ぺしゃんこ《前を行く者の靴のかかとを踏みつけて転ばせるいたずら》: give sb a ～.

flát·tish *a* やや平たい; やや単調な.

flát·tòp *n* 《口》航空母艦, 空母; 陸(ろく)屋根の家; 《口》《てっぺんが平らな》CREW CUT (=～ **crèw**);〘楽〙フラットトップ(ギター) (=～ **guitár**)《本体表面が平らな形状のギター, 特に アコースティックギター》.

flát túning〘無線〙フラット同調, 鈍同調《同調点付近で同調曲線がなだらかになる》.

flatty ⇨ FLATTIE.

flat·u·lence /flǽtʃələns; flǽtjʊ-/, **-cy** *n* 腹の張り, 鼓腸, (腹部)膨満《胃腸内にガスのたまること》; おなら, 屁; 空疎, 慢心, うぬぼれ.

flát·u·lent *a* 鼓腸(性)の, 腹が張った; 空疎な, 慢心した. ♦ **～·ly** *adv* [F or NL (↓)]

fla·tus /fléɪtəs/ *n*〘医〙《胃腸内にたまった》ガス, 膨満; 放屁(ほうひ); 一陣の風. [L=blowing]

flát·wàre *n* 平たい食器, 皿類 (cf. HOLLOWWARE); *ナイフ・フォーク・スプーン類 (cutlery) (cf. FLAT SILVER).

flát wáter 静水域《湖など》.

flát·wèave *n* 《カーペットの》パイルのない織り.

flát·wìse, -wàys *adv* 平らに, 平面に.

flát·wòrk *n* 圧搾ローラーでアイロンかけの容易にできる平たい洗濯物《シーツ・ナプキンなど》.

flát·wòrm *n*〘動〙扁形動物《扁形動物門 (Platyhelminthes) の無脊椎動物; プラナリア・住血吸虫・カギサナダなど》.

flát-wòven *a* 〈カーペットが〉パイルなしに織った.

Flau·bert /floʊbéər; *F* flobɛːr/ フローベール **Gustave ～** (1821–80)《フランス自然主義の代表的小説家》. ♦ **Flau·ber·tian** /floʊbóːrʃən, -béərtiən/ *a*

flaunch ⇨ FLANCH[2].

flaunt /flɔ́ːnt, *flɑ́ːnt/ *vi, vt* 見せびらかす, ひけらかす; 得々と練り歩く; 〈旗など〉翻る, 翻えらせる; *侮る, 〈規則などを〉無視する: If you've got it, ～ it. 自慢できるものがあるなら隠すことはない. ● **～ oneself** 肉体美を強調[誇示]する. ► *n* 見せびらかし, 誇示. ♦ **～·er** *n* **～·ing·ly** *adv* へんぽんと翻って; これみよがしに. [C16<? Scand; cf. Norw (dial) *flanta* to wander about]

fláunty *a* これみよがしの, 誇示する.

flau·ta /fláʊtə/ *n*〘メキシコ料理〙フラウタス《トルティーヤに肉などを巻き込んで油で揚げたもの》.

flau·tist /flɔ́ːtɪst, *fláʊ-/ *n* FLUTIST. [It; ⇨ FLUTE]

fla·va·none /fléɪvənòʊn/ *n*〘生化〙フラバノン《フラボンの無色の誘導体; 配糖体として植物体に存在する》.

fla·ve·do /fləvíːdoʊ, fleɪ-/ *n* (*pl* ～**s**)〘植〙フラベド《柑橘類の外側の果皮》. [L *flavus* yellow]

fla·ves·cent /fləvés(ə)nt/ *a* 黄ばんでゆく, 黄色みをおびた.

Fla·via /fléɪviə/ フレーヴィア《女子名》. [(fem)<FLAVIUS]

Fla·vi·an /fléɪviən/ *a* 《古代ローマの》フラウィウス (Flavius) 朝の《紀元 69–96 年; フラウィウス家出身の皇帝 Vespasian, Titus, Domitian からなる》. ► *n* フラウィウス家の人, フラウィウス朝の皇帝. [⇨ FLAVIUS]

fla·vin /fléɪvən/ *n*〘生化〙フラビン《**1**) カシ類の樹皮などから採る黄色色素成分 **2**) 水に可溶性の黄色色素; フラビンタンパク質の補酵素, 特に RIBOFLAVIN》. [L *flavus* yellow, *-in*[2]]

flávin ádenine dinúcleotide〘生化〙フラビンアデニンジヌクレオチド《フラビン酵素群の補酵素の一; 略 FAD》.

fla·vine /fléɪvìːn, -vən/〘生化〙*n* FLAVIN; フラビン《黄色のアクリジン色素; 染料および創傷防腐剤・害虫駆除剤となる, 特に ACRIFLAVINE》.

flávin mononúcleotide〘生化〙フラビンモノヌクレオチド《フラビン酵素群の補酵素の一; 略 FMN》.

Fla·vi·us /fléɪviəs/ フレーヴィアス《男子名》. [L=yellow, fair]

flá·vi·vìrus /fléɪvɪ-/ *n* フラビウイルス《フラビウイルス科 (Flaviviridae) のウイルスの総称; 一本鎖 RNA ウイルスで, ダニやカが媒介する; デングウイルス・日本脳炎ウイルス・セントルイス脳炎ウイルス・西ナイルウイルス・黄熱ウイルスなど》.

fla·vo·dox·in /flèɪvoʊdɑ́ksən/ *n*〘生化〙フラボドキシン《リボフラビンを含むタンパク質で, バクテリア細胞内での酸化還元反応に関係する; cf. RUBREDOXIN》.

fla·vo·mýcin /flèɪvoʊ-/ *n* 〖薬〗 フラボマイシン《土壌菌から製する抗生物質の一; ストレプトマイシンと同類》.
fla·vone /fléɪvòʊn/ *n* 〖生化〗 フラボン《黄色植物色素の基本物質; その誘導体》.
fla·vo·noid /fléɪvənɔ̀ɪd/ 〖生化〗 *a* フラボン(様)の. ► *n* フラボノイド《フラボンの炭素骨格をもつ植物色素の総称》.
fla·vo·nol /fléɪvənɔ̀(:)l, -nòʊl, -nɑ̀l/ *n* 〖生化〗 フラボノール《フラボンの誘導体》.
fla·vo·prótein /flèɪvoʊ-/ *n* 〖生化〗 黄色酵素, フラビンタンパク質《色素タンパク質の一》.
fla·vo·púrpurin /flèɪvoʊ-/ *n* 〖化〗 フラボプルプリン《黄色の結晶質染料》.
fla·vor | -vour /fléɪvər/ *n* **1** 《独特の》味, 風味, 香味, フレーバー; 香味料, 調味料; 《古》香気, 香り: a ~ *of* spice スパイスの風味 / ice cream with a chocolate ~ チョコレートの味のついたアイスクリーム / have [give] a ~ 香りがある[を与える]. **2 a** 味わい, ゆかしさ; 趣き, おおよその感じ[傾向] 〈*of*〉: a story with a romantic ~ ロマンスの香りの高い物語 / a ~ of the book その本の特色[概要]. **b** 辛辣味, 《皮肉などの》気味. **3** 種類, 変種, 版 [version]; 〖理〗 フレーバー《クォークとレプトンのそれぞれのタイプと種類の識別の基になる性質》: ~*s* of Windows ウィンドウズの各種のバージョン. **4** *《黒人俗》性的魅力のある女. ● **~ of the month [week, year,** etc.**]** その月[週, 年 など]だけもてはやされる流行, 今はやり[話題]のもの[人]. ► *vt* …に風味[香気]を添える, 味をつける (season) 〈*with*〉; …に風趣を添える; 《古》…の味をみる. ► *vi* 〈…の〉味[香り]がする, 〈…の〉気味がある 〈*of*〉. ♦ **~ed** *a* **~·less** *a* ［OF＜?Romanic＜L FLATUS and *foetor* stench; 語形は *savor* などに同化］
flávor enhàncer 風味増強剤, 調味料.
flávor·ful *a* 風味豊かな, 味わいのある. ♦ **~·ly** *adv*
flávor·ing *n* 味付け, 調味; 調味料, 着香料, 薬味.
flávor·ist *n* フレーバリスト《合成食品香料を作る専門家》.
flávor·ous *a* 風味のよい, 香りの高い; 風趣に富んだ.
flávor·some *a* 風味豊かな, 味のよい, 美味な.
flá·vory *a* 風味に富んだ, 《特に》〈紅茶が〉香りの高い.
flaw[1] /flɔ́:/ *n* きず, 割れ目; 欠点, 弱点, あな; 〖法〗《文書・手続きなどの, それを無効にする》不備(の点), 欠陥, 瑕疵(かし); 《廃》断片: ~*s* in character [a gem] 性格[宝石]のきず / fatal ~ 致命的欠陥. ► *vt* きずものにする, ひび入らせる; だいなしにする. ► *vi* きずものになる, ひびがはいる. ♦ **~ed** *a* きず[欠陥, 欠点]のある. ［? ON *flaga* slab＜Gmc; cf. FLAKE[1], FLAG[4]］
flaw[2] *n* 突風, はやて; 雪や雨を伴ったひとしきりのあらし; 《廃》感情の奔出. ♦ **fláwy** *a* ［? MDu *vlāghe*, MLG *vlāge*＝? stroke］
fláw·less *a* きずのない; 完全な. ♦ **~·ly** *adv* **~·ness** *n*
flax /flǽks/ *n* 〖植〗 アマ(亜麻) (＝*flax plant*) 《アマ科; 青い花をつける一年草; 種子 (linseed) から亜麻仁油を採る; 繊維を織ったものがリネン (linen)》; アマに似た植物 (: NEW ZEALAND FLAX / WHITE FLAX); 亜麻の繊維, フラックス; 《古》亜麻布 (linen): QUENCH the smoking ~. ► *vt**《口》たたく. ► *vi**《口》せわしなくする, 忙しがる. ［OE *flæx*; cf. G *Flachs*］
fláx bràke 亜麻砕茎機, 麻ほぐし機.
fláx còmb 亜麻すきぐし (hackle).
flax·en /flǽks(ə)n/ *a* 亜麻の; 亜麻製の; 亜麻のような; 亜麻色の, 淡黄褐色の〈髪〉《金髪の一種》.
fláx fàmily 〖植〗 アマ科 (Linaceae).
fláx lìly 〖植〗 ニューサイラン《ニュージーランド原産のユリ科の観葉植物; 繊維を採取する》.
Flax·man /flǽksmən/ フラックスマン **John ~** (1755–1826)《英国の彫刻家・挿画家; 英国新古典主義の代表的芸術家》.
fláx plànt 〖植〗 アマ (flax).
fláx·sèed *n* 亜麻仁(あまに), 亜麻子(あまこ) (linseed).
fláxy *a* 亜麻のような; 亜麻(製)の.
flay[1] /fléɪ/ *vt* **1 a** 〈獣などの〉の皮をはぐ; 〈樹皮・果皮を〉むく, 剝皮する, 〈芝生を〉はぎ取る. **b** 《搾取・徴発などにより》〈人〉から金銭などをはぎ取る, 巻き上げる. **2** 激しくむち打つ; 酷評する, こきおろす. ● **~ a** FLINT. **~ sb alive**＝SKIN sb alive. ♦ **~·er** *n* ［OE *flēan*; cf. ON *flá* to peel］
flay[2] ⇨ FLEY.
F layer /éf —/ F 層《E 層の上部の電離層で F_1 LAYER, F_2 LAYER に分かれる》.
fláy·flìnt *n* 《古》ひどいけちんぼ, 欲ばり, 守銭奴, ごうつくばり. ［cf. *flay a* FLINT］
FLB /éfèlbí:/ *n**《俗》不整脈. ［*f*unny-*l*ooking *b*eats］
fl. dr. °fluid dram.
flea /flí:/ *n* 〖昆〗 ノミ(蚤); ノミのように跳ぶ小虫; FLEA BEETLE; *《俗》くだらない[こうるさい]やつ: (as) FIT[1] as a ~. ● **a ~ in one's [the] ear** 叱責, 苦言, あてこすり: send sb away [off] with *a ~ in his ear* 耳の痛いことを言って人を追い払う. **not hurt a ~**＝not hurt a FLY[2]. ► *vt* …のノミを取る[駆除する]. ［OE *flēa(h)*; cf. G *Floh*, OE *fleon* to flee］
fléa·bàg 《俗》 *n* 安宿, どや; *うすぎたない公共の建物《映画館など》; 寝袋, ベッド, マットレス, ハンモック; ノミのたかった動物, 下等な競走馬, 駄馬; "だらしのない[うすぎたない]人[事].
fléa·bàne *n* 〖植〗 かつてノミの駆除に役立つと信じられた各種のキク科植物《ムカシヨモギ属など》.
fléa bèetle 〖昆〗 ノミハムシ, トビハムシ.
fléa·bìte *n* ノミの食い跡; [*fig*] わずかな痛み, 些細なこと; 《馬・犬の皮膚の》褐色の小斑.
fléa-bìtten *a* ノミに食われた; ノミのたかった; きたない, みじめな; 薄い色の地に褐色の小斑のある〈馬〉.
fléa bùg* FLEAHOPPER; FLEA BEETLE.
fléa cìrcus ノミのサーカス《見世物》.
fléa còllar 《ペット用の殺虫剤入り》ノミ取り首輪.
fleadh /flɑ́:/ *n* フラー《アイルランド[ケルト]の音楽・踊り・文化の祭典》. ［Ir＝festival］
fléa·dòck *n* 〖植〗 BUTTERBUR.
fléa-flìck·er *n* 〖アメフト〗 フリーフリッカー《ダブルパスで敵を欺くプレー》.
fléa·hòpper *n* 〖昆〗 栽培植物を荒らす各種の小さな跳び虫, ノミハムシ.
fléa hòuse*《俗》安宿; *《俗》ベッド, マット, 寝台, ハンモック; *《俗》下等な競走馬; *《俗》きたない公共施設.
fléa·lòuse 〖昆〗 果樹などを害するキジラミ科の跳び虫.
fleam /flí:m/ *n* 〖医・獣医〗 放血刀《静脈を開くランセット》; のこぎり刃の斜めの部分. ［OF］
fléa màrket ノミの市(いち), 古物市, フリーマーケット; [F- M-]《Paris 市北郊外の Porte de St. Ouen, Porte de Clignancourt に立つ》ノミの市 (*F* Marché aux puces).
fléa·pìt *n*"《口》うすぎたない部屋[建物, 映画館].
fléa pòwder 《俗》質の悪い[まぜ物をした]麻薬, にせ麻薬.
fléa·tràp *n**《俗》FLEA HOUSE.
fléa wèevil 〖昆〗 ノミのように跳ぶゾウムシ, ノミゾウムシ.
fléa·wòrt *n* 〖植〗 **a** オオバコの一種《種子 (psyllium seed) を緩下剤として利用》. **b** オオグルマの一種《キク科》.
flèche /fléɪʃ, fléʃ/ *n* 〖建〗 フレッシュ (＝*spirelet*)《ゴシック教会の尖塔》; 〖城〗 突角堡(ほ); 〖フェン〗 フレッシュ《前に突進する攻撃法の一つ》. ［F＝arrow］
flé·chette /fleɪʃét, flɛ-/ *n* 〖軍〗 矢弾, フレシェット《第一次大戦で空中より投下されたスチール製の矢》. ［F (dim)〈*flèche* arrow］
fleck /flék/ *n* 《色・光線の》斑, 斑点, 斑紋; 《皮膚の》斑点, そばかす; 小斑, 小片. ► *vt* …に斑点をつける; まだら[ぶち]にする: a sky *~ed with* small clouds 点々と小さな雲の浮かぶ空. ［? ON *flekkr* stain or MLG; cf. OHG *flec* spot］
fléck·er *vt* …に斑紋をつける, まだらにする.
Fleck·er フレッカー **James Elroy ~** (1884–1915)《英国の詩人・劇作家》.
fléck·less *a* 斑点[斑紋]のない; 汚点のない, 無垢の, 罪のない. ♦ **~·ly** *adv*
flection ⇨ FLEXION.
fled *v* FLEE の過去・過去分詞.
fledge /fléʤ/ *vi* 〈ひな鳥が〉羽毛が生えそろう, 巣立ちができる; 〈昆虫が〉完全に羽化する. ► *vt* 〈ひなを〉羽毛が生えそろうまで育てる; 〈矢〉に羽を付ける; 羽毛でおおう. ♦ **~·less** *a* UNFLEDGED. ［*fledge* (obs a) fit to FLY[1]＜OE **flecge*, **flycge*; cf. G *flügge* fledged］
fledged /fléʤd/ *a* 羽毛が生えそろった, 巣立ちのできる, 一人前の.
fledg·ling, fledge- /fléʤlɪŋ/ *n* 羽の生えた[巣立ちした]ばかりのひな鳥, 巣立ちびな; 駆け出しの若者, 青二才. ► *a* 駆け出しの, 未熟な; 生まれて間もない〈組織など〉.
fledgy /fléʤi/ *a* 羽のある, 羽毛でおおわれた.
flee /flí:/ *v* (**fled** /fléd/) 《やや文語的な語; 英国では, 特に以前は flee, fleeing の代わりに fly, flying をしばしば用いた》.
► *vi* **1** 逃げる, のがれ去る 〈*from, to*〉; 身を引く 〈*from*〉; 逃避する, 身を避ける 〈*from*〉: ~ *from* temptation 誘惑をのがれる. **2** [*p* or *pp*] 消えうせる: The smile *fled* from her face. 顔から微笑が消えた / Life had [was] *fled*. すでにこと切れていた. **3** 飛ぶ, 疾走する (fly).
► *vt* …から逃げ去る; 逃避する, 避ける (shun), 見捨てる: They *fled* the town because of the plague. 伝染病の難をのがれて町を去った ［OE *flēon*; cf. G *fliehen*］
fleece /flí:s/ *n* 《羊・アルパカなどの》毛被, 羊毛; フリース《一頭一刈りの羊毛》; 〖紋〗 フリース《胴の部分にベルトをかけて吊り下げた羊の図形》; 羊毛状のもの《白雲・雪など》; 〖織〗 フリース《羊の毛皮に似た柔らかな起毛素材; 裏地などに用いる》; フリースのジャケット[衣料品]; もじゃもじゃの頭髪: GOLDEN FLEECE. ► *vt* 〈羊〉の毛を刈る (shear); 〈人〉から巻き上げる, だまし取る; 〖商〗 抜け駆け的に〈暴利を〉せしめる; 《詩》羊毛状のものでおおう[まだらにする]: ~ sb *of* all he possesses 人の持物をすっかり巻き上げる. ［OE *flēos, flēs*; cf. G *Vlies*］
fleeced /flí:st/ *a* 羊毛(状のもの)でおおわれた; 〈布地が〉柔らかいけばのある.
fléece-pìck·er *n* 《豪》《羊毛刈り小屋で》裾毛などを集めて仕分けの仕事をする人.
fleech /flí:tʃ/ 《スコ・北イング》 *vt* 丸め込む, 口説き落とす; 甘言で誘う[だます]; 懇願する, 頼み込む. ► *vi* おもねる, おだてる. ［ME＜?; cf. OHG *flehon* to flatter］

F

flee·cie /flíːsi/ *n* FLEECY.

fleecy /flíːsi/ *a* 羊毛でおおわれた; 羊毛状の, ふわふわした. ► *n* 《豪俗》 FLEECE-PICKER.

fleer[1] /flíər/ *vi, vt* あざわらう, あざける ‹*at*›. ► *n* あざわらい, あざけり(の表情[ことば]). ♦ **~·ing·ly** *adv* あざけって, あざわらって. [ME <? Scand; cf Norw and Swed (dial) *flira* to grin]

fle·er[2] /flíːər/ *n* 逃げる[のがれる]人. [*flee*]

fleet[1] /flíːt/ *n* 艦隊 (cf. SQUADRON); [the] 《一国の》全艦隊, 海軍力, 海軍; 《商船・漁船などの》船隊; 《飛行機・輸送車・戦車などの》隊; 《一輸送会社[同一オーナー所属の輸送会社群]によって運営される》全車両, 全航空機, 全船舶; 魚網の列: a combined ~ 連合艦隊 / ~ cars 量販車《タクシー[バス]会社へまとめて販売される車》. [OE *flēot* ship, shipping (↓); cf. G *Flotte*]

fleet[2] *a* 《詩・文》 **1** 速い, 速やかな, 駿足の: ~ of foot 足が速い. **2** 束(つか)の間の, うつろいやすい, はかない, 無常の. ► *vi* いつしか過ぎる ‹*by*›; 急に[飛び]過ぎる ‹*away*›; 《古》消えゆく; 《古》‹水・川が›流れる (flow); 《廃》泳ぐ, 漂う. ► *vt* 《まれ》‹時を›過ごす; 〘海〙…の位置を変える; 〘海〙‹滑車装置›の滑車を引き離す, 掛け換える; ‹ロープを›デッキに並べる; ‹ケーブルを›キャプスタン[巻揚げ機]の胴部上をすべらせる. ♦ **~·ly** *adv* **~·ness** *n* [OE *flēotan* to float, swim; cf. G *fliessen* to flow]

fleet[3] *n* **1** 《廃・英方》入江, 浦, 小湾; 水路. ★ 地名以外は方言. **2** [the F-] **a** フリート川 《London の Fleet Street で Thames 川に注ぐ小川; 今は暗渠》. **b** 〘英史〙 FLEET PRISON. [OE *flēot*<Gmc; cf. ↑]

fleet[4]‖ 《方》 *a* ‹水など›浅い (shallow). ► *adv* 浅く‹耕す›. [? OE **flēat*; cf. Du *vloot* shallow (⇨ FLEET[2])]

fléet àdmiral 〘米〙海軍元帥 (admiral of the fleet‖) (⇨ NAVY).

Fléet Áir Àrm [the] 《以前の》英国海軍航空隊 《略 FAA》.

Fléet chàplain FLEET PARSON.

fléet-fóot·ed *a* 足の速い, 快足の.

fléet in béing 〘軍〙《実力を発動しないが戦略上無視できない》牽制艦隊.

fléet·ing *a* いつしか過ぎて行く; 束(つか)の間の, 無常の, はかない. ♦ **~·ly** *adv* しばし; はかなく. **~·ness** *n*

Fléet márriage 〘英史〙フリート結婚 《Fleet parson が行なった秘密結婚式; 17 世紀後期から 18 世紀初期に行なわれた》.

Fléet pàrson 〘英史〙フリート牧師 《フリート監獄で秘密結婚 (Fleet marriage) の媒酌をしたいかがわしい牧師》.

Fléet Príson [the] フリート監獄 《12 世紀から London の Fleet 川の付近にあった監獄; 1640 年以後は支払い不能の債務者などを収容したが, 1842 年閉鎖》.

Fléet Strèet フリート街 《London 中央部のかつての新聞社街; 1980 年代半ば以降主要な新聞社は東の Wapping 地区などに移転し, 現在は法曹街化している》; ロンドン[英国]の新聞(界).

Fleet·wood /flíːtwʊ̀d/ フリートウッド **Charles** ~ (c. 1618–92) 《イングランドの軍人; Cromwell の腹心, 娘婿》.

fleh·men /fléɪmən/ *n* 〘動〙フレーメン 《鹿・アンテロープなどの有蹄動物の雄にみられる求愛行動で, 雌の尿をかいだあと上唇を巻き上げ頭をあげる》. [G=to curl the lip]

flei·shig /fléɪʃɪk/ *a* 〘ユダヤ教〙肉をつかった, 肉(製品)につかう[関係する] 《牛乳・乳製品と分けて調理し食すべきことを表わす; cf. MILCHIG, PAREVE》. [Yid; ⇨ FLESH]

Flem. Flemish.

Flé·malle /fleɪmáːl/ フレマール 《ベルギーの Liège 州にある町》. ■ the **Máster of** ~ フレマールの画家 (fl. c. 1430) 《名前が不明のフランドルの画家; 北方ルネサンスの代表者; Robert CAMPIN とするのが定説》.

Flem·ing[1] /flémɪŋ/ *n* フラマン[フランダース, フランドル]人 《Flanders の住民または Flemish を話すベルギー人》. [OE<ON *Flæmingi* and MDu *Vlāming* (*Vlaanderen* Flanders, *-ing*[2])]

Fleming[2] フレミング (1) Sir **Alexander** ~ (1881–1955) 《スコットランドの細菌学者; ペニシリンを発見 (1928); ノーベル生理学医学賞 (1945)》 (2) **Ian** (**Lancaster**) ~ (1908–64) 《英国の作家; James Bond を主人公とした一連のスパイ小説の作者》 (3) Sir **John Ambrose** ~ (1849–1945) 《英国の電気技術者》.

Fléming's rúle 〘理〙フレミングの法則 (⇨ LEFT-HAND [RIGHT-HAND] RULE). [Sir John A. *Fleming*]

Flem·ish /flémɪʃ/ *a* フランドル (FLANDERS) の; フラマン人[語]の. ► *n* フラマン[フランダース, フランドル]語 《Germanic 語派の一つ; 綴字法の違いを除けば基本的にオランダ語と同じ》; [the, ‹*pl*›] フラマン[フランダース, フランドル]人. ► *vt* [°f-] 〘海〙‹ロープを›フレミッシュコイルにかがねる (cf. FAKE[2]).

Flémish bónd 〘建〙フランス積み 《長手と小口を交互に並べる煉瓦積み》.

Flémish Brábant フランドルブラバント, フラームスブラバント (Du **Vlaams Bra·bant** /vláːms bráːbɑnt/) 《ベルギー Flanders 地域の州, ☆Leuven; 1995 年 Brabant 州を言語境界線で分割して成立》.

Flémish gíant 〘畜〙フレミッシュジャイアント 《フランス原産とされる大型のウサギ; ペットとしても飼われる》.

Flémish schóol [the] 〘美〙フランドル派 《(1) van Eyck 兄弟など 14–16 世紀の, 主に Bruges で活動した宗教画家たち (2) Bosch, Brueghel 一家などの幻想画家たち (3) Rubens, Van Dyck, Teniers など 17 世紀 Antwerp の肖像画家たち》.

Flens·burg /flénzbə̀ːrg; G flénsburk/ フレンスブルク 《ドイツ北部 Schleswig-Holstein 州最北部の市・港町》.

flense /fléns; flénz, -s/, **flench** /fléntʃ/, **flinch** /flíntʃ/ *vt* ‹鯨・アザラシなど›の脂肪を取る[皮をはぐ]. [Dan]

fle·ro·vi·um /flɪróʊviəm/ *n* 〘化〙フレロビウム 《人工放射性元素; 記号 Fl, 原子番号 114》. [Georgy *Flyorov* (1913–90) ソ連の物理学者]

flesh /fléʃ/ *n* **1 a** 肉, 身(み); 肉付き, 贅肉(ぜいにく): gain [get] ~ 太る / make [put on] ~ 肉がつく, 太る / lose ~ 肉が落ちる, やせる. **b** 食用肉 《今は一般に meat という》; 獣肉; 皮の裏, 肉面 (flesh side) 《肉のついた側》: neither FISH[1], ~ nor fowl / live on ~ 肉食する. **c** 果肉; 葉肉. **2 a** [the] 肉体, 肉欲, 肉 (opp. *soul, spirit*) (CARNAL *a*); 人間性, 人間味: The spirit is willing, but *the* ~ is weak. 《諺》心は熱すれども肉体弱きなり 《*Matt* 26: 41》 / the sins of *the* ~ 肉欲の罪 《不貞》 / the ills of *the* ~ 肉体に付きまとう苦難 / the pleasures of *the* ~ 肉体の快楽. **b** [one's (own) ~] 肉親. **c** 《キリストの》肉体, 聖体. **d** 人類; 生物. **3** 肌; 肌色, 肉色; 〘画〙素肌. **4** 〘クリスチャンサイエンス〙物質が感覚を有するとする誤った考え. **5** 本体, 本質 (substance). ● **after the** ~ 肉によって, 人間並みに. **all** ~ 〘聖〙生きとし生けるもの; 人類: *All* ~ is grass. 人はみな草なり 《*Isa* 40: 6》 / go the WAY[1] of *all* ~. **become** [**be made**] **one** ~ 〘聖〙夫婦(として一心同体)となる 《*Gen* 2: 24》. **be made** ~ 肉体として具現する. ~ **and fell** 肉も皮も, 全身; [‹*adv*›] ことごとく, 全く. **in** ~ 肉となって, 肉がついて: grow *in* ~ 太る. **in the** ~ 現身(うつしみ)となって; 生の姿で, 実物で, 本物の; [*joc*] 本人に, じきじきに; 生きて. **make sb's** ~ CREEP [CRAWL]. POUND[1] **of** ~. **press** (**the**) ~ 《口》《特に 選挙運動中に》人びとと握手をする. **put** ~ **on** (**the bones of**)…に肉付けする, …をより詳細に説明する, 敷延する. ► *vt* **1** ‹猟犬・鷹などを›獲物の肉を味わわせて刺激する; 《古・詩》虐殺[戦争]に慣らす; 成功の予覚を与えて激励する. **2 a** ‹刀を›肉に刺す. **b** ‹筆・才などを›実地にためす. **3** 太らせる; ふくらませる, 肉付けする ‹*out*›; 《古》‹欲望などを›満たす. **4** ‹皮›から肉をそぐ, 裏打ち[フレッシング]する. ► *vi* 肉がつく, 太る ‹*out, up*›. ● ~ **out** ‹構想・内容・骨組などを›充実させる, 肉付け[拡充]する, ふくらませる, 具体化する ‹*with*›; 充実する. [OE *flǣsc*; cf. G *Fleisch*]

flésh and blóod 肉体 (body), 血肉; 生身の人間; 人間性, 人情; [one's own ~] 肉親, 身内; 実質, 具体性; [‹*a*›] 現身(うつしみ)の, 現実の (actually living): in ~ 肉体として / be more than [as much as] ~ can stand [bear, endure, tolerate].

flésh·brùsh *n* 皮膚摩擦用ブラシ 《血行促進用》.

flésh còlor 《白人の》皮膚の色, 肌色.

flésh-còlored *a* 肉色の, 白人の肌色の.

flésh cròw 〘鳥〙ハシボソガラス (carrion crow).

flésh-èat·er *n* CARNIVORE.

flésh-èat·ing *a* 肉食性の.

fleshed /fléʃt/ *a* 丸々した, 肉付きのよい; 無情な, 冷血の; [*compd*] …な肉をもった: thick-*fleshed*.

fléshed-òut *a* 肉付け[拡充]された.

flésh·er *n* 《獣皮の》肉はがし人[器, ナイフ]; 《スコ》肉屋.

flesh·ette /flɛʃét/ *n* 小さな投げ矢の形をした散弾子 《ヴェトナム戦争で用いられた対人用兵器》. [F *fléchette*]

flésh flìck 《俗》ポルノ映画 (skin flick).

flésh flỳ 〘昆〙ニクバエ 《動物の生身に産卵する》.

flésh glòve 皮膚摩擦用手袋 《血行促進用》.

flésh·hòok *n* 《肉屋の》肉つるし鉤(かぎ); 《鍋から》肉を引き上げる鉤.

flésh·ing *n* [*pl*] 肌色のタイツ; [*pl*] 皮から削り取った肉片; 赤身と脂身の分布; 〘畜〙脂肪肉度.

flésh·less *a* 肉のない; 肉の落ちた.

flésh·ly *a* 肉の, 肉体の; 肉欲にふける, 肉感的な, みだらな; 感覚に訴える; 世俗的な; 肉付きのよい: the ~ envelope 肉体. ♦ **flésh·li·ness** *n*

flésh mèat 《魚肉などに対して》鳥獣の肉.

flesh·ment /fléʃmənt/ *n* 《廃》初めて成功した時の興奮.

flésh pèddler* 《俗》 **1** 娼婦; ヒモ, ポン引き; 女の肉体を見世物にする興行主. **2** タレント業者; 職業紹介所の人.

flésh·pòt *n* 肉鍋; [the ~s] 美食, ぜいたく(な暮らし) 《*Exod* 16: 3》; [ᵘ*pl*] [°*joc*] 歓楽街.

flésh-prèss·er *n* 《口》握手屋 (=*palm-presser*) 《有権者と握手したり接吻したり背中をたたいたりしてご機嫌取りをする政治家》.

flésh-prèss·ing *n, a* 《口》握手攻勢(をする) 《選挙運動で候補者がするような》.

flésh-prìnt·ing *n* 魚肉のタンパク質型を電子工学的方法で記録したもの 《魚の移住を調査するのに用いる》.

flésh sìde 〘皮革〙肉面 (opp. *grain side*).

flésh tìghts *pl* 肌色のタイツ (fleshings).

flésh tìnt(s) (*pl*) 〘画〙《人体の》肌色, 肉色.

flésh wòrm 〘昆〙ニクバエのウジ 《flesh fly の幼虫》.

flésh wòund 《骨や内臓に達しない》浅い傷.

fléshy *a* 肉の, 肉質の, 肉のような; 肉付きのよい, 肥満した; 肉欲の; 多肉質の〈果実〉, (肥厚して)多汁の〈葉など〉. ♦ **flésh·i·ness** *n*

fléshy frúit 多肉果《イチゴ・桃・梨など》.

fletch /flɛ́tʃ/ *vt* 〈矢〉に羽根を付ける. ［逆成く↓］

flétch·er *n* 矢製造人, 矢羽職人. ［OF; ⇨ FLÈCHE］

Fletcher フレッチャー (1) **Giles** ～ (c. 1585–1623)《イングランドの詩人》 (2) **John** ～ (1579–1625)《イングランドの劇作家; 多くの作品を Francis BEAUMONT などと合作した》 (3) **Phineas** ～ (1582–1650)《イングランドの詩人; Giles の兄; *The Purple Island* (1633)》.

Flétcher·ìsm *n* フレッチャー式食事法《空腹時にだけ少量ずつ食べ十分にかむ健康法》. ［Horace *Fletcher* (1849–1919) 米国の栄養学者］

flétch·ings *n pl* 矢羽(やばね).

Fletsch·horn /flɛ́tʃhɔ̀ːrn/ フレッチホルン《スイス南部 Simplon 峠の南方, Pennine Alps 中の峰 (3993 m)》.

flet·ton /flɛ́tn/ *n* [ºF-] フレトン煉瓦《半乾式加圧成形法で製造する英国の建築用煉瓦》. ［*Fletton* イングランド Cambridgeshire の原産地］

fleur de coin /*F* flœːr də kwɛ̃/ *a* 〈硬貨など〉鋳造したての, 未使用の. ［F à *fleur de coin* with the bloom of the die］

fleur-de-lis, -lys /flə̀ːrd(ə)líː, -líːs, flʊ̀ər-; *F* flœːrdəlis/ *n* (*pl* **fleurs-** /flə̀ːrd(ə)líː(z), flʊ̀ər-; *F* —/) 〔植〕アヤメ[イリス](の花) (iris); イリス形の紋章, 《フランス王室の》ユリ形紋章; フランス王室. ［F＝flower of lily］

fleu·ret /flə̀ːrɛ́t, fluər-/ *n* 〔フェン〕フルーレ (foil)《特に 軽いもの》; FLEURETTE.

fleu·rette /flə̀ːrɛ́t, fluər-/ *n* **1** 小花形《装飾模様》. **2** [F-] フルーレット《女子名》. ［F (dim)＜*fleur* flower］

fleu·ron /flə́ːràn, flúər-, -rən/ *n* フリューロン《(1) 建築・硬貨・印刷物などの花形装飾 2)《料理》装飾的な形のペストリー》. ［F＜OF (*flor* FLOWER)］

fleu·ry /flə́ːri, flúəri/ 〔紋〕*a* イリス[ユリ]形紋 (fleur-de-lis) で飾った; 〈十字が〉末端がイリス形になった.

Fleu·ry /*F* flœri/ フルリー (1) **André-Hercule de** ～ (1653–1743)《フランスの枢機卿・政治家; Louis 15 世治下で宰相 (1726–43)》 (2) **Claude** ～ (1640–1723)《フランスの教会史家》.

Fle·vo·land /flíːvoulæ̀nd/ フレーヴォラント《オランダ中部の州; ☆Lelystad》.

flew[1] *v* FLY[1] の過去形.

flew[2] ⇨ FLUE[2].

flews /flúːz/ *n pl* 《猟犬の》たれさがった上唇. ［C16＜?］

flex[1] /flɛ́ks/ *vt, vi* **1**《特に 繰り返して》曲げる, 〈手足・関節など〉曲げる, …の屈伸をする, 曲がる; 〈筋肉を[が]〉収縮させる[する]; 〔地質〕〈地層を〉撓曲(とうきょく)させる; [ᵘ*pp*]〔考古〕〈死体を〉屈葬する: ～ sth *out of* shape 物を曲げて変形させる. **2** 〈能力などを〉発揮する, 誇示する《成句 flex one's MUSCLES (力を誇示する) から》: ～ one's skills and knowledge 技能と知識を見せつける. ● **～ed out of shape***《俗》かんかんにおこって. ► *n* 曲げる[曲がる]こと, FLEXIBILITY. ［L *flex- flecto* to bend］

flex[2] *a* FLEXIBLE. ► *n*ᴵᴵ《電気の》コード (cord*). ► *vi* フレックスタイムで勤務する.

flex·a·gon /flɛ́ksəgɑ̀n/ *n* フレクサゴン《紙を折って作る多角形, 特に六角形; たたんだり開いたりするといろいろな面が出る》.

fléx-cùff *n* フレックスカフ《被疑者などを拘束するのに使うプラスチック製の手錠・足錠》. ► *vt, vi* フレックスカフで拘束する.

fléx·dòl·lars* *n pl* フレックスドル額, 弾力的付加給付枠《雇用主によって割り当てられる一定の金額で, 被雇用者はその枠内で付加給付 (fringe benefits) を自由に選択できる》.

flexi- /flɛ́ksə/ *comb form* FLEXIBLE の意.

flex·i·bil·i·ty /flɛ̀ksəbíləti/ *n* 曲げやすいこと, 柔軟性, しなやかさ, たわみ性, 可撓性; 御しやすさ; 順応性, 弾力性; 《光の》屈折率.

fléx·i·ble *a* **1** 曲げやすい, たわみやすい, しなやかな, 可撓(かとう)性のある, しなう: a ～ cord 自由に曲がるコード《電灯のコードなど》/ a ～ pipe たわみ管, 可撓管. **2** 柔順な, 柔軟な; 順応性のある, 融通のきく, 弾力的な: a ～ plan 変更のきく計画. ► *n* 曲げやすいもの. ♦ **-bly** *adv* 曲げやすく, 柔軟に; 意のままに, すなおに. **～·ness** *n* FLEXIBILITY.

fléxible bénefits *pl* 選択的(付加)給付《給付・諸手当の種類を被雇用者が選択できる》.

fléxible bínding 〔製本〕柔軟背製本; 〔製本〕薄表紙.

fléxible dísk 〔電算〕FLOPPY DISK.

fléxible fríendᴵᴵ《口》[*iron*] 融通のきく友だち《クレジットカード》.

fléxible tíme FLEXTIME.

fléxible trústᴵᴵ オープン型投資信託 (opp. *fixed trust*).

fléxible wórking 自由勤務形態, フレックスタイム制.

flex·ile /flɛ́ksəl, -sàɪl; -sàɪl/ *a* FLEXIBLE.

flex·ion, 《米》**flec·tion** /flɛ́kʃ(ə)n/ *n* 屈曲, 湾曲, たわみ; 屈曲部, 曲がり目; 〔解・生理〕《関節の》屈曲; 《腕・脚の》前方への振り上げ; 〔文法〕語尾変化, 屈折 (inflection). ♦ **～·al** *a* **～·less** *a* ［L; ⇨ FLEX[1]］

fléxi·tìmeᴵᴵ *n* FLEXTIME.

flexo /flɛ́ksou/ *n* (*pl* **fléx·os**) FLEXOGRAPHY. ► *a* FLEXOGRAPHIC. ► *adv* FLEXOGRAPHICALLY.

flex·og·ra·phy /flɛksɑ́grəfi/ *n* フレキソ印刷《版材に弾性物質を用いる凸版輪転印刷法》; フレキソ印刷物. ♦ **flèxo·gráph·ic** /flɛ̀ksə-/ *a* **-i·cal·ly** *adv*

flex·or /flɛ́ksər, *-sɔ̀ːr/ *n* 〔解〕屈筋 (＝～ **múscle**) (cf. EXTENSOR).

fléxor ret·ináculum 〔解〕《手・足の》屈筋支帯.

fléx·tìme *n* フレックスタイム. ［*flex*ible＋*time*］

flex·u·ous /flɛ́kʃuəs; -sju-/, **flex·u·ose** /flɛ́kʃuòus; -sju-/ *a* 屈曲性のある; 曲がりくねった; 《まれ》波状に動く; 動揺する. ♦ **～·ly** *adv* **flèx·u·ós·i·ty** /-ɑ́s-/ *n*

flex·ur·al /flɛ́kʃ(ə)rəl/ *a* 屈曲の, たわみの, 曲げの: ～ rigidity 〔工〕曲げ剛性, 曲げこわさ.

flex·ure /flɛ́kʃər/ *n* 屈曲, たわみ, 曲がり, 曲げ; 〔数〕ひずみ; 湾曲部; 〔地質〕《地層の》撓曲(とうきょく).

fléx·wing *n* 〔空〕可撓翼, フレックスウィング《ハンググライダーなどに用いる, 布などでできた折りたたみのできる三角翼》.

fley, flay /fléɪ/ 《スコ・北イング》*vt, vi* おどして退散させる 〈*away*〉; こわがらせる, おどす; こわがる.

fléy·some *a* 《スコ・北イング》恐ろしい.

flib·ber·ti·gib·bet /flíbərtədʒìbət, ⏤⏤⏤⏤/ *n* 気まぐれで軽薄な人, はすっぱな女; おしゃべり《人》; [F-]《廃》悪魔の名. ♦ **-bety** *a* ［おしゃべりの imit］

flic /flíːk/ *n* 《口》《フランスの》警官. ［F］

flic·flac /flíkflæ̀k/ *n* 〔バレエ〕フリックフラック《両足をすばやくすり合わせるステップ》; 《軽業師の》逆とんぼ返り. ［imit］

flick /flík/ *n* **1 a**《むちなどで》さっと打つ[はたく]こと, 軽打; 《指で》はじくこと, はね飛ばし; ひょいと[すばやく]動かすこと; [a ～] ざっと目を通すこと 〈*through* a book〉. **b** ピシッ[パチッ](という音). **c**《泥・水などの》はね. **2**《古風口》《一編の》映画, [the ～s]ᴵᴵ 映画館. **3**《俗》FLICK-KNIFE. ● **give sb the ～** 人を顧慮しない, 一蹴する. ► *vt* 《むち・指先などで》軽くさっと打つ, はたく; さっと動かす, はじく; 軽く払いのける[落とす] 〈*away, off*〉; 〈むちなどを〉ひょいと打ち振る, 〈指を〉パチッと鳴らす; 〈インクなどを〉飛ばす, 振り出す; 〈視線を〉ちらっと向ける 〈*at*〉: ～ the light *on*＝～ *on* the light《スイッチで》電灯をパチッとつける / ～ the light *off* 電灯をパチッと消す / ～ crumbs *from* [*off*] a tablecloth. ► *vi* ひょい[さっと]と動く; さっと打つ[はたく]; ひらひら飛ぶ. ● **～ out** 〈動物の舌・尾・足など〉さっと出る[出す]. **～ through…** 〈ページ・カードなど〉をパラパラとめくる, 《パラパラとめくって》〈本など〉にざっと目を通す; 〈テレビのチャンネル〉を次々切り換える. ♦ **～y** *a* 急に動く. ［imit］

flick·er[1] /flíkər/ *vi* 〈灯火など〉明滅[ちらちら]する; 揺れる, 揺れ動く, ちらつく, 〈木の葉・風が〉そよぐ, 〈ヘビの舌など〉ちらちら震える; 〈旗が〉翻る; 〈目・視線などが〉ちらっと見る 〈*at*〉; 〈鳥が〉はばたく; 〈感情など〉一瞬現われる, よぎる; *《俗》気絶する, 気絶したまねをする. ► *vt* 明滅[ちらちら]させる; 震えさせる; ちょっとしたしぐさで知らせる[伝える]; はためかせる. ● **～ out** 〈マッチ・ろうそくなどが〉揺らいで消える; [*fig*] 〈抵抗などが〉下火になってやむ. ► *n* ちらちらすること, 《光などの》ゆらぎ, 明滅, ちらつき, フリッカー; 《テレビなどの画面の》ちらつき, フリッカー; 《木の葉などの》そよぎ, 《まつげなどの》ちょっとしたすばやい動き; 《感情・希望・興味などが》一瞬現われる[よぎる]こと 〈*of*〉; *《俗》気絶したふりをする乞食; [ᵘ*pl*]《俗》映画 (flick). ♦ **～·ing** *a, n* **～·ing·ly** *adv* 明滅して, ちらちら[ゆらゆら]と. **flíck·ery** *a* ［OE *flicorian*; cf. Du *flikkeren*］

flicker[2] *n* 〔鳥〕ハシボソキツツキ《南北アメリカ産》. ［imit］

flícker photòmeter 〔理〕交照[フリッカー]測光器, 交照光度計.

flíck·er·tàil *n* **1**〔動〕リチャードソンジリス《米国中北部産》. **2** [F-] フリッカーテール《North Dakota 州人の俗称》.

Flíckertail Stàte [the] フリッカーテール州《North Dakota 州の俗称》.

flíck-knìfeᴵᴵ *n* 飛出しナイフ (switchblade (knife)*).

flíck ròll 〔空〕急横転 (snap roll).

flied *v* 〔野・劇〕FLY[1] の過去・過去分詞.

fli·er, fly·er /fláɪər/ *n* **1 a** 空を飛ぶ(ように動く)もの《鳥・昆虫・魚など》; 〔魚〕ヒレスズキ《米国南東部のサンフィッシュ科の淡水魚》. **b**《飛ぶように》速く動く人[動物, 乗物]; 飛行家[士]; 飛行機の利用者; 航空兵; 飛行機; 空中曲芸師; ᴵᴵ《俗》快活でかわいい女の子: FREQUENT FLIER. **c** 快速船[艇, 車, 馬], *急行列車[バス]. **d**〔機〕はずみ車; 《紡織機の》フライヤー《つむの上に差し込む腕》; 《印刷機の》紙あおり; 《風車の》羽根. **e** 変わりやすい微風. **2** ちらし, 広告, ビラ. **3** 飛躍, 跳躍; 《口》〔競技〕フライング (flying start); *《口》投機, やま, 賭け, 冒険, リスク, 《保証のない》試み; 《口》野心家. **4**〔建〕一直線の階段の一段 (cf. WINDER[1]); [*pl*] 一直線の階段. ● **take a ～** 跳躍する; 〔スキー〕(シャンツェから)飛躍する; *《口》(投機的な)賭けをする 〈*on*〉. ［*fly*[1]］

flight[1] /fláɪt/ *n* **1 a** 飛ぶこと, 飛行, 飛翔(ひしょう); 〔空〕(宇宙)飛行, 航空; 飛行[飛翔]力; 飛び方, 〔空〕操縦, 操縦法[技術]: a long-distance [nonstop] ～ 長距離[無着陸]飛行 / make [take] a ～ 飛行する; 飛翔する / in ～ 飛行中で[に]. **b** 飛行[飛翔]距離, 射程. **c** 定期便, 便, フライト; 飛行機旅行: a 7 o'clock ～ to Chicago /

Have a nice ～. それでは楽しい空の旅を. **d** *«俗» 《LSD などによる》幻覚体験 (trip). **2 a** 飛ぶ鳥の群れ, 《一時に巣立つ》ひな鳥の群れ; 〔空軍〕飛行小隊《2 機以上》, 《2 小隊以上からなる》飛行中隊. **b** 《鳥・昆虫の群れの》移行, 渡り; 《鷹の》獲物の追撃. **c** 〔鳥〕FLIGHT FEATHER. **3 a** さっと飛び過ぎること, 疾過, 急過 〈*of* clouds etc.〉, 《時の》経過 (lapse) 〈*of* years〉. **b** 《思想・野心・想像などの》飛躍, 高揚; 《才知などの》ほとばしり: a ～ of fancy [imagination] 途方もない空想, 現実離れした考え. **4 a** 〔建〕登り, フライト《**1**) 階と階をつなぐ階段 **2**) 踊り場までの一登りの区間》; 階段状に続くもの《テラス・コンベヤーなど》; 《運河の》一連の閘(こう)門; 〔陸上〕《ハードルの》段列; 〔競馬〕障害物《ハードルまたはフェンス》: go up two ～*s* of stairs [steps] 階段を 2 つ登る. **b** 《鳥小屋併設の》周囲を囲った鳥の飛翔空間. **5 a** 《矢などの》一斉射撃, 斉射. **b** 〔弓〕遠矢 (flight arrow, flight shooting); 遠矢の飛距離; 矢羽. **c** 〔スポ〕《ボール・矢が》飛ぶこと, 《クリケットの》投げたボールのスピードとコース(を変化させる能力). **d** 〔釣〕スピナーに付ける回転羽根. ● **in the first** [**top**] **～** "先頭に立って, 首位にあって, 一流で. **take ～** 〈鳥が〉飛び立つ. **take** [**wing**] **one's ～** 飛行する; 〈霊など〉天外に飛び去る.

► *vt* 〈野鳥を〉飛び立たせる; 〈飛鳥を〉撃つ; 〈矢〉に羽根を付ける; 〈クリケットボールなど〉のスピードとコースを変化させる.

► *vi* 〈鳥が〉群れをなして飛ぶ[空を渡る].

[OE *flyht*; cf. FLY[1], G *Flucht*]

flight[2] *n* 敗走, 潰走(かいそう); 逃走, 逃避, 脱出; 〔経〕資本(の)逃避 (＝～ of capital). ● **in full ～** 懸命に逃走して; 最高潮に達して. **put…to ～** 〈敵などを〉敗走させる. **take (to) ～**＝**betake oneself to ～** 逃げる, 逃走する. [OE *flyht; cf. FLEE]

flíght àrrow 〔弓〕《円錐形の頭をもつ》遠矢; 《一般に》長く軽い矢.

flíght attèndant 《旅客機の》客室乗務員, フライトアテンダント《stewardess, hostess に代わる性(差)別回避語》.

flíght bàg フライトバッグ《主に旅客機内持込み用のトラベルバッグ; 小型のショルダーバッグ》.

flíght càpital 〔経〕逃避資本. ♦ **flíght càpitalist** *n*

flíght contròl 〔空〕航空[飛行]管制(組織); 〔空〕操縦装置[系統].

flíght crèw 運航乗員, 航空機搭乗員 (aircrew) (cf. CABIN CREW).

flíght dáta recòrder FLIGHT RECORDER.

flíght dèck 《空母の》飛行甲板; フライトデッキ《大型機の操縦室》: ～ crew＝FLIGHT CREW.

flíght·ed *a* 〈矢が〉羽根の付いた; 〔クリケット〕〈ボールが〉スピードとコースの変化する.

flíght engineèr 〔空〕《搭乗する》航空機関士.

flíght ènvelope 〔空〕飛行包囲線図, フライトエンベロープ (⇨ ENVELOPE).

flíght fèather 〔鳥〕飛び羽, 主翼羽《風切り羽を含む》.

flíght formàtion 飛行隊形, 編隊形状.

flíght ìndicator 〔空〕飛行指示器《人工水平儀など》.

flíght informàtion règion 〔空〕飛行情報区《天候その他の情報の提供のために区分された空域; 略 FIR》.

flíght ìnstrument 飛行計器, 航空計器.

Flíght into Égypt [the] 〔美〕エジプトへの逃避《キリスト教美術の主題の一つ; *Matt.* 2: 13–15 に基づき, キリストを抱きロバに乗る聖母 Mary とそれを引く Joseph を中心とした図》.

flíght jácket フライトジャケット《チャック式の革製上着; 前部にポケットが付き, 腰と袖口は毛糸編み》. [第二次大戦の飛行服に似ていることから]

flíght·less *a* 〈鳥・昆虫が〉飛べない, 無飛力の《主に走鳥類についていう》. ♦ **～·ness** *n*

flíght lieutènant 〔英〕航空大尉 (⇨ AIR FORCE).

flíght lìne 〔空〕《格納庫周辺の》駐機場 (ramp), 《滑走路・誘導路を除く》飛行列線, フライトライン; 《飛行機・渡り鳥の》飛行経路.

flíght òfficer 〔米〕空軍准尉.

flíght pàth 〔空・宇〕飛行経路.

flíght pày 〔米空軍〕《月々の》飛行手当.

flíght plàn 〔空〕飛行計画(書).

flíght recòrder 〔空〕飛行経路記録器, 自記飛行計, フライトレコーダー.

flíght sèrgeant 〔英空軍〕上級曹長 (⇨ AIR FORCE).

flíght shòoting 〔弓〕遠矢《競射》.

flíght sìmulator 〔空〕模擬飛行装置, フライトシミュレーター《操縦士訓練用など》.

flíght stàtus FLYING STATUS.

flíght strìp 〔空〕《道路に平行して設けた》緊急用滑走路; 滑走路 (runway); 連続航空写真.

flíght sùit 飛行服, フライトスーツ《軍用機搭乗者が着用し, 耐火性がある》.

flíght sùrgeon 〔空軍〕航空医官, 航空軍医.

flíght-tèst *vt* 〈航空機・飛行装置〉の飛行試験を行なう.

flíght tèst 《航空機・飛行装置の》飛行試験.

flíght·wòrthy *a* (安全に)飛行できる状態にある, 耐空性のある.

flíghty *a* とっぴな, 軽はずみな, 軽率な; 〈特に 女性が〉気まぐれな; 気違いじみた〈考えなど〉; 驚きやすい, ものおじする; 迅速な, すばやい; あだっぽい, 気をそそる. ♦ **flíght·i·ly** *adv* **-i·ness** *n* [*flight*[1]]

flim[1] /flím/ *a* *«俗» クールな, いかす (cool).

flim[2] *n* "«俗» 5 ポンド札. [*flimsy*]

flim·flam /flímflæ̀m/ *n* «口» でたらめ, たわごと; ごまかし, いんちき, ペテン. ► *a* いんちきの, でっちあげの, でたらめな. ► *vt* (**-mm-**) ペテンにかける. ► *vi* ごまかす, いかさまをやる. ♦ **-flàm·mer** *n* **-mery** *n* [imit; cf. ON *flim* mockery]

flímflam àrtist *«俗» 詐欺師, ペテン師.

flim·sy /flímzi/ *a* 薄っぺらな; ちゃちな, おそまつな, すぐにこわれる, もろい; 〈口実・理由など〉薄弱な, 見え透いた; 取るに足らぬ; 浅薄な. ► *n* 薄葉紙, 薄紙, (カーボン)コピー用紙, 《探訪記者の用いる》薄紙原稿用紙; カーボンコピー, 写し; 通信原稿; 電報; [*pl*] 薄い婦人服, 《特に》薄い下着; «俗» 紙幣, 札(さつ). ♦ **flím·si·ly** *adv* 薄弱に, 浅薄に, かよわく. **-si·ness** *n* [C17 <? *flim*-flam; 一説に *film*, *-sy*; cf. TIPSY, TRICKSY]

flinch[1] /flíntʃ/ *vi* しりごみする, ひるむ, たじろぐ 〈*from*〉; 《痛さ・こわさなどのため》縮みあがる (wince); 畏縮する. ► *vt* …にしりごみする. ► *n* しりごみ, たじろぎ; 〔トランプ〕フリンチ《札を数字の順序に卓上に積み上げる》. ♦ **～·er** *n* **～·ing·ly** *adv* [OF<Gmc]

flinch[2] ⇨ FLENSE.

flin·ders /flíndərz/ *n pl* 破片, 砕片: break [fly] in [into] ～ こなごなに砕く[飛び散る].

Flinders **1** フリンダーズ **Matthew ～** (1774–1814)《英国の航海者・水路測量者; 1801–03 年オーストラリア大陸の周航に成功》. **2** [the] フリンダーズ川《オーストラリア北東部 Queensland 州北部を北西に流れて Carpentaria 湾に注ぐ》.

Flínders bàr 〔海〕フリンダーズバー《磁気コンパス修正のための軟鉄棒》. [Matthew *Flinders* ↑]

Flínders Ísland フリンダーズ島《Tasmania 島の北東にある Furneaux 諸島最大の島》.

Flínders Rànge [the] フリンダーズ山脈《South Australia 州東部の山脈》.

fling /flíŋ/ *v* (**flung** /flʌ́ŋ/) *vt* **1 a** 投げ飛ばす, 投げつける, 放り出す; かなぐり捨てる〈*off*〉; 〈ことばなどを〉浴びせる, 言い放つ, 投げてよこす; 《軽蔑的に》〈視線を〉投げる: ～ caution to the winds 用心なんか風に吹き飛ばす, 無鉄砲である / ～ *down* 投げ倒す, (地面に)たたきつける / ～ the door open [to] 荒々しくドアを開け放つ[閉める] / ～ sharp words *at* sb 人に鋭いことばを浴びせる. **b** 〈身を〉おどらせる, 投じる; 《レスリングなどで》投げ倒す, 〈馬が乗り手を〉振り落とす. **c** 〈さいを〉振り出す; 〈金銭などを〉ばらまく. **2** 〈両腕などを〉急に伸ばす; 〈馬が首を〉振り立てる: ～ one's arms around sb's neck 人の首に抱きつく / ～ one's head *back* 《いばって》そり返る. **3 a** 〈牢獄など〉にぶち込む; 〈混乱など〉に(不意に)陥らせる〈*into*〉. **b** 〈軍勢を〉急派する, 差し向ける; 〈武器を〉急送する. **c** 〈努力などを〉振り向ける, 投入する〈*into*〉. **4** «詩» 〈香気・光を〉放つ, 〈音を〉発する. ► *vi* **1** 突進する; 荒々しく突っかかる; 席をけって去る, 飛び出す〈*away*, *off*, *out* (*of*)〉 **2** 〈馬などが〉あばれ出す〈*out*〉; 〈人が〉反抗する, あばれる; あざける, そしる〈*out*〉. **3** «スコ» はねまわる, とびまわる. ● **～ about** [**around**] 投げ散らす; 〈首を〉振り立てる. **～ away** 振り捨てる, 振り飛ばす; 〈機会などを〉棒に振る; 濫費する; ⇨ *vi* 1. **～ in** 投げ込む; おまけに添える. **～…in sb's teeth** [**face**] ⇨ TOOTH. **～ off** 振り落とす, かなぐり捨てる; 〈衣服を〉脱ぎ捨てる; 〈追っ手を〉まく; ⇨ *vi* 1. **～ out** 投げ捨てる, 処分する; 〈馬が〉あばれ出す; 〈人が〉荒れ出す, 暴言を吐く[浴びせる]. **～ one's clothes on**＝**～ oneself into one's clothes** 衣服を引っ掛ける, 急いで着る. **～ oneself about** 〈おこって〉おどり上がる[あばれる]〈*in* anger〉. **～ oneself at sb** [**sb's head**]＝THROW oneself at sb. **～ oneself into…** (身をおどらせて)…に飛び込む; 〈鞍など〉にひらりとまたがる; 〈椅子など〉にドシンとすわる; 〈事業など〉に身を投ずる, 打ち込む, 没頭する. **～ oneself on…** にすがる, あくまでたよる. **～ up** 振り[ほうり]上げる; 〈かかとを〉けり上げる; 〈土塁を〉掘り上げる; うっちゃる; *«口» 吐く, ゲロる: ～ *up* one's hands [arms] in horror ぞっとして手を上げる, ひどい動揺を見せる / ～ *up* one's hands in despair 絶望(のしぐさを)する. **～ up…in sb's face** 〈過去の失敗などを〉持ち出す. ► *n* **1 a** 振り投げる[振り飛ばす]こと: a ～ of the dice さいころのひと振り / give a ～ 投げつける, 振り飛ばす. **b** 《手足など》振り出すこと; 《ダンスの》活発な動作[ステップ], 《特に スコットランドの》HIGHLAND FLING; *ダンス(パーティー). **2 a** 躍進; 突進; 《荒馬などが》あばれ出すこと: at one ～ 一気に, 一挙に. **b** 《一時みられる》勝手な[放縦な]ふるまい, したい放題; 《一時の》情事: have one's [a] ～ (したい放題に)存分にやる, はめをはずして遊ぶ / a final ～ 《結婚・出産など人生の大きな転機を前にしての》最後のやりたい放題. **3** 憤激; 悪口, あざけり: in a ～ 憤然として. **4** «口» 試み, 試し. ● **have** [**take**] **a ～ at…** を試みる, 企てる; …をののしる, あざける; …を攻撃する, やっつける. **in** [**at**] **full ～** まっしぐらに; どんどん進捗して.

[ME<?ON *flinga; cf. ON *flengja* to whip]

flíng·er *n* FLING する人, 投げる[投げうつ]人, ピッチャー; ののしる人; HIGHLAND FLING を踊る人; 蹴る癖のある馬.

flíng-wìng *n* *«俗» ヘリコプター.

flint /flínt/ *n* **1** 火打ち石, 燧石(すいせき), フリント; ライターの石; FLINT GLASS: ～ implements 石器 / a ～ and steel 火打ち道具 / (as) hard as (a) ~ 石のように堅い. **2** きわめて堅いもの, 冷酷無情なもの; FLINT CORN: a heart of ~ 冷酷な心. ● **set one's face like a ~** 顔色ひとつ変えない, 堅く決心する. **skin [flay] a ~** 《爪に火をともすほど》けちで強欲なことをする (cf. FLAYFLINT, SKINFLINT). **wring [get] water from a ~** 不可能[奇跡的]な事を行なう. ► *vt* 〈銃など〉に火打ち石を備える. ♦ **~·like** *a* [OE; cf. OHG *flins* pebble, hard stone]

Flint **1** フリント Sir (**William**) **Russell** ~ (1880–1969)《スコットランドの画家; 風景や半裸の女性を描いた水彩画で知られる》. **2** フリント《Michigan 州中南東部, Detroit の北北西にある市》. **3** FLINTSHIRE.

flínt còrn フリントコーン《硬粒種のトウモロコシの一種》.

flínt glàss フリントガラス《鉛の酸化物を含む高屈折率・高分散能の光学ガラス; レンズ・プリズムなどに使う》; 《板ガラス以外の》無色ガラス.

flínt·hèad *n* 〔鳥〕ズグロコウ (wood ibis).

flínt·héart·ed *a* 無情な, 冷酷な.

flínt·lòck *n* 火打ち石式発火装置; 燧発(すいはつ)銃《火打ち石式発火装置を備えた銃》.

Flint·shire /flíntʃìər, -ʃər/ フリントシャー《ウェールズ北東部の州; ☆Mold》.

Flint·stones /flíntstòʊnz/ [The]「フリントストーン一家」「恐妻天国」《米国のテレビ漫画 (1960–80); 恐竜のいる石器時代の一家を中心とした作品で, 一家の主人はサラリーマンの Fred, 妻は Wilma, 娘は Pebbles》.

flínty *a* 火打ち石の(ような); 非常に堅い; 実に頑固な; 無情な, 血も涙もない. ♦ **flínt·i·ly** *adv* **-i·ness** *n*

flip[1] /flíp/ *vt, vi* (**-pp-**) **1 a** 〈コインなど〉(回転を与えて)はじく, はじき飛ばす《爪の先などで》, ひょいと投げる; 《口》コインをはじいて決める 〈*for*〉. **b** ポンと打つ; ぐい[ピクッ]と動かす[動く], 《むちなどで》ピシッと打つ 〈*at*〉. **2 a** 裏返す, ひっくり返す; パラパラめくる 〈*through*〉. **b** 〈スイッチなどを〉手早く押す[回す], テレビのチャンネルを次々に切り換える, 〈機器〉のスイッチを入れる[切る] 〈*on, off*〉. **3 a** ひょいと位置を変える, くるりと方向転換する, ひっくり返る; *《俗》〈被告が〉寝返る, 検察側の証人となる: ~ *around* くるりと (180 度) 向きを変える / ~ sth *around* [*round*] …(の位置)を入れ替える. **b** *〈株・不動産などを〉すばやく[短期間に]転売する. **4** 〈アザラシなどが〉《ひれ足で》ペタペタ歩く, 〈島や陸に上げられた魚が〉バタバタ動く. **5** 《口》気が狂う, かっとなる, ショックをうける, 興奮する, 大笑いする; 《口》〈…に〉熱狂する[させる], 狂喜する[させる] 〈*over, for*〉. **6** *《俗》〈列車〉に飛び乗る; *《俗》〔バスケ〕得点する. ● **~ off** *《俗》中指を立てて侮辱する (give the finger). **~ out** 《口》気が狂う, …の気を狂わせる, 自制を失う, …に自制を失わせる, ショックをうける, かっとなる[ならせる]; *《俗》《麻薬の影響で》おかしな[とっぴな]ふるまいをする; *《口》歓声を上げる, 熱狂する 〈*over, about*〉; *《口》〈人〉の喝采を博する, 熱狂させる; *《俗》=FLIP off. **~ over** さっとひっくり返す, ひっくり返る. **~ one's lid [raspberry, stack, top, wig]** 《俗》自制がきかなくなる, かっとなる, 気が狂う; 突然笑い出す; *《俗》熱狂する, 喝采する. **~ up** 硬貨を空中へはじき上げる《勝負を決めるため》. ► *n* **1** 指ではじくこと, 軽いむち打ち; ピクッと動くこと: the ~ of a coin コイントス. **2** 宙返り, とんぼ返り; "《口》《飛行機での》ひとっ飛び; 〔アメフト〕すばやいパス. **3** *《俗》好意; *《俗》大笑い[狂喜]させるもの; *《俗》熱狂者, ファン. **4** 《CB 無線俗》帰路 (=*flip-flop, flip side*). ► *int* くそっ, うわっ, げっ!《不快や驚きを表わす》. [? imit; cf. FILLIP]

flip[2] *n* フリップ《ビール・ブランデーに鶏卵・香料・砂糖などを加えて温めた飲み物》. [*flip*[1]=to whip up]

flip[3] 《口》*a* 生意気な, こざかしい, 軽々しい (flippant). ► *n* 生意気なやつ.

flíp·bòok *n* フリップブック, パラパラ漫画《パラパラとページを送って行くと絵が動いて見えるように作った本》.

flíp chàrt フリップチャート《講演などで使う一枚ずつめくれるようになっている解説用図》.

flíp chìp 〔電子工〕フリップチップ《他の部品にくっつけるための粘着性の当て物のあるマイクロ回路片》.

flíp-flòp, flíp-flàp *n* **1** パタパタ[パタパタ, カタカタ]鳴る音; *(手をついて行なう)後方宙返り, バック転; *《口》《方向・方針・意見の》(百八十度の)転換 (: do a ~); 《遊戯場の》回転シーソー; [flip-flop]〔電子工〕フリップフロップ (=**~ cìrcuit**)《2 つの可能な状態のうちのどちらか一方をとる回路》; 《CB 無線俗》帰路 (flip). **2** [-flop] ビーチサンダル, ゴムぞうり. ● **I'll catch you on the flip-flop.** *《俗》あとでまた会おう. ► *vi* パタパタする; 後方宙返りをする; [-flop] 《口》《180 度またはくるくると》方向[態度, 決定]を変える, 方向転換する. ► *vt* [-flop] …の向きを転換する. ► *a* [-flop] 《位置などを》転換する, 切替え式の. ► *adv* パタパタと, カタカタと. [imit]

flíp-flòpper *n* 《口》定見のない[日和見主義の]政治家, 風見鶏.

flíp-lípped *a* *《俗》でかい口をたたく, 生意気な口をきく.

flíp-òut *《俗》*n* 自制を失うこと, とっぴなふるまい, 怒り, 動揺, 熱狂; わくわくするような[驚くべき]体験.

flip·pan·cy /flípənsi/ *n* 軽率, 浮薄; 軽率な言行.

flíp·pant *a* 軽薄な, 軽率な, 軽々しい, 生意気な, ふまじめな; 《古・方》口のまわる, 口数の多い; 《廃・方》すばやい. ♦ **~·ly** *adv* 軽薄に, 軽々に, 軽々しく, ふまじめに. [*flip*[1]]

flíp·per *n* ひれ足《ウミガメの足・鯨類の前びれ・ペンギンの翼など》; [[u]*pl*]《スキンダイビングの》フリッパー; 《不動産などの》転売業者; 《俗》手, 腕; 《ピンボール遊戯機 (pinball machine) の》フリッパー《ボールを打ち返すアーム》; 《俗》ゴムぱちんこ (slingshot). [*flip*[1]]

Flipper フリッパー《米国のテレビ番組 'Flipper' (1964–68) に主演したイルカ》.

flíp phòne 折りたたみ式携帯電話.

flíp·ping /flípɪŋ/ "《口》*a, adv* ひどい[ひどく], いまいましい[しく]《FUCKING の婉曲表現》. ► *n* *利息に利息をかけること《高利貸しの手》.

flíp·py *a* 裾がゆったり広がった.

flíp sìde [the]《レコードの》裏面, B 面; [*fig*] 裏面, 不都合な側面, マイナス面, 反対の面; 《CB 無線俗》帰路 (flip): on the ~ 《口》逆に, 他方で 〈*of*〉.

flíp-tòp *a* 〈缶が〉引上げぶた式の (pop-top); 蝶番で留めた蓋[板]の付いた: a ~ table 甲板を広げると 2 倍の広さになるテーブル. ► *n* **1** 引上げぶた(式の缶) (pop-top). **2** [Flip-Top]〔商標〕フリップトップ《上ぶたの背側がつながって蝶番の役をするシガレットケース》.

flirt /flə́ːrt/ *vi* 恋をもてあそぶ, ふざけ合う, 戯れる, いちゃつく 〈*with* sb〉; もてあそぶ 〈*with* an idea〉, あえて近づく, 戯れる 〈*with* death, danger〉; 近づく, もう少しで達する 〈*with* 90°〉; ピクピク動く, 飛びまわる. ► *vt* ひょいと投げる, ひらりとほうる; 〈尾などを〉活発に振り動かす; 〈扇を〉ひらひらさせる. ► *n* 浮気者[女, 男]; 《気まぐれ[発作的]な》急激な動き; ひょいと投げること; 《扇などの》ひらひらする動き. ♦ **~·ing·ly** *adv* ひらりと, ひょい(ひょい)と; ふざけて, しなをつくって. **~·er** *n* [C16 ? imit]

flir·ta·tion /flə̀ːrtéɪʃ(ə)n/ *n* 《男女の》ふざけ, いちゃつき, お遊び; おもしろ半分に手を出すこと, たわむれ, 気まぐれ.

flir·ta·tious /flə̀ːrtéɪʃəs/ *a* こびた, しなをつくった; うわついた, 軽薄な, たわむれの. ♦ **~·ly** *adv* **~·ness** *n*

flírt·ish *a* FLIRTATIOUS.

flírty *a* FLIRTATIOUS; 急に思い出したように動く.

flit /flít/ *v* (**-tt-**) *vi* **1 a** 〈鳥・チョウなど〉すいすい[ひらひら]飛ぶ, 飛びまわる, 飛翔する 〈*around, about*〉; 〈人が〉次々に移動する, とびまわる; 〈人が〉次々に関心(など)を移す. **b** 〈時が〉(飛ぶように)過ぎる; 〈幻想など〉去来する, よぎる, 〈表情が〉かすめる. **c** 《古》絶えず揺れ動く. **2** "《口》駆け落ちする; 《スコ》《特にこっそりと》引っ越す, 夜逃げする. ► *vt* 《スコ》移転させる. ► *n* **1** 軽やかな動き, 飛び過ぎること; "《口》《こっそりと行なう》引っ越し, 夜逃げ: do a (moonlight) ~=do a moonlight (*flitting*)《家賃支払いを避けるように》こっそり引っ越す, 夜逃げをする. **2** *《俗》ホモ, おかま. [ON; ⇨ FLEET[2]]

flitch /flíʧ/ *n* 《塩漬けして燻製にした》(豚の)脇腹肉, (豚の)脇腹肉のベーコン; 《四角に切った》鯨の脂身, オヒョウ《など》の薄切り《燻製用》; 〔建〕背板(せいた); 〔製材〕板子, 盤, フリッチ《丸太を縦挽きにしたもの》. ► *vt* 切り身にする; 〈丸太を〉フリッチに挽く. [OE *flicce*; cf. FLESH]

flítch bèam, flítched béam 〔建〕合わせ梁(ばり)《間に金属板をはさんで締めた梁》.

flítch of Dúnmow DUNMOW FLITCH.

flítch plàte 〔建〕FLITCH BEAM の間に入れる補強金属板.

flite, flyte /fláɪt/ 《スコ》*vi* 口論する, 口げんかする, 争う 〈*against, on, with*〉; ののしる, がみがみ言う, しかる 〈*at*〉. ► *vt* 《スコ・北イング》…にがみがみ言う, しかる, あざける. ► *n* 口論; ののしり.

flit·ing /fláɪtɪŋ/ *n* 《スコ》口論; FLYTING.

flít·ter[1] *vi, vt, n* ひらひら[パタパタ]動く[動かす](もの).

flítter[2] *v* FLUTTER.

flítter·mòuse *n* 〔動〕コウモリ (bat).

flít·ting *n* 引っ越し; 夜逃げ.

flít·ty *a* *《俗》ホモの, 女みたいな.

fliv /flív/ *《俗》*n* 小型車, ちっちゃな車. ► *vi* 失敗する, へまをやる.

fliv·ver /flívər/ 《俗》*n* 安物の(古い)小型車, 車, 乗物, 《もと》T 型フォード車; 小型飛行機《個人用》; 小型艦, 《特に》駆逐艦; 失敗, どじ; *でっちあげ. ► *vi* 安物の小型車《など》で旅行する; どじを踏む (fail). [C20<?]

flix[1] /flíks/ *n* 《古》《ウサギ・ビーバーなどの》毛皮, 綿毛.

flix[2] *n* [the] *《俗》映画 (the flicks).

flíx·wèed *n* 〔植〕クジラグサ《アブラナ科; 赤痢に効くと考えられていた》.

FLK /ɛ́fɛ̀lkéɪ/ *n* *《病院俗》様子のおかしい子供. [*f*unny-*l*ooking *k*id]

FLN Front de Libération Nationale《アルジェリアの》民族解放戦線 (1954–62).

Flo /flóʊ/ フロー《女子名; Florence の愛称》.

float /flóʊt/ *vi* **1 a** 浮く, 浮かぶ (opp. *sink*); 漂う, 浮遊する; 《空中に》浮かぶ, 浮動する 〈*on* the breeze〉, 《中空に》かかる; 《眼前・心中などに》浮かぶ; 〈音・香りが〉伝わる, 届く 〈*to*〉. **b** 軽やかに[ゆったりと]動く 〈*into, through*〉, あてどなく進む 〈*through* life, one's work〉; 自由に動きまわる; 漂泊[放浪]する, 渡り歩く; 〔経〕〈通貨が〉自由に変動する 〈*against*〉. **2** 揺らぐ; 〈うわさが〉広がる, 流れる, 流布する 〈*around*〉; 《口》〈考えなどが〉広く受け入れられる. **3** 〔商〕〈引受手形が〉流通する; 〈会社など〉設立される. **4** ためらう, 気迷いする: ~ *between* the two courses 二つの進路の取捨に迷う. **5***《俗》《気分が》うきうきする. **6** 《俗》のらくらする, ずるける, 仕事をなまける. ► *vt* **1 a** 浮かべる, 浮かせる; 浮流[漂流]させる; 〈ガスが気球などを〉浮揚させる. **b** 〈空気・風が花の香り・音楽などを〉漂わせる, 吹き送る. **2** 水浸しにする; 灌漑する. **3** 〈うわさなどを〉広める, 流す; 〈計画・案などを〉提議[提案]する. **4** 〈左官が〉こてでならす. **5 a**〔商〕〈証券・公債などを〉発行する; 〈会社〉の株式を公開する, …を新規上場する. **b**〔経〕〈通貨を〉変動相場制にする. **c** 〈ローンを〉取り決める. ● **~ around** [**about**] (…) [通例進行形で] 《口》〈捜し物などが〉どこか(そこらへん)にある; 《口》(…を)転々とする; 《口》〈考えなどが〉広まっている, 話されている. **~ing on air** [**a cloud**] 《俗》恍惚となって, 陶酔して, このうえなくしあわせで, 舞い上がって. **~ing on the clouds***《俗》むなしい希望[幻想]をいだいて; FLOATing on air. **~ one***《俗》小切手を現金化する, 金を借りる. **~** sb's BOAT.

► *n* **1 a** 浮くもの, 浮体, 浮遊物; 《釣糸・魚網の》うき; 浮標; 《水槽などの栓・ガソリンの流量を調節するための》浮球, フロート; 《まれ》浮遊, 浮揚. **b** いかだ;〔海〕浮桟橋;〔空〕《水上機の》浮舟, フロート; FLOAT-BOARD. **c** 浮袋, 救命袋[胴着]; AIR BLADDER. **d** フロート《アイスクリームを浮かせた飲み物》. **2 a**《パレード用の》山車(だし), 台車; "屋台. **b** 《配達用の》(電気)自動車; 《家畜・重量貨物用》台車; 《豪》馬匹輸送車. **3** [°*pl*]〔劇〕脚光, フットライト. **4**《左官の》仕上げごて; 粗い片目[片刃]やすり. **5**〔織〕浮糸. **6**〔鉱〕フロート《原地から移動して地表に点在する岩石片・鉱石片》. **7 a***〔金融〕フロート《銀行間転送中の未決済小切手・手形の総額》;〔金融〕フロート期間《信用買いや小切手振出しなどの商取引と実際の資金引出しの間の期間》. **b**〔証券〕浮動株 (=*floating supply* [*stock*])《発行済株式のうち一般[小口]投資家が所有しており安定株主所有のものと違い自由に売買される部分》. **c**〔証券〕《新規証券の》募集, 発行 (flotation). **d** "店や商人が一日の仕事を始める時にもっている小銭; 予備の金, 小額の現金; 小額の貸付け(金). **e** 変動相場制. **8** 投票を売る者. **9***《俗》授業のない時間, 自由な時間. **10**《払い下げを予定されている》未査定の官有地. ● **on the ~** "浮かんで, 漂って.

[(v) OE *flotian*; FLEET[2] と同語源だが ME 期 OF *floter* の影響で優勢になる; (n) OE, ON *flot* floating state, OE *flōta* ship, ON *floti* と (v) より]

flóat·able *a* 浮かぶことのできる, 浮揚性の; 〈河流が〉船[いかだ]を浮かべられる; 〈鉱石が浮遊選鉱に適した. ♦ **flòat·abíl·ity** *n* ⁺《鉱物の》浮遊度, 浮選度.

floatage, floatation ⇨ FLOTAGE, FLOTATION.

flóat·bòard *n* 《水車・外輪汽船の》水受け[水かき]板.

flóat brìdge 浮橋, いかだ橋, 舟橋; 浮き桟橋.

flóat chàmber〔機〕《気化器の》フロート室.

flóat-cùt fìle〔工〕片刃(かたは)やすり.

float·el, flo·tel /floutél/ *n* 水上ホテル, ホテルとして使用される船; 《沖合いの海底油田基地作業員のための》海上宿泊施設. [*floating* +*hotel*]

flóat·er *n* **1** 浮かぶ人[もの]: **a** 浮子(うき); 海流瓶(びん) (drift bottle); 浮尺. **b** 浮流死体, 溺死体, 土左衛門; 《俗》便器[海面]に浮かんだ大便; "《俗》スープ[肉汁]に浸ったソーセージ; 《豪》《エンドウ豆のスープの中に置いて供される》ミートパイ. **c** [°*pl*]〔眼〕浮遊物《細胞のかけらなどが眼球の硝子液内に浮いていて眼前に虫が飛んでいるように見えるもの》. **d**〔鉱〕一片のフロート (float), 点在鉱石片. **2**〔野〕スピンをかけない(超)スローボール, ナックルボール;〔アメフト〕山なりのゆるいパス. **3***二重[不正]投票者; FLOATING VOTER; 住所[職業]を転々と変える人, 渡り労働者, 臨時雇い; *《俗》《警察の発する》町からの退去命令. **4**《会社の》設立発起人; "《口》無記名証券; 変動金利証券;〔保〕包括保険証券 (=*floating policy*)《しばしば移動する物件の盗難・損傷についての保険》; *《俗》貸付[借入]金. **5**《俗》間違い, へま. **6** "《刑務所俗》独房から独房へこっそり回される本[新聞 など].

flóat-fèed *a, n* 浮球で液体の流れを調節する(装置)《気化器など》.

flóat fìshing 河流に船を漂わせてする釣り; "《仕掛けにうきを用いる》うき釣り.

flóat glàss フロートガラス《FLOAT PROCESS で製造する高級板ガラス》.

flóat gràss FLOATING GRASS.

flóat·ing *n* 浮遊, 浮動, 浮揚; 《コンクリート・モルタルなどの表面の》こて均(なら)し; 《しっくい塗りの》中塗り. ► *a* **1 a** 浮かんでいる, 浮遊(性)の; 浮動的な, 一定していない; 《どこそこに》ある 〈*about, around*〉: a ~ pier 浮き桟橋 / a ~ aerodrome "《水上の》浮き飛行場 / ~ body〔理〕浮体 / the ~ population 浮動人口. **b**〔経〕〈資本など〉固定していない, 流動している;〔財〕会計年度中に支払うべき〈公債など〉; 変動相場制の. **c** 〈船荷が〉海上にある, 陸揚げ未了の: a ~ cargo 沖がかり貨物, 未着貨物. **d**〔医〕遊離した, 正常の位置にない: a ~ kidney [cartilage] 遊走腎[浮遊軟骨]. **e**〔電子工〕〈回路・装置が〉電源に接続されていない. **2**〔機〕浮動(支持の), 振動吸収懸架の. **3***《俗》《酒・薬で》酔った; *《俗》うきうきした.

flóating ánchor SEA ANCHOR.

flóating ásset "[°*pl*] CURRENT ASSET.

flóating áxle〔機〕浮動軸.

flóating báttery 浮き砲台;〔電〕浮動蓄電池.

flóating brídge 浮橋, いかだ橋, 舟橋; 《部隊が濠を越えるために用いた》上部が繰出し式になった二重橋; CAR FERRY.

flóating cápital〔経〕流動資本 (circulating capital).

flóating chárge "〔経営〕浮動担保, 企業担保《広範囲の資産を特定せずに借入金の担保とすること》.

flóating cráne 浮きクレーン, クレーン船.

flóating cráp gàme*《俗》移動クラップス《警察の手入れを避けて定期的に移動する不法賭博》.

flóating cúrrency〔経〕変動相場制を採る通貨.

flóating débt〔会計〕流動負債.

flóating décimal〔電算〕浮動小数点(表示)方式.

flóating décimal pòint〔電算〕浮動十進小数点.

flóating dóck, flóating drý dòck 浮きドック.

flóating gráss 《沼沢地の》浮草.

flóating héart〔植〕アサザ《スイレン様の葉をもつミツガシワ科の水草; 熱帯・温帯産》.

flóating ísland 《沼沢や湿原の》浮島(うきしま); フローティングアイランド, イル・フロタント《カスタードソースを敷いた上にメレンゲやクリームを載せたデザート》.

flóating léver〔鉄道〕《車両の》制輪子, 浮きレバー.

flóating líght 浮標灯; 灯船, 灯台船 (lightship); 夜間救命浮標.

flóat·ing-póint *a*〔電算〕浮動小数点式の (cf. FIXED-POINT): ~ representation 浮動小数点表示.

flóating póint〔電算〕浮動小数点方式[表示]; 浮動小数点.

flóating-pòint númber〔電算〕浮動小数点数《FLOATING POINT で表現された数字》.

flóating pólicy〔海保〕船名等未詳保険証券, 予定保険証券, フローティングポリシー;〔保〕包括保険証券 (FLOATER).

flóating ráte フローティングレート《為替市場の自由相場・債券市場の変動利率または運賃市場の自由運賃》.

flóating ríb〔解〕浮動[浮遊]肋骨 (=*short rib*)《胸骨から遊離している最下部の2対の肋骨; cf. FALSE RIB》.

flóating stóck〔証券〕浮動株数.

flóating supplý〔商〕《物品・証券などの》在庫高.

flóating vóte " [the] 浮動票(層).

flóating vóter " 浮動性投票者.

flóat·plàne *n* フロート(付き)[浮舟型]水上機 (cf. FLYING BOAT).

flóat pròcess フロート法《高温のガラス素地(きじ)を溶かしたスズの上に流すガラス製造法》.

flóat·stòne *n* 浮石, 軽石; 磨き石《煉瓦仕上げ用》.

flóat vàlve〔機〕活動弁, フロート弁《フロートの昇降により制御される》.

flóaty *a* 浮く(ことのできる), 浮きやすい; ふわっとした; 〈船が〉喫水の浅い.

floc /flák/ *n* 綿のような煙, 綿状沈澱物, フロック; FLOCK[2]. ► *vi, vt* (-cc-) 綿状に固まる[固まらせる].

flocci *n* FLOCCUS の複数形.

floc·cil·la·tion /flàksəléɪʃ(ə)n/ *n* CARPHOLOGY.

floc·ci·nau·ci·ni·hi·li·pi·li·fi·ca·tion /fláksənɔ̀:sənìhɪlɪpɪ̀lɪfɪkéɪʃ(ə)n/ *n* [*joc*] 無価値[無益, 無意味]とみなすこと[癖], 軽視[蔑視](癖). [L *floccī, naucī, nihilī, pilī* at little value]

floc·cose /flákòus/ *a*〔植〕綿毛状の; 綿毛のある; 羊毛のような.

floc·cu·lant /flákjələnt/ *n*〔化〕凝集剤.

floc·cu·late /flákjəlèɪt/ *vt, vi* 〈雲・沈澱物など〉綿状[毛状]の固まりにする[なる], 凝集させる[する]. ► *n* /-lət, -lèɪt/ 綿状[毛状]の固まり. ♦ **-là·tor** *n* **flòc·cu·lá·tion** *n* 綿状(めんじょう)沈澱, 凝集, 綿状[絮状(じょじょう)]反応.

floc·cule /flákjul/ *n* 一ふさの羊毛(状物質); 微細な綿状沈澱物.

floc·cu·lence /flákjələns/ *n* 羊毛[綿毛]状.

flóc·cu·lent *a* 羊毛[綿毛]の(ような),〔化〕綿状(めんじょう)の; 柔毛性の;〔動〕柔毛におおわれた. ♦ **~·ly** *adv* [FLOCK[2]]

flócculent precípitate〔化〕綿状沈澱物.

floc·cu·lo·nódular lóbe /flàkjəlou-/〔解〕《脳の》片葉小節葉.

floc·cu·lus /flákjələs/ *n* (*pl* **-li** /-làɪ, -lì:/) ふさ状の柔毛の塊り, 綿状沈澱物 (floccule);〔解〕《小脳の》片葉;〔天〕《太陽面の写真の》羊(毛)斑. [(dim) < *floccus*]

floc·cus /flákəs/ *n* (*pl* **-ci** /fláksàɪ, -ksì:/)《ライオンなどの尾の先の》ふさ毛; 《ひな鳥の》綿毛; 《植物体表の》ふさ状の毛, 《特に》菌糸のふさ;〔気〕ふさ状雲. ► *a*〔気〕〈雲が〉ふさ状の. [L=flock[2]]

flock[1] /flák/ *n* **1**《羊・アヒルなど鳥獣の》群れ, 《特に》羊の群れ: ~*s* and herds 羊の群れと牛の群れ (sheep and cattle). **2** 人の群れ (crowd), 大勢の人; 《人・物の》多数; 《古》一隊[一団]の人びと, 一行: come in ~*s* 大勢でやって来る, 大挙して来る / a ~ *of* questions たくさんの質問. **3 a**《キリストに対して》キリスト教会, 《牧師に対して》教会の信徒, 会衆 (cf. FOLD[2]): the ~ of Christ キリスト教信者. **b** 《教師などに託された》子供[生徒]たち. ● **the flower of the ~** '鶏群の一鶴(いっかく)', 花形. ► *vi* 群がる, 集まる (crowd) 〈*around, together*〉; 群れをなして来る[行く]: BIRDS of a feather ~ together. / ~ *in* 《劇場・競技場などに》群れをなしてはいる / ~ *after* sb 人の後を大勢で追う. ♦ **~·less** *a* [OE *flocc*; cf. ON *flokkr* crowd, band]

flock² *n* 一ふさの羊毛[毛髪]; 毛くず, 綿くず, ぼろくず, フロック; 《フロック加工に用いる》毛くず・綿くずの粉末 (=*flocking*); 綿状(めんじょう)沈澱物. ► *vt* …に毛[綿]くずを詰める; 〈紙などに〉毛[綿]くずの粉末を散布接着して模様をつける, フロック加工する. [OF<L FLOCCUS]

flóck bèd 毛くず入りマットレスを敷いたベッド.

flóck dòt フロックドット《布地に接着剤で印捺(いんなつ)した水玉などの模様》.

flóck·ing *n* フロッキング《着色した毛くず・綿・レーヨンなどを接着剤塗布面に振りかけ, 型付けして出した特殊な模様; 壁紙などに施される》; 《フロック加工に用いる》FLOCK².

flóck·màster *n* 牧羊主, 牧羊業者; 羊飼い.

flóck pàper [wàllpaper] フロック加工紙[壁紙] (cf. FLOCK² *vt*, FLOCKING).

flóck pìgeon 〔鳥〕クマドリバト (=*harlequin pigeon*)《豪州産》.

flócky *a* 羊毛状の, 毛房[毛くず]のような; 羊毛[毛房]でおおわれた. [*flock*²]

Flod·den /flάdn/ フロッデン (=～ **Fíeld**)《イングランド北部 Northumberland 北部, スコットランドとの境の近くにある丘陵地; 1513 年, イングランド軍が James 4 世のスコットランド軍に大勝し, 王を敗死させた地》.

floe /flóu/ *n* 氷盤, 浮氷 (ice floe)《定着氷以外の海氷; cf. ICEBERG》. [? Norw *flo*<ON *fló* layer]

flóe·bèrg *n* 《氷山に似た》浮氷の塊り.

flog /flάg, *flɔ́:g/ *v* (-gg-) *vt* **1** むち打つ, 棒で打つ; …に(むちの)体罰を加える; 酷使する; 駆りたてる; 《クリケットなどで》打ちまくる; 《俗》打ち負かす, …よりすぐれる; 〔釣〕〈川〉に釣糸を幾度も打ちつける: ～ learning *into* [laziness *out of*] a boy 体罰を加えて学問を教え込む[なまけ癖を直す] / ～ a donkey *along* ロバにむち打って進ませる. **2** きびしく批判する. **3** 《口》売り込む; ᴵᴵ《口》〈盗品などを〉不法に売る, 売り払う 〈*off*〉; ᴵᴵ《俗》盗む. ► *vi* 〈帆が〉風でバタバタいう; ᴵᴵ苦労して進む. ● **～ a dead** HORSE. **～…to death** ᴵᴵ《口》〈商品[話題・話]などを〉しつこく宣伝して[繰り返して]うんざりさせる. ♦ **flóg·ger** *n* [C17 (cant)<? imit or L *flagello* to whip]

flóg·ging *n* むち打ち, 《体罰としての》むち打ち: give sb ～ 人をむち打つ. ♦ **～·ly** *adv*

flógging chìsel 大たがね.

flo·ká·ti (rúg) /floukά:ti(-)/ *n* フロカティラグ《ギリシア産の手織りの粗毛じゅうたん》.

flong /flάŋ, *flɔ́:ŋ/ *n* 〔印〕紙型(しけい)用紙[原紙], マット, フロング, 《新聞俗》さほど時事的でない題材. [F FLAN]

flood /flʌ́d/ *n* **1 a** 洪水, 大水 (《DILUVIAL *a*》); [the F-] 〔聖〕ノアの洪水 (=Noah's F~) 《*Gen* 7》: before (*the*) *F~* ノアの洪水以前に, 《口》大昔に / Biblical ～*s* 大洪水, 大水 / in ～ 満ちあふれて, 洪水となって. **b** 氾濫, 激しい流出[流入], 殺到, 続出: a ～ of tears [feelings] あふれる涙[思い] / in ～*s* of tears 大泣きして / ～*s* of rain 車軸を流すような豪雨 / a ～ of letters 殺到する手紙 / a ～ of light in the room 部屋いっぱいにみなぎる光 / ～*s* of ink 《論争などで》盛んに書き飛ばすこと / a ～ of lawsuits たてつづけの訴訟. **2** 上げ潮, 満ち潮 (flood tide) (opp. *ebb*): ebb and ～ 潮の干満 / full ～ 満潮 (⇨ 成句) / at the ～ 潮が満ちて; よい潮時で[に]. **3** 《古・詩》海, 川, 湖: ～ and field 海陸. **4** フラッドライト, 投光照明 (floodlight). ● **in full ～** 活気[力]にあふれて, 熱して. ► *vt* **1** 氾濫させる; みなぎらせる; 湛水する, 灌漑する; …に多量の水を注ぐ; 〈エンジン・気化器〉に過剰に燃料を注入する, かぶらせる; 《口》〈ウイスキー〉に多量の水を入れる: ～*ed* districts 洪水被災地. **2** …に多数押し寄せる: He was ～*ed with* letters. 彼に手紙が殺到した / ～ the market 《値くずれを起こすほどに》市場にあふれさせる[あふれる] / Applicants ～*ed* the office. 出願者が事務所に殺到した. **3** 投光照明で照らす (floodlight). ► *vi* 〈河川が〉出水[氾濫, 冠水する]する; 〈潮が〉差す, 上げる; 〈家屋などが〉浸水する, 水浸しになる; 〈エンジン・気化器が〉かぶる; (洪水のように)どっとはいって来る, 殺到する, 〈光が〉あふれる 〈*in, into, to, through*〉, どっと出て来る, あふれ出る 〈*out*〉; 〔医〕大量出血する《産後》; 〔医〕月経過多である: ～ *with* color 〈顔・ほおが〉パッと赤らむ. ● **～ back** 〈記憶・感情が〉突然よみがえる. **～ out** [ᵁ*pass*] 洪水が〈人を〉家屋から追いやる. ♦ **～·er** *n* **～·able** *a* **～·lìke** *a* [OE *flōd*; cf. G *Flut*]

flóod contròl 洪水調節《治水》.

flóod·ed *a* 水浸しになって, 冠水して; 〈エンジンが〉燃料であふれて《作動しない》.

flóoded gúm 《豪》湿地に生えるユーカリノキ.

flóod fàllowing 〔農〕冠水休閑法《休作中に水を流して土壌媒介の病原菌を殺す》.

flóod·gàte *n* 水門 (sluice), 防潮門《上げ潮を防ぐ》; [ᴼ*pl*] 《怒り・活動などの》堰(せき), はけ口, 出口. ● **open the ～s** 門戸を開く, 《法的な》制約を一挙に解く, 急増をまねく 〈*to, for*〉; 《ある感情の》はけ口となる 〈*of*〉.

flóod·ing *n* 出水, 氾濫; 湛水; 充満; 〔医〕《分娩後または月経過多の》大量出血; 〔精神医〕情動洪水法《恐怖症患者を計画的に恐怖の原因に直面させて治癒をはかる》.

flóod làmp フラッドランプ, 投光照明灯 (floodlight).

flóod·lìght *n* フラッドライト, 投光照明《建物・人物などにいろいろの角度から強い光線を送ってくっきりと浮き出させる照明法》; 投光照明灯 (=～ **projèctor**). ► *vt* (-lìt, ～·ed) [ᵁ*pp*] 投光照明灯で照らす. ♦ **～·ing** *n*

flóod·màrk *n* 洪水痕跡 (high-water mark), 高水[満潮]標.

flood·om·e·ter /flʌdάmətər/ *n* 《差し潮の》水量記録器, 洪水計, 満潮計.

flóod·plàin *n* 氾濫原(げん) **(1)** 洪水時に流水でおおわれる平地 **2)** 流水堆積物によって形成された平地》.

flóod stàge 洪水位, 高水位《河水が堤防を越える水位》.

flóod tìde 張潮(ちょうちょう), 差し潮, 上げ潮; 最高潮, ピーク, 圧倒的な量; 急激な増加.

flóod·wàll *n* 洪水防壁, 防潮壁, 堤防.

flóod·wàter *n* 洪水の水: ～ discharge 洪水[高水]流量.

flóod·wày *n* 《floodwater の》放水路.

flóod·wòod *n* 洪水による流木.

floo·ey, -ie /flú:i/ *《俗》*a* 変になった, 調子がおかしい, 不首尾で, こわれて (blooey); 酔っぱらった. ● **go ～** 調子が狂う, だめになる.

floogy ⇨ FLOOZY.

Flook /flúk/ フルック (Trog (本名 Wally Fawkes) (1924–) 画の *Daily Mail* 紙連載漫画 *Flook* (1949–84) の主人公; 何にでも変身できる動物》.

flookum, flookem ⇨ FLUKUM.

floor /flɔ́:r/ *n* **1 a** 床(ゆか), 床板, 板の間(ま); 地面, 路面; 《平坦な》作業場; [*pl*] 床板, 床材: a bare ～ 《敷物のない》裸床: the ～ of a bridge 橋の路面. **b** 〔海〕船底の平らな部分, フロア; 〔造船〕床板, 肋板. **c** 《海・ほら穴・トンネルなどの》床(しょう), 底, 下底, 海底. **d** 〔鉱〕《水平坑道の》床層; 〔鉱〕下盤(したばん); 〔鉱〕踏前(ふまえ). **2** 《建物の》階 (cf. STORY²); 《建物の》階の住人: (on) the upper ～(*s*) 上階(に) / GROUND [FIRST, SECOND] FLOOR / This is my ～. ここで降ります 《混んでいるエレベーターで人に出口をあけてもらう時の表現》. **3 a** [the] 議場, 議員席; [the] 《議場にいる》議員, 会員; [the] 《議員の》発言権; [the] 《演壇に対して》聴衆席; 参加者: from *the* ～ 《演壇でなく》議員席から / get [have, be given] *the* ～ 発言権を得る. **b** [the] 〔証券〕《取引所内の》立会場; 《ダンスの》フロア. **c** [the] 《クリケット口》地面: put a catch on the ～ 落球する. **4** 最低価格, 底値, 《特に価格・賃金の》下限 (opp. *ceiling*). ● **cross the ～** 《議場で》反対党[派, 陣営]に賛成する; 反対党に転ずる, 鞍替えする. **from the ～** **(1)** ⇨ 3 a. **(2)** 〔バスケ〕《フリースローでなく》フィールドゴールで. **go on the ～** 《口》〈映画が〉制作にまわる. **go through the ～** 《口》〈価格などが〉極端に下がる. **hold the ～** 《口》聴衆をひきつける話をする. **mop (up) [clean (up), dust, sweep, wipe (up)] the ～ with** … 《口》…をさっさとやっつける, さんざんぶちのめす. **on the ～** 《韻俗》金詰まりの, 金欠病の, 手元不如意の (poor). **put sb on the ～** *《口》〈人を〉たいそう喜ばせる. **take the ～** **(1)** 《発言のために》起立する, 討論に加わる. **(2)** 《ダンスフロアなどで》ダンスを始める (=**take to the ～**). **walk the ～** 《苦痛・心配などのために》室内をうろうろする. ► *vt* **1** …に床を張る; 〈石・煉瓦などを〉床に敷く; …の床になる. **2 a** ᴵᴵ〈生徒を〉罰として床にすわらせる; 〈相手を〉床[地面]に打ち倒す, なぐって気絶させる; 徹底的に負かす, やりこめる, 閉口させる, 困惑させる, 《驚き・ショックで》卒倒させる, 仰天させる: get ～*ed* やっつけられる, 参る. **b** 〈仕事を〉完了する, やってのける; 《学生俗》…の問題にすべて答える; 〈飲食物を〉平らげる: ～ the paper 問題に全部答える. **3** *《口》〈アクセルを〉床まで踏み込む, 〈車を〉急加速する, フルスピードで飛ばす. ► *vi* *《口》《アクセルをいっぱいに踏んで》フルスピードで進む. ● **～ it** *《口》アクセルをいっぱいに踏む. [OE *flōr*; cf. G *Flur*]

flóor·age *n* 床面積 (floor space); 床《集合的》.

flóor·bòard *n* 床板; 床張り材, フローリングボード; *《自動車の》床. ► *vt* *《口》〈アクセルを〉床まで踏み込む.

flóor bròker 〔米証券〕フロアブローカー《他の会員のために手数料を得て売買を行なう取引所会員》.

flóor·clòth *n* **1** 床の敷物《油布・リノリウムなど》; フロアクロス《ステージの床などに用いるキャンバス製のおおい》. **2** 床ぞうきん.

flóor-cròss·ing *n* 《英国議会などで》反対党[派]に賛成票を投ずること, 《他党への》鞍替え (cf. *cross the* FLOOR). ♦ **-cròss·er** *n*

flóored *a* 《俗》正体なく酔っぱらって, へべれけで《床にのびたような様子》.

flóor·er *n* 床張り人; 床に打ち倒す人; 《口》徹底的な打撃, 《精神的打撃を与える》凶報, ぐうの音も出させぬ議論[反駁]; 《口》難問; 《skittles で》柱 (pins) を全部打ち倒す一投.

flóor èxercise 〔体操〕床運動.

flóor fùrnace 床下暖炉, 床炉(ゆかろ).

flóor·ing *n* 床板(ゆかいた), 床張り材, フローリング; 床を張ること; 床 (floor(s)); 〔醸造〕床上製麦.

flóoring sàw 床切りのこ《先が曲がっていて床の表面から切り込むことができる》.

flóor làmp* 《床上の》フロアランプ, フロア[床]スタンド (standard lampᴵᴵ).

flóor lèader* 《上院・下院での政党の》院内総務.

flóor-lèngth *a* 床まで届く[達する]〈カーテン・ガウン〉: ～ draperies.

flóor lìght 明かり採り床窓.

F

flóor lòom 〘紡〙踏み子式織機 (=*treadle loom*)《踏み子で綜絖(そうこう) (harness) を動かすので織り手の両手が杼(ひ) (shuttle) を動かすことのできる織機》.

flóor·man *n* FLOORWALKER; 《立会場で活動する》売買取引員, 場立ち; 《工場・油田などで重労働をする》現場労働者.

flóor mànager *議場指揮者[監督]《党大会で候補者を有利に導いたり, 議会で議案の進行を工作したりする》; *院内総務 (floor leader); 〘テレビ〙フロアマネージャー《スタジオなどでディレクターの指示に従って出演者を監督・指揮する》; FLOORWALKER.

flóor mòdel 店の展示品《器具など》; 《卓上型に対して》据え置き型, コンソール型.

flóor pàrtner 〘米証券〙フロアパートナー《株式仲買会社の社員で, 取引所会員の資格をもち所属会社のために FLOOR BROKER としてはたらく者》.

flóor plàn 〘建〙平面図, 間取り図.

flóor pòlish 床磨き剤[液].

flóor sàmple 見本[店頭]展示品《展示後, 割引して販売される》.

flóor·shìft *n* 〘車〙フロアシフト《床に取り付けてあるギア切替え装置》.

flóor shòw フロアショー《ナイトクラブ・キャバレーなどのフロアで行なう音楽・歌・ダンスなど》.

flóor spàce 床面積, 《店の》売場[フロア]面積.

flóor-thròugh* *n* ワンフロアを占めるアパート[住居].

flóor tràder 〘米証券〙手張り会員, フロアトレーダー《自己の勘定で売買を行なう取引所会員》.

flóor·wàlk·er* *n* 《百貨店などの》売場監督, フロアマネージャー (shopwalker‖) (=*floor manager, section manager*).

flóor wàx 床用ワックス.

floo·zy, -zie, -sie, -sy, flu·zy /flúːzi/, **floo·gy, flu·gie** /-ʤi/, **fa·loo·sie** /fəlúːzi/ 《口》 *n* だらしのない女, 身持ちの悪い女, 自堕落女, 売春婦; 女友だち; 知性の乏しい[趣味に欠ける]女. [C20<?; cf. FLOSSY, *floosy* (dial) fluffy]

flop /flάp/ *v* (-pp-) *vi* **1** パタパタ動く[揺れる]; のそりのそりと歩く; バッタリ[ドサリと]倒れる[落ちる, すわる, 横になる など] ⟨*down*⟩; パチャンと水面に落ちる: ~ *about* [*around*] 《ぶかぶかの靴などで》パタパタと歩きまわる; ⟨魚などが⟩パタパタはねる, のたうつ. **2** 変節する, 寝返る. **3** 《口》⟨本・劇などが⟩失敗する, 挫折する. **4** [°~ out] 《俗》寝る, 眠る; *《俗》ひと晩泊まる. ► *vt* **1** パタンと打つ; ⟨翼を⟩パタパタさせる; ドサッと投げる, バッタリ落とす ⟨*down*⟩, ドタッとひっくり返す ⟨*over*⟩. **2** *《俗》ペテン[不正]によってうまくやる. ► *adv* バタッ[ドタッ, ドタリ, ドサリ]と: fall ~ *into* the water ドブンと水中に落ちる. ► *n* **1** バッタリ[ドサッと]落ちる[倒れる, すわる]こと; バッタリ[ドサッと]落ちる音; 〘陸上〙背面跳び (Fosbury flop). **2** 《口》失敗(者), 《本・劇などの》失敗作; *《俗》ごまかし. **3** *《俗》寝場所, 《特に》FLOPHOUSE (のベッド); *《俗》宿泊, 一泊. **4** 《俗》排泄物, 糞. [変形<*flap*]

-flop /-flὰp/ *a comb form* 〘電算〙「演算速度が…フロップ(ス)の」: a 10-giga*flop* processor (⇨ FLOPS).

flóp-èared *a* 耳が長くたれた, たれ耳の⟨犬⟩.

flóp·hòuse* 《口》 *n* 簡易宿泊所, 《いかがわしい》安宿, どや (dosshouse‖) 《通例 男子専用》.

flóp·òver* *n* 転覆; 〘テレビ〙映像が上下に動くこと, フロップオーバー.

flóp·per *n* FLOP する人; ‖羽をバタバタさせ始めたカモ (flapper); *《俗》《保険金目当てなどで》事故をでっち上げる者.

flop·pe·roo, flop·e·roo /flάpərùː/ *n* (*pl* ~s) *《俗》ひどい失敗者[失敗作].

flópper stòpper 《俗》ブラ (brassiere).

flop·po·la /flάpələ/ *n* *《俗》(ひどい)失敗.

flóp·py *a* バタバタはためく; くたっとした, へなへなの, だらけた, 締まりのない; 可撓(かとう)性のある (flexible). ► *n* FLOPPY DISK. ♦ **flóp·pi·ly** *adv* **-pi·ness** *n*

flóppy dísk **1** 〘電算〙フロッピーディスク (=*diskette*) 《外部記憶用のプラスチック製磁気円板》. **2** *《俗》勉強好き, 本の虫.

flòppy dísk drìve 〘電算〙フロッピーディスクドライブ《フロッピーディスクを記憶媒体とする磁気ディスク装置》.

flóppy drìve 〘電算〙FLOPPY DISK DRIVE.

FLOPS, flops /flάps/ *n* 〘電算〙浮動小数点演算毎秒, フロップス《科学技術計算速度の単位》: a 10-giga*flops* processor 10 ギガフロップスの処理装置 ★ この gigaflops は形容詞的に使われているので単数形であるが, megaflops, gigaflops などの複合語で単数形に megaflop, gigaflop が使われることもある (⇨ -FLOP). [*fl*oating-point *o*perations *p*er *s*econd]

flóp swèat 《俗》舞台[興行面]での失敗に対する恐れからくる冷や汗[緊張感, 不安感].

flor /flɔ́ːr/ *n* フロール, '花' 《シェリーの醸造において, 発酵中のワインの表面にできる白い酵母膜》. [Sp=flower]

flor. floruit.

flo·ra /flɔ́ːrə/ *n* **1** (*pl* ~s, **-rae** /-rìː, -ràɪ/) 植物相, フロラ《一地域または一時期に生育するすべての植物; cf. FAUNA, SILVA》; 植物誌; 《細菌などの》叢(そう): ~ and fauna 植物相と動物相, 動植物 ⟨*of*⟩. **2** [F-] **a** フローラ《女子名》. **b** フローラ《ローマ・イタリアにおける花と春と豊穣の女神》. **3** [F-] 〘商標〙フローラ《ソフトタイプのマーガリン》. [L (*flor- flos* flower)]

flo·ral /flɔ́ːrəl/ *a* 花の(ような); 花模様の; 植物(相)の; [F-] 女神フローラの: a ~ pattern 花模様 / a ~ dress 花柄のドレス / ~ zone 〘生態〙植物区系界. ► *n* 花模様, 花柄; 花模様の生地[壁紙, 家庭用品 など]. ♦ **~·ly** *adv*

flóral émblem 《国・州・都市・学校などの》象徴花.

flóral énvelope 〘植〙花被 (perianth).

flóral léaf 〘植〙花葉 (cf. FOLIAGE LEAF); BRACT.

flóral tríbute 献花, 供花.

Flo·réal /*F* flɔreal/ *n* 花月(はなづき)《フランス革命暦の第 8 月: 4 月 20 日–5 月 19 日; ⇨ FRENCH REVOLUTIONARY CALENDAR》.

flo·re·at /flɔ́ːriæ̀t; flɔ́ːr-/ *vi* (*pl* **flo·re·ant** /-æ̀nt/) 栄えあれ. [L =may he [she] flourish]

floreated ⇨ FLORIATED.

Flor·ence /flɔ́(ː)rəns, flάr-/ **1** フィレンツェ (*It* Firenze) 《イタリア中部 Tuscany 州の州都》. **2** フローレンス《女子名; 愛称 Flo, Florrie, Flossie》. [F<L=flowery]

Flórence fénnel 〘野菜〙イタリーウイキョウ (=*finocchio*) 《セロリに似た根出葉の基部を食用にする》.

Flórence flàsk 〘化〙フローレンスフラスコ《長首・平底》. [Florence である種のイタリアワイン用にした]

Flor·en·tine /flɔ́(ː)rəntìːn, -tàɪn, flάr-/ *a* **1** フィレンツェ (Florence) の, フィレンツェ風の. **2** 〘料理〙ホウレンソウを用いた[添えた]. **3** [°f-] 〘金工〙フィレンツェ風(彫金)の《打出し模様を施すか磨き仕上げにし, にぶい光沢のあるのが特徴》. **4** フィレンツェ流の, マキアヴェリ流の (Machiavellian). ► *n* **1** フィレンツェ人; 《イタリア語の》フィレンツェ方言. **2** 木の実・ドライフルーツを入れてチョコレートをかけたビスケット. **3** 観賞用の飼いバトの一種. [F or L (*Florentia* FLORENCE)]

Flórentine íris 〘植〙ニオイイリス, シロバナイリス《アラビア・南欧原産のアヤメで芳香を有し, その根は香水の原料》.

Flórentine stítch フローレンティンステッチ (BARGELLO).

Flo·res[1] /flɔ́ːrèɪs/ フローレス **Juan José** ~ (1800–64)《エクアドルの軍人; 独立戦争で活躍; 大統領 (1830–35, 39–45)》.

Flo·res[2] /flɔ́ːrəs/ フロレス《**1**) インドネシア Lesser Sunda 列島の島 **2**) 大西洋の Azores 諸島西端の島》.

flo·res·cence /flɔːrés(ə)ns, flə-/ *n* 開花; 花時, 開花期; 盛り, 繁栄期. ♦ **flo·rés·cent** *a*

Flóres Séa [the] フロレス海《インドネシアの Celebes 島と Lesser Sunda 列島の間の海》.

flo·ret /flɔ́ːrət/ *n* 小さい花; 〘植〙《キク科植物の》小花(しょうか); 《ブロッコリーやカリフラワーの》花蕾(からい)のひと塊り, 一房の花芽, 花球. [L *flor- flos* FLOWER, *-et*]

Flo·rey /flɔ́ːri/ フローリー **Howard Walter** ~, Baron ~ (1898–1968)《オーストラリア生まれの英国の病理学者; ノーベル生理学医学賞 (1945)》.

flo·ri- /flɔ́ːrə/ *comb form*「花」「花に似たもの」[L; ⇨ FLORA]

Flo·ri·a·nó·po·lis /flɔ̀ːriənάpələs/ フロリアノポリス《ブラジル南部 Santa Catarina 州の州都》.

flo·ri·ate /flɔ́ːrièɪt/ *vt* 花模様の装飾を施す. ♦ **flò·ri·á·tion** *n* 花模様の装飾, 花柄装飾.

fló·ri·àt·ed, -re- *a* 花模様の(装飾を施した).

flo·ri·bun·da /flɔ̀ːrəbʌ́ndə/ *n* 〘植〙フロリバンダ《polyantha と tea rose を交配させた大輪の花をつける各種のバラ》.

flo·ri·can /flɔ́ːrɪkən/ *n* 〘鳥〙ショウノガン《インドショウノガンまたはベンガルショウノガン》.

flóri·cùlture *n* 草花栽培, 花卉(かき)園芸. ♦ **flòri·cúltural** *a* 草花栽培上の. **flóri·cùlturist, flòri·cúltural·ist** *n* 草花栽培(業)者.

flor·id /flɔ́(ː)rəd, flάr-/ *a* **1** 赤らんだ, 桜色の, 血色のよい; 《古》健康な. **2** はなやかな, 華麗な, 目もあやな; 派手な, けばけばしい; 情熱的な; 〘建・家具〙《バロックやロココのように》装飾の多い; 《古》花におおわれた: a ~ prose style 美文体 / a ~ speaker 美辞麗句の多い演説家. **3** 〘医〙⟨病状が⟩十分に発達した, 顕症期の. ♦ **~·ly** *adv* はなやかに. **~·ness** *n* **flo·rid·i·ty** /flərídəti, flɔː-/ *n* [F or L; ⇨ FLOWER]

Flor·i·da /flɔ́(ː)rədə, flάr-/ フロリダ《米国南東端の州; 大半が半島を占める; ☆Tallahassee; 略 Fla., Flor., FL》. ■ the **Stráits of ~** フロリダ海峡《Florida Keys とキューバおよび Bahama 諸島の間で, Mexico 湾と大西洋を結ぶ》. ♦ **Flo·rid·i·an** /flərídiən/, **Flóri·dan** *a, n*

Flórida gállinule 〘鳥〙バン《クイナ科》.

Flórida Kéys *pl* [the] フロリダキーズ(諸島)《Florida 半島南端の先に連なるサンゴ島群》.

Flórida pánther 〘動〙フロリダパンサー《フロリダ南部に生息するクーガー; 絶滅危惧種》.

Flórida Stráit [the] Straits of FLORIDA.

Flórida wáter フロリダ水《オーデコロンに似た香水[化粧水]》.

flo·rif·er·ous /flɔːríf(ə)rəs/ *a* 花の咲く, 多花の, 咲き乱れる. ♦ **~·ly** *adv* **~·ness** *n*

flo·ri·gen /flɔ́ːrəʤən/ *n* 〘生化〙花成素, フロリゲン《開花(促進)ホルモン》. ♦ **flo·ri·gen·ic** /flɔ̀ːrəʤénɪk/ *a*

flo·ri·le·gi·um /flɔ̀ːrəlíːʤ(i)əm/ *n* (*pl* **-gia** /-ʤ(i)ə/, **～s**) 名詩選, 詞華集 (anthology); 花譜. ［NL＝bouquet］

flor·in /flɔ́(ː)rən, flár-/ *n* **1** フロリン《**1**) 1849 年以来 1971 年まで英国で流通した 2 シリング(銀)貨 **2**) Edward 3 世 (1312–77) 当時の 3s., 6s. の 2 種の金貨 **3**) 1252 年 Florence で最初に発行された旧金貨 **4**) 最初 14 世紀に発行されたオーストリアの旧金貨 **5**) アルーバ (Aruba) の通貨単位; ＝100 cents》. **2**〘オランダ〙GUILDER²; 〘ハンガリー〙FORINT. ［OF＜It *fiorino* (dim)＜*fiore* FLOWER; ユリの花の模様があった］

Flo·rio /flɔ́ːriòu/ フロリオ **John ～** (c. 1553–c. 1625)《イングランドの辞書編纂家; Montaigne の英訳者》.

flo·rist /flɔ́(ː)rɪst, flár-/ *n* 花屋; 草花栽培者, 花卉(かき)園芸家; 草花研究家. ［L *flor- flos* FLOWER］

flo·ris·tic /flɔ(ː)rístɪk/ *a* 花の, 花に関する; 植物相(研究)の, 植物誌の. ◆ **-ti·cal·ly** *adv*

flo·rís·tics *n* 植物相研究.

flórist·ry *n* 草花栽培法, 花卉(かき)園芸.

flórists' flówer 人工交配でできた花.

Flo·ri·zel /flɔ́ːrɪzɛ̀l/ フローリゼル《**1**) Shakespeare, *Winter's Tale* 中の Bohemia の王子で, Perdita の恋人 **2**) R. L. Stevenson, *New Arabian Nights* (1882) の登場人物》.

-flo·rous /flɔ́ːrəs/ *a comb form*「…の花をつける」: uniflorous. ［L; ⇨ FLOWER］

Flor·rie /flɔ́(ː)ri, flári/ フローリー《女子名; Florence の愛称》.

Flor·sheim /flɔ́ːrʃàɪm/〘商標〙フローシャイム《米国 Florsheim Shoe 社製の靴》.

flo·ru·it /flɔ́(ː)r(j)uət, flár-/ *vi* [年代の前に用いて] (…に)在世[活躍]した《特に 出生死亡年月不明の場合に用いる; 略 fl., flor.》. ▶ *n*《人の》在世期, 活躍期; 《運動・主義などの》最盛期. ［L＝he [she] flourished］

flo·ru·la /flɔ́(ː)r(j)ələ/ *n* (*pl* **-lae** /-lìː/, **～s**)〘植〙小フロラ. [*flora*, *-ule*］

flo·rule /flɔ́(ː)r(j)ùːl/ *n* FLORULA.

flo·ry /flɔ́ːri/ *a* FLEURY.

Flory フローリー **Paul J(ohn) ～** (1910–85)《米国の物理化学者; 現代高分子学の基礎を確立; ノーベル化学賞 (1974)》.

Flóry tèmperature〘化〙フローリー温度《ある高分子の溶液がそれを他の高分子と区別する特性を示す温度》. ［↑］

flos·cu·lous /fláskjələs/, **flos·cu·lar** /fláskjələr/ *a* 小花 (florets) よりなる; 〈小花が〉筒状の.

flos fer·ri /flás férài/〘鉱〙華(か)状あられ石, 山珊瑚(さんご)《あられ石の変種で珊瑚状をなしている》.

floss /flás, *flɔ́ːs/ *n* 繭(まゆ)の表面のけば繊維, 繭綿(まゆわた); よりをかけず練った刺繍用生糸, 釜糸; 軽い編み糸; 絹綿 (silk cotton); 絹綿状のもの《トウモロコシのひげなど》; 〘歯〙DENTAL FLOSS; CANDYFLOSS. ▶ *vt*, *vi* (〈歯〉の間を)デンタルフロスで掃除する. ［F (*soie*) *floche* floss (silk)＜OF＝down², nap of velvet］

flóss·flòwer *n*〘植〙カッコウアザミ (ageratum).

Flos·sie /flɔ́(ː)si, flási/ フロッシー《女子名; Florence の愛称》.

flóss sìlk 繭綿 (floss), 真綿; 釜糸(かまいと), 平糸(ひらいと).

flóssy *a* **1** 繭綿の(ような), 繭綿でできた; ふわふわした. **2***《口》派手な, (ばかに)りっぱな, しゃれた, これみよがしの. ▶ *n*《古俗》売春婦. ◆ **flóss·i·ly** *adv*

flo·ta /flóutə/ *n* スペイン艦隊. ［Sp］

flo·tage, float·age /flóutɪʤ/ *n* **1** 浮遊, 浮揚(力), 浮力. **2** 浮遊物, 漂流物; ᴴ漂流物拾得権; 《一河川[水域]に浮かぶ》船・いかだ類; 乾舷《船体の喫水線上の部分》.

flo·ta·tion, floa·ta- /floutéɪʃ(ə)n/ *n* **1**《会社の》設立, 起業; 《新規証券の》募集; 《債券の》発行, 起債: the ～ of a loan 起債. **2** 浮揚(力), 浮力; 浮体学; 〘鉱〙浮遊選鉱, 浮選; 《悪路・雪面などに対するタイヤの》沈下抵抗力. ［*rotation* などの類推により *float* より］

flotátion bàg [ᵒ*pl*] 浮揚袋《着水した宇宙船・ヘリコプター・ミサイルなどが沈むのを防いだり, 水上で安定させたりする空気のはいる袋》.

flotátion còllar《宇宙船などの着水直後に取り付ける》環状浮揚装置.

flotátion compàrtment《ガスなどを入れた》浮揚装置.

flotátion devìce (lifebelt, lifejacket などの) 救命具.

flotátion gèar 浮揚装置《水上機・飛行艇の浮体, 不時着水時の機体・人員の水没防止具など》.

flotátion tànk フローテーションタンク《セラピー用の塩水タンク; 中に浮かんでリラックスする》.

flóte gràss /flóut-/〘植〙ヒロハウキガヤ《など》《湿地や水辺に生えるイネ科の草; 特にドジョウツナギ属の多年草》. ［*flote* float の《古》つづりから］

flotel ⇨ FLOATEL.

flo·til·la /floutílə/ *n* 小艦隊《米国海軍では 2 個以上の squadrons の小型艦からなる艦隊》; 小型船の船団; 小集団, 一団, 一群; 多数 〈*of*〉: a destroyer ～ 駆逐艦隊 / a ～ *of* taxis [reporters]. ［Sp (dim)＜*flota* fleet, OF *flote* multitude］

Flo·tow /flóutou/ フロートー **Friedrich von ～**, Freiherr von ～ (1812–83)《ドイツのオペラ作曲家》.

flot·sam /flátsəm/ *n*〘海法〙《遭難船の》浮き荷, 漂流物 (cf. JETSAM, LAGAN); がらくた, くず; 浮浪者たち, 流れ者. ［AF; ⇨ FLOAT］

flótsam and jétsam〘海法〙浮き荷と投げ荷《海中に漂う貨物と海辺に打ち上げられた貨物》; がらくた, くだらないもの; 浮浪者.

flounce¹ /fláuns/ *vi* 身もだえする, もがく, あがく, のたうつ 〈*about*, *away*〉; 《いらいらして》飛び出す, 身を投げ出す 〈*away*, *off*, *out*〉, 飛び込む 〈*in*, *into*〉; (人目をひくように)意識して動く[歩く]. ▶ *n* あがき, 身もだえ; 《いらだちを表わす》突発的な動作. ◆ **flóuncy¹** *a* ［C16＜?; imit か; cf. Norw *flunsa* to hurry］

flounce² *n*《スカート・カーテンの》ひだ飾り, フラウンス. ▶ *vt* ひだ飾りをつける. ◆ **～d** *a* ひだ飾りのついた. **flóuncy²** *a* ［*frounce* pleat, fold＜OF］

flounc·ing /fláunsɪŋ/ *n* すそひだ材料; すそひだ飾り.

floun·der¹ /fláundər/ *vi* もがく, あがく, のたうつ; まごつく, しどろもどろになる; もたつく, 難航する: ～ *through* a song 歌をつかえつかえ歌う. ● **～ about [around]**《泥の中などを》もがきまわる; [*fig*]《難関にぶつかって》あがく, 四苦八苦する. ▶ *n* もがき, あがき; まごつき. ◆ **～·ing·ly** *adv* ［imit; FOUNDER, BLUNDER などとの連想か］

flounder² *n* (*pl* **～s, ～**)〘魚〙カレイ, ヒラメ (flatfish). ［AF＜? Scand; cf. ON *flythra*］

flour /fláuər/ *n* 穀粉, 《特に》小麦粉, メリケン粉 (cf. MEAL²); 粉末, 細粉, 粉; *《俗》おしろい. ▶ *vt*〘料理〙…に粉を振りかける; 〈小麦などを〉粉にする, 製粉する; 〈水銀を〉粉状にする. ▶ *vi* 粉末[粉状]になる; 〈ペンキが〉風化して粉になる, 白亜化する (chalk). ◆ **～·less** *a* **～ed** *a* ［FLOWER＝best part の異つづり (18 世紀ごろから)］

flóur bèetle 小麦粉につく甲虫, 《特に》コクヌストモドキ, ヒラタコクヌストモドキ.

flóur·drèdger, flóur bòx *n* 粉振り器《料理用》.

flour·ish /flɔ́ːrɪʃ, flʌ́r-; flʌ́r-/ *vi* **1 a** 繁茂する, 《廃》花を開く. **b** 栄える, 繁盛する, 盛大である, 隆盛をきわめる; 〈人が〉活躍する; [ᵒ*joc*] 元気でいる: Socrates ～*ed* about 400 B.C. ソクラテスは紀元前 400 年ごろ活躍した. **2 a** 刀剣を振りまわす; 大仰な身振りをする. **b** 自慢[誇張]して言う. **3** 華麗なことばをつかう, 飾って言う[書く]; 飾り書きに書く, 飾字体で書く; 《まれ》〘楽〙はなやかに[ファンファーレを]奏する, 〈らっぱが〉はなやかに鳴りわたる. ▶ *vt* 〈剣・ステッキ・むちなどを〉振りまわす; 〈手・ハンカチなどを〉打ち振る; 見せびらかす; 《装飾的な図案や色で》飾る, 飾り書きする. ▶ *n* **1**《武器・手などを》勢いよく振りまわすこと; 派手なふるまい, これみよがしの態度; 見せびらかし: with a ～ 麗々しく; 振りまわして 〈*of*〉. **2**《彫刻・印刷の》唐草風の装飾曲線; 《花文字・署名などの》飾り書き; 細部の装飾[仕上げ]; 文飾, 文彩; 美辞麗句; 《スポーツなどの》美技; 〘楽〙フラリッシュ《トランペットの華麗な吹奏, ファンファーレ; または 演奏者がつけるはなやかな装飾的楽節》. **3** 最盛期, 栄え; 《廃》繁茂; 《廃》花盛り: in full ～ 盛りをきわめて, 隆盛に. **4**《活動などの》突発 〈*of*〉. ◆ **～·er** *n* **～·ing** *a* 繁茂する, 栄える, 隆盛[盛大]な. **～·ing·ly** *adv* ［OF (L *floreo*＜*flos* FLOWER)］

flóur·ishy *a* 華麗な; 飾り書きの.

flóur mìll 製粉機, 製粉所[工場].

flóur mìte 粉ダニ《小麦粉や貯蔵食品などに繁殖する各種のダニ》.

flóur mòth〘昆〙MEDITERRANEAN FLOUR MOTH.

flóur tortìlla《トウモロコシ粉の代わりに》小麦粉で作るトルティーヤ.

flóury *a* 粉に富む; 粉の, 粉状の; 粉まみれの; 粉で白い; 〈ジャガイモが〉(料理して)くずれて粉になりやすい.

flout /fláut/ *vt*, *vi* 〈規則・慣習・助言などを〉平然と無視する, 逆らう, ばかにする 〈*at*〉. ▶ *n* 愚弄, 軽蔑, あざけり. ◆ **～·er** *n* **～·ing·ly** *adv* ［? Du *fluiten* to whistle, hiss; ⇨ FLUTE］

flow /flóu/ *vi* **1 a** 〈液体が〉流れる 〈*across*, *along*, *away*, etc.〉; 流れ[わき]出る 〈*from*, *out*〉; 出血する: Blood will ～.《事件の解決までには》流血騒ぎが起ころう. **b** 〈血・電気など〉めぐる, 通う. **c**〘地質〙《岩石・氷などが》圧力によって破壊することなく変形する, 流動する. **d**〘電算〙《DTP でテキストが》流れ込む. **e** 月経がある. **2 a** なめらかな[速やかな]動きを示す. **b** 〈人・車など〉よどみなく進む, ぞろぞろ通る; 殺到する. **c** 〈ことば・会話など〉すらすら出る[進む]; 〈考えなど〉(次々と)生まれる, 出てくる 〈*from*〉; 〈感情が〉わき出る 〈*through*〉. **d** 〈歳月が〉流れる, 移り過ぎていく 〈*away*〉. **e** 〈髪・衣服などが〉すらりとたれる 〈*over*〉; 〈旗など〉風になびく. **3 a** ふんだんに[たっぷり]ある, 満ちる 〈*with*〉: ～ like water 〈酒など〉飲み放題にふるまわれる. **b** 〈潮が〉満ちる, 上げる, 差す; 氾濫させる. ▶ *vt* 〈ワニス・蠟などを〉流す, 流しかける; 流出させる; 氾濫させる, あふれさせる; 〘電算〙流し込む. ● **～ from**… …から生じる, …の当然の結果である. **～ over**… 〈騒ぎ・非難などが〉…にたいして影響を与えない, …の上を素通りする; 〈感情などが〉…を包む. ▶ *n* **1 a** 流れ, フロー《流下・流出・流入・流動・流水の方向》; 流(出)量[率]. **b** 溶岩流. **c**《電気・ガスの》供給; 〘理〙《流体の》流れ; 〘理〙《エネルギーの》流れ. **d**〘理・地質〙《固体の》非破壊的変形, 流動. **e**〘電算〙流し込み. **f** 月経. **2 a** スムーズな流れ; 盛んな流出[産出]: a ～ of conversation とうとうたる弁舌 / the ～ of soul 交歓, うちとけた暖かい交わり / the ～ of spirits 屈託のない快活さ. **b**《サッカー競技者などの》動き(の方向). **c**《衣服・髪などの》なだらかなたれさがり. **3 a** 上げ潮 (opp. *ebb*); 氾濫: The tide is on the ～. 潮が上げて[差して]いる / Every ～ must have its ebb.《諺》上げ潮には引き潮がある, 欠ければ満つる世の習い. **b**《スコ》入江; 《スコ》平らな湿地. ● **go with the ～**《口》状況[流れ]に身をまかせる, 大勢に順応. **in full ～** とうとうと弁じたてて, 熱演して. [OE *flōwan*; cf. FLOOD, OHG *flouwen* to rinse, wash]

flów·age *n* 流動, 氾濫, 流出; 流出物; 《川などから》あふれ出た水; あふれ出て[せき止められて]できた水たまり[池]; 〔力〕《粘性物質の》流動.

flów·bàck *n* 逆流 (backflow), 逆戻り.

flów·chàrt *n* 《生産工程, 情報[資金]の流れなど一連の進展経過を段階を追って図式化した》流れ図, 工程図, 流れ作業図, フローチャート (=*flow sheet*); 〔電算〕流れ図, フローチャート. ♦ **～·ing** *n*

Flów Cóuntry フローカントリー《スコットランド北部の泥炭湿地・原生地; 稀少な野生植物や水鳥の宝庫》.

flów cytómetry 〔生化〕フローサイトメトリー《蛍光染料で染色した細胞にレーザー光を照射し, 細胞の大きさ, DNA 含量や膜抗原の発現量の分布を測定する方法》. ♦ **flów cytómeter** 〔生化〕フローサイトメーター.

flów dìagram FLOWCHART.

flow·er /fláuər/ *n* **1** 花 (cf. BLOOM[1], BLOSSOM)《FLORAL *a*》; 花を咲かせる植物, 《特に》草花, 花卉(かき): No ～s. 弔花ご辞退申し上げます《死亡広告の文句》/ Say it with ～s. 花で(あなたの)気持を伝えましょう《花屋の宣伝文句》; 意中をうまく伝えなさい. **2 a** 開花, 満開: come into ～ 花が咲き出す. **b** 《元気の》盛り, 盛年, 盛時: the ～ of one's age 人生の盛り. **3** 最良の部分[作品, 手本], 精粋, 精華; [*pl*] 詞華: the ～ of chivalry 騎士道の華(はな) / ～*s* of speech ことばのあや, 詞華. **4** [*pl*] 〔化〕華(か) (⇨ FLOWERS OF SULFUR); [*pl*] 《発酵による》浮渣(ふさ); 《印刷物などの》花模様, フリューロン (fleuron); 装飾. **5** *《俗》同性愛者, ホモ; *《俗》めめしい[女みたいな]男(の子). ● **in ～** 開花して; 花盛りで. **in full ～** 全盛で, 絶頂で. ► *vi* 花が咲く; 花開く, 栄える; 成熟する, 盛りに達する. ► *vt* …に花を咲かせる; 花(模様)で飾る. ♦ **～·ful** *a* [ME *flour* best of anything＜OF＜L *flor- flos*]

flówer·age *n* 花 (flowers)《集合的》; 開花(状態); 花形装飾, 花模様.

flówer arrànging [arràngement] フラワーアレンジング, フラワーアレンジメント《生花またはドライフラワーを美的に配して飾る技法, その作品; 日本の生け花も含まれる》.

flówer-bèar·ing *a* 花をつける.

flówer·bèd *n* 花壇.

flówer bònd フラワーボンド《米国財務省発行の割引債の一種; 連邦相続税支払いに当てる場合には満期前に額面金額で償還される》.

flówer bòx フラワーボックス《草花を植えて窓際などに置く》.

flówer bùd 〔植〕花芽(かが), つぼみ, 花蕾(からい)《花になる芽; cf. MIXED BUD》.

flówer bùg 〔昆〕ハナカメムシ《同科の総称》.

flówer chìld フラワーチャイルド《愛・美・平和の象徴として花を身に着けているヒッピー》; 《一般に》ヒッピー; [*pl*] ヒッピー族; 非現実的な人.

flówer clòck 花時計《植物の開花によっておおよその時刻を示すもの》.

Flówer Dày 《日本の》花祭《4 月 8 日》.

flówer-de-lúce /-dəlúːs; -l(j)úːs/ *n* (*pl* **flówers-**) 《英では古》アヤメ, イリス (iris); 《古》ユリ; 《古》〔紋〕FLEUR-DE-LIS.

flów·ered *a* 花の咲いた, 花の多い, 花でおおわれた; 花模様[花柄]の.

flówer·er *n* 花の咲く植物, 花卉(かき), 花木: an early [a late] ～ 早[おそ]咲き.

flow·er·et(te) /fláuərət/ *n* 小さい花, 小花 (floret).

flówer fènce 〔植〕オウコチョウ (⇨ PRIDE OF BARBADOS).

flówer flỳ 〔昆〕ハナアブ (hoverfly).

flówer gàrden 花園, 花畑.

flówer gìrl ‖《古風》花売り娘[女]; 《結婚式の》花持ち役の少女《花嫁の先に立って[に付き添って]花をまいたり, 花嫁のドレスの裾を持ったりする》.

flówer hèad 〔植〕頭状花序, 頭状花.

flówer·ing *a* 花をもつ, 花を開く; 花がいっぱいに咲いた; 花を観賞するために栽培される: a spring-～ plant 春咲きの植物. ► *n* 開花, 花成; 花飾りをつけること; 開花期; 花の形をしたもの[飾り]. ♦ **～·ly** *adv*

flówering chérry 〔植〕花を観賞するサクラ, 花木のサクラ.

flówering cúrrant 〔植〕**a** コガネスグリ (golden currant). **b** アメリカフサスグリ (wild black currant).

flówering dógwood 〔植〕アメリカヤマボウシ, ハナミズキ《Virginia, North Carolina 両州の州花; 北米原産》.

flówering férn 〔植〕ゼンマイ (osmund).

flówering fláx 〔植〕ベニバナアマ《アフリカ北部原産》.

flówering máple 〔植〕イチビ《アオイ科》.

flówering móss 〔植〕ピクシー (PYXIE).

flówering plánt 〔植〕顕花植物, 被子植物 (angiosperm); 花を観賞する植物, 花卉(かき), 花木.

flówering quínce 〔植〕ボケ属の各種の小花木, 《特に》ボケ (Japanese quince).

flówering rúsh 〔植〕ハナイ(花藺)《ユーラシア産; ハナイ科; 水生・湿地生》.

flówer·less *a* 花のない, 花の咲かない, 無花の.

flówerless plánt 〔植〕隠花植物; 花のつかない[見えない]植物.

flówer·let *n* FLORET.

flówer·lìke *a* 花のような[に似た], 美しい, 優雅な.

flówer-of-an-hóur *n* 〔植〕ギンセンカ (=*bladder ketmia*).

flówer of Jóve 〔植〕フロスヨーウィス《スイス原産のセンノウの一種》.

Flówer of Scótland 「スコットランドの花」《サッカーやラグビーの国際試合で歌われるスコットランドの応援歌》.

flówer·pèck·er *n* 〔鳥〕ハナドリ《同科の鳥の総称; 南アジア・豪州産》.

flówer pèople *pl* フラワーピープル (flower children)《花を愛・美・平和の象徴とするヒッピー》.

flówer pìece 花の絵; 花飾り; 生け花.

flówer·pòt *n* 《草花の》植木鉢; 花模様の花火.

flówer pòwer フラワーパワー, 愛と平和《ヒッピーの信条・生き方・政治運動(のスローガン); cf. FLOWER CHILD》.

flówer shòp 草花店, 生花店, 花屋.

flówer shòw 草花共進[品評]会, フラワーショー.

flówers of súlfur 〔化〕硫黄華《硫黄蒸気が昇華した黄色粉末; 農業・医薬品用》.

flówers of tán 〔植〕朽ち木などに生える変形菌の一種.

flówers of zínc 〔化〕亜鉛華《白色粉末》.

flówer stàlk 〔植〕花柄, 花茎, 花梗 (peduncle).

Flówer Stàte [the] 花の州《Florida 州の俗称》.

flów·ery *a* **1** 花の多い; 花の(ような); 花で飾った, 花模様の. **2** はなやかな, 華麗な, 美文調の〈文体など〉. ► *n* ‖《韻俗》《刑務所の》独房 (cell)《flowery dell と押韻》. ♦ **-er·i·ly** *adv* **-i·ness** *n*

flów·ing *a* **1** 流れる; 流れるような; すらすらと続く; 流暢な, 流麗な; なだらかにたれている〈髪・たれ幕〉. **2** 豊かな, あふれんばかりの〈*with*〉; 潮の満ちてくる: the ～ tide 上げ潮, 満ち潮; 《世論の》動向 / swim with the ～ tide 優勢な側についている. ♦ **～·ly** *adv*

flówing shéet 〔海〕《縦帆操法で》完全にゆるめて伸ばした帆脚索.

flów lìne ASSEMBLY LINE; 〔地質〕流動線, 流理《火成岩流動の際に生ずる条紋》.

flów·mèter *n* 流量計.

flown[1] *v* FLY[1] の過去分詞.

flown[2] /flóun/ *a* 〈磁器などが〉彩色が溶け合わさった《通例 青色が焼成時に周囲の釉薬(ゆうやく)と混ざり, 光輪様効果を出す》; 《古》充満した, 満ちあふれた〈*with*〉.

flów-òn *n* 《豪》《関連部署との》調整[連動]昇給. ► *a* 結果として生じる〈効果など〉.

flów shèet FLOWCHART.

flów·stòne *n* 流れ石, フローストーン, 流華石《洞窟内の壁や床を薄くおおう石灰華[方解石]の薄層》.

Floyd /flɔ́ɪd/ **1** フロイド《男子名》. **2** フロイド **'Pretty Boy' ～ [Charles Arthur ～]** (1904–34)《米国の銀行強盗・殺人犯》. [Celt＝gray; ⇨ LLOYD]

fl oz, fl. oz. fluid ounce(s).

FLQ [F *Front de libération du Québec*] ケベック解放戦線《Quebec 州のカナダからの分離独立運動を行なっていた組織 (1963–70)》.

FLSA 〔米〕Fair Labor Standards Act.

Flt Lt °Flight Lieutenant.

Flt Off. °Flight Officer.

Flt Sgt °Flight Sergeant.

flu /flúː/ *n* [°the]《口》インフルエンザ, 流感; ウイルス性のかぜ[腹痛など]: seasonal ～ 季節性インフルエンザ《鳥インフルエンザなどと区別して通常のインフルエンザをいう》. ♦ **～·like** *a* インフルエンザ様の. [in*flu*enza]

flub /flʌ́b/ *vt, vi* (**-bb-**) *《口》失敗する, しくじる, どじる〈*off, up*〉; *《俗》〈仕事を〉サボる. ► *n* *《口》ぶざまな失敗, へま, どじ; *《俗》どじなやつ, とんま. [C20＜?]

flub·dub* /flʌ́bdʌ̀b/ *n* たわごと, はったり, だぼら, 大言壮語; *《俗》無能, 愚かさ; *《俗》どじなやつ, とんま. [*flub* の加重か]

flúb·ùp*《口》*n* へま, しくじり; へまをやるやつ, とんま.

flu·con·a·zole /flukánəzòul/ *n* 〔薬〕フルコナゾール《抗真菌薬; クリプトコックス髄膜炎・カンジダ症などに経口投与する》.

fluc·tu·ant /flʌ́ktʃuənt/ *a* 波動する, 動揺する, 上下する, 変動する (fluctuating, wavering); 〔医〕中心が柔らかい[液状の]〈腫瘍など〉.

fluc·tu·ate /flʌ́ktʃuèɪt/ *vt, vi* 波動する; 動揺する[させる]; 〈相場・熱など〉変動する, 上下する〈*with*〉: ～ *between* hopes and fears 一喜一憂する. ♦ **flúc·tu·àt·ing** *a* [L (*fluctus* a wave＜*fluct-fluo* to flow)]

fluc·tu·a·tion /flʌ̀ktʃuéɪʃ(ə)n/ *n* 波動, 浮動; 動揺, 揺らぎ; 高下, 変動; 不安定, 気迷い; [*pl*] 盛衰, 興亡 (ups and downs); 〔遺〕彷徨(ほうこう)変異. ♦ **～·al** *a*

fluc·tu·at nec mer·gi·tur /flúktuàːt nék mérgətùr/ 波に揺れるが沈まない《Paris の標語》. [L]

flu·dro·córtisone /flùːdrə-/ *n* 〔薬〕フルドロコルチゾン《酢酸塩として用いられる合成副腎皮質ステロイド》.

flue[1] /flúː/ *n* 《冷暖房・換気の》送気管, 通気管, ガス送管, 排気筒; 《煙突の》煙道, 《ボイラーの》炎管, 炎路, 炉筒(ろとう); 《オルガンの》FLUE PIPE (の歌口); 《古・方》小さい煙突. ● **in [up] the ～** ‖《俗》質にはいって. [C16＜?]

flue[2], **flew** /flúː/ *n* 漁網, 《特に》引網 (dragnet). [MDu *vlūwe*]

flue[3] *n* ふわふわしたもの, けば (nap), 毛くず, 綿くず, 綿ぼこり. [Flem *vluwe*<OF *velu* shaggy]

flue[4] *n* 《口》 FLU.

flue[5] *vt, vi* 〔建〕〈暖炉の側面など〉朝顔開きにする[なる]. [ME *flew* shallow]

flue[6] *n* 〔鳥〕《大羽の》羽枝(うし) (barb); 〔海〕錨爪(いかりづめ) (fluke); 《槍・矢・銛(もり)などの》かかり. ♦ **~d** *a* [*fluke*]

flúe-cùred *a* 〈タバコが〉(煙管からの)熱気によって煙にあてずに乾燥処理した, 火力乾燥した (cf. FIRE-CURED). ♦ **flúe-cùre** *vt*

flúe gàs 煙道ガス.

fluegelhorn ⇨ FLÜGELHORN.

flu·el·len /fluélən/ *n* FLUELLIN.

Fluellen フルーエレン《Shakespeare, *Henry V* 中のおこりっぽいウェールズ人の軍人》.

flu·el·lin /fluélən/ *n* 〔植〕 **a** ゴマノハグサ科クワガタソウ属の数種の草本, 《特に》ヤクヨウベロニカ. **b** ゴマノハグサ科ヒメツルウンラン属の黄色の花をつける匍匐性草本.

flu·ence[1] /flúːəns/ *n* INFLUENCE: put the ~ on sb 人に催眠術などをかける.

fluence[2] *n* 〔理〕フルエンス《単位面積を通過する放射束の時間的積分値; 単位は J/m²》. [<F<L (*fluere* to flow)]

flu·en·cy /flúːənsi/ *n* 《弁舌・筆の》流暢, なめらかさ: with ~ 流暢に, よどみなく.

flú·ent *a* 流暢な; 能弁な, 弁舌さわやかな; 筆の立つ; 熟練した; 〈動き・形などが〉よどみない, なめらかな; 流れる(ような); 流動的な. ► *n* 〔数〕変数, 変量. ♦ **~·ly** *adv* 流暢に, すらすらと. [L (*fluo* to flow)]

flúe pìpe 〔楽〕《オルガンの》フルーパイプ《無簧の縦笛式のパイプ》; 〔建〕《ストーブと煙道をつなぐ》排気管.

flu·er·ic /fluérɪk/ *a* FLUIDIC.

flu·ér·ics *n* FLUIDICS.

flúe stòp 〔楽〕《オルガンの》フルーストップ.

flúe·wòrk *n* 〔楽〕フルーストップ《集合的》.

flúey *a* 毛[綿]くず (flue) 質の; けばのような, ふわふわした.

FLUF /flúːf/ *n**《俗》ボーイング 737 型旅客機. [*f*at *l*ittle *u*gly *f*ucker]

fluff /flʌ́f/ *n* **1** 《ラシャなどの》けば, 綿毛; ふわふわしたもの, 毛玉, 綿ぼこり; 〔鳥〕軟羽; 生えかけのひげ, うぶ毛. **2** (卵などを泡立てて)ふくらませた軽い食べ物《スフレ・マシュマロなど》. **3** *軽い内容の映画[演劇, 読物など]; [the] *《俗》簡単な仕事. **4** 《口》失敗, へま, 《競技・演奏などでの》ミス, せりふを忘れる[間違う]こと, とちり. **5** 《口》若い女, 娘 (=a bit [piece] of ~). ● **get the ~** *《俗》はねつけられる. **give** sb **the ~** *《俗》人をはねつける. ► *vi* **1** けばだつ; ふわりと落ちる. **2** 《口》しくじる, へまをやる, 《競技・演奏などで》失敗する, せりふをとちる[忘れる]. ► *vt* **1** …にけばを立てる; ふわりとふくらませる: ~ *oneself* [one's feathers] *up* [*out*] 〈鳥などが〉身震いして体[羽毛]をふくらませる. **2** 《口》失敗する, 〈競技・演奏など〉でしくじる, 〈せりふを〉忘れる, とちる: ~ one's lines. **3** *《俗》酷評する. ● **~ and fold** *《俗》〈レストランの客を〉特別待遇でもてなす. **~ off** *《俗》〈人を〉はねつける, 軽視する; *《俗》責任をのがれる, ぶらぶらする, ずるける; ″《俗》FUCK off. [C18 <? FLUE³]

flúff·hèad *n**《俗》軽薄な若い女, ばか娘.

flúff stùff *《CB 無線俗》ちらちらするもの (snow).

flúffy *a* **1** けばの, 綿毛の; 綿毛でおおわれた, 綿毛の詰まった; ふわふわ[ふんわり, ふくふく]した: ~ cheesecake. **2** 知的内容を欠く, 軽い; 明確さを欠く, あやふやな. **3** 《口》せりふをよく忘れる; ″《俗》酔って足元のふらふらした. ♦ **flúff·i·ly** *adv* **-i·ness** *n*

flü·gel·horn, flu(e)- /flúːg(ə)lhɔ̀ːrn/ *n* 〔楽〕フリューゲルホルン《形は cornet に似ているが, 音色は French horn に似た金管楽器》. ♦ **~·ist** *n* [G (*Flügel* wing, flank); flanks を召集する際に吹いたことから]

flu·gel·man /flúːgəlmən/ *n* FUGLEMAN.

flugie ⇨ FLOOZY.

flu·id /flúːəd/ *a* 流動性の, 流体の[を用いた]; 〈情勢・意見などが〉変わりやすい, 流動的な; 用途しだいの; 〈資産が〉現金に換えられる; 〈動作・形などが〉優美でなめらかな. ► *n* 〔理〕流体《液体・気体の総称; cf. SOLID》; 体液, 分泌液; 水分, 液体; *《俗》《強い》コーヒー, ウイスキー (embalming fluid): Drink lots of ~*s* for your health. 健康のため水分をたくさん取りなさい. ● **~s and electrolytes** *《俗》カクテル. ♦ **~·al** *a* **~·al·ly** *adv* **~·ly** *adv* **~·lìke** *a* **~·ness** *n* [F or L *fluidus*; ⇨ FLUENT]

flúid ámplifier 流体増幅器.

flúid béd 〔工〕FLUIDIZED BED.

flúid cómpass 液体コンパス, 液体羅針儀.

flúid cóupling [clútch] 〔工〕流体継手[クラッチ].

flúid drám [dráchm] FLUIDRAM.

flúid dríve 〔工〕《自動車などの》流体駆動(装置); 〔工〕FLUID COUPLING.

flúid dynámics 流体力学.

flúid·éxtract *n* 〔薬〕流エキス剤 (=*liquid extract*).

flúid flòw 〔理〕流体の流れ.

flúid flýwheel 〔工〕FLUID COUPLING.

flúid fúel 流体燃料《液体・気体・化学燃料の総称》.

flu·id·ic /fluídɪk/ *a* 流体(工学)の.

flu·íd·ics *n* 流体工学, フルーイディックス《流体の運動による情報伝達のための流体装置を扱う工学》.

flu·id·i·fy /fluídəfàɪ/ *vt* 流体化する. ► *vi* 流体になる; 〈くぼみ・谷など〉水[液体]をためる[集める].

flu·id·i·ty /fluídəti/ *n* 流動性 (cf. SOLIDITY); 〔理〕流動率《粘性率の逆数》; 流動質; 変わりやすいこと.

flúid·ìze *vt* 流動[流体]化する. ♦ **-ìz·er** *n* **flùid·izátion** *n* 流動化.

flú·id·ìzed béd 〔工〕流動床, 流動層《下方から流体を吹送して粒子を浮遊状態にした層》.

flúidized-bèd combústion 〔工〕流動床[層]燃焼.

flúidized-bèd combústor 〔工〕流動床燃焼室.

flúid lubricátion 〔機〕液体潤滑, 流体潤滑《油膜による潤滑》.

flúid mechánics 流体力学.

flu·id·on·ics /flùːədánɪks/ *n* FLUIDICS.

flúid óunce 液量オンス《薬剤などの液量の単位: 《米》1/16 pint, 約 30 cc, fluidounce ともつづる; 《英》1/20 pint, 約 28 cc; 略 fl oz, fl. oz.》.

flúid préssure 〔理・地〕液圧, 流体圧.

flu·idram, flu·idrachm /flùːədræ̃m/ *n* 液量ドラム《=1/8 FLUID OUNCE; 略 fl. dr.》.

fluke[1] /flúːk/ *n* 〔海〕錨爪(いかりづめ), 錨鉤(いかりかぎ); 《槍・やす・矢などの先端の》かかり, かぎ; 鯨の尾びれ《左右の一方》, [*pl*] 鯨の尾. ♦ **~·less** *a* [? *fluke*³]

fluke[2] *n* **1** 〔玉突〕フロック《球のまぐれあたり》; まぐれあたり, フロック; 偶然のできごと, 運: win by a ~ まぐれで勝つ. **2** *《俗》しくじり; *《俗》見せかけのもの. ► *vi, vt* **1** 〔玉突〕まぐれであたる[あてる]; フロックで得点する. **2** *《俗》しくじる. [C19 <? *fluke* (dial) guess]

fluke[3] *n* **1** 〔動〕吸虫 (trematode)《肝吸虫・住血吸虫など, 動物に寄生する扁形動物》. **2** 〔魚〕カレイ, ヒラメ (flatfish). **3** ″インゲン豆形のジャガイモ. [OE *flōc*; cf. MLG, MDu *flac* flat]

flu·ki·cide /flúːkəsàɪd/ *n* 殺吸虫剤.

flu·kum, floo·kum, floo·kem /flúːkəm/ *《俗》*n* 安ピカ物; 《砂糖水を加えて作る》ソフトドリンク用の粉末; 失敗, へま, どじ.

fluky, fluk·ey /flúːki/ *a* 《口》まぐれあたりの, ラッキーな; 〈風が〉気まぐれな, 変わりやすい. ♦ **flúk·i·ly** *adv* **flúk·i·ness** *n*

flum·a·did·dle, flum·ma- /flʌ́mədɪdl, ⌒⌒⌒/ *n, a**《方・俗》ナンセンス(な).

flume /flúːm/ *n* 急な狭い谷川, 峡谷; 《発電用水・材木・魚などを流す》用水路, 水修羅(みずしゅら), とい, 修羅, フリューム; 《遊園地の》ウォーターシュート (water chute). ► *vi, vt* といを掛ける; といで〈水を〉引く; 〈川〉から用水路で水を引く; 〈材木を〉用水路で流して運ぶ.

flum·mery /flʌ́m(ə)ri/ *n* **1** フラメリー《**1)** オートミールや小麦粉のプディング **2)** ブラマンジェやカスタード類の甘い食品》. **2** [ᵘ*pl*] 《口》たわごと, 空(から)世辞, お追従. [Welsh *llymru*<?]

flum·mox, flum·mux /flʌ́məks, -ɪks/ *vt* 《口》まごつかせる, めんくらわせる, 混乱させる, …のどぎもを抜く; *《俗》だいなしにする, ぶちこわす. ► *n* 《俗》《計画などの》失敗, ぶちこわし. ♦ **~ed** *a* [C19 <? imit]

flump /flʌ́mp/ 《口》 *vt, vi* ドシンと投げ落とす, ドサリと置く 〈*down*〉; ドサリと落ちる[倒れる]. ► *n* ドサリ(という音), ドシン[ドスン](と落ちること). [imit]

flung *v* FLING の過去・過去分詞.

flu·ni·traz·e·pam /flùːnətræ̃zəpæ̀m, -nàɪ-/ *n* 〔薬〕フルニトラゼパム《ベンゾジアゼピン系の強力な鎮静・催眠薬》.

flunk /flʌ́ŋk/ *《口》 *vi* 《試験などに》失敗する, 落第する; あきらめる, 手を引く, おじけづく. ► *vt* 〈試験などを〉しくじる, 失敗する, …で落第する; 〈学生〉に落第点をつける, 落第させる. ● **~ out** 成績不良で退学する[させる], 成績不良で学科をやめる[やめさせる]: ~ *out of* college. ► *n* 失敗, 落第. ♦ **flunk·ée** *n* 退学者, 落第生. **~·er** *n* 落第生, 退学者; 退学[落第]させる教師. [C19<?; *funk*+*flinch*¹, *flink* (obs) to be coward か]

flun·k(e)y /flʌ́ŋki/ *n* [ᵘ*derog*] 制服を着た使用人《小使・玄関番など》; *料理人, 給仕; 下働き, 見習い; おべっかつかい; *《俗》落第生. ♦ **~·dom** *n* **~·ish** *a* **~·ism** *n* [C18 (Sc) <? *flank*=sidesman, flanker]

flúnk·òut *n**《口》退学者, 落第生 (flunkee).

fluo- /flúːə/ *comb form* 「フッ素性の」「フッ化…」 [FLUORINE]

flu·o·cin·o·lone ac·e·to·nide /flùːəsín(ə)lòun æ̀sətóunàɪd/ 〔薬〕フルオシノロンアセトニド《湿疹性皮膚病の治療に用いる》.

Flu·on /flúːɑn/ 〔英商標〕フルオン《台所用品のよごれ防止に用いるフッ素樹脂; cf. TEFLON》.

flu·or /flúːɔ̀ːr, flúːər/ *n* FLUORITE.

fluor- /flúər, flɔ́ːr/, **fluo·ro-** /flúərou, flɔ́ːrou, -rə/ *comb form* 「フッ素性の」「フッ化…」「蛍光」 [*fluorine*, *fluorescence*]

fluor·áp·a·tite /-ǽpətàɪt/ *n* 〘鉱〙フッ素燐灰石.

fluo·rene /flúərì:n, flɔ́:rì:n/ *n* 〘化〙フルオレン《無色板状晶の縮合環式炭化水素; 有機合成に用いる》.

fluo·resce /fluərés, flɔ:r-/ *vi* 蛍光を発する. [逆成＜*fluorescence*]

fluo·res·ce·in /fluərésiən, flɔ:r-/ *n* 〘化〙フルオレセイン《黄色または赤色の染料; 溶液は強い蛍光を発し, 水難者の位置標識用》.

fluo·res·cence /fluərés(ə)ns, flɔ:r-/ 〘理〙 *n* 蛍光発光; 蛍光性; 蛍光. [FLUORINE; *opalescence* の類推]

fluoréscence-àctivated céll sòrter 〘生〙蛍光活性化細胞選別器[セルソーター]《略 FACS》.

fluoréscence [fluoréscent] mícroscope 蛍光顕微鏡.

fluo·rés·cent *a* 〘理〙蛍光性の; 蛍光色の, きわめて明るい. ► *n* 蛍光灯; 蛍光(照明). ♦ **~·ly** *adv*

fluoréscent bríghtener 蛍光増白剤.

fluoréscent lámp [túbe, búlb] 蛍光灯, 蛍光ランプ.

fluoréscent líght 〘理〙蛍光.

fluorescent microscope ⇨ FLUORESCENCE MICROSCOPE.

fluoréscent scréen 〘電子工〙蛍光面, 蛍光板.

fluo·rés·cer *n* 蛍光剤, 蛍光料.

fluo·ri- /flúərə, flɔ́:rə/ *comb form*「蛍光」 [*fluorine*]

flu·or·ic /fluɔ́rɪk, flɔ́:-/ *a* 〘化〙フッ素の[から得る]; 〘鉱〙ほたる石の[から得る].

fluo·ri·date /flúərədèɪt, flɔ́:r-/ *vt* 〈飲料水〉にフッ素を添加する, フッ素処理する《虫歯予防》. ♦ **flù·o·ri·dá·tion** *n* フッ素添加[予防]. **-dá·tion·ist** *n* 《水道水への》フッ素添加論者.

fluo·ride /flɔ́:ràɪd, flúə-/ *n, a* 〘化〙フッ化物(の); フッ素の1価の陰イオン; 《虫歯予防のため水道水や練り歯磨に添加される》フッ化ナトリウム類. [*fluorine*]

fluo·ri·dize /flɔ́:rədàɪz, flúə-/ *vt* 〈歯を〉フッ化物で処理する. ♦ **-dìz·er** *n* ⁺フッ素処理[仕上げ]剤《特に 繊維製品の撥水[撥油]加工用》.

fluorimeter ⇨ FLUOROMETER.

fluo·rin /flúərən, flɔ́:-/ *n* FLUORINE.

fluo·ri·nate /flɔ́:rənèɪt, flúə-/ *vt* 〘化〙フッ素化させる; フッ素処理する; FLUORIDATE. ♦ **flù·o·ri·ná·tion** *n*

fluo·rine /flúərì:n, flɔ́:-/ *n* 〘化〙フッ素《非金属元素, ハロゲン族の一つ; 記号 F, 原子番号 9; 毒性のある淡黄色の気体》. [F (L *fluo* to flow)]

fluo·rite /flúəràɪt, flɔ́:-/ *n* 蛍石 (＝*fluor, fluorspar*).

fluoro- /flúəroʊ, flɔ́:roʊ, -rə/ ⇨ FLUOR-.

flùoro·acétamide *n* 〘化〙フルオロアセタミド《殺虫剤》.

flùoro·bórate *n* 〘化〙フルオロホウ酸塩[エステル].

flùoro·bóric ácid 〘化〙フルオロホウ酸.

flùoro·cárbon *n* 〘化〙フルオロカーボン《潤滑剤・消火剤・冷媒; オゾン層を破壊するといわれている》.

flúoro·chròme *n* 蛍光色素《生物染色に用いる》.

flúoro·form /-fɔ̀:rm/ *n* 〘化〙フルオロホルム《冷媒》.

fluo·rog·ra·phy /fluərágrəfi, flɔ:r-/ *n* 蛍光間接撮影法. ♦ **flúoro·gràph** *n* 蛍光間接写真. **flù·o·ro·gráph·ic** *a*

fluo·rom·e·ter /fluərámətər, flɔ:r-/, **-rim-** /-rím-/ *n* 蛍光計. ♦ **-róm·e·try, -rím-** *n* 蛍光測定(法). **flù·o·ro·mét·ric, -ri-** *a* **-mét·ri·cal·ly** *adv*

flùoro·phósphate *n* 〘化〙フルオロリン酸塩[エステル].

flùoro·phosphóric ácid 〘化〙フルオロリン酸.

flùoro·plástic *n* フッ素樹脂, フッ素プラスチック.

flùoro·pólymer *n* 〘化〙フッ素重合体, フルオロポリマー.

flùoro·quínolone *n* 〘薬〙フルオロキノロン《キノロン (quinolone) にフッ素を導入した誘導体で, 幅広い抗菌スペクトルを有する抗菌薬》.

flúoro·scòpe *n* (X 線)透視装置. ► *vt* …の(X 線)透視(検査)をする.

fluo·ro·scop·ic /flùərəskápɪk, flɔ̀:-/ *a* (X 線)透視装置の; (X 線)透視法(検査)の. ♦ **-i·cal·ly** *adv*

fluo·ros·co·py /fluəráskəpi, flɔ:-/ *n* (X 線)透視(検査). ♦ **-co·pist** *n*

flùoro·sílicate *n* FLUOSILICATE.

flùoro·silícic ácid FLUOSILICIC ACID.

fluo·ro·sis /fluəróʊsəs, flɔ:-/ *n* 〘医〙フッ素(沈着)症, フッ素中毒(症); 〘歯〙斑状歯 (mottled enamel). ♦ **-rot·ic** /-rátɪk/ *a*

flùoro·úracil *n* 〘化〙フルオロウラシル《フッ素を含むピリミジン塩基; 癌治療に用いる》.

flùor·plástic *n* FLUOROPLASTIC.

flúor·spàr *n* FLUORITE.

flùo·sílicate *n* 〘化〙フルオロケイ酸塩.

flùo·silícic ácid 〘化〙フルオロケイ酸 (＝*fluorosilicic acid*)《ガラスを冒す酸》.

Fluo·thane /flú:əθèɪn/ 〘商標〙フローセン《吸入麻酔剤ハロセン》.

flu·ox·e·tine /flu:áksətì:n/ *n* 〘薬〙フルオキセチン《セロトニン作動を促す抗鬱薬; PROZAC の一般名》. [*fluo-, oxy-²*, *-etine*]

flu·phen·azine /flufénəzì:n/ *n* 〘薬〙フルフェナジン《フェノチアジン系精神安定薬》.

flur·az·e·pam /fluərǽzəpæ̀m/ *n* 〘薬〙フルラゼパム《構造的に diazepam に近いベンゾジアゼピン; 塩酸塩を催眠薬にする》. [*fluor-*, di*azepam*]

flúr·ried *a* 混乱した, 動揺した, あわてた.

flur·ry /flɔ́:ri, flʌ́ri; flʌ́ri/ *n* **1** 《一陣の》疾風, 突風; 《疾風を伴った》通り雨; にわか雪 (＝a ~ of snow, snow *flurries*): a ~ of wind 突風. **2** 《関心・活動などの》高まり, 急増, 活発化; 〘証券〙《一時的な》活況, 《株価の》急騰, 急落; 《電話・手紙などの》殺到; 《銛を打ち込まれた》鯨の死に際の苦しみ: in a ~ あわてて, あたふたと, あわただしく / a ~ of emotions 感情の急激な昂ぶり / a ~ of business 《一時的な》好況. ► *vt* あわてさせる, あたふたさせる. ► *vi* あたふたする; 〈雨・雪などが〉《疾風を伴って》突然ちらつく, さっと降る. [? imit; *hurry* の類推で *flurr* (obs) to ruffle からか]

flush¹ /flʌ́ʃ/ *vi* **1** 〈水が〉どっと[さっと]流れる, ほとばしる. **2 a** 〈血が〉顔にさっと上る, 赤面する; 〈顔・ほおが〉パッと赤らむ, ほてる, ぽっとなる 〈*up*〉. **b** 〈色・光が〉輝き出す, 〈空が〉ばら色になる: He *~ed with* anger. おこって赤くなった. **3** 〈草木が〉新芽を吹き出す. **4** *«俗» 試験[科目]に落第する. ► *vt* **1** 〈水・液を〉どっと流す; 〈ごみなどを〉水で流す 〈*away, out*〉; 〈池など〉の水を落とす; 〈下水・トイレ・街路などを〉水で洗い流す 〈*out*〉; 〈牧場など〉に水をみなぎらせる. **2 a** 〈健康・喜び・怒りなどがほおなどを〉紅潮させる; [ᵁ*pass*] 〈酒・勝利・誇りなどが人を〉上気[興奮]させる, 意気揚々とさせる, …に威勢をつける: They *were ~ed with* exercise [victory]. 運動[勝利]で紅潮していた. **b** 〈光などが…を〉赤く染める. **3** 平らに[面一(つらいち)]にする; 〘印〙〈行〉の(左)端をそろえる; …にモルタル[セメント]を流し込む. **4** 〈羊〉に特別の餌を与えて出産準備をさせる, 繁殖季増飼[フラッシング]をする. **5** *«俗» 〈授業を〉サボる; *«俗» 〈人を〉無視する, 締め出す. ● **~ it** *«俗» 〈試験・科目などに〉落第する 〈*in*〉; [*impv*, 〈*int*〉] *«俗» ばか言え! (nonsense). ► *n* **1** 出水, (急な)増水; 水をさっと[どっと]流すこと; 水洗[流水](設備); 排水. **2** 《ほおなどの》紅潮; «詩» 《空・雲などの》あかね色, 《夕焼け・朝焼けの》光: ~ of dawn 朝焼け. **3** 突然の感情のたかぶり, 興奮, 感激, 大得意, 意気揚々: in the full [first] ~ of triumph [hope] 勝利[希望]の感激に酔って. **4 a** 《若草などが》もえ出ること[時期]; 《もえ出る》若葉. **b** 若々しさ, 新鮮な輝き; 《勢いの》盛り: in the first ~ of spring [manhood] 春[人生]の盛りに. **c** 高熱が急に出ること. **5** *«俗» 金持. **6** 〘環境〙地下水が湧く沼地. ● **in a ~** *«俗» 混乱[困惑]して. ► *a* **1 a** 同一平面の, 同じ高さの, 面一の 〈*with*〉; じかに接触している. **b** 〘印〙行の(左)端をきっちりそろえた, 字下がりのない; 〈…と〉端がきちんとそろった 〈*with*〉. **c** 正確な, つぼをとらえた〈一撃〉. **d** 〘海〙〈船が〉平甲板(ひらこうはん)の. **2** 〈流れが〉いっぱいになった, あふれるばかりの. **3** «口» 金をどっさり持って, 裕福で; 〈金が〉豊富な; 景気のよい: feel ~ リッチな気分だ / ~ times 好景気, 好況時代. **4** 元気にあふれた; 精力的な; 赤らんだ. ► *adv* **1** 平らに, 同じ高さに 〈*with*〉. **2** じかに, まともに, かっきりと, ぴったり: come ~ on…に思いがけなく出会う. ♦ **~·ness** *n* [? *flush²* to spring out; 意味上 *flash* と *blush* の影響あり]

flush² 〘狩〙 *vi* 〈鳥が〉パッと飛び立つ. ► *vt* 〈鳥を〉飛び立たせる; 隠れ場所から追いたてる, 〈敵などを〉掃討する 〈*out (of), from*〉; 見つけ出す 〈*out*〉: ~ (*out*) the rebels *from* the island 島から反乱軍を一掃する. ► *n* 《パッと飛び立つ》鳥(の群れ). [imit; cf. FLY, RUSH]

flush³ *n, a* **1** 〘トランプ〙フラッシュ(の)《特にポーカーで同種の札だとえばハートだけがそろうこと; cf. STRAIGHT, ⇨ POKER²》. **2** 〘スキー〙フラッシュ《斜面に垂直に連続して設けた 3 つ以上の旗門》. [OF＜L FLUX]

flúsh·able *a* トイレの水で流すことのできる.

flúsh dèck 〘海〙平甲板(ひらこうはん)《船首から船尾まで平坦》.

flúsh·er *n* (下水)流し掃除夫; 街路用散水車; 流水装置; *«俗» かわや, トイレ.

flúsh·ing *n* 流水式洗浄; 紅潮; 〘畜〙《羊の》繁殖季増飼, フラッシング. ► *a* 流水式洗浄の; 紅潮の: a ~ tank 《水洗便所の》瀉水(しゃすい)槽. ♦ **~·ly** *adv*

Flushing フラッシング《VLISSINGEN の英語名》.

Flúshing Méadow-Coróna Párk フラッシングメドー-コロナ公園《New York 市 Queens 北部にある公園; 1939–40, 64–65 年の万国博覧会会場, またテニスの全米オープンの会場となる National Tennis Center がある》.

flúsh tòilet 水洗便所.

flúsh·wòrk *n* 〘建〙《外壁の》フラッシュワーク《割って断口を見せたフリント (flint) と仕上げた石材とを並べて壁面に模様をつくり出す仕上げ》.

flus·ter /flʌ́stər/ *vt, vi* 騒がす, 騒ぐ, めんくらわせる, めんくらう; 酔わせる, 酔う: ~ one*self* 取り乱す, 度を失う. ► *n* あわてふためくこと, 狼狽: all in a ~ すっかりあわてて. ♦ **~ed** *a* **~ed·ly** *adv* [ME＜?; cf. Icel *flaustra* to bustle]

flus·trate /flʌ́strèɪt/, **flus·ter·ate** /flʌ́stərèɪt/ *vt* «口» FLUSTER. ♦ **flus·trá·tion, flùs·ter·á·tion** *n*

flús·tràt·ed *a* 動揺[狼狽, 混乱]した, あわてふためいた.

flute /flú:t/ *n* **1** 〘楽〙フルート《元来はリードのない笛のことで, 縦笛 (recorder) も含む; cf. TRANSVERSE FLUTE》; 《オーケストラの》フルート奏者; 《オルガンの》フルートストップ. **2** フルート状のもの; 細長い酒杯, フルートグラス; 細長いフランスパン; 〘建〙《柱などの》縦溝, 溝彫り; 《婦人服の》丸溝ひだ; パイの縁のひだ; 《俗》男根 (penis). **3**《韻俗》服 (suit); 《韻俗》男のホモ (fruit). ▶ *vi, vt* フルートを吹く; 笛のような声で歌う[話す]《やわらかい高音ではっきりと》; (〈柱など〉に)縦溝を彫る[つける], …に溝ひだを作る. ◆ **~·lìke** *a* [OF<? Prov]

flut·ed /flúːtəd/ *a* フルートのような音色の; 縦溝彫りの, 溝つきの.

flut·er /flúːtər/ *n* 溝彫り器具[人]; 《古》FLUTIST; *《俗》ホモ; *《俗》フェラチオ[尺八]をする者 (fellator).

flut·ing /flúːtɪŋ/ *n* フルートの吹奏; フルート音(色); 〘建〙《柱などの》縦溝(装飾), 溝彫り, フルーティング; 〘服〙溝ひだ.

flúting ìron 《表面に溝のある》溝ひだ用アイロン.

flut·ist* /flúːtɪst/ *n* フルート奏者, フルーティスト.

flut·ter /flʌ́tər/ *vi, vt* **1 a** 〈旗など〉ひらひら翻る[翻す], はためく[はためかせる]; ひらひら震える[落ちる]: ~ *down* 〈花びらなどが〉ひらひら舞い落ちる. **b** 〈鳥などが〉はばたく 〈*about*〉, はばたいて飛ぶ; 〈チョウなど〉ひらひら[パタパタ]と飛ぶ, 飛び交う 〈*about, around*〉. **c** 〘泳〙〈足が[を]〉ばた足をする[ばたつかせる]. **2 a** 〈脈・心臓が〉速く不規則に鼓動する, どきどきする; 胸が躍る, ときめく, …の胸を躍らせる. **b** はらはら[そわそわ]する[させる]; 狼狽する[させる]; かき乱す; 震える, わななく; 〈胃が〉どきどきする, 痛む: ~ *about* [*around*] (…を)そわそわ歩きまわる / ~ the DOVECOTES. **3** ʺ《口》〈少額を〉賭ける. ▶ *n* **1 a** はばたき, 羽打ち; 翻ること, はためき. **b** 〘泳〙ばた足 (flutter kick); FLUTTER-TONGUING. **2 a** 《心臓の不規則な》粗動, 動悸; 〘医〙痙攣(けいれん); 《心の》動揺: in a ~ どきどきして, あわてて / fall into a ~ どぎまぎする. **b** 大騒ぎ; 《市場の》小波乱, 《株式の》動揺: make [cause] a great ~ 世間を騒がせる, 大評判になる. **c** そわそわする一団[群] 〈*of*〉. **3** 《橋などがいたんで》揺れること; 〘空〙フラッター《気流からエネルギー供給を受けて起こる翼などの振動》; 〘オーディオ〙再生むら, フラッター; 〘テレビ〙《映像の》光度むら, フラッター. **4** ʺ《口》少額の[ちょっとした]賭け: have a ~ *on*…で一賭けする. ● **all of a ~** 《口》ぶるぶる震えて, びくびくして. ◆ **~·er** *n* **~·ing** *a* **~·ing·ly** *adv* ばたばたと, そわそわして. [OE *floterian* to float to and fro, flutter (freq)〈*flotian*; cf. FLEET[2]]

flútter·bòard* *n* 〘泳〙ばた足練習の時につかまる板, ビート板 (=*kick board*).

flútter kìck 〘泳〙《クロール泳法などの》ばた足.

flútter slèeve フラッタースリーブ《ひだをつくって上腕部をゆったりおおう先細りのスリーブ》.

flútter-tòngue *n* 〘楽〙フラッタータング《flutter-tonguing による効果》.

flútter-tònguing *n* 〘楽〙フラッタータンギング《舌を震わせる吹奏法》.

flút·tery *a* ひらひら動く, はためく.

fluty, flut·ey /flúːti/ *a* 〈音色が〉フルート[笛]のような, やわらかく澄んだ. ◆ **flút·i·ness** *n*

flu·vi- /flúːvə/, **flu·vio-** /-viou, -viə/ *comb form* 「河川」「河流」 [L (*fluvius* river〈*fluo* to flow)]

flu·vi·al /flúːviəl/ *a* 河川の; 河流の作用でできた, 流水性の; 河川に生ずる[すむ]; 〈境界線など〉川の流れに沿った. [L (↑)]

flu·vi·a·tile /flúːviətàɪl/ *a* 河川の(作用でできた); 河川[川べり]にできる: a ~ deposit 河成層. [F<L (*fluviatus* moistened〈↑)]

flùvio·glácial *a* 〘地質〙《氷河の氷が溶けて流れ出す》融氷流水の[による], 河氷両成の.

flu·vi·ol·o·gy /flùːviɑ́ləʤi/ *n* 河川学.

flùvio·maríne *a* 〘地質〙河水と海水との両方の作用でできた, 河海両堆積成の; 河口(域)の; 〈魚が〉川と海との両方に生息できる.

flu·vi·om·e·ter /flùːviɑ́mətər/ *n* 河川水量記録計.

flùvio·terréstrial *a* 陸上と河川とに関する[生息できる].

flux /flʌ́ks/ *n* **1 a** 流動, 流れ; 流入; 上げ潮. **b** とうとうとして流れ出ること; 多弁. **c** [*fig*] 流転, 絶え間ない変化: the ~ and reflux (of the tide) 潮の干満; 勢力の消長, 盛衰, 浮沈 / in ~ 流動的で / All things are in a state of ~. 万物は流転する. **d** 〘医〙《血液・体液の》異常流出; 下痢 (cf. BLOODY FLUX). **2 a** 融解; 〘化・冶・窯〙融剤, 媒溶剤, フラックス. **b** 〘理〙束, 流束, フラックス《単位時間に(特に単位面積の)面を通過する流量》; 〘理〙束, 磁束, 電束, フラックス. ▶ *vt* 溶かす, 融剤で処理する; 《廃》《下剤で》下す. ▶ *vi* 溶ける; 流れる; [*fig*] 変転する. [OF or L *fluxus* (*flux-* *fluo* to flow)]

flúx dènsity 〘理〙《光束・電束・磁束などの》束密度, フラックス密度.

flúx·gàte *n* フラックスゲート (=*flux valve*)《地磁気誘導の法則に基づき地球磁場の方向と強さを示す装置》.

flux·ion /flʌ́kʃ(ə)n/ *n* 流動, 流出; 〘数〙流率, 導関数 (derivative) (cf. METHOD OF FLUXIONS). ◆ **~·al** *a*

flúxion·àry /; -(ə)ri/ *a* 《古》FLUXIONAL.

flúx lìne 〘理〙流線《電場・磁場などで仮定される曲線; 密度と方向によって場の強さ・方向を表わす》.

flúx·mèter *n* 〘理〙磁束計.

flúx·òid quántum 〘理〙磁束量子.

flúx vàlve フラックスバルブ (FLUXGATE).

fluyt /fláɪt/ *n* フライト《17 世紀北欧の 3 本マストの商船》.

fluzy ⇨ FLOOZY.

fly[1] /fláɪ/ *v* (**flew** /flúː/; **flown** /flóʊn/) *vi* **1 a** 飛ぶ, 飛行[飛翔]する; 飛行機[宇宙船]で移動[旅行]する; 飛行機[飛行船]を操縦する, 航行する; 〈弾丸・ボール・激しいことばなど〉飛ぶ. **b** ひらりと飛ぶ, 飛び上がって…を越える 〈*over* a fence〉. **2 a** 《風で》空中に舞う, 運ばれる, 飛揚する, 舞い上がる, 〈凧が〉揚がる; 飛び散る: The cup *flew* apart [in pieces]. カップがまっぷたつ[こなごな]に飛び散った / make the DUST [FEATHERS, FUR] ~. **b** 〈旗・頭髪など〉風に翻る, なびく. **3 a** 急ぐ, 急いで立ち去る; 逃亡する, 逃げうせる (cf. FLEE); 〈かすみなど〉消散する, 〈影など〉さっと消える: ~ for a doctor 急いで医者を呼びに行く / ~ to arms 武器を取りに急ぐ, 急いで戦闘準備にかかる / I've got to ~. もう帰らなくちゃ, 急いで行かなきゃ / The bird has [is] *flown*. 犯人が逃げた. **b** 飛ぶように過ぎる[なくなる]; 〈うわさが〉飛ぶ, 〈思想・見解などが〉広まる 〈*around, about*〉: Time *flies*. 光陰矢のごとし / Pleasant hours ~ fast. 《諺》愉しい時は速く過ぎ去る / make the money ~ 札びらを切る, 浪費する. **4** 突然…になる: The window *flew* open. 窓がパッと開いた / ~ *into* a passion [temper, rage] かっとおこる / ~ *into* raptures 飛び上がって喜ぶ. **5** (*p, pp* **flíed**) 〘野〙フライを上げる: FLY out / ~ into left field レフトにフライを上げる. **6** 《俗》麻薬をやる, 《麻薬などで》いい気分になる[なっている]; 《俗》《麻薬などの影響で》変な行動をする, 狂う, 翔ぶ. **7** *《口》〈案・説明などが〉うまくいく, 受け入れられる, 説得力がある 〈*with* sb〉.

▶ *vt* **1** 〈鳥などを〉飛ばす, 放つ; 〈旗を〉揚げる, 翻す: (Go) ~ a KITE. **2 a** 〈航空機・飛行船を〉操縦する. **b** 〈…を〉航空機で飛ぶ; 〈障害物を〉飛び越える: We *flew* the Pacific. 太平洋を飛んだ. **c** 航空機[飛行船]で運ぶ[送る]; 〈航空機が〉運ぶ. **d** 〈特定の航空会社を〉利用する: ~ Emirates エミレーツ航空で旅行する[を利用する]. **3** …から逃げる, 出奔する; 避ける (avoid): ~ the country 亡命する / ~ the approach of danger 危険を避ける. **4** 〘鷹狩〙〈鷹が〉〈獲物〉に飛びかかる. **5** (*p, pp* **flíed**) 〘劇〙〈背景を〉舞台天井に上げる; 〈背景を〉天井からつるす.

● **be ~ing high** *《口》すごくうれしい[ハッピーである], 有頂天である; 《口》成功している, 高い地位にある. **~ at**…に飛びかかる; …をしかりつける, …を攻撃する. **~ at high game** 大物をねらう, 大志をいだく, 望みが高い (fly high): ~ *at higher game* 一段上をねらう. **~** BLIND. **~ by** (そばを)かすめて飛ぶ, 飛び去る; 〈時が〉飛ぶように過ぎ去る. **~** CONTACT. **~ high** 大志をいだく; 繁栄する. **~ in** 〈航空機・乗客・貨物を〉着陸させる; 〈パイロットが〉航空機を着陸させる, 〈航空機が〉着陸する, 〈乗客が〉航空機で到着する. **~ in the face [teeth] of**… 〈権威・習慣などに〉に食ってかかる, 反抗する. **~ into**… 〈空港など〉に着陸させる[する]; 〈かんしゃくなどを〉破裂させる (⇨ *vi* 4); *FLY at. **~ into the face of danger** 大変な冒険をする. **~ light** *《俗》食事を取りそこなう, 腹をすかしている; *《俗》食事を抜く[食べないでおく]. **~ low** 高望みをしない, 表立つことをしない, 世をはばかる. **~ off** 飛び散る[去る], 急いで去る; 違約する 〈*from*〉; 蒸発する. **~ off (at) the** HANDLE. **~ on [upon]**=FLY at. **~ out** 飛び出す; 急にどなり出す, 食ってかかる 〈*at, against*〉; 〘野〙フライを上げてアウトになる. **~ past** 〈時が〉飛ぶように過ぎる; 足早に追い越す; (…の)かたわらを飛び去る; 儀礼飛行をする (cf. FLYPAST). **~ right** *《口》正直にやる, まっとうに生きる. **~ round** 〈輪などが〉くるくる回る. **~ the** COOP. **go ~ing** 宙を飛ぶ, 投げ出される, 放り出される; 飛んで行く. **knock…~ing**=send…FLYING. **let ~** 〈弾丸・矢・石などを〉飛ばす, 射放つ 〈*at*〉; 言いたいことを言う, ののしる 〈*at*〉; 〈感情を〉ほとばしらせる; *《俗》〈つばを〉吐く; 《俗》《仕事などを》勢いよく始める. **send…~ing** 〈人を〉投げ飛ばす; 〈人を〉追い出す, お払い箱にする; 〈物を〉投げ飛ばす, 飛散させる.

▶ *n* **1** 《まれ》飛ぶこと; 飛行, 飛行距離; 《ボールなどの》飛ぶコース; 〘野〙フライ, 飛球 (fly ball); 〘アメフト〙フライ《レシーバーがゴール方向にまっすぐ走るパスプレー》: have a ~ 飛行する. **2 a** 《テントの》フライ (fly sheet); 旗布の外端; 旗布の横幅 (cf. HOIST[1]); 《ピアノ・オルガンの》鍵盤の閉じぶた; FLYLEAF. **b** FLYWHEEL; 風切(かざきり)《時計機械調整器の》. **c** [《英》では °*pl*] 〘服〙《ジッパー・ボタン列などを隠す》比翼(開き), フライ, 《特にズボンの》前開き: Your ~ is undone [open]. ズボンの前が開いてますよ. **3** [*pl*] 《舞台天井の》大道具操作場所 (cf. FLYMAN). **4** (*pl* **~s**) ʺ《昔の》一頭立て貸馬車. ● **give (it) a ~** 《豪口》やってみる, 試してみる. **on the ~** 飛んで, 飛行中で, 〘野〙飛球が地に落ちないうちに; *移動中に, 他のことをしている時に; 《口》大あわてで, 大急ぎで; 〘電算〙オンザフライで《いったんデータを保存するなどして別途処理を行なうのではなく, 既定のプロセス(送受信や書き込み・読み出しなど)の流れの中で処理を行なう》.

[OE *flēogan*; cf. G *fliegen*]

fly[2] *n* **1** 〘昆〙双翅目の昆虫《ハエ・アブ・ブユ・カ・ガガンボなど》, 《特に》ハエ, イエバエ; 飛ぶ昆虫《mayfly, firefly など》; 〘釣〙飛ぶ昆虫の生き餌; 〘釣〙毛針, 蚊針, フライ: You must lose a ~ to catch a trout. 《諺》毛針を捨てずにマスは釣れない《何かするには小さな犠牲は避けられない》. **2** 《動植物の》害虫; 虫害; 《南ア》FLYBELT; [the F-] 〘天〙はえ座 (蠅座) (Musca); 《野球俗》ハエ《選手についてまわるファン; cf. GREENFLY》. **3** 〘印〙あおり(出し)装置《印刷紙をはね取る装置》, 紙取り工, 折って 4 ページにしその第 1 ページだけに印刷した紙葉. ● **a ~ in amber** 琥珀(こはく)の中の化石バエ; 珍しい遺物. **a [the] ~ in the ointment** 玉にきず, (楽しみの)ぶちこわし《*Eccl* 10:1》. **a ~ on the (coach-)wheel** (自己の力を過大視する)うぬぼれ屋. **a ~ on the wall** ひそかに人を観察する者. **break [crush] a ~ on the**

WHEEL. **catch flies** *《俗》退屈してあくびをする, 退屈する; *《劇俗》〈役者が〉《ほかの役者から観客の注意をそらすような》余計なしぐさをする. **Don't let flies stick to your heels.** ぐずぐずするな. **drink with the flies** 《豪俗》一人で飲む(酒). **like a blue-arsed ～** ‖《卑》騒がしく. **like flies** 大量に, ばたばたと〈死ぬ, 倒れる〉: die [drop, fall] *like flies.* **not harm [hurt] a ～** 《口》(生まれつき)優しい, おとなしい《cf.「虫も殺さない」》. **rise to the ～** 〈魚が〉毛針に食いつく; rise to the BAIT. **(There are) no flies on [about]…**, 《口》〈人〉が抜け目[隙]がない, 欠点[罪]がない; 〈取引〉にやましいところがない; 〈人〉がぐずぐずしていない. ♦ **～less** *a* [OE *flēoge*; cf. ↑, G *Fliege*]

fly[3] 《口》*a, n* ‖抜け目のない(やつ), わかっている, 頭がいい, 鋭い; *魅力的な, いかす, かっこいい: ～ gear* いかした服. ♦ **～·ness** *n* [C19 <?; *fly*[1] からか]

Fly [the] フライ川《New Guinea 島南部を南東に流れて Papua 湾に注ぐ川》.

flý·able *a* 飛行に適した, 飛行準備のできた.

flý ágaric [amaníta] 〔植〕ベニテングタケ, アカハエトリ (=*fly mushroom*)《毒キノコ; 昔これから蝿取り紙に塗る毒を採った》.

flý àsh フライアッシュ, 飛灰(ひはい)《燃焼ガス中に混入する石炭などの灰; レコード盤・セメント・煉瓦などの製造に利用する》.

flý·awày *a* 〈頭髪など〉風になびく; 〈髪が〉柔らかくて細くまとめにくい, 猫毛のゆるく流れるような, 後ろがゆったりして丈の短い〈ジャケット〉; 〈特に 女が〉うわついた; 制御できない; 〈工場の飛行機が〉飛行準備のできた; 〈軍需品が〉空輸するようになっている. ► *n* うわついた人[女]; 《輸送によらず》工場から飛ぶ飛行機.

flýaway kìt 〔空軍〕フライアウェイキット《飛行部隊が補給を断たれた場合にそなえて携行する部品・工具類のセット》.

flý·bàck *n* フライバック《(1) ストップウォッチなどの秒針が 0 に戻ること (2)〔テレビ〕ブラウン管の陰極線ビームが走査の始点に戻ること》.

flý·bàit *《俗》*n* [*joc/derog*] Phi Beta Kappa の会員; 蛆(うじ)の餌, 死体.

flý báll 〔野・クリケット〕フライ, 飛球; *《俗》私服警官, デカ (FLY COP); *《俗》変なやつ, 変わり者; *《俗》ホモ.

flý·bàne *n* 〔植〕イエバエを殺すとされる植物《ムシトリナデシコ・ベニテングタケなど》.

flý·bèlt *n* ツェツェバエ (tsetse fly) のはびこる地帯.

flý blòck 〔機〕動滑車, フライブロック.

flý·blòw *n* [‖*pl*]《肉などに産みつけられた》クロバエ (blowfly) の卵[蛆]; FLY-STRIKE. ► *vt* 〈肉など〉に卵を産みつける; 〈名声などを〉汚す.

flý·blòwn *a* **1** クロバエが卵を産みつけた, 蛆(うじ)のわいた; ハエの糞のしみのついた〈壁など〉. **2** 汚された〈名声など〉, 腐敗した; うすよごれた, みすぼらしい, みっともない; 陳腐な, 手あかのついた. **3** 《豪口》文無しの, おけらの.

flý·bòat *n* 《オランダ沿岸の航行に使われる》平底船; 《運河を航行する》快走平底船.

flý bòb *《俗》私服警官, デカ (⇨ FLY COP).

flý bòmb 飛行爆弾 (flying bomb).

flý·bòok *n* 〔釣〕《札入れ型の》毛針入れ.

flý·bòy *n* *《口》飛行機乗り, 《特に》空軍飛行士; *《俗》かっこいい男(の子).

flý·brìdge *n* 〔海〕《普通の船橋の屋根の上の》露天船橋.

flý bùll *《俗》私服警官, デカ (⇨ FLY COP).

flý·bỳ *n* (*pl* **～s**)〔空・宇〕《目標への》低空[接近]飛行; FLYOVER; 接近飛行をする宇宙船.

flý-by-lìght *n* 〔空〕フライバイライト《操縦桿やペダルの動きを光信号に変え, 光ファイバーで伝達し, モーター駆動で作動翼面を動かす操縦システム; 略 FBL》.

flý-by-nìght 《口》*a* 《金銭的に》無責任な, 信頼できない, 即席の金もうけをもくろむ; 長続きしない, 一過性の. ► *n* **1** 借金して夜逃げする人, 無責任な[信頼できない]人, あぶなっかしいもの[会社] (=**flý-by-níght·er**). **2** 夜遊び歩く人.

flý-by-wìre *n, a* 〔空〕フライバイワイヤー(の)《操縦桿の動きをコンピューターを通して電気信号で舵面に伝える方式; 略 FBW》.

flý càke *《俗》[*joc*] 干しブドウ入りケーキ.

flý-càst *vi, vt* FLY-FISH. ♦ **flý·càst·er** *n*

flý càsting 〔釣〕フライキャスティング《長く柔軟な竿を用いて毛針を投げること》.

flý·càtch·er *n* 〔鳥〕《旧世界の》ヒタキ; 〔鳥〕《新世界の》タイランチョウ (tyrant flycatcher); 〔植〕モウセンゴケ科ドロソフィルム属の食虫植物.

flý-chàser *n* *《野球俗》外野手.

flý·chìck *n* *《俗》いかした女の子. [*fly*[3]]

flý còp *《俗》刑事, 私服警官, デカ (=*fly ball [bob, bull, dick, mug]*).

flý-crùise *n* 飛行機と船の旅を組み合わせた旅行. ► *vi* fly-cruise をする.

flý dìck *《俗》私服警官, デカ (⇨ FLY COP).

flý dòpe 〔釣〕フライドープ《毛針の浮きをよくする撥水剤》; 防虫剤.

flý drèsser 〔釣〕毛針を作る人, 毛針職人.

flý-drìve ‖*n* 飛行機とレンタカーを利用する旅. ► *vi* fly-drive をする. ♦ **flý-drìver** *n*

flyer ⇨ FLIER.

flý-fìsh *vi, vt* 毛針[フライ]で釣る. ♦ **～·er** *n*

flý fìsherman フライフィッシングをする人.

flý-fìsh·ing *n* 毛針釣り, フライフィッシング.

flý·flàp *n* はえ追い, はえたたき.

flý-flàt *n* ‖《俗》自分では利口だと思っているまぬけ, 抜け目のないばか. [*fly*[3]]

flý frònt 〔服〕比翼前(ひよくまえ), フライフロント《コート・シャツ・ズボンなどの前開きの前面を二重合わせにしてボタン列[ファスナー]を隠すようにしたもの》. ♦ **flý-frònt** *a*

flý gàllery [flòor] 〔劇〕フライギャラリー《舞台両脇の細い大道具操作台》.

flý·gìrl *n* 《俗》HIP-HOP ファンの女の子; *《俗》かっこいい女(の子).

flý gùy *《口》FLYBOY.

flý hálf 〔ラグビー〕フライハーフ (standoff half).

flý·hànd *n* 〔印〕紙取り工 (fly).

flý hòneysuckle 〔植〕スイカズラ属の常緑低木《北米産とユーラシア産の 2 種》.

flý-ìn *n* 自家用飛行機に乗ったまま見られる戸外劇場, フライイン (cf. DRIVE-IN); 《目的地までの》乗入れ飛行; *《口》フライイン《自家用飛行機で出席者を一定の場所に召集して行なう会議[集会]》. ► *a* 飛行機[ヘリコプター]の離着陸場のある, 飛行機[ヘリコプター]で乗入れできる.

flý·ing *n* **1** 飛ぶこと, 飛ばすこと, 飛行; 《飛行機・宇宙船の》操縦; 〔動〕飛翔(ひしょう), 飛行《足行・遊泳・匍匐(ほふく)に対して》; 飛行機旅行; 疾走, 飛走; *《警察俗》遠隔地勤務. **2** 飛散するもの; [*pl*] 毛くず, 綿くず. ► *a* **1** 空を飛ぶ, 飛行の; 飛行機操縦の[に関する]; 空中に浮動する, ひらひら翻る. **2** 飛ぶように速い; 大急ぎの, あわただしい; 一時的な, 仮の; 走りながら[助走をつけて]行なう; 飛んで逃げて行く; 急送の, 急派の; *《俗》《自分の町から離れた》遠隔地で勤務して: a ～ trip [visit] あわただしい旅行[訪問]. **3** 空中に伸びる; 〔海〕《帆の下縁が》しっかり取り付けてない, 吹流しの; 〔畜〕〈焼き印が〉翼形の. ● **with** FLYING COLORS. ► *adv* 〔海〕吹流しで.

flýing bédstead 〔空〕垂直離着陸実験機《構造がむきだしで寝台のように見える》.

flýing blówtorch *《俗》ジェット戦闘機.

flýing bòat 飛行艇 (cf. FLOATPLANE).

flýing bòmb ‖飛行爆弾 (V-ONE).

flýing bóxcar 《口》大型輸送機.

flýing brìdge 〔海〕最上船橋[艦橋]; FLY BRIDGE; 仮設橋, 仮橋.

flýing búttress 〔建〕飛び控え, 飛び梁(ばり), 飛梁(ひりょう), フライングバットレス (=*arch buttress*).

flýing círcus 《特に 第一次大戦中の》円形梯状編隊; 《曲技機による》空中サーカス(団).

flýing cóachman 〔鳥〕キガオミツスイ (=*regent honey eater*)《豪州産》.

flýing cóffin *《俗》空飛ぶ棺桶《グライダー・飛行機》.

flýing cólors *pl* 空に翻る旗; 勝利, 成功. ● **with ～** 堂々と〈凱旋する〉, みごとにやって, 悠々と, 大成功で: come through sth *with* ～ みごとに切り抜ける.

flýing còlumn 〔軍〕遊撃隊, 別働隊.

flýing cráne 空飛ぶクレーン《輸送用大型ヘリコプター》.

flýing dèck 《航空母艦の》飛行甲板.

flýing dísk 空飛ぶ円盤 (flying saucer).

flýing dóctor 飛行機で往診する医師.

flýing drágon 〔動〕トビトカゲ (dragon); 〔昆〕トンボ (dragonfly).

Flýing Dútchman 1 [the] さまよえるオランダ船《喜望峰付近に荒天時に出没したと伝えられるオランダの幽霊船》; さまよえるオランダ人《さまよえるオランダ船の船長; 最後の審判の日まで航行をつづける運命にあるといわれる》. **2** フライングダッチマン(級)《ヨット競技のクラスの一つ》.

flýing fatigue AERONEUROSIS.

flýing field 〔空〕小飛行場, 離着陸場 (cf. AIRPORT).

flýing fílly *《中部・南部》FLYING JENNY.

flýing físh 〔魚〕トビウオ; [the F- F-]〔天〕とびうお座 (飛魚座) (Volans).

Flýing Fórtress 空の要塞《第二次大戦中の米陸軍航空隊の B-17 の称》.

flýing fóx 〔動〕オオコウモリ (fruit bat); 《豪》《山あいなど地形の険しい所で用いる》ケーブルによる運搬設備.

flýing fróg 〔動〕アオガエル《トビガエルなどアオガエル属のカエルの総称; 東南アジア主産》.

flýing fúck [fríg] *《卑》[以下の成句で]: **Go take a ～ (at a rubber duck [rolling doughnut])**. ちくしょうめ, くたばっちまえ, うせやがれ. **not give a ～** 屁とも思わない.

flýing gúrnard 〔魚〕セミホウボウ (=*flying robin*)《発達した尾びれをもつ》.

flýing héad 《磁気記憶装置の》浮動ヘッド《磁気ディスク[ドラム]面上に浮動させて用いる磁気ヘッド》.

flýing hórse〔伝説〕HIPPOGRIFF;《メリーゴーラウンドなどの》馬形座席.
flýing jàcket″FLIGHT JACKET.
flýing jénny, flýing jín·ny /-ʤíni/ *《中部・南部》《簡単な造りの》メリーゴーラウンド（=*flying filly* [*mare*]).
flýing jíb〔海〕フライングジブ《先斜檣(しょう)三角帆》.
flýing jíbboom〔海〕フライングジブブーム《船首斜檣(しょう)の中で最先端のもの》.
flýing júmp [léap] 助走をつけた跳躍, 走り跳び. ●(**go**) **take a flying leap** *《俗》とっととうせろ, いいかげんにしろ.
flýing kilómeter 助走スタート (flying start) で行なう 1 キロレース.
flýing kíte〔海〕フライングカイト《軽風の時だけ檣頭近くに張る小型軽帆》.
flýing lémur〔動〕ヒヨケザル《フィリピンヒヨケザルとマレーヒヨケザル》.
flýing lízard〔動〕トビトカゲ (dragon).
flýing machìne《初期の》航空機, 飛行機, 飛行船.
flýing màn AIRMAN.
flýing máre〔レス〕フライングメアー《相手の手首・頭をつかんでまわしたあと, 一種の背負い投げを行なう技》; *《中部・南部》FLYING JENNY.
flý·ing·òff *n*〔空〕離陸 (takeoff).
flýing òfficer 航空将校;〔英〕航空中尉《flight lieutenant の下位; ⇨ AIR FORCE; 略 FO》.
flýing phalánger〔動〕フクロモモンガ, フクロムササビ《など》《前足と後ろ足の間に膜のある動物; 豪州(周辺)産》.
flýing pícket 機動[移動]ピケ隊(のメンバー)《ストライキ中の工場のピケに参加する遊撃的な助っ人ピケ隊[機動化労働者]》.
flýing rìngs *pl*〔体操〕吊輪.
flýing róbin〔魚〕FLYING GURNARD.
flýing sáucer 空飛ぶ円盤 (=*flying disk*).
flýing schòol 航空[飛行]学校.
Flýing Scótsman フライングスコッツマン《London と Edinburgh との間を走る急行列車の愛称》.
flýing shéet FLY SHEET[1].
flýing shóre〔建〕陸(ろく)突張り《転倒を防ぐため壁の間に水平に渡す支え》.
flýing spót〔テレビ〕飛点, フライングスポット.
flýing squàd″《警察の》特別機動隊《緊急時に迅速な行動をとれるよう機動力を備えた別働隊; 俗称 Sweeney》;《一般に》特務隊, 遊撃隊, 遊軍.
flýing squàdron 遊撃艦隊;《一般に》遊撃隊, 遊軍.
flýing squírrel〔動〕**a** ムササビ, モモンガ,《特に》アメリカモモンガ. **b**《豪》FLYING PHALANGER.
flýing stárt 1〔競技〕**a** 助走スタート《スタート地点の手前から, またはスタートの合図を受ける前から走り始めるスタート; opp. *standing start*》. **b**《口》《スタートでの》フライング (=*flier*). **2** 好調なすべり出し; 初期の優勢[有利な立場]. ● **get off to a ～**〈…に〉好調なすべり出しをする〈*in*〉.
flýing stàtus〔軍〕航空機搭乗身分.
flýing sùit《つなぎの》飛行服《軍用機のパイロットなどが着用する》.
flýing táckle〔ラグビー・アメフト〕《宙を飛んで組みつく》フライングタックル.
flýing trapéze 空中ぶらんこ.
flýing wédge《選手や警察官が移動しながら形づくる》V 字形隊形.
flýing wíndmill *《俗》空飛ぶ風車, ヘリコプター.
flýing wíng〔空〕全翼(飛行)機《胴体・尾翼などがなく, 全体が翼のような形をした飛行機》.
flý·lèaf *n*〔製本〕見返しの遊び, 遊び紙, フライリーフ《書物の巻頭・巻末の白紙》;《回状・プログラムなどの》余白のページ.
flý lìne フライライン《毛針釣り用の釣糸》.
flý lòft〔劇〕舞台天井.
flý·man /-mən, -mæ̀n/ *n* 軽装遊覧馬車の御者;〔劇〕大道具方《舞台天井で道具をあやつる; cf. FLY[1]》.
Fly·mo /fláɪmòʊ/〔商標〕フライモ《エアクッション式芝刈り機》.
flý mùg *《俗》私服警官, デカ (⇨ FLY COP).
flý mùshroom FLY AGARIC.
flý nèt《馬の》はえよけ網;《蚊帳・窓などの》虫よけ網.
Flynn /flín/ フリン (1) **Elizabeth Gurley** ～ (1890–1964)《米国の共産主義者・労働運動の指導者》(2) **Errol** (**Leslie Thomson**) ～ (1909–59)《オーストラリア Tasmania 生まれの映画俳優; 女性遍歴で知られた》. ● IN[1] **like ～.**
flý·nùt *n*〔機〕蝶ナット (wing nut).
flý·òff *n*〔空〕フライオフ《機種選定に際して飛行性能を比較評価するための実地飛行》.
flý-on-the-wáll *a* 人びとの日常をありのまま映した〈記録映画・番組〉; ありのままの〈観察〉.
flý òrchid〔植〕オフリス属のランの一種《ユーラシア産》.
flý·òver *n* **1** *儀礼飛行 (=*flyby*) (flypast″)《都市・広場・閲兵式場などの上を低空飛行すること》. **2**″《鉄道・道路の》立体交差(の横断橋), 高架横断道路 (overpass*). ► *a* *《口》[*derog*]〈地域・諸州など〉上空通過(だけ)の《米国東西両海岸に比してさほど重要性がないと思われている中間部地域をいう》: ～ states / ～ people 上空通過地域の住民たち.
flý·pàper *n* 蠅取り紙.
flý·pàst″ *n* FLYBY; 儀礼飛行 (flyover*).
flý-pìtch *n*″《俗》《無免許の大道商人の》店張り場. ♦ **flý-pìtcher** *n*″《俗》無免許の露天商. **flý-pìtch·ing** *n*
flý-pòst″ *vt*《無許可の場所に》〈ビラを〉手早く貼る; …に手早くビラを貼る. ♦ **～·er** *n* [+]無許可の場所に貼られた宣伝ビラ. **～·ing** *n*
flý prèss〔機〕はずみプレス.
flý ràil《テーブルのたれ板を支える》回転棚受け.
flý ròd〔釣〕毛針釣り用のさお, フライロッド. ♦ **flý-ròdder** *n*
flysch /flíʃ/ *n*〔地質〕フリッシュ《地向斜に堆積した主に砂岩・頁岩(けつがん)からなる地層で Alps 地方に多い》. [G (dial)]
flý·scrèen *n* 網戸.
flý shèet[1] **1** 一枚刷り紙葉, ビラ, ちらし; フライシート《小冊子などで使用上の注意などを記した紙葉》. **2**″フライシート《テントの防水用外張り布》;″テントの入口のたれ布.
fly sheet[2]《馬の》はえよけ布.
flý·spèck *n* ハエの糞(のしみ); 小さい点[しみ], ぽつ, 小さい[取るに足らない]もの;《ナシ・リンゴなどに生じる》煤点(すす)病. ► *vt* …に小さいしみをつける; 綿密に検査する, …のあら探しをする.
flý·spècked *a* ハエ(など)の糞のしみがついた (flyblown).
flý sprày 蠅取りスプレー.
flý-strìke *n* 蛆(うじ)の発生[寄生];《羊の》蠅蛆(はえうじ)症 (myiasis). ♦ **flý-strùck** *a*
flý·strìp *n*《殺虫剤を染み込ませた》蠅取り用プラスチック片.
flý·swàtter, -swàt *n* はえたたき (swatter);《野球俗》(いつも)フライを打ち上げる選手.
flý tàble BUTTERFLY TABLE.
flyte /fláɪt/ *vi*《スコ》FLITE.
flý·tìer /-tàɪ-/ *n*〔釣〕毛針作りをする人.
flyt·ing /fláɪtɪŋ/ *n*《スコ》FLITING;《16 世紀スコットランドの》口論詩, 悪口応酬の詩.
flý-tìp″ *vt*〈ごみを〉不法投棄する. ♦ **flý-tìpper**″ *n* **flý-tìpping**″ *n*
flý·tràp *n* 蠅取り器; 食虫植物,《特に》ハエトリグサ; *《俗》口 (mouth).
flý·ùnder *n* 高架の下を走る鉄道[道路].
flý·wày *n*《渡り鳥の》飛行経路, 飛路.
flý·wèight *n*〔ボク〕フライ級のボクサー (⇨ BOXING WEIGHTS).
flý·whèel *n*〔機〕はずみ車.
flý whìsk 蠅払い《馬の毛などの束に柄のついたもの; しばしば高位・権威の象徴》.
FM /ɛ́fɛ̀m/ *n* [〈*a*〉] FM 放送; FM ラジオ受信機. [frequency modulation]
fm fathom(s) ♦ from. **Fm**〔化〕fermium.
FM °field magnet ♦ field manual ♦〔英〕°Field Marshal ♦〔空〕°figure of merit ♦ °Foreign Mission(s). **FMC** °Federal Maritime Commission ♦ °fixed-mobile convergence.
FMCG fast-moving consumer goods. **FMCT** Fissile Material Cut-off Treaty 兵器用核分裂性物質生産禁止条約, カットオフ条約《1993 年に Clinton 米国大統領が提案》.
FMN /ɛ́fɛ̀mɛ́n/ *n* FLAVIN MONONUCLEOTIDE.
FMV °full-motion video. **fn.** footnote. **FNAL** Fermi National Accelerator Laboratory (⇨ FERMILAB). **FNMA** /, fǽniméɪ/〔米〕°Federal National Mortgage Association.
f-number /ɛ́f-⌒-/ *n*〔光・写〕F 数, F ナンバー《レンズの明るさの表示で, 焦点距離を口径で割ったもの》: *f*/8 [*f* 8, *f*: 8] F ナンバー 8. [*f* は focal length の記号]
Fo /fóʊ/ フォー **Da·rio** /dǽriòʊ/ ～ (1926–)《イタリアの劇作家・俳優; ノーベル文学賞 (1997)》.
F.O. /ɛ̀fóʊ/ *《俗》*n* あほう, まぬけ, どうしようもないやつ; 自慰をするやつ, マス男さん. [*fuck-off*]
fo. folio.
FO °Faeroe Islands ♦〔軍〕Field Officer ♦ Field Order ♦ finance officer ♦ °Flag Officer ♦ °Flight Officer ♦〔英〕°Flying Officer ♦〔英〕°Foreign Office (⇨ FCO) ♦ Forward Observer.
FOAF /fóʊf/ *n* friend of a friend 友だちの友だちが体験したというううわさ[都市伝説] (urban legend).
foal /fóʊl/ *n*《特に 1 歳未満の》馬[ロバ, ラバ]の子, 当歳馬, 子馬. ● **be in** [**with**] **～**〈雌馬が〉はらんでいる. ► *vt, vi* (子馬を)産む. [OE *fola*; cf. FILLY, G *Fohlen*]
foam /fóʊm/ *n* **1** 泡, 泡沫, あぶく (froth);《馬などの》泡立つ汗;《てんかん患者・狂犬病患者の吹き出す》泡(つばき); 消火器の泡, 消火泡: in a ～ 一団の泡となって;〈馬など〉汗だくで. **2** [the]《詩》泡立つ海: sail *the* ～ 海を航行する. **3** 気泡ゴム (foam rubber); 発泡プラスチック (expanded plastic). **4** *《俗》ビール (beer). ► *vi* **1**〈液体・コップなど〉泡立つ〈*up*〉; 泡立てて注ぐ[流れる]〈*along, down, over*, etc.〉; 泡立ちあふれる〈*over*〉; 泡となって消える〈*off, away*〉. **2** 泡を吹く, ひどくおこる〈*with* anger〉;〈馬が〉泡汗を流す. ► *vt* 泡立たせる; 泡でおおう, 泡だらけにする; 〈プラスチック・ゴム〉に気泡を生じさせる; 発泡材で断熱する. ● **～ at the mouth** 〈狂犬病患者・てんかん患者が〉泡を吹く; 《口》激怒する. ♦ **～·less** *a* 泡のない, 泡の立たない. **～·er** *n* **～·able** *a* ［OE *fām*; cf. G *Feim*］

fóam·bàck *n* 布地に裏貼りした発泡プラスチックシート.

fóam cèll 〘医〙泡沫細胞《脂質で満たされた多数の空胞のある細網内皮系細胞; 脂質代謝に障害があるときにみられる》.

fóamed plástic /fóumd-/ EXPANDED PLASTIC.

fóam extínguisher 泡(あわ)消火器.

fóam·flòwer *n* 〘植〙ズダヤクシュ属の多年草《北米東部原産で春に白い花をつける; ユキノシタ科》.

fóam glàss 泡(あわ)ガラス, 発泡[多泡]ガラス《浮体・断熱材・絶縁材》.

fóam rúbber 気泡ゴム, フォームラバー.

fóamy *a* 泡の(ような), 泡沫の; 泡立つ, 泡だらけの. ♦ **fóam·i·ly** *adv* 泡を立てて. **-i·ness** *n*

fob[1] /fáb/ *n* 時計隠し, フォブ (＝**～ pòcket**)《ズボン上部・チョッキの時計入れの切りポケット》; FOB CHAIN; *fob chain の先に付ける飾り《印章・キー・印鑑など》; FOB WATCH. ► *vt* (**-bb-**) 〈時計などを〉フォブに入れる. ［C17＜? G (dial) *fuppe* pocket］

fob[2] *vt* (**-bb-**) 《古》欺く, だます. ● **～ off** 無視する; 〈人を〉ごまかす, うまく避ける 〈*with* empty promises〉. **～** sth **off on [onto]** sb＝**～** sb **off with** sth 人に〈不良品など〉をつかませる. ［C16＜?; cf. *fop* (obs) to dupe, G *foppen* to banter］

F.O.B. /éfòubí:/ *a**《俗》船から降りたばかりの (fresh off the boat), 《新米の移民のように》だまされやすい, すぐ信用する, 新入りの, 事情[流行]に疎い.

FOB, f.o.b. 〘商〙°free on board.

fób chàin 時計の小鎖[ひも, リボン]《ズボンの時計隠し (fob) からたらす》.

FOBS /fábz/ FRACTIONAL ORBITAL BOMBARDMENT SYSTEM.

fób wàtch 懐中時計, フォブウォッチ.

FoC °father of the chapel. **FOC** 〘商〙FREE of charge.

fo·cac·cia /foukáːʧ(i)ə/ *n* フォカッチャ《ハーブとオリーブ油で味付けした薄いイタリアパン》. ［It＜L *focus* hearth］

fo·cal /fóuk(ə)l/ *a* 焦点 (focus) の, 焦点にある; 重要な; 〘医〙病巣の, 巣状の; 〘医〙限局性の. ♦ **～·ly** *adv* 焦点に(集まって). ［L; ⇨ FOCUS］

fócal dìstance FOCAL LENGTH.

fócal infèction 〘医〙病巣感染, 焦点感染.

fócal·ìze *vt* 〈光線などを〉焦点に集める; 〈レンズなど〉の焦点を合わせる; 〈注意などを〉集中させる; 〘医〙〈感染などを〉局部的に食い止める; 一点[一か所]に集める. ► *vi* 〈光など〉焦点に集まる; 〈レンズなど〉焦点が合う; 〈感染が〉局部化する. ♦ **fòcal·izátion** *n*

fócal lèngth 〘光・写〙焦点距離《記号 f》.

fócal plàne 〘光・写〙焦平面《焦点を通る主軸に垂直》.

fócal-plàne shùtter 〘写〙焦点面[フォーカルプレーン]シャッター.

fócal pòint 〘光・写〙焦点; 活動[関心]の中心.

fócal ràtio 〘光・写〙F-NUMBER.

Foch /fɔ́(:)ʃ, fáʃ/ フォッシュ **Ferdinand ～** (1851–1929)《フランス陸軍の軍人; 連合軍総司令官 (1918)・元帥》.

foci *n* FOCUS の複数形.

fo·co /fóukou/ *n* (*pl* **～s**) ゲリラ活動の小さな拠点. ［Sp＝focus］

fo·com·e·ter /foukámətər/ *n* 〘光〙焦点距離測定器, フォコメーター. ［*focus*, *-o-*, *-meter*］

fo'c'sle, fo'c's'le /fóuks(ə)l/ *n* FORECASTLE.

fo·cus /fóukəs/ *n* (*pl* **fo·ci** /-sài/, **～·es**) **1** 〘理・数〙焦点; 焦点距離; 《眼・カメラ・眼鏡などの》焦点調節[整合]; 焦点の合う範囲. **2** 《興味などの》中心, 焦点; 重点, 主眼; 《あらし・噴火・暴動などの》中心; 〘地震〙震源; 細胞増殖巣; 〘医〙病巣; 〘言〙焦点《新情報を担う文構成要素》. **3** 《関心などを》集中させること 〈*on*〉, 目的意識. ● **bring …into ～** …に焦点を合わせる; …を重点的に[中心的話題として]取り上げる. **come into ～** 〈顕微鏡・標本などが〉《焦点が合って》はっきり見える(ようになる); 〈問題が明確になる. **in [out of] ～** 焦点[ピント]が合って[ずれて]; はっきり[ぼんやり]して: go *out of* ～ 〈顕微鏡などが〉焦点が合わなくなる. **lose ～** 〈目が〉焦点が合わなくなる; 目標[動機づけ]を失う. ► *vt*, *vi* (**～(s)ed; ～(s)ing**) 焦点に集める[集まる], …の焦点を合わせる (focalize) 〈*on*〉; 集中[集束]させる[する] 〈*on*, *upon*〉; 〘言〙…に焦点を置く. ♦ **～·less** *a* **～·able** *a* **～·er** *n* ［L＝hearth］

fó·cused, fó·cussed *a* 焦点の合った; 目標が明確な, 集中した; 〈音・映像が〉鮮明な.

fócus gròup フォーカスグループ《新製品, 政治問題などに対する一般の反応を予測するために司会者のもとに集団で討議してもらう小人数からなる消費者などのグループ》.

fócusing clòth 〘写〙黒かぶり《撮影者がかぶる黒い布》.

fócusing còil 〘電〙集束コイル.

fócus pùller 〘映〙《カメラのピントを合わせたり, フィルムマガジンを取り替えたりする》カメラマン助手.

fod·der /fádər/ *n* **1** 家畜の飼料, かいば; [*joc*] 食物: ～ beet 飼料ビート. **2** 使い捨てにされる人びと, '消耗品'; 素材, 《話の》題材; 《俗》弾薬 (ammunition): cannon ～ 雑兵 / tabloid ～ ゴシップ紙のネタ. ► *vt* 〈家畜〉にかいばを与える. ［OE *fōdor*; cf. FOOD, G *Futter*］

fodg·el /fáʤəl/ *a* 《スコ》肥えた, 太った, ずんぐりした.

foe /fóu/ 《詩・文》*n* 仇, 敵; 敵対者, 反対者; 障害, そこなうもの. ［OE *fāh* hostile; cf. FEUD, OHG *gifēh* hostile］

FoE 〘英〙°Friends of the Earth.

FOE Fraternal Order of Eagles.

foehn, föhn /fé:n, féɪn; G fǿ:n/ *n* 〘気〙フェーン《山から吹き降ろす乾熱風; 元来は Alps 北斜面の局地風》. ［G *Föhn*］

fóe·man /-mən/ *n* (*pl* **-men** /-mən/) 《古・詩》敵, 敵兵: a ～ worthy of one's steel 好敵手.

foetal, foetation ⇨ FETAL, FETATION.

foeti-, foeto- ⇨ FETI-.

foetid, foetus, etc. ⇨ FETID, FETUS, etc.

FOF friend of a friend (⇨ FOAF).

fo·far·raw /fú:fərɔ̀:/ *n**《口》FOOFARAW.

fog[1] /fɔ́(:)g, fág/ *n* (濃い)霧 (⇨ MIST); 濃霧の期間; 濛気《霧・煙・ほこり・しぶきなどが一面にたちこめていること》; 混迷, 当惑; 不明瞭にするもの; 〘写〙《フィルム・印画紙などの》曇り, かぶり; 〘理・化〙霧《気体中に拡散した液体粒子の混合物》; *《俗》湯気: ～ alarm 濃霧警報 / the ～ of war 戦雲 / with a ～ of jargon 意味不明の専門用語を弄して. ● **(all) in a ～** 頭が混乱して, 途方に暮れて, 五里霧中で. ► *v* (**-gg-**) *vt*, *vi* **1 a** 霧[もや]でおおう; 霧が立ちこめる; 《殺虫剤などを》(…に)噴霧する. **b** ぼやけさせる, 曇らす[曇る] 〈*over*, *up*〉; 〘写〙〈印画などにかぶりを生じさせる[かぶる]; *《方》タバコを吸う. **c** °《線路》に濃霧信号を出す. **d** 〘園〙湿気で枯れる 〈*off*〉. **2** 〈人を〉途方に暮れさせる, わけがわからなくさせる; 〈物事を〉あやふやにする, わかりにくくする: ～ the issue 問題をぼかす. **3** 《野球俗》〈剛速球を〉投げる; *《俗》(撃ち)殺す, 銃撃する; *《西部俗》走る, 急ぐ, スピードを出す (＝**～ it**). ● **～ it in** 《野球俗》速球を投げる. ♦ **fógged** *a* FOGGY. **～·less** *a* 霧のない; はっきり見える (clear). ［C16 (? 逆成)＜*foggy* covered with coarse grass］

fog[2] *n* 《刈ったあとの》二番草; 《冬の》立枯れ草, 枯野の草; 《スコ・北イング》苔 (moss): leave under ～ 草を立枯れのままにしておく. ► *vt* (**-gg-**) 〈地面を〉立枯れ草でおおっておく; 〈家畜〉に二番草[立枯れ草]を食べさせる. ［ME＜? Scand; cf. Norw *fogg* rank grass］

fóg·bànk *n* 霧堤《遠くの海上に層雲状にかかる濃霧》.

fóg bèll 霧鐘, フォッグベル《濃霧警戒に船で鳴らす》.

fóg bèlt 雲霧帯《霧のよくかかる地帯》.

fóg·bòund *a* 〈海岸など〉濃霧に閉ざされた; 〈船・飛行機が〉濃霧で立ち往生した.

fóg·bòw /-bòu/ *n* 霧虹(きりにじ) (＝*fogdog*, *fogeater*, *seadog*)《霧中に現われるかすかな白または黄色の虹; cf. WHITE RAINBOW》.

fóg·bròom *n* 霧ぼうき《霧を消散させる装置》.

fóg·dòg *n* FOGBOW.

fóg·èat·er *n* FOGBOW; 霧の中から現われる満月.

Fo·gel /fóug(ə)l/ フォーゲル **Robert William ～** (1926–)《米国の経済学者; 計量的手法によって経済史を研究, ノーベル経済学賞 (1993)》.

fogey ⇨ FOGY.

Fogg /fág/ フォッグ **Phileas ～** 《Jules Verne の冒険小説 *Le Tour du monde en quatre-vingt jours* の主人公》.

fog·gage /fɔ́(:)gɪʤ, fág-/ *n* 《スコ》FOG[2].

fóg·ger *n* 《特に殺虫剤の》噴霧器.

Fog·gia /fɔ́:ʤə, -ʤa:/ フォッジア《イタリア南東部 Apulia 州の市》.

fóg·gy *a* 霧[もや]の立ちこめた; もうもうとした; もうろうたる, ぼんやりとした; 〘写〙曇った, かぶっている; 頭が混乱した 〈*with*〉. ● **not have the foggiest (idea [notion])** 《口》皆目わからない. ♦ **fóg·gi·ly** *adv* 霧深く; もうもうと; 途方に暮れて. **-gi·ness** *n* ［C16＝covered with coarse grass, boggy, flabby (of flesh) (*fog*[2]＋*-y*[4]); fog[1] の影響あり］

Fóggy Bóttom フォギーボトム《**1**) Washington, D.C. の Potomac 川沿いの低地; 米国国務省その他の連邦ビルの所在地 **2**) 米国国務省の俗称》.

fóg·hòrn *n* 〘海〙霧中(号)角, 霧笛, フォッグホーン; どら声. ● **a voice like a ～** どら声.

fo·gle /fóug(ə)l/ *n* 《俗》(絹の)ハンカチ[ネッカチーフ].

fógle hùnter [hèister] 《俗》スリ (pickpocket).

fóg lèvel 〘写〙かぶり濃度《現像されたフィルムの未露光部分の濃度》.

fóg lìght [làmp] 〘車〙霧灯, フォッグライト[ランプ]《通例 黄色光》.

fog·mat·ic /fɔ(:)gmǽtɪk, fag-/ *《俗》*n* (一杯の)酒. ► *a* 酔っぱらって.

fo·go /fóugou/ *n* (*pl* **～s**) 《方・口》悪臭 (stench).

fo·gou /fóugou, ᴴ-gu:/ *n* 〘考古〙《イングランド Cornwall 地方に見られる》地下通路, 地下室[住居]. ［Corn］

fo·gram /fóugrəm/ *n* FOGY. ► *a* 時代遅れの.

fóg sìgnal 〘鉄道〙濃霧信号《レールの上に置く爆鳴装置》; 〘海〙霧中信号, 霧(む)信号.

fo·gy, -gey /fóugi/ *n* [ᵘold ～] 時代遅れの人, 頭の古い頑固者; *《軍俗》長期服務手当. ♦ **～·dom** *n* 時代遅れ; 頭の古さ; 時代遅

れの連中. **～·ish** *a* **～·ism** *n* 時代遅れ. ［C18＜?; cf. FOGRAM］

foh /fɔ́ː/ *int* FAUGH.

föhn ⇨ FOEHN.

FOI °freedom of information.

FOIA °Freedom of Information Act.

foi·ble /fɔ́ɪb(ə)l/ *n* **1**《性格上の》弱点, 欠点, 短所;《妙な》くせ, 性癖. **2**〖刀剣〗フォブル《中央から切っ先までの刀身のしなった部分; opp. *forte*》. ［F; ⇨ FEEBLE］

foie gras /fwáː gráː/〖料理〗フォアグラ《太らせたガチョウ・アヒルなどの肝臓; そのペースト pâté de foie gras》. ［F＝fat liver］

foil[1] /fɔ́ɪl/ *vt, vi* 〈計略などを〉未然に阻止する, 頓挫させる, …の裏をかく; 撃退する;〖狩〗〈獣が〉〈走路を〉縦横に駆けまわって遺臭を乱す, 走りまわって〈臭跡を〉くらます;《廃》踏みつける (trample): be ～*ed in*…でしくじる. ► *n*〖狩〗追われて逃げた猟獣の足跡[臭跡];〖狩〗臭跡をくらますにおい;《古》撃退, 阻止: run (upon) the ～〈獣が〉臭跡をくらます. ♦ **～·able** *a* ［? OF *fouler* to FULL[2], to trample］

foil[2] *n* **1** 金属の薄片[薄葉], 箔, ホイル;《色や輝きを増すために宝石の下に敷く》磨いた薄い金属片; 鏡の裏の箔《水銀のアマルガム》: gold [tin] ～ 金[すず]箔. **2** 対照をなすもの, 好対照, 引立役 〈*for, to*〉. **3 a**〖建〗弁, フォイル《trefoil などのゴシック様式の花弁形の切れ込み模様》; [[u]*compd*] その一片 (⇨ TREFOIL, SEXFOIL). **b** AIRFOIL; HYDROFOIL. **4***《俗》麻薬の小さな包み. ► *vt* …に箔を敷く, …に箔で裏打ちをする;〖建〗…に弁飾りを施す;《まれ》対照によって…を誇張する[引き立てる]. ［OF＜L *folia* (pl)〈*folium* leaf］

foil[3] *n*〖フェン〗フルーレ (fleuret)《切っ先にたんぽを付けたフェンシング用の剣の一つ》; [*pl*] フルーレを用いたフェンシングの術[技], フルーレ競技. ♦ **～·ist** *n* FOILSMAN. ［C16＜?］

foiled /fɔ́ɪld/ *a* 〈窓・アーチなど〉弁飾りを施した.

fóil·ing[1] *n*〖建〗弁飾り. ［FOIL[2]］

foiling[2] *n*〖狩〗《鹿などの》臭跡. ［FOIL[1]］

fóils·man /-mən/ *n* フルーレ (foil) でフェンシングする人.

foin /fɔ́ɪn/《古》*n*《剣先・槍先などでの》突き入れ, 突き. ► *vi* 突きを入れる.

Fo·ism /fóuìz(ə)m/ *n* (中国の)仏教. ♦ **Fó·ist** *n*

foi·son /fɔ́ɪz(ə)n/ *n*《古・詩》豊富, 豊作;《スコ》滋養, 栄養;《スコ》体力, 精力; [*pl*]《廃》源 (resources). ［OF＜L *fus- fundo* to pour］

foist /fɔ́ɪst/ *vt* 〈不正な書入れなどを〉そっと挿入する 〈*into*〉; 〈にせものなどを〉押しつける, つかませる 〈*on*〉; 〈作品・文書などを〉偽って[誤って]…の作だとする 〈*on*〉: ～ sth (*off*) *on* sb 人にうまく物を押しつける / ～ a book *on* sb 著作物を人の作だと偽る. ［C16＝to palm false die＜Du *vuisten* (dial) to take in the hand (*vuist* fist)］

Foix /F fwa/ フォア《**1**) フランス南部 Ariège 県の県都 **2**) フランス南部 Pyrenees 山脈北麓の地方・旧州》.

f.o.k.〖証券〗°fill or kill.

Fo·kine /fɔ́ːkìːn, ━╴/ フォーキン **Michel** ～ (1880–1942)《ロシア生まれの米国の舞踊家・振付家》.

Fok·ker /fákər, *fɔ́ːk-/ **1** フォッカー **Anthony Herman Gerard** ～ (1890–1939)《オランダ生まれの米国の航空技術者》. **2** フォッカー機《A.H.G. Fokker が製作した航空機; 特に 第一次大戦中のドイツ軍の戦闘機》.

fol. folio ♦ followed ♦ following.

fol·a·cin /fóuləsən/ *n* フォラシン (FOLIC ACID).

fo·late /fóulèɪt/〖生化〗*n* 葉酸 (folic acid); 葉酸塩[エステル].

fold[1] /fóuld/ *vt* **1 a** 折り重ねる, 折りたたむ 〈*over*〉; 〈端などを〉折り曲げる 〈*down*〉. **b** 〈両手・両腕・両脚などを〉組む; 〈鳥・昆虫などが翼・羽を〉収める, たたむ, とじる: with one's arms ～*ed*＝with ～*ed* arms 腕組みして / ～ one's hands 両手を組み合わせる. **c** 〈地層を〉褶曲(しゅうきょく)させる. **2** (両腕に)かかえる, 抱き寄せる 〈*in*〉. **3** 包む, くるむ, まとう; おおう 〈*in*〉; からませる, 巻きつける 〈*round, about*〉. **4** 〈事業などを〉たたむ, 閉鎖する, 打ち切る, 終える 〈*up*〉;〖トランプ〗〈カードを〉伏せてゲームを降りる. **5** 〈卵白などを〉切る[たたみ込む]ように混ぜる 〈*in, into*〉;《全体の一部として》織り込む 〈*in, into*〉. ► *vi* **1** 折り重なる; 折りたためる;《地層に》褶曲を生じる;〖生化〗〈ポリペプチド鎖・ポリヌクレオチド鎖が〉固有の三次元構造を形成する. **2**〖トランプ〗カードを伏せてゲームを投げ出す; 〈事業・興行など〉失敗する, つぶれる, 終わりになる;《口》元気[力]がなくなる, ぐたっとなる, 弱る, へたる; *《俗》酔いつぶれる. ● **～ away** 折りたたむ, たたんでしまう[片付ける]. **～ back** 折り返す, めくる; 折り返される, 折り返されている. **～ out** 〈折りたたんだものが〉伸ばせる, ひらける. **～, spindle, or mutilate** 〈パンチカードなどを〉(折ったり, 刺したり, 切ったりして)使用不能にする. **～ up** きちんとたたみ[包み]込む, たたんで小さくする;《口》《おかしくてまたは苦しくて》腹をかかえる, くずおれる; 気絶する; 〈事業など〉つぶれる, 破産する, 〈劇など〉失敗する, 打切りになる, たたむ. ► *n* 折りたたみ; 折り目; [[u]*pl*] 折りたたんだ部分, ひだ, 重なり (layer);《体の》たるみ, しわ; [u]《起伏する土地の》くぼみ, 隆起, [*pl*] 重畳たる起伏;〖地質〗《地層の》褶曲,〖解〗ひだ, 皺襞(しゅうへき) (plica);《とぐろの》一巻き (coil); 折りたたんだ[折りたためる]もの《一片の紙・折り戸など》;〖製本〗折り《1 枚の紙を折りたたんでできるひとまとまりのページ》. ♦ **～·able** *a* ［OE *f(e)aldan*; cf. G *falten*］

fold[2] *n*《特に 羊の》おり, 囲い; [the]（おりの中の）羊の群れ; [the] 信者の集まり,《教会の》会衆 (cf. FLOCK[1]); [*fig*] キリスト教会; [the]《一般に》価値観[目的]を同じくする人びと, 仲間. ● **leave [stray from] the ～** 仲間のもとを去る, たもとを分かつ. **receive [welcome, take, bring]** sb **back to [into] the ～**＝**have** sb **back in the ～** 人を再び仲間[会員]として迎え入れる. **return [come back] to the ～** 古巣に帰る, もとの信仰[政党 など]に戻る. ► *vt* 〈羊を〉囲う, おりに入れる; 羊をおりに飼って〈その土地を〉肥やす. ［OE *fald*〈*falod*; cf. MLG *valt* enclosure］

-fold /fóuld/ *suf*「…倍の[に]」「…重の[に]」「…の部分からなる」の意の形容詞・副詞をつくる: two*fold*; mani*fold*. ［OE *-f(e)ald* folded in so many layers］

fóld·awày *a, n* たたんでしまい込める(戸[ベッドなど]).

fóld·bàck *n*〖音響〗フォールドバック (＝*cueing*)《演奏者・歌手に即座に演奏音(など)をヘッドフォンなどを通して送り返して聴かせること》.

fóld·bòat *n* ファルトカヌー, ファルトボート (＝*faltboat*)《ゴム引きの帆布を張った折りたたみ式のカヌー》.

fóld·bòat·ing *n* ファルトカヌーで急流を下るスポーツ. ♦ **-bòat·er** *n*

fóld-dòwn *a* 折りたたみ式の.

fóld·ed *a* *《俗》酔っぱらった (bent).

fólded dípole〖通信〗折り返しダイポール(空中線).

fólded móuntains *pl* FOLD MOUNTAINS.

fóld·er *n* 折りたたむ人[器具],《紙の》折り機,《印刷機の》折り装置, フォルダー; 紙ばさみ, ホルダー;〖電算〗《ファイルを収める》フォルダー; [*pl*] 折りたたみ眼鏡;《一枚の紙を折った》配布用印刷物, 折り広告; 折りたたみ式地図[時刻表].

fol·de·rol /fáldəràl/ *n* 無用の飾り[付け足し], くだらないもの; ナンセンス. ［*fol-de-rol*《古い歌の中の》無意味なことばの繰返し］

fóld·ing[1] *n, a* 折りたたみ(の), たたみ込み(の);《紙の》折り;〖地質〗褶曲(作用); *《俗》金: a ～ bed [chair, stool] 折りたたみ式ベッド[椅子, 腰掛け] / a ～ fan 扇子 / a ～ machine《紙の》折り機 / a ～ rule(r) 折り尺 / a ～ screen びょうぶ.

folding[2] *n* 輪換放牧《耕地で囲いに入れて羊を飼い, 定期的にそれを移動させる放牧法》.

fólding dóor [°*pl*] 折り(たたみ)戸, アコーディオンドア.

fólding gréen [léttuce, cábbage]《俗》FOLDING MONEY.

fólding móney《口》紙幣, お札(さつ), 札束.

fólding prèss〖レス〗フォールディングプレス《相手の体を脚が頭のところにくるまで折り曲げてするフォール》.

fólding stùff《俗》現金, 現ナマ, 紙幣, 札(束).

fóld mòuntains *pl*〖地質〗褶曲山地.

fóld·òut *n*《本の中の》折り込みページ[紙葉]. ► *a*《たたんだものを》広げる方式の, 展開式の.

fóld-ùp *n* つぶれる[終わりになる]こと; 折りたたみ式のもの《椅子・ベッドなど》. ► *a* たたみ込める.

fo·ley /fóuli/ *n, a, vi* [[s]F-]〖映〗《撮影済みフィルムに》効果音を付け加える(こと[技術者]). ［Jack *Foley* (1891–1967) この技術の開発者］

Fo·ley フォーリー **John Henry** ～ (1818–74)《アイルランドの彫刻家》.

Fóley Squáre *《俗》連邦捜査局, FBI. ［FBI の主要な東部支部が New York 市 Manhattan の *Foley Square* にあることから］

folia *n* FOLIUM の複数形.

fo·li·a·ceous /fòuliéɪʃəs/ *a* 葉状の, 葉質の; 薄層[薄片]よりなる, 葉片状の;〖動〗葉状生長の. ♦ **～·ness** *n* ［L＝leafy; ⇨ FOIL[2]］

fo·li·age /fóuliɪdʒ/ *n*《一本以上の草木の》葉(全部), 群葉, 葉群, 茎葉;《装飾用の》葉のついた小枝の束;《図案などの》葉[花, 枝]飾り: spring ～ 春の木の葉. ［F (*feuille* leaf〈FOIL[2])］

fó·li·aged *a* 葉でおおわれた; 葉飾りのある, 唐草模様の; [*compd*] …の葉をつけた.

fóliage lèaf〖植〗普通葉, 尋常葉, 本葉 (cf. FLORAL LEAF).

fóliage plànt〖園〗観葉植物.

fo·li·ar /fóuliər/ *a* 葉の; 葉質の, 葉状の.

fóliar féeding〖園〗《スプレーによる栄養分の》葉面[経葉]補給. ♦ **fóliar féed** 葉面補給物.

fo·li·ate /fóuliət, -èɪt/ *a*〖植〗葉のある; [*compd*] …の葉のある; 葉状の, 葉片状の, FOLIATED;〖建〗葉形飾りのある: 5-～ 五葉の. ► *n* 葉状岩. ► *v* /-èɪt/ *vi* 〈植物が〉葉を出す; 薄葉に分裂する. ► *vt* 葉状にする;〖建〗葉形飾りで飾る; 薄葉[箔]にする; 〈鏡用のガラス〉に箔を敷く;〖印〗〈本〉に丁(ちょう)付けする. ［L; ⇨ FOIL[2]］

fó·li·àt·ed *a* 葉状の; 葉[葉状物]のついた; 葉飾りを施した;〖地質〗薄層からなる, 葉片状の.

fóliated jóint〖木工〗《2 枚の板が同一面になるように継いだ》相欠き継ぎ.

fo·li·a·tion /fòuliéɪʃ(ə)n/ *n* **1** 葉を出すこと, 発葉, 展葉; 葉 (foliage). **2**〖植〗芽型(がけい); 葉飾り;〖建〗葉形飾り. **3** 薄葉化, 箔化; 箔を敷くこと,《鏡にするために》金属箔[反射用金属]をガラスに貼ること;〖地質〗葉状[縞(しま)状]構造, 片理,《岩石の》劈開(へきかい)《薄い板片に割れること》;〖印〗《書籍などの》丁付け, 丁数.

fo·li·a·ture /fóuliətʃər/ *n*《まれ》FOLIAGE.

fó·lic ácid /fóulɪk-/〘生化〙葉酸 (=*folacin, pteroylglutamic acid, vitamin B_c*) (vitamin M*)《ビタミン B 複合体の一つで, 緑黄色野菜·レバーなどに含まれ, 不足すると貧血を起こす》.

fo·lie /*F* fɔli/ *n* 妄想, 狂気. [F=folly]

fo·lie à deux /fáli ɑ: dɜ́:r; *F* fɔli a dø/〘精神医〙二人精神病《感応によって生じる精神病》.

fo·lie de gran·deur /*F* fɔli də grɑ̃dœ:r/ 誇大妄想 (megalomania).

Fo·lies-Ber·gère /*F* fɔlibɛrʒɛ:r/ [the] フォリー-ベルジェール《Paris の Montmartre にあるミュージックホール; 1869 年開業》.

fo·lif·er·ous /foulíf(ə)rəs/ *a*〘植〙葉を生じる.

fo·li·ic·o·lous /fòuliíkələs/ *a* 葉に生える, 葉に寄生する, 葉上生の.

fo·lín·ic ácid /foulínɪk-/〘生化〙ホリニン酸 (=*citrovorum factor*)《葉酸の誘導体; 貧血症の治療に用いられる》. [*folinic*<*foli*c, *-in*², *-ic*]

fo·lio /fóuliòu/ *n* (*pl* **-li·òs**) **1**《全紙の》一度[二つ]折り《4 ページ分》; 二折判(ふたつおり)(の本[紙, ページ])《本の最大のもの; 略 f., F., fol.》. ★ 紙の取り方によって次のようになる: folio (二折判), quarto (四折判), sixmo *or* sexto (六折判), octavo (八折判), twelvemo *or* duodecimo (十二折判), sixteenmo *or* sextodecimo (十六折判), eighteenmo *or* octodecimo (十八折判), etc. (cf. -MO). **2**《稿本·印刷本の》一葉; 《書籍の》丁数; 《刊本の》ノンブル, ページ番号; 〘簿〙《帳簿の》1 ページ, 《貸方·借方記入の左右相対する》両ページの一方《両方に同じページ数が付けてある》; 照合[丁合]番号《仕訳帳から元帳への転記を照合するためのもの》. **3** フォリオ《綴じていない紙などを保管するためのケース·紙ばさみ》. **4**〘法〙《文書の長さの》単位語数《英国では 72 または 90 語, 米国では通例 100 語》. ● **in ~** 全紙二つ折りの〈本〉. ► *a* 二つ折りの, 二折判の. ► *vt*〈稿本·書籍〉の枚数を数える; 〘印〙…にノンブルを付ける, 丁付けする; 〘法〙〈書類など〉に単位語数ごとにしるしをつける. [L (abl)<*folium* leaf]

fo·li·o·late /fóuliəlèɪt/ *a* [ᵘ*comb form*]〘植〙小葉 (leaflets) の, 小葉をもつ[からなる]: tri*foliolate*. [L]

fo·li·ole /fóuliòul/ *n*〘植〙小葉 (leaflet).

fo·li·ose /fóuliòus/ *a*〘植〙葉の茂った[多い] (leafy); 葉状の (cf. CRUSTOSE, FRUTICOSE): ~ lichens 葉状地衣.

-fo·li·ous /fóuliəs/ *a comb form*〘植〙「…葉の」: uni*folious*. [L (↓)]

fo·li·um /fóuliəm/ *n* (*pl* **-lia** /-liə/) 薄層 (lamella); 〘数〙葉線(ようせん). [L=leaf]

fo·li·vore /fóuləvɔ̀:r/ *n*〘動〙葉食動物, 葉食獣.

fo·liv·o·rous /foulív(ə)rəs/ *a*〘動〙葉食性の. ♦ **fo·lív·o·ry** *n* 葉食(性).

folk /fóuk/ *n* (*pl* ~, ~**s**) **1 a** [ᵒ~s; 〈*pl*〉] 人びと《今は people のほうが普通》; 《ある世代·地域·階層の》人びと: Some ~ say so. そう言う人もある / *F*~*(s)* differ in their tastes. 好みは人によって違う / OLD FOLK(s) / There's nowt so queer [funny] as ~. 《諺》まことに人はおかしなもの, 人間ほど測り知れないものはない《Yorkshire 地方の俚諺》/ City ~ are used to noise. 町の人は騒音に慣れている. **b** [~s, *voc*] 皆さん: Hello [Good night] ~*s!* 皆さんこんにちは[お休みなさい]! **2** [ᵘone's [the] ~s, 〈*pl*〉] 《口》家族, 親族, 一族; 両親: my ~*s* / How are your young ~*s?* / the old ~*s* at home うちの老人たち《両親·祖父母など》. **3** [the, 〈*pl*〉]《慣習などを引き継ぐ》民衆, 常民, 庶民; 《やや古》国民, 民族: *the* Russian ~. **4** 《口》民俗音楽, フォーク (folk music). ● **just (plain) ~s** 《口》気取らない[地味な]人たち, 普通の人びと. ► *a* 民衆の, 庶民の, 国民(大衆)の, 民衆的な; 民間(伝承)の, 民俗の; 民謡(調)の, 民俗音楽の, フォークの: a ~ belief 民間信仰 / ~ character [literature] 民族性[文学] / ~ custom 民俗. ♦ **~·like** *a* [OE *folc*; cf. G *Volk*]

fólk àrt 民衆芸術, 民芸.

fólk dànce 民俗[郷土]舞踊, フォークダンス(の曲) (cf. COURT DANCE). ♦ **fólk-dànce** *vi*

fólk dàncing 民族舞踊[フォークダンス]を踊ること. ♦ **fólk dàncer** *n*

Folke·stone /fóukstən/ フォークストン《イングランド南東部 Kent 州の Dover 海峡に臨む海港·保養地》.

Fol·ke·ting, -thing /fóulkətɪŋ/ *n* [the]《デンマークの》一院制国会; 《同国のかつて二院制時代の》下院 (cf. RIGSDAG). [Dan=folk parliament]

fólk etymólogy 民間語源(説) (=*popular etymology*)《(Welsh) rabbit を rarebit, asparagus を sparrowgrass のなまりとする類》.

fólk guitàr〘楽〙フォークギター.

fólk hèro フォークヒーロー, 民間英雄《その業績や生き方のゆえに一般大衆がとりわけ敬愛する人物; Davy Crockett など》.

fólk·ie 《口》*n* FOLKSINGER, フォークミュージシャン; フォークミュージックファン. ► *a* フォークミュージックの.

fólk·ish *a* 民衆的な, 庶民的な; 民俗音楽の, 民謡調の, フォークミュージック[歌手]の. ♦ **~·ness** *n*

fólk·lànd *n*〘英史〙《早期アングロサクソン時代のイングランドの》慣習保有地, フォークランド《慣習法により保有するもので, 公的諸負担を負う; opp. *bookland*》.

fólk·lìfe *n* 庶民の伝統(生活), 常民生活(研究).

fólk·lòre *n* 民俗, 民間伝承; 民俗学, フォークロア; 《特定集団·地域内の》言い伝え, 俗信: baseball ~ 野球界の伝説. ♦ **-lor·ic** /-lɔ̀:rɪk/ *a* **-lor·ish** /-lɔ̀:rɪʃ/ *a* **-lor·ist** /-lɔ̀:rɪst/ *n* 民俗学者. [*folk*+*lore*; 1846 年 英国の古物研究家 William J. Thoms (1803–85) が初めて使用した]

folk·lor·ism /fóuklɔ̀:rìz(ə)m/ *n* フォークロア研究.

folk·lor·is·tics /fòuklɔ:rístɪks/ *n* フォークロア研究, 民俗学. ♦ **fòlk·lòr·ís·tic** *a*

fólk màss フォークミサ《伝統的な礼拝用音楽の代わりにフォークミュージックを用いて行なうミサ》.

fólk mèdicine 《薬草などを使っての》民間療法.

fólk mémory 《成員が共有する》民衆の記憶.

fólk·moot /-mù:t/, **-mote** /-mòut/, **-mot** /-mòut/ *n*〘英史〙《アングロサクソン時代における州や都市の》民会.

fólk mùsic 《特定の国·地域に伝統的に伝わる》民俗音楽; 《現代の, 特に 生楽器と歌を中心とした》フォーク(ミュージック): Bulgarian [Egyptian] ~.

fólk·nik /-nɪk/ 《俗》*n* フォークの熱狂者[ファン]; FOLKSINGER.

fólk-pòp *n, a* フォークポップ(の)《フォークのメロディーと歌詞を採り入れたポピュラー音楽》.

fólk psychólogy 民族心理学 (=*race psychology*); 一民族の心理的通性.

fólk·right *n*〘英史〙《早期アングロサクソン時代のイングランドの》慣習法上の権利.

fólk-ròck *n, a* フォークロック(の)《ロックのリズムを採り入れたフォークミュージック》. ♦ **fólk-ròck·er** *n*

fólk·sày *n* 俗語表現, 俗諺.

fólk·sìng·er *n* 民謡[俗謡]歌手; フォーク歌手. ♦ **fólk·sìng·ing** *n*

fólk sòng 民謡, 俗謡; フォークソング.

fólk·ster* *n* FOLKSINGER.

fólk stòry FOLKTALE.

folksy /fóuksi/ *a* **1** 庶民的な, 親しみやすい, 気さくな, 素朴な; 素朴さを装った. **2** 民芸風の, 民俗調の. ♦ **fólks·i·ly** *adv* **-i·ness** *n* [*folk*]

fólk·tàle *n* 民間説話, 民話, 民譚(みんたん)《民間に伝わる口碑·伝説·昔話》; 《それを模した》フォークテール.

fólk·wày *n* [ᵘ*pl*]〘社〙習俗, フォークウェイズ《同一社会集団の全員に共通な生活·思考·行動の様式》.

fólk·wèave *n* きめの粗いゆるく織られた織物.

fólky 《口》*a* FOLKSY; ありふれた, 陳腐な; FOLKIE. ► *n* FOLKIE. ♦ **fólk·i·ness** *n* [*folk*]

foll. following.

folles *n* FOLLIS の複数形.

fol·li·cle /fálɪk(ə)l/ *n*〘解〙小胞, 《特に 腺組織の》濾胞(ろほう); 毛包, 毛穴 (hair follicle); 卵胞; 《古》リンパ小節; 〘生〙GRAAFIAN FOLLICLE; 〘植〙袋果《裂開果の一種》. ♦ **fol·lic·u·lar** /fəlíkjələr/ *a* 小胞状の, 濾胞性の; 〘植〙〈果実が〉袋果状の. **fol·líc·u·lar·ly** *adv* **fol·lic·u·late** /fəlíkjələt, -lèɪt/, **-lat·ed** /-lèɪtəd/ *a* follicles をもった[からなる]. [L (dim)<*follis* bellows]

fóllicle mìte〘動〙ニキビダニ《人や犬に寄生》.

fóllicle-stìmulating hòrmone〘生化〙濾胞[卵胞]刺激ホルモン《略 FSH》.

fol·lic·u·lin /fəlíkjələn, fɑ-/ *n*〘生化〙フォリクリン《発情ホルモン, 特に estrone》.

fol·lic·u·li·tis /fəlìkjəláɪtəs/ *n*〘医〙毛包炎, 毛嚢炎, 小胞炎. [NL (*folliculus* small bag, *-itis*)]

fol·lis /fáləs/ *n* (*pl* **fol·les** /fáli:z/) フォリス《**1**) 古代ローマの計算通貨単位 **2**) 古代ローマの銀めっきを施した銅貨 **3**) 西暦 500 年ごろの東ローマ帝国の銅貨》.

fol·low /fálou/ *vt* **1 a**《順として》…の次にくる; …の結果として起こる: Summer ~*s* spring. / Success often ~*s* efforts. **b** …のあとを継ぐ[襲う]. **c** …のあとに〈…を〉続ける〈*with*〉: ~ dinner *with* a brandy ディナーのあとブランデーを飲む. **2 a** …について行く[来る], 続く (opp. *precede*); …に同行[随行]する: The dog ~*ed* me. / Please ~ me. あとについて来てください / ~ (the) HOUNDS¹. **b** (…のあとを)追う, 追跡する: *F*~ that car. あの車を追え. **c**〈道などを〉たどる, …を経て進む; 〈鉄道など〉…づたいに走る. **3 a**〈人〉の跡を継ぐ; 〈人〉に追随する, …の説[教え, 主義]を奉ずる: ~ his father *into* medicine 父親同様医者になる. **b**〈方針·計画など〉に従う; 〈忠告·命令などを〉守る; 〈先例·風習など〉にならう; まねる, 手本とする. **c**〈職業〉に従事する: ~ the law 法職にたずさわる, 弁護士をする / ~ the stage 俳優を業とする. **4 a** 目で追う, 目送する; じっと聴く, 〈話を〉追う. **b** [ᵒ*neg/inter*]〈理路を〉頭でたどる, 〈議論·説明などを〉理解する: I don't quite ~ you [what you say]. おっしゃることがよくわかりません / Do you ~ me? (言ってることが)わかりますか? **c**〈変化する世相·形勢〉について行く; 見守る, …に関心を示す; 〈特定のチームなどを〉熱心に応援する, …のファンである; 《Twitter などで》チェック[フォロー]する. **d**〈理想·名声などを〉追求する. ► *vi* **1** あとから(追って)行く, あとを追う; 後ろについて行く[来る]; あとに続く, あとに従う, 随伴する. **2** 引き続いて起こる ‹after›; 当然の結果として生じる ‹from›: If that is true, it ~s that .... もしそれが本当なら…ということになる. **3**《口》(筋道をたどって)理解する: Do you ~? (わたしの話が)わかりますか. ● **as ~s** 次のとおりである: I answered *as ~s*. 次のとおり答えた. ★ 複数形の動詞に続く時も ~s とする: His words were *as ~s*. **~ after**＝FOLLOW《多少あらたまったいい方》. **~ a** LEAD[1]. **~ around [about]** 追いまわす, …に付きまとう. **~...home** …を徹底的に追及する. **~ on** あとから(追って)行く ‹after›; ‹人の›あとに[あとを追って]死ぬ ‹after›; あとから続く, 追いつづける; きびすを接して進む; (休止後に) 続く; ‹…に›続いて起こる, ‹…の›結果として生じる ‹from›; 〖クリケット〗‹後攻のチームが› 1 回目にすぐ続けて 2 回目の攻撃をする (cf. FOLLOW-ON). **~ out** …のあとについて(外へ)出る; 最後までやり通す, 逐一実行に移す, 遂行する; 最後[結論]までたどる. **F~ that!**《口》さあ続けて, 次はきみの番だぞ, しっかりやれよ《直前の発言に匹敵する内容の発言を求めるときの言い方》. **~ through** (1) (*vi*)〖球技〗打球後クラブ[ラケット, バット]を振りきる; 攻撃を続ける, ‹計画などを›続行する ‹with›; やり遂げる, 仕上げる, 締めくくる ‹with, on›. (2) (*vt*)《最後まで》やり遂げる (cf. FOLLOW-THROUGH). **~ up** (cf. FOLLOW-UP) (1) きびしく追及する, どこまでも追う[追跡する]. (2) ‹人›の活動[治療]の結果を追跡調査する; ‹人›の仕事などを追跡調査[チェック]する. (3) (余勢を駆って)さらに徹底させる[追求する], …にさらに‹…を›付け加える, …の後に‹…を›続ける ‹with›: ~ *up* a victory 勝ちに乗じてさらに進む / ~ *up* a blow 連打を浴びせる. (4)〖サッカー〗フォローアップする. (5) ‹新聞が›後報を載せる. (6) 追跡調査をする ‹on›; 適切な対応をする ‹on›. **~(...) with...** (…の)あとに…を付ける, 付け加える, (…)のあとに…を続ける. **to ~** 次の料理として.

► *n* 追うこと, 追及; 〖玉突〗FOLLOW SHOT; 《口》(料理屋での) お代わり《普通量の半分ぐらい》.

[OE *folgian* and *fylgan*; cf. G *folgen*]

fóllow·er *n* **1** 従者, 随員, 随行者; 家来 (retainer); 党員, 部下, 手下, 子分. **2**《教義・主義などの》信奉[追随, 追従]者, 学徒, 信徒, 門人, 弟子, 支持者; 熱心なファン; 模倣者, 亜流, フォロワー ‹of›; 〖電算〗フォロワー《Twitter でほかのユーザーの tweet (投稿)を受信するよう登録している人》. **3**《古》追う人, 追っ手, 追跡者; ⁿ《古》《特に 女中を口説く》色男, 《特に 女中などの》愛人. **4**〖機〗従動部[節, 車], 従輪 (opp. *driver*)《運動を伝えられて動く機械要素》; (マガジン)フォロワー《弾倉から弾丸を送り出す送り板》. **5**《契約書などの第一葉の》追加紙葉.

fóllow·er·shìp *n*《一団の》部下, 従者, 追随者, 子分, 門弟; フォロワーシップ《リーダーに従う能力[資質]; 被指揮者の地位[任務]》.

fóllow·ing *a* **1** 次に続く, 次の, 以下の; 明くる…, 翌…: in the ~ year＝in the year ~ その翌年に. **2**〖海〗追い風の; 順流の‹潮›. ► *n* **1** 従者, 追随者, 信奉[礼賛]者, 熱心な支持者, 門弟 (followers): a leader with a large ~ 多くの部下をもった指導者. **2** [the, ‹*sg/pl*›] 次に述べること, 下記のもの: *The* ~ is his answer [are his words]. 下記は彼の答[ことば]である / *The* ~ has [have] been promoted. 下記の者は昇進した. ► *prep* /ˊ‐‐, ‐ˊ‐‐/ …に次いで, …のあとで: *F~* the lecture, the meeting was open to discussion. 講演に続いて会は自由討論に移った.

follow-my-leader ⇨ FOLLOW-THE-LEADER.

fóllow-òn *n* 続き, 続編; 〖クリケット〗《後攻チームの》1 回目にすぐ続けて行なう 2 回目の攻撃《先攻チームのリードが 200, 150, あるいは 75 点以上の場合》; 第 2 世代, 後継者: save the ~ 直ちに第 2 回戦にならずに済む. ► *a* あとに続く(はずの), 当然付随する; follow-on の.

fóllow shòt〖玉突〗押し球, フォローショット (＝*follow*)《的球にあたって前進するように手球の上部を突くこと》; 〖映・テレビ〗移動撮影《被写体の動きに合わせてカメラを移動させる》.

fóllow-the-léad·er | -my- /-maɪ- | -mə-/ *n* 大将ごっこ《大将のするとおりを他の者がまねて間違えたら罰をうける遊び》.

fóllow-thròugh /, ‐ˊ‐ ‐ˊ‐/ *n* フォロースルー《野球・テニス・ゴルフなどで, 打球後ストロークを十分に伸ばしきること[動作]》; 《計画などの》あとに続く行動, 最終仕上げ, 遂行; *《俗》結末. [FOLLOW *through*]

fóllow-ùp *a* 引き続いての, 追いかけの‹手紙など›, 追跡の: a ~ letter 追いかけ勧誘状《見込みのある買手へ出す》/ ~ visits 追いかけての訪問 / ~ survey 追跡調査 / ~ system フォローアップ法《通信販売などで何度も勧誘状を出して売り込む方法》. ► *n* 続行; 追い討ち[撃ち]; 追いかけ, 追いかけ勧誘状; 《新聞などの》後報, 追跡記事, 後日物語; 《主要記事を補足する》関連[補足]記事, 添えもの記事 (sidebar); 《本・映画の》続編 ‹to›; 〖医〗追跡調査[継続管理]; 要継続管理者[患者]; *《俗》結末.

fol·ly /fáli/ *n* **1** 愚かさ, 愚劣, 狂気. **2 a** 愚行, 愚案, 愚挙, 狂気のさた: commit a ~ ばかなことをする / youthful *follies* 若気の道楽 / to a ~ ばかかと思われるほどに. **b** ばかばかしく金がかかる[金にならない]企て; 大金をかけた無用の大建築《18 世紀の英国で流行した擬ゴシック[古典]風の廃墟など》: Allen's *F~* アレンの阿房(あぼう)宮. **c** [follies, ‹*sg*›] グラマーな女性が売り物のレビュー, フォリーズ《題名の一部として用いる》; [*pl*] フォリーズを演ずる女性たち. **3**《廃》邪悪, 猥褻なふるまい. [OF *folie* (*fol* mad, FOOL[1])]

Fol·som /fóulsəm/ *n* フォルサム《(1) California 州 Sacramento の北東にある市; 州刑務所の所在地 2) New Mexico 州北東部の村; 1926 年先史文化の遺跡が発掘された; ⇨ FOLSOM POINT》. ► *a* フォルサム文化の《北米大陸 Rocky 山脈の東側山麓の先史時代の文化》.

Fólsom màn フォルサム人.

Fólsom pòint〖考古〗フォルサムポイント《フォルサム文化を特徴づける樋状剝離面のある尖頭器》.

Fo·mal·haut /fóuməlhɔ̀:t, -məlòu(t)/〖天〗フォマルハウト《みなみのうお座の α 星; '秋の一つ星' のこと》. [Arab＝mouth of the fish]

FOMC °Federal Open Market Committee.

fo·ment /fouménT, *‐ˊ‐/ *vt* …に(温)湿布する; ‹反乱・不和などを›醸成[促進, 助長, 煽動]する. ♦ **~·er** *n* [F<L＝poultice, lotion (*foveo* to heat, cherish)]

fo·men·ta·tion /fòuməntéɪʃ(ə)n, -mèn-/ *n* (温)湿布; 湿布剤; 《不平・不満などの》醸成, 刺激, 助長, 誘発.

fomi·tes /fámətì:z, fóu-/ *n pl* (*sg* **fo·mes** /fóumiz/)〖医〗《感染の》媒介物《衣類・寝具など》.

Fo·mor /fóumɔ:r/ *n* FOMORIAN.

Fo·mor·i·an /foumɔ́:riən, ‐ˊ‐‐‐/ *n* [the ~s]〖ケルト伝説〗フォモール族《元来はおそらく悪と暗黒の神々であったアイルランドの海賊の一族; スコットランド高地では巨人族として描かれる; cf. TUATHA DE DANANN》. [Ir & Gael (*fo* under, *muir* the sea)]

fomp /fámp/ *vi**《学生俗》いちゃつく, べたべたする, 《異性と》抱き合ってふざける.

Fon /fán/ *n* **a** (*pl* ~, ~s) フォン族《西アフリカ, ベニン南部の黒人族》. **b** フォン語《フォン族の話すクワ (Kwa) 語》.

fond[1] /fánd/ *a* **1** [*pred*] **a** ‹…が›好きで, 愛して ‹of›; ‹…を›望んで, 願って ‹of›; 《スコ》‹…したいと›思う ‹to do›. **b** 傾向[癖]があって ‹of doing›. **2 a** 優しい, 情け深い. **b** 愛におぼれた, 甘い; 抜きがたい‹偏見など›: her ~ father 猫かわいがりする父親. **c** 楽天的すぎる, たわいもない‹願望など›; 《古》愚かな, あさはかな: ~ hopes 虫のいい望み. ● **a ~ farewell** [ᵁ*iron*] なごり惜しい[せつない]別れ: bid sb *a ~ farewell*. **have ~ memories of**...のなつかしい[大好きな]思い出がある. ► 《廃》*vi* むやみに甘やかす, 甘い ‹on, over›; ばかなことをする, ばけている. [ME (pp) <*fon* (obs) to be fool, be foolish]

fond[2] /fánd; *F* fɔ̃/ *n* (*pl* ~s /-z; *F* —/) 基礎, 背景, 《特に レースの》下地 (background, groundwork); 《廃》資金, たくわえ (fund). [F<L FUND]

fon·da /fándə/ *n* 宿屋, ホテル. [Sp]

Fonda フォンダ (1) **Henry (Jaynes)** ~ (1905–82)《米国の映画俳優; *The Grapes of Wrath* (怒りの葡萄, 1940), *Twelve Angry Men* (十二人の怒れる男, 1957), *On Golden Pond* (黄昏, 1981)》 (2) **Jane (Seymour)** ~ (1937–)《映画女優; Henry の娘; 反戦運動に参加; *Coming Home* (帰郷, 1978), *The China Syndrome* (チャイナ・シンドローム, 1979)》 (3) **Peter** ~ (1940–)《映画俳優; Henry の息子; *Easy Rider* (イージー・ライダー, 1969)》.

fon·dant /fándənt/ *n* フォンダン《シロップ状に煮詰めた砂糖を練った白いクリーム状のもの; 菓子の糖衣とする》; フォンダンで作った[入りの]菓子. ► *a* ‹色が›やわらかい, 淡い. [F＝melting; ⇨ FUSE[2]]

fon·dle /fánd(ə)l/ *vt, vi* かわいがる, なでる, もむ, 愛撫する; 《廃》甘やかす (pamper). ► *n* なでる[もむ]こと, 愛撫. ♦ **fón·dler** *n* **fón·dling·ly** *adv* [逆成く↓]

fond·ling /fán(d)lɪŋ, -dl-/ *n* 愛児, 愛玩動物 (pet); ⁿ《方》あほう, ばか. [ME (*fond*[1], *-ling*)]

fónd·ly *adv* 優しく; かわいがって; なつかしく, なつかしげに; 盲信的に, たわいなく; 《古》愚かにも, あさはかにも.

fónd·ness *n* いつくしみ; 溺愛; 好み, 趣味 ‹for›; 《古》愚かさ, おめでたさ, 軽信, 盲信: have a ~ *for*...が大好きである.

fon·du(e) /fand(j)ú:, ‐ˊ; *F* fɔ̃dy/ *n* **1**〖料理〗フォンデュ《(1) チーズをワインに溶かして調味料を加えパンきれを浸して食べる料理, チーズフォンデュ 2) 小さく切った肉や果物を熱いソースに浸して食べる料理》; 《パンくずのはいった》チーズスフレ. **2**《こんろ付きの》フォンデュ鍋. ► *a* [fondu] [後置]〖バレエ〗フォンデュ《支えの脚の膝を曲げて体を低くした》. [F＝melted; ⇨ FUSE[2]]

fondue Bour·gui·gnonne /‐ˊ bùərgɪnjɑ̀n; *F* -burgiɲɔn/〖料理〗フォンデュ・ブルギニョンヌ, ブルゴーニュ風フォンデュ, オイルフォンデュ《角切りの牛肉を食卓で油で揚げソースをつけて食べる》.

fóndue fòrk フォンデュ用フォーク《柄が長く先が二叉》.

fon·du·ta /fand(j)ú:tə/ *n*〖料理〗ピエモンテ風フォンデュ《フォンティーナチーズ (fontina) を牛乳・バター・卵黄といっしょに溶かしたもの》. [Piedmontese]

F_1 layer /éfwʌ́n ‐ˊ/ F_1 層《日中 F_2 層の下, ほぼ地上 200–300 km の高さにある電離層で, 短波を反射する; ⇨ F LAYER》.

F-1 visa /éfwʌ́n ‐ˊ/〖米〗F-1 ビザ《正規の留学生に発給されるビザ》.

fonk /fáŋk/ *n* FUNK[2]. ► *v* FUNK[2]. ● **~ed out heavy** *《黒人俗》きちんと着飾って, えらくいい服を着て.

fonky /fáŋki/ *《俗》*a, adv* FUNKY[2]; [強意語] とても, すごく. ● **get down ~** *《黒人俗》get down DIRTY.

Fon·se·ca /fɑnséɪkə/ ■ the **Gúlf of ~** フォンセカ湾《中米の太平洋側の湾; エルサルバドル・ホンジュラス・ニカラグアに囲まれている; 別称 ~ **Báy**》.

fons et ori·go /fánz ɛt ɔːráɪgoʊ, fóʊns ɛt ərí:goʊ/ 源泉, 本源. ［L=source and origin］

font[1] /fánt/ *n* 《教会の》洗礼盤; 《聖堂入口の》聖水盤 (=*stoup*); 《ランプの》油壺; 泉, 源泉, 本源. ［OE *font, fant*<OIr<L *font-fons* fountain, baptismal water］

font[2]* *n* 〘印〙フォント (fount") 《同一書体・同一の大きさの欧文活字のひとそろい; cf. WRONG FONT》. ［F; ⇨ FOUND[3]］

Fon·taine·bleau /fánt(ə)nblòʊ; *F* fɔ̃tɛnblo/ フォンテンブロー《Paris の南南東にある町; 広大な森 (the **Fórest of ～**) と, 現在博物館となっている Francis 1 世の王宮が有名》.

fónt·al *a* 泉(から)の; 源泉の, 本源の; 洗礼(盤)の. ［FONT[1]］

Fon·ta·ne /fántèɪn, fɔ(:)ntá:nə; *G* fɔntá:nə/ フォンターネ **Theodor ～** (1819–98) 《ドイツの作家; ドイツ近代リアリズム小説の先駆者》.

fon·ta·nel(le) /fànt(ə)nɛ́l, ⌐–⌐/ *n* 〘解〙泉門, ひよめき, おどりこ《胎児・乳児の頭蓋骨に残存する膜でおおわれた柔らかな間隙》. ［F<NL *fontanella* (dim) little FOUNTAIN］

Fon·tanne /fɑntǽn/ フォンタン **Lynn ～** (1887–1983) 《London 生まれの米国の女優; Alfred LUNT と夫婦で活躍》.

fónt càrtridge 〘電算〙フォントカートリッジ《プリンター用のフォントを記録した ROM を搭載したカートリッジ; プリンターのスロットに挿入して使用する》.

Fon·teyn /fantéɪn, ⌐–⌐/ フォンテーン Dame **Mar·got** /má:rgoʊ/ ～ (1919–91) 《英国のバレリーナ; 本名 Margaret Hook·ham /húkəm/》.

fon·ti·na /fɑntí:nə/ *n* フォンティーナ《イタリアのヤギ乳チーズ》. ［It］

fon·ti·nal /fánt(ə)nəl/ *a* 〈植物が〉湧泉地に生息する.

fónt nàme 洗礼名 (first name, forename).

fónt substitùtion 〘電算〙フォント代替《画面表示用のビットマップフォントを印刷時にアウトラインフォントにするなど》.

fónt·wàre *n* 〘電算〙フォントウェア《特殊な字体 (font) を使用するためのソフトウェア》.

Foochow 福州 (⇨ FUZHOU).

food /fú:d/ *n* **1** 食物, 食料, 食糧 (ALIMENTARY *a*); 食べ物《飲み物に対する》; 《ある種類の》食品; 栄養物; 《植物が吸収する》養分: ～ and clothing 衣食 / good ～ 栄養のある食べ物 / animal [vegetable] ～ 動物質[植物質]食品 / ～ and drink 飲食物 / Spaghetti is one of my favorite ～*s*. / He's off [gone off] his ～. "食欲がない[なくなった] / SKIN FOOD / PLANT FOOD. **2** 精神の糧(かて); 《思考・反省の》資料: mental ～ 心の糧《書物など》. ● **be ～ and drink to** sb 人にとって無上の喜び[命の糧]である. **be [become] ～ for fishes** 魚腹に葬られる, 溺死する. **be ～ for worms** うじむしのえじきとなる, 死ぬ. **～ for powder** 弾丸のえじき, 兵士たち. **～ for the squirrels** *《俗》ばか, まぬけ, 変人, 気違い (nut); *《俗》ばかばかしい仕事. **～ for thought** 考えるべき事, 考えさせられる事柄. ［OE *fōda*; cf. FEED, FODDER］

fóod àdditive 食品添加物.

fòod·ahólic *n* 食べずにはいられない人, 食べ物中毒者.

fóod àid 食糧援助.

Fóod and Ágriculture Organizàtion [the] 〘国連〙食糧農業機関《1945 年設立; 本部 Rome; 略 FAO》.

Fóod and Drúg Administràtion [the] 〘米〙食品医薬品局《厚生省 (HHS) の一局; 略 FDA》.

fóod bànk *食糧銀行《寄付された食料を貯蔵し, 公共機関の援助が受けられない困窮者に分配する地方センター》.

fóod chàin 〘生態〙食物連鎖《A は B に, B は C にというように一般に小なるものはより大なるものに順次食われるという生物食性の関連; cf. FOOD CYCLE, FOOD PYRAMID》; 〘経〙フードチェーン《食料生産から販売までの一連の過程》; [*joc*] 《権力[地位]に基づく》序列.

fóod còloring 食品着色料[剤].

fóod contròl" 《非常時の》食糧管理《貯蔵・販売・配給統制》.
♦ **fóod contròller** 食糧管理官.

fóod cóupon* FOOD STAMP.

fóod cóurt フードコート《ショッピングモール内などで, ファーストフードの店が集中し, しばしば 共有の飲食スペースを備えた一画》.

fóod cýcle 〘生態〙食物環 (=*food web*) 《生物群集内の食物連鎖の全体像; cf. FOOD CHAIN》.

fóod dèsert フードデザート, 食の砂漠《小売商の撤退によって食料品の入手が困難になった地域, 特に旧市街地》.

fóod fìsh 食用魚 (cf. GAME FISH).

fóod-gàther·ing *a* (狩猟)採集生活の. ♦ **fóod-gàther·er** *n* (狩猟)採集民.

fóod gràin, fóod·gràin 《人間の食料となる》穀物, 穀類.

fóod hàll" 《デパートの》食品売場[フロア].

food·ie, foody /fú:di/ *n* 《口》料理[食べ物](の流行)に熱烈な関心を示す人, 食に凝る人, 食通, グルメ.

fóod-insecùre *a* 食糧不安で, 飢餓状態で.

fóod làbeling 《包装食品に義務づけられている》食品内容の表示付け《原材料・添加物・賞味期限など》.

fóod·less *a* 食物のない: go ～ 食わずにいる. ♦ **～·ness** *n*

fóod·lìft *n* 食糧の緊急空輸.

fóod mìle フードマイル《エネルギー消費と食品鮮度の視点から算出される, 食料の生産地から消費地までの輸送距離》.

fóo [fú] dóg /fú:-/ [ᵒF-] 《東洋美術の》唐獅子, 狛犬(の像[絵]). ［Chin *fo* 仏; 仏教寺院に置かれたことから］

fóod pòisoning 食[食品]中毒, 食あたり.

fóod pròcessor フードプロセッサー《食品を高速で切ったり, つぶしたり, 砕いたりする電動器具》.

fóod pỳramid 〘生態〙食物ピラミッド《食物連鎖を個体数によって示したときの階層関係》.

fóod scìence 食品科学.

fóod sèrvice フードサービス(業)《料理を作って運び, 食べるばかりの状態にして供する業務》.

fóod stàmp* 食料切符, 食券, フードスタンプ (=*food coupon*) 《連邦政府が低所得者に発行する》.

fóod·stùff *n* [ᵒ*pl*] 食べ物, 食糧, 食料品, 食品材料, 食材; 栄養素.

fóod vàcuole 〘動〙《アメーバなどの》食胞.

fóod vàlue 《食品の》栄養価; 食物としての価値.

fóod wàrmer フードウォーマー《料理の保温装置》.

fóod·wàys *n pl* 《ある民族・地域・時代の》食習慣, 料理法, 調理法.

fóod wèb 〘生態〙食物網(もう) (FOOD CYCLE).

foody ⇨ FOODIE.

foo·ey /fú:i/ *int, n* PHOOEY.

foof /fú:f/ *n* 《俗》ばか者, あほう, 浅薄なやつ.

foo·fa·raw, -fe-, -foo- /fú:fərɔ̀:/ *《口》*n* 派手な飾り[装身具]; 見せびらかし, これみよがし; 騒ぎたてること. ［? (変形)<F *fanfaron* a swaggering<Sp］

foo-foo[1] /fú:fù:/ *《俗》*n* ばか, まぬけ; 香水.

foo-foo[2] *n* FUFU.

fóo-fòo wàter *《俗》アフターシェーブローション (aftershave), オーデコロン (cologne).

fool[1] /fú:l/ *n* **1 a** 愚人, ばか者, ばか, あほう; 《廃》白痴: a natural ～ 生まれつきのばか / not SUFFER ～*s* gladly / be ～ enough to do … 愚かにも…する / make one*self* look (like) a ～ ばかなまねをして物笑いになる / feel (like) a ～ ばかみたい[ばかにされたよう]に感じる / (There's) no ～ like an old ～. 《諺》年寄りのばかは始末に負えない / A ～ at forty is a ～ indeed. 《諺》四十でばかは本当にばか / A ～ and his money are soon parted. 《諺》ばかに金を持たせるとすぐつかってしまう / *F～s* rush in where angels fear to tread. 天使も踏むを恐れるところ愚か者は勇んで踏み込む《Pope, *Essay on Criticism* の一節》. **b** ばかにされる人, (人に)かつがれる人 (dupe): be the ～ of fate 運命にもてあそばれる. **c** 〘史〙《王侯・貴族にかかえられた》道化. **2** …がすごく好きな人; …がとてもじょうずな人: a ～ for wine ワインに目がないやつ / a dancing ～ ダンス気違い. ● **act the ～** ⇨ play the FOOL. **any ～** だれでも〈わかる, できる〉. **be a ～ for** one**'s pains [to** one**self]**" 骨折り損のくたびれもうけをする. **be a ～ to**… 《古》…に比べると問題にもならない, …の足もとにも寄りつけない. **be no [nobody's] ～** なかなかどうして抜け目がない[利口だ]. **form the ～** 《カリブ》ばかなまねをする, いらいらさせる. **make a ～ (out) of** sb 人をばかにする, かつぐ: *make a ～ of oneself* ばかなまねをして物笑いになる. **play [act] the ～** ばかなまねをする, ふざける; へまをする; 道化役を演じる. **play the ～ with**…にばかを見させる, だます (deceive); …をだいなしにする. **(the) more ～** you [him, etc.] "《そんなことをするなんて》ばかだなおまえ[あいつ など]は.
► *a* *《口》FOOLISH: a ～ politician [idea].
► *vi, vt* ばかなまねをする, おどける, ふざける; 冗談を言う; ばかにする; 〈人〉をかつぐ, だます; 《廃》〈人を〉ばかみたいにしてしまう, 夢中にさせる (infatuate): I was just [only] ～*ing*. 冗談だったんだ. 本気にしないで / ～ sb *into doing*… 人をだまして…させる / ～ sb *out of* his money 人をだまして金を巻き上げる / Don't let sb's looks ～ you. 人の見かけにごまかされるな. ● **～ along** *ぶらぶら進む[行く]. **～ around [about]** のらくら過ごす, 時間を浪費する, ぶらつく; ばかを言う, ふざける, からかう (kid around); 〈刃物・銃・機械などを〉いじくる, もてあそぶ 〈*with*〉; 《口》〈異性に〉ちょっかいを出す, 〈…と〉浮気する 〈*with*〉. **～ away** ばかげたことをして〈時間・健康・金などを〉浪費する. **～** one**self** 自分をごまかす[偽る]. **～ with**…をいじくる, もてあそぶ; …に不用意にかかわる[つきあう]; いい加減にあしらう, みくびる. **You could have ～ed me.** 《口》とても信じられないね, まさかね, そりゃ知らなかった, ほんとかよ, うそだろう.
［OF<L *follis* bellows, empty-headed person］

fool[2]" *n* フール《裏ごしした果実と生クリームまたはカスタードを混ぜ合わせたデザート》: GOOSEBERRY FOOL. ［C16 <? *fool*[1]］

fóol dùck* 〘鳥〙RUDDY DUCK《人を恐れないことから》.

fóol·ery *n* 愚かなふるまい, たわけ; [*pl*] 愚かな言動, 愚挙: a piece of ～ 一つの愚行.

fóol·fìsh *n* 〘魚〙カワハギ, モンガラカワハギ (filefish).

fóol·hàrdy *a* 無鉄砲な, 無謀な, むこうみずな. ♦ **fóol·hàr·di·ly** *adv* **-hàr·di·ness** *n* ［OF (*fol* foolish, *hardi* hardy[1])］

fóol hèn* 〘鳥〙ハリモミライチョウ (spruce grouse)《人を恐れないので簡単に撃たれる》.

fóol·ing *n* おどけ, 道化; ふざけ.

fóol·ish *a* 愚かな; 頭の弱い; ばかげた; 呆けた; 当惑して, 恥ずかしくて; «古» 取るに足らぬ: I felt so ～. ひどくきまりが悪かった / make sb look ～ 人に恥をかかせる. ♦ **～·ly** *adv* 愚かにも, ばからしく, むちゃに. **～·ness** *n* 愚かさ (folly); 愚かな行為[考え], 愚行.

Fóol Kíller 〖米伝説〗ばか殺し《ばかを斧で殺してまわる巨人》.

fool·oc·ra·cy /fulákrəsi/ *n* 愚人政治.

fóol·pròof *a* 〈規則など〉間違えようのない; 〈機械など〉だれでも扱える, きわめて簡単な, 故障しない保証付きの; 成功間違いなしの, 絶対確実な.

fóols·càp /fú:ls-, fú:lz-/ *n* **1** 〖洋紙〗フールスキャップ判《**1**) 標準サイズは $17 \times 13\frac{1}{2}$ インチ, もと fool's cap の透かし模様つき **2**) 書物の判型; $8\frac{1}{2} \times 6\frac{3}{4}$ インチ (＝～ **quárto**) または $6\frac{3}{4} \times 4\frac{1}{4}$ インチ (＝～ **octávo**)》; 筆記用紙. **2** FOOL'S CAP.

fóol's càp /fú:lz-, -s-/ 道化師帽《道化が用いた円錐形の帽子で, とさか・ロバの耳・鈴が付いている; cf. CAP AND BELLS》; DUNCE CAP.

fóol's érrand むだ足, 骨折り損, 徒労: go [be sent] *on a* ～ むだ足を踏む[踏まされる].

fóol's góld 黄鉄鉱, 黄銅鉱《金に見誤られる》; [*fig*] 見かけが魅力的なもの.

fóol's máte 〖チェス〗フールズメート《後手の 2 手目で先手が詰むこと》.

fóol's páradise 愚人の天国, 幸福の幻影, そら頼み: live in a ～ 極楽とんぼである.

fóol's pàrsley 〖植〗イヌニンジン《パセリに似たセリ科の有毒植物》.

fóol's wátercress 〖植〗セリ科オランダミツバ属の多年草《西欧・南欧の水辺に生え, 羽状(うじょう)の葉と緑がかった白色の花をつける; watercress に似ているが食用にならない》.

foomp ⇨ FUMP.

foop /fú:p/ *vi* *«学生卑» 同性愛行為をやる. [*poof*[2] の逆つづりか]

fóop·er *n* *«学生卑» 同性愛者, ホモ (cf. POOF[2]).

foos·ball /fú:zbɔ̀:l/ *n* [ᴾF-] フーズボール, テーブルサッカー (＝*table soccer*)《テーブル上でプレーヤーの人形がついた棒を操作し, ボールを移動させて行なうサッカーに似たゲーム》.

foot /fʊ́t/ *n* (*pl* **feet** /fí:t/) **1** 足 《PEDAL *a*》; 〖動〗《軟体動物の》触脚; 《無脊椎動物の》歩行器の接地部; 〖植〗《コケ類・シダ類の》足; 〖植〗《花弁の》基部. **2** フィート《長さの単位: ＝12 inches, 1/3 yard, 30.48 cm; 足の長さに由来する名称; 略 ft》; 〖楽〗フィート《オルガン音管などを分類する空気柱の長さの単位; それで示した音高》. **3 a** 徒歩, 歩み, 足取り; 速く走ること, スピード: at a ～*'s* pace 歩行の速度で, 並み足で / catch the [sb's] ～ 足を取る / change ～ [*feet*]《行進中に》歩調を変える / have leaden [heavy] *feet* 歩みがのろい, 足が重い / sure of ～ 足取りが確かで / swift [fleet] of ～ 足が速い. **b** [〈*pl*〉] ᴴ«古» 歩兵 (foot soldiers): a regiment of ～ 歩兵連隊 / HORSE and ～ (成句). **c** *«俗» レースカーのドライバー. **4 a** 足部《靴下の足のはいる部分など》; 《寝台・墓などで head (頭部)に対して》すそ, 足部; 《椅子・テーブルなどの》脚の末端部, 足; 《ミシンの》押え; 《器物の》足, 《コップなどの》台足; 〖印〗《活字の》足: the ～ of the table 食卓の端, 末席. **b** 《山の》ふもと, すそ; 《階段・はしご・壁などの》最下[低]部, 基部, すそ; 毛根; 〖海〗フット《帆の下縁》; 〖印〗地, 罫下《ページ下方の余白》; 《本の》地, けした; 《列・行などの》末尾; 後尾; [～s; 〈*sg/pl*〉] おり, したみ, かす (dregs); «廃» 最下部に書かれるもの《総計など》. **5** 〖韻〗詩脚. **6** [～s] FOOTLIGHTS.

● **at** sb**'s feet** 人の足下に; 人に服従して; 人に魅了されて: sit *at* sb*'s feet* 人の門弟である, 人を崇拝している / lay sth *at* sb*'s feet* 人の足下にささげる[献上する]; 人に事の責任があるとみなす. **at the ～ of**... 〈山〉のふもとに; 〈ページ〉の下部に; ...の脚部に; 〈...氏〉のもとで: throw one*self at the feet of* sb (⇨ FOOT 成句). **begin**(...)**on the right** [**wrong**] **～** ⇨ start(...)(off) on the right [wrong] FOOT. **Best ～ forward!** 一所懸命に[全力で]がんばれ! **by ～** 徒歩で (on foot). **carry** sb **off** his **feet** 人の足をさらう; 人を熱中させる. **catch** sb **on the wrong ～** 人の都合の悪い時にする, 人の不意をつく. **change** one**'s feet** «口» 靴を履き換える. **dead on** one**'s feet** «口»《立っている[歩く]のがやっとなほど》もう疲れきって. **die on** one**'s feet** *«俗» 疲れはてる, ほとんど動けないのにがんばり通す. **dig** [**stick**] one**'s feet in** ⇨ HEEL[1]. DRAG one**'s feet.** **fall on** one**'s feet**＝land on one's feet (⇨ FOOT 成句). FEEL one**'s feet.** **feet first**＝FEETFIRST. **feet foremost** 足から先に (feetfirst); «俗» 棺桶にはいって, くたばって. FEET OF CLAY. **find** one**'s feet** 〈子供が〉立てるようになる; 環境に慣れる; 《社会的に》自立する. **find** [**get, have, know, take**] **the length of** sb**'s ～** 人の足もとを見る, 人の弱点をつかむ[知る]. **～ by ～** 1 フィートずつ; 漸次. **get** [**have**] **a** [**one,** one's] **～ in** (**the door**)＝**get** one**'s ～** [**feet**] **in** [**under the table**] «口»《組織などに》うまくはいり込む, 足掛かりを得る. **get** [**have**] COLD FEET. **get**(...)**off on the right** [**wrong**] **～** ⇨ start(...)(off) on the right [wrong] FOOT. **get** one**'s feet on the ground** 足を地に着ける, しっかりと立つ, 地歩を固める. **get** one**'s feet up** ⇨ put one's feet up (⇨ FOOT 成句). **get** one**'s feet wet** 参加する, 手を染める, 実際に始める[やってみる]. **give** sb **the ～** *«俗» 人を蹴りつける. **have** [**keep**] **a ～ in both camps** どちらの陣営にも属している, どっちつかず[中立]の立場をとっている. **have** [**keep**] **both** [one**'s**] **feet** (**set** [**planted**]) (**firmly**) **on the ground** 現実的である, 足が地に着いている. **have one ～ in the grave** «口» 棺桶に片足を突っ込んでいる, 死にかけている. **have two** LEFT **feet.** **hold** [**keep**] sb**'s feet to the fire** *«俗» 強引に説得する, 圧力をかけて応じさせる. **keep** one**'s ～** [**feet**] まっすぐに立っている[歩く]; 足もとを用心する, 慎重に行動する. **kick with the wrong ～** «スコ・アイル» 話し手と宗教[宗派]を異にしている, 宗旨が異なる. **knock** sb **off** his **feet** 人をなぐり倒す; «口»《驚かせて》人を呆然とさせる, とまどわせる. **land** [**drop, fall**] **on** one**'s feet**＝**land on both feet** (猫のように)落ちてもうまく足で立つ; [*fig*] 首尾よく難を免れる[立ち直る], 運がよい. **measure** sb**'s ～ by** one**'s own last** 己れをもって他を推し量る. **miss** one**'s ～** 足を踏みはずす; 失脚する. ...**my ～!** «口» (...だなんて)そんなばかな, 違う, 信じられないね, まさか, なんてことだ! **not fit to wash** sb**'s feet** 人にはるかに劣る, 人の足もとにも及ばない (*John* 13: 5–16). **not put** [**set**] **a ～ right** 間違える, しくじる. **off** one**'s feet** すわって, 横になって; 足の踏み場を失って. **on ～** 立ち上がって; 歩いて, 徒歩で《時に「走る」の意を含む》; 動いて; (着々と)進行して, 着手されて. **on** one**'s feet** 立って, 立ち上がって; 《病後に》元気になって; 《経済的に》独立して; 即座[即席]に: LIGHT[3] *on* one*'s feet* / get *on* one*'s feet*《演説などのために》立ち上がる; 回復する, 立ち直る / stand *on* one's own *feet* (⇨ FOOT 成句) / keep *on* one*'s feet* 立っている, 倒れないでいる; 〖ボク〗ノックアウトされないでいる / put [set, get] sb [a business company] *on his* [*its*] *feet*《病気・財政難などのあとで》人[会社]を立ち直らせる / keep...*on his* [*its*] *feet* 〈人を〉立たせてやる; 《経済的に》〈会社などを〉つぶれないようにする / think *on* one*'s feet* 当意即妙に頭をはたらかせる; 《人前で》きちんと話せる. **on the back ～** 遅れをとって, 劣勢で. **on the wrong** [**right**] **～** 不都合[好都合]にで]. **put** [**set**] **a ～ wrong** [ᵁ*neg*] 間違える, しくじる. **put one ～ in front of the other**《慎重に》足を運ぶ; 事を順序どおりに進める. **put** [**set**] one**'s best ～** [**leg**] **forward** [**foremost**] ᴴ精いっぱい急ぐ[歩く]; 全力を尽くす; できるだけよい印象を与えようとする. **put** [**get**] one**'s feet up**《足を何かの上に載せて》ひと休みする. **put** one**'s ～ down** 足を踏みしめて立つ; «口» 断固たる行動[態度]をとる, 断じて許さない[譲らない] 〈*about*〉; ᴴ«口» 車を加速する[飛ばす]. **put** one**'s ～ in** [**into**] **it**＝**put** [**stick**] one**'s ～ in** [**into**] one**'s mouth** «口»《うっかり踏み込んで》苦しいはめに陥る, 失敗する, どじを踏む; «口» 失言する, うっかりまずいことを言う. **put** one**'s ～ on it** «口» 車のスピードを上げる. RUN [**rush**] sb (**clean**) **off** his **feet.** **set ～ in** [**on**]...にはいる[着く]: As soon as we *set foot in* the hotel, ... ホテルに足を踏み入れるとすぐ.... **set...on ～** 行動など開始する: *set* a plan *on* ～ 計画を起こす[に着手する]. **set** [**put, have**] one**'s ～ on the neck of**...の首を踏みつける; 完全に征服する. **shoot** one**self in the ～** *«口» へまをしてけがする, むやみに攻撃して自分を傷つける[結局自分の首を絞める], (よけいなことをして)自分から災いをまねく. **stamp** one**'s ～**《寒くて》強く足踏みする; 《おこって, または いらだって》床[地面]を踏み鳴らす. **stand on** one**'s own** (**two**) **feet** [**legs**] 自立している, 自主的にものを考える[行動する]. **start**(...)(**off**) [**begin**(...), **get**(...) **off**] **on the right** [**wrong**] **～**《人間関係などで》(...を)うまく[まずく]始める, 出足が順調[不調]である. **step off on the wrong ～**《仕事・人間関係などで》出だしを誤る. **stick** one**'s ～ in** one**'s mouth** ⇨ put one's FOOT in one's mouth. **sweep** sb **off** his **feet** 人をなぎ倒す; «口» 人[《特に》女性]を夢中に[陶然と]させる; 人をあっさり説き伏せる. **throw** one**self at the feet of** sb [sb**'s feet**] 人に対する服従の意を示す, 人の従者[崇拝者]となる. **throw** one**'s feet** *«俗» 物乞いする, 物乞いして食べ物[金]を得る, 《臨時の》仕事を探す. **to** one**'s feet** (足で)立つように: come [get, rise] *to* one*'s feet* 立ち上がる / jump [spring] *to* one*'s feet* 飛び起きる, パッと立ち上がる / raise [bring] sb *to his feet* 人を立ち上がらせる / take *to* one*'s feet* 歩き出す. **under ～** (**1**) 足の下に; 足もとが, 地面[床]が: trample *under* ～＝TREAD under ～ / be damp *under* ～ 足の下[地面]がじめじめしている. (**2**) 屈服させて. (**3**) じゃまになって. **under** sb**'s feet** 人のじゃまをして; ＝under sb's FOOT: Please keep out from *under my feet*. じゃまをしないでくれ. **under** sb**'s ～** 人の足下に, 屈従して, 人の意のままになって. VOTE **with** one**'s feet.** WALK sb **off** his **feet.** **with a ～ in both camps** 対立する両陣営に属して, 二股をかけて. **with both feet** 断固として, 激しく: jump in [into]...*with both feet* 熱心に[あわてて]...に飛び込む. **with both** [one**'s**] **feet** (**set** [**planted**]) (**firmly**) **on the ground** 現実的で, 足が地に着いて. **with one ～ in the grave** «口» 棺桶に片足を突っ込んで(いて), 死にかけて. **with** one**'s feet up**《横になって[すわって]》ひと休みして. **with** one**'s ～ on the neck of**... «古» ...を完全に抑えつけて.

► *vt* **1** 踏む, ...の上を歩く, 歩いて横断する; 踊る. **2** 〈靴下〉に足部をつける, ...の足部を繕う; 〈タカなどが〉かぎづめでつかむ. **3** «古» 蹴る (kick); «古» 拒絶する. **4** 支払う, 〈費用を〉もつ; 合計する; «古» ...に地歩を築かせる. ► *vi* ステップを踏む; 踊る; 歩いて行く; 〈船が〉進む. ● **～ it** 歩く, 歩いて行く, 走る, 踏破する; 逃げ去る; 踊る. **～ the** BILL[1]. **～ up** 〈勘定を〉しめる, 仕切る: ～ *up* to... 〈勘定が〉しめて...になる.

[OE *fōt*; cf. G *Fuss*, L *pes*]

fóot·age *n* フィート数, フート数《フィートで計った長さ, 特に映画フィルム·材木についていう》;《ある長さの》映画[撮影]フィルム,《特定のできごとを記録した》ビデオ[フィルム]映像;《映画の》場面, 映像, ビデオ;〘鉱〙稼行(かこう)[採鉱]フィート数による支払い(額): library ～〘テレビ〙資料映像 (file footage).

fóot-and-móuth disèase〘獣医〙口蹄疫《特に偶蹄類の急性伝染病; ピコルナウイルスの一種である口蹄疫ウイルスが原因で, 冒されると発熱し, 口やひづめに水泡が形成される; また, 単に foot-and-mouth とも, hoof-and-mouth disease ともいう》.

fóot·bàll *n* **1 a** フットボール《米では主にアメリカンフットボール, 英では主にサッカー[まれにラグビー]を指す》: ASSOCIATION FOOTBALL, RUGBY FOOTBALL, AUSTRALIAN RULES, CANADIAN FOOTBALL. **b** フットボール用ボール, ラグビー[サッカー]ボール. **2** たらい回しにされるもの[問題]; 乱暴[ぞんざい]に取り扱われる人[もの],《客引き用の》目玉[おとり]商品: POLITICAL FOOTBALL. **3** ITALIAN FOOTBALL. ► *vi* フットボールをする. ► *vt* 〈商品を〉客引きのために原価以下で売る. ♦ **～·er** *n* フットボール[サッカー]競技者[選手]. **～·ing** ‖*a* サッカーの.

Fóotball Associàtion [the]〘英〙サッカー協会《イングランドのサッカーを統括する組織; 1863 年創立; 略 FA; FA Cup 大会を運営する》.

Fóotball Lèague [the]〘英〙フットボールリーグ《イングランドのプロサッカーチームを統括する組織; 1888 年結成; 一部リーグの Premier League 以外のチームが加盟しており, 3 部に分かれて毎年リーグ戦を行なう》; フットボールリーグ傘下のサッカーチームグループ.

fóotball pòols *pl* [the] サッカーくじ.

fóot·bàth *n* 足湯, 足浴; 足湯用小だらい;《室内プールなどの》足洗い場.

fóot·bèd *n*《靴·ブーツの》中底.

fóot-bìnd·ing *n*《昔の中国で行なわれた》纏足(てんそく).

fóot·bòard *n* 足台, 踏板;《自動車·電車などの》乗降用踏段, ステップ;《御者の》足掛け板;《ベッドの》脚部の板, フットボード;《機械の》踏み子 (treadle).

fóot·bòy *n* 給仕, ボーイ.

fóot bràke《自動車などの》足(踏み)[フット]ブレーキ.

fóot·brìdge *n* 歩道橋, 人道橋.

fóot-cándle *n*〘光〙フィート燭(しょく), フートキャンドル《照度の単位: 1 ルーメンの光束で 1 平方フィートの面を一様に照らす照度で, 1 ルーメン毎平方フィート; 記号 fc, FC, ft-c》.

fóot·clòth *n* 敷物, じゅうたん (carpet);《古》《身分ある人の馬にかける》飾り馬衣.

fóot·dràg·ger *n* 怠慢な人, ぐず.

fóot-dràgging *n* 怠慢, 遅怠.

fóot dròp〘医〙尖足, (下)垂足, 垂れ足.

Foote /fút/ フット **Samuel** ～ (1720–77)《英国の俳優·劇作家》.

fóot·ed *a* 足のある; [*compd*] 足が…の: four-*footed*.

fóot·er[1] *n*《古》歩行者, 徒歩者; ‖《口》ラグビー, サッカー;〘建〙根積(ねつみ);〘印〙フッター《ページ下部のノンブルや脚注》.

footer[2] *vi*《スコ》いじくる, もてあそぶ〈*with*〉.

-fóot·er *n comb form* **1**《身長[長さ, 幅]が》…フィートの人[もの]: a six-*footer*. **2**《ボールを》…足で蹴り出すキック: a right[left]-*footer*.

fóot·fàll *n* **1** 足踏み, 歩み; 足音. **2**《特定の時間に》店に来る人の数, 来店者数, .

fóot fàult〘テニスなど〙フットフォールト《サーブを打つ前にベースラインを踏み越す反則》. ♦ **fóot·fàult** *vt, vi* …にフットフォールトを宣する; フットフォールトを犯す.

fóot frònt* FRONT FOOT.

fóot·gèar *n* 履物 (FOOTWEAR).

Fóot Guàrds *pl* [the]〘英〙近衛歩兵連隊《Grenadier Guards, Coldstream Guards, Scots Guards, Irish Guards, Welsh Guards の五個連隊; 近衛師団 (Guards Division) を構成する》.

fóot·hìll *n* [°*pl*]《高山·山脈を後ろに控えた》前衛の山, 前山; [*pl*] 山麓の丘陵地帯.

fóot·hòld *n* **1**《登山の時などの》足掛かり, 足場; 立脚地; しっかりした立場: gain [get, establish] a ～ 足掛かりを得る, 足場を築く. **2** ゴム製のオーバーシューズ[サンダル].

foot·ie /fúti/ *n**《口》FOOTY[2].

fóotie-fóotie *n**《俗》FOOTSIE.

fóot·ing *n* **1 a** 足の運び, 足さばき, 歩み, ステップ; 舞踏; 足もと, 足場, 足掛かり;〘競馬〙走路の状態,《馬場の》表層: lose [keep] one's ～ 足場を失う[保つ] / Mind your ～. 足もとに注意《登山などで》. **b**〘建〙土台, 基礎, フーチング, FOOTER. **c**《机·靴下などの》足部をつけること, 足部の材料. **2 a** 立脚地, (安定した)基盤; 地位, 身分: get [gain, obtain] a ～ in society 社会に地歩を築く. **b** 立場, 間柄, 関係;〘軍〙編制, 体制: on an equal [the same] ～ with…と対等の資格で / be on a friendly ～ with…と親しい関係にある / PEACE FOOTING, WAR FOOTING. **3**〘商〙《縦欄の数字を》しめること, 合計; 総額;《まれ》入会(金): pay (for) one's ～ 入会金を払う; 仲間入りのしるしに寄付[ごちそう]をする.

fóoting bèam〘建〙基礎梁(ばり), 地中梁.

fóot-in-móuth *a*《口》失言しがちな, どじな(人の).

fóot-in-móuth disèase《口》[*joc*] 失言癖[病]: have ～ 失言癖がある. [foot-and-mouth disease を模した造語; cf. *put* one's FOOT *in* one's *mouth*]

fóot·làmbert *n*〘光〙フートランベルト《輝度の単位: 1 平方フィートあたり 1 ルーメンの光束発散度をもつ完全拡散面の輝度; 記号 fL》.

foo·tle /fú:tl/《口》*vi, vt* くだらないことを言う, ばかなまねをする; ばかげたやり方で言う[する]; のらくら[ぶらぶら]する〈*around, about*〉;〈時間などを〉むだにする〈*away*〉. ► *n* たわごと, 愚行. ► *a* くだらない, つまらない. ♦ **fóo·tler** *n* [C19 <? *footer* (dial) to idle, bungle]

fóot·less *a* 足のない; 詩脚のない; 実体のない;《口》ぶざまな, 役立たずの, 無能な. ♦ **～·ly** *adv* **～·ness** *n*

fóot·let *n*《くるぶしから下の部分あるいはつまさきだけをおおう女性用の》短靴下.

fóot·lìghts *n pl* 脚光, フットライト《舞台前端の照明装置》; [the] 舞台, 役者稼業: appear [come] before *the* ～ 脚光を浴びる, 舞台に立つ / behind *the* ～ 舞台上に[で]; 舞台裏で / smell of *the* ～ 役者臭い; 芝居じみている. ● **get over** [**across**] **the ～** 観客にうける, 当たりをとる.

foo·tling[1] /fú:tlɪŋ/ *a* つまらない, くだらない, ろくでもない; 無能な. [*footle*]

fóot·ling[2] /fút-/ *a, adv*〘産科〙逆子の[で].

fóot·lòck·er* *n* 兵舎用小型トランク《寝台足部に置く》.

fóot·lòose *a* 好きな所へ行ける, 好きなことのできる, 自由気ままに動ける, 身軽な; 旅に出たがっている, 気もそぞろな: ～ and fancy-free 自由気ままでこだわらない.

fóot·man /-mən/ *n* **1 a**《馬車·ドア·食卓に侍る制服を着た》召使, 従僕. **b** 歩兵;《古》徒歩旅行者, 歩行者. **2** 火の前に置きやかんなどを温めておくのに用いる金属製の台. **3**〘昆〙ヒトリガ科のガ.

fóot·màrk *n* 足跡 (footprint).

fóot·mùff *n* 足部おおい, 足温マフ《保温用》.

fóot·nòte *n* 脚注 (cf. HEADNOTE);《広く》補注; 副次的なもの〈*to*〉: as a ～ 補注として, 一言付け加えれば / a ～ *to* history 歴史に付した脚注《比較的重要度の低い事件など》. ► *vt* …に脚注をつける; …について脚注で論ずる.

fóot·pàce *n* 歩く速さ, 並足, 常歩; 壇,《祭壇のある》上段;《階段の》踊り場.

fóot·pàd[1] *n*《徒歩で行動する》追いはぎ.

footpad[2] *n* 支脚皿, フットパッド《軟着陸用に平たくした宇宙船の足部》.

fóot pàge 使い走り; 給仕;《昔の》小姓.

fóot pàssenger 歩行者, 通行人.

fóot·pàth *n* 歩行者用の小道; PUBLIC FOOTPATH; ‖歩道 (pavement).

fóot·plàte *n* ‖《機関車の》踏板《機関手·火夫が立つ所》;《乗物の》乗降用ステップ. ♦ **～·man** ‖*n* 機関手, 火夫.

fóot pòst 徒歩の郵便配達人, 徒歩で使いをする者; 徒歩による郵便配達.

fóot-póund *n* (*pl* **～s**)〘理〙フートポンド《エネルギーの単位: 1 ポンドの重量を 1 フィート揚げる仕事量; 記号 ft-lb》.

fóot-póundal *n*〘理〙フートポンダル《エネルギーの単位: 1 ポンダルの力に抗して 1 フィート動かす仕事量; 記号 ft-pdl》.

fóot-póund-sécond *a*〘理〙フィート-ポンド-秒単位系の《略 fps》: the ～ system.

fóot·prìnt *n* **1 a** 足跡; 足形(あしがた), 足紋;《タイヤの》踏み跡;《研究·事業などにおける》実績, 成果: ～*s* on the sands of time この世に残した人生の足跡, 後世に残る事業 / *F～s* on the sands of time are not made by sitting down.《諺》時の砂に残る足跡はただすわっているだけでできるものではない《Longfellow の句》. **b**《遺伝形質などの》識別特徴, フットプリント. **2**《宇宙船·人工衛星などの》着陸[落下]予定地域; 飛行中の航空機の騒音などの影響の及ぶ地域 (noise ～);《核爆弾の》攻撃可能地域. **3**《サービスなどの》提供範囲;〘通信〙《通信衛星の》信号受信可能帯[地域]: a global ～ 地球規模でのサービス[事業展開]. **4**《コンピューターなどの機器の》床[机上]に占める面積, 設置面積;《建物の》敷地面積;《建物の》跡地. **5**〘環境〙フットプリント《**1**) 人間の生存に必要な土地·エネルギー·水などの量; ecological footprint ともいう **2**) 人間の諸活動が環境に与える影響; ⇨ CARBON FOOTPRINT》: GREEN FOOTPRINT.

fóot pùmp 足で押えて使う空気ポンプ《自転車用など》; 足踏み式ポンプ.

fóot·ràce *n* 徒競走, かけっこ. ♦ **-ràcer** *n*

fóot·rèst *n* 足掛け台, 足載せ台, 足置き, フットレスト.

fóot·ròpe〘海〙*n*《帆をたたむときに水夫などの足場となる》足場綱, 渡り索;《帆または漁網の》下べり索.

fóot ròt〘獣医〙《牛·羊などの》腐蹄(症);〘植〙《特に柑橘(かんきつ)類の》裾枯れ病; ‖《俗》水虫《など》.

fóot rùle フィートざし《1 ft の物差し》;《判断の》基準, 物差し.

fóot·scàld *n*《蹄鉄などによる馬の》足裏の炎症.

fóot·scràper *n*《玄関先の》泥落とし《金属バーの鋭いへりで泥をこそぎ落とす》.

fóot·shòt *n**《軍俗》自傷行為, 自分を傷つける選択[発言]. [shoot oneself in the FOOT]

foot·sie, -sy /fúti/ *n* **1** 《幼児》あんよ, 足. **2** [ᵁplay ～]《口》《テーブルの下などで》足を触れ合わせたりしていちゃつくこと ‹*with*›; [*fig*] 親密なふるまい, こっそり仲よくする[情を通ずる, 裏取引をする]こと.

Footsie *n* 〔証券〕フッツィー (＝～ index)《1984 年に London 証券取引所によって導入された, ファイナンシャルタイムズ株式取引所 100 種指数 (Financial Times-Stock Exchange 100 share index) のこと; *Financial Times* による英国上位 100 社の株価の変動をモニターしたもの; ダウ平均の英国版》. [FTSE index の音声表記]

fóotsie-wóot·sie /-wúti/ *n*《俗》FOOTSIE.

fóot·slòg *vi, n* (ぬかるみ[長い道のり]を)骨折って進む(こと), 徒歩行進(をする). ♦ **-slògger** *n* 歩行者,《特に》歩兵.

fóot sòldier 歩兵 (infantryman); 歩兵的存在《組織を支えるために実質的な仕事をこなす人》.

fóot·sòre *a* 《長いこと歩いて》足を痛めた, 靴ずれのできた. ♦ **～·ness** *n*

fóot's pàce FOOTPACE.

fóot·stàlk *n* 〔植〕葉柄, 花梗(きょう); 〔動〕柄(え),《ツメガイなどの》葉柄状突起.

fóot·stàll *n* 《婦人用乗馬鞍の》あぶみ;《柱などの》土台石.

fóot·stèp *n* [ᵁ*pl*] 歩み, 足取り; 歩度, 歩幅; 足音; 足跡; 踏段, 階段. ● **follow [tread, walk] in sb's ～s** 人のあとについて来る[行く]; [*fig*] 人の先例にならう, 志を継ぐ. **hear ～s** 敵のいることを感づく.

fóotsteps èditor ᴵᴵ〔映〕効果音編集者[技術者] (foley).

fóot·stòck *n* TAILSTOCK.

fóot·stòne *n* 《墓の》台石 (cf. HEADSTONE), 礎石; 〔建〕踏止め石.

fóot·stòol *n* 足載せ台;《持ち運びのできる》踏段, 足台.

fóot·sùre *a* SUREFOOTED.

footsy ⇨ FOOTSIE.

fóot-tàpping *a* 《足でトントンとリズムをとりたくなるような》躍動的なリズムの, ビートの効いた.

fóot-tón *n* 〔理〕フィートトン《エネルギーの単位: 1 英トン (＝2240 lb) の重量を 1 フィート揚げる仕事量》.

fóot-ùp *n* 〔ラグビー〕フットアップ《スクラム内に投入されたボールをかき出すとき足を規定より早く上げること》.

fóot vàlve 〔機〕フート弁, フット弁《吸込み管の端部に設けられた逆流防止弁》.

fóot·wàll *n* 〔鉱〕下盤(しばん)《鉱脈や鉱床の下位の岩層; cf. HANGING WALL》.

fóot wàrmer 足温器, 湯たんぽ, 足あぶり.

fóot·wày *n* 歩行者専用道路[小道]; ᴵᴵ歩道 (sidewalk*).

fóot·wèar *n* 履物, フットウェア《靴・ブーツ・靴下など》.

fóot·wèary *a* FOOTSORE.

fóot·wèll *n* 《車の運転席または助手席の》足下の空間.

fóot·wòrk *n* 《球技・ボクシング・踊りなどの》足さばき, 足わざ, フットワーク;《新聞記者の》足による取材; 策略, 操作.

fóot·wòrn *a* 踏み減らされた; 歩き疲れた, 足を痛めた.

foo·ty[1] /fúːti/ *a, n* 《方・口》貧弱な[値打のない, つまらない](人[もの]). [F *foutu*; cf. FOOTLE]

footy[2] *n* FOOTSIE;《英口・豪口》サッカー, ラグビー (football).

fóoty-fóoty *n*《俗》FOOTSIE.

fooy /fúːi/ *int, n* PHOOEY.

foo yong /fúː jɔ́(ː)ŋ, -jáŋ/, **foo young [yung], fu yung** /fúː jáŋ/ 〔中国料理〕芙蓉蟹(ふよう), かに玉.

foo·zle /fúːz(ə)l/ *vt* やりそこなう, (いじって)こわす;《ゴルフなどで》打ちそこなう. ► *n* やりそこない;《ゴルフでの》打ちそこない;《口》おもしろくない時代遅れの人, 年長者, 親;《口》だまされやすい人, へまな人. [G *fuseln* (dial) to work badly]

foo·zli·fied /fúːz(ə)ləfàɪd/《俗》*a* ‹仕事などが›やりそこないの, いいかげんな, しくじった; 酔っぱらった.

fop /fáp/ *n* しゃれ者, めかし屋, にやけ男, かっこをつける男;《廃》痴れ者, ばか. ► *vt*《廃》ばかにする, だます. [C15 ‹? *fop* (obs) fool]

fóp-dòodle *n*《俗》ばかたれ, くだらんやつ, あほう.

fóp·ling *n* 気取り屋, にやけぼんち.

fóp·pery *n* めかしこんでいること, にやけた格好; あさはかな性質[行ない], 愚行.

fóp·pish *a* かっこをつけた, にやけた, きざな;《廃》ばかげた, たわけた, 愚かな. ♦ **～·ly** *adv* **～·ness** *n*

for /fər, fɔːr/ *prep* **1 a** [利益・恩恵] …のために: a present ～ you. **b** [擁護・支持] …のために, …の側に (opp. *against*): die ～ one's country / Are you ～ or against war? 戦争に賛成ですか反対ですか. **c** [敬意] …のために; ‹祝日など›を祝って; *…にちなんで (after): a farewell party ～ him / She was named Ann ～ her aunt. **d** [感情の対象] ‹人・物を›思って: happy [sorry] ～…のことをうれしく[気の毒に]思う. **2 a** [代理・代表・代用] …の代わりに; …を表わす: speak ～ another 代弁する / SIT ～ Ohio / B ～ Benjamin《通信で》Benjamin の B / The Japanese word ～ 'dog' is INU. dog は日本語ではイヌです. **b** [代価・交換・報償・等価] …の代わりに, …と引き換えに; …の額の: pay £15 ～ books / ten ～ a dollar 1 ドルで 10 個 / give blow ～ blow 打たれて打ち返す / a check ～ $100 100 ドルの小切手 / not ～ (all) the WORLD. **3 a** [目的・願望・探求] …のために; …を求めて, …を得る[救う]ために: go (out) ～ a walk / SEND ～ a doctor / wait ～ an answer 返答を待つ / look ～ a job / ～ to do＝《古・方》in ORDER to do / try sb ～ his life 人を死罪に問う / ～ the LIFE of one. **b** [方向] …を目指して, …に向けて; …に宛てて: start ～ India / a train ～ London ロンドン行きの列車 / It's ～ you.《口》あなたに(電話)ですよ. **c** [傾向・好み] …に対して: respect ～ one's teacher / EAR [TASTE] ～ music. **d** [意向] [be ～ doing の形で] …するつもりで: I'*m* ～ start*ing* all over again. 始めからやりなおすつもりです. **4 a** [関連] …について; …に備えて: ～ that MATTER / So much ～ that. それについてはそれだけ(とする) / all right ～ money 金の心配はない / prepare ～ the worst 最悪の事態に備える. **b** [適性] …にとって: too good ～ him / the biggest concern ～ us われわれにとっての最大の関心事. **c** …としては, …の割には, …を考慮すると (considering): rather cold ～ August 8 月としてはかなり寒い. **d** …(だ)として: know ～ a fact …が事実であることを知っている. **e** [列挙] …には: *F*～ ONE thing. **f** [対応] …に対して: 0 ～ 5 5 回の攻撃(など)に対して 0 点 / 10% discount ～ every [each] purchase of $100 100 ドルお買上げごとに 10% の割引. **5** [原因・理由・結果] …のため: shout ～ joy / I can't see anything ～ the fog. 霧のため何も見えない / California is famous ～ its fruit. カリフォルニアは果物で有名だ / the WORSE ～ wear. **6** [時間・空間] **a** …の間: ～ hours [miles] 何時間[何マイル]も / ～ days on end 何日も(続けて) / ～ all time 永久に. **b** (ある時間)の: We will stop the work ～ today. きょうはこれで仕事をやめよう / an appointment ～ one o'clock 1 時の約束. **7** [～ sb to do の形で不定詞の主語関係を示す] …が(…する): It is time ～ *me to go*. もう行く時間だ / *F*～ *him to go* would be impossible. 彼が行くなんて不可能だ / The secretary writes letters ～ *him to sign*. 秘書が手紙を書いて彼が署名する / Here is some money ～ you *to* spend. ここにあなたが使っていい金がある(からどうぞ) / *F*～ *a* girl *to* talk to her mother like that! 女の子が母親にあんな物の言い方をするなんて! / It is impossible ～ *there to* be any misunderstanding between us. 誤解なんてありえない.

● **(as) ～ me** わたしとしては, わたしだけは. **be ～ it** ᴵᴵ《口》処罰される[しかられる]ことになっている: You *are* ～ *it*. とっちめられるぞ, 事だぞ. **be** IN[1] **～ it.** BUT[1] **～.** **～ all** …にもかかわらず; …がほとんどないことを考えると: ～ *all* that [his efforts, his riches] それ[努力, 金持であること]にもかかわらず / *F*～ *all* (that) you say, I still like him. きみが何と言ってもやはりわたしは彼が好きだ / *F*～ *all* the good there is in you, you might as well be the Devil. おまえの善意がそんなものなら悪魔のほうがましだ / ～ *all* the DIFFERENCE it makes / ～ *all*…CARE(s). **～ all [aught] sb knows** 人の知る範囲では, ろくに知らないけれども: He may be a good man ～ *all I know*. (よくは知らないが)案外よい人かもしれない. **～ all me** わたしに関するかぎりは. **～ all (that)** [‹*conj*›] …にもかかわらず (although): *F*～ *all* (*that*) so many people seem to dislike him, I still like him. たくさんの人が彼を嫌っているようだけれども, わたしは彼が好きだ. **～** BETTER[1] **(or) ～ worse.** **～** EVER **(and ever).** **～** GOOD **(and all).** **～ it** それに対処すべき《it は漠然と事態を指す》: Now ～ *it!* / There is NOTHING ～ *it* but to do. **～ to do** ⇨ FOR 3a. **if it were not [had not been] ～…＝were it not [had it not been] ～…** もし…がなければ[なかったなら]. **it is ～ [not ～] sb to do…** するのは人の役目である[でない]: *It is not* ～ *me to* decide. 決定するのはわたしの任ではない, わたしが決定すべきことではない. **O ～…!** ああ…が欲しい!: *O* ～ a real leader*!* ああ真の指導者がいたらなあ! **that's [there's]… ～ you** 《相手の注意をひいて》ほら(それが)…ですよ, ほらなんという…だ; 実に[いかにも]…らしいじゃないか; [ᴼ*derog*] …なんてそんなものですよ; [*iron*] あれが…だなんて《とんでもない》: *There's* lovely girl ～ *you!* ほらすてきな子じゃないか / *That's* life ～ *you*. 人生なんてそんなものだ / *There's* gratitude ～ *you*. たいした感謝感激ぶりだ; あれで感謝といえるのですかねえ.

► *conj* 《文》というわけは[その理由は]…だから. ★ 既述の事柄の理由を示す説明文を導く等位接続詞で, 文頭には置かない: It will rain, ～ the barometer is falling. 雨が降るだろう, 晴雨計が下がっているから. ● **～ and** 《廃》and also.

[OE FORE[1] の弱形]

for- *pref* [禁止・否定・拒絶・非難・排除・省略・失敗の意の語をつくる]「離れて」「除外して」「完全に」「破壊的に」: *for*bid, *for*get, *for*give, *for*go, *for*sake, *for*do. ★ 活用は単純動詞に同じ. [OE *for-*, *fær-*]

for. foreign ♦ forestry. **FOR, f.o.r.** 〔商〕ᴼfree on rail.

fora *n* FORUM の複数形.

for·age /fɔ́(ː)rɪʤ, fár-/ *n* 《牛馬の》まぐさ, かいば, 茎葉飼料, 飼草, フォーレージ, 糧秣, 馬糧徴発; 徴発; 略奪; 〔軍〕襲撃, 侵入. ► *vt, vi* 食糧[糧秣, 馬糧]をあさる, 徴発する;《馬糧徴発で》略奪する; 〔軍〕襲撃する; ひっかきまわして捜す, あさる ‹*among, about, around; for*›; ‹馬・牛›にかいばをやる: a *foraging* party (馬糧)徴発隊. ♦ **fór·ag·er** *n* 馬糧徴発隊員; 略奪者. [OF‹Gmc; ⇨ FODDER]

fórage àcre 〔畜〕飼草エーカー《飼草が完全に生えた 1 エーカーの飼草量に等しい, 飼草地の単位; 略 FA》.

fórage càp 《通常軍装の時の歩兵の》略帽.

fórage fìsh 釣りの対象魚の餌となる種の魚.

fór·ag·ing ànt 〘昆〙 群れをなして食物をあさるアリ, 《特に》 軍隊アリ (army ant).

for·am /fɔ́ːrəm/ *n* 〘動〙 有孔虫 (foraminifer).

fo·ra·men /fɔ(ː)réimən, fə-/ *n* (*pl* **fo·ram·i·na** /-rǽmənə/, ～s) 〘解·動·植〙 孔. ♦ **fo·ram·i·nal** /fərǽmən(ə)l/, **-ram·i·nous** /-rǽmənəs/ *a* ［L＝opening］

forámen mágnum 〘解〙 大後頭孔, 大孔 《後頭骨にある延髄の通る穴》. ［L］

forámen ová·le /-oʊvǽli/ 〘解〙 卵円孔 《**1**) 胎児の心臓の両心房の隔壁にあいている穴 **2**) 神経·血管が通る蝶形骨大翼の孔》. ［L］

foramina *n* FORAMEN の複数形.

fo·ram·i·nate /fɔːrǽmənət, fə-, -nèɪt/, **-nat·ed** /-nèɪtəd/ *a* 孔のある, 有孔の.

fo·ra·min·i·fer /fɔ(ː)rəmínəfər, fɑ̀r-/ *n* 〘動〙 有孔虫 《有孔虫綱 (Foraminifera) の各種微小動物》. ♦ **fo·ram·i·nif·er·al** /fərǽmənɪ́f(ə)rəl, fɔ(ː)rə-, fɑ̀r-/, **-nif·er·ous** /-nɪ́f(ə)rəs/ *a*

fo·ra·mi·nif·e·ra /fərǽmənɪ́f(ə)rə, fɔ(ː)rə-, fɑ̀r-/ *n pl* 〘動〙 有孔虫. ［L FORAMEN］

fo·ram·i·nif·er·an /fərǽmənɪ́f(ə)rən, fɔ(ː)rə-, fɑ̀r-/ *n*, *a* 〘動〙 FORAMINIFER (の).

for·as·much as /fɔ́ːrəzmʌ́tʃ əz, fə-/ *conj* 《文》〘法〙 …であるから (seeing that, since). ［*for as much*］

for·as·te·ro /fɔ(ː)rəstéərou/ *n* (*pl* ～s) 〘植〙 フォラステロ 《世界のカカオ豆の大部分を供給するカカオノキの品種》. ［Sp＝strange (ベネズエラ国産に対して西インド諸島からもたらされた外国種であることから)］

for·ay /fɔ́(ː)rèɪ, fɑ́r-/ *vi* 《略奪を目的として》 ふいに侵略する, 急襲する. ► *vt* 《古》 略奪する. ► *n* 突然の侵略, 急襲; 〈本職以外の分野への〉進出, 〈不慣れなことに〉手を出すこと, 〈よく知らない場所に〉出かけてみること 〈*into*〉: make a ～ *into* politics 政治の世界へ進出する. ♦ **～·er** *n* ［? 逆成 ‹ *forayer* ＜OF＝forager; ⇨ FODDER］

forb /fɔ́ːrb/ *n* 広葉草本, 雑草 《イネ科草本 (grass) 以外の草本》.

forbad(e) *v* FORBID の過去形.

for·bear[1] /fɔːrbéər, fər-/ *vt*, *vi* (**-bore** /-bɔ́ːr/; **-borne** /-bɔ́ːrn/) 慎む, 控える 〈*from*〉; 〈…を〉忍ぶ, 我慢する 〈*with*〉; 《古》 忍んでゆるす; 《廃》 〈社交を〉避ける; 《廃》 …なしで済ます: ～ to mention it＝～ *from* mentioning it それを言うのを差し控える / BEAR[2] and ～. ♦ **～·er** *n* ［OE *forberan*; ⇨ BEAR[2]］

forbear[2] ⇨ FOREBEAR.

forbéar·ance *n* 寛容, 容赦; 忍耐, 辛抱; 自制, 慎み; 〘法〙 《権利行使の》 差し控え.

forbéar·ing *a* 辛抱強い, 寛大な. ♦ **～·ly** *adv*.

Forbes /fɔ́ːrbz/ **1** フォーブズ **George William** ～ (1869–1947) 《ニュージーランドの政治家; 首相 (1930–35)》. **2** 『フォーブズ』 《米国のビジネス誌; Forbes, Inc. から隔週刊; 1917 年創刊; 誌名は創刊した Bertie Charles Forbes にちなむ》.

Fórbes-Rób·ert·son /-rɑ́bərts(ə)n/ フォーブズ-ロバートソン Sir **Johnston** ～ (1853–1937) 《英国の俳優》.

for·bid /fərbɪ́d, fɔːr-/ *vt* (**-bade** /-bǽd, -béɪd/, **-bad** /-bǽd/; **-bid·den** /-bɪ́dn/, ～) 禁じる, 許さない; 〈事情などが〉妨げる; …への出入りを禁じる: I ～ him wine. 彼に酒を禁ずる / Wine is *forbidden*. 飲酒は禁じられている / I ～ you *to* speak.＝I ～ your speak*ing*. きみの発言を禁じる / ～ sb (*to* enter [*from* enter*ing*]) the house 人に出入りを差し止める / Time ～*s*. 時間が許さない. ● **God [Heaven, The Lord, The Saints] ～!** (そんなことは)断じてない(ように), そんなことがあってたまるか, めっそうもない, とんでもない! ► *a* 《古》 呪われた. ♦ **for·bíd·der** *n* ［OE *forbēodan* (BID[1]); cf. G *verbieten*］

for·bíd·dance *n* 禁止.

for·bíd·den *v* FORBID の過去分詞. ► *a* 禁じられた, 禁制[禁断]の; 〘理〙 禁制の 《量子論的に遷移が禁じられている》: FORBIDDEN LINE. ♦ **～·ly** *adv* **～·ness** *n*

forbídden bánd 〘理〙 禁止帯, 禁制帯 (BAND GAP).

Forbídden Cíty [the] **1** 《北京の》 紫禁城, 故宮 《城壁で囲まれた内城; 明清時代は一般人禁制であった; 現在は博物館が置かれている; 内城正門が天安門 (Tiananmen)》. **2** 《チベットの》 LHASA.

forbídden degrée 〘法〙 禁婚親等 《三親等まで》.

forbídden frúit **1** 〘聖〙 禁断の木の実 《*Gen* 2:17, 3:3》; 禁じられた愉しみ, 《特に》 不義の快楽: *F*～ is sweetest. 《諺》 禁じられた果実が最も甘い. **2** ザボン, ブンタン (shaddock).

forbídden gróund [térritory] 立入り禁止区域; 禁物な話題.

forbídden líne 〘理〙 《スペクトルの》 禁制線.

forbídden transítion 〘理〙 禁制[禁止]遷移 《パリティーが変化するなど選択規則 (selection rule) に反するため小さい確率でしか起こらない遷移》.

for·bíd·ding *a* 近づきがたい, 人を寄せつけない; 不快な, いやな; 不気味な, 険悪な; こわい, ものすごい: a ～ countenance いかめしい顔. ♦ **～·ly** *adv* **～·ness** *n*

forbode ⇨ FOREBODE.

forbore *v* FORBEAR[1] の過去形.

forborne *v* FORBEAR[1] の過去分詞.

Fór·bush dècrease [effèct] /fɔ́ːrbʊ̀ʃ-/ 〘天〙 フォーブッシュ減少[効果] 《太陽活動の増大後の宇宙線の急激な減少》. ［Scott E. *Forbush* (1904–84) 米国の物理学者］

for·by(e) /fɔːrbáɪ/ *prep* 《古》 …に接して, …に近く (near); 《古》 …を過ぎて (past); 《古·スコ》 …のほか (besides). ► *adv* 《古·スコ》 そのうえ, それに加えて.

force[1] /fɔ́ːrs/ *n* **1 a** 力, …力; 腕力, 暴力; 威圧する力, 強圧; [a ～] 暴行, 暴力による不法強制: resort to ～ 暴力に訴える, 実力行使する / by [with] ～ and arms 〘法〙 暴力によって. **b** 〘理〙 力; 〘理〙 《自然界の》 力 《電磁力·弱い力 (weak force), 強い力 (strong force), 重力の 4 つの基本的な力の一つ》: the ～ of gravity 重力. **c** [F-] 〘気〙 《Beaufort scale に基づく》 風力: a *F*～ 10 hurricane 風力 10 のハリケーン. **d** [the F-] 理力, フォース 《映画 *Star Wars* シリーズに出てくる概念で, 生体エネルギー力の意》: May *the F*～ be with you. 理力がきみと共にあらんことを 《映画中に多用される句》. **2** 兵力, 武力, 戦力; 部隊; [°*pl*] 軍隊, 軍勢; [*pl*, °the F-s] 《一国または一司令官の》 陸·海·空軍, 全軍, 軍隊; 《共同活動をする》 隊, 集団: the air ～ 空軍 / the (police) ～ 警察, 警官隊 / the (armed) ～(*s*) 軍隊 / the office ～ 事務所のスタッフ / the labor ～ of a country 一国の労働力 / the ～*s* of evil [darkness] 悪魔(の軍勢); 悪影響を及ぼすもの[人] (dark ～s). **3 a** 影響力, 貫禄, 社会的勢力; 説得力, 迫力. **b** 影響力をもつ人[もの], 有力者. **c** 効果, 《法律の》 効力, 拘束力: come into ～ 〈法律が〉実施される, 効力を発する / put… into [in] ～ 〈法律を〉実施する / with much ～ 非常に力強く; 大いに効果を上げて. **d** 精神力, 気力: with all one's ～ 全力を尽くして. **e** 《豪》 《犬の》 羊を追いたてる能力. **4** 《ことばなどの》 真意; 要点; もっともな道理, 理由: I can't see the ～ of doing what one dislikes. 嫌いなことをする理由がわからない. **5** 〘トランプ〙 FORCING BID; 〘野〙 FORCE PLAY; 〘玉突〙 引き球. ● **by ～** 暴力によって, 力ずくで. **by main ～** 《文》 全力をふるって[挙げて]. **by (the) ～ of**…の力で, …によって. **in ～** 〘法〙 有効で, 実施中で (cf. 3c); 大勢で, 大挙して; 〈人が〉力を充実させて: *in* full ～ 総勢で; 威力を十分に発揮して / *in* great ～ 大勢で; 威勢よく, 元気はつらつと. **join [combine] ～s** 〈…と〉力を合わせる, 協力する 〈*with*〉.

► *vt* **1** (無理強いに)押しつける, 強いる, 強いて…させる, 強要する; …に〈…することを〉余儀なくさせる: ～ one's opinion *on* [*upon*] sb 人に意見を押しつける / They ～*d* him *to* sign the papers. むりやり書類に署名させた / She ～*d* her*self* to be cheerful. 彼女はあえて快活にふるまった / She was ～*d into* (committing) crime by circumstances. 境遇に迫られて罪を犯した. ★ この意味では have to, must, be obliged to, be compelled to, be forced to と漸次強くなる表現法 / Falling sales ～*d* them *out of* business. 売上げ減少で閉店に追い込まれた. **2 a** 力で押し進む, 押しやる, 押し込む 〈*in, into, apart, back, down*〉; 無理に押し通る; 〈戸などを〉押し破る, こじあける; 強行する: ～ one's way *into*…に押し入る / ～ the door (open) / ～ a cat *off* the sofa 猫をソファーから追い出す / ～ a bill *through* (the legislature) 法案を強引に通す / ～ an entry むりやりはいる, 押し入る. **b** (力ずくで)ねじ伏せる; …に暴力を加える, 〈女〉に暴行する. **3** 《豪》 〈犬が羊を〉追いたてる. **4 a** 強奪する, もぎ取る 〈*sth out of* sb's hands〉; 〘軍〙 《強襲で》 奪取する. **b** 〈涙を〉出させる; 〈事実などを〉引き出す; 〈力·声などを〉無理に出す, ふりしぼる; 〈意味などを〉こじつける: ～ a smile 無理して笑う / ～ the names *out of* sb 人にむりやり名前を言わせる. **5** 《人為的に》 …の進行[成長]を速める; 〘園·畜〙 促成栽培[飼育]する (cf. FORWARD). **6** 〘トランプ〙 〈相手〉に切り札を捨てさせる, 〈切り札を〉出すよう仕向ける, 〈札を〉抜き出させる; 《ブリッジで》 〈ビッドを〉相手から引き出す. **7** 〘野〙 封殺する, フォースアウトにする, 《四死球で》 押し出しにする. **8** 《廃》 強化[補強]する; 〈法律を〉施行する.

► *vi* 押し進む, 強行軍をする; 促成栽培で育つ; 〘トランプ〙 〈プレーヤー(の言動)が〉相手から特定のビッド[手]を引き出す; 《豪》 〈犬が〉羊を追いたてる. ● **～ back** 〈感情·涙を〉こらえる; 抑える; 押し戻す. **～ down** 〈飲食物を〉無理して取る[取らせる]; 〈飛行機を〉強制着陸させる; 〈価格などを〉押し下げる. **～ in** 〘野〙 四球で(押し出し)点を与える. **～ out** (無理に)立ち退かせる, 辞職させる 〈*of* office〉; 〘野〙 封殺する. **～ sb's** HAND. **～ the game** 〘クリケット〙 《早く得点するために》 無理な冒険をする. **～ the pace [one's pace, the running]** 《競走で》 相手を疲れさせるため無理にピッチを上げる[ペースアップする], しかける; 《一般に》 (無理をして)急ぐ. **～ up** 〈事が〉〈価格·料金などを〉上昇させる, 押し上げる. ♦ **～·able** *a* ［OF＜L *fortis* strong］

force[2] *n* 《米方·北イング》 滝 (waterfall). ［ON *fors*］

fórce cùp PLUMBER'S HELPER.

forced /fɔ́ːrst/ *a* 強いられた, 強行の, 無理強いの; 無理な, こじつけの, 不自然な (strained); 〘理〙 外力による, 強制の; 〘電算〙 〈改行など〉強制の (hard): ～ labor 強制労働 / ～ interpretation こじつけの解釈 / a ～ smile 作り笑い / ～ tears そら涙. ♦ **fór·ced·ly** /-sədli/ *adv* 無理に, 強制的に.

fórced-àir héating 強制空気加熱, 温風暖房.

fórced-chóice *a* 〈設問が〉強制選択[二者択一]の.

fórced devélopment 〘写〙 増感現像 《露出不足のフィルムの画像濃度を強制的に高める現像処理》.

fórced dráft 《炉に対する》 強制通風, 押込み通風.

force de dis·sua·sion /*F* fɔrs də disɥazjɔ̃/ 《核兵器の》抑止力.
force de frappe /*F* fɔrs də frap/ 《核兵器による》攻撃力; 核抑止力 (force de dissuasion).
fórced lánding 《航空機の》不時着 (cf. FORCE-LAND): make a ～ 不時着する.
fórced márch 〘軍〙強行軍.
fórced sále 公売《執達吏の行なう競売処分》.
fórce-féed *vt* 《しばしば管を使って》〈人·動物〉にむりやり食わせる, 強制食餌を施す; 〈人に…を〉むりやり詰め込む[教え込む].
fórce féed 〘機〙《内燃機関などにおける》圧力[強制]給油, 押込み注油.
fórce fìeld 〘理〙FIELD OF FORCE; 神秘の力の場[空間]; 〘SF〙フォースフィールド《特殊な力の作用で障壁として機能する空間》.
fórce·ful *a* 力のこもった, 力強い, 激しい, 効果的な, 説得力のある; 力による, 荒々しい. ♦ **～·ly** *adv* 力強く, 激しく. **～·ness** *n*
fórce-lánd *vi, vt* 〈飛行機が[を]〉不時着する[させる] (cf. FORCED LANDING).
fórce·less *a* 力のない, 無力の.
force ma·jeure /—́— mɑːʒə́ːr, -mæ-, -mə-; -mæ-; *F* fɔrs maʒœːr/ 〘法〙不可抗力; 抗しがたい強制. [F=superior force]
fórce·mèat *n* フォースミート (=*farce*)《肉·魚または野菜を細かく刻んで味付けしたもので, 詰め物用または単独で供する》. [*force, farce* (obs) stuff＜F; ⇨ FARCE]
fórce of hábit 習慣の力, 惰性, 習性: from [by, out of, through] ～ 惰性で, いつものくせで.
fórce of náture [the] 〘理〙自然界の力 (FORCE): the ～*s* of nature 自然力 (natural ～s)《水力·風力·地震など》.
fórce-òut *n* 〘野〙封殺, フォースアウト.
fórce plày 〘野〙フォースプレー《走者が封殺されるプレー》: a ～ at second base.
for·ceps /fɔ́ːrsəps, -sèps/ *n* (*pl* ～, **～·es** /-əz/, **for·ci·pes** /-səpìːz/) 〘医〙鉗子(かんし), ピンセット (pincers) (: a pair of ～); 〘動〙《エビ·カニ·サソリなどの》はさみ, 《昆虫の》鉗子状器官, 尾鋏. ♦ **～-lìke** *a* [L]
fórce pùmp 〘工〙押揚げポンプ (cf. SUCTION PUMP).
for·cer /fɔ́ːrsər/ *n* 強制者; 押揚げポンプのピストン.
fórce ràtio 〘機〙MECHANICAL ADVANTAGE.
fórce-rìpe 《カリブ》 *a* 〈果実が〉追熟加工された; 〈人が〉早熟な, ませた, おとなぶった. ► *vt* 〈果実を〉追熟加工する《未熟なうちに摘み取って温蔵などによって熟させる》.
forc·ible /fɔ́ːrsəb(ə)l/ *a* **1** むりやりの, 強制的な, 強引な: a ～ entry 実力行使による侵入. **2** 強力な, 力のこもった, 力強い, 有力な, 有効な, 説得力のある: take ～ measures 有効な手段をとる. ♦ **fórc·ibly** *adv* 力ずくで, 強制的に; 力をこめて, 強力に, 強く. **～·ness** *n* **fòrc·ibíl·i·ty** *n* [OF; ⇨ FORCE[1]]
fórcible-féeble *a* 強そうで(実は)弱い, こけおどしの.
forc·ing /fɔ́ːrsɪŋ/ *n* 強制; 暴行; 奪取; 発育促進(法), 促成(栽培): plants for ～ 促成用植物. ► *a* 〘トランプ〙フォーシングの, パスできない〈ビッド〉.
fórcing bèd (促成栽培)温床 (hotbed).
fórcing bìd 〘ブリッジ〙パートナーに応答を要求するビッド《必要より高いビッドで自分たちのビッドを競り上げるためにする》.
fórcing hòuse **1** 促成栽培温室, 促成飼育室; [*fig*] 温床. **2** 教科課程の限られた学校.
fórcing pùmp FORCE PUMP.
for·ci·pate /fɔ́ːrsəpèɪt/, **-pat·ed** /-pèɪtəd/ *a* 〘植·動〙鉗子(かんし)状の.
forcipes *n* FORCEPS の複数形.
for·cite /fɔ́ːrsàɪt/ *n* フォーサイト《ダイナマイトの一種》.
ford /fɔ́ːrd/ *n* 《川などの, 歩いてまたは馬·自動車などで渡れる》浅瀬, 渡り場; 《古》流れ (stream). ► *vt, vi* (…の)浅瀬を渡る, 渡渉する. ♦ **～·able** *a* [OE; cf. FARE, G *Furt*]
Ford **1** フォード (1) **Ford Madox** ～ [**Hueffer**] (1873–1939)《英国の小説家·編集者·批評家; 小説 *The Good Soldier* (1915), 第一次大戦期を扱った四部作で変動期の上流階級を描いた *Parade's End* (1924–28)》 (2) **Gerald R**(**udolph**) ～ (1913–2006)《米国第 38 代大統領 (1974–77); 共和党》 (3) **Harrison** ～ (1942–)《米国の映画俳優》 (4) **Henry** ～ (1863–1947)《米国の自動車製造業者, '自動車王'》 (5) **John** ～ (1586–1639?)《イングランドの劇作家; *'Tis Pity She's a Whore* (1633)》 (6) **John** ～ (1895–1973)《米国の映画監督; 本名 Sean O'Feeney》 (7) **Richard** ～ (1944–)《米国の小説家·短篇作家》 (8) **'Whitey'** ～ [**Edward Charles** ～] (1928–)《米国のプロ野球選手; New York Yankees の投手として活躍》. **2** フォード《Ford 社製の自動車》.
Fórd·ism *n* フォード方式[主義]《Henry FORD の自動車生産のように, 作業工程を細分化して, 組立てラインによる低コスト大量生産をしようとする方式》. ♦ **Fórd·ist** *n, a*
for·do /fɔːrdúː/ 《古》 *vt* 亡きものにする, 殺す, 滅ぼす, 廃する; 終える. [*for-*]
for·dóne *v* FORDO の過去分詞. ► *a* 《古》疲労困憊(こんぱい)した.

fore[1] /fɔ́ːr/ *a* **1** 前部[前方, 前面]の (opp. *hind, back*): the ～ part of a train 列車の前部. **2** 最初の, 先頭の; 《時間的に》前の. ► *adv* 〘海〙船首に[の方へ]; 《方》前に, 前方に; 《廃》以前に. ● **～ and aft** 船首から船尾まで; 船全体にわたって; 船首尾方向に, 船首尾に[で]; 前と後ろ[最初と最後]に[で]. ► *n* 前部, 前面; 〘海〙船首部; 〘海〙前檣(ぜんしょう) (foremast). ● **at the ～** 〘海〙前檣(頭)に. **to the ～** 前面に; 目立つ所に, 活躍して; 《スコ·アイル》生きて (alive); 《金など》手元に, 準備して: come *to the* ～ 有力な役割を演ずる, 世人の耳目をひく, 表立ってくる. ► *prep, conj* /fɔːr, fɔ̀ːr/ 《非標準》…の前に (before); …の面前で: *F*～ George (聖ジョージに)誓って / *F*～ Heaven, I am innocent. 神に誓って身に覚えがありません. [OE; cf. G *vor*]
fore[2] *int* 〘ゴルフ〙ボールがそっちへ行くぞ, フォア!《打球の方にいる人への警告》. [*be*fore or *a*fore]
'fore /fɔ̀ːr/ *prep* FORE.
fore- /fɔ̀ːr/ *comb form*「前部の」「前方の」「前もって…」「先…」「予…」「前檣(ぜんしょう)」 [*fore*[1]]
fóre-and-áft *a* 前後の; 〘海〙船首から船尾への, 船首尾の, 縦の; 縦帆の: a ～ runner 縦(通)材 / a ～ schooner 縦帆スクーナー.
fóre-and-áft cáp 前後にまびさしのある帽子.
fóre-and-áft·er 〘海〙 *n* 縦帆船, 《特に》縦帆スクーナー; 両頭船 (double-ender).
fóre-and-áft rìg 〘海〙縦帆帆装. ♦ **fóre-and-áft rìgged** *a*
fóre-and-áft sàil 〘海〙縦帆(じゅうはん) (cf. SQUARE SAIL).
fóre·àrm[1] *n* 前膊(ぜんぱく), 前腕《ひじから手首まで》.
fore·árm[2] *vt* [[U]*pass*] あらかじめ武装する, 〈困難など〉にあらかじめ備える: FOREWARNED is ～*ed*.
foreárm smàsh 〘レス〙前腕による強打, エルボースマッシュ.
fóre·bày *n* 取水庭(てい), フォアベイ《水車·タービンの直前の貯水池など》.
fore·bear, for- /fɔ́ːrbɛ̀ər/ *n* [[U]*pl*] 先祖. [*fore-, beer* (obs) (BE, *-er*[1])]
fóre·bèar·er *n* 《非標準》FOREBEAR.
fore·bode, for- /fɔːrbóʊd/ *vi* 予言する; (不吉な)予感を覚える. ► *vt* …の前兆となる; 〈災難など〉の予感を覚える, …であると虫が知らせる. ♦ **fore·bód·er** *n* 予言者, 予見者; 前兆.
fore·bód·ing *n* 虫の知らせ, 予感, 《特に》凶事の前兆, 凶兆; 予言. ► *a* (不吉な)予感のする, 虫の知らせの, 不吉な. ♦ **～·ly** *adv* 予感的に, 前兆として. **～·ness** *n*
fóre·bòdy *n* 〘海〙前部船体.
fóre·bràin 〘解〙 *n* 前脳(部) (=*prosencephalon*); 終脳, 端脳 (telencephalon).
fóre·càbin *n* 〘海〙船首船室《普通は二等船室》.
fóre·càddie *n* 〘ゴルフ〙フォアキャディー《ボールの停止した位置を示すキャディー》.
fore·cast /fɔ́ːrkæ̀st, —́—; -kɑ̀ːst/ *vt* (～, **～·ed**) 予想[予測]する 〈*that*〉; 〈天気を〉予報する; …の兆しを示す, …の前触れとなる; あらかじめ計画する. ► *vi* 予見[予言]する; あらかじめ計画する. ► *n* 予想, 予測, 予報; 《特に》天気予報, 景気予測. ♦ **～·er** *n* 予見する人, 予言者; 天気予報官. **～·able** *a*
fore·cas·tle /fóʊks(ə)l, *fɔ́ːrkæ̀səl/ *n* 〘海〙船首楼《フォアマストより前の上甲板; 軍艦の前甲板·商船の前甲板下の船員部屋などもいう; 発音どおり fo'c'sle, fo'c's'le ともつづる》.
fórecastle dèck 〘海〙船首楼甲板.
fórecastle·hèad *n* 〘海〙船首楼最前部.
fóre·chèck *vi* 〘アイスホッケー〙フォアチェックする《相手の攻撃を相手陣内で防御する》. ♦ **～·er** *n*
fóre·cìted *a* 前に引用した, 前掲の.
fore·close /fɔːrklóʊz/ *vt, vi* **1** 除外[排除]する, 締め出す; 妨げる, 防ぐ 〈*of*〉; 専有する. **2** あらかじめ答えておく, 前もって処理する. **3** 〘法〙〈譲渡抵当権設定者〉に(抵当物の)受戻し権を失わせる; 〈抵当物を〉抵当流れ[質流れ]処分にする, 流す 〈*on*〉. ♦ **fore·clós·able** *a* [OF (pp) ＜*forclore* (L *foris* out, CLOSE[1])]
fore·clo·sure /fɔːrklóʊʒər/ *n* 〘法〙《譲渡抵当物の》受戻し権喪失, 譲渡抵当受戻し権喪失手続き, 譲渡抵当権実行手続き.
fóre·cònscious *a, n* PRECONSCIOUS.
fóre·còurse *n* 〘海〙フォアコース (FORESAIL).
fóre·còurt *n* 《建物の》前庭, [[U]]《特にガソリンスタンドの》給油場; 〘スポ〙フォアコート《court game で, ネット近くのコート域; テニスではネットとサービスラインの間の部分; opp. *backcourt*》.
fore·dáte *vt* ANTEDATE.
fore·dáted *a* 実際より前の日付を付けた: a ～ check 先(さき)日付小切手.
fóre·dèck *n* 〘海〙前部甲板.
fore·do /fɔːrdúː/ *vt* 《古》FORDO.
fore·done[1] /fɔːrdʌ́n/ *v* FOREDO の過去分詞. ► *a* 《古》FORDONE.
foredone[2] *a* 以前に行なった.
fore·dóom *vt* あらかじめ…の運命を定める: a project ～*ed to* failure 初めから失敗するにきまっている企画. ► *n* /—́ —̀/ 《古》予定された運命.

fóre èdge 前べり, 外べり;《書物の背に対し》前小口.
fóre-èdge pàinting 〔製本〕小口絵装飾(法)《前小口を絵で飾ること[技法]; 絵は前小口の紙葉を斜めにすると見られる》; 小口絵.
fóre-ènd *n*《物の》前部, 前端;〔銃〕《銃床の》前床《銃身の下, 引金用心鉄の前》.
fóre·fàce *n* 前面《四足動物の顔の, 目より下[前]の部分》.
fóre·fàther [ᵘ*pl*] *n* 先祖;《必ずしも家系に関係のない》父祖, 祖先, 先人. ♦ **~·ly** *a*
Fórefathers' Dày 〔米〕父祖の日《1620 年の Pilgrim Fathers の米大陸上陸記念日; 一般に 12 月 22 日; 上陸は 21 日》.
fore·féel *vt* 予感する. ► *n* /⌐ ⌐/ 予感.
forefend ⇨ FORFEND.
fóre·fìnger *n* 人差し指 (first finger, index finger).
fóre·fòot *n* (*pl* **-fèet**)《四足動物の》前足;《人間の足の》前部;〔海〕前部竜骨, 船首の水切り, フォアフット.
fóre·frònt *n* [the] 最前部; 最前線, 最先端, 最重要部, 先頭: in [at] *the* ~ of…の最前線にあって; …の先頭となって.
foregather ⇨ FORGATHER.
fóre·gìft *n* 〔英法〕《賃貸借契約の》権利金, 敷金.
fore·gó[1] *vt*, *vi* 先に行く, 先立つ, 先んずる. ♦ **~·er** *n* 先人, 先代, 祖先, 先輩; 先例. [OE *foregān* (*fore-*, GO)]
forego[2] ⇨ FORGO.
fore·gó·ing *a* 先の, 前の, 前述の; [the, 〈*n*〉] 前記[上述]のもの.
fore·góne[1] *v* FOREGO[1] の過去分詞. ► *a* /, ⌐ ⌐/ 先の, 先行の, 過去の, 既往の; 既定の. ♦ **~·ness** *n*
foregone[2] *v* FOREGO[2] の過去分詞.
foregóne conclúsion 初めからわかりきっている結論; 予測できる結末, 避けられない結果, 確実なこと; 予断.
fóre·gròund *n* 〔画〕前景 (cf. MIDDLE DISTANCE, BACKGROUND); 最前面, 表面, 最も目立つ位置;〔電算〕フォアグラウンド, 前景部《コンピューターのマルチタスク環境で優先度の高い処理についていう; opp. *background*》: in the ~〔電算〕タスクがフォアグランドで, 現在使用中で. ► *a*〔電算〕フォアグラウンドの: ~ processing フォアグラウンド処理. ► *vt* 前景に描く, 前面に置く; 目立たせる. [Du (*fore-*, GROUND[1])]
fóre·gròund·ing *n* 〔言〕前景化《詩的な比喩のように, 普通でないものとして注意をひくような言語表現を用いること》.
fóre·gùt *n* 〔発生・動〕《胎児の》前腸《咽頭・食道・胃・十二指腸になる部分; cf. MIDGUT, HINDGUT》;〔昆〕前腸《咽頭より噴門弁に至るまでの外胚葉起源部分》.
fóre·hànd *a* **1** 前方の; 最前部の, 先頭の. **2**《テニスなどで》フォアハンドの (opp. *backhand*): a ~ stroke フォアハンドストローク. **3**《廃》(先を)見越した: a ~ payment 前払い. ► *n* 前位, 馬体の前部《騎手より前》; フォアハンド(ストローク[側]);《古》上位, 優位. ► *adv* フォアハンドで. ► *vi*, *vt* フォアハンドで打つ.
fóre·hánd·ed *a* **1**《テニスなどで》フォアハンドの. **2** *将来に備えた, 倹約な (thrifty); *時宜を得た (timely); *裕福な (well-to-do). ♦ **~·ly** *adv* **~·ness** *n*
fore·head /fárəd, fɔ́:rhèd, *fɔ́:rəd/ *n* ひたい, 額, 前頭;《物の》前部. [OE *forhēafod* (*fore-*, HEAD)]
fóre·hòck *n* 豚の前肢の肉《付け根あたりの肉》.
fóre·hòld *n* 〔海〕前部船倉.
fóre·hòof *n* 《動物の》前脚のひづめ.
for·eign /fɔ́(:)rən, fár-/ *a* **1** 外国の, 異国の (opp. *domestic*, *home*); 対外の; 在外の; 外国産の; 外国風の; 外国行きの: a ~ accent 外国なまり / a ~ debt [loan] 外債 / a ~ deposit 在外預金 / ~ goods 外国品 / a ~ language [tongue] 外国語 / ~ mail 外国郵便 / ~ negotiations 外交交渉 / a ~ settlement 外人居留地 / ~ trade 外国貿易. **2**《郡・地方など》ある地域の外にある, 他地域の; *他州の〈会社など〉; ᴵᴵ〔鉄道〕他社の〈車両など〉;〔法〕《州などの》管轄権外の, 法適用地域外にある: a ~ line 在外線 / a ~ car 他線車. **3**《固有でなく》外来の, 異質の; 異種の《免疫系によって '自己' として認められない》; 他者の, 他からの; 全く異なる 〈*from*〉, 相容れない, 関係のない, 適しない 〈*to*〉; 知らない, 慣れない: a ~ substance in the stomach 胃の中にはいった異物[混在物] / ~ *to* the question 問題と無関係 / Dishonesty is ~ *to* his nature. 不正は彼の性に合わない, 不正をはたらく男ではない. ● **go ~** 〔海〕外国貿易船に船員として乗り込む. **sell ~** 〔海〕〈船を〉外国人に売る. ♦ **~·ness** *n* 外来性; 異質[異分子]たること; 外国風. [OF<L (*foris* outside); *-g-* は cf. SOVEREIGN]
fóreign affáirs *pl* 外交問題, 外務, 外政: the Ministry [Minister] of Foreign Affairs 外務省[大臣].
fóreign áid 《外国への》対外援助.
Fóreign and Cómmonwealth Òffice [the]〔英〕外務連邦省, 外務省《1968 年 10 月に Foreign Office と Commonwealth Office が統合されて一省となったもの; 略 FCO; 外相は Foreign Secretary》.
fóreign bíll 外国為替手形 (=~ of exchange).
fóreign bódy 《体内にはいった》異物; あるものの中にはいっている好ましくないもの《スープにはいったハエなど》.
fóreign-bórn *a* 外国生まれの; [the, 〈*pl*〉]《外国からの》移民.
fóreign correspóndent 外国通信員[特派員].
fóreign dévil 〔中国〕洋鬼子(ヤンクイツ)《外国人, 特にヨーロッパ人に対する蔑称》.
fóreign dráft FOREIGN BILL.
fóreign·er *n* 外国人, 外人; 外来動植物; 舶来品; 外国船; 外国証券;《方》よそ者, 部外者 (stranger). ● **do a ~**《俗》〈就業中の者が〉勝手によその仕事[個人の利益になること]をする, 〈失業手当受給者が〉無断でアルバイトをする.
fóreign exchánge 外国為替; 外貨, 外貨で支払える短期手形: ~ rate 外国為替レート.
fóreign-gò·ing *a* 外国行きの, 外航の〈船〉.
fóreign·ìsm *n* 外国風(模倣); 外国語法; 外国風の習慣; 外国的特性.
fóreign légion 外人部隊; [F- L-]《特にアルジェリアのフランス軍の》外人部隊《1831 年設立》.
fóreign mínister 《英米以外の》外務大臣, 外相.
Fóreign Mínistry [the] 外務省.
fóreign míssion 《キリスト教の》外国伝道(団); 外国派遣使節団.
fóreign òffice 外務省, [the F- O-] ᴵᴵ外務省《正式名は FOREIGN AND COMMONWEALTH OFFICE; cf. STATE DEPARTMENT》.
fóreign pólicy 外交政策[方針].
fóreign relátions *pl* 外交関係; 外交問題.
Fóreign Sécretary [the]〔英〕外務大臣《正式名は the Secretary of State for Foreign and Commonwealth Affairs; ⇨ FOREIGN AND COMMONWEALTH OFFICE》.
fóreign sérvice 《軍隊の》外地[海外]勤務;《外務省の》外務職員《集合的》; [the F- S-]〔米〕《国務省の》外務職員局《1924 年設置》.
fóreign-tráde zòne* 外国貿易地帯 (free port).
fore·júdge[1] *vt* 予断する (prejudge).
fore·judge[2], **for·judge** /fərʤʌ́ʤ, fɔ:r-/ *vt*《法廷の判決により》〈人〉から〈権利・物を〉剥奪する, 〈人を〉〈…から〉追放する 〈*from*, *of*〉. ★ 二重目的語構文になることもある.
fore·knów *vt*《直感や超能力によって》予知する. ♦ **~·able** *a* **fóre·knòwledge** /, ⌐ ⌐; ⌐ ⌐/ *n* 予知, 先見.
for·el, for·rel /fɔ́(:)rəl, fár-/ *n* フォレル《羊皮紙の一種; 書物の表紙に用いる》;《本の》外箱, ケース. [OF=sheath]
fóre·làdy* *n* 女性の FOREMAN.
fóre·land /-lənd, -lænd/ *n* 岬, 海角 (headland);《築堤・城壁の》前面地; 海岸地 (opp. *hinterland*);《川の》堤外地.
fóre·lèg *n* 《四足獣・昆虫の》前肢;《椅子の》前脚.
fóre·lìmb *n* 《脊椎動物の》前肢《前脚, それに対応する翼・鰭(ひれ)など》.
fóre·lòck[1] *n* 《人・馬の》前髪. ● **take [seize] time [an occasion] by the ~** 機会をのがさない, 機会に乗じる《機会に後ろ髪はないとの言い伝えから》. **touch [tug (at), pull] one's ~ (to sb)** ᴵᴵ《目上の人に》自分の前髪を引っ張って挨拶をする《特にかつて, 男が帽子をかぶっていない時に行なった挨拶》; ぺこぺこする.
forelock[2] *n*, *vt* 割りくさび[フォアロック](で固定する). [*-lock*[1]]
fóre·man /-mən/ *n* 労働者の頭, 親方, 職場主任, 現場監督, 職工長, 職長, フォアマン;〔法〕陪審長. ♦ **~·shìp** *n*
Fore·man /fɔ́:rmən/ フォアマン (1) **Carl** ~ (1914–84)《米国の映画脚本家・制作者・監督》(2) **George** ~ (1949–)《米国のボクサー; 世界ヘビー級チャンピオン (1973–74, 94–95)》.
fóre·màst /, 《海》-məst/ *n* 〔海〕前檣(ぜんしょう), フォアマスト.
fóre·màst·man /-mən/, **fóre·màst·hànd** *n* 〔海〕前檣員, 平水夫, 水兵 (man before the mast).
fore·méntioned *a* 先に述べた, 前述の.
fóre·mìlk *n* 《人の》初乳 (colostrum);《牛の》搾(しぼ)り始め乳《細菌数が多い》.
fóre·mòst /, -məst/ *a* いちばん先の, まっさきの; 第一位の, 一流の, 主要な. ► *adv* まっさきに; 最も重要なこととして. [*formost*, *formest* (superl)<OE *forma* first; 語形は *fore* と *-most* に同化; cf. FORMER]
fóre·mòther *n* 女子先祖 (⇨ FOREFATHER).
fóre·nàme *n* 《surname に対する》名 (first name) (⇨ NAME).
fóre·nàmed *a*《文書で》前述の, 前記の.
fóre·nòon /, *⌐ ⌐/ *n* 午前《特に 8–9 時から正午》: ~ market〔証券〕前場(ぜんば).
fóre·nòtice *n* 予告.
fo·ren·sic /fərénsɪk, -zɪk/ *a* **1** 法廷の; 法廷で用いる; 弁論の, 討論の. **2** 法科学の, 法医学の. ► *n* **1** *討論練習[訓練]; [~s, 〈*sg*/*pl*〉] 弁論術, 討論学. **2** [~s, 〈*sg*/*pl*〉] 法科学, 法科学鑑定, 鑑識(技術). ♦ **-si·cal·ly** *adv* [L *forensis*; ⇨ FORUM]
forénsic anthropólogy 法人類学《民事・刑事上の法的問題に人類学の成果・方法を応用する》.
forénsic évidence 法医学的証拠.
forénsic médicine 法医学 (=*medical jurisprudence*).
forénsic science 法科学《法律問題へ科学の成果を応用する学問分野》.

fòre·ordáin *vt*〘神学〙あらかじめ…の運命を定める.
fòre·ordinátion *n*《運命の》予定, 前世の約束, 宿命.
fóre·pàrt *n* 最前部; 前部; 初めの部分, 初期.
fore·pássed, -pást *a* 過去の, 昔の (bygone).
fóre·pàw *n*《犬・猫などの》前足.
fóre·pèak *n*〘海〙船首倉: a ~ tank 船首タンク.
fóre·pèrson *n* (現場)監督, 主任;〘法〙陪審長.
fóre plàne〘木工〙荒仕上げかんな, 荒仕子(あらしこ).
fóre·plày *n*《性交の》前戯; 前もって行なう動作[行動].
fóre·pòle *n* 差矢(さしや)《坑道天井部の岩石落下防止厚板》.
fóre·quàrter *n*《牛・豚・羊の肉の》前四分体; [*pl*]《馬などの》前軀.
fore·réach〘海〙*vi*〈他船に〉追い迫る〈*on*〉;〈船が〉《惰力で》進出する. ► *vt*〈他船〉に追い迫る, 追い越す, 追い抜く; …にまさる.
fóre·rìb *n* フォアリブ《サーロインのすぐ前のばら肉を含むロースト用牛肉》.
fore·rún *vt* …に先駆ける, 先立つ; 予告[予報]する; 出し抜く.
fóre·rùnner *n* **1 a** 先駆者;〘スキー〙前走者. **b** [the F-]〘キリストの〙先駆者《バプテスマのヨハネ (John the Baptist) のこと》. **c** 先触れ, 前触れ; 徴候, 前兆. **2** 先人, 先祖.
fóre·sàddle *n*《子牛・子羊などの》前鞍下肉.
fóre·sàid *a* AFORESAID.
fóre·sàil /, (海) -s(ə)l/〘海〙*n* フォースル《前檣(ぜんしょう) (foremast) の下帆》;《schooner の前檣の gaff に付けた》前檣縦帆; FORESTAYSAIL.
fore·sée *vt* 予見する, 予知[予測]する, 先を見る, 見越す. ► *vi* 予見する, 先見の明がある, 先を見通す. ◆ **fore·séer** *n* 予見する人. **~·ing** *a* 予見する. **~·ing·ly** *adv* 予見して, 先を見越して. [OE *foresēon* (*fore-*, SEE[1])]
fore·sèe·abílity *n* 予見可能性.
fore·sée·able *a* 予見[予知]できる: in the ~ future 近い将来に(は), 当面(は) / for the ~ future 当分の間は. ◆ **-ably** *adv*
fóre·set bèd /fɔ́:rsèt-/〘地質〙前置層《三角洲の前縁の斜面に形成される堆積層; cf. BOTTOMSET BED, TOPSET BED》.
fore·shádow *vt* …の徴候を示す, 前兆となる, 原型をなす, 予示する. ◆ **~·er** *n*
fore·shádow·ing *n* 徴候.
fóre·shànk *n*《牛の》前足の上部; 前肢[前脚]肉.
fóre·shèet〘海〙*n* 前檣(ぜんしょう)帆の帆脚(ほあし)綱; [*pl*]《ボートなど無甲板船の》艇首座, フォアシート (opp. *stern sheets*).
fóre·shòck *n*〘地震〙前震.
fóre·shòre *n* 波打ち際, みぎわ, なぎさ; 前浜(まえはま)《満潮汀線(ていせん)と干潮汀線との間》.
fore·shórt·en *vt*〘画〙《遠近法で》奥行を縮めて描く, 短縮[縮約]法で描く;《一般に》短縮する, 縮める. ◆ **~ed** *a* [C17; Du *verkorten* にならったものか]
fóre·shòt *n* [°*pl*]《ウイスキー蒸留初期に出る》初留液.
fore·shów *vt* 予言する, 予示する; …の前兆をなす.
fóre·sìde *n* 前面, 前部; 上部; *臨海地帯.
fóre·sìght *n* **1** 先見(の明), 洞察(力) (opp. *hindsight*); 前途の見通し, 見込み;《将来に対する》用心, 慎重さ, 深慮. **2** 前方を見ること, 前視;〘測〙前視;《銃砲の》照星 (cf. BACKSIGHT). ◆ **~·ful** *a* **~·ed** *a* 先見の明のある, 先の見える; 将来を配慮した, 深慮ある. **~·ed·ly** *adv* **~·ed·ness** *n* [ME 期, ON *forsjá, forsjó* にならったものか]
fóre·skìn *n*〘解〙包皮 (=*prepuce*). [C16; G *Vorhaut* にならったもの]
fore·spéak *vt* 予言する; 予約する.
fore·spént *a* FORSPENT.
for·est /fɔ́(:)rəst, fάr-/ *n* **1 a**《広大な》森, 森林, 高木林《固有名では, 開墾されて今は森が失われてしまった土地についてもいう: Sherwood *Forest*》. **b** 森林の樹木, 樹林《集合的》. **c**〘英史〙《王室などの》御料林, 御猟場《囲いのない地域で, 樹は多くはない; cf. CHASE[1], PARK》. **2** 林立するもの: a ~ of chimneys [masts] 林立する煙突[マスト] / a ~ of spears 槍ぶすま. ● **not see the ~ for the trees** =not see the WOOD(s) for the trees. ► *vt* …に植林する, 造林する; 森にする, 森林[樹林]でおおう. ◆ **~·al, fo·res·tial** /fəréstiəl, -résʧəl/ *a* 森林の, 林野[森林]に関する. **~·ed** *a* 森林[樹林]でおおわれた. **~·less** *a* [OF<L *forestis* (*silva* wood) outside; ⇨ FOREIGN]
fóre·stàge[1] *n*《幕前の》舞台の前部, 前舞台 (apron).
fórest·age[2]〘英史〙*n*《森林官に納付する》林野[山林]税; 森林地居住者の賦役;《森林の》立木伐採権.
fore·stall /fɔ:rstɔ́:l/ *vt* 先んずる, …の機先を制する, 出し抜く; 買い占める (buy up);《買占めなどによって》〈市場の〉取引を妨げる;《古》〈人・物〉の通行を妨げる, 待伏せする;《廃》《武力で》じゃまをする, 妨げる. ◆ **~·er** *n* **~·ment** | **fore·stál·ment** *n* [ME=to waylay (*fore-*, STALL[1]); cf. OE *for(e)steall* an ambush]
for·es·ta·tion /fɔ̀(:)rəstéɪʃ(ə)n, fὰr-/ *n* 造林, 植林, 営林, 森づくり, 森林形成.
fóre·stày *n*〘海〙前檣(ぜんしょう)前支索, フォアステー.
fore·stáy·sàil /, (海) -s(ə)l/ *n*〘海〙フォアステースル《前檣前支索にかかる三角帆》.
fórest·er *n* **1** 林業者; 森林官, 林務官, 森林管理者, 森林警備[監視]員. **2 a** 森林の住人; 森の鳥獣. **b**〘昆〙トラガ (=~ **mòth**)《トラガ科のガの総称》. **c**《特に 雄の》オオカンガルー. **3** [F-] フォレスター会 (慈善友愛組合 Ancient Order of Foresters) の会員.
Forester フォレスター **C**(**ecil**) **S**(**cott**) ~ (1899-1966)《英国の大衆小説作家; ナポレオン戦争を舞台に Horatio Hornblower 艦長が活躍する海軍小説 *The Happy Return* (1937) 以下の連作で人気を博した》.
fórest fìre 山火事, 森林火災. ★ ground fire (地中火), surface fire (地表火), stem fire (樹幹火), crown fire (樹冠火) がある.
fórest flòor〘生態〙林床(りんしょう)《林地地表面の土壌と有機堆積物の層》.
fórest flỳ〘昆〙ウマシラミバエ.
fórest gréen 濃い黄色がかった緑色, 深緑.
Fórest Hílls フォレストヒルズ《New York 市 Queens の住宅地区; テニスの全米オープンの会場であった West Side Tennis Club がある》.
fórest hòg〘動〙モリイノシシ《熱帯アフリカ産》.
fórest·lànd *n* 森林地, 林地.
fóre·stòmach *n*〘医〙《胃に近い食道の端末部にできる》噴門洞;〘生〙前胃.
fórest párk 森林公園.
fórest pìg〘動〙FOREST HOG.
fórest ránger〘米〙森林警備員.
fórest resèrve 保安林 (=**fórest presèrve**).
fórest·ry *n* **1** 林業; 林学; 山林管理. **2** 森林地, 林地.
Fórestry Commíssion [the]〘英〙森林委員会《国有林を管理し, 森林公園 (forest park) を運営する政府機関; 私有林への管理助成も行なっている; 略 FC》.
fórest tènt cáterpillar〘昆〙オビカレハの一種,《その幼虫》テンマクケムシ《落葉樹の葉を食い荒らす》.
fórest trèe《果樹・庭木などに対して》森林樹, 林木.
foreswear, foresworn ⇨ FORSWEAR.
fóre·tàste *n* 前もって味わうこと, 先だめし; 前触れ, 前兆. ► *vt* /ˌ-ˈ-ˌ-, ˌ-ˈ-/ 〈苦楽を〉前もって味わう.
fore·téll *vt, vi* 予告[予言, 予示]する, …の前兆をなす. ◆ **~·er** *n* 予告者; 予言者.
fóre·thòught *n* 事前の考慮[計画]; 予想; 将来への深慮, 先見, 用心. ► *a* 前もって考慮した.
fore·thóught·ful *a* (将来に対する)深慮のある, 先見の明のある; あらかじめ考慮する. ◆ **~·ly** *adv* **~·ness** *n*
fóre·tìme *n* 往時, 昔日.
fóre·tòken *n* 前兆 (omen). ► *vt* /ˌ-ˈ-ˌ-/ …の前兆をなす, 予示する.
fóre·tòoth *n* 前歯, 切歯 (incisor).
fóre·tòp /, (海) -təp/ *n*〘海〙前檣(ぜんしょう)楼, フォアトップ;《馬の額の》前髪;《古》《人・かつらの》前髪.
fòre·tòp·gállant *a*〘海〙前檣上檣の: a ~ mast 前檣上檣, フォアトゲルンマスト / a ~ sail 前檣のトゲルンスル.
fóre·tòp·man /-mən, (海) -təp-/ *n*〘海〙前檣楼員, フォアトップマン.
fòre·tóp·màst /, (海) -məst/ *n*〘海〙前檣中檣, フォアトップマスト.
fòre·tóp·sàil /, (海) -s(ə)l/ *n*〘海〙前檣トップスル, フォアトップスル《fore-topmast にかける横帆》.
fóre·triàngle *n*〘海〙船首三角形《帆船の前檣・甲板・前檣前支索とでつくる垂直の三角域》.
for·ev·er /fɔ:révər, fə-/ *adv* 永久に, 永遠に, とこしえに; 絶えず, 常に, しょっちゅう, ひっきりなしに;《口》長々と, 延々と, ずっと: be ~ complaining いつもブツブツ言っている. ● **~ and a day**=**~ and ever** 永久に, とわに, 延々と. ► *n* 永遠, とても長い間: take ~ とても長くかかる, 永遠に終わらない. [*for* EVER]
forèver·móre *adv* 今後永久に (forever).
foréver·ness *n* 永遠, 無窮.
foréver stàmp〘米郵〙永久切手, フォーエバースタンプ《2007 年に発行された無額面切手; 料金が改定されても永久に first-class の基本料金分として使えるもの; cf. NVI》.
fore·wárn *vt* …に前もって警告[注意, 通告]する〈sb *of* [*about*] sth〉: *F~ed* is forearmed.《諺》警戒は軍備なり, 備えあれば憂いなし. ◆ **~·er** *n* **~·ing** *n*
forewent *v* FOREGO[1,2] の過去形.
fóre·wìnd *n*〘海〙順風.
fóre·wìng *n*〘昆〙前翅(ぜんし)《中胸から出ている翅》.
fóre·wòman *n* 女性の現場監督[主任]; 女性の陪審長.
fóre·wòrd *n*《特に 著者以外の人の》まえがき, 序文, 緒言. [C19; G *Vorwort* にならったもの]
fore·wórn *a*《古》FORWORN.
for·ex /fɔ́(:)rəks, fάr-/ *n* [°F-] FOREIGN EXCHANGE.
fóre·yàrd *n*〘海〙前檣(ぜんしょう)の(いちばん下の)帆桁.

for·fait·ing /fɔ́ːrfèɪtɪŋ/ *n* 〘金融〙フォーフェティング《輸出長期延払い手形の償還請求権なしの割引買取金融》.

For·far /fɔ́ːrfər, -fɑ̀ːr/ フォーファー《スコットランド東部の市場町; スコットランド王が王宮とした(11–14 世紀)城があった地; ANGUS の旧州都・行政中心地》.

for·feit /fɔ́ːrfət/ *n* **1 a** 罰金, 科料 (fine), 違約金; 追徴金; 没収物; 犠牲: His life was the ～ of his crime. 罪の罰として命を取られた. **b**《罰金遊びの》賭け物; [*pl*] 罰金遊び. **2**《物・権利・名誉などの》没収, 剝奪, 喪失; 〘スポ〙没収試合. ► *a* 没収された, 喪失した. ► *vt*《罰として》没収[剝奪]される, 喪失する, …の権利を失う;《必然的な結果として》失う, 手放す, あきらめる; «古»〈政府などが〉〈財産などを〉没収する. ♦ **～·able** *a* 没収[剝奪]できる, 没収[失権]対象の. **～·er** *n* 権利[財産]の喪失者; 没収執行者. [ME＝crime＜OF (pp)＜*forfaire* to transgress (L *foris* outside, *facio* to do)]

fórfeit·ed gáme 〘スポ〙没収試合.

for·feit·ure /fɔ́ːrfətʃər, *-tʃʊ̀r/ *n*《財産の》没収; 失権,《名声の》喪失;《契約などの》失効; 没収物; 罰金, 科料.

for·fend, fore- /fɔːrfénd/ *vt** 護る; «英では古» 防ぐ, 防止する, 避ける; «古» 禁ずる: God [Heaven] ～!＝God FORBID! [*for-*]

for·fex /fɔ́ːrfèks/ *n* 〘昆〙《ハサミムシなどの》はさみ, 尾鋏(びきょう), 肛鋏. [L]

for·fi·cate /fɔ́ːrfɪkət, -fəkèɪt/ *a* 〘動〙〈鳥の尾など〉はさみ状の, はさみ尾の.

for·gat /fərgǽt/ *v* «古» FORGET の過去形.

for·gath·er, fore- /fɔːrgǽðər/ *vi* 集まる; (偶然に)出会う; 交わる, 親しむ 〈*with* friends〉. [C16 Sc＜Du *vergaderen*]

forgave *v* FORGIVE の過去形.

forge[1] /fɔ́ːrdʒ/ *vt, vi* **1 a**〈鉄を〉鍛える, 鍛錬する; 鍛えて造る, 鍛造する; プレス加工する. **b** 鉄工場で働く. **2**〈関係などを〉築く, 確立する,〈協定を〉結ぶ;〈計画・合意などを〉案出する, 創り出す;〈うそなどを〉でっちあげる, 捏造(ねつぞう)する; 偽造[模造]する: a ～*d* passport. ► *n* **1** 鍛冶(かじ)工場, 鍛造工場, 鍛冶場;《鍛冶場の》炉, 塊鉄炉; 鍛造機械. **2** 思想・計画などを練る所. ♦ **～·able** *a* **～·abílity** *n* [OF＜L *fabrica*; ⇨ FABRIC]

forge[2] *vi* ゆっくり着実に進む, 力強く進む, 毅然として続ける 〈*into, on, through*〉;〈車など〉突然スピードを増す;〈企業など〉急成長する: ～ ahead 力強く前進する; ぐいぐい進める 〈*with*〉;〈走者などが〉さっと前に出る 〈*of*〉: ～ *ahead with* the plan 計画を強力に押し進める. [C17 (変形)＜? FORCE[1]]

forg·er /fɔ́ːrdʒər/ *n* 偽造者[犯人], 捏造者; 鍛冶工; うそつき.

for·gery /fɔ́ːrdʒ(ə)ri/ *n* 偽造, 贋造, 捏造; 〘法〙文書偽造(罪); 偽造文書, 偽印, 贋作(がんさく), にせ金; «古・詩» 作り事, 作り話. [*forge*[1]]

for·get /fərgét, *fɔːr-/ *v* (**-got** /-gɑ́t/; **-got·ten** /-gɑ́tn/, «米»/"«古・詩» **-got; -gét·ting**) *vt* **1 a** 忘れる, 忘却する, 思い出せない 〈*doing, that*〉: I shall never ～ hear*ing* [*that* I heard] the President's address. 大統領の演説を聞いた時のことは決して忘れられないだろう《過去の経験についていう》. **b** …するのを忘れる[怠る] 〈*to* do〉: I *forgot to* bring my book. 本を忘れてきた / Don't ～ *to* mail this letter. (＝Don't ～ about mailing this letter.) この手紙を投函するのを忘れないでね / Don't ～ to write.《旅立つ人に向かって》手紙を下さいね. **c** 置き[買い]忘れる. **2** 意識的に忘れる, 無視する; やめる, あきらめる: Let's ～ our quarrels. けんかしたことは水に流そう / These things are best forgotten. こういうことは気にしないほうがいい / *F*～ it! ＝*F*～ about it!《謝罪・感謝などに対して》もういいよ, 気にしないで, 忘れちゃって;《うるさいと思う事に対して》もう言うなよ, そんなことどうだっていいよ;《要請・提案などを退けて》やめてよ, だめ / *F*～ the future! «口» 明日のことなんかどうでもいい / Don't (you) ～ it! よーく憶えておけ, 忘れたら承知しないぞ! **3** 見落とす, 言い落とす; おろそかにする, ゆるがせにする: Don't ～ me to your mother. お母さまによろしく / ～ one's duties 職務を怠る. **4** «廃»〈義務・徳などを〉行なわなくなる, 捨てる. ► *vi* 忘れる, あきらめる 〈*about* (*doing*)〉: before I ～ 忘れないうちに言っておくが / He had *forgotten about* it. そのことを忘れていた / ～ *about* (buy*ing*) a new car 新車(を買うの)はあきらめる. ● **～ and forgive＝forgive and ～**〈過去の恨みなどを〉さらりと水に流す. **～ more about** sth **than** sb **ever knew** 人よりもはるかによく…のことを知っている, …にかけてはだれよりも詳しい. **～ oneself** 身のほどを忘れる, うかつな行動をする, 自制心を失う; 自分の利害を忘れる, 無私になる; 没頭する, 忘我の境に入る; 意識を失う; [*euph*]〈子供・老人などが〉粗相をする. **F～ you!** *«俗» (そんなこと)無理だって, ナーンセンス!; *«俗» 行けよ, 帰っていいよ. **not forgetting** (もちろん)…も(含めて). ♦ **for·gét·ter** *n* 忘れっぽい人, 意識的に忘れる[怠る]人. [OE *forgietan* (*for-*, GET[1])]

forgét·ful *a* **1** 忘れっぽい, 忘れやすい; 〈…を〉忘れて 〈*of*〉; 〈…を〉怠りがちな 〈*of*〉: He's ～ *of* his duties. 義務を怠りがちである. **2** «古・詩» 忘却させる. ♦ **～·ly** *adv* 忘れっぽく; うっかり失念して, 粗忽(そこつ)にも. **～·ness** *n* 健忘症; 粗忽, 怠慢.

for·ge·tive /fɔ́ːrdʒətɪv/ *a* «古» 創造力に富む.

forgét-me-nòt *n* 〘植〙ワスレナグサ (＝*scorpion grass*)《ムラサキ科; 信実・友愛の象徴》.

for·gét·ta·ble *a* 忘れられやすい, 忘れられそうな; 忘れられるべき, 忘れてもよい.

for·get·tery /fərgét(ə)ri/ *n** «方・口» 忘れっぽさ, 物忘れ.

forg·ing /fɔ́ːrdʒɪŋ/ *n* **1** 鍛造品; 鍛冶(かじ), 鍛造, 鍛錬; 捏造, でっちあげ; 偽造, 贋造. **2** 追突, 交突《1 頭の競走馬の前脚と後脚がぶつかり合うこと》.

for·give /fərgɪ́v, *fɔːr-/ *v* (**-gave** /-géɪv/; **-giv·en** /-gɪ́v(ə)n/) *vt*〈人・罪を〉許す, 赦免する, 大目に見る, 勘弁する;〈借金・負債者を〉免除する: *F*～ me *for* not com*ing*.＝*F*～ my not coming.＝*F*～ me that I didn't come. 来なかったことを許してくれたまえ / He could be *forgiven for* think*ing*… 彼が…と思うのも無理はない / *F*～ us our sins. (神よ)われらの罪を許したまえ / *F*～ me (for ask*ing*), but…＝*F*～ my (ask*ing*)…, but… (こんなことをうかがって)失礼ですが, すみませんが《質問・反論の前置き》/ May you be *forgiven!* (この者に)お許しあれ《相手が何か悪いことをした[言った]ときに言うせりふ》/ I was *forgiven* my negligence. 怠慢を許された / ～ sb his debt 人の借金を免除してやる. ► *vi* 容赦する, 許す. ♦ **for·gív·able** *a* **for·gív·ably** *adv* **for·gív·er** *n* 許す人, 容赦する人; 免除者. [OE *forgiefan* (*for-*, GIVE)]

forgíve·ness *n* 許し, 容赦, 勘弁, 免除; 寛大さ, 寛恕.

for·gív·ing *a* (快く)許す, とがめだてしない, 寛大な,《誤操作を》許容する. ♦ **～·ly** *adv* 寛大に. **～·ness** *n*

for·go, fore- /fɔːrgóʊ/ *vt* (**-went** /-wɛ́nt/; **-gone** /-gɔ́(ː)n, -gɑ́n/) …なしで済ませる, 差し控える, 見合わせる, 捨てる; «古» 通り過ぎる; «古» 無視する, 看過する; «古» 立ち去る. ♦ **～·er** *n* [OE *forgān* (*for-*, GO[1])]

forgot, forgotten *v* ⇨ FORGET.

forgótten mán 《世間から》忘れられてしまった人; 〘米政治〙《不当に》忘れられている人《中産階級または労働者階級に属する人を指す》. [F. D. Roosevelt 大統領が 1930 年代に大恐慌の犠牲者の象徴として使ったことから]

for-híre *a* 賃貸の, レンタルの〈自動車など〉; 金で雇われる〈探偵など〉: murder ～ 契約[請負]殺人.

for instance /fərínstəns/*«口» 例, 実例 (example): to give you a ～ 一例を挙げると.

fo·rint /fɔ́ːrìnt/ *n* フォリント《ハンガリーの通貨単位: ＝100 fillers; 記号 F, Ft》.

forjudge ⇨ FOREJUDGE[2].

fork /fɔ́ːrk/ *n* **1 a** フォーク (＝table ～)《食卓用》: KNIFE and ～. **b** またぐわ, 熊手, ホーク. **2** フォーク[また]状のもの; 叉(また);《自転車・オートバイの前輪を支持する》また, フォーク; 音叉 (tuning fork); 叉状(さじょう)電光; «廃» かえし (barb) の付いた矢じり; [*pl*]*«黒人俗» 指 (fingers). **3 a** 分岐(点), «主に米»《河川の》合流点, 川股(かわまた); 分かれ道, «主に米» 支流. **b**《2 つ以上のもののうち》選ぶべき道[もの]. **4** 〘チェス〙両当たり. ► *vt, vi* **1 a** 叉をなす, 分岐する;〈指などを〉フォーク[また]の形にする. **b**《分かれ道で》〈ある方向へ〉道をとる: ～ left. **2 a** フォーク[またぐわ]でつつく[刺す, 移動する, 供する, (突き刺して)投げる, 上げる, 起こす, 掘るなど] 〈*in, out, over, up,* etc.〉. **b** 〘チェス〙両当たりをかける. **3***«俗» だます, ひどいめにあわせる, いいように扱う《'fuck' の婉曲表現》. ● **～ out** [**over, up**] «口»《しぶしぶ》手渡す, 支払う 〈*for* [*on*] a car; *to* sb〉. **F～ you!***«俗» ちくしょう, てやんでえ, べらぼうめ! (＝Fuck you!). ♦ **～·er** *n* [OE *forca*＜L *furca* pitchfork]

fórk·bàll *n* 〘野〙フォークボール.

forked /fɔ́ːrkt, *-əd/ *a* **1** 叉(また)に分かれた, 叉状の; ジグザグの; [*compd*] …の叉がある: three-～ 三つ叉の. **2** «古» 不誠実な, どちらとも取れる (cf. FORKED TONGUE). ♦ **fórk·ed·ly** /-ədli/ *adv* **-ed·ness** /-ədnəs/ *n*

fórked-éight *n**«俗» V 型 8 気筒エンジン(の車).

fórked líghtning 叉状電光 (CHAIN LIGHTNING).

fórked tòngue 二枚舌: speak with (a) ～＝have a ～ 二枚舌を使う.

fórk·fùl *n* (*pl* **～s, fórks·ful**) フォーク[《農業用の》ホーク]一杯, ひとフォーク[ホーク].

fórk-hánd·er *n* «野球俗» 左腕投手, サウスポー.

fórk·ing *a, adv**«俗» [*euph*] FUCKING.

fórk·lìft *n* フォークリフト (＝～ **trùck**). ► *vt* フォークリフトで積み降ろしする[運ぶ].

fórk lùnch [**lùncheon**] 《ビュッフェなどで出す》フォークだけで食べる昼食.

fórk sùpper フォークだけで食べられる夕食.

fórk·tàil *n* 二叉に分かれた尾をもつ鳥[魚など]《トビ・メカジキ・本年ザケなど》; 〘鳥〙エンビシキチョウ《ヒタキ科エンビシキチョウ属の鳥の総称; 東アジア産》.

fórk-táiled *a* 尾が二叉に分かれた〈鳥・魚など〉.

fórk-tàiled pétrel 〘鳥〙ウミツバメ《北半球主産》.

fórk-ténder *a*〈肉が〉フォークで簡単に刺したり切り分けたりできるくらい軟らかい.

fórk trùck フォークリフト (forklift).

fórky *a* FORKED.

For·lì /fɔːrlíː/ フォルリ《イタリア北部 Emilia-Romagna 州, Bologna の南東にある市》.

for·lorn /fərlɔ́ːrn/ *a* **1** 捨てられた, 見放された; みじめな, 絶望した,

孤独な, よるべのない; 絶望的な: a ~ place [child]. **2** [後置] ‹…を› 奪われた (bereft) ‹*of*›: sb ~ *of* hope 失意の人. ♦ **~·ly** *adv* わびしく, たよりなく; 絶望的に. **~·ness** *n* [(pp) ‹ *forlese* (obs) < OE *forlēosan* (*for-*, LOSE); cf. LORN]

forlórn hópe むなしい望み; 絶望的な企て; 絶望[決死]的行動; 決死隊(員). [Du *verloren hoop* lost troop (*hoop* company, HEAP)]

form /fɔ́ːrm/ *n* **1 a** 形, 形状, 形態; 《人などの》姿(かたち) (figure), 姿態, 外観; 人影, 物影; マネキン(人形): in the ~ of…の形[姿]をとって / take the ~ of…の形をとる; …となって現われる. **b** 《競技者の》フォーム. **c** 〖晶〗 結晶形 (crystal form). **d** 《古》 美しさ. **2** 形式; 枠組; 表現形式 (opp. *content*, *matter*); 整った形式[構成]; 〖哲〗 《質料 (matter) に対する》 形相, 形式; 〖プラトン哲学〗 イデア (idea); 〖論〗 《推理・命題などの》 形式; 〖数〗 形式; 〖文法〗 語形, 形式, 形態 (opp. *function*, *meaning*): in book ~ 単行本として / as a matter of ~ 形式(上のこと)として / for ~'*s* sake 形式を整えるべく, 形式上 / ~ and substance 形式と実質[内容] / The work lacks ~. その作品は構成がなってない. **3** 方式; 流儀, やり方; 礼式, 作法; 慣例; 形式だけ(のふるまい), 虚礼; きまり文句: in due ~ 正式に / It is good [bad, poor] ~ to do…するのは礼儀[不作法]である. **4** 型; 種類; 〖植〗 品種, 型, フォルマ (=*forma*) 《紅色花の白花品種など》; 《英国の public school や米国の私立学校などの》 年級, 学年 (cf. CLASS), 第…学年生 《集合的》: SIXTH FORM. **5 a** ひな型, 書式; 書込み用紙, 申込用紙: an application ~ 申込用紙 / after the ~ of…の書式どおりに / fill in [out, up] a ~ 用紙に記入する. **b** 鋳型, 型; 〖印〗 版 (forme"); 《コンクリートの》 型枠. **c** 〖インターネット〗 フォーム 《WWW で, 各種入力欄などを含む画面; 必要事項を記入・選択することで指示ができる》. **d** "木製の長い腰掛け 《教会・学校などの普通は背のないもの》. **e** ウサギの巣穴. **6 a** 《競走馬・運動選手などの》 コンディション; 《演奏家などの》 (既知の)実力; (上)機嫌: in [out of] ~ = on [off] ~ 調子がよくて[悪くて] / in [on] good [great, fine, top] ~ 好調で. **b** 《馬・選手の》 過去の成績, 戦績; 競馬新聞 (racing form); "《俗》 犯罪記録, 前科. ● **in rare ~** 調子がよくて, 絶好調で; *《俗》 酒に酔って. **true to ~** 《特に よくない行動について》 いつもどおりに, 例によって: run *true to* ~ ‹人(の行動)が› いつもどおりである.

► *vt* **1 a** ‹物を› 形づくる, 作り上げる: ~ a bowl *from* [*out of*] clay = ~ the clay *into* a bowl 粘土で碗を作る / ~ itself *into*…の形になる. **b** 配列する; 〖軍〗 整列させる ‹*up*›, ‹隊形を› つくる. **2 a** ‹人格・能力・品性を› つくり上げる, 鍛える; ‹習慣を› つける; ‹友情を› 育てる. **b** ‹同盟・関係を› 結ぶ. **3** 組織[結成, 創設]する: ~ a club クラブをつくる / The House is not yet ~*ed*. 議会はまだ成立していない. **4** …になる, …(の一部)をなす, 構成する: ~ an obstacle to…のじゃまになる / ~ (a) part of…の一部[要素]となる. **5 a** ‹考え・意見などを› まとめる, 心にいだく: ~ plans 計画を立てる / ~ an opinion ‹*of, on*›. **b** ‹文・句を› つくる; ‹言語・音声などを› はっきり出す; 〖文法〗 《語尾変化させて》 つくる, ‹複合語を› 派生させる, ‹節・文を› 組み立てる, 構成する. ► *vi* **1 a** ‹ものが› 形をなす, 生ずる ‹*from*›; ‹列・群集などが› 形成される; ‹鼻たけ・耳くそが› できる. **b** 《軍など》 整列する, 隊形をつくる 《(*up*) *into* a line》. **2** ‹考え・信念・希望など› 生まれる. **3** ‹ウサギが› 巣穴につく.
● **~ on** ‹他の隊に› 続いて隊列をつくる.
♦ **~·able** *a* **fòrm·abílity** *n* [OF < L *forma* shape]

form- /fɔ́ːrm/, **for·mo-** /fɔ́ːrmoʊ, -mə/ *comb form* 〖化〗 「ギ酸」 [*formic* (*acid*)]

-form /fɔ̀ːrm/ *a comb form* 「…形[状]の」: cruci*form*; uni*form*. ★ 通例 前に *i* を加えて *-iform* の形をとる. [F *-forme* < L (FORM)]

for·ma /fɔ́ːrmə/ *n* (*pl* **~s, for·mae** /-miː/) 〖植〗 品種 (⇨ FORM *n* 4). [L FORM]

for·mal[1] /fɔ́ːrm(ə)l/ *a* **1 a** 一定の形式[手続き]によった, 正式の: a ~ document 正式の文書 / a ~ dinner party. **b** ‹教育が› 正規の, 学校での: ~ education 正規の教育, 《特に》 学校教育 / ~ training in library science 図書館学に関する正規の教育. **c** 慣習[因襲]的な; 礼式の, 礼儀にかなった; 〖文法〗 《ドイツ語・フランス語などで》 ‹二人称が› 敬称の: a ~ visit [call] 儀礼的訪問. **d** ‹ことば・表現が› 改まった, よそ行きの, 格式ばった(文体の) 《たとえば purchase (=buy), vessel (=ship); opp. *informal*》. **2** 形式ばった, 形式にこだわる; きちょうめんな; 堅苦しい ‹*about, with*›. **3** 形ばかりの, 形式上の: ~ semblance 形の上での類似 / ~ obedience うわべの服従. **4** 形の, 形式の; 形態中心の; 整然とした, 対称的な; 〖哲〗 形式(上)の, 形相の; 〖論〗 論理形式に合った, 形式的な: ~ grammar 形式文法 / a ~ garden 幾何学式庭園. ► *n* 形式的なもの; *夜会服を着て行く正式な舞踏会; *《女性の》 夜会服 (evening dress). ● **go ~** *夜会服を着て行く. ♦ **~·ness** *n* [L; ⇨ FORM]

for·mal[2] /fɔ́ːrmæ̀l/ *n* 〖化〗 ホルマール (methylal). [*formal*dehyde]

for·mal[3] /fɔ́ːrm(ə)l/ *n* 〖化〗 MOLAR[2]. [*form*ula, *-al*[1]]

fórmal cáuse 〖哲〗 形相因 《Aristotle の運動の四原因の一つ; cf. MATERIAL [EFFICIENT, FINAL] CAUSE》.

form·áldehyde /fɔːrm-/ *n* 〖化〗 ホルムアルデヒド, ギ酸アルデヒド 《防腐・消毒剤》. [*formic*+*aldehyde*]

for·ma·lin /fɔ́ːrmələn, -lìːn/ *n* 〖化〗 ホルマリン 《formaldehyde の水溶液で殺菌・消毒・防腐薬》. [*formal*dehyde+*-in*]

fórmal·ìsm *n* 極端な形式主義, 虚礼; 《宗教上・芸術上の》 形式主義, 形式論 (opp. *idealism*); 《科学的論証の》 数学[論理]的形式; 〖数〗 形式主義 《数学は与えられた規則による記号列の形式操作に基づくものとする》; ゲシュタルト心理学. ♦ **-ist** *n, a* **fòr·mal·ís·tic** *a*

for·mal·i·ty /fɔːrmǽləti/ *n* 形式遵守, 堅苦しさ; 形式にかなっていること, 正式, 本式; 儀式, 儀礼; 慣例; [*pl*] (正規の)手続き; 形式[儀礼]的行為; [*pl*] 《市長などの》 正装: without ~ 格式ばらずに / just [merely, purely] a ~ 《実質的意味をもたない》 単なる形式 / legal *formalities* 法律上の正式手続き / go through due *formalities* 正規の手続きをとる.

fórmal·ìze *vt* 形式化する; 正式なものとする, 正式に承認する; 明確な形にする. ► *vi* 儀式ばる. ♦ **-iz·able** *a* **-ìz·er** *n* **fòr·mal·izátion** *n* 形式化; 儀礼, 儀式ばること.

fórmal lánguage 《自然言語に対して, 数学・論理学などの》 形式言語.

fórmal lógic 〖哲〗 形式論理学.

fórmal·ly *adv* 正式に, 本式に, 公式に, 正規に; 形式上, 外見的に; 形式的に; 儀式ばって, 堅苦しく, 改まって.

form·am·ide /fɔːrmǽmàɪd, fɔ́ːrməmàɪd, -məməd/ *n* 〖化〗 ホルムアミド 《吸湿性の無色透明な油状液体; 溶剤》.

For·man /fɔ́ːrmən/ フォアマン **Miloš ~** (1932–) 《チェコ出身の映画監督; *One Flew Over the Cuckoo's Nest* (カッコーの巣の上で, 1975), *Amadeus* (アマデウス, 1984)》.

for·mant /fɔ́ːrmənt, -mæ̀nt/ *n* 〖音〗 フォルマント 《音声波のスペクトル分析における特定周波数の集中帯; 母音の音質を決定する》; 〖言〗 語幹形成辞 (determinative); 〖言〗 派生接辞.

for·mat /fɔ́ːrmæ̀t/ *n* 《書籍の》 判型(はんけい) 《folio, foolscap, octavo など》; 図書形態 《活字・判型・用紙・装丁を含めた》, 《文書の》 体裁; 《ソフトウェア・録音音楽などの》 (商品)形態; 《テレビ番組・硬貨のデザインなどの》 全体としての構成, 大きさ, 形, 体裁; 〖電算〗 書式, 形式, フォーマット. ► *vt* (**-tt-**) 形式に従って配列する[作る], …の形式[体裁, 全体構成]を定める; 〖電算〗 ‹データ› の書式を設定する; 〖電算〗 ‹ディスクを› フォーマットする, 初期化する. ♦ **fór·màt·ter** *n* [F < G < L *formatus* (*liber*) shaped (book); ⇨ FORM]

for·mate[1] /fɔ́ːrmèɪt/ *n* 〖化〗 ギ酸塩[エステル]. [FORMIC]

formate[2] *vi* ‹飛行機が› 編隊を組む, 編隊飛行する. [逆成 ‹ ↓]

for·ma·tion /fɔːrméɪʃ(ə)n/ *n* **1** 構成, 組成, 編成; 成立, 形成; 〖化〗 化成: the ~ of a Cabinet 組閣. **2** 構造; 形態; 〖軍〗 陣形, 隊形, 《飛行機の》 編隊; 《球技・ダンスなどの》 フォーメーション: battle ~ 戦闘隊形 / ~ flying [flight]=flying [flight] *in* ~ 編隊飛行. **3** 組成物, 構成物, 形成物; 〖生態〗 《植物の》 群系; 〖地質〗 《岩相層序区分の》 累層(るいそう). ♦ **~·al** *a* [OF or L; ⇨ FORM]

formátion dànce フォーメーションダンス 《数組のカップルがある種の隊形をつくりながら, その形に基づいた一連の動きで踊るダンス》.
♦ **formátion dàncing** *n*

formátion rùle 〖論〗 構成規則.

form·a·tive /fɔ́ːrmətɪv/ *a* 形をつくる[与える], 形成する; 形成[発達](上[期])の; 〖生〗 新細胞[組織]を形成する, 形成的な; 〖文法〗 語形成に用いられる: ~ arts 造形美術 / one's ~ years (人格)形成期の年月. ► 〖文法〗 *n* FORMATIVE ELEMENT; 形成要素を付加して形成された語; 形式素 《最小の統語的機能単位》. ♦ **~·ly** *adv* **~·ness** *n*

fórmative èlement 〖文法〗 (語)形成要素, 成語要素 《(派生)接尾辞・接頭辞・連結形など; 語基を含む場合と含まない場合がある》.

fórmative evaluátion 〖教育〗 形成的評価 《プログラムなどが開発・実施されている段階で行なう評価; cf. SUMMATIVE EVALUATION》.

fórm·bòok" *n* 《競走馬の過去の成績を載せた》 競馬ガイド; 《口》 《競走馬・運動選手の戦績に照らしてみた》 予想.

Form·by /fɔ́ːrmbi/ フォーンビー **George ~** (1904–61) 《英国のコメディアン; ウクレレがトレードマーク》.

fórm clàss 〖言〗 形態類 《1 つまたはそれ以上の形態的・統語的特徴を共有している一群の語など; 単語レベルでは品詞と同じだが分類基準は形式 (form)》.

fórm crìticism 様式批評学, 様式史的研究 《テキストを文体の相違によって分類し, 出所・史実性などを明らかにする聖書などの文献学的研究の一方法》. ♦ **fórm crìtic** *n* **fórm-crìtical** *a*

fórm dràg 〖理〗 形状抗力, 形状抵抗 《流体中を運動する物体の形と向きによって定まる抵抗》.

forme" /fɔ́ːrm/ *n* 《印刷の》 版 (form). [F FORM]

fórmed *a* 〖生〗 生物的特徴をそなえた ‹(小)体・細胞など›.

for·mé(e) /fɔːrméɪ, ⌐⌐/ *a* 〖紋〗 PATY. [F]

for·mer[1] /fɔ́ːrmər/ *a* 前の, 先の, 以前[かつて]の; [the, °‹*pron*›] 《二者のうち》 前者(の) (opp. *the latter*): a ~ president 元[前]大統領 / one's ~ self もと[元気だったころ]の自分 / (in) ~ days [times] 昔(は). [*forme* first, *-er*[2]; cf. FOREMOST]

fórm·er[2] *n* **1** 形成[構成]者; 形成の道具, 型, 模型; 〖電〗 《コイルの》 巻型(まきがた); 〖空〗 形付け, 整張[整形]小骨. **2** 《主に英》 …年級生: a third ~ 《中等教育の》 三年生. [FORM]

fórmer adjudicátion 〖法〗 前訴判決, 《広く》 RES JUDICATA.

fórmer·ly *adv* 先に, 以前は, 昔, 往時; 《廃》 たった今.

Fórmer Próphets *pl* [the] 《ユダヤ教聖書の》 前預言書 《Joshua, Samuel, Judges, Kings の 4 書; 預言書 (⇨ PROPHET) の前半をなす》.

fórm fèed 〖電算〗フォームフィード(文字) (=～ **chàracter**) 《プリンターの用紙を次ページの所定の位置に置く書式制御文字; 略 FF》; フォームフィード機構.

fórm·fìtting *a* 体にぴったり合った (close-fitting).

fórm·ful *a* 《スポーツなどで》フォームを見せる[が見どころの]; かっこうのよい, 姿がよい.

fórm gènus 〖生〗形態属《分類学的位置が不明確な化石に適用する形態上の特徴を示す語を用いた属名》.

for·mic /fɔ́ːrmɪk/ *a* アリ (ants) の; 〖化〗ギ酸の. [L *formica* ant]

For·mi·ca /fɔːrmáɪkə, fər-/ 〖商標〗フォーマイカ《家具・パネル用などの熱硬化性合成樹脂積層板; 薬品・熱に強い》.

fórmic ácid 〖化〗ギ酸.

for·mi·car·i·um /fɔ̀ːrməkέəriəm/ *n* (*pl* **-ia** /-riə/) FORMICARY.

for·mi·cary /fɔ́ːrməkèri; -k(ə)ri/ *n* アリ塚, アリの巣, アリの塔 (ant hill).

for·mi·cate /fɔ́ːrməkèɪt/ *vi* アリのようにはいまわる[群れ動く, 群がる]; 〈場所が〉〈動くもので〉うようよする 〈*with*〉.

for·mi·ca·tion /fɔ̀ːrməkéɪʃ(ə)n/ *n* 〖医〗蟻走(ぎそう)感《アリが皮膚をはっているような感じ》.

for·mi·ci·a·sis /fɔ̀ːrməsiéɪsəs/ *n* 〖医〗蟻咬(ぎこう)症《アリにかまれて起こる病的状態》.

for·mi·da·ble /fɔ́ːrmɪdəb(ə)l/ *a* **1** 恐るべき; 侮りがたい, 手ごわい; 畏怖の念を起こさせる: a ～ danger 恐るべき危険 / a ～ task 手に負えそうもない仕事. **2** 膨大な, おそろしくたくさんな[大きな]; すごい, すばらしい: a ～ helping of pudding 山盛りのプディング. ◆ **-bly** *adv* 恐ろしく, 侮りがたいほど, 手ごわく; 非常に. **fòr·mi·da·bíl·i·ty** *n* **～·ness** *n* [F or L (*formido* to fear)]

fórm·less *a* (はっきりした)形のない, 無定形の; 実体のない; 混沌とした, はっきりしない〈計画など〉; 形の悪い, ぶかっこうな. ◆ **～·ly** *adv* **～·ness** *n*

fórm lètter 成文[標準]レター《印刷または複写した同文の書状で日付・宛先は個別に記入》; ダイレクトメール.

fórm màsterˈˈ (*fem* **fórm mìstress**) 学級[学年]担任.

formo- ⇨ FORM-.

for·mol /fɔ́ːrmɔ̀(ː)l, -mòʊl/ *n* ホルモール《formalin のこと; もと商標》.

For·mo·sa /fɔːrmóʊsə, fər-, -zə/ 台湾 (Taiwan). ◆ **For·mó·san** *a*, *n* 台湾の; 台湾人(の); 台湾語(の). [Port=beautiful]

Formósan térmite 〖昆〗イエシロアリ (=**Formósan subterránean térmite**).

Formósa Stráit [the] 台湾海峡《台湾と中国本土の間, 東シナ海と南シナ海を結ぶ》.

fórm·ròomˈˈ *n* 教室.

fórm shèet 《競馬の》予想紙, レース専門紙《出走馬の過去の成績記録などが記載してある》; 《候補者・競技者に関する》詳しい記録.

fórm tèacher [tùtor]ˈˈ 学級担任.

for·mu·la /fɔ́ːrmjələ/ *n* (*pl* **～s, -lae** /-lìː/) **1 a** 《儀式などの》定式文句, (定)式文; 《式辞・手紙などの》きまり文句, 慣用表現. **b** 〖キ教〗《教義・信仰告白などを一定の文言で述べた》定式, 定詞, 信条. **c** 《交渉・行動の前提として定式化して示した》定則, 基本原則: a peace ～ 講和条約の原則. **2 a** 〖数・化〗式, 公式 〈*for*〉: a binomial ～ 二項式 / the (chemical) ～ *for* water 水の化学式 《H_2O》 / MOLECULAR [STRUCTURAL, EMPIRICAL] FORMULA. **b** 論理式. **c** 歯式 (dental formula). **d** 法式, 定式, 定則 〈*for*〉. **e** [°*derog*] 決まりきった[慣習的な]やり方; おきまりの手順 〈*for*〉. **3 a** 製法, 〖薬〗処方(書); 《解決などのための》一定の案[方式], 秘訣 〈*for*〉. **b** *調合乳, フォーミュラ (=～ **mìlk**) 《一定の処方によって作られた(調整粉乳を湯に溶かした)乳児用ミルク》. **4** フォーミュラ, 公式規格《エンジンの排気量・重量・サイズによるレーシングカーの分類》. ► *a* 〈レーシングカーが〉フォーミュラに従った, フォーミュラカーの. ◆ **for·mu·la·ic** /fɔ̀ːrmjəléɪɪk/ *a* 定式の, 公式の; おきまりの, 陳腐な. **-i·cal·ly** *adv* [L (dim) < *forma* FORM]

for·mu·la·ble /fɔ́ːrmjələb(ə)l/ *a* FORMULATE できる, 公式化可能な.

fórmula invésting 〖証券〗フォーミュラプラン投資《一定の計画に従って行なう証券投資; 投資対象を普通株式と債券などとに分け, その比率を株価水準の上下に応じて変えてゆくものなど》.

Fórmula of Cóncord [the] 〖キ教〗一致[和協]信条《ルター派教会の信条書の一つ》.

Formula One [1, I] /─ wʌ́n/ フォーミュラ・ワン, F1(エフワン) 《レーシングカーの分類の一つで, 最高のカテゴリーと目される; その車》.

fórmula plán 〖証券〗フォーミュラプラン《formula investing における一定の投資計画》.

fórmular·ìze *vt* 公式で表わす, 式にする, 公式化する (formulate); 《公式化しすぎて》紋切り型にする. ◆ **-iz·er** *n* **fòrmular·izátion** *n* 公式化, 方式化.

for·mu·lary /fɔ́ːrmjəlèri; -ləri/ *n* 式文[祭文]集; きまり文句; 〖キ教〗儀式書; 〖薬〗処方集. ► *a* 方式の, 定式の, 公式の; 規定の; 儀式上の.

for·mu·late /fɔ́ːrmjəlèɪt/ *vt* **1** 公式化する, 公式で表わす, 定式化する; 系統立てて述べる[計画する]; 〈方法などを〉考案する. **2** [°*pass*] 処方する, 処方書[規定方式]に従って作る[調剤する]. ◆ **-là·tor** *n*

fòr·mu·lá·tion *n* 公式化, 定式化; 立案, 《システムなどの》構築, 策定; 処方(薬), 調剤(品).

fórmula wèight 〖化〗《イオン結晶などの》式量 (molecular weight).

for·mu·lism /fɔ́ːrmjəlɪ̀z(ə)m/ *n* 形式主義, 公式主義; 公式体系. ◆ **-list** *n* **fòr·mu·lís·tic** *a*

for·mu·lize /fɔ́ːrmjəlàɪz/ *vt* FORMULATE. ◆ **fòr·mu·li·zá·tion** *n*

fórm wòrd 〖文法〗形式語 (function word).

fórm·wòrk *n* 《コンクリートの》型枠(工事) (=*shuttering*).

for·myl /fɔ́ːrmɪl; -màɪl/ *n* 〖化〗ホルミル(基) (=～ **ràdical** [**gròup**]).

For·nax /fɔ́ːrnæks/ 〖天〗ろ座 (炉座) (Furnace).

for·nenst /fərnénst, fɔːr-/ *prep* 《スコ》FORNENT.

for·nent /fərnént, fɔːr-/ 《スコ》*prep* …の真向かいに; …に対して, …に面して (facing).

for·ni·cate[1] /fɔ́ːrnəkèɪt/ *vi*, *vt* (…と)私通する, 密通する; 姦淫を行なう. ◆ **fór·ni·cà·tor** *n* 私通者. **for·ni·ca·trix** /fɔ̀ːrnəkéɪtrɪks/, 《廃》**for·ni·ca·tress** /fɔ́ːrnəkèɪtrəs/ *n* 姦婦. [L (*fornic- fornix* vaulted chamber)]

for·ni·cate[2] /fɔ́ːrnɪkət, -nəkèɪt/, **-cat·ed** /-nəkèɪtəd/ *a* 〖植〗アーチ形の, 弓形の (arched); 弓形鱗片をもつ. [L (*fornix* vault)]

fòr·ni·cá·tion *n* 《未婚者どうしまたは既婚者と未婚者の》私通, 密通; 〖聖〗姦淫 (adultery); 〖聖〗偶像崇拝.

for·nix /fɔ́ːrnɪks/ *n* (*pl* **-ni·ces** /-nəsìːz/) 〖解〗《結膜・咽頭・膣などの》円蓋; 《頭蓋の》脳弓. ◆ **fór·ni·cal** *a* [L]

fór-prófit *a* 営利目的の.

for·rad·er, for·rard·er /fárədər/ *adv* ˈˈ《口》さらに先へ, もっと進んで: get no ～ ちっとも進まない. [*forward* の比較級の英方言形]

forrel ⇨ FOREL.

For·rest /fɔ́(ː)rəst, fár-/ フォレスト (**1**) **Edwin** ～ (1806–72) 《米国の俳優; Othello 役で成功; 英国の俳優 Macready と反目し, Macready の出演した劇場で Forrest の支持者が暴動を起こし, 多数の死傷者を出した (1849)》 (**2**) **John** ～, 1st Baron ～ of Bunbury (1847–1918) 《オーストラリアの探検家・政治家; Western Australia の初代首相 (1890–1901)》 (**3**) **Nathan Bedford** ～ (1821–77) 《米国の南軍の将校; Tennessee 州 Fort Pillow で黒人部隊の大虐殺をひき起こした (1864)》.

for·sake /fərséɪk, fɔːr-/ *vt* (**-sook** /-sʊ́k/; **-sak·en** /-séɪk(ə)n/) 〈友などを〉見放す, 見捨てる; 〈習慣などを〉やめる, 〈研究などを〉断念する. ◆ **for·sák·er** *n* [OE *forsacan* to deny, refuse; cf. OE *sacan* to quarrel]

for·sak·en /fərséɪk(ə)n, fɔːr-/ *v* FORSAKE の過去分詞. ► *a* 見捨てられた, 孤独の, わびしい. ◆ **～·ly** *adv* **～·ness** *n*

fors·an et haec olim me·mi·nis·se ju·va·bit /fɔ́ːrsàːn ὲt háɪk óʊlɪm mèmənɪ́se juwáːbɪt/ これらのことを思い出すことはいつの日にかおそらく楽しみとなるであろう. [L]

For·se·ti /fɔ́ːrsèti/, **For·se·te** /fɔ́ːrsèteɪ/ 〖北欧神話〗フォルセティ《正義の神; Balder の息子》.

forsook *v* FORSAKE の過去形.

for·sooth /fərsúːθ, fɔːr-/ *adv* 《古》《しばしば皮肉・驚き・怒りをこめて》ほんとに, いかにも, もちろん, 確かに. [OE *forsōth* (FOR, SOOTH)]

for·speak /fərspíːk, fɔːr-/ *vt* (**-spoke** /-spóʊk/; **-spo·ken** /-spóʊk(ə)n/) 《スコ古》いい気にさせる (bewitch).

for·spent /fəːrspént, fɔːr-/ *a* 《古・詩》疲れはてた.

forspoke, forspoken *v* ⇨ FORSPEAK.

Forss·mann /fɔ́ːrsmàːn/ フォルスマン **Werner** (**Theodor Otto**) ～ (1904–79) 《ドイツの医学者; 心臓カテーテル法を考案; ノーベル生理学医学賞 (1956)》.

For·ster /fɔ́ːrstər/ フォースター **E**(**dward**) **M**(**organ**) ～ (1879–1970) 《英国の作家; *A Room with a View* (1908), *Howards End* (1910), *A Passage to India* (1924)》. ◆ **For·ste·ri·an** /fɔːrstíəriən/ *a*

for·ster·ite /fɔ́ːrstəràɪt/ *n* 〖岩石〗苦土橄欖(かんらん)石. [Johann R. *Forster* (1729–98) ドイツの自然科学者で旅行家]

for·swear, fore- /fɔːrswέər/ *v* (**-swore** /-swɔ́ːr/; **-sworn** /-swɔ́ːrn/) *vt* 誓って断つ, きっぱりやめる; 誓って否定[否認]する; 《古》〈事実など〉について偽証する, 背誓する. ► *vi* 偽証する. ● ～ **oneself** 背誓[偽証]する. [OE *forswerian* (*for-*, SWEAR)]

for·sworn, fore- /fɔːrswɔ́ːrn/ *v* FORSWEAR, FORESWEAR の過去分詞. ► *a* 背誓した, 偽証罪を犯した (perjured); 偽証の.

For·syth /fɔ́ːrsàɪθ, ─ ́/ フォーサイス **Frederick** ～ (1938–) 《英国のサスペンス小説作家》.

for·syth·ia /fərsíθiə, fɔːr-; -sáɪ-/ *n* 〖植〗レンギョウ属 (*F-*) の各種低木[花木] 《モクセイ科》. [William *Forsyth* (1737–1804) 英国の植物学者]

fort /fɔ́ːrt/ *n* とりで, 城砦(じょうさい), 堡塁(ほうるい) (cf. FORTRESS); 〖米陸軍〗

《常設の》駐屯地;〘史〙《北米辺境の》交易市場《もと堡塁があった》; *《トラック運転手俗》装甲車. ● **hold the ～** とりでを守る;《対抗して》持ちこたえる; [°hold down the ～ *《口》]《人に代わって》務めを果たす, やっていく, 留守を守る; 急場に対処する. [F or It (L *fortis* strong)]

For·ta·le·za /fɔ̀ːrt(ə)léɪzə/ フォルタレザ《ブラジル北東部 Ceará 州の州都, 大西洋に臨む港湾都市; 別称 Ceará》.

for·ta·lice /fɔ́ːrt(ə)ləs/ 《古》 *n* 小要塞; 要塞 (fortress).

For·tas /fɔ́ːrtəs/ フォータス **Abe ～** (1910–82)《米国の法律家; 合衆国最高裁判所陪席裁判官 (1965–69), 金銭スキャンダルにより辞任》.

Fòrt Cóllins フォートコリンズ《Colorado 州北部の市; Colorado State University (1870) の所在地》.

Fort-de-France /*F* fɔrdəfrɑ̃ːs/ フォール-ド-フランス《仏領西インド諸島 Martinique 海外県の県都》.

forte[1] /fɔ́ːrt, -tèɪ, -ti/ *n* **1** [one's] 強み, 長所, 得手, おはこ. **2**〘刀剣〙フォルト《柄(ᵔ)から中央までの刀身部で刀の最強部; opp. *foible*》. [(fem)<F FORT]

for·te[2] /fɔ́ːrtèɪ, -ti/〘楽〙*adv, a* 強く[強い], フォルテで[の]《略 f; opp. *piano*》: ～ ～ きわめて強く (fortissimo). ► *n* フォルテの楽句[音]. [It=strong, loud; ⇨ FORT]

For·te·an /fɔ́ːrtiən/ *a* 超常現象の. ♦ **For·te·ana** /fɔ̀ːrtiǽnə, -ɑ́ːnə/ *n pl* 超常現象. [Charles H. *Fort* (1874–1932) 米国の超常現象研究者]

for·te·pia·no /fɔ̀ːrtèɪpiǽnoʊ; -ti-/ *n*〘楽〙フォルテピアノ《18–19 世紀初めに現われた初期のピアノ》.

for·te·pi·a·no /fɔ̀ːrtèɪpiɑ́ːnoʊ, -ti-; -tipiǽn-/ *a, adv*〘楽〙強くそして直ちに弱く《略 fp》. [It]

fortes *n* FORTIS の複数形.

for·tes·cue /fɔ́ːrtəskjùː/ *n*〘魚〙ゴウシュウカサゴ.

for·tes for·tu·na ju·vat /fɔ́ːrtèɪs fɔːrtúːnə júːwɑ̀ːt/ 運命は勇者に味方する. [L]

Fòrt Fúmble *《軍俗》フォートファンブル, ちょんぼ砦《Pentagon のこと》.

forth *adv* /fɔ́ːrθ/ 《文》 **1** 先へ, 前方[先方]へ. **2** (…)以後: from this day ～ 今日以後, 今後は. **3** [通例 動詞と結合して] **a** 外へ, 戸外へ, 見える所へ《今は多くは out を用いる》. **b** 《廃》遠く離れて, 国外へ. ● AND **so ～.** BACK[1] **and ～.** **～ of** 《詩·文》OUT OF. **right ～** 直ちに. **so far ～** そこまでは, それだけは. **so far ～ as…** の程度だけ[まで]は, …するだけ: *so far ～ as* you work きみが働いただけは. ► *prep* /fɔːrθ, fɔ́ːrθ/ 《古》…から外へ (out of): go ～ the house 外出する. [OE *forth*; cf. G *fort*]

Forth[1] /fɔ́ːrθ/ [the] フォース川《スコットランド中南部を東流してフォース湾 (the **Fírth of ～**) に注ぐ川; 同湾は Edinburgh の北に位置する北海の入江》.

Forth[2], **FORTH** /fɔ́ːrθ/ *n*〘電算〙Forth《プログラミング言語の一つ; 第四世代言語 (fourth-generation language) を目指した高水準プログラミング言語》.

Fórth Brídge [the] フォース橋《**1**) スコットランドの Edinburgh 西部, フォース湾 (Firth of Forth) にかかる鉄道橋; 1880 年代に建設された長さ 521 m の片持ち式鉄橋で, 世界有数の土木工学作品とされる; 'like painting the Forth Bridge' (きりのない仕事で) の表現を生んだ **2**) 1964 年に前者の西側に完成した吊橋 (1006 m)》.

forth·com·ing /fɔ̀ːrθkʌ́mɪŋ, ⌐⌐⌐/ *a* **1** やがて来よう[現われよう]とする; 来たる, 今度の: the ～ holidays 今度の休暇 / ～ books 近刊書. **2** [°*neg*] 手近に(用意されて), すぐ使える. **3** 対応のよい, 協力的な, 愛想のよい; 率直な. ► *n* 出現, 接近. ♦ **～·ness** *n*

fórth·rìght *adv* まっすぐ前に; ずばりと, 率直に; 直ちに. ► *a* ずばりと言う, 率直な, 直截(ᵔᵔᵔ)な (outspoken);《様式など》簡明な;《古》直進の. ► *n* 《古》直線路. ♦ **～·ly** *adv* **～·ness** *n* [OE *forthrihte* (FORTH, RIGHT)]

forth·with /fɔ̀ːrθwɪ́θ, -wɪ́ð/ *adv* 直ちに, 時を移さず. ► *n* *《俗》直ちに…すべしとの命令《即時出頭·即時明渡しなど》. [*forthwith-all* (FORTH, WITH, ALL)]

for·ti·eth /fɔ́ːrtiəθ/ *a, n* 第 40 (の), 40 番目(の); 40 分の 1 (の).

for·ti·fi·ca·tion /fɔ̀ːrtəfəkéɪʃ(ə)n/ *n* **1 a** 防備, 要塞化; 築城法[術, 学]. **b** 防御用構築物; [ᵘ*pl*] 防御工事, 堡塁(ᵔᵔ), 防壁, 要塞. **2** 強化,《ワインの》アルコール添加,《食物の》栄養強化.

fór·ti·fìed wíne (酒精)強化ワイン《ブランデーなどを加えてアルコール分を強化したもの; port, sherry, Madeira など》.

fór·ti·fì·er *n* 築城家; 強化者[物], 増強剤; [*joc*] 強壮剤, 酒 (tonic).

for·ti·fy /fɔ́ːrtəfàɪ/ *vt* **1** …に防御工事を施す; …の防備を固める, 要塞化する; 〈組織·構造を〉強化する; 〈陳述などを〉固める, 裏付ける: ～ a town *against* an attack 攻撃に備えて町の防備を固める. **2**《肉体的·精神的に》強くする, 活力を与える: ～ on*eself against* flu 流感にかからないように体を鍛える. **3** [ᵘ*pp*] 〈ワインなど〉にアルコールを添加する, 強化する;《ビタミンなどを加えて》〈パンなどを〉栄養強化[補強]する 〈*with*〉. ► *vi* とりでの建設[防御工事]を行なう; 防備を固める. ♦ **fór·ti·fì·able** *a* [OF<L (*fortis* strong)]

Fór·tin barómeter /fɔ́ːrtæn-, fɔːrtǽ̃-/ フォルタン気圧計 (=**Fórtin's barómeter**)《水銀気圧計の一種; 水銀槽を調節できる》. [J. N. *Fortin* (1750–1831) フランスの物理学者·技師]

for·tis /fɔ́ːrtəs/〘音〙*n* (*pl* **-tes** /-tìːz/) 硬音, 強子音《/p, t, k/ など; cf. LENIS》. ► *a* 硬音の, 強子音の. [FORT]

For·ti·san /fɔ́ːrtəsæ̀n, -zæn/〘商標〙フォーティサン《合成アセテート繊維[糸, 布]; 衣類·カーテン·パラシュート用》.

for·tis·si·mo /fɔːrtɪ́səmòʊ/〘楽〙*adv, a* きわめて強く[強い], フォルティシモで[の]《略 ff》. ► *n* (*pl* **-mi** /-mìː/, **～s**) フォルティシモの楽句[音]. [It (superl)<FORTE[2]]

for·tis·sis·si·mo /fɔ̀ːrtəsɪ́səmòʊ/ *adv, a*〘楽〙可能な限り強く[強い], フォルティシッシモで[の]《略 fff》. [It]

for·ti·tude /fɔ́ːrtət(j)ùːd/ *n*《苦しみ·逆境などに》耐える力, 胆力, 気丈さ, 剛毅, 堅忍不抜, 不屈の精神;《廃》力, 堅固 (strength): bear sth with ～. [F<L *fortitudin- fortitudo* (*fortis* strong)]

for·ti·tu·di·nous /fɔ̀ːrtət(j)úːd(ə)nəs/ *a* 不屈の精神のある[をもった] (courageous).

Fòrt Knóx /-nɑ́ks/ フォートノックス《Kentucky 州中北部 Louisville の南南西にある軍用地; 合衆国金塊貯蔵所 (U.S. Gold Bullion Depository) がある》: like ～ きわめて厳重で.

Fort-La·my /*F* fɔrlami/ フォールラミー《N'DJAMENA の旧称》.

Fòrt Láu·der·dale /-lɔ́ːdərdèɪl/ フォートローダーデール《Florida 州南東部, 大西洋岸の市》.

fórt·let *n* 小要塞, 小規模の砦.

Fòrt Mc·Hénry /-məkhénri/ マックヘンリー要塞《Maryland 州北部 Baltimore 港の入口にある要塞跡; 1812 年 英軍がこの要塞を砲撃した際 Francis Scott Key により米国国歌が作られた》.

fort·night[ll] /fɔ́ːrtnàɪt/ *n* 2 週間 (cf. SENNIGHT): a ～*'s* journey 2 週間の旅 / in a ～*'s* time 2 週間後に. ● **a ～ ago yesterday** 2 週間前のきのう. **Monday** etc. **～=a ～ on Monday** etc. 2 週間後[前]の月曜日《など》. **today ～=this day ～=a ～ (from) today** 再来週[先々週]の今日. [OE *fēowertīene niht* fourteen nights]

fórtnight·ly[ll] *a* 2 週間に一回の; 隔週発刊の. ► *adv* 2 週間ごとに, 隔週に. ► *n* 隔週刊行物.

Fórt·num & Máson /fɔ́ːrtnəm-/ フォートナム·アンド·メーソン《London の Piccadilly にある, 食料品で有名なデパート; ティールームのアフタヌーンティーが人気が高い; **Fórt·num's** と通称される》.

FORTRAN, For·tran /fɔ́ːrtræn/ *n*〘電算〙フォートラン《科学技術計算用のプログラム言語》. [*for*mula *tran*slation]

for·tress /fɔ́ːrtrəs/ *n* 要塞(ᵔᵔ)《規模が大きく永続的なもの; cf. FORT》; 要塞都市; 防備堅固な[安全な]場所; 動じない人[もの], 志操堅固な人. ► *vt* 要塞で防護する;《古》…のとりでとなる. ♦ **～·like** *a* [OF (L *fortis* strong)]

Fòrt Súm·ter /-sʌ́mtər/ サムター要塞《South Carolina 州南東岸の Charleston 港入口の要塞; 1861 年南軍がここを砲撃して南北戦争が始まった; 国定記念物に指定》.

for·tu·i·tism /fɔːrt(j)úːətɪz(ə)m/ *n*〘哲〙偶然説《自然界における適応は偶然によるもので計画的なものではないとする説》. ♦ **-tist** *n, a*

for·tu·i·tous /fɔːrt(j)úːətəs/ *a* 思いがけない, 偶然の;《口》幸運な; 運よくやって来た[生じた]. ♦ **～·ly** *adv* **～·ness** *n* FORTUITY. [L (*forte* by chance)]

for·tu·i·ty /fɔːrt(j)úːəti/ *n* 偶然性, 偶然; 偶然の[思いがけない]できごと.

For·tu·na /fɔːrt(j)úːnə/〘ロ神〙フォルトゥーナ《運命の女神; ギリシアの Tyche に当たる》. [L FORTUNE]

for·tu·nate /fɔ́ːrʧ(ə)nət/ *a* 運のよい, 幸運な, しあわせな; さい先のよい: It was ～ *for* him that…とは彼にとって運がよかった / I am ～ *in* having [～ (*enough*) *to* have] such a good son. あんないい息子をもってしあわせです. ► *n* 幸運な人. ♦ **～·ness** *n* [L; ⇨ FORTUNE]

Fórtunate Íslands [Ísles] *pl* [the] ISLANDS OF THE BLESSED.

fórtunate·ly *adv* 幸いに(も), 運よく, ありがたいことに.

for·tune /fɔ́ːrʧ(ə)n, [ll]fɔ́ːʧùːn, [ll]-tjùːn/ *n* **1 a** 運 (chance), 運命; [F-] 運命の女神 (⇨ FORTUNA): by bad [good] ～ 不運[幸運]にも / **the ～ of war** 武運 / try one's ～ 運試し[冒険]をする, いちかばちかやってみる / share sb's ～*s* 人と運命[苦楽]を共にする / Dame *F*～ 運命の女神 / *F*～ is blind. 運命の女神は盲目だ / *F*～ smiled on… 運命の女神が…にほほえんだ, …はうまくいった / *F*～ favors the bold [brave].《諺》運命の女神は勇者に味方する. **b** 運勢,《将来の》運命, 宿命: have one's ～ told 運勢を占ってもらう / tell [read] (sb's) ～*s* 〈占い師が〉〈人の〉運勢を占う (cf. FORTUNE-TELLER). **c** [ᵘ*pl*]《運の》盛衰, 人生の浮沈;《廃》思わぬできごと. **2** 幸運, 好運, しあわせ, 果報 (good luck); 繁栄, 繁昌: have ～ on one's side 幸運に恵まれる / *F*～ knocks at least once every man's gate.《諺》幸運は一度はだれの門をもたたく / seek one's ～ 出世[成功]の道を求める. **3** 富; 財産, 資産;《口》大身代, ひと財産, 大金;《古》《女性の》資産家: a man of ～ 財産家 / He came into a ～. 彼には財産がはいった《遺産相続などで》. **4** [F-]『フォーチュン』《米国のビジネス誌; Time 社から隔週刊; 1930 年創刊》. ● **a small ～**《口》《費用·代価が》大変な金額, 大金: spend *a small* ～ on horse racing 競馬に一財産[大金]を費

やす. FORTUNE'S WHEEL. **have the (good) ～ to** do 幸運にも…する. **make [amass] a ～** 金持になる, 身代を作る. **make one's ～** 立身出世する, 成功する; =make a FORTUNE. **marry a ～** «古» 金持ちの女と結婚する, 財産目当てに結婚する (cf. FORTUNE HUNTER). ► *vi* «古·詩» たまたま起こる: It ～*d* that…. たまたま…があった. ► *vt* «古» 〈人〉に財産[寡婦産]を与える; «廃» …に好運[不運]を与える. [OF<L *fortuna* luck, chance]

fórtune còokie [còoky] フォーチュンクッキー《中華料理店などで出すおみくじなどのはいったクッキー》.

Fortune 500 /–́ fáɪvhʌ́ndrəd/ フォーチュン 500 社《ビジネス誌 *Fortune* が毎年掲載する米国企業および海外企業の各売上高上位 500 社のリスト; 大企業の代名詞として用いられる》.

fórtune hùnter 《特に 結婚によって》楽に財産を得ようとする者, 玉の輿ねらい (cf. *marry a* FORTUNE). ♦ **fórtune-hùnt·ing** *a, n*

fórtune·less *a* 幸運に恵まれない, 不運な; 財産のない.

fórtune's whéel 《運命の女神が回す》運命の紡ぎ車; 運命(の転変), 栄枯盛衰: be at the bottom of ～ 悲運[不況]のどん底にある.

fórtune-tèll·ing *n* 運勢判断, 易断, 占い, 売卜(ばいぼく). ► *a* 占いをする. ♦ **fórtune-tèll·er** *n* 占い師, 易者.

Fòrt Wáyne /-wéɪn/ フォートウェイン《Indiana 州北東部の市》.

Fòrt Wílliam フォートウィリアム (⇨ THUNDER BAY).

Fòrt Wórth フォートワース《Texas 州中北部 Dallas の西方にある市》.

for·ty /fɔ́:rti/ *a* 40 の, 40 個[人]の; [°‹*n*›] 多数(の)《漠然と数が多いことを示す》: ～ days and ～ nights 〖聖〗四十日四十夜《大洪水をもたらした大雨が降り続いた日数; *Gen* 7: 4, 12》/ ～ shades of green さまざまな色合いの緑. ► *n* **1** 《数の》40; 40 の記号《XL》. **2** [the Forties] スコットランド北東岸とノルウェー南西岸との間の海域《40 尋(ひろ)以上の深さがあるところから》: ROARING FORTIES. **3** 〖テニス〗フォーティ《3 点目のポイント; 両者このポイントのときは DEUCE[1]》: *F*～ love フォーティラブ《サーブ側 3 対レシーブ側 0》. ★ 用法は TWENTY の例に準じる. ● **～ ways to [for, from] Sunday** *«俗» あらゆる方法で[方向に], 四方八方, めったやたらに. **like ～** *«口» 非常な勢いで. ♦ **～·ish** *a* 40 ぐらいの, 四十がらみの. [OE *fēowertig* (FOUR)]

fórty-déuce *n* [ˢF-, Forty-Deuce] *«俗» 42 丁目 (FORTY-SECOND STREET).

fórty-éight *n* [数詞] ⇨ FORTY-ONE; *«海軍俗» 《週末の》48 時間以内の上陸許可; [the Forty-Eight, the 48] 《J. S. Bach の》平均律クラヴィア曲集 (I, II) の通称《I, II それぞれ 24 の前奏曲とフーガからなる》.

fórty-éight·mo *n* (*pl* **～s**) 四十八折判(の本[紙, ページ]) 《48 mo, 48° とも書く; ⇨ FOLIO》.

fórty-fírst[…fórty-nínth] *a, n* 41[…49] 番目(の). ★ ⇨ TWENTY-FIRST.

fórty-fíve *n* [数詞] ⇨ FORTY-ONE; 45 回転レコード《通例 45 (rpm) と記す》; *45 口径拳銃《通例 .45 と記す》; [the F-] 〖英史〗四十五年反乱 (=the **Fórty-five Rebéllion**)《1745 年の JACOBITE RISING》.

fórty·fòld *a, adv* 40 倍の; 40 倍も, 40 枚も重ねて.

fórty-fóur *n* [数詞] ⇨ FORTY-ONE; *«食堂俗» コーヒー 1 杯; [44, .44 とも書く] *«俗» 44 口径のピストル, 《特に》コルト 44 (自動拳銃); *«韻俗» 売春婦 (whore).

Fórty Hóurs [‹*sg/pl*›] 〖カト〗四十時間の信心《40 時間にわたって(日中)聖体を顕示し, その前で交代で祈る》. [キリストが墓中にとどまっていたとされる期間]

fórty-'lév·en /-lév(ə)n/ *n, a* *«方» 多数(の).

fòrty-nín·er /-náɪnər/ *n* [ˢForty-Niner] 49 年組《1849 年の gold rush で California に押し寄せた人》; 《広く》新発見の金鉱などへ殺到する人, 一旗組.

49th Parallel /fɔ́:rtinàɪnθ ––́/ 《米国·カナダ国境の》北緯 49 度線.

fórty-óne[…fórty-níne] *n, a* [数詞] 41[…49] (の). ★ ⇨ TWENTY-THREE.

fórty-ròd *n* *«俗» 安物の強いウイスキー[ラム酒].

Forty-Second Street, 42nd Street /fɔ́:rtisékənd ––́/ 42 丁目《New York 市 Manhattan の劇場街·歓楽街》.

42-line Bible /fɔ́:rtitù: ––́ ––́/ [the] 四十二行聖書 (GUTENBERG BIBLE の異称; 各段 (column) が 42 行に印刷されていることから).

fórty wínks [‹*sg/pl*›] «口» 短い睡眠, ひと眠り, 《特に 食後の》昼寝 (nap); *«俗» 短時間: have [catch, take] ～ ひと眠りする.

fo·rum /fɔ́:rəm/ *n* (*pl* **～s, fo·ra** /fɔ́:rə/) **1** 〖古ロ〗フォルム, 公会場, 広場《商取引の市場や公事の集会場とされた》; [the F-] フォルム·ロマヌム (**F～ Ro·má·num** /-roumá:nəm/)《Capitoline, Palatine 両丘の間にあった古代ローマ市の中心的フォルム; 隣に Colosseum がある》. **2** 公開討論会(の会場), 《テレビ·ラジオの》討論番組, 《新聞などの》討論欄, フォーラム[討論]雑誌; 《電子掲示板などでの》フォーラム《SIG 活動の場》. **3** 裁判所, 法廷; 《世論の》裁き, 批判: the ～ of conscience 良心の裁き. [L]

for·ward /fɔ́:rwərd/ *a* **1** (opp. *backward*) 前方の; 前部の; 〖海〗船首(部)の; 〖クリケット〗前に踏み出して打つプレーの (opp. *back*). **2 a** 前進の, 往きの; 前進的な; 将来に向けた; 〖球技〗〈パスが〉相手のゴールラインの方向への, 前方への; 〖電子工〗順方向の: a ～ march 前進 / a ～ and backward journey 往復の旅行 / a ～ movement 前進運動 / the way ～ 進むべき道, 正しい方針, 打開策. **b** 〈仕事·準備などを〉早く進めて, 〈…が〉はかどって ‹*with*›: I am well ～ [no further ～] *with* the work. 仕事がよくはかどっている[その後はかどっていない]. **c** 熱心な, 進んで(…する) ‹*to do, with*›: We were ～ *to* help. 進んで助力した. **d** 進んだ, 新しい; 急進的な; 過激な: ～ measures 急進的な方法. **3 a** (普通より)早い, 季節に先立った〈作物·花〉. **b** 〖商〗先物の, 先渡しの, 先払いの. **4** 早熟な, ませた; ずうずうしい, 出すぎた, 生意気な: a ～ girl [manner] ませた娘[態度].
► *adv* **1** 前方へ, 前方に; 〖海〗(船の)前部に, 船首の方へ (fore): *F*～! 〖軍〗(前へ)進め, 〖海〗(船の)前方へ, 〖ボート〗オール前へ / rush ～ 突進する / play ～ 〖クリケット〗前に腕を伸ばして[踏み出して]ボールを打つ. **2** 今後, 将来に向かって; 《時計など》進んで (=on ～): from this time ～ 今後 / put the clock ～ 時計を進める. **3** 外へ; 表面に, 見えるところへ: put [set] one*self* ～ でしゃばる. **4** 《予定·期日など》繰り上げて, 前倒しして; 〖商〗先渡し[先払い]として: CARRIAGE FORWARD. ● **can't get any ～er** 少しも進めない. DATE **～**. **～ of** …の前[前方]で[に].
► *n* 〖球技〗前衛, フォワード; 〖アメフト〗LINEMAN; [*pl*] 前衛的分子, 先鋒; 〖商〗先渡し契約 (forward contract); [*pl*] *«俗» アンフェタミン入りの錠剤.
► *vt* **1** 〈手紙·E メールなどを〉転送する, 回す ‹*to*›; 〈荷を〉発送する, 送付する: Please ～. [目的語を省略して] ご転送ください《封筒などの左上に書く》. **2** 進める, 助成する, 促進する, はかどらせる; 〈植物などの生育を〉早める (cf. FORCE[1]). **3** 〖製本〗下ごしらえする《かがりの後に行なう背固め·表紙付けなどの作業》.
♦ **～·ly** *adv* さしでがましく, でしゃばって; "前方へ; 熱心に, 進んで. **～·ness** *n* 進歩の早さ; 早熟性; 手早さ; 気乗り, 熱心さ; でしゃばり, 生意気. [OE *forweard*=*forthweard* (FORTH, *-ward*)]

fórward áir contròller 〖軍〗前進航空統制官《地上部隊を支援する作戦機の行動を, 第一線の地上もしくは航空機から統制する将校; 略 FAC》.

fórward-bàsed *a* 〖軍〗〈ミサイルなどが〉前方基地配備の, 短距離の《略 FB》.

fórward bías 〖電子工〗順バイアス《半導体素子[回路]に電流の流れる方向にかけるバイアス》.

fórward cóntract 〖商〗先渡し契約 (=*forward*).

fórward delívery 〖商〗先渡し.

fórward·er *n* 促進者, 助成者; 回送者, 通運業者; 〖製本〗下ごしらえする人.

fórward exchánge 先物為替.

fórward·ing *n* 促進, 助成; 《荷物の》運送(取次), 通運(業), 回送; 〖製本〗下ごしらえ; 銅版の腐食から最後の彫版までの工程: a ～ station 発送駅.

fórwarding addrèss 《郵便物の》転送先, 回送先.

fórwarding àgent 運送取扱人 (freight forwarder), 運送業者, 通運業者; 混載(輸送)業者《専門の混載業者 (consolidator) もあるが, forwarding agent が兼ねることが多い》.

fórward líne 〖サッカー·ホッケーなど〗フォワードライン《チームにおける攻撃の 5 人》.

fórward-lòok·ing *a* 先を見る, 将来に備える, 前向きの, 進取の, 進歩的な (=*forward-thinking*).

fórward márket 〖商〗先物市場《証券·外貨·商品などを将来の一定日に一定価格で受け渡す契約が行なわれる市場; 契約が売買両当事者間の個別的な取決めである点において, 一定のルールの下に標準化商品などを取引する futures market とは異なる》.

fórward mutátion 〖遺〗正突然変異, 前進突然変異 (opp. *back mutation*).

fórward páss 〖アメフト·ラグビー〗フォワードパス《敵のゴールの方向にボールをパスすること; ラグビーでは反則》.

fórward quotátion 〖商〗先物相場.

fórward ráte 《為替取引の》先物相場.

fórward róll 〖体操〗前転.

fór·wards *adv* FORWARD.

fórward scátter 〖通信〗《対流圏·電離層における電波の》前方散乱.

fórward slàsh 斜線, スラッシュ (SLASH) (cf. BACKSLASH).

fórward-thìnk·ing *a* 将来を考慮した, 将来を見越した (forward-looking).

fórward vóltage 順電圧 (FORWARD BIAS).

fórward wáll 〖アメフト〗フォワードウォール《攻撃側ラインのセンター·両ガード·両タックルの 5 人》.

for·wea·ried /fərwíərid/ *a* «古» 疲れはてた.

forwent *v* FORGO の過去形.

for·why /fɔ:r(h)wáɪ/ «古·方» *adv* なぜ, 何のために (why, wherefore). ► *conj* なぜかと言えば (because).

for·worn /fərwɔ́:rn, fɔ:r-/ *a* «古» 疲れはてた.

for·zan·do /fɔ:rtsá:ndou, -tsǽn-/ *adv, a, n* SFORZANDO《略 **forz**, fz.》. [It]

FOS /ɛ́fòuɛ́s/ *n* 《俗》心身症患者.［*f*ull *o*f *s*hit］
f.o.s., FOS〖商〗free on station♦〖商〗free on steamer.
Fós·bury (flóp) /fázb(ə)ri(-)/ *n*〖陸上〗背面跳び (=*flop*). ► *vi* 背面跳びをする.［Dick *Fosbury* (1947–) メキシコオリンピック (1968) で優勝した米国の走り高跳び選手］
Fo·sco·lo /fɔ́:skoulou/ フォスコロ **Ugo** ～ (1778–1827)《イタリアの詩人・文学者; 本名 Niccolò ～; 前期ロマン派の代表的人物》.
Fo·shan /fóuʃá:n/, **Fat·shan** /fá:t-/ 仏山(ﾌｵｼｬﾝ)(ﾌｧｯｼｬﾝ)《中国広東省西部の市; 旧称 南海 (Nanhai)》.
foss ⇨ FOSSE.
fos·sa[1] /fásə/ *n* (*pl* **-sae** /-sì:, -sài/)〖解〗窩(ｶ)《骨などの穴》: the temporal ～ (of the skull) 側頭窩.［L=ditch (pp)＜*fodio* to dig; cf. FOSSIL］
fossa[2], **fous·sa** /fásə/ *n*〖動〗フォッサ《ネコとジャコウネコの中間の動物; Madagascar 島産》.［(Malagasy)］
fosse, foss /fɔ́(:)s, fás/ *n* 掘割, 運河 (ditch, canal);〖城・要塞の〗濠(ﾎﾘ) (moat);《古》地面に掘った穴; FOSSA[1].［OF＜L FOSSA[1]］
fos·sette /fasét, *fɔ:-/ *n* 小さいくぼみ,〖解〗小窩; えくぼ (dimple);〖医〗小深在角膜潰瘍.
Fósse Wáy [the]〖史〗フォッス街道《Devon 州南東部の Axminster から Bath, Leicester を経て Lincoln に通じていたローマ人の建設になる両側に fosse のある軍用道路》.
fos·sick /fásɪk/《豪》*vi* 廃鉱などを掘り返して金[宝石]を探す;〈金もうけの種を〉あさる〈*for*〉;《かきまわして》捜す〈*for*〉, 捜しまわる〈*about, around*〉. ► *vt* (掘り返して)探す. ● **～ out** 掘り当てる; 探し出す. ♦ **～·er** *n*《豪》廃鉱あさり《人》.［*fussick, fussock* (dial) to bustle about＜FUSS］
fos·sil /fás(ə)l/ *n* **1** 化石;《古》発掘物《岩石・鉱物の類》. **2 a**《口》時代に遅れている人, 旧弊家; *《俗》老人, 年寄り, 親; *《学生俗》留年学生;《口》前時代の遺物, 時代遅れのもの, 旧制度. **b** 化石語《(1) 今では成句中などにしか使われない廃語; 例 *hue* and cry (2) *aloft* の *a-* のように語中に生き残っている接頭辞など》. ► *a* **1** 化石の(ような), 化石になった; 発掘した; 化石燃料の. **2** 進歩[変化]しない, 固まりきった, 旧弊な, 時代遅れの. ♦ **～·like** *a*［F＜L (*foss- fodio* to dig)］
fóssil ènergy 化石エネルギー《化石燃料から得られるエネルギー》.
fóssil fùel 化石燃料《石油・石炭・天然ガスなど》. ♦ **fóssil-fù·eled** *a* 化石燃料を使う.
fóssil gùm 化石樹脂《琥珀(ｺﾊｸ)など》.
fos·sil·if·er·ous /fɑ̀səlíf(ə)rəs/ *a* 化石を含む.
fóssil ìvory 化石アイボリー《長期間地中にあって黄色・セピア色などに変色した象牙》.
fóssil·ize *vt* 化石化する; 固定化する; 時代遅れにする. ► *vi* 化石になる, 化石化する;《口》化石を探す. ♦ **fòssil·izátion** *n* 化石化(作用).
fos·so·ri·al /fasɔ́:riəl/ *a*〖動〗穴を掘る(のに適した), 穴で生活する, 地下….
fos·ter /fɔ́(:)stər, fás-/ *vt* **1 a** 育成[促進, 助長]する. **b**〈怒り・記憶などを〉よび起こす. **2**〈希望・思想・感じを〉心にいだく. **3** …の世話をする; 里子として育てる; 里子に出す. **4**《古》慈しむ, はぐくむ;《廃》…に食べ物を与える. ► *vi* 里親となる. ► *a*《血縁や法的親子関係でなく》養育をする[うける], 里親の, 里子の. ► *n* 里子;《古》里親;《廃》食べ物. ♦ **～·ing·ly** *adv*［OE *fōster* food, feeding; ⇨ FOOD］
Foster 1 フォスター (1) **Jodie** ～ (1962–)《米国の女優; 本名 Alicia Christian ～; *Taxi Driver* (タクシードライバー, 1976), *The Accused* (告発の行方, 1988), *The Silence of the Lambs* (羊たちの沈黙, 1991), *Nell* (ネル, 1994, 制作も)》(2) Sir **Norman (Robert)** ～ (1935–)《英国の建築家》(3) **Stephen (Collins)** ～ (1826–64)《米国の歌謡作詞・作曲家; 特に minstrel show のために多くの作品を提供した; *Oh! Susanna, Camptown Races, Old Folks at Home, My Old Kentucky Home, Old Black Joe*》. **2** [Doctor] フォスター先生《伝承童謡で, Gloucester へ行く途中 水たまりに落ちた医者》.
fóster·age *n* (里子[養い子]の)養育; 里子に出す[里子を預かる]こと, 里子制度;《アイルランド・ウェールズ・スコットランドで行なわれていた》里子に出す慣習; 里子であること; 育成, 促進, 奨励, 助成.
fóster bròther 同じ養い親の下で育てられた養い子, 里子兄弟, 乳(ﾁ)兄弟. ♦ **fóster sister** *n fem*
fóster càre《個人の家庭または公共の施設における》養い子[里子]の養育, 養い子[里子]養育制度.
fóster chìld 里子, 養い子.
fóster dàughter 里子, 養い子《女》.
fóster·er *n* 里親, 養育者; 乳母; 育成者, 助成者.
fóster fàther 育ての父, 里親, 養い父.
fóster hóme [fámily] 里子を預かる家庭.
fóster·ling *n* 里子, 養い子 (foster child).
fóster-móther *vt* 育ての母[養い母, 乳母]として育てる, …の乳母をつとめる.
fóster mòther 育ての母, 里親, 養い母, 乳母; ″ひな保育器 (incubator),《子犬・子豚の》哺乳器.
fóster nùrse《里子の》養育者《女》, 乳母.
fóster pàrent 里親, 養い親.
Fos·ter's /fɔ́(:)stərz, fás-/〖商標〗フォスターズ《オーストラリアで最もポピュラーなラガービール》.
foster sister ⇨ FOSTER BROTHER.
fóster són 里子, 養い子《男》.
fos·tress /fɔ́(:)strəs, fás-/ *n fem* 里親, 養い親.
f.o.t., FOT〖商〗°free on truck.
foth·er /fáðər/ *vt, vi*〖海〗《浸水を止める防水むしろを作るために》〈帆布〉にまいはだ(槇皮)・ロープくずなどを植え付ける; 防水むしろで(浸水を)止める.［? 変形＜LG *fodern* to line[2]］
Foth·er·ing·hay /fáð(ə)rɪŋèɪ/ フォザリンゲイ《イングランド Northamptonshire 北東部の村; スコットランド女王 Mary が幽閉・斬首された (1587) 城の遺構がある》.
fo·tog /fətág/ *n* *《口》PHOTOG.
fou /fú:/ *a*《スコ》酔った.［ME (Sc)=full］
Fou·cault /fukóu; *F* fuko/ フーコー (1) **Jean-Bernard-Léon** ～ (1819–68)《フランスの物理学者》(2) **Michel(-Paul)** ～ (1926–84)《フランスの哲学者》. ♦ **Fou·caul·di·an** /fukóudiən/, **Fou·cault·ian** /-kóuiən/ *a* M. フーコー(の哲学)の.
Foucáult cúrrent〖電〗フーコー電流, 渦電流 (eddy current).［J. B. L. *Foucault*］
Foucáult('s) péndulum〖理〗フーコー振子《一定方向の振動しかできない長い振子で, 振動面の変化によって地球の自転を証明する》.［↑］
Fou·ché /fú:ʃeɪ/ フーシェ **Joseph** ～, **Duc d'Otrante** (1759–1820)《フランスの政治家; 革命勃発から Napoleon 没落にかけて警察大臣となり, 大変動期を乗り切った謀略家》.
Foucquet ⇨ FOUQUET.
fou·droy·ant /fudrɔ́ɪənt; *F* fudrwajɑ̃/ *a* 電撃的な, あっといわせる;〖医〗電撃性の, 激症の: ～ paralysis 急性麻痺.［F＜L *fulgur* lightning］
fouet·té /*F* fwɛte/ *n*〖バレエ〗フエッテ《軸足でない脚を連続してむち打つように出す動き》.［F (pp)＜*fouetter* to whip］
fou·gasse /*F* fugas/ *n*〖軍〗指向性地雷, フガス.
fought *v* FIGHT の過去・過去分詞.
fought·en /fɔ́:tn/ *a*《古》戦いのあった;《スコ》(戦いで)疲弊した: a ～ field 古戦場.
foul /fáʊl/ *a* **1 a** 不潔な, きたない, よごれた;〈空気・水が〉濁ってきたない: ～ linen《洗濯に出す》よごれ物 / be ～ with…でよごれている / ～ water 汚水. **b** 悪臭のある, むかつくような;〈食物が〉腐敗した: a ～ breath 臭い息 / a ～ smell 悪臭. **c**〈魚が放卵後で〉よごれている, まずい. **d**〈道路が〉泥だらけの, (泥で)ぬかる. **e**〖印〗〈校正刷りなどが〉《誤りや直しが多くて》きたない,〈活字ケースが〉乱雑な: ～ copy きたない原稿. **f**《古・英方》醜い;《廃》《涙・悲しみによって》〈顔が〉くずれた, ゆがんだ. **2 a**《すす・脂などで》詰まった, ふさがった〈*with*〉;〈車輪など〉泥がくっついた;《貝殻・海藻などの付着物で》よごれた〈船体〉. **b**〈索・鎖など〉からんだ: get ～ からみつく, もつれる. **c** 衝突した; 衝突[接触]の危険のある: a ship ～ *of* a rock 岩に衝突した船 / ～ ground〖海〗《暗礁が多い》難破の危険のある海底;《岩礁の隠れている》荒磯. **3**〈天候が〉悪い, しけ模様の; 逆風の: ～ weather 悪天候, 荒天. **4 a** 汚らわしい, みだらな; 口ぎたない;〈犯罪などが〉けしからぬ, ひどい, 卑劣な: a ～ tongue [language] 口ぎたないことば, 悪態 / a ～ talk 猥談 / ～ assassination [murder] だまし討ち, 無残な暗殺[殺人]. **b**《口》ひどく不快な[いやな], つまらない, くだらない: be a ～ dancer 踊るのがへただ / in a ～ mood 不機嫌で. **5**《競技で》反則の (opp. *fair*); 不正な;〖野〗ファウルの (opp. *fair*): play a ～ game 競技のやり方がきたない[ずるい]. ● **cry ～ (play)** 不当を訴える, 不正を告発する,《反則[不公平]だとして》抗議する〈*over, at*〉. **fall [run] ～ of…**〈船など〉と衝突[接触]する;〈人など〉とごたごたを起こす; 衝突する, ぶつかる,〈法〉に抵触する;〈人〉をおこらせる, …の不興をかう.
► *adv* 不正に, 違法に;〖野〗ファウルに(なるように). ● **be living ～** *《俗》〈人が〉恥知らずだ. **hit ～**〖ボク〗不正な打ち方をする《特にベルトの下を打つ; cf. *hit below the* BELT》; 卑劣な手を使う. **play** sb **～** 人に反則の手を用いる《勝負などで》; (闇討ち的な)きたない仕打ちをする.
► *n* **1**〖海〗《ボート・オールなどの》衝突;《ロープ・釣糸などの》もつれ, からまり. **2**〖競技〗反則;〖バスケ〗フリースロー;〖野〗ファウル (foul ball): claim a ～ ファウルだと主張する. **3**《古》いやなもの, きたないもの; 悪天候, 荒天; 悪運. ● **through fair and (through) ～=through ～ and fair** よかれあしかれ, どんな場合にも.
► *vt* **1** よごす, 汚す;〈名を〉汚す, はずかしめる: ～ sb's name 人をあしざまに言う / ～ one's hands with…に関係して身を汚す[面目をつぶす]. **2 a**〈綱などを〉もつれさせる, からませる. **b** 海藻などが〈船底〉に付着する《航行を妨げる》;〈銃・煙突などを〉詰まらせる, ふさぐ;〈線路・交通を〉ふさぐ; …と(軽く)ぶつかる. **3**〖競技〗…に反則する, 反則をして〈相手を〉妨害する;〖野〗〈球を〉ファウルにする. ► *vi* よごれる, 汚れる; 腐敗する;〈綱など〉もつれる, からまる;〈銃・煙突など〉詰まる;〈船が〉衝突する;〖競技〗反則を犯す;〖野〗ファウルを打つ. ● **～ out**〖野〗ファウルの打球を捕られてアウトになる;〖バスケ〗反則で退場する: ～ *out* to the catcher 捕手へのファウルフライでアウトになる. **～ up** (cf. FOUL-UP)

よごす; もつれさせる; «口» だいなしにする, 混乱させる; «口» へまをやる; 堕落する, 道を踏みはずす.
♦ **~·ly** *adv* きたならしく; 口ぎたなく; 悪辣に; 不正に.
[OE *fūl*; cf. G *faul*]

fóul ánchor 〔海〕からみ錨(いかり), ファウルアンカー《鎖がからみついている錨》.

fou·lard /fʊlɑ́:rd; fú:lɑ̀:r, -lɑ̀:d/ *n* フラール《しなやかな薄絹[レーヨン]》; フラール製ハンカチ[ネクタイなど]. [F]

fóul báll 〔野〕ファウルボール (=*foul*) (opp. *fair ball*); *«俗» 無能な[不運な, 変わった]やつ, 力の劣ったプロボクサー; *«俗» むだに終わった企て.

fóul bérth 〔海〕《他船との衝突や干潮時に坐礁の危険のある》悪錨(あくびょう)地.

fóul bíll 〔海〕《悪疫流行地の港で出す》罹患(りかん)証書 (=~ of health) (⇨ BILL OF HEALTH).

fóul bíll of láding 〔商〕故障付船荷[運送]証券, ファウル B/L《積み込み時に不足・損傷が発見された旨が書き込まれた船荷[運送]証券; CLEAN BILL OF LADING》.

fóul·bròod *n* 《細菌によるミツバチの幼虫の》腐蛆(ふそ)病.

fou·le /fuléɪ/ *n* フォール《縮充した軽い毛織服地》.

fóuled-úp /fáʊld-/ *a* «口» 混乱して, めちゃめちゃで; *«俗» 傷ついて.

fóul fíend [the] 悪魔 (the devil).

fóul-hòok *vt* 〔釣〕〈魚を〉口以外のところに針掛かりさせる, スレで掛ける[釣る].

Fou·liang, Fow·liang /fú:ljǽŋ/ 浮梁(ふりょう)(フーリャン)《中国江西省北東部, 景徳鎮市北方の一地区; 良質陶土の産地》.

fóul·ing *n* 《船底などの》付着物, よごれ; 《銃砲の腔内の》燼渣(じんさ).

fóul lìne 〔野・バスケ・ボウルなど〕ファウルライン.

fóul-mínd·ed *a* きたない[みだらな]考えをいだいた.

fóul mòuth «口» 口ぎたないこと[人間].

fóul·móuthed /-ðd, -θt/ *a* 口ぎたない, みだらな[ばちあたりな]ことばをつかう, 口の悪い.

fóul·ness *n* 不潔; 《天候の》険悪; 口ぎたないこと, みだら; 不正; 悪辣; きたないもの.

fóul pápers *pl* 下書き, 草稿.

fóul pláy 〔競技〕反則; 《一般に》不正, 卑怯な[きたない]やり方 (cf. FAIR PLAY); 暴力; 犯罪, 殺人, 殺し: suspect ~ 〈警察が〉殺人の疑い[事件性]ありと見る. ● **cry ~** ⇨ cry FOUL.

fóul próof 〔印〕訂正を書き込んだ校正紙, 赤字ゲラ.

fouls /fáʊlz/ *n* [〈*sg*〉] 〔獣医〕腐蹄(症) (foot rot).

fóul shòt 〔バスケ〕FREE THROW.

fóul-spòken *a* FOULMOUTHED.

fóul strìke 〔野〕ファウルストライク《ストライクカウントになるファウル》.

fóul típ 〔野〕ファウルチップ.

fóul·tóngued *a* FOULMOUTHED.

fóul-ùp *n* «口» 《不手際・不注意などによる》混乱, ごたごた, へま, しくじり; 機械の故障, 不調; *«俗» へまをやるやつ, どじなやつ.

fou·mart /fú:mərt, -mɑ̀:rt/ *n* 〔動〕ケナガイタチ《欧州・アジア産》; 見下げはてたやつ, 畜生, げす(野郎).

found[1] /fáʊnd/ *v* FIND の過去・過去分詞. ► *a* **1** 〈部屋・船など〉設備が整っている, 〈知識・教養など〉備わっている; 《給料以外に》食事と部屋付きの (: all ~ ⇨ FIND). **2** 〈芸術作品(の材料)など〉自然にある(ものを利用した) (cf. OBJET TROUVÉ). ► *n* 《雇用条件として給料のほかに無料で提供される》食事と部屋; [*pl*] 拾得物の広告: losts and ~*s* 遺失物と拾得物の広告(欄).

found[2] *vt* **1** 〈組織・施設などを〉設立[創設, 創立]する, 発足させる《しばしば維持基金を寄付して設立[創設]する場合をいう》; 〈都市・植民地などを〉建設する. **2 a** 〈建物〉の基礎を据える: ~ a house *on* a rock. **b** [[U]*pass*] (…に)基づかせる, 基礎づける〈*on, upon*〉: be ill [well] ~*ed* 根拠が薄弱[十分]である. ► *vi* 〈…の上に〉建つ; 〈…に〉拠る, 基づく〈*on, upon*〉. [OF<L (*fundus* bottom)]

found[3] *vt* 〈金属を〉鋳る, 鋳込む; 鋳造する; 〈ガラスの原料を〉溶かす, 清澄させる; 〈ガラスを〉つくる. [OF<L *fus- fundo* to pour]

foun·da·tion /faʊndéɪʃ(ə)n/ *n* **1 a** 創設, 創建, 創立, 発足; 《基金による》設立. **b** 《基金寄付による》設立物, 財団《学校・病院・社会事業団体など》: the Ford *F*~ フォード財団. **c** 基本金, 基金, 維持基金; 《財団などの》趣意書, 定款. **2 a** [[o]*pl*] 《建物の》土台, 基礎, いしずえ: lay the ~*s*. **b** 根拠; 基礎, 土台, 出発点: a rumor without ~ 根も葉もない流言. **c** ファンデーション《化粧下として用いる液状・クリーム状・固形などの化粧品》; 《えのぐの》下塗り《油絵で画布の上に塗る》. **d** 〔服〕FOUNDATION GARMENT. **e** 《衣類・帽子などの》補強材料, 芯: ~ muslin 下地用モスリン《ゴムをひいて服地を強める》/ ~ net 下地網《ゴムをひいてボンネットを強める》. **f** 《編物の》編みもと《編み出しの一列》. **g** 〔トランプ〕台札, ファンデーション《プレー開始にあたって表向きに出されているカード》. ● **be on the ~** "財団から給費を受けている. **shake [rock]** sth **to its ~s=shake [rock] the ~s of** sth …を土台から揺るがす. **shake** sb **to the [his] ~s** 人をびっくりさせる, ショックを与える. ♦ **~·al** *a* **~·al·ly** *adv* **~·less** *a* [OF<L; ⇨ FOUND[2]]

foundátion cóurse 〔英〕《大学 1 年の》一般教養課程, 基礎コース.

foundátion crèam ファンデーションクリーム.

Foundátion Dày «豪» 建国の日 (AUSTRALIA DAY の旧称).

foundátion·er" *n* 《財団から奨学金を受ける》給費生.

foundátion gàrment 〔服〕ファンデーション《体形を整える婦人用下着; corset, girdle など》.

foundátion mèmber" 創立会員 (founder member) 《略 FM》.

foundátion schòol 〔英教育〕地方補助学校《地方自治体から補助金を受けて運営されている非宗教系の私立中等教育機関; 1998 年の法律により導入》; 〔英教育〕財団学校《かつて個人の基金をもとに設立・運営されていた中等教育機関》.

foundátion stòne 礎石, 土台石; 《記念のことばを刻んで定礎式の時に据える》基石; 基礎的事実, 基本原理.

foundátion stòp 〔楽〕《オルガンの》ファウンデーションストップ《**1**) 基音からオクターブの整数倍離れた音を出すストップ **2**) ダイアペーソンなどの主要なフルーストップ》.

foundátion sùbjects *pl* 〔英教育〕基礎教科《ナショナルカリキュラム (National Curriculum) の一部として教えられる数教科で, 必修のコア教科 (core subjects) が含まれる》.

fóund·er[1] *n* 創設者, 創立者, 創業者, 設立者, 発起人, 財団創設者, 基金寄付者; 《学派・流派・宗派の》創始者, 教祖: the ~'s day 創立者記念日 / FOUNDER'S KIN / the ~'s prayers 創設者への祈り《修道院などで創立者や寄進者のためにささげる》. ♦ **~·ship** *n* 創設[創立]者であること, 発起人の資格[身分]. [*found*[2]]

foun·der[2] *vi, vt* **1** 〈船など〉浸水沈没する[させる]. **2** 〈計画・事業など〉失敗[挫折, 頓挫]する, つまずく. **3** 〈土地・建物など〉くずれる[くずす], めりこむ[めりこませる], 倒壊する[させる]. **4** 〈馬など〉よろめき倒れる[倒す], (乗りつぶして)びっこになる[する]; 〔獣医〕〈馬が[を]〉蹄葉(ていよう)炎にかかっている[かからせる]; 〈家畜が〉食べすぎて病気になる; 〈沼地などに〉はまり込む. **5** 〔ゴルフ〕〈ボールを〉地面に打ち込む. ► *n* 〔獣医〕《馬の》蹄葉炎. [OF=to submerge, collapse; ⇨ FOUND[2]]

found·er[3] *n* 鋳造者, 鋳物師; 活字鋳造者. [*found*[3]]

fóunder effèct 〔生〕創始者[先駆者]効果《少数の個体がもとの集団から隔離されて増殖するとき, 新たな小集団にはもとの集団の遺伝的変異のごく一部しか存在しないこと》.

fóunder mémber" FOUNDING MEMBER.

fóunder·ous, foun·drous /fáʊnd(ə)rəs/ *a* 陥没させる; 泥深い, わだちや穴だらけの.

fóunder's kín [the] 基金寄付者の近親《種々の特権がある》.

fóunders' shàres *pl* 《会社の》発起人株.

fóunders' tỳpe 〔印〕FOUNDRY TYPE.

fóund·ing fáther [[o]*pl*] 《国家・制度・施設・運動の》創立者, 創始者; [the F- F-s] 〔米史〕建国の父たち《1787 年の合衆国憲法制定者たち》.

fóunding mémber 創立[設立]メンバー[会員].

fóund·ling *n* 拾い子, 捨て子. [? *funding* (obs) (FIND, *-ing*[2]); 語尾は *-ling*[1] に同化]

fóundling hòspital 捨て子養育院.

fóund óbject OBJET TROUVÉ.

fóund póem ファウンドポエム《商品ラベルなどからとった散文の一段落をリズム単位に切るなどして並べ換えて詩の形にしたもの》.

fóund·ress *n* 女性創立者, 女性発起人. [*found*[2]]

foundrous ⇨ FOUNDEROUS.

fóund·ry *n* 鋳造(業); 鋳物類; 鋳造所[場], 鋳物工場; 《注型品を製造する》ガラス工場; 製造屋《しばしば fabless と対で使う》. [*found*[3]]

fóundry íron [píg] 鋳物用銑鉄.

fóundry pròof 〔印〕念校《紙型・電型など型取り直前の最終校正》.

fóundry sànd 〔冶〕鋳物砂《鋳型を作るため粘土や油を混ぜて粘着力を高めたシリカ (silica) を主体とする砂》.

fóundry tỳpe 〔印〕《1 本鋳造の》手組み用欧文活字(体) (cf. MACHINE TYPE).

fount[1] /fáʊnt/ *n* «詩・文» 泉, 噴水; 源泉, 源; 〔商店語〕《ランプの》油壺, 《万年筆の》インクだめ. [逆成 < *fountain*]

fount[2]" /fɑ́nt/ *n* 〔印〕FONT[2].

foun·tain /fáʊnt(ə)n/ *n* **1 a** 噴水; 噴水池, 噴水盤, 噴水塔[器]. **b** 《火花・溶岩などの》噴流, 流れ. **c** DRINKING FOUNTAIN; SODA FOUNTAIN. **2 a** 泉; 水源. **b** 源泉, 本源, 根源: a ~ of information 情報の泉, 情報通. **3** 〔紋〕泉, ファウンテン《円図形の一つで, 泉を表現したもの; 円の中に数本の波線を描く》. **4** 液体貯蔵容器《ランプの油壺・印刷機などの油だめ・インクだめなど》. ► *vi, vt* 噴出する[させる]. ♦ **~ed** *a* 泉[噴水]のある. [OF<L *fontana* (*font- fons* a spring)]

fóuntain gràss 〔植〕(パープル)ファウンテングラス《アフリカ原産イネ科チカラシバ属の多年草; 穂はしばしば紅色をおび, 観賞用に栽培される》.

fóuntain·hèad *n* 《河川の》水源, 源泉; 根源.

Fóuntain of Yóuth [the] 青春の泉《青春を取り戻させるという伝説の泉; スペインの探検家が捜し求めた》.

fóuntain pèn 万年筆.

Fóuntains Ábbey ファウンテンズアビー《イングランド北部 North Yorkshire に残るシトー派修道院跡; もとは 12 世紀に建設; 大規模で, 保存状態もよく, イングランドにある修道院の遺構の代表的なもの》.

Fou·qué /fukéɪ; *G* fuké:/ フケー **Friedrich Heinrich Karl de la Motte ～**, Freiherr ～ (1777–1843)《ドイツロマン派の作家; *Undine* (1811)》.

Fou·quet /fukéɪ; *F* fukɛ/ フーケ (1) **Jean ～** (c. 1420–c. 81)《フランス初期ルネサンスの画家》 (2) **Nicolas ～** [**Fouc·quet** /—/] (1615–80)《フランスの政治家; Mazarin の信頼を得て Louis 14 世の財務長官 (1653–61); Colbert に横領を追及され, 終身刑に処せられた》.

Fou·quier-Tin·ville /*F* fukjetɛ̃vil/ フーキエ-タンヴィル **Antoine-Quentin ～** (1746–95)《フランス革命期の法律家; 革命裁判所検事; 恐怖時代に, Marie Antoinette をはじめ多くの反革命派を刑場に送ったが, みずからもギロチンにかかった》.

4 /fɔ́:r/《E メールで》for, -fore: *4* U＝for you / B*4*＝before.

four /fɔ́:r/ *a* 4 つの, 4 人[個]の. ● **～ or five** 少数の (a few). **～ wide ones***《野球俗》四球. ► *n* **1**《数の》4, 4 つ; 4 の数字[記号]《4, iv, IV》. **2** 4 人[個]; 4 ドル[ポンドなど];〔クリケット〕4 点打(だ); [*pl*]《口》4 分利物 (4% stock). **3** 4 時, 4 歳; 4 番目のもの[人];《トランプなどの》4 の札,《さいころ・ドミノの》4 の目;《サイズの》4 番, [*pl*] 4 番サイズのもの; [*pl*]〔製本〕QUARTO; [後置] 第 4 の. **4 a** 4 人[個]の一組; 4 頭の馬; 四気筒エンジン[車]; [*pl*]〔軍〕4 列縦隊: a carriage and ～ 4 頭立ての馬車. **b** 4 本オールのボート(のクルー), フォア; [*pl*] フォアのボートレース. **c** [*pl*] 4 人一組で行なう競技《特にボウルズ (bowls) で》. **5** [*pl*]〔ジャズ〕フォーバース《4 小節ずつの交替演奏》: trade ～*s* フォーバースをやる. ★ (1) 他の用法は SIX の例に準じる. (2) 接頭辞 quadri-, tetra-. ● ALL FOURS. **～ and one***《黒人俗》金曜日《週の労働 5 日目》; 給料日. **make up a ～ (at bridge)**〔トランプ〕(ブリッジが遊べるように) 4 人目の仲間として加わる. **on** ALL FOURS. [OE *fēower*; cf. G *vier*]

four ále ˈˈ《古》《1 quart が》4 ペンスのビール; 安ビール.

fóur-ále bàr 安いビールを飲ませる酒場;《口》《一般に》酒場, 飲み屋.

fóur-bágger *n**《野球俗》ホームラン.

fóur-báll *n, a*〔ゴルフ〕フォアボール(の)《2 組 4 人で, 1) 各組のベストスコアを各ホールのスコアとする; cf. BEST-BALL 2) 4 人がそれぞれティーオフして各組がよいほうのドライブを選び, 以後交替で打つ》.

fóur-báng·er *n**《俗》四気筒エンジン, 四気筒車.

fóur-bìt *a**《口》50 セントの.

four bíts [<*sg*/*pl*>]*《口》50 セント (cf. TWO BITS).

fóur-by-fóur *n* 四輪駆動車《4×4 とも書く》; 断面 4×4 インチの材木.

fóur-by-twó *n* **1**《米・豪》断面 2×4 インチの材木. **2**《韻俗》ユダヤ人 (Jew).

fóur-chànnel *a* QUADRAPHONIC.

four·chée, -ché /fuərʃéɪ/ *a*〔紋〕〈十字など〉先端が V 字形に分かれた[叉になった]. [F]

four·chette /fuərʃét/ *n*〔解〕陰唇小帯;〔動〕《馬蹄の》蹄叉(ていさ) (frog);〔鳥〕叉骨 (furcula); 手袋の指のまち. [F＝fork]

fóur-còlor *a*〔印〕《黄・赤・青・黒の》四色による: the ～ process 原色版法, 四色版法.

fóur-còlor próblem [conjécture] [the]〔数〕四色問題[仮説]《地図の国別の塗り分けはあらゆる場合に 4 色で可能という 19 世紀中ごろからの問題[仮説]; 1976 年肯定的に証明された》.

four córners *pl* 四隅; 全領域; [<*sg*>] 四つ角, 四つ辻: the ～ of a document 書類の内容[範囲] / the ～ of the earth〔聖〕地球の果て[隅々]《*Isa* 11: 12》.

fóur-cỳcle *a*〔機〕〈エンジンが〉4 サイクルの.

fóur-déal brìdge〔トランプ〕フォアディールブリッジ《1 回を 4 巡で終え, 新たに札を引いてパートナーを決めるブリッジ》.

fóur-diménsion·al, -diménsioned *a* 四次元の.

fóur-diménsional contínuum〔数〕四次元連続体.

four·drin·i·er /fuərdríniər, fɔ̀:rdrənɪ́ər/ *n* [°F-]〔紙〕長網抄紙(ながあみしょうし)機 (＝**～ machìne**)《無端の長い金属のすき網の上に紙料を流し出して紙を抄造する機械》. [Henry *Fourdrinier* (1766–1854), Sealy *Fourdrinier* (1774–1847) 英国の製紙業者兄弟]

fóur-èyed *a* 四つ目の;《口》眼鏡をかけた.

fóur-èyed físh〔魚〕ヨツメウオ (＝*anableps*)《中米・南米の川にすみ, 眼を半分水面に出して空中と水中を同時に見ることができる》.

fóur-èyes *n* (*pl* ～)〔魚〕FOUR-EYED FISH; [*derog*] めがね《眼鏡をかけた人》.

4-F /fɔ́:réf/ *n*《米国徴兵選抜基準で》兵役不適格者(の分類)《身体面, 精神面または倫理面で軍務に不適格な者》.

fóur-flùsh *vi*〔ポーカー〕同じ組の札 4 枚しかなくてフラッシュに見せかける;*《口》虚勢を張る, はったりをかける;*《俗》虚勢といかさまで生きる. ► *vt**《俗》だます, 食い物にする. ♦ **fóur-flùsh·er** *n* ⁺*《口》虚勢を張る人, はったり屋, 詐欺師, いかさま師 (cheater).

four flùsh〔ポーカー〕フォアフラッシュ《同じ組の札が 4 枚しかない flush くずれの手》;*《口》虚勢, こけおどし, はったり.

fóur-fòld *a, adv* 4 倍の[に], 4 重の[に]; 4 つの部分[要素]からなる.

fóur-fóot·ed *a* 四つ足の; 四足獣の (cf. BIPED).

fóur-fòot (wáy) ˈˈ〔鉄道〕4 フィート規格の軌間《実際には 4 フィート 8½ インチで, 標準軌間》.

Fóur Fórest Cántons *pl* [the] フィーア・ヴァルトシュテッテ《スイス中部にある, 同国建国の母体となった Uri, Schwyz, Unterwalden の 3 州と Lucerne 州の総称; Lucerne 湖 (別名 Vierwaldstätter See) を囲んでいる;「4 つの森林の州」の意》.

fóur-fóur (tìme)〔楽〕4 分の 4 拍子 (common time).

four fréedoms *pl* [the, °the F- F-] 四つの自由《1941 年 1 月 6 日米国大統領 Franklin D. Roosevelt が宣言した人類の 4 つの基本的自由: freedom of speech and expression, freedom of worship, freedom from want, and freedom from fear》.

fóur-fùnction cálculator 四則計算器,《四則計算だけができる》電卓.

4GL〔電算〕°fourth-generation language.

four·gon /fuərgɔ̃́; *F* furgɔ̃/ *n* (*pl* ～**s** /-(z); *F* —/)《フランスの》小荷物車《おおいのある長い荷車で, 特に軍用品の運送に用いる》;《まれ》《旅客列車の》荷物車.

4-H °4-H Club.

fóur-hànd *a* FOUR-HANDED.

fóur-hánd·ed *a* 4 本の手をもった, 四手類 (quadrumana) の〈サルなど〉; 4 人でする〈ゲームなど〉;〔楽〕四手のための〈ピアノ曲〉.

4-H club /fɔ́:réɪtʃ —/ [°4-H Club]〔米・カナダ〕4-H クラブ《*h*ead, *h*eart, *h*ands, *h*ealth の向上をモットーに農業技術の向上と公民としての教育を主眼とする農村青年教育機関の一単位》.

4-H'·er, 4-H·er /— éɪtʃər/ *n*〔米・カナダ〕4-H クラブ員.

fóur-hòrned ántelope〔動〕ヨツヅノレイヨウ (＝*doda, bekra, bhokra*)《インド産》.

Fóur Hórsemen (of the Apócalypse) *pl* [the] 黙示録の四騎士《人類の四大災害 (戦争・飢饉・疫病・死) の象徴としての四騎士; *Rev* 6: 1–8》.

Fóur Húndred, 400* [the, ˢf- h-]《一都市の》社交界のお歴々, 上流特権階級.

Fou·ri·er /fʊ́rièɪ, -riər; *F* furje/ フーリエ (1) **(François-Marie-) Charles ～** (1772–1837)《フランスの空想的社会主義者》 (2) **(Jean-Baptiste-)Joseph ～**, Baron ～ (1768–1830)《フランスの物理学者・数学者; 熱伝導を研究, フーリエ級数の理論を発表》.

Fóurier anàlysis〔理〕フーリエ解析[分解]《信号波を正弦・余弦関数で表わされる成分に分解すること》.

Fóurier·ìsm *n* フーリエ主義《Charles Fourier の空想的社会主義; cf. PHALANSTERY》. ♦ **Fóurier·ist** *n, a* **Fòu·ri·er·ís·tic** *a*

Fóurier sèries〔数〕フーリエ級数.

Fóurier's théorem〔数〕フーリエの定理《周期関数がある条件の下で正弦関数と余弦関数とからなる級数に展開されるという定理》.

Fóurier trànsform [transformàtion] [the]〔数〕フーリエ変換.

fóur-in-hànd *n* 御者一人で駆る 4 頭立て馬車; 御者一人で扱う 4 頭一組の馬;*幅タイ, フォアインハンド《すべり[一重]結びで用いる最も一般的なネクタイ》. ► *a* 4 頭立ての. ► *adv* 一人で 4 頭の馬を御して.

Fóur Lást Thíngs *pl* [the]〔神学〕四終《死・審判・天国・地獄》.

fóur-lèaf [fóur-lèaved] clóver 四つ葉のクローバー《見つけた者に幸福が訪れるとされている》; CLOVERLEAF.

fóur-légged *a* 四つ足の;〔海〕4 本マストの〈スクーナー〉.

fóur-lètter *a* 四文字語 (four-letter words) の.

fóur-lètter mán《俗》いやな男, くそばか;《俗》ホモ, おかま. [shit, cunt, dumb, homo などの四文字語から]

fóur-lètter wórd 四文字語《4 文字からなる卑猥な単語: fuck, cunt, shit など》;《口》不快語, 禁句.

fóur-lìne óctave〔楽〕四点音オクターブ《中央のド[ハ]よりさらに 3 オクターブ高い c'''' に始まる 1 オクターブ》.

fóur-mást·ed *a*〔海〕4 本マストの: a ～ brig 4 本マストブリグ型帆船.

fóur-mìnute míle 4 分以内で走る 1 マイル, 1 マイル 4 分の記録《限界に近い記録》: run [break] the ～.

Fournier ⇨ ALAIN-FOURNIER.

four nínes*《俗》純度 99.99% のもの.

fóur-o, -oh /-óu/*《海軍俗》*a* 完璧な (perfect). ► *n* 完璧(な者), 全優. [海軍の適性試験で最高の評価 4.0 から]

fóur-òar *n* 4 本オールのボート, フォアオール. ♦ **fóur-òared** *a* 4 本オールの〈ボート〉, フォアオールの〈ボートレース〉.

fóur-o'clòck *n* **1**〔植〕オシロイバナ (＝**～ plànt**, *marvel-of-Peru*)《熱帯アメリカ原産》. [夕方から夜に咲くことから] **2**〔鳥〕ハゲミツスイ (FRIARBIRD). [鳴き声から]

fóur-o'clòck fámily〔植〕オシロイバナ科 (Nyctaginaceae).

four of a kínd〔ポーカー〕フォアカード《同じ数の札の 4 枚ぞろい; ⇨ POKER²》.

four-oh ⇨ FOUR-O.

411 /fɔ́:rwʌ̀nwʌ́n/ *n* [the]*《俗》情報,《物・人についての》詳細 〈*on*〉.

[米国の電話番号案内の番号から]
fóur-on-the-flòor *n* 〔車〕フロアーシフトの手動4段トランスミッション. ► *a, adv* «俗» ものすごい, どえらい, 徹底的に[な], マジで, 死ぬほど(の), むちゃくちゃ, 無性に.
401(k) /fɔ́ːròuwʌ̀nkéɪ/ 〔米〕401(k) (積立て)《給料天引きの退職金積立て制度もしくは積立金; IRS コード 401 (k) に基づくもので, 定年まで引き出さずにおくとその間税金が免除される》.
fóur-pàrt *a* 〔楽〕四部(合唱[奏])の.
fóur-pèat *n* 四連覇 (cf. THREE-PEAT). ► *vi* 四連覇する.
fóur·pence /-p(ə)ns/ *n* 4 ペンス; 《昔の》4 ペンス銀貨. ● **get in one's ～ worth** ⇨ TWOPENCE.
fóur·pen·ny /-pèni, -pəni; -pəni/ *a* 4 ペンスの. ● **～ one** ˈˈ«口» 殴打, げんこつ. ► *n* 《昔の》4 ペンス銀貨 (＝**～ pìece [bìt]**); 4 ペンスのもの[バス乗車券].
fóurpenny náil* 長さ 1³/₈ [1¹/₂] インチの釘. [もと 100 本で 4 ペンス]
fóur·plex /-plɛ̀ks/ *a, n* QUADPLEX.
fóur pòinter *«俗»《成績評価の》A, 優; *«俗» 優秀な学生. [評点 A が 4 点と計算されることから]
fóur-pòst *a* 四柱式の〈寝台〉.
fóur-póst·er *n* 四柱式寝台 (＝**fóur-pòster béd**)《四隅に高い支柱があり, それにカーテンを吊ったり天蓋を付けたりするもの; cf. BED-CURTAIN》; 4 本マストの船.
fóur·pòund·er *n* 4 ポンド砲《4 ポンド弾を発射する》.
four·ra·gère /fúərəʒɛ̀ər, ─ ─ ╱; *F* furaʒɛːr/ *n* 《フランスや米国陸軍で左肩に着ける》飾緒(しょ)《ある部隊全部に授けられる》.
fóur-ròwed bárley 四条大麦, 四角大麦.
fóur·scóre *a* «英では古» 80 の, 80 歳の.
fóur séas *pl* [the]《英国を囲む》四つの海: within *the* ～ 英本国領土内に.
fóur-séat·er *n* 四人乗り《自動車など》.
fóur·some *n* 4 人連れ, 四人組, 四つ組《しばしば 男女 2 組》;〔ゴルフ〕フォーサム《4 人が 2 組に分かれる》, フォーサムのプレーヤー: a mixed ～ 混合フォーサム / make up a ～ 4 人一組を作る[になるように加わる]. ► *a* 4 よりなる; 4 人で行なう; 4 人用の. [*-some*²]
fóur-spòt *n* 《トランプの》4 の札, 《さいころの》4 の目.
fóur·squáre *a* **1** 真四角な, 正方形の (square); しっかりした, 堅固な; 率直な. **2** «俗» 型どおりの, 創意に欠ける, つまらない. ► *adv* 正方形に; はっきりと, 率直に, 毅然として. ► *n* 正方形, 真四角.
fóur-stàr *a* 〈ホテルなどが〉四つ星の; 〔米軍〕四つ星の: a ～ general 米陸軍大将. ► *n* ˈˈプレミアムガソリン.
fóur-stríper *n**«口» 海軍大佐.
fóur-stròke *a* 4 行程サイクル(エンジン)の. ► *n* 4 行程サイクルエンジン(の車).
four·teen /fɔːrtíːn, ─ ─ ╱/ *a* 14 の, 14 人[個]の. ► *n* 《数の》14; 14 の記号《XIV》; 14 番目(のもの); 《サイズの》14 番; 14 人[個]の一組. [OE *fēowertiene* (FOUR, *-teen*)]
four·teen·er /fɔːrtíːnər/ *n* 〔韻〕《弱強格 7 詩脚の》14 音節よりなる詩行; *海抜 14,000 フィート以上の山.
Fóurteen Póints *pl* [the] 十四か条《1918 年 1 月米国大統領 Wilson が表明した連合国側の平和原則》.
four·teenth /fɔːrtíːnθ, ─ ─ ╱/ 《略 14th》*a, n* 第 14 (の), 14 番目(の); 14 分の 1 (＝a ～ part) (の); 《月の》14 日.
Fóurteenth Améndment [the] 合衆国憲法第 14 修正《市民権の平等な保障および法による市民の平等な保護などに関する条項; 1868 年成立》.
fourth /fɔ́ːrθ/ 《略 4th》*a* 第 4 の, 4 番目の; 4 分の 1 の; 〔車〕《ギアが》第四速の: a ～ part 4 分の 1. ► *adv* 第 4 に. ► *n* **1 a** [the] 第 4, 4 番目, 《月の》4 日; [the F-] 7 月 4 日 (＝the **F～ of Julý**)《米国独立記念日 (Independence Day)》; [the F-] ˈˈ6 月 4 日 (＝the **F～ of Júne**)《パトロンであった George 3 世の誕生日を祝う Eton College の記念祭》. **b** 〔楽〕4 度(音程), 《特に》完全 4 度 (perfect ～), 第 4 音; 〔車〕第四速; [*pl*] 〔商〕四等品. **2** *4 分の 1, 四半分. ♦ **～·ly** *adv* 第 4 に, 4 番目に. [OE *fēo(we)rtha* (FOUR); cf. G *vierte*]
fóurth-cláss *a, adv* 〔米郵〕第四種の[で].
fóurth cláss 4 番目の等級, 4 等; 〔米郵〕第四種《商品または開封の第一種・第二種・第三種以外の印刷物》.
fóurth dáy 水曜日《クエーカー教徒の用語》.
fóurth diménsion [the] 第四次元; 日常経験の外にあるもの. ♦ **fóurth-diménsion·al** *a*
fóurth estáte [the, °the F- E-] 第四階級 (press)《新聞, 新聞記者たち》; 言論界.
fóurth-generátion lànguage 〔電算〕第四世代言語《事務処理プログラムやデータベースを扱う仕事を非手続き的に記述する言語の総称; 機械語 (第一世代), アセンブリー言語 (第二世代), コンパイラー言語 (第三世代) の次世代の言語の意; 略 4GL》.
Fóurth Internátional [the] 第四インターナショナル (⇨ INTERNATIONAL).
fóurth márket* 〔証券〕第四市場《機関投資家の間で株式を直接売買すること》.
fóurth médium* «軍俗» 第四の場《陸海空の次に, 将来の戦場となりうる宇宙》.
Fóurth of Julý [Júne] ⇨ FOURTH.
fóurth posítion [the] 〔バレエ〕第四ポジション《両足を体の向きと直角にし, つまさきを外側に向けて左足を前に出した姿勢》.
fóurth quárter 〔天〕LAST QUARTER.
Fóurth Repúblic [the] 〔フランス史〕第四共和政 (1946–58)《de Gaulle が臨時政府首相を辞任してから, 植民地政策失敗などをうけて彼が再度登場するに至るまでの政体》.
Fóurth Revolútion [the] 《教育における》第四の革命《エレクトロニクスやコンピューターの学校教育への導入》.
fóurth wáll 〔劇〕第四の壁《観客がそこを通して劇を観る舞台前面の額縁空間》.
Fóurth Wórld [the, °the F- W-] 第四世界《第三世界 (Third World) の中で, 特に貧しく資源をもたない諸国》.
fóur-tìme lóser *«俗»《もう一度有罪になると終身刑の》累犯者, 危険な常習犯.
fóur-wàll* *vt* 劇場を借り切って〈映画を〉興行し入場券売上げ総収入を確保する, 自主興行[上映]する.
fóur-wàll·ing, fóur-wàlls cóntract* *n* 《映画の》自主興行[上映](取決め).
fóur-wày *a* 四方向の; 四方に通じる; 四路の; 4 人で行なう: a ～ stop 全方向一時停止(の十字路) / a ～ cock [valve] 四方活栓[活弁] / a ～ talk 四者会談.
4WD °four-wheel drive (vehicle).
fóur-whéel *a* 四輪の〈乗物〉, 四輪(すべてに)かかわる: ～ brakes 四輪ブレーキ.
fóur-whèel dríve 四輪駆動(車)《略 4WD, FWD》.
fóur-whéeled *a* 四輪の.
fóur-whéel·er *n* 四輪の乗物, 四輪車, *QUAD BIKE; ˈˈ四輪辻馬車.
fóur whéels *«俗» 自動車(による運搬), 《足としての》車.
fóur wíde ónes *pl* *«野球俗»《特に 意図的な》四球, 故意四球, 敬遠(四球).
foussa ⇨ FOSSA².
Fou·ta Djal·lon, Fu·ta Jal·lon /fúːtə ʤəlóun/ フータジャロン《アフリカ西部, ギニア西部の山地》.
fou·ter /fúːtər/, **-tra** /-trə/, **-tre** /-tər/ *n* «古» [*derog*] つまらないもの; «スコ» くだらんやつ: *A* ～ *for* the world! 世の中がなんだ! [OF ＝to copulate; (v) の (n) 用法]
fo·vea /fóuviə/ *n* (*pl* **-ve·ae** /-vìː, -viàɪ/) 〔解・動〕《骨などの》窩(か); 《網膜の》中心窩 (＝**～ cen·trá·lis** /-sɛntrǽləs, -trɑ́ː-, -tréɪ-/). ♦ **fó·ve·al** *a* **fó·ve·i·fòrm** /-viə-/ *a* [L＝small pit]
fo·ve·ate /fóuviət, -èɪt/, **-at·ed** /-èɪtəd/ *a* 〔解〕窩 (foveae) のある, 陥凹した.
fo·ve·o·la /fouvíːələ/ *n* (*pl* **-lae** /-lìː/) 〔解・動〕小窩 (small fovea). ♦ **-lar** *a*
fo·ve·o·late /fóuviələt, -lèɪt/, **-lat·ed** /-lèɪtəd/ *a* FOVEATE.
fo·ve·ole /fóuviòul/ *n* FOVEOLA.
fowl /fául/ *n* (*pl* ～, **～s**) **1** 鶏, 《特に》成鶏; 家禽《キジ類・シチメンチョウ・アヒル・ガチョウなど》; 鶏肉, 鳥肉; «古・詩»《一般に》鳥 (bird); [前に限定語を付けて] …鳥 (⇨ BARN-DOOR [DOMESTIC, GAME] FOWL, WATERFOWL, WILDFOWL): behold the ～*s* of the air 〔聖〕空の鳥を見よ《*Matt* 6:26》. **2** ˈˈ«海軍俗» 問題をひき起こす水兵. ● **neither** FISH¹, **flesh, nor ～.** ► *vi* 野鳥狩りをする, 野鳥を捕る, 猟鳥を撃つ. [OE *fugol*; cf. FLY¹, G *Vogel*; ME までは鳥全体を, 16 世紀末から家禽, 特に鶏を表わす]
fówl chòlera 家禽コレラ (＝*chicken cholera*).
fówl·er *n* 野鳥を捕る人, 鳥撃ち, 鳥猟者.
Fow·ler /fáulər/ ファウラー **(1) H(enry) W(atson)** ～ (1858–1933)《英国の辞書編集者; 著書に *Modern English Usage* (1926), 弟 **F(rancis) G(eorge)** ～ (1870–1918) との共著に *The King's English* (1906), *COD* (1911), *POD* (1924) がある》 **(2) William A(lfred)** ～ (1911–95)《米国の天体物理学者; 元素の形成過程の理論的研究でノーベル物理学賞 (1983)》.
Fowles /fáulz/ ファウルズ **John (Robert)** ～ (1926–2005)《英国の小説家; *The Collector* (1963), *The French Lieutenant's Woman* (1969), *A Maggot* (1985)》.
Fowliang 浮梁 (⇨ FOULIANG).
fówl·ing *n* 野鳥狩り, 鳥撃ち, 鳥猟.
fówling nèt 《野鳥を捕える》鳥網.
fówling pìece 鳥撃ち銃《野鳥用の軽い猟銃》.
fówl mìte 〔動〕家禽ダニ.
fówl parálysis MAREK'S DISEASE.
fówl pèst FOWL PLAGUE; NEWCASTLE DISEASE.
fówl plàgue 鶏ペスト (＝*fowl pest*).
fówl pòx 鶏痘, 禽痘《鶏・七面鳥などの伝染性上皮腫》.
fówl-rùn ˈˈ*n* 養鶏場.
fox /fɑ́ks/ *n* (*pl* **～·es**, ～) **1** 〔動〕キツネ; 雄ギツネ (opp. *vixen*); キツネの毛皮; 〔聖〕山犬 (jackal)《*Judges* 15:4, *Lam* 5:18; *Ezek* 13:4

では偽りの預言者のたとえ): ～ farming 養狐(ようこ) / do not know a ～ from a fernbush 何も知らない / The ～ is known by its brush. 人それぞれに特徴があるもの / When the ～ preacheth then beware your geese. うまい話には乗るな / set the ～ to keep the geese 人をうっかり信用して[見誤って]ばかを見る / An old ～ is not easily snared. 老いたる狐は用心深い / Every ～ must pay his skin to the furrier. 才ある者は才におぼれる / The ～ preys farthest from home. 簡単にしっぽをつかまれるようなことはしない / a ～ that has lost its tail 人の不幸を願うやつ. **2 a** 狡猾な[ずるい]人: an old ～ 老獪(ろうかい)な人 / play the ～ 狡猾にふるまう; ふりをする. **b** *«口» 魅力的な若い女[男]. **3**〘海〙手撚(よ)り小索; «古» 刀. **4** [F-] **a** フォックス族《北米インディアン Algonquian 族の一種族; かつては Wisconsin にいた》. **b** フォックス語. ● **crazy like a ～** *«俗» 抜け目のない, 海千山千の. ► *vt, vi* **1** «口» **a** 欺く, だます; ふりをする, そらとぼける. **b** 困らせる, 惑わす; «廃» 泥酔させる. **2 a**〈本のページ・写真など〉きつね色に変色させる[する]: be badly ～*ed* ひどく変色して[色が焼けて]いる. **b** 味が変わる, 〈ビールなど〉(発酵の際)酸っぱくする[なる]. **3**〈靴〉の甲を修繕する, 〈靴〉に革の装飾を付ける. **4** «豪口» ひそかに追跡する, 〈ボールを〉追いかけて取ってくる. **5** 狐狩りをする. ♦ **～·like** *a* [OE *fox*; cf. VIXEN, G *Fuchs*]

Fox フォックス (**1**) **Charles James ～** (1749-1806)《英国の Whig 党の政治家; 野党首領として対仏戦・奴隷貿易等に反対して雄弁をふるった》(**2**) **George ～** (1624-91)《イングランドの宗教家; Society of Friends ('Quakers') の創立者》(**3**) **Henry ～**, 1st Baron Holland (1705-74)《英国の政治家; Charles James の父》(**4**) **Richard ～** = Richard FOXE (**5**) **Vicente ～ Quesada** (1942-)《メキシコの実業家・政治家; 大統領 (2000-06)》.

fóx and géese キツネとガチョウ《15 のガチョウのコマで 1 つのキツネのコマを隅に追い込む '十六むさし' の類のゲーム》.

fóx and hóunds キツネと猟犬ごっこ《猟犬となった連中が逃げ隠れるキツネを追う》.

Fóx and the Grápes [The]「キツネとブドウ」《Aesop 物語の中の一つ; キツネが何度も手を伸ばして頭上のブドウを取ろうとするがうまくいかず, 'あのブドウは酸っぱい' (The GRAPES are sour.) と負け惜しみを言う》.

fóx bàt〘動〙**a** FLYING FOX. **b** FRUIT BAT.

fóx·bèrry /; -b(ə)ri/ *n* BEARBERRY; COWBERRY.

Fóx Bróadcasting Còmpany フォックス放送《米国のテレビネットワーク; 1986 年 Rupert Murdoch が設立; 本社 Los Angeles》.

fóx brùsh キツネの尾《狐狩りの記念品とする》.

Foxe /fɑ́ks/ フォックス (**1**) **John ～** (1516-87)《イングランドの新教の聖職者・宗教史家; *The Book of Martyrs* (英語版, 1563) にプロテスタント殉教者たちの業績をまとめた》(**2**) **Richard ～** (c. 1448-1528)《イングランドの司教・政治家》.

fóx èarth キツネの穴.

Fóxe Básin フォックス海盆《カナダ北部 Baffin 島の西方にある大西洋の内海; フォックス海峡 (Foxe Channel) により Hudson 湾に通ずる》.

foxed /fɑ́kst/ *a* (しけて)変色した, しみのある〈本など〉.

fóx fìre《発光菌類による》朽木の発光, 狐火; 《朽木に燐光を発生させる》発光菌《ナラタケなど》.

fóx·glòve *n*〘植〙キツネノテブクロ, ジギタリス《ゴマノハグサ科; 欧州原産; 乾燥した葉は強心剤; cf. DIGITALIS》.

fóx gràpe アメリカブドウ, フォックスグレープ《北米原産の酸っぱい[麝香(じゃこう)の香りのある](野)ブドウ》.

fóx·hòle *n*〘軍〙各個掩体, たこつぼ壕(ごう)《1-2 人用》; [*fig*] 避難場所, 隠れ家.

fóx·hòund *n*〘犬〙フォックスハウンド《狐狩り用に改良された, 足が速くて鼻が鋭敏な大型猟犬; cf. MFH》.

fóx hùnt 狐狩り《馬に乗り, 猟犬を使って追わせる》; 狐狩りの地区組織.

fóx·hùnt·er *n* 狐狩りをする人; 猟馬 (hunter).

fóx·hùnt·ing *n* 狐狩り. ♦ **fóx·hùnt** *vi*

fóx·ie *n* «豪口» FOX TERRIER.

fóx·ing *n*《靴の》甲皮の上にあてる材料; 《靴の》腰皮の下の方を装飾する革片;〘紙〙きつね色退色.

fóx márk 褐色斑; 《特に 本の》しみ, 変色部.

fóx mòth〘昆〙キイチゴオビカレハ《ヨーロッパ産のカレハガ; 幼虫はヒースやキイチゴによくみられる黒黄まだらの毛虫》.

fóx pàw *«俗» 過失 (faux pas).

fóx shàrk〘魚〙オナガザメ (thresher).

fóx snàke〘動〙キツネヘビ《Mississippi 川上流域の大型で無毒のヘビ》.

fóx spàrrow〘鳥〙ゴマフスズメ《大型; 北米産》.

fóx squìrrel〘動〙トウブキツネリス《北米産》.

fóx·tàil *n* キツネの尾(に似たもの);〘植〙エノコログサ, スズメノテッポウ, オオムギ《など》.

fóxtail líly〘植〙EREMURUS.

fóxtail míllet〘植〙アワ (粟) (= *Hungarian grass, Italian millet*).

Fóx Tálbot フォックス・トールボット **William Henry ～** (1800-77)《英国の物理学者; カロタイプ写真術の発明者》.

fóx térrier〘犬〙フォックステリア《短毛種のテリア; もとはキツネを穴から狩り出すのに用いたが, 今は主に愛玩用》.

fóx tràp *«俗»《女性をひきつけるように》特注して作ったかっこいい車.

fóx-tròt *n* **1** フォックストロット《(**1**)〘ダンス〙短歩急調の活発なステップ; その舞曲 **2**)〘馬〙ゆるやかな速歩の一種; trot から walk へ, またはその逆へ移る際の小走り歩調》. **2** [Foxtrot] フォックストロット《文字 f を表わす通信用語; ⇨ COMMUNICATIONS CODE WORD》. ► *vi* (-tt-) フォックストロットを踊る.

fóxy *a* **1** キツネのような; 狡猾な, ずるい(顔つきをした). **2** きつね色の;〘画〙赤みのかちすぎた; 〈紙・古書など〉きつね色に変色した, (カビが生えて)褐色斑が出た. **3**〈ビールなど〉酸っぱい; 〈ワインが〉fox grape 特有の風味を有する, フォクシーな. **4** きつね臭い; «俗» 汗臭い; *«俗»《酒・麻薬に》酔っぱらった. **5** *«口» 魅力的な, セクシーな〈女〉. ► *n* «豪口» FOX TERRIER. ♦ **fóx·i·ly** *adv* **-i·ness** *n*

foy /fɔ́ɪ/ «スコ» *n* 送別会; 餞別 (gift); 《収穫・大漁期などの》祝宴 (feast).

fóy·bòat *n* «Tyneside 方言» 小型の手こぎボート.

foy·er /fɔ́ɪər, fɔ́ɪ(j)eɪ; *F* fwaje/ *n*《劇場・ホテルなどの》休憩室, ホワイエ, ロビー (lobby); *玄関の広間 (entrance hall). [F = hearth, home (L FOCUS)]

Foyle /fɔ́ɪl/ [the] フォイル川《アイルランド北部を北東に流れ, Londonderry を通って大西洋の入江であるフォイル湾 (**Lóugh ～**) に注ぐ》.

Foyles /fɔ́ɪlz/ フォイルズ書店《London の Charing Cross Road にある大型書店》.

fo·zy /fóuzi/ «主にスコ» *a* ぶよぶよした; 〈野菜・果物が〉熟れすぎた; ぶくぶくと太った; ばかな, にぶい. [Du *voos* spongy]

fp〘楽〙forte-piano ♦ °freezing point. **f.p.**〘化〙°flash point ♦ °freezing point. **FP**〘野〙fielding percentage 守備率 ♦ °financial planner ♦〘海保〙°floating policy ♦ former pupil(s) ♦ °freezing point. **FPA** ″Family Planning Association ♦ Foreign Press Association. **FPC** °fish protein concentrate.

F Plan Diet /éf ─ ─/〘商標〙F プランダイエット《高繊維食物を基調にしたダイエット食品》. [dietary *f*iber から]

fpm feet per minute. **FPO** field post office ♦〘米海軍〙Fleet Post Office 海軍郵便局 (cf. APO). **fps, f.p.s.** feet per second ♦〘理〙foot-pound-second ♦〘写〙frames per second.

FPS〘英〙Fellow of the Pharmaceutical Society.

fps units /èfpìːés ─/ *pl* フィート-ポンド-秒単位系.

FPT °freight pass-through. **FPU**〘電算〙floating-point unit 浮動小数点ユニット. **fr.** fragment ♦ franc(s) ♦ from. **Fr**〘化〙francium. **Fr., Fr**〘キ教〙Father ♦ Franc ♦ France ♦ Frau ♦ French ♦〘カト〙Friar ♦ Friday. **FR** °fire retardant.

Fra /frɑ́ː/ *n*〘カト〙…師《称号として修道士 (friar) の名の前に用いる》: ～ Giovanni ジョヴァンニ師. [It = Brother]

frab·jous /frǽbʤəs/ *a* すばらしい, 楽しい; ひどい, とんでもない. ♦ **～·ly** *adv* [Lewis Carroll, *Through the Looking-Glass*: ? *fair* + *fabulous* + *joyous*]

fra·cas /fréɪkəs, frǽk-; frǽkɑ̀ː/ *n* (*pl* **～·es,** ″**～** /-z/) 騒ぎ, けんか (騒ぎ), どなり合い. [F (*fracasser* < It = to make uproar)]

frac·tal /frǽkt(ə)l/〘数〙*n* 次元分裂図形, フラクタル《どんな細部を見ても全体と同じ構造が現われる図形; 非整数の次元 (**～ dimènsion**) をもつ》. ► *a* フラクタルの, 次元分裂図形の: ～ geometry フラクタル幾何学.

fract·ed /frǽktəd/ «廃» *a* BROKEN;〘紋〙〈図形が〉こわれた. [L *fractus* (↓)]

frac·tion /frǽkʃ(ə)n/ *n* **1 a**〘数〙分数, 《整数以外の》有理数; 端数: COMMON [COMPLEX, DECIMAL, PROPER, IMPROPER] FRACTION. **b** はした; 破片, 断片, 小部分; ほんの少し: in a ～ of a second 一秒の何分の一で, たちまち / (not) by a ～ 少しも(…しない). **2**〘化〙《蒸留で留出される》留分;〘化〙《分析試料の》画分(かくぶん). **3** 分割; [ᵘthe F-]〘教会〙《ミサ・聖体礼儀・聖餐式などで》パンを引き裂くこと, ホスチア分割. ► *vt* 細分する. [OF < L (*fract- frango* to break)]

fráction·al *a*〘数〙分数の; 断片[端数]の; わずかの, 取るに足らぬ; 少額通貨の;〘証券〙端株の;〘化〙分別(ぶんべつ)[分留]の: a ～ expression 分数式. ♦ **～·ly** *adv* 分数的に; 断片的に; ほんのわずかに.

fráctional crystallizátion〘化〙分別(ぶんべつ)結晶作用;〘化〙分別晶出.

fráctional cúrrency 小額通貨, 補助通貨; 《米国で 1863-76 年に発行された 3-50 セントの》小額紙幣.

fráctional distillátion〘化〙分別蒸留, 分留.

fráction·al·ìze *vt* [ᵘpp]〈機構・組織などを〉分割する, 分ける. ♦ **fràction·al·izátion** *n*

fráctional órbital bombárdment sỳstem [the]〘軍〙部分軌道爆撃体制, 軌道爆弾《部分軌道に乗せた核弾頭を目標点近くの上空で逆推進ロケットで減速させて軌道から落下させるもの》.

fráction·àry /; -(ə)ri/ *a* FRACTIONAL.

fráction·àte *vt*〘化〙〈混合物を〉分別(ぶんべつ)する; 分別で得る; 細分

する; (分数などに)分ける. ◆ -àtor *n* fràction·átion *n* 〘化〙分別; 細分化.
frác·tion·àt·ing cólumn 〘化〙分留管, 分留塔.
fráction·ìze *vt, vi* 細分する, 細かく分かれる. ◆ **fràction·izátion** *n*
frac·tious /frǽkʃəs/ *a* おこりっぽい, 気むずかしい (quarrelsome); 手に負えない, 御しがたい, 面倒を起こす; 不安定な, 険悪な. ◆ **～·ly** *adv* **～·ness** *n* [*fraction* (obs) brawling; 語尾は *factious* などの類推か]
frac·to·cúmulus /frǽktou-/ *n* (*pl* **-li**) 〘気〙片積雲 (cumulus fractus).
frac·to·strátus /frǽktou-/ *n* (*pl* **-ti**) 〘気〙片層雲 (stratus fractus).
Fractur ⇨ FRAKTUR.
frác·tur·al *a* 破砕性の; 骨折の: a ～ injury 挫傷.
fràc·tu·rá·tion *n* 岩石塊内部の割れ目.
frac·ture /frǽkʧər/ *n* **1** 割れ, 砕け, 破砕, 破断; 破裂; 〘音〙割れ (breaking); 〘医〙骨折: suffer a ～ 骨折する. **2** こわれ方; 割れ目, 裂け目, 破れ口 (crack), 〘機〙破面; 〘鉱物の〙断口, 割れ口. ► *vt, vi* **1** 破砕する, 砕ける, 割る, 割れる; 〈骨など〉折る, 折れる; 破裂させる[する]; 〈社会・組織など〉分裂させる[する]; ばらばらにする, 壊乱する: ～ one's arm 腕の骨を折る. **2** 〈規則などを〉無視する, 破る. **3** *《俗》大いに喜ばせる, 爆笑させる, 圧倒する; *《俗》[*iron*] 悲しませる, おこらせる, うんざりさせる; *《俗》興奮させる. ◆ **～d** *a* ⁺*《口》〈言語が〉文法・意味などの慣用を無視して使われた, くずれた; *《俗》酔った; *《俗》笑いこけた. [F or L; ⇨ FRACTION]
frácture zòne 〘地質〙《深海底の》断裂帯.
frac·tus /frǽktəs/ 〘気〙*a* 〈雲が〉断片を含んだ. ► *n* 断片雲. [L (pp)〈*frango* to break]
fra di·av·o·lo /frà: diá:vəlou, -daɪ-/ [ᵒF- D-] ニンニク・オレガノ・赤トウガラシで味付けしたトマトソースを添えた. [It *Fra Diavolo* Brother Devil イタリアの盗賊 Michele Pezza (1771–1806) のあだ名]
frae /fréɪ/ 《スコ》*prep* FROM. ► *adv* FRO¹.
fraenulum ⇨ FRENULUM.
fraenum ⇨ FRENUM.
frag /frǽg/ *《俗》*vt* (**-gg-**) 〈上官・仲間を〉破片手榴弾で故意に殺傷する; 殺す, バラす (kill). ► *n* 破片手榴弾 (fragmentation grenade). ◆ **frág·ger** *n* **frág·ging** *n*
fragged /frǽgd/ *a* *《俗》めちゃくちゃ[ぼろぼろ]になった, おそろしくきたない; *《俗》《ばらばらに》吹っ飛んだ, ぶっこわれた〈エンジンなど〉.
frag·ile /frǽʤəl, -àɪl; -àɪl/ *a* こわれやすい, もろい, 脆弱(ぜいじゃく)な; きゃしゃな, 虚弱な, かよわい; かすかな, 軽い; はかない; ᴴ[*joc*] 元気がない, 調子[気分]が悪い. ◆ **～·ly** *adv* **fra·gil·i·ty** /frəʤíləti/ *n* もろさ, 脆性; 虚弱; はかなさ. [F or L; ⇨ FRACTION]
fragile X syndrome /─ éks ─/ 脆弱 X 症候群《X 染色体の異常に伴う疾患; 男性で精神発達遅滞, 長い顔, 大きな耳, 巨大睾丸などを特徴とするが, ヘテロ接合の女性でもしばしば限定的な症状を見る; 単に fragile X ともいう》.
frag·ment /frǽgmənt/ *n* 破片, 砕片, 断片, かけら; 断章, 断篇, 未完の遺稿; 残存物[部分]: in ～*s* 断片となって, 断片的に. ► *vt, vi* /frǽgmènt, ─ ⌐; ─ ⌐/ ばらばらにする[なる], 分解[分断]する, 細分化する. [F or L; ⇨ FRACTION]
frag·men·tal /frægméntl/ *a* FRAGMENTARY; 〘地質〙砕屑(さいせつ)質状の: ～ rock 砕屑岩. ◆ **～·ly** *adv*
frag·men·tary /frǽgməntèri; -t(ə)ri/ *a* 破片[砕片, 断片]の; 断片からなる, 断片的な; はんぱな, 切れぎれの; 〘地質〙FRAGMENTAL. ◆ **fràg·men·tár·i·ly** /; frǽgməntərɪli/ *adv* **frág·men·tàr·i·ness** /; -t(ə)rɪnəs/ *n*
frag·men·tate /frǽgməntèɪt/ *vt, vi* 破片にする[なる], 砕く[砕ける]. [逆成く↓]
frag·men·ta·tion /frægməntéɪʃ(ə)n, -mèn-/ *n* 分裂, 破砕; 〘生〙《核の》無糸分裂; 〘生〙《腔腸動物の》砕片[断片]分離; 《染色体の》断片化, 切断; 《破砕性爆弾などの》破砕, 破片; 《思考・行動・社会的関係の規範の》崩壊, 分裂; 〘電算〙フラグメンテーション, 断片化《1) ディスク上で, 1 個のファイルを構成するデータが物理的にあちこちに散在している状態; ディスクの読み書きを著しく低速化させる 2) 使用されていない小領域が散在する状態》.
fragmentátion bòmb [grenàde] 破砕性爆弾[手榴弾], 破片爆弾[手榴弾]《破裂と同時に細かく破砕するもの》.
frágment·ed *a* ばらばらになった, 断片化した; 細分化した.
frágment·ize *vt* 破片にする, 破砕させる. ► *vi* 破砕される, みじんになる. ◆ **-i·zer** *n*
Fra·go·nard /frægəná:r/ フラゴナール **Jean-Honoré** ～ (1732–1806)《フランスの画家・版画家》.
fra·grance /fréɪgr(ə)ns/ *n* 芳しさ; 香気, 芳香; 香水, 芳香剤. ◆ **～d** *a* 芳香を放つ, 香りのついた.
frá·gran·cy *n* FRAGRANCE.
frá·grant *a* 芳しい, かぐわしい, 香りのよい, 芳香性の; 快い, 楽しい: ～ memories 楽しい追憶. ◆ **～·ly** *adv* [F or L (*fragro* to smell sweet)]
frágrant órchid 〘植〙テガタチドリ《淡紅色の花を密につけるランの一種》.
frágrant súmac 〘植〙ニオイウルシ《北米原産》.
'fraid /fréɪd/ *a* 《口》(残念ながら)…と思う ((I'm) afraid).
fráidy càt /fréɪdi-/, **fráid càt** /fréɪd-/ 《口》こわがり屋, 臆病者, 弱虫《子供の用語》.
frail¹ /fréɪl/ *a* もろい, かよわい; 〈体が〉虚弱な, ひよわな; 〈根拠が〉薄弱な; はかない〈人生など〉; 〈可能性など〉わずかな; 誘惑に負けやすい; 《古》[*euph*]〈女が〉不貞の. ► *n* *《俗》女. ◆ **～·ly** *adv* **～·ness** *n* [OF<L FRAGILE]
frail² *n* 藺草(いぐさ)製のかご《干しブドウ・イチジクなどを詰める》; 《干しブドウ・イチジクの》一かごの量《通例 32, 56 または 75 ポンド》. [OF<?]
fráil éel *《黒人俗》かわいい女, いい女.
fráil jób *《俗》《性的魅力のある》女(とのセックス).
fráil·ty *n* もろさ; はかなさ; 弱さ; 薄志弱行; 誘惑に陥りやすいこと; 弱点, 短所, あやまち; 体調不良, 虚弱: *F*～, thy name is woman. もろきものよ, 汝の名は女なり《Shak., *Hamlet* 1.2.146》.
fraise¹ /fréɪz/ *n* **1** フレーズ《**1**) 16 世紀に流行したひだえり (ruff) **2**) 19 世紀初頭に流行した刺繍飾りのあるスカーフ; 両端を胸で交差させてブローチなどで留めた》. **2** 〘城〙臥柵(がさく)《先のとがった杭を横または斜めに並べたもの》. [F=mesentery of calf (*fraiser* to remove shell)]
fraise² *n* 〘機〙《時計の歯車の歯などをカットする》フライス, 小型フライス; 〘石工〙フライス盤《穴を広げるきり》. [F (*fraiser* to enlarge hole)]
fraise³ /fréz, fréɪz/ *n* フレーズ《イチゴから造るブランデーまたはリキュール》; イチゴ. [F=strawberry]
fraises des bois /*F* frɛ:z de bwa/ *pl* 野イチゴ《しばしば濃いクリームをかけてごちそうとして出される》.
Frak·tur, Frac·tur /frɑ:ktúər/ *n* **1** 〘印〙ドイツ字体, 亀の子文字, フラクトゥール (German text). **2** [ᵘf-] 飾り絵, フラクトゥール (＝～ **pàinting**)《ペンシルヴェニアダッチ (Pennsylvania Dutch) の伝統的な装飾彩色画; 装飾的な Fraktur 文字・小鳥・チューリップ・人魚・渦巻などの定型的な模様を用いたもので, 洗礼や結婚の証明書などにみられる》.
fram·be·sia, -boe- /fræmbí:ʒ(i)ə/ *n* 〘医〙YAWS.
fram·boise /*F* frɑ̃bwa:z/ *n* フランボアーズ《raspberry から造るブランデーまたはリキュール》; キイチゴ, ラズベリー (raspberry). [OF<? WGmc]
frame /fréɪm/ *n* **1 a** 《建造物の》骨組, 軸部; 《車両の》車枠, 台枠, 架枠; 《飛行機の》機体骨, フレーム; 《船舶の》肋材(ろくざい). **b** 《人間・動物の》体格, からだつき; *《俗》《魅力的な》女体: a man of fragile ～ きゃしゃな人. **c** *《俗》《ホモではないが》ホモに好かれる男, 魅力的な純タチ. **2 a** 構造, 結構 (make); 構成, 組織, 機構, 体制. **b** 範囲, 領域; 大枠, 体系, 基本構造[構想] (framework); 視座. **c** FRAME OF MIND; 《廃》形, 組立て(方). **3 a** 張り枠; 窓枠, 縁; [*pl*]《眼鏡の》枠縁, フレーム; 額縁; 《小説や戯曲の》背景(をなす出来事). **b** 《温室などの》枠組; 《育苗用の》フレーム, 温床, COLD FRAME; 《枠に取付けられた》紡織用の機械(の一部); 刺繍の製作台; 〘印〙植字台; 〘鉱〙洗鉱盤; 〘養蜂〙《巣箱の中で巣を作らせるための》取りはずし可能な割板製のボックス. **c** *《俗》ポケット, 札入れ. **4** 《漫画の》コマ; 《映画フィルムの》コマ, 構図; 〘テレビ〙フレーム《走査線の連続で送られる一つの完成された映像》; 〘電子工〙フレーム《情報の単位》; 〘文法〙《語類決定のための》枠; 〘教育〙《プログラム学習で》フレーム《学習者に与えられる教材の最小単位; 特に 学習者の反応を要求するもの》; 〘統〙枠《標本を抽出するための母集団の各部分のリスト》; 〘インターネット〙フレーム《HTML で, 画面を枠で仕切られたいくつかの領域に分割して構成する技法》. **5** *《口》〘野〙回, イニング, 〘ボク〙ラウンド, 〘アメフト〙クォーター; *〘ボウル〙回, フレーム, 《得点表の》記入欄; 〘玉突〙試合開始前に球を並べるのに使う三角形の木枠 (rack*); 〘玉突〙三角形の木枠に並べられた球 (rack*); 〘玉突〙フレーム《三角形の木枠に並べられた球が全部ポケットにはいるまでの間, 回》. **6** 《口》人を陥れること, FRAME-UP.
● **in [out of] the ～**ᴴ《参加・成功などの》見込み・可能性があって[なくて]; 容疑をうけて[うけずに]〈*for*〉.
► *a* 〘建〙《木の》枠組構造の.
► *vt* **1 a** 作る, 造る, 組み立てる, 建設する: ～ a ship / ～ *out* a house 家(の骨組)を組み立てる / a house ～*d to* resist typhoons 台風に耐えるように作られた家. **b** 〈筋書・方法・規則・理論・話などを〉作り上げる, 案出[立案, 考案]する; こしらえる, 形づくる, 工夫する; …に表現を与える, ことばにする; 〈ことば・音を〉発する; 〈ことばを〉(声に出さずに)唇の形で言う; 〈文書を〉作成する, 〈法案を〉起草する. **c** 〈…に〉適合させる, 合わせて作成[調整]する〈*to*〉. **d** 《古》心に描く: ～…to one*self* 想像する. **2** 《口》〈人を〉罪に陥れる, はめる〈*up*〉; 〈罪などを〉でっちあげる〈*up*〉; *内密に取り決めておく, 〈試合・選挙など〉に不正工作をする, 八百長を仕組む〈*up*〉. **3** 枠にはめる, …にフレーム[縁]をつける, 額装する; …の背景となる[をなす]: ～ a picture 絵を額に入れる / a lake ～*d in* woods 森に囲まれた湖. **4** 《古》〈歩を〉向ける; 《廃》ひき起こす, 生じさせる (cause): Fear ～*s* disorder. 恐怖が暴乱を生む. **5** *《俗》〈機械を〉運転できる状態にする. ► *vi* **1** 《古》おもむく, 行く; 《廃》〈計画など〉進行する, 目鼻がつく (get on). **2** 《廃・方》**a** [ᵘ～ well]〈人が〉見込み[能力]がある: He ～*s well* in speaking. 演説家としてものになりそうだ. **b** [ᵘ*impv*] 努力する. **3** 《廃》なんとかうまくする (con-

trive, manage) 〈*to do*〉.
♦ **frám·able, fráme-** *a* 組み立てられる; 編制できる; 工夫できる. **~d** *a* 額にはめた〈写真·絵画〉. **~·less** *a* ［OE *framian* to be helpful (*fram* forward)］

fráme àerial [antènna] 〘通信〙枠形空中線.

fráme bùffer 〘電算〙フレームバッファー《ディスプレー上に表示される画像データを蓄えるメモリー領域》.

-framed /fréɪmd/ *a comb form* 「…の縁[枠, 枠組]の」「…な体格の」: black-*framed*, silver-*framed*; small-*framed*.

fráme-dàme *n**《俗》性的魅力はあるが頭の弱い女の子.

frámed buílding 骨組式(構造)建築物.

fráme hóuse 《板張りの》木造家屋.

fráme lìne 映画フィルムの隣接するコマを隔てる黒線.

fráme of mínd 考え方, 感じ方; 気持, 気分, 機嫌: in a sad ~ 悲しい気持で.

fráme of réference 《行動·判断などを支配する》評価基準系, 視座, 準拠枠; 〘数·理〙(基準)座標系; 〘地理〙準拠座標系.

fram·er /fréɪmər/ *n* 組立人; 構成者; 立案者, 企画者; 法律起草者, [ºF-] 合衆国憲法起草者; 額縁製作者; 額装(業)者.

fráme sàw おさのこ, おさのこ盤, 大のこ (=*span saw*).

fráme·sèt *n* 《自転車の》フレームおよび前フォーク.

fráme·shìft 〘遺〙*a* フレームシフトの《DNA 上の塩基の 1 または 2 個の挿入または欠失による読み枠の移動による》. ► *n* フレームシフト突然変異 (=~ **mutátion**).

fráme téntᴵᴵ フレームテント, 家型テント.

fráme-ùp *n* **1** 《口》《人を陥れようとする》陰謀, 計画的でっちあげ; 《口》不正工作, 八百長. **2***《俗》《商品の》陳列.

fráme·wòrk *n* 枠組, 下部[基礎]構造; 〘建〙軸組《壁体の骨組》; 骨組, 骨格; 基本的枠組[構成], 大綱; 体系; 《果樹などの》基本仕立て(の大枝); 掛け枠細工《編物·刺繡など》; FRAME OF REFERENCE: within the ~ of…の枠内で, …の観点から / a legal ~ for the protection of the environment 環境保護のための法的枠組. ► *vt* 〈果樹など〉の台木に接ぎ木をする.

fram·ing /fréɪmɪŋ/ *n* 構成, 組立; 構想, 画策; 枠組, 軸組, 骨組; 枠に入れること; 〘家具〙かます組.

fráming chìsel 〘木工〙むこうまちのみ《ほぞ穴用》.

Fra·ming·ham /fréɪmɪŋhæ̀m/ フレーミングハム《Massachusetts 州東部 Boston の西南西にある町》.

Fran /frǽn/ フラン《**1**) 女子名; Frances の愛称 **2**) 男子名; Francis の愛称》.

franc /frǽŋk/ *n* フラン《=100 centimes; 記号 Fr *or* F **1**) ガボン, カメルーン, ギニア, コートジヴォアール, コモロ, コンゴ共和国, コンゴ民主共和国, ジブチ, スイス, セネガル, チャド, 中央アフリカ共和国, トーゴ, ニジェール, ブルキナファソ, ブルンジ, ベニン, マリ, リヒテンシュタイン, ルワンダの通貨単位 **2**) フランス, ベルギー, ルクセンブルク, モナコ, アンドラの euro になる前の通貨単位 **3**) マダガスカルの旧通貨単位》. ［OF; 最初の金貨の銘 *Francorum Rex* king of the FRANKS より］

France[1] /frǽns; frɑ́ːns/ フランス《公式名 French Republic (フランス共和国); ☆Paris》.

France[2] /*F* frɑ̃s/ フランス **Anatole** ~ (1844–1924)《フランスの小説家·批評家; 本名 Jacques-Anatole-François Thibault; ノーベル文学賞 (1921)》.

Fran·ces /frǽnsəs; frɑ́ːn-/ フランシス《女子名; 愛称 Fran, Fannie, Fanny》. ［(fem) 〈 FRANCIS］

Fran·ce·sca /frænʧέskə, frɑːn-/ **1** フランチェスカ《女子名》. **2** フランチェスカ **Piero della** ~ ⇨ PIERO DELLA FRANCESCA. ［It］

Francésca da Rímini /-də-/ フランチェスカ·ダ·リミニ (d. 1283 or 84)《イタリアの貴族の女性; 本名 Francesca da Polenta; 義弟との恋ゆえに夫に殺された; Dante,『神曲』の「地獄篇」をはじめ多数の文学·芸術作品に取り上げられている》.

Fran·ces·cat·ti /frɑ̀ːnʧəskɑ́ːti/ フランチェスカッティ **Zino** ~ (1902–91)《フランスのヴァイオリン奏者》.

Franche-Com·té /*F* frɑ̃ʃkɔ̃te/ フランシュ-コンテ《フランス中東部の地域圏; Territoire de Belfort, Doubs, Haute-Saône, Jura の 4 県からなる; ☆Besançon; 帰属について 600 年間近隣諸国間で争われたが, 1678 年フランス領となった》.

fran·chise /frǽnʧaɪz/ *n* **1 a** 参政権, 選挙権; 選挙資格条件. **b** [ᵘthe] 公民権, 市民権 (citizenship). **c** 《法人·団体の》団員権, *《AP 通信の》会員権. **2 a** フランチャイズ《**1**) 製造元が, 卸売[小売]業者に与える一定地域の一手販売権 **2**) ファーストフードチェーン店などののれんを用いての営業権》; 一手販売地域; フランチャイズ[チェーン](加盟)店. **b** 《公共性を有する事業団体などに与えられる》特権, (営業)免許; *特権行使許可地区; 《一般に》管轄権. **3** 《プロスポーツリーグの》加盟者たること, 加盟権, 会員権; フランチャイズをもつチーム[球団]; 《スポーツ試合の》放送権, 放映権. **4** 《商品, 特に映画やテレビ番組の》シリーズ: the 007 ~ 007 シリーズ, 一連の 007 映画. **5 a** 〘保〙免責歩合. **b** 〘史〙《法律上の》免除, 特権; 《廃》《抑圧からの》自由. ► *vt* …に franchise を与える[売り渡す]; 《古》自由にする. ［OF (*franc, franche* free, FRANK[1])］

fran·chi·see /frænʧaɪzíː, -ʧə-/ *n* FRANCHISE を与えられた人[業者, 企業], フランチャイジー.

frán·chìs·er *n* FRANCHISEE; FRANCHISOR.

fránchise tàx 免許税, 営業税.

fran·chi·sor /frænʧaɪzɔ́ːr, -ʧə-/ *n* FRANCHISE を与える人[企業], フランチャイザー.

fran·ci·cize, -size /frǽnsəsàɪz/ *vt* 《カナダ》フランス語に移行させる, フランス語化する.

Fran·cie /frǽnsi/ フランシー《男子名; Francis の愛称》.

Fran·cis /frǽnsəs; frɑ́ːn-/ **1** フランシス《男子名; 愛称 Frank, Francie, Frankie》. **2 a** FRANCIS OF ASSISI. **b** フランシスクス (1936–)《ローマ教皇 (2013–); 生名 Jorge Mario Bergoglio; アルゼンチン出身》. **3** フランソア (**1**) ~ **I** (1494–1547)《フランス王 (1515–47)》 (**2**) ~ **II** (1544–60)《フランス王 (1559–60); Mary, Queen of Scots の最初の夫》. **4** フランツ (**1**) ~ **I** (1708–65)《神聖ローマ皇帝 (1745–65); Maria Theresa と結婚 (1736), 名義上の共同統治者となった (1740)》 (**2**) ~ **II** (1768–1835)《神聖ローマ帝国最後の皇帝 (1792–1806), ~ I としてオーストリア皇帝 (1804–35)》. **5** フランチェスコ ~ **II** (1836–94)《両シチリア王国最後の王 (1859–60)》. **6** フランシス (**1**) **'Dick'** ~ [**Richard Stanley** ~] (1920–2010)《英国のミステリー作家; もと騎手》 (**2**) **James Bicheno** ~ (1815–92)《英国生まれの米国の水力技術者; フランシス水車 (Francis turbine) を発明》 (**3**) Sir **Philip** ~ (1740–1818)《英国の役人·政治家·著述家; cf. JUNIUS》. ［OF=French(man)<Gmc=free］

F

Fran·cis·can /frænsískən/ *a* フランシスコ会の: the ~ order フランシスコ(修道)会. ► *n* フランシスコ会(修道)士; [the ~s] フランシスコ会《1209 年 St FRANCIS OF ASSISI が創立した修道会, その灰色の修道服から Grey Friars ともいう》. ［F<L (*Franciscus* Francis)］

Fran·cis·co /frænsískoʊ/ フランシスコ《男子名》. ［Sp; ⇨ FRANCIS］

Fráncis Férdinand フランツ·フェルディナント (G **Franz Fer·di·nand** /*G* frɑ́nts fέrdinant/) (1863–1914)《オーストリア皇太子; 皇帝 Francis Joseph の甥; セルビアの民族主義者に暗殺され, これが第一次大戦の直接の契機となった》.

Fráncis Jóseph フランツ·ヨーゼフ (**1**) ~ **I** (G **Franz Jo·sef I** /*G* frɑ́nts jóːzεf/) (1830–1916)《オーストリア皇帝 (1848–1916), ハンガリー王 (1867–1916)》 (**2**) ~ **II** (1906–89)《リヒテンシュタインの大公 (1938–89)》.

Fráncis of Assísi [Saint] アッシージのフランチェスコ (1181 or 82–1226)《イタリアの修道士; 本名 Francesco di Pietro di Bernardone; フランシスコ会 (⇨ FRANCISCAN) の創立者; 祝日 10 月 4 日》.

Fráncis of Páo·la /-pάʊlɑː/ [Saint] パオラの聖フランチェスコ (1416–1507)《イタリアの修道士; ミニモ会 (Minims) の創始者; 祝日は 4 月 2 日》.

Fráncis of Sáles /-séɪlz/ [Saint] サルの聖フランソア (1567–1622)《フランスのカトリック聖職者; ジュネーヴ司教; 祝日 1 月 24 日 [もと 29 日]; ⇨ SALESIAN》.

Fráncis túrbine フランシス水車《流体が羽根車の外側から中心に向かって流れる間に回転力を生ずる反動水車》.

Francis Xavier ⇨ XAVIER.

fran·ci·um /frǽnsiəm/ *n* 〘化〙フランシウム《放射性金属元素; 記号 Fr, 原子番号 87》. ［*France, -ium*］

fran·ci·za·tion /frænsəzéɪʃ(ə)n; -saɪ-/ *n* [ºF-] 《カナダ》フランス語使用(への切換え).

Franck /frɑ́ːŋk, frǽŋk/ フランク (**1**) / ; *F* frɑ̃ːk/ **César** (**Auguste**) ~ (1822–90)《ベルギー生まれのフランスの作曲家·オルガン奏者》 (**2**) **James** ~ (1882–1964)《ドイツ生まれの米国の物理学者; ノーベル物理学賞 (1925)》.

Fran·co[1] /frɑ́ːŋkoʊ, frǽŋ-/ フランコ **Francisco** ~ (1892–1975)《スペインの軍人·政治家; 1936 年人民戦線政府に対して反乱を起こし, 内戦に勝って 39 年以後独裁; 'Caudillo' (総統) と呼ばれた》.

Fran·co[2] /frǽŋkoʊ/ *n, a* (*pl* **~s**) 《カナダ》フランス系カナダ人(の), フランス語を話すカナダ人(の).

Fran·co-, franco- /frǽŋkoʊ, -kə/ *comb form* 「フランス(人[語])」: *Franco*-German, *Franco*philia, *franco*phone ［L; ⇨ FRANK］

Fránco-Américan *n, a* フランス系アメリカ人(の)《フランス人, 特にフランス系カナダ人の子孫であるアメリカ人》.

Fránco-Gérman *a* 仏独(間)の.

Fran·çois /frɑːnswɑ́ː; *F* frɑ̃swa/ フランソア《男子名》. ［F; ⇨ FRANCIS］

Fránco·ìsm *n* フランコ主義《スペインの独裁者 Francisco Franco の政策》. ♦ **-ist** *n, a* フランコ支持[主義]者; フランコ体制[主義]の.

fran·co·lin /frǽŋk(ə)lən/ *n* 〘鳥〙シャコ《猟鳥》. ［F<It］

Frànco·mánia *n* 《外国人の》フランス心酔, 親仏熱.

Fran·co·nia /fræŋkóʊniə, -njə/ フランケン《Main 川流域を中心としたドイツ中世の部族大公領の一つ》.

Fran·có·ni·an *n* フランケン人; フランケン語《**1**) Frank 人の言語; 西ゲルマン語の一つ **2**) 現代ドイツ語の方言》. ► *a* フランケンの; フランケン人[語]の.

Fránco·phìle, -phìl *a* フランスびいきの. ► *n* 親仏派の人.

Frànco·phília *n* フランス(人)びいき.

Fránco·phòbe *a, n* フランス(人)恐怖[嫌い]の(人).

Frànco·phóbia *n* フランス恐怖[嫌い].

fránco·phòne [°F-] *n* フランス語使用者[民]. ► *a* フランス語を話す, フランス語使用者の. ♦ **frànco·phón·ic** /-fán-/ *a*

frànco·phó·nie /-fóuni/ *n* [°F-] フランス語圏(の国家的統一).

Fránco-Provençál *n* フランコプロヴァンス語《フランス南東部 Lyon 周辺からスイスの Geneva 周辺にかけて話されるロマンス語の一方言》.

Fránco-Prússian Wár [the] 普仏戦争《1870–71 年のプロイセンとフランス間の戦争で, この結果フランスは Alsace と Lorraine 東部を割譲》.

franc-ti·reur /*F* frɑ̃tirœːr/ *n* (*pl* **francs-ti·reurs** /—/) 《フランスの》不正規兵, ゲリラ兵, 狙撃兵; 〖史〗不正規歩兵. [F=free shooter]

frang·er /frǽŋər/ *n* 《豪卑》コンドーム (condom).

fran·gi·ble /frǽnʤəb(ə)l/ *a* 折れ[こわれ, 砕け]やすい, もろい. ♦ **~·ness, fràn·gi·bíl·i·ty** *n* もろさ. [OF<L (*frangere* to break)]

fran·gi·pane /frǽnʤəpèɪn; *F* frɑ̃ʒipan/ *n* フランジパーヌ《アーモンドで香りをつけたカスタード[クリーム入りペストリー]》; FRANGIPANI. [Marquis Muzio *Frangipani* Louis 14 世時代のイタリア貴族で考案者]

fran·gi·pani, -pan·ni /frænʤəpǽni, -pɑ́ːni/ *n* (*pl* **~, -pán·(n)is**) 〖植〗インドソケイ, プルメリア《キョウチクトウ科; 熱帯アメリカ原産》; フランジパーヌ《その花の香水》. [↑]

Fran·glais /frɑ̃ː(ŋ)gléɪ; ∸—; *F* frɑ̃glɛ/ *n* [°f-] フラングレ《英語起源の語(句)をむやみに採り入れているくずれたフランス語》. [F (*français* French, *anglais* English)]

fran·gli·fi·ca·tion /fræ̀ŋgləfəkéɪʃ(ə)n/ *n* フランス語に英語の単語や表現を採り入れること, フラングレ化.

frank[1] /frǽŋk/ *a* **1** 率直な; 包み隠しのない, 腹蔵のない, ざっくばらんな: to [let me] be ~ with you ざっくばらんに言って, 実は. **2**《古》寛大な; 《廃》自由な. **3** 紛れもない〈模倣・反乱など〉; 〖医〗《臨床的に》明らかな〈貧血〉. ► *vt* **1**〈郵便物〉に切手を貼る, 料金納付済み[別納]の表示をする; 〈手紙などを〉無料送達にする, …に無料送達の署名をする. **2**〈人〉に通行[出入り]の自由を許す, 通行証を与える; 〈人を〉無料で運ぶ; 〈人〉に免除する, 免れさせる. ► *n* 無料送達の署名[印]; 郵便料金納付済みの表示[スタンプ]; 無料送達郵便物; 郵便料金納付済み封筒; 《米国議員などに与える》無料送達の特典. ♦ **~·able** *a* **~·er** *n* **~·ing** *n* **~·ness** *n* 率直, 正直. [OF<L *francus* free (⇨ FRANK); Frankish Gaul では FRANKS だけが自由民であったことから]

frank[2] *n**《口》FRANKFURTER.

Frank 1 フランク《男子名; Francis の愛称》. **2** フランク (**1**) **Anne(lies Marie)** ~ (1929–45)《ユダヤ系ドイツ人の少女; ナチスの迫害をのがれて Amsterdam に移住し, 屋根裏部屋に 2 年間生活したが, 発見され収容所で死んだ; *Het Achterhuis* (隠れ家, 1947; 英訳名 *The Diary of Anne Frank*, 邦題 アンネの日記)》 (**2**) **Jacob** ~ (1726–91)《ユダヤ教指導者; 本名 Jacob Leibowicz; 現ウクライナの Galicia 出身; メシアであることを宣言してフランク派を起こした》 (**3**) **Robert** ~ (1924–)《スイス生まれの米国の写真家・映画制作者; 写真集 *The Americans* (1959)》. **3** フランク人《3 世紀ごろ Rhine 川流域に住んだゲルマン人》; 《近東で》西欧人; 《詩》フランス人. [OE *Franca*, OHG *Franko*; 使用した武器からか (cf. OE *franca* javelin)]

frank·al·moi(g)n /frǽŋkælmɔ̀ɪn, -k(ə)l-/ *n* 〖英法史〗自由寄進保有《寄進の条件たる宗教上の奉仕のみを義務とした宗教法人の土地保有》. [AF (ALMOIGN)]

fránked invéstment ìncome 〖英〗法人税支払い済み企業配当所得, 納税済み投資利益《企業が受け取った株式配当金で, 株式発行会社の法人税支払い後の利益から配分されたもの; 二重課税回避のためこの所得には課税されない》.

Fran·ken- /frǽŋkən/ *comb form* [食物の名前に付けて]《口》「遺伝子組換えで作り出した」「バイオ作物の」: *Franken*tomato. [*Franken*stein]

Fránken·fòod *n* 《口》[*derog*] 遺伝子組換え食品, GM 食品.

Fran·ken·stein /frǽŋkənstàɪn, -stiːn/ **1** フランケンシュタイン《Mary W. Shelley の怪奇小説 *Frankenstein, or the Modern Prometheus* の主人公である科学者; 自分が創り出した怪物のために破滅する》. **2** フランケンシュタイン (=**~('s) mònster**)《上記作品に出てくる人造人間の怪物》; 人造人間; 自分が創り出した呪いの種, 創造者への脅威. ♦ **Fràn·ken·stéin·ian** *a*

Fránkenstein fòod FRANKENFOOD.

Frank·fort /frǽŋkfərt/ **1** フランクフォート《Kentucky 州の州都》. **2** FRANKFURT.

Frank·furt /frǽŋkfərt; *G* fránkfʊrt/ フランクフルト (**1**) ドイツ西部 Hesse 州の市 (=**~ am Máin** /*G* -am máɪn/); Main 川に臨む; 1848 年の三月革命の過程で, ドイツ最初の国民議会が開催された **2**) ドイツ東部 Brandenburg 州の市 (=**~ an der Óder** /*G* -an der óːdər/); Oder 川に臨む; 1368–1450 年ハンザ同盟に属した》. ♦ **~·er** *n* フランクフルト市民.

frank·furt(·er), -fort(·er) /frǽŋkfərt(ər)/ *n* フランクフルトソーセージ (=**fránkfurt [fránkfort] sáusage**)《牛肉あるいは牛豚肉混合のソーセージで, しばしばつながっている; cf. HOT DOG》. [G]

Frank·fur·ter /frǽŋkfərtər/ フランクファーター **Felix** ~ (1882–1965)《オーストリア生まれの米国の法学者・裁判官; 合衆国最高裁判所陪席裁判官 (1939–62)》.

Frank·furt·er All·ge·meine Zei·tung /*G* fráŋkfurtər álgəmaɪnə tsáɪtʊŋ/『フランクフルター・アルゲマイネ・ツァイトゥング』《ドイツの中立系の新聞; 1949 年創刊》.

Fránkfurt schòol [the] フランクフルト学派《1923 年 Max Horkheimer らによってドイツの Frankfurt に設立された社会研究所で活動した思想家たち; 正統派マルクス主義の教条主義に反対しつつ, 独自の批判理論を展開した; 重要なメンバーに T. W. Adorno, Walter Benjamin, Herbert Marcuse, Jürgen Habermas など》.

Frank·ie /frǽŋki/ フランキー《男子名; Francis の愛称》.

Fránkie and Jóhnny フランキーとジョニー《'He was her man / But he done her wrong' のリフレーンをもつアメリカ民謡で歌われる恋人どうし; Frankie は Johnny を射殺して死刑になる》.

fran·kin·cense /frǽŋkənsèns/ *n* 乳香, トスゴム (=*olibanum*)《東アフリカ・南アラビアなどのカンラン科ニュウコウ属の樹木 (ニュウコウジュを含む数種) から採った芳香ゴム樹脂; 祭式などに焚いた香料》. [OF (*frank*[1] (obs) high quality, INCENSE[1])]

fránk·ing machìne[∥] POSTAGE METER.

Fránk·ish *a* フランク族の; フランク語の; 西欧人の. ► *n* フランク語.

frank·lin /frǽŋklən/ *n* 〖英史〗《14–15 世紀ごろの》自由保有地主, 郷士《gentry に次ぎ, yeoman の上位》.

Franklin 1 フランクリン《男子名》. **2** フランクリン (**1**) **Aretha (Louise)** ~ (1942–)《米国のソウル歌手; Lady Soul, Queen of Soul と呼ばれる; 'Respect' (1968), アルバム *Amazing Grace* (1972)》 (**2**) **Benjamin** ~ (1706–90)《米国の政治家・科学者・哲学者》 (**3**) Sir John ~ (1786–1847)《英国の北極圏探検家》 (**4**) **John Hope** ~ (1915–2009)《米国の歴史家; 南北戦争時代の歴史の再評価を行なった》 (**5**) **Rosalind Elsie** ~ (1920–58)《英国の生物物理学者》 (**6**) (**Stella Maria Sarah**) **Miles** ~ (1879–1954)《オーストラリアの女性小説家》. **3** フランクリン《カナダ Northwest 準州北部の旧行政区; 北極海諸島および Boothia, Melville 両半島を含む》. [Gmc =freeholder; cf. FRANCIS]

frank·lin·ite /frǽŋklənàɪt/ *n* 〖鉱〗フランクリン石, フランクリナイト《亜鉛原鉱》. [New Jersey 州の発見地の名から]

Fránklin stóve* フランクリンストーブ《Benjamin Franklin が考案した鉄製箱形ストーブ》; 前開き式ストーブ.

fránk·ly *adv* 率直に, あからさまに, ざっくばらんに; 率直に言って, 正直なところ: ~ speaking=speaking ~ 率直に言えば / *F*~, you don't have a chance. 率直に言ってきみは見込みないよ / quite ~ 率直に言って, ありていに言えば, 正直なところ.

fránk·plèdge *n* 〖英古法〗十人組《10 人一組の成人男子の間で各人の行為に対して連帯責任を負う制度; その 10 人一組 (tithing)》; 十人組の一員.

Fran·quis·ta /frænkístə/ *n* フランコ (Francisco FRANCO[1]) の政策の支持者[信奉者]. [Sp]

Frans /frɑ́ːns/ フランス《男子名》. [Du; ⇨ FRANCIS]

fran·se·ria /frænsíəriə/ *n* 〖植〗フランセリア属 (*F*-) の各種多年草[低木]《北米西部原産; キク科》.

fran·tic /frǽntɪk/ *a* **1** 半狂乱の, 逆上した; 〈事態が〉大あわての, 必死の; 《古》狂気の. **2**[∥]《口》非常な, 非常に大きな[多くの]. **3**《口》すばらしい, かっこいい; *《俗》野暮ったい, さえない. ► *n* 《古》気違い. ♦ **-ti·cal·ly, ~·ly** *adv* **~·ness** *n* [ME *frentik, frantik*<OF<L PHRENETIC; cf. FRENETIC]

Franz /frǽnts/ フランツ《男子名》. [G; ⇨ FRANCIS]

Fránz Férdinand フランツ・フェルディナント《FRANCIS FERDINAND のドイツ語名》.

Fránz Jósef フランツ・ヨーゼフ《FRANCIS JOSEPH のドイツ語名》.

Franz Jo·sef Land /frǽnts ʤóuzəf lǽnd, -səf-, frɑ́ːnts jóuzəf lɑ̀ːnt/ フランツ・ヨシフ諸島《北極海の Novaya Zemlya の北方にあるロシア領の島群》.

frap /frǽp/ 〖海〗*vt* (**-pp-**)《綱・鎖を巻きつけて》固く締めくくる; 〈索具など〉の索をピンと張る. [OF *fraper* to strike]

frap·pant /*F* frapɑ̃/ *a* 感動させる. [F (pres p)<FRAP]

frap·pé /fræpéɪ; ∸∸; *F* frape/, **frappe** /frǽp, fræpéɪ; fræ̀péɪ/ *a* **1** (氷で)冷やした, (半分)凍らせた, かき氷と共に供した: wine ~. **2** [後置]〖バレエ〗フラッペの. ► *n* **1** フラッペ (**1**) 果汁などを半分凍らせたデザート **2**) かき氷にリキュールをかけた飲み物); *《東部》アイスクリームを混ぜたミルクシェーク. **2**〖バレエ〗フラッペ《動かしている足で軸足のくるぶしを打つ動作》. [F (pp)<*frapper* to strike, ice (drinks)]

fráp·ping *a**《俗》[下品な強意語として] DAMN, FUCKING.

Fras·cati /fræskɑ́ːti, frɑː-/ フラスカーティ《イタリア中部 Latium 州, Rome の南東の町 Frascati で造る白ワイン》.

Fra·ser /fréɪzər, *-ʒər/ **1** フレーザー (**1**) **Dawn** ~ (1937–)《オーストラリアの女子水泳選手; オリンピック Melbourne (1956), ローマ

(1960), 東京 (1964) 大会の 100 m 自由型で 3 回連続金メダルを獲得》 (2) **George MacDonald ～** (1925–2008)《英国の小説家》 (3) **(John) Malcolm ～** (1930–2015)《オーストラリアの政治家; 首相 (1975–83)》 (4) **Peter ～** (1884–1950)《スコットランド生まれのニュージーランドの政治家; 首相 (1940–49)》. **2** [the] フレーザー川《カナダ British Columbia 州中南部の川; Coast 山脈に峡谷をなし, Georgia 海峡に流れる》.

Fráser fìr 〖植〗フレーザーモミ, フラセリーモミ, コバノバルサムモミ《北米の山地産; クリスマスツリーに使われる》. [John *Fraser* (1750–1811) 英国の植物学者]

frass /frǽs/ *n* 《幼虫の》糞粒; 《虫が木にうがった穴の》粉くず. [G *fressen* to devour]

frat[1] /frǽt/ *n, a* *《口》男子学生社交クラブ (fraternity) (の会員)(の); *《俗》《中産階級の規範や服装を受け入れている》堅物の男子学生, '優等生'.

frat[2] 《俗》*n, vi* (-tt-) 《兵隊が被占領国の女と》親しくなる[する](こと); 占領軍の兵隊が親しくなった女. [*fraternize*]

fratch /frǽtʃ/ *vi, n* 《方》けんか(する), 口論(する).

fratchy /frǽtʃi/ *a* 《口》おこりっぽい, けんかっぱやい.

fra·te /frɑ́ːteɪ/ *n* (*pl* **-ti** /-ti/) 《イタリアの》(托鉢)修道士 (friar). [L＝brother]

fra·ter[1] /fréɪtər/ *n* 〖史〗《修道院の》食堂 (refectory). [OF; ⇨ REFECTORY]

frater[2] *n* 同胞, 兄弟. [L]

frater[3] *n* 《俗》男子学生社交クラブ会員. [*frater*nity]

fra·ter·nal /frətə́ːrn(ə)l/ *a* 兄弟の; 兄弟らしい, 友愛の; 友愛会の; 二卵性の. ♦ **～·ly** *adv* 兄弟として[のように]. [L FRATER[2]]

fratérnal·ìsm *n* 友愛; 友愛組合主義.

fratérnal órder [socíety, associátion]* 友愛[共済]組合.

fratérnal twíns *pl* 二卵性双生児 (cf. IDENTICAL TWINS), 《動物の》二卵性双子.

fra·ter·ni·ty /frətə́ːrnəti/ *n* **1** 兄弟の間柄; 兄弟の情; 友愛, 同胞愛. **2 a** *《大学・高校の》男子学生社交クラブ, 友愛会《通例 秘密の儀式を有し, ギリシア文字 2, 3 字をその名称としている; cf. SORORITY, GREEK-LETTER FRATERNITY》; 《学生の》研究会, 同好会, クラブ, サークル. **b** 協同団体, 友愛[共済]組合 (fraternal order), 《特に》宗教団体, 講中, 講社. **3** 《漠然と》同業者[同好者]仲間, …連中, 同人: the writing ～ 文筆家仲間. [OF＜L; ⇨ FRATER[2]]

fratérnity hòuse 《大学・高校の》男子学生クラブハウス《寮を兼ねる》, 友愛会館.

frat·er·nize /frǽtərnàɪz/ *vi* 兄弟の交わりを結ぶ, 親しくつきあう ⟨*with*⟩; 愛想よく[親切に]ふるまう; 《軍規に反して》⟨敵国民・被占領国民と⟩親しくする ⟨*with*⟩; ⟨被占領国などの女と⟩親しくなる, 関係をもつ ⟨*with*⟩. ► *vt* 友愛的な交わりをさせる. ♦ **-nìz·er** *n* **fràt·er·ni·zá·tion** *n*

frát hòuse*《俗》FRATERNITY HOUSE.

frati *n* FRATE の複数形.

frát ràt*《俗》男子学生社交クラブ員 (frat).

frat·ri·cide /frǽtrəsàɪd/ *n* 兄弟[姉妹]殺し《行為・人》; 《内乱などでの》身内[同胞]殺し; 〖軍〗先着核弾頭の爆発力による後続の弾頭の破壊. ♦ **fràt·ri·cíd·al** *a* [F or L (FRATER[2], *caedo* to kill)]

Frau /fráʊ/ *n* (*pl* **～s**, G **Frau·en** /fráʊən/) …夫人《ドイツ語で Mrs., Madam に当たる敬称; 略 Fr.》; ドイツ婦人; [f-] 《俗》妻, 女房; [ᵘf-] *《俗》女. [G]

fraud /frɔ́ːd/ *n* 欺瞞; 〖法〗詐欺, 欺罔; 詐欺的行為, 不正手段; 食わせもの, いんちき; 詐欺師, ペテン師; ふりをする人, 詐称者; 《古》欺瞞性: tax ～ 脱税. ● **a pious ～** 《宗教上などの》方便としてのうそ. **in ～ of…＝to the ～ of…** 〖法〗…を欺くために, …を詐欺にかけんがために: transfer *in* ～ *of* creditors 債権者を欺くための移転. [OF＜L *fraud- fraus*]

Fráud Squàd [the] 〖英〗詐欺取締班《ロンドン警視庁 (Metropolitan Police Force) とシティー警察 (City Police) の合同作業部隊で, 企業の不正行為取締まりを担当》.

fráud·sterᴴ *n* 詐欺師, ペテン師.

fraud·u·lence /frɔ́ːdʒələns, ᴴ-djʊ-/ *n* 欺瞞, 詐欺.

fraud·u·lent /frɔ́ːdʒələnt, ᴴ-djʊ-/ *a* 欺瞞的な; 詐欺(行為)の, 詐欺[詐害]的な, 欺罔的な, 不正な; 詐欺によって得た. ♦ **～·ly** *adv* **～·ness** *n* [OF or L (FRAUD)]

Frau·en·feld /G fráʊənfɛlt/ フラウエンフェルト《スイス北東部 Thurgau 州の州都》.

fraughan /frɔ́ːn/ *n* 《アイル》BILBERRY.

fraught /frɔ́ːt/ *pred a* 充満した, 伴う, はらんだ ⟨*with* danger, problems, etc.⟩; 不安[緊張, ストレス]に満ちた, 悩み多い; ᴴ《俗》危険な (risky); ᴴ《俗》ひどく忙しい; 《古・詩》積んだ, 積載した, 備えた ⟨*with*⟩. ► *n* /frɔ́ː(x)t/ 《スコ・廃》荷, 積荷, 船荷 (freight). ► *vt* /frɔ́ː(x)t/ 《スコ・廃》⟨船⟩に荷物を積む, 積載する. [(pp)＜*fraught* (obs) to load with cargo＜LDu (*vracht* FREIGHT)]

Fräu·lein /frɔ́ɪlàɪn; G frɔ́ʏlaɪn/ *n* (*pl* **～s**, G **～**) 令嬢, …嬢《Miss に当たる敬称; 略 Frl.》; 未婚の(ドイツ)婦人; [ᵒf-] 《英国人家庭の》ドイツ婦人家庭教師. [G (dim)＜FRAU]

Fraun·ho·fer /fráʊnhòʊfər/ フラウンホーファー **Joseph von ～** (1787–1826)《ドイツの光学器製作者・物理学者》.

Fráunhofer lìnes *pl* 〖天〗フラウンホーファー線《太陽スペクトルにおける暗線》. [↑]

frax·i·nel·la /fræ̀ksənélə/ *n* 〖植〗ヨウシュハクセン (＝*gas plant, burning bush, dittany*) 《ミカン科; 花穂に火を近づけると炎を発する》. [L (dim)＜*fraxinus* ash tree; 羽状の葉から]

fray[1] /fréɪ/ *n* **1** [the] けんか騒ぎ, 乱闘, 騒々しい争い, 論争: be eager [ready] for *the* ～ 事あれかしと待ち構える / enter [join] *the* ～ 争い[論争]に加わる. **2** 《古・スコ》恐怖. ► *vt* 《古》おどかす, おどかして追い払う[追いやる]. ► *vi* 《古》やかましく争う. [ME *fray* to quarrel＜AFFRAY]

fray[2] *vt* ⟨布などを⟩使ってぼろぼろにする, …の端をすりきれさせる, ほつれさせる ⟨*out*⟩; こする; ⟨鹿が木に頭[角]を⟩すりつける; [*fig*] ⟨神経を⟩すりへらす: Tempers become [get] ～*ed*. ᴴ人びとの怒りが爆発する. ► *vi* すりきれる, ほつれる; こする; ⟨鹿が⟩角袋をすり落とす; 《緊張・心配で》⟨神経が⟩すりへる, ⟨気分が⟩いらだつ: be ～*ing* at [around] the edges [*fig*] ほころびを見せ始めている, 安定を欠き始めている. ► *n* 《布などの》すりきれた[ほつれた]箇所. [F＜L *frico* to rub]

fráy·ing *n* 摩損; すりきれたもの; 《鹿の角から》すり落とされた皮.

Fra·zer /fréɪzər, *-ʒər/ フレーザー Sir **James George ～** (1854–1941)《スコットランドの人類学者; *The Golden Bough* (金枝篇, 1890–1915)》.

Fra·zier /fréɪʒər/ フレーザー, フレージャー **Joe ～** (1944–2011)《米国のボクサー; 世界ヘビー級チャンピオン (1970–73)》.

fra·zil* /fréɪzəl, frǽz-, freɪzíl/ *n* 晶氷 (＝～ **ice**) 《激しい川の流れにできる針状[円盤状]の結氷》.

fraz·zle /frǽz(ə)l/ 《口》*vt, vi* (ぼろぼろに)すりきらす[きれる]; 《熱で》ちりちりにする, 焦がす; 疲れさせる[疲れる]; 動揺させる, オタオタさせる. ► *n* (ずたずたに)すりきれること; ぼろぼろ(になったもの); 丸焼け; くたくた. ● **to a ～** ぼろぼろに; めためたに⟨ぶちのめす⟩; くたくたに⟨疲れる⟩; すっかり⟨焼ける⟩. [C19; *fray*[2]＋*fazzle* (dial) to tangle か]

fráz·zled *a* 《口》すりきれた; 《口》疲れた, くたくたになった; *《俗》酔った; *《俗》神経質になった, ピリピリしている; ᴴ⟨料理など⟩黒焦げの, ⟨肌が⟩すっかり日焼けして.

FRB 〖米〗°Federal Reserve Bank ♦ 〖米〗°Federal Reserve Board.

freak[1] /fríːk/ *n* **1** 気まぐれ, むら気, 酔狂; 気まぐれな行為[できごと]; いたずら; 《古》気まぐれな性質: out of mere ～ ほんの気まぐれ[酔狂]から / a ～ of fate [fortune, chance] 運命のいたずら. **2 a** 奇形, 変種; 珍奇[怪奇]なもの[人], できそこない, 怪物《サーカスやカーニバルなどの見世物》. **b** 《俗》社会の常識からはみ出した[にとらわれない]やつ, 変人, いかす[個性的な]やつ, 《特に》ヒッピー; *《俗》性的魅力のある男[女]; 《俗》ホモ; *《俗》性的逸脱者, 変態, 色情狂; 《俗》薬物常用者; [ᵘ*compd*] 《俗》…狂, フリーク: a jazz ～ ジャズ狂[ファン] / a fitness ～ フィットネスかぶれ[気違い] / a peek ～ のぞき魔. **c** 《切手・硬貨の》異種, 変種. **d** *《俗》フリーク《コカコーラにオレンジ風味をつけた飲料》. **e** *《俗》FREAK-OUT. ► *a* 珍しい, (一風)変わった, 風変わりな, 突拍子もない, 異常な. ► *vi, vt* [°～ out, (*vi*) ˢ～ up] **1** 《俗》《薬物で》恐ろしい[強烈な]幻覚体験をする. **2 a** 《俗》《特に 幻覚剤で》現実から引きこもる; 《俗》《薬物の影響で(でもあるかのように)》奇矯な[気違いじみた]言動をする, ひどく興奮する[はしゃぐ]; 《俗》幻覚剤の影響をうけさせる《奇矯な言動・興奮または無気力・引きこもりなどを生じさせる》. **b** 《口》自制をなくす[なくさせる], ショックをうける[与える], パニックになる[ならせる], オタオタする[させる], ぎょっとする[させる], ヒスを起こす[起こさせる], 激怒する[させる]. **3** 《俗》常識的な価値観[態度]を捨てる, 社会から落ちこぼれる. [C16＜?; cf. *freak* (obs, dial) man-at-arms, human being, extraordinary creature]

freak[2] *vt* [ᵘ*pp*] 《色で》まだらにする, 縞(しま)にする. ► *n* 《色の》斑点, 縞. [? FREAK[1]ed; 一説に *streak*＋*freckt* (obs) freaked; cf. FRECK(LE)]

fréak dàddy*《俗》かっこいい男, いかす男, ハンサム.

freaked /fríːkt/ *a* [°～ out] **1** ⇨ FREAK[1] out. **2** 《俗》マリファナでいい気分になって. **3** *《俗》へとへとに疲れて.

fréak·er*《俗》*n* ギョッとするようなできごと; FREAK[1] out した者.

freak·ery /fríːk(ə)ri/ *n* FREAKINESS; 奇形的なもの.

fréak hòuse*《俗》メタンフェタミン (methamphetamine) の売買[使用]の行なわれる家[場所].

fréak·i·ness *n* FREAKY なこと[状態].

fréak·ing *a, adv**《俗》[強意語] ひどい[ひどく], べらぼうな[に] (damned). [*fucking* の婉曲語]

fréak·ish *a* 気まぐれ(性)の, 酔狂な; 奇形的な, 異様な, 奇矯な. ♦ **～·ly** *adv* **～·ness** *n*

fréak mòmmy*《俗》すてきな女性, 美人, べっぴん.

fréak of náture 造化の戯れ (lusus naturae)《奇形・巨大など》.

fréak-òut 《口》*n* FREAK[1] out すること[した者]; 《幻覚剤による》異様な精神状態, 恐ろしい幻覚体験; ヒッピーの集まり; 幻覚剤パーティー; わくわくするできごと[パーティー].

fréak shòw フリークショー《サーカスなどで行なわれた奇形の人や動物の見世物》; 悪趣味な見世物.

fréak trìck*《俗》売春婦相手に変態的[暴力的]な性行為をする男.

fréaky *a* FREAKISH; 《俗》薬物常用者の, 幻覚症状の; 《俗》異常

F

な, 型破りの; «俗» 恐ろしい; «俗» ヒッピーの; «俗» すばらしい, すごい, 最高の, たまらない. ► «俗» *n* 麻薬[幻覚剤]常用者; ヒッピー.
♦ **fréak·i·ly** *adv*

Fré·chet /*F* freʃɛ/ フレッシェ **Maurice-René** ～ (1878–1973) 《フランスの数学者; 抽象空間論を創始》.

Fré·chette /*F* freʃɛt/ フレシェット **Louis-Honoré** ～ (1839–1908) 《カナダのフランス系詩人》.

freck·le /frék(ə)l/ *n* そばかす (雀斑, 夏日斑), しみ; 《一般に》しみ; [*pl*] *«俗» 紙巻きにするタバコ; «豪俗» 肛門 (anus). ► *vi, vt* そばかすを生じる[生じさせる]. ♦ **fréck·ly** *a* そばかすだらけの. [ME *fracel* etc. ＜*freken* (dial)＜ON]

fréck·led *a* そばかすのある; 斑点のある.

Fred /fréd/ **1** フレッド 《男子名; Frederick, Alfred, Wilfred の愛称》. **2** フレッド 《漫画 *The Flintstones* の一家の主人》; *«俗» さえない男, ダサ男.

Fre·da /frí:də/ フリーダ 《女子名; Winifred の愛称》; FRIEDA.

Fred Bloggs ⇨ JOE BLOGGS.

Fred·die, -dy /frédi/ フレディー 《(1) 男子名; Fred の愛称 (2) 女子名; Freda の愛称》.

Fréddie Mác 〖米〗 フレディー・マック 《(1) Federal Home Loan Mortgage Corporation (連邦住宅金融抵当金庫) の俗称 (2) 同金庫の発行する抵当証券; cf. FANNIE MAE, GINNIE MAE》.

Fréd·ér·ic /frèdərí:k; *F* frederik/ フレデリーク, フレデリック 《男子名》. [F; ⇨ FREDERICK]

Fred·er·i·ca /frèdərí:kə/ フレデリーカ 《女子名》. [(fem) ＜FREDERICK]

Fred·er·i·cia /frèdəríʃiə/ フレゼレシア 《Jutland 半島東部にあるデンマークの海港》.

Fred·er·ick /fréd(ə)rɪk/ **1** フレデリック 《男子名; 愛称 Fred, Freddy, Freddie, Fritz》. **2 a** フリードリヒ (1) ～ **I** (c. 1123–90) 《神聖ローマ皇帝 (1152–90), 通称 '～ Barbarossa' (赤髭王)》 (2) ～ **I** (1657–1713) 《プロイセン王 (1701–13)》 (3) ～ **II** (1712–86) 《プロイセン王 (1740–86); 通称 '～ the Great'; 代表的な啓蒙専制君主》 (4) ～ **II** (1194–1250) 《神聖ローマ皇帝 (1220–50), シチリア王 (1198–1250)》 (5) ～ **III** (1415–93) 《神聖ローマ皇帝 (1452–93); Frederick 4 世としてドイツ王 (1440–93)》 (6) ～ **III** (1463–1525) 《ザクセン選帝侯 (1486–1525); 通称 '～ the Wise' (賢明王); Luther を保護》. **b** フレゼリク ～ **IX** (1899–1972) 《デンマーク王 (1947–72)》. [Gmc＝peace＋rule, i.e. peaceful ruler]

Fréderick Augústus フレデリック・オーガスタス Duke of York and Albany (1763–1827) 《英国王 George 3 世の次男; 英国陸軍総司令官 (1798–1809, 1811–27)》.

Fred·er·icks·burg /fréd(ə)rɪksbə̀:rg/ フレデリックスバーグ 《Virginia 州北東部の市; 1862 年 Lee 将軍率いる南軍に北軍が敗れた地》.

Fréderick Wílliam 1 フリードリヒ・ヴィルヘルム (1620–88) 《ブランデンブルク選帝侯 (1640–88); 通称 'the Great Elector' (大選帝侯)》. **2** フリードリヒ・ヴィルヘルム 《プロイセン王 4 名の名》: (1) ～ **I** (1688–1740) 《在位 1713–40》 (2) ～ **II** (1744–97) 《在位 1786–97》 (3) ～ **III** (1770–1840) 《在位 1797–1840》 (4) ～ **IV** (1795–1861) 《在位 1840–61》.

Fred·er·ic·ton /fréd(ə)rɪktən/ フレデリクトン 《カナダ St. John 川沿いにある, New Brunswick 州の州都》.

Fred·er·iks·berg /fréd(ə)rɪksbə̀:rg/ フレゼリクスベア 《デンマーク領の Sjælland 島にある市; Copenhagen 西郊に位置》.

Fréd Pérry 〖商標〗 フレッドペリー 《英国 Fred Perry Sportswear Ltd. 製のテニスウェア・スポーツウェア; トレードマークは月桂樹; ⇨ Fred PERRY》.

Fred·rik·stad /frédrɪkstɑ̀:d/ フレドリクスター 《ノルウェー南東部 Oslo フィヨルド入口の海港》.

free /frí:/ *a* (**fré·er**; **fré·est**) **1 a** 自由な, 独立した, 束縛のない; 獄につながれていない, 罪に問われていない (opp. *captive*); 奴隷制度を認めない; 自由主義の: a ～ country [people] 自由国[自由の民] / a ～ election 自由選挙 / go [walk] ～ 釈放される / make ～ 釈放[放免]する. **b** 〖法〗 FREEHOLD の, FREE AND CLEAR; 〖文法〗 自立的な (cf. FREE FORM); 〖論〗 自由な〈変項〉. **c** 固定しない, つないでない; 接触していない; 〖化〗 遊離した; 〖理〗 自由に移動する〈粒子〉: leave one end of a rope ～ 綱の一端をつながずにおく / ～ acid 遊離酸. **2 a** 自由に…できる; 随意の: You are ～ *to* choose as you please. お好みに従って自由に選んでけっこうです / (please) feel ～ *to* do… ご自由に…してください / make ～ use *of*…を自由[勝手]に使う / be ～ *of* a library 図書館に自由に出入りできる / make sb ～ *of* one's house 人に家の出入り[使用]の自由を許す / make sb ～ *of* the city 人に公民たること[市民権]を許す. **b** 自発[自主]的な; 偏見のない; 伝統[権威, 慣習]にとらわれない: a ～ offer 自発的な申し出. **c** おおらかな, 物惜しみしない; ふんだんな: be ～ *with* [*of*] one's money 金離れがよい. **d** 率直な, 遠慮のない; 堅苦しくない, くつろいだ; 気ままな, 〈話など〉慎みのない, だらしない; なれなれしい: You are too ～ *with* your manners. おまえは行儀が悪すぎる. **e** のびのびした, 自然な, 無理のない; 文字[規則]にとらわれない; 〈文体など〉流麗な; 〈ジャズが〉完全に即興の, フリーの; 〖スポ〗 自由演技の, フリーの: a ～ gait のびやかな足取り / ～ translation 自由訳, 意訳. **f** 〖体操〗 用具なしで行なう, 〖登山〗 登攀具なしで行なう: FREE CLIMBING. **g** 〖アメフト〗 マークすべき特定の相手をもたない (: FREE SAFETY); 〖スポ〗 〈攻撃側選手が〉相手にマークされていない. **3 a** 障害[制限]のない, 統制[制約]をうけない; 取引制限のない; 政府の規制を受けない; 〖理〗 外部の力をうけない. **b** 参加の自由な, 開放された; 自由にはいれる[通れる]; じゃまなもののない; 〖音〗 開いた〈音節〉, 開音節の〈母音〉: ～ passage 自由な通行. **c** 手が空いて, ひまで; あいた, ひまな; 〈手などが〉使われていない, 空いた; 〈部屋など〉空いて; 〈エネルギーなど〉使用可能な: Are you ～ tomorrow [for lunch]? / ～ time 空いた時間 / Do you have any rooms ～? 空いてる部屋がありますか. **4** 無料の, 無税の, 免税の: ～ imports 無税輸入品 / ～ medicine 無料医療 / FREE TICKET. **5** 〖海〗 追い風の; 〈素材が〉加工[細工]しやすい, 〈土地が〉耕しやすい. ● **Feel ～!** どうぞ(ご自由に). **for ～** «口» 無料で. FREE AND EASY. **～ from**…がない, …を免れた: a day ～ *from* wind 風のない日 / ～ *from* care 気楽な. **～ of** …を離れて; …を免れて: ～ *of* charge [duty] 無料[無税]で. ★ この場合を除き *from*, *of* のいずれでもよい場合が多い: He is ～ *from* [*of*] prejudice. 彼には偏見がない. **get ～** 離れる, 免れる, 脱する 〈*of*, *from*〉. **have one's HANDS ～.** **it's a ～ country** «口» ここは自由の国だからね(何をしてもいい) 《個人の権利を主張するときのきまり文句》. **make ～ with**… ""…になれなれしくする, 無遠慮にふるまう; 〈人のものなどを〉勝手に使う. **set ～** 釈放[放免]する 〈*from*〉.
► *adv* **1** 自由に, 気ままに. **2** 無料で; はずれて, ゆるんで: All members admitted ～. 会員は無料. **3** 〖海〗 〈帆船が〉追い手または横の風をうけて, 〈帆を〉いっぱいに開かないで.
► *vt* (**fréed**) **1** 〈人を〉自由の身にする, 釈放[解放]する: ～ the slaves. **2** 《困難などから》救う (deliver): ～ one*self from* one's difficulties 困難から脱する / ～ sb *from* [*of*] debt 借金から人を脱け出させる, 借金を免除する. **3** 解く, はずす, きれいにする 〈*from*, *of*〉; «廃» 〈悩み・疑いなどを〉払いのける: ～ gas *of* impurities 気体から不純物を除く. ● **～ up** 使える[空いた]状態にする, 自由にする; …の制限[規制]を撤廃する, 自由化する; 〈渋滞などを〉解消する, なくす (disentangle).
♦ **fré·er** *n* [OE *frēo*; cf. G *frei*]

-free /frí:/ *comb form* 「…から自由な」「…を免れた」「…のない」: tax-*free* / accident-*free* / trouble-*free* / lead-*free* / post-*free*. [↑]

frée ágent 自由行為者; «米・カナダ» 自由契約選手[俳優], フリーエージェント. ♦ **frée ágency** *n*

frée alóngside shíp [véssel] *adv, a* 〖商〗 〈商品・価格など〉船側渡しで[の] 《略 FAS》.

Frée and Accépted Másons フリーメーソン団 《会員相互の扶助と友愛を目的とする世界的な秘密結社; 槌・定規・コンパスなどをシンボルとする; 仲間うちで互いに相手を見分けるための秘密のサインや合いことばを使用した; 略 F & (A)M》.

frée and cléar *a* 〖法〗 《財産に対する》負担のない, 担保権などが付いていない: ～ title 負担のない権原.

frée and éasy *a, adv* 自由で気ままな[に], 堅苦しいこと抜きの[で], 屈託なく, うちとけた[て]; いいかげんな[に], おおまかな[に]. ► *n* 《特に 酒場での》陽気な集まり; 《余興のついた》(いかがわしい)ミュージックホール, 酒場; SMOKING CONCERT. ♦ **frée-and-éasiness** *n*

frèe-assóciate *vi* 自由連想を行なう.

frée associátion 自発的な[自然な]連想; 〖精神分析〗 自由連想(法); 自由な連合[結社]; 集会する権利. ♦ **frèe-assóciative** *a* 自由な連想をする.

frée báll 〖アメフト〗 フリーボール 《だれにも拾われていないプレー中のボールで, ルールどおりに投げられたフォワードパスは除く; リカバーしたチームのボールになる》.

frée ballóon 自由気球 (cf. CAPTIVE BALLOON).

frée·bàse *vi* フリーベースを吸入する[つくる]. ► *vt* [^{s}～ it] 〈コカイン〉でフリーベースを作る, 〈コカインを〉フリーベースにして吸入する. ► *n* フリーベース 《エーテルなどによる処理で純度を高めたコカイン; 加熱して出る蒸気を吸入したり, クラックとして吸ったりする》. ♦ **frée·bàs·ing** *n* **frée·bàs·er** *n*

frée béach 全裸姿が許されている海岸, フリービーチ.

free·bie, -bee, -by /frí:bi/ «口» *n* 無料でもらえるもの, ただでできること; ただでもらう[くれる]人. ► *a* 無料の, ただの.

frée·bòard *n* 〖海〗 乾舷 《水線より上甲板の上面まで》; 《ダムなどの》余裕高(よゆうだか); 《自動車の》車台地上高 《下部構造と地面との間隔》.

fréeboard dèck 〖海〗 乾舷[フリーボード]甲板.

free·boot·er /frí:bù:tər/ *n* 略奪者, 《特に》海賊; «口» 快楽や富を求めて渡り歩く者. ♦ **frée·bòot** *vi* 〈海賊が〉略奪する, 荒らす. [Du *vrijbuiter* (FREE, BOOTY); cf. FILIBUSTER]

frée·bórn *a* 《奴隷や農奴でなく》自由の身に生まれた; 自由民の[にふさわしい].

Free BSD /─ bì:èsdí:/ フリー BSD 《パソコン用 Unix 互換 OS》. [*Berkeley System Distribution*]

freeby ⇨ FREEBIE.

frée céntral placentátion 〖植〗 (独立[特立])中央胎座 《胎座 (placenta) が子房中央に柱状に突出した形式》.

frée-chúrch *a* 自由教会の, 非国教派の.

Frée Chúrch [°f- c-] 自由教会《国教会から独立して運営されるプロテスタント教会》; FREE CHURCH OF SCOTLAND; ″非国教派教会《長老派・バプテスト派・メソジスト派など》.
Frée Chúrch Féderal Cóuncil [the] 自由教会連盟会議《イングランドおよびウェールズの非国教派諸教会の連合機関》.
Frée Chúrch of Scótland [the] スコットランド自由教会《1843 年 Church of Scotland から分離してできた長老派教会; 多数派は 1929 年に再び合同したが, 少数派は Free Church of Scotland の名でとどまり, Wee Frees, Wee Free Church とも呼ばれる; 安息日厳守主義で知られる》.
frée cíty 自由市《独立国家をなした, 特に イタリア・ドイツの中世都市》.
frée clìmbing 〘登山〙 自由登攀(とうはん), フリークライミング《ハーケン・あぶみなどの登攀具を使わない; cf. AID CLIMBING》. ♦ **frée-clìmb** *vt, vi* **frée clìmber** *n*
frée cóinage* 自由鋳造《私人が貨幣適格金属を鋳造所に持ち込んで鋳造してもらう権利》.
frée compánion 《中世の》傭兵隊員, 傭兵.
frée cómpany 《中世の》傭兵軍団, 傭兵隊.
frée dìver SKIN DIVER. ♦ **frée dìving** *n*
fréed·màn /, -mən/ *n* 《奴隷の身分から解放された》自由民, 《特に南北戦争後の》解放奴隷.
free·dom /fríːdəm/ *n* **1 a** 自由, 《束縛のない》自由な状態; 自主, 独立; 自由行動, 自主性: ~ of thought [religion] 思想[信仰]の自由 / FOUR FREEDOMS. **b** 権利, 特権; 特権免許; 出入りの自由; 自由使用権: have the ~ *of* the house [the library] 家[図書館]を自由に使用する特権を有する / ~ to organize 団結の自由. **2** 〈精神的負担から〉解放されていること, 〈…が〉全くないこと, 免除 〈*from*〉: ~ *from* care 心労のないこと, 気安さ / ~ *from* duty 無税. **3** 遠慮のないこと, 率直さ; 無遠慮, 自由勝手; [*pl*] 好き勝手なふるまい; 自由自在, 意のまま; 《考え・実行の》大胆さ, 思う存分: take [use] ~*s* with sb 人に無遠慮なふるまいをする, なれなれしくしすぎる / with ~ 遠慮なく; 自由自在に, 思いのままに. ● **give** sb his [her] **~** 人を自由にする, 人との離婚に同意する. [OE *frēodōm* (FREE, *-dom*)]
Fréedom Dày NATIONAL FREEDOM DAY.
fréedom fìghter 自由の戦士《専制政府に反抗して武器を取る人》.
Fréedom Flotìlla 自由の船団《特に キューバからの難民を乗せた小船の船団》.
Fréedom·ìte *n, a* SONS OF FREEDOM の(一員).
fréedom màrch* 自由の行進《人種差別反対のデモ行進》. ♦ **fréedom màrcher** *n*
fréedom of cónscience 良心の自由 (=*liberty of conscience*).
fréedom of cóntract 契約の自由.
fréedom of expréssion 表現の自由.
fréedom of informátion 情報の自由《特に 政府に対する情報公開の請求に関する; 略 FOI》.
Fréedom of Informátion Àct [the] 情報自由法, 情報公開法《政府情報の原則的開示を定める; 米国のものは 1966 年制定, 略 FOIA; 英国 (ただしスコットランドは除く) のものは 2000 年制定, 2005 年発効》.
fréedom of spéech 言論の自由 (=*free speech*).
fréedom of the cíty [the] 名誉市民権.
fréedom of the préss 出版[報道]の自由.
fréedom of the séas [the] 〘国際法〙 公海の自由《公海がどの国家の主権のもとにも立たないこと; 特に 戦時における中立国船舶の公海自由航行権》.
fréedom rìde*[°F- R-] フリーダムライド《1961 年公民権運動家が米国南部の諸都市をバスでまわって行なった人種差別反対の示威活動》. ♦ **fréedom rìder** 自由の騎士《freedom ride の参加者》.
Fréedom Schòol 〘米〙 フリーダムスクール《十代の被差別黒人のための特別学校》.
Freedom 7 /–– sɛ́v(ə)n/ フリーダム・セヴン《1961 年 Mercury 計画で米国最初の 15 分間の地球部分周回飛行を行なった有人衛星》.
fréedom sòng フリーダムソング《抑圧・差別などからの解放を訴える歌》.
fréedom wàlk* FREEDOM MARCH. ♦ **fréedom wàlker** *n*
fréed·wòman *n* 《奴隷身分から解放された》女子自由民.
free ecónomy 自由経済 (cf. FREE ENTERPRISE, PLANNED ECONOMY).
frée eléctron 〘理〙 自由電子.
frée-eléctron làser 〘理〙 自由電子レーザー《シンクロトロン放射など高エネルギー電子からの放射を利用するレーザー》.
frée énergy 〘理〙 自由エネルギー《一つの熱力学系の全エネルギー中に仕事に変換できるエネルギーが占める割合を表わす量》.
frée énterprise 《資本主義経済下の》自由企業(制).
frée énterpriser 自由企業論者, 経済活動規制反対論者.
frée fáll **1** 自由落下《物体の重力のみによる落下, 特に **1)** 落下傘が開くまでの降下 **2)** 宇宙船の惰性飛行》. **2** 《価格・価値・名声などの》急激な下落[下降], 持続的な減少[失墜]. ♦ **frée-fàll** *vi*
frée fíght 《全員入り乱れての》乱闘, 乱戦.
frée fíre zòne 〘軍〙 無差別砲撃地帯; [*fig*] 無法地帯, 野放し状態, やり[言いたい]放題.
frée flíght 《推力のなくなった後のロケットや索を解かれたグライダー・気球などの》自由飛行.
frée-flóat·ing *a* 自由に動く[漂う], 浮動性の; 自由な立場に身を置いている, 方向性のない; 〈不安・恐怖など〉なんとなく感じられる, 浮動性の. ♦ **frée-flóat** *vi*
frée-flów·ing *a* 動作[進行, 文体]が自由自在な, よどみなく流れる[進行する, 動く].
Free·fone /fríːfòun/ 〘商標〙 フリーフォン《British Telecom による Freephone サービス》.
frée-for-àll *a* 入場自由の, 無料の, 〈討論・競技など〉自由参加の; 無規制の, 野放しの. ► *n* 飛び入り自由の討論[競技], 入り乱れての争い, 乱闘; 大混乱.
frée-for-áll·er *n* ″《俗》規則などを無視してしゃにむに有利を得ようとする者.
frée-fòrm *a* 〘美〙 自由造形の; 伝統的な形式にとらわれない, 自由な形式の.
frée fórm **1** 〘文法〙 自由形式《他の語の一部としてではなく, それ自体独立して用いることのできる言語形式; 例 child, children, invitation など普通一般の単語; cf. BOUND FORM》. **2** 〘美〙 自由造形.
frée-frée *a* 〘理〙 自由自由の《遷移前後とも電子が原子に束縛されておらず自由電子の状態にある》: ~ transition 自由自由遷移.
Frée Frénch [the] 自由フランス軍《1940 年のフランスの陥落後も de Gaulle の指令によりドイツに抵抗した》.
frée·gan /-g(ə)n/ *n* フリーガン《賞味期限が切れたり売れ残ったりしたため廃棄処分として路上に置かれている食品を, 消費社会批判の意思表示として, 拾って食べるという活動を行なう人》. [*free*+vegan]
frée gíft 《販売促進のための》景品.
frée góld* 無拘束金塊《金貨証券などの償還に充当されていないもの》; 〘鉱〙 遊離金.
frée·hànd *a, adv* 《定規やコンパスなどを用いないで》手で描写[彫刻]した, フリーハンドの[で]; とらわれない, 自由な[に], 随意の[に]: ~ drawings. ► *n* 自在画(法), 自在彫刻(法), フリーハンド.
frée hánd 自由裁量, 行動の自由: give [allow] sb a ~ 人に行動の自由を与える, 自由裁量を許す / give [spend] with a ~ おおまかに[気前よく]与える[費やす] / have [get] a ~ 行動の自由を有する[得る] 〈*with*〉.
frée·hánd·ed *a* 気前のよい, 物惜しみしない; 手が空いている, ひまな; FREEHAND. ♦ **~·ly** *adv* **~·ness** *n*
frée·héart·ed *a* こだわりのない, 開放的な, 闊達(かったつ)な; 気前のよい (generous). ♦ **~·ly** *adv* **~·ness** *n*
frée·hòld *n* 〘法〙 《不動産の》自由保有権《自己または他人の一生の間土地・建物などを保有する権利; cf. LEASEHOLD》; 自由保有不動産; 《官職・爵位の》自由保有権. ► *a* 自由保有(権)の. ► *adv* 自由保有(権)によって, 無期限に. ♦ **~·er** *n* 自由保有権保有者.
frée hòuse″ 独立酒場《特定のビール会社とはつながりがなく, 自由に各種の銘柄を扱う; cf. TIED HOUSE》.
frée jázz フリージャズ《全面的な即興が売り物の 1960 年代の前衛ジャズ》.
frée kíck 〘サッカーなど〙 フリーキック.
Frée Kírk 《スコ》 FREE CHURCH.
frée lábor 《奴隷の労役に対する》自由民の労働; 非組合員の労働; 非組合員労働者《集合的》. ♦ **frée láborer** *n*
frée·lance *n* **1** 自由契約で仕事をする人, フリーランサー《記者・写真家・デザイナー・俳優など》; 《組織に属さず》自由に行動する人, 無所属の政治家. **2** [″free lance] 《中世の》傭兵《特に 騎士》. ► *a* 自由契約の; 組織に支援されない, 独自に行動する, 勝手に行なう; フリーランサーによる: a ~ writer. ► *adv* 自由契約で. ► *vi* 自由契約で働く. ► *vt* 〈作品などを〉自由契約で提供[制作]する.
frée·lanc·er *n* フリーランサー (freelance); 自由に行動する人..
free líbrary″ 公立図書館 (public library) 《無料》.
free lìst 《自由出入りを許す》優待者名簿, 《雑誌などの》寄贈者名簿; 無料提供品目リスト; 〘商〙 《関税の》免税品目表.
frée-líver *n* 道楽者, 《特に》美食家. ♦ **frée líving** 食道楽, 美食.
frée-líving *a* 食道楽の, 美食家の; 〘生〙 自由生活(性)の (cf. PARASITIC, SYMBIOTIC).
frée·lòad 《口》 *vi* 飲食物などを人にたかる, 人の所有物・設備などをちゃっかり使う, いそうろうする. ► *n* 費用は他人持ちの[ただの]食事[食べ物, 飲み物]. ♦ **~·ing** *n*
frée·lòad·er *n* 《口》《飲食物を》よく人にたかる者, いそうろう, 社用族の接待を受ける人; *《俗》だれでも行けるパーティー, ただで飲食物が出る集まり.
frée lóve 自由恋愛《結婚を前提としない自由な性関係(を認める考え)》; フリーセックス.
frée lúnch 《かつてバーなどで客寄せのために行なわれた》軽食サービス, サービスランチ; ただで[代償なしに]もらえるもの, もらいどくのもの: There's no (such thing as a) ~. そんなうまい話が(ただで)あるわけはない.

frée·ly *adv* 自由に, 意のままに; なれなれしく; おおまかに; 惜しげなく, 進んで; 大量に, 簡単に〈手にはいる〉; 腹蔵なく; のんびりと, 気軽に; 滞りなく, スムーズに.

frée·man /-mən, -mæ̀n/ *n* 《奴隷・農奴でない[釈放された]》自由人, 自由民; 《公民的・政治的諸権利を有する》自由市民, 公民; 特権の享受者.

frée márket 〔経〕《自由競争によって価格が決まる》自由市場.

frée-marketéer *n* 自由市場経済の擁護者[支持者, 提唱者]. ♦ **～·ing** *n* 自由市場経済の擁護[支持, 提唱].

free·mar·tin /fríːmɑ̀ːrt(ə)n/ *n* フリーマーチン《異性双胎で生まれ生殖機能のない雌牛》.

frée·máson / ˌ ─ ─ ─ / *n* **1** 《中世の》熟練石工組合員《各地を渡り歩き, 仲間同士の確認のための合いことばや合図をもっていた》. **2** [F-] フリーメーソン《FREE AND ACCEPTED MASONS の会員》.

Frée·máson·ry / ˌ ─ ─ ─ ─ / *n* フリーメーソン団の主義[制度, 慣行] (＝*Masonry*); フリーメーソン団; [f-] [*fig*] 暗黙の友愛的理解, 友愛感情.

frée·ness *n* 遠慮のなさ, なれなれしさ; おおまか, 鷹揚(おうよう); 気軽さ.

frée-ò /-òʊ/ *n**《俗》無料でもらえるもの, ただのもの.

frée on bóard *adv, a* 本船渡し(で[の])《貿易の価格条件の一つ; 貨物が積出港で本船に積み込まれるまで売手が費用と危険を負担する; 略 FOB; cf. EX SHIP》.

frée on ráil [trúck]ˈˈ *adv, a* 〔商〕貨車渡し(で[の])《略 FOR [FOT]》.

frée páper 無料配布紙, フリーペーパー.

frée párdonˈˈ〔法〕恩赦, 特赦.

frée páss 《鉄道・劇場などの》無料パス.

frée péople *pl**《俗》《囚人に対し》娑婆(しゃば)の人たち, 刑務所の看守・役人・職員たち.

frée périod 自由時間《**1**) 時間割中の生徒の自習時間 **2**) 教師の授業がない空き時間》.

Free·phone *n* フリーフォン《'フリーダイヤル' に相当する電話サービス》.

frée pórt 自由港《**1**) すべての国の船が同じ条件で出入りできる港 **2**) その国への輸入以外は無関税の貿易港》.

Frée·pòrt フリーポート《バハマ諸島北西部 Grand Bahama 島の南西岸にある町》.

frée·pòst *n* [ºF-] 〔英郵便〕料金受取人払い(制度).

frée préss 自由出版権, 出版の自由; 《政府などの検閲を受けない》自由な出版物《集合的》.

frée rádical 〔化〕遊離基, フリーラジカル.

frée-rànge *a* 〈家禽が〉放し飼いの; 放し飼いの鶏の〈卵〉.

frée recáll 〔心〕自由再生(法)《記憶した複数の項目を, 呈示された順序にこだわらずに想起すること》.

frée réed 〔楽〕自由簧(こう)《少し大きめの穴で自由に振動できるようにしたリード; cf. BEATING REED》.

frée réin 《行動・決定の》無制限な自由, 完全な自由裁量: give ～ to sb.

frée-retúrn trajectory 〔宇〕自動帰還軌道《宇宙船が正しい軌道に乗らなかった場合に自動的に地球に帰還するよう計算された月その他へ向けての軌道》.

frée·rìde *n* フリーライド《ピスト (piste) でもピストでないところでもオールラウンドに使用できるスノーボード》. ► *vi* freeride ですべる.

frée ríde *n* 無賃乗車, ただ乗り; 労せずして得たもの[利益, 喝采, 楽しみ], ただもうけ: get [have] a ～《口》ただで楽しむ, ただで手に入れる. ► *vi* 労せずして得る, ただもうけする.

frée ríder 無賃乗客; 労せずしてただもうけする者, 《特に》非組合員; 〔経〕ただ乗り, フリーライダー《費用負担をしないで公共財の便益を享受する者》; free riding をする人.

frée ríding 〔証券〕ただ乗り(行為)《**1**) 証券会社が引受け新株の一部を公募に回さず値上がり後売り逃げて利益を得ること **2**) 資金手当なしで行なう空(から)買い空売り》.

frée-rúnning *a* **1** 〔生〕自由継続の《概日リズム (circadian rhythm) を光や温度の変化のない恒常条件下で継続させた場合についていう》: ～ rhythm [period] 自由継続リズム[周期]. **2** 〔電子工〕自走の《周波数が制御されていない》.

frée sáfety 〔アメフト〕フリーセーフティ《マークする特定の相手をもたず, 必要に応じて守備を助ける守備のバック》.

frée schóol 無料学校; 自由学校, フリースクール《従来の公私立学校に代わるもので, 伝統的教授法にとらわれず生徒が興味のある科目を自由に学ぶ》. ♦ **frée schóol·er** 自由学校の擁護[推進]者.

frée-seléct *vt* 〔豪史〕〈公有地の一区画を〉選んで年々の支払いにより自由保有権を得る. ♦ **frée-seléction** *n* **-selector** *n*

frée sérvices *pl* 〔英中世法〕《封建制における》自由奉仕《兵士や自由民の性格に反することのないような奉仕; たとえば領主に従って戦陣におもむいたり, 金銭を支払うなどの義務》.

frée·shèet *n* 無料新聞 (giveaway)《広告収益で賄う》.

frée shów*《俗》《脚を組んだり, 窓を閉め忘れて着替えたりして》女性の体の隠すべき部分が見えてしまうこと, 無料拝観.

free·sia /fríːʒ(i)ə, -ziə/ *n* 〔植〕フリージア《アヤメ科 *F*～ 属の多年草の総称》. [F. H. T. *Freese* (1795–1876) ドイツの医師]

frée·sìde *adv**《俗》《特に 刑務所の塀の》外側で[へ].

frée sílver 〔経〕銀の自由鋳造 (cf. FREE COINAGE).

frée skáting 〔スケート〕フリースケーティング. ♦ **frée-skáter** *n* フリースケート選手.

Frée Sóftware Foundàtion フリーソフトウェア財団《有用なソフトウェアの幅広い共有を目的とした非営利組織; 略 FSF》.

frée sóil 〔米史〕自由土地《特に 南北戦争以前の奴隷の使用を許さない地帯》; 自由土地主義. ♦ **frée-sóil** *a* 自由土地主義の; [Free-Soil] 自由土地党の.

Frée-Sóil·er *n* 〔米史〕自由土地主義者; 自由土地党員. ♦ **Frée-Sóil·ìsm** *n*

Frée-Sóil Pàrty 〔米史〕自由土地党《新たに獲得した準州に奴隷制度が広がるのに反対した政党 (1848–54); 1854 年 Republican Party と合併》.

frée spáce 〔電・理〕自由空間《重力・電磁場の存在しない絶対零度の空間》.

frée spéech 言論の自由 (freedom of speech).

frée spéech·er 自由言論主義者《FREE SPEECH MOVEMENT の参加者》; 反体制の過激派学生.

Frée Spéech Mòvement 自由言論運動《1964 年 9 月 California 大学 Berkeley 校で起った反体制運動; 60 年代の米国全体の反体制学生運動の口火となった》.

frée spírit 自由人; 自由の精神. ♦ **frée-spírit·ed** *a*

frée-spóken *a* 率直な, 直言する, あけすけに言う.

frée·stánd·ing *a* 〈塀・階段・彫刻など〉《外的支持構造をもたず》それ自体の自立構造で立っている; 加盟会員になっていない, 系列下にない, 独立した.

frée státe **1** 《他の国[州]に従属しない》自由国[州]. **2 a** [F- S-] 〔米史〕自由州《南北戦争以前に奴隷制度を禁止していた州; cf. SLAVE STATE》. **b** [the F- S-] 自由州《Maryland 州の俗称》. **3** [F- S-] IRISH FREE STATE. **4** [F- S-] 自由州 (*Afrik* Vrystaat)《南アフリカ共和国中東部の州; 旧称 Orange Free State; ☆Bloemfontein》.

Frée Státer **1** 自由国[州]民《かつての Orange Free State の白人住民》. **2 a** 自由国民《かつての Irish Free State の住民》. **b** 内戦時代の Irish Free State 擁護派のアイルランド人《対英融和派》. **3** 自由州民《Maryland 州人》.

frée·stòne *n* **1** フリーストーン《特別な石目がなくどんな方向にも自由に切り取れる sandstone, limestone など》. **2** 核(さね)離れのよい果実《モモなど; cf. CLINGSTONE》; 離核(りかく)《その核》. ► *a* フリーストーンの; 核離れのよい.

Fréestone Stàte [the] フリーストーン州《Connecticut 州の俗称》.

frée·stỳle *n, a* 《水泳・レスリングなどの》自由型(競技), フリースタイル(の). ► *vt, vi* フリースタイルで競う[闘う], 自由に[即興で]踊る[演じる]. ♦ **frée·stỳl·er** *n* フリースタイルの選手.

frée-swímmer *n* 〔動〕自由遊泳動物《魚・クラゲなど》.

frée-swímming *a* 〔動〕自由遊泳性の.

frée-swíng·ing *a* 無拘束の; がむしゃらな, 猪突の.

frée-tàiled bát 〔動〕オヒキコウモリ, オオミミコウモリ.

frée·thínk·er *n* 《特に 宗教上の》自由思想家《宗教の問題を合理的な仕方で考察し, 教会の権威を無視する》. ♦ **frée·thínk·ing** *n, a* 《特に 宗教上の》自由思想(をいだく).

frée thóught 自由思想《伝統にとらわれない思想, 特に 18 世紀の理神論》.

frée thrów 〔バスケ〕フリースロー《得点 1 点》.

frée thrów làne 〔バスケ〕フリースローレーン《フリースローが終わるまでこの区域にはいれない》.

frée thrów lìne 〔バスケ〕フリースローライン.

frée tícket 無料券; 《野球俗》四球; *《口》《普通は許されないことを》自分の好きなようにできる権限, 自由, …する口実[言いわけ] 〈*to* do〉.

frée-to-áir *a* 〈番組・チャンネル・局などが〉視聴料無料の; 無料放送受信用の.

Frée·tòwn フリータウン《シエラレオネの首都・港町》.

frée tráde 〔経〕《輸入制限などをしない》自由貿易(主義[政策]) (cf. PROTECTION); 《古》密貿易.

frée tráder 自由貿易主義者; 《古》密貿易者[船].

frée transportátion 《野球俗》四球.

frée tríp 《野球俗》歩くこと, 四球 (base on balls); 《幻覚剤をやめたあとで起きる》幻覚の再発 (echo, flashback).

frée únion 同棲.

frée univérsity 《大学内の》自主講座.

frée variátion 〔言〕自由変異《同一の環境に生じ, しかも対立を示さない変異形相互間の関係》.

frée véctor 〔数〕自由ベクトル《始点が指定されていないベクトル》.

frée-vèe *n**《俗》無料テレビ. [*vee* < *TV*]

frée vérse 〔韻〕自由詩 (vers libre)《固定した韻律に縛られない詩》.

frée vóte 〔英議会〕《党の決定に縛られない》自由投票.

frée·wàre *n* 〔電算〕フリーウェア《コンピューター通信網などで配布さ

れるだれでも無料で使えるソフトウェア》.

frée·wày *n* **1** フリーウェイ《交差は立体交差とし, 出入りを完全に制限した多車線式の高速道路; cf. EXPRESSWAY, PARKWAY, TURNPIKE》. **2** *無料幹線道路.

fréeway sìgn 《俗》握った手の甲を向けて中指を立てる軽蔑のしぐさ (finger).

frée·whéel *n* 自在輪, フリーホイール《(1) ペダルを止めても回転する自転車の後輪の機構 (2) 推進軸の回転速度が機関軸のそれより大きいときに動力伝達を断つ自動車の機構》. ► *vi* 《ペダルをこがずにあるいは動力を切って》惰性で走る; [*fig*] 自由奔放に動く, 好き勝手にふるまう.

frée·whéel·er *n* 自在輪付きの自転車[乗物]; 好き勝手に生きる[ふるまう]人.

frée·whéel·ing *a* FREEWHEEL の[を用いた]; 《口》《規則・責任などに》縛られない, 自由奔放な, 好き勝手な, 勝手気ままな, 無手勝流の; *《俗》気前よく金をつかう. ► *n* freewheel の使用; *《俗》勝手な行動; *《俗》気前よく金をつかうこと. ♦ **~·ly** *adv* **~·ness** *n*

frée·wìll *a* 自由意志の[による], 自発的な.

frée wíll 自由意志; 〔哲〕自由意志説 (opp. *determinism*): of one's own ~ 自由意志で, みずから進んで.

Fréewill Báptist 自由意志バプテスト《ARMINIUS の教説を支持し, 公開聖餐式を行なうバプテスト系分派の一員》.

frée·wòman *n* FREEMAN の女性形.

frée wórld [the, °the F- W-] 自由世界《共産圏に対する》; *《俗》娑婆(しゃば)(の暮らし).

frée-wòrld péople *pl* FREE PEOPLE.

frée·wríting *n* フリーライティング《教室で行なわれる自動書記 (automatic writing) の練習》.

freeze /fríːz/ *v* (**froze** /fróuz/; **fro·zen** /fróuz(ə)n/) *vi* **1 a** [通例 非人称の it が主語] 氷が張る, 結氷する, 0° [氷点下]になる, 凍るほど寒い[寒くなる]: *It froze* hard last night. 昨夜はひどく凍った. **b** 〈水が〉凍る, 氷結する; 〔理・化〕凝固する; 〈水道管などが〉凍る, 凍結する, 凝結する; 凍りつく 〈*to, on to, together*〉: ~ *over* 〈湖などが〉一面に凍る; 氷が張りつめる / The door *froze to* the groove. ドアが敷居に凍りついた. **c** 冷凍[冷蔵]できる. **2 a** 体が凍るように感ずる; 凍死する: I am *freezing to* death. 寒くて凍え死にしそうだ. **b** ぞっと[ぎょっと]する, 凍りつく 〈*with, by* fear〉; (態度が)硬化する, 冷淡になる, 口を閉ざす. **3 a** じっとして動かない, 動きを止める, 立ちすくむ; 〔工〕(膨張して)きつく締まる, 《破損・焼付きなどによって》動かなくなる; 〔電算〕〈システムが〉フリーズする; 〈釘・ねじが抜けなくなる, 回せなくなる: ~ in (one's) tracks [to the spot] 《恐怖などで》《その場に》立ちすくむ / *F*~, I got you covered. 《口》動くな, さもないと撃つぞ. **b** *《俗》今いる場所[職など]にとどまる, 現状に甘んずる. ► *vt* **1 a** 凍らせる, 凍結[氷結]させる 〈*in, over, up*〉; 〈…に〉凍りつかせる 〈*to*〉; 凍えさせる, 凍傷を起こさせる; 凍死させる; 〈作物など〉に凍害[霜害]を与える: ~ *in* 〈船を〉氷で閉ざす / be *frozen* to death＝be *frozen* dead 凍死する / be *frozen up* 凍えきる. **b** 〈肉などを〉冷蔵[冷凍]する; 〔医〕〈人体(の一部)を〉凍結保存する; 〈身体の一部を〉寒冷麻酔する. **2** ぞっとさせる, ひやひやさせる; *〈人〉に冷淡にする, 《冷淡にして》〈人の熱情を冷ます, やる気をそぐ; 〈恐怖などが〉麻痺させる, 動けなくさせる, しがみつかせる 〈*to*〉: ~ sb *with* a frown こわい顔をして人を震えあがらせる / She *froze* her friends. 友だちに冷淡にした / ~ sb *to* the spot 人をその場に釘付けにする. **3** 〈物価・賃金・資産などを〉固定する, 凍結する; 〈銀行預金など〉の現金化を差し止める, 封鎖する; 〈原料・製品など〉の使用[製造, 販売 など]を禁ずる; 〈活動を〉ある発達段階で止める; 〔電算〕フリーズさせる; 〔映〕〈映像を〉コマ止めにする; 〔スポ〕〈ボール・パックを〉《少差のリードを守るために追加得点をしようとはせずに》保持し続ける. ● **~ off** 《口》よそよそしくして遠ざける, 冷たくあしらう. **~ (on) to…** 《口》…にしっかりくっつく, しがみつく. **~ out** 〈植物が〉寒さ[霜]で枯れる; 《口》《窓や戸を開けっぱなしにして[冷房をききかせすぎて]》〈人〉に寒い思いをさせる, 凍えさせる; 《口》《冷遇・激しい競争などで》いたたまれないようにする, 締め出す, 追い出す; *〈会などを〉寒さでできなくする. **~ over** ⇨ *vi* 1b, *vt* 1a; 《恐怖などで》すくむ. **~ sb's [the]** BLOOD. **~ one's buns** [《卑》**balls, nuts, tits**] **off** 《俗》すっごく寒い《balls, nuts は男, tits は女について用いる》: I'm *freezing my balls off*! きんたまが凍りそうだ. **~ up** 凍結する, 氷で閉ざす[ふさぐ]; 《口》〈態度など〉堅苦しく[よそよそしく]なる; 《口》《舞台で》あがる, かちかちになる; 《口》《恐怖などで》身動きできなくなる, 凍りつく.
► *n* **1** 氷結(期), 霜の到来; 氷点下の気象状態, 厳寒. **2** 《物価・賃金・活動などの》凍結 〈*on*〉; 《核兵器などの》生産[テスト, 配備]停止. **3** 〔映〕コマ止め《同じコマを繰り返してフィルムの動きを止めたショット》. **4** [the] 《俗》冷たくする[無視する]こと: put *the* ~ on sb 人に冷たくする / get *the* ~ from…にすげなくされる[冷たくあしらわれる]. ● **do a ~** 《豪口》寒い[凍える]思いをする.
♦ **fréez·able** *a* [OE *frēosan*; cf. G *frieren*]

fréeze-drý *vt* 〔化〕凍結乾燥する, フリーズドライにする.
♦ **fréeze-dríed** *a* **~·ing** *n*

fréeze-ètch·ing *n* 凍結エッチング法, フリーズエッチング(法)《試料を凍結・割断したのち水分を昇華させ, 金属を蒸着してレプリカを作成する電子顕微鏡用標本作成法》. ♦ **fréeze-ètch** *a* **fréeze-ètched** *a*

fréeze-fràcture *n* /⌐—⌐—/ 凍結割断(法), フリーズフラクチャー (FREEZE-ETCHING). ► *vt* 〈試料を〉凍結割断する. ♦ **fréeze-fràcturing** *n*

fréeze-fràme *n* 〔映・テレビ〕《映像が静止しているように見せるための》コマ止め, ストップモーション; 静止映像; コマ止め装置[機構], ストップモーションボタン. ► *vt, vi* 〈画面・画像を〉コマ止め[ストップモーション]にする, 静止させる, 止める.

fréeze-òut *n* *《口》《冷遇などによる》締め出し; 〔トランプ〕賭け金のなくなった者を降ろしていくポーカー. ● **play ~** *《口》人を凍えさせる(ようなことをする) (freeze out).

freez·er /fríːzər/ *n* 冷凍するもの, 冷凍者; 《豪口》羊肉冷凍業者, 冷凍肉用羊(飼養者); 《手動式の》アイスクリーム製造器; 冷凍装置, 冷凍器; 冷凍庫, 冷凍室; フリーザー; 冷凍車 (refrigerator car); 冷蔵庫 (refrigerator); 食品冷凍工場の食品加工者; *《俗》刑務所 (prison).

fréezer bàg 冷凍用ポリ袋, フリーザーバッグ.

fréezer bùrn 冷凍焼け《不完全な包装などによる水分喪失によって冷凍肉などの表面が変色すること》.

fréezer compàrtment 《冷蔵庫内の》冷凍室, フリーザー.

fréeze-ùp *n* ひどい霜の降りる期間, 厳寒期; 寒さで動かなくなること; 《湖・河川などの》凍結[氷結](期).

freez·ing /fríːzɪŋ/ *a* 凍る(ような), 氷結する; 〈態度など〉冷淡な, よそよそしい; ぞっとするような; 冷凍(用)の. ► *adv* 凍るほどに: ~ cold. ► *n* 凍え; 氷結, 《特に 食品の》冷凍; 〔理・化〕凝固; 《資産・価格・賃金・賃貸料などの》凍結; 《口》氷点; 〔動〕擬死: 10 degrees below ~ 氷点下 10 度で. ♦ **~·ly** *adv*

fréezing mìxture 寒剤《塩と氷[雪]の混合など》; 凍結剤.

fréezing pòint 〔理・化〕凝固点《略 fp》; 氷点.

fréezing ráin 〔気〕着氷性の雨 (＝*ice rain*)《地面や地物に当たって凍結する雨》.

fréezing wòrks (*pl* ~) 《豪》《家畜の》屠殺冷凍工場.

frée zòne 《都市や港の》自由地帯《無税で貨物の受入れや貯蔵のできる区域》.

Fre·ge /fréigə/ フレーゲ (**Friedrich Ludwig**) **Gottlob** ~ (1848–1925)《ドイツの数学者・哲学者; 数理論理学 (mathematical logic) の祖》.

F region /éf —/ 〔理〕《電離層の》F 領域《最大高度》.

Frei /fréɪ/ フレイ **Eduardo** ~ **Montalva** (1911–82)《チリのキリスト教民主党の政治家; 大統領 (1964–70)》.

Frei·burg /fráɪbùərg, -bə̀ːrg; *G* fráɪburk/ **1** フライブルク (**Fréi·burg im Bréis·gau** /*G* -ɪm bráɪsgau/)《ドイツ南西部 Baden-Württemberg 州の市; シュヴァルツヴァルト (Black Forest) 西麓に位置し, 1457 年創立の大学がある》. **2** フライブルク《FRIBOURG のドイツ語名》.

freight /fréɪt/ *n* **1** 貨物運送《米では空中・陸上・水上の別を問わないが, 英では特に水運・空輸》; 普通貨物便: by ~ 普通貨物便で (opp. *by express*). **2** 運送料, 運賃; *《俗》料金, 費用: advanced ~ 前払い運賃 / ~ forward 運賃着地払い[先払い] / ~ free 運賃無料で / ~ paid [prepaid] 運賃支払い済み[前払い] / pay the ~ *《俗》代金[代償]を払う, 費用[勘定]をもつ 〈*for*〉. **3** (運送)貨物, 船荷; [*fig*] 荷, 重荷, 負担. **4** *貨物列車 (freight train); 用船. ● **pull [drag] one's ~** *《俗》立ち去る. ► *vt* **1** 〈船〉に貨物を積載する 〈*with*〉; 輸送[運送]する; 積み出す; 〈船・貨車を〉借りる, 貸す: ~ a ship *with* wheat 船に小麦を積む. **2** [ᵁ*pass*] 〈責任などを〉負わせる 〈*with*〉; 〈表現など〉に〈意味・感情などを〉こめる 〈*with*〉. [MDu, MLG *vrecht, vracht* FRAUGHT]

fréight·age *n* 貨物運送《英では主として水運・空輸》; 貨物運送料, 運賃; (運送)貨物, 積荷 (cargo).

fréight càr * 貨車 (goods wagon").

fréight èlevator * 貨物エレベーター.

fréight èngine * 貨物機関車《高速運転はできないが牽引力が大きい》.

fréight·er *n* 船荷積込人, 運送[貨物]取扱人; 《貨物の》託送人, 用船者, 荷主; 荷受人; 運送業者; (大型)貨物船, 貨物輸送機, *貨車.

fréight fòrwarder 運送[貨物]取扱人, フレートフォワーダー (forwarder, forwarding agent).

fréight hòuse * 《鉄道の》貨物置場.

fréight insùrance 〔海保〕運(送)賃保険.

fréight·lìner " *n* フレートライナー《コンテナ列車(による貨物輸送サービス)》.

fréight páss-thròugh 〔商〕《出版社から書店に与えられる》書籍運送費手当《書籍の価格に含まれており消費者に転嫁される; 略 FPT》.

fréight ràte 貨物料金.

fréight tèrminal " GOODS YARD.

fréight tòn 運賃トン《通例 40 立方フィートの容積トン》.

fréight tràin 貨物列車 (goods train").

Frei·herr /*G* fráɪhɛr/ *n* 《ドイツの》男爵《略 Frhr》.

Frei·schütz /*G* fráɪʃʏts/ [der] 〔ドイツ伝説〕魔弾の射手《悪魔から 7 発の魔法の弾丸をもらった射撃手; 最初の 6 発は射手がねらった標的に必ずあたるが, 最後の 1 発は悪魔がねらうものにしかあたらない; 特に

Weber のオペラで有名). ［G＝free shooter］

Fré·jus /freɪʒúːs; *F* freʒys/ [Massif du /də/] フレジュス山《Graian Alps の南西端, フランス・イタリア間の国境にある山》.

Fréjus Tunnel /⌐— —⌐/ [the] フレジュストンネル《MONT CENIS TUNNEL の別称》.

FRELIMO, Fre·li·mo /freɪlíːmoʊ/ モザンビーク解放戦線《対ポルトガル独立闘争を展開した左派ゲリラ組織; 1962 年結成; 75 年独立後 90 年までモザンビークの単独政党》. ［Port *Fre*ute de *Li*bertaçao de *Mo*çambique］

Fre·man·tle /fríːmæ̀ntl, frɪmǽn-/ フリマントル《Western Australia 州南西部 Swan 川の河口にある市; Perth の外港》.

fremd /frɛ́md, ʺfrɛ́ɪmd/ «古・スコ» *a* 外国の; 関係ない, よその; 知らない, 慣れない; 友好的でない.

frem·i·tus /frɛ́mətəs/ *n* (*pl* *～·es, ʺ～) 〖医〗震盪(とう)音. ［L *fremo* to roar］

Fre·mont /fríːmɑ̀nt/ フリーモント《California 州西部 Oakland の南東にある市》.

Fré·mont /fríːmɑ̀nt/ フリーモント **John C(harles)** ～ (1813–90)《米国の軍人・西部探検家》.

frena *n* FRENUM の複数形.

French[1] /frɛ́ntʃ/ *a* **1** フランスの; フランス人[語]の, フランス風の; フランス系の. **2** フランス人的な《特に 教養がある点, または 少々みだらな点》; «俗» オーラルセックスの. ► *n* **1** フランス語. **2** [*euph*] ひどい[下品な]ことば《特に (if you'll) excuse [pardon] my ～ として用いる》. **3** [the F-, ⟨*pl*⟩] フランス人《全体》, フランス国民, フランス軍. **4** ドライベルモット. **5** «俗» オーラルセックス. ► *vt, vi* [ˢf-] **1** 〖料理〗⟨肋⟩の片端の肉をそぐ, ⟨サヤエンドウを⟩薄く切る. **2** «俗» ⟨ベッド⟩に一枚のシーツを二つ折りにして敷く (short-sheet). **3** «俗» (…に)オーラルセックスをする; «俗» (…と)フレンチキスをする. ◆ **～·ness** *n* ［OE *frencisc*; ⇨ FRANK］

French[2] **1** フレンチ (**1**) **Daniel Chester** ～ (1850–1931)《米国の彫刻家》 (**2**) **John** (**Denton Pinkstone**) ～, 1st Earl of Ypres (1852–1925)《英国の陸軍元帥 (1914–15); 第一次大戦で西部戦線派遣軍を指揮; アイルランド総督 (1918–21)》. **2** [Inspector] フレンチ警部《Freeman Wills Crofts の一連の推理小説 (1924–57) に登場するスコットランドヤードの警部》.

Frénch Acádemy [the] フランス学士院[翰林院], アカデミーフランセーズ (F **Aca·dé·mie fran·çaise** /*F* akademi frɑ̃sɛːz/)《1635 年フランス語の純粋性を維持することを目的として Richelieu が創立, 40 名の学者・文筆家からなる; 辞書 (初版 1694, 9 版 1992–　) と文法書 (1932) の編集・改訂を主な仕事としてきた》.

Frénch and Índian Wár [the] フレンチ・インディアン戦争《ヨーロッパにおける七年戦争 (Seven Year's War) 時に植民地北アメリカを舞台に英国がフランスおよび先住インディアンと戦った戦争 (1754–63); 英国が勝利し, パリ条約でカナダと Mississippi 川以東の Louisiana を獲得》.

Frénch béan ʺ**a** インゲンマメ (kidney bean). **b** サヤインゲン, サヤエンドウ (snap bean).

Frénch blúe フレンチブルー《紫味の強い青》; ʺ«俗» アンフェタミン錠; ʺ«俗» DRINAMYL.

Frénch brácken 〖植〗セイヨウゼンマイ (royal fern).

Frénch bráid* フレンチブレード《編み込みのおさげ髪》.

Frénch bréad フランスパン《皮の堅い 50–60 cm の棒状パン; またクロワッサンやフレンチロールなど》.

Frénch búlldog 〖犬〗フレンチブルドッグ, ブルドッグフランセ《大きな立ち耳をもったフランス原産のブルドッグ》.

Frénch Cánada フランス系カナダ人《集合的》; カナダのフランス系人が優位を占める地域《特に Quebec 州》.

Frénch Canádian **1** フランス系カナダ人; CANADIAN FRENCH. **2** 〖牛〗フレンチカナディアン《カナダ産の小さな黒褐色の乳牛》.
◆ **Frénch-Canádian** *a*

Frénch chálk フレンチチョーク《洋裁で布地に線を引くのに使う凍石, チャコ; ドライクリーニングでは油脂の除去に使う; 粉末状のものは乾性の滑剤》.

Frénch chóp フレンチチョップ《あばら肉の端から取った chop》.

Frénch Commúnity [the] フランス共同体 (*F* Communauté française)《フランス本国を中心として海外の旧植民地で構成される共同体; 1958 年に French Union を改めたもの》.

Frénch Cóngo 仏領コンゴ《FRENCH EQUATORIAL AFRICA (1910 年まで), MIDDLE CONGO (1910–60) の別称》.

Frénch crícket フレンチクリケット《打者の両脚を柱に見立ててプレーする略式クリケット》.

Frénch cúff フレンチカフ(ス)《折り返してリンクで留めるダブルカフス; cf. BARREL CUFF》.

Frénch cúrve 雲形(くもがた)定規.

Frénch díp 〖料理〗フレンチディップ《フランスパンにローストビーフなどを載せたもの; 肉汁につけて食べる》.

Frénch dóor [ᵘ*pl*] *フランス戸, フレンチドア《通例 観音開きの格子のガラス扉》; FRENCH WINDOW.

Frénch dráin 盲(めくら)下水《溝に石を埋め込んだ地下排水溝》.

Frénch dréssing フレンチドレッシング (**1**) オリーブ油・酢・塩・香辛料などで作るサラダドレッシング **2**) *マヨネーズとケチャップを用いた市販のクリーム状のドレッシング》.

Frénch éndive (フランス)エンダイブ (＝*endive, witloof*)《chicory の白化させた若葉; サラダ用》.

Frénch Equatórial África 仏領赤道アフリカ《アフリカ中西部 Congo 川の北にあったフランスの旧植民地; Chad, Gabon, Middle Congo, Ubangi-Shari の各植民地からなった; ☆Brazzaville》.

Frénch fáct «カナダ» French Canada が存在するという事実.

Frénch Fóreign Légion フランス外人部隊《特に もと北アフリカ駐屯の傭兵部隊》.

Frénch fríed potáto [ᵘ*pl*] フライドポテト, FRENCH FRY.

Frénch frý* *n* [ᵘ*pl*] フレンチフライ, フライドポテト (*potato chip*ʺ). ► *vt* /⌐— —⌐/ ⟨細切りのジャガイモなどを⟩きつね色に揚げる, から揚げにする.

Frénch gráy 緑がかった明るい灰色.

Frénch Guiána 仏領ギアナ《南米北東海岸にあるフランスの海外県; ☆Cayenne》. ◆ **Frénch Guianése, Frénch Guiánan** *a, n*

Frénch Guínea 仏領ギニア《現在のギニア共和国》.

Frénch háles /-héɪlz/ (*pl* ～) 〖植〗イングランド南西部およびアイルランド南東部の森に生えるナナカマド.

Frénch héel 《ハイヒール靴の》フレンチヒール《中央部がくびれた高いヒール》.

Frénch hóneysuckle 〖植〗アカバナオウギ《欧州原産; マメ科イワオウギ属》.

Frénch hórn 〖楽〗フレンチホルン, フレンチホーン.

Frénch íce crèam フレンチアイスクリーム《クリームと卵黄で作る黄色い濃厚なアイスクリーム》.

Frénch·ie *a, n* FRENCHY.

French·i·fy /frɛ́ntʃəfàɪ/ *vt, vi* [ˢf-] フランス風にする[なる], フランス語風にする (Gallicize). ◆ **Frènch·i·fi·cá·tion** *n*

Frénch Índia 仏領インド《インドの Chandernagore, Pondicherry, Mahé などからなるフランスの旧領土; ☆Pondicherry》.

Frénch Indochína 仏領インドシナ《Cambodia, Laos, Tonkin, Annam および Cochin China よりなるフランスの旧領; ☆Hanoi》.

Frénch-inhále *«俗» *n* 口から出したタバコの煙を鼻から吸い込むこと. ► *vi* /⌐— —⌐/ 口から出したタバコの煙を鼻から吸い込む.

Frénch kíss **1** フレンチキス (＝*deep kiss, soul kiss*)《相手の口の中で舌を触れ合わせるキス》. **2** *«俗» 性器口唇愛撫, オーラルセックス.
◆ **Frénch-kìss** *vi, vt* **Frénch kíssing** *n*

Frénch kníckers ʺ*pl* フレンチニッカーズ《婦人用の幅広のもも丈のパンティー》.

Frénch knót フレンチノット《針に 2 回以上糸を巻き, もとの穴に通してつくる飾り結び目》.

Frénch léave 無断で[断わりなく, こっそり]出て行くこと, 無断欠勤[離隊]: take ～ こっそりおいとまする[出発する, いなくなる]. ［18 世紀のフランスで招待客が主人側に挨拶しないで帰宅した習慣から］

Frénch létter ʺ«古風口» ゴム製品, コンドーム (condom).

Frénch lílac 〖植〗GOAT'S RUE.

Frénch lóaf 《細長い》フランスパン, バゲット (baguette).

Frénch·man /-mən/ *n* **1** フランス人(の男性); フランス系の人[男性]; フランス船. **2** ʺ〖鳥〗足の赤いヤマウズラ. **3** 〖建〗目地(めじ)ナイフ《モルタル接合部の形を整える道具》.

Frénch mánicure フレンチマニキュア《地は淡いピンクで爪の先を帯状に白く塗るマニキュア》.

Frénch márigold 〖植〗フレンチマリゴールド, コウオウソウ(紅黄草), クジャクソウ, マンジュギク《メキシコ原産》.

Frénch morócco フレンチモロッコ《羊の皮によるモロッコ革》.

Frénch Morócco 仏領モロッコ《フランスの旧保護領; ☆Rabat; 1956 年スペイン領モロッコと Tangier Zone を合わせてモロッコ王国となった》.

Frénch múlberry 〖植〗**a** アメリカムラサキシキブ (＝*beautyberry, Bermuda mulberry*)《米国南部・西インド諸島原産》. **b** トウグワ, マグワ (white mulberry).

Frénch mústard ʺフレンチマスタード《酢入りからし》.

Frénch návy 暗く鈍いネービーブルー.

Frénch Nòrth África フランス領北アフリカ《アルジェリア・仏領モロッコ・チュニジアからなるフランスの旧領》.

Frénch Oceánia 仏領オセアニア《FRENCH POLYNESIA の旧称》.

Frénch páncake フランス風パンケーキ, クレープ.

Frénch pástry フランス風ペストリー《濃いクリームや砂糖漬けの果物などを詰めたペストリー》.

Frénch pítch 〖楽〗DIAPASON NORMAL.

Frénch pláit ʺ FRENCH BRAID.

Frénch pléat 両サイドの髪の毛を頭部の中心で巻き込んだアップスタイル (＝*French twist*).

Frénch pólish フランスワニス《アルコールに溶解したセラック》; 〖家具〗たんぽ摺(ず)り. ◆ **Frénch-pólish** *vt*

Frénch Polynésia 仏領ポリネシア《南太平洋にあるフランスの海

外領土; Society, Tubuai, Tuamotu, Gambier および Marquesas 諸島を含む; ☆Papeete (Tahiti 島); 旧称 French Oceania》.
Frénch póstcard «俗» エロ写真.
Frénch prèss 《ポットの中で抽出後の出しがらをプランジャーで底に押し下げて使うタイプの》コーヒーポット.
Frénch prínt «俗» エロ写真.
Frénch províncial *n, a* [°F- P-] フランス田舎風(の), フレンチプロビンシャル《17–18 世紀にフランスの地方で行なわれた家具や織物などの様式》.
Frénch Quàrter [the] フレンチクォーター《Louisiana 州 New Orleans 市内の一地区; 元来フランス人が定住した所で, 今は観光名所として有名》.
Frénch Revolútion [the] フランス革命《1789 年 Bourbon 王朝崩壊から 99 年の Napoleon の第一執政就任まで》.
Frénch Revolútionary cálendar フランス革命暦, 共和暦 (*F* calendrier républicain)《フランス第一共和政の始まった 1792 年 9 月 22 日を起点とする各月 30 日 1 年 12 か月の暦; 1805 年に廃止された》. ★ 第 1 月から順に次のとおり: Vendémiaire (葡萄(ぶどう)月), Brumaire (霧月), Frimaire (霜月), Nivôse (雪月), Pluviôse (雨月), Ventôse (風月), Germinal (芽月), Floréal (花月), Prairial (牧月), Messidor (収穫月), Thermidor or Fervidor (熱月), Fructidor (実(み)月).
Frénch róll フレンチロール《フランスパンのような質のロールパン》; FRENCH PLEAT.
Frénch róof 〔建〕フランス屋根《MANSARD に近い》.
Frénch séam 〔裁縫〕袋縫い.
Frénch síxth 〔楽〕フランスの六, 増三四六の和音《増 6 度和音の一つで, 長 3 度・増 4 度・増 6 度よりなる》.
Frénch Somáliland 仏領ソマリランド《1967 年までの DJIBOUTI の旧称》.
Frénch stíckᴵᴵ フレンチスティック (baguette).
Frénch Sudán 仏領スーダン《現在のマリ共和国》.
Frénch sỳstem 〔紡〕フレンチシステム (=*continental system*)《梳毛糸用の短い繊維を扱う紡績法》.
Frénch támarisk 〔植〕ギョリュウ科ギョリュウ属の低木《ユーラシア原産; 海辺によく植えられる》.
Frénch télephone HANDSET.
French Territory of the Afars and the Issas ⇨ AFARS AND THE ISSAS.
Frénch tíckler «卑»《女性の性感を刺激するための》ひだやいぼつきのコンドーム[張形], 《広く》張形 (dildo).
Frénch tóast フレンチトースト《**1**) パンを牛乳と鶏卵を混ぜた中につけて, 軽く油を引いたフライパンで焼いたもの **2**)ᴵᴵ片面にバターを塗って, もう一方の面を焼いたパン》.
Frénch Tógo フランス領トーゴ《TOGO 共和国の旧称》.
Frénch Tógoland 仏領トーゴランド (⇨ TOGOLAND).
Frénch twíst FRENCH PLEAT.
Frénch Únion [the] フランス連合 (1946–58)《FRENCH COMMUNITY の前身》.
Frénch vermóuth フレンチベルモット《辛口》.
Frénch-wálk *vt* *«俗» …に FRENCH WALK をさせる, つまみ出す.
Frénch wálk *«俗»《ズボンの尻と首根っこをつかんで》つまさき立ちで歩かせること, つまみ出す[追い出す]こと.
Frénch wáy [the] «俗» フランス流[式]《オーラルセックスの意》.
Frénch Wèst África 仏領西アフリカ《Dahomey, French Guinea, French Sudan, Ivory Coast, Mauritania, Niger, Senegal および Upper Volta を含むフランスの旧植民地連盟》.
Frénch Wèst Índies *pl* [the] 仏領西インド諸島《カリブ海の Martinique 島および Guadeloupe 島ならびにその属領からなるフランスの 2 つの海外県》.
Frénch wíndow [°*pl*] フランス窓 (=*French door*)《庭やバルコニーに出はいりできる観音開きのガラス扉》.
Frénch·wòman *n* フランス人女性; フランス系の女性.
Frénchy *a* フランス(人)風の, フランス式の; «俗» セクシーな, 好色な. ► *n* «口» フランス人, フランス系カナダ人; [°f-] «俗» コンドーム.
Fre·neau /frɪnóu/ フレノー **Philip** (**Morin**) ~ (1752–1832)《米国の詩人・ジャーナリスト; 'the poet of the American Revolution' と称された》.
fren·e·my /frénəmi/ *n* 友人のふりをした敵, 信用できない友人, えせだち.
fre·net·ic /frɪnétɪk/, **-i·cal** *a* がむしゃらな, 猛烈な; 熱狂的な; ヒステリックな. ♦ **-i·cal·ly** *adv* **fre·net·i·cism** /-nétəsìz(ə)m/ *n* [OF, <Gk (*phrēn* mind); cf. FRANTIC]
Freng·lish /fréŋglɪʃ/ *n, a* フランス語混じりの英語(の).
fren·te /frénteɪ/ *n*《中南米の》解放戦線, ゲリラ運動. [Sp=front]
fren·u·lum /frénjələm/, **frae·nu·lum** /frí:njə-, frénjə-/ *n* (*pl* **-la** /-lə/) 〔解〕小帯《舌小帯・包皮小帯など》; 〔動〕《クラゲの傘などの》繫帯(けいたい); 〔昆〕抱刺(だきとげ)《ガなどの前翅・後翅の連翅装置》. [L (dim) < ↓]
fre·num, frae- /frí:nəm/ *n* (*pl* **-na** /-nə/, **~s**) 〔解〕FRENULUM: a ~ of tongue 舌小帯. [L=bridle]
frén·zied *a* 熱狂[興奮]した; 狂暴な: ~ rage 激怒. ♦ **~·ly** *adv*
fren·zy /frénzi/ *n* 逆上, 乱心; 熱狂, 興奮; 狂暴, 狂乱: drive sb to [into] ~ 人を逆上させる / in a ~ 逆上して / work one*self* (*up*) into a ~ 次第に狂暴[狂乱状態]になる. ► *vt* [ᵁ*pp*] 狂暴にする, 逆上させる: become *frenzied* 逆上する / be *frenzied* with joy 狂喜する. [OF<L (Gk *phrēn* mind)]
Fre·on /frí:ɑ̀n/ 〔商標〕フレオン《フロンガス》.
fréon [fróst] frèak «俗» フレオンのスプレーから中身のガスを麻薬代わりに吸入するやつ.
freq. frequency ♦ frequentative ♦ frequent(ly).
fre·quence /frí:kwəns/ *n* 頻繁, 頻発.
fré·quen·cy *n* しばしば起こること, 頻繁, 頻発; 頻度, 度数, 回数, 出現率; 〔理〕振動数, 周波数; 〔数・統〕度, 度数: a high [low] ~ 高[低]周波 / with increasing ~ より頻繁に.
fréquency bànd 〔通信〕周波数帯.
fréquency convèrter [chànger] 〔電子工〕周波数変換器[機].
fréquency distribùtion 〔数・統〕度数[頻度]分布.
fréquency divìsion múltiplex 〔通信〕周波数分割多重《略 FDM》.
fréquency modulátion 〔電子工〕周波数変調; FM 放送《略 FM; cf. AMPLITUDE MODULATION》.
fréquency respònse 〔電子工・工〕周波数レスポンス[応答].
fre·quent *a* /frí:kwənt/ **1 a** たびたびの, しばしばの, 頻繁な, 頻々たる; 常習的な; よくある, ありがちな: a ~ visitor しばしば訪ねる人, 常客 / be a ~ occurrence よくあることだ / it is a ~ practice to *do*... することは珍しいことではない. **b** いくつもの: a coast with ~ lighthouses 灯台がいくつもある海岸. **2**ᴵᴵ〈脈拍が〉速い. **3** «古» 親密な, 精通している. **4** «廃» 混み合った: full and ~. ► *vt* /frikwént, frí:kwənt/ **1** しばしば訪れる, …に常に出入りする; 〈大勢で…〉に常に集まる, …によくいる: Frogs ~ ponds. カエルはよく池にいる. **2** 常に…と交際する. **3** «古»〈作品・思想など〉に精通する, なじむ. ♦ **~·ness** *n* **frequént·ed** /, frí:kwəntəd/ *a* 〈人が〉しばしば訪れる〈所〉. **frequént·er** /, frí:kwəntər/ *n* しばしば訪れる人, 常客. [F or L *frequent- frequens* crowded]
fre·quen·ta·tion /frì:kwəntéɪʃ(ə)n, -kwèn-/ *n* しばしば訪れる[出入りする]こと, 頻繁な訪問; 習慣[組織]的な読書.
fre·quen·ta·tive /frikwéntətɪv/ 〔文法〕*a*《動作の》反復表示の: ~ verbs 反復動詞. ► *n* 反復動詞《例: sparkle は spark の反復動詞》; 反復形接辞; 反復相.
fréquent flíer [flýer] 《航空会社の》多頻度利用客, マイレージ会員《搭乗距離の累計に応じて, 無料航空券の提供や座席のアップグレードなどの特典が得られる》. ♦ **fréquent-flíer[-flýer]** *a* マイレージ会員の: *frequent-flier* miles [program] マイレージサービス.
fréquent·ly *adv* しばしば, たびたび, 足しげく; しきりに.
frère /F frɛ:r/ *n* (*pl* **~s** /—/) 兄弟, 仲間; 修道士 (friar).
fres·co /fréskou/ *n* (*pl* **~es, ~s**) フレスコ(画法)《塗りたてのしっくい壁面に水彩で描く》; フレスコ画: in ~ フレスコ画法で. ► *vt* フレスコで描く. ♦ **~ed** *a* [It=cool, fresh]
Fres·co·bal·di /frèskəbá:ldi, -bɔ́:l-/ フレスコバルディ **Girolamo** ~ (1583–1643)《イタリアの作曲家・オルガン奏者》.
frésco sécco SECCO.
fresh /fréʃ/ *a* **1 a** 新しい; 新鮮な, 生きのよい, できたての, 取れたての, 保存加工[冷凍]したものでない: a loaf of ~ bread 焼きたてのパン / ~ herrings 生ニシン / ~ eggs 生みたての卵 / ~ tea [coffee] いれたてのお茶[コーヒー] / ~ fish 鮮魚 / *F*~ Paint! «掲示» ペンキ塗りたて. **b** 最新の; 新着の; 新品の, きれいな: ~ publications 新刊 / ~ clothes おろしたての衣服. **2** 新たな; 追加の; 斬新な, 別の: make a ~ start 新規まきなおしをはかる, 再出発をする / throw ~ light on a subject 問題に新しい解釈を与える. **3** 鮮明な, 〈印象など〉なまなましい, あざやかな; 〈色が〉明るい; はつらつとした; 生気に満ちた; 〈馬が〉元気のよい, 活発な; «口» 一杯機嫌の, 酒気をおびた: (as) ~ as paint [a rose, a daisy] 元気はつらつとした / a ~ complexion 生きいきとした顔色 / be ~ for action 行動開始にあたって意気盛んだ. **4** 塩分を含まない (opp. *salt*): ~ butter 無塩バター / FRESHWATER. **5 a** 清らかな, さわやかな, すがすがしい: ~ air さわやかな空気, 外気. **b** 〔海・気〕〈風が〉強い (strong) (⇨ FRESH BREEZE); 《強風のために》船足が速い (steady): gather ~ way 〈船が〉ぐんぐん進み出す. **c** 風があって寒い: It's a bit ~ today. **6 a** うぶな, 初心の, 未熟な, 新米の 〈*to*〉; *«俗»《大学の》新入生の: a ~ hand 新米 / green and ~ 青二才の. **b** 〈…から〉出た[離れた]ばかりの[で], 〈…を〉終えた直後で 〈*from, out of*〉: a book ~ *off* the press 新刊書 / ~ *off* the boat 下船の直後で[に] / a teacher ~ *from* college 大学を出たばかりの教師. **c** *〈雌牛が〉子を産んだばかりの, 新たに乳の出るようになった. **7** «口» あつかましい, でしゃばりの (forward), 生意気な (impudent); «口» 〈女性に〉ずうずうしい, なれなれしい, 失礼[無礼]な 〈*with*〉: be [get] ~ *with* sb. [? G *frech*] **8** *«俗» すばらしい, すごい, かっこいい. ● **break ~** GROUND[1]. **~ and sweet** *«俗» 釈放された[出所した]ばかりの[で]. **~ one** *«俗» 新入りの囚人; *«俗» 新たにつくったもう一杯のハイボール.

► *adv* [^{U}*compd*] 新たに, 新しく, たった今: a ～ caught fish 捕りたての魚 / We're ～ out of tomatoes. *トマトをちょうど切らしたところだ. ► *n* **1** 初期, 《日・年・人生などの》清新な時期: in the ～ of the morning 朝まだきに. **2** FRESHET; 《古》淡水の池[泉, 流れ]; 突風: a ～ of wind 一陣の突風. **3** *《口》新入生 (freshman); [the ～es] *《口》新入生[一年生]のクラス. ► *vt, vi* 新しくする[なる] ‹*up*›. [OF＜Romanic＜Gmc; cf. G *frisch*]

frésh áir *attrib a* 《空気の新鮮な》野外の: a ～ fiend [maniac] 熱狂的野外主義者《野外運動が健康回復によいとする》/ the ～ movement *《不健康地区に住む児童の》郊外散歩運動. ► *n* さわやかな空気.

frésh bréeze 涼風; 《海・気》疾風《時速 19–24 マイル, 29–38 km; ⇨ BEAUFORT SCALE》.

frésh díp *《俗》カジュアルな服.

frésh·en *vt, vi* **1** 新たにする[なる]; 新たに勢いづける[勢いづく]; 生きいきとさせる[なる], 生き返らせる[生き返る]; 清新[清涼]にする, さわやかにする; ‹飲み物を›つぎ足す; 《海》‹ロープ›の他物に接する部分を換える. **2** …の塩分を抜く, 塩分が抜ける, 淡水化する. **3** *‹雌牛が›子を産む, 乳を出す. ● **～ up** 新鮮[清新]にする[なる]; 新たに力[勢い]を増す; ‹技能・知識など›をブラッシュアップする; ‹風が›強くなる; ‹ふろなどが›‹人を›さっぱりさせる: ～ (*oneself*) *up* 《入浴や着替えをして》さっぱりする.

fréshen·er *n* 新鮮にする人[物], さわやかにするもの; 清涼飲料水; スキンローション: AIR FRESHENER.

frésh·er$^{\text{‖}}$ *n* 《大学の》新入生, 一年生 (freshman).

fresh·et /fréʃət/ *n* 《海に注ぐ》淡水の流れ; 《古・詩》流れ, 川 (stream); 《大雨・雪解けによる》増水, 出水; 急増, 殺到: ～*s* of applause どっとわく拍手喝采. [? OF (*frais* FRESH)]

frésh-fáced *a* 若々しい[うぶな]顔をした.

frésh gále 《海・気》疾強風《時速 39–46 マイル, 62–74 km; ⇨ BEAUFORT SCALE》.

frésh·ly *adv* [過去分詞を修飾] 新たに, 新しく; 新鮮に, 生きいきと; すがすがしく; *《俗》あつかましく: ～ gathered peaches もぎたての桃.

frésh·man /-mən/ *n* (*pl* **-men** /-mən/) 《大学・*高校の》新入生, 一年生; 《一般に》一年生, 新人, 新参(者), 新顔, 新メンバー; 初心者. ★ 女子学生にも用いる. 一年生から四年生まではそれぞれ freshman, sophomore, junior, senior.

fréshman [fréshmen] wèek 《大学の学年開始直前の》新入生のための一週間《知能[適性]検査やオリエンテーションに当てられる》.

frésh·ness *n* 生きのよさ, 新しさ, 新鮮味; なまなましさ, 鮮明; はつらつさ.

frésh-rùn *a* ‹サケが›海から川にのぼって来たばかりの, 遡河を始めたばかりの.

frésh·wàter *a* **1** 淡水の, 真水の; 淡水性の, 淡水産の (opp. *saltwater*): a ～ fish 淡水魚. **2** ‹船員が›(淡水航行だけで)海上では新米の; 《古》不慣れな, 未熟の. **3** *海から離れた, 田舎の, 無名の: a ～ college 《内陸の》地方大学. ► *n* [°fresh water] /‿́ ‿́/ 真水, 淡水; 淡水(域)《淡水の湖沼河川》.

fréshwater drúm 《魚》淡水ドラム (=*bubbler, gaspergou, sheepshead, white perch*)《米国五大湖, Mississippi 川流域に産するニベ科の淡水魚; 体重 20 kg 以上にもなる》.

fréshwater éel 《魚》《ハモ・ウツボなどに対して》ウナギ.

fréshwater hérring 《魚》**a** 淡水産のニシンに似た魚. **b** LAKE HERRING.

fréshwater péarl 淡水真珠《淡水産二枚貝を母貝としてできる非常に小さい真珠; 大量生産が可能》.

Fres·nel /freɪnél, ‖‿́‿/ **1** フレネル **Augustin-Jean** ～ (1788–1827)《フランスの物理学者》. **2** [f-] 《理》フレネル《周波[振動]数の単位: $=10^{12}$ Hz》.

Fresnél bíprism BIPRISM.

Fresnél léns 《光》フレネルレンズ《輪帯レンズを同心円状に配した平板なレンズ; 灯台・スポットライト用; A. J. Fresnel が考案》.

Fresnél mírrors *pl* 《光》フレネルの複鏡《光の干渉の実験用》.

Fres·no /fréznoʊ/ フレズノ《California 州中南部 San Francisco の南東にある市; ワインと果物の産地》.

fress /frés/ *vt, vi* 《俗》かっくらう, 食う (devour). [Yid; cf. G *fressen* to devour]

fret[1] /frét/ *v* (-tt-) *vi* **1** じれる, やきもき[いらいら]する, 気をもむ, 悩む ‹*about, at, over, that*›: *F*～ not! 心配するな, やきもきするな / They ～ *that* more banks will need help. 彼らは援助を必要とする銀行がさらに増えることを懸念している. **2** ‹水面が›騒ぐ, 波立つ; 食い込む, かむ, 腐食[浸食]する; すりへる; 《土木》‹路面が›もろくなって小穴ができる (scab): ～ *at* the bit ‹馬が›はみをかむ. ► *vt* **1** じらす, いらだたせる, 悩ます; ‹時などを›いらいらしながら過ごす ‹*away*›: ～ one*self* to death 死ぬほど[ひどく]いらいらする. **2** ‹風が水面を›乱す, 波立たせる; ‹さび・水などが›しだいに腐食[浸食]する, すりへらす; 浸食して[すりへらして]…をつくる; ‹虫などが›…に食い込む; ‹皮膚を›すりむく; ‹馬がはみ (bit) を›かむ. ● **～ (, fuss) and fume** ぷりぷりおこっている ‹*over, about*›. ► *n* いらだち, 焦燥; 不機嫌, 苦悩, 不安; 腐食(部), 摩損(箇所): the ～*s* and cares of life この世のいらだちと苦労. ● **in a ～**=**on the ～** いらいらして, ぷりぷりして. ♦ **frét·ter** *n* [OE *fretan* to devour, consume (*for-*, EAT); cf. G *fressen*]

fret[2] *n* **1** 《建・工芸》雷文(らいもん), メアンダー, フレット《装飾》; さや形; 《紋》細い X 形の斜帯と中抜きの菱形とを組み合わせた図形. **2** フレット《中世婦人の(金銀製の)ネット状のかぶりもの》 ► *vt* (-tt-) 雷文で飾る; 格子細工[模様]にする. [OF *frete* interlaced design used on shield, and *freter*]

fret[3] *n* 《楽》フレット《ギターなど弦楽器の指板を区切る隆起》. ► *vt, vi* (-tt-) …にフレットを付ける; (楽器の弦を)フレットに押しつける. ♦ **～·less** *a* **frét·ted** *a* [C16＜?; cf. OF *frete* ferrule]

fret[4] *n* 海霧 (=sea ～) (sea fog).

frét·bòard 《楽》フレットボード《FRET[3] の付いた弦楽器の指板》.

frét·ful *a* 腹を立てやすい, いらだつ, 気むずかしい, 不機嫌な, 不平の多い; ‹水面が›荒れた, 波立つ; ‹風が›突風性の. ♦ **～·ly** *adv* **～·ness** *n*

frét·sàw *n* 《木工》挽き回しのこ, 糸のこ.

frét·ted *a* 雷文模様[細工]の.

frét·ty *a* FRETFUL.

frét·wòrk *n* 雷文装飾, 雷文細工, 雷文透かし彫り[彫刻].

Freud /frɔ́ɪd; *G* frɔ́ʏt/ **1** フロイト (**1**) **Anna** ～ (1895–1982)《オーストリア生まれの英国の精神分析医; Sigmund ～ の末娘; 1938 年 父と共に London へ亡命; 精神分析を応用した児童の心理療法の開拓者》 (**2**) **Sigmund** ～ (1856–1939)《オーストリアの精神医学者; 精神分析学を樹立》. **2** フロイド **Lucian** ～ (1922–2011)《ドイツ生まれの英国の具象画家; Sigmund ～ の孫》.

Fréud·ian *a, n* フロイト(派)の; フロイト派の学徒.

Fréud·ian·ìsm, Fréud·ìsm *n* フロイト学説[主義], 精神分析学説.

Fréudian slíp フロイト的失言《無意識の相を露呈する言いそこない; 本音の出た失言》.

Fréund's ádjuvant /frɔ́ɪndz-, -ts-/ 《免疫》フロイント(の)アジュバント《抗原性を高めるために抗原に加える死んだ結核菌など》. [Jules T. *Freund* (1891–1960) ハンガリー生まれの米国の細菌学者]

Frey /fréɪ/, **Freyr** /fréɪər/ 《北欧神話》フレイ, フレイル《Njord の息子; 豊穣と作物と平和と繁栄の神》.

Freya, Frey·ja /fréɪə/ 《北欧神話》フレイヤ《Frey の妹; 愛と美と豊穣の女神; cf. FRIGGA》.

Frey·berg /fráɪbə̀ːrg/ フライバーグ **Bernard Cyril** ～, 1st Baron ～ (1889–1963)《ニュージーランドの軍人; 第二次大戦でニュージーランドの派遣軍の司令官; ニュージーランド総督 (1942–52)》.

Frey·tag /fráɪtɑ̀ːk, -g/ フライターク **Gustav** ～ (1816–95)《ドイツの作家》.

FRG °Federal Republic of Germany.

Fri /fríː/, **Fri·ja** /fríːjɑː/ FREYA; FRIGGA.

Fri. Friday.

Fria /fríːə/ [Cape] フリア岬《アフリカ南西部, ナミビアの北西海岸から大西洋に突き出た岬》.

fri·a·ble /fráɪəb(ə)l/ *a* ‹土など›砕けやすい, もろい. ♦ **frì·a·bíl·i·ty, ～·ness** *n* 砕けやすさ, もろさ, 破砕性. [F or L (*frio* to crumble)]

fri·ar /fráɪər/ *n* **1** 《カト》托鉢(たくはつ)修道士《托鉢修道会 (mendicant order) の修道士; ⇨ AUSTIN [BLACK, GREY, WHITE] FRIAR》; 修道士 (monk). **2** 《印》フライアー《版面中で印刷のうすい箇所》. **3** 《鳥》FRIARBIRD. ♦ **～·ly** *a* 修道士の(ような). [OF＜L *frater* brother]

fríar·bìrd *n* 《鳥》ハゲミツスイ (=*four-o'clock*)《豪州・ニューギニア・インドネシア産》.

Fríar Mínor (*pl* **Fríars Mínor**) 《カト》フランシスコ会士 (Franciscan)《St Francis の宗規を文字どおりに守る》.

Fríar Mínor Convéntual (*pl* **Fríars Mínor Convéntual**) 《カト》《フランシスコ会穏健派の》コンヴェンツァル会士《St Francis の宗規を一部修正して奉ずる》.

fríar's [fríars'] bálsam 安息香チンキ.

Frí·ars Clùb フライアーズクラブ《米国にいくつかある演劇・芸能人クラブの名称》.

fríar's-còwl *n* ずきんをかぶったような花をつける植物の総称《トリカブトの類, cuckoopint など》.

fríar's lántern 《廃》鬼火 (IGNIS FATUUS).

Fríar Túck **1** 修道士のタック《ROBIN HOOD の話などに登場する太って陽気ななまぐさ修道士》. **2** 《韻俗》FUCK.

fri·ary /fráɪəri/ *n* 《托鉢修道会の》修道院; 托鉢修道会.

frib /fríb/ *n* [^{U}*pl*] 《豪》フリッブ《フリースから刈った短くてよごれた羊毛の塊り》.

frib·ble /fríb(ə)l/ *vi, vt* くだらない事をする, ‹時を›空費する; 《廃》震える, よろめく. ● **～ away** むだに使う[過ごす]. ► *n* くだらない事(に日を送る人), ばか者, くだらない考え. ► *a* つまらない, 無益な. ♦ **fríb·bler** *n*

Fri·bourg /fribúər/ フリブール (*G* Freiburg) (**1**) スイス中西部の州 **2**) その州都; Bern の南西にある》.

fric·an·deau, -do /fríkəndòʊ, ‿‿́/ *n* (*pl* **-deaus, -deaux,**

-does /-z/) 〖料理〗フリカンドー《子牛などの肉に豚脂を刺して蒸し煮にしたもの》. [F]

fric·as·see, -sée /fríkəsìː, ⌐ー⌐/ *n* 〖料理〗フリカッセ《鶏·子牛·ウサギなどの肉を刻んでホワイトソース[その肉汁]で煮込んだ料理》. ► *vt* 〈肉を〉フリカッセ料理にする. ♦ **~d** *a* [OF (pp)〈*fricasser*]

fri·ca·tion /frɪkéɪʃ(ə)n/ *n* 〖音〗《摩擦音·破擦音, および語頭の破裂音に伴う》狭窄的な気音.

fric·a·tive /fríkətɪv/ *a* 〖音〗摩擦で生じる, 摩擦音の. ► *n* 摩擦音, せばめ音 (=*spirant*)《/f, ʃ, θ, ʒ/ などの子音》. [NL; ⇨ FRICTION]

Frick /frík/ フリック **Henry Clay** ~ (1849–1919)《米国の産業資本家, 美術品の収集家》.

frick·ing /fríkɪŋ/ *a, adv* 《俗》[*euph*] FUCKING.

fric·tion /fríkʃ(ə)n/ *n* 摩擦; 〖理〗摩擦(力); 軋轢(あつれき), 不和〈*between, with*〉; 皮膚[《特に》頭皮]のマッサージ; ヘアトニック; 〖医〗摩擦音 (friction sound). ♦ **~·al** *a* 摩擦の; 摩擦によって起こる[動く]. **~·al·ly** *adv* **~·less** *a* **~·less·ly** *adv* [F<L (*frico* to rub)]

fríctional unemplóyment 摩擦的失業《労働の流動性が失われて一時的に失業すること》.

fríction bàll 〖機〗《ボールベアリングの》減摩ボール.

fríction bràke 〖機〗摩擦ブレーキ.

fríction clùtch 〖機〗摩擦クラッチ.

fríction còne 〖機〗摩擦円錐.

fríction còupling 〖機〗摩擦(軸)継手(つぎて).

fríction dìsc 〖機〗摩擦円板(えんばん).

fríction drìve 〖機〗摩擦駆動.

fríction gèar 〖機〗摩擦車(ぐるま), 摩擦ギヤ.

fríction gèaring 〖機〗摩擦伝動装置.

fríction hèad 〖水力〗摩擦水頭(すいとう), 摩擦ヘッド.

fríction hórsepower 〖機〗摩擦馬力.

fríction·ìze *vt* 摩擦によって…に作用する.

fríction làyer 〖気〗摩擦層 (surface boundary layer); 〖理〗BOUNDARY LAYER.

fríction lòss 〖機〗摩擦損(失).

fríction màtch 摩擦マッチ.

fríction pìle 〖工〗摩擦杭(くい).

fríction pùlley 〖機〗摩擦車(ぐるま) (friction wheel).

fríction sàw 〖機〗摩擦のこ盤《歯をもたず摩擦熱によって溶断する》.

fríction sòund [rùb, mùrmur] 〖医〗《胸部聴診により聞き取れる》摩擦音.

fríction tàpe* 〖電〗《絶縁用の》ブラックテープ (=*electric tape*).

fríction wèlding 摩擦溶接[圧接]《金属·プラスチックの接合面どうしを接触させて相対的な回転を加え, 摩擦熱が適温に達したとき, 加圧して接合する方法》.

fríction whèel 〖機〗摩擦車(ぐるま) (=*friction pulley*).

Fri·day /fráɪdi, -deɪ/ *n* **1** 金曜日《略 Fri.; ⇨ GOOD FRIDAY》. ★ 語法 ⇨ MONDAY. **2** フライデー《Robinson Crusoe の忠僕の名; ⇨ MAN [GIRL] FRIDAY》. ► *adv* 《口》金曜日に (on Friday). [OE *frīgedæg* day of FRIGG (FREE と同語源); LL *Veneris dies* day of planet Venus の WGmc 訳]

Frí·days *adv* 金曜日には(いつも) (on Fridays).

fridge /frídʒ/ *n* 冷蔵庫. ★ refrigerator の略で, 米では口語, 英では一般語 (refrigerator のほうが, 米では一般語, 英では改まった言い方).

frídge-fréezer" *n* 冷凍冷蔵庫.

frídge màgnet 冷蔵庫磁石《冷蔵庫にメモを留めたりタイマーなどをかけたりするための小型磁石》.

fried /fráɪd/ *v* FRY[1] の過去·過去分詞. ► *a* **1** 油で揚げた[炒めた, 焼いた], フライ料理の: ~ fish [oysters] 魚[カキ]フライ / FRIED EGG / FRIED RICE. **2** 《俗》《酒·麻薬に》酔った; *《俗》電気椅子で処刑された (electrocuted); *《ティーンエージャー俗》混乱した, めちゃくちゃな; *《口》疲れきった, へとへとで.

Frie·da /fríːdə/ フリーダ《女子名》. [(fem)〈FRED]

Frie·dan /frɪdǽn/ フリーダン **Betty (Naomi)** ~ (1921–2006)《米国の女性解放運動家; 全米女性機構 (NOW) 会長 (1966–70); 著書 *The Feminine Mystique* (1963)》.

fríed·càke* *n* 油で揚げた菓子, 《特に》ドーナツ.

fried égg 目玉焼き; *《俗》《正装帽に付ける》陸軍士官学校章; *《俗》日の丸《日本国旗》; [*pl*] 《俗》オッパイ.

Frie·dél-Cráfts reàction /fridélkrǽfts-; -kráːfts-/ 〖化〗フリーデル-クラフツ反応《無水塩化アルミニウムなどの触媒作用により, 芳香族化合物をアルキル化あるいはアシル化する》. [Charles *Friedel* (1832–99) フランスの化学者, James M. *Crafts* (1839–1917) 米国の化学者]

Fríed·länd·er's bacíllus /fríːdlɛ̀ndərz-, fríːt-/ 〖菌〗フリードレンデル桿菌, 肺炎桿菌 (pneumobacillus). [Carl *Friedländer* (1847–87) ドイツの病理学者]

Fried·man /fríːdmən/ フリードマン (1) **Jerome (Isaac)** ~ (1930–　)《米国の物理学者; 陽子·中性子を構成するクォーク (quarks) を実験で確認, ノーベル物理学賞 (1990)》 (2) **Milton** ~ (1912–2006)《米国の経済学者; monetarism を提唱; ノーベル経済学賞 (1976)》.

Fríedman·ite *n* フリードマン理論信奉者《政府が直接に通貨供給量を調節することによって経済を調整すべきとするマネタリスト》. [Milton *Friedman*]

Fríed·mann ùniverse /fríːdmən-/ 〖天〗フリードマン宇宙《ビッグバン宇宙モデルの一つ; 膨張が極大に達したのち収縮に転ずる》. [Alexander *Friedmann* (1888–1925) ロシアの数学者·物理学者]

fríed ríce チャーハン, 焼飯.

Frie·drich /fríːdrɪk; G fríːdrɪç/ **1** フリードリック《男子名》. **2** フリードリヒ **Caspar David** ~ (1774–1840)《ドイツロマン派の風景画家》. [G; ⇨ FREDERICK]

Friel /fríːl/ フリール **Brian** ~ (1929–　)《アイルランドの劇作家》.

friend /frénd/ *n* **1** 友, 友だち, 友人; ボーイフレンド, ガールフレンド, 恋人; 《スコ·廃》愛人, 情人: a ~ of mine [John's] わたし[ジョン]の一友人 (cf. one of my [John's] ~*s* (ジョンの)友人の一人) / good [great] ~*s* 大の仲よし, 親友 / the best of ~*s* 親友 / Any ~ of sb('s) (is a ~ of mine). …の友人ならわたしの友人です《友人の友人と顔見知りになった時のことば》/ We're just (good) ~*s*. 《口》わたしたちはただの(仲のよい)友だちです / make [win] ~*s* and influence people 友をつくり人を動かす《きまり文句》/ a ~ in need 困った時の友 (⇨ NEED《諺》) / With ~*s* like these who needs enemies? 《口》[°*joc*] 友だちがいのない[ひどいことを言う]やつだなあ / May God defend me from my ~*s*; I can defend my*self* from my enemies. 《諺》友よりわれを護らせたまえ, 敵より身を護ることはできますゆえに. ★ my [my father's] friend は特定の友人の場合, または同格に用いて 'my friend Tom Jones' という. **2 a** 味方, 友 (opp. *enemy*); 後援者, 支持者, 同情者, 共鳴者; 友好国: ~ or foe 敵か味方か / a ~ of the poor 貧民の味方 / be no ~ of…には反対である, くみしない / a ~ of the opera オペラのパトロン. **b** [*pl*] 近親, 身内; 従者; 連れ, 仲間; 同胞, 同志; 《決闘などの》介添役; 人間の友たる動物; 伴侶, 助け, 力: Who's your ~? お連れの方はどなた? / (our) furred, four-footed and feathered ~*s* [*joc*] 動物·けもの·鳥たち. **c** [呼びかけや引合いに出すとき] (わが)友; あなた; 皆さん: What do you want, my ~? / my HONORABLE [NOBLE, LEARNED] ~. **3** [F-] 友会徒, フレンド (=*Quaker*)《キリスト友会 (SOCIETY OF FRIENDS) の信徒》. **4** 《警察俗》ホシ (the person in question). **5** [F-] 〖商標〗フレンド《岩の割れ目に差し込んで支点とする人工登攀具で, カムの原理を応用したチョックの一種》. ● **be [keep, make] ~s (with…)** (…と)親しい[親しくしている, 親しくなる]. **make a ~ of** sb〈自分の子供や生徒など〉とうちとけてつきあう. **make ~s (again)** 仲直りする〈*with*〉. **one's best ~** 親友; 最大の友, 強い味方: man's *best* ~ 人間の第一の友《犬》/ a girl's *best* ~ 女性[女の子]の友《ダイヤモンド》. **What's a …between ~s?** 《口》友だちなんだから…ぐらい何でもないよ. ► *vt* 《口》《Facebook などの》友だちリストに追加登録する; 《古·詩》…のために友人として力になる, …の友となる. [OE *frēond* friend, lover; cf. OE *frēo* FREE, G *Freund*]

fríend at [in] cóurt よい地位にある友人, 有力なつて, よいてづる (=**fríend in hígh plàces**).

fríend·less *a* 友[知るべ]のない. ♦ **~·ness** *n*

fríend·ly *a* **1** 友人らしい; 親しい, 友好的な, 愛想がいい; 優しい, 親切な (kindly); 味方で, 好意ある, 歓迎する〈*to, towards*〉; 心地よい, ほっとさせる; 〖軍〗〈攻撃·部隊などが〉自軍[味方](から)の: have ~ relations [be ~] with…と親しい / on ~ terms (with…) (…と)仲がよい / a ~ nation 友好国(民), 友邦 / a ~ smile 人なつこい笑顔 / a ~ game [match] 親善試合 / a ~ rivalry 良きライバル関係 / ~ bombing 友軍(への)誤爆 / FRIENDLY FIRE / a ~ takeover 友好的買収. **2** 〈ものが〉役に立つ, 都合のよい; 使いやすい (user-friendly), わかりやすい, 親しみやすい: a ~ shower 慈雨. **3** [F-] キリスト友会の (⇨ FRIEND *n* 3). ► *adv* 友人のように, 親しげに, 友好的に, 親切に. ► *n* 友好的な人; 味方[友軍]の兵士[船, 航空機], 《特に 移住者や侵略者に》友好的な原地人; "親善試合 (=~ **màtch**). ♦ **fríend·li·ly** *adv* 友だちらしく, 親切に; 友好的に. **-li·ness** *n* 友だちらしさ, 友情, 親切; 親善, 親睦.

-friend·ly /fréndli/ *a comb form* 「…にやさしい」「…に害を与えない」「…という害をひき起こさない」「…に好都合の[好意的な]」「…にとって親しみ[わかり]やすい」「…を助ける」「…と調和した」: audience-*friendly*, girl-*friendly*, Labour-*friendly*, newspaper-*friendly*, user-*friendly*.

friendly fíre **1** 〖保〗友好的な火, 用法上の火, 使用火《ストーブやボイラーの火のように期待される場所に発生する火; opp. *hostile fire*》. **2** 〖軍〗友好爆撃[砲撃, 射撃], 友軍砲火《味方に被害を与える誤爆·誤射を言い換えたもの》.

Fríendly Íslands *pl* [the] フレンドリー諸島 (TONGA[2]).

fríendly socíety" [°F- S-] BENEFIT SOCIETY.

fríend of Dórothy 《俗》男性同性愛者. [映画 *The Wizard of Oz* (1939) で Judy Garland が演じた主人公 Dorothy が男性同性愛者の間で偶像視されることから]

fríend of the cóurt 〖法〗裁判所の友, 法廷助言者 (amicus curiae).

fríend·shìp *n* **1** 友の交わり, 友誼, 友好(関係)〈*with*〉; 《心のうち

の》友愛, 友情; 親睦, 和親, 親交, 懇意. **2**《廃》援助. ［OE (FRIEND, *-ship*)］

Fríendship Stòre〘中国〙友誼商店《国内主要都市にある外国人専用のデパート》.

Fríends of the Éarth [the, ‹*sg/pl*›] 地球の友《国際的な環境保護団体; 1969 年 David Ross Brower (1912-2000) らによって米国で発足;略 FoE》.

Fríend vìrus フレンドウイルス《脾腫を起こすマウス白血病ウイルスの一種》. ［Charlotte *Friend* (1921-87) 米国の微生物学者］

frier ⇨ FRYER.

Frie·sian /fríːʒən, -ʃən/ *a* FRISIAN. ► *n* FRISIAN; ˈ〘畜〙フリージャン (HOLSTEIN-FRIESIAN).

Fries·land /fríːzlənd, -lænd, *fríːs-/ フリースラント《**1**) オランダ最北部の北海に臨む州; ☆Leeuwarden **2**) 同州を中心とする地方の旧称》.

frieze[1] /fríːz/ *n* **1 a**〘建〙小壁, フリーズ《ENTABLATURE の中央部; ここに彫刻などを施した》. **b**《建築・家具の》帯状装飾, 装飾帯. **2**《観光客などの》行列, 流れ. ◆ **~·like** *a* ［F<L *Phrygium* (*opus*) Phrygian (work)］

frieze[2] *n* フリーズ《**1**) 片面を起毛した厚地のオーバー用粗紡毛織物; 昔は Friesland, 現在はアイルランド産 **2**) *長くて密な毛足のパイル(じゅうたん)》. ► *vt* けばだてる. ［F<L (*lana*) *frisia* FRISIAN (wool)］

frig[1], **frige** /fríʤ/ *n*ˈ《口》冷蔵庫. ［re*frig*erator］

frig[2] /fríg/ *v* (**-gg-**) *vi* **1**《卑》**a**‹…と›やる, FUCK ‹*with*›; 手淫する. **b** ˈろくでもないことをする, のらくらと時を過ごす ‹*about, around*›; 急いで去る ‹*off*›: *F~ off!* 消えうせろ! **2**ˈ《方》もがく (wriggle). ► *vt* **1**《卑》FUCK; MASTURBATE; だます, 食い物にする. **2**ˈ《方》こする. ► *n*《卑》FUCK: I don't give a ~ どうでもいい, 知ったことか. ［ME *friggen* to wriggle<?; cf. OE *frīgan* to love］

frig·ate /frígət/ *n* **1 a** フリゲート艦《**1**)〘米海軍〙巡洋艦と駆逐艦の中間で 4000-9000 トン級の軍艦 **2**)〘英海軍・カナダ海軍〙1200-2500 トン級の対潜水艦護衛用小型駆逐艦 **3**)〘史〙1750-1850 年ごろの木造の快速帆船で上下の甲板に 28-60 門の大砲を備えたもの》. **b**《古・詩》《元来はオールでこいだが, のちには帆で進んだ》小型快速船. **2**〘鳥〙FRIGATE BIRD. ［F<It<?］

frígate bìrd〘鳥〙グンカンドリ (=*man-o'-war bird* [*hawk*])《熱帯産の大型の海鳥; 他の鳥から獲物を強奪することで知られる》.

Frig·ga /frígə/, **Frigg** /fríg/〘北欧神話〙フリッガ, フリッグ《Odin の妻; FREYA と同一視される; cf. FRIDAY》.

fríg·ging *a, adv*《卑》DAMNED, FUCKING. ► *n* 手淫.

fright /fráɪt/ *n* **1**《急に襲う》恐怖, おびえ; 激しい驚き: tremble with ~ こわがって震える / give sb a ~ 人をこわがらせる / have [get] a ~ 恐怖に襲われる, こわくなる / in a ~ ぎょっとして, 肝をつぶして. **2**《古風》奇怪な[恐ろしい, おかしな]人[もの]: look a ~ 化け物のように見える. ● **get the ~ of one's** LIFE. **take ~** ぎょっとする, おびえる, おじけづく ‹*at*›. ► *vt*《詩》FRIGHTEN. ［OE *fryhto* (*fyrhto* の音位転換); cf. G *Furcht*］

fright·en /fráɪtn/ *vt* こわがらせる, ぎょっとさせる; おどかして追っぱらう, ‹人を›不安にして手を引かせる ‹*away, off*›; おどかして…させる: ~ sb to death [~ the life out of sb] 人を震えあがらせる / ~ sb *into* submission [tell*ing* the secret] 人をおどして屈伏させる[秘密をしゃべらせる] / ~ sb *out of* a place [drink*ing*] 人をおどして場所から追い出す[酒をやめさせる] / be ~*ed* at…に驚く, …を見てぎょっとする《一時的に》/ be ~*ed* of…をこわがる《常習的に》. ► *vi* びっくりする, ぎょっとする. ◆ **~·ing** *a* ぎょっとさせる, こわい, 驚くべき. **~·ing·ly** *adv* ぎょっとするほど; 《口》恐ろしく, すごく.

fríght·ened *a* おびえた, ぎょっと[どきっと]した ‹*at, that*›; こわがる ‹*of, about, to* do›.

fríghten·er *n*ˈ《口》恐喝専門のギャング, ゆすり, 喝(かつ)上げ屋. ● **put the ~s on** [**in**] (sb)ˈ《口》(人を)おどして従わせる, 恐喝する, ゆする.

fríght·ful *a* **1** 驚くべき, 恐るべき, ものすごい, ぎょっとする[ぞっとする]ような; ひどく醜い, 二目と見られない: a ~ sight 恐ろしい光景. **2**《口》不愉快な, いやな; 《口》大変な, すごい: have a ~ time 実にいやな思いをする. ◆ **~·ly** *adv* 恐ろしく; 《口》我慢できないほどに; 《口》すごく, やけに. **~·ness** *n* 恐怖, 恐ろしさ, ものすごさ; 醜さ; 《特に第一次大戦中の占領地住民に対する》恐怖策, 残虐《G *Schrecklichkeit* の訳》.

fríght wìg《役者や道化がかぶる》ぎょっとした様子を示すように毛の立った[毛を立てることのできる]かつら, びっくりかつら; 《口》それに似た髪型[かつら].

frig·id /fríʤəd/ *a* **1** 寒さがきびしい, 極寒の. **2 a** ひややかな, 冷淡な, よそよそしい; 堅苦しい; つまらない, 退屈な: a ~ look 愛想のない顔つき / a ~ bow (冷たい)形だけのお辞儀. **b** ‹女性が›冷感症の, 不感症の, 性交を嫌悪する. ◆ **~·ly** *adv* **~·ness** *n* ［L (*frigus* (n) cold)］

Frig·i·daire /frìʤədéər/〘商標〙フリジデアー《電気冷蔵庫》. ［*frigid*+*air*］

frig·i·dar·i·um /frìʤədéəriəm/ *n* (*pl* **-ia** /-iə/)《古代ローマの浴場 (thermae) の》冷浴室, フリギダリウム《温水を用いない; cf. CALDARIUM》; 冷水浴; 室温の低い部屋, 低温室.

fri·gid·i·ty /friʤídəti/ *n* 寒冷; 冷淡; 堅苦しさ; 〘医〙《特に女性の》性交無欲症, 冷感症, 不感症.

frígid zòne [the, ᵒthe F- Z-] 寒帯.

frig·o·rif·ic /frìgərífɪk/ *a*〘理〙寒くする, 冷却する.

frig·o·ri·fi·co /frìgəríːfɪkou/ *n* (*pl* **~s**)〘南米〙《肉・獣皮などの》冷凍包装出荷工場.

Frija ⇨ FRI.

fri·jol /frihóul, fríːhòul/, **-jo·le** /frihóuli/ *n* (*pl* **-jo·les** /-liz/) [ᵘ*pl*] フリホル《メキシコ料理に多いインゲンマメの類》. ［Sp］

frijóles re·frí·tos /-reɪfríːtouz, -s/ *pl*〘料理〙フリホレス・レフリトス (REFRIED BEANS). ［Sp］

frill /fríl/ *n* **1 a** へり飾り, ひだべり, フリル; 紙製のひだ飾り《ハムなどの装飾や骨付き肉の片端を巻くのに用いる》; 〘写〙《フィルムのへりの》剝膜によるしわ. **b**《鳥獣の》襟毛; [ᵒF-]〘鳩〙フリル《襟毛のある変わりバト》. **c** *《俗》娘, 女. **2** [ᵒ*pl*] 不必要な装飾, 虚飾; [ᵘ*pl*] 気取り, ぶること: put on one's ~s 気取る. ● **~s and furbelows** へり飾りとひだ飾りで, ひらひらした飾り, 余分な[くだらない]もの. ► *vt* …に縁[ひだ飾り]を付ける; …のひだを取る; 〘写〙‹フィルム›にひだ状のしわを生じさせる, 剝膜を生じさせる. ► *vi*〘写〙‹フィルムが›乳剤膜が周辺からはがれる, 剝膜を起こす. ◆ **~ed** *a* ひだ飾りを施した. **~·ery** *n* ひだ飾り. **~·ing** *n* ひだ飾り; 〘写〙《フィルムの》剝膜. ［C16<?; cf. Flem *frul*］

fríll(ed) lízard〘動〙エリマキトカゲ (=**fríll-nècked lízard**)《豪州産》.

frílly *a* ひだ飾りの付いた; ひだ飾りのような; 本質的でない, 重要でない. ► *n* [*pl*]《口》《婦人用の》ひだ飾り付き衣類, 《特に》フリルの付いたランジェリー. ◆ **fríll·i·ness** *n*

Fri·maire /*F* frimɛːr/ *n* 霜月(しもつき)《FRENCH REVOLUTIONARY CALENDAR の第 3 月: 11 月 21 日-12 月 20 日》.

fringe /fríndʒ/ *n* **1 a**《一般に》へり, 外べり, 外辺, はずれ; 〘ゴルフ〙フリンジ《グリーンの周辺部》: a common with a ~ of trees 周辺に樹木のある共有地 / a ~ of beard on the chin あごのへりに生えたひげ. **b**《学問・運動などの》周辺, ほんの初歩; 二次的なもの, 末梢的なこと; [‹*a*›] 周辺的な, 二次的な, 慣例からはずれた, 規格外の: the mere ~ of philosophy 哲学のほんの周辺. **c**《経済・社会・政治・文化などの》非主流派, 傍流, 過激派: the right wing ~ / LUNATIC FRINGE. **d** [the, ᵒthe F-] フリンジ《芸術祭などの公式プログラムにはない小規模・実験的な演目群》: *the* (Edinburgh) *F~* エディンバラフリンジ《Edinburgh 国際芸術祭の非正規部門》. **e**〘労〙FRINGE BENEFIT. **2 a**《肩掛け・裾などの》ふさべり; ふさ飾り. **b** ˈ《額にかかるよう垂らして》カットした前髪 (bangs*); 《動植物の》ふさ毛. **3**〘光〙《光の干渉による》縞(しま). ► *vt* …にふさを付ける, ふさで飾る, …のへり飾りをなす; 縁取る. ◆ **~·less** *a* ［OF (L *fimbria* fibers, border)］

frínge àrea《都市の》周辺地域; 〘テレビ・ラジオ〙フリンジエリア《受信[受像]状態の悪い地域》.

frínge bènefit〘労〙付加給付《本給以外の有給休暇・保険給付・年金など》; 思いがけない利益, もうけもの.

fringed /fríndʒd/ *a* ふさ(飾り)の付いた; ‹花弁など›ぎざぎざに裂けた; ‹葉・花弁が›縁毛(えんもう)のある, 長毛縁(ちょうもうえん)の.

fringed géntian〘植〙花冠のへりにぎざぎざのある北米原産の青花リンドウ.

fringed órchis〘植〙北米原産のミズトンボ属の地生ラン《数種》.

fringed polýgala〘植〙唇弁にぎざぎざのある北米東部原産のヒメハギ.

fringed wáterlily〘植〙アサザ《北半球温帯の池沼に生育する多年草; 葉を水面に浮かべて黄色い花を開く》.

frínge·hèad *n*〘魚〙コケギンポ《コケギンポ属の各種の小さな海産魚; 口が大きく, 眼の上などに突き出た数本の皮弁がある》.

frínge mèdicine ALTERNATIVE MEDICINE.

fring·er /fríndʒər/ *n*《口》《政党・組織内の》過激論者, 《社会からの》逸脱者.

frínge théatreˈ 前衛劇, 実験劇場.

frínge tìme〘テレビ〙ゴールデンアワー (prime time) 前後の放送時間帯《米国では通例 午後 5-7 時および同 11 時-午前 1 時》.

frínge trèe〘植〙アメリカヒトツバタゴ《北米南部原産; モクセイ科の花木》.

frin·gil·lid /frɪndʒíləd/ *a, n*〘鳥〙アトリ科 (Fringillidae) の(鳥).

frin·gil·line /frɪndʒílən, -làɪn/ *a*〘鳥〙FRINGILLID.

fring·ing /fríndʒɪŋ/ *n* ふさづけ, ふさ飾り; ふさ飾り材料. ► *a* 縁をなす, 縁取る.

frínging fòrest〘生態〙拠水林, ガレリア林.

frínging réef 裾礁(きょしょう)《岸から続いて広がり海岸を縁取るサンゴ礁; cf. BARRIER REEF》.

Fring·lish /fríŋglɪʃ/ *n, a* FRENGLISH.

fringy /fríndʒi/ *a* ふさのある, ふさで飾った, ふさ状の.

Frink /fríŋk/ フリンク Dame **Elisabeth** ~ (1930-93)《英国の彫刻家; 男性像, 馬・犬の彫刻などで知られた》.

Frio /fríːou/ [Cape] フリオ岬《ブラジル南東部 Rio de Janeiro 州の海岸から大西洋に突出する岬》.

frip·pery /fríp(ə)ri/ *n* はでばでしい[けばけばしい]衣服[飾り], 美麗な服, 派手な[要りもしない]もの; 《服装・態度・話しぶり・ことばの》虚飾, 見え; つまらないもの, 瑣末なこと; 《廃》古着; 《古》古着屋. ► *a* 取るに足らない, くだらない. [F *friperie* (*frepe* rag)]

frip·pet /frípət/ *n* 《俗》うわついた若い女: a (nice) bit of ～.

Fris·bee /frízbi/ 〔商標〕フリスビー《投げたり受けたりして遊ぶ直径 20 センチ強のプラスチック製円盤》.

Frisch /fríʃ/ フリッシュ (1) **Karl von** ～ (1886–1982)《オーストリアの動物学者; ミツバチの生態などの研究で知られる; ノーベル生理学医学賞 (1973)》 (2) **Max** (**Rudolf**) ～ (1911–91)《スイスの劇作家・小説家》 (3) **Otto Robert** ～ (1904–79)《オーストリア生まれの英国の核物理学者》 (4) **Ragnar** (**Anton Kittil**) ～ (1895–1973)《ノルウェーの経済学者; 第 1 回ノーベル経済学賞 (1969)》.

Fri·sches Haff /*G* fríʃəs háf/ フリッシェスハフ《VISTULA LAGOON のドイツ語名》.

Fris·co /frískou/ フリスコ《SAN FRANCISCO の俗称》.

fri·sé /frizéɪ; fríːzeɪ/ *n* フリーゼ《ループを切っていない, または一部切って柄にした室内装飾用生地 (upholstery fabric) の一種》; FRISÉE. [F=curled]

Fríse àileron /fríːz-/ 〔空〕フリーズ(式)補助翼《前縁がヒンジ軸より前に出ている》. [Leslie G. *Frise* (1897–1979) 英国の航空技術者]

fri·sée /frizéɪ; fríːzeɪ/ *n* 《縮れている》チコリーの葉《サラダ用》.

fri·sette, -zette /frɪzɛ́t/ *n* 《婦人の》前髪の巻き毛. [F=little curl]

fri·seur /*F* frizœːr/ *n* 理髪師.

Fri·sian /fríʒən, fríː-; fríziən/ *a* FRIESLAND [FRISIAN ISLANDS] の; フリジア人[語]の. ► *n* **a** フリジア人《主にオランダの Friesland 州と北海の Frisian Islands に居住》. **b** フリジア語《Germanic 語派の一つで, 英語と密接な関係がある》. [L *Frisii* (n pl)<OFris *Frīsa*, *Frēsa*]

Frísian Íslands *pl* [the] フリジア諸島《ヨーロッパ北西部, 北海にある島群で, West ～ (オランダ北岸沖), East ～ (ドイツ北西岸沖), North ～ (ドイツ・デンマークの沖) からなる; 避暑地・海水浴場が多い》.

frisk /frísk/ *vi* (元気よく)はねまわる, (じゃれて)跳びまわる; ふざける, はしゃぐ, じゃれる. ► *vt* **1** (元気よく)振り動かす: The dog ～*ed* its tail. **2** ボディーチェックする; 〈部屋などを〉さっと捜索する; 《口》(衣服の上から探って)〈人〉から物を盗む. ► *n* **1** はね跳び, はねまわり; はしゃぎ; 気晴らし. **2** ボディーチェック. ♦ **～·er** *n* **～·ing·ly** *adv* [OF *frisque* lively<?]

fris·ket /fruískət/ *n* 《写真印画・写真製版の》マスク (mask); 〔印〕《手引き印刷機の》行燈蓋(あんどん), フリスケット.

frísky *a* 〈子供・犬などが〉元気に跳びまわる; 陽気な, はしゃいでいる, よくじゃれる; 〈馬が〉驚きやすい; 《口》《性的に》興奮して, むらむらして. ► *n**《俗》FRISKY POWDER. ♦ **frísk·i·ly** *adv* 陽気に, 快活に. **-i·ness** *n*

frísky pòwder *《俗》コカイン.

fris·son /frisóu͡/ *n* (*pl* ～**s** /-(z)/) わくわくすること, 戦慄, スリル. [F=shiver]

fri·sure /fríʒər, frɪʒúər/ *n* 髪形, ヘアスタイル; 髪を結うこと, 調髪. [F (*friser* to curl)]

frit[1], **fritt** /frít/ *n* 〔窯〕フリット《1) 溶融した, または焼いたガラス原料 2) 陶磁器などに用いる釉(うわぐすり)・琺瑯(ほうろう)にするガラス質調合物》; 〔歯〕フリット《義歯のうわぐすりとなる材料》. ► *vt* (**-tt-**) 〈原料を〉溶融する, フリット化する. [It=fried]

frit[2] *n**《俗》ホモの男. [*fruit*+*flit* か]

frit[3] *a* ᴴ《方・俗》FRIGHTENED.

Frit·a·lux /frítəlʌ̀ks/ フリタルクス《BENELUX にフランスとイタリアを加えた経済同盟》.

frites ⇨ POMMES FRITES.

frít flỳ 〔昆〕キモグリバエ科の小バエ《幼虫は小麦の害虫》.

frith[1] /fríθ/ *n* 《古》入江, 河口 (firth). [*firth*]

frith[2] *n* ᴴ《方》雑木林, 薪炭林; 茂み. [OE (*ge*)*fyrhthe*]

frit·il·lar·ia /frìt(ə)lɛ́əriə/ *n* 〔植〕バイモ属 (*F-*) の各種《ユリ科》.

frit·il·lary /frít(ə)lèri; frɪtíl(ə)ri/ *n* 〔植〕FRITILLARIA; 〔昆〕オレンジ色の翅に黒[銀]点のあるタテハチョウ, 《特に》ヒョウモンチョウ《ミドリヒョウモン属, ギンボシヒョウモン属など》. [L (*fritillus* dice box)]

Frit·os /frítouz/ 〔商標〕フリトズ《米国 Frito-Lay 社製のコーンチップス》.

fritt ⇨ FRIT[1].

frit·ta·ta /frɪtáːtə/ *n* 〔料理〕厚焼き玉子, フリッタータ《しばしば 刻んだ野菜または肉を入れてある》. [It]

frít·ted *a* フリットの《焼結ガラスを原料とした気孔の多いガラスについていう》.

frit·ter[1] /frítər/ *vt* 〈時間・金・精力などを〉少しずつつまらない事に費やす 〈*away* (*on* sth)〉; 細かく砕く, こなごなにする. ► *vi* 砕ける, こなごなになる; 漸減[消散]する. ► *n* 小片, 細片. ♦ **～·er** *n* ちびちび[なしくずしに]使う人, 浪費家. [*fritters* (obs) fragments; cf. MHG *vetze* rag]

fritter[2] *n* フリッター《果物・肉などの薄切りを衣をつけてふっくらと揚げた食べ物》: apple ～*s* / oyster ～*s*. [OF *friture*<L (*frict- frigo* to FRY[2])]

frit·to mis·to /frítou místou/ 〔料理〕フリット・ミスト《魚介や野菜を小さく切って衣をつけて揚げた食べ物》; MIXED GRILL. [It=mixed fry]

fritz /fríts/ *n* [次の成句で]: **on the ～** *《口》故障して, 不調で; *《俗》《酒に》酔って. **put the ～ on**=**put**…**on the ～** *《俗》…をだめにする, やめさせる. ► *vt**《口》故障させる. ● **～ out** *《口》故障する, こわれる. [G ↓]

Fritz 1 フリッツ《男子名; Friedrich, Frederick などの愛称》. **2** [ᵘ*derog*] ドイツ人[兵](ども)《あだ名; ⇨ JOHN BULL》; 《俗》ドイツの武器[軍用機, 潜水艦, 砲弾など].

fritz·er /frítsər/ *n**《俗》にせもの, いんちき, まやかし, 信用できないもの[こと] (phony). [cf. *fritz*]

Fri·u·li /friúːli/ フリウリ《イタリア北東部 Friuli-Venezia Giulia 州のスロヴェニア国境の地方》. ♦ **Fri·ú·li·an** *a*, *n* フリウリの, フリウリ人(の); フリウリ語(の).

Friuli-Ve·ne·zia Giu·lia /-́- vənɛ̀tsiə ʤúːljə/ フリウリ-ヴェネツィア・ジュリア《イタリア北東部の自治州; スロヴェニア・オーストリアと接する; ☆Trieste》.

friv·ol /frív(ə)l/ *v* (**-l-** | **-ll-**) *vi* ふまじめにふるまう, くだらない生活を送る. ► *vt* むだに費やす 〈*away*〉. ► *a*, *n* くだらない[つまらない](もの). ♦ **frív·ol·(l)er** *n* [逆成く *frivolous*]

fri·vol·i·ty /frɪváləti/ *n* 浅薄, 軽薄, ふまじめ; [ᵘ*pl*] 軽々しい言動, おもしろ半分のこと[活動], 軽挙.

friv·o·lous /frív(ə)ləs/ *a* うわついた, 軽薄な, ふまじめな; つまらない, 取るに足らない; ばかげた: a ～ suit 《法的根拠を欠く》ふまじめな訴訟. ♦ **～·ly** *adv* **～·ness** *n* FRIVOLITY. [L=silly, worthless]

friz[1] ⇨ FRIZZ[1].

friz[2] /fríz/ *n**《俗》FRISBEE.

frizette ⇨ FRISETTE.

frizz[1], **friz**[1] /fríz/ *vt*, *vi* 縮れ髪に[ちりちりに]する[なる]; 〈柔皮などを〉軽石[鈍刀など]でこすって厚さをならす. ► *n* (*pl* **fríz·(z)es**) 縮れ, 縮れ毛. ♦ **fríz·(z)er** *n* [F *friser*]

frizz[2] *vt* ジュージューと揚げる[炒める, 焦がす]. ► *vi* ジュージュー音がする[音をたてる]《油で揚げる時のように》. [*fry*[1]+imit ending]

friz·zan·te /frɪzǽnti/ *a* 〈ワインが〉かすかに発泡性のある, 微発泡性の. [It *frizzare* to sparkle]

friz·zies /fríziz/ *n pl* [ºthe] 縮れ毛 (frizzy hair).

friz·zle[1] /frízl/ *vt* 〈毛髪などを〉縮らせる 〈*up*〉. ► *vi* 縮れる (curl) 〈*up*〉. ► *n* 細かく縮れた毛, 縮れ髪. ♦ **fríz·zler** *n* [C16<?; cf. OE *fris* curly]

frizzle[2] *vt* 〈肉などを〉ジュージュー音をたてて揚げる[炒める, 焼く], 〈ベーコンなどを〉カリカリになるまで炒める 〈*up*〉; 焦がす, 炎熱にさらす 〈*up*〉. ► *vi* 〈料理油などが〉ジュージューいう, 〈肉・ベーコンなどが〉ジュージューと音をたてて料理される[揚がる]. ► *n* ジュージューいう音. [FRIZZ[2]; 一説に *fry*[1]+*sizzle*]

fríz·zling *a* ジリジリ[ジュージュー]焼ける; 炎熱の.

fríz·zy, fríz·zly *a* 縮れ毛の; 細かく縮れて(いる), ちりちりの; 縮れ毛におおわれた. ♦ **fríz·zi·ly** *adv* **-zi·ness** *n*

Frl. Fräulein. **FRM** fixed rate mortgage 固定金利抵当貸付け, 固定金利型住宅ローン.

fro[1] /fróu/ *adv* [次の成句で]: TO AND FRO. ► *prep* /, frə, frou, fròu/ 《スコ・英方》FROM. [ON *frá* FROM]

'fro, fro[2] /fróu/ *n* (*pl* ～**s**)*《口》アフロ (Afro).

frob /fráb/*《俗》*n* FROBNITZ. ► *vi* 制御設定[計器盤]をいじる.

Fro·be·ni·us /froubéɪnius, -bíːniəs/ フロベニウス (**Ferdinand**) **Georg** ～ (1849–1917)《ドイツの数学者; 群論の発展に貢献》.

Fro·bi·sher /fróubɪʃər/ フロービシャー Sir **Martin** ～ (1535?–94)《イングランドの航海者; カナダ北東岸を探検》.

Fróbisher Báy 1 フロービシャー湾《カナダ北部 Baffin 島南東岸の湾》. **2** フロービシャーベイ《IQALUIT の旧称》.

frob·nitz /frábnɪts/*《ハッカー》*n* (*pl* **frob·nit·zem** /-nɪtsəm/) なんとかいうもの, なに, あれ; 《プログラム中の》データの構造.

frock /frák/ *n* **1** 《古風》フロック《いろいろなタイプのドレス》; スモック《上下続きの室内用子供服》; 《農夫・労働者などの》ゆったりした仕事着, スモックフロック (smock frock); 《船員が着る》長袖のウールのジャージ; フロックコート (frock coat); フロックコート型の軍服. **2** 《丈が長く袖が広い》修道服, 司祭服; [the] 司祭の身, 聖職. ● **cast** [**throw**] **one's ～ to the** NETTLES. ► *vt* …に frock を着せる; 聖職に就かせる (opp. *unfrock*). ♦ **～ed** *a* [OF<Gmc]

fróck còat フロックコート《主に ダブル前のひざ丈の男性用コート》.

fróck·ing *n* フロック[作業衣]用生地.

Frö·ding /frǿːrdɪŋ/ フレーディング **Gustaf** ～ (1860–1911)《スウェーデンの詩人》.

Fro·do Bag·gins /fróudou bǽgɪnz/ フロド・バギンズ《J. R. R. Tolkien, *The Lord of the Rings* の主人公; Hobbit 族の一人》.

froe, frow /fróu/ *n* 《丸太から桶板などを割るのに用いる》なた《柄は刃に直角に付いている》.

Froe·bel, Frö- /fréɪb(ə)l; fróu-, frə́ː-; *G* frǿːbl/ フレーベル **Friedrich** (**Wilhelm August**) ～ (1782–1852)《ドイツの教育家; 世界最初の幼稚園を設立した》. ♦ **～·ism** *n*

Froe·be·lian /freɪbíːliən, frou-, frə̀ː-/ *a* FROEBEL の, フレーベル式の.

F

Fróebel sỳstem フレーベル式教育法《幼稚園を活用する方式》.

frog[1] /frɔ́(:)g, frάg/ *n* **1**〘動〙カエル, 蛙《オタマジャクシは tadpole, 鳴き声は croak》: (as) cold as a ～ 非常に冷たい[冷淡で] / ～*s* and snails and puppy-dogs' tails カエルにカタツムリにワンワンのしっぽ《男の子の中身; 童謡 'What are little boys made of?' の一節; cf. SUGAR and spice and all things nice》. **2**《俗》 **a** [ᵘF-] [*derog*] フランス人 (cf. FROGEATER); 《カナダ》フランス系カナダ人; [*derog*] フランス語. **b** *不快な[つまらない]やつ; 社会のくず; ふしだらな女の子. **3** *《俗》(1ドル)札 (frogskin); 《米俗・豪俗》コンドーム (French letter); *《俗》ニューヨーク-ロンドン間のフライト《大西洋を 'ひとっ飛び'》. ● **a big ～ in a small pond**《口》小さな集団[組織]の中の大物. **a little [small] ～ in a big pond** 大組織[集団]の中のちっぽけな個人. **have [get] a ～ in the [one's] throat**《口》声がしわがれている[しわがれる], のどに痰がからんでいる[からむ]. ► *vi* (**-gg-**) カエルを捕る. ► *a* 《俗》フランス(人)の: ～ wine / a ～ writer. ♦ **～-like** *a* [OE *frogga* (愛称形)<*forrsc, frosc, frox*]

frog[2] *n* **1** 留める[締める]もの. **2** フロッグ《**1**) モールや打ちひもで作った上着やパジャマなどの飾りひもボタン **2**) 軍服などの上衣の肋骨状の飾り》. **3**《腰帯の》剣差し; 《生け花の》剣山《針に代えて小穴をあけたものもある》; 《ヴァイオリンの弓の》毛止箱, ナット (nut); 《煉瓦の》くぼみ. ♦ **frógged** *a* フロッグの付いた, ひもボタンで留めた. [C18<?; cf. FLOCK²]

frog[3] *n* 蹄叉(ていさ)《馬蹄の中央の軟骨》. [C17<? FROG¹]

frog[4] *n*〘鉄道〙轍叉(てっさ). [C19<?; *frog*³ からか]

fróg·bìt, fróg's-bit *n*〘植〙 **a** トチカガミ《浮遊性水草; 欧州・温帯アジア産》. **b** アマゾントチカガミ《熱帯アメリカ産トチカガミ科の浮遊性水草》.

frógbit [fróg's-bìt] fàmily〘植〙トチカガミ科 (Hydrocharitaceae).

fróg brèathing〘医〙カエル呼吸, 舌咽呼吸《ポリオ患者などのための咽頭の筋および舌を用いる呼吸法》.

fróg·èat·er *n* 蛙を食う人; [ᵘF-] [*derog*] 蛙食い, フランス人 (⇨ FROG¹).

fróg·èye *n*〘植〙《タバコの》赤星病, 白星病, 《ダイズの》紫斑病《菌類により葉に同心円の病斑を生じる》.

fróg·fàce *n* **1** カエルのような顔, カエル顔[顔貌]《特に 鼻茸 (polyps) によって鼻が広がった顔》. **2** [ᵘfrog face] *《俗》いやなやつ, 変なやつ, ばか.

fróg·fìsh *n*〘魚〙イザリウオ, 《広く》アンコウ類の各種.

frog·gee /frάgi/ *n*《俗》FROGGY.

fróg·gie *n* [ᵒF-]《俗》FROGGY; 《豪俗》コンドーム (frog). ► *a* [ᵒF-]《俗》FROGGY.

fróg·ging[1] *n*《衣服の》フロッグ飾り.

frogging[2] *a, adv* *《俗》[*euph*; 強意語] ひどい[ひどく], むちゃくちゃ (damned, fucking). [*frog*¹]

fróg·gy *a* **1 a** カエルの多い; カエルのような. **b** 冷たい, 冷淡な. **2** [F-]《俗》[*derog*] フランス(人)の (French). ► *n* [F-]《俗》[*derog*] フランス人《あだ名; ⇨ JOHN BULL》.

fróg hàir *《俗》政治資金, 政治献金.

fróg·hòpper *n*〘昆〙アワフキ (spittlebug).

fróg kìck〘泳〙《平泳ぎの》かえる足, フロッグキック.

fróg·let *n* 小さなカエル, 若いカエル《特に オタマジャクシから変態したばかりのもの》.

fróg·màn /, -mən/ *n* 潜水夫, 《特に》潜水工作員[兵].

fróg·màrch" *vt, n* 〈反抗する囚人などを〉後ろ手に縛りあげて歩かせる(こと); うつ伏せにして4人がかりで手足を持って運ぶ(こと); 《一般に》むりやりに歩かせる(こと).

fróg·mòuth *n*〘鳥〙ガマグチヨタカ《豪州・東インド・南アジア産; くちばし・口が大きい》.

fróg òrchid〘植〙アオチドリ《緑色の小花をつける地生ラン; ヨーロッパ・北米・西アジア産》.

Fróg Prínce [Kíng] [The] 蛙の王子[王様]《Grimm 童話の一話; 魔法で蛙に変身させられていた王子が王女の口づけでもとの姿に戻る》.

frog's-bit (family) ⇨ FROGBIT (FAMILY).

fróg·skìn *n* *《俗》(1ドル)札《緑色から》; 《豪俗》コンドーム.

fróg slìcing *《俗》[偽悪語] カエルの腑分け《生物学のクラス[コース]》.

fróg's màrch FROGMARCH.

fróg spàwn カエルの卵; 〘植〙カワモズク属の紅藻《淡水藻》; 〘昆〙FROG SPIT; タピオカ (tapioca) [サゴ (sago)] のプディング.

fróg spìt [spìttle]〘昆〙《アワフキがつくる》泡 (cuckoo spit); 〘植〙淡水にひと塊りになって浮く緑藻.

fróg·stìck·er *《俗》 *n* ポケットナイフ; 剣, 槍, 銃剣.

froi·deur /*F* frwadœ:r/ *n* 冷淡さ, 冷ややかさ, よそよそしさ. [F (*froid* cold)]

Frois·sart /frɔ́ɪsὰ:rt; *F* frwasar/ フロアサール **Jean** ～ (c. 1337–c. 1405)《フランスの年代記作家・詩人》.

frol·ic /frάlɪk/ *n* ふざけ戯れること; 大浮かれ, 歓楽; 浮かれ騒ぎの宴会, 陽気な集まり. ► *vi* (**-ick-**) 遊び戯れる, 浮かれ騒ぐ, 飛んだりはねたりする. ► *a*《古》陽気な, 浮かれ騒ぐ. ♦ **～·ly** *adv* **fról·ick·er** *n* [Du *vrolijk* (a) (*vro* glad)]

fról·icky *a* FROLICSOME.

frólic·some *a* ふざけてはねまわる; 陽気な (gay, merry). ♦ **～·ly** *adv* ふざけて. **～·ness** *n*

from /frəm, frὰm, frὰm; frəm, frɔ̀m/ *prep* **1 a** [出発点・起点] …から: ～ childhood [a child] 幼時から / ～ Boston *to* New York / ～ the beginning 初めから / two minutes ～ touchdown 着陸の2分前に[で] / ～ here on out 今後永久に / ～ this time 今から / go away ～ home 家を出る, 出かける / We keep good wine ～ five dollars a bottle. 当店は1瓶5ドルから(上)の良酒をそろえております. ★ from…to の形で成句をつくる; 通例 名詞の冠詞は省略される: ～ HEAD *to* foot / ～ PLACE *to* place / ～ TIME *to* time. **b** [変化・推移] …から: awake ～ a dream 夢からさめる / recover ～ illness 病気から回復する / go ～ BAD *to* worse / translate ～ English *to* French 英語からフランス語に翻訳する / decrease ～ 2009 2009年と比較して減少する. **2 a** [出所・発送者・手本] …から: letters ～ a friend / Where are you ～? ご出身は? / a friend ～ school [work] 学校[職場]の友人 / quotations ～ various authors 種々の作家からの引用 / paint ～ nature [life] 実物を写生する. **b** [原料] …から, …で: make wine ～ grapes ぶどうから酒を造る. **3** [原因・動機・理由・根拠] …の故に: suffer ～ gout 痛風をわずらう / act ～ necessity, not ～ a sense of duty 責任感からでなくて必要に迫られて行動する / (judging) ～ what I hear わたしの聞くところから判断すると / ～ experience 経験に基づいて〈話すなど〉. **4 a** [分離・離脱] …から: take six ～ ten 10から6を引く / live apart ～ one's family 家族と別居する. **b** [抽出・除外・免除・制止・保護] …から; …しないように: be expelled ～ school 放校される / rest ～ work 仕事の手を休める / rescue ～ danger 危険から救出する / refrain ～ laugh*ing* 笑いを慎む, 笑わない. **c** [区別・相違] …から, …と: differ ～…と異なる / know [tell] black ～ white 白と黒とを識別できる. **5** [場所または時を表わす副詞または前置詞の前に付け, 方向・位置を示して] …から: ～ AFAR / choose a book ～ among these この中から一冊選ぶ / ～ before the war 戦争前から / ～ of OLD / ～ off…《文》…から (from) / ～ out (of)…から《out of の強調形》/ ～ under the table テーブルの下から / (～) THENCE. ● **～ one day [minute, hour, etc.] to another [the next]** その時その時で《どうなるかわからない》. [OE *fram* from, forth, away]

fro·mage /froumά:ʒ; frάmα:ʒ; *F* frɔma:ʒ/ *n* フロマージュ (cheese).

fromáge blánc /-blά̃; *F* -blɑ̃/ フロマージュ・ブラン, 白チーズ《軽い酸味のある凝乳状のチーズ》. [F=white cheese]

fromáge fráis /-fréɪ; *F* -frɛ/ フロマージュ・フレ《**1**) カテージチーズの軟らかいもの; サラダにかける **2**) フロマージュ・フレなどの軟らかいチーズを使った低脂肪のデザート》. [F=fresh cheese]

Frome /fróum/ [Lake] フロム湖《オーストラリア South Australia 州東部の浅い塩湖》.

fro·men·ty /fróuməntɪ/ *n* FRUMENTY.

Fromm /fróum, frάm; frɔ́m/ フロム **Erich** ～ (1900–80)《ドイツ生まれの米国の精神分析学者; *Escape from Freedom* (1941), *The Sane Society* (1955)》.

frompy /frάmpi/ *a* FRUMPY.

frond /frάnd/ *n*〘植〙《特に シュロ・ヤシ・シダ類の》葉; 《特に 地衣類・海藻の》葉状体《葉と茎の区別がつかない》. ♦ **～·ed** *a* 葉のある〈シュロなど〉. **～·less** *a* [L *frond- frons* leaf]

frónd·age *n* 葉 (fronds); 茂った群葉.

Fronde /*F* frɔ̃:d/ [the] *n*〘フランス史〙フロンド党《Louis 14 世の幼時に宮廷と Mazarin に対して反抗した貴族たち》; フロンドの乱《前期 1648–49, 後期 1650–53》. [F=sling]

fron·des·cence /frαndέs(ə)ns/ *n* 発葉状態[時期]; 葉 (foliage). ♦ **fron·dés·cent** *a*

fron·deur /*F* frɔ̃dœ:r/ *n*《政府に対する》反抗者, 反政府主義者, 不平家[分子]; [ᵘF-] フロンド党員.

Fron·di·zi /frandí:zi, -si/ フロンディーシ **Arturo** ～ (1908–95)《アルゼンチンの法律家・政治家; 大統領 (1958–62)》.

fron·dose /frάndòus/ *a*〘植〙葉状体を生じる; 葉状の, 葉状体のような (thalloid). ♦ **～·ly** *adv*

frons /frάnz/ *n* (*pl* **fron·tes** /frάntì:z/)〘昆〙額前頭, 額.

front /frʌ́nt/ *n* **1** [the] 前部, 前の方, 前面, 前側, 前 (opp. *rear*); [the]《書籍・新聞などの》初めの部分; 〘音〙前舌面, 口腔の前部; 《古・詩》《季節などの》初め. **2 a**《建物の》面, 正面, 表(おもて), 前面; 正面玄関; [the]〘劇〙舞台前面, 観客席; 表方: the ～ of a house《通りに面した》家の正面 / the ～*s* of a mansion 大邸宅の四方の面 / the ～ of the postcard (絵)はがきのおもて. **b**《道路・湖などの》隣接地, 地先; [the]《避暑地などの海岸・湖岸に沿った》遊歩道, 海岸通り: a hotel on the lake [river] ～ 湖[河岸]に面したホテル. **3 a**〘軍〙《隊列の》正面, 方向; 最前線, 第一線(部隊); 戦線, 戦場, 戦地: the western ～ 西部戦線 / HOME FRONT. **b**〘気〙前線: COLD [WARM, OCCLUDED] FRONT. **4 a**《思想・政治・社会的な》協力, 提携; 共同戦線: POPULAR FRONT / form a united ～ 共同戦線を張る 〈*against*〉. **b** 活動の場[領域, 分野], 方面; 政策; 立場, 見解, 態度: the labor ～ 労働戦線, 労働界 / the fashion ～ ファッション界 /

the price ～ 価格戦略 / a change of ～ 政策の変更, 態度の変化 / on the personal ～ 私的な面[領域]では / on all ～*s* あらゆる方面で. **5 a** 人の外観, 見かけ; 《口》 見せかけ, りっぱな様子[ふり], 体面; 《まれ》 あつかましさ, ずうずうしさ: have the ～ *to* do あつかましくも…する / put up a ～ ふりをする, 見せかける. **b** 《口》《団体·事業などの世評を高めるための》看板の名士, 飾り物の代表者; 《世間をごまかすための》表向きの人[もの, 事業], 隠れみの / a ～ for tax fraud 税金のがれの隠れみの. **c** 《取りはずしできる》ワイシャツの胸当て (dickey); [°*pl*]*《俗》 服, スーツ, ジャケット. **6 a** 顔面, 面(おもて) (face); 《詩·文》 額 (forehead). **b** 《女性の額ぎわの》付け前髪; 《祭壇の》掛け布.

● **at the ～** 戦地に行っている, 出征中の; 〈問題など〉表立って. **change ～** 〔軍〕 向きを変える; 方針を変更する. **come to the ～** 前面に出てくる, 顕著[著名]になる. FRONT RANK. **～ to ～** 《古》 面と向かって. **get in ～ of** one**self** *《口》 急ぐ, あわてる. **go to the ～** 前線[戦線]に出る; 出征する. **in ～** 前に, 先に, 前方に; 前部で[に], 正面で; 人目につく所に, 最も重要な位置に; 《俗》 先立って (in advance), 前払いで: out *in* ～ はるか前方に; 《競技·選挙などで》大差をつけて. **in ～ of**…の前に, …の正面に (opp. *at the back of*); …に先立って; …の面前で. **in the ～** 前部に[で]; 〈…の〉最前部[最も重要な地位]に 〈*of*〉. **keep up a ～** 成功したように見せかける, 体面を保つ. **on the home** [**domestic**] **～** 銃後で, 国内(事情)については, 国内では; 《主婦[主人]不在の》家庭で(は). OUT **～**. **put on** [**put up, show**] **a bold** [**brave, good**] **～**＝put on a bold FACE. **put on a ～** 門戸を張る. **up ～** 〔軍〕 前線に; 《口》 活動の前線に[で], 先頭に立って, 中心となって; [〈*n*〉] 《企業などの》管理部門; 《口》 〔スポ〕 前衛で, 相手側コートに; 《口》 前もって, 《特に》前払いで; 《口》 正直に, 率直に, 直截(ちょくせつ)に; *《口》 一般に知れわたって, 明るみに出て.

► *a* **1** 正面の, 表の, 前面の, 最前の (opp. *back*); 《サッカーなどで》フォワードの, トップの: a ～ seat 前[正面]の席 / a ～ wheel 前輪 / the ～ two [three] 《フォワードの》ツー[スリー]トップ. **2** 正面から見た; 表向きの, 隠れみの的な〈事業·人物〉; 〔音〕 前舌の 《比較級は 時に fronter》; 〔ゴルフ〕 前半の 《はじめの 9 ホール》.

► *adv* 正面へ, 前の方に; [〈*int*〉] フロントへ! 《ホテルの支配人がボーイをフロントへ呼ぶときの用法》: Eyes ～! 《号令》 かしら中, 直れ! ● **～ and center** 《活動·興味·関心などの》先頭[中心]に, 最前線に; [〈*int*〉] 《号令》 〔軍〕 中央前へ; [〈*int*〉] 《俗》 すぐに出てこい, さあお呼びだ.

► *vi* **1** 向かう, 面する 〈*to, toward, on*〉; 〔軍〕 正面を向く: The house ～*s on* the sea [*toward* the east]. 家は海に面している[東向きだ]. **2** 《口》 人目を欺く役をする, …の表看板[だし, 隠れみの]になる 〈*for*〉; *《俗》 ふりをする, (自分を)偽る; 《豪口》 姿を見せる, 出向く, 出頭する 〈*up*〉. **3** *《俗》 推薦する, ほめて話す. ► *vt* **1 a** …に向かう, 面する. **b** …と面と向かう, 対面する; …と対決する; …の前に現われる. **c** 正面に向かせる 《しばしば 号令》. **d** 〔バスケ〕 〈相手〉の正面でプレーする. **e** 〔音〕 前舌音に転化する. **f** 〔言〕 〈構成素を〉文頭[節頭]に前置する. **2** …に正面を付ける, …の前面に付ける 〈*with*〉; …に前置き[導入部]をつける: ～ a building *with* sandstone 建物の前面を砂岩にする. **3 a** …の前[前面]にある. **b** 〈バンドなどを〉率いる, …のリーダー[リードヴォーカル, リードプレーヤー]をつとめる; 〈組織などを〉代表する; 〈番組〉の司会[ホスト役]をつとめる. **4** *《俗》 〈金を〉前払いする, 〈品物を〉前渡しする. ● **～ off about**… *《俗》 …について生意気に不服[反感]を示す. **～ out** "《俗》 (**1**) (*vt*) 〈人〉に立ち向かう[たてつく], 対決する, はっきりとかます. (**2**) (*vi*) でかいつらをする, 生意気なまねをする, のぼせあがって[いい気になって]はしゃぐ (＝～ it, ～ off).

[OF＜L *front- frons* face]

front. frontispiece.

frónt·age *n* 《建物·土地の》正面, 前面, 間口; 《家から街路までの》軒先; 《建物の》向き; 《街路·河川などに》面する土地, 臨界地, 隣接地, 地先. ♦ **frónt·ag·er** *n* 《街路·河川の》隣接地の所有者[居住者].

fróntage ròad* 側道 (＝*service road*) 《高速道路などと平行させて造った連絡道路》.

fron·tal /frʌ́ntl/ *a* 正面[前面]の, 正面へ向かっての (opp. *back, rear*); 〔解〕 額の, 前頭の; 〔気〕 前線の; 〔美〕 正面性 (frontality) を示す[有する]; *《俗》 正直な, 率直な 《up front より》: a ～ assault 正面攻撃. ► *n* 〔解〕 FRONTAL BONE [LOBE]; 〔教会〕 《祭壇の》正面掛け布; 〔建〕 正面 (façade); 《バンドなどの》額飾り; 窓や戸口の上の小さな破風(はふ). ♦ **～·ly** *adv* [OF＜L; ⇨ FRONT]

fróntal bóne 〔解〕 前頭骨.

fron·tal·i·ty /frʌntǽləti/ *n* 〔美〕 正面性 《(**1**) 彫刻では, 像が真正面を向き, 垂直の中心線を軸に左右が対称的に遠近法なしに展開すること; 古代エジプトや古代ギリシアの彫像はその典型 **2**) 絵画では, 対象の属する平面が画面と平行するように描くこと; 群像の場合, 人物は同じ大きさになる》.

fróntal lóbe 〔解〕 《大脳の》前頭葉.

fróntal sýstem 〔気〕 前線系 《天気図に現われる一連の前線(の形態·種類)》.

frónt bénch [the] 《英国·オーストラリアなどの下院の》最前列の席 《与党および野党第一党の閣僚級幹部の席; cf. BACKBENCH》; 《最前列の席にすわる》与野党幹部. ♦ **frónt·bénch·er** *n*

frónt búrner レンジの前のバーナー (cf. BACK BURNER). ● COOKing **on the ～**. **on the** [one's] **～** 最優先事項で, 最大関心事で.

frónt·cóurt *n* 〔バスケ〕 フロントコート 《(**1**) 相手側コート **2**) 相手側コートで戦う攻撃プレーヤー, すなわちフォワードとセンター》.

frónt désk 《ホテルなどの》フロント, 受付.

frónt dìve 〔泳〕 前飛込み.

frónt dóor *n* 正面入口, 正面玄関, 表口; 《目的·場所などへの》最善の接近法, 合法的手段, 正規の手続き; [the] *《俗》 《サーカスの演技者に対し》運営側: to do sth through ～ 正面から事を行なう. ► *a* *《俗》 〈会社など〉まともな, まっとうな, ちゃんとした.

frónt èdge 《書物の》前小口 (fore edge).

Fron·te·nac /*F* frɔ̃tnak/ フロントナック **Louis de Bu·ade** /*F* bɥa:d/, Comte de **Pal·lu·au** /*F* palɥo/ et de ～ (1622–98) 《フランスの軍人·植民者; 北米の New France 総督 (1672–82, 89–98)》.

frónt-énd *a* **1** 《車などの》前面の, 正面の; 《口》 手始めの[に必要な], 着手段階の (cf. BACK-END) (: ～ charge [fee]); *《俗》 《カーニバル会場などで》中道の正面入口に近い所の. **2** 〔電算〕 フロントエンドの.

frónt ènd 《車などの》前面, 正面; フロントエンド 《ラジオ·テレビの受信機における無線周波数信号が中間周波数に変換される前の入口部分》; 〔電算〕 フロントエンド 《(**1**) メインとなるコンピューターとユーザーの間で行なわれる前処理や制御 **2**) 前記の処理·制御を行なうシステム》.

frónt-ènd bónus フロントエンドボーナス 《将来の会社幹部とみなされる人に対して会社内に留まるようにするために, 通常の給与·手当以外に支給されるボーナス》.

frónt-ènd lóad 《証券, 特に ミューチュアルファンド受益証券買付けの》先取り手数料.

frónt-ènd lòader フロントエンドローダー (＝*front loader*) 《トラクターの前部にバケットを取り付けた掘削·積込み機》.

frónt-ènd móney *《俗》 映画の封切り前にもうけた金, 興行前収益.

frónt-ènd prócessor 〔電算〕 フロントエンドプロセッサー, 前置計算機 《端末装置と主計算機の間に置かれる》.

fron·ten·is /frʌ̀ntέnəs, frɑn-/ *n* フロンテニス 《3 壁面コートでするメキシコ起源の一種のテニス》. [AmSp]

frónt·er *n* *《口》 FRONT GROUP に所属する者.

frontes *n* FRONS の複数形.

frónt-fánged *a* 〔動〕 〈ヘビが〉前牙類の 《上あごの前方に一対の毒牙がある; コブラやクサリヘビなど; cf. BACK-FANGED》.

frónt fóot 間口フィート (＝*foot front*) 《道路·河川に面した土地の計測単位》.

frónt fóur 〔アメフト〕 フロントフォー 《2 人ずつのタックルとエンドからなる, ディフェンスラインの最前線》.

frónt gée /-ʤí:/ *《俗》 スリの共謀者[相棒]. [*gee*[4]]

frónt gròup 《世間の目をごまかすための》表向きの組織[団体], 表看板 (front).

fron·tier /frʌ̀ntíər, frɑn-, ⏑⏑/ *n* 国境(地方), 辺境; *開拓前線(地帯), フロンティア 《開拓地と未開拓地の境界地域》; [°*pl*] 境界, 最先端; [°*pl*] 《知識·学問などの》開拓中の[新しい]領域; 〔数〕 《位相空間の部分集合の》境界; 《廃》 辺境の砦: *on* [*at*] the ～ 辺境[国境]で / the ～*s* of knowledge 知の最前線 / extend [push back] the ～*s* 新しい境地を開く, 画期的業績をあげる 〈*of*〉; 領域を拡大する 〈*of*〉 / NEW FRONTIER. ► *a* 国境の, 辺境の, フロンティアの, 国境における; 先駆的な. ♦ **～·lìke** *a* **～·less** *a* [OF＜Romanic (L FRONT)]

frontíers·man /-mən/ *n* 国境地方の住民; *辺境の住民[開拓者]. ♦ **-wòman** *n fem*

frontíer spírit 開拓者気風[精神], フロンティアスピリット 《米国国民性の一特質とされる》.

Fron·ti·gnan /*F* frɔ̃tiɲɑ̃/ *n* フロンティニャン 《(**1**) フランス南部 Languedoc 地方の Frontignan で栽培されるマスカットブドウ **2**) それで造るワイン》.

fron·ti nul·la fi·des /frɔ́:nti: nʊ̀lɑ: fídèis/ 外見は信用できない. [L]

fron·tis·piece /frʌ́ntəspì:s/ *n* 《本の》口絵, 《まれ》 とびら; 〔建〕 正面, 主要部; 《戸口や窓の上の, 多くは三角形の》装飾壁, 切妻壁; 《俗》 〔ボク〕 顔面. ► *vt* …に口絵を付ける 〈*with*〉; 口絵で描く; 口絵として載せる. [F *frontispice* or L (FRONT, *specio* to look); 語尾は *piece* に同化]

frónt·làsh* *n* 政治的反動に対する対抗反作用.

frónt·less *a* 正面[顔]のない; 《古》 あつかましい, 厚顔な, 恥知らずの.

frónt·let *n* **1** 額を飾る帯[リボン]; 〔ユダヤ教〕 《額につける》PHYLACTERY; 《建物の》正面装飾; 《祭壇の》正面掛け布 (frontal) の上部にたれる細長い布片. **2** 《四足獣の》額; 《特に 鳥の, 色が異なる》前額部; 動物の額につけるおおい[ハーネス].

frónt·lìne *a* 〔軍〕 前線(用)の; 非友好国[紛争地域]に隣接した, 最前線の; 最先端の; 優秀な, 第一線の; "住民[顧客]に直接接する〈スタッフ〉; 一軍の, レギュラーの: ～ states 前線諸国 《特に 南アフリカ共和国やイスラエルに接する諸国をいう》.

frónt líne [the] 〔軍〕 最前線, 前線; 最先端, 第一線: in [at, on] *the* ～ 最前線で; 第一線で; 矢面に立って.

frónt·lìst *n* 《出版社の》新刊・好評既刊書目録[案内] (cf. BACKLIST).
frónt-lòad *vt* **1** 〈契約・事業計画・時期など〉の初期の段階に費用[利益]を配分する, 前倒しする. **2** 〈洗濯機・ビデオデッキ〉の前部から入れる; 前部から入れる. **3** *«俗» 《酒が出ない場に出かける際に》事前に飲みだめする. ► *a* 前入れ方式の (front-loading).
frónt lòader **1** 前から出し入れできる機器《洗濯機など; cf. TOP LOADER》. **2** FRONT-END LOADER.
frónt-lòad·ing *a* 前入れ方式の〈ビデオデッキ・洗濯機〉.
frónt màn 代表者, 《特に不正行為の隠れみのとして使われる》表向きの人物, 表看板; 《バンドの》リードヴォーカル, リードプレーヤー, フロントマン; ‖《番組の》司会者, プレゼンター; 〘アメフト〙ラインマン; 《バレーボールなどの》前衛.
frónt màtter 《書物の》前付 (=*preliminaries, prelims*) 《本文を除いたとびら・序言・目次など; cf. BACK MATTER》.
frónt mòney* 前金, 前渡し金, 頭金, 手付金, 着手資金.
frónt·mòst *a* 最前部の, 最前位置の.
frónt náme* «俗» 最初の名前, 名 (given name).
frónt níne 〘ゴルフ〙フロントナイン《18 ホールのうちの前半の 9 ホール》.
fron·to- /frántoʊ, -tə/ *comb form* (1)「前頭骨と…の」「前頭葉と…の」 (2)〘気〙「前線」 [L *front- frons* forehead, brow, front]
frónt óffice *n* 《会社・組織の》本部, ‖《特に》警察本部; *首脳部, 幹部連; 窓口[広報]担当者; *«俗» [*joc*] 《決定権をもつ》夫, 妻. ► *a* 〈決定など〉経営幹部の, 最終的な.
frónt of (the) hóuse [the] 《劇場などの》表方担当区域《ロビー・観客席など》; 表方の業務; 《レストランで厨房に対して》客席(部分).
frònto·génesis *n* 〘気〙前線の発達[発生], フロントジェネシス.
front·ol·y·sis /frʌntáləsəs/ *n* (*pl* **-ses** /-sì:z/) 〘気〙前線の衰弱[消滅], フロントリシス.
fron·ton[1] /*F* frɔ̃tɔ̃/ *n* 〘建〙PEDIMENT.
fron·ton[2] /frántàn, ─ ╱/ *n* ハイアライ (jai alai) 球技場; «メキシコ» JAI ALAI. [Sp]
frònto·pálatal *a, n* 〘音〙前舌口蓋音(の)《舌前部と硬口蓋の間に調音点をもつ子音; /ʃ, ʒ, ʧ, ʤ/ など》.
frònto·paríetal 〘解〙*a* 前頭骨と頭頂骨の, 前頭頂骨の; 《大脳半球の》前頭葉と頭頂葉の.
frónt-páge *a* 〈ニュースが〉新聞の第一面向きの, 重要な (opp. *back-page*). ► *vt* 〈ニュースを〉第一面に載せる.
frónt páge 《本の》とびら, 表題紙 (title page); 《新聞の》第一面.
Frónt Ránge [the] フロント山脈《Rocky 山脈南部における最東端の支脈; Colorado 州中部から Wyoming 州南部にわたる; 4000 m 以上の高峰が多い》.
frónt-ránk *a* 第一級の, 一流の.
frónt ránk 第一級, トップクラス. ● **in the ~** 有名[重要人物]で.
frónt róom 表側の部屋, 《特に》LIVING ROOM, PARLOR.
frónt-rúnner *n* 《競走で》先頭を行くと最も力の出せる人[馬など], 先行逃切り型の選手, 先行馬; ペースメーカー; 《一般に競争で》先頭[首位]を行く者, 《選挙などの》最有力候補.
frónt rúnning 〘証券〙フロントランニング, 先回り売買《相場に影響するほどの大口取引の可能性をつかんだ証券業者が自己勘定のオプション取引などを先に成立させて利益を得ようとすること》; *先頭[首位]を行く者を応援する[勝馬に乗る]こと.
frónts·man‖ /-mən/ *n* 店の前に立って売る売り子.
frónt vówel 〘音〙前(舌)母音《/ɪ, e, ɛ, æ/ など》.
frónt·ward *a, adv* 正面に向かう[向かって], 前方へ(の).
frónt·wards *adv* FRONTWARD.
frónt-whèel dríve 〘車〙前輪駆動(車)《略 FWD》.
frónt yárd 《家の》前庭 (opp. *backyard*).
froo·dy /frú:di/ *a* *«俗» すばらしい, すてきな, すごい.
frore /frɔ́:r/ *a* «古・方・詩» 霜凍る (frosty), 凍った, 凍(い)てつく, 厳寒の.
frosh /fráʃ/ *n, a* (*pl* ~) *«口» 新入生 (freshman) (の).
frost /frɔ́(:)st, frást/ *n* **1 a** 霜, 霜柱 (cf. BLACK [WHITE] FROST, JACK FROST): There was a heavy ~. ひどい霜が降りた / early [late] ~*s* 秋[春]の霜. **b** 氷結, 凍結, 《冷凍機などの》霜着き; 結霜の寒気; ‖霜点(温度): 5 degrees of ~ 氷点下 5 度 (=27°F) / plants killed by ~ 霜で枯れた植物 / a hard [sharp] ~ きびしい霜, 厳寒. **c** ミルクセーキ, フラッペ. **2 a** 《態度などの》冷厳, きびしさ; «口» ひややかさ, よそよそしさ. **b** «口» 《催し物などの》失敗, 不でき. **3** 《装飾用の》砕いた極薄ガラス. ► *vi* 霜でおおわれる, 凍る; 〈ワニス・ペンキなど〉霜様の薄膜を生じて乾く, 結霜する. ► *vt* **1** 霜でおおう; 〈ガラス・金属を〉つや消しにする; 〈髪を〉白くする; *〈ケーキ〉に砂糖ごろもをかける (ice); 〈蹄鉄〉にすべり止めの釘を打つ. **2** (霜で)凍らせる; 〈植物〉に霜害を与える; …の元気を失わせる. **3** *おこらせる, いらいらさせる; «俗» 無視する, しかとする, すげなくする. ● **~ over [up]** 霜でおおう[おおわれる]. ♦ **~·less** *a* 霜のない; 霜害のない. **~·lìke** *a* [OE<Gmc (⇨ FREEZE); cf. G *Frost*]
Frost フロスト **Robert (Lee)** ~ (1874–1963) 《米国の詩人; *A Boy's Will* (1913), *North of Boston* (1914), *New Hampshire* (1923)》. ♦ **Fróst·ian** *a*
Fróst·bèlt *n* フロストベルト, 降霜地帯 (SNOWBELT).
fróst·bìte *n* しもやけ, 凍傷; «NZ» 小型の帆走用ヨット. ► *vt* 霜で害する; …に凍傷を起こさせる. ► *vi* *寒中帆走競技に参加する. ► *a* 寒い季節[寒中]に行なわれる, 寒中帆走の: ~ race.
fróstbite bòating [sàiling]* 寒中帆走(競技).
fróst·bìter *n* 寒中帆走用ヨット; 寒中帆走をする人.
fróst·bìting* *n* FROSTBITE BOATING.
fróst·bìtten *a* 凍傷になった; 〈果物・野菜など〉霜害をうけた; 冷淡な, 冷酷な.
fróst·bòund *a* 〈地面など〉凍結した; 〈関係など〉冷えきった.
fróst·ed *a* **1** 霜でおおわれた, 霜の降りた; 凍害をうけた; 結霜した; 急速冷凍した〈野菜〉; 凍傷にかかった. **2** 〈髪など〉白くなった, 霜をおいた; 砂糖を白くまぶした〈ケーキ〉; つや消しの; フロスティングした〈髪〉(⇨ FROSTING); 〈口紅など〉ラメ入りの: ~ glass すりガラス. **3** [°~ over] *«俗» おこった, いらいらした; *«俗» 冷淡な; *«俗» 酔っぱらった. ► *n* シェーク《(1) 牛乳・香料・アイスクリームをかきまぜて作るどろっとした飲み物 (=*milk shake*) 2) 半分凍ったオレンジなどの果汁をかき混ぜて作る飲み物》.
Fròsted Flákes フロステッドフレークス《砂糖がけコーンフレーク; Tony the Tiger というマンガのトラが箱絵や CM に登場する; 英国では Frosties の名で販売》.
fróst·fìsh *n* 〘魚〙**a** ニューイングランド沿岸に霜の降りるころ現われるマダラ属の小型のタラ (tomcod). **b** キュウリウオ科の食用魚 (smelt) 《北米東部産》. **c** «NZ» オビレダチ (scabbard fish) 《タチウオ科の魚》.
fróst flòwer **1** 〘植〙ナガエアマナ《米国南西部・メキシコ原産; ユリ科》; 《一般に》アスター (aster). **2** 〘水文〙《地表・地表下にできる》氷花 (=*ice flower*).
frost freak ⇨ FREON FREAK.
fróst hèave [hèaving] 土が凍って地面を押し上げること, 凍上.
fróst hòllow 霜穴《冷気が滞留し夜間に大きく冷え込む山間の窪地》.
fróst·ing *n* 結霜, 降霜, 霜着き; *《菓子の》砂糖ごろも, アイシング (icing); [*fig*] 飾り; 《ガラス面などの》つや消し(仕上げ); 《装飾細工用》ガラス粉; フロスティング《薬品などで毛髪を部分的に脱色して明暗をつけること; cf. STREAKING》. ● **~ on the cake**=ICING on the cake.
fróst lìne 〘地質〙地下凍結線, 凍結深度《霜の地中浸透限度》; 降霜限界.
fróst·nìp *n, vt* 軽い凍傷(にかからせる).
fróst pòint [the] 〘気〙霜点 (=*hoarfrost point*).
fróst smòke 〘気〙氷煙.
fróst·wòrk *n* 《窓ガラスなどに生じた》霜の花, 霜華(しもばな); 《銀器などの》霜模様装飾.
frósty *a* **1** 霜の降りる; 凍る寒さの; 霜でおおわれた. **2** 温かみのない, ひややかな, 冷淡な; *«俗» 冷静な, 落ちついた; *«俗» すてきな, くつろいだ, クールな: a ~ smile 冷笑. **3** 霜の降りたような; 〈頭髪が〉半白の, 霜白の; 老年の. ► *n* «俗» (缶)ビール, 冷たいビール (=~ **òne**). ♦ **fróst·i·ly** *adv* 霜が降りたように; 冷淡に. **-i·ness** *n*
froth /frɔ́(:)θ, fráθ/ *n* (*pl* **~s** /-θs, *-ðz/) 《ビールなどの》泡, あぶく; 《病気・興奮による》つばきの泡; 内容のないもの, くだらないこと[考え], 空言; *«俗» ビール (beer); 泡に似た感じのもの (: a ~ of lace). ► *v* /, -ð/ *vt* 泡立たせる 〈*up*〉; 泡だらけにする; 泡を飛ばして言う, まくしたてる; [*fig*] 軽い[つまらない]ものでおおう[囲む]: ~ beer [eggs] ビール[卵]を泡立たせる. ► *vi* 〈馬など〉泡を吹く; 泡立つ 〈*up*〉; 泡だらけになる. ● **~ at the mouth** 口から泡を吹く; «口» かんかんにおこる. [ON *frotha*]
fróth·blòw·er‖ *n* [*joc*] ビール愛飲家《特に 慈善団体の会員の呼称として》.
fróth flotàtion 〘鉱〙泡沫浮遊選鉱.
fróth·spìt *n* 〘昆〙《アワフキ (spittlebug) の》泡.
fróthy /-θi, *-ði/ *a* 泡のような, 泡状の; 泡の多い, 泡だらけの; うわついた, 浅薄な, くだらない; 軽く薄い生地の〈服〉. ♦ **fróth·i·ly** *adv* **-i·ness** *n*
frot·tage /frɔ(:)tá:ʒ/ *n* フロッタージュ《(1) 〘美〙対象物の上に置いた紙を鉛筆などでこすって模様を出す技法, こすり出し; その技法による作品 2) 〘心〙服を着たまま体を他人の体または物にこすりつけて性的快感を得ること[異常性欲] (=*frotteurism*)》. [F (*frotter* to rub)]
frot·teur /frɔ(:)tɔ́:r/ *n* 〘心〙フロッタージュをする人. ♦ **frot·teur·ism** /frɔ(:)tɔ́:rìz(ə)m/ *n* 〘心〙窃触症 (frottage).
Froude /frú:d/ フルード **James Anthony** ~ (1818–94) 《英国の歴史家・文学者; Carlyle の伝記で有名》.
frou·frou /frú:frù:/ *n* きぬずれの音, サラサラ; 《特に 女性の服装の》過度の装飾, 凝りすぎた服; *«口» 気取った上品さ. ► *a* 装飾過多の, 華美な〈ドレス〉. [F (imit)]
frounce /fráuns/ *n* «古» 見せびらかし, 虚飾. ► *vt* 縮らせる, …の髪を縮らせる; «廃» …にひだをつける. ► *vi* «廃» まゆをひそめる.
frouzy ⇨ FROWSY.
frow[1] /fráu/ *n* オランダ[ドイツ]人女性 (cf. FRAU); 女, 主婦, 夫人; «方» ふしだら女, あま. [Du]

frow[2] ⇨ FROE.
fro·ward /fróʊ(w)ərd/ *a* ことごとに反対する, つむじまがりの; 《古》不利な. ♦ **～·ly** *adv* **～·ness** *n* [ME=turned away (FRO, -ward)]
Froward [Cape] フロワード岬《チリ南部 Brunswick 半島の南端の岬; Magellan 海峡の北岸にあたる; 南アメリカ本土の最南端 (53°56′S, 71°20′W)》.
frown /fráʊn/ *vi* まゆをひそめる, 眉間にしわを寄せる; むずかしい[いやな]顔をする, 不興の色[難色]を示す ‹*at, on, upon*›; ‹事物が›思わしくない[危険な, 近づきがたい]様相を示す. ► *vt* まゆをひそめて…に対する不機嫌[不賛成]の意を示す ‹*away, off, back*›; ‹不賛成などを›まゆをひそめて表わす[示す]: ～ down こわい顔をして威圧する[黙らせる]. ► *n* まゆをひそめること, しかめ面; 眉間のしわ; いやな顔, 渋い顔, 不機嫌[不賛成]の表情; *《俗》コーラとレモン入りの飲み物. ♦ **～·er** *n* [OF *frognier* (*froigne* surly look＜Celt)]
frówn·ing *a* 渋面の, 不機嫌な; ‹絶壁・塔など›威圧するような, 険しい. ♦ **～·ly** *adv*
frowst /fráʊst/ "《口》 *n* 《室内などの》むっとする空気; かび臭い匂い. ► *vi* むっとする中に(平気で)いる; 屋内でぶらぶら過ごす. [逆成＜↓]
frows·ty" /fráʊsti/ *a* むっとする, かび臭い; だらしない, うすぎたない. [変形＜↓]
frow·sy, frow·zy, frou·zy /fráʊzi/ *a* むっとする(ような), かび臭い; むさくるしい, だらしない, うすぎたない. ► *n* [frowsy]*《俗》だらしない女. ♦ **frów·si·ly** *adv* **-si·ness** *n* [C17＜?]
froze *v* FREEZE の過去形.
fro·zen /fróʊz(ə)n/ *v* FREEZE の過去分詞. ► *a* **1** 凍った, 氷結した; ‹食品が›冷凍の (cf. CHILLED); ‹飲み物が›シャーベット状にした; ‹管・窓が›凍結した, 凍りついた; 寒さで痛められた, 霜害にあった, 凍死した; 極寒の. **2** ひややかな, 冷淡な; 感情(表現)を失った, *冷厳な, 動かせない. **3 a** ‹体制などが›固定(化)した; ‹物価・賃金・資産が›凍結された; 〘玉突〙‹球がくっついて(いる)›: ～ credit [loan] 焦げつき貸金. **b** 《驚き・恐れなどで》すくんだ, 動けない; ‹感情などが›抑圧された, 鬱積した. ♦ **～·ly** *adv* ひややかな態度[目]で; *頑固に. **～·ness** *n*
frózen cústard フローズンカスタード《プリン味のアイスクリーム》.
frózen dáiquiri フローズンダイキリ《ダイキリに削った氷を入れてかきまぜたもの》.
frózen fóod 冷凍食品.
frózen fráme FREEZE-FRAME.
frózen límit [the] "《口》(耐えられる)限度.
frózen mítt [mítten] [the] 《俗》ひややかな応接 (cf. MITT, MITTEN 成句).
frózen rópe 《野球俗》鋭いライナー.
frózen shóulder 〘医〙凍結肩, 五十[四十]肩.
frózen sléep 低体温法 (hypothermia).
FRP fiber reinforced plastic 繊維強化プラスチック.
FRS 〘米〙°Federal Reserve System ♦〘英〙Fellow of the Royal Society ♦〘英〙Financial Reporting Standard 財務報告基準.
FRSE Fellow of the Royal Society of Edinburgh.
frt freight.
fruc·tan /frʌ́ktən/ *n* 〘生化〙フルクタン《フルクトース (fructose) からなる多糖の総称》.
fruc·ti- /frʌ́ktə, frúktə, frú:ktə/ *comb form*「果実」 [L (*fructus* fruit)]
Fruc·ti·dor /*F* fryktidɔ:r/ *n* 実月(みのりづき)《FRENCH REVOLUTIONARY CALENDAR の第 12 月; 8 月 18 日–9 月 16 日》.
fruc·tif·er·ous /frʌktíf(ə)rəs, fruk-, fruk-/ *a* 果実を生じる, 結実性の. ♦ **～·ly** *adv*
fruc·ti·fi·ca·tion /frʌ̀ktəfəkéɪʃ(ə)n, frʊ̀k-, frù:k-/ *n* 結実; 果実; 結実器官《集合的》, 《特に》SPOROPHORE.
fruc·ti·fy /frʌ́ktəfàɪ, frúk-, frú:k-/ *vt* …に実を結ばせる; よく実らす; ‹土地を›肥やす. ► *vi* 結実[結果]する; よく実る; 肥える. ♦ **-fì·er** *n* [OF＜L; ⇨ FRUIT]
fruc·tiv·o·rous /frʌktívərəs, frʊk-/ *a* FRUGIVOROUS.
fruc·to·kínase /frʌ̀ktoʊ-, frʊ̀k-, frù:k-/ *n* 〘生化〙フルクトキナーゼ《fructose のリン酸化に関与する酵素》.
fruc·tose /frʌ́ktòʊs, frúk-, frú:k-, -z/ *n* 〘化〙フルクトース, 果糖 (=*levulose, fruit sugar*). [L; ⇨ FRUIT]
fruc·tu·ous /frʌ́kʧuəs, frúk-/ *a* 果実の多い, 多産の; 果実を生じる; 有利な. ♦ **～·ly** *adv* **～·ness** *n*
frug /frʌ́g, frú:g/ *n, vi* (**-gg-**) フルーグ(を踊る)《ツイストから派生したダンス》. [*frig* と *fuck* の混成か]
fru·gal /frú:g(ə)l/ *a* 倹約な, 質素な; ‹食事など›つましい. ● **be ～ of**…を節約する. ♦ **～·ly** *adv* **fru·gal·i·ty** /frugǽləti/ *n* つましさ, 倹約. **～·ness** *n* [L (*frugi* useful, economical)]
fru·gi·vore /frú:ʤəvɔ̀:r/ *n* 〘動〙果食動物, 果食獣.
fru·giv·o·rous /fruʤívərəs/ *a* 〘動〙果実を常食とする, 果食性の. [L *frug- frux* fruit]
fruit /frú:t/ *n* **1 a** 果実, 果物; 〘植〙果実, 実(み); デザートとして使われる植物《ルバーブの葉柄など》; 《シダ・コケ・菌類・藻類・地衣類の》胞子嚢: tropical ～*s*《数種の》トロピカルフルーツ / bear [produce] ～ 実を結ぶ, 結実する; 効果を生ずる / grow ～ 果物を栽培する / the ～ of the tree rose バラの実. ★ 数種の果物の意では複数形も: Apples and oranges are ～*s*. **b**〘ワイン〙果実の風味, 果実香. **2** [*pl*] 農産物, なり物: the ～*s* of the earth 大地の実り《穀類・野菜・綿花なども含む》. **3** [°*pl*] ‹…の›産物, 所産, 結果, 成果, 報い, 収益 ‹*of*›: the ～*s of* one's labors [hard work] 苦労[勤勉]の結果[成果]. **4**《古》《人・動物の》子, 子孫. **5***《俗》[°*derog*] ホモ, おかま; 《俗》変わり者, 狂人 (cf. *nutty as a* FRUITCAKE); 《俗》まぬけ, あほう, カモ. ● **in ～** 実を結んで, 実って: trees *in* ～. **old ～**"《古風俗》きみ, あんた《男性に対する親しい呼びかけ》. **the ～ of the body [loins, womb]**〘聖〙(汝が)胎(たい)の産, 子供《*Deut* 28: 4》. ► *vi* 果実を生ずる, 実を結ぶ, 結実する: Our tree ～*s* well. うちの木はよく実がなる. ► *vt* …に実を結ばせる, 結実させる. [OF＜L *fructus* enjoyment, profit (*fruor* to enjoy)]
frúit·age *n* 結実, 実り; 果実, 果物; 《努力・行為の》成果, 産物.
Frúit and Nút〘商標〙フルーツ・アンド・ナッツ《レーズンとナッツのはいったミルクチョコレートバー》.
fruit·ar·i·an /fruté̀əriən/ *n, a* 果物常食者(の), 果食主義者(の). ♦ **～·ìsm** *n*
frúit·bàsket *n* 果物かご; *《俗》いかれたやつ; *《俗》《後方から見た》男性器.
frúit bàt〘動〙オオコウモリ《果実を常食とする大翼手類の総称; 顔がキツネに似ているため flying fox ともいう》.
frúit bòdy〘植〙FRUITING BODY.
frúit bùd〘植〙実となる芽, 果芽 (cf. MIXED BUD).
frúit·càke *n* フルーツケーキ《干しブドウ・クルミなどのはいった, 時にスパイスの効いた濃厚な味のケーキ》; 《俗》気違い, いかれたやつ, 変人; 《俗》ホモの男, 女性的な男: (as) nutty as a ～=nuttier than a ～《口》まるでばかな, すごくいかれて.
frúit còcktail フルーツカクテル《小さく切った数種の果物にリキュールで風味をつけたもの; 小さいグラスに入れ, 前菜として出す》.
frúit cùp フルーツカップ《**1**) 小さく切った数種の果物をグラスに盛ったもの; デザートまたは前菜 **2**) "果汁にフルーツを入れた飲み物》.
frúit dòt〘植〙SORUS.
frúit dòve〘鳥〙《インドから豪州にかけて分布する各種の》果実食のハト (=*fruit pigeon*).
frúit dròp **1** 落果《果実が熟す前に木から落ちること》. **2** フルーツドロップ《果物の味をつけた飴》.
frúit·ed *a* 果実が実った; 果物を加えた.
frúit·er *n* 果物運搬船; 実のなる木, 果樹; 果樹栽培者: a sure ～ 結実の確かな果樹.
frúit·er·er" *n* 果物商; 果物運搬船.
frúit flỳ〘昆〙ミバエ《幼虫は果実・野菜の害虫》; 〘昆〙ショウジョウバエ (drosophila); *《俗》ホモとつきあう女 (fag hag).
frúit·ful *a* **1** よく実を結ぶ, 結実のよい; 実りをもたらす, 実り豊かな ‹土地・天候 など›: a ～ vine 豊かな房をつけるぶどうの木 (*Ps* 128: 3) / ～ showers 慈雨. **2** 多くの子を産む, 多産の; 多くを生み出す ‹*of, in*›; 成果の多い, 実り多い, 有益な: a ～ experience [relationship]. ♦ **～·ly** *adv* **～·ness** *n*
frúit·ing bòdy〘植〙《菌類の》子実体 (=*spore fruit*).
fru·ition /fruíʃ(ə)n/ *n* **1** 結実; 実のなりぐあい; 達成, 実現, 成果: come [be brought] to ～ ‹計画など›実を結ぶ. **2** 享受; 《所有・実現の》喜び. [OF＜L (*fruor* to enjoy);「結実」などの意は *fruit* との誤った連想]
frúit jàr 果物入れ瓶《密閉できる広口ガラス瓶で保存用》.
frúit knìfe 果物ナイフ.
frúit lèather 果物を煮つぶしそれを乾燥させて板のようにしたもの.
frúit·less *a* 実を結ばない, 実らない; いい結果を生まない, 成果[実り]のない, むなしい. ♦ **～·ly** *adv* **～·ness** *n*
frúit·let *n* 小さい果実; 〘植〙小果実《集合果の中の一つ》.
frúit lòop*《俗》変わり者, キじるし, いかれたやつ, ばか.
frúit machìne" スロットマシン《賭博・ゲーム用》. [回転筒に果物の絵が描かれたものが多いことから]
Frúit of the Lóom〘商標〙フルーツ・オブ・ザ・ルーム《米国 Fruit of the Loom 社製の男性用下着》.
frúit pìcker*《俗》時々ホモ行為をしてみる男.
frúit pìgeon FRUIT DOVE; GREEN PIGEON.
frúit rànch*(大きな)果樹園.
frúit sàlad フルーツサラダ; 《俗》軍服の上にずらりと並べて付けた飾りひもと勲章; *《俗》鎮静剤・鎮痛剤・バルビツール酸塩・アンフェタミンなどの薬の混合物《特に 青少年が家庭の薬棚から持ち出して fruit salad party と呼ぶパーティーでひそかに試すもの》; *《俗》《脳卒中などによる》寝たきり患者, 植物人間《集合的》.
frúit sàlts [ˈ‹*sg*›] 発泡性の緩下剤の一種.
frúit·sùck·er *n*〘鳥〙コノハドリ (green bulbul).
frúit sùgar〘化〙果糖 (fructose).
frúit trèe 果樹.
frúit·wòod *n* 果樹材《家具用》.
frúity *a* **1**《味や香りが》果物に似た, 果物の風味[果実香]がある, フルーティーな; 風味の豊かな[強い]: a ～ wine ブドウの風味の強いワイン. **2** よく響く‹声など›; 甘ったるい, センチメンタルな‹文章など›; へつらうような, 迎合的な. **3 a**《口》‹話など›興味しんしんたる, おもしろい; "《口》

きわどい, わいせつな(: a ~ joke [story, etc.]); ˈ«俗» セクシー[挑発的]な, そそる, ぐっとくる. **b** «俗» 狂った, いかれた, おかしい; *«俗» [°derog] ホモの, ホモ[おかま]みたいな. ◆ **frúit·i·ly** *adv* **-i·ness** *n* [*fruit*]

fru·men·ta·ceous /frùːməntéɪʃəs/ *a* 小麦[穀物]のような[に似た, で作った].

fru·men·ty /frúːmənti/ *n* フルメンティー《香料と干しブドウと砂糖を加えてミルクで煮た小麦の料理》. [ME<MF]

frump /frʌ́mp/ *n* パッとしない[さえない, 野暮ったい]女, 'オバサン'; 地味で古風な人. [? *frumple* (dial) wrinkle<MDu (*for-*, RUMPLE)]

frúmp·ish *a* 野暮ったい, パッとしない; 意地悪の. ◆ **~·ly** *adv*

frúmpy *a* FRUMPISH. ◆ **frúmp·i·ly** *adv* **frúmp·i·ness** *n*

Frun·ze /frúːnzə/ フルンゼ (BISHKEK の旧称 (1926–91)).

fru·se·mideˈ /frúːsəmàɪd/ *n* FUROSEMIDE.

frusta *n* FRUSTUM の複数形.

frus·trate /frʌ́strèɪt; frəstréɪt/ *vt* **1** 達成できなくする, 阻止する, はばむ, 〈計画·期待·努力などを〉くじく, 無に帰させる, …の裏をかく, 挫折させる; 〈人に〉挫折感[失望感, 欲求不満]を起こさせる: be *~d in* the attempt 企てに失敗する. **2** «古» 〈法律·誓約を〉無効にする. ► *vi* くじける, 挫折する. ► *a* «古» FRUSTRATED. [L=to deceive (*frustra* in error, in vain)]

frús·tràt·ed *a* 頓挫した, 挫折した; 失意の, 欲求不満に陥った 〈*with, at*〉. ◆ **~·ly** *adv*

frús·tràt·ing *a* 挫折感[不達成感, フラストレーション]をひき起こす[起こしがちな], いらだたしい. ◆ **~·ly** *adv*

frus·tra·tion /frəstréɪʃ(ə)n/ *n* 挫折[失敗]させること, 達成不能; 頓挫, 挫折, 失敗; 〘心〙 欲求不満[挫折], フラストレーション; 欲求不満のたね, 人を挫折させるもの; 〘法〙 契約目的の達成不能: in [with] ~ いらいらして / a sense of ~ 挫折感.

frus·tule /frʌ́stʃul, -t(j)ul/ *n* 〘植〙《珪藻の》弁殻, 被殻.

frus·tum /frʌ́stəm/ *n* (*pl* **~s, -ta** /-tə/) 〘数〙 錐台, 切頭体; 〘建〙《積み上げて柱身を構成する》単位円筒: a ~ of a cone [pyramid] 円[角]錐台. [L=piece cut off]

fru·tes·cent /frutɛ́s(ə)nt/ *a* 〘植〙 低木となる, 低木[灌木]性の (shrubby). ◆ **fru·tés·cence** *n*

fru·tex /frúːtèks/ *n* (*pl* **-ti·ces** /-təsìːz/) 〘植〙 茎が木質化した低木.

fru·ti·cose /frúːtɪkòus/ *a* 〘植〙 低木状[性]の (cf. CRUSTOSE, FOLIOSE): ~ lichens 低木状地衣.

frwy freeway.

fry[1] /fráɪ/ *vt, vi* **1** 油を使って加熱調理する, 油で揚げる[炒める, 焼く], フライにする[なる] (⇨ FRIED); フライパンで温める 〈*up*〉; «廃» 煮えたぎる, 沸きかえる: (have) other FISH[1] to ~. **2** «口» ひどく暑く感じる, 焦げそうである, 日焼けする. **3** «俗» 電気椅子にかける[かかる], 懲らしめる[懲らしめられる]; *«黒人俗» 髪の縮れをヘアアイロンで伸ばす; *«俗» 〈過電流·過電圧が[で]〉〈回路·電気機具などを[が]〉焼く[焼ける], おしゃかにする[なる]. ● **~ in one's own grease [fat]** «廃» 火あぶりにされる, 自分の愚行の報いをうける. **~ the fat out of** sb *〈実業家などに〉献金させる. ► *n* フライ(料理), 揚げ物, [*pl*]*《特に》フライドポテト; ˈ《通例 フライにする》臓物, もつ; *フライの会食《よく戸外で行なう》: a lamb's ~《フライにする》ラムのもつ, «豪» ラムのレバー / FISH FRY. [OF<L *frigere*]

fry[2] *n* (*pl* ~) 稚魚, 幼魚; サケの二年子; 《群れをなして泳ぐ》小魚; 《一度に多数生まれる》動物の子の群れ《ミツバチやカエルの子など》; 子供たち, 者ども. ● **(the) small(er) [lesser, young(er)] ~** 幼魚, 小魚; [*derog*] 青二才, 雑魚, 雑輩, つまらぬやつら[もの], 小人(しょうじん)ども, 小物; [*joc*] 子供たち. [ON *frjó* seed]

Fry フライ (1) **Christopher (Harris)** ~ (1907–2005)《英国の劇作家; *A Phoenix Too Frequent* (1946), *The Lady's Not For Burning* (1948), *Venus Observed* (1950)》 (2) **Elizabeth** ~ (1780–1845)《英国のクエーカー教徒; 刑務所·病院制度の改革者》 (3) **Roger (Eliot)** ~ (1866–1934)《英国の画家·美術評論家》.

frý brèad 〘料理〙《Navaho インディアンなどの間でみられる》揚げ物にしたパン.

frý còok 《食堂で》フライ料理専門のコック, フライ係.

Frye /fráɪ/ フライ **(Herman) Northrop** ~ (1912–91)《カナダの文芸批評家》.

Frýe bòot 〘商標〙 フライブーツ《ふくらはぎまでの長さのがんじょうな革のブーツ》.

frý·er, frí·er *n* フライ料理をする人; フライ鍋, フライヤー; *フライ用若鶏肉, フライヤー.

frý·ing pàn フライパン (frypan*, skillet*). ● **jump [take** sb**] out of the ~ into the fire** 小難をのがれて大難に陥る[人を陥らせる], 一難去ってまた一難の事態になる[人をする].

frý·pàn*n* フライパン (frying pan).

frý-ùp *n*ˈ«口» 《残り物などで作る即席の》炒め物(料理).

fs femtosecond. **FS** filmstrip ♦ °Flight Sergeant ♦ °Foreign Service. **FSA** 〘米〙 Farm Service Agency 《農務省の》農業サービス局 ♦ 〘英〙 Fellow of the Society of Antiquaries ♦ 〘英〙 Financial Services Act 金融サービス法《1988 年施行, 2001 年廃止》 ♦ 〘英〙 Financial Services Authority 金融サービス機構《前身は SIB》. **FSB** [Russ *Federalnaya Sluzhba Bezopasnosti*]《ロシアの》連邦保安局《KGB の後身; 1995 年に発足; 英語では Federal Security Service》. **FSF** °Free Software Foundation.

FSH 〘生化〙 °follicle-stimulating hormone. **FSLIC** 〘米〙 Federal Savings and Loan Insurance Corporation 連邦貯蓄貸付保険公社. **FSMA** 〘英〙 Financial Services and Markets Act 金融サービス法·市場法《金融サービス法 (FSA) を改正したもの; 2000 年施行》. **FSO** Foreign Service Officer.

FST flat screen television.

f-stop /ɛ́f—/ *n* 〘写〙 F ナンバー表示による絞り, F ストップ.

ft feet, foot. **Ft** fort. **FT** °Financial Times ♦ 〘数〙 °Fourier transform ♦ °free throw ♦ °full time. **FTA** Free Trade Agreement 自由貿易協定; *«軍俗» fuck the army, fuck them all くそくらえ《いやな命令·規則などに対して用いる》. **FTC** 〘米〙 °Federal Trade Commission. **FTE** full-time equivalent 専従換算《フルタイムで従事した場合の何人分に相当するかを示す》.

fth. fathom.

FT Index /ɛ́ftíː —/ FTSE INDEX.

FTL *«俗» fuck the law 法律なんかくそくらえ.

FTP, ftp /ɛ́ftìːpíː/ *n* 〘電算〙 ファイル転送プロトコル (File Transfer Protocol): an ~ server / an ~ site. ► *vt* 〈ファイルを〉転送プログラムを用いて送る.

FTSE Index /fútsi —/ Financial Times-Stock Exchange 100 (Share) Index (⇨ FT SHARE INDEX).

FT Share Index /ɛ́ftìː — —/ *pl* [the] FT 株価指数《英国の経済専門紙 *Financial Times* が発表している株価指数; 代表的なものは Financial Times-Stock Exchange 100 (Share) Index》.

F2F /ɛ́ftùːɛ́f/ 《E メールなどで》face to face 《ネットワーク上ではなく》対面して.

F_2 layer /ɛ́ftúː —/ F_2 層《ほぼ地上 250–500 km に存在し, 電波を反射する電離層; ⇨ F LAYER》.

F2T /ɛ́ftùːtíː/ 《E メールなどで》free to talk.

fu /fúː/ *n**«俗» マリファナ.

FU FUCK you.

Fu·ād /fuáːd/ ファード ~ **I** (1868–1936)《エジプトのスルタン (1917–22), 王 (1922–36)》.

fu·bar /fjúːbàːr/ *«俗» *a* 《どうしようもないほど》混乱した, めちゃくちゃの. ► *n* SNAFU. [*f*ucked *u*p *b*eyond *a*ll *r*ecognition]

fubb /fʌ́b/ *«俗» *a* 《信じられないほど》混乱した, めちゃめちゃな. ► *n* SNAFU. [*f*ucked *u*p *b*eyond (all) *b*elief]

fu·bis /fjúːbəs/ *int* *«軍俗» くそくらえだ《いやな人·命令などに対して用いる》. [Fuck you, buddy, *I*'m *s*hipping (out).]

fub·sy /fʌ́bzi/ *a*ˈ«口» 太った, ずんぐりした.

Fu-chou 福州 (⇨ FUZHOU).

Fuchs /fúks/ フックス (1) **Klaus (Emil Julius)** ~ (1911–88)《ドイツ生まれの物理学者; 英米の原子力に関する秘密情報をソ連に渡したという理由で逮捕され, 有罪となった》 (2) Sir **Vivian Ernest** ~ (1908–99)《英国の南極探検家·地質学者》.

fuch·sia /fjúːʃə/ *n* 〘植〙 フクシア《アカバナ科フクシア属 (*F-*) の低木·小高木の総称; 紅·桃·紫などの色の花がたれさがるように咲く》; あざやかな赤紫, フクシア色. [Leonhard *Fuchs* (1501–66) ドイツの植物学者]

fuch·sine /f(j)úːksiːn, -sən/, **-sin** /-sən/ *n* 〘化〙 フクシン (=*magenta*)《深紅色のアニリン染料の一種; 生物組織の染色剤とする》.

fuchs·ite /f(j)úːksàɪt/ *n* 〘鉱〙 クロム雲母, フクサイト. [Johann N. von *Fuchs* (1774–1856) ドイツの鉱物学者]

fuci *n* FUCUS の複数形.

fuck /fʌ́k/ «卑» *vt* …と性交する, やる; …にひどい[不当な]扱いをする, 食い物にする, こけにする 〈*about, around*〉; だいなし[めちゃくちゃ]にする (fuck up); [ののしりことば] DAMN: ~ (it [hell]) こんちきしょう, いけねえ, くそっ, しまった / Aw, ~ it! えーいちくしょう[くそったれ] / ~ me ヒェーッ, おっ, なんてことだ, あーあ《驚き·困惑など》 / *F~* you! てやんでえ, べらぼうめ, くそったれ! ► *vi* 性交する, やる 〈*with*〉; ぶらぶら[のらくら, ちんたら]する, なまける, ふざける 〈*about, around*〉; 干渉する, 手出しをする, ちょっかいを出す, からかう, ふざけたまねをする, いいかげんに扱う, いじくる, もてあそぶ 〈*(around) with*〉: ~ *around with* a knife ナイフをいじくりまわす / Don't ~ *with* me, buster! おまえも人をからかう[おこらせる]んじゃないぜ. ● **~ around** 性交する, 《特に》乱交する. **~ off** 去る, ずらかる; ぶらぶら[ちんたら]する, なまける; しくじる; ˈ〈人を〉ひどくおこらせる[いらだたせる]; MASTURBATE: *F~ off!* 消えうせろ, ほっといてくれ; 勝手にしろ. **~ over** いいように利用する, 食い物にする, カモにする, 痛めつける, めちゃくちゃにする. **~ up** (…と)やる; しくじる, へまをやる, めちゃくちゃにする; ひどいめにあわせる, 痛めつける; ノイローゼにする, …の頭をおかしくする, 狂わせる. **~ up, move up** «軍» えらいへまやって昇進する《負傷昇格する》. **F~ you very much!** 《虐待·思いやりのなさに対する怒り·侮蔑を表わして》ほんまにありがとよ, くそくらえ. **Go (and) get ~ed!** とっととうせろ, 出て行きやがれ (Get the hell out of here!). **go ~ oneself** [命令文または can [could] を伴って] くたばりやがれ, 犬にでも食われちまいな, 勝手に死ね, 死んでいいよ. ► *n* 性交, 一発; セックスの相手 (: a good ~); まぬけ, けちな野郎; わずか; [the] [疑問詞を強めて] 一体全体…?: not care [give] a (flying) ～＝not give a ～ for nothing まったくかまわない, 知ったことか / What (*in*) *the* ～ does he want? やつは一体何が欲しいんだ. ● **like** ～ 気違いみたいに, …しまくって. **throw a ～ into**…と性交する, やる. **worth a ～** [ᵁ*neg*] クソの値打もない, まるで…しない[できない] (⇨ worth BEANS). ♦ **～·able** *a* 《卑》 やりたい気を起こさせる. [C16<?; cf. MDu *fokken* to strike, Norw (dial) *fukka* to copulate, Swed (dial) *focka* to strike, push]

fúck áll ᴵᴵ《卑》無, 何もなし (nothing).

fucked /fʌ́kt/ 《卑》 *a* 疲れきった, ばてた; めちゃくちゃな, ぶっこわれた, 使いものにならない: ～ and far from home.

fúcked-óut 《卑》 *a* ばてた, へとへとになって, くたくたで; がたがた[ぼろぼろ]になった, ぽんこつの.

fúcked-úp 《卑》 *a* すっかり混乱した, めちゃくちゃの[で]; 《麻薬・酒で》酔っぱらって, ホワーンとなって; オツムがおかしくなった, 狂った; *《軍》負傷して, 殺されて.

fúck·er 《卑》 *n* FUCK する者; ばか野郎, くそったれ; [時に 親愛の気持をこめて] やつ, 野郎, あん畜生.

fúck·fàce *n**《卑》 いやなやつ, くそったれ.

fúck fìlm 《卑》 ポルノ映画.

fúck·hèad *n* 《卑》 大ばか, どあほう, どじなやつ.

fúck·ing《卑》 *n* FUCK: give sb ～ 人にひどい扱いをする[こけにする]. ► *a, adv* [強意語; 挿入辞としても用いる] べらぼうな[に], ひでえ[ひどく], くそいまいましい, DAMNED; どえらい[く]: a ～ good time / Shut your ～ trap! つべこべ言うな / trans-～-continental / un-～-believable. ● **F～ Ada!** ばかな, ばかったれ, くそったれ. **～ ay** [**aye**] /-éɪ/ FUCKING A. **～ well** ほとんど (nearly). **～ well told** 全くそのとおり.

fucking A /—́— éɪ/ 《卑》 *int, adv* そのとおり, おーとも, ちげえねえ, 同感!; やった, すげえ, 最高!

fúck-òff *n* 《卑》 なまけ者, ぐうたら, サボり屋, 役立たず.

fúck·pìg *n* 《卑》 死ぬほどいやな[むかつく]やつ, どうしようもない役立たず[あほ], くそったれ.

fúck·ùp 《卑》 *n* へまをやるやつ; へま, しくじり, ぶちこわし; 大混乱, めっちゃめちゃ.

fúck·wìt *n* 《豪卑・英卑》 ばかたれ, あほう.

fu·coid /fjúːkɔɪd/ *a* 〖植〗 ヒバマタ類の海藻の[に似た]. ► *n* ヒバマタ類の褐藻(の化石).

fu·cói·dal *a* FUCOID.

fu·cose /fjúːkòus, -z/ *n* 〖化〗 フコース《海藻・血液型多糖類に含まれるメチル糖》.

fu·co·xánthin /fjùːkou-/ *n* 〖化〗 フコキサンチン《褐藻植物に含まれるカロチノイド色素》.

fu·cus /fjúːkəs/ *n* (*pl* **fu·ci** /-sàɪ/, **～·es**) 〖植〗 ヒバマタ属 (*F*-) の各種の褐藻; 《一般に》 褐藻; 《廃》 化粧料.

fud[1] /fʌ́d/ *n* 《口》 FUDDY-DUDDY.

fud[2] 《スコ》 *n* 臀部, しり; 《ウサギなどの》 尾.

FUD fear, uncertainty, doubt 恐れ・不安・疑念《大衆に競合商品[競争相手]に対する不安感をいだくようしむけて優位に立とうとする戦略》.

fud·dle /fʌ́dl/ *vt* 酔わせる; 混乱させる: ～ one*self* (乱酔などで)精神が混迷する. ► *vi* 酒浸りになる; 大酒を飲む. ► *n* 酩酊, 乱酔; 混迷. ● **in a ～** 《口》 頭[気持]が混乱して. **on the ～** 酒浸りで. [C16<?]

fúd·dled *a* 酔っぱらった; ぼーっとなった.

fúd·dy-dùd·dy /-dʌ̀di/, **-dùd** /-dʌ̀d/ 《口》 *n* つまらないことにこだわる[こうるさい]人; 時代遅れの人, 頭が古い[硬化した]やつ; もったいぶる人. ► *a* 時代遅れの, 古臭い; こうるさい, 気むずかしい. [C20 <?; cf. Sc *fuddy* short-tailed animal, tail]

fudge /fʌ́ʤ/ *n* **1** ファッジ《砂糖・バター・牛乳・チョコレートまたは他の香料で作った柔らかいキャンディー》; [〈*a*〉] *FUDGY. **2** 《主に英》《問題の》すりかえ, 'その場しのぎ'; 《古》 たわごと; [ᴼoh ～; 〈*int*〉] ばかな, なんてこと. **3** 新聞の別刷り追加記事; 追加記事用のステロ版[数行の活字]; 追加記事印刷装置. ► *vt* 〈新聞種などを〉でっちあげる, いいかげんに[寄せ集めて]こしらえる 〈*up*〉; ごまかす, 誇張する; 〈問題など〉回避する, すりかえる; 《俗》 へまをやる, しくじる; 《卑》 手で(オルガスムに)いかせる. ► *vi* 限度を超える, 域を出る 〈*on*〉; 不正[ずる]をする, ごまかす 〈*on*〉; 《見込み違いに備えて》費用[見積もりなど]のさばを読む, 水増し請求する; まともに取り組むのを避ける, なおざりにする 〈*on*〉; たわごとを言う. ● **～ and mudge** 《特に 政治家のやる》 はぐらかし, あいまいな言い方(でお茶を濁す), (その場しのぎの)ごまかし(で逃げる), たわごと(を言う). **～ it***《口》 ごまかす, とっさにつくろう. [? *fadge* (obs) to fit]

fúdge fàctor*《俗》 誤差(の範囲), 誤差[幅]をもたせること, あそび: in a ～ of 2 centimeters.

fúdgy* *a* ファッジのような味の, すごく甘いチョコレート風味で歯にくっつくような.

fu dog ⇨ FOO DOG.

Fu·e·gi·an /f(j)uéɪʤiən, fwéɪ-/ *a* フエゴ島(人)の. ► *n* フエゴ島人《Tierra del Fuego の先住民》.

fuehrer ⇨ FÜHRER.

fu·el /fjúː(ə)l, ᴵᴵfjúəl/ *n* 燃料; エネルギー源としての食物; 核燃料; [*fig*] 《感情を》燃え立たせる[かきたてる]もの, 《混乱などを》あおるもの 〈*to*〉: ～ capacity 燃料積載力[貯蔵量]. ● **add ～ to the fire** [**flames**] 火に油を注ぐ; 激情の火の手をあおる, さらに激化[悪化]させる. **take on ～** 《大型の乗物で》燃料を補給する, 給油する; *《口》 したたか酒を飲む, たっぷり仕込む. ► *v* (**-l-** | **-ll-**) *vt* 〈火・エンジンなど〉に燃料を供給する 〈*up*〉; 活気づける, 促進する; 〈憶測・恐怖心など〉あおる. ► *vi* 燃料を得る; 〈船・飛行機など〉燃料を積み込む[補給する] 〈*up*〉. [OF<L (*focus* hearth)]

fúel àir explòsive 気化爆弾《気化燃料をまき散らして広範囲に爆発を起こす爆弾》.

fúel cèll 燃料電池; 《多数のうちの 1 つの》 燃料タンク.

fúel cỳcle 〖原子力〗 (核)燃料サイクル《核燃料物質の再処理・再使用を含む一連の循環過程》.

fúel-effìcient *a* 燃料効率[燃費]のよい.

fúel èlement 燃料要素《原子炉に装入するための所定の形に加工された核燃料》.

fúel·er, fúel·ler *n* 燃料供給者[装置]; 《ガソリンの代わりに》 特殊な混合燃料を用いるドラッグレース用改造自動車 (dragster).

fúel gàs 燃料ガス《気体状の燃料》.

fúel·ing *n* 燃料; 燃料供給[積み込み].

fúeling stàtion 燃料供給[補給]所.

fúel-injèct·ed *a* 〈エンジンが〉燃料噴射式の.

fúel injèction 〖機〗 《シリンダー・燃焼室への》 燃料噴射. ♦ **fúel injèctor** 燃料噴射器.

fúel·ish* *a* 燃料を濫費する. ♦ **～·ly** *adv* [foolish とのしゃれ]

fúel òil 燃料油, 《特に》 重油, 軽油.

fúel pàyment 〖英〗 WINTER FUEL PAYMENT.

fúel pùmp 《気化器・燃料室へ燃料を圧送する》 燃料ポンプ.

fúel ròd 〖原子力〗 燃料棒.

fúel vàlue 燃料価《ある燃料から得られるエネルギーの量》.

fúel·wòod *n* 薪, たきぎ (firewood).

Fu·en·tes /fuéntèɪs/ フエンテス **Carlos ～** (1928–2012) 《メキシコの作家・批評家》.

fuff /fʌ́f/ *int**《俗》 くだらん, 決まってるじゃないか《わかりきった話に対して》.

fu·fu /fúːfùː/ *n* フウフウ《料理用バナナ (plantain) またはキャッサバ (cassava) をゆでてつぶしたもの; 西部・中央アフリカの一部での主食》. [Akan]

fug /fʌ́g/ ᴵᴵ《口》 *n* 室内にこもったむっとする空気. ► *v* (**-gg-**) *vi* むっとする所にくすぶっている. ► *vt* 〈部屋などを〉むっとする状態にする. ♦ **fúg·gy** ᴵᴵ《口》 *a* 〈部屋など〉むっとする; 〈人が〉むっとする環境に(好んで)住む. **fúg·gi·ly** *adv* [C19<?; *fog*[1] か]

fu·ga·cious /fjugéɪʃəs/ *a* 〖植〗 早落性の (opp. *persistent*); はかない, うつろいやすい; 揮発性の.

fu·gac·i·ty /fjugǽsəti/ *n* 逃げやすいこと, はかなさ; 〖化〗 《気体の》 逸散性[能], フガシティー.

fu·gal /fjúːg(ə)l/ *a* 〖楽〗 フーガ (fugue) (風)の. ♦ **～·ly** *adv*

Fu·gard /fugáːrd, f(j)úːgàːrd/ フガード **Athol** (**Harold Lanigan**) ～ (1932–　) 《南アフリカ共和国の白人劇作家・俳優・演出家》.

fu·ga·to /f(j)ugáːtou/ 〖楽〗 *adv, a* フーガ風に[の]. ► *n* (*pl* **～s**) フガート《フーガ以外の曲の中のフーガ形式の楽句》. [It]

-fuge /—́—fjùːʤ/ *n comb form* 「駆逐するもの」: vermi*fuge*, insecti*fuge*. [F<L (*fugo* to put to flight)]

Fug·ger /fúgər/ フッガー家《15–16 世紀にヨーロッパ経済に大きな支配力をもった南ドイツの財閥の家系; Augsburg の織物商 Johannes Fugger (1348–1409) が創始者》.

fu·gio /fjúːʤiou/ *n* (*pl* **-gi·os**) フュージオ (＝～́ **cènt**) 《昔の米国の 1 ドル銅貨》. [L＝I flee; 銘として刻された語の一]

fu·gi·tive /fjúːʤətɪv/ *n* 逃亡者, 逃走者, 逃亡を企てる者; 亡命者 (refugee); うつろいやすいもの; とらえどころのないもの: a ～ *from* justice 裁判逃避者; 裁判逃避犯罪人. ► *a* **1 a** 逃げる, 逃げた; 逃走[脱走]を企てている, 逃げそうな〈奴隷・負債者〉; 亡命の: a ～ soldier 脱走兵. **b** 各地を転々とする, 放浪の. **2** はかない, 束(つか)の間の, 一時的な, その場限りの; とらえどころのない: ～ colors 〖美〗 あせやすい色 / ～ essays 折に触れて書いた随筆 / a ～ idea はかない考え. ♦ **～·ly** *adv* **～·ness** *n* [OF<L (*fugit- fugio* to flee)]

fu·gle /fjúːg(ə)l/ *vi* 嚮導をつとめる; 指導する, 模範となる. [逆成く↓]

fúgle·man /-mən/ *n* 《集団の》 手本, 模範, 指導者; 〖軍〗 嚮導(きょうどう). [G *Flügel mann* wing man]

fug·ly /fʌ́gli/ *a**《俗》 太って醜い, 実に見苦しい, 〈問題などが〉ひどく厄介な. [*f*at and *ugly* あるいは *f*ucking *ugly*]

fu·gu /f(j)úːgu/ *n* 〖魚〗 《日本で食用にする》 フグ (puffer fish) 《トラフグ属 (*F*-) のフグ; 耐熱性神経毒テトロドトキシン (tetrodotoxin) を有する》. [Jpn]

fugue /fjúːg/ *n* 〖楽〗 遁走(とんそう)曲, フーガ; 〖精神医〗 遁走《あてもなく衝動的に出奔することで, その間のことは記憶していないことが多い》. ► *vt* 〖楽〗 フーガとして作曲する. ► *vi* フーガを作曲[演奏]する. ♦ **fúgu·ist** *n* フーガ作曲[演奏]家. [F or It (L *fuga* flight)]

füh·rer, fueh- /fjúərər; *G* fýːrər/ *n* 指導者; [der F-, the F-] 総統《Adolf Hitler の称号; cf. IL DUCE》; 独裁者. [G＝leader]

fu·ie /fúːi/ *int**《口》 PHOOEY.

fu·it Ili·um /fúɪt íliʊm/ イリウム[トロイア]はかつてあった, トロイアはもはやない. [L]
Fu·jay·rah /fuʤáɪrə/ [Al /àːl/-] フジャイラ《アラブ首長国連邦を構成する7首長国のうちの一つ; 別称 **Fujairah** /fuʤáɪrə/; Oman 湾に面する》.
fu·ji /fúːʤi/ *n* 富士絹. [Jpn]
Fu·jian /fúːʤiáːn, -ʤiέn/, **Fu·kien** /fúːkjέn, -kiέn/ 福建(ﾌｯｹﾝ)(ﾌﾁｪﾝ)《中国南東部の台湾海峡に面する省; ☆福州 (Fuzhou)》; 福建語 (Fujianese).
Fu·jian·ese /fùːʤiεníːz, *-s/, **Fu·kien·ese** /fùːkjεníːz, *-s/ *n* 福建語《福建省および台湾・海南島で話される中国語の方言群; 閩(ﾋﾞﾝ)語 (Min) ともいう; 厦門(ｱﾓｲ)方言を代表とする》.
Fu·ji·mo·ri /fùːʤimóːri/ フジモリ **Alberto** (**Kenya**) ~ (1938–)《ペルーの政治家; 日系二世; 大統領 (1990–2000)》.
Ful /fúl/ *n* (*pl* ~, ~**s**) FULANI.
-ful *a suf* /fʊl, f(ə)l/「…に満ちた」「…の多い」「…の性質を有する」「…しがちの」: beauti*ful*, forget*ful*. ★ 本辞典の見出し語では簡単に /-fəl/ と表記する. ► *n suf* /fʊ̀l/「…一杯(の量)」: a cup*ful*, two mouth*fuls*. ★ *n suf* は「生きている接尾辞」で, 自由に用いられる; 時に spoonsful という複数形も用いられるが spoonfuls の型が標準的. [FULL[1]]
Fu·la, -lah /fúːlə/ *n* **a** (*pl* ~, ~**s**) フラニ族《アフリカのセネガルからスーダンにかけての帯状の地域に住む主として半農半牧の民族》. **b** フラニ語 (Fulani).
Fu·la·ni /fúːlàːni, ─ ─́ ─/ *n* (*pl* ~, ~**s**) **1 a** フラニ族 (FULA)《特にナイジェリア北部地方のフラニ族》. **b** フラニ語. **2** フラニ《西アフリカ産の大型のこぶ牛》. ► *a* フラニ族[語]の.
Ful·be /fúːlbeɪ/ *n* (*pl* ~, ~**s**) フルベ族 (FULA).
Ful·bright /fúlbràɪt/ **1** フルブライト (**James**) **William** ~ (1905–95)《米国の政治家》. **2 a** フルブライト奨学金 (= ~ scholarship). **b** フルブライト法で派遣された研究者[学生, 教授] (= ~ scholar [student, professor]).
Fúlbright Àct [the] フルブライト法《他国における米国余剰物資の売却代金を米国との文化交流に利用する法律; 1946年 William Fulbright の提唱により制定された》.
Fúlbright·er *n*《口》フルブライト奨学金受領者.
ful·crum /fúlkrəm, fʌ́l-/ *n* (*pl* ~**s**, **-cra** /-krə/)〖機〗《てこの》支点, てこ台, てこまくら;《一般に》支柱, 支え;〖動〗蝶番関節. [L=post of couch (*fulcio* to prop up)]
Ful·da /fúldə/ フルダ《ドイツ中部 Hesse 州東部の市》.
ful·fill | **-fil** /fʊlfíl/ *vt* (-**ll**-)〈義務・約束などを〉果たす, 履行する; 遂げる, 完了する;〈条件を〉満たす, 充足する,〈要求に〉応じる;〈期待・希望〉にかなう,〈祈願・予言を〉かなえる, 実現[達成]する;〈期限・仕事を〉満了する, 終える;〈不足を〉補う, 補完する; 満足させる;《古》満たす. ● ~ **oneself** 自分の資質を十分に発揮する. ♦ **-fíll·able** *a* **-fíll·er** *n* [OE *fullfyllan* (FULL[1], FILL)]
ful·fílled *a* 満足した, 満ち足りた.
fulfíll·ing *a* やりがいのある, 充足感を与えてくれる, 充実した.
fulfíll·ment | **-fíl-** *n* 実現, 達成, 成就; 履行, 遂行; 充足; 達成感, 充足感, やりがい;《出版物などの》配送.
Ful·ful·de /fʊlfúldi/ *n* フルフルデ語 (FULANI).
ful·gent /fʌ́lʤənt, *fúl-/ *a*《詩・文》光り輝く, 燦爛(ｻﾝﾗﾝ)たる. ♦ ~**·ly** *adv*
ful·gid /fʌ́lʤəd, *fúl-/ *a*《古・詩》光り輝く.
ful·gor, -gour /fʌ́lgər, *fúl-/ *n*《古》輝き, まばゆさ.
ful·gu·rant /fʌ́lg(j)ərənt, *fúl-/《文》*a* 電光のようにひらめく; 目のくらむ, まばゆい.
ful·gu·rate /fʌ́lg(j)ərèɪt, *fúl-/ *vi*《文》電光のようにひらめく (flash). ► *vt*〖医〗〈腫瘍などを〉電気で破壊する;〈恐怖・愛憎などの〉のひらめきを発する.
fúl·gu·ràt·ing *a* 電光のような;〖医〗〈痛みが〉電撃性の;〖医〗高周波療法の.
ful·gu·ra·tion /fʌ̀lg(j)əréɪʃ(ə)n, *fʊ̀l-/ *n* 電光(のようにひらめくこと);〖医〗高周波療法 (electrodesiccation).
ful·gu·rite /fʌ́lg(j)əràɪt, *fúl-/ *n*〖地質〗閃電岩, フルグライト《雷電の作用で砂中・岩石中に生じるガラス質の筒》.
ful·gu·rous /fʌ́lg(j)ərəs, *fúl-/ *a* 電光のような, 稲光で満たされた〈空〉.
ful·ham /fúləm/ *n*《古俗》いかさまさいころ (loaded die).
Fulham フラム《London 南西部 Thames 川北岸の旧自治区; 現在は HAMMERSMITH AND FULHAM の一部》.
fu·lig·i·nous /fjʊlíʤənəs/ *a* すすの(ような) (sooty), すすけた; はっきりしない, わかりにくい; すす色の, 黒っぽい (dusky). ♦ ~**·ly** *adv*
full[1] /fúl/ *a* **1** 満ちて, 充満して(いる), いっぱいの[で]; ぎっしり詰まった; 満員の; 腹いっぱいの[で], 満腹で;〈胸が〉ふさがって;《口》酔っぱらって: fill one's glass ~ コップを満たす / ~ to overflowing あふれるほどいっぱいに, なみなみと / a ~ stomach 満腹 / My heart is ~. 胸がいっぱいだ / eat as ~ as one can hold 腹いっぱい食べる / (as) ~ as a tick [an egg, a bull, a foot, a goog, the family pot, etc.] ひどく酔っぱらって. **2 a** 完全な; 略式でない; まっ盛りの; 最大限の, 精いっぱいの;〈月が〉満月で; 正規の: a ~ close〖楽〗完全終止 / the ~ truth 真実の全貌 / The boy rose to his ~ height. すっくと立ち上がった / a ~ mile [hour] まる1マイル[時間] / a ~ three days まる3日 / one's ~ name フルネーム《H. F. でなく Henry Ford の形》/ in ~ bloom 満開で / ~ summer 盛夏 / at ~ speed 全速力で / a ~ member 正会員. **b** 同じ両親をもつ (⇨ FULL BROTHER);〈馬が〉まだ去勢していない. **3** 十分な, 豊かな, たっぷりの;〈衣服が〉ゆとりのある, 生地をたっぷり使った, ゆるやかな;〈顔・からだつきが〉ふっくらした, 盛り上がった; [*euph*] 太った;〈髪が〉こしのある;〖海〗〈帆が〉風をはらんで;〈船が〉帆に風をはらませて: turn to ~ account 十分に利用する / a ~ harvest 豊作 / ~ draperies ひだをたっぷりとった掛け布[カーテンなど] / a ~ [fuller] figure [*euph*] 豊満な[太った]からだつき, いい恰幅(ｶｯﾌﾟｸ) / be ~ in the face 顔がふっくらしている. **4** 充実した, あわただしい; 音量・響きとも十分な, 豊かな〈楽音・声〉; こくのある〈ワイン〉; 強烈な〈光〉; 濃い〈色〉: a ~ man (精神的に)充実した人 / lead [have] a ~ life 充実した, 忙しい日々を送る. **5**〖野〗**a**〈カウントが〉ツーストライクスリーボールの, フルカウントの. **b** フルベースの, 満塁の. ● ~ **of**… (1) …で満ちて: a glass ~ *of* water 水をいっぱい入れたグラス / a story ~ *of* adventure 冒険に満ちた物語 / a river ~ *of* fish 魚のうようよしている川. (2) …のことでいっぱいで, …に専心している: They were ~ *of* the news. ニュースの話でもちきりだった / He is ~ *of* his own importance. 自分の(偉い)ことばかり考えている. (3)《古》…に飽きあきして. ~ **of** BEANS [HOPS, PRUNES, YEARS]. ~ **of it** = [*euph*] ~ of SHIT. ~ **of oneself** 自分のことばかり考えて[言って], うぬぼれた, 利己的な. ~ **up** いっぱいで, ぎっしり詰まって;《口》飽きて, 満腹で; *《俗》今にも泣きそうで. **have one's** HANDS ~.
► *adv* 十分に, 完全に;《詩・文》全く, 非常に;《古・詩》たっぷり, 少なくとも; まともに; 必要以上に: I know it ~ well. よく知っている / ~ as useful as…と全く同様に有用で / ~ many a flower《古・詩》数々の花 / ~ five miles = five ~ miles たっぷり[優に]5マイル / ~ soon 直ちに / hit him ~ on the nose ちょうど鼻っ柱を打つ / This chair is ~ high. この椅子は高すぎる. ● ~ **and by**〖海〗詰め開きになるように〈帆走する〉. ~ **on** 全力で; まともに, もろに. ~ **out** 全速力で, 最大限の努力で (cf. FULL-OUT).
► *n* 全部; 十分; まっ盛り, 絶頂; "海岸沿いの砂や小石でできた隆起: past the ~ 盛りを過ぎて,〈月が〉満月を過ぎて / the ~ of the moon《文》満月(時) (cf. DARK OF THE MOON). ● **at** ~ 十分に, 完全に. **at the** ~ まっ盛りに, 絶頂に,〈潮が〉満ちて,〈月が〉満月で; at FULL. **in** ~ 全部, 全額を〈支払う〉; 略さずに, すっかり, 詳しく: pay a bill *in* ~ 勘定を全額支払う / sign one's name *in* ~ 略さずに署名する《たとえば T. H. S. でなく Thomas Henry Smith》. **to the** ~ 十分に, 心ゆくまで.
► *vt*〈衣服・袖などを〉たっぷりに作る;〈衣服など〉にひだ[ギャザー, プリーツなど]をとる;《黒人》満たす, いっぱいにする〈*up*〉. ► *vi*〈月が〉満ちる. [OE *full*; cf. G *voll*]
full[2] *vt*《洗ったり蒸したりして》〈ウール地〉の目を密にする, 縮充する; 湯通し[洗い張り]する. ► *vi* 縮充する. [逆成く *fuller*[1]]
ful·la /fúlə/ *n*《NZ》男, やつ. [*fellow*]
fúll áge〖法〗成年 (age of MAJORITY).
fúll·bàck *n*〖アメフト・ホッケー・サッカーなど〗フルバック.
fúll béam "HIGH BEAM.
fúll bínding 総革製本 (= *whole binding*) (cf. HALF [QUARTER, THREE-QUARTER] BINDING).
fúll blást *n, a, adv*《口》能力[限度]いっぱい(の), 全力[全速, フル操業, フル回転](で), 目いっぱい(の), 思いっきり: at ~.
fúll-blòod *a* 両親を同じくする, 全…〈兄弟〉; 純血の (full-blooded).
fúll blòod **1** 両親を同じくする[同じ両親から生まれた者同士の]関係, 全血血族(関係) (cf. HALF BLOOD). **2** 純血(系) (= *whole blood*); 純血の人[動物].
fúll-blòod·ed *a* 純血(種)の, 純粋な血統の (opp. *hybrid*); 血色のよい, 赤らんだ; 多血質の, 血気盛んな; 力のこもった; 完全な, 完璧な, 正真正銘の; 充実した. ♦ ~**·ly** *adv* ~**·ness** *n*
fúll-blówn *a*〈花が〉満開の; 成熟しきった;〈病気が〉病状の最も悪化した, 進行した;〈帆が〉いっぱいに風をはらんだ; あらゆる特性を備えた, 本格的な, まっとうな: ~ AIDS 末期のエイズ.
fúll bóard《ホテルなどの》三食付きの宿泊.
fúll-bòdied *a*〈酒など〉十分にこくのある; 重厚感のある〈音〉;〈人が〉太った, 大きな体をした; 重要な, 有意義な.
fúll-bóre *a* 全速力の, 全力の, 全開の; 本格的な (full-blown); 比較的大きな口径の〈小火器〉.
fúll bóre *adv* 全速力で, 全力で, 全開で.
fúll-bóttomed *a*〈かつらが〉後ろの長い; 船底の広い.
fúll-bóund *a*〖製本〗総革製の (⇨ FULL BINDING).
fúll brídle 別々の綱であやつる大小のくつわを付けた頭部馬具.
fúll bróther 同父母の兄弟;〖馬〗全兄弟.
fúll círcle *adv* 完全に一周して(もとの場所[状態]に): come ~ 一巡して[曲折を経て]もとの場所[状況]に戻る; 全く逆の位置にくる / The wheel has turned ~. 状況は結局振出しに戻ってしまった.
fúll cóck《銃の》撃鉄を完全に引き起こした状態《いつでも発砲できる》;《口》準備のできた状態.
fúll cólonel《軍俗》《lieutenant colonel に対して》大佐.

fúll còst accòunting 全部原価会計 (environmental accounting).
fúll-còurt préss 〘バスケ〙フルコートプレス《コート全面で相手チームに強い圧力をかけて攻撃を防ぐ作戦》; [*fig*] 全力攻撃, 総力攻勢, 死物狂い.
fúll cóusin いとこ (⇨ COUSIN).
fúll-crèam" *a* 《脱脂しない》全乳の, 全乳製の.
fúll-cút *a* ブリリアントカットの〈宝石〉《テーブルとキュレット (culet) を含めて 58 面ある》.
fúll-drèss *a* 正装着用の, 正式の; 徹底的な, 細大漏らさぬ: a ～ rehearsal 本[舞台]稽古 / a ～ debate 《議会の》本会議; 徹底的討論.
fúll dréss 正装, 礼装, 夜会服.
fúll emplóyment 完全雇用, 完全就業.
fúll·er[1] *n* (毛織物)縮充工[仕上工]; 洗い張り屋. ［OE *fullere* (L *fullo* <?)］
fúl·ler[2] *n* 円型溝づけ器, 丸へし (＝**fúller·ing tòol**); 丸溝. ► *vt* 〈蹄鉄·銃剣など〉に丸溝をつける. ［C19<?; R. Buckminster *Fuller* か］
Ful·ler フラー (1) **Melville Weston** ～ (1833–1910)《米国の法律家; 合衆国最高裁判所首席裁判官 (1888–1910), The Hague の常設仲裁裁判所に参加 (1900–10)》 (2) **R**(**ichard**) **Buckminster** ～ (1895–1983)《米国の建築家·技術者; geodesic dome の発明者》 (3) **Roy** (**Broadbent**) ～ (1912–91)《英国の詩人·小説家》 (4) (**Sarah**) **Margaret** ～, Marchioness Ossoli (1810–50)《米国の作家·評論家·社会改革家》 (5) **Thomas** ～ (1608–61)《イングランドの聖職者; *The History of the Worthies of England* ('Fuller's Worthies') (1662)》.
ful·ler·ene /fùlərí:n/ *n* 〘化〙フラーレン《1) 炭素原子 60 個で構成された球状分子からなる物質 (＝*buckminsterfullerene*); 分子中, 各原子は正二十面体の各頂点を切り落としたいわゆるサッカーボール形の多面体の各頂点に位置する 2) 一般に, 炭素の中空球状分子からなる物質》. ［分子構造が Buckminster *Fuller* の geodesic dome を思わせるから］
fúller's éarth 〘化〙漂布土, フラーズアース, フラー土(ど)《吸着活性の強い粘土; 織布漂白·羊毛脱脂や石油の接触処理などに用いる》.
fúller's téasel 〘植〙ラシャカキグサ, チーゼル (teasel).
fúll·fàce *n* 〘印〙BOLDFACE.
fúll-fáce *a* 正面向きの; 顔全体をおおう.
fúll fáce *adv* 正面向きで.
fúll-fáced *a* 丸顔の, ほおの豊かな; 正面向きの; 〘印〙〈活字が〉ボールドの (boldfaced); 〘印〙〈活字が〉ボディーいっぱいに字面(じづら)を鋳込んだ.
fúll fáith and crédit 〘米法〙十分な信頼と信用《各州は他州の一般法律·記録·裁判手続きに対して十分な信頼と信用を与えなければならないとする合衆国憲法第 4 編第 1 節で規定する義務》.
fúll fáith and crédit bònd GENERAL OBLIGATION BOND.
fúll fáre 《割引のない》大人料金(のチケット[乗車券]).
fúll-fáshioned *a* 〈セーター·ストッキングなどが〉体や足にぴったり合うように編んである, フルファッションの.
fúll-fát *a* 〈牛乳·乳製品が〉脂肪分を除いていない[無調整の] (cf. LOW-FAT).
fúll-fìgured *a* 〈女性が〉ボリュームのあるからだつきの, 豊満な, 太った.
fúll-flédged *a* 羽毛の生えそろった; 十分に発達した, 成熟した; りっぱに一人前になった, 資格十分な〈弁護士〉; 完全な, 徹底した〈研究〉.
fúll flóod 満潮.
fúll fórward 〘豪式フット〙フルフォワード《相手のゴールに最も近いところでプレーする攻撃側の 3 人, 特に その中のセンタープレーヤー》.
fúll-fróntal *a* 正面がまる見えの〈ヌード(写真)〉; すべてをさらけ出した, 何ひとつ隠さない, 完全な, 全面的な, まっこうからの: ～ nudity / a ～ attack. ► *n* 正面がまる見えの全裸写真.
fúll gáiner 〘飛込〙GAINER.
fúll-grówn *a* 十分に成長[発育]した, 成熟した.
fúll hánd 〘ポーカー〙FULL HOUSE.
fúll·héart·ed *a* 心をこめた, 全霊を打ち込んだ; 自信[勇気]に満ちた; 胸がいっぱいの. ♦ **～·ly** *adv* **～·ness** *n*
fúll hóuse 1 〘ポーカー〙フルハウス (＝*full hand*)《スリーカードとワンペアの組合わせの手; ⇨ POKER[2]》; 《ビンゴなどで》勝ちになる数の組合わせ. **2** 《議会·劇場などの》満員, 満席.
fúll·ing *n* 《毛織物の》縮充, 縮絨(しゅくじゅう); 洗い張り.
fúlling mìll 《毛織物の》縮充工場; 縮充機.
fúll-lèngth *a* 〈本·芝居など〉省略していない, 《短くしていない》普通[標準]の長さの; 〈鏡·肖像画など〉全身を映す[描いた]《必ずしも実物大ではない》; 〈衣服·カーテンが〉床まで届く: a ～ movie 省略なしの映画 / a ～ portrait 全身像. ► *adv* 体をまっすぐ伸ばして〈横になる〉 (cf. *at full* LENGTH).
fúll lóck 《乗物の》いっぱいに切ったハンドル.
fúll márks" 《試験·評価などの》満点: give sb ～ *for*…で人を賞賛[絶賛]する.
fúll méasure 不足のない[正確な]量目, 目いっぱい (⇨ MEASURE *n* 1b): in ～ たっぷり, 十分に / enjoy a ～ of…を満喫する.
fúll món·ty /-mánti/ [the]"《口》[°*joc*] 最高[最良]のもの, 何でもかんでも, 一切合財. ● **do the ～** 人前で全裸になる.
fúll móon 満月(時), 望(ぼう).
fúll-móon·er *n**《俗》気違い, 狂人, 変人, キじるし.
fúll-mòtion vídeo フルモーションビデオ《テレビ並みの毎秒 30 フレームの動画データ; 略 FMV》.
fúll·móuthed /-ðd, -θt/ *a* 〈牛馬が〉歯並みの完全な; 〈演説など〉大声の, 声の響きわたる; 〈犬が〉高くほえる.
fúll nélson 〘レス〙フル[ダブル]ネルソン《相手を両腕で羽交い絞めにし, 両手を首の後ろで組んで固める; cf. NELSON》.
fúll·ness, ful- *n* 満ちること; いっぱい, 十分, たっぷり; 肥満; 《音·色などの》豊かさ; 《酒などの味の》ごくみ, ふくらみ, こく: a feeling of ～ after meals 食後の満腹感 / the ～ of the heart 無量の感慨; 〘聖〙真情, 満腔(まんこう)の至情. ● **in its ～** 十分に, 遺憾なく. **in the ～ of time** 時満ちて, 定めの時に《*Gal* 4: 4》. ［FULL[1]］
fúll-ón *a* 《口》全くの, 最高の; [*pred*]"《口》やけに熱心で, 熱がはいりすぎて; 《俗》性的に興奮した.
fúll-órbed *a* 《詩》満月の.
fúll órgan *adv, a* 〘楽〙すべて[大部分]のストップを開いて[開いた], フルオーガンで[の].
fúll-óut *a* 総力を挙げての, 全面的な (cf. FULL[1] *out*); 〘印〙字下がりなしの, 左ぎめの.
fúll-páge *a* 全面の〈広告など〉.
fúll páge 全紙《新聞などの》.
fúll páy 全給; 現役給 (cf. HALF PAY).
fúll pítch 〘クリケット〙*n* フルピッチ《バウンドしないでウィケットに投げられた球》. ► *adv* 《球が》地面に触れないで. ♦ **fúll-pítched** *a*
fúll póint FULL STOP.
fúll príce 正規[通常]価格, フルプライス.
fúll proféssor *正教授《教授職の最高位; cf. PROFESSOR》.
fúll rádiator 〘理〙完全放射体 (BLACKBODY).
fúll rhýme 〘韻〙完全韻 (PERFECT RHYME).
fúll ríde *《俗》費用が全額支払われる奨学金.
fúll-rígged *a* 全装備の〈帆船〉; 完全装備の.
fúll sáil *n* 総帆. ► *adv* 総帆を揚げて; 全(速)力で.
fúll-sáiled *a* 総帆を揚げた.
fúll-scàle *a* 実物大の, 原寸(大)の; 本格的規模の; 総力を挙げた; 徹底的な, 全面的な.
fúll scóre 〘楽〙総譜, フルスコア.
fúll scréen 〘電算〙フルスクリーン, 全画面: zoom a program to ～.
fúll-scréen mòde 〘電算〙フルスクリーンモード, 全画面モード《ウィンドー内でなく, 画面全体を使う形でアプリケーションが実行されるモード》: This program runs in a ～.
fúll-sérvice *a* 包括的業務を提供する, フルサービスの.
fúll sérvice 独唱なしの聖歌隊による音楽付きの礼拝.
fúll sésh *adv**《俗》完全に (completely), すっかり(夢中で), 終わりまで (totally)《主に California で使われることば》.
fúll síster 同父母の姉妹.
fúll-size, -sized *a* 普通[標準]サイズの; 完全に成長した; 等身大の; 本格的規模の; *〈ベッドが〉フルサイズの《54×75 インチ (約 1.4×1.9 m); cf. KING-[QUEEN-, TWIN-]SIZE》: a ～ car 大型車 / ～ sheet ダブルベッド用のシーツ.
fúll spéed 1 最高速度, 全速力. **2** 〘海〙原速《航海において通例維持される速度》.
fúll stóp 終止符, ピリオド (period); [〈*adv*〉]"以上, 終わり! (Period!); 完全な終止[停止]: come to a ～ 〈文章など〉終わる, 完了する; 〈車などが〉完全に停止する.
fúll-térm *a* 月満ちて生まれた〈赤ん坊〉; 任期をまっとうした.
fúll-thróat·ed *a* 《のどをいっぱいに開けた》大声の[での]; 朗々たる, 響きわたる.
fúll-tìme *a* 全時間(就業)の, 常勤の, 専任の, 専従の (cf. PART-TIME); 本職の, プロの; 全日制の; 全精力を投入する: a ～ teacher 専任教師 / a ～ mother 専業主婦である母親 / a ～ job 《口》全力で取り組む[片手間ではできない]仕事. ► *adv* 常勤で, 専任で: work ～.
fúll tìme 《一定期間内の》基準労働時間; 〘サッカーなど〙フルタイム《試合終了時》.
fúll-tímer *n* 常勤者, "全日制学校の生徒 (cf. HALF-TIMER).
fúll tóss *n, adv* 〘クリケット〙FULL PITCH.
fúll tówer 〘電算〙フルタワー《大型の TOWER》.
fúll tréatment [the]"《口》特定の人などを扱うきまったやり方; 十分[念入り]な扱い, [[s]*iron*] 手荒な歓迎: give a ball *the* ～ ボールを力いっぱい打つ.
fúll-úp *a**《口》完全にいっぱいで, 満杯[満員, 満席]で.
fúll-wàve réctifier 〘電〙全波整流器.
fúll wòrd 〘文法〙実語 (＝*content word*)《大部分の名詞·形容詞·動詞·副詞のようにもっぱら実質的な意味を担うもの; cf. FUNCTION WORD》.
ful·ly /fú(l)li/ *adv* 十分に, 完全に; たっぷり, 優に, 少なくとも (at

least). ► *vt* 《俗》〈人を〉裁判にかける. [OE *fulice*; ⇨ FULL[1]]
fúlly fáshioned *a* FULL-FASHIONED.
fúlly flédged‖ *a* FULL-FLEDGED.
fúlly-grówn‖ *a* FULL-GROWN.
ful·mar /fúlmər, -mà:r/ *n* 〖鳥〗 **a** フルマカモメ《北極圏周辺産》. **b** 南極周辺産のフルマカモメに近縁の鳥《ギンフルマカモメ, オオフルマカモメ (giant petrel) など》. [? ON (FOUL, *mar* gull)]
ful·mi·nant /fúlmənənt, fʌ́l-/ *a* FULMINATING.
ful·mi·nate /fúlmənèɪt, fʌ́l-/ *vi, vt* 痛烈に非難する, 痛罵する, 雷を落とす 〈*against*〉; きびしい口調で発する[言う]; 爆発音を出す, 大音響とともに爆発する[させる]; 電光のようにひらめく (flash); 〖医〗〈病気が〉電撃的に発症する; 雷が起こる. ► *n* 〖化〗 雷酸塩. ♦ **-nà·tor** *n* 痛罵する人, きびしい非難者. **-na·to·ry** /-nətɔ̀:ri; -t(ə)ri/ *a* 鳴り響く, とどろく; 痛罵する. **fùl·mi·ná·tion** *n* 爆発; 猛烈な非難, 怒号. [L (*fulmin- fulmen* lightning)]
fúlminate of mércury 〖化〗 雷酸水銀, 雷汞(らいこう) (mercury fulminate).
fúl·mi·nàt·ing *a* 雷鳴とどろく; パッと爆発する; 痛罵する; 〖医〗 電撃性の, 激症[劇症]の.
fúlminating cómpound 〖化〗 FULMINATE.
fúlminating góld 雷金《爆発性含窒素金化合物; 組成未確定》.
fúlminating mércury 〖化〗 雷酸水銀, 雷汞(らいこう) (mercury fulminate).
fúlminating pówder 〖化〗 雷汞爆粉(ばくふん)《雷酸水銀の爆薬粉》; 雷酸塩.
ful·mine /fúlmən, fʌ́l-/ *vi, vt* 《古》 FULMINATE.
ful·min·ic /fulmínɪk, fʌ̀l-/ *a* 爆発性の, 爆鳴する.
fulmínic ácid 〖化〗 雷酸.
ful·mi·nous /fúlmənəs, fʌ́l-/ *a* 雷電性の; やかましく非難する.
fulness ⇨ FULLNESS.
ful·some /fúlsəm/ *a* **1** ほめすぎの, べたぼめの; 鼻につく, 辟易させる; 卑劣な; 《古》 吐き気を催させる. **2** すべてにわたる, 完全な. **3** たっぷりある, ふんだんな, 豊かな, 豊富な (abundant); 惜しみない; たっぷり太った, 肥満した. ♦ **~·ly** *adv* **~·ness** *n* [FULL[1], -*some*[1]]
Ful·ton /fúlt(ə)n/ フルトン **Robert ~** (1765–1815)《米国の技術者; 商業ベースに乗った最初の蒸汽船の設計者》.
ful·ves·cent /fulvés(ə)nt, fʌ̀l-/ *a* 帯黄[暗黄]褐色の.
fúl·vic ácid /fúlvɪk-, fʌ́l-/ 〖生化〗 フルボ酸《腐植から採れる, 低分子量で水溶性の混合質; 水中の有毒汚染物質を非活性化するのに有効》.
ful·vous /fúlvəs, fʌ́l-/ *a* 黄褐色の, 朽葉色の (tawny).
fu·made /fju:méɪd/ *n* 燻製ニシン.
Fu Man·chu mustache /fú:mæntʃú: ―/ フーマンチューひげ, なまずひげ《両端があごに向かって内側にたれる長い口ひげ》. [Dr. *Fu Manchu*: 英国の作家 Sax Rohmer (1883–1959) の一連のミステリー作品に登場する中国人の悪党]
fu·ma·rase /fjú:mərèɪs, -z/ *n* 〖生化〗 フマラーゼ《フマル酸とリンゴ酸との相互転換反応の触媒酵素》.
fu·ma·rate /fjú:mərèɪt/ *n* 〖化〗 フマル酸塩[エステル].
fu·már·ic ácid /fjumǽrɪk-/ 〖化〗 フマル酸.
fu·ma·role /fjú:məròul/ *n* 〖地質〗《火山ガスの》噴気孔. ♦ **fù·ma·ról·ic** /-rόul-, -rál-/ *a*
fu·ma·to·ri·um /fjù:mətɔ́:riəm/ *n* (*pl* **~s, -ria** /-riə/) 燻蒸所[消毒室]《植物についている虫や菌類を殺すためのもの》.
fu·ma·to·ry /fjú:mətɔ̀:ri; -t(ə)ri/ *n* 燻蒸所[室]. ► *a* 燻蒸(用)の.
fum·ble /fʌ́mb(ə)l/ *vi, vt* **1** (ぎこちなく)手探りする, 探る, 捜しまわる 〈*for, after, in*〉: ~ one's way 手探りで進む, まごまごしながら行く / ~ *for* the right word 言いよどむ. **2** 不器用にいじる[取り扱う] 〈*with, at*〉; へまをやる, しくじる; 口ごもって言う; 〖球技〗〈ボールを〉受け[取り]そこなう, ファンブルする. ● **~ about** [**around**] ごそごそ探る; いじくりまわす; へまをする. ► *n* (手先の)ぎこちない扱い; 〖球技〗 ファンブル《球のつかみそこない》; ファンブルしたボール. ♦ **fúm·bler** *n* **fúm·bling** *a* いじくりまわす; へまな. **-bling·ly** *adv* [LG *fummeln*]
fúmble·bùm *n**《口》 ぶきっちょな[よく物を落とす]やつ.
fúmble-fíngered *a**《口》 ぶきっちょな, へまな.
fume /fjú:m/ *n* **1** [[U]*pl*] 《特に 悪臭のあるまたは有害な》煙霧, 蒸発気, いきれ, 《刺激性の》発煙; 《花などの》香り; 〖化〗 燻蒸気, フューム; 毒気《腹から頭に上るとされる》: the *~s* of wine 酒の毒気. **2** 煙のような[実体のない]もの; (頭へきて)理性を鈍らせるもの, もやもや, のぼせ, 立腹. ● **be in a ~** ぷんぷんおこっている, いきまく. **on ~s** 《口》 ガス欠寸前で; へとへとで: run *on ~s* ガス欠のまま車を走らせる. ► *vi* 煙る, いぶる, 発煙する; 蒸発する; やっきとなる, いきまく, 怒気を発する, いきりたつ 〈*about, at, over*〉. ► *vt* 〈木を〉いぶす; 蒸発[発散]させる; いきまいて言う[発する]. ● FRET[1] (**, fuss**) **and ~**. ♦ **fúm·ing** *a* **fúm·ing·ly** *adv* [OF<L (*fumus* smoke)]
Fu·mé Blanc /f(j)ù:meɪ blá:ŋk/ フュメブラン (Sauvignon Blanc)《California のワイナリーの用語》.
fúme chàmber 《実験室などの》有毒ガス排出装置, 換気装置.
fúme cùpboard‖ FUME HOOD.
fumed /fjú:md/ *a* 〈材木が〉アンモニアで燻蒸した: ~ oak 黒いぶしのオーク材.
fúme hòod* 換気フード, ドラフトチャンバー《有害な気体・蒸気を排出するために強制通風を行なえる実験室内の換気設備》.
fu·met[1] /fjuméɪ, fjú:mət/ *n* 〖料理〗 フュメ《魚・鳥獣肉を煮詰めただし汁》. [F (OF *fumer* to fume)]
fu·met[2], **few·met** /fjú:mət/ *n* [[U]*pl*] 《古》 鹿の糞. [? 変形く ME *fume*<OF＝excrement]
fu·mi·gant /fjú:mɪgənt/ *n* 燻蒸剤, 燻煙剤《消毒・殺虫用》.
fu·mi·gate /fjú:məgèɪt/ *vt* 煙でいぶす, くすぶらせる; 燻蒸(消毒)する; 《古》〈香を〉たく, 匂わせる. ♦ **fú·mi·gà·tor** *n* 燻蒸(消毒)者[器]. **fù·mi·gá·tion** *n* 燻蒸. [L (*fumus* smoke)]
fúming sulfúric ácid 〖化〗 発煙硫酸 (oleum).
fu·mi·to·ry /fjú:mətɔ̀:ri; -t(ə)ri/ *n* 〖植〗 カラクサケマン《かつて茎葉を浄血剤としたケシ科の一年草; 地中海地方原産》. [OF (L *fumus terrae* smoke of earth); 語尾は -*ory* に同化]
fúmitory fàmily 〖植〗 ケマンソウ科 (Fumariaceae).
fu·mous /fjú:məs/ *a* 煙でいっぱいの; 〖植〗 煙色の.
fump /fʌ́mp/, **foomp** /fú:mp/ *int* ドサッ, ドスン, ドシン. [imit]
fum·tu /fʌ́mtù:/*《俗》 *a* いつもよりも混乱した, 一段とひでえ. ► *n* SNAFU. [*f*ucked *u*p *m*ore *t*han *u*sual]
fumy /fjú:mi/ *a* 煙霧の多い; 煙霧を発する; 煙霧状の.
fun /fʌ́n/ *n* おかしみ, おもしろみ, 楽しみ; おもしろい事物[人]; 戯れ, 慰み, ふざけ; 大騒ぎ, 大激論: take all the ~ out of it 十分楽しむ, 堪能する / have a lot of ~ 大いに楽しむ / a bit of ~ ちょっとした楽しみ / a BUNDLE of ~ / What ~! 愉快だなあ! / It's more ~. そのほうが愉快[気楽]だ / be full of [no] ~ とても楽しい[全くおもしろくない] / He is good [great] ~. おもしろい人だ. ● **(all) the ~ of the fair** 縁日[お祭・パーティーなど]の楽しい出し物[催し, 余興], (いろいろな)お楽しみ. **for** [**in**] **~** おもしろ半分に, 戯れに. **for the ~ of it** [**the thing**] それがおもしろくて, おもしろ半分に, 冗談に. **~ and games** 《口》 [[o]*iron*] 愉快な[楽しい, わくわくするような]こと, お遊び; 《口》 [[o]*iron*] たやすいこと; [*euph*] 性愛行為, お楽しみ. **good clean ~** [[o]*iron*] (害のない)健全な楽しみ[娯楽]. **have** (**one's**) **~** おもしろく遊ぶ, 興ずる; 《性的に》お楽しみをする 〈*with*〉. **like ~** 盛んに, どんどん, 大いに〈売れるなど〉; [*iron*] 決して…ない, まさか…でない (by no means)《否定を強めたり, 疑いを示す》. **make ~ of**…＝**poke ~ at**…をからかう, 慰みものにする. ► *a* 愉快な, 楽しい, おもしろい, ふざけた. ► *vi, vt* (**-nn-**) 《口》 ふざける, からかう, 冗談を言う 〈*with* sb〉. [*fun* (obs)＝*fon* to befool; ⇨ FOND]
fún·abòut *n* 娯楽・スポーツ用の各種小型自動車.
Fu·na·fu·ti /fù:nəfú:ti/ フナフティ《南太平洋にある Tuvalu 諸島の主島で, 環礁; ツヴァルの首都が置かれている》.
fu·nam·bu·lism /fjunǽmbjəlìz(ə)m/ *n* 綱渡り; 頭の回転の速さ, とっさの機転. ♦ **-list** *n* 綱渡り芸人.
fún·bòard *n* ファンボード《ウインドサーフィン用ボードの一種で, 安定性に欠けるがよりスピードの出るもの》.
Fun·chal /funʃá:l, fʌn-/ フンシャル《ポルトガル領の Madeira 島の中心都市・港町; ワイン輸出港》.
Fún Cíty 歓楽都市, 大都会《特に New York 市》.
func·tion /fʌ́ŋ(k)ʃ(ə)n/ *n* **1** 機能, はたらき; 目的; 職能, 職務, 役目; 〖文法〗 機能 (opp. *form*); 〖化〗 官能基 (functional group); 〖電算〗 機能, ファンクション: perform a ~ 職務[役割を]果たす. **2** 儀式, 行事, 祭典, 祝典; 《大掛かりな》社交的会合, 公式会合. **3** 相関(関係); 相関関係にあるもの; 〖数〗 関数, 写像 (map) 〈*of*〉: Recovery from stress is a ~ of age. ストレスからの回復は年齢によっても変わる. ► *vi* 機能する, 作動[作用]する, はたらく; 職分[役割]を果たす 〈*as*〉: This typewriter *~s* well. / ~ *as* an ombudsman. ♦ **~·less** *a* [F<L (*funct- fungor* to perform)]
fúnction·al *a* 機能の; 機能する[しうる]; 職務[職掌]上の (official); 〈建物・家具・衣服など〉機能的な, 実用的な; 〖医・精神医〗〈疾患が〉機能的な, 非器質的な; 〖数〗 関数の: a ~ disease 機能的疾患《器官の構造ではなく生理的または心理的機能が冒される; opp. *organic disease*》. ► *n* 〖数〗 汎関数, ファンクショナル. ♦ **~·ly** *adv*
fúnctional análysis 機能分析; 〖数〗 関数解析, 位相解析.
fúnctional cálculus PREDICATE CALCULUS.
fúnctional fóod 機能性食品《元来は日本で開発された, 食物繊維・鉄分などの健康増進作用[成分]を強化した一種の健康食品; 略 FF》.
fúnctional gróup 〖化〗 官能基 (＝*function*).
fúnctional illíterate 機能的非識字者《社会生活に必要とされる読み書き能力のない者》. ♦ **fúnctional illíteracy** 機能的非識字. **fúnctionally illíterate** *a*
fúnction·al·ìsm *n* 機能主義, 《特に 建築・家具などの》機能主義[本位]; 機能心理学; 〖社〗 STRUCTURAL FUNCTIONALISM. ♦ **-ist** *n, a* **fùnc·tion·al·ís·tic** *a*
func·tion·al·i·ty /fʌ̀ŋ(k)ʃənǽləti/ *n* 機能性; 相関関係, 相関性.
fúnction·al·ìze *vt* 機能的にする; ある職務につける; 〖経営〗〈仕

事を›職能別に割り当てる, 職能化する.
fúnctional representátion 〘政〙職能代表制.
fúnctional shíft [chánge] 〘文法〙機能転換《形態上の変更なしに他の語類[品詞]としてはたらくこと》.
fúnction·àry /; -(ə)ri/ *n* 職務を有する者, 役職者, 《特に 役所・政党などの》職員, 役員: a petty ～ 小役人 / a public ～ 公務員. ► *a* 機能の; 職務上の.
fúnction·àte *vi* 機能[作用]する; 職能を果たす.
fúnction kèy 〘電算〙機能キー, ファンクションキー《文字キーなどのほかに用意された特殊機能用キー》.
fúnction ròom ファンクションルーム《ホテルで宴会・会議・式典などに使われる部屋》.
fúnction shìft [chànge] FUNCTIONAL SHIFT.
fúnction wòrd 〘文法〙機能語《前置詞・助動詞・接続詞・関係詞など; CONTENT WORD と区別される》.
func·tor /fʌ́ŋ(k)tər/ *n* 機能を果たすもの, 作用するもの; 〘論〙関数記号.
fund /fʌ́nd/ *n* **1** 基金, 資金; [ᵘ*pl*] 当座預金(残高); [*pl*] 財源, 手元資金; [the (public) ～s]ᴵᴵ公債, 国債; 基金を扱う機関[組織]: a relief ～ 救済基金 / a reserve ～ 積立て資金 / a scholarship ～ 奨学資金 / a sinking ～ 減債基金 / raise ～*s* for...のため資金を集める. **2** 《知識などの》たくわえ, 蓄積, 蘊蓄(うんちく): a ～ *of* information 豊富な情報; 知識の庫(くら) 《百科事典など》. ● **in [out of] ～s** 資金[手元金]があって[なくて]. **no ～s** 預金残高なし《小切手への裏書き, あるいは銀行から小切手振出人への通知; 略 NF, N/F》. ► *vt* 〈事業など〉に資金を供給する, ...の資金を賄う; ...の利子[元金]支払いに資金を供給する; 基金に繰り入れる, 積み立てる; 〈一時借入金を〉長期の負債[公債]に借り換える; ᴵᴵ〈金を〉国債に投資する. ♦ **fúnd·er** *n* 資金提供者[団体]. [L *fundus* bottom, piece of land; cf. FOND²]
fund. fundamental.
fun·dal /fʌ́nd(ə)l/ *a* 〘解〙底の (fundic).
fun·da·ment /fʌ́ndəmənt/ *n* 《一地域の自然の》原景観; 臀部, 尻 (buttocks); 〘解〙肛門 (anus); 《理論などの》基礎, 基本, 基底; 《建物などの》基礎, 土台. [OF<L; ⇨ FOUND²]
fun·da·men·tal /fʌ̀ndəméntl/ *a* 基本の, 基礎の, 根元の, 根本的な; 重要[主要]な; 必須の; 生来の, 根深い; 根本[原理]主義を信奉する; 〘楽・理〙基本の (⇨ *n*); 〘楽〙和音の根音を最低音とする: ～ colors 原色 / the ～ form 基本形 / ～ human rights 基本的人権 / ～ harmony [chords] 主要和声[三和音] / a ～ principle [rule] 原理, 原則. ► *n* [ᵒ*pl*] 基本, 根本, 基礎; 原理, 原則 〈*of*〉; [*pl*] 〘金融〙ファンダメンタルズ《株価・為替相場などを決定する基礎的条件》; 〘楽〙基音 (＝～ tone), 根音 (＝～ note); 〘理〙FUNDAMENTAL FREQUENCY. ♦ **fun·da·men·tal·i·ty** /fʌ̀ndəmèntǽləti/ *n* 基本性; (根本的な)肝要さ.
fundaméntal bàss 〘楽〙《和声学上の》根音バス.
fundaméntal cónstant 〘理〙普遍定数《特定の系とは無関係に常に一定の値を保つ定数; 真空中の光速度やボルツマン定数など》.
fundaméntal fréquency 〘理〙基本振動数[波] (＝*first harmonic, fundamental*) 《最低振動数(の波)》; 〘楽〙基本周波数《倍音列の主要周波数》.
fundaméntal gróup 〘数〙基本群《(一般には単連結でない)多様体について, その上の 1 点を通る閉曲線のなす群; 2 つの曲線間の演算は, 両者をつなげる操作になる》.
fundaméntal interáctions *pl* 〘理〙基本相互作用《素粒子間にはたらく 4 種類の基本的な力: electromagnetic, gravitational, strong and weak interactions》.
fundaméntal·ìsm *n* [ᵒF-] 根本主義, ファンダメンタリズム《20 世紀初頭米国に起こったプロテスタント教会の教義[運動]; 聖書の記事, 特に 創造・奇跡・処女受胎・キリストの復活などを文字どおり信ずるのが信仰の根本であるとする; cf. MODERNISM》; 〘イスラム〙原理主義; 《一般に》根本原理を厳格に守る立場, 原理主義. ♦ **-ist** *n, a* 根本[原理]主義者; 根本[原理]主義の. **fundamentalístic** *a*
fundaméntal láw 基本法, 《特に》憲法.
fundaméntal·ly *adv* 基本的に, 根本的に; 基本的には.
fundaméntal párticle ELEMENTARY PARTICLE.
fundaméntal théorem of álgebra 〘数〙代数学の基本定理《複素数の係数をもつ代数方程式は複素数の範囲で少なくとも 1 つの実数または複素数の根をもつ》.
fundaméntal tíssue 〘植〙基本組織《被包組織・維管束を除くすべての組織》.
fundaméntal únit 〘理〙《質量・長さ・時間などの》基本単位.
fúnd·ed débt 固定負債, 《特に》BONDED DEBT.
fun·di¹ /fúndi/ *n* 《東・南アフリカで》熟練者, 専門家. [Swahili]
fun·di² /fʌ́ndi/ *n* 〘植〙フォニオ (＝*hungry rice*) 《熱帯アフリカ産の穀用メヒシバ》. [? Limba *fandi ha* grass]
fun·dic /fʌ́ndɪk/ *a* 底 (FUNDUS) の[に関する].
fun·die, fun·dy /fʌ́ndi/ *n* 《特に 宗教上[環境保護運動]の》FUNDAMENTALIST, 《口》《特に》キリスト教根本[原理]主義者《**fún·di**³ ともつづる》; 熱狂的活動家[支持者], 過激派《ドイツの緑の党に関してはしばしば **Fun·di** /fúndi/ を用いる》.
fúnd·ing *n* 財政的支援[援助], 財源; 《買掛金・短期借入金などの》長期負債 (主に債券) への借換え, 長期債化; 《事業・計画への》資金調達, 資金準備; 《期日前の》債務の借換え; 《年金・退職金などのための》資金の積立て: public [government] ～ 公的[政府の]財政支援.
fúnd mànager 資金運用担当者, ファンドマネージャー《保険会社・投資信託会社・年金基金などで信託財産の運用を一任されている投資専門家》.
fun·do /fú:ndou/ *n* (*pl* ～**s**) 《チリの》大農園. [Sp]
fúnd-ràiser *n* 基金調達者[係]; 資金調達のための催し《パーティーなど》. ♦ **fúnd-ràise** *vt, vi* (基金[資金]を)集める, 調達する.
fúnd-ràising *n, a* 《福祉事業・政党活動などを賄うための》基金[資金]調達(の), 寄付金集め(の).
fun·dus /fʌ́ndəs/ *n* (*pl* **-di** /-dàɪ, -dì:/) 〘解〙《胃・眼・子宮など各種器官の》基底部, 底 (base). [L＝bottom]
fúndus óc·u·li /-ákjəlàɪ/ 〘解〙眼底.
fundy ⇨ FUNDIE.
Fun·dy /fʌ́ndi/ ■ **the Báy of ～** ファンディ湾《カナダ南東部 Nova Scotia 半島と New Brunswick 州の間の入江; 危険な急潮で有名》.
fu·ne·bri·al /fjuní:briəl/ *a* FUNEREAL.
Fünen ⇨ FYN.
fu·ner·al /fjú:n(ə)rəl/ *n* **1** 葬式, 葬儀, 弔い, 告別式; 葬列, 野辺送りの列; *《方》弔いの礼拝[説教], 回向; 消滅, 終焉: attend a ～ 会葬する / a public [state, national] ～ 公[国]葬. **2** [one's] 《口》...にのみかかわる(いやな)事柄, ...の責任《普通 次の 2 つの句で》. ● **none of your [my] ～** 《口》きみ[わたし]の知ったことじゃない. **That's [It's] your [his, etc.] (own) ～.** 《口》それはきみの[彼の]問題だ(まずい結果が出ても知らないよ). **(the) ～ baked meats** (葬式のあと)会葬者にふるまわれる軽い食事《Shak., *Hamlet* 1.2.179》. **will [would] be late for one's own ～** 《口》〈人が〉時間どおりに来たためしがない, 全く時間にルーズである. ► *a* 葬式の, 死者を弔う; 葬式用の; 葬儀のような, 陰鬱な (funereal): a ～ ceremony 葬儀 / ～ rites 葬儀 / a ～ service [sermon] 弔いの礼拝[説教] / a ～ column 死亡(広告)欄 / a ～ march 葬送行進曲 / a ～ oration 《葬儀場での》追悼演説 / a ～ pall 棺衣 / a ～ pile [pyre] 火葬用の薪の山 / a ～ procession [train] 葬列 / a ～ urn (納)骨壺. [OF<L (*funer- funus*)]
fúneral chàpel 霊安室; FUNERAL PARLOR.
fúneral dirèctor 葬儀屋 (undertaker).
fúneral hòme* FUNERAL PARLOR.
fúneral pàrlor 《遺体安置室・防腐処理室・火葬場・葬儀場などを備えた》葬儀会館, 葬祭場, 斎場.
fu·ner·ary /fjú:nərèri; -r(ə)ri/ *a* 葬式[弔い, 埋葬]の.
fu·ne·re·al /fjuníəriəl/ *a* 葬送の; 葬式にふさわしい, しめやかな; 悲しい, 陰鬱な. ♦ **～·ly** *adv*
fu·nest /fjunést/ *a* 不吉な, 凶の; 致命的な; 悲惨な.
fún·fàir *n* ᴵᴵ巡回見世物 (carnival*); ᴵᴵ遊園地 (amusement park*); 《教会などが募金のために行なう》有楽市(いち).
fún·fèst *n* 懇親会, 余興会, お楽しみ会.
fún-fìlled *a* 楽しさいっぱいの[満載の].
fún fùr ファンファー《毛皮に似た風合(ふうあい)の, 特に 色あざやかな人工毛皮》.
fun·gal /fʌ́ŋ(ə)l/ *a* FUNGOUS. ► *n* FUNGUS.
fun·gate /fʌ́ŋgèɪt/ *vi* 〘医〙菌のように発育する.
fungi *n* FUNGUS の複数形.
fun·gi- /fʌ́nʤə, fʌ́ŋgə/ *comb form* 「菌」「真菌」 [L FUNGUS]
fun·gi·ble /fʌ́nʤəb(ə)l/ *a* 〘法〙《同種・同量・同品質の》他のもので代用できる, 代替可能な; 柔軟な (flexible). ► *n* [ᵘ*pl*] 代替可能物《金銭・穀物など》. ♦ **fùn·gi·bíl·i·ty** *n* [L (*fungi vice* serve in place of)]
fun·gi·ci·dal /fʌ̀nʤəsáɪdl, fʌ̀ŋgə-/ *a* 殺菌性の. ♦ **～·ly** *adv*
fúngi·cìde *n* 殺菌剤, 殺真菌薬[剤], 殺[防, 除]カビ剤.
fúngi·fòrm *a* キノコ[ポリープ]状の.
fun·gi·stat /fʌ́nʤəstæ̀t, fʌ́ŋgə-/ *n* 静真菌薬[剤].
fun·gi·stat·ic /fʌ̀nʤəstǽtɪk, fʌ̀ŋgə-/ *a* 〈薬剤が〉静真菌性の.
fun·giv·o·rous /fʌ̀nʤívərəs, fʌ̀ŋgív-/ *a* 〘動〙菌食性の.
fun·go /fʌ́ŋgou/ *n* (*pl* ～**es**) **1** 〘野〙ノックしたフライ (＝**～ flỳ**), ノック; ノックバット (fungo bat), 《一般に》バット. **2** *《俗》失敗, へま; *《俗》報いのない行為. ► *vi, vt* 〘野〙ノックで(フライを)打ち上げる; *《俗》失敗する. [C19<?]
fúngo bàt [stìck] 〘野〙《練習用の》ノックバット, ファンゴーバット[スティック]《普通のバットより長くて細く軽め》.
fun·goid /fʌ́ŋgɔ̀ɪd/ *a* 菌類似の, 菌様の, キノコ状の; 急速に増殖する. ► *n* 〘医〙菌状腫, フングス.
fun·gol·o·gy /fʌŋgáləʤi/ *n* 菌(類)学 (mycology).
fun·goo /fʌ́ŋgu/ *int* *《俗》[*euph*] FUCK you.
fun·gous /fʌ́ŋgəs/ *a* **1** 菌類の, (真)菌の[による], 菌性の, 菌質の; キノコのような, 海綿状の; 〘医〙キノコ[ポリープ]状の〈腫瘍〉. **2** 《キノコのように》にわかに生じる, 一時的な.
fun·gus /fʌ́ŋgəs/ *n* (*pl* **-gi** /fʌ́nʤàɪ, fʌ́ŋgàɪ/, **～·es**) **1** (真)菌類の菌, 菌, 真菌, カビ, キノコ; [Fungi] 菌類; 〘医〙茸瘤(じゅう), 菌(状)腫,

ポリープ; 《淡水魚の》水生菌病. **2** 急に生じる(不快な)もの, 一時的現象; 《俗》ひげ (beard, whiskers), 顔毛. ► *a* FUNGOUS. ◆ **fúngic** /fʌ́ndʒɪk, fʌ́ŋgɪk/ *a* **~·lìke** *a* [L<? Gk *sp(h)oggos* sponge]

fúngus fàce 《俗》(あご)ひげのある男; 《俗》すごく不細工な[気色の悪い, 病的な]顔をしたやつ.

fúngus fèatures 《俗》FUNGUS FACE.

fúngus gnàt 〔昆〕キノコバエ《キノコバエ科のハエの総称; 細くてカに似たハエで, 幼虫は大部分が森のキノコに寄生する》.

fún hòuse* 《遊園地の》びっくりハウス《内部に傾いた部屋・動く通路・ゆがんだ鏡など種々の趣向を凝らした建物》.

fu·ni·cle /fjúːnɪk(ə)l/ *n* FUNICULUS.

fu·nic·u·lar /fjʊníkjələr, fə-/ *a* ロープの; ロープ[索]による, 吊りおもり作用の; ケーブルカーの; 〔解〕索状の; 〔植〕珠柄の. ► *n* 鋼索鉄道, ケーブルカー (=~ **ráilway**). [FUNICULUS]

fu·nic·u·late /fjʊníkjələt, -lèɪt, fə-/ *a* 〔植〕珠柄 (funiculus) のある.

fu·nic·u·lus /fjʊníkjələs, fə-/ *n* (*pl* **-li** /-làɪ, -lìː/) 〔解〕帯, 索, 束《臍帯(さいたい)・神経束・精索など》; 〔植〕《胚珠の》珠柄(しゅへい); 〔昆〕触角鞭状部《触角の第2節から先の部分》. [L (dim)<*funis* rope]

funk[1] /fʌ́ŋk/ 《口》*n* おじけ, おびえ, 臆病(者); 憂鬱な気分, 落ち込み; 不振, 不調 (slump): in a ~ 落ち込んで; おびえて / in a BLUE FUNK. ► *vi* おじけづく, たじろく, びびる ‹*at*›; 失敗する, 落第する. ► *vt* …におびえる, 恐れる, 〈仕事〉からしりごみする, 逃避する; こわがらせる. ◆ **~·er** *n* [C18<?; Oxford 大学の俗語から]

funk[2] *n* **1** *悪臭, 臭気《かびたタバコ・煙・体臭などのむっとするにおい》; *タバコの煙; 《俗》田舎くささ, 泥臭さ. **2** ファンク (FUNK-JAZZ); ファンク(ミュージック)《黒人音楽本来の要素を強く打ち出したポピュラー音楽(の総称)》; FUNK ART. ► *a**《俗》ダサい, イモっぽい, かっこいいつもりの. ► *vt* **1** …に煙[臭気]を吹きかける; 〈パイプを〉吸う. **2** 〈音楽を〉ファンク調にする, ファンキーにする ‹*up*›. ► *vi* 煙[臭気]を放つ; *《俗》ファンクを演奏する, 〈音楽に〉気持よくスイングする, 乗る ‹*to*›. [?F (dial) *funkier* (⇨ FUMIGATE)]

Funk /fʊ́ŋk, fʌ́ŋk/ ファンク **Casimir ~** (1884–1967)《ポーランド生まれの米国の生化学者; 'vitamin' の命名者》.

fúnk àrt ファンクアート《奇怪なもの・俗悪なものを材料とするポップアートの一種》. ◆ **fúnk àrtist** *n*

funked /fʌ́ŋ(k)t/ *a**《南部》〈タバコの葉が〉腐った, カビの生えた.

fúnked óut *a**《俗》《酒・薬物に》酔って.

fúnked úp*《俗》*a* ファンクに酔って, ファンク好きの, ファンク的な; 洗練された, かっこいい, クールな.

fúnk hòle 塹壕, 待避壕 (dugout); 《一般に》逃げ込む場所; 兵役のがれの仕事.

fun·kia /fʌ́ŋkiə, fʊ́ŋ-/ *n* 〔植〕ギボウシ (plantain lily). [H. C. *Funck* (1771–1839) ドイツの植物学者]

fúnk·ing *a**《卑》FUCKING.

fúnk-jàzz *n* ファンクジャズ, ファンキージャズ《バップ (bop) の発展形として 1950 年代後半に流行した, 主として黒人演奏家による熱気にあふれた 'soulful' なジャズ》.

fúnk mòney HOT MONEY.

fúnk·ster *n**《俗》ファンクスター《(1) ファンク (funk) をやるミュージシャン (2) ファンクのファン》.

fúnk·stìck *n* 《俗》臆病者, おびえん坊.

funky[1] *a* 《口》びくびくの, 臆病な. [*funk*[1]]

funky[2] *a**《口》いやな匂いのする, 臭い; 《俗》泥臭い, 素朴な(スタイルの); 〔ジャズ〕素朴なブルース風の, ファンキーな; ファンク(ミュージック)の, 黒人風の; 《俗》セクシーな; *《俗》昔風の, 古めかしい; 《俗》一風変わった, 型破りの; 《俗》すばらしい, いかす; *《俗》憂鬱な, 沈んだムードの; *《俗》感情的な; *《俗》低級な, 俗悪な; *《俗》だらしない (unkempt), きちんとしてない 〈髪・部屋など〉. ◆ **fúnk·i·ly** *adv* **-i·ness** *n* [*funk*[2]]

fúnky·àss *a**《俗》FUNKY[2].

fúnky-bùtt *a**《俗》FUNKY[2].

fúnky-drúnk *a**《俗》ぐでんぐでんに[めろめろに]酔って.

fúnky-frèsh *a**《俗》すごくいい.

fún-lòving *a* 遊び好きな, 享楽的な.

fun·nel /fʌ́n(ə)l/ *n* じょうご, 漏斗; 《じょうご形の》通風筒, 採光筒; 《機関車・汽船などの》煙突; 〔解・動〕じょうご状器官; FUNNEL CLOUD. ► *v* (**-l-** | **-ll-**) *vt* じょうご形にする; じょうごを通す; 〈精力などを〉集中する, 〈資金など〉つぎ込む, 投入する, 送り込む ‹*into*›; 〈情報など〉提供する ‹*to*›. ► *vi* じょうご状に狭まる[広がる]; じょうご[狭い所]を通り抜ける. ◆ **fún·nel(l)ed** *a* じょうごのある; じょうご状の; …本の煙突を備えた: a two-*funnel(l)ed* steamer. **~·lìke** *a* [Prov *fonilh*<L (*in*)*fundibulum* (*fundo* to pour)]

fúnnel brèast 〔医〕FUNNEL CHEST.

fúnnel càke 〔料理〕ファネルケーキ《たねをじょうごなどで渦巻形に流して焼いたり揚げたりしたケーキ》.

fúnnel càp 〔植〕カヤタケ属の各種のキノコ《傘の中央部がくぼんでじょうご形になる》.

fúnnel chèst 〔医〕漏斗胸 (opp. *pigeon breast*).

fúnnel clòud 〔気〕《tornado の》漏斗雲.

fúnnel·fòrm *a* 〔植〕〈花冠が〉じょうご形の, 漏斗状の (infundibuliform).

fúnnel nèck 〔服〕ファネルネック《じょうご型に高く立ち上がったセーターなどの襟》.

fúnnel-wèb (spìder) 《豪》〔動〕ジョウゴグモ《漏斗状の巣を作る豪州産の大型毒グモの総称》.

fún·ni·ly *adv* おもしろおかしく, 滑稽に; 奇妙に, 変に; 妙なことに(は) (=~ **enóugh**).

fun·ni·ment /fʌ́nimənt/ *n* 滑稽, 冗談, おどけ.

fun·ni·os·i·ty /fʌ̀niɑ́səti/ *n* [*joc*] おかしさ, 滑稽; おかしなもの.

fun·ny[1] /fʌ́ni/ *a* おもしろい, 笑わせる, 愉快な, 楽しい, 滑稽な, ひょうきんな; 変な, おかしな, 奇妙な, 不思議な; 《口》[*euph*] "気[頭]が変な; 《口》具合のよくない (ill), 故障して; 《口》ごまかしの, いかがわしい: a ~ fellow / a ~ column 《新聞の》漫画欄 / Very ~! 《笑ったり, ふざけたりしている相手に向かって》全然おもしろくない! / feel ~ 気持悪くなる / go ~ 頭がおかしくなる; 気分[具合]が悪くなる, 故障する / see the ~ side of… 〈まずい状況など〉の滑稽な側面に気がつく, 〈つらい状況〉にあっても笑うことができる / It's a ~ old world [game]. 《口》おかしな[不思議な, 妙な]ことがあるものだ. ● **get ~ with**… 《口》…にあつかましくふるまう, 生意気な態度をとる. ► *adv**おかしな[奇妙な]具合に; *《口》いかがわしく. ► *n* [ᵘthe funnies] *《新聞・雑誌の》四コマ[続き]漫画, 漫画, 漫画欄, 漫画のページ; 《口》冗談, うまい一言; 滑稽な出し物[ショー]; 奇妙なもの: make a ~ 冗談を言う. ◆ **fún·ni·ness** *n* おかしさ, 滑稽さ; 奇妙. [*fun*]

funny[2]" *n* ファニー《1人こぎの細長いボート》. [C18<? ↑]

fúnny bòne 《口》《ひじ先の》尺骨の端 (crazy bone*)《打つとビリッとする骨》; ユーモアを解する心[力], 笑いの感覚: The joke tickled his ~. 彼はその冗談をおもしろいと思った.

fúnny bòok 漫画本 (comic book).

fúnny bùsiness 《口》おかしな行動, ふざけ, おどけ; 《口》妙なふるまい, おかしなまね; 《口》おかしなこと, 不正, ごまかし.

fúnny càr 《量産車の車体に似た》車体が一枚板でできている drag race 専用車; *《俗》《エンジンのパワーを増し, 車輪を大きくし, 後部のサスペンションの位置を高くするなどした》大改造車, ファニーカー.

fúnny fàce 《口》[*joc, voc*] おい, ねえ(きみ).

fúnny fàrm [hòuse] 《古風俗》[*derog*] 気違い病院; 《俗》薬中[アル中]療養所.

fúnny-ha-há *a* 《口》《「奇妙な」ではなく》「滑稽な」の意味の funny (cf. FUNNY-PECULIAR), おもしろい, おかしい.

fúnny-lòok·ing *a* 妙なかっこうの, 変わった形の, 見慣れない.

fúnny·màn *n* 滑稽な人; 喜劇役者, コメディアン, 道化師, 滑稽小説家.

fúnny mòney 《口》**1** にせ金; 代用貨幣, 軍票《など》; 膨張した通貨, 不安定な金; いかがわしい金《特に 政治資金など》; 外国の金, 外国貨幣. **2** 普通株の特性をもつように見えながら一株当たりの利益を減らすことのない転換優先株[転換社債, ワラントなど]《企業買収の資金調達に用いられる》.

fúnny pàper [ᵘ*pl*]《新聞の》漫画欄; *《軍俗》地図.

fúnny-pecúliar [-stránge, -wéird] 《口》*a* 《「滑稽な」ではなく》「奇妙な」の意味の funny (cf. FUNNY-HA-HA), 変な, 不思議な; 具合がおかしい, いかれた.

fúnny ùncle [*euph*] 親類の子供にいたずらをする男.

fún-pàcked *a* FUN-FILLED.

fun·plex /fʌ́nplèks/ *n* ファンプレックス《各種スポーツ・ゲーム用設備があるほか, しばしばレストランもはいっている複合娯楽施設》.

fún rùn 《結果よりも参加することに意義を認める, あるいは募金を目的とした》主にアマチュアのためのマラソンレース[大会], 一般参加マラソン. ◆ **fún rùnner** *n*

fun·sie, -sey /fʌ́nsi/ *n**《俗》[*iron*] 困難な[骨の折れる]仕事, 難題.

fún·ster *n* 人を笑わせようとする人, 滑稽な人.

FUO 〔医〕fever of undetermined [unknown] origin (原因)不明熱.

fu·oro /fjuɑ́roʊ/ *a* 〔天〕オリオン座 FU 星型の. [*FU Orionis*]

fur /fə́ːr/ *n* **1** 〔動〕《哺乳動物の》毛衣, 《特に 上にかぶさる粗毛と区別して》下毛, 軟毛, 柔毛; 毛皮《被毛のある皮》; 柔毛をもった獣, 毛皮獣 (cf. FEATHER)《集合的》; 《加工した》毛皮; [ᵖ*pl*] 毛皮製品, 毛皮服; 毛皮の襟巻[手袋, 裏, 縁取りなど]; 人造毛皮(製品), 《毛皮に似た》厚いパイル; 〔紋〕毛皮模様: hunt ~ 野ウサギ狩りをする. **2** 舌苔(ぜったい), 舌ごけ; 《鉄瓶などの》湯あか; 《ワインの表面に生ずる》薄皮; 《卑》《女性の》陰毛, 陰部. **3** [the] *《俗》警察, サツ (the police) (cf. FUZZ[2]). ● **~ and feather** 猟獣と猟鳥. **make the ~ fly** 《口》(1) 大騒動を引き起こす, やかましくけんか[議論]する (=make the feathers fly). (2) てきぱきやる. **rub [stroke] sb's ~ the wrong way** 毛を逆なでする, おこらせる. **the ~ will fly** 騒動が起こるだろう《類似の表現として the ~ starts [begins] to fly や the ~ is flying がある》. ► *v* (**-rr-**) *vt* **1** …に(柔毛)毛皮を付ける; 〈人〉に毛皮を着せる; 毛皮でおおう; …に毛皮の裏[へり飾り]を付ける. **2** 〈舌〉にこけを生じさせる; 〈湯沸かしなど〉に湯あかを付着させる ‹"*up*›; 〈動脈を〉詰まらせる ‹"*up*›; 〔木工〕…に当て木[添え木]をする; 〔建〕〈壁体〉に下地を取り付ける. ► *vi* 舌ごけ[湯あか]が生じる ‹"*up*›; 〈動脈が〉詰まる, ふさがる〈^{u}up〉. ♦ **~·less** *a* ［OF *forrer* to line garment with fur (*forre, fuerre* sheath＜Gmc); (n)＜(v)］

fur. furlong(s).

fur·áldehyde /fjər-, fjʊər-/ *n* 〘化〙フルアルデヒド (FURFURAL).

fu·ran /fjʊ́ərӕ̀n, ―ˊ/, **-rane** /fjʊ́ərèɪn, ―ˊ/ *n* 〘化〙フラン《無色の液体; ナイロン製造用》.

fu·ra·nose /fjʊ́ərənòʊs, -z/ *n* 〘化〙フラノース《五員環をもつ単糖の構造; cf. PYRANOSE》.

fu·ran·o·side /fjʊərǽnəsàɪd/ *n* 〘化〙フラノシド《フラノース形のグリコシド》.

fu·ra·zol·i·done /fjʊ̀ərəzɑ́lədòʊn/ *n* 〘薬〙フラゾリドン《家禽などの寄生虫予防薬》.

fúr·bàll *n* 《動物の胃の中の》毛の塊り; «口» 毛むくじゃらの愛玩動物; *«俗» いやなやつ.

fúr·bèar·er *n* 柔毛をもった動物, 毛皮獣.

fur·be·low /fə́ːrbəlòʊ/ *n* 《スカート・ペチコートの》ひだ飾り, すそひだ; [^{u}pl] 派手な[余計な]飾り; ^{u}コンブの一種. ▶ *vt* [^{u}pp] …に furbelow をつける. ［変形＜FALBALA］

fur·bish /fə́ːrbɪʃ/ *vt* 磨く, 磨きたてる; …に磨きをかける, 手入れをする〈*up*〉; …の面目を一新する〈*up*〉. ♦ **~·er** *n* ［OF＜Gmc］

Fúrbish lòusewort 〘植〙シオガマギクの稀種《1880 年 Maine 州で発見され, その後 1976 年に再発見されるまで絶滅したと考えられていた》. ［Kate *Furbish* (発見者)］

fúr brigàde «カナダ» 毛皮輸送隊《昔カヌー・馬・犬ぞりなどで毛皮その他を輸送した》.

fúr·bùrger *«卑» *n* 毛まん, 女陰; *いい女, おいしそうな女.

fur·ca /fə́ːrkə/ *n* (*pl* **fur·cae** /-kàɪ, -sìː/) 〘昆・動〙叉状器, 叉状突起, 叉器. ［L＝fork］

fur·cal /fə́ːrk(ə)l/ *a* フォーク状の, 叉状の (forked, furcate).

fur·cate *a* /fə́ːrkèɪt, -kət/ フォーク状の, 叉状の, 叉に分かれた (＝**fúr·càt·ed**). ▶ *vi* /fə́ːrkèɪt/ 叉をなす, 分岐する. ♦ **~·ly** *adv* ［L; ⇨ FORK］

fur·ca·tion /fərkéɪʃ(ə)n/ *n* 分岐; 分岐したもの.

Furch·gott /fə́ːrtʃgɑ̀t/ ファーチゴット **Robert F(rancis)** ~ (1916–2009)《米国の薬理学者; 循環系で一酸化窒素 (NO) がシグナル分子として機能していることを発見, ノーベル生理学医学賞 (1998)》.

fur·cu·la /fə́ːrkjələ/ *n* (*pl* **-lae** /-lìː, -làɪ/) 〘鳥〙叉骨(さこつ); 〘昆〙《トビムシ類の》叉甲, 叉(状)器, 跳躍器. ♦ **fúr·cu·lar** *a*

fur·cu·lum /fə́ːrkjələm/ *n* (*pl* **-la** /-lə/) FURCULA.

fur·fur /fə́ːrfər/ *n* (*pl* **-fu·res** /-f(j)ərìːz/) 上皮の剝片, 《特に》ふけ (dandruff, scurf); 《穀物の》ぬか. ［L＝bran］

fur·fu·ra·ceous /fə̀ːrf(j)əréɪʃəs/ *a* ぬか状の; ふけだらけの; 〘植〙もみがら状の鱗片でおおわれた. ♦ **~·ly** *adv*

fur·fu·ral /fə́ːrf(j)ərӕ̀l/ *n* 〘化〙フルフラール《芳香性油状液体で合成樹脂の製造に用いる》.

fur·fur·áldehyde /fə̀ːrf(j)ər-/ *n* FURFURAL.

fur·fu·ran /fə́ːrf(j)ərӕ̀n/ *n* 〘化〙FURAN.

Fu·ri·ae /fjʊ́ərìːiː/ *pl* 〘ロ神〙フリアイ (FURIES).

fu·ri·bund /fjʊ́ərəbʌ̀nd/ *a* 怒り狂った, 荒れ狂う, 狂暴な.

Fu·ries /fjʊ́əriz/ *pl* (*sg* **Fú·ry**) [the] 〘神話〙復讐の女神たち《ギリシアでは Erinyes または Eumenides, ローマでは Furiae または Dirae と呼ばれ, 数は不定だったが, のちに Alecto, Megaera, Tisiphone の 3 人とされるようになった》.

fu·ri·o·so /fjʊ̀əriόʊsoʊ, -zoʊ/ *a, adv* 〘楽〙激情的な[に], フリオーソの[で]. ▶ *n* (*pl* **~s**) 〘楽〙フリオーソの楽句[曲]; 狂暴な人, 狂人. ［It＜L FURIOUS］

fu·ri·ous /fjʊ́əriəs/ *a* 怒り狂う〈*with, about, at*〉; 荒れ狂う, 激烈な, 猛烈な, すさまじい (fierce), 《植物の》盛んな〈生長〉: a ~ sea 荒れ狂う海. ● **fast and ~** 〈遊びが〉熱狂的な[に], 狂乱の[して]; むちゃくちゃな[に]; どんどん, じゃんじゃん: grow [come] *fast and* ~. ♦ **~·ness** *n* ［OF＜L; ⇨ FURY］

fúrious·ly *adv* 荒れ狂って, 猛然と; 元気に, 精力的に; 極端に: make sb think ~ 猛烈に考えさせる / give sb ~ to think 人を惑わす《ともにフランス語から》.

furl /fə́ːrl/ *vt, vi* 〈旗・帆など〉巻き上げる[上がる], 巻きつける; 〈カーテンなどを〉引き寄せる; 〈傘・扇子など〉たたむ[たたまる]〈*up*〉; 〈翼を〉収める; 〈希望を〉捨てる; «まれ» 消える. ▶ *n* 《旗・帆などを》巻く[たたむ]こと, 巻き上げ, 巻きつけ; 《旗・帆など》巻いた[たたんだ]もの. ♦ **~ed** *a* ［F *ferler* (OF FIRM[1], *lier* to bind＜L *ligo*)］

fúrl·ing *n* 〘海〙帆のたたみ込み装置《帆をたたみ帆桁 (yard, boom) に巻きつける》.

fur·long /fə́ːrlɔ̀(ː)ŋ, -lɑ̀ŋ/ *n* ファーロング, ハロン《特に 競馬・測量に用いる長さの単位: ＝220 yards, 1/8 mile, ＝201.17 m; 略 fur.》. ［OE *furlang* length of furrow in common field (*furh* FURROW, LONG)］

fur·lough /fə́ːrloʊ/ *n* 《特に 外国勤務の軍人・官吏などの》賜暇(しか), 休暇(許可証)《米陸軍では一年に 1 か月》; 《従業員の》一時解雇[帰休]; 《囚人に認められる》一時仮出所: be on ~ 賜暇中である / go home on ~ 賜暇帰国する. ▶ *vt* *…に休暇を与える; *〈従業員を〉一時解雇する[帰休させる] (lay off). ▶ *vi* *休暇を過ごす. ［Du (*for-*, LEAVE[2])］

fur·mi·ty, -me- /fə́ːrməti/, **-men-** /-mən-/ *n* FRUMENTY.

fur·nace /fə́ːrnəs/ *n* 炉, かまど; 暖房炉; 溶鉱炉; 《ボイラーの》火炉(かろ); ひどく熱い場所, 焦熱地獄; [*fig*] きびしい試練; [the F-] 〘天〙ろ座(炉座) (Fornax): be tried in the ~ きびしい試練にあう / like a ~ ひどく熱い. ▶ *vt* 炉で熱する. ♦ **~·like** *a* ［OF＜L *fornac- fornax* (*fornus* oven)］

Fúr·neaux Gróup /fə́ːrnoʊ-/ *pl* [the] ファーノー諸島《オーストラリア南東部 Tasmania 島の北東, Bass 海峡東端にある島群; 主島は Flinders 島》.

Fur·ness /fə́ːrnəs/ **1** ファーネス **Horace Howard** ~《米国の Shakespeare 学者父子 (父 1833–1912, 子 1865–1930)》. **2** ファーネス《イングランド北部 Cumbria 州の南西部, Irish 海に突き出た半島をなす地方》.

fur·nish /fə́ːrnɪʃ/ *vt* **1** 〈必要なものを〉…に備え付ける[入れる]〈*with*〉, 《特に》〈家・部屋〉に家具を設備する: ~ a library *with* books 図書館に書籍を備える. **2** 〈必要なものを〉…に供給[提供]する (supply) 〈*with*〉; 〈…(のため)に〉…を与える, 支度する, もたらす〈*to, for*〉: ~ sb *with* money＝~ money *to* [*for*] sb 人に金を出す. ▶ *vi* 家具を備え付ける. ● **~ out** (十分に)準備を整える; 〈必要品を〉供給する. ♦ **~·er** *n* 《特に》家具商. ［OF *furnir* to complete, equip＜Gmc］

F

fúr·nished *a* 家具付きの; 在荷の…な: *F*~ House (to Let) 家具付き貸家《広告文》.

fúr·nish·ing [^{u}pl] 《家・部屋の》家具, 備品, 調度(品); *服飾品, アクセサリー: SOFT FURNISHINGS. ● **part of the ~s**＝part of the FURNITURE.

fur·ni·ture /fə́ːrnɪtʃər/ *n* **1** 家具《特に 椅子・テーブルなどの動かせるもの》; 備品, 調度, 建具; 街頭備品 (STREET FURNITURE): a piece [an article] of ~ 家具一点. **2** 《ドアなどの》取っ手と錠; 《機械・船・自動車などの》装備品; 〘海〙艤装(ぎそう)(用具); «古» (飾り)馬具; «廃» 服装, 装具, 所持品; «廃» 武具, 武器, 装備; *«俗» 《テニスラケットの》フレーム. **3** 《心に》備わったもの; 〘印〙込め物, フォルマート《活字の間に詰める木片・金属片》; «古» 《物の》内容, 中身: the ~ of a bookshelf 書籍 / the ~ of one's pocket 金銭 / the ~ of one's mind 知識, 教養. ● **a nice little piece of ~** *«俗» 性的魅力のある娘. **part of the ~** «口» いる[ある]のがあたりまえの人[もの]《古顔・常連など》; どうでもいい人[もの]. ♦ **~·less** *a* ［F; ⇨ FURNISH］

fúrniture bèetle [bòrer] 〘昆〙イエシバンムシ《家具・木材を穿孔加害するシバンムシの一種》.

fúrniture vàn 《大型の》家具運搬車, 引っ越しトラック.

Fur·ni·vall /fə́ːrnəvəl/ ファーニヴァル **Frederick James** ~ (1825–1910)《英国の言語学者》.

fu·ror /fjʊ́ərɔ̀ːr, *fjʊ́rər/ *n* 《多数の人びとの》激怒, 憤激; 大混乱, 騒動, 動乱; 激しい興奮, 熱狂; 熱狂的流行[賞賛]: make [create] a ~ 熱狂させる. ［It＜L; ⇨ FURY］

fúror col·li·gén·di /-kɑ̀ləʤéndàɪ/ 収集狂, コレクションマニア. ［L］

fu·rore /fjʊ́rɔ̀ːr, -ər; fjʊərɔ́ːri/ *n* ^{u}騒動, 動乱 (furor); ^{u}熱狂的流行; /; fʊrɔ́ːri/ 〘楽〙激情, 情熱, フローレ.

fúror lo·quén·di /-lɔːkwéndi/ 弁舌[弁論]狂. ［L］

fúror po·é·ti·cus /-poʊéɪtɪkʊs/ 詩狂, 作詩狂. ［L］

fúror scri·bén·di /-skrɪbéndi/ 書狂, 著述狂. ［L］

fu·ro·se·mide /fjʊəróʊsəmàɪd/ *n* 〘薬〙フロセミド (＝*frusemide*^{u})《浮腫治療用の強力利尿薬》.

fur·phy /fə́ːrfi/ *n* «豪俗» 虚報, でたらめなうわさ, デマ, ばかげた話. ［*Furphy* carts 第一次大戦中にオーストラリアで作られた給水・衛生車］

Furphy ファーフィ **Joseph** ~ (1843–1912)《オーストラリアの作家; 筆名 Tom Collins; *Such is Life* (1903)》.

fúr pìe «卑» 毛まん, 女, スケ; «卑» クンニリングス.

furred /fə́ːrd/ *a* 柔らかい毛でおおわれた〈動物〉; 毛皮製の, 毛皮を付けた, 毛皮の裏[へり飾り]付きの; 毛皮(製品)を着た; 舌ごけの生じた; 湯あかのついた; 〘建〙下地付けをした: ~ tongue 〘医〙舌苔(ぜったい).

fur·ri·er /fə́ːriər, fʌ́r-; fʌ́r-/ *n* 毛皮商人; 毛皮職人. ［ME *furrour*＜OF (*forrer*; ⇨ FUR); 語尾は *-ier* に同化］

fúr·ri·ery *n* 毛皮商[業]; 毛皮作り, 毛皮加工; 毛皮類 (furs).

fur·rin·er /fə́ːrənər, fʌ́r-; fʌ́r-/ *n* [*joc*]/«方» よそ者. ［FOREIGNER］

fur·ring /fə́ːrɪŋ/ *n* 《衣類の》毛皮(付け), 毛皮飾り; 湯あか(の付着); 舌ごけ生成; 〘建〙《壁・天井などの》下地 (＝**~ strip**)《胴縁・野縁など》, 下地材料, 下地付け(作業).

fur·row /fə́ːroʊ, fʌ́r-; fʌ́r-/ *n* **1** すき跡《すき (plow) を引いてできた溝》, うね間(ま), 溝, あぜ溝, 堰(せき); «古・詩» 耕地, 畑. **2** 《溝のような》細長いくぼみ; 《船の》航跡; わだち; [*fig*] 進路, 道のり; 《額の》深いしわ; 〘解〙溝(こう). ● **draw a straight ~** 律義(りちぎ)に世を渡る. **plow a lone [lonely] ~** ＝**plow one's own ~** (独自に)我が道を行く, 独立独歩[一匹狼]を貫く, 孤立無援である. ▶ *vt, vi* (…に)うねを立てる, 《すきで》すく; «詩» 〈船が波を〉切って進む; (…に)しわを刻む: a face ~*ed* by age 老いて深いしわのできた顔 / ~ one's brow 額にしわを寄せる. ♦ **~·less** *a* **~y** *a* あぜ溝のある; すじ[しわ]の多い. ［OE *furh* trench］

fúrrow slìce 墢条, あげ土《すき起こされた土》.

fur·ry /fə́:ri/ *a* 毛皮 (fur) の(ような), 柔毛質の; 毛皮でおおわれた; 毛皮付き[製]の; 舌ごけを生じた; 湯あかのついた; こもった感じの; *《俗》身の毛のよだつ, 恐ろしい: a ～ voice くぐもり声. ♦ **fúr·ri·ness** *n*

fúr sèal 〔動〕オットセイ (=*eared seal*) (cf. HAIR SEAL).

Fúr Sèal Íslands *pl* [the] オットセイ諸島《PRIBILOF ISLANDS の別称》.

fur·se·mide /fə́:rsəmàɪd/ *n* FUROSEMIDE.

furth /fə́:rθ/ *adv* 《スコ》 FORTH.

Fürth /fʊ́ərt; G fʏ́rt/ フュルト《ドイツ中南部 Bavaria 州, Nuremberg の北西に接する市》.

fur·ther /fə́:rðər/ *adv* [FAR の比較級; cf. FARTHER ★] **1** さらに遠く, もっと先に, いっそうはるかに; さらに(進んで), いっそう: go ～ away もっと先へ行く / take sth ～〈意見・説などを〉より明確に述べる, 発展させる;〈事を〉正式[法的手段]に訴える / a little [two miles] ～ on さらに少し[2 マイル]先まで進むと / not ～ than a mile from here ここから 1 マイル足らずの所に / ～ than…以外の所に[で] (elsewhere) / worsen still [even] ～ より一層悪化する / inquire ～ into the problem さらに調査を進める / Nothing could be ～ from my mind. 《相手の発言を全面的に否定して》そんなことは私の思いもよらないことだ / I'll see you [him] ～ [*farther*] (first). [*joc*] まっぴらごめんだ《further は in hell を婉曲にいったもの》/ You could [You may] go (a lot) ～ [*farther*] and fare (a lot) worse. 《諺》《口》このうえやりすぎても[欲ばりすぎても]かえってひどいことになるかもしれない, いいかげんのところで手を打ったほうがよい. **2** さらにまた, おまけに《この意味では furthermore を多く用いる》: and ～, we must remember that… さらにまた…ということも忘れてはならない. ● **～ to…** ᵁ《商用文で》〈前回の手紙〉に加えて. **go any ～ [farther]**〈病気・騒ぎ・うわさなどが〉これ以上進む[広がる, 広まる]: This must not *go any* ～. これはここだけの話[秘密]だぞ. **go ～** さらに[それ以上に]する[言う]. **wish** sb [sth] **～ [farther]** …がそこにいない[ない]とよいと思う. ► *a* [FAR の比較級] もっと遠い[先の]; そのうえの, なお一層の; 後続の: on the ～ side (of the road) (道路の)向こう側に / a ～ 10 years [miles] さらに 10 年[マイル]先 / For ～ particulars apply to…. なお詳細は…にお問い合わせください / ～ news 続報, 後報. ► *vt* 〈事業・運動などを〉進める, 助成[促進]する (promote). ♦ **～·er** *n* 助長[促進]する人[もの]. [OE *furthor* (FORTH); cf. G *vorder* anterior]

fúrther·ance *n* 助長, 助成, 推進, 促進: in ～ *of*…を推進[促進]するために.

fúrther educátion 〔英〕継続教育《義務教育を終了した大学生でない人びとを対象とする; 略 FE》.

fúrther·mòre *adv* なお, そのうえ, それから, さらに.

fúrther·mòst *a* 最も遠い (farthest).

fúrther·some *a* 《古》促進[助成]する, 好都合な.

fur·thest /fə́:rðəst/ *adv, a* FAR の最上級. ● **at (the) ～** 最も遠くに, 遠くても; おそくとも; せいぜい: the ～ thing from sb's mind 全く考えてもいないこと.

fur·tive /fə́:rtɪv/ *a* ひそかな, こそこそする, 内密の; ごまかしの, うさんくさい; こっそり盗んだ; こそ泥をはたらく: a ～ glance 盗み見 / a ～ look そっとうかがう顔つき. ♦ **～·ly** *adv* **～·ness** *n* [F or L (*furtum* theft < *fur* thief)]

Furt·wäng·ler /fʊ́ərtvɛ̀ŋlər/ フルトヴェングラー **Wilhelm ～** (1886–1954)《ドイツの指揮者》.

fu·run·cle /fjʊ́ərʌ̀ŋk(ə)l/ *n* 〔医〕癤(せつ), フルンケル (boil).
♦ **fu·rún·cul·ar, -rún·cu·lous** *a*

fu·run·cu·lo·sis /fjʊərʌ̀ŋkjəlóʊsəs/ *n* (*pl* **-ses** /-sìːz/) 〔医〕フルンケル[癤](多発)症, 癤腫症; 〔魚〕癤瘡(せっそう)病《癤瘡病菌によるサケ・マスの感染症》.

fu·ry /fjʊ́əri/ *n* **1** 憤激, 激怒, 逆上 〈*at*〉; 狂暴, 猛烈, 《戦争などの》激烈さ, 《暴風雨・病気などの》猛威; 《霊感をうけた精神の》熱狂, 狂躁: speechless with ～ 怒りのあまりことばを失って / fly into a ～ 激怒する, 怒り狂う / (a) cold ～ じっと抑えた怒り / Hell hath [has, knows] no ～ (like a woman scorned). 《諺》侮辱された[袖にされた]女の怒りほどすさまじいものはない, 女の恨みは恐ろしい. **2** [F-] 復讐の女神 (⇨ FURIES); [ᵁ*pl*] 復讐する霊, 怨霊(おんりょう); 復讐鬼, たけだけしい者[女], 悍婦. ● **in a ～** 烈火のようにおこって; ひどく興奮して. **like ～** 《口》猛烈に, 猛烈な勢いで. [OF < L *furia* (*furo* to be mad)]

furze /fə́:rz/ *n* 〔植〕GORSE. [OE *fyrs* <?]

furzy /fə́:rzi/ *a* ハリエニシダの; ハリエニシダの茂った.

fu·sain /fjúːzèɪn, ー́ー/ *n* 《セイヨウマユミを原料とするデッサン用の》木炭; 木炭画; 〔地質〕フゼイン《瀝青炭中で木炭状を呈する成分》.

fu·sar·i·um /fjuzéəriəm/ *n* (*pl* **-ia** /-iə/) フザリウム属 (*F-*) の各種の菌《不完全菌類; 植物寄生菌種が多い》. [L (*fusus* spindle)]

fusárium wìlt 〔植〕フザリウム属凋枯症《トマト・メロン・綿・タバコなどがフザリウム属菌によって枯れる病気》.

fus·cous /fʌ́skəs/ *a* 暗褐色の, 黒ずんだ灰色の.

fuse[1] /fjúːz/ *n* 導火線; 〔電〕ヒューズ, 《俗に》ブレーカー; 《口》ヒューズがとぶこと; 〔軍〕FUZE. ● **blow a [one's] ～** 《口》ひどく腹を立てる, かんしゃくを起こす. **have a** SHORT FUSE. **light a [the] ～** 導火線に火をつける; 緊張状態[危機的状況]をひき起こす. ► *vt, vi* …に信管[ヒューズ]を取り付ける; ᵁ《ヒューズがとんで》〈電灯などが[を]〉消える[消す], 止まる[止める]; *《俗》ひどくおこる. [It < L *fusus* spindle]

fuse[2] *vt, vi* 融解[溶融]する 〈*with, to*〉; 融合させる[する], 一つにまとめる[まとまる] 〈*with; into*〉; 連合[合同]する; 《熱と圧力を加えて》縫い綴じる. [L; ⇨ FOUND[3]]

fúse bòard 〔電〕ヒューズ盤.

fúse bòx 〔電〕ヒューズ箱 (cutout box); *《俗》頭, おつむ (head, brain).

fúse càbinet 〔電〕FUSE BOX.

fúsed *a* 〈電気器具など〉ヒューズの付いた; 〔医〕《本来分離しているべき》〈骨・指などが〉くっついた, 融合した, 癒合した.

fúsed quártz [sílica] VITREOUS SILICA.

fu·see, -zee /fjuzíː/ *n* 《頭の大きいかつての》耐風マッチ; 導火線 (fuse); 〔米鉄道〕発炎信号; 〔時計〕円錐滑車; 《馬の脚の》外骨腫.

fu·se·lage /fjúːsəlɑ̀ːʒ, -zə-, -lɪʤ/ *n* 《飛行機・グライダー・ヘリコプターなどの》胴体. [F; ⇨ FUSE[1]]

fúse lìnk ヒューズリンク《ヒューズの可溶部》.

fú·sel (òil) /fjúːz(ə)l(-)/ 〔化〕フーゼル油《アルコール発酵の副産物で, アミルアルコール (amyl alcohol) を主成分とする油状混合物; 有毒》. [G *Fusel* bad spirits]

fúse·wày *n* 〔電〕《ヒューズ箱の》ヒューズ接点.

fúse wìre 導火線 (fuse).

Fu·shi, -shih /fúːʃíː/ 膚施(ふし) (フーシー) 《YANAN の旧称》.

Fu·shun /fúːʃún/ 撫順(ぶじゅん) (フーシュン) 《中国遼寧省北東部, 瀋陽の東にある炭鉱都市》.

fu·si- /fjúːzə/ *comb form* 「紡錘」 [L; ⇨ FUSE[1]]

fu·si·ble /fjúːzəb(ə)l/ *a* 可融性の. ► *n* 《加圧すると他の布とくっついてしまう》融着布. ♦ **fù·si·bíl·i·ty** *n* 可融性. [L; ⇨ FUSE[2]]

fúsible métal [álloy] 〔冶〕可融合金.

fúsible plúg 溶融[安全]プラグ, 溶栓.

fùsi·cóc·cin /-kɑ́ksən/ *n* 〔生化〕フシコクシン《ジテルペン類似の配糖体; モモ・ハタンキョウなどの葉を萎凋させる》.

fúsi·fòrm *a* 〔植・動〕両端が先細の, 紡錘状の.

fu·sil[1] /fjúːzəl/ *n* 〔史〕火打ち石銃. [F=steel for striking fire (L *focus* hearth, fire)]

fusil[2] /fjúːzəl/, **-sile** /-zəl, -zàɪl; -zàɪl/ 《古》*a* 溶かして造った, 鋳造した; 溶けた; 溶ける. [L; ⇨ FUSE[2]]

fusil[3] /fjúːzəl/ *n* 〔紋〕細幅の縦長菱形. [OF (L FUSE[1]); 菱形紋が, 粗麻を巻いた spindle を表わしたことから]

fu·si·lier, -leer /fjùːzəlíər/ *n* 火打ち石銃兵; [Fusilier] 《英国の》フュージリア連隊の歩兵《昔 火打ち石銃を用いた》. [*fusil*[1]]

fu·sil·lade /fjúːsəlɑ̀ːd, -lèɪd, -zə-, ーー́/ *n* 一斉射撃; 《石・瓶などの》一斉投擲(とうてき); 《非難・質問などの》一斉攻撃, 連発; 〔野〕集中安打. ► *vt* …に一斉射撃[攻撃]を浴びせる. [F (*fusiller* to shoot)]

fu·sil·li /fjusíli, -síː-/ *n* フジッリ《らせん形にねじれた形をしているパスタ》. [It (pl) < *fusillo* (dial dim) < *fuso* spindle]

Fusin ⇨ FUXIN.

fús·ing pòint /fjúːzɪŋ-/ MELTING POINT.

fu·sion /fjúːʒ(ə)n/ *n* **1** 融け合って[混じり合って]一つになること, 融合; 《政党・党派などの》連合, 合同, 提携; 連合体; 〔理〕融解; 融解したもの; 〔理〕核融合 (nuclear fusion) (opp. *fission*); 〔言〕《音声・形態素の》融合; 〔心〕融合《2 つ以上の刺激が一つの統一感覚となること》; 〔眼〕融像《1) 両眼に生じた像が融け合って一つになること; binocular fusion ともいう 2) 高速の断続的閃光が連続的光線として知覚されること》. **2** 〔楽〕フュージョン《ジャズとロックなど異なったスタイルを融合した音楽; cf. CROSSOVER》; フュージョン料理 (=～ **cuisine**). [F or L; ⇨ FUSE[2]]

fúsion·al *a* FUSION の, 《特に》屈折[融合]言語の (inflectional).

fúsion bòmb 核融合爆弾, 《特に》HYDROGEN BOMB.

fúsion·ism *n* 《政治上の》連合[合同]主義.

fúsion·ist *n, a* 連合[合同]主義者(の); 核融合研究者; フュージョンの演奏者[作曲家].

fúsion pòint 融点 (melting point).

fúsion reàction 核融合反応.

fúsion reàctor 核融合炉 (cf. FISSION REACTOR).

fuss /fʌ́s/ *n* やきもき; 空(から)騒ぎ, 大騒ぎ; 不平, 苦情; 口論; 《口》FUSSBUDGET: a great ～ about nothing 空騒ぎ. ● **～ and feathers** 《口》お祭り騒ぎ, 空騒ぎ; 不平. KICK **up a ～.** **make a ～** 〈ある事で〉騒ぎたてる, ブツブツ言いたてる 〈*about* nothing, trifles, etc.; *over* the bad weather etc.〉. **make a ～ of [over]** sb 〈人を〉大騒ぎしてもてはやす. ► *a* *《俗》おこって. ► *vi* **1** やきもき[空騒ぎ]をする 〈*about, over*〉; やきもきして歩きまわる 〈*about, around, up and down*〉. **2** 必要以上に気にする 〈*over*〉; あれこれかまう[いじる] 〈(*around*) *with*〉; ちやほやする 〈over〉. **3** *むずかる; *ぶつくさ[あれこれ]言う 〈*about, at*〉; 《ジャマイカ》大げんか[激論]する. **4** ᵁ《俗》[*euph*] FUCK; *《古風俗》デートする. ► *vt* 《あれこれかまって》〈人を〉騒がせる, 悩ます 〈*about*〉; やきもきさせる; *《俗》〈女〉とデートする. ● **not be ～ed (about sth)** ᵁ《口》(…は)どうでもよい, 特に好み[関心]はない.
♦ **～·er** *n* 空騒ぎする人. [C18 <? imit; Anglo-Ir か]

fúss·bùdget *n* *《口》つまらないことに騒ぎたてる人, 空騒ぎする人, こうるさい人. ♦ **fúss·bùdg·ety** *a*

fúss·pòt[II] *n* FUSSBUDGET.
fússy *a* 騒ぎたてる, すぐにいらだつ; こうるさい, こむずかしい 〈*about*〉; *〈赤ん坊が〉よく泣く, むずかる; 〈衣服・文章など〉凝りすぎた, 細かすぎる; 飾りたてた, くどい; こまごました, 細心の注意を要する: I'm not ～ (which). 《口》 どっちでもかまわない, どうでもよい. ◆ **fúss·i·ly** *adv* **-i·ness** *n*
fus·ta·nel·la /fʌ̀stənélə/ *n* フスタネーラ《アルバニアとギリシアの一部で男子が用いる白リンネル[木綿]製の短いスカート》.
fust·est /fʌ́stəst, -tɪst/ *adv* [次の成句で]: **the ～ with the mostest** *《俗》 the FIRSTest with the mostest.
fus·tian /fʌ́stʃən; -tiən/ *n* **1** ファスチアン《コール天・綿ビロードなど緯綿のパイル織物; 元来は綿と麻の織物》. **2** 大げさなことば, 気取った文章. ► *a* ファスチアンの; 大げさな, 役に立たない, 安っぽい. [OF (L *fustis* tree trunk, club)]
fus·tic /fʌ́stɪk/ *n* **1** 〘植〙 **a** オウボク, ファスチック (=old ～)《熱帯アメリカ産のクワ科の高木, その材》. **b** ハグマノキ, 黄櫨 (=young ～)《アジア・欧州産のウルシ科の低木, その材》. **2** ファスチック《オウボク・ハグマノキなどの材から採る黄色染料》. [F, <Gk *pistakē* pistachio tree]
fus·ti·gate /fʌ́stəgèɪt/ *vt* 《古》/[*joc*] 棒でビシビシ打つ; 手きびしく批評[非難]する. ◆ **fùs·ti·gá·tion** *n*
fus·ty /fʌ́sti/ *a* かび臭い, カビの生えたような, 風通しの悪い; 古臭い, 陳腐な, 頑迷な. ◆ **fús·ti·ly** *adv* **-ti·ness** *n* [OF=smelling of the cask (*fust* barrel<L *fustis* cudgel)]
fu·su·lin·id /fjù:zəláɪnɪd, -lí:-, -lín-/, **fu·su·line** /fjú:zəlàɪn/ *n* 〘古生〙 紡錘虫, フズリナ.
fut ⇨ PHUT.
fut. future.
Futa Jallon ⇨ FOUTA DJALLON.
fu·thark, -tharc /fú:θà:rk/, **-thorc, -thork** /-θɔ̀:rk/ *n* フサルク (runic alphabet). [最初の 6 文字 f, u, þ (=th), o (a), r, c (=k) に由来する名称]
fu·tile /fjú:tl, -tàɪl; -tàɪl/ *a* 役に立たない, 無益な, むだな, むなしい; くだらない: ～ talk 空談 / a ～ fellow だめなやつ, 役立たず. ◆ **～·ly** *adv* **～·ness** *n* [L *futilis* leaky, futile]
fu·til·i·tar·i·an /fjutɪ̀lətéəriən, fjù:-/ *a* 無益論の《人間の希望や努力はむなしくむだであるという考え》; くだらない事に血道を上げている; 功利的で偏狭な. ► *n* 無益論者; 無益な仕事に打ち込む人; 偏狭な功利主義者. ◆ **～·ism** *n* 無益論. [*futile*+util*itarian*]
fu·til·i·ty /fjutɪ́ləti/ *n* むだ(な試み), 無益(性), むなしいこと; 軽薄な行動: an exercise in ～ 徒労.
fu·ton /fú:tɑ̀n/ *n* (*pl* **～s, ～**) 《日本の》ふとん, 敷きぶとん; フトン《**1**) 敷きぶとんをまねたソファーベッド用のマットレス **2**) 低い(折りたたみ式)ベッド; 昼はソファーとして使われることもある》.
fut·tock /fʌ́tək/ *n* 〘海〙 ハトック《木造船の中間肋材》.
fúttock bànd [hòop] 〘海〙 ハトックバンド《futtock shroud の下端を支持する鉄輪》.
fúttock plànk 〘海〙 ハトックプランク《内竜骨に接する張板》.
fúttock plàte 〘海〙 ハトックプレート《帆船の檣楼座板》.
fúttock shròud 〘海〙 ハトックシュラウド《中檣(ちゅうしょう)索具の下端を支持する鉄棒》.
Fu·tu·na /fətú:nə/ フトゥーナ《**1**) 太平洋南西部 Futuna 諸島の島 **2**) 太平洋南西部ヴァヌアツ (Vanuatu) の南東部にある島》.
Futúna Íslands *pl* [the] フトゥーナ諸島《太平洋南西部, フィジーの北東にある島群; 別名 Hoorn Islands; もとフランス保護領, 1959 年以後フランスの海外領土 Wallis and Futuna 諸島の一部》.
fu·ture /fjú:tʃər/ *n* 未来, 将来, 行く末; [the F-] 来世; 将来性, 前途, 成算; [ᵘthe] 〘文法〙 未来時制 (future tense), 未来形; [*pl*] 〘商〙 先物《actuals (現物) に対する語》; [*pl*] 先物取引[契約] (FUTURES CONTRACT); 次代を担う人びと[もの]; 《俗》 許婚者; *《俗》 [*euph*]《未来[次世代]をつくる》ふぐり, きんたま: in the ～ 未来に, 将来; 今後は (in FUTURE) / in the near [immediate] ～=in no distant ～ 近い将来に, そのうち / in the distant ～ 遠い将来に, ずっと先へ行って / in the not too [so] distant ～ そう遠くない将来に / what the ～ holds [will bring] 将来何が起こるか, 将来のこと / have a bright [brilliant] ～ 輝く前途がある 〈*before* one〉 / have no ～ 前途[将来性]がない / deal [trade] in ～*s* 先物取引をする. ● **in [for the] ～**[II]《現在と対照して》今後は, 将来は. **no ～ (in it)** 《口》 なんにもならない, 意味がない, 成算がない. ► *a* 未来の, 将来の, 今後の; 来世の; 〘文法〙 未来(時制)の: ～ generations 後世の人びと / his ～ wife 彼の妻となる人, 婚約者. ◆ **～·less** *a* 将来性のない, 先の見通しのない. **～·less·ness** *n* [OF<L *futurus* (fut p) 〈*sum* to be〉]
fúture hístory 《SF で》(想像による)未来のできごとの叙述, 未来史.
fúture lífe 死後の生命, あの世の生.
fúture pérfect *n, a* 〘文法〙 未来完了時制(の); 未来完了形.
fúture prìce 〘取引〙 先物価格 (cf. SPOT PRICE).
fúture-pròof *a* 《技術革新に耐えて》いつまでも[長期間]使える, 「未来保証」の. ► *vt* 将来にわたって使えるよう設計[製造]する.
fútures còntract 〘商〙 先物契約[取引]《将来のある一定期日にある一定量[額]の商品・証券・外貨を売却[購入]するという契約》.
fúture shòck フューチャーショック《めまぐるしい社会変化・技術革新のもたらすショック》. [米国の著述家 Alvin Toffler (1928–) の造語]
fútures màrket 〘商〙 先物(取引)市場 (cf. CASH MARKET): commodities ～ 商品先物市場.
fúture státe 《霊魂の》死後の状態, FUTURE LIFE.
fúture ténse [the] 〘文法〙 未来時制.
fúture válue 《複利で運用した資金の》将来価値《元本と複利利子の合計; cf. PRESENT VALUE》.
fu·tur·ism /fjú:tʃərɪz(ə)m/ *n* [ˢF-] 〘芸術〙 未来派《1909 年ごろイタリアに起こった》; 未来主義《未来を重視する態度》. [*future*; It *futurismo*, F *futurisme* の類推]
fú·tur·ist *n* [ˢF-] 未来派芸術家; 〘神学〙 未来信者《新約聖書黙示録の予言の成就を信ずる人》; 人類の進歩を信じる人; FUTUROLOGIST. ► *a* [ˢF-] 未来派の; 将来像に関する.
fu·tur·is·tic /fjù:tʃərístɪk/ *a* 未来の; 〈映画・小説などが〉(技術革新の進んだ)未来を舞台にした; [ᵒF-] 未来派の, 超現代的な; 《口》 妙な, 異様な. ◆ **-ti·cal·ly** *adv* 未来(に)は, 今後は, 将来は.
fù·tur·ís·tics *n* 未来学 (futurology).
fu·tu·ri·ty /fjut(j)ʊ́rəti, -tʃʊ́r-; -tjʊ́ə-/ *n* 未来, 将来; 来世, 後生; 未来のものであること, 未来性; [*pl*] 未来のできごと[状態]; 後代の人びと; *FUTURITY RACE.
futúrity ràce* フューチュリティ競走《レースの行なわれるずっと以前に出走[参加]登録される(2 歳馬の)競馬・競技》.
futúrity stákes* [〈*sg/pl*〉] FUTURITY RACE に賭けた金; FUTURITY RACE.
fu·tu·rol·o·gy /fjù:tʃərɑ́lədʒi/ *n* 未来学. ◆ **-gist** *n* 未来学者. **fù·tu·ro·lóg·i·cal** *a*
fu·ty /fjú:ti/ 《卑》 *n* 女陰. ► *vi* 性交する.
futz /fʌ́ts/ *n* 《卑》 女陰; *《俗》 ばか, あほう; *《俗》 いやな[くだらない]男, くそじじい. ► *vi* 《卑》 やる (fuck); 《俗》 いじくる, もてあそぶ, 手を出す 〈(*around*) *with*〉; *《俗》 ぶらぶらする, なまける 〈*around*〉. ► *vt* *《俗》 だます, 食い物にする (fuck), 強奪する, 盗む; *《俗》 めちゃめちゃにする 〈*up*〉. [C20<? Yid]
fútzed-úp *a* *《俗》 めちゃめちゃの[で] (fucked-up).
Fu·xin, Fu·sin /fú:ʃín/ 阜新(ふしん)(フーシン)《中国遼寧省北西部の市》.
fu yung ⇨ FOO YONG.
fuze* /fjú:z/ *n* 〘軍〙《地雷などの》起爆装置, 信管; FUSE[1]. ► *vt* …に信管[ヒューズ]を付ける (fuse).
fuzee ⇨ FUSEE.
Fu·zhou /fú:dʒóu/, **Foo·chow, Fu-chou** /fú:dʒóu, -tʃáu; -tʃáu/ 福州(ふくしゅう)(フーチョウ)《中国福建省の省都; 閩江(びんこう)下流の河港都市; 旧称 Minhou》.
fuzz[1] /fʌ́z/ *n* 《繊維・桃などの》けば, 綿毛; 《口》 縮れ毛; *毛玉, 綿ぼこり (fluff); ぼやけ; 《俗》 短い角刈り; 《fuzz box による》音のゆがみ[濁り]; 《ラジオ・テレビの》雑音. ► *vi* ふわふわと飛び散る, ふわふわになる, けばだつ 〈*out*〉; ぼやける 〈*out*〉; *《口》 〈役人などが故意にあいまいにする[ぼやかす]; *《俗》 酔っぱらう; 《fuzz box により》〈ギターを〉ゆがんだ[濁った]音で演奏する. ► *vt* けばだたせる, ふわふわにする; ぼやけさせる, ぼかす 〈*up*〉. [C17<?; cf. LG *fussig* loose or Du]
fuzz[2] 《俗》 *n* [the] 警察《集合的》; 警官, 刑事, デカ; *看守. [C20<?]
fúzz·bàll *n* PUFFBALL.
fúzz bòx ファズボックス《エレキギターの音を濁らせる装置》.
Fúzz·bùst·er 〘商標〙 ファズバスター《警察のスピード違反取締まりのレーダー波を逆探知する装置 (radar detector)》.
fúzz·bùzz *n* *《俗》 面倒, もめごと, ごたごた.
fuzzed /fʌ́zd/ *a* *《俗》 酒に酔って.
fúzz-fàce *n* *《俗》 (あご)ひげ男, ひげもじゃ.
fúzz·ie *n* *《俗》 警官.
fuz·zle /fʌ́z(ə)l/ *vt, vi*[II] 《方》 酔わせる, 混乱させる (fuddle); *《俗》 酔っぱらう, 酔っぱらって〈時を〉過ごす 〈*away*〉.
fúzz màn* 《俗》 警官, 刑事, 看守.
fúzz·nùts *n* *《俗》《まだ下の毛もろくに生えていないような》ガキ, 青二才, 若造, ろくでなし, くだらんやつ (jerk).
fúzz-nùtted *a* *《俗》 ガキ[若造]のような, 未熟な, 青二才の, はなたれの, なってない.
fúzz stàtion* 《俗》 警察署, サツ.
fúzz-tàlk *n* 《俗》 警官仲間の隠語, サツことば.
fúzz tòne ファズトーン《FUZZ BOX でつくる濁った音質》; FUZZ BOX.
fúzz·wòrd *n* *《俗》 話を込み入らせる[人を煙にまく]ことば(づかい), わけのわからない[あいまいな, 遠まわしな, ややこしい, とらえどころのない]ことば[文句].
fúzzy[1] *a* **1** けばのような, 綿毛状の, けばだった; けば[綿毛]でおおわれた, けばけばの; ほぐれた; 縮れた〈頭髪〉; 《口》 ふわふわした, ここちよい: warm, ～ feeling 暖かでここちよい感じ. **2** ぼやけた〈写真など〉, 不明瞭な, 不鮮明な, (頭が)はっきりしない; *《俗》 酔って; 《fuzz box により》ゆがんだ[濁った]音を出す〈エレキギター〉. **3** 〘電算・論〙 ファジー[あいまい]な, 真か偽かに割り切れない. ► 《俗》 *n* *《賭けで》確実なもの, 《競馬の》本命; FUZZY-WUZZY. ◆ **fúzz·i·ly** *adv* **-i·ness** *n*
fuzzy[2] *n* *《俗》 警官, 刑事, 看守 (fuzz).

fúzzy lógic ファジー論理《FUZZY SET を基礎とする論理で, 人間の主観的な判断を定量的に表わすことを可能にした》.

fúzzy séarch〘電算〙あいまい検索《検索文字列と同一でない対象も一致とみなすような検索》.

fúzzy sét〘数〙ファジー集合《明確に定義された境界をもたない集合》.

fúzzy théory ファジー理論.

fúzzy-wúz·zy /-wʌ́zi/ *n* «俗» [ᵁ*derog*] (もじゃもじゃ頭の)黒人[原地民];〘史〙スーダンの黒人兵.

fúzzy-wùzzy ángel «豪口» もじゃもじゃ頭の天使《第二次大戦中 オーストラリア人, 特に 負傷兵を助けたパプアニューギニアの原地民》.

FV [L *folio verso*] on the back of the page.

f-value /ɛ́f-⌒/ *n* F-NUMBER.

fwd foreword ♦ forward.

FWD, f.w.d. °four-wheel drive ♦ °front-wheel drive.

FWIW 《E メールなどで》for what it's WORTH.

f-word /ɛ́f-⌒/ *n* [the, ˢthe F-] «口» [*euph*] F ワード《FUCK (という語)》.

fwy freeway.

FX〘テレビ・映〙(special) effects (cf. SFX) ♦ °foreign exchange.

-fy /⌒-fàɪ/ *v suf*「…にする」「…化する」「…になる」: beauti*fy*, paci*fy*, satis*fy*. [OF<L *facio* to make]

FY °financial year ♦ °fiscal year.

fyce /fáɪs/ *n**«方» FEIST.

fy(e) /fáɪ/ *int* FIE.

FYI 《E メールなどで》for your INFORMATION (1a).

fyke, fike* /fáɪk/ *n* 《魚を捕る》袋網 (=～ **nèt**). [Du]

fyl·fot /fílfɑ̀t/ *n* SWASTIKA.

Fyn /fín/ フューン (G **Fü·nen** /G fý:nən/)《バルト海の Sjælland 島と Jutland 半島の間にあるデンマーク第 2 の大島; ☆Odense》.

fyn·bos /féɪnbɔ̀(:)s, -bɑ̀s/ *n*〘生態〙フィンボス, 自然灌木植生地《南アフリカの Cape Town 近郊に広がる土地固有のさまざまな低木を主とする植生の帯状地帯; 世界自然遺産》. [Afrik *fyn*=fine, *bos* =bush]

fyrd /fə́:rd, fíərd/ *n*〘英史〙州兵, フェルド《アングロサクソン時代の地方軍》; フェルドにはいる義務.

FYROM Former Yugoslav Republic of MACEDONIA.

fytte /fít/ *n* «古» FIT³.

Fyz·abad /fáɪzəbæ̀d, -bɑ̀:d/ ファイザバード (FAIZABAD).

G

G, g /ʤíː/ *n* (*pl* **G's, Gs, g's, gs** /-z/) ジー《英語アルファベットの第 7 字》; G [g] の表わす音; G 字形(のもの); 7 番目(のもの);〘楽〙ト音, ト調 (⇨ A);〘理〙重力 (gravity) の定数; [G]〘空〙G (=*grav*)《加速度の単位; 重力の加速度を 1 G とする》;《俗》1000 ドル[ポンド] (grand) (: ten *G's* 1 万ドル);《学業成績で》優, 良 (good); *《俗》親友, ダチ: Hey, *G*, what's up? よう, 元気か.

g〘化〙gas ♦〘理〙[G *gerade*] even 偶数パリティーの《分子の波動関数が空間反転で符号を変えないことを表わす; cf. U》♦ gram(s) ♦ gravity.

g. game ♦ gauge ♦ gelding ♦ gender ♦ genitive ♦ gold ♦ good ♦ grain(s) ♦ guinea(s). **G**〘証明商標〙G《一般向きの映画; ⇨ RATING[1]》. **G**〘理〙gauss ♦ German ♦ Germany ♦〘理〙°Gibbs free energy ♦ giga- ♦ Group (: G8) ♦〘生化〙guanine ♦ guilder(s).

G. Gulf.

Ga, Gã /gáː/ *n* **a** (*pl* ~, ~**s**) ガー族《ガーナ南部に住む》. **b** ガー語《Kwa 語の一つ》.

ga. gauge. **Ga**〘化〙gallium. **Ga.** Georgia. **GA** Gamblers Anonymous ♦ °General Agent ♦ °General American ♦ °General Assembly ♦〘海・保〙°general average ♦ °general aviation ♦ °General of the Army ♦ Georgia.

GAA Gaelic Athletic Association.

GAAP〘米〙Generally Accepted Accounting Principles.

gab[1] /gǽb/ *n, vi* (-**bb**-)《口》むだ口(をきく), おしゃべり(をする), (ペチャクチャ)しゃべる ‹*about*›;《俗》口 (mouth): GIFT OF (THE) GAB. ● **shoot off one's ~**《俗》SHOOT[1] off one's mouth. **Stop** [《俗》**Stow**] **your ~!** 黙れ! [GOB[3]]

gab[2] *n*〘機〙ひっかけ (hook). [? Flem *gabbe* notch]

gab[3] *n* ギャバジンの服.

gab[4] *n* [*pl*]《俗》大量, しこたま (gobs).

GABA /gǽbə/ *n*〘生化〙GAMMA-AMINOBUTYRIC ACID.

Ga·bar /gáːbər/ *n* ガブル《イランにおけるゾロアスター教徒; 異教徒の意》.

gab·ar·dine /gǽbərdìːn, ⌣⌣⌣́/ *n* ギャバジン《縦糸が表に出た堅織りの綾織物》; ギャバジンのコート[ジャケット]; GABERDINE. [*gaberdine*]

Gab·ba /gǽbə/ [the]《豪口》ギャバ競技場《Brisbane 郊外の町 Woolloongabba にある Queensland Cricket Association のグラウンド》.

gab·bard /gǽbərd/, **-bart** /-bərt/ *n*《スコ》《帆のある》川舟, はしけ. [F *gabare*＜Port]

gáb·ber *n*《口》多弁家; *《俗》《ラジオの》時事解説者.

gab·ble /gǽb(ə)l/ *vi, vt*《意味不明のことを》ペチャクチャ[早口に]しゃべる (jabber) ‹*away, on; out*›; 大声で早口に読み上げる;《ガチョウなどが》ガーガーいう. ► *n* 早口で意味不明のおしゃべり; 大勢の人の話し声, さざめき. ♦ **gáb·bler** *n* [Du (imit)]

gab·bro /gǽbroʊ/ *n* (*pl* ~**s**) 斑糲(はんれい)岩. ♦ **gab·bró·ic** *a* [It]

gab·broid /gǽbrɔ̀ɪd/ *a* 斑糲岩質[状]の.

gáb·by *a*《口》おしゃべりな (talkative). [*gab*[1]]

Gabe /géɪb/ ゲイブ《男子名; Gabriel の愛称》.

ga·belle /gəbél/ *n* 税 (tax), 消費税,《特に》〘フランス史〙塩税《1790 年廃止》. [F＜It＜Arab＝the tribute]

gab·er·dine /gǽbərdìːn, ⌣⌣⌣́/ *n*《特に 中世ユダヤ人の》ゆるやかな長い上着; 英国労働者のスモック; GABARDINE. [OF＜?MHG *wallevart* pilgrimage]

gab·er·lun·zie /gæ̀bərlʌ́nzi/《スコ》*n* 浮浪乞食; 公認乞食;《乞食がものをもらい受ける》小袋, 銭入れ. [C16 *gaberlungy*＜?]

Ga·be·ro·nes /gɑ̀ːbəróʊnəs/ ガベロネス《GABORONE の旧称》.

Ga·bès /gáːbəs, -bès/ ガベス《チュニジア南東部, 地中海の湾であるガベス湾 (the **Gúlf of** ~) に面する市・港町》.

gáb·fèst *n*《口》おしゃべり[雑談](の会), 長談義.

ga·bi·on /géɪbiən/ *n*〘城〙堡籃(ほうらん)[堡塁]築造用土籠;〘土木〙石がまち, 蛇籠(じゃかご)《築堤土台用》. ♦ **gá·bi·on·age** *n*《集合的に》土籠; 堡籃, 堡塁. [F＜It]

ga·bi·o·nade /gèɪbiənéɪd/ *n*〘城〙堡籃墻(しょう);〘土木〙石がまち[蛇籠]工事.

ga·ble /géɪb(ə)l/ *n*〘建〙切妻(きりづま), 破風(はふ); 切妻造り; 切妻壁;《ドア・窓の上の》三角形の張出し. ♦ ~**d** *a* 破風造りの, 切妻のある. [ON and OF]

Gable ゲーブル (**William**) **Clark** ~ (1901–60)《米国の映画俳優; *It Happened One Night* (或る夜の出来事, 1934), *Gone with the Wind* (風と共に去りぬ, 1939)》.

gáble ènd〘建〙《建物の翼 (wing) などの》切妻壁.

gáble ròof〘建〙切妻屋根. ♦ **gáble-róofed** *a*

ga·blet /géɪbl(ə)t/ *n*〘建〙《窓上などの》小破風.

gáble wìndow〘建〙《切妻壁にある》切妻窓, 破風窓.

gáb·mèister *n**《俗》トークショーの司会者《男性・女性》.

Ga·bo /gáːboʊ/ ガボ **Naum** ~ (1890–1977)《ロシア生まれの米国の彫刻家; 本名 Naum Pevsner; 構成主義を創始》.

Ga·bon /gæbóʊn; -bɔ́n; *F* gabɔ̃/ **1** ガボン《アフリカ西部, Guinea 湾に臨む赤道直下の国; 公式名 Gabonese Republic (ガボン共和国); ☆Libreville》. **2** [the] ガボン川《ガボン北西部, 大西洋に長く広い河口を経て流入する川》.

Gab·o·nese /gæ̀bəníːz, *-s/ *a* ガボンの; ガボン人の. ► *n* (*pl* ~) ガボン人.

ga·boon, go·boon, gob·boon /gɑbúːn, gə-/ *n*《俗・方》痰壺 (spittoon). [*gob*[1], *-oon* (cf. *spittoon*)]

Ga·boon, Ga·bun /gəbúːn, gæ-, gɑː-/ **1** GABON. **2** [g-] ガブーン (=~ **mahógany**) **(1)** アフリカ産の軽くて軟らかい赤みをおびた家具用材 **2)** その材を採るカンラン科の高木, 特に オクメ (okoume) またはアフリカカンラン》. [(Gabon)]

Ga·bóon víper /gəbúːn-, gæ-, gɑː-/〘動〙ガボンクサリヘビ《熱帯アフリカ産の美しい色彩斑紋をもつ毒ヘビ; 全長 2 m に達する》.

Ga·bor /gáːbɔ̀ːr, gəbɔ́ːr/ ガボール **Dennis** ~ (1900–79)《ハンガリー生まれの英国の電気技術者; holography を発明; ノーベル物理学賞 (1971)》.

Ga·bo·riau /gəbɔ́ːrioʊ/ ガボリオ **Émile** ~ (1832?–73)《フランスの作家; 推理小説 (roman policier) の祖》.

Ga·bo·ro·ne /gɑ̀ːbəróʊneɪ, xɑ̀ː-; gæ̀bəróʊni/ ガボローネ, ハボローネ《ボツワナ南東部の町, 同国の首都; 旧称 Gaberones》.

Ga·bri·el /géɪbriəl/ **1** ゲイブリエル《男子名; 愛称 Gabe》. **2 a** 天使ガブリエル《処女マリアにキリストの降誕を予告した; *Dan* 8:15–19, 9:21, *Luke* 1:26》. **b***《俗》トランペット奏者. **3** /*F* gabriɛl/ ガブリエル **Jacques-Ange** ~ (1698–1782)《フランスの建築家》. [Heb＝God is mighty; man of God]

Ga·bri·ela /gèɪbriɛ́lə, gæ̀b-/ ゲイブリエラ《女子名》. [⇨ GABRIELLA]

Ga·bri·e·li /gɑ̀ːbriɛ́li/ ガブリエリ **(1) Andrea** ~ (d. 1586)《イタリアのオルガン奏者・作曲家》**(2) Giovanni** ~ (c. 1556–1612)《イタリアの作曲家; Andrea の甥》.

Ga·bri·el·la /gèɪbriɛ́lə, gæ̀b-/ ゲイブリエラ, ガブリエラ《女子名; 愛称 Gaby》. [It, Sp (fem); GABRIEL]

Ga·bri·elle /gèɪbriɛ́l, gæ̀b-/ ゲイブリエル, ガブリエル《女子名》. [F (fem); GABRIEL]

gáb ròom*《俗》女子用トイレ, しゃべくり室.

gáb sèssion*《口》GABFEST.

Gabun ⇨ GABOON.

ga·by /géɪbi/ *n*《方》まぬけ, とんま (fool, simpleton). [C18＜?]

Gaby /gǽbi, gáː-/ ガビー《女子名; Gabriella の愛称》.

gad[1] /gǽd/ *vi* (-**dd**-) 出歩く, 遊び歩く, ぶらつく ‹*about, around; abroad, out*›; 〈草木が〉はびこる. ► *n* [主に 次の成句で] 出歩き. ● **on the** ~ 出歩いて, ぶらついて, ほっつき歩いて. ♦ **gád·der** *n* [逆成く *gadling* (obs) companion＜OE *gædeling* (*gæd* fellowship)]

gad[2] *n*《牛追い用の》突き棒 (goad);〘石工・鉱〙《鉱石・岩石を突きくずす先がのみ[くさび]形の》たがね, ガデ;《方》杖, さお, 釣りざお; *《西部》拍車 (spur);《アイル・カナダ》《樹木の繊維を編んだ》ロープ, ひも. ► *vt* (-**dd**-)〈鉱石を〉ガデで突きくずす. [ON *gaddr* spike]

Gad[1], gad[3] *int* ええっ, まあ, とんでもない!: by ~＝by GOD. [GOD]

Gad[2] **1 a**〘聖〙ガド《Jacob と Zilpah の息子で Gad 族の祖; *Gen* 30:11》. **b** ガド族《イスラエル十二部族の一つ》. **2** ガド, ガデ《David 時代の預言者; *2 Sam* 24:11–19》. [Heb＝a troop; good fortune]

gád·abòut *a, n*《口》ぶらぶら出歩く(人), 遊びまわる(人).

Gad·a·ra /gǽdərə/ ガダラ, ゲラサ《Palestine の Galilee 湖の南東にあった古代都市》.

Gad·a·rene /gǽdərìːn/ *a* ガダラ[ゲラサ]人(じん)の; [°g-] むこうみずな, 猪突猛進する, 無謀な (cf. GADARENE SWINE): a ~ plunge into a pitfall. ► *n* ガダラ[ゲラサ]人.

Gádarene swíne [the]〘聖〙ガダラ[ゲラサ]の豚《悪霊に取りつかれて Galilee 湖に飛び込みおぼれ死んだ豚の群れ; *Matt* 8:28–32, *Luke* 8:26–39》.

Gad·da·fi, Gad·ha·fi /gədáːfi, kə-, -dǽfi; gədǽfi/ QADDAFI.

gad·di /gʌ́di/ «インド» *n* 《王座の》クッション; 王座; 支配者としての地位. [Hindi=cushion]
Gad·dis /gǽdəs/ ギャディス **William** (**Thomas**) ～ (1922–98) 《米国の小説家; *Carpenter's Gothic* (1985)》.
Ga·des /géɪdiz/ ガデス《スペインの市 CÁDIZ の古代名》.
gád·flỳ *n* 〔昆〕アブ; うるさいやつ, うるさ型; ‖激しい衝動. [*gad*²]
gad·get /gǽʤət/ *n* **1 a** 気のきいた装置[器具, 機械], からくり, 仕掛け《特に 正式の名称がわからない場合に用いる》; 《装飾的な》付属物. **b** 奇をてらった(だけの)もの; *«俗» つまらないやつ; «卑» 一物. **2** *«俗» 空軍士官候補生. ◆ **gád·gety** *a* gadget の(好きな): The Americans are very ～*y*. [C19<?; もと海事用語]
gad·ge·teer /gæ̀ʤətíər/ *n* GADGET 好き, 新しいもの好き.
gádget·ry *n* 《新奇の》小道具類, 器具類; GADGET の使用.
Gadhafi ⇨ GADDAFI.
Ga·dhel·ic /gədélɪk; gæ-/ *a, n* GOIDELIC.
ga·di /gáːdiː/ *n* GADDI.
ga·did /géɪdəd/ *n, a* 〔魚〕タラ科 (Gadidae) の(魚).
Ga·dir /géɪdər/ ガディル《スペインの市 CÁDIZ の古代名》.
Gad·i·tan /gǽdətən/ *a* CÁDIZ の. ▶ *n* カディスの人, カディス市民.
Gad·ite /gǽdàɪt/ *n* ガド人(ʤ)(⇨ GAD²).
ga·doid /géɪdɔ̀ɪd, gǽd-/ *a, n* タラ科の(魚), タラに似た(魚). [L<Gk *gados* cod]
gad·o·lin·ite /gǽd(ə)lənàɪt/ *n* 〔鉱〕ガドリナイト《単斜晶系柱状晶; 黒・緑褐色》. [Johan *Gadolin* (1760–1852) フィンランドの化学者]
gad·o·lin·i·um /gæ̀d(ə)líniəm/ *n* 〔化〕ガドリニウム《希土類元素; 記号 Gd, 原子番号 64》. [↑]
ga·droon /gədrúːn/ *n* [ᵘ*pl*] そりひだ彫り, 丸ひだ装飾《銀器などのへり飾り・建築用》. ▶ *vt* …にそりひだ彫り[丸ひだ装飾]をする. ◆ **～ed** *a* **～·ing** *n* [F]
gads·bod·i·kins /gæ̀dzbádəkənz/ *int* [ᴼG-] «古» ちくしょう, チェッ!
Gads·den /gǽdzdən/ ガズデン **James** ～ (1788–1858)《米国の軍人・外交官; cf. GADSDEN PURCHASE》.
Gádsden Púrchase [the] ガズデン購入地《1853 年駐メキシコ公使 James Gadsden の交渉によって米国がメキシコから購入した, 現在の Arizona, New Mexico 両州南部の地域 (約 77,000 km²)》.
Gads·hill /gǽdzhɪ̀l/ ガズヒル《イングランド南東部 Kent 州 Rochester 近郊の丘; Dickens が晩年を過ごした Gads Hill Place があり, また Shakespeare, *1 Henry IV* 中で Falstaff らが追いはぎをはたらく場所として出る》.
Gads·woons /gæ̀dzwúːnz/ *int* «古» チェッ, ちくしょう! [«方» *God's wounds*; cf. GAD¹]
gad·wall /gǽdwɔ̀ːl/ *n* (*pl* ～s, ～) 〔鳥〕オカヨシガモ (=*shuttlecock*)《マガモより少し小型; 珍味とされる》. [C17<?]
gad·zook·ery‖ /gædzúːkəri, -zúk-/ *n* 擬古体(法)《歴史小説などで古風な語(法)・文体を使うこと》.
gad·zooks /gædzúːks, -zúks/ *int* [ᴼG-] «古» チェッ, ちくしょう! [*God's hooks* 十字架の釘; cf. GAD¹]
gae¹ /géɪ/ *vi* (**gáed**; **gaen, gane** /géɪn/) «スコ» 行く (go).
gae² *v* «スコ» GIVE の過去形.
Gaea /ʤíːə/ 〔ギ神〕ガイア, ゲー《大地の女神; 天空神 Uranus を生み, 彼を夫として Titans, Gigantes, Erinyes, Cyclopes を生んだ》. [Gk=earth]
-gaea, -gea /ʤíːə/ *n comb form* 〔地理〕「地域」 [Gk (↑)]
Gaedheal·tacht /géɪltæ̀xt, gáːɛl-/ *n* GAELTACHT.
Gaek·war, Gaik- /gáɪkwɑ̀ːr/ *n* ガーイクワール《旧インドの藩王国 Baroda の王の称号》. [Marathi]
Gael /géɪl/ *n* ゲール人《(1) スコットランド高地人 2) ケルト人, 特に アイルランド・スコットランド・Man 島に居住するゲール語を話す人》. ◆ **～·dom** *n* [ScGael *Gaidheal*]
Gael·ic /géɪlɪk, gǽ-, gáː-/ *n* ゲール語 (=*Goidelic*)《ゲール人の用いるケルト語; ⇨ CELTIC》. ▶ *a* ゲール人[語, 文化]の.
Gáelic cóffee IRISH COFFEE.
Gáelic fóotball ゲーリックフットボール《主に アイルランドで行なわれる 15 人 2 チーム間のサッカーに似た球技》.
Gael·tacht /géɪltɑxt/ *n* 《アイルランドの》ゲール語使用地区, ゲールタクト (cf. GAIDHEALTACHD). [Ir]
gaen *vi* GAE¹ の過去分詞.
Ga·e·ta /gɑːéɪtə/ ガエタ《イタリア中部 Latium 州 Naples 湾の北にあるガエタ湾 (the **Gúlf of ～**) に臨む港町》.
gaff¹ /gǽf/ *n* **1 a** 《大きな魚を引き上げるための》かぎざお; かぎやす《魚・亀を刺すやすの一種》; 《肉屋の》手かぎ; 《電話架線作業員が使う》金かんじき; 《闘鶏に付ける》鉄けづめ: bring to ～ 〈釣針にかかった魚を〉かぎやすの届くところまで引き寄せる. **b** 〔海〕《縦帆上部の》斜桁(しゃこう), ガフ; «俗» ペニス, まら, 一物. **2** GAFFE. ● **throw a ～ into**… «俗» 〈計画など〉をぶちこわしにする. ▶ *vt* 〈魚を〉かぎざおで引き上げる[ひっかける]; 〈闘鶏〉に鉄けづめを付ける. [F<Prov *gaf* boat hook]
gaff² *n* **1** «俗» ばか話, ナンセンス; «北アイル俗» ニュース, うわさ話. **2** «口» 質問, 尋問; 《執拗な》批判, 非難; «口» 試練; 虐待, 懲罰. **3** «俗» 仕事, 職, 勤め口. **4** «俗» いかさま, からくり (cf. GAFF JOINT); [*pl*] «俗» 不正なさいころ. ● **blow the ～** ‖«口» 《うっかり》秘密を漏らす; *«俗» 密告する, さす. **give** [**put**] **the ～** 批判する, 非難する. **stand** [**take**] **the ～** 試練[非難]に耐える. ▶ *vt* «俗» **1** 〈人〉から巻き上げる, だまし取る (fleece); 〈スロットマシン・さいころなど〉に不正な細工を加える. **2** «学生» 侮辱する, 無視する; «学生» 我慢する, 耐える. ▶ *vi* 《特にコイン投げなどで》賭けをする.
gaff³ «俗» *n* **1** 家, アパート; 店, 《売春婦の》仕事部屋; 《安っぽい》演芸場, 娯楽場, ミュージックホール; 《グロテスクな行為をする》軽業師. **2** 定期市, 縁日.
gaffe, gaff⁴ /gǽf/ *n* 《特に 社交・外交上の》失敗, 失策, 失態, へま. [F]
gaf·fer /gǽfər/ *n* 《田舎の》じいさん (cf. GAMMER); ‖《労働者の》かしら, 親方, 雇主; ガラス吹き工のかしら; 《サーカスの》支配人; 《映画・テレビの》照明主任; «俗» 父, おやじ; ‖«俗» 《酒場や宿屋の》おやじ: *G～* Johnson ジョンソンじいさん. [? *godfather* の縮約; *ga-* は GRANDFATHER との連想; cf. GAMMER, GOSSIP]
gáffer tàpe‖ 《電気工事用の》強力粘着テープ.
gáff jòint «俗» 八百長カジノ, いんちき賭博場.
gáff-rìgged *a* 〔海〕ガフスルで帆装した, ガフ帆装の.
gáff·sàil /, 《海》 -s(ə)l/ *n* 〔海〕ガフスル《GAFF¹ に張る縦帆》.
gáff-tóp·sàil /, 《海》 -s(ə)l/ *n* 〔海〕ガフトップスル《GAFFSAIL の上に張る 通例 三角形の帆》.
gaf·i·ate /gǽfièɪt/ *vi* *«俗» 休暇をとってのんびり過ごす.
Gaf·sa /gǽfsə/ ガフサ《チュニジア中西部のオアシス町; 古代名 Capsa》.
gag /gǽg/ *n* **1 a** さるぐつわ; 〔外科〕開口器; 〔金工〕かませもの, 入れ子, ギャグ: in ～ さるぐつわをかまされて. **b** 口止め, 言論抑圧, '緘口令'; 〔議会〕討論終結; *«俗» 禁固刑. **2** 滑稽なしぐさ, ギャグ; 悪ふざけ, 冗談; ごまかし, ペテン; «口» 見え透いた言いわけ[口実]: pull a ～ ギャグを飛ばす. ▶ *v* (-gg-) *vt* **1** …にさるぐつわをかませる; …の言論[発表]の自由を抑圧する. **2** 開口器で開ける. **3** 《吐かせようとして》ゲーゲーさせる; 〈管・のどなどを〉詰まらせる; 〈鉄棒やレールを〉かませものでまっすぐにしたり曲げたりする; 〈馬〉に責めぐつわをつける. **4** 〈演劇〉にギャグを入れる〈*up*〉. ▶ *vi* **1** 吐き気を催す; のどを詰まらせる〈*on* a bone〉. **2** 〈…に〉耐えられない〈*at*〉. **3** ギャグを言う[入れる], ギャグのやりとりをする〈*with*〉; 悪ふざけをする, 人をかつぐ. ● **be gagging for it** ‖«俗» セックスをしたがる[したくてたまらない]. **G～ me with a** SPOON! [ME=to suffocate<?imit of choking]
ga·ga /gáːgàː/ «口» *a* おめでたい, ぼけた, よいよいの, いかれた; 熱狂した, のぼせあがった. [F=senile (person)<?imit]
Ga·ga·rin /gəgáːrən/ ガガーリン **Yu·ry** /júri/ **Alekseyevich** ～ (1934–68)《ソ連の宇宙飛行士; 1961 年人類最初の宇宙飛行をなし遂げた》.
Ga·gauz /gəgóːz/ *n* ガガウズ語《黒海北西岸地方で用いられる Turkic 語の一つ》.
gág·bìt *n* 〔馬〕《調教用の》強力なはみ, 責めぐつわ.
gage¹ /géɪʤ/ *n* 〔史〕挑戦のしるし《投げた手袋または帽子》; 〔史〕挑戦; 質ぐさ, 担保 (pledge). ● **get one's ～ up** *«俗» おこる, いきりたつ; *«俗» 酔っぱらう. **throw down the ～** 挑戦する. ▶ «古» *vt* 抵当に入れる, 質に置く; …に言質を与える, 賭ける (stake); (責任をもって)断言する (assert). [OF<Gmc; ⇨ WAGE, WED]
gage² ⇨ GAUGE.
gage³ *n* 〔植〕スモモ, 《特に》GREENGAGE.
gage⁴ «俗» *n* パイプ, パイプタバコ一服分, マリファナ(タバコ); 安物ウイスキー. [*gauge* の変形]
Gage ゲージ **Thomas** ～ (1721–87)《英国の軍人; 北アメリカの英軍総司令官 (1763–74); Massachusetts 総督時代 (1774–75) に植民地側と衝突, 独立戦争が勃発》.
gaged /géɪʤd/ *a* *«俗» 酔った.
gager ⇨ GAUGER.
ga·gers /géɪʤərz/ *n pl* *«俗» 目ん玉. [? *gaze*]
gág·ger *n* GAG するもの[人]; GAGMAN; 〔鋳〕かませ板; *«俗» うんざりさせられること, クソおもしろくないやつ.
gagging order ⇨ GAG ORDER.
gag·gle /gǽg(ə)l/ *n* 《水辺の》ガチョウの群れ (cf. SKEIN); ガチョウの鳴き声, ガーガー; [*derog*] 女の集まり; 《一般に 騒々しい》群れ, 一団. ▶ *vi* 〈水辺のガチョウの群れが〉ガーガー鳴く. [imit; cf. GABBLE, CACKLE]
gág làw 《議会などにおける》発言[討論]制限規則, 緘口(かんこう)令 (=*gag rule*).
gág·màn, gágs- *n* ギャグ作者; ギャグのうまい喜劇俳優.
ga·go /gáːgoʊ/ *n* (*pl* ～s) *«俗» ジプシーでない人《ジプシーの用語》.
gág [**gág·ging**] **òrder** 《法廷で審理中の事柄に関する》報道[公開]禁令, 緘口令.
gág rèin 責め手綱《調馬用》.
gág resolùtion 〔米史〕請願受理禁止決議 (=*gag rule*)《1836–40 年に連邦議会を数回通過した, 奴隷制度に反対する請願を受理・審議できないようにする趣旨の決議; 1844 年に撤廃された》.
gág·ròot *n* 〔植〕ロベリアソウ (Indian tobacco).
gág rùle GAG LAW, GAG RESOLUTION.

gág·ster *n* GAGMAN; *《俗》おどけ者, 悪ふざけするやつ.
gág strìp 《連続したストーリーのない》ギャグ漫画.
gahn·ite /gɑ́ːnàɪt/ *n* 〔鉱〕亜鉛尖晶石, ガーナイト (=*zinc spinel*). [Johan G. *Gahn* (1745–1818) スウェーデンの化学者]
Gaia /gáɪə, géɪə/ **1**〔ギ神〕ガイア (GAEA). **2** ガイア《自己制御機構をもつ一個の生命体としてみた地球》. ♦ **Gái·an** *a, n*
Gáia hypòthesis [thèory] ガイア仮説[理論]《生命圏・大気圏・海洋・土壌を含む地球を, 自己制御機構をもつ一個の生命体としてみる仮説》.
Gaidheal·tachd /géɪltæxt, gɑ́ːɛltɑ̀ːxg/ *n* 《スコットランドの》ゲール語使用地区 (cf. GAELTACHT); スコットランドゲール人の文化・伝統. [ScGael]
gai·ety, gay·ety /géɪəti/ *n* 愉快, 陽気, 快活; 《服装の》華美, 派手; [ᵒ*pl*] お祭り騒ぎ, 歓楽. ● **the ~ of nations** 大衆の楽しみ, 陽気な風潮. [F; ⇨ GAY]
gai·jin /gàɪʤín, -ʤɪn, gaɪʤín, -ʤíːn/ *n* (*pl* **~**) 外人. [Jpn]
Gaikwar ⇨ GAEKWAR.
Gail /géɪl/ ゲイル《**1**) 女子名; Abigail の愛称 **2**) 男子名》.
Gail·lard /gɪljɑ́ːrd, géɪl(j)ɑ̀ːrd/ ギルヤード **David Du Bose ~** (1859–1913)《米国の軍人・技術者》.
Gaillárd Cút [the] ギルヤードカット《Panama 運河南東部の部分; 約 13 km; 開削の責任者であった David D. B. Gaillard にちなむ; 旧称 Culebra Cut》.
gail·lar·dia /geɪlɑ́ːrdiə/ *n* 〔植〕テンニンギク《テンニンギク属 (*G-*) の草本の総称; 北米原産》. [*Gaillard* de Marentonneau 18 世紀フランスの植物学者]
gai·ly, gay- /géɪli/ *adv* 陽気[愉快]に; 派手[はなやか]に; よく考えずに, 軽率に, 無頓着に.
gain[1] /géɪn/ *vt* **1 a** 《努力・競争などによって》獲得する, 〈独立・名声などを〉勝ち得る, 達成する; 《勤労によって》得る, 稼ぐ (earn), もうける; 〈勝利を〉得る, 〈戦い・訴訟などに〉に勝つ (win) (opp. *lose*); …に〈名声・成功などを〉もたらす: There is nothing to be *~ed from* [*by*] doing …しても意味がない, むだだ / ~ one's living 生計を得る. **b** 〈友人を〉得る; 〈人を〉説き伏せる, 味方に引き入れる 〈sb *over*〉; 〈注意を〉ひく. **2** 〈時計が〉…の割合で進む (opp. *lose*); 〈重さ・力・価値などを〉増す; 〈一定の距離を〉進む, 獲得する: The clock *~s* three minutes a day. 1 日に 3 分進む / ~ strength 力[勢力]を増す, 強くなる / ~ 42 points 〈株価などが〉42 ポイント上昇する. **3** 《努力の結果》…に到達する, たどりつく (reach): ~ the summit [one's ends] 山頂に[目的を]達する. ► *vi* **1** 利得を得る, もうける. **2 a** 〈…が〉増大[進歩]する, 〈価値などが〉上がる 〈*in*〉; 体重が増える, 快方に向かう: ~ (a lot) *in* weight [wisdom] 体重[知恵]が(大いに)増す. **b** 〈時計が〉進む. **3** 引き立つ 〈*by*〉: ~ *by* comparison [contrast] 比較[対比]によっていっそう引き立つ. ● **~ on**…に追い迫る, 追いつく; …をどんどん引き離す; 〈海が陸地〉を侵食する; 〈人〉に取り入る. ► *n* **1** [ᵒ*pl*] 利益, 利得, 収益, もうけ (profit), かちえたもの, 賞金; 獲得, 金もうけ: No *~s* without pains. 《諺》労せずば効なし, 蒔かぬ種は生えぬ / the love of ~ 利欲. **2** 増進(させるもの), 足し 〈*to*〉; 《量・価値・力などの》増加, 増大 (increase) 〈*of* a mile an hour, *in* weight〉. **3** 〔電子工〕利得《**1**) 受信機・増幅器などの入力に対する出力の割合 **2**) アンテナの標準のものとの比出力》. ● **on the ~** よくなって. **ride (the) ~** 《テレビ・ラジオ》《送信に適するよう》音量を手動で調整する. ♦ **~·able** *a* [OF=to till, acquire<Gmc]
gain[2] 〔木工〕*n* 《接続部の》溝, 切欠(きりかき), ほぞ穴; TUSK; 背出し蝶番の面を受ける浅い溝. ► *vt* …に溝をつける; 溝[ほぞ]で接合する. [C17<?]
gáin contròl 〔電子工〕《受信機・増幅器の》利得制御.
gáin·er *n* **1** 獲得者; 利得者; 勝利者 (opp. *loser*): come off a ~ もうける, 勝つ. **2** 〔飛込〕(フル)ゲーナー (=full ~)《逆宙返りで回転して足から飛び込む; cf. HALF GAINER》.
gáin·ful *a* 利益のある, もうかる, 引き合う (paying); 金もうけに夢中の; 〈職業など〉有給の (paid): ~ employment 有給の職. ♦ **~·ly** *adv* もうかるように, 引き合うように; 有給で. **~·ness** *n*
gáin·giving *n* 《古》MISGIVING.
gáin·ings *n pl* 稼ぎ(高); 利益, 収益; 賞金, 賭け事で勝った金.
gáin·less *a* 利益のない, 得にならない. ♦ **~·ness** *n*
gáin·ly 《廃・方》*a* 〈態度・動作など〉優美な, 上品な; 端正な. ► *adv* 都合よく. ♦ **gáin·li·ness** *n*
gain·say /gèɪnséɪ/ *vt* (**-said** /-séɪd, -séd/) [ᵘ*neg*/*inter*]《文》否定[否認]する; …に反対する, 反駁[反論]する (contradict): There is *no ~ing* it. それは否定できない. ► *n* 否定, 反論, 反対. ♦ **~·er** *n* [ON (AGAINST, SAY)]
Gains·bor·ough /géɪnzbɜ̀ːrə, -bʌ̀rə, -b(ə)rə; -b(ə)rə/ ゲーンズバラ **Thomas ~** (1727–88)《英国の肖像・風景画家; *The Blue Boy* (c. 1770)》.
(')gainst /gɛ́nst, ᴵᴵgéɪnst/ *prep* 《詩》AGAINST.
Gaird·ner /gɛ́ərdnər/ [Lake] ゲアドナー湖《オーストラリア South Australia 州南部 Torrens 湖の西にある塩湖; 通常は干上がっている》.
Gaiseric ⇨ GENSERIC.
gait[1] /géɪt/ *n* 歩きぶり, 足取り, 歩容(ほよう), 歩行; 馬の足並み, 歩様 (⇨ GALLOP); 進行; *歩調, 《物事の》進行, 進み方, 運び: a slow ~ ゆっくりした足取り. ● **go one's (own) ~**=《スコ》**gang one's ain ~** 自分のやり方でやる. ► *vt* 〈馬〉の足並みを訓練する; 〈品評会で犬〉に審査員の前を歩かせる. ► *vi* 《一定の足取りで》歩く, 進む. [GATE[3]]
gait[2] *n* レース織機のキャリッジ間の距離. [? GATE[1]]
gai·ta /gáɪtə/ *n* 〔楽〕ガイタ《スペイン Galicia 地方の縦笛》.
gáit·ed *a* …な足取りの: heavy-~ 重い足取りの.
gai·ter /géɪtər/ *n* スパッツ, ゲートル《布または革製で, 靴の上から足首のみ, またはひざから足首までを包むおおい》; *ゲイター《皮革[ラシャ]製の両側に伸縮性のまちのはいった深靴》; *布甲革の付いた深いオーバーシューズ; 《機械の一部をおおう》保護カバー. ♦ **~ed** *a* gaiter を着けた. [F *guêtre*<? Gmc]
Gait·skell /géɪtskəl/ ゲーツケル **Hugh (Todd Naylor) ~** (1906–63)《英国の政治家; 労働党党首 (1955–63)》.
Ga·ius /géɪəs, gáɪəs; gáɪ-/ ガイウス (fl. 130–180)《ローマの法学者; *Institutes* (法学提要)》. [Gk]
Gaj·du·sek /gáɪdəʃɛ̀k/ ガイジュセク **D(aniel) Carleton ~** (1923–2008)《米国のウイルス学者; ノーベル生理学医学賞 (1976)》.
gal[1] /gǽl/ *n**《口》女の子, ギャル (girl).
gal[2] *n* 〔理〕ガル《加速度の単位: =1 cm/s²》. [*Gal*ileo]
gal. gallery ♦ gallon(s). **Gal.** 〔聖〕Galatians.
GAL 《E メールなどで》get a LIFE (成句).
ga·la[1] /géɪlə, gǽl-, gɑ́ː-; gɑ́ː-, géɪ-/ *a* お祭りの, お祭り騒ぎの, 愉快な (festive): a ~ day 祭日 / a ~ night 《劇場などの》特別興行の夕べ. ► *n* お祭り, 祝祭, 祭典; ᴵᴵ《運動の》競技会, 競泳大会; [G-] ROYAL GALA. ● **in ~** 晴れ着を着て. [F or It<Sp<Arab=presentation garment]
gala[2] ⇨ GALLA.
ga·la·bia, -bi·eh, -bi·ya /gəlɑ́ːb(i)ə/ *n* ガラビーヤ《アラビア語圏の貧民, 特にエジプト農民のゆったりした長衣》. [Arab]
ga·lact- /gəlǽkt/, **ga·lac·to-** /gəlǽktoʊ, -tə/ *comb form* (1)「乳」(2)「ガラクトース (galactose) に関連のある」 [Gk *galakt- gala* milk]
ga·lac·ta·gogue, -to- /gəlǽktəgɔ̀(ː)g, -gɑ̀g/ 〔医・獣医〕*a* 乳汁分泌を促進する, 催乳(性)の. ► *n* 催乳薬[剤].
ga·lac·tan /gəlǽktən/ *n* 〔生化〕ガラクタン《加水分解するとガラクトースを生じる多糖の総称》.
ga·lac·tic /gəlǽktɪk/ *a* 〔生理〕乳の, 乳汁分泌を促す; 〔天〕銀河の; 巨大な. ♦ **-ti·cal·ly** *adv* 銀河に関して(は), 銀河のスケールで; 途方もなく, はなはだしく. [Gk; ⇨ GALAXY]
galáctic círcle [equátor] [the] 〔天〕銀河赤道.
galáctic coórdinates *pl* 〔天〕銀河座標系.
galáctic látitude 〔天〕銀緯.
galáctic lóngitude 〔天〕銀経.
galáctic nóise 銀河雑音 (=*cosmic noise*).
galáctic pláne 〔天〕銀河面.
galáctic póle 〔天〕銀河極.
ga·lac·tin /gəlǽktən/ *n* 〔生化〕ガラクチン (LACTOGENIC HORMONE).
galactogogue ⇨ GALACTAGOGUE.
galàcto·kínase *n* 〔生化〕ガラクトキナーゼ《ガラクトースのリン酸化反応を触媒する酵素の一つ》.
gal·ac·tom·e·ter /gæ̀ləktɑ́mətər/ *n* LACTOMETER.
galàcto·poiésis *n* 〔生理〕乳の生成分泌, 乳液産生; 〔畜〕増乳.
galàcto·poiétic 〔医〕*a* 乳の生成分泌を増す. ► *n* 乳汁産生促進薬[剤].
ga·lac·tor·rhea /gəlæ̀ktəríːə/ *n* 〔医〕乳汁漏出(症).
ga·lac·tos·amine /gəlæ̀któʊsəmìːn, -zə-/ *n* 〔生化〕ガラクトサミン《ガラクトースのアミノ誘導体》.
ga·lac·tose /gəlǽktòʊs, -z/ *n* 〔化〕ガラクトース《乳糖の成分》. [*galacto-, -ose*]
ga·lac·tos·emia /gəlæ̀ktəsíːmiə/ *n* 〔医〕ガラクトース血(症). ♦ **-ém·ic** *a*
ga·lac·to·si·dase /gəlæ̀któʊsədèɪs, -z/ *n* 〔生化〕ガラクトシダーゼ《ガラクトシドを加水分解する酵素》.
ga·lac·to·side /gəlǽktəsàɪd/ *n* 〔生化〕ガラクトシド《加水分解してガラクトースを生じるグリコシド》.
ga·lac·tos·uria /gəlæ̀ktoʊs(j)úriə, -ʃúr-; -sjúər-/ *n* 〔医〕ガラクトース尿(症).
ga·lac·to·syl /gəlǽktəsɪ̀l/ *n* 〔生化〕ガラクトシル《ガラクトースから誘導されるグリコシル基》.
ga·lact·urón·ic ácid /gəlæ̀kt(j)ʊərɑ́nɪk-/ 〔生化〕ガラクツロン酸《ペクチンの主成分》.
ga·la·go /gəléɪgoʊ, -lɑ́ː-/ *n* (*pl* **~s**) 〔動〕ガラゴ (=*bush baby*)《アフリカ南部のキツネザルに近い小型のサル》. [?Wolof]
ga·lah /gəlɑ́ː/ *n* 〔鳥〕モモイロインコ (=*rose-breasted cockatoo*)《豪州原産》; 《豪俗》ばか. [(Austral)]
Gal·a·had /gǽləhæ̀d/ **1** [Sir] 〔アーサー王伝説〕サー・ガラハッド《Lancelot と Elaine の息子で, 聖杯 (Holy Grail) を見つけた円卓の騎士》. **2** 高潔な男. [?Heb *Gilead*]

G

ga·lan·gal /gəlǽŋg(ə)l/ *n* 〘植〙 GALINGALE.

gal·an·tine /gǽləntiːn/ *n* ガランティーヌ《鶏肉などの骨を抜き詰め物をして煮たあと, 冷やして薄切りにし, ゼリーを添えて食べる料理》. ［変形＜OF *galatine* jellied meat］

ga·lán·ty shòw /gəlǽnti-/《19 世紀英国の》あやつり人形の影絵芝居《パントマイム》. ［?It (pl)＜*galante* GALLANT］

Ga·lá·pa·gos finches /gəláːpəgəs ─, -lǽp-, -gòus-; gəlǽpəgəs-/ *pl* DARWIN'S FINCHES.

Galápagos (gíant) tórtoise /─(─)─/ 〘動〙 ガラパゴスゾウガメ, サンタクルスゾウガメ《Galápagos 諸島産のリクガメ科リクガメ属の亀; 絶滅の危機に瀕している》.

Galápagos Islands /─ ─/ *pl* [the] ガラパゴス諸島《エクアドルの西方, 東太平洋赤道直下の火山性諸島; 珍しい動物の宝庫; Isabela 島が最大, 行政の中心都市は San Cristóbal 島にある; 公式名 Archipiélago de Colón》.

Gal·a·ta /gǽlətə/ ガラタ《トルコ Istanbul の商業地区》.

gal·a·tea /gæ̀lətíːə/ *n* ガラテア《丈夫な綾織りの綿布で通例 白地に青の縞入り; もと子供のセーラー服に用いた》. ［19 世紀英国戦艦 *Galatea* (↓) 号少年乗組員の服地］

Galatea 〘ギ神〙 ガラテイア《**1**) 恋人 Acis を嫉妬深い Polyphemus に殺された海の精 **2**) Pygmalion が彫刻して恋し, Aphrodite に願って生命を与えられた女の像》.

Ga·la·ţi /gəláːts(i)/ ガラツィ《ルーマニア東部の Danube 川に臨む市; ドイツ語名 **Ga·latz** /gáːlàːts/》.

Ga·la·tia /gəléɪʃ(i)ə/ ガラテヤ《古代小アジア中部の国家, のちにローマの属州》.

Ga·lá·tian *a* ガラテヤ(人)の (⇨ GALATIA). ► *n* ガラテヤ人(じん); [～s, 〈*sg*〉] 〘聖〙 ガラテヤ書《新約聖書の The Epistle of Paul the Apostle to the ～s (ガラテヤ人への手紙); 略 Gal.》.

galavant ⇨ GALLIVANT.

ga·lax /géɪlæ̀ks/ *n* 〘植〙 イワウメ科の常緑草本《米国南東部産; 葉は葬儀装飾用》. ［?Gk GALAXY］

gal·axy /gǽləksi/ *n* **1** [the; °the G-] 〘天〙 銀河, 天の川 (Milky Way); [the G-] 〘天〙 銀河系 (Milky Way galaxy [system]); 〘天〙 銀河, (銀河系外)星雲. **2**《貴人・高官・美人・才子などの》はなやかな集まり[群れ], きら星. **3** [G-] 〘商標〙 ギャラクシー《ミルクチョコレートバー》. **4** [galaxies, 〈*adv*〉] 大きく, ひどく (worlds): *galaxies* apart. ［OF, ＜Gk *galaxias* (*galakt- gala* milk)］

Gal·ba /gǽlbə, gɔ́ːl-/ ガルバ **Servius Sulpicius** ～ (3 B.C.–A.D. 69)《Nero 自殺の跡を継いだローマ皇帝 (68–69)》.

gal·ba·num /gǽlbənəm/ *n* ガルバヌム《セリ科オオウイキョウ属の一種などから採れるゴム状樹脂; 医薬・香料用》.

Gal·braith /gǽlbrèɪθ/ ガルブレイス **John Kenneth** ～ (1908–2006)《カナダ生まれの米国の経済学者; *The Affluent Society* (1958), *The New Industrial State* (1967)》. ◆ **Gal·braith·ian** /gæ̀lbréɪθiən/ *a*

Gald·hø·pig·gen /gáːlhə̀ːpìːgən/ ガルへピゲン《ノルウェー中南部の Jotunheimen 山群にある山 (2469 m)》.

gale[1] /géɪl/ *n* **1** 疾風, 大風; 〘海・気〙 強風《時速 32–63 マイル, 51–102 km; ⇨ BEAUFORT SCALE》; 〘海・気〙 FRESH GALE; 《古・詩》 微風: a ～ of wind 一陣の強風 / It's blowing a ～. ″すごい風だ. **2***《口》 上機嫌; [°*pl*]《感情・笑いなどの》激発, あらし: a ～ [～*s*] of laughter 爆笑. ［C16＜?］

gale[2] *n* 〘植〙 SWEET GALE. ［OE *gagel*(*le*)］

gale[3]″ *n*《地代・利子などの》定期支払金: hanging ～ 延滞借地料. ［C17＜?; cf. GAVEL[2], GAVELKIND］

ga·lea /géɪliə/ *n* (*pl* **-le·ae** /-lìːː/, ～**s**) 〘生〙 かぶと状のもの, 兜状(とうじょう)体, 〘解〙 帽状構造, 《特に》帽状腱膜, 〘植〙 花冠の上唇弁, 〘動〙《節足動物の》外葉. ［L＝helmet］

ga·le·ate /géɪlièɪt/, **-at·ed** /-èɪtəd/ *a* ヘルメットをかぶった; かぶと形[状]の; GALEA をもつ.

ga·lee·ny /gəlíːni/ *n*″《方》 GUINEA FOWL.

gále-fòrce *a* 激しい〈風〉. ► *adv* 吹き荒れて.

ga·lé·i·fòrm /gəlíːə-/ *a* かぶと形の; メジロザメのような.

Ga·len /géɪlən/ **1** ガレノス (129–c. 199)《ギリシアの医学者; ルネサンスに至るまで医学の権威と仰がれた》. **2** [*joc*] 医者.

ga·le·na /gəlíːnə/ *n* 方鉛鉱 (＝*galenite, lead glance*).

Ga·len·ic /gəlénɪk, geɪ-/ *a* [ˢg-] ガレノス (Galen) の, ガレノス派医術の; [g-] 本草薬の, 生薬の.

ga·len·i·cal /gəlénɪk(ə)l, geɪ-/ *n* 本草(ほんぞう)薬, 生薬(しょうやく). ► *a* [ᵁG-] ガレノス(派)の (Galenic); 本草薬[生薬]の.

Gálen·ism *n* ガレノス派医術 (⇨ GALEN). ◆ **-ist** *n*

ga·le·nite /gəlíːnàɪt/ *n* GALENA.

ga·lère /gæléər; F galɛːr/ *n*《好ましくない》連中, 仲間; 同類; 思いがけない状態, おもしろくない立場, はめ. ［F＝galley, slave ship］

Ga·le·ri·us /gəlíəriəs/ ガレリウス (*L* Gaius ～ Valerius Maximianus) (d. 311)《ローマ皇帝 (305–311)》.

ga·le·ro /gəléərou/ *n* (*pl* ～**s**) 教皇帽, ガレロ (＝*cardinal's hat*)《以前 枢機卿(けい)がかぶった上部が平らでつばが広いふさ付きの赤い帽子》. ［It］

galet ⇨ GALLET.

ga·lette /gəlét/ *n* ガレット《そば粉またはすりおろしたジャガイモで作るパンケーキ》. ［F］

gál Fríday《口》 GIRL FRIDAY.

Gal·gen·hu·mor /gáːlgənhumɔ̀ːr/ *n* GALLOWS HUMOR. ［G］

gá·lia mèlon /gáːliə-/ ガリアメロン《皮がざらざらで, 果肉はオレンジ色で香りがよい小型のメロン》.

Ga·li·bi /gəlíːbi, gǽləbi/ *n* (*pl* ～**s**, ～) ガリビ族《フランス領 Guiana に住む Carib 人》; ガリビ語.

Ga·li·cia /gəlíʃ(i)ə/ **1** ガリツィア《ポーランド南東部からウクライナ西部にかけての歴史的地域; 18 世紀末オーストリア領, 第一次大戦後ポーランド領, 第二次大戦後東部がソ連領》. **2** ガリシア《スペイン北西部の, 大西洋に面した地域・自治州; A Coruña, Lugo, Orense, Pontevedra の 4 県からなる; ☆Santiago de Compostela; 5–6 世紀には王国》.

Ga·lí·ci·an *a* ガリシア(人[語])の; ガリツィア(人)の. ► *n* ガリシア人; ガリシア語《ガリシア人の言語でポルトガル語の方言》; ガリツィア人.

Gal·i·le·an[1], **-lae·an** /gæ̀ləlíːən/ *a* ガリラヤ (Galilee) の; 《古》 キリスト教徒の. ► *n* ガリラヤ人(じん); [the] (ガリラヤ人)イエス (Jesus); 《古》 キリスト教徒.

Galilean[2] *a* ガリレイ (Galileo Galilei) (の説[発見])の.

Galiléan satéllites *pl* [the] 〘天〙 ガリレイ衛星《木星の 4 大衛星: Io, Europa, Ganymede および Callisto》.

Galiléan télescope ガリレイ(式)望遠鏡.

Gal·i·lee /gǽləlìː/ **1** ガリラヤ《イスラエル北部の地方; もと キリストの伝道活動の地》. **2** [ᵁg-]《英国の教会堂西端の》礼拝堂, 玄関 (porch). ● **the man of** ～ ガリラヤの人 (the Galilean)《イエスキリスト》. ■ the **Séa of** ～ ガリラヤ湖《イスラエル・シリア国境の淡水湖; ヨルダン川が北から流入, 南へ流出する; 湖面は海面下 209 m; 聖書では Lake of Gennesaret, Sea of Tiberias または Sea of Chinnereth, ヘブライ語では Yam Kinneret》.

Gal·i·lei /gæ̀ləléɪ(i)/ ガリレイ **Galileo** ～ (1564–1642)《イタリアの天文学者・物理学者; 通称 Galileo; 科学的方法の確立に貢献, 近代自然科学の祖と目される》.

Ga·li·leo /gæ̀ləlíːou, -léɪ-/ **1** ガリレオ《Galileo GALILEI の通称》. **2** ガリレオ《1989 年 NASA が打ち上げた木星探査機; 途上で小惑星や Shoemaker-Levy 彗星の木星衝突を観測; 95 年 木星に到着し, 木星大気内に探査機を投入》.

gal·i·ma·ti·as /gæ̀ləméɪʃiəs, -mǽtiəs/ *n* わけのわからぬことば, ちんぷんかんぷん (nonsense). ［C17 F＜?］

gal·in·gale /gǽləngèɪl, -ɪŋ-/ *n* **1** 〘植〙 **a** セイタカハマスゲ (＝English ～, sweet ～)《湿地に生えるカヤツリグサ科の多年草; ユーラシア産》. **b** コウリョウキョウ. **c** バンウコン. **2** コウリョウキョウ[バンウコン]の根茎《生薬・香味料》. ［OF＜Arab＜Chin］

galiot ⇨ GALLIOT.

gal·i·pot /gǽləpɑ̀t, -pòu/ *n* ガリポ《生(なま)松やにの白色固形化したもの》. ［F＜?］

gall[1] /gɔ́ːl/ *n* **1 a**《特に 雄牛の》胆汁 (bile); 胆嚢 (gallbladder). **b** 非常ににがいもの; にがにがしさ, 遺恨, 憎しみ. **2**《口》 ずうずうしさ, あつかましさ, 無作法: have the ～ to do あつかましく…する. ● **dip one's [the] pen in** ～＝**write in** ～ 毒筆をふるう. ～ **and wormwood (to [for] sb)** 大嫌いなもの, つらいこと (*Lam* 3: 19). **in the** ～ **of bitterness** (神を無視して)つらいめにあって (*Acts* 8: 23). ［ON＝OE *gealla*］

gall[2] *vt* すりむく; いらだたせる, おこらせる. ► *vi* すりむける; 《過圧・過熱などで》〈機械が〉動かなくなる, くっつく; 腹立たしいことを言う. ► *n*《皮膚の》すり傷, 擦傷; 《特に 馬の》鞍ずれ; いらだち, 心痛, 苦悩(の種); 《古》 すりきれた箇所, きず, 弱点. ［MLG, MDu *galle*; cf. OE *gealla* sore on horse］

gall[3] *n* 癭瘤(えいりゅう), こぶ《昆虫・菌類などによる植物の異状増殖部分》, 《特に 昆虫などによる》虫癭, 虫こぶ, 《時に 菌類による》菌癭, 菌こぶ; [〈*a*〉] 虫こぶをつくる. ［OF＜L *galla*］

gall. gallon(s).

gal·la, gal·lah, ga·la[2] /xǽlæ/ *vi*《南ア口》 すごく欲しがる 〈*for*〉.

Gal·la /gǽlə/ *n* **a** (*pl* ～, ～**s**)《エチオピア南部やケニアの》ガラ族. **b** ガラ語《Cushitic 語の一つ》.

gal·la·mine (tri·eth·io·dide) /gǽləmìːn (traɪèθáɪədàɪd)/ 〘薬〙 ガラミントリエチオダイド, 三ヨウ化エチルガラミン《骨格筋弛緩剤》. ［pyro*gall*ol＋*amine*, *triethyl*＋*iodide*］

Gal·land /F galɑ̃/ ガラン **Antoine** ～ (1646–1715)《フランスのオリエント学者; 『アラビアンナイト』のヨーロッパ最初の翻訳を出版した (12 vols, 1704–17)》.

gal·lant *a* **1** /gǽlənt/ **a** 勇敢な, 雄々しい; 失敗をおそれない; 騎士的な; 〈船・馬など〉りっぱな, 堂々たる. **b**《英では古》 華美な, 派手な, 飾りたてた. **2** /gəlǽnt, gǽlənt, *gəláːnt/ 女性に親切な, 慇懃(いんぎん)な; 恋愛の, 色事の (amorous). ● **the honourable and** ～ **member** 〘英議会〙 …閣下《軍人出身議員に対する呼称》. ► *n* /gəlǽnt, gǽlənt, *gəláːnt/《古》 当世風の紳士; しゃれ者; やさ男, 色男; 情人 (lover); 勇ましい男. ● **play the** ～ 色男を気取る, 女性に言い寄る. ► *v* /gəlǽnt, *-láːnt, ″gǽlənt/ *vt* 〈女性〉に色男気取りで付きまとう, …とふざける; 〈女性〉に付き添う; 《廃》 〈扇などを〉気取って扱う. ► *vi* 色男を気取る; 〈女と〉ふざける 〈*with*〉. [OF (pres p) *galer* to make merry (*gale* enjoyment)<Gmc; cf. WEAL[1]]

gállant·ly *adv* **1** 勇ましく, 勇敢に, 雄々しく; りっぱに, 堂々と. **2** /, *gəlǽntli, -lɑ́ːnt-/ (女性に)優しく, 慇懃に.

gállant·ry *n* 勇敢, 武勇; 女性に対する慇懃; 色恋のしぐさ[ことば]; 色事, 情事; 《古》派手ないでたち.

gállant sóldier 〘植〙 コゴメギク《ハキダメギクに似る; 熱帯アメリカ原産》.

gáll-àpple *n* GALLNUT.

gal·late /gǽlèɪt, gɔ́ːl-/ *n* 〘化〙 没食子(もっしょくし)酸塩[エステル].

Gal·la·tin /gǽlətən/ ギャラティン (**Abraham Alfonse**) **Albert** ～ (1761–1849)《スイス生まれの米国の財政家·政治家; 財務長官 (1801–14)》.

Gal·lau·det /gæ̀lədét/ ギャロデット **Thomas Hopkins** ～ (1787–1851)《米国の教育者; 同国初の聾唖学校を Connecticut 州 Hartford に創立した (1816)》.

gáll·blàdder *n* 〘解〙 胆嚢 (=*cholecyst*).

Galle /gɑ́ːl, gǽl/ ガル《スリランカ南西部の市·港町; 旧称 Point de Galle》.

gal·le·ass, -li- /gǽliæ̀s, -əs/ *n* ガレアス船《16–17 世紀に地中海で用いた 3 本マストの軍艦》. [F<It GALLEY]

Ga·lle·gos (Fre·ire) /gɑːjéɪgous (fréɪreɪ)/ ガイェゴス(·フレイレ) **Rómulo** ～ (1884–1969)《ベネズエラの小説家; 大統領 (1948)》.

gal·lein /gǽliən/ *n* 〘染〙 ガレイン《金属光沢暗緑色の結晶性粉末; 繊維を青紫に染める媒染染料》. [*gall*ic acid+phthal*ein*]

gal·le·on /gǽliən/ *n* ガリオン船《15–18 世紀初めのスペインの三[四]層甲板の大帆船; cf. CARRACK》. [Du<F or Sp; ⇨ GALLEY]

gal·le·on·ic /gæ̀liɑ́nɪk/ *a* 威風堂々とした, 正々堂々の戦いを好む.

gal·le·ria /gæ̀lərí:ə/ *n* ガレリア《商店街などにみられる屋根がついてガラスで囲まれているプロムナード》. [It]

gál·ler·ied *a* 桟敷[回廊]のある; 坑道[地下道]のある.

gal·lery /gǽl(ə)ri/ *n* **1** 画廊, 美術館; 美術品展示室[*競売場]; 陳列美術品. **2 a** 回廊, 柱廊, 歩廊; 《建物の内部に面し, 持送りで支えられるか または 壁体の厚みだけかの》長くて狭い廊下. **b** 細長い部屋; 広い通廊; 写真撮影所[室], スタジオ; 射撃練習所. **c** 地下の通路《モグラの穴·鉱山の水平坑道·城の地下道·洞穴内の自然の通路など》. **3** バルコニー; *《南部》ベランダ, ポーチ; 《教会堂·会館などの》壁面から張り出した席; 《劇場·ホールの》天井桟敷《最も安い席》; 〘劇〙《道具方·照明係などのための》舞台横[奥]のせり上がった所; 〘海〙《昔の船の》船尾展望台. **4** [the] 高桟敷の人たち, 大向こう; 《ゴルフの試合などの》観客, ギャラリー, 《議会などの》傍聴人《集合的》; 一般大衆; 《人·物の》集合. **5** ランプのほや受け; 《テーブル·棚などの》飾り縁. ● **play to the** ～ 〘劇〙 大向こうを目当てに演じる; 俗うけをねらう, 大衆におもねる, スタンドプレーをする. ► *vt* …に回廊[桟敷, 地下道]を設ける. [F<It<L 変形<? GALILEE]

gállery fòrest 拠水林(りん), ガレリア林(りん)《サバンナなどの川沿いの帯状林》.

gállery gòd 天井桟敷の観客.

gállery·gò·er *n* よく美術館に行く人.

gállery gràve 〘考古〙 ギャラリーグレーヴ《一端を板石でふさいだ通路状の細長い石室墓》.

gállery hìt [shòt, stròke] 人気取り技(わざ), スタンドプレー.

gállery·ite *n* 《口》天井桟敷の観客.

gállery tràу 縁飾りの付いた銀の盆.

gal·let, gal·et* /gǽlət/ *vt* 〈粗石工事〉の継ぎ目のモルタルに砕石片を詰める. ► *n* 砕石片. [F=pebble]

ga·lle·ta /gəjétə, gaɪétə/ *n* 《米国南西部·メキシコで》乾草にする牧草. [Sp=hardtack]

gal·ley /gǽli/ *n* **1 a** ガレー船《昔 奴隷や囚人にこがせた二段オールの帆船》; 《古代ギリシア·ローマの》戦艦; 〘海〙 GALLEASS; 《もと英国の》大型ボート, 艦長艇. **b** 《船内·機内の》調理室 (kitchen). **2** 〘印〙 ゲラ《活字組版を入れる浅い盆》; 〘印〙 ゲラ刷り (galley proof). ● **in this** etc. ～ この思わぬ状態に立ち至って《Molière, *Scapin* 中の句 F *dans cette galère* から; cf. GALÈRE》. [OF<L *galea*; 語義変化は, 奴隷船→その調理室→炉→槽→ゲラか]

gálley pròof 〘印〙 ゲラ刷り, 校正刷り.

gálley rèading 〘印〙 棒組み校正, ゲラ刷り校正.

gálley slàve ガレー船をこぐ奴隷[囚人]; 苦役者.

gálley-wést *adv**《口》全くの破壊[不能, 混乱]状態に. ● **knock…**～ *《口》なぐり倒す, ぶちのめす, こてんぱんにやっつける, めちゃくちゃにする.

gálley·wòrm *n* 〘動〙 ヤスデ.

gálley yàrn 《海俗》単なるうわさ, 作り話.

gáll·flỳ *n* 〘昆〙 フシバチ《草木に卵を産みつけて虫こぶをつくる各種の虫》.

gáll gnàt GALL MIDGE.

Gal·lia /gɑ́ːliɑ̀ː, gǽliə/ ガリア《GAUL のラテン語名》.

gal·li·am·bic /gæ̀liǽmbɪk/ 〘韻〙 *a* ガリアンバス格の《4 脚の短々長々格 (◡◡––)》. ► *n* [ᵘ*pl*] ガリアンバス格の詩行.

Gallia Narbonensis ⇨ NARBONENSIS.

Gal·lia·no /gæliɑ́ːnou/ *n* ガリアーノ《イタリア産の黄金色をしたリキュール》. [G. *Galliano* 19 世紀イタリアの軍人]

gal·liard /gǽljərd/ *n* **1** ガリアルド《16–17 世紀に行なわれた 2 人で踊る 3 拍子の快活な舞踏; その曲》. **2** 《古》剛勇の士. ► 《古》*a* 快活な, 陽気な; 剛勇の. ♦ **～·ly** *adv*

galliass ⇨ GALLEASS.

gal·lic[1] /gǽlɪk/ *a* GALL[3] の, 没食子(もっしょくし)性の.

gallic[2] *a* 〘化〙 ガリウム (gallium) (III) の.

Gallic *a* ガリア (Gaul) (人)の; [ᵒ*joc*] フランスの, フランス的な. [L *gallicus*]

gállic ácid 〘化〙 没食子酸《皮なめし·インク·染料用》.

Gal·li·can /gǽlɪkən/ *a, n* ガリアの, フランスの (Gallic); [ᵒg-] フランスカトリック[ガリア]教会, ガリカニズムの(支持者).

Gállican·ism *n* ガリア主義, ガリカニズム《ローマ教皇の絶対権に対しフランス教会の独立と自由を主張し, 17 世紀に最高潮に達した; cf. EPISCOPALISM, ULTRAMONTANISM》. ♦ **-ist** *n* ガリア主義者, ガリカニスト.

Gal·li·ce /gǽləsi, gɑ́ːləkèɪ/ *adv* フランス語で; フランス流に. [L; ⇨ GALLIC]

gal·li·cism /gǽləsɪ̀z(ə)m/ *n* [ᵒG-] フランス語特有の語法[表現]; フランス語風の言いまわし; フランス風の習慣[考え方].

gal·li·cize /gǽləsàɪz/ *vt, vi* [ᵒG-] フランス風にする[なる], フランス(語)化する (Frenchify). ♦ **gàl·li·ci·zá·tion** *n*

Gal·li-Cur·ci /gǽlɪkúərtʃi, gɑ́ː-, -kə́ːr-/ ガリクルチ **Amelita** ～ (1889–1963)《イタリア生まれの米国のコロラトゥーラソプラノ》.

Gállic Wárs *pl* [the] ガリア戦争《紀元前 58–50 年 Julius Caesar が行なった一連の戦い; Caesar の著書 *De Bello Gallico* (ガリア戦記, 50? B.C.) に由来する呼称; ガリアの地方長官として, ゲルマン諸族の侵入を撃退するとともに, ローマの領土を拡大する戦略をとり, 前 55 年にはガリアのほぼ全土を手中にした》.

Gal·lie·ni /gæljéɪni, gæ̀ljeɪní:/ ガリエニ **Joseph-Simon** ～ (1849–1916)《フランスの軍人》.

Gal·li·e·nus /gæ̀lií:nəs, -éɪnəs/ ガリエヌス **Publius Licinius Valerianus Egnatius** ～ (d. 268)《ローマ皇帝 (253–268), 260 年まで父 Valerian 帝と共同統治》.

gal·li·gas·kins /gæ̀ləgǽskənz/ *n pl* 《16–17 世紀の》ゆるい半ズボン; [*joc*] だぶだぶズボン; "《方》革製すね当て[ゲートル]. [? F *garguesques* (obs)<OIt *grechesco* Greek]

gal·li·mau·fry /gæ̀ləmɔ́ːfri/ *n* 寄せ集め, ごたまぜ; 肉シチュー. [F<?]

gal·li·mi·mus /gæ̀ləmáɪməs/ *n* 〘古生〙 ガリミムス《白亜紀前期の獣脚亜目オルニトミモサウルス下目 (Ornithomimosauria) のダチョウ恐竜》.

gal·li·na·cean /gæ̀lənéɪʃən/ *n* 〘鳥〙 キジ類の鳥, 鶉鶏(じゅんけい). [L (*gallina* hen)]

gal·li·na·ceous /gæ̀lənéɪʃəs/ *a* 〘鳥〙 キジ類の; 家禽の.

Ga·lli·nas /gəjí:nəs/ [Point] ガイーナス岬 (Sp **Pun·ta Ga·lli·nas** /pú:ntɑː gɑːjí:nɑːs/)《コロンビア北部の岬で, 南アメリカの最北端 (12°27′N)》.

gáll·ing *a* 苦しめ悩ます, いらだたせる, 腹立たしい. ► *n* 《金属部品の摩擦による》かじり, 《革などの》摩損, すりへり. ♦ **～·ly** *adv*

gal·li·nip·per /gǽlənɪ̀pər/ *《口》*n* 《南部·中部》刺す[かむ]虫《大きな蚊·ナンキンムシなど》; 刺し虫に似た刺さない[かまない]虫《ガガンボなど》.

gal·li·nule /gǽlən(j)ùːl/ *n* 〘鳥〙 **a** バンの類の水鳥. **b** *バン (=*moorhen*).

Gal·lio /gǽliòu/ *n* (*pl* **-li·òs**) 職掌外の責任を回避する人[役人]. [宗教上の問題に干渉することを拒んだローマの地方総督の名から; *Acts* 18: 12–17]

Gal·li·on·ic /gæ̀liɑ́nɪk/ *a* 無頓着な, 無責任な.

gal·li·ot, gal·i·ot /gǽliət/ *n* 《地中海で 18 世紀まで用いた帆とかいを用いる》快速小型ガレー船; オランダの細長い小型商用[漁用]帆船. [OF<It; ⇨ GALLEY]

Gal·lip·o·li /gəlípəli/ ガリポリ (*Turk* Gelibolu) (1) ヨーロッパトルコの Dardanelles 海峡と Saros 湾にはさまれた半島 (the ～ **Península**); 第一次大戦における連合軍とトルコ軍の戦場 2) Gallipoli 半島の北東岸 Marmara 海の入口にある港町).

gal·li·pot[1] /gǽləpɑ̀t/ *n* 焼物の小壺, 《特に 薬屋の》薬壺; 《古》薬種商 (druggist). [*galley*+*pot*; galley で輸入されたからか]

gallipot[2] *n* GALIPOT.

gal·li·um /gǽliəm/ *n* 〘化〙 ガリウム《希金属元素; 記号 Ga, 原子番号 31》. [19 世紀フランスの化学者·発見者 *Lecoq* de Boisbaudran にちなんで, L *gallus* cock (F *coq*) より]

gállium ársenide 〘化〙 ヒ化ガリウム, ガリウムヒ素《半導体材料で, トンネルダイオード·半導体レーザーなどに用いる》.

gal·li·vant, gal·a·vant /gǽləvæ̀nt; ―⌣―/ *vi* 《口》(異性と)遊び歩く, ぶらつきまわる 〈*about, around*〉; 動きまわる. ♦ **～·er** *n* [*gallant* to flirt のなまりか]

Gäl·li·va·re /jéləvɑ̀ːrə/ イェリヴァレ《スウェーデン北部の北極圏内にある町; 鉄鉱山がある》.

gal·li·wasp /gǽləwɑ̀sp/ *n* 〘動〙 ギャリウォスプ《西インド諸島·熱帯アメリカのアシナシトカゲ》; 〘魚〙 アカエソの一種《カリブ海産のハダカイワ

G

シ). [? *galley*＋*wasp* 船を悩ますハチ]

gáll mìdge 〘昆〙 タマバエ (＝*gall gnat*)《双翅目タマバエ科の微小な昆虫の総称; かなりの種が草木に虫こぶをつくる》.

gáll mìte 〘動〙 フシダニ《草木に虫こぶをつくるフシダニ科の各種のダニ》.

gáll·nùt *n* 《特に ナラ類の木の》木の実状の虫こぶ, 没食子(もつしよくし)(ぼつしよくし), 五倍子(ごばいし).

Gal·lo- /gǽloʊ, gǽlə/ *comb form* 「ゴール(の)」「フランス(の)」: a *Gallo*-Briton 仏系[親仏]英人. [L *Gallus* a Gaul, *-o-*]

gal·lo·glass, gal·low- /gǽlouglæ̀s; -glɑ̀:s/ *n* 〘史〙 アイルランドの族長がかかえていた家臣[兵士]; 《アイルランドの》重装備の歩兵.

Gàllo·mánia *n* フランス心酔[かぶれ].

Gàllo·mániac *n* フランス心酔者, フランスかぶれ.

gal·lon /gǽlən/ *n* **1 a** ガロン《容量の単位, 略 gal., gall.; 液量は 4 quarts, *3.785 リットル (cf. WINE GALLON), ᴮ4.546 リットル (＝imperial ～); 穀量は 1/8 bushel》. **b** 1 ガロン用容器. **2** [ᵘ*pl*] 《口》 大量, 多数. ♦ **～·age** *n* ガロン量. [OF<?Celt]

gal·loon /gəlú:n/ *n* ガルーン《しばしば 金・銀糸を織り込んだ木綿または絹のレース; その縁取り》. ♦ **～ed** *a* [F (*galonner* to trim with braid<?)]

galloot ⇨ GALOOT.

gal·lop /gǽləp/ *n* **1 a** 《四足獣, 特に 馬の》はやがけ, ギャロップ《一歩ごとに四足とも地上から離れる最大速度の駆け足》. **b** ギャロップで馬を走らせること, 疾駆. ★ walk, amble, trot, canter, gallop の順に速くなる. **c** 《ギャロップに適した》トラック, 調教場. **2** [*fig*] すばやい行動, 急速な進行. ● **(at) full ～**＝**at a ～** 全速力で, 大至急; 急速に. KICK¹ **in one's ～.** ► *vi* **1** 〈馬・乗り手が〉ギャロップで走る, 疾駆する 〈*away, off, across*, etc.〉. **2** 急速に進む 〈*down, along, toward*, etc.〉; 大急ぎで[早口に]話す, まくしたてる 〈*away*〉; 大急ぎでやる[読む] (hurry) 〈*through, over* a book〉; 〈病気など〉急速に進行する. ► *vt* 〈馬を〉ギャロップで走らせる; 大急ぎで運ぶ. [OF; ⇨ WALLOP]

gal·lo·pade, gal·o- /gæ̀ləpéɪd/ *n* ガロパード (GALOP).

gállop·er *n* 馬をギャロップで走らせる[疾駆させる]人; ギャロップで走る馬; 〘軍〙 将官付き副官, 伝令将校; 《昔 英国の連隊で用いた》軽野砲(を載せる二輪砲車).

Gállo·phìle, -phìl *a, n* ゴール[フランス]好きの(人) (Francophile).

Gállo·phòbe *a, n* ゴール[フランス]嫌いの(人) (Francophobe).

Gàllo·phóbia *n* ゴール[フランス]嫌い (Francophobia).

gállop·ing *a* 〈病気・インフレ・腐敗など〉急速に進行する, 奔馬(ほんば)性の: ～ consumption 奔馬性肺結核 / ～ inflation 駆け足(の)インフレーション.

gálloping dándruff *《俗》 シラミ (lice).

gálloping dóminoes [ívories] *pl* *《俗》《特に craps の》さいころ (dice).

Gállo-Róman *a* ローマ帝国支配下のゴールの, ガリアの; ガロロマンス語の. ► *n* ガロロマンス語[人].

Gállo-Románce *n, a* ガロロマンス語(の)《600–900 年ごろフランスで話された言語; 今日のフランス語の前身》.

gal·lous¹ /gǽləs/ *a* 〘化〙 ガリウム (II) の[を含む].

gallous² *a* GALLOWS

Gal·lo·way /gǽləwèɪ/ **1** ギャロウェー《スコットランド南西部の地方; 旧 Kirkcudbright, Wigtown の両州からなり, 現 Dumfries and ～ 参事会地域の一部; 西部に大きな半島 the **R(h)ínns** /rínz/ **of ～** があり, その南端の岬 the **Múll of ～** はスコットランド最南西端の地点; GALWEGIAN *a*》. **2** 〘畜〙 ギャロウェー種《Galloway 地方原産の 1) 小型の丈夫な馬 2) 無角で通常黒色の肉牛》; [ˢg-] 小さい馬.

gallowglass ⇨ GALLOGLASS.

gal·lows /gǽlouz, -əz/ *n* (*pl* ～, ～·**es**) [ᵘ〈*sg*〉] 絞首門《2 本の柱に横木を渡したもの》; 絞首門状のもの, 《豪》 屠殺した獣をつるす台; [the] 絞首刑; GALLOWS BIRD; [*pl*] 《方》 GALLUSES: come to *the* ～ 絞首刑になる. ● **cheat the ～** 《自殺などによって》うまく絞首刑をのがれる. **have the ～ in** one's **face** 絞首刑になりそうな人相[極悪な顔]をしている (＝have a ～ look). ► *a* 絞首刑に処すべき, 極悪な; ᴮ《方》 狂暴な, いたずらな, きかん気の〈子供〉; ᴮ《方》 すごくいい. ► *adv* ᴮ《方・俗》 とても, すごく. [ON *gálgi*＝OE *gealga*; cf. G *Galgen*]

gállows bìrd 《口》 絞首刑に処すべき[処せられた]悪人, 極悪人.

gállows bìtt 〘海〙 《予備円材用の》木製架台.

gállows hùmor 病気や死などを茶化したユーモア.

gállows tòp 〘海〙 木製架台の上の円材を押える横木.

gállow(s) trèe 絞首用木枠 (＝*gallows*).

gáll sìckness 〘獣医〙 胆汁病 (ANAPLASMOSIS).

gáll·stòne *n* 〘医〙 胆石 (＝*biliary calculus*).

Gal·lup /gǽləp/ ギャラップ **George** (**Horace**) ～ (1901–84) 《米国の統計学者; cf. GALLUP POLL》.

Gállup pòll ギャラップ(世論)調査《George GALLUP が開発した標本抽出調査方式》.

gal·lus /gǽləs/ *a* GALLOWS; 《スコロ》 大胆な, むこうみずな.

gal·lused /gǽləst/ *a* 《方・米口》 ズボン吊りをした.

gal·lus·es /gǽləsəz/ *n pl* 《方・米口》 ズボン吊り (suspenders).

gáll wàsp 〘昆〙 タマバチ《木に虫こぶをつくる》.

gallways ⇨ GALWAYS.

gal·ly /gǽli/ *vt* 《方》 びっくりさせる, おどかす. [OE *a-gælwan* to alarm]

Ga·lois /gælwɑ́:; ─ ─/ ガロア **Évariste** ～ (1811–32) 《フランスの数学者; ⇨ GALOIS THEORY》.

Galóis thèory [the] 〘数〙 ガロアの理論《Galois が提起した代数方程式の解法に群の概念を適用した理論》. [↑]

ga·loot, gal·loot /gəlú:t/ *n* 《口》 (ぶざまな[変な, とんまな])やつ.

gal·op /gǽləp/ *n* ガロップ (＝*gallopade*)《2/4 拍子の軽快な円舞; その曲》. ► *vi* ガロップを踊る. [F; ⇨ GALLOP]

galopade ⇨ GALLOPADE.

gál òperon /gǽl-/ 〘生化〙 ガルオペロン《細菌内での乳糖代謝を制御する遺伝子群》. [*gal*actose]

ga·lore /gəlɔ́:r/ [後置] たくさんの, 豊富な: (with) beef and ale ～ 豊富な肉と酒(で). ► *n* [in ～ の形で] 《古風》 豊富に, たくさん. [Ir *go leór* to sufficiency]

ga·losh, ga·loshe /gəlɑ́ʃ/ *n* 《ゴム[防水布]製の長い》オーバーシューズ《rubbers より深いもの》; 《廃》 木ぐつ, 底の重い靴. ♦ **-lóshed** *a* 〈靴が〉オーバーシューズをつけた. [OF<L *gallicula* small Gaulic shoe]

gals. gallons.

Gals·wor·thy /gɔ́:lzwə̀:rði/ ゴールズワージー **John** ～ (1867–1933) 《英国の小説家・劇作家; *The Forsyte Saga* (1922); ノーベル文学賞 (1932)》. ♦ **Gals·wór·thi·an** *a*

galt ⇨ GAULT.

Galt /gɔ́:lt/ ゴールト **John** ～ (1779–1839) 《スコットランドの小説家》.

Gal·tie·ri /gɑ:ltjéəri/ ガルティエリ **Leopoldo Fortunato** ～ (1926–2003) 《アルゼンチンの軍人・政治家; 大統領 (1981–82); Falkland 戦争 (1982) をひき起こして敗北し, 失脚》.

Gal·ton /gɔ́:ltn/ ゴールトン Sir **Francis** ～ (1822–1911) 《英国の人類学者・優生学者; Darwin のいとこ》. ♦ **Gal·to·ni·an** /gɔ:ltóuniən, -njən/ *a*

gal·to·nia /gɔ:ltóuniə/ *n* 〘植〙 ガルトニア属[ツリガネオモト属] (*G-*) の各種の多年草《ユリ科; アフリカ南部原産》. [↑]

ga·lumph /gəlʌ́m(p)f/ *vi* 《口》 ドタバタ歩く, バタバタ動きまわる 〈*around*〉; はしゃいで駆ける. ♦ **～·ing** *a* [*gallop*＋*triumph*; Lewis Carroll の造語]

Ga·lung·gung /gɑ:lúŋgùŋ/ ガルング(ン)《インドネシア Java 島西部の火山; 1822 年大噴火を起こし, また 1982 年 4 月の大噴火以来数十回爆発》.

ga·luth, -lut /gɑ:lú:t; gæ-/ *n* [ᵒG-] 《特にパレスティナからの》ユダヤ人の流浪, 四散 (Diaspora). [Heb＝exile]

Gal·va·ni /gælvɑ́:ni, gɑ:l-/ ガルヴァーニ **Luigi** ～ (1737–98) 《イタリアの物理学者・生理学者》.

gal·van·ic /gælvǽnɪk/ *a* **1** 〘電〙 ガルヴァーニ電気の, 化学反応による電気の, 直流電気の (opp. *faradic*). **2** 〈笑いなどが〉痙攣(けいれん)的な, 発作的な; 衝撃的な. ♦ **-i·cal** *a* **-i·cal·ly** *adv* [↑]

galvánic báttery 〘電〙 ガルヴァーニ電池 (voltaic battery).

galvánic céll 〘電〙 ガルヴァーニ電池 (voltaic cell).

galvánic cóuple 〘電〙 電池対物質《電解質溶液中で接触させると電気を発生する 2 つの異種類の物質》.

galvánic electrícity 〘動〙 動電気.

galvánic píle VOLTAIC PILE.

galvánic skín respònse [rèflex] 〘生理〙 電気皮膚反応[反射]《精神的刺激などによる皮膚の電気抵抗の変化; うそ発見器などに応用される; 略 GSR》.

gal·va·nism /gǽlvənìz(ə)m/ *n* 〘理〙 ガルヴァーニ電気《化学反応によって生じる直流》, 直流電気; ガルヴァーニ電気学; 〘医〙 直流電気療法; 力強い活動. ♦ **-nist** *n*

gàl·va·ni·zá·tion *n* 直流電気をかける[通じる]こと; 〘医〙 直流通電(法), 直流電気療法; 亜鉛めっき.

gal·va·nize /gǽlvənàɪz/ *vt* **1 a** …に直流電気をかける; 〘医〙 〈筋・神経〉に直流通電する. **b** 刺激する: ～ sb *into* life [*to* new life] 人を活気づかせる; 人を生き返らせる / ～ sb *into* action [activity] 人にすぐ行動を起こさせる. **2** [ᵒ*pp*] 亜鉛めっきする. ► *vi* 発作的に[突然]反応する[行動を起こす]. ► *n* 《カリブ》 トタン波板《屋根材》. ♦ **-nìz·er** *n*

gál·va·nìzed íron 亜鉛めっき鉄[鉄板]《トタン板など》.

gal·va·no- /gǽlvənou, gælvǽn-, -nə/ *comb form* 「ガルヴァーニ電流」 [Luigi GALVANI]

gálvano·càutery *n* 〘医〙 直流焼灼(器).

galváno·gràph *n* 電気版(印刷物).

gal·va·nog·ra·phy /gæ̀lvənɑ́grəfi/ *n* 〘印〙 電気製版.

gàlvano·magnétic *a* 電磁気の (electromagnetic).

gal·va·nom·e·ter /gæ̀lvənɑ́mətər/ *n* 〘電〙 検流計. ♦ **gàl·va·nóm·e·try** *n* 電流測定(法). **gàl·va·no·mét·ric, -ri·cal** /, gælvæ̀nə-/ *a*

gàlvano·plástics, gálvano·plàsty *n* 電気鋳造(法), 電鋳, 電型法《電気めっきと似た操作によって金属のコーティングをすること》. ♦ **-plástic** *a*

galváno·scòpe /, gǽlvənə-/ *n* 〘電〙 検流器.
gálvano·thèrmy *n* 〘医〙 直流(電気)加熱法.
gal·va·not·ro·pism /gæ̀lvənátrəpìz(ə)m/ *n* 〘植〙 電気屈性, 屈電性.
Gal·ves·ton /gǽlvəstən/ ガルヴェストン《Texas 州南東部にあるメキシコ湾の入江, ガルヴェストン湾 (～ **Báy**) の入口にあるガルヴェストン島 (～ **Ísland**) の市》. ♦ **Gàl·ves·tó·nian** *n*
Gálveston plàn 〘米〙 ガルヴェストン方式 (COMMISSION PLAN).
Gál·vez /gá:lvès/ ガルベス **José** ～, Marqués de la So·no·ra /-deɪ lɑ: sounɔ́:rɑ:/ (1729–87)《スペインの植民地行政官; ヌエバエスパーニャ (New Spain) 巡察使 (1765–71) として税制をはじめとする行財政改革を行なった》.
gal·vo /gǽlvou/ *n* (*pl* ～**s**) 《口》 GALVANOMETER.
Gal·way /gɔ́:lwèɪ/ **1** ゴールウェイ《**(1)** アイルランド西部, Connacht 地方の県; 大西洋に臨む **2)** その県都で, ゴールウェイ湾 (～ **Báy**) に臨む港町》. **2** ゴールウェイ **Sir James** ～ (1939–　)《北アイルランド出身のフルート奏者》.
gal·ways, gall- /gɔ́:lwèɪz/ *n pl* [ᵒG-] *《俗》 耳まで生やした薄いあごひげ.
Gal·we·gian /gælwí:dʒ(i)ən/ *a* ギャロウェー (Galloway) の. ► *n* ギャロウェー人.
gal·yak, gal·yac /gǽljæ̀k, ―⌐/ *n* ガリヤク《死産の子羊などの裸皮(らひ)毛皮》. [Russ]
gam¹ /gǽm/ *n* 《捕鯨船間の》社交的訪問; 《広く》社交, 交歓; 鯨の群れ; 《NZ》 大型の海鳥の群れ; *《俗》 会合, 議論. ► *v* (-**mm**-) *vi* 〈捕鯨船員が〉訪問交歓する; 〈鯨が〉群れ集まる ; 《俗》 自慢する, 見せびらかす. ► *vt* 〈友人などを〉訪問する; 〈時を〉懇談して過ごす 〈*away*〉; 《俗》 自慢する, 見せびらかす. [C19 ＜?*game*¹]
gam² *n* 《俗》《特に 女性のすらりとした》脚 (leg). [C18＜? ONF *gambe*; ⇨ JAMB]
gam- /gǽm/, **gamo-** /gǽmou, -mə/ *comb form* 〘生〙「合体した」「有性の」 [Gk *gamos* marriage]
Ga·ma /gǽmə, gá:-; gá:mə/ ガマ **Vasco da** ～ (c. 1460–1524)《ポルトガルの航海者; 喜望峰回り[東回り]のインド航路を開拓した》.
ga·ma·doe·las /xæ̀mədú:ləs/ *n* [〈*sg*〉] GRAMADOELAS.
gáma gràss /gá:mə-/ ガマグラス《イネ科の丈の高い米国の牧草》. [?変形＜*grama*]
gam·a·huche /gǽməhù:ʃ/, **-ruche** /-rù:ʃ/ 《俗》 *vt, vi* (…に)フェラチオ[クンニリングス]をする. ► *n* フェラチオ, クンニリングス. [F ＜?imit]
Ga·ma·li·el /gəméɪliəl, -ljəl/ **1** ガメイリエル《男子名》. **2** ガマリエル **(1)** ～ **I**《紀元 1 世紀初めのパレスティナのラビ; Paul 若年のころの師; ～ Elder ともいう; *Acts* 22: 3》 **(2)** ～ **II**《紀元 1–2 世紀のパレスティナのラビ; 1 世の孫; Sanhedrin 議長; Jabneh を中心としたユダヤ教徒の指導者》. [Heb＝the Lord is my reward]
Ga·mar·ra /gəmá:rə/ ガマラ **Augustín** ～ (1785–1841)《ペルーの軍人・政治家; 大統領 (1829–33, 39–41)》.
ga·may /gæméɪ, ―⌐/ *n* [ᵒG-] ガメー《**(1)** フランス Beaujolais 地方原産の黒ブドウの品種 **2)** それで造る軽い赤の辛口テーブルワイン》; ガメーボージョレ (＝**Gamáy-Beaujoláis**)《ガメーワインに似たフレーバーの California 産赤ワイン》. [*Gamay* フランス Burgundy 地方南部の村]
gamb, gambe /gǽm(b)/ *n* 《特に 紋章などの獣の》脚, すね, 脛.
gam·ba /gá:mbə, gǽm-; gǽm-/ 〘楽〙 *n* VIOLA DA GAMBA; 《オルガンの》ガンバ音栓 (＝～ **stòp**)《弦楽器の音を出す》.
gam·bade /gæmbéɪd, -bá:d/ *n* GAMBADO¹. [F (↓)]
gam·ba·do¹ /gæmbéɪdou/ *n* (*pl* ～**es**, ～**s**) 《馬などの》跳躍; はねまわり, ふざけ. [It (↓)]
gambado² *n* (*pl* ～**es**, ～**s**) 鞍に取り付けた長靴[ゲートル]; 長ゲートル. [It *gamba* leg＜L; ⇨ JAMB]
Gám·bel('s) quàil /gǽmbəl(z)-/ 〘鳥〙 ズアカカンムリウズラ《米国南西部産》. [William *Gambel* (1823–49) 米国の鳥類学者]
gam·be·son /gǽmbəs(ə)n/ *n* 鎧下(よろいした), ギャンベソン《中世に使われた布や革を重ねたキルト状の衣服で, もとは鎖かたびらの下に着用したが, のちには防護用衣服として外側に着用した》. [OF＜Gmc]
Gam·bet·ta /gæmbétə/ ガンベッタ **Léon** ～ (1838–82)《フランスの政治家; 普仏戦争 (1870–71) で祖国の防衛を指導; 第三共和政の確立に尽力; 首相 (1881–82)》.
Gam·bia /gǽmbiə/ **1** [ᵒThe] ガンビア《西アフリカの国; 1965 年英国から独立; 公式名 Republic of The ～ (ガンビア共和国); ☆Banjul》. **2** [the] ガンビア川《ギニア西部にある Fouta Djallon 山地に発し, 西流してセネガルを通り, ガンビアで大西洋に注ぐ》. ♦ **Gám·bi·an** *a, n*
gam·bi(e)r /gǽmbɪ̀ər/ *n* ガンビール, (ガンビール)阿仙(あせん)薬《マレー産アカネ科のつる植物ガンビールノキから得る収斂(しゅうれん)性のある物質 (catechu); betel nut とともにかんだり皮なめし・染料に使ったりする》. [Malay]
Gámbier Íslands *pl* [the] ガンビア[ガンビエ]諸島《南太平洋 Tuamotu 諸島南東方のフランス領 Polynesia に属する島群》.
gam·bit /gǽmbət/ *n* 〘チェス〙《pawn などを捨てゴマにする》開戦の手; 《行動・取引の》手始め; 《話の》いとぐち, 切出しのことば; 話題; 《優位に立つための》策略, 《先手をとる》作戦: an opening ～ 最初のひとこと[一手]. [C17 *gambett*＜It *gambetto* tripping up (*gamba* leg)]
gam·ble /gǽmb(ə)l/ *vi* 賭け事[賭博, ギャンブル]をする 〈*on, at* cards〉; 投機をする 〈*on* a rise in prices, *in* stocks〉; いちかばちかの冒険をやる, 賭する 〈*with* one's future, health〉. ► *vt* 〈金品・運命などを〉賭ける. ● ～ **away** 賭け事で失う: ～ *away* one's fortune 賭博で身代をつぶす. ～ **on**…にたよる, …をあてにする: You may ～ *on* it. それは確実だよ / ～ *on* fine weather 好天をあてにして実施する. ► *n* ばくち, 賭博, ギャンブル; 冒険, やま: go on the ～ 賭博をやる / take a ～ 賭ける 〈*on*〉. ♦ **gám·bler** *n* ばくち打ち, ギャンブラー; 相場師. [*gamel* (obs) to sport, *gamene* GAME¹]
gámblers' fàllacy 〘心〙 賭博者の錯誤《同じ事象が繰り返し起こると, 次は別の事象が起こりそうに感じられること》.
gámble·some *a* ばくち[ギャンブル]好きな.
gám·bling *n* 賭博, 賭けごと, ギャンブル; 投機.
gámbling hòuse [hàll, hèll, dèn] 賭博場.
gámbling tàble 賭博台.
gam·boge /gæmbóudʒ, -bú:ʒ/ *n* **1** ガンボージ, 藤黄(とうおう), 草雌黄(しおう)《オトギリソウ科フクギ属のガンボージ (～ **trèe**) から採る樹脂; 黄色えのぐ・緩下剤》. **2** 藤黄色 (＝～ **yéllow**). [NL＜CAMBODIA]
gam·bol /gǽmb(ə)l/ *n* 《特に 子ヤギ・子供の》はねまわり, ふざけ. ► *vi* (-**l**- | -**ll**-) はねまわる, ふざける. [F GAMBADE]
gam·brel /gǽmbr(ə)l/ *n* 《特に 馬の》飛節 (hock); 《肉屋で獣肉をつるす》馬脚状の鉄かぎ (＝～ **stìck**); 〘建〙 GAMBREL ROOF. [ONF (*gambe* leg)]
gámbrel ròof *腰折れ屋根《立てた将棋の駒形の二段傾斜の屋根》; ″入り母屋屋根.
Gam·bri·nus /gæmbráɪnəs/ ガンブリヌス《ビールを発明したという伝説上のフランドル王》.
gam·bu·sia /gæmb(j)ú:ʒ(i)ə/ *n* 〘魚〙 カダヤシ《カダヤシ科同属の卵胎生魚; ボウフラを大量に食うので蚊の天敵として中米から世界各地に移殖された, グッピーに似た魚》. [NL＜AmSp]
game¹ /géɪm/ *n* **1 a** 遊戯 (sport), 遊び, 楽しみ, 娯楽; おもしろいできごと; 遊び[ゲーム]の道具: What a ～! これはおもしろい! / toys and ～*s* おもちゃとゲーム類. **b** 冗談, 戯れ, おどけ (joke, fun) (opp. *earnest*): speak *in* ～ 冗談に言う. **2 a** 競技, 試合, 勝負《米では通例 baseball, football など -ball の付く各種スポーツの試合に用いる; cf. MATCH²》; 《テニス・トランプなどの》ワンゲーム: win two ～*s* in the first set 第 1 セットで 2 ゲーム勝つ / ～ all＝～ and ～ ゲーム 1 対 1 / have a ～ of play ひと勝負[試合]する / play a good [poor] ～ 勝負がじょうず[へた]だ / play a losing [winning] ～ 勝つ見込みのない[ある]勝負をする, 損[得]なことをする. **b** [*pl*] 《特に 古代ギリシア・ローマの》競技会, 競演会, 闘技会; [*pl*] ″《学校教科の》体育: OLYMPIC GAMES. **c** 〘ゲーム・トランプ〙 勝負に勝つのに必要な総点数; 〘トランプ〙《セブンアップなどで》最高点のプレーヤーに与えられるポイント; 競技の方法[戦術]; 競技の腕前[技]; 勝負の形勢; 勝ち目, 勝利; 得点, スコア (score): play a WAITING GAME / Five points is ～. 5 ゲームで勝ち / The ～ is 4 all. 得点各 4 点 / That's not the ～. それは正しいやり方でない / the English ～ 《サッカーなどでの》イギリス式の戦い方 / improve one's ～ 技を磨く / raise one's ～ 腕をあげる / have the ～ in one's hands 勝負の主導権を握る / How is the ～? 形勢はどうですか. **3** 計画, 方針, 意図, 心組み, もくろみ; [ᵒ*pl*] 計略, たくらみ (trick); 不正な工作: spoil the ～ せっかくの骨折りをむだにする / play a dangerous ～ あぶない芝居を打つ / play a deep ～ 深いたくらみをする / play (a) double ～ 表裏ある行動をとる[手段を弄する] / the ～ of war [politics] 戦略[政略] / None of your ～*s* (with me)! その手は食わんぞ / The same old ～! 相も変わらずの例の手だな / So that's your little ～! そうかそれがきみの魂胆なのか. **4 a** 猟鳥[猟獣]類, 猟鳥[猟獣]の肉; 追求[目的]物, 獲物 (prey); 《攻撃・嘲笑の》標的: winged ～ 猟鳥 / We shot twenty head of ～. 猟獣を 20 頭仕留めた / BIG GAME / FAIR GAME / forbidden ～ 捕ってはならない獲物; 手出ししてはならないもの. **b** 《白鳥などの》群れ: a ～ *of* swans 白鳥の群れ. **5** 《口》 **a** 競争, 駆引き, ゲーム; 職業, 仕事, 商売; [the] 《俗》 売春, 窃盗: the newspaper ～ 新聞商売 / get into the ～ 事業に参入する. **b** 専門, 得意な分野, 得手. **6** 《古》 勇気, 胆力.
● **ahead of the** ～ *《口》 優位に立って, 十分なことを達成して, 〈ある金額の〉もうけて, *《口》 早い[早く] (early), 前もって, 進んで (beforehand): get *ahead of the* ～ 成功[出世]する / He was $50 *ahead of the* ～. **at the top of one's** ～ 《口》 最高の力を発揮して, 絶好調で. **beat sb at his own** ～ (相手の得意の手で)逆にやっつける. **be new to the** ～ 競技[商売, 活動 など]に不慣れで, 新参で. **be on [off] one's** ～ 〈馬・競技者が〉調子がよい[悪い]. **fly at higher** ～ もっと大物をねらう. FORCE¹ **the** ～. ～ **and** /ənd/ 〘テニス〙 セット終了 (＝～ and set). ～, **set and match** 〘テニス〙 試合終了: *G～, set and match to* Nadal. (この試合は)ナダルの勝利. **a** ～ **that two can play** 同じようにして反撃しうるやり方 (cf. *Two can play at that* GAME). **give the** ～ **away** (うっかり)秘密を漏らす, 手の内を見せる. **have a** ～ **with**…の目をくらます, ごまかす; からかう. **(It's)** ～ **over (for…).** 《口》 (…は)もうだめだ[おしまいだ], どうにもならない. **keep…in the** ～ 〈チームなどを〉試合で大差をつけられないよう

保つ[粘る]. **make a ～** ゲームの組をつくる. **make (a) ～ of**…をばかにする, …をからかう. **no ～**〘野〙無効試合, ノーゲーム. **not in the ～** 成功の見込みがない. **on the ～**ᴵᴵ《俗》嘆かわしい職業に就いて,《特に》売春をして. **play** sb **at his own ～**=beat sb at his own GAME. **play (silly) ～s**〈人〉にふまじめな態度をとる,〈人を〉かどわかす〈*with* sb〉. **play** sb**'s ～=play the ～ of** sb (無意識に)人の利益になるようなことをする,《結果として》人の思う壺にはまる; play the same GAME. **play the ～** 規則を守って試合をする; 公明正大に行動する, りっぱにふるまう; 自他の関係の中で行動する. **play the same ～** 相手と同じ手を使って対抗する[出し抜こうとする]. **sb's little ～**《口》《ちょっとした》たくらみ, 計略 (trick). **The ～ is not worth the candle.** それは割に合わない. **The ～ is up.** たくらみはばれたぞ, 万事休すだ. **the only ～ in town***《口》唯一の選択肢. **Two can play at that ～.** その手で来るならこちらもその[同じ]手でいくぞ. **What's the [your] ～?**ᴵᴵ《口》何が起こっているんだろうか.
► *a* 狩猟[魚釣り]の; 猟鳥[猟獣]の; シャモ (gamecock) のような, 倒れるまで屈しない;〈…する〉元気がある (ready, willing)〈*for* sth, *to* do〉. ●**(as) ～ as Ned Kelly**《豪口》実に勇敢な. **die ～** 勇敢に戦って死ぬ; 最後まで戦う[がんばる].
► *vi* 勝負事[賭博]をする; テレビ[コンピューター]ゲームをやる. ► *vt*〈制度など〉悪用する;《古》勝負事[賭博]で失う〈*away*〉.
♦ **～·like** *a* [OE *gamen*; cf. OHG *gaman* amusement]

game² *a*《古風》傷ついた, 不具の〈腕・足など〉. [C18 (dial)<?]
gáme àct [ᵘ*pl*] 狩猟法.
gáme arcàde* ゲームセンター (amusement arcadeᴵᴵ).
gáme bàg《猟に持ち歩く》獲物袋.
gáme bàll ゲームボール《**1**)〘テニスなど〙もう 1 点で一方が勝ちになる時のサーブ **2**) チームの勝利に貢献した選手やコーチにチームのメンバーから贈られるボール》.
gáme bìrd《狩猟の対象となる》猟鳥;〘鳥〙キジ目の鳥《キジ, ライチョウ, ウズラ, ホロホロチョウなど》;〘バド〙GAME BALL.
gáme bòok 猟の記録ノート.
gáme-brèak·er* *n*〘アメフト〙勝敗を決定するプレー[プレーヤー], ゲームブレーカー.
gáme-chànger *n* 反撃[逆転]の手段[切り札]; トレンド[状況]を変える人[もの, 契機], 革新的技術.
gáme chìps *pl* 猟鳥獣の肉料理に添える丸くて薄いポテトチップス.
gáme·còck *n* 闘鶏, シャモ; 勇猛果敢な人.
game console ⇨ GAMES CONSOLE.
gáme contròller《テレビゲームなどの》コントローラー.
gáme fìsh 釣りの対象となる魚《特に かかった時に強い抵抗を示すもの; cf. FOOD FISH》; サケ科の魚《総称; サケ・マス・イワナなど》.
gáme fòwl 闘鶏; 狩猟鳥.
gáme·kèep·er *n* 猟場番人. ●**～ turned poacher** 猟場番転じて密猟者《権益を守る側から攻撃する側に立場を転じた[変節した]者のたとえ》. ♦ **-kèep·ing** *n*
gam·e·lan /gǽmәlæ̀n/ *n* ガムラン《**1**) インドネシアの主に打楽器による器楽合奏 **2**) それに用いるシロホンに似た楽器》. [Jav]
gáme làw [ᵘ*pl*] 狩猟法《鳥獣魚の資源保護のための諸規制》.
gáme lìcense 狩猟鑑札; 猟鳥獣販売免許.
Ga·me·lin /*F* gamlɛ̃/ ガムラン **Maurice(-Gustave)** ～ (1872–1958)《フランスの軍人; 第二次大戦開始時に連合軍総司令官になるが, 1940 年ドイツ軍に大敗, 責任を問われて投獄された》.
gáme·ly *adv* 闘鶏[シャモ]のように; 勇敢に, 果敢に.
gáme·ness *n* 勇気, 不屈.
gáme of chánce 運のゲーム《腕前より運がものを言うさいころゲームなど; cf. GAME OF SKILL》.
gáme of skíll 腕のゲーム《chess などのように実力がものを言う勝負事; cf. GAME OF CHANCE》.
gáme·pàd *n*《テレビゲームなどの》ゲームパッド, コントローラー.
gáme pàrk《アフリカなどの》動物保護区域.
gáme plàn《試合ごとの》作戦; [*fig*] 戦略, 作戦. ♦ **gáme-plàn** *vi* 作戦[戦略]を立てる.
gáme·plày *n* ゲームプレー《コンピューター[テレビ]ゲームのストーリー展開と操作方法》.
gáme·plày·ing *n* からかい半分の[人をまどわす]態度.
gáme pòint〘テニスなど〙ゲームポイント《1 ゲームの勝ちを決定するポイント》.
gáme presèrve [ᵒ*pl*] 猟鳥獣保護区域, 禁猟区.
gáme presèrver 猟鳥獣保護区域設置者.
gam·er /géɪmәr/ *n*〘スポ〙へこたれない選手, 勇猛果敢なプレーヤー; *《俗》ロールプレーイングゲームにはまっているやつ, ゲームおたく, ゲーマー.
gáme resèrve [ᵒ*pl*] GAME PRESERVE.
gáme ròom (テーブル)ゲーム用娯楽室.
gáme(s) cònsole ビデオ[テレビ]ゲーム機.
gáme shòw《テレビの》ゲームショー《ゲームやコンテストを軸にしたショー番組; 通例 参加者には得点により賞品が用意されている》.
gámes·man /-mәn/ *n* 駆引きにたけた人, 策士 (cf. SPORTSMAN); 試合[ゲーム]の参加者, 選手.
gámesman·shìp *n*《反則すれすれの, 心理作戦による》駆引き;《外交・恋愛などにおける》権謀術数, 手練手管.
gámes màsterᴵᴵ《学校の》体育教師, 体育主任. ♦ **gámes mìstress** *n fem*
gáme·some *a* 遊び好きな (playful), ふざけ好きの, はねまわる, 戯れる. ♦ **～·ly** *adv* **～·ness** *n*
gáme·ster *n* 賭け事師, ばくち打ち (gambler); 勇敢な競技者.
gámes thèory THEORY OF GAMES.
ga·met- /gәmí:t, gǽmәt/, **ga·me·to-** /-toʊ, -tә/ *comb form*〘生〙「配偶子」[Gk; ⇨ GAMETE]
gam·e·tan·gi·um /gæ̀mәtǽnʤiәm/ *n* (*pl* **-tan·gia** /-ʤiә/)〘植〙《藻類・菌類の》配偶子嚢. [NL (Gk *aggeion* vessel)]
gam·ete /gǽmì:t, gәmí:t/ *n*〘生〙配偶子, 生殖体《成熟した生殖細胞; 卵子や精子》. ♦ **ga·met·ic** /gәmέtɪk, -mí:-/ *a* **-i·cal·ly** *adv* [Gk=wife (*gamos* marriage)]
gámete intrafallópian tránsfer〘医〙生殖体卵管内移転, 配偶子卵管内移植(法), ギフト法《不妊症治療法の一つ; 親の精子と卵子がカテーテルで直接卵管に注入される; 略 GIFT》.
gáme tènant 狩猟[遊漁]権借受人.
gáme thèory THEORY OF GAMES. ♦ **gáme thèorist** *n*
gáme tìme*《口》事を行なうべき時, 仕事を始めるべき時, 潮時.
gamèto·cỳte *n*〘生〙配偶子母細胞, 生殖母細胞.
gamèto·génesis *n*〘生〙配偶子形成. ♦ **-génic** *a* **gam·e·tog·e·nous** /gæ̀mәtάʤәnәs/ *a* **gàm·e·tóg·e·ny** *n*
gaméto·phòre *n*〘植〙ガメトフォア《いわゆるコケの本体》. ♦ **ga·mèto·phór·ic** /-fɔ́(:)rɪk, -fάr-/ *a*
gaméto·phỳte *n*〘植〙配偶体《配偶子を生じる世代(の個体); cf. SPOROPHYTE》. ♦ **gamèto·phýtic** *a*
gáme wàrden 猟区管理者.
gáme-wìnner *n*〘スポ〙決勝点: score the ～.
gamey ⇨ GAMY.
gam·ic /gǽmɪk/ *a*〘生〙有性の (sexual) (opp. *agamic*).
-gam·ic /gǽmɪk/ *a comb form*「…の生殖器を有する」「…の受精様式を有する」: poly*gamic*. [⇨ -GAMY]
gam·in /gǽmәn/ *n* 浮浪児; いたずらっ子; おてんば娘 (gamine). [F]
ga·mine /gæmí:n, ━━/ *n*, *a* おてんば娘(のような), 魅力的ないたずら娘; 浮浪少女(のような). [F]
gam·ing /géɪmɪŋ/ *n* 賭博 (gambling); シミュレーションゲーム[ビデオゲーム]を行なうこと.
gáming hòuse 賭博場 (gambling house).
gáming tàble 賭博台.
gam·ma /gǽmә/ *n* **1 a** ガンマ《ギリシア語アルファベットの第 3 字; Γ, γ=G, g》; GAMMA MOTH. **b** 第 3 位(のもの); ᴵᴵ《評点で》第 3 級[等]; [G-]〘天〙ガンマ星, γ 星《星座中 明るさが第 3 位の星》. **2** (*pl* ～)〘理〙ガンマ《質量の単位: =MICROGRAM¹》;〘理〙ガンマ《磁束密度の単位: $=10^{-5}$ gauss》;〘写・テレビ〙ガンマ《感光物[画像]のコントラストの度を表わす量》;〘化〙ガンマ, γ (⇨ ALPHA);〘理〙ガンマ線量子. ●**～ plus [minus]**〈試験の成績など〉第 3 級[等]の上[下]. [Gk]
gámma ácid〘化〙ガンマ酸《アゾ染料の中間体》.
gámma-amìno·butýric ácid〘生化〙ガンマアミノ酪酸《神経伝達物質の一つ; 略 GABA》.
gámma-bùtyro·láctone *n*〘化〙ガンマブチロラクトン《有機溶媒; ガンマヒドロキシブチレート (GHB) の前駆体で, 脱法ドラッグとして使われる; 略 GBL》.
gámma càmera ガンマカメラ《体内に注入された放射性トレーサーを検波して分布を可視化するカメラ》.
gámma decày〘理〙ガンマ崩壊《原子核のガンマ線を放出する崩壊》.
gam·ma·di·on /gәméɪdiәn/ *n* (*pl* **-dia** /-diә/) ガンマの大文字を 4 個組み合わせた十字《卍(まんじ) (swastika) など》.
gámma distribùtion〘統〙ガンマ分布《ガンマ関数に従う》.
gámma fùnction〘数〙ガンマ関数《階乗の一般化; 記号 Γ》.
gámma glóbulin〘生化〙ガンマグロブリン《血漿中のグロブリンで電気泳動での移動度がおそいもの; はしか・肝炎などの病原体に対する抗体に富む》.
gámma hydròxy·bútyrate〘生化〙ガンマヒドロキシブチレート (GHB).
gámma interféron〘生化〙ガンマインターフェロン《T 細胞によって産生されるインターフェロン; 抗ウイルス作用のほかマクロファージ活性機能, 免疫抑制機能を有する; cf. ALPHA INTERFERON, BETA INTERFERON》.
gámma ìron〘冶〙ガンマ鉄, γ 鉄《910–1400°C で安定; cf. ALPHA [BETA] IRON》.
Gámma Knìfe〘商標〙ガンマナイフ《多数のコバルト線源をそのガンマ線が一点に集中するように配列した照射装置; 脳腫瘍などの治療に使われる》.
gámma mòth〘昆〙ガンマキンウワバ《欧州で野菜を荒らすヤガ; 前翅に Y[γ] 字の紋がある》.
gámma radiàtion〘理〙ガンマ放射線 (gamma rays); ガンマ線放射.
gámma rày [ᵘ*pl*]〘理〙ガンマ線, γ 線《高エネルギーの光子をも指す》.
gámma-rày astrónomy ガンマ線天文学.

gámma-ràу búrst 〖天〗ガンマ線バースト[爆発]《ガンマ線放射の急激な短期間の増大; 略 GRB》.
gámma-ràу láser GRASER.
gam·ma·rus /gǽmərəs/ *n* 〖動〗ガンマルス《ヨコエビ科 *G~* 属のエビの総称》. [変形<L *cammarus* sea crab]
gámma·sònde *n* 〖気〗ガンマゾンデ《大気上部のガンマ線放射の強度を測定するラジオゾンデ》.
gámma sùrgery 〖医〗ガンマ線外科(手術)《ガンマ線照射により癌細胞の破壊や, パーキンソン病の治療をする》.
gam·mat·i·on /gəmǽtiən/ *n* (*pl* **-ia** /-iə/) GAMMADION.
gam·mer /gǽmər/ *n* 《田舎の》ばあさん《今では通例 軽蔑・戯言; cf. GAFFER》. [*godmother*]
Gam·mex·ane /gǽmèksèɪn, ─⏤⏤/ 〖商標〗ガメクサン《リンデン (lindane) の商品名》.
gam·mon[1]‖ /gǽmən/ *n* たわごと, でたらめ; 瞞着, ごまかし. ► *int* ばかな! ► *vt* うまく欺く, ごまかす. ► *vi* しらばくれる; もっともらしく話す[ふるまう], ふりをする ‹*to* do›. ♦ **~·er** *n* [? *gammon*[3]]
gammon[2]‖ *n* ガモン《ベーコン用の豚の脇腹(下部の)肉》; 塩などで保蔵処理したハム. ► *vt* ‹豚肉を›保蔵処理する. [ONF (*gambe* leg; cf. JAMB)]
gammon[3] *n* 《古》BACKGAMMON; 《backgammon で》二倍勝ち, ギャモン《相手のコマが 1 つも上がらないうちに勝つこと》. ► *vt* 二倍勝ちで負かす. [?ME *gamen* GAME[1]]
gammon[4] 〖海〗*vt* ‹第一斜檣を›船首材に固定する. ► *n* GAMMONING. [? *gammon*[2]; ハムを縛める連想か]
gámmon·ing *n* 〖海〗船首第一斜檣繫索(けいさく)[繫鎖], ガモニング.
gam·my /gǽmi/ *a*‖《口》GAME[2]: a ~ leg 傷ついた[不具の]脚. [*game*[2] の方言形]
gamo- /gǽmou, -mə/ ⇨ GAM-.
gámo·deme /-dìːm/ *n* 〖生〗ガモデーム《他の個体群から配の上で区別される一群; ⇨ DEME》.
gàmo·génesis *n* 〖生〗有性[両性]生殖 (sexual reproduction). ♦ **-genétic** *a* **-i·cal·ly** *adv*
gam·one /gǽmòun/ *n* 〖生〗ガモン《配偶子から分泌されて受精や接合をひき起こす, ホルモンに似た物質》.
gam·ont /gǽmɑ̀nt/ *n* 〖動〗《配偶子母細胞期の原生動物の》有性親, ガモント.
gàmo·pétal·ous *a* 〖植〗合弁の (=*sympetalous*): a ~ flower [corolla] 合弁花[蕚] / a ~ calyx 合(片)蕚.
gàmo·phýllous *a* 〖植〗合生葉の.
gàmo·sépalous *a* 〖植〗合片蕚(がく)の.
-g·a·mous /⏤ gəməs/ *a comb form*「…結婚の」; -GAMIC: endo*gamous*, hetero*gamous*. [Gk *gamos* marriage]
gamp /gǽmp/ *n*‖《口》[*joc*] (でっかい)こうもりがさ. [Dickens の *Martin Chuzzlewit* の作中人物 Mrs. Sarah *Gamp* の傘]
gam·ut /gǽmət/ *n* **1** 〖楽〗ガンマウト《中世 6 声音階の最低音[基音]; 今日の大字ト音》; 〖楽〗(全)音階, (全)音域; 〖楽〗長音階. **2** 全領域, 全範囲, 全般: the whole ~ of crime ありとあらゆる犯罪. ● **run the ~ of** A [**from** A **to** B] A [A から B] の全域に及ぶ, A [A から B] のすべてを経験する[含む]. [L *gamma ut*]
gamy, gam·ey /géɪmi/ *a* (**gám·i·er**; **-i·est**) **1 a** ‹猟鳥獣の肉が›《腐りかけて》やや匂う《食通好みの》; 臭い, 匂う. **b***‹話などが›きわどい, わいせつがかった; いかがわしい, 恥ずべき, 腐敗した. **2** ‹動物が›元気のよい, へこたれない; 《まれ》猟獣[猟鳥]の多い. ♦ **gám·i·ly** *adv* 元気よく, 勇敢に. **-i·ness** *n* [*game*[1]]
-g·a·my /⏤gəmi/ *n comb form*「…結婚」「…繁殖」「再生」: biga*my*, exo*gamy*, allo*gamy*. [Gk *gamos* marriage, *-y*[1]]
Gan[1] /gáːn/ *n* 贛(かん)語《主に江西省で話される中国語方言群》.
Gan[2], **Kan** /gáːn/ [the] 贛江(かんこう)(カンチァン) (=**Gán Jiáng** /-ʤiáːŋ/)《中国江西省中部を北流し, 鄱陽(はよう) (Poyang) 湖に注ぐ川》.
gan[1] *v* GIN[3] の過去形.
gan[2] /gǽn/ *vi* (**-nn-**) 《イングランド北東部》GO[1].
Gana ⇨ GHANA.
ga·nache /gɑnáːʃ, gə-/ *n* ガナッシュ《チョコレートをベースに生クリーム・バター・牛乳などの液状物を混ぜ合わせたもの》. [F=jowl]
Gän·cä /gɑːnʤáː/, **Gyan·dzha** /gjɑːnʤáː/ ガンジャ, ギャンジャ《アゼルバイジャン西部の市; 旧称 Yelizavetpol, Kirovabad》.
Gance /*F* gɑ̃ːs/ ガンス **Abel** ~ (1889–1981)《フランスの映画監督》.
Gand ⇨ GHENT.
Gan·da /gǽndə, gáːn-/ *n* (*pl* **~, ~s**) ガンダ人《ウガンダに住む》; ガンダ語 (Luganda).
Gan·dak /gʌ́ndʌk/ [the] ガンダク川《ネパール, インド北部を流れて, Ganges 川に合流する》.
gan·der /gǽndər/ *n* **1** ガン[ガチョウ]の雄 (opp. *goose*); ばか者, まぬけ (simpleton). **2**《口》見ること (look), 一瞥(いちべつ) (glance)《ガチョウが首を伸ばして見る動作から》: take [have] a ~ at…をちょっと[ひと目]見る / ⇨ SAUCE《諺》. ► *vi*, *vt*《俗》(ひと目)見る. [OE *gan(d)ra*; cf. GANNET]
Gander ガンダー《カナダ Newfoundland 島東部の町; 国際空港の所在地》.
Gan·dha·ra /gʌ̀ndáːrə/ *n* ガンダーラ《現在のパキスタン北西部に相当する地方の古代名; ヘレニズム様式の仏教美術が隆盛》. ► *a* ガンダーラ(人[美術])の. ♦ **Gan·dhá·ran** *a*
Gan·dhi /gáːndi, gǽn-/ ガンディー (**1**) **In·dira** /ɪndíːrə, índərə/ (**Priyadarshini Nehru**) ~ (1917–84)《インドの政治家; Jawaharlal Nehru の娘; 首相 (1966–77, 80–84); シク教徒に暗殺された》(**2**) **Mohandas Karamchand** ~ (1869–1948)《インド建国の父; Mahatma (偉大な魂) と呼ばれる》(**3**) **Rajiv** ~ (1944–91)《インドの政治家; 母 Indira のあとをうけて首相 (1984–89; 母同様暗殺された)》. ♦ **~·an** *a*, *n* ガンディー主義(者)の; ガンディー主義者 (⇨ GANDHISM).
Gándhi càp ガンディーキャップ《インドの男性のかぶる白い帽子; 細い頂部に幅広のバンドが付く》.
Gan·dhi·na·gar /gʌ́ndənʌ̀gər, ⏤ ⏤ ⏤ ⏤/ ガンディナガル《インド西部 Gujarat 州の州都》.
Gan·dhism /gáːndìz(ə)m, gǽn-/, **Gándhi·ìsm** *n* ガンディー主義《passive resistance と civil disobedience を唱える; cf. SATYAGRAHA》.
G & T, g and t /ʤíː ən(d) tíː/ ジントニック (gin and tonic).
gán·dy dàncer /gǽndi-/《俗》鉄道保線工夫, 臨時作業班の工夫; 《俗》季節[渡り]労働者; 《俗》《巡業見世物などでの》珍奇なものを売る者. [C20<?; *Gandy* (Chicago の工具屋)からか]
gane /géɪn/ *v* 《スコ》GAE の過去分詞.
ga·nef, -nev, -nif, -nof /gáːnəf/ 《俗》*n* 泥棒, 詐欺師; 悪党, ごろつき; 同性愛の男, ホモ. ► *vt* 盗む, くすねる. [Yid<Heb=thief]
Ga·ne·lon /*F* ganlɔ̃/ ガヌロン《Charlemagne の十二勇士の一人; ねたみから Roncesvalles での Roland 襲撃を画策した裏切り者》.
Ga·ne·sha, -sa /gənéɪʃə/, **Ga·nesh** /gənéɪʃ/ 〖ヒンドゥー教〗ガネーシャ《Siva とその妃 Parvati の子; 長鼻・象面の知恵の神》.
gang[1] /gǽŋ/ *n* **1 a**《同じ作業に従事し, 同一の統率者の下にある労働者・奴隷・囚人などの》一団, 一隊; 《口》連中, グループ (: the office ~); *《子供の》遊び仲間; 《口》《一般に》仲間. **b**《ならず者などの》一団, 一味; 暴力団, ギャング (cf. GANGSTER); [[s]*joc*/*derog*]《反体制・反権威を標榜する》‹…人›組 ‹*of*›: GANG OF FOUR. **c**《水牛・オオシカなどの》群れ. **2**《同時に動く道具の》一組 (set) ‹*of* oars, saws, etc.›; ‖《方》道 (way). ► *vi*《口》一団[一隊]になる, 団体として行動する ‹*together*, *up*›, 仲間になる ‹*with*›; 《口》集団で襲う. ► *vt* **1** 組に編成する; *《口》集団で[寄ってたかって]襲う[いじめる] ‹*on*›. **2** ‹道具類を›組にそろえる; ‹機械[電気]部品などを›同時操作ができるように取り付ける. ● **~ up** (*to* do) 徒党を組んで[結託して](…)する. **~ up on** [**against**] sb《口》人に対抗して団結する, ぐるになってやっつける[反対する]. [ON *gangr*, *ganga* act of GOING; cf. OE, OS, OHG *gang*]
gang[2] *vi* 《スコ》行く (go, walk). ● **~ agley** ‹計画など›狂う, うまくいかない. **~ one's ain** GAIT[1]. [OE *gangan*; cf. ↑, GO]
gang[3] *n* ⇨ GANGUE.
Gan·ga /gʌ́ŋgə/ [the] ガンガー川《GANGES のサンスクリット・ヒンディー語名》.
Gánga jál /-ʤʌ́l/ ガンジス川の聖水《Siva 神の足下から流れ出るとされる》. [Hindi *Ganga* Ganges+*jal* water]
gáng bàng《卑》相乗り《女一人と男数人の性交》; 《卑》集団レイプ, 輪姦, まわし (gang rape); 《卑》乱交パーティー; *ギャングどうしの衝突[暴力ざた]. ♦ **gáng-bàng** *vt*, *vi*《卑》集団で強姦する, まわす; *《俗》《ストリートの》ギャングに所属する, ギャング活動をする; *《俗》ぐるになって襲う. **gáng-bàng·er** *n* [+]ギャング(の一員).
gáng·bòard 〖海〗*n*《船首楼と後甲板を結ぶ》狭い通路; GANGPLANK.
gáng·bùst·er 《口》*n* 暴力団を取り締まる人[警官]. ● **come on like ~s** にぎにぎしく[はなばなしく]始まる; 元気にやってくる[やっている]. **like ~s** バリバリと, 上首尾で, 景気よく. ► *a* GANGBUSTERS.
gáng·bùst·ers *pred a*《口》ピカ一の, とびきりの. ► *adv* 首尾よく, みごとに: go [do] ~ 大ヒットする, 大当たりをとる; 絶好調である.
gáng càsk 〖海〗小型水樽.
gáng cùltivator 〖農〗連動中耕機《同時に作動する数個の刃のついた中耕機》.
gáng·er‖ *n*《労働者の》親方, 組頭 (foreman).
Gan·ges /gǽnʤìːz/ [the] ガンジス川 (*Skt*, *Hindi* Ganga)《インド北部, ヒマラヤ山脈に発し東流してバングラデシュで Brahmaputra 川と合流し, 大デルタ (the **~ Délta**) を形成して Bengal 湾に注ぐ; ヒンドゥー教徒にとって聖なる川》. ♦ **Gan·get·ic** /gænʤétɪk/ *a*
Gánges dólphin 〖動〗SUSU[1].
Gánges shárk 〖魚〗ガンジスメジロザメ《東南アジア・インド産; 淡水にもすむ》.
Gangetic Plain ⇨ INDO-GANGETIC PLAIN.
gang·gang /gǽŋæ̀ŋ/ *n* 〖鳥〗アカサカオウム《豪州, Tasmania 産》. [(Austral)]
gáng hòok いかり針《2, 3 本をいかり形に合わせた釣針》.
gáng·lànd *n*, *a* 暗黒街(の), 犯罪者の世界(の).
gan·gle /gǽŋg(ə)l/ *vi*, *n* ぎこちなく動く(こと). [逆成<*gangling*]
gan·gli- /gǽŋglɪ/, **gan·gli·o-** /gǽŋgliou, -gliə/ *comb form*

「神経節」 [Gk; ⇨ GANGLION]

ganglia *n* GANGLION の複数形.

gan·gli·at·ed /gǽŋglièɪtəd/, **-gli·ate** /-glièɪt, -gliət/ *a* GANGLIONATED.

gángli·fòrm *a* 神経節状の.

gan·gling /gǽŋglɪŋ/ *a* ひょろ長い, ひょろひょろした〈若者・草〉. [(freq) < *gang*[2]]

gánglio·cỳte *n* 〘解〙 神経節細胞 (=*ganglion cell*).

gan·gli·oid /gǽŋgliɔ̀ɪd/ *a* 〘解〙 神経節[結節腫]様の.

gan·gli·on /gǽŋgliən/ *n* (*pl* **-glia** /-gliə/, **~s**) 〘解・動〙 神経節; 〘医〙 結節腫, ガングリオン; [*fig*] 錯綜したもの《配管など》; 《知的・産業的》活動の中心. [Gk]

gan·gli·on·at·ed /gǽŋgliənèɪtəd/, **-ate** /-nèɪt, -nət/ *a* 〘解〙 神経節のある: ~ cords 神経節索.

gánglion blòck 〘医〙 《神経》節遮断.

gánglion cèll GANGLIOCYTE.

gànglion·éctomy *n* 〘医〙 神経節摘出[切除](術).

gan·gli·on·ic /gæ̀ŋgliɑ́nɪk/ *a* 神経節の. ► *n* GANGLION BLOCK.

gan·glio·side /gǽŋgliəsàɪd/ *n* 〘生化〙 ガングリオシド《神経節に存在するスフィンゴ糖脂質》.

gan·glio·si·do·sis /gæ̀ŋgliousàɪdóusəs, -sə-/ *n* (*pl* **-ses** /-sì:z/) 〘医〙 ガングリオシド症《酵素の欠乏によるガングリオシドの組織内蓄積を特徴とする疾患》.

gan·gly /gǽŋgli/ *a* ひょろ長い (gangling, lanky).

gáng·màster[u] *n* ギャングマスター《臨時雇用の労働者を集めて働かせる元締》.

gáng mìll 《製材用》竪鋸(たてのこ)盤; 〘機〙 寄せフライス.

Gáng of Fóur [the] 《中国の》四人組《江青・王洪文・張春橋・姚文元》.

gáng·plànk *n* 〘海〙 道板(みちいた), 歩み板, タラップ (=*gang board*) 《船と埠頭 または はしけを連絡する板》; *《トラック運転手俗》 有料橋.

gáng·plòw *n* 複式すき, ガングプラウ.

gáng ràpe 集団レイプ, 輪姦 (gang bang). ♦ **gáng-ràpe** *vt*, *vi*

gang·rel /gǽŋ(g)rəl/ 《スコ・古・文》 *n* 乞食, 浮浪者; ひょろ長い人; 歩き始めの赤ん坊. [*gang*[2]]

gan·grene /gǽŋgrì:n, *ˊ—ˊ/ *n* 〘医〙 壊疽(えそ) 《壊死(えし)の一種》; 《道徳的》腐敗[堕落]の根源. ► *vt* …に壊疽を生じさせる. ► *vi* 壊疽になる. ♦ **gán·gre·nous** /-grənəs/ *a* [F < Gk=an eating sore]

gang·sa /gɑ́:ŋsə/ *n* ガンサ《青銅または真鍮の鍵をたたく Bali 島の楽器》. [Indonesian]

gáng sàw 《製材用》連成鋸(のこ), 竪鋸盤, ギャングソー.

gáng shàg [**shày**] 《卑》 GANG BANG.

gang·sta /gǽŋstə/ *n**《俗》 GANGSTER; ギャングスタラップ (=~ **ràp**) 《セックスや暴力などを歌ったラップ》; ギャングスタラッパー (=~ **ràpper**) 《ギャングスタラップ歌手》.

gáng·ster *n* ギャングの一員, 暴力団員 (cf. GANG[1]), 無法者, 悪漢; *《俗》 マリファナ(タバコ). ♦ **~·dom** *n* ギャングの世界. **~·ism** *n* ギャング行為. **~·ish** *a*

gáng-tàckle *vt*, *vi* 〘アメフト〙 2 人以上で(ボールキャリアーを)タックルする.

Gang·tok /gæ̀ŋtɑ́k, gʌ́ŋ-/ ガントク《インド Sikkim 州の州都》.

gangue, gang /gǽŋ/ *n* 〘鉱〙 脈石 (=*veinstone*) 《鉱脈・鉱石中の役に立たない岩石[鉱物]》. [F < G *Gang* lode; ⇨ GANG[1]]

gáng·ùp *n* 《口》 《対抗するための》団結.

gáng wàr [**wàrfare**] 暴力団同士の抗争[出入り].

gáng·wày *n* **1** 〘海〙 舷門《舷側の出入口》; 舷門板, 道板 (gangplank); 舷梯; 船内通路. **2**[u] 《劇場・飛行機などの》《座席間の》通路; 〘英下院〙 幹部議員席と平議員席間の通路: members above [below] the ~ 〘英下院〙 幹部[平]議員. **3** 〘鉱〙 主坑道; 《貯木池から製材所までの》斜面 (jack ladder); 通路; 《建築現場などの》渡り板, 歩み板. ► /, ˊ—ˊ/ *int* 道をあけてくれ, どいたどいた. ♦ **~ed** *a*

ganif ⇨ GANEF.

gan·is·ter, gan·nis- /gǽnəstər/ *n* ガニスター《緻密な珪質粘板岩; 耐火材として炉の内壁を張るのに用いる》.

gan·ja, -jah /gɑ́:ndʒə/ *n* ガンジャ《強力で上質のマリファナ; 喫煙用》, 《広く》マリファナ (marijuana). [Skt]

gank /gǽŋk/ *vi**《俗》 いちゃつく.

gan·na /gɑ́:nə/ *n* 《南ア》 塩分を含む土壌に育つアカザ科オカヒジキ属の草本《不純な炭酸ソーダを含み, かつてブール人は石鹸の代用品とした》. [? Khoisan]

gan·net /gǽnət/ *n* **1** (*pl* **~s**, ~) 〘鳥〙 **a** シロカツオドリ《北大西洋産》, オーストラリアシロカツオドリ《オーストラリア産》, ケープシロカツオドリ《南アフリカ産》. **b** ズグロコウ (wood ibis). **2**[u] 《口》 食いしん坊, 欲ばり. [OE *ganot*; GANDER と同語源]

gánnet·ry *n* 《通例 孤立岩塊上の》 カツオドリ (gannet) 繁殖地.

ganof ⇨ GANEF.

gan·oid /gǽnɔ̀ɪd/ 〘魚〙 *a* 硬鱗類の〈魚〉; 〈うろこが〉硬鱗質の. ► *n* 硬鱗魚類. [F (Gk *ganos* brightness)]

gan·o·in, -ine /gǽnouən/ *n* 〘魚〙 硬鱗質, ガノイン.

gan·sey /gǽnzi/ *n*[u] 《方》 セーター, ニットの上着 (jersey). [GUERNSEY]

Gan·su /gɑ́:nsú:/, **Kan-** /; kǽnsú:/ 甘粛(かんしゅく)(カンスー) 《中国中北部の省; ☆蘭州 (Lanzhou)》.

gant(e)·lope /gǽntlòup/ *n* 《古》 GAUNTLET[2].

gant·let[1] /gɔ́:ntlət, gǽnt-/ *n* 〘鉄道〙 搾線《トンネル・橋梁で複線の線路が互いに交差接近して単線のように運転する部分》; GAUNTLET[2]. ► *vt* 搾線にする: ~ tracks.

gant·let[2] /gɔ́:ntlət, *gɑ́:nt-/ *n* GAUNTLET[1].

gant·line /gǽntlàɪn, -lən/ *n* 〘海〙 《下檣(かしょう)の頂上の単滑車に通した》引上げ索 (=*girtline*).

gan·try /gǽntri/ *n* 《移動起重機などの》構台; 〘鉄道・道路〙 《数個の信号装置を支える》跨線信号台[橋]; 《ロケットの》移動式発射整備塔 (=~ **scáffold**); ガントリー 《CT スキャナーの X 線源を担持する回転枠, それを担持する固定枠》; 《木製四脚の》樽(たる)台; 《バーのカウンター奥の》逆さに並んだ分量器付きの酒瓶. [*gawn* GALLON＋TREE か; 一説に < OF *chantier*]

gántry cràne ガントリー起重機, ガントリークレーン.

Gántt chàrt /gǽnt-/ ガント図表, ガントチャート《仕事の予定や実績を時間との関係で表わす日程管理図表の一種》. [Henry Laurence *Gantt* (1861–1919) 米国の経営コンサルタント]

Gan·y·mede /gǽnɪmì:d/ **1** 〘ギ神〙 ガニュメーデース (=**Gan·y·me·des** /gæ̀nɪmí:dì:z/) 《Zeus のために酒の酌をしたトロイアの美少年》. **2 a** [[u]g-] 《口》 [*joc*] 給仕, 酌をする少年. **b** 《口》 若いホモ. **3** 〘天〙 ガニメデ《木星の第 3 衛星; cf. GALILEAN SATELLITES》.

gan·ze ma·cher /gɑ́:nsə mɑ́:kər/ *《俗》 《仕事に追われて》多忙な人物; 《俗》 大物, 重要人物, ヴィップ. [Yid=total busybody]

ganz·feld /*G* gántsfɛlt/ *n*, *a* 〘心〙 全体野(の) 《閾値以上の刺激が存在しているが, それが一様なため形の知覚が成立しない視野》. [G (*ganz* whole, *Feld* field)]

GAO °General Accounting Office ♦ Government Accountability Office.

gaol, gaoler, etc. ⇨ JAIL, JAILER, etc.

Gao Xing·jian /gáu ʃíŋdʒjén/ 高行健(こうこうけん)(カオシンチエン) (1940–) 《中国生まれのフランスの小説家・劇作家; ノーベル文学賞 (2000)》.

Gao·xiong /gáuʃióŋ/ 高雄(たかお)(カオシュン) (KAOHSIUNG).

gap /gǽp/ *n* **1** 裂け目, 割れ目; 間隙, 切れ目; とぎれ, 中断; 空所, 欠陥; [*fig*] 《意見などの》相違, 隔たり; 格差, 不均衡, ギャップ 〈*between*〉; 突破されやすい箇所; 《廃》 防御上の弱点: bridge the ~ 橋渡しをする / make a ~ 間隙を生じる / close a ~ 格差を埋める 〈*between*〉 / stop [fill, plug, supply] a ~ 間隙をふさぐ, 欠落を補う, 不足を満たす, 埋め合わせる / widen the ~ 差を広げる, 隔たりを拡大する / ~ in the market 《ビジネスチャンスをもたらす》市場の隙間, 食い込む[参入する]余地. **2** 峡谷, 山あい; 山道; 《俗》 《両乳房の》谷間; 《俗》 《陰部の》割れ目. **3** 〘空〙 《複葉機の》翼間隔, ギャップ; 〘電〙 《2 電極間[磁気回路]の》ギャップ, SPARK GAP; 〘植〙 維管束が中心柱から側方に分岐するときに生じる空隙. ● **stand in the ~** 身をもって防ぐ. ► *v* (**-pp-**) *vt* …に割れ目をつくる; …に刻み目をつける; 〈点火プラグ〉のギャップを調整する; 《北イングロ》 間引く. ► *vi* 離れる, 裂ける, あく; ぎざぎざになる; *《俗》 犯行現場に居合わす. ♦ **~·less** *a* **gápped** *a* [ON=chasm; GAPE と同語源]

Gap[1] /gɑ́:p/ ガプ《フランス南東部 Hautes-Alpes 県の県都; イタリア国境に近い》.

Gap[2] /gǽp/ 〘商標〙 ギャップ《米国のカジュアル衣料品会社 Gap 社 (~ Inc.) のブランド》.

gape /géɪp, *gǽp/ *vi* **1** 大口を開ける; ぽかんと口を開けて見とれる 〈*at*〉; あくびをする (yawn); 〈地面などが〉大きく裂ける; 大きく開く (=~ open). **2** 《古》 しきりに求めようとする, 渇望する 〈*after, for*〉; 《古》 しきりに…したがる 〈*to* do〉. ● **~ after** [**for**] …を欲しがる, 渇望する. ► *n* **1** 《ぽかりと開いた》裂け目; 割れ目; 〘動〙 開いた口[くちばし]の広さ, 口開(くちあき); [the ~s, 〈*sg*〉] 《主に 家禽の》開嘴虫(かいしちゅう)症 (cf. GAPEWORM). **2** あくび (yawn); ぽかんと口を開けて見とれること; [the ~s] [*joc*] あくびの発作; 《古》 渇望, 探求, 追求. ♦ **gáp·ing·ly** *adv* ぽかんとして, あきれて. [ON *gapa*; cf. G *gaffen*]

gap·er /géɪpər/ *n* ぽかんと見とれる人, あくびをする人; 唖然とさせるもの; 《口》 〘クリケット〙 楽に捕球できるボール; *《俗》 鏡 (mirror); 〘貝〙 エゾオオノガイ科・バカガイ科の数種の大型の貝《いくつかは食用》; 〘鳥〙 BROADBILL; 〘魚〙 COMBER[2].

gáper delày 《口》 野次馬遅延 (GAPER'S BLOCK).

gáper's blòck 《口》 野次馬渋滞《運転手が事故などを見ようとしてスピードを落とすために起こる交通渋滞》.

gápe·sèed[u] 《方》 *n* ぽかんと見とれさせるようなこと[もの, 人]; ぽかんと見とれる人. ● **seek** [**buy, sow**] **~** 口を開けてぽかんと見とれる.

gápe·wòrm *n* 〘動〙 開嘴虫(かいしちゅう) 《家禽の気管に寄生して開嘴虫症 (the gapes) の原因となる線虫》.

gap·ing /géɪpɪŋ/ *a* 大きく割れた, ぽっかりと口を開いた.

gáping hóle ぽっかりあいた穴, 大きく開いた傷口; 大きな '穴' [損失, 欠損, 欠陥] 〈*in*〉; 《価値などの》著しい低下 〈*in*〉: Trading him leaves a ~ *in* the team. 彼のトレードはチームにとって大きな痛手だ / a ~ *in* credibility 信用の大失墜.

gáp jùnction 〘生〙 細隙[ギャップ]結合, ギャップジャンクション《隣接細胞の形質膜どうしがごく近くに接し，そこに細胞外に通じる間隙部分と細胞間の連結部分からなる特殊構造をもつ結合)．◆ **gáp-jùnction·al** *a*

GAPO /gǽpoʊ/ 《俗》giant armpit odor ひどい腋臭(わきが)◆《俗》gorilla armpit odor ひどい体臭．

gap·o·sis /gæpóʊsəs/*《口》*n* 《ボタンやスナップを留めたとき衣服がはちきれてできる》隙間；間隙，ギャップ，欠陥．

gápped scàle 〘楽〙ギャップトスケール《実際には用いない不必要な音を除いた音階》．

gáp·per *n* GAP YEAR 中の学生．

gáp·ping *n* 〘文法〙空所化変形《動詞の反復を削除する変形規則》．

gáp·py *a* 隙間だらけの；欠陥のある；連絡のない；切れぎれの．

gáp-tòothed *a* 歯間に隙間のある，《特に》前歯の間がすいた．

gáp yèar ギャップイヤー《就業体験や旅行などのため大学進学前にとる 1 年間の休暇》．

gar[1] /gáːr/ *n* (*pl* ～, ～**s**) 〘魚〙**a** ガー（＝*garpike*)《北米淡水産ガーパイク科の長い吻(ふん)をもつ細長い硬骨魚》．**b** ダツ (needlefish)．**c** 《豪》サヨリ (halfbeak)．［OE *gār* spear］

gar[2] *int* GOD: By ～．

gar[3] *vt* (**-rr-**)《主にスコ》無理に…させる (compel)．［ON *gera* to prepare, make; cf. OE *gierwan* to prepare］

Gar /gáːr/, **Ka·erh** /káːɛ́ər/ ガル（噶爾）《中国チベット自治区西部の県》．

gar. garage. **GAR** 〘米〙°Grand Army of the Republic.

ga·rage /gəráːʒ, -dʒ; gǽrɑːʒ, -dʒ, -ɪdʒ/ *n* **1** 車庫，駐車場，ガレージ；《古》《飛行機の》格納庫．**2** 自動車修理場[工場]；ガソリンスタンド，自動車サービスステーション．**3** キッチンキャビネット《シャッター式扉の付いた小型台所用器機の収納棚》．**4** 〘楽〙**a** ガラージ（＝～ **mùsic**)《1980 年代後半に New York のクラブで発生した，ソウルの要素[ヴォーカル]を取り入れたハウスミュージック》．**b** GARAGE ROCK．**c** UK GARAGE．► *vt* 〈車を〉ガレージ[修理工場]に入れる．［F (*garer* to shelter)］

garáge bànd ガレージロックバンド《GARAGE ROCK を演奏するバンド》．

garáge·màn *n* 自動車修理工 (garagist[‖])．

garáge ròck ガレージロック《1960 年代半ばに米国で流行したロック音楽；簡単なコード進行・ひずんだギター音・張りあげる大声が特徴；ガレージで練習するアマチュアバンドが多かったことに由来する》．

garáge sàle* ガレージセール（＝*tag sale*)《自宅のガレージなどで開く中古家庭用品・不用品の安売り》．

ga·rá·ging /; ˌ-ˊ-ˌ-/ *n* 駐車；駐車設備[スペース]．

ga·rá·gist[‖] /; gǽrɑ̀ːʒɪst, -ɑ̀ːdʒ-, -ɪdʒ-/ *n* GARAGEMAN．

ga·ram ma·sa·la /gáːrəm mɑːsáːlə/ ガラムマサラ《カレー料理などに用いる混合香辛料》．［Hindi］

Gar·a·mond /gǽrəmɑ̀nd; *F* garamɔ̃/ **1** ガラモン **Claude** ～ (c. 1480–1561)《フランスの活字鋳造技術者》．**2**〘印〙ガラモンド《欧文活字の一書体：例 Garamond》．

Gar·a·mont /gǽrəmɑ̀nt; *F* garamɔ̃/ ガラモン **Claude** ～＝GARAMOND．

Ga·ránd (rífle) /gərǽnd(-), gǽrənd(-)/ ガランド式銃《M1 rifle の通称》．［John Cantius *Garand* (1888–1974) カナダ生まれの米国の開発者］

garb[1] /gáːrb/ *n* 《職業・時代・国柄に特有の》服装(様式)，衣裳；外観，身なり，装い；そぶり；《廃》やり方，ふるまい方．► *vt* 装わせる：be ～*ed in*…を身に着けている / ～ *oneself in* [*as*]…の[としての]装いをする．［F＝graceful outline＜It＜Gmc; ⇨ GEAR］

garb[2] *n* 〘紋〙小麦束．［AF＜Gmc (OHG *garba* sheaf)］

gar·bage /gáːrbɪdʒ/ *n* **1***生ごみ，厨芥(ちゅうかい)，残飯；まずい食い物；*《俗》《残り物を利用した》残飯料理[メニュー]；[‖]《古》《魚・肉の》あら；*《俗》食べ物，《料理の》添え物《パセリやカクテルのサクランボなど》．**2** ごみ，廃棄物；がらくた；くだらないもの，くず；くだらない話，だぼら；くずみたいなやから[やつら]；〘電算〙不要なデータ，ごみ：literary ～ くだらない読物 / ～ in, ～ out 〘電算〙ごみ入れごみ出し (⇨ GIGO)．► *vt* [次の成句で]：～ **down** 《俗》がつがつ食う，むさぼる．［AF *garbelage* removal of discarded matter＜?］

gárbage càn*《特に 台所の》ごみ入れ (dustbin[‖])；《俗》(おんぼろ)駆逐艦；《俗》《テレビの》マイクロ波中継装置．

gárbage collèction **1** ごみ収集．**2**〘電算〙ごみ集め，ガーベッジコレクション《主記憶内の不要になったデータを消去して，占めていた記憶領域を再び利用できるようにすること》．

gárbage collèctor *ごみ収集人 (dustman[‖], refuse collector[‖])；〘電算〙ガーベッジコレクター《不要なデータを自動的に削除するプログラム》．

gárbage dispòsal [dispòser] 生ごみ処理機，ディスポーザー《流しの排水口に取り付けて，料理くずなどをモーターで粉砕して下水へ流す》．

gárbage fèes *pl* *《俗》法外な手数料．

gárbage frèak*《俗》どんな薬(やく)でもかまわない常用者．

gárbage fùrniture*《俗》《再利用できる》路上廃棄家具 (street furniture)．

gárbage hàbit*《俗》麻薬をごちゃまぜにして使うこと．

gárbage hèad*《俗》いろいろな麻薬を混ぜて使うやつ，GARBAGE FREAK．

gárbage·màn* *n* ごみ収集人．

gárbage mìtt 《カナダ俗》《綿入りの》鹿皮手袋《しばしば冬期にごみ収集人が使うことから》．

gárbage mòuth*《俗》いつもわいせつな[ばちあたりな]ことばを口にする者，きたない口をきくやつ．

gar·bage·ol·o·gy /gɑ̀ːrbɪdʒɑ́lədʒi/ *n* GARBOLOGY．

gárbage trùck [wàgon]* ごみ運搬[収集]車 (dust cart[‖])．

gar·ban·zo /gɑːrbǽnzoʊ/ *n* (*pl* ～**s**) 〘植〙ヒヨコマメ (chick-pea)（＝～ **bèan**)．［Sp］

gar·ble /gáːrb(ə)l/ *vt* **1** 〈事実を〉曲げる，〈記事〉に勝手に手を入れる；《知らずに》誤り伝える；〈引用文などを〉うっかり混同する，ごっちゃにする．**2** 〈香辛料など〉から不純物をふるい分ける；《古》いちばんいいところを採る，えり分ける．► *n* **1** 歪曲，誤伝，混同．**2** ふるい分け；《香辛料などから》ふるい分けた不純物[ごみ]．◆ ～**·able** *a* **-bler** *n* ［It＜Arab＝to sift］

gár·bled *a* 錯綜した，混乱した，意味不明の；〈E メールなどが〉文字化けした；聴き取りにくい．

gar·bo /gáːrboʊ/ 《豪口》*n* (*pl* ～**s**) ごみ収集人；生ごみ．

Garbo ガルボ **Greta** ～ (1905–90)《スウェーデン生まれの米国の映画女優；本名 Greta Gustafsson；若くして引退し，人目を避けて暮らした》．● **do a** ～ 人目を避ける．◆ **～·ésque** *a*

gár·board (stráke [plánk]) /gáːrbɔ̀ːrd(-)/ 〘海〙竜骨翼板，ガーボード．［Du *gaarboord*］

gar·boil /gáːrbɔ̀ɪl/ *n* 《古》混乱，騒ぎ (confusion)．

gar·bol·o·gist /gɑːrbɑ́lədʒɪst/ *n* ごみ収集人；ごみ学者．

gar·bol·o·gy /gɑːrbɑ́lədʒi/ *n* 厨芥研究，ごみ学《特に ごみとして廃棄されるものの分析による現代文化研究》．［*garbage*, *-logy*］

Gar·cía Gu·tiér·rez /gɑːrsíːə gutjérəs/ ガルシア・グティエレス **Antonio** ～ (1813–84)《スペインの劇作家；処女作 *El Trovador* (吟遊詩人, 1836) は Verdi のオペラ *Il Trovatore* (イル・トロヴァトーレ，初演 1853) の原作》．

García Íñi·guez /-ˊ- íːnjɪgèɪs/ ガルシア・イニゲス **Calixto** ～ (1839–98)《キューバの革命家》．

García Lor·ca /-ˊ- lɔ́ːrkə/ ガルシア・ロルカ **Federico** ～ (1898–1936)《スペインの詩人・劇作家；詩集『ジプシーのロマンセ集』(1928)，悲劇『血の婚礼』(1933) など》．

García Már·quez /-ˊ- máːrkèɪs/ ガルシア・マルケス **Gabriel** ～ (1927–2014)《コロンビアの小説家；『百年の孤独』(1967)；ノーベル文学賞 (1982)》

García Mo·re·no /-ˊ- məréɪnoʊ/ ガルシア・モレノ **Gabriel** ～ (1821–75)《エクアドルの政治家；大統領 (1861–65, 69–75)；カトリック擁護の立場から独裁を行なった》．

Gar·ci·la·so de la Ve·ga /gɑ̀ːrsɪláːsoʊ dèɪ lə véɪgə/ ガルシラソ・デ・ラ・ベガ (1539–1616)《ペルーの歴史家；通称 'El Inca'》．

gar·çon /gɑːrsɔ́ː; gáːsən, -sɔŋ; *F* garsɔ̃/ *n* (*pl* ～**s** /-(z); *F* —/)《ホテルなどの》給仕，ボーイ (waiter)；召使；少年．

gar·çon d'hon·neur /*F* garsɔ̃ dɔnœːr/ (*pl* **garçons d'hon-** /*F* —/) 花婿の介添役．

gar·çon·nière /*F* garsɔnjɛːr/ *n* 独身男子用アパート．

Gard /*F* gaːr/ ガール《フランス南部 Languedoc-Roussillon 地域圏の県；☆Nîmes》．

gar·da /gáːrdə/ *n* (*pl* **-dai** /gáːrdìː/) (アイルランド共和国)警官[護衛]，[the G-] (アイルランド共和国)警察．［Ir］

Gar·da /gáːrdə/ [Lake] ガルダ湖《イタリア北部 Lombardy, Veneto 両州の境にある同国最大の湖；Mincio 川を経て Po 川へ排水する》．

gardant ⇨ GUARDANT．

Gar·da Síoch·ána /gáːrdə ʃiəxáːnə/ 〘アイル〙国家警察隊．★ 長官は Commissioner．以下の階級は Deputy Commissioner, Assistant Commissioner, Chief Superintendent, Superintendent, Inspector, Sergeant, Garda (複数 Gardai) となる．

garde du corps /*F* gard dy kɔːr/ 王室親衛隊．

gar·de-man·ger /*F* gard(ə)mɑ̃ʒe/ *n* (*pl* ～**s** /-(z); *F* —/) 冷製食品の調理が専門のコック．

gar·den /gáːrdn/ *n* **1 a** 庭，庭園，園 (cf. ROCK [ROOF etc.] GARDEN, YARD)；花畑，花園 (flower garden)；《窓台などに置く》花箱，植木箱：There is no ～ without weeds. 《諺》雑草のない庭はない / Everything in the ～ is lovely [rosy]. 《諺》すべてが満足，万事順調．**b** 果樹園；菜園，畑 (kitchen garden) (cf. MARKET GARDEN)．**2** [°*pl*] (植物[動物])公園 (park)；屋外飲食施設《beer garden など》；《競技・ショーなどが行なわれる》大ホール：MADISON SQUARE GARDEN．**3** [*pl*] [‖]…街，…広場；[the]《野球俗》外野．**4** 地味の肥えた農耕地帯．**5** [the G-] エピクロスの園《ギリシアの Epicurus たちの学問所》，エピクロス学派．● **lead** sb **up the** ～ ＝lead sb up the GARDEN PATH．► *a* 庭園(用)の，園芸用の (cf. HORTICULTURAL)；庭に生息する[やって来る]；露地栽培の[された]；耐寒性の (hardy)；ありふれた (common)：COMMON or ～．► *vi* 庭を造る；園芸をする．► *vt* 庭園にする，…に庭園をつける．◆ **～·fùl** *n* 庭いっぱい 〈*of*〉．［ONF (OF *jardin*)＜Romanic＜Gmc; cf. YARD[2]］

gárden apártment* 庭園アパートメント《広い芝生・庭園付きのアパート》.
gárden bàlm 〘植〙セイヨウヤマハッカ (lemon balm).
gárden bàlsam 〘植〙ホウセンカ (=*balsam, busy Lizzie*).
gárden cènter 園芸用品店, 園芸店, 種苗店.
gárden chàir 庭園用の椅子, ガーデンチェア.
gárden cíty 田園都市《緑地や菜園をもち, 都会と田園の長所を兼ねそなえるように計画された都市》.
gárden crèss 〘植〙コショウソウ《香気と辛味のあるサラダ用野菜; アブラナ科》.
gárden ègg «西アフリカ» ナスの実 (eggplant).
gárden·er *n* 植木屋, 庭師, 園丁; 園芸(愛好)家; 野菜栽培者 (cf. MARKET GARDENER); «野球俗» 外野手; «俗» 飛行機に麻薬を持ち込む運び屋; 〘鳥〙 GARDENER BIRD: Who's the ~? 庭師はどなたですか《庭の手入れをほめることば》.
gárdener bìrd 〘鳥〙ニワシドリ《New Guinea 産; 小枝の '小屋' とその周囲にコケの '庭' を作る》.
gárden·er's-delíght *n* 〘植〙スイセンノウ (mullein pink).
gárden·er's-gárters *n* (*pl* ~) 〘植〙リボングラス (ribbon grass).
gàrden·ésque *a* 庭の, 庭園の, 庭園風の; 花園のような.
gárden flát‖ GARDEN APARTMENT.
gárden fràme 促成栽培用温床, フレーム (cold frame).
gárden gnòme 《庭に置く》ノームの像.
Gárden Gróve ガーデングローヴ《California 州南西部 Los Angeles の南西にある市》.
gárden héliotrope 〘植〙 **a** セイヨウカノコソウ (=*setwall, valerian*)《オミナエシ科; 欧州・台湾原産》. **b** キダチルリソウ, ヘリオトロープ (⇨ HELIOTROPE).
gar·de·nia /gɑːrdíːnjə/ *n* 〘植〙クチナシ《アカネ科クチナシ属 (*G-*) の植物の総称. [Alexander *Garden* (c. 1730–91) スコットランドの博物学者]
gárden·ing *n* 庭造り, 造園(術); 園芸, 庭仕事, 庭いじり, ガーデニング; 〘登山〙いい足場づくりに植生を切り払うこと.
Gárden of Éden [the] エデンの園 (⇨ EDEN[1]).
Gárden of Éngland [the] イングランドの菜園《Kent 州, 旧 Worcestershire など地味の肥えた地方》.
Gárden of the Góds [the] 神々の園《Colorado Springs 市付近の赤白の奇岩の多い砂岩地帯》.
gárden pàrty 園遊会.
gárden pàth 庭園の通路. ● **lead** sb **up** [**down**] **the** ~ «口» だます, 欺く, じらす, 惑わす.
gárden péa 〘植〙エンドウ; エンドウ豆.
gárden plànt 園芸植物, 栽培植物.
gárden plòt 庭園地; 菜園(地).
gárden pòppy 〘植〙ケシ, 《特に》OPIUM POPPY.
gárden ròcket 〘植〙キバナスズシロ (arugula).
gárden ròller 庭園用ローラー.
gárden sàge 〘植〙ヤクヨウサルビア, セージ (sage).
gárden sèat 庭園ベンチ.
gárden shéd 庭の物置小屋.
gárden snàil 《しばしば庭の植物に害を与える》カタツムリ《ヒメリンゴマイマイなど》.
gárden spìder 〘動〙コガネグモ《コガネグモ科のクモの総称: ニワオニグモ・ジョロウグモなど》.
Gárden Stàte [the] 庭園州《New Jersey 州の俗称》.
gárden stùff 野菜類, 青果物.
gárden súburb 田園郊外住宅地.
gárden thỳme 〘植〙タチジャコウソウ, タイム (thyme).
gárden trúck* GARDEN STUFF, 《特に》市場向け野菜.
gárden-variety* *a* 《庭で育つような》普通の種類の; ありふれた, 普通の.
gárden víllage GARDEN SUBURB.
gárden vìolet 〘植〙ニオイスミレ (sweet violet).
gárden wàrbler 〘鳥〙ニワムシクイ《欧州産》.
gárden whìte 〘昆〙モンシロチョウ.
garde·robe /gáːrdròʊb/ *n* たんす[衣裳部屋](の中の衣類); 寝室, 私室; 便所. [OF; cf. WARDROBE]
Gar·dēz, -deyz /gərdéɪz/ ギャルデーズ《アフガニスタン東部の町》.
gar·dez la foi /*F* garde la fwa/ 誓いを守れ.
Gar·di·ner /gáːrdnər/ ガーディナー (1) **Samuel Rawson** ~ (1829–1902)《英国の歴史家; *History of the Great Civil War, 1642–49* (1886–91)》 (2) **Stephen** ~ (c. 1482–1555)《イングランドの聖職者; Mary 1 世のもとで大法官となり (1553), 旧教政策を支持・促進した》.
Gard·ner /gáːrdnər/ ガードナー (1) **Alexander** ~ (1821–82)《米国の写真家; 南北戦争, 19 世紀後半の西部の記録を残した》 (2) **Ava** ~ (1922–90)《米国の映画女優》 (3) **E(rle) S(tanley)** ~ (1889–1970)《米国の推理作家; ⇨ PERRY MASON》 (4) **Wayne Michael** ~ (1959–)《オーストラリアのオートバイレーサー》.
gar·dy·loo /gàːrdilúː/ *int* そら水が行くぞ!《昔 Edinburgh で階上の窓から水[汚水]を捨てた時の叫び》. [? F *garde à l'eau!* look out for the water!]
gare·fowl /géərfàʊl/ *n* 〘鳥〙オオウミガラス (great auk). [Icel]
Gar·eth /gérəθ/ **1** ガレス《男子名; ウェールズに多い》. **2** 〘アーサー王伝説〙ガレス《Arthur 王の甥で円卓の騎士の一人》. [OF *Gahariet*]
Gar·field /gáːrfiːld/ **1** ガーフィールド **James A(bram)** ~ (1831–81)《米国第 20 代大統領 (1881); 就任後 4 か月で暗殺された; 共和党》. **2** ガーフィールド《米国の漫画家 Jim Davis (1945–) の新聞漫画 *Garfield* の主人公の虎猫》.
gár·fìsh *n* GAR[1]. [OE *gār* spear+*fisc* fish からか]
Gar·fun·kel /gáːrfʌ̀ŋk(ə)l, ‖ー ー ー/ ガーファンクル **'Art'** ~ [**Arthur** ~] (1941–)《米国の歌手・俳優; Paul Simon とデュエットチーム Simon & Garfunkel をつくって活動, 人気を博した》.
gar·ga·ney /gáːrgəni/ *n* 〘鳥〙シマアジ《マガモ属》. [It]
Gar·gan·tua /gɑːrgǽnʧuə/ ガルガンチュア《Rabelais, *Gargantua* 中に出る鯨飲馬食する巨人; cf. PANTAGRUEL》. ♦ **gar·gán·tu·an** *a* [°G-] ガルガンチュアのような, 巨大な, とてつもない.
gar·get /gáːrgət/ *n* **1** 〘獣医〙《牛・羊の》乳房(にゅうぼう)炎 (=*mastitis*); «古»《牛・豚・家禽の》咽喉腫瘍. **2** 〘植〙アメリカヤマゴボウ (pokeweed) (=~ **plànt** [**ròot**]). ♦ **gár·gety** *a* 乳房炎の[にかかった]; 《乳が》ねばねばした, 固まった. [C16=throat<OF]
gar·gle /gáːrg(ə)l/ *vi* うがいをする; 《うがいのような》ガラガラ声を出す; *«俗» ラジエーターの水を抜いて内部を洗う. ► *vt* 〈液体〉でうがいをする; 〈のど・口腔を〉うがいで清める; ガラガラ声で言う; «俗» 〈ビールなどを〉飲む. ► *n* うがい薬[剤], 含嗽(がんそう)剤; うがい, うがいの(ような)音, グル音(おん); «俗»《ビールなどの》一杯. [F (GARGOYLE)]
gárgle-fàctory *n**«俗» 酒場.
gár·gler *n* うがいをする人; «俗» 酔っぱらい, 飲み助.
gar·goyle /gáːrgɔ̀ɪl/ *n* 〘建〙ガーゴイル《ゴシック建築で怪物の形に作られた屋根の水落とし口》; 怪物像, 怪獣像; 醜い顔をした人, 鬼瓦. ♦ **~d** *a* **gár·gòyl·ish** *a* ガーゴイルに似た, グロテスクな. [OF=throat]
gár·gòyl·ìsm *n* ガーゴイリスム (MUCOPOLYSACCHARIDOSIS, HURLER'S SYNDROME).
ga·ri /gáːri/ *n* ガリ《甘酢に漬けた薄切りのショウガ》. [Jpn]
ga·ri·al /géəriəl, gǽriəl/ *n* GAVIAL.
ga·rib /gáːrɪb/ *a* «インド» 収入の低い, 金のない, 貧しい. [Hindi]
Gar·i·bal·di /gærəbɔ́ːldi/ **1** ガリバルディ **Giuseppe** ~ (1807–82)《イタリアの愛国者; '赤シャツ隊' (redshirts) を率いて, 両シチリア王国を征服し国家統一の実現に貢献した》. **2** [g-] **a** ガリバルディブラウス《19 世紀半ばの婦人・子供のまっ赤なゆるい長袖の胴衣》. **b**‖干しブドウ入り薄焼きビスケット (=~ **bìscuit**). **c***〘魚〙ガリバルディ《California 産の赤橙色のスズメダイ科の食用魚》. ♦ **~·an** *a, n*
Ga·ri·fu·na /gæ̀rifúːnə/ *n* **a** (*pl* ~, ~**s**) ガリフナ (=*Black Carib*)《黒人とカリブ人を祖先とし, 今日は主としてホンジュラス・グアテマラのカリブ海沿岸に住む住民》. **b** ガリフナ語.
Ga·ri·glia·no /gæ̀riljáːnoʊ/ [the] ガリリャーノ川《イタリア中部 Latium 州を南流し, ティレニア海の Gaeta 湾に注ぐ》.
ga·rigue, gar·rigue /gəríːg/ *n* ガリグ《地中海地方のやせた土地にみられる低い開けた低木地帯》. [F<OProv (*garric* kermes oak)]
gar·ish /géərɪʃ/ *a* ぎらぎら光る, けばけばしい, 派手な, ごてごて[無粋に]飾りたてた. ♦ **~·ly** *adv* **~·ness** *n* [*gaure* (obs) to stare]
gar·land /gáːrlənd/ *n* 《頭・首などにつける》花輪, 花冠, 花綱(はなづな), つる草飾り, ガーランド; 花輪模様; 栄冠, 栄誉; 〘海〙索輪; (詩文)選集, 詞華集: gain [carry away, win] the ~ 勝利の栄冠を得る. ► *vt* ...に花冠をいただかせる, 花輪で飾る; 〈花を〉花冠に編む; ...の花冠となる. [OF<?Gmc]
Garland **1** ガーランド《男子名》. **2** ガーランド (1) **(Hannibal) Hamlin** ~ (1860–1940)《米国の小説家; *Main-Travelled Roads* (1891)》 (2) **Judy** ~ (1922–69)《米国の映画女優; Liza Minnelli の母; *The Wizard of Oz* (オズの魔法使, 1939)》. **3** ガーランド《Texas 州北東部 Dallas の北東郊外にある市》. [OF=crowned for victory (↑)]
gar·lic /gáːrlɪk/ *n* 〘植〙ニンニク; 《広義で》ネギ. [OE *gārleac* (*gar* spear, LEEK)]
gárlic brèad ガーリックパン[ブレッド].
gárlic-bùrn·er *n**«オートバイ乗り俗» イタリア製オートバイ.
gárlic chíve ニラ (=*Chinese chive*).
gár·licked *a* ニンニク入りの, ニンニクで香り[味]をつけた.
gár·licky *a* ニンニクの(ような), ニンニク臭い.
gárlic mùstard 〘植〙アリアリア (=*hedge garlic*)《木立ややぶに生えるニンニク臭のある野草》.
gárlic pòwder ガーリックパウダー《調味料》.
gárlic prèss ガーリックプレス《ニンニクしぼり器》.
gárlic sált ガーリックソルト《ニンニクの粉末入りの食塩》.
gárlic sàusage ガーリックソーセージ.
Garm /gáːrm/ **1** 〘北欧神話〙ガルム《Niflheim の Hel の番犬》. **2** ガーム《Tolkien, *Farmer Giles of Ham* (1949) の中の弱虫な犬》.
gar·ment /gáːrmənt/ *n* 《一点の》衣服, [*pl*] 衣類, 衣料品; 外被,

外観. ► vt [ᵁpp]《詩》〈人の身を〉装う, 着せる. [OF; ⇨ GARNISH]
gárment bàg ガーメントバッグ《衣服持ち運び用折りたたみバッグ》.
Gárment Cènter [Dìstrict] [the] ガーメントセンター[ディストリクト]《New York 市 Manhattan にある婦人用衣服製造・卸売りの中心》.
gárment dìstrict 《都市の》衣料品問屋街.
gar·men·to /gɑːrméntou/ *n* (*pl* **~s**)*《俗》ファッション業界の人[関係者].
Gar·misch-Par·ten·kir·chen /G gármɪʃpártnkírçn/ ガルミッシュ-パルテンキルヘン《ドイツ南西部 Bavaria 州 Munich の南西, アルプスのふもとにある市; ウインタースポーツの中心地で, 1936 年冬季オリンピックが開催された》.
Gar·mr /gáːrmər/ 〔北欧神話〕ガルム (GARM).
garms /gáːrmz/ *n* ᴴ《口》服 (garments).
garn /gáːrn/ *int* ᴴ《口》《人のことばを茶化して》へー, それで, よせやい, ばか言ってら. [Cockney *go on*]
gar·na·cha /gɑːrnáːtʃə; -nǽtʃə/ *n* ガルナッチャ《**1**) スペインに産するブドウの種 **2**) それから造られる赤またはロゼワイン》.
gar·ner /gáːrnər/《文》*vt* たくわえる, 蓄積する 〈*in, up*〉; 努力して入手する, 獲得する; 集める. ► *vi* たまる. ► *n* 穀倉 (granary), 穀物(計量)容器; たくわえ, 蓄積物. [OF<L; ⇨ GRANARY]
Garner ガーナー (**1**) **Erroll** (**Louis**) ~ (1921–77)《米国のジャズピアニスト・作曲家; 'Misty'》 (**2**) **Hugh** ~ (1913–79)《英国生まれのカナダの小説家; *Cabbagetown* (1950, 68)》 (**3**) **John Nance** ~ (1868–1967)《米国の政治家; 副大統領 (1933–41); ニックネームは Cactus Jack》.
gar·net[1] /gáːrnət/ *n* 〔鉱〕ざくろ石,〔宝石〕ガーネット《1 月の BIRTHSTONE》; ガーネット色, 深紅色. [OF<L; cf. (POME)GRANATE; ザクロの実に似ていることから]
garnet[2] *n* 〔海〕ガーネット《2 個の一輪滑車からなるテークル》. [?MDu *garnaat*]
Garnet ガーネット《男子名》. ●(**All**) **Sir ~**《俗》申し分のない, けっこうな. [Sir *Garnet* WOLSELEY]
gar·net·if·er·ous /gàːrnətíf(ə)rəs/ *a* ざくろ石を含んだ[産出する].
gárnet pàper ガーネットペーパー《片面にざくろ石の砕片をつけた研磨紙》.
Gar·nett /gáːrnət/ ガーネット **Constance** ~ (1862–1946)《英国のロシア文学翻訳家》.
gar·ni /gɑːrníː/ *a* 〔料理〕付け合わせを添えた. [F=garnished]
Gar·nier /gɑːrnjéɪ/ ガルニエ (**1**) **Charles** ~ (1825–98)《フランスの建築家; Beaux-Arts 様式の建築家で, Paris のオペラ座を設計》 (**2**) **Francis** ~ (1839–73)《フランスの海軍将校・植民地行政官・探検家; Mekong 川流域, 南から雲南を探検 (**3**) **Tony** ~ (1869–1948)《Charles の子, 建築家; 近代的都市計画の先駆者》.
gar·ni·er·ite /gáːrniəràɪt/ *n* 〔鉱〕珪ニッケル鉱. [Jules *Garnier* (?1839–1904) フランスの地質学者]
gar·nish /gáːrnɪʃ/ *n* **1** 装飾物, 飾り物; 《料理の》つま, 付け合わせ, ソース; 文飾, 修飾, あや. **2**《俗》《新入り囚人や労働者などが仲間・上役から要求される》心付け. ► *vt* **1** 装飾する, …のみばをよくする; 〈料理〉につまを添える 〈*with* parsley〉. **2**〔法〕GARNISHEE; 《俗》〈新入り〉に心付けを強要する; 《廃》〔法〕係争中の訴訟に加わるよう法廷へ呼び出す. [OF *garnir*<Gmc=to guard]
gar·nish·ee /gàːrnəʃíː/〔法〕*vt* 通告する; 〈債権を〉差押命令によって差し押える; …に差し押えを通告する. ► *n* 《債権差し押えによって支払い差止めを受けた》第三債務者.
garnishée òrder 〔法〕《第三債務者に対する》債権差押命令, 弁済禁止命令.
gárnish·ment *n* GARNISH;〔法〕《広く》通告; 《第三者への》出廷命令, 召喚通告; 債権差押通告.
gar·ni·ture /gáːrnɪtʃər, *-nətʃʊ̀r/ *n* 装飾品, 飾り; 《料理の》つま; ᴴ衣裳 (costume); 《装飾用の》調度品一式《花瓶・壺・時計など》. [F; ⇨ GARNISH]
Ga·ronne /gərán, -róʊn/ [the] ガロンヌ川《フランス南西部を流れる川; Pyrenees 山脈に発し, 北西に流れて Dordogne 川と合流し, Gironde 三角江を経て大西洋に注ぐ》.
ga·rote /gərát, *-róʊt, *gǽrət/ *n, vt* GARROTE.
garotte ⇨ GARROTE.
Ga·roua /gærúːə/ ガルア《カメルーン北部の Benue 川に臨む港町》.
garp /gáːrp/ *vi**《俗》〈本・著作が〉一大出世作となる. [John Irving の出世作 *The World According to Garp* (1978) から]
gár·pìke *n* 〔魚〕ガーパイク (GAR[1]).
gar·ret[1] /gǽrət/ *n* **1**《むさくるしい》最上階の部屋, 屋根裏(部屋) (attic): from cellar to ~=from ~ to kitchen 家中くまなく. **2**《俗》《人間の》頭 (head): have one's ~ unfurnished 頭がからっぽだ. ♦ **~·ed** *a* [OF=watchtower (*garir*<Gmc=to defend)]
garret[2] *vt* GALLET.
Garret ギャレット (Garrett)《男子名》.
gar·re·teer /gæ̀rətíər/ *n*《古》屋根裏部屋の住人, 《特に》三文文士, 貧乏作家.
Gar·rett /gǽrət/ **1** ギャレット《男子名; Gerald, Gerard の異形》. **2** ギャレット (**1**) **Pat**(**rick Floyd**) ~ (1850–1908)《アメリカ西部の保安官; Billy the Kid を射殺 (1881) した》 (**2**) **Peter** (**Robert**) ~ (1953–)《オーストラリアのロックシンガー・政治運動家》. [OE=powerful with spear (spear+firm)]
gárret wìndow 《屋根と同じ傾斜の》天窓.
gar·ri /gáːri, gǽri/ *n*《西アフリカ》ガリー (cassava)《キャッサバの粉》. [(WAfr)]
Gar·rick /gǽrɪk/ ギャリック **David** ~ (1717–79)《英国の俳優・劇作家; Drury Lane 劇場の共同支配人; Shakespeare 悲劇の革新的な演技・演出を行なった》.
Gárrick Clùb [the] ギャリッククラブ《London の有名人 特に演劇・法曹関係者の高級クラブ; 1831 年創立》. [↑]
gar·ri·son /gǽrəs(ə)n/ *n* 守備隊, 駐屯兵[軍]; 要塞, 駐屯地: ~ artillery 要塞砲兵. ●**in ~** 守備について. ► *vt* 〈都市・要塞などに〉守備隊を置く[として屯留する]; 〈軍隊・兵を〉駐留させる; 〈軍隊が〉占拠する. [OF (*garir*; ⇨ GARRET[1])]
Garrison ギャリソン **William Lloyd** ~ (1805–79)《米国の奴隷制反対運動の指導者》.
gárrison càp 〔米軍〕《まびさしがなく折りたためる》略帽 (cf. SERVICE CAP).
Gárrison fínish*《競馬などで, ゴール寸前の》追い込み勝ち, 逆転勝ち. ['Snapper' *Garrison* (1868–1930) 米国の騎手]
gárrison house*《インディアンの攻撃に備えた》砦(とりで)風の家; 二階が張り出した銃眼付きの木造要塞 (blockhouse); 《植民地時代の》二階が前面に突き出た家.
gárrison stàte 軍事国家, 軍国《軍人・軍事政策で支配された全体主義的国家》.
gárrison tòwn 守備隊駐屯の町.
gar·ron /gǽrən, gəróːn/ *n*《スコ・アイル》小柄で丈夫な馬 (Highland pony). [IrGael=gelding]
gar·rot /gǽrət/ *n* 〔鳥〕ホオジロガモ (goldeneye). [F]
gar·rote, -rotte, ga·rotte /gərát, *-róʊt/ *n* 《スペイン起源の》絞首刑具; 絞首刑; 首絞め; 絞殺強盗《人の背後から縄などで首を絞める》, 強盗の絞殺具. ► *vt* 絞首刑に処する; 〈人〉の首を絞めて金品を強奪する. ♦ **gar·rót·(t)er** /, *gǽrətər/ *n* [F or Sp (*garrote* a cudgel<?)]
gar·ru·li·ty /gərúːləti, gæ-/ *n* おしゃべり, 饒舌, 語漏.
gar·ru·lous /gǽr(j)ələs/ *a* おしゃべりの, 饒舌な, 口数の多い, 多弁な; 冗長な; 〈鳥が〉騒々しくさえずる; 〈小川が〉ざわめく. ♦ **~·ly** *adv* **~·ness** *n* GARRULITY. [L (*garrio* to chatter)]
gar·rya /gǽriə/ *n* 〔植〕ガリア科 *G*~ 属の常緑低木《尾状花をつけ雌雄異株; 米国西部からパナマにかけて分布》. [↓]
gár·ry óak /gǽri-/ 〔植〕OREGON OAK. [Nicholas *Garry* (1782?–1856) Hudson's Bay Co. の役員]
gar·ry·ow·en /gæ̀rióʊən/ *n* 〔ラグビー〕ボールを進めるための高いキック, ハイパント (up-and-under). [*Garryowen* この戦法で知られるアイルランド Limerick のチーム]
Gar·shin /gáːrʃən/ ガルシン **Vsevolod Mikhaylovich** ~ (1855–88)《ロシアの作家;『赤い花』(1883)》.
gar·ter /gáːrtər/ *n* **1** 靴下留め, ガーター《(**1**) 弾性のある輪になったもの **2**) *吊りひも式のもの ((sock) suspendersᴴ)》; 《ワイシャツの袖を押える》ゴムバンド. **2 a** [the G-] ガーター勲位[勲爵士団] (ORDER OF THE GARTER). **b** [the G-] ガーター勲章《ガーターおよび首飾り・星章・外套などからなり, ガーターは左脚に付ける》. **c** ガーター勲爵士. **d** [G-] GARTER KING OF ARMS. ●WIN[1] **the barbwire ~.** ► *vt* 靴下留めで留める, 〈脚を〉ガーターで締める; 〈人を〉ガーター勲位に叙する. ♦ **~ed** *a* **~·less** *a* [OF (*garet* bend of knee<?Celt; cf. Welsh *gar* shank)]
gárter bèlt* ガーターベルト《婦人用》.
Gárter Kíng of Árms [the]〔英〕ガーター紋章官《紋章院 (Heralds' College) の長官でガーター勲爵士団の首席事務官》.
gárter snàke 〔動〕ガーターヘビ《同属の無毒のヘビの総称; 北米・中米産; ナミヘビ科》; アリノスヘビ《同属の有毒ヘビの総称; コブラ科; アフリカ産》.
gárter stítch 〔編物〕ガーター編み《平編みの表目と裏目を交互に配置》.
garth[1] /gáːrθ/ *n* 歩廊 (cloister) に囲まれた中庭, 回廊中庭; 《魚を捕るための》やな, 堰(せき), ダム; 《古・方》中庭, 庭. [ON; cf. YARD[2]]
garth[2] *n*《北イング》子供の遊び用の輪《自転車のリムなど》. [*girth*]
Garth ガース《男子名》. [ON=protector of GARTH[1]; ?<*Gareth*]
ga·ru·da /gǽrədə/ 〔インド神話〕ガルダ《一部人間の姿で描かれる大鳥, Vishnu の乗物; インドネシアの国章》. [Skt]
gar·vey /gáːrvi/ *n* ガーヴィー《New Jersey 沿岸の, カキ・貝類漁業に用いる平底の無甲板船》.
Garvey ガーヴィー **Marcus** (**Moziah**) ~ (1887–1940)《ジャマイカ出身の黒人運動指導者; 黒人を分離し, アフリカに黒人自治国家を建設することを主張》. ♦ **~·ism** *n* **~·ite** *n* [OE=?spear bearer]
Gary /géəri/ **1** ゲーリー《男子名》. **2** ゲーリー **Elbert H**(**enry**) ~

G

(1846–1927)《米国の法律家・実業家; United States Steel 社を組織, 会長をつとめた》. **3** ゲーリー《Indiana 州北西部 Michigan 湖岸にある市; United States Steel 社の工場を中心とする鉄鋼の町として知られた; Elbert H. Gary の名にちなむ》. [? GARVEY; (dim)? < *Gareth*]

gas[1] /gǽs/ *n* (*pl* ~·es, *gás·ses) **1** 気体 (cf. SOLID, LIQUID), 《空気以外の》気体, ガス; (石炭[天然])ガス (coal [natural] gas) 《温熱用・照明用》; 〔軍〕毒ガス (poison gas); 〔炭鉱〕坑内[爆発]ガス; *《胃腸内の》ガス(による不快感), おなら; 笑気, 亜酸化窒素ガス《麻酔用》; 気球用ガス: turn down the ~ ガスの炎を細くする / pass ~ おならをする. **2** «口» むだ話, だぼら, おしゃべり. **3** «口» 愉快な[すてきな]人[こと, もの]: be a real ~ すごくおもしろい. ● **(all) ~ and gaiters** «口» たわごと, 大げさな言動. **All [Everything] is ~ and gaiters.** «口» 万事申し分なし. COOKING **with ~.** **take ~** *«俗» 《サーフィンで》ボードのコントロールを失う, バランスを失って水中に落ちる. **turn on the ~** ‖«俗» 気炎を上げる. **turn out [off] the ~** ‖«俗» ほらをやめる. ► *v* (**-ss-**) *vt* **1 a** ガスで処理する[焼く]; [ᵘ*pass*] 毒ガスで攻撃[殺害]する; 〈けばを除くために糸などを〉ガス枠に通す. **b** 〈部屋などにガスを供給する; 〈気嚢〉にガスを満たす. **2** «俗» **a** 大ぼらで〈人を〉煙にまく[だます]. **b** おもしろがらせる, 喜ばせる, ぞくぞくさせる; «俗» 〈聴衆など〉にうけない, 不評である. ► *vi* **1 a** 〈蓄電池などが〉ガスを出す. **b** 毒ガスで攻撃をする. **2** «口» ばか話をする, だぼらを吹く; *«俗» 楽しむ, 愉快に過ごす. ● **~ up** «俗» もっとおもしろいものにする. [Du; ベルギーの化学者 J. B. Van Helmont (1579–1644) が Gk CHAOS をうつしたもの]

G

gas[2]* *n* ガソリン, ガス; 《車の》アクセル(ペダル); 精力, 活力, 力; «俗» 変性アルコール, 安酒: get ~ ガソリンを入れる. ● **full of ~** ガソリンが満タンで; 元気いっぱいで, 活力に満ちて. **out of ~** ガス欠で; くたびれて, ぽんこつで. **step [tread, etc.] on the ~** «口» 《自動車の》アクセルを踏む, スピードを出す[上げる], 急ぐ (hurry up). ► *vt, vi* (**-ss-**) 〈車など〉にガソリンを入れる, 給油する 〈*up*〉; «俗» 大いに飲む, 酔っぱらう 〈*up*〉. [*gasoline*]

GAS °general adaptation syndrome.

gás attàck 毒ガス攻撃.

gás bacìllus 〔菌〕ガス壊疽(えそ)菌 (cf. GAS GANGRENE).

gás·bàg *n* 《気球・飛行船の》ガス嚢; 飛行船, 軽気球; «口» [*derog*] ほら吹き (boaster), おしゃべり. ► *vi* «口» あくことなくしゃべる, しゃべりたてる.

gás bàr «カナダ» ガソリンスタンド.

gás bàrrel 《本管から建物にガスを引く錬鉄製の》ガス管.

gás blàck ガスブラック (CHANNEL BLACK).

gás blàdder 《魚の》うきぶくろ.

gás bòmb 毒ガス弾, ガス爆弾.

gás bràcket 《壁の》ガス灯受け.

gás bùoy ガス灯浮標《圧縮ガスを燃料とする》.

gás bùrner ガスの火口, ガスバーナー; ガスストーブ[レンジ].

gás càp ガスキャップ《自動車・バイクのガソリン注入口のキャップ》.

gás càrbon ガスカーボン《石炭ガス製造の副産物の炭素で電極に用いる》.

gás chàmber 《処刑・屠殺用の》ガス室.

gás chròmatograph 〔化〕ガスクロマトグラフ《GAS CHROMATOGRAPHY で使用する装置》.

gás chromatógraphy 〔化〕ガス[気相]クロマトグラフィー. ♦ **gás chromatográphic** *a*

gás còal ガス用炭 (cf. COAL GAS).

Gascogne ⇨ GASCONY.

Gas·coigne /gǽskɔ̀ɪn/ ギャスコイン **George ~** (c. 1539–77) 《イングランドの詩人》.

gás còke ガスコークス《通称 コークス》.

Gas·con /gǽskən/ *n* **1 a** ガスコーニュ (Gascony) 人. **b** ガスコーニュ語《フランス南西部で用いられる言語; 通例 プロヴァンス語 (Provençal) の方言として分類される》 **2** [g-] «まれ» 自慢家, ほら吹き. ► *a* ガスコーニュ(人)の; [g-] ほら吹きの.

gas·con·ade /gæ̀skənéɪd/ *n* 自慢話, ほら. ► *vi* 自慢する, 大ぼらを吹く. ♦ **gàs·con·ád·er** *n*

gás cònstant 〔理・化〕《理想気体の》気体定数 (=universal ~).

Gas·cony /gǽskəni/ ガスコーニュ (F **Gas·cogne** /*F* gaskɔɲ/) 《フランス南西部の地方・旧州; ☆Auch》.

gás còoker‖ ガスレンジ (gas range*).

gás-còoled *a* ガス冷却の.

gás-còoled reáctor 〔原子力〕ガス冷却炉 (cf. AGR).

Gas·coyne /gǽskɔ̀ɪn/ [the] ギャスコイン川《オーストラリア Western Australia 州西部を西流してインド洋に注ぐ; 平時は水がない》.

gás cùtting 《金属の》ガス接断[溶断].

gás-dischárge tùbe 〔電子工〕ガス放電管.

gás dynámic láser 〔光〕ガスダイナミックレーザー《放電によらず気体の燃焼・膨張によってできる不安定状態を利用して光を増幅する》.

gás dynámics *n* 気体力学. ♦ **-dynámic** *a* **-dynámicist** *n*

gas·e·i·ty /gæsíːəti/ *n* GASEOUSNESS.

gas·elier /gæ̀səlíər/ *n* GASOLIER.

gás èngine 《LPG などの》ガスエンジン, ガス機関.

gas·e·ous /gǽsiəs, gǽʃəs, géɪ-/ *a* **1** 気体の, ガス(体)の, ガス状の: ~ matter 気体. **2** «口» 〈情報などが〉中身のない, あてにならない. ♦ **~·ness** *n* ガス状, ガス質, 気体.

gáseous diffúsion 気体拡散法《気体を多孔質の隔膜を通すことによって行なう同位体分離法》.

gás equàtion 〔理〕GAS LAW.

gás exchànge ガス交換《酸素と二酸化炭素など, 生物体と環境間の気体の交換》.

gás fìeld 天然ガス発生地, ガス田.

gás-fìlled *a* 〈特に 電球が〉アルゴンガスのはいった.

gás fìre ガス火; ガスストーブ.

gás-fìred *a* ガス火の: a ~ boiler ガスボイラー.

gás fireplace ガス暖炉.

gás fitter ガス取付け人, ガス工事人.

gás fitting ガス取付け, ガス工事; [*pl*] ガス配管.

gás fìxture 《壁・天井などの》ガス灯装置, ガス栓.

gás fùrnace ガス炉.

gás gàngrene 〔医〕ガス壊疽(えそ).

gás gìant 〔天〕巨大ガス惑星《大部分がガス状の物質からなる巨大な惑星である木星・土星・天王星・海王星のこと》.

gás-gùzzler* *n* ガソリンを食う大型車, 高燃費車. ♦ **gás-gùzzling** *a*

gash[1] /gǽʃ/ *n* 深傷(ふかで); 深い裂け目; *«俗» 口 (mouth); «卑» われめ, 《セックスの対象としてみた》女, セックス. ► *vt* …の表面に割れ目[裂傷]をつくる. ► *vi* 裂け目ができる. [ME *garse*<OF (*garcer* to scratch, wound)]

gash[2] «俗» *a* 余分の (spare), 手にはいる (available); ものの役に立たない, こわれた. ► *n* 余分の食物, 残飯; ‖«口» ごみ; おまけ, ボーナス. [C20<?; もと海俗]

gash[3] *a* «主にスコ» 利口そうな; 〈服装が〉きちんとした. [C18<?; *sagacious* のなまりか]

gásh bùcket «俗» 小便用バケツ.

gás hèlmet 〔軍〕GAS MASK.

Ga·sher·brum /gʌ́ʃərbrùːm, -brʌ̀m/ ガシャーブルム《Kashmir 北部, Karakoram 山脈の K² の南東にある 6 峰からなる山群; 第 1 峰 8068 m, 第 2 峰 8035 m》.

gás hòg* «口» ガソリンを食う車; *«軍俗» 《配給の》ガソリンをムダにするやつ.

gás·hòld·er *n* ガスタンク (gasometer).

gás hòund* «俗» 変性アルコール常飲者.

gás·hòuse *n* GASWORKS; *«俗» ビヤホール, ビヤガーデン.

gas·ifì·able *a* ガス化しうる, 気化できる.

gas·ifi·ca·tion /gæ̀səfəkéɪʃ(ə)n/ *n* ガス化(法); ガス発生.

gas·iform /gǽsəfɔ̀ːrm/ *a* ガス体の, 気体の.

gas·ify /gǽsəfàɪ/ *vt, vi* ガス化する, 気化する. ♦ **-ifì·er** *n*

gás jàr 集気瓶.

gás jèt ガス灯の炎; GAS BURNER.

gás jòckey* «口» ガソリンスタンド従業員.

Gas·kell /gǽsk(ə)l/ ギャスケル **Elizabeth Cleghorn ~** (1810–65) 《英国の小説家; 旧姓 Stevenson; *Mary Barton* (1848), *Cranford* (1853)》.

gas·ket /gǽskət/ *n* 〔機〕ガスケット, 《一般に》詰め物, パッキング (packing); 〔海〕括帆索(かつぱんさく), ガスケット. ● **blow a ~** 〈車・機械などが〉ガスケットを飛ばす, 蒸気[ガス]もれを起こす; «俗» 激怒する, むかっ腹を立てる. ♦ **~·ed** *a* ガスケットを施した. [? *gassit* (obs)<F *garcette* little girl, thin rope]

gas·kin[1] /gǽskən/ *n* 《馬などの》脛(すね)《後脚のひざ関節から上半部》; [~s] «廃» HOSE, BREECHES. [? galli*gaskins*]

gaskin[2] *n* GASKET.

gás làmp ガス灯.

gás làser 〔理〕ガスレーザー《ネオン・ヘリウム・二酸化炭素・窒素などの混合ガスを励起させてレーザー光を得る装置》.

gás làw 〔理〕(理想)気体の法則, 気体律 (=*ideal-gas law*) 《ボイル-シャルルの法則》.

gás·lìght *n* ガス灯の明かり; ガス(灯)の炎; ガス灯 (=*gas lamp*). ► *a* ガス灯時代の.

gás lìghter ガス用の点火具[器]; 《タバコ用の》ガスライター.

gáslight pàper 〔写〕ガスライト紙《密着焼付印画紙》.

gás-lìquid chromatógraphy 〔化〕気液クロマトグラフィー. ♦ **gás-lìquid chromatográphic** *a*

gás·lìt *a* ガス灯で照明された; ガス灯時代の.

gás lòg 《丸太を模した暖炉用》ガス炎管.

gás màin 《地下の》ガス(輸送)本管, ガス主管.

gás·màn *n* ガス業者; ガス料集金人, ガス使用量検査員; ガス工事人 (gas fitter); *《炭坑の》ガス(爆発)警戒係員; «俗» 宣伝係, 広報屋.

gás màntle 《ガス灯の点火口にかぶせる》ガスマントル, 白熱套(とう).

gás màrk 《ガスレンジなどの》温度目盛り.

gás màser 〔理〕気体メーザー.

gás màsk 防毒面, ガスマスク; 《一般に》呼吸器用保護マスク (respirator).
gás mèter ガス量計, ガスメーター.
gás mòtor GAS ENGINE.
gas·o·gene /gǽsəʤìːn/, **gaz·o-** /gǽzə-/ *n* 《木炭車などの》燃料ガス(発生装置); 携帯用炭酸(ソーダ)水製造器.
gas·o·hol /gǽsəhɔ̀(ː)l, -hɑ̀l/ *n* ガソホール《ガソリンとエチルアルコールの混合燃料; アルコール 10%, ガソリン 90% のものなど》. [*gas*oline＋alco*hol*]
gás òil 〘石油〙ガス油, 軽油.
gas·olier /gæ̀səlíər/ *n* ガス灯のシャンデリア, 花ガス灯.
gas·o·line, -lene* /gǽsəlìːn, ⏤⏤⏤/ *n* ガソリン, 揮発油 (petrol"). ♦ **gàs·o·lín·ic** /-líː-, -lín-/ *a* [*gas*[1], *-ol*, *-ine*[2], *-ene*]
gásoline-eléctric *a* ガソリン機関で発電した電力により駆動される, ガソリン電気(駆動)の, 複合エンジンの.
gásoline èngine [mòtor]* ガソリンエンジン[機関].
gásoline stàtion* ガソリンスタンド (gas station).
gas·om·e·ter /gæsɑ́mətər/ *n* ガス計量器, ガスメーター; 《特にガス会社の》ガスタンク (gasholder); 〘化〙ガス定量器. [F *gazomètre* (GAS[1], *-meter*)]
gas·om·e·try /gæsɑ́mətri/ *n* ガス計量(法); 〘化〙ガス定量. ♦ **gas·o·met·ric** /gæ̀səmétrɪk/ *a*
gás-òperated *a* 銃身内の火薬ガスによって安全装置がはずれ自動装塡される, ガス圧式の〈銃〉.
gás òven ガスレンジ; ガス室 (gas chamber).
gasp /gǽsp; gɑ́ːsp/ *n* あえぎ, 息切れ; 《恐怖・驚きなどで》息が止まること; あえぎながら言うことば: breath one's ～ 息を引き取る; 〈組織などが〉終焉を迎える, 消滅する. ★ ⇨ LAST GASP. ► *vi* あえぐ, ゼイゼイ[必死になって]息をする 〈*for* air [breath]〉; 《驚きなどで》息が詰まる, 息をのむ 〈〈*with* [*in*] surprise〉 *at* the news〉; 渇望する 〈*for, after*〉; [進行形で] "《口》のどがからからである: I'm ～*ing for* a drink! ► *vt* あえぎながら言う 〈*away, forth, out*〉. ● **～ out [away] one's life**＝**～ one's last** 息を引き取る. [ON *geispa* to yawn; cf. *geip* idle talk]
Gas·par /gǽspər/ **1** ギャスパー《男子名》. **2** 《キリストを礼拝に来た三博士の一人とされる》CASPAR. [⇨ JASPER]
gás-pàss·er *n**《俗》[*joc*] 麻酔士.
gás pèdal*《自動車の》アクセルペダル.
Gas·pé Peninsula /gæspéɪ ⏤, ⏤⏤-/ [the] ガスペ半島《カナダ Quebec 州南東部の半島; 先端に **Cap de Gaspé** /kɑ́ːpdə ⏤/ (ガスペ岬) がある》. ♦ **Gas·pe·sian** /gæspíːʒən/ *a*
gásp·er *n* あえぐ人; "《俗》(安物の)タバコ.
gas·per·eau /gǽspəròʊ/ *n* (*pl* ～**s, -eaux** /-z/) 《カナダ》〘魚〙ALEWIFE[2]. [CanF]
gas·per·gou /gǽspərgùː/ *n* (*pl* ～**s,** ～) 〘魚〙淡水ドラム (FRESHWATER DRUM). [LaF *cas-burgot*]
gás-pèrmeable léns 〘眼〙酸素透過性コンタクトレンズ.
gás pìpe ガス管; 《口》《できの悪い》銃.
gás plànt 1 〘植〙ヨウシュハクセン (FRAXINELLA). **2** ガス工場 (gasworks).
gás plìers [〈*sg/pl*〉] 《鉛管などをつかむ》ガスプライヤー.
gás pòker 《細長い管の先に種火をもつ》ガス点火器具.
gás pùmp*《ガソリンスタンドの》給油機.
gás rànge* ガスレンジ《料理用》.
gás rìng ガスこんろ; "《ガスレンジの》円形バーナー.
gás-rìpened *a* 〈野菜など〉エチレンガスで熟度促進処理を施した.
gassed /gǽst/ *a* 毒ガスにやられた; [°～ up] 《俗》酔っぱらった; 《俗》笑いころげた, 大うけした.
Gas·sen·di /gəséndi; *F* gasɛ̃di/ ガッサンディ **Pierre** ～ (1592–1655) 《フランスの哲学者・科学者; Aristotle 哲学に反対して Epicurus の原子論を復活させ, キリスト教との調和をはかった》.
gás·ser *n* 天然ガス井(せい); 《俗》おしゃべり屋, 大ぼら吹き; 《俗》とびきりすばらしい[おもしろい]もの[人]; *《俗》退屈なもの, 古臭いもの; *《俗》麻酔医.
Gasser ガッサー **Herbert Spencer** ～ (1888–1963) 《米国の生理学者; さまざまな神経繊維の機能に関する発見によりノーベル生理学医学賞 (1944)》.
Gasset ⇨ ORTEGA Y GASSET.
gás shèll 〘軍〙毒ガス弾.
gás·sing *n* ガス処理; 燻蒸; 毒ガス攻撃; ガス発生; 〘樹脂〙ガス抜き; 《俗》おしゃべり, むだ話, ほら.
gás stàtion* ガソリンスタンド (service station).
gás stòve ガスレンジ《料理用》; ガスストーブ.
gás·sy *a* ガス質[状]の (gaseous); ガスの充満した; 《口》〈人が〉おしゃべりの, 〈話が〉とりとめのない, 自慢たらたらの, 中身のない. ♦ **gás·si·ly** *adv* **-si·ness** *n*
gast /gǽst/ *vt* 《廃》おどす (scare).
gás tàil 〘天〙《彗星の》ガスの尾 (cf. DUST TAIL).
gás tànk ガスタンク; *《自動車などの》ガソリンタンク.
gás tàr 《ガス製造中にできる》コールタール.
Gast·ar·bei·ter /gǽstɑːrbàɪtər/ *n* (*pl* ～, ～**s**) 《特にドイツの》外国人労働者, 出稼ぎ労働者 (cf. INVANDRARE). [G＝guestworker]
gas·ter- /gǽstər/, **gas·tero-** /gǽstəroʊ, -rə/ *comb form*「腹部」[Gk; ⇨ GASTRIC]
gas·ter /gǽstər/ *n* 〘昆〙膨腹部《アリなどの膜翅(まくし)目の昆虫の腹柄の後方のふくらんだ部分》. [Gk＝belly]
gástero·pòd *n, a* GASTROPOD.
gast·haus /gɑ́ːsthàʊs/ *n* (*pl* ～**es** /-hàʊzəz/, **-häus·er** /-hɔ̀ɪzər/) 《ドイツ語圏の》旅館, 居酒屋. [G＝guest house]
gás thermòmeter 気体温度計.
gast·hof /gɑ́ːsthɔ̀(ː)f, -hɑ̀f/ *n* (*pl* **-hö·fe** /-hə̀ːfə/, ～**s**) [°G-] 《ドイツ語圏の》ホテル.
gás·tìght *a* ガスの漏れない[通らない], 耐ガス構造の, 気密の. ♦ **～·ness** *n*
gast·ness /gǽstnəs/ *n* 《廃》恐怖.
Gas·ton /gǽstən; -tɔ̀n; *F* gastɔ̃/ ガストン, ギャストン《男子名》; ALPHONSE AND GASTON. [F<?; 民族名 *Gascon* か]
gastr- /gǽstr/, **gas·tro-** /gǽstroʊ, -trə/, **gas·tri-** /-trə/ *comb form*「胃」[Gk; ⇨ GASTRIC]
gas·tral /gǽstrəl/ *a* 胃[消化器]の[に関する].
gas·tral·gia /gæstrǽlʤ(i)ə/ *n* 〘医〙胃痛.
gas·trea, -traea /gæstríːə/ *n* 腸祖動物《動物発生初期にいたとされる仮説上の生物》. ♦ **gas·tráe·al** *a*
gas·trec·to·my /gæstréktəmi/ *n* 〘医〙胃切除(術).
gas·tric /gǽstrɪk/ *a* 胃の, 胃部の; 胃のような形[機能]の. [F or NL<Gk *gastēr* belly, stomach]
gástric býpass 胃バイパス[短絡]《食物摂取量を制限してカロリーの吸収を減らすために, 胃下部を閉鎖し, 胃の小上部嚢と空腸を吻合する手術; 重度の肥満の治療に使われる》.
gástric flú 腹にくるかぜ《原因不明の下痢》.
gástric glánd 〘解〙(固有)胃腺, 胃底腺.
gástric júice 〘生理・生化〙胃液.
gástric laváge 〘医〙胃洗浄, 胃洗.
gástric úlcer 〘医〙胃潰瘍.
gas·tril·o·quist /gæstríləkwɪst/ *n* VENTRILOQUIST.
gas·trin /gǽstrən/ *n* 〘生化〙ガストリン《胃液分泌を促すホルモン》.
gas·tri·no·ma /gæ̀strənóʊmə/ *n* (*pl* ～**s, -ma·ta** /-tə/) 〘医〙ガストリン産生腫瘍, ガストリノーマ《Zollinger-Ellison 症候群に合併する》.
gas·tri·tis /gæstráɪtəs/ *n* (*pl* **gas·trit·i·des** /-trítədìːz/) 〘医〙胃炎. ♦ **gas·trit·ic** /gæstrítɪk/ *a*
gastro- /gǽstroʊ, -trə/ ⇨ GASTR-.
gàstro·cámera *n* 〘医〙胃カメラ.
gas·troc·ne·mi·us /gæ̀strɑkníːmiəs, -trək-/ *n* (*pl* **-mii** /-miàɪ/) 〘解〙腓(ひ)腹筋 (＝～ **múscle**).
gástro·còel, -còele *n* 〘発生〙ARCHENTERON.
gàstro·cólic *a* 〘解〙胃結腸の.
gastrocólic réflex 〘医〙胃結腸反射.
gástro·dèrm *n* ENDODERM.
gàstro·dérmis *n* 〘動〙胃腔上表《無脊椎動物の胃腔に面する細胞層》. ♦ **gàstro·dérmal** *a*
gàstro·duodénal *a* 〘解〙胃十二指腸の: ～ ulcer.
gàstro·duodenóstomy *n* 〘医〙胃十二指腸吻合(術).
gàstro·entéric *a* 胃腸(部)の (gastrointestinal).
gàstro·enterítis *n* 〘医〙胃腸炎.
gàstro·en·ter·ól·o·gy /-èntərɑ́ləʤi/ *n* 胃腸病学. ♦ **-gist** *n* **gàs·tro·èn·te·ro·lóg·i·cal** *a*
gàstro·enteróstomy *n* 〘医〙胃腸吻合(ふんごう)(術).
gàstro·esophagéal *a* 〘解〙胃食道の: ～ hernia.
gastroesophagéal réflux 〘医〙胃食道逆流 (cf. HEARTBURN).
gàstro·génic, gas·trog·e·nous /gæstrɑ́ʤənəs/ *a* 〘医〙胃の, 胃性の.
gàstro·intéstinal *a* 〘解〙胃腸の; 胃腸内の.
gástro·lìth *n* 〘医・動〙胃石.
gas·trol·o·ger /gæstrɑ́ləʤər/ *n* 料理家; 美食家, 食通 (gourmet).
gas·trol·o·gy /gæstrɑ́ləʤi/ *n* 胃(病)学; 料理学. ♦ **-gist** *n* 胃専門医. **gas·tro·log·i·cal** /gæ̀strəlɑ́ʤɪk(ə)l/ *a*
gas·tro·nome /gǽstrənòʊm/ *n* 食通, 料理通. [F 逆成<↓]
gas·tron·o·my /gæstrɑ́nəmi/ *n* 美食学[法], 美食道, 食道楽; 《ある地方独特の》料理法. ♦ **gas·trón·o·mer, -mist** *n* GASTRONOME. **gas·tro·nom·ic** /gæ̀strənɑ́mɪk/, **-i·cal** *a* **-i·cal·ly** *adv* [F<Gk (*gastr-, -nomia* < *nomos* law)]
gas·tro·pod /gǽstrəpɑ̀d/ *n* 〘動〙腹足類の動物《カタツムリなど巻貝の類》. ► *a* 腹足類の(ような). ♦ **gas·trop·o·dan** /gæstrɑ́pəd(ə)n/, **gas·tróp·o·dous** /-dəs/ *a* [F (*gastr-*, Gk *pod- pous* foot)]
Gas·trop·o·da /gæstrɑ́pədə/ *n pl* 〘動〙腹足類《軟体動物門の一綱》.
gas·trop·to·sis /gæ̀strɑ̀ptóʊsəs/ *n* 〘医〙胃下垂.

G

gástro·pùb ‖*n* ガストロパブ, 高級[美食]パブ.
gástro·scòpe *n* 〘医〙胃鏡.
gas·tros·co·py /gæstrɑ́skəpi/ *n* 〘医〙胃鏡検査(法). ♦ **-pist** *n* **gas·tro·scop·ic** /gæstrəskɑ́pɪk/ *a*
gas·tros·to·my /gæstrɑ́stəmi/ *n* 〘医〙胃造瘻(ぞうろう)術, 胃フィステル形成(術).
gas·trot·o·my /gæstrɑ́təmi/ *n* 〘医〙胃切開(術).
gas·tro·trich /gǽstrətrɪ̀k/ *n* 〘動〙腹毛類の動物. ♦ **gas·trot·ri·chan** /gæstrɑ́trɪkən/ *a, n*
gàstro·váscular *a* 〘動〙《消化と循環に役立つ》胃水管の: the ～ system 胃水管系.
gas·tru·la /gǽstrələ/ *n* (*pl* ～**s, -lae** /-lìː, -lài/) 〘発生〙原腸胚, 腸胚, 嚢胚. ♦ **gás·tru·lar** *a*
gas·tru·late /gǽstrəlèɪt/ *vi* 〘発生〙原腸[腸胚]を形成する. ♦ **gàs·tru·lá·tion** *n* 原腸[腸胚]形成.
gás tùbe 〘電子工〙希薄ガス電子管.
gás tùrbine 〘機〙ガスタービン《気体サイクル熱機関》.
gás vàcuole 〘生〙ガス胞《ある種の水生細菌や藍藻などにみられる細胞内構造; 内部に蓄積したガスで浮力をコントロールする》.
gás wàrfare 毒ガス戦, ガス戦.
gás wèlding ガス溶接.
gás wèll 《天然ガスの》ガス井(せい).
gás·wòrks *n* (*pl* ～) ガス(製造)工場, ガス製造所 (=*gashouse*); [the]‖《俗》下院.
gat[1] /gǽt/ *v* 《古》GET[1] の過去形.
gat[2] 《俗》*n* ピストル, ガン. ► *vi* (**-tt-**) [次の成句で]: ～ **up** ピストルで武装する. [*Gat*ling gun]
gat[3] *n* 《絶壁や砂洲(さす)の間の》水路. [C18<?Du=hole or ON=passage; cf. GATE[1]]
gat[4] /gɑ́ːt/, **gath** /gɑ́ːθ/ *n* 〘インド音楽〙ガート《ラーガ (raga) の最後の部分に現われる複雑でリズミックなパッセージ》. [Skt]
gate[1] /géɪt/ *n* **1 a** 門, 通用門, 城門, 城楼; 入場口; 通路, 関門; [*fig*] 門戸; *《俗》わが家, うち: go [pass] through the ～ 門をくぐる / a ～ *to* success 成功に至る道 / open a [the] ～ to [for]...に門戸を開く, 機会を与える. **b** 改札口, 《空港の》搭乗口, ゲート; STARTING GATE; 門扉(もんぴ), とびら; 開閉柵, 遮断機; 《運河・ドックなどの》水門, 閘(こう); 〘スキー〙旗門; 〘鉄道〙転轍機. **c** 山道, 山峡; 《俗》口 (mouth). **2** 《競技会の》入場者(数); GATE MONEY. **3 a** 《gang saw などの刃を架装する》鋸枠(のこわく); 〘車〙ゲート《H 字形などに開口した, 変速レバーの案内枠》; 《カメラ・映写機の》(フィルム)ゲート. **b** 〘電子工〙ゲート《**1)** 制御入力により電流を流したり止めたりできる回路; また その制御電極・制御入力 **2)** FET の電流を制御する電極 **3)** 入力が特定の条件を満たすときにのみ出力をする回路; AND gate など》. **c** 〘生〙ゲート《物質が生体膜を通過するときのチャネル》; 〘生理〙ゲート《GATE-CONTROL THEORY における脊髄内の痛感刺激の制御部位》. **4** 〘聖〙法廷《gate(s) of the city の略》. **5** [the] *《俗》肘鉄, 首 (dismissal) (⇨ 成句); 《野球俗》ストライクアウト. ● **break** [**crash**] **the** ～ 《口》招待を受けないのに押しかける; 料金を払わずにはいる, ただ見する; うまくはいり込む. **get the** ～ *《俗》追い出される, 首になる, 《異性などに》ふられる. **give sb the** ～ *《俗》人を追い出す, 首にする, 〈異性などに〉肘鉄を食わせる, ふる. **swing the** ～ 《豪俗》羊毛刈りがすごく速くてうまい, じゃんじゃん刈り取る. **the enemy at the** ～(**s**) 目前の敵[脅威]. **the** ～(**s**) **of death** 死の間際. **the** ～(**s**) **of the city** 〘聖〙法廷 (*Ruth* 4:11). ► *vt* **1** ‖〈学生・生徒〉に禁足を命じる; 〘電子工〙ゲートで制御する, ゲートをかける; *《俗》〈人を〉捨てる, 解雇する. **2** ...に門を備える. [OE *gæt, geat,* (pl) *gatu*; cf. GAT[3]]
gate[2] *《俗》*n* 《ジャズ演奏家の》出演契約; ジャズ演奏家; ジャズファン; 《今ふうの》男. [Louis Armstrong の子供のころのあだ名 'Gatemouth' からか; 一説に《alli*gator*]
gate[3] 《古・スコ》*n* 街, 道, 通り (street); 《カナダ方》小道; (おきまりの)やり方, 方法: Gallow*gate* ギャロー通り. [ON *gata* road; cf. G *Gasse*]
gate[4] 〘鋳〙*n* 湯口(ゆぐち), 堰(せき)《溶けた金属を流し込む通路》; 脚《湯口で固まった金属》. [C17<?; cf. OE *gyte* a pouring out, *geotan* to pour]
-gate /gèɪt/ *n comb form*「醜聞」「スキャンダル」: Koreagate. [WATERGATE]
gáte arrày 〘電子工〙ゲートアレー《半導体チップ上に基本的なゲート回路のみを多数格子状に配列したセミカスタム設計の集積回路》.
ga·teau, gâ- /gɑːtóʊ; gǽtoʊ; *F* gato/ *n* (*pl* **-teaux** /-z; *F* —/, **ga·teaus**) ケーキ; ケーキの形をした料理. [F=cake]
gáte bìll 〘英大学〙門限遅刻簿, 門限遅刻罰金.
gáte(-contròl) thèory 〘生理〙門仮説, ゲートセオリー《痛感の誘発に際して刺激伝達の制御機構[部位]が体内にあるとする説》.
gáte·cràsh *vi, vt* 《口》《切符なしで[招待されないで]》(〈パーティー・催し物など〉に)押しかける, 料金を払わずにはいる. ♦ ～**·er** *n* 《口》押しかけ客, 無切符入場者.
gát·ed *a* 門[ゲート]のある; 出入りを規制する; 〈学生が〉禁足を命じられた.
gáted commúnity ゲーテッドコミュニティー《周囲をフェンスなどで囲い, 警備員が門で出入りを監視する(高級)住宅地》.
gáte·fòld *n* 〘印〙折り込みページ《地図・図版など本の本文ページより大きいもの》.
gátefold slèeve 《LP レコード用の》見開き式ジャケット.
gáte·hòuse *n* 《猟園などの》門番小屋, 守衛詰所; 《中世都市城壁などの》門楼《防御・牢獄に用いた》; 《貯水池・ダムなどの》水門小屋, ゲートハウス《流水量調節の機械類がある》.
gáte·kèep·er *n* **1** 門番, 門衛, 守衛; 踏切番; 監視者, モニター; 情報管理者. **2** 〘昆〙キイロウラジャノメ《褐色の縁のあるだいだい色の翅のジャノメチョウ科のチョウ》. ♦ **-kèep·ing** *n*
gáte lèg 〘家具〙ゲートレッグ《折りたたみ式テーブルのたれ板を支える門式の脚》.
gáte·lèg [**gáte-lègged**] **táble** 〘家具〙ゲートレッグで甲板(こういた)を支える折りたたみ式テーブル.
gáte·man /-mən, -mæ̀n/ *n* GATEKEEPER.
gáte mòney (競技会)入場料収入総額 (=*gate*).
gáte·mòuth *n* *《俗》人の事を触れまわる者, '放送局'.
gáte of hórn [the] 〘ギ神〙角(つの)の門《眠りの住まいの門でそこから正夢が出てくる; cf. IVORY GATE》.
gáte of ívory [the] IVORY GATE.
gáte·pòst *n* 門柱: BETWEEN you, (and) me, and the ～.
ga·ter*, **'ga·ter*** *n* GATOR.
Gates /géɪts/ ゲイツ (**1**) **'Bill'** ～ [**William** (**Henry**) ～ **III**] (1955–)《米国の実業家; Microsoft 社を設立 (1975)》 (**2**) **Horatio** ～ (c. 1728–1806)《米国の独立戦争時の将軍; Saratoga の戦い (1777) で英軍に勝利し, 独立戦争の流れを変えるのに貢献した》.
Gates·head /géɪtshɛ̀d/ ゲーツヘッド《イングランド北部 Tyne and Wear 州の市; Tyne 川に臨み, New Castle の対岸に位置する》.
Gátes of the Árctic Nàtional Párk and Préserve [the] 北極圏の扉 国立公園・自然保護区《Alaska 州の北極圏の凍土帯にある》.
gate theory ⇨ GATE-CONTROL THEORY.
gáte vàlve 〘機〙《スライド式の》ゲートバルブ, 仕切り弁.
gáte·wày *n* **1** 《壁・塀・垣などの》門口, 出入口, 通り口; [*fig*]《成功などに至る》道 〈*to* success, knowledge〉. **2** 〘電算〙ゲートウェー《**1)** 2つのネットワークを相互に接続する機構; その接合点 **2)** 情報サイト》.
Gáteway Cìty ゲートウェーシティー《ST. LOUIS 市の愛称; 19 世紀に西部への入口だったことから》.
gáteway drùg 常用癖に陥りやすい薬物, 入口ドラッグ《アルコールやマリファナなど; しばしばコカイン・ヘロイン・モルヒネなど, より強力な麻薬の使用に至る》.
gáteway pàge 〘電算〙ゲートウェーページ《ウェブサイトの入口となるページ; 時に検索エンジンで見つかりやすいよう最適化したもの》.
gath ⇨ GAT[4].
Gath /gǽθ/ 〘聖〙ガテ, ガト《古代 Palestine にあった Philistia の都市; 巨人 Goliath の生地; *1 Sam* 6:17, *1 Chron* 18:1》: Tell it not in ～. この事をガテに告ぐるなかれ (*2 Sam* 1:20), [ʲ*joc*] 敵の耳に入れるな.
Ga·tha /gɑ́ːtə/ *n* 〘ゾロアスター教〙ガーサー《Zoroaster に帰せられる 17 の聖歌の一つ; Avesta の主要部をなす》.
gath·er /gǽðər, gɛ́ðər/ *vt* **1 a** 集める 〈*together*〉, 引き寄せる 〈*to oneself*〉; 〈花・果実などを〉摘み集める, 採集する; ...の取入れをする, 収穫する: He ～*ed* the students *around* him. 学生をまわりに集めた / two or three ～*ed* together 数人の親しい仲間, 関心・目的を共有するグループ (cf. *Matt* 18:20). **b** 〈手足を〉縮める, 抱きしめる, 〈額〉にしわを寄せる, 〈まゆを〉ひそめる; 〈コート・ショールなど〉かき寄せる; 〈髪を〉まとめる, 束ねる; 〈布地・スカートなど〉にギャザーを寄せる 〈*in*〉; 〘製本〙〈折丁〉の丁合(ちょうあい)を取る《ページ順に集める》: ～ sb into one's arms 人を抱きしめて守る / ～ one's brows まゆをひそめる. **2** 〈富・力を〉蓄積する, 集める, 〈経験を〉積む; 〈速力などを〉次第に増す; 〈勇気などを〉奮いおこす, 集中する; [～ *-self*] 気を引き締める 〈*to* do〉: ～ breath (ようやく)息をつく[入れる] / ～ color 血色がよくなる / ～ flesh 肉がつく / ～ speed しだいに速力を増す / ～ strength 力を増す, 強くなる / ～ volume 大きくなる / A ROLLING STONE ～*s* no moss. / ～ one's energies 精いっぱいの力を出す / ～ one's senses [wits] 気を落ちつける / unread books ～*ing* dust 未読のままちりの積もった本. **3** 〈知識・消息を〉得る; 推断[推測, 推量]する: From what he said I ～ (*that*).... 彼のことばから...と判断する. ► *vi* 集まる; 集結する, 固まる; 増す, しだいにつのる; 〈できものが〉うむ, はれあがる; 〈額に〉しわが寄る: ～ *around* (sb) (人の)まわりに集まる; 結集して(人を)支援する. ● **be** ～**ed to one's** FATHERS. ～ **in** 〈作物を〉取り入れる (harvest); 捕える; 〘野〙捕球[キャッチ]する. ～ **oneself up** [**together**] 勇気を奮い起こす, 元気を出す 〈*for* an effort〉. ～ **up** 拾い[寄せ]集める; 〈物語の筋などを〉まとめる; 〈手足・体などを〉縮める. ～ **way** 〈動くものが〉勢いを増す; 〘海〙〈船が〉《停止状態 または ごくおそい速度から》動き始める. ► *n* **1** かき集めること; 収穫; 集積; 《収穫の》量, 数. **2** [ᵖ*pl*] 〘洋裁〙《布地につける》ひだ, ギャザー; 収縮. **3** 〘ガラス〙ガラス種(だね)《吹きざおの先のガラスの塊り》; 〘製本〙折丁 (section). ♦ ～**·able** *a* [OE *gaderian* (*geador* together); *-d-* > *-th-* は cf. BROTHER]
gáth·ered skírt 〘洋裁〙ギャザースカート.
gáther·er *n* 集める人, 採集する人; [*pl*] 採集民; 集金人; 〘ガラス〙種取り人; 《ミシンの》ギャザー付け装置.

gáther·er-húnt·er *n* 〖人〗採集狩猟生活者 (hunter-gatherer).

gáther·ing *n* **1 a** 集まり, 集会, 集合: a social ～ 懇親会. **b** 採集, 採集生活, ギャザリング; 採集品, 収穫, 集積, 集金; 編纂(物). **2** できもの, 膿瘍. **3**《布地の》ギャザー(付け);〖製本〗丁合(ちょうあい); 折丁;〖ガラス〗種取り. ● **a ～ of the clans** 仲間うちの集会. ► *a*〈あらし・夕闇などが〉間近に迫った, しだいに勢いを増す: a ～ storm [°*fig*] 迫り来るあらし.

gáthering còal 種火《終夜燃やしておく石炭の大塊》.

gáthering stìtch 〖洋裁〗ギャザーステッチ《縫ったあとに糸を引っ張って布にギャザーを寄せるぐし縫い; ミシンの場合 縫い目を粗く上糸の調子を弱くする》.

gath·er·um /gǽðərəm/ *n*《口》寄せ集め, ごたまぜ.

gat·ing /géɪtɪŋ/ *n* ゲーティング《あるものの通過を制御する過程・機構; 撮像などでは特定のタイミングに同期してデータを取ること》. [*gate*[1]]

gáting sìgnal 〖電子工〗ゲート信号《ゲートによって他の信号の伝達を制御する信号》.

Gát·ling (gùn) /gǽtlɪŋ(-)/ ガトリング砲[銃]《1861 年ころ米国人 Richard J. Gatling (1818–1903) が発明した初期の機関銃》.

ga·tor, 'ga·tor* /géɪtər/ *n*《口》ワニ;《俗》ジャズファン. [*alligator*; cf. GATE[2]]

Ga·to·rade /géɪtəreɪd/〖商標〗ゲータレード《スポーツドリンク》.

Gats·by /gǽtsbi/ ギャツビー **Jay** ～《F. Scott Fitzgerald, *The Great Gatsby* (1925) の主人公; 昔の恋人の関心をひこうと大金持になる》.

gatt /gǽt/ *n*《俗》GAT[2].

GATT /gǽt/ °General Agreement on Tariffs and Trade.

gát-tòothed /gǽt-/ *a* 歯間の透いた (gap-toothed).

Ga·tún Láke /gɑtúːn-/ ガトゥン湖《パナマ運河の一部をなす人造湖; Chagres 川をガトゥンダム (the **Gatún Dám**) でせき止めて建設》.

gát-ùp *n**《俗》ピストル強盗.

gat·vol /gǽtfɔ(ː)l, xǽt-, -fùl/ *a*《南ア俗》不愉快きわまる, うんざりした.

Gát·wick Áirport /gǽtwɪk-/ ガトウィック空港《London の南にある国際空港; cf. HEATHROW AIRPORT, STANSTED AIRPORT》.

gau /gáu/ *n* ガウ《**1**) 中世ドイツの行政区 **2**) ナチ時代の大管区》. [G]

gauche /góuʃ/ *a* 気のきかない, 不器用な (awkward), 洗練されない, 無骨な, 粗雑な; 生硬な〈表現など〉; 左手(用)の; 平面でない, ゆがんだ, 非対称の. ♦ **～·ly** *adv* **～·ness** *n* [F=left(-handed)]

gau·che·rie /gòuʃ(ə)ríː, ⌐(—)⌐/ *n* 無作法, 不器用; 不器用な行動, 粗雑な文章. [F (↑)]

Gau·chér's disèase /gouʃéɪz-/〖医〗ゴーシェ病《遺伝性のグルコセレブロシド代謝障害》. [P. C. E. *Gaucher* (1854–1918) フランスの医師]

gau·ches·co /gautʃéskou/ *a* GAUCHO の生活を描いた.

gau·chist /góuʃɪst/ *n* GAUCHISTE.

gau·chiste /gouʃíːst/ *n* 過激派の人物, 左翼の者. [F]

gau·cho /gáutʃou/ *n* (*pl* **～s**) ガウチョ《南米大草原のカウボーイで, 通例 インディオとスペイン人の混血》; [*pl*] GAUCHO PANTS. ► *vt, vi* *《俗》《車の窓などから》〈人に〉尻を出して見せる. [Sp<Quechua]

gáucho pànts *pl* ガウチョパンツ (=*gauchos*)《gaucho がはくようなくるぶし丈のゆったりした女性用ズボン》.

gaud /gɔ́ːd, *gɑ́ːd/ *n* 安物の装飾品, 安ピカ物; [*pl*] けばけばしい儀式, お祭り騒ぎ. [OF<L *gaudeo* to rejoice]

gau·de·a·mus /gɔ̀ːdiéɪməs/ *n*《特に 大学生の》ばか騒ぎ, どんちゃん騒ぎ. [↓]

gau·de·a·mus igi·tur /gàudiáːməs ígɪtùr/ だから愉快にやろう《中世の学生歌の冒頭の句》. [L; cf. GAUD]

gáud·ery *n* けばけばしい飾りたて; ごてごて飾りたてた衣服[装身具].

Gau·dí /gáudi, gaudíː/ ガウディ **Antonio** ～ (**y Cornet**) (1852–1926)《スペインの建築家; Barcelona で活動; 自由な形式, 奔放な装飾によって, 独創的な作品を残した; 代表作サグラダファミリア (Sagrada Familia) 教会 (未完成)》.

Gau·dier-Brzes·ka /gòudieɪbʒéskə/ ゴディエ-ブジェスカ **Henri** ～ (1891–1915)《フランスの渦巻派の彫刻家; ⇨ VORTICISM》.

gaudy[1] /gɔ́ːdi, *gɑ́ː-/ *a* はなやかな; けばけばしい, 派手で俗っぽい;〈文体などが〉飾りすぎた, 大仰な; 非凡な. ♦ **gáud·i·ly** *adv* **-i·ness** *n* [L *gaudium* joy or *gaudeo* to rejoice]

gaudy[2] *n*〖英大学〗《毎年卒業生のために行なわれる》祝宴, 饗宴, 記念祭. [GAUD, -y[4]]

gáudy íronstone ゴーディアイアンストーン《多彩色で装飾された 19 世紀中葉の英国製長石質[硬質]精陶器》.

gauffer ⇨ GOFFER.

gauge,《米》[特に 専門語で] **gage** /géɪdʒ/ *n* **1 a** 標準寸法[規格]; 標準, 規格, 尺度; 検査. **b** 容積, 容量, 広さ; 範囲, 局限. **2 a** 計量器, 計器, メーター《雨量計・風速計など》; 標準規, 定規, 規(き),《大工の使う》罫(け)引き;〖印〗ゲージ《組版の寸法などを定めるもの》. **b**《評価・計量・検査の》手段[方法]; 判断基準. **3 a**《銃の》内径, 口径《特に散弾銃の口径を示す数値》;《鉄板の》標準の厚さ,《針金などの》太さ, 径;〖鉄道〗軌間, ゲージ (⇨ STANDARD [BROAD, NARROW] GAUGE); ホイールゲージ《車軸の両端の車輪間の距離》. **b** ゲージ《メリヤス地の密度の単位; 1.5 インチ区間の針数で表わす》. **4** [英では gage]〖海〗**a** (満載)喫水. **b** [[u]the]〖史〗《風・他船に対する》船の関係位置, 風位. **5** ふき足《屋根ふき材料の露出面の長さ》. **6**《硬化促進のためモルタルに加える》焼石膏の定量; *《俗》マリファナ(タバコ). ● **have the weather** [**lee**] **～ of...** (**1**)〖海〗...の風上[風下]にある. (**2**) ...より優位[劣勢]にある, ...より有利[不利]である. **take the ～ of...** を測る, ...を評価する. ► *vt* **1** 測定する, 測る,〈樽などの〉容量を測る; 評価[判断]する, 見定める. **2** 標準寸法[規格]に合わせる; 測って区切る;〖石工〗〈煉瓦・石を〉削って[こすって]形を整える;〈しっくいを〉調合して混ぜる, ...に焼石膏を混ぜる《硬化促進のために》. ► *a*《圧力測定の際》大気圧を標準 (0) とした. ♦ **～·able** *a* **-ably** *adv* **gáuged** *a* 標準規格の, 規格に合った. [ONF<?Gmc]

gáuge bòson 〖理〗ゲージボソン《素粒子間の相互作用を媒介する, 質量をもたない粒子; photon, gluon, W [Z] boson, graviton の 4 種がある》.

gáuge còck 《ボイラーなどの》験水[ゲージ]コック.

gáuge glàss 《ボイラーなどの》験水管, 液面[水面]計ガラス.

gáuge prèssure 〖理〗ゲージ圧《圧力計で計った圧力で, 大気圧との差》; opp. *absolute pressure*》.

gaug·er,《米》[特に 専門語で] **gag·er** /géɪdʒər/ *n* 計る人[もの];《機械による製品の》品質検査係; [u]《酒樽などの》検量官;《課税額の》査定官.

gáuge thèory 〖理〗ゲージ理論《自然界の対称性に基づいて基本的相互作用を統一的に説明しようとする理論》.

gáuge whèel 〖農〗《すきの下につけて犂耕(りこう)の深さを調節する》定規車, 導輪.

gáug·ing ròd /géɪdʒɪŋ-/《樽の》計量ざお.

Gau·guin /gougǽ; gáugæ̃; *F* gogɛ̃/ ゴーギャン, ゴーガン (**Eugène-Henri-)Paul** ～ (1848–1903)《フランスの後期印象派の画家》. ♦ **～·esque** /gougænésk/ *a*

Gau·ha·ti /gauhá:ti/, **Gu·wa·ha·ti** /gù:wəhá:ti/ ガウハティ, グワハティ《インド Assam 州北西部の Brahmaputra 川に臨む町》.

Gaul /gɔ́ːl/ **1** ガリア, ゴール (*L* Gallia)《イタリア北部・フランス・ベルギー・オランダ・スイス・ドイツにまたがった古代ローマの属領; ⇨ CISALPINE [TRANSALPINE] GAUL》. **2** ガリア人; [*joc*] フランス人. [F<Gmc=foreigners]

Gau·lei·ter /gáulaɪtər/ *n*《ナチスの》地方長官;《全体主義政権などで重要な地位を占める》下級行政官; 田舎のボス. [G (*Gau* GAU, *Leiter* LEADER)]

Gául·ish *a* ガリア人[語]の; [*joc*] フランス(人)の. ► *n* ガリア語《ガリアで話されていた, 絶滅したケルト語; 略 Gaul.》.

Gaulle ⇨ DE GAULLE.

Gaull·ism /góulɪz(ə)m, *gɔ́ː-/ *n* ド・ゴール主義 (⇨ DE GAULLE). ♦ **-ist** *n, a*

Gau·loise /*F* golwaːz/〖商標〗ゴロワーズ《フランスの強い香りをもつ紙巻きタバコ》.

gault, galt /gɔ́ːlt/ *n*〖地質〗《ゴールト層の》粘土 (=**gáult clày**); [[u]G-] ゴールト階《緑砂層中の粘土質の中世代の地層; イングランド南部に多い》.

Gault* *a* 未成年者の法的保護と権利に関する. [Gerald *Gault* に関する 1967 年の米最高裁の判決から]

gaul·the·ria /gɔːlθíəriə/ *n*〖植〗シラタマノキ属 (*G*～) の常緑小低木, ゴールテリア《イワハゼ・ヒメコウジなど; ツツジ科》. [Jean-François *Gaultier* (c. 1708–56) フランス生まれのカナダの植物学者]

gaum /gɔ́ːm, *gɑ́ːm/《方》*n* しみ, よごれ. ► *vt* よごす.

gaum·less /gɔ́ːmləs, *gɑ́ːm-/ *a* [u]《口・方》ばかな, まぬけな.

gaun /gɔ́ːn/ *v*《スコ》GAE の現在分詞.

gaunch /gɔ́ːntʃ/ *n*《カナダ俗》下着. [(変形)〈GOTCH]

gaunt /gɔ́ːnt, *gɑ́ːnt/ *a* **1** やせた, やせ衰えた, やつれた; ひょろ長い. **2** ものすごい, 不気味な; もの寂しい, 荒涼とした. ► *vt* やせ衰えさせる, やつれさせる. ♦ **～·ly** *adv* **～·ness** *n* [ME<?Scand; cf. Norw (dial) *gand* tall lean person]

gaunt·let[1] /gɔ́ːntlət, *gɑ́ːnt-/ *n*《中世騎士の用いた》こて;《手首おおい付きの》長手袋《乗馬・フェンシング・作業用など》;《長手袋の》手首おおい. ● **take** [**pick**] **up the ～** 挑戦に応じる; 抵抗の姿勢を示す. **throw** [**fling**] **down the ～** 挑戦する. ♦ **～·ed** *a* [OF (dim)〈*gant* glove]

gauntlet[2] *n* **1 a** むち打ちの刑《昔 軍隊や学校で行なわれ, 二列に並んだ人びとの間を罪人に走らせて皆で両側からむち打った》. **b** むち打ちの刑を行なうために二列に並んだ人びと;《警備員・支持者などの》長い列. **c** 試練. **2** GANTLET[1]. ● **run the ～** むち打ちの刑をうける; 方々から批評[非難]される; 多くの試練をうける. ► *vt* GANTLET[1]. [C17 *gantlope*<Swed *gatlopp* passageway (*gata* lane, *lopp* course); 語形は ↑ に同化]

gaun·try /gɔ́ːntri/ *n* GANTRY.

gaup ⇨ GAWP.

gaur /gáuər/ *n* (*pl* ～, **～s**)〖動〗ガウア, ガウル, セラダン, インドヤギュウ (=*Indian bison, seladang*)《インド・マレーシアの野生牛; 野生のウシ類の中で最大; cf. GAYAL》. [Hindi]

Gáu·se('s) príncìple /gáuz(əz)-/〘生態〙ガウゼの原理《生活要求の類似した 2 種は同じ場所で共存を続けることはできないという考え》.［G. F. *Gause* (1910–86) ソ連の生物学者］

gauss /gáus/ *n* (*pl* ～, ～·**es**)〘理〙ガウス《磁気誘導の cgs 電磁単位; 記号 G》.［↓］

Gauss ガウス **Carl Friedrich** ～ (1777–1855)《ドイツの数学者; 整数論·幾何学·確率論·測地学など多方面に大きな業績を残した》. ♦ **～·ian** *a*

Gáussian cúrve〘統〙ガウス曲線 (normal curve).

Gáussian distribútion〘統〙ガウス分布 (normal distribution).

Gáussian ínteger〘数〙ガウスの整数《実数部分 *a* も虚数部分 *b* も整数であるような複素数 *a*＋*bi*》.

gáuss mèter〘電〙ガウスメーター《ガウス単位の目盛り付きの磁力計 (magnetometer), 磁束計 (fluxmeter) の俗称》.

Gáuss'(s) láw〘理〙ガウスの法則《: ある電場における閉曲面を貫く全電束はその曲面の内部にある電荷の 4π 倍に等しい》.

Gau·ta·ma /gɔ́:təmə, gáu-; gáu-/ ゴータマ(ブッダ)(＝～ **Búddha**) (563?–?483 B.C.)《釈迦牟尼; Gautama は姓, 名は Siddhartha》.

Gau·teng /gáutὲŋ, xautέŋ/ ハウテン《南アフリカ共和国, 中北東部の Pretoria を中心とする首都圏; ☆Johannesburg》.

Gau·tier /goutjéɪ; góutjeɪ/ ゴーティエ **Théophile** ～ (1811–72)《フランスの詩人·小説家·ジャーナリスト》.

gauze /gɔ́:z/ *n* **1 a**〘織〙うすはた, ゴーズ《紗(しゃ)·絽(ろ)など薄織物の総称》; ガーゼ《包帯·肌着用》. **b**《濾過(ろか)などに使う細線の》金網 (wire gauze). **2** 薄もや, 薄がすみ; *《俗》意識不明[もうろう].　♦ **～·like** *a*［F *gaze*＜?GAZA］

gáuze wèave〘紡〙絽織(ろおり), LENO.

gauzy /gɔ́:zi/ *a* GAUZE のような, 薄く透き通る;〈記憶などが〉ぼんやりした, 漠然とした; 非現実的な〈楽観論〉: a ～ mist 薄がすみ, 薄もや. ♦ **gáuz·i·ly** *adv*　**-i·ness** *n*

ga·vage /gəvá:ʒ, gɑ:-, ─ ─́; gǽvɑ̀:ʒ/ *n* 胃管栄養(法);《ガチョウなどへの》強制給餌(きゅうじ).［F］

Ga·var·nie /*F* gavarni/ ガヴァルニー《フランス南西部, Pyrenees 山脈を流れる Gave de PAU の水が氷河圏谷 **Cirque de** ～ /*F* sirk də-/ に落ちてできる滝 (422 m)》.

Gav·as·kar /gǽvəskər, -kɑ̀:r/ ガヴァスカール **Sun·il** /súnɪl/ **Manohar** ～ (1949–　)《インドのクリケット選手》.

gave *v* GIVE の過去形.

Gave de Pau ⇨ PAU.

gav·el[1] /gǽv(ə)l/ *n*《議長·競売者などの》小槌(こづち); 石工の荒仕上げ用槌: take back the ～ *議長職を取り戻す, 議会で再び多数派となる.　► *v* (-l-, -ll-) *vt* 小槌をたたいて〈場内を〉制する, 小槌の合図で〈議会などを〉開会する.　► *vi* 小槌をたたく.　● **～ down** 小槌をたたいて問題外とする.［C19＜?］

gavel[2] *n*《封建時代の》地代, 租税, 年貢.［OE *gafol* tribute; cf. GIVE］

gav·el·kind /gǽv(ə)lkàɪnd/〘英法〙*n*《1925 年まで主に Kent 州で行なわれた》ガヴェルカインド保有(様態),《土地の無遺言相続法による》男子均分相続土地保有; ガヴェルカインド保有による土地.［OE (↑, KIND[1])］

gave·lock /gǽvlək/ *n*《古·英方》かなてこ.

gável-to-gável *a*《議会·党大会などの》開会から閉会にまでわたる.

Gav·es·ton /gǽvəstən/ ギャヴェストン **Piers** ～, Earl of Cornwall (c. 1284–1312)《イングランドの廷臣; Edward 2 世の寵愛をうけたが, 反感をもつ貴族たちに捕えられて斬首された; Marlowe の史劇 *Edward II* に描かれている》.

ga·vi·al /géɪviəl/ *n*〘動〙インド[ガンジス]ワニ, ガビアル (GHARIAL).［F＜Hindi］

Gä·vle /jέvlə/ イェーヴレ《スウェーデン東部 Bothnia 湾の入江に臨む港湾都市; Stockholm の北北西に位置》.

ga·votte, -vot /gəvát/ *n* ガヴォット《**1**) 快活なフランスの舞踊 **2**) その 4/4 拍子の舞曲》.　► *vi* ガヴォットを踊る.［F＜Prov (*Gavot* これを踊った Alps 山中の住民)］

gaw /gɔ́:/ *n, int*《卑》GOD.

GAW °guaranteed annual wage.

Ga·wain /gəwéɪn, gá:wèɪn, gáuən; gá:wèɪn, gǽw-/ **1** ガウェイン, ガーウェイン《男子名》. **2** [Sir]〘アーサー王伝説〙ガーウェイン《Arthur 王の甥で, 円卓の騎士の一人; ⇨ SIR GAWAIN AND THE GREEN KNIGHT》.［Welsh＝?white hawk］

gawd /gɔ́:d/ *n, int* [°G-]《卑》GOD.

gawk /gɔ́:k/ *n* 気のきかないやつ, 朴念仁, 無骨者.　► *vi*《口》ぽかんと見とれる〈*at*〉.　♦ **～·er** *n*［変形＜*gaw* (obs) to gaze］

gáwk·ish *a* GAWKY.　♦ **～·ly** *adv*　**～·ness** *n*

gáwky *a*《体ばかり大きくて》ぎこちない, ぶざまな, ぐずの; 内気な.　► *n* GAWK.　♦ **gáwk·i·ly** *adv*　**-i·ness** *n*

gaw·moge /gæmóug/《カナダ方》*n* おどけ者; [ᵘ*pl*] おどけぶり.

gawp, gaup /gɔ́:p/ ᵘ《口》*vi* じろじろ見る, 呆然と見とれる〈*at*〉.　► *vt* (がぶりと)のみ込む.　♦ **～·er** *n*［ME *galpen* to yawn; cf. YELP］

gaw·sie, -sy /gɔ́:si/ *a*《主にスコ》身なりがよく上機嫌の.

gay /géɪ/ *a* **1**《特に男性の》同性愛(者)の, ゲイの (cf. LESBIAN): a ～ bar ゲイバー / (as) ～ as pink ink 明らかにホモで / (as) ～ as a row of pink tents 正真正銘のホモで. ★ 今日ではこの意味が最も一般的. 2 以下の意味で使うと誤解をまねくおそれがある. **2 a** 陽気な (merry), 快活な, 楽しげな;《方》健康な: ～ old《口》とても愉快な / a ～ old dog 元気のいい年寄り. **b** 派手な, はなやかな, きらびやかな (bright). **3 a** 浮いた, 放蕩な, 放埒な: a ～ lady 浮気女 / ～ quarters 色街, 花柳街 / follow a ～ trade 水商売をする / lead a ～ life 浮いた[遊蕩の]生活を送る. **b** *《俗》あつかましい, 生意気な, なれなれしい: Don't get ～ with me. 生意気言うな, なれなれしくするな. **4**《スコ》かなりの, 相当な (gey).　► *adv*《スコ》かなり (gey).　► *n*《特に男性の》同性愛者, ゲイ.　♦ **～·ly** ⇨ GAILY.　**～·ness** *n* GAIETY.［OF＜? Gmc］

Gay 1 ゲイ《女子名; 男子名》. **2** ゲイ **John** ～ (1685–1732)《英国の詩人·劇作家; *The Beggar's Opera* (1728)》.［↑; または *Gaye* フランスの地名からか］

Ga·ya /gəjá:, gá:jə, gáɪə/ ガヤ《インド北東部 Bihar 州南西部の市; ヒンドゥー教徒の巡礼地》.

ga·yal /gəjá:l/ *n* (*pl* ～, ～**s**)〘動〙ガヤル《gaur をインドで家畜化した品種の牛》.［Hindi］

gáy-bàsh·ing *n* 同性愛者いじめ, ゲイバッシング.　♦ **gáy-bàsher** *n*

gáy-cát《俗》*n*《若い新米の》浮浪者; 時々仕事をする浮浪者; 女たらし, 好き者.

gay·dar /géɪdɑ̀:r/ *n*《俗》ゲイ探知力《ゲイがゲイを見抜く力》.［*gay*＋*radar*］

gáy decèiver [ᵘ*pl*]《俗》パッド (falsies).

gáy dóg《俗》遊蕩者, 遊び人.

Gaye /géɪ/ ゲイ **Marvin** (**Pentz**) ～(**, Jr.**) (1939–84)《米国の黒人ソウルシンガー·ソングライター》.

gayety ⇨ GAIETY.

gáy·fèather *n*〘植〙リアトリス《北米東部原産キク科リアトリス属の耐寒性多年草の総称; 観賞用に栽培されるキリンギク, マツカサギク, ユリアザミなど》.

Gáy Górdonsᵘ ゲイゴードンズ《スコットランドの舞踊》.

gáy líb GAY LIBERATION (の活動家[支持者]), ゲイリブ.

gáy liberátion ゲイ解放.

Gay-Lus·sac /géɪləsǽk; -lú:sæk/ ゲイリュサック **Joseph-Louis** ～ (1778–1850)《フランスの化学者·物理学者》.

Gay-Lussác's láw〘熱力学〙ゲイリュサックの法則 (＝*Charles's law*).

Gáy Nínetìes *pl* [the] みだらな 90 年代 (＝*Naughty Nineties*)《英国で, ヴィクトリア朝の信仰心や伝統的なうわべだけの道徳心をあざわらった 1890 年代; Beardsley や Wilde に代表される》.

gay·o·la /geɪóulə/ *《俗》*n*《警察[犯罪組織]に払う》ゲイバーなどの賄賂.　► *a* ホモの, ゲイの.［*gay*＋*payola*］

Ga·yo·mart /gɑ:jóumɑ̀:rt/〘ゾロアスター教〙ガヨマート《Ormazd の汗から生まれた最初の人間》.

Gay-Pay-Oo /géɪpèɪú:/ *n* ゲーペーウー (GPU).

gáy plàgue《俗》[*derog*] ホモペスト《AIDS の異称》.

gáy pówer ゲイパワー《同性愛者の市民権拡大を指向する組織的示威》.

gáy príde 同性愛者の誇り, ゲイプライド《同性愛者であることは誇りであり, その事実を公表すべきだとする考え[運動]; 毎年 6 月の最終日曜日を **Gáy Príde Dày** として祝う》.

gáy ríghts *pl* 同性愛者の権利.

gáy scíence 美文学; 詩,《特に》恋愛詩.

gáy·wìngs *n* (*pl* ～)〘植〙北米のヒメハギ属の野草.

gaz. gazette.

Ga·za /gá:zə, gǽzə, géɪzə/ ガザ (Arab **Ghaz·ze, Ghaz·zah** /gá:zə, gʌ́zə/)《Gaza Strip にある港町; Samson が愛人 Delilah にだまされて Philistines に目をくりぬかれた所 (*Judges* 16: 21–30)》.

ga·za·bo /gəzéɪbou/ *n* (*pl* ～**s**) *《俗》やつ, 野郎.［Sp］

Gaz·an /gá:zən/ *n, a* ガザ市 (Gaza) の(市民), ガザ地区 (Gaza Strip) の(住民).

ga·za·nia /gəzéɪniə/ *n*〘植〙ガザニア《南アフリカ産ガザニア属 (*G-*) の黄または赤橙色の花をつけるキク科植物》.［Teodorus *Gaza* (c. 1400–75) ギリシアの学者］

Gaz·an·ku·lu /gæ̀zæŋkú:lu/ ガザンクル《南アフリカ共和国 Transvaal 州内の一群の飛び地からなっていた Bantustan (1971–94); 現在は Limpopo 州の一部》.

ga·zar /gəzá:r/ *n* ガザル《しばしば 輝く硬貨型金属で装飾した薄い絹織物》.［F＝gauze］

Gáza Stríp [the] ガザ地区《Palestine 南西部の地中海に沿った狭小な区域; 1949 年以来エジプトが統治していたが, 67 年イスラエルが占領, 94 年 自治政府が成立》.

gaze /géɪz/ *vi*《主に 驚き·喜び·興味をもって》見つめる, 熟視する〈*at, on*〉: ～ *after*…を(じっと)見送る / ～ *around*《驚いて》見まわす / He was *gazing out on* the beautiful landscape. 外の美しい風景を眺めていた. ★ 好奇心·驚き·軽蔑などの表情でじろじろ見るときは通例

STARE. ► *n* 熟視, 注視, 凝視: hold each other's ~ 見つめ合う / meet sb's ~ 人の目を見返す, 人と目を合わせる. ● **at ~** じっと見つめて; 〖紋〗〈鹿が〉体は横向きで顔は正面に向けて; 〈猟犬が〉目で追って, 視覚によって. [ME<?; cf. *gaw* (⇨ GAWK), Swed (dial) *gasa* to gape at]
ga·ze·bo /gəzíːbou, -zéɪ-/ *n* (*pl* ~s, ~es) 〖建〗 BELVEDERE; ガゼボ《庭などに設置する簡易小型あずまや》; 《古風俗》 GAZABO. [C19; *gaze* (v) を基にした戯言か]
gáze·hòund *n* 《臭跡よりも》目で獲物を追う猟犬, 《特に》 GREYHOUND.
ga·zelle /gəzél/ *n* (*pl* ~, ~s) 〖動〗ガゼル《ガゼル属 (*Gazella*) の羚羊の総称》. [F<?Sp *gacel*<Arab]
gazélle-éyed *a* ガゼルのように優しい目をした.
gaz·er /géɪzər/ *n* 見つめる人, 凝視者; 《俗》警官, 麻薬取締官.
ga·zette /gəzét/ *n* 新聞, 《時事問題などの》定期刊行物; [G-] ...新聞《名称》; [the G-] 〖英〗官報《London (平日), Edinburgh (週2回), Belfast (週1回) で発行》; 《Oxford 大学などの》学報, 公報; "官報への発表[告示]: an official ~ 官報. ● **go into [be in] the G~** 破産者として官報に告示される[されている]. ► *vt* "[ᵘpass] 〈任命などを〉官報に掲載する, 官報で告示する: be ~*d* out 官報で辞職が発表される / be ~*d* bankrupt [*to* a regiment] 破産[〈将校が〉ある連隊付き]を公表される. [F<It (*gazeta* a Venetian small coin); 1部をびた銭で売ったことから]
ga·zét·ted ófficer 〖インド〗任命が官報で告示される政府高官.
gaz·et·teer /gæ̀zətíər/ *n* 地名辞典, 《ワイン・レストランなどの》地域分布辞典, 地名索引; 《古》(官報)記者. [F<It; ⇨ GAZETTE]
gazi ⇨ GHAZI.
Ga·zi·an·tep /gɑ̀ːziɑːntép/ ガジアンテップ《トルコ南部のシリア国境付近にある市; 旧称 Aintab》.
ga·zíllion /gə-/ *n, a* 《口》 膨大な[ものすごい]数(の). ♦ **-lionth** /-θ/ *a* [*ga-*<*ker-*]
ga·zil·lion·aire /gəzɪ̀ljənέər, ––––́–/ *n* 超億万長者.
ga·zin·kus /gəzíŋkəs/, **-zun-** /-zʌ́ŋ-/ *n**《口》何とかいうもの, ちょっとした装置, 代物 (gadget).
ga·ziz·zey /gəzízi/ *n**《口》ばか, 低能, そこつ者.
ga·zob /gəzɑ́b/ *n* 《口》ばか, まぬけ, そこつ者.
gazogene ⇨ GASOGENE.
ga·zon·ga /gəzɔ́(ː)ŋgə, -zʌ́ŋ-/ *n* [*pl*] 《俗》おっぱい; *《俗》お尻, けつ. [C20<?]
gazoo, gazool ⇨ KAZOO[2].
ga·zoo·n(e)y /gəzúːni/ *《俗》 *n* 若い浮浪者, 青二才, 若造; 若いホモ; 乱暴者, 用心棒.
ga·zoo·zle /gəzúːz(ə)l/ *vt**《俗》だまくらかす, ひっかける. [*bamboozle* にならったもの]
gaz·pa·cho /gəzpɑ́ːʧou, gəs-; -pǽʧəu/ *n* (*pl* ~s) ガスパーチョ《トマト・タマネギ・キュウリなどの刻んだ生野菜・オリーブ油・ガーリック・香料・パン粉などを入れた冷たい濃厚なスープ》. [Sp]
ga·zump /gəzʌ́mp/, **-zumph** /-zʌ́m(p)f/ "《口》 *vt, n* だます[だまし取る](こと), 《特に》〈家屋の買手を〉約束の価格を吊り上げてだます(こと); 〈価格を〉最後になって吊り上げる, ふっかける. ♦ **~·er** *n* [C20<?]
ga·zun·der /gəzʌ́ndər/ *vt, n* "《口》〈不動産の売手〉に対して契約破棄をちらつかせて大幅に値下げさせる(こと) (opp. *gazump*). ♦ **~·er** *n* [*gazump*+*under*]
gazunkus ⇨ GAZINKUS.
gaz·welch /gəzwélʧ/ *vt* "《口》 GAZUNDER.
GB /ʤìːbíː/ *n* SARIN《コード名》.
Gb, GB 〖電算〗gigabit(s) ♦〖電算〗gigabyte(s). **GB** *《俗》goofball ♦ °Great Britain. **GBA** Alderney.
GBE 〖英〗(Knight [Dame]) Grand Cross (of the Order) of the British Empire.
GB'ed /ʤìːbíːd/ *a**《俗》薬(ﾔｸ)でラリって. [goof*b*alled]
GBG Guernsey. **GBH** °grievous bodily harm. **GBJ** Jersey. **GBL** gamma-butyrolactone. **GBLT** gay, bisexual, lesbian, transgender. **GBM** °Isle of Man.
Gbo·wee /bóui/ ボウイー **Leymah** ~ (1972–)《リベリアの平和活動家; ノーベル平和賞 (2011)》.
GBP Great Britain Pound イギリスポンド.
G.B.S. George Bernard SHAW.
g'·bye /gəbáɪ/ *int* 《口》さよなら, じゃあね.
Gbyte 〖電算〗gigabyte(s). **GBZ** Gibraltar. **GC** °gas chromatograph ♦ gas chromatography ♦〖英〗°George Cross ♦ °golf club ♦〖英〗°Grand Cross. **GCA** 〖空〗°ground-control(led) approach ♦ Guatemala. **g-cal(.)** °gram calorie(s).
GCB 〖英〗(Knight [Dame]) Grand Cross (of the Order) of the Bath.
GCD, g.c.d. 〖数〗°greatest common divisor.
GCE 〖英教育〗°General Certificate of Education.
GCF, g.c.f. 〖数〗°greatest common factor.
GCH gas central heating.
GCHQ 〖英〗°Government Communications Headquarters.
GCI °ground-controlled interception.
G clef /ʤíː –́–/ 〖楽〗ト音記号 (=*treble clef, violin clef*)《高音部記号; ⇨ CLEF》.
GCM, g.c.m. 〖数〗°greatest common measure. **GCM** °General Court-Martial. **GCMG** 〖英〗(Knight [Dame]) Grand Cross (of the Order) of St. Michael and St. George.
G-cramp /ʤíː –́–/ *n* G クランプ《木材の接着に使う締めつけ金具》.
GCS °Glasgow coma scale. **GCSE** 〖英〗°General Certificate of Secondary Education. **GCT** °Greenwich civil time.
GCVO 〖英〗(Knight [Dame]) Grand Cross of the Royal Victorian Order.
G.D., g.d. /ʤìːdíː/ *a* 《俗》[*euph*] いまいましい, べらぼうな (goddamned).
gd good. **Gd** 〖化〗gadolinium. **GD** °Grand Duke [Duchess, Duchy]. **GD&WVVF** 《E メールなどで》grinning, ducking, and walking very, very fast (cf. GDR).
Gdańsk /gədɑ́ːnsk, -dǽnsk/ グダンスク (*G* Danzig)《ポーランド北部のグダンスク湾に臨む港湾都市》. ■ the **Gúlf of ~** グダンスク湾《バルト海南岸の湾; 西側はポーランド領, 東側はロシアの飛び地》.
g'·day /gədéɪ/ *int* 《豪》GOOD DAY.
GDI /ʤíːdìːáɪ/ *n* 〖電算〗GDI《GUI 環境のプログラミングにおいて, ダイアログボックスなどを生成するもの》. [*G*raphical *D*evice *I*nterface]
Gdn(s) Garden(s). **GDP** 〖経〗°gross domestic product.
GDR °German Democratic Republic ♦《E メールなどで》grinning, ducking, and running《過激な発言をしたあと, 物が飛んでくるから逃げろ, と冗談めかして言うもの》. **gds** goods.
g'd up ⇨ GEED UP.
Gdyn·ia /gədíniə/ グディニア《ポーランド北部 Gdańsk の北北西, グダンスク湾に臨む港湾都市》.
ge /ʤíː/ *n* GEE[4].
Ge[1] /ʤíː, géɪ/ 〖ギ神〗ゲー (⇨ GAEA).
Ge[2] /ʒéɪ/ *n* **a** (*pl* ~, ~s) ジェ族《主にブラジル東部のインディオグループ》. **b** ジェ語.
ge- /ʤíː, "ʤí/, **geo-** /ʤíːou, ʤíːə, "ʤíəu, "ʤíə/ *comb form* 「地球」「土地」「土壌」「地理学」 [Gk *gē* earth]
g.e. 〖製本〗gilt edges. **Ge** 〖化〗germanium.
GE 〖米〗°General Electric.
-gea ⇨ -GAEA.
gean /gíːn/ *n* 〖植〗セイヨウミザクラ (sweet cherry); 《スコ》WILD CHERRY.
ge·anticlínal /ʤìː-/ *a, n* 〖地質〗地背斜 (geanticline) (の).
ge·ánticline /ʤìː-/ *n* 〖地質〗地背斜 (opp. *geosyncline*).
gear /gíər/ *n* **1 a** 〖機〗歯車(装置), ギア; [°*pl*] 伝動装置, 《車の》変速装置; 《伝動装置の》かみ合い位置: grind [crash] the ~s 車のギアをきしませる / reverse ~ 後退ギア / HIGH [LOW, TOP, FIRST, BOTTOM] GEAR. **b** 《馬などの》引き具 (harness), 《船の》索具 (rigging); 《飛行機の》着陸装置 (landing gear). **2 a** 《大きな機械の一部を構成する》装置; 道具, 用具; 《古》武具: fishing ~ 釣具. **b** 《一般に》用具, 装備; 家具; 身のまわり品; 衣服, 衣類: rain ~ 雨具 / designer ~. **3** 《俗》盗品; "《俗》麻薬. **4** "《俗》高級, 上品さ. **5** 《俗》星印 (asterisk) (*). **6** 《方·古》 **a** 話し, 講話 (talk), たわごと. **b** できごと, 行為, ふるまい. ● **get [click] into ~** 歯車がかみ合う; 作動[機能]し始める; 軌道に乗る. **give** sb **the ~s** 《カナダ》人を苦しめる. **in ~** ギアがかかって[はいって], 〈人が〉車のギアを入れて; 準備が整って, 円滑に運転して, 調子よく: throw [get, put, set]...*in* [*into*] ~ ...のギアを入れる; ...の準備[調子]を整える / get oneself [one's ass 《卑》] *in* ~ 《口》行動を起こす, のらくらしない, 本腰を入れる, しゃんとする. **move [shift, step] up a ~** ギアを上げる; "《スポーツなどで》やる気を出す, 本気になる. **out of ~** ギアが抜けて, 〈人が〉車のギアを抜いて; 調子が狂って: throw [put]...*out of* ~ ...のギアを抜く; ...の運転を妨げる, 調子を狂わせる. **shift [change, switch] ~** 《車の》ギアを変える; 方法[手]を変える. **slip a ~** しくじる. **That's [It's] the ~.** "《俗》いいじゃん, 気に入った. ► 《俗》 *a* 魅力的な; すばらしい, 最高の. ► *vt* **1** ...にギア[伝動装置]を取り付ける; 〈馬など〉に引き具を付ける 〈*up*〉. **2 a** 〈機械を〉連動させる 〈*to*〉; ...のギアを入れる. **b** 合うようにする, 適応させる 〈*to, toward, for*〉; 付随させる 〈*to*〉: a nation ~*ed for* war 臨戦態勢の国. ► *vi* 〈歯車が〉かみ合う 〈*into*〉; 〈機械が〉連動する 〈*with*〉; 適合する 〈*with*〉. ● **~ down** 低速ギアにする, シフトダウンする; 〈活動·生産などを〉抑制する, 下げる. **~ level** 平速ギアにする. **~ up** 高速ギアにする, シフトアップする; 促進する; 準備[用意]する[させる], 態勢を整える 〈*for*〉: ~ one*self up to* fight 戦う準備をする. ♦ **~·less** *a* ギアを介さない, 直結の. [ON *gervi*; cf. OE *gearwe* equipment, *gearu* ready]
géar·bòx *n* **1** 〖機〗歯車箱, ギアボックス (transmission). **2***《俗》ばか, あほう, とんま.
géar càse 〖機〗歯車箱, ギアケース.
géar chànge "〖機〗ギア転換装置 (gearshift*).
géar clùster 〖機〗CLUSTER GEAR.
géar cùtter 〖機〗歯切(ﾊｷﾞﾘ)刃物, 歯切盤.

geared /gíərd/ *a* **1** ギアのある; ギアがかかって[はいって]いる. **2** [º〜 up] 《俗》 酔っぱらって; [º〜 up] 《俗》 興奮して, 熱狂して, ハイになって; *《俗》 同性愛で. **3** ‖【金融】〈企業が〉負債の自己資本に対する比率が…な: a highly 〜 company
géar·hèad *《俗》 *n* とんま (gearbox); プログラマー; 《コンピューターなどの》先端機器マニア[おたく]; カーきち.
géar·ing *n* **1** 伝動装置取付け; 伝動装置, 歯車装置; 伝動, 連動: *in* [*out of*] 〜 伝動して[しないで]. **2** ‖【金融】 資金調達力比率.
géar-jàmmer *n* *《俗》 トラック運転手, バス運転手.
géar lèver‖ GEARSHIFT.
géar pùmp 【機】ギアポンプ, 歯車ポンプ《かみ合った一対の歯車により液体を駆送する》.
géar ràtio 【機】歯車比, 歯数(はかず)比, ギア比.
géar·shìft* *n* 【機】ギア転換装置, 《特に 自動車の》変速レバー (gear lever‖).
géar stìck‖ GEARSHIFT.
géar tòoth 歯車の歯.
géar tràin 【機】歯車列, ギアトレーン《シャフトからシャフトへ運動を伝える》.
géar whèel 【機】大(おお)歯車《歯数の多いほう》.
Geat /gíːt, géɪət, jǽət, jéɪət/ *n* (*pl* **〜s, Geat·as** /-tàːs/) イェーアト族《スウェーデン南部にいて, 6 世紀に Swedes に征服された民族》. ♦ **〜·ish** *a*
Geb /gέb/ 【エジプト神話】ゲブ (=*Keb, Seb*)《大地の男神; 天空の女神 Nut の兄で夫; Osiris, Isis などの父》. [Egypt]
geb·el /gέbəl, ʤέb-/ *n* JEBEL.
Gebel Katherina ⇨ KATHERINA.
Gebel Musa ⇨ MUSA.
Ge·ber /ʤíːbər/ ゲベル《(1) JĀBIR IBN ḤAYYĀN の別称; Jābir のラテン語形 2) 14–15 世紀に流布した錬金術・冶金術に関する書物の著者が前者にちなんで用いた名》.
gecko /gέkoʊ/ *n* (*pl* **géck·os, -oes**) 【動】ヤモリ. [Malay (imit); 鳴き声から]
GED 【米】 General Educational Development (tests) ♦【米】 general equivalency diploma《高校を出ていない人が General Educational Development などの学力検定試験に合格すると授与される高卒と同等の証書》.
ge·dank·en·ex·per·i·ment /gədáːŋkənɪkspèrəmənt/ *n* THOUGHT EXPERIMENT. [G]
ged·dit /gέdət/ *int* ‖《口》《自分の駄じゃれやごろ合わせに対して》どうだうまいだろ, うーん すばらしい! [*get it*]
ge·deckt /gədέkt/, **ge·dac(k)t** /gədáːkt, -dǽkt/ *n* 【楽】《オルガンの》閉管ストップ《フルートに似た音を出す唇管ストップ》. [G *gedeckt* covered]
Ge·diz /gədíːz/ [the] ゲディズ川《トルコ, 小アジア西部を西流して, エーゲ海の Izmir 湾に注ぐ; 別称 Sarabat》.
ge·dunk /gidʌ́ŋk, gíːdʌ̀ŋk/ *n* *《俗》 アイスクリーム(ソーダ), キャンディー, お菓子, スナック. [C20<?]
gee[1] /ʤíː/ *int* はいはい, 前へ, 急げ ‹*up*›《牛馬に対する掛け声》; 右へ回れ, 右へ進め《牛馬に対する掛け声, また スクエアダンスの号令; opp. *haw*》. ► *n* ‖《俗》 馬 (horse). ► *vi, vt* ‖《口》 促す, せきたてる ‹*up*›. [C17<?]
gee[2], **jee** /ʤíː/ *int* *《口》 誓って, おや, あらまあ, これは(驚いた), ワーッ, ヘー, やれやれ, しまった, チェッ, ええーっ, ほんとに! (gee whiz). ● HOLY **〜!** [? *J*esus or *J*erusalem]
gee[3] /ʤíː/ *n* 《アルファベットの》G, g; *《俗》 1000 ドル (grand); *《俗》 金 (money): hip 〜 くろうとの賭け金.
gee[4] /ʤíː, gíː/ *《俗》 *n* 人, やつ; 囚人のボス, 牢名主. [guy]
gee[5] /ʤíː/ 《方・口》 *vi* うまく合う. [C18<?; gee[2] からか]
gee[6] /gíː, ʤíː/ *n* 《俗》 アヘン, 麻薬. [? gear]
gee[7] /ʤíː/ *n* *《俗》 1 ガロンの酒, 一杯. [gallon]
gee[8] /ʤíː/ *a* 《俗》 へどの出そうな, やーな. [gross]
gee[9] /ʤíː/ *n* *《俗》 銃, ピストル, ガン (gun). [gun, gat]
gee[10] /ʤíː/ *n* 《俗》《呼び売り商人・見せ物師が見物人の間に潜ませておく》相棒, 手下, サクラ (=**〜 màn**).
gee·bung /ʤíːbʌŋ/ *n* **1** 【植】豪州産ヤマモガシ科 *Persoonia* 属の木(の果実). **2** 《豪古俗》 原地生まれの粗野なオーストラリア人, オーストラリアの田舎者. [(Austral)]
Gee·chee /gíːʧi/ *n* GULLAH; *《俗》 [*derog*] 南部の田舎者の黒人; *《俗》 [*derog*] 低地サウスカロライナ州人《特に Charleston 地区出身の人》.
gee·dunk /gɪdʌ́ŋk, gíːdʌ̀ŋk/ *n* *《俗》 GEDUNK.
géed [**g'd**] **úp** /gíːd-, ʤíːd-/ *《俗》 *a* 〈乞食など〉びっこの; 〈硬貨が〉すりへった, 古い; 薬(やく)でいい気分になった.
gee·dus /ʤíːdəs/, **-tis, -tus** /-təs/ *n* *《俗》 ぜに, 金.
gee·gaw /ʤíːgɔ̀ː, gíː-/ *n* GEWGAW.
gée-gèe[1]‖ *n* 《幼児・口》 おんま, 馬, 《特に》競走馬; [the 〜s] 競馬. [*gee*[1]]
gee-gee[2] ⇨ GIGI.
geeheemy ⇨ JAHEEMY.
gée-hó, gée-(h)úp, gée-wó *int* GEE[1].
geek[1] /gíːk/ *n* 《口》 おもしろみのないやつ, くそまじめ学生; 《口》 おたく, …狂; 《口》 奇人, 変人; *《俗》《生きたヘビや鶏の首を食いちぎってみせる》奇態な見世物師; 蛇使い: a computer 〜 コンピューターおたく. ► *vi* [次の成句で]: **〜 out** ガリ勉する. ♦ **géeky** *a* **géek·i·ness** *n* [?Sc *geck* fool]
geek[2] *n, vi* 《豪口》 (じろじろ)見る(こと) (look): have a 〜 at…を見る. [‖(dial) to peep, spy]
geek·a·zoid /gíːkəzɔ̀ɪd/ *n* *《俗》《社会性を欠く》いやなやつ, 変人, おたく (nerd).
géek-chíc *a* *《俗》 変なやつ[はぐれ者]だけが好む, やぼな.
géek·dom *n* *《俗》 おたくの世界[集団].
geeked /gíːkt/ *a* 《俗》 夢中になって, はまって ‹*about*›.
géek·spèak *n* 《俗》 おたくの用語[俗語].
geel·bec, -bek, -beck /gíːlbὲk/ *n* 【鳥】キバシガモ《アフリカ産》; 【魚】南アフリカ海域のニベの一種 (=*Cape salmon*). [Afrik]
Gee·long /ʤəlɔ́(ː)ŋ, ʤi-, -láŋ/ ジロング《オーストラリア Victoria 州南部の市・港町; Melbourne の南西, Port Phillip 湾に臨む》.
geel·slang /gíːlslæ̀ŋ/ *n* 《南ア》 CAPE COBRA. [Afrik]
Géel·vink Báy /géɪlvɪŋk-/ ヘールヴィンク湾《CENDERAWASIH 湾の旧称》.
geep /gíːp/ *n* ヤギと羊のキメラ (=*shoat*). [goat+sh*eep*]
gee·po /ʤíːpoʊ/ *n* (*pl* **〜s**) *《俗》 スパイ, 'いぬ'.
gée pòle /ʤíː-/ 犬ぞりの梶棒.
gée·pòund /ʤíː-/ *n* 【理】 SLUG[2]. [*gee*=gravity]
Geertz /gə́ːrts/ ギアツ **Clifford** (**James**) 〜 (1926–2006)《米国の文化人類学者; シンボルの解釈を課題とする人類学を提唱した》.
geese *n* GOOSE の複数形.
Geesh /gíːʃ/ *int* *《口》 あーあ, 何てこった, うひゃー《驚き・嫌悪を示す》.
geest /gíːst, géɪst/ *n* 【地質】沖積層; 風化土. [LG]
gée strìng /ʤíː-/ ふんどし, バタフライ (G-string).
geetis, geetus ⇨ GEEDUS.
geets /gíːts/ *n pl* *《俗》 ドル, ぜに, 金. [GETS]
gee whil·li·kers /ʤíː (h)wílɪkərz/, **gee whil·li·kins** /-(h)wílɪkənz/ *int* 《口》 GEE WHIZ.
gée-whíz *《口》 *a* 世間をあっといわせる, 人目をひく, めざましい; 俗うけをねらう, 誇張に走る: 〜 journalism.
gée whíz[1], **gée whízz** /ʤíː-/ *《口》 *int* ウワー, ヒェー, おやまあ, おいおい!《感嘆・驚きなどを示す》. ► *n* あっといわせる[はっとさせる]もの, すばらしいもの.
gée whíz[2] /ʤíː-/ *《俗》 武装スリ. [*gee*[9], *whiz* pickpocket]
gee-wo ⇨ GEE-HO.
geez, geeze /ʤíːz/ *int* [ºG-] 《俗》 JEEZ.
Ge·ez, Ge'ez /giέz, gíːὲz, géɪ-/ *n* ゲーズ語, 古代エチオピア語 (Ethiopic).
geezed /gíːzd/ *a* [º〜 up] *《俗》 酔っぱらった, 薬(やく)でたかぶった.
gee·zer /gíːzər/ 《俗》 *n* 変人, 変なじじい; 人, 男, やつ, おっさん; *ウイスキー, 酒; *麻薬の注射[吸入]: a bit of 〜 やばいやつ. ♦ **〜·hòod** *n* 老年期, 人生のたそがれ時. [*guiser* (dial) mummer]
gee·zil /gíːz(ə)l/ *n* *《俗》 本当の名前がわからないもの.
gee·zo /gíːzoʊ/ *n* (*pl* **〜s**) *《俗》《長期の》囚人, 罪人. [? *geezer*]
gée·zy àddict /gíːzi-/ *《俗》 薬の種類を選ばない麻薬常用者.
GEF Global Environmental Facility 地球環境ファシリティ.
ge·fil·te [**ge·füll·te**] **fish** /gəfíltə ―/ 【ユダヤ料理】ゲフィルテフィッシュ《マス・コイなどを刻み, 卵・タマネギなどを混ぜてだんごにしてスープで煮込んだ料理》. [Yid=filled fish]
ge·gen·schein /géɪgənʃàɪn/ *n* [ºG-] 【天】対日(たいじつ)照 (=*counterglow*)《太陽と反対側の天空に見える微光》. [G]
Ge·hen·na /gɪhénə/ **1** 【聖】ゲヘナ《Jerusalem の近くの, 幼児犠牲が行なわれていた 'ヒンノムの谷'; *2 Kings* 23: 10》. **2** 苦難の地, 悲惨な状況; 地獄 (hell).
geh·len·ite /géɪlənàɪt/ *n* 【鉱】ゲーレン石, ゲーレナイト《正方晶系で灰緑色・褐色》. [Adolph F. *Gehlen* (1775–1815) ドイツの化学者]
Geh·rig /gérɪg/ ゲーリッグ **'Lou'** 〜 [**Henry Louis** 〜] (1903–41)《米国のプロ野球選手; Yankees の大打者; あだ名 Iron Horse; 生涯打率 .341; cf. LOU GEHRIG'S DISEASE》.
Geh·ry /géəri/ ゲーリー **Frank O**(**wen**) 〜 (1929–)《カナダ生まれの米国の建築家》.
Géi·ger còunter /gáɪgər-/, **Geiger-Mül·ler counter** /―mjúːlər ―, -mí-, -mʌ́-/ 【理】 GEIGER-MÜLLER TUBE; ガイガー(-ミュラー)計数器, GM 計数器《宇宙線・放射線の検出・測定用装置》. [Hans *Geiger* (1882–1945) ドイツの物理学者, Walther *Müller* (1905–79) ドイツの物理学者]
Geiger-Müller tube /―――/, **Géiger tùbe** 【理】ガイガー(-ミュラー)(計数)管《Geiger counter 用放射線計数管》.
Géi·gers *n pl* 《口》 放射性粒子, '放射能'.
G8 ⇨ GROUP OF EIGHT.
Gei·kie /gíːki/ ギーキー Sir **Archibald** 〜 (1835–1924)《スコットランドの地質学者》.
Geim /gáɪm/ ガイム **Andre** (**Konstantinovich**) 〜 (1958–)《ロシア生まれのオランダの物理学者; 二次元物質グラフェン (graphene) に

関する革新的な実験によりノーベル物理学賞 (2010)》.
Gei·sel /gáɪz(ə)l/ ガイゼル **Theodor Seuss** ～ (1904–91)《米国の作家・さしえ画家; 筆名 Dr. Seuss; 絵本の著者で, 小さい子供に人気がある》.
gei·sha /géɪʃə, *gíː-/ *n* (*pl* ～, ～**s**) 芸者 (=～ **gìrl**). [Jpn]
Géiss·ler tùbe /gáɪslər-/ 〖電〗ガイスラー管《真空放電の放電管》. [Heinrich *Geissler* (1814–79) ドイツのガラス吹き職人]
Geist /gáɪst/ *n* 精神, 霊魂; 知的感受性, 知的情熱. [G=spirit]
gei·to·nog·a·my /gàɪt(ə)nágəmi/ *n* 〖植〗隣花受粉《同株他花による》. ♦ **gèi·to·nóg·a·mous** *a* [Gk *geitōn* neighbor]
Ge·jiu, Ko·chiu /gáːʤiúː/ 箇旧(かきゅう)(コーチウ)《中国雲南省南部の市》.
geke /gíːk/ *n**《俗》GEEK[1].
gel[1] /ʤél/ *n* 〖理・化〗ゲル《コロイド溶液が流動性を失ったゼリー状態; cf. SOL[4]》; ゼリー状のもの; 〖劇〗ゼラチン (gelatin); ジェル《ゼリー状の整髪料・洗顔料など》. ► *vi* (**-ll-**) ゲル化する; 〈考え・計画などが〉まとまる, 具体化する; 《集団として》まとまる, 団結する; しっくりいく 〈*with* sb〉; *《俗》ゆっくりする, くつろぐ, 気を鎮める. ► *vt* 〈髪を〉ジェルで整える. ♦ ～**·able** *a* [*gel*atin]
gel[2] /gél/ *n*"《俗》GIRL《特にパブリックスクールの生徒》; 良家の子女[娘]. [英国上流階級の girl の発音から]
gel·a·da /ʤélədə, gé-, ʤəláːdə, gə-/ *n* (*pl* ～, ～**s**) 〖動〗ゲラダヒヒ (=～ **babóon**)《アフリカ東北部産》. [Arab]
ge·län·de·läu·fer /gəléndəlɔ̀ɪfər/ *n* 〖スキー〗クロスカントリースキーヤー. [G]
ge·län·de·sprung /gəléndəsprʊ̀ŋ, -ʃprʊ̀ŋ/, **gelände jump** /–́ ─–̀ ─/ *n* 〖スキー〗ゲレンデシュプルング《ストックを突いて障害物を飛び越すジャンプ》. [G=open-field jump]
gel·ate /ʤéleɪt/ *vi* 〖理・化〗ゲル化する (gel).
gelati *n* GELATO の複数形.
ge·lat·i·fi·ca·tion /ʤəlæ̀təfəkéɪʃ(ə)n/ *n* GELATINIZATION.
gel·a·tin /ʤélət(ə)n/, **-tine** /, "-tìːn/ *n* ゼラチン; ゼラチン状のもの《寒天・ゼリーなど》; ゼラチン状爆薬 (blasting gelatin); 〖劇〗ゼラチン (gel)《照明装置用の透明着色ゼラチン板》. [F<It; ⇨ JELLY]
ge·lat·i·nate /ʤəlǽt(ə)nèɪt/ *v* GELATINIZE. ♦ **ge·làt·i·ná·tion** *n*
gélatin (drý) plàte 〖写〗ゼラチン乾板.
gélatin dýnamite ゼラチンダイナマイト《ゼリー状のニトログリセリン塊を主成分とする耐水性爆薬》.
gel·a·tin·i·form /ʤèlətínəfɔ̀ːrm/ *a* ゼラチン状の.
ge·lat·i·nize /ʤəlǽt(ə)nàɪz, *ʤélə-/ *vt, vi* ゼラチン化する; 〖写〗ゼラチンでおおう. ♦ **ge·làt·i·ni·zá·tion** /, *ʤèlə-/ *n*
ge·lat·i·noid /ʤəlǽt(ə)nɔ̀ɪd/ *a, n* ゼラチン様[状]の(物質).
ge·lat·i·nous /ʤəlǽt(ə)nəs/ *a* ゼラチン状の; ゼラチンの[を含む]; 安定した. ♦ ～**·ly** *adv* ～**·ness** *n*
gélatin pàper 〖写〗ゼラチン感光紙.
gélatin pròcess 〖印〗ゼラチン版法《ゼラチン凸版・コロタイプ版・こんにゃく版など》.
ge·la·tion[1] /ʤɪléɪʃ(ə)n/ *n* 凍結, 氷結. [L *gelatio*]
gel·ation[2] /ʤeléɪʃ(ə)n, ʤə-/ *n* 〖化〗ゲル化. [GEL[1]]
ge·la·to /ʤəláːtoʊ, ʤɛ-/ *n* (*pl* **-ti** /-ti/, ～**s**) ジェラート《空気をあまり含まないイタリア風の柔らかいアイスクリーム》.
gél·càp *n* ジェルキャップ《飲みやすいようゼラチンコーティングを施したカプセル》.
gél·còat *n* ゲルコート《繊維ガラスをコーティングするためのポリエステル樹脂》.
geld[1] /géld/ *vt* (～**·ed, gelt** /gélt/) 〈馬などを〉去勢する; 骨抜きにする. ♦ ～**·er** *n* [ON (*gelder* barren); cf. OE *gelte* young sow]
geld[2] *n* 〖英史〗《地主が君主に上納した》税, 上納金, ゲルド. [OE =service, tribute; cf. YIELD]
geld[3] ⇨ GELT[2].
Gel·der·land, Guel- /géldərlæ̀nd, xéldərlɑ̀ːnt/ ヘルダーラント《オランダ東部の州; ☆Arnhem》.
géld·ing *n* 去勢馬, 去勢獣; 《古》宦官(かんがん). [GELD[1]]
Gel·dof /géldɔ̀(ː)f, -dʌ̀f/ ゲルドフ Sir **'Bob'** ～ [**Robert Frederick Zenon** ～] (1951–)《アイルランドのロック歌手; アフリカ飢餓救済基金 Band Aid を設立し, 同じくアフリカ飢餓救済のための Live Aid を開催》.
gele /géli/ *n* ゲレ《アフリカ女性の髪飾り》.
ge·lech·i·id /ʤəlékiəd/ *n, a* 〖昆〗キバガ(科の)《バクガ・ジャガイモガなど》.
ge·lée /ʒəléɪ/ *n* 《氷が張る》寒さ; ゼリー (jelly); ゼリー状の化粧品. [F]
gél electrophorésis 〖化〗ゲル電気泳動(法)《ゲル中で試料の分析あるいは分離を行なう電気泳動の総称》.
gél filtrátion [chromatógraphy] ゲル濾過[クロマトグラフィー]《高分子溶液をゲルを詰めたカラムに通し, 分子の大きさに応じて分離する方法》.
Ge·li·bo·lu /gèləbəlúː/ ゲリボルー《GALLIPOLI のトルコ語名》.
gél ìce ジェルアイス《ジェル状の保冷剤》.
gel·id /ʤéləd/ *a* 氷のような, 凍るような, 極寒の (icy); 冷淡な (frigid). ♦ ～**·ly** *adv* **ge·lid·i·ty** /ʤəlídəti/ *n*
gel·ig·nite /ʤélɪgnàɪt/ *n* 桜ダイナマイト, ゼリグナイト《硝酸カリウム[ナトリウム]を混合》. [*gel*atin, L *ign*is fire, *-ite*]
gel·lant, gel·ant /ʤélənt/ *n* ゲル化剤.
Gel·lée /*F* ʒəle/ ジュレ **Claude** ～《CLAUDE LORRAIN の本名》.
Gel·ler /gélər/ ゲラー **Uri** ～ (1946–)《超能力者と称したイスラエル人; 1970 年代に念力でフォークなどを曲げたり止まった時計を動かしたりする実験で有名になった》.
Gel·lert /gélərt/ 猟犬ゲラート《ウェールズ伝説に現われる Prince Llewelyn の忠犬; 主人の愛児を身をもって守ったが, 主人に誤解されて殺された; 英国の詩人 William R. Spencer (1769–1834) のバラッドで知られる》.
Gell-Mann /gélmɑ̀ːn, ─ ─, gèlmǽn/ ゲルマン **Murray** ～ (1929–)《米国の理論物理学者; 素粒子の分類と相互作用を研究; ノーベル物理学賞 (1969)》.
gel·ly /ʤéli/ *n* 《俗》桜ダイナマイト (gelignite).
gél permeàtion chromatógraphy 〖化〗ゲル浸透クロマトグラフィー.
gel·se·mi·um /ʤelsíːmiəm/ *n* (*pl* ～**s, -mia** /-miə/) ゲルセミウム根《yellow jessamine の根; 鎮静剤に用いた》. [NL<It JASMINE]
Gel·sen·kir·chen /gèlz(ə)nkíərxən/ ゲルゼンキルヒェン《ドイツ西部 North Rhine-Westphalia 州の市; Ruhr 地方の工業都市》.
gelt[1] /gélt/ *v* GELD[1] の過去・過去分詞.
gelt[2] /gélt/, **geld** /géld/ *n* 《俗》金, ぜにこ. [D, G&Yid]
gem /ʤém/ *n* **1 a** 宝石, 宝玉, 玉《装飾用にカットして研磨した貴石[半貴石]》; 貴金属装身具 (jewel): ～ cutting 宝石研磨(術). **b** 宝石のように美しい[完璧な]もの[人]; 《口》すばらしい人; 至宝, 珍宝, 珠玉, 粋(すい) 〈*of*〉: the ～ *of* one's collection 蒐集品中の逸品 / a ～ *of* a boy 玉のような男の子. **2** "〖印〗ジェム《brilliant と diamond の中間の 4 ポイント活字; ⇨ TYPE》. **3***軽焼きパン (muffin) の一種; 《NZ》《小さな》ケーキ. ► *vt* (**-mm-**) …に宝石をちりばめる, 宝石で飾る; 美しく飾る; …から宝石を採取する. ♦ **gém·lìke** *a* [OF<L *gemma* bud, jewel]
gem- /ʤém/ *comb form* 〖化〗「ジェム… (geminal)」: *gem*-dichloride.
GEM /, ʤém/ °gender empowerment measure ♦ °ground-effect machine.
Ge·ma·ra /gəmáːrə, -mɔ́ːrə/ *n* [the] 〖ユダヤ教〗ゲマラ《Talmud のうち, Mishna に対する解説部分》; TALMUD. ♦ **-má·ric** *a* **-má·rist** *n*
ge·ma·tria /gəméɪtriə, gìːmətríːə/ *n* ゲマトリア《同じ文字数の語と入れ替えて隠れた意味を解読しようとする, 旧約聖書のカバラ主義的解釈法》. [Heb<Gk GEOMETRY]
Gé·meaux /ʒeɪmóʊ/ *n* ジェモー《カナダ映画テレビアカデミーがフランス語によるすぐれたテレビ番組に授与する賞; また受賞者に与えられる小立像》.
ge·mein·schaft /gəmáɪnʃɑːft/ *n* (*pl* **-schaf·ten** /-tən/) [°G-] 共同社会, ゲマインシャフト《親密な相互の感情を特徴とする自然的に発生した有機的社会関係; それに基づく集団; cf. GESELLSCHAFT》.
gem·el /ʤém(ə)l/ *n* 〖紋〗双線.
gem·fi·bro·zil /dʒɛmfáɪbrəzɪl, -fíb-/ *n* 〖薬〗ゲムフィブロジル《血液中のトリグリセリドのレベルを下げる高リポタンパク血症治療薬》.
gém·fìsh *n* 《豪》ミナミカゴカマス《クロタチカマス科カゴカマス属の食用魚》.
gem·i·nal /ʤémənl/ *a* 〖化〗1 対の原子(団)が同一の原子に結合した《記号 gem-》. ♦ ～**·ly** *adv*
gem·i·nate *v* /ʤémənèɪt/ *vt, vi* 二重にする[なる]; 対に並べる[並ぶ]; 〖言〗〈子音を〉重複させる. ► *a* /-nət, -nèɪt/ 双生の, 一対の, 二つなりの; 〖言・音〗《子音が》重複した. ♦ **-nàt·ed** *a* ～**·ly** *adv* [L *geminat- gemino* to double; ⇨ GEMINI]
gem·i·na·tion /ʤèmənéɪʃ(ə)n/ *n* 二重, 重複, 反復, 双生; 〖音〗子音重複; 〖言〗子音字重複; 〖修〗《修辞的効果をねらった》語句反復.
Gem·i·ni /ʤémənàɪ, -nìː/ *n* 〈*sg*〉 **1** 〖天〗ふたご座 (双子座) (Twins)《星座》, 《十二宮の》双児(そうじ)宮 (⇨ ZODIAC; cf. CASTOR AND POLLUX); ふたご座生まれの人 (=*Geminian*). **2** ジェミニ《主としてランデブーとドッキングの実験を行なった米国の 2 人乗り宇宙船; 12 号まで (1964–67)》. ► *int* これはこれは(驚いた)! [L=twins]
Gem·i·ni·an /ʤèmənáɪən, -níː-/, **-né·an** /-níː-/ *a, n* ふたご座生まれの(人).
Gem·i·nids /ʤémənɪdz/ *pl* 〖天〗ふたご座流星群《12 月 13 日ころ最大になる流星群; ふたご座 (Gemini) から流れてくるように見える》.
gem·ma /ʤémə/ *n* (*pl* **-mae** /-mìː/) 〖植〗無性芽《母体から離れて新個体となる栄養繁殖器官》; 《広義で》芽 (bud); CHLAMYDOSPORE; 〖動〗GEMMULE. ♦ **gem·ma·ceous** /ʤɛméɪʃəs/ *a* [L GEM]
gem·mate /ʤémèɪt/ 〖植〗*a* 無性芽 (gemmae) を有する[で繁殖する]. ► *vi* 発芽する; 無性芽によって繁殖する.
gem·ma·tion /ʤɛméɪʃ(ə)n/ *n* 〖植〗無性芽生殖; 〖動〗芽球 (gemmules) 形成.

gem·mif·er·ous /ʤɛmíf(ə)rəs/ *a* 宝石を産出する;〔植〕無性芽で繁殖する.

gem·mip·a·rous /ʤɛmíp(ə)rəs/ *a*〔生〕発芽する; 発芽生殖する. ♦ **~·ly** *adv*

gem·mu·la·tion /ʤɛmjəléɪʃ(ə)n/ *n* GEMMATION.

gem·mule /ʤɛ́mjul/ *n*〔植〕小無性芽;〔動〕《海綿の》芽球;〔生〕ジェミュール《Darwin の PANGENESIS 説で仮定された獲得形質の遺伝粒子》.

gém·my *a* 宝石をはめた; 宝石のような, きらめく.

gem·ol·o·gy, gem·mol- /ʤɛmáləʤi/ *n* 宝石学. ♦ **-gist** *n* 宝石学者[鑑定人]. **gèm·(m)o·lóg·i·cal** *a*

ge·mot, -mote /gəmóut, jə-/ *n*〔英史〕《アングロサクソン時代の, 立法・司法上の》集会. [OE *gemōt* MOOT]

gems·bok /gɛ́mzbàk/**, -buck** /-bʌk/ *n* (*pl* ~, ~s)〔動〕ゲムズボック《南アフリカ産の大型の羚羊》. [Afrik]

Gém Stàte [the] 宝石州《Idaho 州の俗称》.

gém·stòne *n* 宝石用原石, 貴石.

gemul ⇨ GUEMAL.

ge·müt·lich /gəmú:tlɪk/ *a* 気楽な; 気持のよい, 快適な; 感じのよい. ♦ **~·keit** /-kàɪt/ *n* 気楽; 快適; 感じのよさ.

gen /ʤɛ́n/ ‖《口》*n* (一般)情報; 真相 (truth). ► *vt, vi* (-nn-) [次の成句で]: **~ up** 情報を得る, 知る, 〈人〉に情報を与える, 教える 〈*about, on*〉. [C20<? *gen*eral information]

G

gen-[1] /ʤɛ́n/**, geno-** /ʤɛ́nou, -nə/ *comb form*「民族」「種類」[Gk *genos* race]

gen-[2] /ʤí:n, ʤɛ́n/**, ge·no-** /ʤí:nou, ʤɛ́nou, -nə/ *comb form*「遺伝子」「因子」 [⇨ GENE]

-gen /ʤən, ʤɛn/**, -gene** /ʤì:n/ *n comb form*「…を生じるもの」「…から生じたもの」: oxy*gen*, endo*gen*. [F<Gk; ⇨ GENE]

gen. gender ♦ general ♦ genitive ♦ genus.

Gen.〔軍〕General ♦〔聖〕Genesis

ge·na /ʤí:nə/ *n* (*pl* **-nae** /-ni/)〔動〕頰(ほお), 頰部(きょうぶ). ♦ **gé·nal** *a* [L]

Gen AF °General of the Air Force.

ge·nappe /ʤənǽp, ʒə-/ *n* ジェナップ《ガス焼きした梳毛糸》. [*Genappe* ベルギーの原産地名]

Genck /xɛ́ŋk/ ヘンク, ゲンク《GENK の旧つづり》.

gen·darme /ʒá:ndà:rm, ʒɔ́ndà:m, ʒɔ̃-/ *n* (*pl* ~s)《ヨーロッパ, 特にフランスの》憲兵;《俗》警官;〔登山〕《尾根の》とがり岩, ジャンダルム. [F (*gens d'armes* men of arms)]

gen·dar·mer·ie, -mery /ʒa:ndá:rməri, ʒɔndá:-, ʒɔ̃-/ *n* 憲兵隊(本部).

gen·der[1] /ʤɛ́ndər/ *n* **1** ジェンダー《社会的・文化的観点からみた性別・性差》. **2**《男女の》性別;《集合的に》男性[女性]たち;〔文法〕性,《古》種類: Both ~*s* should contribute equally. 男女が等しく貢献すべきだ / the masculine [feminine, neuter, common] ~ 男[女, 中, 通]性. [OF (L GENUS)]

gender[2] *vt, vi* ENGENDER.

génder awàreness《職場・学校などにおける》ジェンダー認識[理解].

génder bènder《口》*n* 性別歪曲者, ジェンダーベンダー《男か女か分かりにくい行動・服装をする人[芸能人]》; GENDER CHANGER. ► *a* 男か女か分かりにくくする. ♦ **génder-bènd·ing** *n, a*

génder bìas 性差別, 性による偏見.

génder chànger〔電〕ジェンダーチェンジャー《コネクターのオス-メス変換器》.

génder discriminàtion SEX DISCRIMINATION.

génder dysphòria〔医〕性別違和感, 性別不快感; GENDER IDENTITY DISORDER.

gén·dered *a* 性別[性的特徴]を反映した, 男女どちらかの性に特有の.

génder empòwerment mèasure ジェンダーエンパワーメント指数《女性の政治経済活動への参画度を示す指数》.

génder gàp* 男女差, 性差, ジェンダーギャップ《社会的・文化的行動[態度]にみられる男女間の差, 特に選挙の際の男女間の政治意識の相違》.

génder idèntity disòrder〔心〕性同一性障害.

génder·lèct *n*〔言〕ジェンダーレクト《性別の観点からみた言語変種; 男性[女性]特有のことば[ことばづかい]》.

génder·less *a* 性差のない; 男女を問わない; 性差を伴わない;〔文法〕〈代名詞などが〉性別を明示しない. ♦ **~·ness** *n*

génder-nèutral *a* 性差別のない, 性別を意識させない, 性的に中立な: a ~ word 性差別のない語《firefighter など》; 男女双方を指しうる語《citizen など》.

génder reassignment 性転換.

génder ròle〔心〕性役割《性別によって期待される行動様式・外見などの社会的・心理的特性》.

génder-specífic *a* 男性または女性だけのための, 性限定的な; 男女一方に特徴的な, 性特殊的な.

génder tàx〔カナダ〕性差別税《女性に対してより重い税》.

génder vìolence 女性に対する(家庭内)暴力.

gene /ʤí:n/ *n*〔遺〕遺伝子. ● **be in the ~s** 遺伝による, 遺伝的なものである. [G *Gen* < Pangen<Gk (*pan-* all-, *genēs* born)]

Gene ジーン《男子名; Eugene の愛称》.

ge·ne·a·log·i·cal /ʤì:niəláʤɪk(ə)l, ʤɛ̀n-/**, -ic** *a* 系図の, 系統の; 家系を示す: a ~ table 系図. ♦ **-i·cal·ly** *adv*

genealógical trée《一家・動植物の》系統樹 (family tree).

ge·ne·al·o·gize /ʤì:niǽləʤàɪz, -ál-, ʤɛ̀n-/ *vt* …の系図をたどる[を作る]. ► *vi* 家系[血筋]を調べる[語る].

ge·ne·al·o·gy /ʤì:niǽləʤi, -ál-, ʤɛ̀n-/ *n* 家系, 血筋, 系統, 系図, 系譜; 系図調べ, 系統学, 系図学, 家系学. ♦ **-gist** *n* 系図学者. [OF, <Gk (*genea* race)]

géne amplificàtion〔生〕遺伝子増幅《特定の遺伝子が生物の生活環において多数複製されること; 遺伝子工学で応用されている》.

géne bànk 遺伝子銀行, ジーンバンク.

géne clòning 遺伝子クローニング.

gen·ecólogy /ʤì:n-, ʤɛn-/ *n* 種生態学, ゲネコロギー.

géne convèrsion〔遺〕遺伝子変換.

géne delètion〔遺〕遺伝子欠失.

géne exprèssion 遺伝子発現《遺伝子にコードされた情報を遺伝産物として表現すること》.

géne flòw〔遺〕《同一種・亜種・品種内での》遺伝子拡散, 遺伝子流動.

géne frèquency〔遺〕遺伝子頻度《ある対立遺伝子が集団の中で占める割合》.

géne gùn〔遺〕遺伝子銃, パーティクルガン《DNA を金属粒子にコーティングし, 高圧ガスなどで直接細胞に挿入する遺伝子組換え装置》.

géne insèrtion〔遺〕遺伝子挿入《細胞または動物の遺伝子の目録に, 欠損している遺伝子を挿入すること》.

géne màp〔遺〕遺伝子地図 (genetic map).

géne màpping〔遺〕遺伝(子)地図作成, 遺伝子マッピング《染色体の遺伝子の相対的位置を決定すること》.

géne mutàtion〔遺〕遺伝子突然変異 (point mutation).

géne pòol〔遺〕遺伝子給源, ジーンプール《メンデル集団を構成する全個体の有する遺伝子全体》.

géne pròbe〔生化〕遺伝子プローブ (DNA probe).

genera *n* GENUS の複数形.

gen·er·a·ble /ʤɛ́n(ə)rəb(ə)l/ *a* 生み出しうる, 生成[発生]可能な.

gen·er·al /ʤɛ́n(ə)rəl/ *a* **1 a** 一般の, 総体的な, 全般[全体, 総合]的な, 包括的な, 普遍的な (opp. *special*): a ~ attack 総攻撃 / ~ knowledge 一般的な[広い]知識 / a ~ meeting [council] 総会 / the ~ public 一般社会, 公衆 / ~ welfare 一般の福祉 / a ~ insurer 総合保険会社 / a matter of ~ interest 一般の人が興味をもつ事柄 / a word in ~ use 広く一般に使用される語 / The rain has been ~. この雨は全国的である / There was ~ chitchat around the table. 食卓ではみんながペチャクチャしゃべり始めた. **b**〔医〕全身の〈麻酔〉. **2**《専門的でなく》一般的な; 通常の; 雑多な, 雑用の: ~ affairs 庶務, 総務 / a ~ clerk 庶務係 / a ~ magazine 総合雑誌 / a ~ reader 総合読本 / the ~ reader 一般読者. **3**《詳細でなく》概括的な, 大体の, 概略の, おおよその (opp. *particular, specific*); 漠然とした, あいまいな (vague): a ~ idea [concept] おおまかな考え, 概念 / a ~ outline 概要 / ~ principles 原則 / a ~ resemblance 大同小異 / ~ rules 総則 / in ~ terms 日常的なことばで; 漠然と / in the ~ direction *of* home おおよそ家の方角で[へ] / The statement is too ~. その陳述はあまりに大ざっぱだ. **4**〔英大学〕**a**〈学位が〉普通の (pass) (cf. HONORS). **b**〈学位が〉《数科目にまたがる》一般教養の. **5** 将官級の; [官職名のあとに付けて] 総…, …長(官);《身分・権限が》最上位の (chief): GOVERNOR-GENERAL, ATTORNEY GENERAL, POSTMASTER GENERAL, etc. / GENERAL MANAGER. ● **as a ~ thing** = **as a ~** RULE. **in a ~ way** 一般的に, 普通には; ざっと. ► *n* **1 a**〔軍〕将官, 将軍, 大将 (= ~ officer) (⇨ AIR FORCE, ARMY, MARINE CORPS): a full ~ 陸軍大将. ★ (1) 普通は儀礼としてどの位の将官でも General Smith と略称する; また G~ Winter (冬将軍) のように擬人的にも用いる. (2) 米国では将官の位階は星の数で示すので, 俗には准将・少将・中将・大将・元帥の階級をそれぞれ a one-star [two-star, three-star, four-star, five-star] general [admiral] という. **b** 軍司令官; 戦略[戦術]家;〔教会〕《修道会の》総会長,《救世軍の》大将; *《俗》《一般に》長: a good [bad] ~ うまい[まずい]戦略家 / He's no ~. 彼は戦略家としてだめだ. **2** [the] 一般, 全般, 総体; 一般原理, 普遍的事実; [the]《古》一般大衆: from *the* ~ to the particular〔論〕総論から各論まで, 一般から特殊へ. **3** *GENERAL ELECTION; ‖《口》GENERAL SERVANT; GENERAL POST OFFICE;〔薬〕GENERAL ANESTHETIC. ● CAVIARE **to the ~. in ~** たいてい, 一般に (generally). **in the ~** 概説[概括]的に. [OF<L *generalis*; ⇨ GENUS]

Géneral Accóunting Óffice [the]〔米〕会計検査院《連邦議会付属の機関; 会計検査院長 (Comptroller General) のもとで連邦政府の財政活動を監視し, 議会に報告書を提出する; 1921 年設置; 2004 年 Government Accountability Office (政府説明責任局) と改称; 略 GAO》.

géneral adaptátion sỳndrome〔医〕汎適応症候群《長期的ストレスに対し生体が一定の順序で示す非特異的反応の総称》.

géneral admíssion 《自由席などの》普通料金.
géneral ágent 総[包括]代理人[店]《略 GA》.
Géneral Agréement on Táriffs and Tráde [the] 関税・貿易に関する一般協定《自由な世界貿易を促進するために 1948 年に発効した多国間協定; 略 GATT (ガット); 日本は 1955 年に加盟; 1995 年 WTO へ移行》.
Géneral Américan 一般アメリカ語《東部方言・南部方言を除く中西部全域に行なわれる米国の諸方言の総称; 今日言語学者は Midland という》.
géneral anesthésia 〘医〙全身麻酔(法), 全麻.
géneral anesthétic 〘薬〙全身麻酔薬.
géneral assémbly 《長老派教会などの》総会, 大会; 《米国の一部の州の》州議会《略 GA》; [the G- A-] 《国際連合の》総会; [the G- A-] 《ニュージーランドの》国会.
géneral áverage 〘海保〙共同海損《略 GA, G/A》.
géneral aviátion 〘空〙汎用航空《軍および輸送事業を除く航空一般》; 汎用航空機.
Géneral Certíficate of Educátion 〘英教育〙 **1** [the] 教育一般証明試験《中等教育修了共通試験; 科目別の選択試験で普通級 (O level) と上級 (A level) に分かれ, 後者にはさらに上の学問級 (S level) もあった; 1988 年以降 O level は, 新たな GCSE に統合された; 略 GCE; cf. SCE》. **2** 《その合格者に与えられる》教育一般証書.
Géneral Certíficate of Sécondary Educátion 〘英教育〙 **1** [the] 中等教育一般証明試験《1988 年に導入された, 中等学校の 5 年目, 16 歳ごろに受ける中等教育修了試験で, GCE の O level および CSE に代わるもの; 略 GCSE; cf. SCE》 **2** 《その合格者に与えられる》中等教育一般証書.
géneral conféssion 一般懺悔(ざんげ)《会衆一同の共唱する告白の祈り》; 総告白, 総告解《長い間に犯した罪の告白》.
géneral cóntractor 〘建〙総合(工事)業者, 一式請負者, 'ゼネコン'《工事の全部を一括して請け負う業者》.
géneral cóunsel 《企業・官庁の弁護士資格を有する》法務部長, 法務室長; 法律事務所.
Géneral Cóurt [the] 《Massachusetts, および New Hampshire 州の》議会; 〘米史〙総会議《ニューイングランドの植民地議会》.
géneral cóurt-màrtial 〘米軍〙《重罪を裁く》高等[総合]軍法会議.
géneral·cy *n* 将官の地位[任期].
géneral déaler" 雑貨商.
géneral degrée 〘英大学〙 **1** 普通学位 (pass degree). **2** 《数科目にまたがる》一般教養学位.
géneral delívery 《米・カナダ》〘郵〙局渡し, 局留め; 局渡し課 (poste restante").
géneral díscharge 〘米軍〙普通除隊(証明書).
géneral éditor 編集長, 編集主幹 (chief editor).
géneral educátion 《専門教育に対する》一般教育, 普通教育.
géneral eléction 《全国[全州]的な》総選挙; 〘米〙《予備選挙 (primary) に対し》最終選挙; 〘英〙《下院補欠選挙 (by-election) に対し, 定期的な》総選挙.
Géneral Eléction Dày 〘米〙総選挙日 (=*Election Day*)《4 年目ごとの 11 月の第 1 月曜日の次の火曜日》.
Géneral Eléctric ゼネラルエレクトリック(社) (~ Co.)《世界最大の米国の総合電機メーカー; 略 GE; 1892 年設立》.
géneral expénse 〘会計〙一般経費, 総経費.
géneral héadquarters [⟨*sg*/*pl*⟩] 総司令部《略 GHQ》.
géneral hóspital 総合病院; 〘軍〙《野戦病院に対し, 後方連絡地の》総合病院.
gen·er·a·lis·si·mo /ʤèn(ə)rəlísəmòʊ/ *n* (*pl* **~s**) 総[最高]司令官, 大元帥, 総統. ★ 英米の総司令官には用いない. [It (superl) ⟨*generale* general]
géneral íssue 〘法〙一般答弁《相手の主張を概括的なことばで全面的に否認する答弁》.
géneral·ist *n* 多方面の知識[技能]を有する人, 万能選手, 《官庁・企業で》一般職の人, ゼネラリスト (opp. *specialist*). ◆ **-ism** *n*
Ge·ne·ra·li·tat /ʒènərɑ̀:lɪtɑ́:t/ *n* 《Catalonia の》自治政府, ヘネラリタート《1977 年の自治権復活による》.
gen·er·al·i·ty /ʤènərǽləti/ *n* **1 a** 一般的なこと, 一般性, 普遍性; 概略, 概論; 通則: come down from *generalities* to particulars 概論より各論にはいる. **b** [ᵘ*pl*] 一般論, 漠然とした説明, さしさわりのない話題. **2** [ᵘthe] 大部分, 過半数 (majority), 大半: *The* ~ *of* boys are not lazy. 大多数は怠惰でない / in *the* ~ *of* cases 大抵の場合.
gèneral·izátion /; -làɪ-, -lì-/ *n* **1** 一般化, 普遍化, 汎化; 総合; 概括, 帰納; 〘心〙(刺激)汎化《ある刺激に対して起きた反応が, 他の同様な刺激に対しても起きること》: be hasty in ~ 早合点[速断]する / make a hasty ~ 速断[早合点]する. **2** 《総合・概括した結果の》概念, 通則, 帰納的結果, 一般論.
géneral·ìze *vt, vi* **1** 一般化する, 概括[総合]する, 法則化する, 帰納する ⟨*from*⟩; 一般論として述べる, 漠然と話す ⟨*about, on*⟩; 〘画〙…の全体的な特徴のみを描く. **2** 普及させる; 〈法律を〉広く適用する; 〘医〙〈局所性の病気が〉全身に広がる, 全身化する. ● **~ down to**… に一般化される, まとめられる. ◆ **-iz·er** *n* 概括者; 一般論(ばかり)をする人; 普及者. **-iz·able** *a* **gèn·er·al·ìz·abíl·i·ty** *n*
gén·er·al·ìzed *a* 一般化[普遍化]した, 汎用の; 概論的な, 総括的な; 〘生〙分化していない; 〘医〙全身化した, 全身(性)の.
géneralized óther 〘心〙《個人がもつ概念的な》一般化された他者.
Géneral Júdgment [the] Last Judgment.
géneral lédger 〘会計〙総勘定元帳, 一般[総]元帳.
géneral linguístics 一般言語学.
géneral·ly *adv* 一般(的)に, 広く, あまねく (widely); 概して, 大体, 大抵; 通例, 通常 (usually): The idea has been ~ accepted. その考えは一般に認められている / He ~ gets up at seven. 普通 7 時に起きる. ● **~ speaking=speaking ~=to speak ~** 概して(言えば).
géneral mánager 《工場・会社などの日々の営業を監督する》総括管理者, 総支配人《略 GM》; 〘野〙総支配人, ジェネラルマネージャー《オーナーに直属し, field manager (監督) と business manager (事務長) の上に立つ》.
Géneral Mótors ゼネラルモーターズ(社) (~ Corp.)《米国の自動車メーカー; 略 GM; 1908 年設立, 16 年現社名となる; Chevrolet, Buick, Cadillac などのブランドをもつ》.
géneral obligátion bònd 一般保証債《元本および利子の支払いが債券発行主の課税権などの信用によって保証された地方債》.
géneral ófficer 〘軍〙将官 (general).
Géneral of the Áir Fòrce 〘米〙空軍元帥《第二次大戦時の階級; ⇨ air force》.
Géneral of the Ármies [the] 米軍総司令官《第一次大戦中 John J. Pershing に与えられた特別な位》.
Géneral of the Ármy 〘米〙陸軍元帥《第二次大戦時の階級; ⇨ army》.
géneral órder 〘軍〙《全部隊に出される》一般命令 (cf. special order); [ᵘ*pl*] 《歩哨の》一般守則.
géneral parálysis (of the insáne) 〘医〙全身麻痺 (general paresis).
géneral parésis 〘医〙全身不全麻痺《梅毒による進行性麻痺, 麻痺性痴呆》.
géneral pártner 〘法〙無限責任組合員[社員].
géneral pártnership 〘法〙無限責任組合, 合名会社 (cf. limited partnership).
géneral póst [the] **1 a** "(午前)第 1 回配達郵便. **b** 郵便局ごっこ《室内で行なう目隠し遊戯の一種》. **2** "大がかりなポストの入れ替え, 大異動, 大改造.
Géneral Póst Òffice [the] 郵便本局《略 GPO》; [the] 〘英〙逓信省《Post Office の旧称》.
géneral práctice 《一般医が行なう》一般診療[診療所], 医院; 《弁護士の》一般営業.
géneral practítioner **1** 一般医《専門医に対して, 全科診療の開業医・獣医; 略 GP》; family doctor. **2** 一般弁護士; 《一般に》ゼネラリスト, 万能選手.
géneral-púrpose *a* 用途の広い, 多目的の, 汎用: a ~ car.
géneral quárters *pl* 〘海軍〙総員配置《海上戦闘急迫時に, 戦闘準備のため全員が一斉に部署につくこと; 略 GQ》.
géneral relatívity 〘理〙general theory of relativity.
Géneral Sécretary 《ソ連共産党の》書記長, 《中国共産党の》総書記.
géneral semántics 一般意味論《ことばや記号を厳密に用いて人間関係を改善しようとする言語・教育理論》.
géneral sérvant" 雑役使用人, 雑働き.
géneral·shìp *n* 将たる器[人物], 将器; 用兵の才略[術]; 指揮[統率]の手腕, 統帥力; 将官の職[地位, 身分].
géneral stáff 〘軍〙参謀幕僚《略 GS》: the *G~ S~* Office 参謀本部.
géneral stóre *《田舎によくある》雑貨店, よろず屋.
géneral stríke 総罷業, ゼネスト; [the G- S-] 〘英〙ゼネスト《1926 年 5 月に炭鉱労働者を支援するため TUC の指令で決行された大規模なストライキ; 9 日後に中止》.
géneral sýnod [ᵒG- S-] 〘キ教〙総会議《教会の最高行政機関》; [the G- S-] 《英国教会の》総会議《主教・一般聖職者・平信徒の三者の代表たちからなる国教会の最高機関》.
géneral térm 〘論〙全般[一般]名辞; 〘数〙一般項; 《裁判所で》法官総出席の審判期間.
géneral théory of relatívity 〘理〙一般相対性理論 (=*general relativity*).
géneral vérdict 〘法〙一般評決《陪審が, 事件の全体について, 原告勝訴, 被告勝訴, 有罪, 無罪のように結論のみを示す評決; cf. special verdict》.
géneral wárrant 〘史〙一般的逮捕状《特にかつて英国で公安を害する記事の筆者や発行者を逮捕するために出されたもの》.
géneral wíll 一般[普遍]意志《共同社会の総意》.
gen·er·ate /ʤénərèɪt/ *vt* **1 a** 〈利益・仕事などを〉生み出す, もたら

G

す; 起こす, 発生させる; 〈新個体を〉生む: ～ electricity 電気を発生させる, 発電する. **b** きたす, まねく, かもす. **2 a** 〈機械などが〉作製する: the design ～*d* by a computer. **b** 〔数〕《点[線]の移動により》〈線[面]を〉生成する; 〔言〕《規則の適用により》〈文を〉生成する. ［L *generat- genero* to beget; ⇨ GENUS］

génerating stàtion [plànt] 発電所.

gen·er·a·tion /ʤènəréɪʃ(ə)n/ *n* **1 a** 同時代の人びと, 世代: the present [past, coming] ～ 現代[前代, 次代](の人びと). **b** 一世代《子が親に代わってから自身の子に代わられるまでの個人の活動する約 30 年間》; 《親の代・子の代の》代, 一代; 子孫, 一族, 一門; (次の)代: the older ～ 年配の人たち / the rising ～ 青年層 / a ～ ago ひと時代前に / three ～*s* 《親と子と孫の》3 代 / the next ～ of students 次世代の学生たち / a third ～ Japanese 日系三世 / for ～*s* 数代にわたって / from ～ to ～＝～ after ～ 代々引き続いて, 世々, 代々. **2** 同時代[時期]につくられた一群のもの, 《機器・兵器などの》型, 世代; 〔生〕世代; 〔理〕世代《連鎖反応でつくられる連続した核の組の一つ》: the new ～ of aircraft 新型の航空機 / FIFTH-GENERATION COMPUTER. **3** 産出, 生殖; 発生 〈*of* heat, gas, electricity〉; 《感情の》誘発 〈*of* ill feeling〉; 〔数・言〕生成; 〔電算〕《プログラムなどの》生成. ♦ **～·al** *a* **～·al·ly** *adv*

generátion gàp 世代の断絶, ジェネレーションギャップ.

G **Generation X** /─ éks/ ジェネレーション X, X 世代《1960 年代半ばから 70 年代半ばに生まれた世代; ベビーブーム世代に比べ就職などの機会が少ない》. ♦ **Generation Xer** /─ éksər/ *n*

Generation Y /─ wáɪ/ ジェネレーション Y, Y 世代《Generation X よりあと, 特に 1990 年代にティーンエージャーとなった世代》.

gen·er·a·tive /ʤén(ə)rèɪtɪv, -rə-/ *a* 生殖[生産]する, 発生(上)の; 生殖力のある; 〔言〕文を生成する, 生成文法 (generative grammar) の: a ～ organ 生殖器.

génerative céll 〔生〕生殖細胞《特に 配偶子 (gamete) をいう》.

génerative grámmar 〔言〕生成文法.

génerative núcleus 〔植〕雄原(ゆうげん)核, 生殖核.

génerative phonólogy 〔言〕生成音韻論.

génerative semántics 〔言〕生成意味論.

génerative-transformátion·al grámmar 〔言〕生成変形文法.

gén·er·à·tiv·ist /, -rə-/ *n* 〔言〕生成文法家.

gen·er·a·tiv·i·ty /ʤènərətívəti/ *n* 〔心〕生殖性《ドイツ生まれの米国の精神分析家 Erik Erikson (1902–94) の用語; 普通 中年期に発達する自己・家族以外の人びとに対する関心, 特に 次の世代の若者を育て指導しようという欲求》.

gén·er·à·tor *n* 発電機 (dynamo); 起電機; 《ガス・蒸気などの》発生器[機]; 生む人[もの], 発生させる人[もの]; 〔数〕生成元; 〔数〕GENERATRIX.

gen·er·a·trix /ʤènəréɪtrɪks; ─────/ *n* (*pl* **-tri·ces** /-trəsìːz, -ərətráɪsiz; ʤénərèɪtrɪsìːz/) 〔数〕《線・面・立体を生成する》母点, 母線, 母面; (生み出す)母体; 発電機, 発生機.

ge·ner·ic /ʤənérɪk/ *a* **1** 〔生〕属 (genus) の; 〔生〕属に通有の: a ～ name [term] 属名. **2 a** 一般的な, 包括的な (general); 〔文法〕総称的な; 〔電算〕総称の, 総称的な《特定用途または特定機器での使用に限定されない》; 〈ワインが〉ジェネリックな《特定の産地・品種名を表示せず一般的な種類の名の下に販売される》: a ～ term [name] 一般的な名称, 総称 / the ～ singular 総称単数《たとえば The *cow* is an animal.》. **b** 〈商品名・薬が〉ノーブランドの, 商標登録されていない. **3** ありふれた, 月並みな. ► *n* 一般名, 総称; ジェネリック医薬品 (generic drug); ノーブランド商品《食品・ワインなど》. ♦ **ge·nér·i·cal** *a* **-i·cal·ly** *adv* **～·ness** *n* ［F (L GENUS)］

genéric bránd 無印商品, ジェネリックブランド, ノーブランド.

genéric drúg ジェネリック[後発]医薬品《特許の切れた医薬品と同成分のものを他のメーカーが生産した薬品; 商標名ではなく化学名で呼ばれ, 通常の市販品より安価》.

gen·er·os·i·ty /ʤènərásəti/ *n* **1 a** 寛大, 寛容, 雅量; 気前のよさ; [ᵘ*pl*] 寛大な行為, 気前のよい行為. **b** «古» 生まれ[家柄]のよさ, 高貴. **2** 大きいこと, 豊富さ.

gen·er·ous /ʤén(ə)rəs/ *a* **1 a** 物惜しみしない, 気前のよい 〈*with* one's time〉: Be ～ *to* your friends in need. **b** 寛大な, 思いやりのある; 偏見のない; 高潔な; «古» 家柄のよい, 高貴の. **2** 《普通より》多くの, 高価な, 大きな, 豊富な. **3** 〈土地が〉肥えた (fertile); 〈色が〉濃い, 強い (deep); 〈ワインが〉芳醇な. ♦ **～·ly** *adv* **～·ness** *n* ［OF＜L＝nobly born, magnanimous; ⇨ GENUS］

Gen·e·see /ʤènəsíː/ [the] ジェネシー川《Pennsylvania 州北部に発し, New York 州西部を北に流れ, Ontario 湖に注ぐ》.

géne sèquence 遺伝子配列.

géne sèquencing 遺伝子塩基配列決定.

ge·nes·ic /ʤənésɪk/ *a* GENERATIVE.

gen·e·sis /ʤénəsəs/ *n* (*pl* **-ses** /-sìːz/) **1** 起源, 起こり, 発生, 生成, 創始; 発生の様式[由来]. **2** [G-] 〔聖〕創世記《聖書の第 1 書 The First Book of Moses, called G～; 略 Gen.》. ［L＜Gk (*gen-* to be produced)］

génesis ròck 〔地質〕始源岩石《それを産する天体と形成の時期を同じくする岩石》.

géne-splìcing *n* 遺伝子スプライシング.

gen·et[1] /ʤénət/ *n* 〔動〕ジェネット《ジャコウネコ科》; ジェネットの毛皮. ［OF＜Arab］

genet[2] *n* JENNET.

Ge·nêt /ʒənéɪ/ ジュネ (**1**) **Edmond-Charles-Édouard** ～ (1763–1834)《フランスの外交官; フランス革命期の駐米公使で, 米国を対英戦に引き入れようとはかった》 (**2**) **Jean** ～ (1910–86)《フランスの作家; 乞食・泥棒・男娼などをして刑務所を転々とした》.

géne thèrapy 遺伝子治療. ♦ **géne thèrapist** *n*

ge·net·ic /ʤənétɪk/, **-i·cal** *a* 発生の, 起源の; 発生学[遺伝学]的な; 遺伝子の[による] (genic). ♦ **-i·cal·ly** *adv* ［*antithesis*: *antithetic* などの類推で *genesis* より］

-ge·net·ic /ʤənétɪk/ *a comb form* 「…を生成する」「…によって生成された」 ［↑］

genétically áltered [enginéered, módified] *a* 〈食品・作物などが〉遺伝子組換えの.

genétic álphabet 〔遺〕遺伝アルファベット《DNA 中の 4 つの塩基: アデニン・チミン・グアニン・シトシン; その組合わせが遺伝コードをつくる》.

genétic blúeprint 遺伝子地図, ゲノム地図[マップ].

genétic códe 〔遺〕遺伝コード[暗号]. ♦ **genétic códing** *n*

genétic cópying 〔遺〕遺伝子複製《遺伝子の目録の複製》.

genétic cóunseling 遺伝相談《夫婦の染色体検査などに基づく新生児の遺伝病に関する相談指導》. ♦ **genétic cóunselor** *n*

genétic dríft 〔遺〕遺伝的浮動《個体数の少ない集団内で, ある形質が適応とは関係なく普遍化したり消失したりすること》.

genétic enginéering 遺伝子工学; 遺伝子操作. ♦ **genétic enginéer** *n* **genétically enginéered** *a*

genétic fíngerprint 遺伝子指紋[フィンガープリント]《生物個体に特有な DNA 遺伝子の型; 同じ細胞から生まれたもの以外, 個体ごとに異なる》.

genétic fíngerprinting 遺伝子指紋[フィンガープリント]法, DNA 鑑定法 (DNA FINGERPRINTING).

ge·net·i·cist /ʤənétəsɪst/ *n* 遺伝学者.

genétic lóad 〔遺〕遺伝(的)荷重《突然変異遺伝子による自然淘汰の上で不利になる度合い》.

genétic manipulátion GENETIC MODIFICATION.

genétic máp 〔遺〕遺伝(学的)地図 (map).

genétic mápping GENE MAPPING.

genétic márker 〔遺〕遺伝標識《遺伝学的解析で標識として用いられる遺伝子[形質]》.

genétic modificátion 遺伝子操作[組換え].

genétic pollútion 遺伝子汚染《遺伝子組換えにより変異した遺伝子が交配により自然界に取り込まれること》.

genétic próbe GENE PROBE.

genétic prófiling GENETIC FINGERPRINTING.

ge·nét·ics *n* [〈*sg*/*pl*〉] 遺伝学; 遺伝的性質.

genétic scréening 遺伝学的スクリーニング《個人の遺伝病の発見・予防のため》.

genétic séquencing GENE SEQUENCING.

genétic súrgery 遺伝手術《遺伝子の人為的な変更・移植》.

genétic tést [tésting] 遺伝子テスト[検査]《DNA を検査して遺伝的な病気の診断や遺伝病発症の確率を調べること》.

géne trànsfer 遺伝子導入[移入].

géne transplantàtion 遺伝子移植.

ge·net·rix /ʤénətrɪks/ *n* (*pl* **-trices** /-trɪsìːz/) 生みの母. ［F＜L *gignere* beget］

ge·nette /ʤənét/ *n* 〔動〕GENET[1].

ge·ne·va /ʤəníːvə/ *n* ジェネファ (Hollands)《オランダ産のジン; ロンドンジンより香りが強い》. ［Du＜OF］

Geneva **1** ジュネーヴ (F **Ge·nève** /*F* ʒənɛːv/; G **Genf** /*G* génf/) (**1**) スイス南西部の州 (**2**) その州都; レマン湖の南西端, Rhône 川が流出する地点に位置; 国際赤十字社, ILO, WHO などの本部の所在地》. **2** [Lake (of) ～] ジュネーヴ湖, レマン湖 (Lake Leman, *G* Genfersee)《スイス南西部とフランス東部の国境の湖; Rhône 川が東端に流入, 西端から流出する》. ■ the **Univérsity of ～** ジュネーヴ大学《スイスのジュネーヴにある大学; 1559 年 Calvin が中心となって神学校を創設したのが始まり》.

Genéva bánds *pl* ジュネーヴバンド《スイスのカルヴァン派牧師のかけたような首の前にたれる幅の狭い寒冷紗の飾り》.

Genéva Bíble [the] ジュネーブ聖書《イングランドを追放されたプロテスタントが Geneva で出版した英訳聖書 (新約 1557, 旧約 1560); Tyndale 訳を土台にしたもので, のちの欽定訳に引き継がれた》.

Genéva Convéntion [the] ジュネーヴ条約《初め 1864 年に締結された赤十字条約》.

Genéva cróss 赤十字 (＝*Red Cross*)《白地に赤のギリシア十字で, 赤十字社のマーク; スイス国旗と色が逆》.

Genéva gòwn ジュネーヴガウン《もと カルヴァン派の牧師および低教会派の牧師が説教する時に着た黒い長衣》.

Ge·né·van *a* ジュネーヴの; カルヴァン派の. ► *n* ジュネーヴ人; カルヴァン派信徒 (Calvinist).

Genéva Pròtocol [the] ジュネーヴ議定書《(1) 国際連盟の第 5 回総会 (1924) で採択された国際紛争の平和的解決に関する議定書; 批准されなかったが, 第一次大戦後の集団安全保障の思想を最初に具体化したものとされる 2) 毒ガスおよび生物兵器の使用禁止に関する国際連盟の議定書 (1925)》.

Genéva tábs *pl* GENEVA BANDS.

Genève ⇨ GENEVA.

ge·ne·ver /ʤəníːvər/ *n* GENEVA.

Gen·e·vese /ʤènəvíːz, -s/ *a*, *n* (*pl* ~) GENEVAN.

Gen·e·vieve, -viève /ʤénəvìːv; *F* ʒənvjɛːv/ **1** ジュネヴィーヴ, ジュヌヴィエーヴ《女子名》. **2** [Saint] 聖ジュヌヴィエーヴ (c. 422–c. 500)《Paris の守護聖女; 祝日 1 月 3 日; Attila が来襲した際にパリ市民を救ったという》. [F＜Celt (*genos* race＋?)]

Genf ⇨ GENEVA.

Genf·er·see /*G* gɛ́nfərzeː/ ゲンファーゼー《GENEVA 湖のドイツ語名》.

Gen·ghis Khan /ʤéŋgəs káːn, géŋ-/ チンギスハーン, ジンギスカン (成吉思汗) (c. 1162–1227)《モンゴル帝国の祖 (在位 1206–27); 幼名 Temujin》; [*joc*] 右翼《人》, 残忍な人: to the right of ~ 極右て.

ge·nial[1] /ʤíːnjəl, -niəl/ *a* **1 a** 親切な, 温情のある, 優しい, 愛想のよい, にこやかな; 元気を出させる: ~ greetings 優しい挨拶のことば. **b** 温和な, 温暖な, 快適な: a ~ climate 温和な風土. **2 a** «まれ» 天才 (genius) の. **b** «廃» 生まれつきの, 生来の; «廃» 生殖の, 多産の, 婚姻の. ♦ **~·ly** *adv* **~·ness** *n* [L＝nuptial, productive; ⇨ GENIUS]

ge·ni·al[2] /ʤənáɪəl/ *a* 〘解·動〙 あごの. [Gk *geneion* chin (*genus* jaw)]

ge·ni·al·i·ty /ʤìːniǽləti/ *n* 親切, 懇切, 懇篤, 温情, 愛想のよさ, 温和; [ᵘ*pl*] 親切な行為.

génial·ize *vt* 愉快にする; 温情的にする.

gen·ic /ʤénɪk/ *a* 〘生〙 遺伝子の[に関する, に似た, に起因する]. ♦ **-i·cal·ly** *adv*

-gen·ic /ʤénɪk, ʤíːnɪk/ *a comb form*「…を生成する」「…によって生成される」「…な遺伝子を有する」「…による製作に適する」: carcinogenic, polygenic, telegenic. [-*gen*, -*ic*]

ge·nic·u·lar /ʤəníkjələr/ *n* 〘解〙 GENICULAR ARTERY.

genícular ártery 〘解〙 膝(ひざ)動脈.

ge·nic·u·late /ʤəníkjələt, -lèɪt/, **-lat·ed** /-lèɪtəd/ *a* 〘解·生〙 膝状(しつじょう)の; 膝状体 (geniculate body) の[からなる], 膝神経節 (geniculate ganglion) の[からなる]. ♦ **-late·ly** *adv*

genículate bódy 〘解〙 膝状体《視床後部をなす間脳の一対の隆起 (lateral ~, medial ~)》.

genículate gánglion 〘解〙《顔面神経膝にある》膝神経節.

genículate núcleus GENICULATE BODY.

ge·nic·u·lá·tion *n* 膝状湾曲(部).

ge·nie /ʤíːni/ *n* (*pl* ~**s**, **ge·nii** /-niàɪ/)《アラビアの説話などで》精霊, 霊鬼 (jinn)《特に ランプや瓶に閉じ込められていて, 呼び出した者の願いごとをかなえるという精霊》; [G-] ジーニー《Etrog に代わるカナダの映画賞(の小像)》. ● **let the ~ out of the bottle** 取返しのつかないことをする. [F *génie* GENIUS; cf. JINNEE]

genii[1] *n* GENIUS の複数形.

genii[2] *n* GENIE の複数形.

ge·nip /gəníp/ *n* 〘植〙 **a** アカネ科ゲニパ属の果樹[果実], 《特に》GENIPAP. **b** マモンチロ (＝*guinep*)《熱帯アメリカ産のムクロジ科の果樹; 花は緑白色》. [Sp＜F＜Guarani]

gen·i·pap /ʤénəpæ̀p/, **gen·i·pap·o** /ʤènəpǽpoʊ/ *n* 〘植〙 チブサノキ《アカネ科ゲニパ属の果樹; 熱帯アメリカ原産》; チブサノキの果実《オレンジ大で食用》; チブサノキの果実から作るドリンク[シロップ, 染料, 薬品]. [Port＜Tupi]

ge·nis·ta /ʤənístə/ *n* 〘植〙 ゲニスタ, ヒトツバエニシダ《マメ科ヒトツバエニシダ属 (*G-*) の低木の総称》. [L]

ge·nis·tein /ʤəníst̬iən, -nístìːn/ *n* ゲニステイン《特に大豆に含まれるイソフラボンで, 抗腫瘍活性がある》.

gen·i·tal /ʤénətl/ *a* 生殖の; 生殖器の, 性器の; 〘精神分析〙 性器(愛)期[性格]の: the ~ gland [organs] 生殖腺[器] / ~ phase 性器期. ► *n* [*pl*] 生殖器, 性器, 外性器 (genitalia). ♦ **~·ly** *adv* [OF or L (*genit- gigno* to beget)]

génital hérpes 〘医〙 陰部ヘルペス, 陰部疱疹.

génital hérpes símplex 〘医〙 単純陰部疱疹[ヘルペス] (genital herpes).

gen·i·ta·lia /ʤènətéɪliə, -ljə/ *n pl* 〘解〙 生殖器, 性器, 《特に》外性器. ♦ **-lic** /ʤènətǽlɪk, -téɪ-/ *a* [L (neut pl)〈GENITAL]

gen·i·tal·i·ty /ʤènətǽləti/ *n* 性器の感度が十分で異性との性交でオルガスムに達する能力があること; 性器に対する関心の集中, 性器愛; 〘精神分析〙 性器性欲.

génital wárt 〘医〙 陰部疣贅(ゆうぜい) (＝*condyloma*).

gen·i·ti·val /ʤènətáɪv(ə)l/ *a* 〘文法〙 属格の. ♦ **~·ly** *adv*

gen·i·tive /ʤénətɪv/ 〘文法〙 *a* 属格の, 所有格の. ► *n* 属格語形. [OF or L; ⇨ GENITAL]

génitive ábsolute 《ギリシア語の》独立属格構文.

gen·i·to- /ʤénətoʊ, -tə/ *comb form*「生殖器の」 [*genital*, *-o-*]

gen·i·tor /ʤénətər, -tɔ̀ːr/ *n* 〘人〙 実父 (cf. PATER). [L; ⇨ GENITAL]

gènito·úrinary *a* 〘解·生理〙 尿生殖器の (urogenital): a ~ tract 尿生殖路.

gen·i·ture /ʤénəʧər/ *n* 〘占星〙 出生時の星位(観側); «古» 生まれ.

ge·nius /ʤíːnjəs, -niəs/ *n* (*pl* ~·**es**) **1 a** 非凡な創造的才能, 天才《資質》, 天稟(てんぴん); 特殊な才能: a man of ~ 天才《人》/ have a ~ *for* music [poetry] 楽才[詩才]がある / a ~ *for* making people angry 人をおこらせる性癖. **b** 天才, 鬼才《人》, 名手, 名人 〈*at* (do*ing*) sth〉; 〘心〙《知能段階の》天才《IQ が 140 以上》: a ~ *in* mathematics 数学の天才 / an infant ~ 神童. **2**《人種·言語·法律·制度などの》特徴, 特質, 真髄 〈*of*〉; 《時代·国民·社会などの》傾向, 精神, 風潮 〈*of*〉; 《土地の》気風 〈*of*〉: be influenced by the ~ *of* the place 土地の感化をうける. **3** (*pl* **ge·nii** /ʤíːniàɪ/)《人·土地·施設の》守り神, 守護神; 善霊, 悪霊; [ᵘ*pl*] JINN: one's evil [good] ~ 身に付きまとう悪魔[守り神]; 悪い[よい]感化を与える人. [L (*gigno* to beget)]

génius ló·ci /-lóʊsàɪ, -lóʊkìː/ (*pl* **génii lóci**) 土地の守護神; 土地の雰囲気[気風], 土地柄. [L]

ge·ni·zah /gənìːzáː, -níːzə/ *n* (*pl* **ge·ni·zot(h)** /-nìːzóʊt, -zóʊθ, -níːzòʊs/, ~**s**) ゲニザ《ユダヤ教会堂内の不用となったりいたんだりした書物·書類·聖物を保管する場所》. [Heb＝hiding place]

Genk /géŋk/ ヘンク, ゲンク《ベルギー北東部 Limburg 州の市; 旧つづり Genck》.

Genl General.

gen·lock /ʤénlɑ̀k/ *n* ゲンロック装置《テレビなどのコンポジット[複合]ビデオ信号を扱う装置が同時に 2 つの信号を受容できるようにする装置》. ► *vi* ゲンロックで信号を同期させる. [*generator*＋*lock*]

gen·na·ker /ʤénɪkər/ *n* 〘海〙 ジェネーカー《非対称形のスピンネーカー (spinnaker)》.

génned-úp /ʤénd-/ *a*ᴵᴵ«口»〈…に〉精通した 〈*about*, *on*〉 (cf. GEN).

Gen·nes·a·ret /gənésərèt, -rət/ [the Lake of ~] ゲネサレ湖 (＝Sea of GALILEE).

gen·net /ʤénət/ *n* JENNET.

geno-[1] /ʤénoʊ, -nə/ ⇨ GEN-[1].

geno-[2] /ʤíːnoʊ, ʤénoʊ, -nə/ ⇨ GEN-[2].

Gen·oa /ʤénoʊə/ ジェノヴァ (It **Ge·no·va** /ʤénouvɑː/)《イタリア北西部 Liguria 州の州都; アペニノ山脈のふもと, ジェノヴァ湾 (the **Gúlf of ~**) の奥に位置する港町; 古代名 Genua》. ♦ **Gen·o·ese** /ʤènoʊíːz, -s/, **Gen·o·vese** /ʤènəvíːz, -s/ *a*, *n* (*pl* ~)

Génoa cáke ジェノヴァケーキ (＝*genoise*)《アーモンドなどを載せたこくのあるフルーツケーキ》.

génoa (jíb) [ºG-] 〘海〙 ジェノアジブ《レース用ヨットなどの大型船首三角帆》.

geno·cide /ʤénəsàɪd/ *n* 集団殺害, ジェノサイド《特定の人種·国民の計画的な大量虐殺》. ♦ **gèno·cí·dal** *a* [*gen-*[1], *-cide*]

Genoese ⇨ GENOA.

geno·gram /ʤénəgræ̀m, ʤíːnə-/ *n* 心理的家系図, ゼノグラム《数世代にわたって同一家族の成員の行動様式などを関連づけたグラフ》. [*generation*]

ge·noise, gé- /ʒeɪnwáːz/ *n* GENOA CAKE.

ge·nome /ʤíːnòʊm/, **-nom** /-nɑ̀m/ *n* 〘生〙 ゲノム《(1) 生物の生活機能を維持するための最小限の遺伝子群を含む染色体の一組 2) 広く 生物の遺伝物質》. ♦ **ge·no·mic** /ʤɪnóʊmɪk, -nɑ́m-/ *a* [*gen-*[1], chromo*some*]

génome màp ゲノムマップ[地図]《ゲノム上の遺伝子の局在を図示したもの》.

genómic líbrary ゲノムライブラリー《ある生物種のゲノム全体の DNA を断片化したものを集めた DNA ライブラリー》.

ge·no·mics /ʤɪnóʊmɪks, ʤə-/ *n* ゲノミクス, ゲノム学, ゲノム研究《遺伝学·分子生物学の手法を応用して生物のゲノムのマッピング·塩基配列決定などを行ない, 結果のデータベース化, データの活用について研究するバイオテクノロジーの一分野; cf. PROTEOMICS》.

gèno·phóbia *n* 性交恐怖(症).

ge·no·spécies /ʤìːnoʊ-/ *n* 〘生〙 同遺伝子種, 遺伝種《同一遺伝子型個体群で構成するグループ》.

gèno·tóxic *a* 遺伝毒性の《DNA に損傷を与える》. ♦ **gèno·toxícity** *n*

gèno·tóxin *n* 〘生化〙 遺伝毒, ジェノトキシン《DNA に損傷を与える物質》.

gé·no·tỳpe /ʤíːnə-, ʤénə-/ *n* 〘生〙《分類命名上の》模式種 (type species); 〘遺〙 遺伝子型 (cf. PHENOTYPE); 〘遺〙 共通の遺伝子型をもつ個体群. ♦ **gè·no·týp·ic, -i·cal** /-típ-/ *a* **-i·cal·ly** *adv*

-g·e·nous /-ʤənəs/ *a comb form*「…を生じる」「…に生み出された」: nitrogenous, autogenous. [Gk -*gen* to become]

Genova ⇨ GENOA.

genre /ʒɑ̃ːrə, ʒáːn-, ʤáːn-; *F* ʒɑ̃ːr/ *n* 《芸術作品の》類型, 形式, 様式, ジャンル; 種類 (kind); 〘美〙 風俗画. ► *a* 〘美〙 日常生活を描いた, 風俗画の: a ~ painting. [F＝kind, GENDER]

gen·ro /génróʊ/ *n* 元老. [Jpn]

gens /ʤénz, géns/ *n* (*pl* **gen·tes** /ʤéntìːz, géntèɪs/) 〘古ロ〙 氏族,

ゲンス《3 段階の氏族制社会組織の最小単位をなす小家族集団; cf. CURIA, TRIBE》;〖人〗ゲンス《単系的な親族集団》,《特に》父系氏族;〖生〗《遺伝的な》系統, ゲンス, SPECIES-GROUP. [L=race; cf. GENUS, GENDER]

gens d'é·glise /*F* ʒɑ̃ degli:z/ 聖職者.

gens de guerre /*F* ʒɑ̃ də gɛ:r/ 軍人.

gens du monde /*F* ʒɑ̃ dy mɔ̃:d/ 社交界の人.

Gen·ser·ic /ɡénsərɪk, ʤén-/, **Gai·se·ric** /ɡáɪzərɪk, -sə-/ ゲンセリック, ガイセリック (d. 477)《ヴァンダル王 (428–477); Carthage を中心に帝国を建設, 455 年 にはローマ市を略奪した》.

gent[1] /ʤént/ «口» *n* «古風» 男子, 紳士, 殿方 (fellow); [the ~s, ⟨*sg*/*pl*⟩] 男性[紳士]用トイレ (men's room*). [*gent*leman]

gent[2] «古» *a* 優美な, 上品な; 生まれのよい. [OF<L=begotten; ⇨ GENITAL]

Gent ⇨ GHENT.

gen·ta·mi·cin, -my- /ʤɛ̀ntəmáɪs(ə)n/ *n* 〖薬〗ゲンタマイシン《放線菌から得られる広域スペクトルをもつ抗生物質の混合物; 硫酸塩の形で感染症の治療に用いる》.

gen·teel /ʤentí:l/ *a* **1** 気取った, 上品ぶった, 偽善的な; 月並みな, 常識的な: **affect ~ ignorance** 気取って知らぬふりをする. **2 a** 生まれのよい, 家柄のよい, 育ち[しつけ]のよい; 上品な, しとやかな, おとなしい; 貴族的な; 紳士[上流]階級の. **b** ⟨土地柄が⟩上流ながらさびれた. ● **do the ~** 気取る, 上品ぶる. ♦ **~·ly** *adv* **~·ness** *n* [C16 *gentile*<F *gentil* wellborn, GENTLE; GENTILE=non Jewish と区別するためフランス式発音を残したもの]

G

gentéel·ìsm *n* 上品語; 上品語法《sweat の代わりに用いる perspiration, boarder に対する paying guest を使うなど》.

gentes *n* GENS の複数形.

gen·tian /ʤénʃən/ *n* 〖植〗リンドウ《リンドウ属 (*Gentiana*) の草本の総称》; 竜胆(りゅうたん), ゲンチアナ (=**~ ròot**)《リンドウ属の一種ゲンチアナの乾燥根茎および根; 苦味健胃剤・強壮剤》. [OE<L *gentiana* (*Gentius* Illyria の王)]

gen·ti·a·na·ceous /ʤɛ̀nʃiənéɪʃəs/ *a* 〖植〗リンドウ科 (Gentianaceae) の.

géntian bítter ゲンチアナの苦味液《強壮剤》.

géntian blúe りんどう色《やわらかい青紫》.

gen·tia·nel·la /ʤɛ̀ntʃ(i)ənélə/ *n* 〖植〗チャボリンドウ《アルプスおよびピレネー山脈地方原産の高山植物》.

géntian fàmily 〖植〗リンドウ科 (Gentianaceae).

géntian víolet [°G- V-] ゲンチアナバイオレット (crystal violet)《アニリン染料の一種; 顕微鏡用化学指示薬・殺菌剤・火傷手当て用》.

gen·tile /ʤéntàɪl/ *n* [°G-]《ユダヤ人からみた》異邦人,《特に》キリスト教徒; [°G-]《モルモン教徒からみた》非モルモン教徒; «まれ» 異教徒. ► *a* [°G-] 非ユダヤ人の,《特に》キリスト教徒の; [°G-] 非モルモン教徒の; 異教徒の;〖文法〗国民[種族]を示す⟨名詞・形容詞⟩; 民族[部族, 氏族]の. ♦ **~·dom** *n*《ユダヤ人からみた》全異邦人; 異邦. [L *gentilis* of the same clan (*gent- gens* family)]

Gen·ti·le /ʤentí:leɪ/ ジェンティーレ **Giovanni ~** (1875–1944)《イタリアの観念論哲学者; ファシズムの思想的指導者》.

Gentíle da Fa·bri·á·no /-də fɑ̀:briá:noʊ/ ジェンティーレ・ダ・ファブリアーノ (c. 1370–1427)《イタリアの国際ゴシック様式の画家; 本名 Niccolo di Giovanni di Massio》.

Gen·ti·les·chi /ʤɛ̀ntəléski/ ジェンティレスキ (1) **Artemisia ~** (1593–1652 or 53)《イタリアの画家; 父 Orazio について英国に渡り, Caravaggio 様式を伝えた》(2) **Orazio ~** (1562–1639)《英国で活動したイタリアの画家; Caravaggio 様式の作品で成功した》.

gen·ti·lesse /ʤént(ə)lɛ̀s/ *n* «古»《ジェントリーにふさわしい》上品な行儀作法, 育ちのよさ, 優雅, 洗練.

gen·til·ism /ʤént(ə)lɪ̀z(ə)m/ *n* 異教(風) (paganism).

gen·ti·li·tial /ʤɛ̀ntəlíʃəl/ *a* 氏族[部族]の, 氏族固有の; 生まれのよい.

gen·til·i·ty /ʤentíləti/ *n* 生まれのよいこと, 良家の出; 慇懃(いんぎん), 洗練; [^s*pl*] [^u*iron*] 上流気取り, お上品ぶり; [the] 上流階級: shabby ~ やりくり算段の紳士の体面維持. [OF; ⇨ GENTLE]

gen·tís·ic ácid /ʤentísɪk-, -tíz-/ 〖薬〗ゲンチシン酸《鎮痛薬・発汗薬に用いる》.

gen·tle /ʤéntl/ *a* (**-tler; -tlest**) **1 a** ⟨気質・性格が⟩温和な, 親切な, 優しい; ⟨ふるまいが⟩礼儀正しい, 丁重な; 上品な; もの静かな, 柔らかな; ⟨動物が⟩おとなしい, よく慣れた, 従順な: a ~ smile [voice] 優しいほほえみ[声]. **b** ⟨支配・処罰・批判・法律などが⟩きびしくない, 寛大な, ゆるやかな. **2** ⟨風・音などが⟩穏やかな, 静かな; ⟨薬・タバコなど⟩強くない, マイルドな; ⟨火加減が⟩弱い; ⟨坂など⟩ゆるやかな (moderate) (opp. *steep*): a ~ slope なだらかな傾斜[坂] / a ~ heat とろ火. **3 a** «古» 家柄[育ち]のよい, 良家の, 高貴の⟨家柄・生まれなど⟩: a man *of* ~ birth [blood] 生まれのよい(人). **b** 〖史〗紋章着用を許された. ● **~ and simple** «古» 貴賤上下. **my ~ readers** わが寛大な読者よ《昔の著者の常用語》. ► *n* **1** «古» 家柄のよい[良家の, 上流階級の]人, [*pl*] «古・俗»/[^s*joc*] GENTLEFOLK. **2** 《釣餌(つりえ)用の》うじ, さし《アオバエの幼虫》. ► *vt* なでる, さする; 優しく扱う, なだめる; ⟨馬を⟩ならす; «廃» 貴族に列する. ► *vi* 優しく[おとなしく]なる, 静かに動く[歩く]. ♦ **~·ness** *n* [OF *gentil*<L GENTILE; cf. GENTEEL]

géntle bréeze そよ風;〖海・気〗軟風《時速 8–12 マイル, 12–19 km; ⇨ BEAUFORT SCALE》.

géntle cráft [the] 釣り, 釣魚(ちょうぎょ) (angling); 釣師仲間; 忍耐を要する活動, [*iron*] 力の要る仕事.

géntle·fòlk(s) *n pl* 良家の[身分のある]人びと.

géntle·hòod *n* 家柄のよいこと; 上品, 優雅.

géntle lémur 〖動〗ジェントルキツネザル《マダガスカル島の竹林産》.

géntle·man /-mən/ *n* (*pl* **-men** /-mən/) **1 a** 紳士; 家柄のよい人, 身分のある人; 育ちのよい義侠的な人, りっぱな人物; «口»〖米下院〗男性議員 (: the ~ from Utah). **b** 〖史〗ジェントルマン《封建身分で Knight や Esquire より下位の者, のちに Yeoman より上位で貴族 (nobility) には含まれないが家紋を付ける特権を許された者; 氏名のあとに添えるときは Gent. と略記する》. **c** "《王・貴人などの》侍従: the King's ~ 王の側近者. **2** [男への敬称] 男の方, 殿方; [*pl*] [*voc*] 諸君, みなさん; [*pl*] 拝啓《会社あての手紙の冒頭に書く挨拶》; [*derog*/*joc*] その男, そいつ: Ladies and *Gentlemen!* みなさん!《男女の聴衆に対する呼びかけ》/ my ~ (わたしの言った)やっこさん. **3** [the gentlemen('s), the Gentlemen('s), ⟨*sg*⟩] "殿方用手洗所 (For Gentlemen の略; Men, Gents とも書く). **4** 有閑階級の人;《クリケットなどの》アマチュア選手; [*euph*] 密輸業者. ● **a ~ of the press** 新聞記者. **a ~ of the short staff** [*joc*] 警官. **a ~ of the three outs** 三無斎《金なくひじなく信用ない (out of pocket, out of elbow, out of credit) 人の意》. **the old ~** [*joc*] 悪魔. [*gentle*+*man*[1]; OF *gentilz homme* にならったもの]

géntleman-at-árms *n* (*pl* **géntlemen-**) 〖英〗儀仗(ぎじょう)の衛士(えじ).

géntleman at lárge «口» [*joc*] 定職のない人.

géntleman-cómmon·er *n* (*pl* **-men-cómmoners**)《Oxford, Cambridge 両大学にあった》特別自費生.

géntleman fármer (*pl* **géntlemen fármers**) 道楽に農業を行なう上流人 (opp. *dirt farmer*); 自分で耕作しない農場主.

géntleman in wáiting 侍従.

géntleman·lìke *a* 紳士らしい (gentlemanly). ♦ **~·ness** *n*

géntleman·ly *a* 紳士的な, 紳士らしい, 礼儀正しい, 育ちのよい. ► *adv* 紳士らしく. ♦ **-li·ness** *n*

géntleman of fórtune [*joc*] 海賊, いかさま師 (sharper), 犯罪者, 山師; 冒険家.

géntleman of the róad [*euph*] 路上の紳士, 追いはぎ, 賊(ぞく), 賊徒; 浮浪者, 乞食.

géntleman-ránk·er *n* (*pl* **géntlemen-ránk·ers**) «口» もとは身分があっておちぶれた英軍兵士.

géntleman's [géntlemen's] agréement 紳士協定;《少数派差別のための》暗黙の協定.

gentleman's C /-– sí:/ 紳士の C《あまり高くないが, まあまあの評価; 伝統的に大学などで育ちの良い子息に与えられる情状及第点》.

géntleman's clùb "紳士のクラブ《通例 上流階級の男性専門の会員制クラブ; 伝統を誇るものが多い》.

géntleman's géntleman 従僕 (valet).

géntleman·shìp *n* 紳士の身分, 紳士たること; 紳士らしさ; 紳士的ふるまい.

Géntleman's Rélish 〖商標〗ジェントルマンズレリッシュ《塩漬けアンチョビーのペースト》.

géntleman-úsher *n* (*pl* **géntlemen-úshers**) 宮廷[貴人]の取次役《英国王室の》.

Géntleman Úsher of the Bláck Ród 黒杖官 (BLACK ROD).

géntle·pèople *n pl* GENTLEFOLK.

géntle·pèrson *n* [°*joc*/*iron*] GENTLEMAN, LADY《性(差)別回避語》.

géntle sèx [the] 女性 (women, womankind).

géntle·wòman *n* (*pl* **-wòmen**) 上流婦人, 貴婦人; 教養のある女性, 淑女 (lady);〖米下院〗女性議員;〖史〗侍女, 腰元. ♦ **~-like, ~·ly** *a*

gént·ly *adv* **1** 身分ある人のように, しつけよく; 穏やかに, 優しく, 親切に: ~ born よい家柄の. **2** 静かに, 徐々に. ● **G~ does it!** «口» ゆっくり[落ちついて]やりなさい.

Gen·tof·te /ɡéntʌftə/ ゲントフテ《デンマーク東部 Sjælland 島の市; Copenhagen の北にある郊外都市》.

Gen·too /ʤéntù:/ *n* (*pl* **~s**) **1** «古» **a** HINDU. **b** TELUGU. **2** [g-]〖鳥〗ジェンツーペンギン (=**géntoo pénguin**)《亜南極地方の島に産する》. [Port=pagan; cf. GENTILE]

gen·trice /ʤéntrəs/ *n* «古» 生まれのよいこと, 高貴, 貴顕. [OF; ⇨ GENTLE]

gen·tri·fi·ca·tion /ʤɛ̀ntrəfəkéɪʃ(ə)n/ *n* 《再開発による都市の低所得者居住区・スラムなどの》高級化, ジェントリフィケーション《しばしば在来居住者の追い出しにつながる》.

gen·tri·fy /ʤéntrəfàɪ/ *vt, vi* (スラムなどを)高級化[再開発]する (⇨ GENTRIFICATION); ⟨人・生活を⟩洗練させる, 上流階級化する. ♦ **gén·tri·fi·er** *n*

gen·try /ʤéntri/ *n* **1** [^u the, ⟨*pl*⟩] **a** 〖英〗紳士(階級), ジェントリー

《貴族 (nobility) ではないが紋章を帯びることを許された階級》: *the* landed ～ 地主階級. **b** 上流[支配]階級, 貴族. **2** [*derog*] 仲間, 連中, やから, 手合い: these ～ こういうやから / the newspaper ～ 新聞人, 新聞屋. **3** «古» 生まれながらの地位, 家柄; «廃» 育ちのよさ, 礼節. [?GENTRICE]

ge·nu /ʤíːnùː, ʤén(j)u; ʤénju/ *n* (*pl* **gen·ua** /ʤénjuə/) 〖解·動〗ひざ, 膝 (knee); 〖解〗屈曲した構造《脳梁膝(しつ)など》. ♦ **gen·u·al** /ʤénjuəl/ *a* [L=knee]

Gen·ua /ʤénjuə/ ゲヌア《GENOA の古代名》.

gen·u·flect /ʤénjəflèkt/ *vi* 《特に ローマカトリック教会で礼拝のため》片ひざをつく, ひざを折る, ひざまずく; 追従する, 平身低頭する (kowtow). ♦ **-flèc·tor** *n* **gèn·u·fléc·tion** | **-fléx·ion** *n* [L (*genu*, *flecto* to bend)]

gen·u·ine /ʤénjuən, -ɪn/ *a* **1** 本物の, 正真正銘の, 純粋の, 真の; 〖医〗真性の; 純血種の: a ～ writing 真筆. **2** 誠実な, 心[衷心]からの, 本当の (sincere, real). ► *n* 本物. ♦ **～·ly** *adv* **～·ness** *n* [L (*genu* knee); 新生児を父親がひざに載せて認知したことから; のちに GENUS とも関連づけられた; 一説に L *genuinus* innate, natural < *ingenuus* native, freeborn]

génuine árticle [the] «口» 《代用品に対して》本物.

ge·nus /ʤíːnəs, ʤén-/ *n* (*pl* **gen·e·ra** /ʤénərə/, **～·es**) 種類, 部類, 類; 〖生〗《生物分類の》属 (⇨ CLASSIFICATION); 〖論〗類 (cf. SPECIES): the ～ *Homo* ヒト属 / *Gazella* and related *genera* ガゼル属および関連属. [L *gener- genus* birth, race, stock]

Gen X /ʤénéks/ GENERATION X. ♦ **Gen Xer** /―́― éksər/ *n*

-g·e·ny /―ʤəni/ *n comb form*「発生」「起源」: proge*ny*. [F (Gk -*genes* born); ⇨ -GEN, -Y[1]]

geo /gjóu, ʤíːou/ *n* (*pl* **～s**) «スコ» 《深く狭く周囲の崖(がけ)が急峻な》入江 (creek). [Scand; cf. ON *gjá* chasm]

geo- /ʤíːou, ʤíːə/ ⇨ GE-.

Geo. George.

gèo·archaeólogy *n* 地質考古学.

gèo·bótany *n* 地球植物学 (phytogeography). ♦ **gèo·bót·anist** *n* **-botánical, -ic** *a*

géo·càche *vi* GEOCACHING に参加する. ► *n* GEOCACHING の宝. ♦ **-càch·er** *n*

géo·càching *n* ジオキャッシング《GPS を用いた宝捜しゲーム; インターネット上のサイトに geocache と呼ばれる'宝'を隠した場所の GPS 座標などを載せ, 探索者はサイトに結果を報告する》.

géo·càrpy *n* 〖植〗地下結実. ♦ **gèo·cárpic** *a*

gèo·céntric, -trical *a* 地球を中心とした (cf. HELIOCENTRIC); 〖天·地理〗地球の中心からみた[測った], 地心の (cf. TOPOCENTRIC): the ～ theory 天動説 / the ～ place 地心位置. ♦ **-céntrical·ly** *adv* **-céntricism** *n*

geocéntric látitude 〖天〗地心緯度.

geocéntric lóngitude 〖天〗地心経度.

geocéntric párallax 〖天〗地心視差.

gèo·chémistry *n* 地球化学; 《物質の》化学的·地質学的特性. ♦ **-chémist** *n* **-chémical** *a* **-ical·ly** *adv*

gèo·chronólogy *n* 地質年代学. ♦ **-gist** *n* **-chronológical, -ic** *a* **-ical·ly** *adv*

gèo·chronómetry *n* 《放射性元素の崩壊などによる》地質年代測定(法). ♦ **-chronométric** *a*

gèo·coróna *n* 〖天〗ジオコロナ《地球大気の外縁に存在する主にイオン化した水素からなる層》.

ge·ode /ʤíːòud/ *n* 〖地質〗晶洞, 異質晶洞, がま, ジオード. ♦ **ge·od·ic** /ʤiádɪk/ *a* [L<Gk *geōdēs* earthy (*ge-*)]

geo·des·ic /ʤìːədésɪk, -díː-, -zɪk/ *a* GEODETIC. ► *n* GEODESIC LINE. ♦ **-dés·i·cal** *a*

geodésic dóme 〖建〗ジオデシックドーム《測地線に沿って直線構造材を連結したドーム; 軽量で剛性が高い》.

geodésic líne 〖数〗測地線《曲面上の 2 点を結ぶ最短曲線》.

ge·od·e·sy /ʤiádəsi/ *n* 測地学: geometrical [physical] ～ 幾何[地理]測地学. ♦ **ge·ód·e·sist** *n* [L<Gk]

geo·det·ic /ʤìːədétɪk/, **-i·cal** *a* 測地学の; 〖数〗測地線の. ♦ **-i·cal·ly** *adv*

geodétic dóme GEODESIC DOME.

geodétic líne 測地線《地球面上の geodesic line》.

gèo·dét·ics *n* GEODESY.

geodétic súrvey(ing) 測地学的測量, 測地測量.

Geo·dim·e·ter /ʤìːədímətər/ 〖商標〗ジオジメーター《光速に基づく電子光学的距離測定器》.

geo·duck /gúːidʌ̀k/ *n* 〖貝〗アメリカナミガイ《太平洋岸産で時に 5 ポンド以上になる; 食用》. [Chinook jargon *go duck*]

gèo·dynámics *n* 地球力学. ♦ **-dynámic** *a*

gèo·económics *n* 地理経済学. ♦ **-económic** *a*

Geoff /ʤéf/ ジェフ《男子名; Geoffrey の愛称》.

Geof·frey /ʤéfri/ ジェフリー《男子名; 愛称 Geoff, Jeff》. [OF <Gmc=divine peace (God+peace)]

Géoffrey of Mónmouth ジェフリー·オヴ·モンマス (c. 1100–54 or 55)《イングランドの年代記作者; *Historia Regum Britanniae* (ブリタンニア諸王史) は Arthur 王伝説の主たる資料》.

Geof·fróy's cát /ʒoufrwáːz-/ 〖動〗ジョフロワネコ《南アメリカ産, 灰色または黄土色の被毛に黒斑のある小型のネコ》. [Étienne *Geoffroy* Saint-Hilaire (1772–1844) フランスの動物学者または Isidore *Geoffroy* Saint-Hilaire (1805–61) 前者の子で動物学者にちなむ]

geog. geographic(al) ♦ geography.

ge·og·no·sy /ʤiágnəsi/ *n* 地球構造学, ジオグノシー. ♦ **ge·og·nos·tic** /ʤìːàgnástɪk/ *a*

ge·og·ra·pher /ʤiágrəfər/ *n* 地理学者.

geo·graph·ic /ʤìːəgrǽfɪk/, **-i·cal** *a* 地理学(上)の, 地理(学)的な: *geographical* features 地勢. ♦ **-i·cal·ly** *adv* 地理的に.

geográphical detérminism GEOGRAPHIC DETERMINISM.

geográphical látitude 地理学的緯度.

geográphical lóngitude 地理学的経度.

geográphical médicine GEOMEDICINE.

geográphical míle 地理マイル《赤道上で経度 1 分に相当する距離: ≒NAUTICAL MILE》.

geográphic detérminism 〖社〗地理的決定論《地理的条件を社会生活の決定的力と考える》.

geográphic envíronment 〖社〗地理的環境.

geográphic informátion sýstem 地理情報システム (略 GIS)《**1**) 地図データベース **2**) 疫学研究に用いられるコンピューターシステム》.

geográphic nórth TRUE NORTH.

geográphic prófiling 地理的プロファイリング[犯罪分析]《犯罪の発生箇所と頻度の分析から犯人の居所を突きとめる研究[方法]》.

ge·og·ra·phy /ʤiágrəfi/ *n* **1 a** 地理学 (cf. PHYSIOGRAPHY, GEOMORPHOLOGY). **b** 地理, 地勢, 地形 ‹*of* a place›. **c** 地理(学)書[論文], 地誌. **2** «口» 間取り, [*euph*] 便所の位置; 《構成要素の》(組織的)配列, 輪郭 (configuration). **3** [ᵘ*pl*]《経済活動のための》地区, 地域. [F or L<Gk *geo-*(*graphia* -GRAPHY)]

géo·hàzard *n* 自然災害, 天災.

gèo·hydrólogy *n* 地下水学. ♦ **-hydrólogist** *n* **-hydrológic** *a*

ge·oid /ʤíːɔ̀ɪd/ *n* 〖地物〗ジオイド《表面を全部平均海面とみなした地球の等ポテンシャル面; その形》; 地球の形. ♦ **ge·ói·dal** *a* [Gk (*geo-*, *-oid*)]

geol. geologic(al) ♦ geology.

geo·log·ic /ʤìːəláʤɪk/, **-i·cal** *a* 地質学(上)の. ♦ **-i·cal·ly** *adv*

geológical cýcle 地質学的循環.

geológical súrvey 地質調査.

geológic máp 地質図.

geológic tíme 地質年代 (cf. ERA, PERIOD, EPOCH).

ge·ol·o·gize /ʤiáləʤàɪz/ *vi* 地質(学)を研究する, 地質調査をする. ► *vt* 〈地域を〉地質学的に調査[研究]する.

ge·ol·o·gy /ʤiáləʤi/ *n* 地質学; 天体地質学; 《特定の地域の》地質; 地質学書[論文]. ♦ **-gist** *n* [NL (*geo-*)]

geom. geometric(al) ♦ geometry.

gèo·magnétic *a* 地磁気の: ～ potential 地磁気ポテンシャル. ♦ **-ical·ly** *adv*

geomagnétic fíeld 地球磁場.

geomagnétic póle MAGNETIC POLE.

geomagnétic stórm 磁気あらし (magnetic storm).

gèo·mágnet·ìsm *n* 地磁気; 地磁気学.

geo·man·cy /ʤíːəmæ̀nsi/ *n* 土占い, 地卜(ちぼく)《ひと握りの土砂を地上に投げた時の形状または地上の線·点などによる》. ♦ **géo·màn·cer** *n* **gèo·mán·tic, -ti·cal** *a*

gèo·mechánics *n* 地力学《岩石と土壌の力学的研究およびその応用》.

gèo·médicine *n* 〖医〗地理医学《地理的·風土的要因が健康に及ぼす影響を研究する》. ♦ **-médical** *a*

ge·om·e·ter /ʤiámətər/ *n* 幾何学者 (=*geometrician*); 〖昆〗シャクガ《成虫》, シャクトリムシ《幼虫》. [L<Gk (*metrēs* measurer)]

geo·met·ric /ʤìːəmétrɪk/, **-ri·cal** *a* 幾何学(上)の, 幾何学的な; 幾何級数的に増加する; 幾何学的図形の; [G-] 〖古ギ〗幾何学的様式の《陶器などの幾何学的文様を特色とする》; [G-] 〖建〗幾何学的な《イングランドの装飾式 (Decorated) 建築に見られる円をモチーフにしたトレーサリーの様式》: *geometric*(*al*) architecture 幾何学的形態を採り入れた建築 / *Geometric* pottery 〖古ギ〗《紀元前 900–700 年ごろの》幾何学模様の陶器. ♦ **-ri·cal·ly** *adv*

geométrical óptics 幾何光学《光を一本の光線で代表させて光の直進·反射·屈折を研究する光学》.

geométrical progréssion GEOMETRIC PROGRESSION.

geométrical propórtion 〖数〗等比比例.

ge·om·e·tri·cian /ʤiàmətríʃ(ə)n, ʤìːə-/ *n* 幾何学者 (geometer).

geométric isómerism 〖化〗幾何異性《立体異性の一種; cf. OPTICAL ISOMERISM》.

geométric làthe 〖機〗模様出し旋盤.

G

geométric méan 〔数〕《等比級数の》等比中項; 相乗平均, 幾何平均.
geométric páce 二歩幅《=5 フィート》.
geométric progréssion 〔数〕等比数列 (cf. ARITHMETIC PROGRESSION): in ~ 加速度的に.
geométric rátio 〔数〕公比《等比数列の》.
geo·met·rics /ʤìːəmétrɪks/ *n pl*《事物の》幾何学的特徴[特質]; 幾何学的デザイン[パターン].
geométric séquence GEOMETRIC PROGRESSION.
geométric séries 〔数〕等比級数, 幾何級数.
geométric spíder 幾何図形状の巣を張る各種のクモ.
geométric stýle 〔美・建〕幾何学様式.
geométric trácery 《ゴシック建築の》幾何学式トレーサリー.
ge·om·e·trid /ʤiámətrəd, ʤìːəmét-/ *a* 〔昆〕シャクガ科 (Geometridae) の. ► *n* シャクガ (geometer).
ge·om·e·trize /ʤiámətràɪz/ *vt, vi* 幾何学を研究する; 幾何学的に考察する; 幾何学的方法[原理]を適用する, 幾何学的に表示する. ♦ **ge·òm·e·tri·zá·tion** *n*
geo·met·ro·dynámics /ʤìːəmètroʊ-/ *n* 幾何(学的)力学《電磁気・重力現象をある単一過程の部分的表現と考えて, 幾何学的構造の解析を通じて研究する》.
ge·om·e·try /ʤiámətri/ *n* 幾何学; 幾何学書; 《機械などの》結合構造 (configuration), ジオメトリー; 《物体の》幾何図形的配列[外形], 《結晶の》外面的形態; 〔美〕《固体や表面の》外形. [OF,＜Gk (*geo-, -metry*)]
gèo·mórphic *a* 地球[地球面]の形の[に関する], 地形の, 地形学の (geomorphological); 形が地球に似た, 地球形の.
gèo·morphólogy *n* 地形学 (cf. GEOGRAPHY, PHYSIOGRAPHY); 地形学的特徴. ♦ **-gist** *n* **-morphológical, -ic** *a* **-ical·ly** *adv*
gèo·phágia *n* GEOPHAGY.
ge·oph·a·gy /ʤiáfəʤi/ *n* 土食 (=*earth eating*) (cf. PICA[2]). ♦ **-gism** *n* **-gist** *n* [*-phagy*]
ge·oph·i·lous /ʤiáfələs/ *a* 〔動・植〕好地中性の: ~ insects [plants].
géo·phòne *n* 受振器, ジオフォン, 地中聴検器《岩石・土壌・氷などの中を伝わる振動を探知する》.
gèo·phýsical *a* 地球物理学(上)の. ♦ **~·ly** *adv*
geophýsical wárfare 〔軍〕地球物理学戦《環境の人為的変更による》.
Geophýsical Yéar INTERNATIONAL GEOPHYSICAL YEAR.
gèo·phýsics *n* 地球物理学. ♦ **-phýsicist** *n*
géo·phỳte *n* 〔植〕地中植物. ♦ **gèo·phýt·ic** /-fít-/ *a*
gèo·pólitics *n* 地政学《国政に及ぼす地理的条件の影響を研究する》; 地政学に基づく政策; [‹*sg/pl*›]《特定の国や地域を特徴づける》地政学的要素[関係, 活動]. ♦ **-polítical** *a* **-ical·ly** *adv* **-politícian** *n*
gèo·pón·ic /-pánɪk/ *a* «まれ» 農耕[農業]の (agricultural); [*joc*] 田舎じみた, ひなびた. [Gk]
gèo·pón·ics *n* 農耕術, 農学 (husbandry).
gèo·poténtial *n* 〔理〕ジオポテンシャル《単位質量を海水面から所与の高度まで引き上げるのに要する仕事の量》.
gèo·préssured *a* 地圧をうけている; 地圧をうけている天然埋蔵物の.
gèo·préssurized *a* GEOPRESSURED.
géo·pròbe *n* ジオプローブ《地球表面から地球の半径 (6400 km) 以上離れた宇宙を探査するロケット》.
gèo·prófiling *n* GEOGRAPHIC PROFILING.
ge·o·rama /ʤìːərǽmə; -ráːmə/ *n* ジオラマ《大円球の内面に景色を描いて内部から見る仕掛け》. [F]
Geor·die[1] ¹¹ /ʤɔ́ːrdi/ *n* **1** ジョーディ《男子名; George の愛称》. **2** タイン (Tyne) 川沿岸地方の人[住人, 炭坑夫]; タイン川沿岸地方方言; タイン川の石炭船. **3** ジョーディ《St George 像のある英国貨幣》. ► *a* タイン川沿岸地方人[方言]の.
Geordie[2] *n* «スコ» 炭坑用安全灯の一種. [*George* Stephenson 考案者]
George[1] /ʤɔ́ːrʤ/ *n* **1** ジョージ《男子名; 愛称 Geordie, Georgie, Dod(dy) など》. **2 a** ジョージ (**1**) ~ **I** (1660–1727)《在位 1714–27; ハノーファー選挙侯 (1698–1727), ハノーヴァー朝初代の英国王》(**2**) ~ **II** (1683–1760)《英国王, ハノーファー選挙侯 (1727–60)》(**3**) ~ **III** (1738–1820)《英国・アイルランド王 (1760–1820), ハノーファー選挙侯 (1760–1814), 同王 (1814–20); 七年戦争に勝利を得るが, 米国の独立でアメリカ植民地を失った》(**4**) ~ **IV** (1762–1830)《英国・アイルランド・ハノーファー王 (1820–30); 1811 年以降, 精神障害者となった父 George 3 世の摂政》(**5**) ~ **V** (1865–1936)《英国王 (1910–36)》(**6**) ~ **VI** (1895–1952)《英国王 (1936–52)》. **b** [Saint] 聖ジョージ[ゲオルギオス]《イングランドの守護聖人; 303 年の Diocletian 帝の迫害で殉教したといわれる; 竜を退治して王女を救い出したという伝説がある; 祝日 4 月 23 日; ⇨ SAINT GEORGE'S CROSS [DAY]》. **c**《ギリシア王》ゲオルギオス (**1**) ~ **I** (1845–1913)《在位 1863–1913》(**2**) ~ **II** (1890–1947)《在位 1922–24, 35–47》. **d** ジョージ (**1**) **David Lloyd** ~ ⇨ LLOYD GEORGE (**2**) **Henry** ~ (1839–97)《米国の経済学者・土地制度改革論者; *Progress and Poverty* (1879)》. **3** [Lake] ジョージ湖《New York 州東部 Champlain 湖の南にある湖》. **4 a**《ガーター首飾り章の》聖ジョージ像《St George の竜退治の宝石像》. **b** «古俗» 聖ジョージ像のある英国貨幣 (=*Geordie*). **5 a** «口»《航空機の》自動操縦装置. **b** [°g-] «俗» 便通, 通じ. **c** *«俗» すばらしい[すごい]もの[人]. **d** *«俗»《劇場の》案内係. ● **(By) ~!** 本当に, 全く《誓いまたは感嘆の句》. **let ~ do it** «口» あなた[人]任せにする《20 世紀初めの英国のジャーナリズムより; cf. F *laissez faire à Georges* Georges d'Amboise (1460–1510) Louis 12 世に仕えた枢機卿》. ► *a* *«俗» けっこうな, 一流の, すばらしい, 楽しい. ► *vt* [°g-] *«俗» 誘惑する, …とやる. [L＜Gk=farmer, earthworker]
Ge·or·ge[2] /geɪɔ́ːrgə/ ゲオルゲ **Stefan** ~ (1868–1933)《ドイツの詩人》.
Geórge Cróss [the] 〔英〕ジョージ十字勲章《1940 年 George 6 世により George Medal と共に設けられた勲章; 特に文民の勇敢な行為に対して与えられる; 銀の十字に聖ジョージと竜の図柄が刻まれている; 略 GC》.
Geórge Médal [the] 〔英〕ジョージ勲章《1940 年 George 6 世により George Cross と共に設けられた勲章; 特に民間人の勇敢な行為に対して与えられるもので, 聖ジョージと竜の図柄が刻まれている; 略 GM》.
Georges /ʤɔ́ːrʤ; *F* ʒɔrʒ/ ジョージ, ジョルジュ《男子名》. [F; ⇨ GEORGE]
Geórg·es Bánk /ʤɔ́ːrʤəz-/ ジョージズバンク《Massachusetts 州の東海岸沖の浅瀬; 漁場》.
Geórge·tòwn ジョージタウン《(**1**) ガイアナの首都, 大西洋に臨む港町 **2**) Washington, D.C. 西部の高級住宅地 **3**) GEORGE TOWN》.
Geórge Tòwn ジョージタウン《(**1**) カリブ海北部, 英領 Cayman 諸島の Grand Cayman 島にある同諸島の中心をなす港町 **2**) PINANG 市の別称》.
Geórgetown Univérsity ジョージタウン大学《Washington, D.C. の Georgetown にあるカトリック系の私立大学; 1789 年創立》.
geor·gétte (crépe) /ʤɔːrʤét(-)/ ジョーゼット(クレープ)《薄地の絹またはレーヨンのクレープ》. [Mme *Georgètte* Paris の裁縫師]
Geórge Wáshington pìe *«俗» ジョージ・ワシントン・パイ (cherry pie).
Geor·gia /ʤɔ́ːrʤə/ **1** ジョージア《女子名; GEORGE の女性形》. **2** ジョージア《米国南東部の州; ☆Atlanta; 略 Ga., GA; George 2 世にちなむ》. **3** グルジア《ヨーロッパ南東部の黒海に臨む国; ☆Tbilisi; 古代・中世には王国; 1936–91 年ソ連邦構成共和国 (Georgian SSR)》. ● **hell and half of ~** *«俗» とてつもなく広い土地; いたるところ. ■ **the Stráit of ~** ジョージア海峡《カナダ British Columbia 州南西部本土と Vancouver 島東海岸中部の間の海峡》.
Geórgia crédit càrd *«俗» ジョージア・クレジットカード《他人の車からガソリンを抜き取るときに使うサイホン》.
Geórgia Màfia ジョージアマフィア《Carter 大統領 (1977–81) と同じ Georgia 州出身の大統領の側近たち》.
Geór·gian *a* **1**《英国王》ジョージ 1–4 世時代 (1714–1830) の; ジョージ 5–6 世時代 (1910–52) の, 《特に》ジョージ 5 世時代 (1910–20 年代) の〈文学, 特に田園詩など〉. **2** ジョージア州(の住民)の. **3** グルジア(人[語])の. ► *n* **1 a** ジョージ王の時代の人; 1910 年代から 20 年代前半に活躍した英詩人. **b** ジョージ王朝風[様式]《特に建築の様式; cf. GEORGIAN ARCHITECTURE》. **2** ジョージア州人. **3** グルジア人; グルジア語. [GEORGE]
Geor·gi·a·na /ʤɔ̀ːrʤiǽnə; -áːnə/ ジョージアナ《女子名》. [⇨ GEORGIA]
Geórgian árchitecture ジョージ王朝様式の建築《英国の George 王朝時代 (1714–1830) の古典主義的な建築様式》.
Geórgian Báy ジョージア湾《カナダ Ontario 州南東部 Huron 湖の北東部にある入江; 湾南東部の 50 を超す島々が国立公園 (**Geórgian Báy Íslands Nátional Párk**) に指定されている》.
Geórgia píne 〔植〕ダイオウマツ (longleaf pine).
geor·gic /ʤɔ́ːrʤɪk/ *a* 農事の, 農業の. ► *n* 農事[田園]詩; [the G-s]《ローマの詩人 Vergil 作の》「農事詩」.
Geor·gie /ʤɔ́ːrʤi/ ジョージー《男子名; George の愛称》.
Geórgie Pórgie /-pɔ́ːrʤi/ ジョージー・ポージー《英国の伝承童謡の主人公; 女の子にキスをして泣かせた男の子》.
Geor·gi·na /ʤɔːrʤíːnə/, **-gine** /-ʤíːn/ ジョージーナ, ジョージーン《女子名》. [(dim)‹GEORGIA]
gèo·science(s) *n* 地球科学, 地学《地質学・地球物理学・地球化学など; cf. EARTH SCIENCE》. ♦ **-scíentist** *n*
géo·sphère *n* LITHOSPHERE. ♦ **gèo·sphéric** *a*
gèo·státic *a* 地圧の, 土圧の; 地圧に耐える: ~ pressure 静地圧.
gèo·státics *n* 地圧学.
gèo·státionary *a*《赤道上空を地球の自転速度で進み》地球に対して静止状態を保つ: a ~ satellite 静止衛星.

geostátionary órbit 《衛星の》静止軌道.
gèo·strátegy *n* 戦略地政学; 地政学に基づく戦略[政策]. ◆ **-strátegist** *n* **-stratégic** *a*
gèo·stróph·ic /-stráfɪk/ *a* 〘気〙 地球の自転による偏向力の. ◆ **-i·cal·ly** *adv*
geostróphic wínd 〘気〙 地衡風《気圧傾度力と地球の自転による偏向力との釣合いにより風速・風向の決定されている風》.
gèo·sýnchronous *a* 対地同期の, 《特に》GEOSTATIONARY. ◆ **~·ly** *adv*
geosýnchronous órbit 対地同期軌道《地球の自転と同じ公転周期をもつ衛星軌道》, 《特に》GEOSTATIONARY ORBIT.
gèo·synclínal 〘地質〙 *a* 地向斜の. ► *n* GEOSYNCLINE.
gèo·sýncline *n* 〘地質〙 地向斜 (opp. *geanticline*).
géo·tàg·ging *n* 〘電算〙 ジオタギング《画像データに撮影地点を示す経度・緯度・高度などの metadata を付すこと》. ◆ **-tàgged** *a*
gèo·táxis *n* 〘生〙 重力走性, 走地性《重力刺激に対する走性》. ◆ **gèo·táctic** *a* **-tical·ly** *adv*
gèo·téchnical, gèo·téchnic *a* 地質工学[土木地質]の[に関する]: ~ engineering 地質工学.
gèo·téchnics *n* 地質工学.
gèo·tectónic *a* 〘地質〙 地殻構造の. ◆ **-ical·ly** *adv*
gèo·téxtile *n* 〘土木〙 ジオテキスタイル《土壌の分離・成形などに用いる織布・不織布》.
géo·thèrm *n* 地熱.
gèo·thérmal *a* 地熱の: ~ energy 地熱エネルギー. ◆ **~·ly** *adv*
geothérmal grádient 〘地物〙 地熱勾配《地表から中心核へ向かっての地熱の上昇; 60 フィートにつき 1°F 上昇する》.
gèo·thérmic *a* GEOTHERMAL.
ge·ot·ro·pism /dʒiátrəpɪ̀z(ə)m/ *n* 〘植〙 重力屈性, 屈地性 (opp. *apogeotropism*): positive [negative] ~ 向地[背地]性. ◆ **gèo·trópic** *a* **-ical·ly** *adv*
ger /gέər/ *n* 包(ﾊﾟｵ), ゲル《モンゴル人の円形天幕住居》.
ger. gerund. **Ger.** German ♦ Germanic ♦ Germany.
Ge·ra /géra/ ゲーラ《ドイツ中東部 Thuringia 州の市》.
ge·rah /gíərə/ *n* ゲラ《古代ヘブライの重量と通貨の単位: =1/20 shekel》. [Heb=grain]
Ge·raint /dʒəréɪnt/ 〘アーサー王伝説〙 ジェレイント《Enid の夫で, 円卓の騎士の一人》.
Ger·ald /dʒérəld/ ジェラルド《男子名; 愛称 Jerry》. [Gmc=spear+rule]
Ger·al·dine /dʒérəldìːn/ ジェラルディーン《女子名; 愛称 Jerry》. [(dim)<↑]
Ger·ald·ton /dʒérəl(d)tən/ ジェラル(ド)トン《オーストラリア Western Australia 州西部の港町》.
Géraldton wàx 〘植〙 ジェラルトンワックス, ワックスフラワー《フトモモ亜科の小高木》.
ge·ra·ni·a·ceous /dʒərèɪniéɪʃəs/ *a* 〘植〙 フウロソウ科 (Geraniaceae) の.
ge·ra·ni·al /dʒəréɪniəl/ *n* 〘化〙 ゲラニアール (CITRAL).
ge·ra·ni·ol /dʒəréɪniɔ̀(ː)l, -òʊl, -àl, ‖-rá:-/ *n* 〘化〙 ゲラニオール《バラ香の無色液; バラ系花精油・化粧品香料用》.
ge·ra·ni·um /dʒəréɪniəm/ *n* **1** 〘植〙 **a** フウロソウ《同属 (*G-*) の草花の総称: ゲンノショウコなど》. **b** テンジクアオイ, ゼラニウム (pelargonium). **2** あざやかな赤色. **3***《俗》魅力のある人, かわいい娘. [L<Gk (*geranos* crane)]
geránium fàmily 〘植〙 フウロソウ科 (Geraniaceae).
Ge·rard /dʒərá:rd; dʒérà:d, -rəd, dʒerá:d, dʒə-/ **1** ジェラード《男子名》. **2** ジェラード **Charles ~**, 1st Baron ~ of Bran·don /brǽndən/, Viscount Brandon, Earl of Macclesfield (1618?–94)《イングランドの王党派軍人》. [Gmc=strong with spear (spear+hard)]
Gé·rard /*F* ʒera:r/ ジェラール Comte **Étienne-Maurice ~** (1773–1852)《フランスの軍人; Napoleon に仕えて勲功をあげ, のち Louis Philippe のもとで陸相, 陸軍元帥》.
ge·rar·dia /dʒərá:rdiə/ *n* 〘植〙 ジェラーディア属 (*G-*) の各種寄生植物《ゴマノハグサ科》. [*John Gerard* (1545–1612) 英国の植物学者]
Ge·rár·dus Mágnus /dʒərá:rdəs-/ ゲラルドゥス・マグヌス《Gerhard GROOTE のラテン語による名称》.
ger·a·tol·o·gy /dʒèrətálədʒi/ *n* 生物廃絶学《絶滅に近い生物群における生命の衰退を研究する》; 老年学. ◆ **gèr·a·to·lóg·ic** *a* [Gk *gerat- geras* old age]
ger·bera /gə́:rbərə, dʒə́:r-/ *n* 〘植〙 センボンヤリ, ガーベラ《キク科ガーベラ属 (*G-*) の草花の総称》. [Taugott *Gerber* (1710–43) ドイツの博物学者]
ger·bil, -bille /dʒə́:rbəl/ *n* 〘動〙 アレチネズミ《トビネズミに似たネズミ; アジア・アフリカ南部・ロシア産》. [F<NL (dim)<JERBOA]
GERD 〘医〙 gastroesophageal reflux disease 胃食道逆流症.
Ger·da /gə́:rdə/ **1** ガーダ《女子名》. **2** 〘北欧神話〙 ゲルダ《Frey の妻》. [ON=guardian]
Gere /gíər/ ギア **Richard ~** (1949–)《米国の俳優; セクシーな二枚目の代表格; *Pretty Woman* (プリティ・ウーマン, 1990)》.
ge·rent /dʒíərənt, dʒérənt/ *n* 《まれ》支配者, 執行者, 権力者. [L (pres p)<*gero* to bear, carry]
ger·en·to·crat·ic /dʒèrəntəkrǽtɪk/ *a* 管理者[経営者]支配の.
ger·e·nuk /gérənʊ̀k, gərénək/ *n* 〘動〙 ゲレヌク《東アフリカ産の首の長い羚羊》. [Somali]
gerfalcon ⇨ GYRFALCON.
Ger·hard·sen /géərhà:rs(ə)n/ ゲルハルセン **Einar (Henry) ~** (1897–1987)《ノルウェーの政治家; 首相 (1945, 45–51, 55–63, 63–65); 労働党》.
ger·i·at·ric /dʒèriǽtrɪk, *dʒɪ̀r-/ *a* 老人病学の; 老人の, 老化作用の, 老齢の, 年を取った; 年配者(向き)の; 《口》古びた, 旧式の: ~ medicine 老人医学. ► *n* 老人; 老人病患者. [Gk (*gerat- gēras* old age, *iatros* physician)]
ger·i·át·rics *n* 老年医学, 老人医学, 老人病学《老人の病理[生理]と治療を研究する; cf. GERONTOLOGY》. ◆ **ger·i·a·tri·cian** /dʒèriətríʃ(ə)n, *dʒɪ̀r-/, **-at·rist** /dʒèriǽtrɪst, *dʒɪr-/ *n*
Gé·ri·cault /ʒèrɪkóʊ; ʒérikəʊ/ ジェリコー **(Jean-Louis-André-)Théodore ~** (1791–1824)《フランスの画家; ロマン主義の先駆者;『メデューズ号のいかだ』(1817)》.
Ger·i·tol /dʒérətɔ̀(ː)l, -tòʊl, -tàl/ 〘商標〙 ジェリトル《米国で販売されている鉄を多量に含んだ老人用の強壮薬》: the ~ generation [set] 老人世代, シルバー層.
GERK, gerk /gə́:rk/ *n**《俗》おいぼれ, ぼけ老人. [*geriatric*+*jerk*]
gerkin ⇨ GHERKIN.
Ger·la·chov·ka /géərləkɔ̀:fkə, -kɔ̀:v-/, **-chov·sky** /-ski/ ゲルラホフカ《スロヴァキア北部 Tatra 山地の山; カルパティア山脈の最高峰 (2655 m)》.
germ /dʒə́:rm/ *n* **1 a** 〘生〙 胚, 胚種, 胚芽; 〘生〙 GERM CELL. **b** 微生物, 細菌, 病原菌[微生物], 病菌, 'バイキン': a ~ carrier 保菌者. **2** 芽生え, 兆し, 始まり; 根源, 起源: in ~ 芽生えて, まだ発達しないで / the ~ of…の萌芽. ► *vt, vi* GERMINATE. [F<L *germin- germen* sprout]
ger·man /dʒə́:rmən/ *a* [後置] 同父母[同祖父母]から出た; 《古》GERMANE: a brother-[sister]-~ 同父母から出た兄弟[姉妹] / a cousin-~ 第一従兄弟[姉妹]. ► *n* 《廃》近親者. [OF<L *germanus* genuine, having the same parents]
German *a* ドイツの; ドイツ人[語]の (cf. GERMANY). ► *n* ドイツ人; 《ドイツ国外に住む》ドイツ系の人; ドイツ語 (cf. HIGH [LOW] GERMAN); [ᵒg-]*ドイツ舞踊, *《中部》ドイツ舞踊の舞踏会. [L *Germanus*; Celts がその隣人に与えた名か; cf. OIr *gair* neighbor]
Gérman bánd 街頭のバンド[楽隊].
Gérman Báptist Bréthren *pl* [the] ドイツバプテスト同胞教会 (Church of the Brethren).
Gérman cóckroach 〘昆〙 チャバネゴキブリ (=*Croton bug*).
Gérman Democrátic Repúblic [the] ドイツ民主共和国《EAST GERMANY の公式名》.
ger·man·der /dʒərmǽndər/ *n* 〘植〙 **a** (ウォール)ジャーマンダー《シソ科ニガクサ科の多年草》. **b** カラフトヒヨクソウ (=**~ spéedwell**)《ゴマノハグサ科クワガタソウ属の多年草》. [L<Gk=ground oak]
ger·mane /dʒərméɪn/ *a* 密接な関係がある, 適切な (pertinent) ‹*to*› (cf. GERMAN); 《廃》近親の, 血のつながりの濃い. ◆ **~·ly** *adv* **~·ness** *n* [GERMAN]
Gérman Éast África [the] ドイツ領東アフリカ《現タンザニアとルワンダおよびブルンジの地にあったドイツの保護領 (1885–1920)》.
Gérman góiter*《俗》出っ張った腹, ビール腹.
Ger·ma·nia /dʒərméɪniə, -njə/ ゲルマニア《**1**) 古代ヨーロッパの, Rhine 川の東, Danube 川の北の現ドイツを含む地域 **2**) Rhine 川のすぐ西にあったローマ帝国の地域で, 現フランス北東部およびベルギーの一部・オランダ》.
ger·man·ic /dʒərmǽnɪk, -méɪ-/ *a* ゲルマニウム (germanium) の; 〘化〙 ゲルマニウム (IV) の.
Ger·man·ic /dʒərmǽnɪk/ *a* ドイツの; ドイツ人の; ゲルマン民族[語]の; ゲルマン的な. ► *n* **1** ゲルマン語派[諸語]《インド-ヨーロッパ語族に属し, English, German, Dutch, Frisian, Swedish, Icelandic, Gothic などを含む; 伝統的には東・西・北の 3 語群に分ける; ⇨ EAST [NORTH, WEST] GERMANIC》. **2** ゲルマン基語[祖語] (Proto-Germanic)《ゲルマン諸語が分岐する以前の推定上の共通語》. [L (GERMAN)]
Ger·mán·i·cus Cáesar /dʒərmǽnɪkə(s)-/ ゲルマニクス・カエサル (15 B.C.–A.D. 19)《ローマの将軍; Tiberius 帝の甥で, 養子》.
Gérman·ish *a* ドイツ[ゲルマン]風の.
Gérman·ìsm *n* **1 a** ドイツ精神[魂], ドイツ人気質(ｶﾀｷﾞ), ドイツ的慣習[考え方]. **b** ドイツびいき. **2** 《外国語にはいった》ドイツ語風[調]の表現[慣用句]. ◆ **-ist** *n* ドイツ語[文学, 文化]研究者[学者], ゲルマニスト; ドイツ主義者.
ger·ma·nite /dʒə́:rmənàɪt/ *n* 〘鉱〙 ゲルマニウム鉱, ゲルマナイト.
ger·ma·ni·um /dʒərméɪniəm/ *n* 〘化〙 ゲルマニウム《希金属元素; 記号 Ge, 原子番号 32》. [L *Germanus* German]

Gérman·ìze *vt, vi* ドイツ風にする[なる], ドイツ化する; ドイツ式方法を用いる; 《古》ドイツ語に訳す. ◆ **Gèrman·izátion** *n*
Gérman méasles [‹sg/pl›]〘医〙風疹, 三日ばしか (＝*rubella*).
Ger·mano- /ʤərmǽnou, ʤə́ːrmə-, -nə/ *comb form*「ドイツ(人)」[GERMAN]
Gérman Ócean [the] ゲルマン海《NORTH SEA の旧称》.
Germàno·mánia /, ʤəːrmənə-/ *n* ドイツ熱[狂], ドイツかぶれ.
Germáno·phìle, -phìl /, ʤə́ːrmənə-/ *a* ドイツびいきの. ► *n* ドイツびいきの人, ドイツ崇拝者, 親独家.
Germàno·phília /, ʤəːrmənə-/ *n* ドイツびいき, 親独.
Germáno·phòbe /, ʤəːrmənə-/ *n* ドイツ恐怖者, 排独主義者.
Germàno·phóbia /, ʤəːrmənə-/ *n* ドイツ嫌い, 排独熱, 恐独病.
ger·man·ous /ʤərmǽnəs, -méɪ-/ *a* ゲルマニウム (germanium) の;〘化〙ゲルマニウム (II) の.
Gérman sáusage ジャーマンソーセージ《香辛料入りの半調理肉を詰めた太いソーセージ》.
Gérman shépherd (dòg)〘犬〙ジャーマンシェパードドッグ, シェパード (＝*Alsatian*) (＝(**Gérman**) **políce dòg**)《ドイツ原産の作業犬; もと牧羊犬, 今は警察犬・軍用犬・盲導犬》.
Gérman shórt·hàired póinter〘犬〙ジャーマンショートヘアードポインター《ドイツ原産の銃猟犬; 茶褐色または茶褐色と白の被毛をもつ》.
Gérman sílver 洋銀 (nickel silver).
Gérman síxth〘楽〙ドイツの六, 増五六の和音《増 6 度和音の一つで, 長 3 度・完全 5 度・増 6 度よりなる》.
Gérman Sóuthwest África [the] ドイツ領南西アフリカ《NAMIBIA の旧称》.
Gérman téxt〘印〙ゲルマン体黒文字, ひげ文字《例: 𝔊𝔢𝔯𝔪𝔞𝔫 𝔱𝔢𝔵𝔱》.
Ger·man·town /ʤə́ːrməntàun/ ジャーマンタウン《Pennsylvania 州 Philadelphia 市北西部の住宅地区; 1777 年に植民地軍が英国軍の奇襲に失敗した地》.
Gérman wíre·haired póinter〘犬〙ジャーマンワイアーヘアードポインター《ドイツ原産の銃猟犬; 茶褐色または茶褐色と白の平らに寝た針金状の被毛をもつ》.
Ger·ma·ny /ʤə́ːrm(ə)ni/ ドイツ (*G* Deutschland)《中部ヨーロッパの国; 公式名 Federal Republic of ～ (ドイツ連邦共和国); ☆Berlin; ドイツ帝国 (1871–1918), ドイツ共和国 (1919–33), Hitler 政権 (1933–45) を経て, 大戦後は東西 (East Germany, West Germany) に分かれていたが, 1990 年統一; 略 G, Ger.》: the two ～*s* [*Germanies*] 二つのドイツ《かつての東西両ドイツ》.
gérm bànd〘動〙《節足動物の卵の》胚条.
gérm bòmb 細菌弾, 細菌爆弾.
gérm cèll〘生〙生殖細胞, 胚細胞,〘畜〙性細胞.
ger·men /ʤə́ːrmən/ *n* (*pl* **～s, -mi·na** /-mənə/)〘生〙生殖腺 (gonad), 生殖質; 《古》GERM.
gérm·frèe *a* 無菌の (axenic).
ger·mi·ci·dal /ʤəːrməsáɪdl/ *a* 殺菌薬の; 殺菌(性)の.
ger·mi·cide /ʤə́ːrməsàɪd/ *n* 殺菌薬.
ger·mi·na·bil·i·ty /ʤəːrmənəbíləti/ *n* 発芽力.
ger·mi·nal /ʤə́ːrmən(ə)l/ *a*〘生〙胚[胚種, 胚芽] (germ) の, 胚細胞 (germ cell) の; 本源の, 根源の, 原始の, 初期の; 独創的な, 将来性のある. ◆ **～·ly** *adv* [GERM]
Germinal /*F* ʒɛrminal/ *n* 芽月(がつ)《フランス革命暦の第 7 月: 3 月 21 日–4 月 19 日; ⇨ FRENCH REVOLUTIONARY CALENDAR》.
gérminal área〘発生〙胚域.
gérminal dísc [dísk]〘発生〙GERMINAL AREA; 《苔(たい)類の》芽盤, 《脊椎動物の》胚盤 (blastodisc).
gérminal epithélium〘動〙生殖上皮, 胚上皮.
gérminal vésicle〘発生〙卵核胞, 胚胞.
ger·mi·nant /ʤə́ːrmənənt/ *a* 発芽する; 発達し始める; 生長力のある; 初めの, 発端の. ◆ **-nan·cy** *n*
ger·mi·nate /ʤə́ːrmənèɪt/ *vi, vt* **1**〘植〙〈種子など〉芽を出す[出させる], 発芽する[させる]; 開く[開かせる]; 生育し始める. **2**〈考えなど〉芽生える[芽生えさせる], 発生する, 出現する. ◆ **gèr·mi·ná·tion** *n* **gér·mi·nà·tive** /, -nə-/ *a* [L; ⇨ GERM]
gér·mi·nà·tor *n* 発芽させるもの[人]; 発芽力試験器.
Ger·mis·ton /ʤə́ːrməstən/ ジャーミストン《南アフリカ共和国北東部 Gauteng 州 Johannesburg の東にある市; 世界最大の金精錬所がある》.
gérm làyer〘生〙胚葉.
gérm lìne〘生〙生殖細胞系[系列].
ger·mon /ʤə́ːrmən; *F* ʒɛrmɔ̃/ *n*〘魚〙ビンナガ (albacore).
gérm·o·phòbe /ʤə́ːrmə-/ *n* 細菌恐怖症患者. ◆ **gèrm·o·phóbic** *a*
gérm plàsm [plàsma]〘生〙生殖質; GENE.
gérm·pròof *a* 耐菌性の.
gérm thèory〘医〙媒菌説;〘生〙胚種説《生気論的生命観の一つ》.
gérm tùbe〘植〙発芽管.
gérm wárfare 細菌戦.
gérmy *a* 《口》細菌[バイキン]の充満した[ついた]. ◆ **-i·ness** *n*
gero·don·tia /ʤɛ̀rədánʃ(i)ə/ *n* GERODONTICS.
gero·don·tics /ʤɛ̀rədántɪks/ *n* 老人歯科学. ◆ **-tic** *a*
gero·don·tol·o·gy /ʤɛ̀rədàntáləʤi/ *n* GERODONTICS.
Gé·rôme /ʒeɪróum/ ジェローム **Jean-Léon ～** (1824–1904)《フランスの画家・彫刻家》.
Ge·ro·na ⇨ GIRONA.
Ge·ron·i·mo /ʤəránəmòu/ **1** ジェロニモ (1829–1909)《インディアンの Chiricahua Apache 族の族長; 本名 Goyathlay; 合衆国の軍事力に最後まで抵抗した》. **2** [°g-]*《俗》バルビツール剤 (barbiturate), バルビツールを溶かしたアルコール. **3** [‹int›]《口》ウォーッ《落下傘部隊員が飛び降りる時の掛け声》; 《口》やったぜ! ● **do one's ～**《飛行機から》パラシュート降下する.
ge·ront- /ʤəránt/, **ge·ron·to-** /ʤərántou, -tə/ *comb form*「老人」「老齢」[Gk *geront- gerōn* old man]
ge·ron·tic /ʤərántɪk/ *a*〘生理〙老齢の, 老衰の.
ger·on·toc·ra·cy /ʤɛ̀rəntákrəsi; -ɔn-/ *n* 老人政治, 老人支配, 長老制[主義] (opp. *juvenocracy*); 老人[長老]政府. ◆ **ge·ron·to·crat** /ʤərántəkræ̀t/ *n* **ge·ròn·to·crát·ic** *a*
ger·on·tol·o·gy /ʤɛ̀rəntáləʤi; -ɔn-/ *n* 老人学, 老年学《細胞や組織の老化現象を扱う; cf. GERIATRICS》. ◆ **-gist** *n* **-to·log·ic** /-təláʤɪk/, **-i·cal** *a*
geròn·to·mórphic *a*〘生〙成体進化の, (雄の)成体期に現われる〈形質〉.
geròn·to·mórphosis *n*〘生〙成体進化《形質変化が成体期に起こる系統発生の現象》.
geròn·to·phília *n*〘精神医〙老人(性)愛《老人のみを性愛の対象とする》.
geròn·to·phóbia *n* 老齢[老人]恐怖[嫌悪].
-g·er·ous /⸗ʤərəs/ *a comb form* [前に i を付して]「生じる」「有する」: denti*gerous*. [L *-ger* bearing (*gero* to carry), *-ous*]
gero·vítal /ʤɛ̀rou-/ *n*〘薬〙老化防止薬.
ger·ry·man·der, jer- /ʤɛ́rimæ̀ndər, ⸗⸗⸗, gɛ́r-/ *n* **1**〘政〙ゲリマンダー《自党を有利にするための, 区の広さや人口を無視した不自然な選挙区(の区割り)》; ゲリマンダー選出議員. **2**《自派のための》身勝手な手加減, ごまかし. ► *vt*〈選挙区を〉自党に有利に区割りする, ゲリマンダーをやる;〈学区などを〉身勝手に改変する. ◆ **～·er** *n* [Elbridge *Gerry* (1744–1814) 米国の政治家＋sala*mander*; Gerry が Massachusetts 州知事時代 (1812) に改めた選挙区の形が salamander (火とかげ) に似たため]
Gers /*F* ʒɛːr, ʒɛrs/ ジェール《フランス南西部 Midi-Pyrénées 地域圏の県; ☆Auch》.
Gersh·win /gə́ːrʃwən/ ガーシュウィン (**1**) **George ～** (1898–1937)《米国の作曲家; *Rhapsody in Blue* (1924), *Porgy and Bess* (1935)》 (**2**) **Ira ～** (1896–1983)《米国の作詞家; George の兄》.
Gert /gə́ːrt/ ガート《女子名; Gertrude の愛称》.
gert·cha /gə́ːrʧə/, **ger·tcher** /gə́ːrʧər/ *int*[∥]《俗》ばかな, うせろ, やめろ! [*get out with yer* (＝you)]
Ger·tie, Ger·ty /gə́ːrti/ ガーティー《女子名; Gertrude の愛称》.
Ger·trude /gə́ːrtrùːd/ ガートルード《女子名; 愛称 Gert, Gertie, Gerty, Trudy》. [Gmc＝spear strength]
ger·und /ʤɛ́rənd/ *n*〘文法〙動名詞, ジェランド《-ing 形の名詞, 特に目的語・補語または副詞を伴うもの》;〘ラテン文法〙動詞的中性名詞《動詞としての格支配をするもの》. [L *gerendum* (gerundive) ‹ *gero* to do, carry]
gérund-grínd·er *n* 《古》学者ぶるラテン文法の先生.
ge·run·di·al /ʤərʌ́ndiəl/ *a* GERUND の(ような).
ge·run·dive /ʤərʌ́ndɪv/ *n*〘ラテン文法〙動詞状形容詞. ► *a* GERUNDIAL. ◆ **-di·val** /ʤɛ̀rəndáɪv(ə)l/ *a* [L; ⇨ GERUND]
Ger·vase /ʤə́ːrvəs, -veɪz/ ジャーヴェス《男子名》. [Gmc＝spear servant]
Ge·ry·on /ʤíriən, gɛ́r-; gɛ́r-/〘ギ神〙ゲーリュオーン《無数の牛をもつ三頭三身の怪物; Hercules に殺された》.
Ge·samt·kunst·werk /*G* gəzámtkunstvɛrk/ *n*《演劇・音楽・詩などをいっしょにした》総合芸術作品. [G]
Ge·sell /gəzɛ́l/ ゲゼル (**1**) **Arnold (Lucius) ～** (1880–1961)《米国の心理学者・小児科医》 (**2**) **Gerhard A(lden) ～** (1910–93)《米国の判事; 人権派で, ウォーターゲート事件・ペンタゴンペーパーズなどの歴史的事件を担当》.
ge·sell·schaft /gəzɛ́lʃɑ̀ːft/ *n* (*pl* **～s, -schaf·ten** /-tən/) [°G-] 利益社会, ゲゼルシャフト《諸個人間の人為的な結合を特徴とする合理的・機械的な社会関係; それに基づく集団; 略 Ges.; cf. GEMEINSCHAFT》. [G＝society]
Ges·ner /gɛ́snər/ ゲスナー **Conrad ～** (1516–65)《スイスの医師・博物学者;『動物誌』(1551–87)》.
ges·ne·ria /gəsníəriə/, **ges·ne·ra** /gɛ́snərə/ *n*〘植〙ゲスネリア属 (*Gesneria*) の各種の(低木状)多年草《熱帯アメリカ原産; イワタバコ科》. [↑]
ges·ne·ri·ad /gɛsníəriæ̀d/ *n*〘植〙イワタバコ科 (Gesneriaceae) の植物の総称《主に熱帯産で, セントポーリア (African violet), グロキシニア (gloxinia) などを含む》.

ges·so /ʤésoʊ/ *n* (*pl* ~**es**) 〖美〗ゲッソ, ジェッソ《彫刻や画板・画布の下塗り用の白色顔料; これを施した下地》. ◆ ~**ed** *a* [It; ⇨ GYPSUM]

gest[1], **geste** /ʤést/ «古» *n* 冒険, 手柄, 功業; 《中世詩文の》冒険物語, 武勇伝; 物語. [OF＜L JEST]

gest[2] ⇨ GESTE[1].

ge·stalt /gəstáːlt, -ʃtáːlt, -stɔ́ːlt, -ʃtɔ́ːlt; -ʃtáːlt, -ʃtǽlt/ *n* (*pl* ~·**en** /-tn/, ~**s**) 〖心〗形態, ゲシュタルト《経験の統一的全体》. ◆ ~·**ìsm** *n* ゲシュタルト理論. [G＝shape, form]

gestált·ist *n* [ºG-] ゲシュタルト心理学専門家.

Gestált psychólogy ゲシュタルト[形態]心理学.

Gestált thérapy ゲシュタルト心理療法《ゲシュタルト心理学に基づく精神治療法》.

Ge·sta·po /gəstáːpoʊ/ *n* (*pl* ~**s**) ゲシュタポ《ナチスドイツの秘密国家警察》; [g-] 《一般に》秘密警察. [G *Geheime Staatspolizei* (＝secret state police)]

Ges·ta Ro·ma·no·rum /ʤéstə ròʊmənɔ́ːrəm/ 『ゲスタ・ロマノールム』《14 世紀初頭イングランドのフランシスコ会修道士が集めたラテン語の訓話的物語集; Chaucer や Shakespeare が作品の筋に利用した》.

ges·tate /ʤésteɪt; ─ ⁄/ *vt* 妊娠[懐胎]している; 〈計画などを〉(頭の中で)練る, 暖める. ► *vi* 案の作成中である.

ges·ta·tion /ʤɛstéɪʃ(ə)n/ *n* 妊娠[懐胎](期間); 《計画などを》練ること[期間]: ~ period 妊娠[懐胎]期間, 計画期間. ◆ ~·**al** *a* [L (*gesto* to carry)]

ges·ta·tó·ri·al cháir /ʤèstətɔ́ːriəl-/ 儀式などの際に教皇を乗せて運ぶ椅子, 輿(こし).

geste[1] /ʤést/ «古» *n* 品行, 行状; 手まね, ジェスチャー. [OF＜L; ⇨ GESTURE]

geste[2] ⇨ GEST[1].

ges·tic /ʤéstɪk/ *a* 《特にダンスの》体の動きの[に関する].

ges·tic·u·lant /ʤɛstíkjələnt/ *a* 身振り[手まね]をしている[で話している].

ges·tic·u·late /ʤɛstíkjəlèɪt/ *vi, vt* 身振り[手まね]で合図する 〈*at, to, toward*〉; 《思わず》身振り[手まね]を交える. ◆ **ges·tíc·u·là·tive** /-lət-/ *a* 身振り[手まね]で話す, 身振り[手まね]の多い. **-là·tor** *n* **ges·tíc·u·la·tò·ry** /; -t(ə)ri/ *a* 身振り[手まね]の(多い). [L; ⇨ GESTURE]

ges·tìc·u·lá·tion *n* 身振り[手まね]をすること[で話すこと]; 《興奮や熱情に伴う》身振り, 手まね. ◆ **ges·tíc·u·lar** *a*

ges·to·sis /ʤɛstóʊsəs/ *n* (*pl* -**ses** /-sìːz/) 〖医〗妊娠中毒(症). [*gestation*, *-osis*]

ges·ture /ʤésʧər/ *n* **1** (一つの)身振り, 手まね, 顔つき; 《演劇・演説などで》しぐさ, ジェスチャー; «古» 身のこなし, 物腰: make [give] a ~ of despair 絶望の身振りをする / signal [speak] by ~ 身振りで合図する[話す] / a master of the art of ~ 身振りの名人. **2** 身振りをすること; そぶり, 気配; 《形式的な》意思表示, 宣伝(行為): a ~ of sympathy 同情の意思表示 / a diplomatic ~ 外交辞令. ● **fine** ~ 雅量, 寛容. ► *vi, vt* 身振りで表わす[指示する], GESTICULATE. ◆ **gés·tur·al** *a* **gés·tur·al·ly** *adv* [L *gestura* manner, bearing (*gest- gero* to wield)]

gésture lànguage 身振り言語 (＝**géstural lánguage**), 《特に》SIGN LANGUAGE.

Ge·su·al·do /ʤeɪzuáːldoʊ/ ジェズアルド Don **Carlo** ~, Prince of Ve·no·sa /veɪnóʊsɑː/ (c. 1560–1613) 《イタリアの作曲家; 大胆な半音階を使ったマドリガルを作曲した》.

ge·sund·heit* /gəzúnthàɪt/ *n* [〈*int*〉] 《人がくしゃみをしたとき》お大事に!; «古風» 《乾杯で》ご健康を祝して. [G＝health]

get[1] /gét/ *v* (**got** /gát/, (古) **gat** /gǽt/; **got,** (古) で, また 9 の場合を除き (米) で **got·ten** /gátn/; ただし ill-*gotten* のように複合形容詞では米英とも **gót·ten; gét·ting**) *vt* **1 a** 得る, 手に入れる, …にありつく (obtain); 買う (buy); もらう, 稼ぐ (earn); かちえる, 獲得する (gain, win); 《計算・実験の結果として》〈答を〉得る; 〈手紙・電報などを〉受け取る (receive); 行って取ってくる (fetch); 〈新聞を〉定期購読する, とる; «古» 〈知識を〉得る: Will you ~ me a ticket (＝~ a ticket *for* me)? 切符を買って[申し込んで]くれませんか / *G*~ your hat. 帽子を取っておいで / ~ a LITTLE [SOME]. **b** 〈食事を〉取る: We will ~ lunch at the inn. 宿屋で昼食を取らせてもらおう. **2 a** 〈魚・人などを〉捕える, つかまえる, «口» 逮捕する; 〈作物を〉取り入れる, 収穫する; 〖野〗〈走者を〉アウトにする; …に復讐する, やっつける, 言い負かす, 殺す: ~ the tiger first shot 最初の一発でトラを仕留める / You've *got* me there. それは一本参った (cf. 成句). **b** «口» 〈打撃・弾丸が〉…にあたる (hit); «口» 困らせる, いらだたせる, 参らせる, おこらせる; 〈妄想などが〉…に取りつく; ひきつける, 興奮させる, ぞくぞくさせる: This problem ~*s* me. この問題には弱った / You've *got* me (good). きみには(全く)参ったよ (cf. 成句) / His conceit ~*s* me. やつのうぬぼれは頭にくる. **3 a** 〈列車・バスなど〉に間に合う, 乗る; 〈無線の信号などを〉受信する; 《電話などで》…と連絡をとる, 話す: ~ a plane / I'm *getting* Chicago. シカゴと連絡がついた / *G*~ me Mr. Smith on the phone. スミスさんを電話に出してください. **b** «口» わかる (understand); «口» 聞き取る; おぼえる, 習う; «口» …に注目する, 見る: ~ a joke / Do you ~ me? わたしの言うことがわかるかい / Don't ~ me wrong. 誤解しないでくれ / I didn't ~ your name. お名前を聞き取れませんでした. **4 a** 〈打撃・危害などを〉うける, こうむる; 〈罰を〉うける; 〈病気〉にかかる, 〈病気を〉うつされる 〈*from*〉: He *got* six months *for* drug possession. 麻薬所持で 6 か月の刑をうけた / ~ a bad cold 悪いかぜをひく. **b** [mine などの所有代名詞を目的語として] «口» 当然の報い[罰]をうける; 殺される. **5** 〈食事を〉用意する, 作る (prepare); 〈車が〉…の燃費を達成する, 走る; 〈雄が〉〈子を〉つくる (beget): I'll help you (to) ~ dinner. 食事の用意を手伝いましょう / My car ~*s* 15 miles to the gallon. ガロン当たり 15 マイル走る. **6** [目的語＋不定詞補語] …させる (cause), …するように説きつける (persuade), 勧めて…させる (induce) 〈sb *to do*〉: *G*~ your friend *to* help you. 友だちに頼んで助力してもらいなさい / I can't ~ this door *to* shut properly. この戸はよく締まらない. **7** [目的語＋過去分詞補語] **a** …させる, …してもらう: Please ~ this *typewritten*. これをタイプで打ってもらってください / I'll ~ your dinner *sent* in. お食事を運ばせましょう / *G*~ your watch *repaired*. 時計を直してもらいなさい. **b** …される: I *got* my arm *broken*. わたしは腕を折られた. **c** …してしまう: I want to ~ my work *finished* by noon. 仕事を正午までにやってしまいたい. **8** [目的語＋形容詞・現在分詞・副詞(句)] 《ある場所・状態などに》到らせる 〈*away, back, down, in, into, off, on, out of, over, to,* etc.〉: I *got* my lunch *ready*. 昼食の用意をした / I *got* my feet *wet*. 足をぬらした / ~ the clock *going* 時計を動くようにする / I can't ~ all these books *into* the bag. この本をみなかばんの中に入れることはできない / *G*~ your car *into* the garage. 車を車庫に入れなさい / I want to ~ the chairs *upstairs*. この椅子を二階へ運びたい. **9 a** [have got の形で] «口» 持っている (＝have): I'*ve got* it. わたしはそれを持っている / *Have* you *got* a pen? ペンをお持ちですか. **b** [have got＋*to* do の形で] «口» しなければならない (＝have to, must): I'*ve got to* write a letter. 手紙を書かなければならない. ★(1) «英» ではしばしば have to を常習的な動作に, have got to を特定の場合の動作にと使い分ける: We don't *have to* work on Saturday afternoons. / We *haven't got to* work this afternoon. (2)「…しなければならない」は大体 have to, have got to, must, be obliged to, be compelled to, be forced to と順次強意的となる.
► *vi* **1** 《ある場所・地位・状態に》到着する, 達する, 到る, 来る, 行く; 進む: ~ within range of…の射程内にはいる / GET far (成句). **2** [形容詞・副詞などを補語として] …になる (become): ~ better [colder] よく[寒く]なる / It is *getting* dark. 暗くなってくる / ~ well 病気が治る / ~ *tired* 疲れる / ~ *drunk* 酔っぱらう / ~ *used* to…にだんだん慣れる / I'm *getting* so I know my way around. *«口» だんだん様子がわかってきましたよ. **3** [get＋過去分詞の形で] …される: I *got caught* in the rain. 雨に降られた / They all *got punished*. みな罰せられた / ~ *hurt* けがをする / ~ *married* 結婚する / ~ STARTED (on…) (成句). **4** […ing を伴って] (徐々に[たまたま]) …し始める: ~ talk*ing*＝~ *to* talk*ing* 話し合うようになる, しゃべり出す / GET *going* (成句). **5** [*to* do [be] を伴って] **a** …するようになる: You will soon ~ *to* like it. じきに好きになりますよ / ~ *to* be friends 友だちになる. **b** どうにか…する (manage); …する機会がある; …させてもらえる: I *got to* come. どうやら来られた / I never *got to* go to college. とうとう大学へは行けなかった. **6** [しばしば /gɪt/ と発音] «口» さっさと去る (scram): He drew his gun and told us to ~. 銃を抜いて, とっととうせろと言った. **7** 蓄財する, 金をもうける: ~ vastly.

● **all ~ out**＝all GET-OUT. **as…as you can ~ (it)** 望みうるかぎり[最高に]…な. **~ about** (…を)歩き[動き]まわる, 旅行する; 仕事に精を出す; 《病後などに》出歩けるようになる; 《会合・催し物など》あちこちに顔を出す (⇨ GET *around* (1)); 〈うわさなどが〉(…に)広まる. **~ ABOVE oneself. ~ ABROAD. ~ across** (**1**) 〈川・通りなどを〉渡る; 〈人・馬などを〉渡らせる. (**2**) 〈話などが[を]〉〈聴衆などに〉理解される[させる], 〈芝居などが[を]〉成功する[させる], 考えなどをわからせる 〈*to*〉: ~ a play *across* (the footlights) 〈俳優が〉芝居を観客にうけさせる / She couldn't ~ (her point) *across to* the audience. 趣旨が聴衆に通じなかった. (**3**) «口» 〈人〉をいらいらさせる, おこらす, …と仲たがいする. **~ after**…を追いかける, 追跡する; *«口» …をしかる, 責める; *«口» …にしきりに要求する 〈*to do*〉. **~ ahead** 進む, 進歩する; 追い越す; 成功[出世, 昇進]する 〈*in* one's job〉; 《余裕ができて》金を残す. **~ ahead of**…にまさる, …を追い抜く; 〈借金〉を免れる, …を払ってしまう; 〈仕事など〉を遅れずに処理する. **~ along** 進む, 行く, 帰る, 時が移る; はかどる; 〈仕事などを〉進める 〈*with* a task〉; 暮らす, (なんとか)やっていく 〈*on* a small salary, *with* an old computer〉; 仲よくやっていく, よい関係にある 〈*with*〉; 老境に近づく 〈*in* years〉: We'd better be *getting along*. もう帰らないと / How are you *getting along?* いかがお過ごしですか / ~ *along without*… 〈助力・友人・設備など〉なしでやっていく / ~ *along* well [ill] そりが合う[合わない] / ~ *along* together [*with* sb] 仲よく暮らしていく / ~ *along* like a HOUSE on fire [afire]. **G~ along (with you)!** «口» 出て行け!; ˈ«口» ばかなことを言うな, まさか! **~ among** (thieves) (泥棒)の仲間入りをする. **~ around** (**1**) (…を)歩きまわる; (…の)まわりに集まる; 世慣れている, 経験が豊かである; «口» 男[女]をあさってまわる, 派手に遊ぶ; 発展家だ (＝get about); 〈うわさなどが〉(…に)広まる. (**2**) …を回って進む, 迂回する, 回復する[させる]; 〈困難など〉に打ち勝つ; …を出し抜く, だます; …をうまく避ける; 《自分に都合のいいように》…を説き伏せる, 動かす; 〈ある意見に›同調させる ‹*to*›; 〘スポ〙(コース・トラックなどを)《一定のスコア・時間で》回る: ～ *around* the law 法の網をくぐる. **～ around to**… [通例 動名詞を伴って] …する機会[時間]を(やっと)見いだす, …に手がまわる; (やっと)…に取りかかる. **～ at**…に達する, 届く; …を取る, つかまえる; ‹仕事など›に身を入れる, 取りかかる; ‹無形のもの›をつかむ, 了解する; …を知る, 確かめる, 明らかにする; «口» 《買収・脅迫などで》‹人›を動かす[動かそうとする], ‹競走馬など›に不正手段を用いる; ‖«口» 《しつこく, いわれもなく》…を攻撃する, …に文句を言う, …をいじめる; «口» …を(パクパク)食べる; [通例 進行形で] …をほのめかす, 意味する (imply): What is he *getting at?* 彼は何を言いたいのか. **～ away** (*vi*) 去る, 逃げる, 抜け出す, 免れる ‹*from*›; 出発する; ‹話の本筋から›それる ‹*from*›: ～ *away* with one's life 命拾いする / ～ *away from* it all «口» 《休暇をとるなどして》心配[雑事, 責任 など]からのがれる / There's no *getting away from* the fact.＝You can't ～ *away from* the fact. それは認めるほかない. (*vt*) 離す, 去らせる ‹*from*›; 取り上げる[返す] ‹*from*›; 送る, 送り出す. **～ away with**…を持ち逃げする; ‹よくないこと›をまんまとやりおおせる; ‹軽い罰›で済む; (なんとか)…で済ませる[乗り切る]; …を飲む[食う], 平らげる: You can't cheat him and ～ *away with* it. あいつをだましおおすのは無理だよ / ～ *away with* two years in prison 懲役 2 年の刑で済む. **G～ away (with you)!**＝GET along (with you)! **～ back** (*vi*) 戻る, 帰る ‹*from, to*›; ‹仕事・本題などに›戻る ‹*to*›; ‹人に›あらためて連絡をとる ‹*to, with*›; [ᵁ*impv*] 後ろに下がる. (*vt*) 戻す, 帰す; 取り戻す; 元(の状態)へ戻す; «口» ‹人に›仕返しをする. **～ back at [on]**… «口» …に仕返しをする. **～ back together** ‹男女が›よりを戻す. **～ back with**…とよりを戻す. **～ behind** ‹仕事・勉強などで›遅れる ‹*with, in, on*›; ‹支払いなどを›滞らせる ‹*with*›; …を解明する, …の底まで見抜く; …を回避する; «口» …を支援する, 支持する; «俗» ‹麻薬›でいい気持になる, 酔う《通例 get behind it の形で用いる》; «俗» ‹音楽など›を楽しむ (enjoy). **～ between**…の間にはいる. **～ beyond**…の向こうへ行く; ‹危機などを›越える. **～ by** (…のそばを)通り過ぎる; 人の目をのがれる, うまく切り抜ける ‹*with*›; ‹仕事・作品など›まあまあである, 通る; なんとかやっていく, しのぐ ‹*on, with*›: Could I ～ *by*, please? 通していただけますか / I'm just *getting by*. どうにかやっているよ. **～** CRACK**ing.** **～ (＝have) done with**… «口» …を済ます, 片付ける, やってしまう. **～ down** (*vi*) ‹車などから›降りる ‹*from*›; ‹子供が›食卓から離れる; 身をかがめる, ひざまずく ‹*on* one's knees›, 四つんばいになる ‹*on* all fours›; 落ち込む; *«俗» 賭ける; *«口» くつろぐ, うちとける, 仲間になる ‹*with*›; *«口» 《パーティーなどで》楽しくやる; のりにのって演奏する[踊る]; *«俗» 薬(ヤク)[ヘロイン]をやる; *«俗» セックスをする. (*vt*) (…から)降ろす; 倒す; 飲み下す; 書き取る; 疲れさせる; 落ち込ませる (depress): The heat began to ～ me *down*. 暑さで参り始めた. **～ down on**… *«俗» …をしかる, けなす; «俗» …に(精神を)集中する; «卑» GO down on. **～ down to**…に集中する, 取りかかる; …に行き着く, 《あとは》…だけになる: ～ *down to* some serious drinking 腰を落ちつけて酒を飲む. **～** sth **down to**… ‹仕事などを›…の域にまで高める: have *got*…*down to* a fine ART[1]. **～ down with** …を終える, …してしまう, 片付ける; *«俗» …を楽しむ[味わう]. **～** EVEN[1] **with**…. **～ far** 地位が上がる, 成功する, 上達する; ‹事態が›進展する; ‹作業などを›進める ‹*with*›. **～ going** 出かける; 取りかかる, 動き出す; 急ぐ; ‹事›を始める, スタートさせる, ‹事›に取りかかる (⇨ *vt* 8); «口» 刺激する, おこらせる ‹*on*›. **～ home** 帰り着く, 家に帰る, 自宅へ送り届ける; 《ゴールなどに》一着ではいる; ねらいがあたる, 的中する; 首尾よくやっつける; ‹人の›急所をつく ‹*on* sb›; ‹人に›十分に理解される[させる] ‹*to* sb›. **～ in** (*vi*) 中にはいる; 到着する; 《車・家・駅に》はいる, 乗り込む; ‹…と›親しくなる ‹*with*›; ‹…の›一味となる ‹*with*›; 掛かり合いになる; 〘海〙‹…に›接近する ‹*with*›; 当選する, 《選挙で》勝つ, 政権に就く; 《試験に》合格する, 入学する; ‹仕事・組織などに›加わる ‹*on*›; «俗» ペニスを挿入する, セックスする. (*vt*) 入れる, ‹ことばを›差しはさむ; ‹作物を›取り入れる; ‹寄付金・貸金・税金を›取り立てる; ‹品物を›仕入れる, 買い求める, 《酒場で》‹ビールなどを›おごる; ‖‹医者・修理屋などを›呼ぶ; ‹種を›まく; ‹打撃などを›うまく加える; ‹書類などを›提出する; ‹仕事などを›なし遂げる; 《予定に》組み入れる; 当選させる; 入学させる; ‹仕事などに›加わらせる ‹*on*›; ‹人と›親しくさせる ‹*with*›; ‹人を›巻き込む: ～ a blow [punch] *in* うまく一撃をくらわせる; 《ことばで》攻撃する, やり返す. **～ into**…にはいる, はいり[乗り]込む; …に到着する[させる]; ‹議会›に当選する[させる]; …に入学する[させる]; ‹仲間›とつきあう; …の真相を知る; …に関与する[させる]; ‹衣服›を着る[…に着せる], ‹靴›を履く[…に履かせる]; ‹酒が頭›にのぼる; ‹妄想・熱意などが›…に取りつく (cf. *What's gotten* [*got*] *into* sb? (GET 成句)); (…が[を])‹ある状態›になる[陥れる], ‹悪癖・習慣›が(身に)つく; ‹方法・技術など›を習得する[…に習得させる], …になれる[させる]; «口» ‹議論など›を始める, ‹問題などに›興味をもつ[もたせる]; «俗» …に挿入する, ‹女›と性交する: ～ *into* Parliament 選出されて議員になる / ～ *into* a temper かっとなる / ～ sb *into* trouble 人に迷惑をかける (⇨ *in* [*into*] TROUBLE). **～ into it** «俗» けんか[なぐり合い]を始める. **～ it** «口» しかられる, 罰せられる, お目玉をくらう; «俗» ばらされる (be killed); «口» のみ込む, わかる: ～ *it* in the NECK[1]. **～ it (all)** TOGETHER. **～ it in** «俗» ペニスを挿入する, セックスする. **～ it off** «俗» オルガスムに達する, 発射する; «俗» セックスをする; «俗» マスをかく; «俗» とても楽しむ. **～ it on** «俗» 始める, 取りかかる; *«俗» 踊り始める; *«俗» 調子を出す, のってくる; *«俗» 性的に興奮する, 勃起する; «俗» セックスする, やる ‹*with*›. **～ it out** «俗» 悩みを話す, 打ち明ける. **～ it up** «俗» やる気がわく, その気になる; «卑» 勃起する. **～ nowhere (fast)＝not ～ anywhere** 効果[成果, 進歩]がない, なんにもならない, うまくいかない, らちがあかない, 堂々巡りだ (cf. GET *somewhere*). **～ off** (*vi*) (‹馬・乗物›から)降りる ‹«口» *of*›; 出発する ‹*on a trip*›, 出かける ‹*to*›; ‹手紙などが›送られる; [ᵁ*impv*] (…から)離れる, ‹芝生など›に立ち入らない; (‹話題›から)それる ‹«口» *of*›; (いやな仕事などを)のがれる; 一日の仕事を終える, 退社する, 《許可を取って》仕事を休む ‹*from* [«口» *of*] work›; 早退する; 刑罰[不幸]を免れる; ‹契約などを›免れる ‹*with*›; 仲よくなる, うまくいく; «俗» オルガスムに達する, いく; «俗» ‹麻薬に›酔う ‹*on*›; «俗» 大いに楽しむ, 夢中になる ‹*on*›; «俗» ‹…が›得意である, できる ‹*on*›; *«俗» 即興でソロ演奏する; «俗» ずうずうしくも…する ‹*doing*›; *«俗» 退学していながら学内への出入りは続ける: ～ *off* (work) at five 5 時に退社する. (*vt*) 出発させる, 送り出す; ‹手紙などを›出す; (…から)離れさせる ‹«口» *of*›; 脱ぐ; (…から)‹しみなどを›除く; 売り払う, 処分する; ‹金・物を›…からもらう[借りる]; ‹娘を›片付ける; ‹冗談などを›言う, 発する; 憶え込む, 暗記する; 発行する; ‹ある期間を›休みにする; …に(重い)刑罰を免れさせる (⇨ TIME *off*); «俗» ‹人›にじゃまする[文句を言う]のをやめる; «俗» ‹人›にオルガスムを起させる, いかせる; «俗» 大喜びさせる, 興奮させる: ～ *off* easy [lightly] 軽い罰[処分 など]で済む. **～ off for**…の罰をうける. **G～ off it!** *«口» ばかな, よしてくれ! **～ off (to sleep)** ‖寝つく, 寝つかせる. **～ off with**…＝GET off for…; ‹軽い罰など›だけですむ; ‖«口» ‹異性›と親しくなる, 性的関係をもつ. **G～ off (with you)!** 行っちまえ!; ばかな, よしてくれ! **～ on** (*vi*) (‹馬・バスなど›に)乗る; 出発する; …に取りかかる, 取り組む; 進む, はかどる; ‹仕事などを›どんどん進める, 《しばしば中断後に》続ける ‹*with* a task, *with* working›; 急ぐ ‹*with* it›; ‹委員会などに›選ばれる, …の一員になる; ‹テレビ・ラジオ›に出演する; 成功する, うまく[なんとか]やっていく ‹*in*›; ‹人と›うまくやっていく, 気が合う ‹*with* sb›; [進行形で] ‹時が›移る, おそくなる; [進行形で] ‹人が›年をとる; *«口» なじる; せかす; «俗» 初めてヤクをやる; ‹人に›思い出させる ‹*about*›; ‹人に›‹電話›をかける ‹*to* sb›; [‹*int*›] 信じられないよ!: Let him ～ *on with* it! «口» 勝手にやらせておけ《結果はどうなったって知らない》/ ～ *on with* one's life 《過去を忘れて》前向きに生きる / How are you *getting on?* いかがお過ごしですか; 折り合いはどう? / ～ *on in* the world [*in* life] 出世する / ～ *on* without…なしでやっていく / ～ *on* like a HOUSE on fire [afire] / He is *getting on in* years. だんだん年をとってくる. (*vt*) (バス・列車などに)乗せる; ‹衣服を›身に着ける, 着る, ‹靴を›履く, ‹ふたなどを›かぶせる; ‹生徒を›上達させる; ‹人を›‹電話›に呼び出す (cf. *vt* 3a); ‹人を›…の一員に選ぶ, ‹人を›‹テレビなど›に出す; ‹人›に…の世話をさせる. **～ on at**… ‖«口» …に(うるさく)文句を言う ‹*for, about*; *to* do›. **～ on for**… ⇨ GET on toward…. **～ on** sb**'s** NERVES. **～…on the** [one**'s**] BRAIN. **～ on to [onto]**… (*vi*) ‹自転車・バス・列車などに›乗る[乗せる]; ‹テレビ・ラジオ›に出演する[させる]; (…の不正を)見つける, …に気づく[感づく]; 思いつく; 理解する; 《電話などで》…に連絡する; ‖…に要求する, 文句を言う ‹*about*; *to* do›; ‹人に›思い出させる ‹*about*›; ‹話題など›に取りかかる; …に当選する, 任命される. (*vt*) ‹人›に…の世話をさせる. **～ on together＝～ on with one another** 互いにうまくやっていく. **～ on toward [for**‖**]**… [進行形で] …に近づく: He *is getting on for* seventy. 彼はそろそろ 70 になる / It *is getting on for* midnight. かれこれ真夜中になる. **G～ on (with you)!** «口» 行っちまえ!; ばかな! **～ out** (*vt*) (取り)出す; 抜く, 引き出す; …が逃げるのを助ける; …を失職[下野]させる; ‹ことばを›やっと言う, 発する; ‹情報・秘密などを›聞き出す[ただす]; 見つける, ‹問題を›解く; 公けにする, 出版する; 〘証券〙‹株を›手放す; 〘クリケット〙アウトにする. (*vi*) 出る, 逃げる, 去る, 免れる; 外出する, 世間の風にあたる; [*impv*] «俗» ばかな!; ‹秘密などが›漏れる, ばれる; 〘クリケット〙アウトになる: all ～ *out* ⇨ GET-OUT 成句. **～ out from under** «口» 差し迫った(財政的)危機を免れる; …の支配[重圧]から脱する, …の負担から抜け出す. **～ out of**… ‹馬車・乗用車・タクシーなど›から出る, 降りる; …から外へ(もれ)出る[(取り)出す]; …の届かない所に行く; (…が)…を避ける[免れる, のがれる](のを助ける); ‹服›を脱ぐ; ‹習慣›を脱する[…にやめさせる]; …から‹真相などを›聞き出す; …で‹利益などを›得る, 引き出す: *G～ out of* my way! (じゃまにならないよう)どいてくれ. **G～ out of here [town]!** 出ていけ; «俗» うそつけ, いいかげんなことを言うな. **G～ out of it!** «俗» 大げさなことを言うな, うそつけ! **～** OUTSIDE **of**…. **G～ out with it!** «口» しゃべってしまいなよ. **～ over** (…を)通り[乗り]越す[…に乗り越させる]; ‹障害・困難›を乗り越える, …に打ち勝つ, 克服する; ‹証拠・議論を›論破する; ‹病気など›から回復する, 立ち直る; …を感じなくなる, 嘆くのをやめる, あきらめる, ‹(別れた)人›のことを忘れる; [ᵁ*neg*] 理解する, 信じる; ‹ある距離›を行く; 《離れたところへ》行く; ‹時間›を過ごす; 届ける, 渡す, ‹考えなどが[を]›伝わる[伝える], ‹人が›考えなどをわからせる ‹*to*›; ‹薬などを›飲み込む; «口» 成功する; *«俗» ‹人›に好感を与える; «俗» 欺く, 出し抜く; *«俗» サボる, ずるける; *«俗» ‹人›とセックスする: *G～ over* it! 《文句などを》やめろ, あきらめな / ～ *over* oneself «口» うぬぼれをやめる / ～ (oneself) *over* there そこへ出向く / I can't [could*n't*] ～ *over* …には驚いた. **～…over (with)＝～…over and done with** «口» ‹面倒な仕事を›やってしまう, 片付ける: Thank goodness I *got* that *over with*! **～ past** (…の)そばを通り越す; (…を)追い越す; 見つからずにすむ; 〈人・物〉に…を通過させる; 〈事を[が]〉〈役人など〉に認めさせる[認められる]. **～ round** =GET around. **～ round to…** =GET around to…. **～ one's** 《俗》当然の報いをうける, 痛いめをみる, 殺される; 《俗》いいめをみる, 金持になる. **～ something on…** 《口》〈人〉に不利な情報を手に入れる, …の弱みを握る. **～ one's** OWN **back.** **～ somewhere** 成果を得る, うまくいく, 成功する (cf. GET *nowhere*). **～ there** 《ある場所に》行き着く 〈*from* here〉; 《口》目的を達する, 成功する; 合点がゆく (⇨ *You can't* GET *there from here.*). **～ through** (*vi*) (…を)通り抜ける; (…を通って)〈目的地に〉着く 〈*to*〉; 〈議案が〉(議会を)通過する; (試験に)合格する; 〈困難など〉を乗り切る; 仕事をやり終える; (…を)終了する, し遂げる; (…を)卒業する; ¹¹〈金などを〉使いはたす, 〈飲食物〉を平らげる; 〈時間〉を過ごす; 〈電話・意志が〉通じる; 〈…に〉(電話)連絡をとる, 意志を伝える 〈*to* sb〉; 〖スポ〗〈決勝などに〉進む 〈*to*〉; *《俗》麻薬を入手する: He could not **～** *through to* his father. 彼は父親に連絡をとることができなかった[話を理解してもらえなかった]. (*vt*) 押し通す; (試験に)合格させる; (議会で)〈議案を〉通過させる; 〈人〉に(〈試練など〉を)乗り越えさせる; ¹¹《口》《短期間で》食べ[使い]切る; 終える, 片付ける; 〈目的地に〉到着させる, 届ける 〈*to*〉; 〈…に〉通じさせる, 理解させる 〈*to*〉; 〖スポ〗〈決勝などに〉進出させる 〈*to*〉: I can't ～ it *through to* him that…ということを彼に理解させられない. **～ through with**…を仕上げる, 片付ける; 〈人〉をやっつける. **～ to**…に到着する (arrive at); 〈ある結果〉になる; 〈仕事〉に着手する, 取りかかる; …し始める 〈*doing*〉 (⇨ *vi* 4); 〈食事〉を始める; 《口》〈人〉と(うまく)連絡がつく; 〈人〉に影響[感銘]を与える; 《口》〈人〉をいらいらさせる, 苦しめる; *《口》《買収・脅迫などの目的で》〈人〉に近づく, …を(買収[脅迫]して)動かす; 《俗》〈麻薬などが人〉に効く (affect): Where can it have *got to*? それはいったいどうなったろう / ～ *to* words 口論を始める / You'd better ～ *to* sleep. 寝たほうがいいよ. **～ together** (*vt*) 集める, 寄せる; 〈考え・物事を〉うまく整理する, まとめる; 〈会合・パーティーなどを〉〈ある日時に〉計画[設定]する 〈*for*〉: ～ *oneself together* 落ちつく; ちゃんとできる. (*vi*) 集まる, 寄り合う; 〈二人が〉デートする; 相談する, 相談をまとめる, 意見が一致する, 合意する. **～ under** (…の)下にはいる[入れる]; 〈火事・騒動などを〉鎮める (subdue). **～ up** (*vi*) **(1)** 起きる, 起床する, 《病後に》床を離れる; (地から)起き上がる, (席などから)立ち上がる. **(2)** (…を)登る, 上がる; 《自転車・馬などに》乗る: ～ *up* a hill / ～ *up on* the roof. **(3)** 〈獲物が〉潜伏した所から飛び立つ; 《俗》出獄する (get up and go). **(4)** 〈…に〉近づく, 達する, 追いつく 〈*to*〉. **(5)** 〈…のそばに〉居る, 寄る 〈*against*〉. **(6)** 〈…と〉対立する 〈*against*〉. **(7)** 〈火・風・海などが〉激しくなる, 荒れてくる. **(8)** 〖クリケット〗〈球が〉pitch を離れて鋭くはね上がる. **(9)** 《豪》《スポーツで》勝つ. **(10)** [*impv*] [馬に向かって] 進め! (*vt*) **(1)** 〈人を〉起床させる: ～ *oneself up* 起きる. **(2)** (階段などを)…に登らせる, 上げる; 《自転車などに》乗せる. **(3)** 〈水準などに〉近づける 〈*to*〉; 〈…のそばに〉置く, 寄せる 〈*against*〉. **(4)** 〈会などを〉準備[計画]する; 設立[組織]する; たくらむ, 仕組む (cf. GOT-UP). **(5)** 〈洗濯物を〉仕上げる. **(6)** 〈身なりなどを〉飾る, …に盛装させる, 〈頭髪などを〉整える (dress) 〈*in*〉: She was *got up* as fairy. 妖精のような装いをしていた / She *got* herself *up* beautifully [like a duchess]. 美しく[公爵夫人のように]着飾った. **(7)** 〈書物を〉装丁する; 〈劇を〉…式に演出する. **(8)** 奮い立たせる, ハッパをかける 〈*for*〉; 〈勇気・党派心・同情を〉(奮い)起こす, かきたてる. **(9)** ¹¹…の知識を深める, 《試験に備えて》勉強する, 〈役などを〉おぼえる; 〈試験問題を〉解く. **(10)** 〈健康・速力を〉増進させる. **～ up and go** 《俗》《刑期を終えて》出獄する. **～ upon…** 〈馬など〉に乗る (get on). **～ sb upon…** 人に…を話させる. **～ up to…** 〈あるレベル〉まで到達する; 〈いたずらなど〉に関係する, …をもくろむ (plan). **～ what's coming (to one)** 当然の報いをうける. **～** WIND¹ **of….** **～ with**…に注目する; …で忙しくなる, …に取り組む; 〈人〉のことを知る, 知り合いになる. **～ with** CHILD. **～ with it** 《口》流行に遅れないようにする, 流行に乗る, 新しい考えを理解する; 《口》よく注意する, 身を入れる; 《口》仕事に取りかかる. **G～ you [him, her, them]!** 《俗》あきれたね, いやだね《自慢話などに対して用いる軽蔑的応答》. **have got it bad(ly)** 《俗》のぼせあがっている. **tell [put] sb where he ～s [where to ～] off** 《口》人をたしなめる[非難する], 人に身のほどを知らせる. **What has got…?** …はどうなったか. **What's gotten [got] into sb?** 《急に変わって》人はいったいどうしたのか? **Where do (you think) you ～ off?** 《俗》いったい何をやって[考えて]いるんだ, いいかげんにしろ. **You can't ～ there from here.** ここからそこへ行くのは容易ではない; その問題はとても解決できない. **you [we] ～…** 《口》…がある[いる] (There is [are]…). **You got it!** *《俗》《特に疑問文に対する答えに用いて》そうだ, そのとおりさ, あたり!; *《俗》《依頼・要求に答えて》わかった, オーケーだ, もちろん; *《俗》《Thank you. に対する返事として》どういたしまして: (You want) another beer? *You got it!* ビールもう一杯(ですって)? どうぞ《ご遠慮なく》. **You've got me (there).** 《人からの質問に対して》わたしにはわからないよ.
[ON *geta* to obtain, beget, guess=OE *bi-gietan* (cf. BEGET, FORGET)]

get² *n* **1** 《雄の動物が》子をつくること; 《雄の動物の》子《集合的》; 《動物の》血統; 《スコ・北イング》[*derog*] がき, 私生児 (bastard); ¹《俗》ばか, とんま; ¹¹《口・方》いやなやつ. **2** 《テニスなどで》むずかしい球をうまく返すこと, ゲット; 《英方・米俗》もうけ, 稼ぎ, 売上げ. **3** 《豪口》逃亡; *《俗》《強盗の》逃亡ルート: do a ～ 《豪口》ずらかる. [ME (↑)]

get³ 〖ユダヤ法〗 *n* (*pl* **git·tin** /gɪtíːn, gítɪn/, **gi·tim** /gɪtíːm, gítɪm/) 《ラビまたは宗教裁判所が作成する》義務免除証書, 《特に夫が妻に渡す》離婚証書[離縁状], ゲット; 《律法に従った》離婚. [Heb]

ge·ta /géta:, -tə/ *n* (*pl* ～, ～s) 下駄. [Jpn]

gét·able *a* GETTABLE.

get·at·able /gɛtǽtəb(ə)l/ 《口》 *a* 〈場所など〉達しうる, 近づきやすい; 〈本など〉手に入れやすい. ◆ **～·ness** *n* [GET¹ *at*]

gét·awày *n* 《犯人の》逃走, 逃亡; 《口》《芝居・競走の》開始, 出発, 《一時停止後の車の》スタート; (キツネが)やぶ[潜伏所]から飛び出すこと; 《口》保養地, リゾート; 《口》小旅行; [〈*a*〉] 逃走用の〈車〉: make a [one's] ～ 〈囚人などが〉逃走する; 休暇をとって気晴らしをする.

gétaway dày *《俗》《競馬の》開催最終日.

gét-gò *n* *《俗》GIT-GO.

Geth·sem·a·ne /gɛθsɛ́məni/ **1** 〖聖〗ゲッセマネ, ゲツセマネ《Jerusalem の近くの花園; キリストが Judas の裏切りによって捕えられる直前, 自分の運命を予見して苦悶した所; *Matt* 26: 36》. **2** [ˢg-] 苦境, 窮地.

gét-òut *n* 《窮地からの》脱出, 逃亡, 回避(策), 逃避(手段), 逃げ口上. ● **as [like, for] (all) ～** 《口》最高に, 極端に: It was (as) cold *as all* ～. 全くひどい寒さだった.

gét-òut clàuse 免責条項.

gét-rích-quíck *a* 《口》一攫千金的な: ～ fever 成金[一旗]熱.

gét·ta·ble *a* 得られる, 手にはいる.

gét·ter *n* **1** [*compd*] (…を)得る人[もの]; GO-GETTER: an attention ～ 人目をひくもの, 関心の的 / VOTE-GETTER. **2** 〖電〗ゲッター: **a** 〖電〗電球や真空管内の残留ガスを吸収させる物質. **b** 〖理〗半導体結晶から不純物やきずを取り除く物質. ► *vt* 〖電〗《ゲッターで》〈残留ガスを〉除く.

gétter·ing *n* 〖電〗ゲッタリング《高真空にするための, ゲッター (getter) 使用による残留ガスの除去》.

gétter-úpper *n* 《口》(朝)起きるのが…な人: a late ～.

gét·ting *n* [次の成句で]: **get (out) while the ～'s good** 《口》逃げられるうちに逃げる, 情況が悪くならないうちに立ち去る.

gét-togèther *n* 会議, 会合; 《非公式な》集まり, 親睦会, パーティー.

gét-tóugh *a* *《口》断固とした, 強気の.

Get·ty /géti/ ゲッティ **J(ean) Paul ～** (1892–1976) 《米国の実業家; Getty Oil 社を所有, 莫大な資産を得た》.

Gétty Muséum [the J. Paul ～] ゲッティ美術館《J. Paul Getty のコレクションを収蔵・展示する美術館; 1974 年開設; 近代西欧絵画・彫刻を Los Angeles 市の Getty Center に, 古代美術品を同市郊外 Malibu の Getty Villa に収める》.

Get·tys·burg /gétizbə̀ːrg/ ゲティズバーグ《Pennsylvania 州南部の町; 南北戦争最後の決戦 (1863 年 7 月) の地》.

Géttysburg Addréss [the] ゲティズバーグの演説《1863 年 11 月 19 日 Lincoln 大統領が Gettysburg の軍事式典で行なった演説; 民主主義の真髄を表現した文句 "government of the PEOPLE, by the people, for the people" を含む》.

gét·ùp, gét-ùp 《口》 *n* 《凝った, 変わった》装い, 身支度, 身なり, つくり; 体裁, 《本の》装丁; GET-UP-AND-GO. ● **as [like, for] (all) ～** 最高に, 極端に (as all get-out).

gét-ùp-and-gó[-gét] *n* 《口》覇気, やる気, がんばり, 意気込み, 熱意, 元気: have ～.

gét-wéll *a* 見舞いの: a ～ card.

Getz /géts/ ゲッツ **Stan ～** (1927–91) 《米国のテナーサックス奏者; 本名 Stanley Gayetsky》.

ge·ul·lah /gəulá:, gəúlə/ *n* 〖ユダヤ教〗エジプト脱出を感謝する祈り.

ge·um /ʤíːəm/ *n* 〖植〗ダイコンソウ属 (*G-*) の各種草本 (avens).

GeV 〖理〗giga-electron-volt.

ge·valt /gəvǽlt, -vɔ́ːlt/, **ge·vald** /gəvǽld, -vɔ́ːld/ *int* OH¹. [Yid]

gew·gaw /g(j)úːgɔ̀ː/ *n* 安ピカ物, 見かけ倒しのもの, 安物の装身具. ► *a* 見かけ倒しの. ◆ **～ed, ～·ish, ～y** *a* [ME<?; *gaudy*¹ からか]

ge·würz·tra·mi·ner /gəvúərtstræ̀mənər, -vɜ́ːrt-, -strɑ̀ː-, -strəmì:nər/ *n* [ᴼG-] ゲヴュルツトラミネル《**(1)** Alsace 地方オーストリア, Rhine 川流域などに産する白ブドウの品種 **2)** それで造る白ワイン》. [G (*gewürz* spice, *Termeno* イタリアの地名)]

gey /géɪ, gáɪ/ *a, adv* 《スコ》かなり(の): It's ～ cold. [GAY]

gey·ser /gáɪzər, ¹¹gíː-/ *n* 間欠(かん)泉; /ᴮgíːzər/ ¹¹《ふろなどに取り付けた》自動[瞬間]湯沸かし器. ► *vi, vt* 噴出する. [Icel *Geysir* gusher (*geysa* to gush); 本来アイスランドの間欠泉の名]

gey·ser·ite /gáɪzəràɪt/ *n* 〖鉱〗間欠石《間欠泉などの周囲に沈積する結核状の蛋白石, または珪華(けいか)》. [↑]

Ge·zi·ra /ʤəzíərə/ [El] ゲジラ《スーダン中東部 Blue Nile と White Nile にはさまれた地域; 大規模な灌漑計画により農業地域となった; 別称 Al Jazirah》.

GF, gf 《E メールなどで》girlfriend.

g-factor /ʤíː-—/ *n* 〖核物〗g 因子 (GYROMAGNETIC RATIO).

G5 ⇨ GROUP OF FIVE.

GFLOPS 〖電算〗gigaflops.
GFN 《E メールなどで》gone for now.
G-force /ʤíː—/ *n* 〖理〗g 力《重力や加速度[方向変換]によって物体にかかる力; 加速度の単位とする》. [*gravity*]
GG °gamma globulin ♦ °Girl Guides ♦ Governor-General ♦ °Grenadier Guards. **ggg** スースー《寝息》.
G-girl /ʤíː —/ *n* 浮かれ女, 売春婦 (good-time girl).
g. gr. °great gross. **GH** Ghana ♦ °growth hormone.
Gha·da·mes, -mis /gədǽməs, -dáː-/ ガダメス《リビア北西部 Tripolitania のオアシス町》.
Gha·gha·ra /gáːgəràː/, **Ghagh·ra** /gáːgrə, -gràː/, **Gog·ra** /gágrə, -ràː/ [the] ガガラ川, ゴグラ川《チベット南西部に発し, 南流してネパールを通り, インド北部で Ganges 川に合流》.
ghag(h)·ra /gǽgrə, gáːgrɑː/ *n* ガーグラー《インドの女性が腰にまとう足のくるぶしまでおおう布》. [Hindi]
Ghan /gǽn/ *n* 《豪》 **1** ガーン《特にラクダの移動・飼育を行なった, アフガニスタン方面からの移民》. **2** [the] ガーン《Adelaide と Alice Springs 間を走る列車》.
Gha·na /gáːnə, *gǽnə/ **1** ガーナ《西アフリカのギニア湾に臨む国; 公式名 Republic of ～ (ガーナ共和国); ☆Accra; 旧称 Gold Coast; 1957 年英国から独立》. **2** ガーナ《現マリ西部に 4-13 世紀に栄えた古代帝国; 別名 **Ga·na** /gáːnə, *gǽnə/》.
Gha·na·ian /gɑːnéɪən, *gæ-/, **Gha·ni·an** /gáːniən, *gǽn-, -njən/ *a* ガーナの; ガーナ人の. ► *n* ガーナ人.
Gha·nese /gɑːníːz, *gæ-, *-s/ *a* GHANAIAN.
gha·ra·na /gəráːnə/ 《インド》古典音楽[舞踊]の特徴的演奏[演技]スタイル, ガラーナ.
Gha·ra·pu·ri /gàːrəpʊ́əri/ ガラプリ《ELEPHANTA のヒンディー語名》.
gha·ra·ra /gəráːrə/ ガラーラ《インドなどで女性がはくゆったりしたズボン; 膝から下はプリーツがあり, カミーズ (kameez) というゆったりしたシャツと共に着用する》.
Ghar·da·ïa /gɑːrdáɪjə/ ガルダイア《アルジェリア中北部の町》.
ghar·i·al /gʌ́riəl, gɛ́r-; gæ̀riáːl, gɜ̀riáːl/ *n* 〖動〗インド[ガンジス]ワニ, ガリアル (=*gavial*)《主に淡水産であごが長い魚食ワニ; ヒンドゥー教徒は '神の使い' とする》. [Hindi]
ghar·ry, ghar·ri /gǽri, gáː-/ *n* (*pl* **-ries**) 《インド・エジプト》辻馬車. [Hindi]
ghast /gǽst; gáːst/ *a* 《古》GHASTLY.
ghast·ful /gǽstfəl; gáːst-/ *a* 《古》ものすごい (ghastly). ♦ **～·ly** *adv*
ghast·ly /gǽstli; gáːst-/ *a* **1 a** 恐ろしい, ものすごい, ぞっとする, 身の毛のよだつ. **b** 死人[幽霊]のような, 青ざめた; 《廃》おびえた. **2** 《口》ひどい, ひどくまずい (very bad), とてもいやな[不快な]: a ～ mistake ひどい誤り. ► *adv* 恐ろしく, ぞっとするほど, ものすごく: ～ pale (死人のように)青ざめて. ♦ **ghást·li·ly** *adv* **-li·ness** *n* [*gast* (obs) to terrify; *gh-* は *ghost* の影響]
ghat, ghaut /gɔ́ːt, gáːt/ 《インド》*n* 《沐浴者が利用する》川岸の階段[上がり場]; 山道; 山脈: BURNING GHAT. [Hindi]
Ghats /gáːts, gɔ́ːts, gʌ́ts/ *pl* [the] ガーツ山脈《インド Deccan 高原の両側を走る 2 つの山脈; ⇨ EASTERN GHATS, WESTERN GHATS》.
ghaut /gʌ́t/ *n* 《カリブ》《海に通じる》渓谷. [C17 *gaot* mountain pass＜Hindi; ⇨ GHAT]
Ghazal ⇨ BAHR AL-GHAZAL.
Gha·zā·lī, Ghaz·zā·lī /gəzǽli/ [al- /æl-/] ガザーリー (1058-1111)《イスラムの神学者・神秘思想家; 神秘主義の立場からイスラム諸学の再解釈を行なった; 著書に『宗教諸学のよみがえり』》.
ghaz·el, -al /gǽz(ə)l/ *n* 〖韻〗ガザル《押韻する二行連句からなるアラビアやペルシアの抒情詩形》. [Arab]
gha·zi, ga- /gáːzi/ *n* 《異教徒と戦う》イスラム勇士; [G-] 勝利戦士《トルコの名誉称号》. [Arab]
Ghaz·ni /gáːzni/ ガズニー《アフガニスタン中東部の市; トルコ系のガズナ朝 (962-1186) の首都》.
Ghazze, Ghazzah ⇨ GAZA.
GHB /ʤíːèɪtʃbíː/ *n* GHB (=*gamma hydroxybutyrate*)《ガンマアミノ酪酸 (GABA) の代謝産物; 中枢神経系の抑制作用があり, 鎮静・多幸感を得るため, あるいは成長ホルモンの放出を促して筋肉増強のために違法に用いられる》.
Ghe·ber, -bre /géɪbər, gíː-/ *n* GABAR.
ghee, ghi /gíː/ *n* ギー《水分を蒸発させて精製したバター脂肪; インドで料理用に広く用いられる》. [Hindi]
Gheg /gɛ́g/ *n* **a** (*pl* ～, ～**s**) ゲグ人《アルバニアの北部に主として居住するアルバニア人; cf. TOSK》. **b** 《アルバニア語の》ゲグ方言《北部方言》. [Alb]
Ghent /gɛ́nt/ ゲント, ヘント, ガン (Flem **Gent** /xɛ́nt/, F **Gand** /F gɑ̃/)《ベルギー北西部 East Flanders 州の州都; 米英戦争終結の条約締結地 (1814)》.
ghe·rao /gɛráʊ/ *n* (*pl* ～**s**) 包囲団交, ゲラーオ《インド・パキスタンで経営者を会社や工場内に閉じ込めて交渉を重ねる労働者側の戦術; cf. BANDH》. ► *vt* 〈経営者を〉事業所内に閉じ込める. [Hindi *gherna* to besiege]
gher·kin, ger- /gɜ́ːrkən/ *n* ガーキン《ピクルスにするニシインドコキュウリの果実; 卵円形で小さく, とげにおおわれている》; 〖植〗ニシインドコキュウリ, ガーキン《ウリ科キュウリ属のつる性一年草; 西インド諸島・米国南部で栽培される》; 《ピクルス用の》(若い)小さなキュウリ; (キュウリ[ガーキン]の)ピクルス. [Du＜Slav＜Gk]
ghet·to /gétoʊ/ *n* (*pl* ～**s**, ～**es**) 《以前のヨーロッパ都市内の》ユダヤ人強制居住区域; ユダヤ人街, ゲットー; *《黒人・プエルトリコ人など少数民族の》貧民窟, スラム街; 《社会的》孤立集団(地区); 《貧困・不遇・密集などを特徴とする》スラム的状況[存在]. ► *vt* ghetto に入れる. [It *getto* foundry; 1516 年 Venice に初めてつくられた ghetto の場所より]
ghétto blàster 《口》大型ラジカセ[ラジオ] (boom box*)《公道などで大音量でヒップホップなどを鳴らす》.
ghétto bòx 《俗》GHETTO BLASTER.
ghétto credibìlity 《俗》[°*derog*] 黒人(の若者)の間での人気[うけのよさ].
ghétto-fábulous *a* 《俗》《服装が》けばけばしい, ど派手な.
ghétto·ìsm *n* ゲットー (ghetto) の雰囲気.
ghétto·ize *vt* ゲットー (ghetto) に閉じ込める; ゲットー化する; 〈人〉の活動[役割]を制限[限定]する. ♦ **ghètto·izátion** /, -àɪ-, -ɪ-/ *n*
ghet·tol·o·gist /gɛtáləʤɪst/ *n* ゲットー研究家.
ghi ⇨ GHEE.
Ghib·el·line /gíbəlìːn, -làɪn, -lən/ *n* ギベリン党員, 皇帝党員《中世イタリアで教皇党 (the Guelfs) に対抗してドイツ皇帝を擁護した貴族派》. ► *a* ギベリン党の. ♦ **Ghíb·el·lin·ism** *n* [It]
Ghi·ber·ti /gibɛ́ərti/ ギベルティ **Lorenzo** ～ (c. 1378-1455)《イタリアルネサンス初期の彫刻家》.
ghib·li, gib·li /gíbli/ *n* 〖気〗ギブリ《北アフリカの砂漠の熱風》. [Arab=south wind]
ghilgai ⇨ GILGAI.
ghillie ⇨ GILLIE.
ghin·ny /gíni/ *《俗》[*derog*] *n* イタリア人, イタ公 (guinea); 黒人, 黒んぼ (guinea).
Ghir·lan·da·jo, -da·io /gìərləndáːjoʊ/ ギルランダーヨ **Domenico** ～ (1449-94)《Florence の初期ルネサンスの画家; 本名 Domenico di Tommaso Bigordi》.
ghomasio ⇨ GOMASIO.
Gho·se /góːsə, góʊʃ/ ゴーセ Sri **Aurobindo** ～ ⇨ AUROBINDO.
ghost /góʊst/ *n* **1 a** 幽霊, 亡霊, 死霊, 怨霊(おんりょう), 妖怪, 変化(へんげ) (SPECTRAL *a*): lay [raise] a ～ 怨霊を退散させる[呼び出す] / She looked as if she had seen a ～. 幽霊でも見たかのような顔をしていた, 青ざめていた. **b** 《古》魂, 霊魂 (spirit, soul)(⇨ HOLY GHOST); 《廃》善霊; 天使; 《廃》悪霊 (demon). **2 a** 幻影, まぼろし, 残影, かすかに似たもの; 影[まぼろし]のようなもの; 青白くやせこけた人: He is a mere ～ of his former self. 彼は昔の面影がない. **b** 〖光・テレビ〗仮像, ゴースト (=～ **image**)《反射による二重像の弱い方》; 〖電算〗焼き付きの跡 (⇨ GHOSTING). **c** 〖生理〗ゴースト《ヘモグロビンを失った赤血球》. **3 a** 代作者, ゴースト(ライター) (ghostwriter); 幽霊社員[会社など]; *《俗》あまり姿を見せない人: play ～ to…の代作をする. **b** 《俗》会計係, 経理係. **4 a** 幽霊本 (=～ **edition**)《文献目録などに載っているが実在しない本》. **b** GHOST WORD. ● **a** [**the**] ～ **at the feast**=a [the] SKELETON at the feast. **a** [**the**] ～ **of** (**a**)… ほんの少しの…, かすかな…: not stand [have] [without] *a* [*the*] ～ *of a* chance [doubt] 少しの見込み[疑問]もない[なく]. **give** [《古》**yield**] **up the** ～ 死ぬ, おだぶつになる; 〈車などが〉動かなくなる; [*fig*] あきらめる《ghost=principle of life, spirit》. **the** ～ **in the machine** 〖哲〗機械の中の幽霊《精神を肉体とは独立した別個の存在とみなして言ったもの; Gilbert Ryle, *The Concept of Mind* (1949) でデカルト的心身二元論を批判して使われた表現》. **The** ～ **walks.** 幽霊が出る; 《もと劇場俗》給料が(間もなく)出る. **trot out the** ～**s** 《俗》〈政党が〉《宣伝のために》自党の昔の大政治家(の話)を持ち出す. ► *vt* **1** 〈本・書類など〉の代作をする; 〈人〉の代作者[ゴーストライター]をつとめる: the book I ～*ed* for him わたしが代作した彼の本. **2** 《幽霊のように》…に付きまとう (haunt). ► *vi* 無言で[音をたてずに]動く; 代作をする; *〈欠席者が〉出席とされる; *《俗》《追加料金を払わないでホテルなどに》無断同宿する. ♦ ～**·like** *a* **ghósty** *a* **ghóst·i·ly** *adv* [OE *gāst*; cf. G *Geist*; *gh-* はおそらく Flem *gheest* の影響で Caxton が初使用]
ghóst bàt 〖動〗白または灰色の毛をしたコウモリ《総称; 特に中米産 WHITE BAT, オーストラリアオオアラコウモリ (false vampire) など》.
ghóst cràb 〖動〗スナガニ属のカニ《白っぽい色をした動きの敏捷なカニ; 米国 Rhode Island 州からブラジルに至る大西洋岸の砂浜に穴を掘ってすむ》.
Ghóst Dànce ゴーストダンス《19 世紀末に北米西部のインディアンの一派が行なった宗教的な集団舞踏; これによって死者の到来, 伝統的生活への復帰が可能になると信じられた》.
ghóst gùm 《豪》〖植〗幹や枝が白いユーカリノキの一種.
ghóst·ing *n* **1** 〖テレビ〗ゴースト; ゴースト発生[形成]; 〖電算〗焼き付き (=*burn-in*)《CRT ディスプレーに長時間像を表示したとき, 蛍光体が変質して像の跡 (ghost) が残ること》. **2** *《軍俗》なまけること, 義務を怠ること, サボ.

ghóst·ly *a* **1 a** 幽霊の(出そうな), 幽霊に関する: the ～ hour 丑(うし)三つ時. **b** 幽霊のような, ぼんやりとした, かすかな, 影のような. **2** 《古》霊魂に関する, 宗教的な (spiritual): a ～ adviser [director, father] 聴罪司祭 (confessor) / a ～ comfort [counsel]《告解・臨終のとき司祭の与える》宗教的慰め[勧告] / our ～ enemy 悪魔 (the devil). ♦ **-li·ness** *n* [OE *gāstlic* (GHOST)]
ghóst mòth 〖昆〗コウモリガ《同科のガの総称; ほとんどの種が夕方活動する》.
ghóst shrìmp 〖動〗スナモグリ (＝*specter shrimp*).
ghóst sìte 〖電算〗ゴーストサイト《更新が止まっているが閲覧できるサイト・ホームページ》.
ghóst stàtion" 無人駅; 廃用になった駅.
ghóst stòry 怪談; (信じがたい)作り話.
ghóst tòwn ゴーストタウン《廃鉱などで無人化した町》.
ghóst tràin "ゴーストトレイン《おばけ屋敷の中を通る遊園地の乗物》.
ghóst tùrd [°*pl*] *《俗》《家具の下や隅にたまる》綿ぼこり (house moss).
ghóst·wèed *n* 〖植〗SNOW-ON-THE-MOUNTAIN.
ghóst wòrd 幽霊語《誤植・考え違い・民間語源などに由来し辞書にははいっているものの実際に使われることはない語; W. W. Skeat の用語》.
ghóst·wrìte *vi, vt* (〈演説・文学作品を〉)代作する.
ghóst·wrìter *n* 陰の作者, 代作者, ゴーストライター.
ghoul /gúːl/ *n* 食屍鬼(しょくしき), グール《東方イスラム教国で, 墓をあばいて死人を食うという悪鬼》; 墓をあばく人; 食屍鬼のような人, 残忍な人; 死体偏愛者, 残虐趣味の人. ♦ **～·ish** *a* **～·ish·ly** *adv* **～·ish·ness** *n* [Arab＝protean desert demon]
ghou·lie /gúːli/ *n* 食屍鬼 (GHOUL).
GHQ 〖軍〗°General Headquarters.
ghrel·in /grέlən/ *n* 〖生化〗グレリン《胃から分泌されるペプチドホルモン; 脳の摂食中枢を制御し, 下垂体にはたらいて成長ホルモン分泌を促進する》.
Ghul·ghu·leh /gulgúːlə; gʊlgʊ́-/ グルグラ《アフガニスタン中部にあった古代都市; 1221 年ごろ Genghis Khan に滅ぼされた》.
ghusl /gúːs(ə)l/ *n* 〖イスラム法〗大洗浄, グスル《礼拝の前や性交のあとなど定められた機会に行なうべき全身の洗浄》.
ghyll /gíl/ *n* GILL⁴. [Wordsworth が用いたつづり]
GHz gigahertz.
gi, gie /gíː/ *n* 空手着, 柔道着. [Jpn]
GI[1] /ʤìːáɪ/ *n* (*pl* **GIs, GI's**) **1** 《口》《現役または退役の》米軍兵士, 米兵, ジーアイ, 《特に》徴募兵: GI JOE / a ～ Jane [Jill, Joan] 米軍女性兵士. **2** [the ～s] *《俗》下痢. ► *a* 《米軍当局の》官給の, 米軍規格の; 米軍軍人の; 兵隊[兵士]らしい; 軍規を厳格に守る: a ～ haircut GI カット / a ～ bride 米兵の妻[婚約者]となった他国の女. ► *vt, vi* (**GI'd; GI'ing**) *《口》《上官の検査に備えて》(〈床などを〉)きれいに掃除する. ► *adv* *軍の規則[慣習]に従って. [*g*overnment [*g*eneral] *i*ssue]
GI[2] *n* 〖米軍〗亜鉛めっき鉄 (galvanized iron) の; *《俗》ありふれた, 質の悪い: GI CAN.
gi., gi gill(s)《単位》.
GI °galvanized iron (＝**g.i.**) ♦ gastrointestinal (＝**g.i.**) ♦ °general issue ♦ °glycemic index ♦ °government issue.
Giac·co·ni /ʤəkóuni/ ジャコーニ **Riccardo** ～ (1931–)《イタリア生まれの天文学者; X 線天文学を創始; ノーベル物理学賞 (2002)》.
Gia·co·met·ti /ʤàːkəméti/ ジャコメッティ **Alberto** ～ (1901–66)《イタリア系スイス人の彫刻家・画家》.
gial·lo an·ti·co /ʤáːlou æntíːkou, -ɑːn-/ 古代黄《イタリアの遺跡にみられる濃黄色の大理石》. [It＝ancient yellow]
Giam·bo·lo·gna /ʤàːmboulóunjɑː/ ジャンボローニャ (1529–1608)《イタリアの彫刻家; 別名 Giovanni da Bologna, Jean Boulogne; フランドル生まれ; 当時の代表的なマニエリスムの彫刻家》.
gi·ant /ʤáɪənt/ *n* **1 a** 巨人, 巨漢, 大男; 〖ギ神〗ギガース《神々に滅ぼされた巨人族 (Gigantes) の者》. **b** 《非凡な才能・性格などをそなえた》'巨人': There were ～*s* in those days. 当時は大物がいたものだ. **2** 巨大な動物[植物]; 格別に大きい[強力な]もの; 〖天〗巨星 (giant star); 〖鉱〗《水力採鉱用の》大型噴射ノズル (monitor): oil ～*s* 大石油会社. **3** 〖医〗巨人症患者. ► *a* 巨人的な, 巨大な, 偉大な; [しばしば 動植物名に用いて] 大…, オオ… (opp. *dwarf*); 〖建〗COLOSSAL: a ～ leap [step] 大進歩. ♦ **～·lìke** *a* **～·ness** *n* [ME *geant* <OF, Gk *gigant- gigas*; 今の語形は L の影響]
gíant ánteater 〖動〗オオアリクイ (antbear).
gíant armadíllo 〖動〗オオアルマジロ.
gíant árrowhead 〖植〗タイリンオモダカ《南米原産》.
gíant bírd's nèst 〖植〗北米産ツツジ科ないしシャクジョウソウ科の多年生腐生植物《根に寄生し, 高さ 1 m に達する》.
gíant cáctus 〖植〗SAGUARO.
gíant céll 〖生〗巨細胞, 巨大細胞《多数の核を含む》.
gíant clám 〖貝〗オオシャコガイ《インド洋・大西洋のサンゴ礁にすむ世界最大の二枚貝; 殻長 1.4 m, 重量 230 kg に及ぶ》.
gíant cráb 〖動〗タカアシガニ《世界最大; 日本沿岸産》.
gíant·ess *n* 女巨人; 大女.
gíant fúlmar 〖鳥〗GIANT PETREL.
gíant hógweed 〖植〗セリ科ハナウド属の多年草《高さ 4 m に及ぶ》.
gíant·ìsm *n* 〖医〗巨人症 (gigantism); 巨大; 《企業などの》肥大化傾向.
gíant kangaróo 〖動〗オオカンガルー, ハイイロカンガルー.
gíant kélp 〖植〗ジャイアントケルプ《褐藻類コンブ科 *Macrocystis* 属の大型の海藻数種の総称》.
gíant-kìll·er *n* 《スポーツなどで》大物食い《人・チームなど》. ♦ **gí·ant-kìll·ing** *n, a* 大物食い(の), 番狂わせ(の).
gíant líly 〖植〗オオマンネンラン《リュウゼツラン科》.
gíant lízard 〖動〗KOMODO DRAGON.
gíant ótter 〖動〗オオカワウソ《南米産; 絶滅に瀕している》.
gíant pánda 〖動〗ジャイアントパンダ, オオパンダ, 大熊猫《中国四川省・甘粛省産》.
gíant pangólin 〖動〗オオセンザンコウ《西アフリカ産》.
gíant pársnip 〖植〗ハナウド (cow parsnip).
gíant péacock mòth 〖昆〗オオクジャクサン《ヤママユガ科のガ; ガ類ではヨーロッパ最大; 各翅に眼状紋がある》.
gíant pétrel 〖鳥〗オオフルマカモメ (＝*giant fulmar, Mother Carey's goose, nelly*)《南極海域産》.
gíant plánet 〖天〗大惑星《木星型惑星: 木星・土星・天王星・海王星の総称》.
gíant pówder 強力火薬《ニトログリセリン・硝酸ナトリウム・硫黄・ロジンから造るダイナマイト; 時に珪藻土を混入させる》.
gíant réed 〖植〗**a** ダンチク, ヨシタケ《欧州南部・日本原産; イネ科》. **b** DITCH REED《北米産》.
Gíant's Cáuseway [the] ジャイアンツコーズウェイ, 巨人の土手道《北アイルランド北岸の約 3 マイルにわたって主に六角形の柱状玄武岩の並んだ岬; 同様な奇観の見られる Staffa 島に渡る道として巨人族が建設したと伝えられる》.
gíant schnáuzer 〖犬〗ジャイアントシュナウザー《がっしりとして力の強い大型のシュナウザー》.
gíant séa bàss 〖魚〗コクチイシナギ《California 州沿岸産の全長 2 m を超えるスズキ科イシナギ属の巨大な海産魚》.
gíant sequóia 〖植〗セコイアオスギ (BIG TREE).
gíant sílkworm mòth 〖昆〗ヤママユガ《総称》.
gíant-sìze(d) *a* 巨大な, 大型の; とてつもない.
gíant slálom 〖スキー〗大回転(競技).
gíant snówdrop 〖植〗オオユキノハナ《ヒガンバナ科》.
gíant squíd 〖動〗ダイオウイカ《ダイオウイカ属の巨大なイカの総称; 深海にすみ, 体長が 20 m に及ぶ種もある最大の無脊椎動物》.
gíant stár 〖天〗巨星《直径・光度の著しく大きい恒星: Arcturus, Aldebaran など; cf. SUPERGIANT》.
gíant [gíant's] stríde 《遊園地などの》回旋塔.
gíant swíng 〖体操〗《鉄棒での》大車輪.
gíant tórtoise 〖動〗ゾウガメ《Galápagos 諸島の巨大なリクガメ》.
gíant wáter bùg 〖昆〗コオイムシ科の大型の水生昆虫《総称; タガメなど; ほかの水生昆虫・サンショウウオ・魚などを捕食する》.
gíant zónure 〖動〗オオヨロイトカゲ (sungazer).
giaour /ʤáuər/ *n* 不信者, 異端者 (infidel)《イスラム教徒が異教徒, 特に キリスト教徒をいう》.
giar·dia /ʤiáːrdiə, ʤáːr-/ *n* 〖動〗ジアルジア《多鞭毛虫類ディプロモナス目 (Diplomonadida) に属するジアルジア属 (*G-*) の鞭毛虫の総称; ヒトおよび動物の腸管に寄生; 下痢をもたらすかあるいは無症状》. [Alfred M. *Giard* (1846–1908) フランスの生物学者]
giar·di·a·sis /ʤìːɑːrdáɪəsəs, ʤiər-, ʤɑːr-/ *n* (*pl* **-ses** /-sìːz/) 〖医〗ジアルジア(鞭毛虫)症, ランブル鞭毛虫症《ジアルジア属 (*Giardia*) の鞭毛虫, 特にヒトに寄生するランブル鞭毛虫の感染による; 下痢などを起こす》. [↑, *-iasis*]
Gi·auque /ʤióuk/ ジオーク **William Francis** ～ (1895–1982)《カナダ生まれの米国の物理化学者; 絶対零度に近い温度での物質の諸特性を研究, ノーベル化学賞 (1949)》.
gib[1] /gíb/ *n* 《特に 去勢した》雄猫. [? *Gilbert* (人名)]
gib[2] *n, vt* (**-bb-**) 〖機〗凹字(せつ)くさび(で留める[締める]). [C18<?]
Gib /ʤíb/ 《口》GIBRALTAR.
GIB /ʤíːàɪbíː/ *a* 《俗》セックスがうまい, 床じょうずの. [*g*ood *i*n *b*ed]
Gib. Gibraltar.
gib·ber[1] /ʤíbər, gíb-/ *vi, n* 切れぎれに言う(こと); わけのわからないことを(早口に)しゃべる(こと), 〈サルなど〉キャッキャッいう(声). [imit]
gib·ber[2] /gíbər/ *n* 《豪》小石 (pebble), 玉石 (boulder). [(Austral)]
gib·ber·él·lic ácid /ʤìbərέlɪk-/ 〖生化〗ジベレリン酸《高等植物を生長させる物質》.
gib·ber·el·lin /ʤìbərέlən/ *n* 〖生化〗ジベレリン《高等植物を生長させる物質》.
gib·ber-gab·ber /ʤíbərgæbər, gíb-/ *n* *《俗》ばかげたこと, あほらしいこと, ナンセンス. [*gibber*[1]]
gíbber·ing /ʤíb-, gíb-/ *a* わけのわからないことをしゃべる, まともにしゃべれない.
gíbber·ish /ʤíb-, gíb-/ *n* わけのわからないおしゃべり[話], 専門的な

G

[難解な]ことば: TALK ～. [*gibber*[1], *-ish* か; cf. Span*ish*, Swed*ish*, etc.]
gib·bet /ʤíbət/ *n, vt* 絞首人さらし柱(につるす); 絞首門(につるす), 絞首刑(にする); [*fig*] さらしものにする. [OF *gibet* gallows (dim)＜ *gibe* club＜?Gmc]
Gíb bòard /ʤíb-/ «NZ口» GIBRALTAR BOARD.
gib·bon /gíbən/ *n* 〔動〕テナガザル, ギボン《東南アジア産》. [F＜ (SE Asia)]
Gibbon ギボン **Edward** ～ (1737–94)《英国の歴史家; *The History of the Decline and Fall of the Roman Empire* (1776–88)》. ♦ **Gib·bon·ian** /gıbóuniən/ *a*
Gib·bons /gíbənz/ ギボンズ (1) **Grinling** ～ (1648–1721)《英国の木彫家; St. Paul's 大聖堂などの装飾を担当した》 (2) **James** ～ (1834–1921)《米国の枢機卿》 (3) **Orlando** ～ (1583–1625)《イングランドのオルガン奏者・作曲家》.
gib·bose /gíbòus, ʤíb-/ *a* GIBBOUS.
gib·bos·i·ty /gıbásəti, ʤıb-/ *n* 凸状, 凸湾曲; ふくれあがり, 隆起; せむし, 凸背(ﾄﾂﾊｲ).
gib·bous /gíbəs, ʤíb-/ *a* 凸状の; 半面以上全面未満が輝いて見える〈月・惑星〉; 隆起している; せむしの: the ～ moon 〔天〕凸月《半月と満月の間の月》. ♦ **～·ly** *adv* **～·ness** *n* [L (*gibbus* hump)]
G **Gibbs** /gíbz/ ギブズ (1) **(Cecilia) May** ～ (1877–1969)《英国生まれのオーストラリアの児童文学作家・イラストレーター; *Snugglepot and Cuddlepie* (1918)》 (2) **James** ～ (1682–1754)《英国の建築家》 (3) **J(osiah) Willard** ～ (1839–1903)《米国の理論物理学者・化学者》.
Gíbbs frèe énergy 〔理〕ギブズの自由エネルギー (Gibbs function). [J. Willard *Gibbs*]
Gíbbs fùnction 〔理〕ギブズの関数《熱力学特性関数の一つ; 記号 G》.
gibbs·ite /gíbzàıt/ *n* 〔鉱〕水礬土(ｽｲﾊﾞﾝﾄﾞ), ギブサイト. [George *Gibbs* (1776–1833) 米国の鉱物学者]
gibe[1], **jibe** /ʤáıb/ *vi* とがめだてする, あざける 〈*at* sb *for* a fault〉. ► *vt* 〈人を〉あざける, 愚弄する. ► *n* あざけり, 嘲弄, 愚弄. ♦ **gíb·er, jíb·er** *n* **gíb·ing·ly, jíb·ing·ly** *adv* [? OF *giber* to handle roughly]
gibe[2] *vt, vi, n* 〔海〕JIBE[1].
Gib·e·on /gíbiən/ ギベオン, ギブオン《古代 Palestine の Jerusalem の北西にあった都市; *Josh* 9: 3》. [Heb＝pertaining to a hill]
Gíbeon·ite *n* 〔聖〕ギベオン[ギブオン]人《Joshua によってイスラエル人のために薪を切り, 水を汲むことを命ぜられた; *Josh* 9》.
GI Bill /ʤí:àı ―́/ [the] *«口» 復員兵援護法 (＝**GI Bill of Rights** /ʤí:àı ―́ əv ―́/)《復員兵に対する大学教育資金や住宅資金・起業資金の給付を定めたもの; 1944 年成立》.
gib·let /ʤíblət/ *n* [[u]*pl*]《鶏などの》臓物: ～ soup. [OF *gibelet* game stew]
gibli ⇨ GHIBLI.
Gi·bral·tar /ʤəbrɔ́:ltər/ **1** ジブラルタル《the Rock of GIBRALTAR にある港町; 英国の直轄領; 地中海の出入口にある要衝の地で, 要塞が築かれている; 略 **Gib(r).**》. **2** 堅固な要塞, 難攻不落の拠点. ■ the **Róck of ～** (1) ジブラルタルの岩《スペイン南部 Gibraltar 海峡東端に突き出た岬; 最高点が 426 m の岩山; ヘラクレスの柱 (the Pillars of Hercules) の一つ; 古代名 Calpe》 (2)《強く大きくて》頼もしい人, たよりになるもの, 大盤石. the **Stráit of ～** ジブラルタル海峡《スペインとモロッコの間の海峡で大西洋から地中海への入口》. ♦ **Gi·bral·tar·i·an** /ʤəbrɔ̀:ltέəriən, ʤıb-/ *a, n*
Gibráltar bòard 〔NZ商標〕ジブラルタルボード《石膏の芯に厚紙を貼った羽目板用ボード》.
Gib·ran, Jib- /ʤəbrá:n/ ジブラーン **Kahlil** ～ (1883–1931)《レバノンの小説家・詩人・画家; 米国で活動》.
Gib·son /gíbs(ə)n/ **1** ギブソン (1) **Althea** ～ (1927–2003)《米国のテニス選手; Wimbledon で優勝 (1957, 58); 黒人として初めてメジャータイトルを獲得》 (2) **Bob** ～ [**Pack Robert** ～] (1935–)《米国のプロ野球選手; St. Louis Cardinals の右腕投手》 (3) **Charles Dana** ～ (1867–1947)《米国の挿画家; ⇨ GIBSON GIRL》 (4) **Eleanor J(ack)** ～ (1910–2002)《米国の心理学者》 (5) **James J(erome)** ～ (1904–79)《米国の心理学者・哲学者; Eleanor J. ～ の夫》 (6) **Mel (Columcille Gerard)** ～ (1956–)《米国生まれのオーストラリアの俳優》 (7) **Josh(ua)** ～ (1911–47)《米国のプロ野球選手; ニグロリーグの大打者で, black Babe Ruth と呼ばれた》 (8) **William (Ford)** ～ (1948–)《米国の SF 作家; Cyberpunk の代表的な作家》. **2** *ギブソン《ジンまたはウオツカとドライベルモットに小粒のタマネギを添えたカクテル》.
Gíbson Désert [the] ギブソン砂漠《Western Australia 中部・東部に広がる砂漠; 塩湖が散在》.
Gíbson gírl *n* **1** ギブソンガール《米国の挿画家 Charles D. Gibson が *Life* 誌などに描いた 1890 年代の理想化された米国女性》. **2**《非常用》携帯無線送信機《湾曲したその形から》. ► *a* ギブソンガール風の.
gí·bus (hát) /ʤáıbəs(-)/ OPERA HAT. [*Gibus* 19 世紀 Paris の雑貨商で製造者]
GI can /ʤí:àı ―́/ «俗»《ごみ入れ用の》亜鉛めっき鉄の缶; «俗»《重砲の》砲弾; «俗» 爆弾. [GI[2]]
gid /gíd/ *n* 〔獣医〕《羊の》旋回病 (＝*sturdy, waterbrain*). [逆成＜ *giddy*]
gid·dap /gıdǽp/ *int* [馬に向かって] 進め! [*get up*]
gid·day /gədáı/ *int* «豪口» GOOD DAY.
gid·dup /gıdʌ́p/ *int* GIDDAP. ► *n**«俗» やる気, 元気, 意気込み (get-up-and-go).
gid·dy /gídi/ *a* **1** めまいがする, 目がくらむ; めまいを起こさせる(ような): feel [turn] ～ めまいを覚える[催す] / a ～ height 目のまわるような高所. **2** うわついた, 軽薄な; 有頂天の; ばかばかしい: a ～ young girl うわついた女の子. ● **a ～ goat** 無責任なやつ. **My ～** AUNT! **play [act] the ～ goat [ox]** 軽はずみなことをする. ► *vt* …の目をくらませる. ► *vi* 目がくらむ. ♦ **gíd·di·ly** *adv* めまいがするほど; 目がくらんで; 軽はずみに. **-di·ness** *n* [OE *gidig* possessed by a god, insane (GOD, *-y*[4])]
gid·dy·ap /gìdiǽp, -ʌ́p/, **gid·dy·up** /-ʌ́p/ *int* GIDDAP.
Gide /ʒí:d/ ジッド **André(-Paul-Guillaume)** ～ (1869–1951)《フランスの作家・批評家・エッセイスト; ノーベル文学賞 (1947)》.
Gid·e·on /gídiən/ **1** ギデオン《男子名》. **2**〔聖〕ギデオン《イスラエル民族をミディアン人 (Midianites) の圧迫から解放して 40 年間士師(ｼｼ)となった勇士; *Judges* 6–8》. **3** 国際ギデオン協会 (Gideons International) 会員. [Heb＝great destroyer]
Gídeon Bíble 国際ギデオン協会寄贈の聖書.
Gídeon Féll /-fέl/ [Dr.] ギデオン・フェル博士《Dickson Carr の一連の推理小説に登場する巨体の探偵》.
Gídeons Internátional [the] 国際ギデオン協会《ホテルの客室・病院などに聖書を備える目的で 1899 年に米国の 3 人のセールスマンが設立した聖書寄贈協会》.
gid·gee, gid·jee /gíʤi/, **gid·gea** /gíʤə/ *n* 〔植〕アカシア属の小樹《良質の堅材を産し花は悪臭を放つ; 豪州乾燥地産》; ギジー材. [(Austral)]
gid·get /gíʤət/ *«俗» *n* 活発でかわいい娘, ピチピチギャル; GADGET.
gie[1] /gí:/ *v* (～**d**; ～**d, gien** /gí:n/) «スコ・方» GIVE.
gie[2] ⇨ GI.
Giel·gud /gílgùd, gí:l-/ ギールグッド Sir **(Arthur) John** ～ (1904–2000)《英国の俳優・演出家; Shakespeare 劇の演技で知られた》.
Gi·ém·sa [Gi·ém·sa's] stàin /giέmzə(z)-, gí:msɑ:(z)-/ 〔生・医〕ギエムザ染色液《エオシン・メチレン青・アズール色素を混合したもので, 顕微検査や血液塗抹標本を分別するのに用いる; 単に Giemsa ともいう》. ♦ **Giémsa-stàined** *a* [Gustav *Giemsa* (1867–1948) ドイツの化学療法家]
Gie·rek /gjέrεk/ ギエレク **Edward** ～ (1913–2001)《ポーランドの政治家; 統一労働者党 (共産党) 第一書記 (1970–80)》.
Gie·se·king /gí:zəkıŋ/ ギーゼキング **Walter (Wilhelm)** ～ (1895–1956)《フランス生まれのドイツのピアニスト》.
Gies·sen /gí:s(ə)n/ ギーセン《ドイツ中南西部 Hesse 州の市》.
GIF /gíf, ʤíf/ *n* 〔電算〕GIF(ｼﾞﾌ)《画像データ形式》; GIF 形式の画像. [*G*raphic *I*nterchange *F*ormat]
giffed /gíft/ *a**«俗»《酒に》酔って. [酒で 1 週間の労働の終わりを祝うときのことば TGIF から]
Gif·ford /gífərd/ ギフォード《男子名》. [Gmc＝? brave gift]
gift /gíft/ *n* **1 a** 贈り物, 進物, プレゼント, 貢物; 景品; [[u]*sg*] "«口» わけないこと, もうけ物: a ～ from the Gods 幸運. **b** 贈る[与える]こと, 贈与; 贈与[授与]権: The post is in his ～ [the ～ of the prime minister]. その職[地位]は彼[首相]に任命権がある. **2**《天賦の》才能, 適性 (talent): a person of many ～*s* 多才の人 / have a ～ for painting 画才がある. ● **as** [«古» **at**] **a ～** ただでも〈いやだ など〉. **by [of] free ～** ただで. **Christmas G～!** *«南部» クリスマスおめでとう! **get a ～** *«麻薬俗» 薬(ﾔｸ)を買う, 一回分の量を注射する[飲む]. ► *vt* 贈り物とする; 賦与する, 授ける;《不注意で》〈相手〉に〈得点を〉許す, 献上する: ～ sb *with* sth＝～ sth *to* sb 人に物を贈る[授ける]. ♦ **～·able*** *a, n* **～·less** *a* [ON *gipt*＝OE, OS, OHG *gift* (⇨ GIVE); OE＝marriage gift]
GIFT /gíft/ 〔医〕°gamete intrafallopian transfer ♦〔医〕gamete intrafallopian tube transfer.
Gíft Àid *n* "寄付控除《慈善団体とアマチュアスポーツクラブが個人からの寄付金を税金から控除することを認める措置》. ► *vt* …に寄付控除を認める.
gíft·bòok *n* 贈呈本, 寄贈本; 進物用の本, 贈答用図書.
gíft certìficate* 商品券, ギフト券.
gíft còupon 景品引換券.
gíft·ed *a* 生まれつきの才能のある, 天分に恵まれた (talented); ずばぬけた才能のある. ♦ **～·ly** *adv* **～·ness** *n*
gífted chíld 〔心〕英才児, (知的)優秀児《同年齢層の上位 2–3% にはいるほどの知能の高い児童》;《特定分野での》天才児.
gíft hòrse 贈り物の馬. ● **Don't [Never] look a ～ in the mouth.** もらい物のあらを探すな, 人の親切[好意]にけちをつけるな《馬は歯で年齢がわかるところから》.
gift·ie /gífti/ *n* «スコ» 才能, 能力.

gíft of gáb [the gáb] [the] «口» 能弁, 口達者: have *the* ～ 弁舌の才がある.

gíft of tóngues [the] **1**〔聖〕異言(いげん)の賜物, 言語の特賜 (=*glossolalia*)《使徒たちの語ることばが, 言語を異にする聞き手のそれぞれに, それぞれの言語で語ったかのように理解されたこと; *Acts* 2: 1-13》; 異言(を語ること) (GLOSSOLALIA). **2** 語学の才能; 弁舌[弁論]の才.

gíft shòp 贈答用品専門店, ギフトショップ;《行楽地·観光施設などの》みやげ物店, 売店.

gíft tàx 贈与税《(1)〔米〕受贈者にでなく贈与者に課す州もある (2)〔英〕資本継承税 (capital transfer tax) (1974-86) の俗称》.

gíft tòken [vòucher]‖ GIFT CERTIFICATE.

gíft·wàre *n* ギフト(用)商品.

gíft wràp *n* 贈り物用包装材料, ギフトラッピング材料《紙やリボン》. ► *vt* 贈り物用にリボンなどできれいに包装する, ギフトラッピングする. ♦ **gíft-wràpped** *a*

gig[1] /gíg/ *n* **1 a** ギグ《一頭立て二輪馬車》; *«俗» ぽんこつ車;〔海〕ギグ《(1) 船長などの乗る船載ボートの一種 (2) レース用の小ボート》. **b** 起毛機, ギッグ (=～ mill)《織物のけばを立てるローラー》. **2** 奇妙な[奇怪な]風貌の人. **3** くるくる旋回するもの; *«俗» おもちゃ; «廃» こま《玩具》. **4** *«俗» 数当て賭博(の 3 桁の数字). ► *v* (**-gg-**) *vi* ギグに乗って行く. ► *vt* 〈織物〉にけばを立てる. [? imit; cf. Dan *gig* top[2]]

gig[2] *n* 《魚を突き刺す》やす;〔釣〕《餌につかない魚を捕る》引っ掛け針(仕掛け). ► *v* (**-gg-**) *vi* やすを使う 〈*for* fish〉. ► *vt* 〈魚を〉やすで突き刺す; *«西部» …に拍車をあてる, つつく; けしかける, 鼓舞する. [fiz*gig*, fish*gig*; cf. Sp *fisga* harpoon]

gig[3] *n* «卑» 尻, けつ, 膣, あな. ● **up your** ～ «卑» くそくらえ (up yours). [*gigi*]

gig[4] *«俗» *n* 詐欺, ペテン;《学校·軍隊などの》過失報告, 罰点(に伴う軽い罰). ► *vt* (**-gg-**) だます (cheat); …に罰点を与える. [C20 <?]

gig[5] *n* **1** ギグ《ジャズ[ロック]演奏会》; «口»《特に一晩限りの》演奏の契約[仕事], 出演; «口»《一般に》(割当て)仕事; «口» 厄介なこと, 面倒くさいもの; «俗» らんちきパーティー. **2** «俗» 関心事, 得意な分野 (bag). ► *v* (**-gg-**) «口» *vi* 《短期契約で》演奏[出演]する. [C20 <?]

gig[6] *n* «口» GIGABYTE.

giga- /ʤígə, gígə/ *comb form* (1)「10 億」「無数」(2)〔単位〕ギガ《=10^9; 記号 G》. (3)〔電算〕ギガ《ビット数などに関して 2^{30}≒$1.07×10^9$; 記号 G》. [Gk *gigas* giant]

gíga·bìt *n* 〔電算〕ギガビット, 10 億ビット.

gíga·bỳte *n* 〔電算〕ギガバイト《2^{30} (約 10 億) バイト; 記号 G(B)》.

gíga·cỳcle *n* ギガサイクル《記号 GC; 今は gigahertz という》.

gíga-eléctron-vòlt *n* 〔理〕10 億電子ボルト《=10^9 electron volts; 記号 GeV》.

gíga·flòp(s) *n* 〔電算〕ギガフロップス (=*GFLOPS*)《コンピューターの演算速度を表わす単位; 毎秒 10 億回の浮動小数点演算を行なう速度; cf. FLOPS》.

gíga·hèrtz *n* ギガヘルツ, 10 億ヘルツ《=10^9 hertz; 記号 GHz》.

gíga·mèter *n* 10 億メートル, 100 万キロメートル.

gi·ga·noto·sau·rus /ʤàɪgənòʊtəsɔ́ːrəs, ʤìg-/ *n* 〔古生〕ギガノトサウルス《白亜紀後期の巨大肉食竜》.

gi·gant- /ʤaɪgǽnt, *ʤə-/, **gi·gan·to-** /ʤaɪgǽntoʊ, *ʤə-, -tə/ *comb form*「巨人」[L; ⇨ GIANT]

gi·gan·te·an /ʤàɪgæ̀ntíːən/ *a* GIGANTIC.

Gi·gan·tes /ʤəgǽntìːz/ *n pl* [the]〔ギ神〕ギガースたち, ギガンテス《怪力の巨人族; cf. GIGANTOMACHY》.

gi·gan·tesque /ʤàɪgæ̀ntésk, -gən-/ *a* 巨人のような, (奇怪なほど)巨大な. [F<It (*giant, -esque*)]

gi·gan·tic /ʤaɪgǽntɪk, ʤə-/ *a* 巨人のような; 巨大な; 厖大な. ♦ **-ti·cal·ly** *adv* [L; ⇨ GIANT]

gi·gan·tism /ʤaɪgǽntìz(ə)m, ʤə-, ʤáɪgəntìz(ə)m/ *n* 〔医〕巨人症;〔動·植〕巨大症;《一般に》巨大さ, 巨大[肥大]化 (giantism).

gi·gan·tom·a·chy /ʤàɪgæ̀ntámәki/, **gi·gan·to·ma·chia** /ʤaɪgæ̀ntəméɪkiə/ *n* 〔ギ神〕巨人の戦い, ギガントマキアー《巨人族と神々との戦い; しばしば彫刻の題材とされた》; 巨人同士の戦い. [Gk (GIANT, -MACHY)]

gi·gas /ʤáɪgəs/ *a* 〔植〕巨大型の, ギガスの〈倍数性植物〉.

gíga·tòn *n* ギガトン, 10 億トン; ギガトン《TNT 10 億トンに相当する爆発力》.

gíga·wàtt *n* 〔電〕ギガワット, 10 億ワット《記号 GW》.

gig·gle /gíg(ə)l/ *vi, vt* 《通例 愚かしく》クスクス[クックッ, フフフ, イヒヒ, キャッキャッ, ヒャッヒャッ]と笑う[笑って言う] 〈*at*〉. ► *n* クスクス笑い; «口» おもしろい人[もの, 事], お笑いぐさ; «口» 女(の子)[子供]の集まり: have [get] (a fit of) the ～*s* クスクス笑いが止まらなくなる / for a ～ ふざけて, 冗談に. ► *a* «豪軍俗» 作業用の《第二次大戦中に支給された, しばしば 体に合わない作業着についていう》. ♦ **gíg·gler** *n* **gíg·gling** *a* **gíg·gling·ly** *adv* クスクス笑いながら. [imit; cf. G *gickeln*]

gíggle gòo *«俗» 酒 (liquor).

gíggle hòuse «豪俗» 精神病院.

gíggle-smòke *n* *«俗» マリファナ.

gíggle wàter «俗» アルコール, 気違い水, 酒.

gíg·gly *a* クスクス[キャッキャッと]笑う(癖のある).

gig·gy /gígi/ *n* *«卑» けつ, まんこ, あな. ● **up your** ～ *«卑» くそくらえ (up yours).

gi·gi, gi-gi, gee-gee /gíːgìː/ *n* «俗» おもちゃ, もてあそぶもの; «卑» けつ, まんこ. [Gullah *gri-gri* 儀式用の人形]

gíg làmp ギグ馬車 (gig) のランプ《両側に 1 個ずつある》; [*pl*]‖«俗» 眼鏡 (spectacles)《今は年配者のことば》.

gig·let, -lot /gíglət/ *n* おてんば娘, クスクス笑う娘.

Gi·gli /ʤíːlji/ ジーリ **Beniamino** ～ (1890-1957)《イタリアのテノール》.

gig·man·i·ty /gɪgmǽnəti/ *n* 上品で凡庸な中流階級, 俗物連中. [GIG[1] 所有者階級の意; Carlyle の造語]

gíg mìll 〔紡〕起毛機 (gig); 起毛工場.

GIGO /gáɪgòʊ, gíː-/ *n* 〔電算〕ごみ入れごみ出し《信頼できないデータからの結果は信頼できないという原則》. [*g*arbage *i*n, *g*arbage *o*ut]

gig·o·lette /ʤìgəlét/ *n* ジゴレット《雇われて(ダンスの)相手をする女性》.

gig·o·lo /ʤígəlòʊ, ʒíg-; ʒíg-/ *n* (*pl* ～**s**)《売春婦などの》女に養われる男, 男めかけ, ヒモ, ジゴロ; 女たらし, 色男; ジゴロ《金持の女性などに雇われる男の付添人[職業ダンサー]》. [F; cf. F *gigole* dance hall woman]

gig·ot /ʤígət, ʒíːgoʊ/ *n* (*pl* ～**s** /-əts, -oʊ(z)/)〔料理〕羊の脚肉;〔服〕ジゴ (=～ **sléeve**)《羊の脚のように袖つけがふくらみ袖口に向かって細くなった袖》. [OF (*gigue* leg)]

gigue /ʒíːg/ *n* **1** ジグ《中世のヴァイオリン形の三弦の弦楽器》. **2 a** ジグ《バロック時代に流行した躍動的な舞曲; しばしば 組曲の結尾に用いられた》. **b** JIG[1]. [F<It=fiddle<Gmc]

GI Joe /ʤíːàɪ ─/ **1** «口» アメリカ兵. **2**〔商標〕GI ジョー《米軍兵士の形をしたプラスチック製着せ替え人形》.

Gi·jón /hihóʊn/ ヒホン《スペイン北西部 Asturias 州の Biscay 湾に臨む港湾都市》.

gil /ʤíl/ *a* *«俗» いんちきの, にせの.

Gil /gíl/ ギル《男子名; Gilbert, Giles の愛称》.

Gí·la (mònster) /híːlə(-)/ 〔動〕**a** アメリカドクトカゲ《米国南西部産》. **b** メキシコドクトカゲ《メキシコ産》. [*Gila* Arizona 州の川]

gil·bert /gílbərt/ *n* 〔電〕ギルバート《起磁力の cgs 単位》. [William *Gilbert*]

Gilbert 1 ギルバート《男子名; 愛称 Bert, Gil》. **2** ギルバート (1) **Cass** ～ (1859-1934)《米国の建築家; New York 市の Woolworth Building や Washington, D.C. の合衆国最高裁判所を設計》(2) **Grove Karl** ～ (1843-1918)《米国の地質学者; 現代地形学の基礎を築いた》(3) Sir **Humphrey** ～ (c. 1539-83)《イングランドの航海家·軍人; 北米最初のイングランド植民地を開いた》(4) **Walter** ～ (1932-)《米国の分子生物学者; DNA の解析に貢献, ノーベル化学賞 (1980)》(5) **William** ～ (1540-1603)《イングランドの科学者; Elizabeth 1 世の侍医, 磁気研究の先駆》(6) Sir **W(illiam) S(chwenck)** ～ (1836-1911)《英国の喜劇作家; Arthur Sullivan と喜歌劇を共作; cf. SAVOY OPERAS》. [OF<Gmc=?illustrious through hostage (pledge+bright)]

Gílbert and Él·lice Íslands /-éləs-/ *pl* [the] ギルバート-エリス諸島《太平洋西部 Marshall 諸島の南南東に広く散在する島群; 1976 年まで英領植民地であったが, 現在は独立してキリバスとツヴァルになっている; cf. GILBERT [ELLICE] ISLANDS》.

Gílbert and Súllivan óperas *pl* SAVOY OPERAS.

Gil·bert·ese /gìlbərtíːz, *-s/ *n, a* ギルバート(諸島)人(の); ギルバート語[キリバス語](の).

Gil·ber·ti·an /gɪlbɔ́ːrtiən/ *a* 〈筋·対話など〉Sir W. S. Gilbert 流の, 滑稽な, とんちんかんの.

Gílbert Íslands *pl* [the] ギルバート諸島《太平洋西部の島群; 1976 年まで英領植民地 Gilbert and Ellice 諸島の一部, 今は独立したキリバス (Kiribati) の一部》.

Gil·boa /gɪlbóʊə/ [Mount] ギルボア山《Palestine 北部の山; Saul がペリシテ人に敗れ死んだ地; *1 Sam* 31: 1, 4》.

gild[1] /gíld/ *vt* (～**·ed, gilt** /gílt/) **1** …に金[金箔]をかぶせる, …に箔を押す[置く, 入れる], 金めっきする; 金色に塗る; «詩» 黄金色に光らせる[輝かせる]; «古風» …に金[金銭]を与える. **2** [*fig*] 飾る, 輝かせる, 粉飾する, …のうわべをつくろう, 〈不快なもの〉のみばをよくする. **3** «古» 血で汚す, 血塗る. ● ～ **the lily [refined gold]** [*fig*] 余計な飾りで本来の美をそこなう; 無用なことを加える. ～ **the** PILL[1]. ♦ ～**·able** *a* [OE *gyldan*; ⇨ GOLD]

gild[2], **gildhall,** etc. ⇨ GUILD, GUILDHALL, etc.

Gil·da /gíldə/ ギルダ《女子名》. [OE=golden]

gíld·ed *a* 金箔を被(き)せた, 金めっきした; 金色に塗った; 黄金色の; 華美な; 金持ちの, 富裕な: ～ cage 豪華だが窮屈な環境 / ～ [*gilt*] spurs «古» 勲爵士 (knight) の記章 / ～ vices 富豪の道楽 / the *G*～ Chamber〔英〕上院 / the ～ youth 裕福な青年紳士(たち), 貴公子(たち).

gíld·er[1] *n* めっき師, 箔置き[箔押し]師. [*gild*[1]]

gilder[2] *n* GUILDER[2].

gíld·ing *n* **1**《被(き)せたまたは塗った》金, 金箔, 金粉《など》; 金箔を被せること, 箔置き; めっき(術): chemical [electric] ～ 電気めっき. **2** 外飾; 虚飾, 粉飾.

Gil·e·ad /gíliəd/ **1** ギレアデ, ギレアド《古代パレスティナの Jordan 川の東の山岳地方; 現在のヨルダン北西部; *Gen* 37: 25》. **2** [Mount] ギレアデ山《ヨルダンの山; 古代ギレアデ地方中部》.

Gílead·ìte *n* ギレアデ[ギレアド]人《Manasseh を祖とするイスラエル十二部族の一つ (*Num* 26, 29, *Judges* 12: 4); 古代ギレアデの住民》.

Gi·lels /gɪlέlz/ ギレリス **Emil** (**Grigoryevich**) ～ (1916–85)《ソ連のピアニスト》.

Giles /ʤáɪlz/ **1** ジャイルズ《男子名》. **2** [Saint] 聖アエギディウス《7 世紀にフランスに住んだギリシア人隠者; 身障者・乞食・ハンセン病患者の守護聖人; 祝日 9 月 1 日》. [OF, ＜Gk＝shield bearer; kid]

gi·let /ʒəléɪ ʒíːleɪ/ *n* ジレ《女性用の胴着; バレエ衣裳の胴着》.

gil·gai, ghil- /gílgàɪ/ *n* ギルガイ《豪州内陸部にみられる雨水のたまる皿形の凹地形; また その穴 (＝～ **hòle**)》. [(Austral)]

Gil·ga·mesh /gílgəmὲʃ/ 《シュメール伝説》ギルガメシュ《シュメールとバビロニアの神話の英雄; 古代オリエントの *Gilgamesh Epic* (c. 2000 B.C.) で有名》.

Gil·git /gílgət/ ギルギット《(1) Kashmir 北西部の地域で, 南東に隣接する Baltistan と合わせてパキスタンの実効支配する自治州をなす (2) その中心となる町; Indus 川の支流 Gilgit 川に臨む》.

G

gil·hick·ey /gílhìki/ *n**《俗》何とかいうもの[人], 代物.

gil·hoo·ley /gílhùːli/ *n**《俗》田舎者, いかがわしい人物; 《ど忘れした時の》何とかいうもの[人]; たわごと, ナンセンス, うそっぱち; 《レースで》車が横すべりして反対向きになること.

gil·ia /ʤíliə/ *n* 〖植〗ヒメハナシノブ属 (*G-*) の各種の草本《主に米国西部産; 花が美しいのでしばしば栽培される》. [Felipe *Gil* 18 世紀スペインの植物学者]

gill[1] /gíl/ *n* [ᵘ*pl*]《魚などの》えら; [ᵘ*pl*]《鶏・七面鳥などの》肉垂(にくすい) (wattle); [ᵘ*pl*]《人の》あごや耳の下の肉; *《俗》《人間の》口 (mouth); 〖植〗《キノコの傘の裏側の》ひだ, 菌褶(きんしゅう) (lamella). ● **green** [**blue, fishy, pale, white, yellow**] **about** [**around**] **the ～s** 《病気・恐怖などで》血色[顔色]が悪くて, 《酔って》青ざめて. **lit** [**loaded**] **to the ～s** *《俗》(ぐでんぐでんに)酔っぱらって. **rosy** [**red, pink**] **about** [**around**] **the ～s** 血色がよくて, 《酔って》赤い顔をして. **to the ～s** 一杯に, 最大限まで. **turn red in the ～s** おこる. **up to the ～s** *《俗》相当に飲んで, すっかり酔っぱらって. ► *vt* 〈魚〉のはらわたを抜く (gut); 〈キノコ〉のひだを切り取る; 〈魚を〉刺し網で捕る (gillnet). ♦ **～·er** *n* [ON]

gill[2] /ʤíl/ *n* ジル《(1) 液量単位: ＝1/4 pint (2)ᴴ《方》ビールなどに用いて: ＝1/2 pint》. [OF＜L *gillo* water pot]

gill[3], **jill** /ʤíl/ *n* [ᵒG-, J-] 娘, 女, 愛人, 恋人 (⇨ JACK[1], JACK AND GILL); 《廃》WENCH; 《口》雌の FERRET[1]; ᴴ《古・方》カキドオシ (ground ivy). [*Gillian*]

gill[4ᴴ], **ghyll**[ᴴ] /gíl/ *n* 《樹木の茂った》峡谷, 峡流, 渓流; 小川, 細流. [ON *gil* glen]

Gill[1] /ʤíl/ ジル《女子名》. [⇨ JILL]

Gill[2] /gíl/ ギル (1) (**Arthur**) **Eric** (**Rowton**) ～ (1882–1940)《英国の彫刻家・版画作家・活字デザイナー》 (2) **Brendan** ～ (1914–97)《米国の批評家・作家; *New Yorker* 誌で映画・演劇・建築批評を担当した》.

gíll àrch /gíl-/ 〖動・発生〗BRANCHIAL ARCH.

Gil·lard /gíləːrd/ ギラード **Julia** (**Eileen**) ～ (1961–　)《オーストラリアの政治家; 首相 (2010–　)》.

gil·la·roo /gìlərúː/ *n* (*pl* ～**s**) 〖魚〗ギラルー《アイルランド産のニジマス属の一種》. [IrGael]

gíll bàr /gíl-/ 〖動・発生〗BRANCHIAL ARCH.

gíll clèft /gíl-/ 〖動〗BRANCHIAL CLEFT.

gíll còver /gíl-/ 〖動〗えらぶた, 鰓蓋(さいがい) (operculum).

gilled /gíld/ *a* えらのある; 《キノコの傘の裏に》ひだのある.

Gílles de la Tou·rétte('s) sỳndrome [**disèase**] /ʒíːl də lɑː tʊrét(s)-/ 〖医〗ジル・ド・ラ・トゥーレット症候群[病] (＝*Tourette's syndrome* [*disease*])《反響言語 (echolalia) と汚言 (coprolalia) を伴う運動失調症; チック (tic) の一種》. [Georges *Gilles de la Tourette* (1857–1904) フランスの医師]

Gil·les·pie /gəléspi/ ガレスピー **'Dizzy'** ～ [**John Birks** ～] (1917–93)《米国のジャズトランペット奏者; Charlie Parker と共に bebop を主導した》.

Gil·lette /ʤəlét/ **1** ジレット (1) **King Camp** ～ (1855–1932)《米国の発明家・実業家; 安全かみそりを発明 (1895), 生産を事業化した》 (2) **William** (**Hooker**) ～ (1853–1937)《米国の俳優・劇作家; Conan Doyle の作品を脚色した *Sherlock Holmes* (1899) で好評を博した》. **2** 〖商標〗ジレット《ひげそり用品》.

gíll fùngus /gíl-/ 〖菌〗子実体の傘の裏にひだのあるマツタケ類のキノコ《担子菌類》.

Gil·li·an /ʤíliən, ᴴgíl-/ ジリアン《女子名》. [⇨ JULLIAN]

gil·lie, gil·ly, ghil·lie /gíli/ *n* **1** 《スコ・アイル》《特に 遊猟家の》案内役の男[少年]; 〖史〗《スコットランド高地の族長の》従者, 従僕; 《一般に》従者, 案内者. **2** ギリー《スコットランド起源の舌革のない低いカットの編上げ靴》. ► *vi* gillie として仕える. [Gael *gille* boy, servant]

gil·li·gan /gílɪgən/ *n**《俗》ばか者, どじなやつ.

Gil·ling·ham /ʤílɪŋəm/ ジリンガム《イングランド南東部 Medway 河口南岸の町》.

gil·li·on /ʤíliən/ *n* ᴴ10 億 (billion*); 無数, 多数, ン千億.

gíll·nèt /gíl-/ *vt, vi* 〈魚を〉刺網で捕る. [*gill*[1]]

gíll nèt /gíl-/ 〖釣〗刺し網《水中に垂直に張る》.

gíll·nètter *n* 刺網漁船; 刺網漁師.

gíll pòuch /gíl-/ 〖動〗鰓嚢(さいのう), 鰓窩(さいか) (BRANCHIAL POUCH).

gíll ràker /gíl-/ 〖動〗鰓師[鰓篩](さいし), 鰓耙(さいは)《えらの内べりの突起》.

Gill·ray /gílreɪ/ ギルレー **James** ～ (1756–1815)《英国の諷刺画家; 国王 George 3 世夫妻や Napoleon などを槍玉に挙げた》.

Gíll sàns /gíl-/ 〖印〗ギルサン《1928 年 Eric Gill が創った最初のサンセリフ活字》.

gíll slìt /gíl-/ 〖動〗鰓裂(さいれつ), 鰓孔(さいこう), えら孔(あな) (BRANCHIAL CLEFT).

gil·ly[1*] /gíli/ *n* サーカスの運搬(自動)車; 《車で巡業する》小サーカス; カーニバルの山車(だし)式自動車. [*gill* (dial) two-wheeled frame for moving timber＜?]

gilly[2] ⇨ GILLIE.

gíl·ly·flòwer, gíl·li- /ʤíli-/ *n* 〖植〗**a** ニオイアラセイトウ (wallflower), アラセイトウ (stock). **b** ナデシコ《同属の数種の総称》, 《特に》カーネーション (＝*clove pink*). [OF *gilofre, gilofle*, ＜Gk＝clove tree; 語形は *flower* に同化]

Gil·man /gílmən/ ギルマン (1) **Alfred G**(**oodman**) ～ (1941–　)《米国の薬理学者; G タンパク質と, その細胞内信号交換に果たす役割の発見によりノーベル生理学医学賞 (1994)》. (2) **Charlotte Anna** (**Stetson**) ～ (1860–1935)《米国の女性解放論者・作家; 旧姓 Perkins》 (3) **Daniel Coit** ～ (1831–1908)《米国の教育家; Johns Hopkins 大学初代総長 (1875–1901)》.

Gil·more /gílmɔ̀ːr/ ギルモア **Gary** (**Mark**) ～ (1941–77)《米国の殺人犯; 銃殺刑を受けた; 米国でいったん廃止された死刑制度の復活後初めて死刑が執行された例》.

Gi·lo·lo /ʤaɪlóʊloʊ, ʤɪ-/ ジャイロロ (HALMAHERA のオランダ語名).

Gil·roy /gílrɔ̀ɪ/ *n* [次の成句で]: **higher than a ～'s kite** *《口》えらく酔って (higher than a kite).

Gil·son·ite /gílsənàɪt/ 〖商標〗ギルソナイト (UINTAITE の商品名). [Samuel H. *Gilson* (1836–1913) 発見者の米国人]

gilt[1] /gílt/ *v* GILD[1] の過去・過去分詞. ► *a* GILDED. ► *n* 被(き)せた[塗った]金, 金箔, 金粉, めっき(の金), 金泥(きんでい); うわべだけの美しさ; [ᵘ*pl*]ᴴ国債, ᴴ金縁(きんぶち)[一流]証券; 《俗》金 (gold), お金 (money). ● **take the ～ off the gingerbread** 魅力を半減させる, 興をさます, がっかりさせる. [*gild*[1]]

gilt[2] *n* 若(わか)雌豚, 未経産雌豚. [ON *gyltr*; cf. OE *gelte*]

gílt brónze 金箔を被(き)せた青銅 (＝*ormolu*)《特に 17–18 世紀のフランスでよく用いられた》.

gílt-édge(d) *a* 〈紙・書籍など〉金縁(きんぶち)の; 一流の, 優良な, 安全で確実な〈証券・株式・キャスト〉(cf. BLUE-CHIP); 絶好の〈機会など〉: ～ securities [share, stock] 金縁[一流]証券[株]《英では特に国債》.

gílt·hèad *n* 〖魚〗**a** ヨーロッパヘダイ《地中海産の食用のタイ》. **b** ギザミベラ《英国沿岸産》.

gílt·wòod *a* 木製で金箔をかぶせた.

gim·bal /ʤímb(ə)l, gím-/ *n* [ᵘ～s, (*sg*)] ジンバル (＝～ **rìng**)《コンパス・クロノメーターを水平に保つ装置》. ► *vt* (**-ll-, -l-**) ジンバルを備える[で支える]. ♦ **gím·bal(l)ed** *a* [変形＜*gimmal*＜OF *gemel* double finger ring＜L (dim)＜*geminus* twin]

gim·crack /ʤímkræ̀k/ *a, n* 安ピカの(品), 見かけ倒しの(もの) (gewgaw). ♦ **-cràcky** *a* [ME *gibecrake*＜?]

gímcrack·ery *n* 安ピカ物; 《作品の》安っぽい[わざとらしい]効果.

gim·el /gíməl/ *n* ギーメル《ヘブライ語アルファベットの第 3 字》. [Heb]

gim·let[1] /gímlət/ *n* **1** きり, 手錐(てぎり), ギムネ《ハンドル付きの木工ぎり》. **2** 〖植〗Western Australia 産の樹幹がねじれるユーカリノキの一種. ► *a* うがつ(力のある), うがつような, 鋭い; 突き進む, 精力的な. ► *vt* ギムネで穴をあける. [OF (dim)＜*guimble* (cf. WIMBLE)]

gimlet[2] *n* ギムレット《ジン[ウオツカ]とライム果汁(に水または炭酸水)を加えたカクテル》. [C20＜↑]

gímlet èye 鋭い眼[視線]. ♦ **gímlet-èyed** *a*

gim·mal /gíməl, ʤím-; ʤím-/ *n* **1** [*pl*]《時計などの》内部で各部品が連係してはたらく仕組み. **2** 一対[一連]の組み合わせた環 (＝～ **rìng**). [⇨ GIMBAL]

gim·me /gími/ 《発音つづり》《口》give me. ► *n* [the ～s]《俗》金品をねだる[もらいたがる]こと, 欲ばり; 〖ゴルフ〗ギミー《非公式のプレーにおいて, 打たなくてもいいとされているごく短い最終パット》; 《俗》簡単にできること, 楽勝, もうけもの. ► *a* 《俗》《金品・特典を》欲しがる, 欲ばりの.

gímme hàt [**càp**] 《口》《企業が無料で配る》宣伝用の帽子《メーカー名や商品ロゴのついた野球帽など》.

gim·mick /gímɪk/ *n* **1** 《手品師・香具師(やし)などの》たね, 仕掛け, いかさま, まやかし; 落とし穴 (catch); たくらみ, 魂胆. **2** 何とかいうもの, ちょっとした仕掛け, からくり; 麻薬注射器具; 目新らしさ, 新機軸, 新手. ► *vt* からくりで変える[動かす]; …に細工をする〈*up*〉. ♦ **gím·micky** *a* いかさまの仕掛けをした; 見かけ倒しの, 内容のない. [C20 US<?]

gímmick·ry, -ery *n* 巧妙な[いかさまの]仕掛け類(使用), 細工, からくり.

gim·mie /gími/ 《発音つづり》《口》give me. ► *n*, *a* 《俗》GIMME.

gimp[1], **gymp** /gímp/ *n* 笹縁(ささべり)(糸), ギンプ (**1**) 細幅織りのひも, または針金を芯にした撚(よ)り糸 **2**) レース編みの模様を地から浮き上がらせるために使う絹でおおった強い糸 **3**) 針金芯の絹の釣糸). [Du<?]

gimp[2] *n* 《口》闘志, ファイト, 活気 (vim). [C20<?]

gimp[3] *n**《口》[*derog*] 足の不自由な人; *《口》足をひきずること; *《俗》だめなやつ, 弱虫; ||《若者俗》ばか, まぬけ. ► *vi**《口》足をひきずって歩く. [C20<?; *gammy* の変形か]

gímp·er *n**《陸軍俗》有能でたよりになる男[飛行士]《第一次大戦以来のことば》.

gímp stìck 《俗》杖, ステッキ.

gímpy *n**《口》足の不自由な人; *《俗》警官, ポリ公. ► *a**《口》足をひきずって歩く. [*gimp*[3]]

gin[1] /ʤín/ *n* ジン (**1**) 杜松(ねず) (juniper) の実で香りをつけた蒸留酒 **2**) 精油類で香りをつけた同様の酒); 《俗》《広く》アルコール, 蒸留酒; 《口》GIN RUMMY (の上がり): GIN AND TONIC. ► *vi* (**-nn-**) 《口》ジンを飲む; 酔う〈*up*〉. [*geneva*<Du<OF; ⇨ JUNIPER]

gin[2] /ʤín/ *n* 起重装置, 《特に》三叉(さんさ); 綿繰り機, ジン (=cotton ~); わな. ► *vt* (**-nn-**) 〈綿を〉ジンにかける, ジニングする; わなにかける (snare). ● **~ up***《方・口》煽動する, あおる, 〈行動を〉呼びかける; *《口》〈案などを〉提出する, 用意する. [OF ENGINE]

gin[3] /gín/ *vt*, *vi* (**gan** /gǽn/; **gun(·nen)** /gʌ́n(ən)/; **-nn-**) 《古・詩》BEGIN.

gin[4] /gín/ *conj* 《スコ・英方》IF. [*gif* (Sc and E dial) if]

gin[5] /ʤín/ *n* 《豪》[*derog*] 先住民の女. [(Austral)]

gin[6] /ʤín/ *n**《俗》《街頭での》乱闘, 出入り, でっちあい.

Gi·na /ʤíːnə/ ジーナ《女子名; Regina の愛称》.

gín and ít [**Ít**]|| /ʤín-/ 甘口のイタリアンベルモット (it) とジンを混ぜた飲み物. [it<Italian]

gín-and-Jáguar, -Jág /ʤín-/ *a* ||《口》(新興)上位中流階級 (upper-middle class) (地域)の.

gín and tónic /ʤín-/ ジントニック《ジンにトニックウォーター (tonic) を加えてレモン[ライム]の薄切りを添えたカクテル》.

Gi·nas·te·ra /hìːnəstérə/ ヒナステラ **Alberto** (**Evaristo**) ~ (1916–83)《アルゼンチンの作曲家》.

gín blòck /ʤín-/ 《機》一輪滑車.

ginch /ʤíntʃ/ *n**《俗》《セックスの相手としての》女, レコ, 《女の》あそこ, セックス.

gínchy 《俗》*a* かっこいい, スマートな; すばらしい, いかす.

gín dìve 《俗》(安)酒場 (gin mill).

gin·ee /gíni/ *《俗》[*derog*] *n* イタリア(系)人, イタ公; 土人, 黒んぼ (guinea).

gín fìzz /ʤín-/ ジンフィズ《ジンに炭酸水・レモン果汁・砂糖を加えたカクテル》.

ging /gíŋ/ *n* 《豪口》ぱちんこ (catapult). [? imit]

gin·ge(l)·ly, -ge(l)·li /ʤínʤəli/ *n* ゴマ (sesame); ゴマ油 (=~ òil). [Hindi and Marathi]

gin·ger /ʤínʤər/ *n* **1** 《植》ショウガ; 《植》ショウガ属の各種多年草; 《薬用・薬味・糖菓にした》ショウガ(の根茎), ジンジャー. **2** 《口》精力, 元気, 意気; 《口》刺激 (piquancy). **3** ショウガ色, 黄み[赤み]がかった茶色; 《俗》赤毛(の人). ► *a* ショウガ入りの[で味付けした]; ショウガ色の, 〈髪が〉赤い. ► *vt* ショウガで香味をつける; ショウガで刺激する. ● **~ up** 〈人や活動を〉活気づける, 励ます. ♦ **~ed** *a* [OE *gingiber* and OF, <Gk<Skt (*śṛṅgam* horn, *-vera* body); その枝角のような根より]

Ginger ジンジャー《女子名》.

gin·ger·ade|| /ʤìnʤəréɪd/ *n* GINGER BEER.

gínger ále ジンジャーエール (=*ginger pop*)《ショウガで味をつけた炭酸飲料でアルコール分は含まない》.

gínger béer ジンジャービア《砂糖・ショウガ・酵母で発酵させた炭酸飲料で, 通例 アルコール分は含まない》.

gínger béer plànt ジンジャービアの種《ジンジャービアを作る砂糖溶液を発酵させるイーストと細菌の混合物》.

gínger biscuit GINGERBREAD NUT.

gínger brándy ジンジャーブランデー《ショウガ風味》.

gínger·brèad *n* **1** ジンジャーブレッド《ショウガ入りクッキー》. **2** [*fig*] ごまかしの品, 安ピカ物, 《建築などの》人目をひく[過剰な]装飾; 《俗》金, ぜに. **3** [**G-**] ジンジャーブレッド《シングルの親とその子供を支援する英国の組織》. ● **take the** GILT[1] **off the ~.** ► *a* 〈家・家具などが〉安ピカの, 金ピカの, けばけばしい: ~ work けばけばしい安装飾. ♦ **~·ed, ~y** *a*

gíngerbread màn ジンジャーブレッドマン《人の形をしたジンジャーブレッド; クリスマスの菓子の定番》.

gíngerbread nùt ボタンのような小さな GINGERBREAD.

gíngerbread pàlm [**trèe**] DOOM PALM.

gínger córdial ジンジャーコーディアル《ショウガ・レモンの皮・干しブドウ・水で作り, しばしば ブランデーを加えた飲料》.

gínger fàmily 《植》ショウガ科 (Zingiberaceae).

gínger gròup 《英・カナダ》《政党などの組織内の》革新派, 強硬派.

gínger jàr 糖菓壺《ドーム状の蓋の付いた球形で広口の中国陶壺》.

gínger·ly *a*, *adv* 非常に用心深い[深く], きわめて慎重な[に].
♦ **-li·ness** *n* [? OF *gensor* delicate (compar)<*gent* graceful< L *genitus* (well)born]

gínger nùt ||GINGERBREAD NUT; GINGERSNAP.

gínger-péachy *a**《俗》[°*iron*] すばらしい, けっこうな.

gínger póp 《口》GINGER ALE.

gínger ràce GINGERROOT.

gínger·ròot *n* ショウガの根《根茎》.

gínger·snàp *n* 《薄くてわれやすい》ショウガ入りクッキー.

gínger wíne ジンジャーワイン《ショウガ・レモン・干しブドウ・砂糖を混ぜて発酵させた飲料》.

gín·gery *a* ショウガの; ショウガ色の, 赤毛の (red); ショウガの味がする; 辛い, ピリッとする; 鋭い, 辛辣な; 短気な, おこりっぽい; 血気盛んな, 元気のよい; 〈馬が〉かんの強い.

ging·ham /gíŋəm/ *n* ギンガム《通例 チェックまたはストライプの平織り洋服地》; ||《口》こうもり (umbrella). [Du<Malay=striped cloth]

gin·gi·li /ʤínʤəli/ *n* 《インド》GINGELLY.

gin·giv- /ʤínʤəv, ʤɪnʤáɪv/, **gin·givo-** /-voʊ, -və/ *comb form* 「歯肉 (gum)」 [L (↓)]

gin·gi·va /ʤínʤəvə, ʤɪnʤáɪ-/ *n* (*pl* **-vae** /-vìː/)《解》歯肉, 歯齦(しぎん) (gum). [L=GUM[2]]

gin·gi·val /ʤɪnʤáɪv(ə)l, *ʤínʤəv(ə)l/ *a* 歯肉の; 《音》上歯茎の.

gingíval recéssion 《歯》歯肉退縮.

gin·gi·vec·to·my /ʤìnʤəvéktəmi/ *n* 《歯》歯肉切除(術). [*gingiv-*, *-ectomy*]

gin·gi·vi·tis /ʤìnʤəváɪtəs/ *n* 《医》歯肉炎.

ging·ko /gíŋkoʊ/ *n* (*pl* **~s, ~es**) GINKGO.

gin·gly·mus /ʤíŋgləməs; gíŋ-/ *n* (*pl* **-mi** /-màɪ, *-mìː/)《解》蝶番(ちょうつがい)関節 (=*hinge joint*).

Ging·rich /gíŋrɪtʃ/ ギングリッチ **Newt**(**on Leroy**) ~ (1943–)《米国の政治家; 共和党; 連邦下院議長 (1995–99)》.

gín·hèad /ʤín-/ *n**《俗》酔っぱらい.

gín·hòuse /ʤín-/ *n* 綿繰り[繰綿]工場.

Gí·ni coeffìcient /ʤíːni-/ 《経》ジニ係数《所得分配の不平等度を計る尺度の一つ》. [Corrado *Gini* (1884–1965) イタリアの統計学者]

Gin·ie /ʤíni/ ジニー《女子名; Virginia の愛称》.

gink /gíŋk/ 《俗》*n* 変なやつ, ばかなやつ; やつ, 野郎. [C20<?]

gink·go /gíŋkoʊ/ *n* (*pl* **~es, ~s**) 《植》イチョウ (=*maidenhair tree*)《1 科 1 属 (*G-*) 1 種》; GINKGO BILOBA. [Jpn<Chin 銀杏]

gínkgo bi·ló·ba /-bàɪlóʊbə/ イチョウ葉エキス (=*ginkgo*)《イチョウの葉から有効成分を抽出したエキス; 脳循環改善作用があるといわれ, サプリメントにされる》.

gínkgo nùt 銀杏(ぎんなん).

gín mìll /ʤín-/ *《俗》(安)酒場, (いかがわしい)バー.

gin·nal /ʤínæl/ 《黒人俗》*vt*, *vi* だます. ► *n* たよりにならないやつ; ペテン師.

ginned /ʤínd/ *a* [°~ up]《口》酔った.

gin·nee /gíni/ *n**《俗》[*derog*] イタ公, 黒んぼ (guinea).

gin·nel /gín(ə)l, ʤín(ə)l/ *n* 《北イング》《建物の間の狭い》路地.

gin·ner /ʤínər/ *n* 綿繰り工.

gin·nery /ʤínəri/ *n* 綿繰り[繰綿]工場.

gin·ney /gíni/ *n**《俗》[*derog*] イタ公, 黒んぼ (guinea).

Gín·nie Máe* /ʤíni-/ ジニー・メイ《(**1**) 住宅都市開発省の Government National Mortgage Association (政府全米抵当金融金庫) の俗称 **2**) 同金庫発行の抵当証券; cf. FANNIE MAE, FREDDIE MAC》.

Gin·nun·ga·gap /gínùːŋgɑgɑ́ːp/ 《北欧神話》ギンヌンガガップ《Niflheim と Muspelheim の間にある太古の空所》. [ON]

gin·ny /ʤíni/ *a* ジン臭い〈匂い・息 など〉.

gi·nor·mous /ʤaɪnɔ́ːrməs/ *a* 《口》どでかい, とてつもない. [*gigantic*+*enormous*; 英国空軍の隠語]

gín pàlace /ʤín-/ ごてごて飾りたてた安酒場.

gín pòle /ʤín-/ 《機》《ガイロープで支えられ, 先端に滑車を付けた》一本クレーン, ジンポール.

gín rúmmy /ʤín-/ 《トランプ》ジンラミー《組にならない札の合計が 10 点以下になったとき持ち札を見せて上がりになるラミー》. [*rum*[3] に酒の *gin*[1] と *rum*[1] をかけたもの]

Gins·berg /gínzbɜ̀ːrg/ ギンズバーグ **Allen** ~ (1926–97)《米国のビート世代の代表的詩人》.

Gins·burg /gínzbɜ̀ːrg/ ギンズバーグ **Ruth Bader** ~ (1933–)《米国の法律家; 合衆国最高裁判所陪席裁判官 (1993–)》.

gin·seng /ʤínsèŋ/ *n* 《植》ヤクヨウニンジン, チョウセンニンジン; アメリカニンジン; 《生薬の》人参. [Chin 人参]

gínseng fàmily 《植》ウコギ科 (Araliaceae).

gín slíng /ʤín-/ ジンスリング《ジンに水·砂糖·香料·氷を加えた清涼飲料 (sling)》.
gín tràp‖/ʤín-/《特にウサギを捕えるための》わな《綿繰り機に似て, 鋭い歯状の突起のついたあご部をもつ》. [*gin*²]
Ginz·burg /gínzbə̀ːrg/ ギンツブルク **Vitaly Lazarevich ~** (1916–2009)《ロシアの物理学者; 超伝導と超流動の理論に対する先駆的な貢献によりノーベル物理学賞 (2003)》.
gin·zo, guin- /gínzoʊ/ *《俗》 *n* (*pl* **~es**) [*derog*] 外国人, 外人,《特に》イタリア人, イタ公.
gio /gjóʊ, ʤíːoʊ/ *n* (*pl* **~s**) 《スコ》 GEO.
Gio·con·da /ʤoʊkándə/ *n* [La] ラ·ジョコンダ《MONA LISA の別名; モデルの名 Lisa del Giocondo から》. ► *a* 〈ほほえみなど〉なぞめいた. [It=the smiling (lady)]
gio·co·so /ʤoʊkóʊsoʊ/ *a, adv*〘楽〙おどけた[て], 喜々とした[して], ジョコーソの[で]. [It]
Gior·gio Armani /ʤɔ́ːrʤoʊ ─/〘商標〙ジョルジオアルマーニ《イタリアのファッションブランド; ⇨ ARMANI》.
Gior·gio·ne /ʤɔːrʤóʊni/ ジョルジョーネ (1477 or 78–1510)《イタリアの画家; 別名 Giorgio da Castelfranco; ヴェネツィアの盛期ルネサンス様式を創始;『テンペスタ[嵐]』(c. 1505)》.
Giór·gi sỳstem /ʤɔ́ːrʤi-/ [the] ジオルジ単位系 (METER-KILOGRAM-SECOND-AMPERE SYSTEM). [Giovanni *Giorgi* (1871–1950) イタリアの物理学者]
Giot·to /ʤátoʊ/ **1** ジョット **~ di Bondone** (1266 or 67 or 1276–1337)《イタリアの画家; ルネサンス絵画の先駆》. **2** ジョット《ESA の探査機; 1986 年 3 月ハレー彗星の核を撮影》.
Gio·van·ni /ʤoʊváːni/ ジョヴァンニ《男子名》. [It; ⇨ John]
gip¹ /ʤíp/ *n* ジプシー (Gypsy).
gip² ⇨ GYP¹,³,⁴.
gip·on /ʤipán, ─/ *n* JUPON.
gip·po¹ /ʤípoʊ/ *n* (*pl* **~s**) ‖《軍俗》油脂, こってりした肉汁[ソース], シチュー. [変形 < *jipper* (dial) gravy, stew]
gippo² *n* (*pl* **~es, ~s**) [ᵒG-] ‖《俗》 GIPPY¹.
gippo³ *n* 《俗》 GYP³.
Gipps·land /gípslæ̀nd/ ギプスランド《オーストラリア南東部 Victoria 州南東部の Melbourne から New South Wales 州境に及ぶ沿岸の沃野》.
gip·py¹ /ʤípi/ [ᵒG-]《俗》 *n* エジプト兵[人]; エジプトタバコ; [*derog*] ジプシー. ► *a* エジプトの. [*gypsy* and *Egyptian*, *-y*³]
gippy² *n* ‖《俗》 GIPPO¹.
gippy túmmy ‖《口》《熱帯地方旅行者のかかる》下痢.
gipsy ⇨ GYPSY.
gipsywort ⇨ GYPSYWORT.
gi·raffe /ʤəræ̀f; -ráːf/ *n* (*pl* **~s, ~**)〘動〙キリン, ジラフ; [the G-]〘天〙きりん座 (Camelopardalis). ♦ **gi·ráff·ish** *a* [F < Arab]
gir·an·dole /ʤírəndòʊl/, **gi·rando·la** /ʤərǽndələ/ *n* 枝[鏡]付きの飾り燭台; ジランドール《一種の回り花火》; 回り噴水; ジランドール《大きい宝石のまわりに小石をはめた[3 個の小さな飾りがたれさがる]ペンダント·イヤリングなど》;〘軍〙相互に連結した地雷群. [F & It (*girare* to turn)]
Gi·rard /ʤəráːrd; *F* ʒiraːr/ **1** ジラール **Jean-Baptiste ~** (1765–1850)《スイスの教育家·フランシスコ会士; 通称 Père ~, Père Gré·goire /*F* gregwaːr/》. **2** ジラード, ジラール **Stephen ~** (1750–1831)《フランス生まれの米国の銀行家·慈善家; 米英戦争 (1812) で政府を財政的に援助した》.
gir·a·sol, -o- /ʤírəsɔ̀(ː)l, -sòʊl, -sàl/, **-sole** /-sòʊl/ *n*〘鉱〙火蛋白石, ジラソール (=*fire opal*);〘植〙JERUSALEM ARTICHOKE.
Gi·raud /ʒiróʊ/ ジロー **Henri(-Honoré) ~** (1879–1949)《フランスの軍人; 第二次大戦中 de Gaulle と共にフランス国民解放委員会を指導》.
Gi·rau·doux /ʒìːroʊdúː; ─/ ジロドゥー **(Hyppolyte-)Jean ~** (1882–1944)《フランスの小説家·劇作家》.
gird¹ /gə́ːrd/ *v* (**~·ed, girt** /gə́ːrt/) *vt* **1**《文》帯[ベルト]で締める, 縛る, まとう, 帯びる. **2** 囲む, めぐらす: ~ a castle *with* a moat 城に濠(ほり)をめぐらす / be *girt with* a crowd 群衆に囲まれる / a sea-*girt* country 海に囲まれた国. **3**《古》〈人〉に授ける, ナイト爵の剣を授ける: ~ sb *with* power 人に権力を授ける. ► *vi*《行動に備えて》身構える, 緊張する 〈*for*〉. ● **~ on** 〈衣服を〉身に着ける, 〈剣などを〉腰に帯びる. **~ one*self* (up)** 帯を締める; 緊張する, 身構える: ~ one*self for* battle [*to* fight] 戦闘の[戦おうと]用意をする. **~ (up) one's** LOINS. [OE *gyrdan*; cf. G *gürten*; GIRTH と同語源]
gird² *vi* あざける, あざわらう 〈*at*〉; すばやく動く. ► *vt* あざける;《スコ》〈一撃を〉くらわす, なぐる. ► *n* あざけり, 冷笑, 愚弄(のことば);《スコ》一撃;《スコ》不機嫌, 怒り: in a ~ おこって / throw a ~ 怒りをぶつける. ♦ **~·ing·ly** *adv* [ME=to strike, thrust <?]
gird³ *n* 《スコ·北イング》《樽の》たが,《輪回し遊びの》輪, フープ (hoop).
gírd·er *n*〘建·土木〙桁(けた), 梁(はり), 大梁, ガーダー.
gírder brìdge 桁橋(けたばし).
gir·dle¹ /gə́ːrdl/ *n* **1** 帯, ベルト, 腰帯;〘服〙ガードル《ヒップ·ウエストの形を整える女性用コルセット》. **2** 帯状に取り巻くもの: a ~ of trees around a pond 池を取り巻く木立 / within the ~ of the sea 海に囲まれて. **3 a**〘宝石〙ガードル《ブリリアントカットの宝石の上面と下面の合う線》. **b**〘解〙帯(たい), 環状骨; PECTORAL GIRDLE; PELVIC GIRDLE. **c** 輪状に樹皮をはぎ取った後の部分;〘建〙《特に円柱の》胴輪.
● **have [hold]...under one's ~** ...を服従させる, 支配下に置く. **put a ~ round** 一周する;《鉄道·通信線などで》環状に取り巻く.
► *vt* **1** 帯で締める, 帯状に囲む 〈*about, around, in*〉; 取り巻く, 囲う; ...のまわりを回る, 周回する: a pond *~d with* the grass 芝生に囲まれた池. **2**《枯死させるため》〈木·茎など〉から皮[皮層]を輪状にはぎ取る. [OE *gyrdel*; ⇨ GIRD¹]
girdle² *n* 《スコ·北イング》 GRIDDLE.
gírdle·càke *n* 《スコ·北イング》 GRIDDLE CAKE.
gír·dled lízard, gírdle-tàiled lízard〘動〙ヨロイトカゲ (=*zonure*)《アフリカ産ヨロイトカゲ科同属のトカゲの総称; 胴体·尾に大型の棘状鱗が並ぶ》.
gír·dler *n* 帯造り, 帯屋; 取り巻く[周回する]人[もの];〘昆〙樹皮を輪状に食う各種の昆虫 (=twig ~).
gírdle·scòne *n* 《スコ·北イング》 GRIDDLE CAKE.
gírdle tràverse〘登山〙ガードルトラバース《急斜面·岩壁をぐるっと巻くように移動すること》.
gi·rene /ʤairíːn, ─/ *n* *《俗》 GYRENE.
Gi·re·sun /gìərəsúːn/ ギレスン《トルコ北東部 Trabzon の西, 黒海沿岸にある港町; 別称 Kerasun》.
Gir·gen·ti /ʤərʤénti/ ジルジェンティ《AGRIGENTO の旧称》.
gi·ri /gíri/ *n* 義理. [Jpn]
girl /gə́ːrl/ *n* **1 a** 女の子, 少女, 娘 (opp. *boy*);《未婚の》若い女;《口》《年齢を問わず》未婚女性: a ~ of the period 当世娘《19 世紀の慎みのない娘》. **b** 女学生 (=school ~);《女学校·女子大の》校友 (old girl): a ~s' school 女学校. **2 a**《口》娘 (daughter); [the ~s]《既婚·未婚を含めて》一家の娘たち, 女連中; 女友だち: *the* Smith *~s* スミス家の娘[女]たち. **b** [ˢ*derog*]《年齢·既婚未婚に関係なく》女;《口》[親しい女性·妻に対する呼びかけ] ねえさん, おばさん, おまえ: gossipy old *~s* おしゃべり婆さんたち / my dear ~ ねえ, おまえ / OLD GIRL / Good morning, *~s*.《先生が女子学生に向かって》みなさん, おはよう(ございます). **c**《口》恋人, ガールフレンド (=best ~),《女の》いいなずけ (fiancée). **3 a** [ˢ*derog*]《特に現地人の》女中, お手伝い, メイド. **b** [ˢ*derog*] 女の子《女子事務員·女店員·売り子·女性案内人·レビューガールなど》; [les ~s] コーラスガールたち: the principal [leading] ~《無言劇·喜歌劇などの》主役女優. **c**《口》売春婦;《俗》ホモ(の女役), おかまちゃん, おネエ: a ~ of the town 売春婦. **4**《口》《動物の》雌. **5** [~s, 〈*sg/pl*〉] ガールズ《**1**) 少女服の 7–14 号のサイズ **2**) このサイズの衣服》. **6** *《俗》《トランプ札の》クイーン;《俗》コカイン. ● **my ~** おれの女, ぼくの彼女; ‖《叱責·怒りの対象》このアマ(が);《親愛の対象》おまえ; いい子だ (That's my GIRL. (成句)) **That's the [my] ~!**《口》よくやった, よし, いいぞ, うまいぞ! **the ~** NEXT DOOR. ♦ **~·dom** *n* [ME *gurle, girle, gerle*; 15 世紀ごろまで性の区別なし; cf. LG *göre* child]
gírl bànd《ティーンエージャーに人気のある》アイドル少女バンド, ガールバンド (cf. BOY BAND).
girl·cott /gə́ːrlkàt/ *vt* [*joc*] 〈女性が女性に偏見をもつ人[もの]を〉ボイコットする. [*girl*+*boycott*]
gírl Fríday [ᵒG-]《重宝で広範囲の仕事を任せられた》女性秘書[事務員, 補佐] (=*gal Friday*) (cf. MAN FRIDAY).
gírl·friend *n* ガールフレンド, 女友だち,《特に》恋人, 彼女, 愛人;《女性が用いて》女の友だち.
Gírl Guíde ‖《古風》ガールガイド《Guide Association の団員; 米国の Girl Scout に相当》.
gírl·hòod *n* 少女[娘]時代; 少女であること; 少女たち.
girl·ie, girly /gə́ːrli/ *n* [愛称; ˢ*derog*] 娘, 娘っ子, お嬢ちゃん; *《俗》女 (prostitute); *《俗》コーラスガール. ► *a*《口》女性のヌードが呼び物の〈雑誌·ショー〉, 女性がサービスする〈バー〉; 少女[女]っぽい; 少女[女]に似つかわしい, ガーリーな.
gírl·ish *a* 少女の, 少女時代の; 少女のような, 娘らしい, 無邪気な, おぼこの; 〈少年が〉女の子のような, めめしい. ♦ **~·ly** *adv* **~·ness** *n*
gírl pòwer《口》ガールパワー《**1**) 若い女性は自分のことは自分で決める力をもつべきであるとの考え **2**) 女性のもつ社会的·政治的な影響力》.
Gírl Scòut ガールスカウト《1912 年創設された Girl Scouts of the United States of America の団員; cf. BOY SCOUT》. ★ Brownies (7–9 歳), Juniors (9–11 歳), Cadettes (11–14 歳), Seniors (14–16 歳) に分かれる.
girly ⇨ GIRLIE.
girly-girly /gə́ːrligə́ːrli/ *a*《口》いやに少女っぽい.
girn¹ /gíərn, ‖gə́ːrn/ 《スコ·北イング》 *vi*《怒り·苦痛などで》歯をむく (snarl); 歯を見せてにっ[にやっ]と笑う (grin); しつこく不平を言う, いらだつ. ► *n* 歯をむくこと, うなること (snarl); にっと笑うこと. [音位転換 < *grin*¹]
girn² *n, vt* 《スコ》わな(で捕える). [*grin*²]
gi·ro¹ /ʤáiroʊ/ *n* (*pl* **~s**) ジャイロ (autogiro).
gi·ro² /ʤáiəroʊ, ʒíər-, ʤíː-, ʒíː-, ʤáiəroʊ/ *n* (*pl* **~s**)《欧州の》振替為替(制度); ジャイロ小切手 (=**~ chèck**), ジャイロ為替 (=**~ òrder**)《英国ではこの小切手で失業手当などの給付が行なわれる》. [G

<It=circulation (of money)]
gi·rolle /ʒiróul, -rɔ́(ː)l, -rάl/ *n* CHANTERELLE.
giron ⇨ GYRON.
Gi·ro·na /hiróunə/, **Ge·ro·na** /heɪ-/ ヒローナ, ヘローナ《(1) スペイン北東部 Catalonia 自治州北東部の県 2) その県都》.
Gi·ronde /ʤərάnd, ʒə-; *F* ʒirɔ̃d/ **1** ジロンド《フランス南西部 Aquitaine 地域圏の県; ☆Bordeaux》. **2** [the] ジロンド川《フランス西部 Garonne 川と Dordogne 川の合流してできた三角江; 北西に流れて Biscay 湾に注ぐ》. **3** [the]〘史〙ジロンド党《フランス革命当時の穏健な共和党; 1793 年 Jacobin 党に敗退》. ◆ **Gi·rón·dist** *n, a* ジロンド党員(の).
Gi·ron·din /ʤərάndɪn, ʒə-/ *n* ジロンド党員 (Girondist).
gironny ⇨ GYRONNY.
girosol ⇨ GIRASOL.
girr /gíər/ *n*《スコ》GIRD[3].
girsh /kə́ːrʃ, gə́ːrʃ, gíərʃ/ *n* (*pl* ～) QURSH.
girt[1] *v* GIRD[1] の過去・過去分詞. ► *a*〘海〙完全に係留してある.
girt[2] /gə́ːrt/ *n* **1**〘木工〙《でこぼこ面の》実長測定;〘建〙胴差し. **2** GIRTH[1]. ► *vt* **1** 帯で締める. **2** GIRD[1]. ► *vi* 実長[周囲の寸法]が…ある: This tree ～*s* ten feet. この木は周囲 10 フィートある. [異形く↓; ↑の影響あり]
girth[1] /gə́ːrθ/ *n* **1 a**《馬などの》腹帯;《車両の》帯げた;〘建〙GIRT[2]; 胴まわり(の寸法). **b**《物の》周囲(の寸法), まわり; サイズ, 大きさ, 規模: 10 ft *in* ～ 周囲 10 フィート. **2** 肥満, 肥大. ► *vt* …に腹帯を着ける, 腹帯で締める ⟨*up*⟩; 取り巻く; …の周囲の寸法[胴まわり]を測る. ► *vi* 周囲が…ある. [ON; GARTH[2], GIRD[1], GIRDLE[1] と同語源]
girth[2] *n*《古》GRITH.
Gir·tin /gə́ːrt(ə)n/ ガーティン **Thomas** ～ (1775–1802)《英国の画家; 近代水彩画法の創始者》.
gírt·lìne *n*〘海〙GANTLINE.
GIS °geographic information system.
gi·sarme /gɪzάːrm/ *n*《中世に歩兵の用いた》なぎなた槍.
Gis·borne /gízbərn, -bɔ̀ːrn/ ギズボーン《ニュージーランド北島東岸の市・港町》.
Gis·card d'Es·taing /ʒɪskάːr dɛstǽŋ; *F* ʒiskar dɛstɛ̃/ ジスカールデスタン **Valéry** ～ (1926–　)《フランスの政治家; 大統領 (1974–81)》.
GI series /ʤíːάɪ ―/〘医〙胃腸 X 線検査, バリウム(X 線)検査 (＝*barium X-ray*)《造影用硫酸バリウムを経口または直腸投与して行なう; cf. BARIUM ENEMA》.
Gish /gíʃ/ ギッシュ (1) **Dorothy** ～ (1898–1968)《米国の映画女優》(2) **Lillian** ～ (1893–1993)《Dorothy の姉; 映画・舞台女優》.
gism ⇨ JISM.
gismo ⇨ GIZMO.
Gis·sing /gísɪŋ/ ギッシング **George** (**Robert**) ～ (1857–1903)《英国の小説家; 下層階級の悲惨な生活を描いた; 小説 *New Grub Street* (1891), 随想 *The Private Papers of Henry Ryecroft* (1903)》.
gist /ʤíst/ *n* [the] 要点, 要旨, 骨子;〘法〙《訴訟の》主要訴因, 基礎: get the ～ of the story 物語の要点をつかむ. [OF=abode, point at issue (*gesir* to lie[2]<L *jaceo*)]
git[1] /gít/ *v*《方》GET.
git[2] *n*"《口》ろくでなし, ばか者, いやなやつ. [GET[2] (n) fool]
Gi·ta /gíːtə/ BHAGAVAD GITA.
gi·ta·no /hɪtάːnoʊ/ *n* (*pl* ～**s**)《スペインで》ジプシー《男》. ◆ **gi·ta·na** /hɪtάːnə/ *n fem* [Sp]
gít·bòx /gít-/ *n**《俗》ギター (guitar).
gîte /ʒíːt; *F* ʒit/ *n* 宿泊所, 休息所;《フランスなどの》貸別荘. [OF *giste* (cf. *gésir* to lie)]
gít-gò *n**《俗》最初: at the ～ 最初に / from (the) ～ 最初から.
gits /gíts/ *n pl**《俗》勇気, 根性 (guts).
git·tern /gítərn/ *n*〘楽〙ギターン《中世のギター》. [OF<OSp GUITAR]
Giu·ki, Gju·ki /gjúːki/〘北欧伝説〙ギウキ《Volsunga Saga の王; Gudrun と Gunnar の父, Grimhild の夫》.
Giu·lia·ni /ʤùːliάːni/ ジュリアーニ **'Rudy'** ～ [**Rudolph W**(**il-liam**) ～] (1944–　)《米国の法律家・政治家; New York 市長 (1994–2001)》.
Giu·li·ni /ʤulíːni/ ジュリーニ **Carlo Maria** ～ (1914–2005)《イタリアの指揮者》.
Giu·lio Ro·ma·no /ʤúːljoʊ rəmάːnoʊ/ ジュリオ・ロマーノ (c. 1499–1546)《イタリアの建築家・画家; 本名 Giulio di Pietro di Filippo de' Gianuzzi; マニエリスム様式を創始した一人》.
giu·sto /ʤúːstoʊ/ *a, adv*〘楽〙《速度について》正確な[に], 適切な[に], ジュストの[で]. [It=just]
give /gív/ *v* (**gave** /géɪv/; **giv·en** /gív(ə)n/) *vt* **1 a**《ただで》与える, くれる; 供給する (furnish), 与える, 投与する (serve); 付与[授与]する; ⟨任務などを⟩授ける, 割り当てる: He *gave* a book *to* each of us / ～ blood 献血する / What you ～ is what you get. 与えるものが受け取るもの《互恵精神をいったことば; cf. *Luke* 6: 38,「情けは人のためならず」》. **b** 手放す, 売る ⟨*for*⟩. **2 a**《代償として》与える; 支払う; 犠牲にする; [ᵁ*neg*] …ほどの関心を払う ⟨*for*⟩: I *gave* £20 *for* this hat. 帽子に 20 ポンド出した / ～ one's ears ⇨ EAR[1] / I would ～ anything [all, a lot, the world, my right arm, my head, etc.] to have my health restored. 健康を回復するためなら何でもする / They do*n't* ～ anything [a damn] *for* his promises. 彼の約束など全然信用しない. **b**〈努力・生命などを〉ささげる (devote), 傾注する: He *gave* his life *to* the study of history. 一生を歴史研究にささげた. **3 a** 渡す, 任せる, 託する (entrust), 捨てる ⟨sth *into* the hands of⟩; …に〈手・腕などを〉差し出す, 〈女が〉身をまかせる, 許す ⟨*oneself*⟩: ～ a porter one's bag to carry かばんを赤帽に頼む / ～ one's daughter *in* marriage 娘を嫁にやる / She *gave* him her cheek to kiss. 彼にほおを出してキスさせた. **b** 許す (allow); 〈論点を〉譲歩する (concede); 〈一定期間〉の継続を認める: ～ a point *in* the argument 論争である点を譲る / I('ll) ～ you that. そのことは認めますよ / I ～ the marriage two years, tops. 結婚生活はせいぜい 2 年だろう. **4** 取り次ぐ, 紹介する;〘電話〙…につなぐ: I asked central to ～ me the long-distance operator. 電話局へ長距離交換手につなぐよう頼んだ / Ladies and Gentlemen, I ～ you Mr. John Smith. みなさん, ジョン・スミス氏をご紹介します. **5 a**〈知識・報道・命令・言質などを〉与える, 伝える; 〈賛辞を〉呈する; 〈挨拶を〉述べる; 〈理由・例・数字などを〉示す, 〈名前などを〉明かす; 〈合図などを〉送る: ～ orders 命令を下す / I *gave* her my word. 彼女に約束した / *G*～ my love *to* Mr. Brown. ブラウンさんによろしく / ～ sb joy 人に祝辞を言う, 人の幸福を願う / *G*～ you joy! おめでとう! / ～ the TIME OF DAY. **b**〈判決などを〉言い渡す, 〈人〉に〈懲役刑などを〉科する;〘クリケットなど〙〈選手〉に〈ある判定を〉宣告する: ～ the case *for* [*against*] sb 人に有利[不利]な判決を下す / The umpire *gave* the batsman *out*. 審判員は打者にアウトを宣した. **c**《口》〈人〉に(知っていることを)言う[話す], …に(とんでもないことを)言う[語る]: What are you *giving* me? 何を言っているんだ. **6**〈利益・損害などを〉受けさせる; 〈感情などを〉起こさせる; 〈病気などを〉うつす: Don't ～ her any trouble. 彼女を困らせるな. **7** [動詞形をそのまま目的語として] …する: ～ a cry (ひと声)叫ぶ / ～ a groan ウーンとうなる / ～ a guess [try] ひとつ当てて[やって]みる / ～ a pull (ひと引き)引く / ～ a push (ひと押し)押す / ～ a reply 返事をする / ～ a shout 叫び声をあげる / ～ a sigh ため息をつく. **8**〈余興などを〉提供する; 〈会を〉催す, 開く, 〈聖餐式などを〉行なう; 上演する; 朗読する, 暗誦する, 歌う, 演ずる. **9**《自然または物理的作用の結果として》与える, 生じる, 出す, 発する, 産する; 生む (produce, supply): That tree ～*s* us good fruit. あの木からよい実が採れる / Four divided by two ～*s* two. 4 を 2 で割れば 2 が立つ. **10**〈徴候を〉見せる; 〈笑みなどを〉浮かべる; 〈計器などが〉〈数量などを〉示す, 指す: The thermometer *gave* 80°F. 温度計は華氏 80 度を示した. **11**《芸術作品として》描く, 写す. **12**〈人〉に…への乾杯を提案する: Gentlemen, I ～ you the Queen. みなさん 女王のため乾杯しましょう. **13** [目的語 *to* do を伴って; °*pass*] 〈人〉に…させる: He *gave* me *to* believe that he would help us. 彼の話からわたしたちを助けてくれると思った / ～ sb to UNDERSTAND that …. **14**《口》《言動について》懲らしめる, しかる.
► *vi* **1** 物を与える, 寄付する, 施しをする ⟨*to*⟩: He ～*s* generously (*to* charity). 惜しまず(慈善に)金を出す / It is better to ～ than to receive.《諺》もらうより与えるほうがよい (cf. *Acts* 20: 35). **2 a** 変わる;《圧力などで》たわむ, しなう; くずれる, へこむ, 屈する, こわれる; 〈気候が〉ゆるむ, 和らぐ, 〈霜が〉溶ける: Something's got to ～. 何か手を打たねばならない, ただではすまされない / This sofa ～*s* comfortably. このソファーはふかふかしてすわりごこちがよい. **b**〈人が〉譲歩する, 順応する ⟨*to*⟩; 降参する: I ～! 参った. **3 a** やる気を出す, 調子に乗ってくる;《俗》ジャズを熱演する ⟨*out*⟩. **b**《口》しゃべる, 口を割る: Now ～! さあ吐くんだ. **4**〈窓・廊下が〉⟨…に⟩面する, 通じる ⟨*on, to, onto, into*⟩: The window ～*s on* the street. 窓は街路に面している. **5**《口》起こっている: What ～*s*? 何かあったの, どうしたの?
● **Don't ～ me that** (**rubbish** [**nonsense**])!《口》そんな(ばかな)こと言うのはやめてくれ, そんなこと信じられん. **～ about** 配布する; 〈うわさなどを〉広める. **～ again** 戻す, 返す. **～ a good** ACCOUNT **of**…. **～…all one's got**《口》…に全力を注ぐ. **～ and take** 互いに譲り合う, 互いに有無相通ずる; 意見を交換する (cf. GIVE-AND-TAKE). **～ as good as** one **gets** 巧みに応酬する, 配る, 負けずにやり返す. **～ away** 贈る, 〈賞を〉与える; 人にやる, 配る, 安く売る;《結婚式で》〈花嫁を〉(正式に)花婿に引き渡す; 見捨てる, 裏切る;《故意または偶然に》暴露する, 漏らす, …の正体をあかす; 人に託する;〘スポ〙《不注意で相手に》〈得点などを〉許す; 〈チャンスを〉逃がす; くずれる; *譲歩する; 〈騎手・ボクサーが〉〈一定の重量分〉不利である; 〈試合・選挙など〉に敗れる;《豪口》やめる, あきらめる: ～ *away* a secret 秘密をばらす / ～ *oneself away* 正体をあらわす, しっぽを出す. **～ back** (*vt*) 返す, 戻す ⟨*to*⟩; …に〈自由・能力などを〉回復させる; 返報する, 口答えする, 応酬する ⟨insult *for* insult⟩; 〈音・光を〉反響[反射]する: ～ an insult *back* with interest 侮辱におまけをつけてやり返す. (*vi*) 引っ込む, 退く, へこむ. **～** (sb [sth]) BEST. **～ forth** 〈音・匂いなどを〉発する, 放つ; 〈うわさなど〉を言い触らす. **～** GROUND. **～ in** (*vt*) 〈報告書などを〉提出する, 手渡す ⟨*to*⟩; 公表する. (*vi*) へこむ; 降参する, 屈服する, 〈欲望に〉負ける ⟨*to*⟩; 譲る; 戦い[論議]をやめる; おまけとして添える. **～ it away**《豪》やめる (give up). **～ it** [**her**] **the** GUN[1]. **～ it to** sb《口》人をしかる, やっつける, 殺す, バラす;《俗》人に性行為をやる, 人と

G

一発やる. **～ it to** sb **hot** «口» 人をひどくしかりとばす[やっつける]. **～ it to** sb **straight** 人に率直にものを言う, はっきり言う. **～ it up** [ᵁ*impv*] 拍手喝采する 〈*for*〉: *G～ it up for* Dick! ディック, いいぞ. **G～ me**.... (1) わたしにはむしろ…を与えよ (＝I prefer): *G～ me* the good old times. なつかしい昔よもう一度 / As for me, ～ *me* liberty or ～ *me* death. 余には願わくは自由を与えたまえ, かなわずば死を選ばん《Patrick Henry のことば》. (2)《電話》…につないでください. **G～ me...any day.** «口» わたしは…のほうがずっと好きだ[いいと思う]. **～ of**...を《惜しまず》《分け》与える: ～ *of* one's best 全力を尽くす / ～ *of* one*self* 尽力する / ～ *of* one's time 自分の時間を割く. **～ off** (*vt*) 〈蒸気・臭気・光などを〉発する, 放つ; 放出する; 〈枝を〉出す. (*vi*) 枝を出す. **～ or take**... «口» 《数・量が》…程度の出入り[誤差]はあるとして (plus or minus); …は別として, …を除けば (apart from): He's 60 years old, ～ *or take* a year. 60 歳だろう, 1 歳くらいずれるとして. **～ out** (*vt*) 配布する, 割り当てる; 〈助言などを〉与える; ᴴ発表する, 放送する, 公表する 〈*that*〉; 言い放つ, 称する 〈*to* be〉; 《会衆の前で》〈賛美歌など〉の文句を読唱する; 〈音・光などを〉発する, 放つ, 出す; …にアウトを宣告する. (*vi*) (1) へたばる, 〈供給・力が〉尽きる, 不足する, 疲れはてる, 〈エンジンなどが〉作動しなくなる, こわれる; 〈物が〉つぶれる. (2) [ᴼ*impv*] «口» 思いきり[自由に]行なう; «口» 〈呼び声・笑いなどで〉気持を表現する 〈*with*〉: ～ *out with* a scream 金切り声をあげる. (3)《俗》進んで体を与える. (4)《アイル口》長々としかる, しぼる 〈*to*〉. **～ over** (*vt*) 引き渡す, 譲る, 託する 〈*to*〉; 〈警察に〉《犯人として》突き出す 〈*to*〉; 〈ある用途に〉充当する, 〈仕事などにささげる, 〈感情などに〉〈身を〉ゆだねる 〈*to*〉; [*pass*] 〈…に〉当てられている, 専用される 〈*to*〉; [*pass*] 〈人が〉〈悪いことに〉かかわって[ふけって]いる 〈*to*〉; 〈習慣などを〉捨てる, やめる; [ᴼ*impv*] ᴴ«口» 〈…するのを〉やめる 〈*doing*〉; «古» 〈患者を〉見放す, 〈恋人を〉振り捨てる, 断念する. (*vi*) ᴴ«口» やめる, 静かにする; ふける 〈*to* laughter〉. **～ oneself over to**... 〈飲酒など〉にふける, 没頭する, 浸る; 〈警察〉に出頭する. **～ oneself up** 降参する, あきらめる 〈*for*〉; ふける, 没頭する 〈*to*〉; 自首する 〈*for* the murder; *to* the police〉: ～ one*self up to* despair 絶望に陥る. **～...something to cry for [about]** 〈たいしたことでもないのに泣く子など〉を懲らしめる. **～ the** WORLD. **～** TONGUE. **～ to the** WORLD. **～ up** (*vt*) 〈席などを〉譲る, 〈領土などを〉渡す, 〈罪人などを〉引き渡す 〈*to*〉; 〈感情・仕事に〉〈身を〉まかせる 〈*to* despair, painting, etc.〉; [ᵁ*pass*] …をもっぱら〈…に〉当てる 〈*to*〉; 〈共犯者などの名を〉言ってしまう, 明らかにする 〈*to*〉; 〈信仰などを〉《誓って》捨てる, 〈飲酒・遊びなどを〉やめる, 断つ 〈*smoking*〉, 〈職などを〉やめる, 〈試みを〉放棄する 〈*doing*〉; 〈患者などを〉見放す, …と手を切る; 〈家・車などを〉処分する; 《回復・到着などの見込みがないと》…のことをあきらめる; «口» GIVE up on...; 投手が〈ヒット・得点などを〉許す, 献上する; 〈《指数の》ポイントを〉下げる: GIVE one*self up* / We *gave* him *up for* dead. 彼を死んだものとあきらめた / Dow ～*s up* 160 points ダウは 160 ポイント下落. (*vi*) やめる, 《解き当てる試みを》あきらめる: *G～* it *up!* «口» やめろ, もう十分だ / I won't ～ *up* without a fight. 簡単にはあきらめないよ. **～ up on**... «口» 《だめだと》…に見切りをつける; …を断念する 〈*doing*〉. **～** WAY¹. **～ sb what's coming to him** 〈人〉に当然の報いをうけさせる. **～ with**... *《俗》…を与える, やる, 〈情報〉をくれる《イディッシュの 'machen mit' (＝make with) に影響された語法か》. **What ～s?** «口» 何があったんだ, どうしたの, どうなっているんだ; «口» 調子はどう, やあ, どうだい.
► *n* 与えること; たわみ, へこみ; 弾力性; 順応性.
♦ **gív(e)·able** *a* [OE *g(i)efan*; cf. G *geben*]

gíve-and-gó *n* 《バスケ・ホッケー》ギブアンドゴー (プレー) 《パスしたあと, 直ちにネットやゴールの方にカットインして, リターンパスを受けるプレー》.

gíve-and-táke *n* 公平な条件での交換, 譲り合い, もちつもたれつ, 協調 (cf. GIVE *and take*); 意見の交換, 《冗談などの》応酬.

gíve·awày «口» *n* **1** 放棄. **2** [a ～; ᴼa dead [clear] ～] «口» 秘密を明かしてしまうもの《表情・声・動作・形状など》: The expression on his face was *a dead* ～. 表情が動かぬ証拠となった. **3** 《客寄せのための》景品, おまけ (premium); 無料で配られるもの, 試供品, サービス品, FREESHEET; *《ラジオ・テレビ》賞品付きのクイズ番組《一般参加者に賞品を与える》. ► *a* «口» 無料で提供される, ただの; 《本性などを》うかがわせる, 露呈する: a ～ newspaper / a ～ price 捨て値.

gíve·bàck* *n* 返されるもの, 払い戻し, 割戻し; 《労》既得権返還《労働組合が賃上げなどと引換えに付加給付などの既得権を放棄すること》.

giv·en /gív(ə)n/ *v* GIVE の過去分詞. ► *a* **1** 贈られた, 贈与された. **2 a** 与えられた, 所定の; 《数・論》仮説の, 既知の: meet at a ～ time and place 所定[約束]の時刻と場所で会う / the ～ facts 所定の事実. **b** …する機会が与えられて: It is not ～ *to* everybody to write poems. だれにでも詩が作れるものではない. **3** [〈*prep*/*conj*〉] …を仮定すれば, …とすれば; …を考慮すれば: *G～* good weather, the thing can be done. 天気がよければ事は可能だ / *G～* that the radius is 4 feet, find the circumference. 半径 4 フィートの場合の円周を求めよ. **4** 傾向をおびて, …したがる, 好む, ふける 〈*to*〉: He is ～ *to* drink [boast*ing*]. よく酒を飲む[ほらを吹く癖がある] / I am not ～ that way. ぼくはそんなことをする人間じゃない. **5** 《公文書で》作製された (dated): *G～* under my hand and seal this 1st of August. 本 8 月 1 日自筆捺印して作製. ► *n* 既知のもの, 既知事項; 既定の事実, 当然のこと; 《哲》所与: take...as a ～ …を前提として考える.

Gi·ven·chy /*F* ʒivɑ̃ʃi/ ジヴァンシー **Hubert de** ～ (1927–) 《フランスのファッションデザイナー》.

gíven náme* CHRISTIAN NAME (⇨ NAME).

giv·er /gívər/ *n* 与える人, 贈与者, 寄贈者; 《ロンドン証券取引所》《繰延べ日歩》支払い者.

gíver-úpper *n* «口» 簡単にあきらめてしまう人, すぐに投げ出す者.

gíve-ùp 《証券》*n* 《証券業者による》委託者(名)明示取引《委託者が決済の義務を負う》; *《他の証券業者への》手数料の分与, 分与される手数料.

giz /gíz/ *n**«口» GIZMO.

Gi·za, Gi·zeh /gíːzə/ [El /ɛl/] ギーザ《エジプト北部 Nile 川西岸にある市; Cairo の南西 5 km に位置; 付近に Sphinx や大ピラミッドがある》.

giz·mo, gis- /gízmoʊ/ *«口» *n* (*pl* ～**s**) 何とかいうもの[器械, やつ] (gadget); 《ギャンブルの》仕掛け, トリック (gimmick); 男, やつ, 野郎. [C20 《競馬俗》＜?]

giz·zard /gízərd/ *n* 《動》《鳥類・無脊椎動物の》砂嚢; «口» [*joc*] 《人の》内臓, 《特に》胃腸. ● **fret** one's **～** 心を痛める, 悩む, 苦しむ. **stick in** one's **～** 息が詰まる; 意に満たない, 気に食わない, しゃくにさわる. [ME *giser*＜OF＜L *gigeria* cooked entrails of fowl; -*d* は添え字]

giz·zy /gízi/ *n**《俗》マリファナ, くさ (marijuana).

Gjel·le·rup /géləròp/ ギェレルプ **Karl** (**Adolph**) ～ (1857–1919) 《デンマークの小説家・詩人; ノーベル文学賞 (1917)》.

gjet·ost /jéɪtòʊst/ *n* イエトオスト《普通 ヤギ乳から造るノルウェーの固い濃褐色のチーズ》. [Norw]

Gju·hë·zës /ʤuhǽzəs/ [Cape] ジュハザス岬《アルバニア南西部 Otranto 海峡に突き出た岬; 旧称 Cape Linguetta, Cape Glossa》.

Gjuki ⇨ GIUKI.

Gk Greek. **GLA** gamma linolenic acid ガンマリノレン酸《必須脂肪酸の一種; 月見草オイルなどに豊富に含まれ, サプリメントにされる》 ♦ᴼGreater London Authority.

gla·bel·la /gləbélə/ *n* (*pl* **-lae** /-li, -làɪ/) 《解》眉間(みけん), グラベラ. ♦ **gla·bél·lar** *a* [L (dim)＜*glaber* smooth]

gla·bel·lum /gləbéləm/ *n* (*pl* **-bel·la** /-bélə/) GLABELLA.

gla·brate /gléɪbrèɪt, -brət/ *a* 平滑な, 無毛の (glabrous, glabrescent).

gla·bres·cent /gleɪbrés(ə)nt/ *a* 《植》平滑な, 無毛の, 平滑[無毛]になる.

gla·brous /gléɪbrəs/ *a* 《植・動》平滑な, 無毛の. ♦ **～·ness** *n* [L *glabr- glaber* hairless]

gla·cé /glæséɪ; ⌣⌣/ *a* 砂糖がけの〈フルーツ・菓子など〉; なめらかでつやのある〈布・革など〉; *冷凍の: MARRONS GLACÉS. ► *vt* 〈布・革〉につや出しをする; 〈菓子など〉に糖衣をかける. [F (pp)＜*glacer* to ice (*glace* ice); cf. GLACIER]

gla·céed /glæséɪd; ⌣⌣/ *a* 砂糖がけの (glacé).

glacé icing /⌣⌣ ⌣⌣/ 砂糖に水を加えた糖衣.

gla·cial /gléɪʃ(ə)l, ᴴ-siəl/ *a* 氷の; 氷状の; 氷河の; 氷期の, 氷河時代の; [G-] PLEISTOCENE; 《化》氷状結晶(性)の; とても冷たい; 冷淡な, 動じない; 《氷河のように》おそい, 遅々とした〈進歩など〉. ► *n* 《更新世の》氷河期. ♦ **～·ly** *adv* 氷河作用で; 遅々として. [F or L (*glacies* ice)]

glácial acétic ácid 《化》氷酢酸《純酢酸》.

glácial dríft 《地質》氷河漂礫土(ひょうれきど).

glácial èpoch [the] 《地質》氷期《地質学上は更新世 (Pleistocene) に当たる》; 《一般に》氷河期.

glácial·ist *n* 雪氷学者 (＝*glaciologist*).

glácial·ìze *vt* GLACIATE.

glácial méal ROCK FLOUR.

glácial pèriod [the] GLACIAL EPOCH.

gla·ci·ate /gléɪʃièɪt, -si-/ *vt* 氷結させる (freeze), 雪[氷, 氷河]でおおう; 《地質》〈谷など〉に氷河作用を及ぼす; 〈金属などを〉つや消しにする. ► *vi* 氷結[凍結]する; 氷[氷河, 雪]でおおわれる. ♦ **glà·ci·á·tion** *n* 氷河作用; 氷河期.

glác·i·àt·ed *a* 氷河作用をうけた, 氷河[氷, 雪]でおおわれた: a ～ shelf 氷食棚.

gla·cier /gléɪʃər; glǽsiər, gléɪ-/ *n* 氷河. [F (GLACE ice)]

Glácier Báy グレーシャー入江《Alaska 州南東部 St. Elias 山脈の南端にある小湾; 一帯には氷原・氷河・フィヨルドがあって **Glácier Báy Nátional Párk** に指定されている》.

glácier créam 《登山》雪焼け止めクリーム.

glácier lìly 《植》Rocky 山脈産のカタクリの一種 (＝*snow lily*).

glácier méal ROCK FLOUR.

glácier mìlk 氷河乳《氷河の末端から流れ出る岩石の微粒子を含んだ水》.

Glácier Nátional Párk グレーシャー国立公園《(1) Montana 州北西部の国立公園 2) カナダ British Columbia 州南東部, Selkirk 山脈中の国立公園》.

glácier tàble 《地質》氷河卓, 氷河テーブル《氷河表面上で氷の台座に支えられたテーブル状の堆石》.

gla·cio- /gléɪʃioʊ, -ʃiə, -sioʊ, -siə; glǽsi-, gléɪsi-/ *comb form* 「氷河 (glacier)」 [L; ⇨ GLACIAL]

gla·ci·ol·o·gy /glèɪʃiáləʤi, -si-; glæ̀si-, glèɪsi-/ *n* 雪氷学; 《特定地域の》氷河の形成状態[特徴]. ♦ **-gist** *n* **glà·ci·o·lóg·ic, -i·cal** *a*

gla·cis /glǽsiː, glǽsi, glǽsəs, gléɪsəs; glǽsɪs, glǽsi/ *n* (*pl* ～ /glǽsiːz, glǽsiz; glǽsiz/, ～·**es**) **1** なだらかな坂; 〔城〕《前面の》斜堤; GLACIS PLATE. **2** 緩衝国 (buffer state), 緩衝地帯. ［F *glacier* to slip (*glace* ice)］

glácis plàte 《軍艦・戦車の》斜め装甲板.

glad[1] /glǽd/ *a* (ᵘ**glád·der, glád·dest**) **1** [*pred*] うれしい, 喜ばしい (pleased); ありがたく思う; …してうれしい, 喜んで…する〈*to* do〉: I am ～ *about* [*of*] it. それはけっこうなことだ / (I'm) (very) ～ *to* meet you. はじめまして《初対面の挨拶》/ Am Í ～ to see yóu! お会いできてほんとうにうれしい, ほんとによくいらっしゃいました《疑問文の感嘆表現用法》/ I'm very ～ I wasn't there. そこに居合わせなくって本当によかった / I'm so ～ *for* his success. 彼の成功を心から喜んでいます / I'd be ～ *of* your help. ご援助願えればありがたい / I shall be ～ *to* do what I can. 喜んでできるだけのことをいたします / I should be ～ *to* know why. [*iron*] 理由をお聞きしたいものだ / She was ～ *at* the news. 彼女はその知らせを聞いて喜んだ. **2** 喜ばしい, 楽しい (joyful); 輝かしい (bright), うるわしい (beautiful): ～ news 吉報 / the ～ season of spring 明るく楽しい春の季節. **3** *《俗》《酒に》酔って; 《古》陽気な, 幸福な. ● ～ **of heart** 《文》いそいそとして, 喜んで. ► *v* (**-dd-**) 《古》*vt* 喜ばせる (gladden). ► *vi* 喜ぶ. ♦ ～·**ly** *adv* ～·**ness** *n* ［ME=shining, glad＜OE *glæd*; cf. OHG *glat* smooth, shining (G *glatt*)］

glad[2] *n* 《口》グラジオラス (gladiolus).

Glad·beck /glǽdbɛ̀k, glɑ́ːt-/ グラトベク《ドイツ西部 North Rhine-Westphalia 州の市》.

glád·den *vt* 喜ばせる: ～ sb's heart 人を喜ばせる. ► *vi* 《古》喜ぶ.

glad·die /glǽdi/ *n* 《豪口》グラジオラス (gladiolus).

glad·donᵘ /glǽdn/ *n* STINKING IRIS.

glade /gléɪd/ *n* 林間の空地; *湿原. ♦ **glády** *a* ［C16＜?; GLAD[1] からか］

glád èye [the] 《口》親しげな目つき, 《特に》色目: give sb *the* ～ 人に色目をつかう / get *the* ～ 色目をつかわれる.

glád-hànd *vt, vi* (人を)大歓迎する, (…に)愛敬を振りまく. ♦ ～·**er** *n*

glád hànd [the; °*iron*] 親しみをこめた握手, 暖かい[大げさな]歓迎: give sb *the* ～ 人を大歓迎する / get *the* ～ 歓待を受ける.

glad·i·ate /glǽdièɪt, -iət, ᵘgléɪ-/ *a* 〔植〕剣状の.

glad·i·a·tor /glǽdièɪtər/ *n* 《スポーツ界・社会運動などの》勇士, 闘士, プロボクサー; 論客; 〔古ロ〕剣闘士. ［L; ⇨ GLADIOLUS］

glad·i·a·to·ri·al /glæ̀diətɔ́ːriəl/ *a* 剣闘(士)の; 論争を好む, 闘争的な.

glad·i·o·la /glæ̀dióʊlə/ *n* 〔植〕GLADIOLUS.

glad·i·o·lus /glæ̀dióʊləs/ *n* **1** (*pl* *～, ～·**es**, **-li** /-li, -làɪ/) 〔植〕グラジオラス (=*sword lily*)《アヤメ科グラジオラス属 (*G-*) の草花の総称》. **2** (*pl* **-li**) 〔解〕胸骨体 (=*mesosternum*). ［L (dim)〈*gladius* sword］

glád ràgs *pl* 《口》晴れ着, 一張羅, 《特に》夜会服.

Glad·sak·se /glǽðsæ̀ksə/ グラズサグセ《デンマーク Copenhagen 北東郊外の地区》.

glád·some *a* 《詩》喜ばしい, うれしい, 楽しい (cheerful). ♦ ～·**ly** *adv* ～·**ness** *n*

Glad·stone /glǽdstòʊn; -stən/ **1** グラッドストン **William Ewart** ～ (1809–98)《英国の政治家; 自由党; 首相 (1868–74, 80–85, 86, 92–94); 選挙権拡大, アイルランド自治 (Home Rule) 実現などに取り組んだ》. **2 a** グラッドストン《まん中から両側に開くスーツケース》. **b** グラッドストン《内部二座席の四輪馬車; 御者・従僕の席は外》. ♦ **Glad·sto·ni·an** /glæ̀dstóʊniən, -njən/ *a, n* 《特に アイルランド自治について》グラッドストン派の(人).

Gládstone bàg グラッドストンバッグ (Gladstone). ［W. E. *Gladstone*］

Glad·ys /glǽdəs/ グラディス《女子名》. ［Welsh (fem); ⇨ CLAUDE］

Glag·o·lit·ic /glæ̀gəlítɪk/ *a* グラゴール文字の《古代スラヴ語に用いられたが, やがてキリル文字に圧倒されてほとんど用いられなくなった; cf. CYRILLIC ALPHABET》.

glahm /glɑ́ːm/ *n, vt, vi* *《俗》GLOM.

glai·kit, -ket /gléɪkət/ *a* 《スコ》愚かな, 〈女が〉うわついた.

glair, glaire /glέər/ *n* 卵白; 《卵白から製した》うわぐすり, どうさ蛋白; 《一般に》卵白状の粘液. ► *vt* 卵白を塗る. ［OF＜L (fem)〈*clarus* clear］

glair·e·ous /glέəriəs/ *a* 《古》GLAIRY.

gláiry *a* 卵白状の, 卵白質の; ねばねばした, 粘(着)性の; 卵白でおおわれた(ような).

glaive /gléɪv/ *n* 《古・詩》剣, 《特に》だんびら (broadsword). ［OF＜L *gladius* sword］

glam /glǽm/ 《口》*n* GLAMOUR; GLITTER [GLAM] ROCK. ► *a* GLAMOROUS; グラムロック (glam rock) の. ► *vt* (**-mm-**) GLAMORIZE. ● ～ **up** 魅惑的に見せる, 飾りたてる: get one*self glammed up* おめかしする.

Glam. Glamorgan.

Glå·ma /glɔ́ːmə/ [the] グローマ川《ノルウェー東部を南流して Skagerrak 海峡に注ぐ; 英語名 Glomma》.

Gla·mor·gan /gləmɔ́ːrgən/ グラモーガン (=～·**shire** /-ʃɪər, -ʃər/)《ウェールズ南東部の旧州; ☆Cardiff》.

glámor·ìze, -our- *vt* 賛美[美化, 理想化]する; 実物以上に魅力的に[よく見えるように]する. ♦ **-ìz·er** *n* **glàmor·izátion** *n*

glam·or·ous, -our- /glǽmərəs/ *a* 魅力的, はなやかな, 色っぽい. ♦ ～·**ly** *adv* ～·**ness** *n*

glam·our, 《米》**-or** /glǽmər/ *n* **1** 妖しい魅力, 《心を迷わすような》(性的)魅力, 魅惑; 《詩などの》神秘的な美しさ; [〈*a*〉] 魅力的な: full of ～ 魅力に満ちた / the ～ of northern Europe 北欧の魅力. **2** 《古》魔法, 魔術; 《古》魔力: cast a ～ over…に魔法をかける. ► *vt* 魅する, 迷わす; 《口》GLAMORIZE. ♦ ～·**less** *a* ［C18 変形〈*grammar* (obs) magic］

glámour gìrl [bòy] 魅惑的な女性[男性], 美人[二枚目](スター).

glámour pànts [〈*sg/pl*〉] 《俗》魅力的な顔の女.

glámour-pùss *n* 《俗》魅惑的な顔だちの女[男].

glámour stòck 魅力のある株《小型成長株など》.

glám ròckᵘ 《口》グラムロック (GLITTER ROCK).

glance[1] /glǽns; glɑ́ːns/ *n* **1** ちらっと見ること, ひと目, 一見, 一瞥(いちべつ) (swift look)〈*at, into, over*, etc.〉; 目くばせ: exchange ～*s* ちらっと目を合わせる / take [give, have, cast, throw] a ～ *at*…をちらっと見る / dart [shoot] a curious ～ *at*…を好奇の目でさっと見やる / without a backward ～ 振り返らずに. **2** 閃光, きらめき; 反射光; 《古》きらめくような[瞬間的な]動き. **3 a** 《斜め方向からの弾丸・打撃が》かすめること, 《斜め方向への》はね返り; 〔クリケット〕はす打ち; 《古》斜め方向へのすばやい動き. **b** 《古》(ちょっとした)あてこすり, ほのめかし. ● **at a** ～ 一見して. **at first** ～ 一見して; 一見したところでは. ► *vi* **1** ちらっと見る, ひと目見る〈*at, toward*〉; 〈手紙・記事などに〉ざっと目を通す〈*at, over, through*〉: ～ *down* [*up*] ちょっと見おろす[見上げる] / ～ *around* (…を)さっと見まわす / ～ *at* one's watch 時計をちらっと見る / ～ *back* 振り返って見る; もう一度見る〈*at*〉. **2** ピカリと光る, きらめく (flash); 〈物が〉光を反射する, 光る, 輝く. **3** 〈弾丸・打撃などが〉《斜めから当たって》はね返る, それる, かすめる〈*aside, off*〉; 〈昆虫などが〉さっと飛ぶ; 〈話が〉わきへそれる〈*from, off*〉; 〈談話など〉ちょっと触れる〈*over*〉; ほのめかす〈*at*〉. ► *vt* **1** 〈槍・石・弾丸などを〉《斜め方向から》かすめるように投げつける[撃つ, 蹴る]; 〔クリケット〕はす打ちで〈ボールを〉そらす. **2** 《古》**a** 〈目などを〉ちらっと向ける〈*at, over*, etc.〉: ～ one's eye *over* [*down, through*]…にざっと目を通す. **b** 〈皮肉・非難・諷刺などを〉それとなく向ける. ［ME *glence* etc.〈?*glace*＜OF GLACIS］ ♦ **glánc·er** *n*

glance[2] *n* 〔鉱〕輝鉱《金属光沢を有する各種金属硫化物》: silver ～ 輝銀鉱. ［G *Glanz* luster; cf. GLINT］

glánce còal 輝炭《特に 無煙炭》.

glanc·ing /glǽnsɪŋ; glɑ́ːn-/ *a* ひらめく, きらめく, キラキラ光る; 〈打撃・弾丸など〉それる, 斜めの; 間接的な, さりげない. ♦ ～·**ly** *adv* 付随的に.

gláncing ángle 〔光〕視射角, 照角《入射角の余角》.

gland[1] /glǽnd/ *n* 〔解・植〕腺. ♦ ～·**less** *a* ［F＜L *glandulae* (pl) throat glands］

gland[2] *n* 〔機〕パッキン押え, グランド《(1) 機械の結合部から液体が漏出するのを防ぐ装置 2) パッキン箱におけるパッキンを圧するための可動物》. ［C19 変形〈? *glam, glan* vice; cf. CLAMP[1]］

glan·ders /glǽndərz/ *n* [〈*sg/pl*〉] 〔獣医〕鼻疽(びそ). ♦ **glán·dered** *a* 鼻疽にかかった. **glánder·ous** *a* 鼻疽性の[にかかった]. ［OF *glandre*; ⇨ GLAND[1]］

glandes *n* GLANS の複数形.

glán·di·fòrm /glǽndə-/ *a* 堅果状の; 腺状の.

glánd of Bártholin BARTHOLIN'S GLAND.

glánd of extérnal secrétion EXOCRINE GLAND.

glánd of intérnal secrétion ENDOCRINE GLAND.

glan·du·lar /glǽnʤələr; -djʊ-/ *a* **1** 腺の(ような), 腺のある: ～ extract 腺エキス. **2** 腺からの分泌物による; 生来の, 本能[直覚]的な〈好き嫌いなど〉; 肉体的な, 性的な〈関係など〉. ♦ ～·**ly** *adv* ［F; ⇨ GLAND[1]］

glándular féver 〔医〕腺熱 (infectious mononucleosis).

glan·dule /glǽnʤùːl; -djuːl/ *n* 〔解〕小腺.

glan·du·lif·er·ous /glæ̀nʤəlíf(ə)rəs; -djʊ-/ *a* 小腺のある.

glan·du·lous /glǽnʤələs; -djʊ-/ *a* GLANDULAR. ♦ ～·**ly** *adv*

glans /glǽnz/ *n* (*pl* **glan·des** /glǽndìːz/) 〔解〕亀頭《GLANS PENIS または GLANS CLITORIDIS》; 〔植〕堅果. ［L=acorn］

gláns cli·tó·ri·dis /-klətɔ́ːrədəs/ 〔解〕陰核亀頭.

gláns pénis 〔解〕陰茎亀頭.

glare[1] /glέər/ *n* **1 a** ギラギラとまぶしい光[輝き, 太陽光]: the ～ of the footlights まぶしい脚光, 舞台上のはなやかさ / in the ～ of publicity [the media] 絶えずマスメディアが注目する中で / in the ～ of the sun 日光をギラギラ浴びて. **b** 目立つこと, はなばなしさ; けばけばしさ, どぎつさ. **2** ねめつけること, すごいひとにらみ: look at sb with a ~ 人をじっとにらむ. ► *vi* **1 a** ギラギラ輝く, まばゆく光る, キラキラ光る: The sun ~*d down* on them. 太陽が彼らにギラギラ照りつけた. **b** 目立つ, 〈色が〉どぎつく見える. **2** にらみつける, 目を怒らす, ねめつける 〈*at, down on*〉. ► *vt* **1** 目を怒らして〈憎悪・反抗の意などを〉表わす: He ~*d* hate [anger] *at* me. 憎しみ[怒り]の目をわたしに投げかけた / ~ defiance *at* sb 人を傲然とにらむ. **2**《古》強烈に反射させる. [MDu and MLG *glaren* to gleam, glare]

glare[2] *a, n* 《米・カナダ》《氷などの》輝いてなめらかな(表面). [? *glare*[1] frost]

gláre ìce* 《鏡面のように》なめらかな[つるつるの]氷.

gláre·shìeld *n* 〔空〕グレアシールド《コックピットの計器板の上部に取り付けた, まぶしい光で計器が見にくくなることを避けるためのおおい板》.

glar·ing /gléərɪŋ/ *a* **1** ギラギラ輝く, まばゆい; 〈色が〉けばけばしい, どぎつい; 悪趣味な; 〈欠陥・弱点・不正などが〉明白な, 目に余る: a ~ mistake 紛れもない誤り / a ~ example はなはだしい例 〈*of*〉. **2** にらみつける(ような). ♦ **~·ly** *adv* ギラギラと; 目立って, はなはだしく: ~*ly* obvious 火を見るより明らかで. **~·ness** *n* [*glare*[1]]

Gla·rus /glɑ́:rəs/ グラールス, グラリス (F **Gla·ris** /F glaris/)《(1) スイス中東部の州 2) その州都》.

glary[1] /gléəri/ *a* ギラギラする, まぶしい. ♦ **glár·i·ness** *n* [*glare*[1]]

G **glary**[2]* *a* (氷のように)つるつるした. [*glare*[2]]

Gla·ser /gléɪzər/ グレーザー **Donald A(rthur)** ~ (1926–2013)《米国の物理学者; 泡箱 (bubble chamber) を発明, ノーベル物理学賞 (1960)》.

Glas·gow /glǽskou, -gou, glǽzgou; glɑ́:zgəu, glǽz-/ **1** グラスゴー《スコットランド中南部 Clyde 川に臨む港湾都市; スコットランド最大の都市で, 参事会地域 (council area) をなす; cf. GLASWEGIAN》. **2** グラスゴー **Ellen** (**Anderson Gholson**) ~ (1873–1945)《米国の小説家》. ■ the **Univérsity of ~** グラスゴー大学《Glasgow にある公立大学; 1451 年創立》.

Glásgow cóma scàle 〔医〕グラスゴーコーマスケール《意識障害分類; 略 GCS》.

Glash·ow /glǽʃou/ グラショー **Sheldon Lee** ~ (1932–)《米国の理論物理学者; 電磁弱理論 (electroweak theory) の体系化に貢献; ノーベル物理学賞 (1979)》.

glas·nost /glǽznoust, glǽs-, glɑ́:z-, glɑ́:s-; glǽsnɔst, glǽz-/ *n* 情報公開, 公開制, グラスノスチ《ソ連の Gorbachev 政権による perestroika のもとにおける政策》. [Russ]

Glas·phalt /glǽsfɔ̀:lt; -fælt/ 〔商標〕グラスファルト《砕いたガラスとアスファルト製の道路舗装材》. [*glass*+*asphalt*]

glass /glǽs; glɑ́:s/ *n* **1** ガラス《VITREOUS *a*》; ガラス板, 板ガラス: It's made of ~. **2 a** ガラス器(具)《集合的》; コップ, グラス; コップ[グラス]に一杯の量 (glassful): drink a ~ of water / He has had a ~ too much. ちょっと飲みすぎた《酔っぱらっている》/ enjoy one's [a] ~ now and then 時々一杯やる. **b** ガラスぶた; 時計のガラス, 額縁のガラス; 〔バスケ〕バックボード; "温室(の状態): under ~ 〔園〕フレーム[温室]内に[で] / blossoming under ~ 室(むろ)咲き. **c** 鏡 (looking glass). **d** 《模造宝石の》ガラス玉. **e** 晴雨計 (barometer); 砂時計 (sand glass, hourglass): The ~ is falling. 晴雨計が下がっている《天候悪化》. **3** (ガラス)レンズ, モノクル, ルーペ; [*pl*] 眼鏡 (=*eyeglasses*); [*pl*] 双眼鏡 (field glasses, binoculars); 望遠鏡 (telescope), 顕微鏡 (microscope): look through a ~ 望遠鏡でのぞく / I can't read without my ~*es*. 眼鏡なしでは読めない / a ship's ~*es* 双眼鏡 / Men seldom make passes at girls who wear ~*es*.《諺》男は眼鏡をかけた女にはあまり言い寄らない(ものだ). **4** ガラス質の物質; 黒耀石 (volcanic glass); GLASS FIBER. ● **have one's ~es on***《黒人俗》偉そうに構える. **raise a** [**one's**] **~** 乾杯する, 祝杯を上げる 〈*to* sb; *to* wish…〉. **see** sth **through rose-colored ~es** ⇨ SPECTACLE. ► *a* ガラス製の; ガラス板をはめた, ガラスでおおった: a ~ bottle ガラス瓶 / a ~ door ガラス戸 / People [Those] who live in ~ houses shouldn't throw stones.《諺》弱みをもつ者は人に文句を言ってはいけない.

► *vt* **1** …にガラスを入れる[はめる], ガラスでおおう (glaze) 〈*in*〉; ガラス容器に密封する: ~ a window. **2** ガラスのようにする; 〈目を〉うつろにさせる. **3** [°~ *-self*]《文》〈影を〉映す (reflect), 鏡に映してみる. **4** 双眼鏡[望遠鏡など]で見る[捜す]. **5** "《口》〈人〉の顔面をグラス[瓶]でなぐる. ► *vi* ガラスのようになる; 双眼鏡で捜す; 〈目が〉うつろになる.

♦ **~·less** *a* **glass·like** *a* [OE *glæs*; cf. G *Glas*]

Glass グラス **Philip** ~ (1937–)《米国の作曲家》.

gláss àrm ガラス腕《野球選手などにみられる腱の損傷した腕》; *《俗》やわな労働者.

gláss blóck 〔建〕ガラスブロック《建物の外壁・間仕切り用ブロックで, 採光・防音・美観に役立つ》.

gláss·blòw·er *n* ガラス吹き工[機械].

gláss·blòw·ing *n* ガラス(種子(たね))吹き(製法).

gláss bríck ガラス煉瓦 (GLASS BLOCK).

gláss cáse ガラス容器[陳列箱], ガラスケース.

gláss céiling ガラスの天井, グラスシーリング《管理職への昇進をはばむ無形で目には見えない人種的[性的]差別や偏見》.

gláss-cerámic *n* ガラスセラミック《あらかじめ成形したガラスを熱処理して失透させてつくった結晶質ガラス; 耐熱性・化学的耐久性などにすぐれる》.

gláss chín 《口》GLASS JAW.

gláss clòth ガラス繊維布, グラスクロス; 布やすり; ガラス器用ふきん.

gláss còrd グラスコード《ガラス繊維製のタイヤコード》.

gláss cùtter ガラス切り《職人, または 道具》; ガラス彫刻師. ♦ **gláss cùtting** *n*

glássed-ín *a* ガラス張りの, ガラスで囲った.

gláss èel 〔魚〕シラスウナギ (ELVER).

gláss èye ガラス製の義眼, ガラス眼; 白っぽい虹彩の目(の人); 《視力障害・無視力で瞳孔の開いた》黒そこひ(の馬).

gláss-èyed *a* ガラス眼の; 黒そこひの; *《俗》《酒または麻薬に》酔って, 目がとろんとして.

gláss fìber ガラス繊維, グラスファイバー (fiberglass).

gláss·fìsh *n* 〔魚〕 **a** グラスフィッシュ《タカサゴイシモチ科タカサゴイシモチ属, *Chanda* 属の小魚の総称; 体は側偏し, 透明で, 観賞魚にされるものもある; インディアングラスフィッシュなど》. **b** シラウオ《太平洋西部産のシラウオ科の細長い半透明の魚》.

gláss·fùl *n* グラス[コップ]一杯(の量) 〈*of* water〉.

gláss gàll グラスゴール《ガラスを溶かす時の浮きかす》.

gláss gún*《俗》皮下注射器.

gláss harmònica 〔楽〕グラスハーモニカ (=*musical glasses*)《大きい順に並べたボウル状ガラスの中心に軸を通し, 回転させながらガラスを水でぬらし, 指で触れると音が出るようにした楽器; 18 世紀後半から 19 世紀初頭に用いられた》.

gláss·hòuse *n* ガラス工場, ガラス製造所; ガラス店; "温室 (greenhouse); "《口》軍刑務所, 営倉; ガラス屋根の写真撮影室.

glásshouse effèct GREENHOUSE EFFECT.

gláss·ie, glássy *n* 《ガラス製の》ビー玉.

glass·ine /glæsí:n; glɑ́:sì:n/ *n* グラシン(紙)《薄くて強い半透明の薄葉紙; 包装・本のカバーなどに用いる》.

gláss jáw 《特に ボクサーの》弱いあご, ガラスのあご; ノックアウトパンチに弱いこと: have a ~ すぐにノックアウトされる.

gláss lìzard 〔動〕ヘビガタトカゲ (=*glass snake*)《尾は自切性が高く破片状に砕ける》.

gláss·màking *n* ガラス(器)製造術[法]. ♦ **gláss·màker** *n* ガラス職人.

gláss·man /-mən/ *n* ガラス製品販売人; ガラス製造人; ガラス職人 (glazier).

gláss·pàper" *n* 《ガラス粉を塗布した》紙やすり; ガラス紙《ガラス繊維製》. ► *vt, vi* (…に)紙やすりをかける.

gláss pòx 〔医〕アラストリム, 白痘, 浮痘.

gláss-reinfórced plástic ガラス強化プラスチック.

gláss snàke 〔動〕ヘビガタトカゲ (glass lizard), 《特に 北米南東部の》ミドリヘビガタトカゲ.

gláss spònge 〔動〕ガラス海綿, 六放(ろっぽう)海綿.

gláss strìng 《マレーシアで, けんか凧(だこ)に用いる》ガラスの破片を塗布した凧糸.

gláss tànk ガラスタンク《炎の下でガラスを直接に溶かす反射炉》.

glas·steel /glǽsstì:l/ *a* ガラスと鋼材でできた.

gláss tìssue" ガラス繊維布.

gláss·wàre *n* ガラス製品《特に 食器類》.

gláss wóol ガラス綿(わた), グラスウール《酸の濾過・パッキング・絶縁・断熱・吸音用》.

gláss·wòrk *n* ガラス(器)製造(業); ガラス製品[細工]; 〔映〕鏡仕掛けのトリック撮影の一種; 《窓などへの》ガラスの取付け, ガラス入れ (glazing).

gláss·wòrk·er *n* ガラス(器)製造人[細工人, 職人].

gláss·wòrks *n* (*pl* ~) ガラス工場[製造所].

gláss·wòrm *n* 〔動〕ARROWWORM.

gláss·wòrt *n* 〔植〕 **a** アッケシソウ (=*samphire*)《かつて焼き灰からガラスの原料となるソーダ灰を採った》. **b** オカヒジキ (saltwort).

glássy *a* ガラス(製)の, ガラス状[質]の; 〈建物が〉ガラス張りの; 〈水面が〉鏡のように穏やかな; 〈目が〉どんより[とろんと]した, 生気のない, うつろな: ~ eyes / a ~ stare. ► *n* GLASSIE. ♦ **gláss·i·ly** *adv* **-i·ness** *n*

glássy-èyed *a* ぼんやり[どんより]した(目つきの), 生気[生彩]のない, うつろな, *《酔って》とろんとした; ぼんやりと一点を見つめている.

Glas·ton·bury /glǽstənbèri; -b(ə)ri/ グラストンベリー《イングランド南西部 Somerset 州の町; Joseph of Arimathea がイングランド最初のキリスト教会を設立した地とされる, また Arthur 王と Guinevere が葬られた地 Avalon とされる》.

Glas·we·gian /glæswí:dʒ(i)ən, glæz-; glɑ:z-, glæz-/ *a* GLASGOW (の市民)の. ► *n* グラスゴー市民; 《英語の》グラスゴーなまり. [*Norwegian* などの類推]

glátt (**kósher**) /glɑ́:t(-); glǽt(-)/ *a* 〔ユダヤ教〕食事戒律を遵守する; 食事戒律を遵守して調理した〈食品〉. [Yid *glat* smooth]

Glatzer Neisse ⇨ NEISSE.

Glau·ber /gláubər/ グラウバー **Roy J**(**ay**) ~ (1925–)《米国の物理学者; 光干渉性の量子理論への貢献によりノーベル物理学賞 (2005)》.

glau·ber·ite /gláubəràɪt/ *n* 〘鉱〙石灰芒硝(ぼうしょう). ［↓］
Gláu·ber('s) sàlt /gláubər(z)-, glɔ́ː-/ [°*pl*]〘化〙芒硝(ぼうしょう), グラウバー塩《緩下剤》. ［Johann R. *Glauber* (1604–68) ドイツの化学者］
glauc- /glɔ́ːk, *gláuk/, **glau·co-** /glɔ́ːkou, -kə, *gláu-/ *comb form* GLAUCOUS の意. ［Gk］
Glau·ce /glɔ́ːsi/〘ギ神〙グラウケー (CREÜSA).
glau·co·ma /glɔːkóumə, *glau-/ *n*〘医〙緑内障. ♦ **glau·có·ma·tous** *a* ［L<Gk; ⇨ GLAUCOUS］
glau·co·nite /glɔ́ːkənàɪt/ *n*〘鉱〙海緑石. ♦ **glàu·co·nít·ic** /-nít-/ *a*
glau·cous /glɔ́ːkəs/ *a* 薄い黄緑色の, 青みがかった灰白色の;〘植〙白粉をかぶった〈スモモなど〉. ♦ **~·ly** *adv* **~·ness** *n* ［L<Gk *glaukos* grayish blue］
gláucous gúll〘鳥〙シロカモメ《北極海産; 大型》.
glaum /glάːm, glɔ́ːm/ *vi*《スコ》つかむ〈*at*〉; *《俗》GLOM. ► *vt* *《俗》GLOM.
glaur /glɔ́ːr/ *n*《スコ・北イング》ねば土, 軟泥 (mud). ［C15<?］
glaze[1] /gléɪz/ *vt* **1** …にガラス板をはめる; ガラスでおおう. **2 a**〈焼物〉にうわぐすりをかける, くすりがけをする;〈完成した絵など〉に(半)透明の上塗りをかける, グラッシ[おつゆ]をかける, 照りをつける; うわぐすりをかけたようにおおう. **b**〘料理〙…にグレーズをかける; …に光滑剤を塗る, つやつけ[つや出し]をする;〈砥石(といし)車を〉目つぶれさせる. ► *vi* **1** ガラス状になる; 光沢が出る;〈路面が〉凍結する〈*over*〉. **2**〈目・表情が〉生気を失う, どんよりする〈*over*〉. ● **be ~d drunk** *《俗》《酒に》酔っている. **~ in** ガラスで囲む[おおう]. **~ sb over** *《俗》人を陶酔させる, しびれさせる, 酔わせる. ► *n* **1 a** ガラス張り;《陶磁器の》くすりがけ,《各種の》つやつけ, つや出し. **b** つや, 光沢. **2 a** うわぐすり, 釉(ゆう), 釉薬; グラッシ, おつゆ《完成した画面に塗る(半)透明の上塗り》. **b**〘料理〙グレーズ《砂糖・シロップ・ゼラチンなど菓子や料理にかけてつやをつけるもの; また 肉や魚の煮出し汁にゼラチンを溶かしたもの》. **3**《うわぐすりをかけた》なめらかな[つややかな]表面;《衰えた目にかかった》薄膜; *《地面や樹木などにできる》雨氷 (=*silver frost* [*thaw, storm*], *verglas*). ［GLASS; cf. *grass*: *graze*］
glaze[2] *vi*《古・方》じっと見つめる.
glazed /gléɪzd/ *a* ガラスをはめた; うわぐすりをかけた, 施釉した; つやつけ[つや出し加工]した;〈目が〉どんよりした; 生気[表情]のない, ぼんやりした, うつろな; *《俗》酔っぱらった.
gláze ìce, glázed fróst" 雨氷 (glaze*).
glaz·er /gléɪzər/ *n* うわぐすり工, つや出し工, 施釉工; つや出し機.
gla·zier /gléɪʒər; -ziər/ *n* ガラス職人, ガラス屋; くすりがけ工, うわぐすり工, 施釉工: Is your father a ~? [*joc*] 前に立たれちゃ見えないよ.
glázier's díamond ガラス切り用ダイヤ小片.
gláziers' pútty ガラス工用パテ (⇨ PUTTY[1]).
glá·ziery *n* GLASSWORK.
glaz·ing /gléɪzɪŋ/ *n*《窓などへの》ガラスの取付け, ガラス入れ;《窓・扉・鏡などの》板ガラス;〘窯〙くすりがけ, 施釉; うわぐすり;《各種の》つやつけ[つや出し]材料: double ~ 二重ガラス.
glázing-bàr" *n*《窓ガラスの》組子(くみこ), 桟 (muntin).
Gla·zu·nov /glǽzənɔ̀ːf, glàːzunɔ́ːf, -v/ グラズノフ **Aleksandr (Konstantinovich)** ~ (1865–1936)《ロシアの作曲家》.
glazy /gléɪzi/ *a* ガラス[うわぐすり]のような[ように光る]; どんよりした〈目〉. ［*glaze*］
GLB gay, lesbian, bisexual. **GLBT** gay, lesbian, bisexual, transgender. **GLC** °gas-liquid chromatography ♦〘英〙Greater London Council.
gleam /glíːm/ *n*《マッチ・反射面などの》かすかな[小さな]輝き, 閃光, きらめき (beam, flash);《夜明けなどの》微光, 薄光;《感情・機知・希望などの》《瞬時の[かすかな]》ひらめき, 兆し. ● **a ~ in sb's eye**《実行前の単なる》思いつき, ひらめき; [°*joc*] 受胎前の子供: *a ~ in your father's eye* ⇨ TWINKLE (成句). ► *vi* きらめく, キラリと[かすかに]光る, 小さく輝く〈*with*〉; 微光を発する;〈怒り・歓喜などが〉ちらりと見える[現われる], ひらめく. ► *vt* キラリと発する. ♦ **~·ing** *a* ピカピカの; キラキラ光る; つややかな〈髪など〉. **~·ing·ly** *adv* ピカピカに; 輝くばかりに. ［OE *glǣm*; cf. GLIMMER, OHG *gleimo* glowworm, *glimo* brightness］
gléam·er *n* グリーマー《顔・唇につやを出す化粧品》.
gléamy *a* ひらめく, 輝く, 光る,〈光・色が〉うす明るい.
glean /glíːn/ *vt* **1**〈本・話などから〉〈情報などを〉少しずつ[こつこつと]収集する, 寄せ集める〈*from*〉;《特定の情報を得るため》〈本などを〉ひとつひとつ調べる; 探り出す, 見つける, 突きとめる. **2**〈落ち穂などを〉拾い集める;〈畑〉の落ち穂を拾い集める. ► *vi* 落ち穂を拾う[拾い集める], 刈り残りを集める; 少しずつ収集する. ♦ **~·able** *a* **~·er** *n* 落ち穂拾い《人》; 収集家. ［OF<L<?Celt］
gléan·ing *n* 落ち穂拾い; [°*pl*] 拾い集めた落ち穂; [°*pl*] 収集物, 断片的集録, 選集, 拾遺集.
Glea·son /glíːs(ə)n/ グリーソン **Jackie** ~ (1916–87)《米国のコメディアン; 本名 Herbert John ~》.
gle·ba /glíːbə/ *n* (*pl* **-bae** /-bìː/)〘菌〙基本体, グレバ《ホコリタケ類・スッポンタケ類などの菌類において, 子実体の内部の胞子をつくる多肉質組織》. ♦ **glé·bal** *a* ［L=clod］
glebe /glíːb/ *n*《古・詩》土地 (earth), 畑地;〘英〙受給聖職者[教区教会]領畑地, 寺領地 (=~ **lànd**). ♦ **~·less** *a* ［L *gl(a)eba* clod, soil］
glébe hòuse《古》教区牧師館 (parsonage).
glede" /glíːd/, **gled**" /gléd/ *n*〘鳥〙トビ (kite),《特に 欧州の》アカトビ. ［OE *glida*; ⇨ GLIDE］
glee /glíː/ *n* **1** 歓喜 (joy), 歓楽, 浮かれ騒ぎ: in high ~=full of ~ 上機嫌で, 大喜びで. **2**〘楽〙グリー《特に 18 世紀英国の無伴奏の三部(以上の)男声合唱[重唱](曲)》. ［OE *glio*, *glēo* minstrelsy; cf. ON *glȳ* joy］
glée clùb グリークラブ, (男声)合唱団.
gleed /glíːd/ *n*《古・方》赤々と燃えている石炭. ［OE *glēd*］
glée·ful *a* 大喜びの, 上機嫌の, 楽しい, うれしい. ♦ **~·ly** *adv* 愉快に. **~·ness** *n*
gleek /glíːk/ *vi*《古》あざける, からかう, ふざける.
glée·man /-mən/ *n*《古》《中世の》吟遊詩人, 遊歴楽人.
gleep /glíːp/ *n* *《俗》ばか, のろま, うすのろ.
Gleeps /glíːps/ *int* *《俗》チョッ, くそったれ. ［C20<?］
glée·some *a*《古》GLEEFUL. ♦ **~·ly** *adv* **~·ness** *n*
gleet /glíːt/ *n*〘医〙後淋(こうりん)《慢性尿道淋; その排膿》;〘獣医〙鼻カタル (=nasal ~). ♦ **gléety** *a* ［OF *glette* slime］
gleg /glég/ *a*《スコ》さとい, 明敏な, 敏活な, 敏捷な. ［ON *glöggr* clear(-sighted)］
glei ⇨ GLEY.
Gleich·schal·tung /gláɪkʃὰltʊŋ/ *n*〘政〙等制, グライヒシャルトゥング《ナチスなどによる政治組織などの画一化》.
gléi·sòil *n* GLEY SOIL.
Gleit·zeit /*G* gláɪttsaɪt/ *n* FLEXTIME. ［G *gleit*ende Arbeits*zeit* gliding worktime］
Glei·witz /gláɪvɪts/ グライヴィッツ《GLIWICE のドイツ語名》.
glei·za·tion /gleɪzéɪʃ(ə)n/ *n*〘土壌〙グライ化作用 (⇨ GLEY).
glen /glén/ *n*《スコットランドやアイルランド山間の》峡谷, グレン. ［Gael and Ir *gleann*］
Glen グレン《男子名; 女子名》. ［Celt=(dweller in the) GLEN］
Glén Ál·byn /-ǽlbɪn, -ɔ́ːl-/ [the] グレンアルビン (GREAT GLEN の別称).
glén chéck [°G-] GLEN PLAID.
Glen·coe, Glen Coe /glɛnkóu/ グレンコー《スコットランド西部 Leven 湾の南東にある谷; 1692 年イングランド王 William 3 世に対する不忠のかどで Macdonald 族が, 年来の敵 Campbell 族に虐殺された事件 (=**Mássacre of** ~) の地》.
Glen·da /gléndə/ グレンダ《女子名》.
Glen·dale /gléndèɪl/ グレンデール《1) Arizona 州中南部 Phoenix の西郊外にある市 2) California 州南西部 Los Angeles の北にある市》.
Glen·dow·er /glɛndáuər/ グレンダウアー **Owen** ~ (c. 1354–c. 1416)《ウェールズの豪族; Prince of Wales を名のり, イングランドに抵抗して反乱を起こし, 失敗した; ウェールズ民族主義の英雄; ウェールズ語名 Owain Glyndwr》.
Glen·ea·gles /glɛníːg(ə)lz/ グレンイーグルズ《スコットランド中部 Perth 南西郊外の同名の谷にある, 風光明媚で人気の高いホテル(のゴルフコース); 1977 年イギリス連邦の首脳がここで会談し, 人種隔離政策をとる南アフリカとのすべてのスポーツ交流を断つ原則 (the ~ **Prínciple**) に合意した》.
Glen·fid·dich /glɛnfídɪk, -x/〘商標〙グレンフィディック《スコットランド Speyside (Spey 川流域地方) 産のモルトウイスキー; ゲール語で「鹿のいる谷」の意》.
glen·gar·ry /glɛngǽri/ *n* [°G-] グレンガリー (=~ **bònnet** [**càp**])《スコットランド高地人の用いる毛織りの縁なし帽子》. ［*Glengarry* スコットランドの谷］
Glen·liv·et /glɛnlívət/ [The]〘商標〙(ザ・)グレンリヴェット《スコットランド Speyside (Spey 川流域地方) 産のモルトウイスキー》.
Glén Móre /-mɔ́ːr/ [the] グレンモア (GREAT GLEN の別称).
Glenn /glén/ **1** グレン《男子名; 女子名》. **2** グレン **John H(erschel) ~, Jr.** (1921–)《米国最初の宇宙飛行士; Friendship 7 号に搭乗して地球を 3 周 (1962); 民主党連邦上院議員 (1975–99)》. ［⇨ GLEN］
glè·no·húmeral /glɛ̀nou-, glìː-/ *a* 関節窩上腕骨の ［GLENOID］
gle·noid /glénɔɪd, glíː-/, **-noi·dal** /glɛnɔ́ɪdl, gli-/ *a*〘解〙浅窩(せんか)様の; GLENOID CAVITY [FOSSA] の. ［F<Gk (*glēnē* socket)］
glénoid cávity〘解〙関節窩《肩甲骨の外側角にあって上腕骨頭を受けるくぼみ》.
glénoid fóssa〘解〙関節窩, 下顎窩《頬骨突起基部にあって下顎頭がはいる深いくぼみ》.
glén pláid [°G-] グレンプレード, グレンチェック (=*glen check*)《格子柄の一種; その模様の生地(の服)》. ［*glen*urquhart (? *Glen Urquhart*: スコットランドの谷)］
Glen·roth·es /glɛnrάθəs/ グレンロセス《スコットランド東部の町》.
Gles·sa·ri·ae /glɛséɪriìː/〘ギ神〙琥珀(こはく)諸島 (the Amber Islands).

G

gley, glei /gléɪ/ *n* 〘土壌〙グライ層《多湿地方の排水不良地に生じる粘土質の青みがかった灰色の層》. ♦ **~ed** *a* ［Ukrainian］
gléy·ing *n* GLEIZATION.
gléy sòil 〘土壌〙グライ土(ど) (cf. GLEY).
gli- /gláɪ/, **glio-** /gláɪoʊ, -ə/ *comb form*「神経膠腫 (glioma) の」「神経膠 (neuroglia) の」「ゼラチン様基質に埋め込まれた」「にかわ(glue) 様物質の」 ［Gk ↓］
glia /gláɪə, glíːə/ *n* 〘解〙(神経)膠(こう), グリア (neuroglia). ［Gk＝glue］
gli·a·din /gláɪədən/ *n* 〘生化〙グリアジン《コムギなどに含まれる単純タンパク質で, プロラミン (prolamin) の一種》. ［It (↑)］
gli·al /gláɪəl/ *a* 〘解〙(神経)膠の.
glib /glíb/ *a* 不用意な, うわべだけの, いいかげんな, 気安い, あたりさわりのない; 口の達者な, ペラペラしゃべる; 《古·英方》なめらかな (smooth), すべりやすい (slippery), つるつるの. ♦ **~·ly** *adv* **~·ness** *n* ［*glibbery* (obs) slippery＜? (imit)］
gli·ben·cla·mide″ /glaɪbénkləmàɪd, -béŋ-/ *n* 〘薬〙GLYBURIDE.
glick /glík/ *n**《俗》変わり者, おたく.
glide /gláɪd/ *vi, vt* **1 a** すべる[すべらせる], するすると動く[動かす], 滑走する[させる], すべるように進む[進ませる] 〈*across, along, away, down*, etc.〉; 〈流水が〉音もなく流れる. **b** スーッと飛ぶ; 〘空〙滑空する[させる], (…の上空を)グライダーで飛ぶ: *gliding* angle [distance, flight, speed] 滑空角[距離, 飛行, 速度]. **c** 〘楽〙音をすべらせる〈*on, to*〉; 〘音〙《一音から他音に》わたる. **2** 〈時間など〉いつの間にか過ぎ去る〈*by, past*〉; 漸次に変わる, しだいに消えて…になる〈*into*〉. ► *n* **1 a** すべるような(軽やかな)動き; 〘空〙滑空; すべり, 滑走; すべるように動くステップ(のダンス); 《川の》浅い静かな流れ; 〘クリケット〙はす打ち (glance); 〘冶〙すべり (slip). **b** 〘楽〙PORTAMENTO; 〘音〙わたり音, 半母音 (/j/, /w/ など); 〘音〙わたり《ある音から他の音に移るとき自然に生じるつなぎの音, たとえば length /lɛŋ(k)θ/ の /k/ 音》. **2***《家具の脚の先端の》すべり玉, 金属製すべり板; 《トロンボーンの》スライド管. ［OE *glīdan*; cf. G *gleiten*］
glíde-bòmb *vt* 滑空しながら爆撃する, 滑空爆撃する.
glíde bòmb 《飛行機から放出される有翼の》滑空爆弾.
glíde pàth 〘空〙グライドパス《特に計器飛行時の無線信号による滑降進路》.
glid·er /gláɪdər/ *n* すべる人[もの]; 〘空〙滑空機, グライダー; *ぶらんこ椅子《ベランダなどに置く》; 〘動〙FLYING PHALANGER; 《家具の脚の先の》すべり玉[板].
glíde slòpe 〘空〙グライドスロープ《**1**) GLIDE PATH **2**) グライドパスと地平面とのなす角度 (gliding angle)》.
glíde tìme 《NZ》FLEXTIME.
glid·ing /gláɪdɪŋ/ *n* 《スポーツとしての》滑空, グライダー競技. ► *a* 滑空[滑走]する, するすると動く, すべるような. ♦ **~·ly** *adv* すべるように, するすると.
glíding àngle 〘空〙滑空角 (＝*glide slope*)《飛行機·グライダーの滑空方向と水平方向とのなす角度》.
glíding bactéria *pl* 〘菌〙滑走(運動)細菌, 匍匐細菌 (MYXOBACTERIA).
glíding shíft″ FLEXTIME に基づく交替勤務(制).
glíding tíme″ FLEXTIME.
glim /glím/ 《俗》*n* 《ランプ·ろうそくなどの》灯火, 明かり; 《英では古》ろうそく, 角灯 (lantern); ヘッドライト; 《明かりのはいる》窓; 眼; 《スコ》小片, 少量; [*pl*] 眼鏡: douse [dowse] the ~ 消灯する. ► *vt* (-mm-) よく見る[調べる]. ［? *glim*mer (n), *glim*pse (n)］
glime /gláɪm/ *n, vi* ″《方》盗み見(する).
glim·mer /glímər/ *vi* ちらちら光る, 明滅する (flicker); かすかに光る[輝く]; 〈声·姿などが〉かすかに見える[聞こえる], ぼんやり現われる. ● **go ~ing***《俗》消滅する, 消えうせる, 死ぬ. ► *n* 明滅する光; 小さな火, 微光, 薄光; 《希望などの》かすかな光, 気配; おぼろげな感知[知識]; 《俗》眼, 目ん玉; 《俗》ヘッドライト: a ~ of hope かすかな望み / not a ~ of… かすかな…もない. ［ME＜?Scand; cf. GLEAM, Swed *glimra*, G *glimmern*］
glímmer·ing *n* [°*pl*]《希望·名案などの》兆し, 気配. ► *a* ちらちら[かすかに]光る. ♦ **~·ly** *adv*
glimpse /glím(p)s/ *n* **1** ちらっと見ること, 一見, 一瞥(いちべつ) 〈*of*〉: catch [get, have] a ~ *of*…をちらりと見る, 垣間見る. **2** ちらっと見える[現われる]こと; 《古》かすかな光. **3** おぼろな考え[知識], かすかな感触〈*of, into*〉. ● **the ~s of the moon** 月下の光景, 夜の世界, 地上のできごと (Shak., *Hamlet* より). ► *vt* ちらりと見る; なんとなくわかる. ► *vi* ちらりと見る〈*at*〉; 《詩》かすかに現われてくる; 《古》ちらちら光る. ♦ **glímps·er** *n* ［ME *glimse*; cf. GLIMMER］
glím wòrker*《俗》素通しめがねを売るカーニバルなどの露天商人.
Glin·ka /glíŋkə/ グリンカ **Mikhail (Ivanovich)** ~ (1804–57)《ロシアの作曲家; ロシア国民音楽の父》.
glint /glínt/ *vi* きらめく, キラキラ光る; 〈光が〉反射する; ちらっと見える, 一瞬現われる; 《古》かすめる, さっと動く. ► *vt* きらめかせる; キラキラ反射する; 〈目を〉ちらっと向ける〈*at*〉; かすめる. ► *n* ひらめき, きらめき (flash); ちらりと見えること, 《感情·意識などの》ほのかな[瞬間的な]現われ; 輝き, 光沢; 《スコ》GLIMPSE. ● **a ~ in** sb**'s eye**＝**a** GLEAM **in** sb**'s eye.** ［ME *glent*＜?Scand; cf. Swed *glänta, glinta* to slip, shine］
glio- ⇨ GLI-.
glio·blas·to·ma /glàɪoʊblæstóʊmə/ *n* (*pl* **~s, -ma·ta** /-mətə/) 〘医〙(神経)膠芽(細胞)腫《悪性型神経膠星状細胞腫》. ［*gli-, blast-, -oma*］
gli·o·ma /glaɪóʊmə, *gli-/ *n* (*pl* **~s, -ma·ta** /-tə/) 〘医〙神経膠(こう)腫, グリオーム. ♦ **gli·ó·ma·tous** *a*
glis·sade /glɪsáːd, -séɪd/ *n, vi* 〘登山〙グリセード(で下る)《雪渓の, ピッケルなどによる制動滑降》; 〘バレエ〙グリサード[滑歩](で踊る). ♦ **glis·sád·er** *n* ［F (*glisser* to slip, slide)］
glis·san·do /glɪsáːndoʊ; -sǽn-/ *n* (*pl* **-di** /-di/, **~s**) 〘楽〙グリッサンド《キーや弦の上に指を迅速にすべらせる奏法; その走句》. ► *adv, a* すべるように[な]. ［It＜F (↑)］
glis·sé /glɪséɪ; *F* glise/ *n* (*pl* ~) 〘バレエ〙GLISSADE.
glisse·ment /*F* glismɑ̃/ *n* すべること, 滑走.
glis·sile /glísəl/ *a* 〘晶〙〈転位が〉すべり運動をする (cf. SESSILE).
glis·ten /glís(ə)n/ *vi* 《ぬれたりして》ピカピカ光る, キラキラ輝く, きらめく: Tears ~*ed in* her eyes.＝Her eyes ~*ed with* tears. 目が涙で光った. ► *n* きらめき, 閃光. ♦ **~·ing·ly** *adv* ［OE *glisnian* (*glisian* to shine)］
glis·ter /glístər/ *vi, n* 《古》GLISTEN, GLITTER.
glitch /glítʃ/ *n* 《機械などの》突然の[ちょっとした]事故[故障, 不調]; 欠陥 (bug); 《進展を一時的に妨げる》ちょっとした問題[障害, 暗礁]; 電流の瞬間的異常, 誤った電気的信号; 〘天〙グリッチ《パルサーのパルス周期の突然の変化》. ► *vi* 〘天〙グリッチを起こす. ♦ **glítchy** *a* ［Yid］
glit·ter /glítər/ *vi* **1** ピカピカ光る, キラキラ輝く, きらめく〈*with*〉; 〈目が〉ぎらりと[ギラギラ]光る〈*in* anger〉: A myriad of stars ~*ed in* the sky.＝The sky ~*ed with* a myriad of stars. 空に無数の星が輝いた. **2** きらびやかである, はで<< はでしい, (一見)人目をひく〈*with*〉. ► *n* きらめき, 光り, 輝き; 《目の》輝き; きらびやかさ, 華麗, 光輝, 光彩; 見かけ(だけ)のよさ; キラキラ輝く小さな装飾品《模造ダイヤモンド·ラメなど》; 《カナダ》雨氷 (glaze). ［ON *glitra*; cf. G *glitzern, gleissen*］
glit·te·ra·ti /glìtəráːti/ *n pl* 《きらびやかな》有名人, スター, 名士. ［*glitter, -ati* (cf. *literati*)］
glítter·ing *a* 光り輝く, きらめく; 華麗な, きらびやかな, 絢爛豪華な; 見かけ倒しの. ♦ **~·ly** *adv* キラキラと; 燦爛(さんらん)と.
glíttering generálity [°*pl*]*《政治家や広告などの》常套句, 美辞麗句.
glíttering príze 最高の栄誉, 栄光の座.
glítter ròck グラムロック (＝*glam rock*)《ブギウギ主体の単純なロックンロールで, キラキラしたけばけばしい衣装と化粧をして演奏する[歌う]》. ♦ **glítter ròcker** *n*
Glit·ter·tind /glítərtìn/ グリッターティン《ノルウェー中南部 Jotunheimen 山群の最高峰 (2465 m)》.
glít·tery *a* GLITTERING.
glitz /glíts/ 《口》*n* けばけばしさ, はでさ. ► *vt* 《俗》けばけばしく着飾る, ごてごて飾りたてる〈*up*〉. ［逆成く↓］
glitzy /glítsi/ *a* 《口》けばけばしい, 華美な, けばい, 派手な. ♦ **glítz·i·ly** *adv* **-i·ness** *n* ［G *glitzern* to glitter, -y[1]; cf. *ritzy*］
Gli·wi·ce /glɪvíːtsə/ グリヴィーツェ (*G* Gleiwitz)《ポーランド南西部 Silesia 地方の工業都市; Katowice の西に位置》.
GLM °graduated length method.
gloam /glóʊm/ *n* [the]《文》薄暮 (twilight). ［逆成く↓］
gloam·ing /glóʊmɪŋ/ *n* 《詩》たそがれ, 薄暮. ［OE *glōmung* (*glōm* twilight; GLOW と同語源)］
gloat /glóʊt/ *vi* 〈自分の幸運·他人の不幸などを〉満足げに[いい気味だと思って]眺める, ほくそえむ〈*on, over*〉; 《廃》ほれぼれと[好色な目で]見る〈*on*〉. ► *n* 満悦, ほくそえむこと. ♦ **~·er** *n* **~·ing** *a, n* **~·ing·ly** *adv* 満足げに, ひとり悦に入って. ［C16＜?Scand (ON *glotta* to grin); cf. G *glotzen* to stare］
glob /gláb/ *n* 小滴, (丸い)塊り; 《ペンキなどの》とばしり, 斑点, はね. ［*blob* の影響で *globe* からか］
glob·al /glóʊb(ə)l/ *a* **1** 地球上の; 世界的な, 全世界にわたる, 地球規模の, グローバルな; 《月など》天体の[に関する]; 全体的な, 包括的な; 〘数·電算〙大域[広域]の: a ~ problem 世界的[包括的]な問題 / a ~ war 世界戦争. **2** 球形の, 球状の; 眼球の. ♦ **~·ly** *adv*
glóbal cómmons *pl* 人類の入会地, グローバルコモン《大気·海洋·宇宙空間など》.
glóbal distillátion グローバル蒸留《湿暖地域の汚染物質が蒸発し気流で運ばれ, 寒冷地に滞留する現象》.
glóbal ecónomy 世界[グローバル]経済.
glóbal·ìsm *n* 世界化; 世界化(推進)政策, 世界的関与主義, グローバリズム. ♦ **-ist** *n, a*
glòbal·izátion *n* 《金融·企業活動·社会制度などの》世界化, グローバリゼーション.
glóbal·ìze *vt* 世界[グローバル]化する, 地球規模にする, 全世界に広める. ♦ **glóbal·ìzed** *a* 地球規模になった, グローバル化した. **glóbal·ìz·er** *n*
glóbal posítioning sỳstem GPS.

glóbal próduct グローバルプロダクト《Coca Cola など世界的銘柄の商品》.
glóbal séarch 〔電算〕全ファイル検索, グローバルサーチ.
glóbal tectónics グローバルテクトニクス, 地球変動論.
glóbal víllage [the] 地球村《通信手段の発達により狭くなって一つの村のようになった世界》. [McLuhan の造語]
glóbal wárming 地球温暖化.
glo·bate /glóʊbèɪt/ *a* 球状の (globular).
gló·bàt·ed *a* 《古》球形になった.
glób·by *a* GLOB 様[状]の; 《口》誇張した, 仰々しい (turgid).
globe /glóʊb/ *n* **1** [the] 地球 (earth), 世界; 天体《太陽·惑星など》; 地球儀, 天球儀: the whole habitable ~ 全世界 / use of the ~*s* 《古》《地球[天球]儀を用いた》地理[天文学]の教育. **2** 球, 球体 (ball); 球状のもの; 〔史〕金球《帝王権の表象》; 〔解〕眼球; 球形のガラス器《ランプのほや·金魚鉢など》, 《豪·南ア》電球; [*pl*] 《俗》乳房, おっぱい. **3** GLOBE ARTICHOKE. ► *vt, vi* 球状にする[なる]. ♦ **~·like** *a* [F or L *globus* spherical body]
glóbe àmaranth 〔植〕センニチコウ(千日紅) (=*bachelor('s) button*).
glóbe àrtichoke 〔植〕アーティチョーク (artichoke).
glóbe·fìsh *n* 〔魚〕**a** フグ (puffer fish), ハリセンボン (porcupine fish). **b** マンボウ (ocean sunfish).
glóbe·flòwer *n* 〔植〕キンバイソウ《キンポウゲ科》.
glóbe lìghtning 〔気〕球電 (ball lightning).
glóbe màllow 〔植〕スファエラルケア《南北アメリカの乾燥地に生えるアオイ科 *Sphaeralcea* 属の植物》.
glo·be·si·ty /glòʊbíːsəti/ *n* 世界的な問題としての肥満.
Glóbe Théatre [the] グローブ座, 地球座《1599 年 London の Southwark に建てられた Shakespeare 劇の初演劇場; のち解体 (1644) されたが復原 (1997)》.
glóbe thìstle 〔植〕ヒゴタイ属の草本《キク科》.
glóbe-tròtter *n* 世界の各地を旅行する人, 世界各国を飛び歩く人. ♦ **glóbe-tròt** *vi* **glóbe-tròtting** *n, a* 世界旅行(をする).
glóbe vàlve 〔機〕玉形弁.
glo·big·e·ri·na /gloʊbìʤəráɪnə/ *n* (*pl* **-nae** /-ni/, ~**s**) 〔動〕グロビゲリナ《タマウキガイ科グロビゲリナ属 (*G-*) の有孔虫》. [NL (GLOBE, *gero* to carry)]
globigerína òoze 〔地質〕《深海の》グロビゲリナ軟泥.
glo·bin /glóʊbən/ *n* 〔生化〕グロビン《ヘモグロビンのタンパク質成分; ヘムと結合してヘモグロビンを形成する》.
glo·boid /glóʊbɔ̀ɪd/ *a, n* ほぼ球状の(もの).
glo·bose /glóʊbòʊs/ *a* 球状の, 球形の; 丸みをおびた. ♦ **~·ly** *adv* **glo·bos·i·ty** /gloʊbásəti/ *n*
glo·bous /glóʊbəs/ *a* 《古》球状の (globular).
glob·u·lar /glábjələr/ *a* 球状の, 球形の; 小球体からなる; 世界的な. ♦ **~·ly** *adv* **glob·u·lar·i·ty** /glɑ̀bjəlǽrəti/ *n* [*globule*]
glóbular chárt 球状図法による地図.
glóbular clúster 〔天〕球状星団.
glóbular projéction 《地図作成上の》球状図法《赤道を中心とした円で半球を表わす》.
glóbular prótein 〔生化〕球状タンパク質《水に容易に溶けるタンパク質の総称》.
glóbular sáiling 〔海〕球面航法 (spherical sailing).
glob·ule /glábjul/ *n* 《特に液体の》小球, 小滴; 〔溶接〕溶滴; 血球; 球剤, 丸薬; 〔天〕BOK GLOBULE. [F or＜L (dim)＜GLOBE]
glob·u·lif·er·ous /glɑ̀bjəlíf(ə)rəs/ *a* 小球[小滴]をつくり出す[からなる]; SPHERULITIC.
glob·u·lin /glábjələn/ *n* 〔生化〕グロブリン《単純タンパク質の一群の称》, 《特に》血清グロブリン (serum globulin). [GLOBULE blood corpuscle, *-in*²]
glob·u·lous /glábjələs/ *a* GLOBULAR.
glo·bus hys·ter·i·cus /glóʊbəs hɪstérɪkəs/ 〔医〕ヒステリー球《のどに丸い塊りが詰まった感じのするヒステリーの症状》. [NL＝hysteric ball]
glóbus pál·li·dus /-pǽlədəs/ 〔解〕淡蒼球. [NL＝pale globe]
glo·cal /glóʊk(ə)l/ *a* グローバルかつローカルな(視点からの), グローカルな. [*global*＋*local*]
glócal·ìze *vt* 《口》〈事業などを〉地球規模で展開[組織]して同時に現地の実情に適応させる, グローカライズする. ♦ **glòcal·izátion** *n* 《口》グローカリゼーション.
glo·chid·i·ate /gloʊkídiət/ *a* 〔植〕鉤毛 (glochidia) のついた〈サボテンなど〉; 〈葉が〉先端にとげのある.
glo·chid·i·um /gloʊkídiəm/ *n* (*pl* **-chid·ia** /-iə/) 〔植〕鉤(かぎ)状毛, 鉤毛(こうもう); 〔動〕有鉤子, グロキディウム《淡水二枚貝の幼生》. ♦ **glo·chíd·i·al** *a* [L＜Gk＝little arrow]
glock·en·spiel /glákənspìːl, -ʃpìːl/ 〔楽〕*n* グロッケンシュピール, 鉄琴; カリヨン (CARILLON) 《一組の鐘》. [G＝bell play]
glogg /glág, glúg, glǽg/, **glögg** /glœ́g/ *n* グレッグ《ブランデー·アーモンド·レーズンを加えたホットワイン; 寒い時期のスウェーデンの飲み物》. [Swed]
glom /glám/*《俗》*n* 手; 見ること. ► *v* (**-mm-**) *vt* **1** ひっつかむ, ひっとらえる; 手に入れる; 盗む, かっぱらう. **2** 見る, 見守る, 見渡す, 眺める. ► *vi* とっつかまる, ひっかかる. ● **~ onto** [**on to**]…*…をひっつかむ; …を手に入れる, …を盗む, 着服する, いただく; …に張り付く, 付着する; 〈流行·考えなど〉に熱中する[飛びつく]. ♦ **glóm·mer***《俗》*n* **1** (物をひっつかむ[かっさらう])手; かっぱらい《人》. **2** (ちょっと)見ること. [Sc *glaum*＜?]
glomera *n* GLOMUS の複数形.
glom·er·ate /glámərət, -rèɪt/ *a* 球状に集まった, 固まり合った, 塊状の, 密集した (conglomerate). [L; ⇨ GLOMUS]
glom·er·a·tion /glɑ̀məréɪʃ(ə)n/ *n* 球状に巻く[集める]こと; 固まり合うこと; 集塊.
glo·mer·u·lar /gləmér(j)ələr, gloʊ-/ *a* 〔解〕糸球の, 腎糸球体の.
glo·mer·u·late /gləmér(j)ələt, gloʊ-, -lèɪt/ *a* 小さく固まり合った; 〔植〕団散[団集]花序の.
glom·er·ule /glámər(j)ùːl/ *n* 〔植〕団散花序, 団集花序; 〔解〕GLOMERULUS. [L (dim)＜GLOMUS]
glo·mer·u·lo·nephrítis /gləmèr(j)əloʊ-/ *n* 〔医〕糸球体腎炎.
glo·mer·u·lus /gləmér(j)ələs, gloʊ-/ *n* (*pl* **-li** /-làɪ, -lìː/) 〔解〕糸球《毛細血管叢》; 《腎その他の》糸球体. [(dim)＜GLOMUS]
Glom·ma /glɔ́(ː)mɑ̀ː, glámə/ [the] グロンマ川《GLÅMA 川の英語名》.
glo·mus /glóʊməs/ *n* (*pl* **glom·era** /glámərə/) 〔解〕糸球(体), グロムス《毛細血管の小さい集まり》. [L＝ball]
glómus tùmor 〔医〕グロムス腫瘍.
glon·o·in /glánouən/ *n* 〔薬〕グロノイン《狭心症治療に用いる nitroglycerin の称》.
gloom /glúːm/ *n* **1** うす暗がり, うす暗闇, 陰影; 暗黒, 闇 (darkness); [ˢ*pl*] 《詩》暗い場所[木陰]. **2 a** 陰気な雰囲気, 暗い影, 絶望感, 意気消沈 〈*over, about*〉: the ~*s* of London / chase one's ~ away うさを払う. **b** 憂鬱な[沈んだ]表情; 《スコ》にがい顔, しかめっつら (scowl). ► *vi, vt* (うす)暗くなる[する]; ぼうっと見える[現われる]; 陰気になる[する], 気がめいる; 顔を曇らせる, にがい顔をする. ♦ **~·ful** *a* **~·less** *a* [ME *gloum(b)e* to look sullen＜?; cf. GLUM]
glóom and dóom 《政治·経済情勢などについての》悲観, 暗い見通し.
glóom·ing *n* 《古》GLOAMING.
glóomy *a* (ᵘ**glóom·i·er, -i·est**) 暗い (dim, dark); 陰気な, 陰鬱な (dark); ふさぎこんだ, 憂鬱な, 沈鬱な; 気持を暗くさせる, 希望のない, 陰惨な, 暗澹たる〈前途〉; 〈予測など〉悲観的な. ♦ **glóom·i·ly** *adv* **-i·ness** *n*
glóomy Gús (*pl* **~·es, ~·ses**)*《俗》悲観論者, 陰気[不景気]なやつ.
gloop /glúːp/ *n*ᴴ《口》どろっ[ねちょっ]としたもの (goop*). ► *int* ゴクッ, ゴクリ, ゴックン《飲み込む音·様子》. ♦ **~y** *a* [imit; cf. GLOP]
glop /gláp/*《俗》*n* まずい[どろどろした]食い物; どろっとしたもの; ごたまぜのもの; つまらないもの; 感傷(的なこと), おセンチ. ► *vt* (**-pp-**) …にどろっとしたものをかける 〈*up*〉; 〈どろっとしたものを〉食べ物にかける; ドサッと落とす (plop), 《皿などに》きたならしく盛る (slop). ♦ **glóp·py** *a* [imit; cf. *glop* (obs) to swallow greedily]
Glo·ria /glɔ́ːriə/ *n* **1 a** 《儀式文中の》栄光誦, 栄誦, グロリア《GLORIA IN EXCELSIS または GLORIA PATRI, 時に GLORIA TIBI》. **b** [g-] 〔楽〕グロリア《その曲》. **c** [g-] 〔美〕後光, 光輪 (halo). **2** [g-] グローリア《絹·梳毛糸(そもうし)の洋傘地·洋服地》. **3** グロリア《女子名》. [L or It＝glory]
Glória ìn Ex·cél·sis (Déo) /-ìn ɛkstʃélsəs (déɪoʊ), -ɛkʃél-/ 栄光誦, グロリア·イン·エクセルシス(·デオ)《「いと高きところには神に栄光あれ」の賛歌》. [L＝glory (to God) on high]
Glo·ri·ana /glɔ̀ːriǽnə; -áːnə/ グローリアーナ《Edmund Spenser, *Faerie Queene* の中の妖精国の女王》.
Glória Pá·tri /-páːtri/ 栄誦, グロリア·パトリ (=*lesser doxology*) 《「父と子と聖霊に栄光あれ」の賛歌》. [L＝glory to the Father]
Glória Tí·bi /-tíːbi/ グロリア·ティビ《「栄光なんじにあれ」の賛歌》. [L＝glory to thee]
glo·ri·fi·ca·tion /glɔ̀ːrəfəkéɪʃ(ə)n/ *n* 《神の》栄光をたたえること; 神の栄光を授けること, 栄化; 称賛, 賛美; ᴴ《口》祝祭, 祝宴; 《口》美化(したもの).
gló·ri·fìed *a* 美化された, 名ばかりの, 見かけ倒しの; 〔宗〕神の栄光を授けられた.
glórified bódy 〔キ教〕栄光体, 栄光に輝く身体《復活後のキリストまたは聖人の身体》.
glo·ri·fy /glɔ́ːrəfàɪ/ *vt* 〈神〉の栄光をたたえる, 賛美する; 〈人·行動などを〉称賛[称揚]する; …に栄光を与える; [ᵘ*pp*] 美しく見せる, 美化する, 飾る; 煌々(こうこう)と照らす. ♦ **-fì·er** *n*
glo·ri·ole /glɔ́ːriòʊl/ *n* 〔美〕光背 (aureole, halo).
glo·ri·o·sa /glɔ̀ːrióʊsə, -zə/ *n* 〔植〕グロリオサ, キツネユリ《アフリカ·アジアの熱帯に分布するユリ科キツネユリ属 (*G-*) のつる性の各種の球根植物; 花は赤色·黄色などで, 観賞用に温室栽培される》. [L＝glorious]

glorióśa dàisy 〘植〙グロリオサデージー《アラゲハンゴンソウ (black-eyed Susan) の園芸品種で, 基部が茶橙色の黄色の巨大輪花をつける四倍体》.

glo·ri·ous /glɔ́:riəs/ *a* **1** 栄光[栄誉]ある, 名誉の, はなばなしい, 光輝ある, みごとな; 神々しい; 燦然たる; 壮麗な, 荘厳な: a ~ day 栄(は)ある日; すばらしい天気 / the ~ Fourth 栄光の第4日《米国の独立記念日; 7月4日》/ the GLORIOUS TWELFTH / a ~ death 名誉の死. **2** «口» **a** 愉快な, すばらしい, すてきな, いい; [*iron*] たいした: a ~ show すばらしい見世物 / ~ fun 痛快 / a ~ muddle ごった返し / have a ~ time [holiday] 非常に愉快な時[休日]を過ごす. **b** 上機嫌の, 一杯機嫌の; «廃» 自慢する (boastful). ♦ **~·ly** *adv* **~·ness** *n* [AF<L; ⇨ GLORY]

Glórious Revolútion [the] 〘英史〙名誉革命 (=*Bloodless Revolution, English Revolution*)《1688–89 年; Stuart 王家の James 2 世を放逐し, William と Mary とを迎えて王・女王とした》.

Glórious Twélfth [the] 〘英〙栄光の12日《(1) 8月12日; 毎年ライチョウ猟 (grouse shooting) の解禁日 (2) 7月12日; 北アイルランドで, プロテスタントがカトリック教徒との Boyne 河畔での戦い (1690) に勝利した日》.

glo·ry /glɔ́:ri/ *n* **1 a** 光栄, 栄誉, 誉れ; 《神の》栄光, さかえ, 《天国の》至福; 永遠の世, 天国: covered in [with] ~=crowned with ~ 栄光に包まれて, 成功の絶頂に / *G*~ to God in the highest=GLORIA IN EXCELSIS (DEO). **b** 栄光[栄誉]をもたらすもの[人], 誇り: the crowning ~ of one's career 人のキャリアにおける栄光の頂点. **2** 壮観, 美観, 光輝, はなばなしさ. **3 a** 栄華, 成功[繁栄など]の絶頂, 全盛: the *glories* of ancient Rome 古代ローマ帝国の偉業. **b** 大喜び, 大得意, 誇り. **4** 《神に対する》賛美, 感謝. **5** 〘美〙円光, 光輪 (halo); オーロラ. **6** *«俗» 空荷(から)の貨物列車. ● **bask [bathe] in sb's reflected ~** 人の栄光[七光り]のおかげで名声を得る, 人の栄誉の分け前にあずかる. **G~ (be)!** [<Glory be to God] «口» これは驚いた, なんとまあ, ありがたい, どんなもんだ! **go to (one's) ~** «口» 死ぬ. **in one's [its] ~** はなばなしくて, 全盛で; 得意の絶頂にあって: Even Solomon *in* all his ~...〘聖〙ソロモンの栄華の極みの時でも.... OLD GLORY. **send sb to ~** [*joc*] 殺す, ...に引導を渡す. ► *vi* 喜ぶ; 誇りとする, 得意がる ‹*in*›; «廃» 自慢する (boast): *G*~ ye *in* his holy name. 〘聖〙その清きみ名を誇れ / He *glories in* [*at*] his own disgrace. 自分の不名誉を得意がる / ~ *to* do...するのを得意がる, 得意になって...する / ~ *in* the name [title] of... [*joc*] ...という《りっぱな[変わった]》名前[称号]の持主である. [AF and OF *glorie* <L GLORIA]

glóry bòx «豪» «古風» HOPE CHEST.

glóry dàys [yèars] *pl* 栄光の時代, 全盛期.

glóry hòle 溶融ガラス加熱炉(の炉口), グローリーホール; «俗・方» がらくたでも何でも放り込んでおくひきだし[部屋]; 〘海〙LAZARETTO; «俗» フェラチオなどをするために男子トイレの仕切り壁に開けた穴.

glóry-lìly *n* 〘植〙GLORIOSA.

glóry-of-the-snów *n* 〘植〙ユリ科チオノドクサ属の草本《春咲きの球根植物; ユキゲユリなど》.

glóry pèa 〘植〙クリアンサス《豪州・ニュージーランド原産のマメ科の亜低木; 深紅の花をつける》.

Glos. Gloucestershire.

gloss[1] /glás, glɔ́(:)s/ *n* **1** 《絹などの》光沢, つや, 練り; 光沢面; "«方» 火の輝き; つや出し用化粧品, 《特に》リップグロス (=*glosser*); GLOSS PAINT: put [set] a ~ on...につやをつける; ...の表面を取りつくろう, 言いつくろう. **2** [a ~] 虚飾, 見え, 見せかけ, うわべ, 装い; けばけばしさ: *a* ~ of culture. ● **take the ~ off (of...)** の興をそぐ. ► *vt* ‹まずい点›のうわべを飾る, 糊塗する, ‹誤り・過失などを›巧みに言い抜ける[言いつくろう] ‹*over*›; ‹問題を›いいかげんに処理する, ないがしろにする ‹*over*›; ...の光沢を出す, ...につやをつける, 磨く, ‹絹などを›練る. ► *vi* 光沢[つや]が出る[つく]. [C16< ?Scand (*glossa* to glow)]

gloss[2] *n* 《本文の行間・欄外などに入れる》語句注解, 書込みの説明[訳語, 傍注]; 《一般に 簡潔な》注解, 解義, 評注 ‹*on, to*›; もっともらしい説明, こじつけ; GLOSSARY. ► *vt* 注解[注釈]する. ► *vi* «古» 酷評する ‹*on, upon*›. [GLOZE[1]; L *glossa* にならったもの]

gloss- /glás, glɔ́(:)s/, **glos·so-** /glásou, glɔ́(:)-, -sə/ *comb form* 「舌」「言語」 [Gk GLOSSA]

glos·sa /glásə, glɔ́(:)sə/ *n* (*pl* **-sae** /-sì:, -sàɪ/, **~s**) 〘昆〙中舌; 〘解〙舌 (tongue, lingua). ♦ **glós·sal** *a* [NL<Gk]

Glos·sa /glásə, glɔ́(:)sə/ [Cape] グロッサ岬《Cape GJUHËZËS の旧称》.

glos·sar·i·al /glaséəriəl, glɔ(:)-/ *a* 語彙の: a ~ index 語彙索引. ♦ **~·ly** *adv*

glos·sa·rist /glásərɪst, glɔ́(:)-/ *n* 語彙注解[注釈]者; 用語辞典編者.

glos·sa·ry /glásəri, glɔ́(:)-/ *n* 《巻末などの》用語[語彙]解説, 用語解, 《難語・廃語・方言・術語などの》小辞典, 用語集, 用語[術語]辞典, グロッサリー ‹*to, of*›. [L; ⇨ GLOSS[2]]

glos·sa·tor /glaséɪtər, glɔ(:)-/ *n* GLOSSARIST, 《特に 中世初期のローマ法および教会法の》注釈者.

glos·sec·to·my /glaséktəmi, glɔ(:)-/ *n* 〘医〙舌切除(術).

glos·se·mat·ics /glàsəmǽtɪks, glɔ̀(:)-/ *n* 〘言〙言理学《Louis Hjelmslev を中心とするコペンハーゲン学派の言語理論》. ♦ **-mát·ic** *a*

glos·seme /glásì:m, glɔ́(:)-/ *n* 〘言〙言語形式素《MORPHEME と TAGMEME の総称》; 言素《言理学の用語で, これ以上分析できない構成素としての最小単位》.

glóss enàmel GLOSS PAINT.

glóss·er *n* つや出しをする人[もの]; つや出し用化粧品, 《特に》リップグロス (gloss).

glóss fìnish 光沢仕上げ.

glos·si·na /glasáɪnə, glɔ(:)-, *-sí:-/ *n* TSETSE.

glos·si·tis /glasáɪtəs, glɔ(:)-/ *n* 〘医〙舌炎. ♦ **glos·sit·ic** /glasítɪk, glɔ(:)-/ *a*

glosso- ⇨ GLOSS-.

glos·sóg·ra·pher *n* GLOSSARIST.

glos·sog·ra·phy /glaságrəfi, glɔ(:)-/ *n* 語彙注解, 用語解説.

glos·so·la·lia /glàsəléɪliə, glɔ̀(:)-/ *n* 異言(いげん)(を語ること[力]), 舌がかり (=*gift of tongues, speaking in tongues*)《宗教的興奮[恍惚]に伴うわけのわからない発語(能力); cf. *1 Cor* 14: 1–40》; 〘聖〙異言の賜物 (GIFT OF TONGUES). ♦ **-lá·lic** *a* **-lá·list** *n*

glòsso·laryngeal *a* 〘解〙舌喉頭の.

glos·sol·o·gy /glasáləʤi, glɔ(:)-/ «古» *n* 言語学 (linguistics); 命名法, 術語学 (nomenclature).

glòsso·pharyngéal 〘解〙*a* 舌と咽頭の, 舌咽の. ► *n* GLOSSOPHARYNGEAL NERVE.

glossopharyngéal nérve 〘解〙舌咽神経.

glos·sop·ter·is /glasáptərəs, glɔ(:)-/ *n* 〘植〙グロッソプテリス《絶滅したソテツ状シダ類の一つで, ゴンドワナ植物群の主要属; インド・南米・豪州の古生層に化石としてみられる》.

glóss pàint 《ニスを混ぜた》光沢仕上げ用塗料.

glóssy *a* (ʰ**glóss·i·er, -i·est**) 光沢[つや]のある; ‹雑誌が›光沢紙に印刷された, 光沢紙の雑誌の; 体裁[見かけ]のよい, もっともらしい; 一見はなやかな, 人当たりのいい. ► *n* 〘写〙光沢(仕上げ)印画; 上流社会[社交界]の生活を描いた映画; "«口» GLOSSY MAGAZINE. ♦ **glóss·i·ly** *adv* **-i·ness** *n* [*gloss*[1]]

glóssy íbis 〘鳥〙ブロンズトキ《トキ科》.

glóssy magazíne" 光沢紙の雑誌 (=*slick*)《ファッション雑誌など》.

glóssy stárling 〘鳥〙テリムクドリ《アフリカ産》.

glost /glást, glɔ́(:)st/ *n* 〘窯〙釉(ゆう) (glaze).

glóst fìring 《締焼きの終わった陶器の》釉焼き.

-glot /glàt/ *a comb form* 「(いくつかの)言語に通じている」: poly*glot*. [Gk; ⇨ GLOTTIS]

glott- /glát/, **glot·to-** /glátou, -ə/ *comb form* 「舌」「言語」 [Gk; ⇨ GLOTTIS]

glot·tal /glátl/ *a* 〘解・音〙声門 (glottis) の; 声門音の. ► *n* GLOTTAL STOP. ♦ **~·ize** *vt* 〘音〙声門(音)化する, 声門音で発音する. **glòttal·izátion** *n*

glóttal stóp [cátch, plósive] 〘音〙声門閉鎖[破裂]音《声門の一時的完全閉鎖またはその開放によって生じる音で, bottle, water などの /t/ の異音として現われる; 咳もこの一種; 記号は /ʔ/》.

glot·tic /glátɪk/ *a* GLOTTAL; «古» LINGUISTIC.

glot·tis /glátəs/ *n* (*pl* **~·es, glot·ti·des** /-tədì:z/) 〘解〙声門 (cf. EPIGLOTTIS). [Gk (*glōtta*<*glōssa* tongue)]

glòtto·chronólogy *n* 〘言〙言語年代学《同系言語が分化した年代を推定する方法》. ♦ **-chronológical** *a*

glot·tol·o·gy /glatáləʤi/ *n* LINGUISTICS.

Glouces·ter /glástər, glɔ́(:)-/ **1 a** グロスター《イングランド中南西部 Gloucestershire の州都》. **b** GLOUCESTERSHIRE. **2** グロスター (1) **Humphrey**, Duke of ~ (1391–1447)《イングランドの貴族; Henry 4 世の末子, あだ名 'the good Duke Humphrey'; 学問の庇護者・書籍の収集家として知られた》 (2) **Richard**, Duke of ~ = RICHARD III. **3** グロスターチーズ《もと Gloucestershire 産の硬質チーズ; 今は通例 DOUBLE GLOUCESTER を指す》: single ~ 脱脂乳を用いた二級チーズ.

Glóucester Òld Spót グロスターオールドスポット《英国 Gloucestershire 原産の黒斑をもつ白色の豚》.

Glóuces·ter·shire /-ʃɪər, -ʃər/ グロスターシャー《イングランド中南西部の州; 単に Gloucester ともいう; ☆Gloucester; 略 Glos.》.

Gloucs Gloucestershire.

glout /glú:t, gláut/ *vi* «古» 顔をしかめる, まゆをひそめる.

glove /glʌ́v/ *n* **1** 《五指の分かれた》手袋 (cf. MITTEN); 《野球・ボクシングの》グローブ, グラブ (cf. MITT); [*fig*] 《野球の》守備能力: ~ fight 《グラブをつけての》ボクシング試合. **2** 《中世騎士の》こて (gauntlet). ● **do not lay a ~ on sb** «俗» 人に手を出さない, 人を傷つけない. **fight with the ~s off** 本気で[容赦せずに]戦う. **fit like a ~** ぴったり合う. **go for the ~s** «俗» 《競馬で》むちゃな賭けをする. HAND **and [in] ~.** **handle [treat] with (kid) ~s** 優しく[慎重に]取り扱う. **handle without ~s** 無慈悲に[容赦なく]取り扱う. **put on the ~s** «口» ボクシングをする (box). **take off the ~s** 《試合・議論で》本気になる; «口» 敗北を認める, あきらめる. **take up the ~** 挑戦に応じる, 抵抗の姿勢を示す. **the ~s are [come] off**

本気で戦う[論争する], 容赦しない. **throw down the ～** 挑戦する; 公然と反抗する. ► *vt* **1 a** …に手袋をはめる[あてがう]. **b** …にとって手袋の用をする. **2**〘野〙〈ボールを〉グローブで捕る. ♦ **～·less** *a* **～·like** *a* **glóved** *a* 手袋をはめた. [OE *glōf*; cf. ON *glófi*]

glóve bòx **1** グローブボックス《(1) 放射性物質などを扱うための密閉透明容器; 付属手袋で外から安全に操作できる (2) 一般に外部から付属手袋で操作する環境調節された容器》. **2** ᴴGLOVE COMPARTMENT; 手袋を入れる箱.

glóve compàrtment〘車〙グローブボックス《ダッシュボードの小物入れ》.

glóve dòll 指人形 (hand puppet).

glóve lèather グローブ皮《軽くて柔らかい》.

glóve pùppet《英·カナダ·豪》指人形 (hand puppet).

glov·er /glʌ́vər/ *n* 手袋 (glove) 製造人; 手袋商人.

Glover グラヴァー (1) **Denis James Matthews ～** (1912–80)《ニュージーランドの作家·詩人; *Enter Without Knowing* (1964)》 (2) **Sarah Ann ～** (1785–1867)《英国の音楽教師; トニックソルファ記譜法 (tonic sol-fa) を発明》.

glóves-óff *a*《口》きびしい, 無情な, 手荒な (harsh).

glóve spònge 手袋状海綿《Bahamas, Florida 周辺産の下等品》.

glow /glóu/ *n* [the ～ *or* a ～] **1** 明かり; 白熱, 赤熱; まっ赤な輝き, 白熱光; 燃え立つような色, 照り輝き; 《ほおの》赤らみ; 《体の》ほてり: a soft ～ ほのかな明かり[光] / *the* ～ of sunset 夕焼け. **2** ここちよい満足, 喜び, 満悦; 気持[感情, 情熱, 意気]の高まり, 高揚; ほどよい酔い: *the* ～ of new love 新しい恋愛の幸福感 / have *a* ～ on ほろ酔いかげんである. ● **all of a ～＝in a ～** (赤く)ほてって; まっ赤に輝いて. ► *vi* **1** 熱して輝く, 白熱光を発する; 白熱する, まっ赤になる; 〈ランプ·ホタルなどが〉光を放つ, 光る; 〈色が〉照り輝く, 燃えるようである. **2** 紅潮する, ほてる; 〈眼·顔などが〉輝く 〈*with*〉; 〈感情が〉熱する, 高まる; 〈激情·怒りに〉燃える, 〈誇りに〉輝く 〈*with*〉. [OE *glōwan*; cf. G *glühen*]

glów dìscharge〘電〙グロー放電《低圧ガス中の無音の発光放電》.

glów·er[1] *n* 発光体; ネルンストランプの発光体. [*glow*]

glow·er[2] /gláuər/ *vi* にがい[こわい]顔をする, にらみつける 〈*at, upon*〉; 《スコ》見つめる 〈*at, upon*〉. ► *n*《こわい顔をして》にらみつけること; 《スコ》見つめること; しぶい[にがい]顔, しかめっつら. ♦ **～·ing** *a* **～·ing·ly** *adv* [? Sc＜ME *glore*＜LG or Scand; 一説に ME *glow* (obs) to stare, *-er*[3]]

glów·flỳ *n*〘昆〙ホタル (firefly) (cf. GLOWWORM).

glów·ing *a* 白熱[赤熱]している, まっ赤な (redhot); 熱中している, 熱烈な, 絶賛した〈報告書〉; 強烈な, あざやかな〈色など〉; 赤らんで[ほてって]いる〈ほお〉: in ～ terms ほめちぎって. ♦ **～·ly** *adv*

glów làmp〘電〙グロー電球, グローランプ.

glów plùg〘機〙《ディーゼルエンジンなどの》予熱プラグ, グロープラグ.

glów·stìck *n* 蛍光スティック, ケミカルライト, サイリューム (＝*light stick*)《折り曲げると中の化学物質が反応して蛍光を放つチューブ; コンサートなどでペンライトとして使う》.

glów·wòrm *n*〘昆〙《雌または幼虫の》ツチボタル (cf. FIREFLY, GLOWFLY); *《俗》アマチュアカメラマン; *《俗》大酒飲み, アル中.

glox·in·ia /glɑksíniə/ *n*〘植〙オオイワギリソウ, グロキシニア《ブラジル原産; イワタバコ科》. [Benjamin P. *Gloxin* (1765–94) ドイツの植物学者]

gloze[1] /glóuz/ *vt* …にもっともらしい説明をつける, …を言いつくろう 〈*over*〉; …のうわべをつくろう, ないがしろにする 〈*over*〉; 《古》…に注釈をつける. ►《古》*vi* 注釈をつける, 注解する, 施注する 〈*on*〉; へつらう. ►《古》*n* 注釈; へつらい, おべっか, ごまかし, 偽り. [OF＝to comment; ⇨ GLOSSA, GLOTTIS]

gloze[2]《古·スコ》*vi, vt* 輝く[輝かす] (shine), 明るくなる, 明るくする. ► *n* 輝き, 炎. [? *gloss*[1]]

Glu〘生化〙°glutamic acid.

glub /glʌ́b/ *n* [通例 重ねて] ゴクゴク, ゴボゴボ《水の音》. ► *vi* (**-bb-**) ゴクゴク[ゴボゴボ]音をたてる. [imit]

gluc- /glúːk, glúːs/, **glu·co-** /glúːkou, -kə/ *comb form*「ブドウ糖 (glucose)」「《まれ》糖 (sugar)」(＝*glyc-*). [Gk; ⇨ GLUCOSE]

glu·ca·gon /glúːkəgɑ̀n, -gən/ *n*〘生化〙グルカゴン《膵臓の α 細胞から分泌されるホルモン; 肝臓のグルコース分解を促して血糖値を上昇させる》.

glu·can /glúːkæ̀n, -kən/ *n*〘生化〙グルカン《酵母菌から得られるグルコース残基よりなる多糖類》.

glu·ca·nase /glúːkənèɪs, -z/ *n*〘生化〙グルカナーゼ《グルカン消化酵素》.

glu·cin·i·um /glusíniəm/, **glu·ci·num** /-sáɪnəm/ *n*〘化〙グルシニウム, グルシヌム《BERYLLIUM の古称》.

Gluck /glúk/ グルック **Christoph Willibald ～** (1714–87)《ドイツのオペラ作曲家;『オルフェオとエウリディーチェ』(1762)》.

glu·co·cer·e·bro·si·dase /glùːkousɛ̀rəbrousáɪdèɪs, -z/ *n*〘生化〙グルコセレブロシダーゼ《動物組織中に存在しグルコセレブロシドのブドウ糖の加水分解を触媒する酵素》.

glùco·cérebroside *n*〘生化〙グルコセレブロシド《ブドウ糖を含むセレブロシド; ゴーシェ病 (Gaucher's disease) 患者の組織に蓄積する》.

glùco·córticoid *n*〘生化〙糖質[グルコ]コルチコイド《糖新生を増加させる副腎皮質ホルモン; 抗炎症作用がある》.

glùco·génic *a*〘生化〙糖[グルコース]生成の.

glùco·kínase *n*〘生化〙グルコキナーゼ《基質として特にグルコースだけをとるヘキソキナーゼ》.

glu·co·nate /glúːkənèɪt/ *n*〘化〙グルコン酸塩[エステル].

glùco·nèo·génesis *n*〘生化〙糖新生. ♦ **glùco·nèo·génic** *a*

glu·cón·ic ácid /glukɑ́nɪk-/〘化〙グルコン酸.

glúco·phòre *n*〘生化〙発甘味団, 甘味発生団《化合物分子中の甘味を発生させる原子集団》.

glùco·prótein *n* GLYCOPROTEIN.

glùco·recéptor *n*〘生理〙グルコレセプター, グルコース受容器《脳の満腹中枢にあってグルコースと特異的に反応して満腹中枢の活動を制御する細胞》.

glu·cos·amine /glukóusəmìːn, -zə-/ *n*〘生化〙グルコサミン《甲殻類·昆虫のキチン質に含まれる天然アミノ糖; GLUCOSAMINE SULFATE》.

glucósamine súlfate〘化〙硫酸グルコサミン《カニ·エビなどのキチンから得られる物質; 骨関節炎に有効といわれ, サプリメントとされる》.

glu·cose /glúːkòus, -z/ *n*〘生化〙ブドウ糖, グルコース; 水飴 (starch syrup). ♦ **glu·cos·ic** /glukɑ́sɪk/ *a* [F＜Gk *gleukos* sweet wine]

glúcose-1-phósphate /-wʌ́n-/ *n*〘生化〙グルコース-1-リン酸.

glúcose phósphate〘生化〙グルコースリン酸.

glúcose-6-phósphate /-síks-/ *n*〘生化〙グルコース-6-リン酸.

glucose-6-phosphate dehydrogenase /—́—síks—́——́—/〘生化〙グルコース-6-リン酸デヒドロゲナーゼ[脱水素酵素]《赤血球中の酵素で, グルコース-6-リン酸の脱水素反応を触媒する》.

glu·co·si·dase /glukóusədèɪs, -z/ *n*〘生化〙グルコシダーゼ《グルコシドの加水分解を触媒する酵素》.

glu·co·side /glúːkəsàɪd/ *n*〘生化〙グルコシド《糖成分がブドウ糖である配糖体》. ♦ **glù·co·síd·ic** /-síd-/ *a* **-síd·i·cal·ly** *adv*

glu·cos·uria /glùːkouʃúriə, -kəsjúr-; -kəsjúəriə/ *n* GLYCOSURIA.

glu·co·syl /glúːkəsɪ̀l/ *n*〘生理〙グルコシル基.

glùcosyl·tránsferase *n*〘生理〙グルコシルトランスフェラーゼ《グルコシル基を転移させる酵素》.

glu·cu·rón·ic ácid /glùːkjərɑ́nɪk-/〘生化〙グルクロン酸《肝臓で生成される糖の代謝中間物》.

glu·cu·ron·i·dase /glùːkjərɑ́nədèɪs, -z/ *n*〘生化〙グルクロニダーゼ《グルクロニドの加水分解を触媒する酵素》.

glu·cu·ro·nide /glukjúərənàɪd/ *n*〘生化〙グルクロニド《グルクロン酸の誘導体で, 尿中に排出される》.

glue /glúː/ *n* 接着剤, 糊; にかわ; 結びつけるもの: stick like ～ to sb 人にしつこく[うるさく]付きまとう. ► *v* (**glú(e)·ing**) *vt* **1** 〈…に〉接着する, 糊づけする 〈*down, together*; *on, onto, to*〉. **2** くっつけて離さない, 集中する, 〈目などを〉釘付けにする; [*pass*/～ *-self*] 釘付けになる, 熱中[集中]する 〈*to*〉: with one's eyes ～*d on* [*to*]…をじっと見つめて. ► *vi* 接着剤[糊]でくっつく. ● **～ off**〘製本〙《綴じがゆるまないように》にかわで背固めする. **～ up** …の封をする (seal up), 密閉する. ♦ **～·like** *a* [OF＜L *glus* GLUTEN]

glued /glúːd/ *a* 接着[接合]した, 糊[にかわ]で貼り付けた[貼り合わせた]; *《俗》逮捕されて, とっつかまって; *《俗》酔って, 泥酔して.

glúe eàr〘医〙にかわ耳《特に小児において, 中耳の感染症の結果, 耳管が粘稠液によって閉塞している状態》.

glúe fàctory *《俗》《老いぼれ馬が送り込まれるとされる》にかわ工場《比喩的に人にも用いる》.

glúe fòot *《サーフィン俗》《ボード上で》足もとがぴたっと安定したサーファー.

glúe pòt にかわ鍋《にかわを煮る二重の鍋[容器]》; ᴴ《口》どろんこの土地; 《俗》競馬馬, 老いぼれ馬《GLUE FACTORY に送られるとされることから》.

glu·er /glúːər/ *n* **1** 接着する人, 接着作業員. **2** *《口》シンナー遊びをする者[若者] (gluey).

glúe-snìff·ing *n* 接着剤をかぐこと, シンナー遊び. ♦ **glúe-snìff·er** *n*

glu·ey /glúːi/ *a* (ᶜᵒ**glú·i·er; -i·est**) にかわを塗った; にかわ質[状]の, 粘りつく (sticky); にかわ[接着剤]まみれの. ► *n* *《口》接着剤をかぐ者[若者], シンナー遊びをする者 (glue-sniffer). ♦ **glú·i·ly** *adv* **～·ness, glú·i·ness** *n*

glug /glʌ́g/《口》*n*《水などの》ゴボゴボいう音, ゴクゴク(水[酒]を飲む音); 酒をグイッ[クッ]とひっかけること, ゴクゴク飲むこと. ► *v* (**-gg-**) *vt* ゴクゴク飲む; ゴボゴボ注ぐ 〈*into*〉. ► *vi* ゴボゴボと音をたてる. ♦ **glúg·ga·ble** *a* [imit]

glüh·wein, gluh- /glúːvàɪn, glýː-/ *n* グリューワイン《赤ワインに砂糖·香料などを加えて温めた飲み物》. [G]

glum /glʌ́m/ *a* (**glúm·mer; glúm·mest**) むっつりした, ふさぎこんだ (sullen). ♦ **～·ly** *adv* **～·ness** *n* [*glum* (dial) to frown, GLOOM]

glu·ma·ceous /gluméɪʃəs/ *a* 〔植〕穎 (glume) のある[からなる]; 穎状の.
glume /glúːm/ *n* 〔植〕《イネ科植物の》穎(えい), 穎苞(えいほう), 包穎. ◆ **glum·ose** /glúːmòus/ *a* [L *gluma* husk]
glumpy /glʌ́mpi/ *a* 《古》GRUMPY.
glu·on /glúːɑ̀n/ *n* 〔理〕グルーオン《クォーク間の相互作用を媒介する粒子》. [*glue, -on*[2]]
glut[1] /glʌ́t/ *v* (-tt-) *vt* **1** 満腹させる, 飽食させる, 〈食欲・欲望を〉満たす; 飽きあきさせる, 思う存分…する: ~ one*self with*…を飽きるほど食べる; …に堪能(たんのう)する / ~ one's eyes 思う存分眺める / ~ one's revenge 十分に恨みを晴らす. **2**〈市場〉に過度に供給する, 供給過剰にする; 〈通路などを〉詰まらせる, ふさぐ. ► *vi* 存分に食う; 思うままふるまう. ► *n* 過多, 充溢; 満腹, 食傷; 《市場における商品の》供給過剰, だぶつき: a ~ of fruit 果物の氾濫 / a ~ in the market＝market ~ 市場の在荷過剰. [? OF *gloutir* to swallow; ⇨ GLUTTON]
glut[2] *vt* 《古》ぐいと[欲ばって]のみ込む. [?*glut*[1]]
glu·ta·mate /glúːtəmèɪt/ *n* 〔化〕グルタミン酸塩[エステル]; MONOSODIUM GLUTAMATE.
glu·tám·ic ácid /glutǽmɪk-/ 〔生化〕グルタミン酸. [*gluten*＋*amino*＋*-ic*]
G **glu·ta·min·ase** /glúːtəmənèɪs, glutǽmə-, -z/ *n* 〔生化〕グルタミナーゼ《グルタミンをグルタミン酸とアンモニアに加水分解する酵素》.
glu·ta·mine /glúːtəmìːn/ *n* 〔生化〕グルタミン《結晶性アミノ酸の一種》. [*gluten*＋*amine*]
glu·ta·mín·ic ácid /glùːtəmínɪk-/ GLUTAMIC ACID.
glu·tar·áldehyde /glùːtər-/ *n* 〔生化〕グルタルアルデヒド《皮なめし・消毒薬・顕微鏡標本の固定などに用いる》.
glu·tár·ic ácid /glutǽrɪk-/ 〔化〕グルタル酸《有機合成に用いる》.
glu·ta·thi·one /glùːtəθáɪòun, -θaɪóun/ *n* 〔生化〕グルタチオン《生体内の酸化還元の機能に重要なはたらきをする》. [*glutamic, thio-, -one*]
glute /glúːt/ *n* [ᵁ*pl*] 《口》臀筋 (gluteus).
glu·te·al /glúːtiəl, glutíːəl/ *a* 〔解〕臀(部)の, 臀筋の: ~ cleft 臀裂 / ~ reflex 臀筋反射.
glutei *n* GLUTEUS の複数形.
glu·te·lin /glúːt(ə)lən/ *n* 〔生化〕グルテリン《植物性単純タンパク質の一種》.
glu·ten /glúːt(ə)n/ *n* 〔化〕麩質(ふしつ), 麩素, グルテン. [F＜L＝glue]
glúten brèad グルテンパン《gluten flour で作った麩に類したパン; 糖尿病患者用》.
glúten flòur グルテン麦粉《麦粉から澱粉の大部分を除いたもの; gluten bread の原料》.
glu·te·nin /glúːt(ə)nən/ *n* 〔生化〕グルテニン《小麦粉に含まれるグルテリン類タンパク質の一種》. [*gluten, -in*]
glu·ten·ous /glúːt(ə)nəs/ *a* グルテン状の[を多量に含む].
glu·teth·i·mide /glutéθəmàɪd, -məd/ *n* 〔薬〕グルテチミド《鎮静剤・催眠剤》.
glu·te·us /glúːtiəs, glutíːəs/ *n* (*pl* **-tei** /glúːtiàɪ, -tiìː, glutíːàɪ/) 〔解〕臀筋, 《特に》GLUTEUS MAXIMUS. [L]
glúteus máx·i·mus /-mǽksəməs/ (*pl* **-tei máx·i·mi** /-màɪ/) 〔解〕大臀筋. [L]
glut·fla·tion /glʌ̀tfléɪʃ(ə)n/ *n* グラットフレーション《品物がだぶついているのに価格が上昇すること》. [*glut*＋*inflation*]
glu·ti·nant /glúːt(ə)nənt/ *n* 〔動〕膠胞, 粘着刺胞[細胞].
glu·ti·nous /glúːt(ə)nəs/ *a* にかわ質の; 粘着性の, 粘る: ~ rice もち米. ◆ **~·ly** *adv* **~·ness** *n* **glu·ti·nos·i·ty** /glùːt(ə)násəti/ *n* 粘着性. [F or L; ⇨ GLUTEN]
glu·tose /glúːtòus/ *n* 〔化〕グルトース《ケトヘキソース (ketohexose) の一種で非発酵性》.
glut·ton /glʌ́tn/ *n* **1** 大食漢, 大食らい; 《口》がんばり屋, 凝り屋, 耐えうる者 〈*for*〉: a ~ *of* books [*for* work] 猛烈な読書家[仕事の虫] / a ~ *for* punishment いくら打たれても平気なボクサー; 自虐的とも思えるほどのがんばり屋. **2**〔動〕クズリ《北欧・シベリア・北米のイタチ科の肉食獣; 北米のクズリを特に wolverine という》. [OF＜L (*gluttio* to SWALLOW[1], *gluttus* greedy)]
glútton·ìze *vi, vt* 《古》大食する, たらふく食う.
glútton·ous *a* 食いしん坊の, 大食する; むさぼる, 貪欲な (greedy), 欲ばる 〈*of*〉; 凝る 〈*of*〉. ◆ **~·ly** *adv* **~·ness** *n*
glút·tony *n* 大食, 大食らい, 暴飲暴食; 耽溺: *G*~ kills more than the sword. 《諺》大食は剣より多く人を殺す.
glutz /glʌ́ts/ *n**《俗》あばずれ, ふしだら女.
gly·bu·ride* /glaɪbjúəràɪd/ *n* 〔薬〕グリブリド《スルホニル尿素; 血糖降下薬にする》.
glyc- /gláɪk, gláɪs, ˈglík, ˈglís/, **gly·co-** /gláɪkou, -kə, ˈglík-/ *comb form*「糖」「砂糖」「甘い」(cf. GLUC-). [Gk *glukus* sweet; ⇨ GLYCERINE]
gly·can /gláɪkæ̀n/ *n* POLYSACCHARIDE.
gly·ce·mia | **-cae-** /glaɪsíːmiə/ *n* 〔医〕血糖症. ◆ **gly·cé·mic** | **-cáe-** *a*
glycémic índex グリセミックインデックス[指数], 血糖指数《食物摂取後の血糖値上昇度; 略 GI》; グリセミックインデックスによる食物ランキング.
glyc·er- /glísər/, **glyc·ero-** /glísərou, -rə/ *comb form*「グリセリン (glycerin)」
glỳcer·áldehyde *n* 〔生化〕グリセルアルデヒド《グリセロールの酸化により形成されるアルデヒド》.
gly·cér·ic ácid /glɪsérɪk-/ 〔化〕グリセリン酸.
glyc·er·ide /glís(ə)ràɪd/ *n* 〔生化〕グリセリド《グリセリンの脂肪酸エステルの総称》. ◆ **glyc·er·id·ic** /glìsərídɪk/ *a*
glyc·er·in /glís(ə)rən/, **glyc·er·ine** /glís(ə)rən, glìsəríːn/ *n* 〔化〕グリセリン (GLYCEROL). ★ 化学では glycerol のほうが好んで用いられる. [F (Gk *glukeros* sweet)]
glyc·er·in·ate /glís(ə)rənèɪt/ *vt* グリセリンで処理する. ► *n* 〔化〕グリセリン酸塩. ◆ **glỳc·er·in·átion** *n*
glyc·er·ol /glís(ə)rɔ̀(ː)l, -ròul, -rɑ̀l/ *n* 〔化〕グリセロール, グリセリン (＝*glycerin*)《無色で甘味をもつ粘りのある液体; 浣腸剤・ニトログリセリン製造原料・タバコなどの防乾剤に用いる》.
glyc·er·yl /glís(ə)rəl, -rìl, ˈ-ràɪl/ *n* 〔化〕グリセリル《グリセロールから誘導される 3 価の基》.
glýceryl trì·nítrate 〔化〕三硝酸グリセリン (NITROGLYCERIN).
gly·cine /gláɪsìːn, *ー ー́, *-s(ə)n/ *n* 〔化〕アミノ酢酸, グリシン (＝*aminoacetic acid*)《甘味のある無色結晶; 最も単純なアミノ酸》. [*glyc-, -ine*[2]]
glyco- /gláɪkou, -kə, ˈglík-/ ⇨ GLYC-.
glỳco·álkaloid *n* 〔化〕グリコアルカロイド《苦味・毒性のある植物性ステロイドアルカロイド配糖体; ジャガイモのソラニン (solanine) など》.
glỳco·cályx *n* 〔生〕糖衣《特に バクテリアの細胞表面をおおう多糖および糖タンパク》.
gly·co·chól·ic ácid /glàɪkoukálɪk-, -kóulɪk-/ 〔生化〕グリココール酸.
gly·co·gen /gláɪkəʤən, -ʤèn/ *n* 〔生化〕グリコーゲン, 糖原 (＝*animal starch*)《動物の肝・筋肉などに含まれる澱粉に似た多糖類》. [*glyco-, -gen*]
glỳco·génesis *n* 〔生化〕グリコーゲン合成[生成]. ◆ **-genétic** *a*
glỳco·génic *a* グリコーゲンの, 糖原(生成)性の.
gly·co·gen·ol·y·sis /glàɪkəʤənáləsəs/ *n* (*pl* **-ses** /-sìːz/) 〔生化〕グリコーゲン分解. ◆ **-gen·o·lyt·ic** /-ʤən(ə)lítɪk, -ʤèn-/ *a*
gly·co·ge·no·sis /glàɪkəʤənóusəs/ *n* (*pl* **-ses** /-sìːz/) 〔医〕糖原(貯蔵)症《グリコーゲンが組織に蓄積される代謝障害》.
gly·col /gláɪkɔ̀(ː)l, -kòul, -kɑ̀l/ *n* 〔化〕グリコール《＝DIOL, 特に ETHYLENE GLYCOL》. [*glycerine*＋*alcohol*]
glỳcol·áldehyde *n* 〔化〕グリコールアルデヒド《二糖 (diose)》.
gly·co·late, -col·late /gláɪkəlèɪt/ *n* 〔化〕グリコール酸塩[エステル].
glỳco·lípid *n* 〔生化〕糖脂質.
gly·cól·(l)ic ácid /glaɪkálɪk-/ 〔化〕グリコール酸.
gly·col·y·sis /glaɪkáləsəs/ *n* 〔生化〕糖分解, 解糖. ◆ **gly·co·lyt·ic** /glàɪkəlítɪk/ *a* **-i·cal·ly** *adv*
glỳco·nèo·génesis *n* 〔生化〕GLUCONEOGENESIS.
gly·con·ic /glaɪkánɪk/ *n* 〔古典韻律〕グライコン詩体《一種の四韻脚詩体》. ► *a* グライコン詩体の. [*Glycon* (?) ギリシアの詩人]
glýco·péptide *n* 〔生化〕グリコペプチド (GLYCOPROTEIN).
glýco·phyte *n* 〔生態〕非塩生植物《塩類の少ない土壌に生育する》. ◆ **glỳco·phýt·ic** /-fít-/ *a*
glỳco·prótein *n* 〔生化〕糖タンパク(質)《粘液素および軟骨の主成分》.
gly·cos·ami·no·glýcan /glàɪkousəmìːnou-, -sæ̀mənou-/ *n* 〔生化〕グリコサミノグリカン (mucopolysaccharide).
gly·cose /gláɪkòus/ *n* 〔生化〕単糖 (monosaccharide); 《古》ブドウ糖 (glucose).
gly·co·si·dase /glaɪkóusədèɪs, -zədèɪz/ *n* 〔生化〕グリコシダーゼ《グリコシド結合の加水分解を触媒する酵素》.
gly·co·side /gláɪkəsàɪd/ *n* 〔生化〕配糖体, グリコシド. ◆ **glỳ·co·síd·ic** /-síd-/ *a* **-i·cal·ly** *adv*
glỳco·sphingolípid *n* 〔生化〕グリコスフィンゴリピド《グルコース[ガラクトース]の糖を含むスフィンゴ脂質》.
gly·cos·uria /glàɪkouʃúriə, -kəsjúriə; -kəsjúər-/ *n* 〔医〕糖尿. ◆ **glỳ·cos·úric** *a* [*-uria*]
gly·co·syl /gláɪkəsìl/ *n* 〔化〕グリコシル《環状グルコースから誘導される 1 価の基》.
gly·co·syl·ate /glaɪkóusəlèɪt, glàɪkousáɪlèɪt/ *vt* 〔生化〕〈タンパク質を〉グリコシル化する《グリコシル基を転移する》. ◆ **glỳ·co·syl·á·tion** *n*
gly·cyl /gláɪsəl/ *n* 〔化〕グリシル《グリシンの 1 価の基》.
Glynde·bourne /gláɪn(d)bɔ̀ːrn/ グラインドボーン《イングランド南部 East Sussex 州の Lewes の近くにあるカントリーハウス; 敷地内の劇場で毎夏オペラフェスティバルが開催される》.
Glyn·dwr /glɪndúər/ グリンドゥール **Owain** ~ (Owen GLENDOWER のウェールズ語名).

gly·ox·a·line /glaɪάksəlìːn, -lən/, **-lin** /-lən/ *n* 〖化〗グリオキサリン (IMIDAZOLE).
glyph /glíf/ *n* 〖建〗《装飾的な》縦溝; 絵文字,《マヤなどの》象形文字; 浮彫像; シンボル, 記号;〖電算〗グリフ《字形の本質を抽象化したもの》. ♦ **glýph·ic** *a* ［Gk=carving］
gly·phog·ra·phy /glɪfάgrəfi/ *n* 〖印〗蠟刻電鋳版法. ♦ **-pher** *n*
glyph·o·sate /glífəsèɪt, gláɪ-/ *n* 〖農薬〗グリホサート《アミノ酸系の非選択性除草剤》.
Glyp·tal /glíptl/ 〖商標〗グリプタル《アルキド樹脂》.
glyp·tic /glíptɪk/ *a* (宝石)彫刻の[に関する]. ► *n* GLYPTICS.
glýp·tics *n* (宝石)彫刻術.
glyp·to·dont /glíptədὰnt/, **-don** /-dὰn/ *n* 〖古生〗彫歯獣, グリプトドン, オオアルマジロ《南北アメリカ洪積世の, アルマジロに近い動物》.
glýp·to·gràph /glíptə-/ *n* 《宝石の》彫り模様; 彫り模様のある宝石[印章など].
glyp·tog·ra·phy /glɪptάgrəfi/ *n* 宝石彫刻学《彫刻を施した宝石の研究》; 宝石彫刻術 (glyptics).
gm gram(s). **Gm** gigameter(s). **GM** °Games Master ♦ General Manager ♦ °General Motors ♦ genetically modified ♦ genetic modification ♦〖英〗°George Medal ♦ °Grand Marshal ♦ °grand master ♦〖英教育〗grant-maintained ♦ °guided missile.
G-man /ʤíː-—/ *n* (*pl* **-men** /-mèn/)*《口》ジーメン《連邦捜査局 (FBI) 所属の直接犯罪捜査官》;《アイル》政治犯担当刑事; *《俗》GARBAGEMAN. ［*Government man*］
GMAT /ʤíːmæ̀t/ 〖商標〗Graduate Management Admissions Test.
GMB /ʤíːèmbíː/ *n* 〖英〗GMB, 全国都市一般労働組合. ［*General, Municipal, Boilermakers and Allied Trade Union*］
GmbH ［G *Gesellschaft mit beschränkter Haftung*］company with limited liability 有限責任会社. **Gmc** Germanic.
GMO genetically modified organism 遺伝子組換え作物[生物], GM 作物[生物]. **GMP** 〖生化〗°guanosine monophosphate.
GMS 〖英教育〗grant-maintained status. **GMT** °Greenwich mean time. **GMTA** 《E メールなどで》great minds think alike (⇨ MIND *n* 2). **GMW** °gram-molecular weight.
gn guinea(s). **GN** °Graduate Nurse.
gnám·ma (hòle) /(gə)nǽmə(-)/ 《豪》グナマ(ホール)《口が小さく底の広い岩穴で, 中に天然水・雨水のたまったもの; 原野で暮らす先住民の水源》. ［(Austral)］
gnar, gnarr /nάːr/ *vi* (-rr-) 〈犬が〉おこってうなる, 歯をむいていがむ. ［imit］
gnarl[1] /nάːrl/ *n* (木の)ふし, こぶ. ► *vt, vi* ねじる, ねじ曲げる, ねじれる; ふしくれだたせる; ふし[こぶ]ができる. ［逆成く*gnarled*］
gnarl[2] *vi* 《廃》うなる (snarl). ［? (freq) く*gnar*］
gnar·la·tious /nὰːrléɪʃəs/ *a**《俗》すばらしい, 最高の.
gnárled *a* **1** ふし[こぶ]だらけの, ふしくれだった; ふし状の; 曲がりくねった, ねじれた; 〈人が〉日焼けしてごつごつした感じの. **2** つむじまがりの, ひねくれた. ［*knurled*; ⇨ KNURL］
gnárly *a* **1** GNARLED. **2***《俗》あぶない, むつかしい; *《俗》いやな, ぞっとする, ひどい; *《俗》すばらしい, とてもいい (great).
gnash /nǽʃ/ *vi, vt* 《怒り・苦痛などで》歯ぎしりする, 〈歯を〉きしらせる; 歯をきしらせてかむ: ～ one's teeth 《怒り・苦痛などで》歯をぎりぎりいわせる; 怒りをあらわにする 〈*at, over*〉. ► *n* 歯ぎしり. ［変形く*gnacche* or *gnast*; cf. ON *gnastan* a gnashing (imit)］
gnásh·ers *n pl* "《口》歯 (teeth); 入れ歯.
gnásh·ing *n* 歯ぎしり: weeping and ～ of teeth 泣きわめいていらだつこと《*Matt* 8: 12》.
gnat /nǽt/ *n* 〖昆〗刺して血を吸う小さな羽虫《ヌカカ・ブユなど》, 〖聖〗ぶよ; "蚊 (mosquito); つまらない人間[物]. ● **strain at a ～ (and swallow a camel)** (大事を看過して)小事にこだわる《*Matt* 23: 24》. ♦ **gnát·ty** *a* **～·lìke** *a* ブユのような, 非常に小さい. ［OE *gnæt*; cf. G (dial) *Gnitze* gnat］
gnát·càtch·er *n* 〖鳥〗ブユムシクイ《北米・南米産の食虫性のごく小さいウグイス科の鳴鳥》.
gnath- /néɪθ, nǽθ/, **gna·tho-** /néɪθoʊ, nǽθ-, -θə/ *comb form* 「あご (jaw)」 ［Gk (↓)］
gnath·ic /nǽθɪk/, **gnath·al** /nǽθ(ə)l, néɪ-/ *a* あご (jaw) の[に関する]. ［Gk *gnathos* jaw］
gnáthic índex 〖人〗あご示数《上顎の突出度を示す》.
gna·thi·on /néɪθiὰn, nǽθ-/ *n* 〖人〗おとがい点, グナチオン《下顎骨中央矢状面の最下点で頭蓋計測点の一つ》.
gna·thite /néɪθàɪt, nǽθ-/ *n* 〖動〗上顎(じょうがく), 口器《節足動物の口の付属器官》.
gna·thon·ic /næθάnɪk/ *a* へつらう, おべっかをつかう, 偽りの.
gnatho·stome /néɪθəstòʊm, nǽθ-/ *n* 〖動〗有顎類[顎口類] (Gnathostomata) の脊椎動物. ［NL (*gnath-*, *-stoma stoma* mouth)］
-g·na·thous /-gnəθəs/ *a comb form* 「…なあご (jaw) をもつ」 ［Gk; ⇨ GNATH-］
gnát's [gnáts'] píss [pée] 《俗》うすい[まずい]飲み物《うすいお茶やビールなど》: like ～ ブヨのおしっこのようで, まずい.
gnát's whístle [the]*《俗》絶品, 逸品.
gnaw /nɔ́ː/ *vt, vi* (～**ed**; ～**ed**, 《古》**gnawn** /nɔ́ːn/) **1** 《前歯で》かじる, かじり減らす, かみ切る 〈*away, off*〉; しゃぶる 〈*at, on*〉; 〈穴などを〉かじってつくる; 腐食する, 侵食する: A dog ～*s* (*at*) a bone. 骨をしゃぶる / ～ a hole through wood 木をかじって穴をあける / ～ one's way *into* a box 箱をかじって中にはいり込む. **2** むしばむ; 弱らせる, 絶えず苦しめる, 悩ます 〈(*away*) *at*〉: an illness ～*ing* (*at*) his life 命をむしばんでいる病気. ► *n* かじる[しゃぶる]こと. ［OE *gnagan* (imit); cf. G *nagen*］
gnáw·er *n* かじるもの[人]; 〖動〗齧歯(げっし)動物 (rodent).
gnáw·ing *n* かじる[かむ]こと; 絶えまない苦痛[苦悩]; [*pl*] 激痛, さしこみ, 《特に》飢えの苦しみ. ► *a* かじる, かむ(ような); 食い入るような; 心をさいなむ: a ～ animal 齧歯動物. ♦ **～·ly** *adv*
gnawn *v* 《古》GNAW の過去分詞.
GNB °Good News Bible.
gneiss /náɪs/ *n* 〖岩石〗片麻岩. ♦ **gnéiss·ic** *a* **gnéiss·òid** *a* **gneiss·ose** /náɪsòʊs/ *a* ［G］
GNMA 〖米〗°Government National Mortgage Association.
gnoc·chi /n(j)ɔ́(ː)ki, nάki/ *n pl* 〖料理〗ニョッキ《スープに入れたりソースをかけたりして供するだんご型のパスタ》. ［It］
gnome[1] /nóʊm/ *n* **1 a** 〖伝説〗ノーム《地中の宝を守る地の精で, しなびた醜い老人姿の小人》; ノームの像《庭の置物にする》. **b** しなびた老人《男》. **2** 《口》《特に 国際金融市場で取引する》投機的銀行家[金融業者]; 《口》《匿名の》専門家, 《特に》統計専門家, 産業動向分析家: the ～*s* of Zurich チューリヒの小鬼ども《スイスの投機的銀行家》. ♦ **～·lìke** *a* ［F＜NL *gnomus*; Paracelsus の造語］
gnome[2] /nóʊm, nóʊmìː/ *n* 金言, 格言. ［Gk *gnōmē* opinion］
gnóme òwl 〖鳥〗スズメフクロウ (pygmy owl).
gno·mic[1] /nóʊmɪk, nάm-/ *a* 金言 (gnome) の, 格言的な; 格言詩を得意とする; 〖文法〗一般的真理を表わす, 格言的〈時制〉; 不可解な, あいまいな: ～ poetry 格言詩 / a ～ poet 格言詩人 / the ～ present [preterit] 格言的現在[過去](時制)《例: Day follows night.》. ♦ **gnó·mi·cal** *a* **-mi·cal·ly** *adv*
gnomic[2] *a* GNOME[1] の(ような).
gnom·ish /nóʊmɪʃ/ *a* 地の精 (gnome) のような, 気まぐれな, ちゃめっけのある.
gnó·mist *n* 金言[格言]作者.
gno·mol·o·gy /noʊmάləʤi/ *n* 金言集, 格言集; 格言[警句]的な作品. ♦ **-gist** *n* **-mo·log·ic** /nòʊməlάʤɪk/, **-i·cal** *a*
gno·mon /nóʊmὰn, -mən/ *n* **1** 《日時計の》指時針; 《古代人が太陽の南中高度測定などに用いた》晷針(きしん). **2** 〖数〗(グ)ノーモン《平行四辺形の一角を含んでその相似形を取り去った残りの形》. ♦ **gno·mon·ic** /noʊmάnɪk/ *a* ［F or L＜Gk=indicater, interpreter］
gnomónic projéction 〖地図〗心射図法, グノモニック投影.
-g·no·my /-gnəmi/ *n comb form* 「判断術[学]」: physio*gnomy*. ［Gk; ⇨ GNOME[2]］
gno·sis /nóʊsəs/ *n* (*pl* **-ses** /-sìːz/) 霊的認識, 霊知, 神秘的直観, 覚知; GNOSTICISM. ［Gk=knowledge］
-gno·sis /gnóʊsəs/ *n comb form* (*pl* **-gno·ses** /-sìːz/)「《特に 病的状態の》認識」: diag*nosis*, psycho*gnosis*. ［NL＜Gk (↑)］
Gnos·sus /(gə)nάsəs/ グノッスス《KNOSSOS 別称》. ♦ **Gnós·si·an** *a*
Gnos·tic /nάstɪk/ *n* グノーシス主義者. ► *a* グノーシス主義[派]の; [g-] 知識に関する, 霊知の, 覚知の; [g-] [*joc*] 賢い (clever). ♦ **-ti·cal** *a* ［L＜Gk; ⇨ GNOME[2]］
-gnos·tic /gnάstɪk/, **-ti·cal** *a comb form* 「知識の」「認識の」: geo*gnostic(al)*, pro*gnostic*. ［↑］
gnos·ti·cism /nάstəsìz(ə)m/ *n* [°G-] グノーシス主義[説]《神の直覚的認識の観念を中心とする 2 世紀ごろの思想; 東洋・ギリシア・ローマの宗教観念の混合したもので, キリスト教会で異端とされた》.
Gnos·ti·cize /nάstəsàɪz/ *vi* グノーシス主義的立場をとる. ► *vt* …にグノーシス主義的解釈[性質]を与える.
gno·thi se·au·ton /gnóʊθi sèautɔ́ːn/ 汝自身を知れ (know thyself)《Delphi の Apollo の神殿に刻まれた銘; Socrates がモットーとした》. ［Gk］
gno·to·biólogy /nòʊtə-/ *n* GNOTOBIOTICS.
gno·to·biósis /nòʊtə-/ *n* GNOTOBIOTICS.
gno·to·bi·ote /nòʊtəbáɪòʊt/ *n* 〖生〗ノトバイオート《限られた種類の既知の微生物のみを含む動物》.
gno·to·biótic /nòʊtə-/ *a* 〖生〗限られた種類の既知の微生物のみを含む環境の[にすむ]; 無菌の (axenic). ♦ **-ical·ly** *adv* ［Gk *gnōtos* known］
gnò·to·biótics /nòʊtə-/ *n* 無菌動物学, ノトバイオティックス《無菌または限られた種類の既知の微生物のみにかかわる動物または状態を扱う生物科学》.
gnow /náʊ/ *n* 《西オーストラリア》MALLEE BIRD.
GNP 〖経〗°gross national product. **Gnr** 〖軍〗gunner.
GnRH 〖生化〗°gonadotropin-releasing hormone.
gns guineas.
gnu /n(j)úː/ *n* (*pl* ～, ～**s**) 〖動〗ヌー (=*wildebeest*)《アフリカ産の羚

羊: オジロヌー またはオグロヌー). ［Bantu *nqu*］

GNU /gnúː/ *n*〘電算〙GNU《MIT の Richard Stallman を中心とする Free Software Foundation により進められている UNIX 類似 OS および関連ツール開発プロジェクト》. ［*G*NU's *N*ot *U*NIX!; recursive acronym と呼ばれる戯称］

GNVQ〘英〙General National Vocational Qualification 一般国家職業資格, 英国一般職業資格.

go[1] /góu/ *v* (**went** /wént/; **gone** /gɔ́(ː)n, gán/; **gó·ing**) (⇨ GOING, GONNA, GONE) *vi* **1 a** 行く, 進む, 動く, 通る, 向かう, 旅行する (move, travel); 去る, 帰る; «口» トイレに行く, おしっこ[うんこ]をする; «廃»《他の進み方と区別して》歩く: He came at two and *went* at four. 2 時に来て 4 時に帰った / *go* by rail [ship, air, land, sea] 鉄道で[船で, 空路を, 陸路を, 海路を]行く / *go* on a JOURNEY / *go* across (the road) to a store (道の)向こう側の店へ行く / I am *going* (＝am on my way) to the station. 駅へ行くところです. ★ cf. COME[1] *vi* 1. **b** [～ do*ing* の形で] …しに行く; …しながら進む[行く]; [*neg*] あわてて…する, 不都合な[ばかな]ことをする: *go* fish*ing* [hunt*ing*, swim*ming*, shop*ping*] 釣り[狩り, 泳ぎ, 買物]に行く / *go* run*ning* into the loo トイレに駆け込む / Don't *go* gett*ing* into trouble again. 二度とトラブルにならないで. **c** [～ do の形で; [U]*impv*] *«口» GO and do (1); «カリブ» …するつもりだ, …するだろう (will): *Go get* the boss. ボスを呼んでこい / *Go hit* your head against the wall. 壁に頭でもぶっつけてこい / I *go see* you tomorrow. **d** [*to* do を伴って] …し始める, …に取りかかる, …しようとする: whenever I *go to* do something, わたしが何かしようとするといつも…. **e** [〈*int*〉]《競走開始の合図として》走れ, ドン!: On your mark(s), get set, *go!* 位置について, 用意, ドン! / One, two, three, *go!*〘競技〙一, 二, 三, それっ! **2 a** 延びる, 広がる (extend), 達する: This highway *goes* to New York. このハイウェーはニューヨークに通じている. **b** 〈情報·報告などが〉伝わる, 届く, 送られる. **c**《ある程度にまで》及ぶ; 関係する (be concerned): GO too far / It is true as far as it *goes*. その範囲では本当だ. **3 a** 置かれる, 入れられる, 納まる (be placed), 属する; 〈賞·財産·名誉などが〉与えられる 〈*to*〉: This book *goes* on this shelf. この本はこの棚に置くことになっている / Where do the knives *go?* ナイフはどこに入れるのですか / The prize *went to* his rival. 賞は相手の手に帰した. **b** 費やされる, 〈金·労力·時間が〉投入[充当]される 〈*into, to, toward*〉: Her money *goes for* food. 彼女の金は食べ物に費やされる. **4 a** ふるまう, 動作をする: While (he was) speaking, he *went* like this. 彼は話しながらこんな具合に(手まねを)した. **b** [～ do*ing* の形で] «口»《しばしば非難·軽蔑などの意を含めて》…するようなことをする (cf. GO *and do*): Don't *go* break*ing* any more things. これ以上ものをこわすようなまねはおよし. **5** 作動する, はたらく; 〈鐘など〉鳴る; 〈心臓が〉鼓動する: This machine isn't *going*. この機械は動いていない / There *goes* the bell. ほら鐘がなる. **6 a** 〈物事が〉進む, 進行する, うまくいく; «口» うまくやる, 成功する; 〈時間が〉経過する: How *goes* it?＝How is it [are things] *going?* «口» 元気?, (調子)どう? / Everything *went* well [badly]. 万事うまくいった[まずかった] / That's the way it *goes*. 世の中とはそうしたものだ / make a party *go* パーティーを仕切る / That band can really *go*. あのバンドは実にうまい / The week *went* quickly. 一週間はたちまち過ぎた. **b** 〈…するのに〉役立つ, 資する 〈*to do*〉: That will *go to* prove his point. それは彼の主張を証明するのに役立つ. **7 a** 流布している; 通用する; …として通る, 知られている; 〈主張などが〉人びとに受け入れられる; 重みをもつ: The story *goes* that…という話だ / Dollars *go* anywhere. ドルはどこでも通用する / He *goes* by the name of Dick. 彼はディックの名で通っている / Anything *goes* here. ここでは何をしてもよい[何でもありだ] / What he says *goes*. 彼のことばには重みがある, (すべては)彼の鶴のひと声で決まる[通る]. **b** 〈…と〉書いてある (run); 〈歌などが…と〉いう文句である: as the proverb *goes* 諺にもあるとおり / Thus *goes* the Bible. 聖書にもこう書いてある / The tune *goes* like this. その曲は次のようになっている. **c** [補語を伴って] (…と)音をたてる[出す], いう, 〈動物など〉(…と)鳴く: The gun *went* bang. / The cow *went* 'moo'. **d** [直接話法を導いて] «口» …と言う (say): and then she *goes*, "Look at this!" それから彼女は言う[言った]「これ見て!」. **8 a** 消えうせる, なくなる (disappear); [通例 must, can などと共に] 除去[処分]される: The pain has *gone* now. 痛みはもうなくなった / The house must *go* next. 次には家を手放さなければならない. **b** 衰える; 死ぬ, 逝く; くずれる, つぶれる, 折れる; 降参する, グーの音も出なくなる: He wished he might *go* suddenly. ぽっくり死ぬことを願っていた / His sight is *going*. 視力を失いかけている / The roof *went*. 屋根がつぶれた / The scaffolding *went*. 足場がくずれた / I thought the branch would *go* every minute. 枝が今にも折れるかと思った. **9** 〈…の値で〉売れる, 売られる 〈*at, for*〉: Everything *goes*. 全部[全品]売却する, 全品放出する / The eggs *went for* 9 shillings a dozen. その卵は 1 ダース 9 シリングで売れた / The house *went* very cheap. 家は非常に安く売れた / There were good shoes *going at* 5 dollars. いい靴がわずか 5 ドルで売られていた. **10** 〈数量が〉…になる 〈*to*〉;《内容として》含まれる, はいる: Twelve inches *go to* a foot. 12 インチで 1 フィートになる / How many pence *go to* the pound? 何ペンスで 1 ポンドになりますか / Six *goes into* twelve, twice.＝Six into twelve *goes* twice. 6 で 12 を割れば 2 が立つ. **11 a** 変化する, 〈概して好ましくない状態に〉なる (become, grow); 〈ある体制に〉移行する: go GREEN / go METRIC / *go* nuclear 〈国などが〉核化[核武装]する / *go* bad 悪くなる, 腐る / *go* flat ぺしゃんこになる / *go* blind 盲になる / *go* conservative 保守的になる / The country *went* Socialist. その国では社会党に政権が移った / *go* free 自由の身になる / *go* asleep 寝入る / *go* out of date 時代遅れになる, すたれる. **b** 〈ある状態に〉ある: *go* hungry [thirsty, naked, armed] 飢えて[渇して, 裸体で, 武装して]いる / *go* with child 妊娠している / as the world *goes* ⇨ as…GO.

► *vt* **1** «口» **a** [[U]*neg*] 耐える, 辛抱する, 我慢する (endure, tolerate); [[U]*neg*] 支払える (afford): I can't *go* this arrangement. この取決めには承服できない. **b** 〈保釈〉の保証人を請け合う (⇨ BAIL[1]). **2 a** «口» 〈ある金額を〉賭ける; …だけ支払おうと申し出る, 出す, ビッドする: I'll *go* a dollar on the outcome of the game. 勝負に 1 ドル賭ける. **b** 〈ある量を〉産する (yield); *«口» 重さが…ある (weigh); 〈時計が何時を〉報じる;〘スポ〙〈チーム·選手が〉…を記録する;〘野〙〈…イニングを〉投げる (pitch): It has just *gone* five. ちょうど 5 時を打ったところだ. **3** «口» 〈飲食物を〉味わう, 楽しむ: I could *go* a whisky and soda. ハイボールを一杯飲みたいな. **4** «口» …と言う (say) (⇨ *vi* 7d).

● **as [so] far as**…**go** …に関するかぎり (⇨ *vi* 2c). **as**…**go** …並みから言うと: *as* men *go* 世間並みに言えば / a good man, *as* the world *goes* 世間並みで言えばいい人 / He's young *as* statesmen *go* nowadays. 今どきの政治家としては若いほうだ. **be going (on)**… «口» ほとんど…になる: It *is going (on)* four o'clock. もうじき 4 時だ / She *is going (on)* seventeen. もうじき 17 歳だ. **be going to** (do) ★ 発音 /góuɪŋtʊ, -tə/ はしばしば /gɔ́(ː)nə, *gánə, gənə/ となる (cf. GONNA). (**1**) …しようとするところ, …しかっている: I *am* (just) *going to* write a letter. 今手紙を書くところです / It *is going to* rain. 今にも降り出しそうだ. (**2**) …するつもり[予定]である: I *am going to* see him tomorrow. 明日彼に会うつもりだ. (**3**) …するだろう《未来》; …することになっている《軽い命令》: You *are going to* (＝You will) see a lot of me. これからよくお会いすることになります / You're not *going to* do anything about any of it. このことにはいっさい手を出してはいけない. **don't go** doing ⇨ GO *vi* 1b. **go about** 歩きまわる; 〈人と〉つきあう 〈*with*〉; [通例 進行形で] 〈うわさ·病気などが〉広まる; せっせと〈仕事など〉をする, 〈仕事·問題など〉に取りかかる; 努める 〈*to do*〉; …し始める, "絶えず…する 〈*doing*〉;〘軍〙転回する, 回れ右をする;〘海〙船首を回す, 針路を転ずる: *Go about* your business! 自分の事をしなさい; 余計な世話をやくな! **go above and beyond** one's **duty [the call of duty]** 職務を超えた[権限外の]ことをする. **go after**…を追う, 追い求める; …に襲いかかる; …を捜査する; 〈女など〉のあとを追いまわす; …を得ようとする; …のあとに続く. **go against**…に反する, 逆らう; …の不利になる. **go** AHEAD. **go all** LENGTHS. **go (all) out** 全力を尽くす 〈*for, to* do〉 (cf. ALL *out*). **go all the way** (⇨ **all the way**[1]). **go along** 進んでいく, やっていく; ついて行く, 同行する 〈*with*〉; 〈事が〉進む; 〈ものが〉〈…に〉付随する 〈*with*〉; 賛成する, 同調する, 従う 〈*with*〉: as one *goes along* 人がやっていくうちに. **go a long [a good, a great] way** ⇨ GO far. **Go along (with you)!** 続けてやれ!; «口» あっちへ行け!; «口» ばか言え, まさか! **go and** do (**1**) …しに行く (go to do): *Go and* see what he's doing. 何をしているか行って見てこい. ★ 米口語では Go to see [take, etc.]… を Go see [take, etc.]… ということが多い (⇨ *vi* 1c). (**2**) [動く意味はなく単なる強調]: *Go and* try it yourself. ひとつ自分でやってごらん. (**3**) "«口» 驚いたことに[愚かにも, 不運にも, 勝手に]…する: It was going to be a surprise to him but she *went and* told him. 彼をびっくりさせる予定だったが彼女がうっかり[愚かにも]話してしまった / You've *gone and* done it again, haven't you? またばかなことをしたのね / Don't *go and* make a fool of yourself. ばかなまねはよせ / *Go and* be miserable! 勝手にひどいめにあうがいい! / *Go and* boil yourself [your head]!＝*Go and* eat COKE[1]! / *Go and* jump in the lake [ocean, river, sea]!＝*Go and* put [stick] your head in a bucket! おぼれ死んじまえ, 消えうせろ, 黙れ! **go any [great]** LENGTH(**s**). **go around** 回転する, ぐるりと回る; あちこち歩きまわる, 巡歴する; 〈…を〉ちょっと訪ねる 〈*to*〉; (…を)回って行く, 迂回する; 〈人〉を(相手にするのを)避ける; (〈建物など〉を)見てまわる; 〈人と〉つきあう 〈*with*〉; [通例 進行形で] 〈うわさ·病気などが〉(…に)広まる; (…の間で)回覧される; 〈ことば·考えなどが〉(頭の中を)めぐる; (…を)取り巻く(ほどの長さがある); 〈ベルトが〉長さが十分ある; 〈分配品が〉皆に行き渡る; せっせと〈仕事など〉をする, 絶えず…する 〈*doing*〉; 頭がふらふらする; 〈飛行機が〉着陸復行する (cf. GO-AROUND): What GOes *around* comes around. (成句) / enough food to *go around* (the guests) (客に)行き渡るほどの食べ物 / *go around* tell*ing* lies うそばかり言っている. **go as [so] far as to** do [**doing**]…するほどまでする, …さえする: He *went so far as to* say that …とまで言った. **go at**…に襲い[飛び]かかる, 食ってかかる; …を全力でやる, (懸命に)…に取りかかる: *go at* one another [each other] tooth and nail 激しくけんかする[やり合う], 取っ組み合う (cf. TOOTH *and nail*). **go at it** 激しくけんか[議論]する. **go away** 立ち去る, 〈痛みなどが〉消え去る; 出かける; 新婚旅行に行く (cf. GOING-AWAY). **go away with**…を持ち去る, 持ち逃げする. **go back** 戻る, 立ち返る 〈*to*〉, 〈時計が〉もとの時間に戻る《サマータイムが終わる時に針を遅らせる》; "〈学校が〉再開する, 〈生徒が〉学校に戻る; さかのぼる 〈*to*〉; 回顧する; 〈2 人が〉〈ある期間〉つきあっている; 盛りを過ぎる, 下り坂になる: *go back* a long way＝*go* way *back* ずっと前からつきあっている. **go**

back of…＝GO back on…; *…を(よく)調べる: *go back of* the story 話の真相をきわめる. **go back on [from, of]**…〈約束など〉を取り消す, 撤回する, 〈主義・信条など〉を棄てる, …に背く, 〈決心〉を翻す; 〈人〉を裏切る; …の役に立たなくなる. **go before**(…に)先立つ, 先行する; …の前に出頭する, 〈案などが〉…に提出される. **go behind**…の裏の[真の]理由を調べる: *go behind* sb's words ことばの裏[真意]を探る / *go behind* sb's BACK[1]. **go** BELOW. **go between**…の中にはいる, 仲介[媒介]する (cf. GO-BETWEEN). **go beyond**…(の範囲)を超える, …にまさる, …をしのぐ: *go beyond* the law 法を犯す / *go beyond* one's duty＝GO above and beyond one's duty / *go beyond* a JOKE. **go by**(…のそば[前]を)通過する, 〈機会などが〉見のがされる; 〈時が〉経つ; *(…を)ちょっと訪問する, (…に)立ち寄る; 〈…の名〉で通る (⇨ *vi* 7a); …に従って行動する[行なわれる], …による; …で判断する, …にたよる; なしで済ます: in days *gone by* 過ぎし日には, 昔は / *go by* the rules [the book] 規則[型]どおりにやる / Promotion *goes by* merit. 昇進は功績しだいだ / The report is nothing to *go by*. その報告はあてにならない. **go down** (1) 降りて行く; 〈道路が〉下っている; 倒れる, 落ちる; 〈船が〉沈む, 〈人が〉おぼれる; 〈太陽など〉没する; 〈物が〉しぼむ, 〈ふくらみが〉小さくなる, 〈タイヤなど〉空気が抜ける; 〈物価・温度などが〉下がる, 〈物が〉値下がりする, 〈質などが〉低下する: The swelling on my ankle [My ankle] has *gone down* a bit. 足首のはれがややひいた / *go down* in sb's opinion 人の評価が下がる. (2) ᴵᴵ《休暇・退学・卒業などで》大学を去る[離れる]; 《北部から》南へ行く, ᴵᴵ《都会から》田舎(など)へ行く, 下る 〈*to*〉; 〈…に〉達する, 及ぶ 〈*to*〉; 記憶に残る; 〈後世・歴史に〉残る, 伝わる 〈*to* posterity, *in* history〉; 記録[記帳]される; 屈服する, 負ける, …の手に落ちる 〈*before, to*〉; 敗北する 〈*in* [*to*] defeat〉; ᴵᴵ〚スポ〛下位(リーグ)に落ちる; 〚ブリッジ〛宣言したトリック数がとれない; 〈波・風など〉静まる, なぐ; 〈照明が〉暗くなる; 継続する 〈*to*〉; 〈薬など〉飲み込まれる, のどを通る: I'll *go down* fighting. 戦って敗れよう, 最後まで戦おう. (3) [しばしば well, all right, badly を伴って] 〈相手に〉受け入れられる, 認められる 〈*with*〉; 成功する; 〈劇が〉終わる, 幕が下りる; ᴵᴵ〈病気で〉倒れる 〈*with*〉; 〚電算〛作動しなくなる; ᴵᴵ《俗》刑務所入りする; *《俗》逮捕される; *《俗》〈女が〉《簡単に》寝る, やらせる; 《俗》起こる, 生じる: The rumor *went down* as truth *with* many persons. そのうわさは多くの人びとに事実として信じられた / What's *going down*? 《俗》何が起こっているの, どうしたの. **go down on** sb＝**go down and do tricks** 《卑》人にクンニリングス[フェラチオ]をする. **go** EASY. **go far [a long way]** (1) 成功する; 〈食べ物などが〉長くもつ, 食べでがある; 《皆に行き渡るのに》十分である, (少しで)足りる[たくさんだ]; 〈金が〉価値が大きい, 使いでがある 〈*with*〉. (2) 〈…に〉大いに効果がある[役立つ], ものをいう 〈*to, toward(s)*〉. ★(2) では a long way が a little [a good, a great] way などに変わることがある. **Go fetch!** 取ってこい《犬への命令; cf. GO and do》. **go for**…を取り[呼び, 求め]に行く; 〈散歩・ドライブ・水泳などに〉に出かける; …を得ようと努力する, ねらう, 目指す; 《口》…を激しく攻撃する, 叱責する; 《口》襲う; …にあてはまる; …に魅せられる, …が好きである; [ᴼ*neg*] …を支持する, …に賛成する, …に決める, …にする; …に有利である; …(の値)で売れる (⇨ *vi* 9); …と考えられている, …として通っている; …として役立つ: That *goes for* me. それは(また)わたしにあてはまる / have…GOING *for* one / *go for* nothing [little, something] なんにもならない[たいして役に立たない, いくらか役に立つ]. **go for it** 《口》断固として目的を追求する, いちかばちかやってみる, 当たってくだける; [*impv*] がんばれ, がんばって! **go forth** 《古・文》出て行く, 発せられる, 公布される, 〈うわさなどが〉広まる; 出陣する 〈*to* battle〉. **go forward** 〈仕事などが〉進む, 進捗する; 〈仕事・計画・訴訟などを〉進める 〈*with*〉; 《サマータイムで》〈時計が〉早くなる. **go great** LENGTH(S). **go halves** ⇨ HALF. **go** HANG. **go** HARD **with**…. **go** HOME. **go in** はいる; 〈栓・鍵などが〉(…に)ぴったりはいる, はまる (cf. *vi* 3a); 《競技などに》参加する, 《戦闘などの場に》参入する, 攻撃を始める; 〈学校などが〉始まる; 〚クリケット〛打者となる; 〈日・月が〉雲間にはいる; 〈事が〉理解される, 頭にはいる; 〚ポーカー〛《賭け・吊り上げなどに応じて》勝負に残る (stay). **go in and out** 〈…を〉出たりはいったりする 〈*of*〉; 〈光が〉点滅する. **Go in and win!** 《口》《試合・試験などで》(さあ)がんばってこい! **go in at**… 《俗》…を激しく攻撃する. **go in for**… 〈競技など〉に参加する, 〈試験〉を受ける; 《趣味などとして》…を(しようと)する, 楽しむ, 好む, …に凝っている; 《職業などとして》…を(しようと)志す, …に従事する, 《大学などで》…を専攻する; …を得ようとする, 求める; …に賛成する, …を支持する; …を特色とする: *go in for* vegetables 野菜の栽培[商売]をする. GOING, **going, gone! go into**…に(ぴったり)はいる (cf. *vi* 10); 〈ひきだし・机など〉の中に手を入れる, 探る; 《特に一時的に》〈病院など〉にはいる; 〈戸口などが〉…に通ずる; …にぶつかる; …の一員となる, …に参加[従事]する, 〈職業〉に就く; 〈行動など〉を始める, …の態度をとる; 《趣味などで》…に打ち込み始める, 凝り出す; 〈ある状態〉になる, 陥る, 〈ヒステリーなど〉を起こす; …の服装をする, 〈ズボン・靴〉を履く《など》; …に説き及ぶ, 渉(わた)る; …を研究[精査]する; 〈金・精力などが〉…につぎ込まれる 〈*doing*〉: *go into* one's act [routine] 《口》(おきまりの)ふるまいを始める / The dictionary is *going into* its fourth edition. その辞書は第4版が出るところだ. **go in with**…に加わる, 協力する 〈*on* a project〉. **go it** 《口》どんどん[がむしゃらに]やる, がんばる; ᴵᴵ《口》猛スピードで進む; 《口》道楽をする. **go it** ALONE. **go it** STRONG. **go** NEAR. **go off** (立ち)去る, 逃げる; 〈俳優が〉舞台から去る, 退場する; ᴵᴵ寝入る 〈*to* sleep〉; 意識を失う; 死ぬ; 〈苦痛・興奮が〉和らぐ; 始める; 〈鉄砲が〉発射される, 〈爆弾などが〉爆発する, 〈警報・目覚ましなどが〉鳴り出す; ᴵᴵ《口》怒りを爆発させる, 突然おこり出す 〈*on* sb〉; 《豪》…を(きびしく)しかる, やっつける 〈*at* sb〉; ᴵᴵ《俗》出産する; 突然…し出す 〈*into* laughter〉; 不意に取り去られる; 売り払われる; 〈約束などが〉不履行に終わる; 〈照明が〉消える, 〈ガス・水道などが〉止まる, 使えなくなる; ᴵᴵ〈飲食物が〉悪くなる, 腐る; 《質などが》悪くなる, 衰える; 〈コンクリート・モルタルなどが〉固まる; 〈事が〉行なわれる, 〈物事が〉成り行く, 運ぶ 〈*well, badly*, etc.〉; 《豪俗》すごくうまくいく; ᴵᴵ…が好きでなくなる, いやになる; …を飲む[食べる]のをやめる; 《俗》オルガスムに達する, いく; 《豪俗》〈人・場所が〉警察の手入れをうける; 《豪俗》〈馬が〉八百長レースに勝つ; 《豪俗》盗まれる: *go off* milk 〈雌羊が〉乳が止まる. **go off (by oneself)** 隠遁する, ひとりになる. **go off with**…を持ち去る, 盗んで行く; …と駆け落ちする. **go on** (1) 《さらに》進む, 〈事態が〉続く; ᴵᴵ〈仕事などが〉進む; 《他より》先に行く; 旅を続ける, 〈行動を〉続ける, やり通す 〈*with* the work, speak*ing*, *in* bad habits, *till* 3 o'clock〉; 続けて話す 〈*with*〉, つづけて[次に]…する 〈*to* do〉: *Go on!* 《口》続けろ, どんどんやれ; 《口》ばか言え, よせやい, まさか! (cf. GARN); 《口》帰れ! (2) やっていく, 暮らす 〈*well, badly*〉; [通例 進行形で] 〈事が〉起こる, 〈催しが〉行なわれる; 〈時間が〉経過する: What's *going on* over there? 向こうはいったい何事なんですか. (3) ふるまう《通例 悪い意味》; しゃべる, まくしたてる; 〈人を〉ののしる, どなりちらす 〈*at*〉: *go on* (and *on*) *about* one's new car 新しい車のことをしゃべりまくる. (4) 舞台に現われる; 交替する; 〚クリケット〛投球番につく. (5) 〈明かりが〉つく, 〈暖房が〉はいる, 〈水道などが〉出る. (6) 〈衣服・靴などが〉着られる, 履ける, 合う. [以下 on は *prep*] (7) 〈旅行など〉に行く (⇨ *vi* 1); …を(用い)始める: *go on* a diet ダイエットをする. (8) 〈テレビ・ラジオ〉に出演する; 〈インターネットなど〉に接続する; 《遊園地などで》〈馬・乗物など〉に乗る. (9) 〈金が〉…に使われる. (10) 〈話・証拠など〉に依拠する, たよる: have no evidence to *go on* たよれる証拠をもたない. (11) …の支援[援助]をうける, 世話になる: go on the DOLE / *go on* the parish 〈貧困者が〉教区の世話になる. (12) ᴵᴵ[ᵁ*neg*] …に関心をもつ, …を好む 〈*much*〉. (13) GO upon. **go (on) before** 先に立って進む; 〈人〉より先に死ぬ, 先立つ. **go** sb **one** BETTER[1]. **go on (for)**… [通例 進行形で] ᴵᴵ〈時間・年齢など〉に近づく: It's *going on for* tea time. そろそろお茶の時間だ / She's *going on* (*for*) sixty. そろそろ60に近い / Dick is 25 *going on* 40. 《40 と言ってもおかしくないほど》老けこんで見えるけど 25 なんだ. **go on to**… 〈次の場所・主題など〉へ進む, 移る; 〈新しい習慣・方式〉を始める, 採用する: *go on to* the pill ピルを使い出す / *go on to* four-day week 週4日制に踏み切る. **go on with** (1) GO on (1). (2) to GO on with. **Go on with you!** 《口》ばか言え, まさか (cf. GO *on* (1)); 《口》帰れ! **go out** 外出する, 〈…しに〉出かける 〈*doing, to* do〉, 〈…を買いに[連れに]〉外へ行く 〈*for*〉, 《出稼ぎなどで》〈外国へ〉出かける 〈*to*〉, 移住する; 〈異性と〉デートする, つきあう 〈*with*〉; 〈火・灯火が〉消える, 〈怒り・皮肉などが〉〈ことばなどから〉消える 〈*of*〉; 意識を失う, 気絶する, 寝入る (cf. out like a LIGHT[1] 成句), [*euph*] 永眠する; 流行遅れになる, すたれる; 〈堤防などが〉こわれる; 〈エンジンなどが〉止まる; 〈潮が〉ひく; 退職する, 〈政府・政党が〉政権の座を降りる; 敗れる 〈*to*〉; 〈年・月が〉終わる, 暮れる; 〈女性が〉働きに出る, 世界に出る; 〈関係者全員に〉発送される 〈*to*〉, 出版される, 放送される, 〈うわさが〉広まる; 〈労働者が〉ストライキをする 〈*on* strike〉; 〈心が〉《愛情などで》〈…に〉向けられる, 〈愛情・同情などが〉注がれる 〈*to* sb〉; ᴵᴵ〈事が〉行なわれる; 出陣する, 決闘をする; 〚スポ〛敗退する 〈*of*〉, ᴵᴵ〈相手に〉敗れる 〈*to*〉; 〚クリケット〛《1回の勝負が終わり》打者が退く; 〚ゴルフ〛18 ホールのコースで初めの 9 ホールをやる, アウトをプレーする (cf. come HOME 成句); 〚トランプなど〛最後の札を出す, 上がる; *入部[入団]を志願する, テストを受ける, 候補者となる 〈*for* a team, football〉; GO all out: *go out for* a walk 散歩に出かける / *go out to* work 外に職をもつ / The lights [lamps] are *going out*. 光が消えかかっている; 栄光[繁栄]は過去のものになろうとしている / *go out* live 〈番組が〉生放送される. **go out and do** わざわざ…する. **go out and about** (元気になって)出歩く. **go over** (…を)渡る, 越える, 〈…へ〉(出かけて)行く 〈*to* a store〉; 〈出費が〉…を超える; (…に)重なる; …を視察する, 下見[下検分]する; …をよく調べる, 検討する, 点検する, 捜索する; 〈部屋〉をきれいにする, 〈車など〉を直す; …を見返す, …の下稽古をする, …を復習する, 繰り返す, 〈起こったこと〉を思い返してたどる; 《新たに》〈別の方式など〉を採用する, 《番組などを》〈…へ〉切り換える 〈*to*〉; 〈他派・敵方など〉に移る, 転向[改宗]する 〈*to*〉; 〈計画などが〉うまくいく; *〈話・公演などが〉〈…に〉受け入れられる, 好評を博する 〈*well with*〉; 〈車が〉転覆する; *〈議案などが〉延期される; 《俗》…に暴力をふるう, 襲いかかる: *go over* big 大当たりをとる. **go** PLACES. **go round**ᴵᴵ＝GO around. **go round and round** 《口》延々とやり合う, しょっちゅういがみ[やり]合う. **go shares** ⇨ SHARE[1]. **go so far as to** do [doing]… ⇨ GO as far as to do…. **go some** *《口》ずいぶんやる, 大成果をあげる: That's *going some*. たいしたものだ, なかなかやるじゃないか. **go** STEADY. **go** THERE. **go through**(…を)通る, 通り抜ける, 貫通する; 〈電話などが〉通ずる; 〈ひきだし・ポケットなど〉を捜す, *《強奪などのために》…の体を調べる; 〈書類・数字など〉をよく調べる; …を見返す, 復習する; 〈部屋など〉をきれいにする; 〈学問・業務など〉を全部やる, 全課程を終える; 勝ち進む; 〈儀式・暗唱など〉を行なう; 詳細に論じる; 〈苦難・経験など〉を経る, 経験する; 《問題の処理で》〈ある手順〉に従う, 〈経路〉を経る; 〈本が〉〈版・刷り〉を重ねる; …を使いはたす, 〈靴下など〉をだめにする, 〈飲食物〉を平らげる; 〈事が〈(無事)終了[成立]する, 〈法案などが〉可決される, 実現する; (…に)受け入れ[認め]られる, 〈申請などが〉受理される, 〈法案が〉〈(議会)を〉通過する; 〈飲食物が〉…の消化管を通ってすぐに出てしまう 〈like a dose of salts〉; 《豪口》ずらかる: *go through* sb's mind [head] 〈考えが〉人の心に浮かぶ / *go through* the MOTIONS / Let's not *go through* all that again. その話をまた蒸し返すのはやめにしよう / *go through* it ひどいめにあう / be *going through* CHANGES / put sb *go through* it 人をきびしく試す; 罰する. **go through with**…をやり通す, なし遂げる. **go to**… (1)〈権威など〉にたよる; 〈手段など〉に訴える; 〈人〉に相談に行く 〈*about*〉: *go to* COURT. (2)〈面倒など〉を引き受ける, 〈出費〉をする: *go to* great pains [a lot of trouble] to do…しようと大いに骨を折る. (3) …に資する (cf. *vi* 6b). (4) …の問題に関係する[かかわる]《★ 法律家の用語法》. **Go to!** 《古》さあやろう, よし行け《勧告など》; 《古》まさか, はて, これ!《いさめ・不信など》; 《口》勝手にしろ, くそくらえ, 知るか (Go to hell!). **go to all** LENGTHS. **go together** 相伴う; 同行する; 釣り合う, 調和する; [通例 進行形で]〈男女が〉つきあう, 恋人である. **go to great** [**any**] LENGTH(**s**). **go to it** 《口》どんどんやる, がんばる《しばしば 激励に用いる》. **go too far** 行き過ぎる, 度を超す, 極端に走る. **go to** PIECES. **go toward**… 〈金などが〉…に役立つ, 〈…すること〉に当てられる 〈*doing*〉. **go under** (…の下に)沈む; 〈…に〉屈する, 負ける 〈*to*〉; 気を失う, 麻酔がきく; 《事業などで》失敗する, 破産する; 破滅する, おちぶれる; 死ぬ; 〈…の名〉で通る (go by). **go up** (…を)昇る; 〈数・価値が〉増す, 〈値が〉上がる, 〈叫びなどが〉聞こえてくる, 上がる; 〈建物が〉建つ, 建築中である; 〈掲示などが〉立てられる; ᴴ大学に行く[はいる], 《新学年・新学期で》大学に戻る; 《南部から》北へ行く, ᴴ〈都会へ〉行く, 上る 〈*to*〉 (cf. GO *down*); 破裂[爆発]する; *破滅[破産]する; 全敗する; 〈…に〉達する, 及ぶ 〈*to*〉; *《俗》麻薬に酔う; 〈幕が〉上がる, 〈照明が〉つく; 《俗》〈俳優が〉せりふを忘れる (go up in one's lines), 〈演奏家が〉ミスをする, とちる: go up in the air ⇨ up in the AIR[1] / *go up* in the world 出世する / *go up* in flames [fire, smoke] 炎上する, 〈建物が〉焼け落ちる; 〈望みなどが〉ついえる. **go up against**…*《俗》…に立ち向かう, 挑む 〈*in* a match〉. **go upon**…を企てる; …に取りかかる; …に基づいて判断[行動]する. **Go well!** 《南ア》(お)元気で, じゃあまた(ね). **go** WEST. **go with**…に同行[同伴]する, …に伴う; …と同調する, 賛成[支持]する; 《口》《ほかのものよりも》…を選ぶ (choose); [通例 進行形で]〈異性〉とつきあう, …の恋人である; 《口》…とセックスする; …属[付属]する; …と釣り合う, 調和する; [副詞を伴って]〈物事が〉…にとって(うまく)進む: Things are *going* well [badly] *with* our project. 計画がうまくいっている[いない] (cf. *vi* 6a). **go with it***《口》状況[流れ]に身をまかせる, 事態を甘受する. **go without**…がない, …をもたない; …なしで済ます[やっていく]. **go without saying** 言うまでもない, 明白である: It *goes without saying* that…であることは言うまでもない. HERE **goes!** LEAVE[1] **go.** LET[1] **go.** LET[1] one**self go.** **so far as**…**go** ⇨ as far as…GO. **to go** (1) 残りが (left): There are still two years [three miles] *to go*. あと 2 年[3 マイル]ある[残っている] / have [there's] a long way *to go* まだ道は遠い, 前途遼遠だ. (2)*《口》〈飲食物が〉持ち帰り用の: Two sandwiches *to go*. 持ち帰り用サンドイッチ 2 つで. **to go** [**be going**] **on with**ᴴ[something, enough などのあとに用いて] 当座[さしあたり]の用に(間に合う); さしあたっては: Here's two pounds *to be going on with*. はい, さしあたり 2 ポンドあげます. **What goes?** *《俗》どうしたんだ, 何事か (=What's happening?). **What goes around comes around.** 《諺》起こることはどうしたって起こるもんだ, なるようにしかならないものだ, そのうちいいこともあるさ; 自業自得, 因果はめぐる, 歴史は繰り返す. **Where do we go from here?** 次はどうしたらいいのか. ᴴ**Who goes there?** だれか?《番兵などの誰何(すいか)》.

► *n* (*pl* ~**es**) **1 a** 行くこと, 進行; 青信号, 《進行・着手の》許可: give sb a *go* ゴーサインを出す. **b** 《口》やってみること, ひと試み; 《口》《ゲームなどの》番, 機会; 《豪》扱い (deal); 《俗》生き方, 生活: LITTLE [GREAT] GO / $3 a *go* 1 回 3 ドル / give it a *go* いっちょうやってみる / at [in] one *go* 一気に, 一度に, 一回で / (at [on] one's) first *go* 最初の一回で, 一発で / It's your *go*. きみの番[手]だよ / a fair *go* 公平な扱い. **c** 《口》《酒などの》ひと飲み(の量), 一杯; 《食べ物の》ひと口: a *go* of brandy ブランデー一杯. **2** 《口》精力, 元気, 気力 (energy, spirit); 《口》精力的[活発]な活動; 《口》ボクシングの試合 (prizefight): He has plenty of *go* in him. 彼は元気いっぱいだ / It's all *go*. 多忙をきわめている, 活況を呈している. **3 a** 進行中の事; (ひとしきりの)病気; 《口》《予期しない》事態, 困ったこと: Here's [What] a *go!* これは困った / Here's a pretty *go!* 弱ったこと[えらいはめ]になった / It's a queer [rum, jolly] *go*. 妙な[困った]ことだ / have a bad *go* of flu. **b** 《口》話し合いのついた事柄, 決まった事 (bargain); 《口》成功: It's a *go*. 決まりだ / a sure *go* 確実な成功. **4** [the] 《古風口》流行 (fashion): all [quite] *the go* 大流行して, 人気があって. ● **come and go**=COME-AND-GO. **from the word go** 《口》初めから, できるだけ速やかに. **have a go** 《口》試しに[ひとつ]やってみる 〈*at* sth [doing]〉; ᴴ《口》しかる, 文句を言う 〈*at* sb〉; ᴴ《口》襲いかかる; ᴴ《口》《警察に代わって》犯人を捕えようとする. **It's no go.** 《口》だめ[不可能, むだ, 無益]である. **make a go of**… 《口》〈事業などを〉成功させる, 〈関係などを〉うまくやっていく: *make a go of* it 成功する, ものにする, うまくやる[やっていく]. **near go** 《口》きわどいところ. **off the go** [ᵁ*neg/inter*] 《口》ひと息ついて, ひまで. **on the go** 進行中で; 《口》絶えず活動して, 働きづめで; 《俗》ほろ酔いで: have…*on the go* 〈新企画などを〉抱えている.

► *a* 《口》**1** 用意が整って (ready); 順調に作動[機能]して: All systems (are) *go*. 《ロケット打上げなどで》全装置異状なし, 準備よし / a *go* decision 許可[開始, 着工]の決定. **2** ぴったりして, 似合って. **3** 流行の, 進歩的な.

[OE *gān*; cf. G *gehen*; *went* は本来 WEND の過去形]

go[2] *n* [°G-] 碁, 囲碁. [Jpn]

go 〘インターネット〙 government 《DOMAIN 名の一つ; 政府関連機関を表わす》.

GO 〘軍〙°general order ♦ °grand organ ♦〘楽〙°great organ.

goa /góuə/ *n* 〘動〙チベットガゼル, ゴア《チベット周辺産》. [Tibetan]

Goa, (Port) **Gôa** /góuə/ ゴア《インド西部 Malabar 海岸に臨む州; ☆Panaji; 1961 年までポルトガル領 (cf. PORTUGUESE INDIA); 1962–87 年 Daman, および Diu と共に連邦直轄地》. ♦ **Gó·an** *a, n*

Goa·nese /gòuəníːz, -s/ *a, n*

Góa bèan 〘植〙シカクマメ, トウサイ (WINGED BEAN).

goad /góud/ *n* 《家畜・象などを追う》突き棒, 刺し棒; 《行動へ駆りたてる》刺激(物), 激励(するもの), 苦しめるもの: KICK[1] against the ~. ► *vt* 突き棒で突く[追いたてる]; 刺激する, 激励する, 煽動する 〈*on*; *to, into*〉; 苦しめる, 責めさいなむ: ~ sb *to* anger 人をおこらせる. [OE *gād* spear, goad; cf. Lombard *gaida* arrowhead]

Góa, Damán, and Díu ゴア-ダマン-ディウ《インド西部の旧連邦直轄地; ☆Panaji; 古くはポルトガル領, 1961 年インドが併合; 87 年 Goa 州と連邦直轄地 Daman and Diu に分離》.

goaf /góuf/ 〘鉱〙*n* (*pl* **goaves** /góuvz/, ~**s**) 採掘跡; 廃石, ずり (gob). [C19<?]

gó-ahèad *a* 前進する, 前進の; 《試合で》先行をもたらす; 進取の, 積極的な, 活動的な: the ~ run 〘野〙勝ち越し点. ► *n* 前進; 開始; 元気, やる気; 積極的な人, 精力家; [ᵁthe] 前進[開始]の正式許可, 青信号: get [give] *the* ~ ゴーサインをもらう[与える]. ♦ ~**·ism** *n* 進取の気性.

goal /góul/ *n* **1** 目的地, 行先; 《努力・野心などの》目的, 目標; 決勝ライン[点, 線, 標], ゴール: enter the ~ ゴールインする. **2** 〘球技〙ゴール《ボールを運び込んで得点すべき場所》; 得点, ゴール; GOALKEEPER: drop a ~ 《ラグビーで》ドロップキックで得点する / get [kick, make, score] a ~ ゴールする / a winning ~ 決勝のゴール. ● **in** ~ ゴールキーパーをつとめて. **keep** ~ ゴールキーパーをつとめる 〈*for*〉, ゴールを守る. **knock for a** ~=knock for a LOOP[1]. ► *vi* 決勝点[目標]に向かう; ゴールする. [C16<?; ME *gol* limit, boundary と同語源か]

góal àrea 〘サッカー・ホッケー〙ゴールエリア《ゴール前のルールによって区画された部分》.

góal àverage 〘サッカー〙ゴールアベレージ, 得点率《一連の試合での得点と失点の比[差]; 勝敗による成績が同位のチーム間の順位を決する》.

góal·bàll *n* ゴールボール《(1) 動くと音を発するボールを使ってゴールを競う視覚障害者が行なう球技 (2) そのボール》.

góal crèase 〘アイスホッケー・ラクロス〙ゴールクリーズ (crease).

góal dìfference 〘サッカー〙GOAL AVERAGE の差.

góal-diréct·ed *a* 目標の明確な, 動機づけの強い; 〘心〙目的指向の.

goal·ie, -ee /góuli/ *n* 《口》GOALKEEPER.

góal·kèep·er *n* 〘サッカー・ホッケー〙ゴールキーパー.

góal·kèep·ing *n* 〘サッカー・ホッケーなど〙ゴールの守備.

góal kìck 〘サッカー・ラグビー〙ゴールキック. ♦ ~**·er** *n* ~**·ing** *n*

góal·less *a* 無得点の; 目標[目的]のない: a ~ draw スコアレスドロー.

góal lìne 〘陸上・サッカーなど〙ゴールライン.

góal·mìnd·er *n* 〘アイスホッケー〙GOALKEEPER.

góal·mòuth *n* 〘サッカー・ホッケー〙ゴール前面のエリア.

góal-óri·ent·ed *a* GOAL-DIRECTED.

góal pòacher 〘サッカー〙ゴールポーチャー《ペナルティーエリアで得点するのが巧みなフォワード》.

góal·pòst *n* 〘サッカーなど〙ゴールポスト. ● **move** [**shift**] **the** ~**s** ᴴ《口》勝手にルール[条件]を変える.

góal·scòrer *n* 得点者, ゴールを決める[決めた]選手. ♦ **-scòr·ing** *a, n*

góal snèak 《口》〘豪式フット〙ゴールスニーク《ペナルティーエリアで得点するのが巧みなフォワード》.

góal squàre 〘豪式フット〙ゴールスクエア《ゴール前の長方形のエリア》.

góal·tènd·er *n* ゴールキーパー (goalkeeper).

góal·tènd·ing *n* 〘バスケ〙ネットにはいりかけたボールに触れること《反則》; 〘サッカー・ホッケーなど〙ゴールの守備 (goalkeeping).

góal to gó 〘アメフト〙ゴールトゥゴー《敵陣ゴールラインがスクリメージラインから 10 ヤード以下に迫っている場合をいう》.

góal ùmpire 〘豪式フット〙ゴール審判.

góal·ward *adv, a* ゴールの方へ(の), ゴールに向かって(の).

go·an·na /gouǽnə/ *n* 《豪》オオトカゲ. [*iguana*]

Góa pòwder ゴア末(まつ) (=*Bahia powder*)《ブラジル産の木アラ

ローバ (araroba) から採る薬用粉末》.

gó-aròund *n* 《一連の会談・試合・尋問などの》ひと当たり, 一回り, 一巡 (round); 激論, 激しい口論[闘争]; 巡回, 周回; 回り道, 迂回 (detour); 《飛行機の》着陸復行《着陸を途中で断念して再び上昇すること》; はぐらかし, 言いのがれ (runaround).

gó-ashòre *n* 《NZ》鉄製の三脚の大鍋.

gó-as-you-pléase *a* 〈競走など〉規則の制約をうけない; 行き当たりばったりの, 出たとこ勝負の; 勝手気ままな, 気楽な.

goat /góʊt/ *n* (*pl* ~, ~s) **1** 〘動〙 **a** ヤギ《雄は billy goat, he-goat, 雌は nanny goat, she-goat, 子ヤギは kid という; cf. CAPRIC, CAPRINE, HIRCINE *a*》. **b** ヤギに近い動物, 《特に》シロイワヤギ (Rocky Mountain goat). **2** [the G-] 〘天〙やぎ座 (山羊座), 磨羯(まかつ)宮 (Capricorn). **3 a** 好色漢, 助平; 《口》なぶり者, あざけり[からかい]の的, とんま; *《俗》[*derog*] 選挙区民; 他人の罪を負わされる人, 身代わりの犠牲者 (scapegoat); *《陸軍俗》《West Point の》ビリの生徒, 《大隊・連隊などの》下っぱの士官. **b** *《俗》車, クラシックカー, 改造自動車, Pontiac GTO《GTO を goat ともじったもの》; *《鉄道俗》入換え機関車 (switch engine). **c** *《俗》《勝てそうもない》競馬馬. ● **act [play] the** (GIDDY) **~. get sb's ~** 《口》人をおこらせる, いらだたせる. **~'s wool** ありえないもの. **ride the ~** *《口》(秘密結社に) 加入する. **separate the** SHEEP **from [and] the ~s. skin a ~** *《口》ゲロを吐く. ♦ **~·lìke** *a* [OE *gāt* she goat; cf. G *Geiss*]

góat àntelope 〘動〙ヤギ羚羊《ヤギと羚羊の中間的な各種の動物の称》.

góat·bèard *n* 〘植〙 GOATSBEARD.

góat chèese ヤギ乳チーズ.

goa·tee /goʊtíː/ *n* 《人の下あごの》やぎひげ (=~ **bèard**). ♦ **goa·téed** *a*

góat·fìsh *n* 〘魚〙ヒメジ《熱帯・亜熱帯産の食用海魚》.

góat fòod *《俗》《政治家が見せる》選挙区民[有権者]向けの単なるポーズ.

góat fùck *《陸軍卑》くそめちゃくちゃな状況[作戦 など], しっちゃかめっちゃか (=*goat screw*).

góat gòd ヤギの足をもつ神, 牧羊神《Pan, satyr など》.

góat·hèrd *n* ヤギ飼い, ヤギの番人.

góat·ish *a* ヤギの(ような); 好色な. ♦ **~·ly** *adv* **~·ness** *n*

góat·lingᴵᴵ *n* 子ヤギ《1–2 歳の雌》.

góat mòth 〘昆〙オオボクトウ《ボクトウガ科》.

góat ròpe *《陸軍卑》GOAT FUCK.

góats·bèard, góat's bèard *n* 〘植〙 **a** ヤマブキショウマ《バラ科》. **b** バラモンジン属の各種, 《特に》バラモンギク, キバナムギナデシコ《欧州原産; キク科》.

góat scrèw *《陸軍卑》GOAT FUCK.

góat·skìn *n* ヤギ皮; ヤギ革製品[コート, ワイン袋, 水袋など].

góat-smèll·ing *a* *《陸軍俗》臭い, くっせえ.

góat's rùe 〘植〙 **a** 欧州・西アジア産の青い花をつけるマメ科ガレガ属の多年草 (=*French lilac*). **b** ナンバンクサフジ.

góat·sùck·er *n* 〘鳥〙ヨタカ (=*nightjar*).

góat wàter 《カリブ》ヤギ肉のシチュー.

góat wìllow 〘植〙サルヤナギ (=*sallow, pussy willow*)《欧州から中央アジアにかけて産する葉の広いヤナギで, バッコヤナギの近縁種》.

góaty *a* GOATISH; 《俗》ぶざまな, まぬけな.

goaves *n* GOAF の複数形.

gó·awày bìrd 〘鳥〙ムジハイイロエボシドリ (=*lourie*)《アフリカ産エボシドリ科ムジハイイロエボシドリ属の数種》. [imit]

gob[1] /gάb/ *n* 《べっとり[どろっと]したもの》塊り; *小さな塊り; 〘鉱〙採掘跡 (goaf) (の廃石[充填材, ずり]); 《口》口いっぱいのつば, ペッと吐いたつば; [ᵁ*pl*] *《口》たんまり, 大量: ~*s of* money. ► *v* (**-bb-**) *vt* 〈採掘跡を〉充填する. ► *vi* 《俗》つば[痰]を吐く, *《ロックファンが感激して》つばを吐く. [OF *go(u)be* mouthful]

gob[2] *n* 《口》船乗り, 水夫, 《特に》《米海軍の》水兵 (sailor). [C20 <?; cf. GOBBY]

gob[3] *n*ᴵᴵ《口》口 (mouth): Shut your ~! 黙れ. [C16<?; cf. Gael and Ir=beak, mouth]

gó bàg* 非常持ち出し袋.

go·bang /goʊbάːŋ; -bǽŋ/, **go·ban** /-bάːn; -bǽn/ *n* 《日本の》五目並べ, 連珠. [Jpn 碁盤]

gob·bet /gάbət/ *n* 《生肉などの》小片, 一切れ; ひと塊り, 厚切り; 《食べ物の》ひと口; 一滴 (drop); 抜粋, 断片, 少量: ~*s* [a ~] of information. [OF (dim) < *gobe* GOB[1]]

Gob·bi /gάbi/ ゴッビ **Tito** ~ (1915–84) 《イタリアのバリトン》.

gob·ble[1] /gάb(ə)l/ *vt* がぶりと飲み込む, がつがつ[むさぼり]食う 〈*up, down*〉; 《口》《食欲に》ひっつかまえる, かっさらう, 飛びつく, 〘野〙〈ボールを〉捕える 〈*up*〉; むさぼり読む 〈*up*〉; 〈金などを〉つかい[食い]つくす 〈*up*〉; 〈会社などを〉吸収する 〈*up*〉; 《卑》…にフェラチオ[クンニリングス]をやる. ► *vi* がつがつ食う. [*gob*[1], *-le*]

gobble[2] *vi, n* 〈雄の七面鳥が〉ゴロゴロ鳴く(鳴き声); 《おこって》七面鳥のような声をたてる. [imit]

gobble[3] *n* 〘ゴルフ〙ガブル《ホールに強く打つパット》. [? *gobble*[1]]

gob·ble·dy·gook, -de- /gάb(ə)ldigùk, -gùːk/ 《口》*n* 《公文書などの》ややこしい[大げさでまわりくどい]表現; たわごと; ごたごたしたもの, 《特に》ごたまぜの食べ物 (mess). [imit; 雄の七面鳥のさま; 自身の造語ではないが Texas 州出身の共和党員 Maury Maverick (1895–1954) が第二次大戦時に用いて広まる]

gób·ble·pìpe *n* *《俗》SAXOPHONE.

gób·bler[1] *n* がつがつ[むさぼり]食う人, 乱読家; 《卑》フェラチオ[クンニリングス]をするやつ, くわえ[なめ]たがり屋.

gobbler[2] *n* 七面鳥の雄 (turkey-cock).

Gob·bo /gάboʊ/ ゴッボー **Launcelot** ~ 《Shakespeare, *The Merchant of Venice* 中の道化; 苛酷な Shylock を見捨てて Bassanio のもとに走る》.

gobboon ⇨ GABOON.

gob·by /gάbi/ 《俗》*n* 沿岸警備隊長; 《米海軍の》水兵.

gob·daw /gάbdɔː/ *n* 《アイル俗》ばか, まぬけ, 気取り屋.

Go·be·lin /góʊbələn, gάb-; *F* gɔblɛ̃/ *a* ゴブラン(織り)の; ゴブラン風の. ► *n* ゴブラン織り (=~ **tápestry**)《カーテン・家具・掛け布用の美麗なタペストリー; フランスの染色・織物業の一家が 15 世紀半ばに創立し 1662 年から国営となった, Paris の工場 the Gobelins で作られるものをいう》.

gobe·mouche /goʊbmúːʃ; gɔ́bmùːʃ/ *n* (*pl* ~s /-(əz)/) 何でも真に受ける者. [F=fly swallower]

gó-betwèen *n* 仲介者, 周旋人, 取持ち, 仲人 (middleman), 《恋の》仲立ち; 代弁者 (spokesman).

go·bi /góʊbi/ *n* 《インド》カリフラワー, キャベツ. [Punjabi]

Gobi [the] ゴビ砂漠 (*Chin* Shamo)《モンゴル高原の砂漠; 実際には草原が多い》. ♦ **~·an** *a*

go·bi·id /góʊbiəd/ *a, n* 〘魚〙ハゼ科 (Gobiidae) の(魚).

Go·bi·neau /gάbənòʊ; *F* gɔbino/ ゴビノー **Joseph-Arthur** ~, Comte de ~ (1816–82)《フランスの外交官・作家・人類学者; アーリア人種は他の人種よりすぐれていると主張》.

go·bi·oid /góʊbiɔ̀ɪd/ *a, n* 〘魚〙ハゼ (goby) (の), ハゼに似た(魚).

gob·let /gάblət/ *n* 《柄のない》脚付きグラス[カップ], ゴブレット (cf. TUMBLER); 《ミキサーの》カップ; 《古》《金属・ガラス製で柄のない》椀形酒杯; 《古・詩》《一般に》酒杯. [OF (dim) < *gobel* cup <?]

góblet cèll 〘解〙《粘液を分泌する》杯状細胞, さかずき細胞 (=*chalice cell*).

gob·lin /gάblən/ *n* 悪鬼, 小鬼《人にわるさをする醜い小人の姿をした妖精》. [? AF; cf. COBALT]

gòblin·ésque *a* 悪鬼[小鬼]のような[風の].

góblin·ry *n* 悪鬼のしわざ[たくらみ].

go·bo[1] /góʊboʊ/ *n* (*pl* ~s, ~es) ゴーボー《**1)** テレビカメラのレンズに近くの散光が入射するのを防ぐ遮光板 **2)** マイクに雑音がはいるのを防ぐ遮音板 **3)** 特定の形が切り抜かれた金属[ガラス]板; スポットライトの前に取り付けて, 当該の形を投映する》. [C20<?]

gobo[2] *n* ゴボウ. [Jpn]

go·bo·ny /gəbóʊni/, **-née** /-neɪ/ *a* COMPONY.

goboon ⇨ GABOON.

gób pìle 〘鉱〙廃石[ずり]の堆積, ぼた山.

gób·shìte *n*ᴵᴵ《俗》大ばか, ろくでなし, くそったれ.

gób·smàcked *a*ᴵᴵ《口》呆然として, 絶句して, あっけにとられて, どぎもを抜かれて. ♦ **gób·smàck·ing** *a* [*gob*[3]]

gób·stìck *n* 《釣りの》針はずし; *《俗》CLARINET.

gób·stòpper *n* 《英・カナダ・豪口》《大きくて固い》替わり玉, マーブル飴 (jawbreaker*).

gób·strùck *a*ᴵᴵ《口》GOBSMACKED.

go·by /góʊbi/ *n* (*pl* **-bies,** ~) 〘魚〙ハゼ. [L *gobius*<Gk *kōbios* gudgeon]

gó-bỳ *n* 《口》知らぬふり, 無視: give sb the ~ 知らぬふりをする, そっぽを向く, 袖にする.

GOC General Officer Commanding.

gó-càrt *n* 《英では古》《幼児の》歩行器 (baby walkerᴵᴵ); 腰掛け式うば車 (stroller); 手押し車 (handcart); ゴーカート (kart); 《俗》車 (car).

gock /gάk/ *n* 《俗》きたならしい[けがらわしい]もの. [cf. *Gook*; ? (euph) < *God*]

god /gάd, gɔ́(ː)d/ *n* **1 a** [G-] 《一神教, 特に ユダヤ教・キリスト教の》神, 造物主, 上帝, 天帝, 天主 (Almighty, Creator); 〘クリスチャンサイエンス〙神; [ᵒ*int*] 神よ! 《祈願・誓い・感嘆・呪いなどを表わす; ⇨ 成句》: the Lord *G*~ 主(しゅ)なる神. **b** 《多神教の》神; 男神 (opp. *goddess*); *《俗》カッコいい男, 最高の男: a feast for the ~*s* すばらしいごちそう《反語にも用いる》/ a sight for the ~*s* すばらしい見もの, みごとな光景 / BLIND GOD / ~ from [out of] the [a] machine=DEUS EX MACHINA / Those whom the ~*s* love die young. 《諺》神々に愛される人びとは若死にする《神々が天上の幸福な生を与えることを欲するので》/ Whom *G*~ will destroy he first makes mad. 《諺》神は滅ぼそうとする時は気を狂わせることから始める. ★ 以下に示す神の名称はローマ神話による: the ~ of day 日輪の神 (Apollo, Phoebus), the ~ of fire 火の神 (Vulcan), the ~ of heaven 天の神 (Jupiter), the ~ of hell 地獄の神 (Dis), the ~ of love 恋愛の神 (Cupid), the ~ of the sea 海の神 (Neptune), the ~ of this world=the DEVIL [SATAN], the ~ of war 戦争の神 (Mars), the ~ of wine

酒の神 (Bacchus). **2** 神の像; 偶像 (idol); 神とあがめられるもの; 崇拝される人; 強大な支配者: Money is her ~. 金は彼女のいちばん大切なものだ. **3** [the ~s] ⁿ《劇場の》天井桟敷の観客, 大向こう(連中) (=gallery ~s). ● **all the** HOURS **~ sends** [**gives**]. **before G~** 神に誓って. **be with G~** 神と共にある, 死んで天国にいる. **by G~** 神かけて, きっと, 絶対に《驚き・不信・不興などを表わす; God を引合いに出すのをはばかって Gad, gosh, gum などを代用したり, by—としたりする》. **for G~'s** SAKE¹. **G~** (**above**)**!**=Good GOD! **G~ bless…!** …に幸(さち)あらしめたまえ; ⇨ BLESS *vt*. **G~ damn you!** こんちくしょう. **G~** FORBID! **G~ grant…!** わが願いをかなえさせたまえ. **G~** HELP you [him, etc.]! **G~ in Heaven!**=Good GOD! **G~** KNOWS **that** [**what**, etc.]…. **G~'s earth** 全世界. **G~ the Father, G~ the Son, G~ the Holy Ghost** 聖父(ちち), 聖子(こ), 聖靈《聖三位をいう》. **G~ willing** 神のおぼしめしがあれば, 事情が許せば, 幸いにもそうなることなら (Deo volente). **G~ wot…** 《古》G~ KNOWS…. **Good** [**My, Oh**] **G~!** ああ困った, 悲しいかな, けしからん, 大変だ, おやっ! **in G~'s** NAME. **kiss** [**pray to, worship**] **the porcelain** [**enamel**] **~***《俗》《トイレで》吐く, もどす, ゲロる (vomit). **older than G~***《口》ものすごい高齢で. **on the knees** [**in the lap**] **of the ~s** 人力の及ばない, 不確かな, 未定の. **play G~** 神のようにふるまう, 全能たらんとする. PLEASE **G~**. **So** HELP **me G~**. SON OF GOD. TEMPT **G~**. **Thank G~!** これはありがたい, ああありがたい, うれしや, しめしめ, やれやれ! TIN GOD. **to G~** [hope, wish などの動詞のあとに付けて] 本当に, 絶対に. **under G~** 神に次いで(感謝すべき人として); (神には及ばぬまでも)精いっぱい. **with G~** 神と共に; 死んで神のみもとに, 天国に: WALK with ~. **Ye ~s** (**and little fishes**)**!** ⇨ YE¹.
► *vt* (**-dd-**) 神としてあがめる; 偶像化[視]する.
[OE; cf. G *Gott*]

Go·dard /goudá:r; gɔ́da:/ ゴダール **Jean-Luc ~** (1930–)《フランスのヌーヴェルヴァーグの映画監督; *À Bout de Souffle* (勝手にしやがれ, 1960)》.

Go·da·va·ri /goudá:vəri/ [the] ゴダヴァリ川《インド中部 Deccan 高原を南東に横切り Bengal 湾へ注ぐ; ヒンドゥー教徒の聖河》.

gòd-áwful [ᵒG-] *a*《口》とてもひどい, ひどくいやな, ぞっとする, おっそろしい. ► *adv* ひどく, どえらく.

Gód-bòx《俗》*n* 教会堂; オルガン.

gód·chìld *n* 教子(きょうし), 受洗者, 受堅者, 名付け子《godparent が洗礼式[堅信礼]に立ち会って名を授けた子》.

Gód committee [the]*《俗》GOD SQUAD.

god·dam·mit /gádæ̀mɪt/ *int* クソッ, ちくしょう.

gód·dámn, -dám *v, n, a, adv* [ᵒG-]《口》DAMN.

gód·dámned *a, adv*《口》DAMNED.

God·dard /gádərd, ᴴ-a:d/ ゴダード **Robert Hutchings ~** (1882–1945)《米国のロケット工学者; ロケット技術を開発した》.

gód·dàughter *n* 教女, 名付け娘 (⇨ GODCHILD).

gód·dess *n* 女神 (opp. *god*); 崇拝[あこがれ]の的となる女性, 絶世の美女: the ~ of liberty 自由の女神. ● **worship the porcelain ~***《俗》worship the porcelain GOD. ★ 次に示す名称はローマ神話による: the ~ of corn 五穀の女神 (Ceres), the ~ of heaven 天の女神 (Juno), the ~ of hell 地獄の女神 (Proserpina), the ~ of love 恋愛の女神 (Venus), the ~ of the moon 月の女神 (Diana), the ~ of war 戦争の女神 (Bellona), the ~ of wisdom 知の女神 (Minerva).

Godefroy de Bouillon ⇨ GODFREY OF BOUILLON.

Gö·del /góud(ə)l, gɔ́:-/ ゲーデル **Kurt ~** (1906–78)《オーストリア生まれの米国の数学者・論理学者》.

Gödel's theorem /ˊ— ˊ—/, **Gödel's incompleteness theorem** /ˊ— — ˊ—/【数・論】ゲーデルの(不完全性)定理《自然数論を含む形式的体系においては, その体系が無矛盾であれば, 真とも偽とも証明できない命題が存在するというもの》. [Kurt *Gödel*]

Gode·rich /góudrɪtʃ/ ゴードリッチ **Frederick John Robinson,** Viscount ~ and 1st Earl of Ripon (1782–1859)《英国の政治家; 首相 (1827–28)》.

Go·des·berg /góudəsbə̀:rg; *G* gó:dəsbɛrk/ ゴーデスベルク《ドイツ西部 Bonn 市南郊の Rhine 川に臨む鉱泉保養地; 公式名 **Bád ~** /bá:t-/》.

go·det /goudét, góudèɪ/ *n*《スカートの裾・袖口・手袋などの》まち (gusset);【紡】ゴデット《合成繊維の延伸用ローラー》. [F]

go·de·tia /goudí:ʃ(i)ə/ *n*【植】イロマツヨイ, ゴデチア《北米西部原産のアカバナ科イロマツヨイ属 (*G-*) の草本の総称》. [C. H. *Godet* (1797–1879) スイスの植物学者]

gó-dèvil *n* 給油管清掃器; *油井内のダイナマイト爆破器; 木材[石材]運搬用そり; 子供用のそり;【鉄道】《保線用資材・労務者を運ぶ》小型台車, ハンドカー (handcar*);《すき溝用の》そり式中耕機.

gód·fàther *n* **1**【聖公会】教父,【カト】代父,【プロ】教保《洗礼式に立ち会って証言その他の役割を果たし, 父母に代わり宗教教育を保証する男性》, 名親. **2** [*fig*] **a**《人・ものの》命名の由来となっている人, 名祖(なおや). **b**《人・事業の》後援育成者《無名作家を育てる編集者など》. **c**《マフィアなどの》ファミリーの長, 領袖, ゴッドファーザー. **d**《主義・流派の》創始者, 始祖, 鼻祖. ● MY **~**(**s**)**!** ► *vt* …の教父[代父, 名親]になる; 後援育成する. ♦ **~·ly** *a*

gódfather òffer ゴッドファーザー・オファー《断われないほど好条件の株式公開買付け (tender offer)》.

Gód-fèar·ing *a* [ˢg-] 神をおそれる, 信心深い, 敬虔な.

god·fer /gádfər/ *n*《韻俗》ガキ (child, kid). [god for*bid*=*kid*]

gód·forsàken /, ˊ— ˊ—/ *a* [ˢG-] 神に見捨てられた, 堕落しきった, 救いようのない, 極悪な; 荒れはてた, さびれた, もの寂しい, 人里離れた.

God·frey /gádfri/ ゴドフリー《男子名》. ● GREAT **~!** [OF＜Gmc=God+peace]

Godfrey of Bouil·lon /ˊ— əv bujɔ̃/ ゴドフロア・ド・ブイヨン (F **Gode·froy de Bouil·lon** /*F* gɔdfrwa də bujɔ̃/) (c. 1060–1100)《下ロレーヌ公; 第1回十字軍の指導者; Jerusalem 王 (1099–1100)》.

Gód-gìven *a* 神から与えられた, 神与の; 天与の, 絶好の.

gód·hèad *n* 神格, 神性 (divinity); [the G-] 神, 三位一体 (Trinity); 崇敬される[影響力のある]人物.

gód·hòod *n* [ˢG-] 神であること, 神格, 神性.

Go·di·va /gədáɪvə/ **1** ゴダイヴァ《女子名》. **2** [Lady]【英伝説】ゴダイヴァ《11 世紀イングランドの Coventry の領主の妻; 裸で白馬に乗って町を通るならば住民に課した重税をやめると夫に約束され, それを実行したという; ⇨ PEEPING TOM》. [OE=God+gift]

gód·less *a* 神の不在の; 神の存在を否定する, 神を認めない[信じない]; 不信心な, 不敬な, 罪深い. ♦ **~·ly** *adv* **~·ness** *n*

gód·lìke *a* [ˢG-] 神のような, 神々しい, 威厳のある; 神にふさわしい. ♦ **~·ness** *n*

gód·ling *n*《地方的で影響力の少ない》小神.

gód·ly *a* 神聖な; 神を敬う, 敬神の, 信心深い, 篤信の,《古》神からの, 神性の; [the, 〈*pl*〉] [ᵒ*iron*] 信心深い人たち, '善男善女'; *《俗》かっこいい, すてきな, 最高の. ► *adv*《古》信心深く, 敬虔に. ♦ **gód·li·ness** *n* 敬神, 敬虔, 信心; 清い人格, 信心深い性格.

Gód·mán /, ˊ— ˊ—/ *n* 神人(しんじん), キリスト; [g-] 半神半人 (demigod), 超人.

gód·mòther *n* 教母, 代母 (⇨ GODFATHER); 女保護者. ► *vt* …の教母[代母]になる.

Go·dol·phin /gədálfən/ ゴドルフィン **Sidney ~,** 1st Earl of ~ (1645–1712)《英国の政治家; 大蔵卿として名誉革命後の財政安定化に寄与した》.

Godólphin Arábian [**Bárb**] ゴドルフィンアラビアン[バーブ] (⇨ BYERLY TURK). [↑ (馬主)]

Go·dot /*F* gɔdo/ ゴドー《Samuel Beckett の戯曲 *En attendant Godot* (1952) の中で, 二人の無宿者が待っているのについに現われない人物》.

go·down /góudàun/ *n*《インド・東南アジアなどの》倉庫 (warehouse). [Port＜Malay]

gó-dòwn *n*《俗》地階アパート, 地下室.

Go·doy /goudɔ́ɪ/ ゴドイ **Manuel de ~** (1767–1851)《スペインの政治家; Charles 4 世の寵臣; 宰相 (1792–98, 1801–08); 外交の失敗から国王の退位, 国の Napoleon による占領をまねいて失脚, 亡命》.

gód·pàrent *n* 教保, 名親《教父または教母; cf. GODFATHER》.

Gòd Rést You Mérry Géntlemen「ほしかげさやけき」《18 世紀ごろの英国のクリスマスキャロル;「世のひと忘るな」「たがいによろこび」などの訳もある》.

god·roon /gədrú:n/ *n, vt* GADROON.

Gód's ácre /; ˊ— ˊ—/ 墓地,《特に》教会付属墓地.

Gód Sáve the Quéen [**Kíng**]「女王[国王]陛下万歳」《英国国歌; 作詞・作曲者不明》.

Gód's Bóok 神の書, 聖書 (the Bible).

Gód's cóuntry 神の恵み豊かな国《frontier を遠く離れた文明地域, 都市を離れた広々とした地域, 自然美豊かな田園地帯, 自分の生まれた都市または国など》,《米国人が自国を呼んで》'神の国'.

gód·sènd *n* 天の賜物, 思いがけない幸運. ♦ **-sènt** *a*

Gód's Éye 神の眼《小枝で作った十字に彩色糸を幾何学模様に巻きつけたもの; メキシコ・米国南部で幸運のお守りにする》. [Sp *ojo de dios* の訳]

Gód's gíft GODSEND (=**Gód's ówn gíft**);《女性がすぐに参ってしまうような》魅力的な男, いい男. ● **think** (**that**) one **is ~** (**to…**)《口》自分は(…にとって)最高であると[自分は才能があると]うぬぼれる.

gód·shìp *n* 神格, 神性.

Gód slòt [the]ᴴ《俗》宗教番組(の時間帯).

gód·sòn *n* 教子(きょうし) (⇨ GODCHILD).

Gód's òwn, God·zone /gádzòun/《豪》'神の国'《オーストラリアまたはニュージーランド; cf. GOD'S COUNTRY》.

Gód's ówn cóuntry GOD'S COUNTRY.

Gód·spéed *n* 成功[道中安全]の祝福[祈願]: wish [bid] sb ~ 人の道中安全[(事業の)成功]を祈る. ► *int* ご無事で, 成功を祈る! [＜*God speed* (you)]

Gód's pènny【英古法】手付金 (earnest money).

Gód's plènty [《口》**quàntity**] 厖大な量.

Gód squàd [the]《口》[*derog*]《特に福音派キリスト教の》教団(の

信徒); [the]*《俗》《病院スタッフに助言を与える》倫理委員会 (= *God committee*).

Gód's trúth 絶対の真理[真実], 誓って間違いのない事 (cf. 'STRUTH, 'STREWTH).

Gód's Wórd 神のことば, 聖書 (the Bible).

Godt·håb /gɔ́:thɔ̀:p/ ゴットホープ《NUUK のデンマーク語名》.

Go·du·nov /gɔ́(:)dənɔ̀(:)f, gád-/ ゴドゥノフ **Boris** (**Fyodorovich**) ~ (c. 1551–1605)《ロシア皇帝 (1598–1605); 農奴制の強化をはかった; ⇨ BORIS GODUNOV》.

Gód·ward *adv* 神に(向かって); 神に関して[対して]. ► *a* 敬神の, 信仰あつい (cf. MANWARD). ♦ **-wards** *adv*

God·win /gádwən/ **1** ゴドウィン《男子名》. **2** ゴドウィン (**1**) (d. 1053)《ウェセックス (Wessex) の太守; Godwine ともいう; Edward 証聖王の統治の初期に権勢を誇った》 (**2**) **Mary** ~ (1759–97)《英国の著述家; 旧姓 Woll·stone·craft /wúlstənkræ̀ft; -krà:ft/, William の妻; P. B. Shelley 夫人となった娘 Mary の出産後に死亡; *A Vindication of the Rights of Woman* (1792)》 (**3**) **William** ~ (1756–1836)《英国の哲学者・小説家・エッセイスト; *An Enquiry concerning Political Justice, and its Influence on General Virtue and Happiness* (1793)》. ♦ **God·win·ian** /gadwíniən/ *a* [OE=God or good friend]

Gódwin-Áusten ゴドウィンオースティン **Henry Haversham** ~ (1834–1923)《英国の探検家・地質学者》.

Gódwin Áusten [Mount] ゴドウィンオースティン《K2 峰の別称》. [↑]

God·wi·ne /gádwɪnə/ ゴドウィネ《ウェセックスの太守 GODWIN の別名》.

god·wit /gádwɪ̀t/ *n*〖鳥〗オグロシギ《オグロシギ属の各種の渉禽: オグロシギ (black-tailed ~), オオソリハシシギ (bartailed ~) など》. [C16＜?]

God·wot·tery /gadwát(ə)ri/ *n* 凝りすぎた造園, 造園上の悪趣味; 凝りすぎた文章, 気取った[古くさい]演説. [英国 Man 島出身の詩人 Thomas E. Brown (1830–1897) の詩 *My Garden* (1876) 中の句 'A garden is a lovesome thing, God wot!' から]

Gód·zòne *n* GOD'S OWN.

Goeb·bels /gə́:b(ə)lz; G gœ́bls/ ゲッベルス (**Paul**) **Joseph** ~ (1897–1945)《ナチスドイツの宣伝相 (1933–45)》.

gó·er *n* **1 a** 行く人, 行人; [ᵘ*compd*]《演奏会・映画などに》定期的に行く人: comers and ~*s* 行き来の人びと《旅人・客人など》/ concert*goer*, church*goer*. **b** ᴴ《口》速く進む人[もの]; ᴴ《口》元気者, がんばり屋, やり手; 《口》好き者, 漁色家, 淫奔な女. **2** 動くもの; 動いて[行なわれて]いること: a good [poor, slow] ~ 速い[おそい]馬, よく動く[遅れる]時計《など》. **3** ᴴ《口》**a** 勝つ見込みのある競走馬[犬]. **b** けっこうな[実現性のある]考え[提案].

Goering ⇨ GÖRING.

Goes /gú:s/ グース **Hugo van der** ~ (c. 1440–82)《フランドルの画家》.

Goe·thals /góuθ(ə)lz/ ゴーサルズ **George Washington** ~ (1858–1928)《米国の陸軍将校・技師; パナマ運河建設の技長》.

Goe·the /gə́:tə, *géɪ-/ ゲーテ **Johann Wolfgang von** ~ (1749–1832)《ドイツの詩人・劇作家・小説家; *Faust* (Part I, 1808; Part II, 1832)》.

Goe·the·an, Goe·thi·an /gə́:tiən, *géɪ-/ *a* ゲーテの[に関する], ゲーテ風の. ► *n* ゲーテ崇拝者[研究家], ゲーテ学徒.

goe·thite, gö- /góuθàɪt, gə́:tàɪt/ *n*〖鉱〗針鉄鉱, ゲータイト, ゲーサイト (=*xanthosiderite*). [*Goethe*]

gó-fást *a* 敏速な, すばやい; スピードの出る; 効きめの早い.

gó-fást·er *a* **1**《車などを》一段とスポーティーに[かっこうよく]見せる; 一見したところ魅力的な: ~ stripes 車の側面にはる縞模様のステッカー. **2** より速い, よりスピードの出る. ► *n pl* *《俗》アンフェタミン (amphetamines).

go·fer[1] /góufər/ *n*《方》ゴーフル《薄い battercake》. [F *gaufre*]

gofer[2]《口》*n*《会社の》雑用係, 使い走り; GOPHER[2]. [*go for*]

gof·fer, gauf·fer /gáfər, gɔ́:-, góu-; gə́u-/ *vt*《アイロンなどで》〈布など〉にひだをつける[しわを寄せる]; [ᵘgauffer]〈書物の箔置き小口〉に浮出し模様をつける: ~*ed* edges《書物の》浮出し模様付き小口. ► *n*《アイロンなどでつける》飾りひだ; [ᵘgauffer]《書物の》浮出し小口模様[装飾]; ひだづけアイロン, ゴーファー. ♦ **~·er** *n* [F=honeycomb]

góffer·ing *n* ひだづけ[取り]すること; ひだ飾り, ゴーファー.

Gog and Ma·gog /gág ən méɪgàg/ *pl* ゴグとマゴグ (**1**) 大軍を率いてイスラエルに攻め寄せた大君とその母国; *Ezek* 38 **2**)〖聖〗サタンに惑わされて神の国に敵対する最後の 2 つの国家; *Rev* 20: 8–9 **3**) London 市庁舎にある 2 体の巨人像; ローマ時代に Britain 島に住んでいたという巨人族の残存者をかたどったもの》.

gó-gétter /,━━/ *n*《口》《特に 金もうけの》手腕家, 辣腕家, やり手. ♦ **gó-gétting** *a, n* 敏腕(の).

gog·ga /xáxə/ *n*《南ア口》虫, 《特に》昆虫; 望ましくないもの[人], 危険なもの[人]. [Khoikhoi *xoxon* insects]

gog·gle /gág(ə)l/ *vi* ぎょろ目で見る, 目をまるくして見る〈*at*〉; 目玉をぎょろつかせる; 〈目玉が〉ぎょろぎょろする. ► *vt* 〈目玉を〉ぎょろつかせる. ► *n* 目をむくこと; [*pl*] ちりよけ眼鏡, ゴーグル, 《溶接工などの》保護眼鏡, 潜水眼鏡, ᴴ《俗》レンズのまるい眼鏡; [ᵘthe]ᴴ《俗》テレビ; 〖獣医〗《羊の》STAGGERS. ► *a* 〈目が〉飛び出た, ぎょろりとした. ♦ **góg·gled** *a* **góg·gly** *a* [ME=to squint (freq)＜? **gog* (imit); cf. JOG]

góggle-bòx *n* ᴴ《口》テレビ(受像機) (cf. IDIOT BOX).

góggle-dìve *n* 潜水眼鏡をかけてする潜水.

góggle-èye *n*〖魚〗ROCK BASS; 〖魚〗WARMOUTH; *《俗》安酒, 密造酒 (red-eye).

góggle-èyed *a* 出目の, ぎょろ目の; (驚いて)目をむいた; *《俗》《酒に》酔って.

góg·gler *n* 目をまるくして見る人; GOGGLE-EYE.

Gogh ⇨ VAN GOGH.

gog·let /gáglət/ *n*《インド》素焼きの冷やし瓶.

go-go /góugou/ *a* **1** ゴーゴー(ダンス)の; ディスコ[ナイトクラブ]の; *《口》とても活動的な, 精力的な; *《口》かっこいい, 進んだ, 今ふうの. **2***《口》高収益期待の投機的投資に関する[を行なう], GO-GO FUND の[に関する]; *《口》高度成長の, 短期の利益増大を追求する. ► *n* ゴーゴー(ダンス); GO-GO FUND. ► *vi* ゴーゴーを踊る. [*a-go-go*]

gó-go bóot ゴーゴーブーツ《女性用のひざまでの深さのブーツ; 特にエナメル革またはピカピカのビニール製》.

gó-go dàncer [**gìrl**] ゴーゴーダンサー[ガール].

gó-go fúnd《株式の》ゴーゴーファンド《短期変動を積極的に利用する投資会社》.

Go·gol /góugɔ̀(:)l, -gàl, *-gəl/ ゴーゴリ **Nikolay** (**Vasilyevich**) ~ (1809–52)《ロシアの小説家・劇作家; ロシアリアリズムの伝統の創始者; 戯曲『検察官』(1835), 小説『死せる魂』(1842),『外套』(1842)》. ♦ **Go·gol·ian** /gougɔ́(:)ljən, -gál-/ *a*

Gogra ⇨ GHAGHARA.

Goi·â·nia /gɔɪǽniə/ ゴイアニア《ブラジル中南東部 Goiás 州の州都; 旧つづり Goyania》.

Goi·ás /gɔɪá:s/ ゴイアス《ブラジル中南東部の州; ☆Goiânia; 旧つづり Goyaz》.

Goi·del /gɔ́ɪdl/ *n*《ゴイデル語を話す》ゲール人, ゴイデル人.

Goi·del·ic /gɔɪdélɪk/ *a* ゲール族 (Gaels) の, ゲール語の; ゴイデル語の. ► *n* ゴイデル語 (=*Gadhelic, Q-Celtic*)《ケルト語の一派で Irish Gaelic, Scottish Gaelic, Manx を含む; cf. BRYTHONIC》; 《広義の》ゲール語.

goifa ⇨ GREEFA.

gó·ing *n* **1** 行くこと, 歩行, 旅行; 去ること, 出立, 出発. **2 a** 進行ぶり, 作業状況: Seventy miles an hour is pretty good ~. 1 時間に 70 マイルとはかなりのスピードだ / When the ~ gets tough, the tough get ~. 状況が困難になれば, タフなやつががんばるようになる / while the ~ is good 情況が悪くならないうちに〈行く〉/ good [not bad] ~ 上でき[まずまずのでき]. **b** 従事, 《業務の》遂行, 営業; [ᵘ*pl*] 行為, ふるまい. **3** 道路[競走路など]の状態, ᴴ《特に》馬場状態.
● **heavy** [**hard, slow**] ~ 進みにくいこと, おそい進み; 《進める[行なう]のが》むずかしいもの[こと]: find a book *heavy* ~ 本が読みにくいと思う, 読みづらい. **Nice ~!** [ᵒ*iron*] よくやった, でかした.
► *a* **1** 活動[運動]中の; 進行[運転, 営業, 継続]中の, うまくいっている; 現行の, 相場の: a ~ business 営業中の[採算のとれている]商売[会社, 店 など], 継続企業 (GOING CONCERN) / the ~ price 現行価格, 時価 / the ~ rate 現行料金[レート] / keep ~ 運転[営業]を続けさせる, 続けてゆく, 維持する / set ~ 運転を始める, 〈時計などを〉動き出させる; 〈活動を〉開始する; 創立する. **2** [後置] 現にいる[ある]; 手にはいる, 利用できる, 得られる: one of the best fellows ~ 当今珍しいよい男 / There is cold beef ~. コールドビーフがあります. **3***《口》出発する.
● GET[1] **~. get** [**have**] **something ~**《口》(…と)つきあう[つきあっている], (…と)いい仲になる[できている]〈*with*〉. **~ away** *〖競馬〗みるみる差を広げて; 《口》大差で. **G~, (~,) gone!**=**G~ once, ~ twice, sold.** ありませんか, (ありませんか,) はい売れました《競売人のことば》. **~ on** ⇨ GO[1] on (for).... **have a** GOOD THING **~. have a thing ~**《口》親密な関係である, できている〈*with*〉. **have** sb **~**《口》人に一杯食わせる, 困らせる. **have...~ for** one《口》…が人に有利にはたらく, 有利なことが…ある: He *has* a lot [everything, something, nothing] ~ *for* him. 彼は大いに有利な[すべてに有利な, かなり有利な, 不利な]立場にある. **have got ~ on**《口》かっこいい, すてきだ. **have something ~**《口》計画[予定]がある〈*for oneself*〉; 《口》取引をしている〈*with*〉; have a thing GOING. **in ~ order** 異状のない状態に, 使用できる状態に; 健全で.

gó·ing-awáy *a*《花嫁の》新婚旅行用の〈ドレス・スーツなど〉; 送別の〈パーティー・贈り物など〉; 積立て旅行の〈クラブ〉.

góing concérn 継続企業, ゴーイングコンサーン《現存し, 利益を出しながら継続的に事業を行なっている企業体》.

góing hígh *《俗》長く続く薬(ヤク)による恍惚感.

gó·ing-óver《口》*n* (*pl* **gó·ings-óver**) 徹底的調査[尋問], 点検, チェック; 行き届いた掃除; きびしい叱責; 打ちすえること, 手痛い敗北: give sb a ~ 人に尋問する; 人をしかりつける[ぶったたく].

gó·ings-ón《口》*n pl*《非難されるような》行為, ふるまい; 変な行動; 事件, できごと.

G

góing to Jerúsalem 〔遊び〕椅子取り (musical chairs).

góing tràin 〔時計〕時方輪列《時計の針を動かすための輪列; cf. STRIKING TRAIN》.

gó-it-alóne *a* 《口》独立した, 自足した.

goi·ter | -tre /gɔ́ɪtər/ *n* 〔医〕甲状腺腫 (＝*struma*). ♦ **gói·tered | -tred** *a* [F (L *guttur* throat)]

goi·tro·gen /gɔ́ɪtrəʤən, -ʤɛ̀n/ *n* 〔医〕甲状腺腫誘発物質, ゴイトロゲン. ♦ **gòi·tro·gén·ic** *a* **-ge·nic·i·ty** /gɔ̀ɪtrəʤənísəti/ *n*

goi·trous /gɔ́ɪtrəs/ *a* 〔医〕甲状腺腫(性)の.

go·ji /góuʤi:/ *n* クコの実, 枸杞子 (＝～ **bèrry**)《乾燥させたものを煎じたり, 酒に漬けたりする》; クコの木. [Chin 枸杞(ㇰ)]

gó-jùice *n* 《俗》ガソリン.

gó-kàrt *n* ゴーカート (kart). ♦ **～·ing** *n* [*go-cart*]

Gök·çe·ada /gœ̀kʤeɪədá:/ ゲクチェアダ《エーゲ海北東部の島; トルコ領; 旧称 Imroz》.

Go·kha·le /góukəlèɪ/ ゴーカレー **Gopal Krishna** ～ (1866–1915)《インドの政治家; 国民会議派を指導; 帝国内インド自治を主唱, Gandhi にも影響を与えた》.

Gó·lan Héights /góulɑ̀:n-, -lən-/ *pl* [the] ゴラン高原《シリア南西部の高地; 1967 年以来イスラエルが占領》.

Gol·con·da /gɑlkɑ́ndə/ **1** ゴルコンダ《インド中部 Andra Pradesh 西部, Hyderabad の西方にある都市遺跡; かつてゴルコンダ王国の首都 (1512–1687) で, ダイヤモンド加工によって富裕を誇った》. **2** [ᵒg-] 埋蔵量の豊富な鉱山; [ᵒg-] 無限の富, 宝の山.

gold /góuld/ *n* **1** 金 (＝*aurum*)《金属元素; 記号 Au, 原子番号 79; AUROUS, AURIC *a*》; 黄金: All that glitters [glisters, glistens] is not ～. 《諺》光るものすべてが金とはかぎらない / There's ～ in them thar /ðɑ:r/ hills. あそこの山には金がある, そこ[その仕事 など]でひと財産できる《19 世紀米国のゴールドラッシュ時代の表現から; them thar hills は those hills there の意》. **2 a** 金製品; 《特に》金貨 (gold coins); 富 (wealth), 金(ｶﾈ) (money), 財宝 (treasure), 財; 金メダル (gold medal). **b** 金本位制 (gold standard): go off ～ 金本位制を廃する. **3 a** 金めっき, 金絵, 金えのぐ, 金糸, 金モール, 金箔《など》. **b** 金色, 黄金[やまぶき]色 (⇨ OLD GOLD). **4 a** 第一等のもの, 黄金のように貴いもの; *《俗》極上のマリファナ: the age of ～ 黄金時代 / a heart of ～ 美しい心, 寛大さ; 純情[高潔]な人 / a voice of ～ うるわしい声. **b** 〔弓〕金的 (bull's eye): hit the ～ 金的を射あてる / make a ～ 標的の中心を射る. ●**strike** ～ 金を掘りあてる; [*fig*] 豊かな情報源[収入源など]を見つける, 山をあてる. **the** [**a**] **pot** [**crock**] **of** ～ (**at the end of the rainbow**) 決して得られることのない報い[富]《虹のふもとには金の壺があるとの古い迷信から》. **worth one's weight in** ～ 千金の価がある, 非常に有用な. ► *a* **1** 金の, 金製の, 金…; 金色の, 黄金色の: a ～ coin 金貨(1 個) / ～ size 箔下ワニス, 箔下地塗料. **2** 金本位の. **3** ゴールドディスク(級の売上げ)を達成した (⇨ GOLD DISC). ●**go** ～ ゴールドディスクを達成する. [OE; cf. G *Gold*; IE で 'yellow' の意]

góld amálgam 金アマルガム《金と水銀の合金》.

gol·darn /gouldɑ́:rn/, **-durn** /-də́:rn/ *a, adv, v**《口》GODDAMN.

gol·dárned, -dúrned *a, adv* 《口》GODDAMNED.

Góld·bach's conjécture /góuldbɑ̀:xs-/ 〔数〕ゴルトバハの予想《「2 以外のすべての偶数は 2 つの素数の和である」という未証明の命題》. [Christian *Goldbach* (1690–1764) ドイツの数学者]

góld bàsis 〔金融〕金本位基準.

góldbeater's skìn 金箔師の皮《金箔を打ち延ばすときに箔間にはさむ, 牛の大腸で作った薄膜》.

góld·bèat·ing *n* 金箔製造(法). ♦ **-bèat·er** *n* 金箔師.

góld·bèetle *n* 金属光沢のある大型甲虫, 'コガネムシ' (＝*gold-bug*).

Gold·berg /góul(d)bə̀:rg/ **1** ゴールドバーグ (**1**) **Arthur J**(**oseph**) ～ (1908–90)《米国の法律家; 合衆国最高裁判所陪席裁判官 (1962–65), 国連代表 (1965–68)》 (**2**) **'Rube'** ～ [**Reuben Lucius** ～] (1883–1970)《米国の漫画家; 簡単なことをするためのおそろしく複雑な機械の漫画で有名 (⇨ RUBE GOLDBERG)》 (**3**) **Whoopi** /(h)wúpi/ ～ (1955–)《米国のコメディアン・女優》. **2** *《黒人俗》[*derog*] ユダヤ人.

Góld Blénd 〔商標〕ゴールドブレンド《Nestlé 社製のインスタントコーヒー》.

góld blòc 金ブロック《金本位国間の通貨ブロック》.

góld bràid 《俗》《米海軍の》水兵.

góld·brìck *n* **1** 《口》金塊に見せかけた煉瓦, にせ金塊; 《口》にせもの, まやかし品. **2** *《軍俗》特殊勤務のため普通の勤務をしない兵; *《軍俗》勤務をなまける兵士; *《俗》なまけ者 (loafer), 《仮病をつかったりして》ずるけるやつ; *《俗》いかさない女の子, 自分のことをかまおうとしない女の子. ► *vt* 《口》だます, ペテンにかける. ► *vi* *《軍俗》《特に 仮病をつかって》仕事をサボる, 勤務を怠る, ずるける (shirk). [ゴールドラッシュ時代に金塊のにせものが多かったことから]

góld·brìck·er *n* *《軍俗》通常勤務をしない兵士, 勤務をサボる兵士 (goldbrick); *《俗》サボり屋, なまけ者.

góld·bùg *n* GOLDBEETLE; 《口》金本位制支持者; 金投機家; 大金持ち.

góld búllion stàndard 〔経〕金地金本位制度《1925 年初めて英国で採用された》.

góld càrd ゴールドカード《信用の高い顧客に発行されるクレジットカード》.

góld certíficate 〔米〕金証券《金準備法による, 米国政府発行の金貨・金地金の金の預かり証》; GOLD NOTE.

Góld Còast **1** [the] 黄金海岸, ゴールドコースト (**1**) 西アフリカのギニア湾北岸の地域; 西は象牙海岸 (Ivory Coast), 東は奴隷海岸 (Slave Coast) **2**) GHANA の旧称》. **2 a** [the] ゴールドコースト《オーストラリア Queensland 州南東端の Southport から Coolangatta までの 32km にわたる海浜, 観光地》. **b** ゴールドコースト《前者の大半を占める市》. **3** *《口》沿岸高級住宅地.

Góld Còast Còlony 黄金海岸植民地《黄金海岸地域の南部を占めた旧英領植民地; ☆Accra; 現在 ガーナの一部》.

góld·crèst *n* 〔鳥〕キクイタダキ.

góld·cùp *n* 〔植〕ウマノアシガタ, キンポウゲ (buttercup).

Góld Dèmocrat 金本位制支持の民主党員《特に 1896 年米国大統領選挙時の反主流派》.

góld-dìg *v* (**-dùg**) 《俗》*vt* 〈人〉から甘言で金をしぼり取る. ► *vi* 甘言で人から金品をしぼり取る.

góld dìgger 金鉱探し, 砂金掘り《人》; 黄金狂; 《俗》実益のために男と交際[結婚]する女, 金目当てに女を誘惑する男.

góld dìgging 金鉱探し; (砂)金鉱, [*pl*] 金鉱[砂金]地帯; 《俗》男をたらしこんで金をしぼり取ること.

góld dísc ゴールドディスク (**1**) 特定枚数のシングル盤・アルバムが売れたアーティスト・グループに贈られるフレームにはいった金製のレコード; PLATINUM DISC に準じるもの **2**) CD-ROM のマスターディスク》.

góld dùst 砂金; 金粉; 〔植〕ゴールドダスト (basket-of-gold). ●**be** (**like**) ～ 《口》入手困難な[めったに見つからない, 貴重な]ものである.

góld·en *a* **1 a** 金色の, やまぶき色の; 金のように輝く; 〈髪が〉ブロンドの: ～ rain 金の雨《花火》. **b** 金の, 金製の《この用法はやや文語的で今は 通例 gold を用いる》. **c** 金に満ちた, 金を産する. **2 a** 最高の, すばらしい; 絶好の〈機会〉; 前途洋々の; 人気のある; 隆盛を極めた; 生気に満ちた; 豊かでなめらかな, 朗々たる〈声〉: ～ opinions 絶賛, 絶大な信望 / ～ remedy 妙薬 / ～ days [years] 全盛期, 最盛期 / a ～ saying 金言. **b** 《祝祭・結婚・記念日などで》50 回目の, 50 周年の. ► *vt, vi* golden にする[なる]. ♦ **～·ly** *adv* **～·ness** *n*

gólden áge [the, ᵒthe G- A-] **1 a** 《一般に》黄金時代, 最盛期: *The* ～ was never the present age. 《諺》黄金時代が現代であったためしはない. **b** 《Cicero, Vergil などによる》(古典ラテン文学の)黄金時代. **c** 〔ギ・ロ神〕黄金時代《Cronos [Saturn] の支配した時代で, 労働なくして産物に恵まれ不正と悪のない人類の至福の時代》. ★ Hesiod によれば, 次の白銀時代 (silver age) に瀆神の罪により人類は Zeus に滅ぼされ, 青銅時代 (brazen age) には人間どうし殺し合う末世となり, 最後の黒鉄時代 (iron age) にはあらゆる悪徳がはびこり神々は地上を去った. **2** 《知恵・満足・余暇が特色とされる》中年以後の人生; [*euph*] 現役を退くのが普通な年齢, 高齢, 老年.

gólden áge clùb *老人クラブ《社交・娯楽団体》.

gólden-àger *n* 《特に 65 歳以上の 隠退などをしてクラブの活動に参加している》老人, お年寄り.

gólden alexánders (*pl* ～) [ᵒg- A-] 〔植〕派手な金色の花をつけるセリ科の多年草.

gólden anniversary *GOLDEN JUBILEE; GOLDEN WEDDING.

gólden ápple ベルノキの果実 (bel); トマト.

gólden áster 〔植〕《北米の》金色の花をつけるアスターに似た草本.

gólden bálls *pl* 金色の三つ玉《質屋の看板》.

gólden bántam (**córn**) ゴールデンバンタム《果穂が小さくあざやかな黄色の果粒をつける甘味トウモロコシの品種》.

gólden bát 〔動〕SUCKER-FOOTED BAT.

gólden béan 〔植〕**a** アメリカセンダイハギ《カナダ南西部産マメ科センダイハギ属の多年草; 花は黄》. **b** BUFFALO BEAN.

gólden béll [ᵒ*pl*] 〔植〕レンギョウ属の低木《モクセイ科》.

gólden bóy 人気者, ゴールデンボーイ.

gólden brówn *a, n* 《主に料理で》キツネ色(の).

gólden(-bròwn) álga 〔植〕黄金色植物[藻類] (＝*chrysophyte*)《黄緑色から金褐色を呈する藻類からなる一門 Chrysophyta に属する植物》.

Gólden Búll 〔史〕金印勅書, 黄金勅令《神聖ローマ帝国皇帝, 特に Charles 4 世が 1356 年に発布した黄金の封印のある勅令; 皇帝選挙法を規定した》.

gólden cálf [the] **1** 〔聖〕金の子牛《初め Aaron が (*Exod* 32), 後日 Jeroboam が (*1 Kings* 12: 28–29) 造った, イスラエル人の礼拝した偶像》. **2** 崇拝の対象となる物質, 《特に》富, お金; 物質的富の崇拝: worship *the* ～.

gólden cárp 金魚 (goldfish).

Gólden Cásket [the] ゴールデンキャスケット《オーストラリアの Queensland 州政府主催の宝くじ》.

gólden cát 〔動〕ゴールデンキャット《熱帯アフリカの森林にすむアフリカゴールデンキャットと東南アジアのアジアゴールデンキャットの 2 種》.

gólden cháin 〔植〕キングサリ (laburnum).

Gólden Chérsonese [the] 黄金半島《MALAY 半島の古名》.
gólden clúb 〘植〙オロンティウム・アクアティクム《北米東部産の黄色の小花をつけるサトイモ科の水生植物; 根茎や種子を煮て食用にした》.
gólden-crèst·ed kínglet 〘鳥〙キクイタダキ.
gólden-cròwned spárrow 〘鳥〙キガシラシトド《ホオジロ科; 北米産》.
gólden cúrrant 〘植〙コガネスグリ《芳香のある黄色の花をつける低木で庭木にする; 米国西部・メキシコ原産》.
Gólden Delícious 〘園〙ゴールデンデリシャス《米国原産の鮮黄色の果皮をもつリンゴ》.
gólden dóllar SACAGAWEA DOLLAR.
gólden éagle 〘鳥〙イヌワシ《後頭が金褐色; かつてのドイツの国章; ユーラシア・北米・北アフリカ産》.
gólden·èye *n* 〘鳥〙ホオジロガモ (=*spirit duck*)《ユーラシア・北米産》; 〘昆〙クサカゲロウ.
Gólden Fléece [the] 〘ギ神〙金の羊毛《Jason が Argonauts を率いて捜し求め, Medea の助けで盗んだ》. ⇨ ORDER OF THE GOLDEN FLEECE.
Gólden Gáte [the] ゴールデンゲート, 金門海峡《San Francisco 湾を太平洋につなぐ海峡; 長さ 2825 m の吊橋ゴールデンゲート橋[金門橋] (the **Gólden Gàte Brídge**) がかかっている》.
gólden gát·er /-géɪtər/ *《俗》どうしようもなくひどい台本. [Golden Gate Bridge が自殺の名所であることから]
gólden gírl 人気娘, 売れっ子.
Gólden Glóbe Awàrd ゴールデングローブ賞《毎年 1 月映画・テレビの優秀作品に対して Hollywood Foreign Press Association が与える賞; 1944 年創設》.
Gólden Glóves [the] ゴールデングラブ《全米アマチュアボクシング選手権大会; 1926 年 Chicago で行なわれたのが最初とされる》.
gólden glòw 〘植〙ハナガサギク, ヤエザキ(オオ)ハンゴンソウ《キク科; オオハンゴンソウの変種で, 筒状花が舌状花に変化した八重咲きもの》.
gólden góal 〘サッカー・ホッケー〙ゴールデンゴール《延長戦ではいる最初の得点で, タイスコアのゲームの決勝点となる》.
gólden góose 〘ギ伝説〙金の卵を産む鵞鳥《一日 1 個ずつで辛抱しきれぬ持主が一挙に金を得ようとして殺した》.
gólden hámster 〘動〙ゴールデンハムスター (=*Syrian hamster*)《小アジア原産のキヌゲネズミ; ペットにされる》.
gólden hándcuffs *pl* 《社員に対する》特別優遇措置, 黄金の手錠《自社に引き留めておくために特定の社員に払う高額の給与などの好条件, または 退職時には在職中の所得の相当部分を会社に返却するという契約》.
gólden hándshake 《早期退職促進のための》特別退職勧奨金.
gólden helló «口»《引き抜かれてはいる社員に支払われる》高額の支度金.
Gólden Hínd ゴールデンハインド号《Francis Drake が 1577–80 年に世界一周したときの船》.
Gólden Hórde [the] 〘史〙黄金軍団, キプチャク(金帳)《Genghis Khan の孫 Batu が建国, 13 世紀中ごろから 15 世紀末までロシアを支配したモンゴル民族の国》.
Gólden Hórn [the] ゴールデンホーン《トルコの Bosporus 海峡内の小さい入江で, Istanbul の海港》.
gólden júbilee 五十周年記念日[祭, 祝典] (⇨ JUBILEE).
gólden kéy **1** [the] 〘聖〙天国の鍵 (*Matt* 16: 19). **2** 鼻薬, 賄賂 (silver key): A ~ opens every door. «諺» 金で開かぬ扉なし.
Gólden kíwi «NZ» ゴールデンキーウィ《**1**) 公営宝くじ **2**) その収益による芸術助成金》.
Gólden Légend [The] 黄金伝説《イタリアのドミニコ会士 Jacobus de Voragine (1228 or 30–98) が編んだラテン語の聖人伝の英語版; William Caxton が出版した (1483)》.
gólden líon tàmarin 〘動〙ゴールデンライオンタマリン《ライオンタマリンの全身黄金色の亜種; ブラジル Rio de Janeiro 州の原生林にすみ, 絶滅の危険がある》.
gólden lóosestrife 〘植〙ヒロハクサレダマ.
gólden méan [the] 中庸, 中道《知恵と分別に基づく中庸の道》; 黄金分割 (GOLDEN SECTION).
gólden móle 〘動〙キンモグラ《同科の動物の総称; 南アフリカ産》.
gólden·móuthed *a* 雄弁な (eloquent).
gólden nématode 〘動〙《ジャガイモ・トマトなどの根につく》ジャガイモシストセンチュウ.
gólden númber [the] 黄金数《西暦年数に 1 を加えて 19 で割った残りの数, 復活祭日を定めるのに用いる; 中世教会暦に金文字で記されていたことから》.
gólden óldie [óldy] 昔なつかしいメロディー[映画 など]; 老いてなお現役で成功している人.
gólden órfe 〘魚〙ゴールデンオルフェ《オルフェの金色の変異型で, 観賞用に水槽や池などで飼われる》.
gólden óriole 〘鳥〙ニシコウライ[キガシラコウライ]ウグイス《雄の頭と胴が鮮黄色で翼と尾が黒い; 欧州・アジア中西部・アフリカ産》.
gólden pálm [the] 黄金の棕櫚(しゅろ)《カンヌ映画祭 (Cannes Film Festival) で長編・短編それぞれの大賞に与えられる》. [F *palme d'or* の訳]
gólden párachute «口» ゴールデンパラシュート《会社幹部が会社の買収・合併などにより失職する場合に会社が高額の退職金・手当などを支払うという契約, またはその給付金; cf. TIN PARACHUTE》.
gólden pérch 〘魚〙ゴールデンパーチ (=*callop*)《豪州の河川に生息するスズキ科の緑色と金色の淡水魚; 食用・釣りの対象》.
gólden phéasant 〘鳥〙キンケイ (錦鶏)《中国南西部原産のキジ科の鳥で, 羽毛は光沢のある金緑色》.
gólden plóver 〘鳥〙ムナグロ, 《特に》ヨーロッパムナグロ (=*green plover, hawk's-eye*)《チドリ科》.
gólden póthos 〘植〙POTHOS.
gólden ráisin* ゴールデンレーズン, スルタナ (sultana).
gólden pótto 〘動〙ANGWANTIBO.
gólden ráin 〘植〙キングサリ (laburnum).
gòlden·ráin trèe 〘植〙モクゲンジ《ムクロジ科の落葉高木; 小さな黄色花を多数つける》.
gólden réctangle 黄金方形[矩形]《横の長さの縦の長さに対する比が, 縦の長さの縦横の長さの和に対する比に等しい四角形》.
gólden retríever 〘犬〙ゴールデンレトリーバー《英国原産の中型のおとなしい鳥猟犬; 被毛は長めの金色で胴にぴったり寝る》.
gólden róbin 〘鳥〙BALTIMORE ORIOLE.
gólden·ròd *n* 〘植〙アキノキリンソウ《キク科アキノキリンソウ属の草本の総称; セイタカアワダチソウ・イッスンキンカなどを含む》.
gólden róse 〘カト〙黄金のバラ《ローマ教皇によって四旬節 (Lent) の第 4 日曜日に清められ, カトリック教圏の元首や都市に特別の名誉として与えられることがあるもの》.
gólden rúle [the] **1 a** 黄金律《しばしばキリストの教えのかなめと目されてきた行動規範; 俗に 'Do as you would be done by.' 'Do unto others as you would have them unto you.' などと簡約される; *Matt* 7: 12, *Luke* 6: 31》. **b** 《一般に》指導原理, 大切な原則, 行動規範, 金科玉条. **2** 〘数〙RULE OF THREE.
gólden rússet ジャガイモの一品種 (russet).
gólden sámphire 〘植〙ゴールデンサンファイア《欧州・西アジアの海岸に生えるキク科オグルマ属の多年草; 花は黄色》.
gólden sáxifrage 〘植〙欧州産のネコノメソウ属の多年草《ユキノシタ科》.
gólden·sèal *n* 〘植〙ヒドラスチス《米国原産; キンポウゲ科》; ヒドラスチス根《太い黄色の根茎で薬用》.
gólden séction [the] 黄金分割 (=*golden mean*)《線分を a: b =b: (a+b) に二分すること; 美的効果が最大であるという》.
gólden sháreǁ ゴールデンシェア《民営化された英国の(重要)企業の外国資本による買収を防ぐため政府が設けた株式取得その他に対する制約》.
gólden shíner 〘魚〙ゴールデンシャイナー《銀色の腹が金色に輝く北米東部原産のコイ科の魚; 大魚の餌として養殖される》.
gólden shówer 〘植〙DRUMSTICK TREE; «卑» 金水シャワー《尿愛者間で相手の顔や体に尿を浴びせかける行為》.
Gólden Stàte [the] 黄金の州《California 州の俗称》.
gólden sýrupǁ ゴールデンシロップ (=*treacle*)《糖蜜・転化糖 (invert sugar)・コーンシロップを混ぜたもの; 黄金色をした調理用・食卓用のシロップ》.
Gólden Témple [the] ゴールデンテンプル (HARIMANDIR).
Gólden Tríangle [the] 黄金の三角地帯《世界の生アヘンの大部分を生産するインドシナ北部のミャンマー・タイ・ラオス・中国が国境を接する地帯》; 高生産性地域.
gólden tróut 〘魚〙ゴールデントラウト《米国 Sierra Nevada 山地固有のサケ科の魚で, 体側に赤い帯があり, 腹面は黄色》.
gólden wárbler 〘鳥〙キイロアメリカムシクイ (yellow warbler).
gólden wáttle 〘植〙**a** ピクナンサアカシア, ヒロハキンゴウカン《黄花; オーストラリアの国花》. **b** ナガバアカシア《黄花》.
gólden wéddingǁ 金婚式 (golden anniversary*)《結婚 50 周年記念; ⇨ WEDDING》.
Gólden Wónder 〘商標〙ゴールデンワンダー《英国 Golden Wonder 社製のポテトチップ》.
gólden yèars *pl* «口» 老後《通例 65 歳以後》.
gólden yéllow 明るい黄色, 鮮黄色; 黄橙色, やまぶき色.
góld-exchànge stàndard 金為替本位制.
góld·èye *n* 〘魚〙北米産のニシンに似たハイオドン科の淡水食用魚.
góld fèver 《ゴールドラッシュの》金鉱熱, 黄金熱.
góld·fìeld *n* 採金地, 金鉱地.
góld-fílled *a* 〘宝石〙《台が》金張りの.
góld·fìnch *n* **1** 〘鳥〙**a** (ヨーロッパ)ゴシキヒワ《欧州原産; 飼鳥ともする》. **b** キアオジ (yellowhammer)《欧州産》. **c** マヒワの類《南北アメリカ産》, 《特に》オウゴンヒワ《北米産》. **2** ǁ«俗» 金貨, 1 ポンド金貨 (sovereign). [OE *goldfinc*]
góld·fìnger *n* «俗» 合成ヘロインの一種.
góld·fìnny *n* 〘魚〙色あざやかなベラ科の魚《欧州産》.
góld·fìsh *n* 〘魚〙キンギョ(金魚); «俗» かんづめの鮭, 鮭缶; [the G-] 〘天〙かじき座 (Dorado). ►*a* キンギョのような; [*fig*]《特に》世間の目にさらされた.
góldfish bòwl 金魚鉢; 《プライバシーの保てない》衆人環視の場所[状態], ガラス張り: in a ~ 世間の目にさらされて, プライバシーもなく.

góld fìx(ing) 〘金融〙 1 金の値決め (=*fixing*)《London, Paris および Zurich で毎取引日の午前 10 時半と午後 3 時半に金取引専門業者が集まって行なう金塊取引価格の決定; London が一番重要》. 2《値決めによる》金価格.
góld fóil 金箔《GOLD LEAF よりずっと厚い; 歯科用》.
Góld Glóve Awàrd 〘野〙 ゴールドグラブ賞《各リーグごとにポジション別に最も守備のすぐれた選手に与えられる; 1957 年に創設》. ♦ **Góld Glóv·er** ゴールドグラブ賞選手[プレーヤー].
gold·ie* /góuldi/ *n* GOLD RECORD.
góldie lòcks (*pl* ~)*《俗》婦人警官, 赤ポリ.
gold·i·locks /góuldilὰks/ *n* 1 a (*pl* ~) 金髪の(きれいな)人, 金髪娘. b [G-] ゴルディロックス《英国の昔話 *The Three Bears* に登場する熊の家にはいり込んだ女の子》. 2 (*pl* ~) 〘植〙《欧州·アジア北部の》チシマキンポウゲ,《欧州の》黄花をつけるアキノキリンソウに似た草. [*goldy*]
Gol·ding /góuldɪŋ/ ゴールディング Sir **William** (**Gerald**) ~ (1911–93)《英国の小説家; *Lord of the Flies* (1954), *Rites of Passage* (1980); ノーベル文学賞 (1983)》.
góld kèy [the] 〘英〙 黄金鍵章《Lord Chamberlain の記章》.
góld làce /; ˊ—ˊ—/ 金モール. ♦ **góld-làced** *a*
góld léaf 金箔 (cf. GOLD FOIL). ♦ **góld-lèaf** *a*
G **góld·màil** *n* 〘証券〙 ゴールドメイル《一定以上の利益をもたらす GREENMAIL》.
Gold·man /góuldmən/ ゴールドマン **Emma** ~ (1869–1940)《リトアニア生まれの米国の無政府主義者》.
Gold·mark /góuldmὰːrk/ ゴールドマーク **Peter Carl** ~ (1906–77)《ハンガリー生まれの米国の技術者; 1940 年カラーテレビの実用化に成功; LP レコード·ビデオカセット開発の先駆者》.
góld médal 《優勝者に与える》金メダル (cf. SILVER [BRONZE] MEDAL). ♦ **góld médalist** 金メダリスト.
góld mìne 金鉱, 金山;《口》もうかる仕事, 金づる; 宝の山,《富·知識などの》大富源, 宝庫. ● **be sitting on a** ~《特に自分では気づかずに》宝の山をもっている.
góld·mìner *n* 金採掘者; 金山労働者.
góld·mìning *n, a* 金採掘(の), 金採鉱(の).
góld nòte 〘米〙 金貨兌換(だかん)紙幣, 金券.
góld of pléasure 〘植〙 アマナズナ《欧州原産の雑草》.
Gol·do·ni /gɑldóuni, gɔːl-/ ゴルドーニ **Carlo** ~ (1707–93)《イタリアの喜劇作家; commedia dell'arte に代わる写実主義演劇を創始》.
góld-pláte *vt* …に金めっき[金張り]する; …に贅(ぜい)を張る,〈製品·建物·兵器など〉に必須でない高価な部品[造作, 設備など]を取り付ける. ♦ ~**d** *a* ⁺きわめて裕福な; もうかる, 安全な〈投資〉
góld pláte 金製の食器類, 金器; (電気)金めっき.
góld pòint 〘経〙 金現送点, 正貨現送点 (=*specie point*)《金本位制下で為替相場が変動できる限界の点》; 〘理〙 金点《金の融点で温度の定点: 1064.43°C》.
góld récord GOLD DISC.
góld resèrve 《一国の紙幣発行銀行の》金準備.
góld-rímmed *a* 金縁の〈眼鏡など〉.
góld rùsh 1 新金鉱地への殺到,《特に California (1849) や Klondike 川流域 (1897–98) の》ゴールドラッシュ; 一攫(かく)千金を夢見ての狂奔. 2《オリンピックなどでの》金メダルラッシュ. ♦ **góld rùsher** *n*
Gold·schmidt /góul(d)ʃmìt; *G* gɔ́ltʃmɪt/ ゴルトシュミット (1) **Richard B**(**enedikt**) ~ (1878–1958)《ドイツ生まれの米国の発生学者》 (2) **Victor Moritz** ~ (1888–1947)《スイス生まれのノルウェーの鉱物学者·岩石学者; 近代地球化学の確立に貢献》.
gold·sin·ny /góul(d)sìni/ *n* 〘魚〙 GOLDFINNY.
gold·smith /góul(d)smìθ/ *n* 金細工師[商]《18 世紀まではしばしば銀行業も営んでいた》;《マレーシアで》華僑の宝石商.
Goldsmith ゴールドスミス **Oliver** ~ (1730?–74)《アイルランド生まれの英国の詩人·小説家·劇作家; 小説 *The Vicar of Wakefield* (1766), 喜劇 *She Stoops to Conquer* (1773)》.
góldsmith bèetle 〘昆〙 バラツヤハナムグリ《欧州産; コガネムシ科》.
góld sódium thìo·málate 〘化〙 金チオリンゴ酸ナトリウム (sodium aurothiomalate)《リウマチ性関節炎治療用》.
góld stàndard [the] 〘経〙 金本位制; 判定[測定]基準; 最高水準のもの: come off the ~ 金本位制をやめる.
góld-stár *a*《俗》一級の, とびきりの, すばらしい.
góld stár 〘米〙 金星章《家族や組織に戦死者がいることを表わす金星》; ゴールドスター《学校で優秀な答案や宿題に対して与えられる金色の星形シール》: a ~ mother [wife] 金星の母[妻]《戦死者の母[妻]の会の会員》.
Gold·stein /góul(d)stàɪn/ ゴールドスタイン **Joseph L**(**eonard**) ~ (1940–)《米国の遺伝学者; コレステロールの代謝に関する研究でノーベル生理学医学賞 (1985)》.
góld stíck [ᵘG- S-] 〘英〙 式典などの際に王[女王]に従って金色の棒を捧持する宮内官;《その》金色棒.
góld·stòne *n* 砂金石《普通は金色の銅粉をちりばめた》.
góld·tàil (**mòth**) 〘昆〙 モンシロドクガ《欧州産》.
góld·thrèad *n* 〘植〙 オウレン《キンポウゲ科オウレン属の多年草の総称; ミツバオウレンなど》; 黄連《その根で, 薬用》.
góld thréad 金糸; GOLDTHREAD.
góld tòne *a*〈ボタン·ジュエリーなどが〉金色の, ゴールドトーンの.
góld trànche 〘金融〙 ゴールドトランシュ《1978 年の IMF 協定改正以前の RESERVE TRANCHE の称; 各国は出資割当額の 25% を金で払い込むことを義務づけられていたことによる》.
goldurn(ed) ⇨ GOLDARN(ED).
Gold·was·ser /*G* gɔ́ltvasər/ *n* DANZIGER GOLDWASSER.
góld·wàter *n* DANZIGER GOLDWASSER.
Goldwater ゴールドウォーター **Barry M**(**orris**) ~ (1909–98)《米国の政治家; 連邦上院議員 (1953–64, 69–87), 共和党大統領候補 (1964); 超保守派》.
góld·wòrk *n* 金細工 (1) 金でものを作ること[技術] 2) 金の細工物). ♦ ~·**ing** *n* 金細工《作業》; [*pl*] 金鉱, 金採取場.
Gold·wyn /góuldwən/ ゴールドウィン **Samuel** ~ (1879–1974)《米国の映画制作者; ポーランド生まれ; のちの MGM の一部となる会社を設立》.
go·lem /góuləm, gɔ́ɪ-, géɪ-/ *n* 〘ユダヤ伝説〙 ゴーレム《生命を与えられた人造人間》; 自動人形, ロボット (automaton); とんま. [Yid < Heb=shapeless thing]
gó lèver*《俗》《飛行機の》スロットルレバー (throttle lever).
golf /gάlf, gɔ́(ː)lf, gάf/ *n* 1 ゴルフ: play (a round [game] of) ~. 2 [G-] ゴルフ《文字 g を表わす通信用語; ⇨ COMMUNICATIONS CODE WORD》. ► *vi* ゴルフをする. ► *vt*《野球などで》高く打ち上げる. ♦ ~·**ing** *n* [ME (Sc) < ?; MDu *colf* club からか]
gólf bàg ゴルフバッグ.
gólf bàll ゴルフボール (1) ゴルフ用のボール 2) ゴルフボール大の球面に文字を配した電動タイプライター用の活字エレメント 3) ゴルフボール形のかんしゃく玉).
gólf càrt ゴルフカート (1) ゴルフコースでバッグを運ぶ手押し車 2) ゴルフコースでゴルファーと持物を乗せて運ぶ自動車 (=**gólf càr**)).
gólf clùb ゴルフ用クラブ; ゴルフクラブ《組織, または 建物·敷地》.
gólf cóurse ゴルフ場, ゴルフコース (cf. GOLF LINKS).
Golfe du Lion /*F* gɔlf dy ljɔ̃/ リオン湾《Gulf of LIONS のフランス語名》.
gólf·er *n* ゴルフをする人, ゴルファー; カーディガン.
gólf lìnks *pl* ゴルフ場, ゴルフコース《英国では特に海岸沿いのコースをいう》.
gólf shìrt* ゴルフシャツ, ポロシャツ.
gólf wìdow ゴルフウィドー《夫がゴルフ狂でしばしば家をあけて家にほったらかされる妻》.
gol·gap·pa /goulgάpə/ *n* PANI PURI. [Hindi]
Gol·gi /gɔ́(ː)lʤi, gάl-/ *n* ゴルジ **Ca·mil·lo** /kɑːmíːlou/ ~ (1843 or 44–1926)《イタリアの医学者·細胞学者; 神経系の組織を研究,「ゴルジ装置」,「ゴルジ体」などを発見; ノーベル生理学医学賞 (1906)》. ► *a* 〘生〙 ゴルジ装置[ゴルジ体](染色法)の.
Gólgi apparàtus 〘生〙 ゴルジ装置 (=*Golgi complex*).
Gólgi bòdy 〘生〙 ゴルジ体 (1) GOLGI APPARATUS 2) DICTYOSOME).
Gólgi còmplex 〘生〙 ゴルジ複合体 (Golgi apparatus).
Gol·go·tha /gάlgəθə/ 1 ゴルゴタ《キリストはりつけの地 CALVARY; *Matt* 27: 33》. 2 [g-] a 墓地, 納骨堂. b 受難の地. [Heb=(place of) skull]
gol·iard /góuljərd, -jὰːrd/ *n* [ºG-]《12–13 世紀の》遊歴書生《ラテン語の諷刺詩を作り, 王侯の間で吟遊詩人·道化の役をした》. ♦ **gol·iar·dic** /gouljάːrdɪk/ *a* [OF=glutton]
gol·iar·dery /gouljάːrdəri/ *n* 遊歴書生のラテン語諷刺詩《集合的》.
Go·li·ath /gəláɪəθ/ 1 a 〘聖〙 ゴリアテ, ゴリアト (David に殺されたペリシテ人の巨人戦士; *1 Sam* 17: 4, 49–51, *2 Sam* 21: 19). b [ᵘg-] 巨人, 巨大組織. ★ ⇨ DAVID AND GOLIATH. 2 [g-] a 〘機〙 GOLIATH CRANE. b 〘鳥〙 GOLIATH HERON.
golíath bèetle [ˢG-] 〘昆〙 ゴライアスオオツノコガネ, ゴライアスオオツノハナムグリ《アフリカ産》.
golíath cràne 〘機〙 門形移動クレーン《大起重機》.
golíath fròg 〘動〙 ゴリアスガエル《世界最大; アフリカ産》.
golíath hèron 〘鳥〙 オニアオサギ《アフリカ産》.
Gol·lancz /gəlǽnts, ˈˈgólæŋ(k)s/ ゴランツ (1) Sir **Hermann** ~ (1852–1930)《英国のラビ·ヘブライ語学者》 (2) Sir **Victor** ~ (1893–1967)《英国の出版人·文筆家·人道活動家; 出版業のかたわら, ナチスドイツからのユダヤ人救出, 戦後ドイツの復興, パレスティナからのアラブ難民の救助, 反核運動などで活躍》.
gol·li·wog, -wogg /gάliwὰg/ *n* ゴリウォグ《まっ黒な顔をしたグロテスクな人形; 子供のおもちゃ》; ゴリウォグのような顔をした人. [C19 < ? *golly*[1] + *polliwog*; 作 Bertha Upton, 挿絵 Florence Upton の連続児童絵本の中の人形の名]
gol·lop /gάləp/ *v, n*《英口·米方》GULP.
gol·ly[1] /gάli/ *int* [次の成句で] (**By**) ~!《口》やっ, まあ, まさか, しまった, よかった! ほんとに《軽い驚き·当惑·喜び·強調などの発声》. **Good** ~, **Miss Molly!***《口》何てこった, うわー. [(euph) < GOD]
golly[2] *n* GOLLIWOG.

golly³ 《豪俗》 *vt, vi* つばを吐く. ► *n* 吐いたつば. [変形<*gollion* a gob of phlegm<? imit]

gol·ly·wog /gáliwàg/ *n* GOLLIWOG.

gó-lòng *n**《黒人俗》 犯人護送車 (paddy wagon).

go·losh(e) /gəláʃ/ *n* GALOSH.

go·lup·tious /gəlápʃəs/ *a* [*joc*] おいしい, 美味な; 楽しい. [C19; *voluptuous* にならった造語]

GOM °Grand Old Man.

go·ma /góuma:/ *n**《俗》 アヘン. [cf. GUM¹]

Gomal Pass ⇨ GUMAL PASS.

gó-màn-gó *int**《ジャズ俗》 いいぞ, 行け行け.

go·ma·sio, gho- /goumǽsiou; gə-/ *n* ごま塩. [Jpn]

Go·ma·ti /gáməti/, **Gum·ti** /gú:mti/ [the] ゴマティ川, グムティ川 《インド北部 Uttar Pradesh 北部に発し, 南東に流れて Varanasi の北東で Ganges 川に流入する》.

gom·been /gambí:n/ 《アイル》 *n* [ᵁ<*a*>] 高利貸し, 暴利をむさぼる: a ~ man 金貸し, 高利貸し / at ~ 高利で〈貸す〉. ♦ **~·ìsm** *n* 高利貸し業; 高利の貸付け. [IrGael]

gombo ⇨ GUMBO.

gom·broon /gambrú:n/ *n* ゴムブルーン 《白色半透明のペルシア陶器》. [*Gombroon* イランの産地]

Go·mel /góuməl, gó:-/ ゴメリ 《ベラルーシ南東部の市》.

gom·er /góumər/ *n**《病院俗》 迷惑な患者, 手のかかる患者; *《俗》 ばか, とんま, 落ちこぼれ.

gom·er·al, -er·el, -er·il /gám(ə)rəl/ *n* 《スコ》 まぬけ, あほう, ばか. [*gome* (obs) man<OE *guma*]

Gó·mez /góumèz/ ゴメス **Juan Vicente** ~ (1857?–1935) 《ベネズエラの軍人·政治家; 独裁 (1908–35)》.

Go·mor·rah, -rha /gəmɔ́(:)rə, -márə/ **1** ゴモラ 《古代 Palestine の死海南岸にあった町; Sodom と共に神に滅ぼされた; *Gen* 18, 19》. **2** 悪徳と堕落の悪名高い場所. ♦ **Go·mór·r(h)e·an** /-iən/ *a*

gom-paauw, gom pou /gámpàu, -pòu/ *n* 〔鳥〕 アフリカオオノガン (=*kori bustard*) 《最大種の一つ》. [Afrik]

Gom·pers /gámpərz/ ゴンパーズ **Samuel** ~ (1850–1924) 《英国生まれの米国の労働運動指導者; AFL を創立, 会長 (1886–94, 96–1924)》.

gom·pho·sis /gamfóusəs/ *n* (*pl* **-ses** /-sì:z/) 〔解〕 釘植(ていしょく) 《歯が顎骨にはいっているように, 硬質の部分が孔にはまり込んでいる関節の形式》.

Go·muł·ka /goumúlkə, -mál-/ ゴムウカ, ゴムルカ **Władysław** ~ (1905–82) 《ポーランドの政治家; 統一労働者党[共産党]第一書記 (1956–70)》.

go·mu·ti /gəmú:ti/ *n* 〔植〕 サトウヤシ (=~ **pàlm**) 《マレー産》; サトウヤシ繊維 《主に 漁撈用ロープを作る》. [Malay]

gon¹ /gán/ *n* 《俗》 泥棒, スリ (gun). [*goniff*]

gon² *n**《俗》 ゴンドラ車 (gondola car).

gon- /gán-/, **gono-** /gánou, -nə/ *comb form* 「性の」「生殖の (reproductive)」「種子」 [Gk; ⇨ GONAD]

-gon /⌐– gàn, -gən; -gən/ *n comb form* 「…角形」: hexa*gon*, poly*gon*, n-*gon* (n 角形). [Gk -*gōnos* -angled]

go·nad /góunæ̀d/ *n* 〔解〕 生殖巣, 生殖腺, 性巣, 性腺 (=*sex gland*). ♦ **go·nad·al** /gounǽdl/ *a* [L<Gk *gonē* seed, generation]

go·nad·ec·to·mize /gòunədéktəmàiz/ *vt* 〔医〕 …の性腺を摘出する, 去勢する. ♦ **~d** *a*

gònad·éctomy *n* 〔医〕 性腺摘出, 去勢.

go·nado·trópic, -tróphic /gounæ̀də-/ *a* 〔生化〕 性腺刺激性の: ~ hormone 性腺刺激ホルモン (gonadotropin).

go·nad·o·tro·pin /gounæ̀dətróupən/, **-phin** /-fən/ *n* 〔生化〕 性腺刺激ホルモン, ゴナドトロピン.

gonadotrópin-relèasing hòrmone 〔生化〕 性腺刺激ホルモン放出ホルモン (luteinizing hormone-releasing hormone) 《略 GnRH》.

Go·na·ïves /gòuna:í:v/ ゴナイーヴ 《ハイチ西部, カリブ海の入江ゴナーヴ湾 (the **Gulf of la Go·nâve**) /–⌐– la: gouná:v/に臨む町》.

Gon·çal·ves Di·as /gənsá:lvəs dí:əs/ ゴンサルヴェス·ディアス **Antônio** ~ (1823–64) 《ブラジルのロマン主義詩人; 国民詩人で, 「流離の歌」 (1843) は広く愛唱されている》.

Gon·cha·rov /gənʧəró:f/ ゴンチャロフ **Ivan Aleksandrovich** ~ (1812–91) 《ロシアの小説家; 『フリゲート艦パルラダ号』 (1858; 一部が『日本渡航記』として邦訳されている), 『オブローモフ』 (1859)》.

Gon·court /*F* gɔ̃ku:r/ ゴンクール **Edmond(-Louis-Antoine Huot de)** ~ (1822–96), **Jules(-Alfred Huot de)** ~ (1830–70) 《フランスの作家兄弟; ⇨ PRIX GONCOURT》.

gond /gánd/ *n**《鉄道俗》 ゴンドラ車 (gondola car).

Gond *n* **a** ゴンド族 《中部インドの Deccan 地方に住むドラヴィダ系の民族》. **b** GONDI. [Hindi]

Gon·der, -dar /gándər, -dà:r/ ゴンダル 《エチオピア北西部 Tana 湖の北にある, Amhara 州の州都; もと エチオピアの首都》.

Gon·di /gándi/ *n* ゴンド語 《ドラヴィダ語族に属する》.

gon·do·la /gánd(ə)lə, *gandóu-/ *n* ゴンドラ 《Venice の平底の遊覧船》; 《飛行船の》 吊り船, 《気球の》 吊りかご; 《ロープウェー·スキーリフトの》 ゴンドラ; ゴンドラ(椅子) (=~ **chàir** [**còuch**]) 《背と肘掛けがなめらかな曲線でつながった布張り(寝)椅子》; *《河川航行用の》 大型平底船, はしけ (lighter); *GONDOLA CAR; 《スーパーなどの》 四方から自由に商品を取り出せる棚. [It<Rhaeto-Romanic=to rock, roll]

góndola càr* ゴンドラ車 《大型の無蓋貨車》.

gon·do·lier /gànd(ə)líər/ *n* ゴンドラの船頭.

Gond·wá·na(·lànd) /gandwá:nə(-)/ ゴンドワナ古陸[大陸] 《今のインド·オーストラリア·アフリカ·南米·南極大陸を含み, 古生代末期に分裂したとされる仮説上の超大陸; cf. LAURASIA》. ♦ **Gond·wá·ni·an** *a*

gone /gɔ́(:)n, gán/ *v* GO¹ の過去分詞. ► *a* **1 a** 過ぎ去った; いなくなって, 立ち去って; なくなった; 死んだ; 使い[食べ, 飲み]つくした (=all ~): past and ~ 過ぎ去った, 既往の / Don't be ~ (too) long. すぐ戻って来てね / I'm ~. 《俗》 もう帰ります / dead and ~ 死んでしまった / I found the house ~. 行ってみると家はなくなっていた / ~ but not forgotten 過ぎ去った[死んだ]が忘れられていない. **b** 〈矢など〉的をはずれた. **2** だめな, 見込みのない; 衰えた, 弱々しい; めいるような: a ~ case 絶望状態, 破滅; 望みの絶えたもの; 見込みのない人 / a ~ man 死ぬべき運命の[破滅した]人. **3** …前, 以前 (ago); [〈*prep*〉] 《年齢·時間が》 …過ぎて, 超えて; ᵁ《口》 (…か月)妊娠して: a man ~ eighty years of age 80 歳を超した人 / It was (just) ~ ten o'clock. 10 時を少し回っていた / a woman three months ~ (with child) 妊娠 3 か月の女性. **4***《古風俗》 すてきな, いかす; *《俗》 意識[気]を失って; 《俗》 《麻薬·酒で》 酔って; 《俗》 うっとりした, 恍惚となった.
● **be ~** [*impv*] 立ち去れ, (出て)行け!; 《口》 留守である. **be** [**have**] **~ of** [**with**]…となる: What's ~ *of* [*with*] him? 彼はどうなったのか. **be ~ under***《俗》 意識を失っている, 前後不覚である; *《俗》 《酒·麻薬に》 酔っている. **be ~ with the wind** すっかりなくなって[消え去って]いる. **far ~** 大いに進んで, 〈夜が〉ふけて; 〈ものが〉ひどく古くなって, 手入れが必要になって; 〈借金などに〉深くはまり込んで 〈*in*〉; 病気が重くなって, 死にかけて; 気が狂って; ひどく酔って; ひどく疲れて. **G~ away!** 狐が出たぞ, 犬が追いかけ始めたぞ 《猟犬係の合図》. **~ on** 《口》 …にほれ込んで, …にいかれて; 《俗》 死んで. (**have been and**) **~ and** *pp* ⇨ BEEN. **~ out** 《口》 ぽかんとして, 呆然として. **real ~** 《俗》 すばらしい, すごい, いかす (great).
♦ **~·ness** *n* 衰弱しきった状態, 疲弊, 気力の衰え, 憂鬱な[落ち込んだ]気分.

gon·ef /gánəf/ *n, vt* 《俗》 GANEF.

góne féeling [**sensátion**] 気の遠くなるような感じ, 消え入るような気持, 衰弱感.

góne góose 《口》 だめになった人[もの], 見込みのない人[もの], 絶望的な事柄[状態]; 逃げた[消えた]人, なくなったもの.

góne gósling 《口》 見込みのない人[もの, 事], 救いようのない人[もの], 終わったやつ (gone goose).

G₁ phase /ʤí:wán ⌐–/ 〔生〕 G_1 相, G_1 期 《細胞周期における DNA 合成準備期; cf. G_2 [M, S] PHASE》.

gon·er *n* /gɔ́(:)nər, gán-/ 《口》 おちぶれた人, 敗残者, 見込みのないもの, 死者, 死にかけた人, だめな人[事, もの]. [*gone, -er*¹]

Gon·er·il /gán(ə)rəl/ ゴネリル 《Shakespeare, *King Lear* 中の人物; Lear 王の長女で不孝娘の典型》.

Góne with the Wínd 『風と共に去りぬ』 《Margaret Mitchell のベストセラー小説 (1936); 南北戦争の戦中·戦後の激変する社会を背景に勝気な女 Scarlett O'Hara と偽悪家 Rhett Butler の交渉を中心に人間の愛憎の図を描いた長篇; 映画化 (1939)》.

gon·fa·lon /gánfələn/ *n* 《横木につるした飾りリボン付きの》 旗旗(りゅう); 《特に 中世イタリア都市国家などで用いた》 国旗, 王旗. [It<OF<Gmc (OE *gūthfana* war banner); cf. VANE]

gon·fa·lon·ier /gànfələníər/ *n* 旒旗の旗手; 《中世イタリア都市国家の》 長官.

gon·fa·non /gánfənən/ *n* 《騎士の槍の先に付けた》 旒旗 (gonfalon).

gong /gɔ́(:)ŋ, gáŋ/ *n* 銅鑼(どら), ゴング (=*tam-tam*); 《呼び鈴などの》 ゴングベル (=~ **bèll**); 《時計の時報を打つ》 鈴(りん); 《俗》 《パトカーの》 ベル; ᵁ《俗》 勲章 (medal), 綬章; 《米俗·豪俗》 アヘン, アヘンパイプ.
● **be all ~ and no dinner** 《口》 [*joc*] 大口をたたいて実はなにもしない. **kick the ~ around***《俗》 アヘン[マリファナ]を吸う. ► *vt* どらを打って呼ぶ[呼び集める]; 〈交通巡査が運転者〉にベルを鳴らして停車を命じる. ► *vi* どら[ベル]を鳴らす, どら[ベル]のような音を出す. [Malay (imit)]

Gong ⇨ KUNG².

gonged /gɔ́(:)ŋd, gáŋd/ *a**《俗》 薬(やく)に陶酔して, 薬でハイになって.

góng·er* 《俗》 *n* アヘン; アヘンパイプ (gong).

gong·e·rine /gɔ́(:)ŋərən, gáŋ-/ *n**《俗》 アヘンパイプ.

Gong·ga Shan /gɔ́:ŋgə: ʃá:n/ ゴンガ[貢嘎]山 《MINYA KONKA の中国語名》.

gon·gooz·ler /gaŋgú:zlər/ *n* 《俗》 ぼんやり[長時間]眺めている人.

Gón·go·ra y Ar·go·te /gɔ́:ŋgəra: i a:rgóutei/ ゴンゴラ·イ·アルゴテ **Luis de** ~ (1561–1627) 《スペインの詩人; 複雑な文体がゴンゴリスモ (Gongorism) と呼ばれて模倣された; 代表作『孤独』》.

Gon·go·rism /gáŋgərìz(ə)m/ *n* ゴンゴリスモ, 文飾主義 《ゴンゴラ

(Góngora y Argote) 風の難解で修辞に富む文体). ♦ **Gòn·go·rís·tic** *a*

Gong Qin·wang, Kung Ch'in·wang /gúŋ ʧínwá:ŋ/ 恭親王(きょうしんのう) (1833–98)《清の皇族; 名は奕訢(えきん)(イシン) (Yixin); 咸豊(かんぽう)帝の弟; 総理衙門(がもん)の首班; 洋務運動を推進した》.

go·ni- /góunɪ/, **go·nio-** /góuniou, -niə/ *comb form*「角 (angle)」「隅」〘解〙「顎角点 (gonion)」 ［Gk *gōnia* angle］

gonia *n* GONION, GONIUM の複数形.

gó·ni·al ángle /góuniəl-/〘解〙ゴニオン角《下顎骨体と下顎骨上行枝のなす角》.

go·ni·a·tite /góuniətàɪt/ *n*〘古生〙ゴニアタイト《ゴニアチテス目 (Goniatitida) のアンモナイト; 単純な山と谷からなる縫合線を特徴とする; デボン紀・石炭紀に繁栄した》.

go·nid·i·um /gənídiəm, gou-/〘植〙*n* (*pl* **-nid·ia** /-diə/)《地衣類・藻類などの》緑顆(りょっか)体, ゴニジア; 配偶子体内[上]に生じる無性生殖細胞(群). ♦ **go·níd·i·al** *a*

gon·if(f) /gá:nəf/ *n, vt**《俗》GANEF.

go·ni·om·e·ter /gòuniámətər/ *n* 角度計, 測角器, ゴニオメーター《結晶などの面角測定用; また 方向探知・方位測定用など》.

go·ni·om·e·try /gòuniámətri/ *n* 角度測定,〘医〙倒角度[斜角台]検査, ゴニオメトリー. ♦ **gò·nio·mét·ric, -ri·cal** *a* **-ri·cal·ly** *adv*

go·ni·on /góuniàn/ *n* (*pl* **-nia** /-niə/)〘解〙顎角(がっかく)点, ゴニオン《頭蓋測定点の一つ》.

gónio·scòpe *n*〘眼〙(前房)隅角鏡, ゴニオスコープ《眼の動きと回転力を検査する》. ♦ **go·ni·os·co·py** /gòuniáskəpi/ *n* 隅角鏡検査(法), ゴニオスコピー. **gò·nio·scóp·ic** /-skáp-/ *a*

go·ni·ot·o·my /gòuniátəmi/ *n*〘医〙隅角切開(術)《緑内障に対する手術》.

go·ni·um /góuniəm/ *n* (*pl* **-nia** /-niə/, **~s**) [°*compd*]〘生〙生殖原細胞, 性原細胞: spermato*gonium*, oo*gonium*.

gonk[1] /gɔ́(:)ŋk, gáŋk/ *n* 滑稽な顔の卵形のぬいぐるみ人形;《俗》知恵遅れ, ばかづら. ［C20<?］

gonk[2] *n, vt**《俗》CONK[1].

gonk[3] *vt, n* CONK[4].

gon·na /gɔ́(:)nə, *gánə, gənə/《発音つづり》going to: Are you ~ go?

gono- /gánou, -nə/ ⇨ GON-.

gon·o·coc·ce·mia /gànəkàksí:miə/ *n*〘医〙淋菌血(症). ♦ **-mic** *a*

gòno·cóccus *n* (*pl* **-cócci**)〘菌〙淋菌. ♦ **-cóc·cal** /-kák(ə)l/, **-cóc·cic** /-kák(s)ɪk/ *a*

góno·cỳte *n*〘生〙生殖[性]母細胞.

góno·dùct *n*〘動〙生殖輸管.

gòno·génesis *n*〘生〙生殖細胞形成.

gó-nó-gò *n, a*《計画の》決行か中止かの最終決定(に関する); 規格の限界内か否かを測定する: a ~ decision.

gon·oph, gon·of /gánəf/ *n, vt*《俗》GANEF.

góno·phòre *n*〘動〙《ヒドロ虫類などの》生殖体;〘植〙花軸の花被上の延長部《雄蕊(ゆうずい)・雌蕊をつける》. ♦ **-phor·ic** /gànəfɔ́(:)rɪk, -fár-/ *a* **go·noph·o·rous** /gənáfərəs/ *a*

góno·pòre *n*〘生〙生殖孔[口].

gon·or·rhea, -rhoea /gànərí:ə/ *n*〘医〙淋疾, 淋病 (=*clap*). ♦ **-rh(o)é·al** *a* 淋菌性の, 淋病の: *gonorrheal* ophthalmia 淋菌性眼炎. ［L<Gk=semen flux］

góno·sòme *n*〘動〙生殖体部《ヒドロ虫類において生殖にかかわる部分; cf. TROPHOSOME》.

gon·sil /gáns(ə)l/ *n**《俗》GUNSEL.

-g·o·ny /--gəni/ *n comb form*「発生 (generation)」「起源 (origination)」: cosmo*gony*, mono*gony*, theo*gony*. ［L<Gk *-gonia* begetting; ⇨ GONAD］

Gon·za·ga /gənzá:gə, gan-, -zǽgə/ ゴンザーガ《イタリア Mantua を支配した (1328–1707) 名家》.

Gon·za·les /gənzá:ləs/ ゴンザレス **Ricardo Alonzo ~ ['Pancho' ~]** (1928–95)《米国のテニス選手》.

Gon·zá·lez /gənzá:ləs/ ゴンサレス (1) **Julio** ~ (1876–1942)《スペインの彫刻家・画家》 (2) **Manuel** ~ (1833–93)《メキシコの軍人・政治家; 大統領 (1880–84)》.

Gonzalo de Córdoba ⇨ FERNÁNDEZ DE CÓRDOBA.

gon·zel /gánz(ə)l/ *n**《俗》GUNSEL.

gon·zo /gánzou/*《俗》*a* 独断的な, 偏った; 狂った, いかれた; 酔っぱらった; とんでもなく型破りな: ~ journalism きわもの報道. ► *n* (*pl* **~s**) 偏向報道, 偏向ジャーナリスト; いかれた[狂った]やつ, 変人, 奇人. ［It=a fool］

goo[1] /gú:/《口》*n* [the] べたつくもの《にかわ・泥・クリームなど》; 甘くてべたつくもの《飴(あめ)など》; 鼻につく感傷; くだらないセンチメンタルなことば[話, 考え], おべんちゃら. ► *vi* 親しげに話す. ［C20<?; *burgoo* か, または *glue* の変形か］

goo[2] *n* 鳴き魚 (freshwater drum). ［*gaspergou* の短縮・変形］

goob /gú:b/*《俗》*n* にきび, 吹出物 (goober); 変わり者, 野暮天.

goo·ber /gú:bər/ *n**《南部・中部》ピーナッツ (=**~ pèa**);*《俗》にきび, 吹出物;*《俗》おでき;*《俗》いかれたやつ, ぼんくら. ［(Angola)］

góober-gràbber *n**《俗》ピーナッツ掘り《人; 特に Georgia 州人の俗称》.

góober grèase *《俗》バター, ピーナッツバター.

Góober Stàte [the] ピーナッツ州《Georgia 州の俗称》.

góo·bràin *n**《俗》低能, 脳タリン, ばか.

goo·by /gú:bi/ *n**《俗》刑務所の食い物.

Gooch /gú:ʧ/ グーチ (1) Sir **Daniel** ~, 1st Baronet (1816–89)《英国の技術者; 機関車を改良, 大西洋横断ケーブルを敷設して海底通信を成功させた》 (2) **George Peabody** ~ (1873–1968)《英国の歴史家; 近代外交史, ドイツ近代史の権威》.

Góoch crùcible [fìlter] /gú:ʧ-/〘化〙グーチ濾過器, グーチるつぼ. ［Frank A. *Gooch* (1852–1929) 米国の化学者］

gooch·ie-goo /gú:ʧigú:/ *int**《口》こちょこちょ《人をくすぐりながら言う表現》.

good /gúd/ *a* (**bet·ter** /bétər/; **best** /bést/) (opp. *bad*) **1 a** 良い, 優良な, みごとな, けっこうな, 高級な; おいしい; 最上の, とっておきの (: one's ~ dress); 肥沃な〈土地〉: ~ breeding よいしつけ[作法] / a ~ house よい家 / a ~ family 良家 / of ~ family 生まれ[家柄, 毛並み]の良い / ~ manners よい作法, しつけ / ~ legs 格好のいい脚 / All ~ things (must) come to an end.《諺》すべていい事には必ず終わりがある. **b** *良の《(1) 肉, 特に 牛肉の等級; 上「choice」の下 (2) 成績評価》; 満足のいく, まあまあの. **c** 収入のよい, もうかる;《商業的に》信用できる, 確実な, 優良な: GOOD DEBT. **2** 幸福な, 愉快な, ここちよい, 楽しい, 喜ばしい (happy, agreeable, enjoyable); おもしろい, 気のきいた〈ジョーク〉: It's been ~ talking to you. お話ができて楽しかった / It's ~ to be here. ここに来られて[お招きいただいて]うれしく思います / Too ~ to be true. 夢じゃないか(しら) / have a ~ TIME. **3** 完全な; にせでない, 真正の (genuine)〈貨幣など〉; 新鮮な; 悪くない, 腐っていない〈魚・卵など〉: keep ~《腐らないで》もつ. **4 a** 善良な, 有徳の (virtuous), 忠実な, りっぱな; 本分を守る (dutiful), 行儀のよい (well-behaved): live a ~ life《精神的に》りっぱな生活をする;《物質的に》恵まれた生活をする / (all) ~ men and true [[S]*joc*] 善良な[りっぱな]人たち / Be a ~ boy. おとなしくしなさい / Be a ~ chap [boy, girl] (and do…). いい子だから[すまないけど](…してくれないか) / Do so, there's [that's] a ~ boy [girl, fellow]. いい子だからそうしてくれ; よくしてくれた いい子だね《おとなにもいう》/ a ~ party man 忠実な党員. **b** 娯楽的でない, 堅い, 知的な〈音楽など〉. **5** 親切な (kind), 慈悲深い (benevolent), 善意の; 親しい, 親密な: He is ~ *to* the boys. / I asked him if he would be ~ *enough* [be *so* ~ *as*] *to* take it home. 彼にそれを家へ持っていっていただけないかと尋ねた / *It was* ~ *of* you *to* invite me. ご招待いただいてありがとうございます / How ~ *of* you! どうもご親切さま / ~ works 慈善行為. **6 a** 有能な, 優秀な, 手腕のある, 巧みな, じょうずな; 適任の (suitable), 資格のある (qualified): He is a ~ swimmer [rider, shot]. 泳ぎがうまい[乗馬がうまい, いい射手である] / She is very ~ *at* [*in*] drawing [history and French]. 絵[歴史とフランス語]が得意です / *G~* men! あっぱれ, よくやった! / *G~* for [on] you [him etc.]! うまいぞ, でかした, よくぞ言った! (Bravo!). **b** 説得力のある, 妥当な. **7** 強い, 健全な, 丈夫な (strong, healthy), 活気のある (vigorous): feel ~〈体が好調である, 気分がいい. **8 a** ためになる, 適した (beneficial);〈ことばが〉正しい: Exercise is ~ *for* (the) health. 運動は健康によい / What else is it ~ *for?* ほかに何の役に立とう / It will be ~ *for* her to be out in the sun. 外の日当たりに出たほうが彼女にとってよいだろう / This water is ~ *to* drink. この水は飲料に適する. **b** 有効な, あてはまる; 合法の, 通用する;《テニスなどで》〈ボールが〉インで: These tickets are ~ *for* two months. これらの切符は 2 か月間有効だ / Such remarks may still hold ~ to some extent. このようなことばはまだいくぶんかは当を得ているといえる. **9**〈数量が〉十分の, 存分の, 完全な, 申し分のない (thorough, satisfying): a ~ half hour たっぷり半時間 / a ~ day's work たっぷり 1 日かかる仕事 / have a ~ laugh 思う存分笑う / We had a ~ long talk about old times. 昔話に花を咲かせた / a ~ MANY / a ~ while 長い間 / a ~ chance of winning 十分な勝機. ★ しばしば 副詞的に次の形容詞を強調する: It's ~ *hard* work. なかなか大変な仕事だ (cf. GOOD *and* ⇨ *adv* 成句). **10 a** [呼びかけなどで慣例的に添える; 時に驚き・抗議・皮肉などの感じを表わす]: my ~ friend きみ, あなた / My ~ sir! これはしたり《など》/ the ~ ship [town] of…という船[町]. **b** [挨拶の中で]: ⇨ GOOD AFTERNOON [DAY, EVENING, MORNING, NIGHT]. **c** [〈*int*〉]: *G~* God [Lord, gracious, grief, heavens, me, night]! [強い感情または驚きを表わして] おやまあ, おやおや!

● **as ~ as…** (1) …に忠実な[で]: a man *as* ~ *as* his word [bond] 約束に忠実な男 / *as* ~ *as* his promise 約束に忠実で. (2) …も同様 (practically): He is *as* ~ *as* dead. 死んだも同然だ / He *as* ~ *as* promised it. 約束したも同然 / *as* ~ *as* new 新品同様で; 以前と変わりなく. **as ~…as any**《最良とはいえないまでも》まずまずの…: Now seems *as* ~ a time *as any*. 今はけっこういい時らしい. **(as) ~ as gold** 非常によい, 申し分のない;〈特に 子供が〉おとなしい, 行儀がよい;〈約束が〉全幅の信頼がおける. **be as ~ as it gets** これ以上よくならない; これが最高だ: Economy is about *as* ~ *as* it gets. 景気は今がピークだろう. **Be ~.** [〈*int*〉] (では)さようなら, じゃあね. **Be ~ enough to** do…=**Be so ~ as to** do どうか…してください: *Be* ~

enough to post this letter. この手紙を郵便で出してください. **～ for** …に好適で; …する気[ひま]がある, …できる; …に有益な; …の価値がある; …の支払い能力がある: ～ *for* nothing 何の役にも立たない / if you know what's ～ *for* you 何が身のためかわかっているのなら《おどし文句》/ a coupon ～ *for* 25¢ 25 セント分のクーポン / He is ～ *for* five thousand dollars. 彼は 5 千ドル払える. **give ～**…*《俗》…をじょうずに使える, …の扱いがうまい: *give* ～ phone. **Good for [on] you [him]!** おめでとう! (⇨ *a* 6 b) **～ old** [人名に付けて] いつもながらの, 期待どおりの; 昔なじみの; 愛用の; なつかしい: *G～ old* Tom! やっぱりトムはいいやつだ / (in) the ～ *old* days なつかしい昔(には) / GOOD OLD BOY. a **～ one** ⇨ ONE *n* 3. GOOD THING. **～ to go**《口》順調で, うまくいって, 準備はオーケーで. **hold ～** 効力がある, あてはまる ‹*for*›; 続く. **in ～** TIME. **like a ～ boy [girl, fellow, one]** いい子だから, 元気を出して《おとなにもいう》; 盛んに. **look ～** 器量[格好]がよい, 好ましい; 見ばえがする; 順調にみえる, 調子がよさそうである. **Looking ～.**《俗》よーし, いけー, やれー, いいぞいいぞ. **make ～** ‹損害などを›償う, ‹借金などを›返済する; ‹不足などを›補う; ‹約束を›履行する; ‹計画を›達成する, ‹目的を›遂げる; ‹逃亡などを›やりおおす; 立証[実証]する; ‹地位・立場などを›保持[確保]する; 回復する, 修復する; ‹仕事・職業・特定の町など›で成功する ‹*as, at, in*›: *make* ～ a debt [promise]＝*make* ～ *on* a debt [promise] 借金を返済する[約束を果たす] / *make* ～ *in* Paris パリで身を立てる. **not ～ enough**《口》いただけない, 感心しない. **Not so ～!** なんとひどい失敗[間違い]だろう. **seem ～ to** sb 人によしと判断される, 人の心にかなう.

► *adv* **(better; best)**《口》じょうずに, うまく, りっぱに, よく (well); [強調] 実に, なんとも: He ran ～. よく走った / She did it real ～. 実にりっぱにやった / He doesn't write very ～. 字はあまりうまくない.

● **～ and…** /gʊ̀dn/《口》十分に, 全く, ひどく (cf. NICE [RARE[1]] *and*): ～ *and* tired とても疲れて / ～ *and* hungry 腹ぺこで / ～ *and* angry かんかんにおこって / ～ *and* early とても早く / ～ *and* ready すっかり用意ができて.

► *int* よろしい, 申し分なし, けっこう, うまい, そのとおり, そうだ, よかった《承認・同意・満足・喜びなどを表わす》.

► *n* **1 a** 良さ; 善, 徳, 美質; *良《肉, 特に 牛肉の等級; 成績評価》: the highest ～ 至高善 / the distinction between ～ and evil 善悪の区別. **b** [ᵘthe] 善人たち (good people): *G～* and bad [*The* ～ and the bad] alike praised him.《諺》善人も悪人も等しく彼をほめた / *The* ～ die young. 善人は若死にする. **2 a** よいこと[もの], 望ましい事; 利益, 幸福 (happiness, advantage): the greatest ～ of greatest number 最大多数の最大幸福《Bentham の功利主義の原則》/ do ～ よいことをする, 親切をする ‹*to*› / do…～ …に効がある; 利する / do…a world [the world, a power] of ～ …にたいへん役立つ[有効である] / Much ～ may it do you! お役に立てばけっこうだが《何の役に立つものかの反語》/ for sb's ～ 人のために / for the ～ of…のために, …の利益をはかって / He is too fussy for his own ～. こうるさすぎて損をしている. **b** [no, any, some, etc. と共に] 効用, 役立つこと (use): do *no* ～ 役立たない, 効果がない / It is *no* ～ (my) talking to him. (わたしが)彼に話してもむだだ / What is the ～ of doing it? そんな事をして何の役に立つというのか / What ～ is (do*ing*) it? (…して)何の役に立つのか / What ～ is money when you don't have any friends? 友だちもなくて金が何の役に立とう / It's [He is] *no* ～. それはむだだ[彼はしょうがない] / be *any* [*some, much*] ～ いくらか[多少, 大いに]役に立つ. **3** [ᵘ*pl*] **a** 財産, 所有物, 《特に 金・証券以外の》動産 (movables), 家財; 〖経〗財, 財貨: ～*s* and chattels 家財道具, 動産いっさい / ～*s* and services 財貨とサービス / CONSUMER GOODS / stolen ～*s* 盗品. **b** 商品, 品 (wares); *織物, 服地; ″《鉄道[陸送]》貨物 (cf. FREIGHT): the latest spring ～*s* 最新の春物 / a ～*s* agent 運送店. **4** [the ～s] **a**《口》必要な素質, 能力, 資格;《口》まさしく求めているもの, 適任の人, 本物, 一流品. **b** 犯罪の証拠, ネタ, 《特に》盗品 (＝stolen ～s): catch sb with the ～*s* 人を現行犯で押える. **5** [*pl*] *《俗》麻薬, ヘロイン. ● **a bit** [《まれ》**piece**] **of no ～** 大損害, 大やけど: do one*self a bit* [*piece*] *of no* ～ 損失[損害など]をまねく, ひどいめにあう. **after no ～**＝up to no GOOD. **all to the ～** ⇨ **to the** GOOD. **a [sb's] (nice) bit of ～s** ″《俗》魅力のある女; ″《俗》性交. **a piece of ～s**《俗》人, 《特に》女. **by ～s** ″貨物列車で. **come to ～** いい結果を生む. **come to no ～** ろくなことにはならない, 失敗に終わる. **come up with [deliver, produce] the ～s**《口》期待に添う, 約束を果たす. **for ～ (and all)** 永久に, これを最後に: I am going *for* ～ (*and all*). これきり帰りません. **for ～ or ill** よかれあしかれ, 結果はさておき. **get any [some] ～ of…**《アイル》…をじょうずに扱う, …を正しく理解する, …の協力を得る. ★ any は疑問・否定の文脈でのみ使う. **get [have] the ～s on** sb《口》人の犯行の確証をつかむ[握っている]. **in ～ with**…に好意をもたれて, 気に入られて: get [keep] *in* ～ *with* sb 人に気に入られる[入られている]. **to ～s** 借方記入事項に. **to the ～** 功を奏して, 好結果を生んで; 貸越しとして; 純益として; 余分に: That's all *to the* ～. それならまあいい[よしとすべき]だろう / They were 100 dollars *to the* ～. 彼らは 100 ドルもうけた. **up to no ～**《口》いたずら[よからぬこと]にふけって[をたくらんで]: I've been *up to no* ～. あいかわらずろくでもないことに首を突っ込んでいてね《近況を聞かれたときのあいまいな返事》. [OE *gōd*; cf. G *gut*]

good-afternóon /gʊd-/ *n* 午後の挨拶.

gòod afternóon *int* 《午後の挨拶》こんにちは, さようなら.

Good·all /gʊ́dɔ:l, *-dɑ:l/ グッドール **Jane** ～ (1934–　)《英国の動物行動学者》.

gòod ár·vo /-ɑ́:rvoʊ/ *int*《豪》GOOD AFTERNOON.

góod behávior〖法〗良きふるまい, 法にかなった行ない, 罪過[失行]のないこと, 善行: be of ～ 善行をなしている. ● **during ～** 罪過なきかぎり, 犯罪・非行のないかぎりは.

góod bóok [the, ᵒthe G- B-] 聖書 (Bible).

góod búddy《CB 無線俗》信頼している仲間, 友だち, 相棒《呼びかけにも用いる》.

góod bútt *《俗》マリファナタバコ.

good-by(e), good·by(e) | good·bye /gʊ(d)báɪ, *gə(d)-/ *int*《別れの挨拶》さようなら, ではまた, 行ってきます: *G～* for now. ではさようなら / *G～* until next time. ではまた / You make the mistake again and ～ job. 今度また間違えたらクビだよ. ► *n* (*pl* **～s**) さよなら, いとまごい, 告別 (farewell); 決別, 放棄, 断念 ‹*to*›: say [bid, tell*, wish] sb ～ 人にさよならを言う, 別れを告げる / say ～ to …をあきらめる; …と縁を切る. ● KISS **～**. [*God be with you*; *good-* は *good night* などの類推]

góod chéer 楽しい飲食; うまい食べ物と飲み物; 上機嫌, 元気: make [enjoy] ～ 楽しくにぎやかに飲んだり食べたりする / Be of ～. 元気を出せ / He was in ～. はしゃいでいた.

góod cholésterol 善玉コレステロール (HDL).

góod-condítioned *a* 調子のよい, 好調の.

góod cónduct GOOD BEHAVIOR.

Góod Cónduct Mèdal〖米軍〗《下士官・兵に授与される》善行章.

good-dáy /gʊ(d)-/ *n* こんにちは[さよなら]の挨拶.

gòod dáy *int*《豪・英》《昼間に言う挨拶》こんにちは, さようなら, ごきげんよう.

góod déal *n* たくさん, 多量 (⇨ *a good* DEAL[1]);《口》けっこうな申し出[協定];《俗》けっこうな状況, 恵まれた暮らし, 楽な仕事. ► *int*《口》そいつはけっこう, よしきた, OK, わかった.

góod débt 回収の確実な貸金 (opp. *bad debt*).

good égg《口》*n* 陽気な[信頼できる]人, いいやつ. ► *int* いいぞ, でかした.

góod·er *n*《俗》なかなかの人物[もの].

good-évening /gʊd-/ *n* 晩の挨拶.

gòod évening *int*《晩の挨拶》今晩は, さようなら.

góod fáith 誠実, 誠意, 正直, 善意: show ～ 誠意を見せる / *in* ～ 誠意をもって, 誠実に; 善意で.

góod féeling 善意, 好意; 友好関係.

góod·fèlla *n*《俗》ギャング, 暴力団員.

góod féllow 善人;《つきあい相手として》陽気で感じのよい人;《俗》ばかなやつ;《古》飲み友だち.

góod-féllow·shìp *n* つきあいのよいこと, 社交性; 友情, 善意.

góod fólk *pl* GOOD PEOPLE.

góod fórm ちゃんとした行儀作法, 行儀の良さ.

góod-for-nàught *n* GOOD-FOR-NOTHING.

góod-for-nòthing *a, n* 役に立たない(人), ろくでなし(の), ごくつぶし(の). ♦ **～·ness** *n*

góod-for-nòught ″*a, n* GOOD-FOR-NOTHING.

Góod Fríday 聖金曜日, 受難日, 受苦日《復活祭の前の金曜日でキリストのはりつけを記念する教会の祭日》.

góod gúts *pl* [the]《豪俗》GOOD OIL.

good gúy《口》《西部劇などの》善玉, 善人 (opp. *bad guy*);《口》いいやつ[男].

góod háir *《黒人俗》縮れがないつやのある髪, (しなやかな)直毛, ストレートヘアー《ヨーロッパ系の血筋を示す髪》.

góod héad *《俗》頭がよくて気持のいいやつ.

góod-héart·ed *a* 親切な (kind), 思いやりのある, 気だてのよい, 寛大な, 善意の. ♦ **～·ly** *adv* **～·ness** *n*

Good Hope ⇨ CAPE OF GOOD HOPE.

Góod Hóusekeeping『グッド・ハウスキーピング』《米国の家庭向け月刊誌; 1885 年創刊; 英国にも同名の月刊誌がある》.

góod húmor 陽気な[楽しい]気分, 上機嫌.

Good Humor〖商標〗グッドヒューマー《アイスクリーム》.

góod-húmored *a* 上機嫌の, 陽気な, 気さくな, 愛想のよい. ♦ **～·ly** *adv* **～·ness** *n*

góod·ie《口》*n*《映画などの》主人公(の仲間), 善玉; [*joc*]《正直で勇敢な》いい人; 善人ぶる人 (goody-goody); [ᵘ*pl*] ⇨ GOODY[1]: the ～*s* and (the) baddies 善玉と悪玉. ► *int* GOODY[1].

góod·ish *a* かなりよい, 悪くはない, まあよいほうの; ″‹数量・大きさ・距離など›かなりの.

góod Jóe *《口》いいやつ, 気のいい男.

Góod-Kìng-Hénry *n*〖植〗欧州原産のアリタソウの類の多年草 (＝*allgood*)《アカザ科; 蔬菜用》.

Góod Kìng Wénceslas「よき王ウェンセスラス」《クリスマスキャロル》.

góod lífe [the]《道徳・宗教などにかなう》よい生活, 善良な生活;《物質的に恵まれた》よい暮らし, 裕福な生活.
góod·li·ness *n* 美しいこと, 美貌; 優秀, りっぱさ, 良さ; 相当の大きさ[量].
góod líving ぜいたくな暮らし[食事].
góod-lóok·er *n* 顔だちのよい人, 美形, 美人.
góod-lóok·ing *a* 美しい, 美貌の, 容姿端麗な, ハンサムな; 見ばえのする; よく似合った〈服など〉; /⌒—⌒—/ 善良そうな, 人のよさそうな. ♦ **~·ness** *n*
góod lóoks *pl* 魅力的風貌,《特に》美貌.
good·ly /gúdli/ *a* **1** 大きい, 相当な, たくさんの〈資産・金額など〉. **2**《古》器量のよい, 美貌の;《古》りっぱな, 上等の. [OE *gōdlic* (GOOD)]
góod máke *《俗》すぐ誘いに乗る女.
góod·man /-mən/ *n*《古》家の主人;《方》宿の主人, 家主; [ᴳG-]《古》《郷士に対する敬称として》MR.
Goodman グッドマン **'Benny' ~ [Benjamin David ~]** (1909–86)《米国のクラリネット奏者・バンドリーダー; 'King of Swing' と呼ばれた》.
góod móney 高給, 高収入; かなりの[十分な]金; 苦労してかせいだ[大切な]金;《にせ金に対して》本物の金: get [earn] ~ 高給を取る, 高収入を得る / pay (out) ~ 相当の金を払う / Don't waste ~ on this rubbish. こんながらくたに大切な金をつかうな. ● **throw good** MONEY **after bad.**
good-mórning /gʊd-/ *n* 午前中の挨拶.
gòod mórning *int*《午前中の挨拶》おはよう, こんにちは, さようなら.
gòod mórrow *int*《古》GOOD MORNING.
góod náture 善良な性質, よい気だて, 優しい気質.
góod-nátured *a*《陽気で》親切な, 人のよい, 気だてのよい, 温厚な. ♦ **~·ly** *adv* 愛想よく, 優しく. **~·ness** *n*
góod-néighbor *a* 善隣の〈政策〉, 友好的な〈国際関係〉.
góod néighbor 友好的な人[国家 など], 善き隣人.
Góod Néighbor Pòlicy [the]〖米史〗善隣政策《西半球諸国との友好関係と相互防衛を促進しようとする米国の政策; Franklin D. Roosevelt が 1933 年大統領就任演説の中で明らかにした》.
góod·ness *n* **1 a** 善, 善良, 美徳 (virtue), 優しさ, 親切 (kindness): have the ~ to do (=be good enough to do) 親切にも…する; [*impv*] どうぞ…してください / out of the ~ of one's heart 親切心から. **b** 優良, 良好; よさ, 美点, 長所, 強み, 精髄;《食品の》滋養分. **2** [⟨*int*⟩] GOD《婉曲語として驚き・怒り・呪いなどの表現に用いる》: (My) ~! =*G*~ me! =*G*~ gracious (me)! えっ, おや, まあ, しまった, いけない, あら大変, やれやれ, どうしましょう, 弱ったな, まったく!《驚き・怒り・当惑・慨嘆の発声》/ in the name of ~ 神のみ名にかけて, 神明に誓って; 一体全体 / Thank ~! ありがたや, よかった, しめしめ! / wish [hope, surely] to ~ that… ぜひ…であってほしい. ● **for ~'** SAKE¹. **G~** KNOWS **that….** [OE *gōdness* (GOOD)]
góodness of fít〖統〗適合度.
góod néws よい知らせ, 吉報; 福音 (gospel); 好ましい人物[状況, 事態].
Góod Néws Bìble [the]『福音聖書』《米国聖書協会 (American Bible Society) により 1966 年(新約)および 76 年(旧約)に刊行された現代英語口語訳聖書; 略 GNB; Today's English Version ともいう》.
good-níght /gʊd-/ *n* 夜の別れの挨拶.
good níght *int*《夜の別れの挨拶》さようなら, おやすみなさい; *《俗》《驚き・いらだちを表わして》おや(おや), おい(おい)! ● **say ~ to…**《俗》…にさよならする, …はないものとあきらめる.
góod óffices *pl* 斡旋, 世話;〖外交〗仲裁, 調停.
góod-oh, góod-o /-òʊ/ *int*《英口・豪口》よし, いいぞ, しめた, うまいぞ!《同意・承認・賞賛などの発声》.
góod óil [the]《豪俗》確かな情報, 真実.
góod old [ole, ol'] bòy *《口》《南部の白人に多い》気さくな[気のおけない]陽気な男; *《口》引き立て合う[団結した]仲間[組織]の一員; *《口》いいやつ, たよりになる仲間. ♦ **góod òld bóy·ism** *《口》仲間びいき(の引立て).
good péople *pl* [the] 妖精たち (fairies).
good quéstion 即答するのがむずかしい質問: That's a (very) ~. それは(とても)いい質問ですね《難問に対する時間かせぎのきまり文句》.
goods ⇨ GOOD *n*.
góod Samáritan **1** [the]〖聖〗よきサマリア人(びと)《苦しむ人の真の友; *Luke* 10: 30–37》. **2** [ᵘG- S-] 困っている者に援助の手を差し伸べる憐れみ深い[親切な]人.
góods and cháttels *pl*〖法〗人的財産《有体動産と不動産的動産を合わせたもの》.
góod sénse《直観的な》分別, 良識.
Góod Shépherd [the]〖聖〗よき羊飼い《キリストのこと; *John* 10: 11–14》.
góod shít *《卑》*int* そりゃよかった, よしきた. ► *n* いいもの, 楽しいこと.

góod-sízed *a* かなり大きい[広い].
góods lìft ‖《荷物・商品を運搬する》業務用エレベーター (service elevator).
góod sórt《口》《親切で好感のもてる》いい人;《豪口》魅力的な女, いい女.
gòod spéed《古》幸運, 成功《旅立つ人などへの別れの挨拶; ⇨ GODSPEED》.
góods tràin ‖ 貨物列車 (freight train*).
góods trùck ‖ 鉄道貨車 (goods wagon‖).
good stúff *《黒人俗》上物(じょうもの)の薬(やく), いい物(ぶつ); 信用詐欺[ペテン]の成功.
góods wàgon ‖ 鉄道貨車 (freight car*).
góods yàrd ‖ 貨物操車場 (freight terminal*).
góod-témpered *a* 気だてのよい,《なかなか腹を立てないで》優しい, 温和な. ♦ **~·ly** *adv* **~·ness** *n*
góod thíng **1** うまい仕事; よい思いつき; 好ましい事態, 幸運; 警句: be onto [on to, on] a ~=have a ~ going うまい仕事[もうけ口]にありついている, 順調だ. **2** [*pl*] 美味, 珍味; [*pl*] 贅沢(品): the ~*s* in [of] life 肉体的安楽をもたらすもの, 贅沢品. ● **(and) a ~, too** ⇨ JOB². **It's a ~ that…**は幸いだ[だった]. **too much of a ~** けっこう過ぎてうんざりさせるもの, ありがた迷惑 (Shak., *As Y L* 4.1.123).
góod-tìme *a* 快楽を追い求める; 娯楽のための〈音楽〉: a ~ girl プレイガール, 売春婦. ► *vt* [次の成句で]: **~ it** *《俗》《金を使って》遊びまわる, 浮かれ騒ぐ (party). ♦ **góod-tìmer** *n*
góod tíme 快楽;《俗》善行により減ぜられた刑期.
góod-tìme Chárlie [Chárley] 陽気な楽天家; 道楽者.
góod-tìme mán *《俗》薬(やく)の売人.
good tríp《俗》《LSD などの》麻薬によって高揚した時間; *《俗》《一般に》楽しい時[体験].
góod túrn 善行, 親切な行為, 好意 (opp. *ill turn*): One ~ deserves another.《諺》親切を施せば親切を返してもらう資格がある, '情けは人のためならず' / do sb a ~ 人に親切を尽くす.
góod úse [úsage]《一言語の》標準語法.
góod·wìfe *n*《古・スコ》女主人, 主婦;《古・スコ》宿屋のおかみ (landlady); [ᴳG-]《古》婦人の敬称 (Mrs.)《Lady の次に位する女性に対して用いられた》.
góod·wíll *n* **1 a** 善意, 厚意, 親切心, 親善 (opp. *ill will*) ⟨*to, toward*⟩: a policy of ~ 親善政策 / (all) men [women] of ~ 良識派, 善意の人びと / a ~ visit to Japan 日本への親善訪問. **b** 喜んですること; 喜んでする気持, 快諾. **2**〖商〗《名の売れた店・商売の》信用, 評判, のれん, 得意先, 営業権;〖会計〗のれん, 買入れのれん[営業権]: buy a business with its ~ のれんごと事業を買い取る. ♦ **góod-wílled** *a*
Góod·win Sánds /gúdwən-/ *pl* [the] グッドウィン砂洲《イングランド南東部 Kent 州東海岸沖の Dover 海峡にある浅瀬; 航行の難所》.
Góod·wòod グッドウッド《イングランド南部 West Sussex 州の Chichester の北東にある競馬場; 19 世紀初めより毎年 7 月にレースが行なわれる; 近くに 18 世紀フランスの家具や美術品の収集で知られる Richmond 公の居館 ~ House (1780–1800) がある》.
góod wórd ほめことば, 好意的な[親切な]言葉; 適切な表現: put in a ~ for…をほめる, 推薦する.
góod wórks *pl* 慈善行為[活動], 善行.
góody¹《口》*n* **1** すばらしい[いかす]もの; [ᵘ*pl*] うまいもの, ごちそう, 糖菓, キャンディー; [ᵘ*pl*] 人が欲しがるようなもの, いいもの《飲食物・衣類・作品など》: *G*~, ~, gumdrops!《ほうびをもらったりして》やったあ! **2** ‖《映画・テレビの》主人公, ヒーロー(の仲間), 善玉 (goodie); GOODY-GOODY. ► *a* GOODY-GOODY. ► *int*《幼児・女性語》すてき, すごい, よかった, うれしい!: Oh, ~! まあよかったわ! ♦ **~·ness** *n* [GOOD, -*y*³]
goody²《古・文》*n*《下層階級の》おかみさん《しばしば姓の前に付ける》;《大学の学生室などの》掃除婦, おばさん. [*goodwife*; cf. HUSSY]
góody bàg《口》グッディーバッグ《**1**) パーティーで子供がもらうプレゼントのはいった袋 **2**) 販売促進用の試供品・購入割引券などのはいった袋》.
Good·year /gúdjìər, *gúʤɪr/ グッドイヤー **Charles ~** (1800–60)《米国の発明家; ゴム加硫法を開発》. ● **down the ~s** [ᵘ*impv*] *《空俗》着陸装置をおろす.
Góodyear Tíre & Rúbber グッドイヤー・タイヤ・アンド・ラバー(社) (The ~ Co.)《米国のタイヤメーカー》.
góody-góody *a* 善人ぶった, 信心家ぶった, 殊勝らしい;《俗》飾りたてた;《俗》すごくいい: talk ~ 信心家ぶったことを言う. ► *n* 善人ぶった人, 気取り屋, ブリッ子;《俗》女みたいな男, 潔癖人間. ► *int*《幼児》GOODY¹. ♦ **~·ness** *n*
Góody Twó-Shòes **1** おくつが二つちゃん, グッディー・トゥーシューズ《英国の童話に出てくる, そろいの靴を履いたことのなかった貧しい女の子; 初めて靴を一足もらってうれしくなり, みんなに 'Two shoes!' と言って見せてまわった; Oliver Goldsmith の作と考えられている》. **2** [ᴳG- Two-shoes] (*pl* ~) 善人ぶったやつ, お上品屋, ブリッ子 (goody-goody); まれに見る善人.

góody-twó-shòes *a* 善人ぶった, 気取り屋の, ブリッ子の. [↑]
goo·ey[1] /gú:i/ 《俗》 *a* (**góo·i·er; -i·est**) ねばねばした, べたつく (sticky); ねばねばして甘い; [*fig*] いやに感傷的な, べたべたした. ► *n* 調理した肉のきつね色になった脂; パイやケーキを焼くときなどにしたたり出る砂糖などの混合物; *《俗》 ガールフレンド. ♦ **～·ness** *n* [*goo*]
gooey[2] *n* 《俗》 GUI.
goof /gú:f/ *《口》 *n* まぬけ, あほう, 無骨者; 気違い, 狂人; 監房仲間; 薬(ヤク)の常用者, 薬中; へま, 失態; 楽しみ[なぐさみ]のたね, 笑いぐさ: make a ～ へまをやる. ► *vi* *のらくらする, ずるける, いいかげんにやってる ‹*off, around*›; 麻薬でぼうっとする, 麻薬でうとうとする; 麻薬をやる, 薬をもてあそぶ; ぼんやりする; じっと見る, 見つめる ‹*at, on*›; ふざける, もてあそぶ ‹*around*›; へまをやる, どじを踏む ‹*up*›. ► *vt* ばかにする, からかう; へまをしてだいなしにする, おしゃかにする ‹*up*›. ● **～ on**...をからかう, なぐさみものにする. **～ up on**...でへまをやる, ...をだいなしにする. [*goff* (dial) dolt＜F＜It＜L *gufus* coarse]
góof·bàll *《俗》 *n* 《一時的陶酔感を得るための》 睡眠薬, 精神安定剤, バルビツール剤; マリファナ; 薬(ヤク) (narcotic); 薬中; 頭のおかしい[けったいな]やつ, へまばかりしているやつ, どじ.
góof-bùtt *n* *《俗》 GOOFY-BUTT.
goofed *a* [°～ up [out]] 麻薬が効いて, マリファナに酔って; [°～ up] 頭が混乱して, まごついて; [°～ up] 乱雑で, めちゃめちゃで.
góof·er[1] 《俗》 *n* まぬけ, とんま (goof); 《麻薬・睡眠薬などの》 ピル使用者.
goofer[2] *n* 米国南部の黒人の間の祈禱師; 呪い, 魔法: He put the ～ on us. われわれに魔法をかけた.
gó-òff *n* 出発, 着手, 開始: at one ～ 一気に / succeed at the first ～ 一度で成功する.
góof-òff *《俗》 *n* なまけ者, 横着者, サボり屋; ずるけること; 休息, 息抜き.
góof-pròof 《俗》 *a* ばかでも扱える(ようにした) (foolproof), バカチョンの. ► *vt* ...にへまが起こらないようにする, ‹人›にどじを踏ませないようにする.
góof-ùp 《俗》 *n* いつもへま[どじ]をやるやつ; 不手際, 失策, へま, どじ.
goof·us /gú:fəs/ *《俗》 *n* ちょっとしたもの, 何とかいうもの; 小型蒸気オルガン (calliope); 田舎者, すぐひっかかるやつ, カモ; まぬけ, とんま; くだらない出し物, 安っぽい商品. [cf. GOOF]
góofy 《口》 *a* ばかな, まぬけな, どじな (silly); のぼせあがって, いかれて ‹*about*›; 《酒に》 酔って; ᴵᴵ‹歯が›突き出た, 出っ歯の. ♦ **góof·i·ly** *adv* **-i·ness** *n* [*goof*]
góofy bàll *《俗》 NEMBUTAL.
góofy-bùtt *n* *《俗》 マリファナタバコ.
góofy-fòot(·er) *n* (*pl* **～s**) 〔サーフィン〕 右足を前に出してサーフボードに乗るサーファー.
goog /gú:g, gúg/ 《豪口》 *n* 卵 (egg); ばか, まぬけ. ● **(as) full as a ～** 酔っぱらった. [C20＜?]
goo·gaw /gú:gɔ̀:/ *n* *《俗》 ちょっとした代物, 安ピカもの (gewgaw).
goo·gle[1] /gú:g(ə)l/ *n* 《古・方》 のどぼとけ, のど. [*guzzle*]
google[2] *vi* 〔クリケット〕 ‹ボールが›グーグリになる, ‹投手が›グーグリを投げる. [逆成＜*googly*[2]]
Google *n* 〔商標〕 グーグル 《検索エンジンの一つ》. ► *vt, vi* [°g-] (...について)検索エンジンで調べる, ググる ‹*around*›.
Góogle Èarth グーグルアース 《Google 社が開発した地図検索ソフト; 世界中の衛星写真をコンピューター上に再現できる》.
góogle·whàck *n* グーグルワック 《グーグルの検索結果が 1 件になるような 2 つの単語の組合わせ; これを見つける遊び》. ► *vi* グーグルワックをする.
googlum ⇨ GOOZLUM.
goo·gly[1] /gú:gli/ *a* ‹目が›飛び出した, グリグリ動く. [C20＜?; cf. GOO-GOO[2], GOGGLE]
googly[2] *n* 〔クリケット〕 グーグリ 《LEG-BREAK と見せかけて投球された OFF BREAK》. ● **bowl** sb **a ～** ᴵᴵ《口》 人をわなにかけるような質問をする, かまをかけて聞き出す. [C20＜?]
góogly-èyed *a* GOGGLE-EYED.
goo·gol /gú:gɔ̀(:)l, -gɑ̀l, -g(ə)l/ *n* 10 を 100 乗した数 《10^{100}》; 天文学的数字. [Edward Kasner (1878–1955) 米国の数学者の甥 M. Siratta (当時 9 歳)のことばからの造語]
góogol·plex /-plèks/ *n* 10 を 10^{100} 乗した数 《$10^{10^{100}}$, 10^{googol}》.
goo-goo[1*] /gú:gù:/ *n* (*pl* **～s**) [°*derog*] 政治改革屋. [Good Government Association]
goo-goo[2] ⇨ GUGU. [変形＜? *goggle*]
goo-goo[3] *a* 《俗》 ‹目つきが›好色な, 色っぽい: make ～ eyes at...をのぼせあがった目つきで見つめる. [? *goggle*]
goo-goo[4] *n* グーグー 《赤ん坊の出す声》. ► *a* 子供っぽい, わけのわからない‹ことば・発声など›. ► *vi* グーグーと言う, 意味不明の声を出す.
googs /gú:gz/ *n pl* *《俗》 めがね 《大道売りの用語》. [*goggles*]
gooh /gú:h/ *n* *《俗》 売春婦.
gook[1] /gú:k, gúk/ *《俗》 *n* [*derog*] 東洋人, アジア人, 南洋人, 土人; 《サーカスなどの見世物となる》 珍奇な人[動物]. ► *a* 外国の, 東洋の; 外国製の. [C20＜?]
gook[2] /gúk, gú:k/ 《口》 *n* べとつく[べたつく, ねばねばする]もの, 泥 (guck); ひどい食い物, げてもの; (厚)化粧; 粗悪品, 安物; ばかげた[つまらない, くだらない]こと (trash, nonsense). ♦ **góoky** *a* [変形＜? *goo*]
gook[3] /gú:k, gúk/ *《俗》 *n* 売春婦, 売女; 浮浪者, 乞食, ルンペン; ばかなやつ, とろいの, うすのろ.
gool /gú:l/ *n* *《方》 GOAL; *《俗》 陰気なやつ, ふてくされたやつ.
Goo·la·gong /gú:ləgɑ̀ŋ/ グーラゴング **Evonne ～** ⇨ CAWLEY.
goolash ⇨ GOULASH[2].
goo·ly, -lie /gú:li/ 《俗》 *n* [ᵘ*pl*] きんたま (testicles); 《豪》 石. [(India); cf. Hind *goli* bullet, ball]
goom·bah /gú:mbɑ̀:/, **-bar** /-bɑ̀:r/ *《俗》 *n* 暴力団員, マフィアのメンバー, ギャング; 仲間, ダチ公, 相棒 (pal). [イタリアマフィアの顔役の名前から; または It *compare* companion, godfather]
goom·bay /gúmbèɪ, gú:m-, ─⌐/ *n* 〔楽〕 グムベイ 《**1**) ボンゴ・マラカス・棒きれなどでリズムをとって踊るバハマ流のカリプソ; その祭 **2**) 1) に用いるヤギ革の太鼓》. [Bantu]
goo·mer /gú:mər/ *n* *《病院俗》 迷惑な患者, 心気症患者 (gomer). [*get out of my emergency room*]
goon /gú:n/ 《俗》 *n* *《特に スト破りなどに雇われる》 ならず者, 暴力団員, チンピラ; まぬけ, とんま; 退屈な[いやな]やつ; 《異性からみて》 いかさないやつ, いも; ドイツの衛兵, ドイツ兵 《第二次大戦中ドイツで捕虜になった兵士の用語》; *(いやな仕事をする)陸軍の兵士; 男, やつ; [G-] グーン 《'The Goon Show' のキャストの一人》. ► *a* ナチスドイツの. [? *gooney* (dial) simpleton; または, 米国の漫画家 Elzie Segar (1894–1938) の *Alice the Goon* からか]
goon·da(h) /gú:ndə/ *n* 《インド》 ごろつき, 不良; 《政党や政治家に雇われた》 暴力団員, おどし屋. [Hindi]
goon·die /gú:ndi/ *n* 《豪》 《先住民の》 小屋 (hut). [(Austral)]
gooned /gú:nd/ *a* [°～ out] 酔っぱらって.
góon·er *n* *《軍俗》 [*derog*] 東洋人, アジア人.
góon·ey /gú:ni/ *n* **1** *《俗》 ばか, あほう. **2** 〔鳥〕 アホウドリ (albatross), 《特に》 クロアシアホウドリ (black-footed albatross). [(dial) ＝simpleton]
góoney [góony] bìrd **1** アホウドリ (gooney). **2** 《空俗》 グーニーバード 《プロペラ双発機 DC-3, その軍用型 C-47, R40 のあだ名》. **3** *《俗》 ばか, とんま, あほう; *《俗》 ばかな事.
goonk /gúŋk/ *n* 《口》 べたべた[どろどろ]したもの. [*gunk*]
góon-platòon *n* *《軍俗》 へまをやる小隊, ドジ小隊.
Góon Shòw [The] 「グーン・ショー」「おかしな連中」 《BBC ラジオのコメディーバラエティーショー (1952–60)》.
góon squàd 《俗》 雇われ暴力団, 愚連隊; 警察 (police).
góony *n* *《俗》 ばか, あほう; 〔鳥〕 GOONEY. ► *a* *《俗》 ばかな, まぬけな; *《俗》 雇いの荒くれ者の(ような). ♦ **góon·i·ly** *adv*
goop[1] /gú:p/ *n* 行儀の悪い子; 《俗》 まぬけ, 野暮天; 感傷的なたわごと. [C20＜?; cf. GOOF]
goop[2] *n* *《口》 べたつく物, どろどろした物. [? GOO]
góop·hèad *n* *《俗》 にきび, 吹出物.
gooph·er /gú:fər/ *n* 《俗》 GOOF.
goo·pus /gú:pəs/ *n* *《俗》 まぬけ, とんま. [*goof, goofus*]
góopy[1] *a* 《俗》 ばかな, ばかげた, おめでたい. ♦ **goop·i·ness**[1] *n* [*goop*[1]]
goopy[2] 《俗》 *a* べとべとした, ねばねばした; ひどく感傷的な, ばかばかしいほどセンチな. ♦ **goopiness**[2] *n* [*goop*[2]]
goo·rie, goo·ry /gú:ri/ *n* 《NZ俗》 犬.
goo·san·der /gusǽndər/ *n* 〔鳥〕 カワアイサ 《ガンカモ科》. [*goose*; cf. *bergander* sheldrake]
goose /gú:s/ *n* (*pl* **geese** /gí:s/) **1** 〔鳥〕 ガンカモ科の各種の野鳥, ガン, 《特に 家禽としての》 ガチョウ (＝farmyard ～) 《ANSERINE *a*》; ガン[ガチョウ]の雌 (opp. *gander*); ガチョウの肉: (as) loose as a ～ 《口》 落ちついて, くつろいで / All his *geese* are swans. 《諺》 彼は手前みそばかり並べる / What is good [sauce] for the ～ is good [sauce] for the gander 《諺》 一方にあてはまることは他方にもあてはまる. **2** あほう, まぬけ (simpleton), とんまな娘: a silly ～ ばか者, まぬけ. **3** (*pl* **góos·es**) 《仕立屋の》 雁首のように曲がったハンドルの付いた大型のアイロン. **4** 《俗》 《ガチョウの声をまねた》 やじ; (*pl* **góos·es**) 《俗》 《驚かすために》 人の尻[股]の間を不意につつくこと; *《俗》 刺激(策), 喝(かつ); *《俗》 アクセルを強く踏むこと: get the ～ 《芝居で》 観客にやじられる / give ...a ～ ...に活を入れる, ‹車などを›加速する. **5** 《俗》 機関車の緊急[非常]停車. **6** 《廃》 グース 《昔の英国のさいころを振ってする回り将棋に似たゲーム; ガチョウの絵が描かれた方形の中にさいころがはいると, さいの目の 2 倍の数だけ進むことができる》. ● **can [will] not say** BOO[1] **to a ～.** **cook** sb's **～** 《口》 人の機会[計画, 希望]をだいなしにする, チャンスをつぶす; 《俗》 人を殺す[懲らしめる], 人にとって面倒[やっかい]なことになる. **kill the ～ that lays [laid] the golden egg(s)** 目前の利益に目がくらんで将来の利益を犠牲にする. **pluck** sb's **～** ᴵᴵ《俗》 恥をかかせる. **shoe the ～** むだな事に時間を費やす[つぶす]. **sound on the ～** 〔米政治〕 主義に忠実な. **The ～ hangs [honks] high.** *《口》 万事好都合だ, 形勢がよい; ガチョウの値が高い. **The old woman is picking [plucking] her ～.** 雪が降っている 《子供のことば》. ► 《俗》 *vt* ‹芝居・俳優›にシーッと言って不満を表明する; ‹人›の尻[股]をつつく; *...に喝[気合い]を入れる, 刺激する, 景気づ

ける ⟨*up*⟩; *⟨エンジン・機械を⟩始動する, ⟨エンジン⟩にガソリンをどっと食わせる ⟨*up*⟩; [*pass*] 破滅させる, おじゃんにする. [OE *gōs*; cf. G *Gans*]

góose bàrnacle 〔動〕 エボシガイ《同属の甲殻類の総称》.

goose·ber·ry /gúːsbèri, -b(ə)ri, gúːz-; gúzb(ə)ri/ *n* **1** 〔植〕 スグリ; スグリの実, グズベリー; フサスグリ(の実) (currant); 《古》 グズベリー酒 (=～ **wìne**). **2** ‖《口》《若い女性に従う》付添い (chaperon), じゃまな第三者: play [be a] ～ (二人きりでいたい恋人たちの)じゃま者になる. ● **play old ～ with**... 《俗》 ...をめちゃめちゃにする, だいなしにする. ► *vt* *《俗》 洗濯物を盗む《hobo の用語》. [? *goose*; cf. *groser* (dial) (F *groseille*)]

góoseberry búsh スグリの木: I found him [her] under a ～. [*joc*] 《子供の質問に答えて》赤ちゃんはスグリの木の下で見つけたのよ.

góoseberry èyes *pl* くすんだ灰色の目《煮たグズベリーの色》.

góoseberry fòol グズベリーフール《グズベリーをどろどろに煮てクリームと砂糖を加えたもの》.

góoseberry stóne [gárnet] 〔鉱〕 グズベリーストーン[ガーネット] (GROSSULARITE).

góose bùmps *pl* 鳥肌 (gooseflesh).

góose-bùmpy *a* 《口》 ぞっとして鳥肌立った.

góose clùb ‖貧しい人びとにクリスマス用のガチョウを買うための積立金組合.

góose-dròwnder *n* *《中部》 豪雨, 土砂降り.

góose ègg *《口》《競技の》零点 (cf. DUCK'S EGG); *《口》 失敗 (failure), 《成果などにおける》ゼロ; *《口》 大きなこぶ. ♦ **góose-ègg** *vt* *《俗》 零封する, 負かす.

góose·fish *n* 〔魚〕 ANGLER.

góose·flèsh *n* 鳥肌, 総毛立ち: get ～ 鳥肌が立つ / be ～ all over (ぞっとして)全身に鳥肌が立つ.

góose·fòot *n* (*pl* ～**s**) 〔植〕 アカザ《アカザ科, 特にアカザ属の草本の総称》.

góosefoot fàmily 〔植〕 アカザ科 (Chenopodiaceae).

góose·gìrl *n* 《雇われて》ガチョウを飼育する女性.

goose·gog /gúzgàg/, **-gob** /-gàb/ *n* ‖《幼児・口・方》 GOOSEBERRY.

góose·gràss *n* 〔植〕 **a** ヤエムグラ (cleavers). **b** オヒシバ (yard grass).

góose grèase ガチョウ脂《料理用または家庭薬として軟膏に用いる》.

góose·hèrd *n* ガチョウの飼育者.

góose·lìver *n* レバーのスモークソーセージ.

góose·nèck *n* 雁首形に曲がった[曲がる]もの, GOOSENECK LAMP; 〔海〕 グースネック《boom 下端の雁首形の鉤(かぎ)》; 〔機〕 雁首, S 字形管; 《家畜の運搬などに使う》トレーラー《先端にトラック連結用の突起がついている》. ♦ **-nècked** *a*

góoseneck lámp 自由に首の曲がる電気スタンド, フレキシブルスタンド; アームライト.

góose pìmples *pl* GOOSEFLESH.

góose quìll ガチョウの羽軸根; 《昔の》鵞ペン.

góose·skìn *n* GOOSEFLESH.

góose stèp 上げ足歩調《特にナチスドイツ軍などの, 閲兵式用のひざを曲げないで足を伸ばして歩く歩調》; 《新兵に対する》平衡訓練《交互に片足で立ち, 他の足を前後に振る》. ♦ **góose-stèp** *vi* **góose-stèp·per** *n*

góose·wìng 〔海〕 *n* グースウィング《(1) 大横帆・中檣帆の中央と風下の部分を縮め上げたときの風上の下隅 2) 強風時に横帆の中央を帆桁に縛りつけたときに風をはらむ両翼の三角形になった部分》; 補助帆 (studding sail).

goos·ey[1], **goos·ie** /gúːsi/ *n* 《幼児》 ガチョウ; ばか! 《子供をおどけてしかることば》. [GOOSE, -y[3]]

goos·ey[2], **goosy** *a* (**góos·i·er**; **-i·est**) ガチョウのような; ばかな, まぬけな; 鳥肌が立った; 《俗》 神経質な, 過敏な; 《俗》《尻をつつかれて》すぐに驚く; 《卑》 肛門で感じる. [*goose*, -*y*[1]]

goo·zle /gúːz(ə)l/ *n* 《方》 のど, のどぼとけ (guzzle).

goo·zlum /gúːzləm/, **goo·glum** /gúːgləm/ *n* *《俗》 ねばねばしたもの, シロップ, 糖蜜, グレービー (gravy), スープ.

GOP °Grand Old Party.

go·pak /góupæk/ *n* ゴパーク, ホパック《高い跳躍などを特徴とするウクライナ地方の民族舞踊》. [Russ]

GOPer* /ʤíːòupíːər/ *n* 共和党員.

go·pher[1] /góufər/ *n* **1** 〔動〕 **a** ジリス (ground squirrel) 《北米プレーリー地方産》. **b** ホリネズミ (=*pocket gopher*) 《北米・中米産》. **c** アナホリガメ (=～ **tòrtoise [tùrtle]**) 《北米産リクガメ科アナホリガメ属のカメの総称》, 《特に》ゴファーガメ《米国南東部産》. **d** GOPHER SNAKE. **2** 〔植〕 GOPHERWOOD. **3** [G-] ジリス《Minnesota 州人のあだ名》. [? Can F *gaufre* honeycomb; その穴を掘る性質より]

gopher[2] *《俗》 *n* チンピラ, ガキの泥棒; 金庫破り; 金庫; まぬけ; GOFER[2]; GOPHER BALL. ► *vt* 《野球》 ⟨ホームランボールを⟩投げる. [*go fer* ‹ *go for*]

gópher bàll 《野球俗》 ホームランになった甘い球[棒球], ホームランボール.

Gópher Práirie ゴーファープレーリー《Sinclair Lewis, *Main Street* の舞台; 米国中西部の架空の田舎町で, 作者の生地 Minnesota 州の Sauk Centre がモデルといわれる》.

gópher snàke 〔動〕 **a** インディゴヘビ (indigo snake). **b** ネズミクイ (bull snake).

Gópher Stàte [the] ジリス州《Minnesota 州の俗称》.

gópher·wòod *n* 〔植〕 アメリカユクノキ, オオバユク (yellowwood) 《北米産》.

gópher wòod 〔聖〕 ゴフェルの木, いとすぎの木《ノアの箱舟 (Noah's ark) を造った木で, 想像では cypress; *Gen* 6: 14》.

go·pik /góupɪk/ *n* (*pl* ～, ～**s**) ゴピク《アゼルバイジャンの通貨単位: =1/100 manat》.

gó pìll *《俗》 覚醒剤の錠剤[カプセル], アンフェタミン (amphetamine).

go·pu·ra /góupərə/ *n* ゴ(ー)プラ《南インドのヒンドゥー教寺院の山門; しばしば上部にピラミッド状の構造物を載せる》. [Skt]

gor /gɔ́ːr/ *int* ‖《俗》 おやまあ, まさか! [(euph) ‹ *God*]

go·ra[1], **-rah** /gɔ́ːrə/ *n* ゴーラ《木の棒に弦を張りその一端に付けた羽軸の舌を吹いて鳴らすホッテントットの楽器》. [? Nama]

gora[2] *n* (*pl* ～**s**, **go·ray** /gɔ́ːreɪ/) 《インド》 白人(男性) (cf. GORI). [Hindi]

Go·rakh·pur /gɔ́ːrəkpùər/ ゴーラクプル《インド北部 Uttar Pradesh 東部の市》.

go·ral /gɔ́ːrəl/ *n* (*pl* ～**s**, ～) 〔動〕 ゴーラル《ヒマラヤ南部・中国北部産の goat antelope》. [Hindi]

Gor·ba·chev /gɔ́ːrbəʧɔ̀ːf, -ʧàf, ⏑⏑⏑/ ゴルバチョフ **Mikhail Sergeyevich** ～ (1931–) 《ソ連・ロシアの政治家; ソ連共産党書記長 (1985–91), ソ連大統領 (1990–91); ノーベル平和賞 (1990)》.

Gor·bals /gɔ́ːrb(ə)lz/ [the] ゴーバルズ《スコットランド Glasgow 市の Clyde 川の南にある地区; 以前はスラム街の存在で知られていた》.

gor·bli·m(e)y /gɔːrbláɪmi/ ‖《俗》 *int* COR BLIMEY. ► *n* 柔らかい軍帽. ► *a* 俗な, 下品な. [*God blind me*]

Gor·by /gɔ́ːrbi/ ゴルビー《Gorbachev の愛称》.

Gor·cha·kov /gɔ̀ːrʧəkɔ́ːf, -v/ ゴルチャコフ Prince **Aleksandr Mikhaylovich** ～ (1798–1883) 《ロシアの政治家・外交官; 外相 (1856–82)》.

gor·cock /gɔ́ːrkàk/ *n* 《スコ・北イング》 アカライチョウの雄.

gór·cròw /gɔ́ːr-/ *n* CARRION CROW.

gor·di·a·cean /gɔ̀ːrdiéɪʃ(i)ən/ *n* 〔動〕 線形虫《ハリガネムシおよび游線虫の総称》. [*Gordius* Phrygia 王 (↓)]

Gór·di·an knót /gɔ́ːrdiən-/ [the] **1** ゴルディオスの結び目《Phrygia 王ゴルディオス (Gordius) が戦車のながえをくびきに結びつけた結び目; 将来アジアの支配者となる人でなければ解けぬとされていたのを Alexander 大王が剣で切った》. **2** 難問. ● **cut the ～** 非常手段で[一刀両断に]難問を解決する.

górdian wórm 〔動〕 線形虫 (gordiacean).

Gor·di·mer /gɔ́ːrdɪmər/ ゴーディマー **Nadine** ～ (1923–) 《南アフリカ共和国の小説家; 人種差別政策を告発する作品を書く; ノーベル文学賞 (1991)》.

gor·di·ta /gɔːrdíːtə/ *n* ゴルディータ《分厚いトルティーヤ》.

Gor·di·um /gɔ́ːrdiəm/ ゴーディオン《古代フリギアの首都; ここで Alexander 大王が Gordian knot を切断した》.

Gor·don /gɔ́ːrdn/ **1** ゴードン《男子名》. **2** ゴードン (1) **Adam Lindsay** ～ (1833–70) 《オーストラリアの詩人; *Bush Ballads and Galloping Rhymes* (1870)》 (2) **Charles George** ～ (1833–85) 《英国の軍人; 異名 'Chinese ～' '～ Pasha'; 太平天国の乱の鎮定に功を立てた; Khartoum で Mahdi 軍の包囲に耐えたが, 救援軍到着 2 日前に戦死》 (3) **Dexter** (**Keith**) ～ (1923–90) 《米国のバップ・テナーサクソフォーン奏者》 (4) Lord **George** ～ (1751–93) 《英国の貴族・政治運動家; カトリック教徒禁圧軽減立法に反対する請願を提出した際にこれを支持する群衆が暴徒化した (the **Górdon ríots**) (1780)》 (5) **George Hamilton-**～ ⇨ 4th Earl of ABERDEEN. [OE=round hill]

Górdon Bénnett *int* 《口》 [*euph*] おやまあ, こりゃ驚いた, ヘーッ《驚きを表わす古風な表現で, God の代用; James Gordon BENNETT の後継者で同名の息子にちなむものとされる》.

Górdon (sétter) 〔犬〕 ゴードンセッター《スコットランド原産の黒と褐色のまっすぐな[ややウェーブした]被毛の大型鳥猟犬》. [Alexander *Gordon*, 4th Duke of *Gordon* (c. 1745–1827) スコットランドの飼育家]

Gór·dons·toun Schóol /gɔ́ːrdnztən-, -s-/ ゴードンスタン校《スコットランド北東部 Elgin の近くにあるパブリックスクール; 1934 年設立, 72 年から共学; '文武両道' にバランスのとれた人間形成を目指し, 英国王族も学んだ》.

Gor·dy /gɔ́ːrdi/ ゴーディ **Berry ～, Jr.** (1929–) 《米国の音楽プロデューサー; 1959 年 Motown Records を設立, リズムアンドブルース・ソウルミュージックなどで成功した》.

gore[1] /gɔ́ːr/ *n* 《傷から出た》血の塊り, 血糊; 流血シーン, 暴力場面. [OE *gor* dung, dirt]

gore[2] *vt* ⟨牛・イノシシなどが⟩角[牙]で突き刺す; 《鋭い武器などで》深く[グサリと]突き刺す; ⟨岩が船腹などを⟩突き破る: ～ sb to death 人を突き殺す. [ME‹?; cf. OE *gār* spear]

gore[3] *n* ゴア ⦅**1**) スカート・傘・帆・気球などの細長い三角布, 〘洋裁〙では 'まち' ともいう **2**) 靴の甲の両側のゴムのはいったまち⦆; 三角地. ► *vt* 細長い三角形に切る; 〈スカート〉にゴアを入れる: ～*d* skirts ゴアスカート ⦅何枚かのまちをはぎ合わせたもの⦆. [OE *gāra* triangle of land; OE *gār* spear と同語源; spearhead に形が似ることから]

Gore ゴア **Al**(**bert Arnold**) ～(**, Jr.**) (1948–) ⦅米国の政治家; 副大統領 (1993–2001); 民主党; 地球温暖化防止の取組みによりノーベル平和賞 (2007)⦆.

Gó·rec·ki /gərέtski/ グレツキ **Henryk** (**Mikołaj**) ～ (1933–) ⦅ポーランドの作曲家⦆.

Gö·re·me /gə́:rimi/ ギョレメ ⦅トルコ中央部 Cappadocia の中心地区; 岩窟遺跡群がある; 国立公園; 世界遺産⦆.

Go·re·my·kin /gɔ̀:rəmí:kən/ ゴレムイキン **Ivan Logginovich** ～ (1839–1917) ⦅ロシアの政治家; 内相 (1895–99), 首相 (1906, 14–16); 革命で処刑された⦆.

go·reng pi·sang /gɔ́:rèŋ pí:sæŋ/ ゴレンピサン ⦅バナナをフリッターにしたマレーシア料理⦆. [Malay]

Gore-Tex /gɔ́:rtèks/ 〘商標〙 ゴアテックス ⦅防水性と通気性にすぐれた機能素材; アウトドア衣料・靴などに使用する⦆. [*gore*[3]＋*texture*]

Go·rey /gɔ́:ri/ ゴーリー **Edward** (**St. John**) ～ (1925–2000) ⦅米国の作家・イラストレーター・デザイナー⦆.

gorge /gɔ́:rʤ/ *n* **1 a** 峡谷, 渓谷; 〘城〙 BASTION の後部入口. **b** 〘服〙 ゴージ ⦅襟とラペルの縫い目⦆; 〘機〙 プーリーの溝; 原始的な釣針 (＝～ hook) ⦅両端がとがった細長い石片[骨片]で, 中ほどに釣糸を留める穴[溝]がある⦆. **c** ⟪古・文⟫ のど, 食道, 胃袋; 〘鷹狩〙 ⦅タカの⦆ 嗉嚢(そのう). **2 a** 飽食, 大食, 暴食. **b** のみ込んだもの, 胃の中の食物; 通路[水路]をふさぐ集積物 ⦅氷など⦆. ● **cast** [**heave**] **the ～ at**…＝**sb's ～ rises at**…にへどを催す[胸が悪くなる], …を嫌う: My ～ *rises at* the sight. その光景を見ると胸が悪くなる. **make sb's ～ rise** 人にへどを催させる, 人に嫌悪[怒り]を覚えさせる. ► *vi, vt* むさぼり食う, がつがつ食う; たらふく食う; 詰め込む, 詰まらせる: ～ (*oneself*) *on*…をたらふく[むさぼり]食う; 〈思い出など〉で胸がいっぱいである / ～ *on* books 本をむさぼり読む / ～ *oneself* [be ～*d*] *with*…を腹いっぱいに詰め込む[込んでいる]. ◆ **górger** *n* [OF＝throat (L *gurges* whirlpool)]

gorged /gɔ́:rʤd/ *a* 〘紋〙 〈動物が〉首に環・宝冠などをはめている.

gor·geous /gɔ́:rʤəs/ *a* 美しく魅力的な, 華麗な, 豪華な, 目のさめるような, きらびやかな; ⟪口⟫ とても楽しい, すばらしい. ◆ **～·ly** *adv* **～·ness** *n* [ME *gorgayse, gorgayas*＜OF＝fine, elegant＜?]

gor·ger·in /gɔ́:rʤərən/ *n* 〘建〙 ⦅ドーリス式の⦆ 柱頸 (＝*necking*) ⦅柱頭と柱身との接合部⦆. [F; ⇨ GORGE]

gor·get /gɔ́:rʤət/ *n* ⦅よろいの⦆ のど当て, 頸甲; 装飾用の襟; ⦅中世の⦆ 婦人用フード (wimple), ゴージット; ⦅将校の礼装の⦆ 新月形の頸章; ⦅鳥獣の⦆ のどの斑紋, 喉斑. [OF]

górge wàlking[″] 渓谷ウォーキング.

gor·gio /gɔ́:ʤ(i)ou/ *n* (*pl* **-gi·os**) ジプシーでない人. [Romany]

Gor·gon /gɔ́:rgən/ **1** 〘ギ神〙 ゴルゴーン) ⦅頭髪に数匹のヘビがからみつき黄金の大翼をもち目には見る人を石に化す力をもった 3 人姉妹の一人, 特に Medusa⦆. **2** [g-] 恐ろしい人, ⦅特に⦆ ふた目と見られない醜婦, たけだけしい女. [L＜Gk (*gorgos* terrible)]

gor·go·nei·on /gɔ̀:rgənáiàn, -ní:-/ *n* (*pl* **-neia** /-náiə, -ní:ə/) 〘美〙 ゴルゴネイオン ⦅Gorgon の首の絵[浮彫り]を付けた盾[額]; ギリシアでは魔除けに用い, 女神 Athena の胸甲の中央に付いていた⦆. [Gk]

gor·go·nia /gɔ:rgóuniə/ *n* 〘動〙 ヤギ目 *G*～ 属のサンゴ虫の総称.

Gor·go·ni·an /gɔ:rgóuniən/ *a* **1** ゴルゴーン)の(ような), 非常に恐ろしい. **2** [g-] 〘動〙 ヤギ目 (Gorgonacea) の. ► *n* [g-] 〘動〙 ヤギ ⦅ヤギ目のサンゴ虫の総称⦆.

górgon·ìze *vt* ものすごい顔でにらみつける, にらみつけて硬直[麻痺]させる; …に麻酔[催眠]的な効果をもつ.

Gor·gon·zo·la /gɔ̀:rg(ə)nzóulə/ *n* ゴルゴンゾーラ ⦅イタリア原産の刺激的な風味のあるブルーチーズ⦆. [Milan 付近の町の名から]

gor·hen /gɔ́:rhèn/ *n* 〘鳥〙 アカライチョウの雌 (moorhen) (cf. GORCOCK).

go·ri /gɔ́:ri/ *n* ⟪インド⟫ 白人(女性) (cf. GORA). [Hindi]

go·rill /gəríl/ *n**⟪俗⟫ 醜い男, 乱暴者, ごろつき, チンピラ (gorilla). [↓]

go·ril·la /gərílə/ *n* **1** 〘動〙 ゴリラ; ⟪口⟫ 醜い男, 荒くれ者; ⟪俗⟫ ならず者, ごろつき, 殺し屋, *⟪俗⟫ 人を圧倒する者, 太刀打ちできないもの (cf. SIX-HUNDRED-POUND GORILLA). **2***⟪俗⟫ 大成功の作品, 大ヒットの映画[レコード]. ► *vt**⟪俗⟫ …に強盗をはたらく, …から強奪する; ぶんなぐる. ◆ **go·ríl·li·an** /-liən/, **go·ríl·line** /-làin, -lən/ *a* **go·ríl·lòid** *a* [Gk＜? (Afr)＝wild or hairy man]

gorílla bìscuit*⟪俗⟫ アンフェタミン (＝*gorilla pill*).

gorílla jùice*⟪俗⟫ ⦅筋力を増強する⦆ ステロイド (steroids).

gorílla pìll*⟪俗⟫ GORILLA BISCUIT.

Gö·ring, Goe- /gə́:rıŋ, gέər-; *G* gǿ:rıŋ/ ゲーリング **Hermann** (**Wilhelm**) ～ (1893–1946) ⦅ドイツの政治家; 空軍総司令官・国家元帥; Hitler に次ぐナチスの指導者⦆.

Go·riot /*F* gɔrjo/ ゴリオ(爺さん) ⦅Balzac, *Le Père Goriot* (1834–35) の主人公; 盲目的な父性愛をもつ老人⦆.

Go·ri·zia /gərí:tsiə/ ゴリツィア ⦅イタリア北東部 Friuli-Venezia Giulia 自治州の市; スロヴェニア国境に接する⦆.

gork[1] /gɔ́:rk/ ⟪俗⟫ *n* ⦅老齢・事故・病気などで⦆ 脳の機能を失った人, 植物人間; まぬけ, ばか (dupe). ► *vt* 〈患者〉に(たっぷり)鎮静剤を投与する. [C20＜?]

gork[2], **GORK** /gɔ́:rk/*⟪病院俗⟫ God only really knows ⦅原因[病名]不明などのカルテで使われるとされる表現⦆.

gorked /gɔ́:rkt/ *a* [°～ out] ⟪俗⟫ 鎮静剤が効いて, もうろうとして.

Gor·kha·li /gɔ:rká:li/ *n* GURKHALI.

Gor·ky[1], **-ki** /gɔ́:rki/ **1** ゴーリキー **Maksim** [**Maxim**] ～ (1868–1936) ⦅ロシアの小説家・劇作家; 本名 Aleksey Maksimovich Peshkov; 戯曲『どん底』(1902), 小説『母』(1907)⦆. **2** ゴーリキー ⦅NIZHNY NOVGOROD の旧称⦆.

Gorky[2] ゴーキー **Arshile** ～ (1904–48) ⦅アルメニア生まれの米国の画家; 抽象表現主義の作家⦆.

Gör·litz /*G* gœ́rlıts/ ゲルリッツ ⦅ドイツ東部 Saxony 州の Neisse 川に臨む市⦆.

Gor·lov·ka /gɔ:rlɔ́:fkə, -lɔ́:v-/ ゴルロフカ ⦅ウクライナ東部 Donets 盆地 の Donetsk の北にある工業都市⦆.

gor·mand /gɔ́:rmənd/ *n, a* GOURMAND.

gor·man·dize /gɔ́:rməndàız/ *vi, vt* 大食する, がつがつ食う, むさぼり食う. ► *n* GOURMANDISE. ◆ **-dì·zer** *n* [*gourmand*]

gorm·less /gɔ́:rmləs/ *a*[″]⟪口⟫ 頭の悪い, 愚かな, 気がきかない (gaumless). ◆ **～·ly** *adv* **～·ness** *n* [*gaumless* (obs)＜*gaum* (dial) understanding]

Gór·no-Altáy, -Altái /gɔ́:rnou-/ ゴルノアルタイ ⦅ALTAY 共和国の旧称 (1948–91); ロシア共和国の旧自治州 (～ Autonomous Oblast)⦆.

Górno-Al·taysk, -Al·taisk /-æltáısk/ ゴルノアルタイスク ⦅Altay 共和国の首都; 旧称 Oyrot Tura⦆.

Górno-Ba·dakh·shán /-bà:dà:kʃá:n/ ゴルノバダフシャン ⦅タジキスタン南東部 Pamir 高原にある自治州 (Gorno-Badakhshan AR); ☆Khorog⦆.

gó-ròund *n* GO-AROUND; *⟪俗⟫ 繰り返し, (もう)一回.

gorp* /gɔ́:rp/ *n* ⟪口⟫ ゴープ (＝*trail mix*) ⦅ドライフルーツ・ナッツなどを混ぜ固めた高エネルギーのハイカー・登山者などの携行用食品⦆. ► *vt, vi* ⟪俗⟫ むさぼり食う. [*gaup*]

górp gòbbler*⟪俗⟫ ハイカー (hiker, backpacker).

gorse /gɔ́:rs/ *n* 〘植〙 **a** ハリエニシダ, ⦅広く⦆ ハリエニシダ属・ヒトツバエニシダ属の数種の低木 (＝*furze, whin*) ⦅黄色の花が咲く⦆. **b** ビャクシン (juniper). ◆ **górsy** *a* [OE *gors(t)*; cf. G *Gerste* barley]

Gor·sedd /gɔ́:rsèð/ *n* ⦅ウェールズの⦆ 吟遊詩人や DRUIDS の集会, ⦅特に⦆ EISTEDDFOD の期間中に本祭に先立って毎日開催される詩人たちの集会. [Welsh＝throne]

Gort /gɔ́:rt/ ゴート **John Standish Surtees Prendergast Vereker**, 6th Viscount ～ (1886–1946) ⦅英国の軍人; 英国海外派遣軍の司令官 (1939–40) として, Dunkirk の撤退作戦を遂行した (1940)⦆.

gory /gɔ́:ri/ *a* 血だらけの, 血まみれの, 血みどろの; 血糊のような, ちなまぐさい, 流血の, 残虐な〈戦争・小説など〉, 凄惨な, むごたらしい: ～ details [*joc*] ちなまぐさい諸事実, 数々の不愉快な[つらい]こと. ◆ **gór·i·ly** *adv* **-i·ness** *n* [*gore*[1]]

Gor·zów Wiel·ko·pol·ski /gɔ́:ʒuf vjèlkəpɔ́:lski/ ゴジュフヴィエルコポルスキ ⦅ポーランド西部 Warta 川に臨む工業都市⦆.

gosh /gáʃ, gɔ́:ʃ/ *int* [次の成句で]: (**By**) **～!** えっ, おや(大変), しまった, まあ, きっと, あーあ ⦅驚き・失望などを表わす⦆. [euph＜*God*]

gósh-áwful*⟪俗⟫ *a* ものすごい, ひどい (God-awful). ► *adv* とてつもなく, すごく.

gos·hawk /gáshɔ̀:k/ *n* 〘鳥〙 オオタカ, ハイタカ ⦅ハイタカ属の数種のタカ⦆. [OE (GOOSE, HAWK[1])]

Go·shen /góuʃ(ə)n/ **1** ゴセン, ゴシェン ⦅古代エジプト Nile 川デルタの東部地帯; 族長 Jacob が移住してから, 出エジプトまでイスラエル人が居住した牧畜に適した地; *Gen* 45: 10⦆. **2** 光の国, 楽土, 豊沃の地.

go-sho /góuʃòu/ *n* (*pl* **～s**) ⟪空俗⟫ 空港でキャンセル待ちをする客. [C20; cf. NO-SHOW]

gó-shòp *a* 〘商〙 ゴーショップの (⇨ NO-SHOP).

gosht /góuʃt/ *n* ⟪インド⟫ ⦅牛・ラム・マトンの⦆ 赤身の肉. [Hindi]

gos·ling /gázlıŋ, gɔ́(:)s-, -lən/ *n* ガチョウの子; 若造, 青二才. [ME *gesling*＜ON (GOOSE, *-ling*[1])]

gó-slów *n* ⟪口⟫ 緩慢な変化, 慎重な動き; ⟪口⟫ 漸進主義[政策]; [″]のろのろ戦術, 怠業 (slowdown*). ◆ **～·er** *n*

gos·pel /gásp(ə)l/ *n* **1** [the; °the G-] 福音(ふくいん) ⦅キリストによる救霊の宣教またはその教え⦆. **2 a** [G-] 福音書 ⦅新約聖書の最初の 4 書 *Matthew, Mark, Luke, John* の一つ; もしくは新約聖書外典中の類似の書⦆: the *G*～ according to St. Matthew [St. Mark, St. Luke, St. John] マタイ[マルコ, ルカ, ヨハネ]による福音書. **b** 福音 ⦅福音書に記されているキリストの生涯とその教え⦆; 宗教指導者の教え, 教義. **c** [the G-] 福音文 ⦅聖餐式に朗読する福音書の一節⦆: *the G*～ for the day 当日読まれる聖福音. **3** ⦅行動の指針としての⦆ 教義, 信条, 主義; 疑いをいれない真実, 絶対的真理 (gospel truth), 金科玉条: the ～ *of* efficiency [laissez-faire, soap and water] 能率[放任, 清潔]主義 / take…as [for] ～ …を真理[真実]と思い込む. **4 a** ゴスペル (＝**～ sòng**) ⦅黒人霊歌・フォークソング・ブルースの要素の混

じった黒人の宗教歌》. **b** 《gospel songs に基づく》ゴスペル音楽 (＝～ mùsic). ► *a* 福音の; 福音に基づいた; ゴスペル (gospel song) の. ► *vt, vi* (**-l-** | **-ll-**) (…に)福音を伝える[説く] (evangelize).
♦ **～·ly** *a* ゴスペルソングの, ゴスペル調[風]の. ［OE *gōdspel* (GOOD, SPELL²＝news); L *bona annuntiatio, bonus nuntius*＝EVANGEL の訳; God とも連想］

góspel bòok 《聖餐式で朗読する》福音書の抜粋.

góspel·er | **-pel·ler** *n* 《聖餐式の》福音書朗読者 (cf. EPISTOLER); 福音書記者; 福音伝道者; 自分の宗派だけが真の福音を伝えるものだとする人 《もと嘲笑的に Puritan や Nonconformist を指した》; 巡回説教師: HOT GOSPELER.

góspel·ìze *vt* …に福音を説く, 伝道する.

góspel òath 福音書(に手を置いて行なう)誓言.

góspel-pùsh·er *n**《俗》説教者, 牧師.

góspel sìde [the; ᵒthe G-] 〖教会〗福音書側 《祭壇の北側で福音書を読む側; cf. EPISTLE SIDE》.

góspel trúth 福音書にある真理; 絶対の真理, 間違いのない真実.

Gos·plan /gasplá:n/ 〖ソ連〗(ソ連邦)国家計画委員会, ゴスプラン 《全国家的経済計画機関; 1921 年設立, 91 年改組, 92 年(ロシア)経済省となる》.

gos·po·din /gàspədí:n/ *n* (*pl* **-po·da** /-dá:/) …様, …殿 《ロシア語で Mr. などに相当する革命前の用語で, 現在は主に外国人に対して用いられる》. ［Russ］

gos·port /gáspɔ̀:rt/ *n* 〖空〗《操縦席間の》機内通話管 (＝～ tùbe). ［↓］

Gosport ゴスポート 《イングランド南部 Hampshire の Portsmouth 港対岸の港町; 海軍軍事施設所在地》.

goss /gás/ *n*ᴵᴵ《口》うわさ(話), スキャンダル, おしゃべり (gossip).

gos·sa·mer /gásəmər/ *n* 遊糸(ゆうし) 《静かな空中に浮遊し, または茂みなどにかかっている繊細なくもの巣[糸]》; 繊細なもの, かぼそいもの; 〖織〗ゴッサマー 《ベールなどの透き通った薄物, または極薄の防水布》; ᴵᴵ軽いシルクハット. ► *a* くもの巣[糸]のような, 薄物のような, 薄くて軽い; かよわい, 繊細な. ♦ **～ed** *a* **gós·sa·mery** *a* ［ME *gos(e) somer(e)* (*gos* goose＋*somer* summer)＝St. Martin's summer; 11 月初旬の geese を食べるころいちばん見かけることから］

gos·san /gás(ə)n, gáz(ə)n/ *n* 〖地質〗焼け, ゴッサン 《黄鉄鉱などの(暗)褐色の露頭》. ［Corn *gossen*］

Gosse /gás/ ゴス Sir **Edmund William** ～ (1849–1928) 《英国の翻訳家・文学史家・批評家; Ibsen をはじめとする北欧文学, 大陸文学を紹介》.

gos·sip /gásəp/ *n* **1 a** 人のうわさ話, 悪口, 陰口; 《新聞・雑誌の》閑話, 巷談, うわさ話, ゴシップ; むだ話, 雑談, 閑談, 世間話, 井戸端会議: have a friendly ～ with a neighbor 隣人と世間話をする. **b** うわさの話題[種]. **2** おしゃべり, 金棒(かなぼう)引き 《特に女》: an old ～ おしゃべり女. **3** ᴵᴵ《古・方》名親; 《古・方》(女の)友人, 親友. ► *vi* **1** うわさ話をする ‹*about*›; むだ話をする, 雑談をする; 閑話風に書く; 人の事をしゃべり歩く. **2** 《古》…の名親となる. ► *vt* **1** うわさによって伝える. **2** 《廃》…の名親となる. ♦ **～·er** *n* ［OE *godsibb* person related to one in God, fellow godparent; cf. SIB¹; 「うわさ話」「ゴシップ」の意は 19 世紀以後］

góssip còlumn 《新聞・雑誌の》ゴシップ欄 《有名人のうわさ話などを載せる欄》. ♦ **góssip còlumnist** ゴシップ欄執筆者.

góssip·mòn·ger *n* おしゃべり(人), 金棒引き.

góssip·ry *n* むだ話, 雑談, うわさ話; おしゃべり屋ども; 《古》親密, 親しい仲 (intimacy).

gós·sipy *a* 話好きな, おしゃべりな; 雑談風の; うわさ話でいっぱいの ‹手紙・雑誌など›.

gos·soon /gasú:n/ *n* 《アイル》若者, 小僧, 給仕. ［*garçon* のなまり］

gos·syp·lure /gásəplùər/ *n* 〖生化〗ワタキバガの幼虫が分泌する性誘引物質.

gos·sy·pol /gásəpɔ̀(:)l, -pòul, -pàl/ *n* 〖生化〗ゴシポール 《綿の実の種子中にある毒性物質で黄色色素》. ［G］

gos·ter /gástər/ *vi* 《北イング》ばか笑いする.

gó-stòpᴵᴵ *n* STOP-GO.

got *v* GET¹ の過去・過去分詞.

Gö·ta /já:tə, jé:-/ [the] イェータ川 《スウェーデン南西部 Vänern 湖に発し, 南南西に流れて Kattegat 海峡に注ぐ; Stockholm と Göteborg を結ぶ運河 (～ **Canál**) の一部をなす》.

Go·ta·ma /góutəmə/ GAUTAMA.

gotch /gáʧ/ *n* 《カナダ俗》パンツ 《下着》.

got·cha /gáʧə/, **-cher** /-ʧər/ 《口》*int* **a** つかまえた, やった, みーちゃった, ざまみろ. **b** わかった, はい, 了解. ► *n* **1** 逮捕, つかまえること; 相手のうそをあばくこと[ゲーム]; 《人迷惑な》暴露(で恥をかかせること); *《俗》《陰部などをうっかり露出して》人を困惑させること: This is a ～. おまえを逮捕する! **2** 《突然の》トラブル; 《ソフトウェアなどの》不具合, 欠陥. **3** かすり傷, 切り傷. ［*got you* (＝I've got you) の発音つづり］

Gö·te·borg /jɜ̀:təbɔ́:ri/, **Goth·en·burg** /gáθənbə̀:rg/ イェーテボリ 《スウェーデン南西部 Kattegat 海峡に臨む港湾都市》.

Goth /gáθ/ *n* **1** ゴート族 《3–5 世紀にローマ帝国に侵入し, イタリア・フランス・スペインに王国を建設したゲルマン民族の部族; cf. VISIGOTH, OSTROGOTHS》. **2** [g-] 野蛮人, 粗野な人間. **3** [g-] **a** ゴス(ロック) (＝*Gothic*) 《神秘的・終末論的な歌詞とうなるような低音を基調とした英国のロック; punk rock から発展》. **b** ゴス 《顔を白く塗り, 黒のどぎついアイライナーを入れ, 黒いレザーファッションを身に着けるのを好むゴスファン》.

Goth. Gothic.

Go·tha /góutə, -θə/ ゴータ 《ドイツ中部 Thuringia 州の市; 1640–1918 年公爵の宮廷があって繁栄した》.

Goth·am /gáθəm, góuθ-, gát-, góut-/ **1** ゴサム, ゴタム, 阿呆村 《昔住民が皆ばかであったと伝えられるイングランドの村; 昔話・伝承童謡で知られる》. **2** ゴサム, ゴタム 《(1) イングランド Newcastle 市の俗称 (2) New York 市の俗称; Washington Irving が与えたあだ名》.
● **the wise men of** ～ ゴサム[ゴタム]の賢人たち 《ばか者たち》.
♦ **～·ite** *n* Gotham の人; まぬけ, ばか; [*joc*] ニューヨーク市民.

Gothenburg ⇨ GÖTEBORG.

Goth·ic /gáθɪk/ (⇨ GOTH) *a* **1 a** 〖建・美〗ゴシック様式の 《(1) 12–16 世紀に西欧に広く行なわれた鋭尖アーチと支骨で補強した交差穹窿を特徴とする建築様式; 英国では時代順に Early English (例: Salisbury Cathedral), Decorated (例: Bristol Cathedral), Perpendicular (例: King's College Chapel, Cambridge) となる (2) 13–15 世紀に特に北ヨーロッパに行なわれた絵画・彫刻・家具などの様式; 写実主義と自然の細部に対する関心を特徴とする (3) 13–15 世紀の北ヨーロッパの音楽様式》. **b** [ᵒg-] 〖文芸〗ゴシック風の 《怪奇・恐怖・陰惨などの中世的雰囲気をもつ》. **c** ゴス(ロック)の. **2** 〖印〗ゴシック体の. **3** ゴート人の(ような); ゴート語の. **4 a** [ˢ*derog*] 《ギリシア・ラテンに対して》中世の. **b** 無教養の, 野蛮な, 無風流な, 野暮な. ► *n* ゴート語 《ゲルマン諸語の一つで現在は死語; 4 世紀の聖書翻訳が主要な文献》; 〖建・美〗ゴシック様式; [ᵒg-] 〖印〗ゴシック体 (⇨ GOTHIC TYPE); [ᵒg-] ゴシック風の作品 《映画・小説など; cf. *a* 1b》; ゴス(ロック) (⇨ GOTH).
♦ **góth·i·cal·ly** *adv* **～·ness** *n* ［F or L (*Gothi* GOTHS)］

Góthic árch 〖建〗ゴシックアーチ 《先のとがったアーチで, 通例頂部にかなめ石がなく, 継手だけのもの》.

Góthic árchitecture ゴシック(様式)建築.

Goth·i·cism /gáθəsìz(ə)m/ *n* 《建築・美術・工芸における》ゴシック様式; ゴシック好み[趣味]; [ˢg-] 野蛮, 粗野; ゴート語語法.
♦ **Góth·i·cist** *n*

goth·i·cize /gáθəsàɪz/ *vt* [ᵒG-] ゴシック(風)にする, 中世風にする.

Goth·ickᴵᴵ /gáθɪk/ *a* [ᵒg-] 〖文芸〗ゴシック風の[をまねた]. ♦ **góth·ick·ry**ᴵᴵ *n* ゴシック風の主題[雰囲気・文体], ゴシック調. ［*Gothic* の擬古的つづり］

Góthic nóvel ゴシック小説 《18 世紀後半から 19 世紀初めにかけて英国で流行した怪奇・恐怖小説》.

Góthic Revíval ゴシック復古調 《ゴシック様式を模倣したヴィクトリア朝の建築様式: 英国国会議事堂など》.

Góthic týpe 〖印〗ゴシック体 《英では BLACK LETTER を, 米では SANS SERIF を指すことが多い》.

Goth·ish /gáθɪʃ/ *a* 《古》GOTHIC.

göthite ⇨ GOETHITE.

Got·land, Gott- /gátlæ̀nd, -lənd; -lənd/ ゴトランド 《スウェーデン南東部沖, バルト海の島; ☆Visby》.

gó-to gùy *《口》(チームを引っ張る)主力選手, 大黒柱.

gó-to-héll càp *《軍俗》OVERSEAS CAP.

gó-to-méeting *a* 教会行きの, よそ行きの‹衣服・帽子›.

got·ta /gátə/ 《発音つづり》《口》(have) got a; (have) got to: You ～ job yet? 仕事見つけた? / Somebody ～ do it. だれかがやらなきゃ.

got·ten /gátn/ *v* *GET¹ の過去分詞. ► *a* [*compd*]: ill-～ wealth 不正の富.

Göt·ter·däm·mer·ung /G gœtərdɛ̀məruŋ/ *n* **1** [the] **a** 《ゲルマン神話》神々のたそがれ (Twilight of the Gods). **b** 「神々のたそがれ」《Wagner の楽劇『ニーベルングの指輪』の最後の部》. **2** 《政体などの》崩壊, 潰滅.

Gótt·fried von Strássburg /G gɔ́tfri:t-/ ゴットフリート・フォン・シュトラスブルク 《13 世紀初頭のドイツの叙事詩人; *Tristan und Isolde* (c. 1210)》.

Göt·ting·en /gétɪŋən; gə́:-; G gœtɪŋən/ ゲッティンゲン 《ドイツ中部 Lower Saxony 州の市; 中世ハンザ同盟 (Hanseatic League) の有力メンバー; 大学 (1737)》. ■ the **Univérsity of** ～ ゲッティンゲン大学 《Göttingen にあるヨーロッパの名門; ドイツ語では Georg-August-Universität zu ～; 1737 年創立》.

Gottland ⇨ GOTLAND.

Gott·lieb /gátlì:b/ **1** ゴットリープ 《男子名》. **2** ゴットリープ **Adolph** ～ (1903–74) 《米国の画家; 抽象表現主義の創始者》. ［G＝dear to God (God＋beloved)］

Gott mit uns /gɔ̀:t mít ùns; gɔ̀t-/ 神はわれらと共にあり; 神よわれらと共にあれ 《かつてドイツを支配したプロイセン人の標語》. ［G＝God (is) with us］

Gott·schalk /gáʧɔ̀:k, gáʧɔ̀:k/ ゴットショーク **Louis Moreau** ～ (1829–69) 《米国の作曲家・ピアニスト》.

Gott·wald /gátvà:ld/ ゴットヴァルト **Klement** ～ (1896–1953) 《チェコスロヴァキアの政治家; 共産党を指導; 大統領 (1948–53)》.

gót-ùp *a* "飾りたてた; 人工的な, こしらえた, まがいの, にせものの: a ～ affair 作り事, 仕組んだ芝居 / a ～ match 八百長試合 / hastily ～ にわか仕立ての.

Götz von Berlichingen ⇨ BERLICHINGEN.

gouache /gwá:ʃ, guá:ʃ/ *n* グワッシュ《アラビアゴムを主剤とした, 水で溶いて用いる不透明水彩えのぐ; その画法; その絵》. [F<It *guazzo* puddle]

gouch /gáuʧ/ *vi* [次の成句で]: **～ off** *《俗》薬(ⓚ)で意識を失う. **～ out** "《俗》薬をうちそこなう, 静脈をはずす; "《俗》意識もうろうとなる.

Gou·da /gáudə, gú:-, xáu-/ **1** ゴーダ, ハウダ《オランダ南西部 South Holland 州の町》. **2** ゴーダチーズ (=～ **chéese**)《Gouda 原産のマイルドな風味の(半)硬質チーズ; Edam チーズに似ているが, 脂肪含量が多い》.

gouge /gáuʤ/ *n* **1** 穴たがね, 丸のみ; 穴たがねで彫ること; 《穴たがねで彫った》溝, 穴. **2**〖地質〗グージ, 断層粘土 (=*selvage*)《断層面や鉱脈の間隙を満たす》. **3** ゆすり, 強奪, 詐取; 詐取額; *《口》詐欺(師), ペテン(師). ► *vt* **1 a** 穴たがねで彫る ‹*out*›. **b** ‹コルクを›丸く切り取る, ‹溝などを›掘り開く ‹*out*›. **c** ‹目玉を›えぐり出す ‹*out*›, ‹人›の目に指を突っ込む. **2** *《口》‹人›から搾取[強奪]する, 金をだまし取る, ‹人›に不当な値段をふっかける. ► *vi* 《豪》オパールを採掘する. [OF<L *gu(l)bia*<? Celt]

goug·er /gáuʤər/ *n* GOUGE する人; 《豪》オパール採取者; 《アイル》チンピラ, 若造.

Gough /gáf/ ゴフ **Hugh** ～, 1st Viscount ～ (1779–1869)《英国の軍人》.

Góugh Ísland ゴフ島《南大西洋の Tristan da Cuna の南方にある英領の火山性孤島》.

gou·jon /gú:ʤən/ *n* *FLATHEAD CATFISH; / ; *F* guʒɔ̃/ [*pl*]〖料理〗グージョン《細く切った魚・鶏のフライ》. [F GUDGEON[1]]

gou·lash[1] /gú:là:ʃ, -læʃ; -læʃ/ *n* **1 a** グラーシュ (=*Hungarian goulash*)《タマネギ・パプリカ・キャラウェーを用いたビーフシチュー; ハンガリー料理》. **b** *《俗》[°*derog*] グラーシュ食い, ハンガリー人. **2**〖トランプ〗グラッシュ《ブリッジのカードの分配法の一つ》; [*fig*] ごたまぜ; *《俗》がせネタ; *《俗》たまり場になる小レストラン. [Magyar *gulyás-hús* herdsman's meat]

gou·lash[2], **goo-** /gú:læʃ/ *n* 《俗》オーバーシューズ (galosh). [誤り発音]

Goul·burn /góulbərn/ ゴールバーン《オーストラリア南東部 New South Wales 州南東部の市》.

Gould /gú:ld/ グールド (1) **Benjamin Apthorp** ～ (1824–96)《米国の天文学者; 南天の星表を作成した》(2) **Chester** ～ (1900–85)《米国の漫画家; 非情の刑事 Dick Tracy の生みの親》(3) **Glenn (Herbert)** ～ (1932–82)《カナダのピアニスト・作曲家》(4) **Jay** ～ (1836–92)《米国の鉄道資本家; 本名 Jason ～; 金に投機を行なって 'Black Friday' (1869 年 9 月 24 日) のパニックをひき起こした》(5) **John** ～ (1804–81)《英国の鳥類学者; 鳥類図譜を制作》(6) **Shane (Elizabeth)** ～ (1956–)《オーストラリアの水泳選手; オリンピック Munich 大会 (1972) で金 3 個を含む 5 個のメダルを獲得》(7) **Stephen Jay** ～ (1941–2002)《米国の古生物学者・進化生物学者; *The Panda's Thumb* (1980)》.

góuld·ian fínch /gú:ldiən-/ [°G-]〖鳥〗コキンチョウ《豪州原産カエデチョウ科の飼鳥》. [John *Gould*]

gou·lie /gú:li/ *n* *《俗》わけのわからんごたまぜの食い物. [*goulash*]

goum[1] /gú:m/ *n* 《北アフリカのフランス軍の》アラブ人部隊; モロッコ現地人兵. [F<Arab (*kaum* band, troop)]

goum[2] *n* *《俗》[*derog*] 外人. [*gome* (obs) man]

Gou·nod /gú:nòu; *F* guno/ グノー **Charles(-François)** ～ (1818–93)《フランスの作曲家; 歌劇 *Faust* (1859)》.

goup /gú:p/ *n* *《口》GOOP[2].

gou·ra /gúərə/ *n* CROWNED PIGEON.

gou·ra·mi /gùərá:mi, "gúərəmi/ *n* (*pl* ～, ～**s**, ～**es**)〖魚〗**a** ジャイアントグーラミー《東南アジア淡水産スズキ目の食用魚, 空気を呼吸し巣を営む》. **b** グーラミー《前者と近縁の種々の小型観賞魚》. [Malay]

gourd /gɔ́:rd, gúrd; gúəd, gɔ́:d/ *n*〖植〗ウリ《ウリ科の植物の総称》; ウリの実 (pepo), ヒョウタン, 瓢簞, ひさご, ふくべ; 瓢簞形フラスコ[瓶]; *《俗》頭. ● **lose one's ～** 《俗》気が違う, 狂う. **out of [off] one's ～** 《俗》おつむがいかれて, 狂って; 《俗》酔っぱらって. **saw ～s** *《南部俗》いびきをかく. [OF<L *cucurbita*]

gourde /gúərd/ *n* グルド《ハイチの通貨単位: =100 centimes; 記号 G》. [F *gourd* dull, slow]

góurd fàmily〖植〗ウリ科 (Cucurbitaceae).

góurd·fùl *n* 瓢簞一杯.

gour·mand /gúrmà:nd, -mənd; gúəmənd, gɔ́:-/ *n* 健啖家, 大食家 (glutton); 美食家, 食道楽, 食通 (gourmet). ► *a* 美食の; 大食の. ◆ **～·ìsm** *n* 美食主義, 食道楽. [OF<?]

gour·man·dise, -dize[1] /gúərməndì:z, ⏝⏝⏝/ *n* 食道楽. [F]

gour·man·dize[2] /gúrmà:ndàız, -mən-; gúəmən-, gɔ́:-/ *vi* 美食家である, 食道楽をする. ◆ **-diz·er** *n*

gour·met /gúərmèı, *⏝⏝/ *n*, *a* 料理や酒の味の鑑識力のある人(の), 食通(の), グルメ(の); 《広く》通 (connoisseur) (の). [F=wine taster; 語義は *gourmand* の影響]

Gour·mont /*F* gurmɔ̃/ グールモン **Rémy de** ～ (1858–1915)《フランスの批評家・小説家・詩人; 象徴主義の理論家》.

gout /gáut/ *n* **1** [°the] **a**〖医〗痛風《足指・ひざ・手指の関節がはれて激痛を伴う病気》. **b**〖植〗キモグリバエによって起こされるコムギの病気. **2** 《特に 血の》したたり (drop), 固まり, 凝血 (clot), しみ (spot), はね (splash). **3** "《俗》束: a ～ of money. [OF<L *gutta* drop; humors (体液)の滴で生じると考えられた]

goût /gú:/ *n* 味覚; 好み, 趣味 (taste); 《美術・文学などの》素養, 鑑識力[眼]. [F]

goût de ter·roir /*F* gu də tɛrwa:r/ グー・ド・テロアール《フランスのワイン用語; 特殊な土壌で栽培されたブドウを原料として醸造されたワインの味》.

góut flỳ〖昆〗キモグリバエ《イネ科植物の害虫》.

góut·wèed *n*〖植〗欧州原産のエゾボウフウの一種 (=*bishop's-weed, herb Gerard*)《セリ科》.

gouty /gáuti/ *a* 痛風性の[にかかっている]; 痛風を起こしやすい; 痛風のような. ◆ **góut·i·ly** *adv* **-i·ness** *n*

gou·ver·nante /*F* guvɛrnɑ̃:t/ *n* 付添い婦人 (chaperon), 女家庭教師 (governess).

gov /gʌ́v/ 《俗》*n* だんな, SIR; 父さん. [*governor*]

gov〖インターネット〗government department《DOMAIN 名の一つ》.

gov., Gov. government ◆ governor.

gov·ern /gʌ́vərn/ *vt* **1 a** ‹国・国民を›治める, 統治する; ‹公共機関などを›支配する, 管理する, 取り仕切る; ‹要塞・町など›の軍事司令官をつとめる. **b** ‹法律・規定・政策などが›…に適用される, …の原則[先例]となる. **2 a** ‹人・行動を›左右する; 決定する; ‹決定›の基準となる; …の意味を決定[制限]する. **b**〖文法〗‹動詞・前置詞が目的語・格を›支配する. **3** ‹激情などを›抑制する; ‹機械を›(自動的に)制御する; 《古》操作する. ► *vi* **1** 支配する, 治める; 行政をつかさどる. **2** 支配的である. ● **～ oneself** 身を処する; 自制する. [OF, <Gk *kubernaō* to steer]

góvern·able *a* 統治[支配, 統御, 管理]可能な; 抑制できる; 御しやすい, 従順な, 順応性のある. ◆ **gòvern·abílity** *n* 統治できる状態; 従順さ; ガバナビリティ. **～·ness** *n*

góvern·ance *n* 支配, 政治, 統治, 統轄, 管理; 統治法[組織], 管理法[組織].

gov·er·ness /gʌ́vərnəs/ *n* **1** 《特に 住込みの》女性家庭教師 ‹*to*, *for*› (cf. TUTOR): a daily [resident] ～ 通勤[住込み]女性家庭教師. **2** 女性知事, 婦人行政長官; 《古》知事夫人, 行政長官夫人. ► *vt* ‹女性が›…のために家庭教師をする; ‹人を›女性家庭教師の監督下に置く(ようにきびしく監督する). ► *vi* governess をする. [ME *governeress*<F (GOVERNOR, *-ess*)]

góverness càrt [càr] "《左右両側にだけ座席のある昔の》軽二輪馬車 (=*tub-cart*)《後ろから乗る》.

góv·er·nessy /-nısi/ *a* 女性家庭教師風の, しかつめらしい, とりすました.

góvern·ing *a* 統治する; 管理する, 統御する, 統制する, 支配[指導]的な: the ～ classes 支配階級 / the ～ body 《病院・学校などの》理事会, 《スポーツなどの》統括団体 / the ～ party 与党.

gov·ern·ment /gʌ́vər(n)mənt, gʌ́v(ə)mənt; gʌ́v(ə)nmənt/ *n* **1 a** 政治, 施政; 政体; 支配(権), 統治(権); 行政権; 《廃》施政者の任期: We prefer democratic ～. 民主政体を選ぶ / Strong ～ is needed. 強力な統治が必要だ. **b** 《公共機関の》管理, 支配, 統御; 規制. **c** 政治学 (political science). **2 a** [°G-] 政府, 内閣, 行政部 (Administration*): form a ～ 組閣する / under the last ～ 前政権下で / coalition ～ 連立政権[内閣]. **b** [*pl*] *国債, 連邦政府債. **3** 国家 (state), 管轄区域, 領土 (territory). **4**〖文法〗支配. **5** 《廃》分別ある行動, 思慮. ● **be in (the) ～ service** 国家公務員[官吏, 役人]である. [OF; ⇨ GOVERN]

gov·ern·men·tal /gʌ̀vər(n)méntl; gʌ̀v(ə)n-/ *a* 政府の, 統治(上)の; 官設の: He's in ～ employment. 政府に雇用されている. ◆ **～·ly** *adv* 政府として; 統治上. **～·ìze** *vt*

governméntal·ism *n* 政府主導主義. ◆ **-ist** *n*

Góvernment Communicátions Hèadquarters [the]《英》政府通信本部《Gloucestershire の Cheltenham にある政府の情報本部; 世界各地からの軍事その他の情報の分析を行なっている; 略 GCHQ》.

gov·ern·ment·ese /gʌ̀vər(n)məntí:z, -s/ *n* (ややこしい)官庁用語 (gobbledygook). [*-ese*]

góvernment héalth wàrning "《喫煙に関する》法定健康警告; [*joc*] 有害[要注意]の表示.

góvernment hòuse [the]《英国植民地などの》総督官邸[公邸].

góvernment-in-éxile *n* (*pl* **góv·ern·ments-in-éxile**) 亡命政府[政権].

góvernment íssue* *a* [°G- I-] 政府発行[発給]の, 官給の《略 GI》. ► *n* 官給品.

góvernment màn 官吏 (government official), 《特に》G-MAN; 堅実な政府支持者; 〖豪史〗囚人 (convict).

Góvernment Nátional Mórtgage Associàtion [the]〘米〙政府住宅抵当金庫, 政府抵当協会《住宅都市開発省の管轄下にあり, 住宅への融資促進のためパススルー証券 (pass-through security) の元利金支払いの保証を行なう; 俗称 'Ginnie Mae'; 略 GNMA》.

góvernment nóte 《政府発行の》政府紙幣 (cf. BANKNOTE).

góvernment páper 《政府発行の》国債証書.

góvernment secúrity [ᵘ*pl*] **1** 政府証券《政府発行の有価証券: 公債証書・財務省証券など》. **2** *連邦機関証券《Treasury bills などの連邦政府・連邦政府機関の発行する有価証券》.

góvernment stóckᐦ 国債 (＝*gilt-edged security*).

góvernment stróke 《豪》《もと》囚人の就業速度; 《豪俗》のらくらした仕事ぶり, 'お役所仕事'.

góvernment súrplus 政府払い下げ品.

gov·er·nor /gʌ́vərnər/ *n* **1 a** 治める者, 統治者 (ruler). **b** 《米国各州の》知事, 《県・地方・都市などの》長官, 知事; 《英連邦諸国・英国植民地などの》総督 (governor-general), 〘豪〙州総督《英国国王が任命する各州の名誉首長職; cf. PREMIER[1], LIEUTENANT GOVERNOR》: a civil ～ 民政長官. **c** 《要塞・守備隊などの》司令官; 刑務所長 (warden*). **d** 《官署・協会・銀行などの》長官, 総裁, 所長, 院長; 《学校・クラブなどの》理事, 役員: *G*～ of the Bank of England イングランド銀行総裁. **e** /gʌ́vnər/ ᐦ《口》《父親・雇主を指して》おやじ, かしら, 親方, [*voc*] だんな (sir). **f** 《古》《特に皇子・貴族の子弟の》家庭教師 (tutor) (cf. GOVERNESS). **2 a** 〘機〙調速機, 《ガス・蒸気・水などの》調整器, 整圧器, ガバナー. **b** 〘釣〙毛針の一種. [OF<L; ⇨ GOVERN]

G

góvernor·àte *n* governor の治める地区, 《特に》《エジプトの》県.

góvernor-elèct *n* 次期知事, 次期総督.

góvernor-géneral *n* (*pl* **góvernors-géneral**, ～**s**) 《副知事・副長官などの上に立つ》知事, 長官《など》; ᐦ《保護領・植民地・英連邦諸国などの》総督. ◆ **～·shìp** *n*

góvernor's cóuncil 知事[総督]諮問委員会.

góvernor·shìp *n* GOVERNOR の職[地位, 任期].

Góvernors Ísland ガヴァナーズアイランド《New York 湾北部の島; 米国 Coast Guard の基地がある》.

govt, Govt government.

gow /gáʊ/ *《俗》*n* 麻薬, 《特に》アヘン; マリファナタバコ; 薬(ヤク)の効果; ヌード写真, 裸体画. [Chin *yaokao* (薬膏) opium]

gow·an /gáʊən/ *n* 《スコ》黄花[白花]の野草, 《特に》ヒナギク (daisy). ◆ **gów·any** *a* ヒナギクの多い.

gowed /gáʊd/ *a* [ᵘ～ up] *《俗》薬(ヤク)が効いて.

Gow·er /gáʊər/ **1** /, gɔ́:r/ ガワー **John** ～ (1330?–1408)《イングランドの詩人; Chaucer の友人; *Confessio Amantis* (恋人の告白, c. 1393)》. **2** [the] ガウアー (Welsh **Gwyr** /gwír/)《ウェールズ南部の Swansea 市にある半島; 景勝・牧羊の半島》.

gów jòb *《俗》ホットロッド (hot rod).

gowk /gáʊk/ 《スコ》*n* ばか者, まぬけ; カッコウ (cuckoo): give sb the ～ 人をばかにする. [ON *gaukr*; cf. OE *gēac* cuckoo]

gown /gáʊn/ *n* **1 a** ガウン《婦人用の長いゆったりした外衣; 室内着または正装用》; ナイトガウン (nightgown), 化粧着 (dressing gown); 《外科医の》手術着. **b** 《大学教授・卒業式の際の大学生・市長・市参事会員・裁判官・弁護士・聖職者などの着る》正服, ガウン, 法服, 僧服, 文官服: CAP AND GOWN / in WIG and ～ / take the ～ 聖職者[弁護士]になる / wear the ～ 法曹職に就いている. **c** 古代ローマの外衣 (toga). **2** 《大学のある町で, 住民と区別して》大学の人びと, 大学人; [the] 判事, 弁護士, 聖職者《集合的》: TOWN and ～. ► *vt* [ᵘ*pp*] …にガウンを着せる. ► *vi* 手術着を着る ‹*up*› [OF<L *gunna* fur garment]

gówns·man /-mən/ *n* (*pl* **-men** /-mən/) 《職業・地位を示す》ガウンを着る人《大学関係者・弁護士・法官・聖職者など》; 《軍人に対して》文民.

Go·won /góʊɑ̀n/ ゴウォン **Yakubu** ～ (1934–)《ナイジェリアの軍人; 最高軍事評議会議長(国家元首, 1966–75)》.

gów·ster *n* 麻薬中毒者; *《俗》マリファナ喫煙者.

gox, GOX /gáks/ *n* 気体酸素 (cf. LOX[1]). [*g*aseous *ox*ygen]

goy /gɔ́ɪ/ *n* (*pl* **goy·im** /-əm/, ～**s**) [°*derog*]《ユダヤ人からみた》異邦人, 異教徒 (gentile); ユダヤ教の戒律を守らないユダヤ人. ► *a* 非ユダヤ的な, 異邦人の. [Yid<Heb＝people, nation]

Goy·a·nia /gɔɪǽniə/ ゴイアニア《GOIÂNIA の旧つづり》.

Go·ya y Lu·cien·tes /gɔ́ɪə ì: lù:siéntèɪs/ ゴヤ(・イ・ルシエンテス) **Francisco José de** ～ (1746–1828)《スペインの画家》. ◆ **Gòya·ésque, Go·yesque** /gɔɪ(j)ésk/ *a*

Goy·az /gɔɪɑ́:s/ ゴイアス《GOIÁS の旧つづり》.

Goy·en /gɔ́ɪən, xɔ́ɪ-/ (ファン・)ホイエン **Jan Josephs**(**zoon**) **van** ～ (1596–1656)《オランダの風景画家》.

góy·ish, -ishe /-ɪʃə/ *a* [°*derog*] GOY の(ような), 異教徒の: a ～ girl [woman]＝SHIKSA.

góyishe kóp *《俗》[*derog*]《ユダヤ人の中の》非ユダヤ的性質.

Go·zo /góʊzoʊ/ ゴゾ《Malta 本島の北西にある島》.

gp group. **g.p.** 〘印〙°great primer. **GP** °Gallup poll ♦ °general paresis ♦ °general practice ♦ °general practitioner ♦ °geometric progression ♦ °Gloria Patri ♦ °graduated pension ♦ °Grand Prix. **GPA** °grade point average. **Gp Capt** °Group Captain. **gpd, GPD** gallons per day.

gph, GPH gallons per hour. **GPI** °general paralysis of the insane. **gpm, GPM** gallons per minute. **GPM** °graduated payment mortgage.

GPO °General Post Office ♦ 〘米〙Government Printing Office.

gp120 /ʤí:pì:wʌ́ntwénti/ *n* gp120《ヒト免疫不全ウイルス (HIV) の粒子の外膜から突き出た分子量 120 の糖タンパク質; ヘルパー T 細胞の CD4 レセプターに結合することによって細胞への感染が起きる》. [*G*lyco*p*rotein]

G protein /ʤí: ―/ *n* G タンパク質《細胞膜受容体と結合しているタンパク質で, 受容体に刺激が加わると GTP と結合して活性化し, 細胞内の情報伝達を仲介する》. [*g*uanosine triphosphate-binding *protein*]

GPRS General Packet Radio Service 汎用パケット無線サービス《GSM 携帯電話網でパケットデータのやりとりをする技術》. **gps, GPS** gallons per second. **GPS** Global Positioning System 全地球測位システム. **GPU** /géɪpèɪú:, ʤí:pì:jú:/ [Russ *Gosudarstvennoye Politicheskoye Upravlenye*] 国家政治保安部, ゲーペーウー《ロシアの政治警察機関 (1922 年 2 月–12 月); ソ連邦形成に伴い 1923 年 OGPU になる》.

GQ /ʤí:kjú:/ *n*『GQ』《米国の男性月刊誌; 1957 年 *Gentlemen's Quarterly* の名で季刊誌として創刊; 英国版・日本版などもある》. ► *a* 《俗》しゃれた, かっこいい, きまってる: look real ～.

GQ 〘海軍〙°general quarters. **gr** 〘電算〙group《domain 名の一; 法人でない任意団体を表わす》. **gr.** grade ♦ grain(s) ♦ gram(s) ♦ grammar ♦ gravity ♦ gray ♦ great ♦ gross ♦ group.

Gr. Grecian ♦ Greece ♦ Greek.

GR [L *Georgius Rex*] King George ♦ Greece.

Gráaf·ian fóllicle [vésicle] /grɑ́:fiən-/ 〘生〙グラーフ濾胞, グラーフ卵胞. [Regnier de *Graaf* (1641–73) オランダの解剖学者]

grab[1] /grǽb/ *vt, vi* (**-bb-**) **1 a** ひっつかむ, ひっとらえる, ひったくる, ふいにつかむ, とびつく ‹*at, for, onto*›; ‹タクシーを›つかまえる; 奪い取る, 横取り[強奪, 横領]する: ～ Ben *by* the arm ベンの腕をひっつかむ / *G*～ a chair. 椅子に掛けろよ. **b** あわてて取る[つかまえる], ‹食事を›かっこむ, (ちょっと)‹睡眠を›取る. **c** 《口》‹機会などを›とらえる; ‹注意などを›ひく; [ᵘ*neg*/*inter*] ‹人›の心をとらえる, ‹人›の関心[興味]をひく, ‹人›に(強い)印象を与える: How does that ～ you? 気に入りましたか? **2** ‹ブレーキ・クラッチが›きしる. ● **～ off** 《口》《他の人より先に》さっと取る. ► *n* **1 a** ひっつかむこと, わしづかみ; 略奪, 横領, ひったくり; 《俗》逮捕, パクり: make a ～ *at* [*for*]…をひったくろうとする, ひっつかむ / policy [game] of ～ 略奪政策, 火事場泥棒式の政策. **b** 人の心をつかむこと: have ～ 人の気持をとらえる力がある. **c** ひっつかんだもの; 〘電算〙《テレビ・ビデオなどからの》取込み画像. **d** つかむ力; 接着力. **2** ひっつかむ者; 〘機〙《泥などをさらえる》グラブ, つかみ機, ᐦクラムシェル (clamshell). **3** ᐦグラブ《卓上に拡げたトランプ札の中から同位の札の組を早く見つけて取り合う子供の遊び》. **4** [the] 《古・方》《小さな町の》大きな店[集会場]. ● **have [get] the ～ on**…ᐦ《俗》…より有利な地歩を占める, …にまさる. **up for ～s** 《口》楽に入手できて, 早い者勝ちで; 争奪の対象で, 《地位・議席などが》争われて; 《口》全く混乱状態で, めちゃくちゃになって. ► *a* **1** ‹手すり・吊革など›つかむための. **2** 無作為に選んだ. [MLG, MDu; cf. GRIP[1], GRIPE, GROPE]

grab[2] *n* グラブ船《東洋の沿岸航行用の 2 本マストの横帆船》. [Arab＝raven]

gráb-àss *n* 《卑》《性的な意図をもって》相手の体にさわる[をまさぐる]こと, いちゃつき.

gráb bàg* 宝捜し袋 (lucky dipᐦ)《小物をたくさん入れた袋で, 引く人は(いくらかの金を払って)中の一つを手探りでつかみ出す》; 《口》雑多なもの, 寄せ集め; 《口》運まかせの[あたりはずれのある]状況: a ～ of さまざまな….

gráb bàr 《浴室の壁などに取り付けた》つかまり棒.

gráb·ber *n* ひっつかむ人; 強奪者, ひったくり; 欲ばり者; 金もうけ主義者; [*pl*] 《俗》指 (fingers), 手 (hands); *《俗》《旅客列車の》車掌; *《俗》人の心を強くとらえるもの.

grab·ble /grǽb(ə)l/ *vi* 手探りする[で捜す]; 四つんばいになる[になって捜す] ‹*for*›. ► *vt* つかむ (seize). ◆ **gráb·bler** *n*

grab·by /grǽbi/ *a* 《口》欲の深い, 強欲な, がめつい; 《俗》人の注意[関心]を刺激する, 人目をひく, 心をとらえる.

gra·ben /grɑ́:bən/ *n* (*pl* ～**s**, ～) 〘地質〙地溝, グラーベン《正断層で限られた地塊が両側より深く陥没した地帯; cf. HORST》. [G＝ditch]

gráb hàndle 《バスなどの乗降時の支えにする》手すり.

gráb-jòint *n* *《俗》《サーカス・カーニバル会場などの》露店, 屋台店.

gráb ràil 《バスなどで立っている客がつかまる》手すり.

gráb ròpe [lìne] 〘海〙つかまり綱 (guest rope).

Grac·chus /grǽkəs/ グラックス **Tiberius** (**Sempronius**) ～ (163?–133 B.C.), **Gaius** (**Sempronius**) ～ (153?–121 B.C.)《ローマの護民官 (それぞれ 133, 123–122 B.C. に在任); '**the Grac·chi**' /grǽkàɪ/ (グラックス兄弟) と称される; 共に土地再配分による農業改革をはじめとする改革を進めようとした》.

grace /gréɪs/ *n* **1 a** 美質; 優雅, 温雅, しとやかさ, 上品; 礼儀, たしなみ, 思慮; 《文体・表現などの》雅致, 洗練 (polish); 〖楽〗装飾音 (grace note): Mary danced with ～. 典雅に踊った / social ～*s* 社交上のたしなみ. **b** [*pl*] 美点, 長所; 《容貌・ふるまいなどの》魅力, 愛敬: SAVING GRACE / a lady with many ～*s* 多くの魅力をもつ婦人 / Every lover sees a thousand ～*s* in the beloved object. 《諺》ほれた目にはあばたもえくぼ. **c** [G-] 〖ギ神〗カリス《美の三女神の一人》; [the (three) G-s] カリスたち《美と喜びと優雅の 3 人姉妹の女神 Aglaia (輝く女), Euphrosyne (喜び), Thalia (花の盛り)》. **2** 進んでよい事を行なう態度, いさぎよい態度; 体面, 面目: He had the ～ to say he was sorry. いさぎよく謝った / We cannot with any ～ ask him. どのつらさげて彼に無心が言えるか. **3 a** 《上に立つ人の》特別のはからい, 恩恵, 恩寵; 親切, 情け, 情, 仁慈, 慈悲 (clemency, mercy); [°*pl*] 愛顧, ひいき, 好意. **b** 猶予, 支払い猶予(期間); 恩赦, 特赦: give him a week's ～ 彼に 1 週間の猶予を与える / DAYS OF GRACE. **c** 〖神学〗《神の》恵み, 恩恵, 恩寵; 神授の才[美質]; 《神の》恵みをうけた状態: There, but for the ～ of God, go I. 《諺》そうならなかったのは神様のおかげ《全くついていた》. **4** 食前[食後]の感謝の祈り; [*pl*] 《廃》《神への》感謝: say (a) ～ 食前[食後]のお祈りをする. **5** [G-] 閣下, 閣下夫人, 猊下(げいか)《公爵・公爵夫人・大司教の敬称》. ★ Your [His, Her] *G*～ として用いる. 用法については ⇨ MAJESTY. **6** 〖英大学〗 **a** 称号受領許可, 卒業認定. **b** 学則適用免除. **c** 《Cambridge 大学の》評議員会決定(事項). ● **airs and** ～**s** ⇨ AIR¹. **by (the)** ～ **of**…の力[助け]によって: *by the* ～ *of* God 神の恩寵によって《特に正式な文書で国王の名に添える》. **fall [lapse] from** ～ 神の恩寵を失う, 堕落する; 《まずいことをして有力者の》引き立て[ひいき, 信用]を失う, 失墜する; 《再び》悪い[無作法な]ことをする. **a fall from** ～ 失墜(をまねくまずいふるまい). **in sb's good [bad]** ～**s** 人に気に入られて[嫌われて], 人に好意[悪意]をもたれて. **a state of** ～ 聖寵をうけている身分[状態] (cf. *in a state of* NATURE); 神の選民であること. **with (a) bad [(an) ill]** ～ しぶしぶ, いやいやながら, 未練がましく. **with (a) good** ～ 快く, 進んで, 悪びれずに. YEAR OF GRACE. ► *vt* **1** 優美[優雅]にする, 飾る ‹*with*›; 〖楽〗…に装飾音を加える. **2** ‹物が›‹場所を›飾る, はなやかにする; [^s*iron*] …に名誉[光彩]を与える: The Queen ～*d* him *with* a title. 女王は彼に授爵の栄を賜わった / He ～*d* us *with* his presence. わたしたちの会にご出席くださった. [OF＜L *gratia* (*gratus* pleasing); cf. GRATEFUL]

Grace **1** グレース《女子名》. **2** [Princess] グレース王妃 (⇨ Grace KELLY). **3** グレース **W(illiam) G(ilbert)** ～ (1848–1915)《英国のクリケット選手》. [F＜L (↑)]

gráce-and-fávor *a* 《英国で》‹住居が›王室[政府など]から使用料無料で下付された, 下賜の.

gráce cùp 乾杯(の杯), 祝杯《食後の祈りのあと順に飲み回す》; 別れの杯.

gráce·ful *a* 優美な, 優雅な, しとやかな, 奥ゆかしい, 上品な; 《態度が》いさぎよい. ♦ **～·ly** *adv* 優雅に, しとやかに; いさぎよく. **～·ness** *n* 優美, 典麗.

Grace·land /gréɪslənd/ グレースランド《Tennessee 州 Memphis 郊外にある Elvis Presley の旧邸宅; 観光名所になっている》.

gráce·less *a* 無作法な, 礼儀をわきまえない; 品のない, 優雅さのない; 《古》/[*joc*] 神に見放された, 堕落した. ♦ **～·ly** *adv* **～·ness** *n*

gráceless flórin 堕落したフロリン《英国で 1849 年に鋳造され D.G. (i.e. Dei gratia) の文字の削除された 2 シリング銀貨》.

gráce nòte 〖楽〗装飾音.

gráce pèriod 《支払い期日, 法令遵守などに関する》猶予期間 (＝*period of grace*).

Gra·cián (y Mo·ra·les) /grɑːθjáːn (i mɔːráːleɪs)/ グラシアン(・イ・モラレス) **Baltasar** ～ (1601–58)《スペインの哲学者・作家・モラリスト》.

gra·ci·as /gráːsiəs, -θiàːs, -siàːs/ *int* グラシアス (thank you). [Sp]

Gra·ci·as a Di·os /gráːsjɑːs ɑː díːous; grǽsiæ̀s æ díːɔs/ [Cape] グラシアス・ア・ディオス岬《ニカラグア東端の岬》.

Gra·cie /gréɪsi/ グレーシー《女子名; Grace の愛称》.

grac·ile /grǽsəl, -àɪl/ *a* 細い, かよわい; ほっそりして優美な, きゃしゃな; 優美な (graceful); 〖人〗繊細な《猿人のうち, 比較的小さく, ほっそりしたタイプについていう; cf. ROBUST》. ♦ **～·ness** *n* [L＝slender]

grac·i·lis /grǽsələs/ *n* (*pl* **-les** /-lìːz/, **～·es**) 〖解〗薄(はく): a ～ muscle 薄股(はくこ)筋, 薄筋. [L (↑)]

gra·cil·i·ty /græsíləti/ *n* かよわさ; ほっそりした美しさ; 《文体の》簡素; 優美さ (gracefulness).

gra·cing /gréɪsɪŋ/ *n*‖《俗》 GREYCING.

gra·ci·o·so /grèɪʃióusou, grɑ̀ː-, -zou/ *n* (*pl* **～s**) 《スペイン喜劇の》道化(clown, buffoon). [Sp＝amiable, GRACIOUS]

gra·cious /gréɪʃəs/ *a* **1 a** 《特に目下の者に》優しい, 親切な; 愛想のよい, 慇懃(いんぎん)な; [°*iron*] 恩着せがましく親切な: a ～ hostess 愛想のよい女主人 / ～ in defeat 負けてもいさぎよい[悪びれない]. **b** ‹生活など›優雅な, 上品な, 安逸な; 《廃》幸福な (happy), 幸運な (fortunate): ～ living [°*iron*] 優雅な生活. **2 a** 《慣例的に王・女王に用いて》仁慈深い, 優渥(ゆうあく)な; 《古》ためになる, ありがたい; 《古》恵みあふれる, 慈悲深い《神》: a ～ rain 慈雨. **b** 《廃》 GODLY. **3** [‹*int*›] おや, まあ《驚き・怒りなどの発声》: Good *G*～!＝*G*～ Heaven [goodness]!＝*G*～ me!＝(My) *G*～!＝GOODNESS ～! ♦ **～·ly** *adv* **～·ness** *n*

gra·ci·os·i·ty /grèɪʃiásəti, grèɪsi-/ *n* [OF＜L＝enjoying favor, agreeable (GRACE)]

grack·le /grǽk(ə)l/ *n* 〖鳥〗 **a** ムクドリの類の鳥《キュウカンチョウ (hill myna) など; アジア産》. **b** ムクドリモドキ, 《特に》オオクロムクドリモドキ《北米産》. [L *graculus* jackdaw]

grad¹ /grǽd/ 《口》 *n* 《特に大学の》卒業生; *大学院生, 院生. ► *a* *大学院の. [*grad*uate]

grad² *n* 〖数・測〗グラード (＝*grade*)《直角の 1/100, 90/100 度》. [F＝degree]

grad. 〖数〗 gradient ♦ graduated.

grad·able /gréɪdəb(ə)l/ *a* 段階別に分けられる, 等級付けできる; 〖言〗‹形容詞・副詞が›段階的な程度[意味]を表わす《比較変化の形をとったり強意語と共に用いることのできる》. ♦ **gràd·abílity** *n* 〖言〗段階性.

gra·date /gréɪdèɪt; grədéɪt/ *vt* ‹色を›ぼかす, 漸次に他の色に変える; …に段階[等級]をつける. ► *vi* 漸次変色する, 次第に他の色と融合する, ぼかしになる. [逆成＜*gradation*]

gra·da·tim /greɪdéɪtəm/ *adv* だんだんに, 漸次. [L; ⇨ GRADE]

gra·da·tion /greɪdéɪʃ(ə)n, grə-; grə-/ *n* **1** 順序立て, 等級付け, 階級別にすること; [ᵘ*pl*] 順序, 次第, 等級, 段階, 階級; 《計器の》目盛り. **2** 漸次移行, 徐々に変化すること; 《色彩・色調の》ぼかし, 濃淡法, グラデーション; 〖写〗階調; 〖言〗母音交替 (ablaut); 〖修〗 CLIMAX; 〖地質〗《河川の》平衡作用; 〖織維〗段落ち; 〖生態〗漸進大発生. [L; ⇨ GRADE]

gradátion·al *a* 順序のある, 等級[段階]的な; 漸進的な, 漸次の; ぼかされた. ♦ **～·ly** *adv*

grade /gréɪd/ *n* **1 a** 階級, 品等 (degree); 《学生・生徒の》成績点, 評点; ‖《特に音楽の》試験; 《熟達・知能の》度合い; 《学校の》程度; 《食品などの》等級; 《鉱石などの》品位; 《病気の》進行度, …期; 《組織内の》地位, ランク; 〖軍〗階級: get [give] a good ～ よい評点をもらう[与える]. **b** 《米・豪》《小・中・高等学校の》学年, 年 (form‖); [the ～s] *GRADE SCHOOL; [‹*a*›] *小学校の, 小学生の: in (the) fourth ～ 四年生で / teach in *the* ～*s* *小学校教師をする. **c** 〖言〗《母音交替の》階梯. **2** 同一階級[年級, 程度]に属するもの; 〖生〗階, 段階群, グレード《同程度の発達段階にある生物群》. **3** *《道路・鉄道などの》勾配, 傾斜度 (gradient); *斜面, 坂, 急坂; 〖数・測〗 GRAD²; 〖測〗基準面, 《特に》 GROUND LEVEL. **4** 〖畜〗累進交配種, 種系《改良雑種》; [‹*a*›] 〖畜〗累進交配種の. ● **at** ～ *《鉄道と道路が交差する際》同一水平面で; 《河床など》侵食と堆積のバランスがとれた. **in** ～**s** 等級をつけて. **make the** ～ 《困難を克服して》目的を達する, 成功[及第]する《原義「急坂を上る」》; ‹物が›基準に達する, 適格とされる ‹*as*›. **on the down [up]** ～ 下り[上り]坂で; 衰え[栄え]て. **over [under]** ～ *《鉄道と道路が交差する際》上方[下方]で. **up to** ～ 標準の品質をそなえた, 規格に達して.
► *vt* **1** 部類分けする, 仕分ける, 等級付けする, 〖商〗格付けする; …に評点をつける, 採点する. **2 a** 《色などを》ぼかす, ぼかして色づけする. **b** …の勾配[傾斜]をゆるくする. **3** 〖畜〗《品種改良のため》交配する ‹*up*›. **4** [ᵘ*pass*] 〖言〗…の母音を交替させる. ► *vi* …の等級[品等]である; 等級に分かれる; 徐々に変化する ‹*into*›, ‹色などが›溶け合う. ● **～ down**…の評価[格付け, 点数]を下げる ‹*on*›.
♦ **～·less** *n* [F or L *gradus* step]

-grade /grèɪd/ *a comb form* [主に動物学用語]「歩く」「動く」「行く」: digiti*grade*, planti*grade*. [L (↑)]

Grade A /—éɪ/ *a* 第一級の, 極上の.

gráde crèep* 公務員の自動的昇進.

gráde crìcket 《豪》ランク別に分かれて戦われるクリケット競技.

gráde cròssing* 《鉄道・道路などの》平面交差, 踏切 (level crossing‖): a ～ keeper 踏切番.

grad·ed /gréɪdəd/ *a* 段階的な, グレード[学習到達度]別の; 勾配のゆるやかな: ～ reader グレード別読本.

gráded póst‖ 《学校などの職階制上の》特別職《特別の責任を負い, 手当が支給される》.

gráded schóol* GRADE SCHOOL.

gráde-grùbber* 《俗》 *n* ガリ勉学生; おべっかを使う学生.

gráde-grùbbing* 《俗》 *n* ガリ勉; 教師におべっかを使うこと, 先生へのごますり. ► *a* よい成績をとることばかりに関心のある, ガリ勉の.

gráde inflátion 成績の水増し, ゲタを履かせること.

gráde lábelling 《商品などの》等級表示.

gráde lèvel* 〖教育〗学年の標準レベル[到達目標]: read at [below] ～ 読解力が標準に達している[標準以下である].

gráde·ly‖ 《方》 *a* よい, りっぱな, 上品な; ‹女性が›美しい; 真正の, 完全な; 真実の. ► *adv* 全く, 本当に; よく.

gráde·màrk *n* 等級表示印. ► *vt* …に等級表示する.

gráde pòint* 成績評定の換算点, 換算評点 (＝*quality point*)《たとえば, 評点の A, B, C 一科目につきそれぞれ 4, 3, 2 点とする》.

gráde pòint àverage* 学業平均値 (＝*quality point average*)《たとえば, A 2 科目, B 4 科目, C 2 科目なら平均 3 点; 略 GPA》.

grad·er /gréɪdər/ *n* 等級をつける人[もの]; 選別機; *…学年生; *採点者, 評点者; 《道路などの》地ならし機, グレーダー: a fourth ～ 4 年生.

gráde schòol* 小学校《6 年制または 8 年制》. ♦ **gráde-schòol·er** *n*

gráde separàtion 《道路・線路の》立体交差.

Grad·grind /grǽdgràɪnd/ *n* 《現実的なものにしか関心のない》情に乏しい人. [Thomas *Gradgrind*: Dickens, *Hard Times* (1854) 中の人物]

gra·di·ence /gréɪdiəns/ *n* 〔言〕連続変異, グレイディアンス.

gra·di·ent /gréɪdiənt/ *n* **1** 《道路・鉄道などの》勾配, 傾斜度, 傾度; 〔理〕《温度・気圧・速度などの》傾き, 勾配; 〔数〕《ベクトルの》グラディエント《略 grad.》; 〔医〕勾配《軸に沿ってみられる生理的活性の段階的変動》; 〔心〕勾配《刺激からの距離による反応の変化》 **2** 傾斜部, 傾斜面, 傾斜路; 勾配図表[曲線]. ► *a* 歩行性の; 歩行できる[に適する]; 傾斜している, 勾配になっている; 〔紋〕歩行形の. [*salient* などの類推で *grade* からか]

grádient·er *n* 測斜計, 微角計《勾配測定用》.

grádient pòst 〔鉄道〕勾配標.

grádient wìnd 〔気〕傾度風(ぷう).

gra·din /gréɪd(ə)n/, **gra·dine** /gréɪdìːn, grədíːn/ *n* 低い階段《座席》の一段; 《教会の》祭壇後部の棚《ろうそくや花を供える》. [F=step<It]

grad·ing /gréɪdɪŋ/ *n* 〔商〕等級付け, 格付け; 仕分け; 傾斜変更; 《道路の》勾配緩和; 地ならし, 整地; 《結晶・コンクリートの》粒度; 〔写〕階調度.

gra·di·om·e·ter /grèɪdiɑ́mətər/ *n* 〔理〕《地磁気・気温などの》傾度測定器.

grád schòol* 《口》GRADUATE SCHOOL.

grad·u·al /grǽʤuəl, -ʤəl/ *a* 漸次の, 漸進的な, 徐々の, 逐次の; ゆるやかな. ► [ºG-] *n* 〔カト〕《ミサ聖祭で使徒書簡と福音書の間に歌う》昇階唱, グラドゥアーレ; 《聖歌隊用の》ミサ可変部聖歌集.

♦ **～·ly** *adv* 徐々に, しだいに, だんだんと, じわじわと. **～·ness** *n* [L (GRADE); (n) は祭壇の階段で, または deacon が説教壇にのぼる間に歌うことから]

grádual·ìsm *n* 漸進主義[政策]; 〔生〕漸進説《進化は長期にわたりゆるやかに一定の速度で進行していくとする説; cf. PUNCTUATED EQUILIBRIUM》. ♦ **-ist** *n, a* **gràd·u·al·ís·tic** *a*

grádual psálms *pl* [ºG- P-] 〔聖〕都詣での歌《詩篇第 120–134 の 15 篇; 各篇の題目に A Song of Degrees [Ascents] とあることから》.

grad·u·and /grǽʤuæ̀nd/ *n* 〔英大学〕卒業[学位取得]予定者.

grad·u·ate /grǽʤuèɪt/ *vi* **1** 大学卒業生の称号 [《特に》bachelor's degree] を受ける, 学士号を取る; 卒業する; 資格を取る, 得業する 〈*as* a seaman etc.〉: He ～*d from* Yale [Oxford] in 1960. / He ～*d in* medicine *from* Edinburgh. エディンバラ大学の医科を卒業した. ★ 英では学校名の前に at も用いられる. 米では大学以外の各種学校にも用いる: ～ *from* a school of cookery 料理学校を卒業する《英では finish the course of, leave school などという》. **2** 〈上の段階へ〉進む 〈*to*〉; 段々に経過する 〈*away*〉, 漸次に変化する 〈*into*〉; 《俗》《時たまの使用から》薬(ヤク)の常用に進む.

► *vt* **1** *__a__ 〈人〉に学位を授ける, 〈学生を〉卒業させる: The college ～*d* a hundred students with honors. 大学は 100 名の優等卒業生を出した / He was ～*d from* Yale. イェール大学を卒業した《正式の文書以外では米でも *vi* 1 の用法のほうが普通》. **b** 〈大学などを〉卒業する: She ～*d* Yale in 1960. 《*vi* 1 の用法 (～ *from*) のほうが普通》. **2 a** 等級付けする, 階級別にする; 《特定の等級[クラス]に》入れる, 割り当てる. **b** 〈器具〉に目盛り[度盛り]をする. **c** 〈課税などを〉累進的にする; 〔化〕《蒸発などで》濃厚にする, 濃縮する.

► *n* /-ət, -èɪt; -ət/ **1** 大学の卒業生 〈*of*〉, 学士; *《高校などの》卒業生, 課程修了者《英国では大学の卒業生のみ, 米国では大学以外の学校の卒業生にもいう》: a ～ *of* Yale / a high-school ～ / a ～ *in* science 理学士. **2** 経験の豊かな人, 達人, くろうと. **3** 〔化〕度盛り器, メートルグラス. ► *a* /-ət, -èɪt; -ət/ 学士号を受けた; 資格を有する; (大学)卒業生のための; GRADUATED: ～ students 大学院生. [L *graduor* to take a degree; ⇨ GRADE]

grád·u·àt·ed *a* 目盛りをした; 等級別に配列した, 階級をつけた; 〈税が〉累進的な; 〔鳥〕凸尾の〈尾羽〉: a ～ cup メートルグラス / a ～ ruler 目盛り定規 / ～ taxation 累進課税.

gráduated cýlinder 〔化〕メスシリンダー《目盛りをつけた円筒状の液体容積測定器》.

gráduated detérrence 段階的抑止戦略《戦術核兵器の段階的な使用拡大により戦略核兵器の使用は極力回避しようとする理論》.

gráduated léngth mèthod 技術の向上に応じてスキー板を長いものに順次変えてゆくスキー指導法.

gráduated páyment mòrtgage* 《住宅ローンの》傾斜返済方式抵当.

gráduated pénsion 〔英〕累進年金《給料から差し引かれた掛け金に応じて基本年金に上乗せして支払われる養老年金; 1961–75 年実施》.

gráduate núrse* 《看護学校を卒業した》看護師 (=*trained nurse*)《しばしば未登録の人を指す; cf. REGISTERED NURSE》.

gráduate schòol 大学院.

grad·u·a·tion /grǽʤuéɪʃ(ə)n/ *n* **1** 学位取得, 大学卒業; *《大学以外の学校からの》卒業, 得業; *卒業式 (cf. COMMENCEMENT): ～ exercises *卒業式. **2** 《個々のまたは全体の》目盛り, 度盛り; 等級別, 等級付け, 格付け. **3** 〔化〕《蒸発などによる》濃厚化, 濃縮.

grád·u·à·tor *n* 度盛りする人; 目盛り器, 分度器; 蒸発器.

gra·dus /gréɪdəs; grǽd-/ *n* 《ラテン・ギリシア詩の》韻律辞典; 《ピアノの》練習曲集, 教則本. [*Gradus* ad Parnassum=step to Parnassus]

Grae·ae /gríːìː/, **Grai·ae** /gréɪìː, gráɪìː/ *pl* 〔ギ神〕グライアイ《the Gorgons の番人である三人姉妹; 3 人で一眼一歯しかなかった》.

Grae·cia Mag·na /gríːʃiə mǽgnə/ グラエキア・マグナ (MAGNA GRAECIA).

Graecism, Graecize, Graeco- ⇨ GRECISM, GRECIZE, GRECO-.

Graf[1] /grɑ́ːf/ *n* (*pl* **Graf·en** /-ən/) 《ドイツ・オーストリア・スウェーデンの》伯爵. [G]

Graf[2] グラフ **Steffi** ～ (1969–)《ドイツの女子テニス選手; Wimbledon で優勝 (1988–89, 91–93, 95–96), Grand Slam を達成 (1988)》.

Gräf·en·berg spot /grǽfənbə̀ːrg —́—, gréf-/ 〔医〕グレーフェンベルクスポット (=*G spot*)《膣壁前面の組織で, 勃起性や強い性感感受性があるとされる》. [Ernst *Gräfenberg* (1881–1957) 最初に記述したドイツ生まれの米国の婦人科医]

graff /grǽf; grɑ́ːf/ *n* 《廃・史》壕, 塹壕 (trench), 溝(みぞ)(こう) (ditch, fosse), 濠(ほり) (moat). [?MDu *grave*]

graf·fi·ti /grəfíːti, græ-, grɑː-/ *n* 《通りの壁や公衆便所などの》らくがき(風スローガン). ★ 本来は GRAFFITO の複数形であるが, 今日ではふつう単数形として扱われる. ► *vt* …にらくがきをする, らくがきでよごす, 〈話などを〉らくがきする. ♦ **-fí·tist** *n*

graffíti àrt / ; —́— —́—/ グラフィティアート《壁などにスプレーなどで描かれた芸術的センスのあるらくがき》.

graf·fi·to /grəfíːtoʊ, græ-, grɑː-/ *n* (*pl* **-ti** /-ti/) 〔考古〕グラフィッティ《岩・壁・陶器の面に彫り[書き]つけられた絵や文字や模様》. [It (*graffio* scratching)]

graft[1] /grǽft; grɑ́ːft/ *vt, vi* **1 a** 〔園〕接ぎ木する 〈*in, into, on, onto, together*〉; 接ぎ木によって〈果実などを〉生産する[改良する]; 〈果実などが〉接ぎ木によってできる. **b** 〔外科〕植皮する, 〈組織を〉移植する 〈*onto*〉; 〔海〕《先端がほつれないように》〈ロープを〉編み止めする; 〈編んだものを〉縫い[はぎ]合わせる. **c** 《特に 無理に》合体[融合]させる, 接ぐ 〈*onto*〉. **2** "《口》(懸命に)働く. ► *n* **1** 接ぎ穂, 接ぎ枝; 接ぎ木した植物; 接ぎ木(法); 接ぎ穂が挿入される部位, 接ぎ木接合部; 〔外科〕移植組織, 移植片, 移植. **2** "《口》仕事, 骨の折れる仕事: hard ～ 大変な苦労. ♦ **～·er**[1] *n* 接ぎ木する人; "《口》大の働き者. [ME *graff*<OF, <Gk *graphion* stylus; -*t* は非語源的添え字]

graft[2] *《口》*n* 《特に 政治関係の》不正利得, 汚職, 収賄; 詐欺, 盗み. ► *vt, vi* 収賄する. ♦ **～·er**[2] *n* [C19<?; ↑ か]

graft[3] *n* 一鋤(すき)の深さ; 溝掘り鋤. [? ON *groftr* digging]

gráft·age *n* 〔園〕接ぎ木(法) (cf. CUTTAGE).

gráft hỳbrid 〔園〕接ぎ木雑種《接ぎ木によって生じた栄養雑種》.

gráft·ing clày 〔園〕GRAFTING WAX.

gráfting wàx 〔園〕接ぎ蠟《接合部保護用調合物》.

Graf·ton /grǽftən; grɑ́ː-/ グラフトン **Augustus Henry Fitzroy**, 3rd Duke of ～ (1735–1811)《英国の政治家; 首相 (1768–70)》.

gráft ùnion 〔園〕《接ぎ木の》接合点[箇所].

gráft-vèrsus-hóst disèase 移植片対宿主病《移植片に含まれる T リンパ球が宿主の組織に反応して起こる臨床的な病像; 同種骨髄移植や大量輸血でみられる; 移植片対宿主反応 (graft-versus-host reaction) に基づく; 略 GVHD》.

gra·ham* /gréɪəm, *grǽm/ *a* グラハム粉製の[入りの] (⇨ GRAHAM FLOUR). [Sylvester *Graham* (1794–1851) 米国の牧師・食餌法改革者]

Graham **1** グレアム《男子名》. **2** グレアム (1) **'Billy'** ～ [**William Franklin** ～, **Jr.**] (1918–)《米国の福音伝道者》 (2) **John** ～ (**of Claverhouse**) ⇨ 1st Viscount DUNDEE (3) **Jorie** ～ (1951–)《米国の女性詩人》 (4) **Katherine** ～ (1917–2001)《米国の新聞社主・出版人; *The Washington Post*, *Newsweek* を発行》 (5) **Martha** ～ (1894–1991)《米国の舞踊家・振付家; モダンダンスの先駆者》 (6) **Otto** (**Everett** ～, **Jr.**) (1921–)《米国のアメリカンフットボール選手・コーチ》 (7) **Thomas** ～ (1805–69)《英国の化学者; コロイド化学を開拓した》. [OE=gray home(stead)]

gráham brèad* グラハムパン《グラハム粉製》.

gráham cràcker* グラハムクラッカー《グラハム粉製》.

Gra·hame /gréɪəm, *grǽm/ グレアム **Kenneth** ～ (1859–1932)《英国の児童文学作家; *The Wind in the Willows* (1908)》.

gráham flòur* グラハム粉 (whole-wheat flour).

gra·ham·ite /gréɪəmàɪt/ *n* 〔鉱〕グラハム鉱, グラハマイト《アスファルト系天然固形瀝青》. [J. A. and J. L. *Graham* 19 世紀の米国の

鉱山所有者]

Gráham Lànd グレアムランド《(1) 南極半島 (Antarctic Peninsula) の北部 2) 南極半島の旧称》.

Gráham's láw 〔理〕グレアムの法則《: 一定温度, 一定圧力のもとでは気体の拡散速度はその密度の平方根に逆比例する》. [Thomas *Graham*]

Grá·hams·tòwn グレアムズタウン《南アフリカ共和国 Eastern Cape 州南部の市》.

Graiae ⇨ GRAEAE.

Grá·ian Álps /gréɪ(j)ən-, gráɪ(j)ən-/ *pl* [the] グライアンアルプス《イタリア・フランスの国境にまたがるアルプス西部の一山系; 最高峰 Gran Paradiso (4061 m)》.

grail[1] /gréɪl/ *n* 大皿 (platter), 杯 (cup); [the G-] 聖杯, グラール (HOLY GRAIL); [ᵒG-] 長く困難な[努力を要する]探究の対象物, 究極の理想. [OF<L *gradalis* dish<?]

grail[2] *n* 《古》GRADUAL.

grain[1] /gréɪn/ *n* **1** 穀物, 穀類 (corn″); 穀物植物, 穀草; 《イネ・麦などの》種子, 穎果(えいか); 《廃》(堅い)種子: a field of ～ 穀物畑. **2 a** 〔食品〕穀粒《米や麦の一粒》; 《特に 砂・砂糖・ちり・コーヒーかすなどの》一粒; 《ブドウなどの》果粒; [*pl*] 《酒類の醸造に使ったあとの》麦芽かす, もやしかす: a ～ of salt [sand]. **b** [ᵒ*neg*] (極)微量, 微塵(みじん): He has*n't* a ～ of sense. 分別がまるでない / *without* a ～ of love 愛情のかけらもなく / a ～ of truth 一片[多少]の真実. **3 a** 粒状物; 〔ロケット〕粒状燃料, 薬粒, グレイン《固体推薬の一塊》; 〔冶〕結晶粒; 〔写〕《乳剤中の》粒子; 〔岩石〕砂粒; 《研磨剤の》砥粒. **b** 表面のざらざら[つぶつぶ](した手ざわり); 結晶化状態; 〔皮革〕銀面 (GRAIN SIDE); 《革などの》しぼ; 〔印〕《平版の版面につけた》砂目. **4 a** 《木材の》木目, 木理; 《焼物の》石目; 《岩石・石炭などの》きめ, 肌; 《織物の》糸[《特に》縦糸]の方向, 地の目. **b** [*fig*] 性質, 性分, 気質 (cf. 成句). **5** グレーン, グレーン《(1) ヤードポンド法における衡量の最小単位: =0.0648 g (もと小麦 1 粒の重さから); 略 gr., g. 2) 真珠[《時に》ダイヤモンド]の重さの単位: =50 mg, 1/4 carat》. **6** えんじ虫染料; えんじ, 洋紅; 《一般に》(堅牢な)染料; 《古・詩》色, 色合い. ● **against the** [*sb's*] **～** 性分[原則]に反して, 不本意で; 伝統[時流]に逆らって: It goes *against the* ～ with me. それはぼくの性に合わない. **in ～** 生まれつき, 本質的に; 徹底した; 消せない: a rogue *in* ～ 根っからの悪者. **separate** [**sort**] **the ～ from the chaff**=separate [sort] the WHEAT from the chaff. **with a ～ of** SALT[1].
► *vt* 粒[粒状]にする; (色が)さめないように染める; 染み込ませる; 〈革など〉にしぼ[縮れ模様]をつける; 木目[石目, 大理石]まがいに塗る; 〈獣皮〉から毛を取り去る; *〈家畜など〉に穀物を与える[食わせる]. ► *vi* 粒状になる. [OF<L *granum* seed, grain]

grain[2] *n* [～s, ‹*sg*›] 《魚を突く》もり, やす. [ON=branch, arm of the sea]

gráin àlcohol グレインアルコール, ETHYL ALCOHOL (cf. WOOD ALCOHOL).

gráin bèetle 〔昆〕ヒラタムシ《貯蔵穀物を食害するヒラタムシ科・ホソヒラタムシ科の小甲虫; ノコギリヒラタムシなど》.

gráin bòrer 〔昆〕ナガシンクイ《貯蔵穀物を食害するナガシンクイムシ科の小甲虫の総称; コナナガシンクイ (lesser ～) など》.

Gráin Cóast [the] 穀物海岸, グレインコースト《アフリカ西部ギニア湾に面する地域; 現在のリベリア地方; GRAINS OF PARADISE を積み出したことにちなむ》.

gráined *a* **1** 木目[石目]のある[をつけた], 木目塗りの; 面がざらざらした; 〔皮革〕毛を除いた; 〔皮革〕銀面を出した, しぼつきの; 粒状の[にした]; 〔印〕砂目をつけた. **2** [他の形容詞と共に複合語をつくって] …な粒[木目, 石目, 気質]を有する.

gráin èlevator 揚穀機; 大穀物倉庫 (elevator).

gráin·er *n* GRAIN[1] する人[道具]; 木目塗りばけ[へら]; 〔皮革〕除毛器; 柔皮薬, あく抜き液《皮なめし用》.

gráin·fìeld *n* 穀物畑.

Grain·ger /gréɪnʤər/ グレインジャー **Percy** (**Aldridge**) ～ (1882–1961)《オーストラリア生まれの米国のピアニスト・作曲家・指揮者; 民謡の蒐集でも知られる》.

gráin gròwth 〔冶〕(結晶)粒(りゅう)の成長.

gráin·ing *n* 木目, 石目; 木目塗り, 木目塗装, 石目つけ; 《モロッコ革などに似せるための》銀づけ; 《革・紙などの》しぼつけ; 〔印〕砂目立て; 〔製糖〕起晶.

gráin lèather 銀面を外にして仕上げた革, 銀面革.

gráin·less *a* 粒のない; 木目[石目など]のない.

gráin rùst 〔植〕穀類につくサビ病.

gráin·sìck *n, a* 〔獣医〕瘤胃(こぶい)拡張(になった).

gráin sìde 〔皮革〕銀面《獣皮の毛のあった側; opp. *flesh side*》.

gráins of páradise *pl* **1** ショウガ科の多年草メレグエッタの種子, パラダイスペッパー (=*alligator pepper, guinea grains, Guinea pepper, malaguetta*)《コショウに似た辛みと芳香があり, 香辛料・獣医用; 西アフリカ原産》. **2** 《インド原産ツヅラフジ科の》アナミルタの種子《有毒; 薬用》.

gráin sòrghum 穀実(こく)用モロコシ, グレインソルガム.

gráin whískey グレーンウイスキー《麦芽と他の穀類を原料に発酵させて造るウイスキー》.

gráiny *a* 粒状の (granular); 粒の多い; 木目(のような模様)のある; ざらざらした; 〔写〕〈画像が〉粒子の粗い《不鮮明な》; 〈録音された音声が〉ざらついた. ♦ **gráin·i·ness** *n*

graip /gréɪp/ *n* 《スコ》《3–4 叉の》ホーク, またぐわ《堆肥・イモ掘り用》. [ON=OE *grāp* grasp; cf. GROPE, GRIP[1]]

gral·la·to·ri·al /grælətɔ́ːriəl/ *a* 〔鳥〕渉禽(しょうきん)類の. [L *grallator* walker on stilts (*grallae*)]

gral·loch /grǽlək/ *n* 《鹿などの》臓腑; 内臓抜き. ► *vt* 〈鹿など〉の内臓を抜く (gut, disembowel). [ScGael]

gram[1], **gramme** /grǽm/ *n* グラム《(1) 質量の単位; 略 g, gm, gr: =1/1000 kilogram 2) 俗に重さ・力の単位 (gram-force)》. ★ 米では gram, 英では gramme を用いることが多い. [F *gramme* <Gk *gramma* small weight]

gram[2] *n* 《インド》豆, 《特に》ヒヨコマメ. [Port<L *granum* GRAIN]

gram[3] *n* 《口》おばあちゃん (grandmother).

gram[4] /grɑ́ːm/ *n* 《インド》村 (village). [Hindi]

Gram /grɑ́ːm/ 〔北欧神話〕グラーム《Sigmund の剣; Sigurd が Fafnir を殺すのに用いた》.

-gram /græ̀m/ *n comb form* 「記録」「図」「文書」: epi*gram*, tele*gram*. [Gk *gramma* thing written, letter of alphabet (*graphō* to write)]

gram. grammar ♦ grammatical.

gra·ma·dan /grɑːmɑ́ːdɑːn/ *n* GRAMDAN.

gram·a·doe·las /xræ̀mədúːləs/ *n* [‹*sg*›] 《南ア》辺境の地, 僻地.

grá·ma (**gràss**) /grǽmə(-)/ 〔植〕グラーマグラス (=*blue grama*)《米国西部に生える牧草》.

gram·a·ry(**e**) /grǽməri/ *n* 《英では古》魔法, 魔術.

grám àtom, grám-atómic wéight 〔化〕グラム原子《元素の量の単位; その原子量に等しいグラム数の元素の量, 元素における 1 mole》.

grám càlorie グラムカロリー (⇨ CALORIE)《略 g-cal》.

grám-cénti·mèter *n* 〔理〕グラムセンチメートル《仕事の重力単位》.

gram·dan /grɑːmdɑ́ːn/ *n* 《インド》村落寄進運動, グラームダーン《BHOODAN 運動を村落規模に拡大したもの》. [Hindi]

Gra·méen Bánk /grɑːmíːn-/ グラミン銀行《バングラデシュの貧困層向けの無担保融資機関; 1976 年 Muhammad Yunus が創設, 少額融資 (microcredit) を行なう Yunus と共にノーベル平和賞 (2006)》.

grám equìvalent 〔化〕グラム当量 (=**grám-equìvalent wéight**)《物質量の単位; その化学当量に等しいグラム数の物質量》.

gra·mer·cy /grəmɔ́ːrsi/ *int* 《古》ありがとう, これは大変!《感謝・驚きの発声》. [OF *grand merci* great thanks]

grám-fòrce *n* 〔理〕グラム重《力の単位; 1 g の質量にはたらく重力に等しい大きさの力》.

gram·i·ci·din (**D**) /græ̀məsáɪd(ə)n (díː)/ 〔薬〕グラミシジン (D)《土壌細菌の一種から得られる, グラム陽性菌に作用する抗生物質》.

gram·i·na·ceous /græ̀mənéɪʃəs/ *a* GRAMINEOUS.

gra·min·e·ous /grəmíniəs/ *a* 〔植〕イネ科 (Gramineae) の; 牧草の多い, 牧草のような. ♦ **～·ness** *n* [L (*gramin- gramen* grass)]

gram·i·nic·o·lous /græ̀mənɪ́kələs/ *a* 〔生態〕〈寄生性菌類などがイネ科植物の上に生育する.

gram·i·niv·o·rous /græ̀mənɪ́v(ə)rəs/ *a* 〔動〕禾本食(かほんしょく)(性)の, 草食(性)の.

gram·ma[1] /grǽmə/ *n**《口》おばあちゃん.

gramma[2], **grámma gràss** 〔植〕GRAMA (GRASS).

gram·ma·log, -logue /grǽməlɔ̀(ː)g, -lɑ̀g/ *n* 《速記で》単一の記号で表わされた語; 《速記の》表語文字.

gram·mar /grǽmər/ *n* **1 a** 文法, 文法学: comparative [descriptive, historical] ～ 比較[記述, 歴史]文法 / general [philosophical, universal] ～ 一般[普遍]文法学, 文法原理. **b** (文法にかなった)語法; 《個人の》ことばづかい: It's good [bad] ～ to say…というのは正しい[間違った]言い方だ / His ～ is poor. 彼の語法はまずい. **c** 文典, 文法書; 外国語の初等教本 (=～ book). **2** 《学問・芸術・技術の》基本, 原理; 入門書, 手引き: a ～ of economics 経済学入門[初歩]. **3** ″《口》GRAMMAR SCHOOL. [AF *gramere*<L<Gk *grammatikē* (*tekhnē* art) of letters (*gramma* letter of alphabet)]

grámmar chècker 〔電算〕文法チェッカー.

gram·mar·i·an /grəméəriən/ *n* 文法家, 文法学者; [the G-] 文典家《Ælfric のこと》.

grámmar·less *a* 文法のない; 文法を知らない, 無学の.

grámmar schòol **1** 〔英〕グラマースクール《(1) 16 世紀に創立されラテン語とギリシア語を主教科とした私立学校 2) 20 世紀半ばまでに創設された, SECONDARY MODERN [TECHNICAL] SCHOOL に対して古典語・現代語・自然科学など中心の一般的教育を行なう大学進学準備の公立中等学校; 1965 年以降その大半は COMPREHENSIVE SCHOOL として組織替えされた》. **2** 〔米〕**a** 《まれ》初等中学校《8 年制小学校で下級の primary school に対して上級 4 年間をいう; この上は high school になる》. **b** ELEMENTARY SCHOOL.

gram·mat·i·cal /grəmǽtɪk(ə)l/ *a* 文法(上)の; 文法にかなった, 文法的に正しい. ♦ **~·ly** *adv* **~·ness** *n*

grammátical chánge 〔言〕文法的変化.

grammátical génder 〔言〕《自然の性別 (sex) に対して》文法的性 (cf. NATURAL GENDER).

gram·mat·i·cal·i·ty /grəmæ̀təkǽləti/ *n* 〔言〕文法性《文が文法にかなっていること, または その度合い》.

grammátical·ize *vt* 〔言〕文法化する《内容語が語彙的意味を失って機能語化すること》. ♦ **grammàtical·izátion** *n*

grammátical méaning 〔言〕文法的意味《語に固有の意味ではなく, 語形変化や語順のもつ意味; たとえば is と are の違いや, he is と is he の違い; cf. LEXICAL MEANING》.

grammátical sénse 〔言〕文法的意味《文字どおりの意味》.

grammátical wórd 〔文法〕FUNCTION WORD.

gram·mat·i·cism /grəmǽtəsìz(ə)m/ *n* 文法的項目, 文法上の原則.

gram·mat·i·cize /grəmǽtəsàɪz/ *vt* 文法に合わせる. ► *vi* 文法上の問題を論じる.

gram·ma·tol·o·gy /græ̀mətɑ́lədʒi/ *n* 書記法研究.

gramme ⇨ GRAM[1].

Gramme /*F* gram/ グラム **Zénobe-Théophile** ~ (1826–1901)《ベルギーの電気技術者; 直流発電機を発明し (1869), 実用化への道を開いた》.

G

gràm-molécular wéight, grám-mòlecule 〔化〕グラム分子《物質量の単位; その分子量に等しいグラム数の物質量, 分子における 1 mole; 略 GMW》. ♦ **gràm-molécular, -mólar** *a*

Gram·my /grǽmi/ 〔サービスマーク〕グラミー《全米レコーディング芸術・科学アカデミー (National Academy of Recording Arts and Sciences) が毎年贈る優秀レコード賞; cf. EMMY[2]》. [*gramophone, -y*[3]]

grám-négative *a* [ˢG-] 〈細菌が〉グラム陰性の《GRAM'S METHOD によって染色されない》.

gram·o·phone /grǽməfòʊn/ *n* ˈˈ蓄音機 (phonograph*). ♦ **gràm·o·phón·ic** /-fɑ́n-/ *a* [*phonogram* を転換; 発明者 Emile Berliner (1851–1929) の造語]

grámophone rècordˈˈ レコード, 音盤 (record).

gramp /grǽmp/, **gramps** /grǽm(p)s/ *n* (*pl* **gramps**) «口» おじいちゃん. [*grandpa*]

Gram·pi·an /grǽmpiən/ **1** グランピアン《スコットランド中北東部の旧州 (region); ☆Aberdeen》. **2** [the ~s] GRAMPIAN MOUNTAINS.

Grámpian Móuntains [the] *pl* **1** グランピアン山脈 (= **Grámpian Hílls**)《スコットランド中部 Highlands と Lowlands を分ける山地; 最高峰 Ben Nevis (1344 m) は Britain 島の最高峰でもある》. **2** グランピアン山地《オーストラリア南東部 Victoria 州西部の山地》.

grám-pósitive *a* [ˢG-] 〈細菌が〉グラム陽性の《GRAM'S METHOD によって染色される》.

gram·pus /grǽmpəs/ *n* **1** 〔動〕**a** ハナゴンドウ; 《広く》ゴンドウクジラ, サカマタ, シャチ. **b** 米国南部・メキシコ産 サソリモドキ科の最大種《体長 7.5 cm に及ぶ》. **2** «口» 息づかいの荒い人. [C16 *graundepose, grapeys*＜OF＜L (*crassus piscis* fat fish)]

gram·py /grǽmpi/ *n* GRAMP.

Gram·sci /grɑ́ːmʃi/ グラムシ **Antonio** ~ (1891–1937)《イタリアの政治理論家; イタリア共産党結成に参加, 24 年党書記長; 大戦後獄中からの手紙・獄中のノートが公刊されて反響を呼んだ》.

Grám's méthod グラム染色法《染色によって細菌を陽性と陰性に分類する方法》. [H. C. J. *Gram* (1853–1938) デンマークの医師・細菌学者]

Grám's solútion グラム(染色)液《グラム染色法に用いるヨード溶液》. [↑]

Grám's stáin, Grám stàin GRAM'S METHOD; GRAM'S SOLUTION.

grám-váriable *a* 〔生〕グラム染色で染色が一貫しない, グラム不定の.

gran /grǽn/ *n* ˈˈ«口・幼児» おばあちゃん. [*gran*ny, *gran*dmother]

grana *n* GRANUM の複数形.

Gra·na·da /grənɑ́ːdə/ グラナダ《**1**) 中世のスペイン南部にあったムーア人のイスラム王国 (1238–1492) **2**) スペイン南部の地中海に臨む県 **3**) 同県の県都; Sierra Nevada 山脈の北西麓にある; 中世のグラナダ王国の都でイスラム教徒の拠点であった **4**) ニカラグア南西部の市》.

gra·na·de·ro /grɑ̀ːnɑːdéɪroʊ/ *n* (*pl* **~s**) 《メキシコの》機動隊員, 暴動鎮圧特別隊員. [Sp=grenadier]

gran·a·dil·la /græ̀nədílə, -díː(j)ə/, **gren-** /grèn-/ *n* トケイソウ (passionflower) の食用果実, パッションフルーツ (passion fruit); 〔植〕果実を食用にするトケイソウ《特にオオミノトケイソウ, クダモノトケイソウなど》. [Sp (dim)〈*granada* pomegranate]

Gra·na·dos /grənɑ́ːdoʊs, -ðoʊs/ グラナドス **Enrique** ~ (1867–1916)《スペインのピアニスト・作曲家》.

gra·na·ry /gréɪn(ə)ri, grǽn-; grǽn-/ *n* **1** 穀物倉[庫]; 穀類多産地域, 穀倉; 《広く》豊富な供給源. **2** 〔英商標〕グラナリー (=～ **bréad**)《全粒粉で作られたパン》. [L; ⇨ GRAIN]

Gran Canaria ⇨ GRAND CANARY.

gran cas·sa /grɑ́ːn kɑ́ːsɑː/ 〔楽〕大太鼓, グランカッサ (bass drum). [It=great drum]

Gran Cha·co /grɑ́ːn tʃɑ́ːkoʊ/ グランチャコ《南アメリカ中南部, アンデス山脈とパラグアイ川の間に広がる広大な草原; 単に Chaco ともいう》.

Gran Co·lom·bia /grɑ́ːn koʊlóʊmbiɑː/, **Gréat Colómbia** グランコロンビア《南アメリカ北西部にあった国 (1819–30); Simón Bolívar が中心になって建国; 現在のコロンビア・パナマ・ベネズエラ・エクアドル (1822 年以降) からなった》.

grand /grǽnd/ *a* **1 a** はなばなしい, 堂々とした, 広大[壮大, 雄大]な (magnificent, splendid), 壮麗な; [the, 〈*n*〉] 壮大[雄大]なもの: a ~ mountain 雄大な山 / on a ~ scale 大規模に[な] / a ~ design 壮大な構想; 全体構想, グランドデザイン 〈*for*〉. **b** はなやかな, 豪奢な; «口» 満足のゆく, すてきな, すばらしい: a ~ breakfast / live in ~ style 豪奢な暮らしをする / have a ~ time / I got up in the morning feeling ~. 朝起きるとすばらしくいい気持だった. **c** 〔楽〕規模の大きい, 形式の完全に整った, 全…, 大…: a ~ orchestra 大管弦楽(団), グランドオーケストラ / a ~ sonata グランドソナタ. **2 a** 威厳のある, 堂々たる, 崇高な, 偉大な, 荘重な, 高雅な (august, majestic); 〈位階・勲位など〉(最)上位の, 大…: a ~ man 大人物, 大立者 / the ~ champion 《大相撲の》横綱 / a ~ old mosque 昔から有名なモスク / grand (old) age 高齢. **b** 尊大な, もったいぶった, 気位の高い, 傲慢な (haughty), 気取った (pretentious): put on a ~ air 偉そうなふりをする. **3 a** 重要な (important), 著名な (distinguished); 〔法〕大きい, 重大な (opp. *petit, petty*; *common*): a lot of ~ people 大勢のお歴々. **b** 主だった, 主要な (principal, main): the ~ staircase 《玄関の》大階段. **4 a** 完全な, すべてを含んだ (complete): ~ TOTAL. **b** 決定的な, 論争の余地のない: a ~ example. **5** [*compd*] 《親族関係を示す語と共に用いて》さらに 1 親等隔てた. ● **do the ~** 気取る, 大きく出る. ► *n* GRAND PIANO; (*pl* ~) *«俗» 1000 ドル[ポンド]; *«俗» 1000. ♦ **~·ly** *adv* 壮大に, 雄大に; 華麗に, 豪勢に, 堂々と; 傲然と; もったいぶって; 盛大に; 荘重に, 崇高に. **~·ness** *n* 壮麗, 壮大, 雄大, 豪壮, 豪勢; 尊大, 傲慢; 偉大, 堂々たること; 偉業, 功業. [AF, OF＜L *grandis* full-grown]

Grand [the] グランド川《Oklahoma 州における Neosho 川の呼称》.

grandad ⇨ GRANDDAD.

grandaddy ⇨ GRANDDADDY.

Grand Alliance ⇨ WAR OF THE GRAND ALLIANCE.

gran·dam /grǽndæm, -dəm/ *n* «まれ» 祖母 (grandmother); 女の祖先; 老婆; 〔畜〕祖母 (cf. DAM[2]). [AF (GRAND[1], DAME)]

gran·dame /grǽndèɪm, -dəm/ *n* 祖母, 女の祖先, 老婆, ばあさん.

gránd apártheid 〔南ア〕グランドアパルトヘイト《居住と旅行の自由に関する人種隔離政策; cf. PETTY APARTHEID》.

Gránd Ármy of the Repúblic [the] 〔米〕《南北戦争に参加した》北軍陸海軍軍人会《略 GAR》.

Grand Atlas ⇨ ATLAS MOUNTAINS.

gránd·áunt *n* 父母のおば, 大おば (=*great-aunt*).

gránd·bàby /grǽn(d)-/ *n* 《赤んぼの》孫.

Gránd Baháma グランドバハマ《バハマ諸島西端の島》.

Gránd Bánk(s) (*pl*) [the] グランドバンクス《Newfoundland 島の南東に広がる浅堆; 世界最大のタラ漁場》.

grand battement /*F* grɑ̃-/ 〔バレエ〕グランバットマン《片足で立ち, 他の足をひざを伸ばしたまま高く蹴り上げる動き》.

gránd bóunce [the] *«俗» 解雇, 拒絶: give sb *the* ~ 人を首にする.

Gránd Canál [the] 大運河《**1**) 中国の天津から杭州に達する運河; 中国語名 Da Yunhe **2**) Venice の主要運河》.

Gránd Canáry グランカナリア (Sp **Gran Ca·na·ria** /grɑ́ːŋ kənɑ́ːrjɑː/)《スペイン領 Canary 諸島の主島; ☆Las Palmas》.

Gránd Cányon [the] グランドキャニオン《Arizona 州北西部の Colorado 川の大峡谷; Little Colorado 川との合流点から西に Nevada 州境近くの Grand Wash Cliffs に至る; 深さ 1600m を超えるところがある; 大部分がグランドキャニオン国立公園の指定地域にはいる; cf. MARBLE CANYON》.

Gránd Cányon Stàte [the] グランドキャニオン州《Arizona 州の俗称》.

Gránd Cáyman グランドケイマン《西インド諸島西部 Cayman 諸島の主島; ☆George Town》.

Gránd Cèntral Státion **1** グランドセントラル駅 (=**Gránd Cèntral Términal**)《New York 市 Manhattan にある鉄道駅; Penn(sylvania) Station と並ぶ市内二大ターミナルの一つ》. **2** *«俗» 込み合っている場所, 人込み, 混雑する所: (as) busy as ~ =like ~ ひどく込み合って.

gránd cháin GRAND RIGHT AND LEFT.

gránd·chìld /grǽn(d)-/ *n* 孫; 孫の関係に当たるもの.

gránd climácteric [the] 大厄年《63 歳もしくは 81 歳》.

Gránd Cóulee [the] グランドクーリー《Washington 州東部 Columbia 川の峡谷; 北端に同川最大のグランドクーリーダム (the **Gránd Cóulee Dám**) がある》.

Gránd Cróss [the] 〘英〙大十字章《Knight の最高勲章; 略 G. C.》.
grand cru /grá:ŋ krú:; *F* grɑ̃ kry/ グラン・クリュ《フランスの特級格付けワイン, またそれを産する畑》. [F=great growth]
grán(d)·dàd /grǽn-/ *n* 《口・幼児》おじいちゃん; [*derog*] じいさん《呼びかけ》.
grán(d)·dàddy /grǽn-/ *n* 《口・幼児》おじいちゃん;《口》《同類の中で》最初の[最古の, 最古参の]もの[人], 最も大きな[強力な, すぐれた]もの, 主要なもの 〈*of*〉.
grán(d)dad shìrt グランダッドシャツ《ボタン留めする台襟 (neckband) のついた長袖シャツ》.
grand·dam /grǽndæ̀m, -dəm/ *n* 〘畜〙 GRANDAM.
gránd·dàughter /grǽn-/ *n* 《女の》孫, 孫娘.
gránd drágon 《現在の Ku Klux Klan の》州の組織の首領.
gránd-dúcal *a* 大公(妃)の; 帝政ロシアの皇子[皇女]の.
gránd dúchess 大公妃; 女大公; ロシア皇帝[皇子]の皇女.
gránd dúchy [°G- D-] 大公国.
Gránd Dúchy of Múscovy [Móscow] モスクワ大公国《ロシア帝国の基礎となった国家》.
gránd dúke 大公; ロシア皇帝[皇子]の皇子.
Gran·de /grá:ndeɪ/ [Rio ~] **1** RIO GRANDE. **2** /rí:ou grǽndə, -di/ グランデ川《ブラジル東部 Minas Gerais 州を西流し, Paranaíba 川と合流して Paraná 川を形成する》. **3** グランデ川《ニカラグアを東流してカリブ海に注ぐ》.
grande amou·reuse /*F* grɑ̃:d amurø:z/ 熱情的な女, 恋多き女.
Grande Co·more /grá:nd kəmɔ́:r/ グランドコモル《マダガスカルの北西沖にあるコモロ諸島中の最大の島》.
grande dame /grá:ndá:m; *F* grɑ̃:d dam/ (*pl* **grandes dames** /-(z); *F* —/, **~s** /—/) 《通例 年配の》貴婦人, 名流婦人; 女性第一人者.
gran·dee /grændí:/ *n* 大公《特に スペイン・ポルトガルの最高貴族》;《一般に》高官, 貴顕. ♦ **~·ship** *n* [Sp and Port *grande* GRAND; 語尾は *-ee*² に同化]
grande école /*F* grɑ̃dekɔl/ 《フランスの》高等専門学校, グランドエコール《特定の職業人養成を目的とする》. [F]
grande hor·i·zon·tale /grá:nd ɔ̀:rɪzɑntá:l; grɔ̃d ɔrɪzɔ̃tá:l/ (*pl* **grandes horizontales** /—/) [*joc*] 売春婦. [F=great horizontal]
grande pas·sion /*F* grɑ̃:d pasjɔ̃/ 熱烈な恋, 大恋愛.
grande te·nue /*F* grɑ̃:d təny/ 正装 (full dress).
Grande-Terre /grɑ:ntέər; *F* grɑ̃:dtɛ:r/ グランドテール《西インド諸島のフランス海外県 Guadeloupe の島; 狭小な海峡を隔てて Basse-Terre 島の東方に位置する》.
grande toi·lette /*F* grɑ̃:d twalɛt/ 式服, 礼服.
gran·deur /grǽnʤər, -ʤùr; -ʤər, -djùər/ *n* 壮麗, 華麗; 壮観; 威勢, 威厳, 威光; 崇高; 偉大, 壮大, 雄大; 高遠; 壮麗[崇高, 雄大]なもの: the ~ of the Alps アルプスの雄大さ / DELUSIONS of ~. [F; ⇨ GRAND]
Gránd Fálls *pl* [the] グランド滝《CHURCHILL FALLS の旧称》.
gránd·fàther /grǽn(d)-/ *n* **1 a** 祖父, おじいさん. **b**《男の》先祖 (ancestor). **c** [°*voc*] 御老人, 御老体. **d***《俗》《大学などの》最上級生. **e** 始祖, 元祖, 原型 〈*of*〉. **2** GRANDFATHER CLOCK. **3**"《方》いも虫, 毛虫, ワラジムシ. ► *a**《新規則[法令]発効以前の》既得権の[に基づく]. ► *vt**…に祖父条項 (grandfather clause) を適用する. ♦ **~·ly** *a* 祖父の; 祖父のような, 甘やかす, 親切に心配してくれる, 優しい.
grándfather clàuse 〘米〙祖父条項《**1**) 1867 年以前に選挙権をもっていた父または祖父の子孫以外の無教育黒人に選挙権を与えなかった南部の州憲法条項; 1915 年失効 **2**) 各種規制法令において法令発効以前から存在した事情に基づいて法令の適用除外を規定した特例条項》.
grándfather clòck, grándfather's clóck グランドファーザー時計 (=*long-case clock*)《背が 6½ feet 以上ある, 木箱入りの床置き大型振子時計》. [流行歌 My *Grandfather's Clock* (1876) から]
gránd fínal 《豪》《優勝チームを決するフットボールなどの》シーズン最終戦.
gránd finále 《オペラ・スポーツの》はなやかな大詰, グランドフィナーレ.
gránd fír 〘植〙アメリカオオモミ, ベイモミ (米樅).
Grand Gui·gnol /grɑ́: ginjɔ́:l; -njóul; grɔ̃ ginjɔ́l, -gí:njɔl; *F* grɑ̃ giɲɔl/ *n* グランギニョル《**1**) 恐怖劇で有名な Paris の小劇場 **2**) 不気味な内容で観客に恐怖を与えるための劇》. ► *a* グランギニョル(風)の.
Gránd Hotél 『グランド・ホテル』《米国映画 (1932); ある日の夕刻から翌々日の朝まで 36 時間のホテル内の人間模様, 人生の縮図を描いたもの; その後一定の場所を舞台にして多くの主要人物を並行して描く構成が 'グランド・ホテル形式' と呼ばれるようになった》.
Gran·di /grá:ndi/ グランディ **Dino ~**, Conte **di Mordano** (1895–1988)《イタリアの政治家; ファシスト政権の要職を歴任; 反 Mussolini 勢力を指導, Mussolini を失脚させた》.
gran·di·flo·ra /grændəflɔ́:rə/ 〘植〙 *a* 大型の花をつける. ► *n* グランディフローラ (=~ **ròse**)《フロリバンダにハイブリッドティーを戻し交配した大輪の花をつけるバラ》.
gran·dil·o·quent /grændíləkwənt/ *a* 〈ことばが〉大げさな, 大言壮語する. ♦ **-quence** *n* 大言壮語, 豪語, 自慢. **~·ly** *adv* [L (GRAND, *-loquus* speaking ‹ *loquor* to speak); 語尾は *eloquent* などの類推]
gránd ínquest 〘法〙 GRAND JURY.
gránd ínquest of the nátion [the] 〘英〙下院 (House of Commons).
gránd inquísitor [°G- I-] 宗教裁判所長.
gran·di·ose /grǽndiòus, *ˌ---ˊ/ *a* 壮大[雄大]な, 崇高[荘厳]な, 堂々とした; 大げさな, 仰々しい. ♦ **~·ly** *adv* **~·ness** *n* **gran·di·os·i·ty** /grændiásəti/ *n* 壮大, 堂々としていること; 誇張, 誇大. [F<It; ⇨ GRAND]
gran·di·o·so /grændióusou, -zou, grà:n-/ *a, adv* 〘楽〙雄大な[に], 堂々たる, 堂々と. [It (↑)]
Gran·di·so·ni·an /grændəsóuniən/ *a* 丁重で勇気がありきわめて騎士[紳士]的な. [Samuel Richardson の小説 *The History of Sir Charles Grandison* (1754) の主人公から]
grand je·té /*F* grɑ̃ ʒ(ə)te/ 〘バレエ〙グランジュテ《前方跳躍技の一つ》. [F]
gránd júry 〘法〙大陪審《23 人以下の陪審員からなり告訴状の予審を行ない, 12 人以上が証拠十分と認めれば正式起訴を決定する; 英国では 1933 年廃止》.
gránd·kìd /grǽn(d)-/ *n* 《口》孫 (grandchild).
Grand Lac /F grɑ̃ lak/ グランラック《TONLE SAP 湖のフランス語名》.
Gránd Láma [the] DALAI LAMA.
gránd lárceny 〘法〙重窃盗《英国ではもと 12 ペンスを超える窃盗にいったが 1827 年廃止; cf. PETTY LARCENY》.
gránd lódge 《Freemasons などの》本部, グランドロッジ.
grand·ma /grǽn(d)mà:, grǽm-, -mɔ̀:/, **gránd·màma, -màmma, -màmmy** *n* **1**《口・幼児》おばあちゃん (grandmother); *《俗》老婦人, 老女, ばあさん. **2***《俗》《トラックの》ローギア.
grand mal /*F* grɑ̃ mal/ 〘医〙《癲癇の》大発作《意識消失・強直性痙攣を伴う; cf. PETIT MAL》.
Grandma Moses ⇨ MOSES.
Gránd Ma·nán Ísland /-mənǽn-/ グランドマナン島《カナダ New Brunswick 州, Fundy 湾頭にある島; 夏の保養地》.
gránd mánner [the] 堅苦しい[儀式ばった]態度[表現法]; GRAND STYLE.
gránd márch 《舞踏会開会時の, 全員による》大行進.
Grand Mar·nier /*F* grɑ̃ marnje/ 〘商標〙グランマルニエ《コニャックをベースにしたオレンジリキュール》.
gránd márshal パレード(の先頭)で進行[指揮]の栄誉を与えられた人, パレードの総指揮者.
gránd máster [G- M-]《騎士団の》団長,《Freemasons の》本部長,《政治結社 Orangemen の》首領; [°grandmaster] グランドマスター《国際試合で上位入賞の実績のあるチェス・ブリッジなどのプレーヤー》;《ある分野における》卓越した人, 名人.
Gránd Mónarch [the] 大王 (*F* le **Grand Monarque** /*F* grɑ̃ mɔnark/)《フランス国王 Louis 14 世》.
grand monde /*F* grɑ̃ mɔ̃:d/ 上流社会, 社交界.
gránd·mòther /grǽn(d)-, grǽm-/ *n* 祖母, おばあさん; 先祖《女性》. ● TEACH one's ~ (**to suck eggs**). **This beats my ~.** これは驚いた. ► *vt* 大事にする, 甘やかす. ● **~ the cups**"受け皿をぬらして茶碗がすべらないようにする. ♦ **~·ly** *a* 祖母のような, 親切な, 世話をやきすぎる.
grándmother clòck グランドマザー時計《grandfather clock の約 3 分の 2 の大きさの箱形大時計》.
grándmother's fóotsteps" [〈*sg*〉] おばあちゃんの足音《子供の遊び; 背を向けた鬼に気づかれずに忍び寄ってつかまえれば勝ち, 突然振り向いた鬼に動いているところを見つかると負けになる》.
gránd múfti [°G- M-]《特に 大都市における》イスラム法学の最高権威 (mufti).
Gránd Nátional [the] 〘英〙グランドナショナル《Liverpool 近郊の Aintree で毎年 3 月末から 4 月初めのころ行なわれる距離 4 マイル 856 ヤードの大障害競馬》.
Gránd Nàtional Consólidated Tráde Ùnion [the] 〘英史〙全国労働組合大連合《Robert Owen の指導下に 1834 年に結成された英国最初の熟練・不熟練労働者の組合》.
gránd·nèphew /grǽn(d)-/ *n* 甥[姪]の息子, 兄弟[姉妹]の孫息子.
gránd·nìece /grǽn(d)-/ *n* 甥[姪]の娘, 兄弟[姉妹]の孫娘.
gránd òld mán 《政治・芸術・スポーツなどの分野の》長老, 大御所《もとは William Ewart Gladstone のあだ名; 略 GOM》.
Gránd Òld Párty *[the] 共和党 (Republican Party)《1880 年以来の愛称; 略 GOP》.
Gránd Òle Óp·ry /-ápri/「グランド・オール・オプリー」《米国のカントリーミュージック番組; 1925 年 Tennessee 州 Nashville を拠点とし

てラジオ放送を開始, ミュージシャンの登竜門となった; 74 年以降近郊の Opryland USA 内から放送; 'Ole Opry' は Old Opera のなまり》.

gránd ópening* 大々的開店, グランドオープン; 《施設などの大々的な》お披露目(式典).

gránd ópera グランドオペラ《対話も全部楽曲的なもの; cf. OPÉRA COMIQUE》.

gránd órgan 〔楽〕 *n* GREAT ORGAN. ► *adv, a* FULL ORGAN.

grand·pa /grǽn(d)pà:, grǽm-, -pɔ̀:/, **gránd·pàpa** *n* 《口》 おじいちゃん.

grand·pap·py /grǽn(d)pæ̀pi, grǽm-/ *n* 《口》 おじいちゃん.

gránd·pàrent /grǽn(d)-/ *n* 祖父[母]. ♦ **grànd·paréntal** *a* **~·hòod** / , ⏤⏤⏤/ *n*

Gránd Peniténtiary 〔カト〕 教皇聖庁内赦院長.

gránd piáno グランドピアノ (cf. UPRIGHT PIANO).

gránd·pòp /grǽn(d)-/ *n* 《口》 おじいちゃん.

Grand Pré /grǽn préɪ; *F* grɑ̃ pre/ グランプレ《カナダ Nova Scotia 州中部の, Minas Basin に臨む村; 初期 Acadia 植民地で, Longfellow の *Evangeline* の舞台》.

grand prix /grá:n prí:/ (*pl* **~**, **grands prix** /-(z)/) **1** グランプリ, 大賞. **2** [G- P-] グランプリ(レース)《**1**) 毎年 6 月 Paris で行なわれる 3 歳馬による国際レース (**Grand Prix de Paris** /*F* grɑ̃ pri də pari/) **2**) 国際的な自動車[二輪車]レース》. [F]

Gránd Rápids グランドラピッズ《Michigan 州南西部の市; Michigan 湖に流入する Grand 川に臨む; 家具製造業の中心地》.

Gránd Remónstrance [the] 〔英史〕 大諫議(かん)書《Long Parliament が 1641 年 Charles 1 世の即位以来の失政に抗議して決議したもの》.

gránd ríght and léft グランド・ライト・アンド・レフト《反対回りの 2 つの同心円を作り左右の手を交互に出して次々相手を変えるフォークダンス》.

gránd-scále *a* 大規模な, 多大な.

grand sei·gneur /F grɑ̃ sɛɲœ:r/ (*pl* **grands sei·gneurs** /—/) 威厳のある人, (大)貴族; [*iron*] 貴族ぶった男.

grand siè·cle /F grɑ̃ sjɛkl/ 大いなる世紀《フランスの Louis 14 世の治世》; 《一般に》文芸の黄金時代.

gránd·sìre /grǽn(d)-/, **-sir** /-sər/ *n* 《古》 祖父; 《古》 祖先; 《古》 老人; 〔畜〕 祖父; 転調鳴鐘法の一つ. [AF]

gránd slám 〔ブリッジ〕 グランドスラム《13 トリック全部を勝つこと; cf. LITTLE SLAM》; 〔野〕 満塁ホームラン (=**gránd-slàm hóme rún**); 〔ゴルフ・テニスなど〕 グランドスラム《主要な大会をすべて制覇すること》; 大成功, 総なめ; "総攻撃, 大奮闘. ♦ **gránd-slám** *a*

gránd-slámmer *n* 〔野〕 満塁ホームラン (grand slam).

gránd-slàm tóurnament 〔ゴルフ・テニス〕 四大大会(の一つ).

gránd·sòn /grǽn(d)-/ *n* 《男の》孫, 孫息子.

gránd·stànd /grǽn(d)-/ *n* 《競馬場・競技場などの屋根のある》特別[正面]観覧席; 正面観覧席の観客たち. ► *a* 正面観覧席の(ように見渡せる); *《口》 派手な (showy), 拍手目当ての: get a ~ view of …がよく見渡せる. ► *vi* *《口》 スタンドプレーをする. ♦ **~·er** *n*

grándstand fìnish 〔スポ〕 大接戦[白熱]の決勝.

gránd·stànd·ing *n* 派手なパフォーマンス, スタンドプレー.

grándstand plày スタンドプレー. ♦ **grándstand plàyer** *n*

gránd stýle 《文学・美術の》荘厳体.

Gránd Téton グランドティートン《Wyoming 州西部 Teton 山脈の最高峰 (4190 m); 一帯は国立公園をなす》.

gránd théft 〔法〕 GRAND LARCENY.

gránd tótal 総計.

gránd tóur [the] 大旅行《かつて英米の上流の子弟が教育の仕上げとして大陸の芸術の中心であるフランス・イタリアなどの大都市を巡遊した》; 大旅行, 《広い場所の》見学, …巡り: make the ~ of…を周遊する, …巡りをする.

gránd tóuring càr, gránd tóurer グランドツーリングカー (GRAN TURISMO).

gránd tríne 〔占星〕 グランドトライン《3 つの惑星が互いに 120 度隔たる位置にあり, 正三角形をなすこと》.

Gránd Túrk グランドターク《Turks and Caicos 諸島の主島で政庁所在地》.

gránd·úncle *n* 父母のおじ, 大おじ (=*great-uncle*).

gránd únified [unificátion] théory 〔理〕 大統一理論 (=**gránd únified fíeld thèory**)《素粒子の強い相互作用, 弱い相互作用, 電磁相互作用を統一的に記述する理論; 略 GUT》.

Gránd Únion Canál [the] グランドユニオン運河《英国最長の運河で London, Birmingham 間を 220 km に渡って結ぶもの》.

gránd vizíer 〔史〕 《オスマントルコなどの》大宰相.

gránd wízard [ºG- W-] 《秘密結社 Ku Klux Klan の》首領, 総統.

grange /gréɪnʤ/ *n* **1** 《種々の建物の付属した》農場; "豪農の邸宅; 《古》 穀物倉. **2** [the G-] 〔米〕 **a** グレーンジ結社《消費者と直接取引を目的とする農民共済組合 the Patrons of Husbandry; 1867 年結成》. **b** グレーンジ結社の地方支部. [ME=barn<OF<L *granica*; ⇨ GRAIN]

Grange·mouth /gréɪnʤməθ, *-màʊθ/ グレーンジマス《スコットランド中部 Forth 湾に臨む港町》.

grang·er /gréɪnʤər/ *n* 〔米〕 グレーンジ結社員; *《西部》 農夫 (farmer), HOMESTEADER. ♦ **~·ìsm**[1] *n* グレーンジ主義; グレーンジ方式.

Gran·ger /gréɪnʤər/ グレンジャー **Clive W(illiam) J(ohn)** ~ (1934–2009)《ウェールズ出身の経済学者; ノーベル経済学賞 (2003)》.

gránger·ìsm[2] *n* 他の本のさしえなどを切り抜いて本に差し込むこと. [James *Granger* (1723–76) 英国の聖職者・伝記作家; 著書 *Biographical History of England* (1769) に多くの白紙を入れ, 読者が他書からの切り抜きを自由に貼り付けられるようにした]

gránger·ìze *vt* 〈本〉に他の本から切り抜いた絵などを差し込む; 〈本〉からさしえなどを切り抜く: ~*d* books 現品貼り付け本. ♦ **-ìz·er, ~·ìte** *n* **grànger·izátion** *n*

grani- /grǽnə, gréɪnə/ *comb form* 「穀粒 (grain)」「種子」 [L; ⇨ GRAIN]

Gra·ni·cus /grənáɪkəs/ [the] グラニコス川《古代小アジア北西部の川; Alexander 大王がペルシア軍を破った地 (334 B.C.); 近代の名称 Kocabaş》.

gra·nif·er·ous /grænɪ́f(ə)rəs/ *a* 穀粒[粒状の実]を生じる.

gráni·fòrm *a* 穀粒状の.

Gra·nit /grɑ:ní:t/ グラニート **Ragnar Arthur** ~ (1900–91)《フィンランド生まれのスウェーデンの神経生理学者; 網膜の神経繊維の色光に対する反応を研究; ノーベル生理学医学賞 (1967)》.

gra·ni·ta /grəní:tə/ *n* (*pl* **~s, -te** /-ti/) グラニータ《粒の粗いシャーベット; イタリアの夏の風物》. [It (fem)<↓]

gran·ite /grǽnət/ *n* 花崗岩, 《石材名として》みかげ石; 堅固, 不抜; CURLING STONE. ● **bite on ~** むだ骨を折る. ► *a* 確固たる. ♦ **~·lìke** *a* [It *granito* grained; ⇨ GRAIN]

Gránite Cìty [the] 花崗岩の町《Aberdeen 市の俗称》.

gránite pàper 斑色紙《着色した繊維を入れてすいた紙》.

Gránite Stàte [the] 花崗岩州《New Hampshire 州の俗称》.

gránite·wàre *n* みかげ石模様の陶器[エナメル鉄器].

gra·nit·ic /grænɪ́tɪk/ *a* 花崗岩の, 花崗岩状の; [*fig*] 堅い, 強固な.

gran·it·ite /grǽnətàɪt/ *n* 黒雲母花崗岩, グラニタイト.

grán·it·ìze *vt* 花崗岩質にする, 花崗岩化する. ♦ **-tized** *a* **grànit·izátion** *n*

gran·it·oid /grǽnətɔ̀ɪd/ *a, n* 花崗岩様の(岩石), GRANITIC.

gra·ni·vore /gréɪnəvɔ̀:r, grǽn-/ *n* 穀食動物.

gra·niv·o·rous /grænɪ́v(ə)rəs, grə-, greɪ-/ *a* 穀食の.

gran·ny, -nie /grǽni/ *n* (*pl* **-nies**) 《口・幼児》 おばあちゃん; 老婆; おせっかい屋, 仰々しく騒ぎたてる人; *《南部・中南部》 助産師; GRANNY KNOT. ● TEACH one's **~** (**to suck eggs**). ► *a* おばあさんの, 老女の; おばあちゃんスタイルの. [*grannam* (obs) (GRANDAM, -y[3]); cf. NANNY]

gránny ànnex" おばあちゃんの離れ《母屋に接した老人家族用住宅》.

gránny bònd" 老人国債, グラニーボンド《物価スライド付きの国民預金証書の通称; もとは老齢年金受給者のみが利用できた》.

gránny drèss おばあちゃんドレス《長袖・ハイネックで足首まで届くゆったりしたドレス》.

gránny dùmping 《病院・駅などに》(身内の)年寄りを置き去りにすること, 'うば捨て'.

gránny flàt" 《増築した》おばあちゃんの部屋[離れ].

gránny gèar *四輪駆動車; "《自転車の》ローギア.

gránny glàsses *pl* おばあちゃん眼鏡《昔の老婆の眼鏡に似た, 金[スチール]縁の眼鏡》.

gránny knòt, gránny's knòt [bènd] 縦結び, 男結び《真結びの逆》.

Gránny Smíth グラニースミス《オーストラリア原産の生食・料理用の青リンゴの一品種》.

grano- /grǽnoʊ, -nə/ *comb form* 「花崗岩(の)」 [G (*granit*<It *granito*; ⇨ GRANITE)]

gràno·díorite *n* 花崗閃緑岩. ♦ **gràno·dioríti c** *a*

gra·no·la /grənóʊlə/ *n* グラノーラ《押しカラス麦に干しブドウや赤砂糖を混ぜた朝食向き健康食品》; *《俗》 健康志向であかぬけないやつ, ヒッピー. ► *a* [*derog*] 健康志向の, 環境保護派の.

granóla bàr* グラノーラクッキー.

gráno·lìth *n* 花崗コンクリート. ♦ **gràno·líth·ic** *a, n*

gráno·phỳre *n* グラノファイアー《石英斑岩または細粒斑状花崗岩》. ♦ **gràno·phýr·ic** /-fɪ́r-/ *a*

Gran Pa·ra·di·so /grǽn pæ̀rədí:zoʊ/ グランパラディゾ《イタリア北西部 Piedmont 州北西部にある Graian Alps の最高峰 (4061 m)》.

grant /grǽnt; grá:nt/ *vt* **1** 〈要請・願いなどを〉(人に)認める, 承諾する, 許可する (allow): ~ (him) a wish (彼の)願いを聞き届ける / He was ~*ed* permission (*to* come). 彼は(来る)許可を与えられた / (God) ~ that we (may) get there alive. 願わくはわれらが無事にその地に着きますように. **2** (正式に)授与する (bestow) 〈*to*〉; 〈財産などを〉譲渡[譲与]する. **3 a** 〈言い分などを〉《譲歩して》認める (admit); 《議論のために》仮定する: I ~ you. きみの言を認める, なるほどにそれに違いない / I ~ that you are right. / This ~*ed*, what next? これはよい

としてさて次は. **b** [～ing (that), ～ed (that)] [〈*conj*〉] …であるとして(も); …であるとすれば: *～ing (that)* that is wrong…＝*～ed (that)* that is wrong… それが間違っているとして(も)…[とすれば…]. **c** [～ing, ～ed] [〈*prep*〉] …を認めるにしても, …にもかかわらず: *Granting* [*Granted*] this, it remains to discuss the second question. これはいいとして第二の問題の議論がまだ残っている. ► *vi* 同意する (agree, consent). ● ALWAYS **～ing.** **take (it) for ～ed (that** …ということを)もちろんのことと思う; 《特に 慣れっこになって》ちゃんと評価しない, 軽く見る: I *took it for ～ed that* you know. もちろんきみは知っていると思った / I don't like to be *taken* so much *for ～ed.* こちらの存在をあまり無視してもらいたくない. ► *n* **1** 許可, 認可. **2 a** 授与, 交付, 下付, 下賜. **b** 交付[下付]されたもの, 交付金, 下賜金; 《特定目的のための》補助金, 助成金, 寄付金《研究奨学金など》. **3 a** 〘法〙譲渡, 譲与, (権利)付与; (譲渡)証書. **b** 譲渡財産; 〘米〙《Vermont, Maine, New Hampshire 各州の》土地の一区画《もと個人・団体に対する州の払い下げ地》, グラント. ♦ **～·able** *a* ［OF *granter*＝*creanter*＜L *credo* to entrust］

Grant **1** グラント《男子名》. **2** グラント **(1) Cary ～** (1904–86)《米国の映画俳優; 英国生まれ; 本名 Archibald Alexander Leach; 都会的二枚目; *The Philadelphia Story* (フィラデルフィア物語, 1940), *North by Northwest* (北北西に進路を取れ, 1959)》 **(2) Ulysses S(impson) ～** (1822–85)《米国第 18 代大統領 (1869–77); 共和党; 本名 Hiram Ulysses ～; 南北戦争の北軍総司令官》. ［OF＜L＝great or large］

Gran·ta /grǽntə, ˈgrɑ́ːntə/ **1** [the] グランタ川《CAM 川の別称》. **2**『グランタ』《英国の文芸・ジャーナリズム雑誌》.

gránt àidˈ 公的助成. ♦ **gránt-àid** *vt* 助成する.

gránt·ed *adv* なるほど, 確かに: *G～*, but… そのとおりですが, しかし…. ► *conj* ⇨ GRANT (*vt* 3 b). ► *prep* ⇨ GRANT (*vt* 3 c).

grant·ee /græntíː; grɑːn-/ *n* 〘法〙被譲与者, 譲受人; 《奨学金・助成金などの》被支給者, 給費生.

gránt·er *n* 許容する人; 授与者; 譲渡者.

Granth /grʌ́nt/, **Gránt Sáhib** GURU GRANTH SAHIB.

Grán·tha (àlphabet) /grʌ́ntə(-)/ *n* グランタ文字《サンスクリット語の文献を写すために成立した文字》. ［Skt＝knot, book］

Gran·thi /grʌ́nti/ *n* グランティ《シク教の祭司》. ［Punjabi］

gránt-in-áid *n* (*pl* **gránts-**) 地方交付税; 補助金, 交付金 (subsidy); 《教育・芸術活動などへの》助成金.

gránt lànds *pl* 〘米〙払い下げ指名地《石油・ガスなどの天然資源開発用に州[連邦]政府が民間会社に払い下げる選定地域で, 鉱区使用料は免除される》.

gránt-maintáined *a* 〈学校が〉交付金運営の《地方政府の管轄によらず, 中央政府の直接の資金で自主的に運営される》.

gránt of próbate 〘法〙検認証書《遺言状のある場合, 死者の財産の処理を執行者にゆだねる証書》.

gran·tor /grǽntər; grɑːntɔ́ːr/ *n* 〘法〙譲与者, 譲渡人.

Gránt's gazélle 〘動〙グラントガゼル《東アフリカ産》. ［James A. *Grant* (1827–92) 英国の探検家］

gránts·man /-mən/ *n* (研究)助成金獲得術に長じた人.

gránts·man·shìp /-mən-/ *n* 《財団などからの》(研究)助成金獲得術.

Gránt Thórnton グラント・ソーントン《英国の会計事務会社》.

gran tu·ris·mo /grɑ́ːn tuərízmou; grǽn-/ (*pl* **～s**) [ᵒG- T-] グラントゥリズモ《長距離・高速走行用の高性能車; 略 GT》. ［It＝grand touring］

Grán Turísmo Omo·lo·gá·to /-əmòuləgéɪtou, -gɑ́ː-/ 〈自動車が〉グラントゥリズモとして認定された《略 GTO》. ［It＝approved (as) Gran Turismo］

gran·ul- /grǽnjəl/, **gran·u·li-** /-lə/, **gran·u·lo-** /-lou, -lə/ *comb form*「小粒 (granule)」「微粒子」

gran·u·lar /grǽnjələr/ *a* 粒(状)の, 顆粒(かりゅう)状[性]の; こまごました商品の〈販売など〉; (表面が)ざらざらした, 革[木]のような手ざわりの: ～ eyelids 濾胞性結膜炎. ♦ **gran·u·lar·i·ty** /grӕnjəlǽrəti/ *n* 粒状, 粒度; 〘電算〙粒度《並列化やデータ管理の単位の細かさ》. **～·ly** *adv*

gránular snów 粒状雪, ざらめ雪.

gran·u·late /grǽnjəlèɪt/ *vt, vi* (顆)粒状にする[なる], ざらざらにする[なる], 粒状化する; 〘医〙〈傷が〉肉芽を形成する.

grán·u·làt·ed *a* 粒状の; 粒々のある, (表面が)ざらざらする; 〘医〙肉芽を形成した, 顆粒状の: ～ glass 粉末ガラス《ステンドグラス用》/ ～ leather しぼつき革.

gránulated súgar グラニュー糖.

grán·u·làt·ing *a* 〘医〙〈傷が〉肉芽を形成する.

gràn·u·lá·tion *n* 粒になること, 粒状をなすこと; ざらざら(にすること), 粒状性; ざらざらな面の粒; 〘医〙《炎症病巣のまわりの》肉芽; 〘医〙《潰瘍基底の》顆粒; 〘医〙顆粒化, 顆粒形成, 造粒; 〘天〙GRANULE.

granulátion tìssue 〘医〙肉芽組織.

grán·u·là·tive *a* 《表面が》ざらざらした; 〘医〙肉芽の.

grán·u·là·tor, -làt·er *n* 粒化機, (回転)造粒機.

gran·ule /grǽnjul/ *n* 小粒, 細粒, 微粒, 顆粒, 細礫(さいれき); (顆)粒剤; 〘天〙《太陽光球面に見える》粒状斑. ［L (dim)＜GRAIN］

gránule cèll 〘解〙顆粒細胞《小脳と大脳の皮質の小さな神経単位》.

gran·u·lite /grǽnjəlàɪt/ *n* 白粒岩, グラニュライト《長石・石英・ざくろ石からなる》. ♦ **gràn·u·lít·ic** /-lít-/ *a*

granulo- /grǽnjəlou, -lə/ ⇨ GRANUL-.

gránulo·cỳte *n* 〘解〙顆粒白血球, 顆粒球《acidophil, basophil および neutrophil; cf. AGRANULOCYTE》. ♦ **gràn·u·lo·cýt·ic** /-sít-/ *a*

granulocýtic leukémia 〘医〙顆粒球(性)白血病.

grànulo·cỳto·pénia *n* 〘医〙顆粒球減少(症) (＝*agranulocytic angina, agranulocytosis*).

grànulo·cỳto·poiésis *n* 〘医〙顆粒球生成.

gran·u·lo·ma /grӕnjəlóumə/ *n* (*pl* **～s, -ma·ta** /-tə/) 〘医〙肉芽腫. ♦ **-ló·ma·tous** *a*

granulóma in·gui·ná·le /-ìŋgwənǽli, -nɑ́ː-, -néɪ-/, **granulóma ve·né·re·um** /-vəníəriəm/ 〘医〙鼠蹊(部)肉芽腫, 性病性肉芽腫.

grànulo·métric *a* 〘地質〙粒度分析の.

grànulo·pénia *n* GRANULOCYTOPENIA.

gran·u·ló·sa cèll /grӕnjəlóusə-/ 〘動〙顆粒膜細胞.

gran·u·lose /grǽnjəlòus, -z/, **-lous** /-ləs/ *a* GRANULAR, 《特に》ざらざらの表面をもつ.

gran·u·lo·sis /grӕnjəlóusəs/ *n* (*pl* **-ses** /-sìːz/) 〘医・昆〙顆粒症.

gra·num /gréɪnəm, grɑ́ː-/ *n* (*pl* **-na** /-nə/) 〘処方〙1 グレーン (grain); 〘植〙グラナ《葉緑体中のクロロフィルを含む構造》. ［L＝GRAIN］

Gran·ville /grǽnvìl/ **1** グランヴィル《男子名》. **2** [Earl] グランヴィル伯爵 (⇨ John CARTERET). ［OF＝large town］

Gránville-Bár·ker /-bɑ́ːrkər/ グランヴィル-バーカー **Harley (Granville) ～** (1877–1946)《英国の俳優・劇場支配人・劇作家》.

grape /gréɪp/ *n* ブドウ(の実); GRAPEVINE; [ᵒthe ～(s)] ぶどう酒, ワイン, 酒; ぶどう色《紫色》; GRAPESHOT; [*pl*] 〘獣医〙ブドウ瘡《馬脚に生じる》; [*pl*] *《俗》痔 (hemorrhoids): The *～s* are sour. あのブドウは酸っぱい《欲しいものが手にはいらないときの負け惜しみの文句; ⇨ SOUR GRAPES》/ the juice of the ～ ぶどう酒 / GRAPES OF WRATH. ● **a ～ on the business** 《豪俗》おじゃま虫《人》. **belt the ～** *《俗》したたか飲む. **in the grip of the ～** *《俗》(ワインで)酔っぱらって. ♦ **～·like** *a* ［OF＝bunch of grapes＜?*graper* to gather (grapes)＜*grap(p)e* hook＜Gmc (G *Krapf* hook); cf. GRAPPLE］

grápe brándy グレープブランデー《ブドウあるいはワインだけを蒸留して造ったブランデー》.

grápe cùre 〘医〙《主に結核の》ブドウ食療法.

grápe fàmily 〘植〙ブドウ科 (Vitaceae).

grápe fèrn 〘植〙ハナワラビ《ハナヤスリ科ハナワラビ属のシダの総称; 胞子嚢のつき方がブドウの房に似る》.

grápe·frùit *n* (*pl* ～, ～s) グレープフルーツ《果実》; グレープフルーツ《木》; [*pl*] 《俗》(大きな)おっぱい, 巨乳.

Grápefruit Lèague [the] 〘野〙グレープフルーツリーグ (CITRUS LEAGUE).

grápe hỳacinth 〘植〙ムスカリ《るり色の小花が集まって春に開花し, ブドウのふさ状をなす; ユリ科》.

grápe ìvy 〘植〙グレープアイビー《南米北部原産ブドウ科シッサス属[リュウキュウヤブガラシ属]の観葉植物》.

grápe jùice ブドウ果汁, グレープジュース.

grap·ery /gréɪp(ə)ri/ *n* 《周囲を囲った》ブドウ園, ブドウ栽培温室.

grápe scìssors *pl* ブドウばさみ《摘粒用・食卓用》.

grápe·sèed òil グレープシードオイル《食用・美容用》.

grápe·shòt *n* ぶどう弾《昔の大砲に用いた一発が小鉄球 9 個よりなる弾丸》. ● **a whiff of ～** ぶどう弾の発射《民衆運動などの簡単な抑圧手段》.

grápe-shòt *a* 《俗》酔っぱらった.

grápes of wráth *pl* **1** [the] 怒りのぶどう《神の怒りの象徴; *Isa* 63: 2–3》. **2** [the G- of W-]『怒りの葡萄』《John Steinbeck の小説 (1939); 1930 年代の Oklahoma 州の農民一家を中心に, 砂あらしに土地を奪われ California 州に新天地を求めて移住していく人びとの悲惨な姿を描く; 映画化 (1940, John Ford 監督)》. **3** *《俗》ぶどう酒, ワイン.

grápe·stòne *n* ブドウの種.

grápe sùgar 〘生化〙ブドウ糖 (dextrose).

grápe·vìne *n* **1** ブドウのつる[木]. **2 a** [the] 《うわさなどの》伝達路[法], 情報網, 口伝え, 口コミ (＝**～ tèlegraph**); 秘密の情報源, 裏のルート: I heard about it through [on] *the* ～. そのことは人づてに聞いた. **b** 流言, うわさ, 風聞. **3** 〘レス〙グレープバイン(ホールド), ブドウづる固め《相手の足に自分の足を巻きつけてする押え込み》; 〘スケート〙グレープバイン《フィギュアスケートで曲線をつる状に描く図形》. ► *a* 出所のはっきりしない, 根も葉もない.

grapey ⇨ GRAPY.

graph[1] /grǽf; grɑ́ːf/ *n* グラフ, 図式, 図表; 〘数〙グラフ《node [vertex] を edge で結んだもの》: draw [plot] a ～ グラフを描く. ► *vt* グ

ラフで示す, 図式で表わす, 図示する: ～ *out* グラフで表わす. [*graphic* formula]

graph[2] *n, vt* ゼラチン[コンニャク]版(で刷る). [chromo*graph*, hecto*graph*]

graph[3] *n* 語のつづり; 《アルファベット中の一つに対する各種の》文字《F, f, *F*, *f* など》; 〘言〙《音素 (phoneme) 決定の最小単位としての》文字(の組合わせ), つづり体, 書記素 (grapheme). [Gk *graphē* writing (*graphō* to write)]

-graph /græf; grɑ̀:f/ *n comb form*「…を書く[描く, 記録する]器具」「…を書いたもの[絵, 図]」: phono*graph*, photo*graph*. ► *v comb form*「…で書く[描く, 記録する]」: hecto*graph*. [OF, <Gk ↑]

graph·eme /grǽfi:m/ *n* 〘言〙 書記素《書記素論で, つづり字の体系における最小単位; cf. PHONEME》. ♦ **gra·phe·mic** /græfí:mɪk/ *a* **-mi·cal·ly** *adv*

gra·phe·mics /græfí:mɪks/ *n* 〘言〙 書記素論.

graph·ene /grǽfi:n/ *n* 〘化〙 グラフェン《炭素原子が原子 1 個分の厚さで六角形の格子状に並んだ層》.

-g·ra·pher /-grəfər/ *n comb form*「書く人」「描く人」「記録者」: steno*grapher*, tele*grapher*. [*-graph*, *-er*[1]]

graph·ic /grǽfɪk/, **-i·cal** /grǽfɪk(ə)l/ *a* **1 a** 図画[絵画, 彫刻, 食刻](的)の. **b** グラフィックアートの. **2** まのあたりに見るような, 生きいきとした; なまなましい, 露骨な, どぎつい: a ～ account 躍如とした叙述. **3 a** 描写の, 図表の, 図解の, 図示の, グラフ式の; 絵画的描写を含む: a ～ method 図式法, グラフ法. **b** 文字に書く, 文字[記号]の; 書画[刻印など]の. **4** 〘地質〙 文象(ぶんしょう)の《文字状の模様がある》. **5** GRAPHICS の[による]. ► *n* 視覚芸術[印刷美術]の作品; 説明用の絵[地図, グラフ], 説明図, さしえ; 〘電算〙《表示された》図形, グラフィック; 《テレビの》字幕; [～s] ⇨ GRAPHICS. ♦ **-i·cal·ly** *adv* 絵を見るように, ありありと, 写実的に; 線図で; 図表を用いて. **～·ness** *n* [L<Gk (*graphē* writing)]

-graph·ic /grǽfɪk/, **-i·cal** /grǽfɪk(ə)l/ *a comb form* -GRAPH, -GRAPHY で終わる名詞の形容詞をつくる: steno*graphic*. [L<Gk (↑)]

gráphic áccent 〘言〙《文字の上に付けた》強勢符号《スペイン語の Japón の ´ など》; 《発音の》アクセント記号.

graph·i·ca·cy /grǽfɪkəsi/ *n* グラフィックアートの才能[技能, 技術]; グラフィカシー《地図・グラフなどを理解・使用・作成する》.

gráphical úser ìnterface 〘電算〙 グラフィカルユーザーインターフェース (GUI).

gráphic árts *pl* グラフィックアート《平面的な視覚芸術・印刷美術; 制作活動や学科目名をいう場合は単数形 **gráphic árt** を使うことがある》. ♦ **gráphic ártist** *n*

graph·i·cate /grǽfɪkət/ *a* グラフィックアートの才能[技術]がある.

gráphic desígn グラフィックデザイン《印刷を活用して, 視覚を通じ効果的に情報を伝達することを目指すデザイン》. ♦ **gráphic desígner** *n*

gráphic équalizer 〘音響〙 グラフィックイコライザー《可聴周波数帯域をいくつかの帯域に分け, それぞれの帯域の信号レベルを増減できるようにした周波数特性補正装置》.

gráphic fórmula 〘化〙 STRUCTURAL FORMULA.

gráphic nóvel 劇画《特に SF やファンタジーものが多い》.

gráph·ics *n* [⟨*sg*/*pl*⟩] 製図法, 図学; [⟨*sg*⟩] グラフ算法, 図式計算学; [⟨*sg*/*pl*⟩] 〘電算〙 グラフィックス《図形表示, およびそのための演算処理や操作》; [⟨*sg*⟩] 〘言〙 書記論 (=*graphology*); [⟨*pl*⟩] 視覚媒体; [⟨*pl*⟩] 《雑誌などに利用される》複製絵画[写真など]; [⟨*pl*⟩] GRAPHIC ARTS.

gráphics accèlerator bòard 〘電算〙 グラフィックアクセラレーターボード.

gráphics adàpter 〘電算〙 グラフィックアダプター (VIDEO CONTROLLER).

gráphics bòard 〘電算〙 グラフィックボード (VIDEO CONTROLLER).

gráphics càrd GRAPHICS BOARD.

gráphics tàblet 〘電算〙 グラフィックスタブレット《スタイラスなどを使って位置入力・描画などを行なうための板状入力装置》.

graph·ite /grǽfàɪt/ *n* 〘鉱〙 石墨, 黒鉛, グラファイト (=*blacklead*, *plumbago*). ♦ **gra·phit·ic** /græfítɪk/ *a* [G *Graphit*; ⇨ GRAPH[3]]

gráphite fìber グラファイト繊維.

gráphite reàctor 黒鉛型原子炉.

graph·i·tize /grǽfətàɪz/ *vt, vi* 黒鉛化する; …に黒鉛を塗る. ♦ **-tìz·able** *a* **gràph·i·ti·zá·tion** *n*

graph·i·toid /grǽfətɔ̀ɪd/ *a* 石墨状[様]の.

grapho- /grǽfoʊ, -fə/ *comb form*「書字」「描くこと」 [Gk; ⇨ GRAPH[3]]

graph·o·lect /grǽfəlèkt/ *n* 《標準的な》書きことば[書き方, 文体].

gra·phol·o·gy /græfɑ́ləʤi/ *n* 筆跡学, 筆跡観相法, 筆相学《筆跡での性格判断》; 〘言〙 書記論; 図式[グラフ]法. ♦ **-gist** *n* **gràph·o·lóg·i·cal** *a* [Gk; ⇨ GRAPH[3]]

gràpho·mánia *n* 《何か書かずにおれない》濫書狂, 書狂.

gràpho·mótor *a* 〘医〙 書記筋肉運動の.

gra·phon·o·my /græfɑ́nəmi/ *n* 書字学.

grápho·phòne *n* グラフォフォーン《ワックスレコードを用いる蓄音機》. [もと商標]

grápho·spàsm *n* 〘医〙 書痙 (writer's cramp).

gràpho·thérapy 〘精神医〙 *n* 筆跡診断(法); 筆跡療法《筆跡を変えさせて治療する心理療法》.

grápho·type *n* 白亜凸版(法).

gráph pàper グラフ用紙, 方眼紙 (section paper[11]).

gráph thèory 〘数〙 グラフ理論《node を edge で結んだグラフを扱う理論; OPERATIONS RESEARCH やコンピューター科学の発展に寄与した》.

graphy /grǽfi/ *n* 〘言〙 GRAPH[3].

-g·ra·phy /-grəfi/ *n comb form*「…画風」「画法」「書風」「書法」「記録法」「…誌」「…記」: litho*graphy*, steno*graphy*, geo*graphy*, bio*graphy*. [Gk; ⇨ GRAPH[3]]

grap·nel /grǽpn(ə)l/ *n* 〘海〙 四爪(よつめ)アンカー《通例 4 本のつめのある小型の錨》; 《複数の鉤(かぎ)のついた》ひっかけ鉤, グラップネル. [AF<OF<Gmc; cf. GRAPE]

grap·pa /grɑ́:pə; grǽpə/ *n* グラッパ《ブドウしぼり器の残滓から蒸留したイタリアのブランデー》. [It=grape stalk<Gmc]

Grap·pel·li /grəpéli/ グラッペリ **Stéphane** ～ (1908–97)《フランスのジャズヴァイオリニスト》.

grap·ple /grǽp(ə)l/ *vt, vi* **1 a** つかむ, 握る, 捕える. **b** 組討ちする, 取っ組み合う ⟨*with*⟩. **c** 《古》しっかりと結びつける ⟨*to*⟩; 〘海〙 ⟨敵船などを⟩鉤いかりでひっかける. **2** なし遂げよう[解決しよう, 打ち勝とう]と努力する, 取り組む ⟨*with*⟩. ► *n* **1** つかむ[握る]こと, 捕捉; 組討ち, つかみ合い, 格闘, 接戦: come to ～*s* with…と組討ちをする[取っ組み合う]. **2** 〘海〙《鉄製の》ひっかけ鉤; 四爪アンカー (grapnel); 浚渫(しゅんせつ)バケット. ♦ **gráp·pler** *n* [OF *grapil*<Prov (dim)⟨*grapa* hook; ⇨ GRAPNEL; cf. OE *græppian* to seize]

grápple gròund 《小型船の》投錨[停泊]地.

grápple plànt 〘植〙 鉤状木質果をつける南アフリカ産ゴマ科の多年草《動物の被毛に果実がくっついて広がる》.

gráp·pling *n* ひっかけ鉤を用いること; 組討ち, つかみ合い, 格闘, 接戦; 〘海〙 GRAPNEL, GRAPPLE.

grápplinɡ ìron [hòok] 《船を引き寄せる》ひっかけ鉤, ひっかけいかり.

grap·po /grǽpoʊ/ *n* (*pl* ～**s**)*《俗》ワイン.

gráp·to·lìte /grǽptə-/ *n* 〘古生〙 筆石(ふでいし)《古生代の群棲生物》.

grapy, grap·ey /gréɪpi/ *a* ブドウ (grape) (状)の, ブドウに似た; ⟨ワインが⟩フレッシュなブドウの味[香り]がする; 〘獣医〙 ⟨馬が⟩ブドウ瘡にかかった. ♦ **gráp·i·ness** *n*

GRAS /grǽs/ 〘米〙 generally recognized as safe《安全とされる食品添加物の表示として FDA により用いられる》.

gra·ser /gréɪzər/ *n* 〘理〙 ガンマ線レーザー, グレーザー (=*gamma-ray laser*)《動作周波数がガンマ線領域のレーザー》. [*g*amma-*r*ay *a*mplification by *s*timulated *e*mission of *r*adiation]

Gras·mere /grǽsmɪr; grɑ́:smɪ̀ər/ グラスミア **(1)** イングランド北西部 Cumbria 州の Lake District にある湖 **2)** その北端の湖畔の村; Wordsworth が住んだ (1799–1808)》.

grasp /grǽsp; grɑ́:sp/ *vt* **1 a** つかむ, つかまえる (grip): ～ him *by* the arm 彼の腕をつかむ / ～ an opportunity / *G*～ all, lose all. 《諺》欲ばりのまる損. **b** 捕える. **2** 会得する, 理解する, わかる (understand). ► *vi* しっかりとつかむ, 固く握る ⟨*at*⟩; ⟨機会などを⟩つかもうとする, 飛びつく ⟨*at*⟩. ► *n* **1** しっかり捕えること, 強い握り, 抱きしめること. **2** 統御, 支配; 占有: in the ～ of…の手中に / He has a firm ～ *of* grammar. 文法をしっかり理解している / take a ～ *on oneself* 自分の気持[感情]をコントロールする. **3** 手の届く範囲 (reach); 捕える[なし遂げる]力; 理解力, 把握力, 理解の範囲, 十分な理解: beyond [within] one's ～ 手の届かない[届く]ところに, 理解の及ばない[及ぶ]ところに. **4** つかむためのもの; 〘海〙 オールの柄. ● **slip from** sb's ～ 人の手からこぼれる; みすみす失われる. ♦ **～·able** *a* **～·er** *n* [ME *graspe*, *grapse*<? OE GROPE]

grásp·ing *a* 握りしめる; 貪欲な, けちな. ♦ **～·ly** *adv* **～·ness** *n*

grass /grǽs; grɑ́:s/ *n* **1 a** 草, 牧草《特にイネ科の草本 (⇨ 2a) を指す; VERDANT *a*》; 草地, 草原, 牧草地, 牧場; 芝生 (lawn), 《テニスの》芝のコート, 《競馬場の》ターフ: (as) green as ～ 《口》⟨人が⟩未熟で / Keep off the ～. 《掲示》芝生にはいるな; [*fig*] おせっかい無用 / lay down (a land) in ～ (土地に)芝を植え込む, 草地にする / The ～ is greener on the other side (of the fence). 《諺》よその芝生はうちの芝生より青く見える. **b** 緑草の季節, 春季. **2 a** 〘植〙 イネ科の草本, イネ科植物, 禾本(かほん)《穀類・葦・竹なども含む》; [*pl*] 草の葉や茎. **b** 《俗》アスパラガス《sparrowgrass の短縮形》; *《俗》レタス; *《俗》(刻んだ)野菜のサラダ; 《俗》マリファナ (marijuana). **3 a** *《黒人俗》白人の髪; 《卑》恥毛. **b** 〘電子工〙 草《ノイズによって生じるレーダーの受像面の草状の線》. **4** 〘鉱〙 地表, 坑口 (pithead): bring to ～ ⟨鉱石を⟩坑外へ出す. **5** [11]《俗》密告者; [11]《印刷俗》臨時仕事. ● **be at** ～ ⟨馬など⟩放牧されている, 草を食(は)んでいる; ⟨人が⟩職を離れている, 仕事を休んでいる, 遊んでいる; 〘鉱〙 出坑している. **be between ～ and hay** *まだおとなになりきらない若者である. **be out at ～**=be at GRASS. **cut** one's **own ～** 《口》独力で生活する. **cut the ～ from**

under sb**'s feet** 人のじゃまをする, 人の揚げ足を取る. **go to ～** 〈家畜が〉牧場へ行く; 《俗》〈人が〉仕事をやめる, 休みにする, 引っ込む; 《俗》《ボクシングなどで》ぶちのめされる: *Go to ～!* *《俗》くたばっちまえ, ばか言え! **hear the ～ grow [growing]** 極度に敏感である. **hunt ～** 打ち倒される. **let [allow] the ～ (to) grow under** one**'s feet** [ᵁneg] ぐずぐずして機会を逸する. **put [send, turn] (out) to ～** 牧場に放す, 放牧する; 〈競走馬を〉引退させる《老齢などで》; 《口》暇を出す, 解雇する, 閑職をあてがう; 《俗》なぐり倒す, はったおす.
► *vt* **1** 〈土地〉に草の種をまく, 〈土地〉に草を生えさせる, 草でおおう; 芝生にする 〈*over*〉: be *～ed down* 草におおわれ(てい)る. **2** *〈牛など〉に草を食わせる, 放牧する. **3 a** 草の上[地面]に置く; 《漂白などのため》草[芝生]の上に広げる. **b** 《口》《ラグビーなどで》〈相手を〉倒す (knock down), 〈鳥を〉射落とす, 撃ち落とす; 〈魚を〉陸に揚げる. **4** ᴵᴵ《俗》〈人を〉裏切る, 《警察などに》密告する, たれ込む 〈*up*〉. ► *vi* 草[芝]が生える; 草[牧草]を食う; ᴵᴵ《俗》〈他の犯罪者のことを〉密告する 〈*on*〉.
♦ **～·less** *a* **～·like** *a* ［OE *græs*; GREEN, GROW と同語源］

Grass /grá:s/ グラス **Günter (Wilhelm)** ～ (1927–)《ドイツの小説家・劇作家; *Die Blechtrommel* (ブリキの太鼓, 1959); ノーベル文学賞 (1999)》.

gráss-bìrd *n* 〔鳥〕 **a** 草地の鳥. **b** クサシギ・オバシギの類 (=*sandpiper*). **c** オニセッカ(鬼雪加[雪下])《豪州産ムシクイ族》.

gráss-blàde *n* 草の葉.

gráss bòx 《芝刈り機の》集草箱[容器].

gráss càrp 〔魚〕 ソウギョ(草魚) (=*white amur*)《コイ科》.

gráss clìpper 《野球俗》 GRASS CUTTER.

gráss clòth グラスクロス《ラミー・亜麻・大麻などの繊維で織った光沢のある平織物》.

gráss cóurt 〔テニス〕 グラスコート《芝生張りの屋外コート; cf. CLAY [HARD] COURT》.

gráss cùtter 草を刈る人, 草刈り人夫; 草刈り[芝刈り]機; 《野球俗》痛烈なゴロ, 猛ゴロ (=*grass clipper*).

Grasse /græs, grá:s/ **1** グラース **François-Joseph-Paul,** Marquis de Grasse-Til·ly /tijí:/, Comte de ～ (1722–88)《フランスの提督; アメリカ独立戦争で英軍との戦いを指揮》. **2** グラース《フランス南東部 Alpes-Maritimes 県の町》.

gráss·èat·er *n* *《俗》《賄賂を要求はしないが, 差し出されれば受け取る》袖の下警官 (cf. MEATEATER).

gráss·er *n* ᴵᴵ《俗》密告者; *《俗》マリファナ喫煙者.

gráss fàmily 〔植〕 イネ科 (Gramineae).

gráss fìnch 〔鳥〕 **a** VESPER SPARROW《アメリカ産》. **b** キンセイチョウ《豪州産》.

gráss gréen 萌黄(もえぎ)色, グラスグリーン.

gráss hànd 《漢字・仮名の》草書; ᴵᴵ《印刷俗》臨時雇い.

gráss·hèad *n* *《俗》マリファナ常用者, はっぱ飲み.

gráss hòckey 《カナダ》《アイスホッケーと区別して》フィールドホッケー.

gráss hòok 草刈り鎌.

gráss·hòpper *n* 〔昆〕 バッタ, イナゴ, キリギリス; [*fig*] 移り気な人, 気まぐれな人間, 浮気者; *《軍俗》《軽快無武装の》偵察連絡機; *《俗》農薬散布用飛行機; 《俗》マリファナ喫煙者; グラスホッパー《crème de menthe, crème de cacao, light cream で作るカクテル》.
● KNEE-HIGH **to a ～.** ［ME］

grásshopper mòuse 〔動〕 バッタネズミ《北米西部に多い食虫性のネズミ》.

grásshopper spàrrow 〔鳥〕 チビオヒメドリ《草地性; 北米産》.

grásshopper wàrbler 〔鳥〕 センニュウ《欧州・アジア・アフリカ産; ヒタキ科》.

gráss·lànd *n* 牧草地, 牧場; 《bushland, woodland に対し》草地(そうち), 草原(地帯); [*pl*] 大草原, 牧草用農地, 牧野; エコ・コミュニティ《草木が優占する植生の土地》.

Grass·mann /græsmən; grá:s-/ グラスマン **Hermann Günther** ～ (1809–77)《ドイツの数学者・サンスクリット学者》.

gráss màsk マリファナ喫煙用マスク《パイプに付けて煙をむだなく吸引するためのもの》.

gráss mòth ツトガ《メイガ科ツトガ亜科のガの総称; 幼虫が草を食い荒らす》.

gráss-of-parnássus *n* [ᴼgrass-of-Parnassus] 〔植〕 ウメバチソウ《ユキノシタ科の多年草》.

gráss pàrakeet 〔鳥〕 草地性のインコ《豪州産》, 《特に》セキセイインコ (budgerigar).

gráss pàrty *《俗》マリファナパーティー.

gráss·plòt *n* 芝生, 草地.

gráss plòver 〔鳥〕 UPLAND PLOVER.

gráss pòly 〔植〕 コメバミソハギ《熱帯アメリカ原産》.

gráss·quìt *n* 〔鳥〕 クビワスズメ (=*seedeater*)《南米産》.

gráss·ròot(s) *a* 基礎的な, 根本的な; 農業地帯[地方]の, 一般民衆の, 草の根の; 真新しい.

gráss ròots [the, 〈*sg/pl*〉] **1** 地表に近い土壌, 表土. **2 a** 基盤, 根底. **b** 《社会・組織などの, 指導者層と対比して》一般の人びと, '草の根', (一般の)有権者.

gráss shèars *pl* 芝刈りばさみ.

gráss sìckness 〔獣医〕 牧草病《胃腸機能障害を起こすウマの病気で, 有害な飼草かボツリヌス毒素 (botulin) によると考えられる》.

gráss skì グラススキー《grass skiing をするとき足に装着するキャタピラー状のスキー板》.

gráss skìing 草スキー, 芝スキー, グラススキー.

gráss skìrt 《フラダンスの》腰みの.

gráss snàke 〔動〕 **a** ヨーロッパヤマカガシ. **b** 《北米の》GARTER SNAKE, GREEN SNAKE.

gráss snìpe 〔鳥〕 PECTORAL SANDPIPER.

gráss spònge 〔動〕 メキシコ湾・西インド諸島海域・Florida 沖に産するカイメンの一種《海綿としては下等品》.

gráss stàggers [〈*sg*〉] GRASS TETANY.

gráss stỳle 《書道の》草書(体).

gráss tètany 〔獣医〕 グラステタニー《乳牛などの疾病; 青草の過食によって血中カルシウムおよびマグネシウムが低下し, 強直痙攣(けいれん)昏睡を呈し, しばしば死に至る》.

Grass·tex /græstèks; grá:s-/ 〔商標〕 グラステックス《テニスコートの表面材》.

gráss trèe 〔植〕 **a** ススキノキ (=*blackboy*)《茎が木質化するユリ科の多年草; 豪州原産》. **b** イネ科植物のような剣状葉をつける木《センネンボク (ti) など》.

grass·veld /græsfɛ̀lt; grá:s-/ *n* 《南ア》《未開墾の》草原. ［Afrik *grasvelt* prairie］

gráss wèed *《俗》マリファナ (marijuana).

gráss wídow 夫が(一時的に)不在の妻; 離婚[別居]している妻; 《方》捨てられた内縁の妻[妾]; 《口・方》未婚の母, ててなし子を産んだ女. ［cf. *be at* GRASS; G *Strohwitwe* (lit) straw widow］

gráss wídower 妻が(一時的に)不在の夫; 離婚[別居]している夫.

gráss wràck 〔植〕 アマモ (eelgrass)《海草》.

gráss-wrèn *n* 〔鳥〕 セスジムシクイ《豪州産》.

grássy *a* 草の多い, 草深い, 草におおわれた; イネ科植物の(ような), 禾本(状)の; 草のような, 草の香り[匂い]のする; 草色の; 草の, 草でできている, 草がはいっている. ♦ **gráss·i·ness** *n*

grat *v* 《古・スコ》GREET² の過去形.

grate¹ /greɪt/ *n* 《暖炉・ストーブ内の燃料を載せる》火格子, 火床(ひどこ); 《肉などを焼く》焼き網; 暖炉 (fireplace); 《窓などの》鉄格子《英国では今は grating のほうが普通》, 格子状のふた(のはまった排水[排気]口); 〔鉱〕 角格子のふるい; 《廃》《動物の》おり, 監獄. ► *vt* …に鉄格子[火格子]を付ける. ♦ **～·less** *a* **～·lìke** *a* ［ME=grating¹, <L *cratis* hurdle］

grate² *vt* すりつぶす, すり砕く, 《おろし金で》おろす; いらいらさせる, おこらせる; 〈機械・歯などを〉きしらせる; 耳ざわりな声で語る; 《古》すりへらす 〈*down, away*〉: *～d* cheese おろしチーズ. ► *vi* 摩擦によって耳ざわりな音を発する, きしる 〈*against, on*〉; 〈人・感覚器官などに〉不快感を与える, 〈神経などに〉さわる 〈*on*〉. ► *n* きしるような耳ざわりな音. ［OF<WGmc=to scratch (G *kratzen*)］

G-rated /ʤí: ―́―/ *a* 〈映画・ゲーム・小説などが〉一般向きの《性や暴力の描写を含まない; ⇨ RATING》.

gráte·ful *a* **1** ありがたく思う, 感謝に満ちた (thankful); 謝意を表わす: be ～ *to* sb *for* sth 人に…を感謝する / a ～ letter 感謝の手紙 / have a lot to be ～ for 大いに恵まれている / I [We] would be ～ if…していただけるとうれしいのですが. **2** 《文》ここちよい, 快適な (pleasant); ありがたい, うれしい. ♦ **～·ly** *adv* 感謝して, 喜んで, ありがたく. **～·ness** *n* ［*grate* (obs) pleasing, thankful<L (*gratia* favor)］

grat·er /gréɪtər/ *n* 《香辛料・チーズなどを》すりおろす器具, おろし金(がね); いらいらさせる人.

Gra·tian /gréɪʃ(i)ən/ グラティアヌス (*L* Flavius Gratianus) (359–383)《ローマ皇帝 (367–383); 父 Valentinian から帝国西半の名目的帝位を授かり, 没後は弟と共同統治; 東半は叔父 Valens 没後 Theodosius に継がせた》.

grat·i·cule /grætəkjù:l/ *n* 《顕微鏡などの計数板上の》計数線, グラティキュール; RETICLE; 〔測〕《方眼紙上の》格子線; 〔地図〕 経緯線網. ［F<L *craticula* small gridiron］

grat·i·fi·ca·tion /grætəfəkéɪʃ(ə)n/ *n* 満足させる[喜ばせる]こと, 欲求充足; 満足, 喜悦, 満足感; 満足させる[喜びを与える]もの; 《古》報酬 (reward), 心付け.

grat·i·fy /grætəfàɪ/ *vt* 喜ばせる; 満足させる, 満たす; 《古》〈人〉に心付け[報酬]を与える: ～ sb's desire [need, curiosity] 人の願望[必要, 好奇心]を満たす. ♦ **grát·i·fì·able** *a* **grát·i·fì·er** *n* ［F or L=to do a favor to; ⇨ GRATEFUL］

grátify·ing *a* 満足を与える, 満足な, ここちよい, 愉快な. ♦ **～·ly** *adv*

grat·in /grǽtn, grá:-; grætæ̃(ŋ), grætæŋ; *F* gratɛ̃/ *n* 〔料理〕 グラタン; 上流(階級): AU GRATIN. ［F; ⇨ GRATE²］

gra·ti·né, -née /græ̀t(ə)néɪ, grà:t-/ *a* グラタンの (au gratin). ► *vt* (**-néed**) グラタンにする.

grat·ing¹ /gréɪtɪŋ/ *n* 《鉄や木の》格子, 格子細工; 格子戸[窓]; 《船の昇降口・ボートの底などの》すのこ; 〔建〕《土台の》枠組; 〔光〕 回折格子; 〔電〕 格子. ［*grate*¹］

grating² *a* きしる, キーキーいう, 耳ざわりな; 神経にさわる, いらいらさせる. ► *n* すりつぶす[きしらせる]こと; すりつぶしたもの; きしむ音. ♦ **～·ly** *adv* [*grate*[2]]

grat·is /grǽtəs, gréɪ-, grɑ́ː-/ *adv, a* 無料[無代]で[の]. ★ しばしば free ～ として意味を強める. [L (*gratia* favor)]

grat·i·tude /grǽtət(j)ùːd/ *n* 感謝(の念), 謝意 ‹*to* sb, *for* sth›: with ～ 感謝して / out of ～ 感謝の念から, 恩返しに. [F or L; ⇨ GRATEFUL]

Grat·tan /grǽtn/ グラタン **Henry** ～ (1746–1820)《アイルランドの政治家; 英国に従属していたアイルランド議会の立法権独立のための運動を行ない, 独立を勝ち取った》.

grat·toir /grætwɑ́ːr/ *n* 〖考古〗グラトワール《削ったり切ったりするための打製石器》. [F (GRATE[2])]

gra·tu·i·tous /grət(j)úːətəs/ *a* **1** 無料の (free), 無報酬の, 好意からの, 篤志の: ～ advice 好意での忠告[助言]. **2**〖法〗‹契約・証書など›無償の (cf. ONEROUS). **3** その必要のない (uncalled for), いわれ[根拠]のない (motiveless), 余計な: a ～ insult いわれのない侮辱. ♦ **～·ly** *adv* **～·ness** *n* [L=spontaneous; cf. FORTUITOUS]

gratúitous cóntract 〖法〗無償契約.

gra·tu·i·ty /grət(j)úːəti/ *n* 心付け, 祝儀, チップ; プレゼント, 贈り物; 〖英軍〗《特に 除隊などの際に兵士がもらう》賜金, 給与金: No ～ accepted. お心付けはご辞退. [OF or L *gratuitas* gift (*gratus* grateful)]

grat·u·lant /grǽtʃələnt/ *a* 喜び[満足]を示す.

grat·u·late /grǽtʃəlèɪt/《古》*vt* ‹人›に喜びのことばを述べる. ► *vi* 同慶の意[満足]を表明する. ♦ **gràt·u·lá·tion**《古》*n* 喜び, 満足; [*pl*] 喜びの表現; CONGRATULATION; 祝辞. **grat·u·la·to·ry** /grǽtʃələtɔ̀ːri; -lèɪt(ə)ri/ *a*

Grau·bün·den /graubýndən; *G* graubýndn/ グラウビュンデン (*F* Grisons)《スイス東部の州; ☆Chur》.

Grau·denz /*G* gráudɛnts/ グラウデンツ《ポーランド GRUDZIĄDZ のドイツ語名》.

graum /grɔ́ːm/ *vi**《俗》じれる, いらだつ, 小言を言う.

graunch /grɔ́ːntʃ/ *vi, vt*‖《口》ガリガリ[ギーギー]いう[いわせる]; ‹機械などを›こわす, だめにする, ‹体など›痛める; 《南ア》熱烈にキス[愛撫]する. ► *n*‖《口》ガリガリ[ギーギー]いう音; *《俗》とんでもない誤り. [imit]

grau·pel /gráup(ə)l/ *n* 〖気〗雪あられ (=*snow pellets, soft hail, tapioca snow*)《白色不透明で直径 2–5 mm の雪状氷粒》. [G (dim) ‹ *Graup* hulled grain]

Grau San Mar·tín /gráu sæn mɑːrtíːn, -sɑ̀ːn-/ グラウサンマルティン **Ramón** ～ (1887–1969)《キューバの医師・政治家; 暫定大統領 (1933–34); 大統領 (1944–48)》.

Grau·stark /gráustɑ̀ːrk, grɔ́ː-/ **1** グラウスターク《米国の作家 G. B. McCutcheon (1866–1928) の小説 (1901 以後) 中のロマンスの国》. **2** ひどくロマンチックな作品. ♦ **Grau·stárk·ian** *a* グラウスターク風の.

grav /grǽv/ *n* 〖空〗G.

gra·vad·lax /grǽvədlæ̀ks/ *n* GRAVLAX.

gra·va·men /grəvéɪmən/ *n* (*pl* ～**s**, **-vam·i·na** /-vǽmənə/) 苦情, 不平; 《英国聖職会議で下院から上院に提出する》陳情書; [the]〖法〗《訴訟・告訴・陳情などの》最重要点 ‹*of*›. [L=trouble, burden (*gravis* heavy)]

grave[1] /gréɪv/ *n* **1** 墓穴; 墓所, 埋葬所, 墓《SEPULCHRAL *a*》; 墓石, 墓碑: from beyond the ～ あの世[冥界]から / Someone [A ghost] is walking [has just walked] *on* [*across, over*] my [your etc.] ～. 墓所になる所をだれかが歩いている[歩いた]《わけもなくぞっと身震いするときなどに言う文句》/ (as) secret as the ～ 絶対に秘密で / (as) quiet [silent] as the ～ [tomb] 静まりかえって, 完全に沈黙して. **2** [ᵒthe] 死, 破滅; 死地, 「墓場」: a ～ of reputations 多くの人が名声をなくした所 / an early ～ 早すぎる死, 早逝. **3**‖野菜類貯蔵穴. ● **dance on sb's ～** 人の不幸を食い物にする. **dig one's own ～** みずから墓穴を掘る. **dig the ～ of…** を葬り去る, 破滅させる. **find one's ～** (**in**…に)死処(しょ)を得る《死ぬ》. **have one** FOOT **in the ～.** in one's ～ 死んで. **make** [**set**] sb **turn** (**over**) **in his ～** 故人を浮かばれないようにする. **on this side of the ～** この世で. **rise from the ～** 生き返る. **to the ～** 死ぬまで: from the CRADLE *to the* ～. **turn** [**roll, spin**] (**over**) **in one's ～** 草葉の陰で嘆く. [OE *græf* cave; cf. GRAVE[3], G *Grab*]

grave[2] *a* **1** 危機をはらんだ, ゆゆしい, 容易ならぬ, 重大な; 相当の. **2** まじめな, 威厳のある, 謹厳な, 厳粛な, 重々しい; 心配そうな, 憂慮の色を浮かべた; ‹色が›地味な, くすんだ: (as) ～ as a judge いかにもいかめしい. **3** /, grɑ́ːv/ ‹音が›低い; 〖音〗抑音の, 抑音アクセント (grave accent) の付いた (cf. ACUTE, CIRCUMFLEX). **4**《廃》‹人・書物・ことばなど›権威[影響力, 重み]のある. ► *n* /, grɑ́ːv/ GRAVE ACCENT. ♦ **～·ly** *adv* まじめに, おごそかに, 荘重に, 重々しく; 深刻に, 重大に, 切実に. **～·ness** *n* [F or L *gravis* heavy, serious]

grave[3] *vt, vi* (～**d**; **grav·en** /gréɪv(ə)n/, ～**d**)《英・古》彫る, 刻む, 彫刻する; [*fig*] ‹心に›銘記する (impress) ‹*on* [*in*] the mind or memory›; 《古》掘る (dig). [OE *grafan* to dig, engrave; cf. GRAVE[1], GROOVE, G *graben*]

grave[4] *vt* 〖海〗‹船底›の付着物を取りのけてタールなどを塗る. [? F *grave, grève* sandy shore, GRAVEL]

gra·ve[5] /grɑ́ːveɪ/ *adv, a* 〖楽〗ゆっくりおごそかに[な]. [It; ⇨ GRAVE[2]]

gráve áccent 〖音〗抑音[低]アクセント《第 2 または第 3 強勢やフランス語の母音の音価などを示す è などの ˋ》.

gráve·clòthes *n pl* 死者に着せる衣, きょうかたびら.

gráve-dàncer *n**《俗》人の不幸で利益を得る[得をする]者. [dance on sb's GRAVE[1] から]

gráve·dìgger *n* 墓掘り《人》; 最後の始末をする者; 〖昆〗モンシデムシ (burying beetle); 〖動〗インドラーテル.

gráve gòods *pl* 《先史時代の墓の》副葬品.

grav·el /grǽv(ə)l/ *n* **1** 砂利, 礫(れき), 砂礫; *バラス (ballast); 〖地質〗砂礫層《特に 砂金を含有する地層》; 《廃》砂: pay ～ 十分採算のとれるほど金(きん)を含んだ砂礫層. **2**〖医〗尿砂[腎砂](の疾患). ● **hit the ～**=*《俗》hit the DIRT. ► *vt* (**-l-** | **-ll-**) **1** 砂利でおおう[補修する], …に砂利を敷く[まく]. **2** めんくらわせる, 当惑させる (puzzle, perplex); *《口》いらだたせる, うるさがらせる (irritate). **3**《廃》‹船を›砂浜《など》に乗り上げる. ► *a* ‹声が›ガラガラの (gravelly). [OF (dim) ‹ GRAVE[4]]

grável-blìnd *a*《文》全盲に近い《sand-blind より悪く stone-blind よりはよく見える; Shak., *Merch* V 2.2.38》.

grável-crùsh·er《軍俗》*n* 歩兵; 教練指導官.

grável cùlture 礫耕(れきこう)栽培.

gráve·less *a* 墓のない, 葬られない; 墓の要らない, 不死の.

grável·ly *a* 砂利の(ような), 砂利を含む, 砂利の多い; ‹声が›ガラガラの.

grável pìt 砂利坑, 砂利採取場.

grável-pòund·er *n**《軍俗》歩兵 (ground-pounder).

grável-vòiced *a* ガラガラ声の, しゃがれ声の.

grável wàlk [**ròad**] 《公園・庭園の》砂利道.

gra·ve·men·te /grɑ̀ːvəménteɪ/ *adv* 〖楽〗おごそかに (gravely). [It]

grav·en /gréɪv(ə)n/ *v* GRAVE[3] の過去分詞. ► *a* 彫った, 彫刻した; 心に銘記された, 感銘をうけた.

Gravenhage ⇨ 's GRAVENHAGE.

gráven ímage 彫像, 偶像 (idol)《cf. *Exod* 20: 4》.

Gra·ven·stein /grɑ́ːvənstàɪn, grǽvənstìːn/ *n* 〖園〗生娘《赤に縞(しま)のある大型のドイツ種の黄色リンゴ》. [もとドイツ領のデンマークの産地名]

gra·ve·o·lent /grəvíːələnt; -víəl(ə)nt/ *a* 強い悪臭を放つ, 臭い. [L (*gravis* heavy, *olent- olens* (*pres p*) ‹ *oleo* to smell)]

grav·er /gréɪvər/ *n* 《古》彫刻師,《特に》銘刻師; 《銅板の》彫刻刀; 〖考古〗彫器, 刻器, 彫刻器《石器の一種》.

gráve ròbber 墓泥棒《埋葬品, また 古くは解剖用に死体を盗んだ》.

Graves[1] /grɑ́ːv/ *n* グラーヴ《フランス南西部 Gironde 県, Bordeaux の西および南の Graves 地方産の赤または白ワイン》; 《一般に》辛口または中甘口の白ワイン.

Graves[2] /gréɪvz/ グレーヴズ **Robert** (**Ranke**) ～ (1895–1985)《英国の詩人・小説家・批評家; 自伝 *Goodbye to All That* (1929), 歴史小説 *I, Claudius* (1934)》.

Gráves' disèase /gréɪvz-/ 〖医〗グレーヴズ病《HYPERTHYROIDISM, 特に EXOPHTHALMIC GOITER》. [Robert J. *Graves* (1796–1853) アイルランドの医師]

Graves·end /grèɪvzénd/ グレーヴズエンド《イングランド南東部 Kent 州の Thames 川河口に臨む町》.

gráve·sìde *n, a* 墓場のわき(の空き地)(の).

gráve·stòne *n* 墓石, 石碑 (tombstone).

Gra·vett·ian /grəvɛ́tiən/ *a, n* 〖考古〗グラヴェット文化(期)(の)《尖頭器を特徴とするヨーロッパの後期旧石器文化》. [La *Gravette* フランスにある標準遺跡]

gráve·ward *adv, a* 墓の方へ(の), 墓所[墓場]に向かう. ♦ **-wards** *adv*

gráve wàx《古》屍蠟 (adipocere).

gráve·yàrd *n* 墓所, 墓地 (cf. CEMETERY); 死地, 墓場; 廃棄場; 陰気な[さえない]場所; *《口》GRAVEYARD SHIFT; *《俗》〖ボウル〗得点の困難なレーン; [‹*a*›] ‹咳が›死の前兆のような (churchyard); [‹*a*›] *《俗》〖政〗極秘の; [‹*a*›] *《俗》出世の見込みのない‹仕事›.

gráveyard òrbit DUMP ORBIT.

gráveyard shìft 深夜の交替番, 墓場番《**1**) 三交替制勤務で真夜中から朝 8 時までの番 **2**) その番の労働者たち》.

gráveyard stèw *《俗》牛乳に浸したトースト.

gráveyard wàtch 墓場直《**1**) MIDWATCH **2**) GRAVEYARD SHIFT》.

gravi- /grǽvə/ *comb form*「重い」 [L (GRAVID)]

grav·id /grǽvəd/ *a*《文》/〖医・動〗妊娠している, ‹サケなどが›はらんだ; 満ちている ‹*with*›; 《文》前兆となる, 不吉な: ～ skies どんよりした空. ♦ **gra·vid·i·ty** /grəvídəti/ *n* 妊娠. **～·ly** *adv* **～·ness** *n* [L *gravidus*; ⇨ GRAVE[2]]

grav·i·da /grǽvədə/ *n* (*pl* ～**s**, **-dae** /-dìː/) 妊婦《多くは妊娠回数を付して用いる; cf. PARA[4]》: a 4-～=a ～ 4 妊娠 4 度目の妊婦.

gra·vi·me·ter /grəvímətər, grǽvəmìːtər/ *n* 〖化〗比重計; 〖理〗

重力計 (=*gravity meter*)《重力場の強さを測る》. [F (*gravi-*)]

grav·i·met·ric /grævəmétrɪk/, **-ri·cal** *a* 〘化〙重量測定の, 重量によって測定された (cf. VOLUMETRIC); 〘理〙重力計[場]の変化の[によって定められた]. ♦ **-ri·cal·ly** *adv*

gravimétric análysis 〘化〙重量分析.

gra·vim·e·try /grəvímətri/ *n* 〘化〙重量測定; 〘理〙重力場測定.

gráv·ing dòck /gréɪvɪŋ-/ 〘海〙グレービングドック《船底の掃除・修繕用の乾ドック》, 《広く》乾ドック (dry dock). [*grave*[4]]

gráving tòol 彫刻用具; 《銅板の》彫刻刀; [the G- T-] 〘天〙ちょうこくぐ座(彫刻具座) (Caelum).

gràvi·percéption *n* 〘植〙重力知覚.

grávi·sphère *n* 〘天〙《天体の》重力圏, 引力圏.

gra·vi·tas /grǽvətà:s, -tæs/ *n* 真剣さ, まじめさ, 厳粛さ. [L=weight; ⇨ GRAVE[2]]

grav·i·tate /grǽvətèɪt/ *vi* 引力に引かれる; 沈下[降下]する 〈*to* the bottom〉; ひかれる, ひきつけられる, (…に)傾斜する 〈*to, toward* the cities〉. ► *vt* 重力によって下降[沈下]させる.

grav·i·ta·tion /grævətéɪʃ(ə)n/ *n* **1 a** 〘理〙重力(作用), 引力: terrestrial ~ 地球引力, 重力. **b** 沈下, 下降. **2** 《自然の》傾向: the ~ of the population to cities 人口が都市に集中する傾向. ♦ **~·al** *a* **~·al·ly** *adv*

gravitátional astrónomy 重力天文学 (celestial mechanics).

gravitátional collápse 〘天〙重力崩壊《恒星やその他の天体が重力の作用で収縮していく現象》.

gravitátional cónstant 〘理〙重力定数.

gravitátional fíeld 〘理〙重力場.

gravitátional fórce 〘理〙引力《他の質点がその質点を引っ張るニュートンの法則にしたがう力》.

gravitátional interáction 〘理〙重力相互作用.

gravitátional léns 〘天〙重力レンズ《遠隔の天体(特に, クエーサー)からの光を屈折させる巨大な質量をもつ天体(特に, 銀河)などの重力場》.

gravitátional lénsing 〘天〙重力レンズ効果《銀河など強い重力場をもった天体がそのあたりを通過する遠隔天体からの光に及ぼす屈折作用》.

gravitátional máss 〘理〙重力質量《重力場からうける力によって決められる質量; cf. INERTIAL MASS》.

gravitátional poténtial 〘理〙重力ポテンシャル.

gravitátional radiátion 〘理〙重力波の放出, 重力放射.

gravitátional wáve 〘理〙重力波 (=*gravity wave*)《一般相対性理論により重力場に存在するとされる, 電磁波に類する波》.

gráv·i·tà·tive *a* 重力の; 重力の作用をうけやすい.

grav·i·ti·no /grævətí:noʊ/ *n* (*pl* ~**s**) 〘理〙重力微子, グラビティーノ.

grav·i·ton /grǽvətàn/ *n* 〘理〙重力量子, グラビトン. [*gravitation, -on*]

grav·i·ty /grǽvəti/ *n* **1** 〘理〙重力, 引力; 重力加速度 (acceleration of gravity); 比重 (specific gravity); 重量 (weight): CENTER OF GRAVITY. **2 a** まじめさ (seriousness), 真剣さ, 厳粛, 沈着: keep one's ~ 笑わずにいる. **b** 重大さ, 容易ならぬこと; 危険, 脅威, 容易ならぬ罪: the ~ of the occasion 事態の重大性. **c** 《音などの》低さ, 低調子 (low pitch). ► *a* 重力による [F or L; ⇨ GRAVITAS]

grávity cèll 〘化〙重力電池.

grávity dàm 〘土木〙重力ダム《自重で安定するダム》.

grávity fàult 〘地質〙重力断層 (normal fault).

grávity fèed 重力送り《重力による燃料などの供給》; 重力送り装置. ♦ **grávity-fèd** *a*

grávity mèter 重力計 (gravimeter).

grávity plàtform 《海洋掘削用の》重力式プラットフォーム.

grávity wàve 〘理〙《流体の》重力波 (cf. RIPPLE[1]); GRAVITATIONAL WAVE.

grav·lax, -laks /grá:vlà:ks; grǽvlæks/ *n* グラヴラクス《スカンディナヴィア料理で, サケのマリネ; 塩・黒コショウ・イノンド (dill)・アクアヴィット (aquavit) に漬けたもの》. [Norw]

gra·vure /grəvjúər, *gréɪvjər/ *n* 〘印〙グラビア印刷, 写真凹版印刷 (=*photogravure*); グラビア(印刷物[版]). [F(Gmc GRAVE[3])]

gra·vy /gréɪvi/ *n* **1 a** 肉汁: ~ beef 肉汁を作るのに用いる牛の足肉 / ~ soup 肉スープ. **b** 《肉汁から作る》グレービーソース. **2** 《俗》楽に得た金, もうけ物, あぶく銭, あまい汁: in the ~ 金のある, 金持ちの, 何不自由ない. [OF *grané* (*grain* spice, GRAIN) を *gravé* と誤ったものか]

grávy bòat 《舟形の》グレービーソース入れ; 《俗》GRAVY TRAIN.

grávy rìde 《俗》楽なもうけ口をつかむこと, うまい話にひと口乗ること.

grávy tràin 《俗》労せずに金のはいる地位[仕事, 情勢], あぶく銭[不当利得](の源): get on [ride, board] the ~ 甘い汁を吸う.

gray[1] | **grey** /gréɪ/ *a* **1 a** 灰色の, ねずみ色の, うす墨色の, 鉛色の; 葦毛(あしげ)の〈馬〉; 〈顔色が〉青(白)い, 土色の; *《黒人俗》[*derog*] 白人の, 白の: a ~ eye グレーの瞳 / a ~-red 灰色味をおびた赤. **b** 漂白・染色などの加工をしていない. **2 a** 曇った, どんよりした; うす暗い (dim), 陰気な; [*fig*] 灰色の, 暗い〈未来など〉, 陰鬱な, 寂しい; スラム化しかかった〈市街地〉: a ~ day どんよりした[寂しい]日. **b** つまらない, 退屈な. **3 a** 〈髪の毛・人が〉しらがまじりの; 老年の, 退職年齢の; 経験を積んだ, 円熟した〈経験など〉: turn ~ しらがになる / GRAY POWER. **b** 太古の, 古代の: the ~ past 太古. **4 a** 〈人が〉無名の, 特徴[特色]のない. **b** どっちつかずの, 中間の. **c** 〘経〙闇取引に近い. **5** 灰衣童貞会の. ● **get** ~=get ~ HAIR. ► *n* **1 a** 灰色, ねずみ色, グレー; グレーのえのぐ[染料]. **b** 未漂白・未染色の状態. **2 a** グレーの衣服; グレーの服の人; 《米南北戦争の》南軍(兵士) (cf. BLUE); [the (Scots) Greys] 〘英軍〙ROYAL SCOTS GREYS: dressed in ~ グレーの服を着て. **b** 《馬の》葦毛; 灰色の動物, 《特に》葦毛の馬; *《黒人俗》[*derog*] 白人. **3** [the] うす闇, 薄明, 未明 〈*of* the morning〉, 薄暮. ● **grow ~ in the service of**…に長年尽くす. **in the ~** 磨かないで; 〈鹿が〉冬衣裳で. ► *vi* 灰色[ねずみ色]になる; 髪が白くなり始める; 老化する; 老齢者の割合が増加する. ► *vt* 灰色[ねずみ色]にする; 〘写〙つや消しにする. ● **~ out** [[U]*pass*] 〘電算〙グレーアウトさせる《テキストボックスなどが薄いグレーになり入力できない状態にする》. ♦ **~·ly** *adv* **~·ness** *n* [OE *grǣg*; cf. G *grau*]

gray[2] *n* 〘理〙グレイ《RAD[1] に代わる吸収線量の SI 単位: =100 rad; 記号 Gy》. [Louis H. *Gray* (1905–65) 英国の放射線生物学者]

Gray グレイ (1) **Asa** ~ (1810–88)《米国の植物学者; *Manual of the Botany of the Northern United States* (1848)》 (2) **Thomas** ~ (1716–71)《英国の詩人; *Elegy written in a Country Churchyard* (1751)》.

gráy área 《両極間の》中間領域, どちらともいえないところ, あいまいな部分[状況]; 'グレーゾーン'; 低所得者の居住区; GREY AREA.

gráy·bàck *n* 〘米史〙《南北戦争当時の》南軍兵士; 背が灰色の動物; GRAY WHALE; 〘鳥〙オバシギ (knot); 〘鳥〙オオハシシギ (dowitcher); *シラミ (louse).

Gráy·bàr Hótel *《俗》灰格子館, グレーバーホテル (=*Graystone College*)《監獄のこと》.

gráy·bèard *n* 半白ひげのある人, 老人; 老練者, 賢人; *《空俗》古参[大ベテラン]パイロット; BELLARMINE; [[U]]〘植〙VIRGIN'S BOWER. ♦ **~·ed** *a*

gráy bírch 〘植〙北米北東部産の小型のシラカンバ; YELLOW BIRCH.

gráy cást ìron GRAY IRON.

gráy céIls *pl* 灰色の脳細胞, 脳みそ (gray matter).

Gráy còde 〘電算〙グレイコード, グレイ符号《2 進表示された連続する数の体系で, どの隣接する表示も 1 桁でのみ異なるように作られたもの》. [Frank *Gray* (d. 1969) 米国の物理学者]

gráy-cóllar *a* 《機械などの》修理・保守を行なう労働者の, グレーカラーの (cf. BLUE-COLLAR, WHITE-COLLAR).

gráy crów 〘鳥〙ハイイロガラス (hooded crow).

gráy-cròwned bábbler 〘鳥〙オーストラリアマルハシ (=*apostle bird*)《チメドリ族; 豪州産》.

gráy cúscus 〘動〙ハイイロクスクス.

gráy dúck 〘鳥〙雌[幼鳥]の羽毛が灰色のカモ; 《オーストラリア・ニュージーランド産の》マミジロカルガモ.

gráy éminence ÉMINENCE GRISE.

gráy·fìsh *n* 〘市場〙サメ (dogfish).

gráy-flànnel *a* *《口》重役連の, 会社人間たちの.

gráy fóx 〘動〙ハイイロギツネ《北米産》.

Gray Friar ⇨ GREY FRIAR.

gráy ghóst **1** 〘犬〙灰色の幽霊, グレーゴースト, ワイマラナー (Weimaraner)《被毛の色と, 狩りで静かに行動するところからこう呼ばれる》. **2** *《俗》国会議員の参謀役, 筆頭秘書.

gráy góose 〘植〙GREYLAG.

gráy gúm 〘植〙樹皮が灰色のユーカリノキ.

gráy-háired, -héad·ed *a* 白髪の, しらがまじりの; 年老いた; 老練な 〈*in*〉; 古びた, 昔からの.

gráy hárewood HAREWOOD.

gráy·hèad *n* 白髪の老人.

gráy hén 〘鳥〙クロライチョウの雌 (heath hen).

gráy héron 〘鳥〙アオサギ《ユーラシア・アフリカ・マダガスカル産》.

grayhound ⇨ GREYHOUND.

gráy ìron 〘冶〙ねずみ鋳鉄《炭素が黒鉛の形で存在》.

gráy·ish *a* 灰[ねずみ]色がかった; 〈色が〉彩度が低い: a ~ purple.

gráy jáy 〘鳥〙カナダカケス《北米産》.

gráy kangaróo 〘動〙豪州の森林にすむ大型のカンガルー: **a** 《東部産の》オオカンガルー. **b** 《南部産の》クロカンガルー.

gráy knight 灰色の騎士, グレーナイト《会社買収戦で標的会社の敵か味方かはっきりしない陣営; cf. BLACK [WHITE] KNIGHT》.

Gráy Làdy 米国赤十字社の女性ボランティア.

graylag ⇨ GREYLAG.

gráy·ling *n* (*pl* ~, ~**s**) 〘魚〙ニシウオノハナ《サケ科カワヒメマス属の魚; 北欧主産》; カワヒメマス《北米・アジア・ロシア北部産》; 〘昆〙ジャノメチョウ, 《特に》キマダラタカネジャノメ《ユーラシア産》.

gráy líterature 灰色文献《報告書など, 一般に販売されない文書, 入手[閲覧]が困難な文書》.

gráy lóurie 〘鳥〙ムジハイイロエボシドリ《西アフリカ産》.

gráy·màil * *n* 《訴追中の被疑者による》政府機密暴露をほのめかす脅

迫. [gray¹＋black*mail*]
gráy máre [*fig*] 亭主を尻に敷く女: The ～ is the better horse. 《諺》かかあ天下である.
gráy márket 灰色市場, グレーマーケット《上場前株式·統制品·稀少品などの非公式取引(が行われる市場)》.
gráy màtter 〘解〙《脳脊髄の》灰白質 (cf. WHITE MATTER); 《口》頭脳, 知力: a boy without much ～ 脳みその足りない男の子.
gráy móld 〘植〙灰色カビ病; 灰色カビ菌.
gráy múle 《俗》WHITE MULE.
gráy múllet 〘魚〙ボラ《ボラ科の総称; red mullet に対して》.
gráy núrse (shàrk) 〘魚〙シロワニ《豪州など温·熱帯域沿岸にみられるミズワニ科シロワニ属のサメ; 誤って人食いザメとされた》.
gráy·òut *n* 〘医〙灰色くらみ, グレイアウト《大脳血流の減少による部分的意識障害·視覚障害》.
Gráy Pánther 〘米〙グレーパンサー《老人の権利拡大を目指す戦闘的な運動団体の一員》.
gráy párrot 〘鳥〙ヨウム (African gray).
gráy plóver 〘鳥〙**a** ダイゼン (BLACK-BELLIED PLOVER). **b** オバシギ (knot).
gráy pówer* 老人パワー.
gráy scále **1**〘印〙グレースケール《無彩色グレーを白から黒まで一定の濃度差で順次並べたもの; 製版での最適露光条件·撮影条件の決定などに用いられる》. **2**〘テレビ〙グレースケール《白から黒までを段階的に分けた明るさの程度を示す表·尺度; テレビカメラ·モノクロディスプレーの調整などに利用される》. **3** [〈*a*〉]〘電算〙グレースケール, 中間階調, 濃淡.
gráy séal 〘動〙ハイイロアザラシ《北大西洋産》.
Gráy's Ínn 〘英〙グレイズイン法学院 (⇨ INNS OF COURT).
gráy squírrel 〘動〙トウブハイイロリス《北米原産の大型種》.
gráy·stòne *n* 〘岩石〙灰色火山岩; 灰色火山岩の建物.
Gráystone Cóllege 灰色石大学, グレーストーンカレッジ (Graybar Hotel)《監獄のこと》.
gráy tróut 〘魚〙**a** WEAKFISH. **b** LAKE TROUT.
gráy·wàcke *n* 〘岩石〙グレーワッケ《泥質の硬砂岩》.
gráy wárbler 〘鳥〙ニュージーランドセンニョムシクイ (＝*riroriro*)《ヒタキ科センニョムシクイ属の小鳥; やぶに生息ししばしばカッコウの卵を孵化する》.
gráy wàter 中水道(用)水《浄化処理によって再利用される台所·ふろ場などからの排水》.
gray·weth·er /gréɪwèðər/ *n* SARSEN.
gráy whále 〘動〙コククジラ《北太平洋産》.
gráy wólf 〘動〙TIMBER WOLF.
Graz /grɑ́ːts/ グラーツ《オーストリア南東部 Styria 州の州都; Mur 川に臨む》.
graze¹ /gréɪz/ *vi* 〈家畜が〉《生えている》牧草を食う, 牧場で草を食う, 草食する; 放牧する; *《俗》食事する; 《口》《決まった時間に食事をせず》随時少しずつ食べ物を取る; 《口》《一回の食事で》いろいろなものを少しずつ味見する; 《口》テレビのチャンネルを変える; 《口》《スーパーマーケットで》盗み食いする. ► *vt* 〈家畜〉に生草を食わせる; 〈動物が草などを〉食う 〈*down*〉; 草を食わせに外に出す; 〈牧草地の家畜を〉見張る; 〈草地を〉牧場に使用する; 〈家畜…頭分〉の牧場になる; *《俗》〈食事を〉する. ● **send [put out]** (sb) **to ～** 解雇する, 追い出す. ► *n* 草を食わせる[食う]こと; 放し飼い, 放牧; 牧草. ♦ **gráz(e)·able** *a* [OE *grasian*; ⇨ GRASS]
graze² *vi* 軽く触れて[こすって, かすめて, そばを]通る 〈*against, along, through, by, past*〉; すりむく 〈*against*〉. ► *vt* …に軽く[かすかに]触れる; …にかすり傷をつける, すりむく. ► *n* かする[すりむく]こと; 擦過傷, すりむけ (abrasion); 〘砲〙着発《地面にあたった瞬間に爆発すること》; 〘砲〙接地弾道. [弾丸などが GRAZE¹ to take off grass close to ground することからか]
graz·er /gréɪzər/ *n* 草を食う動物, グレーザー; 放牧家畜, 放牧者.
Gra·zia·ni /grɑːtsiɑ́ːni/ グラツィアーニ **Rodolfo** ～, Marchese di Neghelli (1882–1955)《イタリアの軍人; ソマリランド (1935–36), エチオピア総督 (1936–37); ナチスの擁立した Mussolini のイタリア社会共和国の国防相 (1943–45)》.
gra·zier /gréɪʒər; -ziər/ *n* 牧牛業者; 農場主 (rancher); 《羊や牛の》大牧場主. ♦ **～y** *n* 牧牛業. [GRAZE¹]
graz·ing /gréɪzɪŋ/ *n* 牧草; 牧草地; 放牧, グレージング.
grázing ticket *《学生俗》食券(のつづり).
gra·zi·o·so /grɑːtsióusou, -zou/ *a, adv* 〘楽〙優美な[に], 典雅な[に], グラツィオーソの[で] (with grace). [It]
GRB °gamma-ray burst. **Gr. Br(it).** °Great Britain.
GRE 〘米〙Graduate Record Examination《大学院に出願する前に受験を要求される試験; 基礎力テスト general test と専門に関する基礎知識テスト subject test がある》.
greafa, greapha ⇨ GREEFO.
grease *n* /gríːs/ **1 a** 油脂; 《潤滑油などの》油, 獣脂, 膏(こう), グリース; 脂肪 (fat); 《俗》バター; *《俗》ニトログリセリン, ダイナマイト. **b** 羊毛の脂肪分; グリースウール (＝**～ wòol**)《脱脂しない生羊毛》. **c** 〘獣医〙GREASE HEEL. **2** 《俗》金, 銭 (money); 《俗》賄賂, 目こぼし料, 鼻ぐすり, チップ; *《証券俗》多額の口銭; 《俗》おべっか, お世辞; *《俗》引き, コネ. **3** *《俗》狙撃. ● **in (pride [prime] of) ～** 〘狩〙〈猟鳥獣が〉脂が乗りきって(今が撃ちごろの). **in the ～** 〈羊毛·毛皮など〉まだ脱脂してない, 刈り取ったままの. ► *v* /gríːz/ *vt* **1** …に油を塗る[差す]; 油でよごす. **2 a** 容易にする, 促進する; 《俗》…に心付け[賄賂]をやる. **b** 《俗》〈飛行機を〉順調に着陸させる. **3** *《俗》食う, かっこむ. **4** *《俗》撃つ, 撃ち殺す. ► 《俗》*vi* 〈人が〉順調に飛行機を着陸させる; "ご機嫌取りをする, 取り入る 〈*to*〉; "だます, ごまかす. ● **～ sb's hand [fist]**＝**～ sb's** PALM¹. **～ the fat pig [sow]** 余計な事をする. **～ the** WHEELS. ♦ **～·less** *a* [OF＜L (*crassus* thick, fat)]
gréase·bàck *n**《俗》[*derog*] 国境から米国に密入国するメキシコ人.
gréase·bàll *《俗》[*derog*] *n* ラテンアメリカ系人, 地中海系人; うすぎたない浮浪者[乞食]; *《海軍》コック, 料理人, キッチンの下働き; ハンバーガースタンド; メークをやりすぎる俳優; いやらしいやつ, 鼻つまみ, ひねくれ者.
gréase bòx 〘機〙《車軸の》グリース箱.
gréase-bùrn·er *n**《俗》コック, 料理人.
gréase·bùsh *n* 〘植〙GREASEWOOD.
gréase cùp グリースカップ《機械付属のグリース入れ》.
greased /gríːst, -zd/ *a* 〈馬が〉水疵(すいし)病 (grease heel) にかかった; *《俗》酔いがまわった (cf. OILED).
gréased líghtning 《口》おそろしく速いもの; 《口》強い酒: like ～ ものすごいスピードで / (as) quick as ～ おそろしく速く.
gréase gùn 給脂ガン, グリースガン; 《俗》短機関銃, 速射自動ピストル.
gréase hèel 〘獣医〙水疵(すいし)病, 繋皹(けいくん)《馬の距毛部の炎症》.
gréase jòint *《俗》《サーカスやカーニバルの》料理小屋, 食事テント; *《俗》安食堂, ハンバーガー[ホットドッグ]スタンド.
gréase mònkey 《口》《自動車·航空機などの》修理工, 整備員 (mechanic).
gréase·pàint *n* 《俳優の用いる》化粧用塗油, グリースペイント, ドーラン; 《芝居用の》メイクアップ.
gréase pèncil 顔料と油脂でできた芯を紙で巻いた鉛筆.
gréase·pròof *a* 油をはじく, 耐脂…: ～ paper 耐脂紙.
gréase-pùsh·er *n**《俗》《劇場やテレビ局などの》メイクアップ係.
greas·er /gríːzər, -sər/ *n* 油差し《人·器》; 《汽船の》機関員, (自動車)整備工; 《俗》《白人の》不良少年, チンピラ, 暴走族の若者, HOT-RODDER; 《俗》お世辞たらたらの人, いやなやつ; *《俗》[*derog*] ラテンアメリカ人, 南部ヨーロッパ人, メキシコ人; 《俗》《飛行機の》なめらかな着陸.
gréase spòt 油じみ, 油滴; 《人の》暑さで疲れた様子.
gréase tràp 〘土木〙防油弁, グリーストラップ《下水の油脂遮止装置》.
gréase tróugh *《俗》簡易食堂, 軽食堂.
gréase·wòod *n* 〘植〙グリースウッド《**1**) 米国西部に多いアカザ科の低木 (＝*chico*) **2**) CREOSOTE BUSH》.
greas·ing /gríːzɪŋ/ *n* 油を差す[塗る]こと, 油でよごすこと; 贈賄; "《俗》へつらい, おべっか, ごますり.
greasy /gríːsi, -zi/ *a* **1 a** 脂を塗った, 脂でよごれた, 脂じみた; 脂肪性の, 脂を含んだ, 脂っこい〈食物など〉, 脂ぎった; 〈羊毛が〉脱脂していない; べとべとの; 〘獣医〙〈馬が〉水疵病 (grease heel) にかかった. **b** すべすべ[ずるずる, ぬめぬめ]する; すべりやすい; ぬかるんだ. **c** 〘海〙〈天候が〉どんよりした, うっとうしい. **2** お世辞たらたらの, 調子がいい; あてにならない (unreliable), 怪しい; *《俗》ずるい, きたない. ♦ **gréas·i·ly** *adv* **-i·ness** *n*
gréasy grínd *《口》ガリ勉屋.
gréasy póle" 脂棒《脂を塗ってそれに登ったり上を歩いたりする遊戯具; その競技》. ● **climb up the ～** 《出世のため》苦難の道を歩む, 《苦労して》のし上がる.
gréasy spóon 《口》《揚げ物を供するうらぶれた》大衆食堂; 《口》B 級レストラン.
great /gréɪt/ *a* **1 a** 際立った, 顕著な, 強度の, 重要な, 大… (eminent, important); 卓越した, 偉大な (excellent); 主な, 第一の: a ～ friend of mine わたしの親友(の一人) / be ～ friends with…と大の仲よしである / a ～ noise 大きな物音 / ～ annoyance 大変な厄介 / a ～ occasion 重大な時機, 危機; 祝祭日, 盛大な催し / no ～ matter 重要でない 〈*to* sb〉 / a ～ leader [musician] 偉大な指導者[音楽家] / a ～ picture 名画 / a ～ little man 小兵だが心の大きい人. **b** 崇高な, 深遠な; 荘厳な; 身分[生まれ]の貴い, 地位の高い: the ～ world 上流[貴族]社会. **c** [the G-; 固有名詞に後置して] …大王, 大帝: Alexander *the G~*. **2 a** 大きい, 大… (big, large); 《同種のものの中で》大きい, 大…, 大文字の: a ～ city 大都市 / GREAT HOUSE / GREAT APE. **b** 優勢な; 多数[多量]の, たくさんの; 長期の: the ～ MAJORITY / a ～ DEAL¹ / a ～ many＝a ～ number of (people) たくさん[多数]の(人) / a man of ～ age 高齢者 / live to a ～ age 高齢まで生きる / at a ～ distance 遠い所に / in ～ multitude 大群をなして / a ～ eater 大食漢 / a ～ reader 多読家 / a ～ talker 大のおしゃべり. **c** [ハイフンを付して] 1 代遠い親等の: ～-aunt 大おば. ★1 代遠ざかるごとに great を 1 つ増やしていう: a ～-grandchild 孫の子, 曾孫 / ～-～-～-uncle 大おじの祖父. **d** 《口》[あとに続くアクセントの弱い形容詞を副詞的に強調して, 驚き·怒りなどを表わす]: What a ～ big fish! なんとでっかい魚! / a ～ thick stick ずいぶん太いステッキ. **3** 十分な, 入念な; 好んで用いる: in ～ detail 細大もらさ

ず / the ~ word お得意のことば[せりふ]. **4**《口》**a** 巧みな, じょうずな ‹*at*›; 扱い方[あしらい方]がうまい ‹*with*›; 相性がいい ‹*with*›; すてきな, すばらしい, いい (good); 気分がいい: He's ~ *at* tennis. テニスがうまい / This wine is ~ *with* fish. このワインは魚料理とよく合う / That's ~! それはすごい[よかった, すばらしい]! / Oh, ~! たいしたものね / ~ stuff すばらしいもの; [‹*int*›] すばらしい, すごい / It's a ~ question. いい質問です(ね) / We had a ~ time at the seashore. 海岸でとても楽しく遊んだ. **b** [‹*int*›] [*iron*] えらい, ひどい, むちゃな. **5**〈希望・怒りなどに〉満ちて ‹*with*›; 《古・方》はらんで (pregnant) ‹*with* child›. ● **be a ~ one for**…がたいへんうまい, …に熱中している. **be ~ on**…に大いに関心をもつ; …に熱心である; …に通じている, 詳しい: She's ~ *on* science fiction. SF に夢中である[詳しい]. **G~ God [Godfrey, Caesar, Scot(t), Sun]!** こいつは驚いた, ええっ, なんということを, おやまあ, とんでもない, これはしたり, しまった, 大変だ! **the ~ I am**"《俗》うぬぼれ屋.

► *n* **1 a** 偉大な人, 大物, 大御所, 大家, 巨匠; 偉大なもの; [the ~s] 偉い[高貴な, 傑出した]人びと: ~ and small 貴賤貧富. **b** GREAT ORGAN. **2** 全体, 総体 (whole, gross). **3** [*pl*; °G-s]《Oxford 大学で》人文学課程; その BA 学位取得のための本試験《もとは Cambridge にならって GREAT GO といった》. ● **a ~***《俗》大部分, たくさん. **in the ~** ひっくるめて. **the ~ and the good** [°*iron*] お偉方. **the ~est**《俗》最高の人[もの], とびきりすばらしい人[もの]: I'm *the* ~*est*. おれが最高さ.

► *adv**《口》うまく, りっぱに (successfully, well): He's getting on ~. とてもうまくやっている.

[OE *grēat*; cf. GROAT, G *gross*]

Great Abaco ⇨ ABACO.

Great Ál·föld /-ɔ́:lfə̀:ld/ 大アルフェルド《ハンガリー南東部の大平原; Danube 川, Tisza 川が流れる》.

great ánteater〘動〙オオアリクイ (ant bear).

great ápe 大型類人猿 (=*pongid*)《ショウジョウ科の類人猿; ゴリラ・オランウータン・チンパンジー》.

Gréat Artésian Básin [the] 大鑽井(さんせい)盆地 (=**Gréat Austrálian Básin**)《オーストラリア中東部の盆地; 世界最大量の地下水が存在する》.

Gréat Assíze [the] 大審判(の日) (Last Judgment).

Gréat Attráctor [the]〘天〙巨大引力源, グレートアトラクター《銀河集団の大規模流れの原因を説明するために仮定されている巨大な銀河団とダークマター》.

gréat áuk〘鳥〙オオウミガラス (=*arctic penguin, garefowl*)《大西洋北部の海岸にいた翼の退化した海鳥; 19 世紀に絶滅》.

gréat-àunt *n* 大おば (grandaunt).

Gréat Austrálian Bíght [the] グレートオーストラリア湾《オーストラリア大陸南海岸の広大な湾; インド洋の一部》.

Gréat Awákening [the]〘米〙大覚醒《18 世紀中葉にニューイングランド植民地を中心として起こった新教徒の信仰復活運動》.

gréat barracúda〘魚〙オニカマス (⇨ BARRACUDA).

Gréat Bárrier Rèef [the] 大堡礁(ほしょう), グレートバリアーリーフ《オーストラリア Queensland 州北東岸沖, 珊瑚海に 2000km にわたって連なる世界最大のサンゴ礁》.

Gréat Básin [the] グレートベースン《米国西部 Sierra Nevada, Wasatch 両山脈の間, Nevada, Utah, California, Oregon, Idaho, Wyoming 諸州にまたがる長方形の大盆地; 海に流出する河川はない; 孤立した山脈が多数ある》.

Gréat Béar [the]〘天〙おおぐま座(大熊座) (Ursa Major).

Gréat Béar Láke グレートベア湖《カナダ Northwest Territories 西部の湖》.

Gréat Bélt [the] 大ベルト海峡《デンマークの Sjælland 島と Fyn 島の間の海峡; デンマーク語名 Store Bælt》.

gréat beyónd [the, °the G- B-] 来世, あの世.

Gréat Bíble [the] 大聖書《Coverdale の監訳による大型版英訳聖書 (1539)》.

gréat bláck-bàcked gúll〘鳥〙オオカモメ《大西洋沿岸産; カモメ科中で最大》.

gréat bláck cóckatoo〘鳥〙ヤシオウム (=*palm cockatoo*)《New Guinea 周辺産》.

gréat blúe héron〘鳥〙オオアオサギ《北米・中米産のアオサギ属の大きな鳥》.

Gréat Brítain 1 グレートブリテン (=*Britain*)《イングランド・ウェールズおよびスコットランドからなる島; 北アイルランドと合わせて United Kingdom をなす; もと Little Britain (対岸フランスの Brittany 地方) と対比的に名づけたもの; ⇨ GREATER BRITAIN》. **2**《俗に》イギリス, 英国 (United Kingdom).

gréat bústard〘鳥〙ノガン《全長約 1 m; 欧州・アジア産》.

gréat cálorie 大カロリー (⇨ CALORIE).

gréat cháir 肘掛け椅子 (armchair).

Gréat Chárter [the] MAGNA CARTA.

gréat círcle《球面の》大円《球心を通る面で切った円; cf. SMALL CIRCLE》,《特に 地球の》大圏《その弧は地球上の 2 点を最短距離で結ぶ》.

gréat-círcle chàrt〘海〙大圏海図.

gréat-círcle còurse [ròute]〘空・海〙大圏針路, 大圏コース.

gréat-círcle sàiling〘海〙大圏航法.

gréat·còat *n* 厚地の大外套 (topcoat); 防寒上衣.

Great Colombia ⇨ GRAN COLOMBIA.

gréat Cómmoner [the] 大平民《平民の権利を擁護した政治家 William Pitt (父), William E. Gladstone, Henry Clay, William J. Bryan, Thaddeus Stevens などのあだ名》.

gréat cóuncil〘英史〙《ノルマン王朝時代の Curia Regis の》大会議;《昔の Venice などの》市議会.

Gréat Crásh [the] 大暴落 (⇨ GREAT STOCK MARKET CRASH).

gréat crésted grébe〘鳥〙カンムリカイツブリ.

gréat crésted néwt〘動〙CRESTED NEWT.

Gréat Cúltural Revolútion [the]《中国の》文化大革命 (Great Proletarian Cultural Revolution).

Gréat Dáne〘犬〙グレートデーン《大型で力が強く被毛のなめらかな》.

Gréat Dáy [the] 最後の審判日.

Gréat Depréssion [the]《1929 年米国に始まった》大恐慌 (=*the Depression, the Slump*)《1929 年 10 月の New York 市場の暴落 (Great Stock Market Crash) を契機に発生した世界的な大不況》.

Gréat Dípper [the]〘天〙おおぐま座(大熊座) (Ursa Major).

Great Dismal Swamp ⇨ DISMAL SWAMP.

Great Divíde [the] 北米大陸分水界 (Continental Divide); [the g- d-] 大分水界; [°the g- d-] 重大な分かれめ, 一大危機, 生死の境, 離婚. ● **cross the ~** 幽明境を異にする.

Gréat Divíding Ránge [the] 大分水嶺山脈《オーストラリア大陸東海岸を南北に走る山系; Cape York 半島から Victoria 州南部, さらに Bass 海峡を隔てて Tasmania に達する; 最高峰 Kosciusko 山 (2228 m)》.

Gréat Dóg [the]〘天〙おおいぬ座(大犬座) (Canis Major).

Gréat Éastern [the] グレートイースタン《I. K. Brunel, J. Scott Russell (1808–82) 設計によるスクリュー・外輪併用の汽船; 1858 年進水》.

gréat égret〘鳥〙ダイサギ (=*common egret*).

Gréat Eléctor [the] 大選帝侯《FREDERICK WILLIAM の通称》.

gréat·en《古》*vt, vi* 大きくする[なる], 偉大にする[なる]; 増大する (increase), 拡大する (enlarge).

Gréat·er *a* [°g-] [地域名] 大[グレーター]…《近郊をも含めていう》.

Gréater Antílles *pl* [the] 大アンティル諸島《西インド諸島中の島々で Cuba, Hispaniola, Jamaica, Puerto Rico およびその他属島などからなる》.

Gréater Bairám〘イスラム〙大バイラム祭 (ʻĪD AL-AḌḤĀ).

Gréater Brítain 英連邦《Great Britain とその全属領を含み British Commonwealth of Nations と同義》.

gréater célandine〘植〙クサノオウ《ケシ科》.

gréater jihád 大ジハード (jihad)《自己の欲望との戦い》.

Gréater Khíngan Ránge [the] 大興安嶺(だいこうあんれい)(ターシンアンリン)《中国内モンゴル自治区北東部から黒竜江省北部まで延びる山脈》.

gréater kóodoo〘動〙KOODOO.

Gréater Lóndon グレーターロンドン《City of London とこれを囲む 32 の自治区 LONDON BOROUGHS からなる首都圏; ⇨ INNER LONDON, OUTER LONDON; 1965 年 City および Middlesex のほぼ全域および Essex, Kent, Hertfordshire, Surrey の一部を合併して成立》.

Gréater Lóndon Authórity [the] 大ロンドン政庁《2000 年に新設されたロンドン市長とロンドン参事会議 (London Assembly) からなる組織; 略 GLA》.

Gréater Mánchester グレーターマンチェスター《イングランド北西部 Manchester 市を中心とする metropolitan county》.

gréater multángular bòne〘解〙大菱(りょう)形骨.

Gréater Nèw Yórk グレーターニューヨーク《(**1**) 旧来の New York に the Bronx, Brooklyn, Queens, Staten Island を加えた New York City と同義 **2**) New York City に Nassau, Suffolk, Rockland, Westchester (以上 NY) および Bergen, Essex, Hudson, Middlesex, Morris, Passaic, Somerset, Union (以上 NJ) を加えた地域》.

gréater oméntum〘解〙大網 (=*caul*)《胃の大彎から横行結腸に至る腹膜のひだで, 小腸前部にたれさがっている; cf. LESSER OMENTUM》.

gréater scáup (dùck)〘鳥〙スズガモ《北米北部・ユーラシア大陸北部産の潜水ガモ》.

Gréater Súnda Íslands *pl* [the] 大スンダ列島 (⇨ SUNDA ISLANDS).

gréater-than sìgn [sỳmbol] 大なり記号, 左向きに開いている不等号《>》.

Gréater Waláchia 大ヴァラキア《MUNTENIA の別称》.

gréater yéllowlegs (*pl* ~)〘鳥〙オオキアシシギ (=*stone snipe*)《北米産》.

gréat·est cómmon divísor [fáctor, méasure]

〘数〙最大公約数 (=*highest common factor*).

gréatest háppiness prìnciple [the]〘哲〙最大幸福の原理(「最大多数の最大幸福」を人間行為の規範とする倫理原則; cf. UTILITARIANISM).

gréatest lówer bóund 〘数〙最大下界(ｶｲ) (=*infimum*) (略 glb).

Gréat Exhibítion [the] 大博覧会 (1851 年 Hyde Park の Crystal Palace で開かれたものは芸術・建築の歴史に重要な意味をもち, 国際的博覧会の先駆となる).

Gréat Expectátions『大いなる遺産』(Dickens の自伝的小説 (1860–61); 貧しい孤児 Pip は, 学資を提供し彼を遺産相続人にするという謎の人物の出現により London に出て紳士の教育をうける; 期待は裏切られ Pip は一文なしになるが同時に大きな人間的成長を遂げていく).

Gréat Exúma 大エクスマ (⇨ EXUMA).

gréat fée 〘英史〙国王から直接受封した領地.

Gréat Fíre (of Lóndon) [the]〘英史〙ロンドン大火 (1666 年 9 月 2–5 日; 旧市街地の大半を焼きつくし, St. Paul's 大聖堂などの由緒ある建物も焼失した; 現在火元近くに大火記念塔 Monument が建つ).

gréat gáme [the] ゴルフ; [the] スパイ活動.

G **Gréat Gátsby** [The]『偉大なギャツビー』(F. Scott Fitzgerald の小説 (1925)).

Gréat Glén [the] グレートグレン (=*Glen Albyn, Glen More*) (スコットランド北部を南西から北東へ横切る谷; 間に Ness 湖がある; cf. CALEDONIAN CANAL).

gréat gó ‖《俗》(Cambridge 大学で) BA 学位の本試験 (cf. GREATS, little go).

grèat-gránd·chìld *n* 曾孫, ひまご.

grèat-gránd·dàughter *n* (女の)曾孫, ひまご娘.

grèat-gránd·fàther *n* 曾祖父.

grèat-gránd·mòther *n* 曾祖母.

grèat-gránd·pàrent *n* 曾祖父[祖母].

grèat-gránd·sòn *n* (男の)曾孫, ひまご息子.

gréat gráy kangaróo 〘動〙GIANT KANGAROO.

gréat gráy ówl 〘鳥〙カラフトフクロウ (ユーラシア・北米産).

gréat gróss 大グロス (12 グロス=1728 個; 略 g.gr.).

gréat gróup 〘地質〙大群 (=*great soil group*) (1 つ以上の土壌ファミリー (family) からなる, 内部的に共通の特質をもつ土壌群; アメリカの土壌分類の高次の基本単位).

gréat gún 《俗》大物, 有力者, 重要事項[問題]. ● **go ～s** ⇨ GUN[1].

gréat·héart·ed *a* 高潔な, 心の広い, 雅量のある, 寛大な; 勇敢な. ◆ **～·ly** *adv* **～·ness** *n*

gréat hórned ówl 〘鳥〙**a** アメリカワシミミズク (北米・南米産). **b** ワシミミズク (=*eagle owl*).

gréat hóuse [the] *《南部》農園主の母家(ｵﾓﾔ); ‖村一番の[領主の]お屋敷; ‖《俗》刑務所, 御殿.

gréat húndred 120.

Gréat Húnter [the]〘天〙オリオン座 (Orion).

Gréat Inágua 大イナグア (⇨ INAGUA).

Gréat Índian Désert [the] 大インド砂漠 (THAR DESERT の別称).

gréat ínquest GRAND JURY.

Gréat Interrégnum [the]〘史〙大空位時代 (ドイツ王・神聖ローマ皇帝が空位となっていた 1254–73 年).

Gréat Kabýlia 大カビリア (⇨ KABYLIA).

Gréat Ka(r)róo [the] 大カルー (⇨ KAROO).

Gréat Láke [the] グレートレーク (オーストラリア南東 Tasmania 中央高原の湖).

Gréat Lákes *pl* [the] **1** 五大湖 (米国・カナダ国境にある湖群; 東から Ontario, Erie, Huron, Michigan, Superior). **2** 大湖群 (アフリカ中東部に並ぶ一群の湖; Rudolf, Albert, Victoria, Tanganyika, Malawi).

Gréat Láke Stàte [the] 大湖州 (Michigan 州の俗称).

gréat láurel BIG LAUREL.

Gréat Láwn [the] グレートローン (New York 市の Central Park 中央に位置する広大な芝生の広場; 野外コンサートなどの催しの会場にもなる).

Gréat Lèap Fórward [the] 大躍進 (=**Gréat Léap**) (1958–60 年, 毛沢東思想に基づいて行なわれた中国の政策).

gréat·ly *adv* 大いに, はなはだ, たいへん, すこぶる; 崇高[高潔]に, 寛大に.

Gréat Málvern グレートモルヴァン (MALVERN の別称).

Gréat Migrátion [the]〘史〙大移動 (**1**) 17 世紀前半のイングランドから北米へのピューリタンの移住 **2**) 20 世紀前半の米国南部から北部大都市への黒人の移住).

Gréat Mógul [the] ムガル帝国皇帝; [g- m-] 大立者.

Gréat Móther MOTHER GODDESS.

gréat móuntain bùttercup 《NZ》MOUNT COOK LILY.

Gréat Namáqualand 大ナマクアランド (⇨ NAMAQUALAND).

Gréat Nébula 大星雲 (**1**) GREAT NEBULA IN [OF] ORION **2**) GREAT NEBULA IN [OF] ANDROMEDA.

Gréat Nébula in [of] Andrómeda [the]〘天〙アンドロメダ大星雲 (ANDROMEDA GALAXY の旧称).

Gréat Nébula in [of] Oríon [the]〘天〙オリオン大星雲 (Orion's Nebula).

gréat-nèphew *n* GRANDNEPHEW.

gréat·ness *n* 大きいこと, 広大; 偉大, 卓越; 重大さ, 重要性.

gréat-nìece *n* GRANDNIECE.

gréat nórthern béan グレートノーザンビーン (米国中西部産の白インゲン豆; baked beans やシチューの具材とされる).

gréat nórthern díver 〘鳥〙COMMON LOON.

Gréat Nórthern Ráilway [the] グレートノーザン鉄道 (米国の鉄道会社; James J. Hill が 1878 年に買収した Minnesota 州の鉄道会社を改称・発展させ, 太平洋岸と結んだ; 1970 年他社と合併して Burlington Northern 鉄道となった).

Gréat Nórthern Wár [the] 大北方戦争, 北方戦争 (スウェーデンに対しロシア, ポーランド・ザクセン(同君連合), デンマークなどが戦った戦争 (1700–21); この結果, スウェーデンはバルト海の覇権を失い, Peter 大帝のロシアが列強として台頭した).

gréat óctave 〘楽〙大文字オクターブ, 平仮名オクターブ (中央の C′ [ハ]より 2 オクターブ低い C [は]に始まる 1 オクターブ; cf. SMALL OCTAVE).

gréat órgan 〘楽〙グレートオルガン (特に 大きい音を奏出する, オルガンの主要部; その主鍵盤).

Gréat Ór·mond Strèet /-ɔ́ːrmənd-/ グレートオーモンドストリート (London 中心部の通りで, 有名な小児科病院 Great Ormond Street Hospital for Children (あるいは Hospital for Sick Children) がある).

Gréat Óuse [the] グレートウーズ川 (イングランド東部を流れる OUSE 川の別称).

gréat páce GEOMETRIC PACE.

Gréat Plágue (of Lóndon) [the] ロンドンの大悪疫 (1665–66 年に起こった腺ペストの大流行; 人口 46 万人のうち死者 7 万人以上という).

Gréat Pláins *pl* [the] グレートプレーンズ, 大平原 (Rocky 山脈東方のカナダ・米国にまたがる大草原地帯).

Gréat Pówer [[s]g- p-] 強国, 大国; [the ～s] (世界の)列強.

gréat prímer 〘印〙グレートプリマー (18 ポイント活字; ⇨ TYPE).

Gréat Proletárian Cúltural Revolútion [the] (中国の)プロレタリア文化大革命.

Gréat Pýrenees (*pl* ～)〘犬〙グレートピレニーズ (白く被毛の多い大型犬; しばしば 家畜の番犬にされる).

Gréat Rebéllion [the] 大反乱 (ENGLISH CIVIL WAR).

Gréat Réd Spòt [the]〘天〙(木星の)大赤斑 (Red Spot).

gréat rhododéndron 〘植〙BIG LAUREL.

Gréat Ríft Válley [the] グレートリフトヴァレー (アジア南西部 Jordan 川の谷から, アフリカ東部モザンビーク中部へ連なる世界最大の地溝帯).

gréat róom ワンルームの大きな居室空間, グレートルーム (リビングルーム・食堂・団欒(ﾀﾞﾝﾗﾝ)の部屋・応接室, 時にはキッチンも兼ねている).

Gréat Rússian *n* **1** 大ロシア人 (スラヴ語を使用するロシアの主要な民族; cf. LITTLE RUSSIAN). **2** 大ロシア語 (ロシア語の大方言). ► *a* 大ロシア人[語]の.

Gréat Sàint Bernárd [the] グラン[大]サンベルナール (アルプス山脈西部 Mont Blanc 東方のスイス・イタリア国境の峠; 標高 2469 m).

Gréat Sált Láke [the] グレートソールト湖 (Utah 州北部にある浅い塩湖; 流出河川がない).

Gréat Sánd Séa [the] 大砂漠 (リビア東部とエジプト北西部にまたがる砂漠地帯).

Gréat Sándy Désert [the] **1** グレートサンディー砂漠 (Western Australia 州中北部の砂漠). **2** RUB' AL KHALI.

Gréat Sanhédrin 〘ユダヤ史〙大サンヒドリン (⇨ SANHEDRIN).

gréat scále 〘楽〙大音階 (中世教会音楽で使用される音をすべて含む).

Gréat Schísm [the] 大分裂, 大離教 (**1**) 1378–1417 年のローマカトリック教会内の不和・分裂; Avignon と Rome に教皇がいた (=*Schism of the West*) **2**) 11 世紀半ばに始まるとされる東西教会の不和・確執; 1472 年の東方正教会のローマ教会からの分離で決定的となる (=*Schism of the East*)).

gréat séal **1** (国・州・都市・監督 (bishop) などが重要文書類に用いる)印章. **2** [the G- S-]〘英〙国璽(ｺｸｼﾞ) (国家の重要公文書に用いる第一位の印章; cf. PRIVY SEAL).

great·sie, great·sy /gréɪtsi/ *a* *《俗》[[°]*iron*] けっこうな.

gréat skúa 〘鳥〙オオトウゾクカモメ.

Gréat Sláve Láke グレートスレーヴ湖 (カナダ北西部 Northwest Territories 南部の湖; 南から Slave 川が流入し, 西端から Mackenzie 川が流出する).

Gréat Sláve Ríver [the] グレートスレーヴ川 (SLAVE RIVER の別称).

Gréat Smóky Móuntains *pl* [the] グレートスモーキー山脈 (=*the Smokies*) (=the **Gréat Smókies**)《North Carolina, Tennessee 州境の, アパラチア山脈 (Appalachian Mountains) 中の一山系; 最高峰 Clingmans Dome (2025 m); 一帯は国立公園をなす》.

Gréat Socíety [the] 偉大な社会《1965 年米国の Johnson 大統領が提起した国内改革プログラム; 教育改革, 老人医療, 貧困の追放などの実現を目指した》;《一般に》社会全体, 大社会.

gréat sóil gròup〔地質〕大土壌群 (great group).

Gréat Spírit《北米インディアンの》部族主神.

gréat spótted wóodpecker〔鳥〕アカゲラ.

Gréat Stóck Màrket Cràsh [the] 株式市場の大暴落《New York 証券取引所で 1929 年 10 月 29 日 (Black Tuesday) に始まった大暴落; これにより 1920 年代の繁栄は終わり大不況 (Great Depression) に陥った; the Great Crash, the Crash of 1929 ともいう》.

greatsy ⇨ GREATSIE.

gréat tít〔鳥〕シジュウカラ《欧州・アジアに分布》.

gréat tóe《足の》親指 (big toe).

Gréat Tráin Ròbbery 1 [The]『大列車強盗』《米国映画 (1903); 列車強盗・追跡・銃撃戦・強盗団の全滅というストーリーを映像化したもので,「米国映画の最初の古典」「最初の西部劇」とされる》. **2** [the] 大列車強盗《1963 年スコットランドから London へ向かう郵便列車が Buckinghamshire で襲われ, 紙幣 260 万ポンドを奪われた事件》.

Gréat Trék [the]〔南ア史〕グレートトレック (1836–45)《英国人の支配からのがれるため Boer 人が行なった Cape 植民地からの移動》.

gréat-ùncle *n* 大おじ (granduncle).

gréat vással〔史〕《王の》直臣.

Gréat Victória Désert [the] グレートヴィクトリア砂漠《Western Australia 州南東部から South Australia 州西部に砂丘が平行して走る不毛地帯》.

Gréat Vówel Shíft [the, °the g- v- s-]〔言〕大母音推移《Middle English から Modern English への過渡期に長母音に生じた規則的な変化》.

Gréat Wáll [the] **1** 万里の長城 (=**Gréat Wáll of Chína**). **2**〔天〕銀河の壁, グレートウォール《太陽系から 2–3 億光年離れたところにシート状に群がる巨大な銀河集団》.

Gréat Wár [the] 大戦 (WORLD WAR I).

Gréat Wèek [the]〔東方正教会〕HOLY WEEK.

Gréat Wén [the] 大きなこぶ《London 市の古い俗称》.

Gréat Wéstern [the] グレートウェスタン《1838 年に I. K. Brunel によって建造された外輪船で, 最初の大西洋横断客船》.

Gréat Wèstern Ráilway [the] グレートウェスタン鉄道《I. K. Brunel によって建設され 1841 年に開業した英国 London–Bristol 間を結ぶ鉄道》.

gréat whéel《時計の》大車輪.

Gréat Whíte Fáther [Chíef] [the]《アメリカインディアンがいう》米国大統領; 大権力者.

gréat whíte héron〔鳥〕**a** ダイサギ. **b** オオシロサギ《Florida 周辺産》.

gréat whíte shárk〔魚〕ホホジロザメ《人食いザメ》.

Gréat Whíte Wáy [the] 不夜街《New York 市 Broadway の Times Square 付近の劇場地区の俗称》.

gréat wíllow hèrb〔植〕ヤナギラン (fireweed).

gréat wórld 社交界(の生活様式).

Great Yarmouth ⇨ YARMOUTH.

gréat yéar PLATONIC YEAR.

greave /gríːv/ *n* [ᵘ*pl*]《よろいの》すね当て. ♦ **~d** *a* ［OF=shin<?］

greaves /gríːvz/ *n pl* 脂かす《犬・魚の飼料》.

grebe /gríːb/ *n*〔鳥〕カイツブリ, ニオ. ［F<?］

gre·bo /gríːbou/ *n* (*pl* **~s**)ᴴ《口》グリーボ《長髪にみすぼらしい服装をして粗野なふるまいをし, ヘビーメタル・パンクロックを好む若者》.

Gre·cian /gríːʃ(ə)n/ *a*《建築様式・顔だちが》(古代)ギリシア(風)の (Greek). ► *n* ギリシア人;〔聖〕ギリシア化したユダヤ人; ギリシア語に堪能な人;《古》ギリシア(語)学者;〔英〕クライスツホスピタル (Christ's Hospital) 校の最上級生. ［OF or L (*Graecia* Greece)］

Grécian béndᴴ ギリシアかがみ, グリーシャンベンド《1870 年ごろ流行した婦人の前かがみの歩き方》.

Grécian gíft GREEK GIFT.

Grécian·ize *vt, vi* GRECIZE.

Grécian knótᴴ ギリシア結び[結髪]《古代ギリシア風を模した, 頭の後ろで束ねる結髪法》.

Grécian nóse ギリシア鼻《横からみて鼻柱の線が額から一直線になっている; cf. ROMAN NOSE》.

Grécian prófile ギリシア型横顔 (cf. GRECIAN NOSE).

Grécian sándal ギリシアサンダル《底と数本のストラップだけのギリシア風のオープンサンダル》.

Grécian slípperᴴ ギリシアスリッパ《サイドの低い柔らかなスリッパ》.

Gre·cism | Grae- /gríːsìz(ə)m/ *n* ギリシア語法, ギリシア語特有の表現(を模倣したもの);《文化に表われた》ギリシア精神;《芸術などでの》ギリシア風の模倣.

Gre·cize | Grae- /gríːsàɪz/ *vt, vi* ギリシア風[式]にする[なる]; ギリシア語法[習慣など]にならう.

Gre·co /grékou/ グレコ **(1) El** /ɛl/ ~ (1541–1614)《スペインの画家; Crete 島生まれ (El Greco は「ギリシア人」の意), 本名 Doménikos Theotokópoulos》 **(2) José** ~ (1918–2000)《イタリア生まれの米国のフラメンコダンサー・振付家》.

Gré·co /*F* greko/ グレコ **Juliette** ~ (1927–)《フランスのシャンソン歌手・女優; 'シャンソンの女王'といわれる》.

Gre·co- | Grae·co- /grékou, -kə, gríː-/ *comb form*「ギリシア(の)」［L *Graecus* Greek］

gréco·phìle, -phìl *n* ギリシアびいきの人.

Gréco-Róman *a* ギリシア-ローマの; ギリシアの影響をうけたローマの;〔レス〕グレコローマンスタイルの. ► *n*〔レス〕グレコローマンスタイル.

gree[1] /gríː/《スコ》*n* 優越, 優秀, 制圧, 勝利; 賞. ● **bear the ~**《スコ》賞をとる. ［OF *gré* step, degree < GRADE］

gree[2]《古》*n* 好意, 恩恵;《損害・被害の》賠償: in ~ 好意で, 親切から, 善意に. ● **do [make] ~**《古》損害を償う. ［OF *gré*<L *gratum* what is pleasing; ⇨ GRATEFUL］

gree[3] *v* (**~d**)《方》AGREE.

Greece /gríːs/ ギリシア (*ModGk* Ellás, *Gk* Hellas)《バルカン半島南部の国; 公式名 Hellenic Republic (ギリシア共和国); ☆Athens; GREEK, HELLENIC *a*》.

greed /gríːd/ *n* 欲, 貪欲, 強欲; 食い意地, 大食い: ~ *for* money 金銭欲. ［逆成<*greedy*］

gréed·bàll *n**《俗》グリードボール《富豪が高給で選手を雇い, 運営するプロ野球》.

greedy /gríːdi/ *a* 食い意地の張った, がつがつした; 貪欲な, 欲ばりの〈*for* money, *of* gain〉; 切望[渇望]する〈*of, for*〉. ► *vt, vi* [次の成句で]: **~ up**《俗》がつがつ食う. ♦ **gréed·i·ly** *adv* 欲ばって, 貪欲に, あこぎに; むさぼって. **-i·ness** *n* ［OE *grǣdig*; cf. OHG *grātac* hungry］

gréedy-gùt *n*《口》GREEDY-GUTS.

gréedy-gùts *n* (*pl* ~)《口》大食家, 大食らい (glutton).

gree·fa /gríːfə/, **gree·fo, grie·fo** /gríːfou/, **gre(a)·fa, grea·pha** /gríːfə/, **grif(·f)a** /grífə/, **grif(·f)o** /grífou/, **goi·fa** /gɔ́ɪfə/, **gree·ta** /gríːtə/ *n**《俗》マリファナ(タバコ).

greegree ⇨ GRIS-GRIS.

Greek /gríːk/ *a* **1** ギリシア(風)の; ギリシア人[語]の. **2** ギリシア正教会 (Greek Orthodox Church) の. **3***《口》学生社交クラブ(会員)の (⇨ GREEK *n* 3). **4**《俗》アナルセックスの. ► *n* **1 a** ギリシア人; ギリシア化したユダヤ人: When ~ meets ~, then comes the tug of war.《諺》両雄相会えば激闘が起こる. **b** ギリシア正教徒[信者]. **c** ギリシア文化[精神]の洗礼を受けた人. **2 a** ギリシア語《インド-ヨーロッパ語族の一語派; ⇨ IONIC》: Ancient [Classical] ~ 古代ギリシア語《紀元 200 年ごろまで》/ Late ~ 後期ギリシア語《およそ 200 年–500 年》/ Middle ~ 中世ギリシア語《700 年–1500 年》/ Modern [New] ~ 現代ギリシア語《1500 年ごろから現在まで》. **b**《口》全く意味のわからないことば, ちんぷんかんぷん (gibberish) (cf. HEBREW): It's [It sounds] (all) ~ to me. それはわたしには全くちんぷんかんぷんだ / TALK ~. **3***《口》学生社交クラブの会員 (⇨ GREEK-LETTER FRATERNITY [SORORITY]). **4***《俗》アイルランド人; [ˢg-] ずるいやつ, 詐欺師, ペテン師 (sharper);《古》愉快なやつ, 親友. **5**《俗》肛門性交;《俗》肛門性交をする者,《特に》受身役のホモ, うけ. ● **Fear [Beware] the ~s bearing gifts.**《諺》人の贈り物には気をつけろ (cf. GREEK GIFT). **The ~s had a name [word] for it.** それは昔から言われていることだ. ► *vt, vi*《俗》アナルセックスをする. ♦ **~·ness** *n* ［OE *Grēcas* (pl)<Gmc<L<Gk *Graikos*］

Gréek Cátholic ギリシア正教徒; ギリシアカトリック教徒《ギリシア典礼を用いるローマカトリック教会の信徒》.

Gréek Chúrch [the] GREEK ORTHODOX CHURCH.

Gréek cóffee ギリシアコーヒー《コーヒーの粉末がはいったままの強いブラックコーヒー》.

Gréek cróss ギリシア十字《4 本の腕が同じ長さ》.

Gréek fáshion *adv* [*euph*]《性行為が》ギリシア流儀で(「肛門で」の意).

Gréek Fáthers [the] *pl* ギリシア教父《ギリシア語で著述した初期キリスト教父たち》.

Gréek fíre ギリシア火薬《敵艦焼き討ちなどに用いた》.

Gréek frét 組格子模様, 雷文(らいもん).

Gréek gíft 人を害するための[油断のならない]贈り物.

Gréek gód ギリシア神; 男性美の典型.

Gréek kéy ギリシア鍵模様, ギリシア雷文, グリークキー.

Gréek·less *a* ギリシア語を知らない. ● **~ Greek**〔オックスフォード大学〕翻訳物のみによるギリシア文学研究.

Gréek-lètter fratérnity〔米〕男子ギリシア文字クラブ《大学などでギリシア字母を用いて命名した学生の友愛と社交のクラブ; ΔΣΦ などギリシア文字 2, 3 字の名称をもつ; cf. PHI BETA KAPPA》.

Gréek-lètter sorórity〔米〕女子ギリシア文字クラブ.

Gréek Órthodox Chúrch [the] ギリシア正教会 **(1)** ギリシア

の国教 **2)** EASTERN ORTHODOX CHURCH》.

Gréek Revíval [the] ギリシア復興《19 世紀前半の建築様式, 家具の装飾様式; 古代ギリシアのデザインの模倣が多い》.

Gréek ríte [the]《ギリシア正教会の》ギリシア典礼.

Gréek sálad グリークサラダ《フェタチーズをのせ, オリーブ油ベースのドレッシングをかけたサラダ》.

Gréek Wár of Indepéndence [the] ギリシア独立戦争 (1821–29)《ギリシアがオスマントルコからの独立を勝ち取った》.

Gréek wáy [stýle] *n* [the] [ˢg-] [*euph*] ギリシア式[流儀]《男性間の肛門性交のこと; 性的個人広告で用いられる表現》. ► *adv* GREEK FASHION.

Gree·ley /gríːli/ グリーリー **Horace** ～ (1811–72)《米国のジャーナリスト・政治家; *New York Tribune* を発刊, 奴隷制反対を主張し 'Go west, young man' という標語を流布させた》.

green /gríːn/ *a* **1 a** 緑(色)の, 草色の, グリーンの; 〘理〙《クォークの色が》緑の. **b** 野菜[青物, 菜っ葉]の: ～ food 食料とする野菜 / a ～ salad グリーンサラダ. **c** 草木におおわれた, 青々とした (verdant); 雪のない, 温暖な (mild): GREENER PASTURES / GREEN CHRISTMAS. **d** [ᴼG-] 環境保護(主義)の; 環境に配慮した; [G-] GREEN PARTY の: ～ cars 地球にやさしい車 / ～ jobs 環境保護関連の仕事 / go ～ 環境保護対策をとる[推進する]; 環境保護タイプに移行[変更]する. **2 a** 若々しい, みずみずしい (fresh); 元気のよい, 活気のある: a ～ old age 老いて元気なこと. **b** なまなましい, 新しい, 新鮮な, 最近の; «古»〈傷が〉新しい, 治っていない: keep a memory ～ いつまでも記憶に留めておく. **c** 〈機械装置など〉作動準備完了の: All systems are ～. 全システム準備完了です. **3 a** 〈果物など〉熟していない, 青い; 〈酒が〉熟成していない, 若い; 〈材木など〉乾燥していない; 〈肉など〉貯蔵処理していない, 生の; «カナダ方» 日干しにしていない〈タラ〉; 〈獣皮が〉なめしていない; 〘冶〙未焼結の; 〘窯〙未焼成の, 素地(きじ)の; 〈コンクリートなど〉固まっていない. **b** 準備不足の; 未熟な, うぶな, 青二才の (raw); 〈スキーのスロープが〉初心者用の[向きの]《green → blue → red → black の順に難度が高まり, 通例 各色の標識で示す》; 軽信する (credulous), だまされやすい: a ～ hand 未熟者 / ～ *at* one's job 新米で. **c** 〈馬が〉まだ乗り慣らされていない. **4** 顔色が青白い, 血色の悪い; 嫉妬して, うらやんで (jealous) (⇨ GREEN with envy (成句); GREEN-EYED): go ～ in the face 顔色が悪くなる. ● **be not as [so] ～ as one is cabbage-looking** «口» [*joc*] 見かけほどばか[未熟]ではない. **～ in earth** (埋葬されたばかりで)土が乾かない. **～ with envy [jealousy]** (顔が青白くなるほど)ひどくうらやんで[ねたんで]. **have a** GREEN THUMB. **in the ～ wood [tree]** 元気なころに, 繁栄の時代に《*Luke* 23: 31》. **Turn ～!** *«俗» くそくらえ!

► *n* **1** 緑色, グリーン《VERDANT *a*》; 緑色顔料[塗料, 染料, えのぐ]. **2 a** 緑色のもの; 緑色の服(地); [*pl*]《米陸軍の青緑色をした》制服: a girl (dressed) in ～ 緑色の服を着た少女. **b**《snooker などの》グリーンの球; 《交通信号などの》青信号; [the] *«サーフィン俗» 波頭の砕ける前の波の前面. **c** «俗» 金(かね), ぜに, お札: FOLDING GREEN, LONG GREEN. **d** [the G-]《アイルランドの象徴としての》緑色, 緑色記章《アイルランドの国章》; [the G-s]《アイルランドの》緑色党, アイルランド国民党. **e** [ᴼG-] 環境保護主義者, 環境保護主義政党[緑の党]の党員. **3 a** [*pl*]《装飾用の》緑葉, 緑枝; [*pl*] 青菜, 青野菜; 青菜料理; 植物, 草木, 緑樹: Christmas ～*s* *モミ・ヒイラギの緑枝装飾 / salad ～*s* サラダ用の青野菜. **b** 草地, 草原, 芝生; 共有芝地; 《野外ボウリング・アーチェリーの》グリーン; 〘ゴルフ〙グリーン (putting green); ゴルフコース: through the ～ フェアウェー・ラフで. **4** 青春, 活気; «口» 未経験[未熟]のしるし: (Do you) see any ～ in my eyes? わたしがそんな甘ちゃんだと思うの, ちゃんとわかっているよ, だまされるものか. **5** «俗» 質の悪いマリファナ; [*pl*] «俗» 性交. ● **in the ～** 血気盛んで; «俗»《計器類が》安全な状態を示して.

► *vt* **1** 緑色にする[塗る, 染める]; 〈市街地を〉緑地化する, 緑化する; …の環境負荷を減らす; 〘ボウル〙〈球を〉草地に置く. **2** 若返らせる, 活気を取り戻させる. **3** «俗» からかう, だます, 一杯食わす. ► *vi* 緑色になる.

♦ **～·ly** *adv* 緑色に; 新しく, 新鮮に, みずみずしく (freshly); 元気よく; 未熟に; ばかげて (foolishly); 環境に配慮して. **～·ness** *n* 緑色; 緑, 青草; 新鮮; 未熟, うぶ; 活力. [OE *grēne*; GROW と同語源; cf. G *grün*]

Green グリーン (**1**) **Hetty** ～ (1835–1916)《米国の資本家; 本名 Henrietta Howland Robinson ～; 家族から受け継いだ New England の土地の運営に成功, 女性としては当時米国一の金持といわれた》 (**2**) **Julien [Julian]** ～ (1900–98)《フランスの小説家;宗教的神秘主義に彩られた幻想的作風で知られる》 (**3**) **Paul (Eliot)** ～ (*1894–1981*)《米国の劇作家》 (**4**) **T(homas) H(ill)** ～ (1836–82)《英国の観念論哲学者; *Prolegomena to Ethics* (1883)》 (**5**) **William** ～ (1873–1952)《米国の労働運動指導者; AFL 会長 (1924–52)》.

gréen ácid 〘化〙グリーン酸《洗剤製造用のスルホン酸混合物》.

gréen álga 〘植〙緑藻.

gréen anóle 〘動〙AMERICAN CHAMELEON.

gréen-àss *a* «卑» うぶな, 青二才の.

gréen áudit 環境監査《企業が環境に及ぼす影響に関する公的な調査》.

Gree·na·way /gríːnəwèɪ/ グリーナウェー **'Kate'** ～ [**Catherine** ～] (1846–1901)《英国の画家・さしえ画家; *Mother Goose* (1881) など児童書のさしえで知られる》.

gréen·bàck *n* **1 a** *グリーンバック《米国政府発行の裏が緑色の法定紙幣; 初め 南北戦争中に発行》. **b** *ドル札[紙幣] (＝(*long*) *green, green stuff, cabbage, lettuce, kale, spinach*); ‖«俗» 1 ポンド札; [*pl*] *金 (money). **2** *背が緑色の動物. **3** «サーフィン俗» GREENIE.

gréen-bàcked héron 〘鳥〙GREEN HERON.

gréen·bàck·er *n* [G-] 〘米史〙グリーンバック党員 (⇨ GREENBACK PARTY). ♦ **gréen·bàck·ìsm** *n*

gréenback gréen *a* *«俗» 環境保護のためには出費を惜しまない, 環境保護志向の〈消費者など〉.

Gréenback Pàrty [the] 〘米史〙グリーンバック党《農産物価格を上昇させるために greenback 紙幣の増発政策を支持した政党 (1874–84)》.

gréen bàg‖ 弁護士用のかばん; ‖弁護士.

gréen bàn «豪» greenbelt における建設事業への就労拒否; «豪» 自然[遺跡など]を破壊する事業への就労拒否.

Gréen Báy グリーン湾《Wisconsin 州北東部に湾入する Michigan 湖の入江》.

gréen béan 緑莢(りょくきょう)インゲン, 青いサヤインゲン《食べごろにさやが緑色のインゲンマメ; cf. WAX BEAN》.

gréen·bèlt *n* [ˢg- b-] 緑地帯, グリーンベルト《(**1**) 地域社会を囲む森林・公園・農地など **2)** 砂漠化を阻止するため砂漠の周辺に設けられたもの》.

gréen bélt 〘柔道など〙緑帯(の人)《brown belt の下》.

Gréen Berét グリーンベレー《対ゲリラ戦などを目的とする特殊部隊の隊員》; [g- b-]《グリーンベレー部隊員のかぶる》緑色のベレー帽.

gréen-blìnd *a* 緑(色)色盲の.

gréen bòok [ᴼG- B-] グリーンブック《英国・イタリアなどの政府刊行物・公文書》.

gréen·bòttle (flý) 〘昆〙キンバエ.

gréen bóx グリーンボックス《(EU の)農業助成金; 生産高や価格に影響を与えない範囲のもの》.

gréen·brìer *n* 〘植〙シオデ属[サルトリイバラ属]の各種の植物《ユリ科》.

gréen·bùg *n* 〘昆〙ムギミドリアブラムシ《イネ科植物を害する緑色のアブラムシ》.

green·bul /gríːnbʊ̀l/ *n* 〘鳥〙緑がかったアフリカ産ヒヨドリ科の各種の鳥《特にミドリヒヨドリ属(オリーブヒヨドリ, マダガスカルヒヨドリなど)やシロガシラ属(各種アオヒヨなど)を指す》.

gréen búlbul 〘鳥〙コノハドリ (＝*leafbird, fruitsucker*)《南アジア主産》.

gréen càrd グリーンカード《(**1**) 〘米〙外国人に与えられる永住許可証書 **2)** 〘英〙運転者用の海外自動車災害保険証》; 〘英〙《障害者に交付する》職業訓練認定書.

gréen-càrd·er **n* グリーンカード所持者.

gréen chànnel グリーンチャンネル《入国の際に通関審査を必要としない旅行者用の通路[ブース]; cf. RED CHANNEL》.

gréen chárge 混ぜ方の不完全な火薬.

gréen chéese 生(なま)チーズ《まだ熟成しないチーズ》; グリーンチーズ《(**1**) サルビアの葉で色づけしたチーズ **2)** 乳漿で製した質の悪いチーズ》.

gréen Chrístmas グリーンクリスマス《雪のない暖かなクリスマス; ⇨ CHURCHYARD «諺»》.

gréen clóth 1 緑色のテーブルクロス; ビリヤード台, 賭博台. **2** [ᵁG- C-] 〘英〙王室会計部《公式名 Board of Green Cloth》.

gréen-cóllar *a* グリーンカラーの《環境・自然保護関連の活動にかかわる》.

gréen còrn *料理用の柔らかい未熟トウモロコシ, ヤングコーン; ‖SWEET CORN.

gréen còrn dànce CORN DANCE.

gréen cróp‖ 未熟な時に食べる作物, 青果, 青物野菜; 家畜飼料用の未熟作物.

Gréen Cróss còde [the] 〘英〙児童道路横断規則.

gréen cúrrency グリーンカレンシー, 緑の通貨《EU の共通農産物価格を加盟国通貨の変動から保護するために適用される暫定的固定相場通貨; cf. GREEN POUND》.

gréen déck [the] *«俗» 草原 (grass).

gréen drágon 〘植〙テンナンショウ属の野草《北米産》; *«俗» アンフェタミン[バルビツール]カプセル[錠].

gréen dráke 〘昆〙カゲロウ (mayfly).

Greene /gríːn/ グリーン (**1**) **Charles Sumner** ～ (1868–1957), **Henry Mather** ～ (1870–1954)《米国の建築家兄弟; 共同で事務所を構え, ゆるい傾斜屋根の平屋住宅 California bungalow を生み出した》 (**2**) **(Henry) Graham** ～ (1904–91)《英国の小説家・劇作家; 道徳的・宗教的テーマを扱った作品や熱帯地方を舞台にした作品が多い; *Brighton Rock* (1938), *The Power and the Glory* (1940), *The Third Man* (1949), *The Potting Shed* (1957)》 (**3**) **Nathanael** ～ (1742–86)《アメリカ独立戦争で活躍した愛国派の将校》 (**4**) **Robert** ～ (1558–92)《イングランドの詩人・劇作家; 戯曲 *Friar Bacon and Friar Bungay* (出版 1594)》.

gréen éarth 緑砂, 緑土 (terre verte).
gréen·er *n* 《特に 外国人の》無経験職工, 不熟練労働者.
Greener *n* グリーナー《William Greener (1806–69) もしくはその息子が製作した散弾銃・ライフル・弾薬(筒)など》.
Gréen Érin [the] 緑のエリン《アイルランドの美称; ⇨ GREEN ISLE》.
gréener pástures *pl* より良い条件, もっと将来性の見込める境遇.
gréen·ery *n* 青葉, 緑樹《集合的》; 《装飾用の》緑の枝葉《集合的》; 温室 (greenhouse).
gréenery-yál·le·ry /-jǽləri/ 《口》 *a* 緑と黄の; 緑と黄をことさら好む; アールヌーヴォーの (art nouveau); 気取った.
gréen·èye *n* 〔魚〕アオメエソ科の各種の魚《眼が大きく青緑色に輝く》.
gréen éye [the] 嫉妬; 《鉄道信号機の》緑灯.
gréen-èyed *a* 緑眼の; [*fig*] 嫉妬深い. ● **the ~ monster** [°*joc*] 嫉妬, やきもち《Shak., *Othello* 3.3.166》.
gréen fát ウミガメの脂《珍味》.
gréen fèe GREENS FEE.
gréen·fèed *n* 《豪》《そのまま与える》緑色飼料, 緑餌.
gréen·fìeld *a* 田園地域の, 未開発の (cf. BROWNFIELD(s)). ► *n* 《工場や商業施設の建設用地となりうる》未開発地 (=~ **site**).
gréen·fìnch *n* 〔鳥〕**a** アオカワラヒワ (=*green linnet*)《欧州産》. **b** TEXAS SPARROW.
gréen-fíngered″ *a* 植物[野菜]栽培に熟達[精通]した, 園芸好きの.
gréen fíngers *pl* GREEN THUMB.
gréen flásh 〔気〕緑色閃光《太陽が地平線に没する時または地平線上に出る時に観察される》.
gréen·flỳ *n* **1**″アリマキ (aphid), 《特に》モモアカアブラムシ (green peach aphid). **2** 《野球俗》追っかけ, グルーピー《選手についてまわる女性ファン; cf. FLY[1]》.
gréen fólding*《俗》紙幣, 札 (folding money).
gréen fóotprint グリーンフットプリント《建築物が環境に及ぼす影響》.
green·gage /gríːngèɪdʒ/ *n* 〔園〕グリーンゲージ《品種改良した各種の西洋スモモ (plum)》. [Sir William *Gage* (1657–1727) イングランドへ持ち込んだ英国の植物学者]
Green·gard /gríːngɑ̀ːrd/ グリーンガード **Paul ~** (1925–)《米国の神経科学者; ドーパミンをはじめとする神経伝達物質の神経系におけるはたらきを解明, ノーベル生理学医学賞 (2000)》.
gréen glànd 〔動〕《甲殻類の》触角腺, 緑腺.
gréen gláss 青色[緑色]ガラス《bottle glass など》.
gréen góddess″ 緑の女神《軍用消防自動車のあだ名; 通例深緑色の車体で, 通常の消防車が使用不可能である場合に出動する》.
gréen góddess drèssing グリーン・ゴッデス・ドレッシング《グリーンサラダ用; マヨネーズ・サワークリーム・アンチョビー・エゾネギ・パセリ・タラゴン・ヴィネガー・調味料からなる》.
gréen góods *pl* 青物, 野菜類; *《俗》にせ札.
gréen góose 《生後 4 か月以内の》ガチョウのひな《詰め物をせずに食べる》.
gréen grám 〔植〕ヤエナリ, 緑豆(りょくとう) (mung bean).
gréen·gròcer″ *n* 青果物商人, 八百屋.
gréen·gròcery *n* ″青物販売業; ″青果物店, 八百屋; 青物, 青果類.
Gréen·ham Cómmon /gríːnəm-/ グリーナムコモン《イングランド南部 Berkshire の村; 当地の米軍基地に巡航ミサイルを配備するという NATO の決定に反対して 1981 年末 女性による平和キャンプができ, 抗議運動が行なわれた》.
gréen·hèad *n* 〔鳥〕雄のマガモ (mallard); 〔昆〕緑眼のアブ (=~ **flỳ**)《総称》; 〔昆〕豪州産の中型のアリの一種.
gréen·hèart *n* 〔植〕リョクシンボク (=*bebeeru*)《南米熱帯原産クスノキ科の常緑樹; 心材が緑色をおびる》; 緑心木材《船材・橋材用》; 緑心材の釣りざお.
gréen héron 〔鳥〕ササゴイ (=*green-backed heron*)《サギ科》.
gréen·hìde *n* 《豪》RAWHIDE.
gréen·hòrn 《口》 *n* 未熟者, 青二才; 《だまされやすい》まぬけ; *新米, 新来の移民. [*green* young]
gréen·hòuse *n* 温室; 《口》《飛行機の操縦席・砲塔などの》透明なおおい(に囲まれた室). ► *a* 温室効果の[にかかわる]: ~ warming 温室効果による温暖化, 地球温暖化 / GREENHOUSE GAS.
gréenhouse effèct [the] 〔気〕温室効果《大気中の二酸化炭素や水蒸気の蓄積による地表面気温の上昇》.
gréenhouse gàs 温室効果ガス, 温暖化ガス《地球温暖化の原因となる二酸化炭素・メタン・亜酸化窒素・フロンなど》.
gréen íce*《俗》エメラルド (emeralds).
green·ie /gríːni/ *n* 《俗》GREENHORN; 《口》[°*derog*] 環境保護運動家, 環境保護論者; *《俗》アンフェタミン錠[カプセル]; *《俗》ビール, 《特に 緑色ラベルを貼った》ハイネケン (Heineken) のラガー, グリーンラベル; 〔ゴルフ〕グリーニー《グリーンにオンさせる, 勝ちを決めるティーショット》; 《サーフィン俗》波頭の砕ける前の波.
gréen·ing *n* **1** 青リンゴ. **2** 緑色化; 《市街地・砂漠などの》緑化; 〔農〕緑化, 日入れ《軟白栽培植物の一部に光をあてて緑色にすること》; [*fig*] 若返り, 再生, 蘇生, 復活; 環境問題に関する意識の向上.
gréen·ish *a* 緑がかった, 緑色をおびた. ♦ **~·ness** *n*
Gréen Ísle [the] 緑の島 (=*Emerald Isle, Green Erin*)《アイルランドの美称》.
Gréen Jácket 〔ゴルフ〕グリーンジャケット《Augusta National Golf Club 会員の着用する緑の上着; Masters Tournament 優勝者は自動的に会員となり, 前年の優勝者からこれを着せてもらう習慣がある》.
gréen jáy 〔鳥〕ミドリサンジャク《南米・中米産》.
gréen jérsey 緑のジャージ《自転車のロードレースで, 区間ごとのポイントの累積が最高の選手に着用が許されるジャージ》.
gréen Június bèetle 〔昆〕米国東南部産の背面が金属光沢のある緑色のハナムグリの一種 (=*figeater*).
gréen·kèep·er″ *n* ゴルフ場管理人 (=greenskeeper*). ♦ **-kèep·ing** *n*
Gréen Knìght [the] 緑の騎士《14 世紀の作者不明の詩 *Sir Gawain and the Green Knight* に登場し Gawain と一騎討ちをする》.
gréen lácewing 〔昆〕クサカゲロウ (goldeneye)《レース模様の透き通った翅をもつ》.
Gréen·land /-lənd, -lænd/ グリーンランド (*Dan* Grønland, *Greenlandic* Kalaallit Nunaat)《大西洋北部北米大陸北東方のデンマーク領の島; ☆Godthaab》. ♦ **~·er** *n*
Gréenland hálibut 〔魚〕カラスガレイ《大西洋および太平洋北部の深海に生育する大型のカレイ》.
Green·land·ic /griːnlǽndɪk/ *a* グリーンランド(人[語])の. ► *n* グリーンランド語.
Gréenland (ríght) whále 〔動〕ホッキョククジラ (=*bowhead, polar whale, steepletop*).
Gréenland Séa [the] グリーンランド海《グリーンランドと Spitsbergen 島にはさまれる北極海の一部》.
Gréenland spár 〔鉱〕氷晶石 (cryolite).
gréen léad óre /-lɛ́d-/ 〔鉱〕緑鉛鉱 (pyromorphite).
gréen léek 〔鳥〕ミカヅキインコ《顔が緑色; 豪州産》.
gréen·let *n* 〔鳥〕ミドリモズモドキ (vireo)《南米・中米産》.
gréen·lìght *vt* 《口》…に許可を出す, ゴーサインを出す.
gréen líght 緑灯, 青信号《Go の交通信号》; 安全信号 (opp. *red light*); [the] 《特定の仕事・計画に対する》許可, 承認: give [get] *the* ~ 承認する[を得る] 〈*for, to*〉.
gréen·ling *n* 〔魚〕アイナメ.
gréen·lìning* *n* グリーンライニング, 緑の線引き《REDLINING への対抗策; 当該金融機関からの預金の引き揚げなど》.
gréen línnet 〔鳥〕アオカワラヒワ (greenfinch).
gréen lízard 〔動〕ミドリカナヘビ《欧州・南西アジア産の緑色のカナヘビ; 繁殖期に雄ののどが青くなる》.
gréen lúng″《口》《都市内の》緑地, 公園.
gréen·màil *n* 〔証券〕グリーンメール《**1**) 株式買い占めによる乗っ取りのおどしをかけられた会社が乗っ取り側保有の株式を高値で買い戻すこと **2**) 会社乗っ取りのおどしをかけ, 株式を高値で引き取らせること **3**) 株買い戻しに使われた金またはグリーンメールで得たもうけ》. ► *vt* グリーンメールでおどす. ♦ **~·er** *n* [*green*back + black*mail*]
gréen mán GREENKEEPER; ″《歩行者をかたどった》青信号; グリーンマン《**1**) 昔の見世物に登場した草木や葉を身につけた男性; 森の住人[未開人]または豊饒を表わす **2**) その顔の石造彫刻; 口もとから枝や葉が伸び出た形になっており, イングランドの教会などに見られる》.
gréen manúre 〔農〕緑肥(りょくひ), 草肥(くさごえ); 不熟堆肥[厩肥(きゅうひ)]. ♦ **gréen-manúre** *vt*
gréen·màrket *n* 青物市場 (FARMERS' MARKET).
gréen márketing グリーンマーケティング《環境保護の姿勢を売り込むための企業活動》.
gréen móld 緑カビ《特に アオカビ・コウジカビ》; 〔植〕緑カビ病.
Gréen Mónday* グリーンマンデイ《オンラインショップの売上げがピークに達するとされる 12 月の第 2 月曜日》.
gréen móney*《俗》札 (paper money).
gréen mónkey 〔動〕サバンナモンキー, ミドリザル (=*vervet*)《緑灰色の尾長ザル; 西アフリカ産》.
gréen mónkey disèase MARBURG FEVER.
Gréen Móuntain Bòys *pl* [the] グリーン・マウンテン・ボーイズ《独立戦争当時に活躍した, 今日の Vermont 州 Green 山脈の西側出身の義勇軍》.
Gréen Móuntains *pl* [the] グリーン山脈《アパラチア山脈の支脈; カナダ Quebec 州南部から米国 Vermont 州を通って Massachusetts 州西部に至る; 最高峰 Mount Mansfield (1339 m)》.
Gréen Móuntain Státe [the] グリーンマウンテン州《Vermont 州の俗称》.
Gréen Néw Déal グリーンニューディール《地球温暖化・金融危機・石油資源の枯渇の 3 大危機を克服するため提言されている経済・産業浮揚策》.
Gree·nock /gríːnək, grɛ́nək/ グリーノック《スコットランド南西部の Clyde 湾に臨む港町》.

green·ock·ite /gríːnəkàɪt/ *n* 〘鉱〙硫カドミウム鉱. ［Charles M. Cathcart, Lord *Greenock* (1783–1859) 英国の軍人］
gréen ónion* 葉タマネギ (=*shallot*)《茎が長く葉の青い若いタマネギ; サラダ用または薬味として生食する》.
Green Pánther* [*derog*] 戦闘的[声高な]環境保護運動家, グリーンパンサー.
gréen páper 1 [ºG- P-]〘英〙緑書《国会などでの論議の材料とするための政府試案を述べた文書; cf. BLACK PAPER》. **2***《俗》お札, ぜに (money).
Gréen Pàrty [the] 緑の党《地球環境保護を目指す政党; 特にドイツなど欧州各国のもの; 英国では 1973 年 Ecology Party として結成され, 85 年 Green Party と改称》.
gréen péa グリーンピース, 青エンドウ.
Gréen·pèace グリーンピース《反核運動から出発して反汚染・反捕鯨などの運動を展開している, 非暴力直接行動による国際的環境保護団体; 1971 年設立; 本部 Amsterdam》.
gréen péach àphid 〘昆〙モモアカアブラムシ (=*greenfly, spinach aphid*).
gréen pépper 〘植〙熟して赤くなる前のピーマン (sweet pepper).
gréen phéasant 〘鳥〙キジ《日本の国鳥》.
gréen pígeon 〘鳥〙アオバト (=*fruit pigeon*)《旧世界熱帯の羽が緑色をした各種のハト》.
gréen plóver 〘鳥〙**a** タゲリ (lapwing). **b** (ヨーロッパ)ムナグロ (golden plover).
gréen póund グリーンポンド, 緑のポンド《GREEN CURRENCY の一》.
gréen pówer 金力, 財力.
gréen próduct エコ製品, 環境にやさしい製品.
gréen revolútion 緑の革命, グリーンレボリューション《**1**) 特に開発途上国での, 品種改良などによる穀物の大増産 **2**) 工業国における環境に対する関心の高まり》.
Gréen Ríver [the] グリーン川《Wyoming 州西部, Utah 州東部を南流して Colorado 川に合流する》.
Gréen Ríver Òrdinance [the]〘米法〙グリーンリヴァー条例《訪問販売を禁じたもの》. ［1931 年 Wyoming 州 *Green River* で通過］
gréen·ròom *n*《劇場・コンサートホールの出演者の》俳優休憩室, 楽屋;《出演者の》応接室, グリーンルーム;《サーフィン俗》グリーンルーム《内側から見た波のトンネル》.
gréen·sànd *n*〘地質〙緑色砂, 緑砂《浅海ないし半深海性の海緑石粒を含む堆積物》,《その固結した》海緑石砂岩; [ºthe G-] 海緑石砂岩層;《鋳型用の》生砂(なまずな).
Greens·boro /gríːnzbə̀ːrə, -bʌ̀rə/ グリーンズボロ《North Carolina 州中北部の市; O. Henry の生地》.
gréen séal グリーンシール《環境保護を示すシール》.
gréens fèe ゴルフ場使用料, グリーンフィー (=*green fee*).
gréen·shànk *n*〘鳥〙アオアシシギ《旧世界産》.
gréen shéll bèan 〘植〙軟莢(なんきょう)インゲン, 若莢(わかざや)インゲン《若いむき豆を食べるインゲンマメ》.
gréen·sìck·ness *n*〘医〙萎黄(いおう)病 (chlorosis). ♦ **gréen·sìck** *a*
gréen·sìde *a*〘ゴルフ〙〈バンカーなどが〉グリーン横の.
gréens·kèep·er* *n* GREENKEEPER.
Green·sleeves /gríːnslìːvz/ グリーンスリーヴズ《**1**) 16 世紀末の英国の流行歌謡 **2**) その主人公で男をつれなく袖にする女性》.
gréen snàke 〘動〙アオヘビ《無毒; 北米産》.
gréen sòap 緑(ろく)石鹸《特に皮膚病用カリ石鹸》.
gréen·some *n*〘ゴルフ〙グリーンサム《2 組 4 人がそれぞれティーオフして各組がよいほうのドライブを選び, 以後各パートナーが交替で打つ》.
gréen spáce 《都市の》緑地.
Green·span /gríːnspæ̀n/ グリーンスパン **Alan** ～ (1926–　)《米国のエコノミスト; 連邦準備制度理事会 (FRB) 議長 (1987–2006)》.
gréen·stìck (fráctùre) 〘医〙若木骨折《骨の片側が折れて片側に湾曲する; 小児に多い》.
gréen·stòne *n* 緑色岩《変質した玄武岩》;《特にニュージーランドに産する》緑玉 (nephrite).
gréen·stùff *n* 青物, 野菜類.
gréen stùff [the]*《俗》ぜに, (ドル)札.
gréen súnfish 〘魚〙グリーンサンフィッシュ《五大湖地方から Rio Grande 川流域に産するスズキ目サンフィッシュ科ブルーギル属の食用魚; 上部が大部分緑色》.
gréen·swàrd *n* 緑の芝生.
gréen táble ᴵᴵ賭博台; *COUNCIL BOARD.
gréen táx 環境税.
gréen téa 緑茶.
greenth /gríːnθ/《文》*n*《草木の》緑; 緑草, 緑葉, 緑樹.
gréen thúmb 植物[野菜]栽培の才能, 園芸の才 (=*green fingers*); *《俗》成功に導く[金もうけの]才. ● **have a** ～ 草木[青物]栽培がうまい; …に適性がある〈*for*〉. ♦ **gréen-thúmbed** *a* **gréen thúmb·er** *n**《口》園芸の才のある人, 園芸家.
gréen tíme 《車が信号待ちなしに進行できる》一連の信号が青になっている時間.
gréen túrtle 〘動〙アオウミガメ《スープが美味》.
gréen végetable 緑野菜, 青物.
Green·ville /gríːnvɪl, -vəl/ グリーンヴィル《**1**) Mississippi 州西部の Mississippi 川に臨む市 **2**) North Carolina 州東部の市 **3**) South Carolina 州北西部の市》.
gréen vítriol 〘化〙緑礬(りょくばん) (copperas).
gréen·wàre *n*〘窯〙素地(きじ), 生素地(なまきじ).
gréen·wàsh[1] *n* グリーンウォッシュ《企業・組織などによる単なるポーズとしての環境保護への関心・活動》. ► *vi, vt* グリーンウォッシュする: ～ the public [their business] 人びとに[企業活動で]環境保護への取組みをアピールしてみせる ♦ **～·ing** *n* グリーンウォッシング (=*greenwash*). ［*green*＋white*wash*/brain*wash*］
greenwash[2] *vt*〈不法に得た金を〉現金で銀行にいったん預けて出所をわからなくする, 洗浄[洗濯]する (launder).
gréen wáve 〘サーフィン〙長い切れ目のない波.
gréen·wày* *n* 緑道《自然環境を残した歩行者・自転車専用遊歩道路》.
gréen·wèed *n*〘植〙ヒトツバエニシダ (woodwaxen).
Gréen Wélly [Wéllie] Brigàde [the] ᴵᴵ[*joc*] グリーンウェリー族《カントリーライフを楽しむ裕福な人びと; よくグリーンのウェリントンブーツ (wellies) を履く》.
Green·wich 1 /grénɪtʃ, gríːnwɪ̀tʃ/ グレニッチ《Connecticut 州南西部 Long Island 海峡に臨む町; New York 市郊外の高級住宅地》. **2** /grínɪdʒ, grén-, -ɪtʃ/ グリニッジ《London 東部 Thames 川南岸の London boroughs の一つ; 本初子午線 (prime meridian) の基点グリニッジ天文台 (Royal Greenwich Observatory) があった地》.
Gréenwich (méan [cívil]) tìme 〘天〙グリニッジ平均時《'世界時' (Universal time) とされる; 略 GMT; cf. BRITISH STANDARD TIME》.
Gréenwich merìdian グリニッジ子午線《経度 0 の基準子午線》.
Gréen·wich Víllage /grénɪtʃ-, grín-, -ɪdʒ-/ グレニッチヴィレッジ《New York 市 Manhattan 区南部の一地区; 芸術家・作家の町として知られた》.
gréen·wìng, gréen-wìnged téal *n*〘鳥〙アメリカコガモ.
gréen·wòod *n*《春・夏の》緑の森, 緑林《Robin Hood のようなアウトローの巣として思い浮かべられる》;〘植〙ヒトツバエニシダ (woodwaxen): go to the ～ (追放されて)緑林にはいる《アウトローになる》.
gréen wóodpecker 〘鳥〙ヨーロッパアオゲラ (=*popinjay*) (=rain pieᴵᴵ, woodwallᴵᴵ, woodwaleᴵᴵ)《アオゲラに似た欧州産の緑色のキツツキ》.
gréeny *a* 緑がかった (greenish). ► *n**《俗》GREENHORN.
gréen·yàrd *n* 芝生におおわれた中庭; ᴵᴵ獣おり《放れ馬などを入れておく》.
gréen Yúle GREEN CHRISTMAS.
Greer /gríər/ **1** グリーア **Germaine** ～ (1939–　)《オーストラリアのフェミニスト著述家; *The Female Eunuch* (1970)》. **2** グリーア《女子名》.
greet[1] /gríːt/ *vt* **1 a**〈人〉に挨拶する, 歓迎する;《特定の態度で》迎える, …に反応する: ～ sb *with* cheers 人を歓呼して迎える / the proposal was ～*ed with* ridicule その提案はあざけりをもって迎えられた. **b** …に挨拶状を送る. **2**〈もの・事態が〉待ちうける;《まっさきに》〈目・耳など〉に触れる[はいる], 〈人〉に感じられる: Only silence ～*ed* me. わたしを迎えたのは沈黙のみだった / A wide extent of sea ～*s* the eye. 広い海が目にはいる. ► *vi*《廃》挨拶をする. ♦ **～·er** *n*《商店・レストランなどの》案内係; 出迎えの人. ［OE *grētan* to handle, attack, salute＜WGmc＝to cry out; cf. G *grüssen*］
greet[2] *vi* (**grat** /grǽt/; **grut·ten** /grʌ́tn/) *n*《古・スコ》泣く[嘆く, 悲しむ](こと). ［OE *grētan*＜Gmc (GREET[1] と同語源) and OE *grēotan*＜?］
greeta ⇨ GREEFA.
gréet·ing *n* 挨拶, 敬礼; 歓迎(の辞);《手紙の》書出し《Dear Sir など》; [ᵘ*pl*]《その場にいない人からの》挨拶のことば (regards), 挨拶状: Christmas ～*s* クリスマスの祝辞 / *G~s!*《口》やあ, こんにちは / *G~s* and felicitations [salutations]! ごきげんよう《あらたまった挨拶》/ Season's *G~s* 時候のご挨拶を申し上げます《クリスマス[時季の]カードに書くことば》.
gréeting [gréetingsᴵᴵ**] càrd** グリーティングカード《祝祭日・結婚・出産・見舞い・葬儀などの折に贈るカード; しばしばイラストやメッセージがあらかじめ印刷されている》.
grefa ⇨ GREEFA.
gref·fi·er /gréfiər, -fièɪ/ *n*《Channel 諸島などで, 役所の》記録係, 登記官, 公証人. ［OF (*grefe* stylus)］
Greg /grég/ グレッグ《男子名; Gregory の愛称》.
gre·ga·le /greɪgáːleɪ/ *n*〘気〙グレガーレ (=*euroclydon*)《地中海地方における北(北)東の強風》. ［It］
greg·a·rine /grégəràɪn, -rìːn, -rən/〘動〙*n* 簇虫(そくちゅう)《動物の消化器などに寄生する原生動物》. ► *a* 簇虫の. ♦ **grèg·a·rín·i·an** /-ríniən/ *a*
gre·gar·i·ous /grɪgéəriəs/ *a*〘動〙群居[群生]する, 群居性の;〘植〙

ふさをなす, 簇生(ぞくせい)する; 〈人が〉集団を好む, 社交的な; 群れの, 集団の: ～ life 〘動〙群生. ◆ **～·ly** *adv* 群居[群生]して; 集団的に. **～·ness** *n* [L (*greg- grex* flock); cf. AGGREGATE]

grège /gréɪʒ/ *n* グレーとベージュの中間色; GREIGE. [F=raw (silk)]

Gregg /grég/ **1** グレッグ《男子名》. **2** グレッグ **John Robert ～** (1867–1948)《米国の速記法考案者》. [(dim)＜ GREGORY]

gre·go /grí:goʊ, gréɪ-/ *n* (*pl* **～s**) グレゴ《東地中海沿岸地方のギリシア人が用いるフード付きの短い外套》. [Cat=Greek]

Gre·go·ri·an /grɪgɔ́:riən/ *a* **1** ローマ教皇グレゴリウス (Gregory) の; グレゴリオ暦の; グレゴリオ聖歌の: the ～ style 新暦. **2** アルメニア教会の ▶ *n* GREGORIAN CHANT.

Gregórian cálendar [the] グレゴリオ暦《1582 年 Gregory 13 世がユリウス暦を改正した現行太陽暦》.

Gregórian chánt 〘楽〙グレゴリオ聖歌《教皇グレゴリウス (Gregory) 1 世にちなむ, ローマカトリック教会の伝統的な単声典礼聖歌 (plainsong)》.

Gregórian télescope 〘天〙グレゴリー式望遠鏡《放物凹面の主鏡と楕円凹面の副鏡を組み合わせた反射望遠鏡》. [James *Gregory* (1638–75) スコットランドの数学者]

Gregórian tóne 〘楽〙グレゴリアントーン《グレゴリオ聖歌において詩篇を歌う場合の 8 つの定形》.

Greg·o·ry /grég(ə)ri/ **1** グレゴリー《男子名; 愛称 Greg》. **2** グレゴリウス《ローマ教皇》 (1) Saint ～ **I** (c. 540–604)《在位 590–604; 通称 'Gregory the Great'; 祝日 3 月 12 日》 (2) Saint ～ **VII** (c. 1020–85)《在位 1073–85; 本名 Hildebrand; 祝日 5 月 25 日》 (3) ～ **IX** (before 1170–1241)《在位 1227–41; 本名 Ugo /ú:goʊ/ または Ugo·li·no /ù:goʊlí:noʊ/》 (4) ～ **X** (c. 1210–76)《在位 1271–76; 本名 Tebaldo Visconti》 (5) ～ **XIII** (1502–85)《在位 1572–85; 本名 Ugo Buon·com·pa·gni /bwɔ̀:nkoumpá:nji/; cf. GREGORIAN CALENDAR》. **3** [Saint] 聖グレゴリウス (240–332)《アルメニアの使徒; 通称 'the Illuminator' (啓蒙者), アルメニアをキリスト教化した》. **4** グレゴリー Lady (**Isabella**) **Augusta ～** (1852–1932)《アイルランドの劇作家; 旧姓 Persse》. [Gk=watchful]

Grégory of Na·zi·án·zus /-nèɪziǽnzəs/ [Saint] ナジアンゾスの聖グレゴリオス (c. 330–c. 389)《小アジア Cappadocia 生まれの主教・神学者, カッパドキア教父の一人》.

Grégory of Nýs·sa /-nísə/ [Saint] ニュッサの聖グレゴリオス (c. 335–c. 394)《東方教会の教父・神学者; Saint BASIL の弟; 三位一体論の確立に尽くした》.

Grégory of Tóurs [Saint] トゥールの聖グレゴリウス (538?–?594)《フランク王国の司教・歴史家;『歴史 10 巻』》.

Grégory('s) pòwder [mìxture] 〘薬〙グレゴリー粉末《大黄・マグネシア・ウイキョウなどを調合した健胃剤・緩下剤》. [James *Gregory* (1753–1821) スコットランドの医師]

Grei·der /gráɪdər/ グライダー **Carol W(idney) ～** (1961–　)《米国の分子生物学者; 染色体がテロメアとテロメラーゼ (telomerase) によって保護される仕組みを発見, ノーベル生理学医学賞 (2009)》.

greige /gréɪ(ʒ)/ *a, n* 《織機から取り出したままの》未漂白未染色の(生地); GRÈGE.

GR8 《E メールなどで》great.

grei·sen /gráɪz(ə)n/ *n* 〘岩石〙英雲岩, グライゼン《主に花崗岩から変質した岩石で石英とシリア雲母からなる》. [G]

greldge /gréldʒ/ *《俗》 *n* きたないもの, いやなもの; [(*int*)] くそー, チェッ, ばかな (Nuts!).

gre·mi·al /grí:miəl/ *n* 〘カト〙ミサ・聖職按手礼などに司教の用いる絹または麻のひざ掛け. [L *gremium* lap]

grem·lin /grémlən/ *n* **1** グレムリン《飛行機などに故障を起こさせるという小魔; もと 英空軍飛行士の俗語》; いたずら者, 厄介者; 原因不明の故障[トラブル]. **2** 《サーフィン俗》《サーフィンをやらないのに》浜に来てはごたごたを起こす若造, 新米[陸(おか)]サーファー; 《俗》新米スケートボーダー. [C20＜?; cf. IrGael *gruaimín* ill-humored little fellow, GOBLIN]

grem·mie, -my /grémi/ *n* 《サーフィン俗》GREMLIN.

Gre·nache /grəná:ʃ; -nǽʃ/ *n* グレナッシュ (1) フランス南部 Languedoc-Roussillon 産のワイン用黒ブドウ品種 2) そのブドウから造られる甘口のデザートワイン》.

Gre·na·da /grənéɪdə/ グレナダ《西インド諸島東部の Windward 諸島の一島で, 付近の小島を合わせて一国をなす; ☆St. George's》. ◆ **Gre·na·dan** /grənéɪdn/ *a, n* **-na·di·an** /-néɪdiən/ *a, n*

gre·nade /grənéɪd/ *n* 擲弾(てきだん), 手榴弾, 手投げ弾; 催涙弾, 消火弾, 薬品入りガラス球《投げつけると割れて中の薬品が飛び散る》. [F; ⇨ POMEGRANATE]

gren·a·dier /grènədíər/ *n* 〘史〙擲弾兵; 精鋭部隊の歩兵; [G-] 〘英〙近衛歩兵第一連隊の兵, [G-s] GRENADIER GUARDS; 〘魚〙ソコダラ (=*rattail*)《タラの類の深海魚》; 〘鳥〙カエデチョウ (waxbill).

Grénadier Guárds *pl* [the] 〘英〙近衛歩兵第一連隊《俗に the Sandbags といわれる; ⇨ FOOT GUARDS》.

grenadilla ⇨ GRANADILLA.

gren·a·din /grénədən/ *n* 〘料理〙グルナダン《子牛または家禽の小さなフリカンドー (fricandeau)》. [F; ⇨ GRENADE]

gren·a·dine[1] /grènədí:n, ⌐ ─ ⌐/ *n* グレナディン《絹[人絹, 毛]の薄い紗織り模様のもの; 婦人服用》. [F *grenade* grained silk (*grenu* grained＜GRAIN)]

grenadine[2] *n* グレナディン《ざくろのシロップ》; 赤みがかったオレンジ色. [F; ⇨ GRENADE]

grenadine[3] *n* GRENADIN. [F]

Gren·a·dines /grènədí:nz, ⌐ ─ ⌐/ *pl* [the] グレナディン諸島《西インド諸島東部の Windward 諸島中央部の小島群; 南部は Grenada, 北部は St. Vincent and Grenadines に属する》.

Gren·del /gréndl/ グレンデル《OE の叙事詩 *Beowulf* に出る怪物; Cain の末裔で, 人を食っていたが, Beowulf に退治された》.

Gren·fell /grénfèl, -fəl/ グレンフェル (1) **Joyce Irene ～** (1910–79)《英国のエンターテイナー; モノローグで女教師, 中産階級の主婦・娘などを諷刺した》 (2) Sir **Wilfred** (**Thomason**) **～** (1865–1940)《英国の医師・医療伝道者; Labrador で医療奉仕活動をした》.

Gre·no·ble /grənóʊb(ə)l; *F* grənɔbl/ グルノーブル《フランス南東部 Isère 県の県都; Alps への観光基地》.

Gren·ville /grénvɪl, -vəl/ グレンヴィル (1) **George ～** (1712–70)《英国の政治家; 首相 (1763–65); 印紙法 (1765) をはじめとするアメリカ植民地に対する課税政策によって独立革命の遠因をつくった》 (2) Sir **Richard ～** [**Greyn·ville** /gréɪnvɪl, -vəl/] (1542–91)《英国海軍の軍人; Revenge 号の指揮官として単独でスペイン艦隊と交戦, 死闘を演じた; Tennyson の詩にうたわれている》 (3) **William Wyndham ～**, Baron ～ (1759–1834)《英国の政治家; George の末子; 人材内閣 (Ministry of All the Talents) の首相 (1806–07)》.

grénz rày /grénz-/ 〘理〙限界線, 境界線《波長が 2 AU 程度の電磁波で, X 線と紫外線の境界に位置する軟性の X 線》. [G *Grenzstrahl* (*Grenz* border) の訳]

Gresh·am /gréʃəm/ グレシャム Sir **Thomas ～** (1518 or 19–79)《イングランドの貿易商・財政家; London に王立取引所 (Royal Exchange) を創設 (1566–68)》.

Grésham's láw [théorem] 〘経〙グレシャムの法則《: Bad money drives out good. (悪貨は良貨を駆逐する)》. [↑]

gres·so·ri·al /grɛsɔ́:riəl/, **gres·so·ri·ous** /grɛsɔ́:riəs/ 〘鳥〙 *a* 歩行に適した〈足〉; 歩行性の〈鳥など〉.

Gre·ta /grí:tə, grétə/ グリータ, グレタ《女子名; Margaret の愛称》.

Gret·chen /grétʃən; *G* gré:tçən/ **1** グレチェン《女子名; Margarete の愛称》. **2** グレートヒェン《Goethe, *Faust* 第一部の主人公で Faust に誘惑される娘》.

Grét·na Gréen /grétnə-/ **1** グレトナグリーン《スコットランド南部のイングランドとの国境の近くにある村; 1754–1940 年イングランドの法律で結婚を認められない男女がここへ駆け落ちして結婚した》. **2** 駆け落ちの地.

Grétna Grèen márriage 駆け落ち結婚.

grette /g(ə)rét/ *n* *《俗》タバコ (cigarette).

Gretz·ky /grétski/ グレツキー **Wayne ～** (1961–　)《カナダのアイスホッケー選手》.

Greuze /grə́:z; *F* grø:z/ グルーズ **Jean-Baptiste ～** (1725–1805)《フランスの画家》.

gre·vil·lea /grəvíliə/ *n* 〘植〙シノブノキ属[ハゴロモノキ属] (*G-*) の各種の常緑高木[低木]《豪州主産ヤマモガシ科; シノブノキ (silk oak) など観賞用に栽培される》. [Charles F. *Greville* (1749–1809) スコットランドの植物学者]

Gré·vy /greɪví:/ グレヴィ (**François-Paul-**)**Jules ～** (1807–91)《フランス共和派の政治家; 第三共和政第 3 代の大統領 (1879–87)》.

Grévy's zebra /⌐ ─ ⌐ ─/ 〘動〙グレビーシマウマ《東アフリカ産》. [↑]

grew *v* GROW の過去形.

grew·some /grú:səm/ *a* GRUESOME.

grey ⇨ GRAY[1]. ★ 以下にない複合語は GRAY[1] で見よ.

Grey グレイ (1) **Charles ～**, 2nd Earl ～ (1764–1845)《英国の政治家; Whig 党の首相 (1830–34)》 (2) Sir **Edward ～**, 3rd Baronet, 1st Viscount ～ of Fal·lo·don /fǽlədn/ (1862–1933)《英国の政治家; 第一次大戦参戦時の外相 (1905–16)》 (3) Lady **Jane ～** [Lady Jane Dudley] (1537–54)《イングランド王 Henry 7 世の曾孫; 15 歳の時王位継承の争いに巻き込まれて女王と宣言されたものの 9 日間で廃位され, のち処刑された》 (4) **Zane ～** (1872–1939)《米国の作家; カウボーイものを中心とした 60 冊あまりの冒険小説で人気を博した》.

gréy área 〘英〙灰色地域《政府の特別援助までは要しない程度の低雇用率地域》; 《南ア》《人種差別のない》多民族共存地区; GRAY AREA.

grey·cing /gréɪsɪŋ/ *n* ‖《口》GREYHOUND RACING.

Gréy Cùp [the] グレイ杯, グレイカップ《カナダフットボールリーグ (CFL) の優勝トロフィー》; グレイ杯争奪戦. [Earl *Grey* (1851–1917) 1909 年トロフィーを寄贈したカナダ総督]

gréy dráke ‖〘昆〙カゲロウの一種.

Gréy Fríar, 《米》**Gráy Fríar** 《灰色の衣を着た》フランシスコ会修道士 (Franciscan friar).

gréy ghóst 《豪俗》不法駐車取締まり警官, 灰色の幽霊《グレーの制服から》.

gréy góods″ *pl* 灰色もの《伝統的に灰色仕上げのコンピューター機器; cf. BROWN GOODS, WHITE GOODS》.

gréy·hòund, 《米》 **gráy-** *n* **1**〖犬〗グレーハウンド《体高が高く, ほっそりした体形をした, 快足, かつ視力の良い猟犬・競走犬; エジプト原産》;〖海〗快速船 (ocean liner); *《俗》てきぱきした肉屋[セールスマン]. **2** [Grey-]〖商標〗グレーハウンド《米国のバスによる長距離旅客運送システム》. ► *vi* *《俗》逃走[追走]する; [″gray-] *《俗》〈黒人が〉白人とデートする. [OE *grighund* bitch hound]

gréyhound ràcing グレーハウンド競走《電気仕掛けで走る模型のウサギをグレーハウンドに追わせて行なう賭け》.

gréyhound thèrapy *《俗》グレーハウンド療法《市町村やその外郭団体などが, 生活困窮者や孤児にバスの片道乗車券を与えてよその土地に行かせて厄介払いをする制度; バス会社 Greyhound の名前から》.

gréy·làg, 《米》 **gráy-** *n*〖鳥〗ハイイロガン (=**~ gòose**)《欧州産》.

gréy mónk シトー会修道士 (Cistercian). [灰色の衣から; cf. BLACK MONK]

Greynville ⇨ GRENVILLE.

gréy póund″ [the] 中高年層の購買力.

Gréy Póu·pon /-pupán/〖商標〗グレープーポン《米国の高級マスタード》.

gréy sédge″〖昆〗フトヒゲトビケラ科の灰色がかったトビケラの一種《釣人の用語》.

gréy-wáve *a* ″《口》《期待が実現するまでに》白髪頭になりそうな, なかなか利益の出ない〈投資・会社など〉.

grib·ble /gríb(ə)l/ *n*〖動〗キクイムシ《海中の木材を食う小型甲殻類》.

gri·cer /gráɪsər/ 《口》 *n* 鉄道ファン, 《特に》鉄道写真撮影マニア; 機関車を見て型式・ナンバーを当てる人 (train spotter). ♦ **grí·cing** *n* [C20<?]

grid /gríd/ *n* **1 a** 鉄格子; 鉄の柵; 焼き網, グリッド, 鉄灸(てっきゅう), あぶりこ (gridiron); 《車の屋根などにつける》格子でできた荷台, ラック;〖海〗格子船台[船架]. **b**〖電子工〗《電子管の》格子, グリッド;〖電〗グリッド《蓄電池内の活性物質の支持物・導線として用いる金属板》. **c**〖測〗グリッド《特定地域の標準線の基本系》; 《地図上などの》基盤目, 方眼, グリッド; 《街路の》基盤目;〖印〗《写真植字機の》文字[母型]盤. **2** 網状組織; 送電網 (=**pówer ~**); 敷設網, 配管網, 道路網; 《ラジオ・テレビ》放送網, ネットワーク;〖電算〗グリッド《スーパーコンピューター並みの処理能力を実現するためにインターネットで結んだ多数のコンピューター》. **3**〖自動車レース〗STARTING GRID; *《俗》オートバイ; ″《俗》自転車. **4** アメリカンフットボール(競技場) (GRIDIRON). ● **off the ~** 電気[ガス, 水道]を使わないで, 自家発電[自家用水など]で(自給自足して). ► *a* アメリカンフットボールの. ► *vt* (**-dd-**) …にグリッドを据える. ♦ **gríd·ded** *a* 基盤目(状)の. [逆成<*gridiron*]

gríd bìas〖電子工〗グリッドバイアス《動作基点を定めるために電子管の制御格子に与えておく直流(負)電圧》.

gríd cìrcuit〖電子工〗格子回路, グリッド回路.

gríd condènser〖電子工〗格子コンデンサー.

gríd cùrrent〖電子工〗格子電流.

gríd declinàtion〖測〗格子偏角《平面直角座標の北と真北との偏角》.

gríd·der *n* *《口》フットボール選手.

grid·dle /grídl/ *n* グリドル (=*girdle*)《菓子などを焼くフライパン状の鉄盤》;〖鉱〗《選鉱用の》鉄網ふるい. ● **on the ~** 《口》きびしく尋問されて, まな板に載せられて. ► *vt* グリドルで焼く; 鉄網ふるいでふるう 〈*out*〉. ♦ **gríd·dled** *a* [OF=gridiron<L (dim)<*cratis* hurdle; cf. GRATE[1], GRILL[1]]

gríddle càke グリドルケーキ, ホットケーキ (=*pancake, Scotch pancake*) (drop scone″).

gride /gráɪd/ *vt, vi* ガリガリ切る[こする]; ギーギーきしる[する] 〈*along, through*〉; 《古》《刀などで》突き通す, 深く切る. ► *n* [the] きしる音, ギーギー. [音位転換<*gird*[2]]

grid·iron /grídàɪərn/ *n* 焼き網, あぶりこ, 鉄灸(てっきゅう), グリル;〖史〗《火刑用の》炮烙(ほうらく);〖海〗格子船台[船架]; 舞台天井の梁(はり)構え;〖時計〗GRIDIRON PENDULUM;〖鉄道〗側線; 高圧送電線網; アメリカンフットボール競技場《焼き網のように 5 ヤードごとに白線が引かれている》; アメリカンフットボール(の試合); 《街路の》基盤目. [ME *gredire* (変形)<GRIDDLE; 語形は *iron* に同化]

grídiron·ing *n* 《豪》格子状土地購入法《あとで中間地帯を安く買うため》.

grídiron pèndulum〖時計〗簀(す)の子形振子《2 種の金属棒を振りざおにした周期補正振子》.

gríd lèak〖電子工〗グリッドリーク (=**gríd lèak resíster**)《格子回路のコンデンサーの電荷を放電するための高抵抗器》.

gríd·lòck *n* 道路網全域に及ぶ渋滞; 《議論などの》行き詰まり, 停滞. ► *vt* 渋滞させる, 麻痺させる. ♦ **~ed** *a* [*grid*+dead*lock*]

gríd rèference 《地図の》グリッド表示《地図上の地点を縦軸と横軸に付した番号・記号の組合せによって示す方法》.

gríd variàtion〖海〗グリッド偏差《真正子午線と磁気子午線の交角》.

grief /grí:f/ *n* 深い悲しみ, 悲嘆, 悲痛 〈*at, over*〉; 悲嘆のもと[たね], 痛恨事; 《口》悩み(のたね), いらだち, 困難; 非難, 誹謗; 《古》傷害, 害, 災い, 憂きめ, 不幸; 《廃》不平の申し立て. ● **bring…to ~** …を失敗させる, 不幸に落とす, 破壊させる. **come to ~** けがをする, 災難にあう; 失敗する. **give** sb **~** 《口》人にしつこく文句[小言]を言う, 人を悩ませる[困らせる]. **Good [Great] ~!** おやまあ, やれやれ, へえー, なんてこった!《驚き・不信・嫌悪などを表わす》. ♦ **~·less** *a* [AF, OF; ⇨ GRIEVE[1]]

griefo ⇨ GREEFO.

gríef-strìcken *a* 悲しみにうちひしがれた, 悲嘆に暮れた.

gríef thèrapy 悲哀療法《配偶者や子に先立たれた者に精神的援助を与える支持療法》.

Grieg /grí:g/ グリーグ **Edvard (Hagerup) ~** (1843–1907)《ノルウェーの作曲家》.

Grier /gríər/ グリアー **Robert C(ooper) ~** (1794–1870)《米国の法律家; 合衆国最高裁判所陪席裁判官 (1846–70)》.

Grier·son /gríərs(ə)n/ グリアソン (**1**) Sir **George Abraham ~** (1851–1941)《アイルランドの言語学者; 英国統治下インドの言語・方言の調査を行なった (1898–1928)》 (**2**) **John ~** (1898–1972)《英国のドキュメンタリー映画作家》.

griev·ance /grí:v(ə)ns/ *n* 苦情のたね, 不平の因; 不平(の申し立て), 苦情(を持ち込むこと); 《古》悲嘆[苦悩](のもと): nurse [have] a ~ 不満をいだく 〈*against*〉 / a sense of ~ 不当な扱いをうけているとの思い, 恨み.

grievance commìttee〖労〗苦情処理委員会《労使双方の代表者からなる》.

grievance procèdure〖労〗《労使間の取決めによる》苦情処理手続き.

griev·ant /grí:vənt/ *n* 苦情を仲裁に持ち込む人.

grieve[1] /grí:v/ *vt* 深く悲しませる, 悲嘆に暮れさせる; 深く悲しむ; 《古》そこなう, いためる; 《廃》困らせる, 圧迫する. ► *vi* 深く悲しむ, 悲嘆する, 心痛する, 哀哭する: She *~d at* the sad news [*about* the matter, *for* her son, *over* her son's death]. [OF<L=to burden; ⇨ GRAVE[2]]

grieve[2] *n* 《スコ》管理者, 農場管理人. [OE *grǣfa*; cf. REEVE[1]]

Grieve グリーヴ **Christopher Murray ~**《Hugh MACDIARMID の本名》.

grieved /grí:vd/ *a* 《文》深く悲しんで, 悲嘆に暮れて 〈*at*〉. ♦ **~·ly** /grí:v(ə)dli/ *adv*

griev·er /grí:vər/ *n* 悲しむ人, 悲嘆に暮れる者; 《GRIEVANCE COMMITTEE の》苦情持込み人《労働者代表》.

griev·ous /grí:vəs/ *a* **1** 嘆かわしい, 悲しむべき; 悲嘆させる; 苦しめる; つらい; 悲痛な, 悲しげな: a ~ moan 悲嘆のうめき. **2** ひどい, 苛酷な; 極悪の, ゆゆしい; 重い, 荷厄介な: a ~ fault 重大な過失. ♦ **~·ly** *adv* **~·ness** *n*

gríevous bódily hárm〖英法〗《故意による》重大な身体傷害, 重傷害《略 GBH; cf. ACTUAL BODILY HARM》.

griff[1] /gríf/ *n* GRIFFIN[1].

griff[2] *n* ″《俗》(確かな)情報, 内報. [*griff*in[3]]

griffa ⇨ GREEFA.

griffe[1] /gríf/ *n*〖建〗けづめ (=*spur*)《円柱の基部から下の四角の台石のかどに延びたかぎづめ形の装飾》. [F=claw]

griffe[2]* *n* グリフ《黒人と mulatto [インディアン]との混血児》. [Sp=kinky-haired]

Grif·fes /grífəs/ グリフェス **Charles (Tomlinson) ~** (1884–1920)《米国の作曲家; アメリカ的な印象主義音楽を創造した》.

Grif·fey /gríft/ グリフィー **Ken ~, Jr.** (1969–)《米国のプロ野球選手; 1990 年代を代表する強打者で, ゴールドグラブ賞の常連》.

grif·fin[1] /grífən/ *n* 《東洋へのヨーロッパからの》新参者, 新米 (griff). [? *griffin*[2]]

griffin[2], **grif·fon, gry·phon** /grífən/ *n*〖ギ神〗グリュプス《ワシの頭と翼, ライオンの胴体とを有する怪獣》;〖鳥〗GRIFFON VULTURE. [OF<L<Gk]

griffin[3] *n* ″《俗》《賭けなどの》情報 (tip). [C19<?]

Griffin 1 グリフィン《男子名》. **2** グリフィン **Merv(yn Edward) ~** (1925–2007)《米国のテレビプロデューサー・実業家》. [Welsh (*griffin*[2])]

Grif·fith /grífəθ/ **1** グリフィス《男子名》. **2** グリフィス (**1**) **'Andy' ~** [Andrew Samuel ~] (1926–)《米国の俳優; テレビコメディ *The Andy Griffith Show* (1960–68) のシェリフ役で人気を博した》 (**2**) **Arthur ~** (1872–1922)《アイルランドの政治家; Sinn Féin 党を結成 (1905); アイルランド自由国大統領 (1922)》 (**3**) **D(avid Lewelyn) W(ark) ~** (1875–1948)《米国の映画監督・制作者; さまざまな映画技法を開拓した; *The Birth of a Nation* (国民の創世, 1915), *Intolerance* (イントレランス, 1916)》 (**4**) **Emile (Alphonse) ~** (1938–)《米国のプロボクサー; 世界ウェルター級 (1961, 62, 63), ミドル級 (1966, 67) チャンピオン》. [Welsh=ruddy; strong fighter; RUFUS]

Gríffith Jóyner グリフィス・ジョイナー **Florence ~** (1959–98)《米国の陸上短距離走者》.

grif(f)o ⇨ GREEFA.

grif·fon[1] /grífən/ *n* 〘犬〙グリフォン (**1**) BRUSSELS GRIFFON **2**) WIRE-HAIRED POINTING GRIFFON); 〘鳥〙 GRIFFON VULTURE. ［F↓］
griffon[2] ⇨ GRIFFIN[2].
gríffon vùlture 〘鳥〙シロエリハゲワシ《南欧・北アフリカ・インドの山岳地帯産》.
grift /gríft/ *《俗》 *vt, vi, n* 〈金を〉だまし取る(こと); だまし取った金. ● **on the ～** *《俗》いかさま稼業をして. ［GRAFT[2]］
gríft·er *《俗》 *n* 《縁日などに出没する》ペテン師, いかさま[てんすけ]賭博師 (trickster); 《サーカスなどで》賭け事をする店を出す者; 流れ者, 浮浪者.
grig /gríg/ 《方》 *n* コオロギ, バッタ; 小ウナギ; 脚の短い小型の鶏《チャボなど》; 陽気[快活]な若者: a ～ of a girl 陽気な女の子 / (as) merry [lively] as a ～ 非常に快活[陽気]な. ［ME＝dwarf＜? Scand (Swed *krik* little creature)］
Gri·gnard /grinjá:r(d); *F* griɲa:r/ グリニャール **(François-Auguste-)Victor** ～ (1871–1935)《フランスの化学者; グリニャール試薬を発見, 有機化学の広範な発展を促した; ノーベル化学賞(1912)》.
Grignárd reàgent 〘化〙グリニャール試薬. ［↑］
grigri ⇨ GRIS-GRIS.
grike /gráɪk/ *n* 〘地質〙グライク《石灰岩地域で, 垂直の節理が溶食によって割れ目となったもの》. ［ON＝crack］
Grikwa ⇨ GRIQUA.
grill[1] /gríl/ *n* グリル, 焼き網; ᴵᴵ《オーブンなどの》上部ヒーター; 焼肉, 焼魚; GRILLROOM; 《学生俗》顔: MIXED GRILL. ► *vt, vi* 〈肉など〉グリルで焼く[焼かれる]; 直火(じか)で焼く (broil); 酷熱にさらす[さらされる]; 《口》〈警察などが〉きびしく尋問する. ● **～ it** *《学生俗》学生食堂[学食]で食う. ♦ **～·er** *n* ［F; ⇨ GRIDDLE］
gril·lade /grɪlá:d, grijá:d/ *n* 焼肉(料理). ［F］
gril·lage /grílɪʤ/ *n* 〘土木〙木材[鋼鉄]の枠組《軟弱な地盤上の建造物の土台を支える》; 格子造りの構造物[建物].
grille, grill[2] /gríl/ *n* 格子(こう), 鉄格子; 《銀行・郵便局の出納口・切符売場・刑務所などの》格子窓; 《以前の英下院などの》婦人傍聴席前の格子; 《自動車の》(ラジエーター)グリル (＝*radiator grille*); 《スピーカーの前の》格子, グリル; 《court tennis 用コートの》グリル《レシーブ側後方にある方形の得点孔》; [ᵁgrill] 〘郵〙グリル《1867–71 年発行の米国の切手に方形につけたピラミッド形の凹凸のある点線で, 再使用するとそこから切れる》. ► *vt* [grill]* 〈切手〉にグリルをつける. ［F; ⇨ GRIDDLE］
grilled /gríld/ *a* 格子のある; (グリルで)焼いた, あぶった: ～ bacon [fish, tomato].
grílled chéese* グリルドチーズ《薄切りパンにスライスチーズ(とベーコンなど)をはさんでフライパンでチーズがとろけるまで焼いたサンドイッチ》.
gríll·ing *n* きびしい尋問, 質問責め. ► *a* 焼けつくような; 〈尋問などが〉手きびしい, 容赦のない.
gríll pànᴵᴵ グリルパン《厚手で浅いグリル用の鍋; しばしば底に凹凸の列がつけてある》.
Grill·par·zer /grílpɑ̀rtsər/ グリルパルツァー **Franz** ～ (1791–1872)《オーストリアの劇作家》.
gríll·ròom *n* グリル《ホテルやクラブ内で肉などを焼いて供するくだけた感じの一品料理店》.
gríll·wòrk *n* GRILLE 状に作ったもの.
grilse /gríls/ *n* (*pl* ～, **gríls·es**) 〘魚〙本年ザケ《海から初めて川に上って来た元気な若ザケ》. ［ME＜?］
grim /grím/ *a* (**grím·mer; grím·mest**) いかめしい, 厳格な (severe, stern); 残忍な, 冷酷な (cruel); 顔のこわい, すごい; 気味の悪い, ぞっとするような; いやな, 不快な, つらい〈仕事など〉; 《口》吐き気がして; 頑強な; 断固たる; 厳然たる: ～ humor にこりともせず言うすごいしゃれ, ブラックユーモア / a ～ tale すごみのある話 / paint [draw, present] a ～ picture 惨状を描く 〈*of*〉/ a ～ reality [truth] 厳然たる事実[真理]. ● **hang [hold, cling,** etc.] **on like [for]** ～ DEATH. ♦ **～·ly** *adv* **～·ness** *n* ［OE *grimm* fierce; cf. G *grimm*］
gri·mace /gríməs, grɪméɪs; grɪméɪs/ *n* 顔をゆがめること, しかめつら; 作り顔(をすること); 気取り: make ～*s* しかめつらをする. ► *vi* しかめつらをする. ♦ **grí·mac·er** *n* ［F＜Sp (*grima* fright)＜Gmc］
Gri·mal·di /grɪmá:ldi, -mɔ́:l-/ **1** グリモールディ **Joseph** ～ (1779–1837)《イタリア系の英国のパントマイム役者・道化師; cf. JOEY》. **2** グリマルディ《月の表側第 3 象限にあるクレーター; イタリアの物理学者 Francesco M. ～ (1618–63) にちなむ》.
Grimáldi ràce [màn] 〘人〙グリマルディ人《後期旧石器時代初期のヒト; Cro-Magnon 人に似る》. ［*Grimaldi* イタリア Liguria 州の洞窟(発見地)］
gri·mal·kin /grɪmǽlkən, -mɔ́:l-/ *n* 猫, 《特に》年をとった雌猫; 意地悪ばばあ, くそばばあ. ［*grey*＋*Malkin* (dim)＜MATILDA］
grime /gráɪm/ *n* 《べっとりついた》あか, ほこり, すす; 《染み込んだ》うすぎたなさ; 《道徳的な》汚れ. ► *vt* あか[すす, ほこり]で黒くする, よごす; 汚す. ［MDu *grīme* soot, mask; cf. OE *grīma* mask］
Grímes (Gólden) /gráɪmz(-)/ 〘園〙玉霰(たまあられ)《晩秋に熟する黄色種のリンゴ》. ［Thomas P. *Grimes* West Virginia 州の園芸家］
Grim·hild /grímhɪ̀ld/ 〘北欧神話〙グリムヒルド《Volsunga Saga における魔術使い; Giuki の妻で Gudrun と Gunnar の母; Sigurd に Brynhild を忘れさせ, Gudrun と結婚させるため薬を与えた》.
Grimm /grím/ グリム **Jacob (Ludwig Carl)** ～ (1785–1863), **Wilhelm (Carl)** ～ (1786–1859)《ドイツの言語学者・民間伝承研究家兄弟; 協力して童話を集成》.
Grímm's láw 〘言〙グリムの法則《Jacob Grimm が発表した印欧基語からゲルマン基語への子音推移に関する法則; cf. VERNER'S LAW》.
gri·moire /grɪmwá:r/ *n* 《中世の魔術師の》魔術の手引; 魔術についての書物. ［F］
Grím Réaper [the] 死神 (⇨ REAPER).
Grims·by /grímzbi/ グリムズビー《イングランド東部 Humber 川河口の近くにある港町》.
grimy /gráɪmi/ *a* あか[すすなど]でよごれた, あかじみた, きたない. ♦ **grím·i·ly** *adv* **-i·ness** *n*
grin[1] /grín/ *v* (**-nn-**) *vi* 《怒り・苦痛・軽蔑などで》歯をむく; 歯を見せてにこっ[にやっ, にかっ]と笑う〈*at*〉: ～ from ear to ear [like an ape] 大きく口を開けて(ばかみたいに)笑う / ～ like a CHESHIRE CAT. ► *vt* にこっ[にやっ]と笑って〈歯を〉見せる; 笑って〈賛成・軽蔑など〉を示す: ～ (one's) assent 笑って承諾を示す / ～ defiance 歯をむいて反抗の意志を示す. ● **～ and bear it** 苦痛や不幸を笑って我慢する. **～ on the other side of one's face** 後悔する. **～ through a horse collar** 馬の首輪に顔を突っ込んで歯をむきだしながらにらめっこをする《田舎の遊び》. ► *n* 歯をむきだすこと; にこにこ[にやにや]笑い. ● **on the (broad) ～** にこにこ[にやにや]笑って. **wipe [take] the ～ off sb's face** ⇨ SMILE. ♦ **grín·ner** *n* 歯を見せて笑う人, にこにこ[にやにや]笑う人; 歯をむきだすもの《おこった犬など》. **grín·ning** *a* **grín·ning·ly** *adv* ［OE *grennian*; cf. GROAN, G *greinen* to whimper］
grin[2] *n* 《スコ》引けば締まるようなわな. ［OE *grin, gryn*; cf. GIRN[2]］
Grinch /gríntʃ/ [the] グリンチ《Dr. Seuss の童話 *How the Grinch Stole Christmas* (1957) に登場する緑色の架空の生き物; とても意地悪で, 他人のクリスマスをだいなしにしてしまう》; [ᵁg-] おこりっぽい人, 人をしらけさせる[興ざめな]やつ.
grind /gráɪnd/ *v* (**ground** /gráʊnd/) *vt* **1 a** (臼で)ひく, すりつぶす, つく, かみ砕く〈*into, to*〉: ～ corn *into* flour 穀類をひいて粉にする. **b** 〈臼を〉回す; ひき回す; 〈手回しオルガンを〉回して鳴らす; こすり回す; ひいて作る, 〈粉を〉ひく: ～ one's teeth 歯ぎしりする; ひどく腹を立てる. **c** 《こする[ひねる]ようにして》〈かかと・こぶしなどを〉押しつける, こすりつける, 〈花・タバコなどを〉押しつぶす〈*into*〉: ～ one's heel *into* the earth かかとを地面に押しつける / ～ a cigarette *into* the earth *with* one's heel かかとでタバコを地面に踏みつける / ～ a cigarette *out* タバコをもみ消す. **2** する, 磨く (polish); 研ぐ (whet); すってざらざらにする; すりへらす, 摩滅させる (wear away) 〈*away*〉: have an AX to ～. **3** 疲れきらせる (wear out), 《特に 搾取によって》しいたげる, 打ちひしぐ (oppress), 苦しめる; 《口》骨折って教え込む, 詰め込む (cram): ～ the poor / ～ sb *in* Latin＝～ Latin *into* sb's head ラテン語をこつこつ教え込む. ► *vi* **1 a** 粉をひく, 臼をひく; 粉になる, ひける; 〈刃物などが〉とげる: This corn ～*s* well [fine]. この穀物はひきやすい[細かにひける]. **b** 〈臼が〉回る; 〈車などが〉やっとのことで走る[動く]. **c** きしる; 歯ぎしりする; 手回しオルガンで音楽を奏する. **2** こつこつ働く[勉強する] 〈*away*〉: ～ for an exam. **3 a** 《俗》《ストリップや性交などで》〈女性が〉腰を回転させる; 《サーフィン俗》カッコよく波に乗る: bumps and ～*s* ⇨ BUMP[1]. **b** ᴵᴵ《俗》性交する; ᴵᴵ《俗》自慰をする (masturbate). **4** *《俗》〈見世物師・行商人などが〉客寄せ口上[呼び込み]をする. ● **～ (away) at**...をすりつぶす; 弱める; ...にこつこつ精を出す; ...にしつこくいやみ[小言]を言う. **～ down** ひいて粉にする, すりつぶす; すりへらす, 摩滅させる; 苦しめる, しいたげる: *ground down* by poverty 貧困にうちひしがれて. **～ on** 〈事態・活動・手続きなどが〉《容赦なく》どんどん進行する〈*toward*〉. **～ out** ひいて作る; 歯ぎしりして言う, がなりたてる; 手回しオルガンで〈曲を〉奏する, ものうげに奏する; 骨折って作り出す; 次から次へと(機械的に)作り出す: ～ *out* two pages of an essay 苦労して小論 2 ページを書く. **～ the faces of** (the poor) 〘聖〙(貧民)から重税を取り立てる《*Isa* 3: 15》; ᴵᴵ(貧者を)しいたげて金もうけをする. **～ to a halt** 〈車が〉ギーと音をたてて止まる; 〈行列・活動などが〉《やむなく》ゆっくり停止する. **～ together** こすり合わせる. **～ up** ひいて粉にする, すり砕く.
► *n* **1 a** ひくこと, すり砕くこと, 粉にすること, かみ砕くこと; ひく[すり砕く, 研ぐ]音, ガリガリ, ゴリゴリ; 《コーヒー豆などの》ひき(加減): fine ～ 細挽(ぼそ)き, ファイングラインド. **b** 《口》つらい単調な仕事, 退屈でいやな勉強, 骨の折れる学科目; ᴵᴵ《俗》運動[保養]のための散歩; 野外障害競馬; 〘新聞〙《見出しで》マラソン: the daily ～ 毎日の決まりきった仕事. **c** *《口》こつこつ勉強する学生, ガリ勉 (cf. GREASY GRIND); *《俗》いやなやつ. **2** *《俗》《見世物師・行商人の》客寄せ口上; *《俗》《サーカスの》呼び込み人, 大道商人. **3** 《俗》《ストリップ・性交時などの》腰の回転運動, 腰使い; ᴵᴵ《俗》性交: do [have] a ～ 性交する.
► *a* *《俗》24 時間営業する; *《俗》休憩[休日]なしに興行する, ぶっ通しの.
［OE *grindan*＜?］
grínd·age *n* 《俗》食物, 食料.
grin·de·lia /grɪndí:liə, -ljə/ *n* 〘植〙ネバリオグルマ, ガムプランツ, グリ

G

ンデーリア《キク科 G~ 属の草本の総称; 乾燥した葉・芽を医薬に用いた; 北米原産》. [David H. *Grindel* (1777–1836) ロシアの植物学者]

Grin·del·wald /gríndlwɔ̀:ld; G gríndlvalt/ グリンデルヴァルト《スイス中部 Bern 州, Bernese Alps の谷, そこにある町; Wetterhorn, Eiger などへの登山基地》.

grínd·er *n* **1** ひく[する, 研ぐ]人, 研ぎ師, 研ぎ屋; 手回しオルガンを鳴らす人. **2** 粉砕機, 砕木機, (粉)ひき器, ミル (mill);〘機〙研削盤, グラインダー, 研磨機; 砥石; ひきうすの上石; 臼歯, [*pl*]《口》歯;《俗》《ヨットの》ウインチ (winch);《サーフィン俗》大波. **3** ″家庭教師, 受験準備の教師; *《口》こつこつ勉強する学生, ガリ勉, 練習熱心な選手; 薄給で人を酷使する人; *《俗》《見世物小屋などの》呼び込み, 客引き《人》; *《俗》ストリッパー; *《俗》サブマリン(サンド) (submarine); *《俗》ぽんこつ車; *《俗》閲兵場, 練兵場. ●**take a ~**《古》左の親指を鼻頭に当て右の手をその周囲に回してあざける.

grínd·ery *n* 研ぎ屋の仕事場, 研磨所; ″靴製造具, 革細工道具.

grínd hòuse *《俗》《ストリップ・ポルノ・暴力映画などを》休憩[休日]なしに連続興行する大衆劇場[映画館].

grínd·ing *n* **1** ひく[磨く, 研ぐ]こと, グラインディング, 研削; 粉砕; きしり, 摩擦; 歯ぎしり. **2** 詰め込み教授. ▶ *a* **1** ひく, 研ぐ; きしる. **2** 骨の折れる; 退屈な; 圧迫する, しいたげる, 苛酷な; じりじり痛む: ~ poverty ひどい貧苦 / ~ noise 耳ざわりな音. ♦ **~·ly** *adv*

G

gríndìng whèel 砥石車; 研削工場.

grínd shòw *《俗》休憩時間なしで興行する見世物.

grínd·stòne *n* 回転研磨盤, 丸砥石; 砥石用の石; 石うすの片方. ●**get back to the ~** もとの(いやな)仕事に戻る. **have** [**hold, keep, put**] **one's nose to the ~** こつこつ働く[勉強する, 練習する]. **have** [**hold, keep, put**] **sb's nose to the ~** 人を間断なくこき使う. **with one's nose to the ~** 刻苦勉励して.

grin·go /gríŋgoʊ/ *n* (*pl* **~s**) [°*derog*]《中南米およびスペインで》外人,《特に》イギリス[アメリカ]人. [AmSp＝gibberish]

gri·ot /grí:oʊ/ *n* グリオ《西アフリカ諸部族で, 口碑の伝承にあずかる楽人階級の者》. [(Gambia)]

grip[1] /gríp/ *vt, vi* (**grípped, grípt**) **1 a** しっかりつかむ, 固く握る (grasp, clutch). **b**〈機械が〉かみ合う, ブレーキをかける[がかかる];〈タイヤ・靴が〉路面をしっかりとらえる, グリップする. **2**〈人〉の心をつかむ[とらえる],〈人・注意を〉ひきつける (arrest)〈an audience, sb's attention〉;〈人〉の心にこびりつく: The story *gripped* (the boys). 話は(子供たちの)心をつかんだ. **3**〈恐怖・不幸などが〉襲う, ひどく苦しめる. ▶ *n* **1 a** つかむ[握る]こと, 把握 (grasp, clutch); 握力; つかみ方, 握り方, グリップ;《タイヤ・靴の》吸着力, グリップ;《秘密結社などの同志間で行なわれる》特殊な握手法: lose one's ~ 手を放す, 手放す / let go one's ~ of…を放す / take [get] a ~ on…をつかむ / have a good ~ of…をよくつかんでいる / shorten [lengthen] one's ~ 《バットなどを》短く[長く]持つ / tighten [release, loosen] one's ~ 握りを強める[弱める]. **b** 把握力, 理解力; 会得 (mastery)〈*of* a subject〉; 人をひきつける力; 支配[統制](力): have a good ~ *on* a situation [an audience] 情勢[聴衆(の心)]をよくつかんでいる / take [get] a ~ on…を把握[掌握]する / take [get] a ~ *on oneself* 自制する, 気を落ちつける / Get a ~! 落ちついていけ, がんばれ / The play lost its ~ in the third act. 第 3 幕でだれてしまった. **c** 急な痛み, さしこみ: a ~ in one's stomach. **2 a**《武器の》柄, つか; 握り, 取っ手 (handle), グリップ; つかみ, かみ合い継手 (clutch),《索道車両の》抱索器; ″HAIRGRIP. **b** 小型のスーツケース, (ハンド)バッグ; GRIPSACK. **3** *《俗》《カメラ班の》裏方,《劇場の》道具方, 舞台係 (stagehand). **4**《豪古風口》仕事, 定職. ●**at ~s** つかみ合って, 取り組んで, 理解して〈*with*〉: be *at ~s with* one's subject. **bring sb to ~s with…**〈事が〉人を〈問題〉と取り組むようにさせる. **come** [**get**] **to ~s**〈レスラーが〉つかみ合いをする;《真剣に》取り組む〈*with* a problem〉; 理解し始める. **in a ~** *《学生俗》長い間, 久しく. **in the ~ of**…につかまれて, 束縛されて, …のとりこになって. **keep a firm** [**tight**] **~ on**…をしっかりつかんでいる; …をしっかり掌握[監督]している. **lose one's ~** ⇨ 1a; 能力[熱意]がなくなる, 統制できなくなる〈*on*〉. **tighten one's ~** より強く握る〈*on*〉; 管理[支配]を強化する〈*on*〉. ♦ **gríp·per** *n* つかむ人[もの];《各種の》はさむ道具, つかみ具. **gríp·ping** *a*〈本・話など〉人をとらえて放さない, ひきつける. **gríp·ping·ly** *adv* [OE *gripe* grasp and *gripa* handful; ⇨ GRIPE; cf. G *Griff*]

grip[2] *n* ″《方》小さい溝, どぶ. [OE *grype*; cf. OE *grēop* burrow]

grip[3] *n* [the] GRIPPE.

gríp-and-grín *a* *《俗》要人[有名人]が笑顔で握手している〈写真〉.

gríp càr CABLE CAR.

gripe /gráɪp/ *vt* **1** (急激に)腹痛で苦しめる; 苦しめる, 悩ます;《米・スコ》いらだたせる;《口》…をこぼす (complain)〈*that*〉. **2** 握る, 握りしめる, つかむ;〘海〙〈ボートを〉デッキ[鉤柱]に縛りつける. ▶ *vi* **1** 腹痛に苦しむ. **2**《口》不平を言う, こぼす, 文句を言う〈*at, about*〉. **3**《欲ばって》つかむ, つかもうとする. **4**〘海〙〈船が〉風上側にそれがちである. ●**~ sb's back** [**butt, cookies, left nut, middle kidney, soul,**《卑》**ass,**《卑》**balls, etc.**] *《俗》すごくいらいらさせる, 頭にこさせる. ▶ *n* **1** [the ~s]《口》腹痛, さしこみ. **2**《俗》不平, ぼやき; [the ~s] *《俗》不平を言う癖, こぼし癖; *《俗》不平屋. **3 a**〘海〙水切り (cutwater); [*pl*]〘海〙ボート索;《機械・器具の》つかみ; 取っ手, 柄, つか (handle). **b** 握り, 握りしめ, つかみ; 制御, 支配. ●**in the ~ of**…につかまれて; …に束縛されて, 悩んで. ♦ **gríp·er** *n* **gríp·ing** *a* さしこむような: ~ pains 激しい腹痛. [OE *grīpan*; cf. GRIP[1], GROPE, G *greifen* to seize]

grípe sèssion *《俗》ぼやき合い, ぐちり合い, こぼし合い.

grípe wàter《小児用の》腹痛止め水薬 (dill water).

gríp·man /-mən/ *n* (*pl* **-men** /-mən/)《ケーブルカーの》運転手, グリップマン.

grippe /gríp/ *n* [the] インフルエンザ, 流感. [F＝seizure]

gríp·ple /gríp(ə)l/ *a* ″《方》けちな, 欲の深い.

gríp·py[1] *a*《口》流感 (grippe) にかかった.

grippy[2] *a*〈靴・タイヤなどが〉すべりにくい.

gríp·sàck *n* 旅行かばん (traveling bag).

gript *v* GRIP[1] の過去・過去分詞.

gríp tàpe すべり止めテープ.

gripy, grip·ey /gráɪpi/ *a* きりきり痛む.

Gri·qua, -kwa /grí:kwə, gríkwə/ *n* グリカ人《主に Griqualand に住む, ヨーロッパ人とホッテントットの混血人》; グリカ語.

Gríqua·lànd Éast グリカランドイースト《南アフリカ共和国南東部 KwaZulu-Natal 州南西部の地域; ☆Kokstad; 1861 年 Griqua 人が定住, 79 年 Cape Colony に併合》.

Gríqualand Wést グリカランドウエスト《南アフリカ共和国 Northern Cape 州北東部の地域; ☆Kimberley; 18 世紀末 Griqua 人が定住, 1867 年ダイヤモンドの発見で帰属問題が起こり, 1871 年英国が併合, のち Cape Colony に併合》.

Gris /grí:s/ グリス **Juan ~** (1887–1927)《フランスで活動したスペインの立体派の画家; 本名 José Victoriano González》.

gri·saille /grɪzéɪl, -záɪ/ *n* グリザイユ《灰色だけで薄肉彫りに似せて描く装飾画法; その絵ガラス作品[窓]》. [F]

Gri·sel·da /grɪzéldə, -sél-/ **1** グリゼルダ《女子名; 愛称 Zelda》. **2** グリゼルダ《中世ヨーロッパの物語に出る忍従貞淑の妻; Boccaccio の *The Decameron*, Chaucer の *Clerk's Tale* などで扱われる》. [It＜Gmc＝gray＋battle]

gris·eo·ful·vin /grìzioʊfúlvən, grìs-, -fʌ́l-/ *n*〘生化〙グリセオフルビン《抗菌物質; 髪・皮膚の感染病用》.

gris·e·ous /grísiəs, gríz-/ *a* 青みがかった灰色; 灰色がかった (grizzly).

gri·sette /grɪzét/ *n* **1**〘菌〙ツルタケ, カバイロツルタケ《テングタケ科; 食用》. **2** グリゼット《昔 フランスで女工が着ていた, 灰色の安価な毛織服地》;《フランスの》女工, 女店員, 売り子; 副業に売春をやる娘. [F (*gris* gray)]

gris-gris, gree·gree, gri·gri /grí:gri/ *n* (*pl* **gris-gris, gree·grees, gri·gris** /-griz/)《アフリカの先住民・西インド諸島の黒人の用いる》護符, お守り;《特に voodoo で》gris-gris の使用. [(Afr)]

gris·kin″ /grískən/ *n*《脂肪の少ない》豚の腰肉. [? *gris* (obs) pig (＜ON), *-kin*]

gris·ly[1], **griz·zly** /grízli/ *a* 身の毛のよだつような, ぞっとするほど恐ろしい〈怪物・けが・死体など〉, うす気味悪い〈話・空模様・顔つきなど〉. ♦ **grís·li·ness** *n* [OE *grislic*; cf. OE *āgrīsan* to terrify]

grisly[2] *a*《廃》GRISTLY.

grisly[3] *a, n*《英では廃》GRIZZLY[1].

Gris-Nez /grinéɪ/ [Cape] グリネ岬《フランス北部 Dover 海峡に突き出した岬》.

gris·on /gráɪs(ə)n, gríz(ə)n/ *n*〘動〙グリソン《イタチの一種; 中南米産》. [F (*gris* gray)]

Gri·sons /F grizɔ̃/ グリゾン《GRAUBÜNDEN のフランス語名》.

gris·si·ni /grɪsí:ni/ *n pl* (*sg* **-no** /-noʊ/) グリッシーニ《イタリア風の細長い棒状の乾パン》. [It]

grist[1] /gríst/ *n* 製粉用穀物, グリスト; ひいた穀物; 一ひき分の穀量; 醸造用麦芽; 定量, 必要量; *《口》多量, たくさん (lot); 興味深い[価値ある]事柄. ●**~ to** [**for**] **one's** [**the**] **mill** もうけのたね, 利益: bring ~ *to the mill* もうけになる / All is ~ that comes *to his mill*.《諺》彼は何事でも必ず利用する, ころんでもただでは起きない男だ (cf. FISH 諺). [OE＜Gmc; ⇨ GRIND]

grist[2] *n* グリスト《ロープ・糸のサイズ[太さ]》. [cf. GIRD[1]]

gris·tle /grís(ə)l/ *n* 軟骨;《食肉中の》軟骨質のもの, すじ. ●**in the ~** まだ骨の固まらない, 未成熟の. [OE]

grís·tly *a*〈肉が〉軟骨質の, すじのある; 軟骨のような. ♦ **grís·tli·ness** *n*

gríst·mìll *n*《特に 注文に合わせてひく》粉ひき場, 製粉所.

grit[1] /grít/ *n* **1**《集合的》**a**《機械の運転の妨げなどになる》砂, あら砂, 粗粒; 粒土;〘地質〙粗粒砂岩, グリット; 天然砥石, グリット. **b** グリット《路面の凍結防止用にまく荒砂(と岩塩の混合物)》. **c**《空中からの》ちり;《食べ物に混じる》ごみ. **d** 石質,《石の》肌理(きめ). **2**《へこたれない》根性, 勇気, 度胸, 肝っ玉. **3** [G-]《カナダの》自由党員[支持者] (Liberal). **4** [°*pl*] *《俗》食い物. **5** *《俗》南部者; [°G-] *《南部俗》北部者. ●**blow ~s** *《学生俗》ゲロる (vomit). **hit the ~** *《俗》列車から飛び降りる; *《俗》走る, 急いで行く; *《俗》出て行く; *《俗》歩く, てくる. **put (a little) ~ in the machine** 円滑な進行を妨げる, 水を差す. ▶ *v* (**-tt-**) *vi* きしる; *《俗》食らう. ▶ *vt*〈凍結した道路など〉にグリットをまく; 砂で磨く; きしらせる: ～ one's teeth 歯を食いしばる《怒り・決意を示す》/ through *gritted* teeth 歯を食いしばって; 口をきっと結んで. [OE *grēat*; cf. GRITS, GROATS, G *Griess*]
grit[2] *n**《俗》タバコ(=*grette*) (cigarette).
gritch /grítʃ/ *《俗》*vi, n* 小言(を言う), ぐち(をこぼす), ぐだぐだ(言う); 不平たらたらのやつ, 文句ばかり言うやつ. ♦ **～y** *a* [gripe[1]+b*itch*]
grít chàmber 《下水処理の》沈砂タンク, 沈砂池.
grith /gríθ/ *n* 《アングロサクソン時代および中世初期イングランドで, 教会・王権などによって保証された》安全, 平和; 安全な場所. [OE<Scand]
grít·ròck, -stòne *n* 〔地質〕GRIT.
grits /gríts/ *n* [<*sg/pl*>]*粗びき穀物, 《特に》粗びきコーン (hominy grits); 粗びきカラス麦(のオートミール); 《道路工事用の》砂利. [OE *grytt(e)*; cf. GRIT, GROATS]
grít·ter[‖] *n* 砂散布機[車]《路面の凍結などによるスリップを防止するため砂や塩などをまく》.
grít·ting *n* 《グリットをまくことによる》路面の凍結防止作業: a ～ team 凍結防止作業隊.
grít·ty *a* 砂[砂利]のはいった, 砂のような, 砂だらけの; 勇気のある, 意志の強い; 冷徹な〈リアリズムなど〉, なまなましい, 迫真の〈演技など〉. ♦ **grít·ti·ly** *adv* **-ti·ness** *n*
gri·va·tion /grɪvéɪʃ(ə)n, graɪ-/ *n* GRID VARIATION.
griv·et (monkey) /grívət (—)/ *n* 〔動〕オナガザル, ミドリザル《アフリカ北東部産》. [F<?]
Griz·el /grɪzél, gríz(ə)l/ グリゼル《女子名》. [Gmc; ⇨ GRISELDA]
griz·zle[1] /gríz(ə)l/ *n* 灰色; 灰色の動物, 《特に》葦毛(あしげ)の馬; 灰色の髪[かつら]. ► *a* 灰色の. ► *vt, vi* 灰色にする[なる]. [OF *grisel* (*gris* gray)]
grizzle[2] ‖《口》*vi* 不平[泣きごと]を言う; ぐずる, むずかる; 嘆き悲しむ, 《特に あざけるように》笑う. ♦ **gríz·zler** *n* **gríz·zling** *a* よく泣く, むずかる. [C19<?]
gríz·zled *a* 〈頭髪・ひげなど〉半白の, しらが(まじり)の, 白髪の; 灰色の (gray); 灰色のすじのある; 灰色をおびた (grayish).
grízzle gùts (*pl* ～)‖《俗》泣きごとを並べるやつ, むずかる子供.
gríz·zly[1] *a* 灰色をおびた; 半白の. ► *n* GRIZZLY BEAR; グリズリ《鉱石・砂利選別などに用いる目の粗い篩(ふるい)[格子]》.
grizzly[2] ⇨ GRISLY[1].
grízzly bèar 〔動〕グリズリー, ハイイログマ《北米西部高地産》.
gro. gross《12 ダース》.
groady /gróudi/ *a**《俗》GRODY.
groan /gróun/ *vi* 《苦痛・悲しみ・満足などで》うなる, うめく; うめき苦しむ, 苦悶する; うなり声のような音を出す, ギーギー[ギシギシ]音をたてる; 重み[重圧]に耐えかねる〈*beneath, under, with*〉; 《やや古》切望する〈*for*〉; 《口》不平[文句]を言う: ～ inwardly 苦悩する, 苦しむ / The shelf ～*ed with* books. 棚は本がぎっしり詰まっていた / a ～*ing* board ごちそうでいっぱいの食卓. ► *vt* うめくような声で言う〈*out*〉; うなり声で黙らせる[さえぎる]〈*down*〉. ► *n* うなり声, うめき声; 不満の声; 《演説者に対する》不賛成[不満]のののしり声; ギーギー[ギシギシ]いう音. ♦ **～·ing** *a* **～·ing·ly** *adv* [OE *grānian*; GRIN と同語源; cf. G *greinen*]
gróan bòx*《俗》アコーディオン.
gróan·er *n* **1** うなる[うめく]人; *《俗》歌手, CROONER; *《俗》プロレスラー (cf. GRUNT-AND-GROANER). **2** 陳腐な冗談, つまらない話.
groat /gróut/ *n* **1** グロート《英国の昔の 4 ペンス銀貨》. **2** 《古》わずかな金銭, 少し: don't care a ～ 少しもかまわない / not worth a ～ 一文の価値もない. [MDu *groot* GREAT; cf. GROSCHEN]
groats /gróuts/ *n* [<*sg/pl*>] ひき割りカラス麦[小麦]《GRITS より大粒》; 殻をとったカラス麦[大麦, そば]. [OE *grotan* (pl); cf. GRIT]
groaty /gróuti/ *a**《俗》GRODY.
Gro-bag /gróubæg/ 〔商標〕グローバッグ《GROWBAG の商品名》.
gro·bi·an /gróubiən/ *n* 無骨な田舎者 (boor). [G]
gro·cer /gróusər/ *n* 食料雑貨商《コーヒー・砂糖・粉・かんづめ・瓶詰・干した野菜や果物・乳製品のほか石鹸・ろうそく・マッチなどの家庭用品を扱う; 米国では肉類・果物・野菜なども売る》: a grocer's 食料雑貨店. [AF *grosser* one who sells in the gross<L (*grossus* GROSS)]
grócer's ítch 食料商瘙痒(そうよう)疹《サトウダニによる》.
gro·cery /gróus(ə)ri/ *n* 食料雑貨販売業; [《米》[U]*pl*; 《英》[U]*sg*] 食品雑貨類; 食品雑貨店 (=～ **stòre***[**shòp**‖]); *《南部・俗》居酒屋; [*pl*]*《俗》食事; [*pl*]*《俗》重要[必要]なもの[任務, 結果]: a bag of *groceries* [‖～]. ● **blow one's groceries** 《俗》吐く, ゲーッとやる (vomit). BRING **the groceries**.
grócery·man /-mən/ *n* GROCER.
gro·ce·te·ria /gròusətíəriə/ *n* 《米・カナダ》セルフサービスの食料品雑貨店. [*grocery*+*cafeteria*]
Grock /grák/ グロック (1880–1959)《スイスの道化師; 本名 Charles Adrien Wettach; ピアノ・ヴァイオリンを使った演技で知られた》.
grock·le /grák(ə)l/ *n* [°*derog*]《デヴォン方言》旅行者, 行楽客.
grod /grád/ *n**《俗》だらしのないやつ. [*god*]
grod·dess /grádəs/ *n**《俗》だらしのない女. [*goddess*]
Grodno ⇨ HRODNA.
gro·dy /gróudi/ *a**《俗》いやな, ひどい, ダサい, むかつく: ～ to the max 全く胸くそ悪い, ひどくむかつく. [*grotty*]
Groe·nen·dael /grúːnəndàːl, gróu-, gréɪ-, grén-/ *n* 〔犬〕グローネンダール《被毛が長くて黒いベルジアンシープドッグ》. [これが作出されたベルギーの村の名から]
Groe·te /grúːtə/ フルーテ《GROOTE の別名》.
Gro·fé /gróufèɪ/ グローフェ **Fer·de** /fəːrdi/ ～ (1892–1972)《米国の指揮者・作曲家》.
grog /grág/ *n* グロッグ《水[湯]で割ったリキュール(ラムなど), 時にレモン果汁・砂糖を加える; 昔は水割りラム酒; もと海員用語》; 《豪口》(安い)酒, 《特に》ビール; グロッグ《耐熱耐火性材料》: half and half ～ 水で半々に割った酒. ► *v* (**-gg-**) *vi* グロッグを飲む; 《豪口》酒を飲む: ～ on 飲みつづける. ► *vt* 熱湯を注いで[に浸して]〈酒樽〉の酒気を抜く. [水割りのラムを部下に飲ませた Edward VERNON のあだ名 'Old *Grog*' から; 彼は悪天候のときに grogram 地の外套を着用した]
gróg blòssom ざくろ鼻, 赤鼻《飲酒による》.
grógged 《俗》*a* 酔っぱらって〈*up, out*〉; *グロッキーの (groggy).
gróg·gery* *n* 居酒屋.
grog·gi·fied /grágɪfàɪd/ *a**《俗》《酒に》酔って.
grógg·gy *a* 《強打されたり, 疲労・睡眠不足などで》ふらふらの, よろよろの, グロッキーの; 〈家・柱・机の脚など〉ぐらぐらする, 不安定な; 〈馬が〉前脚が弱い[ふらつく]; 酔っぱらった, へべれけの. ♦ **grógg·gi·ly** *adv* **-gi·ness** *n* [*grog*]
grόg·hòund *n**《俗》酒好き, 飲み助, 《特に》ビール党.
gróg·mìll *n**《俗》バー, 飲み屋 (cf. GIN MILL).
gro·gram /grágrəm, *gróu-/ *n* グログラム《絹, 絹とモヘア, または絹と毛の粗布; その製品》. [F *gros grain* coarse (GROSS) grain]
gróg·shòp *n*‖(いかがわしい)居酒屋, 銘酒屋; 《豪口》酒屋.
groid /gróɪd/ *n* 《俗》[*derog*] 黒んぼ (Negroid).
groin /gróɪn/ *n* 〔解〕鼠蹊(そけい); [*euph*] 股間 (genitals, testicles); 〔建〕穹稜; 〔数〕交差した円筒(よりなる面); *《海岸の浸食を防ぐための》小突堤, 防砂堤 (=*groyne*): a ～ point 〔建〕穹稜交差点. ► *vt, vi* 穹稜に作る[になる]; …に防砂堤を作る: a ～*ed* vault 十字丸天井. ♦ **～·ing** *n* 〔建〕稜付け; (交差)穹稜, 十字拱《集合的》. [ME *grynde*<? OE *grynde* depression, abyss]
groise, groize /gróɪz/‖《俗》*n* ガリ勉屋, 点取り虫; 《ガリ勉をして》気に入られようとするやつ, ご機嫌取り《人》. ► *vi* ガリ勉する; ご機嫌を取る.
grok /grák/ *vi, vt* (**-kk-**)*《俗》心底から理解する, (…に)共感する. [SF 作家 Robert A. Heinlein の *Stranger in a Strange Land* (1961) の主人公の知覚・交信能力に対する '火星語']
Gró·li·er bìnding [design] /gróuliər-/ グロリエ式装丁[意匠]《細い金線を幾何学模様に組み合わせた装飾的な皮革装丁》.
Gro·lier de Ser·vières /gròuljéɪ də sèərviéər, gróuliər-/ グロリエ・ド・セルヴィエール **Jean** ～, Vicomte d'Aguisy (1479–1565)《フランスの愛書家》.
grol·lo /grálou/ *n* (*pl* **～s**)*《俗》量り売りビールを入れる容器 (growler).
grom·et /grámət, grám-/ *n* GRUMMET[2].
grom·met[1] /grámət, grʌ́m-/ *n* 綱輪; 鳩目; グロメット《電線などの貫通する穴にはめる絶縁ゴム[プラスチック]》; 〔海〕索輪, グラメット; 《パイプを連結する》座金, パッキン; 《軍帽の形を保つための》輪形の枠[芯]; ‖グロメット《中耳から排液をするための鼓膜留置チューブ》. [F (*gourmer* to curb<?)]
grommet[2], **-mit** *n* 《俗》若い[新米の]サーファー[スケートボーダー].
grom·well /grámwèl, -wəl/ *n* 〔植〕ムラサキ属の各種の多年草《セイヨウムラサキ・イヌムラサキなど》.
Gro·my·ko /grəmíːkou, grou-/ グロムイコ **Andrey Andreyevich** ～ (1909–89)《ソ連の外交官・政治家; 外相 (1957–85), 最高会議幹部会議長 (1985–88)》.
Gro·ning·en /gróunɪŋən, xróunɪŋə(n)/ フローニンゲン《**1**) オランダ北東部の州 **2**) その州都》.
gronk[1] /gráŋk/ *《俗》*vt* 〈コンピューターを〉一時的機能停止状態から解いて再スタートさせる. ► *vi* 〈コンピューター・車などが〉動かなくなる, 故障する, だめ[パー]になる〈*out*〉.
gronk[2] *《俗》*n* 足指の間にたまるあか[よごれ]; きたないもの, くず, よごれ. [?]
grónked*《俗》*a* 疲れきって, へとへとで; ぐっすり眠って; へべれけで; 動かなくなって, 故障して.
Grøn·land /grœ́nlàːn/ グレンラン《GREENLAND のデンマーク語名》.
grooby /grúːbi/ *a* 《俗》GROOVY.
groo-groo /grúːgruː/ *n* (*pl* **～s**) GRUGRU.
groom /grúːm, grúm/ *n* 馬番, 厩番(うまや), 馬の飼育係; 花婿 (bridegroom); 〔英〕宮内官; 《古》召使 (manservant); 《古》(若い)男, やつ. ► *vt* 〈馬など〉の手入れをする; [～ *-self/pass*] 身なりを整える; 〈猿などが〉…の毛づくろい[グルーミング]をする; 《地位・職種にふさわしく》〈人を〉訓練する, 仕立て[育て]上げる〈*as, for*〉; 〔スキー〕〈競走路を〉整備する; 《性的動機からチャットルームなどを利用して》〈子供を〉誘い出す: a man well [badly] ～*ed* 身だしなみのいい[きたならしい身なりの]男 / ～ sb *for* stardom 人をスターにすべく教育する. ► *vi* 身づくろいを

G

する. ♦ ～·er *n* 《犬などを》手入れする人. ～·ing *n* ［ME＝boy, manservant＜?］

gróom's càke 結婚式で出す何層にも積み上げたフルーツケーキ.

gróoms·man /-mən/ *n* 花婿の付添い《男性; cf. BRIDESMAID》. ★ 付添人が数人のときはその主要な人を best man という. 英国では付添いは一人となったので best man だけで groomsmen は用いない.

groot /grú:t/ *n**《俗》PEANUT GALLERY.

Groo·te /gróutə/ フローテ **Gerhard** [**Geert**] ～ (1340–84)《オランダの宗教指導者; ラテン語名 Gerardus Magnus; 教会の腐敗を批判し, '新しき信心' (devotio moderna) と呼ばれる宗教運動を行なった》.

groove /grú:v/ *n* **1** 溝; 〘木工〙あいじゃくり(合决); 〘印〙《活字の尻の》溝; 《鉄砲の》溝, 腔綫(こうせん); 《レコードの》溝, 音溝; 開先(かいさき)《溶接部材間の溝》; 《一般に》細長いへこみ[くぼみ], 溝; わだち; 水路; 〘登山〙《岩の》浅い溝; 〘解〙溝 (sulcus); [the] 〘野〙《ストライクゾーンの》どまん中. **2** 決まりきったやり方, しきたり, 常道, 慣行, 慣例 (rut); 適所 (niche); *《俗》《ジャズの》スタイル, カテゴリー; *《俗》癖, 好み, おはこ, 十八番: be (stuck) in a ～ 型にはまっている, 千篇一律である / fall [get] into a ～ 型にはまる / get out of the ～ 退屈な生活様式[日常生活]から抜け出す / His ～ is in teaching. 教職が最も適している. **3** 最高潮, 絶好調; 《俗》乗った演奏のジャズ, ノリのよい曲; 《俗》とても楽しい[すてきな, すばらしい, 申し分ない]もの[こと]. ● **in** [**into**] **the** ～ 《ジャズ俗》乗った演奏ぶりで; 《俗》《踊るなどして》楽しんで; 《俗》《一般に》快調で; 《俗》流行して, 今ふうで; 《俗》筋が通って, まっとうで: get *in the* ～ 乗ってくる, 調子が出る, 壷にはまる, サマになる, きまる. ► *vt* **1** …に溝を彫る[造る]; 溝に入れる[はめ込む]; 《俗》〈レコード〉に入れる; 〈ゴルフのスイング・ボウリングの投球など〉ぴたりと決める; 〘野〙〈ボールを〉どまん中に投げる. **2** 《俗》楽しませる, 興奮させる; 《俗》楽しむ, 好む. ► *vi* 型にはまる ⟨*into*⟩, 慣例化する; 《俗》大いに楽しむ, おもしろがる ⟨*on*⟩; 《俗》気に入る, 好く ⟨*on*⟩; 《俗》楽しい, 愉快である; 《俗》調和する, うまが合う ⟨*with*⟩; 《俗》進歩する, 進む; 《俗》乗った演奏をする, 乗る ⟨*to*⟩. ● ～ **it** 《俗》楽しむ, 愉快に過ごす. ［ME＝mine shaft＜Du＝furrow; cf. GRAVE[1], G *Grube*］

grooved /grú:vd/ *a* 溝のある, 溝つきの: ～ plywood グルーブ合板.

gróoved wáre 〘考古〙グルーヴドウェア《ブリテン島の新石器時代中期から後期に至る時期の溝・直線などの装飾を施した底が平らな陶器》.

groov·er /grú:vər/ *n* 《俗》いかした[かっこいい]やつ.

gróov·ing plàne /grú:vɪŋ-/ 溝削りかんな.

gróoving sàw 溝切りのこ.

groovy /grú:vi/ *a* **1** 《ジャズ俗》乗っている, グルーヴィーな; 《俗》とてもいい, いかす, しびれる, きまっている; 《俗》事情に明るい, 通の; 《俗》酔っぱらって; *《俗》時代遅れの, 古い: feel ～ ごきげんである; 酔っている. **2** 溝の(ような); 《俗》型にはまった, 紋切り型の. ♦ **gróov·i·ly** *adv* **-i·ness** *n* ［*groove*］

grope /gróup/ *vi* 手探りする ⟨(*about* [*around*]) *in* the dark⟩, 手探りで捜す[進む] ⟨*after, at, for, toward*⟩; 探る, 探りを入れる ⟨*for* a clue, (*about*) *for* information⟩. ► *vt* 探る, 模索する; 《俗》…の体をまさぐる, 愛撫する. ● ～ **one's way** 手探りで進む. ► *n* 手探り, 模索; 《俗》愛撫. ♦ **gróp·er**[1] *n* ［OE *grāpian*; GRIP[1], GRIPE と同語源］

grópe-in *n* 《俗》おさわりパーティー, グロープイン (group grope).

gro·per[2] /gróupər/ *n* 〘魚〙**a** ハタ科の魚《インド太平洋産のタマカイ・ニュージーランドオオハタなど》. **b** 豪州産のベラ科の食用魚 (＝**blúe** ～). ［*grouper*］

gróp·ing *n, a* 手探り(の); 愛撫(する). ♦ ～**·ly** *adv*

Gro·pi·us /gróupiəs/ グロピウス **Walter** ～ (1883–1969)《ドイツ生まれの建築家; Bauhaus の指導者》.

Gros /gróu/ グロ Baron **Antoine-Jean** ～ (1771–1835)《フランスの画家; Napoleon 1 世の従軍画家》.

gros·beak /gróusbì:k/ *n* 〘鳥〙《シメ属・マシコ属などの》大きな円錐形のくちばしをもつ各種の小鳴鳥. ［F *grosbec* large beak］

gro·schen /gróuʃ(ə)n, grɔ́(:)ʃ-, grɑ́ʃ-/ *n* (*pl* ～) グロッシェン《**1**) オーストリアの旧通貨単位: ＝1/100 schilling; 1 グロッシェン青銅貨 **2**) 《口》ドイツの小ニッケル貨: ＝10 pfennigs **3**) 昔のドイツの小銀貨》. ［G＜L (*denarius*) *grossus* thick (penny)］

gros de Lon·dres /gróu də lɔ́:ndrə; *F* gro də lɔ̃:dr/ グロ・ド・ロンドレ《広幅・細幅の横うねが交互になったドレス用絹[人絹]織物》. ［F＝heavy (fabric) from London］

grós de Náples /gróu də-; *F* gro də napl/ グロ・ド・ナプル《横糸を余計に使った平織りの絹織物》. ［F＝heavy (fabric) from Naples］

grós de Tóurs /gróu də-; *F* gro də tu:r/ グロ・ド・ツール《2–3 本撚(よ)りの縦糸を用いた絹織物》. ［F＝heavy (fabric) from Tours］

gros·grain /gróugrèɪn/ *n* グログラン《絹またはレーヨン製厚地うね織り; そのリボン》. ［F; ⇨ GROGRAM］

gros point /gróu pɔ̀ɪnt/ グロポワン《**1**) 大きなテントステッチ; cf. PETIT POINT **2**) 2 本撚(よ)り合わせた糸で織った帆布に大きなテントステッチで施したレース》. ［F (GROSS, POINT)］

gross /gróus/ *a* **1** はなはだしい, 著しい, ひどい〈間違いなど〉; 《古》明白な (evident): a ～ blunder 大間違い / a ～ fool 大ばか / ～ injustice ひどい不公平[不正]. **2** 総体の, 全体の (total), 風袋(ふうたい)共の (opp. *net*); 概略の, おおまかな: the ～ amount 総額 / the ～ area 総面積 / ～ proceeds 総売上高 / the ～ outlines of a plan 計画の概要. **3 a** 粗い, 粗末な, 粗悪な; 雑な; 無知の, 教養のない: ～ food 粗食; きたならしい食べ物 / a ～ feeder 悪食家; 粗食家. **b** 《俗》〈態度・冗談など〉粗野な, あかぬけしない, 下卑た, わいせつな; 《俗》むかつく, うざい. **4 a** 大きい, 太い, (ぶざまに)太った (big, thick); 〈感覚が〉鈍い, 鈍感な (dull): a ～ body でぶでぶの体 / ～ features 大きく締まりのない顔つき. **b** 《顕微鏡なしで》肉眼で見える. **5** 〈草木が〉生い茂った, はびこった; 〈空気・液など〉濃い (dense): a ～ fog 濃霧 / ～ darkness 深い闇. ► *adv* 控除前の総計で, 税引き前で. ► *n* **1 a** 総体, 総計; 総収入, 粗収入; 〘ゴルフ〙グロス《ハンディキャップを差し引く前の総打数; cf. NET[2]》. **b** 《古》本体; 《古》大部分; 《廃》量, 額. **2** (*pl* ～) 〘商〙グロス《12 ダース, 144 個》. ● **by the** ～ 全体で; まとめて; 大量に, 卸して. **in** ～ 〘法〙それ自身単独に(在る). **in** (**the**) ～ 概して, 一般に; 総体に (in bulk); 卸して (wholesale). ► *vt* …の総利益[粗収入]を上げる. ● ～ **out***《俗》むかむか[ぞっと, うんざり]させる, あきれさせる. ～ **up** 〈純益を〉控除前の額に増やす. ♦ ～**·ly** *adv* 大いに, ひどく; 粗野に, 下品に; 大ざっぱに. ～**·ness** *n* ［OF＝big, thick＜L *grossus*; 「12 ダース」の意は F *grosse* (*douzaine* dozen) から］

Gross グロス **David J**(**onathan**) ～ (1941–)《米国の理論物理学者; 強い相互作用理論における漸近的自由の発見によりノーベル物理学賞 (2004)》.

gróss anátomy 肉眼(的)解剖学.

gróss áverage 〘海保〙GENERAL AVERAGE.

gróss doméstic próduct 〘経〙国内総生産《略 GDP》.

gróss·er *n* [通例 限定詞を伴って] 《口》巨額の収入をあげる人[もの, 映画, レコード]: a big ～ 荒稼ぎするもの / a top ～ 稼ぎがしら, ドル箱.

Grosse·teste /gróustèst/ グローステスト **Robert** ～ (c. 1175–1253)《イングランドの神学者・聖職者; Lincoln 司教 (1235–53); ギリシア・アラブの哲学書・科学書をラテン語に翻訳して紹介した》.

Gross·glock·ner /gróusglɑ̀knər/ グロースグロックナー《オーストリア南西部の Hohe Tauern 山脈にある山; 同山脈・同国の最高峰 (3798 m)》.

gróss márgin 〘会計〙売上総利益, 粗利益 (gross profit)《純売上高から売上原価を差し引いた額》.

Gros·smith /gróusmɪ̀θ/ グロースミス **George** ～ (1847–1912)《英国の喜劇俳優; Gilbert と Sullivan のオペラに出演; 弟 Weedon (1854–1919) と共作で *Punch* 誌に *The Diary of a Nobody* を書く (1892)》.

gróss nátional háppiness 国民総幸福量[幸福感]《ブータン国王 Jigme Singye Wangchuk が提唱した国民全体の幸福度の指標》.

gróss nátional próduct 〘経〙国民総生産《略 GNP; cf. NET NATIONAL PRODUCT》.

gros·so mo·do /grɑ́sou móudou/ *adv* 大ざっぱに, おおむね (roughly). ［It］

gróss-òut *n, a**《俗》むかむか[うんざり]させる(人[もの, こと]).

gróss pláyer*《俗》大スター, ドル箱スター《興行総収入 (gross income) の一定割合を出演料として要求できるほどの大物》.

gróss prófit 〘会計〙売上総利益, 粗利益.

gróss tón 英トン《＝2240 pounds; ⇨ TON[1]》; 〘海〙総トン《100 立方フィート》.

gróss tónnage 《船舶の》総トン数.

gros·su·lar /grɑ́sjələr/, **gros·su·lar·ite** /grɑ́sjələràɪt/ *n* 〘鉱〙灰礬(かいばん)ざくろ石, グロシュラライト, グロシュラー.

Gross·war·dein /G gro:svardáɪn/ グロースヴァルダイン《ORADEA のドイツ語名》.

gróss wéight 総重量《略 GW》, 〘空〙全備重量.

Gros Ventre /gróu vɑ̀:nt/ (*pl* ～, ～**s** /-vɑ̀:nts/) グロヴァントル《**1**) ＝ATSINA **2**) ＝HIDATSA》. ［F＝big belly］

Grosz /gróus/ グロース **George** ～ (1893–1959)《ドイツ生まれの米国の諷刺画家》.

gro·szy /grɔ́:ʃi/, **grosz**(**e**) /grɔ́:ʃ/ *n* (*pl* **groszy**) グロシ《ポーランドの通貨単位: ＝1/100 zloty》. ［Pol＜Czech］

grot[1] /grɑ́t/ *n* 《詩》GROTTO.

grot[2] "《口》*a* いやな, きたない, みすぼらしい (grotty). ► *n* いやなやつ, だめ人間; きたないもの, くず, 泥; きたならしさ. ［逆成＜*grotty*］

Grote /gróut/ グロート **George** ～ (1794–1871)《英国の歴史家; *History of Greece* (1846–56)》.

Gro·tesk /groutésk/ 《ヨーロッパで》BLACK LETTER.

gro·tesque /groutésk/ *n* **1** [the] **a** 〘美〙グロテスク《人間・動物・植物の空想的な形象を組み合わせた装飾芸術の様式》, 怪奇主義. **b** 〘文芸〙グロテスク《悲劇・喜劇が複雑にからみ合ったジャンル》. **2** グロテスクな作品; 奇怪な[滑稽にゆがめられた]もの[姿, 顔, 人]. **3** 〘印〙SANS SERIF. ► *a* 不気味な, 異様な, グロテスクな; 軌道を逸した, 異常な, 不可解な; 〘美・文芸〙グロテスク風の. ♦ ～**·ly** *adv* ～**·ness** *n* ［F *crotesque*＜It＝grottolike (painting etc.); gro- は 17C より］

gro·tes·que·rie, -que·ry /groutέsk(ə)ri/ *n* グロテスクな性質, 怪奇さ; グロテスクなもの[作品].

Gro·ti·us /gróuʃ(i)əs/ グロティウス **Hugo** ～ (1583–1645)《オランダの法学者; 本名 Huigh [Hugeianus] de Groot;『戦争と平和の法』(1625); '国際法の父'》.

grot·to /grátou/ *n* (*pl* **～es, ～s**) 小さなほら穴, 岩屋; 貝殻などで美しく飾った岩屋《避暑用》. ♦ **～ed** *a* ほら穴状の. [It *grotta*＜L CRYPT]

grot·ty /gráti/ *a* ᴵᴵ《口》みすぼらしい, みじめな, きたない, ひどい, むかつく; 加減の悪い, 気分のすぐれない (unwell). ♦ **grót·ti·ness** *n* [*grotesque*, *-y*⁴]

grouch /gráutʃ/ 《口》*vi* ぶつぶつ言う; すねる, ふてくされる. ► *n* 不機嫌, かんしゃく; 不平, 不満; 不平家, 気むずかし屋. [grutch GRUDGE]

gróuch bàg*《俗》懐にしのばせる(引きひも式の)財布, 金を隠し込むためのポケット; 《俗》財布; 《俗》不時のためのたくわえ, 隠し金.

grouchy /gráutʃi/ *a* 《口》不平を言いがちな, 気むずかしい, 不機嫌な. ♦ **grouch·i·ly** *adv* **-i·ness** *n*

Grou·chy /gruʃí:/ グルーシー **Emmanuel** ～, Marquis de ～ (1766–1847)《フランスの将軍; Waterloo の戦いで, プロイセン軍の英軍への合流を防げず, Napoleon の敗北の一因をつくった》.

ground[1] /gráund/ *n* **1 a** 地面, 地表, 地, 地上; *〔電〕接地, アース (earthᴵᴵ): two meters above [below] the ～ 地上[地下] 2 メートル / touch ～ ⇨ 成句 / come [bring...] to the ～ 倒れる[...を倒す]. **b** [the] 土, 土壌 (soil), 土地 (earth, land); 〔地質〕地盤; 〔鉱〕母岩, 地山(じやま). **2 a** [ᵒ*pl*]《特定の目的のために仕切られた》場所, ...場, 運動場, グラウンド; [*pl*]《建物の周囲の》庭, 園, 構内《芝生・植込み・歩道などを含む》: a baseball ～ 野球場 / fishing ～*s* 漁場 / PROVING GROUND / a classic ～ 史跡, 旧跡. **b**《成長・発展の》基盤, 母体; 状況, 環境 ‹*for*›: PREPARE [LAY] the ～ / BREEDING GROUND / fertile ～ for terrorism テロの温床. **c**《攻防の》拠点, 陣地; 〔クリケット〕《打者線より後方の》打者の立つ位置; GROUND STAFF; 〔アメフト〕グラウンド《ランニングプレー主体の攻撃》. **3**《研究の》分野; 話題, 問題; 地歩; 立場, 意見: forbidden ～ 触れてはならぬ話題 / go (back) over the same ～ 同じ問題を繰り返し扱う / on dangerous [safe] ～ 危険な[安全な]立場にあって / take [occupy] the moral high [high moral] ～ 高い道徳的立場をとる / shift one's ～ ⇨ 成句 / COMMON GROUND. **4 a** 基礎, 根底; 背景, 素地; [ᵁ*pl*] 根拠, 理由, 動機: There are good [reasonable] ～*s for* believing it. それを信ずる根拠が十分ある / on public ～*s* 公けの理由で / give sb ～(*s*) *for* complaint 人の不満の種となる. **b**《レースなど装飾物の》下地; 《織物などの》地色, 地; 《絵画の》下塗り, 地塗り; 《浮彫りの》面(つら); 《エッチングの》グラウンド《版面を保護するために塗布する耐酸性防食剤》; 〔楽〕GROUND BASS. **5 a** 底; 海底, 水底; 《漁場としての》浅海, 浅瀬; 〔商〕停泊[入港]税 (groundage): take the ～ ‹船が›浅瀬[暗礁]に乗り上げる. **b** [*pl*] おり, かす, 《特に》コーヒーかす. **6**《部屋などの》床(ゆか); 〔劇〕一階席 (pit). **7** [‹*a*›] **a** 地上(で)の, 地面の; 〔軍〕地上で行動する: GROUND FORCE. **b** 穴を掘る[穴居する]習性の, 地上[地中]に住む‹動物›; 地上に生える, 矮性..., 地をはう‹植物›. **c** 基本の, 基礎の.

● **above** ～ 生きて (cf. ABOVEGROUND); 死んだがまだ埋葬されていない. **beat** sth **into the** ～ *《俗》議論しすぎてだめにする. **beat to the** ～《俗》完全にやられて, 精も根も尽きはてて. **below** ～ 死んで, 埋葬されて. **break fresh** [**new**] ～ 処女地に鍬を入れる, 新天地を開く. **break** ～ 土を起こす, 耕す; 開拓する; 起工する, 着手する, 新事業を始める; *移住する. **change one's** ～＝shift one's GROUND. **clear the** ～ 土地を切り開く; 地面から‹...を›除去する ‹*of*›; ‹...への›道を開く, ...を容易にする ‹*for*›. **come** [**go**] **to the** ～ 負ける, 滅びる. **cover** (**the**) ～ 期待されたとおりの距離[地域]を走破[踏破]する; 与えられた仕事[主題]を適切に処理する: *cover* much [a lot of] ～ ‹研究・報告が›広範囲にわたる, 問題を尽くしている / *cover* old ～ 既知の事柄を扱う. **cut the** ～ (**out**) **from under** sb [**sb's feet**] 人の計画の裏をかく. (**down**) **to the** ～《口》徹底的に, 全く, 完全に, 十分に: right *down to the* ～《口》全くおあつらえ向きで / The plan suits me *down to the* ～. 計画はわたしにぴったり合う. **fall on stony** ～ ‹忠告などが›聞き入れられない, 聞き流される. **fall to the** ～ ‹計画など›失敗に帰する. **from the** ～ **up** 初歩から最高の段階まで徐々に; 新規まきなおしに; 徹底的に. **gain** [**gather**] ～ 前進する; 近づく, 迫る ‹*on*›; 進歩する; 確実な地歩を得る, 優勢になる ‹*against*›; 広まる, 普及する, ‹主張などが›(広く)受け入れられる; 侵害する ‹*on*›. **get off the** ～ 離陸する[させる]; (うまく)スタートする[させる], 軌道に乗り始める[乗せる]. **give** ～ 退却する; 優勢な地歩を失う, 譲歩する. **go to** ～ ‹キツネ・犬が›隠れ穴に逃げ[はいり]込む; 《特に 長い期間》(隠れ家に)身を潜める, 人目を避けて引きこもる. **happy** HUNTING GROUND. **have** [**keep**] **both** [**one's**] **feet on the** ～ ⇨ FOOT. **hit the** ～ **running**《列車などから》飛び降りて直ちに走り出す; 時を移さず行動[活動]を開始する; ‹政権・政治家などが›順調なすべり出しを見せる. **hold** [**stand, keep, maintain**] **one's** ～ 地歩を保つ; 自分の立場を固守する. **in one's** ～ 〔クリケット〕打者線の背後に. **into the** ～ 疲れきるまで; 使いものにならなくなるまで, 過度に: run [drive, work] one*self into the* ～ 働きすぎて精根尽きはてる / run [drive, work] sth *into the* ～ ...をやりすぎる, ...を酷使して使いものにならなくする. KISS **the** ～. **lose** ～《押されて》退却[後退, 敗北]する; 衰え始める, 歓迎されなくなる ‹*to*›. **make** (**up**) ～ 前進[躍進]する; 追いつく ‹*on*›: have (got) a lot of ～ to *make up* 大きく差をつけられて[水をあけられて]いる. **on delicate** ～ 微妙な立場[状況]に[で]. **on firm** [**solid** etc.] ～ 安全な立場[状況]に[で]; 事実[証拠]の確実な裏付けのある. **on one's own** ～ 慣れた立場で; 自分の得意な問題で; 自分の家で: meet sb *on one's own* ～ 自陣[勝手知ったところ]で戦う[迎え討つ]. **on the** ～《空中ではなく》地上で; 現場で, その場で; 戦地で; ‹飛行機など›整備中で; 決闘をして: people *on the* ～ 現場[戦地]の人びと. **on the** ～ **of** [**that**]...＝**on** (**the**) ～**s of** [**that**]...の理由で, ...を口実に. **recover lost** ～ 失地を回復する; 失った分[マイナス分]を取り戻す. **regain** ～ 地盤[支持, 勢力]を回復する. **run to** ～＝go to GROUND; 追い詰める, 突きとめる. **shift one's** ～《議論などで》これまでの立場[態度, 見解]を変える. **thick** [**thin**] **on the** ～ ᴵᴵたくさんあって[わずかで]. **to the** ～ ⇨ down to the GROUND. **touch** ～ ‹船が›水底に触れる; ‹議論が›現実に触れてくる; 《漫然とした談話の後に》本題に及ぶ. **wipe the** ～ **with**...《口》...をこてんぱんにやっつける. **wish** [**hope, pray**] **that the ground would** (**open and**) **swallow** one 穴があったらはいりたいと思う.

► *vt* **1 a** ...に基礎[根拠]を与える ‹*on*›; [ᵁ*pass*] ‹人›に基礎[初歩]を教える ‹*in*›; ‹事実に›基づく[基づかせる] ‹*on, in*›: Self-discipline is ～*ed on* self-knowledge. 自己修養の基礎は自己を知ることにある / *be* well ～*ed in* mathematics 数学の基礎をしっかり教え込まれている. **b** ...に下塗りをする, 〔美〕...に地色を施す. **2** ‹武器を›地上に置く[投げ出す]《降伏のしるし》; *〔電〕アース[接地]する (earthᴵᴵ); 〔アメフト〕《タックルされて後退するのを避けるために》‹ボールを›故意にグラウンド前方に着くように投げる. **3**〔海〕坐礁させる; 〔空〕‹飛行機・操縦士・乗客を›地上に釘付けにする; *《口》《罰として》‹子供など›に外出を禁じる. ► *vi* **1**〔海〕‹船が›水底に触れる, 触底する, 坐礁する; 地上に降りる[落ちる]; 〔野〕ゴロを打つ, ゴロでアウトになる ‹*out*›. **2** 立脚する, 基づく ‹*on*›. [OE *grund*; cf. G *Grund*]

ground[2] *v* GRIND の過去・過去分詞. ► *a* ひいた, 粉にした; すった, 研(と)いだ. ● **～ down** 疲れきって, うちひしがれて.

gróund·age ᴵᴵ*n* 停泊税, 入港税.

gróund àngling 底釣り, 沈め釣り.

gróund àsh トネリコの若木(のステッキ).

gróund bàit ᴵᴵ〔釣〕《水中に投じる》まき餌, 寄せ餌, こませ (chumᴵᴵ). ♦ **gróund-bàit** *vt* ...にまき餌をする, こませる. **～·ing** *n*

gróund báll 〔野・クリケット〕ゴロ(球) (grounder).

gróund báss /-béɪs/ 〔楽〕基礎低音 (＝*basso ostinato*).

gróund bèam 枕木; 〔建・鉄道〕GROUND PLATE.

gróund béef*《牛の》挽肉 (minceᴵᴵ).

gróund bèetle 〔昆〕オサムシ.

gróund bìscuit*《俗》投げやすい大きさ・形の石.

gróund bòx 〔植〕ツゲ, セイヨウツゲ.

gróund·brèak·er *n* 新しい事を始める人, 開拓者, 革新者, 草分け.

gróund·brèak·ing *n* 〔建〕鍬入れ, 起工. ► *a* 鍬入れの, 起工の; 草分けとなる, 革新的な: a ～ ceremony 起工式.

gróund·bùrst *n*《核弾頭の》地上爆発[破裂].

gróund-chèrry *n* 〔植〕ホオズキ (＝*husk-tomato*); ホオズキの実; 〔桜〕ホウキザクラ, タイザンフクン, ショウジョウ《など》.

gróund clòth 舞台をおおうカンバス布; GROUNDSHEET.

gróund còat《ペンキの》粗面塗り, 下塗り.

gróund-còlor *n* 〔塗装〕下塗り; 《油絵の》基色, 地色.

gróund contròl 〔空・航宙〕《組織としての》地上管制, 地上誘導. ♦ **gróund contròller** 〔空〕地上管制官.

gróund-contròl(led) appròach 〔空〕地上誘導[操作]着陸, 地上管制進入《略 GCA》.

gróund-contròlled intercéption 〔軍〕《レーダーによる》要撃地上管制《略 GCI》.

gróund còver 〔生態・林〕地被(植物), 地表植被《裸地をおおう矮性植物》; 〔園〕グラウンドカバー《芝生の代わりに植える装飾用の多年草; キヅタ・フッキソウなど》.

gróund crèw《飛行場の》地上(整備)員.

gróund detèctor 〔電〕検漏器.

gróund dòve 〔鳥〕スズメバト《南北アメリカ産》.

gróund·ed *a* ‹人が›地に足の着いた, 堅実な; 根拠のある《通例 副詞を伴い複合語をつくる》; 《悪天候などのため》‹飛行機が›飛び立てないで, 待機して; *《俗》《子供が罰として》外に出ることを禁じられて: a *well-*～ suspicion 根拠十分な容疑. ♦ **～·ly** *adv* 十分な根拠をもって.

gróund effèct 地面効果, 地表効果, グラウンドエフェクト《**1**) 地表あるいは地表近くで高速の自動車や飛行機に加わる浮力[上昇力] **2**) [ᵒ*pl*] 上下逆にした翼などによってレーシングカーにはたらく路面に押しつけようとする力; コーナリングスピードを高くすることができる》.

gróund-effèct machìne グラウンドエフェクト機, エアクッション艇 (air-cushion vehicle, hovercraft)《略 GEM》.

gróund èlder ᴵᴵ〔植〕GOUTWEED.

gróund·er *n*〘野・クリケット〙ゴロ(球).
gróund fìr〘植〙ヒカゲノカズラ属の各種の植物《コスギラン, マンネンスギなど》.
gróund fìre《FOREST FIRE の》地中火;〘軍〙対空砲火, 地上砲火.
gróund·fìsh *n* 水底にすむ魚, 底生魚, 底魚 (bottom fish)《商業的価値のあるタラ・ヒラメなどの類》.
gróund fìshing 底釣り.
gróund flóor [the]《主に英》一階 (cf. FIRST FLOOR);《事業などの》第一歩; 有利な立場[関係];ᵁ《俗》《事業・職業などの》最低水準. ● **get [come, be (let)] in on the ～** 発起人と同一資格[権利]で株を得る; 最初から加わって[関係して]有利な地位を占める.
gróund fòg 地上霧, 地霧《地面が冷えて生じる低い霧》.
gróund fòrce [ᵒ*pl*] 地上部隊, 地上軍.
gróund fròst 地表[土の表層]の霜.
gróund gàmeᵁ《地上の》猟獣《集合的にウサギなど; opp. *wing game*》.
gróund gláss すりガラス;〘写〙《焦点用の》グラウンドグラス, ピントグラス; 研磨用粉ガラス.
gróund hèmlock〘植〙イチイ属の地面をはう常緑低木の総称,《特に》カナダイチイ.
gróund·hòg *n* **1**〘動〙**a** WOODCHUCK. **b** AARDVARK. **2***《俗》(フランクフルト)ソーセージ, ホットドッグ;*《俗》地上勤務員, 地上作業員;*《俗》地下作業員;*《鉄道俗》制動手 (brakeman).
Gróundhog('s) Dày 1〘米〙グラウンドホッグデー《聖燭節 (Candlemas) の 2 月 2 日, 所により 14 日; 春の到来を占う日で, 晴天ならば冬が続き, 曇天ならば春が近いと知る》. **2** [Groundhog Day] 同一の事態[できごと]の再現《1993 年制作の米国映画の題名より》. [この日ウッドチャック (groundhog) が穴を出て, 自分の影を見ればさらに 6 週間の冬ごもりに引き返すという伝説から; cf. 啓蟄(けいちつ)]
gróund·hòpper *n*〘昆〙ヒシバッタ《褐色の小型バッタ; 翅が発達》.
gróund hòrnbill〘鳥〙ジサイチョウ《地上性; アフリカ産》.
gróund ìce ANCHOR ICE; 地表をおおう透明な氷.
gróund·ing *n*〘海〙坐礁; 船を陸上に揚げること《船底検査・修繕のため》;《刺繍・染色などの》下地, 地色;*〘電〙接地; 基礎教授[知識], 根底; 基礎工事; 飛行[出走, 運転など]を禁じること: good ～*s* in English conversation しっかりした英会話の基礎訓練.
gróund ìtch〘医〙土壌疹, こえかぶれ, 皮膚鉤虫症.
gróund ìvy〘植〙コバノカキドオシ《欧州原産のシソ科の雑草》.
gróund·kèep·er* *n* GROUNDSKEEPER.
gróund làndlordᵁ《借地の》地主.
gróund-làunched *a*〈ミサイルなどが〉地上発射の.
gróund làyer〘気〙接地層 (SURFACE BOUNDARY LAYER);〘生態〙MOSS LAYER.
gróund·less *a* 基礎[根拠]のない, 事実無根の, いわれ[理由]のない〈嫌疑など〉. ♦ **～·ly** *adv* **～·ness** *n*
gróund lèvel 地上;〘測〙地盤高;〘理〙GROUND STATE.
gróund·ling *n* **1** 地をはう動植物; 底生魚《特にドジョウ・ハゼなど》. **2 a**〘史〙《エリザベス朝時代の劇場の》土間客《低級な観客, 大向こう; Shak., *Hamlet* 3.2.12》. **b** 低級な読者, 低俗な趣味の人, 俗物 (philistine). **3**《機上・船上で活動する人に対して》地上の人, 地上勤務者, 地上戦闘員.
gróund lòg〘海〙《流れの速い浅海で用いる》対地船速測程儀, グラウンドログ.
gróund lòop〘空〙《離着陸の際の急激な》地上偏向, グラウンドループ.
gróund·màn *n* GROUNDSKEEPER;《架線工事などでの》地上作業班員;〘鉱〙《露天掘りで》積込み作業員,《地下の鉱山で》坑道掘進作業員; 接地係の電気機械工.
gróund·màss *n*〘岩石〙石基, 基質《斑状岩の細粒状またはガラス質の部分》.
gróund mèristem〘植〙基本分裂組織.
gróund moràine〘地質〙底堆石(ていたいせき)《氷河の下に形成された氷成堆積物》.
gróund nòte〘楽〙基音, 根音 (fundamental).
gróund·nùt *n* 食べられる塊茎[塊根]のある植物,《特に》アメリカホドイモ (＝*wild wistaria*) (の塊根),ᵁPEANUT.
gróund òak オークの若木;〘植〙ニガクサ属の木.
gróund·òut *n*〘野〙内野ゴロによるアウト.
gróund òwl〘鳥〙BURROWING OWL.
gróund pàrrot〘鳥〙キジインコ《オーストラリア南東部・タスマニア産; 国際保護鳥》.
gróund pìg〘動〙アフリカタケネズミ (cane rat).
gróund pìne〘植〙**a** ヨーロッパ産シソ科キランソウ属の草本《松やにの香りがある》. **b** ヒカゲノカズラ, アスヒカズラ.
gróund pìnk〘植〙MOSS PINK.
gróund plàn〘建〙一階平面図; 下図, 概案, 基礎案.
gróund plàne《透写図の》基平面;〘電〙接地平面.
gróund-plàne antènna〘電子工〙グランドプレーンアンテナ《接地平面と組み合わせた垂直ダイポールアンテナ》.
gróund plàte〘建〙土台;〘鉄道〙《枕木の下の》床板;*〘電〙接地板.
gróund·plòt *n* 一階平面図; 敷地.
gróund plùm〘植〙マメ科ゲンゲ属の草本《北米西部産》; ゲンゲ属の草本のプラムに似た豆果.
gróund pollùtion《処理場・埋立地廃棄物による》土壌汚染.
gróund-pòund·er *n**《軍俗》歩兵 (gravel-pounder).
gróund provìsions *pl*《カリブ》澱粉質の野菜《根菜類や料理用バナナ (plantain) など》.
gróund·prox /-pràks/ *n*〘空〙対地接近警報装置. [*ground proximity warning system*]
gróund ràtions *pl*《黒人俗》性交.
gróund rày〘通信〙GROUND WAVE.
gróund rèntᵁ 地代, 借地料.
gróund ròbin〘鳥〙トウヒチョウ (towhee).
gróund ròller〘鳥〙ブッポウソウ科の鳥,《特に》ジブッポウソウ《Madagascar 島産》.
gróund rùle〘スポ〙グラウンドルール《グラウンドの特殊な事情のため決めるルール》; [*pl*] 基本原則, 行動原理〈*for*〉.
gróund rùn 滑走距離《飛行機が着陸から誘導または停止に至るまでに滑走する距離》.
gróund sèa《原因の明らかでない》GROUND SWELL.
ground·sel[1] /gráun(d)s(ə)l/ *n*〘植〙キオン属[セネシオ]属の各種草本 (senecio),《特に》ノボロギク《飼鳥の餌にする》. [OE＝? pus absorber; 湿布に用いられた]
groundsel[2] *n*〘建〙土台, 根太(ねだ), 床固め; 敷居. [*ground*[1]＋*sill* か]
gróund·shèet *n* グラウンドシート (＝*ground cloth*)《**1**) 野球場などで雨天時に用いるシート **2**) 寝袋の下・テントの中などに敷くシート》.
ground·sill /gráun(d)sìl/ *n*《古》GROUNDSEL[2].
gróunds·kèep·er* *n* 運動場[競技場, 地所, 公園, 墓地]の管理人[整備員] (groundsmanᵁ).
gróund slòth〘古生〙地上生ナマケモノ《アメリカ大陸の新生代の貧歯目に属する大型絶滅哺乳類》.
grounds·manᵁ /gráun(d)zmən/ *n* GROUNDSKEEPER; 地上作業班員 (groundman).
gróund spèed〘空〙対地速度《略 GS; cf. AIRSPEED》.
gróund squìrrel〘動〙穴を掘るリス,《特に 北米の》ジリス,《ユーラシア産の》ハタリス (＝*spermophile*).
gróund stàffᵁ GROUND CREW;《クリケットクラブなどの》グラウンド[競技場]の管理人たち《時に 選手を兼ねる》.
gróund stàte〘理〙基底状態 (＝*ground level*).
gróund-stràfe *vt* STRAFE.
gróund stròke〘テニス〙グラウンドストローク《ボールがバウンドしたところを打つ; cf. VOLLEY》.
gróund sùbstance〘生〙基質《細胞間質や透明質 (hyaloplasm) など》.
gróund·swèll *n* [ᵁground swell]《遠方の大風・地震などによる海の》地うねり, 大うねり;《政治世論・感情などの》高まり, 盛り上がり.
gróund tàckle [tàckling]〘海〙停泊[錨泊]用具《錨・錨索などの総称》.
gróund thrùsh〘鳥〙**a** ヤイロチョウ (pitta). **b** ジツグミ《アフリカ産》.
gróund-to-áir *a*〘軍〙地対空の: ～ missiles.
gróund-to-gróund〘軍〙*a* 地対地の: ～ missiles 地対地ミサイル. ► *n* 地対地ロケット[ミサイル].
gróund trùth 空中探査の結果を検証するための地上調査で得た情報.
gróund·wàter *n* 地下水,〘鉱〙坑内水.
gróundwater lèvel 地下水面 (water table); 地下水位《地下水面の海抜高度》.
gróund wàve〘通信〙地上波 (cf. SKY WAVE).
gróund wìre*〘電〙接地線, アース線 (earth wireᵁ).
gróund·wòod *n*《パルプ用にする》砕木; 砕木パルプ (＝～ **pùlp**)《不純物の多い下級紙用パルプ》.
gróund·wòrk *n* 基礎, 土台; 根拠; 地形(ちぎょう); 基本原理, 原則;《絵画・刺繍などの》下地, バック (grounding); 主成分; 下準備, 備え: lay the ～ 基礎を築く, 下準備をする, 根回しをする〈*for*〉.
gróund wrèn〘鳥〙**a** ミソサザイモドキ (wren-tit)《北米・中米産》. **b** クサハラムシクイ (heath-wren)《豪州産》.
gróund zéro 1〘軍〙ゼロ地点《原水爆の爆心地》; グラウンドゼロ《2001 年 9 月 11 日のテロ攻撃で倒壊した New York 市の World Trade Center の跡地》. **2** 活動[変化など]の中心[発生地]; 最初, 出発点.
group /grú:p/ *n* **1** 群れ, 集団, 塊り, 集まり, グループ: a ～ *of* people [cows, trees, rocks, stars, etc.] / in a ～ 群がって / in ～*s* 群れをなして, 三々五々 / get (yourselves) into ～*s* of three 3 人ずつのグループになる[分かれる]. **2**《同一資本・経営の》企業グループ;〘美〙群像;《動植物分類上の》群; 分派, 派, 団;〘米空軍〙航空群, 群 (⇨ AIR FORCE);〘英空軍〙飛行連隊;〘米軍〙戦術的部隊単位《数個大隊と本部および本部中隊からなる》. **3**〘楽〙音符群,《同種の楽器からなる》オーケストラのセクション; ポップグループ (pop group);〘数〙群;〘化〙基 (radical), 原子団;〘化〙《周期律表の》族;〘言〙《語族の下位の》諸語, 言語群;〘地質〙層群; BLOOD GROUP. ► vt, vi 群れにする[をなす]; 一団にする[なる]; (系統的に)分類する ‹into, according to, under›; ‹色・形など›調和よく配合する[される]; ‹銃弾が›的の周辺に集中する: ~ around…のまわりに集まる[集まらせる] / ~ together ひとまとめにする. ♦ ~·able a [F<It gruppo<Gmc=round mass; CROP と同語源]

Group A /—́— éɪ/ A 群《咽頭炎・猩紅熱・敗血症, 一部の皮膚感染症のほか, リウマチ熱・糸球体腎炎の原因となる連鎖球菌(化膿性連鎖球菌)》;《団体競技の予選会などの》グループ A, A グループ.

gróup·age n グループ分け;〘運輸〙グルーページ, 混載輸送, 混載荷物扱い《多数の荷主から小口貨物を集めて 1 件の大口扱いとしコンテナ・貨車などで輸送すること》.

gróup annùity 団体年金.

gróup àrea〘南ア〙グループエリア《アパルトヘイトの時代に Group Areas Act によって定められた特定民族の居住区》.

Group B /—́— bíː/ B 群《特に新生児の肺炎・髄膜炎などの原因となる連鎖球菌》;《団体競技の予選会などの》グループ B, B グループ.

gróup cáptain〘英空軍〙飛行隊長《大佐; ⇨ AIR FORCE》.

gróup dynámics〘心〙集団力学, グループダイナミックス《少人数集団内の力関係, または その社会心理学的研究》.

grou·per[1] /grúːpər/ n (pl ~s, ~)〘魚〙a ハタ (=groper)《ハタ科のマハタ属・ヤスリハタ属などの大型食用魚》. b フサカサゴ科の数種の魚. [Port]

gróup·er[2] n《OXFORD GROUP MOVEMENT の》運動参加者 (Buchmanite); *ENCOUNTER GROUP の参加者; *共同で別荘などを借りるグループの一員.

gróup gròpe《俗》ペッティング[乱交]パーティー;《俗》《ENCOUNTER GROUP の療法の一つとしての》集団接触;《俗》密接な関係.

gróup hóme グループホーム《障害者などが集まってケアを受けながら共同生活を行なう住まい》.

group·ie /grúːpi/《俗》n ロックグループの親衛隊の女の子, グルーピー;《一般に》有名人の追っかけ; 熱心な愛好家, マニア; *共同で別荘などを借りるグループの一員 (grouper); ‖GROUP CAPTAIN; *「…グループ」と称される企業集団[連合]; ‖複数の男と同棲している女.

gróup·ing n 群れにすること, グループ分け;《集合体の》布置, 配合, 配置; 集団, グループ;《布置された》群,《家具などの》ひとそろえ, 一式, 1 セット.

gróup insùrance 団体保険.

gróup márriage〘社〙群婚, 集団婚.

gróup mèdicine GROUP PRACTICE.

gróup mínd〘社・心〙群集[集団]心, 群集心理.

Gróup of Éight, G8 /ʤíːéɪt/ [the] 主要国首脳会議《Group of Seven の国々にロシアが加わった 8 か国の首脳会議》.

Gróup of Fíve, G5 /ʤíːfáɪv/ [the] 5 か国蔵相会議《日本・英国・米国・ドイツ・フランスの蔵相・中央銀行総裁会議》.

Gróup of Séven, G7 /ʤíːsév(ə)n/ [the] 7 か国蔵相会議《サミットと並行して開かれる日本・英国・米国・ドイツ・フランス・イタリア・カナダの蔵相による会議》.

Group of 77 /—́— —— sèv(ə)ntisév(ə)n/, **G77** /ʤíːsèv(ə)ntisév(ə)n/ [the] 77 か国グループ《国連内, 特に 南北問題討議の場である UNCTAD における発展途上国グループ》.

Gróup of Tén, G10 /ʤíːtén/ [the] 10 か国蔵相会議《IMF の資金力強化などを目標に設置 (1963) された, IMF 加盟主要 10 か国の蔵相・中央銀行総裁会議》.

Gróup of Thrée, G3 /ʤíːθríː/ [the] 西側三大工業国《日本・米国・(西)ドイツ》.

Gróup of Twénty, G20 /ʤíːtwénti/ [the] 20 か国財務相・中央銀行総裁会議, G20《G7 と欧州連合 (EU) 新興 12 か国を加えたグループの財務相・中央銀行総裁会議》.

Grou·pon /grúːpὰn/〘商標〙グルーポン《米国の Groupon, Inc が運営する期限までに購入者が所定人数に達すれば格安価格で購入できる集団ネット購買サービスサイト; そこで購入した商品・サービスの受取権ないしクーポン券》.

gróup práctice《各分野の専門医の提携による》集団医療, チーム医療.

gróup psychólogy 集団心理学.

gróup·sèt n グループセット《マニアックな自転車のブレーキとギア部品一式》.

gróup séx グループセックス.

Gróup Théatre [the] グループシアター《米国の左翼的演劇集団 (1931–40); New York 市で Lee Strasberg, Harold Clurman (1901–80), Cheryl Crawford (1902–86) が結成; 劇作家 Clifford Odets などを世に出したほか Elia Kazan など米国の演劇・映画界に大きな貢献をしたメンバーが多い》.

gróup thèory〘数〙群論.

gróup thérapy [psychothérapy]〘精神医〙集団(精神)療法. ♦ **gróup thérapist** n

gróup·thìnk n 集団思考《集団成員の討議による問題解決法; ふつう大勢順応的な結論に至るものについていう》.

group·us·cule /grúːpəskjùːl/ n 小集団. [F]

gróup velòcity〘理〙群(ぐん)速度《一群の波動の伝わる速度; cf. PARTICLE [PHASE] VELOCITY》.

gróup·wàre n〘電算〙グループウェア《local area network を用いてグループで作業する人びとに効率的な作業環境を提供するソフトウェア》.

gróup wòrk 集団(社会)事業, グループワーク.

groupy /grúːpi/ n《俗》GROUPIE.

grouse[1] /gráus/ n (pl ~, **gróus·es**) **1**〘鳥〙ライチョウ (雷鳥)《猟鳥; 種類が非常に多い》, ‖《特に》アカライチョウ (red grouse); ライチョウの肉. **2**《俗》女. ► vi **1** ライチョウ狩りをする. **2**《俗》ネッキング[ペッティング]をする. [C16<?]

grouse[2]《口》vi ブツブツ言う, こぼす ‹about, at›. ► n 不平. ♦ **gróus·er** n 不平家. [C19<?]

grouse[3] a《豪俗》すばらしい (excellent). [grouse[1]]

gróuse mòor アカライチョウ狩猟場.

grout[1] /gráut/ n《目地や岩石の割れ目などに注入する》うすとろ, セメントしっくい, グラウト;《天井などの》しっくいの仕上げ塗り; [ᵘpl] ‖ 澱(おり), かす;《古》粗食, [pl] GROATS. ► vt グラウトで仕上げる[固定する], …にグラウトを詰める; グラウトとして使用する. ♦ ~·er[1] n ~·ing n《特に 固まった》うすとろ. [OE grūt coarse meal; GRITS, GROATS と同語源]

grout[2] ‖ vt, vi ‹豚が土などを›鼻で掘り起こす; [fig] 掘り返す, 捜す. [groot (obs) mud; cf. GRIT]

gróut·er[2]《豪俗》n《賭博などでの》不当に有利な状況; 不正な[ラッキーな]もうけ, あぶく銭. ● **be [come in] on the ~** 不正な手段で[思いがけなくも]もうける.

grouty /gráuti/ a *不機嫌な, 意地悪な;《スコ》どろんこの, きたない;《スコ》荒っぽい, 粗野な.

grove /gróuv/ n《下草のない》小さい森, 木立;《特に カンキツ類の》果樹園 (cf. ORCHARD);《郊外の》家並や並木のある道路《通りの名称としても用いる》. ● GROVES OF ACADEME. [OE grāf; cf. OE grǣfa brushwood]

Grove グローヴ Sir **George** ~ (1820–1900)《英国の音楽学者; Grove's Dictionary of Music and Musicians (1879–89)》.

grov·el /gráv(ə)l, gráv-/ vi (-l- | -ll-) 腹ばう, はって進む; ひれ伏す, 屈服する, 卑屈な態度をとる, 卑下する ‹before, to›; ‹卑しいことに›ふける ‹in›; *《俗》愛撫[ペッティング]する: ~ (about) in the dust [dirt] 地に頭をすりつける, はいつくばる; こびる. ♦ **gróv·el·(l)er** n おべっかつかい, 下卑た人. [逆成く↓]

gróvel·ing | -el·ling a はいつくばる, へつらう; 下卑た, 卑しい. ♦ ~·**ly** adv ひれ伏して; 卑屈に. [ME=prone (gruf face down ‹ on grufe<ON á grúfu on one's face, -ling[2]); のちに語尾を -ing[1] と誤解]

Gro·ver /gróuvər/ グローヴァー《男子名》. [OE=dweller in or near grove]

gróves of ácademe [the; °the g- of A-] 学問の世界, 学界, 翰林(かんりん).

grov·et /grávət/ n〘レス〙ひざをついて片腕で相手の頭をかかえもう一方の腕で肩を押えつけるホールド.

grovy /gróuvi/ a 木立 (grove) におおわれた[の多い]; 木立にある[をよく訪れる].

grow /gróu/ v (**grew** /grúː/,《方・口》~**ed**; **grown** /gróun/) vi **1 a** 生長[成長]する, 大きくなる; 発達する (develop) ‹into›; ‹草木が›生える, 育つ, 生ずる; ‹興味・友情などが›生まれる, 芽生える ‹from›: He has *grown*. 成長した / He is *grown*. 成長している《結果の状態》/ That tree ~s only in cold climates. 寒い地方にだけ育つ / Bracken *grew over* the garden. シダが庭一面に生えた (cf. vt 2) / He has *grown into* a robust young man [*to* manhood]. 成長してたくましい青年[一人前のおとな]となった / Great oaks *from* little ACORNS ~. **b**《大きさ・数量・長さなどが》増大する, 伸びる, 増す, 増える ‹in›: The city is ~*ing* every year. 街は年ごとに発展している / ~ *in* size [number] 大きさ[数]が増える / ~ *in* popularity 人気が出る / He has *grown in* experience. 経験が豊かになった. **2** [形容詞・副詞・名詞などを補語として] (しだいに)…になる[変わる] (become, turn): ~ rich 金持になる / ~ faint 気が遠くなる / ~ darker 暗くなる / ~ downward 下方に生長する[伸びる]; 減少する / ~ less 減る. **3** (しだいに)…になる ‹to do›: She *grew to* like him after a time. しばらくすると彼のことがだんだん好きになっていった. ► vt **1** 生長させる, 育てる, 栽培する (cultivate), 産出[生産]する; 伸ばす, 生やす; 養う, 発達させる; ‹企業などを›大きくする: ~ apples リンゴを栽培する / ~ a mustache 口ひげを生やす. **2** [pp] ‹草木で›おおわれている ‹over, up›: The garden became *grown over with* bracken. 庭一面にシダが生えた (cf. vi 1a). ● ~ **apart** ばらばらに育つ[伸びる]; ‹人が›(しだいに)ばらばらになる, 離れる. ~ **away from**… ‹植物が›…から離れて伸びる; ‹親・友だちなど›と疎遠になる, 離れていく; ‹習慣など›から抜け出す. ~ **back** 再び生えて[伸びて]くる. ~ **down** ‹根などが›下方[地中]に伸びる ‹into›; 低くなる, 短くなる, 小さくなる. ~ **into** … ‹問題などが›…に発展する; 成長して…が着られるようになる; ‹物事›に慣れる, …を(使い)こなせるようになる. ~ **into one**=~ **together** 一つになる, 結合する. ~ **on** sb ‹物事・人が›人にだんだん好かれるようになる; ‹感情などが›人にしだいにつのって[昂じて]くる: His paintings ~ *on* me. 彼の絵は見ているうちによさがわかってくる. ~ **on one's hands** ‹事業などが›手に負えなくなる. ~ **on** TREES. ~ **out** 芽生える; 〈ジャガイモが〉新イモを生じる; 再び生えてくる; 〈染めた髪などが[を]〉伸びて[伸ばして]もとに戻る[戻す]. **～ out of**…〈悪癖など〉から脱皮する; 成長して…が着られなくなる[…を失う]; …に由来する: His illness *grew out of* his bad habits. 彼の病気はいろんな悪習が原因だ. **～ up** 成人する, 成長して〈…に〉なる 〈*into*〉; [ᵁ*impv*] 大人らしくふるまう[考える]; 生える; 生長[成長]しきる; 〈事態・状況が〉生ずる, 生まれる; 〈習慣が〉出る, 行き渡る; …を見て[聞いて]成長する 〈*on*〉. **just ～ed** =(just) ～ed like TOPSY. ◆ **～·able** *a* [OE *grōwan*; cf. GRASS, GREEN]

grów·bàg, grówing bàg *n* グロー(イング)バッグ《バルコニーなどでトマト・ピーマンなどを育てるためのコンポスト入りのビニール袋》. [*Gro-bag* 商標]

grów·er *n* 《花・果物・野菜類の》栽培者[業者]; 《家畜などの》飼育者[業者]; …生長植物: a slow [fast, quick] ～ 晩成[早成]植物.

grów·ing *a* 生長[成長]する, 発育に伴う; 生長[成育]を促す; 発育盛りの; 《大きさ・広さ・強さなどが》増大する: the ～ season 《植物などの》生長する時期[季節] / a ～ trend ますます強まる傾向 〈*toward, to* do〉. ► *n* 生長, 成長, 成育, 発育, 発達. ◆ **～·ly** *adv* ますます, いよいよ.

growing bag ⇨ GROWBAG.

grówing pàins *pl* 《青年期の》情緒的不安定; 成長痛《少年から青年への急激な成長期の手足の神経痛》; [*fig*] 《新計画・新発展に伴う》産みの苦しみ.

grówing pòint 〘植〙生長点, 茎頂 (=*shoot apex*).

growl /gráʊl/ *vt, vi* 〈犬など〉おこってうなる, いがむ 〈*at*〉; 〈人が〉がみがみ言う, 不平を言う, 叱責する; 〈雷など〉とどろく; うなって言う, おこって言う, どなる 〈*out*〉; 〈腹が〉ゴロゴロ鳴る. ► *n* うなり声; どなり声; 〘ジャズ〙《トランペットなどの》咆哮音; *《俗》《試験用の》カンニングペーパー. ◆ **～·ing** *a* うなっている; がみがみ言う; ゴロゴロ鳴る. **～·ing·ly** *adv* [ME=(of bowels) to rumble<? imit]

grówl·er *n* うなる人[もの, 動物, 魚], がみがみ屋; 《船舶をおびやかす》小氷山; 〘電〙グラウラー《ショートしたコイルを捜したりするのに用いる電磁装置》; *《俗》グラウラー《(1) 1/8 barrel 入りのビヤ樽 2) 量り売りのビール用の缶・水差しなど》; *《俗》便所, トイレ; *《俗》場内放送システム, スピーカー; ᴴ《古俗》四輪辻馬車. ● **rush** [**work**] **the ～** *《俗》量り売りのビールを買う; *《俗》大酒を飲む.

grówl·er-rúsh·ing *《俗》*n* 飲酒; 酒宴, 飲み会. ► *a* 酒を飲む, 安酒におぼれた.

grów lìght グローライト《植物の生育を促進する波長の光を発するようにした蛍光灯》.

grówly *a* うなるような, うなり声に似た; うなっている; おこりっぽい, 短気な. ◆ **grówl·i·ness** *n*

Grow·more /gróʊmɔ̀ːr/ 〘商標〙グローモア《菜園用の生育促進剤》.

grown /gróʊn/ *v* GROW の過去分詞. ► *a* 生長[成育, 成熟]した; (草木の)茂った; 《草木などで》おおわれた, 囲まれた 〈*with*〉; [ᵁ*compd*] …栽培の, …産の, …の生い茂った: a ～ man [woman] 成人, 一人前の[りっぱな]おとな / HOMEGROWN.

grówn-ùp *n* 成人, おとな (adult). ► *a* 成熟した, 成人した (adult); おとな向きの, おとならしい.

growth /gróʊθ/ *n* **1 a** 生長, 成長, 成育, 発育; 発展, 発達 (development); 完全な成長, 成熟: a slow ～ ゆっくりとした成長 / full ～ 完全な成長(時の大きさ). **b** 《大きさ・長さ・数量などの》増大, 増加 (increase); 経済成長; 資産価値の増大, 投資(元本)の値上り: a large ～ in population 人口の大きな増加. **2 a** 産物, 収穫 (cultivation) 〈*of* a plant〉; 起源: apples of foreign [home] ～ 外国産[国産]のリンゴ / fruits of one's own ～ 自家栽培の果物 / a story of German ～ ドイツ起源の物語. **b** ブドウの収穫; 収穫地別によるワインの等級 (cf. CRU); 収穫した特定等級のブドウ, 特定等級のブドウ畑. **3** 生長物, 発生物《草木・毛髪など》; 派生物 〈*from*〉; 〘医〙腫瘍, (病的)増殖: a malignant ～ 悪性腫瘍 / a cancerous ～ 癌腫 / NEW GROWTH. [*grow*, *-th*²]

grówth cènter 《潜在能力を伸ばすための》集団感覚訓練所[センター] (cf. SENSITIVITY TRAINING).

grówth còmpany 成長会社.

grówth còne 〘動〙成長円錐《脊椎動物胚の成長中の神経細胞にみられる, 神経軸索先端部の円錐形にふくらんだ部分》.

grówth cùrve 生長[成長]曲線, 発育[増殖]曲線《生物個体(数)の生長・増大の時間的変化のグラフ表示》.

grówth fàctor 〘生化〙生長[成長]因子, 発育因子《微量で生長[成長]を促す物質: ビタミン・ホルモンなど》.

grówth fùnd グロースファンド《成長に重点を置いて資金運用される投資信託; cf. INCOME FUND》.

grówth hòrmone 〘生化〙生長[成長]ホルモン (=*somatotropin*), GROWTH REGULATOR.

grówth hòrmone reléasing fàctor 〘生化〙成長ホルモン放出因子.

grówth ìndustry 成長産業.

grówth plàte 成長板《長骨の骨端と骨幹の間にある成長が起こる部分》.

grówth règulator 〘生化〙生長調整[調節]因子.

grówth rìng 〘植〙生長輪《年輪 (annual ring) など》.

grówth shàres ᴴ*pl* GROWTH STOCK.

grówth stòck *〘証券〙成長株 (cf. VALUE STOCK).

grówth sùbstance 〘植〙生長物質 (growth regulator).

grówthy *a* 〘畜〙成長の速い; 成長に適した.

groyne /grɔ́ɪn/ *n* 小突堤, 防砂堤 (groin). ► *vt* …に小突堤[防砂堤]を作る. [*groin* (dial) snout<OF<L=pig's snout]

gró·zing ìron /gróʊzɪŋ-/ 《鉛管工事用の》仕上げごて; 《古》鋼製のガラス切り.

Groz·ny, -nyy /grɔ́(ː)zni, grɑ́z-/ グロズヌイ《ロシア, 大カフカス山脈の北斜面にある Chechnya 共和国の首都; 油田の中心》.

GRP °glass-reinforced plastic.

GR-S /ʤíːɑ̀ːrɛ́s/ *n* GR-S《一種の合成ゴム; タイヤ用》. [*gover*nment *r*ubber *s*tyrene]

GRT 〘海〙gross registered tonnage 総登録トン数.

GRU /grúː/ 〘ソ連〙[Russ *Glavnoye Razvedyvatelnoye Upravleniye*] 参謀本部情報総局, グルー《軍の秘密情報機関》.

grub /grʌ́b/ *n* **1** 地虫 (=*grubworm*)《甲虫などの幼虫》; 〘クリケット〙ゴロ; *《開墾地に残された》根株. **2 a** だらしのないやつ[子供], いやなやつ. **b** いやな仕事をこつこつやる人; *勉強家; 三文文士. **c** [*pl*] *《俗》着古し (grubbies). **3** 《口》食い物, 餌 (food); 《学童》家から持参のおやつ. ► *v* (**-bb-**) *vt* **1** 掘る, 掘り返す; 〈地面を〉掘り返して根株を除く; 〈根などを〉掘り起こす 〈*up, out*〉; 《記録・書物などから》骨折って捜し出す[抜き出す], 掘り出す 〈*up, out*〉. **2** 《俗》〈人〉に食わせる; *《俗》ねだる, せしめる. ► *vi* **1 a** 地面を掘り返す; 根株を掘り出す. **b** こつこつやる, あくせく働く (toil) 〈*on, along, away*〉. **c** 掘り返して[ひっかきまわして, 必死になって]捜す 〈*for, about, around; among* records〉. **2** 《俗》食う. ● **～ around** 《口》きたならしい服を着る 〈*in*〉. **～ out** ⇨ *vt* 1; *《俗》猛勉強する. [? OE **grybban*; cf. GRAVE³, G *grübeln* to rack one's brain]

grúb àx 《木の根株掘り用の》つるはし.

grúb·ber *n* 根株を掘る人[道具]; こつこつ働く人; *勉強家; 金をこつこつためる人; 《俗》食う[食わせる]人; [*pl*] *《俗》着古し (grubbies); 〘球技〙地面をころがる球, ゴロ.

grub·bin' /grʌ́bɪn/ *n* *《俗》おいしいもの.

Grubbs /grʌ́bz/ グラッブズ **Robert H(oward)** ～ (1942–)《米国の化学者; 有機合成におけるメタセシス反応の開発でノーベル化学賞(2005)》.

grúb·by *a* ウジがわいた, 地虫の多い; きたない (dirty); だらしない, 不精な; 卑しい, 軽蔑すべき; 《方》ちっちゃい〈木など〉. ► *n* [grubbies] *《俗》着古し, 《よごれ仕事用の》よごれ着. ◆ **grúb·bi·ly** *adv* **-bi·ness** *n*

grúb [**grúb·bing**] **hòe** 根株掘り鍬; GRUB AX.

grúb hòok 根株抜き鉤(かぎ).

grúb-hùnt·ing *a* ᴴ《俗》博物学をやっている. ◆ **grúb-hùnt·er** *n* ᴴ《俗》博物学者, 博物屋.

grúb·sàw *n* 石切り鋸.

grúb·scrèw ᴴ*n* グラブねじ《一端にねじまわし受け溝のある無頭ねじ》.

grúb·stàke *《口》*vt* 発見した利益の分け前をもらう条件で〈探鉱者〉に金・衣服・食料などを供与する; 〈人〉に物質的援助[賭けの元手]を与える. ► *n* グラブステーク《探鉱者に供与される金・衣服・食料など》; 物質的援助, 元手《貸付金など》. ◆ **grúb·stàk·er** *n*

Grúb Strèet, Grúb·strèet *n* **1** グラブ街《London にあった街の名; 貧乏著述家が集まっていた》. **2** 三文文士連. ► *a* [°grub-street] 三文文士の, 三文文士の書いた, 低級な.

grúb·wòrm *n* 地虫 (grub).

grudge /grʌ́ʤ/ *n* 悪意, 恨み: bear [owe] sb a ～=bear [have, hold, nurse] a ～ against sb 人に恨みをいだく / pay off an old ～ 積年の恨みを晴らす. ► *vt* 与えしぶる, 惜しむ, いやがる; 〈人の幸運などを〉そねむ, ねたむ: Do you ～ it *to* me? それをくれるのがいやなのか / I ～ going. 行きたくない / I ～ his going. 彼を行かせたくない / ～ the time 時間を惜しむ / One can't ～ success to such a worthy man. あんなりっぱな男が成功するのをねたむわけにはいかない. ► *vi* 不満[悪意]をいだく, 不平を言う, ブツブツこぼす. ◆ **grúdg·er** *n* [ME *grutch*<OF=to grumble<? Gmc]

grúdge fìght [**màtch**] 個人的恨みからの争い, 因縁の対決, 遺恨試合.

grudg·ing /grʌ́ʤɪŋ/ *a* けちな; 悪意をもった, 恨みをいだいた; いやいやながらの, 不承不承の. ◆ **～·ly** *adv* **～·ness** *n*

Gru·dziądz /grúːʤɔ̀ːnts/ グルジョンツ (*G* Graudenz)《ポーランド中北部 Vistula 川に臨む市》.

grue /grúː/ 《スコ・北イング》*n* 《恐怖の》身震い. ► *vi* 恐怖を感じる, 身震いする, おののき震える (shudder). [ME *gruen*<Gmc (MDu *grūwen* to shudder)]

gru·el /grúːəl/ *n* **1** オートミールのかゆ《病人用》; 内容のない[つまらない]もの: The advice was thin ～. 助言は無意味だった. **2** ᴴ《古》厳罰, ひどいめ, 死: give sb his ～ ひどく罰する, 殺す / have [get, take] one's ～ ひどく罰せられる, 殺される. ► *vt* (**-l-** | **-ll-**) へとへとに疲れさせる; ひどく罰する, こっぴどくやっつける, 殺す. [OF<Gmc; cf. GROUT¹]

grúel·ing | **-el·ling** *a* へとへとに疲れさせる, きびしい. ► *n* 厳罰, ひどいめ. ◆ **～·ly** *adv*

grue·some /grúːsəm/ *a* ぞっとする, 身の毛のよだつ, ものすごい, 陰惨な; «口» とてもいやな, ひどすぎる. ♦ **~·ly** *adv* **~·ness** *n* [*grue*]

grúesome twósome «俗» [°*joc*] 恋人同士, 御両人, 《一般に》(お)対(つい), コンビ, 一組.

gruff /grʌ́f/ *a* どら声の, しわがれ声の; 荒々しい, ぶっきらぼうな: a ~ manner ぶっきらぼうな態度. ► *vt* どら声で言う, つっけんどんに言う. ♦ **~·ly** *adv* ぶっきらぼうに, 粗暴に; 声荒く. **~·ness** *n* [Du *grof* coarse]

gru·gru /grúːgru/ *n* 〘植〙グルグルヤシ (=~ **pàlm**)《熱帯アメリカ産オニトゲココヤシ属のヤシ》; 〘昆〙《grugru などの木髄を害する》シュロゾウムシの幼虫 (=~ **grùb** [**wòrm**])《食用になる》. [AmSp]

gru·iform /grúːəfɔ̀ːrm/ *a* ツルに似た; 〘鳥〙ツル目[類] (Gruiformes) の. [L *grus* crane]

grum /grʌ́m/ «まれ» *a* (**grúm·mer**; **grúm·mest**) 気むずかしい, むっつりした, 不機嫌な (surly). ♦ **~·ly** *adv* **~·ness** *n* [*grim*+*glum* か]

grum·ble /grʌ́mb(ə)l/ *vi* 不平を言う, ブツブツ言う, こぼす, ぼやく ‹*at*, *about*, *over*›; 低くうなる; ‹遠雷などが›とどろく; ‹腹が›グーグーいう. ► *vt* 不平がましく言う ‹*out*›: How are you today?—Mustn't [Shouldn't] ~. 元気?—«口» まあまあだね. ► *n* ブツブツ言うこと[声]; 《雷の》ゴロゴロ; ゴボゴボ; 不平, ぐち, 苦情; [*pl*] 不満の気分. ♦ **grúm·bler** *n* **grúm·bly** *a* [*grumme* (obs), -*le*; cf. G *grummeln* to rumble; -*mb*- は -*mm*- の異化]

grúmble-gùts *n* (*pl* ~) «口・方» GRUMBLER.

grúm·bling *a* 不平を鳴らす, ブツブツ言う; 絶えず鈍痛がある: a ~ appendix «口» 時々痛む盲腸. ♦ **~·ly** *adv* 不満たらたらと, ブツブツ言いながら.

grume /grúːm/ *n* 粘った液, 粘塊; 〘医〙凝血, 血餅(けっぺい).

grum·met[1] /grʌ́mət/ *n* GROMMET[1].

grummet[2] *n* ケビンボーイ (=*gromet*)《高級船員や一・二等旅客の私用をする給仕》. [OF]

gru·mose /grúːmòʊs/ *a* 〘植〙(根が)集団顆粒からなる.

gru·mous /grúːməs/ *a* 〘医〙凝血性の; 凝固した, 濃厚な; 〘植〙GRUMOSE. ♦ **~·ness** *n*

grump /grʌ́mp/ *n* «口» 不平家; [°*pl*] 不機嫌: have the ~*s* 機嫌が悪い. ► *vi* 不平を言う, こぼす, ブーブー言う; すねる, ふくれっつらをする. ► *vt* 不満そうに言う. ♦ **~·ish** *a* GRUMPY. [imit]

grumpy /grʌ́mpi/ *a* 気むずかしい, 不機嫌な, むずかる. ♦ **grúmp·i·ly** *adv* **-i·ness** *n* [*grump* ill humor]

Grün·berg /grúːnbərg; *G* grýnbɛrk/ グリュンベルク **Peter** (**Andreas**) ~ (1939–)《チェコ生まれのドイツの物理学者; 巨大磁気抵抗の発見によりノーベル物理学賞 (2007)》.

grunch /grʌ́ntʃ/*«口» *n* GRUNGE 1. ► *a* GRUNGE.

Grundy ⇨ MRS. GRUNDY.

Grun·dy·ism /grʌ́ndiìz(ə)m/ *n* しきたりにこだわること, 《特に》行儀作法にきびしいこと; 世間体を気にすること. [MRS. GRUNDY]

Grü·ne·wald /grúːnəwɔ̀ːld; *G* gryːnəvalt/ グリューネヴァルト **Matthias** ~ (c. 1470–1528)《ドイツルネサンスの画家; 本名 Mathis Gothardt》.

grunge /grʌ́ndʒ/ *n* **1** *«口» だらしない人, つまらないやつ, いやなやつ; *«口» だらしなさ; *«口» 汚物, よごれ; *«口» おそまつなもの, ひどいこと. **2** グランジ《**1**) ひずんだギター音を前面に出した荒々しいサウンドを特徴とするロック音楽 (=~ **ròck**) **2**) グランジファンに典型的にみられた, うすよごれただらしない格好をするファッション》. ► *a* *«口» GRUNGY. ♦ **grúng·er** *n* グランジャー《**1**) グランジミュージシャン[愛好家] **2**) グランジファッションの若者》. [C20<?]

grun·gy /grʌ́ndʒi/ *a* *«口» うすよごれた, きたない, おそまつな, ひどい; グランジ(ロック)の. ♦ **grún·gi·ness** *n*

grun·ion /grʌ́njən/ *n* 〘魚〙グルニオン《トウゴロウイワシ科の食用小魚; California 州南部沿岸産》. [? Sp *gruñón* grunter]

grunt /grʌ́nt/ *vi* ‹豚が›ブーブー鳴く; ‹人が›ブーブー言う, うなる, うめく; 《気張り声や同意を表わして》ウーンという; *«俗» うんちをする. ► *vt* うなるように言う ‹*out*›. ► *n* **1 a** ブーブー言う声; うなるような声, ウーンという声; イサキ科の魚《水から出すとブーブーいう》; *«俗» ゲップ (belch); *«俗» 排便, うんち: ⇨ HOG «諺». **b** ||«口» 《自動車の》パワー. **2** グラント《ベリー類を煮たものにドーをかぶせて蒸し上げたニューイングランドのデザート》. **3** *«俗» ハム, ベーコン, 豚肉; [*pl*] *«俗» 食べ物, スナック; *«俗» 《飲食の》勘定書, 支払い小切手. **4 a** *«俗» 《架線作業員・機械工の》助手; 下働き《人; cf. GRUNT WORK》; *«俗» くそ勉強家, ガリ勉 (grind); *«鉄道俗» 機関士 (hoghead); *«軍俗» 《特にヴェトナム戦争で, 陸軍・海兵隊の》徒歩の戦闘員, 歩兵; *«俗» レスラー, 《特に》二流の[大げさな表情・身振りの]プロレスラー; *«俗» レスリング. **b** [‹*a*›] 下働きの; 退屈な, つまらない. [OE (imit)]

grúnt-and-gróan·er *n* *«俗» レスラー《大げさなうめき声を出すことから》.

grúnt·er *n* ブーブー言う人[鳴く動物], 豚 (pig); «豪俗» だれとでも寝る女; 水から出すとブーブーいう魚 (cf. GRUNT); *«俗» レスラー.

Grunth /grʌ́nt/ GURU GRANTH SAHIB.

grúnt-ìron *n* *«俗» チューバ (tuba).

grúnt làbor *«俗» GRUNT WORK.

grun·tle /grʌ́ntl/ *vi* ||«方» ブツブツ言う, 文句を言う. ► *vt* …の機嫌をよくする, 満足させる. [(freq)‹*grunt*]

grún·tled *a* «口» [*joc*] 満足している, 気をよくしている.

grúnt·ling *n* 小豚.

grúnt wòrk *«俗» つまらない[退屈な]仕事, 下働き.

grup·pet·to /grupétoʊ/ *n* (*pl* **-pet·ti** /-ti/) 〘楽〙ターン, 回音 (turn). [It=small group]

Grus /grúːs; grʌ́s/ 〘天〙つる座(鶴座) (Crane).

grut /grʌ́t/ *n* *«俗» くだらない[つまらない, きたない]もの (crud).

grutch /grʌ́tʃ/ *vi* ||«方» ブツブツ[不平を]言う (grudge). ► *vt* BEGRUDGE.

grutten *v* «古・スコ» GREET[2] の過去分詞.

Gru·yère /grujéɛr, gri-; grúːjɛ̀ər, grujéər/ *n* [°g-] グリュイエール(チーズ) (=~ **chèese**)《スイス西部 La Gruyère 地方原産の, 小さな穴がありナッツ様風味をもつ硬質チーズ》.

gr. wt. °gross weight.

gryke /gráɪk/ *n* GRIKE.

Gryph·i·us /grífiəs; *G* grýːfius/ グリューフィウス **Andreas** ~ (1616–64)《ドイツの抒情詩人・劇作家; Gryphius は本来の姓 Greif をラテン語化したもの》.

gryphon ⇨ GRIFFIN[2].

grys·bok /gréɪsbɑ̀k, gráɪs-; gráɪs-/, **-buck** /-bʌ̀k/ *n* 〘動〙グリスボック《赤っぽい小型の羚羊; 南アフリカ産》. [Afrik=gray antelope]

Gryt·vi·ken /grítvìːk(ə)n/ グリュトヴィーケン《南大西洋にある英領 South Georgia 島の中心をなす集落; かつての捕鯨基地》.

gs. ||guineas. **GS** 〘軍〙°General Staff ♦ °German silver ♦ °giant slalom ♦ Goldman Sachs ♦ government service ♦ 〘空〙°ground speed. **GSA** 〘米〙General Services Administration 共通役務庁 ♦ Girl Scouts of America.

GSC general staff corps.

GSDF Ground Self-Defense Force 陸上自衛隊 (⇨ SDF).

G7 ⇨ GROUP OF SEVEN.

G77 ⇨ GROUP OF 77.

G6PD °glucose-6-phosphate dehydrogenase. **GSL** 〘米〙Guaranteed Student Loan 保証学生ローン《連邦政府が返済を保証する大学生向けローン; 実務は大学・州機関・銀行などによって行なわれる》. **gsm** grams per square meter. **GSM** [F *Groupe spéciale mobile*] Global System [Standard] for Mobile Communication グローバル移動通信システム. **GSO** General Staff Officer. **GSOH** good sense of humor《個人広告で用いる》.

G spot /dʒíː —/ G スポット (GRÄFENBERG SPOT).

GSR °galvanic skin response. **GST** 〘豪・カナダ〙goods and services tax 財・サービス税《一般消費税に相当》.

Gs·taad /gəʃtáːd; *G* kʃtáːt/ クシュタート《スイス中西部 Bern 州, Bernese Alps 山中にある村・リゾート地》.

G-string /dʒíː —/ *n* [||G string] 〘楽〙G 線《ヴァイオリンの最低音弦》; 〘電〙導波線, G 線; 《アメリカ先住民などの》ふんどし, 《ストリッパーの》バタフライ (=(*gee*) *string*).

G suit /dʒíː —/ 〘空〙《加速度の影響でブラックアウトに陥るのを防止するための》耐加速度服, (耐)重力服, G スーツ. [gravity]

GSUSA Girl Scouts of the United States of America.

GT /dʒìːtíː/ *n* 〘車〙GT (Gran Turismo).

gt gilt; great. **gt.** 〘医〙gutta. **g.t., GT** °gross ton(s).

GT °Good Templar. **Gt Br(it).** °Great Britain.

gtd guaranteed.

G10 ⇨ GROUP OF TEN.

G3 ⇨ GROUP OF THREE.

GTi /dʒìːtìːáɪ/ *a* ‹乗用車が›高速性能向きの燃料噴射装置を装備した, 高速性能を楽しめるようにエンジンや吸気系をチューンアップした. ► *n* GTi の乗用車. [*g*rand *t*ourer [*g*ran *t*urismo] *i*njection]

GTO °Gran Turismo Omologato.

GTP /dʒìːtìːpíː/ *n* 〘生化〙グアノシン三リン酸 (guanosine triphosphate), GTP.

Gtr Man. °Greater Manchester. **gtt.** 〘薬〙guttae.

G20 ⇨ GROUP OF TWENTY.

G2B government-to-business.

G_2 phase /dʒíːtúː —/ 〘生〙G_2 相, G_2 期《細胞周期における分裂準備期; cf. G_1 [M, S] PHASE》.

GU, g.u. genitourinary. **GU** Guam.

gua·ca·mo·le, -cha- /gwɑ̀ːkəmóʊli/ *n* グアカモーレ, ワカモレ《**1**) アボカド (avocado) をつぶしてトマト・タマネギ・薬味を加えたメキシコ風ソース[ペースト] **2**) これを使ったサラダ[オードブル]》. [AmSp < Nahuatl=avocado sauce]

gua·cha·ro /gwáːtʃəròʊ/ *n* (*pl* **~s**, **~es**) 〘鳥〙アブラヨタカ (OILBIRD). [Sp]

gua·co /gwáːkoʊ/ *n* (*pl* **~s**) 〘植〙熱帯アメリカ産キク科[ウマノスズクサ科]の草本《万能薬, 特に蛇毒・間欠熱用》. [AmSp]

Gua·da·la·ja·ra /gwɑ̀ːd(ə)ləháːrə/ グアダラハラ《**1**) メキシコ中西部 Jalisco 州の州都 **2**) スペイン中部, Castile-La Mancha 自治州の県 **3**) その県都》.

G

Gua·dal·ca·nal /gwɑ̀ːd(ə)lkənǽl/ グアダルカナル, ガダルカナル《太平洋西部, ソロモン諸島の島; 同国の首都 Honiara がある; 第二次大戦の激戦地》.
Gua·dal·qui·vir /gwɑ̀ːd(ə)lkɪvíər, -kwívər/ [the] グアダルキビル川《スペイン南部を西流して Cádiz 湾に注ぐ川》.
Gua·da·lupe Hi·dal·go /gwɑ́ːd(ə)lùːp hɪdɑ́ːlgoʊ/ グアダルーペイダルゴ《メキシコ中部 Mexico City の北東郊外にある市; 米墨戦争を終結させた条約調印 (1848) の地; 公式名 Gustavo A. Madero》.
Guádalupe Móuntains *pl* [the] グアダループ山脈《New Mexico 州南部の Sacramento 山脈が, さらに南の Texas 州西部にまたがって延長した部分に当たる山脈; 最高峰 **Guádalupe Péak** (2667m), 一部が **Guádalupe Móuntains Nátional Párk** に指定されている》.
Gua·de·loupe /gwɑ́ːd(ə)lùːp/ グアドループ《**1**) 西インド諸島東部, Leeward 諸島南部の一対の島; Basse-Terre (本島)と Grande-Terre の2島からなる **2**) Guadeloupe 島と周辺の小島とからなるフランスの海外県; ☆Basse-Terre》. ◆ **Gua·de·lou·pe·an, -pi·an** /gwɑ̀ːd(ə)lúːpiən/ *n, a*
Gua·di·a·na /gwɑ̀ːdiɑ́ːnə, -ǽnə/ [the] グアディアナ川《スペイン中南部に発し, ポルトガル南東部を流れて Cádiz 湾に注ぐ》.
guai·ac /g(w)áɪæ̀k/ *n* GUAIACUM.
guai·a·col /g(w)áɪəkɔ̀(ː)l, -kòʊl, -kɑ̀l/ *n* 〖化〗グアヤコール《無色または淡黄色の油状液体; クレオソートの成分; 分析試薬・防腐薬》. [↓, *-ol*]
guai·a·cum /g(w)áɪəkəm/ *n* 〖植〗ユソウボク《ハマビシ科ユソウボク属 (*G-*) の総称; 熱帯アメリカ産》; ユソウボク[グアヤク] (lignum vitae) 材; グアヤク脂, 癒瘡木脂《潜血検出用試薬, また かつてはリウマチ・皮膚病・梅毒・結核などの治療薬とした》.
Guai·cu·rú, Guay- /gwáɪkərùː/ *n* **a** (*pl* ~, ~**s**) グアイクル《南米 Gran Chaco のインディオ》. **b** グアイクル語.
Guai·nía /gwaɪníːə/ [the] グアイニア川《コロンビア東部を流れる NEGRO 川の源流》.
Guaira ⇨ LA GUAIRA.
Guai·rá Falls /gwáɪrɑː ―/ [the] グアイラ《SETE QUEDAS 滝の別称》.
Guam /gwɑ́ːm/ グアム《太平洋西部 Mariana 諸島の南端にある米国領の島; ☆Hagåtña; 米海空軍基地がある》. ◆ **Gua·ma·ni·an** /gwɑːméɪniən/ *a, n*
guan /gwɑ́ːn/ *n* 〖鳥〗ホウカンチョウ科の各種, 《特に》シャクケイ《中南米産》. [AmSp＜Carib]
gua·na /gwɑ́ːnə/ *n* 〖動〗 **a** IGUANA. **b** GOANNA.
Gua·na·bá·ra Báy /gwɑ̀ːnəbɑ́ːrə-, -bǽrə-/ グアナバラ湾《ブラジル南東部の大西洋の湾; 南西岸に Rio de Janeiro 市がある》.
gua·na·co /gwənɑ́ːkoʊ/, **hua-** /wə-/ *n* (*pl* ~**s**, ~) 〖動〗グアナコ《南米 Andes 山脈の野生ラマ》. [Quechua]
Gua·na·jua·to /gwɑ̀ːnə(h)wɑ́ːtoʊ/ グアナファト《**1**) メキシコ中部の内陸州 **2**) その州都》.
gua·nase /gwɑ́ːnèɪs, -z/ *n* 〖生化〗グアナーゼ《胸腺・腎臓などに分布し, グアニンをキサンチンに変える酵素》.
gua·nay /gwənáɪ/ *n* 〖鳥〗グアナイムナジロヒメウ, グアナイウ (＝~ **còrmorant**)《ペルー沿岸産のウ; guano を産する》. [Quechua]
gua·neth·i·dine /gwɑːnéθədìːn/ *n* 〖薬〗グアネチジン《血圧降下剤》.
Guang·dong /gwɑ́ːŋdúŋ/, **Kwang·tung** /gwɑ́ːŋdúŋ, kwɑ́ːŋ-, -túŋ; kwǽŋtúŋ/ 広東(カントン)《中国南東部の省; ☆Guangzhou》.
Guang·xi Zhu·ang·zu /gwɑ́ːŋʃíː ʤwɑ́ːŋdzúː/, **Kwang·si Chuang** /; kwǽŋsíː ʧwǽŋ/ 広西(コワンシー)壮(チワン)族自治区《中国南部広東省の西に位置する自治区, 旧広西省; ☆南寧 (Nanning)》.
Guang·zhou /gwɑ́ːŋʤóʊ/, **Kuang-chou, Kwang-chow** /; kwǽŋʧáʊ/ 広州(こうしゅう)(コワンチョウ) (＝*Canton*)《中国広東省の省都》.
Guang·zhou Wan /gwɑ́ːŋʤóʊ wɑ́ːn/, **Kwang·cho·wan** /kwǽŋʧáʊwɑ́ːn/ 広州湾《中国広東省南西部の湾; 1898 年フランスが占領, 翌年租借地となり, 1946 年に返還された》.
guan·i·dine /gwɑ́ːnədìːn, gwǽn-, -dən/ *n* 〖生化〗グアニジン《人尿中に存在するイミノ尿素; 有機合成・医薬品などに用いる》.
gua·nine /gwɑ́ːnìːn, gúːə-/ *n* 〖生化〗グアニン《DNA, RNA のポリヌクレオチド鎖中で遺伝情報を指定するプリン塩基の一つ; 記号 G; cf. ADENINE, CYTOSINE, THYMINE, URACIL》. [↓]
gua·no /gwɑ́ːnoʊ/ *n* (*pl* ~**s**) 糞化石, グアノ《熱帯大陸沿岸や島に集まる海鳥 (特に guanay) の糞が堆積硬化したもの; 肥料》; 人造窒素肥料. ► *vt* …にグアノを施肥する. [Sp＜Quechua＝dung]
gua·no·sine /gwɑ́ːnəsìːn, -sən/ *n* 〖生化〗グアノシン《グアニンのリボヌクレオシド》.
guánosine mòno·phósphate 〖生化〗グアノシン一リン酸《リン酸の部分が環状になったものが cyclic GMP》.
guánosine triphósphate 〖生化〗グアノシン三リン酸 (GTP).
Guan·tá·na·mo /gwɑːntɑ́ːnəmoʊ/ グアンタナモ《キューバ南東部 Guantánamo 湾の北にある市》.
Guantánamo Bay /―― ――/ グアンタナモ湾《キューバ南東部にあるカリブ海の入江; 米国海軍の基地があり, 中にテロ容疑者の収容所が置かれてきた》.
guan·xi /gwænʃíː/ *n* 関係, つながり, コネ. [Chin 関係]
Guan·yin /gwɑ́ːnjín/ 〖仏教〗観音, 観世音菩薩《サンスクリット語の Avalokiteshvara [Avalokiteśvara] の漢訳》.
guá·nyl·ate cýclase /gwɑ́ːn(ə)lèɪt-/ 〖生化〗グアニル酸シクラーゼ《GTP から環状 GMP を形成する反応を触媒する酵素》.
gua·nýl·ic ácid /gwɑːnílɪk-/ 〖生化〗グアニル酸《グアニン・リン酸・五炭糖からなるモノヌクレオチド; RNA の主成分》.
Gua·po·ré /gwɑ̀ːpəréɪ/ **1** [the] グアポレ川 (*Sp* Iténez)《ブラジル南西部に発し, ボリビアとの国境を北西に流れて Mamoré 川に合流する》. **2** グアポレ《RONDÔNIA の旧称》.
guar /gwɑ́ːr/ *n* 〖植〗クラスタマメ, ガール, グアール《全草飼料; 種子からは GUAR GUM を製する》. [Hindi]
gua·ra /gwərɑ́ː/ *n* AGOUARA.
gua·ra·che /wərɑ́ːʧi/ *n* HUARACHE.
gua·ra·na /gwɑ̀ːrənɑ́ː, ―― ―/ *n* ガラナ《ブラジル産ムクロジ科のつる植物ガラナの種子を練って乾燥させたもの; タンニン・カフェインを含む》; ガラナ飲料. [Sp and Port＜Tupi]
Gua·ra·ni /gwɑ̀ːrəníː/ *n* (*pl* ~, ~**s**, ~**es**) **1 a** グアラニー族《ボリビア・パラグアイ・南部ブラジルに住む民族》. **b** グアラニー語. **2** /, gwɑ́ːrəni/ [g-] グアラニー《パラグアイの通貨単位: ＝100 centimos; 記号 G, G》.
guar·an·tee /gæ̀r(ə)ntíː, *gɑ̀ː-, *gɛ̀-/ *n* **1 a**《債務履行の》保証, 引受け; 《品質・耐用年数などの》保証 ‹*against*›: be *under* ~ 保証期間中である / carry a ~ ‹物品が›保証付きである. **b** 担保(物件) (security); ギャラ《最低保証出演料》; 《一般に》保証となるもの; 保証書 ‹*against*›. **2** 保証人, 引受人; 〖法〗保証を受ける人: stand ~ *for*…の保証人になる. ► *vt* 請け合う, 保証する (affirm) ‹*against*›; ‹事の実現・確実性などを›請け合って言う; 約束する ‹*that, to* do›; ‹ローンなど›の保証人になる: ~ sb *against* [*from*] loss 人に損をかけないことを保証する. ► *vi* 保証する ‹*against*›. [C17＜? Sp *garante* or F *garant* WARRANT]
guarantéed (ánnual) íncome 年間保証所得 (NEGATIVE INCOME TAX).
guarantéed ánnual wáge 〖労〗年間保証賃金.
guarantée fùnd 保証基金.
guar·an·tor /gæ̀r(ə)ntɔ́ːr, *gɛr-, *―― ―, *gǽrəntər, *gέr-/ *n* 保証する人[団体, 制度]; 〖法〗保証人, 担保人.
guar·an·ty /gǽr(ə)nti, *gɑ́ː-/ *n* 《債務履行・品質などの》保証, 請合い; 〖法〗保証契約; 保証物, 担保; 保証人; 《法による権利の》保護, 保障. ► *vt* GUARANTEE. [AF (変形)＜*warantie* WARRANTY]
guard /gɑ́ːrd/ *vt, vi* **1 a** 見張る, 警戒[警備, 監視, 用心]する; 《説明[規定]により》誤解[濫用]から守る. **b** 抑制する, 慎む: ~ one's tongue 口を慎む. **2 a** 守る, 保護[防護, 護衛]する ‹*from, against*›; 《古》…に付き添う (escort); 〖スポ〗‹出てくる相手を›防ぐ, ガードする; 〖フェン〗受けの構え[守勢]をとる. **b** 〖チェス〗‹コマ・位置を›守る; 〖トランプ〗‹高位のカードを›低位のカードで守る; 〖ボウル・カーリング〗‹ボール・石を›《ほかのプレーヤーのボール[石]との間に自分のボール[石]を置いて》防御する. **3 a** ‹機械など›に危険防止装備をする. **b** 《古》縁取りする (trim). ► *n* **1** 見張り, 監視, 警戒; 保護, 防護; 用心: keep [stand] ~ 見張りをする, 警戒する, 歩哨に立つ / mount ~ 警護する ‹*over* sb› / be *under* armed ~ 武装した者に護衛されて. **2 a** 守衛, 護衛, 警備員, 見張番, 番人, 監視(者); *看守; 〖軍〗歩哨, 衛兵; 護衛兵[隊], 警官隊; 《捕虜などの》護送兵[隊]; 〖英〗親兵(隊), 近衛兵[隊]; 守備隊; [the G-s] 〖英〗近衛連隊[師団]; [G-] 〖アイル〗警官 (＝*garda*): FOOT [LIFE] GUARDS / post a ~ 見張りを立てる / keep a ~ on one's tongue [temper] 口を慎む[平静を保つ]. **b** 〖バスケ〗ガード《コート後方のプレーヤー》; 〖アメフト〗ガード《センターの両側のプレーヤー》; 〖チェス〗他のコマを守るコマ. **c** ˈ《列車・駅馬車などの》車掌 (conductor*); *《列車の》制動手, ドア開閉係. **3** 〖フェン・ボクなど〗受け[防御]姿勢, 構え, ガード; 〖クリケット〗ウィケット防御のバットの構え: at open ~ 〖フェン〗隙のある構えで / strike down sb's ~ 相手の受けの構えを打ち破る. ★ フェンシングには次の 8 guards がある: prime, seconde, tierce, quarte, quinte, sixte, septime, octave. **4 a** 防護物, 危険防止器, 安全装置 ‹*against*›; 《刀剣の》つば, 《銃の》用心鉄(がね), 暖炉の火よけ (fender), GUARD RING; 《車の》泥よけ; 〖スポ〗《競技者が体に着ける》防具, プロテクター. **b** 時計の鎖[ひも], 帽子を留めるひも, 腕輪の留め金の開き過ぎを防ぐ小鎖. **5** 〖製本〗 **a** 足《図版などの差し込み物ののどの部分に紙や布を継ぎ足して綴じしろとした部分》. **b** 枕《スクラップなどで小口がふくらむのを避けるためのどに挿入する紙》. **c** 《折り目の》裏打ち紙; 見返し紙の補強用の紙[布].

● **drop** [**lower**] **one's** ~ ＝**let one's** ~ **down** [**slip**] 防御の姿勢を解く, 警戒をゆるめる, 気を抜く. **give** [**take**] ~ 〖クリケット〗‹審判が›ウィケット防御の正位置を打者にとらせる[‹打者が›正位置にバットを構える]. **mount** (**the**) ~ 〖軍〗歩哨[番兵]に立つ; 見張る, 守る ‹*over, at*›. **off** ~ 非番で; off one's GUARD: come *off* ~ 下番[非番]になる. **off one's** ~ 警戒を怠って, 油断して: catch [take] sb *off his* ~ 人の油断につけこむ, 不意をつく / throw [put] sb *off his* ~ 人を油断させる. **on** ~ 当番で; on one's GUARD. **on one's** ~ 歩

哨に立って, 見張って(いる), 警戒[用心]して ‹*against*›: put [set] sb *on his* ~ 人に警戒[用心]させる. **put up** [**raise**] **one's** ~ 防御の姿勢をとる. **relieve** [**change**] (**the**) ~ 歩哨を交替する, 交替して歩哨に立つ. **row the** ~ (脱艦兵を見張るため)艦の周囲をボートで警戒する. **run the** ~ 歩哨の目をかすめて通る. **sb's** ~ **was up** [**down**] 油断がなかった[油断していた]; 《感情・ことばなど》抑制していた[抑制がなかった]. **stand** [**keep**] ~ **over**…を護衛する, …の番をする. **stand** [**lie**] **on one's** ~ 警戒[用心]する. **under** ~ 監視されて, 監視の下に.
♦ **~·er** *n* [OF<Gmc; WARD と二重語]

Guar·da·fui /g(w)àːrdəfwíː, -fúːi/ [Cape] グアルダフイ岬《ソマリア北東部の岬; Aden 湾の南の入口にあたる》.

guar·dant, gar·dant /gáːrd(ə)nt/ *a* 〔紋〕‹ライオンなどが›真正面向き (cf. REGARDANT; ⇨ RAMPANT). ► *n* 《廃》保護者 (guardian).

guárd bànd ガードバンド《(**1**)〔通信〕隣接チャンネル間の混信防止用周波数帯 **2**) 磁気録音テープのトラック間のクロストーク防止用帯域》.

guárd bòat 〔海軍〕巡邏艇; 巡視艇, 監視艇[船].

guárd bòok" 《紙葉を綴じ増してゆくことができる》切抜き帳 (scrapbook), 書類ばさみ.

guárd cèll 〔植〕孔辺細胞《気孔・水孔の》.

guárd chàin 《時計・ブローチなどの》留め鎖.

guárd commànder 〔軍〕衛兵司令.

guárd dòg 番犬 (watchdog).

guárd dùty 〔軍〕歩哨勤務, 護衛[警備](の任務).

guárd·ed *a* 防護[監視]されている; 予断を許さない‹容態など›; 用心深い, 慎重な, さめた‹返答・歓迎など›: ~ support 条件付きの賛成[支持]. ♦ **~·ly** *adv* 用心深く. **~·ness** *n*

guard·ee /gáːrdi, "gɑːdíː/ *n* 《口》近衛兵 (guardsman).

guárd hàir 〔動〕粗毛, さし毛《下毛 (underfur) を保護する被毛》.

guárd·hòuse *n* 衛兵所, 番所; 営倉.

guárdhouse làwyer *《俗》よく軍法を引用したり兵士の権利について論じる兵士; *《俗》事情を知りもしないのに助言をしたり口出ししたりする者.

Guar·di /gwáːrdi/ グアルディ **Francesco** ~ (1712–93)《ヴェネツィア派の風景画家》.

guard·i·an /gáːrdiən/ *n* **1** 保護者, 守護者, 監視者, 保管者; 〔法〕《未成年者その他の》後見人 (opp. *ward*); 《イングランドで, フランシスコ会の》属管区長 (custos); 〔英〕《昔 救貧区などに置かれた被選出の》貧民救助法施行委員 (=~ **of the póor**). **2** [The G-]『ガーディアン』《英国の自由主義的・進歩的日刊紙; 1821 年 *The Manchester Guardian* の名で週刊紙として創刊され, 1855 年より日刊; 1959 年改称》. ► *a* 保護する, 守護の. [OF (WARD, *-ing*²); cf. WARDEN]

guárdian ad lítem 〔法〕訴訟のための後見人《未成年者・精神障害者の利益を代表し保護するため裁判所が選任する》.

guárdian ángel **1** 《個人・社会・地方の》守護天使; 他人の福祉の世話をする人; 《一般に》救済者, 保護者. **2** [the G- A-s] 青年自警団, ガーディアンエンジェルズ《特に 欧米の都市の犯罪多発地域を制服着用の若者が数人一組で巡回自警する非営利民間組織; 1979 年 New York 市で発足》.

Guárdian rèader 《英》ガーディアンリーダー《*The Guardian* 紙の読者が典型とされる中流階級の教育のある人》.

guárdian·shìp *n* 後見, 保護, 庇護, 守護; 後見職[権]: under the ~ of…の保護の下に.

guárd·less *a* 番人[警護]のない, 無防備の; 油断した; ‹刀剣が›つばなしの.

guárd of hónor HONOR GUARD. [F *garde d'honneur*]

guárd·ràil *n* 手すり; 《道路の》ガードレール; 〔鉄道〕《橋・カーブ・ポイントなどでレールの内側に沿わせる, 脱線防止のための》護輪軌条, ガードレール (checkrail").

guárd rìng 留め指輪 (=*keeper ring*)《結婚指輪が抜けるのを防ぐためにその上にはめる》; 〔電・機〕保護環.

guárd·ròom *n* 衛兵所, 詰所; 監房, 営倉.

Guárds Divìsion [the] 〔英〕近衛師団 (⇨ FOOT GUARDS).

guárd shìp 警備艦[艇], 監視艦[艇], 哨艦.

guárds·man /-mən/ *n* 〔英〕近衛兵《近衛師団 (the Guards) に所属》; 〔米〕州兵《National Guard に所属》; GUARD; 見張番, 衛兵.

guárd's vàn" 〔鉄道〕CABOOSE.

guárd tènt 衛兵詰所[テント].

guár flòur グアール粉《GUAR GUM の市販品》.

guár gùm グアールガム, ガーゴム《GUAR の種子から採る灰白色の粉末; 食品, 濃化剤および紙・布のにじみ止めとして用いる》.

Guá·ri·co /gwáːrɪkòu/ [the] グアリコ川《ベネズエラ西部を南流して Apure 川に注ぐ》.

Gua·ri·ni /gwaːríːni/ グアリーニ **Guarino** ~ (1624–83)《イタリアの建築家・数学者・神学者; バロックの代表的建築家で, 著書に『世俗建築論』(1737) など》.

Guar·ne·ri /gwaːrnɛ́əri/, **Guar·ne·ri·us** /gwaːrníəriəs, -nɛ́ər-/ グアルネリ, グアルネリウス, ガルネリ《(**1**) 17–18 世紀イタリアの Cremona でヴァイオリンを製作した一族; 特に **Giuseppe Antonio** ~ (1687–1745) **2**) その一族が製作したヴァイオリン》.

Gua·te·ma·la /gwàːtəmáːlə; gwæ̀t-/ グアテマラ《(**1**) 中米の国; 公式名 Republic of ~ (グアテマラ共和国) **2**) その首都 (=~ **Cíty**)》.
♦ **Guà·te·má·lan** *a, n*

Guatimozin ⇨ CUAUHTEMOC.

gua·va /gwáːvə/ *n* 〔植〕グアバ, バンジロウ, バンザクロ《熱帯アメリカ原産フトモモ科の小低木》; グアバ《バンジロウの果実; ゼリー・ジャムの原料》. [Sp *guayaba*]

Gua·via·re /gwaːvjáːri/ [the] グアビアーレ川《コロンビアを東流して Orinoco 川に合流》.

gua·ya·bera /gwàɪəbɛ́rə/ *n* 〔服〕グワヤベラ《(**1**) キューバやメキシコの男性が着るゆったりとしたシャツ; 通例半袖で, 裾を出したまま着る **2**) これを模したスポーツシャツ・軽いジャケット》. [AmSp]

Gua·ya·quil /gwàɪəkíːl, -kíl/ グアヤキル《エクアドル西部 Guayas 川の下流西岸の河港都市; 同国最大の都市》. ■ **the Gúlf of** ~ グアヤキル湾《エクアドル南西岸にある太平洋の湾; 南岸はペルー領; 北から Guayas 川が流入する》.

Gua·yas /gwáɪəs/ [the] グアヤス川《エクアドル西部の川; 三角洲を通って Guayaquil 湾にはいる》.

Guaycurú ⇨ GUAICURÚ.

Guay·mas /gwáɪməs/ グアイマス《メキシコ北西部 Sonora 州の California 湾に臨む港湾都市》.

gua·yu·le /(g)waɪúːli/ *n* 〔植〕グアユール《米国 Texas 州・メキシコ産キク科の草本状低木; ゴム原料》; グアユールゴム. [Nahuatl]

gub·bins" /gʌ́bənz/ *n* [‹*sg/pl*›] がらくた, くだらないもの; ちょっとした装置, 仕掛け, 何とかいうもの, なに; 《口》愚か者. [*gobbons* (obs) fragments; cf. GOBBET]

gub·bish /gʌ́bɪʃ/ *n* *《俗》くず, ごみ, くだらないこと. [*g*arbage+*rubbish*]

gu·ber·nac·u·lum /g(j)ùːbərnǽkjələm, gùb-/ *n* (*pl* **-la** /-lə/) 〔解〕導帯. [L=steering-oar; ⇨ GOVERN]

gubernáculum dén·tis /-déntəs/ 〔解〕歯嚢導帯.

gubernáculum tés·tis /-téstəs/ 〔解〕精巣[睾丸]導帯.

gu·ber·na·to·ri·al* /g(j)ùːbərnətɔ́ːriəl, gùb-/ *a* (州)知事 (governor) の, 地方長官の; 行政の. [L; ⇨ GOVERNOR]

gu·ber·ni·ya /gubéərni(j)ə/ *n* 県《18 世紀ロシアで Peter 大帝が導入した行政区; 1924–29 年廃止》. [Russ]

Guc·ci /gúːtʃi/ 〔商標〕グッチ《イタリアの Gucci 社のバッグ・小物類(財布など)・靴・スカーフ・ネクタイ・婦人用カジュアルウェアなど》.

Gúcci Gùlch* 《俗》グッチガルチ《(**1**) 米国下院歳入委員会室の外の廊下; ロビイストのたまり場 **2**) [^sG- g-] [^s*derog*] 院外圧力団体》.

guck /gʌ́k, gúk/ 《口》*n* 軟泥, ヘドロ; ねばねば[べとべと, ぬるぬる]したもの; 残り物, くず. ♦ **gúcky** *a* [*goo*+*muck* か]

gud·dle /gʌ́dl/ 《スコ》*vt, vi* 川の岸[石]の下に手を入れて(魚を)捕る. ► *n* 《口》混乱(状態), 雑然とした場所. ♦ **gúd·dler** *n* [?]

gude /gýd, gíd/ *a, adv, n* 《スコ》GOOD.

Gude /gúːd/ *n* 《スコ》GOD.

Gu·de·ri·an /gudériən/ グデーリアン **Heinz** (**Wilhelm**) ~ (1888–1954)《ドイツの陸軍将校; 装甲部隊を育成, blitzkrieg (電撃) 作戦の司令官としてポーランド (1939), フランス (1940) 侵攻に成功》.

gud·geon[1] /gʌ́dʒ(ə)n/ *n* **1** 〔魚〕**a** タイリクスナモグリ, ガッジョン《コイ科の淡水小魚; 欧州産》. **b** 豪州産のカワアナゴ. **2** 《俗》だまされやすい人, カモ; おびき寄せるもの, 餌, 好餌. ► *vt* ひっかける, だます (cheat, dupe). [OF<L (*gobion- gobio* GOBY)]

gudgeon[2] *n* 〔機〕軸頭; 《蝶番・舵の》つぼがね; ガジオンピン《石材などの断片を接続するピン》. [OF (dim)‹ GOUGE]

gúdgeon pìn WRIST PIN.

Gud·run /gúdrùːn/ 〔北欧神話〕グズルーン《Sigurd の妻; のちに Atli と結婚しこれを殺して兄弟の復讐を果たした》; グードルーン《中世高地ドイツ語の同名の叙事詩, および その主人公》.

Gue·dal·la /gwɪdǽlə/ グエダラ **Philip** ~ (1889–1944)《英国の伝記作家・歴史家》.

Guelderland ⇨ GELDERLAND.

guél·der ròse /géldər-/ 〔植〕テマリカンボク《ガマズミ属》. [*Guelderland*]

Guel·ders /géldərz/ GELDERLAND.

Guelf, Guelph[1] /gwélf/ *n* **1** ゲルフ党員, 教皇党員《中世のイタリアで皇帝党 (Ghibellines) 勢力に対抗して教皇を擁護した民衆派》; 新ゲルフ主義者《19 世紀イタリアの Risorgimento 期に, 教皇にイタリア諸国家による連邦の主導をはたらきかけた一派》. **2** ヴェルフ家《Schwaben 地方出身のドイツの王族; Hanover 朝の祖 George 1 世はこの一族から出た》. ♦ **~·ic** *a* **~·ism** *n* [It *Guelfo*‹ MHG *Welf*《帝位を争ったドイツの公爵家》]

Guelph[2] グエルフ《カナダ Ontario 州南東部の工業都市》.

gue·mal /g(w)éɪməl/, **gue·mul** /gweɪmúːl/, **ge·mul** /geɪmúːl/, **hue·mul** /weɪmúːl/ *n* 〔動〕ゲマルジカ《南米産のゲマルジカ属の中型の黄褐色のシカ; 絶滅が心配されている》. [AmSp< Araucanian]

Guen·e·vere /gwénəvìər, gwín-/ グェネヴィア《女子名》. [Welsh; ⇨ GUINEVERE]

gue·non /gwénən; *F* gənɔ̃/ *n* 〔動〕オナガザル, グエノン《オナガザル属のサルの総称; 熱帯アフリカ産》.

G

guer·don /gə́:rd(ə)n/ 《古·詩》 *n* 褒賞, 褒美, 報酬, 報い. ► *vt* …に報いる. ♦ **~·er** *n* ［OF＜L *widerdonum*＜Gmc (WITH, LOAN[1]); 語尾は L *donum* gift に同化］

Gué·ret /*F* gerɛ/ ゲレ《フランス中部 Creuse 県の県都》.

gue·reza /gərézə/ *n* 〖動〗アビシニアコロブス《アフリカ中部産のサル》. ［(Ethiopia)］

Gue·ricke /géɪrɪkə/ ゲーリケ **Otto von** ～ (1602–86)《ドイツの物理学者; 真空ポンプを発明してさまざまな実験を行なった》.

gue·ri·don /gérɪdɑ̀n; -d(ə)n; *F* geridɔ̃/ *n* (*pl* **~s** /-(z); *F* —/) 《装飾の施された》小卓, 脚台. ［F 17 世紀の同名の笑劇中の人物名から］

Guer·ni·ca /gwérnɪkə, gɛrní:kɑ:; g(w)ə́:nɪkə, gəːní:kə/ ゲルニカ《スペイン北部 Basque 地方 Vizcaya 県の町; スペイン内乱中ドイツ軍の無差別爆撃で潰滅 (1937 年 4 月), これを主題にして Picasso は同名の大作 (1937) を描いた》.

Guern·sey /gə́:rnzi/ **1** ガーンジー《イギリス海峡 Channel 諸島中の第 2 の島; ☆St. Peter Port》. **2**〖牛〗ガーンジー種(の乳牛). **3** [g-] **a** ガーンジーセーター《未脱脂の毛糸で編んだ厚手のセーター》. **b**《豪》フットボールジャージー《背番号のついた袖なしシャツ》. ● **get** [**be given**] **a** ～《豪》チームの一員に選ばれる,《一般に》選ばれる, 認められる, 成功する.

Guérnsey líly 〖植〗ネリネ·サルニエンシス《鮮紅色の繖形(さんけい)花をつけるヒガンバナ科(またはユリ科)の球根植物; 南アフリカ原産; Guernsey 島で広く栽培される》.

guerre à ou·trance /*F* gɛ:r a utrɑ̃:s/ 徹底的にやり抜く戦い, 死闘.

Guer·re·ro /gəréərou/ ゲレロ《メキシコ南部の太平洋岸の州; ☆Chilpancingo》.

guer·ril·la, gue·ril·la /gərílə, gɛ-, g(j)ɪ-/ *n* 不正規兵, ゲリラ兵; 別働隊;《古》遊撃戦; [〈*a*〉] ゲリラ(戦)の: ～ war [warfare]. ［Sp (dim)〈*guerra* WAR］

guerrílla thèater 《反戦[反体制]的な》ゲリラ演劇, 街頭演劇 (＝*street theater*).

Gues·clin /*F* geklɛ̃/ ゲクラン **Bertrand du** ～ (c. 1320–80)《フランスの軍人; 百年戦争においてイングランド勢を撃退することに功績をあげた》.

Guesde /*F* gɛd/ ゲード **Jules** ～ (1845–1922)《フランスの社会主義者; 本名 Mathieu Basile》.

guess /gés/ *vt, vi* **1** 推測[推断]する, 見当をつける 〈*about, as to, from*〉: ～ (the distance) by the eye (距離を)目測する / ～ right [wrong] 言いあてる[あてそこなう] / ～ *at* the meaning 意味を推測しようとする (cf. ～ the meaning 意味を推測しあてる) / I should ～ his weight *to be* 400 [*at* 400, *as* 400] pounds. 彼の体重は 400 ポンドとみるね. **2** あてずっぽうを言う; 言いあてる, 考え[解き]あてる; 考え[思い]つく: *G*~ which hand holds a coin. どっちの手に硬貨があるかあててごらん / *G*~ what? 何だと思う, あててごらん, わかる? (⇨ GUESS what 成句) / (yes,) you('ve) ～*ed* it (そう)君が思って[心配して]いたとおり / ～ a riddle なぞを解きあてる. **3** …と思う, 信じる (suppose, think): I ～ I just ask them. ちょっと彼らに聞いてみようと思う / I ～ I'll go to bed. さて寝るとしよう / I ～ so [not]. そうだと思う[そうではあるまい]. ● **keep** sb **~ing** 人をはらはらさせて[気をもませて]おく. ► *n* 推測, 推量, 臆測: a rough ～ おおよその見当 / have [make, take] a ～ *at* …を推測する / miss one's ～ *推測を誤る, 考え違いをする / my ～ is [it is my ～] (that)…ではないかと思う / I'll give you three ～*es*. 推測してあてるチャンスを 3 回まであげよう. **anybody's** [**anyone's**] ～ 不確かなこと, だれにもわからないこと. **at a** ～＝**by** (one's) ～ 推測で, 見当で, あてずっぽうで. **by** ～ **and by god**《俗》見当で, あてずっぽうで. **get** [**have**] **another** ～ **coming** 思い違いをしている. **G~ what** [話の切り出しに用いて] (1) あのね, 実はね. (2) びっくりするかもしれないけど, 驚かないで. **Your** ～ **is as good as mine.** (あなたと同様)わたしにもわかりません. ♦ **~·able** *a* **~·er** *n* ［ME *gesse* ＜? Scand (ON *geta* to get, guess)］

guéss hìtter やまをはる打者.

guéss·ing gàme なぞ解きゲーム;《派閥間の》肚(はら)の探り合い.

guéss-ròpe *n* GUEST ROPE.

gues(s)·ti·mate /géstəmət/《口》*n* 当て推量. ► *vi, vt* /-mèɪt/ 当て推量する. ［*guess*＋*estimate*］

guéss·wòrk *n* あてずっぽう, 当て推量.

guest /gést/ *n* **1 a**《招かれた》客, 来客, 招待客, ゲスト: honored [distinguished] ～s 貴賓 / A constant ～ is never welcome.《諺》いつも来る客は歓迎されない. **b**《ホテルなどの》宿泊客,《レストランの》客;《クラブの》臨時会員, ゲスト. **c** 客生動物, 客虫, INQUILINE; 客生鉱物[岩]. **d**《テレビ·ラジオなど》特別出演者, ゲスト (＝～ **àrtist**, ～ **stàr**). **2** [〈*a*〉] 客用の, ゲストによる; ゲストとして参加する, ゲスト出演する: a ～ member 客員, 臨時会員 / a ～ conductor 客演指揮者 / a ～ professor 客員教授 / a ～ appearance ゲスト出演. **3**《廃》他国者, 異国人. ● **Be my** ～.《口》遠慮なくどうぞ, どうぞご自由に, どうぞお先に;《口》どういたしまして. ► *vt* 客としてもてなす. ► *vi* 《テレビ·ラジオなど》ゲストで出演する;《古》客である[になる].
♦ **~·ship** *n* 客[食客]の身. ［ON *gestr*; cf. OE *gæst* guest, stranger, G *Gast*］

guést bèer" ゲストビア《(1) 特定ビール会社所有の酒場で(一定期間)販売される他社のビール (2) 独立酒場で一時的に置くビール》.

guést bòok 芳名録, 宿帳; ゲストブック《ウェブサイトの訪問者が書き込めるページやシステム》.

guést·chàmber *n* GUEST ROOM.

guést·hòuse *n* *ゲストハウス《施設に付属した来客用宿舎》; "小ホテル, 民宿, 高級下宿;《修道院などで巡礼者用の》宿坊.

guestimate ⇨ GUESSTIMATE.

guést nìght"《クラブ·学校などで》招待客接待の夕べ.

guést of hónor 《晩餐会·式などの》主賓, 正客; 来賓, 貴賓.

guést ròom 《旅館·下宿の》客室; 客用の寝室.

guést ròpe 〖海〗つかまり綱, ゲスロープ (＝*grab rope*);《曳船の》第 2 の曳索.

guést wòrker 《西ヨーロッパ諸国における》出稼ぎ外国人労働者.

gueuze /gə́:z/ *n* グーズ《アルコール度数の高い酸味のあるベルギービール》. ［Flem］

Gue·va·ra /gəvɑ́:rə, gɛ-/ ゲバラ **Ernesto** ～ [**'Che'** ～] (1928–67)《アルゼンチン生まれの革命家; キューバ革命 (1956–59) の成功に貢献, のち南米でゲリラ活動を推進するがボリビアで射殺された》.

Gue·va·rist /gəvɑ́:rɪst, gɛ-/ *n* ゲバラ主義者, ゲバリスタ. ► *a* ゲバラの, ゲバラ主義(者)の.

guff /gʌ́f/《口》*n* ばか話, たわごと, でまかせ; 偉そうな言いぐさ, 口答え, 減らず口; 文句, 苦情; 変なやつ, あまのじゃく;《スコ》いやなにおい; "屁. ► *vi* ばか話をする, 大ぶろしきを広げる; "屁をひる. ［C19＝puff (? imit)］

guf·faw /gəfɔ́:, gʌfɔ́:/ *n* 突然の高笑い[大笑い],《下品な》ばか笑い. ► *vi* ばか笑いする 〈*at*〉. ► *vt* ばか笑いして言う. ［Sc (imit)］

gug /gʌ́g/ *n**《俗》むかつくやつ, やな野郎. ［C20＜?］

Gug·gen·heim /gúg(ə)nhàɪm, gú:g-/ グッゲンハイム (1) **Daniel** ～ (1856–1930)《米国の実業家·慈善家; Meyer の長男で, 父の会社を発展させるとともに, 福祉財団·学術研究財団を設立》 (2) **Meyer** ～ (1828–1905)《スイス生まれの米国の実業家; 主に鉱山業で巨額の財をなす》 (3) **Peggy** ～ (1898–1979)《米国の美術品蒐集家; Meyer の孫娘; New York 市を拠点に活動した抽象表現主義の芸術家を支援した》 (4) **Simon** ～ (1867–1941)《Colorado 州選出の上院議員; Meyer の息子; GUGGENHEIM FELLOWSHIP を創設》 (5) **Solomon** (**Robert**) ～ (1861–1949)《米国の実業家·美術品蒐集家; Meyer の息子; GUGGENHEIM MUSEUM を設立》.

Gúggenheim féllowship グッゲンハイム助成金《グッゲンハイム記念財団 (**Jóhn Símon Gúggenheim Memórial Foundàtion**) により学者·芸術家に対して与えられる奨励金; 同財団は 1925 年 Simon GUGGENHEIM により設立》.

Gúggenheim Musèum [the] グッゲンハイム美術館《New York 市にある美術館; Solomon R. GUGGENHEIM のコレクションを展示; 現代美術の収集品と Frank Lloyd Wright の設計になる螺旋構造の建物で知られる》.

gug·gle /gʌ́g(ə)l/ *vi, n* GURGLE.

gug·let, gug·glet /gʌ́glət/ *n* GOGLET.

gu·gu, goo-goo /gú:gù:/ *n* [°*derog*] フィリピンの土人.

Gui[1] /gú:i/ グイ **Vittorio** ～ (1885–1975)《イタリアの指揮者·作曲家》.

Gui[2] /gwí:/, **Kuei** /kwéɪ/ [the] 桂江(けいこう)(クイチァン)《中国広西壮(チワン)族自治区北東部を南流する, 西江 (Xi) の支流》.

GUI /gú:i/ 〖電算〗graphical user interface《コンピューターのグラフィックス機能を活用したユーザーインターフェース; グラフィックス画面上のウインドー·アイコン·ボタン·プルダウン[ポップアップ]メニューなどとマウスなどの位置指示装置を用いた操作環境を提供する》.

Gui·a·na /giǽnə, gaɪ-, giɑ́:nə/ ギアナ《南米北部, 大西洋に面する地方; 西および南は Orinoco, Negro, Amazon 川が境界をなす; ガイアナ·仏領ギアナ·スリナム·ブラジルの一部·ベネズエラの一部よりなる》; [the ～s] ギアナ《英領ギアナ[現在のガイアナ]·オランダ領ギアナ·仏領ギアナからなる地域》. ♦ **Gui·á·nan, Gui·a·nese** /gàɪəní:z, gì:ə-, *-s/ *a, n*

gui·chet /giʃéɪ; gí:ʃeɪ; *F* giʃɛ/ *n*《くぐり戸式の》窓口, 受渡し口,《特に》切符売場の窓口, 出札口.

guid /gə́:d, gý:d, gíd/ *a*《スコ》GOOD.

guid·able /gáɪdəb(ə)l/ *a* 導きうる, 指導できる.

guid·ance /gáɪdns/ *n* 案内, 指導, 手引き, 指図; 手本; 〈無生物が…の方向を示すこと, …の指標となること〉; 〖教育〗学生指導, 補導, ガイダンス; 〖空·宇〗《弾道·飛行軌道などの》誘導: under sb's ～ 人の案内[指導]で.

guídance còunselor*《学校の》生徒指導カウンセラー.

guide /gáɪd/ *vt* **1** 導く, (道)案内する: ～ sb *in* [*out, up, to* a place] 人を中へ[外へ, 上へ, ある場所まで]案内する. **2** 指導する, 教え導く, 手引きする, 指揮する; 長官として治める, …に対する政治を行なう, 切り盛りする: a *guiding* principle 指導原理. **3** 〈思想·感情などが〉支配する, 左右する, 管理する (control). ► *vi* 案内する, 案内役をつとめる. ● ～ **away** 《導くようにして》〈人を〉連れ去る, 〈物を〉引き離す 〈*from*〉. ► *n* **1** 案内者; 添乗員, ガイド,《スイスなどで》山岳ガイド (＝mountain ～); 〖軍〗嚮導(きょうどう); 〖海軍〗嚮導艦, [*pl*] 偵察隊; 指導者, 教導者, 先達; 〖心霊〗《霊媒に語らせる》霊; *《俗》LSD 服

用者に付き添う人 (guru). **2** 規準, 指針; 手引き, 入門書; 道しるべ; 案内書, 便覧; 旅行案内(書) ‹*to*›; 指導原理《信念・理想など》: a rough ～ おおよその目安 ‹*to*›. **3 a** ガイド《ページの特定の場所を読者に示す目印》; GUIDE CARD. **b**〔機〕案内, 誘導装置, 導子, すべり座[道], 《鉱山のケージの》ガイド; 《釣りざおの》糸道, ガイド: a paper ～ 《印刷機・タイプライターなどの》用紙誘導装置. **4** [°G-] "ガイド《**1**) Guide Association の団員 **2**) Guide Association の 10–14 歳の団員》. ● **～ right**〔軍〕[号令] 嚮導を右にして整列(せよ). **the (Corps of) G～s**《国境勤務に従事する》インド軍移動守備隊. [OF＜Gmc; cf. OE *wītan* to look after, *witan* WIT]

Guíde Assocìation [the] ガイド協会《1910 年 Lord Baden-Powell と妹 Agnes Baden-Powell によって英国に創設されたガールスカウト組織》.

guíde bàr〔機〕案内棒, ガイドバー.

guíde·bòard *n* (道)案内板.

guíde·bòok *n* 手引書, 便覧, ガイドブック, 《特に》旅行案内(書).

guíde càrd 見出しカード.

guíd·ed *a* ガイド付きの; 誘導装置付きの.

guíded míssile〔軍〕誘導弾[ミサイル].

guíde dòg 盲導犬 (cf. SEEING EYE).

guíded tòur ガイド付き旅行[見学];〔電算〕ガイドツアー《画面上でソフトウェアなどの使い方を説明するプログラム》.

guíded wáve〔理〕被嚮導波.

guíde fòssil INDEX FOSSIL.

guíde·less *a* 案内者[指導者]のない; 指導のない.

guíde·lìne *n* 《岩場などでの》案内綱; 《白地図などの》なぞり書きの線; [ᵘ*pl*] 誘導指標, 指針, ガイドライン ‹*on, for*›;〔印〕活字などを並び線にそろえるために軽くしるした線.

guíde nùmber〔写〕《ストロボ・閃光電球などの》ガイドナンバー, 露光係数.

guíde·pòst *n* 道標, 道しるべ (signpost); 指針, 目安 (guideline).

guíde prìce" 希望販売価格.

guíd·er /gáɪdər/ *n* 導く[案内する]もの, 指導者; [°G-] "Guide Association の指導者[団長]《成人のボランティア》.

guíde ràil《戸・窓の》ガイドレール.

guíde ròpe GUY[1];〔空〕《気球・飛行船の》誘導索, 留め索, 引き索.

guíde vànes *pl*〔機・建〕《タービン・ダクトなどの》案内羽根, ガイドベーン, 導翼.

guíde·wày *n*〔機〕すべり溝; 車輪[エアクッション]による高速輸送車のための地上[車上]のコンクリート溝.

guíde wòrd 欄外見出し語 (＝*catchword*).

guíding líght [spírit] 手本, 模範, 導き手, 先達.

Gui·do /gwíːdoʊ/ グイード《男子名》. [It, Sp; ⇨ GUY]

Guído d'Aréz·zo /-dərétsoʊ/, **Guído Are·tí·nus** /-ɑːreɪtíːnəs/ グイード・ダレッツォ (991?–?1050)《イタリアのベネディクト会修道士・音楽理論家; 階名唱法の基礎を創った》.

gui·don /gáɪdàn, -d(ə)n/ *n* 《もと騎兵の》三角旗(旗手); *部隊旗(旗手). [F＜It (*guida* GUIDE)]

guid·will·ie /gœːdwíli, gɪd-/ *a* 《スコ》心からの (cordial).

Gui·enne, Guy- /F gɥijɛn/ ギュイエンヌ《フランス南西部の Biscay 湾に臨む地方[旧州]; ☆Bordeaux》.

Gui·gnét's gréen /ginjéɪz-/ CHROME GREEN. [C. E. *Guignet* 19 世紀フランスの化学者]

Gui·gnol /ginjɔ́ːl; *F* giɲɔl/ ギニョル《フランスの人形劇に登場する人物で Punch に似る》; GRAND GUIGNOL; PUNCH-AND-JUDY SHOW; [ᵘg-]《人形劇の》(指)人形; [ᵘg-] 人形劇. ♦ **Gui·gnol·esque** /gìːnjɔːlésk/ *a*

guild, gild /gíld/ *n* **1 a** 《中世の》商人団体, ギルド. **b** 同業組合; 《一般に》組合, 会 (society). **2**〔生態〕ギルド《生態的地位が共通し, 時に競合関係にある生物群》. ♦ **guíld·er**[1] *n* guild の一員. [? MLG, MDu *gilde*; cf. OE *gi(e)ld* payment, sacrifice, guild]

Guil·den·stern /gíld(ə)nstɜ̀ːrn/ ギルデンスターン《Shakespeare, *Hamlet* に登場する Hamlet の幼な友だち; cf. ROSENCRANTZ》.

guil·der[2] /gíldər/ *n* ギルダー (＝*gulden*)《**1**) オランダの euro になる前の通貨単位: ＝100 cents; 記号 G, Gld, F, Fl **2**) スリナムの旧通貨単位: ＝100 cents **3**) オランダ・ドイツ・オーストリアの旧金貨[銀貨]》. [Du GULDEN; *kroner* に影響された変形か]

Guild·ford /gílfərd/ ギルフォード《イングランド南部 Surrey 州の市; 大聖堂 (1936–68), Surrey 大学 (1966) がある》.

Guíldford Fóur [the] ギルフォードの四人組《1974 年イングランドの Guildford で発生した IRA による爆破事件の犯人とされて終身刑に処せられた 4 人; 捜査に誤りがあったとして 89 年に釈放されたが, 取調べや誤審の訂正の仕方について議論を巻き起こした》.

guíld·hàll *n* 《中世の》ギルド会館; "市役所, 町役場, 市会議場; [the G-] ロンドン市庁舎《初め 1411 年に建てられた歴史的建築; 大広間が公けの晩餐会場として使われる》.

guíld·shìp *n* 組合, ギルド (guild); guild 組合員であること[の身分].

guilds·man /gíl(d)zmən/ *n* ギルド組合員; GUILD SOCIALISM の信奉者.

guíld sócialism ギルド社会主義《産業を国有化して職種ごとのギルドが管理・運営するという社会主義思想; 第一次大戦前後英国を中心に展開》. ♦ **guíld sócialist** *n*

guile /gáɪl/ *n* 狡猾さ, 陰険さ, ずるさ; 二心, 不誠実; 《廃》策略. [OF＜Scand; ⇨ WILE]

guíle·ful *a* 狡猾な, 陰険な. ♦ **～·ly** *adv* **～·ness** *n*

guíle·less *a* 悪だくみをしない, 無邪気な, 正直な, 明朗な, 率直な (frank). ♦ **～·ly** *adv* **～·ness** *n*

Gui·lin /gwíːlín/, **Kuei-lin, Kwei·lin** /gwéɪlín, kwéɪ-; kwéɪ-/ 桂林(ケイリン)(コイリン)《中国広西壮(チワン)族自治区の市; カルスト地形で有名》.

Guil·lain-Bar·ré syndrome /gìːlænbàːréɪ —, -jæ̃-/〔医〕ギラン-バレー症候群 (＝**Barré-Gillain syndrome** /-–́ –́ –́/)《急性熱性多発性神経炎 (acute febrile polyneuritis); 四肢・体幹の弛緩性運動麻痺症状などを呈する》. [Georges-Charles *Guillain* (1876–1961), Jean-Alexandre *Barré* (1880–1967) ともにフランスの神経科医]

Guil·laume /gijóʊm/ **1** ギヨーム《男子名》. **2** ギヨーム **Charles Édouard** ～ (1861–1938)《スイス生まれの物理学者; ニッケル合金インバー・エリンバーをつくった; ノーベル物理学賞 (1920)》. [F; ⇨ WILLIAM]

Guil·laume de Lor·ris /F gijoːm də lɔris/ ギヨーム・ド・ロリス《13 世紀フランスの詩人; *Roman de la rose* (薔薇(ばら)物語) の前半 4058 行の作者》.

guil·le·met /gìː(j)əméɪ, gìləmét/ *n*〔印〕ギュメ, 山パーレン《« »; フランス語などで使う引用符》. [(dim) ‹ *Guillaume* この記号を考案したフランスの印刷業者の名]

Guille·min /gi(ə)mǽ/ ギルマン **Roger Charles (Louis)** ～ (1924–)《フランス生まれの米国の生理学者; 下垂体ホルモンを研究; ノーベル生理学医学賞 (1977)》.

guil·le·mot /gíləmɑ̀t/ *n*〔鳥〕**a**" ウミガラス《ウミスズメ科ウミガラス属の一種》. **b** ウミバト属の鳥《総称; ウミスズメ科》. [F (dim) ‹ GUILLAUME]

guil·loche /gɪlóʊʃ; *F* gijɔʃ/ *n*〔建〕組みひも飾り[模様].

guil·lo·tine /gílətìːn, ‐‐́, gìː(j)ətíːn, ‐‐́‐/ *n* ギロチン, 断頭台[機]; [the] ギロチンの刑, 断頭刑; 《紙などの》断裁機;〔医〕《扁桃腺などの》切除器;〔英議会〕《議事妨害を防ぐための》討論打切り (＝*closure by compartment*). ► *vt* /‐́‐‐/ 断頭機にかける; 断裁機で切る;〔医〕‹扁桃腺を›切除する;〔英議会〕討論打切りで‹議案›の通過を急ぐ. [F; Joseph-Ignace *Guillotin* (1738–1814) この処刑法を提案したフランスの医師]

guilt /gílt/ *n* 《法的または倫理的に》罪を犯していること, 罪があること, 有罪; 罪の意識, 自責の念, 罪責感, 罪悪感 ‹*about, at, for, over*›; 《過失に対する》責任 ‹*for*›; 犯罪(行為), 罪. ► *vt* ‹人›の罪悪感につけこむ, 不義理を言いたてて…させる; 《口》…に罪悪感をもたせる. ● **～ by association**〔法〕連坐. [OE *gylt* offense＜?]

guílt còmplex〔精神医〕罪責複合.

guílt·less *a* **1 a** 罪のない, 無辜(むこ)の, 潔白な (innocent). **b** 身に覚えのない, 知らない ‹*of*›. **2** [ᵘ後置] **a** ‹…の›経験のない ‹*of* reading Greek›. **b** ‹…を›もたない, ‹…が›ない ‹*of* a moustache›. ♦ **～·ly** *adv* **～·ness** *n* [OE *gyltlēas*]

guílt-rìdden *a* 罪悪感にさいなまれた.

guílt trìp 《口》罪の意識, 罪悪感: lay a ～ on sb 人に罪悪感をもたせようとする. ♦ **guílt-tríp** *vt* 《口》…に罪悪感をもたせる.

guilty *a* **1 a** ‹…の›罪を犯した, 有罪の ‹*of*›; 《民事上》有責の, 責任がある: be found ～ [not ～] 有罪[無罪]と認定される / a ～ deed 犯行 / the ～ party 罪を犯した人, 加害者(側) / a ～ mind [intent, knowledge] ＝MENS REA / ～ [not ～] 有罪[無罪]《陪審評決・口頭尋問の被告の答えなどで》/ PLEAD ～ [not ～] (成句). **b** ‹過失などを›犯した, ‹…の, …する›欠点がある ‹*of* sth, *of doing*›: be ～ *of* overgeneralization 一般化しすぎるきらいがある. **2** 罪の自覚のある, 身に覚えのある, やましいところのある, 気がとがめる, うしろめたい ‹*about, at*›: a ～ look 罪ありげな[うろんな]顔つき / a ～ conscience やましい心 / a ～ pleasure 《うしろめたい気にさせるような》ひそかな楽しみ / feel ～ 気がとがめる, 悪い(ことをしたな)[すまない]と思う. **3** 《廃》‹罰を›うけるべき ‹*of*›. ► *n* [the guilties] 罪悪感. ♦ **guílt·i·ly** *adv* **-i·ness** *n* [OE *gyltig* (GUILT)]

guílty bíg *a* *《俗》精神科の治療をうけている[が必要な].

guimpe, guimp /gímp, gǽmp/ *n* ギンプ《**1**) ジャンパースカートなどの下に着る袖の短いブラウス **2**) ＝CHEMISETTE **3**) 修道女の胸元・肩などをおおう糊をきかせた白布 **4**) ＝GIMP[1]》. [OF *guimple*]

guin /gín/ *n* *《俗》[*derog*] イタ公, 黒んぼ. [*Guinea*]

guin·ea /gíni/ *n* **1** ギニー《**1**) 21 シリングに当たる英国の昔の金貨 **2**) 以前の 21 シリング, すなわち現制度 (1971 年以降) の 1.05 ポンドに当たる計算通貨単位で, 各種の謝礼・賞金・公共団体などへの出金などに用いる; cf. ONE THOUSAND GUINEAS》: (as) yellow as a ～ ‹肌などがひどく[病的に]黄色い. **2** GUINEA FOWL. **3** *《俗》[*derog*] イタリア(系)人, イタ公; *《俗》[*derog*] 黒人, クレオール人, 《太平洋の島の》原住民; 《俗》馬丁 (stableboy). [↓; 金の輸入先]

Guinea 1 ギニア (*F* Guinée)《**1**) アフリカ西部, 大西洋岸の地方; 北はガンビアから南はアンゴラまで **2**) アフリカ西部の国; 公式名 Republic of ~ (ギニア共和国); もと French Guinea; ☆Conakry》. **2** 赤道ギニア (EQUATORIAL GUINEA). ■ the **Gúlf of ~** ギニア湾.

Guínea-Bis·sáu /-bɪsáu/ ギニアビサウ《西アフリカの国; 公式名 Republic of Guinea-Bissau (ギニアビサウ共和国); もと Portuguese Guinea, 1974 年に独立; ☆Bissau》.

Guínea còrn 各種の穀実用モロコシ, 《特に》 DURRA.

guínea fòwl 〘鳥〙 ホロホロチョウ《西アフリカ原産》.

guínea gràins *pl* GRAINS OF PARADISE.

guínea gràss 〘植〙 **a** ギネアキビ, ギニアキビ《茎葉飼料用; アフリカ原産》. **b** ヒメモロコシ (Johnson grass).

guínea hèn GUINEA FOWL (の雌).

Guín·e·an *a* ギニア(人)の. ► *n* ギニア人.

Guínea pèpper 〘植〙 **a** キシロピヤ, 《特に》 エチオピアキシロピヤ《バンレイシ科; 熱帯アフリカ原産; 種子は香辛料・民間医療用》. **b** アフリカ原産の各種のコショウ. **c** GRAINS OF PARADISE.

guínea pìg 1 a 〘動〙 テンジクネズミ, モルモット (=*cavy*). **b** 実験材料, 試験台: serve as a ~ 実験台になる. **2** "《口》 ギニー金貨の報酬を受ける人《特に 名前・肩書の重みのゆえに任命された会社重役など》; "《俗》《第二次大戦中の》疎開者.

guínea wòrm [°G-] 〘動〙 ギニア虫, メディナ虫《熱帯の線虫類で人や馬などの皮下深部に寄生する》.

G **guínea wòrm disèase** ギニア虫病 (dracunculiasis).

Gui·née /*F* gine/ ギネー《GUINEA のフランス語名》.

gui·nep /gɪnép/ *n* 〘植〙 マモンチロ (GENIP).

Guin·e·ver /gwínəvər/ グイネヴァー《男子名》. [↓]

Guin·e·vere /gwínəvìər/ **1** グイネヴィア《女子名》. **2** 〘アーサー王伝説〙 グイネヴィア《Arthur 王の妃で LANCELOT の愛人; 二人の道ならぬ恋のために円卓の騎士団は崩壊する》. [Celt=white, fair (lady)]

guin·ie /gíni/ *n**《俗》 イタ公, 黒んぼ (guinea).

Guin·ness /gínəs/ **1** 〘商標〙 ギネス《スタウト(ビールの一種); 1759 年 Dublin で Arthur ~ (1725–1803) が創業した Guinness PLC が製造していた》. **2** ギネス Sir **Alec** ~ (1914–2000)《英国の俳優; 映画 *The Bridge on the River Kwai* (戦場にかける橋, 1957)》.

Guínness Wórld Récords [the] 『ギネスブック』《Guinness World Records 社が毎年発行する世界記録集; 2000 年以前は **Guínness Bóok of Récords** として刊行》.

guin·ney /gíni/ *n**《俗》 馬丁 (guinea).

guinzo ⇨ GINZO.

gui·pure /gɪp(j)úr; -pjúər/ *n* ギピュール《**1**) 地になる網目がなく, 模様と模様を直接につなぎ合わせたレース **2**) 針金に絹・綿などを巻きつけた太い飾りひも》. [F (*guiper* to cover with cloth<Gmc); cf. WIPE, WHIP]

Gui·púz·coa /gipú:skouə/ ギプスコア《スペイン北部 Basque Country の県; ☆Donostia-San Sebastián》.

gui·ro /wí:rou, gwíərou; gwáɪərou/ *n* (*pl* ~) ギロ《ひょうたんに刻み目をつけた南米の打楽器》. [AmSp=bottle gourd]

gui·sard /gáɪzərd/ *n* 《スコ》 仮面をかぶった人, 仮装した人.

Guiscard ⇨ ROBERT GUISCARD.

guise /gáɪz/ *n* **1** 外観 (appearance), 服装, 装い, 身なり, 身支度; 仮装, 変装; ふり, 見せかけ: in the ~ of a lady 貴婦人を装って / under the ~ of friendship 友情を装って / go under the ~ of a respectable dealer きちんとした商人のふりをする. **2** 《古》 やり方, 方法; 《古》 いつもの話し方[ふるまい]. ► *vt* 《古》 〈人〉に…の装いをさせる 〈*in*〉; "《方》 〈人〉に変装[仮装]させる. ► *vi* "《方》 おどけた変装をする, 仮装して出歩く. [OF<Gmc; ⇨ WISE²]

Guise /gí:z/ ギーズ (**1**) **François de Lorraine,** 2nd Duc de ~ (1519–63)《フランスの軍人・政治家; 通称 'le Ba·la·fré' /*F* lə balafre/ (向こう傷); 旧教徒派の首領としてユグノー戦争を戦った》 (**2**) **Henri I de Lorraine,** 3rd Duc de ~ (1550–88)《2 代公の息子; 軍人・政治家; 父同様 'le Balafré' のあだ名をもつ; 旧教徒派の首領; St. Bartholomew の虐殺 (1572) を煽動》.

guis·er /gáɪzər/ *n* 《スコ》《特に Halloween の》仮装者, 仮装無言劇の役者.

Gui·sui /gwí:swí:/, **Kwei-** /, kwéɪswéɪ/ 帰綏(きすい)(クイスイ) 《HUHEHOT の旧称》.

gui·tar /gɪtá:r, gə-/ *n* ギター: play (the) ~ ギターを弾く. ► *vi* (-rr-) ギターを弾く. ◆ **~·ist** *n* [F or Sp<Gk *kithara* harp; cf. CITHERN, GITTERN]

guitár·fìsh *n* 〘魚〙 サカタザメ. [上から見るとギターに似る]

guit·guit /gwítgwìt/ *n* 〘鳥〙 ミツドリ (honeycreeper). [imit]

Gui·try /gitrí:/ ギトリ **Sacha** ~ (1885–1957)《フランスの俳優・劇作家》.

guiver ⇨ GYVER.

Gui·yang /gwí:já:ŋ/, **Kuei-yang, Kwei·yang** /gwéɪjá:ŋ, kwéɪ-; kwéɪjǽŋ/ 貴陽(きよう)(コイヤン)《中国貴州省の省都》.

Gui·zhou /gwí:ʤóu/, **Kwei·chow** /gwéɪʤóu, kwéɪ-; kwéɪʧáu/ 貴州(きしゅう)(コイチョウ)《中国南部の省; ☆貴陽 (Guiyang)》.

Gui·zot /gizóu/ ギゾー **François(-Pierre-Guillaume)** ~ (1787–1874)《フランスの歴史家・政治家; 七月王政下 (1830–48) で外相・首相としてブルジョア階級の利害に沿った政策を行ない, 二月革命の一因をつくった》.

Gu·ja·rat, -je- /gù:ʤərá:t, gùʤ-/ グジャラート《**1**) インド西部の Gujarati 語の使用される地域 **2**) インド西部の州; Cambay 湾の北および東を占める; 旧 Bombay 州のうち Gujarati 語地域からなる; ☆Gandhinagar》.

Gu·ja·ra·ti /gù:ʤərá:ti, gùʤ-/ *n* **a** グジャラート語 (=**Gu·je·ra·ti** /gù:ʤərá:ti, gùʤ-/)《Gujarat 州とその周辺で用いられる印欧語族 Indic 語派の一つ》. **b** (*pl* ~) グジャラート人 (=**Guj·ra·ti** /guʤrá:ti, guʤ-/). [Hindi]

Guj·ran·wa·la /gù:ʤrənwá:lə, gùʤ-/ グジュラーンワーラ《パキスタン北東部 Lahore の北にある市》.

gul /gú:l/ *n* バラ (rose); 《トルクメンじゅうたんの》バラの図柄. [Pers]

gu·lab ja·mun /gulá:b ʤá:mən, -já:-/ グラブジャムン《ミルクを小麦粉と練って油で揚げ, シロップに浸したインドの菓子》. [Hindi]

Gu·lag /gú:là:g; -lǽg/ **1** 《ソ連の》矯正労働収容所管理本部 (1934–60). **2** [°g-] GULAG ARCHIPELAGO; [g-] 強制収容所 (labor camp). [Russ *G*lavnoye *u*pravleniye ispravitelno-trudovykh *lag*erey=Chief Administration of Corrective Labor Camps]

Gúlag Archipélago [the] 収容所群島《ソ連の強制収容所網》. [Aleksandr Solzhenitsyn の同名の小説 (1973–76) から]

gu·lar /g(j)ú:lər/ *a* のど (throat) の, 咽喉の. ► *n* 〘動〙《カメ・ヘビなどの》喉甲板. [L *gula* throat]

Gul·bar·ga /gúlbərgà:/ グルバルガ《インド中南部 Karnataka 州の市》.

Gul·bén·ki·an Foundátion /gulbéŋkiən-/ [the] グルベンキアン財団《1955 年英国の実業家 Calouste Gulbenkian (1869–1955) が創設した芸術・科学・教育振興のための財団》.

gulch* /gʌ́lʧ/ *n* 《急流の流れる深く切り立った》峡谷, ガルチ. ► *vt* 《俗》 DRY-GULCH. [? *gulch* (dial) to swallow]

gul·den /gú:ld(ə)n, gúl-/ *n* (*pl* **~s,** ~) GUILDER². [Du, G=golden]

Gü·lek Bo·gaz /gylék bouá:z/ ギュレク山峡《CILICIAN GATES のトルコ語名》.

gules /gjú:lz/ *n* (*pl* ~) 〘紋〙 赤色; 赤色のもの. ► *a* 赤色の. [OF *go(u)les* red dyed fur neck ornament (pl)<*gole* throat]

gu·let /gú:lèt/ *n* グレット《トルコの伝統的な木造帆船; 現在はしばしば観光用の帆船に使われる》. [Turk]

gulf /gʌ́lf/ *n* **1 a** 湾, 入海《通例 bay より大きく, また幅に比して奥行が深い》. **b** [the G-] PERSIAN GULF; *Gulf of MEXICO; 《豪》 Gulf of CARPENTARIA; 《NZ》 HAURAKI GULF. **c** *《俗》 ペルシア湾岸地域産のヘロイン. **2** 深い穴[割れ目]; 《詩》 深い淵, 深海 (abyss); 越えられぬ溝, 大きな隔たり[懸隔] (*Luke* 16: 26); 渦巻 (whirlpool), ものをのみ込むもの: the ~ *between* rich and poor はなはだしい貧富の差. **3** 〘英大学〙《優等試験に落ちた》普通及第. ► *vt* **1** 深みにのみ込む[巻き込む]. **2** 〘英大学〙 〈学生〉に普通学位を授ける. ◆ **gúlfy** *a* 渦巻の多い. [OF<It<Gk *kolpos* bosom, gulf]

Gúlf Intracóastal Wáterway [the] 〘米〙 湾岸内陸大水路 (⇨ INTRACOASTAL WATERWAY).

Gúlf Stàtes *pl* [the] **1** 〘米〙 メキシコ湾岸諸州《メキシコ湾に臨む 5 州: Florida, Alabama, Mississippi, Louisiana, Texas》. **2** ペルシア湾岸諸国《ペルシア湾に臨む産油国: イラン・イラク・クウェート・サウジアラビア・バーレーン・カタール・アラブ首長国連邦・オマーン》.

Gúlf Strèam [the] (メキシコ)湾流《**1**) 湾流系 (=the **Gúlf Strèam sỳstem**): メキシコ湾から北東に進んでヨーロッパ北西部に向かう暖流; 西ヨーロッパの冬はこのため温暖 **2**) North Carolina 州 Hatteras 岬の沖から北東に進んで Grand Bank まで流れる暖流》.

Gúlf Strèam Drìft [the] NORTH ATLANTIC CURRENT.

Gúlf Wàr [the] 湾岸戦争《**1**) イラン-イラク戦争 (Iran-Iraq War) **2**) 1990 年 8 月イラクのクウェートへの侵攻に始まり, 翌年 1–2 月米軍を中心とした多国籍軍とイラク軍の間で行なわれた戦争; イラクが敗北 **3**) IRAQ WAR; Second Persian Gulf War とも呼ばれる》.

Gúlf Wár sỳndrome 〘医〙 湾岸戦争症候群《湾岸戦争の帰還兵にみられる脱力感・頭痛・記憶喪失など原因不明の健康障害》.

gúlf·wèed *n* 〘植〙 ホンダワラ属の数種の海藻 (sargassums)《特にメキシコ湾流などにみられるもの》.

Gul·ja /gúlʤɑ:/, **Kul·dja, Kul·ja** /kúlʤɑ:/ グルジャ, 伊寧(いねい) (Yining)《中国新疆(しんきょう)ウイグル自治区西北部の工業都市》.

gull¹ /gʌ́l/ *n* 〘鳥〙 カモメ《カモメ科の(特にカモメ属の)海鳥の総称; LARINE *a*》; *《俗》 (水兵相手の)売春婦, 港の女. ◆ **~·like** *a* [? Welsh *gwylan*, Corn *guilan*<OCelt]

gull² *vt* 〈愚か者〉につけこむ, だます, 欺く: ~ sb *into doing* [*out of* money] 人を欺いて…させる[金を取る]. ► *n* だまされやすい者, カモ, まぬけ; 《廃》 詐欺. ◆ **~·able** *a* GULLIBLE. [(dial)=unfledged bird<? *gull* (obs) yellow<ON]

Gul·lah /gʌ́lə/ *n* **1** ガラ《South Carolina, Georgia 両州と Florida 州北東部の沿岸または近海の島に奴隷として定住した黒人またはその子孫》. **2** ガラ語《ガラの使う英語に基づくクレオール語; 語彙・文法にアフリカ諸言語に由来する要素がみられる》.

gúll-bìlled térn 〘鳥〙 ハシブトアジサシ.

gúll·ery¹ *n* カモメの群棲地. [*gull¹*]

gullery² *n* 《古》 詐欺. [*gull²*]

gul·let /gʌ́lət/ *n* 食道 (esophagus); のど (throat), のどもと, のどく

び; 〘動〙《原生動物の》消化道; 《鋸の歯と歯の間の》溝, 歯喉(とう); 《掘削の際の》予備坑; 《古・方》溝, 水道, 海峡, 峡谷, 隘路. ● **stick in** one's ～ ⇨ THROAT. [OF (dim)＜*goule* (L *gula* throat)]

gúll·ible *a* だまされやすい, のろまな. ♦ **gùll·ibílity** *n* **gúll·ibly** *adv* [*gull*[2]]

gúll·ish *a* ばかな, まぬけな, のろまな. [*gull*[2]]

Gul·li·ver /gʌ́ləvər/ ガリヴァー **Lemuel** ～《*Gulliver's Travels* の主人公で, 船医》.

Gúlliver's Trávels 『ガリヴァー旅行記』《Swift 作の諷刺小説 (1726); Gulliver が順次, 小人国 Lilliput, 巨人国 Brobdingnag, 浮き島 Laputa, 馬と人間が地位を逆にしている Houyhnhnm の国を訪れる》.

Gull·strand /gʌ́lstrænd/ グルストランド **Allvar** ～ (1862–1930)《スウェーデンの眼科学者; 眼における光の屈折を研究; ノーベル生理学医学賞 (1911)》.

gúll-wìng *a* 〈車のドアが〉ガルウィング型の《上方はね上げ式; 全高の低い車でも乗降が容易》; 〈車など〉ガルウィングドアをもつ; 〘空〙かもめ型翼の. ♦ **～ed** *a*

gúll wìng 〘空〙かもめ型翼, ガル翼.

gul·ly[1], **gul·ley** /gʌ́li/ *n* 《雨水の浸食による, 通常は水のかれた》雨裂, ガリー; 小峡谷; 《豪》《水の流れる》峡谷 (valley); 溝, 下水; 溝型レール; 〘クリケット〙ガリー《point と slips 間の守備位置[野手]》; 〘ボウル〙GUTTER[1]; 《スコ》《塀・壁の間の》通路. ► *vt* …に溝をつくる[雨裂を掘る]. ► *vi* 浸食されて雨裂ができる. ♦ **gúl·lied** *a* [F *goulet* bottleneck; ⇨ GULLET]

gul·ly[2] /gúli, gʌ́li; gʌ́li/ *n* 《スコ》大型ナイフ. [C16＜?]

gúlly dràin 下水管.

gúlly eròsion 〘地質〙ガリー[溝渠]浸食《流水による土壌浸食》.

gúlly hòle 《街路上に鉄格子ぶたをした》下水の落下口.

gúlly-jùmp·er *n**《古俗・方》農夫, 百姓.

gúlly-lów *a**《ジャズ俗》官能的な, エロティックな.

gúlly ràker 《豪》牛泥棒.

gúlly tràp 下水落下口の防臭弁.

gúlly wàsher*《方・口》(突然の)集中豪雨.

gu·los·i·ty /g(j)ulásəti; gju-/ 《古・文》*n* 大食; 貪欲.

gulp /gʌ́lp/ *vt* ゴクゴク[がぶがぶ]飲む, がつがつ食べる, かき込む 〈*down*〉; 〈空気など〉ぐっと吸い込む 〈*in*〉; 〈涙・怒りなどを〉ぐっとこらえる, 抑える 〈*down, back*〉; 〈知識などを〉(すぐ)吸収する, 〈話を〉うのみにする 〈*down*〉. ► *vi* あおる, ぐいぐい飲む; 大きく息を吸い込む 〈*in*〉; 息が詰まる, 息を呑む: She ～*ed* with relief. ほっとして息をついた / ～ *for* air [breath] 大きく息を吸う. ► *n* ぐっと[ゴクゴク]飲むこと[音, 量], あおること; [〈*int*〉] ゴクリ, ゴクッ, グッ, ウグッ; 大口いっぱい: at [in] one [a] ～ ぐいと, ひと飲みに, ひと口に, 一気に / give a ～ 息をこらす. ♦ **～·ing·ly** *adv* **gúlpy** *a* [? MDu *gulpen* (imit)]

gúlp·er *n* ぐっと飲(み込)む人; 〘魚〙フウセンウナギ (＝～ **èel** [**fìsh**])《ウナギに似た口の大きい深海魚数種の総称》.

gul·pin /gúlpən, gʌ́l-/ *n*"《方・俗》なんでもうのみにする人, ばか, まぬけ.

gum[1] /gʌ́m/ *n* **1 a** ゴム質, 粘性ゴム《樹皮から分泌する液体で, 粘性が強く乾かして固体化する; resin (樹脂) と違って水に溶ける》. **b**"アラビア糊, ゴム糊 (mucilage); 《切手に塗ってある》糊. **c** GUM ELASTIC; [*pl*]*オーバーシューズ, ゴム長靴. **2 a** 《広義に, resin, gum resin を含めて》樹脂; 《NZ》KAURI GUM; ガム《ガソリンなどの樹脂状沈澱物》. **b** 目やに; 生糸をおおう粘性物質《主にセリシン》; 《果樹の》病的分泌樹液. **3** CHEWING GUM; "GUMDROP. **4** ゴムの木 (gum tree); 《豪》ユーカリノキ (eucalyptus); *《方》《桶代わりにする》うろのあるゴムの木. ► *v* (-mm-) *vt* **1** …にゴムを塗る[引く], ゴムで固める[接着する] 〈*down, together, up, in*, etc.〉. **2***だます; 〈試合など〉の進行を妨げる. ► *vi* **1** ゴム質を分泌[形成]する; 〈果樹が〉病的樹液を分泌する; ゴム状になる, べとべとになる; 〈機械などが〉粘着物で動かなくなる 〈*up*〉. **2** *《俗》むだ話をする. ● **～ up** 《俗》〈計画などを〉だめにする, 狂わせる: ～ *up* the works だいなしにする. ♦ **gúm·mer** *n* [OF,＜Gk *kommi*＜Egypt *kemai*]

gum[2] *n* [ᵘ*pl*] 歯肉, 歯齦(しん), 歯ぐき (GINGIVAL *a*). ● **bat** [**beat, bump, flap**] **one's ～s** ⇨ CHOP[3]. ► *vt**(-mm-) 〈のこぎり〉の目立てをする; 《口》《歯がなくて》歯ぐきでかむ. [OE *gōma* palate]

gum[3] *int* [ᵒG-] GOD《軽いののしり・誓言に用いる》. ● **By** [**My**] **～!** 《口》誓って, 確かに; これはこれは! [婉曲変形＜*God*]

GUM genitourinary medicine.

gúm ac·crói·des /-əkrɔ́idiːz/ ACAROID RESIN.

Gumál [**Gomál**] **Páss** [the] グマル峠, ゴマル峠《パキスタン北西部の Khyber Pakhtunkhwa 州南部の峠; Sulaiman 山脈を流れる Gumal 川が形成する》.

gúm ammóniac 〘化〙アンモニアゴム (ammoniac).

gúm árabic, gúm acácia アラビアゴム.

gum·bah /gúːmbɑː/ *n**《俗》GOOMBAH.

gúm·bàll* *n* 《球形の》チューインガム, 風船ガム; 《俗》《パトカーなどの屋根の》フラッシュ灯, 赤灯(あかとう). ► *vi* 《俗》赤灯が回る.

gúm-bèat·er *n**《俗》話す人, 《特に》ほら吹き, おしゃべり.

gúm-bèat·ing*《俗》*n* おしゃべり, 雑談; 大げさな話, ほら.

gúm bénzoin [**bénjamin**] 〘化〙ベンゾイン (benzoin)《樹脂》.

gum·bo, gom-* /gʌ́mbou/ *n* **1** (*pl* ～**s**) 〘植〙オクラ (okra); オクラのさや; オクラスープ[シチュー]《ケージャン料理》. **2** 〘地質〙グンボ (＝～ **sòil**)《湿ると粘着性をおびる土壌, 特に 米国西部のねば土》; ぬかるみ; べっとりしたもの. **3** 混合物; ガンボ《**1)** [ᵒG-] Louisiana 州の黒人や Creole の使う方言 **2)** さまざまなスタイルが融合された活発なケージャン音楽》. ► *a* オクラの[に似た]. [Bantu]

gúm·bòil *n* 〘医〙歯肉潰瘍, パルーリス (＝*parulis*).

gúmbo-lím·bo /-límbou/ *n* (*pl* ～**s**) 〘植〙ガンボリンボ (＝*gum elemi*)《熱帯アメリカ原産カンラン科の壺植物ブルセーラの一種》. [Bantu]

gúm·bòot *n* 《豪・英古風》ゴム長靴 (rubber boot); *《俗》探偵, おまわり, デカ (gumshoe).

gúmboot dànce 〘南ア〙ガンブーツダンス《鉱山労働者の間で生まれたダンス; ゴム長靴姿で軍隊の行進をまねて活発に踊る》.

gum·bo·til /gʌ́mbətìl/ *n* 〘地質〙グンボティル《氷河堆積物の風化による粘土質の土壌》.

gum·by /gʌ́mbi/ *n**《俗》ばかなやつ, つまらんやつ, さえないやつ, ダサいの.

gúm còpal コーパル (copal).

gúm dàmmar DAMMAR.

gúm·dìgger *n* 《NZ》カウリ樹脂 (kauri gum) 掘り出し人, カウリ掘り.

gúmdigger's spèar 《NZ》カウリ樹脂を掘り出す長い鉄棒.

gúm dràgon TRAGACANTH.

gúm·dròp *n* ガムドロップ, グミキャンディー《ゼリー状キャンディー》.

gúm elàstic 弾性ゴム, ゴム (rubber).

gúm élemi 〘植〙GUMBO-LIMBO; 〘化〙ELEMI.

gúm·fìeld *n* 《NZ》カウリ樹脂 (kauri gum) が採れる土地.

gúm·fòot *n**《俗》探偵, 私服.

gúm·hèel *n, vi**《俗》探偵[デカ](をやる) (gumshoe).

gúm jùniper SANDARAC.

gúm·lànds *n pl* 《NZ》《カウリマツの木が抜かれたり焼き払われたりした》カウリ樹脂 (kauri gum) が採れるだけのやせた土地, ガムランズ.

gum·ma /gʌ́mə/ *n* (*pl* **-ma·ta** /-tə/, ～**s**) 〘医〙《第三期梅毒の》ゴム腫. ♦ **gúm·ma·tous** *a* [*gum*[1]]

gúm·mer[1] *n* 《口》《計画などを》だめにする人, へまなやつ.

gummer[2] *n* 歯のない老いぼれ羊; *《俗》(歯なしの)老いぼれ.

gum·mif·er·ous /gʌ̀míf(ə)rəs/ *a* ゴムを生じる.

gúm·ming *n* ゴムを生じること; 《果樹の》病的樹液分泌; 〘印〙《石版石への》アラビアゴム溶液の塗布.

gum·mite /gʌ́màɪt/ *n* 〘鉱〙ゴム石, グンマイト《黄[赤]褐色ゴム状の瀝青(れきせい)ウラン鉱》.

gum·mixed up /gʌ́mìkst ʌ́p/, **gum·moxed up** /-mʌ́kst-/ *a**《俗》ごちゃごちゃになって, ごたごたして.

gum·mo·sis /gʌ̀móusəs/ *n* 〘植〙《サクラ・スモモ・サトウキビ・ワタなどに起こる》(異状)樹脂分泌, 樹脂病, ゴム病.

gum·mous /gʌ́məs/ *a* ゴム質[性]の, ゴム状の; ゴム用の; 〘医〙ゴム腫性の.

gúm·my[1] *a* ねばねばした, 粘着性の; ゴム質でおおわれた[よごれた]; ゴム質[性]の, ゴムを浸出する; 目やにの出た; ゴム質[性]の, 〈すね・くるぶしなど〉はれた, ふくれた; *《俗》いやに感傷的な, べたべたした; *《俗》不快な, いやな. ► *n* 《NZ口》GUMDIGGER; *《俗》にかわ, 接着剤, ねばねばしたもの; *《俗》《大道の》万能接着剤売り. ♦ **gúm·mi·ness** *n* [*gum*[1]]

gummy[2] *a* 歯のない, 歯肉を見せた: a ～ smile 歯ぐきを見せた笑い. ► *n* 《豪》歯のない老いぼれ羊; 《豪》歯の平たいサメ, 《特に》ホシザメ (＝～ **shàrk**). ● CLUTCH[1] **the ～.** ♦ **gúm·mi·ly** *adv* [*gum*[2]]

gúm nùt 《豪》ユーカリ属の一種の堅い蒴果.

gúm olíbanum FRANKINCENSE.

gump[1] /gʌ́mp/, **gumph** /gʌ́mf/ *n* 《方・米口》ばか, うすのろ; *《俗》ひよこ (chicken). [C19＜?]

gump[2] *n* 《口》GUMPTION.

gúm plànt 〘植〙キク科グリンデリア属の各種の二年草[多年草], 《特に》ネバリオグルマ《北米原産; 花壇用・薬用》.

gúmp lìght*《俗》《坑夫用の》ランプ, ランタン.

gump·tion /gʌ́m(p)ʃ(ə)n/ 《口》*n* **1** 積極性, 進取の気性, 勇気, ガッツ; 世智, 世才, 常識, やりくりじょうず. **2** えのぐ調合法; MEGILP. [C18 Sc＜?]

gúm rèsin ゴム樹脂《ゴムと樹脂の混合物》.

gúm sàndarac SANDARAC.

gúm·shìeld *n* 〘ボク〙マウスピース (mouthpiece).

gúm·shòe *n* ゴム製オーバーシューズ; ゴム底の靴 (sneakers); *《口》探偵, 刑事, 私服, おまわり, デカ (＝**gúm·shòer,** ～ **màn**); *《口》ひそかな活動. ►*《口》*a* こっそりとなされる; 刑事の(用いる). ►*《口》*vi, vt* 忍び歩きする, こっそりと行く; 〈警官が〉歩いてパトロールする; 探偵[刑事]をする.

gúm·sùck·er *n* 《豪》生粋のオーストラリア人[ヴィクトリア州人]; 《口》ばか (oaf).

Gumti ⇨ GOMATI.

gúm trágacanth TRAGACANTH.

gúm trèe **1** 〘植〙《各種の》ゴムの木《ユーカリノキ (eucalyptus) など; rubber tree や rubber plant とは別もの》. **2** GUMWOOD. ● **up a**

G

〜 ‖《口》進退きわまって (up a tree).

gúm túrpentine ガムターペンチン, ガムテレビン《生松やに》.

gúm·wòod *n*《各種の》ゴムの木の材.

gun[1] /gʌ́n/ *n* **1 a**〔軍〕大砲, 砲, 火砲《しばしば 曲射砲および臼砲を除く》;《俗に》銃砲, 鉄砲, 銃《施条銃·騎兵銃·歩兵銃など》; 猟銃 (shotgun); 拳銃, ピストル: 〜*s* before butter 国民生活より軍備優先 / 〜*s* or butter 軍備か生活か (⇨ GUNS AND BUTTER) / (as) sure as a 〜 疑いなく, 確かに. **b** 大砲の発射《礼砲·祝砲·弔砲·号砲など》. **c**〔スポ〕スタート合図用ピストル, スタート; 開始[終了]の合図: at the 〜 銃声と同時に, 号砲一発〈スタートするなど〉. **2**《殺虫剤·油·塗料などの》噴霧器, ガン;《俗》《麻薬中毒者の使う》皮下注射器;《口》《エンジンの》しぼり弁, スロットル (throttle);〔電子工〕電子銃 (electron gun);《野球俗》投手の腕; 強肩; 筋力;《卑》股間銃 (penis). **3 a** 銃猟隊員; 砲手 (gunner); [*pl*]《海軍俗》砲術長; *《口》拳銃使い, 殺し屋 (gunman): a hired 〜 金で雇われた殺し屋. **b**《俗》有力者, 大物, 親玉 (big gun). **c**《豪》羊毛刈りの達人 (=〜 **shèarer**); [〈*a*〉]《豪》腕利きの, やり手の: a 〜 batsman 強打者. **4** [*joc*]《タバコの》パイプ;《俗》酒のグラス (liquor glass);《俗》長くて重いサーフボード《大波用》. **5** *《俗》見る[見定める]こと. ● **beat the 〜** = jump the GUN; 終了合図間際にゴールする, 終了ぎりぎりに間に合う. **blow** (**great**) **〜s**〈風が〉猛烈に吹く. **give it** [**her**] **the 〜**《口》車などのスピードを上げる; 始動させる. **go great 〜s**《口》さっさとやってのける, 快進撃する, 大成功する, 人気がある, はやる. **great 〜s**《口》猛烈な勢いで, 急速に, 激しく. **Great 〜s!**《口》あれっ, おや, しまった, 大変だ, いけね! **hold a 〜 to sb's head** ⇨ PISTOL. **in the 〜**《俗》酔っぱらって. **jump the 〜**《スポーツで》スタートを誤る[早まる], フライングをする;《口》早まる, 早まったことをする; 性急に話す. **put down a 〜** 銃撃(戦)を中止する. SON OF A GUN. SPIKE[1] sb's 〜s. **stick to one's 〜(s)** = **stand to** [**by**] **one's 〜(s)**《口》立場[自説]を固守する, 屈服しない, あとに退(ひ)かない. **till** [**until**] **the last 〜 is fired** 最後の最後まで. **under the 〜** *プレッシャーをかけられて, せっつかれて. **with** (**all** [**both**]) **〜s blazing** 勇み立って, 渾身の力で, 躍起になって〈*to* do〉. ► *vt, vi* (**-nn-**) **1 a** 銃で[を]撃つ; 銃猟に行く: 〜 *down* 銃で撃ち倒す, 射殺する / go *gunning* 銃猟に行く. **b** 詳細に見る, 調べる. **2**《口》スロットルを開いて加速する,〈エンジンを〉吹かす; 疾走する〈*away*〉; *《俗》強く[すばやく]投げる;〔野〕すばやい牽制で〈走者を〉刺す〈*down*〉; *《俗》運ぶ, …の給仕[使い走り]をする. ● **〜 for…** 銃で…の猟をする; [通例 進行形で]《傷つけまたは撃つために》…を捜す, 追跡する, 追い詰める; [通例 進行形で] 全力を挙げて…を得ようと努める, …をねらう. [? Scand *Gunnhildr* 大砲などに与えられた女性の名]

gun[2] *v* GIN[3] の過去分詞.

gun[3] *n*《俗》泥棒, スリ.

gún·bòat *n* 砲艦,《川や港湾をパトロールする》機関銃搭載哨戒艇;〔鉱〕ガンボート (=*skip*); *《俗》1 ガロン入りのブリキの空き缶; *《俗》大靴, 長靴, どた靴, (でっかい)足.

gúnboat diplómacy 砲艦外交, 武力外交.

gún·bùnny *n* *《軍俗》砲兵, 砲手.

gún càrriage 砲架, 砲架車.

gun·cel /gʌ́ns(ə)l/ *n* *《俗》GUNSEL.

gunch /gʌ́ntʃ/ *n* *《俗》ピンボール (pinball) の転がりをなんとか変えて高得点を得ようとすること.

gún contròl 銃規制, ガンコントロール.

gún·còtton *n* 綿火薬, 強綿薬 (=*nitrocellulose*).

gún crèw《軍艦の》砲(側)員《集合的》.

gún dèck〔海〕砲塔[砲列]甲板.

gun·di /gʌ́ndi/ *n*〔動〕グンディ《北アフリカ産の齧歯動物》. [Maghrebi Arab < ? Berber *gerdi* rat]

gún·dòg *n* 銃猟犬《pointer, setter など》.

gún·dòwn *n* 銃撃, 銃殺, 射殺.

gún·fìght *n, vi* 拳銃での撃ち合い[決闘](をする).

gún·fìght·er *n* 拳銃使い, ガンマン; *《口》《西部の》ならず者, 無法者.

gún·fìre *n* 発砲, (銃)砲火, 砲撃; 各個射撃;〔軍〕《銃剣·急襲などによる攻撃と区別して》火砲攻撃; 発砲音;《朝夕の》号砲(時刻); ‖《陸軍俗》《早朝の》お茶.

gún·flìnt *n*《燧発(すいはつ)銃の》火打ち石.

gunge /gʌ́ndʒ/ *n* ‖《口》くっつく[固まりつく, べとべとした]もの (gunk);《俗》いんきんたむし. ► *vt* [ᵁ*pass*] *《口》gunge でふさぐ[詰まらせる]〈*up*〉.

gun·geon /gʌ́ndʒən/ *n* *《俗》《アフリカ·ジャマイカ産の》強力なマリファナ. [*ganja*]

gung ho /gʌ́ŋ hóu/ *a* 熱血的な, がむしゃらな, ばかみたいに[やたら]熱心な; *《俗》洗練されていない. ► *adv*《口》うまく, 順調に. [Chin 工和 work together: 第二次大戦中の米海兵隊のモットー]

gun·gy /gʌ́ndʒi/ *a*《俗》べとべとする, きたない, ひでえ, しけた.

gún hàrpoon 捕鯨砲から撃ち出される銛(もり).

gún·hòuse *n*《軍艦の》砲塔.

gun·iff /gʌ́nəf/ *n, vt*《俗》GANEF.

gun·ite /gʌ́nàɪt/ *n* グナイト, ガナイト《セメントガンなどで施工面に直接吹きつけるモルタル》.

gunk /gʌ́ŋk/ *n*《口》ぬるぬる[ねばねば, べたべた, どろどろ]したもの, どろどろの汚物, ヘドロ;《俗》化粧品;《俗》人, やつ; *《軍俗》乾燥[粉末]食品; *《俗》鼻で吸って楽しむ接着剤.
♦ **gúnky** *a* [*Gunk* 油分除去洗剤の商標]

gúnk·hòle *n*《小型船が錨をおろす》小さな入江. ► *vi* 入江の内外をクルーズする.

gún làp《先頭走者がラップにかかると号砲が鳴る》最終ラップ.

gún·lày·er *n*〔英海軍〕《大砲の》照準手.

gún·less *a* 銃[砲]を持たない.

gún·lòck *n*《銃の》引金.

gún·màker *n* 銃砲製造業者; 鉄砲鍛冶.

gún·man /-mən/ *n* (*pl* **-men** /-mən/) 銃器携帯者[守衛, 警衛]; ピストルを携帯するギャング[悪漢, 殺し屋]; 射撃の名人, 早撃ちの名手, ガンマン; GUNSMITH. ♦ **〜·shìp** *n*

gún·mètal *n*〔冶〕砲金 (**1**) かつて大砲の製造に用いた青銅 **2**) 前者に似た暗灰色の金属·合金); 砲金灰色 (=**〜 gràу**): a 〜 sky.

gún mìcrophone ガンマイク《離れた場所から音源に向けて使用する長い円筒型のマイクロホン》.

gún mòll /-màl/《俗》女スリ, 女賊;《俗》ギャング[盗賊]の情婦[仲間の女];《俗》女の殺し屋.

Gunn[1] /gʌ́n/ ガン **Thom(son) William 〜** (1929–2004)《英国の詩人》.

Gunn[2] *a*〔理〕ガン効果の (⇨ GUNN EFFECT).

Gun·nar /gúnɑ̀ːr, gúː-, -nər/ **1** グンナル《男子名》. **2**〔北欧伝説〕グンナル《Sigurd の義兄弟; cf. GUNTHER[1]》. [Swed]

Gun·nars·son /gánərs(ə)n/ グンナルスソン **Gunnar 〜** (1889–1975)《アイスランドの詩人·小説家》.

gunned /gʌ́nd/ *a* (…の)砲を備えた: heavily 〜.

Gúnn effèct〔理〕ガン効果《半導体に臨界電圧を加えると極超短波を発すること》. [John B. *Gunn* (1928–2008) エジプト生まれの米国の物理学者]

gun·nel[1] /gʌ́n(ə)l/ *n* GUNWALE.

gunnel[2] *n*〔魚〕ガンネルギンポ (=*bracketed blenny, butterfish*)《北大西洋産; ニシキギンポ科》;《広く》ニシキギンポ科の魚. [C17 < ?]

gún·ner *n* **1** 砲手, 銃手, 射手; ‖砲兵隊員;〔米陸軍〕砲兵伍長;〔米海兵隊〕技術部隊准士官;〔海軍〕掌砲長《准士官》;〔空軍〕機上射手, 銃猟者. **2** *《俗》目立ちたがり屋, 派手なプレーヤー; *《俗》ガリ勉学生. ● **kiss** [**marry, be introduced to**] **the 〜's daughter**〈水兵が砲に縛りつけられてむち打たれる.

gun·ne·ra /gəníərə, *-nérə, ‖gʌ́n(ə)rə/ *n*〔植〕グンネラ科コウモリガサソウ属 (*G-*) の各種草本 (=*prickly rhubarb*)《観葉植物; ブラジル南部原産のオニブキなど》. [Johan E. *Gunnerus* (1718–73) ノルウェーの植物学者]

gún·nery *n* 砲術, 射撃法; 砲撃; 砲, 銃砲《集合的》: a 〜 lieutenant [《俗》jack]〔英海軍〕砲術長.

gúnnery sèrgeant〔海兵隊〕一等軍曹 (⇨ MARINE CORPS).

gún·ning *n* 銃猟 (shooting); 銃猟法.

gun·ny /gʌ́ni/ *n* 太糸の黄麻布, ガニー(クロス); GUNNYSACK; *《俗》《ジャマイカ·アフリカ産の》強力なマリファナ, ガニー. [Hindi, Marathi < Skt = sack]

gúnny·sàck, gúnny·bàg *n* ガニー(クロス)製の袋.

gún·pàper *n*〔軍〕紙火薬.

gún pàtch《シャツや上着につけた》ライフルの反動を緩和する肩当て.

gún pìt〔陸軍〕凹胴坐墻(おうどうざしょう)《砲および砲兵を掩護する塹壕》.

gún·plày *n* ピストルの撃ち合い, ピストル騒ぎ; 銃の腕, ガンさばき.

gún·pòint *n* 銃の先端, 銃口. ● **at 〜** ピストル[銃]でおどして[おどされて].

gún·pòke *n* *《俗》GUNMAN.

gún·pòrt *n* 砲門, 銃眼.

gún·pòwder *n* 火薬, 黒色火薬; GUNPOWDER TEA: smokeless 〜 無煙火薬 / white 〜 白色火薬.

Gúnpowder Plòt [the]〔英史〕火薬陰謀事件《1605 年議会を爆破して James 1 世と議員を殺害しようとした Guy FAWKES を主犯とするカトリック教徒の陰謀; cf. GUY[2], GUY FAWKES DAY》.

gúnpowder téa 珠茶(チューチャ), 玉(たま)緑茶《葉を粒状に巻いた上等の緑茶》.

gún·pòwer *n*《砲数·威力からみた》砲撃能力.

gún ròom 銃器(保存)室; 銃器陳列室;〔英海軍〕下級将校室《元来は掌砲長とその部下たちの部屋》.

gún·rùnner *n* 銃砲弾薬の密輸人[業者]. ♦ **-rùnning** *n*

Gun·san, Kun·san /gúnsɑ̀ːn/ 群山(クンサン)《韓国西部, 全羅北道にある黄海沿岸の工業都市》.

gúns and bútter *n, a* 軍備と国民経済とを両立させる政策(の), 大砲とバター(の).

gun·sel /gʌ́ns(ə)l/ *《俗》*n* **1** 若造, うぶなやつ;《男色の》稚児(ちご) (catamite); おかま, ホモ. **2** ばか者, 卑劣なやつ. **3** 殺し屋, 暴力団員, ギャング. [Yid]

gún·shìp *n* ガンシップ《ロケット·機銃を装備したヘリコプター·輸送機》.

gún·shòt *n* 発射された弾丸; 射撃, 砲撃, 発砲(音); 弾着距離, 射程; [〈*a*〉] 銃弾による: within [out of, beyond] 〜 射程内[外]に.

gún·shỳ *a* 〈馬・猟犬が〉銃声を恐れる[におびえる]; 《一般に》こわがり屋の, びくびくの. ♦ **～·ness** *n*
gún·sìght *n* (射撃)照準器 (sight).
gún·sìte *n* 砲撃陣地.
gún·slìng·er *n* 《口》《アメリカ西部の》早撃ちの名手; 《口》銃を持つ凶悪犯; *《証券俗》ガンスリンガー《短期値上がり益を求めて大口の株式投機を行なう年金基金などのファンドマネージャー》, 大型相場師.
gún·slìng·ing 《口》*a* 銃を持った; *あぶない取引をする. ► *n* 銃の使用, 発砲.
gún·smìth *n* 鉄砲鍛冶, 銃工. ♦ **～·ing** *n*
Gún·smòke 「ガンスモーク」《米国テレビの西部劇 (1955–75); 1880 年代の Kansas 州 Dodge City を舞台に, 連邦保安官 Matt Dillon などの活躍と生活を描く》.
gún·stòck *n* 銃床《銃の台木》.
gún tàckle 〘海〙 ガンテークル《1 本のロープで 2 個の単滑車をつないだ滑車装置》.
gun·ter /gʌ́ntər/ *n* ガンター氏尺規 (=**G～'s scále**)《測量術・航海術に用いる対数尺の一種; 計算尺の前身》; 〘海〙 ガンター(セール)《上下に移動できる三角帆》; GUNTER RIG. [↓]
Gunter ガンター **Edmund ～** (1581–1626)《イングランドの数学者・天文学者; 計算尺の前身などを発案した》.
gúnter rìg 〘海〙 ガンター艤装《マストの上半分が上下に移動する》. ♦ **gúnter-rìgged** *a* [↑]
Gúnter's cháin 〘測〙 ガンターチェーン《全長フィート (20.1 m); 合衆国の公有地の測量の単位とされる; ⇨ CHAIN》.
Gun·ther[1] /gʊ́ntər/ グンター《*Nibelungenlied* に出る Burgundy 王で, BRUNHILD の夫; 北欧での Gunnar に当たる》.
Gun·ther[2] /gʌ́nθər/ ガンサー **John ～** (1901–70)《米国のジャーナリスト・著述家; *Inside U.S.A.* (1947) など内幕物で有名》.
gún-tòt·ing /-tòʊt-/ *a**《口》(拳)銃を持った.
Gun·tur /gʊntʊ́ər/ グントゥール《インド東部 Andhra Pradesh 中部の市》.
gun·tzel /gʌ́nts(ə)l/ *n**《俗》GUNSEL.
gun·wale /gʌ́n(ə)l/ *n* 〘海〙 舷縁, ガンネル《舷側の上縁; 舷側の頂部と甲板の接する部分》. ● **～ down [to]** 〈船が〉上縁が水面に触れるまで傾いて[水面と水平になるまで沈んで]. **～ under** 船べりが水面下に没して. **to the ～s** 最大限に, 目いっぱいに. [GUN[1], WALE[1]; 以前砲を支えたことから]
gun·yah /gʌ́njə/ 《豪》*n* 《先住民の》小屋; 《未開墾地の》粗末な小屋, 掘っ建て小屋. [(Austral)]
gun·yang /gʌ́njæŋ/ *n* 〘植〙 KANGAROO APPLE.
Günz /gínts, gʊ́nts/ *n* 〘地質〙 ギュンツ(氷期)《更新世の Alps 周辺で 4 氷期を設定した場合の第 1 氷期; 以下 Mindel, Riss, Würm と続く》. [ドイツ南部の Danube 川の支流の名から]
gún·zel-bùtt /gʌ́nz(ə)l-/ *n* 《俗》変なやつ, 妙な野郎.
Guo·min·dang /gwóʊmíndá:ŋ/ KUOMINTANG.
Guo Mo·ruo /gwóʊ móʊʤuóʊ/, **Kuo Mo-jo** /gwóʊ móʊʤóʊ/ 郭沫若(かくまつじゃく) (1892–1978)《中国の文学者・歴史家》.
gup /gʌ́p/ *n* 《英・インド》うわさ話, ゴシップ, 醜聞, スキャンダル; 《口》ばかばかしい話. [Hindi]
gup·pie[1] /gʌ́pi/ 《口》ガッピー《生態環境に関心の高いヤッピー》. [green+*yuppie*]
guppie[2] *n* 《口》ガッピー《ゲイのヤッピー》. [gay+*yuppie*]
gup·py[1] /gʌ́pi/ *n* 〘魚〙 グッピー《カダヤシ科》. [Robert J. L. *Guppy* (1836–1916) この魚を英国に紹介したトリニダードの牧師]
guppy[2] *n* 〘海軍〙 グッピー《シュノーケルを備えた流線型艦体の初期の潜水艦》. [*g*reater *u*nderwater *p*ropulsive *p*ower, *-y*[1]]
Gup·ta /gʊ́ptə/ グプタ朝《320 年ころ Chandragupta 1 世が創始し, 6 世紀中ごろまで北インドを統一支配した王朝》.
gur /gʊ́ər/ *n* 《インド》グル《サトウキビなどの汁を煮詰めて固めたもの》, 粗糖. [Hindi, Marathi]
Gur *n* 〘言〙 グル語派《Niger-Congo 語族に属し, ブルキナファソ, マリ南部のほかコートジヴォアール・ガーナ・トーゴ・ベニン各国の北部で用いられる》.
Gur·dji·eff /gə́:rʤièf/ グルジェフ **George Ivanovich ～** (1872?–1949)《ギリシア系アルメニア人の神秘主義者・哲学者; 人間を束縛する古い思考・感情を放棄して高い次元の自由に達する道を説いた》.
gur·dwa·ra /gʊərdwá:rə, gə́:rdwà:rə/ *n* 《シク教徒の》神殿, 祈禱所. [Panjabi]
gurge /gə́:rʤ/ *n* 渦巻, うねり. ► *vi* 渦巻く, うねる.
gur·gi·ta·tion /gə̀:rʤətéɪʃ(ə)n/ *n* 大波のようにうねる[渦巻く]こと; 煮えくりかえること[音].
gur·gle /gə́:rg(ə)l/ *vi* 〈水など〉ゴボゴボ流れる, ゴボンゴボン[ドクドク]音をたてる; 〈乳児が〉のどをゴロゴロ鳴らす《喜んだときなど》; 〈腹が〉グーグー鳴る. ► *vt* ゴロゴロいう声で話す. ► *n* ゴボゴボ流れること, ゴボンゴボン[ドクドク]音をたてること; ゴボンゴボン[ドクドク]いう音. ♦ **gúr·gling** *a* **gúr·gling·ly** *adv* [imit or Du *gorgelen*, G *gurgeln*, or L (*gurgulio* gullet)]
gúr·gler *n* ゴボゴボ音をたてる人[物]; 《豪口》排水口, 排水管. ● **down the ～** 《豪口》むだ[パー]になって, 水泡に帰して (down the drain).

gur·glet /gə́:rglət/ *n* GOGLET.
gur·jun /gə́:rʤən/ *n* 〘植〙 ガージャン, フタバガキ(双葉柿)《東インド・フィリピン産のフタバガキ属の巨木数種》; ガージャン材; GURJUN BALSAM. [Bengali]
gúrjun bálsam ガージャン含油樹脂 (=*wood oil*)《薬用・工業用》.
gurk /gə́:rk/ *vi, vt*"《口》げっぷをする; "《口》噴出する, 吐き出すように言う. [imit]
Gur·kha /gʊ́ərkə, gə́:r-/ *n* (*pl* **～, ～s**) グルカ族《ネパールの支配部族》; 《英軍・インド軍の》グルカ兵《勇猛で知られる》. [Skt *gāus* cow, *raksh* to protect]
Gur·kha·li /gʊərká:li, gər-/ *n* グルカ語《印欧語族 Indic 語派の一つ》.
Gur·mu·khi /gʊ́ərməki/ *n* グルムキー文字《パンジャブ語を表記するのに用いる》. [Panjabi＜Skt (*guru* teacher, *mukha* mouth)]
gurn /gə́:rn/ *vi, n*"グロテスクな表情をつくる; 《スコ》GIRN[1]: **～*ing*** championships しかめっつら選手権大会. ♦ **～·er** *n*
gur·nard /gə́:rnərd/, **gur·net** /-nət/ *n* (*pl* **～, ～s**) 〘魚〙 **a** ホウボウ (sea robin)《総称》. **b** セミホウボウ《総称》. [OF (*gron(d)ir* to grunt)]
gur·ney* /gə́:rni/ *n* ガーニー《**1**》車輪付き担架[寝台] **2**》両側にキャンバスを張った郵袋発送用二輪[四輪]車》.
Gurney ガーニー **Ivor (Bertie) ～** (1890–1937)《英国の詩人・作曲家; 第一次大戦の Somme の戦いで負傷, 戦争の体験をうたった》.
gur·ri·er /gə́:riər, gʌ́r-; gʌ́r-/ *n* 《ダブリン方言》下層階級の粗野な人, 無骨者. [? CURRIER]
gur·ry* /gə́:ri, gʌ́ri; gʌ́ri/ *n, vt* 《かんづめ工場などの》魚類の腐肉(で不潔にする).
gu·ru /gʊ́ru, gú:-, *gərú:/ *n* **1 a** 《ヒンドゥー教の》教師, 導師; 《シク教の》グル《教祖から第 10 代までの指導者の一人》. **b** [°*derog*] 《信奉者の崇拝する》指導者, 教祖的存在. **c** 《特定分野の》権威者, 専門家. **d***《俗》精神科医; *《俗》幻覚剤を体験する者に付き添う者. **e** *《俗》株式仲介人[アドバイザー]. **2** 《guru の衣服に似た》長いゆったりした衣服 (=**～ jàcket**). [Hindi=teacher＜Skt *gurús* grave, dignified]
Gúru Gránth Sáhib 『グル・グラント・サーヒブ』《シク教の教典》.
Gus /gʌ́s/ ガス《男子名; August, Augustus, Gustavus などの愛称》.
GUS °Great Universal Stores.
gush /gʌ́ʃ/ *vi, vt* **1** 流れ出る, 噴き[わき]出る, 噴出する[させる], ほとばしる, ほとばしらせる 〈*out, forth*; *with*〉. **2** 大げさに[とうとうと]しゃべる, ほめちぎる, 一気呵成に書く 〈*about, over*〉. ► *n* 噴出, ほとばしり; 噴出した液体; あふれんばかりの[大げさな]感情表現, 浅薄なことばの羅列. ♦ **～·ing** *a* **～·ing·ly** *adv* [ME (? imit)]
Gush Emu·nim /gú:ʃ emuní:m/ グッシュ・エムニーム《イスラエルの戦闘的なシオニスト組織》. [Heb=bloc of the faithful]
gúsh·er *n* ほとばしり出るもの; 噴出油井(せい); 大げさに感情を示す人, 感情家.
gúshy *a* あまりに感情的[感傷的]な, すぐ感情を表に出す, むやみに感心する. ♦ **gúsh·i·ly** *adv* **-i·ness** *n*
gus·set /gʌ́sət/ *n* 三角ぎれ, まち, おくみ; 手袋の当て革; 〘機〙 ひかえ板; 繋板(けいばん)《橋梁用》; 〘鉱〙 V カット; 〘史〙《よろいのわきのしたに着けた》鎖かたびらの一片, 胸当ての脇の板金. ► *vt* …に gusset をつける. ♦ **～·ed** *a* [OF (*gousse* pod, shell)]
Gus·sie /gʌ́si/ ガッシー《**1**》男子名; Augustus の愛称 **2**》女子名; Augusta の愛称》.
gus·sy, gus·sie /gʌ́si/ *vt, vi* [次の成句で]: **～ up***《口》着飾る, 飾りたてる; きれいにする, 片付ける; 一新する, 磨きをかける. [C20 ＜? *Gussie*]
gust[1] /gʌ́st/ *n* 一陣の風, 突風, はやて; にわか雨, どっと燃え立つ火, にわかの物音; 《感情の》激発 (outburst) 〈*of* rage, desire〉. ► *vi* 〈風が〉急に強く吹く. [ON]
gust[2] *n* /gʌ́st/ 非常な喜び 〈*for*〉; 《古・詩》好み, 嗜好; 《廃》味, 味覚, 風味. ● **have a ～ of**…を賞味する. ► *vt* /gú:st, gʌ́st; gʌ́st/ 《スコ》味わう. [L *gustus* taste]
gús·ta·ble 《古》*a* 楽しめる, おいしい; 味覚で区別できる.
Gus·taf /gʊ́stà:f, gʌ́s-, gʌ́stà:v/ グスタフ, グスタヴ《男子名》. [Swed, Finn; ⇨ GUSTAVUS]
gus·ta·tion /gʌ̀stéɪʃ(ə)n/ *n* 味わうこと, 賞味; 味覚, 味感. [F or L (GUST[2])]
gus·ta·tive /gʌ́stətɪv/ *a* GUSTATORY. ♦ **～·ness** *n*
gus·ta·to·ri·al /gʌ̀stətɔ́:riəl/ *a* GUSTATORY. ♦ **～·ly** *adv*
gus·ta·to·ry /gʌ́stətɔ̀:ri; -t(ə)ri/ *a* 〘解・生理〙 味覚の. ♦ **gùs·ta·tó·ri·ly** /; -t(ə)rɪ-/ *adv*
Gus·tav /gʊ́stà:f, -f, gʌ́s-, -tà:v/ **1** グスタヴ, グスタフ《男子名》. **2** 《スウェーデン王》グスタヴ《**1**》**～ I Va·sa** /vá:sɑ:/ (1496?–1560)《在位 1523–60; ヴァーサ (Vasa) 朝の祖; スウェーデンをデンマークから解放した》《**2**》**～ II Adolf** (1594–1632)《在位 1611–32; 通称 'Lion of the North'; デンマーク・ロシア・ポーランドに戦勝, 三十年戦争で新教徒を助けてドイツに侵入したが重傷を負って死亡; スウェーデンをヨーロッパの大国とした》《**3**》**～ III** (1746–92)《在位 1771–92; 啓蒙的専制政治を行なった》《**4**》**～ IV Adolf** (1778–1837)《在位 1792–1809; 外

交に失敗, クーデターで失脚した)(5) ～ V (1858–1950)《在位 1907–50》(6) ～ VI Adolf (1882–1973)《在位 1950–73》. [G; ⇨ GUSTAVUS]

Gus·tave /gʊ́stɑ̀:v, gʌ́s-; F gysta:v/ グスタヴ, ギュスターヴ《男子名》. [F; ⇨ GUSTAVUS]

Gus·ta·vo /gustɑ́:voʊ/ グスタボ《男子名》. [Sp; ⇨ GUSTAVUS]

Gustavo A. Ma·de·ro /─́─ ɑ́: mədɛ́əroʊ/ グスタボ・ア・マデロ《GUADALUPE HIDALGO の公式名》.

Gus·ta·vus /gəstéɪvəs, -tɑ́:-/ **1** グスタヴス《男子名; 愛称 Gus》. **2**《スウェーデン王》GUSTAV. [Gmc=staff of God (or Goth)]

gus·to /gʌ́stoʊ/ *n* (*pl* **～es**) あふれる活気[生気]; 心からの楽しみ[喜び]; 好み, 嗜好, 趣味; *《俗》ビール; 《古》芸術的風格, 気品, 妙味; 《古》味, 風味: with ～ 生きいきと, 力強く; 楽しげに; さもうまそうに, 舌鼓を打って. ► *vi**《俗》ビールを飲む. ♦ **～·ish** *a* [It＜L GUST²]

Gus·tus /gʌ́stəs/ ガスタス《男子名; Augustus の愛称》.

gústy¹ *a* 突風の多い, 風の吹きすさぶ; 突発的な; 中身のない話ばかりの; 元気のいい. ♦ **gúst·i·ly** *adv* **-i·ness** *n*

gusty² /gú:sti, gʌ́sti/ *a* 《スコ》味のよい, 食欲をそそる.

gut /gʌ́t/ *n* **1 a** 消化管, 腸, 胃; [*pl*] 内臓, はらわた《VISCERAL *a*》; 《太って突き出た》腹, おなか; [～s; ‹*sg*›] 《口》大食漢; *《俗》ソーセージ: the large [small] ～ 大[小]腸 / the blind ～ 盲腸 / BEER GUT / ways to lose your ～ 腹をへこます方法. **b** 《口》直感, 本能. **2** [*pl*] 《口》内容, 中身, 実質, 核心; 《口》《機械の》内部, 仕掛け: have no ～*s* 内容[中身]がない, 空(から)である. **3** [*pl*] 《口》**a** 根気, 根性, 勇気, 度胸, ガッツ: a man with plenty of ～*s* 肚のしっかりした男 / have the ～*s* to do…をする根性[勇気]がある / have no ～*s* 根性がない. **b** あつかましさ, ずうずうしさ, 厚顔: I can't stand his ～*s*. やつ(のずうずうしさ)には我慢ならん[むしずが走る]. **c** …な連中, やつら: GRIZZLE GUTS. **4**《ラケット・ヴァイオリンなどの》ガット, 腸線 (catgut); 《釣糸用の》てぐす. **5** 狭い水路, 瀬戸, 海峡; 溝; 《街の》小路, 路地; 《Oxford, Cambridge 大学のボートレースの》コースの屈曲部. **6** *《俗》GUT COURSE. ● **bust [rupture] a ～** 《口》大変な努力をする, がんばる ‹*to* do›; 《口》頭を悩ます, 気づかう ‹*over*›; 《口》爆笑する; *《俗》激怒する, ぶっとぶ, キレる. **fret one's ～s** 心配する, 気をもむ. **hate sb's ～s** ″《口》人を心(しん)から憎む. **have sb's ～s for garters** ″《口》[*joc*] 人をとっちめる. **spew one's ～s (out)** 《口》吐く (vomit); 《俗》‹犯人が›洗いざらい吐く, ゲロる. **spill one's ～s** *《口》肚のうちを吐き出す, なにもかもぶちまける. **split a ～** 《口》猛烈に働く, すごくがんばる; *《口》(腹がよじれるくらい)爆笑する, 死ぬほど笑う (split one's sides with [for] laughter). **sweat [work, slog, slave] one's ～s out** 身を粉にして[懸命に]働く. **yell one's ～s out** *《俗》大声で叫ぶ, わめく.

► *a* 《口》**1** 肚の底からの, 直感に基づく, 本能的な, 感情的な; GUTSY: a ～ reaction 直感, 感情的な反応 ‹*to*›. **2** 根本的な, 重大な‹問題など›. **3***《口》‹科目が›楽な, 取りやすい, ちょろい: GUT COURSE.

► *vt* (-tt-) **1** …のはらわたを抜く; ″《俗》むさぼり食う. **2 a** …の中身を取り除く, 洗いざらい略奪する; [°*pass*] ‹建物›の中身を破壊する[焼いてしまう], …を潰滅させる; …の実質的な力[効果]を失わせる, 骨抜きにする. **b** ‹本・論文など›の要所[要点]を抜き取る; ″《口》斜め読みする, 速読して…の大意をつかむ. ● **～ it out** *《俗》がんばり通す, 耐え抜く. [OE *guttas* (pl); OE *gēotan* to pour と同語源か]

GUT /gʌ́t/ 〔理〕°grand unified [unification] theory.

gút·bùcket *n* **1** ガットバケット《(1) 2 拍子のホットジャズ, =barrelhouse (2) たらいに 1 本の弦を張ってスティックで鳴らす手製の低音弦楽器》. **2***《俗》《特に 独房の》便器; *《俗》便所, トイレ. **3**″《口》大食漢, 大食らい; *《俗》でぶ(男), 太っちょ; *《俗》腹, おなか. **4***《俗》安酒場, 低級な賭場, たまり場.

gút-bùrglar *n**《俗》《伐採地の飯場の》料理人.

gút chèck*《口》ガットチェック《(1) 内臓機能のチェック (2) 職員のモラール, 企画の進捗などに関する企業・組織の簡易現状分析》.

gút còurse [clàss]*《口》簡単に単位の取れる科目, 楽勝コース (=*gut*).

Gu·ten·berg /gú:tnbə̀:rg/ グーテンベルク **Johannes ～** (c. 1398–1468)《ドイツの発明家; 活字印刷術の発明者とされる; 活版印刷による四十二行聖書は有名》.

Gútenberg Bíble [the] グーテンベルク聖書《Mainz で 1456 年以前に出たラテン語訳聖書で, 一部は Gutenberg によるとされ, 活字印刷の最初の大冊として珍重される》.

gu·ten Tag /G gú:tn tá:k/ *int* こんにちは; さようなら.

Gü·ters·loh /G gý:tərslo:/ ギュータースロー《ドイツ北西部 North Rhine-Westphalia 州の市》.

gút·fìght·er *n* 手ごわい敵.

gút-hàmmer *n* 《伐採地の飯場などで》食事の合図に鳴らす鋼製の三角形の鐘.

Guth·rie /gʌ́θri/ **1** ガスリー《男子名》. **2** ガスリー (1) **A(lfred) B(ertram) ～, Jr.** (1901–91)《米国の小説家; 西部を題材とした作品を多数発表》(2) Sir **(William) Tyrone ～** (1900–71)《英国の演出家》(3) **'Woody' ～ [Woodrow Wilson ～]** (1912–67)《米国のフォーク歌手・作曲家》. [Gael *goothair* windy]

Gúthrie tèst 〔医〕ガスリー試験[テスト]《フェニルケトン尿症 (phenylketonuria) の有無を調べるための子供の血液検査》. [Robert *Guthrie* (1916–95) 米国の小児科医]

Guth·run /gʊ́ðrù:n/ GUDRUN.

gu·ti /gú:ti/ *n* 《南アなど》グチ《海からの南西風によって曇りで小雨の降る時期》. [Shona]

gút jòb* 内装工事[修理], リフォーム.

gút·less 《口》*a* 臆病な, ふぬけの; やる気のない, 無気力な. ♦ **～·ly** *adv* **～·ness** *n*

gútless wónder 《口》全くのいくじなし, ふぬけ.

gút rehabilitàtion [renovàtion] GUT JOB.

gút-ròt″《口》*n* 安酒, 腐ったような食い物; 腹痛.

guts /gʌ́ts/ *n pl* ⇨ GUT. ► *vi* 《口》がつがつ食う, むさぼる.

gut·ser, gut·zer /gʌ́tsər/ 《豪口》*n* 落下, 衝突; 失望, 失敗. ● **come [fetch] a ～** ドスンと倒れる[落ちる, ぶつかる]; 失敗する, 不幸なめにあう.

Gúts Frísbee ガッツフリスビー《フリスビーを相手が捕えにくいように投げ合うチーム競技》.

gutsy /gʌ́tsi/ 《口》*a* 勇気[ガッツ]のある; 威勢のいい, 力強い, パワーのある; 野性的な; 野趣に富む; がつがつした. ♦ **gúts·i·ly** *adv* **-i·ness** *n* [*guts*, -*y*⁴]

gut·ta¹ /gʌ́tə, gʊ́tə/ *n* (*pl* **-tae** /gʌ́tì:, gʊ́t-, gʊ́tàɪ/) したたり, 滴, 〔薬〕滴, グッタ (drop)《略 gt., *pl* gtt.》; 〔建〕露玉(つゆだま)《ドーリス式の滴状装飾; 持送りの下部などにつける》. [L=a drop]

gutta² *n* GUTTA-PERCHA.

gut·ta-per·cha /gʌ́təpə́:rʧə/ *n* グッタペルカ, ガッタパーチャ《(1) マレー産アカテツ科オオバアカテツ属の常緑高木 (2) その樹液を乾燥したゴム様物質; 歯科充填・電気絶縁などに用いる》. [Malay (*getah* gum)]

gut·tate /gʌ́teɪt/, **-tat·ed** /-tèɪtəd/ *a* 〔生〕滴(粒)状の(斑点のある), 滴粒を含む.

gut·ta·tion /gətéɪʃ(ə)n/ *n* 《植物表面の》排水, 溢液(いつえき).

gút·ted ″《口》*a* 疲れきって, へとへとになって; すっかり落ち込んで, うんざりして; ‹魚が›はらわたを取り除いてある; ‹建物が›ひどく[すっかり]破壊されて.

gut·ter¹ /gʌ́tər/ *n* **1**《屋根の》樋(とい), 雨樋; 《鉱山などの》排水溝; 《道路の, 特に 車道と人道の境の》溝, 側溝(そっこう), 街渠; 〔ボウル〕ガター《レーン両わきの溝》: Who repairs not his ～*s* repairs his whole house. 《諺》雨樋を直さない者は家全部を直すことになる. **2**《流水・溶けた蠟の》流れ跡, 水跡; 《豪》《沈澱した金を豊富にもつ旧河川の》含金河床; 溝, 溝すじ, 凹線. **3** 〔印〕組版のページを分かつ仕切り木; 〔製本〕のどあき《左右両ページ間の余白》; 〔郵〕ガター《ミシン目のはいる切手の間の余白》. **4 a** [the]《貧乏・不潔・犯罪などの》どん底生活(の場所), 貧民街: take [raise, pick up] a child out of *the* ～ 子供を貧民街から救い上げる / a child of *the* ～ 浮浪児 / rise from *the* ～ 卑賤から身をおこす / in the ～ 社会のどん底で, 金に困って. **b** [‹*a*›] どん底社会の, 《特に》野卑な, 卑しい, 低劣きわまりない: GUTTER PRESS. ● **have one's mind in the ～** *《俗》いやらしいことばかり考えている.

► *vt* **1 a** …に樋[溝]をつける, 溝付けする. **b** ‹犬などを›排便のため溝の方へ連れて行く (curb); 〔ボウル〕‹ボールを›ガターに落とす. **2** ‹タバコなどを›消す (extinguish). ► *vi* 細流となって流れる, したたる; ‹ろうそくが›流れ出る; 《風で》‹ろうそく・ランプの炎が›なびく; 流れ跡をつくる. ● **～ out** ‹ろうそくなど›だんだん弱くなって消える; 消えるように[さみしく]終わる[死ぬ]. ♦ **～·like** *a* [OF＜L GUTTA¹]

gutter² *n* 動物[魚など]のはらわたを抜く人; *《方》腹打ち飛び込み. [*gut*]

gútter bàll 〔ボウル〕ガターボール.

gútter-cràwl·ing″ *n* KERB-CRAWLING. ♦ **gútter-cràwl** *vi*

gútter·ing″ *n* 《建物全体の》雨樋[排水](システム); 樋材.

gútter·man /-mən/ *n* 安物を売る呼び売り商人.

gútter prèss″/; ─́─ ─́─/ [the] 低俗新聞[雑誌].

gútter·pùp *n**《俗》どぶで生まれた犬っころみたいなやつ, ろくでなし, 下賤なやつ (guttersnipe).

gútter·snìpe *n* 浮浪児; どん底の人間, 下賤なやつ, 安淫売; 《道端の》溝のくず拾い《人》; *《俗》ビラ, ちらし. ♦ **-snìp·ish** *a*

gútter wèar*《俗》ガターウェア《ファッションとしてのうすよごれた衣類》.

gut·tle /gʌ́tl/ *vt, vi* むさぼり食う, がぶがぶ飲む. ♦ **-tler** *n*

gut·tur·al /gʌ́t(ə)rəl/ *a* のど (throat) の; のどから出る; しわがれ声の; 〔音〕喉音[軟口蓋音]の. ► *n* 〔音〕喉頭音(文字), 軟口蓋音《/k, g, x/ など》. ♦ **～·ism** *n* 喉音性, 喉音を出す癖. **～·ly** *adv* **gùt·tur·ál·i·ty** *n* **～·ness** *n* [F or L (*guttur* throat)]

gúttural·ìze *vt* のどで発音する; 〔音〕喉音化する. ► *vi* のどで発音するような話し方をする. ♦ **gùttural·izátion** *n*

gút·ty¹ *《俗》*a* 大胆な, 勇敢な, 根性のある; 勇気[根性]のいる; 本能的な, 本音の; 感情のこもった[に訴える], 肚の底からの, 腹に響く; ‹車が›強力なエンジンをもつ, パワーのある; 《スコ》太鼓腹ででぶっちょの. [*gut*]

gutty² 《アイル》*n* 悪童, 不良; 下層民. [? *guttersnipe*]

gutty³ *n* 《アイル口・スコロ》PLIMSOLL.

gút-wrènch·ing *a* 吐き気を催す[苦痛をおぼえる]ような, 不快きわまる, ぞっとさせられる, 衝撃的な.

gutzer ⇨ GUTSER

Gutz·kow /gútskoʊ/ グツコー **Karl** (**Ferdinand**) ～ (1811–78) 《ドイツのジャーナリスト・小説家・劇作家》.

guv /gʌ́v/ ᴴ《口》 *n* [*voc*] だんなさん (governor); 親方, かしら.

guv·nor, guv'nor /gʌ́vnər/ ᴴ《口》 *n* 親方, かしら, おやじさん (governor); [*voc*] だんな.

Guwahati ⇨ GAUHATI.

guy[1] /gáɪ/ *n* 〖海〗張り綱, ガイ《起重機につるした荷物を安定させる綱》; 《デリック・煙突などの》支え線[綱], 虎綱, とら, 控え綱, ガイ; 《電柱の》支え線, ガイ. ► *vt* ガイで締める[張る]. [? LG; cf. Du *gei* brail]

guy[2] *n* **1** 《口》男, やつ (fellow), 友だち; [*pl*] *《性別を問わず》人たち, 連中; *《俗》《女性側から》彼氏, だんな, うちの人《婚約者・夫・愛人をいう》; *《口》もの (object, item): a queer ～ 変なやつ / NICE GUY / YOU GUYS. **2 a** ᴴ物笑いの種にされる者, 奇異な服装の人, 化け物. **b** [°G-] Guy FAWKES の像, 滑稽な人形像. **3** ᴴ《俗》逃走, 逃亡: do a ～ 姿を消す / give the ～ to...から逃げ出す. ● **It couldn't happen to a nicer ～.** *《口》[*iron*] 天罰てきめんだ. **one of the ～s** 《口》普通の男. ► *vt* 〈人物を〉異様な人形の像で表わす; 《口》笑いものにする, からかう. ► *vi* ᴴ《俗》逃亡する, ずらかる. [*Guy* Fawkes]

Guy ガイ《男子名》. [F＜Gmc＝wood; sensible]

GUY Guyana.

Guy·ana /gaɪǽnə/ ガイアナ《南米北部の国; 公式名 Republic of ～ (ガイアナ共和国; 憲法上の名称は Co-operative Republic of ～); もと British Guiana; ☆Georgetown》.

Guy·a·nese /gàɪəníːz, -s/ *a, n* (*pl* ～) ガイアナの(人).

Guyenne ⇨ GUIENNE.

Gúy Fáwkes Dày 〖英〗ガイ・フォークスの日《11 月 5 日; ⇨ GUY FAWKES NIGHT》.

Gúy Fáwkes Nìght 〖英〗ガイ・フォークス夜祭 (＝*Bonfire Night, Fireworks Night*)《11 月 5 日の晩の恒例の祭; 昔の風習で, Gunpowder Plot の実行予定日であったこの日 Guy Fawkes の人形を作り, 町を引きまわし夜焼き捨てた; 現在は Guy 人形を燃やすかがり火をたいたり, 花火を打ち上げたりする》.

gúy Fríday 《口》《重宝で広範囲の仕事を任せられる》男性秘書[事務員, 補佐], 腹心, 右腕 (cf. GIRL FRIDAY). [*guy*[2]＋Man *Friday*]

gúy·lìne *n* GUY[1].

Gúy of Gís·borne /-gízbərn/ [Sir] ガイ・オヴ・ギズボーン《Maid Marian をめぐる Robin Hood の恋敵であると同時に Nottingham の代官側につく強力な敵; Robin をだまし討ちしようとして逆に殺される》.

Gúy of Wárwick ガイ・オヴ・ウォリック《14 世紀初めの中英語 (ME) のロマンス; その主人公》.

guy·ot /gíːoʊ, gióʊ/ *n* 平頂海山, ギヨー (＝*tablemount*)《頂上の平坦な海山; 太平洋に多い》. [Arnold H. *Guyot* (1807–84) スイスの地理学者]

gúy ròpe GUY[1].

Gúy's Hóspital ガイ病院《London の代表的な教育研究病院; 通称 'Guy's'; 1722 年に書籍商で慈善家の Thomas Guy (1644 or 45–1724) によって設立された》.

guyver ⇨ GYVER.

Guz·mán /gusmáːn/ グスマン **Martín Luis** ～ (1887–1977)《メキシコの小説家》.

Guzmán Blan·co /-– bláːŋkoʊ/ グスマン・ブランコ **Antonio** ～ (1829–99)《ベネズエラの軍人・政治家; 大統領 (1873–77, 79–84, 86–87)》.

Guzmán Fernández /-– –-/ グスマン・フェルナンデス (**Silvestre**) **Antonio** ～ (1911–82)《ドミニカ共和国の政治家; 大統領 (1978–82)》.

gu·zun·der /gəzʌ́ndər/ *n* ᴴ《俗》しびん, おまる (chamber pot). [It＝bed]

guz·zle /gʌ́z(ə)l/ *vi, vt* (酒を)がぶがぶ飲む 〈*down*〉, 《まれ》がつがつ食う; 大酒を飲む, 酒浸りになる; 〈金銭などを〉酒に飲んでしまう 〈*away*〉; 〈電気・ガソリンなどを〉食う; 《俗・方》(締め)殺す; *《俗》ネッキングする. ► *n* 《方・米俗》のど, のどぼとけ; 酒; 酒宴, どんちゃん騒ぎ. ♦ **gúz·zler** *n* [? OF *gosiller* to chatter, vomit (*gosier* throat)]

gúz·zled *a* *《口》酒に酔って, ぐでんぐでんの; *《俗》逮捕されて, つかまって.

gúzzle-gùts *n* 《俗》大食い, 大酒飲み, のんだくれ.

GVHD 〖医〗°graft-versus-host disease.

Gvoz·de·na Vrata /gvɔ́(ː)zdənə vráːtə, gváz-/ IRON GATE のセルビア-クロアチア語名.

GVW gross vehicle weight 自動車[車両]総重量.

GW 〖電〗gigawatt(s) ♦ °gross weight.

Gwa·dar, Gwa·dur /gwáːdər/ グアダル《パキスタン南西部, アラビア海に臨む港町; 19 世紀初めから 1958 年まで Oman に属した》.

Gwa·li·or /gwáːliɔ̀ːr/ グワーリオール《**1**) インド中北部の旧州; ☆Lashkar; 1956 年から Madhya Pradesh の一部 **2**) Madhya Pradesh 北部の市》.

Gwang·ju, Kwang·ju /gwáːŋʤu/ 光州(ｸﾜﾝｼﾞｭ)(こうしゅう)《韓国南西部, 全羅南道の市・道都》.

gwe·duc /gúːidʌ̀k/ *n* GEODUCK.

gweeb /gwíːb/ *n* *《学生俗》ガリ勉, おもしろくないやつ. [変形＜*dweeb*]

gwee·bo /gwíːboʊ/ *n* (*pl* ～**s**) *《学生俗》GWEEB.

gweep /gwíːp/ *n* 《俗》グウィープ《**1**) コンピューターの専門家[プロ]から見ての初心者 **2**) 働きすぎのハッカー》.

gwei·lo, gwai- /gwéɪloʊ/ *n* [*derog*] 《香港・東南アジア》外国人, 《特に》西洋人. [＜Cantonese 鬼佬]

Gwe·lo /gwéɪloʊ/ グウェロ《GWERU の旧称》.

Gwen /gwén/ グウェン《女子名; Gwendolen, Gwendolene, Gwendoline, Gwendolyn の愛称》.

Gwen·da /gwéndə/ グウェンダ《女子名; Gwendolen, Gwendolene, Gwendoline, Gwendolyn の愛称》.

Gwen·do·len, -lene, -line, -lyn /gwénd(ə)lɪn/ グウェンドレン, グウェンドリン《女子名; 愛称 Gwen, Gwenda, Gwennie》. [Welsh＝white(-browed)]

Gwen·nie /gwéni/ グウェニー《女子名; Gwendolen, Gwendolene, Gwendoline, Gwendolyn の愛称》.

Gwent /gwént/ グウェント《ウェールズ南東部の旧州; ☆Cwmbran》.

Gwe·ru /gwéɪru/ グウェル《ジンバブウェ中部の市; 旧称 Gwelo》.

gwine /gwáɪn/ *v* *《南部》GO の現在分詞.

Gwin·nett /gwɪnét/ グウィネット **Button** ～ (c. 1735–77)《米国の商人・愛国者; 独立宣言に署名した一人; サインの実物がまれで, 高い値がついている》.

GWR 〖英〗°Great Western Railway.

Gwyd·i·on /gwídiən/ 〖ケルト神話〗グウィディオン《ブリソン人の空の神でウェールズに文化をもたらした偉大な魔術師》.

Gwyn, Gwynn(e) /gwín/ **1** グウィン《女子名》. **2** グウィン **'Nell'** ～ [Eleanor ～] (1650–87)《イングランドの女優; Charles 2 世の愛妾》. [Celt; ⇨ GUINEVERE]

Gwy·nedd /gwínɛð/ グウィネズ《ウェールズ北西部の州; ☆Caernarfon》.

gwyn·i·ad /gwíniæ̀d/ *n* 〖魚〗北ウェールズ Bala /bǽlə/ 湖産のシロマス属の一種. [Welsh (*gwyn* white)]

Gwyr ⇨ GOWER.

Gy 〖理〗gray(s).

Gyandzha ⇨ GÄNCÄ.

Gya·ni /gjáːni/ *n* 《インド》師《パンジャブの学者の名前の前に付ける尊号》. [Hindi]

gybe /ʤáɪb/ *v, n* 〖海〗JIBE[1].

Gy·ges /ʤáɪʤìːz/, **Gy·es** /ʤáɪìːz/ 〖ギ神〗ギューゲース, ギュエース《百手の巨人の一人; ⇨ HECATONCHIRES》.

gyle /gáɪl/ *n* 発酵麦芽汁; 一回分のビール醸造量; 発酵槽. [MDu (*gijen* to ferment)]

gym /ʤím/ 《口》 *n* 体育館, ジム (gymnasium); 体育館でする運動[ゲーム], 《学科目の》体育; 《ぶらんこ・吊輪・シーソーなどの》金属製の支え枠.

gym·kha·na, -ka- /ʤɪmkáːnə, -kǽnə/ *n* 《もと 英領インドの》競技場; スポーツ競技会, 体育祭, 馬術競技会; 《一般に》スポーツ競技; ジムカーナ (＝*autocross*)《運転技術を競う自動車(の障害)競走》. [Hindi *gendkhāna* ball house; 語頭は *gym*nasium]

gymn- /ʤímn/, **gym·no-** /ʤímnoʊ, -nə/ *comb form* 「裸 (naked, bare)」 [Gk; ⇨ GYMNASIUM]

gym·na·si·arch /ʤɪmnéɪziɑ̀ːrk/ *n* 〖古ギ〗運動家養成責任者; 校長, 教頭. [L＜Gk]

gym·na·si·ast /ʤɪmnéɪziæ̀st/ *n* 《ドイツの》ギムナジウム学生; GYMNAST. [G]

gym·na·si·um /ʤɪmnéɪziəm/ *n* (*pl* ～**s, -sia** /-ziə/) **1** 体育館, 屋内競技場; 体操[体育]学校; 《古代ギリシアの》演武場, ギュムナシオン. **2** /, *gɪmnáː-/ 《ドイツの》ギムナジウム《通例 9[7] 年制の大学予備教育機関》; 《広く欧州大陸の》高等学校. ♦ **-ná·si·al** *a* [L＜Gk (*gumnazō* exercise＜*gumnos* naked)]

gym·nast /ʤímnæ̀st, -nəst/ *n* 体操選手; 体操教師. [F or Gk＝athlete trainer (↑)]

gym·nas·tic /ʤɪmnǽstɪk/ *a* 体操の, 体育(上)の; 《知的・肉体的》鍛錬[努力]を要する. ► *n* 訓練, 鍛錬; GYMNASTICS. ♦ **-ti·cal** *a* **-ti·cal·ly** *adv* [L＜Gk; ⇨ GYMNASIUM]

gym·nás·tics *n* 体操科, 体育; [ᵁ〈*pl*〉] 体操(競技), 妙技, 芸当, 離れわざ, 曲芸, 軽業: mental ～ 頭の体操, 柔軟[複雑]な思考.

gym·no- /ʤímnoʊ, -nə/ ⇨ GYMN-.

gym·no·gene /ʤímnəʤìːn/ *n* 《南ア》〖鳥〗HARRIER HAWK.

gym·nos·o·phist /ʤɪmnásəfɪst/ *n* 《古代ヒンドゥー教の》裸行者. ♦ **gym·nós·o·phy** *n* 裸行者の苦行[教義]. [L＜Gk (SOPHIST)]

gým·no·spèrm /ʤímnə-/ *n* 〖植〗裸子植物 (cf. ANGIOSPERM). ♦ **gỳm·no·spér·mous** *a* **gým·no·spèr·my** *n*

gym·nu·ra /ʤɪmn(j)ʊ́ərə/ *n* 〖魚〗ツバクロエイ, ジムヌラ《アカエイ科ツバクロエイ属 (*G*～) のエイ》.

gym·nure /ʤímnjʊ̀ər/ *n* 〖動〗MOONRAT.

G

gymp ⇨ GIMP[1].
gým·pie /gímpi/ *n* **1**〘植〙イラノキ属[ムカゴイラノキ属]の常緑低木《豪州東部熱帯産のイラクサ科の木; 茎や葉に刺毛があってさわるとひどく痛む》. **2**《米·豪》GYMPIE HAMMER. [*Gympie* Queensland の地名]
Gýmpie hàmmer 《米·豪》〘鉱〙ギンピーハンマー《手掘りに使う軽量のハンマー》.
gým ràt*《俗》ジムびたり《人》.
gým shòe 1 運動靴, スニーカー (sneaker). **2***《俗》いやなやつ, 嫌われ者.
gým·slìp" *n*《袖なしでひざまでの, ジャンパースカート型の》女生徒用の制服.
gýmslip móther" 在学中[特に age of consent に達する前]に子供ができてしまった女生徒, 幼い母親.
gým sùit 体操服.
gým tùnic" GYMSLIP.
gyn- /gáɪn, ʤáɪn, ʤín/, **gy·no-** /gáɪnoʊ, ʤáɪnoʊ, ʤínoʊ, -nə/ *comb form*「女性(的な)」「雌(の)」「雌器, 雌蕊(ずい)」[Gk; ⇨ GYNEC-]
gyn. gynecologic ♦ gynecologist ♦ gynecology.
gyn·ae·ce·um /gàɪnəsí:əm, ʤàɪ-, ʤɪ̀n-/ *n* (*pl* **-cea** /-sí:ə/)〘古ギ·古ロ〙婦人部屋;〘植〙GYNOECIUM.
gynaec(o)- ⇨ GYNEC-.
gynaecology ⇨ GYNECOLOGY.
gyn·ándro·mòrph /gàɪn-, ʤàɪn-, ʤɪ̀n-/ *n*〘生〙雌雄モザイク. ♦ **gyn·àndro·mórphic** *a* **gyn·àndro·mórphism** *n* 雌雄モザイク現象. **gyn·àndro·mórphous** *a* **gyn·ándro·mòrphy** *n*
gyn·an·drous /gàɪnǽndrəs, ʤàɪ-, ʤɪ̀-/ *a*〘植〙雄蕊が雌蕊に結合した, 雌雄合体の;〘生〙雌雄同体の, 半陰陽の.
gyn·an·dry /gàɪnǽndri, ʤàɪ-, ʤɪ̀-/ *n*《まれ》〘医〙女性偽半陰陽 (female pseudohermaphrodite).
gyn·ar·chy /gáɪnɑ̀:rki, ʤáɪ-, ʤín-/ *n* 女の天下[支配], 女権政治.
-gyne /ʤàɪn, gàɪn/ *n comb form*「女」「雌」「雌器」[Gk (↓)]
gy·nec- | **gy·naec-** /gáɪnɪk, ʤáɪ-, ʤín-/, **gy·ne·co-** | **gy·nae·co-** /gáɪnɪkoʊ, ʤáɪ-, ʤín-, gaɪní:-, ʤaɪní:-, ʤɪ-, -kə/ *comb form*「女性」「女」[Gk *gunaik- gunē* woman]
gy·ne·cic /gaɪní:sɪk, ʤaɪ-, ʤɪ-, -nés-/ *a* 女性の.
gynecium ⇨ GYNOECIUM.
gy·ne·coc·ra·cy /gàɪnɪkákrəsi, ʤàɪ-, ʤɪ̀n-/ *n* 女性(による)政治; かかあ天下 (petticoat government). ♦ **gy·ne·co·crat** /gáɪnɪkoʊkræ̀t, ʤín-, ʤáɪ-, gaɪní:kə-, ʤaɪ-, ʤɪ-/ *n* **gỳ·ne·co·crát·ic** /, gaɪnì:kə-, ʤaɪ-, ʤɪ-/ *a*
gy·ne·coid /gáɪnɪkɔ̀ɪd, ʤáɪ-, ʤín-/ *a* 女性のような, 女性的な.
gynecol. gynecologic; gynecologist; gynecology.
gy·ne·col·o·gy | **-nae-** /gàɪnəkálə ʤi, ʤàɪ-, ʤɪ̀n-/ *n*〘医〙婦人科学. ♦ **-gist** *n* 婦人科医. **gỳne·co·lóg·ic, -i·cal** *a* **-i·cal·ly** *adv*
gỳneco·más·tia /-mǽstiə, gaɪnì:kə-, ʤaɪ-, ʤɪ-/ *n*〘医〙《男性の》女性化乳房.
gỳneco·mórphous /, ʤaɪnì:kə-, gaɪ-, ʤɪ-/ *a*〘生〙女性の特徴[形状, 外観]をそなえた.
gy·ne·phóbia /gàɪnə-, ʤàɪ-, ʤɪ̀n-/ *n*〘精神医〙女性恐怖[嫌悪]. ♦ **gýne·phòbe** *n* **-phóbic** *a*
gy·ni·at·rics /gàɪniǽtrɪks, ʤàɪ-, ʤɪ̀n-/ *n*〘医〙婦人病治療法.
gy·nie /gáɪni/ *n*《俗》婦人科医 (gynecologist).
gyno- /gáɪnoʊ, ʤáɪnoʊ, ʤínoʊ, -nə/ ⇨ GYN-.
gýno·bàse *n*〘植〙雌性基部《雌蕊(ずい)群を支持する花托の延長部》.
gỳno·céntric *a* 女性中心の, フェミニストの観点の.
gy·noc·ra·cy /gaɪnákrəsi, ʤaɪ-, ʤɪ-/ *n* GYNECOCRACY.
gỳno·dióecious *a*〘植〙雌花両性花異株の, 雌花異株の《同一種内に雌花だけをつける株と両性花をつける株とがある》.
gy·noe·ci·um, -ne- /gaɪní:siəm, ʤaɪ-, ʤɪ-/ *n* (*pl* **-cia** /-siə/)〘植〙花の雌器; 雌蕊群, めしべ群.
gỳno·génesis *n*〘発生〙雌性[雌核]発生, ジノゲネシス (cf. ANDROGENESIS). ♦ **-genétic** *a*
gỳno·monóecious *a*〘植〙雌花両性花同株の, 雌性両性同株の《同一株に雌花と両性花をつける》.
gỳno·phóbia *n* GYNEPHOBIA.
gýno·phòre *n*〘植〙果柄, 子房柄(しぼう). ♦ **gỳ·no·phór·ic** /-fɔ́(:)rɪk, -fár-/ *a*
-g·y·nous /ˊ-ʤənəs, -ʤáɪnəs, -gáɪ-/ *a comb form*「…な女[妻]を有する」「女性の」「…な雌器を有する」(cf. -ANDROUS): monogynous. [Gk; ⇨ GYNEC-]
-g·y·ny /ˊ-ʤəni/ *n comb form* -GYNOUS に対応する名詞をつくる.
Györ /ʤɔ́:r/ ジェール《ハンガリー北西部の市》.
gyp[1], **gip, jip*** /ʤíp/ *n* **1**《口》ペテン師 (swindler);《口》詐欺, かたり;《俗》メーターを立てたままで走るタクシー運転手, 'エントツ' をやる運ちゃん;《調教も騎乗もする》競走馬の馬主 (=*gypsy*); [G-, J-]《俗》ジプシー. **2**《俗》活力, 精力, 元気, 熱意. ► *vt, vi* (-pp-)《口》だます, ペテンにかける, 巻き上げる ‹sb *out of* money›. [C19 ‹? GYP[2]]
gyp[2] /ʤíp/ *n*《Cambridge および Durham 大学の》用務員 (cf. SCOUT[1], SKIP[4]). [? *gippo* (obs) scullion, man's short tunic‹F *jupeau*; 一説に‹*gypsy*]
gyp[3], **gip** /ʤíp/ *n* [次の成句で]《口》ひどい痛み, 苦痛. ● **give** sb ~《口》‹脚などが›すごく痛む; ‹人を›ひどくしかる, 罰する. [C19 ‹? *gee-up*]
gyp[4], **gip, jip*** /ʤíp/ *n* 雌犬.
gýp àrtist 《俗》ペテン師 (gyp).
gýp jòint 《口》いんちき賭博屋;《口》不正にふんだくる店.
gyp·lure /ʤíplùər/ *n* ジプルア《マイマイガ (gypsy moth) の雄を集めるための合成性誘引物質》. [*gypsy*+*lure*]
gýp·per *n*《口》ペテン師, 詐欺師.
gyp·po[1], **gypo, jip·po** /ʤípoʊ/*《俗》*n* (*pl* ~**s**) 日雇い[短期]仕事, 賃仕事; 日雇い[渡り]労働者; 日雇い労働者の雇用者. ► *vt* だます, かたる.
gyppo[2] *n*《俗》[*derog*] ジプシー (gippo).
gyp·py, -pie /ʤípi/ *n, a*《俗》GIPPY[1].
gýppy túmmy 《俗》GIPPY TUMMY.
gýp room 《口》《Cambridge および Durham 大学で》食器室《用務員が管理する》.
gyp·se·ous /ʤípsiəs/ *a* 石膏(質)の, 石膏を含む[に似た].
gýp shèet*《俗》カンニングペーパー.
gyp·sif·er·ous /ʤɪpsíf(ə)rəs/ *a* 石膏を含む.
gyp·sog·ra·phy /ʤɪpságrəfi/ *n* 石膏彫刻(術).
gyp·soph·i·la /ʤɪpsáfələ/ *n*〘植〙カスミソウ (=*baby's breath*)《ナデシコ科カスミソウ属 (*G-*) の草本の総称》.
gyp·sous /ʤípsəs/ *a* GYPSEOUS.
gyp·ster /ʤípstər/ *n*《口》詐欺師, ペテン師 (gyp).
gyp·sum /ʤípsəm/ *n* 石膏; ギプス; PLASTERBOARD. ► *vt* ‹土などを›石膏で処理する《肥料として》. [L‹Gk *gupsos* chalk]
gýpsum bòard [**wàllboard**] PLASTERBOARD.
gyp·sy, gip·sy /ʤípsi/ *n* **1** [G-] **a** ジプシー(人)《もとインドから出た放浪民族で現在ヨーロッパ各地に分布, 頭髪黒く皮膚浅黒く, 馬売買·かご製造·占い·音楽師などを業とする》. **b** ジプシー語 (Romany). **2** ジプシーのような容貌[生活]の人,《特に》放浪者; *《口》GYPSY CAB; *《口》個人営業のトラック(運送屋);〘海〙GYPSY WINCH; *《調教·騎乗も行なう》馬主 (gyp). ► *a* ジプシーの(ような); *《口》個人[もぐり]営業の. ► *vi* ジプシーのように生活する[さまよう]; ピクニックをする; *《俗》危険な賭けをする. ♦ ~**·dom** *n* ~**·hòod** *n* ~**·ish** *a* ~**·ism** *n* ジプシー風, ジプシー趣味. ~**·fỳ** *vt* ジプシー化する. [C16 *gipcyan, gipsen* ‹ EGYPTIAN]
gýpsy càb*《口》《呼び出しのあった客だけを乗せるという免許しかないのに》もぐりで流し営業をするタクシー.
gýpsy hàt [**bònnet**] ジプシー帽《つば広であごの下で結ぶ婦人·子供用帽子》.
gýpsy mòth 1〘昆〙マイマイガ《植物に大害を与える》. **2***《政治俗》党綱領に背いて地元選挙区に迎合する共和党議員 (cf. BOLL WEEVIL).
gýpsy róse〘植〙マツムシソウ科の多年草 (scabiosa).
gýpsy's wárning なぞめいた[不吉な]警告.
gýpsy tàble 交差する三脚で支えた円テーブル.
gýpsy wìnch〘海〙手動小型ウインチ.
gýpsy·wòrt, gípsy- *n*〘植〙欧州·西アジアのシロネの一種《シソ科》.
gyr- /ʤáɪər, "gáɪər/, **gy·ro-** /ʤáɪəroʊ, -rə, "gáɪə-/ *comb form*「輪」「円」「らせん」「旋回」「ジャイロスコープ」[Gk *guros* ring]
gy·ral /ʤáɪər(ə)l/ *a* GYRATORY;〘解〙回 (gyrus) の. ► *n* GYRE. ♦ ~**·ly** *adv*
gy·rase /ʤáɪərèɪs/ *n*〘生化〙ジャイレース《DNA の二重らせんをスーパーコイル化する酵素》.
gy·rate *vi* /ʤáɪrèɪt, ˊ-ˊ; ʤaɪəréɪt, ʤɪ-/ 旋回[旋転]する, 渦を巻く; 腰をくねらせる; ‹価格·通貨が›乱高下する. ► *a* /ʤáɪərèɪt, -rət/ らせん状の;〘植·動〙渦巻状の. ♦ **gý·ra·tor** *n* [L‹Gk (GYRUS)]
gy·ra·tion /ʤaɪəréɪʃ(ə)n/ *n* 旋回, 旋転;〘動〙《巻貝の》渦巻; 乱高下. ♦ ~**·al** *a*
gy·ra·to·ry /ʤáɪrətɔ̀:ri; ʤáɪərət(ə)ri, ʤaɪəréɪt(ə)ri/ *a* 旋回[旋転]する. 《大規模·複雑な》環状交差路.
gýratory crúsher〘機〙旋動粉砕機.
gyre /ʤáɪər/《文》*vi, vt* 旋回[旋転]する[させる]. ► *n* 旋回運動, 旋転; 円(形), 輪形, 渦輪(かずわ), 渦巻形; 渦潮.
gy·rene /ʤaɪrí:n, ˊ-ˊ/ *n**《俗》海兵隊員《もとは軽蔑語》. [*GI marine*]
gyr·fal·con, ger-, jer- /ʤɔ́:rfæ̀lkən, -fɔ̀:(l)-; -fɔ̀:(l)-/ *n*〘鳥〙シロハヤブサ《アジア·ヨーロッパ·北米大陸の北極圏産》. [OF‹ON]
gyri *n* GYRUS の複数形.
gy·ro[1] /ʤáɪəroʊ/ *n* (*pl* ~**s**) GYROCOMPASS; GYROSCOPE.
gy·ro[2] /ʒíəroʊ, ʤíə-, jíə-/ *n* イロ《ラムや牛肉をトマトやタマネギと共にピタ (pita) にはさんだギリシア風サンドイッチ》. [? ModGk]
Gy·ro /ʤáɪəroʊ/ *n* (*pl* ~**s**) 国際的奉仕団体 Gyro International の会員.

gyro- /ʤáɪərou, -rə, ᵁgáɪə-/ ⇨ GYR-.
gýro·còmpass *n* 〔海·空〕転輪羅針儀, ジャイロコンパス.
gy·ro·cop·ter /ʤáɪərəkὰptər/ *n* ジャイロコプター《一人乗り回転翼式プロペラ機》. [auto*gyro*＋heli*copter*]
gỳro·dynámics *n* 回転力学.
gýro·dyne /-dàɪn/ *n* 〔空〕ジャイロダイン《回転翼とプロペラとを動力で駆動するヘリコプターとオートジャイロとの中間的な航空機》.
gýro·frèquency *n* 〔理〕《プラズマ中で荷電粒子の円運動の》ジャイロ振動数, サイクロトロン振動数.
gýro·gràph *n* 〔空〕回転数測定記録器, ジャイログラフ.
gýro horízon 〔空〕ARTIFICIAL HORIZON.
gy·roi·dal /ʤaɪərɔ́ɪdl/ *a* 〈結晶面が〉らせん状に配列された. ♦ **～·ly** *adv*
gỳro·magnétic *a* 〔理〕回転磁気の; 〈コンパスが〉ジャイロ磁気方式の《ジャイロと地磁気を組み合わせた方式》.
gyromagnétic rátio 〔理〕磁気回転比.
gy·ron, gi·ron /ʤáɪərən, -rὰn/ *n* 〔紋〕盾形紋地の中心を通る縦·横·斜めの線によってできる 8 個の三角図形の一《狭義では, 向かって左の上から 2 番目のもの》. [OF＜Gmc]
gy·ron·ny, gi- /ʤaɪərάni/ *a* 〔紋〕GYRON に分けられた.
gýro·pìlot *n* 〔海·空〕自動操縦装置, ジャイロパイロット (automatic pilot). [*gyro*scope＋*pilot*]
gýro·plàne *n* 〔空〕ジャイロプレーン《回転翼により揚力を得, プロペラにより推力を得る航空機》.
gýro·scòpe *n* 回転儀, ジャイロスコープ《回転体の慣性を利用して船舶·飛行機の方向を決定し, 平衡を保つのに用いる》; 回転運動をする物体. ♦ **gỳ·ro·scóp·ic** /-skάp-/ *a* **-i·cal·ly** *adv* [F (GYR-)]
gyroscópic cómpass GYROCOMPASS.
gỳ·ro·scóp·ics *n* ジャイロスコープ力学.
gyroscópic stábilizer GYROSTABILIZER.
gy·rose /ʤáɪəròus/ *a* 〔植〕波状の, ひだのある.
gỳro·stá·bi·lìzed *a* 〈船が〉ジャイロスタビライザーを使って安定させた; 〈カメラなどが〉手ぶれ防止機能付きの[内蔵の].
gỳro·stábilizer *n* ジャイロスタビライザー, ジャイロ安定機《ジャイロスコープの応用で船舶·飛行機の横揺れを防ぐ装置》.
gýro·stàt *n* GYROSTABILIZER; ジャイロスタット《旋回運動の実験に使うジャイロスコープの一種》.
gy·ro·stat·ic /ʤàɪərəstǽtɪk/ *a* GYROSTAT の; 剛体旋回運動論の. ♦ **-i·cal·ly** *adv*
gỳ·ro·stát·ics *n* 〔理〕剛体旋回運動論.
gy·ro·vague /ʤáɪərouvèɪg/ *n* 《修道院を渡り歩いた初期教会の》放浪修道士.
gy·rus /ʤáɪərəs/ *n* (*pl* **-ri** /-ràɪ/) 〔解〕回, 脳回. [Gk *guros* ring]
Gy Sgt 〔海兵隊〕°gunnery sergeant.
gyt·tja /jítʃɑː; jítʃə/ *n* 〔地質〕骸泥, ユッチャ《湖底に堆積する有機物》. [Swed＝mud]
Gyum·ri /gjúmri/ ギュムリ《アルメニア北西部の市; 別称 Kumayri, 旧称 Leninakan (1924–90), Aleksandropol》.
gyve[1] /ʤáɪv, gáɪv/ 《古·詩》 *n* [ᵁ*pl*] かせ, 《特に》足かせ. ► *vt* …に(足)かせをはめる. [ME＜?]
gyve[2] *n**《俗》マリファナ(タバコ) (jive).
gyv·er, guiv·er, guyv·er /gáɪvər/ 《豪俗》 *n* ことば[態度]の気取り: put on the ～ 気取る. ► *a* いきな, 現代風の.
gýve·stìck *n*《俗》マリファナタバコ (jivestick).

H

H, h /éɪʧ/ *n* (*pl* **H's, Hs, h's, hs** /éɪʧəz/) エイチ《英語アルファベットの第 8 字》; H [h] の表わす音; H 字形(のもの); 8 番目(のもの);〖楽〗《ドイツ音名の》ハー, ロ音[調] (B); [H]《俗》ヘロイン (heroin): an *H*-stretcher《家具の》脚間の突っ張り / be on *H* ヘロインをやっている, ヘロイン中毒である. ● **drop one's h's [aitches]** 発音すべき語頭の h 音を発音しない《hair を 'air /ɛ́ər/ とする類で, ロンドンなまりの一特徴; Give him one /gív ɪm wʌ́n/. の /ɪm/ など機能語の /h/ 音の脱落はこれに該当しない》.

h hand(s)《馬の体高を計るときの単位》♦ hect- ♦ hour(s). ***h***〖理〗°Planck's constant. **h.** half ♦ harbor ♦ hard ♦ hardness ♦ height ♦ high ♦ "home《スポーツの試合で自分の本拠地で行なわれることを示す》♦ horse ♦ hot ♦ hour(s) ♦ humidity ♦ hundred ♦ husband. ***ħ***〖理〗Planck's constant (*h*) を 2π で除した値 (*h*/2π).

H〖鉛筆〗hard《H, HH *or* 2H, HHH *or* 3H としだいに硬度が高くなる; cf. B》♦〖電〗henry, henries ♦ Hungary ♦ hydrant ♦〖化〗hydrogen ♦〖理〗enthalpy の記号 ♦〖理〗Hamiltonian の記号 ♦〖理〗磁場の強さ, 地磁気水平分力. **H, h**〖野〗hit(s).

H. harbor ♦ hardness ♦ hour(s).

ha /hά:/ *int* ほう, まあ, おや, さあ, ほらね, エヘン《驚き・悲しみ・喜び・得意・疑い・不満・躊躇などの発声》; ハハ《笑声》. ► *n* ha という声. ► *vi* ha! と言う. [imit]

ha hectare(s). **Ha**〖化〗hahnium.

HA °Heavy Artillery ♦ °hot air ♦ °hour angle.

haaf /hά:f/ *n*《Shetland 諸島および Orkney 諸島沖の》深海漁場. [OE *hæf* sea; cf. ON *haf*]

Haag /hά:x/ [Den /dɛn/] デン・ハーグ《The HAGUE のオランダ語名》.

Haa·kon /hɔ́:kən, -kὰn, hά:-/ ホーコン (**1**) ～ **IV Haakonsson** (1204–63)《ノルウェー王 (1217–63) アイスランドおよび Greenland に版図を拡張, 芸術の保護奨励にも力を注ぎ, 中世ノルウェーの黄金時代 (1217–1319) の基礎を築いた》(**2**) ～ **VII** (1872–1957)《ノルウェー王 (1905–57)》.

haar" /hά:r/ *n*《特に イングランド・スコットランド東海岸の》冷たい海霧.

Haar·lem /hά:rləm/ ハールレム《オランダ西部 North Holland 州の州都》.

HAART〖医〗highly active antiretroviral therapy 高活性抗レトロウイルス療法.

Haa·vel·mo /hɔ́:vəlmòʊ/ ホーヴェルモ **Trygve** ～ (1911–99)《ノルウェーの経済学者; 確率論などに基づいて計量経済学の理論的基礎を確立した; ノーベル経済学賞 (1989)》.

Hab.〖ドゥエー聖書〗Habacuc;〖聖〗Habakkuk.

Ha·ba·cuc /hǽbəkʌ̀k, həbǽkək/〖ドゥエー聖書〗HABAKKUK.

haba haba /hά:bə hά:bə/ *int* *《俗》急げ, スピードを上げろ!

Ha·bak·kuk /hǽbəkʌ̀k, həbǽkək/〖聖〗**1** ハバクク《紀元前 7 世紀ごろのユダ (Judah) の預言者》. **2** ハバクク書《旧約聖書の一書; 略 Hab., Hb》.

Ha·ba·na /(ɑ:)vά:nə/ [La /lὰ:/] ラ・アバナ《HAVANA のスペイン語名》.

ha·ba·ne·ra /(h)ὰ:bənέərə/ *n* ハバネラ《キューバのゆったりとした 2 拍子の舞踊[舞曲]》. [Sp]

Ha·ba·ne·ro, Ha·ba·ñe·ro /(h)ὰ:bən(j)έəroʊ/ *n* (*pl* ～**s**) **1** ハバナ市民, ハバナっ子. **2** [h-] *ハバネロ, アバネロ《中南米産の小型で極辛のトウガラシ; シネンセ種の栽培品種の一つ; cf. SCOTCH BONNET》. [Sp]

hab. corp.〖法〗°habeas corpus.

hab·dabs /hǽbdæ̀bz/, **(')ab·dabs** /ǽbdæ̀bz/ *n pl* "《口》いらだち, 恐怖, 神経過敏. ● **give** sb **[get] the (screaming)** ～ "《口》(ひどく)いらだたせる[いらだつ].

Hab·da·lah, Hav- /hὰ:vdəlά:, hɑ:vdɔ́:lə/ *n* [°h-]〖ユダヤ教〗ハブダラ《安息日 (Sabbath) や祝日を締めくくる儀式》. [Heb=separation]

há·be·as cór·pus /héɪbiəs-/ **1**〖法〗**a** 身柄提出令状《当事者や陪審員を裁判所に出頭させるための令状(一般); 特に次の b を指す; 略 hab. corp.》. **b** 人身保護令状 (**hábeas córpus àd sub·ji·ci·én·dum** /-æ̀d səbʤɪsiέndəm, -ʤɪʃi-, -ɑ̀:d sʊbjɪ̀kiέndʊm/)《人を拘束している人に対し被拘禁者の身柄を拘禁理由などと共に裁判所に提出させるよう命じる令状》. **2** 身柄提出令状[人身保護令状]請求権. [L=that you have the body]

Hábeas Córpus Àct [the]〖英史〗身柄提出令状法, 人身保護法《第 1 回は 1679 年 Charles 2 世時代に制定》.

ha·ben·dum /həbέndəm/ *n*〖法〗《不動産譲渡証書中の》物件表示条項. [L=to be had (gerundive) < *habeo* to have]

Ha·ber /hά:bər/ ハーバー **Fritz** ～ (1868–1934)《ドイツの化学者; アンモニアの合成に成功 (1908–09); ノーベル化学賞 (1918)》.

Háber-Bósch pròcess [the]〖化〗ハーバー-ボッシュ法 (HABER PROCESS). [↑, Carl *Bosch*]

hab·er·dash·er /hǽbərdæ̀ʃər/ *n* **1** *男性[紳士]用服飾品商人《ワイシャツ・カラー・カフス・帽子・ネクタイ・手袋などを売る》. **2** "服飾小物商人《ひも・糸・針・ボタン・レースなどを売る》. ♦ **háb·er·dàsh*** *vt* 〈服を〉仕立てる, 作る. [? AF (*hapertas* petty merchandise)]

Háberdashers' Áske's /-ǽsks/ ハバーダッシャーズ・アスクス《イングランド Hertfordshire の Elstree にある男子パブリックスクール》.

háb·er·dàsh·ery *n* *男性用服飾品(店); "服飾小物[洋裁手芸用品](店[売場]).

hab·er·geon /hǽbərʤ(ə)n, həbɔ́:rʤ(i)ən/ *n*〖史〗中世の hauberk より短い袖なし鎖かたびら (haubergeon); HAUBERK.

Ha·ber·mas /hά:bərmὰ:s/ ハーバーマス **Jürgen** ～ (1929–)《ドイツの哲学者》.

Há·ber pròcess /hά:bər-/ [the]〖化〗ハーバー法《窒素と水素から触媒を用いてアンモニアを合成する方法》. [Fritz *Haber*]

hab·ile /hǽbəl, *-àɪl, "-ì:l/ *a*《文》能力[技能]のある, じょうずな, 器用な, 熟練した;《廃》適した, ぴったりの.

ha·bil·i·ment /həbíləmənt/ *n* **1** [ᵘ*pl*]《特定の職業などの》衣服, 服装;《英では古》[*joc*]《普通の》衣服. **2** [*pl*]《古》装具, 付属具, 備品,《軍事などの》装備器材. ♦ **～·ed** *a* 〈僧服などを〉着た 〈*in*〉. [OF (*habiller* to fit out < ABLE)]

ha·bil·i·tate /həbílətèɪt/ *vt*《社会復帰のために》〈心身障害者を〉教育[訓練]する; *《西部》〈鉱山〉に運転資金を与える, 採鉱設備を備える;《まれ》…に服を着せる. ► *vi*《特に ドイツの大学教員の》資格を取る, 資格がある. ♦ **-tà·tor** *n* **ha·bìl·i·tá·tion** *n* [L; ⇨ ABILITY]

hab·it /hǽbət/ *n* **1 a**《個人の》癖; 習慣: have [be in] the ～ of *doing*…する癖がある, いつも…する / make a ～ of…[*doing*…] (…する)習慣をつくる, (…する)癖がつく / break sb of a ～ 人の癖を直す / a creature of ～ 惰性で行動する人 / form [fall into, get into] the ～ of *doing*…する癖がつく / get [grow] out of a ～ ある癖が抜ける / *H*～ is second nature.《諺》習慣は第二の天性, 習い性となる / by [out of] ～ 癖で, 習慣から(…する) / from (force of) ～ 習慣で / shopping ～*s* ものの買い方, 買物の仕方. **b**〖生〗《動植物の》習性: a climbing ～《植物の》よじのぼる習性, 攀縁(はんえん)性 / a burrowing ～《動物の》穴を掘る習性, 潜穴性. **c**《薬物, 特に 麻薬の》常用癖, 嗜癖: off the ～ 麻薬をやめている[やっていない]. **d** 常用物: Drink has become a ～ with him. 酒浸りになった. **e**〖晶〗晶癖 (crystal habit). **2** たち, 気質, 性質 (=～ of mind [thought]); 体型, 体質 (=～ of body): a cheerful ～ of mind 陽気なたち / a man of corpulent ～ 肥満性の人. **3**《英では廃》態度, ふるまい (bearing). **4**《修道士・修道女など特定の階級・身分・職業の》衣服; (婦人用)乗馬服 (riding habit);《古》《一般に》衣服: a monk's [nun's] ～ 修道服 / take the ～ 修道士[修道女]になる. ● **break [《口》kick] the** ～ 習慣[悪習, 特に 麻薬]をやめる. **knock the** ～《俗》麻薬をやめる. ► *vt* **1** [ᵘ*pass*/～ *-self*] 装う, 着せる: ～ one*self* in white 白衣を着る. **2**《古》INHABIT, HABITUATE. ► *vi*《廃》住む. ♦ **～·ed** *a* habit を着た; 服を着た. [OF<L=condition, character (*habit- habeo* to have)]

hab·it·able /hǽbətəb(ə)l/ *a* 住める, 住むに適した: ～ area 可住地域. ♦ **-ably** *adv* 住めるように. **hàb·it·abíl·i·ty** *n* 居住適性. **～·ness** *n* [OF<L; ⇨ HABITAT]

ha·bi·tan /(h)æbɪtά̃; (h)ǽbɪtɔ̃:(ŋ); *F* abitɑ̃/ *n* HABITANT 2. [F =inhabitant]

hab·it·an·cy /hǽbət(ə)nsi/ *n* 居住(の事実); 人口.

hab·i·tant *n* **1** /hǽbətənt/ 住人, 居住者 (inhabitant). **2** /(h)æbɪtά̃; (h)ǽbɪtɔ̃:(ŋ); *F* abitɑ̃/《カナダ・米国 Louisiana 州の》フランス系移民[農民].

hab·i·tat /hǽbətæ̀t/ *n* **1**〖生態〗《生物を取り巻く》環境, 居住環境;《特に 動植物の》生息地, 生育地, すみか, 生息[生育]環境,《標本の》採集地, 原生地: natural ～ 自然生息地, 自然環境 / ～ segregation すみわけ. **2** 居住地, 住所; 所在地[場所];《海洋研究用の》水中家屋. **3** [H-]〖商標〗ハビタット《英国の家具・インテリア用品・調理器具・家電製品などを扱うチェーン店 Habitat のブランド》. [L=it inhabits (*habito* to INHABIT)]

hábitat gròup 生態類《生息環境を同じくする動物[植物]》;《博物館内展示の》生物環境模型.

hab·i·ta·tion /hæ̀bətéɪʃ(ə)n/ *n* 居住; 居住地, 住居, すみか, 住

宅, 住まい, アビタシオン; 集落, 部落. ● **give** [**have**] **a local ～** (**and a name**) 身元を[が]確認する[される], 正体を突きとめる[がはっきりする], はっきりした形[名称]を与える[がある]《Shak., *Mids N D* 5.1.14–7》. ♦ **～·al** *a*

hábit-fòrm·ing *a* 〈薬など〉習慣性の, 癖になる; 習慣形成的〈教授法など〉.

ha·bit·u·al /həbíʧuəl, hæ-, -bíʧəl/ *a* 習慣的な, 習慣による, いつもの(癖の), 例の; 不断の, 常習的な, 習慣性の; 生来の〈優しさ〉: a ～ smoker 常習的な喫煙者 / a ～ theatergoer 芝居の常連. ► *n* 常習者, 常習犯; 麻薬常用者, アル中. ♦ **～·ly** *adv* **～·ness** *n* [L; ⇨ HABIT]

habítual críminal 常習犯(人), 習慣的犯罪者.

ha·bit·u·ate /həbíʧuèɪt/ *vt* **1** 慣らす 〈*to* sth, *to* do*ing*〉: be ～*d* 慣れている 〈*to*〉 / ～ one*self to*…の習慣をつける. **2** *しばしば訪れる. ► *vi* 〈麻薬などが〉癖[習慣]になる; 慣れる 〈*to*〉. [L; ⇨ HABIT]

ha·bìt·u·á·tion *n* 慣らす[慣れる]こと, 習慣(作用); 《薬に対する》慣れ, 習慣(性); 常用癖; 《刺激に対する》慣れ《反応性の低下》; 〘植〙順化.

hab·i·tude /hǽbət(j)ù:d/ *n* 《態度・考え方などの》習慣, 性癖, 傾向; 《廃》親密な関係, 親交. ♦ **hàb·i·tú·di·nal** *a* [OF＜L *habitudo*; ⇨ HABIT]

ha·bi·tué, -tue /həbíʧuèɪ, hæ-; *F* abitɥe/ *n* 常客, 常連; 愛好者; 麻薬常用者: an Internet ～. [F (pp)＜*habituer*; ⇨ HABITUATE]

hab·i·tus /hǽbətəs/ *n* (*pl* ～ /-təs, -tù:s/) HABIT; 〘医〙体型, 《特に一定の病気と関連のある》体質; 〘生〙《動植物の》習性 (habit). [L]

ha·boob /həbú:b/ *n* ハブーブ《特にスーダンで吹く砂あらし》. [Arab]

Habs·burg, Haps- /hǽpsbɜ̀:rg, *há:psbʊ̀rg/ *n, a* ハプスブルク家(の)《10世紀半ばに起こり1918年まで存続したオーストリアの王家; 15世紀以降神聖ローマ帝国の帝位をほぼ独占し, 一時期はネーデルラント・ハンガリー・ボヘミア・スペインなどの王位も兼ねた》.

ha·ček /há:ʧɛk/ *n* ハチェック (＝*wedge*)《č のように文字の上に添えて別の文字を示す符号 ˇ》. [Czech]

ha·cen·da·do /(h)à:s(ə)ndá:doʊ/, **ha·ci·en-** /hà:siɛndá:doʊ/ *n* (*pl* **～s**) HACIENDA の所有者[経営者]. [Sp]

Há·cha /há:ka:/ ハーハ **Emil ～** (1872–1945)《チェコの政治家・法律家; チェコスロヴァキア大統領 (1938–39); ドイツ保護領になった Bohemia と Moravia の大統領 (1939–45)》.

ha·chis /*F* aʃi/ *n* 挽肉, ミンチ (minced meat).

ha·choo /hɑ:ʧú:/ *int* AHCHOO.

ha·chure /hæʃ(j)ʊ́ər/ *n* [*pl*] けば《地図で土地の傾斜を示す線影用の短い平行線群》; HATCHING. ► *vt* 〈地図で高低を〉けば(式)で示す. [F; ⇨ HATCH[3]]

ha·ci·en·da /(h)à:siɛ́ndə; hæ̀s-/ *n* **1**《スペイン語圏で, 住居のある》大農場, 大牧場 (ranch); 大農場[大牧場]の母屋; 田舎の工場[鉱山]. **2**《スペイン語圏の国家の》国庫歳入(の管理運用). [Sp＜L *facienda* things to be done]

hack[1] /hǽk/ *vt* **1 a** たたき切る, 切り刻む, めった切りにする; 〈垣根などを〉刈り込む; 〈森林・道などを〉切り開く 〈one's way *through*〉: ～ a tree *down* (乱暴に)木を切り倒す / ～ a branch *off* 枝を払う. **b** 〈石の面を〉たたいてざらざらに仕上げる; 土を掘り砕いて〈種を〉まく 〈*in*〉. **c** 〘ラグビー〙〈相手〉のすねを蹴る; 〘バスケ〙〈相手〉の腕を打つ. **2** 〈予算など〉大幅に削減する; 〈小説・論文など〉《省略したりして》だいなしにする: ～ …to bits 〈名声など〉ひどく傷つける. **3** *《口》のらくらと時を過ごす, ぶらぶら遊ぶ 〈*around*〉. **4** 〈コンピューターシステムなど〉に侵入する; 〈プログラム〉に取り組む; 〈ずさんなプログラムを〉でっちあげる, 作る. **5** [^{U}*neg*; ^{O}～ it] 《俗》 **a** …にうまく対処する, うまくやる. **b** 我慢する, 許す. **6** *《俗》いらいらさせる, 悩ませる. ► *vi* **1** 切り[たたき]つける 〈*at*〉; 大幅に削減する 〈*at*〉: ～ (*away*) *at* a tree 《おのなどで》木を何度も切りつける. **2** 〘ラグビー〙すねを蹴る; 〘ゴルフ〙たたく, へたなゴルフをする; 〘テニス〙ボールを(へたに)たたく, 並の腕前である. **3** しきりに短い空咳(からせき)をする: HACKING COUGH. **4** コンピューターやプログラミングに一心不乱に取り組む; ずさんなプログラムを(適当に)作る[でっちあげる]; コンピューターシステムに侵入する 〈*into*〉. ● **～ apart** 《口》こっぴどく批判する, こきおろす. **～ it out** *《俗》解決への道をなんとか切り開く. **～ off** 激怒させる. **～ out** 切って取り出す 〈*of, from*〉; 《口》《小刀・のみなどで》刻んで作る 〈*of, from*〉. **～ up** ばらばらにたたき切る, 切り刻む; めちゃめちゃにする; 《咳をして》吐き出す. ► *n* **1** たたき切ること, 切り刻み; 刻み目; 深傷(ふかで), すねの蹴り傷; 〘ラグビー〙すねを蹴ること; 〘バスケ〙(相手の)腕を打つこと; 《炭坑用の》つるはし, 鍬, おの. **2** *試み, 試し: take a ～ at…を一番試みる. **3** 短い空咳. **4** 《海軍士官に対する》禁足処分: under ～ 禁足処分を受けて. [OE *haccian* to cut in pieces; cf. G *hacken*]

hack[2] *n* **1 a** 貸し馬; 雑用馬; 老いぼれ馬; 《競走馬・猟馬・軍馬と区別して》乗用馬. **b** ‖《楽しみのための》乗馬, 《田舎への》遠乗り. **c** *貸し馬車; *《口》タクシー(運転手); *《俗》バス; *《鉄道俗》《貨物列車の》乗務員車, 車掌車. **2** 《金のためにつまらない仕事をする》雇われ者, 《特に》雇われ作家[ライター], 三文文士, 売文業者, (新聞)記者, レポーター; つまらない仕事をする者; 《党利・党略に従う》小者政治家, 政治屋. **3** 《俗》売春婦; *《俗》看守; *《俗》白人, 白《男》. ► *a* **1** 雇われた, 金で働く; 凡庸な; 下働きの, 即席の〈仕事〉: a ～ writer 雇われ作家. **2** 使い古した, 陳腐な, ありきたりの. ► *vt* 〈馬を〉貸す; 〈馬〉に乗って普通の速さで走らせる; 〈文士を〉下働きに雇う; こき使う; 《口》hack として〈記事などを〉書く; 使い古す, 陳腐にする. ► *vi* 貸し馬を用いる; 下働きする; あくせく働く; 《路上や郊外を普通の速さで》馬を走らせる 〈*along*〉; *《口》タクシーに乗る, タクシーを運転する. [*hackney*]

hack[3] *n* 《煉瓦・魚・チーズなどの》干し台, 《うまやの》かいば台; 《干し台に並べられた》煉瓦; 〘鷹狩〙《鷹用の肉を載せる》餌板. ● **at ～** 〈若鷹が〉餌板で食べさせられる《訓練中で自分で餌を捕ることを許されない》. ► *vt* 〈煉瓦を〉干し台に載せる, 〈かいばを〉台に載せる. [HATCH[2]; 語形は *heck*[1] の影響か]

hack·a·more /hǽkəmɔ̀:r/ *n* 《米西部・NZ》《調馬用の》はづな. [Sp (*jáquima* bridle)]

háck-and-slásh *a* 〈コンピューターゲーム・ビデオなどが〉もっぱら戦闘と暴力を扱う.

háck·bèrry / , -b(ə)ri/ *n* 〘植〙 **a** エノキ《ニレ科エノキ属の木の総称; 食べられる実をつける》; エノキの実; 榎材. **b** エゾノウワミズザクラ (hagberry).

hack·but /hǽkbʌ̀t/, **hag-** /hǽg-/ *n* HARQUEBUS.

háck-drìver *n* *《海軍俗》一等兵曹 (chief petty officer).

hacked /hǽkt/ 《俗》 *a* [^{O}～ off] いらだって, 頭にきて, かっかときて 〈*about*〉; *つかれきって, へとへとで; ‖退屈しきって. [*hack*[2]]

háck·er[1] *n* **1** ハッカー《**1**) 主に楽しみとしてコンピューターシステムに取り組んでその機能を最大限に引き出そうとする者, それができる人 **2**) 他人のシステムに侵入する者》. **2** 《何をやっても》うまくいかない人, 不器用なやつ, ダメな人, 並の人; *《俗》ずさんな[しろうとの](コンピューター)プログラマー.

hacker[2] *n* *《口》タクシー運転手, 運ちゃん (hackie).

hack·ery[1] /hǽkəri/ *n* **1** ジャーナリズム, 売文. **2** 《口》ハッカー行為, コンピューターシステムへの不法侵入.

hackery[2] *n* 《インド》牛車.

hack·ette /hækɛ́t/ *n* 《俗》女性ライター[ジャーナリスト].

hack·ey /hǽki/ *n* *《口》タクシー運転手 (hackie).

háck hàmmer 《石工用の》粗面仕上げハンマー.

háck hànd 《トラック運転手俗》トラック野郎.

hack·ie /hǽki/ *n* *《口》タクシー運転手 (＝*hacker, hackey*).

háck·ing *n* コンピューターシステム[ネットワーク]に侵入すること: phone ～ 電話の盗聴. [hack[1]]

hácking cóugh 《不快な音の》短い空咳(からせき).

hácking jàcket [**còat**] 乗馬服; 《男子の》スポーツ用ジャケット.

hácking pòcket ハッキングポケット《斜めにつけた雨ぶた付きのポケット》. [hacking jacket に付けることから]

hack·le[1] /hǽk(ə)l/ *n* 《亜麻・生糸などをほぐす》すきぐし; 《雄鶏などの首のまわりの》頸羽; [*pl*] 《犬などの》ハックル《おこった時や警戒する時に逆立てる頸部と背部の毛》; 〘釣〙頸羽を用いた毛針 (＝**～ flỳ**); 《毛針の》ハックル, 蓑羽(みのげ); ハックル《スコットランド高地連隊の帽子の羽飾り》. ● **get one's ～s up**＝**one's ～s rise** おこる, いきりたつ. **make** sb**'s ～s rise** ＝**raise** sb**'s ～s** 人をおこらせる. **with one's ～s up** [**rising**] 〈鶏・犬・人が〉戦おうと身構えて, いきりたって, おこって. ► *vt* 〈亜麻などを〉ほぐす, 櫛梳(せつ)する, すき分ける; 《まれ》〈毛針〉にハックルを付ける: a *hackling* machine 櫛梳機, ハックリング機. ♦ **háck·ler** *n* [OE *hæcal HECKLE; cf. HOOK]

hackle[2] *vt, vi* 切り刻む, 寸断する. ► *n* ぎざぎざの切り口[割れ目]. ♦ **háck·ly** *a* ぎざぎざの, ざらざらの. [HACK[1], *-le*]

háckle·bàck *n* 〘魚〙SHOVELNOSE STURGEON.

hack·let /hǽklət/ *n* 《方》ミツユビカモメ (kittiwake).

háck·man* /-mən/ *n* タクシー運転手; 貸馬車の御者, 貸馬車屋.

Hackman ハックマン **Gene ～** (1930–)《米国の映画俳優; *The French Connection* (フレンチ・コネクション, 1971), *Unforgiven* (許されざる者, 1992)》

hack·ma·tack /hǽkmətæ̀k/ *n* 〘植〙 **a** アメリカカラマツ (tamarack). **b** バルサムポプラ (BALSAM POPLAR). [Algonquian]

hack·ney /hǽkni/ *n* **1** 乗用馬; [^{O}H-] ハクニー《英国の馬車用の軽量馬; 足を高く上げて進む》; 貸し馬車[自動車]; 《廃》貸し馬. **2** 《廃》下働き. ► *a* 賃貸しの; 使い古しの, ありふれた, 陳腐な. ► *vt* 《古》貸し馬として使う; こき使う; [^{U}*pp*] 使い古す, 陳腐にする; 粗野にする; 《古》世間ずれ[世慣れ]させる. [? *Hackenei* Hackney, Middlesex; Smithfield market への馬の供給牧場]

Hackney ハクニー《London boroughs の一つ; 近くに London 最大のレクリエーションの地 **Háckney Márshes** (ハクニー湿原) がある》.

háckney càb タクシー (taxi).

háckney càrriage‖ ハクニーキャリッジ《taxi の正式呼称》.

háckney còach 貸し馬車《特に6人乗り2頭立ての四輪馬車》.

háck·neyed *a* 使い古した, 言い古された, 陳腐な, ありきたりの; 慣れた, 経験を積んだ: a ～ phrase きまり文句.

háck pùsher [**skìnner**] *《俗》タクシー運転手. [*mule skinner* のもじり]

háck·sàw *n* 弓のこ, ハクソー《金属・プラスチック切断用》. ► *vt* ハクソーで切る[挽く].

háck·wòrk *n* 《商業的標準に沿った》型どおりの委託の仕事, 雇わ

H

れ仕事; つまらない[単調な]仕事[作品].

Hácky Sàck /hǽki-/〘商標〙ハッキーサック《お手玉様に豆などを詰めた袋で, 足で蹴りまわして遊ぶおもちゃ》.

had *v* /hǽd/ HAVE の過去・過去分詞. ► *v auxil* /(母音のあとで) d, (その他は) əd, (語群の初めでは) həd, hǽd/ ⇨ HAVE (*v auxil*). ● **～ as good [well]** do…するもよかろう; …したほうがよい. **～ as soon** do…したほうがよい. **～** BETTER¹ [BEST] do…. **～ it not been for**…＝IF it hadn't been for…. **～ like to have** done《古》あやうく[すんでのことに]…するところだった. **～** RATHER do.

há·da·da (ìbis) /hǽdədə(-)/〘鳥〙ハダダトキ《アフリカ産》. [Afrik (imit)]

ha·dal /héɪdl/ *a*〘海洋〙超深海(帯)の《水深 6000 m より深所》. [*Hades, -al*]

Ha·da·mard /*F* adama:r/ アダマール **Jacques-Salomon ～** (1865–1963)《フランスの数学者》.

hadarim *n* HEDER の複数形.

Ha·das·sah /hədɑ́:sə, hɑ:-/ **1**〘聖〙ハダーサ《王妃 Esther のユダヤ名; *Esther* 2: 7》. **2** ハダーサ《1912 年 Henrietta Szold /zóʊld/ (1860–1945) が New York に創設したユダヤ婦人の慈善団体; イスラエルの医療・教育の改善, シオニズム運動, 世界平和促進などを目的とする》.

had·a·way /hæ̀dəwéɪ/ *int*《イング北東部》ぐずぐずしないで, さっさとやりなさい. [? *hold*＋*away*]

had·die /hǽdi/ *n*《スコ》HADDOCK.

Had·ding·ton /hǽdɪŋtən/ ハディントン《(1) スコットランドの旧州 East Lothian の古い名称; **Had·ding·ton·shire** /hǽdɪŋtənʃɪər, -ʃər/ ともいった (2) スコットランド南東部の町; John Knox の生地》.

had·dock /hǽdək/ *n* (*pl* ～, ～s)〘魚〙モンツキダラ, ハドック《北大西洋産; cf. FINNAN HADDIE》: a January ～ 一月のタラ《最も美味とされる》. [ME＜? AF *hadoc*]

hade /héɪd/〘地質・鉱〙*n* 堰角(えんかく), 倒角《断層・鉱脈などの傾斜を垂直面から測った角》. ► *vi* 倒角をなす, 傾く.

há·de·da (ìbis), há·de·dah (ìbis) /hǽdədə(-)/〘鳥〙HADADA IBIS.

Ha·des /héɪdiz/ **1**〘ギ神〙ハーデース《(1) 死者の国の支配者 PLUTO (2) 地下界, よみの国》. **2**〘聖〙《RV の新約で》冥府, 陰府, 黄泉(よみ) (Sheol). **3** [ºh-]《口》地獄 (hell): Go to ～! くたばってしまえ! ♦ **Ha·de·an** /heɪdí:ən, héɪdiən/ *a* [Gk *haidēs*;〘聖〙は Heb からの訳]

Had·field /hǽdfi:ld/ ハドフィールド Sir **Robert Abbott ～** (1858–1940)《英国の冶金学者; マンガン鋼・シリコン鋼その他の合金鋼の開発に成功した》.

Hadhramaut ⇨ ḤADRAMAWT.

Had·ith /hɑdí:θ, hə-, hǽdɪθ, hædí:θ/ *n*〘イスラム〙ハディース《Muhammad とその教友の言行録; その集大成》. [Arab]

hadj, hadji ⇨ HAJJ, HAJJI.

Hád·ley cèll /hǽdli-/ ハドリーセル《(1) 貿易風の説明として英国の科学著述家 George Hadley (1685–1768) によって提唱された大気の子午線面循環; 赤道付近で熱せられた空気が上昇し, 両極方向に向かううちに高空で冷え, 極地地方で冷たい空気として下がり, 赤道方向に向かううちに温められる (2) 火星などの惑星での大気循環》.

had·n't /hǽdnt/ had not の短縮形.

hadr- /hǽdr/, **had·ro-** /hǽdroʊ, -rə/ *comb form*「厚い」「重い」 [L＜Gk (*hadros* thick, bulky)]

Ḥa·ḍra·mawt, Ha·dhra·maut /hɑ̀:drəmáʊt, -mɔ́:t/ ハドラマウト《アラビア半島南部, イエメンの Aden 以東のアラビア海沿いの砂漠地帯; ☆Mukalla》.

Ha·dri·an /héɪdriən/ **1** ヘイドリアン《男子名》. **2** ハドリアヌス (*L* Publius Aelius Hadrianus) (76–138)《ローマ皇帝 (117–138); 五賢帝の 3 番目; 別名 Adrian》. [⇨ ADRIAN]

Ha·dri·an·op·o·lis /hèɪdriənɑ́pəlɪs/ ハドリアノポリス《EDIRNE の古代名》. ■ the **Báttle of ～** ハドリアノポリスの戦い《Battle of ADRIANOPLE の別名》.

Hádrian's Wáll ハドリアヌスの防壁《122–127 年, イングランド北部 Solway 湾から Tyne 河口までにハドリアヌスが設けた防壁》.

had·ron /hǽdrɑ̀n/ *n*〘理〙ハドロン《強い相互作用をする素粒子; バリオン (baryon) 族と中間子 (meson) 族に分かれる》. ♦ **ha·drón·ic** *a* [*hadr-, -on²*]

hád·ro·sàur /hǽdrə-/, **hàd·ro·sáurus** *n*〘古生〙カモハシ竜[恐竜], ハドロサウルス《白亜紀後期の鳥脚類の一種》.

Had·ru·me·tum /hæ̀drəmí:təm/ ハドルメトゥム《チェコの SOUSSE の古代名》.

hadst /*vt* hǽdst, *v auxil* hədst, hǽdst/ *vt, v auxil*《古・方》HAVE の二人称単数過去形: thou ～＝you had.

hae /héɪ, hǽ/ *vt, v auxil*《スコ》HAVE の一・二人称単複現在形.

haec·ce·i·ty /hɛksí:əti/ *n*〘哲〙「これ」ということ, 是態(ぜたい), 個性原理, 個別性, 特性. [NL (*hic* this)]

Haeck·el /hɛ́k(ə)l/ ヘッケル **Ernst (Heinrich Philipp August) ～** (1834–1919)《ドイツの動物学者; Darwin の説を支持, また「個体発生は系統発生の短縮された, かつ急速な反復である」とする法則を発表した》.

Hae·ju /hɑ́ɪʤu/ 海州(ヘジュ)(かいしゅう)《北朝鮮南西部の市》.

haem ⇨ HEME.

haem(a)-, haemat(o)- ⇨ HEM(A)-, HEMAT-.

hae·ma·tox·y·lon /hì:mətɑ́ksəlɑ̀n, hɛ̀m-/ *n* ロッグウッド材[染料].

-haemia ⇨ -EMIA.

haemo- ⇨ HEM-.

ha·e·re mai /ɑ́:ɛɪrèɪ mɑ́:i, háɪrə màɪ/ *int*《NZ》いらっしゃい, ようこそ! [Maori＝come here]

haeres, haeredes ⇨ HERES.

Ha·erh·pin /hɑ́:ɛ́ərbín/ ハルビン (哈爾浜) (HARBIN).

haet /héɪt/ *n*《スコ》少量, ちょっと. [*hae' it* have it]

Ḥā·fez /hɑ:fɛ́z/, **Ḥā·fiz** /-fíz/ ハーフィズ (1325 or 26–89 or 90)《ペルシア文学を代表する抒情詩人》.

haf·fet, haf·fit /hǽfət/ *n*《スコ》ほお, こめかみ.

haf·fir /hæfíər/ *n*《北アフリカ》《雨水を一時ためる》池. [Arab]

ha·fiz /hɑ́:fɪz/ *n* ハーフィズ《(1) Koran を全部暗記したイスラム教徒に与えられる称号 (2) モスクの院長》. [Arab]

haf·nia /hǽfniə/ *n*〘化〙ハフニア《酸化ハフニウムの白色の結晶》.

haf·ni·um /hǽfniəm/ *n*〘化〙ハフニウム《金属元素; 記号 Hf, 原子番号 72》. [NL *Hafnia*＜Dan *København* Copenhagen]

haft /hǽft; hɑ́:ft/ *n*《小刀・短刀などの》柄, つか, 《鎌・やすりなどの》柄. ► *vt* 〈短刀など〉に柄[つか]を付ける. ♦ **～·er** *n* [OE *hæft(e)* (⇨ HEAVE); cf. G *Heft*]

haf·ta /hǽftə/《発音つづり》have to.

haf·ta·ra(h), haph-, -to- /hɑ:ftɔ́:rə, hɑ̀:ftərɑ́:/ *n* (*pl* **-roth, -rot** /hɑ:ftɔ́:roʊt, hɑ̀:ftərɔ́:t/, ～s) [ºH-]〘ユダヤ教〙ハフタラ《安息日や祭日にユダヤ教会で PARASHAH の直後に読み上げられる預言書の部分》. [Heb＝conclusion]

hag¹ /hǽg/ *n* **1**《意地悪な》醜い老婆, 鬼ばば; 魔女, 女魔法使い;《俗》醜い女;《古》《女の姿をした》悪魔, 悪霊, おばけ. **2**〘魚〙HAGFISH. ► *a*《俗》醜い, ブスの. ♦ **～·lìke** *a* [ME *hagge*＜?OE *hægtesse* witch＜?; cf. G *Hexe*]

hag² *vt*《スコ》たたき切る. ► *n* 木を切ること; 切り倒した木. [?Scand; cf. ON *höggva* to chop (↓)]

hag³ /, hɑ́:g/《スコ》*n* 荒地の中の沼地; 泥炭地の泥炭を切り出した穴(の跡); 沼地の中の固い地点. [cf. ON *högg* gap; HEW と同語源]

Hag.〘聖〙Haggai.

Ha·ga·nah /hɑ̀:gɑ:nɑ́:/ [the] ハガナ《英国の委任統治下のパレスティナで活動したユダヤ人の地下武装組織; のちにイスラエル正規軍の中核となった》. [Heb＝defense]

Ha·gar /héɪgɑ:r, -gər/ **1** ヘイガー《女子名》. **2**〘聖〙ハガル《Abraham の妻 Sarah に仕えるエジプト人の女で, Abraham の子 Ishmael を産んだが, Sarah の嫉妬のため砂漠に追放された; *Gen* 16, 21: 9–13》. [Heb＝flight]

Ha·gåt·ña /həgɑ́:tnjɑ:/ アガニア《Guam 島の西海岸中部にあるその中心の町; 旧称 Agana》.

hág·bèrry /, -b(ə)ri/ *n*〘植〙エゾノウワミズザクラ《ユーラシア産》.

hág·bòrn *a* 魔女から生まれた[を母とする].

hagbut ⇨ HACKBUT.

hag·don, hag·den /hǽgdən/ *n*〘鳥〙ミズナギドリ, フルマカモメ《など》《北大西洋沿岸の海鳥の俗称》.

Hág·e·man fàctor /hǽgəmən-, héɪgə-/〘生理〙ハーゲマン因子《血液凝固因子の一つ; 不足すると静脈血凝固が遅れる》. [患者名から]

Ha·gen¹ /hɑ́:gən/ ハーゲン《*Nibelungenlied* で Gunther のおじ; Brünhilde に頼まれて槍で Siegfried を殺したが, のちに Siegfried の妻 Kriemhild に殺された》.

Hagen² ハーゲン《ドイツ西部 North Rhine-Westphalia 州の市》.

Ha·gen³ /héɪgən/ ヘイゲン **Walter (Charles) ～** (1892–1969)《米国のゴルファー; 愛称 'The Haig'》.

hág·fìsh *n*〘魚〙メクラウナギ《同科の魚の総称》.

Hag·ga·da(h) /həgɑ́:də, hɑ:-, -gɔ́:-/ *n* (*pl* **-dot(h)** /-dòʊt, -dòʊθ, -dòʊs/, ～s) ハガダー《(1) ユダヤ教伝承のうち伝説・民話・説教・呪術・占星などで律法的性格のない物語 (2) SEDER の祝祭(の時に唱える式文) (3) 聖典の訓話的[自由な]解説(集)》. ♦ **hag·gad·ic, Hag-** /həgǽdɪk, -gɑ́:-, -gɔ́:-/, **-i·cal** *a* [*Heb* (*higgīdh* to tell)]

hag·ga·dist /həgɑ́:dɪst, -gɔ́:-/ *n* [ºH-] ハガダーの作者[研究者]. ♦ **hag·ga·dis·tic** /hæ̀gədístɪk, hɑ̀:-/ *a*

Hag·gai /hǽg(i)àɪ; hǽgeɪàɪ/〘聖〙**1** ハガイ《紀元前 6 世紀のヘブライ人預言者; エルサレム神殿の再建を主張した》. **2** ハガイ書《旧約聖書の一書; 略 Hag.》.

hag·gard /hǽgərd/ *a* やつれた, げっそり[憔悴]した; 〈目つきが〉荒々しい, 狂暴な; 〈人が〉とげとげしい顔をした;〘鷹狩〙〈鷹が〉成長後捕えられた, 飼いならされていない. ► *n*〘鷹狩〙野生のタカ, 荒鷹;《廃》御しがたい人. ♦ **～·ly** *adv* **～·ness** *n* [F *hagard*; cf. HEDGE; 一説に, *hag¹, -ard*]

Haggard ハガード (1) Sir **H(enry) Rider ～** (1856–1925)《英国の小説家; *King Solomon's Mines* (1885)》(2) **Merle (Ronald) ～** (1937–)《米国のカントリーミュージックシンガー・ソングライター》.

hág·ged ||《方》*a* 魔女のような; やつれた.
hag·gis /hǽgəs/ *n* ハギス《羊などの臓物を刻み, オートミールや脂肪と共にその胃袋に詰めて煮るスコットランド料理》. [ME<?; cf. ME *haggen* to HACK¹]
hággis-bàsh·er *n* ||《俗》ハギス食い, スコットランド人.
hág·gish *a* 鬼ばばのような, やつれて醜い, 老醜の. ♦ **~·ly** *adv* **~·ness** *n*
hag·gle /hǽg(ə)l/ *vi* 《条件・値段などについて》言い争う, 押し問答する, うるさく値切る, 交渉する ‹*over, about, for*›. ► *vt* 値切る ‹*down*›; 《まれ》たたき切る; 《古》押し問答[質問攻め]で悩ませる. ► *n* 《条件・値段などについての》押し問答, うるさく値切ること. ♦ **hág·gler** *n* **hág·gling** *n* [ON *höggva* to HEW; cf. HAG²]
hagi- /hǽgi, héɪʤi/, **hag·io-** /-ioʊ, -iə/ *comb form* 「聖徒 (saint(s))」「神聖な」 [Gk *hagios* holy, *-o-*]
hag·i·ar·chy /hǽgiɑ̀ːrki, héɪʤi-/ *n* HAGIOCRACY; 聖人階層制.
hag·i·oc·ra·cy /hæ̀giɑ́krəsi, hèɪʤi-/ *n* 聖人集団による政治; 聖人政治[政体]; 聖人政治国.
Hag·i·og·ra·pha /hæ̀giɑ́grəfə, hèɪʤi-/ *n* [the] 諸書, 聖文集, 聖文学, ハギオグラファ (=*the Writings, Ketubim*)《ヘブライ語聖書の三大区分の第 3 部: 詩篇・箴言・ヨブ記・雅歌・ルツ記・哀歌・伝道の書・エステル記・ダニエル書・エズラ記・ネヘミア記・歴代志上下; 他の 2 区分は律法 (the Law) と預言書 (the Prophets)》.
hàg·i·óg·ra·pher, -phist *n* 聖人伝作者[学者]; ハギオグラファ (Hagiographa) の作者.
hàg·i·óg·ra·phy *n* 聖人伝の執筆[研究]; 聖人伝; 主人公を聖人扱いに[理想化]した伝記. ♦ **hàg·io·gráph·ic, -i·cal** *a*
hag·i·ol·a·try /hæ̀giɑ́lətri, hèɪʤi-/ *n* 聖人崇敬. ♦ **hàg·i·ól·a·ter** *n* **-ól·a·trous** *a*
hag·i·ol·o·gy /hæ̀giɑ́ləʤi, hèɪʤi-/ *n* 聖人伝学[研究]; 聖人伝史; 聖人文学; 聖人言行録; 聖徒目録. ♦ **-gist** *n* 聖人伝学者[作者]. **hàg·i·o·lóg·ic, -i·cal** *a*
hág·io·scòpe /hǽgiə-, héɪʤi-/ *n* 〔建〕《教会堂の祭壇の見えない部分の内壁にあけた》祭壇遙拝窓, ハギオスコープ. ♦ **hàg·io·scóp·ic** /-skɑ́p-/ *a*
hág·rìdden *a* 悪夢に悩む, うなされて[悩んで](いる); [*joc*] ‹男が›女に悩まされて[苦しめられて].
hág·rìde *vt* (悪夢[心配]で)悩ませる, ひどく苦しめる, 取りついて悩ませる.
hág·sèed *n* 魔女の生み出すもの.
Hague /héɪg/ [The] ハーグ (*Du* 's Gravenhage *or* Den Haag)《オランダ南西部 South Holland 州の市, 国会・政府機関がある実質上の首都; cf. AMSTERDAM》.
Hágue Tribúnal [the] ハーグ仲裁裁判所《PERMANENT COURT OF ARBITRATION の通称》.
hah /hɑ́ː/ *int, n* HA. [imit]
ha-ha¹, ha·ha /hɑ̀ːhɑ́ː/ *int* ハハハ, アハハ《おかしさ・あざけりなどの笑い》. ► *n* 笑声, 哄笑; 《口》冗談, ジョーク, 笑い話, おかしいこと. [OE; cf. HA]
ha-ha² /hɑ́ːhɑ̀ː/ *n* SUNK FENCE. [F]
ha·ham /hɑ́ːhəm/ *n* ハハム《スペイン・ポルトガル系ユダヤ人の宗教上の指導者; 一般的にはユダヤ法に精通している人》. [Heb=wise]
Hahn /hɑ́ːn/ ハーン **Otto ~** (1879–1968)《ドイツの化学者; Fritz Strassmann との共同研究で核分裂を発見; ノーベル化学賞 (1944)》.
Hah·ne·mann /hɑ́ːnəmən/ ハーネマン (**Christian Friedrich**) **Samuel ~** (1755–1843)《ドイツの医師; homeopathy の創始者》.
hahn·i·um* /hɑ́ːniəm/ *n* 〔化〕ハーニウム《**1**) 105 番元素 (のち IUPAC が dubnium に決定) に提案された名称; 記号 Ha **2**) 108 番元素 (のち hassium に決定) に提案された名称》. [Otto *Hahn*]
haick ⇨ HAIK¹.
Hai·da /háɪdə/ *n* **a** (*pl* **~, ~s**) ハイダ族《カナダ British Columbia 州の Queen Charlotte 諸島と Alaska の Prince of Wales 島に住むインディアン》. **b** ハイダ語. ♦ **Hái·dan** *a*
Hai·dar·a·bad /háɪd(ə)rəbæ̀d, -bɑ̀ːd/ ハイダラーバード (Hyderabad).
Haidar Ali ⇨ HYDER ALI.
hai·duk /háɪdʊ̀k/ *n* 〔史〕ハイドゥク《**1**) Balkan 半島でトルコの支配に抗した無法者 **2**) のちに貴族に列せられたハンガリーの傭兵》; 《東欧諸国の》ハイドゥク風の仕着せを着た男子召使. [G<Hung=robber]
Hai·fa /háɪfə/ ハイファ《イスラエル北西部の市・港町》.
Haig /héɪg/ ヘイグ **Douglas ~**, 1st Earl ~ (1861–1928)《英国の陸軍元帥; 第一次大戦でフランス・フランドルにおける英国派遣軍の総司令官》.
Haight /héɪt/ [the]*《俗》HAIGHT-ASHBURY.
Háight-Ásh·bury /-ǽʃbèri; -b(ə)ri/ ヘイト-アシュベリー《San Francisco の一地区; 1960 年代に多くのヒッピーが住みつき, カウンターカルチャーの拠点となった》.
haik¹, haick /háɪk, héɪk/ *n* ハイク《アフリカ北部で特に アラビア人が頭・衣服の上にまとう白い布》. [Arab]
haik² ⇨ HAKE¹.

Hai·kou /háɪkóʊ/, **Hoi·how** /hɔ́ɪháʊ, háɪhóʊ/ 海口(かいこう)(ハイコウ)《中国海南省の省都》.
hai·ku /háɪku/ *n* (*pl* **~, ~s**)《日本の》俳句; ハイク《俳句にならった 5–7–5 の音節からなる 3 行詩》.
hail¹ /héɪl/ *n* 雹(ひょう); [a ~]《悪口・銃弾などの》雨: *a* ~ of bullets 雨あられと飛ぶ弾丸 / *a* ~ of applause 拍手喝采. ► *vi* [it を主語として] 雹が降る; 雨あられと降る[降りかかる] ‹*down; on*›. ► *vt* ‹強打・悪口を›(雨あられと)浴びせる ‹*down; on, at*›: The crowd ~*ed* blows *on* him. 群衆は彼を一斉になぐりつけた. [OE *hægl*; cf. G *Hagel*]
hail² *int* やあ, 万歳: All ~! =*H~* to you! 万歳, ようこそ! ● **~ and farewell**《文》[°*joc*] こんにちはさようなら《会ってすぐ別れなければならない時の挨拶》. ► *vt, vi* 歓呼して迎える; ‹人を…と›称える, 称賛する, ‹ものを…と›是認する ‹*as*›; ‹船・車・人を›声高に呼ぶ, 呼び止める, …に呼びかける: They ~*ed* him (*as*) king. 彼を王と呼んで迎えた / ~ a taxi タクシーを呼ぶ / within ~*ing* DISTANCE. ● **~ from**… ‹人が›…の出身である; ‹船が›…から来る: The ship ~*s from* Boston. ボストン(から)の船だ. ► *n* 呼び声, 呼びかけ; 挨拶, 歓迎. ● **within** [**out of**] **~** 声の届く[届かない]ところに. [ON *heill* sound, HALE¹, WHOLE; cf. WASSAIL]
Háil Colúmbia 1「ヘイル・コロンビア」(Joseph Hopkinson (1770–1842) が 1798 年に書いた米国愛国歌). **2** [hell の婉曲語] *《俗》**a** 叱責, 大目玉: get ~ どやされる. **b** 大騒ぎ: raise ~ 大騒ぎをする.
háil·er *n* 歓呼する人; 携帯拡声器 (bullhorn).
Hai·le Se·las·sie /háɪli səlǽsi, -lɑ́ː-/ ハイレ・セラシエ (1892–1975)《エチオピア皇帝 (1930–74); イタリアによる同国の占領中 (1936–41) は英国に亡命; 本名 Ras Tafari Makonnen》.
háil-féllow(-wéll-mét) *a* 親しい, 仲がよい; うちとけた, 人なつこい ‹*with*›; なれなれしい. ► *adv* 親しく, うちとけて; なれなれしく. ► *n* (*pl* **-féllows(-)**) 親友, 仲よし; なれなれしい人.
Háil Máry 1 天使祝詞 (AVE MARIA). **2**〔アメフト〕ヘイルメアリー《特に ゲームの終了間際に行なう, まず成功の見込みがないいちかばちかのロングパス》: a ~ plan のるかそるかの計画, 大ばくち.
háil·stòne *n* 雹の粒.
háil·stòrm *n* 雹の大降り; 雨あられと降り注ぐ[飛んでくる]もの《弾丸・悪口など》.
háily *a* 雹の; 雹まじりの.
haimish ⇨ HEIMISH.
Hai·nan /háɪnɑ́ːn; -nǽn/ 海南(かいなん)(ハイナン)《中国南シナ海上の島で, 一省をなす (もと広東省の島); 本土から海南海峡 (**~ Stráit**) で隔てられる; ☆海口 (Haikou)》.
Hai·naut /(h)eɪnóʊ; *F* ɛno/ エノー《**1**) Flanders の南東, 低地帯にあった中世の伯爵領; 現在のベルギー南西部とフランス北部に当たる **2**) ベルギー南西部の州; ☆Mons》.
hain't /héɪnt/ 《古・方》AIN'T.
Hai·phong /háɪfɔ́(ː)ŋ, -fɑ́ŋ/ ハイフォン《ヴェトナム北部, ソンコイ川 (Red River) 下流域のデルタにある市・港町》.
hair /héər/ *n* **1 a**《人・動物の》毛, 体毛, 《特に》髪の毛, 毛髪, 頭髪, 髪; 《動物の》毛衣, 被毛: fair [golden] ~ 金髪 / part one's ~ 髪を分ける / wear one's ~ long 髪を伸ばしている / do [put] up one's ~ 髪を結う / put [let] down one's ~ 髪をほどく (⇨ let one's HAIR down) / put [turn] up one's ~《少女が一人前になって》おとなふうに髪を結う / wear one's own ~ 自分の頭髪である《かつらでない》/ armpit ~ わき毛 / pubic ~ 陰毛. ★ 毛の一本一本をいう場合は可算名詞: have some gray ~*s* 白髪まじりだ / bring down sb's gray ~*s* in sorrow to the grave 〔聖〕老人を悲しませて死なせる《*Gen* 42: 38》. **b**〔植〕《葉・茎・根の表面に生えた》毛, 毛茸(もうじ). **c**〔織〕HAIRCLOTH: a ~ carpet ヘアクロス製のカーペット. **2**〔機〕HAIRSPRING, 毛状針金; 毛状物. **3 a** 毛ほど(のもの), ごくわずか: be not worth a ~ 一毫の価値もない. **b** 毛ほどの幅[隙] (=~*'s breadth, hairbreadth*): lose by a ~. **4***《俗》男らしさ, 強さ, 勇気《男性の毛深さから》: show ~ ‹スポーツマンが›勇敢に争う[プレーする]. **5**《ハッカー》複雑さ, 込み入っていること. **6**《廃》性質, 特徴. **7** [H-]『ヘアー』《1967 年初演の米国のロックミュージカル; ヴェトナム戦争と徴兵に抵抗するヒッピーたちを描き, ヌードシーンを取り入れて話題を呼んだ》.
● **against the ~** 性分[意向]に反して, しぶしぶ. **blow sb's ~** *《俗》‹人を›こわがらせる, ぎょっとさせる. **both of a ~** 似たり寄ったりで. **by** (**the turn of**) **a ~** やっとのことで, あぶないところで: win a race *by a* ~. **comb** [**rub, smooth**] **sb's ~ for** him 人をひどくしかる. **curl** sb's **~**《口》人をぎょっとさせる, こわがらせる. **get gray ~** しらがになる; 《口》心配する, 気苦労で老け込む. **give** sb **gray ~**《口》心配させる. **a** [**the**] **~ of the** (**same**) **dog** (**that bit** one) 毒を制する毒《犬にかまれたとき, 傷口にその犬の毛をすりつけるという民間療法があった》; 《口》《二日酔いを治す》迎え酒. **have a ~ up** one**'s ass** [**nose**]*《俗》ひどくおこりっぽい, 虫の居所が悪い. **have ~***《俗》勇気[ガッツ]がある, (性的)魅力がある: He's *got* a lot of ~. **have** [**get**] sb **by the** SHORT HAIRS. **in** sb**'s ~**《口》人を悩まして, いらいらさせて, 人にうるさくして: get *in* [*into*] sb's ~ 人をいらだたせる. **keep** one**'s ~ on** ⇨ SHIRT. **let** one**'s** (**back**) **~ down**《口》羽を伸ばす, くつろぐ; 《口》うちとけて話す, ざっくばらんにも

のを言う. **lose** one's **〜** 頭がはげる; «俗» かっとなる. **make** sb's **〜 stand on end**＝**make** sb's **〜 curl** 人に身の毛のよだつ思いをさせる, ぞっとさせる. **not harm** [**touch**] **a 〜 of** sb's **head** 人を絶対に傷つけない, 人にいつも親切に[優しく]接する. **not have a 〜 out of place** 身だしなみが一分の隙もない. **not turn a 〜** 〈馬が汗もかかない; 平然としている; 疲れたふうを見せない: *without turning a 〜* 平気で, 落ちつきはらって. **out of** sb's **〜** «口» 人に迷惑をかけないで: keep [get] *out of* sb's 〜 人のじゃまをしない / Keep the kids *out of my* 〜. 子供たちをぼくのじゃまにならないところへ連れて行って. **part** sb's **〜** «口» 人のすれすれの所を通る, 人をかすめる. **put 〜(s) on** sb's **chest** «口» 〈酒・辛いものが〉とても強い[きつい], 強くて[辛くて]精がつく[男らしくなる, 男に似合う]. **smooth** sb's **〜 the wrong way** 毛を逆なでする, 人をおこらせる. **split 〜s** [*derog*] 《議論などで》無用な区別立てをする, 些細なことにこだわる (cf. HAIRSPLITTING). **take 〜 off the dog** *«俗» 経験を積む《カウボーイの用語から》. **tear** [**pull**] one's **〜** (**out**) 《悲しみ・怒りのあまり》髪の毛をかきむしる; やきもきする, いらいらする 〈*over, about*〉. **to a 〜**＝**to the turn of a 〜** 寸分たがわず. ♦ **〜·like** *a* 毛のような; 毛のように細長い. [OE *hǣr*; cf. G *Haar*]

háir bàg ヘアクロス (haircloth) 製のバッグ; 毛髪を入れておくバッグ; *«俗» ベテラン警察官, 古参の警官; *«俗» いやなやつ, ぞっとさせるやつ.

háir·bàll *n* **1** 〔獣医〕毛球(もうきゅう) 《猫・牛・羊などが飲み込んだ毛が胃にはいってできる凝塊》, 《動物の胃中の植物纖維の》毛毬(けまり)体; 植物胃石. **2** *«俗» いやなやつ, 嫌われ者; [H-] [〈*int*〉] むかつく, ゲーッ; *«サーフィン俗» 巨大な波.

háir·bànd *n* ヘアバンド, カチューシャ.

háir·brèadth *n* 毛ほどの隙[幅, 距離]: to a 〜 寸分たがわずに. ●**by a 〜** 間一髪で, かろうじて, 僅差で; ごくわずか: escape death *by a 〜* 九死に一生を得る / deviate *by a 〜* ほんの少しずれる. **within a 〜** すぐ近くて, 至近距離で 〈*of* sth/sb〉; もう少しで, すんでのところで 〈*of doing*〉: The mosque is *within a 〜 of* Israeli Embassy. モスクはイスラエル大使館と至近距離にある / He came *within a 〜 of going* to trial. あわや裁判にかけられるところだった. ► *a* きわどい, かろうじての (close): have a 〜 escape かろうじてのがれる, 九死に一生を得る.

háir·brùsh *n* ヘアブラシ; 毛製ブラシ.

háir·càre *n* ヘアケア, 髪の手入れ.

hair cèll 〔動・解〕有毛細胞《特にコルチ器官などにある聴覚細胞》.

háir·clìpᴵᴵ *n* ヘアピン (bobby pin).

háir·clòth *n* ヘアクロス (＝*cilice*) 《(1) 横糸を馬・ラクダの毛で織った布, 馬巣(ばす)織り; 芯地に用いる 2) ヘアクロス製品, 特に HAIR SHIRT》.

hair còloring 髪染め剤, ヘアカラー.

hair cràck 〔冶〕毛割れ《金属中の毛細状のひび》, 《圧延鋼材の》線状きず, ヘアクラック.

háir·cùrl·ing *a* 身の毛のよだつ, ぞっとする, 恐怖の.

háir·cùt *n* **1** 散髪, 調髪, ヘアカット; 《カットした》髪型, ヘアスタイル: get [have] a 〜 散髪[髪をカット]してもらう. **2** «口» 《資産価値・支払いなどの》削減, カット. ♦ **-cùtter** *n* **-cùtting** *n*

háir·dò «口» *n* (*pl* 〜s) 《髪の》カット, セット, スタイリング; 《特に女性の》髪型, ヘアスタイル (coiffure).

háir·drèss·er *n* 理容師, 美容師, ヘアドレッサー; 《特に女性の髪をカットする》美容院; ᴵᴵBARBER.

háir·drèss·ing *n* 理髪, 結髪; 理髪業; 髪型; 整髪剤: a 〜 salon 理髪店, 美容院.

hair drỳer [**drìer**] ヘアドライヤー (blower); 《頭にかぶって温風で髪を乾かす》かま.

háir·dỳe *n* ヘアダイ, 染毛剤, 白髪染め剤.

haired /héərd/ *a* 毛をもった; [*compd*] 頭髪[被毛]が…の: fair-〜 金髪の / short-〜 短髪の, 短毛の / curly 〜 縮れ毛の.

hair fòllicle 〔解〕《毛髪の》毛包, 〔動〕毛嚢, 毛穴.

hair gèl ディップ(ローション), ジェル《ゼリー状の整髪料; 髪にぬれたような光沢を与える》.

hair gràss 〔植〕茎[葉]が線状の草, 《特に》コメススキ属・ヌカススキ属などの草《イネ科》.

háir·grìpᴵᴵ *n* BOBBY PIN.

hair hygròmeter 〔理〕毛髪湿度計.

hair·if /héərəf/ *n* CLEAVERS.

hair ìmplant 《禿頭部の》(人工)植毛.

háir·làce *n* «廃» 婦人用髪ひも.

hair làcquer HAIR SPRAY.

háir·less *a* 毛のない, 無毛の, はげた; ᴵᴵ«俗» 激怒して. ♦ **〜·ness** *n* 無毛, 禿頭.

háir·line *n* **1 a** 《書・画などの》毛のように細い線; 《望遠鏡などの》照準線, ヘアライン. **b** 《乾いた塗料・陶器・ガラスなどの》毛細状のひび, ヘアライン; 〔冶〕HAIR CRACK. **2 a** 《ペン字の》はね. **b** 〔印〕ヘアライン《(1) 欧文活字の細線 2) 細線だけからなる活字 3) 細線状のよごれ》. **c** 〔印〕細罫, 表罫(おもてけい). **3** ヘアライン《細い縞模様の布》. **4** 《額の》髪の生え際; 毛筋; 毛綱(けづな); 毛製の釣糸: get a receding 〜 額の生え際が後退する. **5** わずかの差, 寸分の差異. ●**to a 〜** 精密に, ぴったりと. ► *a* 細い; 細かな; 僅少差での, かろうじての; ぴったりの, 精確な: a 〜 crack かすかな亀裂.

háir·nèt *n* ヘアネット《髪の乱れを防ぐゆるい網》. ●WIN[1] **the porcelain 〜**.

hair òilᴵᴵ 髪油, ヘアオイル.

hair·ol·o·gist /heərɑ́lədʒɪst/ *n* 毛髪学者, 毛髪専門家[治療家].

hair pèncil 毛筆《ラクダなどの細毛で作る絵筆》.

hair pìe «卑» クンニリングス; «卑» 毛まん, あそこ: eat 〜 クンニをする.

háir·pìece *n* 入れ毛, ヘアピース, つけ毛; かつら, はげ隠し.

háir·pìn *n* **1** 《髪を留めるU字形の》ヘアピン; ヘアピン形[U字形]のもの, 《特に》ヘアピンカーブ. **2** «俗» 人 (a person), やせっぽち; *«俗» 女, 主婦; *«俗» けったいなやつ, ひねたやつ. ●**drop 〜s** *«俗» drop BEADS. ► *a* U字形の, ヘアピンカーブのある〈道路など〉: a 〜 turn [bend, curve] ヘアピンカーブ.

háir-ràiser *n* «口» ぞっとさせるもの[話, 経験など], スリラー.

háir-ràising *a* «口» 身の毛のよだつような, ぞっと[ぞくぞく]するような. ♦ **〜·ly** *adv*

hair restòrer 増毛[養毛, 育毛]剤, 毛生え薬.

hair sàlt 〔鉱〕ALUNOGEN.

háirs·brèadth *n, a* HAIRBREADTH.

háir's brèadth HAIRBREADTH.

hair sèal 〔動〕アザラシ (＝*true seal*) (cf. FUR SEAL); アザラシの毛皮.

háir·shèep *n* 〔動〕ヘアシープ《ウール[巻き毛]でなく, ヘア[直毛]をもつ羊で, 羊とヤギの中間種》; ヘアシープの毛皮《製本用》.

hair shírt 毛衣《かつて修道僧が苦行のために地肌に直接着た haircloth 製のシャツ》; いらいらのもと, 苦痛のたね, 自責の念: wear [put on] a 〜 きびしく身を処する, 反省[謝罪]の態度を示す.

háir-shírt(·ed) *a* 禁欲的な.

háir·slìdeᴵᴵ *n* ヘアクリップ (barrette).

hair spàce 〔印〕ヘアスペース《語間の最小間隔; 最小間隔の活字》.

háir·splìtting *a, n* 小事にこだわる(こと), 重箱の隅をほじくるような(議論[考え方]) (cf. *split* HAIR*s*). ♦ **háir·splitter** *n* 屁理屈屋, 小さいことをやかましく言う人.

hair sprày ヘアスプレー.

háir·sprìng *n* 《時計の》ひげぜんまい (＝*balance spring*).

háir·strèak *n* 〔昆〕カラスシジミ(の類のシジミチョウ).

hair stròke 《文字の》細線; 〔印〕《文字の飾りに用いる》細線, ひげ, セリフ (serif).

háir·stỳle *n* 髪型, ヘアスタイル (coiffure).

háir·stỳlist *n* ヘアースタイリスト, HAIRDRESSER《特に新しいスタイルなどを工夫する》. ♦ **-stỳling** *n*

háir·tàil *n* 〔魚〕タチウオ, 太刀魚 (cutlass fish).

hair trànsplant 《禿頭部への》毛髪移植.

háir-trìgger *a* 反応の速い, 敏感な; 即刻の, 敏捷な; くずれやすい, あやうい, 一触即発の.

hair trìgger 《銃の》触発引金; 敏感な機構[反応].

háir-trìgger flówer 〔植〕スティリディウム属の大型の植物《雄蕊と合体した花柱が長くアーチ形に伸びていて, 昆虫などが触れると敏感に何回か反転し, 花粉を振りかける; 主に豪州産》.

háir·wàsh *n* 洗髪[染髪]液.

háir·wèaving *n* 《はげかけている人に》ヘアピースを髪に縫い込むこと. ♦ **háir·wèaver** *n*

háir·wòrm *n* 〔動〕**a** 毛細線虫, 毛様線虫《哺乳類・鳥類の消化管に寄生》. **b** 線形虫類の各種, 類線形動物 (＝*horsehair worm*) 《ハリガネムシ・クチクラなど》.

hair wràp «口» ヘアラップ《カラフルな糸を編みこんだ髪》.

háiry *a* **1 a** 毛でおおわれた, 毛深い, 毛むくじゃらの; 毛状の; 〔植〕葉・茎が綿毛でおおわれた. **b** むくむく[もじゃもじゃ]した; でこぼこの, 険しい. **2** «口» 困難な, 手ごわい, やりがいのある; «口» 危険の多い, 不安な, ひやひやする, 恐ろしい, おっかない; «俗» 粗野な, がさつな; *実にいやな; «口» 古臭い〈ジョーク〉. ●**〜 at** [**about, in, round**] **the heel(s)** [**fetlocks**] «俗» 育ちの悪い, がさつな (＝*hairy-heeled*). ► *n* hairy なもの[人], 《特に》足にふさ毛の多い輓馬(ばんば); «俗» 長髪の男; *«俗» [*joc*] とても勇敢なお人; «スコ俗» あばずれ, 淫売. ♦ **háir·i·ly** *adv* **háir·i·ness** *n*

háiry-ássed, -áss «卑» *a* **1** (毛むくじゃらで)男らしい, やけに男っぽい, 荒くれ(者)の. **2** *すごい, おもしろい, はらはらするような, 冷や汗ものの, とんでもない (exciting, wild).

háiry búffalo *«俗» 2 種以上の酒をミックスした強いアルコール飲料.

háiry cèll leukémia 〔医〕毛様細胞性白血病, ヘアリーセル白血病《通例 B 細胞に由来するリンパ性白血病で, 毛様の突起を有する悪性の細胞を特徴とする》.

háiry-chèst·ed *a* *«俗» やけに男らしい, ありきたりに男っぽい, マッチョの.

háiry-fáiry *n* ᴵᴵ«俗» 女みたいな男, (受身役の)ホモ (fairy).

háiry fróg 〔動〕ケガエル《西アフリカ産のサエズリガエル科の大型のカエル; 雄に酸素を吸収するための毛のような皮膚の突起がある》.

háiry-hèeled *a* «俗» 粗野な, 育ちの悪い, がさつな.

háiry-nòsed wómbat 〔動〕(ミナミ)ケバナウォンバット《豪州中南部産》.

háiry-tàiled móle 〔動〕BREWER'S MOLE.

háiry vétch 〔植〕ヘアリーベッチ, ケヤハズエンドウ, ビロードクサフジ, ナヨクサフジ《ユーラシア産のソラマメ属の一種; 牧草用》.

háiry wíllow hèrb〖植〗オオアカバナ (CODLINS AND CREAM).

háiry wóodpecker〖鳥〗セジロアカゲラ《北米産》.

Hai·ti /héɪti/ **1** ハイチ《HISPANIOLA 島の旧称》. **2** ハイチ《西インド諸島 Hispaniola 島の西半分を占める国(東側はドミニカ共和国); 公式名 Republic of ～ (ハイチ共和国); ☆Port-au-Prince》.

Hai·tian /héɪʃən, -tiən/ *a* ハイチ島(民)の; ハイチ語の. ► *n* ハイチ島民; HAITIAN CREOLE.

Háitian Créole ハイチ語, ハイチクレオール《フランス語を母体にさまざまな西アフリカ語が混交して成立》.

Hai·tink /háɪtɪŋk/ ハイティンク **Bernard** ～ (1929–)《オランダの指揮者》.

hajj, haj, hadj /hǽdʒ/ *n*〘イスラム〙ハッジ, (大)巡礼《巡礼月 (Dhu'l-Hijja) に定められた手順に従ってメッカの Kaaba に詣でる行事で, 信徒が一生に一度は果たすべき義務; 五柱 (Pillars of Islam) の第5; 月の第 8–第 10 日目にあたる 3 日間の儀式がもっとも重要で, 最終日に家畜を犠牲に捧げて ihram から解かれ, 全世界で 'Īd al-Aḍḥa を祝う; cf. UMRAH》. [Arab＝pilgrimage]

hajji, haji, hadji /hǽdʒi/ *n* ハージー《**1**) メッカ巡礼 (hajj) を済ませたイスラム教徒; しばしば 称号として用いる **2**) エルサレム巡礼を済ませたギリシア正教会[アルメニア教会]のキリスト教徒》. [Pers and Turk＝pilgrim (↑)]

ha·ka /háːkɑː, -kə/ *n* マオリ族の出陣踊り; «NZ» スポーツ[ラグビー]チームの踊り. [Maori]

hake[1], **haik** /héɪk/ *n* (木製の)干し台《チーズ・タイル・煉瓦などを干す》. [HECK[1]]

hake[2] *n*〖魚〗**a** メルルーサ(の類の魚), ヘイク《タラ科の食用魚》. **b** «豪» GEMFISH. [ME <? *hakefish (*hake* (dial) hook, FISH[1])]

ha·kea /háːkiə, héɪ-/ *n*〖植〗ハケア《豪州原産ヤマモガシ科ハケア属 (*H-*) の(温室性)常緑低木の総称》. [C. L. von *Hake* (1745–1818) ドイツの園芸家]

Ha·ken·kreuz /háːkənkrɔ̀ɪts/ *n* (*pl* **-kreu·ze** /-krɔ̀ɪtsə/) 鉤(かぎ)十字(章), ハーケンクロイツ《ナチスドイツの紋章 卐》. [G (*Haken* hook＋*Kreuz* cross)]

ha·kim[1], **ha·keem** /hɑkíːm, hə-/ *n* (イスラム圏の) 賢人, 学者; 医師. [Arab＝wise man]

ha·kim[2] /háːkəm/ *n* 《かつてのイスラム圏の》知事, 太守, 裁判官. [Arab]

Hak·ka /háːkáː, hǽkə/ *n* **a** 客家(ハッカ)《中国北方から広東省・福建省・江西省などの丘陵地帯に移住した漢民族の一種》. **b** 客家語.

Hak·luyt /hǽklùːt/ ハクルート **Richard** ～ (c. 1552–1616)《イングランドの地理学者; 北米などでの植民地建設を強力に支援した; *The Principall Navigations, Voiages, and Discoveries of the English Nation* (1589) を編集》.

Hal /hǽl/ ハル《男子名; Henry, Harold の愛称》.

hal- /hǽl/, **halo-** /hǽloʊ, -lə/ *comb form* 「ハロゲン (halogen) の[を含む]」「塩の」 [F<Gk]

Halab ⇨ HALEB.

Halacha(h) ⇨ HALAKAH.

Ha·laf·ian /həláːfiən, -fjən/ *a*〖考古〗ハラフ文化(期)の《イラク北部からシリア・トルコ国境山麓一帯の北メソポタミアを中心とする文化で, 多色彩文土器が特徴》. ► *n* ハラフ文化期の人. [Tell *Halaf* シリア北東部の地]

Ha·la·ka(h), -cha(h), -kha /hɑlɔ́ːxə, -kə, hɑ̀ːləxáː, -káː/ *n* (*pl* ～**s**, **-koth, -choth** /-lɑːxɔ́ːt/) [°h-] ハラハー, ハラカー《ユダヤの慣例法規(集)》. ♦ **ha·lak·ic, ha·lach·ic, ha·lakh·ic, Ha-** /həlǽkɪk/ *a* [Heb＝way]

ha·la·k(h)ist, -chist /háːləkɪst, həláːkɪst/ *n* HALAKAH の執筆者[編者]の一人; ハラハーの権威者[専門家].

ha·lal, hal·lal /həláːl/ *a* イスラム法にのっとった, ハラールの; ハラール食品を販売する[扱う]. ► *n* イスラム法にのっとって屠殺された動物の肉. ► *vt* イスラム法にのっとって〈動物を〉食用に屠殺する. [Arab＝lawful]

ha·la·la, -lah /həláːlə/ *n* (*pl* ～, **-las**) ハララ《サウジアラビアの通貨単位: ＝1/100 riyal》. [Arab]

ha·la·tion /heɪléɪʃ(ə)n, hæ-; hə-/ *n*〖写〗ハレーション《強い[多量の]光がフィルム裏面で反射され乳剤面に逆戻りして生じるにじみ》;〖テレビ〗ハレーション《テレビの画面の明るいスポットの周囲に時々現われる光の輪》. [*halo, -ation*]

halavah ⇨ HALVAH.

hal·berd /hǽlbərd, hɔ́ːl-/, **hal·bert** /-bərt/ *n*〖史〗鉾槍(ほこやり)《15–16 世紀に使われた槍と鉾をいっしょにしたような形の 5–7 フィートの武器》. ♦ **hal·berd·ier** /hæ̀lbərdíər, hɔ̀ːl-/ *n* 鉾槍兵. [F< MHG (*helm* handle, *barte* hatchet)]

Hal·ber·stadt /háːlbərʃtàːt, -stàːt/ ハルバーシュタット《ドイツ中部 Saxony-Anhalt 州西部の市》.

Hal·ci·on /hǽlsiàn/〖商標〗ハルシオン《ベンゾジアゼピン系の睡眠薬・不安緩解剤》.

hal·cy·on /hǽlsiən/ *n* **1**〖ギ神〗アルキュオーン《冬至ごろ海上で巣ごもり風波を鎮めて卵をかえすと想像された鳥で, カワセミと同一視される; cf. HALCYONE》. **2**〖鳥〗カワセミ (kingfisher);〖鳥〗ヤマショウビン属 (*H-*) の各種の鳥《カワセミ科》. ► *a* カワセミの(ような); のどかな, 穏やかな; 幸福な, はなやかな, 繁栄の: a ～ era 黄金時代. [L<Gk＝kingfisher; cf. HALCYONE]

hálcyon dáys *pl* 冬至前後の天候の穏やかな 2 週間; 《以前の》平穏で幸福な時代, 古きよき時代.

Hal·cy·o·ne /hælsáɪənìː, -ni; -ni/〖ギ神〗ハルキュオネー《風神 Aeolus の娘; 夫の死を知り投身したが夫と共に海の風波を鎮める力をもつ つがいのカワセミに変えられた》.

Hal·dane /hɔ́ːldèɪn, -dən/ ホールデーン (**1**) **J**(**ohn**) **B**(**urdon**) **S**(**anderson**) ～ (1892–1964)《英国の遺伝学者・生物統計学者・生理学者; John Scott ～ の子》 (**2**) **John Scott** ～ (1860–1936)《英国の生理学者; 前者の父; 呼吸の研究で有名》 (**3**) **Richard Burdon** ～, 1st Viscount ～ of Cloan (1856–1928)《英国の法律家・哲学者・政治家; John Scott ～ の兄; 陸相 (1905–12) として軍制の改革を行なった》.

Háldane prìnciple ホールデーン原則《政府の調査員は調査による利益を受ける政府省庁から切り離すべきであるとする》. [J. B. S. *Haldane*]

hal·di /háldi/ *n* «インド» ウコン (turmeric). [Hindi]

hale[1] /héɪl/ *a* 〈特に 老人が〉壮健な, かくしゃくとした; «スコ・北イング» 傷[欠点]のない, 完全な. ● ～ **and hearty** 〈老人・病後の人が〉達者で, 元気のよい. ♦ ～**·ness** *n* [OE *hāl* WHOLE]

hale[2] *vt* 強く引く, 引っ張り出す; 無理に行かせる, 引っ立てる. [OF<ON *hala*; cf. HAUL]

Hale ヘール (**1**) **Edward Everett** ～ (1822–1909)《米国のユニテリアン派の牧師・作家; 短篇 'The Man Without a Country'》 (**2**) **George Ellery** ～ (1868–1938)《米国の天文学者; Palomar 山天文台に巨大な反射望遠鏡を建設》 (**3**) Sir **Matthew** ～ (1609–76)《イングランドの法律家; 王座裁判所首席裁判官 (1671–76); コモンロー法制史の研究で知られる》 (**4**) **Nathan** ～ (1755–76)《米国独立戦争の英雄; スパイ任務の途中で英国軍に捕えられ, 翌朝絞首刑になった; 最後のことばとされる 'I only regret that I have but one life to lose for my country.' が有名》.

Ha·le·a·ka·la /hɑ̀ːliɑ̀ːkəláː/ ハレアカラ《Hawaii 州 Maui 島東部の休火山 (3055 m); 周囲 32 km の大噴火口があり, 1961 年国立公園に指定》.

Ha·leb /həléb/, **-lab** /-lǽb/ ハラブ《ALEPPO のアラビア語名》.

ha·ler /háːlər, -lɛ̀ər/ *n* (*pl* **ha·le·ru** /háːlərùː/, ～**s**) ハレシュ《**1**) チェコの通貨単位: ＝1/100 koruna **2**) スロヴァキアの euro になる前の通貨単位》; ヘルレル (＝*heller*)《中世ドイツの小銅貨》. [Czech]

Ha·lé·vy /(h)æleɪvíː, (h)ɑ̀ː-/ アレヴィ (**1**) (**Jacques-François-**) **Fromental**(**-Élie**) ～ (1799–1862)《フランスの作曲家; 本名 Élie Lévy; オペラ *La Juive* (1835)》 (**2**) **Ludovic** ～ (1834–1908)《フランスの劇作家・小説家; Fromental の甥; Henri Meilhac と共同で Jacques Offenbach のオペレッタの台本を書いた》.

Ha·ley /héɪli/ ヘイリー (**1**) **Alex**(**ander Palmer**) ～ (1921–92)《米国の黒人作家; *The Autobiography of Malcolm X* (1965), *Roots* (ルーツ, 1976)》 (**2**) **Bill** ～ (1925–81)《米国のロカビリー歌手; 本名 William John Clifton Haley; 'Rock Around the Clock' (1954)》.

half /hǽf; háːf/ *n* (*pl* **halves** /hǽvz; háːvz/) **1** 半分, 1/2; 約半分; 半時間, 30 分: (The) ～ of twelve is six. 12 の半分は 6 / Cut it into exact *halves*. それを 2 等分に切りなさい / an [one] hour and a ～＝one and a ～ hours [〈*pl*〉] 1 時間半 / the largest ～ of one's fortune 財産の大半. **2** (*pl* ～**s, halves**) **a** ″半学年, 《1 学年 2 期制の》学期; «廃» 半年. **b** 半マイル. **c** 《特に ビールの》半パイント (half-pint); «スコ» 少量の強い酒《特に ウイスキー》. **d** «口» 半ドル《＝50 セント》; 半ペニー貨 (halfpenny); ″《特に 子供などの》半額切符, 半額料金(の子供). **3** (*pl* ～**s, halves**)〖ゴルフ〗同点, ハーフ; «口»〖サッカーなど〗HALFBACK;〖スポ〗ハーフ《サッカーなどの試合時間の 1/2; cf. QUARTER》, 《フットボール・ホッケーなどで》グラウンドの半分, ハーフ;〖野〗表, 裏; HALF-HOLIDAY: first [second] ～ of the seventh inning 7 回の表[裏]. **4** 《靴など一対のものの》片方; PARTNER (cf. BETTER HALF); 《訴訟事件の》一方の側. ● **…and a** ～ «口» 特別の, すばらしい; *«俗» すごく…, とっても…: a job *and a* ～ たいへん大きい[重要な, むずかしい]仕事 / It was a game *and a* ～. すばらしい競技だった / be stupid *and a* ～ 並のばかではない, たいしたばかだ. **by** ～ 半分だけ; [*iron*] 非常に (by far): too good *by* ～ あまり良すぎる / too CLEVER *by* ～. **by halves** [否定語を伴って] 不完全に, 気乗りうすで: Don't do things *by halves*. 物事を中途半端にするな. **cry halves** 山分けを要求する. **go halves** (**with** sb **in** [**on**] sth) (人と物を)山分けにする; (人と物の費用を)折半する. **in** ～ [**halves**] 半分に, 二等分に〈切る〉. **It's a game of two halves.** «口» 《サッカーで》前半と後半ではまるで別の試合だ; 状況[風向き]が突然変わってしまった; 両者は似て非なるものだ. **not by** ～ ほとんどない. **on halves** *利益の半分取って〈貸す〉; 半分ずつ出し合って〈借りる〉. OTHER HALF. **one's worse** ～ [*joc*] 夫, うちの亭主[宿六, ろくでなし], だんつく (cf. BETTER HALF). **the** ～ **of it** ことの半面, 事態の一部; [*neg*] 肝心なところ: And that's not *the* ～ *of it*. 本当はそれどころじゃないんだ《もっとひどい》/ You don't know *the* ～ *of* it. 君はまるでわかっていないね. **to the halves** 半分まで, 不十分に; *山分けで.

H

► *a* **1** 半分の, 1/2 の; 約半分の: ～ a [a ～] mile 半マイル / a ～ share 半分の分け前 / a ～ length〘ボート〙半艇身,〘競馬〙半馬身 / *H*～ a LOAF[1] is better than no bread. ★ (**1**) [half a＋数量単位名詞] のほかに [a half＋数量単位名詞] の語順もある: a ～ mile. (**2**) 続く名詞が単数ならば通例 単数一致, 複数ならば複数一致: *H*～ his *time was* wasted. / *H*～ the *apples are* bad. **2** 不十分な, 不完全な: ～ knowledge 生はんかな知識 / a ～ smile 中途半端な笑み / HALF MEASURE. **3** 大半の, ほとんどの: ～ the problem 問題の大半 / ～ the fun [pleasure etc.] (of (doing) sth) (…(をすること)の)楽しみの大半[ほとんど]. ● **～ a minute** [**second**] ほんの少しの間, 一瞬. **～ the** BATTLE.

► *adv* **1** 半分だけ, 半ば: It is ～ past /ᴼhǽpæs(t); há:pəs(t)/ three. 3 時半だ / ～ 7 [seven] ᴵᴵ7 時半 / ～ three〘海〙$3^1/_2$ 尋(ひろ) / east ～-south 東半微南《東と東微南 (east by south) の中間点》/ She is ～ Japanese, ～ French. 彼女は日本人とフランス人のハーフだ. **2** 不完全に, 生はんかに, いいかげんに: ～ cooked 半熟[半煮え]で / ～ educated ろくな教育をうけていない. **3 a** いくぶん, ある程度: ～ wish…したいような気もする. **b** ほとんど, ひどく (cf. HALF-DEAD). ● **～ again as much** [**many**] **as**…*＝**～ as much** [**many**] **again as**…ᴵᴵ…の1倍半. **～ and ～** ⇨ HALF-AND-HALF. **～ as much** [**many**] **as**…の半分. **～ hope** 多少の望みをいだく; [否定の節を伴って]いささか懸念する ‹*that*›: I waited, ～ *hoping that* someone [no one] would appear. ひょっとしてだれかがやってくるのではないかと願いつつ[だれもやって来ないのではないかと心配しつつ]待っていた. **not ～** ᴵᴵ«口» (**1**) 少しも…でない: *not* ～ bad 少しも悪くない, たいへん良い. (**2**) おそろしく, ひどく: Do you like beer?—*Not* ～! ビールは好きですか—好きのなんのって / She did*n't* ～ cry. 泣いたの泣かないのって《大変な泣きようだった》. (**3**) とうてい…ではない, …とはほど遠い. **not ～ so** [**as, such**] (…**as**)…の半分も[…ほど]…でない: I do*n't* get ～ *as* much pay *as* he. 彼の給料の半分ももらっていない. ♦ **～·ness** *n* [OE *h(e)alf* side, half; cf. G *Halb*]

H

hálf-a-búck *n**«俗» 半ドル, 50 セント (half buck).

hálf-a-crówn *n* HALF CROWN.

hálf àdder〘電算〙半加算器.

hálf-a-dóllar *n* 半ドル(硬貨); ᴵᴵ«俗» HALF CROWN.

hálf a dózen HALF-DOZEN.

hálf-and-hálf *a* 半々の[で]; 中途半端の[で], どっちつかずの, どちらともいえない. ► *adv* 同量に, 等分に, 半々に. ► *n* **1 a** 2 成分が半々のまぜ物, 半々のもの. **b** ᴵᴵハーフアンドハーフ《(**1**) ale と porter, beer と stout, または bitter と mild の等量ずつの混合ビール **2**) 古酒と新酒や辛口と甘口の等量ミックス》. **c** *牛乳とクリームとの混合物. **2** «卑» 前半にフェラチオを行なう性交《もと売春用語》.

hálf-àrmor *n* 半甲冑《上半身のみの甲冑》.

hálf-ássed, -ársed «卑» *a* 低能な, ばかな, できそこないの, なってない; 能率の悪い, でたらめな, いいかげんな, おざなりの. ► *adv* 考えもなく, でたらめに.

Hal·fá·ya Páss /hælfáɪə-/ [the] ハルファヤ山道《エジプト北西部, 地中海沿岸の丘陵地帯を通る山道; 1942 年 1-11 月の激戦地》.

hálf·bàck *n* ハーフバック《(**1**)〘サッカー・ラグビーなど〙フォワードラインのすぐ後ろに位置するプレーヤー **2**)〘アメフト〙オフェンスのバックフィールドに位置し, ボールキャリアまたはレシーバーとしてプレーする》.

hálf-bágged *a**«俗» 酔っぱらった.

hálf-báked *a* 生焼けの; ‹計画が›不完全な, 不十分な; 未完の; 無経験な, うぶな, ‹思想が›未熟な, 浅薄な, 生はんかな; «口» 頭の足りない, 低能な, 常軌を逸した; *«俗» 酔っぱらった.

hálf-bàll stróke〘玉突〙ハーフボール突き《手球の中央と的球の端を合わせる厚み 1/2 の突き方》.

hálf bàth 半身浴, 腰湯; 簡易バスルーム (＝**hálf bàthroom**)《洗面設備・便器(・シャワー)だけのバスルーム》.

hálf·bèak *n*〘魚〙サヨリ (細魚, 鱵)《同科の魚の総称》.

hálf bìnding〘製本〙半革装(製本) (＝*half leather*), 半クロス装(製本)《背(とかど)が革またはクロス; cf. FULL BINDING》.

hálf-blínd *a**«口» 酔っぱらった.

hálf blòod 異母[異父]兄弟[姉妹], 半血血族(関係), 腹[たね]違い (cf. FULL BLOOD); HALF-BREED;〘畜〙GRADE; 合いの子, 雑種の動物.

hálf-blóod(·ed) *a* 雑種[混血]の; 腹[たね]違いの.

hálf-blùe *n*《Oxford, Cambridge 大学などの運動部で》二軍[補欠]選手[マイナースポーツの選手](に与えられる青章), ハーフブルー.

hálf bóard〘海〙ハーフボード《帆船が詰め開きで帆走中にいったん船首を風上に向け, その後再び同じ舷側に帆を開いて帆走する操船法》; ᴵᴵ《ホテルなどの》DEMI-PENSION.

hálf-bóiled *a* 生煮えの.

hálf bòot《ふくらはぎの半ばくらいまでの深さの》半長靴, ハーフブーツ.

hálf-bòund *a*〘製本〙半革装の, 半クロス装の《背(とかど)が革製またはクロス製》.

hálf-bréadth plàn〘造船〙半幅線図《船体の左右いずれかの水平断面図; cf. BODY PLAN, SHEER PLAN》.

hálf-brèd *a, n* 半血種(の)《親の一方は純血》; 雑種(の), 混血(の).

hálf-brèed [ˢ*derog*] *n* 混血児《特にアメリカインディアンと白人との間の》. ► *a* 混血の; 雑種の.

hálf-brílliant cùt〘宝石〙半ブリリアントカット (SINGLE CUT).

hálf bròther 異母[異父]兄弟, 腹違い, たね違い (⇨ HALF BLOOD; cf. WHOLE BROTHER, STEPBROTHER);〘畜〙半兄弟.

hálf búck*«俗» HALF-DOLLAR.

hálf-búshel *n*《穀類・野菜の》半ブッシェル《＝2 pecks》.

hálf bùtt〘玉突〙半長キュー, ハーフバット《最長と普通の長さの中間のキュー》.

hálf cádence〘楽〙半終止 (＝*half close*).

hálf cálf〘製本〙半子牛革装.

hálf-cánned *a* «俗» ほろ酔いの.

hálf-càste *n, a* [*derog*] 混血児(の)《ヨーロッパ人とアジア人, 白人とアメリカインディアンなどの混血; 特にヨーロッパ人を父にインド人を母にもつ者》.

hálf-cèll *n*〘電〙半電池《単極電位測定用》.

hálf cènt 半セント青銅貨《1793-1857 年間, 米国で鋳造》.

hálf-céntury *n* 半世紀, 50 年;〘クリケットなど〙50 点.

hálf clóse 半終止 (half cadence).

hálf cóck 安静段《銃の撃鉄を半分引いた位置で, 引金は引けない》; 準備[心構え]の不十分な状態. ● **go off at ～** ‹銃が›早発する; [*fig*] ‹計画など›準備不十分のうちに始まる, 早まって失敗する; 腹を立てる, おこる.

hálf-cócked *a* ‹銃が›安静段にした; 早まった, あわてた; 準備不足の, 十分検討されていない, いいかげんな, ばかげた; *«俗» 半可通で夢中になって; «俗» 少々酔って. ● **go off ～**＝go off at HALF COCK.

hálf-cóoked *a* 生煮えの, 生焼けの; *«口» 未熟な.

hálf-córned *a**«俗» 酔っぱらって.

hálf-cóurt *n*〘球技〙ハーフコート《(**1**) バスケットボールなどで, コートを半分に区切るライン **2**) 区切られた半分のコート》.

hálf-crácked *a* «俗» 少しいかれた, 少々気のふれた.

hálf-crócked *a* «俗» 酔っぱらった, ほろ酔いの.

hálf crówn 半クラウン《(**1**) 英国の 2 シリング 6 ペンス貨; 1946 年までは銀貨で, 以後は白銅貨; 1970 年廃止 **2**) その価 (half-a-crown) **3**) 英国以外の国の 2 シリング 6 ペンス貨》.

hálf-cúp *n* ハーフカップ《＝8 tablespoons》.

hálf-cút *a* «俗» かなり[少々]酔って.

hálf-dày *n* HALF-HOLIDAY.

hálf-déad *a* 半死半生の; ひどく疲れた.

hálf dèck〘海〙半甲板《特に見習生などの宿舎にあてられる商船上の一部分》.

hálf dìme ハーフダイム《1792 年および 1794-1873 年に鋳造された米国の 5 セント銀貨》.

hálf dìsme《1792 年鋳造の》HALF DIME.

hálf-dóllar *n*《米国・カナダの》半ドル硬貨[《もと》銀貨]; 50 セント; ᴵᴵ«俗» HALF CROWN.

hálf-dózen *n, a* 半ダース(の).

hálf dúplex〘通信〙半二重《電話回線を使ったコンピューター通信など, 相互通信[両方向伝送]方式で同時送受信ができないもの》. ♦ **hálf-dúplex** *a*

hálf éagle ハーフイーグル《1795-1916 年および 1929 年に鋳造された米国の 5 ドル金貨》.

hálf-éver·grèen *a*〘植〙半常緑の《冬の寒さがきびしくないところで[場合に]緑を保つ》.

hálf-fàce *n* 横顔. ► *a, adv* 横顔の[で], 横向きの[で].

hálf-fáced *a* 横顔の, 横向きの; 半面の; 三方がふさがれて一方のみ開いた.

hálf fórward〘豪式フット〙ハーフフォワード.

hálf fráme ハーフサイズの写真《35 mm 判の半分のサイズ》; [～s] HALF-GLASSES. ♦ **hálf-fráme** *a* ハーフサイズの‹フィルム・カメラなど›.

hálf gàiner〘飛込〙ハーフゲーナー《前向きに飛んで逆半宙返りをして台の方を向いて頭から水にはいる; cf. GAINER》.

hálf-gállon *n* 半ガロン《＝2 quarts》.

hálf-glàsses *n pl* 半眼鏡《眼鏡レンズの下半分のような形をした, 遠視の人が読書などに使用するための眼鏡》.

hálf-hárdy *a*〘園〙半耐寒性の《冬季霜よけの必要がある》.

hálf·héart·ed *a* 気乗りのしない, 身がはいらない, 冷淡な, いいかげんな, 不熱心な ‹*about*› (cf. WHOLEHEARTED). ♦ **～·ly** *adv* **～·ness** *n*

hálf hítch 半結索, 半[片, 一]結び, ハーフヒッチ《最も簡単なロープの止め方ですぐほどくことができる》.

hálf-hóliday *n* 半休日, 半ドン.

hálf hóse [‹*pl*›] 長い男性用ソックス.

hálf hóur 30 分(間); …時半, …時 30 分: (every hour) on the ～ 毎正時 30 分に《1: 30, 2: 30, 3: 30…に》. ♦ **hálf-hóur** *a* 30 分(間)の, 30 分ごとの. **hálf-hóur·ly** *a, adv* half hour (ごと)の[に].

hálf hùnter ハーフハンター《ふたに直径の 1/2 ほどの窓をあけた懐中時計; cf. HUNTER》.

half·ies /hǽfiz; há:-/, **half·sies** /-siz/, **halv·ies** /hǽviz; há:-/, **halv·sies** /-ziz/*«口» *n* 半分, 半分こ. ► *a, adv* 半々で, (2 人で)割り勘の[で]: do [make] it ～ 割り勘にする / go ～《分け前など》半々にする.

hálf-ínch *n* 半インチ, 1/2 インチ《1.27cm》. ► *vt* /ー ー/ 《韻俗》盗む, かっぱらう (pinch).
hálf-ìnteger *n* 〘数〙半整数《奇数の 1/2》. ♦ **hálf-ìntegral** *n*, *a* 奇数の半分(の).
hálf-jàck *n* 《南ア口》《平たい》ポケット瓶《酒瓶》.
hálf-knòt *n* 〘海〙《棒やほかの太い綱に巻きつけた場合の》一重結び《日本でいう玉結びの半分の形》.
hálf-lànding ⁿ*n* 《階段途中の曲がり角の》踊り場.
hálf làp 《レール・軸などの》重ね継ぎ; 〘建〙相欠き.
hálf lèather 〘製本〙半革装 (HALF BINDING).
hálf-léngth *n*, *a* 半分の長さの(もの), 《特に》半身像[画](の); 上半身の〈コート〉.
hálf-lìfe *n* 全体の半分がある変成をうけるのに要する時間; 〘理〙《放射性元素などの》半減期; 〘生・医〙半減期《生体または生態系にはいった化学物質などの半量が消失する, もしくはその実効性[活性]が半減するのに要する時間》; [*fig*] 《衰え[すたれ]始める前の》盛りの時期[期間].
hálf-lìght *n* うす明かり; 《美術品の》うす明るい部分.
hálf lìne 〘数〙半直線 (＝*ray*) 《一点から一方へのみ無限に延びた直線》.
hálf-línd *a* 半ば裏をつけた, 部分的に裏張りした.
hálf-lít *a**《俗》酔っぱらった.
hálf-líter *n* 1/2 リットル, 500 cc.
hálf lóad*《俗》《コカイン・ヘロインの》3 ドル包 15 包[個].
hálf-lóng *a* 〘音〙〈音が〉半長の《普通は /ˑ/ で表わす》.
hálf-màrathon *n* ハーフマラソン《13 マイル 352 ヤード (21.243 km) のレース; 正規のマラソンの約半分の距離》.
hálf-mást *n* 半旗の位置《弔意および遭難を表わす》: a flag at ～ 半旗《弔旗; ⇨ FLAG[1]》/ lower a flag to ～ / ～ high 半旗の位置に. ● **at** ～ ⁿ[*joc*] 〈ズボンが〉短くてくるぶしが出て, つんつるてんで. ► *vt* 〈旗を〉半旗の位置に掲げる.
hálf méasure [ᵘ*pl*] 中途半端な措置[対策], 妥協的な対応: do things in ～*s* 物事を中途半端にやる.
half·mens /hǽfmèns; há:f-/ *n* (*pl* ～, **-men·se** /-sə/) 〘植〙ヒカリドウ(光堂)《ナミビア・南アフリカ北西部の乾燥高原にぽつんと生えているキョウチクトウ科パキポディウム属の大型多肉植物》. [Afrik＝half person]
hálf-míle *n* 半マイル; 半マイルレース. ♦ **hálf-míler** *n* 半マイル走者.
hálf-mòon *n* 〘天〙半月; 半月形(のもの); 〘解〙爪半月 (lunula); 〘城〙半月堡. ► *a* 半月の; 半月形の.
hálf mòurning 《喪の第 2 期に着る, 黒に白を重ねた, またはグレーなどの》半喪服 (cf. DEEP MOURNING); 半喪期.
hálf nélson 〘レス〙ハーフネルソン《片腕で相手の片腕のみ羽交い絞めにし, その同じ手で相手の首の後ろを押える; cf. NELSON》: get a ～ on ... [*fig*] …を完全に制する.
hálf nòte*〘楽〙二分音符 (minimⁿ) (⇨ NOTE).
hálf-óne *n* 〘ゴルフ〙ハーフワン《1 ホールおきにつける 1 ストロークのハンディキャップ》.
Hal·fords /hǽlfərdz/ ハルフォーズ《英国のカー用品販売チェーン店》.
hálf-órphan *n* 片親のない子, 片親の子.
hálf·pàce *n* 〘建〙《王座・祭壇の》高座, 最上段; 《階段の》踊り場.
hálf páy 給料の半分, 半給; 〘英軍〙《将校の》休職[退職]給 (cf. FULL PAY). ♦ **hálf-páy** *a* 半俸の, 半給の.
hálf-péck *n* 《穀類・野菜の》半ペック (＝4 quarts).
half·pen·ny /héɪp(ə)ni, *hǽfpèni, ⁿhá:f-; ⇨ ★/ *n* (*pl* (個数) **half·pen·nies** /héɪp(ə)niz/, (価格) **half·pence** /héɪp(ə)ns/) 《英国のかつての》半ペニー銅貨《1984 年廃貨》; (新)半ペニー銅貨 (＝new ～); 《英国以外の国の》半ペニー貨; 半ペニー(の価); [*pl*] 《口》小銭; ほとんど価値のないもの; 少量: ⇨ THREE-HALFPENCE. ★ /héɪp(ə)ni/ は 1971 年まで使われた旧半ペニー銅貨の発音. 以後の新半ペニー銅貨はしばしば **half penny** と 2 語に表記し, /hǽfpèni; há:f-/ と発音する. ● **get [receive] more kicks than halfpence** ⇨ KICK[1]. **like a bad** ～ しつっこく: turn up again *like a bad* ～ ⁿ用もない時によく出てくる. **not have two halfpennies to rub together** ⁿひどく貧しい. ► *a* 半ペニーの; 安っぽい, つまらない.
hálfpenny·wòrth /, ⁿhéɪpəθ, ⁿhà:fpénəθ/ *n* 半ペニーの価のもの (cf. HAP'ORTH, HA'PORTH); 極少量.
hálf-pìe *a* 《豪俗》不完全な, 平凡な. [Maori *pai* good]
hálf-pìke *n* SPONTOON; 《昔 敵船に乗り込む時に使った》短い槍[鉾(ほこ)].
hálf-pìnt *n* 半パイント (＝1/4 quart); 《俗》背の低い人, ちび; 《俗》若い人, 坊や; 《俗》取るに足りない人. ► *a* 半パイントの; 《俗》小型の, 背の低い, ちびの.
hálf-pìpe *n* ハーフパイプ《**1**) スノーボード・スケートボード・インラインスケートで使われる半円筒形の傾斜路または滑走路 **2**) ハーフパイプを使って行なう競技》.
hálf plàne 〘数〙半平面.
hálf plàte ⁿ ハーフサイズの感光板, ハーフサイズの写真《16.5×10.8 cm》.
hálf-príce *a*, *adv* 半額の[で]. ♦ **hálf príce** *n*
hálf-quártern ⁿ*n* QUARTERN LOAF の 1/2 のパン塊.
hálf-quíre *n* 〘紙〙12 枚葉紙.
hálf relíef 中浮彫り (mezzo-relievo).
hálf rèst 〘楽〙二分休符.
hálf rhỳme 〘韻〙SLANT RHYME.
hálf-ród *n* 半ロッド《**1**) ＝$2^3/_4$ yards **2**) ＝$15^1/_8$ square yards》.
hálf-róund *a* 半円(形)の; 半円筒(形)の.
hálf-sèas óver *a* 半分海を渡って; 《物事の》中途で; 《口》なま酔いの.
hálf-sháre *n* 分け前の半分.
hálf shèll 二枚貝の殻の一枚: oysters on the ～.
hálf-shót *n* 〘ゴルフ〙ハーフショット《ハーフスイングのショット》. ► *a* 《俗》なま酔いの, ほろ酔いの, 酔った; *《俗》半分[ほとんど]だめになった.
hálf-sílvered *a* 〈鏡などが〉半鍍銀(とぎん)の《入射光線の半分は反射するが残り半分は通過するような厚さの金属薄膜でコーティングした; 光学器械・マジックミラー用》.
hálf sìster 異母[異父]姉妹, 腹[たね]違い (⇨ HALF BLOOD).
hálf sìze **1***ハーフサイズ《婦人服で身長に対して幅の広い体型用の規格サイズ》. **2** ⁿ《各種の》中間のサイズ.
hálf sléeve 五分袖《ひじまでぐらいの長さの袖》.
hálf-sléwed *a* 《俗》酔いのまわった, ほろ酔いの.
hálf-slìp *n* ハーフスリップ《アンダースカート》.
hálf-sòle *vt* 〈靴〉に半張りを打つ.
hálf sòle 《靴の》半革, 半張り.
hálf sóvereign 〘英〙10 シリング金貨《1916 年まで発行して今は廃止》.
hálf-spàce *n* 〘数〙半空間.
hálf-sprúng *a**《俗》酔っぱらって, ほろ酔い(気分)で, 千鳥足で.
hálf-stáff**n* HALF-MAST.
hálf stèp*〘楽〙半音 (＝*semitone*); 〘軍〙半歩《速足で 15 インチ, 駆け足で 18 インチ》.
hálf-stéwed *a* 《俗》酔っぱらった, 少し酔いのまわった.
hálf stóry 〘建〙中二階.
hálf swíng 〘スポ〙振り幅半分のスイング, ハーフスイング.
hálf-térm 〘英教育〙*n* 《学期の》半期; 中間期; 《学期半ばの》数日の休暇, 中間休暇 (＝～ **hòlidays**).
hálf-tèster *n* 半天蓋《寝台の半分の長さをおおう天蓋》.
hálf-thìck·ness *n* HALF-VALUE LAYER.
hálf tíde 半潮《満潮と干潮との中間》.
hálf-tímber(ed) *a* 〘建〙〈家・壁が〉ハーフティンバーの《木造骨組を外に露出させ, その間を煉瓦[石, モルタルなど]で埋めた様式》. ♦ **-tímber·ing** *n*
hálf·tìme /; ー ー/ *n* 半日勤務; 〘競技〙ハーフタイム.
hálf·tìme *a*, *adv* 半日勤務の[で].
hálf-tímer ⁿ*n* 規定時間の半分働く[聴講する]者[学生]; 規定時間の半分だけ出席してほかは工場で働く学童.
hálf tìnt 〘美〙DEMITINT.
hálf tìtle **1** 略標題(紙), 小扉(こびら) (＝*bastard title*) 《通例 title page の前の右側ページで, 書名のみを記したもの》. **2** 《各章の前の右側の白紙ページに記した》章の標題.
hálf·tòne *n* 〘美〙《明・暗の》二分の一調子, 半調子, 中間調, ハーフトーン; 〘写・印〙ハーフトーン《網凸版; そのグラビア》; *〘楽〙半音. ► *a* ハーフトーンの.
hálf-tràck *n* 《後輪のみがキャタピラー式の》半無限軌道式(軍用)自動車, ハーフトラック. ► *a* 半無限軌道式の. ♦ ～**·ed** *a*
hálf-trùth *n* 半分だけ真実の[事実は一部だけの, 真相を一部だけしか明かさない]言説《特に 故意に欺瞞的なもの》. ♦ **hálf-trúe** *a*
hálf-tùrn *n* 半回転, 180 度回転.
hálf únder*《俗》*a* なかば意識がある, 意識を失いかけた, 頭がもうろうとした; ほろ酔いの.
hálf-válue làyer 〘原子力〙半価層《放射線が物質を通過するとき, その強さが半減する吸収物質の厚さ》.
hálf-vòlley *vt*, *vi* ハーフボレーで打つ[返す].
hálf vòlley ハーフボレー《テニス・サッカー・ラグビー・クリケットなどの地面からはね上がる瞬間をとらえるストローク》.
hálf-wàve pláte 〘光〙二分の一波長板《互いに垂直な方向に振動する直線偏光の間に 1/2 波長の光路差を生じる複屈折板》.
hálf-wàve réctifier 〘電〙半波整流器.
hálf·wáy *adv* 中間点で, 中程で; なかば, ほとんど, どちらかといえば; 妥協して; 中途で, 不十分に: ～ surrender to a demand 要求にほとんど屈伏する / be [go] ～ to [toward] do*ing*…するまでには道半ばで[不十分で] / ～ decent まずまずの, まともな. ● **be ～ there** 〈仕事などが〉半分終了[完了]して, 〈人が〉目標を半ば達成して. **go ～ to meet**…＝**meet**…**～** (双方から出かけて)…と途中で会う; …を途中まで出迎える; …と妥協する: Don't *meet* trouble ～. 取越し苦労はするな / *meet* each ～ 妥協する. ► *a* 起点と終点から等距離の, 中(間)点の; 中途(半端)の, 不徹底な〈方策〉; 不完全な.
hálfway hòuse **1 a** 《二つの町の》中間点にある宿屋; 旅程の前半を画する訪問地(の旅館). **b** 《社会復帰のための》中間施設, ハーフウェーハウス《精神病・アルコール中毒などの退院患者や刑期をほぼ終えた受刑者に更生訓練を行なう》. **2** 《変化・改革・進歩などの》前半終了段階, 中間点; 妥協点, 折衷案.

hálfway lìne〘サッカー・ラグビー〙ハーフウェーライン《ゴールラインに平行なフィールドの中央線》.

hálf-wìt *n* まぬけ, うすばか; 精神薄弱者. ◆ **half-wítted** *a* まぬけな; 精神的欠陥のある. **-wítted·ly** *a* **-wítted·ness** *n*

hálf-wòrld *n* 半球; 花柳界 (demimonde); 暗黒街.

hálfy *n* *《俗》[*derog*] 足なし(乞食).

hálf yéar《1 暦年の》半期《1–6 月または 7–12 月》, 半年; 《1 学年の》半期《前期または後期》.

hálf-yéar·ly *a, adv* 半年ごとの[に]; 年 2 度(の).

hali- /hǽlə/ *comb form*「海洋」「塩」,〘化〙「塩(えん)」 [Gk (*hals* salt, sea)]

hal·i·but /hǽləbət, *hɑ́:-/ *n* (*pl* ～, ～**s**)〘魚〙カレイ科の大型の食用魚, 《特に》: **a** オヒョウ, ハリバット《大きなものは 2 m を超える》. **b** カラスガレイ (=Greenland ～). [HOLY, *butt* flatfish; holy days に食べたことからか]

hálibut-lìver òil オヒョウ[ハリバ]肝油.

Ha·liç /hɑ:lí:ʧ/ ハリーチ《GOLDEN HORN 湾のトルコ語名》.

Hal·i·car·nas·sus /hæ̀ləkɑ:rnǽsəs/ ハリカルナッソス《小アジア南西岸の古代ギリシアの植民市; ヘレニズム時代に繁栄; cf. MAUSOLEUM》. ◆ **Hàl·i·car·nás·si·an** *a*

hal·ide /hǽlàɪd, héɪ-/ *n, a*〘化〙ハロゲン化物(の). [*halo*gen, *-ide*]

hal·i·dom /hǽlədəm/, **-dome** /-dòum/ *n*《古》神聖な場所[物]: by my ～ 神かけて, 誓って. [OE (HOLY, *-dom*)]

hal·i·eu·tic /hæ̀li(j)ú:tɪk/ *a* 魚釣りの.

hàl·i·éu·tics *n* 魚釣り(術), 釣魚(ちょうぎょ)(法), 漁法; 漁法[漁業]に関する論文. [Gk (*halieutēs* fisherman)]

Hal·i·fax /hǽləfæ̀ks/ **1** ハリファックス (**1**) イングランド北部 West Yorkshire の町 **2**) カナダ Nova Scotia 州の港町, 州都). **2** ハリファックス **Edward Frederick Lindley Wood**, Earl of ～ (1881–1959)《英国の保守党政治家; インド副王 (1926–31), 外相 (1938–40), 駐米大使 (1941–46)》. ● **Go to ～!**《俗》こんちくしょう (Go to hell!).

Hal·i·go·ni·an /hæ̀ləgóuniən/ *a, n* ハリファックス (Halifax) の, ハリファックスの人(の). [L *Haligonia* Halifax]

hal·i·o·tis /hæ̀lióutəs/ *n*〘貝〙ミミガイ《*H*～ 属の総称》.

háli·plànkton *n* 塩水[海洋]プランクトン.

hal·ite /hǽlàɪt, héɪ-/ *n*〘鉱〙岩塩 (rock salt).

hal·i·to·sis /hæ̀lətóusəs/ *n* (*pl* **-ses** /-sì:z/)〘医〙口臭, 悪臭呼気. ◆ **hàl·i·tót·ic** /-tɑ́t-/ *a* [NL (↓, *-osis*)]

hal·i·tus /hǽlətəs/ *n*《まれ》息, 呼気, 蒸気. [L=breath]

hall[1] /hɔ́:l/ *n* **1**《大家の》玄関の広間, ロビー; 《普通の家の》玄関, 入口の廊下; *《建物内の》廊下: Please leave your coat in the ～. 外套は玄関にお置きください. **2 a** [°H-] 公的な建物, 会館, 公会堂, ホール; 《団体の》事務所, 本部: the legislative ～*s* of Congress 米議会の両院議場. **b**《会館内または独立の》(社交的)集会場, 娯楽場, ホール; [°*pl*] MUSIC HALL: appear on ～*s* "演芸場に出演する. **3** "《大学の》寮 (hall of residence); 寮生; 《大学の》特別会館, 講堂, 学寮; 学部, 学科; "《大学の》大食堂(での会食): University *H*～《Harvard 大学の》大学本部 / Emerson *H*～ エマソン記念館《Harvard 大学の哲学講堂》/ the Students' *H*～ *学生会館 / live in ～ 寮にはいっている. **4**《中世の王侯豪族の》大邸宅, (その)大広間; [the H-] "田舎の地主邸, MANOR HOUSE. ● **dine in ～**"《大学》大食堂で会食する, 会食に出席する. [OE *h(e)all*; HELL と同語源; cf. G *Halle*, L *cella* small room]

hall[2] *n*《俗》ALCOHOL.

Hall ホール (**1**) **Charles Martin** ～ (1863–1914)《米国の化学者; アルミニウムの電解製法を発見, アルミニウム工業生産の祖とみなされる》 (**2**) **Granville Stanley** ～ (1844–1924)《米国の心理学者; 同国心理学の基礎を築いた》 (**3**) **Gus** ～ (1910–2000)《米国の政治家; 本名 Arvo Kusta Halberg; 合衆国共産党議長 (1959–2000)》 (**4**) Sir **James** ～ (1761–1832)《スコットランドの地質学者・物理学者; 地質学に実験を導入して成果をあげた》 (**5**) **James** ～ (1811–98)《米国の地質学者・古生物学者》 (**6**) **John L**(**ewis**) ～ (1934–)《米国の物理学者; ノーベル物理学賞 (2005)》 (**7**) Sir **Peter** ～ (1930–)《英国の演出家; Royal Shakespeare Company, National Theatre の監督を歴任》 (**8**) **Radclyffe** ～ (1880–1943)《英国の作家; 本名 Marguerite Radclyffe-～; 女性同性愛問題を扱った自伝的小説 *The Well of Loneliness* (1928) は一時発禁となった》.

hallah ⇨ CHALLAH.

hallal ⇨ HALAL.

háll bédroom (二階の)廊下の端を仕切った小寝室.

Hal·le /hɑ́lə; hǽlə/ ハレ《ドイツ中東部 Saxony-Anhalt 州の Saale 川に臨む市; 中世にはハンザ都市で, 塩の取引で知られた; 公式名 Halle an der Saale》.

Hal·lé /hǽleɪ, -li/ ハレ Sir **Charles** ～ (1819–95)《英国のピアニスト・指揮者; ドイツ生まれ, 本名 Karl Halle; Manchester に Hallé Orchestra を創設 (1858)》.

Háll effèct [the]〘理〙ホール効果《電流の流れている導体に電流と直角に磁界を加えると電流と磁界に直角の方向に電位差を生じること》. [Edwin H. *Hall* (1855–1938) 米国の物理学者]

Hal·lel /hɑ:léɪl/ [°h-]〘ユダヤ教〙ハレル《詩篇 113–118 番からなる礼拝時の祈りで, 祝祭日 (Passover, Shabuoth, Sukkoth, Hanukkah, Rosh Hodesh) に朗誦される》. [Heb=praise]

hal·le·lu·jah, -iah /hæ̀ləlú:jə/ *n* ハレルヤ, アレルヤ (alleluia)《主をたたえる歌・叫び》. ► *int* [ˢH-] ハレルヤ《神の賛美あるいは喜び・感謝を示す叫び》. [L<Gk<Heb=praise the Lord]

Hallelújah Chórus [the] ハレルヤコーラス《Handel のオラトリオ *The Messiah* で歌われるコーラス》.

Hal·ler /hǽlər/ ハラー **Albrecht von** ～ (1708–77)《スイスの生物学者; 実験生理学の創始者》.

Hal·ley /hǽli, héɪ-/ ハリー, ハレー **Edmond** [**Edmund**] ～ (1656–1742)《英国の天文学者・数学者; ハレー彗星の軌道を計算した》.

Hálley's cómet〘天〙ハレー彗星《周期は約 76 年》. [↑]

halliard ⇨ HALYARD.

háll·màrk *n* ホールマーク《London の Goldsmiths' Hall や英国の純分検定所 (assay offices) でつける, 金銀・プラチナ製品の純分認証極印》; 《一般に》(品質)証明, '太鼓判'; 顕著な特徴: have [bear] (all) the ～*s of*…の特徴を(はっきり)示している, …を証明している. ► *vt* …に極印をおす, 保証する; 特徴づける. ◆ ～**·er** *n*

Háll·màrk ホールマーク(社) (～ Cards, Inc.)《米国のグリーティングカード会社》: a ～ card ホールマークのグリーティングカード.

hal·lo(a) /həlóu, hæ-/, **hal·loo** /həlú:/ *int* それっ, ほれ《猟犬を獲物にけしかける声》; オーイ, もしもし, おや! ► *vi, vt* hallo と叫んで〈猟犬を〉励ます, hallo と叫んで追う; hallo と呼ぶ, オーイと叫んで〈人〉の注意をひく (hello"); 大声で発する: Do not ～ till you are out of the wood.《諺》安心できるまでは喜ぶな. ► *n* (*pl* ～**s**) 猟犬を励ます掛け声; 注意をひくための大声の叫び; "驚きの声, くだけた呼びかけの声, 電話の挨拶: cry ～ オーイと叫ぶ. [imit]

Háll of Fáme [ˢh- of f-] **1 a** [the]〘米〙栄誉の殿堂《New York 市にある偉人や功労者の額や胸像を飾る野外柱廊; 1900 年設立》. **b**《スポーツなど各界の》栄誉殿堂: the Baseball ～ 野球殿堂《New York 州 Cooperstown にある》. **2** (栄誉)殿堂入りした人びと, 功労者. ◆ **Háll of Fám·er** 殿堂入りした人.

háll of résidence "《大学などの》寮 (dormitory*)《単に hall ともいう》.

hal·lou·mi /həlú:mi/ *n* ハルミ《キプロス島でヤギ・ヒツジの乳から造られるチーズ; 白色で硬く, 味はマイルド》. [Arab]

hal·low[1] /hǽlou/ *vt* 神聖なものとする, あがめる; 清める, 神にささげる: *H*～*ed* be thy name. 御名(みな)のあがめられますように《主の祈りの一節; *Matt* 6: 9》. ► *n*《古》聖人. ◆ ～**·er** *n* [OE *hālga* HOLY]

hal·low[2] /həlóu/ *int, v, n* HALLO.

hál·lowed /, *hǽləd, (祈りではしばしば) -louəd/ *a* 神聖化された; 神聖な; 尊敬された, 尊い: in ～ ground 聖地に.

Hal·low·een, -e'en /hæ̀ləwí:n, hɑ̀l-; hæ̀loui:n/ *n* ハロウィーン《HALLOWMAS の前夜; 10 月 31 日; ⇨ TRICK OR TREAT》.

Hal·low·mas, -mass /hǽloumæ̀s, -lə-, -məs/ *n* ハローマス《ALL SAINTS' DAY の旧称》. [ALLHALLOWMAS]

háll pórter "《ホテルの》荷物運び係.

hálls of ívy 高等教育機関, 大学 (cf. IVY LEAGUE). [古い大学の建物の壁にツタをはわせることから]

Hall·stadt /hɔ́:lstæ̀t, hɑ́:lʃtɑ̀:t, -stɑ̀:t/ *a* HALLSTATT.

háll·stànd *n* ホールスタンド《玄関に置く鏡・帽子掛けなどのあるついたて》.

Hall·statt /hɔ́:lstæ̀t, hɑ́:lʃtɑ̀:t, -stɑ̀:t/ *n* ハルシュタット《オーストリア中西部, ハルシュタット湖 (**Hall·stät·ter Lake** /hɔ́:lstètər ─́─/, hɑ́:lʃtèt-, -stèt-/) 畔の村; 青銅器・鉄器時代の遺跡がある》. ► *a*〘考古〙ハルシュタット文化(期)の《オーストリアを中心とするおよそ 1000–500 B.C. の欧州初期鉄器時代; cf. LA TÈNE》.

Hall·statt·an /hɔ:lstǽtn, hɑ:lʃtɑ́:tn/, **Hall·stat·ti·an** /hɔ:lstǽtiən, hɑ:lʃtɑ́:-/ *a* HALLSTATT.

háll trèe* CLOTHES TREE.

hal·lu·cal /hǽl(j)ək(ə)l/ *a*〘解〙母指[母趾] (hallux) の.

halluces *n* HALLUX の複数形.

hal·lu·ci·nant /həlú:s(ə)nənt/ *n, a* 幻覚を生む(もの).

hal·lu·ci·nate /həlú:s(ə)nèɪt/ *vt* …に幻覚を起こさせる; 幻覚として知覚[体験]する. ► *vi* 幻覚を起こす. ◆ **-nà·tor** *n* [L=to wander in mind (Gk *alussō* to be uneasy)]

hal·lù·ci·ná·tion *n* 幻覚; 根拠のない[誤った]考え[印象], 幻想, 錯覚. ◆ ～**·al** *a* **hal·lú·ci·nà·tive** /, -nə-/ *a*

hal·lu·ci·na·to·ry /həlú:s(ə)nətɔ̀:ri; -t(ə)ri/ *a* 幻覚を生じさせる〈薬物など〉; 幻覚の, 幻覚的な, 妄想の.

hal·lu·ci·no·gen /həlú:s(ə)nəʤən/ *n* 幻覚薬[剤]. [*-gen*]

hal·lu·ci·no·génic /həlù:s(ə)nə-/ *a* 幻覚誘発(性)の. ► *n* 幻覚誘発薬.

hal·lu·ci·no·sis /həlù:s(ə)nóusəs/ *n* 幻覚症.

hal·lux /hǽləks/ *n* (*pl* **hal·lu·ces** /hǽl(j)əsì:z/) *n*〘解・動〙《ヒトなどの足の》母指, 母趾; 《鳥の》第一趾, 後趾(こうし).

hállux vál·gus /-vǽlgəs/〘医〙外反母趾《母趾がほかの指の方に曲がっていること》.

háll·wày *n* 《ビルなどの》玄関; 廊下 (corridor).
halm /hɔ́:m/ *n* HAULM.
hal·ma /hǽlmə/ *n* ハルマ《256 (＝16×16) の目のある盤を使って 2–4 人で遊ぶ飛び将棋》. ［Gk＝leap］
Hal·ma·hera /hæ̀lməhέərə, hɑ̀:l-/ ハルマヘラ (*Du* Djailolo, Gilolo, Jilolo)《インドネシア北東部 Molucca 諸島最大の島》.
Halm·stad /há:lmstɑ̀:(d)/ ハルムスタード《スウェーデン南西部の市・港町》.
ha·lo /héɪlou/ *n* (*pl* ～s, ～es) **1**《聖像の》光輪, 円光, 円い頭光(ずこう) (cf. NIMBUS, AUREOLE);《理想化された人物の》栄光, 光輝. **2**〖光〗ハロー《散乱光による光源の写真像周囲に現われる環》;〖気〗《日・月などのまわりに見える》かさ, 暈(え), 暈輪;〖天〗ハロー《銀河系を取り巻いて広がっている非熱的電波を出す球形の領域》. **3**〖解〗乳輪 (areola);〖医〗《緑内障の》暈輪. **4**〖医〗HALO BRACE. ► *vt* …に後光をささせる, 光で囲む[包む]; …に栄光を与える, 輝かす. ► *vi*《まれ》halo をなす. ◆ **～·lìke** *a* **～·ésque** *a* ［L＜Gk *halōs* threshing floor, disc of sun or moon］
halo- /hǽlou, -lə/ ⇨ HAL-.
hàlo·álkane /hæ̀lou-/ *n*〖化〗ハロアルカン《ハロゲンを含む飽和鎖状炭化水素》.
hàlo·bactéria *n pl* (*sg* **-bactérium**)〖菌〗ハロバクテリア《多形態性の好塩性桿菌》.
hàlo·bíont *n*〖生態〗塩生生物. ◆ **-bi·ón·tic** *a*
hálo bràce〖医〗ハロー[ヘイロー]装具《頸椎骨折などの治療に用いる装具; 金属製リングをピンで頭蓋骨に固定し, 体幹装具と連結して頭部・頸部を固定するもの》.
hálo·càrbon *n*〖化〗ハロカーボン《含ハロゲン炭素化合物》.
hálo·clìne〖海洋〗*n* 塩分勾配《塩分の垂直分布勾配》; 塩分躍層《海水の塩分濃度が深さに対し急変する箇所》.
hálo effèct〖心〗ハロー[後光, 光背, 威光]効果《1 つの突出した特質のために評価者が評価対象の全体の評価をよいほうへ(時には悪いほうへ)一般化してしまうこと; 人物評価などの場合にみられる》.
halo·form /hǽloufɔ̀:rm/ *n*〖化〗ハロホルム (＝*trihalomethane*)《メタンの水素原子 3 つがハロゲン原子で置換された物質の総称; chloroform, bromoform, fluoroform, iodoform がある》.
halo·gen /hǽləʤən, héɪ-/ *n*〖化〗ハロゲン《ハロゲン族元素; フッ素, 塩素, 臭素, ヨウ素, アスタチンの 5 つがある; 記号 X》. ► *a*〈電球など〉ハロゲンを使った: a ～ lamp ハロゲンランプ.
◆ **hàlo·gén·ic** /-ʤέnɪk/, **ha·log·e·nous** /həlɑ́ʤənəs/ *a* ［Gk *hal-* *hals* salt, *-gen*］
ha·lo·gen·ate /hǽləʤənèɪt, héɪ-, hælɑ́ʤ-/ *vt* [ᵁ*pp*]〖化〗ハロゲン化する. ◆ **hà·lo·ge·ná·tion** /, hælɑ̀ʤə-/ *n*
hálogen·òid *n*〖化〗擬ハロゲン, ハロゲノイド.
hal·o·ge·ton /hæ̀ləʤí:tɑ̀n/ *n*〖植〗地中海地方原産のアカザ科の毒草《シュウ酸ソーダおよびシュウ酸カリを含む; 米国西部に広がり家畜に大害を与えた》.
hálo hàt ヘイローハット《縁が顔を囲むように後頭部にかぶる婦人帽; 特に 1940 年代に流行した》.
hal·oid /hǽlɔɪd, héɪ-/ *a*〖化〗ハロゲン様の, ハロゲン誘導体の.
hàlo·méthane *n*〖化〗ハロメタン《含ハロゲンメタン》.
hàlo·mórphic *a* 中性塩または[および]アルカリ塩のある所で生成された〈土壌〉: ～ soil 塩類土壌. ◆ **-mórphism** *n*
ha·lon /héɪlɑ̀n/ *n*〖化〗ハロン《フルオロカーボンなどハロゲンを含む炭化水素; 消火剤など; オゾン層破壊物質として規制の対象になっているものもある》. ［*neon*, *argon* などにならって *halo-*, *-on*[3] より］
halo·per·i·dol /hæ̀loupέrədɔ̀(:)l, -dòul, -dɑ̀l/ *n*〖薬〗ハロペリドール《中枢神経抑制薬; 抗精神病薬として使用される》. ［*halo-*, *piperidine*, *-ol*］
hálo·phìle *n*〖生〗好塩性生物, 好塩(細)菌. ◆ **hàlo·phílic, ha·loph·i·lous** /hælɑ́fələs/ *a*
hálo·phỳte *n*〖生態〗塩生植物 (cf. MESOPHYTE). ◆ **hàlo·phýtic** *a*〈植物など〉塩生の (＝*salsuginous*).
hàlo·plánkton *n*〖生態〗塩生プランクトン.
hal·o·ra·ga·ceous /hæ̀lərəgéɪʃəs, həlòu-/ *a*〖植〗アリノトウグサ科 (Haloragaceae) の.
hal·o·thane /hǽləθèɪn/ *n*〖薬〗ハロタン《非爆発性吸入麻酔薬》. ［*halo-*, *ethane*］
ha·lot·ri·chite /həlɑ́trəkàɪt/ *n*〖鉱〗鉄明礬(みょうばん), ハロトリ石(せき) (＝*iron alum*).
Hals /hɑ́:lz, -s/ ハルス **Frans** ～ (1581 or 85–1666)《オランダの肖像・風俗画家》.
Hal·sey /hɔ́:lsi, -zi/ ホールシー, ハルゼー **William F(rederick)** ～, **Jr.** (1882–1959)《米国の海軍元帥》.
Häl·sing·borg /hélsɪŋbɔ̀:rg, hèlsɪŋbɔ́:ri/ ヘルシングボリ《HELSINGBORG の別つづり》.
halt[1] /hɔ́:lt/ *vi, vt* 止まる, 止める; 停止[休止]する[させる];〈計画など〉中止する; 終わる, 終わらせる;〖軍〗駐軍[駐止]する[させる]: Company ～!《号令》中隊止まれ! ► *n* 停止, 休止, 休息;〖軍〗駐軍, 駐止; ᴴ《鉄道の》仮駅,《電車・バスなどの》停留場: be *at* a ～ 停止している / come *to* [make, pull] a ～ 停止する / come to a grinding ～ 急停止する,《ギーッと音をたてて》(やっと)止まる / bring one's horse *to* a ～ 馬を止める. ● **call a ～ to**…に停止を命ずる, …の停止を決定する. GRIND **to a ～.** ［C17 *make halt*＜G *halt machen* (*halt* HOLD)］
halt[2] *vi* ためらう; ためらいながら歩く[言う];《古》びっこをひく;〈議論・詩形が〉不完全である, 流暢さを欠く, よどみを示す: ～ between two opinions 二つの意見で迷う. ► *a*《古》びっこの (lame): the ～ and the poor 不具者や貧者. ► *n*《古》びっこ(をひくこと). ［OE *healt(ian)*; cf. OHG *halz*］
hal·ter[1] /hɔ́:ltər/ *n* **1**《牛馬用の》頭絡, 端綱(はづな); 絞首索; 絞首刑: come to the ～ 絞首刑になる. **2** ホルター (＝*halterneck*, *haltertop*)《前身ごろから続けた布やひもを首の後ろや背で結んで留めるようにした袖と背がない婦人服》. ► *vt*〈馬〉に端綱を掛ける〈*up*〉; 絞首刑に処する; 縛る, 抑制する. ◆ **～·lìke** *a* ［OE *hælftre*; cf. HELVE］
hálter·brèak /hɔ́:ltər-/ *vt*〈馬を〉端綱に慣らす.
hal·tere /hɔ́:ltɪər, hǽl-/, **-ter**[2] /hɔ́:ltər, hǽl-/ *n* (*pl* **hal·te·res** /hɔ́:ltɪrz, hǽl-; hæltíəriz/)〖昆〗平均棍 (＝*balancer*, *poiser*)《ハエ・カなどの後翅が棍棒状に退化したもので飛ぶ時に体の平均を保つ》. ［Gk＝hand-held weights used to aid leaping］
hálter·nèck *n, a* ホルターネック (HALTER[1]).
hálter·tòp *n* ホルター(トップ) (HALTER[1]).
hált·ing *a* **1** 足を引きずる; 不完全な, 筋が通らない, 動機[計画性]の不十分な, 一貫性に欠けた. **2** 流暢さ[円滑さ]に欠けた, とぎれとぎれの, たどたどしい: speak in a ～ way ためらいながら話す. ◆ **～·ly** *adv* **～·ness** *n*
ha·lutz, cha- /xɑ:lú:ts/ *n* (*pl* **-lutz·im** /xɑ̀:lù:tsí:m, xɑ:lú:tsɪm/) ハルーツ《農地開拓のためイスラエルへ移住したユダヤ人(グループ)》. ［Heb］
hal·vah, -va /hɑ:lvɑ́:, ⌐—, -və; hǽlvɑ:/, **ha·la·vah** /-lə-/ *n* ハルバ《すりつぶしたごまやナッツをシロップで固めたトルコ・インドの菓子》. ［Yid＜Turk＜Arab］
halve /hǽv; hɑ́:v/ *vt* 二等分する, 半々にする; 均等分けにする; 半分に削減する, 半減させる;〖建〗〈2 個の木片を〉相欠(あいがき)する〈*together*〉;〖ゴルフ〗同じ打数で…する: ～ a hole [round] *with* another 相手と同じ打数でホール[ラウンド]を終わる / ～ a match〖ゴルフ〗同点[引分け]になる〈*with*〉. ► *vi* 半減する. ◆ **hálv·ing** *n*〖建〗相欠(あいがき). ［ME *halfen*; ⇨ HALF］
hal·vers /hǽvərz; hɑ́:-/ *n pl*《口》HALVES. ● **go ～**《口》折半する (go halves).
halves *n* HALF の複数形.
halvies ⇨ HALFIES.
halvsies ⇨ HALFIES.
hal·wa, -wah /hǽlwɑ:/ *n* ハルワー《ニンジン・セモリナ・アーモンドとカルダモンで作るインドの甘い菓子》. ［Arab＝sweet meat］
hal·yard, hal·liard, haul·yard /hǽljərd/ *n*〖海〗ハリヤード《帆・帆桁・旗などを上げ下げする動索》. ［HALE[2], *-ier*; 語尾は *yard*[1] に同化］
Ha·lys /héɪləs/ [the] ハリス川《KIZIL IRMAK の古代名》.
ham[1] /hǽm/ *n* **1 a**《豚の》腿(の肉), ハム;《腿肉から作る》ハム, 塩漬け[燻製]豚肉; [*pl*]*ハムサンドイッチ: ～ and eggs ハムエッグ. **b**《英では古》《脚の》ひかがみ; [°*pl*] 腿の後部, 腿とお尻: squat (down) on one's ～*s* しゃがむ. **c***《俗》食べ物, 食事. **d**《針仕事で》湾曲部にあてがうクッション. **2 a**《口》しろうと (amateur). **b**《口》《免許を受けた》アマチュア無線家[士], ハム. **c**《口》演技が過ぎる人, 大根[へぼ]役者;《俗》気取った[きざな]やつ;〖映・劇〗感傷的通俗性, 外連(けれん), 演出[演技]過剰. **d** [〈*a*〉]《俗》しろうとの, へたな, 劣った: a ～ actor 大根役者. ► *vi, vt* (**-mm-**)《口》演技が過ぎる, 大げさに[誇張して]演じる;〈物語など〉に感傷的通俗性をもたせる. ● **～ (it [the (whole) thing, etc.]) up**《口》誇張した演技をする, 大げさにふるまう[表現する]. ［OE *ham*; cf. OHG *hamma* haunch］
ham[2] *n*〖史〗町 (town), 村 (village): Bucking*ham*, Notting*ham*. ［OE *hām*; cf. HOME］
Ham 1 ハム《男子名》. **2**〖聖〗ハム《Noah の次男; *Gen* 10:1; エジプト人・カナン人・ヌビア人の祖とみられる; cf. JAPHETH, SHEM》. ● **son of ～** 非難[告発]される人; 黒人. ［Heb＝warm］
Ha·ma, -mah /hɑ́:mɑ̀:/ ハマ《シリア西部 Orontes 川に臨む市; 古代ヒッタイト王国時代以来の歴史がある; 中世以来の灌漑用大水車で有名; 聖書名 Hamath》.
ha·ma·chi /həmɑ́:ʧi, -mǽʧi/ *n*〖魚〗ハマチ. ［Jpn］
Ha·mad /həmǽd/ [al-～ /æl-/] ハマード《シリア砂漠の南西部の呼称》.
hamada ⇨ HAMMADA.
Ha·ma·dan /hæ̀mədǽn, -dɑ́:n; hǽmədæ̀n/ ハマダン《イラン西部 Tehran の西南西に位置する市; 古代名 Ecbatana》.
ham·a·dry·ad /hæ̀mədráɪəd, -æ̀d/ *n* **1**〖ギ神〗ハマドリュアス《木の精; ⇨ NYMPH》. **2**〖動〗**a** キングコブラ (king cobra). **b** HAMADRYAS BABOON.
ham·a·drý·as (babóon) /hæ̀mədráɪəs(-)/〖動〗マントヒヒ (＝*sacred baboon*)《エチオピア・ソマリア・南アラビア産; 古代エジプト人が神聖視した》.
ha·mal, ham·mal, ha·maul /həmɑ́:l, -mɔ́:l/ *n*《トルコなど近東諸国の》荷運び人夫;《インド》召使;《インド》かごかき. ［Arab］

ha·mam /hæmáːm/ *n*《イランなどの》公衆浴場. ［Pers］
ham·a·mel·i·da·ceous /hæ̀məmèlədéɪʃəs, -mìːl-/ *a*〖植〗マンサク科 (Hamamelidaceae) の.
ham·a·me·lis /hæ̀məmíːləs/ *n*〖植〗マンサク, 金縷梅.
Ha·man /héɪmən; -mæn/〖聖〗ハマン《ペルシア王 Ahasuerus の宰相で, ユダヤ人の皆殺しを画策したが, Mordecai と Esther によって阻止され絞首刑となる; *Esth* 3–6》.
hàm ánd, hàm án *《食堂俗》ハムエッグ.
hám-and-égg·er *n**《俗》並みのボクサー, しろうとボクサー; 凡人, ありきたりのもの.
hám-and-éggy *n* (小さな)レストラン, 軽食堂.
ha·man·tasch, -tash /háːməntàːʃ, hɔ́ː-, -tɔ̀ːʃ/ *n* (*pl* **-tasch·en** /-tàːʃən/) ハマンタッシェン《ユダヤ人家庭で Purim 祭に食べる, ケシの実またはプルーンを詰めた三角形の焼き菓子》. ［Yid (*homen* Haman, *tash* pouch)］
ha·mar·tia /hàːmàːrtíːə/ *n*《ギリシア悲劇などで, 主人公自身の破滅につながる》性格的欠陥, 宿命的な誤ち, 悲劇的欠陥 (tragic flaw). ［Gk＝fault, sin］
ha·mar·ti·ol·o·gy /həmàːrtiálədʒi/ *n*〖神学〗罪論.
Ha·mas /haːmáːs/ ハマス《パレスティナのイスラム原理主義過激派組織'イスラム抵抗運動'のアラビア語名の頭字語; 1987 年 Gaza Strip で組織》.
ha·mate /héɪmèɪt/〖解〗*a* 末端が鉤状に曲がった, 鉤状の, 鉤状突起のある. ► *n* 有鉤骨 (unciform).
Ha·math /héɪmæθ/ ハマテ, ハマト《聖書中の HAMA の別称》.
hamaul ⇨ HAMAL.
ham·ba /hǽmbə/ *int*《南ア》(あっちへ)行け. ［Nguni］
Ham·ble·to·ni·an /hæ̀mb(ə)ltóuniən/ *n* ハンブルトニアン《(1) 米国の速歩馬・軽輓馬(けいばんば)の品種名 2) 三歳馬を二輪馬車につけて走らせる New Jersey 州 East Rutherford で行なわれる年に一度のレース》. ［種馬の名から］
hám·bòne *n* **1**《豚の》腿の骨. **2***《俗》役者気取りのやつ, へぼ役者, 演技が過ぎるやつ; *《俗》あやしげな[型どおりの]黒人なまりを話す演者[芸人]; ‖《海軍俗》六分儀 (sextant).
Ham·bro /háːmbròu/ ハンブロ **Carl Joachim** ～ (1885–1964)《ノルウェーの政治家; 国際連盟総会議長 (1939–46)》.
Ham·burg /hǽmbəːrg/ **1** /, *háːmbùrg; *G* hámburk/ ハンブルク《ドイツ北部の Elbe 川に臨む市で, 同国最大の貿易港; 一州をなす; 14–15 世紀 ハンザ同盟 (Hanseatic League) の中心》. **2**《鶏の》ハンブルグ種;〖園〗ハンバラ種《ドイツ原産の黒ブドウ》; [^{S}h-] 綿糸による婦人服の縁取り; [^{U}h-] *HAMBURGER.
ham·burg·er /hǽmbə̀ːrgər/ *n* **1** 牛挽肉のパティ(を焼いたもの), ハンバーグステーキ; ハンバーガー; *牛(など)の挽肉. **2***《俗》**a** 顔を傷だらけにされたボクサー; 浮浪者; まぬけ, 役立たず, ばか;《挽肉にしたほうがましな》だめな競走犬; どろんこ《美顔用の栄養クリームと泥の混合物》. **b** [*pl*] *《俗》McDonald's 社の株. **3** /, *háːmbùr-/ [H-] Hamburg の住人, ハンブルク市民. ● **make ～ (out) of...** *《俗》...をめためたにぶんなぐる. ［G＝of Hamburg］
hámburger hèaven *《俗》軽食堂, ハンバーグの店.
Hámburg pársley〖野菜〗根用パセリ.
Hámburg stèak [^{S}h-] ハンバーグステーキ.
hame[1] /héɪm/ *n* [^{U}*pl*] くびき, 軛《馬車馬の首輪の 2 本の曲がり棒》. ［MDu; cf. OE *hamele* oarlock］
hame[2] *n, a, adv, v*《スコ》HOME.
hame[3] *n*《俗》いやな仕事,《才能の生かせない》下働きの仕事.
ham·el /hǽməl/ *n*《南ア》去勢羊 (wether). ［Afrik］
Ha·meln /háːmln/ ハーメルン (E **Ham·e·lin** /hǽm(ə)lən/)《ドイツ中北西部 Lower Saxony 州の市; Hannover の南西, Weser 川に臨む; 中世の Pied Piper of Hamelin (ハーメルンの笛吹き男) の伝説の舞台》.
hamerkop ⇨ HAMMERKOP.
Hám·ers·ley Ránge /hǽmərzli-/ [the] ハマーズリー山地《Western Australia 州北部; 鉄鉱石が豊富》.
hames /héɪmz/ *n* [次の成句で]: **make a ～ of...**《アイルロ》...を不器用[へた]にやってだめにする.
háme tùg くびき (hame) に引き革をつけるための革帯.
ha·metz, cha·metz, cho·metz /xɔːméts, xɔ́ːmɛ̀ts/ *n*〖ユダヤ教〗ハメツ《過越しの祝い (Passover) の期間に使用を禁じられている, 酵母入りの練り粉; それで作ったパン》. ［Heb＝that which is leavened］
hám·fàt *vt, vi**《俗》〈俳優が〉へたに演じる.
hám·fàtter *n**《俗》へたな芸人[芸], へぼ役者, 大根役者.
hám·fìst *n*《俗》ハムのようにでかい拳.
hám·fìst·ed *a* HAM-HANDED.
hám·hànd·ed *a* 大きな手をした; 不器用な, ぶざまな. ◆ **～·ly** *adv* **～·ness** *n*
Ham·hung /háːmhùŋ/ 咸興(かんこう)(ハムン)《北朝鮮中東部の沿岸にある市; 李朝発祥の地; 重化学工業基地》.
Ha·mil·car Bar·ca /həmílkàːr báːrkə, hǽməl-/, **-car Bar·cas** /-báːrkəs/ ハミルカル・バルカス (270?–229 or 228 B.C.)《カルタゴの政治家・将軍; Hannibal の父; 第一次ポエニ戦争で指揮を執り, スペインでカルタゴの支配権を確立した》.
Ham·il·ton /hǽməlt(ə)n/ **1** ハミルトン《男子名》. **2** ハミルトン (**1**) **Alexander** ～ (1755 or 57–1804)《米国の政治家; 初代財務長官 (1789–95); 合衆国憲法の批准を推進すべく *Federalist* を執筆, 強力な中央集権政府の必要性を説いた》(**2**) Lady (**Emma**) ～ (1765–1815)《Nelson 提督の愛人; 生名 Amy Lyon》(**3**) Sir **William Rowan** ～ (1805–65)《アイルランドの数学者・物理学者; 光学・力学を研究して「ハミルトンの原理」を確立, また 四元数を発見》. **3** ハミルトン《(1) カナダ Ontario 州南部, Ontario 湖畔の市; 鉄鋼工業が盛ん 2) ニュージーランド北島中部の市 3) Bermuda の中心地・港町》. **4** [the] ハミルトン川《CHURCHILL 川の旧称》. ［OE＝treeless hill］
Ham·il·to·ni·an[1] /hæ̀məltóuniən/ *a* Alexander HAMILTON の, ハミルトン主義的な. ► *n* ハミルトン主義者[支持者]. ◆ **～·ism** *n* ハミルトン主義《庶民の政治能力に不信をいだき強力な中央政府による商工業の振興・保護関税政策を採る》.
Hamiltonian[2] *n*〖量子力学〗ハミルトン演算子[関数], ハミルトニアン《記号 H》. ► *a* ハミルトン(理論)の. ［Sir William *Hamilton*］
ham·ish /héɪmɪʃ/ *a* HEIMISH.
Ham·ite /hǽmàɪt/ *n* **1** Noah の次子 Ham の子孫《*Gen* 10: 6–20》. **2** ハム族《古代エジプト人・ベルベル人など, アフリカ北部・東部の先住民族》. ［HAM, *-ite*］
Ham·it·ic /hæmítɪk, hə-/ *a* ハム族の; ハム諸語の. ► *n* HAMITIC LANGUAGES.
Hamític lánguages *pl* [the]〖言〗ハム諸語《Afro-Asiatic 語族に属し, Egyptian, Berber, Cushitic, Chadic に 4 大別されるアフリカ北部・東部の諸言語》.
Hám·i·to-Semític /hǽmətou-/ *a, n* ハム-セム語族(の)《AFRO-ASIATIC の旧称》.
hám jòint *《俗》安食堂; *《俗》(何もしないで)くつろげる場所.
ham·let /hǽmlət/ *n* 村落, 集落, 部落; ‖《独自の教会がなく, ほかの村の教区に属する》村. ［OF (dim) < *hamel* (dim) < *ham* < MLG; cf. HAM[2]］
Hamlet ハムレット《(1) Shakespeare の 4 大悲劇の一つ 2) その主人公のデンマークの王子》. ● **～ without the Prince (of Denmark)** ハムレットの登場しないハムレット劇, 主役の抜けた芝居: like ～ *without the Prince* 肝腎なものが抜けている, 骨抜きで. ◆ **～·like** *a*
Hamm /háːm, hǽm/ ハム《ドイツ西部 North Rhine-Westphalia 州の Lippe 川に臨む市; Ruhr 地帯北東端に位置; 1417 年ハンザ都市となり, 繁栄した》.
ham·ma·da, ha·ma- /həmáːdə/ *n*〖地質〗岩石砂漠, ハンマダ《特に サハラ砂漠の岩床礫地(れきち)》. ［Arab］
hammal ⇨ HAMAL.
ham·mam /həmáːm, hǽməm/ *n* トルコ式風呂. ［Arab＝bath］
Ham·mar·skjöld /hǽmərʃàld, háː-, -ʃùld, -ʃìːld; -ʃə̀uld/ ハマーショルド **Dag (Hjalmar Agne Carl)** ～ (1905–61)《スウェーデンの政治家; 国連事務総長 (1953–61); 航空事故死; ノーベル平和賞 (1961)》.
ham·mer /hǽmər/ *n* **1** ハンマー, 金槌, げんのう, 鉄槌; DROP HAMMER, AIR HAMMER: a knight of the ～ 鍛冶屋 / take a ～ to ...をハンマーでたたく. **2 a** ハンマー形の道具;《銃などの》撃鉄;《ピアノの弦をたたく》ハンマー; 撞木(しゅもく);《木琴の》ばち;《ベル・ドアノッカーの》打ち子;《議長・競売者などの》小槌 (gavel);〖解〗《中耳の》槌骨(ついこつ) (malleus); *《俗》《トラック・車の》アクセル. **b**《ハンマー投げの》ハンマー; [the] HAMMER THROW;〖カーリング〗ハンマー《エンドのラストストーン》. **3***《黒人俗》いかした女;《卑》大道具, きね (penis). ● **be on sb's ～**《豪口》人を追いかける[圧迫する], 人に付きまとう, 人を見張る《韻俗 hammer and tack (＝track, back) より》. **drop the ～***《CB 無線俗》アクセルを踏む. **～ and tongs**《鉄を打つ鍛冶屋のように》猛烈な勢いで[音をたてて, 激しさで]: be [go] at it ～ *and tongs* 猛烈なけんか[議論]をする / fight...～ *and tongs* ...と激しく戦う. **～ down***《トラック運転手俗》全速力で, アクセルを踏み込んで, ぶっ飛ばして. **to the ～** 競売に: bring [send]...*to the* ～ ...を競売に付す / come [go] *to the* ～ 競売に付される. **under the ～** 競売に付されて: come [go, be] *under the* ～ 競売に付される / bring...*under the* ～ ...を競売に付す. **up to the ～**《口》申し分のない.
► *vt* **1 a** 槌で打つ[たたく], トントン[ドンドン]たたく〈*at, on*〉,〈釘・杭などを〉打ち込む〈*in, into*〉;《槌で打って》釘付けにする〈*down, up, on, onto*〉; 金槌と釘で...を組み立てる〈*together*〉. **b**〈考え・知識などを〉繰り返し力説する, たたき込む〈*in, into, home*〉. **2 a** 槌でたたいて形づくる, 槌で鍛え上げる, 打ち延ばす. **b**〈でこぼこを〉ならす;〈意見の相違を〉調整[調停]する〈*out*〉. **3 a**《口》げんこつでさんざんなぐる;〈敵を〉重砲で激しく攻撃する; ‖詰問する. **b**《口》さんざんに負かす, たたきのめす, (こてんぱんに)やっつける, こきおろす, 懲らしめる, 'たたく': ～ sb *into* submission 強引に人を従わせる. **c** ...に大きな打撃を与える, 痛手を負わせる. **4** ‖〖ロンドン証券取引所〗〈会員業者〉の債務不履行を宣言する, 債務不履行のため除名処分にする《以前宣言の前に槌を 3 回打ったことから; 現在はベルを鳴らす》;《俗》〈株〉の価格を下落させる,〈市場を〉不振にする. **5***《俗》〈ビールを〉飲む, ぐいぐい[ガンガン]飲む. ► *vi* 槌で打つ; トントン打つ; 槌を打つような音[感じ]がする;〈雨がたたきつけるように降る〈*down*〉;《口》猛スピードで飛ばす;〈心臓が〉どきどきする; こつこつ働く[勉強する]〈*at*〉;〈考えなどが〉しつこく付きまとう; 繰り返し強調[力説]する〈*away*〉;ᴵᴵ《方》とつとつと語る. ● **~ (away) at**…をたゆまず[繰り返し]たたく[攻撃する, 尋問する]; …に熱心に取り組む, …をこつこつと続ける; …を繰り返したたく[強調する]; 執拗に攻撃[尋問]する. **~ home**〈釘などを〉打ち込む;〈ボール・シュートを〉ゴールに突き刺す;〈論点・考えを〉たたき込む, 納得させる. **~ out** (ハンマーで)たたいて作り出す[平らにする, 除去する];〈曲を〉ピアノで弾く, たたき出す;〈問題などを〉工夫して[議論をして]解く,〈困難などを〉努力して打開する;〈解決策・合意など〉努力[工夫, 議論]を重ねてつくり上げる.
♦ **~·er** *n* **~·lìke** *a* ［OE *hamor*; cf. G *Hammer*］

Hammer ハマー **Armand ~** (1898–1990)《米国の実業家・慈善家; 米ソの橋渡しをしたほか, 絵画の寄贈, 癌研究への資金提供などを行なった》.

hámmer and síckle [the] ハンマーと鎌《労働者と農民の象徴で, 1923 年以後ソ連邦の国章・国旗; また 共産党の標章》.

hámmer-and-tóngs *a*《鍛冶屋が鉄を打つように》猛烈な, 激しい (cf. HAMMER *and tongs*).

hámmer bèam 〔建〕《ゴシック折上げ小屋の》水平はねだし梁(ばり).

hámmer·blòw *n* ハンマー(のようなもの)でたたくこと,《特に》機関車の動輪によるレールの強打; 猛打, 強打; 大打撃〈*for*〉.

hámmer·clòth *n*《公式馬車などの》御者台の掛け布.

hámmer drìll 〔機〕ハンマードリル.

hámmer dùlcimer, hámmered dúlcimer 〔楽〕ダルシマー (DULCIMER).

hám·mered *a* **1** ハンマーで鍛造[成形]した(ような): ~ work 打出し細工, 鍛造(物). **2**《俗》酔っぱらった.

Ham·mer·fest /hǽmərfèst, há:-/ ハンメルフェスト《ノルウェー北部の Kvaløy 島西岸にある, ヨーロッパ最北の町》.

hámmer·hèad *n* **1** ハンマーの頭. **2** *とんま, まぬけ, 石頭 (blockhead); *《俗》のんだくれ; *《俗》麻薬常用者, ヤク中. **3**〔魚〕**a** シュモクザメ(撞木鮫),《特に》シロシュモクザメ. **b** HOG SUCKER. **4**〔鳥〕HAMMERKOP;〔動〕ウマヅラ(フルーツ)コウモリ《アフリカ産》.

hámmer·hèad·ed *a* ハンマー状の頭をした,〈頭が〉槌の子の; とんまな: a ~ crane 丈夫な起重機.

hámmer·ing *n* ハンマーで打つこと[音]; 猛打;《槌でたたいた跡の》浅いくぼみの模様, たたき出し模様;《口》(大)打撃, こてんぱんにやっつけること, 圧勝: take [give] a ~ ぼろ負け[圧勝]する, 打撃をうける[与える].

ham·(m)er·kop /hǽmərkàp/ *n*〔鳥〕シュモクドリ (撞木鳥) (= *shadow bird, umbrette*) (=**~ bìrd [stòrk]**)《コウノトリ目シュモクドリ科; アフリカ産》. ［Afrik］

hámmer làne *《俗》《高速道路の》追越し車線, 高速走行車線. ［*hammer* accelerator］

hámmer·less *a* 撃鉄を尾筒に納めた〈銃など〉: a ~ gun 内部撃鉄銃.

hámmer·lòck *n*〔レス〕ハンマーロック《相手の片腕をその背中へねじ上げる攻め技》;《一般に》強いホールド.

hámmer·man /-mən/ *n* ハンマーを使う職人, 鍛造工, ハンマー機械の操縦者;《俗》ボクサー; *《黒人俗》お偉いさん.

hámmer mìll 〔機〕ハンマーミル《高速で回転するハンマーにより材料を粉砕する衝撃粉砕・製粉機》.

hámmer prìce ハンマープライス《(1) 競売の落札価格 (2) London 証券取引所で, 契約不履行会員が所有する株式の処分価格》.

hámmer sèdge 〔植〕欧州・アジアのスゲ属の一種.

hámmer·smìth *n* ハンマーを使う鍛冶屋; ハンマー作業の監督者.

Hámmer·smìth and Fúlham ハマースミス・アンド・フラム《London boroughs の一つ》.

Ham·mer·stein /hǽmərstàɪn, -stì:n/ ハマースタイン **Oscar ~ II** (1895–1960)《米国の作詞家; Richard Rodgers と組んでミュージカルを制作; *South Pacific* (1949), *The Sound of Music* (1959)》.

hámmer·stòne *n*《先史時代の》石の槌《丸石》.

hámmer·tàils *n* *《俗》正装, 燕尾服, モーニング.

hámmer thròw [the]〔陸上〕ハンマー投げ. ♦ **hámmer thròwer** *n*

hámmer·tòe *n*〔医〕槌状足指症;《その》槌趾.

hámmer wèlding 〔工〕鍛接.

Ham·mett /hǽmət/ ハメット (**Samuel**) **Dashiell ~** (1894–1961)《米国の作家; ハードボイルド探偵小説の創始者; 主人公 Sam Spade は私立探偵の典型となった; *The Maltese Falcon* (1930), *The Thin Man* (1934)》.

ham·mock[1] /hǽmək/ *n* ハンモック. ► *vt* ハンモックに入れてつるす; *〔テレビ〕〈人気のない番組を〉二つの人気番組の間にはさむ.
♦ **~·lìke** *a* ［C16 *hamaca*＜Sp＜Taino］

hammock[2] *n* HUMMOCK; ハンモック《米国南部, 特に Florida の堅木の生えた多湿肥沃な台地》.

hámmock chàir ハンモック椅子《カンバス製の折りたたみ椅子》.

Ham·mond /hǽmənd/ **1** ハモンド《Chicago の近くにある Indiana 州北西部の市》. **2** ハモンド Dame **Joan ~** (1912–96)《ニュージーランド生まれのソプラノ》. **3**〔楽〕HAMMOND ORGAN.

Hámmond órgan 〔商標〕ハモンドオルガン《二段鍵の電気オルガン》. ［Laurens *Hammond* (1895–1973) 発明 (1933) した米国人］

Ham·mu·ra·bi /hæ̀mərá:bi/, **-pi** /-pi/ ハンムラビ, ハンムラピ (d. c. 1750 B.C.)《バビロニア第一王朝第 6 代の王 (c. 1792–50 B.C.); Code of Hammurabi を制定》.

hám·my *a* ハムの香り[味]のする; ハムのように見える;〈手・太ももなど〉厚くてがっしりした;《口》〈役者が〉へぼの, 大根の, 演技過剰の;〈演技が〉大げさな, わざとらしい. ♦ **hám·mi·ly** *adv* **-mi·ness** *n*

ha·mose /héɪmòʊs/ *a*〔植〕鉤のある, 鉤状の (hooked).

Hamp·den /hǽm(p)dən/ ハンプデン, ハムデン **John ~** (1594–1643)《イングランドの政治家; Charles 1 世による議会の議決によらない船舶税の徴収に反対した》.

Hámpden Párk ハムデンパーク《スコットランド Glasgow にあるサッカー競技場》.

ham·per[1] /hǽmpər/ *vt* (…の自由な動き[活動]を)妨げる, 阻害する, じゃまする. ► *n* 障害, 足かせ;〔海〕TOP-HAMPER. ［ME＜?; cf. OE *hamm* enclosure, *hemm* HEM[1]］

hamper[2] *n*《食品・*洗濯物などを入れる, ふた付きの》詰めかご, 大型バスケット; バスケット詰めの飲食物《託送贈答品・ピクニック弁当など》. ［*hanaper* (obs)＜OF＝case for goblet (HANAP)］

Hamp·shire /hǽmpʃɪər, -ʃər/ **1** ハンプシャー (＝*Hants*)《イングランド南部のイギリス海峡に臨む州; ☆Winchester》. **2**〔畜〕ハンプシャー《(1) アメリカ原産の黒豚の品種 (2) 成長の速い食肉用の羊 (＝**~ Dówn**)》.

Hamp·stead /hǽm(p)stəd, -stèd/ **1** ハムステッド《London 北部の高級住宅地区で, Camden の一部》. **2** [ºh-, 〈*pl*〉]ᴵᴵ《韻俗》歯 (teeth)《Hampstead Heath の略》.

Hámpstead Héath 1 ハムステッドヒース《London 北西部の高地帯 Hampstead にある公園》. **2** [〈*pl*〉]ᴵᴵ《韻俗》歯 (teeth).

Hamp·ton /hǽm(p)tən/ **1** ハンプトン《Virginia 州南東部の市; Hampton Roads に臨む港町》. **2** ハンプトン **Lionel** (**Leo**) **~** (1908–2002)《米国のジャズミュージシャン・ヴァイブ (vibraphone) 奏者・バンドリーダー; 愛称 Hamp》

Hámpton Cóurt ハンプトンコート《London 西郊外の Thames 川に臨む旧王宮; 16 世紀初め Wolsey が造営し, Henry 8 世に献上; 壮麗な建築と庭園および絵画のコレクションで有名》.

Hámpton Róads ハンプトンローズ《Virginia 州南東部, James 川と Elizabeth 川の Chesapeake 湾への流入口となっている海峡》.

ham·shack·leᴵᴵ /hǽmʃæ̀k(ə)l/ *vt*〈牛馬など〉の頭を前脚に縛りつける; 束縛する (fetter).

ham·ster /hǽmstər/ *n*〔動〕キヌゲネズミ, ハムスター《ユーラシア産の短尾でずんぐりしたほお袋をもつネズミ; しばしば 実験・愛玩用; cf. GOLDEN HAMSTER》; ハムスターの毛皮. ［G＜OHG＝CORN WEEVIL］

hám·strìng *n*〔解〕膝腱(しっけん)《ひかがみの腱》;〔解〕HAMSTRING MUSCLE; 規制力, 取締まり. ► *vt* (**-strùng**) …の膝腱を切る《脚を使えなくする》; [*fig*] …の身動きをとれなくする, 妨げる, 無効[無力, 骨抜き]にする. ［*ham*[1]］

hámstring mùscle 〔解〕ひかがみ筋.

Ham·sun /há:msən/ ハムスン **Knut ~** (1859–1952)《ノルウェーの作家; 本名 Knut Pedersen; 小説『飢え』(1890); ノーベル文学賞 (1920)》.

ham·u·lus /hǽmjələs/ *n* (*pl* **-li** /-làɪ, -lì:/)〔解・昆〕鉤(こう)《鉤状の小突起》,《特に》翅鉤;〔鳥〕小鉤 (cf. BARBICEL);〔植〕鉤状(剛)毛.
♦ **hám·u·lar** /-lər/ *a* ［L(dim)＜*hamus* hook］

ham·za, -zah /hǽmzə, há:m-/ *n*〔音〕ハムザ《アラビア語の声門閉鎖音(を表わす記号); 英語では 通例 アポストロフィ (') で表わす》. ［Arab＝compression］

Han[1] /há:n; hǽn/ **1**〔中国史〕漢 (202 B.C.–A.D. 8; A.D. 25–220). **2** 漢民族 (＝**~ Chinése**)《中国の人口の 9 割以上を占める》.

Han[2] [the] **1** 漢水, 漢江《中国中部を流れる揚子江の支流》. **2** 漢江(ハンガン)《韓国中北部を北西流して Seoul の北西で黄海に注ぐ》.

Han·a·fi /hǽnəfi/ *n*〔イスラム〕ハナフィー派《SUNNI 派の四学派の一つで, 時勢に応じて律法の変更を認める; cf. HANBALI, MALIKI, SHAFI'I》.

han·ap /hǽnæ̀p/ *n*《中世の, 通例 ふた付きの》精巧な台付きの酒杯. ［OF＝goblet＜Gmc; cf. OE *hnæp* bowl］

han·a·perᴵᴵ /hǽnəpər/ *n* やなぎ細工の文書かご.

Han·ba·li /hǽnbəli/ *n*〔イスラム〕ハンバル派《SUNNI 派の四学派の一つで, Wahhabism の教義と一致; cf. HANAFI, MALIKI, SHAFI'I》.

hance /hǽns/ *n*〔海〕《ファイフレール (fife rail) などの》急降下部, 急折部;〔建〕迫腰(せりごし), ハンチ (＝*haunch*)《アーチの迫元に近い急曲部》. ［ME (*hauncen*＜? ENHANCE)］

Hán Cíties *pl* [the] 武漢三鎮 (⇨ WUHAN).

Han·cock /hǽnkɑ̀k/ ハンコック (**1**) **'Herbie' ~** [**Herbert Jeffrey ~**] (1940–)《米国の黒人ジャズキーボード奏者・作曲家》 (**2**) **John ~** (1737–93)《米国独立革命の指導者; 独立宣言にはいちばん上に署名した; cf. JOHN HANCOCK》. (**3**) **'Tony' ~** [**Anthony John ~**] (1924–68)《英国のコメディアン》 (**4**) **Winfield Scott ~** (1824–86)《米国の将軍; 南北戦争の Gettysburg の戦いで勝利に貢献; 1880 年大統領選の民主党候補となるが僅差で敗北》.

hand /hǽnd/ *n* **1 a** 《人の》手 《MANUAL *a*》; 手の骨; 《脊椎動物の》前足; 《サルの》後足; 《タカなどの》足; 《エビ・カニの》はさみ: put [hold] one's ～ up 〈生徒などが〉手を挙げる / put one's ～*s* up 《降参のしるしに》両手を頭上に上げる; 《口》降参する, 白状する / a BIRD in the ～ / look, no ～*s* 《子供が自転車の両手離しを自慢して》見て 両手離し!; 《口》 [^u*iron*] どうだうまい[すごい]だろう, どんなもんだい. **b** 手の形[機能]をもつもの; 《バナナの》ふさ, 果手, 《ショウガの》根茎, 《タバコなどの葉の》束; 手, 指じるし, 指標 (index); 《時計・計器の》針 (cf. HOUR [MINUTE, SECOND] HAND). **c** 豚の肩肉[ショルダー]. **2 a** 手, 人手, 労力; 書き[描き]手; [^u*pl*] 職人, 職工; 労働者, 雇い人; 乗組員: signatures by the same ～ 同一人による署名 / The ship was lost with all ～*s*. 船は乗組員もろとも沈没した / Many ～*s* make light work. 《諺》大勢かかれば仕事は楽になる. **b** 手腕, 手並, 腕前; (手)細工; [*pl*] 〘馬〙手綱さばき, 〘野〙守備力, ボールさばき: a ～ for pastry 菓子作りの腕 / His ～ is out. 彼は手慣れていない 《へただ》 / (a pair of) good ～*s* すぐれた守備力 / the ～ of a master 達人の腕前 / be good with one's ～*s* 手先が器用だ / He has good ～*s in* riding. 乗馬がじょうずだ. **c** (じょうずな[へたな])人; 専門家: a good [poor, bad] ～ *at* baseball 野球のうまい[へたな]人 / an Asia ～ アジア通 / be no ～ *at doing*...するのがへたである / OLD HAND. **3 a** 手助け, 助力; 参加: lend [give] (sb) a (helping) ～ 手を貸す, 助力する / get [have] a ～ with...を手伝ってもらう / keep ～*s* off 干渉しない / like [want, need] a ～ 手伝いが必要である / have [take] a HAND in [at]... (成句). **b** 《口》拍手喝采: get a big [good] ～ (from sb) / give sb a big ～. **c** 《約束・信義のしるしとしての》手; 婚約; 誓約: ask for sb's ～ (in marriage) 人(=女性)に結婚を申し込む / give one's ～ to... 〈女性が〉...に結婚の承諾[約束]を与える, ...と婚約する / win the ～ of...から結婚の承諾を得る. **4** 《右手または左手の》パンチ. **5 a** [^p*pl*] 所有, 手中; 管理, 支配, 掌中; 世話, 保護, 権力, 〘ローマ法〙 MANUS: fall into the enemy's ～*s* 敵に捕えられる; 〈物が〉敵の手に落ちる[渡る] / keep one's [a firm] ～ *on*...の支配権を握っている, ...を制御している / need a firm ～ しっかりとした管理[しつけ]が必要だ / in good [safe] ～*s* ⇨ 成句. **b** 力, 作用; 影響力; 《交渉などでの》立場: see the HAND of God in (成句) / strengthen sb's HAND (成句). **c** 〘トランプ〙持ち札, 手; 競技者(の一人); ひと勝負, 一番: have a wretched ～ 手が悪い / declare one's ～ 手を知らせる; 目的を知らせる / lose a ～ 負ける. **6** 手跡, 書法, 筆致; 署名: He writes a good ～. 字がじょうずだ / write in a clear [legible] ～ はっきりした[読みやすい]字を書く / have a light ～ 筆が軽妙だ. **7 a** 側, 方面, 方向: on both [either] ～*s* 両側に, どちらの側にも / on all ～*s*=on every HAND (成句) / on the right [left] ～ of...の右[左]側に. **b** 〘機〙手《ねじやまなどの方向》. **8** 手の幅 《4 インチ (10.16 cm); 馬の体高を計るのに用いる》: a horse 16 ～*s* high. **9** 《織物・皮革などのなめらかな》手ざわり; [*pl*] 〘サッカー〙ハンド(リング) 《反則》.

● **all ～s** 全乗組員; 全員, 総力: *All* ～*s* on deck [to the pumps]! 全員協力せよ, 総がかりで手伝え, 全員出動! 《本来は乗組員に対する号令》. **a safe pair of ～s** 《ある状況で》たよりになる人. **at first ～** 直接に, じかに (FIRSTHAND). **at ～** (1) 手近に; 近い将来に, すぐに; すぐ使えるように(用意して): close [near] *at* ～ すぐ近くに / have [keep] sth *at* ～ ...を手元に置いて[用意して]おく. (2) 検討中の, 当面の. **at second [third, fourth] ～** 間に 1 人[2 人, 3 人]の人を介して: heard it (*at*) *second* ～ また聞きで聞いた (cf. SECONDHAND, THIRDHAND). **at sb's ～(s)=at the ～(s) of**...の手から[で]; ...のおかげで[せいで], ...の手にかかって: receive a favor *at* sb's ～*s* 人から好意を受ける. **at [on] sb's right ～** 腹心[右腕]として (⇨ RIGHT ARM). **bear a ～** たずさわる 〈*in*〉; 手を貸す 〈*in*〉. **by ～** 《機械などによらず》手で, 手書きで; 人を遣わして; 手ずから: made *by* ～ 手製 / deliver *by* ～ (郵送でなく)手渡しする, 人を遣(や)って渡す / bring up a baby *by* ～ 赤ちゃんを(母乳でなく)ミルクで育てる. **by the ～** 手を取って: lead sb *by the* ～ 手を引いてやる / take sb *by the* ～ 人の手を取る. **by the ～(s) of**=at sb's HAND(s). **change ～s** 手を持ち替える; 〈財産など〉持主が変わる. **chuck** one**'s ～ in** 《俗》=throw one's HAND in. COLD **in ～**. **come the heavy ～** 押しつける, 無理強いする. **come to ～** 《たまたま》手にはいる, 手元にある; 《手元に》届く, 到着する. **dirty** one**'s ～s**=soil one's HANDS. **eat [feed] out of** sb**'s ～** 《口》完全に人の言いなりになる[人に心服している]: have sb *eating out of* one's ～ 人を自分の言いなりにする, すっかり手なずけている. **force** sb**'s ～** 〘トランプ〙手中の札を出す[ある手を打つ]ようにしむける; ある行動をとるようにしむける, まだやり[言い]たくないことを人に無理にやらせる[言わせる]. **for four ～s** 〘楽〙四手のための (four-handed) 〈ピアノ曲〉. **for** one**'s own ～** 自分の利益のために: play *for* one's *own* ～ 利己的動機から行動する. **free with** one**'s ～s** すぐ手が出る[手を出す], けんかっぱやい, 手癖が悪い《さわりたがるなど》. **from ～ to ～** 人手から人手へ, 甲から乙へ, 次から次へと. **(from) ～ to mouth** その日暮らしで, 明日のたくわえもなく〈暮らす〉 (cf. HAND-TO-MOUTH); 準備や計画なしに. **get** one**'s ～ in** 《練習で》腕を上げる, 慣れる, 板につく. **get** one**'s ～s off**=take one's HANDS off. **get** one**'s ～s on**...を手に入れる; 《危害を加えるために》...をつかまえる, ...に近づく. **get [gain, have] the** UPPER HAND **over [of]**.... **give** one**'s ～ on [upon]**...を確約する, (握手などして)人と〈契約などを〉固く取り決める. **go through** sb**'s ～s** 人の手にゆだねられる; 〈金など〉人の手をすり抜ける, 浪費される. GROW **on** one**'s ～s**. **～ and foot** 手も足も, 完全に〈人を縛る〉; まめまめしく: bind [tie] sb ～ *and foot* 人をがんじがらめに縛る[する] / wait on [serve] sb ～ *and foot* 人にかいがいしく仕える. **～ in glove=～ and glove** 親密で, 協力して, ぐるになって 〈*with*〉; 《俗》(互いに)ぴったり合って, うまく対[組]になって. **～ in ～** 手に手を取って; 一致協力して: go [be] ～ *in* ～ 同一歩調をとる 〈*with*〉; 〈二つのことが〉関連して起こる[いる]. **～ of glory** 盗賊などのお守り《mandrake の根などで作る》. **～ over fist=～ over ～** 〘海〙《綱登りするときのように》手を交互に動かしてたぐって; 《口》ぐんぐん, ずんずん, どんどん〈もうける・追いつく〉: make [lose, spend] money ～ *over* ～ [*fist*]. **～ over [on] heart** 片手を胸の上に置いて, 心底から, 誠実に, 神かけて〈誓う・公言するなど〉. **～s down** 手を下ろして(ください); わけなく, 楽々と〈勝つ〉; 明らかに, 文句なしに〈最も...だ〉 (cf. HANDS-DOWN): *Hands down*, it's the best cell phone. 明らかにそれがベストの携帯電話だ. **H～s off(...)!** (...に)手を触れるな; 手を引け, 干渉するな. **～s on** 手動で. **～'s turn** ⇨ not do a HAND's turn. **H～s up!** (両)手を上げろ《降伏・無抵抗のしるしに》; 手を挙げてください《発言・賛成などを求めるときに》. **～ to ～** 接近して, 肉薄して: fight ～ *to* ～ 接近戦をする, つかみ[なぐり]合う. sb **has only got one pair of ～s** 手いっぱい[かかりっきり]である, 手は 2 本しかない(からそんなに仕事はできない). **have [take] a ～ in [at]**...に仲間入りする; ...に関係する, ...にひと役買う. **have** one**'s ～s free** 手に何も持っていない; 用事がない; 自由裁量で何でもできる. **have** one**'s ～s full** 手いっぱいである, 多忙をきわめている 〈*with*〉. **heavy in [on] ～** 〈馬が〉気力なく手綱にすがって; 〈人が〉ふさぎこんで, 楽しませ[扱い]にくい. **Here's my ～ upon it.** 《握手しながら》賛成です. **hold ～s** 《信頼・愛情をこめて》手を握り合う; hold one's HAND. **hold** one**'s ～** 手を控える, 堪忍してやる. **hold** sb**'s ～** 人の手を取る; 人を助ける, 励ます, 支持する. **Hold up your ～s!**=HANDS up! **in ～** 手にして, 持ち合わせて, 所有して; 手中に収めて, 《情勢など》把握して; 支配[保護]下に; 着手して, 検討中で; 用意して; 後(あと)払いで; ^u《未消化試合を》残して: have...*in* ～ ...を手元に持っている; ...を支配している; ...に着手している, (仕事などを)抱えている (cf. *take...in* HAND) / with ten minutes *in* ～ まだ 10 分余裕があって / keep sb well *in* ～ 人を手なずけて[思いのままにして]おく / the business *in* ～ 当面の仕事[用件, 問題] / the job *in* ～ 従事している仕事, 手掛けている仕事 / work a week [month, etc.] *in* ～ 一週[一月]給料後払いで働く / have one game *in* ～ 《リーグ戦で》消化試合数が相手よりも 1 つ少ない. **in good [safe] ～s** (人に)しっかり管理されて[守られて]. **in [into]** sb**'s ～s=in [into] the ～s of** sb 人の思いのままで, 人に任されて[支配されて], 人の手中に落ちて (⇨ 5a): leave [put, place]...*in* [*into*] sb's ～*s* ...を人に任せる / come *into the* ～*s of* sb 〈ものが〉人の手に渡る. **join ～s** 手を握り合う 〈*with* another〉; [*fig*] 結婚する; 提携する 〈*in* an action〉. **keep** one**'s ～ in**...の練習を続ける, 腕を鈍らせない; ...から手を引かない, ...を掌握し続ける. **keep** one**'s ～s off(...)** 《口》(...に)手を触れ[出さ]ない, 盗まない. **keep** one**'s ～s to** one**self** 手を出さない, 手を触れない. **know...like the back of** one**'s ～** ...をよく知っている, 熟知している. **lay a ～ on**... [^u*neg*] ...に手をかける, 傷つける (lay a finger on...). **lay (** one**'s) ～s on**... (1) ...をつかまえる; ...に手をかける[危害を加える]. (2) ...を見つける, 手に入れる. (3) 〈bishop が〉...に手を触れて祝福[任命]する (cf. LAYING ON OF HANDS). **lay ～s on** one**self** 自殺する. **lift [raise] a ～** [^u*neg*] ちょっとした労を取る: do *not lift* [*raise*] *a* ～ to help me 少しもわたしを助けようとしない. **lift** one**'s ～** 片手を上げて宣誓する. **lift [raise] a [** one**'s] ～ against [to]**... [^o*neg*] ...に向かって手を振り上げる; 攻撃する, なぐりかかる, おどす. **lift (up)** one**'s ～s** 両手を上げて祈る. **a man of** one**'s ～s** 勇敢[有能]な人. **near ～** 《スコ》 (*adv*) 近くで, 接近して (near); ほとんど (almost). (*a*) 近い. (*prep*) ...の近くに, ...に近く. **not do a ～'s turn** ^u何の努力もしない, 何もやらない. **off ～** 準備せずに, 直ちに, 即座に. **off** sb**'s ～s** 〈面倒をみるべき子供・家などが〉手を離れて, 責任[役目]ではなくなって: I want to get [I want someone to take] the car *off my* ～*s*. 車を手放したい[だれかに引き取ってもらいたい]. **on all ～s=on every ～** 四方八方に[から] (everywhere). **on ～** 手元に持ち合わせて, ありあわせの; *手近に; 居合わせて (present), 待機して; 間近に(迫って). **on** sb**'s ～s** (1) 手で体を支えて, 逆立ちして〈歩く〉. (2) 人の責任[重荷]になって: have...*on* one's ～*s* ...を(自分の責任として)抱え込んでいる / have [get] time *on* one's ～*s* 自由な時間がある, 時間をもてあます (cf. HANG *heavy* [*heavily*] *on* sb's ～). **on (** one**'s) ～s and knees** 四つんばいになって. **on (the) one ～** 一方では. **on the other ～** 他方では, これに反して. **out of ～** 即座に; 深く考えずに; 手に余って; 済んで, 終わって; 手を使って: The idea cannot be dismissed *out of* ～. その考えは簡単に没にはできない / get [become] *out of* ～ 手に負えなくなる / fruit eaten *out of* ～ 手で食べる果物. **out of** sb**'s ～s** 〈問題・仕事などが〉人の管理[責任]を離れて: take a job *out of* sb's ～*s* 仕事を人から引き受ける. PLAY **into the ～s of** sb. **play** one**'s ～** みずからの利点を生かす, 能力を発揮する. **put [dip]** one**'s ～ in** one**'s pocket** 金をつかう, 《慈善などに》金を出す. **put** one**'s ～(s) on**...のありかを見つける; ...をつかまえる.

put one's **～s together** 拍手する. **put** [**turn**] one's [**a**] **～ to** …に手を染める, …を企てる, 始める. **put** [**set**] one's **～ to the** PLOW. **raise a ～**＝lift a HAND. **raise** one's **～ against** [**to**] …＝lift one's HAND against [to]…. **ready to** (**one's**) **～**＝under one's HAND(s). **see the ～** [**finger**] **of God in**…に神のみわざ[力]を見る(思いがする). **set** one's **～ to**… 〈書類〉に署名する; …に着手する. **shake** sb's **～**, **shake ～s with** sb ⇨ SHAKE sb by the hand. sb's **～ is up** 注意をひくために手を挙げている. sb's **～s are full** (忙しくて)手いっぱいである. sb's **～s are tied** 自由にならない, 何もできないでいる. **a show of ～s** 挙手(による採決). **show** [**reveal**] one's **～** 手の内を見せる; 真意[立場]を明らかにする《もとトランプ用語》. **sit on** one's **～s** 〈観衆などが〉あまり拍手しない, 冷たい反応を示す; 何もしない(で様子を見る), 傍観する. one's [**the**] **left ～ does not know what** one's [**the**] **right ～ is doing** 右手のなすことを左手は知らない 《(1) (組織などの)内部の連絡ができていない; 行動がちぐはぐである 2) ひそかに行動する; 元来は *Matt* 6:3 で「施しをするときには目立たないように」の意》. **soil** [**dirty**] one's **～s** 〈…に関係して〉手をよごす 〈*with*〉. **stand** sb's **～** ″《口》 人の勘定[つけ]を払う, おごる. **stay** sb's **～** 打とうとする手を押える, 人の行動を押しとどめる. **strengthen** sb's **～** 人の立場を有利にする[固める], 人を積極的行動に駆りたてる. **strike ～s** 契約を取り決める. **take a ～ in** [**at**]… ⇨ have a HAND in. **take a high ～** 高圧的[高(たか)飛車]に出る. **take**…**in ～** …に着手する; …を処理する; …を統御する; …の世話を引き受ける, 《きびしく》しつける. **take ～s** 互いに手を握り合う, 手に手を取る. **take matters into** one's **own ～s** 《責任者が対応してくれないので》自分で事を運ぶ. **take** one's **～s off**…から手を離す; …から手を引く, 介入をやめる. **take** one's **life in** one's (**own**) **～s** 命を賭ける[危険にさらす]. **take the** LAW[1] **into** one's **own ～s.** **throw in** one's **～**＝**throw** one's **～ in** 〈企て・ゲームを〉だめだとあきらめる, 降りる, 投げる《ポーカーで持ち札を捨てることから》. **throw up** one's **～s** [**arms**] (**in despair** [**horror**]) 絶望して[恐ろしくて]手を上げる. **tie** sb's **～s** 手を縛る; 人の自由[行動]を拘束する: have one's *～s tied* 行動の自由がない. **tip** one's **～***＝show one's HAND. **to ～** (1) 手の届くところに, 手近に, 手元に: have…*to ～* …を手元にもって[用意して]いる / Your letter [Yours] *to ～*. 〚商〛お手紙拝受. (2) 制御された状態に, 手元に押えて. **to** one's **～** 手近に, 労せずして得られるように; 手にはいって: come *to* one's *～* 手にはいる, 落手する; 見つかる, 現われる. **try** one's **～** (初めての試みとして)やってみる 〈*at*〉; 腕試しをする. **turn a ～** [ᵁ*neg*] ほんのちょっと手助けする[手伝う]. **turn** one's [**a**] **～ to** ⇨ put one's HAND to. **under** one's **～**(**s**) 手元にある, すぐ役に立つ; …の保護[管理, 影響]下にあって, …の手にかかって[落ちて], …のしわざで. **wash** one's **～s** 手を洗う《「便所へ行く」の婉曲語》; 〈…から〉手を引く, 〈…との〉関係を絶つ 〈*of*〉 《*Matt* 27:24》: Where can I *wash my ～s*? お手洗いはどこですか? **with a heavy ～** 圧制的に, 無情に; 不器用に, ぶざまに. **with a high ～** 高(たか)飛車に, 尊大に(も); (好き)勝手に: carry things (off) *with a high ～* (万事)高圧的にふるまう. **with** (**an**) OPEN HAND. **with** CLEAN HANDS. **with one ～** [**both ～s**] (**tied**) **behind** one's **back** [**behind** one] 《口》 (悪条件下でも)楽々と, 苦もなく. **with** (**one's**) **bare ～s** 《武器・道具もなく》素手で. **with one's** [**sb's**] (**own**) **fair ～**(**s**) [*joc*] 美しいお手で, お手ずから, おんみずから, わざわざ(…する).

► *adv* 《機械などではなく》手で.

► *vt* **1 a** 手渡す; 《贈り物・報酬として》渡す, 与える 〈*to*〉; 《手紙などで》渡す, 送る: ～ up 《低い所から高い所へ》手渡しする. **b** 《口》〈人〉に〈欲しくもないものなどを〉渡す, 押しつける, つかませる, 〈たわごと・聞きたくもないような話を〉聞かせる, 話す: Don't ～ me that crap! **2 a** 手を取って助ける[連れて行く, 案内する] 〈*into*, *out of* a carriage, etc.〉. **b** 〈食べ物を盛った皿などを〉取ってやる, 回す 〈*around*, *round*〉. **3** 〚海〛〈帆・旗を〉たたむ, 巻く (furl). **4** 《廃》 手で扱う[つかむ]. ● **～ back** 《持主の手に》返す, 返還する; 《テレビ・ラジオの中継で視聴者を》〈スタジオに〉返す 〈*to*〉: ～ his passport *back to* Bill＝～ Bill *back* his passport ビルにパスポートを返す. **～ down** 〈衣服などを〉お下がりとして〈年下の者に〉回す 〈*to*〉 (cf. HAND-(ME-)DOWN); 〈財産・資質・慣習などを親から子などへ〉伝える, 残す; 〚法〛〈判決・評決を〉言い渡す; 公表する. **～ in** 〈家人などへ〉手渡しする; (上司へ)差し出す, 提出する: ～ *in* a test paper 試験用紙を手渡す[提出する]. **～ it to** sb [have (got) to と共に] 《口》 相手の勝ちを認める, かぶとを脱ぐ, 人に敬意を表する. **～ off** (*vt*) (1) 〚アメフト〛〈ボールを〉近くのチームメートに手渡す. (2) 〚ラグビー〛てのひらで〈タックラーを〉押しのける. **～ on** 次へ回す, 譲り渡す 〈*to*〉; HAND down. **～ out** (ただで)与える, ばらまく, 配る, 分配[配布]する; 〈罰・批判などを〉加える: ～ it [(the) punishment] *out* 罰する, たたきのめす. **～ over** (*vt*) 手渡す, 引き渡す, 譲り渡す; 《話す順番で》〈ほかの人に〉引き継ぐ 〈*to*〉. (*vi*) 〚軍〛任務・命令などを申し送る 〈*to*〉. **～ up** *〈起訴状を〉上級裁判所[裁判官]に提出する (cf. 1a).

♦ **～·like** *a* [OE *hand*, *hond*; cf. G *Hand*]

Hand ハンド (**Billings**) **Learned ～** (1872–1961) 《米国の裁判官; 合衆国控訴裁判所裁判官 (1924–51)》.

HAND 《E メールなどで》have a nice day.

hánd àpple 生食用リンゴ.

hánd àx [**àxe**] 手おの, 握斧(あくふ); 〚考古〛ハンドアックス, 握斧 《旧石器時代の石器》.

hánd·bàg *n* ハンドバッグ (purse*, pocketbook*) 《婦人用》; 手さげ[旅行]かばん; ″《俗》 ホモ, おかま, 《女性の》お伴の男. ► *vt* ″《俗》 〈女性が〉攻撃[口撃]する, たたく (cf. SANDBAG).

hánd bàggage* 《旅行者の》手荷物.

hánd·bàll *n* **1 a** ハンドボール《平手で壁にボールを打ち, はね返るのを相手に打たせて打ち合いを続けるゲーム; 2 人ないし 4 人で行なう》. **b** handball 用の黒い小さなゴムボール. **2** 《ゴールを競う》ハンドボール 《ドイツ起源》. **3** 〚サッカー〛ハンド《手でボールに触れる反則》. ► *vt* 〚豪式フットボール〛〈ボールを〉こぶしで打ってパスする.

hánd·bàrrow *n* 《担架式の》箱形運搬器《前後 2 人で運ぶ; cf. WHEELBARROW》; HANDCART; 《呼び売り商人などの》二輪の手押し車 (coster's barrow).

hánd·bàsin″ *n* 洗面器[台] (washbasin).

hánd·bàsket *n* 手籠. ● **go to hell in a ～** *《口》 没落する, 荒廃する, だめになる. **in a ～** *《俗》 もちろん, ぜったい.

hánd·bèll *n* ハンドベル.

hánd·bìll *n* 《手で配る》ビラ, ちらし.

hánd·blówn *a* 手吹きの, 宙吹きの〈ガラス器〉.

hánd·bòok *n* **1** 便覧 (manual), 手引, 案内, ハンドブック; 旅行案内 〈*to* [*of*] Spain〉. **2** *《俗》 《競馬の》賭け金帳, 私設の馬券売場[馬券屋].

hánd·bòok·ing* *n* 《競馬の》賭け業 (bookmaking).

hánd·bràce″ *n* HAND DRILL.

hánd·bràke *n* 《自動車などの》手動[手(て)]ブレーキ, サイド[ハンド]ブレーキ (emergency brake).

hándbrake tùrn″ ハンドブレーキターン《高速で走行中の車のハンドブレーキを引いて急激に方向転換させる危険な行為》.

hánd·brèadth *n* 手幅 《$2^1/_2$–4 インチ, 通例 4 インチ》.

H and C /éɪtʃ ən(d) síː/ *《俗》 ヘロイン (heroin) とコカイン (cocaine) を混ぜたもの.

h & c″ hot and cold (water).

hánd·càr* *n* 〚鉄道〛手動車, トロッコ.

hánd·càrt *n* 手車, 手押し車.

hánd chèese ハンドチーズ《もと手で形を作った香りのきつい柔らかいチーズ》.

hánd·clàp *n* 拍手, 手拍子: SLOW HANDCLAP.

hánd·clàsp* *n* 《2 人(以上)で手を握り合う》握手.

hánd·cràft *n* HANDICRAFT. ► *vt* 手細工で作り上げる.

♦ **～·ed** *a*

hánd·cràfts·man /-mən/ *n* 手細工職人, 手工芸家.

♦ **～·shìp** *n*

hánd crèam ハンドクリーム.

hánd·cùff *n* [ᵁ*pl*; ᵒa pair of ～s] 手錠. ► *vt* …に手錠をかける; …の自由を奪う, 拘束する.

hánd-delíver *vt* 〈手紙などを〉手渡しする, 直接届ける, 手交する.

hánd-dòwn *n* HAND-ME-DOWN.

hánd drìll 手回し錐(きり), 手回しブレース, ハンドドリル.

hánd·ed *a* 手のある; (…な)手をした; …手での; …人でする; 人手が…な; 〚機〛〈ねじなどが〉…回り[回し]の: neat-～ 手先の器用な / one [two, right, left]-～ 片[両, 右, 左]手での / a four-～ game 《トランプなどで》4 人でする遊戯 / short-～ 人手不足の.

hánd·ed·ness *n* 《いずれか一方の手を使いたがる》利き手の傾向; 〚化〛対掌性 (chirality); 〚理〛《座標系・らせんなど》左右の別があること.

Han·del /hǽnd(ə)l/ ヘンデル **George Frideric ～** (*G* Georg Friedrich Händel) (1685–1759) 《ドイツ生まれで英国に帰化した後期バロック期の作曲家; オラトリオ *Messiah* (1741), 管弦楽曲 *Water Music* (1717) など》. ♦ **Han·de·li·an** /hændíːliən/ *a*

hánd·fàst 《古》 *a* しっかり握った, けちな. ► *vt* (握手によって)婚約[結婚]させる; 手で握る. ► *n* 約束, 盟約, 契約, 《特に》婚約; 固く握ること.

hánd·fàst·ing 《古》 *n* 婚約; 《昔の教会で認められない》試験結婚.

hánd-fèed *vt* 〚畜〛〈動物〉に個別給餌する《一定間隔をおいて一定量ずつ与える; cf. SELF-FEED》; 〈動物・人〉に手で飼料[食事]を与える; 〚工〛…に手動送りする.

hánd·flàg *n* 手旗.

hand, fóot and móuth disèase 〚医〛手足口病《コクサッキーウイルス群のピコルナウイルスによって乳幼児に多く発症する, 通例軽い感染症; 手・足・口, 時に臀部に小水疱が生じる; cf. FOOT-AND-MOUTH DISEASE》.

hánd·fùl /hǽn(d)-/ *n* (*pl* **～s**, **hánds·ful** /-dz-/) **1** 手一杯, ひとつかみ, ひと握り; 少量, 少数; 《口》 手に余る人[仕事], 厄介もの: only a ～ *of* people ほんのひと握りの人間. **2** 《俗》 5 《指の数から》; 《俗》 5 年の刑. ● **by the ～** ひとつかみ分単位で, 大量に. [OE]

hánd gàllop 〚馬〛ゆるやかなギャロップ, 短縮駆足.

hánd glàss 手鏡; 柄付き虫めがね[ルーペ]; 《苗などを保護する》ガラスフレーム; 〚海〛砂時計 《28 秒または 14 秒用》.

hánd grenàde 手榴弾; 消火瓶 《など》.

hánd·grìp *n* 人の手を握ること, 握り方; 《自転車のハンドル・テニスのラケット・ゴルフのクラブなどの》握り, 柄, つか; 《旅行用の》大型の手提げ; [*pl*] 必死のつかみ合い, 接近戦: be at ～*s* with…とつかみ合いをする, 接近戦を演じる / come to ～*s* つかみ合いになる.

hánd·gùn* *n* 拳銃, 短銃, ピストル.

hánd-hèld *a* /ˌ—ˈ—/ 《三脚などに付けないで》手に持った, 手で支えた〈カメラ・マイクなど〉; 〈カメラ・電卓・コンピューターなどが〉手で持てるサイズの, ハンドヘルドの. ► *n* 手持ちサイズのもの; ハンドヘルドコンピューター (= ～ **compúter**).

hánd·hòld *n* 握る[つかむ]こと, 握り; ハンドホールド 《岩登りで手を掛ける突起物》, 握り, 手掛かり: get a ～ on…をつかむ.

hánd-hòld·ing *n* 配慮, 支援, 懇切な指導, 丁寧なアフターケア, 安心させてやること.

hánd hòle 〘土木〙 ハンドホール 《地中配線のための浅いマンホール》.

hánd hòrn 〘楽〙 ハンドホルン 《French horn の前身の無弁ホルン》.

hánd-hót *a* 〈湯が〉手を入れられる程度の熱さの.

hand·i·cap /hǽndikæ̀p, -di-/ *n* **1** 《レース・競技などで》ハンディキャップ, ハンディ, ハンデ; ハンディキャップつきのレース[競技] 《競馬・ゴルフなど》. **2** 《一般に》不利な条件, 悪条件, 困難, 不利益 〈*to, of*〉; [ˢ*derog*] 《身体[精神]の》障害. ● **out of the ～** 〘競馬〙 ハンディキャップ外の 《最低ハンディキャップ重量以下の》. ► *v* (**-pp-**) *vt* …にハンディキャップ[ハンデ]をつける; 〈競技を〉ハンディキャップ方式にする; 不利な地位に立たせる, 妨げる; *〈競馬などの〉勝者を予想する, 〈競技者〉に勝敗の歩(ぶ)をつける: Illness *handicapped* him. 病気で不利になった. ► *vi* 競馬の予想屋をする. [? *hand i'* (= in) *cap*; 賭け金を帽子の中に入れたくじ遊び]

hándicap màrk 〘競馬〙 ハンディキャップマーク 《0–140 の間の数字で表わされる馬の戦績の公式査定; これをもとにして競走馬に付ける付加重が決められる》.

hánd·i·càpped *a* [ˢ*derog*] 《身体的または精神的に》障害のある, 不具の; 障害者用の; 《競技で》ハンディ[ハンデ]をつけられた; [the, 〈*n pl*〉] 障害者 《集合的》: physically [mentally] ～ / visually ～ 視覚障害をもった 《全盲または半盲》. ★ 今日の英国では disabled, having a disability などの表現が一般的になっている. 米国ではなお広く用いられているが, 英国と同様の傾向が散見される.

hánd·i·càp·per *n* 〘競馬・競技〙 ハンディキャップ[ハンデ](決定)係; 《新聞などの》競馬の予想記者; (勝馬)予想屋; ハンディ[ハンデ]をもらって競技する人: a 5-～ ハンディ 5 の人[プレーヤー].

hándicap règister 〘英〙 障害者登録名簿 《**1**) Chronically Sick and Disabled Persons Act (1970) により各自治体ごとに作成が義務づけられているもの; 福祉手当支給用 **2**) Manpower Services Commission により雇用促進目的で作成されたもの》.

hand·i·craft /hǽndikræ̀ft, -di-; -krɑ̀ːft/ *n* 手先の器用さ, 手先を使う技能; 手細工, 手工芸, 手仕事, 手芸, 工芸; 手細工品, 手工芸品; 《古》 HANDICRAFTSMAN. ♦ **～·er** *n* [OE (HAND, CRAFT); *-i-* は HANDIWORK の類推]

hánd·i·cràfts·man /-mən/ *n* 手細工人, 手職人, 工芸家.

hand·i·cuff /hǽndikʌ̀f, -di-/ 《古》 *n* 手で打つこと; [*pl*] なぐり合い: come to ～*s* なぐり合う.

hand·ies /hǽndiz/ *n pl* 《俗》 《恋人などが》手を握り合う[にぎにぎする]こと: play ～.

Hand·ie-Talk·ie /hǽnditɔ́ːki/ 〘商標〙 ハンディートーキー 《携帯用小型無線送受信機, トランシーバー》.

hánd·i·ly *adv* じょうずに, 手際よく; 便利なように, 手近に; *楽々と, わけなく.

hánd-in *n* IN SIDE.

hánd·i·ness *n* 巧みさ, 器用さ; 扱いやすさ, 便利さ (⇨ HANDY).

hánd-in-hánd *a* 手に手を取った, 相並んだ, 親密な.

hand·i·work /hǽndiwə̀ːrk, -di-/ *n* 手工, 手細工; 手工品, 細工物; 《一個人の》手になったもの, 製作物, 創造物, 作品; 《だれそれの》しわざ: The attack is the ～ of insurgents. 攻撃は反対派のしわざだ. [OE *handgeweorc* (HAND, *y-*, WORK)]

hánd jòb 《俗》 手でやる[いく, いかせる]こと, 手がき, 手淫.

hand·ker·chief /hǽŋkərtʃɪf, -tʃìːf/ *n* (*pl* ～**s** /-fs/, **-chieves** /-fs, -vz/) ハンカチ 《柔らかい紙のものも含む; 略 hdkf》; NECKERCHIEF. ● **throw the ～ to**…にハンカチを投げつける 《鬼ごっこで鬼に自分を追わせるために; cf. KISS-IN-THE-RING》; …に意中をほのめかす, …に白羽の矢を立てる. [C16 (HAND, KERCHIEF)]

hándkerchief hèad *《黒人俗》 手入れした髪型を守るためスカーフ[ハンカチ]をかぶっている黒人男; 白人に卑屈な黒人 (Uncle Tom).

hánd-knít *vt* 手で編む. ► *a* 手編みの (hand-knitted).

hand lànguage 《聾唖者の》指話法[術], 手話(法) (dactylology).

han·dle /hǽndl/ *n* **1** ハンドル, 柄, 取っ手, 《桶などの》手: the ～ of the face [*joc*] 鼻. **2** 《口》 取っ掛かり, 接近法; 乗ずべき機会, 口実 〈*to*〉: get [have] a ～ on…を掌握する, …を理解する[…に対処する]手掛かりを得る / give a ～ *to*…に攻撃の機会[口実]を与える. **3** 《口》 肩書, 名前 《特に given name》, あだ名, 異名, 《CB 無線・パソコン通信の》呼出し符号, ハンドル名[ネーム]: a ～ *to* one's name 肩書, 敬称. **4** 《織物の》感触, 手ざわり. **5** 《ゲーム・レースなどの》賭け金総額; *《俗》 《賭博・違法行為などによる》利益総額, 上がり. **6** 《NZ》 ビールジョッキ(1 杯分) 《約 1 pint》. **7** [*pl*] 《俗》 腹まわりの贅肉 (love handles). ● **fly off (at) the ～** 《口》 自制心を失う, かっとなる 〈*at*〉 《金槌の頭が柄からすっぽ抜けたときのことから》. **up to the ～** *《口》 真心こめて, 徹底的に. ► *vt* **1** 〈作業などを〉行なう, こなす, 担当する; 〈問題・データなどを〉処理する, 〈事態・状況〉に対処する, さばく; 〈ストレスなど〉に耐える: Can you ～ it? あなたにできますか[こなせますか]; やってもらえますか / can't ～ liquor 酒に飲まれる. **2 a** 〈ものを〉取り扱う; 〈人を〉扱う, 遇する; 〘商〙 売買する, 商う: *H*～ with care. 取扱い注意 / ～ a culprit roughly 犯人を手荒に扱う. **b** 〈機械類を〉操作する, 運転する; 《巧みに》あやつる, 使う; 指揮する, 統御する, 〈ボクサー〉のトレーナー兼セコンドをつとめる; 〈馬を〉慣らす (break in). **3** …に手を触れる, さわってみる; つかむ, 握る, 握りしめる. ► *vi* [副詞を伴って] 《あやつり方で》扱える, 操縦できる: The car ～*s* well. その車は運転しやすい. ● **～ oneself** ふるまう, 身を処する. ♦ **～·less** *a* **～·able** *a* [OE (HAND, *-le*)]

hándle·bàr *n* [ᵘ*pl*] 《自転車などの》ハンドル; [*pl*] 《口》 HANDLEBAR MUSTACHE.

hándlebar mústache 《口》 カイゼルひげ 《自転車のハンドルのような形に両端のはね上がった口ひげ》.

hán·dled *a* 《…の》柄の付いた, …柄の: a long-～ knife.

hand lèns 柄の付いた虫めがね[ルーペ].

hán·dler *n* 手を使う人, 《…を》扱う人; 〘ボク〙 トレーナー, 付添い 《セコンドもつとめる》; ハンドラー 《ショーやコンテストで動物を扱う人, 警察犬の調教・管理者, など》; 《立候補者・スポーツ選手などの》広報担当マネージャー; 〘電算〙 ハンドラー 《イベントを処理する関数》.

hánd·less *a* 手のない, 手を失った; 《方》 不器用な.

hánd lèvel ハンドレベル 《最も簡単な水準測量用器具》.

hánd·lìne *n* 手釣り糸 《さおを用いない》; 細い消火ホース.

hán·dling *n* 手を触れること, 〘サッカー〙 ハンド(リング); 手際; 取扱い, 処理, 運用, 操縦; 操作性; 《商品の》出荷; 〘法〙 故買: a ～ charge 出荷手数料.

hánd·list *n* 《照合・点検用の》簡単な一覧表.

hánd·lòom *n* 手織りばた (opp. *power loom*).

hánd lùggageˈˈ 手荷物 (hand baggage*).

H&M H アンド M 《スウェーデンの衣料品製造小売メーカー Hennes & Mauritz AB の略称; ファストファッションの代表的存在》.

hánd·máde *a* 手製の, 手細工の, 手作りの (opp. *machine-made*).

hánd·màid, -màiden *n* 女中, 侍女; 補助, 手助け 〈*of, to*〉.

hánd-me-dòwn *a, n* [ᵘ*pl*] 《安物の》できあいの(服); お下がりの(もの), 《特に》着古しの(衣服); 安物, 二流の(品), 二番煎じの(思想[趣向]).

hánd mìllˈˈ 手回しの粉ひき[コーヒーひき].

hánd mìrror 手鏡.

hánd mòney 手付金 (earnest money).

hánd mòwer 手動式草刈り機.

hánd·òff *n* **1** ハンドオフ 《**1**) 〘アメフト〙 ボールをチームメートに手渡すプレー **2**) 〘ラグビー〙 タックルをてのひらで押しのけること》. **2** 《携帯電話で, 別の中継局への》受け渡し (= *handover*)

hánd òrgan 《辻音楽師が使う》小型手回しオルガン (cf. BARREL ORGAN).

hánd·òut *n* **1 a** 施し物 《乞食や貧窮者に与える食物・衣類・金銭など》; 《施し物のような》給付金, 補助金, 支給物. **b** 宣伝ビラ, ちらし, パンフレット; 《会議・教室などで配る》配布資料, プリント, ハンドアウト; 新聞発表, プレスリリース. **c** 試供品. **2** 〘バド・スカッシュなど〙 ハンドアウト 《**1**) シングルスで sideout **2**) ダブルスでサーブ側が第一サーバーの時得点せず, 第一サーバーがサービス権を失うこと; cf. DOWN¹ **3**) OUT SIDE》.

hánd·òver *n* 《責任・経営権などの》移譲, 引継ぎ; 《身柄などの》引渡し; HANDOFF 2.

hánd-páint·ed *a* 手塗りの.

hánd·píck *vt* 〈果実などを〉手で摘む; みずから精選する; 自分の都合のよいように選ぶ. ♦ **hánd·pícked** *a*

hánd·pìece *n* 《豪》 《羊毛刈り用機械の》バリカン.

hánd plàte 《ドアの》押板 《よごれ防止用》.

hánd·plày *n* なぐり合い.

hánd·pòst *n* 道しるべ, 道標.

hánd·prèss *n* 手引き印刷機, ハンドプレス.

hánd·prìnt *n* 《てのひらに墨などを塗って押した》手形.

hánd pùmp 手押しポンプ, 手動ポンプ.

hánd pùppet 指人形 (glove doll [puppet]).

hánd·ràil(·ing) *n* 《階段などの, 幅の狭い》手すり, 欄干(用材).

hánd-ride *vt, vi* 〘競馬〙 むちも拍車もなしで(馬に)乗る.

hánd rúnning *adv**《口・方》 たてつづけに.

hánd·sàw *n* 《片手で使う》手挽きのこ, 片手のこ, ハンドソー: know a HAWK¹ from a ～.

hánds·brèadth, hánd's- *n* HANDBREADTH.

Hand·schrift /*G* hántʃrɪft/ *n* 筆跡; (手)写本.

hánd scrèw 《頭につまみのついた》つまみねじ, ハンドスクリュー; 〘木工〙 つかみ締め, クランプ.

hánds-dòwn *a* 疑問の余地のない, 明らかな; 容易に達成された: win a ～ victory 楽々と勝利をおさめる.

hand·sel /hǽn(d)s(ə)l/ *n* 《新婚・開業などの》祝い品, 祝儀; 新年の

ご祝儀, お年玉; 《挙式の日の》新郎から新婦への贈り物; 手付金; 《月賦の》初回金; 初物, 初経験, 先試し. ► *vt* (-l- | -ll-) …に開業祝い[結婚祝いなど]を贈る; …の口開きをする, 初めて行なう[使う]. [ME (HAND, OE *sellan* to SELL); cf. ON *handsal* giving of the hand (esp. in promise)]

hánd·sèt *n* 《電話の》受話器, 子機, 携帯電話端末(機); 《テレビなどの》リモコン.

hánd-sét /, ─ ─/ 〘印〙 *a* 手組みの. ► *vt* 〈活字を〉手で組む.

hánd-séw /-sóu/ *vt* 手で縫う.

hánd-séwn /-sóun/ *a* 手縫いの.

hánds-frèe *a* 〈電話などが〉手を使わずに操作できる.

hánd·shàke *n* 握手: GOLDEN HANDSHAKE. ► *vi* 握手する. ► *vt* 握手しながら進む: ~ one's way. ► *n* 〘電算〙 HANDSHAKING.

hánd·shàker *n* (やたらに握手するような)むやみに愛想のいい人物[政治家], おべんちゃら屋[学生].

hánd·shàking *n* 〘電算〙 ハンドシェーク《システムを構成する要素間で信号の伝送に先立ってなされる制御情報の交換》.

hánd·shìeld *n* 《アーク溶接工の》面, ハンドシールド《片手で持つ顔面保護マスク》.

hánds-óff *a* **1** 不干渉(主義)の: a ~ policy 不干渉主義. **2** 〈機械・装置などが〉手動操作の不要な, 自動の.

hand·some /hǽnsəm/ *a* **1** りっぱな, 美しい; 目鼻だちの整った, 端麗な: a ~ man りっぱな男子, 美男子, 好男子 / a ~ woman 美しい[きりっとした目鼻だちの]女性. **2** りっぱな, すばらしい, 堂々とした; 釣合いのいい, よくできた〈部屋〉; 〈金額・財産・贈り物など〉かなりの, 気前のよい; 〈行為が〉ありがたい, 手厚い; 大差の〈勝利〉: ~ treatment 優遇 / *H*~ is as [that] ~ does. 《諺》 行ないのりっぱなのがりっぱな人, '見目より心' / do the ~ thing by…を優待する / do the ~ (thing) 気前よくする, 手厚くもてなす, 優待する. **3 a** *《口》 器用な, じょうずな, みごとな〈わざ〉: a ~ speech さわやかな演説. **b** *《方》 適した, 似合う. **c** 《古》 便利な, 手ごろな. ► *adv* [次の成句で]: **do** sb **~**=do sb PROUD. ◆ **~·ly** *adv* りっぱに, みごとに; 堂々として; 鷹揚(おうよう)に; 手厚く; 〘海〙 注意して, 用心深く: come down ~*ly* 《口》 気前よく金を出す. **~·ness** *n* [ME=easily handled (HAND, -*some*[1])]

hándsome ránsom *《俗》 大金.

hánds-ón *a* **1** 〈個人が〉積極的に参加[関与]する, 実地の, 実践的な; 実務経験のある[を求める]: ~ training 《コンピューター操作などの》実践的トレーニング / ~ management 企業の幹部が事業の全レベルで直接関与する経営方式 / a ~ manager 第一線で働くマネージャー. **2** 人が(手で)操作する, 手動の; 〈博物館・展示物など〉手で触れられる, 実際に体験[実験]できる.

hánd·spàn *n* 手指を広げた長さ, ハンドスパン (span).

hánd·spìke *n* てこ棒, 《特に 船の》キャプスタン棒.

hánd·sprìng *n* 〘体操〙 前方[後方]倒立回転跳び, ハンドスプリング.

hánd·stàff *n* からさおの柄.

hánd·stàmp *n* ゴム印, スタンプ, 消印器. ► *vt* 〈切手〉に消印をおす.

hánd·stànd *n* 逆立ち.

hánd stràp 《電車などの》吊革.

hánd·stròke *n* 〘鳴鐘〙 ハンドストローク《鐘を上向きにするための, 綱を前方へ打ち出す動作; cf. BACKSTROKE》.

hand·tec·tor /hǽndtèktər/ *n* 携帯用金属探知器《空港での武器探知用》. [*hand*+*detector*]

hánd-tíght *a* 〘海〙 手の力でいっぱいに張った.

hánd-to-hánd *a* 接近しての, 直接相手と接触する〈戦闘〉; 直接手渡しの.

hánd-to-móuth *a* その日暮らしの〈生活〉; 一時しのぎの.

hánd tòwel ハンドタオル, タオルハンカチ.

hánd tròuble 《俗》 人の体にさわりたがること, 《さわり魔の》さわり癖.

hánd trùck 《2 輪の》手押し車, 台車.

hánd-wàsh·ing *n* 手を[で]洗うこと, 手洗い.

hánd-wàving *n* 大げさな口調や身振り手振り, オーバーなジェスチャー.

hánd·wèave *vt* 手織りばたで織る.

hánd·whèel *n* 〘機〙 《バルブなどについている》手回し車, ハンドル車.

hánd·wòrk *n* 《機械製に対して》手細工, 手仕事 (cf. HANDIWORK).

hánd·wórked *a* 手細工の, 手製の.

hánd·wòrk·er *n* 手細工をする人, 手仕事をする人.

hánd-wóven *a* 手織りばたで織った, 手織りの.

hánd-wrìng·ing *n* 《苦痛・悲しみ・絶望のあまり》手をもみ絞ること; 過度の関心[罪悪感]の表明. ► *a* 絶望的な. ◆ **hánd-wrìng·er** *n*

hánd·wrìte *vt* 手で書く, 手書きする.

hánd·wrìting *n* 手書き; 手跡, 筆跡; 書風; 《古》 書いたもの, 筆写物. ● **the ~ on the wall** 〘聖〙 壁に書かれた文字, 災いの前兆 《*Dan* 5: 5-28; ⇨ MENE, MENE, TEKEL, UPHARSIN》: see [read] *the ~ on the wall*.

hánd·wrìtten *a* 手書きの.

hánd·wróught *a* 手作りの, 手細工の.

hándy *a* 手近な, すぐ使える; 近くの; 便利な, 手ごろな; 使いやすい; 〘海〙 操縦しやすい; 器用な 〈*with* the needle〉: have [keep]…~ …を手元に置く / be ~ *for*…に便利だ; …に近い / ~ hints [tips] 役に立つ[使える]アイディア. ● **come in ~** 役に立つ, 助けになる, 重宝する. ► *adv* 《方》 HANDILY. [*hand*, -*y*[1]]

Han·dy ハンディ **W**(illiam) **C**(hristopher) ~ (1873-1958) 《米国のブルース作曲家; *St. Louis Blues* (1914)》.

hándy-dán·dy /-dǽndi/ *n* あてっこ《どちらの手にコインや小石を持っているかをあて合う子供の遊戯》.

hándy·màn *n* 《会社・アパートなどの》用務員, 雑役人; 何でも屋, よろず屋, 便利屋; 器用者.

hándyman's spécial *《俗》 《格安で売りに出される》要修繕家屋.

hándy·pèrson *n* 雑役人 《性(差)別回避語》.

han·e·poot /há:nəpùət, hǽnəpù:t/ *n* 《南ア》 ハネプート《(1) 地中海原産アレクサンドリア系マスカットの香りの豊かなブドウ 2) これで造る甘口白ワイン》. [Afrik]

Han Fei·zi /hǽnféitsə́:/, **Han Fei-tzu** /há:n féidzú:/ **1** 韓非子(かんぴし), 韓非 (d. 233 B.C.) 《中国戦国時代の思想家; 法家 (⇨ LEGALISM) の大成者とされる》. **2** [the] 『韓非子』《韓非子の著作》.

hang /hǽŋ/ *v* (**hung** /hʌ́ŋ/) *vt* **1 a** 掛ける, つるす, 下げる; 〈絵を〉[〈画家〉の作品を]展示する; 〈壁紙を〉貼る; 〈肉・猟鳥獣などを〉食べごろになるまでつるしておく (cf. HUNG BEEF): ~ one's cap *on* the hook 帽子を帽子掛けに掛ける / ~ one's HAT / ~ one's HEAD / The picture was *hung* on the line. その絵はいちばん見やすい位置に掛けてあった / Trophies were *hung* all *over* the walls. トロフィーが壁面いっぱいに飾ってあった (=The walls were *hung with* trophies.). **b** 掛け物などで飾る, 掛け[つるし, 下げ, 掲げ]て飾る; 《カーテンなどを》〈窓・入口など〉につるす; 〈ベルを家に[柱にドアを, 道具に柄を]〉取り付ける; 〈スカート〉の裾丈を調整する: ~ windows *with* curtains 窓にカーテンをつるす. **2** 〈望みを〉つなぐ, 託す 〈*on*〉; 《口》 〈あだ名などを〉つける 〈*on*〉; 《俗》 〈一撃を〉くらわす 〈*on*〉. **3** 〈頭を〉垂らす, 垂れる: ~ one's head in shame 恥じてうなだれる. **4** (**~ed, hung**) **a** 絞首刑に処する 〈*for* a crime〉; [*fig*] 厳罰に処する 〈*for*〉; 《古》 はりつけにする: ~ sb *by* the neck つるし首にする / ~ one*self* out of despair 絶望して首を吊る. **b** [ののしりの文句]: *H*~ it (all)! 《口》 ちくしょう, いまいましい, しまった / *H*~ you! =Be ~*ed* to you! こんちくしょう / *H*~…! …なんかくそくらえだ / I'm [I'll be] ~*ed* if I do… 《口》 ぼくが…したら首をやる, だれが…するもんか. **5** 〘野〙 〈変化球を〉すっぽ抜けさせる. **6** *《特定の陪審員の反対で》〈陪審〉の評決を不能にする. **7** 《口》 《車・スキーで》〈右[左]に〉曲がる, 〈U ターン〉する: ~ (a) left [right]. ► *vi* **1** かかる, ぶらさがっている 〈*by* a rope〉; たれる, たれさがる 〈*down*〉; 〈絵が〉[〈画家〉の作品が]展示される; 〈肉が〉つるしてある (⇨ *vt*); 《蝶番で》〈戸が〉取り付けてある, 自由に動く: ~ loose だらりとたれさがる / with his mouth ~*ing* open だらしなく口を開けて. **2** 〈服が〉体にゆったりフィットする: a dress that ~*s* well. **3** (**~ed, hung**) 絞首刑になる. **4 a** 上にかぶさる, 張り出る, のしかかる 〈*over*〉; 傾く, 寄り掛かる. **b** すがりつく (cling), くっついて離れない 〈*by* sb's side〉. **c** 〈煙などが〉漂う, たちこめる, 〈雲が〉たれこめる, 〈月が〉かかる; 〈危険などが〉差し迫る, 近づく, …に接近している, 〈心配などが〉頭から離れない 〈*over*〉: Punishment ~*s over* his head. あいつはいずれ罰せられる / have…~*ing* over one [one's head] …が絶えず気にかかる. **d** ぐずぐずする, ぶらぶら[のらくら]する (hang around); 《口》 待つ, 待っている; 《口》 時間をつぶす, のんびり過ごす, よく行く, たむろする (hang out) 〈*with*〉; 〘競馬〙 前に出ない, 遅れる, 《最後で》伸びない. **e** 〈決断・事が〉未決である, どうなるかわからない; 〈人が〉迷う, 躊躇する, 揺れる 〈*between*〉; 〈陪審 (jury) が〉意見が一致しない. **5** 〘野〙 〈投球が〉うまく変化しない, すっぽ抜ける. **6** 〘電算〙 ハングアップする.

● **be hung on**… 《口》 …に熱中している. **be hung over** 《口》 二日酔いである. **go ~** 絞首刑になる, [*impv*] くたばっちまえ; 放りっぱなしにされる; *《俗》 〈計画が〉失敗する, つぶれる: He let the law *go* ~. 法律が無視されるのを放置した. **H~ about!** "《俗》 ちょっと待って[待った]! **~ a few on**=**~ on a few** *《俗》 一杯ひっかける. **~ around [about"]** (1) …にまつわりつく, 〈人と〉時を過ごす, つきあう 〈*with*〉. (2) 《口》 (…のあたりで)ぶらぶら[のらくら, ぐうたら, ぐずぐず]する; 残る, とどまる; (電話を切らずに)待つ. **~ back** しりごみする, ためらう 〈*from*〉; 後ろの方にいる. **~ behind** ぐずぐずする, 遅れる. **~ by a (single) hair [a thread]** 風前の灯である, 危機に瀕している. **~** FIRE. **~ five [ten]** 《俗》 《体重を前にかけ》片足[両足]の指をサーフボードの先端にかけてボードに乗る. **~ heavy [heavily] on** sb [(sb's) hand] 〈時間など〉人がもてあます. **~ in for** sb *《俗》 《仕事で》人と交替する, 〘劇〙 人の代役をつとめる[に備えて稽古する]. **~ in the air [wind]** いずれとも決まらない; 〈生死・結果などが〉はっきりしない, 不明だ. **~ in the balance** ⇨ in the BALANCE. **~ it** *《病院俗》 静脈注射による薬物治療を行なう, 静注をやる. **~ it easy**=*《俗》 take it EASY. **~ it out** 《口》 話し合ってわかり合う. **~ it up** *《口》 (がんばるのを)やめる, よす, あきらめる, 身を引く. **~** LOOSE. **~ off** 放つ; HANG back. **~ on** (1) 〈…を〉しっかりつかまえる, 〈…に〉すがりつく, しがみつく, 〈所有物などを〉手放さない 〈*to*〉; 悩ませ続ける, 〈病気が〉治らない; 事を辛抱強くやり続ける, 我慢する, がんばる, 持ちこたえる, 持続する; 《競走などで》リードを保つ; 《口》 (そのまま)待つ, 電話を切らずに待つ, [*impv*] 待ってて, ちょっと待って[待った], そうせくな:

H

H~ on tight. しっかりつかまって. (**2**) [on は *prep*] …によって決まる, …にかかっている, …しだいだ. (**3**) [on は *prep*] 〈ことばなど〉に注意を払う, …を傾聴する, 聞き入る: *~ on* sb's lips [words, every word] 人の言うことを熱心に聴く. (**4**) [on は *prep*] «口» 罪を〈人に〉負わせる. **~ one on** «俗» 酔っぱらう, 痛飲する. **~ one on…** «俗» …に一撃を加える. **~ (on) in (there)** «口» くじけまいとする, あきらめない, 勇気を出す, がんばる, ねばる. **~ onto…**を手放さない. **~ out** 〈看板・旗などを〉掲げる, 出す; 〈洗濯物を〉外に干す; 身を乗り出す 〈*of*〉; «口» 〈…と〉つきあう, 親しくする 〈*with*〉; «口» 住む, 泊まる 〈*at, in*〉; «口» ぶらぶら[のらくら]する, 時を過ごす; *«口» 〈バー・ドラッグストアなどに〉たむろする, …によく行く; [°let it all ~ out] «口» 気ままにふるまう[しゃべる], あけっぴろげにする, なにもかもさらけ出す[ぶちまける]: *~ out of* the window 窓から身を乗り出す. **~ out for** あくまで主張[要求]する. **~** sb **out to dry** «俗» 非常にきびしく〈人〉に当たる, 見せしめに懲らす. **~ over** «口» 以前からそのまま残る, 未決のままになる; ⇨ *vi* 4a, c. **~ round**＝HANG around. **~ ten** ⇨ HANG five. **~ together** 団結する; 固まる; 〈話など〉つじつまが合う, 筋道が立っている: We must all *~ together*, or assuredly, we shall all ~ separately. われわれはみな団結しなければならない, さもないと疑いなく個々に絞首刑なのだ《米国独立宣言書に署名した時の Franklin のことば》. **~ tough** *«俗» 断固としている, 屈しない, がんばる. **~ up** (**1**) 〈ハンガー・帽子掛けなどに〉掛ける, つるす 〈*on*〉; «口» 〈活動を〉やめる, 引退する, 〈スポーツ用具〉の使用をやめる; 受話器を置く, 電話を切る 〈*on* sb, *in* sb's ear〉; «俗» やめる, よす, あきらめる, 見切りをつける 〈*on*〉, [*impv*] 《おしゃべり・いたずらなどに対して》やめろ, よせ!; «俗» 首吊り自殺する: *~ up* one's running shoes [boxing gloves etc.] 走るのを[ボクシングなどを]やめる. (**2**) [°*pass*] …の進行を遅らせる, 渋滞させる, 手間取らせる, 延期させる (⇨ HUNG UP); «口» 〈…で〉動きがとれなくする[なる], 〈…に〉こだわらせる[こだわる] 〈*on*〉; «俗» 苦しめる, 困らせる. (**3**) 〈コンピューターなどが〉止まる, ハングアップする. (**4**) [^{u}*pass*] «野球俗» 〈走者を〉塁間に追い出す; «口» 《競技などで》〈(新)記録を〉つくる. (**5**) «豪口» 〈馬を〉つなぎとめる. **~ with…** *«俗» …とつきあう; *«俗» …といっしょに残る, 〈グループなどに〉とどまる. **have it all ~ing out** *«俗» 隠しだてしない, あけっぴろげである (let it all ~ out). **How (are) they ~ing?** «俗» [*joc*] 調子はどうだ, 張り切ってるかい? ＝**How's it ~ing?** 《'they' は testicles, 'it' は penis の意; 男どうして使う表現》. HUNG UP. **I'll see** sb **~ed before [first]….** ⇨ DAMNED. **leave…~ing (in the air [in midair])** …を未決のままにしておく, 途中で保留にする[ほっておく, やめる]; *«俗» 〈人〉とのデートの約束をすっぽかす, 待ちぼうけを食わす. **let it all ~ out** ⇨ HANG out. **Thereby ~s a** TALE.

► *n* **1** かかり[たれ, 下がり]ぐあい; 速力[動きなど]のゆるみ, 鈍り. **2** «口» (正しい)扱い方, 使用法, 要領, やり方, こつ; «口» 《問題・議論などの》意味, 趣旨. **3** [a ~; ^{u}*neg*] «口» ちっとも 《'a damn' よりも軽い表現》: I do*n't* care [give] a ~. おれはちっともかまわん. ● **get [have, see] the ~ of…**＝**get into the ~ of…** «口» …の呼吸[こつ]をのみ込む, …を理解する. **lose the ~ of…**＝**get out of the ~ of…** «口» …のこつを忘れる[がわからなくなる].

♦ **~·able** *a* [(vt) ON *hanga*, (vi) OE *hōn* and OE *hangian*; cf. G *hängen*]

hang·ar /hǽŋər, hǽŋgər/ *n* 《飛行機の》格納庫, ハンガー; 納屋: a ~ deck 《航空母艦の》格納庫甲板. ► *vt* 格納庫に入れる.

♦ **~·age** *n* [F]

háng·bird *n* 〔鳥〕ぶらさがった巣を作る鳥, 《特に》BALTIMORE ORIOLE.

Hangchou, -chow 杭州 (⇨ HANGZHOU).

háng·dòg *a* こそこそした; 卑屈な, おどおどした, ばつの悪そうな, しょげた〈表情など〉. ► *n* 下等[下劣]なやつ.

háng-dòwn *n* «俗» でれすけ (penis).

háng·er *n* **1 a** 洋服[えもん]掛け, ハンガー; 物をつるす[掛ける]もの, 吊り金物, 襟吊り, 吊手, 鉤(かぎ), 自在鉤; 《装飾のある》剣帯に剣をつるすための輪[ひも]; 《軸受などの》吊手; 〔車〕ハンガー《ばね吊手を車台にかける腕金》. **b** 吊革で吊られたもの, 《かつて船乗りの用いた》短剣; *《店内の》ポスター. **c** 《文字練習用の》かぎばね(形) 《S》: pothooks and ~*s* 英習字の初歩. **d** ^{B}急傾斜地の林 《特に イングランド南部のチョーク層に生育するブナ林》. **2** つるす人, 掛ける人; «まれ» 絞首刑執行人. [*hang*; '急傾斜地の林' の意は <OE *hangra* (*hangian* to HANG)]

háng·er-ón *n* (*pl* **háng·ers-ón**) 物欲しげに人[人の集まる場所]に付きまとう[出入りする, 居残る]人, 腰ぎんちゃく, 取巻き, いそうろう, 長居の客《など》.

hánger stèak *ハンガーステーキ《牛の横隔膜部上部でヒレと隣り合ったハラミのステーキ》.

háng·fìre *n* 《爆薬の》遅発.

háng glìder ハンググライダー《操縦者が機体にぶらさがって乗る凧のような滑空機; 崖や丘から降下して楽しむ》; ハンググライダーで飛ぶ人.

♦ **háng glìde** *vi, vt* **háng glìding** *n*

han·gi /hǽŋi, hɑ́ː-/ «NZ» *n* 野外かまど; 野外かまど料理; 野外かまど料理を囲んでの会食[パーティー]. [Maori]

háng·ing *n* **1 a** つるすこと, 吊り下げ, 垂下; 懸垂[宙ぶらりん](状態). **b** 絞首刑, 絞殺, 縊死(いし): death by ~ 絞首刑 / three ~*s* 絞首刑 3 件. **2** [°*pl*] 室内の壁・窓などに掛けるもの《カーテン・(つづれ織りの)掛け布など》. **3** 下降傾斜 (declivity). ► *a* **1** 絞首刑(処分)の: a ~ offense 絞首刑になる罪 / a ~ matter 絞首刑になるような事件 / It's [That's] no ~ matter. そんなに重大な問題[失敗]ではない / a ~ judge 絞首刑判決を多く出す(苛酷な)裁判官. **2** 高い所にかかった, ぶらさがった, 《崖から》張り出した〈岩〉; 急斜面にある〈庭など〉; 吊り下げ用の: a ~ stage 《ペンキ屋などの》吊り足場. **3** «古・詩» うなだれた, うち沈んだ. **4** «廃» 未決の.

hánging básket 《装飾用の》吊り花かご, ハンギングバスケット.

hánging blóck 《クレーンなどの》吊り荷用ブロック.

hánging búttress 〔建〕《控え壁などで支えられた》吊り扶壁.

hánging commíttee 《展覧会などの》(入選)審査委員会.

hánging cúrve 〔野〕すっぽ抜けのカーブ.

Hánging Gárdens of Bábylon *pl* [the] バビロンの吊り庭《Nebuchadnezzar 2 世が王妃のために造った; ⇨ SEVEN WONDERS OF THE WORLD》.

hánging glácier 〔地質〕懸垂氷河.

hánging indéntion [indentátion, índent] 〔印〕ハンギングインデンション《段落の第 1 行の頭だけを出して 2 行目以下を下げて組むこと; 辞典類などに多い》.

hánging líe 〔ゴルフ〕ハンギングライ《グリーンの方向に下り坂になっている所で静止したボールの位置》.

hánging páragraph 〔印〕ハンギングパラグラフ《HANGING INDENTION による段落》.

hánging stìle 〔建〕《ドアなどの》軸元框(がまち).

hánging válley 〔地理〕懸谷(けんこく), かかり谷《本流の谷床へ大きく落ち込んでいる支流の谷》.

hánging wàll 〔鉱〕上盤(うわばん)《傾斜した鉱脈・鉱床・断層などの上側の岩層; cf. FOOTWALL》.

hánging wárdrobe 洋服だんす.

háng-lóose *a* ぐっとうちとけた, くつろいだ, 自由な, のんびりした, 気楽な.

háng·man /-mən, -mæ̀n/ *n* 絞首刑執行人; 〔ゲーム〕ハングマン《相手が考えた単語を一文字ずつ当てていくことば当て遊びで, 何回かはずれるとつるし首の絵が完了するように, 絵を描き加えていく》.

hángman's hàlter [knòt] 絞首索結び《わきの部分を 7–8 回巻いてある》.

háng·nàil *n* さかむけ, ささくれ (＝*agnail*).

Han·gö /hɑ́ːŋəːr/ ハンゲー (*Finn* **Han·ko** /hɑ́ːŋkɔ̀ː/) 《フィンランド南部, バルト海に臨む海港・半島》.

háng·òut *n* «口» **1** 《人の》ねぐら, 家; 行きつけの場所, たまり場, 《犯罪者などの》連絡場所, 根城, 隠れ家. **2** *«俗» 暴露, 公開, あけっぴろげ (＝**~ róad**): go the ~ *road* 真相をすっかり公表する.

háng·òver *n* «口» 二日酔い; «口» 余波, 《薬の》あと作用, 《高度の緊張・興奮のあとの》気抜け; 残存物, なごり, 遺物, 遺風 〈*from*〉: have a ~ 二日酔いである.

Hang Seng index /hǽŋ séŋ ―/ ハンセン指数《香港のハンセン(恒生)銀行が発表している株価指数》.

háng·tàg *n* 《商品の》品質表示票.

háng tìme 〔スポ〕ハングタイム, 滞空時間《**1**) 蹴った[打った, 投げた]ボールが空中にある時間 **2**) 跳んだ選手が空中にいる時間》; 〔電算〕ハングアップしている時間.

Háng·tòwn frý [°H- F-] 〔料理〕ハングタウンフライ《炒めたカキを入れたいり卵[オムレツ]》. [*Hangtown* California 州の町 (たぶん San Francisco) のあだ名]

Han·guk /hɑ́ːngúːk/ 韓国(ハングク). [Korean]

han·gul /hɑ́ːngùːl/ *n* [°H-] ハングル《朝鮮の国字; 1446 年に '訓民正音' の名で公布された表音文字で現在も公用文字》.

háng-ùp «口» *n* 厄介な問題, 支障, 《特に》悩み, ひっかかり, こだわり, コンプレックス; 遅れ.

Hang·zhou, -chou /hɑ́ːŋʤóu/, **-chow** /hǽŋʧáu, hɑ́ːŋʤóu; hǽŋʧáu/ 杭州(こうしゅう)(ハンチョウ) 《中国浙江省の省都; 杭州湾 (**Hángzhóu Wān** /-wɑ́ːn/, **Hángchów Báy**) に臨む》.

ha·ni·wa /hɑ́ːnəwɑ̀ː/ *n* (*pl* ~) [°H-] 埴輪. [Jpn]

hank /hǽŋk/ *n* 《糸の》一かせ《木綿糸 840 ヤード, 毛糸 560 ヤード; cf. SKEIN》; 《髪などの》束, 輪, 結び; 〔海〕帆環(はんかん)《縦帆の前縁に取り付けた環》. ● **~ for ~** 〔海〕両船相並んで; 対等で. ► *vt* 〔海〕〈帆を〉帆環を用いて留める. [ON *hönk*; cf. Swed *hank* string, Dan *hank* handle]

Hank ハンク《男子名; Henry の愛称》.

Hanka ⇨ KHANKA.

han·ker /hǽŋkər/ *vi* あこがれる, こがれる, 渇望する 〈*for, after, to do*〉. ♦ **~·er** *n* [C17 <? *hank* (obs), *-er*[3]; 一説に Flem *hankeren* (freq) < *hangen* to hang]

hánker·ing *n* あこがれ, 熱望, 渇望.

Hanko ⇨ HANGÖ.

Han·kou /hɑ́ːnkóu/, **-kow** /hǽnkáu, hɑ́ːnkóu; hǽnkáu/ 漢口(かんこう)(ハンコウ) (⇨ WUHAN).

hank·ty /hǽŋkti/ *a, n* *«俗» HINCTY.

han·kul /hɑ́ːŋkùːl/ *n* HANGUL.

han·ky, -kie, -key /hǽŋki/ *n* «口» ハンカチ (handkerchief) 《特にレースがついて女らしいもの》.

hánky-pánk /-pǽŋk/ *n*《カーニバルなどの》大道ゲーム《ダーツなどをして賞品をもらう》;《カーニバルで》客引きの口上. ▶*a*《俗》安物の, いかさまの, くずの.

hánky-pán·ky, hánkey-pán·key /-pǽŋki/ *n*《口》[°*joc*]《法的・性的に》いかがわしい[よからぬ]こと, 浮気, 不倫: be up to some ～ なにか怪しげな[よからぬ]ことをやって[たくらんで]いる. ［C19 <?; HOCUS-POCUS にならったものか］

han·na /hǽnə/ ᴴ《方》have not.

Han·nah /hǽnə/ **1** ハンナ《女子名; アイルランド人・ユダヤ人に多い》. **2**〔聖〕ハンナ《預言者 Samuel の母; *1 Sam* 1: 2, 20》. ［⇨ ANN］

Han·nay /hǽnèɪ, hǽni/ ハネイ **James Owen** ～ (1865–1950)《アイルランドの司祭・作家; 筆名 George A. Birmingham》.

Han·ni·bal /hǽnəb(ə)l/ **1** ハンニバル《男子名》. **2** ハンニバル (247–c. 183 B.C.)《カルタゴの名将; Hamilcar Barca の息子; 第二次ポエニ戦争 (別名ハンニバル戦争, 218–201 B.C.) でアルプスを越えてイタリアに侵入した》. **3** ハンニバル《Missouri 州北東部の Mississippi 川に臨む市; Mark Twain が少年時代を過ごした地》. ♦ **Han·ni·bal·ic** /hæ̀nəbǽlɪk/, **Han·ni·ba·lian** /hæ̀nəbéɪljən/ *a* ［L<Sem=grace of Baal］

Han·no /hǽnoʊ/ ハンノ《紀元前 3 世紀のカルタゴの政治家; 通称 '～ the Great'》.

Han·no·ver /hǽnòʊvər, hǽnəvər; *G* hanó:fər/ ハノーファー (*E* Hanover)《(1) ドイツ中北部の Lower Saxony 州の大部分を占める区域にあったプロイセンの州; もと 神聖ローマ帝国選挙侯領 (1692–1806), 王国 (1814–66); 王家は英国の王家にもなった (2) Lower Saxony 州の州都》.

Ha·noi /hænɔ́ɪ, hə-, *hɑ:-/ ハノイ《ヴェトナムの首都; Tonkin デルタの中心, 仏領時代はインドシナ総督府所在地, その後かつての北ヴェトナムの首都》.

Ha·no·taux /æ̀nətóʊ, ɑ̀:-/ アノトー (**Albert-Auguste-**)**Gabriel** ～ (1853–1944)《フランスの歴史家・政治家; 外務大臣 (1894–95, 96–98) として露仏同盟を締結; 植民地政策に力を入れ, アフリカにおける対英政策に功績を残した》.

Han·o·ver /hǽnòʊvər, hǽnəvər/ ハノーヴァー《HANNOVER の英語名》. ■ the **Hóuse of** ～ ハノーヴァー家《George 1 世から Victoria 女王まで (1714–1901) の英国王室》.

Han·o·ve·ri·an /hæ̀nəvíəriən, -véər-/ *a* ハノーファー州[市]の; ハノーヴァー家の. ▶*n* ハノーファー州[市]の人; ハノーヴァー家の人; ハノーヴァー家支持者;〔畜〕ハノーヴァー種(の馬).

Han·rat·ty /hænrǽti/ ハンラッティ **James** ～ (1936–62)《証拠不十分のまま殺人犯として処刑された英国人; 以後の英国の死刑廃止運動に影響を与えた》.

Hans /hǽns, hǽnz/ **1** ハンス, ハンズ《男子名》. **2** ドイツ人, オランダ人《あだ名; ⇨ JOHN BULL》: ～ Niemand 無名氏. ［G (dim); ⇨ JOHANNES］

Han·sa /hǽnsə, -zə, hɑ́:nzɑ:/〔史〕*n*《中世北ドイツの》商人組合, 商人組合入会金; [the] ハンザ同盟 (HANSEATIC LEAGUE); ハンザ同盟加盟都市 (=～ **tòwn**). ［MHG *hanse*, OHG, Goth *hansa* company］

Han·sard /hǽnsɑ̀:rd, -sərd/ *n* 英国国会議事録; 議会議事録. ［1889 年まで議事録を編纂した Luke *Hansard* (1752–1828) とその子孫にちなむ］

Hánsard·ìze *vt* ᴴ《古》議事録の前言を引いて〈国会議員を〉難詰する.

Hänsch /hénʃ/ ヘンシュ **Theodor W**(**olfgang**) ～ (1941–)《ドイツの物理学者; ノーベル物理学賞 (2005)》.

Hanse /hǽns, hɑ́:nzə/ *n*〔史〕HANSA.

Han·se·at·ic /hæ̀nsiǽtɪk/ *a, n* ハンザ同盟の(加盟都市).

Hanseátic Léague [the]〔史〕ハンザ同盟《14–15 世紀北ドイツにおける商業都市の政治的商業的同盟》.

han·sel /hǽns(ə)l/ *n, vt* HANDSEL.

Hän·sel and Gret·el /hǽns(ə)l ən(d) grétl/ ヘンゼルとグレーテル《Grimm 童話の一話; その男の子と女の子》.

Hán·sen's disèase /hǽnsənz-/〔医〕ハンセン病 (leprosy). ［Gerhard H. A. *Hansen* (1841–1912) ノルウェーの医学者］

han·som /hǽnsəm/ *n* ハンサム (=～ **càb**)《御者台が後方の一段高い所にある 2 人乗り 1 頭立ての二輪の辻馬車》. ［Joseph A. *Hansom* (1803–82) 英国の建築技師］

Han·son /hǽns(ə)n/ ハンソン (1) **Duane** ～ (1925–96)《米国の彫刻家; 細部まで本物そっくりの人物像を作り, 彫刻における superrealism の作家とみなされる》 (2) **Howard** (**Harold**) ～ (1896–1981)《米国の作曲家》.

Hans·son /hǽns(ə)n/ ハンソン **Per Albin** ～ (1885–1946)《スウェーデンの政治家; 4 次にわたって首相 (1932–46) をつとめ, 福祉・中立政策を第二次大戦を通して堅持した》.

hant /hǽnt/, **ha'nt**[1] /hǽnt/ *v, n*《方》HAUNT.

ha'nt[2], **ha'n't** /héɪnt/《方》have [has] not の短縮形.

hán·ta·vìrus /hǽntə-, hɑ́n-, hɑ́:n-/ *n* ハンタウイルス《ブニヤウイルス科ハンタウイルス属 (*H-*) の RNA ウイルス; 齧歯(げっ)類の排泄物によって媒介され, 急性の呼吸器症状・出血熱などをひき起こす》. ♦ **hànta·víral** *a* ［*Hantaan* 韓国の川; 1970 年代にウイルスを保有するネズミが捕獲された地を流れている］

Hants /hǽnts/ ハンツ (HAMPSHIRE).

Ha·nuk·kah, -nu(**k**)**·ka** /hɑ́:nəkə, xɑ́:-/ *n*〔ユダヤ教〕宮清めの祭, 神殿奉献記念祭, ハヌカ (=*Feast of Lights*)《ユダヤ暦 Kislev 月の 25 日から 8 日間にわたる祭で, Judas Maccabaeus によるシリア王 Antiochus Epiphanes に対する勝利と続く神殿再奉献を記念するもの》. ［Heb=dedication］

han·u·man /hɑ́numɑ̀:n, hɑ́:-, ⌐―⌐/ *n* **1**〔動〕ハヌマンモンキー[ラングール]《インドでは猿の神の使いとして保護され神聖視されるサル》. **2** [H-]〔ヒンドゥー神話〕ハヌマット《*Ramayana* に出てくる猿王の臣下》. ［Hindi=monkey man<Skt=possessing (large) jaw (*hanu* jaw)］

Han Wu Ti /hɑ́:n wú: dí:/ 漢武帝, 武帝 (Wu-ti).

Han·yang /hɑ́:njɑ́:ŋ; hǽnjǽŋ/ 漢陽 (⇨ WUHAN).

Han Yu, Han Yü /hɑ́:n jú:/ 韓愈(かんゆ) (768–824)《中国唐代の文人・思想家; 諡(おくりな)により韓文公 (Han Wen-kung) とも呼ばれる》.

hao, hào /háʊ/ *n* (*pl* ～) ハオ《ヴェトナムの通貨単位: =1/10 dong =10 xu》. ［Vietnamese］

hao·le /háʊli, -leɪ/ *n*《ハワイ》ハワイ土着でない人,《特に》白人. ［Haw］

hao·ma /háʊmə/ *n* **1**〔植〕SOMA[2]. **2**〔ゾロアスター教〕ハウマ《haoma の樹液から造った儀式用の神酒》; [H-] ハウマ酒の神. ［Avestan］

Hao·ra, How·rah /háʊrə/ ハウラー《インド北東部 West Bengal 州の Hugli 川に臨む市; Kolkata の対岸に位置》.

hap[1] /hǽp/ *n* 偶然, 運, まぐれ; (偶然の[不幸な])できごと, 事件. ▶*vi* (**-pp-**) HAPPEN. ［ON *happ*; cf. OE *gehæp* suitable］

hap[2] /ǽp/《スコ・方》*vt* (**-pp-**) おおう, 着せる. ▶*n* おおい, 上掛け. ［ME *happe*(*n*) to cover <?］

Hap /hɑ́:p, xɑ́:p/ APIS.

ha·pa hao·le /hɑ́:pə háʊli, -leɪ/ *a* 白人とハワイ先住民との混血の. ［Haw (*hapa* half (<E *half*), *haole*)］

ha·pa·xan·thic /hæ̀pəzǽnθɪk, -æksǽn-/, **ha·pa·xan·thous** /-zǽnθəs, -æksǽn-/ *a*〔植〕MONOCARPIC. ［Gk］

ha·pax le·go·me·non /hǽpæks lɪgɑ́mənɑ̀n, -nən/ (*pl* **-na** /-nə/)《ある記録・資料の中で》ただ 1 度しか用いられていない語[語句], きわめてまれな語句, NONCE WORD. ［Gk=something said only once］

háp·chànce *n* 偶然のできごと[状況].

ha'·pence /héɪpəns/ *n* HALFPENCE (⇨ HALFPENNY).

ha'·pen·ny /héɪp(ə)ni/ *n* HALFPENNY.

hap·hazard /hæphǽzərd/ *a, adv* 偶然の[に]; でたらめな[に]; 無計画な[に], 無方針の[に]. ▶*n* 偶然: at [by] ～ 偶然に; でたらめに. ♦ **～·ly** *adv* **～·ness** *n* ［HAP[1], HAZARD］

hapházard·ry *n* 偶然性 (fortuity).

haphta·ra(**h**) ⇨ HAFTARAH.

Ha·pi /hɑ́:pi, xɑ́:-/ APIS.

hap·ki·do /hɑ̀:pkí:doʊ; hæ̀p-/ *n* ハプキドー《韓国の武道》. ［Korean=合気道; 日本語の合気道とは異なる］

hapl- /hǽpl/, **hap·lo-** /hǽploʊ, -lə/ *comb form*「単一」「単純」「半数分裂の」 ［Gk (*ha-* one, *-ploos*, *-plous*, *-plos* multiplied by)］

háp·less *a* 不運な, あわれな. ♦ **～·ly** *adv* **～·ness** *n* ［*hap*[1]］

hap·lite /hǽplàɪt/ *n* APLITE.

hàplo·bíont *n*〔植〕単相植物, ハプロビオント《有性生殖を行なう生活環中で単相配偶体のみが発達》. ♦ **-bi·ón·tic** /-baɪɑ́ntɪk/ *a*

hàplo·díploid *a*〔生〕半数性単為生殖の, 半倍数性の《雄は染色体が半数の無精卵から, 雌は受精卵から生まれる単為生殖の一種; アリやハチなどにみられる》.

hap·log·ra·phy /hæplɑ́grəfi/ *n* 重字脱落《phil*olo*gy を philogy とする類; 似た単語・行の脱落にもいう》.

hap·loid /hǽplɔ̀ɪd/ *a* 単一の, 単純な;〔生〕《染色体が》半数(性)の (=**hap·lói·dic**). ▶*n* 半数体, ハプロイド《半数(通常の二倍体の半分)の染色体数をもつ細胞・個体; cf. DIPLOID》. ♦ **-lòi·dy** *n* 半数性. ［*hapl-*］

hap·lol·o·gy /hæplɑ́ləʤi/ *n*〔音〕重音脱落《例 *pa*pa を pa とする発音など》. ♦ **hàp·lo·lóg·ic** *a*

hap·lont /hǽplɑ̀nt/ *n*〔生〕半数体, 単相体, 単相生物《基本数の染色体数をもつ; cf. DIPLONT》. ♦ **hap·lón·tic** *a*

hap·lo·pia /hæplóʊpiə/ *n*〔眼〕単視《正常視; opp. *diplopia*》.

hap·lo·sis /hæplóʊsəs/ *n* (*pl* **-ses** /-sì:z/)〔生〕《減数分裂による》染色体半減.

háplo·tỳpe *n*〔生〕単模式種;〔遺〕ハプロタイプ.

háp·ly *adv*《古》偶然に, あるいは (perhaps).

hap'orth, ha'porth, ha'p'orth /héɪpərθ/ *n* HALFPENNYWORTH; ᴴ《口》(...な)やつ, 取るに足らないやつ: a ～ of difference 無きに等しい差異 / a silly ～ ばか者 / ⇨ TAR[1]《諺》.

happ /hǽp/《発音つづり》[次の成句で]: **What's ～?**=What's HAPPENing?

hap·pen /hǽp(ə)n/ *vi* **1**〈できごとなどが〉起こる, 生じる,〈身に〉降りかかる〈*to*〉: Accidents will ～. 事故はしかたがない[起こりがちの]ものだ / Anything can ～. 何が起こるかわからない / These things ～. よくあ

ることだ《気にするな》/ Wait and see what ~*s*! どうなるかしばらく様子を見ることにしよう / What ~*ed*? どうした, 何があったんだ / ~ what may [will]=whatever ~*s* [may ~]=no matter what ~*s* どんな事があっても(ぜひ) / if anything ~*s* [should ~] *to* me わたしに万一の事があったら《もしわたしが死んだらの意》/ Whatever [What] ~*ed* to sb [sth]? いったい…は今どうなってしまった[どうしている]のだろう,《昔の有名人などについて》あの人は今(いずこに)? **2** 偶然[たまたま]…する〈*to* do, *to* be〉; 偶然いる[現われる, 来る, 行く]: Do you ~ *to* remember his name? ひょっとして彼の名を憶えていませんか / It so ~*s* that I am free today. 今日ぼくはちょうどひまだ / So ~*s*…. たまたま…だ (It so ~*s* that….) / ~*ed* into the room ひょっこり部屋にはいってきた / It won't ~ again. こんなことは二度とないでしょう; 二度といたしません. ● **as it ~s** たまたま, 偶然だが; 折よく, 折あしく, あいにく. **~ across**…を偶然見つける. **~ along [by, past]** 偶然やって来る[通りかかる, 通り過ぎる]. **~ in** "偶然はいる[来る], ひょっこり立ち寄る (drop in)〈*at* a house〉. **~ on [upon]**…に偶然出くわす, たまたま見つける, …に思い当たる. **It's all ~ing.** 《口》(人生[世の中])わくわくすることばかり, すべてがハプニング《1960 年代のはやりことば》. **What's ~ing?** *《口》(やあ)どうだい, 元気?, 変わったことない? ► *adv* 《北イング・方》あるいは, ことによると. [ME (HAP[1], *-en*[3])]

háppen·chànce *n* HAPPENSTANCE.

háppen·ing *n* できごと, 偶発事件, 事件; おもしろい[興味深い, 異例の]できごと; ハプニング《現代芸術において, あらかじめ予定された効果と偶然的効果を結合しようとする聴覚的・視覚的な表現行為; ある程度観衆の参加を求めることが多い》; [*pl*] *《俗》麻薬, 薬物. ► *a* 《口》最新の, 流行の, 今ふうの, かっこいい; 刺激的な, 活気のある.

H

háppen·sò *n* *《口》HAPPENSTANCE.

háppen·stance /-stæ̀ns/ *n*, *a* 思いもかけぬ(こと), 偶然の(できごと). [*happen*+circum*stance*]

hàppen·stán·tial */-stǽnʃ(ə)l/ *a* 思いもかけない, 不意の, 偶然の.

háp·pi (còat) /hǽpi(-)/ 〘服〙《日本の》はっぴ; はっぴ風の上っ張り[ジャケット]. [Jpn]

háp·pi·ly *adv* 幸福に, しあわせに, 楽しく〈暮らすなど〉; 喜んで; 運よく, 幸いにも; 手際よく, うまく〈表現するなど〉; 《古》HAPLY: be ~ married 結婚がうまくいっている / lived ~ ever after その後いつまでも幸せに暮らしました《おとぎ話の結び》.

háp·pi·ness *n* 幸福, 満足, 愉快; 《古》幸運, しあわせ; 《表現などの》巧妙, 適切さ (felicity).

hap·py /hǽpi/ *a* **1 a** 幸福な, 愉快な, うれしい, 楽しい; しあわせな, 幸運な〈*about*〉do*ing*〉; 幸福を増す[生む], めでたい; 仲のよい, 友好的な〈関係など〉: I'm ~ work*ing* with Ted. テッドといっしょに仕事ができてしあわせだ / (as) ~ as the day is long=(as) ~ as a lark [a clam*, a sandboy, a king, Larry"] 非常に幸福な, 全く気楽な / by a ~ accident 運よく / I was once ~ *in* a son. わたしにも一人の男の子がありました(が…) / I'm ~ *for* you. あなたのことでわたしもうれしい, おめでとう / *H*~ days [landings]! 乾杯, ご機嫌よう / the *happiest* days of one's life (無垢で幸福な)子供[幼年]時代, 学生[青春]時代 / the ~ couple [pair] 新郎新婦, 新婚さん / a ~ DISPATCH / Many ~ RETURNS. **b** 〈…に〉満足して〈*about, with, that*〉; 喜んで〈…する〉〈*to* do〉: I am ~ *about* [*with*] it. それでけっこう[満足]です / I shall be (more than) ~ *to* accept your kind invitation. 喜んでお招きをお受けいたします. **c** うれしそうな, 満足した〈顔〉. **2** 適切な, 巧妙な, うまい: a ~ idea [thought] 名案 / a ~ turn of phrase うまい言いまわし / He is ~ *in* his expressions. 言い方がじょうずだ. **3** 《口》 **a** [*pred*] ほろ酔いの, 一杯機嫌の. **b** [*compd*] ぼうっとした (cf. SLAP-HAPPY); 取りつかれた: TRIGGER-HAPPY / sailor-~ girls 水兵に夢中の女たち. ► *n* [*pl*] *《俗》楽しみ, スリル, 快感 (jollies). [ME (HAP[1], -*y*[1])]

háppy cábbage *《俗》(かなりの)金, 《衣服・遊びなどに》使える金.

háppy cámper *《口》楽しんで[満足して, よろしくやって]いる人, 《酒場などで》ご機嫌な客.

háppy cháppie "《俗》状況に満足しているやつ, しあわせなやつ.

háppy dùst *《俗》粉末の麻薬《モルヒネ・コカインなど》.

háppy evént めでたい事, 慶事, 《特に》《赤ちゃんの》誕生, 結婚.

háppy fámilies [〈*sg*〉] 〘ゲーム〙家族合わせ《一家 4 人一組でいちばん多く組札を集めた人が勝ち》.

háppy-go-lúcky *a* のんきな, 能天気な, 極楽とんぼの.

háppy hòur ハッピーアワー《バー・パブなどの, 飲み物が割引になったりただでつまみが付くサービスタイム; 通例 夕刻》; *《口》《仕事のあとなどにちょっと酒を飲んでくつろぐ》ほろ酔いの時間.

háppy húnting gròund 1 《アメリカインディアンの》天国, 極楽《戦士や狩人の魂が死後に訪れ, 狩猟や祝宴をして楽しく過ごすところ》: go to the ~(s) [*joc*] あの世へ行く (die). **2** 《一般に 求めるものを手に入れるのに》絶好の場: a ~ for antique collectors 骨董品蒐集家にとって絶好の捜し場.

háppy jùice *《俗》酒, アルコール飲料.

háppy lànd 天国.

háppy médium 《両極端の》中間, 中庸 (golden mean), ほどほどのところ: strike [hit, attain, achieve, find] a ~ 間を採った解決策を見つける.

háppy móney *《俗》遊びのために稼いだ[ためた]金.

háppy píll 《口》精神安定剤, 鎮静剤.

Háppy Prínce [the] 幸福な王子《Oscar Wilde の同名の童話 (1888) の主人公で, 心優しい銅像の王子》.

háppy reléase 苦痛からの解放, 《特に》死.

háppy shíp 乗組員が一致協力して働く船; [*fig*] 成員が一致団結して事に当たる団体.

háppy shóp *《黒人俗》酒屋.

háppy tálk 楽観的な[たわいのない]話; 〘テレビ〙ハッピートーク《**1**) ニュース番組内でのキャスター[番組参加者]同士のくだけた会話 **2**) これを娯楽要素として取り入れた番組形式》.

Hapsburg ⇨ HABSBURG.

Háps·burg líp /hǽpsbə̀ːrg-, *háːpsbʊ̀rg-/ 突き出した下唇. [↑]

hapt- /hǽpt/, **hap·to-** /hǽptou, -tə/ *comb form* 「接触 (contact)」 [Gk *haptō* to fasten]

hap·ten /hǽptɛ̀n/, **-tene** /-tìːn/ *n* 〘免疫〙付着体, ハプテン《抗体と結合できるが, タンパク質担体と結合することにより生体に免疫反応を起こさせる物質》. ♦ **hap·ten·ic** /hæptɛ́nɪk/ *a* [G; ⇨ *hapt-*]

hap·ter·on /hǽptərɑ̀n/ *n* (*pl* **-tera** /-tərə/) 〘植〙ハプテラ《海藻などの付着細胞》.

hap·tic /hǽptɪk/, **-ti·cal** *a* 触覚に関する[基づく]; 〘心〙触覚型の〈人〉.

háptic léns 〘眼〙鞏膜(きょうまく)レンズ《白眼部までおおうコンタクトレンズ》.

háp·tics *n* 〘心〙触覚学.

hap·to·glo·bin /hǽptəglòubən/ *n* 〘生化〙ハプトグロビン《遊離ヘモグロビンに結合する血清 α グロブリン》.

hap·tot·ro·pism /hæptátrəpìz(ə)m, hæ̀ptoutróupìz(ə)m/ *n* 〘植〙接触屈性.

ha·pu /háːpu/ *n* 《NZ》亜族 (subtribe). [Maori]

ha·pu·ku, -ka /háːpùːkə/ *n* 《NZ》〘魚〙ニュージーランドオオハタ. [Maori]

ha·ra-ki·ri /háːrəkíri, hǽr-; hǽr-/ *n* 切腹; 自殺(行為): political ~. [Jpn]

Har·ald /hǽrəld/ ハーラル **~ III Sigurdsson** (1015-66)《ノルウェー王 (1045-66); 通称 Hardråde (苛烈王); デンマーク王位の奪取に失敗, イングランドに侵攻するも Stamford Bridge の戦いで敗死》.

haram[1] ⇨ HAREM.

ha·ram[2] /hɑːráːm/ *a* 〘イスラム法〙禁止されている, 不法な. [Arab =forbidden]

ha·ram·bee /hɑːrɑːmbéɪ, ━́━bìː/ *n* 《東アフリカ沿岸地方の》労働歌; 《ケニア独立時の》団結の叫び. ► *int* えんやこら, がんばろう! [Swahili=pull together]

ha·rangue /hərǽŋ/ *n* 《大衆を前に長々とがなりたてる》大演説, 熱弁; 長広舌, 仰々しい[うるさい]お説教. ► *vi*, *vt* (人に)熱弁[長広舌]をふるう. ♦ **~·ful** *a* **ha·rángu·er** *n* [OF<L<? Gmc=assembly]

Ha·rap·pa /hərǽpə/ ハラッパー《パキスタン東部にあるインダス文明の都市遺跡》. ♦ **Ha·ráp·pan** *a*, *n*

Harar /háːrər/ ハーラル《HARER の別称》.

Ha·ra·re /hərάːreɪ/ ハラレ《ジンバブウェの首都; 旧称 Salisbury》.

har·ass /hərǽs, hǽrəs, hǽr-; hǽrəs, hərǽs/ *vt* 《しつこく》悩ませる, 困らせる, うるさがらせる, 苦しめる; 侵略する, 略奪する; 〘軍〙執拗に攻撃する; EXHAUST: ~ sb sexually 人に性的いやがらせをする. ♦ **~·er** *n* **~·ing·ly** *adv* [*F* (*harer* to set a dog on)]

harass·ment /hərǽs-, hǽrəs-, hǽr-; hǽrəs-, hərǽs-/ *n* 悩ます[悩まされる]こと, いやがらせ, ハラスメント; 人を悩ますもの: racial ~ 人種差別的いやがらせ.

Har·bin /háːrbən, hɑːrbín/ ハルビン (哈爾浜)《中国黒竜江省の省都; Sungari 川沿岸にあり水運・鉄道の要地; 旧称 浜江 (Pinkiang)》.

har·bin·ger /háːrbənʤər/ *n* 《文》先駆者; 先触れ (forerunner); 《文》前触れ, 前兆; 〘史〙《宿舎調達などのために軍隊・王室の一行に先立って出る》先発者: The cuckoo is the ~ of spring. ► *vt* …の先触れをする, …の到来を告げる. [OF *herbergere* host (*herbergier* to lodge<Gmc); *-n-* は cf. MESSENGER]

har·bor | har·bour /háːrbər/ *n* **1 a** 《船の安全な停泊所としての》港. ★ harbor は主として港の水域を, port は都市を重くみる: in ~ 入港中で, 停泊中で. **b** 避難所, 隠れ場, 潜伏所: give ~ to 〈犯罪者など〉をかくまう. **2** 〘軍〙タンク集積場, 車両置場. ► *vt* 〈亡命者・罪人などを〉かくまう, 蔵匿[隠匿]する; 〈悪心・疑い・希望などを〉心にいだく; 〈船を〉停泊させる; 〈虫など〉のすみかとなる, 内部にもつ, 含む, 収容している, 〈病気などを〉宿す. ► *vi* 《船が》港に停泊[避難]する; 〈動物が〉(常習的に)潜む, 隠れる; 〈寄生虫が〉宿る, 住む. ♦ **~·fùl** *n* **~·less** *a* [OE *herebeorg* army shelter, lodging, (v) *herebeorgian* to lodge; cf. HARBINGER]

hárbor·age *n* 《船の》避泊(所); 《一般に》避難(所).

hárbor bàr 湾口の浅瀬.

hárbor dùes *pl* 入港税, 港税(ぜい).

hárbor·er *n* かくまう人; 心にいだく人; 〘狩〙《鹿を隠れ場まで追跡し,

その近くで見張りをする》猟師の助手.
hárbor màster 港長(こうちょう).
hárbor of réfuge 避難港.
hárbor pòrpoise 〘動〙ネズミイルカ.
hárbor sèal*〘動〙ゼニガタアザラシ《太平洋・大西洋北部沿岸産》.
hárbor·sìde *a* 臨港の. ► *adv* 臨港地域で[に].
hard /háːrd/ *a* **1 a** 堅い, 固い, 堅固な, 堅牢な (opp. *soft*); 〈チーズが〉硬質の; がんじょうな, たくましい; 耐久性のある: boil eggs ~ 卵を堅くゆでる / (as) ~ as a brick [(a) bone] 非常に堅い / ~ fish 魚の干物 / in ~ condition がんじょうな身体で / HARD GOODS. **b** 固く結んだ[巻いた]; けばがない, なめらかな〈梳毛糸〉; 〘農〙グルテン分の多い (: HARD WHEAT). **c** 〘軍〙防備の堅固な; 〈核兵器・基地が〉地下に設置された, 硬式の. **d** しっかりした, 確かな, 厳然たる, 信頼[実証]できる〈資料・証拠・情報〉; 《興味本位などではなく》重要な情報性をもつ, かたい (: HARD NEWS); 現実的な; 〘商〙〈市場が〉堅調な, 強気の, 〈市価など〉下落しそうにない; 特定候補者[団体]への直接の〈献金〉: ~ common sense 現実的な常識 / the ~ facts 確たる事実. **e** 〈貨幣が〉《紙幣でなく》鋳貨の; 《小切手・手形などと区別して》通貨の; 〈通貨が〉兌換可能な; 〈通貨制度が〉十分な金の準備に支えられた, 外国貨幣に交換可能な (: HARD CURRENCY). **f** 自然科学 (hard science) の[を身につけた, の方法を使う]. **2 a** 困難な, むずかしい (opp. *easy*): a ~ saying 難解なことば; 守りがたい金言 / ~ work 骨の折れる仕事 / It is ~ to climb the hill.＝The hill is ~ to climb. その山は登りにくい / ~ to please 気むずかしい / ~ to take 受け入れがたい / a ~ NUT to crack. **b** 《口》厄介な, 度しがたい, 悪党[ワル]の: HARD CASE. **c** 〈水が〉硬質の《石鹸がよく溶けない》, 塩分を含む (opp. *soft*); 〈ワインが〉かたい《タンニン過剰でなめらかさを欠く》; 帯磁[消磁]しにくい; 〘化〙〈酸・塩基が〉安定度の高い, かたい; 〈洗剤・農薬などが〉微生物に分解されにくい: ~ water 硬水 / ~ acid [base] かたい酸[塩基] / ~ detergents 難分解性洗剤, ハード洗剤. **3 a** 激しい, 猛烈な; つらい, 耐えがたい; 〈天候など〉荒れた, 険悪な; 《金融が》逼迫した: have a ~ time (of it) ひどいめにあう / a ~ winter 厳冬 / a ~ frost ひどい霜 / HARD TIMES / HARD LUCK. **b** 〈気質・性格・行為など〉きびしい, 無情な, 非情な, 因業な; 恨んでいる; 抜け目のない, 辣腕の; 冷徹な, 鋭い; ″《方》けちな, しわんぼうの: ~ dealing 虐待 / a ~ law 苛酷な法律 / a ~ look じっと[冷徹に]見つめること, 精細な検討 〈*at*〉; にらみつける目つき / HARD FEELINGS. **c** 精力的な, 熱心な, 勤勉な: a ~ worker / HARD DRINKER. **d** 《政治的に》極端な, 強硬な: the ~ left [right]. **4 a** 刺激的な, 不快な; 〈色・輪郭など〉コントラストの強い, 鮮明な; どぎつい; 〈ポルノなどが〉猥褻性の高い, HARD-CORE: ~ on the eyes 目にきつい[つらい]. **b** 〈音など〉硬い, 金属性の; 〘音〙硬音の《英語の c, g が /k, g/ と発音される; cf. SOFT》; 〘音〙FORTIS の旧称; 〘音〙《スラヴ系言語で》〈子音が〉非口蓋化音の. **c** 〈酒が〉強い, アルコール度が高い; 〈果汁が〉発酵して酒になった; 〈薬物が〉習慣性・有害性の高い, 毒性の強い; 〘理〙〈X 線など〉透過能の大きい; 〘理〙〈真空が〉ほとんど完全な: HARD DRINK [LIQUOR] / HARD CIDER / HARD DRUG. **d** 〈食べ物など〉粗末な, まずい; 〈パンなどが〉古く[固く]なった. **5***《俗》最高の, すばらしい, いかす (cool).
● **a ~ day** きつい[つらい](仕事漬けの)一日, (働いて)へとへとになった一日: *a ~ day*'s work 働きづめの[忙しい]一日 / a ~ *day* at the office 忙しくて疲れる一日《息抜きを求めるときやなまける言いわけとして使われる表現》. **a ~ left [right]** 急角度の左折[右折]. **a ~ ROW[1] to hoe.** **(as) ~ [tough] as nails** 非常に堅い; 体が丈夫で, 筋骨たくましい, 耐久力のある; HARD-HEARTED. **at ~ edge** 真剣で; 必死に戦って. **be ~ on**…につらく当たる, …に対してきびしい[無情である]; …にとってつらい; …に害を与える, 悪影響を及ぼす, …をいためる[損耗する], …に悪い; …にとって不運である: He *was ~ on* the little girl. 少女につらく当たった. **be ~ to beat** とてもよい, (よそでは)ちょっとかなわない. HARD-AND-FAST. **~ of hearing** 耳が遠い: the ~ *of hearing* 耳の遠い人たち. **No** HARD FEELINGS. **play ~ to get** 《口》その気がないようにふるまってじらす, 無関心を装う, 簡単には落ちませんという顔をする. TAKE…~.
► *adv* **1** 堅く, 固く; しっかりと: The lake is ~ frozen. 湖は固く凍っている. **2** 苦しんで, やっと, 容易に…ない; 骨を折って, 懸命に, 熱心に: He breathes ~. 苦しそうに息をついている / The cork draws ~. コルクがなかなか抜けない / try [work] ~ 精いっぱいやってみる[働く, 勉強する] / think ~ じっくり考える. **3 a** ひどく, むごく; 激しく, 強く, 過度に; 深刻に, つらい思いで: be ~ hit 大きな打撃[ひどい痛手]をうけて, すっかりほれ込んで / hit…~ …をしたたか打つ; …に大打撃を与える / drink ~ 大酒を[したたか]飲む. **b** じっと; ぐっすり〈眠る〉: look [gaze, stare] ~ at sb 人をじっと見つめる. **4** 接近して, すぐ近く; 〘海〙できるだけ, いっぱいに, どこまでも (cf. HARD *up!*): follow ~ after すぐあとについて行く / *H~* aport! 取舵いっぱい! ● BEAR[2] **~ on.** **be ~ put (to it)＝be ~ pressed [pushed] (to do)** 困って[窮して, 難儀して]いる, …するのがむずかしい, やっとの思いで…する, …するのが精いっぱい[ひと苦労]である, 満足に…もできない 〈*to do*〉: We *were ~ put (to it) to* get it done. それをなし終えるのにひどく苦労した. DIE[1] **~.** **go ~ with [for]**…の不利になる[はたらく], …にとってつらい[耐えがたい]こととなる. **~ at it** 《口》全力で, せっせと働いて; *《俗》セックスの最中で. **~ by** すぐ近くに[の]: live ~ *by* the mosque モスクのすぐ近くに住む. **~** DONE **by.** **~ on [upon]**…に迫って, …になんなんとして. **~ over** 〘海〙《舵を》できるかぎり片側に. **~ up** (1) 《口》金に困って; 非常に困って, 必要として 〈*for*〉; 《俗》《性的に》飢えて; 《俗》《酒[薬(やく)]を》欲して: They are ~ *up for* money [an excuse]. 金[口実]がなくて困っている. (2)*《俗》酔っぱらって, 酩酊して. **H~ up!** 〘海〙うわ手舵いっぱい! **It shall go ~ but** (I will do….) よほどのことがないかぎり(きっと…してみせる). **play ~** 《俗》がむしゃらにやる, 手段を選ばずやる. RUN sb **~.** **take it ~** *《口》激しく反応する, ひどく動顛[落胆]する.
► *n* **1** ″揚げ場, 上陸場; 突堤. **2** ″《俗》重労働(の刑) (hard labor): get two years' ~ 懲役 2 年をくらう. **3** 《卑》勃起 (hard-on).
◆ **~·ish** *a* やや堅い. [OE *h(e)ard*; cf. G *hart*]
hárd-and-fást *a* 動かせない, 厳重な〈規則・区別〉; 〘海〙坐礁して動かない〈船〉. ► *adv* [hard and fast] しっかりと, 動かずに, 動かないように; 熱心に, どんどん, 全精力を傾けて, 徹底的に.
Har·dan·gar Fjord /hɑːrdáːŋər —/ ハルダンガー・フィヨルド《ノルウェー南西部の大きなフィヨルド》.
hárd-àss 《卑》*n* きびしい[四の五の言わせない]やつ, 妥協しないやつ. ► *a* HARD-ASSED.
hárd-àssed *a* 《卑》きびしい, 四の五の言わせない, 情け容赦しない, 強硬な, 妥協しない.
hárd·bàck *a, n* HARDCOVER.
hárd·bàke″ *n* アーモンド入り砂糖菓子.
hárd-báked *a* 堅焼きの〈パンなど〉; ″いろいろ経験して動じなく[非情に]なった.
hárd·bàll* *n* 硬球, BASEBALL; 《口》《政治・ビジネスなどで》きびしい[仮借のない]やり方[仕事], 真剣勝負. ● **play ~** 《口》きびしい措置をとる, 容赦なくやる, 手加減しない 〈*with*〉. ► *a* 真剣勝負の, 容赦[仮借]のない, きびしい; 遠慮のない, 辛辣な. ► *vi* 《口》容赦なくやる.
hárd-bìll *n* 穀類やナッツを割って食べる嘴(はし)の硬い鳥《スズメなど; cf. SOFT-BILL》.
hárd-bítten *a* 《苦しい経験で》鍛え抜かれた, 百戦錬磨の, 老巧な, 手ごわい, 頑強な, 冷厳な, 現実主義的な; 《もと》激しくかみつく〈犬など〉.
hárd·bòard *n* 硬質繊維板, ハードボード《壁板・家具などに用いる》.
hárd-bóil *vt* 〈卵を〉堅くゆでる.
hárd-bóiled *a* **1** 堅くゆでた, 堅ゆでの〈卵〉(cf. SOFT-BOILED). **2** 《俗》堅く糊づけした〈シャツ・帽子〉. **3** 《口》非情な, 仮借のない, タフな, 強靭な, 硬派の, 情にほだされない, シニカルな; 〘文芸〙ハードボイルドの《純客観的表現で道徳的批判を加えない》; 《口》現実的な, 実際的な: novels of the ~ school ハードボイルド派の小説.
hárd-bòiled égg 《俗》HARD-BOILED な人物.
hárd·bòot *n**《俗》《Kentucky 州の》競馬騎手, 馬乗り; *《俗》馬[競馬]好き. ► *vt* 〘電算〙COLDBOOT.
hárd bóp 〘ジャズ〙ハードバップ《bop の 1950 年代(特に後半)における発展形; 1950 年前後の白人主体の West Coast ジャズに対して, 主に East Coast の黒人ジャズメンによるもので, ハーモニーの充実, ソロプレイの重視, 力強さを感じさせる演奏などが特徴》.
hárd·bóught *a* 骨折って獲得した.
hárd·bòund *a* HARDCOVER.
hárd bréathing*《俗》情熱的なセックス.
hárd búbble 〘電子工〙ハードバブル《磁気バブルのうち異常なふるまいをするもので, 記憶内容を混乱させる》.
hárd cándy* 飴玉 (boiled sweet″) 《砂糖とコーンシロップから作る》.
hárd cárd 〘電算〙ハードカード《小型のハードディスクとコントローラーが直接取り付けられた拡張カード》.
hárd·cáse *a* 《口》HARD-BITTEN, HARD-BOILED.
hárd càse **1** 難事件, むずかしい事例[事情(を抱えた人)]; 矯正しがたいやつ[犯罪者], 乱暴者, 荒くれ者; きびしい人, 非情な人物; 《豪》おかしなやつ, (なかなかの) '人物': *Hard cases* make bad law(s). 《諺》難事件は悪法をつくる《法の適用と原則との間にずれが生じて法の効力が減ずる》. **2***《俗》《1 ダース入りの》酒 1 箱[ケース].
hárd cásh 硬貨; 《小切手・手形に対して》現金.
hárd-chárging *a* 攻撃的に[ガンガン]突き進む.
hárd chéese [chéddar] **1** 硬質チーズ. **2**″《口》不幸, 不運, [〈*int*〉] それはお気の毒《気のない同情のことば》.
hárd cíder* ハードサイダー, りんご酒 (cf. CIDER).
hárd clám 〘貝〙堅殻のクラム, 《特に》QUAHOG.
hárd cóal 無煙炭 (anthracite) (cf. SOFT COAL).
hárd-cóat·ed *a* 〈犬が〉被毛が剛毛の.
hárd-códe *vt* 〘電算〙《プログラムの中で》〈データなどを〉変更できないようにコードする[組む].
hárd cóin*《俗》大金 (megabucks).
hárd cópy ハードコピー《マイクロフィルム・コンピューターの記憶装置などからの情報を特殊な装置なしで読めるよう紙などに複写したもの; 特にコンピューターのプリントアウト; cf. SOFT COPY》.
hárd-córe *a* **1** 中核をなす. **2** 頑固な, 筋金入りの, きわめつきの; 妥協を知らない[許さない]. **3** 慢性[長期]的な, 頑固な; 治しがたい, 治療不能の〈中毒者〉. **4** 最も基本的な, 純然たる. **5** 〈音楽が〉ハードコアの; 〈ポルノ映画など〉ハードコアの (opp. *soft-core*). **6***《俗》みごとな, すばらしい.
hárd córe **1** [″**hárd·còre**]″〘土木・建〙ハードコア《煉瓦の破片や砕石などで固めた路盤・地盤》. **2 a** 中核部分; いつまでも残る部分; 重要

H

問題. **b** [°*derog*]《集団・組織の》中核(層), 中心勢力; 非妥協的分子, 強硬派;《貧困・失業などから抜け出せない》社会の底辺層. **3**〖理〗ハードコア, 斥力芯《強い圧力のため粒子が互いに近接できず剛体球のようにみなせる領域》. **4** ハードコア《1980 年代半ばにパンクロックから発展したロック音楽の一種; テンポが速く, 攻撃的な歌と演奏を特徴とする》. **5** 性描写の露骨なポルノ, ハードコアポルノ.

hárd cóurt〖テニス〗ハードコート《アスファルト・コンクリートなどで固めた屋外コート; cf. GRASS [CLAY] COURT》. ♦ **hárd-cóurt** *a*

hárd·cóver *a, n*《クロスまたは紙などの》堅表紙の(本), ハードカバー(の) (=*hardback*) (cf. PAPERBACK).

hárd-cúred, hárd-dríed *a* 〈魚など〉干物にした.

hárd cúrrency〖経〗硬貨《(1) 鋳造貨幣 (2) 主にドル, または これと自由に交換できる通貨; opp. *soft currency*》.

hárd dínkum《豪口》苦労, つらい仕事.

hárd dísk〖電算〗ハードディスク《(1) 磁性体をコーティングした金属円板からなる磁気ディスク (2) HARD DISK DRIVE》.

hárd dísk drìve〖電算〗ハードディスク装置 (=*hard disk*)《略 HDD》.

hárd dóck〖航宙〗硬合体, ハードドッキング《機械力による宇宙船のドッキング》. ♦ **hárd-dòck** *vi*

hárd drínk 強い酒《ウイスキーなど》.

hárd drínker 酒の強い人, 大酒飲み, 酒豪.

hárd drìve〖電算〗HARD DISK DRIVE.

hárd-dríving *a* 要求のきびしい, 人使いの荒い; 野心的な, エネルギッシュな; 多大な労力を要する.

hárd drúg《口》習慣性・有害性の高い薬物, 毒性の強い麻薬, ハードドラッグ《ヘロイン・コカイン・モルヒネなど; opp. *soft drug*》.

hárd-éarned *a* 骨折って稼いだ[手に入れた].

Har·de·ca·nute, Har·di- /hɑ̀ːrdɪkən(j)úːt/ ハルデカヌート, ハルディカヌート (c. 1019–42)《Canute の子; デンマーク王 (1028–42), イングランド王 (1040–42)》.

hárd-édge *a*〖画〗ハードエッジの《米国で始まった抽象画の一形式で, 輪郭を明確に描く》. ♦ **hárd-èdg·er** *n*

hárd-édged *a* 輪郭のくっきりした; 鋭い, きびしい, 硬質の.

hárd·en[1] *vt, vi* **1** 堅くする[なる], 固める[固まる], 硬化させる[する] 〈*up*〉; 凍る; 〈金属を〉硬化する, 焼入れする;〖軍〗〈核兵器・基地を〉硬式にする (cf. HARD *a* 1c); 硬水にする[なる]: ~ steel《焼きを入れて》鋼を堅くする. **2** 強くする[なる], 鍛錬する; 勇気を出させる[出す], しっかりさせる[する]; 〈相場・物価などが〉堅調になる, 引き締まる; 〈価格が〉上がる: ~ the muscles 筋肉を強化する. **3** 冷淡[無感覚]にする[なる]: ~ one's heart 心が固くなる, 感情に動かされなくなる / They had been ~*ed to* the horrors of war. 戦争の惨禍に慣れっこになっていた. ● **~ off** 〈苗木など〉寒気にさらして強くする[さらされて強くなる]. **~ up**〖海〗《帆がはためかずに風をうけるように》帆脚索(ほあし)を締め込む.

harden[2] *n* ハード (hards) から作る織地.

Harden 1 ハーデン Sir **Arthur** ~ (1865–1940)《英国の生化学者; 酵素とアルコール発酵の研究に業績をあげノーベル化学賞 (1929)》. **2** ハルデン **Maximilian** ~ (1861–1927)《ドイツのジャーナリスト; 本名 Felix Ernst Witkowski; 第一次大戦前および戦中は国家主義, 敗戦後は急進的な社会主義を唱えた》.

Har·den·berg /hɑ́ːrdnbə̀ːrg; G hárdnbɛrk/ ハルデンベルク (**1**) **Friedrich Leopold von** ~, Freiherr von ~《NOVALIS の本名》(**2**) **Karl** (**August**) **von** ~, Fürst von ~ (1750–1822)《プロイセンの政治家; 外相 (1804–06), 宰相 (1810–22); 反 Napoleon 政策を貫いた》.

hárd·ened *a* 堅く[強く]なった; 鍛えられた; 確固たる; 無情の, 冷淡な; 凝り固まった, 常習的な;〖軍〗〈核兵器・基地が〉硬式にした: a ~ criminal《悪事をはたらくのが平気になった》常習犯.

hárd·en·er *n* 堅くするもの,《ペンキ・ワニスなどの》硬化(促進)剤,《刃物に》焼きを入れる人;〖冶〗《硬度調節などのため溶融金属に添加する》母合金;〖写〗硬膜剤《感光膜の膨潤や軟化を防ぐ》.

hárd·en·ing *n*《鋼の》硬化, 焼入れ;《セメント・油脂などの》硬化;〖化〗硬化剤;〖医〗硬化(症) (sclerosis): ~ of the arteries 動脈硬化(症) (arteriosclerosis).

har·der /hɑ́ːrdər/ *n*《アフリカ》〖魚〗ボラ (gray mullet). [Afrik]

hárd érror〖電算〗ハードエラー《プログラムや OS の機能停止をひき起こすエラーやハードの欠陥; 特に回復不能のもの》.

hárd-èyed *a* きわめて批判的な, 見方のきびしい; 炯眼(けいがん)の; 無慈悲な, 意志の固い, 妥協しない.

hárd-fàce *vt* 〈金属〉の表面に耐摩耗鋼を溶接する, 硬化肉盛りする.

hárd-fáced *a* 無表情の, こわもての, 非情な顔つきの;《北イング》ずうずうしい, あつかましい, 鉄面皮の.

hárd-fávored *a* HARD-FEATURED.

hárd-féatured *a* こわい顔の, 人相の悪い. ♦ **~·ness** *n*

hárd féelings *pl* 悪感情, 腹の癒えぬ思い, 恨み: have no ~ / No ~. 悪感情はない[なしにしよう], 恨みっこなしだ, 悪く思わないでください.

hárd fèrn〖植〗ヒリュウシダ属の各種,《特に》DEER FERN.

hárd·físt·ed *a* けちな, 握り屋の; 無慈悲な, 冷酷な; 意志の固い; 重労働に耐えられる, 頑健な; 堅い手をした, ふしくれだった.

hárd·gáin·er *n*《ボディービルで》筋肉のつきにくい人, 非筋肉質[やせ型]の人.

hárd-glòss *a* 表面が堅く乾いて光る: ~ paint エナメルペイント.

hárd gòods *pl* DURABLE GOODS (cf. SOFT GOODS).

hárd-gráined *a* 〈材木など〉目の詰んだ, 堅い; 〈性格など〉きつい, 苛酷な, 頑固な; 魅力のない.

hárd·hàck *n*〖植〗**a** ピンクの[白い]花をつけるシモツケ属の低木 (=*steeplebush*)《北米産》. **b** アサダ (hop hornbeam).

hárd·hánd·ed *a*《労働で》手が堅くなった[ふしくれだった]; 冷酷な, 圧制的な. ♦ **~·ness** *n*

hárd-hàt *a* **1**《口》断じて譲らない, 頑迷な; 保守反動の; *《俗》極右の. **2** 〈場所・仕事などが〉保安ヘルメットの着用が必要な, 危険の多い.

hárd hàt 1《作業員の》安全帽, 保安帽, ヘルメット; 山高帽 (derby hat). **2 a** 安全帽をかぶった労働者, *建設作業員; *《俗》《ゲリラ・予備兵と区別して》ヴェトコンの正規軍兵士. **b**《口》不寛容な保守主義者.

hárd·hàt·tìsm* *n* 凝り固まった[極端な]保守主義.

hárd·hèad *n* **1 a** やり手, 実際家, 現実主義者. **b** 融通のきかない人, 頑固者, 一徹者, わからず屋, 石頭. **c** *《俗》[*derog*] 黒人, 黒んぼ; *《黒人俗》[*derog*] 白人, 白助, 白んぼ. **2 a**〖魚〗頭部の堅い(ニベ科の)魚,《特に》ATLANTIC CROAKER. **b**〖鳥〗オーストラリアメジロガモ. **c** [~s, 〈*sg/pl*〉]〖植〗KNAPWEED. **d** HARDHEAD SPONGE. **3**〖冶〗ハードヘッド《スズ精錬で生じる白く固い残渣》.

hárd·héad·ed *a* 実際的な, 感傷に左右されない, 現実主義の, 冷静な; *頑固な, 石頭の. ♦ **~·ly** *adv* **~·ness** *n*

hárdhead spónge 弾性のある硬質繊維の海綿《西インド諸島・中央アメリカ産; モクヨクカイメンなど商品用》.

hárd-héart·ed *a* 無情な, 冷酷な. ♦ **~·ly** *adv* **~·ness** *n*

hárd-hít *a*《不幸・悲しみ・災害などで》ひどい打撃[痛手]をうけた.

hárd hítter《豪》山高帽 (bowler).

hárd-hítting *a* 強打の;《口》強力な, 痛烈な, すごく効果的な, 激しい.

hárd hýphen〖電算〗ハードハイフン《操作者が実際に入力した文書中のハイフン; cf. SOFT HYPHEN》.

Hardicanute ⇨ HARDECANUTE.

har·die, har·dy /hɑ́ːrdi/ *n*《鉄を切るときにかなとこに差し込む》広刃のみ.

Hardie ハーディ **J**(**ames**) **Keir** ~ (1856–1915)《英国の労働運動指導者・政治家; スコットランド生まれ; 労働者を代表する初の下院議員 (1892), 初代労働党党首 (1906–07)》.

hár·di·hòod /hɑ́ːrdi-/ *n* 大胆さ, ずぶとさ; あつかましさ; 不屈の精神, 我慢強さ, 忍耐力;《植物の》耐寒性;《まれ》《身体の》強靭さ. [*hardy*[1]]

hár·di·ly /hɑ́ːrd(ə)li/ *adv* 大胆に; ずうずうしく; 艱難(かんなん)にめげずに, 元気に.

har·di·ment /hɑ́ːrdimənt/ *n*《古》HARDIHOOD;《廃》勇敢な行為.

hár·di·ness /hɑ́ːrdi-/ *n* 大胆; 勇気, 度胸; 忍耐, 堅忍不抜, 不撓(ふとう)不屈; 鉄面皮, あつかましさ; 強壮.

Har·ding /hɑ́ːrdɪŋ/ ハーディング **Warren G**(**amaliel**) ~ (1865–1923)《米国第 29 代大統領 (1921–23); 共和党; 縁故任用や綱紀弛緩で行政府に腐敗が蔓延, 任期半ばで急死》.

hárding·gràss *n* [°H-] ハーディンググラス《オーストラリア・南アフリカ原産のイネ科クサヨシ属の多年草; 北米では飼料作物》. [R. R. *Harding* (fl. c. 1900) オーストラリアの園芸家]

hárd Jóhn*《俗》FBI の捜査官, 非情な男. [*John* E. HOOVER]

hárd knócks *pl**《口》苦難, ひどいめ: take some [a few] ~ 苦労する, 困難なめにあう / in the school of ~ きびしい経験[実社会]という道場で.

hárd lábor 重労働(の刑)《英国では 1948 年法により廃止》: at [with"] ~ 重労働の.

hárd-láid *a* 堅縒(よ)りの〈ロープ〉.

hárd lánding 1《ロケットなどが月面などで逆噴射せずに高速で着地する》硬着陸 (opp. *soft landing*). **2** ハードランディング《経済拡大期に続く急激な下降; cf. SOFT LANDING》. ♦ **hárd-lánd** *vi, vt*

hárd lég*《黒人俗》《特に 乱暴な》男, 若者; *《黒人俗》ブス[自堕落]な女,《特に》年取ってくたびれた売春婦.

hárd·lègs *n* (*pl* ~)*《黒人俗》男の子.

hárd léns ハード(コンタクト)レンズ.

hárd-líne *a* 強硬路線の. ♦ **hárd-líner** *n* 強硬派, 強硬論者.

hárd líne 強硬路線: take a ~ *with* [*on, over*] …に強硬路線[断固とした態度]をとる.

hárd línes *pl*"《口》不遇, 不運 〈*on*〉; [〈*int*〉] [°*iron*] お気の毒に (hard cheese).

hárd líquor 強い酒, 蒸留酒 (distilled liquor)《ウイスキー・ジン・ラム・ブランデーなど》.

hárd lúck HARD LINES.

hárd-lúck stòry /ˌ ─ ─ ─ ─/《同情をかうためにする》悲しい身上話, 苦労話, 泣きごと.

hárd·ly *adv* **1 a** ほとんど…でない[しない]; 実際には…ない; かろうじ

て, わずかに; [°*iron*] まず[決して, 全く]…ない; [⟨*int*⟩]ᴴとんでもない, まさか: I can [«非標準» cannot] ~ believe it. ほとんど信じられない / I gained ~ anything. ほとんど何も得なかった / I need ~ say that… と言う必要はほとんどない / *H~* a day goes by without an earthquake being reported in Japan. 日本では地震報道がない日はない. **b** ようやく, かろうじて, 少し前に: In Britain the debate has ~ begun. 英国ではその議論は始まったばかりだ. **2** «まれ» 骨折って, 懸命に, 苦しんで, 難儀して, やっと: The battle was ~ contested. 非常な苦戦であった / ~ earned 汗水流してもうけた; [*iron*] 楽にもうけた[得た] / They live ~. 苦しい生活をしている. **3** ᴴ«まれ» きびしく, ひどく, むごく, 不親切に: He was ~ treated. 虐待された / think [speak] ~ of…を悪く思う[言う, 酷評する]. ● ~ ANY. **~…before [when]** …するが早いか: I had ~ [*H~* had I] spoken to him *before* [*when*] he was gone. わたしが話しかけるかかけないうちに彼は行ってしまった. ~ EVER.

hárd-lỳing móney 小型船の乗組員特別手当.

hárd máple* 〘植〙 硬材カエデ, 《特に》サトウカエデ.

hárd móney *硬貨, コイン; *兌換(だかん)貨幣; 額面どおりの価値のある通貨, HARD CURRENCY; *TIGHT MONEY; ᴴ《大学への》政府補助金.

hárd·móuthed /-ðd, -θt/ *a* はみのきかない⟨馬⟩; 御しがたい, 強情な; ことばのきつい, 口の悪い⟨人⟩.

hárd·ness *n* 堅固; 〘写〙 硬調; 《鉱物・金属などの》硬さ, 硬度 (cf. MOHS' SCALE, BRINELL HARDNESS); 《水の》硬度; 〘理〙 硬度 《X 線などの透過能の大きさ》; 困難, 難解; きびしさ, 苛酷; 無情, 無慈悲.

hárd néws 〘ジャーナリズム〙 硬いニュース 《政治・国際問題などに関するニュース》.

hárd·nòse *n* 鼻っぱしらの強いやつ, 頑固者.

hárd-nóse(d) *a* **1** «口» 不屈の, 頑固な, あとに引かない, きびしい, 鼻っぱしらの強い; «口» すご腕の, やり手の⟨ビジネスマンなど⟩. **2** *«俗» いけすかない.

hárd nút ᴴやっかいな人, 難物; 手ごわい敵.

hárd-of-héar·ing *a* [*euph*] 難聴の, 耳の聞こえない.

hárd-òn «俗» *n* **1** 勃起; 欲情; 興奮: get [have] a ~ 勃起する, 立つ. **2** きびしい[いやな]やつ[上司]. ● **have a ~ for**… «俗» …が大いに気に入る, ひどく好きになる; «俗» …が欲しくてたまらない; «俗» …をひどく嫌う, 毛嫌いする.

Har·douin-Man·sart /*F* ardwɛ̃ mɑ̃saːr/ アルドゥアン-マンサール Jules ~ ⇨ MANSART.

hárd·pàck *n* 〘スキー〙 ハードパック 《固く締まった雪》.

hárd pád 〘獣医〙 《犬の》硬蹠症 (=**hárd pád disèase**) 《肉趾と鼻の皮膚が硬化し肺炎・下痢を伴う, ジステンパーに似た重症》.

hárd pálate 〘解〙 硬口蓋.

hárd·pàn *n* **1** 〘地質〙 《植物の根の通らない・水を通さない》硬盤(層), 底盤, 底石, 盤層, 土丹(どたん), 土丹盤; 堅い未開墾地; 堅固な基礎[基盤]. **2** «口» 底値(そこね); 《問題の》本質, 核心.

hárd pàste 硬磁器, ハードペースト (=**hárd-pàste pórcelain**) (cf. SOFT PASTE).

hárd píne 硬材松 《ダイオウショウ・リギダマツなど》.

hárd pórn «口» ハードポルノ (hard-core pornography).

hárd pówer ハードパワー 《軍事などの力; cf. SOFT POWER》.

hárd-préssed *a* 困窮した, 《特に》経済的に困窮した, 逼迫した ⟨*for*⟩; 仕事に追われた; せっぱつまった, 追い詰められた, どたんばの (⇨ be HARD pressed).

hárd réader 難読な筆跡の解読を専門とする人.

hárd-ròad frèak *«俗» 《放浪罪・麻薬所持などでの逮捕歴もある》体制を拒否して放浪生活をする若者, 硬派のヒッピー.

hárd-ròck *a* **1** 硬岩の; 硬岩[岩盤]除去に経験を積んだ⟨坑夫⟩: ~ mining 硬岩採鉱. **2** *«俗» きびしい, 容赦ない, 頑強な.

hárd róck 〘楽〙 ハードロック 《絶叫型のヴォーカルとエレキギターを特徴とする強烈なビートをもった大音響のロック; cf. SOFT ROCK》.

Hárd Ròck Café /-kæféɪ/ ハードロックカフェ 《London にある内装も音楽もロック一色のカフェレストラン; 1971 年開店; New York, Los Angeles, 東京などにも出店》.

hárd-ròck·er *n* *«俗» 試掘者, 坑夫.

hárd róe 魚卵, はららご.

hárd rúbber 硬質ゴム (ebonite) (cf. VULCANITE).

hárd rúsh 〘植〙 イ(藺), イグサ.

hards /háːrdz/ *n pl* ハード 《亜麻を打ちさばく時とれる太い繊維》: flocks and ~ 《詰め物用の》繊維くず. [OE *heordan*]

hárd sàuce ハードソース 《バターと砂糖を混ぜ合わせてクリーム状にし, ラム[ブランデー, バニラ など]で香りをつけたもの; パイ・プディングなどにかける; cf. BRANDY BUTTER》.

hárd·scàpe *〘建・園芸〙 ハードスケープ 《建物に付属する部分で, パティオ・擁壁・歩道など固い材質で造られている場》.

hárd·scàp·ing* *n* HARDSCAPE (の配置); ハードスケープづくり.

hárd scíence ハードサイエンス 《物理学・化学・生物学・地質学・天文学などの自然科学; cf. SOFT SCIENCE》. ♦ **hárd scíentist** *n*

hárd·scràbble* *a* かつかつの⟨生活など⟩, 貧しい; 不毛の⟨土地⟩. ► *n* 懸命の努力.

hárd séed 〘植〙 硬実(こうじつ), 硬実種子.

hárd séll [°the] **1** ハードセル 《しつこく強力な売込み[販売]; cf. SOFT SELL》: get [give sb] the ~. **2** «口» セールスになかなか応じない客; «口» 売りにくい商品; 理解を得にくい問題.
♦ **hárd-séll** *a, vt*

hárd-sét *a* 苦境におかれた; 堅くなった; 固まった; ⟨卵が⟩親鳥に抱かれている; 決心の堅い; 強情[頑固]な; 空腹な.

hárd-shèll *a* 殻の堅い; *«口» 自説をまげない, 妥協しない, コチコチの, 根本主義の (fundamental): *H~-S~* Baptists 原始バプティスト (Primitive Baptists). ► *n* HARD-SHELL CLAM, HARD-SHELL CRAB.

hárd-shèll clám 〘貝〙 ホンビノスガイ (QUAHOG) (=**hárd-shèlled clám**) (cf. SOFT-SHELL CLAM).

hárd-shèll cráb 《脱皮前で》殻の堅い(食用の)カニ (=**hárd-shèlled cráb**) (cf. SOFT-SHELL CRAB).

hárd-shèlled *a* HARD-SHELL.

hárd·shìp *n* 困難, 苦労, 苦難, 辛苦, 困苦; 虐待, 圧制, 不法: bear ~ 辛苦に耐える / economic ~(*s*) 経済的困難 / the ~*s* of life in a city 都会の生活苦 / be no ~ 苦にならない ⟨*for*⟩.

hárd shóulderᴴ 〘道路〙 硬路肩 《高速道路の舗装した硬い路肩; 緊急避難用》.

hárd sìgn 硬音記号 《**1**) キリル文字の Ъ, ъ; 先行する子音が口蓋化されていないことを示す **2**) 古代教会スラヴ語で後舌母音を表わした記号》.

hárd sóap 硬石鹸 《ナトリウム石鹸で硬質》.

hárd sòlder 硬質はんだ, 硬鑞(こうろう) 《溶融温度の高いはんだ; cf. SOFT SOLDER》.

hárd spàce 〘電算〙 ハードスペース 《単語の切れ目でなく, 通常の英字と同様に扱われるスペース文字》.

hárd-spún *a* 堅く紡いだ: ~ silk yarn つむぎ糸.

hárd·stànd, -stànd·ingᴴ *n* 《車両・飛行場などの》舗装駐車[駐機]場, ハードスタンド.

hárd stéel 硬鋼.

hárd stóne ハードストーン 《不透明の準貴石; 装身具やモザイクに使われる》.

hárd stùff «俗» 強い酒, ウイスキー; *«俗» 強い麻薬 (hard drug).

hárd-súrface *vt* 舗装する; HARD-FACE.

hárd swéaring [*euph*] 平然[ぬけぬけ]とした偽証.

hárd·tàck *n* (*pl* ~, ~s) **1** 《小麦粉と水だけで作った》堅いビスケット, 堅パン (=*pilot biscuit* [*bread*], *ship biscuit* [*bread*], *sea biscuit* [*bread*]) 《かつては特に船員や陸軍の糧食; cf. SOFT TACK》. **2** MOUNTAIN MAHOGANY.

hárd·tàil *n* 〘魚〙 BLUE RUNNER; *ラバ (mule), 軍用ラバ.

hárd tícket **1** 指定席券. **2** «スコ俗» 乱暴者, つえーやつ, コワいやつ.

hárd tíme **1** 厄介, 困難, むずかしさ; むずかしい仕事, いやな事; 迷惑, 面倒; 《異性に》つらくされること, ふられること; «俗» 《長い》刑期, 服役期間. **2** [~s] 窮乏の時期, 財政困難の時, 不況. ● **get [have] a ~** つらいめにあう, 苦労する. **give** sb **a ~** 人に迷惑をかける; からかう, いたずら[いやがらせ]をする, ふざける; 人をしかる, 非難する.

hárd-tímes tòken 〘米史〙 不況時代の代用硬貨, ハードタイムズトークン 《Jackson 政府と中央銀行との抗争の間に発行された代用硬貨》.

hárd·tòp *n* **1** ハードトップ 《**1**) 金属[プラスチック]製の, しばしば着脱可能な硬い屋根をもつ車[モーターボート]; 普通はサイドウインドーに中柱のないタイプを指す; cf. CONVERTIBLE **2**) そうした硬い屋根》. **2** 屋内映画館[劇場] 《屋外のドライブインに対して》. **3** *«俗» 意志強固な人物, 頑固者.

hárd·wàre *n* **1** 金物類, 金属製品 《建築[家庭]金物・工具・刃物・電気器具・園芸器具など》: a ~ house [store, shop] 金物店. **2** 〘軍〙 兵器, 武器, ハードウェア 《戦車・銃砲・航空機・ミサイルなど; cf. SOFTWARE》; «口» 銃器, 銃砲. **3 a** 《電算機・ロケットなどの》ハードウェア 《電子機器装置の総称; cf. SOFTWARE》. **b** 機械設備, 機材, 機器. **4** *«俗» 《身分証明や会員証などとして使われる》宝石, 装身具; 賞杯, メダル; *«俗» 《軍の》記章, 勲章. **5** *«俗» 強い酒, ウイスキー; *«俗» 強い麻薬.

hárdware clòth 《普通 1/8×3/4 インチの目の》亜鉛めっきをした鋼製の金網.

hárdware disèase 〘獣医〙 かなもの病 《釘・有刺鉄線などの異物をのみ込んで起こる》.

hárd·wàre·man /-mən/ *n* 金物製造人; 金物屋.

hárd wáy [the] «口» [⟨*adv*⟩] **1** 苦労して, つらい思いをして⟨学ぶ・出世するなど⟩, 厳格に⟨育てるなど⟩: come up *the* ~ こつこつと社会的地位を築く / find out *the* ~ that…ということをつらい思いをして知る. **2** 《craps で》ぞろ目 (doublet) で《偶数を振り出す》.

hárd·wéar·ing *a* よくもつ, 丈夫な, 耐久性のある.

hárd whéat 硬質小麦 《グルテン質が多い; パスタ・パン用》.

hárd·wìred *a* **1** 〘電算〙 ⟨論理演算・入出力回路などが⟩《プログラムによらず》配線[結線]による; ⟨電気製品が⟩結線で接続された; 〘電算〙 ⟨機能が⟩物理的に組み込まれた 《変更できない》. **2** ⟨行動様式が⟩固有の, 遺伝子に組み込まれた, 生得の. ♦ **hárd·wìre** *vt* 〘電算〙 《プログラムでなく》配線で組み込む. **hárd·wìring** *n*

hárd-wón *a* 大変な努力[苦労]をして獲得した, やっと手に入れた.

hárd·wòod *n* **1 a** 硬木, 堅木, 堅材, 硬材, ハードウッド《oak, cherry, ebony, mahogany など主に家具材・床材》: ～ floors ハードウッドの床《不動産広告でセールスポイントの一つ》. **b** 硬材の採れる木《普通は広葉樹; cf. SOFTWOOD》. **2***《俗》バスケットボールコート. ► *a* 堅材[硬材](製)の; 十分木質化した, 成木の, 熟枝の: ～ cutting 〖園〗熟枝挿し.

hárd-wóod·ed *a* 細工のむずかしい硬材の; 硬材の (hardwood).

hárd wórd [*pl*] 難解な語; 合いことば; 法外な[きびしい]要求; 《アイルロ》叱責, 非難; 《アイルロ》解雇, 首. ● **put the ～ on** sb 《豪俗・米俗》〈人に頼みごとをする, …に言い寄る, …に金(ｶﾈ)[体]を求める.

hárd·wórked *a* 酷使される, 疲労した; 使い古された.

hárd·wórk·ing *a* 勤勉な, 働き者の, 骨身を惜しまない.

har·dy¹ /há:rdi/ *a* **1** 屈強な, 頑健な; がんじょうな, 丈夫な; 〖園〗耐寒性の; 耐久力を要する. **2** 大胆な, 度胸のよい; あつかましい; むこうみずな. [OF *hardi* (pp) < *hardir* to become bold < Gmc = to make HARD]

hardy² *n* HARDIE.

Hardy 1 ハーディ《男子名》. **2** ハーディ **(1) Oliver ～** ⇨ LAUREL AND HARDY **(2) Thomas ～** (1840–1928)《英国の小説家・詩人; イングランド南西部の 'Wessex' を舞台にした作品が多い; 小説 *Tess of the d'Urbervilles* (1891), *Jude the Obscure* (1895), 詩劇 *The Dynasts* (1903–08)》. ♦ **Hàrdy·ésque** *a* [OF = bold, tough, daring < Gmc]

hárdy ánnual 〖植〗耐寒性一年生植物 (cf. TENDER ANNUAL); [*fig, joc*] 例年きまって持ち上がってくる問題.

hárdy-hár /-há:r/, **hárdy-hàr-hár, hár-hàr-hár** 《口》*a* おかしな(おかしな), 愉快な, 滑稽な. ► *n* 笑い, 陽気さ, 浮かれた気持, お祭り気分; [‹*int*›] ハッハッハ.

hárdy perénnial 〖植〗耐寒性多年生植物; [*fig, joc*] 長年持ち上がってくる問題.

Hárdy-Wéinberg làw [prìnciple] [the] 〖遺〗ハーディ–ワインベルグの法則《交配が無作為に行なわれ, 突然変異・淘汰・移住などがないとすれば遺伝子の現われ方は常に一定であるという法則》. [Godfrey H. *Hardy* (1877–1947) 英国の数学者, Wilhelm *Weinberg* (1862–1937) ドイツの科学者]

hare /héər/ *n* (*pl* ～s, ～) **1 a** 野ウサギ《普通 RABBIT¹ より大きく, あと足・耳が長く, 穴居性がない》: (as) timid as a ～ 非常にはにかみ屋で気の小さい / He who runs after two ～*s* will catch neither. 《諺》二兎を追う者は一兎をも得ず / First catch your ～ (then cook him). 《諺》まず現物を手に入れよ(料理はそれから), まず事実を確かめよ / You cannot run with the ～ and hunt with the hounds. 《諺》ウサギといっしょに逃げて犬といっしょに狩りをすることはできない (⇨ 成句). **b** 野ウサギの毛皮. **c** [the H-] 〖天〗うさぎ座(兎座) (Lepus). **d** ELECTRIC HARE. **2 a** ‖《俗》無賃乗車の旅客; 《HARE AND HOUNDS の》ウサギ役. **b** 議題, 研究課題. ● **(as) mad as a (March) ～** (三月の交尾期のウサギのように)狂気じみた, 気まぐれな, 乱暴な. **hold [run] with the ～ and run [hunt] with the hounds** 論争で両方にいいように言う, 内股膏薬をやる. **make a ～ of…** …をばかにする; 《アイルロ》…をこてんぱんにやっつける. **start a ～** ‖《狩りで》ウサギを飛び出させる; ‖問題を提起する; ‖《議論で》枝葉に走る, 《話をそらすため》別の問題を持ち出す. ► *vi* 疾走する ‹*off, after, away*›. [OE *hara*; cf. G *Hase*]

Hare ヘア **William ～** 《19 世紀のアイルランド人の殺人犯; William BURKE の共犯者》.

háre and hóunds [‹*sg*›] 野ウサギと犬 (=*paper chase*)《ウサギになって紙片をまき散らしながら逃げる者を他の大勢が猟犬になって追いかけるクロスカントリーゲーム》.

háre and tórtoise [‹*sg*›] ウサギとカメ(の競走)《才能よりも着実な努力の勝利》.

háre·bèll *n* 〖植〗**a** イトシャジン (=*bluebells of Scotland*)《キキョウ科ホタルブクロ属》. **b** WOOD HYACINTH 《ユリ科》.

háre·bráined *a* 気まぐれな, うわついた, とっぴな, 軽はずみな; 愚かな, まぬけの. ♦ **～·ly** *adv* **～·ness** *n*

háre cóursing ウサギ狩り.

Ha·re·di /ha:réidi; hæ-/ *n* (*pl* **Ha·re·dim** /hərèidí:m; hərèidɪm/) 〖ユダヤ教〗ハレディ《ユダヤ教正統派教徒; 伝統的戒律を厳守し, 現代的な世俗文化を拒否する》.

ha·reem /ha:rí:m/ *n* HAREM.

háre·fòot *n* **1** 〖犬〗《特に アメリカンフォックスハウンドの》ウサギの足に似た足. **2** [H-] 兎足王《イングランド王 HAROLD 1 世のあだ名》. ♦ **～·ed** *a* 足の速い; ウサギの足に似た足をもった.

háre·héart·ed *a* 気の弱い[小さい], 臆病な.

Há·re Kríshna /há:ri-; hǽri-/ **1** ハーレクリシュナ《ヒンドゥー教の Krishna 神をたたえて唱えることば》. **2** (ハーレ)クリシュナ教団《1960 年代に米国で始まった Krishna 信仰の一派 International Society for Krishna Consciousness (クリシュナ意識国際協会)》; (*pl* ～, ～s) クリシュナ教徒. [Hindi *Hare Krishna* O Krishna]

háre·líp *n* 兎唇(ﾄｼﾝ), 口唇裂 (cleft lip). ♦ **háre·lípped** *a*

háre·lìpped bát 〖動〗ウオクイコウモリ《熱帯アメリカ産》.

ha·rem, -ram /héərəm, ‖há:ri:m, ‖―́―/ *n* **1** ハーレム《イスラム教国の婦人部屋》; 〖イスラム〗《異教徒・俗人は禁制の》聖殿. **2** ハーレムの妻妾たち; 《男性の》取巻きの女たち; 《多婚性動物の雄に従う》雌の群れ. [Arab = sanctuary (*harama* to prohibit)]

hárem pànts ハーレムパンツ《ゆったりした女性用ズボンで裾口を絞るもの》.

Ha·rer /há:rər/ ハラール (=*Harar*)《エチオピア東部の市》.

háre's-èar *n* 〖植〗ツキヌキサイコ《セリ科の雑草》.

háre's-fòot (trèfoil) 〖植〗RABBIT-FOOT CLOVER.

háre's-tàil *n* 〖植〗**a** ウサギノオ, ラグラス, ラグルス (=～ **gràss**)《地中海沿岸地方原産のイネ科の一年草; ウサギの尾に似た白っぽい卵形の柔らかい花穂を出し, 主にドライフラワーに用いられる》. **b** ワタスゲ (cotton grass).

háre wàllaby 〖動〗ウサギワラビー (=*kangaroo hare*)《豪州産》.

háre·wòod *n* シカモア材, カエデ材《高級家具材》.

harf /há:f/ *n* ‖《視覚方言》HALF.

Har·fleur /*F* arflœ:r/ アルフルール《フランス北部 Le Havre の東にある港町》.

Har·gey·sa, -gei- /ha:rgéɪsə/ ハルゲイサ《ソマリア北部 Berbera の南西にある町; もと英領ソマリランドの首都 (1941–60)》.

Har·greaves /há:rgrì:vz/ ハーグリーヴズ **James ～** (d. 1778)《英国の発明家; ジェニー紡績機 (spinning jenny) を発明》.

har har /há:r há:r/ *int* ワッハッハ《大笑い》. [imit]

ha·ri·a·na /hæ̀riǽnə, hà:riá:nə/ *n* [°H-] 〖畜〗ハリアナ《大型乳役牛の一種》. [↓]

Ha·ri·a·na /hʌriá:nə/ ハリヤーナー《HARYANA の異つづり》.

har·i·cot /(h)ǽrɪkòu, *(h)ér-/ *n* **1** インゲン(マメ), サンドマメ, 菜豆(さいとう) (=～ **béan**)《特に 豆の白い品種》. **2** 〖料理〗アリコー《羊肉と野菜のシチュー》. [F < ? Nahuatl]

har·i·cot vert /á:rikou véər/ (*pl* **hár·i·cots vérts** /á:rikou véər/, **-vérts** /-véər(z)/) サヤインゲン. [F = green bean]

ha·ri·jan /hà:rɪdʒá:n, hǽrədʒæ̀n; hʌ́rɪdʒ(ə)n/ *n* [°H-] 太陽[神]の子, ハリジャン《Gandhi が不可触民 (untouchable) に対して付けた名称》. [Skt (*Hari* Vishnu, *jana* person)]

ha·ri-ka·ri /hæ̀rɪkǽri, -ká:-, -kíri/ *n* HARA-KIRI.

Ha·ri·man·dir /hæ̀rɪmǽndɪər/ [the] ハルマンダル寺院《インド Punjab 州の Amritsar にあるシク教の総本山; 1604 年第 5 代グル Arjun により建立; 英語では Golden Temple という; 1984 年たてこもっていたシク教徒過激派の鎮圧に当たった政府軍によって攻撃をうけた》.

Har·ing /héərɪŋ/ ヘリング **Keith ～** (1958–90)《米国の画家; graffiti artist の代表的存在》.

Har·in·gey /hǽrɪŋgèɪ/ ハリンゲイ《London boroughs の一つ; cf. HARRINGAY》.

Har·ing·ton, Har·ring- /hǽrɪŋtən/ ハリントン Sir John ～ (1561–1612)《イングランドの廷臣・文人; Ariosto の *Orlando Furioso* を翻訳 (1591)》.

Ha·rī·rī /hərí:ri/ [al-～ /æl-/] ハリーリー (1054–1122)《アラビア語学者・文学者; 押韻散文による物語集 *Maqāmāt* (「人の集う所」の意) により知られる》.

Ha·ri Rud /héri rú:d/ [the] ハリールード川《アフガニスタン北西部を西流し, イラン国境を北に流れてトルクメニスタンにはいり, Kara Kum 砂漠に消える; 古代名 Arius》.

har·is·sa /ǽrɪsə, *hərí:sə/ *n* 〖料理〗アリサ《トウガラシ・パプリカ・オリーブ油で作る北アフリカの辛いソース[ペースト]》. [Arab]

hark /há:rk/ *vi* [ᵘ*impv*] 聴く (listen) ‹*to*›; 《スコ》ささやく: *H～* away [forward, off]! そら行け (Go!)《猟犬への掛け声》. ► *vt* ‖《行け, 戻れなどと》命令する; 《古》〈話を〉聴く. ● **～ after** 追う, 従う. **～ at…** [ᵘ*impv*] *《口》…(の言うこと)を聴く《相手がうそつき, うぬぼれ屋であることを暗に示す》. **～ back** 出発点に戻る; 〈猟犬が〉臭跡を捜しにもとの道を戻る; 〈過去のこと・伝統などに〉立ち戻る, 言及する, 〈…を〉思い返す ‹*to*›; もともとは〈…として〉始まる ‹*to*›; 〈…を〉思い起こさせる ‹*to*›; 〈猟犬を〉呼び返す. ► *n* 「そら行け」という猟犬への掛け声. [ME *herkien* < OE **he(o)rcian*; cf. HEARKEN, G *horchen*]

harken ⇨ HEARKEN.

harl¹ /há:rl/ 《スコ》*vt* ひきずる; 〈壁面などに〉荒塗りを施す. ► *vi* 足をひきずって歩く; 流し釣りをする, トロール漁法で漁をする ‹*for* fish›. ► *n* ひきずること; 少量, 削りくず; 石灰と砂利を混ぜたもの, 荒打ち (roughcast). [ME < ?]

harl², **harle** /há:rl/ *n* 〖植〗ハール《亜麻・大麻の茎の繊維》; 〖釣〗HERL. [? MLG *herle* fiber of flax or hemp]

Har·lan /há:rlən/ **1** ハーラン《男子名》. **2** ハーラン **(1) John Marshall ～** (1833–1911)《米国の法律家; 合衆国最高裁判所陪席裁判官 (1877–1911); 1896 年の事件で人種差別を認めるような判決に対し, 一人 'our Constitution is color-blind' と述べて反対したのは有名》**(2) John Marshall ～** (1899–1971)《米国の法律家; 前者の孫; 合衆国最高裁判所陪席裁判官 (1955–71)》. [家族名 *Harland* (OE = cairn, rock) から]

Har·le·ian /há:rliən, ha:rlí:ən/ *a* ハーリー文庫の《Robert Harley とその息子 Edward (1689–1741) が収集した文庫 (特に 写本) で, Homer, *Odyssey* の最古の写本も含まれている; 現在は British Library 所蔵》.

Har·lem /háːrləm/ **1** ハーレム《New York 市 Manhattan 島北東部の黒人·プエルトリコ人の住む区域で, 黒人間で Soul City, Soulville などと呼ばれる》. **2** [the] ハーレム川《Manhattan 島と Bronx を隔てる川; Hudson 川と East 川を結ぶ》. ♦ **~·ite** *n*

Hárlem Glóbe·tròt·ters *pl* [the] ハーレムグローブトロッターズ《米国の黒人プロバスケットボールチーム; ショーの要素を巧みに加味した興行で人気がある; 1926 年結成》.

Hárlem Renaissánce [the] ハーレムルネサンス《1920 年代 New York 市の Harlem を中心に黒人の間に起こった文化的躍進の時期を指していう》.

har·le·quin /háːrlɪk(w)ən/ *n* **1 a** [H-] アルレッキーノ, アルルカン, ハーレクイン《COMMEDIA DELL'ARTE に登場する道化役の従者; 菱形の多色のまだらのはいった衣裳と黒い仮面を着けている; 英国のパントマイムでは Pantaloon の下男で Columbine の恋人》. **b** ひょうきん者, 道化者. **c**《織物·犬の毛などの》まだら模様. **2 a** HARLEQUIN DUCK. **b** あざやかな染め分け模様のあるヘビ,《特に》HARLEQUIN SNAKE. **c** 黒白まだら模様の犬種の犬. ► *a* 滑稽な; 雑色の, まだらの. ► *vt* まだらにする. ♦ **~·ésque** *a* **~·ìsm** *n* [It<OF *Herlequin* 伝説上の幽霊騎士団の首領; cf. WILD HUNTSMAN]

har·le·quin·ade /hàːrlɪk(w)ənéɪd/ *n* ハーレクイネード《Harlequin の出るパントマイム(の一幕)》; 道化, 茶番.

hárlequin bùg〔昆〕翅が黒赤のまだらのカメムシの一種 (=**hárlequin cábbage bùg**)《キャベツの大害虫》.

hárlequin dòve〔鳥〕シチホウバト(七宝鳩)《アフリカ原産の飼鳥》.

hárlequin dùck〔鳥〕シノリガモ《北半球北部産》.

hárlequin fìsh〔魚〕バチウオ《東南アジアの淡水産コイ科の熱帯魚; 体の中央から尾柄にかけて濃紺のばち形模様がある》.

hárlequin pìgeon〔鳥〕FLOCK PIGEON.

hárlequin quàil〔鳥〕ヤクシャウズラ《猟鳥》.

Hárlequin Románce〔商標〕ハーレクインロマンス《カナダの Harlequin Enterprises 社刊行の, 若い女性向き恋愛小説のペーパーバックシリーズ》.

hárlequin snàke〔動〕サンゴヘビ (coral snake, bead snake)《アメリカ産; コブラ科》.

Har·ley /háːrli/ **1** ハーリー《男子名》. **2** ハーリー **Robert** ~, 1st Earl of Oxford (1661–1724)《英国の政治家; Tory 政権を主導 (1710–14)》. **3** HARLEY-DAVIDSON. [OE=hare+woods]

Hárley-Dávidson〔商標〕ハーレー-ダビッドソン《米国 Harley-Davidson 社製の大型オートバイ》.

Hárley Strèet ハーリー街《London 中央部 Regent's Park の南を南北に走る, 一流医の街》; ハーリー街の医師たち.

Har·ling·en /háːrlɪŋən/ ハルリンゲン《オランダ北部 Friesland 州の Waddenzee に臨む港町》.

har·lot /háːrlət/ *n*《文》売春婦, 娼婦, ふしだらな女. ► *vi*《古》〈女が〉身を売る, ふしだらなふるまいをする. [OF=knave, vagabond <?]

hárlot·ry *n* 売春, 淫売;《まれ》ふしだらな女ども, 売春婦たち;《廃》俗悪, 野卑.

Har·low /háːrlou/ ハーロー **Jean** ~ (1911–37)《米国の映画女優; 本名 Harlean Carpentier; 'the platinum blonde' と称された》.

harm /háːrm/ *n* 害, 損傷, 損害, 傷害, 危害, 害悪: Make sure she comes to no ~.=Make sure no ~ comes to her. 彼女がけがをする[危害を加えられる]ことがないよう注意しなさい / do [cause] sb ~=do [cause] ~ *to* sb 人に危害を加える, 人を害する / do [be] no ~ 害にならない / do more ~ than good 役に立つというよりはむしろ害になる / mean no ~ 悪意はない / No ~ done. 被害なし; 全員異状なし / there is no ~ in do*ing*...=it does no ~ *to* do...してみても悪くはない[なんら損にならない] / It wouldn't do any ~ to do...してみてはどうか / Where is the ~ in try*ing*? やってみてどうして悪いか. ● **in ~'s way** 危険な所[状態]に. **out of ~'s way** 安全な所に, 無事に. ► *vt* 害する, 傷つける, そこなう《INJURE よりも意味の強い語》: not ~ a HAIR on sb's head. ● **not ~ a** FLY². ♦ **~·er** *n* [OE *hearm*; cf. G *Harm* grief, injury]

har·ma·line /háːrməlìːn/ *n*〔化〕ハルマリン《ハマビシなどに含まれる幻覚誘発性アルカロイド; 医薬用》.

har·mat·tan /hɑːrmǽtn, hàːrmətǽn/ *n* [°H-]〔気〕ハルマッタン《11 月から 3 月にアフリカの内地から西海岸へ吹く乾燥した熱風》. [Twi]

hárm·ful *a* 有害な 〈*to*〉. ♦ **~·ly** *adv* **~·ness** *n*

har·mine /háːrmìːn, -mən/ *n*〔化〕ハルミン《harmaline に似たアルカロイド》.

hárm·less *a* 無害な, あたりさわりのない 〈*to*〉; 罪のない, 悪意のない, 無邪気な; 無傷の. ● **hold...~** ...を(法的に)保護する. ♦ **~·ly** *adv* **~·ness** *n*

har·mo·lod·ics /hàːrməlɑ́dɪks/ *n* [〈*sg*〉]〔ジャズ〕《グループ内の各人が調やテンポを自在に変えて行なう》集団同時即興演奏(法), ハーモロディックス. ♦ **hàr·mo·lód·ic** *a*

Har·mo·nia /hɑːrmóuniə/〔ギ神〕ハルモニアー《Ares と Aphrodite の娘で,「調和」の女神とされる》.

har·mon·ic /hɑːrmɑ́nɪk/ *a* 調和的(な), 響きの美しい;〔楽〕和声の;〔数〕調和の;〔理〕倍音の, 調和振動の. ► *n*〔音響〕倍音;〔楽〕《倍音原理を利用した, ヴァイオリン·ハープなどの》フラジョレット音, ハーモニックス;〔通信〕(高)調波.
♦ **-i·cal** *a* **-i·cal·ly** *adv*

har·mon·i·ca /hɑːrmɑ́nɪkə/ *n* ハーモニカ (=*mouth organ*); グラスハーモニカ (GLASS HARMONICA); グラスダルシマー《ガラス棒を木琴状に配列したもの》; 木琴. ♦ **har·mon·i·cist** /-mɑ́nəsɪst/ *n* [L *harmonicus*; ⇨ HARMONY]

harmónic análysis〔数〕調和解析《フーリエ解析など》;〔音響〕調波分析.

harmónic cónjugate〔数〕調和共役点.

harmónic distórtion〔電子工〕高調波ひずみ.

harmónic ínterval〔楽〕和声的音程 (cf. MELODIC INTERVAL).

harmónic méan〔数〕調和平均, 調和中項.

harmónic mínor (scále)〔楽〕和声的短音階.

harmónic mótion〔理〕単弦運動, 調和運動.

har·mon·i·con /hɑːrmɑ́nɪkən/ *n*〔楽〕ハルモニコン (**1**) グラスハーモニカまたはハーモニカ **2**) これと小型オルガンとを組み合わせたものなど》.

harmónic progréssion〔数〕調和数列;〔楽〕和音連結.

harmónic propórtion〔数〕調和比例.

har·món·ics *n*〔楽〕和声学.

harmónic séries〔数〕調和級数;〔音響〕倍音列.

harmónic tóne〔音響〕倍音.

har·mo·ni·ous /hɑːrmóuniəs/ *a*〔楽〕和声の; 協和的な, 調子のよい; 調和した; 仲のよい, むつまじい. ♦ **~·ly** *adv* **~·ness** *n*

har·mo·nist /háːrmənɪst/ *n* **1** 和声法に長じた音楽家, 和声家; 和声学者. **2** 対観的研究者《福音書などの一致点を研究する人》.

har·mo·nis·tic /hàːrmənístɪk/ *a* 和声学的な, 和声家[学者]の;《福音書の》対観的研究(者)の. ♦ **-ti·cal·ly** *adv*

har·mo·ni·um /hɑːrmóuniəm/ *n*〔楽〕ハルモニウム《最も代表的なリードオルガン》. [F<L; ⇨ HARMONY]

har·mo·nize /háːrmənàɪz/ *vi* ハーモニー[和声, 和音]をなして奏する[歌う], ハモる; 調和[協調]する, よく合う 〈*with*〉. ► *vt*《ハーモニーとなるよう》〈旋律など〉に協和音を付け加える, 和声づけする, ハーモナイズする; 調和[協調, 一致]させる 〈*with*〉; 〈法規·制度などを〉同一にする, 統一する; 対観式に配列する. ♦ **hàr·mo·ni·zá·tion** *n*

hár·mo·nìz·er *n* 和声学者;〔楽〕ハーモナイザー《信号音を違うピッチで電子的に反復する装置》.

har·mo·ny /háːrməni/ *n* **1** 調和, 一致, 和合, 融和, 和 〈*between*〉; 協和; 静謐(せいひつ). **2**〔楽〕和声; 和音, 協和音; 和声学;《古》《心地よい》楽音, 音楽, 旋律. **3**《四福音書の》対観書, 一致点要覧. ● **in [out of] ~** 調和して[不調和で], 協調して[不和で] 〈*with*〉. [OF, <Gk *harmonia* joining, concord]

hármony of the sphéres [the] 天球の和声《天空はいくつかの層になっていて, 各層の間隔が調和音程の比例になっているから, その運行によって美妙な音楽が生ずるが人間の耳には聞こえないという Pythagoras 学派の説; cf. MUSIC OF THE SPHERES》.

har·mo·tome /háːrmətòum/ *n*〔鉱〕重十字沸石.

Harms·worth /háːrmzwərθ/ ハームズワース (**1**) **Alfred Charles William** ~ ⇨ Viscount NORTHCLIFFE (**2**) **Harold Sydney** ~ ⇨ 1st Viscount ROTHERMERE.

Har·nack /háːrnɑːk/ ハルナック **Adolf (Karl Gustav) von** ~ (1851–1930)《ドイツの神学者; プロテスタントの教会史家;『キリスト教の本質』(1900)》.

har·ness /háːrnəs/ *n* **1**《馬車馬の》馬具, 輓馬(ばんば)具;〔史〕《武人·馬の》よろい, 武具: a set of ~ 馬具一組 / DOUBLE HARNESS. **2** 装置, 装備; 仕事設備;〔電〕ハーネス《電線·ケーブルなどを配列して束ねてユニットとしたもの》;〔空〕《パラシュートの》装帯, ハーネス;〔登山〕ハーネス;《車などの》シートベルト,《ベビーベッドなどの》固定用ベルト,《乳幼児の》歩行用ベルト;〔紡〕綜絖(そうこう), ハーネス《織機で縦糸を上げ下げする装置》;《綜絖の》通糸(つうし);《大きな鐘をつるすための》巻揚げ装置. **3**《職業などに》特有の服装, 制服, 装備《警官の制服, オートバイ乗りの装備一式など》. ● **get back into [in] ~** 平常の仕事に戻る. **in ~**《いつもどおり》仕事に就いて, 働いて; 勤務中, 服務中; 密接に連携[協力]して 〈*with*〉; 〈馬が〉馬具をつけて: DIE¹ *in* ~. **out of ~** 仕事に就いていなくて. ► *vt* **1** 〈馬など〉に引き具をつける 〈*up*〉;《引き具を使って》〈馬などを〉つける 〈*to* a cart〉; 結びつける, 関連づける 〈*to*〉;〔史〕〈人〉によろいをつける. **2** 〈水力などの自然力を〉《動力源として》利用する,《一般に》(制御して)利用[活用]する, 〈...のために〉役立てる 〈*to*〉.
♦ **~·er** *n* [OF=military equipment<ON (*here* army, *nest* provisions)]

hárness bùll [còp, dìck]*《俗》制服の警官, 巡査.

hárness càsk〔海〕《船で用いる》肉の塩漬け用の桶.

hárnessed ántelope〔動〕ブッシュバック《背中に馬具に似た縞(しま)模様のある同属の羚羊: ニヤラ·クーズーなど》.

hárness hìtch〔海〕引き結び《索の結び方の一種》.

hárness hòrse 輓馬; 繋駕競走用の馬.

hárness ràcing [ràce] 繋駕(けいが)競走《二輪馬車 (sulky) を引かせて行なう競馬》.

hárness·ry *n* 輓馬具類; 馬具商.

Hár·ney Péak /háːrni-/ ハーニー山《South Dakota 州南西部

H

Black Hills の最高峰 (2207 m)).
harns /háːrnz/ *n pl* 《スコ》 頭脳.
Har·old /hǽrəld/ **1** ハロルド《男子名; 愛称 Hal》. **2** ハロルド (**1**) ～ **I** (d. 1040)《イングランド王 (1035–40); 通称 'Harefoot' (兎足王); Canute の庶子》 (**2**) ～ **II** (c. 1022–66)《アングロサクソン時代の最後のイングランド王 (1066); Hastings の戦いで William 征服王に敗れた》. **3** ハーラル ～ **III**＝HARALD III Sigurdsson. [OE＜ON＝army＋power]
harp /háːrp/ *n* **1 a** ハープ, 竪琴: Don't take your ～ to the party. 《諺》 いつも同じ話ばかりするものじゃない. **b** 《口》 ハーモニカ, (マウス)ハープ (mouth harp). **c** [the H-]〔天〕こと座(琴座) (Lyra). **2 a** ハープ形のもの; チーズカッター; 《スコ》 雑穀用のふるい; ハープ《ランプの笠を支える, ランプのまわりの金属枠》. **b**〔貝〕HARP SHELL. **3***《俗》 [*derog*] アイルランド(系)人. **4** 《俗》 PCP (麻薬). ► *vi* **1** ハープを弾く; 〈風など〉ハープのような音をたてる. **2** 繰り返してくどくどと言う 〈*on* one's misfortunes, *on* (*about*) one's low wages〉: *H*～ not for ever *on* the same string. 《諺》 始終同じ事ばかり話すな / Not good is it to ～ *on* the frayed string. 《諺》 すりきれた弦を弾くな《同じ話ばかりするな》. ► *vt* 〈曲を〉ハープで弾く, ハープを弾いて…する 〈sb *to* sleep〉; 《古》 話す, しゃべる. ● **～ on a [one, the same] string** 同じ事を(くどくど)繰り返す. ♦ **～·ist** *n* ハープ奏者. **～·like** *a* **～·wise** *adv* [OE *hearpe*; cf. G *Harfe*]
har·pac·ti·coid /hàːrpǽktəkɔ̀ɪd/ *n, a* 〔動〕ソコミジンコ目 (Harpacticoida) の (橈脚(じょうきゃく)類)《ソコミジンコ・シオダマリミジンコなど》. [Gk *harpaktikós* rapacious]
hárp·er *n* ハープ奏者 (harpist); くどくどいう人; 〔動〕ヒキガニ (toad crab).
Har·per /háːrpər/ ハーパー **Stephen** (**Joseph**) ～ (1959–　)《カナダの政治家; 首相 (2006–　)》.
Hárper Bróthers *pl* [the] ハーパー兄弟《米国の印刷業者・出版人; 1817 年 James (1795–1869), John (1797–1875) が J. and J. Harper 社を設立, 弟 Joseph (1801–70), Fletcher (1806–77) が加わったのち, 1833 年 Harper and Brothers と社名をあらため, のちの *Harper's Magazine* をはじめとする雑誌などの出版で重きをなした》.
Hár·per's Bazáar 『ハーパーズバザー』《米国の月刊ファッション雑誌; 1867 年創刊》.
Hár·pers Férry /háːrpərz-/ ハーパーズフェリー《West Virginia 州北東部の村; Potomac 川と Shenandoah 川の合流点; 1859 年 John Brown がここの兵器廠を襲撃した》.
Hárper's Magazìne 『ハーパーズ マガジン』《米国の文芸総合月刊誌; 1850 年創刊》.
hárp guitàr [lùte] 〔楽〕ハープリュート, ハープギター《頭部に小型のハープをそなえたギター》.
Har·pic /háːrpɪk/ *n* 〔商標〕ハーピック《英国製のトイレ用除菌洗浄剤》. ► *a* [h-] ″《俗》 狂った, いかれた《トイレ洗浄剤の宣伝文句 'clean round the hidden bend' (cf. BEND¹) から》.
harp·in /háːrpən/, **hárp·ing** *n* 〔造船〕首部腰外板(ようがいはん), 《造船時の》支持枠板, ハーピン.
har·poon /hɑːrpúːn/ *n* 《捕鯨用の》銛(もり); 《俗》 皮下注射器; 《俗》 ハーモニカ (harp). ► *vt* 〈鯨〉に銛を打ち[撃ち]込む, 銛で殺す. ♦ **～·er** *n* **～·like** *a* [F (*harpe* clamp＜L＜Gk *harpē* sickle)]
harpóon gùn 銛撃ち砲, 捕鯨砲.
hárp-pòlish·er 《俗》 *n* 聖職者, 説教師; 信心深い人.
hárp sèal 〔動〕タテゴトアザラシ, ハープアザラシ.
hárp shèll [snàil] 〔貝〕ショクコウラ科の巻貝《主にインド洋・西太平洋産; 大きい幅広の縦肋と大きい殻口をもつ》.
harp·si·chord /háːrpsɪkɔ̀ːrd/ *n* 〔楽〕ハープシコード (＝*cembalo, clavecin*)《16–18 世紀にヨーロッパで使われた鍵盤付き撥弦楽器; グランドピアノに似た形だが発音原理が異なる》. ♦ **～·ist** *n* [F (obs) *harpechorde* (L *harpa* harp, *chorda* string); -*s*- は不明]
har·puis·bos·sie /hɑːrpéɪsbɑ̀si/ *n* 〔植〕アフリカ南部・アラビア半島産キク科エウリオプス属の数種の低木《樹脂を分泌する》. [Afrik＝resin bush]
Har·py /háːrpi/ **1**〔ギ神〕ハルピュイア《女面女身で鳥の翼とかぎづめをもった貪欲な怪物》. **2** [h-] **a** 強欲な人; たちの悪い女, がみがみ女. **b**〔鳥〕HARPY EAGLE. [F or L＜Gk *harpuiai* snatchers]
hárpy èagle 〔鳥〕**a** オウギワシ《強大なワシ; 中米・南米産》. **b** サルクイワシ《フィリピン産; 主食は猿》.
har·que·bus, -buse, -buss /háːrkwɪbəs, -kə-/ *n* 火縄銃《1400 年ごろから使用》. ♦ **har·que·bus·ier** /hɑ̀ːrkwɪbəsíər, -kəbə-/ *n* 火縄銃兵. [F＜MLG (*haken* hook, *busse* gun)]
har·ri·dan /hǽrəd(ə)n, *hér-/ *n* 醜い老婆; 意地悪ばばあ, 鬼ばば. [C17＜? F *haridelle* old horse]
har·ried /hǽrid, *hér-/ *a* 苦しんでいる, 苦境にある.
har·ri·er¹ /hǽriər, *hér-/ *n* **1 a**〔犬〕ハリヤー《foxhound より小型でウサギ・キツネ狩り用に一隊を飼う》; [*pl*] ハリヤーと猟師の一群. **b** 《HARE AND HOUNDS の》犬. **2** クロスカントリーの走者《しばしば …Harriers としてクロスカントリーのチーム[クラブ]名に用いる. [HARE, *-ier*; 語形は *harry* に同化]
harrier² *n* **1** 略奪者, 侵略者; 悩ます者. **2**〔鳥〕チュウヒ《同属の各種の小型のタカ》. **3** [H-] ハリアー《英国の Hawker 社が開発した世界初かつ西側唯一の実用 V/STOL 攻撃機》. [*harry*]
hárrier èagle 〔鳥〕チュウヒワシ (＝*short-toed eagle*)《南欧・アフリカ産》.
hárrier hàwk 〔鳥〕チュウヒダカ, カメンダカ《アフリカ産タカ科チュウヒダカ属の猛禽; 2 種ある》.
Har·ri·et, -ot /hǽriət/ ハリエット, ハリオット《女子名; 愛称 Hatty》. [⇨ HENRIETTA]
Har·ri·man /hǽrəmən/ ハリマン **W**(**illiam**) **Averell** ～ (1891–1986)《米国の政治家・外交官》.
Har·rin·gay /hǽrəngèɪ/ ハリンゲー《London 北部 Haringey の一地区; かつて運動競技場があった》.
Harrington ⇨ HARINGTON.
Har·ris /hǽrəs/ **1** ハリス《男子名》. **2** ハリス (**1**) **Frank** ～ (1856–1931)《アイルランド生まれの米国の作家; *My Life and Loves* (1923–27)》 (**2**) **Joel Chandler** ～ (1848–1908)《米国の作家; ⇨ UNCLE REMUS》 (**3**) **Roy** (**Ellsworth**) ～ (1898–1979)《米国の作曲家》 (**4**) **Townsend** ～ (1804–78)《米国の外交官; 駐日総領事 (1856–62)》. **3** ハリス《LEWIS AND HARRIS 島の南半》; HARRIS TWEED. [ME＝Harry's (son)]
Har·ris·burg /hǽrəsbə̀ːrg/ ハリスバーグ《Pennsylvania 州の州都; Susquehanna 川に臨む》.
Harris hawk ⇨ HARRIS'S HAWK.
Har·ri·son /hǽrəs(ə)n/ **1** ハリソン《男子名》. **2** ハリソン (**1**) **Benjamin** ～ (1833–1901)《米国第 23 代大統領 (1889–93); 共和党; William Henry ～ の孫; シャーマン反トラスト法 (1890) を成立させた》 (**2**) **Frederic** ～ (1831–1923)《英国の著述家・哲学者; Auguste Comte の実証哲学を英国に紹介した》 (**3**) **George** ～ (1943–2001)《英国のロックギタリスト・ヴォーカリスト; もと Beatles のメンバー》 (**4**) Sir **Rex** ～ (1908–90)《英国の俳優; 本名 Reginald Carey ～; 映画 *My Fair Lady* (マイ・フェア・レディ, 1964) の Higgins 教授役で有名》 (**5**) **William Henry** ～ (1773–1841)《米国第 9 代大統領 (1841); Benjamin の祖父; ホイッグ党; インディアンとの戦いで名を揚げて大統領になるが, 就任 1 か月で没》. [＝son of Harry]
Hárris Pòll 〔商標〕ハリス世論調査《米国の Harris Interactive 社による世論調査》. [Louis *Harris* (1921–　) 米国のジャーナリスト・世論分析家]
Hárris's háwk, Hárris háwk /hǽrəs(əz)-/ モモアカノスリ.
Hárris twéed [ᴰH- T-] 〔商標〕ハリスツイード《スコットランド Outer Hebrides 諸島の特に Lewis and Harris 島産の手紡ぎ・手織り・手染めのツイード》.
Har·rods /hǽrədz/ ハロッズ《London の代表的百貨店; 1849 年 Charles Henry Harrod (1799–1885) が開いた食料品店を Charles Digby Harrod が継承, 発展させた》.
Har·ro·gate /hǽrəgət, *-gèɪt/ ハロゲット《イングランド北部 North Yorkshire の鉱泉町, 保養地》.
Har·ro·vi·an /hərόuviən/ *a* ハロー校 (Harrow School) の. ► *n* ハロー(校)出身者[校友].
har·row¹ /hǽrou/ *n* 砕土機, ハロー《耕起後の砕土用農具》. ● **under the ～** 〈畑が〉ハローで耕されて; 〈人が〉絶えずおびやかされて: a TOAD *under the* ～. ► *vt* **1** 〈土地〉にハローをかける, 把耕[砕土]する; 開拓する. **2** (精神的に)苦しめる, さいなむ. ► *vi* (ハローにかけられたように)砕ける. ♦ **～ed** *a* 苦しんだ, 悩んだ. **～·er** *n* [ON; cf. MLG and MDu *harke* rake]
harrow² *vt* 《古》 略奪する. ● **～ hell** 《古》 〈キリストが〉黄泉(よみ)に降って正しい者の霊魂を救済する. [変形＜*harry*]
Harrow ハロー《Greater London 北西部にある London borough の一つ》.
hárrow·ing *a* 痛ましい, 心をさいなむ, ぞっとする, 悲惨な. ♦ **～·ly** *adv*
hárrowing of héll [the] キリストの黄泉降下《キリストが十字架にかかって死んだあと, 昇天する前にすべての義人の霊魂を解放して天国に導くために地下の死者の国を訪れたこと》.
Hárrow Schóol ハロー校《Harrow にあるパブリックスクール; Eton College と並ぶ名門校; 1572 年創立; cf. HARROVIAN》.
har·rumph /hərʌ́m(p)f/ *vi* 《わざとらしく》咳払いする; 抗議する, 不平を言う, ぶつぶつ言う. ► *vt* 吐きすてるように言う 〈*that*〉; 咳払いで表わす. ► *n* 咳払い(の音). [imit]
har·ry /hǽri/ *vt, vi* 《しつこく》悩ます, 苦しめる; 略奪する; 侵略する, 蹂躙(じゅうりん)する, 《繰り返し》襲う; 押しやる, 追いたてる. ► *n* 侵略; 襲撃; 煩瑣な事柄. [OE *her(g)ian*; cf. OHG *heriōn* to lay waste, OE *here* army]
Harry **1** ハリー《男子名》. **2 a** [ᵁOld ～] 悪魔, 悪鬼. **b** 《下層階級の》若造, 粗野な男: FLASH HARRY. **3** 《俗》 ヘロイン. **4** [ᴰh-] [-er(s) で終わる形容詞・名詞などに前置して, 強意的効果・諧謔的効果などを付け加える; 通例 男性が使う表現] ″《俗》: ～ flakers くたくたで / ～ starkers すっ裸で. ● **by the Lord ～** 誓って, きっと. **play Old ～ with**…をめちゃくちゃにする. [⇨ HENRY, HAROLD]
Har·sa·nyi /hɑːrʃáːni/ ハーサニ **John C**(**harles**) ～ (1920–2000)《ハンガリー生まれの米国の経済学者; ゲーム理論の発展に貢献, ノーベル経済学賞 (1994)》.

harsh /hɑ́ːrʃ/ *a* **1 a** あらい, ざらざらした; 《感覚的に》刺激が強い, 舌[鼻]を刺激する, 耳[目]ざわりな, 喘鳴(ぜんめい)(音)の. **b** 荒削りの; がさつな; 洗練[優美さ]を欠く, 粗野な, 粗暴な. **2** きびしい, 苛酷な; 残酷な, 冷酷な, 無情な 〈*on*〉. ► *adv* HARSHLY. ♦ **~·ly** *adv* **~·ness** *n* [MLG *harsch* (HAIR, *-ish*); 一説に <Scand (Norw *harsk* harsh)]

hársh·en *vt, vi* あらくする[なる], きびしくする[なる].

hársh tóke *《俗》 **1** 刺激の強いマリファナタバコ(の一服). **2** 不快な[むかつく]やつ[もの].

hars·let /hɑ́ːrslət, hɑ́ːrz-/ *n* HASLET.

hart[1] /hɑ́ːrt/ *n* 雄鹿《特に 5 歳以上のアカシカ; cf. DEER》: a ~ of ten 角に 10 本枝のある雄鹿. [OE *heor(o)t*; cf. G *Hirsch*]

Hart ハート (1) **Albert Bushnell** ~ (1854–1943)《米国の歴史家》 (2) **Basil** (**Henry**) **Liddell** ~ ⇨ LIDDELL HART (3) **Lorenz** (**Milton**) ~ (1895–1943)《米国の作詞家; Richard Rodgers とのコンビで多くのヒットミュージカル・ヒット曲を世に送り出した》 (4) **Moss** ~ (1904–61)《米国の劇作家; George S. Kaufman と共作で *You Can't Take It with You* (1936), *The Man Who Came to the Dinner* (1939) などの喜劇を発表した》 (5) Sir **Robert** ~, 1st Baronet (1835–1911)《英国の外交官》 (6) **William S**(**urrey**) ~ (1864?–1946)《米国の俳優; 西部劇映画のスター》.

har·tal /hɑːrtɑ́ːl/ *n* 《インド・パキスタン》《政治的抗議手段としての》同盟休業; 《悲しみを表わす》役所・店舗の閉鎖. [Hindi]

Harte /hɑ́ːrt/ ハート **'Bret'** ~ [**Francis Brett** ~] (1836–1902)《米国の短篇作家・詩人; *The Lost Galleon and Other Tales* (1867), *The Luck of Roaring Camp* (1870)》.

har·te·beest /hɑ́ːrtəbìːst/ *n* 〔動〕ハーテビースト《アフリカ産の大型の羚羊 (antelope)》: **a** シカカモシカ, ハーテビースト (＝**réd** ~). **b** コンジシカカモシカ, コンジハーテビースト. **c** ヒロヅノカモシカ, ヒロラダマリスクス. [Afrik (Du *hert* HART, *beest* BEAST)]

Hart·ford /hɑ́ːrtfərd/ ハートフォード《Connecticut 州中北部の市, 州都》. ♦ **~·ite** *n*

Har·tha·cnut, -ca·nute /hɑ̀ːrθəkən(j)úːt/ ハルサクヌート, ハルサカヌート《HARDECANUTE の別称》.

Hart·le·pool /hɑ́ːrtlipùːl/ ハートリプール《イングランド北部 Newcastle upon Tyne の南南東, 北海に臨む港町》.

Hart·nell /hɑ́ːrtn(ə)l/ ハートネル Sir **Norman** (**Bishop**) ~ (1901–79)《英国のファッションデザイナー》.

har·tree /hɑ́ːrtri/ *n* 〔核物〕ハートリ《エネルギーの単位: ＝27.21 electron volts; cf. RYDBERG》. [Douglas R. *Hartree* (1897–1958) 英国の理論物理学者]

Hárt, Scháff·ner and Márx /-ʃǽfnər-/ *《俗》《ポーカーで》ジャックのスリーカード. [衣料品メーカーの名を集めたもの]

hárts·hòrn *n* 雄鹿の角《かつてアンモニアの原料とした》; 《古》炭酸アンモニア水 (＝spirit of ~)《気付け薬》.

hárt's-tòngue *n* 〔植〕コタニワタリ《チャセンシダ科; 葉は細長く切れ込みがない》.

Har·tung /hɑ́ːrtʊ̀ŋ; *F* artuŋ/ アルトゥング **Hans** ~ (1904–89)《ドイツ生まれのフランスの画家; ヨーロッパを代表する抽象画家で, 中国・日本の書道における筆づかいを思わせる抽象が注目された》.

Hart·well /hɑ́ːrtwɛ̀l/ ハートウェル **Leland H**(**arrison Lee**) ~ (1939–)《米国の医学者; 細胞周期を調節する物質の発見によりノーベル生理学医学賞 (2001)》.

ha·rumph /hərʌ́m(p)f/ *vi, n* HARRUMPH.

har·um-scar·um /hέərəmskέərəm/ 《口》 *a, adv* そそっかしい[そそっかしく], 軽率な[に], 無鉄砲な[に], 無責任な[に]. ► *n* そこつ者; 無鉄砲(な人). ♦ **~·ness** *n* [*hare* と *scare* を基にしたごろ合わせ; cf. HELTER-SKELTER]

Hā·rūn ar-Ra·shīd /hərúːn ɑːrrəʃíːd/ ハールーン・アッラシード (763 or 766–809)《アッバース朝第 5 代のカリフ (786–809); 同朝の黄金時代を築いた; 『アラビアンナイト』の主人公の一人》.

ha·rus·pex /hərʌ́spɛ̀ks, hǽrəs-/ *n* (*pl* **-pi·ces** /hərʌ́spəsìːz/) 《古代ローマの》腸卜(ちょうぼく)僧《いけにえの獣の腸を調べて神意を占った》. ♦ **ha·rús·pi·cal** *a* [L]

ha·rus·pi·ca·tion /hərʌ̀spəkéɪʃ(ə)n/ *n* HARUSPICY; 《一般に》予言, 占い.

ha·rus·pi·cy /(h)ərʌ́spəsi/ *n* 《古代ローマの》腸卜(ちょうぼく) (cf. HARUSPEX).

Har·vard /hɑ́ːrvərd/ ハーヴァード **John** ~ (1607–38)《アメリカ植民地のピューリタンの牧師; 新設のカレッジに蔵書と土地を寄贈, 同カレッジにその名がつけられた (現在の Harvard University)》.

Hárvard béets *pl* ハーバード ビーツ《角切り[薄切り]のビーツ (beets) を煮てビネガーソースで食べる料理》.

Hárvard classificàtion [the] 〔天〕ハーバード分類《恒星のスペクトル型の分類法; Harvard 大学天文台刊行の *The Henry Draper Catalogue* (1924) に用いられたもの》.

Hárvard fráme 〔商標〕ハーヴァードフレーム《調節可能なスチール製ベッドフレーム; キャスター付き》.

Hárvard Univérsity ハーヴァード大学《Massachusetts 州 Cambridge にある私立大学; 米国最古の大学で, 1636 年創立; Ivy League の一; ⇨ John HARVARD》.

har·vest /hɑ́ːrvəst/ *n* **1** 《穀物・作物の》収穫, 刈入れ; 《蜂蜜などの》採取; 収穫[採取, 捕獲]高; 収穫期, 刈入れ時; 収穫物, 採取物: an abundant [a bad] ~ 豊[凶]作 / an oyster ~ カキの水揚げ. **2** 結果, 報い, 報酬: reap the ~ *of*...の成果を収める[報いをうける]. ● **owe** sb **a day in the** ~ 人に恩義をうけている. ► *vt, vi* **1** 刈り入れる, 取り入れる, 収穫する (reap); 集める, 集積する: ~ crops [the field] 作物[畑の作物]を刈り入れる. **2** 《食用・スポーツとして, または個体数調整のために》〈動物・魚などを〉捕獲する. **3** 《特に移植のために培養物・生体・死体から》〈細胞・組織・臓器を〉採取[摘出]する. **4** 〈成果・利益を〉収める, 〈報いを〉うける. ♦ **~·able** *a* **~·less** *a* [OE *hærfest*; cf. G *Herbst* autumn (Gmc **harbh-* to reap)]

hárvest bùg 〔動〕ツツガムシ (chigger); 〔昆〕HARVEST FLY.

hárvest·er *n* 収穫者; 刈取り人夫; 刈取り機, 収穫機, 伐採機械, ハーベスター; 〔動〕メクラグモ (harvestman).

hárvester ànt 〔昆〕**a** 《欧州の》クロナガアリ《イネ科植物の種子を集める》. **b** 《北米の》収穫アリ (＝*agricultural ant*)《雑草の種子を収穫して巣にたくわえる; 特に米国南西部産のヒゲアメリカナガアリ》.

hárvest féstival [**féast**] 収穫祭《秋の日曜日に教会で行なう収穫感謝祭》.

hárvest fìsh 〔魚〕マナガツオ《同科の海産魚》, ニシマナガツオ《大西洋西岸産の小魚》.

hárvest flỳ 〔昆〕セミ (cicada).

hárvest hòme 収穫物の搬入, 収穫の完了; 収穫期; 収穫祭, 収穫完了祝いの食事会[歌].

hárvest ìndex 収穫指数《穀草の全重量に対する収穫物の重量の比》.

hárvest·man /-mən/ *n* (*pl* **-men** /-mən/) 《雇いの》取入れ[刈入れ]人; 〔動〕メクラグモ (＝*daddy longlegs*).

hárvest mìte 〔動〕ツツガムシ (chigger)《特に成虫》.

hárvest móon 仲秋の満月, 収穫月《秋分に最も近い満月》.

hárvest mòuse 〔動〕**a** カヤネズミ《ユーラシア産の小型のネズミ; 穀類の茎や生垣に巣を作る》. **b** アメリカカヤネズミ《米国南部産; カヤマウス属の野ネズミの総称》.

hárvest tìck 〔動〕《幼虫の》ツツガムシ.

hárvest·tìme *n* 収穫期.

Har·vey /hɑ́ːrvi/ **1** ハーヴィー《男子名》. **2** ハーヴィー (1) Sir **John Martin** ~ (1863–1944)《英国の俳優・劇場支配人》 (2) **William** ~ (1578–1657)《イングランドの医師; 血液循環を発見した》. [OE < Gmc＝army＋battle]

Hárvey Wáll·bàng·er ハーヴィー・ウォールバンガー《カクテルの一種; イタリアンリキュールを浮かべたスクリュードライバー》.

Har·wich /hǽrɪʤ, -ɪʧ/ ハリッジ《イングランド南東部 Essex 州北東部の港町》.

Ha·ry·a·na /hɑ̀riɑ́ːnə/ ハリヤナ《インド北部の州; ☆Chandigarh》.

Harz /hɑ́ːrts/ *pl* [the] ハルツ山地《ドイツ中部の山地; Weser, Elbe 両河にはさまれ, 森林でおおわれ, 伝説が多い; 最高峰 Brocken 山 (1142 m)》.

has /*v* hǽz; *v auxil* (z, ʒ 以外の有声音のあとで) z, (s, ʃ 以外の無声音のあとで) s, əz, (語群の初めでは) hæ̀z, həz, hǽz/ *v, v auxil* HAVE の直説法三人称単数現在形.

Ha·sa /hǽsə/ [Al-~ /æl-/, El ~ /ɛl-/] ハサー《サウジアラビア東部の地方; 東部はペルシア湾に臨み, 世界有数の産油地帯》.

Ha·san al-Bas·ri /xæsǽn ælbɑ̀ːsríː/ [al-~ /æl-/] ハサン・アルバスリー (642–728)《初期イスラムの思想家》.

hás-bèen *n* 《口》盛りを過ぎた人, 時代遅れの人[もの], 過去の人[もの] (cf. WOULD-BE); [*pl*] *《口》昔(のできごと), 過去. ► *a* *《俗》盛りを過ぎた, 過去の.

Has·dru·bal /hǽzdrùːbəl, —⌐—/ ハスドルバル (d. 207 B.C.)《カルタゴの将軍; Hamilcar Barca の次男, Hannibal の弟; ローマの攻撃をうけてイベリア半島におけるカルタゴの勢力を後退させた》.

Ha·šek /hɑ́ːʃɛk/ ハシェク **Jaroslav** ~ (1883–1923)《チェコの作家; 長篇小説『兵士シュヴェイクの冒険』(1921–23)》.

ha·sen·pfef·fer /hɑ́ːz(ə)n(p)fɛ̀fər, hɑ́ːs(ə)n-/, **has·sen-** /hɑ́ːs(ə)n-/ *n* ハーゼンプフェファー《香辛料を効かせたウサギ肉のシチュー》. [G (HARE＋PEPPER)]

hash[1] /hǽʃ/ *n* **1 a** こま切れ肉料理, ハヤシ肉料理; *《俗》食い物, 《軽食堂などの》食事. **b** 焼直し, 再利用(物), 再生(品). **c** 寄せ集め, ごたまぜ; めちゃめちゃ. **2** 〔電〕ハシュ《バイブレーターの接点などのブラシによる電気雑音》. **3** 《俗》うわさ; 〔電算〕ハッシュ(値)《データを hash function により処理して得た値》; 《電算俗》不要[無意味]なデータ. ● **flash** (**the**) ~ 《俗》吐く (vomit). **make** (**a**) ~ **of**... 《口》...をめちゃめちゃ[だいなし]にする, しくじる; 《口》さんざんにやっつける. **settle** [**fix**] sb's ~ 《口》人をやっつける, 完全に沈黙させる, 殺す, 人に仕返しをする. ► *vt* **1** [°~ up] **a** 〈肉・ジャガイモなどを〉細かに切る, 切り刻む; こま切れ肉料理にする. **b** めちゃくちゃにする, だめにする, しくじる. **c** 〔電算〕〈データを〉ハッシュする. **2** 《口》論議する, 検討[再検討]する 〈*over*〉. **3** 〈古い材料を〉再利用する. ► *vi* 《俗》給仕をする, ウェイター[ウェイトレス]をやる. ● **~ out** 《口》議論して...に決着をつける, 徹底的に論じる, 再検討する. **~ up** 《俗》想い起こす, 思い出して語る. [F *hacher* to cut up (*hache* HATCHET)]

hash[2] /hǽʃ, hɑ́ːʃ, héɪʃ/ *n* 《口》HASHISH; *《俗》マリファナ, 《広く》麻

薬. ► *a**《俗》すばらしい, クールな, いかす.

hash[3] /hǽʃ/ *n* ハッシュ (=～ **sìgn**) (hash mark)《# のしるし》.

hásh and trásh «CB 無線俗» 交信の際の妨害ノイズ.

hásh [háshed] bròwns *pl* ハッシュブラウンズ (= **hásh [háshed] bròwn potátoes**)《ゆでたジャガイモ(とタマネギ)を刻んでフライパンでこんがり焼いた米国料理》.

Hash·bury /hǽʃb(ə)ri/*《俗》HAIGHT-ASHBURY.

hasheesh ⇨ HASHISH.

Ha·Shem /hɑːʃém/〖ユダヤ教〗ハッシェム, 御名(みな)《神の遠まわしな呼び方》. [Heb=The Name]

Hash·em·ite, -im- /hǽʃəmàɪt/ *n* ハーシム家の人《Mecca の支配階級クライシュ族の一家; ⇨ JORDAN》.

hásh·er *n**《俗》《安飲食店の》給仕, 調理人(の助手).

hásh·ery *n**《俗》安食堂, 小さなレストラン.

hásh fòundry*《俗》安食堂, 食事をくれる施設.

hásh fùnction〖電算〗ハッシュ関数《入力データを内容に関係なく処理して一定の長さのデータを出力する関数》.

hásh hèad《俗》ハシーシ[マリファナ]中毒[常用]者.

hásh hòuse*《俗》**1** 安飲食店, 大衆食堂, 賄い付き下宿. **2** ハシーシの売買[使用]される所.

Ha·shi·mó·to's disèase [thyroidìtis, strùma] /hɑ̀ːʃimóʊtoʊz-/〖医〗橋本病《慢性リンパ球性甲状腺炎》. [橋本策(はかる) (1881–1934) 日本の外科医]

hash·ish, -eesh /hǽʃiːʃ, -ɪʃ, hæʃíːʃ/ *n* ハシーシ, ハシッシュ《大麻の雌株の花序と上部の葉から分泌される樹脂を製したもの; 麻薬として喫煙したりかんだり飲んだりする》. [Arab=dried herbage, powdered hemp leaves]

hásh jòint* HASH HOUSE.

hásh màrk*《軍俗》SERVICE STRIPE; ハッシュマーク《# のしるし》;〖アメフト〗INBOUNDS LINE.

hásh òil, háshish òil ハッシュオイル《大麻の活性成分テトラヒドロカナビノール》.

hásh pìpe*《俗》カンナビス (cannabis) 喫煙用小型パイプ.

hásh sèssion*《俗》とりとめもない議論, おしゃべり, 雑談.

hásh·slìng·er *n**《俗》HASHER.

hásh strìpe*《軍俗》SERVICE STRIPE;〖アメフト〗INBOUNDS LINE.

hásh·tàg *n* ハッシュタグ《Twitter 投稿の際にハッシュマーク (#) のあとに続ける英数字列; これを投稿文の頭に付けると内容によるグループ化がなされ, 同じタグの付いた投稿を参照できる》.

hásh-ùp"《俗》*n* (新品に見せる)改造品, 焼直し; ごたまぜ, 混乱.

Ha·sid, Has·sid, Cha(s)·sid /hǽsəd, xáː-/ *n* (*pl* **Ha(s)·sid·im, Cha(s)·sid·im** /hǽsədəm, xɑsíː-/)〖ユダヤ史〗ハシド《**1**) 紀元前 2 世紀, ヘレニズム化政策に反対し, 完全な献身と厳格な宗教生活を唱えたハシディームの一員 **2**) 1750 年ころポーランドのユダヤ教徒に起こった神秘主義的信仰復興運動の一員》. ♦ **Ha(s)·síd·ic, Cha(s)·síd·ic** *a* [Heb=pious one]

Hás·i·dìsm *n*《ユダヤ教の》敬虔主義, ハシディズム.

hask /(h)ǽsk/ *a, n*《方》乾いた[しわがれた](咳)《動物の》. [ME=harsh (変形) ‹ HARSH]

Has·ka·lah /hæ̀skəlɑ́ː, hɑːskɔ́ːlə/ *n* ユダヤ啓蒙運動, ハスカラー《18–19 世紀に東欧に住むユダヤ人が行なった啓蒙運動; タルムード研究を補うものとして, 同胞にヨーロッパの言語やヘブライ語を学ばせ, 一般教養を身につけさせようとした》. [Heb=enlightenment]

has·let /hǽslət; hǽz-/ *n* ハスレット《**1**) 豚・羊などの臓物 **2**) これを調理した英国の料理; 通例 冷やして食べる》.

Has·mo·n(a)e·an /hæ̀zməníːən/ *n* [the ～s] ハスモン家 (MACCABEES). ► *a* ハスモン家の.

has·n't /hǽznt/ has not の短縮形.

hasp /hǽsp; hɑ́ːsp/ *n* 掛け金, 止め金; つむ, 紡錘; かせ (skein). ► *vt* 掛け金で締める. [OE *hæpse, hæsp*]

Has·sam /hǽsəm/ ハッサム (**Frederick**) **Childe** ～ (1859–1935)《米国の画家・版画家; 米国印象主義の先駆け》.

Has·san /həsɑ́ːn/ ハッサン ～ **II** (1929–99)《モロッコの国王 (1961–99)》.

has·sel /hǽs(ə)l/ *n*《口》HASSLE.

Has·sel /hɑ́ːsəl/ ハッセル **Odd** ～ (1897–1981)《ノルウェーの化学者; ノーベル化学賞 (1969)》.

Has·selt /hɑ́ːsəlt; *F* asɛlt/ ハッセルト《ベルギー北東部 Limburg 州の州都》.

hassenpfeffer ⇨ HASENPFEFFER.

has·si·um /hǽsiəm/ *n*〖化〗ハッシウム《記号 Hs, 原子番号 108》.

has·sle /hǽs(ə)l/《口》*n* 言い争い, 論争, いざこざ, けんか; *つばぜり合い, 戦闘; 面倒な[厄介な]こと, ひと苦労; 混乱, ごたごた. ► *vi* 言い争う, けんかする ‹*about, over, with*›; 面倒な思いをする, ひと苦労する ‹*with*›. ► *vt* いじめる, 悩ます, …にうるさくいう, …にいやがらせをする; *《俗》‹麻薬を›苦労して手に入れる. [C20 (dial)‹?]

Hass·ler /hɑ́ːslər/ ハスラー **Hans Leo** ～ (1564–1612)《ドイツの作曲家》.

has·sock /hǽsək/ *n* **1**《詰め物をした》腰掛け, 足載せ台,《祈りの時の》ひざぶとん. **2**《湿地の》草むら;《イングランド Kent 州で》石灰質の砂岩. [OE *hassuc* matted grass‹?]

hast /*v* hǽst; *v auxil* (h)əst, st, hǽst/ *v, v auxil*《古・詩》HAVE の直説法二人称単数現在形《主語 thou に伴う》.

HAST °Hawaii-Aleutian standard time.

has·ta la vis·ta /ɑ́ːstə lə víːstə/, **hasta lue·go** /— lwéɪgoʊ/ ではまた. [Sp]

hasta ma·ña·na /— mənjɑ́ːnə/ また明日. [Sp]

has·tate /hǽstèɪt/ *a* 三角の矢じり形の;〖植〗‹葉が›戟(ほこ)形の. [L (*hasta* spear)]

haste /héɪst/ *n* 急ぎ, 早急, 迅速; あせること, 性急, 軽率: in her ～ to get away 彼女は逃げるのを急ぐあまり(…した) / *H*～ makes waste.《諺》せいては事をし損ずる / *H*～ trips over its own heels.《諺》急ぐと自分のかかとにつまずくもの / Make ～ slowly.《諺》ゆっくり急げ (festina lente) / More ～, less [worse] speed.《諺》急がば回れ. ● **in** ～ 急いで, 取り急ぎ; あわてて: *in* hot [great] ～ 大急ぎで, やっきになって. **make** ～ 急ぐ, 手早くする: *make* ～ to [and] come 急いで来る. ► *vi, vt*《古・文》急ぐ[急がせる] (hasten) ‹*to* do›. [OF‹Gmc; cf. OE *hǣst* strife, violence]

has·ten /héɪs(ə)n/ *vt* 急がす, せきたてる, 早める, 促進する: ～*ing* of germination 催芽. ► *vi* 急ぐ: I ～ to tell you that…の件とりあえずお知らせします. ♦ **～·er** *n*

Has·tings /héɪstɪŋz/ **1** ヘースティングズ (**1**) **Francis Rawdon-**～, 1st Marquess of ～ (1754–1826)《英国の軍人・植民地行政官; Bengal 総督 (1813–23) の時にマラーター戦争によってインド中央を英国の支配下に置いた》(**2**) **Warren** ～ (1732–1818)《英国の植民地行政官; 初代インド総督 (1773–85)》. **2** ヘースティングズ《イングランド南東部 East Sussex 州の町; Dover 海峡に面し, 古くは CINQUE PORTS の一つ; 1066 年 William 征服王が Harold 王を破ったヘースティングズの戦い (the **Báttle of** ～) の戦場の近く》.

hasty /héɪsti/ *a* 急な, あわただしい; 軽率な; 性急な, せっかちな, いらだたしげな; 短気な, おこりっぽい;《古》迅速な: a ～ conclusion 速断, 早合点. ♦ **hást·i·ly** *adv* 急いで, そそくさと, あわただしく; 早まって, 軽率に, あわてて. **hást·i·ness** *n* [OF (*haste, -ive*)]

hásty púdding 即席プディング《**1**) 英国では小麦粉やオートミールを牛乳か湯で煮て作る **2**) ニューイングランドではトウモロコシの粉を牛乳か湯で煮て作る **3**) INDIAN PUDDING》.

hat /hǽt/ *n* **1 a** (cap, bonnet, beret に対し縁のある) 帽子; 制帽, ヘルメット《など》: put on [take off] one's ～ 帽子をかぶる[脱ぐ] / raise [pull off, take off, tip, touch] one's ～ to sb 帽子をあげて[を脱いで, に手を触れて]人に挨拶する[敬意を表する] / *H*～*s* off to…に敬礼[脱帽]! / My ～'s off to him for…のことでは彼には脱帽するよ / lift one's ～ 帽子をちょっと上げる《国王や女性への挨拶》. **b**《帽子など》出かけるときの服[身のまわりの品]: Get your ～ and let's go. **c**《俗》コンドーム. **2 a** 枢機卿 (cardinal) の緋の帽子 (red hat); 枢機卿の職[地位] **b**《特別な帽子によって象徴される》地位, 職, 役割, 立場, '顔': wear one's…HAT. **3**《俗》賄賂, 袖の下. **4***《俗》役立たずの鉄道員, おいぼれ鉄道員. **5***《俗》女,《特に》妻, ガールフレンド;《俗》《性的に》だらしのない女.

● **(as) black as one's** ～ まっ黒の[で]. **at the drop of a** ～《口》ちょっとした合図で, 待ってましたとばかりに, いそいそと, すぐに, すぐさま, たちまち, だしぬけに. BAD HAT. **by this** ～ 誓って. **(go) shit in your** ～*《俗》くそくらえ, くたばっちまえ. **Hang [Hold] on to your** ～**!=Hold your** ～**!**《口》[*joc*] いいか, びっくりするなよ,《運転者が乗客などに向かって》(スピードを上げるから)しっかりつかまって. **hang (up) one's** ～ 帽子掛けに帽子を掛ける; くつろぐ, 長居する; 引退する, 退職する: somewhere [a place] to *hang* one's ～ どこか落ちつける所, 家(と呼べるもの). **hang (up) one's** ～ **on**…にたよる, たよりにする: He's got a job to *hang his* ～ *on*. 彼は生活を支える仕事を見つけた. ～ **and cap***《韻俗》淋病 (the clap). ～ **in hand** 帽子を手にして; かしこまって, へいへいして. **have one's** ～ **in the ring**=throw one's HAT in the ring. **I'll** EAT **my** ～ **(first) if**…, **My** ～**!**《口》おや, まあ, まさか. OLD HAT. **out of a [the]** ～ 手品のように, 思いのままに, でたらめに; 無作為に: pull crises [excuses] *out of a* ～ 勝手に危機をつくり上げる[言いわけをこしらえる]. **pass [send, take] the** ～ **round**=***pass the** ～ **(around)**= **go round with the** ～ 寄付[献金]を請うて回る; 物乞いする. **put the tin** ～ **on** (…)《口》[*joc*] ‹計画などを›だめにする, 終わりにする. **take off** one's ～ 敬意を払う, 脱帽する ‹*to*›. **talk through one's** ～《口》《本当のことを知らずに》いいかげんなことを言う, 大ぼらを吹く, でまかせを言う. **throw one's** ～ **at (it)**《アイル》(手に入れる[なし遂げる])望みを捨てる, あきらめる. **throw** one's ～ **in the air** 飛び上がって喜ぶ. **throw [toss]** one's ～ **in [into] the ring**《争い・競争に》参加を告げる; 立候補する, 名のりを上げる. **under one's** ～**=for the [one's]** ～《口》秘密に[で]: Keep it *under your* ～. それは秘密にしてくれ. **wear a** ～*《古俗・劇俗》ガールフレンドがいる, 結婚している;《古俗・劇俗》品行方正である[になる]. **wear more than one** ～ いくつもの役割をこなす[もつ], いくつかの分野で資格がある. **wear one's [a]…** ～ (臨時に)…の役割を果たす, …として活動する, …の資格[立場]でものを言う[ふるまう]: *wear* one's doctor's [official] ～ 医者として[公的な立場で]行動する. **wear two** ～**s [a different** ～**]** 一人二役をする, 二足のわらじを履く, 仕事を 2 つもっている.

► *vt* (-tt-) …に帽子をかぶせる[支給する]. ► *vi* 帽子を作る[供給する].

♦ **hát·ted** *a* 帽子をかぶった. [OE *hætt*; cf. HOOD[1], ON *höttr* hood]

HAT °Hawaii-Aleutian time.

hatable ⇨ HATEABLE.

Ha·tay /hɑːtáɪ/ ハタイ《トルコ南部, 地中海に臨む県, ☆Antakya》.

hát·bànd *n* ハットバンド《帽子の山の下部に巻いたリボン・革帯・細ひもなどの環帯》; 帽子に巻いた喪章.

hát·blòck *n* 帽子の木型.

hát·bòx *n* 帽子箱[入れ]; 帽子箱形の婦人用旅行かばん.

hát·brùsh *n* 帽子ばけ《シルクハット用》.

hát·càse *n* HATBOX.

hatch[1] /hǽʧ/ *vt* 〈ひななどを〉卵からかえす, 〈卵を〉抱く, 温めてかえす, 孵化(ふ)する; 〈催し・事業など〉の準備[企画, 策定]をする; 生み出す, たくらむ, ひそかにもくろむ 〈*up*〉; 《口》〈子供を〉産む. ► *vi* 〈ひな・幼虫などが〉卵[蛹嚢, 蛹殻など]からかえる, 〈卵が〉かえる, 孵化する 〈*off, out*〉; 〈親鳥などが〉巣につく, 卵を抱く[かえす]. ► *n* 一かえり(のひななど); 孵化; 〔昆〕羽化. ● **~ed, matched, and despatched** 《完全に》終了[完了]した. **the ~es, (catches,) matches, and despatches=the ~ed, matched, and despatched** [*joc*] 新聞の出生・(婚約・)結婚・死亡の通知欄. ♦ **~·able** *a* **~·ability** *n* [ME *hacche*<? OE **hæccan*; cf. MHG *hecken* (of birds) to mate, Swed *häcka* to hatch]

hatch[2] *n* 〔海〕《甲板の》昇降口[艙口]のふた, ハッチ; 〔空〕ハッチ, 扉口《飛行機・宇宙船などの開口部》; HATCHBACK; ハッチ《上下に分かれた扉の下半分》; 床窓, 天井窓; 堰(せき)のふた; 水門 (floodgate); 間仕切りに設けた開口部[出し入れ口], ハッチ, 《調理場と食堂の間の》サービス口; 簗(やな)のふた; 〔海〕HATCHWAY; 仕切り部屋; 《口》《人の》口とのど《酒の通り路としての》, 口. ● **Down the ~!** 《口》乾杯! **under (the) ~es** 板下に; 非番で; 監禁されて; おちぶれて; 元気なく; 見えなくなって; 葬られて, 死んで. [OE *hæcc*; cf. MDu *hecke* trapdoor]

hatch[3] *vt* …に細い線の象眼をする; 〔製図・彫〕…に細かい平行線を引く, …にけばを付ける, あや目引きにする. ► *n* けば, あや目引き. [F *hacher* to HASH[1]]

hátch·bàck *n* ハッチバック《車体後部に, 上に開く傾斜した大きな扉をもつ自動車; その車体後部》.

hátch-bòat *n* 甲板全体が艙口の荷船; 半甲板の漁船.

hát·chèck *a* 帽子や携帯品を預かる: a ~ girl.

hatch·el /hǽʧ(ə)l/ *n, vt* (-l- | -ll-) HACKLE[1].

hátch·er *n* 卵をかえす鳥[動物], 巣鶏; 孵卵器; 陰謀家.

hátch·ery *n* 《魚卵・鶏卵などの》孵化場; 離乳期の豚の大規模飼養所.

hatch·et /hǽʧət/ *n* 手斧, 鉈(なた); TOMAHAWK. ● **bury the ~** 和睦する《北米インディアンの風習から》; *《俗》手術具を患者の体中に残置する. **take [dig] up the ~** 戦闘準備をする, 戦端を開く. **throw [fling, sling] the ~** 《俗》ほらを吹く. **throw the** HELVE **after the ~.** ► *vt* 手斧で切る[殺す]; 切り詰める, 切り取る. [OF *hachette* (dim)<*hache*; ⇨ HASH[1]]

hátchet fàce やせてとがった顔(の人). ♦ **hátchet-fàced** *a*

hátchet·fìsh *n* 〔魚〕ハチェットフィッシュ《手斧(ておの)に似た体形の南米産の小型淡水魚; 大きな胸びれを使って水面を飛ぶ》.

hátchet jòb 《口》悪罵, 誹謗, 中傷; *《俗》《従業員の》首切り: do a ~ on…をこきおろす.

hátchet màn 《口》殺し屋; 《人員・費用の削減など》いやな仕事を引き受ける人; 《ボスに代わっていやな仕事をする》子分《henchman より一段上とみなされる》; 《人の意向に添うための》悪口書きを専門とする人[批評家], こきおろし屋, (不正手段で)敵をつぶす者.

hátchet·ry *n* 手斧使用法; 削減(工作).

hátchet thròwer *《黒人俗》スペイン[プエルトリコ, キューバ]人.

hátchet wòrk 《hatchet man による》侮辱的な記事[批評], 中傷.

hátch·ing *n* 〔製図〕けば付け, あや目引き, ハッチング; けば, ハッチ (cf. CROSS-HATCHING).

hátch·ling *n* 孵化したての幼鳥[幼魚], 孵化幼生[幼虫].

hátch·ment *n* 〔紋〕忌中紋標《菱形の黒枠中に死者の紋章を描いたもの; 死者の住居の門前などに掲げる》. [?Fr *hachement*<OF *acesmement* adornment]

hátch·wày *n* 〔海〕昇降口, 艙口, ハッチ; はね上げ戸の出入口.

hate /héɪt/ *vt, vi* **1** 憎む, (ひどく)嫌う《DISLIKE よりも程度が強いが, DETEST, ABHOR, LOATHE[1] よりは弱い》〈*doing, to do, (for)* sb *to do*〉: I ~ it when people talk about me. 人からうわさされるのはとてもいやだね. **2** 《口》遺憾に思う: I ~ *to* disturb [disturb*ing*] you, but…. おじゃましてまことに恐縮ですが… / I ~ *to* say this, but… 言いたくはないが…. ● **somebody up there ~s me** 《俗》運が悪い, ついてない. **the** man etc. one **(most) loves to ~** 人の憎しみ[軽蔑, 批判]の対象になる人[もの など], 憎まれ役, 悪役, 憎まれっ子, 悪者(扱いされる人), 見るのもいやな人[もの]. ► *n* 憎悪, 憎しみ, 嫌悪, 敵意, 敵愾心; 《口》憎悪の的, 嫌われ者 (=~ figure) (cf. one's PET[1] ~); [〈*a*〉] 憎悪の[を示す], いやがらせの: ~ phone いやがらせの電話 / HATE CRIME. ♦ **hát·er** *n* [(v) OE *hatian*; (n)<(v) and ON *hatr*]

háte·able, hát·able *a* 憎むべき, 忌まわしい, いやな.

háte crìme 憎悪犯罪《人種・宗教・信条・出自・性的志向などの違いに由来する憎悪感情が動機となって相手に危害を加えたり, 相手の市民権をおびやかしたりする犯罪》.

háte·ful *a* 憎むべき, いやな, いまいましい; 《古》憎しみの, 悪意に満ちた. ♦ **~·ly** *adv* **~·ness** *n*

háte màil 憎悪[いやがらせ]の手紙《受け手に対する憎悪をつづった, しばしば 匿名の手紙》.

háte·mònger *n* 敵対感情の醸成を事とする煽動屋.

háte shèet 《特定の民族・国家・宗教・集団に対して》偏見に満ちた憎悪を執拗に発表しつづける新聞[刊行物].

háte spèech 憎しみの言論《ある集団〔たとえば特定人種〕に対する憎しみの表現をもっぱらその内容とする言論[演説]》.

hát·fùl *n, a* 帽子一杯(の). ● **a ~ of…** 《口》a LOT of. ♦ **~·ly** *adv* **~·ness** *n*

hath /*v* hǽθ, *v auxil* (h)əθ, hǽθ/ *v, v auxil* 《古・詩・方》HAVE の直説法三人称単数現在形.

Hath·a·way /hǽθəwèɪ/ ハサウェイ **Anne ~** (c. 1556–1623) 《William Shakespeare の妻》.

hátha yóga /hǽθə-, hátə-/ [[s]H- Y-] ハタヨーガ, 強制ヨーガ《体をねじ曲げるような座法を取り入れ, 身体の生理的操作により宇宙と合体することを目標とするヨーガ; cf. RAJA YOGA》. [Skt (*hatha* force, YOGA)]

Hath·or /hǽθɔːr, -ər/ 〔エジプト神話〕ハトル, ハトホル《元来は天空の女神; 愛・歓喜・繁殖・育児の女神ともされ, ギリシア人は Aphrodite と同一視した; Horus の母; しばしば 頭部は雌牛の角と耳をもった姿で表わされる》.

Ha·thor·ic /həθɔ́(ː)rɪk, -θɑ́r-/ *a* HATHOR の; 〔建〕〈柱頭などが〉ハトホルの頭部をかたどった.

Ha·tik·vah /hɑːtíːkvɑː, -tíkvɔː, -və/「ハティクヴァ」《イスラエルの国歌; 'The Hope' の意》.

hát·less *a* 帽子のない, 《かぶるべき時に》無帽の[で].

hát·màker *n* 帽子製造人.

hát·pèg *n* 帽子掛け(の釘).

hát·pìn *n* 《昔の》婦人帽の留めピン《護身用にもなった》.

hát ràck 帽子掛け; 肉質のよくないやせた食肉動物, 年をとってやせた馬[牛]; *《俗》やせっぽち, がらがらにやせたやつ[半病人].

hát·ràil *n* 《壁に取り付けた》帽子掛け.

ha·tred /héɪtrəd/ *n* 憎しみ, 嫌悪, 憎悪, 遺恨, 恨み: have a ~ *for* [*of*]…を憎む, …が大嫌いである / in ~ of…を憎んで. [HATE (n), *-red* (OE *rǣden* condition)]

Hat·shep·sut /hætʃépsut/ ハトシェプスト《古代エジプト第 18 王朝の女王 (c. 1473–58 B.C.)》.

hát sìze 帽子のサイズ. ● **short of ~** 《俗》頭[知恵]の足りない, ばかな.

hát·stànd *n* 帽子掛け, ハットスタンド.

hát·ter *n* 帽子製造人; 帽子屋; 《豪》奥地に一人で住む男[鉱夫], 孤独な奇人; [[U]*pl*] 兎の毛皮《フェルト帽の材料》: (as) mad as a ~ 《俗》全く気が狂って, ひどくおこって.

Hat·ter·as /hǽt(ə)rəs/ [Cape] ハッテラス岬《North Carolina 州東海岸の Hatteras 島にある; 船舶の航行に危険なため 'Graveyard of the Atlantic' と呼ばれてきた》.

hátter's shákes [[U]〈*sg*〉] 水銀中毒, 水俣病.

Hattie ⇨ HATTY.

Hát·ton Gárden /hǽtn-/ ハットンガーデン《London にある英国のダイヤモンド・宝石取引の中心地》.

hát trèe* 帽子掛け (hatstand)《枝のあるもの》.

hát trìck **1** 〔クリケット〕ハットトリック《投手が続いて 3 人の打者をアウトにすること》; 〔サッカー・ホッケー〕ハットトリック《1 人で 3 ゴール獲得すること》; 〔競馬〕《一騎手による》(一日)三連勝, 三勝鞍(やね)あげること; 〔野〕サイクルヒット; 《一般に》三連勝: pull off a ~ ハットトリックをやってのける. **2** 帽子を用いて行なう奇術; 巧妙な手[術策]. [昔 3 人の打者を連続してアウトにした投手に帽子が贈られたことからか]

Hat·ty, Hat·tie /hǽti/ ハッティ《女子名; Harriet, Harriot の愛称》.

hau·ber·geon /hɔ́ːbərʤən/ *n* 〔史〕HABERGEON.

hau·berk /hɔ́ːbərk/ *n* 〔史〕中世の長い鎖かたびら; HABERGEON.

haud /hɔ́ːd, hɑ́d/ *vt, vi, n* 《スコ》HOLD[1].

hau·er·ite /háʊəràɪt/ *n* 〔鉱〕ハウエライト《黄鉄鉱族の一つ》. [Franz von *Hauer* (1822–99) オーストリアの地質学者]

hauf /hɔ́ːf/ *n, a, adv* 《スコ》HALF.

haugh /hɔ́ː(x), hɑ́ː(x)/ 《スコ・北イング》*n* 河辺の低地にある(牧)草地; 平坦な沖積地. [OE *healh* corner of land]

Haugh·ey /hɔ́ːhi/ ホーヒー **Charles James ~** (1925–2006)《アイルランドの政治家; 首相 (1979–81, 82, 87–92)》.

haugh·ty /hɔ́ːti, hɑ́ː-/ *a* 傲慢な, 高慢な, 横柄な, 偉そうに構えた; 堂々とした; 《古》高貴な. ♦ **háugh·ti·ly** *adv* 傲慢に, 高ぶって. **-ti·ness** *n* [C16 *haught, haut*<OF<L *altus* high; *-gh-* は *naughty* などの類推]

haul /hɔ́ːl/ *vt* **1** 強く引く, 引っ張る, たぐる 〈*down, up, to, into*〉; 牽引する, ひきずって行く; 車で運ぶ, 運搬する; 風向きに合うように〈船〉の

H

針路を変える[維持する], 風上に向ける; 《修理などのため》〈船を〉引き揚げる: ～ *down* one's COLORS / ～ *in* たぐり込む; 〈大金などを〉稼ぐ / ～ *in* one's HORNS / ～ sb over the COALS. **2** ‖〈人・チームなどを〉(高い場所・地位に)引き上げる 〈*up, out of, into*〉: ～ oneself *up* やっとのことではい上がる[よじ登る]. **3** 《パーティーなどに》引っ張り出す; 《口》《譴責・尋問のため》〈人を〉呼び出す, 召喚する 〈(*up, in*) *before* the court, magistrate〉; 《口》逮捕する, 連行する 〈*in, off*〉. ► *vi* **1** 引っ張る 〈*at, upon* a rope〉 (cf. VEER² *and* ～); 運送[輸送]する; 〘海〙針路を転ずる 〈*off, from, round, up*〉; 〘海・気〙〈風が〉(向かい風に)変わる 〈*around*〉 (cf. VEER¹ *and* ～); 船を引き揚げる; 方針[意見など]を変える. **2** 〈ある地点に〉(やっと)たどりつく 〈(*up*) *at, to, into*〉. ● **～ down** 《口》《野球などで》走って行って〈ボールを〉キャッチする; 《口》《アメリカンフットボールなどで》タックルする. **～ in** *〘スポ〙〈ボール・パスを〉キャッチする. **～ in with**…に近づく(ように船を向ける). **～ it** *《黒人俗》逃げる, ずらかる. **～ off** 〘海〙遠ざかるよう針路を転ずる; 引き下がる, 立ち去る; *《口》腕を引いて[上げて]一撃の身構えをする 〈and slug [sock etc.] sb〉, 突然[いきなり]…する 〈and do sth〉, 一発かます 〈*on* sb〉: He ～*ed off and* kissed her. 彼はだしぬけに彼女にキスをした. **～ to** [**on**] **one's** [**the**] **wind**＝**～ one's wind** 船首をさらに風上に向ける. **～ up** 船首を風上に転ずる; 〈車などが〉止まる, 〈人が〉立ち止まる. ► *n* **1** (強く)引く[引っ張る, たぐる]こと; 輸送, 運搬, 運搬量[距離, 経路]; 〘機〙コンベヤーベルト: LONG [SHORT] HAUL. **2** 《口》《大量の》収穫物, 収益, もうけ, 《特に》窃盗品, 密輸[密売]品; ひと網の漁獲高, 水揚げ高; 〘スポ〙獲得(数), 得点: a ～ of stolen cars 大量の盗難車 / drugs ～ 押収された麻薬(の量) / flee with a million-dollar ～ 百万ドルを持ち逃げする / get [make] a fine [good, big] ～ 大もうけする, 大漁である. [変形 ‹ HALE²]

H

hául·age *n* 引っ張り; 牽引量[力]; 運送業; 運搬, 運輸; 運賃, 貨車使用料.

hául·age·wày *n* 坑道《石炭運搬用》.

hául·er *n* HAUL するもの[人]; 運輸業者, 運送店; 輸送車; *《俗》すごいスピードの出る車, ホットロッド.

haul·ier ‖ /hɔ́:ljər/ *n* 引く人, 馬車引き; 坑内運搬者; 運送業者, 運送店.

haulm ‖ /hɔ́:m/ *n* 《豆類・穀類・ジャガイモなどの》茎, 稈(かん), 《特に刈り取り後の》麦わら, 豆類などの茎《家畜の寝わらや屋根ふき用》. [OE *h(e)alm*; cf. G *Halm*]

haulyard ⇨ HALYARD.

haunch /hɔ́:ntʃ, *há:ntʃ/ *n* 腰臀部; [ᵘ*pl*]《獣類の》後軀; 《食用の》動物の脚と腰部; 〘建〙HANCE: sit [squat] on one's ～*es* しゃがむ, うずくまる. [OF‹Gmc; cf. LG *hanke* hind leg of horse]

háunch bòne 腰骨, 無名骨 (hipbone), 《特に》ILIUM.

haunt /hɔ́:nt, *há:nt/ *vt* たびたび訪れる, …に足しげく通う; 〈幽霊などがある場所・人〉に出る, 出没する; …に絶えず付きまとう, 取りつく, 悩ます; …の脳裏を去らない, …に絶えず現われる: come back [return] to ～ sb 繰り返し[あとあとまで]人を悩ます. ► *vi* なかなか離れない 〈*in, about* a place, *with* sb〉; 足しげく通う; 出没する, 〈人が〉幽霊になって現われる; 交際する. ► *n* [°*pl*] 絶えず出入りする場所, 通い先; 《動物などの》よく出る所, 生息地, 《犯人などの》巣, 根城; /ˢhǽnt/ 《方》幽霊: a favorite ～ of birds 鳥がよくやって来る所. ♦ **～·er** *n* [OF‹Gmc; cf. OE *hāmettan* to give HOME to]

háunt·ed *a* 〈幽霊などに〉つかれた; 妖怪変化が出没する; 苦悩にさいなまれた: a ～ house 幽霊屋敷.

háunt·ing *a* 心[耳]から離れない, 忘れられない. ► *n* たびたび訪れること; 《幽霊などの》出没. ♦ **～·ly** *adv*

Haupt·man /háuptmən/ ハウプトマン **Herbert A**(**aron**) ～ (1917–2011) 《米国の数学者・結晶学者; X 線の回折強度を統計的に処理して物質の結晶構造を直接決定することを可能にした; ノーベル化学賞 (1985)》.

Haupt·mann /háuptmà:n/ ハウプトマン **Gerhart** ～ (1862–1946) 《ドイツの劇作家・詩人・小説家; ノーベル文学賞 (1912)》.

Hau·rá·ki Gúlf /hauráki-, -rá:-/ ハウラキ湾《ニュージーランド北島の北岸》.

hau·ri·ent /hɔ́:riənt, *há:-/ *a* [後置] 〘紋〙〈魚・イルカなど〉頭を上に向けて直立した姿勢の. [‹L *haurientem* drawing]

Hau·sa /háusə, -zə/ *n* **a** (*pl* ～, ～**s**) ハウサ族《アフリカのナイジェリア北部とニジェール南部の黒人》. **b** ハウサ語《Swahili 語と共にアフリカの代表的言語; 分類上は Chadic 語派に属する》.

Haus·dorff /háusdɔ̀:rf, háuz-/ ハウスドルフ **Felix** ～ (1868–1942) 《ドイツの数学者; 位相幾何学に貢献》.

hau·sen /hɔ́:zn, háu-/ *n* 〘魚〙シロチョウザメ (beluga).

haus·frau /háusfràu/ *n* (ドイツ人の)主婦, 家庭の主婦. [G＝housewife]

Haus·ho·fer /háushòufər/ ハウスホーファー **Karl Ernst** ～ (1869–1946) 《ドイツの陸軍将校・地政学者》.

Hauss·mann /háusmən, ousmá:n; *F* osman/ オースマン Baron **Georges-Eugène** ～ (1809–91) 《フランスの行政官; 第二帝政時代に Paris の都市改造を実行》.

haus·tel·late /hɔ:stélət, hɔ́:st(ə)lèit/ *a* 〘動〙吻管[吸管]をもつ.

haus·tel·lum /hɔ:stéləm/ *n* (*pl* **-la** /-lə/) 〘動〙《植物液や動物の血などを吸うための》吻管(ふんかん), 吸管. [L]

haus·to·ri·um /hɔ:stɔ́:riəm/ *n* (*pl* **-ria** /-riə/) 〘植〙《寄生植物の》吸器. ♦ **haus·tó·ri·al** *a* [L]

haut·bois, -boy /(h)óubɔ̀i/ *n* (*pl* **haut·bois, -boys** /-bɔ̀iz/) **1** OBOE. **2** 〘植〙ヨーロッパ・ロシア・シベリアに分布するイチゴ (＝～ **stràwberry**). [OF (*haut* high, *bois* wood)]

haute /óut/, **haut** /óut, óu/ *a* 高級な (high-class). [F (↑)]

Haute-Corse /*F* otkɔrs/ オートコルス《フランス Corse 島北部の県; ☆Bastia》.

haute cou·ture /óut kutúr; -tjúər/ オートクチュール《(**1**) 流行をリードするような高級婦人服を創り出す店[デザイナー] **2**) そこで創り出される服[ファッション]》. [F＝high sewing]

háute cui·síne /-kwizí:n/ 高級(フランス)料理.

haute école /-— eikɔ́(:)l/ 高等馬術. [F＝high school]

Haute-Ga·ronne /*F* otgarɔn/ オートガロンヌ《フランス南西部 Midi-Pyrénées 地域圏の県; ☆Toulouse》.

Haute-Loire /*F* otlwa:r/ オートロアール《フランス中南部 Auvergne 地域圏の県; ☆Le Puy-en-Velay》.

Haute-Marne /*F* otmarn/ オートマルヌ《フランス北東部 Champagne-Ardenne 地域圏の県; ☆Chaumont》.

Haute-Nor·man·die /*F* otnɔrmɑ̃di/ オートノルマンディー《フランス北西部の英国海峡に臨む地域圏; ☆Rouen; Eure, Seine-Maritime の 2 県からなる》.

Hautes-Alpes /*F* otzalp/ オートザルプ《フランス南東部 Provence-Alpes-Côte d'Azur 地域圏の県; ☆Gap》.

Haute-Saône /*F* otso:n/ オートソーヌ《フランス東部 Franche-Comté 地域圏の県; ☆Vesoul》.

Haute-Sa·voie /*F* otsavwa/ オートサヴォア《フランス東部 Rhône-Alpes 地域圏の県; ☆Annecy》.

Hautes-Py·ré·nées /*F* otpirene/ オートピレネ《フランス南西部 Midi-Pyrénées 地域圏の県; ☆Tarbes》.

hau·teur /(h)outə́:r, hɔ:-; *F* otœ:r/ *n* 《文》横柄, 尊大, 傲慢. [F (*haut* high)]

Haute-Vienne /*F* otvjɛn/ オートヴィエンヌ《フランス中西部 Limousin 地域圏の県; ☆Limoges》.

Haute-Volta ⇨ UPPER VOLTA.

haute vul·ga·ri·sa·tion /*F* ot vylgarizasjɔ̃/ 難解複雑な事柄の大衆化.

haut goût /*F* o gu/ 薬味の効いた味, 凝った味; 《肉の》ちょうど食べごろの味.

haut monde /ou mánd; *F* o mɔ̃:d/, **haute monde** /out-; *F* o:t-/ 上流社会. [F＝high world]

Haut-Rhin /*F* orɛ̃/ オーラン《フランス東部 Alsace 地域圏の県; ☆Colmar》.

Hauts-de-Seine /*F* odəsɛn/ オードセーヌ《フランス中北部 Île-de-France 地域圏, Paris の西に接する県; ☆ Nanterre》.

Ha·vana /həvǽnə/ *n* **1** ハバナ (*Sp* La Habana) 《キューバの首都》. **2** ハバナタバコ, ハバナ葉巻 (＝～ **cigár**): a box of ～*s* ハバナ(葉巻)一箱. ► *a* ハバナの; キューバ産[製]の. ♦ **Ha·van·an** /həvǽnən/ *a, n*

Havána Brówn 〘猫〙ハバナブラウン《英国で作出された短毛のネコ》.

Hav·ant /hǽvənt/ ハヴァント《イングランド南部 Hampshire 南東部の Portsmouth に隣接する町》.

Ha·var·ti /həvá:rti/ *n* ハヴァティー《デンマーク産の半硬質チーズ》. [デンマークの地名から]

Havdalah ⇨ HABDALAH.

have /hǽv, (*to* の前) hǽf/ (HAD; 三人称単数現在形 HAS; 《古体》二人称単数現在[過去]形 (thou) HAST [HADST], 三人称単数現在形 HATH; [口語短縮形] **I've** /aɪv/ (I have), **he's** /hɪz/ (he has), **I'd** /aɪd/ (I had) など; [短縮否定形] **haven't** /hǽv(ə)nt/, **hasn't** /hǽznt/, **hadn't** /hǽdnt/) *v auxil* /(母音のあとで) v, (その他は) əv, (語群の初めでは) hæv または həv, hǽv/ 過去分詞と結合して完了形をつくる. ● **～ got** 《口》(**1**) [本動詞の have と同義] 持っている: I ～ [*I've*] *got* it. それを持っている / *H*～ you *got* it? それをお持ちですか (Do you ～ it?) / I *haven't got* it. 持っていません (I don't ～ it). (**2**) [have got to *do* の形で] …しなければならない (have to do); …にちがいない: It's getting late and I'*ve got to* go home. おそくなりましたから帰らねばなりません / Tomorrow's *got to* be sunny. 明日はきっと晴れるよ. ★ この have got は《英口》では *vt* 1, 2 の意味の have に代用される.

► *vt* **A** 次の 1, 2 の意味では《英》では [否定・疑問] などに I *have* not, *Have* you? の語順を用いることがあるが, 《米・英口》では I *do* not *have*, *Do* you *have*? と助動詞 do を用いる. ★《米》では一般に助動詞 do を用いるところを, 《英》では (1) 常習的なことには do を用い, (2) 特定の場合のときには do を用いないことがある: (1) *Do* you ～ much time for chess every day? / We *don't have* to work on Saturday afternoons. (2) *H*～ you (got) time for a game of chess this evening? / We *haven't* (got) to work this afternoon, because it's Saturday. **1 a** もつ, 所有する, もっている; ‖〈店が〉…の在庫がある, 売っている: I *didn't* ～ [*hadn't*] time to see her. / *Do* you ～ [*H*～ you] any money *with* [*on, about*] you [*on your person*]? / ～…*to oneself* …を私有する. **b** 〈友人・親類

などを〉有する, …がいる;《ペットとして》飼う: I ～ no sons. / He *has* a large family. 子だくさんだ. **c** …がある: This room *has* five windows. (＝There are five windows in this room.) **d** [特質・状態などを示して] 有する; 〈意見・感情を〉いだく; 《態度・ことばで》示す, 表わす; …の知識[心得]がある: *Does* she ～ [*Has* she got] brown hair? / I ～ a good [bad] memory for names. / She [It] *had* no attraction for him. 彼にとっては魅力がなかった / ～ an idea 考えがある / ～ qualms about doing…することに良心がとがめる / ～ the crust to do… あつかましくも…する / ～ a CARE / ～ MERCY [PITY] *on* sb / ～ only a little Spanish《古》少しだけスペイン語ができる. **2** [to 付き不定詞を伴って] …しなければならない, …を必要とする; …にちがいない (cf. *v auxil* の項の成句 HAVE got): I ～ *to* work hard. / He *has* only *to* work hard. 懸命に働きさえすればよい / She *has to* be happy now. 今ではしあわせにちがいない. ★ I ～ *to* do something. 何かしなければならない / I ～ something to do. することがある.

B 次の 3 以下の意味では《米》《英》ともに [否定・疑問] に do を用いる. また, これらの意味の have は進行形にも用いられる.

3 経験する, 〈病気を〉する: ～ an adventure 冒険をする / ～ a good TIME / *H～* a nice day. ご機嫌よう, よい一日を / *Do* you often ～ headaches? 頭痛持ちですか (cf. *H～* you *got* a headache?ˈˈ(今)頭痛がしていますか). **4 a** 取る, 受ける; 食べる, 飲む, 摂取する: ～ a lesson 教えてもらう, 授業を受ける / Will you ～ another cup of tea? / (Do) ～ some more. もっと召し上がれ / What are you *having*? 何にいたしますか《料理・飲み物の注文を取る時など》/ I'll ～ a coffee, please. コーヒーをもらいます《注文・希望を聞かれた時など》/ He is *having* lunch. / ～ a bath [a holiday] 入浴する[休暇をとる]. **b** [しばしば動詞形をそのまま目的語として(一回の)動作を示す; have にはアクセントがない] (…に従事)する, 加わる: ～ a conversation 話す, 雑談する / ～ a dance [drink, look, swim, try, etc.]. **c** 〈会などを〉開く, 催す: ～ a party. **5 a** 受け取る, もらう; 入手する, 取得する; 〈家具などを〉入れる, 置く: ～ a letter [gift] / There was nothing to be *had* at that store. あの店では何も手にはいらなかった / ～ a sofa there ソファーをそこに置く / May I ～ your name and address, please? ご住所とお名前をお願いいたします. **b** 受け入れる, 迎える; 《客として》招く, もてなす 〈*in, over, around, round*〉: ～ sb *over* [*around*] for dinner 食事に人を招く / We ～ my parents *with* us. わたしの両親と同居している; わたしの両親が今わたしたちのところへ来ている / (I'm [We're]) delighted to ～ you (here). よく来てくださいました; いつでもどうぞ(おいでください). **c** [won't [can't] ～, be not having の形で] 許す, 我慢する: John *won't* ～ *any* noise while he is reading. 読書中は物音ひとつたてさせない / *I'm not having* any of that [any more of your bullshit]. そんなことはだめだ [《俗》あんたのでたらめな話にはこれ以上我慢できない] / I won't ～ you smok*ing* at your age. おまえの年齢でタバコをすってもらいたくない. **6** [＋目的語＋補語または do*ing* または副詞の形で] 〈ある状態に〉しておく: I want to ～ my room tidy. 部屋はきちんとしておきたい / I ～ a gardener com*ing* today. きょう庭師に来てもらいます / ～ sb *by*… 人を…のそば[隣り]に居させる / ～…*in* [*out, off,* etc.] 入れる[出す, 去らせるなど]. **7** [＋目的語＋過去分詞補語の形で] **a** [使役]: ～ sth *done*…させる, …してもらう / ～ one's hair *cut* 髪の毛を切ってもらう. **b** [受身] …される: ～ one's ankle *dislocated* 足首を脱臼する. **c** (ある状態に)しておく: They *had* a chart *spread* on the table. テーブルの上に海図を広げていた. **8** [＋目的語＋to なし不定詞の形で] **a** [使役] 〈人〉に…させる, してもらう; [will, would に伴って] ぜひ…してもらいたいと言う[思う]: ～ sb *do* sth 人に…させる, してもらう / *I'll* ～ him (＝get him to) *come* early. 彼に早く来てもらおう / *Shall* I ～ him (＝get him to) *come* here? ここに来させましょうか. **b** [ˈˈ*neg*] 〈人〉に…させておく, 許容する: I *won't* ～ you *say* such things. きみにそんなことを言わせておけない / I *don't* like to ～ others *order* me about. 人に使いたてられたくない. **9** つかまえる, 捕える; 抑え(てい)る, 〈聴衆などを〉つかんでいる; 《口》《競技・議論で》打ち負かす, へこます; 《俗》《賄賂で》あやつる, 買収する; 《口》だます, ひどいめにあわせる; 《卑》〈女〉と寝る[やる], 〈女を〉抱く: He *had* her by the arm. 彼女の腕をつかんだ / You ～ [You'*ve* got] me there. その点はきみの勝ちだ[参った]; それは自分にはわからない / I've been *had*. ＝I was *had*. *《俗》やられた, だまされた, ひどいめにあわされた; *《俗》《性交を》やられた, 《子供が》できちゃった. **10** 〈子を〉もうける, 生む: ～ a baby / She *had* a boy *by* her first husband. 最初の夫との間に男の子が一人いた.

► *vi* 裕福である, 持っている: those that ～ 持てる人たち, 資産家 / To him that *has* shall be given. 《諺》持てる人はさらに与えられる《cf. *Matt* 25: 29》.

● **be had up** ˈˈ《口》その筋へ訴えられる. **can ～ sth for the asking** [**catching** etc.] 請求しさえすれば[つかまえさえすれば]自分のものになる[ただであげます]. HAD **as good** [**well**] do…. **～…about** 《俗》…に取りつかれている, …がひどく気に入っている, …がひどく嫌いである. **～…against** 〈人〉に〈敵意などを〉いだく, 〈案など〉に反対の〈理由〉がある: ～ *something* [*nothing*] *against* him 彼が気に入らない[彼に対してなんら反感はない]. **～ and hold** 《法律的に》持ちかつ保有する; [to ～ and to hold で]『もと法』保有すべき〈財〉: I take thee to my wedded husband, to ～ *and to hold* from this day forward. きょうこの日から末長くわたくしはあなたを夫とします《結婚式の誓約》. **～ at**…を攻撃する, …に打ってかかる; 《勢いよく》…を始める, …に取りかかる, 試みる; 《口》食べる, パクつく: *H～ at* you! 《フェンシングで》行くぞ! / *H～ at* it. 始めなさい; 召し上がれ. **～ back** 〈物を〉返してもらう; 〈別れた夫[妻]・恋人〉が戻るのを許す; 《お返しに》人を招く: Let me ～ it *back* soon. じきに返してもらいたい. **～ back at**… 《口》…に仕返しをする. **～ done** (**with**…) ⇨ DO[1]. **～ down** 《北部 [London] から》〈人を〉家に客として迎える (cf. 5b); 《争って》〈相手を〉倒す, 押え込む. **～** sth **down** [**down pat**] 《俗》完璧になし遂げる[やってのける], 知りつくしている. **～** sth GOING (**for** one). **～ had it** 《口》やられた, もうだめだ, くたばった; 《口》もう手遅れだ, 万事休すだ; 《俗》〈女の子が〉性体験をもっている; 《口》盛りを過ぎる, 時代遅れになる; 〈車などが〉使い古される, ぽんこつになる; 《口》もうたくさん[うんざり]だ 〈*with* sb [sth]〉《しばしば手をのどや頭のてっぺんに当てるしぐさを伴って have had it up to here という》. **～ in** 仕入れる, 買い入れる; 〈食料・燃料などを〉たくわえている; 〈職人などに〉来てもらう; 招待する, 呼ぶ. **～ it** (**1**) 勝つ: The ayes ～ *it*. 賛成者が多数だ. (**2**)《口》打撃[攻撃, 処罰, 災難]をうける, やられる: let sb ～ *it* 人をぶんなぐる[撃つ, やっつける, とっちめる, 殺す]. (**3**) [補語を伴って]《口》…の思いをする[境遇にいる]: ～ *it* good いい思いをする, 恵まれている / ～ *it* pretty tough つらい暮らしをする, 苦しい境遇にいる / ～ *it* easy 楽な境遇にいる. (**4**) 表現する, 言う, 主張する: Rumor *has it* (＝says) that…というううわさだ / will ～ *it* that…と言ってきかない. (**5**) わかる: I ～ [I'*ve* got] *it*! 《口》わかった! 解けた! (**6**) 知る, 情報を得る 〈*from*〉; 《相手の話などを》聞く: Let's ～ *it* from the beginning. さあ最初から聞こう. (**7**) 《あるやり方で》やる(ことにする): *H～ it* your way. 勝手にしろ, 好きにすれば. (**8**) [not ～ it] 我慢できない (⇨ 5c). (**9**) 《口》言いがたい何か[魅力]がある. (**10**) 《口》才能がある, できる. **～ it away** 《口》逃げる, 脱獄する, ずらかる; ˈˈ《俗》性交する 〈*with*〉. **～ it** (**for** sb) 《俗》(〈人〉に)ほれている; ˈˈ《俗》性交する, はめる. **～ it in** one 〈…する〉能力[勇気]がある, …できる 〈*to* do〉: He doesn't ～ *it in* him *to* cheat. 彼は不正をするような人ではない. **～ it in for**… 《口》…に遺恨などをいだく, …に含むところがある[仕返しを考えている]; …を目のかたきにする. **～ it off** ˈˈ《俗》(犯罪を)やってのける; ˈˈ《警察俗》手入れをして逮捕する; ˈˈ《俗》性交する 〈*with*〉, 射精する. **～ it on** [(**all**) **over**] … 《口》…よりすぐれている[有利である]: She *has it over* me *in* ability. 彼女は能力の点でわたしより上だ. **～ it out** 遠慮なく言う; 議論[話]でかたをつける 〈*with* sb〉; 《俗》対決する, 戦う; 歯を抜いてもらう. **～ it out of** sb 人に仕返しする, 人の油をしぼる. **～ none of**…を許さない; …を相手にしない. **～…off** (**1**) 〈期日・曜日などを〉休みにする: Can I ～ a day *off* tomorrow? 明日休んでもいいですか. (**2**) まねる; 暗記する, 空で言う. (**3**) …を身に着けていない. **～…on** (**1**) …を身に着けている: ～ nothing *on* 何も身に着けていない. (**2**) 〈テレビ・ラジオなど〉をつけている. (**3**) 準備[計画, 予定]している: ～ a lot *on* 予定がいっぱいある / What do you ～ *on* for Christmas? (**4**) ˈˈ《口》〈人を〉かつぐ, …に一杯食わせる. **～…on** sb 人に〈不利になるものを〉つかんでいる: have NOTHING on… / HAVE something on sb. **～** ONESELF…. **～…out** 〈歯を〉抜いてもらう, 〈盲腸を〉とってもらう; 〈眠りなどを〉終わりまで中断しない: ～ one's sleep *out* (自然にめざめるまで)ぐっすり眠る. **～** a matter **out with** sb 人と事柄を議論[けんか]してかたをつける[了解がつく]. **～ so** [**too**] 《相手の否定を打ち消して》間違いなく…しました: I *have so* turned in my paper! 書類は確かに提出しました. **～ something doing** 《口》予定[計画]がある. **～ something on** sb 人の弱点を握っている. **～ something with** sb 人と会う(約束がある). **～** one**'s own** WAY[1]. **～** something [a lot, nothing, etc.] **to** DO[1] **with**…. **～** sb **up** (**1**) 〈南部[田舎]からの客を〉迎え入れる. (**2**) ˈˈ《口》人を訴える, 法廷に召喚する, 人の責任を問う(⇨ 成句 be had up). **～ what it** TAKES. **～…, will**… 《口》…があれば…したくなる[できる]: *H～* car, *will* travel. 車があれば旅行したくなる. **H～ with you.** 《古》いっしょに行こう, きみの申し出[挑戦]に応じよう. **Let me** [**Let's**] **～ it!** 教えてくれ, 話せよ, 聞こうじゃないか. **Let's be having you.** ˈˈ《口》さあ仕事を始めよう《もとは職場で親方が用いた》; さあ急いで移動してください《係員・警備員などの表現》.

► *n* /hǽv/ **1** [ˈˈthe ～s] 有産者, もてる国: *the ～s* and the have-nots 有産者と無産者, もてる国ともたざる国. **2** ˈˈ《俗》詐欺, かたり.

[OE *habban* (*hav-* の形は cf. live, love); cf. HEAVE, G *haben*]

Ha·vel **1** /*G* há:fl/ [the] ハーフェル川《ドイツ北東部の川; 初め南流し, Berlin から西北へ流れ, Elbe 川に合流する》. **2** /há:vɛl, -vəl/ ハヴェル **Vá·clav** /vá:tslà:f/ ～ (1936–2011)《チェコの劇作家・政治家; チェコスロヴァキア大統領 (1989–92), 連邦分裂後チェコ大統領 (1993–2003)》.

ha·ve·li /həvéɪli/ *n* 《インド》大邸宅. [Hindi]

have·lock /hǽvlɑ̀k, -lək/ *n* 軍帽《など》の日おおい《首筋をおおう》. [Sir Henry *Havelock* ↓]

Havelock **1** ハヴロック Sir **Henry** ～ (1795–1857)《英国の軍人; 1857 年セポイの反乱で Lucknow を反乱軍から救い, 国民的英雄となった》. **2** ハヴロック《男子名》.

ha·ven /héɪv(ə)n/ *n* 港, 停泊所; 安息所, 避難所, '聖域' 〈*for*〉. ► *vt* 〈船を〉安全な所に避難させる. ♦ **～·less** *a* [OE *hæfen* < ON; cf. G *Hafen*]

ha·ven·er /héɪv(ə)nər/ *n* 港湾長.
háve-nòt /, ─́ ─ ─́/ *n* [ᵘthe ~s]《口》無産者, 金[財力]のない集団, もたざる国[地域] (cf. HAVE *n*).
have·n't /hǽv(ə)nt/ have not の短縮形.
ha·ver[1] /héɪvər/《スコ》*vi* ぐずぐずする, ためらう; たわごとを言う. ► *n* [ᵘ*pl*] くだらないこと, ばかげた話, たわごと, [〈*int*〉] くだらん. [C18＜?]
hav·er[2] /hǽvər/ *n* 野生のオート麦. [? ON *hafr*]
hav·er[3] /hǽvər/ *n* 所有者, もっている人. [*have*]
Háv·er·ford Cóllege /hǽvərfərd-/ ハヴァーフォードカレッジ《Pennsylvania 州 Haverford にある私立リベラルアーツカレッジ; 1833 年創立》.
Hàv·er·ford·wést /hæ̀vərfərd-, hɑ̀:rfərd-/ ハヴァーフォードウェスト《ウェールズ南西部の港町》.
Ha·ver·ing /héɪv(ə)rɪŋ/ ヘイヴァリング《London boroughs の一つ》.
hav·er·sack /hǽvərsæ̀k/ *n*《肩にかける または 背負う》雑嚢, 背負い袋. [F＜G＝oats sack (*haber* oats)]
ha·vér·sian canál /həvə́:rʒən-; -ʃən-/ [ᴼH-]〘解〙骨内管, ハバース管. [Clopton *Havers* (1655–1702) 英国の医師・解剖学者]
havérsian sỳstem [ˢH-]〘解〙ハバース系《ハバース管とそれを取り巻く骨組織中の構成単位》. [↑]
hav·er·sine /hǽvərsàɪn/ *n*〘数〙《三角法で》半正矢(せい).
hav·il·dar /hǽv(ə)ldɑ̀:r/ *n*《インド》軍曹,《警察の》巡査部長《sergeant 相当》. [Hindi]
háv·ing *a* 欲ばりの: She has a ~ nature. ► *n* [ᵘ*pl*] 所有物, 財産.
Ha·ví·řov /hɑ́:vərɔ̀:f, hɑ́:vərʒɔ̀:f/ ハヴィジョフ《チェコ東部 Ostrava の東にある町》.
hav·oc /hǽvək, -ɪk/ *n*《自然力・暴動などの》大荒れ; 大打撃, 惨害;《口》大混乱: cause [create] ~ 多大の被害をもたらす; 大混乱をまねく. ● **cry** ~「略奪せよ」の号令を下す; 暴行をそそのかす; 大惨事の発生を警告する. **play** [**raise**] ~ **with** [**among**]＝**wreak** ~ **on** [**with**] ＝**make** ~ **of**…を打ちこわす, 荒らす; …に大混乱をひき起こす. ► *vt* (**-ock-**) …に大きな打撃を与える; 大混乱に陥れる. [AF＜OF *havo(t)* plunder＜? Gmc]
Havre ⇨ LE HAVRE.
ha·vu·rah /xɑ̀:vurɑ́:/ *n* (*pl* **-rot** /-róut/) ハヴラー《特に 米国の大学におけるユダヤ人の親睦団体で, 伝統的なユダヤ教会中心の活動や礼拝の代わりをする》. [Heb]
haw[1] /hɔ́:/ *n* **1**〘植〙サンザシの実; (セイヨウ)サンザシ (hawthorn). **2**《廃・方》囲い地, 庭. [OE *haga*; cf. HEDGE]
haw[2] *vi*《口ごもって・気取って》エーと言う: HEM[2] and ~ / HUM[1] and ~. ► *n* エーという声; [〈*int*〉] (ワッ)ハッハ《大きな笑い声; ⇨ HAW-HAW[1]》. [imit; cf. HA]
haw[3] *n*〘動〙瞬膜 (nictitating membrane),《特に》炎症を起こした瞬膜. [C15＜?]
haw[4] *int* 左へ回れ, 左へ進め《牛馬に対する掛け声, スクエアダンスにおける号令; opp. *gee*》. ► *vi, vt* (〈牛馬〉に)左折の号令をかける; 左折する; 左折の命令に従う. [C19＜?]
Ha·waii /həwɑ́:ji, -wɑ́:ì:; -wɑ́ɪ:/ **1 a** ハワイ《太平洋中部にある米国の州; 1959 年 territory から昇格; ☆Honolulu; 略 HI》. **b** HAWAIIAN ISLANDS. **c** ハワイ《ハワイ諸島中最大の島》. **2***《俗》マリファナ. ■ the **Univérsity of** ~ ハワイ大学《Hawaii 州の州立大学システム; Honolulu の Manoa 校 (1907 年創立) を中心とするいくつかの独立した大学とコミュニティーカレッジの集合体》.
Hawáii-Aléutian tìme〘米〙ハワイ-アリューシャン標準時 (**Hawáii-Alèutian stándard tìme**)《UTC より 10 時間おそい; Hawaii 諸島と Aleutian 列島のうち Fox 諸島より西の部分を含む地域の標準時; 略 HAST; ⇨ STANDARD TIME》.
Ha·wai·ian /həwɑ́:jən, -wɑ́ɪ(j)ən; -wɑ́ɪən/ *a* HAWAII の, ハワイ人[語]の. ► *n* ハワイ人; ハワイ語.
Hawáiian góose〘鳥〙ハワイガン (NENE).
Hawáiian guitár ハワイアンギター (steel guitar).
Hawáiian hóneycreeper〘鳥〙ハワイミツスイ《Hawaii 諸島産アトリ科ハワイミツスイ亜科の鳥の総称; 環境に適応してさまざまの形のくちばしをもった種が進化したことで知られるが, 多くの種が絶滅》.
Hawáiian Íslands *pl* [the] ハワイ諸島《旧称 Sandwich Islands》.
Hawáiian shírt アロハシャツ.
Hawáii Volcánoes Nátional Párk ハワイ火山国立公園《Hawaii 島の Mauna Loa, Kilauea などの活火山を含む; 1916 年指定》.
Ha·wai·ki /hɑwáɪki/ ハワイキ《Maori 族の伝説で, 彼らがそこからカヌーでニュージーランドに渡ってきたとされる太平洋の島》. [Maori]
ha·wa·la /həwɑ́:lə; hæ-/ *n* ハワーラ《イスラム社会において, 仲介業者に金を預け, 当該地域で別の業者から受け取る伝統的な送金システム》.
háw·fìnch *n*〘鳥〙シメ《アトリ科; 旧世界産の鳴鳥》.
haw-haw[1] /hɔ́:hɔ̀:/ *n* 大笑い, 哄笑; (気取って)繰り返し口ごもる声, エーエー; [〈*a*〉] 気取って口ごもる. ★ ⇨ LORD HAW-HAW. ► *vi* 哄笑する. ► *int* /─ ─́/ (ワッ)ハッハ《ha-ha よりも高笑い・大笑いの度合いが強い》. [imit]
haw-haw[2] *n* SUNK FENCE.
Haw·ick /hɔ́:ɪk/ ホーイク《スコットランド南東部の町; 毛織物製造が盛ん》.
hawk[1] *n* /hɔ́:k/ **1**〘鳥〙タカ《ワシタカ類の各種; falcons, buzzards, kites, harriers などの総称》. **2 a** 強硬論者, 実力行使論者, タカ派 (opp. *dove*). **b** 他人を食い物にする人, 強欲な人, 詐欺師;《俗》CHICKEN HAWK, 少年を探し求める斡旋者, 稚子周旋屋. **3 a** [the] *《俗》LSD. **b** [the] *《俗》冬の寒風 (Mr. Hawkins). ● **know a** ~ **from a handsaw** [**hernshaw**] 識別力[常識]がある, 違いがわかる《Shak., *Hamlet* 2.2.379》. **watch**…**like a** ~《口》…を厳重に見張る《現場を押えるためとか犯罪などの防止のため》. ► *vi* 鷹狩りをする; (タカのように)空をかけて襲う〈*after, at*〉; タカ派である[として行動する]. ► *vt* (タカのように)飛翔中に〈獲物を〉襲う; *《俗》…に迫る, 押す. ♦ ~**·like** *a* [OE *h(e)afoc, hæbuc*; cf. G *Habicht*]
hawk[2] *vt* 呼び売りする,《一般に》売る; 触れまわる〈*about*〉. ► *vi* 行商をする. [逆成〈*hawker*[1]]
hawk[3] *vi* 咳(払い)をする; ᵘ《俗》つばを吐く. ► *vt* 咳払いして〈痰(たん)などを〉吐き出す〈*up*〉. ► *n*《痰を切る》咳払い. [C16 (? imit)]
hawk[4] *n*《左官の》こて板. [C17＜?]
háwk·bìll, háwkbill túrtle *n*〘動〙HAWKSBILL TURTLE.
háwk·bìt *n*〘植〙キク科カワリミタンポポモドキ属の草本.
Hawke /hɔ́:k/ ホーク (1) **Edward** ~, 1st Baron ~ (1705–81)《英国の海将; 七年戦争中の 1759 年フランスの Quiberon 湾でフランス軍を破り, フランスによる英国侵攻計画を挫折させた》. (2) **Robert** (**James Lee**) ~ [**'Bob'** ~] (1929–)《オーストラリアの労働運動指導者・政治家; 首相 (1983–91)》.
háwk èagle〘鳥〙クマタカ《クマタカ属の数種》.
Háwke Báy ホーク湾《ニュージーランド北島の南東岸にある》.
háwk·er[1] *n* 呼び売り商人, 行商人. [C16＜? LDu; cf. HUCKSTER]
hawker[2] *n* 鷹使い, 鷹匠; 飛翔中に獲物を捕る虫[動物]. [OE (HAWK[1])]
Hawkes /hɔ́:ks/ ホークス **John** (**Clendennin Burne**) ~(**, Jr.**) (1925–98)《米国の小説家》.
háwk·èye *n* **1** 一瞬たりとも目を離さぬ精密な検査; 視覚の鋭敏な人, めざとい人, 微細な点まで見分ける人, きびしい検査官. **2** [H-] ホークアイ《アイオワ州人 (Iowan) の俗称》.
háwk-èyed *a* (タカのように)目の鋭い; 油断のない.
Háwkeye Stàte [the] ホークアイ州《Iowa 州の俗称》.
háwk·ing *n* 鷹狩 (falconry).
Haw·king /hɔ́:kɪŋ/ ホーキング **Stephen W**(**illiam**) ~ (1942–)《英国の理論物理学者・宇宙学者; 筋萎縮症で体が不自由だが, 一般相対論と量子力学をブラックホール理論に適用, 画期的な成果を得た》.
Haw·kins /hɔ́:kənz/ **1** ホーキンズ (1) **Coleman** ~ (1904–69)《米国の草分け的テナーサックス奏者; 愛称 Bean》 (2) Sir **John** ~ (1532–95)《イングランドの海軍行政官・司令官; Hawkyns とも書く; 海軍の整備に功績をあげた》. **2***《俗》MR. HAWKINS.
háwk·ish *a* タカ(のくちばし)のような; タカ派的な, 金融引締め派の (opp. *dovish*). ♦ ~**·ly** *adv* ~**·ness** *n*
háwk·ìsm *n* タカ派的傾向[態度].
háwk·mòth *n*〘昆〙スズメガ (＝*hummingbird moth* [*hawk-moth*], *sphingid, sphinx* (*moth*)).
háwk nòse わし鼻, かぎ鼻.
háwk-nòsed *a* わし鼻の, かぎ鼻の.
háwk òwl〘鳥〙**a** オナガフクロウ《昼行性; ユーラシア・北米大陸亜寒帯産》. **b** アオバズク《南アジア・東アジア産》.
Hawks /hɔ́:ks/ ホークス **Howard** (**Winchester**) ~ (1896–1977)《米国の映画監督・制作者; *Gentlemen Prefer Blondes* (紳士は金髪がお好き, 1953), *Rio Bravo* (リオ・ブラボー, 1959)》.
háwk's-bèard *n*〘植〙フタマタタンポポ属の各種《キク科》.
háwks·bìll túrtle, háwks·bìll〘動〙タイマイ (＝*tortoise-shell turtle*)《暖海産のウミガメ; 甲羅から鼈甲(べっこう)を製造する》.
háwk's-èye *n*〘鉱〙鷹眼(たかめ)石, ホークスアイ;〘鳥〙(ヨーロッパ)ムナグロ (golden plover).
hawk·shaw /hɔ́:kʃɔ̀:/ *n* [ˢH-]《口》探偵, 刑事, デカ. [*Hawkshaw* 英国の作家 Tom Taylor (1817–80) の *The Ticket-of-Leave Man* (1863) 中の探偵]
Hawks·moor /hɔ́:ksmʊ̀ər, -mɔ̀:r/ ホークスムア **Nicholas** ~ (1661–1736)《英国の建築家; Sir Christopher Wren, Sir John Vanbrugh の助手をつとめたが, みずからはバロック様式の教会建築に独創性を発揮した》.
háwk·wèed *n*〘植〙キク科ミヤマコウゾリナ属[ヤナギタンポポ属](など)の各種多年草《タンポポに似た花をつける》.
Haw·kyns /hɔ́:kənz/ ホーキンズ Sir **John** ~＝Sir John HAWKINS.
Ha·worth **1** /hɔ́:wərθ/ hɑ́ʊəθ, hɔ́:əθ/ ハワース《イングランド West Yorkshire, Keighley 南西方の村; Brontë 姉妹の住んだ牧師館がある》. **2** /hɑ́ʊərθ, héɪwərθ; hɑ́ʊəθ/ ハワース, ハース Sir (**Walter**) **Norman** ~ (1883–1950)《英国の化学者; 炭水化物・ビタミンを研

究, 初めてビタミンCの構造式を決定した (1933); ノーベル化学賞 (1937)》.

hawse /hɔ́:z/〔海〕*n* 錨鎖孔のある船首部; 錨鎖孔, 錨孔; 錨鎖管; 船首と錨との水平距離; 停泊時の両舷の錨鎖の状態. ● **a foul ~** 停泊時の両舷の錨鎖が交差している状態. **to ~** 船首の両錨を出して[降ろして]. ► *vi* 〈船が〉停泊中に激しく縦に揺れる. [ME *halse* <? ON *háls* neck]

háwse·hòle *n*〔海〕錨鎖孔.

háwse·pìpe *n*〔海〕錨鎖管.

haw·ser /hɔ́:zər/ *n*〔海〕太綱, 大索, ホーザー《係留・曳航・接岸用》. [OF=to hoist (L *altus* high)]

háwser bènd〔海〕《2本の大索をつなぐ》ホーザー結び.

háwser-làid *a*〔海〕ホーザー撚(よ)りの (cable-laid).

haw·thorn /hɔ́:θɔ̀:rn/ *n*〔植〕サンザシ,《特に》セイヨウサンザシ. [OE (HAW¹, *thorn*)]

háwthorn chìna《中国などの》青地[黒地]に梅花を描いた磁器.

Haw·thorne /hɔ́:θɔ̀:rn/ ホーソーン **Nathaniel** ~ (1804–64)《米国の小説家; *The Scarlet Letter* (1850), *The House of Seven Gables* (1851), *Tanglewood Tales* (1853)》.

Háwthorne effèct〔心・経営〕ホーソーン効果《労働や教育で, 単に注目されているという事実によってその対象者に起こる業績の向上》. [この効果の存在が実験的に確認された米国の Western Electric 社 *Hawthorne* 工場 (在 Chicago) にちなむ]

hay¹ /héɪ/ *n* **1 a** 干し草, 乾草(かんそう), 牧乾草: make ~ 干し草を作る (⇨ 成句) / Make ~ while the sun shines.《諺》日の照るうちに草を干せ; 好機を逸するな. **b** 乾草用の青草. **c**《俗》マリファナ, 草. **d***《食堂俗》イチゴ. **2 a**《仕事・努力の》成果, 報い. **b**《口》金 (money), [ᵁ*neg*]*わずかな金: That *ain't* ~.《金額を言ったあとに続けて》はした金じゃない. **3** [the] **a**《口》ベッド《特にセックスに関して》: in *the* ~ 寝て, ベッドでいちゃついて / I'll get her in *the* ~. **b***《俗》眠り, ぼんやりしていること. ● **a** ROLL **in the ~.** **hit the ~**《口》寝る, 眠る (go to bed). **make ~** チャンスをものにする, たっぷりもうける: *Make* ~! 今(の成功)を楽しめ. **make ~ (out) of**…を混乱させる, めちゃめちゃにする. **raise ~***《俗》混乱[騒動]をひき起こす. ► *vt, vi* 乾草を作る[与える]; 〈土地〉に(乾草用の)草を生やす. ♦ **~·er** /, héər/ *n* **~·ing** *n* 干し草作り. [OE *hēg, hīeg*; cf. HEW, G *Heu*]

hay², **hey** /héɪ/ *n* ヘイ《輪をつくるカントリーダンスの一種; その輪》. [C16 *haie*<?]

hay³ *n*《古》生垣, 垣根. [OE *hege*; cf. HAW¹]

Hay ヘイ **John** (**Milton**) ~ (1838–1905)《米国の外交官・作家; 国務長官 (1898–1905), 中国への門戸開放政策を推進》.

háy·bàg *n*《俗》デブ女, だらしない娼婦, 女のルンペン.

háy·bòx *n* 乾草箱《加熱調理途中の料理を保温し余熱で調理する, 乾草や断熱材を詰めた気密性の箱》.

háy·bùrn·er *n**《俗》馬,《特に》(だめな)競走馬; *《俗》騎兵; *《俗》マリファナ吸い《人》.

háy-bùtt *n**《俗》マリファナタバコ.

háy·còck *n*《円錐状の》乾草の山, 乾草堆.

háy conditioner ヘイコンディショナー (haymaker).

Hay·dn /háɪd(ə)n/ ハイドン (1) (**Franz**) **Joseph** ~ (1732–1809)《オーストリアの作曲家》(2) (**Johann**) **Michael** ~ (1737–1806)《前者の弟; 作曲家》.

háy·èat·er *n**《黒人俗》[ᵁ*derog*] 白人.

Hay·ek /háɪ(j)ək/ ハイエク **F**(**riedrich**) **A**(**ugust von**) ~ (1899–1992)《オーストリア生まれの英国の経済学者; 自由主義的立場からケインズ主義・社会主義を批判した; ノーベル経済学賞 (1974)》.

Hayes /héɪz/ ヘイズ (1) **Helen** ~ (1900–93)《米国の女優; 本名 Helen ~ Brown; Broadway のスターとなり, 'First Lady of the American Theater' と称された; 映画 *The Sin of Madelon Claudet* (マデロンの悲劇, 1931)》(2) **Rutherford B**(**irchard**) ~ (1822–93)《米国第19代大統領 (1877–81); 共和党; 南北戦争後の再建期を終了させ, また官僚の綱紀粛正に努めた》.

Háyes-compàtible *a, n*〔電算〕ヘイズ互換の(モデム)《業界標準となった Hayes Microcomputer Products 社製のモデムと同じ制御命令を受けつける(モデム)》.

háy fèrn〔植〕HAY-SCENTED FERN.

háy fèver〔医〕枯草(こそう)熱, 花粉症 (=*pollinosis*)《眼・鼻・のどを冒すアレルギー性の熱性カタル》.

háy·fìeld *n* 乾草用の青草を育てる畑.

Háy·flick lìmit /héɪflɪk-/〔生〕ハイフリック限界《培養基中の細胞の生命の長さの自然限界》. [Leonard *Hayflick* (1928–) 米国の微生物学者]

háy·fòrk *n* 乾草用フォーク, 自動乾草積み上げ[降ろし]機.

háy·hèad *n**《俗》マリファナ常習者.

háy knìfe 乾草切り.

hay·lage /héɪlɪdʒ/ *n*〔畜〕低水分サイレージ, ヘイレージ《湿気を35–50% にした貯蔵飼料》. [*hay*+*silage*]

háy·lìft *n*《大雪などで孤立した牛馬への》飼料空輸.

háy·lòft *n*《一般に馬小屋・納屋の》屋根裏乾草置場.

háy·màker *n* **1** 乾草を作る人; 乾草調製機, 乾草機, ヘイコンディショナー (=*hay conditioner*). **2**《口》ノックアウトパンチ, 強打, 大打撃, 痛棒; *《俗》《芸能人などの》最後の頼みの綱, 十八番. ♦ **háy-màking** *n*

Háy·màrket [the] ヘイマーケット《London の Piccadilly Circus の東から南東に通じる通り; 同名の劇場がある; 古くは乾草市があったのでこの名がある》.

Háymarket Rìot [the] ヘイマーケット事件《1886年5月 Chicago のヘイマーケット広場 (Haymarket Square) における労働者の集会で, 警官隊に何者かが爆弾を投じ, 多数の死傷者を出した事件; このあとそれまで労働運動を指導していた労働騎士団 (Knights of Labor) が没落, 現実的な AFL が指導権を握った》.

háy·mòw *n*《納屋に積まれた》乾草堆; 乾草棚.

háy·ràck *n* 乾草架, 草架;《乾草などを運ぶとき車の周囲に取り付ける》枠, この枠が付いた馬車.

háy ràke 乾草を集める熊手[道具], ヘイレーキ.

háy·rìck *n*《戸外の》乾草堆 (haystack).

háy·rìde* *n* ヘイライド《わら[乾草]を敷いた荷馬車[そり, トラック]で何人かが連れ立って行なう夜のドライブ》. ● **no ~**《口》[*joc*] 楽じゃない, 楽しいものではない.

háy·rìg *n* HAYRACK.

Hays /héɪz/ ヘイズ **'Will'** ~ [William Harrison ~] (1879–1954)《米国の政治家; 'Hays Code' と呼ばれる映画制作倫理規定を作った (1930)》.

háy-scènt·ed férn〔植〕北米東部産コバノイシカグマ属のシダ (=*hay fern*)《干し草のような香りがある》.

háy·sèed *n* 乾草の種子; 乾草ごみ[くず]; *《口》百姓. ► *a**《口》田舎者の, 田舎風の, 地方の. ♦ **~·er** *n**《口》田舎者.

háy·shàker *n**《俗》田舎者.

háy·stàck *n* **1**《戸外に積み上げた》干し草の山, 乾草堆 (=*hayrick*): look for a NEEDLE in a ~. **2**《激流河川の》垂直波, 三角波.

háy·wàrd *n*《家畜の侵入を防ぐため》垣根や囲いを管理する役人;《町の共有家畜群の》管理人.

Háyward Gállery [the] ヘイワード美術館《London の Waterloo 橋の南側たもとにある美術展示会場; 1968年開館; Southbank Centre のうちの1棟》.

háy·wìre *n**乾草の束を縛る針金. ► *a*《口》**1** 装備不十分な; 仮ごしらえの. **2** 故障した, こわれた, 変になった, 混乱した; 気の狂った, 興奮した, 怒り狂った. ● **go ~**《口》興奮[発狂]する, 気が立つ;《口》故障する, おかしくなる, 混乱する.

Hay·worth /héɪwərθ/ ヘイワース **Rita** ~ (1918–87)《米国の映画女優; Hollywood のセックスシンボル》.

ha·zan, haz·zan, cha(z)·zan /xəzá:n, há:z(ə)n, xá:-/ *n* (*pl* **ha(z)·za·nim, cha(z)·za·nim** /xəzá:rnəm, hà:zəním, xɑ:-/)〔ユダヤ教〕ハザン (1) タルムードが編まれた時代のシナゴーグの役人 2) 先唱者 (cantor)》.

haz·ard /hǽzərd/ *n* **1** 危険, 冒険; 危険の原因[もと]; 偶然, 運; 思いがけないできごと, 事故; 運まかせ, 一六勝負《さいころ賭博の一種》;《廃》賭けの対象: a fire ~ 火事の危険のあるもの / a health ~ 健康をそこなう[身体に悪い]もの / at the ~ of…を賭(と)して / run the ~ 運にまかせてやる. **2**〔ゴルフ〕ハザード《bunker などの障害地域》;〔馬〕フェンスなどの障害物;〔コートテニス〕コートの側壁の穴《3つある》;〔テニスなど〕レシーバー側のコート (=**~ sìde**). **3**〔玉突〕ハザード《手球を的球にあてたあとポケットに入れる突き方; 的球がポケットにはいる winning ~ と, 手球がポケットにはいる losing ~ がある》. **4** [~s] HAZARD LIGHTS. **5**《アイル》CABSTAND. ● **at all ~s** 万難を排して, ぜひとも. **at** [**by**] **~** 運まかせで, いちかばちか; でたらめに; at STAKE. ► *vt* 〈生命など〉賭する; 危険を冒してやる, 運まかせにやって[言って]みる; 〈金銭など〉賭ける, 危険にさらす: ~ a guess 当てずっぽうで[間違いを恐れずに]言う. [F<Sp<Arab=the die]

Ha·zard /ɑzár/ アザール **Paul**(**-Gustave-Marie-Camille**) ~ (1878–1944)《フランスの文学史家》.

házard·ous *a* 危険な, 冒険的な; 有害な〈化学物質・廃棄物〉; 運しだいの, 運まかせの. ♦ **~·ly** *adv* **~·ness** *n*

házard pày* 危険手当 (danger moneyᴵᴵ).

házard wárning devìce《車の》故障警告装置《方向指示器を全部点滅して他車へ故障の合図をする》.

házard (**wárning**) **lìght** ハザードランプ《車の故障警告[表示]灯》.

Haz·chem /hǽzkèm/ *n*〔英〕ハズケム《化学薬品などの危険物の表示》; [h-] 危険化学薬品. [*haz*ardous *chem*ical]

haze¹ /héɪz/ *n* かすみ, もや, 煙霧, かげろう (⇨ MIST); 薄煙;《家具などの仕上げの》ぼやけ;《透明な液・固体の》曇り, 濁り, ヘーズ;《精神状態の》もうろう, ぼんやりしていること, ぼやけ; *《俗》PURPLE HAZE: in a ~ ぼんやりして, 五里霧中で. ► *vt, vi* もやで包む, かすみがかかる 〈*over*〉; ぼんやりさせる[する]: The sky [Her eyes] ~*d over* then. その時空[(涙で)目]が曇った. [C18 ? 逆成 < *hazy*]

haze² *vt**〈新入(寮)生などを〉《いたずらして》いじめる, 困らす, しごく, 特訓する《時に歓迎の意味で》;〔海〕〈水夫を〉こき使う; ᴵᴵ《俗》〈ホモ〉にいやがらせをやる, いじめる; *《西部》馬上から家畜を追う. ♦ **ház·er** *n* [C17<?; cf. F *haser* (obs) to tease]

ha·zel /héɪz(ə)l/ *n* **1 a**〔植〕ハシバミ(榛)(の実)《カバノキ科ハシバミ属

の落葉低木); うす茶色. **b** [‹a›] ハシバミの; うす茶色の: her ～ eyes. **2** *《俗》ヘロイン (heroin). **3** [H-] ヘーゼル《女子名》. [OE *hæsel*; cf. G *Hasel*]

házel hèn [gròuse] 〖鳥〗エゾライチョウ.

házel mòuse 〖動〗ヨーロッパヤマネ.

házel·nùt *n* ハシバミの実, ヘーゼルナッツ (filbert, cobnut[U]).

ház·ing *n* 《新入生などに対する》いじめ, しごき.

Haz·litt /hǽzlət, [U]héız-/ ハズリット **William** ～ (1778–1830)《英国の批評家・随筆家; *Characters of Shakespeare's Plays* (1817), *Table Talk* (1821)》.

haz·mat /hǽzmæt/ *n* [[s]～s] 危険物, 有害物質《放射性物質・引火物・毒物など》: a ～ suit 防護服 / a ～ team 危険物処理班. [*haz*ardous *mat*erial]

hazy /héızi/ *a* かすんだ, もや[煙霧]のかかった[深い]; もうろうとした, 漠然とした, 不明瞭な; 不確かな ‹*about*›; 〈鏡など〉曇った, 〈水など〉濁りをおびた; 《古》ほろ酔いの[気分で]. ♦ **ház·i·ly** *adv* **ház·i·ness** *n* [C17<?; cf. OE *hasu* dusky, gray]

hazzen ⇨ HAZAN.

Hb hemoglobin. **HB** 〖海〗°half board ♦〖鉛筆〗hard black ♦ °heavy bomber ♦ [Basque *Herri Batasuna*] バスク人民連合《スペインからのバスク人の独立を目指す武装集団バスク祖国と自由 (ETA) の政治部門》. **HB, hb** hardback.

H beam /éıʧ ˌ—/ 〖冶〗H 形鋼, H 形ビーム.

H-block /éıʧ ˌ—/ *n* [the] H ブロック《北アイルランド Belfast 市近郊の Maze Prison の主獄舎の通称; 平面が H 形に建てられていることから; 2000 年閉鎖》.

HBM 〖英〗His [Her] BRITANNIC Majesty('s).

HBO Home Box Office《米国のケーブルテレビネットワーク》.

H-bomb /éıʧ ˌ—/ *n* 水爆 (hydrogen bomb). ► *vt* …に水爆を投下する.

HBP °high blood pressure ♦〖野〗°hit by the pitch. **h.c.** °habitual criminal ♦ °honoris causa. **HC** °hard copy ♦〖英〗°Heralds' College ♦ °High Church ♦ °High Commissioner ♦ °Holy Communion ♦ °Home Counties ♦ °hors concours ♦〖英〗°House of Commons ♦ °House of Correction ♦ hydrocarbon. **HCF, hcf** 〖数〗°highest common factor. **HCFC** 〖化〗hydrochlorofluorocarbon. **HCG** 〖生理〗°human chorionic gonadotropin. **HCL** 《口》high cost of living. **hd** hand ♦ head.

HD heavy-duty.

H.D. Hilda DOOLITTLE の筆名.

hdbk handbook. **HDD** 〖電算〗°hard disk drive. **HDL** 〖生化〗°high-density lipoprotein. **HDPE** 〖化〗°high-density polyethylene. **hdqrs** headquarters. **HDTV** HIGH-DEFINITION television. **hdw.** hardware. **hdwd** hardwood.

he[1], **hee** /hí:, héı/ *int* ヒー, ヒヒー《おかしさ・嘲笑を表わす; ⇨ HE-HE》. [OE (imit.)]

he[2] *pron* /(h)i, hí:/ (*pl* **they**) [人称代名詞三人称単数男性主格] **1** 彼は[が], あの人は[が]: It's *he* who is to blame. 悪いのはあいつだ. ★ God を指すとき, それと相当離れている場合は He [Him, His] と大文字にすることがある. **2** [男女性共通に; cf. HE OR SHE]: Go and see who is there and what *he* wants. だれだか何の用か行ってごらん. **3** [幼児への親しみの呼びかけ] YOU: Did *he* bump his little head? まあおつむをぶっつけたのかい. ● **he who [that]**… 《文》だれでも…する者は (anybody who…). ► *n* /hí:/ (*pl* **hes, he's** /hí:z/) **1** 男, 人, 者. **2** 雄, おす; [しばしばハイフンを従えて形容詞的に] 雄の, 男性的な: Is the baby a *he* or a she? 赤ちゃんは男の子女の子? / a *he*-goat, a *he*-wolf / *he*-literature 男の文学. [OE *he*, *hē*; cf. OS *hie*, OHG *her* he]

he[3] /héı/ *n* へー《**1**) ヘブライ語アルファベットの第 5 字 **2**) セム語系言語の文字でヘブライ文字 'he' に相当する文字》. [Heb]

he[4] *n* 鬼ごっこ (tag); 《鬼ごっこの》鬼 (it). [C19 *he*[2] (n)]

He 〖化〗helium.

HE °high explosive ♦ His Eminence ♦ His [Her] EXCELLENCY.

head /héd/ *n* **1 a** 《顔をも含んで》頭, 首, 頭部《CEPHALIC *a*》: He hit me on [over] the ～. 頭をなぐった / sb's ～ rolls 《斬首されて》首が転がる / HEADS will [must] roll. ⇨ 成句 / Better be the ～ of a dog [an ass] than the tail of a lion [a horse]. 《諺》鶏口となるとも牛後となるなかれ / You cannot put old ～*s* [an old ～] on young shoulders. 《諺》若い者の肩に年寄りの頭を載せることはできない《若い者に年配者の分別は求められない》/ win *by a* (short) ～ 〈馬が〉首の差で勝つ / John is taller than me *by a* ～. ジョンはぼくより頭だけ高い. **b** 生命, '首': It cost him his ～. それがもとで命を落とした. **c** 頭髪; 鹿の枝角 (antlers): have a good [fine, thick, etc.] ～ of hair 頭髪が濃い, 髪がふさふさしている / comb sb's ～ 髪をとかす / a deer of the first ～ 初めて角の生えた鹿. **d** 頭部をかたどったもの; [[U]*pl*] 硬貨の表, 'かた' (opp. *tail*)《王の頭像のある面》: ～(*s*) or tail(s) 表か裏か《硬貨を投げて順番を決めたり勝負事などをするときの掛け声》/ *H*～*s* I win, tails I lose [you win]. (投げ上げたコインの)表ならわたしの勝ち, 裏ならあなたの勝ち / *H*～*s* I win, tails you lose. [*H*～*s* you win, tails I lose]. いずれにしてもわたし[あなた]の勝ち《ペテン師の賭けの文句; またそのゲーム》. **e** (*pl* ～) 頭数, 数; 《切符などを買う客の頭数としての》一人: forty ～ of cattle 牛 40 頭 / two dollars a [per] ～ 1 人 2 ドル / count ～*s*=count NOSES. **f** [形容詞を冠して] …な人; 《俗》薬物 [LSD, 大麻] 常用者, 薬(ヤク)中 (pothead, acidhead); 《俗》ドラッグカルチャーの心酔者, ヒッピー (hippie); 熱狂[熱中]者, ファン; 《俗》《モノにできる》若い女: CROWNED ～*s* / wise ～*s* 賢明なる人びと. **2 a** 頂, 上部, 上; 先端, 末端. **b** 《ページ・階段などの》上部, 頭, 天; 冒頭, 筆頭; 〖建〗楣石(まぐさ), 台石; 〖鉱〗水平坑, 導坑. **c** 崖の頭, 鼻, 《地名などで》岬; 《峠などの》頂上; 《おできの》頭 (cf. *gather* HEAD). **d** [U]《自動車の》屋根; 《樽の》かがみ, 《太鼓の》皮, 《ドラムの》ヘッド (drumhead). **e** 《口》ヘッドライト; 〖海〗船首, 帆の上端, デリック (derrick) の先端部, 錨頂 (crown); [[U]the, 《英》では °the ～s] 《口》(船の) 便所, 《一般に》トイレ《もと海軍用語; 船首にあったことから》: clean *the* ～*s* 便所掃除をする / Where's *the* ～? トイレはどこ? / CAPTAIN OF THE HEAD. **f** 《樹の》こずえ, 《草木の》頭(の花[葉]), 穂(先), 花頭, 《キャベツなどの》葉球. **g** 《釘・ピンなどの》頭, 《ハンマー・鉈(なた)の》頭; 弾頭; 〖楽〗《音符の》符頭; 《卑》陰茎亀頭, 勃起したペニス. **h** 《卑》オーラルセックス, フェラチオ, クンニリングス. **i** 《液体を注ぎ入れたとき表面に浮く》泡, 《ビールの》泡; [U]《牛乳の》上部のクリーム. **j** 《川・泉などの》源, 水源; 終(着)点. **k** 《ベッド・墓などの》頭の位置. **l** 〖カーリング〗得点圏 (house) に残った石, ヘッド (stone). **m** 《ニンニクの》鱗茎《全体》. **3 a** 《ページ・章の》表題, (小)見出し, 《評論などの》主な項目, 題目; 《特に新聞のトップ全段抜きの》(大)見出し; 眼目: come under the ～ of …の部[項]にはいる. **b** 《機器の》中枢部, 《旋盤などの》工具[カッター]取付部, ヘッド; 《テープレコーダーなど磁気記録装置の》ヘッド; CYLINDER HEAD. **c** 〖文法〗主要部[語(句)]. **4** 頭のはたらき, 頭脳, 知力, 知恵, 理知, 推理力, 想像力 (cf. HEART, mind); 才能, 適性 ‹*for* mathematics, business, etc.›: SOFT [WEAK] in the ～ / ～ and heart 頭と心, 理知と感情 / clear one's ～ 頭[思考]をはっきりさせる / have a clear ～ 頭がはっきりしている / Two ～*s* are better than one. 《諺》三人寄れば文殊(もんじゅ)の知恵 / have no [a (good)] ～ *for* heights 高所恐怖症[高所に登っても平気]である / have a good ～ [no ～] *for* figures 計算が得意だ[数字にまるで弱い]. **5 a** 先頭, 首位, 首席, 上位, 上席; 首座, 上座, 司会者席, 座長席: at the ～ of …の先頭に立って; …の上位[上手(かみて)]に; …の首席[上席]に. **b** かしら, 長, 首領, 支配者, 指揮者; 《一家の》長; 長官, 頭取, 会長, 社長, 校長; [the ～s] 《豪口》権威者: a crowned ～ 王, 女王. **6** 用水(の水位), ほとばしる水; 《水車などの》落差, 《流体の》水頭(すいとう); 圧力, 速度水頭, 《ポンプの》揚程: HEAD OF STEAM. **7** 《口》頭痛《特に二日酔いの》: a morning ～ 二日酔い / have a ～ 二日酔いだ, 頭痛がする / get a ～ 二日酔いになる / give sb a ～ 《俗》人に頭痛を起こさせる. **8** *《俗》《麻薬などによる》陶酔(感): get a nice ～.

● **above sb's ～** …の理解力を超えて (over sb's head): *above* the ～*s of* an audience 聴衆にむずかし[難解]すぎて. **against the ～** 〖ラグビー〗相手側ボールのスクラムで[から]. **bang [beat] one's ～ against a (brick)** WALL[1]. **bang their [your, etc.] ～s together**=knock their [your, etc.] HEADs together. **beat sb's ～ off** 人を完全に打ち負かす. **be in ～** 〈作物が〉頭を出す. BITE **sb's ～ off. boil your ～** ⇨ go away and boil your HEAD. **bring…to a ～** 膿(う)ませる; 重要な局面[危機]に至らしめる; 〈機を〉熟させる; 要約する. **bury [hide, etc.] one's ～ in the** SAND. BUTT[4] **～s. by the ～** ⇨ **(down) by the ～. by the ～ and ears**=**by ～ and shoulders** 手荒く, むりやりに. **can [could] do** sth **(standing) on one's ～** 《口》たやすく[楽々と]…できる. **carry one's ～ high** 頭を上げて歩く, 堂々としている; 偉そうに構える. **come into [enter] sb's ～** 〈考えが人の頭[心]に〉浮かぶ, …を思いつく. **come [draw, gather] to a ～** 〈できものが〉化膿して口を開きそうになる; 〈事件など〉重要な局面になる, 山場に差しかかる, 危機に至る, 頂点に達する. **come up ～s** 《硬貨を投げて事を決するとき》表が出る. **cop a ～** *《俗》《酒・薬物で》酔っぱらう. **crow one's ～ off** 《口》自慢する. **do one's ～** 《俗》すごく心配である; 《俗》頭にくる. **do sb's ～ in** 《口》人をいら立たせる, 混乱させる: You're *doing my* ～ *in*. おい, いらつくぜ. **(down) by the ～** 〖海〗〈船が〉船首トリムで, おもてあしで《船尾よりも船首の喫水線が深い; cf. (down) by the STERN[2]》; 《俗》少し酔って. **eat one's [its] ～ off** がつがつ[ものすごく]食べる, 〈馬・雇い人などが〉大食いで働きがない, 飼い主[雇主]を食いつぶす. **eat sb's ～ off** *《俗》人にブツブツ言う, 人を責める[しかる]. **from ～ to foot [heel, toe]** 頭の先から爪の先まで, 全身に; すっかり. **gather ～** 〈できものが〉うむ. **get into one's ～** 〈酒が〉頭にくる. **get…into sb's (thick) ～** 人に…をちゃんと理解させる. **get it into one's ～** 理解する ‹*that*›; =take it into one's HEAD. **get it through sb's ～** 人にわからせる[信じさせる, 理解してもらう] ‹*that*›. **get…off [out of] one's ～ [mind]** …(のこと)を考えない, 忘れる. **get one's ～ down** 仕事を再開する, 机につく, 仕事に集中する; 《口》(横になって)寝る. **get one's ～ out of one's ass** 《卑》《ぼんやりしていないで》注意を払う, 目をさます, しゃきっとする. **get one's ～ round [around]…** [U]《口》…を理解する, 受け入れる. **get [have] one's ～ together** 《口》《自分にまつわる問題を解決して》しっかりする[している], 落ちつく[落ちついている], 自分をコントロールする[している]. **give (sb) ～** 《卑》(…に)フェラチオ[クンニリングス]をする, 口でやる. **give sb his ～** 人の自由にさせる, 人のやりたいようにやらせる《本来は「馬の手綱をゆるめて自由に走らせる」の意》. **(go**

away and) boil your ~"《俗》ばかを言え, ばかも休み休み言え. **go over** sb's **~** ⇨ over sb's HEAD. **Go soak your ~!***《俗》とっととうせろ, クソして寝ろ! **go to** sb's **~**〈酒が〉酔わせる; 興奮させる; 慢心させる. **hang** one's **~** うなだれる, 恥じ入る, うしろめたい思いをする〈*in* shame, guilt, etc.〉. **have a (good) ~ on** (one's) **shoulders** 常識がある, 賢明である; 実務の才がある: Tom *has an* old *~ on* young *shoulders*. トムは若さに似合わぬ見識の持主だ. **have** one's **~ in the** CLOUD**s**. **have** one's **~ pulled (out of** one's **ass)***《卑俗》ちゃんと承知して[心得て]いる, わかっている. **have** one's **~** SCREW**ed (right** etc.). **have** one's **~ up** one's **ass***《俗》やみくもに行動する, まるでばか(みたい)だ, わけのわからないことをやる. **~ and ears** 全身に, すっかり; 首ったけ〈*in*〉. **~ and front** 主なもの〈*of*〉. **~ and shoulders** 頭と肩ほど; ずっと: He is [stands] *~ and shoulders* above any other boy of the class. はるかにぬきんでている. **~ first [foremost]** まっさかさまに, 頭から; 無鉄砲に (⇨ HEADFIRST, HEADFOREMOST). **~ on** 船首を前にして, まっこうから, まっ正面から〈衝突する〉. **~ over ears** すっかり[どっぷり]つかって; 《口》深く(はまり込んで)〈*in* debt etc.〉. **~ over heels** =《古》**heels over ~** まっさかさまに, もんどりうって; あわてふためいて, せわしなく, むこうみずに; 《口》深く(はまり込んで)〈*in* debt〉, 完全に(首ったけで)〈*in* love〉; [~ over heels]《俗》《麻薬などで》陶然となって. **H~s up!***《口》あぶないぞ, どいとくれ, じゃまだ, 気をつけろ, 頭を上げよ, しゃんとせよ, しっかりしろ! **H~s will [must] roll.** 首になる[不興をこうむる, 処罰される, 失脚する]人が出るだろう. **~ to ~** 面と向かって, まっこうから, 直接: go *~ to ~* with [*against*]…とまっこうから勝負する, 直接対決する. **~ to tail**《同じ方向に向かって》一列に[ずらりと, きちんと]並んで, 列を作って. HIDE[1] one's **~**. **hold** one's **~ high** 毅然としている. **hold up** one's **~** 頭をちゃんと上げている, 胸を張っている. **in over [above]** one's **~** 自分の手に余って: get *in over* one's *~*《できもしないことに手を出して》にっちもさっちも行かなくなる. **in [inside]** one's **~** 頭の中で, 暗算で. **keep [have] a level ~** 落ちついている, 冷静である. **keep** one's **~ = keep a cool ~** 冷静でいる. **keep** one's **~ above ground** 生きている. **keep** one's **~ above water** おぼれないでいる; 借金せずに[失敗せずに]いる, なんとか生き延びる[持ちこたえる]. **keep** one's **~ down** 気が散らないようにする; 目につかない[目立たない]ようにしている, 危険を避ける. **keep** one's **~ right***《俗》自制を失わない, 正常心でいる. **keep** one's **~ shut**《俗》黙っている. KNOCK…**on the ~**. **knock** one's **~ against [into]**…〈いやな事件など〉にぶつかる, でくわす. **knock [run,** etc.] one's **~ against a (brick)** WALL[1]. **knock some ~s together**《口》(おとなしくしない連中を)しかりつける, おしおきをする, 尻をたたいて仕事をさせる, うるさく催促[指図]する[せかす]. **knock their [your,** etc.] **~s together**《頭をはち合わせるなど》激しいやり方で二人のけんか[ばかなこと]をやめさせる, 懲らしめる. **lay** one's **~ on the block** ⇨ put one's HEAD on the block. **lay** (one's) **~s together** ⇨ put (one's) HEADs together. **let** sb **have his ~** =give sb his HEAD. **lift up** one's **~** 元気を取り戻す. **lose** one's **~** 首を切られる; 命を失う; 自分を見失う, 冷静さを失う, あわてふためく, 取り乱す; 夢中になる〈*over*〉. **make ~** 進む, 前進する; 武装蜂起する; 《ボイラー中の》圧力を増す: *make ~* against…を食い止める; …に立ち向かう. **make neither ~ nor tail of** it=**cannot make ~(s) or [nor] tail(s) of** it それは何が何だか[さっぱり]わからない. **make** sb's **~ spin [go round, swim]** 人の頭をくらくらさせる[混乱させる]: so fast that it will *make* sb's *~ spin* ものすごく速く. **not know whether one is (standing) on** one's **~ or heels**《口》ひどく混乱している, わけがわからなくなっている. **off** one's **~**《口》気がふれて; 非常に興奮して: go [be] *off* one's *~*. **off the** TOP[1] **of** one's **~**. **on** one's **~** (1) 頭をつけて逆立ちして〈立つ〉. (2) ⇨ can [could] do sth (standing) on one's HEAD. **on** one's **[**sb's**] ~**〈怒り・危難・呪いなど〉降りかかって, 身[頭]の上に: The boy brought his mother's anger down *on his ~* by…. 少年は…で母親の怒りをまねいた / call down curses *on* sb's *~* 人に呪いがかかれと祈る. **on** sb's **(own) ~**〈決定・行動など〉…の責任に, 身[頭上]にかかって. **On** sb's **(own) ~ be it.** (結果がどうあれ)…の責任[自業自得]だ, (何かあったら)自分でなんとかするんだな. **open** one's **~***《俗》話す, 語る. **open** sb's **~**《口》人にはっきりとわからせる, 人の目を開く. **out of** one's **~**《口》気が狂って (off one's head); 《俗》《酒・薬物に》酔っぱらって, ぼうっとなって. **out of** one's **(own) ~** 自分で案出して; 頭の外へ, 忘れて: make a story *out of* one's *own ~* 自分の想像力をはたらかして話を作る / get (sth) *out of* one's *~* (ある事を)考えなく[信じなく]なる / put sth *out of* one's *~* …を考えるのをやめる. **over ~ and ears**= HEAD over ears. **over** one's **~** 自分の支払い能力以上に〈賭ける〉; *《俗》いつもよりよく, 鼓舞されたように. **over** sb's **~** …の頭越しに, …をさしおいて〈昇進するなど〉; …の理解力を超えて: go *over* sb's *~* to appeal 人の頭越しに訴える / talk *over* sb's *~* 人が理解できない話をする / go *over* sb's *~*〈事が〉人には理解できない. **pound** sb's **~ in***《俗》人をひっぱたく[ぶんなぐる]. **put** the idea [thought] **into** sb's **~** 考えを人に思いつかせる. **put** one's **~ down**=get one's HEAD down. **put** one's **~ in the [a]** NOOSE. **put [place, run]** one's **~ into the lion's mouth** 進んで危険に身をさらす, 虎穴に入る. **put [lay]** one's **~ on the block** (ひどいめにあいかねない)あぶないことをする, 危険に身をさらす〈*for* sb [sth]〉. **put [lay]** (one's) **~s together** 額を集めて相談[密議]する. **raise** one's **~** 顔を上げる《席に居ることを示すため》; 現われる: *raise its* (ugly) *~*〈悪いことが〉現われる, 頭をもたげる. **run** one's **~ against [into]**… ⇨ knock one's HEAD against…. **run** one's **~ against a (brick)** WALL[1]. **scratch** one's **~** 頭をかく《困惑・とまどい・いらだちなどのしぐさ》; 《返答や解決を見つけ出そうと》懸命に考える. **set** sth **on** its **~** …を混乱させる, めちゃくちゃにする. **shake** one's **~** 首を横に振る〈*over, at*〉《叱責・失望・不承知・不賛成・疑いなどの身振り》; 《否定の問い・命令に対して》承知[同意, 賛成]する. one's **~ off**《口》猛烈に, 過度に, 精いっぱい, …しまくる: cry [eat, laugh, scream, shout, talk, vomit, yell, etc.] one's *~ off*. He **should [ought to, need to] have** his **~ examined [tested, seen to].**=He **needs** his **~ examined.**《口》やつは頭がおかしいんじゃないか. SHRINK sb's **~**. **Shut your ~!***《俗》黙れ! **smash** sb's **~ in**=smash sb's FACE in. SNAP sb's **~ off.** STAND **on** one's **~**. **take it into** one's **~** …を信じるようになる, …と思い込む〈*that*〉; …を突然しようと思いつく[決心する]〈*to do*〉. **talk out of the top of** one's **~=talk through a hole in** one's **~**《口》考えなしに[支離滅裂に]しゃべる, ばかなことを言う. TALK sb's **~ off.** **turn ~s**〈人・ものが〉注目を浴びる, 人びとを魅惑する; 〈ことが〉世間を驚かす. **turn…on its ~**=STAND…on its ~. **turn** sb's **~**〈成功などが〉人を変える[傲慢にする]; 〈女性・美貌などが〉人を恋のとりこにする. **use** one's **~** 頭を使う, 頭をはたらかせる. **where** one's **~ is at**《俗》自分の(その時の)気持, 考え, 人生観.

► *a* 頭の; 首長たる; 首位の, 先頭の; 前から向かってくる, まっこうからの: a ~ clerk 首席書記 / the ~ coach ヘッドコーチ / the ~ waiter ウェイター長.

► *vt* **1 a** …の先頭に立つ, 率いる; …のトップの座を占める: His name *~ed* the list. 彼の名が筆頭にあった. **b** …の上部をなす; …に頭[見出し, レターヘッド]を付ける: ~ an arrow 矢じりをつける. **c** 越える, 〈記録を〉破る. **2 a**〈乗物などを〉向ける, 向かわせる〈*at, for, into*〉; …に立ち向かう, 立ちはだかる, さえぎる: be HEADED for. **b** …の上流[水源]を迂回して進む. **3**〈動植物〉の頭部[先端]を切り取る[摘む]《人の首をはねるの意は《古》で, 今は behead》: ~ (down) a plant 草木の芯を切る. **4** 頭で打つ, 〘サッカー〙ヘディングする. ► *vi* **1**〈…に向かって〉進む〈*for, through*〉: Where are you *~ing for?* どちらへお出かけですか / ~ (*for*) home 帰途につく (cf. *vt* 2a) / ~ *back* 帰る / ~ *away from*…から離れて行く[立ち去る] / ~ *toward* bankruptcy 破産に向かう. **2**〈植物が〉頭を生ずる, 結球する, 〈おできが〉膿む. **3**〈川が〉源を発する〈*in, from*〉. ● **~ into**…〈人・物を〉…にぶつける. **~ off** (*vt*) 先回りしてさえぎる[そらす]; …の針路[考え]を変えさせる, 〈人〉に…させないようにする〈*from*〉; 〈悪い事態を〉阻止する, 防ぐ: ~ sb *off* at the pass 先回りして峠で人を待伏せする. (*vi*)〈…へ〉進む, 向かう〈*for, toward*〉; 出発する. **~ out** 立ち去る, 出発する〈*for*〉. **~ them**《豪》TWO-UP をする. **~ up** 源を発する; …の先頭に立つ, 主宰する; 〈家畜の群れ・幌馬車隊などを〉正しい方向に向ける; 〘海〙風上へ舵をとる. **tell** sb **where to ~ in**《口》tell sb where to GET[1] off.

[OE *hēafod*; cf. G *Haupt*, L *caput*]

Head ヘッド **Edith ~** (1897–1981)《米国のドレスデザイナー; *All About Eve* (イヴの総て, 1950) など映画の衣裳を多数手掛けた》.

-head /hèd/ *n suf* [性質・状態を表わす] -HOOD: god*head*, maiden*head*.

[ME *-hed(e)* -HOOD]

héad·àche *n* 頭痛; 《口》頭痛のたね, 面倒な問題, 厄介者, 《俗》女房; *《俗》酒, アルコール: suffer from ~(*s*) / have a (bad) ~ / give sb a ~ 人を悩ます, 困らせる.

héadache bànd*《俗》ヘアバンド《婦人用; 布・革・プラスチック製》.

héadache depàrtment*《俗》**1** やっかいごと(の原因), 頭痛のたね, いやな[うるさいことを言ってくる]やつ, 厄病神. **2** 酒屋, 酒の売場 (=**héadache hòuse**).

héadache màn*《俗》警官, ポリ公, デカ.

héad·àchy, -àchey /-èɪki/ *a*《口》頭痛がする, 頭痛持ちの; 頭へくる, 頭を痛ませる.

head·age /hédɪʤ/ *n*《農場の》飼育家畜数, 頭数.

Héad & Shóulders〘商標〙ヘッド・アンド・ショルダーズ《ふけ取りシャンプー》.

héad arràngement〘ジャズ〙ヘッドアレンジ(メント)《譜面によらず口頭の打合わせによるアレンジ》.

héad·bànd *n*《髪留め用などの》ヘッドバンド, 鉢巻き; 〘印〙ヘッドバンド《本のページの上端の装飾的模様》; 〘製本〙ヘドバン, はなぎれ《本の背裏の両端に貼りつける布》.

héad·bàng *vi*《俗》《ロックに合わせて》頭を激しく振る, ヘッドバンギングをやる.

héad·bàng·er《俗》*n*《音楽に合わせて激しく頭を振る》ヘビーメタルのファン[ミュージシャン]; 精神異常者, いかれたやつ, 気違い, キじるし.

héad·bàng·ing *n* **1**《ヘビーメタルファンなどの》激しく頭を振り動かす踊り, ヘッドバンギング; 《精神異常者の》激しく体をゆすり頭を振り動かす動作. **2** 非協力的な者どうしを強制的に協力させること.

héad·bòard *n* ⦅ベッドなどの⦆ 頭板, ヘッドボード; 〖鉱〗 笠木; ⦅列車前面の行先・種別を表わす⦆ 表示板, ヘッドマーク; 〖ヨット〗 ヘッドボード ⦅メーンスルなど三角帆の先端の補強板⦆.
héad bòne *«俗» 頭蓋骨, 頭.
héad·bòrough *n* 〖英史〗 十人組長 ⦅TITHING の長⦆; ⦅教区の⦆ 小役人, 警吏.
héad bóy" 首席の男子生徒 ⦅監督生 (prefects) のリーダーで, 公的な行事で学校代表をつとめる⦆.
héad·bùst·er *n**«俗» ⦅貸金の取立てや制裁を加えるのに⦆ 暴力をはたらくやくざ者.
héad-bùtt *vt* …に頭突きをする.
héad bùtt 〖レス〗 頭突き, ヘッドバット.
héad càse "«俗» いかれたやつ, 変人, (頭の)おかしなやつ.
héad·chèese* *n* ヘッドチーズ ⦅豚や子牛の頭・足の肉を細かく刻んで煮てチーズ状にした食品⦆.
héad·clòth *n* 頭に巻く布 ⦅ターバンなど⦆.
héad còld 鼻かぜ.
héad còllar HEADSTALL.
héad còmic *«俗» 「アンパン」コミック, ヘッドコミック ⦅若者がマリファナをやりながら読むように作られたコミック本; いかれた内容のものが多い⦆.
héad còunt 人数, 員数, 頭数, 人口; 人口調査; (世論)調査: do [take] a ～.
héad·còunt·er *n* «口» 国勢調査員; «口» 世論調査員.
héad cràsh 〖電算〗 ヘッドクラッシュ (＝*disk crash*) ⦅ディスクの読み書きヘッドがディスク面に接触し, データを破損する事故⦆.
héad·crùsh·er *n**«俗» HEADBUSTER.
héad dìp 〖サーフィン〗 波かぶり, ヘッドディップ ⦅前傾姿勢をとって頭から波の中に突っ込むこと⦆.
héad dòctor «俗» 精神科医, 精神分析医, 心理学者.
héad·drèss *n* 頭飾り, かぶりもの, ヘッドドレス ⦅しばしば 地位や職業を示す⦆; 髪の飾り方, ヘアスタイル.
héad drùg *«俗» 脳に作用する麻薬 ⦅幻覚剤など; opp. *body drug*⦆.
héad·ed *a* **1** 頭を有する; 頭部を形成した; レターヘッドのはいった⟨便箋⟩; [*compd*] 頭が…の, …頭の: ～ cabbage 結球したキャベツ / two-*headed*, clear-*headed*. **2** ⟨…に向かって⟩進んで ⟨*for*⟩ (cf. HEAD *vt* 2a): Where are you ～ (*for*)? どちらへお出かけですか / Is America ～ *for* a depression? アメリカは不況に向かっているのか?
héad ènd ヘッドエンド ⦅有線テレビの放送信号を受信して幹線に送出する所⦆.
héad·er *n* **1 a** 頭[先端]を切り離す人[機械]; ⦅穀物の⦆ 穂先刈取り機, 穂刈り機. **b** 頭を作る人[機械]; ⦅釘・針などの⦆ 作頭機; 樽のかがみを作る桶屋. **2 a** かしら, 首領; 捕鯨船の指揮者; 牛[羊]の群を誘導する犬. **b** "«方» 頭のおかしな人. **3 a** «口» さかさ飛込み, まっさかさまに落ちること; 〖サッカー〗 ヘディングシュート[パス]: take a ～ off a ladder まっさかさまに落ちる. **b** «俗» (いちかばちか)やってみること, トライ, 賭け; «俗» 失敗, やりそこない. **4** 〖建〗 小面(こづら), 小口(こぐち) ⦅煉瓦などの面のうち最も小さい面⦆; ⦅窓や出入口の⦆ 楣(まぐさ) (lintel). **5** ⦅配管の⦆ 分配主管, 母本管, 母管, 管(くだ)寄せ, ヘッダー ⦅排気マニホルド (exhaust manifold) など⦆; 圧力調整槽, ヘッダー(タンク) (＝～ **tànk**); 〖電〗 ヘッダー ⦅トランジスターなどの密閉装置から端子を引き出すための取付け板⦆. **6** ⦅ページ・章の⦆ 標題, (小)見出し (head(ing)); 〖電算〗 ヘッダー ⦅**1**) 文書の各ページ上部の日付・ファイル名・文書名・小見出しなどを記した部分 **2**) ファイルやパケットの先頭の管理情報を記録した部分⦆.
héad fàst 〖海〗 船首もやい, 先もやい. [*fast* mooring rope]
héad·fírst, héad·fóre·mòst /, -məst/ *adv, a* 頭から, まっさかさまに[の]; 大急ぎで[の]; 無鉄砲に[な].
héad·fìsh *n* 〖魚〗 マンボウ (ocean sunfish); ヤリマンボウ.
héad·fùck·er *«俗» *n* 支離滅裂なやつ[もの, 状況]; 頭にくる強烈な薬(やく), クラック (crack), LSD.
héad gàme *«口» MIND GAME.
héad gásket 〖機〗 ヘッドガスケット ⦅内燃機関のシリンダーヘッドとシリンダー[シリンダーブロック]との間のガスケット⦆.
héad·gàte *n* ⦅ロック (lock) の⦆ 上水門; 水門, 取水門.
héad·gèar *n* 頭飾り, かぶりもの, 帽子; ⦅馬の⦆ おもがい; ⦅ボクサーなどがかぶる⦆ ヘッドギア; 〖鉱〗 巻上げやぐら.
héad gírl" 首席の女子生徒 (⇨ HEAD BOY).
héad hìt *«俗» 麻薬用具のひとそろい.
héad hóncho HONCHO.
héad·hùnt·er *n* 首狩り族; 政敵打倒をはかる者; 人材引抜き係[業者], ヘッドハンター ⦅特に 管理職レベルの人材をスカウトする⦆; [*joc*] 有名人に近づきたがる人; *«俗» 殺し屋; *«俗» 乱暴なプレーヤー.
héad·hùnt·ing *n* 首狩り; 政敵打倒工作; ヘッドハンティング.
♦ **héad·hùnt** *vt, vi*
héad·ing *n* 頭付け; 頭部, 上部, 正面; ⦅ページ・章の⦆ 表題, (小)見出し; 項, 節; LETTERHEAD; ⦅船首などの⦆ 方向, 飛行方向[方位]; 首切り; ⦅草木の⦆ 芯摘み; 〖サッカー〗 ヘディング; 〖建〗 小口(積み); 〖鉱〗 坑道(の先端); 〖海〗 旗のポケット ⦅ロープを入れておく⦆.
héading còurse ⦅煉瓦工事の⦆ 小口層.
héading dòg «豪» 牧羊犬.
héad-in-the-sánd *a* 現実を直視しない, 状況を認識しようとしない (cf. bury one's head in the SAND).
héad jòb *«卑» 口でやること ⦅フェラチオ, クンニリングス⦆; «俗» 狂ってるやつ, 気違い (head case).
héad kìt *«俗» 麻薬用道具一式 (works), 薬(やく)キット.
héad·làmp *n* HEADLIGHT.
héad·land /-lənd, -lænd/ *n* **1** ⦅海・湖などに突き出した⦆ 岬, 出鼻, 岬角. **2** /-lænd/ 枕地(まくら) ⦅畑の端に沿って耕さずにおいた一条の土地⦆.
héad·less *a* 頭[首]のない; 首を切られた; 首領[親分, ボス]のいない; 良識[思慮]のない, 愚かな; CATALECTIC. ♦ **～·ness** *n*
héad lèttuce 〖植〗 タマチシャ (cf. LEAF LETTUCE).
héad·lìght *n* **1** ⦅自動車・機関車などの⦆ ヘッドライト, 前照灯; ヘッドライトの光; ⦅額に装着する⦆ ヘッドランプ; 〖海〗 ⦅前檣(ぜんしょう)の⦆ 白色灯. **2** *«黒人俗» 肌が黄褐色の黒人; *«俗» でかいダイヤ, ダイヤの指輪; [*pl*] «米俗・豪俗» オッパイ (breasts).
héad·lìne *n* **1** ⦅ページ・章などの⦆ 表題; ⦅新聞記事などの⦆ 見出し; 本[新聞]のページの上欄; [ᵘ*pl*] 〖放送〗 ⦅ニュース放送の前後に読む⦆ 主な項目: go into ～*s* 新聞に大きく取り上げられる, 有名になる. **2** 〖海〗 船首もやい(綱), ⦅浚渫(しゅんせつ)地の⦆ ヘッドライン ⦅投錨用ロープ⦆; 動物の首につけた綱. ● **hit** [**grab, capture, make, reach**] **the ～s** «口» 大ニュースになる, 有名になる, 知れわたる. ► *a* 見出しの; 見出し[ニュース]になりうる, 注目すべき. ► *vt* …に見出しを付ける; 見出しで取り上げる[言及する]; 喧伝する; …の主役[看板役]をつとめる. ► *vi* 主役を演ずる.
héadline-gràbbing *a* 見出しを飾る(ような), 新聞種(だね)の, ⦅メディアで⦆ 話題の.
héad·lìner *n**«口» 主役, スター, ⦅広く⦆ 有名人, 話題の人; 〖印〗 ヘッドライン写真製版機; 〖車〗 天井の内張り.
héad línesman 〖アメフト〗 線審.
héad·lòad «アフリカ» *n* 頭上運搬用荷物. ► *vt* 頭上運搬する.
héad·lòck *n* 〖レス〗 ヘッドロック ⦅頭を腕で押え込む⦆.
héad·lòng *adv* /, ⏑́ ⏑́/ まっさかさまに; むこうみずに, がむしゃらに, 猛然と; あわてふためいて; 直ちに: rush [jump, plunge] ～ into sth. ► *a* まっさかさまの; むこうみずな, 軽率な; 大急ぎの; «古» 険しい. ♦ **～·ness** *n* [ME *headling* (HEAD, *-ling*²); 語尾は *-long* に同化]
héad lòuse 〖昆〗 アタマジラミ.
héad·man *n* /hédmǽn, ⏑́ ⏑́/ 頭目, 酋長, 首長, 長; /⏑́ ⏑́/ 監督, 親方, 主任 (foreman, overseer); /hédmən/ HEADSMAN.
héad·màster *n* /, ⏑́ ⏑́/ *⦅私立学校の⦆ 校長; "校長.
♦ **～·ly** *a* 校長(に特有)の, 校長らしい. **～·ship** *n*
héad·mìstress *n fem* /, ⏑́ ⏑́/ *⦅私立学校の⦆ 女性校長; "女性校長. ♦ **～y** *a*
héad mòney HEAD TAX; 逃亡者[無法者など]の捕縛または殺害に対して支払われる賞金, 首にかけた賞金.
héad·mòst *a* まっさきの; ⟨特に 船が⟩先頭の, いちばん前の.
héad-mòunt·ed displáy 〖電算〗 ヘッドマウントディスプレー ⦅頭にかぶるゴーグル式のディスプレー⦆.
héad·nòte *n* 頭注 (cf. FOOTNOTE); 〖法〗 頭注 ⦅判例集でそれぞれの判決の前に記載される判決の摘要⦆, ⦅章・詩などの⦆ 前書.
héad nòte HEAD TONE.
héad of státe [ᵒH- of S-] 国家元首.
héad of stéam ⦅エンジンの⦆ 蒸気圧; 熱気, 活力, 勢い: under [with] a full ～ エンジン全開で; 全力で, 猛然と / bring [build, gather, get, work] up a ～ 勢いを増す, 熱気を帯びる, 活発化する / have a ～ 蒸気圧が足りている; 勢いを維持している.
héad of the ríver" [ᵒthe] ⦅bumping race で, 各学寮出場ボートの⦆ 先頭; ⦅レースで⦆ 一位, 優勝: go ～ 一位になる.
Héad of the Ríver Ràce" [the] ヘッド・オヴ・ザ・リヴァー・レース ⦅大学対抗ボートレース (the Boat Race) と同じコースを逆方向に競漕するエイトのボートレース⦆.
héad-ón *a, adv* 正面から(の), まっこうから(の[ぶつかっていく]): a ～ collision 正面衝突; まっこうからの対立 ⟨*with*⟩ / walk ～ into…と正面からぶつかる.
héad·pàge *n* 〖印〗 ヘッドページ ⦅本・章などの始まるページ⦆.
héad·pèep·er *n**«俗» 心理療法医, 精神科医, 精神分析医 (headshrinker).
héad·phòne *n* [ᵘa pair of ～s] ヘッドホン.
héad·pìece *n* かぶと, ヘルメット; かぶりもの, 帽子; 〖馬具〗 おもがい; ヘッドホン; 頭; 頭脳; 頭のよい人; ⦅ものの⦆ 上部, 頭; 〖印〗 ⦅書物の⦆ 章[ページ]の頭の装飾; 頭注.
héad·pìn *n* 〖ボウル〗 ヘッドピン ⦅先頭のピン, 1 番ピン⦆.
héad·plàte *n* 切手に頭像を印刷するための原版.
héad·quàrter *vi* 本部を設ける. ► *vt* [ᵘ*pass*] …の本部を置く ⟨*in* etc.⟩.
héad·quàrters *n pl* [ᵒ⟨*sg*⟩] 本部, 本営, 司令部, 本署 ⟨*of*⟩; 本社, 本局; 本拠, 本元; 本部員, 司令部員: ～' staff 司令部員 / GENERAL HEADQUARTERS.
héad·ràce *n* ⦅水車などの⦆ 導水器, 導水路.
héad·ràil *n* 〖玉突〗 ヘッドレール ⦅ビリヤード台のブレイクする側の短クッション⦆.

héad·rèach 〔海〕*vi* 〈帆船が〉上手回し半ばに風上に逸出する. ► *vt* 上手回し中に〈他船〉の前に出る. ► *n* 逸出距離.
héad règister 〔楽〕頭声声域.
héad resístance 〔空〕前面抵抗.
héad·rèst *n* 《歯科の椅子・自動車の座席などの》頭支え, 頭受け, 頭台, 按頭台, ヘッドレスト.
héad restràint 《むち打ち症防止用の》シート枕.
héad rhỳme 頭韻, BEGINNING RHYME, ALLITERATION.
héad·ròom *n* 《ドア口・トンネル・乗物などの》頭上スペース, 空き高 (headway), 〔鉱〕やぐら[天盤]高さ.
héad·sàil /, (海) -s(ə)l/ *n* 〔海〕前帆《船首縦帆》.
héad·scàrf *n* ヘッドスカーフ《女性が頭部をおおうように着用するスカーフ》.
héad-scràtch·er *n* **1** 困惑[いらだち]のもと; 不可解なこと, なぞ. **2** ヘッドスクラッチャー《頭皮をかく[刺激する]器具》.
héad-scràtch·ing *n* 熟考; 当惑, 混乱.
héad séa さか波, 向かい波.
héad·sèt *n* **1** マイク付きヘッドホン, ヘッドセット, HEADPHONE. **2** 《自転車の》ヘッドパーツ《フロントフォークとフレームを連結する軸受部品》.
héad·shàke *n* 頭を横に振ること《不信・不賛成》.
héad·shèet *n* 〔海〕FORESHEET.
héad·shìp *n* 頭[長]であること, 首領の座[権威], 指導的地位, "校長の座[職, 任期].
héad shòp *《口》ヘッドショップ《ドラッグ使用者向けの用具・小物・身のまわり品を商う; cf. HEAD *n* 1f》.
héad shòt *《俗》顔写真.
héad·shrìnk·er *n* **1** 切り取った頭を収縮加工して保存する首狩り部族民. **2** 《俗》精神科医, 精神分析医, 心理学者.
héads·man /-mən/ *n* 《かつての》首切り役人; 〔鉱〕坑口操車員 (pusher); 捕鯨船の指揮者.
héad·spàce *n* 《液体などの容器の》上部空き高, 頭隙(とうげき).
héad·sprìng *n* 水源, 源泉; 〔体操〕頭はね起き《頭と両手で体を支えた体勢から屈伸を利用してはね起きる》.
héad·squàre" *n* HEADSCARF.
héad·stàll *n* 〔馬具〕おもがい.
héad·stànd *n* 頭倒立(あたまとうりつ)《頭と両手で, または頭だけで支える逆立ち》.
héad stàrt 《レースなどの》開始時に与えられた[得た]優位 〈*over*, *on*〉; 一歩先んじたスタート, さい先のよいスタート, 順調なすべり出し: get [have] a ～ *on* sb [sth] 人[もの]より先にスタートする[始める] / give sb [sth] a ～ *on*… 人[もの]に…より先にスタートさせる.
héad stàtion 《豪》牧場の主な建物.
héad stày FORESTAY.
héad stéward 《工場などの労働組合の》筆頭代表.
héad·stòck *n* 〔機〕《旋盤などの》主軸台; 教会の鐘をかける横桁.
héad·stòne *n* 〔建〕かなめ石, 隅石(すみいし) (cornerstone, keystone); 墓の頭部に立てた石, 墓石 (cf. FOOTSTONE).
Héadstone Cìty *《俗》墓地 (cemetery).
héad stòre *《口》HEAD SHOP.
héad·strèam *n* 《河川の》源流, みなもと.
héad·stròng *a* 頑固な, 強情な, 我の強い; 無鉄砲な, 性急な. ♦ **～·ly** *adv* **～·ness** *n* [ME＝strong in head]
héads-úp *a* 《口》機敏な, 抜け目のない: ～ playing 機略縦横のプレー. ► *n* 警告, 注意: give sb a ～.
héad táble 《宴会・会議などでの》上座のテーブル, 主賓席, ヘッドテーブル (top table").
héad tax *人頭税 (poll tax); 均等割の税金.
héad téacher" 校長.
héad-to-héad *adv*, *a* 直接対決で[の], 一対一で[の], 相対(あいたい)で[の]; 大接戦で: go ～ 直接対決する; 激戦を演じる 〈*with*〉. ► *n* 直接対決, まっこう勝負.
héad tòne 〔楽〕頭声調《高音域の声調》.
héad trìp 《俗》心に影響を与える体験, 精神を刺激する[高揚させる]ようなこと; 《俗》自分の感情[思考]を探ること, 精神[思考]の探検, 気ままな空想; 《俗》自己中心的な行動, 自己満足; 《俗》《LSD などによる》錯乱, 妄想, 幻覚(体験).
héad-tùrn·ing *a* 注目すべき, 魅力的な, 人をふり向かせる; すばらしい. ► *n* ふり返る[ふり向く]こと. ♦ **héad-tùrn·er** *n*
héad-ùp displáy 〔空・車〕ヘッドアップディスプレー《パイロット[ドライバー]の前方視野内に計器などの示す情報を表示する装置, その表示; 略 HUD》.
héad vòice 〔楽〕頭声《かん高い声; cf. CHEST VOICE》.
héad·wàit·er *n* 《食堂の》ボーイ長.
héad·ward *a*, *adv* 水源(より奥)へ(の).
héadward erósion 〔地質〕頭部侵食.
héad·wards *adv* HEADWARD.
héad·wàter *n* [the, ᵘ*pl*] 《川の》源流, 上流, 給水源.
héad·wày *n* 前進; 進歩; 〔海〕進航速度, 船足; 《同一航路・路線を走る船・列車・バスの時間の》(運航[運転])間隔, 運転[運行]時隔; 〔建〕《アーチ・戸口・階段などの下から天井までの》空き高. ● **make ～** 〈船が〉進行[前進]する; 〈人・組織・運動などが〉前進する, 進捗を見る 〈*in*, *toward*, *with*〉.
héad·wìnd *n* 向かい風, 逆風 (cf. TAILWIND); 困難な状況, 障害.
héad·wòrd *n* 《書物・辞書などの》見出し語; 〔文法〕主要語《統語単位の中心となる語》.
héad·wòrk *n* 頭脳仕事, 頭脳[精神]労働; 知恵; 〔サッカー〕ヘッドワーク《ボールを進めるのにヘディングすること》; 《アーチの》かなめ石の装飾; [～s] 《川・運河の》水量調整装置, 頭首工. ♦ **～·er** *n* 頭脳労働者.
héad·wràp *n* 《女性が》頭に巻く布, かぶりもの.
héady *a* 強情な, 頑固な, 我の強い, むこうみずな, 性急な, 激しい; 酔わせる〈酒・香り〉, 陶然とさせる, めくるめく, 興奮[高揚]させる〈体験・雰囲気など〉; 酔った, 興奮[高揚]した 〈*with* success〉; 濃厚な, 豊富な; めざましい, たいそうな; 《口》賢明な, 頭脳的な, 頭のいい; 《知的に》刺激的な, 頭を使う; 頭痛がする, 頭を痛ませる. ♦ **héad·i·ly** *adv* **-i·ness** *n* [ME (HEAD, -*y*¹)]
heal¹ /híːl/ *vt* 〈人・病い・傷・悲しみなどを〉いやす (: ～ sb *of* a disease); 〈問題・分裂・対立などを〉修復する; 浄化する, 清める. ► *vi* 〈傷病・人が〉治る, いえる, 回復する, 癒合する; 傷病を治す. ● **～ over** 〈傷が[を]〉癒着する[させる], 治る[治す]; [*fig*] 〈不和・亀裂が[を]〉修復する. **～ up** 〈傷・手・脚などが[を]〉よくなる[する], 治る[治す]. ♦ **～·able** *a* [OE *hǣlan* (⇨ WHOLE); cf. G *heilen*]
heal²" *vt* HELE.
héal-àll *n* 万能薬 (cure-all); 万病草, SELF-HEAL.
heald /híːld/ *n* 〔織〕HEDDLE. [OE *hefeld*]
héal·er *n* 治療者, 医者; 《特に》Christian Science による治療者; 薬: Time is the great ～. 《諺》時は偉大ないやし手《時が経てば悲しみなども薄らぐもの》.
héal·ing *a* 治療[治癒]の[する], いやす; 回復する: the ～ touch 《触れただけで病気などを治す》いやしの手. ► *n* 治療, 治癒, 回復, いやし.
health /hέlθ/ *n* **1 a** 健康, 健全, すこやか: be out of ～ 健康がすぐれない / *H*~ is better than wealth. 《諺》健康は富にまさる / Early rising is good for the [your] ～. **b** 健康状態: be in good [poor] ～ 健康である[ない]. **c** 健康法, 保健, 衛生; 《廃》治癒[治療]力: public ～ 公衆衛生 / the Ministry of *H*~, Labour and Welfare 厚生労働省. **2** 《社会・組織などの》健全さ; 活力, 繁栄. **3** 《健康を祝する》乾杯: drink (to) the ～ of sb＝drink (to) sb's ～＝drink a ～ to sb 人の健康のために乾杯する / (To) your (good) ～! ご健康を祝します《乾杯のことば》. ● **not…for (the good of) one's ～** だてや粋狂(でするの)ではない. [OE *hǣlth*; ⇨ WHOLE]
héalth càmp 〔NZ〕虚弱児童用キャンプ.
héalth càre 医療, 保健, ヘルスケア: *health-care* workers [providers] 医療従事者.
héalth cènter 医療[保健]センター, 保健所.
héalth certíficate 《仕事に対する》健康証明書.
héalth clùb フィットネスクラブ, ヘルスクラブ.
héalth fàrm" HEALTH SPA.
héalth fàscism [*derog*] "健康ファシズム《喫煙や飲酒など他人の習慣や嗜好に健康上の理由をもって権威主義的に干渉すること》. ♦ **héalth fàscist** *n*
héalth fòod 健康食品.
héalth·ful *a* 健康によい, 衛生的な, 保健上有益な; 健康な, 健全な (healthy). ♦ **～·ly** *adv* 健康[衛生]的に. **～·ness** *n*
héalth insùrance 健康[医療]保険.
héalth máintenance organizàtion 〔米〕健康維持組織[機構], HMO《希望して加入した個人・家族に対して参加医師らが予防中心の検査や医療を行なう組織; 資金は, あらかじめ定められた医療費を定期的に支払うことによって賄う; 略 HMO》.
Héalth Mìnister 〔英〕保健大臣, 厚生相《Department of Health の長たる大臣》.
héalth òfficer 《保健所・衛生局などの》衛生官.
héalth phỳsics 保健物理学《放射線の健康に対する影響を扱う》. ♦ **héalth phỳsicist** *n*
héalth profèssional 保健専門家《保健衛生関係諸分野の専門教育をうけた人》.
héalth resòrt 保養地.
héalth sàlts *pl* 健康塩(けんこうえん)《硫酸マグネシウムなど, ミネラルウォーターに入れて緩下剤とするもの》.
héalth sèrvice 公共医療(施設)《集合的》; [the H- S-] 〔英〕NATIONAL HEALTH SERVICE.
héalth spà* ヘルススパ (health farm")《健康増進とフィットネスのための商業施設・リゾート; 運動設備・プール・サウナなどを備える》.
héalth tòurism 医療観光《治療や健診のために外国に渡航すること》.
héalth vìsitor 〔英〕訪問看護師, 巡回保健師《障害者・老人・新生児・未就学児童の家庭を訪ねる》.
héalth·wise *adv* 《口》健康面で.
héalthy *a* **1** 健康な, 健常な, 壮健な; 健康そうな; 健康的な, 健康によい; 健全な, 《判断など》まともな, 当然の, 有益な; 旺盛な, 盛んな:

H

a ～ complexion 健康的な顔色 / a ～ diet 健康食 / ～ entertainment / keep [stay] ～ 健康を維持する / have a ～ respect for…に対して(払うべき)当然の敬意を払う / have a ～ dislike of…〈嫌って当然のものを〉嫌っている / have a ～ appetite 食欲旺盛だ / a ～ society [economy] 健全な社会[経済]. **2**《量・程度が》かなりの, 相当な, 大きな: a ～ portion. ◆ **héalth·i·ly** *adv* **héalth·i·ness** *n*

Hea·ly /híːli/ ヒーリー **T(imothy) M(ichael)** ～ (1855–1931)《アイルランドの政治家; アイルランド自由国初代総督 (1922–27)》.

Hea·ney /híːni/ ヒーニー **Sea·mus** /ʃéɪməs/ **(Justin)** ～ (1939–)《アイルランドの詩人; ノーベル文学賞 (1995)》.

heap /híːp/ *n* **1**《雑然と》積み重なったもの, 堆積, 塊り, 山: a ～ of rocks 岩の山 / in a ～ ひと塊りになって, 山のように / ～*s on* ～*s* 累々と. **2**《口》 **a** 群れ; 多量: in ～*s* たくさん, どっさり / have a ～ *of* work to do する仕事が山ほどある / ～*s of* people [time] 大勢の人[多くの時間] / ～*s* of times 幾度も, 何度も, たびたび. **b** [°～s, 〈*adv*〉] 大いに, 非常に, ずっと, うんと: is ～*s* better ずっとよい / Thanks *a* ～. **3**《口》ぽんこつ(車), がたのきたもの [機械, 建物], オートバイ, 飛行機; 《口》がたのきた[だめになった]やつ, だらしない女. ● **(all) of a** ～《口》どうと, どたりと〈倒れる〉; 《口》すっかり, えらく〈驚かせる〉: be struck [knocked] *all of a* ～. **bottom of the** ～《口》負けた[劣った, 不利な]立場, 最低の部類: at the *bottom of the* ～. **give them** ～**s**《豪俗》相手チームと激しく闘う. **in a** ～ ⇨ 1; どたりと〈倒れる〉; *《俗》酔っぱらって. **top of the** ～《口》勝った[最高の, 有利な]立場. ► *vt* 積み上げる, 積み上げて作る〈*up*〉; ふんだんに[惜しみなく]与える, 浴びせる; [*fig*] 積む, 蓄積する; 〈ますなど〉に山盛りする: ～ *up* wealth [riches] 富をたくわえる / ～ insults [praise] *on* [*upon*] sb 人をさんざん侮辱する[ほめちぎる] / ～ a plate *with* strawberries＝～ strawberries *on* a plate 皿にイチゴを山盛りにする. ► *vi* (山と)積もる. ◆ ～**·er** *n* **héapy** *a* [OE *hēap*; cf. OE *hēah* high]

héap·ing* *a*《スプーンなどに》山盛りの; [*fig*] 増大する.

hear /híər/ *v* (**heard** /hə́ːrd/) *vt* **1** 聞く, …が聞こえる, 耳にする: ～ a bird sing [singing] 鳥が歌う[歌っている]のが聞こえる / I didn't ～ you. おっしゃることが聞き取れませんでした(もう一度お願いできますか). **2 a** 聴く, …に耳を傾ける (listen to); 聞きに行く; 〈講義を〉傍聴[聴講]する; 《法》〈裁判官が事件を〉審理[審問]する; (…の言い分を)聴いてやる, 聞き入れる, 聴許する: Lord, ～ my prayer. 主よわが祈りを聞き入れたまえ / ～ mass ミサに出る / ～ a child his lesson 子供のおさらいを聞いて[見て]やる / ～ the case 〈裁判官などが〉事件を審理する. **b** 〈人〉の言うことを聞く, 〈発言を〉理解する; 聴き取る: (Do) you ～ me? ⇨ 成句 / I can ～ the pride in her voice. 彼女の声には自負が感じられる. **3** 聞き知る, 聞かされる, 伝え聞く, 話に聞く, 耳にする 〈*that*〉: I've *heard* that one [it (all)] before. それは前にも聞いた《言いわけ・説明を信じないときに》. ► *vi* 聞く, (耳が)聞こえる; 聞き知る, 伝え聞く 〈*about, of*〉; [*impv*]ᵘ聴け, 謹聴!: A deaf person can't ～. / He is going to resign.—So I ～ [I've *heard*]. 彼は辞職するそうだ—そんな話だね.

● **(Do) you** ～ **(me)?** [命令文を強調して] わかったか. **Have you heard (the one) about…?＝Did you** ～ **about…?** …のジョークを知ってるかい. ～ **about**…のことを聞かされる; …のことで批判を聞かされる, 罰せられる, ほめられる: I've *heard* so much *about* you. おうわさはいろいろとうかがっております《人に紹介されたときのことば》/ I don't want to ～ *about* it. その話はもうけっこうです / You'll ～ *about* it. ただではすまないぞ. ～ **from**…から便り[連絡, 電話, メール]をもらう; …から意見を聞く; …から罰をうける, …から非難される: Another complaint, and you'll ～ *from* me. 今度不平を言ったらただではすまないぞ. **H**～**! H**～**!** [°*iron*] 謹聴, 賛成, ヒヤヒヤ! ～ **of**…の知らせ[うわさ, 消息]を聞く; …についての罰をうける; [*neg*] …を承知する, 聞き入れる: (I) never *heard of* such a thing. そんなことは聞いたことがない, まさか / You will ～ *of* this. この事については追って知らせます; このままではすまされないぞ / I *won't* ～ *of* his doing such a thing. 彼がそんなことをするのには承知できない / My father *won't* ～ *of* it. 父はその事に同意するまい. ～ **out** (1)《人の話・言い分を》最後まで聞く: ～ sb [sb's story] *out*. (2)〈音を〉聞き分ける. ～ **say of**…《米口・英古》…のことを言うのを聞く, …をうわさに聞く (cf. HEARSAY): I have *heard say* that…というらわさを聞いた. ～ **oneself think** [°*neg*]《まわりがざわついた所などで》考える, 考えをまとめる / ～ THINGS (⇨ THING¹ 成句). ～ **tell of**…ᵘ《口》HEAR say of…. ～ **through(out)** 〈人の話を〉終わりまで聞く. ～ **to**…*…に同意する: He wouldn't ～ *to* it. その事に同意しないだろう. **I** ～ **that.** *《口》同感, わかる. **I** ～ **you [what you are saying].** *《口》(言いたいことは)わかるよ, そのとおり, 言えてる, ごもっとも. **I** ～ **you say [cry].** 《口》…というわけですね[ですか]《相手の発言を確認する表現》. **Let's** ～ **it.** 話を聞こうじゃないか. **let's** ～ **it for**…*《口》…に声援を送ろう, …を励まそう. **like to** ～ **oneself speak [talk]** 話し好きだ. **make oneself heard** 自分の声を先方へ届かせる; 自分の考えなどを相手に聞いてもらう; 意見を述べる. **You heard the man.** *《口》言われたとおりにしろ. [OE *hieran*; cf. G *hören*]

Héard and McDónald Islands *pl* ハード島とマクドナルド諸島《インド洋南部にあるオーストラリア領の島々; Perth の南西 4000 km 余にあり, 亜南極気候に属する; 同国の海外領土》.

héar·er *n* 聞き手; 聴聞者, 傍聴者[人].

héar·ing *n* **1** 聞くこと, 聴取; 聴力, 聴覚: HARD of ～ / HEARING LOSS / come to sb's ～ (伝聞で)…の知るところとなる. **2 a** 聞いてやること, 傾聴; 聞いてもらうこと, 発言の機会: gain [get] a ～ 聞いてもらう, 発言の機会を得る / give sb a (fair) ～ 人の言い分を(公平に)聞いてやる. **b** 審理; 審問, 尋問; 聴聞(会): a public ～ 公聴会 / fair ～《法》公正な審理[聴聞]. **3** 聞こえる距離[範囲]: in sb's ～ 人が聞いている所で, 聞こえよがしに / within [out of] ～ 聞こえる[聞こえない]所[で]. **4**《スコ》叱責, 説諭; 《スコ》(耳よりな)うわさ話.

héaring àid 補聴器.

héaring dòg, héaring éar dòg 聴導犬《聴覚障害者用の誘導犬; 呼び鈴・電話・目覚ましなどの音を知らせる》.

héaring exàminer [òfficer]《米》審問審判官《ADMINISTRATIVE LAW JUDGE の旧称》.

héaring-impàired *a* 聴覚障害をもつ; [the, 〈*n pl*〉] 聴覚障害者《集合的》.

héaring lòss 難聴, 聴力損失.

heark·en,《米》**hark·en** /hɑ́ːrk(ə)n/ 《文》 *vi* 耳を傾ける, 傾聴する〈*to*〉. ► *vt*《古》聴く. ● ～ **back**＝HARK back. ◆ ～**·er** *n* [OE *heorcnian* to HARK]

Hearn /hə́ːrn/ ハーン **Laf·cad·io** /læfkɑ́ːdiòʊ, *lɑːf-, *-kǽd-/ ～ (1850–1904)《著述家; ギリシア生まれ, 父はアイルランド人, 母はギリシア人; 渡米して新聞記者となり, 1890 年来日, のち帰化して小泉八雲を名のった》.

héar·sày *n* 風聞, 伝聞, うわさ (cf. HEAR *say of*); HEARSAY EVIDENCE: I have it *by* [*from, on*] ～. それをうわさで聞いている.

héarsay èvidence《法》伝聞証拠.

hearse /hə́ːrs/ *n* 霊柩車, 葬儀馬車[自動車]; 《詩・古》棺, ひつぎ; 墓; 《カト》《特に テネブレ勤行で用いる》多枝燭台; 墓や棺の上に置く精巧な枠《碑銘を付けたり蠟燭を立てる》; 《廃》棺架. ► *vt* 埋葬する; 隠蔽する; 《古》納棺する, 霊柩車で運ぶ; *《俗》殺す. [OF *herse* harrow]

Hearst /hə́ːrst/ ハースト **William Randolph** ～ (1863–1951)《米国の新聞王》.

heart /hɑ́ːrt/ *n* **1** 心臓, 心(ﾆ)《CARDIAC *a*》; 胸部, 胸: He has a weak [bad] ～. 心臓が弱い / She put her hand on her ～. 胸に手をあてた. **2 a** 胸, 心, 心情, 気持 (cf. HEAD, MIND): move sb's ～ 人の心を動かす, 胸を打つ / speak to the ～ 心に訴える, 心を動かす / touch sb's ～ 人の心を動かす, 共感を呼ぶ; 心に芽生える / have a kind ～ 心が優しい / (the) pure in ～ 心の清らかな(人) / What the ～ thinks, the mouth speaks. 《諺》思いは口に出る / at the bottom of one's ～ 内心では, 肚の底では / from [at] (the bottom of) one's ～＝(straight) from the ～ 心(の底)から / to the bottom of one's ～ 心の底まで / a ～ of GOLD [STONE]. **b** 愛情, 同情心: an affair of the ～ 情事, 恋愛事件 / have a ～《口》情け深い, 思いやり[理解]がある; [*impv*] 勘弁してよ, こっちの身にもなれよ, お願いだから, 頼むからさ / Have a ～ and help me. 《口》意地悪しないで手伝ってください / have no ～ 思いやりがない / a man of ～ 人情家 / win [capture, have] sb's ～ 人の愛をかちえる / the way to sb's ～ 人の心をとらえる[愛をつかむ]方法. **c** 勇気, 元気, 気力; 熱意, 関心; 決意: in (good) ～ 元気よく, 楽しい気分で / keep (a good) ～ 勇気を失わない / pluck up ～ 元気を奮い起こす / put (new [fresh]) ～ into sb 人に元気をつける / put sb in [into] ～ 人を元気づける, 人を鼓舞する / be of good ～ 悲観しない. **d** [ᵘ*voc*] …な人, きみ, あなた; 勇者: dear [sweet] ～ かわいい子, おまえ / a brave ～ 勇士 / a true ～ 真の勇士 / My ～*s!*《海》元気な者ども! / a ～ of oak 勇猛心; 勇士. **e**《廃》知性 (intellect). **3** 中心, 核心, 急所, 本質; 樹心, 《木材の》髄, 芯材: the ～ of the city 都心 / the ～ of a cabbage キャベツの芯 / the ～ of the problem [mystery] 問題[なぞ]の核心 / get to [at] the ～ of the matter 事件の核心に到達する[をつく]. **4 a** 心臓形[ハート形]をしたもの; 《トランプ》ハート(の札) (⇨ SPADE²); [～s, 〈*sg*/*pl*〉] ハートの一組 (suit); [～s, 〈*sg*〉] ハーツ《ハートの札かスペードのクイーンを取らなかった者が勝ちとなるゲーム》. **b** *《俗》《ハート形をした》アンフェタミン錠《特に Dexedrine》. **c**《卑》陰茎亀頭; 勃起(したペニス). **5**《土地の》地味, 肥沃 (cf. *in good* HEART).

● **after sb's own** ～ 人の心にかなった, 望ましい(タイプの): He is a man *after my own* ～. **at** ～ 心に, 気にかけて; 心底は, 本当のところは, 本質は: have…*at* ～ …を深く心にかける / He's a racist *at* ～. **break a few** ～**s** とても魅力がある; 心をとらえる, せつない思いをさせる. **break sb's** ～ 胸の張り裂ける思いをさせる, 悲嘆に暮れさせる. **bring sb's** ～ **into** his **mouth** 人をはらはらさせる. **by** ～ そらで, 暗記して (cf. F *par cœur*): She knew [had] the song *by* ～. 歌をそらで憶えていた / learn [get] (off) *by* ～ 暗記する. CHANGE OF HEART. **close [dear] to sb's** ～＝near sb's HEART. **cross one's** ～ **(and hope to die)**《口》誓って, 絶対(に). CRY **one's** ～ **out. cut** sb **to the** ～ 人の胸にひどくこたえる. **do the [sb's]** ～ **good** 人に非常な喜びを与える, 心温まる思いをさせる. **eat one's** ～ **out** 悲しんでくよくよする, 悲嘆に暮れる, 人知れず心を痛める; [ᵘ*impv*]《口》くやしがる, うらやましがる: *Eat your* ～ *out!* やーい, いいだろう[ざまーみろ] / Frank Sinatra, *eat your* ～ *out!*《うまく歌えたのを自慢して》どうだ, シナトラもまっ青[顔負け]だぜ! FIND **it in one's** ～ **to** do.

follow one's **～** 自分の心[気持]に従う. **give** sb (**fresh**) **～**＝**give** (**fresh**) **～ to** sb (あらためて)勇気づける, 励ます, 人に(新たな)自信を与える. **give** one's **～ to**…に思いを寄せる, …を恋する. **go to** sb's **～** 胸にこたえる; 心を痛める. **harden** sb's **～** 人の心をかたくな[鬼]にさせる 〈*against*〉. **have** (**plenty of**) **～** 人情がある. **have** one's **～** (**dead**) **set against**…に断固反対である. **have** one's **～ in**… [ᵁ*neg*] …に関心[興味]をいだく, 熱中している: *not have* one's *～ in* it それをやる気がない[しない]. **have** one's **～ in** one's **boots** 《口》失望[落胆, 意気消沈]している; 《口》恐れている. **have** one's **～ in** one's **mouth** [**throat**] びっくり仰天する, たまげる; ひどくおびえる, はらはらする, 心配する. **have** one's [**the**] **～ in the right place** 《口》思いやりがある, 根が優しい; 誠意がある, 善意である. **have** one's **～ set on**＝set one's HEART on. **have the ～ to** do…する勇気がある; [ᵁ*neg*] 勇敢[無残]にも…する, …する気になる: We can*not have the ～ to* kill the dog. 犬を殺す気になれない. **H～ alive!** おや, まあ, これは驚いた! **～ and hand** 気持も実行も, 進んで, すぐさま. **～ and soul** (1) 全身全霊(で), 情熱[誠意]のありったけ, 熱心に, すっかり: dedicate oneself to sth *～ and soul* / with one's *～ and soul* 心底から(願うなど). (2)《事の》核心, 中核 〈*of*〉. **～ to ～** 肚を割って, 腹蔵なく. **heave** one's **～ up** 《口》ひどくむかつく, 吐く. **in good ～** 元気よく, 楽しい気分で. **in good** [**poor**] **～** 〈土地が〉肥えて[やせて]. **in** one's **～** (**of ～s**) 心の奥底で(は), 本当のところは, ひそかに. **lay**…**to ～**＝take…to HEART. **lift** (**up**) one's **～** 元気を出す, 望みをもつ; 祈りをささげる. **lift** (**up**) sb's **～** 元気づかせる. **lose ～** 元気[やる気]をなくす, 意気消沈する, 気落ちする 〈*over*〉. **lose** one's **～ to**…に思いを寄せる, …を恋する. **near** [**nearest, next**] (**to**) sb's **～** なつかしい[最も親愛な]; とても気になって; 大事な[最も大事な]. **open** one's **～** 本心を明かす; 気前よくふるまう. **out of ～** 元気なく, しょげて; 〈土地が〉やせて. **out of ～ with**…に不満で. **pour out** one's **～** 心のうち[悩みなど]をすっかり話す 〈*to* sb〉. **put** one's **～** (**and soul**) **into**…に打ち込む, 熱中する. **put** [**set**] sb's **～ at rest** 人を安心させる. **rip the ～ out of**…の心をずたずたにする; 〈制度・経済などを〉がたがたにする. **search** one's **～** 《口》反省[自問, 自己批判]する. **set** one's **～ against**…に断固反対する. **set** one's **～ on** (doing)…に望みをかける, …を欲しがる, …したがる; …(すること)に心を決める. sb's **～ goes out to**… 《口》…に対して同情[あわれみ]を感ずる. sb's **～ is in**… [ᵁ*neg*] 人が〈仕事など〉に関心[興味]をもっている[もてる]. sb's **～ is in** his **boots** 《口》がっかり[おどおど]している. sb's **～ is in** his **mouth** 〈人が〉びっくりしている; はらはらしている; 胸がいっぱいになる. sb's **～ is in the right place** 《口》人が根が親切である[優しい]. sb's **～ leaps** [**comes**] **into** his **mouth** びっくり[仰天]する; はらはらする. one's **～'s desire** 心より願うもの. one's **～ out** とことん, 存分に, 精いっぱい: play one's *～ out* 精いっぱい演じる. sb's **～ sinks** (**low within** him)＝《俗》sb's **～ sinks in** [**into**] his **boots** [**heels**] しょげかえる, 意気消沈する. sb's **～ stands still** ＝one's **～ stops** 《強い感情[恐怖]で》一瞬心臓が止まる. **shut** one's **～** 心を閉ざす[動かさない] 〈*to*〉. SOB[1] one's **～ out.** **steal** sb's **～** (**away**) (知らぬ間にうまく)人の愛情をかちとる. **take ～** 〈話などによって〉気を取り直す, 勇気づく 〈*at, from*〉. **take ～ of grace** 勇気を奮い起こす 〈*to* do〉. **take the ～ out of**…を落胆させる, 落ち込ませる; …をダメにする, だいなしにする. **take**…**to ～** …を心に留める, 真剣に考える; 気に病む, 苦にする, 深く悲しむ. **take**…**to** [**into**] one's **～** …を喜んで受け入れる, 歓迎する. **tear** one's **～ out**＝eat one's HEART out. **to** one's **～'s** CONTENT[2]. **wear** [**have, pin**] one's **～ on** one's **sleeve** 感情[気持]をあらわに示す. **win the ～s and minds of**…の完全な[強い]支持を得る. **with a ～ and a half** 喜んで. **with all** one's **～** (**and soul**)＝**with** one's **whole ～** 心から〈愛するなど〉; 喜んで, 一心に; 疑うことなく. **with half a ～** しぶしぶ. **with** one's **～ in** one's **boots** 《口》がっかりして, こわがって, おどおどして. **with** one's **～ in** one's **mouth** びっくりして; はらはらして. **with** one's **～ in the right place** 根が親切な[優しい]. **You are breaking my ～.** 《口》[*iron/joc*] それはそれはお気の毒に《本心は何とも思ってない》.
► *vi* 〖植〗〈キャベツなど〉結球する 〈*up*〉. ► *vt* **1** 〈壁など〉に心材を詰める. **2** 《古》元気づける, 励ます, 鼓舞する. **3** 《古》〈忠告などを〉心に銘記する. **4** *《俗》気に入る, 好きになる, …に恋する.
[OE *heorte*; cf. CORDIAL, G *Herz*]

héart·àche *n* 心臓の痛み; 心痛, 悲嘆.
héart attàck 心臓発作, 心筋梗塞, HEART FAILURE.
héart·bèat *n* 《心臓の》鼓動, 拍動, 心拍 (throb); 思い, 情緒; 生命[活動]の中心, 活力の源; 《文》瞬間. ● **be a** [**one**] **～ away** きわめて近い, すぐそこだ 〈*from*〉: He *was* only *a ～ away from* the presidency 大統領まであと一息だった. **in a ～** 《俗》すぐさま, ためらわずに, そりゃもう(喜んで), 一も二もなく.
héart blòck 〖医〗心(臓)ブロック.
héart-blòod *n* HEART'S-BLOOD.
héart·brèak *n* 悲嘆, 断腸の思い《主に失恋による》; 悲しみ[悩み]のたね.
héart·brèak·er *n* 胸が張り裂けるような思いをさせるもの[人, 話, できごと], 無情なコケット, 罪つくりな人; 《女性の》巻き毛.
héart·brèak·ing *a* 断腸の思いをさせる; 《口》ひどくつらい[退屈な]; どきっとさせる〈美人〉. ♦ **～·ly** *adv*
héart·bròken *a* 悲嘆に暮れた, やるせない. ♦ **～·ly** *adv*
héart·bùrn *n* 胸やけ (＝*cardialgia, pyrosis*); HEARTBURNING.
héart·bùrn·ing *n* むしゃくしゃした感情, 不満, 不平, ねたみ, 恨み (grudge).
héart chèrry 〖植〗ハート形をした各種のサクランボ.
héart disèase 心臓病, 心疾患.
héart-èasing *a* 心を安らかにする, ほっとさせる.
héart·ed *a* **1** [*compd*] …な心をもった, 気の…な: kind-*hearted*. **2** 心臓内にある[たまっている]. ♦ **～·ness** *n*
héart·en *vt, vi* 元気づける, 励ます, 鼓舞する 〈*up, on*〉; 元気づく 〈*up*〉. ♦ **～·ing·ly** *adv*
héart fàilure 〖医〗心不全; 心臓麻痺, 死.
héart·fèlt *a* 心底からの, 偽りのない.
héart-frèe *a* 恋を知らない, 情にほだされない, 未練のない.
héart·ful *a* 心からの. ♦ **～·ly** *adv*
hearth /há:rθ/ *n* **1** 炉床《暖炉 (fireplace) の床》, 炉辺, 炉端《暖炉前の石などを敷いた部分》, 暖炉; 〖冶〗火床(ほ), 炉床; 〖溶接〗火入れ, 火鉢. **2** 家庭: ～ and home 暖かい家庭(の団欒). **3** 《文化・文明の》中心地域. ♦ **～·less** *a* [OE *heorth*; cf. G *Herd*]
héart-hèalthy *a* 心臓によい[やさしい]《脂肪分の少ない食物・食事や心肺機能の向上に資する運動・体操などについていう》.
héarth mòney [**tàx**] 〖英史〗《暖炉の数によって課した》暖炉税 (1662–88)《1696 年 WINDOW-TAX として課税》.
héarth·rùg *n* 炉の前の敷物.
héarth·sìde *n* FIRESIDE.
héarth·stòne *n* 《炉の》灰受け石, 《溶鉱炉の》底石; 炉辺; 家庭; 磨き石《炉・戸口・階段などをこすり磨く》.
héart·i·ly *adv* 心から; 本気で, 熱心に; 元気よく, 旺盛に, 力いっぱい; 心底, 全く: eat ～ もりもり食べる / ～ sick of fast food.
héart·lànd /, -lənd/ *n* 〖地政〗中核地域, 心臓地帯 (cf. WORLD ISLAND, RIMLAND); 中心地, 心臓部, 重要な地域; [the] 《米国の》中西部.
héart·less *a* 心臓のない; 無情な, 薄情な, 冷酷な, つれない; 《古》元気[熱]のない. ♦ **～·ly** *adv* 非情に. **～·ness** *n*
héart-lúng machìne 人工心肺.
héart mùrmur 〖医〗心雑音.
Héart of Éngland [the] イングランドの中心《Warwickshire のこと》.
héart of pálm ヤシの新芽《食用》.
héart-òn *n* *《卑》勃起 (hard-on).
héart pìne 〖植〗LONGLEAF PINE.
héart pòint 〖紋〗FESS POINT.
héart-pòund·ing *a* 胸がドキドキする(ような), 胸おどる.
héart-rènd·ing *a* 胸を引き裂くような (heartbreaking), 悲痛な. ♦ **～·ly** *adv*
héart·ròt *n* 《木材腐朽菌による》心材腐朽, 芯腐れ.
héarts-and-flówers 《俗》*n* [〈*sg/pl*〉] 感傷(的表現), お涙頂戴; *〖ボク〗ノックアウト.
héart's-blòod *n* 心臓内の血液, 心血; 生命, 真心; 大切なもの.
héart-sèarch·ing *n, a* 自分の心を探る(こと), 反省[自問](する), 自己批判(する).
héarts·èase, héart's-èase *n* **1** 心の平和, 安心, 落着き. **2** 〖植〗**a** サンシキスミレ (wild pansy)《野生のパンジー》, JOHNNY-JUMP-UP. **b** LADY'S THUMB. **3** 濃いすみれ色
héart·sèed *n* 〖植〗フウセンカズラ属の植物, 《特に》フウセンカズラ (balloon vine).
héart-shàped *a* 心臓[ハート]形の.
héart·sìck *a* 悲嘆に暮れた, 意気消沈した. ♦ **～·ness** *n*
héart-smàrt *a* HEART-HEALTHY.
héart·some 《スコ》*a* 元気づける, 陽気にする; 陽気な, 快活な. ♦ **～·ly** *adv* **～·ness** *n*
héart·sòre *a* HEARTSICK.
héart stàrter 《豪俗》《酒の》一杯目, 口切りの一杯.
héart-stìrring *a* 元気づける, 気を引き立たせる.
héart-stòpper *n* 心臓が止まりそうなくらい恐ろしいもの, ぞっとするような事件.
héart-stòpping *a* 心臓が止まりそうな, はらはらさせられる. ♦ **～·ly** *adv*
héart-strìcken *a* 悲しみに沈んだ; 恐れおののいた.
héart·strìngs *n pl* 心の琴線, 深い感情[愛情]; 《廃》心臓を支えているとされた神経. ● **tug** [**pull, tear**] **at** sb's [**the**] **～** 人の心に触れる, 深く感動させる.
héart-strùck *a* HEART-STRICKEN
héart·thròb *n* 心臓の鼓動, 動悸; 《口》情熱, 感傷; 《口》愛人 (sweetheart), すてきな人[男性], あこがれの的《特に映画スター・歌手》.
héart-to-héart *a* 率直な (frank), 隔意[腹蔵]のない, 心を打ち明けた: have a ～ talk. ► *n* [a ～] 《口》率直な話[会話].
héart trànsplant 〖医〗心臓移植.
héart ùrchin 〖動〗ハート形のウニ.

héart·wàrm·ing *a* 心温まる, うれしい. ♦ **~·ly** *adv* **héart·wàrm·er** *n*
héart-whòle *a* 純情な, うぶな, 恋を知らない; 専心の, 誠実な; 気落ちしていない, 哀れっぽくない, 勇敢な. ♦ **~·ness** *n*
héart·wòod *n* 《木材の》赤味(材), 心材 (=*duramen*).
héart·wòrm *n* 〔獣医〕《犬などの心臓・大動脈に寄生する》犬糸状虫; 犬糸状虫症, 犬フィラリア症 (cf. FILARIASIS).
héart-wrènch·ing *a* 心の痛む, 悲痛な.
hearty *a* **1** 心からの, 親切な, 愛情のこもった; 暖かな〈支援〉; 存分に表出した, 心底からの〈嫌悪・笑いなど〉: receive a ~ welcome 心からの歓待を受ける. **2** 元気な, 達者な; "《口》はしゃいだ, 上機嫌の; 《アイル俗》酔った: hale and ~ at eighty 80 歳でかくしゃくとして. **3** 腹いっぱいの; 豊富な; 栄養のある; 地味の肥えた: take a ~ meal たらふく食う. **4** 旺盛な〈食欲〉; 〈風雨・動作などが〉激しい, 強い: a ~ push [pull, slap, etc]. ► *n* 元気者; 友だち; 船乗り, 水夫; "《学生俗》《知性・感性のあまり感じられない》元気な学生, スポーツマン (opp. *aesthete*): My [Me] *hearties!* 《古》《水夫に呼びかけて》皆の衆.
♦ **héart·i·ness** *n* [*heart*]
heat /hí:t/ *n* **1 a** 熱さ, 暑さ, 暑気, 熱, 暑熱 (opp. *cold*) (THERMAL *a*); 暖かさ, 暖気; 暑い期間[気候]; 熱度, 温度, 〔理〕熱 〈*of* the sun, blood, etc.〉; [the] 暖房(費); 〔冶〕熱処理; 《身体の》熱, ほてり, 紅潮, 上気: the ~ of the day 日盛り / have an unbroken ~ 暑い日が続く / suffer from the ~ 暑気に悩む / put the ~ on 《部屋の》暖房を入れる / turn the ~ up [down] 《暖房[調理]器具などの》温度設定を上げる[下げる], 強火[弱火]にする / If you can't stand the ~, get [keep, stay] out of the kitchen. 《諺》熱いのが我慢できないなら台所から出て行け[台所に近寄るな]《困難やプレッシャーに耐えられないなら身を引くがよい; Truman 大統領の辞任演説 (1952) から》. **b** 《からし・コショウなどの》辛(から)味. **2 a** 熱烈さ, 猛烈さ; 憤激, 激怒; 最高潮: in [during] the ~ of…の最中に. **b** 《雌獣の》さかり, 発情(期), 交尾期: *on*" [*in**, *at*] ~ 〈雌獣が〉発情して, さかりがついて. **3** 一回の努力, 一回の動作, 一挙; 〔競技〕《予選などの》一回, 《予選一組・二組の》組; 〔ボク〕ラウンド (round), 〔野〕イニング: preliminary [trial] ~*s* 予選 / the final ~ 決勝戦 / at a ~ 一気に. **4 a** 《口》威圧, 圧力《追跡・調査などの》, 《俗》《警察などの》追跡, 捜査の手; 《俗》警察の捜査のきびしい町[地区]; [the] 《俗》警察, サツ (police), 警官. **b** *《俗》《侮辱された群集の》騒ぎ, 暴動; *《口》非難, 反発, トラブル, やいのやいの言われること: take the HEAT ⇨ 成句. **c** *《俗》銃撃, ピストル: give sb a ~ *《俗》撃ち殺す / carry [pack] ~ *《俗》銃を携帯する. **d** 《俗》酔い, 泥酔. **5** 《野球俗》豪速球, 火の玉. ● **generate [contribute] more ~ than light** (人を啓発するよりはむしろ)議論[憤り]をひき起こす, 物議をかもす, (解決になるどころか)よけい話をややこしく[わかりにくく]する. **give** sb **~** *《口》非難する, 文句を言う, ぐちをこぼす 〈*about*〉. **have a ~ on** *《俗》酔っている. **in the ~ of the moment** 時のはずみ[勢い]で. **put [keep, turn] the ~ on…** 《口》…に強い圧迫[プレッシャー]を加える; 《口》…の行動に目を光らせる. **remove from the ~** 《鍋などを》こんろから降ろす, レンジの火を落とす. **take the ~** *《口》非難をうける, ; 非難[攻撃]に耐える. **take the ~ off…** *《口》…への圧力[追及の手]をゆるめる, 落ちつかせる, 休ませる, 楽にしてやる. **take [remove] the ~ out of…** 《口》…の興奮[熱]をさます. **the ~ is on [off]** 《口》プレッシャーがかかっている[なくなる], 追及[取締まり, 圧力, 活動]が強化された[弱まった]. **turn on the ~** 《口》精力的にやる; 《口》興奮してくる, 《心を》燃え立たせる; 《口》《犯罪者などの》追及[捜査]をきびしくする; *《俗》銃口を向ける, 発砲する. **turn the ~ up (on…)** 《口》(…への)圧力を強める. ► *vt* 熱する, 暖める; [ᵘ*pass*] 興奮させる (excite), 憤激させる. ► *vi* 熱くなる, 暖まる; 興奮する. ● **~ through** 〈食べ物〉に火を通す. **~ up** (再び)暖める, 〈パイ・シチューなどを〉温めなおす; 〈エンジンなどが〉加熱する, 〈行為などが〉一段と熱気をおびる; 〈人を〉おこらせる (cf. (all) HET[1] up).
♦ **~·able** *a* **~·less** *a* [OE *hǣtu*; cf. HOT, G *Hitze*]
héat àrtist *《俗》燃料用アルコールを飲むやつ.
héat bàlance 〔理〕熱平衡.
héat bàrrier THERMAL BARRIER.
héat bùmp 熱によると考えられた皮膚のはれ, 火ぶくれ.
héat-càn *n* *《俗》ジェット機.
héat capàcity 〔理〕熱容量 (=*thermal capacity*).
héat còntent ENTHALPY.
héat cràmps *pl* 熱痙攣《高温下での重労働による》.
héat dèath 〔理〕熱力学的死《エントロピーが最大となった熱平衡状態; 全宇宙がこの状態になるとこれ以降状態が変化しなくなる》.
héat·ed *a* **1** 熱せられた; 激した, 興奮した; おこった: a ~ discussion 激論 / the ~ term *暑い季節 / centrally ~ セントラルヒーティングの. **2** 《俗》しかりつけられた, 懲らしめられた. **3** *《俗》酔った.
♦ **~·ly** *adv*
héat èngine 熱機関.
héat·er *n* 加熱器, 電熱器, 暖房装置[機], ヒーター, 焼く人, 加熱作業をする人; 《俗》ガン, ピストル; *《俗》葉巻; 《野球俗》速球, スピードボール.
héat exchànge 〔機〕熱交換.
héat exchànger 〔機〕熱交換器.
héat exhàustion 〔医〕熱疲憊(ひはい), 熱ばて, 暑さへばり.
héat flàsh 《核爆発時の》激しい熱の放射.
héat·ful *a* 熱の多い, 熱を生ずる, 放熱量の多い.
héat gùn 熱線銃.
heath /hí:θ/ *n* "《特に heather などの生い茂った酸性土壌の》荒れ地, 荒野, 荒蕪地; 〔生態〕ヒース《特にヨーロッパの海洋性気候下の温帯寒帯性低木林》; 〔植〕ヒース《荒野に群生するツツジ科エリカ属, カルナ属[ギョリュウモドキ属]などの矮性低木; 鈴形の紫・赤・白の花が咲く; cf. HEATHER》; 《豪》ヒースに似たエパクリス属の各種低木. ● **one's native ~** 人の生まれ故郷. ♦ **~·less** *a* **~·lìke** *a*
[OE *hǣth*; cf. G *Heide*]
Heath ヒース Sir **Edward** (**Richard George**) ~ (1916–2005) 《英国の政治家; 首相 (1970–74); 保守党》.
héath àster 〔植〕ヒースアスター《シオン属; 北米産》.
héath bèll 〔植〕BELL HEATHER.
héath·bèrry /, -b(ə)ri/ *n* 〔植〕**a** ガンコウラン (岩高蘭). **b** ツルコケモモ.
héath·bìrd *n* 〔鳥〕クロライチョウ (black grouse).
Heath·cliff /hí:θklìf/ ヒースクリフ《Emily Brontë の小説 *Wuthering Heights* (1847) の主人公; 復讐の鬼》.
héath còck 〔鳥〕クロライチョウの雄 (blackcock).
hea·then /hí:ðən/ *n* (*pl* **~s**, ~) **1** 異教徒《キリスト教徒・ユダヤ教徒・イスラム教徒の側からみて, それら 3 宗教以外の他宗教の民をいう》; 無宗教者, 不信心者; [*pl*] 〔聖〕異邦人 (Gentile); [the; 〈*pl*〉] 異教徒: preach Christianity to *the* ~ 異教徒にキリスト教を説く. **2** 野蛮人, 未開人, 教養の低い人. ► *a* 異教徒の, 異教の; 不信心の; 野蛮な. ♦ **~·dom** *n* 異教; 異教国; 異教徒. **~·ism** *n* 異教, 偶像崇拝; 無宗教; 野蛮, 蛮風. **~·ize** *vt*, *vi* 異教徒(的)にする[なる]; 異教の礼拝をする. **~·ry** *n* 異教; 異教世界; 異教徒. [OE *hǣthen*<Gmc=savage (⇨ HEATH)]
héathen·ish *a* 異教(徒)の; 非キリスト教的な; 野蛮な. ♦ **~·ly** *adv*
heath·er /héðər/ *n* **1 a** 〔植〕ヘザー (HEATH), 《特に》ギョリュウモドキ, ハイデソウ《ツツジ科の常緑低木; ユーラシア原産で, 米国北東部に帰化》. **b** くすんだ赤紫色. **2** [H-] ヘザー《女子名; スコットランドに多い》. ● **set the ~ on fire** 騒動を起こす. **take to the ~** 《スコ》山賊になる. ► *a* ヘザーの(ような); ヘザーで作った; 斑点のある; 混ぜ色の, 霜降りの色相の; くすんだ赤紫色の. [ME (Sc and NEng) *hadder* <OE *hadre*; 語形は *heath* に同化]
héather àle ヘザーエール《昔 ヒースの花で香りをつけたスコットランドの麦芽醸造酒》.
héather bèll 〔植〕BELL HEATHER.
héather hòney ヒース蜜《ヒースの花蜜から採る》.
héather mìxture" 混ぜ色織り(の服), ヘザーミクスチャー.
héather twèed 混色のツイード《スコッチ織り》.
heath·ery /héð(ə)ri/ *a* ヒースの生い茂った, ヒースのような; 斑点のある; 混ぜ色の.
héath fàmily 〔植〕ツツジ科 (Ericaceae).
héath-fòwl", **héath-gàme**" *n* 〔鳥〕ライチョウ (RED GROUSE または BLACK GROUSE).
héath gràss 〔植〕欧州のヒースに生えるイネ科植物.
héath hèn 〔鳥〕**a** クロライチョウの雌 (gray hen). **b** ニューイングランドソウゲンライチョウ, ヒースヘン《ソウゲンライチョウ (prairie chicken) の亜種でオオソウゲンライチョウの一つ; 絶滅》.
héath·lànd *n* ヒースの生えた荒野.
Héath Róbinson *a* ばかばかしく手の込んだ巧妙な仕掛けで単純なことを行なう〈装置〉. [W. Heath *Robinson*]
Héath·row Áirport /hí:θròu-/ ヒースロー空港《London 西郊の国際空港; cf. GATWICK AIRPORT, STANSTED AIRPORT》.
héath-wrèn *n* 〔鳥〕アレチムシクイ (=*ground wren*) 《豪州産; ヒタキ科ヤブムシクイ属》.
héathy *a* ヒースの[に似た]; ヒースにおおわれた; 荒れ野の多い.
héat·ing *a* 熱する, 暖める: a ~ apparatus [system] 暖房装置 / a ~ drink 体の暖まる飲料. ► *n* 加熱(作用); 《建物の》暖房(装置): steam ~ 蒸気暖房.
héating èlement 発熱体《トースターなどの電熱線》.
héating oìl 灯油, ヒーティングオイル.
héating pàd 電気ざぶとん[パッド]《暖房用》.
héat ìsland 〔気〕ヒートアイランド, 熱の島《周辺よりも温度が高い都市域[工業地帯](上空の大気)》: a ~ effect [phenomenon] ヒートアイランド効果[現象].
héat làmp 赤外線灯, 太陽灯.
héat lìghtning 《遠くで光る音のない》夏の夜の稲妻.
héat of adsórption 〔理〕吸着熱.
héat of combústion 〔理〕燃焼熱.
héat of condensátion 〔理〕凝縮熱.
héat of dilútion 〔理〕希釈熱.
héat of formátion 〔理〕生成熱.
héat of fúsion 〔理〕融解熱.
héat of hydrátion 〔理〕水和熱.
héat of reáction 〔理〕反応熱.

héat of solidificátion 〔理〕凝固熱.
héat of solútion 〔理〕溶解熱.
héat of sublimátion 〔理〕昇華熱.
héat of vaporizátion 〔理〕気化熱.
héat-pàck·er *n* *《俗》ガンマン, 銃を持つ犯罪者, 殺し屋.
héat pìpe 〔工〕ヒートパイプ, 熱パイプ《揮発性液体を封じ込んだ盲管で, 蒸発・凝縮を利用した高能率熱伝導管》.
héat pollùtion THERMAL POLLUTION.
héat·pròof *a* 耐熱の.
héat prostràtion HEAT EXHAUSTION.
héat pùmp ヒートポンプ《熱を低温の物体から高温の物体に移す装置》; 《ビルの》冷暖房装置.
héat ràsh PRICKLY HEAT; HEAT SPOT.
héat ràу 〔理〕熱線.
héat rèservoir 〔理・化〕熱源; 蓄熱ヒーター (storage heater), 蓄熱暖房(設備).
héat-resist·ant *a* HEATPROOF.
héat-resist·ing stéel 〔冶〕耐熱鋼《高温のガス内でも耐熱・耐酸性をもつ鋼; クロム・ニッケル・タングステンなどを含有》.
héat sèeker 熱[赤外線]追尾装置; 熱[赤外線]追尾ミサイル.
héat-sèek·ing *a* 〈探知装置が〉赤外線追尾式の; 〈ミサイルが〉熱追尾式の.
héat shìeld 《特に 宇宙船の》熱遮蔽, 熱シールド.
héat-shòck prótein 〔生化〕熱ショックタンパク質《熱などのストレスにさらされた細胞で合成が誘導されるタンパク質; 変性しかかったタンパク質の再折りたたみをたすけ, 分子シャペロンとして機能する》.
héat sìnk 熱だめ, ヒートシンク《工程・機器などから発生する余分な熱を吸収し放散させるための材[領域, 装置]》.
héat spòt にきび; 温点《皮膚上で熱を感じる点》.
héat·stròke *n* 熱射病.
héat-trèat *vt* 〔冶〕熱処理する. ◆ **héat trèater** *n*
héat trèatment 〔冶〕焼処理《焼入れ・焼きなまし》.
héat ùnit 熱単位《1) BRITISH THERMAL UNIT 2) CALORIE》.
héat wàve 長期間の酷暑; 〔気〕熱波 (opp. *cold wave*); 〔電磁〕熱線.
heaume /hóum/ *n* 《眼部を除き首までおおう中世の合戦用の》樽形大かぶと. ［OF *helme* HELMET］
heave /híːv/ *v* (~**d**, 〔海〕**hove** /hóuv/) *vt* **1 a** 〈重い物を〉(持ち)上げる (lift); 〔海〕索で引き揚げる[引く], たぐり込む (haul in); 引っ張る: ~ the anchor いかりを巻き揚げる / ~ in 〈いかり・索などを〉たぐり込む, 引き込む / ~ out 〈帆・旗を〉揚げる / ~ oneself out of bed やっとのことでベッドから出る. **b** 持ち上がらせる, 高まらせる, ふくらませる, 隆起させる. **2 a** 投げる, 投げ出す, 投げつける, ほうる: ~ a stone / ~ the anchor overboard 投錨する / ~ the LEAD[2] [LOG[1]]. **b** 〈声を〉苦しそうに出す, 吐く; 嘔吐する, あげる, もどす: ~ a sigh [groan] ため息をつく, うめき声をあげる. **3 a** 〈重い物を〉動かす; 〔海〕〈船などを〉移動させる: ~ about 〈船を〉急に回す / ~ a ship ahead 索などをたぐって〈船を〉進める / ~ down 《修理・掃除のため》〈船を〉傾ける / ~ the keel out 竜骨が現われるまで船を傾ける. **b** 〔地質〕〈地層・鉱脈などを〉(断層で)転移させる, ずらす. ► *vi* **1** 上がる, 高くなる (rise), 隆起する; 〈波などが〉うねる, 波打つ, 上下する, ふくれる: ~ and set 〈船・波などが〉上下する. **2** 《口》吐きそうになる (retch), 吐く, もどす (vomit); あえぐ (pant). **3** 骨折る, 努める. **4** 〔海〕 **a** 綱などを手[車地]で引く[巻く, 押す]: *H~* away [ho]! よいと巻け!《錨を巻くときの掛け声》. **b** 〈船が〉動く, 進む, 揺れる. ● **~ at** 引き[持ち]上げようとする: ~ *at* a heavy box / ~ *at* a rope. **~ in [into] sight [view]** 〔海〕《水平線上に》見えてくる; [*joc*] 〈人が〉現われる. **~ on** 〔海〕《綱を》強く引く. **~ to** /túː/ 〔海〕船首を風上に向けて〈船を〉止める, 〈船が〉止まる. **~ up** 揚げる, 引き上げる; 放棄する; 断念する; 《口》ひどくむかつく, 吐く, もどす (vomit).
► *n* **1 a** (努力して)上げること; 重い物を上げる努力; 持ち上がり; 高まり; 《凍結による地面の》隆起. **b** 《規則的な》上下動, 波のうねり 〈*of* the sea〉; [the ~s] むかつき, 嘔吐; [~s, 〈*sg*〉] 《馬の》慢性閉塞性肺疾患 (COPD). **2** 投げ(上げ)ること; 〔レス〕ヒーブ《右手を相手の右肩に回してする投げわざ》. **3** 引っ張ること; 〔地質〕《断層による地層・鉱脈の》水平ずれ[転差], 水平傾斜移動, ヒーブ. **4** *《警察俗》避難場所, 巡回中にサボってくつろぐ場所.
［OE *hebban*; cf. G *heben*, L *capio* to catch］
héave-hó *int* 〔海〕よいと巻け《錨を巻くときの掛け声》; それ《物を投げるときの掛け声》. ► *n* (*pl* ~**s**) [the] 《口》肘鉄, 解雇, 首切り, お払い箱, 拒絶《主に次の成句で》. ● **give [get] the (old) ~** 《口》捨てる[捨てられる], 袖にする[される], ふる[ふられる]; 首にする[なる]; 追い立てる[追い立てを食う], 追い出す[出される]. ► *vi, vt* ヨイショと持ち上げる, 力いっぱい引っ張る.
heav·en /hév(ə)n/ *n* **1 a** [°H-] 天, 天国, 天界《God と angels と saints の住みか; opp. *hell*》: go to ~ 天国に行く, 死ぬ / in ~ 天国に, 死んで (opp. *here below*) / this side (of) the ~ この世(では). **b** 至福の場所, 極楽; 《Christian Science で》至福の状態: be sheer ~ まさに極楽だ. **c** [散文では °*pl*] 天, 天空: the eye of ~ 太陽 / the starry ~*s* 星の輝く大空 / fowls of ~ 空の鳥 / Italy has a brighter ~ than ours. イタリアの空はわが国のより明るい[気候がよい]. **2** [ᵁH-] 天帝, 上帝, 神 (God, Providence): *H~* be praised! =Thank *H~(s)!* ありがたい / *H~'s* vengeance is slow but sure. 《諺》天罰はおそくとも必ず来る / It's *H~'s* will. 神意である / Inscrutable are the ways of *H~*. 天意は計りがたい / by *H~(s)!* 神かけて, 必ず; おや, まあ, あれ《驚きの発声》/ *H~s* above! おや, まあ, あれ《驚きの発声》/ (Good [Great, Gracious, My]) *H~(s)!* 困った, しまった, 大変だ, まあ, あーあ, まさか《驚き・狼狽・あわれみの発声》. **3** *《俗》NIGGER HEAVEN. ● **(a) ~ on earth** (この世の)楽園 (cf. *a* HELL *on earth*). **all this and ~ too** これらすべてしかも天国までも, このような利益ばかりでなくほかにもっと大きな恵み[おまけ]がある《きまり文句; 本来は「キリストを信じる者はこの世の祝福ばかりでなく天国までもが約束される」の意》. **~ and earth** 天と地, 宇宙, 万物; おや, あーっ!《驚き・恐れの発声》. **H~** FORBID! **H~** HELP sb. **H~** KNOWS.... **in ~** 天国で[に]; [疑問詞を強めて] 一体全体. **in ~'s** NAME. **in** HOG HEAVEN. **made in ~** 〈結婚・相互の関係が〉理想的な, 完璧な: a match [marriage] *made in* ~ 理想的な結婚, 良縁; 絶妙の組合わせ, 天の配剤 (cf. *marriage* 1 用例). MOVE **~ and earth.** **the ~ of ~s** =SEVENTH HEAVEN. **The ~s opened.** [*joc*] 《バケツをひっくり返したような》土砂降りになった. **to (high) ~** 非常に高く; ひどく, 法外に; 《口》きっと, ぜひともく…であってほしい〉: STINK [SMELL] to high ~. **under ~** 地球上で[に], この世で[に]; [疑問詞を強めて] 一体全体. ［OE *heofon, hefen, heben*; cf. G *Himmel*; 語形は Gmc *-mn* →(異化) *-bn* → *-fn* となったもの］
héaven-bòrn *a* 天に生まれた, 天から下った, 天賦の.
héaven dùst *《俗》コカイン, 粉雪 (cocaine).
héaven·ly *a* **1 a** 天国の(ような), 神々しい. **b** 天来の, 絶妙な: a ~ voice たえなる声. **2** 天の, 天空の (celestial). **3** 《口》すてきな: What a ~ day! なんてすばらしい日だろう. ◆ **-li·ness** *n* 神々しさ, 荘厳, 至福.
héavenly blúe *《俗》LSD; *《俗》アサガオの種《幻覚剤》.
héavenly bódy 天体 (celestial body).
Héavenly Cíty [the] 聖なる都 (NEW JERUSALEM) 《cf. *Lev* 21》.
héaven·ly-mìnd·ed *a* 信心深い, 敬虔な (devout).
Héavenly Twíns *pl* [the] ふたご星《CASTOR と POLLUX の 2 星》.
héaven-sènt *a* 天来の, 天与の; 時宜を得た, 絶好の〈機会など〉.
héaven·ward *adv, a* 天(国)へ(向かう), 天(国)へ向かって(の), 上へ(向かう). ◆ **~·ly** *adv* **~·ness** *n*
héaven·wards *adv* HEAVENWARD.
héave-ó *n, v* HEAVE-HO.
heav·er /híːvər/ *n* 揚げる人; 仲仕, 《特に石炭の》荷揚げ人足; 〔海〕てこ棒; *《俗》女, 若い女性.
héav·i·er-than-áir *a* 〔空〕(機体の)排除する空気の重さより重い, 重航空機の: a ~ aircraft 重航空機.
héav·i·ly *adv* **1 a** 重く; どっかりと, ドサリと, ドスンと; こんもりと; 多量に: ~ loaded 大量に[どっさり]積んで / ~ pregnant 出産のせまった. **b** 重々しく, 重そうに, のろのろとものうげに, 重苦しく〈息をする, ため息をつく など〉; がっかりして: walk ~ 重い足取りで歩く. **2** 厳重に; がっしりと; ひどく, 激しく, はなはだしく, 大いに: guard ~ 厳重に警備する / ~ armed 重装備の / ~ built 《体格が》がっしりした / rely ~ 大きく依存する.
heav·ing /híːvɪŋ/ *n* 揚げること, 持ち上げること, 引揚げ; 《船体の》上下揺れ; 隆起, 《地盤の》ふくれあがり, ヒービング. ► *a* ᴾ《口》ごったがえして, 大忙しで 〈*with*〉.
Heav·i·side /hévisàɪd/ ヘヴィサイド **Oliver ~** (1850–1925)《英国の物理学者; Kennelly とは別に電離層があることを予想した》.
Héaviside làyer 〔通信〕ヘヴィサイド層 (E LAYER). ［↑］
heavy[1] /hévi/ *a* **1 a** 重い (opp. *light*). **b** 中身の詰まった[密な]; 厚ぼったい〈服〉; 〈パン・ケーキなどが〉生焼けの, ふくらみの足りない, もったりした. **c** 身重の, 妊娠した, 《特に》出産間近の: ~ *with* child. **d** 大型の, 〔軍〕重装備の; 〔化〕〈同位元素が〉より大きな原子量をもつ, 〈化合物が〉より大きな同位元素を含む: a ~ truck 大型トラック / a ~ cruiser 重巡洋艦 / HEAVY OXYGEN / HEAVY WATER. **2 a** 大量の, 多数の, おびただしい; 過度の; 充満して 〈*with*〉: a ~ crop 大収穫, 豊作 / ~ *with* fruit 果実がたわわに実って / ~ deficit 大幅な赤字 / a ~ smoker [drinker]. **b** 《口》大量に消費する 〈*on*〉: His car is ~ *on* oil. ガソリンを食う. **c** 〈能力などを〉十分に備えた, 〈…に〉強い 〈*on*〉. **3 a** 激しい, 猛烈な; 〈海が〉荒れた; 〈ロックが〉大音響でビートのきいた: a ~ blow 痛打 / ~ frost ひどい霜 / ~ rain 大雨 / a ~ sea 荒海, 激浪. **b** 深い〈思考・眠りなど〉; 太くてよく響く〈声〉; 〔音〕強音の, 強勢を有する〈音節・リズム〉, 最も強い: a ~ stress 第 1 強勢. **4 a** 骨の折れる; 耐えがたい, つらい, 圧制的な; ひどい, 過重な〈要求など〉; かなりの〈強調〉; 《口》やり方が酷な, むごい; 《口》暴力でおびやかす, 暴力的な; 《口》〈状況が〉重苦しい, 険悪な: a ~ task [work] つらい仕事 / a ~ injury 重傷 / ~ *on* one's students 学生にきびしくする / HEAVY MAN, HEAVY MOB. **b** 〈食べ物が〉しつこい, 胃にもたれる; 〈飲料が〉濃い, アルコールを入れた; 〈香りが〉くどい, 容易にとれない; *《俗》〈飲み物など〉熱い, 熱すぎる. **c** 急な, 険しい; 〈地面・土が〉ねばつく, 耕作しにくい; 〈道路・走路が〉ぬかった, 歩き[走り]にくい, 〔競馬〕〈馬場が〉不良の. **5 a** 憂いに沈んだ, 悲しい, しょげた; 〈空が〉うっとうしい, 陰気な, どんよりした; ものうい, だるい, 活気のない; 〈歩みなど〉重苦しい, 大儀な, はかどらない:

H

～ news 悲報 / with a ～ heart うち沈んで, しょんぼりと / a ～ day 陰鬱な日 / feel ～ 気分が重い, だるい / look ～ 浮かぬ顔をしている / ～ GOING. **b** 〈芸術・文章など〉軽快さのない, おもしろくない, 退屈な: a ～ style 重苦しい文体. **c** 鈍い; 無器用な; 粗野な〈顔だち〉; 繊細さを欠く; 太い, がっしりした〈足〉: a ～ fellow のろま / have a ～ hand 不器用である / a ～ line 太い線. **d**〘金融〙軟調の, 売りが多い: a ～ market / ～ sales. **6 a** 意味深い, 重々しい〈ことば〉; «口» (き)まじめな〈音楽〉; «俗» もったいぶった, くそまじめな〈人〉; 〘劇〙まじめな(役の), 荘重[壮大]な, 悲劇的な: a ～ part 敵役. **b** *«口» 重大な, 重要な, 有力な, 金持ちの. **c** «俗» すばらしい, いかす. **d** «俗» ごまかした, 違法な. **7** «口» 〈…に〉深くかかわり合って, 首を突っ込んで, のめり込んで, 〈…で〉有名な 〈*into*〉. ● **～ in [on]** HAND. **play the ～ father** きびしくしかる (cf. *come [do] the* HEAVY (*n*) (*father*)).

► *n* 〘劇〙まじめな役, 敵役(者), 悪役; «口» 大柄な荒くれ者, よた者, 悪党, 用心棒, 強盗; *«俗» 大物, 重要人物, 重大な事[もの]; [the heavies] "«口» 堅い新聞, 高級紙; [the heavies] 重騎兵, 重砲(兵), 重戦車, 重爆撃機; 〘ボクなど〙HEAVYWEIGHT; «スコ» 強くて苦いビール; «サーフィン俗» (絶好の)大波. ● **come [do] the ～ (father)** «口» 目上ぶって忠告する, 偉そうに構える. **on the ～** *«俗» 犯罪のプロで.

► *adv* HEAVILY. ● **hang [lie] ～** 重くのしかかる: Time *hangs* [*lies*] ～ on his hands. 時間をもてあましている / The meal *lay* ～ on his stomach. 食事が胃にもたれた / The crime *hangs* [*lies*] ～ on his conscience. 罪の意識が彼の良心をさいなんでいる.

◆ **héav·i·ness** *n* **～·ish** *a* やや重い, 重めの. [OE *hefig*<Gmc (**habhiz* weight); cf. HEAVE, OHG *hebig*]

heavy[2] /híːvi/ *a* 〘獣医〙〈馬が〉肺気腫 (heaves) にかかった.

héavy-ármed *a* 重装備の.

héavy artíllery 1 重砲 (口径の大きい大砲または曲射砲; 米では 155 mm 以上); 重砲部隊. **2** «俗» 最も強烈で説得力のある議論[証拠, 人 など], 決定的なもの, 切り札 (big guns).

héavy bág PUNCHING BAG.

héavy béad *«俗» 国防総省予算の最高額項目.

héavy bómber 重爆撃機.

héavy bréad *«俗» (すごい)大金 (heavy money).

héavy bréather 呼吸音の荒い人, いびきの大きい人; 電話で荒い息づかいを聞かせる変質者; *«俗» BODICE RIPPER.

héavy bréathing «口» (興奮した時の) 荒い息づかい, 肩でする息, あえぐような呼吸; *«俗» 情熱的なセックス.

héavy-bròwed *a* しかめっつらの.

héavy-càke *n* *«俗» 女たらし.

héavy cháin 〘生化〙(免疫グロブリンの) 重鎖, H 鎖 (cf. LIGHT CHAIN).

héavy chèmical 工業薬品 (cf. FINE CHEMICAL).

héavy créam *ヘビークリーム (double cream") (乳脂肪分が 36% 以上のクリーム; ホイップ用); *«俗» 太った女の子, でぶちゃん, 若い女.

héavy dáte *«俗» (意中の異性などとの) 大事な[濃厚な]デート; *«俗» ヘビーデートの相手; *«俗» 大事な約束.

héavy dóugh «俗» HEAVY MONEY.

héavy drúgs *n pl* *«俗» 中毒性幻覚剤 (heavies).

héavy-dúty *a* 苛酷な使用[条件]に耐える, 特別丈夫[がんじょう]な; *«口» かなり大事な, 真剣な, 重要な, いいかげんにできない; 高関税の.

héavy éarth 〘化〙重土 (baryta).

héavy élement 〘化〙重元素 (ヘリウムまたはホウ素より原子番号の大きい元素の総称).

héavy fóot *«俗» アクセルを強く踏み込む人, 飛ばし屋.

héavy-fóot·ed *a* 足の重い, 動きの鈍い, 〈文体が〉重苦しい; *«俗» 〈運転手が〉ふっ飛ばしがちな, 飛ばし屋の.

héavy góods vèhicle "大型輸送車 (略 HGV).

héavy gún 重砲.

héavy-hánd·ed *a* 無器用な, 扱いがへたな, 軽妙さに欠ける; 圧制的な, 強引な, 厳格な, 苛酷な. ◆ **～·ly** *adv* **～·ness** *n*

héavy hásh «俗» 強烈なハシーシ[カンナビス].

héavy-héad·ed *a* 頭の重い[鈍い]; 穂の大きな; 眠い.

héavy-héart·ed *a* 心の重い, ふさぎこんだ. ◆ **～·ly** *adv* **～·ness** *n*

héavy hítter *«口» 有力者, 重鎮, 大物, 有力団体, 大会社; 〘野〙強打者, スラッガー.

héavy hórse (馬の) 重種 (大型で強くがっしりした牽引用の馬).

héavy hýdrogen 〘化〙重水素 (特に deuterium).

héavy índustry 重工業.

héavy jáck «俗» 大金, HEAVY MONEY.

héavy jóint *«俗» フェンシクリジン (PCP) を混ぜた[先端につけた]マリファナタバコ.

héavy-láden *a* 重荷を負った; 心配事の多い.

héavy léather «俗» 暴走族の服装をまねた黒革のジャンパーやズボンに金属製の装飾を付けた服装, ギンギンの革ジャン (ことさらに男性的なイメージを強調したがるホモに好まれる).

héavy-lìft *a* 重量貨物用の〈船舶・ヘリなど〉.

héavy lífting 重量物の運搬[移動]; 重労働; 困難な作業.

héavy mán «俗» (強盗・金庫破りなどを手掛ける) 暴力的犯罪のプロ.

héavy métal 1 a 〘化〙重金属 (通例 比重 5.0 以上; cf. LIGHT METAL). **b** 重砲(弾). **2** 強敵, 手ごわい相手. **3** ヘビーメタル (重いビート・金属的な音色のエレキギター・絶叫調の歌などを特徴とする大音響のロック). ◆ **héavy-métal** *a*

héavy mób "«俗» 殺し屋集団, 暴力団; "«俗» 暴力事件に出動するタフな警官, 特別遊撃隊の警官.

héavy móney *«俗» (持主が重んぜられるほどの) 大金 (=*heavy dough* [*jack, sugar*]).

héavy nécking 濃厚なネッキング, ヘビーネッキング.

héavy óil 重油.

héavy óxygen 〘化〙重酸素 (質量数 17, 18, 19 の酸素の同位体の総称; 特に 18 のものを指す).

héavy pétting 濃厚なペッティング, ヘビーペッティング.

héavy-ráil *a* 重軌条の (cf. LIGHT-RAIL).

héavy róck PROGRESSIVE ROCK.

héavy scéne *«俗» 深刻な[厄介な]事態, 重苦しい[肩の凝る]雰囲気, 感情的な[をあらわにした]場面[状況].

héavy·sét *a* 体格の大きい; がっしりした, ずんぐりした.

héavy sóul *«俗» ヘロイン (もとは黒人の用語).

héavy spár 重晶石 (barite).

héavy-stìck·er *n* «野球俗» 強い打球を打つバッター.

héavy stúff *«俗» 中毒性幻覚剤.

héavy súgar *«俗» HEAVY MONEY, 一挙に得た大金; *«俗» 金持; *«俗» 金があるのがわかる持物 (豪華な車・ダイヤなど).

héavy swéll 1 海の激しいうねり. **2** «古・口» 風采[態度]の堂々とした名士.

héavy tráffic トラックなどの大型車; 車の洪水.

héavy týpe 肉太の活字.

héavy wáter 〘化〙重水 (cf. DEUTERIUM OXIDE).

héavy-wàter reáctor 重水炉 (減速材として重水を用いる原子炉).

héavy wéather 非常な困難[苦労], 難問, 障害 (cf. *make heavy* WEATHER *of*).

héavy·wèight *a, n* **1 a** 平均体重以上の(人), (普通よりも) 重い, 厚手の〈コートなど〉. **b** 重量級(の) (特に騎手またはレスリング選手); ヘビー級の(ボクサー[ボクシング選手]) (⇨ BOXING WEIGHTS); ヘビー級選手. **2** «口» (学界・政界などの) 有力者, 大物, 重鎮; *«口» 重要な, 有力な, 大物の.

Heb. Hebrew ◆〘聖〙Hebrews.

Heb·bel /hébəl/ ヘッベル (**Christian**) **Friedrich** ～ (1813–63) (ドイツの劇作家; 写実主義の作家で, 近代劇の先駆).

heb·do·mad /hébdəmæ̀d/ *n* 7 つのまとまり; 7 人; 〘聖〙週 (*Dan* 9:27). [L<Gk=seventh; ⇨ HEPT-]

heb·dom·a·dal /hɛbdámədl/ *a* 一週の, 毎週の: a ～ journal 週刊雑誌. ► *n* 週刊紙[誌]. ◆ **～·ly** *adv*

Hebdómadal Council 〘オックスフォード大学〙週例審議会 (以前あった大学経営組織).

heb·dom·a·dary /hɛbdámədèri; -d(ə)ri/ *a* 毎週の.

hebe[1], **heeb** /híːb/ *n* [°H-] «俗» [*derog*] ユダヤ人 (Jew). [*Hebrew*]

he·be[2] /híːbi/ *n* 〘植〙主としてニュージーランド産のゴマノハグサ科 *H*～属の各種の常緑低木[小高木]. [*Hebe*]

He·be /híːbi/ **1** 〘ギ神〙ヘーベー (青春の女神; Zeus と Hera の娘, Olympus 山の神々の給仕). **2** "[*joc*] 女給.

he·be- /híːbə/ *comb form* 「思春期」 [Gk *hēbē* youth]

He·bei /hʌ́béi/, **Ho·pei, -peh** /hóupéi, -béi/ 河北(かほく)(ホーペイ) (中国北部の省; ☆石家荘 (Shijiazhuang)).

he·be·phre·nia /hìːbəfríːniə, -frén-/ *n* 〘精神医〙破瓜(はか)病 (思考滅裂, 感情の鈍麻を呈するが, 妄想を欠くか一時的にもつのみといった特徴をもつ統合失調症の一型; 破瓜期[青春期]に発病することが多い). ◆ **-phren·ic** /-frénɪk, -fríːn-/ *a, n* 破瓜病の(患者). [*hebe-, -phrenia*]

Hé·bert /eɪbέər/ エベール (**1**) **Anne** ～ (1916–2000) (カナダのフランス系詩人・小説家・劇作家) (**2**) **Jacques-René** ～ (1757–94) (フランス革命期のジャーナリスト; sansculottes の指導者的役割を果たしたが, Robespierre と対立して処刑された).

heb·e·tate /hébətèɪt/ *vt* 鈍らせる. ► *vi* 鈍る. ► *a* 〘植〙〈とげ・のぎなど〉先のとがっていない. ◆ **hèb·e·tá·tion** *n* 鈍化. [L *hebet- hebes* blunt]

he·bet·ic /hɪbétɪk/ *a* 〘生理〙思春期の.

heb·e·tude /hébət(j)ùːd/ *n* 愚鈍, 遅鈍. ◆ **hèb·e·tú·di·nous** *a*

He·bra·ic /hɪbréɪɪk/ *a* ヘブライ人[語, 文化]の (Hebrew). ◆ **-i·cal·ly** *adv* ヘブライ人[語]風に.

He·bra·i·cize /hɪbréɪəsàɪz/ *vt* ヘブライ語で表わす, ヘブライ風にする.

He·bra·ism /híːbreɪɪz(ə)m/ *n* **1** ヘブライ文化[精神, 思想], ヘブライ主義, ヘブライズム (HELLENISM と共に, ヨーロッパ文明の二大思潮をなす). **2** ユダヤ教 (Judaism). **3** (他の言語に現われた) ヘブライ語法.

Hé·bra·ist *n* ヘブライ学者, ヘブライ語学[文学]者.

Hè·bra·ís·tic *a* ヘブライ風の; ヘブライ学者的な; HEBRAIC. ♦ **-ti·cal·ly** *adv*

He·bra·ize /hí:breɪàɪz/ *vt* ヘブライ語に訳す; 〈名前を〉同義のヘブライ語名に変える; ヘブライ人風にする. ► *vi* ヘブライ語風の表現を用いる; ヘブライ人風になる[考える]. ♦ **Hè·brà·i·zá·tion** *n*

He·brew /hí:bru/ *n* **1** ヘブライ人, ヘブル人《古代パレスティナのセム系民族(の子孫), 特に 古代イスラエル人》; ユダヤ人 (Jew). **2** ヘブライ語, ヘブル語《古代ヘブライ人の言語, 旧約聖書が書かれた言語, 現代に復活してイスラエルの公用語》; わからない言語 (cf. GREEK): It's ～ to me. それはわたしにはちんぷんかんぷんだ / TALK ～. **3** [～s, 〈*sg*〉]〘聖〙ヘブル書《新約聖書の Epistle of Paul the Apostle to the ～s (ヘブル人への手紙); 略 Heb.》. ► *a* ヘブライ人[語]の; ユダヤ人の. [OF, <Heb=one from the other side (of the river)]

Hébrew Bíble [the] HEBREW SCRIPTURES.

Hébrew cálendar [the] JEWISH CALENDAR.

Hébrew·ìsm *n* HEBRAISM.

Hébrew Scríptures *pl* [the] ヘブライ語聖書 (=*Hebrew Bible*)《ユダヤ教の聖典; キリスト教でいう旧約聖書》.

Hébrew Univérsity of Jerúsalem エルサレム・ヘブライ大学《Jerusalem にある大学; 1925 年創立》.

Hébrew·wìse *adv* ヘブライ風に; 〈書き方が〉右から左に.

Heb·ri·de·an /hèbrədí:ən/, **He·brid·i·an** /hɛbrídiən/ *a* ヘブリディーズ諸島(民)の. ► *n* ヘブリディーズ諸島民.

Heb·ri·des /hébrədì:z/ *pl* [the] ヘブリディーズ諸島《スコットランド西方の諸島; Little Minch 海峡によって本土に近い Inner ～ と Outer ～ に分かれる》.

He·bron /hí:brən; hébrɔ̀n, hí:-/ ヘブロン《Jordan 川西岸地区の町; 聖書時代からある古い町; アラビア語名 Al Khalīl, 古代名 Kirjath-Arba》.

Hec·a·te /hékəti, (Shakespeare 劇では通例) hékət/ **1**〘ギ神〙ヘカテー《天上・冥界と下界をつかさどる女神》. **2** 魔女.

hec·a·tomb /hékətòum, -tù:m/ *n*〘古ギ・古ロ〙(雄)牛 100 頭のいけにえ; [*fig*] 多数の犠牲, 大虐殺. [L<Gk (*hekaton* hundred, *bous* ox)]

Hec·a·ton·chi·res /hèkətɑ̀nkáɪriz/ *pl*〘ギ神〙百手の巨人, ヘカトンケイルたち《Uranus と Gaea の 3 人の息子; 50 の頭と 100 の手をもつ Briareus, Cottus, Gyges; Titans との戦いで神々を助けた》.

heck[1] /hék/ *n* 《スコ》《魚や流木などを通さないために川に置かれた》格子; 《スコ》《家畜の》かいば棚; 《織機の》縦糸通し. ● **live at ～ and manger** 《スコ》安楽に暮らす. [*hatch*[2] の北部形]

heck[2] 《口》*n* HELL《婉曲語》: What [Who] in (the) ～…? いったい何[だれ]が…? / What the ～! どうだっていうんだ, かまわんじゃないか / a [one] ～ of a…=a [one] HELL of a… / (as) MAD as ～ / (just) for the ～ of it=(just) for the HELL of it / All ～ breaks loose.=All HELL breaks loose. ► *int* ちきしょう, くそっ, なんだと, とんでもない!《当惑・拒否・嫌悪など》. [変形 < *hell*]

Heck ヘック **Richard F(red)** ～ (1931–　)《米国の化学者; ノーベル化学賞 (2010)》.

héck·el·phòne /hék(ə)l-/ *n*〘楽〙ヘッケルフォーン《オーボエより 1 オクターブ低い楽器》. [Wilhelm *Heckel* (1856–1909) ドイツの楽器製作者]

heck·le /hék(ə)l/ *vt, vi* **1** 〈弁士, 特に選挙候補者を〉やじり倒す, 質問攻めにする, 《やじで》議事を妨害する; 不当に干渉する, 妨害する. **2** 〈麻などを〉さばく, すき分ける. ► *n* [°～s] やじ; HACKLE[1]. ♦ **héck·ler** *n* **héck·ling** *n, a* [*hackle*[1]]

Heck·man /hékmən/ ヘックマン **James J(oseph)** ～ (1944–　)《米国の経済学者; ノーベル経済学賞 (2000)》.

heck·uva /hékəvə/ *a, adv* 《発音つづり》HECK[2] of a….

hect- /hékt/, **hec·to-** /héktou, -tə/ *comb form* **1**〘単位〙ヘクト《=10^2; 記号 h; cf. CENTI-》. **2**「多くの」 [F (Gk *hekaton* hundred)]

hect·are /héktɛ̀ər, -tɑ̀:r/ *n* ヘクタール《=100 ares, 2.47 acres, 1 万 m^2; 記号 ha》. ♦ **hect·ar·age** /héktɛ̀ərɪʤ, -tɑ̀:rɪʤ/ *n* ヘクタール数, ヘクタールによる面積. [↑, ARE[2]]

hec·tic /héktɪk/ *a* **1** 消耗性の〈熱〉, 消耗熱の; 消耗熱のある; (病的に)紅潮した, 赤い: ～ fever 消耗熱 / ～ flush 消耗性紅潮《結核患者のほおに現われる》. **2** 活発な, あわただしい, 忙しい: a ～ day てんてこ舞いの一日. ► *n* 消耗熱; 紅潮; 《まれ》消耗熱患者. ♦ **-ti·cal·ly** *adv* [OF<Gk=habitual (*hexis* habit of body)]

hec·to·cot·y·lus /hèktəkɑ́tləs/ *n* (*pl* **-li** /-làɪ/)〘動〙《ある種の頭足類の雄の》交接腕.

hécto·gràm, 《英》**-gràmme** *n* ヘクトグラム《=100 g; 記号 hectog., hg》.

hécto·gràph *n, vt*〘印〙ゼラチン版(に刷る), こんにゃく版(に取る). ♦ **hècto·gráph·ic** *a* [100 枚ほどの複写が得られることから]

hécto·kílo- *comb form*「10^5」

hécto·lìter | **-lìtre** *n* ヘクトリットル《=100 liters; 記号 hectol., hl》.

hécto·mèter | **-mètre** /, *hɛktɑ́mətər/ *n* ヘクトメートル《=100 m; 記号 hectom., hm》.

hécto·pascàl *n*〘理〙ヘクトパスカル《100 pascal; millibar と同じ; 記号 hPa》.

hec·tor /héktər/ *n* **1** [H-]〘ギ神〙ヘクトール《Priam の子で Andromache の夫; ILIAD で Troy 戦争のトロイア第 1 の勇士で, Achilles に殺された》. **2** どなる人, からいばり屋. **3** [H-] ヘクター《男子名》. ► *vt, vi* どなりつける, いじめる; いばりちらす〈*over*〉. ♦ **～·ing** *a* **～·ing·ly** *adv* [Gk *hektōr* holding fast; defender]

Héctor Protéctor ヘクタープロテクター《英国の伝承童謡の, 緑ずくめで女王の前に行って帰された男》.

Héctor's clóak ヘクターの外套. ● **take ～** 自分を信頼した友を裏切る. **wear ～** 裏切りに対する当然の報いをうける. [16 世紀に Northumberland の伯爵 Thomas Percy を裏切った Hector Armstrong が乞食となって死んだ故事から]

Hec·u·ba /hékjəbə/〘ギ神〙ヘカベー, ヘクバ《トロイア王 Priam の妃, Hector と Paris の母》.

he'd /(h)id, hí:d/ he had [would] の短縮形.

Hed·da /hédə/ ヘッダ《女子名》. [Gmc=strife]

Hédda Gáb·ler /-gǽblər/ ヘッダ・ガーブラー《Ibsen の同名の劇 (1890) の主人公; 大学教師の妻》.

hed·dle /hédl/ *n* 《織機の》綜絖(そうこう), ヘッドル.

hed·en·berg·ite /hédnbə̀:rgàɪt/ *n*〘鉱〙ヘデンベルグ輝石. [M. A. L. *Hedenberg* 19 世紀スウェーデンの鉱物学者]

he·der, che·der /héɪdər, xéɪ-, xédə-/ *n* (*pl* **ha·da·rim** /xədɑ́:rɪm/, **～s**)《ユダヤ人の》初等学校《ヘブライ語聖書・祈禱書の読み方を教える》. [Heb=room]

hedge /héʤ/ *n* **1** 生垣, 垣根;〘植〙アメリカハリグワ (Osage orange)《生垣に用いる》;〘園〙風よけ: a dead ～ 死垣 / a quickset ～ 生垣 / A ～ between keeps friendship green. 《諺》垣根があれば友情も長持ちする / Men leap over where the ～ is lowest. 《諺》人は最も低き所を飛び越すものだ《楽な道につくものだ》. **2** 障害, 障壁. **3** 防御策, 損失防止措置〈*against*〉; 両掛け, 両賭け;〘商〙売り[買い]つなぎ, 保険つなぎ, ヘッジ; 言質をとられないように言い抜けを計算した言動: make a ～ 両天秤にかける. ● **come down on the wrong side of the ～**《狩猟で垣根を飛びそこねる意から》判断を誤る, 不正をしてかす. **look as if one has been dragged through a ～ backwards** 《口》《無理をしたあとで》疲れうすよごれている, よれよれの格好をしている. **not grown on every ～** ざらにあるものでない. **sit** [**be**] **on** (**both sides of**) **the ～** 日和見(ひより)をする. **take a sheet off a ～** 公然と盗む. **take ～** 立ち去る.
► *a* **1** hedge (用)の; 路傍の; 野外の. **2** 低級な, 三流の.
► *vt* **1 a** 生垣で囲う[分かつ]; 取り囲む[巻く]〈*in, around, about*〉: be ～*d in with* [*by*]…に囲まれている. **b** [*fig*]〈規則・条件などが〉制限する, …に制約を設ける〈*in* [*around, about*] *with*〉. **2** …に防護措置を講ずる〈*against*〉; 〈賭け・事業など〉両掛けして危険を防ぐ, 〈投機を〉掛けつないで損を防ぐ, 〈bookmaker が客との賭けを〉《他の bookmaker に》また賭けする; 〈質問〉にまともに答えない, 回避する: be ～*d* (*in*) *with*… 〈除外事項など〉で限定されて[守られて]いる. ► *vi* **1** まがきを作る, 生垣を刈り込む, 垣根仕立てにする. **2**《賭け・投機で》両掛けする, 掛けつなぐ, つなぎ売買する; 〈危険などに対して〉防護策をとる, 備える〈*against*〉; 言い抜けの余地を残しておく, あいまいな返事をする, まともに答えない, コミットしない; (こそこそ)隠れる. ● **～ off** 垣でさえぎる. **～ out** 垣で締め出す, 除外する. **～** [**cover**] **one's bets** 分散投資する; 両天秤にかける, 複数の選択肢を残しておく. ♦ **hédg·ing·ly** *adv* [OE *hecg*; cf. HAW[1], G *Hecke*]

hédge àpple [**bàll**] OSAGE ORANGE.

hédge bìll 長柄のなたがま《生垣刈り込み用》.

hédge bìndweed〘植〙ヒロハヒルガオ《ヒルガオ属の雑草》.

hédge bròwn〘昆〙GATEKEEPER.

hédge clìppers *pl*〘園〙刈り込みばさみ.

hédge fùnd ヘッジファンド《個人の資金を投機的に運用する有限責任の投資信託組合》.

hédge gàrlic〘植〙GARLIC MUSTARD.

hédge·hòg *n* **1**〘動〙ハリネズミ;〘動〙*ヤマアラシ (porcupine). **2** おこりっぽくて意地の悪い人; *《学生俗》[*derog*] ぞっとしない女, ブス; 《電算俗》1 機種[1 種類のプログラム]しか操作できないやつ. **3**〘軍〙針鼠陣《四周防御のための要塞化陣地》, 小矩馬《3 本の棒を組み, それに有刺鉄線を巻きつけた障害物》, 針鼠鹿柴(ろくさい)《コンクリートに鋼鉄棒・鉄管を植えた障害物で, 水際に設置して上陸・渡河作戦を阻止するもの》. ♦ **-hòg·gy** *a* ハリネズミ[ヤマアラシ]のような; とげとげした. [*hedge* 生息地より, *hog* その鼻より]

hédgehog ràt〘動〙アメリカトゲネズミ (spiny rat).

hédge·hòp 《口》*vi* (超)低空飛行をする《機銃掃射・殺虫剤散布などのため》. ♦ **-hòp·per** *n*

hédge hỳssop〘植〙オオアブノメ属の草本《ゴマノハグサ科》; 《これに似た英国産の》タツナミソウ属の一種, ミソハギ属の一種《など》.

hédge mùstard〘植〙カキネガラシ.

hédge pàrsley〘植〙パセリに似たセリ科の植物, 《特に》ヤブジラミ.

hédge·pìg *n* HEDGEHOG.

hédge-priest *n*〘史〙[*derog*] 無学の遍歴僧.

hedg·er /héʤər/ *n* 生垣を作る[手入れする]人; 二股をかける人, どっちつかずの態度をとる者.

hédge·ròw /-ròʊ/ *n* 生垣をなす低木列.
hédge schòol 《もとアイルランドの》粗末な寺子屋, 野外[青空]学校《冬は屋内》.
hédge spàrrow [wàrbler] 〘鳥〙ヨーロッパカヤクグリ (＝*dunnock*)《イワヒバリ属》.
hédge trimmer ヘッジトリマー《チェーンソーに似た生垣などの電動式刈り込み機》.
hedg·ing /hέʤɪŋ/ *n* **1** 生垣作り[の手入れ]. **2**〘商〙掛けつなぎ取引, 保険つなぎ, つなぎ売買, ヘッジング.
hedgy /hέʤi/ *a* 生垣状の; 生垣の多い.
He·din /heɪdíːn/ ヘディン **Sven Anders ～** (1865–1952)《スウェーデンの探検家; 50年以上を中央アジア地域の探検調査に費やし, 考古学・地理学上の発見に業績をあげた》.
Hedjaz ⇨ HEJAZ.
he·don·ic /hɪdánɪk/ *a* 快楽の;〘心〙快楽論の. ◆ **-i·cal·ly** *adv* [Gk (*hēdonē* pleasure)]
hedónic cálculus 《功利主義の》快楽計算 (＝*felicific calculus*)《行為の正当性を喜びをもたらすかどうかで決定する》.
he·dón·ics *n*〘倫〙快楽説,〘心〙快楽論.
he·do·nism /híːd(ə)nìz(ə)m, hέd-/ *n*〘哲〙快楽[享楽]主義;〘心〙快楽論《すべての行動の動機づけは快楽への欲求にありとする》; 快楽主義的な生き方, 享楽的生活. ◆ **-nist** *n* 快楽主義者. **hè·do·nís·tic** *a* **-ti·cal·ly** *adv*
H. E. double toothpicks /éɪʧíː: ─ ─ /*《口》[*joc euph*] HELL.
-he·dral /híːdrəl, ″hέd-/ *a comb form*「…(個)の面からなる」: di*hedral*, poly*hedral*. [Gk *hedra* side]
-he·dron /híːdrən, ″hέd-/ *n comb form* (*pl* **～s, -dra** /-drə/) [-HEDRAL に対応する]「…面体」: holo*hedron*, poly*hedron*, tri*hedron*. [Gk (↑)]
hee ⇨ HE[1].
heeb ⇨ HEBE.
hee·bie-jee·bies, hee·by- /híːbiʤíːbiz/ *n pl* [the]《俗》神経過敏, いらいら (jitters), びくびく, ふさぎこみ; 震顫譫妄(しんせんせんもう)状態 (delirium tremens). [漫画家 Billy DeBeck の造語]
hee·bies /híːbiz/ *n* [the]《俗》HEEBIE-JEEBIES.
heed /híːd/ *vt, vi* 心に留める, (…に)注意する. ► *n* 注意, 用心, 留意 (notice). ● **give [pay] ～ to**…に注意する, …を心に留める. **take ～ [no ～] of**…を気に留める[留めない]. [OE *hēdan*＜WGmc (**hōda* care); cf. G *hüten*]
héed·ful *a* 思慮[用心]深い 〈*of*〉. ◆ **～·ly** *adv* **～·ness** *n*
héed·less *a* 注意を払わない, 顧慮しない, 無頓着な, かまわない 〈*of* danger〉. ◆ **～·ly** *adv* **～·ness** *n*
Hee·ger /híːgər/ ヒーガー **Alan J(ay) ～** (1936–)《米国の化学者; ノーベル化学賞 (2000)》.
hee-haw /híːhɔ̀ː, ─ ─/ *n* ロバの鳴き声;《下品な》ばか笑い; [〈*int*〉] アッハッハ, ワッハッハ, ガハハ. ► *vi* 〈ロバが〉鳴く; ばか笑いをする. [imit]
hee-hee ⇨ HE-HE.
heel[1] /híːl/ *n* **1 a** かかと;《蹴ったり踏んだりする部位としての》足;《馬などの》あと足のかかと, [*pl*]《動物の》あと足: raise [lift] the ～ against…を蹴る / click one's *～s*《かかとをカチッと合わせて》気をつけの姿勢をとる / strike up the *～s* of…を投げ倒す / throw up the *～s* of…をつまずかせる / trip up sb's *～s* 人の足をすくって倒す / One pair of *～s* is often worth two pairs of hands.《諺》かかと2つで手の4つ分《逃げるが勝ち》. **b** 靴下[靴]のかかと, ヒール; [*pl*] ヒールの靴 (high heels); 蹄鉄後部の突起;《てのひら[手袋]の》手首に近い部分, 付け根. **2** かかと状のもの;〘ゴルフ〙ヒール《クラブヘッドの曲がり目》; スキーの後端;《パンの》耳,《チーズの》皮;〘園〙挿し木などの下端, かかと《根付く部分》; はしごの足; 尾部, 末端, 下端, 末期;〘海〙マストなどの下端, 竜骨の尾部;《小銃の》床尾踵;《瓶底の》飲み残り: ～ cutting かかと挿し. **3**〘ラグビー〙《スクラム時の》かかとによる後方へのキック, そのボール. **4 a**《口》卑劣漢, げす, できそこない, くず, いやな[いけすかない]やつ; *《俗》こそ泥, けちな犯罪者; *《俗》露天商人, サクラ (shill). **b** *《学生俗》下働き[見習い](の学生) (⇨ *v*). **5**《俗》逃亡, 脱獄. ● **at ～** すぐあとから, あとについて. **at sb's ～s＝at the ～s of** sb 人の背後で, 追い迫って: snap *at* sb's *～s* 〈動物が〉人に背後からかみつく; 〈競争相手が〉人に激しく迫る, 追い上げる. **back on one's ～s** 大いに驚いて[当惑して]: rock *back on* one's *～s* 驚く / set [knock] sb *back on his ～s* 驚かせる, 愕然とさせる. **bring…to ～** 〈犬など〉あとについて来させる; 服従させる. **by the ～s** 身動きができないように, しっかりと〈つかんで, 拘束して〉. **come [keep] to ～**《黙って》従う, ついて行く;《犬に命じて》つけ (H～!). **cool [kick] one's ～s**《口》長いこと待たされる[待つ]. **dig one's ～s [feet, toes] in**《口》自分の立場[意見]を固守する, 頑として譲らない[動かない], 決意を示す. **down at (the) ～(s)** 〈靴が〉かかとがつぶれて, 〈人が〉かかとのつぶれた靴を履いて; みすぼらしいなりで, だらしなく, 〈服などが〉くたびれて. DRAG **one's ～s. have [get] the ～s of**…を追い越す; …に勝つ. **～ and toe** 普通に歩いて. **～s foremost** 死体となって: leave the house *～s foremost* 死んで家から運び出される / with one's [the] *～s foremost* 死体となって. **～s over head**＝《古》HEAD over heels. **kick one's ～s** ⇨ cool one's HEELS. **kick up one's ～s** (自由になって)はねまわる; 浮かれる, ふざけまわる;《仕事のあと》くつろぐ, 存分に羽を伸ばす;《俗》死ぬ. **kick up sb's ～s** 人を突き倒す, やっつける. **lay [clap, set] sb by the ～s** 人に足かせをかける; 監禁[投獄]する; 無力にする, 動けなくする. **make a ～** (足で)蹴る. **on the ～s of…＝on …'s ～s** …のすぐあとに続いて[迫って]: hard [close, hot] *on* sb's [sth's] *～s* 人[事]のすぐあとに続いて. **out at (the) ～(s)** 靴のかかとがすりきれて; みすぼらしい. **set [rock] sb (back) on his ～s** 人を唖然とさせる[困らせる]. **show one's ～s＝show a clean pair of ～s＝take to one's ～s** 尻に帆かけて逃げ出す, さっさと[すたこら]逃げる. **stick one's ～s [toes] in**＝dig one's HEELS in. **to ～** 《犬が》(人の)すぐあとについて; 支配されて, 服従して: bring…*to* HEEL / come [keep] *to* HEEL. **tread on the ～s of**…のすぐあとについて行く[やって来る]. **turn on one's ～** (突然)くるりと向きを変える, きびすを返す, 急に立ち去る. **turn up one's ～s** 死ぬ. **under sb's ～** 人に支配されて, 屈服して: hold…*under* one's *～* …を支配下におく.
► *vt* **1 a** …のすぐあとを追う[に続く]. **b** 〈犬が畜牛などを〉(すぐあとを追って[かかとにかみついて])追いたてる; 〈馬などを〉(かかとで蹴って)追いたてる. **2 a** 〈靴など〉にかかとを付ける, 〈靴〉のかかとを修理する; 〈シャモなど〉に鉄けづめを付ける. **b** かかとで蹴る[踏む, 押す];〘ラグビー〙《スクラムの時に》かかとで〈ボールを〉後方に押し出す 〈*out*〉;〘ゴルフ〙〈ボールを〉ヒールで打つ. **3**《俗》…に武器を供給する, 武装する (cf. HEELED); *《俗》〈人に〉金を出す[貸す], 軍資金を与える. **4 a** *《俗》〈人・団体など〉に取り入る, 頼み込む. **b** *《学生俗》〈仕事〉の手伝いをする, 〈仕事場〉で人の手伝い[下働き]をする, 〈学内〉で寮費[学費]稼ぎのバイトをする. ► *vi* **1** すぐあとを追う[に続く]; 〈犬が〉(人の脚側に)ついて歩く, [*impv*]《犬に命じて》つけ, ヒール. **2** かかとで床[地面]を蹴る;《ダンスで》かかとをリズミカルに動かす;〘ラグビー〙かかとでボールを押し出す 〈*out*〉. **3**《俗》さっさと逃げ出す, ずらかる. **4** *《俗》銃を手に入れる.
◆ **～·less** *a* [OE *hēla*; cf. HOUGH, Du *hiel*]
heel[2] *vi, vt*《風向きの関係などで》〈船が〉傾く 〈*over*〉 (cf. LIST[3]); 〈船を〉傾ける. ► *n*《船の》傾斜; 傾斜度. ◆ **～·ing** *n*《船の》傾斜. [? *heeld, hield* (obs) to incline＜OE *hieldan*; cf. OHG *helden* to bow]
heel[3] *vt* [～ in] HELE.
héel-and-tóe *a, n* かかととつまさきを交互に使う(ダンス); 片足のつまさきが地から離れないうちに他方の足のかかとが地につく歩き方の歩行 (＝*toe-and-heel*): a ～ walking race 競歩. ► *vi*《自動車レースなどで》ヒールアンドトーで運転する《ブレーキをつまさきでアクセルを同じ足のかかとで同時に操作する; 減速・シフトダウン・加速を敏速に行なうため》.
héel·bàll *n* かかとの下部; 靴墨の一種《靴磨きだけでなく拓本取りにも用いる》.
héel bàr 《デパート・駅などの》靴修理コーナー.
héel bòne 〘解〙踵骨(しょうこつ) (calcaneus).
heeled /híːld/ *a* **1** [*compd*] かかとのある, かかとが…の: high ～. **2** 鉄けづめを付けた〈闘鶏〉;《俗》武器[ピストル]を持った, 武装した;《俗》軍資金があって, たっぷり金があって, 金持ちで (cf. WELL-HEELED);《俗》酔っぱらって; *《俗》薬(やく)をもって.
héel·er *n* かかとを付ける人;《豪》家畜[動物]を追いたてる犬,《特に》牧羊犬; *《口》《政治屋の》子分, WARD HEELER; *《俗》見習い[新米]記者; *《俗》いやなやつ, げす, こそ泥.
héel flỳ ウシバエ《かかとの少し上に産卵》.
héel·piece *n*《靴・ストッキングなどの》かかと当て; 末端に付いているもの.
héel plàte 《靴の》かかと金[鋲].
héel·pòst *n*〘建〙《ドアを取り付ける》つりもとかまち; 門柱; 馬をつなぐ柱.
héel·tàp *n*《靴の》かかと革;《杯・瓶の底の》飲み残り; 残り(かす): No *～s!* 一滴残さず飲みほせ.
Heem /héɪm/ ヘーム **Jan Davidsz(oon) de ～** (1606–83 or 84)《オランダの画家; オランダ静物画家の最高峰と目され, 草花・果物・食器・楽器などを描いた; その子 **Cornelis** (1631–95) も静物画家》.
Heer·len /héərlən/ ヘールレン《オランダ南東部 Limburg 州の市》.
Héer·mann's gùll /héərmɑ̀ːnz-/〘鳥〙オグロカモメ《北米産》. [A. L. *Heermann* (c. 1827–65) 米国の博物誌家]
Héermann's sóng spàrrow 〘鳥〙ウタスズメ《北米原産の飼鳥》.
heesh /híːʃ/ *n* *《俗》ハシーシ (hashish), カンナビス (cannabis).
He·fei /hʌ́féɪ/, **Ho·fei** /; hóʊféɪ/ 合肥(ごうひ)(ホーフェイ)《中国安徽省の省都; 旧称 廬州 (Luchow)》.
hef·fa·lump /hέfəlʌ̀mp/ *n*《幼児》象さん. [A. A. Milne 作 *Winnie-the-Pooh* での造語]
Hef·ner /hέfnər/ ヘフナー **Hugh (Marston) ～** (1926–)《米国の出版人・実業家; *Playboy* 誌を創刊 (1953)》.
heft[1] /hέft/ *n*《英では方》目方, 重量; *重要性, 影響力; [the] *《古》主要部, 大部分, 大方 〈*of*〉. ► *vt* 持ち上げて…の重さを計る; 持ち上げる. [*cleft, weft* などの類推で HEAVE からか]
heft[2] *v, n*″《方》HAFT.
héfty 《口》*a* 重い, ずっしりした; 太った; 屈強な, 強烈な; 大きな; 大掛かりな; 圧倒的な; 豊富な, 多額の. ► *adv* ひどく, とても, はなはだ.

► *n* 屈強な[太った]男. ◆ **heft·i·ly** *adv* **-i·ness** *n* [*heft*[1]]

he·gari /hɪgǽri, -rə, -gέr-/ *n* 〔植〕ヘギリ《スーダン原産の穀実用モロコシの一種》. [Arab=stoney]

He·gel /héɪg(ə)l/ ヘーゲル **Georg Wilhelm Friedrich ~** (1770–1831)《ドイツの哲学者; ドイツ観念論哲学を集大成した》.

He·ge·li·an /heɪgéɪliən, -gíː-, hɪ-, -ʤíː-/ *a, n* ヘーゲル派哲学の(信奉者). ◆ **~·ism** *n* ヘーゲル哲学.

heg·e·mon /hέʤəmàn, híː-/ *n* 覇者, 覇権国.

he·gem·o·ny /hɪʤέməni, -gέm-, *hέʤəmòuni/ *n* 《特に同盟諸国内の一国による》支配権, 主導権, 盟主権, 覇権, ヘゲモニー; 覇権主義 (hegemonism); 支配[主導]権を握る国[政府]; 《社会的・文化的・経済的な》支配, 影響 〈*over*〉. ◆ **he·gém·o·nìsm** *n* 覇権主義《中国共産党の用語》. **he·gém·o·nist** *n* **heg·e·mon·ic** /hèʤəmánɪk, -gə-/ *a* [Gk (*hēgemōn* leader)]

He·gi·ra, -ji- /hɪʤáɪrə, hέʤ(ə)rə/ *n* **1** [the] **a** ヒジュラ, 聖遷《西暦 622 年 Muhammad が Mecca から Medina へ移ったこと; イスラム暦の紀元元年》. **b** ヒジュラ紀元 (Muhammadan era) (⇨ ANNO HEGIRAE). **2** [°h-] 逃避(行), 《特に》大量移住. [L<Arab=departure from one's country]

Hégira cálendar [the] ヒジュラ暦 (ISLAMIC CALENDAR).

hé-góat *n* 雄ヤギ (opp. *she-goat*).

he·gu·men /hɪgjúːmən/, **-me·nos** /-nàs, -nòus/ *n* 〔東方正教会〕修道院長, 典院.

heh[1] /héɪ/ *int* へッ, (エ)エッ, へー《軽蔑・おかしさ・驚き・問い返しなどの発声》. [imit]

heh[2] *n* HE[3].

he-he, hee-hee /híːhíː/ *int* ヒーヒー, ヒッヒッヒ, エッヘッヘ, イヒヒ, クスッ, クスクス《おかしさ・嘲笑・ばか笑いや 老いぼれの押し殺した笑いなどを表わす》. [imit]

hei /héɪ, háɪ/ *int* ねえ.

Hei·deg·ger /háɪdègər, -dɪ-/ ハイデッガー **Martin ~** (1889–1976)《ドイツの実存主義哲学者; *Sein und Zeit* (1927)》. ◆ **Hei·deg·ger·ian** /hàɪdɪgέəriən/ *a*

Hei·del·berg /háɪdlbə̀ːrg; *G* háɪdlbεrk/ ハイデルベルク《ドイツ南西部 Baden-Württemberg 州の市; Neckar 川に臨む》. ■ the **Univérsity of ~**《Heidelberg にあるドイツ最古の大学; 1386 年創立; ドイツ語名 Ruprecht-Karl-Universität Heidelberg》.

Héidelberg jáw 〔人〕ハイデルベルク人下顎骨.

Héidelberg màn 〔人〕ハイデルベルク人《1907 年 Heidelberg 近郊で発掘され, ネアンデルタール人に属するとされる》.

Hei·den /háɪdn/ ハイデン **Eric** (**Arthur**) **~** (1958–)《米国のスケート選手; 冬季オリンピック Lake Placid 大会 (1980) のスピードスケート 5 種目すべてで金メダル》.

Hei·den·stam /héɪdnstæ̀m, -stàːm/ ヘイデンスタム (**Carl Gustaf**) **Verner von ~** (1859–1940)《スウェーデンの詩人・作家; ノーベル文学賞 (1916)》.

Hei·di /háɪdi/ **1** ハイジ《女子名》. **2** ハイジ《Johanna Spyri の同名の児童小説 (1880–81) の主人公; アルプスの少女》. [G (dim)< *Adelheid*; ⇨ ADELAIDE]

Heid·sieck /háɪdsik; *F* εdsik/ 〔商標〕エドシーク《フランスのシャンパンの一種》.

hei·duc, hei·duk /háɪdùk/ *n* HAIDUK.

heif·er /héfər/ *n* 《3 歳未満でまだ子を産まない》若い雌牛, 未経産雌牛; 《俗》女(の子), デブ女, ブス. [OE *heahfore*<?]

Hei·fetz /háɪfəts/ ハイフェッツ **Ja·scha** /jáːʃə/ **~** (1901–87)《ロシア生まれの米国のヴァイオリン奏者》.

heigh /héɪ, *háɪ/ *int* エー, ホイ《注意・質問・励まし・歓喜などの発声》. [変形< *heh* (imit)]

héigh-hó *int* あーあ, やれやれ《退屈・疲労・落胆・悲しみなどの発声》, エエーッ, ヒャッホー《驚き・大喜び》, ソレッ《励まし》. ► *n* 〔鳥〕ハシボソキツツキ (flicker).

H8 《E メールなどで》hate.

height /háɪt/ *n* **1 a** 高いこと, 高さ; 身長; 高度, 海抜, 標高 (altitude); かなりの高度[高さ]; 〔天〕標高《地球上の水準面からの角距離》: ~ of tree 樹高 / six feet in ~ 高さ[身長]が 6 フィートで / rise to one's full ~ まっすぐに立つ, 直立の姿勢をとる / gain [lose] ~ 高度が上がる[下がる] / at a ~ of 5000 meters 5 千メートルの高度で. **b** [°*pl*] 高所, 高地, 高台, 丘: from a (great) ~ (非常に)高い所から 〈落ちる, 眺める など〉 / have a head for ~*s* 高い所が平気である. **c** 《廃》高き所, 天: Praise him in the ~*s*. もろもろの高き所にて主をほめたたえよ《*Ps* 148: 1》. **2** [the] まっ最中, 極致, 絶頂: *the* ~ of genius 天才の極致 / *the* ~ of folly 愚の骨頂 / at its ~=at *the* ~ of …の絶頂に, …がたけなわで / in *the* ~ of summer 盛夏に. **3** [°*pl*] 《古》高貴, 卓越, 高位. ★ 具体的な「高さ」は不定冠詞, 比喩的な場合は定冠詞が普通. ●**the dizzy ~s of…** [°*joc*] …の(目がくらむほどの)高み, …という高位, 最高の…: reach *the dizzy ~s of* success 輝かしい成功を収める. [OE *hēhthu* (HIGH)]

héight·en *vt* 高くする, 高める, 高尚にする (opp. *lower*); 増す, 強める; 誇張する; 《廃》…の意気[士気]を高揚させる. ► *vi* 高まる; 増す, 強くなる. ◆ **~ed** *a* **~·er** *n*

heighth /háɪtθ/ *n* 《方》HEIGHT.

héight·ìsm *n* 背の低い人に対する蔑視[差別], 身長差別.

héight of lánd* 分水界 (divide).

héight to páper 〔印〕活字の高さ《活字の足から字づらまでの長さ: =0.9186 inch, 2.33 cm》.

hei jen /héɪ rán, héɪ ʤén/ (*pl* ~) 〔中国〕'黒人'《田舎から不法に都市に出て働く若者》. [Chin]

heil /háɪl/ *int* 万歳《挨拶のことば》: *H*~ Hitler! ► *vt, vi* (…に) Heil と挨拶する. [G=hail]

Heil·bronn /háɪlbràn; *G* haɪlbrɔ́n/ ハイルブロン《ドイツ南西部 Baden-Württemberg 州の Neckar 川に臨む市》.

Hei·li·gen·schein /háɪlɪgənʃàɪn/ *n* 稲田の御光《太陽光線の反射と屈折によってぬれた芝生の上などに映った人の頭の影の周囲に光輪が見える現象》. [G=halo]

Hei·long·jiang /héɪlúŋʤiáːŋ/, **Hei·lung·kiang** /; -kjǽŋ/ 黒竜江(こくりゅうこう)(ヘイロンチャン)《中国東北部の省; ☆哈爾浜 (Harbin)》.

Hei·long Jiang /héɪlùŋ ʤiáːŋ/, **Hei·lung Kiang** /; -kjǽŋ/ [the] 黒龍江《AMUR 川の中国語名》.

Heim·dal, -dall /héɪmdàːl/, **-dallr** /-dàːlər/ 〔北欧神話〕ヘイムダル《光と夜明けの神; 虹の橋 Bifrost で巨人たちの Asgard 侵入を監視する》.

heimie ⇨ HYMIE.

hei·mish, hai- /héɪmɪʃ/ *a**《俗》居ごこちのいい, 家庭的な, 親しめる, 気のおけない. [Yid]

Héim·lich manèuver [procèdure] /háɪmlɪk-/ 〔医〕ハイムリック操作 (=*abdominal thrust*)《異物で気管を詰まらせた人を後ろから抱きかかえ, 胸骨の下部に握りこぶしをあて, もう一方の手でそのこぶしを握って強く押し上げ, 異物を吐き出させる応急救命法》. [Henry J. *Heimlich* (1920–) 米国の外科医]

Heims·kring·la /héɪmskrɪ̀ŋglə/ 『ヘイムスクリングラ』《Snorri Sturluson 作の, 神話時代から 1177 年までのノルウェー王朝史》. [ON]

hein[1] /*F* ɛ̃/ *int* EH.

hein[2] /háɪn/ *n**《俗》魅力のないやつ.

Heine /háɪnə/ ハイネ **Heinrich ~** (1797–1856)《ドイツの詩人・批評家; 詩集 *Das Buch der Lieder* (1827)》. ◆ **Hei·nesque** /haɪnέsk/ *a*

Hei·ne·ken /háɪnɪk(ə)n/ 〔商標〕ハイネケン《オランダのラガービール》.

hé-ing and shé-ing *n, a**《俗》[*joc*] 性交(している).

hei·nie[1], **hei·ne** /háɪni/ *n* [°H-]*《俗》[*derog*] ドイツ人, 《特に》ドイツ兵. [G *Heinrich*]

heinie[2] *n* 《俗》お尻 (buttocks). [変形< *hinder*[2]]

Hein·kel /háɪŋk(ə)l/ ハインケル《ドイツの航空機設計者 Ernst H. Heinkel (1888–1958) が設立した航空機メーカー (1922–65)》.

Hein·lein /háɪnlàɪn/ ハインライン **Robert A**(**nson**) **~** (1907–88)《米国の SF 作家; *Rocket Ship Galileo* (1947), *Stranger in a Strange Land* (1961)》.

hei·nous /héɪnəs/ *a* 憎むべき, 極悪の, 凶悪な. ◆ **~·ly** *adv* **~·ness** *n* [OF (*haïr* to hate)]

Hein·rich /háɪnrɪk; *G* háɪnrɪç/ ハインリク, ハインリヒ《男子名》. [G; ⇨ HENRY]

Heinz /háɪnz, -ts/ **1** ハインズ **H**(**enry**) **J**(**ohn**) **~** (1844–1919)《米国の事業家; 食品会社 H. J. Heinz Co. の創業者》. **2** 〔商標〕ハインツ《米国 H. J. Heinz Co. 製のかんづめ・瓶詰めなど》. **3***《俗》HEINZ 57 (=**~ dòg**).

Héinz bòdies /háɪnts-/ *pl* 〔生理〕ハインツ小体《ヘモグロビンの酸化障害でみられる球状の封入体》. [Robert *Heinz* (1865–1924) ドイツの医師]

Heinz 57 (**variety**) /háɪnz fɪftisév(ə)n (—́—), háɪnts-/ *《俗》雑種犬《H. J. Heinz Co. の宣伝文句 '57 Varieties' から》.

heir /έər/ *n* 〔法〕相続人, 法定相続人 (cf. ANCESTOR); 跡取り, 跡継ぎ, 世継ぎ, 後継者, 継承者 〈*to*〉; 受取人, 受取り予定者; 《廃》産物, 所産: an ~ *to* property [a house] 遺産[家督]相続人. ● **fall ~ to**…を相続する; …を受け継ぐ. **the ills** [**shocks**, etc.] **that flesh is ~ to** 人生に付きまとう[人がのがれられない](もろもろの)災難[不幸, 悲しみ]《Shak., *Hamlet* 3.1.62–3》. ► *vt* 《方》相続する (inherit). ◆ **~·less** *a* 相続人[後継者]のない. [OF<L (*hered- heres*)]

héir appárent (*pl* **héirs appárent**) 〔法〕法定推定相続人《略 heir app.》; HEIR PRESUMPTIVE; 《有力な》後継者, 後任, 後釜(あとがま) 〈*to*〉. ◆ **héir appárency** *n*

héir at láw 〔英法〕法定相続人, 物的財産法定相続人; 〔スコ法〕法定(不動産[動産])相続人.

héir by cústom 〔法〕慣習法上の(法定)相続人.

héir·dom 《古》*n* HEIRSHIP; HERITAGE.

héir·ess *n* HEIR の女性形, 相当な遺産を相続する(はずの)女性.

héir géneral (*pl* **héirs géneral**) HEIR AT LAW.

héir in táil 〔法〕限嗣相続人.

héir·lòom *n* 〔法〕法定相続動産; 先祖伝来の家財, 家宝; エアルーム品種《個人農家やコミュニティーによって何世代も栽培が続けられるトマトなどの品種》. [LOOM[1] tool]

héir of the bódy 〔法〕直系卑属たる法定相続人.

héir presúmptive (*pl* **héirs presúmptive**)〘法〙推定相続人 ⟨*to*⟩《略 heir pres.》.

héir·ship *n* 相続人たること; 相続(権); 《古》HERITAGE.

Hei·sen·berg /háɪz(ə)nbɜ̀ːrg, -bɛ̀ərk/ ハイゼンベルク **Werner Karl** ～ (1901–76)《ドイツの物理学者; 行列形式による量子力学を完成; ノーベル物理学賞 (1932)》.

Héisenberg('s) uncértainty prìnciple〘理〙ハイゼンベルクの不確定性原理 (UNCERTAINTY PRINCIPLE). [↑]

hei·shi, -she /híːʃi, háɪ-/ *n* 北米インディアンの作る円板形の貝殻や銀のビーズを連ねたネックレス. [Navajo＝shell]

Héis·man Tròphy /háɪsmən-/ [the]〘アメフト〙ハイスマントロフィー《米国の大学フットボール年間最優秀選手賞; 公式名 Heisman Memorial Trophy Award》.

heist /háɪst/ *n**《口》強盗, 泥棒, 押入り, 銀行破り《行為》; *《口》盗品. ► *vt**《俗》…に強盗をはたらく, 盗む, HIJACK; 《方》HOIST[1]. ♦ **～·er** *n* 《俗》強盗, 泥棒; 《方》持ち上げる[巻き揚げる]人[装置]; *《俗》のんだくれ, 大酒飲み (drunkard). [cf. HOIST]

héist màn 《俗》強盗, 追いはぎ.

hei-ti·ki /heɪtíːkiː/ *n* ヘイティーキ《マオリ族の伝統的な首飾りで, 緑石を人の形に彫ったもの》. [Maori]

Heit·ler /háɪtlər/ ハイトラー **Walter** ～ (1904–81)《ドイツの物理学者》.

He·jaz, He·djaz /hɛʤǽz, hɪ-/ ヒジャーズ (Ar **Al-Ḥi·jāz** /æl hiʤǽz/)《サウジアラビア西部の紅海に臨む地方; ☆Mecca》. ♦ **He·jazi, -djazi** /-ʤǽzi/ *a, n*

Hejira ⇨ HEGIRA.

Hek·a·te /hɛ́kəti, hɛ́kət/ HECATE.

Hek·la /hɛ́klə/ ヘクラ《アイスランド南西部 Reykjavik の東方にある活火山 (1491 m)》.

hekt- /hɛ́kt/, **hek·to-** /hɛ́ktoʊ, -tə/ *comb form* HECT-.

hékto·gràph *n, vt* HECTOGRAPH.

Hel /hɛ́l/〘北欧神話〙 **a** ヘル《死の女神で冥界の女王》. **b** 黄泉(よみ)の国, 冥界 (Niflheim) (cf. VALHALLA). [ON]

Hela /hɛláː/ HEL.

Hé·La cèll /hɛ́lə-, híːlə-/ [°hela cell]〘医〙ヒーラー細胞《ヒト組織由来で初めて継代培養に成功した子宮頸癌から分離した細胞株; ウイルスの培養などに使われている》. [*Henrietta Lacks* 1951 年 細胞が採り出された患者]

He·laine /həléɪn/ ヘレイン《女子名》. [⇨ HELEN]

hé·las /*F* elɑːs/ *int* ALAS. [F]

held *v* HOLD[1] の過去·過去分詞.

hel·den·ten·or /hɛ́ldəntɛ̀nɔ̀ːr, -tɛ̀nər/ *n* (*pl* **～s, -te·nö·re** /-tɛ̀nɔ̀ːrə/) [°H-]〘楽〙ヘルデンテノール《華麗と量感をもってオペラ, 特に Wagner の楽劇の英雄の役割を歌うに適したテノール》. [G *Held* hero＋*tenor*]

hele[**] /híːl/ *vt* 仮植えする, ⟨根·種子を⟩土でおおう ⟨*in*⟩; 《廃》隠す, 秘密にする (conceal). [OE *helian*; cf. HELL]

Hel·en /hɛ́lən/ **1** ヘレン《女子名; 愛称 Ellie, Nell, Nellie, Nelly, Lena》. **2**〘ギ神〙ヘレネー (＝**～ of Tróy**)《Zeus と Leda の娘, スパルタ王 Menelaus の妻で絶世の美女; トロイアの Paris に連れ去られたことからトロイア戦争が起こったが, トロイア陥落の後夫のもとに戻った》. [Gk＝light, bright]

Hel·e·na /hɛ́lənə/ **1** /, hɛlíːnə/ ヘレナ, ヘリーナ《女子名》. **2** [Saint] 聖ヘレナ (c. 248–c. 328)《ローマ帝国の皇后; Constantine 大帝の母; キリスト教に改宗し, 大帝のキリスト教信仰に影響を与えた; 伝説ではキリストの十字架を発見したとされる》. **3** ヘレナ《Montana 州中部の市, 州都》. [↑]

He·lene /həlíːn/ **1** ヘリーン《女子名》. **2**〘天〙ヘレネ《土星の第 12 衛星》. [F; ⇨ HELEN]

he·le·ni·um /həlíːniəm/ *n*〘植〙マツバハルシャギク属 (*H-*) の各種の草本《ダンゴギク (sneezeweed) など; 北米·中米原産》.

Hel·ga /hɛ́lgə/ ヘルガ《女子名》. [Gmc＝holy]

Hel·go·land /hɛ́lgoʊlæ̀nd, -lɑ̀ːnt/, **Hel·i·go-** /hɛ́ləgoʊ-/ ヘルゴラント《ドイツ北西岸沖, 北海の北フリジア諸島の島; Schleswig-Holstein 州に属する》.

he·li-[1] /híːli, -lə/, **he·lio-** /híːlioʊ, -liə/ *comb form*「太陽(光線[エネルギー])」 [Gk *hēlios* sun]

heli-[2] /hɛ́li, híːli, -lə/ *comb form*「ヘリコプター (helicopter)」

he·li·a·cal /hɪláɪək(ə)l/ *a* 太陽の, 太陽に近い; 太陽と同じころ出る[没する]. ♦ **～·ly** *adv*

helíacal cýcle [the] SOLAR CYCLE.

helíacal rísing〘天〙日出(にっしゅつ)昇天《天体が太陽と同時に昇ること》; 日出昇天の日.

héli·àmbulance *n* 救急ヘリコプター.

he·li·anth·e·mum /hìːliǽnθəməm/ *n*〘植〙ハンニチバナ属 (*H-*) の各種多年草[半低木], ヘリアンテムム《ハンニチバナ科; cf. ROCKROSE》.

he·li·an·thus /hìːliǽnθəs/ *n*〘植〙ヒマワリ属 (*H-*) の各種草本. [NL (*heli-*[1], Gk *anthos* flower)]

héli·bòrne /hɛ́lə-, híː-/ *a* ヘリ(コプター)輸送の; ヘリによる⟨攻撃⟩.

héli·bùs /hɛ́lə-, híː-/ *n* HELICAB.

hel·ic- /hɛ́lɪk, híː-/, **hel·i·co-** /hɛ́lɪkoʊ, -kə, híː-/ *comb form*「らせん形」 [Gk; ⇨ HELIX]

héli·càb /hɛ́lə-, híː-/ *n* ヘリキャブ《ヘリコプターのタクシー》.

hel·i·cal /hɛ́lɪk(ə)l, híː-/ *a* らせん (helix) (形)の. ♦ **～·ly** *adv* らせん状に.

hélical géar〘機〙はすば歯車《回転軸に対して斜めに歯がついている》.

hélical scán〘電子工〙ヘリカルスキャン《ビデオテープレコーダーなどにおいて, テープの進行方向に対して斜めに配置された回転ヘッドによってテープ上に斜めに信号を記録する方式》.

héli·càr /hɛ́lə-, híː-/ *n* ヘリカー《ヘリコプターでもあり自動車でもある乗物》.

he·liced /híːləst, hɛ́l-/ *a* らせんのついた, らせん飾りの付いた.

helices *n* HELIX の複数形.

hel·i·chry·sum /hɛ̀ləkráɪsəm/ *n*〘植〙ムギワラギク属 (*H-*) の各種草本 (cf. STRAWFLOWER).

he·lic·i·ty /hɛlísəti, hə-/ *n*〘理〙ヘリシティ《素粒子の運動方向のスピン成分の値》;〘生化など〙らせん性[度].

hel·i·cline /hɛ́ləklàɪn/ *n* らせん状の坂.

hel·i·co·bac·ter /hɛ́lɪkoʊbæ̀ktər/ *n*〘菌〙ヘリコバクター《ヘリコバクター属 (*H-*) の細菌; 以前は *Campylobacter* 属に分類されていた; *H. pylori* は胃·十二指腸潰瘍, 胃癌の発生に密接な関連がある》.

hélico·gràph *n* ヘリコグラフ《らせん形を描くための器具》.

hel·i·coid /hɛ́ləkɔ̀ɪd, híː-/ *a* らせん形[状]の. ► *n*〘数〙らせん体[面]. ♦ **hèl·i·cói·dal** *a*

Hel·i·con /hɛ́ləkɑ̀n, -ɪkən/ **1 a** ヘリコーン (*ModGk* Elikón)《ギリシア Boeotia 地方の山 (1749m); Apollo および Muses が住んだ; 詩人の霊感の泉とされた Hippocrene, Aganippe の 2 泉がある》. **b** 詩想の源泉. **2** [h-]〘楽〙ヘリコン《大型管楽器の一種》.

hel·i·co·nia /hɛ̀ləkóʊniə/ *n*〘植〙ヘリコニア《バショウ科 *H~* 属の各種の熱帯植物》.

Hel·i·co·ni·an /hɛ̀ləkóʊniən/ *a* ヘリコーン山の: the ～ maids＝MUSES.

hel·i·copt /hɛ́ləkɑ̀pt, híː-/ *vi, vt* HELICOPTER. [逆成く↓]

hel·i·cop·ter /hɛ́ləkɑ̀ptər, híː-/ *n* ヘリコプター;〘スキー〙ヘリコプター《空中での 1 回ひねり》. ► *vi, vt* ヘリコプターで行く[運ぶ]. [F＜Gk (HELIX, *pteron* wing)]

hélicopter gùnship〘軍〙《機首などに地上掃射用の機銃を備えた》重装ヘリコプター, 対地攻撃(用)ヘリコプター.

hélicopter pàd HELIPAD.

hélicopter pàrent ヘリコプターペアレント《子離れのできない過保護·過干渉の親》.

hélicopter vìew 全体像; 概観, 概要.

he·lic·tite /hɪlíktàɪt, hɛ́lək-/ *n*〘岩石〙ヘリクタイト《枝状の鍾乳石》. [*helict-* (Gk *heliktos* twisted)]

héli·dèck /hɛ́lə-, híː-/ *n* 《船舶·海底掘削用プラットフォームなどの上の》ヘリコプター用発着デッキ, ヘリデッキ.

heli·drome /hɛ́lə-, híː-/ *n* ヘリコプター発着場.

Heligoland ⇨ HELGOLAND.

héli·hòp /hɛ́lə-, híː-/ *vi* ヘリでひと飛びする.

héli·lìft /hɛ́lə-, híː-/ *vt* 《緊急時に》ヘリ輸送する. ► *n* ヘリ輸送(システム).

he·lio /híːliòʊ/《口》*n* (*pl* **-li·òs**) HELIOGRAM; HELIOGRAPH; HELIOTROPE.

helio- /híːlioʊ, -liə/ ⇨ HELI-[1].

hèlio·céntric *a* 太陽の中心から測定[観測]した; 太陽中心の (cf. GEOCENTRIC): the ～ theory [system]《コペルニクスの》太陽中心説. ♦ **-cén·tri·cal·ly** *adv* **-cén·tri·cism** /-trəsìz(ə)m/ *n* 太陽中心説.

heliocéntric párallax〘天〙《恒星の》日心視差, 年周視差 (＝*annual parallax*).

hélio·chròme *n* 天然色[カラー]写真. ♦ **-chro·my** /-kròʊmi/ *n* 天然色写真術. **hèlio·chró·mic** *a*

he·li·o·dor /híːliədɔ̀ːr/ *n* ヘリオドール《アフリカ南部産の金色の緑柱石》. [G]

He·lio·gab·a·lus /hìːlioʊgǽbələs/ ヘリオガバルス (204–222)《ローマ皇帝 (218–222); Elagabalus ともいう; もとの名は Varius Avitus Bassianus》.

hélio·gràm *n* 日光反射信号, 回光信号.

hélio·gràph *n* 回光通信機; 回光信号; 太陽写真機 (photoheliograph); 日照計《日照時間記録用》. ► *vt, vi* 日光反射信号機で送信する; …の写真を太陽写真機で撮る.

hèlio·gráphic *a* HELIOGRAPH [HELIOGRAPHY] の; 太陽の (solar).

heliográphic látitude〘天〙日面緯度《太陽面における緯度》.

he·li·og·ra·phy /hìːliágrəfi, *híːliəgræ̀fi/ *n* 写真製版法; 回光信号法; 《まれ》〘天〙太陽面記述. ♦ **-pher** *n*

he·lio·gra·vure /hìːlioʊgrəvjúər/ *n* PHOTOGRAVURE.

he·li·ol·a·try /hìːliálətri/ *n* 太陽崇拝. ♦ **-ól·a·ter** *n* **-trous** *a*

hèlio·líthic *a* ⟨文明が⟩太陽崇拝と巨石を特徴とする.

he·li·ol·o·gy /hìːliάləʤi/ *n* 太陽学, 太陽研究.
he·li·om·e·ter /hìːliάmətər/ *n* 〖天〗太陽儀. ♦ **hè·li·óm·e·try** *n* **hè·lio·mét·ric** *a* **-ri·cal·ly** *adv*
hélio·pàuse *n* 〖天〗太陽圏界面《太陽圏の境界》.
hélio·phỳte *n* 〖植〗陽生植物.
He·li·op·o·lis /hìːliάpələs/ ヘリオポリス《(1) Nile 三角洲の古代エジプト都市; 太陽神 Ra 信仰の中心地 2) BAALBEK の古代ギリシア時代の名》.
He·li·os /híːliàs, -òus/ **1**〖ギ神〗ヘーリオス《太陽神; ローマの Sol に当たる; cf. APOLLO》. **2** [h-]〖理〗光度. ［Gk *hēlios* sun］
hélio·scòpe *n* 太陽観測望遠鏡.
he·li·o·sis /hìːlióusəs/ *n* (*pl* **-ses** /-sìːz/)〖医〗日射病 (sunstroke).
hélio·sphère *n*〖天〗太陽圏《太陽表面の気体と磁場の影響をうける宇宙空間》. ♦ **hèlio·sphéric** *a*
hélio·stàt *n*〖天〗ヘリオスタット《日光を常に一定方向へ反射する時計仕掛けの回転鏡》. ♦ **hèlio·stát·ic** *a*
hèlio·táctic *a*〖生〗走日性の.
hèlio·táxis *n*〖生〗走日(そう)性 (cf. PHOTOTAXIS).
hèlio·thérapy *n*〖医〗日光療法.
he·lio·trope /híːliətròup, ˈhéljə-/ *n* **1**〖植〗**a** キダチルリソウ属 (*Heliotropium*) の各種草本[低木],《特に》キダチルリソウ, ニオイムラサキ, ヘリオトロープ (=*common heliotrope, garden heliotrope*) (cherry pieˈˈ)《ムラサキ科; ペルー原産の小低木》; ヘリオトロープの花の香り(の香水). **b** セイヨウカノコソウ (GARDEN HELIOTROPE). **c** ニオイカントウ (winter heliotrope). **d**《廃》走日性の草本. **2** 薄紫色, 赤紫. **3**〖宝石〗BLOODSTONE. **4**《測地調査用の》回光器, 回照器, 日光反射器. ［L＜Gk (-TROPE)］
he·li·ot·ro·pin /hìːliάtrəpən/ *n* PIPERONAL.
he·li·ot·ro·pism /hìːliάtrəpìz(ə)m/ *n*〖植〗光(こう)屈性, 向日性, 屈日性 (cf. APHELIOTROPISM). ♦ **hè·lio·tróp·ic** *a*
hélio·tỳpe *n* COLLOTYPE.
hèlio·typógraphy *n* 写真彫刻版法.
he·lio·zo·an /hìːliəzóuən/ *n, a*〖動〗《原生動物肉質綱の》太陽虫(の). ♦ **-zó·ic** *a*
héli·pàd /hélə-, híː-/ *n* ヘリパッド《屋上などに設けられたヘリコプター1機分の発着スペース》.
héli·pòrt /hélə-, híː-/ *n* ヘリポート.
héli-skì·ing /hélə-, híː-/ *n* ヘリスキー《ヘリコプターで高所へ運んでもらって滑降するスキー》. ♦ **héli-skì** *vi*
héli·spòt /hélə-, híː-/ *n*《臨時の》ヘリコプター着陸地, ヘリスポット.
héli·stòp /hélə-, híː-/ *n* HELIPORT.
he·li·um /híːliəm, -ljəm/ *n*〖化〗ヘリウム《希ガス類元素; 記号 He, 原子番号 2》. ［Gk *hēlios* sun, *-ium*］
helium-4 /ˈ— fɔ́ːr/ *n*〖化〗ヘリウム 4《質量数 4 のヘリウムの同位体; 自然のものはほとんどこれ; 記号 ⁴He》.
helium I /ˈ— wʌ́n/〖化〗ヘリウム I《2.2–4.2 K で存在する, 普通の液体のヘリウム; 記号 He I》.
helium-3 /ˈ— θríː/ *n*〖化〗ヘリウム 3《質量数 3 のヘリウムの同位体; 自然にはごく少ない; 記号 ³He》.
helium II /ˈ— túː/〖化〗ヘリウム II《2.2 K 以下の低温で存在する超流動相のヘリウム; 高い熱伝導性を有する; 記号 He II》.
hélium flàsh〖天〗ヘリウムフラッシュ《赤色巨星の縮退した中心核でヘリウムが炭素に融合する急激な核反応》.
hélium hèad*《俗》ばか, あほ, からっぽ頭 (fool).
hélium shàkes [trèmors] *pl* HIGH-PRESSURE NERVOUS SYNDROME.
hélium spèech キーキー声, ドナルドダックボイス《ヘリウム吸入時のピッチが上がった声》.
he·lix /híːlɪks/ *n* (*pl* **hel·i·ces** /hélәsìːz, híː-/, **~·es**) らせん; らせん形のもの《コルク抜き·時計のぜんまいなど》;〖解〗耳輪《耳介の外周の湾曲した部分》;〖建〗《柱頭の》らせん[渦巻]飾り;〖数〗《空間的な》螺旋, つる巻き線;〖電〗ヘリックス《単層コイルの一種》;〖動〗カタツムリ属の各種, マイマイ. ［L＜Gk *helik- helix*］
hell /hél/ *n* **1 a** 地獄 (opp. *heaven*), 焦熱地獄; 冥土, 冥府, 黄泉(よみ) (Hades, Sheol): the descent into ~《キリストの復活前の》陰府への降下 / The road to ~ is paved with good intentions.《諺》地獄への道はよい意図で敷き詰められている《(1) よいことをやろうと思っていても実行が伴わなければだめ 2) 意図するところはよくても結果は地獄ということがある》. **b** 地獄の軍勢, 悪霊. **c** 魔窟, 魔界; 賭博宿. **d** [H-]〖クリスチャンサイエンス〗地獄, 人間の信念, 罪, 肉欲, 誤り. **e**〖印〗HELLBOX;《古》仕立屋の裁ちくず入れ. **2** 地獄のような[ひどい]状況, 苦痛, 苦境; 叱責: The first day was sheer ~. 初日はさんざんだった / rush-hour ~ 通勤地獄《大渋滞·満員電車など》/ make sb's life a ~ 人に地獄のような生活をさせる / put sb through ~ 人をひどいめにあわせる, 人につらい思いをさせる / suffer [go through] ~ 地獄の苦しみ[死ぬ思い]をする / catch [get] ~ ⇨ 成句. **3** 冗談, おもしろ半分; 元気, いたずらっ気: (just) for the ~ of it ⇨ 成句 / be full of ~ 元気いっぱいで, いたずらで. **4 a** [怒りなどの発声] (cf. DEVIL): *H~!*=ˈˈBloody ~! ちくしょう / Oh ~! ちくしょう / The ~ with…! …がなんだ, …なんかに用はない / (To) ~ with…! …を葬れ, …なんか知ったことか, 勝手にしやがれ. **b** [強意語として] Get the ~ out of here!《俗》とっとと出てけ / as HELL, to HELL, What [Who, How, etc.] (in) the HELL [in HELL]…? ⇨ 成句. **c** [相手のことばを強く否定して] 絶対に[断じて]…ない: ~ no 断じてノー, とんでもない / "He says he will win." "The ~ he will." 勝てるもんか.
● **a [one] ~ of a…**《口》どえらい…, すごい…, とんでもない…: *a ~ of a* life ひどい生活 / *a ~ of a* good time とても愉快なひと時 / *one ~ of a* row えらい騒ぎ. **(a) ~ on earth** (この世の)地獄 (cf. *a* HEAVEN *on earth*). **All ~ breaks [is let] loose.**《口》大混乱が起きる, てんやわんやの騒ぎになる. **all ~ let [broken] loose** (地獄を解放したような)大混乱. **as ~**《口》大いに, ものすごく, ひどく: She was angry *as ~*. / (as) easy [hot] *as ~*. **be ~ on…**《口》…にとってきびしい[つらい]; …に有害である, …を痛める: He *is ~ on* his servants. **between ~ and high water**《口》大変な困難に陥って, 困窮して. **by ~** 絶対(に). **catch [get] (merry [holy]) ~**《口》ひどいめにあう, こっぴどくしかられる 〈*for*〉. **cold day in ~** *《俗》ありえない時, 決して…ない (cf. *when* HELL *freezes over*). **come ~ or [and] high water**《口》どんな障害が起ころうと, 何が何でも. CREATE **~. from ~**《口》最悪の, 最低の. **from ~ to breakfast***《俗》徹底的に, 激しく. **Give 'em ~!***《俗》がんばれ, しっかりやれよ, 目にもの見せてやれ. **give** sb **(merry [holy]) ~**《口》人をひどい[いやな]めにあわせる, いたたまれないようにする, しかりつける, どなりつける. **go through ~ and high water**《口》万難を排して突き進む. **go to ~**《俗》悪く[ひどく]なる, だめになる; [*impv*]《俗》くたばっちまえ, 死ね, うせろ, ちくしょうめ, なんだと, くだらん, やなこった, ばかやろ. **~ and gone** (引き返せないほど)遠い遠い所(へ); どうしようもなく[度しがたく]なって. **~ for…**にばか熱心で. **~** KNOWS **that [what etc.]…. ~ of a note**《俗》異常な[驚くべき, 大胆不敵な]もの, とんでもないもの. **~'s half acre***《俗》どえらくだだっぴろい土地: all over *~'s half acre* そこらじゅう一面, あっちゃこっちゃ. **~ to pay**《口》あとのたたり, 後難, きびしい罰: have *~ to pay* たいへん面倒なことになる / There will [is going to] be *~ to pay*. ひどい罰をうけることになるだろう, 高いツケが回ってくるだろう, えらい騒ぎ[大変なこと]になるだろう. **~ to split**《俗》さっさと, 一気に, 大急ぎで (lickety-split). **I'll see** sb **in ~ before [first]….** ⇨ DAMNED. **in ~'s** NAME. **(just) for the ~ of it**《口》ほんの冗談に, おもしろ半分に, なんとはなしに, ちょっとやってみたいから(…する). **like ~**《口》猛烈に, 必死に, 死物狂いで, やけに, ひどく;《俗》絶対…ない, 信じられない: feel *like ~* すごく気分[調子]が悪い / You can apologize to him.—*Like ~* I can. 彼に謝ったら—まっぴらだ. **merry ~** 大騒動, 大騒ぎ; ひどい厄介事, ひどいめ. **not a hope [chance] in ~** 全く見込みなしで. **play (merry) ~ with…**《口》…をひどくかき乱す, だいなしにする;《口》〈人〉に腹を立てる, 激怒する. RAISE **~. surely to ~**《口》ぜひとも〈…であってほしい〉. **than ~**《口》すごく, ひどく(…な): uglier *than ~* おそろしく醜い. **the ~ of it**《俗》ひどいこと, 我慢ならないこと, 最悪の事態. **(the) ~ out of**《俗》ものすごく, 最高に, 強烈に, したたか, むちゃくちゃ(…する): beat [frighten, scare, etc.] *the ~ out of* sb 人をたたきのめす, 震えあがらせる / impressed *the ~ out of* him 彼をひどく感心させた. **The ~ you say.** これは驚いた. **to** BEAT **~. to ~** (1)《口》ぜひとも, 心底から〈願う·誓うなど〉: I wish [hope] *to ~* you're right. (2)《俗》すっかり, 取返しのつかないほど. **to ~ and back** 地獄を見るような思いをして. **to ~ and gone**《俗》ずっと(遠くへ), 永久に, すっかり; *《俗》(完全に)だめになって, おじゃん[おしゃか]になって. **until [till] ~ freezes over**《口》永久に: I'll love her *till ~ freezes over*. **What [Who, How, etc.] (in) the ~ [in ~] …?**《口》いったい何を[誰が, どうやって, etc.]…? **what the ~**《口》(1) なんだって, なんだ! (2) かまうもんか, どうでもいいや. **when ~ freezes over**《口》決して…ない (never).
► *vi**《俗》自堕落な暮らしをする, トラブルを起こす 〈*around*〉; *《俗》スピードを出す, 飛ばす (barrel) 〈*out*〉.
［OE *hel(l)*＜Gmc (**hal-*, **hel-* to cover, conceal); cf. G *Hölle*］
he'll /(h)il, (h)íːl/ he will [shall] の短縮形.
hel·la·cious /hɛléɪʃəs/ *a**《俗》最高の, すごい, ひどい, べらぼうな, どえらい, どでかい: have a ~ time ひでえめにあう. ♦ **~·ly** *adv* ［*hellish* からの造語］
Hel·lad·ic /hɛlǽdɪk/ *a, n*〖考古〗ヘラドス文化(期)(の)《紀元前3000–1100 年ごろのギリシア本土の青銅器時代文化》.
Hel·las /héləs/《詩》ヘラス《GREECE の古代ギリシア語名》.
hell·ben·der /hélbɛ̀ndər/ *n* **1**〖動〗アメリカオオサンショウウオ, ヘルベンダー (=*mud puppy*)《米国東部·中部の川に生息》. **2**《俗》むこうみずな[手のつけられない]やつ;《俗》大浮かれ, 酒盛り; *《俗》大酒のみ, のんだくれ (drunkard).
héll-bènt / ; ˈ— ˈ—/ *a, adv* 堅く決心して, なにがなんでもやる気で, しゃかりきになって 〈*on*〉; 猛スピードで[の], がむしゃらに[な]. ● **~ for leather**=《口》HELL-FOR-LEATHER.
héll bòmb [ˢH-] 水爆.
héll·bòx *n*〖印〗くず活字入れ箱.
héll·bròth *n* 地獄のスープ《魔法使いが黒魔術用に調合するもの》.
héll·càt *n* あばずれ女, 性悪女, 気性の激しいやつ,《口》やたら元気のいい若い女[女の子]; 鬼ばば, 魔女.

héll-dìver* *n* 〘鳥〙カイツブリ (grebe),《特に》オビハシカイツブリ (pied-billed grebe).

Hel·le /héli/ 〘ギ神〙ヘレー《Athamas 王の娘; 黄金の羊に乗って兄 Phrixus と逃げる途中, 羊の背から落ちて溺死した; その海が Hellespont》.

hel·le·bore /héləbɔ̀ːr/ *n* **1 a** 〘植〙ヘリボー, クリスマスローズ《キンポウゲ科クリスマスローズ属 (*Helleborus*) の植物》,《特に》クリスマスローズ (Christmas rose). **b** ヘレボルス根《hellebore の乾燥根茎(の粉末[抽出物]); かつて医薬用にされ, 古代人は狂気を治すと考えた》. **2 a** 〘植〙ユリ科バイケイソウ(梅蕙草)属の植物,《特に》バイケイソウ《アルカロイドを含有する》. **b** バイケイソウの乾燥根茎(の粉末[抽出物])《医薬用・殺虫剤》. [OF, <Gk]

hel·le·bo·rine /héləbəràın, hèləbɔ́ːrin/ *n* 〘植〙**a** キンラン(金蘭). **b** カキラン(柿蘭).

Hel·len /hélən/ 〘ギ神〙ヘレーン《Deucalion と Pyrrha の息子; テッサリアの王で, ギリシア人の伝説上の祖先》.

Hel·lene /hélìːn/, **Hel·le·ni·an** /həlíːniən/ *n* 《純粋[古代]の》ギリシア人. [Gk *Hellēn* a Greek]

Hel·len·ic /həlénık, -líː-, hə-/ *a* ギリシアの; ギリシア人[語]の; 古代ギリシア(史[文化])の,《特に第 1 回 Olympiad (776 B.C.) から Alexander 大王の死 (323 B.C.) に至る》古典ギリシア時代[文化]の. ► *n* (現代)ギリシア語; ギリシア語(派)《印欧語族の一つ》. ♦ **-i·cal·ly** *adv*

Hel·le·nism /hélənìz(ə)m/ *n* ギリシア文化[精神, 思想, 国民性]; ギリシア文化主義, ヘレニズム《HEBRAISM と共に, ヨーロッパ文明の二大思潮をなす》; ギリシア語風.

Hel·le·nist /hélənıst/ *n* **1** 《ヘレニズム期の》(言語・文化の点で)ギリシア化した人,《特に》ギリシア化した[ギリシア語を使う]ユダヤ人《*Acts* 6: 1, 9: 29》. **2** 古代ギリシア文化[言語, 文学, 制度]研究者, ギリシア語学者. **3** 《ヨーロッパにおける古典研究復活に力のあった》15 世紀の東ローマ帝国のギリシア人.

Hel·le·nis·tic /hèlənístık/, **-ti·cal** *a* HELLENISM [HELLENIST] の[に関する, 的な], ヘレニズム(期)の《Alexander 大王の死 (323 B.C.) からローマのエジプト征服 (30 B.C.) に至る時代の》. ♦ **-ti·cal·ly** *adv*

Hel·le·nize /hélənàız/ *vt, vi* ギリシア化する; ギリシア(語)風にする[なる]. ♦ **-niz·er** *n* **Hèl·le·ni·zá·tion** *n*

hel·ler[1] /hélər/ *n* (*pl* ~, ~**s**) ヘルレル《**1)** 中世ドイツの小銅貨 **2)** オーストリアの旧通貨単位[青銅貨] **3)** チェコの通貨単位 (haler) **4)** スロヴァキアの旧通貨単位 (haler)》. [G (*Hall* 貨幣鋳造所のあった町)]

héll·er[2] *n* *《俗》**1** 人をてこずらせるやつ, はた迷惑なやつ, HELLION; けんか好き. [*hell*] **2** エキサイティングで楽しいパーティー. [*hell of a* (good time)]

Hel·ler /hélər/ ヘラー **Joseph** ~ (1923–99)《米国の小説家; *Catch-22* (1961), *God Knows* (1984), *Picture This* (1988)》.

Héller·wòrk *n* 〘米商標〙ヘラーワーク《身体の深組織マッサージやエクササイズにより, 姿勢矯正や運動性向上, 痛みの緩和などを目指す療法》. [Joseph *Heller* (1940–) 米国の教育者]

hel·leri /hélərài, -ri/ *n* 〘魚〙**a** ソードテール (swordtail). **b** ソードテールとプラティ (platy) の交配種《観賞魚》. [Xiphophorus *helleri* ソードテールの学名]

hell·ery /héləri/ *n* 《カナダ俗》乱暴, わるさ, むちゃ.

Hel·les /héliz/ [Cape] ヘレス岬《トルコのヨーロッパ部 Gallipoli 半島南端にある岬》.

Hel·les·pont /héləspɑ̀nt/ [the] ヘレスポント海峡《DARDANELLES 海峡の旧称》. [Gk=sea of HELLE]

Hel·les·pon·tus /hèləspɑ́ntəs/ [the] ヘレスポントス海峡《DARDANELLES 海峡の古代名》.

héll·fìre *n* 地獄の火, 業火; ひどい苦しみ, [‹*a*›] 業火の苦しみを説く; [‹*int*›] 《俗》ちきしょう, 知るか, くそくらえ!

héll-fìred *a* [強意] DAMNED.

héll-for-léather *a, adv* 《口》猛スピードの[で], 猛烈な勢いの[で]: go [ride] ~ むちゃくちゃ[ぶっ]飛ばす.

Héll Gàte ヘルゲート《New York 市を流れる East River の Long Island と Manhattan 島の間の狭くなった部分》.

hell·gra(m)·mite* /hélgrəmàıt/ *n* 〘昆〙ヘビトンボ (dobsonfly) の幼虫, マゴタロウムシ(孫太郎虫) (=*dobson*)《釣りの餌に用いる》.

héll·hòle *n* 地獄; 地獄のような場所[住居], 暑くて込み合った場所, ひどい所.

héll·hòund *n* 犬の形をした悪魔, 地獄の番犬《Cerberus など》; 悪鬼, 悪魔のような人.

hel·lion /héljən/ *n* *《口》いたずら者, 腕白小僧, 悪たれ, 問題児, 厄介者. [*hallion* (dial) worthless fellow; 語形は *hell* に同化]

héll·ish *a* 地獄の(ような); 悪魔的な, 凶悪な; 《口》ひどい, 不快[困難]きわまる, いやな. ► *adv* 忌まわしく, 憎らしく; [強意] "《口》ものすごく, ひどく. ♦ **~·ly** *adv* **~·ness** *n*

héll·kite *n* 冷血漢, 鬼畜.

Hell·man /hélmən/ ヘルマン **Lillian** ~ (1905–84)《米国の劇作家; 社会の悪・不正をリアリズム劇によって告発した; 人気探偵作家 Dashiell Hammett の伴侶》.

hel·lo /həlóu, hə-, hélou/ *int* おい, もし, ちょっと; おや, なんと!; 〘電話〙もしもし: *H*~, John! やあジョン, こんにちは / *H*~, this is Brown speaking. もしもし, こちらはブラウンです / Say ~ to your wife (for me). 奥さんによろしく / *H*~, ~, ~! "[*joc*] ややや, なんと!《警官が何か異常を発見したときのことば》. ► *n* (*pl* ~**s**) hello と呼ぶ声. ► *vi, vt* hello と呼ぶ[言う]. [HALLO]

hel1ó gìrl *《口》電話交換嬢.

héll on whéels *《俗》すごい[むちゃくちゃな, ひどい, すばやい]やつ, とんでもない代物[こと].

héll·pìg *n* *《俗》でぶブス, 太った醜い女.

héll-ràiser *n* 《口》大騒ぎするやつ, 騒ぎ[すったもんだ]を起こすやつ; 《俗》自堕落者, 不品行者. ♦ **héll-ràising** *n, a.*

Héll's Ángel ヘルズエンジェル, '地獄の天使'《オートバイを乗りまわす暴走族; 元来は California の暴走族》.

héll's béIls [téeth] [‹*int*›] なんてこった, まったく!《怒り・いらだち・驚きの発声; **Héll's béIls and búckets of blóod!** ともいう》

Hélls Cànyon ヘルズキャニオン《Idaho 州, Oregon 州境にある Snake 川の峡谷; 最深部が 2400 m で, 北米大陸最深の谷となっている; 別名 Grand Canyon of the Snake》.

hell·uva /héləvə/ *a* 《口》*a* どえらい, 大変な, ひどく厄介な, とてつもない, すごい. ► *adv* えらく, ものすごく. [HELL *of a*...]

héll·wàrd *adv, a* 地獄に向かって[た], 地獄の方向に[の].

héll·wèed *n* 〘植〙**a** ネナシカズラ (dodder). **b** イトキツネノボタン (corn crowfoot).

héll wèek* 地獄の一週間, ヘルウイーク《fraternity や sorority で入会希望者 (pledge) の根性を試すためいろいろなしごき[いたずら]をする入会式前の 1 週間》.

helm[1] /hélm/ *n* 〘海〙舵(だ)の柄, 舵輪(だりん); 操舵装置, 舵機; 舵角; 舵の動き; [*fig*] 支配[指導]的地位: Down [Up] (with the) ~! 下手[上手]舵! ● **at the ~** 舵[指揮]をとって ‹*of*›. EASE **the ~.** Lee **~!** 下手舵! LUFF **the ~.** **take the ~ of state affairs** 政権を握る. **Weather ~!** 上手舵! ► *vt* …の舵をあやつる; [*fig*] …の舵取りをする, 指導する; *‹映画を›監督する. ♦ **~·er** *n* *映画監督. **~·less** *a* [OE *helma*; cf. HELVE, OHG *helmo* tiller]

helm[2] *n* 《古・詩》かぶと (helmet); "《方》かぶと雲 (=~ **clòud**). ► *vt* 《古・詩》かぶとでおおう, …にかぶとをかぶせる. ♦ **~ed** *a* かぶとをかぶった. [OE; cf. *helan* to cover, G *Helm*]

Hel·mand /hélmənd/ [the] ヘルマンド川《アフガニスタン南西部を西流し, イラン国境で湿地帯に流れ込む》.

hel·met /hélmət/ *n* かぶと,《消防士・兵士・レーサー・潜水夫などの頭部を保護する》ヘルメット,〘フェン〙面(めん),〘アメフトなど〙ヘルメット;〘紋〙かぶと形; かぶと状のもの《特にある種の花の萼片や花弁の上部》; HELMET SHELL; "《俗》制服警官. ► *vt* …にヘルメットをかぶせる. ● **buff the ~** 《俗》‹男が›自慰をする. ♦ **~·ed** *a* かぶと[ヘルメット]をかぶった. **~·lìke** *a* [OF (dim) ‹ *helme*<Gmc; ⇨ HELM[2]]

hélmet cràb 〘動〙カブトガニ (king crab).

hélmet shèll 〘貝〙トウカムリガイ科 (Cassidae) の海産大型の貝《貝殻はカメオの材料となる》.

hélmet shrìke 〘鳥〙メガネモズ, カブトモズ《アフリカ主産》.

Helm·holtz /hélmhòults/ ヘルムホルツ **Hermann (Ludwig Ferdinand) von** ~ (1821–94)《ドイツの生理学者・物理学者・数学者; エネルギー保存の法則を確立した》.

Hélmholtz frée énergy 〘理〙ヘルムホルツの自由エネルギー《熱力学特性関数の一つ; 記号 F》.

Hélmholtz fùnction 〘理〙ヘルムホルツ関数 (HELMHOLTZ FREE ENERGY).

hel·minth /hélmìnθ/ *n* 蠕虫(ぜんちゅう),《特に》(腸内)寄生虫. [Gk]

hel·minth- /həlmínθ/, **hel·min·tho-** /-θou, -θə/ *comb form* HELMINTH の意.

hel·min·thi·a·sis /hèlmənθáıəsəs/ *n* 〘医〙蠕虫病.

hel·min·thic /həlmínθık/ *a* 蠕虫の, 寄生虫の; 駆虫の. ► *n* 駆虫薬, 虫下し (vermifuge).

hel·min·thoid /həlmínθɔ̀ıd/ *a* 〘生〙蠕虫様の.

hel·min·thol·o·gy /hèlmənθɑ́lədʒi/ *n* 〘生〙蠕虫学. ♦ **-gist** *n*

Hel·mond /hélmɔ̀ːnt/ ヘルモント《オランダ南部 North Brabant 州, Eindhoven の東北東にある町; 繊維工業の町》.

Hel·mont /hélmɑ̀nt/ ヘルモント **Jean Baptista van** ~ (1579–1644)《フランドルの化学者・医師・哲学者・神秘思想家; 空気とは異なる物質としての気体を認め, ガスと命名した》.

hélms·man /-mən/ *n* 舵手(だしゅ), 操舵手. ♦ **~·shìp** *n*

hélms·pèrson *n* HELMSMAN (cf. -PERSON).

Helm·stedt /hélmstèt; G hélmʃtɛt/ ヘルムシュテット《ドイツ中北部 Lower Saxony 州東部, Brunswick の東にある市》.

Hel·mut, -muth /hélmùːt/ ヘルムート《男子名》. [G=helmet +courage]

he·lo /híːlou, hélou/ *n* (*pl* ~**s**) 《口》ヘリ (helicopter).

He·lo·ise /(h)èlouíːz, ⌐ー⌐/ エロイーズ《女子名》. [↓]

Hé·lo·ïse /élouìːz, ⌐ー⌐/ **1** エロイーズ《女子名》. **2** エロイーズ (c. 1098–1164)《フランスの尼僧; 師にして恋人だった Pierre Abélard との仲を裂かれ, それぞれ修道院にはいる; 二人の往復書簡がある》. [F; ⇨ ELOISE]

hélo·phỳte /hέlə-/ *n* 沼沢植物《湿地や浅い水中に生える高等植物; 水底に根をおろすヨシ・ハスなどの抽水植物 (emergent) を指すことが多い》. ◆ **hel·o·phyt·ic** /hɛ̀ləfítɪk/ *a* ［*helo-* (Gk *helos* marsh)］

Hel·ot /hέlət, híː-/ *n* ヘイロータイ, ヘロット《先住民からなる古代スパルタの農奴 (serf)》; [h-] 農奴, 奴隷, 下層民. ● **a drunken ～** 酔いどれヘロット《若者に大酒の害を実物で教えて戒めるためにスパルタ人はヘロットに酒を飲ませた》. ［L<Gk＝inhabitants of *Helos* (Laconia の町)］

hélot·age *n* 農奴[奴隷]状態[身分], 農奴[奴隷]の境遇.

hélot·ìsm *n* 奴隷制度; 奴隷身分, 奴隷状態; 〖昆〗奴隷共生.

hélot·ry *n* 奴隷状態; 農奴, 奴隷《集合的》.

help /hέlp/ *vt* **1 a** 助力[援助]する, 助ける, 救う; 手伝う; 手伝って…させる; [～ *-self*] 必要なことを自分でする, 困難を切り抜ける; [～ sb に副詞(句)を伴って] 助けて…させる: God [Heaven] ～*s* those who ～ *themselves.* 《諺》天はみずから助くる者を助く / May [Can, Could] I ～ you, sir [madam]? 《店員が客に向かって》何を差し上げましょうか, どういったご用件で? / She ～*ed* her mother *with* the work in the kitchen. 母の台所仕事を手伝った / I ～*ed* him (*to*) find his things. 手伝って身のまわり品を捜してやった《★ 口語では通例この *to* を省く》/ ～ the police *with* their inquiries ⇨ INQUIRY / I ～*ed* her (*to* get) *into* the car. 彼女に手を貸して車に乗せてやった / ～ sb *back* 手伝って戻らせる 〈*to*〉 / ～ sb *down* 手伝って降ろしてやる / ～ sb *in* [*into*…] 手伝って入れて[乗せて, 着せて]やる / ～ sb *out of* difficulty 人を助けて困難を切り抜けさせる / ～ sb *over* 手伝って越えさせる, 乗り越えさせる / ～ sb *through*… 人が…を克服する[なし遂げる]のを助ける; …の間, 人の支えとなる / ～ sb *to*… 手伝って…を得させる / ～ sb *up* 助けて完成させる; 助け起こす, 支える. **b** 《古》《病気・苦難などから》救う 〈*from*〉; 《苦痛・負担などを除いて》〈人を〉楽にさせる 〈*of*〉. **2 a** (…の状態を)よくする, 改善する: Honey ～*s* the cough. 蜜は咳の薬になる. **b** 促進する, 助長する; …の助けとなる: ～ one's ruin 滅亡を早める. **3** [can(not) ～ it [do*ing* sth] で] 避ける (prevent), 制する, 抑える, 禁ずる: I *can't* ～ *it* [*myself*] (*if*…). ＝*It cannot* be ～*ed* (if…). (…だとしても)しかたがない / I *could not* ～ laugh*ing* [but laugh]. 笑わざるを得なかった / He *couldn't* ～ her do*ing* that. 彼女がそうするのを止めることができなかった. **4 a** 〈人に食べ物などを〉取ってやる, 酌をする, 勧める 〈*to*〉: ～ each other *to* the wine 酒を酌み交わす. **b** 《口》配る; 〈飲食物を〉盛る, よそう: Use this spoon to ～ the gravy. このスプーンで肉汁をよそいなさい.

► *vi* 助ける, 手伝う, 協力する; 役に立つ, 足しになる; 飲食物を取ってやる, 酌をする, よそう, 盛る: *H*～! 助けて(くれ), ああ(だめだ)! / Ed ～*ed* (to) wash up. エドは食事のあと片付けを手伝った / This will ～ (to) prevent bullying. いじめをなくすのに役立つだろう.

● **God** [**Heaven**] **～**… [しばしば if 節(相当語句)とともに] 神よ…を助けたまえ; …にとっては大変な[気の毒な]ことだ; …などただではおかないぞ: *Heaven* ～ *us if* there is a war. 戦争にでもなったらえらいことだ / *God* ～ *anyone* who gets in our way. われわれをじゃまする者はただではすまないぞ. **～ along** [**forward**] 手伝って進ませる, 促進する. **～ off** 手伝って除いてやる, 助けて始末をつけてやる; 手伝って(…から)降ろしてやる: ～ sb *off with* his coat 上着を脱ぐのを手伝う. **～ on** 助けて乗せ[着せ]てやる; はかどらせる: ～ sb *on with* his coat 上着を着るのを手伝う. **～ out** 手伝いをする 〈*with*〉, 〈人〉に手を貸す; 手伝って出してやる[救い出す] (cf. *vt* 1a); 〈人〉に手を貸して(〈衣服など〉を)脱がしてやる 〈*of*〉; 〈費用などを〉補う; 助けて〈…を〉完成させる 〈*with*〉: ～ *out* in a store 店の手伝いをする / ～ *out with* the housework 家事を手伝ってやる. **～ oneself** (**1**) 〈飲食物を〉自分で取って食べる[飲む] 〈*to*〉; [許可を与えて] どうぞ(ご自由に): Please ～ your*self to* a cigar [the cake, the wine]. どうぞ葉巻[お菓子, ワイン]を自由にお取りください. (**2**) [*euph*] 盗む 〈*to*〉: He ～*ed* him*self to* the money. その金を着服した. **not if** sb **can ～ it** 《口》しないですむのならしない; そんなことする[させる]もんか, とんでもない. (**not**)… **more than** one **can ～** どうしようもないこと以上は[避けうるかぎり] (…ない): Do*n't* tell him *more than* you *can* ～. 余計なことは言わないようになさい / Do*n't* be longer *than* you *can* ～. できるだけ早くなさい. **So ～ me** (**God**)! 神も照覧あれ, (神に)誓って, 本当ですとも; どんなことがあっても, きっと, 絶対.

► *n* **1 a** 助け, 救助; 助力, 協力; 援助, 手伝い, 力添え: cry for ～ 「助けて」と叫ぶ / come to sb's ～ 人を救助する / with the ～ of… の助けを借りて, …の援助のもとで / be of much [no] ～ 大いに役立つ[まるで役に立たない] / A little ～ is worth a deal of pity. 《諺》同情より少しの援助. **b** 役立つ[重宝な]もの, 手助けになる人; 手伝い人, 雇われ人, お手伝い; [the]*《大邸宅などの》使用人(たち), 召使: You were a big ～ *to* me. とても助かりました / a home ～ "お手伝いさん / a mother's ～ "家庭保母 / ～ wanted 《掲示》求人, 従業員募集. **c** 〖電算〗ヘルプ《プログラムの使用法などを使用者の要求に応じて画面上に表示する仕組み》. **2** 治療, 救済法; 逃げ道: be beyond ～ 手の施しようがない / There is no ～ *for* it [his illness]. それ[彼の病気]はなんとも致し方がない. **3** 《食べ物の》ひと盛り (helping): a second ～ お代わり. ● **on the ～***《俗》〈囚人が〉刑務所内の仕事に使われて.

◆ **～·able** *a* ［OE *helpan*; cf. G *helfen, Hilfe*］

hélp dèsk 《企業の》(ユーザー)サポート窓口[部門].

hélp·er *n* 助ける人[もの], 救助者; 助力者, 補助者, 助手, 手伝い人, 慰安者, ヘルパー.

hélper applicàtion 〖インターネット〗ヘルパーアプリケーション《ブラウザーで, 動画など特殊なフォーマットのファイルを参照するためのプログラム》.

helper T cell /─́ tíː ─́/, **hélper cèll** 〖免疫〗ヘルパー T 細胞《別の T 細胞または B 細胞が特定の抗原に対して反応するのを助けたり, マクロファージなど他の種類の細胞を活性化したりする T 細胞; cf. KILLER T CELL, SUPPRESSOR T CELL》.

hélp·ful *a* 助けになる, 役に立つ, 有用な, 便利な, 重宝な (useful) 〈*to* sb, *in* [*for*] do*ing*〉: You've been very ～. / it's ～ (for sb) to do… することは(人には)役立つ. ◆ **～·ly** *adv* **～·ness** *n*

hélp·ing *a* 救いの, 手助けの, 助けになる. ► *n* 手助け, 助力; 《食べ物の》ひと盛り, 一杯; 《仕事などの》一回分: a second ～ お代わり.

hélping hánd [*fig*] 援助の手, 助力, 支持: give [lend] a ～ 手をかす.

hélping vèrb 助動詞 (auxiliary verb).

hélp·less *a* 助けのない; 《われとわが身を》どうすることもできない, 手も足も出ない, なすすべもない, 無力な, いくじ[ふがい]ない, たよりない; 困惑した〈表情など〉; こらえようのない〈笑い〉; 酔っぱらって. ◆ **～·ly** *adv* たよりなく, どうしようもなく, 力なく. **～·ness** *n*

hélp·lìne *n* ヘルプライン《**1**) 困難な状況にある人に助言を与える電話サービス **2**) 商業目的の電話情報サービス》.

Help·mann /hέlpmən/ ヘルプマン Sir **Robert** (**Murray**) ～ (1909–86)《オーストラリアのバレエダンサー・振付家・俳優・映画監督》.

hélp·màte *n* 協力者, 仲間; 内助者, つれあい, 《特に》妻.

hélp·mèet *n* 《まれ》HELPMATE. ［an *help meet* for him (*Gen* 2: 18); cf. MEET[2]］

hélp scrèen 《コンピューターの》ヘルプ画面.

hélp-yoursèlf *n, a* 《レストランなどの》セルフサービス(の).

Hel·sing·borg /hέlsɪŋbɔ̀ːrg, hὲlsɪŋbɔ́ːri/ ヘルシングボリ《スウェーデン南西部の Öresund 海峡に臨む市・港町; 対岸はデンマークの Helsingør; Hälsingborg ともつづる》.

Hel·sing·ør /hὲlsɪŋə́ːr/ ヘルシンゲル (*E* Elsinore)《デンマークの Sjælland 島北部の港町; 16 世紀に建てられた Kronborg 城は Shakespeare の *Hamlet* の舞台》.

Hel·sin·ki /hέlsɪ̀ŋki, ─́─/ ヘルシンキ (Swed **Hel·sing·fors** /hέlsɪŋfɔ̀ːrz/)《フィンランドの首都; フィンランド湾に臨む海港》.

Hélsinki Accórds *pl* [the] ヘルシンキ合意《1975 年 8 月 1 日, Helsinki で米国・カナダ・ソ連のほかヨーロッパ 35 か国が, 72 年に始まる全欧安保協力会議 (Conference on Security and Cooperation in Europe) の最終宣言文書として調印した協定》.

hel·ter-skel·ter /hέltərskέltər/ *n* あたふたすること, 狼狽, 混乱; "《遊園地の》らせんすべり台. ► *a* あたふたした, しっちゃかめっちゃかの; めちゃくちゃな, でたらめな. ► *adv* あわてふためいて, あたふたと, めちゃくちゃに, でたらめに. ［imit<? ME *skelte* to hasten; cf. HARUM-SCARUM］

helve /hέlv/ *n* 《道具・武器の》柄. ► *vt* …に柄を付ける. ● **put the** AX **in the ～**. **throw** [**fling, toss**] **the ～ after the hatchet** 損の上塗りをする, 泥棒に追い銭する. ［OE *h*(*i*)*elfe*; cf. HALTER[1], HELM］

Hel·vel·lyn /hɛlvέlən/ ヘルヴェリン《イングランド北西部 Lake District の山 (950 m)》.

Hel·ve·tia /hɛlvíːʃ(i)ə/ ヘルヴェティア《**1**) ローマ時代の Alps 地方; 今のドイツ南部, スイス西部・北部 **2**) SWITZERLAND のラテン語名》.

Hel·vé·tian *n* ヘルヴェティア人, スイス人. ► *a* ヘルヴェティア(人)の, スイス(人)の.

Hel·vet·ic /hɛlvέtɪk/ *a* HELVETIAN. ► *n* スイスの新教徒 (Zwinglian)《スイス信条 (Helvetic Confession) に同意する》.

Helvétic Conféssion 〖キ教〗スイス信条《スイスの改革教会の信仰告白; 第 1 スイス信条 (the First ～) (1536) と第 2 スイス信条 (the Second ～) (1566) の 2 つがある》.

Hel·ve·tii /hɛlvíːʃiàɪ/ *n pl* ヘルヴェティア人《Julius Caesar 時代の HELVETIA に住んでいたケルト人》. ［L］

Hel·vé·tius /hɛlvíːʃ(i)əs, -véɪ-/ *F* ɛlvesjys/ エルヴェシウス **Claude-Adrien** ～ (1715–71)《フランスの哲学者; 百科全書派の一人; 『精神論』(1758)》.

hem[1] /hέm/ *n* 《布・衣服の》へり, 縁, 《特に》縁縫い, 伏せ縫い; HEMLINE: take the ～ up 《スカートなどの》上げをする, 丈を詰める. ► *vt* (-mm-) …の縁を取る, 伏せ縫いにする. ► *vi* 縁縫いをする. ● **～** sb **about** [**around**] 〈障害・難題が〉人を取り囲む. **～ in** 〈敵・火・窮乏などが〉取り巻く, 囲む, 閉じ込める; [°*pass*] 束縛する. **～ out** 閉め出す. ［OE; cf. *ham* (dial) enclosure］

hem[2] *int* /mm, hm/ ヘン, エヘン《ためらい・注意喚起の発声》. ► *n* /hέm/ 咳払い. ► *vi* /hέm/ (-mm-) エヘンと言う, 咳払いをする; 言いよどむ. ● **～ and ha**(**w**)*口ごもる; ぐずぐずする, ためらう; ことばを濁す. ［imit］

hem-, haem- /híːm, hέm/, **he·mo-, hae·mo-** /híːmoʊ, hέm-, -mə/, **he·ma-, hae·ma-** /híːmə, hέmə/ *comb form* 「血 (blood)」 ［Gk; ⇨ HEMAT-］

héma·chròme *n* HEMOCHROME.

he·ma·cy·tom·e·ter /hìːməsaɪtámətər, hèm-; -sɪ-/ *n* 〖医〗(赤)血球計, 血球計算器 (=*erythrocytometer*).

hem·adsórption /hìːm-/ *n* 〖医〗(赤)血球吸着《ウイルス・細胞などに赤血球が吸着すること》. ♦ **-adsórb·ing** *a* [*hem-*]

hèma·dynamómeter *n* 血圧計.

hèm·agglútinate *vt* 〖生理〗…の(赤)血球凝集を起こさせる. ♦ **-agglutinátion** *n*

hèm·agglútinin *n* 〖生理〗(赤)血球凝集素.

he·ma·gog(ue) /híːməgɔ̀(ː)g, -gàg, hɛ́mə-/ *n* 放血薬. ► *a* 放血促進(性)の

he·mal /híːm(ə)l/ *a* 血液の, 血管の; 〖解〗〈脊椎動物の器官が〉心臓や大血管と同じ側にある (opp. *neural*). [Gk *haimat- haima* blood]

hé·màn *n, a* «口» 男っぽい(男), マッチョ(タイプの), ムキムキマン(の).

he·man·gi·o·ma /hìːmænʤióumə/ *n* 〖医〗血管腫.

Hem·ans /hɛ́mənz, híː-/ ヘマンズ **Felicia Dorothea** ~ (1793–1835)《英国の詩人; 旧姓 Browne; センチメンタルな作品が多く, 米国で人気があった; 短詩 'Casabianca' (1829) は日本でも親しまれた》.

he·mat-, hae·mat- /híːmət, hɛ́m-/, **he·ma·to-, hae·ma·to-** /-tou, -tə/ *comb form* HEM-. [Gk *haimat- haima* blood]

he·ma·tal /híːmətl/ *a* 血液の; 血管の.

he·ma·te·in /hìːmətíːən, hèm-, híːmətìːn/ *n* 〖生化〗ヘマテイン《褐色の細胞染色指示薬》.

he·ma·tem·e·sis /hìːmətɛ́məsəs, hèm-/ *n* 〖医〗《潰瘍による》吐血.

hèma·thérmal *a* HOMEOTHERMIC.

he·mat·ic /hɪmǽtɪk/ *a* 血液の, 血液内に含まれる; 血液に作用する; 血の色をした. ► *n* 〖医〗浄血[補血]薬, HEMATINIC.

hem·a·tin /híːmətən, hɛ́m-/, **-tine** /-tìːn, -tən/ *n* 〖生化〗ヘマチン《**1**) HEMATEIN **2**) HEME **3**) ヘムの酸化物から得られる水酸化物》.

he·ma·tin·ic /hìːmətínɪk, hèm-/ *n* 〖医〗造血薬. ► *a* ヘマチンの[から得られる]; 造血薬として作用する.

hem·a·ti·nom·e·ter /hìːmətənámətər, hèm-/ *n* 〖医〗血色素計 (hemoglobinometer).

he·ma·tite /híːmətàɪt, hɛ́m-/ *n* 〖鉱〗赤鉄鉱, ヘマタイト. ♦ **hè·ma·tít·ic** /-tít-/ *a* [L<Gk *haimatitēs* (*lithos*) bloodlike (stone); ⇨ HEMAL]

hémato·blàst /, hɪmǽt-/ *n* 〖解〗血球母細胞, 赤芽球, 赤芽細胞; 血小板 (blood platelet). ♦ **hèmato·blástic** /, hɪmæ̀tə-/ *a*

hémato·cèle *n* 〖医〗血瘤, 血腫.

hémato·crìt /, hɪmǽtəkrət/ *n* 〖医〗ヘマトクリット《**1**) 血液を血球と血漿に遠心分離する装置 **2**) 赤血球容積率》.

he·ma·to·cry·al /hìːmətoukráɪəl, hèm-/ *a* 〖動〗冷血の (poikilothermic).

hémato·cỳte *n* HEMOCYTE.

hèmato·génesis *n* 血液新生[生成], 造血. ♦ **-génic, -genétic** *a*

he·ma·tog·e·nous /hìːmətáʤənəs, hèm-/ *a* 〖生理〗造血性の; 血液原性の, 血行性の.

he·ma·toid /híːmətɔ̀ɪd, hɛ́m-/ *a* 〖生理〗血液様の.

he·ma·tol·o·gy /hìːmətáləʤi, hèm-/ *n* 〖医〗血液学. ♦ **-gist** *n* **hèm·a·to·lóg·ic, -i·cal** *a* 血液[血液学]の.

he·ma·tol·y·sis /hìːmətáləsəs, hèm-/ *n* HEMOLYSIS.

he·ma·to·ma /hìːmətóumə, hèm-/ *n* (*pl* **~s, -ma·ta** /-tə/) 〖医〗血腫. [*-oma*]

he·ma·toph·a·gous /hìːmətáfəgəs, hèm-/ *a* 〖動〗吸血[食血]性の.

hèmato·poiésis /, hɪmæ̀tə-/ *n* 〖生理〗血液生成, 造血. ♦ **-poiétic** *a* **-i·cal·ly** *adv*

hèmato·pórphyrin /, hɪmæ̀tə-/ *n* 〖生化〗ヘマトポルフィリン《暗赤色のヘモグロビン分解産物; 精神病治療に用いたが, 現在は癌組織発見に用いる》.

he·ma·to·sis /hìːmətóusəs, hèm-/ 〖生理〗*n* 血液形成, 造血 (hematopoiesis); 《静脈血液の》動脈血液化, 動脈血液形成《肺における酸素付加》.

hèmato·thérmal *a* HOMOIOTHERMIC.

he·ma·tox·y·lin /hìːmətáksələn, hèm-/ *n* 〖化〗ヘマトキシリン《LOGWOOD から採る顕微鏡検査用染料》; HAEMATOXYLON.

hèmato·zóon *n* (*pl* **-zóa**) 住血寄生虫, 住血虫. ♦ **-zó·ic, -zó·al** *a*

he·ma·tu·ria /hìːmət(j)úəriə, hèm-/ *n* 〖医〗血尿(症).

hem·bar /hɛ́mbàːr/ *n* ヘムバー《1969 年米国農務省により Arizona で作出された大麦の品種》.

heme /híːm/, **haem** /híːm, hɛ́m/ *n* 〖生化〗ヘム, 還元ヘマチン《ヘモグロビンの色素成分》.

he·mel·y·tral /hɛmɛ́lətrəl/ *a* 〖昆〗前翅 (hemelytron) の, 半翅鞘の.

hem·el·y·tron /hɛmɛ́lətràn/, **-trum** /-trəm/ *n* (*pl* **-tra** /-trə/) 〖昆〗《半翅類や異翅類の》前翅, 半翅鞘. [*hemi-*, Gk *elutron* sheath]

hem·er·a·lo·pia /hɛ̀mərəlóupiə/ *n* 〖医〗昼盲(症); 《誤用》夜盲(症) (nyctalopia). ♦ **-lóp·ic** /-láp-/ *a*

hem·ero·cal·lis /hɛ̀mərouǽləs/ *n* 〖植〗ヘメロカリス属[キスゲ属] (*H-*) の各種のユリ (daylily).

hem·er·y·thrin /himɛ́rəθrən/ *n* 〖生化〗ヘムエリトリン《ホシムシなどの血液中の鉄を含む赤色の酸素運搬物質》.

hemi- /hèmi, -ə/ *pref*「半 (half)」(cf. SEMI-, DEMI-). [Gk=L SEMI-]

-hemia ⇨ -EMIA.

hèmi·ácetal *n* 〖化〗ヘミアセタール《アルデヒドとアルコールの反応によって生ずる》.

hèmi·ál·gia /-ǽlʤiə/ *n* 〖医〗半側神経痛.

hèmi·anópsia, -anópia *n* 〖医〗片側[半側]視野欠損, 半盲.

he·mic /híːmɪk, hɛ́m-/ *a* 血液の, 血液に関する.

hèmi·céllulose *n* 〖生化〗ヘミセルロース《植物細胞壁の多糖類でセルロースより単純な構造をもつ》.

hèmi·cho·lín·ium /-koulíniəm/ *n* 〖生化〗ヘミコリニウム《アセチルコリン合成を阻害する副交感神経遮断物質》.

hèmi·chórdate 〖動〗*a, n* 半索[擬索]類[門] (Hemichordata) の; 半索動物《ギボシムシを含む》.

hèmi·crá·nia /-kréɪniə/ *n* 〖医〗片頭痛(へんずつう).

hèmi·crýpto·phỳte *n* 〖植〗半地中植物.

hèmi·crýstalline *a* 〈火成岩が〉半晶質の《ガラスと結晶からなる; cf. HOLOCRYSTALLINE》.

hémi·cỳcle *n* 半円形; 半円形の建物[闘技場, 部屋].

hèmi·cýclic *a* 〖植〗半輪生の.

hèmi·cylíndrical *a* 半円筒形の.

hèmi·dèmi·sémi·quàver *n* 〖楽〗六十四分音符 (sixty-fourth note*) (⇨ NOTE).

hèmi·díaphragm *n* 〖解〗片側横隔膜《横隔膜の右または左の半分》.

hèmi·élytral *a* HEMELYTRAL.

hèmi·élytron *n* HEMELYTRON.

hèmi·glóbin *n* METHEMOGLOBIN.

hèmi·hédral *a* 〖晶〗半完面の, 半面像の (cf. HOLOHEDRAL): a ~ form 半面像. ♦ **~·ly** *adv*

hèmi·hýdrate *n* 〖化〗半水和物, 半水化物. ♦ **-hýdrated** *a*

hèmi·metábolism *n* 〖昆〗半変態. ♦ **-metábo·lous, -metabólic** *a*

hèmi·mórphic *a* 〖晶〗異極像の.

hèmi·mórphism, hémi·mòrphy *n* 〖晶〗異極像.

hèmi·mór·phite /-mɔ́ːrfàɪt/ 〖鉱〗*n* 異極鉱; 菱(りょう)亜鉛鉱 (smithsonite).

he·min /híːmən/ *n* 〖生化〗ヘミン《ヘマチン中の水酸基が塩素で置換されたもの》.

Hem·inge, Hem·ing, Hem·minge /hɛ́mɪŋ/ ヘミング **John** ~ (c. 1556–1630)《イングランドの俳優・編集者; Henry Condell と First Folio (1623) を編集した》.

Hem·ing·way /hɛ́mɪŋwèɪ/ ヘミングウェイ **Ernest** (**Miller**) ~ (1899–1961)《米国の小説家; *The Sun Also Rises* (1926), *A Farewell to Arms* (1929), *For Whom the Bell Tolls* (1940), *The Old Man and the Sea* (1952) など; ノーベル文学賞 (1954)》. ♦ **~·ésque** *a*

hemi·o·la /hèmióulə/, **-lia** /-liə/ *n* 〖楽〗ヘミオラ, ヘミオリア《**1**) 中世の音楽で, 完全 5 度 **2**) 2 拍子の代わりに 3 拍子, 3 拍子の代わりに 2 拍子を用いる変形拍子》. [L<Gk (*hemi-*, *holos* whole)]

hèmi·párasite *n* 〖生〗《holoparasite に対して》半寄生植物[生物], 半寄生者. ♦ **-parasític** *a*

hèmi·parésis /, -pǽrəsəs/ *n* 〖医〗片側[半側]不全麻痺.

hèmi·pelágic *a* 〖地質〗半遠洋性沈澱[堆積]物の《外洋性有機物の残存物と陸地から流出した物質を含む堆積物についていう》.

hémi·pènis *n* 〖動〗半陰茎《ヘビやトカゲ類の雄の一対になった生殖器官の一つ》.

hèmi·plé·gia /-plíːʤ(i)ə/ *n* 〖医〗片[半側]麻痺, 半身不随. ♦ **-plé·gic** *a, n* 半身不随の(人).

hémi·pòde /-pòud/, **hémi·pòd** /-pàd/ *n* 〖鳥〗ミフウズラ (button quail).

he·mip·ter·an /hɪmíptərən/, **-on** /-rùn/ *n* 〖昆〗半翅類[目] (Hemiptera) の昆虫. ♦ **he·míp·ter·òid** *a* 半翅類様の. **he·míp·ter·ous** *a* 半翅類の.

hèmi·rétina *n* 〖解〗半網膜.

hèmi·séct *vt* 2 つに割る, 《縦割りに》二等分する.

hemi·sphere /hɛ́məsfɪ̀ər/ *n* 半球体; 〖解〗大脳[小脳]半球; 《地球・天体の》半球; 半球の住民[国家]; 半球の地図[投影図]; 《活動・思考などの》範囲: *on* the Eastern [Northern] *H*~ 東[北]半球で. ♦ **hèmi·sphér·ic** /-sférɪk, -sfíər-/, **-i·cal** *a* 半球状の; [-ical] 半球体の. **-i·cal·ly** *adv* [L<Gk (*hemi-*, SPHERE)]

hèmi·spher·éc·to·my /-sfɪréktəmi/ *n* 〖医〗大脳半球切除(術)《大脳半球の外科的切除(術)》. [↑ +*-ectomy*]

hèmi·sphéroid *n* 半球状体.

hemi·stich /hɛ́mɪstɪ̀k/ *n* 〖韻〗《行中間の切れ目の前または後ろの》

半行; 《他の行より短い》不完全行.

hèmi·térpene *n* 〘化〙ヘミテルペン《特にイソプレン》.

hémi·tròpe *n, a* 〘晶〙半体双晶(の). ♦ **hèmi·trópic** *a* 半体双晶の.

hèmi·zýgote *n* 〘遺〙ヘミ[半]接合体.

hèmi·zýgous *a* 〘遺〙ヘミ[半]接合の〈性染色体〉.

hém·lìne *n* 《スカート・ドレスの》裾の線, 丈.

hem·lock /hέmlɑ̀k/ *n* **1 a** 〘植〙ᴵᴵドクニンジン, ヘムロック《欧州原産セリ科の毒草》. **b** ドクニンジンから採った毒薬《強い鎮静剤》. **c** 〘植〙ドクゼリ (water hemlock), 《特に》カナダドクゼリ. **2 a** 〘植〙*ツガ, アメリカツガ (=~ **fír** [**sprúce**])《マツ科ツガ属の各種高木; 東アジア・北米産》. **b** ツガ材, 米栂(こめつが)《建材・製紙用パルプ材》. [OE *hymlic(e)* <?; cf. OE *hymele* hop plant]

hémlock wáter-dròpwort 〘植〙欧州南西部湿地のセリ属の毒草.

hém·mer *n* 縁取りをする人[機械, 《ミシンの》付属装置].

Hemminge ⇨ HEMINGE.

hemo- /híːmoʊ, hέm-, -mə/ ⇨ HEM-.

hémo·blàst *n* HEMATOBLAST.

hèmo·chro·ma·tó·sis /-kròʊmətóʊsəs/ *n* 〘医〙血色(素)症, ヘモクロマトーシス《鉄の代謝障害》.

hémo·chròme *n* 〘生化〙ヘモクロム《ヘム中の鉄にタンパク質などの窒素化合物の結合したもの; 赤色色素》.

hémo·còel(e) *n* 〘動〙《節足動物・軟体動物の》血体腔.

hèmo·cýanin *n* 〘生化〙血青素, ヘモシアニン《甲殻類や軟体動物の呼吸色素タンパク質》.

hémo·cỳte *n* 血液細胞, 血球 (blood cell).

he·mo·cy·tom·e·ter /hìːməsaɪtɑ́mətər, hèm-/ *n* HEMACYTOMETER.

hèmo·diálysis *n* 〘医〙血液透析.

hèmo·díalyzer *n* 〘医〙血液透析器.

hèmo·dilútion *n* 〘医〙血液希釈.

hèmo·dynámic *a* 血流[血行]力学の. ♦ **-i·cal·ly** *adv*

hèmo·dynámics *n* 〘生理〙血行力学, 血行動態.

hèmo·flágellate *n* 〘生〙住血鞭毛虫類.

hémo·glòbin *n* 〘生化〙血色素, ヘモグロビン《**1**) ヘムとグロビンからなる複合タンパク質; 血液中で酸素分子と結合してこれを運搬する **2**) 無脊椎動物や酵母に見られる類似のタンパク質》. ♦ **hè·mo·gló·bi·nous** *a* **-gló·bic, -glo·bín·ic** /-gloʊbínɪk/ *a* [*hematoglobulin* (*hematin, globulin*)]

he·mo·glo·bi·nom·e·ter /hìːməglòʊbənɑ́mətər, hèm-/ *n* 血色素計, ヘモグロビン計 (=*hematinometer*).

hèmo·glòbin·óp·a·thy /-ɑ́pəθi/ *n* 〘医〙異常血色素症, 異常ヘモグロビン症.

hemoglobin S /—— έs/ 〘医〙鎌状赤血球血色素, ヘモグロビン S《最も多い異常血色素》. [*S* ‹ *sickle*]

hèmo·glòbin·úria *n* 〘医〙血色素尿症, ヘモグロビン尿(症). ♦ **-úric** *a*

he·moid /híːmɔ̀ɪd/ *a* 〘生理〙血(液)様の, 血性の, HEMATOID.

he·mo·jo /híːmədʒòʊ/ *《俗》*n* (*pl* ~**s**) シャベル, スコップ; シャベルを使う仕事; きつい手仕事[肉体労働], 重労働.

hèmo·léuko·cỳte *n* LEUKOCYTE.

hémo·lỳmph *n* 〘動〙血リンパ《節足動物・軟体動物の血体腔を流れる体液》.

he·mol·y·sin /hɪmɑ́ləsən, hìːməláɪs(ə)n, hèm-/ 〘免疫〙*n* 溶血素; 溶血毒. [*-lysin*]

he·mol·y·sis /hɪmɑ́ləsəs, hìːməlάɪ-/ *n* (*pl* **-ses** /-ləsìːz, -láɪsìːz/) 〘免疫〙溶血(現象[反応]). ♦ **he·mo·lyt·ic** /hìːməlítɪk, hèm-/ *a* 溶血性の. [*-lysis*]

hemolýtic anémia 〘医〙溶血性貧血.

hemolýtic diséase of the néwborn 〘医〙ERYTHROBLASTOSIS FETALIS.

hemolýtic urémic sỳndrome 〘医〙溶血性尿毒症症候群《略 HUS》.

he·mo·lyze /híːməlàɪz, hέm-/ *vt, vi* 溶血させる[する].

hémo·phìl, -phìle *n* 〘医〙HEMOPHILIAC; 好血性細菌, 好血菌. ► *a* HEMOPHILIC.

hèmo·phília *n* 〘医〙血友病.

hèmo·phíl·i·ac /-fíliæ̀k/ 〘医〙*n* 出血性素因者, 血友病(患)者 (=*bleeder*). ► *a* 血友病の (=*hemophilic*).

hèmo·phílic *a* 〘医〙血友病の (hemophiliac); 〘生〙〈細菌など〉好血性の.

hèmo·phóbia *n* 〘精神医〙恐血症, 血液恐怖症. ♦ **hèmo·phóbic** *a*

hèmo·poiésis *n* HEMATOPOIESIS. ♦ **-poiétic** *a*

hèmo·prótein *n* 〘生化〙ヘムタンパク質《色素タンパク質の一》.

he·mop·ty·sis /hɪmɑ́ptəsəs/ *n* (*pl* **-ses** /-sìːz/) 〘医〙喀血.

hem·or·rhage /hέm(ə)rɪdʒ/ *n* 〘医〙出血; 《資産・人員などの》激減, 大量流出. ● **have a** ~ ひどく興奮する, かーっとなる. ► *vi* (多量に)出血する; 巨額の資産を失う; 急速に減少する. ► *vt* 〈金を〉抑えようもなく急速に失う. ♦ **hem·or·rhag·ic** /hèmərǽdʒɪk/ *a* [F, <Gk (*hemo-, rhēgnumi* burst)]

hemorrhágic féver 〘医〙出血熱《急な発病・発熱・痛み・内臓出血などの症状を伴う種々のウイルス病の総称; 多くはダニやカによって媒介される》.

hemorrhágic septicémia 〘獣医〙出血性敗血症.

hem·or·rhoid /hέm(ə)rɔ̀ɪd/ *n* [ᵁ*pl*] 〘医〙痔, 痔核 (=*piles*); *《俗》ウザイやつ, むかつくやつ; 《豪俗》看守. [OF, <Gk *haimorrhoides* (*phlebes*) bleeding (veins)]

hem·or·rhoi·dal /hèm(ə)rɔ́ɪdl/ *a* 〘医〙痔(核)の; 〘解〙直腸の (rectal). ► *n* 痔疾部.

hem·or·rhoi·dec·to·my /hèm(ə)rɔ̀ɪdέktəmi/ *n* 〘医〙痔核切除(術).

hèmo·síd·er·in /-sídərən/ *n* 〘生化〙血鉄素, ヘモジデリン《細胞内の鉄を含む暗黄色色素》.

he·mo·sta·sia /hìːməstéɪʒ(i)ə, hèmə-/ *n* HEMOSTASIS.

he·mo·sta·sis /hìːməstéɪsəs, hèm-, hɪmɑ́stəsəs/ *n* (*pl* **-ses** /-stéɪsìːz, -stəsìːz/) 〘医〙止血; 鬱血.

hémo·stàt *n* 止血鉗子; HEMOSTATIC.

he·mo·stat·ic /hìːməstǽtɪk, hèm-/ *a* 止血の, 止血作用のある; 鬱血の. ► *n* 止血薬[剤].

hèmo·tóxin *n* HEMOLYSIN.

hemp /hέmp/ *n* **1 a** 〘植〙アサ (麻), タイマ (大麻). **b** 麻[大麻]繊維; 麻に似た繊維(を採る植物) (jute, Manila hemp, sunn hemp など). **c** 大麻《タイマからつくった麻薬; hashish, marijuana, cannabis など》, 《特に》マリファナタバコ; *《俗》《匂いのきつい》葉巻 (cigar). **2** [the] 《古》/[*joc*] 絞首索; 絞首刑. [OE *hænep*; cf. G *Hanf*]

hémp àgrimony 〘植〙エウパトリウム カンナビヌム《欧州産キク科ヒヨドリバナ属の多年草; 小さな赤茶色の管状花をつける》.

hémp·en *a* 大麻の, 大麻製の, 大麻に似た; 《古》絞首索の, 絞首刑の: a ~ collar 絞首索 / a ~ widow 夫が絞首刑になった未亡人 / wear a ~ CRAVAT.

hémp fàmily 〘植〙イラクサ科 (Utricaceae).

hémp nèttle 〘植〙シソ科ガレオプシス属[チシマオドリコソウ属]の各種草本, 《特に》タヌキジソ.

hémp·sèed *n* **1** 〘植〙麻の実, 麻実(あさみ), 苧実(おのみ). **2** 《俗》とんでもない[ひどい]悪党.

hémpseed òil 〘化〙麻実油(あさみゆ)《塗料用, 食用》.

hémp trèe 〘植〙イタリアニンジンボク (agnus castus).

hémp·wèed *n* HEMP AGRIMONY.

hémpy 《スコ》*a* 悪事をはたらく, いたずらな. ► *n* 《絞首刑に値する》悪党; いたずら好きの若者.

hém·stìtch *n* 〘洋裁〙ヘムステッチ, 糸抜きかがり飾り. ► *vt* …にヘムステッチする. ♦ **~·er** *n*

hen /hέn/ *n* **1** めんどり (opp. *cock*), 《広く》雌鳥; [*pl*] 鶏: a ~'s egg 鶏卵 / (as) busy as a ~ with one chicken 大わらわで / (as) rare [scarce] as ~'s teeth 非常にまれな[で] / WET HEN / It is a sad house where the ~ crows louder than the cock. 《諺》めんどりがおんどりより大声で鳴くうちは不幸なうちだ《亭主より女房が強いのは不幸だ》. **2** [〈*a*〉] 雌…; 雌の魚[エビ, カニ など]: a ~ crab 雌ガニ. **3** 《口》女, おなご《スコ方言では親しみをこめた呼びかけとしても使う》, 《特に》こうるさい[おしゃべりな, 愚かな, おせっかいな](年配の)女; 小心者. ● **a** ~ **is on** *《俗》事件[密計]が進行中である: There's a big ~ *on*. 重大な事態が起きている / She's got a ~ *on*. 彼女は何かたくらんでいる. **like a** ~ **with one chicken** [**chick**] 《つまらぬことに》大騒ぎして, 心配しすぎて. **look as if** [**though**] one **has been feeding** ~**s in the rain** うすよごれた格好をしている. **sell one's** ~**s on a rainy day** 損をして売る, ばかな売り方をする. ► *a* 女だけの〈会〉: HEN NIGHT / HEN PARTY. ► *vi* 《俗》女がうわさ話をする (gossip). [OE *henn*; cf. G *Henne*]

He·nan /hʌ́ná:n/, **Ho·nan** /hóʊnǽn/ 河南(かなん)(ホーナン)《中国中東部の省; ☆鄭州 (Zhengzhou)》.

hén and chíckens (*pl* ~) 〘植〙《子球・匍匐枝(ほふくし)などが》親株のまわりに次々増える植物, 《特に》クモノスバンダイソウ属[バンダイソウ属]の多肉の多年草《ベンケイソウ科》, カキドオシ《シソ科》.

hén-and-égg *a* 《時に 瑣末な》鶏が先か卵が先かの(類の): a ~ argument [problem].

hén àpple *《俗》玉子 (egg).

hén·bàne *n* 〘植〙ヒヨス (=*stinking nightshade*)《ナス科の有毒植物・薬草; アルカロイド hyoscyamine を含む》; ヒヨスから採った毒.

hén bàttery 《産卵期間中めんどりを 1 羽ずつ入れておく小室のある》大鶏舎.

hén·bìt *n* 〘植〙ホトケノザ《シソ科オドリコソウ属の雑草》.

hence /hέns/ *adv* **1** この故に: *H*~ (comes) the name…. よって…の名がある《しばしば 動詞を省略する》. **2** 今後, 今から: five years ~ 今から 5 年後に. **3** 現世から; 《古》ここから: a mile ~ / *H*~*!* 《詩》(この世から)立ち去れ / *H*~ with him [it]! 《詩》彼を連れ[それを持ち]去れ / go [depart, pass] ~ 死ぬ. ● **from** ~ 《古》この場所[時]から, ここより. [ME *hens, hennes* (*henne* (adv) <OE *heonan* (HE²), *-es*¹)]

hénce·fòrth /, ━━́/, **hence·fórward(s)** *adv* 今後, これ[今]からは.

Hench /hɛ́ntʃ/ ヘンチ **Philip Showalter** ～ (1896–1965)《米国の医学者; 関節リウマチの治療にコルチゾン注射を試みて成果を得た; ノーベル生理学医学賞 (1950)》.

hench·man /hɛ́ntʃmən/ *n* [ᵁ*derog*]《有力者の》従者, 腹心の部下, 配下, 手の者, 取巻き,《ギャングの》組員;《スコ》《Highland の族長の》従者長;〘史〙近習, 小姓(こしょう). [ME *henxman, hengest*-<OE (*hengest* male horse, MAN)]

hén·còop *n* とや, 鶏かご.

hen·deca- /hɛndɛ́kə, ––⌣–/, **hen·dec-** /hɛndɛ́k/ *comb form*「11」 [Gk]

hendéca·gon /-gɑ̀n; -gən/ *n* 十一角[辺]形 (⇨ TETRAGON). ♦ **hen·de·cag·o·nal** /hɛ̀ndəkǽgənl/ *a*

hendèca·hédron /, hɛ̀ndɛ̀kə-/ *n* 十一面体 (⇨ TETRAHEDRON).

hendèca·syllábic /, hɛ̀ndɛ̀kə-/ *a, n* 11 音節の(詩行)(からなる). ♦ **hendéca·sỳllable** /, hɛ́ndɛ̀kə-/ *n* 11 音節の詩行.

Hen·der·son /hɛ́ndərs(ə)n/ ヘンダーソン (1) **Arthur** ～ (1863–1935)《英国の政治家; 労働党書記 (1911–34); 第 2 次 MacDonald 内閣の外相 (1929–31); Geneva 軍縮会議議長 (1932) をつとめるなど世界平和に尽力, ノーベル平和賞 (1934)》 (2) **(James) Fletcher** ～ (1898–1952)《米国のジャズピアニスト・バンドリーダー・作曲家》 (3) Sir **Nevile Meyrick** ～ (1882–1942)《英国の外交官; ドイツ駐在大使 (1937–39) として Neville, Chamberlain 首相の対ナチスドイツ宥和政策にかかわった》.

hen·di·a·dys /hɛndáɪədəs/ *n*〘修〙二詞一意《2 つの名詞または形容詞を and で結んで '形容詞＋名詞' または '副詞＋形容詞' の意を表わす; golden cups を cups and gold, nicely warm を nice and warm という類》. [Gk＝one thing by means of two]

Hen·don /hɛ́ndən/ ヘンドン《イングランド南東部, 旧 Middlesex 州の地区; 現在 Barnet の一部》.

Hen·dri(c)k /hɛ́ndrɪk/ ヘンドリック《男子名》. [Du; ⇨ HENRY]

Hen·drix /hɛ́ndrɪks/ ヘンドリクス **'Jimi'** ～ [**James Marshall** ～] (1942–70)《米国の黒人ロックギタリスト・シンガー・ソングライター; 'Purple Haze' (紫のけむり, 1967)》.

He-Ne laser /híːníː –/ ヘリウム-ネオン(ガス)レーザー.

hen·e·quen, -i·quen /hɛ́nɪkən, hɛ̀nɪkɛ́n/, **-e·quin** /hɛ́nɪkən/ *n*〘植〙ヘネケン, イホトル, シロバサイザルアサ《Yucatán 半島を中心とする熱帯アメリカに産するリュウゼツランの一種》; ヘネケン繊維, ヘネケン. [Sp<Taino]

hén-féathered *a*〈おんどりが〉めんどりのような羽をした.

hén fish〘魚〙LUMPSUCKER.

hén frùit《俗》[*joc*] 鶏の実, 玉子 (egg).

henge /hɛ́ndʒ/ *n*〘考古〙ヘンジ《STONEHENGE に似た新石器から青銅器時代の環状遺跡》. [Stone*henge*]

Heng·e·lo /hɛ́ŋəlòʊ/ ヘンゲロ《オランダ東部 Overijssel 州の市》.

Hen·gist [**-gest**] **and Hor·sa** /hɛ́ŋgəst ən(d) hɔ́ːrsə, -gɪ̀st-/ *pl* ヘンギストとホルサ《449 年ごろ Britain 島に侵攻したと伝えられる Jute 族の首長兄弟 (d. 488 and 455); Hengist は Kent の王統の祖と伝えられる》.

Heng·yang /hʌ́ŋjɑ́ːŋ/ 衡陽(こうよう)(ヘンヤン)《中国南東部, 湖南省中南部の湘江に臨む都市》.

hén hàrrierᴵᴵ〘鳥〙ハイイロチュウヒ (northern harrier).

hén hàwk* 鶏などを襲う大型の鷹.

hén·héart·ed *a* 臆病な, 小心な, 気の弱い.

hén·hòuse *n* 鶏小屋; *《俗》《陸軍の》将校クラブ.

He·nie /hɛ́ni/ ヘニー **Sonja** ～ (1912–69)《ノルウェーのフィギュアスケート選手; 冬期オリンピックで 3 度優勝; プロに転向, Hollywood 女優としても成功した》.

Hén·le's lóop /hɛ́nliz-/ LOOP OF HENLE.

Hen·ley /hɛ́nli/ **1** ヘンリー《(1) HENLEY-ON-THAMES (2) HENLEY REGATTA》. **2**〘服〙ヘンリー(シャツ) (＝～ **shírt**)《襟なし丸首で前割れになっているプルオーバーのニットシャツ; 本来 Henley-on-Thames で漕艇者が着用したもの》. **3** ヘンリー **W(illiam) E(rnest)** ～ (1849–1903)《英国の詩人・批評家・編集者; 批評家として Kipling, Wells, Yeats を世に送り出した; 詩 'Invictus' (1875) が知られる》.

Hénley-on-Thámes ヘンリー-オン-テムズ《London の西 Oxfordshire の Thames 川に臨む町; Henley Regatta の開催地》.

Hénley (Róyal) Regátta ヘンリーレガッタ《Henley-on-Thames で毎年 6 月末から 7 月初めの 5 日間開催される国際ボートレース大会》.

hen·na /hɛ́nə/ *n* **1**〘植〙シコウカ, ヘンナ《北アフリカ・西アジア原産のミソハギ科の低木で花は白または淡紅色で芳香がある》. **2** ヘンナ染料《ヘンナの葉を粉末にしたもので, 頭髪・ひげ・爪などを染める》; (赤)茶色. ► *a* (赤)茶色の. ► *vt* ヘンナ染料で〈髪を〉染める. ♦ **～ed** *a* ヘンナ(染料)で染めた, (赤)茶色の. [Arab]

Hen·ne·pin /hɛ́nəpən; *F* ɛnpɛ̃/ エヌパン **Louis** ～ (1626–after 1701)《フランスの伝道師・探検家; La Salle に合流して五大湖を初通航 (1679) し, *Description de la Louisiane* (1683) にまとめた》.

hen·nery /hɛ́nəri/ *n* 養鶏場; 鶏舎.

hén nìghtᴵᴵ《口》《結婚直前の女性のために開かれる》女だけのパーティー.

hen·nin /hɛ́nən/ *n* エナン (＝*steeple headdress*)《15 世紀に女性が着用した円錐形の頭飾り》. [OF]

hén·ny *a* HEN-FEATHERED.

Henny ヘニー《男子名; Henry の愛称》.

hén of the wóods〘菌〙マイタケ.

héno·theìsm /hɛ́nə-/ *n*《多数神から特に一神を選ぶ》単一神教, 単神教. ♦ **-thèist** *n* 単一神教[単神教]信者. **hèno·the·ís·tic** *a* [Gk *hen- heis* one]

hén pàrty《口》女だけのパーティー, 女子会《しばしば, 結婚直前の女性のために開かれるものをいう; opp. *stag party*》.

hén·pèck *vt*〈妻が夫を〉尻に敷く. ♦ **～ed** *a*

hén pèn*《俗》《私立の》女学校.

Hen·ri /hɛ́nri/ ヘンリー **Robert** ～ (1865–1929)《米国の画家・教育者; 美術教育の先駆者》.

Hen·ri·et·ta /hɛ̀nriɛ́tə/ ヘンリエッタ《女子名; 愛称 Etta, Hetty, Nettie, Netty》. [F (fem); ⇨ HENRY]

hén·ròost *n* とや, 鶏舎, 鶏小屋.

hén·rùn *n*《金網などで囲った》鶏の囲い地[運動場].

hen·ry /hɛ́nri/ *n* (*pl* **～s, -ries**)〘電〙ヘンリー《誘導係数の実用単位; 略 H》. [Joseph *Henry*]

Henry **1** ヘンリー《男子名; 愛称 Hal, Hank, Henny》. **2**《イングランド王》ヘンリー (1) ～ **I** (1068–1135)《在位 1100–35; William 征服王の末男; 即位後も兄の Normandy 公 Robert と争い, 兄を捕えてノルマンディーを確保した》 (2) ～ **II** (1133–89)《在位 1154–89; Plantagenet 朝の祖; 教会権力の縮減をはかって Becket と争い, 彼の横死をまねいた》 (3) ～ **III** (1207–72)《在位 1216–72; John 王の子で, 縁戚のフランス人を登用して貴族の反感をかい, Simon de Montfort の反乱をまねいた》 (4) ～ **IV** (1366–1413)《在位 1399–1413; John of Gaunt の子で, Richard 2 世を退位させて即位し, Lancaster 朝を開いた》 (5) ～ **V** (1387–1422)《在位 1413–22; Henry 4 世の子で, 百年戦争を開始し, Azincourt の戦いでフランス軍を破った》 (6) ～ **VI** (1421–71)《在位 1422–61, 70–71; Henry 5 世の子; バラ戦争を勃発させ, York 派によって投獄され, 獄死》 (7) ～ **VII** (1457–1509)《在位 1485–1509; 別名 Henry Tudor; Bosworth の戦いで Richard 3 世を破り, バラ戦争を終息させて Tudor 朝を開いた》 (8) ～ **VIII** (1491–1547)《在位 1509–47; Henry 7 世の子; Catherine of Aragon との離婚問題から宗教改革を断行し, 英国教会を樹立した》. **3**《フランス王》アンリ (1) ～ **I** (c. 1008–60)《在位 1031–60》 (2) ～ **II** (1519–59)《在位 1547–59》 (3) ～ **III** (1551–89)《在位 1574–89》 (4) ～ **IV** (1553–1610)《在位 1589–1610; 通称 '～ of Navarre'; ～III としてナバラ王 (1572–89)》. **4**《ドイツ王》ハインリヒ (1) ～ **I** (c. 876–936)《在位 919–936; 通称 'der Vogler' (捕鳥王); ザクセン朝 (918–1024) 初代の国王》 (2) ～ **II** (973–1024)《在位 1002–24, 神聖ローマ皇帝 (1014–24); 通称 'der Heilige' (聖人王)》 (3) ～ **III** (1017–56)《在位 1039–56, 神聖ローマ皇帝 (1046–56)》 (4) ～ **IV** (1050–1106)《在位 1056–1105, 神聖ローマ皇帝 (1084–1105)》 (5) ～ **V** (1086–1125)《在位 1106–25, 神聖ローマ皇帝 (1111–25)》 (6) ～ **VI** (1165–97)《在位 1169–97, 神聖ローマ皇帝 (1191–97); 1194 年シチリア国王となった》 (7) ～ **VII** (c. 1269 or 74–1313)《在位 1308–13, 神聖ローマ皇帝 (1312–13)》. **5** ハインリヒ (1129 or 30–95)《Saxony 公 (1142–80), Bavaria 公 (1156–80); 通称 'der Löwe' (獅子公)》. **6** エンリケ **'～ the Navigator'** (1394–1460)《ポルトガルの王子; アフリカ西海岸の探検航海を後援した》. **7** ヘンリー (1) **Joseph** ～ (1797–1878)《米国の物理学者》 (2) **O.** ～ (1862–1910)《米国の短篇作家; 本名 William Sydney Porter》 (3) **Patrick** ～ (1736–99)《米国の政治家・雄弁家で, 独立革命時の急進派; 'give me liberty or give me death' ということばで有名》. **8** ヘンリー **John** ～ ⇨ JOHN HENRY. [OE<Gmc＝house ruler (home＋rule)]

Hénry Ésmond ヘンリー・エズモンド《Thackeray の小説 *The History of Henry Esmond, Esq.* (1852) の主人公》.

Hénry's láw〘理〙ヘンリーの法則《液体に溶解する気体の量はその気体の圧力に比例するという法則》. [William *Henry* (1774–1836) 英国の化学者]

Hénry sỳstem ヘンリー式指紋分類法. [Sir Edward *Henry* (1850–1931) 英国の官史]

Hénry Túdor ヘンリー・チューダー (⇨ HENRY VII).

hén scràtches [**scràtchings**] *pl**《俗》HEN TRACKS.

Hens·lowe /hɛ́nzloʊ/ ヘンズロー **Philip** ～ (c. 1550–1616)《イングランドの劇場支配人; エリザベス朝を代表する演劇人, 日記は演劇史の一級史料》.

Hen·son /hɛ́ns(ə)n/ ヘンソン (1) **'Jim'** ～ [**James Maury** ～] (1936–90)《米国の人形製作者; marionette と puppet を合成して Muppet と呼ばれるキャラクター人形を創造した》. (2) **Matthew Alexander** ～ (1866–1955)《米国の探検家; 1909 年 Peary と共に北極点に到達した》.

hent /hɛ́nt/《古》*vt* 捕捉する, 捕える (grasp). ► *n* 捕えること; 意趣, 意図. [OE *hentan* to seize]

hén tràcks *pl**《俗》読めないような走り[なぐり]書き, ミミズののたくったような文字 (＝*hen scratches* [*scratchings*], *chicken tracks*).

Hen·ty /hɛ́nti/ ヘンティ **George Alfred** ～ (1832–1902)《英国の少年文学作家; 冒険小説で有名》.

hén·wìfe *n* (*pl* **-wìves**) 《古》鶏の世話をする女.

Hen·ze /héntsə/ ヘンツェ **Hans Werner** ～ (1926–2012)《ドイツの作曲家》.

hé or shé *pron* [人称代名詞三人称単数通性主格] 彼または彼女は[が]: *The child* [*Everybody*] must obtain a visa before *he or she* can enter the country. ★ anybody, anyone, each, everybody, everyone, nobody, no one, somebody, someone などの不定代名詞や child, student, teacher などの普通名詞が男女双方を指しうると考えられる場合, これを受ける代名詞としては he を使うのが長らく正用法とされてきた. しかし, 言語におけるジェンダー意識の高まりを背景に, とりわけ公式の文書などでは, he or she (もしくは she or he) が多く使われるようになっている (印刷物においては he/she, もしくは s/he, の形も散見される). ただし, 口語では以前から they が使われており, he or she を何度も繰り返すのが煩わしいこともあって, 今日 they の使用は書きことばにおいてもまれではない. なお, he or she [he/she] に対応する目的格, 所有格はそれぞれ, him or her [him/her], his or her [his/her]. ★ he/she の読み方は hé (or) shé または hé slàsh shé. him/her, his/her についても同様.

he·or·tol·o·gy /hì:ɔ:rtáləʤi/ *n* 教会祝祭学. ♦ **-gist** *n* **he·òr·to·lóg·i·cal** *a* [G<F]

hep[1] /hép/ *a, vt, n* HIP[5].

hep[2] ⇨ HIP[2].

hep[3] /hép, háp, hát/ *int* (お)いっちに《行進の掛け声》.

HEPA /hépə/ *a* HEPA…《直径 0.3 マイクロメートル以上の浮遊微粒子に対して粒子除去効率が 99.97% 以上のフィルターについていう》. [*h*igh-*e*fficiency *p*articulate *a*ir (filter)]

he·par /hí:pà:r/ *n* 〖医〗肝臓, 肝 (liver); 肝臓色, 茶褐色; 〖化〗硫肝《(1) 硫黄と金属との肝臓色の化合物 2) 硫化カルシウム》. [Gk *hēpat- hēpar*]

hep·a·rin /hépərən/ *n* 〖生化〗ヘパリン《特に肝臓や肺に多くある抗凝血成分》. ♦ **～·ize** *vt* …にヘパリンを投与する, ヘパリン化する. **～·izátion** *n*

hep·at- /hépət/, **hep·a·to-** /hépətou, hıpǽtou, -tə/ *comb form*「肝臓」 [Gk; ⇨ HEPAR]

hep·a·tec·to·my /hèpətéktəmi/ *n* 〖医〗肝切除(術). ♦ **hèp·a·téc·to·mìze** /-màız/ *vt* **-mized** *a*

he·pat·ic /hıpǽtık/ *a* 肝臓の, 肝(性)の; 肝臓に効く; 肝臓色の, 暗褐色の; 〖植〗苔(た)類の: a ～ complaint 肝臓病. ► *n* 肝臓薬; 〖植〗苔(た) (liverwort). [L<Gk HEPAR]

he·pat·i·ca /hıpǽtıkə/ *n* 〖植〗**a** キンポウゲ科スハマソウ属 (*H-*) の各種 (=*liverleaf*). **b** ゼニゴケ.

hepátic ártery 〖解〗肝動脈.

hepátic dúct 〖解〗肝管.

hepátic pórtal vèin 〖解〗肝門(静)脈《消化器官や脾臓からの血液を肝臓に運ぶ》.

hepátic tánager 〖鳥〗レンガフウキンチョウ《米国南西部・メキシコ産》.

hep·a·ti·tis /hèpətáıtəs/ *n* (*pl* **-tit·i·des** /-títədì:z/) 〖医〗肝炎. [*-itis*]

hepatitis A /—— éı/ 〖医〗A 型肝炎, 感染性肝炎 (=*infectious hepatitis*).

hepatitis B /—— bí:/ 〖医〗B 型肝炎, 血清肝炎 (=*serum hepatitis*).

hepatitis B surface antigen /—— bí: —— ——/ 〖免疫〗B 型肝炎表面抗原 (=*Australia antigen*)《B 型肝炎の患者の血清にみられるウイルスに似た抗原》.

hepatitis C /—— sí:/ 〖医〗C 型肝炎《non-A, non-B hepatitis のほとんどの場合》.

hepatitis D /—— dí:/ 〖医〗D 型肝炎 (DELTA HEPATITIS).

hepatítis délta 〖医〗DELTA HEPATITIS.

hepatitis E /—— í:/ 〖医〗E 型肝炎.

hepatitis non-A, non-B /—— —— éı —— bí:/ 〖医〗NON-A, NON-B HEPATITIS.

hep·a·tize /hépətàız/ *vt* 〈肺臓などを〉肝臓のような組織に変える. ♦ **hèp·a·ti·zá·tion** *n* 〖医〗肝臓様変性, 肝変.

hepato- /hépətou, hıpǽtou, -tə/ ⇨ HEPAT-.

hèpato·bíliary /, hıpæ̀tə-/ *a* 〖医〗肝胆汁性の.

hèpato·carcínogen /, hıpæ̀tə-, -ká:rsənə-/ *n* 〖医〗肝癌誘発物質.

hèpato·céllular /, hıpæ̀tə-/ *a* 〖解・医〗肝細胞性の.

hépato·cỳte /, hıpǽtə-/ *n* 〖解〗肝(実質)細胞.

hèpato·génic /, hıpæ̀tə-/ *a* 肝臓で生ずる, 肝性の.

hep·a·tog·e·nous /hèpətáʤənəs/ *a* 〖医〗肝発生の.

hep·a·to·ma /hèpətóumə/ *n* (*pl* **～s, -ma·ta** /-tə/) 〖医〗肝癌, 肝腫瘍.

hèpato·mégaly /, hıpæ̀tə-/ *n* 〖医〗肝腫, 肝肥大.

hèpato·páncreas /, hıpæ̀tə-/ *n* 〖動〗《甲殻類の》肝膵.

hep·a·top·a·thy /hèpətápəθi/ *n* 〖医〗肝障害, ヘパトパシー. ♦ **hèp·a·to·páth·ic** *a* 肝障害性の.

hèpato·tóxic /, hıpæ̀tə-/ *a* 肝細胞に対して毒性を有する, 肝細胞毒の, 肝毒性の. ♦ **-toxícity** *n* 肝毒性.

hèpato·tóxin /, hıpæ̀tə-/ *n* 〖生化〗肝細胞毒素.

Hep·burn /hépbərn, ˈhébə:n/ ヘプバーン (1) **Audrey** ～ (1929–93)《ベルギー生まれの米国の女優; 映画 *Roman Holiday* (ローマの休日, 1953), *Funny Face* (パリの恋人, 1957)》 (2) **James C(urtis)** ～ (1815–1911)《米国の宣教師・医師; 日本での通常の読みはヘボン;『和英語林集成』(1867) を刊行, 第 3 版 (1886) で使用したローマ字つづりがヘボン式として普及した》 (3) ヘップバーン **Katharine** ～ (1907–2003)《米国の女優; 映画 *Guess Who's Coming to Dinner* (招かれざる客, 1967), *The Lion in Winter* (冬のライオン, 1968), *On Golden Pond* (黄昏, 1981)》. ♦ **Hep·bur·ni·an** /hepbə́:rniən, ˈhɛbə́:n-/ *a, n* ヘボン式の(賛成者[使用者]).

hép·càt 《俗》*n* 《特に 1940–50 年代の》(スウィング)ジャズ演奏家[愛好家]; 新事情[流行]通 (hipster); 都会人, 遊び人 (dude).

He·phaes·tus /hıféstəs, -fí:s-/, **He·phais·tos** /hıfáıstɑ̀s/ 〖ギ神〗ヘーパイストス《冶金・工芸をつかさどる火の神; ローマの Vulcan に当たる》.

Heph·zi·bah /héfsəbɑ̀:, *hép-, *-bə/ ヘフシバ, ヘプシバ《女子名》. [Heb=on whom is my delight]

hepped /hépt/ *a* [°～ up] 《俗》熱狂して, 興奮して, かっかして; 《俗》酔っぱらって.

Hep·ple·white /hép(ə)l(h)wàıt/ *a, n* ヘプルホワイト様式の(家具)《18 世紀末の, 英国中産階級向きの堅固で優美な家具》. [George *Hepplewhite* (d. 1786) 英国の家具工]

hép·ster *n* 《俗》HEPCAT.

hept- /hépt/, **hep·ta-** /héptə/ *comb form*「7」 [Gk *hepta* seven]

hépta·chlor /-klɔ̀:r/ *n* 〖化〗ヘプタクロル《殺虫剤》.

hep·ta·chord /héptəkɔ̀:rd/ *n* 〖楽〗《古代ギリシアの》七弦楽器; 七音音階, ヘプタコード.

hep·tad /héptæd/ *n* 7 個一組, 七つぞろい; 〖化〗7 価の元素[基].

hèpta·decanóic ácid 〖化〗ヘプタデカン酸, ヘプタデカノイル酸 (margaric acid).

hépta·glòt *a, n* 7 つの言語で書かれた(本).

hépta·gon /-gàn; -g(ə)n/ *n* 七角[七辺]形 (⇨ TETRAGON). ♦ **hep·tag·o·nal** /hɛptǽgənl/ *a*

hèpta·hédron *n* (*pl* **～s, -hédra**) 七面体 (⇨ TETRAHEDRON). ♦ **-hédral** *a*

hèpta·hýdrate *n* 〖化〗七水和物, 七水化物《分子式中に結晶水を 7 分子含むもの》.

hep·tam·er·ous /hɛptǽm(ə)rəs/ *a* 7 部分からなる; 〖植〗七数性の《花弁など 7 の倍数の》.

hep·tam·e·ter /hɛptǽmətər/ *n* 〖韻〗七歩格 (⇨ METER[1]). ♦ **hep·ta·met·ri·cal** /hèptəmétrık(ə)l/ *a*

hep·tane /héptèın/ *n* 〖化〗ヘプタン《パラフィン系炭化水素の一つ; 9 つの異性体がある》.

hep·tan·gu·lar /hɛptǽŋgjələr/ *a* 7 角の, 七辺形の.

hep·tarch /héptɑ̀:rk/ *n* 〖英史〗七王国の国王.

hép·tàr·chy *n* 七頭政治; 七国連合; [the H-] 〖英史〗七王国《5–9 世紀のイングランドに存在した Anglo-Saxon 人の 7 つの王国: Northumbria, Mercia, Essex, East Anglia, Wessex, Sussex, Kent》, 七王国時代. ♦ **hep·tar·chal** /hɛptɑ́:rk(ə)l/, **-tar·chic** /-tɑ́:rkık/, **-chi·cal** *a*

hep·ta·stich /héptəstìk/ *n* 〖韻〗七行詩.

hépta·sỳllable *n* 7 音節の語; 7 音節[詩行]. ♦ **hèpta·syllábic** *a*

Hep·ta·teuch /héptət(j)ù:k/ *n* [the] 七書《聖書の初めの 7 書: モーセ五書・ヨシュア記・士師記; cf. PENTATEUCH》.

hep·tath·lon /hɛptǽθlən, -làn/ *n* 〖陸上〗七種競技《従来の女子陸上五種競技 (pentathlon) に 200 m 走と槍投げを加えた種目》. ♦ **hep·tath·lete** /-tǽθlì:t/ *n* 七種競技選手. [Gk *athlon* contest]

hèpta·válent /, ˈhɛptǽvələnt/ *a* 〖化〗7 価の (septivalent).

hep·tode /héptòud/ *n* 〖電〗七極真空管.

hep·tose /héptòus, -z/ *n* 〖生化〗七炭糖, ヘプトース.

Hep·worth /hépwərθ/ ヘップワース Dame (**Jocelyn**) **Barbara** ～ (1903–75)《英国の彫刻家》.

her /(h)ər, hə́:r/ *pron* **1 a** [SHE の目的格] 彼女を[に]. ★ 用法は ⇨ ME[1]. **b** [be 動詞の補語] 《口》SHE: It's ～. **c** 《古》彼女自身を[に] (herself): She laid ～ down. 彼女は身を横たえた. **2** [SHE の所有格] 彼女の. ★ 用法は ⇨ MY. [OE *hire*]

her. heraldry.

He·ra, Here /híərə/ 〖ギ神〗ヘーラー《Zeus の姉にして妻; ローマの Juno に当たる》.

Her·a·clea /hèrəklí:ə/ ヘラクレア《古代イタリア南部 Taranto 湾の近くにあったギリシアの植民市; Pyrrhus が大きな犠牲を払ってローマ人を破った地 (280 B.C.; cf. PYRRHIC VICTORY)》.

Her·a·cle·an /hèrəklí:ən/ *a* HERCULEAN.

Her·a·clei·des Pon·ti·cus /hèrəkláıdì:z pántıkəs/ ポントスのヘラクライデス (c. 390–after 322 B.C.)《ギリシアの天文学者・哲学者; 地球が自転することを初めて述べた》.

Her·a·clei·tus, -cli- /hèrəkláıtəs/ ヘラクレイトス (c. 540–c. 480

B.C.)《ギリシアの哲学者》. ♦ **Hèr·a·clí·te·an** /, -klaɪtíːən/ *a*
Her·a·cles, -kles /hérəklìːz/ HERCULES.
Her·a·clid, -klid /hérəklәd/ *n* (*pl* **-cli·dae, -kli·dae** /hèrəkláɪdiː/) ヘーラクレイダイ《Hercules の子孫, 特にスパルタのドーリス人貴族》.
He·ra·cli·us /hèrəkláɪəs, hɪrǽkliəs/ ヘラクレイオス (c. 575–641)《ビザンティン帝国の皇帝 (610–641); 行政・軍の改革を行ない, 帝国の強化をもたらしたが, イスラム勢力の侵入をうけ, シリア・エジプトを失った》.
He·rak·li·on, -lei- /hɪrǽkliən/ ヘラクリオン《CANDIA の別称》.
her·ald /hérəld/ *n* **1**〔史〕伝令官; 布告者, 報道者《しばしば 新聞名》; 使者; 先駆者, 先触れ, 唱道者: The robin is a ~ of spring. コマドリは春を告げる. **2**〔英〕紋章官;《中世の》式部官. **3** HERALD MOTH. ► *vt* 告知[布告]する; 予告する, …の先触れとなる; 先導[案内]する; (熱烈に)歓迎する. ♦ **~·ist** *n* 紋章学者[研究者]. [OF<Gmc=army rule]
he·ral·dic /herǽldɪk, hə-/ *a* 伝令(官)の; 式部官の; 紋章(学)の. ♦ **-di·cal·ly** *adv*
hérald mòth〔昆〕ハガタキリバ《ヤガ科; 成虫は越冬する》.
hérald·ry *n* 紋章学; 紋章 (blazonry); 紋章図案(集), 紋章のような模様; 盛観, ものものしい典麗さ; 前触れ, 予告; HERALD の職[地位, 任務].
Héralds' Cóllege [the]〔英〕紋章院 (=*College of Arms* [*Heralds*])《イングランド・ウェールズおよび北アイルランドの紋章認可や, 紋章と家系図の記録保管などの事務を統轄する; 1484 年設立》.
hérald snàke〔動〕クチベニヘビ, ヘラルドヘビ《アフリカ南部産ナミヘビ科のオリーブブラウン色で口の上端が赤い夜行性のヘビ》.
Hérald Tríbune [the] INTERNATIONAL HERALD TRIBUNE.
He·rat /heráːt, hə-/ ヘラート《アフガニスタン北西部の市; 15 世紀ティムール帝国の時代にイスラム文化の中心地》.
Hé·rault /*F* ero/ エロー《フランス南部 Languedoc-Roussillon 地域圏の県; ☆Montpellier》.
herb /ə́ːrb, hə́ːrb; hə́ːb/ *n*《高木 (tree), 低木 (shrub) に対して》草本(植物), 広葉草本; 香味[薬用]植物, 薬草, 香草, ハーブ; 草の葉《根と区別して》; 牧草; *《俗》マリファナ, はっぱ. ♦ **~·like** *a* [OF <L *herba* grass, green crops]
Herb /hə́ːrb/ **1** ハーブ《男子名; Herbert の愛称》. **2** /, ə́ːrb/ ‖《俗》浮浪児; *《俗》おとなしいやつ, さえないやつ. ● **call (for)** ~=**cry** ~《俗》吐く (⇨ HUGHIE). ~ **and Al** *《俗》マリファナとアルコール[酒] (cf. HERB): talk to ~ *and Al* マリファナをやり酒を飲む.
her·ba·ceous /(h)əːrbéɪʃəs; həː-/ *a*〔植〕草本(性)の, 草の; 〈茎が〉木質でない, 草質の; 〈花弁・萼片が〉草葉状の; 草が植えてある: ~ cutting〔園〕挿し芽. ♦ **~·ly** *adv*
herbáceous bórder 多年生の草花を植え込んだ境栽花壇.
herbáceous perénnial 多年生草本, 多年草.
hérb·age *n* 草, 牧草, 薬草《集合的》; 草の水分の多い部分《葉や茎》;〔英法〕地役権的放牧入会権. [OF<L=right of pasture; ⇨ HERB]
hérb·al *a* 草本の, ハーブの, 草本から製した. ► *n* 本草(ほんぞう)書, 植物書;《古》(乾燥)植物標本集. ♦ **~·ly** *adv* ハーブを用いて.
hérb·al·ìsm *n* 薬草学, (昔の)本草(ほんぞう)学.
hérb·al·ist *n*《昔の》植物学者[採集家], 本草家; HERB DOCTOR.
hérbal médicine 薬草療法; 薬草から製した薬.
hérbal téa HERB TEA.
her·bar·i·um /(h)ərbέəriəm; həː-/ *n* (*pl* **-ia** /-iə/) (乾燥)植物標本集, 植物標本箱[室, 館]. [L]
Her·bart /hə́ːrbɑ̀ːrt/ ヘルバルト **Johann Friedrich** ~ (1776–1841)《ドイツの哲学者・教育学者; 体系的教育学を創始した》.
Her·bar·ti·an /həːrbɑ́ːrtiən/ *a* J. F. HERBART の; ヘルバルト教育説の. ► *n* ヘルバルト教育説信奉者.
herb·a·ry /(h)ə́ːrbəri; hə́ː-/ *n*《古》薬草園.
hérb bèer 薬草ビール《アルコールを含まない代用ビール》.
hérb bènnet〔植〕ダイコンソウ属の多年草 (=*yellow avens*)《黄花》. [OF=blessed herb]
hérb Chrístopher〔植〕ルイヨウショウマ (baneberry).
hérb dòctor 薬草医, 漢方医.
herbed /(h)ə́ːrbd; hə́ːbd/ *a* ハーブで香味を付けた.
Her·bert /hə́ːrbərt/ **1 a** ハーバート《男子名; 愛称 Bert, Bertie, Burt》. **b** [h-] ‖《口》パッとしない男[若者], 愚かなやつ,《一般に》野郎, 男 (fellow). **2** ハーバート (**1**) **George** ~ (1593–1633)《イングランドの牧師・形而上派の詩人; *The Temple: Sacred Poems and Private Ejaculations* (1633)》 (**2**) **Victor** ~ (1859–1924)《アイルランド生まれの米国の作曲家》 (**3**) **William** ~, 3rd Earl of Pembroke (1580–1630)《イングランドの政治家・詩人》. [OE<Gmc=illustrious by reason of an army (army+bright)]
hérb gàrden ハーブガーデン《ハーブだけを植え込んだ庭》.
hérb Gerárd (*pl* **herbs Gerard**, **~s**)〔植〕GOUTWEED.
hérb-gràce *n*《古》HERB OF GRACE.
hér·bi·cìde /(h)ə́ːrbə-; hə́ː-/ *n* 除草薬[剤], 殺草剤. ♦ **hèr·bi·cí·dal** *a* **-cíd·al·ly** *adv*
her·bif·er·ous /(h)əːrbíf(ə)rəs; həː-/ *a* 草本を生ずる.
Hér·big-Há·ro òbject /hə́ːrbɪgháːroʊ-/〔天〕ハービッグ-ハロ天体《原始星の進化の最終段階にあって, 中心部からの光によって周囲の塵などが小さな星雲状に輝いて見える天体》. [George *Herbig* (1920–) 米国の天文学者, Guillermo *Haro* (1900–90) メキシコの天文学者]
her·biv·o·ra /(h)əːrbív(ə)rə; həː-/ *n pl* 草食動物《集合的》.
her·bi·vore /(h)ə́ːrbəvɔ̀ːr; hə́ː-/ *n*〔動〕草食[植食]動物《特に 有蹄類; cf. CARNIVORE》. [*herb*, *-i-*, *-vore*]
her·biv·o·rous /(h)əːrbív(ə)rəs; həː-/ *a*〔動〕草食性の, 植食の; ENDOMORPHIC. ♦ **her·bív·o·ry** *n* 草食(性).
hérb làyer〔生態〕《植物群落の》草本層 (⇨ LAYER).
hérb of gráce (*pl* **hérbs of gráce**)〔植〕ヘンルーダ (rue).
her·bol·o·gy /(h)ərbáləʤi; həː-/ *n* 薬草研究[療法].
her·bo·rist /(h)ə́ːrbərɪst; hə́ː-/ *n* HERBALIST.
her·bo·rize /(h)ə́ːrbəràɪz; hə́ː-/ *vi* 植物を採集する; 植物を研究する. ♦ **hèr·bo·ri·zá·tion** *n*
hérb Páris (*pl* **hérbs Páris**, ~)〔植〕パリス・クァドリフォーリア (=*truelove*)《欧州・アジア原産のユリ科ツクバネソウ属の一種; 昔は薬用にした》. [ML (=herb of pair)]
hérb Péter (*pl* **hérbs Péter**)〔植〕キバナノクリンザクラ (cowslip).
hérb Róbert (*pl* **hérbs Róbert**, **~s**)〔植〕ヒメフウロ.
hérb téa 薬草湯, ハーブティー (=*herb water*).
hérb tobàcco 薬用タバコ《カントウ (coltsfoot) を含む薬草; 咳止めに喫煙される》.
hérb wáter HERB TEA.
hérby *a* 草[ハーブ]の(ような), 草本性の; 草の多い.
Hercegovina ⇨ HERZEGOVINA.
Her·cu·la·ne·um /hə̀ːrkjəléɪniəm/ ヘルクラネウム《Vesuvius の噴火 (A.D. 79) により POMPEII と共に埋没した古代都市》. ♦ **Hèr·cu·lá·ne·an** *a*
Her·cu·le·an /hə̀ːrkjəlíːən, -kjúːliən/ *a* **1** ヘーラクレースの(ような). **2** [ˢh-] 大力を要する, 超人的な, 非常に困難な.
Her·cu·les /hə́ːrkjəlìːz/ **1 a**〔ギ神〕ヘーラクレース《Zeus の子で, 不死を得るために 12 の功業 (labors of Hercules) を遂行した大力無双のギリシア神話最大の英雄》. **b** [h-] 大力無双の人. **2** [(the)]〔天〕ヘルクレス座. ● **~' choice** 安逸を退けて進んで労苦を選ぶこと. ★ ⇨ PILLARS OF HERCULES. [L<Gk *Hēraklēs* glory of HERA (*kleos* glory)]
Hércules bèetle〔昆〕ヘラクレスオオ(ツノ)カブトムシ《熱帯アメリカ産; 体長 18 cm に達する》.
Hércules'-clùb *n*〔植〕**a** 北米産のサンショウ属の木《樹皮・果実は薬用》. **b** ユウガオ (gourd). **c** アメリカタラノキ (=*angelica tree*, *devil's-walking-stick*)《ウコギ科タラノキ属の低木; 葉・樹皮・根・果実は薬用》.
Hércules' Píllars *pl* PILLARS OF HERCULES.
Her·cyn·i·an /hərsíniən/ *a*〔地質〕ヘルシニア造山期の《古生代後期の地殻変動期》. [L *Hercynia* silva ドイツ中部の山林]
herd[1] /hə́ːrd/ *n* 獣群,《特に》牛[羊, 豚]の群れ; [ᵒ*derog*] 人の群れ, 群, 集団; [the] [*derog*] 民衆, 下層民; 大量, 多数: follow [join] the ~ 大勢に従う, 付和雷同する. ● RIDE ~ **on.** ► *vi*《群れをなして》集まる[移動する], 群がる 〈*together*, *with*〉. ♦ **~·lìke** *a* [OE *heord*; cf. G *Herde*]
herd[2] *n* [ᵘ*compd*] 牧夫 (herdsman);《廃・スコ》牧師; *《西部》畜群の番をして歩く牧夫としての仕事: cow*herd*, swine*herd*. ► *vt* 〈牛・羊〉の番をする; 〈家畜・人びとを〉集める 〈*together*〉, 〈人の集団を〉導く 〈*into*〉: It's like ~*ing* cats. それは至難のわざだ. [OE *hirdi*; ↑と同語源; cf. G *Hirte*]
hérd·bòok *n*《牛・馬・豚の》血統記録, 登録簿.
hérd·er* *n* 牧夫, 牛飼い, 羊飼い, 牧畜業者 (herdsman);《俗》看守.
Her·der /hέərdər/ ヘルダー **Johann Gottfried von** ~ (1744–1803)《ドイツの哲学者・作家; Sturm und Drang 文学運動の指導者的存在》.
her·dic /hə́ːrdɪk/ *n* ハーディック《19 世紀末アメリカの, 後部で乗降する 2 輪 [4 輪] の乗合馬車》. [Peter *Herdic* (1824–88) 米国の発明家]
hérd·ing dòg 牧畜犬, 牧羊犬《元来家畜の番犬として用いられたコリー・シェパード・ベルギアンシープドッグなど》.
hérd ìnstinct [the]〔心〕群居本能.
hérd·man /-mən/ *n*《廃》牧夫 (herdsman).
hérd's-gràss *n*〔植〕**a** オオアワガエリ (timothy)《良質の牧草》. **b** コヌカグサ (redtop)《牧草》.
hérds·man /-mən/ *n* **1** 牧夫, 牧童; 牛群の所有者, 牧畜業者. **2** [the H-]〔天〕うしかい座 (牛飼座) (Boötes).
hérd tèst(ing)〔畜〕牛群検査《特定乳牛群の泌乳量・乳脂肪の含有率などを調査すること》. ♦ **hérd tèster** *n*
Herd·wick /hə́ːrdwìk/ *n*〔羊〕ハードウィック《イングランド北部原産の品種の羊; 生まれたばかりの子は黒い》.
here /híər/ *adv* ここに[で] (opp. *there*);《話など》この点で; この時に; この場合に; この世で, 今 (now); ここへ, ここまで; [〈*int*〉]《点呼に対して》は(ー)い (Present!),《物を差し出して》ほら, はい,《たしなめたりなだめたりして》こら, さあ: Come (over) ~ /kəm (òuvər) híər/. ここへおい

て / *H*~ comes Beth. ほらベスがやって来るよ《★ 主語が代名詞の場合は *H*~ she comes. となる》/ I am [We are] ~ to do…. 私[私たち]は…するためにここに(こうして)いるのです《目的を言うときの言い方》/ *H*~, that's enough. こら, いいかげんにしろ! / *H*~, ~, don't cry! さあさあ, 泣くのはおよし! ► *pron* ここ; この点; この世: from ~ ここから / near ~ この近くに / up to ~ ここまで(は). ● **all ~**=be all THERE. **~ and now** 今ここで, 直ちに; [the, 〈*n*〉] 現在; 現世, この世, 現実. **~ and there** ここかしこに, そこここに, ところどころ, あちらこちらへ; 時々. **~ below** この世[下界]では (opp. *in heaven*). **H~ goes!** 《口》《いちかばちか》始めるぞ, 行くぞ, それっ! **H~ goes nothing!** 《口》(だめだろうけど)やってみるぞ! **H~ I am.** ただいま, さあ着いた; ここにいるよ, ここだよ. **H~ I go!**=HERE goes! **H~ it goes!** =HERE goes! **H~ it is!** ここにあったよ; さあこれをどうぞ. **H~'s (a health) to sb!**=**H~'s luck to sb!**=**H~'s how!** 《口》…のために乾杯. **H~'s looking at you!** きみを見つめながら乾杯, きみの瞳に乾杯!《映画 *Casablanca* (1942) で Humphrey Bogart が言う名せりふ》. **~, there, and everywhere** いたるところに, あちこちに. **~ today (and) gone tomorrow** 今日[さっき]いたかと思うと明日にはもういなくなっている; 一時的である, はかない. **H~ we are.** さあ着いた; さあどうぞ, ここにありますよ, あーあったぞ; いいかね, みてごらん (Here you are). **H~ we go!** 《口》さあ, いよいよ《始まるぞ》; HERE we go again! ; "《口》やったー, いいぞー《サポーターの歓声》. **H~ we go again!** 《口》(あーあ)やんなっちゃうな, またやる[始まる]のか! **H~ you are.** 《捜し物・贈り物を差し出すときにいう》はい, これ; これをどうぞ (=**H~ you go.**); いいかい, みてごらん, 考えてごらん《なにかに注意をひくための句》. **I'm out of [outa] ~.** *《俗》もう帰るよ, じゃあこれで. **Look ~!** ⇨ LOOK. **neither ~ nor there** 問題外で; 取るに足らない. **See ~!** ⇨ SEE[1]. **this ~ ['ere]…** 《俗》=**this…~** ここにいるこの…, そらこの…: *this* ~ man [book] この人[本]《here は強意》. **up to ~** 《口》仕事が多すぎて; 《口》我慢できなくなって, うんざりして〈*with*〉; 《口》満腹で; 《口》胸がいっぱいで: had it *up to* ~ 《俗》ひどくいらいらする, 堪忍袋の緒を切らす. ★「ここまでいっぱい」という意味で, しばしばのど・目・頭の上などの位置に水平に上げた手を当てるしぐさを伴う. [OE *hēr* <? Gmc (HE[2]); cf. G *hier*]

Here ⇨ HERA.

hére·abòut, -abòuts *adv* この辺に: somewhere ~ どこかこの辺に[で].

hère·áfter *adv* 《公式文書などで》この後, 以後, 以下では; 今後, 将来; 来世には. ► *n* [ᵒH-, the] 将来, 未来; 来世. ► *a* 《古》未来の, 後世の.

hère·át *adv* 《古》ここにおいて, この故に.

hére·awày, -awàys *adv* 《方・米》HEREABOUT; *《俗》HITHER.

hère·bý *adv* 《文》《法》これによって, この結果; 《古》この辺に.

Hére Còmes the Bríde 「花嫁入場曲」《結婚式のはじめに新婦が教会の通路を進む時に演奏される曲》.

heredes *n* HERES の複数形.

He·re·dia /eɪreɪdjáː, (h)eɪréɪdiə/ エレディア **José María de ~** (1842–1905)《フランスの詩人; キューバ生まれ; ソネットの名手で高踏派の代表的存在》.

he·red·i·ta·ble /hərédətəb(ə)l/ *a* 譲り伝えられる, 相続しうる; 遺伝しうる. ♦ **he·rèd·i·ta·bíl·i·ty** *n* [F or L; ⇨ HEIR]

her·e·dit·a·ment /hèrədítəmənt/ *n* 〖法〗法定相続産《無遺言相続に際して法定相続人 (heir) に相続される財産; 土地・家屋およびその付随権などが中心》.

he·red·i·tar·i·an /hərèdətéəriən/ *n* 遺伝主義者《個人間の相違は主として遺伝に基づくとする論者》. ► *a* 遺伝主義(者)の; 遺伝的な. ♦ **~·ism** *n* 遺伝主義.

he·red·i·tary /hərédətèri; -t(ə)ri/ *a* 遺伝(性)の, 遺伝的な; 〖法〗世襲の, 相続権を有する; 親譲りの, 代々の; 〖数〗〈集合に関する性質が〉遺伝的な《引き継がれる》: ~ characters 遺伝形質 / ~ property 世襲財産 / a ~ enemy 代々の敵, 宿敵. ♦ **he·rèd·i·tár·i·ly** /; hərédət(ə)rɪ-/ *adv* **he·réd·i·tàr·i·ness** /; -t(ə)rɪ-/ *n* [L; ⇨ HEIR]

heréditary péer 《英国の》世襲貴族 (PEER OF THE REALM).

he·red·i·tism /hərédətɪz(ə)m/ *n* 遺伝説. ♦ **-tist** *n* 遺伝説信奉者, 遺伝論者.

he·red·i·ty /hərédəti/ *n* 遺伝; 遺伝形質; 世襲; 伝統. [F or L =heirship; ⇨ HEIR]

her·e·do·famílial /hèrədoʊ-/ *a* 家族遺伝性の.

Her·e·ford **1** /hérəfərd, *hə́ːr-/ **a** ヘレフォード《イングランド西部 Birmingham の南西にある市》. **b** HEREFORDSHIRE. **2** /hə́ːr-, hérə-/ **a** ヘレフォード種(の牛)《顔が白く赤毛》. **b** ヘレフォード種(の豚).

Héreford and Wórcester ヘレフォードアンドウスター《イングランド西部の旧州; ☆Worcester》.

Her·e·ford·shire /hérəfərdʃɪər, -ʃər/ ヘレフォードシャー《イングランド西部の旧州; ☆Hereford》.

hère·ín *adv* 《文》ここに, この中に; 《まれ》この点[件]で, これを考慮すると.

hère·in·abóve *adv* HEREINBEFORE.

hère·in·áfter *adv* 《文》《文書の》下文に, 下に, 以下: ~ called 'the Buyer' 以下「買主」と呼ぶ.

hère·in·befóre *adv* 《文》上に, 上文に, 前条に.

hère·in·belów *adv* HEREINAFTER.

hère·ínto *adv* ここの中へ, この中へ.

hère·óf *adv* 《文》これの, この文書の; これについて (of this): upon the receipt ~ これを受け取りしだい.

hère·ón *adv* この文書に; 《古》この事実に基づいて.

hère·óut 《古》*adv* ここ[この場所]から; このことから.

He·re·ro /hərérou, hérəròu/ *n* **a** (*pl* **~, ~s**) ヘレロ族《ナミビア中部の Bantu 系民族》. **b** ヘレロ語.

he·res, hae- /híəriz/ *n* (*pl* **he·re·des, hae-** /hərí:diz/) 〖ローマ法〗相続人 (=*heir*).

here's /híərz/ here is の短縮形.

he·re·si·arch /hərí:ziàːrk, hérəsi-/ *n* 異端の始祖[首長]. [L <Gk (HERESY, *-arch*[1])]

he·re·si·ol·o·gy /hərìːziáləʤi/ *n* 異端研究(論文). ♦ **-gist** *n*

her·e·sy /hérəsi/ *n* 異端, 異端説[信仰]; 異説, 反対論, 異論; 異説派. [OF<L=school of thought<Gk (*hairesis* choice)]

her·e·tic /hérətɪk/ *n* 〖キ教〗異端者; 異説を唱える人. ► *a* HERETICAL. [OF, <Gk=able to choose; ⇨ HERESY]

he·ret·i·cal /hərétɪk(ə)l/ *a* 異端[異説]の, 異端的な. ♦ **~·ly** *adv* **~·ness** *n*

hère·tó *adv* 《文》この文書に, ここに; この点に関して; 《廃》今まで (hitherto).

hère·to·fóre /ˌ, *ᐨᐨᐨ/ *adv* 《文》今まで, これまで (hitherto); 以前は: as ~ これまでどおり. ► *a* 《古》今までの, 以前の. ► *n* [the] 《古》過去.

heretrix ⇨ HERITRIX.

hère·únder *adv* 下に, 下文に; この取決めに従って.

hère·untó /ˌ, *ᐨᐨᐨ/ *adv* 《古》これに, この文書に.

hère·upón /ˌ, *ᐨᐨᐨ/ *adv* ここにおいて (upon this); すぐこれに続いて.

Hér·e·ward the Wáke /hérəwərd-/ ヘリウォード《Isle of ELY に依って William the Conqueror に抗した (1070–71) アングロサクソン人の武将; Charles Kingsley の小説などに描かれた》.

Hére Wè Gó 「それっ行くぞ!」《英国の若者の集団, 特にサッカーチームのサポーターが互いに励まし合い, 相手側を'びびらせる'ために歌う歌》.

hère·wíth *adv* 《文》これと共に(同封して), これに添えて (with this); これにより (hereby); 直ちに, 今すぐ.

He·rez /həréz/, **He·riz** /həríz/ *n* ヘレズ[ヘリズ]じゅうたん《大型のペルシアじゅうたんの一種; 中央に円形飾りがあり, 濃い色の角張った花模様がある》. [*Heris* イラン北西部の町]

Her·ford **1** /hə́ːrfərd/ ハーフォード **Oliver (Brooke) ~** (1863–1935)《米国の作家・挿画家; 英国生まれ》. **2** /héərfɔːrt/ ヘルフォルト《ドイツ中西部 North Rhine-Westphalia 州北東部の町》.

Her·gé /ɛərʒéɪ/ エルジェ (1907–83)《ベルギーの漫画家; 本名 Georges Rémi; *Tintin* で知られる》.

hér indóors "《俗》(うるさい)妻, うちのかみさん.

He·ring /hérɪŋ, héɪ-/ ヘリング **(Karl) Ewald (Konstantin) ~** (1834–1918)《ドイツの生理学者・心理学者; 呼吸や空間知覚を研究し, 色彩感覚の理論を発展させた》.

her·i·ot /hériət/ *n* 〖英法〗《主に中世に領主に払った》借地相続税, 相続上納物《通例 故人の所有していた最良の動物または動産》.

He·ri·sau /héərəzàu/ ヘーリザウ《スイス北東部 APPENZELL Outer Rhodes 州の州都》.

her·i·ta·ble /hérətəb(ə)l/ *a* 〈財産が〉(法定)相続可能な; 〈人が〉(法定)相続できる; 遺伝性の. ► *n* [ᵘ*pl*] 法定相続可能財産. ♦ **-bly** *adv* 法定相続(権)によって. **hèr·i·ta·bíl·i·ty** *n* (法定)相続可能性; 遺伝率[力].

her·i·tage /hérətɪʤ/ *n* **1 a** 世襲[相続]財産; 先祖伝来のもの; 遺産; 伝統; (国民の)遺産《未来世代に譲り伝えていくべき歴史的建造物・景観地域など》. **b** 天性, 運命. **2** 《正当な所有となるべき》賜物; 〖聖〗神の選民, イスラエルの民, 《神の》教会, ゆずりの地《カナン (Canaan)》. [OF; ⇨ HEIR]

héritage cènter 文化遺産センター《土地や過去の生活に関する資料を展示する施設》.

héritage còast 〖英〗遺産海岸《景観的・環境的な観点からその重要性を認定された海岸; 開発が禁止される》.

héritage lànguage 継承語《英語圏の国, 特にカナダにおける少数言語; また少数言語一般》.

her·i·tance /hérətəns/ *n* 《古》INHERITANCE.

her·i·tor /hérətər/ *n* 相続者, 相続人 (heir); 〖スコ法〗教区の土地[家屋]所有者. ♦ **~·shìp** *n*

her·it·ress /hérətrəs/ *n* 女性の相続者, 女相続人.

her·i·trix, her·e·trix /hérətrɪks/ *n* (*pl* **-tri·ces** /hèrətráɪsiz/, **~·es**) 女相続人, 女性の heritor.

Heriz ⇨ HEREZ.

Hér·ki·mer Jérkimer /hə́ːrkəmər-/ *《俗》田吾作, 抜作, 変人, 気違い. [C20; 恣意的造語の人名か]

hér·ky-jérky /hə́ːrki-/ *a* 《口》急に動く, 不規則な動きをする, けい

れんするような, 発作みたいな, ぎくしゃくした, ぎこちない. [(加重) *jerky*[1]]

herl /hə́:rl/ *n* 《鳥の羽の》羽枝《毛針用》; 羽枝で作った毛針.

herm /hə́:rm/ *n* 《石の角柱を台座とした》胸像, 頭像, 《特に》HERMES の頭像《境界標識として用いる》.

her·ma /hə́:rmə/ *n* (*pl* **-mae** /-mì:/, **-mai** /-màɪ/) HERM.

Her·man /hə́:rmən/ **1** ハーマン《男子名》. **2**《俗》やつ, 男. **3** ハーマン (**1**) **'Jerry' ~ [Gerald ~]** (1933–)《米国の作詞家; ミュージカル *Milk and Honey* (1961), *Hello, Dolly!* (1964)》 (**2**) **'Woody' ~ [Woodrow Charles ~]** (1913–87)《米国のジャズクラリネット・アルトサックス奏者, バンドリーダー》. [OE<Gmc=warrior (army+man)]

Her·mann /hə́:rmən/ **1** ハーマン《男子名》. **2** /; *G* hέrman/ ヘルマン《ゲルマン人の族長 ARMINIUS のドイツ語名》. [G; ⇨ HERMAN]

her·maph·ro·dite /hərmǽfrədàɪt/ *n* ふたなり《雌雄の両性器をそなえた動物》, 半陰陽者, 〘動〙両性個体; 相反する性質を合わせもつ人[もの]; 同性愛者; 〘植〙雌雄同花, 両性花; 〘海〙HERMAPHRODITE BRIG. ► *a* HERMAPHRODITIC. ♦ **her·maph·ro·dit·ism** /hərmǽfrədàɪtìz(ə)m/, **-maph·ro·dism** /-dìz(ə)m/ *n* 雌雄同体性[現象], 半陰陽, ふたなり. **her·màph·ro·dít·ic, -i·cal** /-dít-/ *a* **-i·cal·ly** *adv* [L<Gk HERMAPHRODITUS]

hermáphrodite brìg 〘海〙《ブリグとスクーナーとの》合いの子ブリグ (=*brigantine*).

Her·maph·ro·di·tus /hərmæ̀frədáɪtəs/ 〘ギ神〙ヘルマプロディートス《Hermes と Aphrodite の間に生まれた美少年; もと両性具有の神》.

her·ma·type /hə́:rmətàɪp/ *n* 造礁サンゴ.

her·ma·typ·ic /hə̀:rmətípɪk/ *a* 造礁性の〈サンゴ・生物〉.

her·me·neu·tics /hə̀:rmən(j)ú:tɪks/ *n* [<*sg/pl*>] 解釈学, 《特に》聖書解釈学. ♦ **hèr·me·néu·ti·cal, -tic** *a* **-ti·cal·ly** *adv* [Gk (*hermēneuō* to interpret)]

Her·mes /hə́:rmiz/ **1** 〘ギ神〙ヘルメース《神々の使者で, 商業・科学・奸智・弁舌・窃盗・旅行者などの神; 有翼の帽子と有翼のサンダルを身につけて描かれる; ローマの Mercury に当たる》. **2** 〘天〙ヘルメス《地球に最も近づく小惑星》.

Her·mès /εərmés/ エルメス《フランスのファッション商品のメーカー Hermès International SA のブランド》.

Hérmes of Praxíteles [the] プラクシテレスのヘルメス像《ギリシアの彫刻家 Praxiteles の現存する唯一の作》.

Hérmes Tris·me·gís·tus /-trɪsmədʒístəs/ 〘哲〙ヘルメストリスメギストス《ヘレニズム期のエジプトにおいて崇拝された神 THOTH の異称; 「三重に偉大なるヘルメス」の意; ⇨ HERMETIC WRITINGS》.

her·met·ic, **-i·cal** /hərmétɪk/ *a* **1** [°H-] ヘルメストリスメギストス (Hermes Trismegistus) の, ヘルメス文書 (Hermetic writings) の; [°H-] 錬金術の, 秘術[オカルト]の; 深遠[難解, 不思議]な: the ~ art [philosophy, science] 錬金術, オカルト. **2** 密閉[密封](式)の; 外部からの影響をうけない; 隔絶した; 閉じこもった, 隠遁した, 独居の: ~ seal (溶接)密閉, 密封 / lead a ~ life. ► *n* 錬金術師. ♦ **-i·cal·ly** *adv* 密封[密閉]して; 錬金術的[風]に.

her·met·i·cism /hərmétəsìz(ə)m/ *n* [°H-] HERMETISM.

Hermétic wrítings *pl* ヘルメス文書《学芸の神 Hermes Trismegistus の名を作者として掲げる, 占星術・錬金術・魔術・宗教・哲学などに関する古代エジプトの文書群; 3 世紀ごろまでに書かれたもので, 原文はほとんどの場合ギリシア語》.

her·me·tism /hə́:rmətìz(ə)m/ [°H-] *n* ヘルメストリスメギストス (Hermes Trismegistus) 教理; 秘伝; 秘伝固守; 錬金術主義, エルメティズモ《20 世紀初頭に G. Ungaretti, S. Quasimodo, E. Montale らの主導のもとで始まったイタリア詩の主潮》. ♦ **-tist** *n*

Her·mia /hə́:rmiə/ ハーミア《女子名》. [↓]

Her·mi·o·ne /hərmáɪəni/ **1** 〘ギ神〙ヘルミオネー《Menelaus と Helen の子で Orestes の妻》. **2** ハーマイオニー《Shakespeare, *The Winter's Tale* の中のシチリア王 Leontes の妃》. **3** ハーマイオニー《女子名》. [Gk (fem); ⇨ HERMES]

her·mit /hə́:rmət/ *n* **1 a** 隠者, 遁世者, 世捨て人 (recluse), 《特に初期キリスト教の》隠修士; 《廃》BEADSMAN. **b** 独居性の動物; 〘鳥〙ユミハシハチドリ; 〘動〙HERMIT CRAB. **2** 香料入りの糖蜜クッキー. ♦ **~·ìsm** *n* [OF *ermite* or L<Gk (*erēmos* solitary)]

hérmit·age *n* **1** 隠者の住みか, いおり, 隠遁所; 寂しい一軒家; 修道院; 隠遁生活. **2** [the H-] エルミタージュ美術館《ロシアの St. Petersburg にある国立美術館; 1764 年 Catherine 2 世が宮廷博物館として開設》. **3** [H-] エルミタージュ《フランス南東部 Rhone 川の流域にある Tain-l'Hermitage の町を中心に生産されるワイン》.

hérmit cràb 〘動〙ヤドカリ (=*soldier crab*).

Her·mí·tian cónjugate /εərmí:ʃən-, hə̀:rmíʃən-/ 〘数〙エルミート共役 (=*adjoint*)《行列を転置して成分を複素共役にしたもの》. [Charles *Hermite* (1822–1901) フランスの数学者]

Hermítian mátrix 〘数〙エルミート行列《転置共役が自分自身と同じ行列》.

her·mit·ic /hərmítɪk/ *a* 隠者の, 隠者にふさわしい.

hérmit·ìze *vi* ひとりぼっちで暮らす, 隠棲する.

Hérmit Kìngdom [the] 隠者王国《1636–1876 年, 中国以外の国との接触を断った期間の朝鮮》.

hérmit·ry *n* 隠遁生活.

hérmit thrùsh 〘鳥〙チャイロコツグミ《北米産; 鳴鳥として有名》.

hérmit wàrbler 〘鳥〙キガシラアメリカムシクイ《北米産; 雄の成鳥は黄頭と黒いのどと灰色の背をもつ》.

Her·mon /hə́:rmən/ [Mount] ヘルモン山《Damascus の西方, シリアとレバノンの国境にある山 (2814 m); 古代イスラエル人の領土の北境とされた; *Deut* 3: 8, *Ps* 89: 12》.

Her·mo·si·llo /εərməsí:jou/ エルモシヨ《メキシコ北西部 Sonora 州の州都》.

Hermoúpolis ⇨ ERMOÚPOLIS.

hern /hə́:rn/ *n* 《古・方》HERON.

Her·ne /hέərnə/ ヘルネ《ドイツ西部 North Rhine-Westphalia 州の市; Ruhr 地方の工業都市》.

Hérne the Húnter 狩人ハーン《イングランドの伝説で, 昔の Windsor の森の番人; 真夜中に悪霊となって森に現われると信じられていた》.

her·nia /hə́:rniə/ *n* (*pl* **-ni·as** /-z/, **-ni·ae** /-nìi:, -nìaɪ/) 〘医〙ヘルニア (=*rupture*)《臓器または組織の一部が開口部から異常脱出すること》. ♦ **-ni·al** *a* [L]

her·ni·ate /hə́:rnièɪt/ *vi* 〘医〙脱漏する, ヘルニアになる: a ~*d* bowel / a ~*d* intervertebral disk 椎間板ヘルニア. ♦ **hèr·ni·á·tion** *n* 脱漏, ヘルニア(形成).

Her·ning /hέərnɪŋ/ ヘアニング《デンマーク Jutland 半島中部の市》.

her·nio- /hə́:rniou, -niə/ *comb form* 「ヘルニア (hernia)」

hérnio·plàsty *n* 〘医〙ヘルニア根治手術.

her·ni·or·rha·phy /hə̀:rniɔ́(:)rəfi, -ár-/ *n* 〘医〙ヘルニア縫合(術).

her·ni·ot·o·my /hə̀:rniátəmi/ *n* 〘医〙ヘルニア切開(術).

hern·shaw /hə́:rnʃɔ:/ *n* 《古・方》HERON. ● **know a** HAWK[1] **from a ~.**

he·ro /híərou, hí:-/ *n* (*pl* **~es**) **1** 英雄, 勇士; 尊敬[称賛]の的, 偉人, ヒーロー; 《劇・小説・映画などの》主人公, 主役, 中心人物 (cf. HEROINE, ANTIHERO); 《原義》《古代ギリシアの》神人, 半神的な勇者: make a ~ of...を英雄化する, 祭り上げる / ~'s welcome 凱旋の勇士を迎えるような大歓迎 / his boyhood ~ 少年時代のあこがれの的 / an UNSUNG ~ / No man is a ~ to his VALET. **2** (*pl* [U]**~s**) *ヒーロー(サンド) (=**~ sándwich**) (SUBMARINE); ヒーロー用のパン. **3***《俗》ヘロイン (=**~ of the únderworld**). ♦ **~·lìke** *a* [L<Gk *hērōs*]

Hero **1** ヒーロー《女子名》. **2** 〘ギ神〙ヘーロー《Aphrodite の女神官で LEANDER の恋人; Leander の溺死を嘆いてみずからも海に身を投じた》. **3** ヘロン **~ of Alexandria**《1 世紀の Alexandria の数学者・科学者; Heron ともいう; 3 辺の長さだけで三角形の面積を求めるヘロンの公式 (**Héro's fórmula**) で有名》.

Her·od /hérəd/ ヘロデ(大王)(73–4 B.C.)《ユダヤ (Judea) の王 (37–4 B.C.); 通称 ~ the Great; 残虐をもって有名, イエスが誕生した時の支配者; *Matt* 2》.

Hérod Agríppa ヘロデ・アグリッパ (**1**) **~ I** (c. 10 B.C.–A.D. 44)《ユダヤの王 (41–44); Herod 大王の孫》 (**2**) **~ II** (27–c. 93 A.D.)《レバノンの Chalcis の王 (50); 前者の子》.

Hérod Án·ti·pas /-ǽntəpæ̀s, -pəs/ ヘロデ・アンティパス (21 B.C.–A.D. 39)《Galilee の領主 (4 B.C.–A.D. 39); Herod 大王の息子; Herodias を後妻にした; ⇨ SALOME》.

He·ro·di·an /hɪróudiən/ *a* ヘロデ王の. ► *n* ヘロデ王家派[支持者].

He·ro·di·as /hɪróudiəs; heróudiæ̀s/ ヘロデヤ (d. A.D. 39)《Herod Antipas の姪で, 2 番目の妻; Salome の母; John the Baptist を殺すように画策した》.

He·rod·o·tus /hɪrádətəs/ ヘロドトス (c. 484–before 420 B.C.)《ギリシアの歴史家; ペルシア戦争を主題とする大著『歴史』を残し, '歴史の父' と称される》. ♦ **He·rod·o·te·an** /hɪràdətí:ən/ *a*

he·ro·ic /hɪróuɪk/ *a* **1** 英雄[勇士, 神人]の(活躍[登場]する); 英雄に関する〈伝説〉; 〘韻〙英雄詩に用いられる. **2 a** 英雄的な〈行為・性質〉; 勇ましい, 雄々しい, 壮烈な, 高潔な; 大胆な, 冒険的な; 《最後の手段としての》思いきった〈処置・手術〉: a ~ remedy 荒療治 / ~ surgery [treatment] 患者の生死のかかった外科手術[治療]. **b** 〈文体が〉堂々とした, 雄大な, 誇張した; 〈彫像などが〉実物より大きい《colossal まではない》; 〈効果が〉大きい; 多量の: on a ~ scale 実物より大きく / a ~ drug 特効薬. ► *n* [*pl*] 英雄詩(格), 史詩(格); [*pl*] 誇張した語調[感情, 行為, 表現], スタンドプレー; [*pl*] 英雄的行為[奮闘]: go into ~*s* 感情を誇張して表わす. ♦ **he·ró·i·cal** *a* **-i·cal·ly** *adv* [F or L<Gk; ⇨ HERO]

heróic áge [the] 神人[英雄]時代《古代ギリシアにおけるトロイア滅亡前の英雄が活躍したとされる時代》.

heróic cóuplet 〘韻〙英雄詩体二行連句《連続する 2 行ずつが押韻する弱強五歩格の対句詩形; 英雄詩に多く用いられた》.

heróic dráma 英雄劇《恋愛と武勇を中心とし heroic couplet で書かれた英国 17 世紀王政復古時代の悲劇》.

he·ro·i·cize /hɪróuəsàɪz/ *vt* HEROIZE.

heróic méter HEROIC VERSE.
he·roi·cómic, -ical /hɪròuɪ-/ *a* 〖文芸〗英雄喜劇的な《誇張された勇壮の故に滑稽な》.
heróic pláy 英雄劇《heroic couplet で書かれた王政復古時代の悲劇》.
heróic póem 英雄詩.
heróic póetry 英雄詩, 史詩.
heróic stánza 〖韻〗英雄詩体四行連句 (=**heróic quátrain**)《隔行押韻の英雄詩体の四行連句》.
heróic ténor HELDENTENOR.
heróic vérse 〖韻〗英雄詩体 (=*heroic meter*) 《(1) 古典叙事詩の長短短六歩格 (dactylic hexameter) (2) 17, 18 世紀の英語の叙事詩の弱強五歩格 (iambic pentameter); **heróic líne** ともいう》.
her·o·in /hérouən/ *n* 〖薬〗ヘロイン《中毒性の強いアヘンアルカロイドであるジアセチルモルヒネ; 英国では医薬としての使用のみ許可されているが, 米国では全面的に非合法》. ◆ **~·ism** *n* ヘロイン中毒. [G＜? HERO; 自分を英雄視するその症状から]
héroin bàby ヘロインベビー《ヘロイン中毒の母親から早産で生まれ, 薬物の嗜癖を有する》.
her·o·ine /hérouən, híər-/ *n* 女性の主人公[主役, 中心人物], ヒロイン (cf. HERO); 烈婦, 女傑, 女丈夫; 《古代ギリシアの》半神女. [F or L＜Gk (fem)〈HERO]
hero·ism /hérouìz(ə)m/ *n* 英雄的資質; 壮烈, 義俠, 勇壮; 英雄的行為.
he·ro·ize /híərouàiz, hí:-, hér-/ *vt* 英雄化する, 英雄扱いする. ► *vi* 英雄ぶる.
her·on /hérən/ *n* (*pl* **~s, ~**) 〖鳥〗サギ《サギ科の各種; 英国・アイルランドでは特にアオサギ (gray heron)を指す》. [OF＜Gmc]
He·ron /hí:ràn; híə-/ ヘロン **~ of Alexandria**=HERO of Alexandria.
héron·ry *n* サギが群居して巣を作る所, サギの集団営巣地; サギの群れ.
héron's-bìll *n* 〖植〗オランダフウロ属の各種 (=*storksbill*)《フウロソウ科》.
He·roph·i·lus /hɪráfələs/ ヘロフィロス (c. 335–c. 280 B.C.)《Alexandria の医学者; 死体の公開解剖を行なった》.
héro-wòrship /, ―́ ―̀/ *vt* 英雄視する, 英雄崇拝する. ◆ **héro-wòrship(p)er** *n* 英雄崇拝者.
héro wòrship 英雄崇拝; 《古代ギリシア・ローマ人の》神人崇拝; むやみに英雄視すること.
her·pan·gi·na /hə̀:rpændʒáɪnə, hə̀:rpǽndʒənə/ *n* 〖医〗ヘルパンギナ, 水疱性口峡炎, 疱疹性アンギナ.
hérped úp /hə́:rpt-/ *a**《俗》ヘルペスにかかって[をうつされて].
her·pes /hə́:rpiz/ *n* 〖医〗疱疹, ヘルペス, 《特に》HERPES SIMPLEX. [L＜Gk *herpēt- herpēs* shingles]
hérpes fa·ci·á·lis /-fèɪʃiéɪləs/ 〖医〗顔面ヘルペス[疱疹].
hérpes gen·i·tál·is /-dʒènətǽləs/ 〖医〗陰部ヘルペス[疱疹] (=*genital herpes*).
hérpes la·bi·ál·is /-lèɪbiǽləs/ 〖医〗口唇ヘルペス[疱疹] (=*cold sore*).
hérpes sím·plex /-símplèks/ 〖医〗単純ヘルペス[疱疹]《口唇境界や外鼻孔あるいは陰部に生じる疱疹》.
hérpes·vìrus *n* ヘルペスウイルス.
hérpes zós·ter /-zástər/ 〖医〗帯状疱疹 (=*shingles*).
hérpes zóster vírus 帯状疱疹ウイルス (VARICELLA ZOSTER VIRUS).
her·pet- /hə́:rpət/, **her·pe·to-** /-pətou, -tə/ *comb form* 「爬虫動物」「疱疹, ヘルペス」 [Gk *herpeton* a creeping thing]
her·pet·ic /hərpétɪk/ *a* 〖医〗ヘルペス[疱疹]の, ヘルペスにかかった. ► *n* ヘルペス患者.
her·pe·tol·o·gy /hə̀:rpətálədʒi/ *n* 爬虫(両生)類学. ◆ **-gist** *n* **-to·log·i·cal** /-tələ́dʒɪk(ə)l/, **-ic** *a*
herp·ie /hə́:rpi/ *n**《俗》ヘルペス感染者, 疱疹病み.
herp·tile /hə́:rptàɪl/ *n* 爬虫・両生類の動物. [*herp*etology＋rep*tile*]
Herr /héər/ *n* (*pl* **Her·ren** /hérən/) …君, …さま《英語の Mr. に相当》; ドイツ紳士: meine /máɪnə/ *Herren* 諸君 / *der* ~ 主 (the Lord). [G＜OHG (compar)〈*hēr* exalted]
Her·ren·volk /hérənfɔ̀(:)lk, -fòuk/ *n* 支配者民族《ナチのドイツ民族の呼称; ⇨ MASTER RACE》. [G]
Her·re·ra /(h)əréərə/ エレーラ (1) **Francisco (de)** ~ (c. 1576–1656)《スペインの画家; 通称 'el Viejo' (父); スペイン国民派の創始者とされる》 (2) **Francisco (de)** ~ (1622–85)《スペインの画家; 上記 Francisco の子, 通称 'el Mozo' (子); スペイン・バロック様式を発展させた》.
Her·rick /hérɪk/ ヘリック **Robert** ~ (1591–1674)《イングランドの詩人・聖職者; *Hesperides* (1648)》.
her·ring /hérɪŋ/ *n* (*pl* **~s, ~**) 〖魚〗ニシン《幼魚はしばしば sardines として缶詰めにされる》; ニシン科の魚 (clupeid)《マイワシ・コノシロなどを含む》: packed as close as **~s** すし詰めて / (as) dead as a ~ 完全に死んで. ★ ⇨ RED HERRING. [OE *hǣring*; cf. G *Häring*]
hérring·bòne *n* **1** ニシンの(中)骨; 矢筈(やはず)模様; 〖建〗《煉瓦積みなどの》矢筈, ヘリングボーン; 〖スキー〗ヘリングボーン, 開脚登行(のスキー跡). **2** 〖服〗杉綾(すぎあや)織り, ヘリンボン(の綾織地[スーツ]); HERRINGBONE STITCH. ► *vt* 矢筈模様にする[縫う, 積む]. ► *vi* 矢筈模様をつくり出す; 開脚登行する.
hérringbone bònd 〖石工〗矢筈積み.
hérringbone gèar 〖機〗やまば歯車 (double-helical gear).
hérringbone stìtch ヘリンボンステッチ《X 字形を部分的にダブらせた縫い目》.
Hérring·fòlk *n* ニシン民族《Winston Churchill による HERRENVOLK のもじり》.
hérring gùll 〖鳥〗セグロカモメ.
hérring gùtted *a* 〈馬が胸が浅く幅がない, 貧弱な.
hérring kìng 〖魚〗リュウグウノツカイ (OARFISH).
hérring òil 〖化〗ニシン油.
hérring pònd [*joc*] ニシン池《大洋, 特に北大西洋》.
Her·riot 1 /*F* ɛrjo/ エリオ **Édouard** ~ (1872–1957)《フランスの政治家・作家; 急進社会党の指導者; 首相 (1924–25, 26, 32)》. **2** /hériət/ ヘリオット **James** ~ (1916–95)《英国の獣医・作家; *All Creatures Great and Small* (1972)》.
Herrn·hut·er /héərnhù:tər/ *n* 《モラヴィア教会の一派》ヘルンフート派の信者.
hers /hə́:rz/ *pron* [SHE に対応する所有代名詞] 彼女のもの. ★ 用法は ⇨ MINE[1].
Hersch·bach /hə́:rʃbà:k/ ハーシュバック **Dudley R(obert)** ~ (1932–)《米国の化学者; 化学反応を分子運動に分解して観察する方法を開発; ノーベル化学賞 (1986)》.
Her·schel /hə́:rʃəl/ ハーシェル (1) **Caroline Lucretia** ~ (1750–1848)《ドイツ生まれの英国の天文学者; Sir William の妹》 (2) Sir **John (Frederick William)** ~ (1792–1871)《英国の天文学者 Sir William の子》 (3) Sir **William (Frederick)** ~ (1738–1822)《ドイツ生まれの英国の天文学者; Sir John の父; 恒星天文学の基礎を置いた; 天王星を発見 (1781)》.
her·self /(h)ərsélf/ *pron* [SHE の強調・再帰形] **1** 彼女自身. ★ 用法・成句は ⇨ MYSELF, ONESELF. **2** 《アイル》 SHE; 《アイル・スコ》重要な女性, 主婦. [OE (HER, SELF)]
Her·sey /hə́:rsi/ ハーシー **John (Richard)** ~ (1914–93)《米国の小説家; 天津生まれ; 記者として第二次大戦に従軍した体験に基づく *A Bell for Adano* (1944) など》.
Her·shey /hə́:rʃi/ **1** ハーシー **A(lfred) D(ay)** ~ (1908–97)《米国の分子生物学者; DNA がバクテリオファージの遺伝物質であることを証明した (1952); ノーベル生理学医学賞 (1969)》. **2** ハーシー《Pennsylvania 州中南東部, Harrisburg の東にある町; Hershey Chocolate 社を中心に発展した》.
Hérshey bàr *《俗》海外派遣 6 か月を示す金線袖章; *《俗》安く買えるヨーロッパの女; *《俗》[*derog*] 黒人. [*Hershey* 米国 Hershey Company 製のチョコバー]
Hersh·ko /hə́:rʃkou/ ハーシュコ **Avram** ~ (1937–)《ハンガリー生まれのイスラエルの生化学者; ノーベル化学賞 (2004)》.
Herst·mon·ceux, Hurst- /hə̀:rs(t)məns(j)ú:/ ハーストモンスー《イングランド南部 East Sussex 州の村; 15 世紀来の古城には 1948 年以降 90 年まで Royal Greenwich Observatory が置かれていた (その後は在 Cambridge)》.
her·sto·ry /hə́:rst(ə)ri/ *n* 女性[フェミニスト]の観点からの歴史 (history)《*his*tory を *her*story に換えたもの》; 女性史.
Her·ten /héərtn/ ヘルテン《ドイツ西部 North Rhine-Westphalia 州中西部, Essen の 北にある町; Ruhr 地方の鉱工業の町》.
Hert·ford /há:r(t)fərd/ ハー(ト)フォード《イングランド南東部 Hertfordshire の州都》; HERTFORDSHIRE.
Hert·ford·shire /há:r(t)fərdʃɪər, -ʃər/ ハー(ト)フォードシャー《イングランド南東部の州; ☆Hertford; 略 Herts》.
Her·tha /hə́:rθə/ ハーサ《女子名》. [OE=goddess of earth]
Hertogenbosch ⇨ 's-HERTOGENBOSCH.
Herts /há:rts/ Hertfordshire.
hertz /hə́:rts, héərts/ *n* (*pl* ~) 〖電〗ヘルツ《振動数[周波数]の単位; 記号 Hz》. [Heinrich *Hertz*]
Hertz /hə́:rts/ **1** /; *G* hérts/ ヘルツ (1) **Gustav (Ludwig)** ~ (1887–1975)《ドイツの原子物理学者; Heinrich の甥; Niels Bohr の原子構造理論を確証; ノーベル物理学賞 (1925)》 (2) **Heinrich (Rudolf)** ~ (1857–94)《ドイツの物理学者; 電磁波の存在を実証した》. **2** ハーツ(社) (~ Corp.)《米国のレンタカー会社》.
hertz·ian /hə́:rtsiən, héər-/ *a* [ˢH-] Heinrich Hertz の(開発した).
hértzian telégraphy 無線電信.
hértzian wáve [ˢH-] 〖電〗ヘルツ波《電(磁)波 (electromagnetic wave) の旧称》.
Hert·zog /héərtsɔ̀:x/ ヘルツォーク **J(ames) B(arry) M(unnik)** ~ (1866–1942)《南アフリカの軍人・政治家; 南ア連邦首相 (1924–39)》.
Hértz·sprung-Rússell dìagram /hértssprʊ̀ŋ-; há:ts-sprʊ̀ŋ-/ [the] 〖天〗ヘルツシュプルング-ラッセル図, H-R 図《星の光度と

表面温度の関係を示した図). ［Ejnar *Hertzsprung* (1873–1967) デンマークの天文学者, Henry N. *Russell* (1877–1957) 米国の天文学者］

Herz·berg /hə́ːrtsbəːrg/ ハーツバーグ **Gerhard** ～ (1904–99)《カナダの物理学者; ドイツ生まれ; 遊離基の電子構造と幾何学的構造を解明; ノーベル化学賞 (1971)》.

Her·ze·go·vi·na /hɛ̀ərtsəgouvíːnə, hə̀ːr-, -góuvənə/, **Her·ce-** /xɛ́ərtsəgouvinə/ ヘルツェゴヴィナ《Balkan 半島西部の地域; 北の Bosnia と共にボスニア-ヘルツェゴヴィナを形成する》. ♦ **Hèr·ze·go·ví·nian** /-víːniən, -njən/ *n, a*

Her·zen /hɛ́ərtsən/ ヘルツェン, ゲルツェン **Aleksandr** (**Ivanovich**) ～ (1812–70)《ロシアの作家・思想家; ナロードニキ主義の先駆; 回想記『過去と思索』(1852–68) がある》.

Her·zl /hɛ́ərts(ə)l/ ヘルツル **Theodor** ～ (1860–1904)《ハンガリー生まれのオーストリアの著述家; 近代シオニズム運動の創始者; *Der Judenstaat* (1896)》.

Her·zog[1] /G hɛ́rtsoːk/ *n* (*pl* **-zö·ge** /-tsøːgə/)《ドイツの》公爵 (duke); 小領主.

Herzog[2] ヘルツォーク **Werner** ～ (1942–)《ドイツの映画監督》.

he's /(h)ɪz, híːz/ he is [has] の短縮形.

he/she ⇨ HE OR SHE.

Hes(h)·van, Hesh·wan /hɛ́ʃvən, xɛ́ʃ-/ *n*〘ユダヤ暦〙ヘシュワン《政暦の第 2 月, 教暦の第 8 月; 現行太陽暦で 10–11 月; ⇨ JEWISH CALENDAR》.

hes·i·fla·tion /hɛ̀zəfléɪʃ(ə)n/ *n*〘経〙強いインフレ要因をはらみながらの 'ためらいがち' の経済成長, ヘジフレーション. ［*hesi*tation＋in*flation*］

He·si·od /híːsiəd, hɛ́siəd/ ヘシオドス (fl. c. 700 B.C.)《ギリシアの詩人;『仕事と日々』で農民生活を,『神統記』では神々の物語を扱っている》. ♦ **He·si·ód·ic** /hìːsiádɪk, hɛ̀s-/ *a*

He·si·o·ne /hɛsáɪəni/〘ギ神〙ヘーシオネー《トロイア王 Laomedon の娘; 海の怪物へのいけにえとして岩に縛りつけられたが Hercules によって救われた》.

hes·i·tan·cy /hɛ́zət(ə)nsi/ *n* 躊躇, ためらい, 優柔不断; 不本意: with ～ しぶしぶ. ♦ **-tance** *n*

hés·i·tant *a* 躊躇した; ためらいがちな, 煮えきらない; 口ごもる. ♦ **～·ly** *adv* 躊躇しながら; 口ごもって.

hes·i·tate /hɛ́zətèɪt/ *vi* 躊躇する, ためらう ⟨*about, over*⟩; 一瞬立ち止まる, ぐずぐずする; 二の足を踏む, 気が進まない ⟨*to* do⟩; 口ごもる, 吶々(とつとつ)と述べる: I ～ *to* ask you but… お願いしにくいのですが… / He who ～*s* is lost.《諺》ためらう者は機会をのがす. ► *vt* ためらいがちに言う. ♦ **hés·i·tàt·ing·ly** *adv* HESITANTLY. **-tàt·er** *n* ［L (freq)＜*haes- haereo* to stick fast］

hès·i·tá·tion *n* **1** 躊躇, ためらい ⟨*in doing*⟩; 気おくれ; 口ごもり: without ～ 躊躇しないで, すぐに, きっぱりと. **2** HESITATION WALTZ.

hesitátion wáltz ヘジテーションワルツ (＝*hesitation*)《ステップに休止とすべるような動きを随意に交錯させるワルツ》.

hés·i·tà·tive *a* ためらいがちな. ♦ **～·ly** *adv*

Hes·per /hɛ́spər/ *n*《詩》HESPERUS.

Hes·pe·ria /hɛspíəriə/ 西国《古代ギリシアではイタリアを, ローマではスペインを指すことば》.

Hes·pe·ri·an /hɛspíəriən/ *a*《詩》西方の, 西国の (Western);〘ギ神〙ヘスペリスたちの. ► *n*《詩》西国の人.

Hes·per·i·des /hɛspɛ́rədìːz/ **1**〘ギ神・ロ神〙**a** [⟨*pl*⟩] ヘスペリスたち《黄金のリンゴの園を守った姉妹; 通例 Aegle, Erytheia, Hesperis の 3 人》. **b** [⟨*sg*⟩] ヘスペリスの園《黄金のリンゴのなるヘスペリスたちの楽園》. **c** [⟨*pl*⟩] 極楽島 (ISLANDS OF THE BLESSED). **2** [⟨*sg*⟩] ヘスペリデス《BENGHAZI の古代名》. ♦ **Hes·per·id·e·an, -i·an** /hɛ̀spərídiən/ *a* ［Gk＝daughters of evening］

hes·per·i·din /hɛspɛ́rəd(ə)n/ *n*〘生化〙ヘスペリジン《ミカン類の皮から抽出される針状晶; ビタミン P の一成分》.

hes·per·id·i·um /hɛ̀spərídiəm/ *n* (*pl* **-id·ia** /-iə/)〘植〙ミカン状果, 柑果(かんか). ［L＝orange］

hes·per·or·nis /hɛ̀spərɔ́ːrnəs/ *n*〘古生〙ヘスペルオルニス (*H-*) 属の鳥, アケボノドリ (＝*dawn bird*)《体長 1 m を超える鳥で白亜紀後期に生存; 非飛性で水にもぐった》. ［Gk *hesperos* western, *ornis* bird; 西半球で発見されたことから］

Hes·per·us /hɛ́sp(ə)rəs/ 宵の明星 (evening star). ［Gk］

Hess /hɛ́s/ ヘス (**1**) Dame **Myra** ～ (1890–1965)《英国のピアニスト》 (**2**) **Victor** (**Francis**) ～ (1883–1964)《オーストリア生まれの米国の物理学者; 宇宙線を発見; ノーベル物理学賞 (1936)》 (**3**) (**Walter Richard**) **Rudolf** ～ (1894–1987)《ナチスの政治家; Hitler の第 2 後継者; Nuremberg 裁判で終身刑を受けた (1946); 自殺》 (**4**) **Walter Rudolf** ～ (1881–1973)《スイスの生理学者; ノーベル生理学医学賞 (1949)》.

Hes·se[1] /hɛ́s, hɛ́si/ ヘッセン (G **Hes·sen** /G hɛ́sn/) (**1**) ドイツ中西部の州; ☆Wiesbaden **2**) 現在の Hesse 州を中心としたドイツ中西部地方; 16 世紀以降, 南部のヘッセン-ダルムシュタット (**～-Dármstadt**) と北部のヘッセン-カッセル (**～-Cassel** /-kǽs(ə)l, káː-/) の 2 邦があったが, 1866 年後者は Nassau 公国などと共にプロイセン領となり, ヘッセン-ナッサウ州 (**～-Nássau**) を構成した **3**) ヴァイマル共和国の州; ヘッセン-ダルムシュタットと同じ地域》.

Hes·se[2] /hɛ́sə/ ヘッセ (**1**) **Eva** ～ (1936–70)《ドイツ生まれの米国のミニマリズムの造形作家》 (**2**) **Hermann** ～ (1877–1962)《ドイツの詩人・小説家; スイスに移住; *Der Steppenwolf* (1927), *Das Glasperlenspiel* (1943); ノーベル文学賞 (1946)》.

Hes·sian[1] /hɛ́ʃən; -siən/ *a* Hesse の, ヘッセン人の. ► *n* **1 a** ヘッセン人[兵]. **b***《独立戦争の際に英国が雇った》ドイツ兵,《一般に》傭兵, 用心棒, ごろつき. **2 a** [h-]" バーラップ (burlap) (＝**～ clóth**). **b** HESSIAN BOOT.

Hessian[2] *a* Hermann Hesse の, ヘッセ風[流]の.

Hessian[3] *n*〘数〙ヘッシアン, ヘッセ行列式《多変数関数の 2 階偏導関数のつくる行列の行列式》. ［Otto *Hesse* (1811–74) ドイツの数学者］

Héssian bóot ヘッシアンブーツ (＝*Hessian*)《前方にふさの付いた軍用長靴; 19 世紀初め英国で流行》. ［*Hessian*[1]］

Héssian flý〘昆〙コムギタマバエ《幼虫は小麦の害虫》. ［独立戦争の際にヘッセン兵によってアメリカにもたらされたとされることから］

hess·ite /hɛ́saɪt/ *n*〘鉱〙テルル銀鉱, ヘッサイト. ［Germain Henri *Hess* (1802–50) スイス生まれのロシアの化学者］

hes·so·nite /hɛ́sənaɪt/ ESSONITE.

Héss's láw /hɛ́səz-/〘化〙ヘッスの法則《: 反応前後の物質の組成と状態が定まれば, 反応過程のいかんにかかわらず反応熱の総和は一定である》. ［Germain Henri *Hess* ⇨ HESSITE］

hest /hɛ́st/ *n*《古》命令, 大命. ［OE *hǣs*＜**haitan* to call; cf. HIGHT; *-t* は ME 期に類推で］

Hes·ter, Hes·ther /hɛ́stər/ ヘスター《女子名》. ［⇨ ESTHER］

Héster Prýnne /-prín/ ヘスター・プリン《Hawthorne, *The Scarlet Letter* (1850) の女性主人公》.

Hes·tia /hɛ́stiə/〘ギ神〙ヘスティアー《炉・かまどの女神; ローマの Vesta に当たる》.

Hes·ton /hɛ́st(ə)n/ ヘストン **Charlton** ～ (1923–2008)《米国の映画俳優; *Ben-Hur* (ベン・ハー, 1959)》.

Hesvan ⇨ HESHVAN.

hes·y·chast /hɛ́səkæ̀st/ *n* [°H-]〘東方正教会〙ヘシュカスタイ, 神秘的寂静主義者《14 世紀にギリシアの Athos 山中の修道士団が始めた禁欲的神秘主義の修行者》. ［L *hesychasta* mystic］

het[1] /hɛ́t/ *v*《古・方》HEAT の過去・過去分詞. ● **(all) ～ up**《口》激昂[憤慨]して, 興奮して, 気をもんで, かっかして ⟨*about, over*⟩.

het[2] *n* HETH.

het[3] *a, n*《俗》HETEROSEXUAL.

he·tae·ra /hɪtíərə/, **-tai-** /-táɪrə/ *n* (*pl* **-tae·rae** /-ri/, **-tai·rai** /-ràɪ/, **～s**)《古代ギリシアの》教養ある遊女, 高級娼婦, ヘタイラ; めかけ, 売春婦. ［Gk (fem)＜*hetairos* companion］

he·tae·rism /hɪtíərɪz(ə)m/, **-tai-** /-táɪərɪz(ə)m/ *n* (公然の)蓄妾(ちくしょう);〘考古〙雑婚. ♦ **-ist** *n*

het·er- /hɛ́tər/, **het·ero-** /hɛ́tərou, -rə/ *comb form*「他の」「異なった」「異常な」(opp. *hom-*, *is-*, *orth-*). ［Gk *heteros* other］

hèter·auxésis *n*〘生〙《個有発生における》個体相対生長 (cf. ALLOMETRY).

heterecious ⇨ HETEROECIOUS.

het·ero /hɛ́tərou/ *n, a* (*pl* **-er·òs**)《口》HETEROSEXUAL;〘生〙異型(の), ヘテロ(の).

hétero·àtom *n*〘化〙ヘテロ原子《芳香族炭化水素中で炭素と置換された原子》.

hètero·àuto·tróphic *a*〘植〙異型独立栄養の《炭素は有機物から摂取するが窒素は無機化合物を利用する》.

hètero·áuxin *n*〘生化〙ヘテロオーキシン (INDOLEACETIC ACID).

hètero·blástic *a*〘生〙異胚葉性の (cf. HOMOBLASTIC);〘解〙異種細胞の;〘植〙異形発生の《幼形と成長形で形が異なる》. ♦ **hétero·blàsty** *n*

heterocaryon etc. ⇨ HETEROKARYON etc.

hètero·cércal *a*〘魚〙異形の⟨尾びれ⟩, 異(形)尾の⟨魚⟩《尾びれが上下不相称; cf. HOMOCERCAL》.

hètero·chlamýdeous *a*〘植〙異花被(いかひ)の《萼(がく)と花冠の区別がはっきりしている; cf. HOMOCHLAMYDEOUS》.

hètero·chromátic *a* 多色の; 雑色模様のある;〘理〙複数の波長成分[色]を含む, 異色の;〘遺〙異質染色質の.

hètero·chrómatin *n*〘遺〙異質染色質, ヘテロクロマチン (cf. EUCHROMATIN).

hètero·chrómo·sòme *n*〘遺〙異形染色体 (sex chromosome) (cf. AUTOSOME).

hètero·chrómous *a* ⟨特に 植物の部分が⟩ 多色の, 異色の.

het·er·och·tho·nous /hɛ̀tərákθənəs/ *a*〘生態〙非土着の, 外来の.

het·ero·clite /hɛ́tərəklàɪt/ *a, n* 異常な(人[もの]);〘文法〙不規則変化の(語)《名詞・動詞など》. ♦ **hèt·ero·clít·ic** /-klít-/ *a*

hètero·cót·y·lus /-kátləs/ *n* (*pl* **-li** /-làɪ/) HECTOCOTYLUS.

hétero·crine /-krìn, -kràɪn, -krìːn/ *a*〘生理〙内分泌と外分泌の双方を行なう: ～ gland 異質分泌腺.

hètero·cýclic *a*〘化〙複素環式の (cf. ISOCYCLIC);〘植〙輪生の

各節に異なった数の葉がついた. ► *n* 〘化〙複素環式化合物. ◆ **hétero·cỳcle** *n* 〘化〙複素環.

hétero·cỳst *n* 〘植〙(藍藻類の)異質細胞. ◆ **hètero·cýs·tous** /-sístəs/ *a*

hètero·dáctyl 〘鳥〙 *n* 変対趾足鳥. ► *a* 変対趾足の. ◆ **-dáctylous** *a*

héter·odònt *a* 〘動〙〈哺乳類が〉異形歯(牙)の; 〈二枚貝が〉異歯型の《主歯と側歯の別のある蝶番をもつ》.

het·ero·dox /hét(ə)rədàks/ *a* 異説の, 異説を唱える, 反[非]正統説の, 反[非]正統的な (opp. *orthodox*). ◆ **~y** *n* 異説, 反[非]正統性. [L (Gk *doxa* opinion)]

hètero·dúplex *n, a* 〘生化〙ヘテロ二本鎖(の)《それぞれが異なる親分子に由来する2本の鎖からなる核酸分子》.

hétero·dỳne 〘通信〙 *a* 2つの異なる周波数をもつ交流信号を非線形装置で混合する, ヘテロダインの. ► *n* ヘテロダイン方式. ► *vt* …にヘテロダインを発生させる. ► *vi* ヘテロダイン効果を起こす. ◆ **-dỳn·ing** *n* [*heter-*, DYNE]

het·er·oe·cious, het·er·e·cious /hètərí:ʃəs/ *a* 〘生〙〈菌など〉《生活史上》異なる種に寄生する, 異種寄生の (cf. AUTOECIOUS). ◆ **~·ly** *adv* **hèt·er·(o)é·cìsm** *n*

hétero·fil /-fìl/ *a* 〈合成繊維が〉2種以上のフィラメントからなる《帯電防止・抵抗力増のために》. [*filament*]

hètero·gámete /, -gəmí:t/ *n* 〘生〙異形配偶子 (opp. *isogamete*). ◆ **-ga·mét·ic** /-gəmétɪk/ *a* **-gám·e·ty** /-gǽməti/ *n*

het·er·og·a·mous /hètərágəməs/ *a* 〘生〙異形配偶子で生殖する, 異形配偶の (opp. *isogamous*); 〘植〙異性花を有する.

het·er·og·a·my /hètərágəmi/ *n* 〘生・植〙異形配偶, 異形接合, ヘテロガミー (opp. *homogamy*).

het·er·o·ge·ne·i·ty /hèt(ə)roudʒəní:əti/ *n* 異種(性), 異類, 不均質, 不均度, 不均一(性), 異質(性); 異類混交, 異成分.

het·er·o·ge·ne·ous /hèt(ə)rədʒí:niəs, -njəs/ *a* (opp. *homogeneous*) **1** 異質[多様]な要素からなる, 混成の; 〘化〙〈反応が〉不均質な《液体-気体-固体の異相混合の》; 〘数〙非同次の《次元や次数の異なる対象が混在している》: a ~ collection of writers さまざまなタイプの作家たち / an ethnically ~ population 民族的に多様な人口. **2** 異種の, 異質の; 相容れない; 異様な, 異常な. ◆ **~·ly** *adv* **~·ness** *n* [L<Gk (*genos* kind)]

hètero·génesis 〘生〙 *n* 突然発生, ヘテロゲネシス (opp. *homogenesis*); 《無性生殖と有性生殖の》世代交代. ◆ **-genétic** *a* **-genétical·ly** *adv*

hètero·génic *a* HETEROGENOUS.

het·er·og·e·nous /hètərádʒənəs/ *a* 〘医・生〙外生の, 外来の; 異成分からなる, 多様な (heterogeneous).

het·er·og·e·ny /hètərádʒəni/ *n* 異質の要素からなる群, 雑多なものの集まり; 〘生〙世代交番 (heterogenesis).

hètero·glós·sia /-glásiə/ *n* ヘテログロッシア《一つのテクストまたは芸術作品の中に2つ(以上)の声[表明された視点]が存在すること》. ◆ **-glós·sic** /-sɪk/ *a* [Gk (*glōssa* tongue)]

het·er·og·o·nous /hètərágənəs/, **het·er·o·gon·ic** /hètərəgánɪk/ *a* 〘生〙ヘテロゴニーの.

het·er·og·o·ny /hètərágəni/ 〘生〙 *n* 不等成長, 相対生長 (allometry); ヘテロゴニー《両性生殖と単為生殖が交互する世代交代》.

hétero·gràft *n* 〘外科〙異種移植片 (cf. HOMOGRAFT).

het·er·og·ra·phy /hètərágrəfi/ *n* 変則的書記法《1) 誤ったつづり方 2) 現代英語のように文字と音の対応関係が変則的なつづり方》. ◆ **hèt·ero·gráph·ic** *a*

het·er·og·y·nous /hètərádʒənəs/ *a* 〘生〙〈ハチ・アリなど〉2種類の雌をもつ《有性・無性の2つの異なるタイプの雌をもつ》.

hètero·júnction *n* 〘電子工〙異質[ヘテロ]接合; HETEROSTRUCTURE.

hètero·káry·on, -cáry- /-kǽriàn, -ən/ *n* 〘菌〙異核共存体[接合体], ヘテロカリオン.

hètero·kary·ó·sis, -cary- /-kæ̀rióusəs/ *n* 〘菌〙異核共存[接合], 異核性, ヘテロカリオシス. ◆ **-ot·ic** /-kæ̀riátɪk/ *a*

het·ero·lec·i·thal /hètərəlésəθəl/ *a* 〘発生〙不等黄卵の.

het·er·ol·o·gous /hètərálәgəs/ *a* 〘生・医・遺〙非相同の, 非対応の, 異種(間)の, 異種由来の, ヘテロロガスの. ◆ **~·ly** *adv*

het·er·ol·o·gy /hètərálədʒi/ *n* 非相同性, 異種性; 〘生〙異種構造; 〘医〙異質組織.

het·er·ol·y·sis /hètərálәsəs, -rəláɪsəs/ *n* 〘生化〙異種溶解[溶菌], ヘテロリシス; 〘化〙ヘテロリシス《化合物が, その共有電子対が一方の原子の軌道にはいって陽イオンと陰イオンとに分解すること》. ◆ **het·ero·lyt·ic** /hètərəlítɪk/ *a* [-*lysis*]

het·er·om·er·ous /hètərámərəs/ *a* 〘植〙輪生の葉や花の数に異数のもののある, 異数の: ~ flowers 異数花.

hètero·metábolism *n* 〘昆〙漸変態. ◆ **-metabólic** *a* **-metábolous** *a*

hétero·mòrph *n* 〘生・植〙異形体.

hètero·mórphic, -mórphous *a* 〘生〙《生活史の各段階で》異形[異型, 不等]の; 〘昆〙完全変態の; 〘植〙異形の《花によって雄蕊(ゆうずい)と雌蕊の長さが異なる形態の》. ◆ **-mórphism, -mórphy** *n* 〘生〙異形, 異型, 変形; 〘昆〙完全変態; 〘岩石〙同質異鉱.

het·er·on·o·mous /hètəránəməs/ *a* 他律の, 他律的な (cf. AUTONOMOUS); 別個の法則に従う[関与する], 〘生〙異なる発達法則に従う, 異規的な, 不等の: ~ morality 〘倫〙他律的道徳《道徳の規準は外部, 究極的には神から来るとする考え方》. ◆ **~·ly** *adv*

het·er·on·o·my /hètəránəmi/ *n* 他律, 他律性.

hètero·núclear RNA /-ù:rènéɪ/ 〘生化〙異核 RNA《動物の細胞核内のみに存在する RNA で, メッセンジャー RNA に先行して合成される》.

het·ero·nym /hétərənìm, hét(ə)rou-/ *n* 同綴異音異義語, ヘテロニム. ◆ **hèt·ero·ným·ic** *a*

het·er·on·y·mous /hètəránəməs/ *a* heteronym の; 〈相関関係にあるものなどが〉別々の名をもった, 異名の; 〘医〙異側性の〈半盲〉. ◆ **~·ly** *adv*

het·ero·ou·si·an /hètərouú:siən, -áu-; -áu-/ *n* [°H-] 〘神学〙異本質[異実体]論者《子なるキリストと父なる神とは本質的に違うとする; cf. HOMOIOUSIAN, HOMOOUSIAN》. ► *a* 本質[実体]の異なった; [°H-] 異本質論(者)の. [Gk (*ousia* essence)]

hètero·páthic *a* 〘医〙逆症療法の (allopathic); 効果の異なった.

hétero·phìle, -phìl *a* 〘免疫〙異種親和性の, 異好性の. ► *n* 〘獣医〙異好性白血球.

hètero·phóbia *n* 《性的な》異性恐怖症[嫌い].

het·er·oph·o·ny /hètəráfəni/ *n* 〘楽〙ヘテロフォニー, 異音性《複数の声部が同一旋律を奏しながらもそれぞれが原旋律を離れて変奏を行なうこと》. ◆ **hètero·phónic** *a*

het·ero·phyl·ly /hétəroufìli/ *n* 〘植〙《葉の》異形性, 異葉性. ◆ **hèt·ero·phýl·lous** *a*

hétero·phỳte *n* 〘植〙従属栄養を行なう植物, 他養植物. ◆ **hètero·phýtic** *a*

hétero·plàsty *n* 〘医〙異種形成[移植](術), 別(種)移植. ◆ **hètero·plástic** *a*

hétero·plòid 〘生〙 *a* 異数体の《染色体の数が基本数の整数倍より多いかまたは少ない》. ► *n* 異数体. ◆ **-plòidy** *n* 異数性.

hètero·pólar *a* 〘化〙異極(性)の (polar). ◆ **-polárity** *n* 異極性.

hètero·pòly·sáccharide *n* 〘生化〙ヘテロ多糖《異種の単糖からなる多糖》.

het·er·op·te·ran /hètəráptrə)rən/ *a* 〘昆〙異翅類の (heteropterous). ► *n* 異翅類の昆虫.

het·er·op·ter·ous /hètəráp t(ə)rəs/ *a* 〘昆〙異翅類 (Heteroptera) の.

hètero·sce·dás·tic /-skədǽstɪk/ *a* 〘統〙異分散の. ◆ **-sce·das·tíc·i·ty** /-skədæ̀stísəti/ *n* 異分散.

hétero·sèx *n* 異性愛. [*heterosexuality*]

hètero·séxism *n* 同性愛(者)差別, 異性愛偏向[偏重]. ◆ **-séxist** *a, n*

hètero·séxual *a* 異性愛の, 異性間の性行為の; 性の異なる, 異性の, 異性間の (cf. HOMOSEXUAL, BISEXUAL). ► *n* 異性愛者. ◆ **~·ly** *adv*

hètero·sexuálity *n* 異性愛.

het·er·o·sis /hètəróusəs/ *n* (*pl* **-ses** /-sì:z/) 〘生〙雑種強勢《雑種が近親交配のものより強大に成育すること》. ◆ **hèt·er·ót·ic** /-rát-/ *a* [Gk (*heteros* different)]

hètero·sócial *a* 異性交際の.

hétero·sphère *n* 〘気〙《超高層大気の》異質圏《等質圏 (homosphere) の上にある》. ◆ **hètero·sphéric** *a*

hètero·spórous /, -ráspərəs/ *a* 〘植〙異形胞子性の. ◆ **het·er·os·po·ry** /hètəráspəri, hétərəspɔ̀:ri/ *n* 〘植〙異形胞子性.

hètero·strúcture *n* 〘電子工〙ヘテロ構造《2種以上の半導体素材を組み合わせて作った半導体レーザー素子》.

hètero·sty·ly /-stàɪli/ *n* 〘植〙長短[異形]花柱, 雌蕊(しずい)異花柱《同一花の花柱に長短の差があること》. ◆ **hètero·stý·lous** /-stáɪləs/ *a*

hètero·táxis, -táx·ia /-tǽksiə/, **hétero·tàxy** *n* 〘医〙内臓逆位(症); 〘植〙《器官の》異常布置; 〘地質〙地層変位. ◆ **-tác·tic, -tác·tous** /-təs/, **-táx·ic** *a*

hètero·tél·ic /-télɪk, -tí:-/ *n* 〘哲・文芸〙〈実在・できごとが〉他のものを目的として存在する, 原因在外の, 外因の (cf. AUTOTELIC).

hètero·thál·lic /-θǽlɪk/ *a* 〘生〙異体性[異株性]の, 雌雄異型の, ヘテロタリズムの. ◆ **-thál·lìsm, -thál·ly** *n*

hètero·tó·pia /-tóupiə/, **het·er·ot·o·py** /hètərátəpi/ *n* 〘医〙《内臓の》異所性, ヘテロトピー; 〘生態〙異常生息地. ◆ **hèt·ero·tóp·ic** /-táp-/ *a*

hètero·tránsplant *n* HETEROGRAFT.

hétero·tròph *n* 〘生〙有機[従属]栄養生物.

hètero·tróphic *a* 〘生〙有機[従属, 複雑, 他力]栄養の (cf. AUTOTROPHIC). ◆ **-i·cal·ly** *adv* **het·ero·tro·phy** /hètərátrəfi, hétərətròufi/ *n*

hètero·týpic, -týpical *a* 〘生〙異型(核)の〈分裂〉.

hètero·zygósis *n* 〘生〙異型[ヘテロ]接合; 異型[ヘテロ]接合性 (heterozygosity).

H

hètero·zygósity *n* 〖生〗異型[ヘテロ]接合性.
hètero·zýgote *n* 〖生〗ヘテロ[異型]接合体[接合子]. ♦ **-zýgous** *a* **-zýgous·ly** *adv*
heth /xéɪt, xéɪθ, xét, xéθ/ *n* ヘース《ヘブライ語アルファベットの第 8 字》. [Heb]
het·man /hétmən/ *n* 《コサックの》首長 (=*ataman*). ♦ **~·àte, ~·shìp** *n* hetman の地位[統治, 領土]. [Pol]
HETP 〖化〗°hexaethyl tetraphosphate.
Het·ty /héti/ ヘッティ《女子名; Henrietta, Hester, Esther などの愛称》.
Hétty Pég·ler's Túmp /-péglərz-/ ヘッティ・ペグラーの小丘《イングランド中南西部 Gloucestershire の Uley にある新石器時代の長い塚; 中に部屋がある》.
heu·chera /hjú:kərə/ *n* 〖植〗ツボサンゴ属 (*H*-) の各種の草本《ユキノシタ科; 花壇・鉢に植える》. [J. H. von *Heucher* (1677–1747) ドイツの植物学者]
heugh /xjú:x/ 《北イング》 *n* 《海岸の》切り立った崖, 絶壁; びょうぶ谷. [OE *hōh*]
heu·land·ite /hjú:ləndàɪt/ *n* 〖鉱〗輝沸(きふっ)石, ヒューランダイト. [Henry *Heuland* (1778–1856) 英国の鉱物学者]
heu·ri·ge /hɔ́ɪrɪgə/, **-ger** /-gər/ *n* (*pl* **-gen** /-gən/) ホイリゲ, ホイリガー《**1**) オーストリアで, ワインの新酒 **2**) ワインの新酒を出す酒場》. [G=this year's]
heu·rism /hjúərìz(ə)m/ *n* 〖教育〗発見的指導(原理).
heu·ris·tic /hjuərístɪk/ *a* 《人を》発見に導く, 学習を手助けする, 《学習・発見・問題解決など》試行錯誤に基づく, 発見的な, ヒューリスティックな: the ~ method《自分で発見する》発見的方法 / ~ learning 発見学習. ► *n* [ᵁ~s, 〈*sg*〉] 発見的教授法(研究); 学習者の自得を助ける論法. ♦ **-ti·cal·ly** *adv* [Gk *heuriskō* to find]
Héus·ler álloy /hjú:slər-/ ホイスラー合金《マンガンと非強磁性金属で著しい強磁性をもつ》. [Friedrich *Heusler* (1866–1947) ドイツの鉱山技師・化学者]
he·vea /hí:viə/ *n* 〖植〗パラゴムノキ属 (*H*-) の各種高木.
He·ve·sy /hévəʃi, hévèʃi/ ヘヴェシ **Georg Karl von ~ [George Charles de ~]** (1885–1966)《ハンガリーの化学者; 放射性同位元素の使用による生命プロセスの理解に貢献; ノーベル化学賞 (1943)》.
hew /hjú:/ *v* (**~ed; hewn** /hjú:n/, **~ed**) *vt* 《おのなどで》切る, 切り倒す, 切り刻む, 切り離す, たたき切る (chop) 〈*down, away, off, from, asunder; to* pieces〉; 切って[刻んで]作る〈*out*〉: ~ one's way 進路を切り開く. ► *vi* たたき切る〈*at, among*〉. ● **~ to**…*…を守る, …に従う; 〈自説など〉にしがみつく: ~ *to* tradition [the line] 伝統[方針]に従う. ♦ **héwn** *a* [OE *hēawan*; cf. G *hauen*]
HEW 〖米〗(Department of) Health, Education and Welfare.
héw·er *n* 《木などを》切る人; 採炭夫. ● **~s of wood and drawers of water** たきぎを切り水を汲む者, 下等労働者 (drudges) 《*Josh* 9: 21》.
Hew·ett /hjú:ət/ ヒューエット《男子名》. [OE=clearing+cutting]
Hew·ish /hjú:ɪʃ/ ヒューイシュ **Antony ~** (1924–)《英国の電波天文学者; 電波干渉計を開発し, パルサーを発見 (1967); ノーベル物理学賞 (1974)》.
Hew·lett-Pack·ard /hjú:lətpǽkərd/ ヒューレット・パッカード(社) (~ Co.)《米国のコンピューター製品の大手メーカー》.
hewn *v* HEW の過去分詞.
hex[1]* /héks/ *vt* 魔法にかける, 魅する; …に不幸をもたらす. ► *vi* 魔法を行なう〈*on*〉. ► *n* 魔女 (witch); 魔力, 呪い, 不吉なもの[人]: put a ~ on sb 人に呪いをかける. ♦ **~·er** *n* [Penn G<G *hexe(n)*]
hex[2] *a, n* HEXADECIMAL; HEXAGONAL.
hex- /héks/, **hexa-, hexo-** /héksə/ *comb form*「6」「6 価の原子を含む」 [Gk *hex* six]
hex. hexagon.
hèxa·bí·ose /-báɪòus, -z/, **hexo-** /hèksə-/ *n* 〖化〗二六炭糖.
hèxa·chlóride *n* 〖化〗六塩化物.
hèxa·chlòro·éthane, -chlòr- *n* 〖化〗六塩化エタン, ヘキサクロロエタン.
hèxa·chló·ro·phene /-klɔ́:rəfi:n/ *n* 〖化〗ヘキサクロロフェン《無色有毒の結晶; 殺菌・消毒薬》.
hèxa·chlòro·platínic ácid 〖化〗ヘキサクロロ白金酸 (=*chloroplatinic acid*)《白金の可溶形態で, 他の白金化合物合成の出発物質》.
héxa·chord /-kɔ̀:rd/ *n* 〖楽〗六音[六声]音階, ヘクサコード; 六弦楽器.
hèxa·co·sa·nó·ic ácid /-kòusənóuɪk-/ 〖化〗ヘキサコサン酸 (CEROTIC ACID).
hex·ad /héksæ̀d/, **-ade** /-sèɪd/ *n* 6; 6 個一組のもの; 〖化〗6 価の元素[基]. ♦ **hex·ad·ic** /heksǽdɪk/ *a*
hèxa·décane /, -dɪkéɪn/ *n* 〖化〗ヘキサデカン, 《特に》CETANE.
hex·a·dec·a·nó·ic ácid /hèksədèkənóuɪk-/ 〖化〗ヘキサデカン酸 (palmitic acid).
hèxa·décimal 〖電算〗*a* 十六進法の. ► *n* 十六進(記数)法 (=~ **notátion**)《通例 0–9 は十進法と同様に, また十進法の 10, 11, …, 15 は A, B, …, F で表わし, 十進法の 16, 17, … は 10, 11, … となる》; 十六進数. ♦ **~·ly** *adv*
hèxa·ém·er·on /-émərɑ̀n/, **-hém-** /-hém-/ *n* 〖聖〗天地創造の 6 日間, 天地創造の物語《*Gen* 1》; 天地創造に関する論文. [Gk (HEX-, *hēmera* day)]
héxa·éthyl tètra·phósphate 〖化〗ヘキサエチルテトラフォスフェート《アカダニなどの殺虫剤用; 略 HETP》.
héxa·gon /-gɑ̀n; -gən/ *n* 六角[六辺]形 (⇨ TETRAGON).
hex·ag·o·nal /heksǽg(ə)n(ə)l/ *a* 六角[六辺]形の; 断面[底面]が六角形の; 〖晶〗六方晶系の: ~ system 六方晶系 / ~ pattern 亀甲 / ~ structure 六面構造. ♦ **~·ly** *adv*
héxa·gràm *n* **1** 六芒(ぼう)星形, 六線星形《✡》. **2**《易経の易占いで》卦(か)《6 本の爻(こう)からなる 64 種の符号の一つ》.
hèxa·hédron *n* 六面体 (⇨ TETRAHEDRON). ♦ **-hédral** *a* 六面体の.
hexahemeron ⇨ HEXAEMERON.
hèxa·hýdrate *n* 〖化〗六水和物, 六水化物. ♦ **-hý·drat·ed** *a*
hèxa·hýdric *a* 〖化〗6 価の〈アルコール〉.
hèxa·hý·drite /-háɪdràɪt/ *n* 〖鉱〗苦土六水石, ヘキサハイドライト.
hex·am·er·on /heksǽmərɑ̀n/ *n* HEXAEMERON.
hex·am·er·ous /heksǽm(ə)rəs/ *a* 6 つの部分からなる; 〖動〗6 つに配列された; 〖植〗それぞれ 6 個からなる輪生をもつ.
hex·am·e·ter /heksǽmətər/ 〖韻〗*n* 六歩格 (⇨ METER[1]). ► *a* 六歩格の. ♦ **hèxa·métric** *a* **-métrist** *n*
hèxa·me·thó·ni·um /-məθóuniəm/ *n* 〖薬〗ヘキサメトニウム《高血圧治療の神経節遮断薬》.
hèxa·méthylene·tét·ra·mine /-tétrəmì:n/ *n* 〖化〗ヘキサメチレンテトラミン (=*methenamine*)《ゴムの加硫促進剤・ホスゲン吸収剤・利尿薬・尿路防腐薬》.
hex·a·mine /héksəmì:n, ⌣⌣⌣, heksǽmən/ *n* 〖化〗ヘキサミン (HEXAMETHYLENETETRAMINE); 《キャンプ用こんろの》固形燃料.
hex·ane /héksèɪn/ *n* 〖化〗ヘキサン《メタン列炭化水素の一つ; 有毒の可燃性液体で, 溶剤・凝固点降下剤に用いる》.
hex·ane·di·ó·ic ácid /hèksèɪndaɪóuɪk-/ 〖化〗ヘキサン二酸 (adipic acid).
hex·an·gu·lar /heksǽŋgjələr/ *a* 六角の.
hèxa·nó·ic ácid /-nóuɪk-/ ヘキサン酸《旧慣用名 caproic acid》.
hèxa·pártite *a* SEXPARTITE.
hex·a·pla /héksəplə/ *n* [H-]《オリゲネス (Origen) の》六欄対照旧約聖書; 《一般に 6 種のテクストを併置対照させた》六欄対照版.
héxa·plòid *a* 〖生〗六倍性の, 六倍体の. ► *n* 六倍体. ♦ **-plòidy** *n*
hexa·pod /héksəpɑ̀d/ *n* 〖動〗六脚類 (Hexapoda) の動物, 昆虫. ► *a* 六脚の, 昆虫の. ♦ **hex·ap·o·dous** /heksǽpədəs/ *a*
hex·ap·o·dy /heksǽpədi/ *n* 〖韻〗六歩格, 六脚律.
hex·archy /héksɑ̀:rki/ *n* 六王国, 六国.
hexa·stich /héksəstɪ̀k/, **-sti·chon** /-stəkɑ̀n/ *n* 〖韻〗六行詩, 六行連.
hexa·style /héksəstàɪl/ *a, n* 〖建〗六柱式の(柱廊玄関).
hèxa·syllábic *a* 六音節の.
héxa·sỳllable *n* 六音節語.
Hexa·teuch /héksət(j)ù:k/ *n* [the] 六書《聖書の初めの 6 書: モーセ五書・ヨシュア記; cf. PENTATEUCH》.
héxa·vàlent *a* 〖化〗6 価の: ~ chromium 六価クロム.
hex·en·be·sen /héksənbèɪz(ə)n/ *n* WITCHES'-BROOM.
hex·ene /héksi:n/ *n* 〖化〗ヘキセン.
hex·e·rei /hèksəráɪ/ *n* 魔法 (witchcraft). [G]
hexo- /héksə/ ⇨ HEX-.
hèxo·bárbital *n* 〖薬〗ヘキソバルビタール《無色の結晶性粉末; 鎮痛・催眠薬用》.
hexobiose ⇨ HEXABIOSE.
hex·ode /héksòud/ *n* 〖電〗六極(真空)管.
hex·o·gen /héksəʤèn, -ʤən/ *n* 〖化〗ヘキソゲン (CYCLONITE).
hèxo·kínase *n* 〖生化〗ヘキソキナーゼ《ヘキソースのリン酸化反応を触媒する酵素》.
hex·on /héksɑ̀n/ *n* 〖生化〗ヘキソン《アデノウイルスの二十面体形の構成要素; 6 個のタンパク質鎖からなるキャプソメアから構成される》.
hex·one /héksòun/ *n* 〖化〗ヘキソン (methyl isobutyl ketone).
hex·os·a·mine /heksɑ́səmì:n/ *n* 〖生化〗ヘキソサミン《ヘキソースの水酸基がアミノ基で置換されたアミノ糖》.
hex·os·amin·i·dase /hèksɑ̀səmínədèɪs, -z/ *n* 〖生化〗ヘキソスアミン酵素, ヘキソサミニダーゼ《欠乏すると中枢神経系変性病を誘発する》.
hex·o·san /héksəsæ̀n/ *n* 〖生化〗ヘキソサン《加水分解によってヘキソースを生じる多糖類》.
hex·ose /héksòus, -z/ *n* 〖生化〗六炭糖, ヘキソース《glucose, galactose, mannose, fructose など》.
héx sìgn ヘックスサイン, 魔除けの印《魔除けのために慣習的に定められるマーク》.

hex·yl /héksəl/ *n* 〘化〙ヘキシル基 (=～ **gròup** [**ràdical**]). [-*yl*]
hèxyl·resórcinol *n* 〘化〙ヘキシルレゾルシノール《防腐薬·駆虫薬に用いる》.
hey[1] /héɪ/ *int* ヘイ, おや, まあ, やあ, よう, おい, なあ, ねえ《喜び·驚き·尋問·挨拶·注意·喚起などの発声》: *H*～ for…! …はうまいぞ, でかした / *H*～ PRESTO! / *H*～, bum! *《俗》こんちは, やあ / *H*～ up! [U]《口》やあ, おい. ● **but** ～《口》でもね…, とは言ったけど…. **what the** ～=*《俗》what the HELL. [ME; cf. HEIGH, OF *hay*, Du, G *hei*]
hey[2] ⇨ HAY[2].
héy cockalórum [U] 馬跳びの一種 (=*high cockalorum*)《跳ぶときにこう叫ぶ》.
hey·day[1] /héɪdèɪ/ *int*《古》やあやあ!《喜び·驚きなどの発声》. [? *hey*[1]; cf. LG *heidi, heida* (excl)]
hey·day[2], **hey·dey** /héɪdèɪ/ *n* [one's, the] まっ盛り, 全盛(期), 盛時;《古》上機嫌: in the ～ of youth 血気盛りに. [↑]
Hey·drich /háɪdrɪk; *G* háɪdrɪç/ ハイドリヒ **Reinhard** (**Tristan Eugen**) ～ (1904–42)《ドイツの政治家; 通称 'der Henker' (=the Hangman); 国家保安部長官 (1939); ユダヤ人の大量殺戮を実行した; cf. LIDICE》.
hey·duck, -duke, -duc /háɪdʊ̀k/ *n* HAIDUK.
Hey·er·dahl /héɪərdɑ̀:l/ ヘイエルダール **Thor** ～ (1914–2002)《ノルウェーの人類学者·探検家; いかだ 'Kon-Tiki' (1947), アシの舟 'Ra' (1969) による航海で有名》.
Hey·mans /háɪmɑ̀:ns/ *F* ɛjmɑ̃:ns/ ハイマンス **Corneille**(**-Jean-François**) ～ (1892–1968)《ベルギーの生理学者; 呼吸調整に頸動脈洞·大動脈洞が重要な機能を果たしていることを発見, ノーベル生理学医学賞 (1938)》.
héy rúbe *《俗》*n* サーカス[カーニバル]の人たちと町民との間の乱闘. ► *int* 助けて《町民との乱闘でサーカスまたはカーニバルの人たちが味方に対して救いを求める発声》.
Hey·se /háɪzə/ ハイゼ **Paul** (**Johann Ludwig**) **von** ～ (1830–1914)《ドイツの作家; 上品で洗練された文体と人物描写で, 短篇に本領を発揮した; ノーベル文学賞 (1910)》.
Héy·sel Stádium /háɪs(ə)l-, héɪ-/ [the] エーゼルスタジアム《ベルギーの Brussels にあるスタジアム; 1985 年 5 月 29 日, サッカーの European Cup 決勝戦でイングランドのサポーターがイタリア人を襲った際に壁が崩れ, 死者 39 人を出した; のち King Baudouin Stadium と改称》.
Hey·ward /héɪwərd/ ヘイワード (**Edwin**) **DuBose** ～ (1885–1940)《米国の作家; 小説 *Porgy* (1925) はのちに劇·オペラ·映画としても成功した》.
Hey·wood /héɪwʊ̀d/ ヘイウッド (1) **John** ～ (1497?–?1580)《イングランドの劇作家; interludeの代表的作品 *The Four P's* (刊行 c. 1545) がある》 (2) **Thomas** ～ (1574?–1641)《イングランドの俳優·劇作家; *A Woman Killed with Kindness* (刊行 1607)》.
Hez·bol·lah /hɛ̀zbəlɑ́:/, **Hiz·bol·lah, -bal·lah** /hɪ̀z-/ *n* 神の党, ヒズボラ《レバノンのイスラム教シーア派の過激派組織; イランの強い影響下にあり, 1980 年代より外国勢力に対してしばしばテロ活動を行なう》.
Hez·e·ki·ah /hɛ̀zəkáɪə/ **1** ヘゼカイア《男子名》. **2** ヒゼキヤ《ユダの王 (c. 715–c. 686 B.C.); アッシリアと戦って国土の大半を失った; 聖書では敬虔な王として描かれている; cf. *2 Kings* 18–19》. [Heb=Yahweh is strength, or has strength]
hf half. **Hf** 〘化〙hafnium. **HF, hf** 〘通信〙°high frequency.
HFC hydrofluorocarbon. **hfs** °hyperfine structure.
hg hectogram(s) ♦ hemoglobin. **Hg** 〘化〙[L *hydrargyrum*] mercury. **HG** °High German ♦ His [Her] Grace ♦ °Holy Ghost ♦〘英〙°Home Guard ♦ °Horse Guards. **HGH** °human growth hormone. **hgt** height. **HGV** °heavy goods vehicle. **hgwy** highway. **hh.** hands《馬の体高表示の単位》. **HH** 〘鉛筆〙double [extra] hard (⇨ H) ♦ His [Her] Highness ♦ His Holiness《ローマ教皇の称号》. **hhd** hogshead(s). **HHD** [L *Humanitatum Doctor*] Doctor of Humanities. **HHH** 〘鉛筆〙treble hard (⇨ H).
HHOK 《E メールなどで》ha ha only kidding ハッハッ, ただの冗談.
H hour /éɪtʃ ─/ 〘軍〙攻撃開始時刻, 予定の時刻 (zero hour) (cf. D-DAY).
HHS 〘米〙°(Department of) Health and Human Services.
hi[1] /háɪ(i)/ *int*《口》ハイ, やあ, よう, こんちは《挨拶·注意喚起》: *Hi* there! [変形く *hey*[1]]
hi[2] /háɪ/ *a*《発音つづり》HIGH.
Hi ハイ《男子名; Hiram の愛称》.
HI Hawaii ♦ °Hawaiian Islands ♦ °hic iacet ♦ high intensity ♦ °human interest ♦ humidity index.
Hi·a·le·ah /hàɪəlí:ə/ ハイアレア《Florida 州南東部 Miami の北にある市; Hialeah Park 競馬場がある》.
hi·a·tus /haɪéɪtəs/ *n* 隙間, 切れ目, ひび, 隔たり;《連続したものの》中断, 休止(期) (: a summer ～ 夏期休暇); 欠落, 脱落; 脱文, 脱字;〘医〙裂孔;〘音〙母音接続《母音で終わる語と母音で始まる語との間のとぎれ》;〘論〙《論証の》連鎖中断. ♦ **hi·á·tal** *a* [L=gaping (*hio* to gape)]
hiátus [**hiátal**] **hérnia** 〘医〙裂孔ヘルニア.
Hi·a·watha /hàɪəwɑ́θə, hì:ə-, *-wɔ́:θə/ ハイアワサ《Longfellow の長篇物語詩 *The Song of Hiawatha* (1855) の主人公; 伝説的なネイティブアメリカンの英雄にちなむ》.
Hib /híb/ *n* [°*a*] Hib《インフルエンザ菌血清型 b; 特に乳幼児の細菌性髄膜炎·肺炎をひき起こす》: ～ vaccine Hib ワクチン. [Haemophilus influenzae type B]
hi·ba·chi /hɪbɑ́:tʃi/ *n* 火鉢; *ヒバチ《炭火を使うバーベキュー用こんろ》. [Jpn]
hi·ba·ku·sha /hì:bəkú:ʃə, ━ ━ ━́ ━/ *n* 被爆者. [Jpn]
hi·ber·na·cle /háɪbərnæ̀k(ə)l/ *n* 〘動〙HIBERNACULUM.
hi·ber·nac·u·lum /hàɪbərnǽkjələm/ *n* (*pl* **-la** /-lə/)〘植〙越冬用保護外被, 冬眠部分《冬芽·地下茎など》;〘動〙越冬生息場所, 冬眠場所;〘動〙《コケムシの》冬芽; 人工冬眠装置. [L=winter residence; ⇨ HIBERNATE]
hi·ber·nal /haɪbə́:rnl/ *a* 冬の, 冬期の; 寒冷な.
hi·ber·nant /háɪbərnənt/ *a* 冬眠の. ► *n* 冬眠動物.
hi·ber·nate /háɪbərnèɪt/ *vi* 〈動物が〉冬眠する, 〈冬芽などが〉越冬する (opp. *aestivate*); 冬ごもりする; 〈人が〉避寒する; 活動を休止する, 引きこもる;〘電算〙ハイバーネートする《コンピューターが節電のため運転を休止する; スリープよりも長い休止をいう》. ♦ **-nà·tor** *n* **hì·ber·ná·tion** *n* 冬眠, 越冬. [L (*hibernus* of winter)]
Hi·ber·nia /haɪbə́:rniə/《詩》ヒベルニア《アイルランドのラテン語名》. [L *Hibernia, Iverna*＜Gk＜Celt]
Hi·bér·ni·an *a* アイルランド(人)の. ► *n* **1** アイルランド人. **2** /hɪ-/ ヒバーニアン (=*Hibs*)《スコットランドの Edinburgh にあるサッカークラブ; 1875 年創立》.
Hibérnian·ism *n* HIBERNICISM.
Hi·ber·ni·cism /haɪbə́:rnəsìz(ə)m/ *n* アイルランド語特有の語法; アイルランド人かたぎ; IRISH BULL. [*Anglicism* などの類推で *Hibernia* から]
Hi·ber·ni·cize /haɪbə́:rnəsàɪz/ *vt* アイルランド風にする.
Hi·ber·no- /haɪbə́:rnoʊ, -nə/ *comb form*「ヒベルニア[アイルランド]」(Hibernia)
Hibérno-Énglish *n* アイルランド英語 (Irish English). ► *a* アイルランド英語の.
hi·bis·cus /haɪbískəs, hə-/ *n* 〘植〙フヨウ属 (*H*-) の各種の植物《アオイ科; 全世界に分布》,《特に》ヒビスカス, ハイビスカス, ブッソウゲ《Hawaii 州の州花》. [L＜Gk *hibiskos* marsh mallow]
Hi·bok-Hi·bok /hí:bɔ̀:khí:bɔ̀:k/ ヒボックヒボック《フィリピン南部 Mindanao 島の北の Camiguin 島にある活火山 (1330 m)》.
Hibs /híbz/ ヒッブズ (HIBERNIAN).
hic /hík/ *int* ウィッ, ヒック《しゃっくり》. [imit]
hic·cough /híkəp/ *n, vi, vt* HICCUP.
hic·cup /híkəp/ *n* しゃっくり; [[U]～s, 〈*sg/pl*〉] しゃっくりの発作; ちょっとした障害[故障, 遅れ] 〈*in*〉; 一時的な中断[乱れ, 変化]: get [have] (the*) ～*s* しゃっくりが出る. ► *vi, vt* (**-p(p)-**) しゃっくりする[しながら言う]; しゃっくりのような音を出す[たてる]. ♦ **híc·cupy** *a* [imit]
hic et nunc /hí:k ɛt nʊ́ŋk/ *adv* 今ここで, 直ちに. [L]
hic et ubi·que /hí:k ɛt ubí:kwɛ/ *adv* ここおよびいたるところに. [L]
hic ja·cet /hɪk ʤéɪsət, hik já:kɛt/, **hic ia·cet** /-já:kɛt/ ここに眠る《墓碑銘の最初の文句》. ► *n* 墓碑銘 (epitaph). [L=here lies]
hic jácet [**iácet**] **se·púl·tus** /-səpʌ́ltəs, -púl-/ (*fem* **-ta** /-tə/) ここに葬られ眠る《墓碑銘の最初の文句》. [L=here lies buried]
hick[1] /hík/ *n, a*《口》田舎者(の), 田舎の, 百姓; *《俗》[*derog*] ブエルトリコ人: a ～ town 田舎町. ♦ **～·ish** *a* [*Hick* Richard のニックネーム]
hick[2] *n, vi* しゃっくり(する) (hiccup).
hick·ey[1] */híki/ *n* 機械, 装置, 仕掛け, 何とかいうもの《名がわからないときや名を出したくないときに用いる》;〘電〙端子箱へ電気器具を継ぐ継手, ヒッキー; パイプなどを曲げる道具. [C20<?]
hick·ey[2], **hick·ie, hicky** /híki/ *《口》*n* にきび (pimple), 吹出物; キスの跡, キスマーク, 吸いあざ (love bite[U]);《刷版·ネガなどの》きず. [C20<?]
híck·ey[3] *n*《豪俗》田舎者, 百姓. [HICK[1]]
híckey·ma·dóodle /-mə-/ *n**《俗》何たらかんたら(いうもの) (hickey).
hickie ⇨ HICKEY[2].
Hick·ok /híkɑk/ ヒコック **James Butler** ～《WILD BILL HICKOK の本名》.
hick·o·ry /hík(ə)ri/ *n* 〘植〙ペカン, ヒッコリー《北米主産のクルミ科ペカン属の落葉高木; 材は重硬で強靭; cf. PECAN》; ヒッコリー材; ヒッコリーの家具[むち, 杖]; ヒッコリーの実 (=～ **nùt**). ► *a* ヒッコリーの[で作った]; がんじょうな, 堅い; 信仰心のあつくない. [Virginian *pohickery* < *pokahickory* food prepared from pounded nuts]
híckory hòrned dévil 〘昆〙REGAL MOTH.
híckory òil *《俗》ひっぱたくこと.
híckory shàd 〘魚〙FALL HERRING.

Hicks /híks/ ヒックス (1) **Edward** ～ (1780–1849)《米国の画家; *The Peaceable Kingdom* と題する多くの作品は, 自己流ではあるが, 素朴な魅力をたたえる》(2) **Elias** ～ (1748–1830)《米国のクエーカー派の指導者》(3) Sir **John R**(**ichard**) ～ (1904–89)《英国の経済学者; 一般均衡理論における先駆的業績で, ノーベル経済学賞 (1972)》.
hicks·ville /híksvìl/ [°H-]《俗》*a* すごく退屈な; 古臭い, 陳腐な, 田舎っぽい, 野暮ったい (corny). ► *n* 田舎町.
híck tòwn*《口》小さな[へんぴな]田舎町.
hicky ⇨ HICKEY².
hid¹ *v* HIDE¹ の過去・過去分詞. ► *a* HIDDEN.
hid² *a**《俗》ひどい, 見苦しい (hideous).
hid·age /háɪdɪʤ/ *n*〖古英法〗ハイド税《アングロサクソン時代に hide を単位として課された, 主に軍事目的の税ないし軍役》.
hi·dal·go /hɪdǽlgoʊ, iðá:l-/ *n* **1** [°H-] (*pl* **～s**) スペイン下級貴族;《Spanish America の》地主. **2** [H-]〖天〗ヒダルゴ《太陽から最も離れる小惑星》. [Sp (*hijo daljo* son of something)]
Hidalgo イダルゴ《メキシコ中部の州; ☆Pachuca》.
Hi·dat·sa /hɪdá:tsə, -dǽt-/ *n* **a** (*pl* **～, ～s**) ヒダーツァ族《North Dakota 州の Missouri 川流域に住む Sioux 族系インディアン》. **b** ヒダーツァ語.
hid·den /hídn/ *v* HIDE¹ の過去分詞. ► *a* 隠された, 隠れた, 秘密の; 神秘の: a ～ meaning 裏の意味. ♦ **～·ly** *adv* **～·ness** *n*
hídden agénda 隠された動機, 魂胆.
hídden cíty*《俗》《航空ルートの》経由地.
hídden fíle〖電算〗隠しファイル《通常のファイル一覧には表示されないファイル》.
hídden húnger 隠れた飢餓《自覚されない栄養不良》.
hid·den·ite /híd(ə)nàɪt/ *n*〖宝石〗ヒッデナイト《黄色ないし緑色の鋰輝石(ゆうきせき)》. [William E. *Hidden* (1853–1918) 米国の鉱物学者]
hídden máss〖天〗隠された質量 (missing mass).
hídden persuáder 隠れた説得者《巧妙で悪辣な商業広告業者》. [Vance O. Packard, *The Hidden Persuaders* (1957)]
hídden resérve〖会計〗隠匿積立金 (secret reserve).
hídden táx 隠れた税金 (INDIRECT TAX).
hid·dy, hi·di /hídi/*《俗》*a* ひどい, 見苦しい, 醜悪な; ひどく酔っぱらって.
hide¹ /háɪd/ *v* (**hid** /híd/; **hid·den** /hídn/, **hid**) *vt* 隠す, おおう ‹*behind, in*›; かくまう; 秘す ‹*from*›;《顔・目などを》隠す, そむける: ～ *oneself* (*away*) 隠れる. ► *vi* 隠れる, 身を隠す, 潜伏する ‹*out, up; behind, from*› (cf. HIDEOUT);《責任を》のがれる: ～ *behind* the law 法を隠れみのにする. ● **～ away** ‹…から›隠す ‹*from*›; ‹山・ジャングルなどに›隠れる ‹*in*›. **～ out** 身を隠す, 潜伏する ‹*from*›. **～ one's face** (1)〖聖〗顔を隠す[そむける], 顧みない, ‹…から› 目をそらす ‹*from*›: how long wilt thou ～ *thy face from* me? (*Ps* 13: 1). (2)《恥じて・当惑して》顔を隠す, 恥じ入る. **～ one's head**《恥じて》顔[頭]を隠す,《とがめを恐れて》隠れる, 鳴りをひそめる;《廃》避難する, 逃げ込む. (**play**) **～ the salami** [**sausage, weenie**]《俗》ソーセージ隠しをする, ハメハメする, 性交する. ► *n*ᴵᴵ《猟師・野鳥観察者・カメラマンなどが身をひそめるための》隠れ場所, ブラインド (blind*). ♦ **híd·able** *a* **híd·er** *n* [OE *hȳdan*; cf. OFris *hēda*]
hide² *n* **1 a**《特に大きい》獣の皮. **b**《口》[*joc*]《人間の》皮膚;《口》身の安全;《豪》あつかましさ: have a thick ～ =have the ～ of an elephant [a rhinoceros] つらの皮が厚い, 鈍感だ / risk one's ～ 命を賭ける / save one's (own) ～ 自分の身[命]を護る, 損失[けが, 罰]を免れる / Damn his ～! あんちきしょうめ. **2***《俗》競走馬 (racehorse);《野球俗》ボール; [*pl*]《ジャズ俗》ドラム. ● **have sb's ～***《俗》しかりつける, お仕置きする. **～ and hair** (皮も毛も)すっかり, なにもかも. **～ or** [**nor**] **hair**《口》《行方不明の人・紛失物などの》痕跡, 形跡, 影かたち: *No* one has seen ～ *nor hair* of him since. 以来彼の行方は全く不明だ. **take** it **out of** sb's **～**《口》人から容赦なく取り立てる, きびしく弁済させる, はぎ取る. **tan** [**dress, whip, have**] sb's **～**《口》[*joc*] 人をむち打つ, ぶったたく, お仕置きする《皮膚が硬くなるほど》. ► *vt* …の皮をはぎ取る;《口》ひどくむち打つ. [OE *hȳd*; cf. CUTICLE, G *Haut*]
hide³ *n* ハイド《アングロサクソン時代のイングランドの地積および課税の単位; 犂 1 丁と牛 8 頭で一年間耕作しうる広さ, すなわち農民の一家族を養うに足るとされた面積; 地方によって異なり, 40–120 acres》. [OE *hīgid*; cf. OE *hīw* family]
híde-and-séek,《米》**híde-and-go-séek** *n, vi* 隠れん坊(をする)《★ 鬼は it》; ごまかし合い(をする): play (at) ～ 隠れん坊をする; 避ける, ごまかす ‹*with*›.
híde·awày *n*《口》隠れ場所; 潜伏場所; 小さな町, 人目につかない場所[バー, レストランなど], のんびりできる所. ► *a* 隠れた, 人目を避けた, 人目につかない: a ～ bed ソファー兼用ベッド.
híde·bòund *a* 頑迷な, 融通のきかない, かたくなな, 狭量な; 拘束されて ‹*by*›; ‹家畜が›やせこけた; ‹植物が›皮のしまった;〖医〗強皮[硬皮]症の. ♦ **～·ness** *n*
híd·ed *a* [ᵘ*compd*] (…の)皮のある, 皮が…の: thick-*hided*.
hi-de-hi /háɪdiháɪ/ *int* ヤーヤー, みんな聞いてくれ《特に陸軍で司令官が用いる》.
hi-de-ho /háɪdihóʊ/ *int* ヤッホー, ハイディホー《ジャズバンドで用いる歓声》.
hid·e·ous /hídiəs/ *a* (見るも)恐ろしい, ぞっとする, 醜悪[醜怪]な; 忌まわしい, 胸が悪くなる, おぞましい;《口》いやな. ♦ **～·ly** *adv* **hid·e·os·i·ty** /hìdiásəti/ *n* 見るも恐ろしい[ぞっとする]もの; 忌まわしさ, 醜悪. **～·ness** *n* [AF *hidous*, OF (*hisde* horror＜?); 語尾は *-eous* に同化]
híde·òut *n*《犯人などの》隠れ家, 潜伏先[場所], アジト;*《俗》夜中の脱走をたくらんでひそかに潜んでいる囚人.
híde-ùp *n*《俗》隠れ家, 潜伏場所.
híd·ey-hòle, hídy- /háɪdi-/ *n*《口》HIDEAWAY. [*hiding-hole*]
hidi ⇨ HIDDY.
hid·ing¹ /háɪdɪŋ/ *n* 隠すこと, 隠蔽, 隠れること; 隠れ場, 隠し場: be in ～ 世を忍んでいる / go into ～ 姿をくらます, 潜伏する. [*hide*¹]
hiding²《口》*n* むち打ち, ひっぱたくこと; 大敗, 惨敗: give sb a good ～ したたかたたく / got quite a ～ さんざんに打ち負かされた. ● **be on a ～ to nothing**ᴵᴵ《口》成功の見込みは全くない. [*hide*²]
híding plàce 隠れ[隠し]場所.
híding pòwer〖塗装〗《乾燥被膜の》隠蔽力.
hidr- /háɪdr/, **hi·dro-** /háɪdroʊ, -drə/ *comb form*「発汗の[による]」「汗腺の」 [Gk *hidrot- hidrōs* sweat]
hi·dro·sis /hɪdróʊsəs, haɪ-/〖医〗*n* (*pl* **-ses** /-sì:z/) 発汗; 過剰発汗, 多汗(症) (hyperhidrosis); 汗腺症.
hi·drot·ic /hɪdrátɪk, haɪ-/ *a* 汗の; 発汗させる. ► *n* 発汗薬.
hi·dy /háɪdi/ *int**《中南部》HOWDY¹.
hidy-hole ⇨ HIDEY-HOLE.
hie /háɪ/ *vi, vt* (**hý·ing, híe·ing**)《古風》急ぐ ‹*to*›; [人称代名詞・再帰代名詞を目的語として] 急がせる: *Hie* thee! 急げ / He ～*d* him*self* to the river. 川まで急いで行った. [OE *hīgian* to strive, pant＜?]
hie·land /hí:lənd/《スコ方》*a* HIGHLAND; だまされやすい, まぬけの.
hie·le·mon, -la- /hí:ləmən/ *n*《豪》ヒエラモン《木製[樹皮製]の盾》. [(Austral)]
hi·emal /háɪəməl/ *a* 冬の, 冬季に起こる (hibernal).
hi·er- /háɪər/, **hi·ero-** /háɪəroʊ, -rə/ *comb form*「神聖な」「聖職の」 [Gk *hieros* sacred]
hi·er·á·co·sphinx /hàɪəréɪkə-/ *n*《古代エジプト美術で》頭部が鷹の姿のスフィンクス. [Gk *hierak- hierax* hawk]
hi·er·arch /háɪərà:rk/ *n* 教主, 高僧; 高位の人;《古代ギリシアの》神殿の(下級)神官. [L＜Gk (*arkhō* to rule)]
hi·er·ar·chal /hàɪərá:rk(ə)l/ *a* HIERARCHICAL.
hi·er·ar·chi·cal /hàɪərá:rkɪk(ə)l/, **-chic** *a* **1** 階層制の, 序列的な; 階級性の強い; 階層分類上の, 分類体系的な. **2** 教主の; 聖職位階制の, 聖職政治の; 権力をもった. ♦ **-chi·cal·ly** *adv*
hi·er·ar·chy /háɪərà:rki/ *n* **1** 階層制; 階層制の組織[集団]; 階層, ヒエラルキー; 序列, 順位, ランク ‹*of*›;〖生〗《綱・目・科・属などの》階層: move up the ～ 階級が上がる, 出世する / the university ～ 大学の職階 / a ～ of values 価値(観)の順位. **2** 聖職位階; [ᵘthe] 聖職位階制. **3** [the] 権威者[権力者]集団, 支配層. **4** 天使 (angels) の 3 大別の一つ; 天使の階級; 天使群《集合的》. ★ 天使の 9 階級は CELESTIAL HIERARCHY を見よ. ♦ **hí·er·àr·chìsm** *n* hierarchy の制度[権威]. **-chize** *vt* **hì·er·ar·chi·zá·tion** *n*
hi·er·at·ic /hàɪərǽtɪk/ *a*《古代エジプトの》神官文字の; 聖職者階級の; 神官の, 僧侶の; 神聖の用に供する;〖美〗《エジプト・ギリシアなどの, 宗教的伝統によって定型化された》聖美術の; 様式化された. ► *n* [the] 神官文字, ヒエラティック《古代エジプトの象形文字をくずした行書体的文字, のちに神聖文書に専用; cf. DEMOTIC》. ♦ **hi·er·át·i·cal** *a* HIERATIC. **-i·cal·ly** *adv* [L＜Gk (*hiereus* priest)]
Hi·ero /háɪəròʊ/, **Hi·er·on** /háɪəràn/ ヒエロン (1) **～ I** (d. 467/466 B.C.)《シュラクサイ (Syracuse) の僭主 (478–467/466 B.C.)》(2) **～ II** (d. 216/215 B.C.)《シュラクサイの僭主 (c. 270–216/215 B.C.)》.
hi·er·oc·ra·cy /hàɪərákrəsi/ *n* 神官政治, 聖職者政治, 教権政治. ♦ **hi·ero·crat·ic** /hàɪərəkrǽtɪk/, **-i·cal** *a*
hi·ero·dule /háɪəroʊd(j)ù:l, *haɪérə-/ *n* 神殿に仕える奴隷,《特に古代ギリシアの》神殿専属娼婦. ♦ **hì·ero·dú·lic** /, *haɪèrə-/ *a* [Gk (*doulos* slave)]
hi·ero·glyph /háɪərəglɪ̀f/ *n* 象形文字, 絵文字, 秘密文字,《特に》ヒエログリフ《古代エジプトの象形文字》, 聖刻[神聖]文字; [*joc*] 判読しにくい文字. ► *vt* 象形文字[ヒエログリフ]で記す. [逆成く↓]
hi·ero·glyph·ic /hàɪərəglífɪk/ *n* HIEROGLYPH; [°～s, ‹*sg/pl*›] 象形文字[ヒエログリフ]表記法; [°～s, ‹*sg/pl*›] [*joc*] 判読しにくい書き物; 謎の記号[象徴], 判じもの. ► *a* 象形文字(風)の, ヒエログリフの; 象徴的な; [*joc*] 判読しにくい. ♦ **-i·cal** *a* **-i·cal·ly** *adv* [F or L＜Gk (*hier-*, *gluphō* to carve)]
hi·ero·glyph·ist /hàɪərəglífɪst, hàɪərágləf-/ *n* 象形文字を書く人; 象形文字研究家.
híero·gràm, -gràph *n* 神聖文字[紋章, 記号].
hìero·grám·mat /-grǽmət/ *n* 神聖文字の書記.
hi·er·ol·a·try /hàɪərálətri/ *n* 聖人[聖物]崇拝.

hi·er·ol·o·gy /hàɪərɑ́ləʤi/ *n*《民族的信仰の集積した》聖文学, 宗教的伝承; HAGIOLOGY.

hi·ero·monk /háɪəroumʌ̀ŋk/ *n*〔東方教会〕修道司祭《司祭職を兼務する修道士》.

Hi·er·on·y·mite /hàɪərɑ́nəmàɪt/ *n* ヒエロニムス会修士《Saint JEROME の生活様式に従った隠修士》.

Hi·er·on·y·mus /hàɪərɑ́nəməs, hɪ-/ [Saint] 聖ヒエロニムス **Eusebius** ～《St JEROME のラテン語名》. ♦ **Hi·ero·nym·ic** /hàɪərənímɪk/, **-ným·i·an** *a*

hi·ero·phant /háɪərəfæ̀nt, *haɪérəfənt/ *n*《宗教上の》秘義解説者;〔古ギ〕神秘儀式の導師[司祭]《特に Eleusinian mysteries の》; 首唱者, 提唱者. ♦ **hì·ero·phán·tic** *a* [L＜Gk (*phainō* to show)]

Hi·ero·sol·y·ma /hàɪərousɑ́ləmə/ ヒエロソリュマ《JERUSALEM の古代名》.

Hier·ro /jέərou/ イエロ《スペイン領 Canary 諸島西端の島; 古代の地理学者はこの島を地球の最西端だと考えて, ここから経度を数え始めた; 旧称 Ferro》.

hi·er·ur·gy /háɪərə̀ːrʤi/ *n*〔キ教〕聖祭, ミサ, 礼拝. [Gk]

híe spỳ HY SPY.

hifalutin ⇨ HIGHFALUTIN.

hi-fi /háɪfáɪ/《口》*n, a* HIGH FIDELITY (の); ハイファイ装置. ► *vi* ハイファイ装置で聴く, ハイファイレコードを聴く. ♦ **hí-fi·er** *n*

hig /híg/ *n**《俗》HIGH HIG.

Hig·gins /hígənz/ ヒギンズ Professor **Henry** ～《G. B. Shaw の喜劇 *Pygmalion* (1913) とこれを基にしたミュージカル映画 *My Fair Lady* (1957) の主人公; 下町の花売り娘 Eliza を淑女に教育した音声学の教授》.

Hig·gin·son /hígəns(ə)n/ ヒギンソン **Thomas Wentworth (Storrow)** ～ (1823–1911)《米国の牧師・軍人・作家; 初期の反奴隷制運動の指導者; 南北戦争では最初の黒人部隊を指揮》.

hig·gle /híg(ə)l/ *vi*《値段の》駆引きをする, 値切る (haggle); 行商する. ♦ **híg·gler** *n* [変形＜*haggle*]

hig·gle·dy-pig·gle·dy /híg(ə)ldipíg(ə)ldi/ *a, adv* 乱雑な[に], ごちゃごちゃした[して], めちゃくちゃな[に]. ► *n* 全くの混乱. [C16＜?; *pig* の群れの連想か]

Híggs bòson [pàrticle] /hígz-/〔理〕ヒッグスボソン[粒子]《素粒子に質量をもたせるために仮定されているスピン 0 で電気的に中性の粒子》. [Peter W. *Higgs* (1929–　) 英国の物理学者]

Híggs fìeld〔理〕ヒッグズ場《その場が 0 でない真空期待値をとるのに伴って対称性が自発的に破れるようなスカラー場》.

high /háɪ/ *a* **1 a** 高い; 高さ…の; 高所にある; 高地(地方)の, 奥地の; 高緯度の; 高所への[からの], 高空の: a ～ tower / How ～ is the building?—It's 40 ft ～. 建物の高さは?—高さ 40 フィートだ / He is six feet ～ (＝tall). / a ～ flight 高空飛行. **b**〔音〕舌の位置が高い: ～ vowels 高舌母音. **2 a** 高い, 高貴な〈地位・身分など〉; 主な, 重要な;〔トランプ〕〈札が〉高位の, トリックを取れる: ～ birth 高貴の生まれ / a ～ official 高官. **b** 高等[高級]な, 高度な, 高度に発達した (⇨ HIGHER); 上等な, 高価な, 貴重な, ぜいたくな: ～ art 高級芸術 / ～ society 上流社会 / ～ feeding 美食 / come ～ 高くつく / ～ living ぜいたくな暮らし. **c** 気高い, 高潔な (noble); 高尚な, 格調高い, 高遠な; 気位の高い, 傲然とした: a ～ tone《精神的に》高い調子 / a ～ tragedy 高尚な悲劇 / a ～ manner 高慢なふるまい. **d** [H-] 高教会派の (cf. HIGH CHURCH). **3 a**《程度・尺度において》高い, 高度の; 量が多い〈*in*〉; はなはだしい, 激しい; 重大な (serious);《主義・見解などの点で》極端な, 凝り固まった (: ～ Toryism); きわめて形式的な, 厳粛な〈儀式など〉: a ～ price 高価 / at a ～ speed 高速度で / ～ *in* fiber 繊維質が豊富な / ～ *in* calories カロリーの高い / ～ opinion 高い[好意的な]評価 / in ～ favor with…の非常な気に入りで / in ～ terms ほめそやして / a ～ folly 愚の骨頂 / a ～ wind 強風 / ～ explosive 強力な爆発物 / HIGH CRIME. **b** 高率の; 高エネルギーの, 高性能の;〔車〕ハイ(ギア)の. **c** 意気盛んな;《口》(酔って)上機嫌の, (ヤクが)まわって, 高揚して, うっとりして, ハイになって; 激昂した: feel ～ 気持がよくなる / ～*er* than a kite このうえなくいい気持で[酔って] / a ～ drama 波瀾に満ちた演劇; 劇的なできごと / ～ words 激論. **d**〈音が〉高い, 鋭い;〈色が〉濃い, 赤い; 最盛期の, たけなわの, 盛りの;〈獲物・肉が〉腐りかけた, ちょうど食べごろの: in a ～ voice かん高い声で / ～ summer 盛夏 / HIGH RENAISSANCE / HIGH (OLD) TIME. **e** 遠い昔の: of ～ antiquity 大昔の. ● **ace [king, queen, etc.]** ～〔トランプ〕エース[キング, クイーンなど]が最高位の札で. **(as)** ～ **as a kite [the sky]** とても高い[高く]; 酔っぱらって,《薬物で》陶然となって, ハイになって; とても興奮して, 舞い上がって. **at the ～est** 最高の地位に; いくら高くても, たかだか, せいぜい. **get ～** 麻薬に酔う〈*on*〉. **～ and dry** (1)〈船が〉岸に乗り上げて; 行き詰まって, 見捨てられて;〈人が〉時勢に置き忘れられて: leave sb ～ *and dry* 人を見捨てる,《苦境に》置き去りにする. (2) 無事で, 無傷で《洪水の時に安全なことから》. **～ and low** 上下貴賤の(あらゆる人びと). **～ on…**《口》…に夢中で, 熱狂して; …でいい気分になって, 酔って. **～, wide, and handsome**《口》悠々と(して), 堂々と, 余裕で, みごとに[な]. **in the ～est** 天上に; 最高度に. **the most H～** 天主, 神 (God).

► *adv* **1** 高く; 高位に; 高価に; 強く, 激しく; 高い調子に, 高い音[声]で; ぜいたくに: bid ～ 高値を付ける / live ～ ぜいたくに暮らす / play ～ 大ばくちを打つ / stand ～ 高い位置を占める / Aim ～ and you will strike ～. ねらうところが高ければあたるところもまた高い / The ～*er* you climb [get etc.] the harder you fall.《諺》高く登れば墜落[転落, 失墜]もまた激しい. **2**〔海〕風上に詰めて, 風向きとすれすれに. ● **～ and low** 高く低く; いたるところに; あらゆるところで, くまなく〈捜す〉: hunt [look, search] ～ *and low* for…. **run ～**〈海が〉荒れる,〈川が〉氾濫しそうになる;〈ことば・感情が〉高ぶる, 激する;〈相場が〉高い. **To put it no ～er** 誇張抜きで[有り体に]言えば, 掛け値なしに, (…と言っても)決して誇張[大げさ]ではなく, 実際のところ…と言ってもいいくらいだが.

► *n* **1** 高いもの[ところ]; 高地, 丘; 空, 天;〔車〕ハイ(ギア), トップ;〔証券〕高値 (opp. *low*);〔トランプ〕最高点の切り札; 高水準, 高額の数字; 高温; 最高記録[気温];〔気〕高気圧 (anticyclone): today's ～ 今日の最高気温[最高値] / a new [record] ～ 新高値, 新記録. **2**《口》《麻薬などによる》酔い, 陶酔, 恍惚(感), 高揚, ハイの状態: be on a cocaine ～ / be on a (real) ～ (本当に)気持が高揚している / hold one's ～ ヤクをやっても酔っぱらわない[はめをはずさない]. **3***《口》HIGH SCHOOL[1]; [the H-]ᴴ《口》HIGH STREET《特に Oxford の大通り》; HIGH TABLE. ● **from on ～** 天から, 上から. **～s and lows** 浮き沈み; 高揚と意気消沈; 高値と安値. **How is that for ～?**《口》《話し終わって》あなた, どう思う? どう, すばらしいでしょ. **on ～** 高所に, 天に, 空中に: God *on* ～.

[OE *hēah*; cf. G *hoch*]

-high /hàɪ/ *a comb form*「…の高さの」: sky-*high*, waist-*high*. [↑]

hígh áltar《教会の》主祭壇.

hígh-alúmina cemènt 高アルミナセメント《普通のセメントよりもアルミナ成分を多く含み, 硬化が速い》.

hígh análysis *a*〈肥料が〉植物の必要養分の 20% 以上を含む.

hígh-and-míghty *a, adv* 傲慢な[に], 横柄な[に];《古》高位の. ► *n* [the]《口》実力者, お偉方《集合的》.

hígh-àngle fíre《最大射程の射角よりも大きな射角での》高角射撃, 曲射.

Hígh Árctic [the]《カナダ》北極圏《特に北極圏の島々をいう》.

High Atlas ⇨ ATLAS MOUNTAINS.

hígh·bàll* *n* **1** ハイボール《ウイスキーなどをソーダ水やジンジャーエール, また時に水で割った飲料; 背の高いグラスで氷を入れて飲む》. **2**《列車に対する》「出発進行」の合図,「全速進行」の合図;《俗》直線コース;《俗》定刻運行の列車, 急行列車;《陸軍俗》敬礼 (salute). ► *a* *《俗》緊急の, 大急ぎの. ► *vi*《俗》全速[高速]で進行する. ► *vt*《俗》〈機関士〉に進行合図を出す,〈乗物を〉全速で走らせる. [金属ボールをポールにかかげて発車合図をしたことから＞missile＞a shot of drink]

hígh bàr HORIZONTAL BAR.

hígh béam ハイビーム《自動車のヘッドライトの遠距離用ライト; cf. LOW BEAM》. ●**sb's ～s are on***《俗》《コカインで》酔っぱらっている.

hígh·bìnd·er* *n* 刺客, 殺し屋,《在米中国人の》暗殺団員, 暴力団員; ごろつき, 無頼漢, 詐欺師; 腐敗政治家. [the *Highbinders* 1806 年ごろの New York 市のごろつきの一団]

hígh·blóod·ed *a* 血統の純粋な[良い].

hígh blóod prèssure〔医〕高血圧 (hypertension).

hígh blówer《運動中に》鼻を激しく吹き鳴らす馬.

hígh-blówn *a* 意気揚々とした, 慢心した, 傲然とした.

hígh·bórn *a* 高貴な生まれの, 名門の, やんごとない.

hígh·bòy* *n* ハイボーイ (＝*tallboy*)《高脚付き洋だんす》.

hígh bràss YELLOW BRASS; *《俗》TOP BRASS.

hígh·bréd *a* 高貴な生まれの; 教養の高い, しつけのよい; 純血種の.

hígh·brow /-bràu/ *n* **1**《口》[ˢ*derog*] 学問[教養]のある人, 知識人, インテリ, ハイブラウ (opp. *lowbrow*). **2** [H-]*《俗》HIGHBROWVILLE. ► *a* 知識人(向き)の, 高尚な, こむずかしい; 机上の, 空論の. ► *vt*《俗》…に知識人ぶる. ♦ **～·ism** *n* [逆成＜↓]

hígh-bròwed *a* 額の高い; HIGHBROW.

Híghbrow·vìlle*《俗》インテリ村 (Boston).

hígh·búsh *a* 丈の高い低木の, 高灌木の.

híghbush blúeberry〔植〕ハイブッシュブルーベリー, ヌマスノキ《ツツジ科スノキ属; 米国東部原産; 果樹として栽培され, 多数の品種がある》.

híghbush cránberry〔植〕アメリカカンボク (cranberry bush)《スイカズラ科》.

high C /—— síː/〔楽〕ハイシー《middle C の 2 オクターブ上の音; 別名 soprano C》.

hígh cál [cálorie] *a* 高カロリーの.

hígh cámp《舞台芸術における》洗練されたわざとらしさ[誇張](を含む作品[演技]) (cf. CAMP[2]).

hígh-càrbon stéel 高炭素鋼《炭素含有率 0.5–1.5%》.

hígh cárd〔トランプ〕高位札《特にエースまたは絵札》.

hígh cháir《脚が高く盆の付いた》小児用の食事椅子.

Hígh Chúrch *n* [the] 高教会(派)《英国教会(系教会)において, カトリック教会との歴史的連続性, 主教職とサクラメント(洗礼と正餐)の尊重などを強く主張する一派; cf. LOW CHURCH, BROAD CHURCH,

OXFORD MOVEMENT》. ► *a* 高教会(派)の. ♦ **Hígh Chúrchman** 高教会派の人.

hígh-cláss *a* 高級な; 一級の, 一流の (first-class); 社会的地位の高い; 《俗》洗練された, マナーのよい, 信頼できる: a ~ mechanic 一流機械工.

hígh cockalórum‖HEY COCKALORUM; 偉そうなやつ.

hígh cólor 上気した顔, 血色のよい顔: have a ~.

hígh-cólored *a* 色調[色彩]の強い; 赤い, 赤らんだ, 血色のよい; まざまざと描かれた; 誇張された.

hígh cómedy 上流[高級]喜劇《上流インテリ社会を扱ったもの》. ♦ **hígh comédian** *n*

hígh commánd 最高指揮権; 最高司令部.

hígh commíssion [°H- C-] 高等弁務団[局].

hígh commíssioner [°H- C-] 高等弁務官《**1**) 英連邦加盟国間で交換する大使に相当する代表 **2**) 属領・占領地などに派遣される行政代表 **3**) 国際委員会などの長》.

hígh-compréssion *a* 〈内燃機関・エンジンが〉圧縮比の高い, 燃費のよい.

hígh-cóncept *a* 〈映画など〉観客・聴衆に広くアピールする要素をもつ, ハイコンセプトの.

hígh cóncept ハイコンセプト《簡潔に内容を紹介することができ, しかも実際の作品を見てみたいという気を強く起こさせる映画[番組 など]; またそうした作品のアイディア[紹介文]》.

Hígh Cónstable 〖英史〗《中世の》郡 (hundred) の治安官.

hígh-cóunt *a* 単位面積当たりの縦糸・横糸の数が多い, 目の詰んだ〈織物〉.

hígh cóuntry 《高山の山麓の》高地[低山, 丘陵]地帯, ハイカントリー《ニュージーランドの南アルプス山麓の牧羊地帯など》. ♦ **hígh-cóuntry** *a*

hígh cóurt [°H- C-] 最高裁判所 (supreme court); [the H- C-] 〖英〗高等法院 (=**Hígh Cóurt of Jústice**)《イングランドとウェールズで, 第一審で一般的管轄権をもつ通常裁判所; 控訴院 (Court of Appeal), 刑事法院 (Crown Court) と共に最高法院 (Supreme Court of Judicature) (2005 年法施行後は上級法院 (Senior Court) と名称変更) を構成する》; [the H- C-] 〖スコ〗HIGH COURT OF JUSTICIARY.

Hígh Cóurt of Justíciary [the] スコットランド刑事法院, 刑事上級裁判所.

Hígh Cóurt of Párliament [the] 英国議会; 〖英〗議会高等裁判所《司法機関としての上院》.

hígh críme 〖米法〗重大な犯罪《米国憲法第 2 条 4 節で, 大統領・副大統領その他の文官の弾劾の理由として挙げているもの; 重罪にはならないが, 公けの道徳に反する破廉恥な犯罪》.

hígh·dày *int* 《古》HEYDAY[1].

hígh dày‖祭日, 祝日; 《古》日盛り: ~*s* and holidays 祝祭日; 特別な日[機会].

hígh-definítion *a* 〖テレビ〗《画質が》高精細度の, 高解像度の, 高品位の: ~ television 高品位テレビ.

hígh-dénsity *a* 高密度の.

hígh-dénsity lipoprótein 〖生化〗高密度リポタンパク質《タンパク質の割合が高く, トリグリセリド・コレステロールの含量が少ない血漿リポタンパク質; 動脈硬化症との関連で '善玉' とされる; 略 HDL; cf. LOW-DENSITY LIPOPROTEIN》.

hígh-dénsity polyéthylene 〖化〗高密度ポリエチレン《結晶度と融点が高く直線的構造をもつ密度 0.96 以上のポリエチレン; 容器や射出成形製品に使用; 略 HDPE; cf. LOW-DENSITY POLYETHYLENE》.

hígh-depéndency‖ *a* 〈(入院)患者が〉高度の治療と管理を必要とする, 高度依存の: a ~ unit 《病院の》重症ケアユニット.

hígh-dómed 《口》*a* 額の広い, 髪の生え際の後退した; HIGH-BROW.

Hígh Dútch HIGH GERMAN.

hígh-énd *a* 《口》高級な, 高級顧客向けの, 最上位の, ハイエンドの〈商品・商店〉, 高級品志向の〈顧客など〉.

hígh énema 〖医〗高圧浣腸《結腸に注入》.

hígh-énergy *a* 高エネルギーの[を有する, を生じる]; 力強い, ダイナミックな.

hígh-ènergy párticle 〖理〗高エネルギー粒子.

hígh-ènergy phýsics 高エネルギー物理学.

hígh·er *a* 《HIGH の比較級》いっそう高い; 高等な: on a ~ plane 《生活程度[思想]が》いっそう高い水準に(ある) / ~ apes 高等類人猿 / the ~ animals [plants] 高等動物[植物]. ► *n* [ᴴH-] 〖スコ教育〗上級《Scottish Qualifications Authority が認定する中等教育修了資格の上級レベル》.

hígher ápsis 《天体・(人工)惑星の》遠日点, 《月・人工衛星の》遠地点.

hígher cóurt 上訴裁判所.

hígher críticism [the] 上層[高等]批評《聖書各書の文学的歴史的研究; cf. LOWER CRITICISM》. ♦ **higher crític** *n*

hígher educátion 高等教育, 《特に》大学教育 (cf. FURTHER EDUCATION, TERTIARY EDUCATION).

hígher fúngus 《よく発達した菌糸と隔膜を有する》高等菌 (opp. *lower fungus*).

hígher láw 道徳律《人間の定めた法律よりは一段高いものと考えられることから》.

hígher léarning 大学レベルの学問[教育], 高等教育.

hígher mathemátics 高等数学.

Hígher Nátional Certíficate 〖英〗高等二級技術検定《1–2 年間のパートタイムコース終了後に取得; 略 HNC; cf. ORDINARY NATIONAL CERTIFICATE》.

Hígher Nátional Diplóma 〖英〗高等一級技術検定《1 年間のフルタイムまたは 3 年間のサンドイッチコース終了後に取得; 略 HND; cf. ORDINARY NATIONAL DIPLOMA》.

hígh·er-úp /, ⸺ ⸺/ *n* [ᵘ*pl*] 《口》上役, 上司, 高官, 首脳, 上層部.

híghest cómmon fáctor GREATEST COMMON DIVISOR.

hígh explósive (高性能)爆薬.

high·fa·lu·tin, hi·fa- /hàɪfəlúːt(ə)n/, **-ting** /-tɪŋ/ 《口》*a* 誇大な, もったいぶった, ごたいそうな, 偉そうな, 気取った〈文章・人など〉. ► *n* 大言壮語, もったいぶった文章. [?*fluting*]

hígh fárming 集約農法.

hígh fáshion 《上流社会の》流行のスタイル, ハイファッション (high style); オートクチュール (haute couture). ♦ **hígh-fáshion** *a*

hígh-fí /-fáɪ/ *n, a* HI-FI.

hígh-fidélity *a* 忠実度の高い (hi-fi).

hígh fidélity 《受信機・再生機などの》ハイファイ, 高忠実度《原音に対して高度に忠実な音の再生; cf. HI-FI》.

hígh fínance 巨大で複雑な金融取引, 大型金融操作; 大型金融機関.

hígh-fíve *vi, vt* 《口》(…と)ハイファイヴをして喜びを表現する[挨拶する], 祝う.

hígh fíve 《口》ハイファイヴ, ハイタッチ《2 人が互いに右手を高く上げ, てのひらを打ち合わす動作; 勝利の喜び・挨拶の表現; cf. LOW FIVE》: slap ~*s* ハイファイヴをして喜び合う.

hígh·flíer, -flý·er *n* 高く飛ぶ人[鳥, 軽気球]; 高く舞う蝶; 野心家, 辣腕家, 才物; 《俗》高級売春婦; 〖史〗過激な王党員; 高教会派の人; 〖証券〗相場の平均より上げあしの速い銘柄; 上げあしの速い株を発行している企業.

hígh-flówn *a* 空想的な, 野心的な; 大げさな, 仰々しい.

hígh-flý·ing *a* 高く飛ぶ, 高空飛行の; 成功した, 羽振りのよい; 野心的な, 辣腕の; 途方もない, 莫大な.

hígh-fréquency *a* しばしば起こる[現われる], 頻度の高い; 〖通信〗高周波の.

hígh fréquency 〖通信〗高周波, デカメートル波, 短波《普通は 3–30 megahertz; 略 HF》.

hígh-fréquency wélding RADIO-FREQUENCY WELDING.

Hígh Frontíer 《SF 俗》ハイフロンティア《人類にとって進出可能な場としての宇宙》.

hígh géar 高速ギア; 最高速度, 最高の活動状態, 最高潮: in ~ 高速ギヤで, 最高潮で / move [go, shift, swing] into ~ 調子[ピッチ]が上がる.

Hígh Gérman 高地ドイツ語《略 HG: **1**) ドイツの中部・南部地方で用いられるドイツ語変種; cf. Low GERMAN **2**) 標準ドイツ語》.

hígh-gráde *a* (**higher-grade, highest-grade**) 優秀な, 高級な, 良質の; 〈原鉱が〉純度の高い; 〈病気が〉嵩じた: ~ bonds 高格付け債 / a ~ tumor 高悪性度腫瘍. ► *vt* 〈良質鉱を〉鉱山から盗み取る; 〈良質鉱〉だけ採掘する; *《俗》盗む, くすねる. ► *n**《俗》ちょろまかすやつ, ぬすっと.

hígh gráde 〖畜〗純血種にほぼ近い累進交配種.

hígh-gráding *n* 《漁業・林業・鉱山業における》優良品のみの採取, ハイグレーディング.

hígh gróund [the] 《論争・選挙戦などにおける》優位, 有利な立場《世論の支持を得そうな立場》.

Hígh·gròve Hóuse ハイグローヴハウス《イングランド南西部 Gloucestershire にあるイングランド皇太子所有の家》.

hígh-grówn *a* 〈コーヒーが〉高地産の.

hígh-hánd·ed *a* 高圧的な, 横暴な, 高飛車な. ♦ **~·ly** *adv* **~·ness** *n*

hígh-hát 《口》*vt* 見くだす, 鼻であしらう, ばかにする, 冷遇する. ► *vi* 気取る, お高く構える, いばる. ► *a* お高く構えた, いばりくさった, 高慢ちきな, 俗物的な; しゃれた, りっぱな: get ~ 気取る, お高く構える. ► *n* 気取り屋, 俗物 (high hat); ハイハットシンバル (high hat). ♦ **hígh-hátter** *n* **hígh-hátty, -hátted** *a*

hígh hát **1** 山高帽, シルクハット (top hat); [*fig*] 高慢なやつ, 俗物. **2** 〖楽〗ハイハット(シンバル)《シンバルを金属棒の上に 2 つ重ねて水平に取り付け, ペダルで上のシンバルを上下させて音を出すようにしたもの》. ● **wear a ~** 《俗》気取る.

hígh-héart·ed *a* 勇み立った; 高潔な. ♦ **~·ly** *adv* **~·ness** *n*

hígh-héeled *a* ハイヒールの, かかとの高い.

hígh héels *pl* ハイヒール.

hígh híg*《俗》いやに気取った女, お高く構えたいやな女.

hígh·hòle, -hòld·er *n**《方》ハシボソキツツキ (flicker).

Hígh Hólidays, Hígh Hóly Dàys *pl* [the]〖ユダヤ教〗大祭日《新年祭 (ROSH HASHANAH) と贖罪の日 (YOM KIPPUR) の両祭日(を含む時期); この時期はユダヤ暦の新年の 10 日間で, Yamim Nora'im (畏れの日) ともいい, 悔い改めの期間》.

hígh hórse 傲慢な態度: Down from your ~. いばった態度はやめろ. ● **be on [get on, mount, ride] one's ~** いばる, 人を見くだした態度をとる; 腹を立てる, 機嫌をそこねる. **come [get] (down) off one's ~** お高くとまらない, 横柄な態度をとらない; 機嫌を直す.

hígh húrdles [the, 〈*sg/pl*〉]〖競技〗110 m [120 ヤード]ハードル, ハイハードル《ハードルの高さは 106.7 cm》.

hígh-ímpact *a* 耐衝撃性の〈プラスチックなど〉; (体に)負担の大きい, 激しい, ハイインパクトの〈エアロビクスなど〉.

highjack ⇨ HIJACK.

hígh jìnks *pl* 《口》浮かれ騒ぎ, 戯れ, おふざけ, いたずら.

hígh-jùmp *vi* 走り高跳びをする. ► *vt* 〈高さ・障害を〉跳び越える. ♦ **hígh jùmping** *n*

hígh jùmp [the]〖競技〗(走り)高跳び, ハイジャンプ. ● **be (in) for the ~**"《口》きびしい処罰をうける[こっぴどくしかられる]ことになりそうだ, 《かつて》つるし首になりそうだ.

hígh jùmper (走り)高跳びの選手.

hígh-kéy *a*〖写〗〈画面・被写体が〉明るく平調の, ハイキーの《全体的に白っぽい》.

hígh-kéyed *a* 調子の高い; 敏感な, 神経質な; 元気のよい; 明るい[澄んだ]色調の.

hígh kíck〖ダンス〗ハイキック《宙を高くける動作》.

hígh·land /-lənd/ *n* [°*pl*] 高地, 山地, 高冷地 (opp. *lowland*); [H-] ハイランド《スコットランド北部の参事会地域; ☆Inverness》; [the H-s] スコットランド北部の高地, ハイランズ. ► *a* 高地の; [H-] スコットランド高地(特有)の: HIGHLAND CATTLE / HIGHLAND DRESS. [OE *hēahland* promontory (*high*+*land*)]

Híghland cáttle〖畜〗ハイランド牛《通例 赤茶色の長軟毛と左右に広がる曲がった長い角をもつ小型の牛(の品種)》.

Híghland Cléarances *pl* ハイランド放逐 (=*the Clearances*)《18-19 世紀にスコットランド高地で牧羊を押し進めるために行なわれた強制退去》.

Híghland dréss ハイランドドレス《スコットランド高地人が特別な場合に着るもので, 上着, ボウタイ, sporran をつるしたキルト, 上の折り返しに小さな刀を差し込んである長い靴下などからなる》.

híghland·er *n* 高地[山地]の居住者; [H-] スコットランド高地人, 高地連隊兵.

Híghland flíng ハイランドフリング《スコットランド高地の活発なフォークダンス; 通例 男性がソロで踊る》.

Híghland Gámes *pl* [the] ハイランド競技大会 (⇨ HIGHLAND GATHERING).

Híghland Gáthering ハイランド大会《スコットランドの Highlands を中心に伝統的に毎年行なわれてきたスポーツと音楽の祭典で, Highland Games ともいう; 1832 年からの Braemar Gathering が最も有名》.

Híghland póny〖馬〗ハイランドポニー《スコットランド高地原産の丈夫なポニー》.

Híghland Scóts [Scótch]《英語の》スコットランド高地方言.

Híghland Sóuthern 高地南部方言, ハイランドサザン《米国南部 Appalachia 南部地域の方言の古い呼称》.

hígh-lével *a* 高い位置での[にある], 《大気の》高層での; 高いレベルの, 地位の高い; 放射性の高い;〖電算〗〈プログラム言語が〉高水準の《自然言語に近いもの, たとえば BASIC, COBOL, FORTRAN などについていう》.

hígh-lèvel fórmat〖電算〗高レベルフォーマット (=*logical format*)《低レベルフォーマットが済んでいる記録媒体上で, OS に必要なセクター, FAT などの構造; それを生成する処理》.

hígh·lìfe *n* ハイライフ《西アフリカ起源のジャズダンスの一種[曲]》.

hígh lífe [ˢthe] (上流社会の)ぜいたくな生活, 豪勢[優雅]なライフスタイル, 社交生活.

hígh·lìght *n* **1**《歴史・物語などの》顕著なできごと[場面], 圧巻; 重要点, やま場, ハイライト; [*pl*] ハイライト版[盤]《主要な場面をピックアップしたもの》. **2** [°*pl*]〖画・写〗最も明るい部分, ハイライト; 光彩のある場面; [ᵘ*pl*] 脱色して明るい色[ブロンド]にした一条の髪. ► *vt* …に強い光を当てる; 目立たせる, 強調する (emphasize); 蛍光マーカー (highlighter) でマークする;〖電算〗《文字色を変えて》強調[反転表示]する; ハイライトとして…を彩る; 〈髪〉の一部を明るい色に脱色する.

hígh·lìght·er *n* ハイライト(化粧品)《顔に立体感を出す》; 蛍光マーカー.

hígh líver ぜいたくな生活をする人, 美食家.

hígh líving ぜいたくな(社交)生活, HIGH LIFE.

hígh lónesome《俗・方》飲めや歌えの大騒ぎ: get on a ~ 飲み騒ぐ.

hígh·lòw *n*"《方》《前で締めるタイプの》くるぶしまでの高さのブーツ.

hígh-lów *n*〖トランプ〗ハイローポーカー.

hígh-lòw-jáck *n*〖トランプ〗SEVEN-UP.

hígh·ly *adv* 高度に, 大いに; 大いにほめて; 高価で[に]; 高位に; 高貴に: ~ amusing とてもおもしろい / speak ~ of…を激賞する / think ~ of…を尊重する / be ~ connected 高貴の家と縁続きだ. [OE *hēalīce*]

highly-strung ⇨ HIGH-STRUNG.

hígh-máintenance *a* 〈機械・自動車など〉定期的な[高度の]メンテナンスを要する; 手がかかる, 世話のやける〈友人など〉.

hígh máss [°H- M-]〖カト〗《焼香・奏楽のある》盛式ミサ, 大ミサ, 歌ミサ (cf. LOW MASS).

hígh·méttled *a* かんの強い; 元気いっぱいの, 血気盛んな.

hígh-mínd·ed *a* 志の高い, 高邁な, 高尚な, 気高い, 高潔な; 《古》高慢な. ♦ **~·ly** *adv* **~·ness** *n*

hígh móor〖生態〗高層湿原.

hìgh-múck-a-mùck /-mʌ́kɪmʌ̀k/, **-múck·ie-, -múcky-** /-mʌ́ki-/, **-múck·e·ty-mùck** /-mʌ́kətimʌ̀k/, **-mónkey-** *n*《俗》[*derog/joc*] 要人, 有力者, 高官, お偉いさん. [Chinook Jargon=plenty to eat]

hígh-nécked *a* ハイネックの〈服〉《襟ぐりのラインが首の付け根より高い》.

hígh·ness *n* 高いこと, 高さ; 高位; 高度, 高率; 高価; [H-] 殿下《皇族の敬称》. ★ Your [His, Her, etc.] (Royal [SERENE, Imperial]) *H*~ として用いる. 用法は ⇨ MAJESTY.

hígh nóon 正午, 真昼; 盛時, 絶頂; [ˢH- N-] 決定的瞬間, 正念場 〈*for* sb〉.

hígh-nósed *a* 鼻が高い[長い], 大鼻の.

hígh nóte 高音; 高い調子, 好調(期), 頂点, 最高潮: on a ~ ピーク(の時)に

hígh-óccupancy vèhicle 複数乗車車両《略 HOV》.

hígh-óctane *a* 〈ガソリンなど〉高オクタン価の, ハイオクタンの; 〈アルコールなどが〉純度の高い, 〈コーヒーなど〉濃い; 《口》高性能の, 強力な; 精力的な: a ~ performance 強力な性能; ダイナミックな演技[プレー] / a ~ lawyer やり手の弁護士. ► *n* ハイオク《ガソリン》.

hígh òld tíme《口》実に楽しいひと時 (high time).

hígh-pàss fílter〖電子工〗高域(通過)濾波器[フィルター].

hígh-páy·ing *a* 高給の〈仕事など〉.

hígh-perfórmance *a* 高性能の, 高速の.

hígh-perfórmance lìquid chromatógraphy〖化〗高速液体クロマトグラフィー《略 HPLC》.

hígh-perfórm·ing *a* 成績のよい, 好業績の.

hígh píllow*《俗》大物, 重要人物.

hígh pítch*《俗》《大道商人の》屋台, 売台.

hígh-pítched *a* 高い調子の, かん高い; 《感情が》激しい, 熱烈な; 急傾斜の〈屋根など〉; 〈感度などの〉高い; 張り切っている; 高遠な; 気位の高い, 高慢な.

hígh plàce〖聖〗高き所《山頂などの礼拝所; *1 Kings* 3: 4》; 《組織内の》高い地位, 要職; [*pl*]《組織の》上層部, 高官: have friends in ~*s* 有力なつてがある.

hígh·pòckets *n* [〈*sg*〉]*《俗》長身の男, のっぽ.

hígh pòint 最高[最良]の時, 頂点, ハイライト 〈*of*〉 ● **hit the ~s** =hit the high SPOTS.

hígh pólitics ハイポリティックス《軍事・外交・対外経済政策など》.

hígh pólymer〖化〗高重合体, 高分子化合物.

hígh pólymer chémistry 高分子化学.

hígh-pówer(ed) *a* 強力な, 高性能の, 質のすぐれた; 〈光学器械が〉倍率の高い; 精力的な, やり手の〈人〉; 影響力の大きい, 責任の重い〈仕事など〉; 高度の理解力を要する〈本など〉.

hígh-préssure *a* 高圧の; 高気圧の; 急迫した; 高度の緊張が要求される, プレッシャーが高い; 強要する, 強引な, しつこい〈売込みなど〉: ~ salesmanship 押売り / ~ occupations ストレスの多い職業. ► *vt* …に強要する, 強引に迫る 〈*into*〉, 強引に売り込む.

hígh-préssure nérvous sỳndrome〖医〗高圧神経症候群《高圧のヘリウム-酸素の混合気によるとされる吐き気・めまいなど》.

hígh-príced *a* 高価な.

hígh príest 司祭長, 祭司長, 《古代ユダヤ教の》大祭司;〖モルモン教〗大祭司《メルキゼデク (Melchizedek) 神権の職の一つ》; [*fig*] 傑出した権威者, 第一人者 〈*of*〉. ♦ **high priestess** *fem* **high príest·hòod** *n*

hígh-príncipled *a* 志の高い, 高潔な.

hígh prófile 注目を浴びること[状態] (: have a ~); 人目をひこう[目立とう]とする態度[ふるまい, 行為] (cf. LOW PROFILE): adopt a ~ 目立つふるまいをする, 高姿勢をとる / keep [maintain] a ~ 常に人目につく, 目立つふるまいを続ける. ♦ **hígh-prófile** *a* 人目をひく, 脚光[注目]を浴びる.

hígh-próof *a* アルコール分の多い, アルコール度の高い.

hígh-ránk·er *n* 《軍隊などの》高官.

hígh-ránk·ing *a* 高い階級の, 高位の: ~ government officials 政府高官.

hígh relíef 高浮彫り (alto-relievo) (cf. BAS-RELIEF).

Hígh Renaissánce [the]〖美・建〗盛期ルネサンス《イタリアで Michelangelo, da Vinci などの活躍した 1490 年代から 1520 年代にかけての約 30 年間》.

hígh-rént *a**《俗》しゃれていて高級な.

H

high-res /háırέz/ «口» *a* HI-RES; とてもいい, 満足な, 気持のいい (opp. *low-res*); 高解像度の. ［*high-res*olution］

hígh-resolútion *a*〘電子工〙高解像(度)の.

hígh ríder*«俗» サスペンションを高くした車両《特に 四輪駆動車》.

hígh-ríse *a* **1** 高層の〈建築〉; 高層建築の(多い)〈地域〉: a ～ apartment building 高層アパート. **2** 高くした[高い]ハンドルの(付いた)〈自転車〉. ► *n* /ˊ— ˋ—/ 高層建築; 高ハンドルの自転車.

hígh-rìser *n* ダブルベッドにもなる二層ベッド; HIGH-RISE.

hígh-rísk *a* 危険度の高い, リスクの大きい[多い], ハイリスクの.

hígh ròadᵘ本道, 幹線道路 (highway); [ᵘthe] 直通の楽な道, 確かな道 〈*to*〉; 人倫の道, 正しい方法[生き方]: on *the* ～ *to* success [recovery] / There is no ～ *to* literary appreciation. / take *the* ～ [*fig*] 本道[正道]を行く.

hígh róller*«口» 大金を張るギャンブラー, 大ばくちを打つ人, ハイローラー; *«口» 金づかいの荒い人[組織], 金に飽かせたぜいたく[放埒な生活]をする者; *«俗» 高級売春婦.

hígh-róll·ing *a**«口» 大金を賭ける[投資する], 金づかいの荒い.

hígh schòol[1]〘米〙ハイスクール, 高等学校《第 9 [10] 学年から第 12 学年まで; ⇨ JUNIOR [SENIOR] HIGH SCHOOL》;〘英〙中等学校《主に grammar school, 私立中等学校などの名称に使われる》. ♦ **hígh schòol·er** *n*

hígh schòol[2] 高等馬術. ［F *haute école*］

hígh séa 高波; [the ～s] 公海, 外洋; [the ～s]〘法〙海事裁判所管轄水域.

hígh séason [the]《行楽の》最盛期, シーズン; 書入れ時.

hígh-secúrity *a* 警備が厳重な〈建物・場所など〉; 重警備の刑務所に服役している〈囚人〉.

hígh shériff〘英〙州長官 (⇨ SHERIFF).

hígh sìgn*[the] «口»《目くばせ・身振り・表情などによる内密の》合図; «口»《指で円をつくる》オーケーサイン: give [get] *the* ～.

High·smith /háısmìθ/ ハイスミス **Patricia** ～ (1921–95)《米国のサスペンス小説作家》.

hígh-sóuled *a* 崇高な精神の.

hígh-sóund·ing *a* 仰々しい, 大げさな.

hígh-spéed *a* 高速度(用)の; 高速度写真[撮影]の: ～ driving 高速運転 / a ～ engine 高速機関 / ～ film 高感度フィルム / ～ Internet access 高速[ブロードバンド]インターネットアクセス.

High Speed 1 [One] /ˊ— ˊ— wʌ́n/〘英鉄道〙高速 1 号線《London と Channel Tunnel の英国側入口までをつなぐ高速鉄道; 略 HS1》.

hígh-spèed stéel〘冶〙高速度鋼, ハイス《高速度切削機用》.

High Speed 2 [Two] /ˊ— ˊ— tú:/〘英鉄道〙高速 2 号線《2026 年開業予定のイングランド北部へ向かう高速鉄道》; 高速 2 号線公社《前者の建設のために設立された政府機関》.

hígh spírit 進取の気性; [*pl*] 大元気, 上機嫌.

hígh-spírit·ed *a* 元気[威勢]のいい, 気概のある; 〈馬が〉かんの強い. ♦ **～·ly** *adv* **～·ness** *n*

hígh·spòt *n* 大事なところ, 特色, 呼び物, 見どころ, ハイライト 〈*of*〉. ［cf. hit the high SPOTS］

hígh-stákes *a* «口» いちかばちかの.

hígh-stépper *n* 足を高く上げて進む馬; [*fig*] 威勢のよい人; [*fig*] 気取った人, 流行の[高価な]服を着た人.

hígh-stépping «口» *a* 足を高く上げて進む〈馬〉; 快楽にふける, 放埒な生活をする; 気取った, これみよがしの.

Hígh Stéward〘英〙大学執事《Oxford, Cambridge 大学の大学裁判所裁判官》.

hígh-stìck·ing *n*〘アイスホッケー〙ハイスティック《スティックのブレードを高く上げすぎること; 反則》. ♦ **hígh-stìck** *vt* ハイスティックで〈相手〉のじゃまをする.

hígh strèetᵘ本通り, 目抜通り, 本町 (cf. MAIN STREET); 一般大衆市場, 一般大衆相手の商況; [〈*a*〉] 目抜通りにある, 一般大衆向けの: a ～ bank《各地の》目抜通りに店舗を構える銀行, 市中銀行.

hígh-strúng, hígh·ly- *a* 神経質な, 興奮しやすい, 極度に緊張している; 〈神経が〉張りつめた; 弦をきつく張った〈ギター〉;〘弓〙握りとつるの間が 7 インチ以上ある〈弓〉.

hígh stýle 最新のファッション[デザイン]《少数の限られた人が採用する》.

hight /háıt/ *a* «古・詩» / [*joc*] (…と)呼ばれた (called, named); «スコ» 保証された. ► *vt* «スコ古» 命ずる.

hígh táble 主賓の食卓[テーブル];〘英大学〙ハイテーブル (＝*the High*)《学長および fellows の食卓》: FEED[1] at the ～.

hígh·tàil*«俗» *vi* [ᵒ～ it] 急いで走る[逃げる], 急ぐ; 人の車の後ろにぴったりつける, 追跡する.

Hígh Tátra [the] 高タトラ《TATRA MOUNTAINS の(北部の)別称》.

hígh téaᵘハイティー《お茶と夕食を兼ねた, 午後 4–5 時ごろに取る食事》.

hígh téch ハイテク《工業デザイン[製品, 材料]を応用した家庭用品のデザインや室内装飾の様式》; ハイテク (HIGH TECHNOLOGY). ♦ **high-téch** *a* ［*high*-style *tech*nology］

high technólogy 先端技術, 高度科学技術, ハイテクノロジー. ♦ **high-technólogy** *a*

high-ténsile *a* 〈金属が〉伸張性の高い: ～ steel 高張力鋼 / a ～ bolt 高力ボルト.

high-ténsion *a*〘電〙高圧の, 高圧電流用の《略 HT》: ～ current 高圧電流.

high ténsion 高電圧 (high voltage).

high-tést *a* 厳重な試験をパスする; 〈ガソリンが〉沸点の低い, 揮発度が高い.

high-tícket *a**«口» BIG-TICKET.

high tícket*«口» BIG TICKET.

high tíde 満潮, 高潮(こうちょう); 高潮時; 高潮線; 絶頂 (climax).

high tíme 機の熟した時, とっくに…すべき時刻, 潮時; «口» 愉快なひと時 (＝high old time): It is ～ (for us) to go. / It is ～ I went to bed. もう(そろそろ)寝なきゃ / *H~*, too. やっとか, 待ちくたびれたよ.

high-tóne(d) *a* 格調高い, 高尚な; 上等な, 高級な; お高い, 気取った;《音の》調子の高い.

high-tóny *a**«俗» HIGH-TONED.

high-tòp *a* ハイトップ型の, ハイトップデザインの. ► *n* [*pl*] ハイトップ《くるぶしまでおおう深いスニーカー, 特に足首を保護補強するパッド入りのものをいう》.

high tréason〘法〙《国家・国王・王族・政府高官に対する》大逆罪, 重反逆罪 (cf. PETIT TREASON).

high·ty-tigh·ty /háıtitáıti/ *a* HOITY-TOITY.

high-úp *a*, *n* [ᵘ*pl*] «口» 地位の高い(人), HIGHER-UP.

high·veld /háıfὲlt, -vὲlt/ *n* [the] ハイフェルト《南アフリカ共和国 Transvaal 地方の高原地帯》.

high-velócity stár〘天〙高速度星.

high-vóltage *a* 力強い, 精力的な.

high-wáter *a**«口» 〈ズボンなどが〉特に短い.

high wáter《河川・湖沼・海などの》最高水位《略 HW》, 満潮, 高潮(こうちょう) (high tide);《大雨・雪解けによる》増水, 出水: come HELL or ～.

high-wáter lìne HIGH-WATER MARK.

high-wáter màrk 高水準; 高潮線(の跡);《川・湖の》高水位線; 洪水痕跡; [*fig*] 最高水準, 頂点.

high·wày *n* 公道《英では主に法律用語》; 本道, 大通り, 幹線道路, 街道, ハイウェー; 公水路,《水陸の》交通路; 容易な[直結した]道 〈*to* success etc.〉; 基本的な周知の面[分野];《研究などの》本筋, 常道 〈*of*〉;〘電算〙BUS: the King's [Queen's] ～ 天下の公道. ● **my way or the ～***«口» わたしのやり方がいやなら[言うことが聞けないなら]やめろ[帰れ]. **take (to) [go on] the ～** 追いはぎになる. **the ～s and (the) byways** «古風» 大道小道, 本道と支道, 最も重要なものから最も些細なものまで. ［HIGH, WAY[1]］

Híghway Códe [the]〘英〙交通規則(集)《ドライバー用の小冊子》.

híghway hypnòsis 高速道路催眠, ハイウェーヒプノーシス《長時間の単純な運転のために起こる半睡状態》.

hígh·wày·man /-mən/ *n*《通例 乗馬で公道に出没した》追いはぎ, 辻強盗.

híghway patròl〘米〙ハイウェーパトロール《公道などの施設とその周辺の治安維持・交通取締まりを行なう警察; 主に南部・中西部の諸州に置かれ, 州警察 (state police) の機能を果たすことが多い》.

híghway róbbery* 白昼の強盗, (旅行者に対する)略奪; «口»《商取引による》法外な利益[請求], 暴利, ぶったくり, 詐欺 (daylight robberyᵘ).

hígh wíne アルコール分の高いワイン; *«俗» グレーンアルコールとコーラなどをミックスしたもの.

hígh-wíre *a* 綱渡り的な, 危険の大きい; 大胆な: a ～ act 綱渡り的行為.

hígh wíre TIGHTROPE.

hígh-wróught *a* ひどく興奮した, 激昂した; きわめて精巧な, 仕上げの細かな.

Hígh Wýc·ombe /-wíkəm/ ハイウィコム《イングランド中南東部 Buckinghamshire 南部, London の西北西に位置する家具の町》.

hígh yál·ler /-jǽlər/ *«俗» HIGH YELLOW.

hígh yéllow*«俗» [*derog*] 肌の色の薄い黒人, MULATTO, 黄色いの《特に若い美人》.

HIH His [Her] Imperial HIGHNESS.

hí-hát *n*〘楽〙HIGH-HAT.

Hii·u·maa /hí:əmà:/ ヒウマ (*Swed* Dagö)《バルト海のエストニア西岸沖にある同国領の島》.

hi·jab /hıʤá:b, -ʤǽb/ *n* ヒジャーブ《**1**) イスラム教徒の女性が頭をおおうのに用いるかぶりもの **2**) その着用に関する戒律》. ［Pers＜Arab］

hi·jack, high·jack /háıʤæ̀k/ «口» *vt*《輸送中の車両を止めて》〈貨物, 特に 禁制品を〉強奪する, 〈輸送車・人〉から強奪する; 〈飛行機などを〉乗っ取る, ハイジャックする; 誘拐[拉致]する (kidnap);《一般に》盗む, …から強奪する; …に強要する, …から巻き上げる. ► *vi* 輸送中の貨物を強奪する; 乗っ取る, ハイジャックする. ► *n*《飛行機などの》乗っ取り, ハイジャック. ♦ **～·er** *n* ハイジャックの犯人. ［C20＜?; 一説に, 逆成＜*hijacker* (*high*wayman＋*jacker*＜*jack* to hunt by night with aid of jack light)］

Hijāz ⇨ HEJAZ.

hi·jinks /háıʤìŋks/ *n pl* «俗» HIGH JINKS.

hij·ra /híʤrə/ *n* 《インド》ヒジュラー《去勢された[女装する]男; 独自のカーストに属し, 歌や踊りを職業にする》. [Hindi]
Hij·ra(h) /híʤrə/ *n* HEGIRA.
hike /háɪk/ *vi* 徒歩旅行[ハイキング]する, 歩いて行く; 旅行[移動]する; 上の方にのぼる[上がる], 〈スカートなどが〉ずり上がる 〈*up*〉; *《俗》(鉄塔や電柱に登り)架線工事の仕事をする: go *hiking* ハイキングに出かける. ► *vt* 〈価格·家賃などを〉引き上げる 〈*up*〉; *《口》ぐいと引き揚げる, さっと揚げる[ほうる] 〈*up*〉; 〘アメフト〙SNAP; *《俗》〈小切手〉の数字を書き換える; てくてく歩かせる: ～ *up* one's socks. ● **～ out** 〘海〙ハイクアウトする《ヨットで風上側の舷外に身を乗り出す》. ► *n* 《山野などの》徒歩旅行, ハイキング; 値上げ, 《給料などの》引上げ (increase); 〘アメフト〙SNAP: go on a ～ (to...へ)ハイキングに行く / a big ～ in gas prices ガソリン価格の高騰 / tax ～*s* 増税 / wage ～*s* 賃上げ. ● **take a ～** 《口》去る, 出て行く, [*impv*] あっちへ行け, 消えちまいな! ◆ **hík·er** *n* ハイカー. [C19 (dial) <?; cf. HITCH]
hik·ing /háɪkɪŋ/ *n* ハイキング, 徒歩旅行.
hila *n* HILUM の複数形.
Hi·laire /hɪléər, ←/ ヒレア《男子名》. [F; ⇨ HILARY]
hi·lar /háɪlər/ *a* HILUM の[に関する, に近い].
hi·lar·i·ous /hɪléəriəs, *haɪ-/ *a* すごくおもしろい[おかしい]; 噴飯ものの; 陽気な, にぎやかな. ◆ **～·ly** *adv* **～·ness** *n* [L<Gk *hilaros* cheerful]
hi·lar·i·ty /hɪlǽrəti/ *n* 愉快; はしゃぎ, 浮かれ騒ぎ.
Hil·a·ry /híləri/ **1** ヒラリー《(1) 男子名 (2) 女子名》. **2** HILARY TERM. [L=CHEERFUL]
Hílary of Poitiérs [Saint] ポアティエの聖ヒラリウス (c. 315–c. 367)《フランスの聖職者; Poitiers の司教としてアリウス説に反対し, 正統信仰の擁護に尽くした; 祝日は英国教会で 1 月 13 日, ローマカトリック教会で 14 日》.
Hílary tèrm **1** 〘オックスフォード大学〙ヒラリー学期《1 月中旬から復活祭までの第二学期》. **2** 〘英法廷〙ヒラリー開廷期《(1) 1 月 11 日から 1 月 31 日までの昔の上級裁判所の開廷期 (2) 1 月 11 日から復活祭直前の水曜日までの英国高等法院の開廷期 (=**Hílary sìtting**)》. [↑]
Hil·bert /hílbərt/ ヒルバート, ヒルベルト **David** ～ (1862–1943)《ドイツの数学者; 1900 年に 23 の数学上の問題を提出, 新世紀における研究目標を示した》.
Hílbert spàce 〘数〙ヒルベルト空間. [↑]
Hil·da /híldə/ ヒルダ《女子名》. [OE<Gmc=(maid of) battle]
Hil·de·brand /híldəbrǽnd/ **1** ヒルデブランド《男子名》. **2** ヒルデブラント《GREGORY 7 世の俗名》. ◆ **Hìl·de·brán·di·an** *a*, *n* **Híl·de·brànd·ine** *a* [Gmc=battle sword]
Hil·de·gard(e) /híldəgɑ̀:rd/ ヒルデガード《女子名》. [Gmc=battle+protector or knowledge]
Híldegard of Bíngen [Saint] ビンゲンの聖ヒルデガルト (1098–1179)《ドイツの神秘家; 体験した幻視を *Scivias* (主の道の知識) として発表した》.
Hil·des·heim /híldəshàɪm/ ヒルデスハイム《ドイツ中北部 Lower Saxony 州の市; ハンザ同盟 (Hanseatic League) の同盟都市》.
hil·ding /híldɪŋ/ 《古》*a* 道義心[信仰心, 勇気]に欠ける, 卑劣な. ► *n* 卑劣漢.
hili *n* HILUS の複数形.
hi·lif·er·ous /haɪlíf(ə)rəs/ *a* HILUM をもっている.
Hil·i·gay·non, -gai- /hìləgáɪnən/ *n* **a** (*pl* ～, ～s) ヒリガイノン族《フィリピンの Panay 島および Negros 島の一部に住むヴィサヤ系 (Visayan) の民族》. **b** ヒリガイノン語《しばしば ヴィサヤ語 (Visayan) の一方言とみなされるオーストロネシア語》.
hill /híl/ *n* **1 a** 山, 丘, 丘陵《通例 草木のある, あまり険しくない山, 英国では 通例 2000 ft (=610 m) 以下のもの; cf. MOUNTAIN》: (as) OLD as the ～*s*. **b** [the ～s] (奥地の)丘陵地帯; [the ～s] 《インド》高地駐在地, 避暑地. **c** [the H-] *CAPITOL HILL, 連邦議会; [the H-] "HARROW SCHOOL. **2** 坂, 坂道; 盛り土, 塚, 鞍(くら); 鞍に植えた作物; 《野球俗》ピッチャーズマウンド. ● **a ～ of BEANS. drive** sb **over the ～** *《俗》〈人を〉発狂させる, 気も狂わんばかりにならせる. **～ and dale** 《鉱山·炭鉱で》掘り返されてでこぼこになった土地. **over the ～** 峠[山, 難関]を越えて; 《口》盛りを過ぎて, 下り坂で, 年を取って; *《俗》無断欠席して, 〈囚人·兵隊が〉脱獄[脱走]して. **take to** [**head for**] **the ～s** 逃げて隠れる. **up ～ and down dale** 丘を上り谷を下って; あちこち, いたるところ; 土地の起伏[状勢の変転]に逆らわずに従って, 辛抱強く. ► *vt* うず高く積み上げる; 積み上げて小山にする, 〈植林など〉に盛り土する, 鞍築(つ)きする 〈*up*〉. [OE *hyll*; cf. OFris. *holla* head]
Hill ヒル (1) **A**(**rchibald**) **V**(**ivian**) ～ (1886–1977)《英国の生理学者; 筋収縮時の熱発生について研究; ノーベル生理学医学賞 (1922)》 (2) **David Octavius** ～ (1802–70)《スコットランドの写真家; Robert Adamson (1821–48) の協力を得て多数の肖像写真, Edinburgh の風景写真を残した》 (3) **James Jerome** ～ (1838–1916)《米国の鉄道王; 米国北西部に鉄道を建設した》 (4) **Joe** ～ (1879?–1915)《米国の労働運動指導者; 状況証拠のみで殺人犯とされて死刑となり, 死後 労働運動の世界でヒーローになった; 多くの労働歌を残した》 (5) **Octavia** ～ (1838–1912)《英国の住宅改革者; National Trust を創設》 (6) Sir **Rowland** ～ (1795–1879)《英国の郵便制度改革者; 近代郵便の制度を発展させた》.
hill-and-dále *a* 溝に高低のある〈レコード〉.
Hil·la·ry /híləri/ ヒラリー Sir **Edmund** (**Percival**) ～ (1919–2008)《ニュージーランドの登山家·南極探検家; シェルパの Tenzing Norgay と Everest 初登頂に成功 (1953)》.
hill·billy *n**《口》[*derog*]《米国南部, 特に アパラチア山脈の》山地[山奥]の住民, 山出し, 田舎者; HILLBILLY MUSIC. [*hill*, *Billy*]
hillbilly mùsic HILLBILLY の音楽, カントリーミュージック.
hill clìmb ヒルクライム《自動車やオートバイで一定距離の上り勾配の道を一人ずつ走らせて計時するスピード競技》. ◆ **hill-clìmb·er** *n* **hill-clìmb·ing** *n*
hill còuntry 丘陵地帯, 山国; 《NZ》《北島の》高原放牧地.
hill·crèst *n* 丘[山]の稜線.
Hil·lel /hílәl, -èl/ ヒレル (c. 70 B.C.–c. 10 A.D.)《Babylonia 生まれのユダヤ人ラビ; 初めて律法解釈の方法を確立》.
Híllel Foundàtion [the] 〘米〙ヒレル財団《ユダヤ人大学生の宗教的·文化的·社会的生活の向上を目的とした全国組織; 他国の大学でユダヤ教に関する講座を提供する》.
hill·er *n* 土寄せ機械, 畝(うね)立て機, 培土板《農具》.
hill fìgure ヒルフィガー《先史時代のイングランドで儀式·記念のために白亜質の丘に刻まれた巨大な馬や人物などの像; WHITE HORSE などが有名》.
hill fòlk 山地[丘陵地]の住民; 山地[丘陵地]の魔物.
hill·fòrt *n* 〘考古〙丘の上のとりで.
Hil·liard /híljərd/ ヒリアード **Nicholas** ～ (1547–1619)《イングランドの Elizabeth 1 世, James 1 世の宮廷画家; 英国細密画の開祖》.
Hil·ling·don /hílɪŋdən/ ヒリン(グ)ドン《London boroughs の一つ》.
hill·man /-mən/, **hílls-** /hílz-/ *n* (*pl* **-men** /-mən/) 山地[丘陵地]の住人, 山国の人.
Hillman ヒルマン《英国製自動車; 現在は製造せず》.
hill mỳna(h) 〘鳥〙キュウカンチョウ (九官鳥)《ムクドリ科》.
hil·lo, hil·loa /hɪlóu; ←/ *int*, *n*, *v* 《古》HELLO.
hil·lock /hílək/ *n* 小山, 塚, ブルト. ◆ **～y** *a* [ME (*-ock*)]
hill pàrtridge 〘鳥〙 **a** ミヤマテッケイ (=*tree partridge*)《南アジア·台湾産》. **b** インドケヅメシャコ (spur fowl).
Hill ràt *《俗》連邦議会職員. [Capitol *Hill*]
Hill reáction 〘生化〙ヒル反応《葉緑体による二酸化炭素以外の物質の光還元反応》. [Robin *Hill* (1899–1991) 英国の生理学者]
hill·sìde *n* 山腹, 丘陵の斜面.
hill·sìte *n* 丘の上[高台]の敷地[用地].
hill·slòpe *n* HILLSIDE.
hillsman ⇨ HILLMAN.
hill stàtion 《インド北部などの》避暑地, リゾート地《本来は英国が軍人や官吏のために建設したもの》.
hill·tòp *n* 丘[小山, 坂道]の頂上, 山の上.
hill·wàlk·ing *n* 丘陵地の散歩, 山歩き, 低山遊歩, ヒルウォーキング. ◆ **hill·wàlk·er** *n*
hilly *a* 山の多い, 丘陵性の, 起伏のある; 小山のような, 小高い; 険しい. ◆ **hill·i·ness** *n* 山[丘陵]の多いこと; 丘陵性.
Hi·lo /hí:lou/ ヒロ《Hawaii 島東部の市; 港町》.
hilt /hílt/ *n* 《刀剣の》つか; 《つるはしの》柄; 《ピストルなどの》にぎり (haft). ● **～ to ～** 一騎討ちで. **(up) to the ～** つか元まで(ずぶりと); 徹底的に, 完全に; 限度いっぱいに, 最大限に. ► *vt* ...に hilt を付ける. ◆ **～·ed** *a* **～·less** *a* [OE *hilt*(*e*); cf. OS *helta* oar handle]
Hil·ton /híltn/ ヒルトン **James** ～ (1900–54)《英国の小説家; *Lost Horizon* (1933), *Goodbye Mr. Chips* (1934), *Random Harvest* (1941) はいずれも映画化されて成功した》.
Hílton Héad Ísland ヒルトン·ヘッド·アイランド《South Carolina 州南東岸沖の同名の島にある町》.
Hílton Hotél ヒルトンホテル《米国のホテルチェーン Hilton Worldwide の所有[一部所有, フランチャイズ]のホテル》. [Conrad *Hilton* (1887–1979) 米国人の創業者]
hi·lum /háɪləm/ *n* (*pl* **-la** /-lə/) 〘植〙臍(へそ)《種子が胎座につく点》; 〘植〙澱粉粒の核[粒心]; 〘解〙《血管·神経などの出入りする》門. [L=little thing; cf. NIHIL]
hi·lus /háɪləs/ *n* (*pl* **-li** /-làɪ/) 〘解〙HILUM.
Hil·ver·sum /hílvərsəm/ ヒルヴェルスム《オランダ中部 North Holland 州の市; ラジオ·テレビ放送局が集まっている》.
him /(h)ɪm, hím/ *pron* [HE[2] の目的格] **1** 彼を[に]. ★ 用法は ⇨ ME[1]. **2** [独立して]: *H*～ and his promises! 彼の約束ときたら! **3** *《軍俗》敵 (enemy).
HIM His [Her] Imperial MAJESTY.
Hi·má·chal Pradésh /hɪmɑ́:ʧəl-/ ヒマーチャルプラデーシュ《インド北部, ヒマラヤ山脈西部の州; ☆Simla》.
Hi·ma·la·ya /hìməléɪə, hɪmɑ́:ljə, -mɑ́:liə/ *pl* [the] HIMALAYAS.
Hìm·a·lá·yan /, hɪmɑ́:ljən, -mɑ́:liən/ *a* **1** ヒマラヤ(山脈)の. **2** 膨大な, 山のような: a ～ debt 巨額の負債 / a ～ miscalculation は

なはだしい見込み違い. ► *n* ヒマラヤン《1) 尾・足・鼻・耳の先端が黒い飼育種の白ウサギ 2) ペルシャネコとシャムネコの交配種 (＝*Colorpoint Longhair*)》.

Himaláyan bláck bèar 〘動〙 ツキノワグマ, ヒマラヤグマ (black bear).

Himaláyan cédar 〘植〙 ヒマラヤスギ (deodar).

Himaláyan táhr 〘動〙 ヒマラヤタール (⇨ TAHR).

Hìm·a·lá·yas *pl* [the] ヒマラヤ山脈.

hi·mat·i·on /hɪmǽtiɑ̀n, -ən/ *n* (*pl* **-mat·ia** /-iə/) ヒマティオン《古代ギリシアの男女が用いた外衣の一種》. [Gk]

Him·a·vat /hímәvæ̀t/ 〘ヒンドゥー神話〙 ヒマヴァット《ヒマラヤ山脈の擬人化された神で Devi の父》.

him·bo /hímbou/ *n* (*pl* **~s**) 《俗》 ルックスだけが売り物の若い男 (cf. BIMBO). [*him*＋*bimbo*]

Himes /háɪmz/ ハイムズ **Chester** (**Bomar**)～ (1909–84)《米国の黒人ミステリー作家》.

him/her ⇨ HE/SHE.

himie ⇨ HYMIE.

Himm·ler /hímlәr/ ヒムラー **Heinrich** ～ (1900–45)《ナチスの指導者; SS の隊長, Gestapo の長官; 強制収容所におけるユダヤ人虐殺の責任者; 自殺》.

Ḥimṣ /híms/ ヒムス《シリア西部 Orontes 川に臨む市; ローマ時代に Emesa としてフェニキア-レバネシア (Phoenicia-Lebanesia) の首都; 別称 Homs》.

H

him·self /(h)ɪmsélf/ *pron* [HE[2] の強調・再帰形] **1** 彼自身, 当人自身. ★ 用法・成句は ⇨ MYSELF, ONESELF. **2**《アイル》HE[2]. **3**《アイル・スコ》重要人物,《特に》一家の主, 主人. [OE (HIM, SELF)]

Him·yar·ite /hímjәràɪt/ *n* **a**《古代アラビア南部の》ヒムヤル族. **b** ヒムヤル語 (Himyaritic). [*Himyar* イエメンの伝説の王]

Him·yar·it·ic /hìmjәrítɪk/ *n* ヒムヤル語. ► *a* ヒムヤル族[語]の.

hin /hín/ *n* ヒン《古代ヘブライの液量単位: ≒5.7 liters》.

hi·nau /híːnàu/ *n* 〘植〙 ニュージーランド産のホルトノキの一種. [Maori]

Hi·na·ya·na /hìːnәjáːnә/ *n* 〘仏教〙 小乗仏教 (＝～ **Búddhism**) (cf. MAHAYANA). ♦ **-yá·nist** *n* **-nis·tic** /hìːnәjɑːnístɪk/ *a* [Skt＝lesser vehicle]

hinc il·lae la·cri·mae /híŋk íːlàɪ láːkrɪmàɪ/ このゆえにその涙あり. [L]

hinc·ty, hink- /híŋkti/ *《黒人俗》 *a* うぬぼれた, いばった, 尊大な, お高くとまった, こうるさい; 疑わしく思って, 警戒して. ► *n* 白人. [C20<?; cf. *dicty*]

híncty-àss *a, n* *《黒人卑》 HINCTY.

hind[1] /háɪnd/ *a* 後部の, 後方の (opp. *fore*): the ～ legs《獣の》後脚. ● **on one's ～ legs** 憤然と[断固]立って; [*joc*] 立ち上がって: get up *on* one's ～ *legs* (憤然と)立ち上がる,《人前で》立ち上がってしゃべる. [ME<? OE bi*hindan* BEHIND]

hind[2] *n* (*pl* **～, ～s**) 雌鹿《特に 3 歳以上のアカシカ; cf. DEER》; 〘魚〙《南大西洋の》ハタ. [OE; cf. G *Hinde*; IE で 'hornless' の意]

hind[3] *n* 《スコ》(農業技術にすぐれた)作男; 《スコ》農場管理人; *《古》田舎者, 純朴な人. [OE *hine* (pl)<? *hī(g)na* (gen pl)<*hīgan* members of a family; *-d* は cf. SOUND[1]]

hínd·bràin *n* 〘解〙 菱脳(りょうのう) (＝*rhombencephalon*); 〘解〙 後脳 (metencephalon); 〘解〙 髄脳 (myelencephalon); 〘動〙《昆虫などの》後大脳.

Hin·de·mith /híndәmɪ̀t, -mɪ̀θ, -mәt, -mәθ/ ヒンデミット **Paul** ～ (1895–1963)《ドイツの作曲家・音楽理論家》.

Hin·den·burg /híndәnbә̀ːrg, -bùәrg; *G* híndnburk/ **1** ヒンデンブルク **Paul von** ～ (1847–1934)《ドイツの軍人・政治家; 第一次大戦で連勝, 元帥 (1914); ヴァイマル共和国大統領 (1925–34), Hitler を首相に任命 (1933)》. **2** ヒンデンブルク《ZABRZE のドイツ語名 (1915–45)》. **3** ヒンデンブルク《大西洋横断航路についたドイツの最後の旅客飛行船; New Jersey 州 Lakehurst で着陸時に炎上 (1937)》.

Híndenburg lìne [the] ヒンデンブルク線《1916–17 年にフランスとベルギーの国境にドイツ軍が建設した要塞線》.

hínd énd *《俗》 尻, けつ.

hin·der[1] /híndәr/ *vt, vi* 妨げる, じゃまをする: ～ sb *from* doing... 人が…するのを妨げる. ♦ **～·er** *n* [OE *hindrian*; cf. HIND[1], G *hindern*]

hind·er[2] /háɪndәr/ *a* 〈特に身体部位が〉後方の, 後部の: the ～ end 後端. ► *n* [*pl*] *《俗》《人の》脚 (legs). [ME<? OE *hinderweard* backward; cf. HIND[1]]

hínd·er·mòst /háɪndәr-/ *a* 《古》 HINDMOST.

hínd-fóre·mòst /, -mәst/ *adv* 後部を先にして.

hínd·gùt *n* 〘動・発生〙 後腸 (cf. FOREGUT, MIDGUT).

hind hóok *《鉄道俗》 制動手, ブレーキ屋.

Hin·di /híndi/ *n* ヒンディー語《印欧語族 Indic 語派の主要な言語; 北部インドで広く用いられ, その文語変種はインドの全国的な公用語として Devanagari 文字で書かれる; ⇨ HINDUSTANI》; ヒンディー語を母語とする人. ► *a* 北部インドの; ヒンディー語の. [Urdu (*Hind* India)]

hínd·lìmb *n* 《特に四足獣の》後肢.

hínd·mòst *a* 《HIND[1] の最上級》いちばん後ろの, 最後部の. ● **the** DEVIL **take the ～.**

Hindoo, Hindostan, Hindostani ⇨ HINDU, HINDUSTAN, HINDUSTANI.

hínd·quàrter *n* 《獣肉の》後四分体; [*pl*]《四足獣の》後軀.

hin·drance /híndrәns/ *n* 妨害, 障害; 妨害物, じゃま者, 足手まとい, 故障 〈*to*〉: be more of a ～ than a help 助かるどころかかえってじゃまになる. [HINDER[1]]

hínd shànk 《牛・羊などの》後脚の肉.

hínd·sìght *n* **1** あと知恵, 結果論 (opp. *foresight*) (cf. TWENTY-TWENTY): with the wisdom [benefit] of ～ あとになって判断してみれば, あと知恵をもってすれば. **2**《銃の》後部照尺. [*hind*[1]]

hínd tít 《俗》 残りかす, 最低の部分. ● **suck ～** *《俗》 不利な状況に置かれる, 割を食う, 貧乏くじを引く《動物の子が母親のいちばん後足に近い乳首を吸うのが不利と考えられたことから》; *《俗》 suck sb's HIND TIT. **suck** sb**'s ～** *《俗》 人にこびへつらう[取り入る, ごまをする], 言いなりにする, へいこらする.

Hin·du, -doo /híndu, ˈhɪndúː/ *n* (*pl* **～s**) ヒンドゥー人《アーリア人種に属するインド人で, ヒンドゥー教を信奉する》; ヒンドゥー教徒; インド人. ► *a* ヒンドゥー(人)の; ヒンドゥー教(徒)の; 《古》 インド(人)の. [Urdu<Pers (*Hind* India)]

Híndu-Árabic *a* アラビア数字の[からなる].

Híndu-Árabic númeral ARABIC NUMERAL.

Híndu cálendar ヒンドゥー暦《主にインドで用いられる, 3101 B.C. から起算された太陰暦》. ★ 第 1 月から順に次のとおり: Chait (グレゴリオ暦で 3–4 月)—Baisakh (4–5 月; 時に第 1 月扱い)—Jeth (5–6 月)—Asarh (6–7 月)—Sawan (7–8 月)—Bhadon (8–9 月)—Asin (9–10 月)—Kartik (10–11 月)—Aghan (11–12 月)—Pus (12–1 月)—Magh (1–2 月)—Phagun (2–3 月).

Híndu·ìsm *n* ヒンドゥー教.

Híndu·ìze *vt* ヒンドゥー化する, ヒンドゥー教化する.

Hin·du Kush /híndu kúːʃ, -kʌ́ʃ/ [the] ヒンドゥークシュ山脈《パキスタン北部・アフガニスタン東北部の山脈; 最高峰 Tirichi Mir (7690 m); 古代名 Caucasus Indicus》.

Hin·du·stan, -do- /hìndustáːn, -stǽn/ ヒンドゥスタン《1) インドのペルシア語名; 歴史的にはインド北部 2) インド亜大陸のヒンドゥー教地帯で, イスラム教地帯であるパキスタン地方に対して用いる呼称 3) 15–16 世紀に北インドにあった王国》. [*Hindu, -stan* land]

Hin·du·sta·ni, -do- /hìndustáːni, -stǽni/ *a* ヒンドゥスタン(人)の, ヒンドゥスターニー語の. ► *n* ヒンドゥスターニー語《北部インド・パキスタンで広く用いられる言語; その文語変種はインドでは Hindi, パキスタンでは Urdu としてそれぞれの公用語》; 《古》 ウルドゥー語. [*-i* (*a* suf)]

Hin·dut·va /hɪndútvә/ *n* 《インド》 ヒンドゥー至上主義[ナショナリズム], ヒンドゥットゥヴァ. [Hindi]

hínd·ward *a, adv* 後方の[へ].

hínd wíng 〘昆〙 後翅(こうし).

Hines /háɪnz/ ハインズ **Earl** (**Kenneth**) ～ [**'Fatha'** ～] (1903 or 05–83)《米国のジャズピアニスト・バンドリーダー・作曲家》.

hinge /hínʤ/ *n* **1** 蝶番, 丁番(ちょうつがい)(ちょうばん), ヒンジ; 二枚貝の蝶番; 関節 (ginglymus); 〘製本〙 のどぎれ《見返しののどや表紙のつなぎ部分を補強した細布や革》; 《表紙の》溝 (joint); ヒンジ (＝*mount*)《切手をアルバムに貼るための紙片》: off the ～*s* 蝶番がはずれて; (からだ[精神]の)調子が狂って. **2** かなめ, 要点, 中心点; 転換点[期], 決定要因. **3** *《俗》 ちらりと見ること, ひと目: get [take] a ～ at...を見る. ► *vt* ...に蝶番を付ける; 蝶番式に取り付ける; 条件にする,《...を基に》決める 〈*on*〉. ► *vi* 蝶番式に動く. ● **～ on**...しだいで定まる, ...にかかる (depend on); ...を要(かなめ)[中心]とする: His acceptance will ～ *on* your decision. 彼の承諾はきみの決心しだいで決まるだろう. ♦ **～d** *a* 蝶番のある: a ～*d* door 開き戸. **～·less** *a* **～·wise** *adv* [ME *heng*<?Gmc; cf. HANG, MDu *henge* hook]

hínge jòint 〘解〙 蝶番(ちょうつがい)関節 (ginglymus).

híng·ing pòst /hínʤɪŋ-/ 門柱.

Hing·lish /híŋglɪʃ/ *n* ヒングリッシュ《ヒンディー語と英語の混じったインド英語》. [*Hindi*＋*English*]

hinkty ⇨ HINCTY.

hin·ky /híŋki/ *《俗》 *a* 怪しげな, いかがわしい; 安っぽい, たよりない; 疑って 〈*about*〉; いらいら[びくびく]して. [C20<?]

hin·ny[1] /híni/ *n* 駃騠(けってい)《雄馬と雌ロバとの交配子; cf. MULE[1]》. [L *hinnus*<Gk]

hinny[2], **hin·nie** /híni/ *n* 《スコ・北イング》 [*voc*] HONEY《親愛語》.

hinny[3] *vt* WHINNY.

hi·no·ki /hɪnóuki/ *n* 〘植〙 ヒノキ(檜). [Jpn]

Hin·shel·wood /hínʃәlwùd/ ヒンシェルウッド Sir **Cyril Norman** ～ (1897–1967)《英国の化学者; 化学反応速度の研究で業績をあげた; ノーベル化学賞 (1956)》.

hint /hínt/ *n* **1** ヒント, 暗示, ほのめかし, あてこすり;《簡単に示した》助言, 心得, 提案: a broad [clear, strong, heavy] ～ すぐそれとわかる暗示 / give [drop, let fall] a ～ ちょっとほのめかす, なぞをかける 〈*about, as to*〉 / ～*s on* [*about*] housekeeping 家政についての心得 / ～*s for* housewives 主婦心得. **2** かすかな徴候, 気配; 微量, わずか:

a ～ *of* garlic ニンニクの味がちょっぴり / There is no ～ *of* doubt. 疑いの「う」の字もない / more than a ～ of... 少なからぬ..., 大いなる..., 相当の.... **3**《古》機会. ● **by ～s** 暗に. **take** [**get**] **a** [**the**] ～ (ほのめかされて)それと感づく, さとる, 気をきかせる. ► *vt, vi* ほのめかす, あてこする, それとなく言う, 匂わせる〈*at* sth [*doing*]; *to* sb; *that*〉: ～ *at* resignation 辞職を匂わす / ～ for an invitation それとなく招待を求める. ♦ **～·er** *n* **～·ing·ly** *adv* ほのめかすように, それとなく. [*hent*]

hin·ter·land /híntərlæ̀nd, -lənd/ *n* 《河岸・海岸地帯の》後背地 (opp. *foreland*), 《都市[港町]の経済的文化的影響をうける》背域, ヒンターランド; 奥地, 僻地, 田舎; 《縁の下の力持ち的な》後背的学問分野. [G (*hinter* behind, *land* LAND)]

hin·ter·ur·bia /hìntərə̀ːrbiə/ *n* 都市労働者の住む遠隔の郊外. [cf. *suburbia, exurbia, urbia*]

hip[1] /híp/ *n* **1 a** ヒップ, 腰, 尻《腰のくびれ (waist) と大腿の上部との間の, 骨盤に沿って横に張り出した部分; 単数形 hip は右または左の張り出しの一方を指すので, その両側を言う場合は複数形で用いる; 日本語の「尻」および「腰」と部分的に重なるが, どちらとも一致しない》; [°～s] ヒップまわり(の寸法); HIP JOINT, PELVIS: ～ gout 坐骨神経痛. **b**〔動〕基節. **c**〔建〕隅棟(すみむね)《傾斜した屋根と屋根との交わる所》. **d**〔土木〕腰接合 (＝～ joint)《傾斜した頭柱とトラス上弦との接合》. **2** [*pl*]*《俗》失敗, みじめな幕切れ, 最期. ● **have** [**catch, get, take**] sb **on the ～**《古》人を(手玉に取って)抑えつける; 人に勝つ; 支配する. **joined at the ～**《俗》とても親密で, べったりくっついて, 切っても切れない仲で. SHOOT[1] **from the ～. smite** sb **～ and thigh**〔聖〕人を容赦なくやっつける《*Judges* 15: 8》. ► *vt* (-pp-) ...の腰をくじく[股関節をはずす];〔建〕〈屋根〉に隅棟をつくる. [OE *hype*; cf. G *Hüfte*]

hip[2] /híp/, **hep** /hép/ *n* (野)バラ[イバラ]の実 (＝rose ～). [OF *hēope*; cf. G *Hiefe*]

hip[3] /híp/ *n*《古》憂鬱. ► *vt* (-pp-) 憂鬱にする: feel *hipped* 気分がふさぐ. [*hypochondria*]

hip[4] *int* 応援などの音頭をとるときの発声: *H*-, ～, hurrah! 行け行け, がんばれ, ヒップヒップフレー! [C18<?]

hip[5] /híp/, **hep** /hép/《俗》*a* 事情通の, 進んでいる; 粋(いき)な, トレンディーな, かっこいい; 興味がある, 乗り気で; ...に通じている, わかっている: get ～ *to* movies 映画通になる. ● **～ to the jive**《俗》(現実を)ちゃんとわきまえている, よくわかっている. ► *vt* ...に知らせる, 教える, 気づかせる〈*to*〉. ► *n* 最近の事情に詳しいこと. [C20<?]

HIP〔英〕Home Information Pack 住宅情報パック《売買の際に売主が提出する住宅履歴などの書類》.

híp bàth SITZ BATH.

híp·bòne /ˈ-ˌ-/ *n*〔解〕INNOMINATE BONE;〔畜〕腰角(ようかく).

híp bòot 腰まで届く長靴《特に漁師・釣人用》.

híp càt*《俗》HIPSTER[1].

híp chìck*《俗》現代に通じている女の子, 進んでいる[今ふうの]女の子.

híp disèase 股関節病《フングス・炎症・カリエスなどによる》.

híp·dom *n* HIPPIEDOM.

hipe[1] /háɪp/ *n, vt*〔レス〕抱投げ(で倒す)《抱き上げてすばやく片ひざを相手の両ももの間に入れて倒す》. [? HIP[1]]

hipe[2] *n, vt, a**《俗》HYPE[1,2].

híp flàsk ヒップフラスク, スキットル《ズボンの尻ポケットに入れる平たい酒の小瓶》.

híp gìrdle〔解〕骨盤帯 (pelvic girdle).

híp-hop /híphɑ̀p/ *n* ヒップホップ《(1) ラップソング・ブレークダンス・グラフィティなどを含む, 1980 年代に盛んになったティーンエージャーの street culture (2) この文化を共有する若者の間で人気のあった音楽, 特にラップミュージック》. ► *a* ヒップホップの. ► *vi* ヒップホップミュージックに合わせて踊る. ♦ **-hòpper** *n*

híp-hùgger *a*〈ズボン・スカートなどが〉ヒップハガーの《腰骨に引っかけるようにしてはく》.

híp-hùggers *n pl* ヒップハガーズ (hipsters[II])《腰骨で留めてはく股上の浅いぴったりしたズボン》.

híp-hùgging *a* HIP-HUGGER.

híp jòint 股関節;〔土木〕腰接合 (hip).

híp·lèngth *a*〈衣類が〉腰まで届く.

híp·lìne *n* 腰まわりの輪郭, ヒップライン.

híp·ness *n*《俗》最近の流行に明るいこと, 進んでいること.

hipp- /híp/, **hip·po-** /hípou, -ə/ *comb form*「馬の」[Gk; ⇨ HIPPOPOTAMUS]

hip·parch /hípɑ̀ːrk/ *n*〔古ギ〕騎兵隊長.

Hip·par·chus /hɪpɑ́ːrkəs/ ヒッパルコス (1) (d. 514 B.C.)《アテナイの僭主 (527–514 B.C.); Pisistratus の子, 兄 Hippias と共同で統治》(2) (d. after 127 B.C.)《ギリシアの天文学者・地理学者・数学者; Hipparchos とも書く; 三角法の一種を発案した》.

hip·pe·as·trum /hìpiǽstrəm/ *n*〔植〕ヒッペアストルム属 (*H*-) の各種, アマリリス《ヒガンバナ科; 熱帯アメリカ原産》.

hipped[1] /hípt/ *a* HIP[1] をもった; 臀部が...な;〈家畜などが〉股関節のはずれた;〔建〕〈屋根が〉隅棟のある; *《俗》銃を腰に下げて: a ～ roof 寄棟(よせむね)屋根.

hipped[2]《口》*a* 憂鬱な, 消沈した; ぷんぷんおこった. [*hip*[3]]

hipped[3] *a**《口》夢中になった, 熱中した, 取りつかれた〈*on*〉; *《俗》事情通の, 熟知している〈*on*〉: ～ *on* Freud フロイトに夢中になって. [*hip*[5]]

hip·per-dip·per /hípərdìpər/ *《俗》*a* すばらしい, 最高の, 超... (super-duper). ► *n*《ボクシングの》八百長試合.

híp·pe·ty-hóp /hípəti-/ *a, adv* 跳びはねるような[に].

Hip·pi·as /hípiəs/ ヒッピアス (d. 490 B.C.)《アテナイの僭主 (528 or 527–510 B.C.); 父 Pisistratus の死後 弟 Hipparchus と協力して統治》.

hip·pie, hip·py /hípi/ *n* ヒッピー;《俗》HIPSTER[1]. ♦ **～·ish** *a* [*hip*[5], *-ie, -y*[3]]

híppie·dom *n* ヒッピーの世界;《グループとしての》ヒッピー, ヒッピー族.

híp·pi(e)·ness *n* ヒッピー的状態[性格].

hip·pings /hípɪŋz/ *n pl**《俗》《浮浪者が》寝るために下に敷くもの.

híp·pish *a*《口》憂鬱な, 元気のない.

hip·po /hípou/ *n* (*pl* ～**s**)《口》カバ (hippopotamus);《南ア》武装パトカー.

Hippo HIPPO REGIUS.

hippo- /hípou, -ə/ ⇨ HIPP-.

hip·po·cam·pus /hìpəkǽmpəs/ *n* (*pl* **-pi** /-pàɪ, -pi/) **1**〔神話〕海馬, ヒッポカンポス《馬の胴に魚の尾の怪物で海神の車を引く》. **2**〔魚〕タツノオトシゴ (sea horse)《同属 (*H*-) の各種》. **3**〔解〕《脳の》海馬. ♦ **-cám·pal** *a*

híp-pócket *a* 小型の, 小規模の: a ～ bookie 小胴元《高額を賭ける数人の客だけ扱うため書類が'尻ポケット'にはいる》.

híp pócket《ズボン・スカートの》尻ポケット. ● **in sb's ～**＝in sb's POCKET.

hip·po·cras /hípəkræ̀s/ *n*《中世ヨーロッパの》香料入りワイン. [OF ; hippocrates' sleeve (布製の漉し袋) で漉したワインを指した]

hip·po·crat·e·a·ceous /hìpəkræ̀tiéɪʃəs/ *a*〔植〕トチノキ科 (Hippocrateaceae) の.

Hip·poc·ra·tes /hɪpɑ́krətìːz/ ヒッポクラテス (c. 460–c. 375 B.C.)《ギリシアの医師; 科学的医学の基礎を築いた; 'Father of Medicine' と呼ばれる》. ♦ **Hip·po·crat·ic** /hìpəkrǽtɪk/ *a*

Hippocrátic óath [the]〔医〕ヒッポクラテスの誓い《医術にたずさわろうとする人の医師倫理綱領の宣誓》.

Hip·po·crene /hípəkrìːn, hìpəkríːni/ *n* **1**〔ギ神〕ヒッポクレーネー《Helicon 山のムーサたち (the Muses) の霊泉の一つ》. **2** 詩的霊感. [Gk＝horse fountain; Pegasus のひづめの一撃でできたとされる]

hip·po·drome /hípədròum/ *n*《古代ギリシア・ローマの競馬・戦車競走の》競技場; 馬術演技場, 曲馬場; [H-] 演芸場, バラエティーショー劇場: the Birmingham ～. [F or L<Gk (*hippos* horse, *dromos* race, course)]

hip·po·griff, -gryph /hípəgrɪ̀f/ *n* ヒッポグリフ (＝*flying horse*)《馬の体にワシの頭で翼をもつ伝説上の怪物》.

híp pòinter 骨盤上部の打ち身[筋断裂].

hip·pol·o·gy /hɪpɑ́lədʒi/ *n* 馬学. ♦ **-gist** *n*

Hip·pol·y·ta /hɪpɑ́lətə/, **Hip·pol·y·te**[1] /hɪpɑ́lətìː/〔ギ神〕ヒッポリュテー《Hercules に殺されたという Amazon の女王》.

Hip·po·lyte[2] /iːpoulíːt/ イーポリート《男子名》. [F ↑]

Hip·pol·y·tus /hɪpɑ́lətəs/〔ギ神〕ヒッポリュトス《Theseus の子; 義母 Phaedra の求愛を拒んだため, その遺書の讒言(ざんげん)によりおこった父の訴えで Poseidon に殺された》.

Hip·pom·e·nes /hɪpɑ́mənìːz/〔ギ神〕ヒッポメネース《3 個の黄金のリンゴを使って Atalanta との競走に勝ち, これを妻とした》.

hip·poph·a·gy /hɪpɑ́fədʒi/ *n* 馬肉食(の風習). ♦ **hip·póph·a·gous** /-gəs/ *a* [*-phagy*]

híppo·phìle *n* 馬好きの人, 愛馬家.

hip·po·pot·a·mus /hìpəpɑ́təməs/ *n* (*pl* ～**·es, -mi** /-màɪ, -mi/)〔動〕カバ; PYGMY HIPPOPOTAMUS. [L<Gk (*hippos* horse, *potamos* river)]

Híppo Ré·gi·us /-ríːdʒ(i)əs/ ヒッポレギウス《古王国 Numidia の中心都市; 今のアルジェリアの Annaba に隣接した位置にあった; 単に Hippo ともいう》.

hip·pú·ric ácid /hɪpjúərɪk-/〔化〕馬尿酸 (＝*benzoylglycine*).

-hip·pus /hípəs/ *n comb form*〔古生〕「馬」: eohippus. [Gk *hippos* horse]

híp·py[1] *a* ヒップ[尻, 腰まわり]の大きい. [*hip*[1]]

hippy[2] ⇨ HIPPIE.

híppy-díppy *a*《口》ヒッピーかぶれの.

híppy wìtch*《俗》ヒッピーウィッチ《1960 年代のヒッピー風の服, 特に黒ずくめの服を着た若い女性》.

híp ròof〔建〕寄棟(よせむね)屋根. ♦ **híp-róofed** *a*

híp shòoter《口》衝動的に行動する人, 向こう見ずなやつ (cf. SHOOT[1] from the hip).

híp-shòot·ing《口》*n* 性急な[衝動的な]行動[反応]. ► *a* 性急な, 向こう見ずな.

híp·shòt *a* 股関節のはずれた; びっこの, ぶざまな; 一方のお尻を他方より下にさげた.

híp·ster[1] 《口》 *n* 最新の流行に敏感な人, 進んでいるやつ, 新しがり屋; ビート族 (beat generation), ヒッピー; 《社会とうまく折り合わずに》気の合う者としかつきあわない人; ジャズファン, HEPSTER. [*hip*[5]]

hipster[2] *n* [*pl*] ‖HIP-HUGGERS. ► *a* HIP-HUGGER.

híp·ster·ism 《俗》 *n* HIPNESS; hipster の生き方.

híp tìle 〖建〗隅棟瓦(すみむねがわら) (cf. RIDGE TILE).

hi·ra·ga·na /hìrəgáːnə/ *n* ひらがな. [Jpn]

Hi·ram /háɪərəm/ **1** ハイラム《男子名; 愛称 Hi, Hy》. **2** ヒラム《前10 世紀のツロ (Tyre) の王 (969–936 B.C.); David には宮殿建築のための木材・大工・石工などを送り, Solomon には神殿建築のための木材を送った; *2 Sam* 5: 11, *1 Kings* 5》. [Heb=noble]

hir·cine /hə́ːrsàɪn, -s(ə)n/ *a* ヤギの(ような), 〈匂いが〉ヤギのように強い; 好色な. [L (*hircus* he-goat)]

hir·die-gir·die, hir·dy-gir·dy /híərdigíərdi, hə́ːrdi-gə́ːrdi/ *a* 《スコ》混乱した, めちゃくちゃの.

hire /háɪər/ *vt* 〈人を〉雇う; ‖〈物を〉賃借りする, 《料金を払って》借りる; 《古》〈金を〉借りる; 人を雇って…してもらう 〈sb *to* do, sth done〉: ~ a lawyer 弁護士を雇う / ~ a car レンタカーを借りる, 車をレンタルする / ~ the painting *done* 《金を払って》ペンキ塗りをしてもらう. ● **~ and fire** (臨時に)人を雇って(用が済んだら)解雇する, 人員を一時雇いで間に合わせる. **~ away** 《よその仕事などを辞めさせて》雇い入れる 〈*from*〉. **~ on** 雇われる 〈*as*〉. **~ out** (*vi*) *《口》雇われる 〈*as*〉: She *~d out as* a maid. お手伝いに雇われた. (*vt*) 賃貸する, (料金を取って)貸し出す; 〈人材を〉派遣する: ~ *out* chairs for parties 椅子をパーティー用に賃貸しする / She *~d herself out as* a babysitter. ベビーシッターとして雇われた. ► *n* ‖《物の》賃借, レンタル; 《人の》雇用; 賃借料, 使用料, 損料, レンタル料金; 賃金, 報酬 (wages); 《口》雇われた人, 新入社員: a ~ car レンタカー / pay for the ~ of…の賃借料を払う / The LABORER is worthy of his ~. ● **for ~** 賃貸[レンタル]用で; 報酬目的で, 雇われて: mobile phones *for* ~ レンタル携帯(電話) / Bikes are available *for* ~. レンタル自転車あります / a gardener *for* ~ 請負い[派遣]庭師. **on ~** ‖賃貸して 〈*to*〉, 賃借りして 〈*from*〉: let out *on* ~ 賃貸し[レンタル]する / take a bike *on* ~ レンタル自転車を借りる. ♦ **hír(e)·able** *a* [OE *hȳr*; cf. G *Heuer*]

hired /háɪərd/ *a* 雇い入れの; 賃貸しの; 借り物の: a ~ help 臨時雇い《人》.

híred gírl* 《特に農家の》雇い女, お手伝い.

híred gún *《俗》プロの殺し屋, 殺しの請負人 (hit man); *《俗》用心棒; *《俗》ある事業を推進する[難局を乗り切る]ために雇われた人[役員], 必殺仕事人.

híred hánd [mán]* 雇い人, 使用人, 《特に》農場労働者, 作男 (farmhand).

híre·ling *n* [*derog*] 雇い人, 雇われ者, 金で働く者, 打算的な男; 貸し[借り]馬; [〈*a*〉] 金のために働く, 金銭ずくの. [OE]

híre púrchase (sỳstem) ‖分割[リボ]払い購入(法), 割賦法 (never-never system‖, installment plan*) 《略 HP, h.p.》: buy sth *on* ~.

hir·er /háɪərər/ *n* 雇用者, 雇用主; (動産)賃借人.

hi-res /háɪréz/ 《口》 *a* 高解像(度)の (high-resolution); HIGH-RES.

Hí·ri Mótu /híəri-/ モツ語 (⇨ MOTU).

hir·ing /háɪərɪŋ/ *n* 雇用(契約[関係]); 賃貸借: ~ of a ship 用船.

híring-fàir *n* 《かつて田舎で行なわれた》農業労働者を雇う市.

híring hàll 《労働組合が経営する》労務者就労周旋所.

hí-ríse /háɪ-/ *n* 《口》 HIGH-RISE.

hí-ríser *n* 《口》 HIGH-RISER.

Hi·ro·shí·ma bómb /hìrəʃíːmə-, *hɚróuʃ-, ‖hɪráʃ-/ 広島(型)爆弾《広島に投下された原子爆弾(と同じ型の爆弾); しばしば核爆発や自然災害のエネルギーを測る尺度として使われる; cf. LITTLE BOY》.

hir·ple /hə́ːrp(ə)l/ 《スコ》 *vi* びっこをひいて歩く. ► *n* 足をひきずった歩き方, 跛行(はこう). [ME (Sc)<?]

Hirsh·horn /hə́ːrʃhɔ̀ːrn/ ハーシュホーン **Joseph (Herman)** ~ (1899–1981) 《米国の財政家; 19–20 世紀の絵画・彫刻の収集家》.

Hírshhorn Muséum and Scúlpture Gàrden [the] ハーシュホーン美術館《Washington, D.C. にある欧米の現代美術専門の美術館》.

hir·sute /hə́ːrsùːt, híər-, ⌐⌐; hə́ːs(j)uːt, ⌐⌐/ *a* 毛深い, 多毛の (hairy); 刈り込まない; 髪[ひげ]がぼうぼうの; 毛[毛質]の; 〖動・植〗粗い長毛でおおわれた, 粗長毛の. ♦ **~·ness** *n* [L]

hir·sut·ism /hə́ːrsətìz(ə)m, híər-; hə́ːs(j)u-/ *n* 〖医〗(男性型)多毛(症)《特に成人女性についていう》.

hir·su·tu·lous /hərsúːʧələs, hɪr-; həs(j)úːtju-/ *a* 細毛でおおわれた; やや毛深い.

hir·u·din /hɪrúːd(ə)n, hír(j)ə-/ *n* 〖生化〗ヒルジン《ヒル (leech) から採った血液の抗凝固剤》.

hi·ru·di·noid /hɪrúːd(ə)nɔ̀ɪd/ *a* ヒル (leech) の(ような).

hi·run·dine /hɪrʌ́ndən, -dàɪn/ *a* ツバメの(ような). ► *n* ツバメ科 (Hirundinidae) の鳥. [L *hirundo* swallow]

his /(h)ɪz, híz/ *pron* **1** [HE[2] の所有格] 彼の. ★ 用法は ⇨ MY. **2** [HE[2] に対応する所有代名詞] 彼のもの; 彼の家族. ★(1) 用法は ⇨ MINE[1]. (2) 正式には ~ or her を用いるべき場合, 略式に his または their で代用することがある. 近年 his/her という形も使われている. **3** 《古》 ITS.

HIS °hic iacet sepultus [sepulta].

hís and hérs, hís 'n' hérs *a* 男女おそろいで着用[使用]する, 男女ペアの, めおとの: ~ towels.

his/her ⇨ HE OR SHE.

his'n, hisn /híz(ə)n/ *pron* 《俗・方》[HE[2] に対応する所有代名詞] 彼のもの (his).

His·pa·nia /hɪspéɪniə, -njə, -pǽn-/ ヒスパニア《イベリア半島のラテン語名》; 《詩》 SPAIN. [L=Spain]

His·pan·ic /hɪspǽnɪk/ *a* スペイン(とポルトガル)の, スペイン語を使用する国々の, スペイン系(人)の, ヒスパニックの. ► *n* スペイン語使用者, スペイン系人, 《特に》ヒスパニック《米国内のラテンアメリカ系人: キューバ・メキシコ・プエルトリコなどの出身者》. [L (↑)]

His·pan·i·cism /hɪspǽnəsìz(ə)m/ *n* スペイン語特有の語法, 《英語の中の》スペイン語法. ♦ **-cist** *n* スペイン(語)学者.

His·pan·i·cize /hɪspǽnəsàɪz/ *vt* スペイン風にする, スペイン化する; スペインの支配[影響]下に置く.

his·pa·ni·dad /ìspæniðáː(ð)/ *n* HISPANISM 1.

His·pan·io·la /hìspənjóulə/ イスパニオラ, ヒスパニオラ (*Sp* Española)《西インド諸島の島; 西のハイチと東のドミニカ共和国とに分かれる; 旧称 Haiti, Santo Domingo, San Domingo》.

his·pa·nism /híspənìz(ə)m/ *n* **1** [°H-] スペインとラテンアメリカの文化的統合を目指す運動. **2** [°H-] スペイン語的特徴.

His·pa·nist /híspənɪst/ *n* スペイン・ポルトガル語[文学, 文化]研究者, ヒスパニスト.

His·pa·no /hɪspǽnou, híspənòu/ *a, n* (*pl* **~s**) *ラテンアメリカ系の(住民); 《米国南西部の》スペイン[メキシコ]系の(住民)《テキサス併合 (1845) 以前の定住者の子孫についていう》.

His·pano- /hɪspǽnou, -páː-, híspənou, -nə/ *comb form*「スペインの[と]」 [L]

his·pid /híspəd/ *a* 〖植・動〗剛毛のある. ♦ **his·pid·i·ty** /hɪspídəti/ *n* [L *hispidus*]

his·pid·u·lous /hɪspíʤələs/ *a* 〖植・動〗極小剛毛のある.

hiss /hís/ *vi* 〈蒸気・ヘビ・ガチョウ・サギ・ダチョウなどが〉シューという音をたてる; 《軽蔑[非難]の意をこめて》シーッと言う 〈*at*〉. ► *vt* シッとしかる[制止する, やじる]; 怒り[嫌悪, 非難]をこめたささやき声で言う 〈*out*〉: ~ away シーッと言って追い払う / ~ down シーシー言ってやじり倒す / ~ *off* ((*of*) the stage) 〈役者を〉シッシッと言って(舞台から)引っ込ませる. ► *n* シッシッという音; シュッシュッ[シュー]と鳴る音; シッということ[声]《制止・怒り, やじの発声》; 〖電子工〗ヒス《高音域の雑音》; 〖音〗 HISSING SOUND: tape ~ テープヒス《テープ録音再生時の, 録音とは無関係の高周波背景雑音》. ♦ **~·able** *a* シッシッと言いたくなるような, 軽蔑[非難]されるべき. **~·er** *n* [ME (imit)]

Hiss ヒス **Alger** ~ (1904–96)《米国の官僚; 国務省の高官であったが, 1948 年共産主義に対する不安の高まる中スパイ容疑で告訴され, 偽証罪で投獄された (1950–54)》.

His·sar·lik /hìsərlík/ ヒサルリク《Dardanelles 海峡の入口近くのトロイア遺跡の所在地》.

his·self /(h)ɪsé(l)f/ *pron* 《方・口》 HIMSELF.

híss·ing *n* HISS すること[音]; 《古》軽蔑(の対象).

híssing sòund 〖音〗スー音《/s, z/; cf. HUSHING SOUND》.

hissy /hísi/ *n**《口》かっとなること, かんしゃく (=**~ fit**): have [throw] a ~.

hist[1] /(p)s(:)t, híst/ *int* シーッ, シッ, 静かに! (hush). [C16 (imit)]

hist[2] /háɪst/ *v, n* 《方》 HOIST[1].

hist- /híst/, **his·to-** /hístou, -tə/ *comb form*「組織 (tissue)」 [Gk *histos* web]

hist. histology ♦ historian ♦ historical ♦ history.

His·ta·drut /hìstɑːdrúːt/ 《イスラエルの》ユダヤ労働総連合《1920 年創立》.

his·tam·i·nase /hɪstǽmənèɪs, hístə-, -z/ *n* 〖生化〗ヒスタミナーゼ《ヒスタミンなどジアミン類を酸化しアルデヒドを生じる反応を触媒する酵素》.

his·ta·mine /hístəmìːn, -mən/ *n* 〖生化〗ヒスタミン《胃液分泌促進・平滑筋収縮・血管拡張作用がある》. ♦ **hìs·ta·mín·ic** /-mín-/ *a* [*hist-*, AMINE]

his·ta·min·er·gic /hìstəmənə́ːrʤɪk/ *a* 〖医〗ヒスタミン作用性の.

his·ti·dine /hístədìːn, -dən/ *n* 〖生化〗ヒスチジン《塩基性 α-アミノ酸の一種》.

his·ti·di·ne·mia /hìstədəníːmiə/ *n* 〖医〗ヒスチジン血症.

hís·tio·cỳte /hístiə-/ *n* 〖解〗組織球《結合組織内に定着しているマクロファージ》. ♦ **hìs·tio·cýt·ic** /-sít-/ *a*

hísto·blàst *n* 〖生〗組織原細胞.

hìsto·chémistry *n* 組織化学. ♦ **-chémical** *a* **-ical·ly** *adv*

hísto·compatibílity *n* 〖医〗組織適合性《移植された組織が受容体によって受け入れられること》. ♦ **hísto·com·pátible** *a* 組織適合[親和]性の.

histocompatibílity àntigen〘医〙組織適合抗原.

his·to·gen /hístəʤən/ *n*〘植〙原組織《被子植物の頂端分裂組織の 3 つの原組織の一つ》.

hìsto·génesis *n*〘生〙組織発生[生成, 分化](論).
◆ **-genétic** *a* **-ical·ly** *adv*

hìsto·genétics *n*〘生〙組織発生学.

his·tog·e·ny /hɪstáʤəni/ *n* HISTOGENESIS.

hís·to·gràm /hístə-/ *n* 柱状グラフ, 柱図表, 柱状図, ヒストグラム《度数分布図》. [*history*, *-gram*; 一説に, Gk *histos* mast[1], *-gram*]

his·toid /hístɔɪd/ *a*〘医〙組織様の, 類組織性の.

hísto·in·compatibílity *n*〘医〙組織不適合性 (cf. HISTOCOMPATIBILITY).

his·tol·o·gy /hɪstáləʤi/ *n* 組織学《生物の組織の構造・発生・分化などを研究する》; 組織構造. ◆ **-gist** *n* 組織学者. **hìs·to·lóg·i·cal, -ic** *a* **-i·cal·ly** *adv* [F (*hist-*)]

his·tol·y·sis /hɪstáləsəs/ *n*《体組織の》組織融解[分解].
◆ **his·to·lyt·ic** /hìst(ə)lítɪk/ *a*

his·tone /hístòun/ *n*〘生化〙ヒストン《塩基性アミノ酸のリシン・アルギニンに富み, 真核細胞の核内で DNA と結合している塩基性タンパク質》.

hìsto·pathólogy *n* 組織病理学; 組織変化. ◆ **-gist** *n* **-pathológic, -ical** *a* **-ical·ly** *adv*

hìsto·physiólogy *n* 組織生理学. ◆ **-physiológic, -ical** *a*

hìsto·plas·mó·sis /-plæzmóusəs/ *n* (*pl* **-ses** /-sì:z/)〘医〙ヒストプラズマ症《主に肺の真菌性感染症》.

his·to·ri·an /hɪstɔ́(:)riən, -tár-/ *n* 歴史家, 歴史学者, 史学専攻者; 年代記編者. [F; ⇨ HISTORY]

his·to·ri·at·ed /hɪstɔ́:rièɪtəd/ *a* 象形模様の装飾を施した; 象形記号を付けた.

his·tor·ic /hɪstɔ́(:)rɪk, -stár-/ *a* 歴史的に有名な, 歴史に残る; 《古》歴史(上)の, 歴史的な (historical);〘文法〙史的な: the ~ scenes 史跡, 旧跡. [L<Gk; ⇨ HISTORY]

his·tór·i·cal *a* 歴史の, 史学の; 歴史上の, 史的な; 歴史[史実]に基づく; 《まれ》歴史的に有名な (historic): ~ evidence 史実 / a[an] ~ play 史劇. ◆ **~·ly** *adv* 歴史的に, 歴史上, 過去に(は); 歴史的にみると, これまでの状況から見て; これまで. **~·ness** *n*

históric al geógraphy 歴史地理学《**1**) 過去のある時代における一地域の地理的特徴(の変遷)を研究・再現する **2**) 地理学的観点に立つ歴史叙述[研究]》.

históric al geólogy 地史学.

históric al linguístics 史的言語学, 歴史言語学 (=*diachronic linguistics*).

históric al matérialism 史的唯物論 (cf. DIALECTICAL MATERIALISM).

históric al méthod 歴史的研究法.

históric al nóvel 歴史小説.

históric al [históric] présent [the]〘文法〙史的現在《過去の事実の叙述を生きいきさせるために用いる現在時制》.

históric al schòol〘経・哲〙《古典派経済学に対して, 19 世紀のドイツに始まった》歴史学派;〘法〙歴史(法)学派《法は君主など主権者の命による所産ではなく歴史的事情による所産であるとする》.

his·tor·i·cism /hɪstɔ́(:)rɪsìz(ə)m, -tár-/ *n*《価値判断などにおける》歴史重視[偏重], 歴史主義;《文化的社会的現象の説明における》歴史決定論;《建築などにおける》歴史主義. ◆ **-cist** *a*, *n* 歴史主義(者)の; 歴史主義者.

his·to·ric·i·ty /hìstərísəti/ *n*《神話・伝説に対して》史実性, 史的確実性;《歴史の流れにおける》史的な位置, 歴史性.

his·tor·i·cize /hɪstɔ́(:)rəsàɪz, -tár-/ *vt* 歴史化する; 史実に基づかせる. ► *vi* 史実を用いる. ◆ **his·tòr·i·ci·zá·tion** *n*

his·tor·i·co- /hɪstɔ́(:)rɪkou, -tár-, -kə/ *comb form*「歴史」 [L; ⇨ HISTORY]

históric o-légal *a* 歴史と法律に基づいた; 歴史的かつ法律的な.

historic present ⇨ HISTORICAL PRESENT.

hís·to·ried *a* 歴史を有する, 歴史に残る, 由緒ある.

his·to·ri·og·ra·pher /hɪstɔ̀:riágrəfər, ˈˈ-stɔ̀r-/ *n* 史料編集委員, 修史官; 歴史家, 史家.

his·to·ri·og·ra·phy /hɪstɔ̀:riágrəfi, ˈˈ-stɔ̀r-/ *n* 史料編集, 修史(論); 正史, 史書(集合的). ◆ **his·tò·rio·gráph·i·cal, -ic** *a* **-i·cal·ly** *adv*

his·to·ry /híst(ə)ri/ *n* **1** 歴史; 過去(のできごと), 史実; (歴)史学; (歴)史書; 史劇: *H~* repeats itself. 《諺》歴史は繰り返す, 二度あることは三度ある / *H~* is bunk. 歴史は無意味《Henry Ford が言ったとされる》/ the greatest event in ~ 史上最大のできごと / pass in ~ 過去のこととなる / That is all ~. それはみんな昔のことだ / Shakespeare's tragedies, comedies, and *histories* シェイクスピアの悲劇・喜劇および史劇. **2 a**《制度・学問などの》変遷, 発達史;《事物の》沿革, 由来: a ~ of England 英国史 / a ~ of English 英語(発達)史 / This knife has a ~. このナイフには由緒[因縁, いわく]がある. **b**《個人の》履歴, (変化に富んだ)経歴, 病歴, 前歴;《口》過去(の関係[いきさつ]);〘電算〙履歴, ヒストリー《過去の検索・コマンド入力などの記録》: a personal ~ 経歴, 履歴書. **c**《金属などに》既に施されている処理[加工]. **3** 物語 (story), 伝記: "The *H~* of Tom Jones, a Foundling"「捨て子トム・ジョーンズ物語」. **4**《自然界[現象]の》系統立った記述. **5**《口》済んだもの[こと], (もはや)過去のこと[人], '昔話', 一巻の終わり: He's just ~. あの人とはもう切れた[終わった]の / You're ~. おまえは(これで)おしまいだ[おだぶつだ]. ● **become ~** 歴史に残る. **go down in [to] ~** 歴史に残る. **I'm ~.** *《俗》わたしもう行くから, じゃあ帰るね, さよなら (cf. 5). **make ~** 歴史に残るほどの事をする, 後世に名を残す, 歴史を変える. **past ~** 言い古された事実; 過ぎたこと, 過去のこと. **the rest is ~** あとは皆さんもご存知のとおりです. [L<Gk *historia* inquiry, narrative (*histōr* learned, wise man; wit と同語源)]

hístory-shèet·er *n*《インド》前科者.

His·to·sol /hístəsɔ̀(:)l, -sòul, -sàl/ *n*〘土壌〙ヒストソル《有機物を多く含む湿った土壌》.

his·tri·on /hístriàn; -ən/ *n* 俳優 (actor). [L (*histrion- histrio* actor)]

his·tri·on·ic /hìstriánɪk/ *a* 俳優の; 演劇上の; [*derog*] 演劇めいた, 芝居がかった, わざとらしい;〘医〙顔面筋の. ► *n* 俳優, 役者 (actor); [~s; 〈*sg/pl*〉] 演劇, 演芸, 演技, [[s]〈*sg*〉]《芝居がかった》しぐさ. ◆ **-i·cal·ly** *adv*

his·tri·o·nism /hístriənìz(ə)m/ *n*《わざとらしい》演技.

hit /hít/ *v* (~; -tt-) *vt* **1 a**《ねらって》打つ, 打ちあてる, 命中させる; …にあてる; 〈打撃を〉加える; 〈スイッチ・ボタンなどを〉押す, 〈ブレーキなどを〉踏む; 《俗》〈殺し屋などが〉殺す, (…の首を)とる, 仕留める, 消す; 《俗》〈銀行などを〉襲撃する, …から強奪する: ~ a ball with a bat / He ~ me *on* [*over*] the head [*in* the face, *on* the face]. = He ~ my head [my face]. 彼はわたしの頭[顔]をなぐった / He ~ me a hard blow. わたしに強打をくらわせた. **b** 打って飛ばす,〘野〙〈ヒットなどを〉打つ, ヒットして〈…塁を〉得る;〘クリケット〙打って〈得点を〉あげる (: ~ three runs), 〈ボール・投手を〉打って〈得点を〉あげる 〈*for* three runs〉: ~ a single [double] 単打[二塁打]を打つ / ~ .300 3 割を打つ / ~ wicket〘クリケット〙ウィケットを打ってアウトになる. **c**《口》〈新聞の第一面などに〉掲載される, 載る, 出る. **d**《学生俗》〈試験・科目を〉よい成績でパスする. **2 a**《偶然》ぶつける; 〈物・弾丸などが〉…にあたる, ぶつかる, 命中する: He ~ his head *against* [*on*] the wall. 壁に頭をぶつけた / The arrow ~ the target. 矢は的にあたった / The boy was ~ by a car. 少年は車にはねられた. **b** 〈魚が〉餌に食いつく. **3 a** 〈天災などが〉襲う; …に打撃[影響]を与える; 〈皮肉などが〉…の感情を害する; 酷評する; 《俗》〈麻薬などが〉…に強い反応をひき起こす: a town *hard* ~ by floods 洪水で大きな被害をうけた町 / ~ sb where it hurts (most) 人の(最も)痛い[弱い]ところを突く / She was *hard* ~ by her mother's death. 母の死でひどい衝撃をうけた. **b**《口》…に金[就職など]を頼む, 要求する 〈*for*〉; 《口》…に〈罰金・税などを〉突きつける, 課す 〈*with*〉: He ~ me (*up*) *for* ten dollars. わたしに 10 ドル貸せと要求した / ~ sb with lawsuit 人を裁判に訴える. **c** *〈参考文献などに〉あたって調べる; 〈ウェブサイトを〉見る: ~ a couple of books. **4 a** (偶然[うまく])見つける, …に行き当たる[直面する]; 思いつく, 言い当てる, 〈真相を〉うがつ; 正確に再現する, うまくまねて作る: ~ a snowstorm 吹雪にあう / ~ a problem 問題にぶつかる / ~ the high notes 高音が出せる / ~ a likeness 本物そっくりの似顔を描く. **b** 〈人〉に突然浮かぶ, 明らかになる: It ~ me that…ということに思いあたった. **c**《口》…に達する, 至る; 〈道を〉行く: ~ town 町に着く[やって来る] / ~ an all-time high [low] これまでの最高[最低]に達する / Today's temperature will ~ 38°C. 今日の気温は 38°C になるでしょう / ~ the market 〈商品が〉市場に出る / ~ the sheets 床に入る, 寝る / ~ the ROAD. **d** 〈気持〉に訴える: ~ a [sb's] fancy 人の好みに合う. **5 a**《俗》〈人〉に飲み物[酒]を出す《特に 2 杯目以降について》〈*with*〉;《ポーカーなどで》…にカードをもう一枚配る〈*with*〉. **b**《口》〈人〉に〈提案・ニュースなどを〉提供する, 伝える, 明かす 〈*with*〉: He ~ me *with* a great idea. ► *vi* **1** 打つ, あてる, たたく 〈*at*, *on*〉; ぶつかる, 衝突する, あたる 〈*against*, *upon*〉;〘野〙ヒットを打つ; 成功する, ヒットする; 〈覚醒剤などが〉きく, 〈酒が〉まわる. **2** 〈内燃機関が〉点火する. **3** 〈敵などが〉襲う; 〈あらしなどが〉襲う, 起こる. **4** 〈魚が〉餌に食いつく. **5**《俗》麻薬をうつ. **6**《廃》ぴったり合う (suit) 〈*with*〉.
● **go in and ~** 試合の運びを速くする. **~ at** ⇨ HIT out at. **~ back** (*vt*) なぐり返す. (*vi*) 〈…に〉反撃する, しっぺ返しをする,《ことばで》やり返す 〈*at*〉. **~ for…**《俗》…に(向けて)出発する[出かける], …に向かう. **~ for** SIX. **~ it** うまく言い当てる; *進む; 《俗》開始する, 始動させる: *H~ it.* 始めて, スタート! **~ it big**《口》成功である, うまくいく, 一発あてる. **~ it off**《口》仲よくやる, そりが合う 〈*with*, *together*〉; 《俗》《集団に》受け入れられる,《地位に》適合できる; 《俗》うまくいく[やる], 成功する. **~ it up** がんばる; 《俗》楽器をやる, 演奏する. **H~ me (again)!**《賭博俗》《トランプの親に》もう一枚カードをくれ; *《俗》もう一杯(酒を)くれ, お代わりをくれ; *《俗》high five をしてくれ[しようぜ]. **~ off** (*vt*) 即席に〈曲・詩などを〉作る, 描く; 正確に表現する[まねる]; 〈会などを…で〉始める 〈*with* a speech〉. (*vi*) 調和する, 適合する. **~ on [upon]**…に打ちあたる; ふと…が見つかる, 〈妙案などを〉思いつく, …に思い当たる; 《俗》〈人〉にしつこく売りつける, うるさく付きまとう; 《俗》《誘惑・頼みごとなどの目的で》…にあたりをつける, 話しかける, 言い寄る; 《俗》〈人〉から盗む, …に金をせびる. **~ or miss** のるかそるかで, 行き当たりばったりに, 運にまかせて. **～ out** (げんこつ・棍棒などで)激しく攻撃[反撃]する; 勢いよく進む, 出発する, 立ち去る 〈*for*〉. **～ (out) at [against]**…に打ってかかる; …をあざける, 激しく非難する, 酷評する. **～ the ball** *《俗》よく働く, 急いで行く. **～ the books** 《口》猛烈に勉強する. **～ the** BOTTLE[1] [BOOZE]. **～ the** BRICKS. **～ the fan** *《俗》(望ましくない)重大な影響を与える, 突然やっかいなこと[スキャンダル]になる, 明るみに出る, トラブルを巻き起こす, 大混乱になる: the shit *～s the fan* 面倒が起こる, ごたごたが続く, ひどい状態になる. **～ the** HAY[1] [SACK[1]]. **～ the** HEADLINES. **～ the high** SPOTS. **～ the papers** 新聞に発表される. **～ the pipe** *《俗》アヘンを吸う. **～ the** SILK. **～ up** せきたてる; 〖クリケット〗せっせと得点する; (ボートの)ピッチを上げる; 《豪》《ボールを打って》試合の準備をする; 《口》〈人〉に頼む, 要求する 〈*for*〉 (⇨ *vt* 3 b); 《俗》(薬(ヤク)を)打つ. **～** sb **when he's down** 倒れた相手を打つ, 卑怯な行為をする. **～** sb **where it hurts** (⇨ where it HURTS 成句). **not know what (has) ～** one 即死する, ノックアウトされる; 不意討ちを食う, びっくりする, 仰天する.

► *n* **1 a** 打ちあてること, 《打撃の》あたり; 衝突; [〈*int*〉] ボカッ, ガツッ; 〖野〗ヒット, 安打 (＝safe ～): HIT AND RUN. **b** 命中, 的中; 命中弾. **c** *《俗》《殺し屋による》殺害, 殺し, 暗殺; 《俗》襲撃, 強奪. **d** 《俗》薬(ヤク)[ヘロイン]注射, 薬の1回分, ヘロイン入りタバコ, 《マリファナタバコの》一服, 《酒の》一杯; *《俗》ハイになること, 恍惚, 陶酔; 《俗》《麻薬取引などのための》密会. **e** 〖電算〗ヒット《(**1**) 照合データの一致 **2**) 検索に対する該当(項目) **3**) ウェブサイトへのアクセス指標の一つ》. **2 a** 《偶然の》当たり, 成功, ヒット; 《口》(芸能界の)人気者, ヒット作品[曲]; 《backgammon で》勝ちゲーム: a big ～ 大当たり, 大ヒット. **b** うがったことば, 急所をつく皮肉[あてこすり] 〈*at* sb〉, 適評: His answer was a clever ～. 答えて妙. **3** [a ～, 〈*adv*〉] *《俗》その都度.
● **make a ～** *《俗》殺す, バラす (kill); 《俗》頂戴[失敬]する (steal). **make [be, score] a ～ (with…)** 《口》(…に)当たりを取る, (…の間で)ヒットする, …に気に入られる[うける]. **take a ～** 銃弾に当たる; 《口》打撃をうける, 損害をこうむる; 批判される.
♦ **～·less** *a* **hít·ta·ble** *a* [OE *hittan*<ON＝to meet with <?]

hít-and-míss /-(ə)n-/ *a* 行き当たりばったりの, でたらめの.
hít-and-míss wìndow 〖建〗無双窓.
hít-and-rún *a* 〖野〗ヒットエンドランの; ひき逃げの, 当て逃げの; 目前の[一時的]効果のみを対象とした, 奇襲の: a ～ accident [driver] ひき逃げ事故[運転手] / ～ fatalities ひき逃げ事故による死者(数).
► *vi* 〖野〗ヒットエンドランをする[かける].
hít and rún /-(ə)n-/ 〖野〗ヒットエンドラン; ひき逃げ, 当て逃げ; 攻撃したあとすぐ退却すること.
hít by the pítch 〖野〗死球, デッドボール《略 HBP》.
hitch /hítʃ/ *vt* **1 a** ひっかける《環・鉤・索などで》; 〈牛馬を杭などに〉つなぐ 〈*to*〉; 〈馬などを車・農具などに[車・農具などを動力に]〉つなぐ 〈(*up*) *to*〉; 〈糸などを〉からませる. **b** [[U]*pass*] 《口》結婚させる, くっつける: get *～ed* 結婚する. **2** (急激に)ぐいと動かす[引く, ひねる, 引き寄せる]; 〈ある事を〉強引に話に引き入れる. **3** 《口》HITCHHIKE: ～ a ride toward Boston. ► *vi* **1 a** ひっかかる, からまる. **b** 《俗》結婚する 〈*up*〉; *《口》うまが合う, 折り合う. **2** ガクン(ガクン)と動く[進む]; びっこをひく 〈*along*〉. **3** 《口》HITCHHIKE. ● **～ a ride**＝HITCHHIKE; 《俗》友だちの車に便乗する. **～ horses together** 《古》協調する. **～ one's** WAGON **to a star.** **～ up** (**1**) ぐいと持ち上げる: ～ *up* one's trousers《折れ目が出ないようにすわる前に》ズボンのひざを引き上げる. (**2**) 馬《など》を車につける; 〈馬などを車に〉つける 〈*to* the wagon〉, 〈車〉に馬をつなぐ. ► *n* **1** ぐいと引く[動かす]こと; びっこをひくこと; 《口》HITCHHIKE, 車に便乗させてもらうこと《本来はヒッチハイクで》. **2 a** 連結; ひっかけ結び; からまり, ひっかかり; 連結器. **b** 《一時的な》障害, 故障, 急停止; 支障, さしつかえ: There were no *～es*. 何ら問題はなかった. **c** *《口》兵籍にある期間, 服務[服役]期間. **3** 〖鉱〗 **a** 小断層《採掘鉱層以下の断層》. **b** 盤張り孔《杭木を支えるための壁にあけた穴》. ● **without a ～** 滞りなく, すらすらと, 難なく, 首尾よく.
♦ **～·er** *n* [+]《口》HITCHHIKER. [ME<?]
Hitch·cock /hítʃkɑ̀k/ ヒッチコック Sir **Alfred (Joseph)** ～ (1899–1980)《英国の映画監督; サスペンス映画の巨匠; *The Thirty-Nine Steps* (三十九夜, 1935), *Rebecca* (レベッカ, 1940), *Psycho* (サイコ, 1960), *The Birds* (鳥, 1963)》. ♦ **Hitch·cóck·ian** *a*
hítch·hìke *vi, vt* 通りがかりの車(など)に無料で便乗して旅行する, ヒッチハイクする (cf. LORRY-HOP); 〈昆虫などが〉《偶然に乗物で》運ばれている. ► *n* ヒッチハイク; 〖ラジオ・テレビ〗HITCHHIKER.
hítch·hìker *n* ヒッチハイクをする人; 〖ラジオ・テレビ〗プログラムの終わりに出す短いコマーシャル《通例 そのプログラムのスポンサーの二次的な商品を宣伝する》.
hítch·ing pòst 馬[ラバなど]をつなぐ杭.
Hitch·ings /hítʃɪŋz/ ヒッチングズ **George Herbert** ～ (1905–98)《米国の薬理学者; 計画的手法に基づき, 白血病・リウマチ様関節炎などの新薬を開発; ノーベル生理学医学賞 (1988)》.
hítchy *a* 《俗》びくびくした, びくつく, 震える.
hitchy-koo /hítʃikúː/, **kitchy-(kitchy-)koo, kitchie-(kitch·ie-)koo** /kítʃi(kítʃi)kúː/ *int* 《口》《赤んぼをくすぐったりして》コチョコチョ.

hi-tech /háɪték/ *n* HIGH TECH. ► *a* HIGH-TECH.
hít·fèst *n* 《野球俗》打撃戦, 乱打戦.
hith·er /híðər/ 《古・文》*adv* ここへ, こちらへ (opp. *thither*).
● **～ and thither [yon, yond]** あちらこちらに. ► *a* こちらの方の.
● **on the ～ side (of…)** (…より)こちら側に; (…より)若い. [OE *hider*; cf. ON *hethra* here]
híther·mòst *a* 最も手前の.
híther·tò /, ⌐–⌐/ *adv* 今まで, 従来; 今までのところは(まだ); 《古》ここまで, この地点まで. ► *a* 今までの.
híther·ward(s) *adv* 《古》こちら(の方)へ.
Hit·ler /hítlər/ ヒトラー **Adolf** ～ (1889–1945)《ドイツの政治家; ナチ党[ナチス]党首 (1921–45), 首相 (1933–45; 33 年から総統 (Führer))》. ♦ **～·ism** *n* ヒトラー主義《ドイツの国家社会主義》.
Hit·le·ri·an /hɪtlíəriən, -léər-/ *a*
Hítler·ìte *n* ヒトラー主義者; [*pl*] ドイツ国家社会党, ナチス (Nazis). ► *a* ヒトラー(政権)の.
Hítler mùstache ヒトラーひげ, ちょびひげ (toothbrush mustache).
Hítler Yóuth ヒトラーユーゲント《ナチスドイツの青少年団》. [G *Hitler Jugend*]
hít lìst 《俗》殺害予定者のリスト, 首切り[攻撃, 制裁]対象者のリスト, 整理対象の企画[番組など]の一覧, 《一般に》対象者リスト 〈*for*〉.
hít màn 《俗》殺し屋, 乱暴な選手; HATCHET MAN, HIRED GUN; *《俗》《衰弱して自分では注射できない常用者に》雇われて薬(ヤク)をうってやる者.
hít-or-míss *a* でたらめの, 行き当たりばったりの (hit-and-miss).
hít paràde [the] ヒット曲番付, ヒットチャート, 《一般に》人気番付; 《俗》好きな相手のリスト.
hít-rún *a* ひき逃げの, 奇襲の (hit-and-run).
hít-skíp *a* ひき逃げの, 奇襲の (hit-and-run).
hít spìke *《麻薬俗》皮下注射針の代用品.
hít squàd [tèam] 殺し屋グループ[集団]; 仕事人集団, プロジェクトチーム.
hít·ter *n* **1** 打つ人, 〖野〗打者; 《口》《技巧派に対して》パンチの強烈なボクサー; 有力者; 《俗》HIT MAN; *《俗》銃: a BIG HITTER / a HEAVY HITTER / a LONG HITTER. **2** [*compd*] 〖野〗…安打の試合: NO-HITTER / throw a five-～ 《相手を》5 安打に押える.
hít thèory 〖生〗標的論, 衝撃説, ヒット説, ターゲット説《細胞の特定部位に放射線がヒットすることにより生物学的変化が起こるとする》.
hit·tin' /hítɪn/, **hit'n** /hítn/ *n* *《俗》おいしい(もの), うまい(もの).
Hit·tite /hítàɪt/ *n, a* ヒッタイト人[語](の). [Heb]
hít-to-kíll technólogy 迎撃ミサイル技術.
Hit·torf /hítɔ̀ːrf/ ヒットルフ **Johann Wilhelm** ～ (1824–1914)《ドイツの物理学者; 電解液中のイオン移動の研究から輸率の概念を提出, 電気化学の基礎を築いた》.
hít wòman *《俗》女の殺し屋.
HIV /éɪtʃàɪvíː/ *n* ヒト免疫不全ウイルス (＝*AIDS virus, human immunodeficiency virus*)《AIDS の原因ウイルス; レトロウイルスの一種, 特に HIV-1; 免疫機構におけるヘルパー T 細胞を破壊する》: be ～ positive HIV に感染している.
hive[1] /háɪv/ *n* **1** ミツバチの巣箱 (beehive); 《地上の》ハチの巣; ミツバチの巣箱形[ドーム形]をしたもの; 一巣箱のミツバチの群れ. **2** 人びとが忙しく活動している所; ワイワイ騒いでいる群集: a ～ of activity [industry] 人びとが忙しく働いている場所, ざわついた所《工場・事務所・部屋・都市など》. ► *vt* 〈ミツバチを〉巣箱に集める[住ませる]; こぢんまりと群居させる; 〈蜜を〉巣箱にたくわえる; ためる 〈*up, away*〉. ► *vi* 〈ミツバチが〉巣箱につく[住む]; 群居する; 閉じこもる 〈*up*〉. ● **～ off** 〈ミツバチが〉巣箱を離れてほかへ移る, 分封する; [‖]《口》《黙って》立ち去る, 消える; [‖]《新たに仕事を始めるために》〈会社などを〉やめる, 独立する 〈*from*〉; 分離する, 切り離す; 〈事業の一部を〉分割[売却]する, (分離)民営化する; 〈学問分野が〉分化する 〈*from*〉. ♦ **～·less** *a* [OE *hȳf*; cf. ON *hūfr* ship's hull]
hive[2] *n* 〖医〗蕁麻疹(じんましん)性丘疹[膨疹]. [逆成 ‹ *hives*]
híve bèe 〖昆〗ミツバチ (honeybee).
híve dròss PROPOLIS.
híve-òff[‖] *n* 〖商〗SPIN-OFF.
hives /háɪvz/ *n* [〈*sg/pl*〉] 発疹, 皮疹, 《特に》蕁麻疹(じんましん) (urticaria); 喉頭炎. [C16 (Sc)<?]
HIV-1 /éɪtʃàɪvìːwʌ́n/ *n* HIV-1 (＝*HTLV-III, LAV*)《HIV のうち最も普通の型のもの》.
HIV-2 /éɪtʃàɪvìːtúː/ *n* HIV-2《西アフリカに流行; HIV-1 よりも病原性・感染性が弱い型の HIV》.
hi·ya, hi ya /háɪjə/ *int* 《口》やあ, こんちわ. [*How are you?*]
Hizbollah, Hizballah ⇨ HEZBOLLAH.
hiz·zon·er /hɪzɑ́nər/ *n* [°H-] *《俗》判事, 市長, 《野球俗》審判. [*His Honor* のなまり]
hiz·zy /hízi/ *a* *《方》TIZZY[2].
HJ °hic jacet.
Hjelms·lev /hjélmsleɪʊ/ イェルムスレウ **Louis** ～ (1899–1965)《デンマークの言語学者; GLOSSEMATICS を創始》.
HJR House joint resolution《下院提出の》両院合同決議《のちに職

別番号をつけて法案名などに用いる》. **HJS** °hic jacet sepultus [sepulta]. **HK** °Hong Kong ♦ °House of Keys. **HKJ** Hashemite Kingdom of Jordan. **hl** hectoliter(s).

HL 〔英〕°House of Lords.

HLA, HL-A /éɪtʃèléɪ/ *n* 〔生化〕ヒト白血球抗原; 《ヒトの》主要組織適合複合体. [*h*uman *l*eukocyte *a*ntigen]

Hl.S. [G *Heilige Schrift*] °Holy Scripture.

HLS [L *hoc loco situs*] laid in this place.

h'm, hm(m) /mm, hm, hmm, hmmm/ *int* ウーン, フーム, ヘーエ, HEM², HUM¹《思案・ためらい・疑い・当惑を表わす》.

hm hectometer(s). **HM** °harbor master ♦ headmaster ♦ headmistress ♦ °heavy metal ♦ His [Her] Majesty('s).

HMAS His [Her] Majesty's Australian Ship. **HMCS** His [Her] Majesty's Canadian Ship. **HMD** 〔電算〕°head-mounted display. **HMD, hmd** °hyaline membrane disease. **HMG** His [Her] Majesty's Government.

HMI 〔英〕His [Her] Majesty's Inspector (of Schools).

HMMWV 〔軍〕high-mobility multi-purpose wheeled vehicle (⇨ HUMVEE).

HMO °health maintenance organization.

Hmong /mɑ́ŋ/ *n* **a** (*pl* ~, ~s) モン族《ミャオ族 (Miao) の自称》. **b** モン語. [Miao=free-roaming]

HMS His [Her] Majesty's Service ♦ His [Her] Majesty's Ship 英国軍艦《艦名の前に付され, 海軍の所属であることを示す》.

HMSO 〔英〕His [Her] Majesty's STATIONERY OFFICE.

HMV /éɪtʃèmví:/ HMV《英国の CD, DVD などの販売チェーン店》.

hn /èɪtʃén/ *n**《黒人俗》白人社会の価値観に浸った黒人, 黒い白人 (Oreo, Uncle Tom). [*h*ouse *n*igger]

HN head nurse. **HNC** 〔英〕°Higher National Certificate.

HND 〔英〕°Higher National Diploma.

HnRNA °heteronuclear RNA.

ho¹ /hóu/ *int* ホー, ホーイ《呼びかけ・賞賛・得意・あざけり・驚きなどの, また 疲れたときの発声》; WHOA: *Ho* there! おーい, おいこら / *Ho! ho!* (*ho!*) ホホー《しばしば あざわらい》. ★ 注意をひく場合には通例後置される: Land *ho!* おーい陸地だぞ / What *ho!* やあ, おーい《挨拶・呼びかけ》/ Westward *ho!* 〔海〕おーい西へ行こう! [imit]

ho², hoe /hóː/ *n**《黒人俗》売春婦 (whore), 女.

ho. house. **Ho** 〔化〕holmium. **HO** 〔英〕°Home Office.

ho·ac·tzin /houǽktsɪn, wɑːktsíːn, wɑ́ːktsɪn/ *n* HOATZIN.

hoa·gie, -gy /hóugi/ *n**サブマリン(サンド) (SUBMARINE). [C20 <?]

hoar /hɔ́ːr/ *a* 《まれ》霜におおわれた; HOARY; 《方》かびくさい. ► *n* HOARFROST; HOARINESS. [OE *hār*; cf. G *hehr* sublime]

hoard¹ /hɔ́ːrd/ *n* 《財宝の》秘蔵, 退蔵; 貯蔵物; 買いだめ; 《知識などの》蘊蓄(うんちく), 宝庫. ► *vt, vi* 《ひそかに》貯蔵する, 退蔵する, ため込む, 大量にたくわえる ‹*up*›; 胸におさめる: ~ coins 硬貨をためる. ♦ **~·er** *n* **~·ing·ly** *adv* 買いだめして; 欲ばって. [OE *hord*; cf. G *Hort* treasure]

hoard² *n* HOARDING².

hóard·ing¹ *n* 秘蔵, 退蔵, 死蔵, 貯蔵; 蓄積, 買いだめ; [ᵘ*pl*] 蓄積[貯蔵]物. [*hoard¹*]

hoarding² *n* 《建築現場などの》板囲い; ᵘ広告板, 掲示板 (billboard). [*hoard*<OF; ⇨ HURDLE]

Hoare /hɔ́ːr/ ホア Sir **Samuel** (**John Gurney**) ~, 1st Viscount Templewood (1880–1959)《英国保守党の政治家; 1935 年インド法を成立させ, つづいて外相としてエチオピア問題でイタリアに譲歩しようとして辞任に追い込まれた》.

hóar·fròst *n* 霜, 白霜 (white frost).

hóarfrost pòint 〔気〕霜点 (frost point).

hoarhound ⇨ HOREHOUND.

hoarse /hɔ́ːrs/ *a* ‹声が›かれた; しゃがれ声の, 〔医〕嗄声(させい)の; 耳ざわりな; ‹川・あらし・雷など›ざわついた: ~ from a cold かぜで声がかれて / shout one*self* ~ 声がかれるほど叫ぶ. ♦ **~·ly** *adv* **~·ness** *n* [ME *hors*<ON; cf. eME *hos*<OE *hās* hoarse]

hoars·en /hɔ́ːrs(ə)n/ *vt* ‹声を›しゃがれさせる. ► *vi* ‹声が›しゃがれる.

hóar·stòneᵘ *n* 《古代の》境界標石; 《古代の》記念碑.

hóary *a* (老いて)白い, 霜のように白い; 白髪の; 大昔の; 年老いた; (ものさびて)神々しい; 古臭い, 陳腐な‹話・ジョークなど›; 〔植・昆〕灰白色の微毛でおおわれた, 灰白密毛の; ‹植物が›灰白色の葉をつけた. ♦ **hóar·i·ly** *adv* **-i·ness** *n* [*hoar*]

hóary créss [**péppergrass, pépperwort**] 〔植〕アコウグンバイ, アコウグンバイナズナ, イヌグンバイナズナ《地中海沿岸・ユーラシア原産のアブラナ科の多年草・雑草》.

hóary-éyed *a* 《俗》酔った, とろんとした. [? *awry-eyed*]

hóary-héad·ed *a* しらが頭の, 白髪の.

hóary mármot 〔動〕ロッキーマーモット《北米北西部産の大型で灰色のマーモット》.

hoast /hóust/ 《スコ》*n, vi, vt* COUGH. [ON]

hoatch·ing /hóutʃɪŋ/ *a* 《スコ》‹場所が›‹…で›いっぱいの, ‹…に›取りつかれた ‹*with*›: a house ~ *with* rats ネズミがうじゃうじゃいる家.

ho·at·zin /houǽtsɪn, wɑːtsíːn, wɑ́ːtsɪn/ *n* 〔鳥〕ツメバケイ, ホーアチン《南米産の樹上生の植物食の鳥; ひなは第 1 指, 第 2 指につめをもち, 枝をよじのぼる》. [Am Sp<Nahuatl]

hoax /hóuks/ *vt* …に一杯食わせる, ‹人を›かつぐ. ► *n* いたずら, 悪ふざけ《特に 虚報で人をかつぐもの》; でっちあげ, 捏造: a ~ call 虚報のいたずら電話《爆弾を仕掛けたなどというたぐい》. ♦ **~·er** *n* [C18 <? *hocus*(-*pocus*)]

hob¹ /hɑ́b/ *n* 壁炉 (fireplace) の両側の棚《鉄瓶・ソースパンなどを載せる》; ᵘレンジの平らな上面(のこんろ[加熱部]), ガス台; HOBNAIL; 金属用の押し型; 〔機〕ホブ《らせん状に切刃のある回転切削工具》; 輪投げ遊び(の標的棒). ► *vt* (**-bb-**) 〔機〕ホブで切る; …に hobnail をつける. [C16 *hubbe* lump (変形) <? HUB]

hob² *n* 雄のシロイタチ; ᵘ《方》いたずらな小鬼[妖精] (hobgoblin); 《口》いたずら. ● **play ~ with…** *《口》…に被害を与える, 荒らす, 乱す. **raise ~** *《口》害を与える, 荒らす, 混乱させる ‹*with*›; 腹を立てる, いきりたつ ‹*with*›. ♦ **~·like** *a* [*Hobbe* (変形) < *Rob* < *Robert* or *Robin*]

hób-and-nób /-ə(n)nɑ́b/ *a* 《古》親しい.

Ho·bart /hóubərt, -bɑ̀ːrt/ **1** ホーバート《男子名》. **2** ホーバート《オーストラリア Tasmania 州の州都で天然の良港》. [⇨ HUBERT]

hob·ba·de·hoy, -dy- /hɑ́bədihɔ̀ɪ/ *n* 《古》HOBBLEDEHOY.

Hob·be·ma /hɑ́bəmə/ ホッベマ **Meindert** [**Meyndert**] ~ (1638–1709)《オランダの風景画家; 水辺, 森の風景を描いた作品が多い》.

Hobbes /hɑ́bz/ ホッブズ **Thomas** ~ (1588–1679)《イングランドの哲学者; *Leviathan* (1651)》. ♦ **~·ian** *a, n*

hób·bing *n* 金属面に押し型で型をとること.

Hob·bism /hɑ́bɪ̀z(ə)m/ *n* HOBBES の哲学[学説]《人間が無制限の闘争による無政府的混乱を避け, 平和と幸福を得るためには, 君主への絶対服従が必要であると説く》. ♦ **-bist** *n, a*

hob·bit /hɑ́bət/ ホビット《J. R. R. Tolkien が *The Hobbit* (1937) で創作した, 身長がヒトの半分ぐらいで足が毛でおおわれた小人の妖精族; 'hole builder' の意》.

hob·ble /hɑ́b(ə)l/ *vi* 足をひきずって[かばって]歩く, よたよた歩く ‹*along, about*›; ふらふらと飛んで行く[来る]; とぎれとぎれに話す. ► *vt* 足をひきずらせる; ‹馬などを›両脚いっしょに縛る; …の自由を束縛する, 妨げる, 頓挫させる. ► *n* 足をひきずって歩くこと, よたよたすること; 《馬などの》縄の足かせ, 障害, 束縛; 《古・英方》苦境, 困惑: be in [get into] a nice ~ 困ってあがきがとれない[なくなる]. ♦ **hób·bler** *n* [? LG; cf. HOPPLE, Du *hobbelen* to turn, roll]

hóbble·bùsh *n* 〔植〕ガマズミ属の一種《北米東部産; 白い花をつける》.

hob·ble·de·hoy /hɑ́b(ə)ldihɔ̀ɪ/ *n* 不器用な[気がきかない]若者, 青二才; ᵘ《口》チンピラ. ♦ **~·hòod** *n* **~·ish** *a* [C16 *hobbard de hoy*<?]

hóbble skìrt 〔服〕ホブルスカート《ひざより裾のほうが狭いスカート; 歩くとヨチヨチした感じになる; 1910–14 年に流行》.

Hobbs /hɑ́bz/ ホッブズ Sir **John Berry** ~ [**'Jack'** ~] (1882–1963)《英国のクリケット選手》.

hob·by¹ /hɑ́bi/ *n* **1** 趣味, 道楽, 余技; おはこ, 十八番, 得意な話題. **2** HOBBYHORSE; 《古・方》小馬, 活発な乗用馬; *《学生俗》虎の巻 (pony); 《ペダルなしの》初期の自転車. **3** 《廃》愚か者, 道化. ● **ride** [**mount**] **a ~** (**to death**) おはこを(いやがられるほど)出す. ♦ **~·ist** *n* 趣味[道楽]に熱中する人. [ME *hobyn, hoby* < *Robin* の愛称; cf. DOBBIN]

hobby² *n* 〔鳥〕小型のハヤブサ, 《特に》チゴハヤブサ. [OF (dim) < *hobe* small bird of prey]

hóbby fàrm 趣味でやっている農園. ♦ **hóbby fàrmer** *n*

hóbby·hòrse *n* **1** ホビーホース, 小馬《モリスダンス (morris dance) やパントマイム (pantomime) に使う馬の模型, そのダンサー》; 《廃》道化; 《merry-go-round の》木馬; 揺り木馬 (rocking horse); 竹馬《棒の先に馬の頭の付いたおもちゃ》; DANDY HORSE. **2** おはこ(の話題): on one's ~. ● **ride a ~**=ride a HOBBY¹. ► *vi* 〔海〕‹船が›激しく縦に揺れる. [*hobby¹* small light horse]

hob·day /hɑ́bdèɪ/ *vt* ‹馬›に喉頭部の手術を施す《呼吸障害を軽減するため》. [F.T. *Hobday* (1869–1939) 英国の獣医]

hób·gòblin *n* おばけ; いたずら好きな小鬼; いたずら小僧; [H-] PUCK¹, ROBIN GOODFELLOW. [*hobby¹*+*goblin*]

Hob·house /hɑ́bhàus/ ホブハウス **Leonard Trelawney** ~ (1864–1929)《英国の社会学者・哲学者》.

hób·nàil *n, vt* 《靴底に打つ》頭の大きな鋲釘, …に鋲釘を打つ; 田舎者; 《ガラスの皿などにつける》いぼ飾り.

hóbnail bóot, hóbnailed bóot 底に鋲の打ってある半長靴[ブーツ].

hób·nàiled *a* ‹靴が›底に鋲の打ってある; 鋲を打った靴を履いている; 野暮な.

hóbnail líver, hóbnailed líver 〔医〕鋲釘肝《硬変症のため表面にいぼのできた肝臓》.

hob·nob /hɑ́bnɑ̀b/ *vi* (**-bb-**) 《利をはかろうとして社会的地位の高い人たちと》親しくつきあう[話す] ‹*with*›; 《古》酒を酌み交わす. ► *n* うちとけた会合; 懇談; 酒を酌み交わすこと. ► *adv* 勝手に; 無差別に.

H

◆ **hób·nòb·ber** *n* [*hob* or [*and*] *nob* give and take (< *hab nab* dial have or not have)]

ho·bo* /hóʊboʊ/ *n* (*pl* ~es, ~s) 渡り労働者; 浮浪者, ホームレス, ルンペン; 袋形の大型ショルダーバッグ (=~ **bàg**). ► *vi* 浮浪生活を営む, 放浪する. ◆ **~·ism** *n* 浮浪生活. [C19<?; *ho, boy* の変形か]

ho·boe /hóʊboʊ/, **ho·boy** /hóʊbɔɪ/ *n* OBOE.

Ho·bo·ken /hóʊbòʊkən/ ホーボーケン《New Jersey 州北東部の市; Hudson 川西岸に位置, 対岸は New York 市》.

Hobs·bawm /hábzbɔ̀:m/ ホブズボーム **Eric J(ohn Ernest)** ~ (1917–)《英国の歴史家; *The Age of Revolution* (1962), *The Age of Capital* (1975), *The Age of Empire* (1987), *The Age of Extremes* (1994)》.

Hob·son-Job·son /hábs(ə)nʤábs(ə)n/ **1**『ホブソン-ジョブソン』《英国の東洋学者 Sir Henry Yule (1820–89) とサンスクリット学者 Arthur C. Burnell (1840–82) の編集したインド英語の辞典 (1886)》. **2** ある言語の語句を他の言語に採り入れるときにその音を後者の音組織に適合させること. [Arab *Ya Hasan!, Ya Husayn!* O Hasan!, O Husain! (イスラム教徒の祭の掛け声)の転訛]

Hóbson's chóice **1**《与えられたものを採るしかない》有無を言わせない選択, 一方的な押しつけ. **2**[‖]《韻俗》声 (voice)《通例 Hobson's と短縮される》. [Thomas *Hobson* (1544–1631) イングランド Cambridge の貸馬屋; 馬小屋の戸口に最も近い馬から選択を許さずに貸した]

hoc age /hoʊk á:gɛ/ これをなせ, 現在の仕事に精を出せ. [L]

Hoc·cleve /háklì:v/, **Oc-** /ák-/ ホックリーヴ, オックリーヴ **Thomas** ~ (1368 or 69–c. 1450)《イングランドの詩人; Chaucer を模倣, 作品は社会史的価値を有する》.

Hoch·hei·mer /hákhàɪmər/ *n* HOCK[2].

Ho Chi Mính /hóʊ ʧí: mín, -ʃí:-/ ホー・チ・ミン (1890–1969)《ヴェトナムの政治家; 本名 Nguyen That Thanh; インドシナ共産党を結成 (1930), Vietminh を組織 (1941), ヴェトナム民主共和国大統領 (1945–69)》.

Hó Chì Mính Cíty ホー・チ・ミン市《ヴェトナム南部の市; 旧称 Saigon》.

Hó Chì Mính Tráil [the] ホー・チ・ミンルート《第二次大戦以来の北ヴェトナムと南ヴェトナム・ラオス・カンボジアをつなぐゲリラ補給路; 特にヴェトナム戦争時に重要となった》.

hock[1] /hák/ *n*《犬・馬などの後脚の》飛節, かかと, ホック《後ろに曲がった部分》;《飛節に対応する》鳥の脚の関節, かかと, 'ひざ';《豚の》足肉; *《俗》足 (foot). ► *vt* …の飛節の腱を切る[切ってかたわにする] (hamstring). [*hock*shin (obs)<OE *hōhsinn*; cf. HOUGH]

hock[2]‖ *n* [°H-] ホック (=*Hochheimer*)《ドイツ南西部 Hesse 州の Rheingau 地域の Hochheim 村産の白ワイン》;《一般に》辛口の白ワイン. [*hock*amore (obs)<G (*Hochheim* 産地名)]

hock[3] *n, vt*《口》質(に入れる) (pawn);《俗》刑務所. ● **in ~**《口》入質されて;《口》苦境に陥って;《口》入獄して;《口》借金して, 借りがあって ‹*to* sb›. **out of ~**《口》質から出されて;《口》借金してない. ◆ **~·able** *a* **~·er** *n* [Du=hutch, prison, debt]

hock[4], **hok** /hák/ *vt*《俗》うるさがらせる, 困らせる. [Yid *hok a chynik* knock a teapot (くだらないおしゃべりをする)]

hock·et, ho·quet /hákət/ *n* **1** しゃっくり (hiccup). **2**〔楽〕ホケトゥス, ホケット《中世の多声音楽で, 歌詞と関係なく旋律を休符をはさむ断片に区切ること; またそのような曲》. ◆ **~·ing** *n* [OF (imit)]

hock·ey[1] /háki/ *n* ホッケー (field hockey), アイスホッケー (ice hockey); HOCKEY STICK. ◆ **~·ist** *n* ホッケー選手. [C16<?; OF *hoquet* shepherd's crook (dim) < *hoc* hook<Gmc (OE *hōc*) からか]

hockey[2], **hork·ey** /hɔ́:rki/ *n*《方》収穫祭 (harvest home) (の祝宴).

hockey[3] ⇨ HOCKY.

hockey[4] *n* ‖OCHE.

hóckey pùck ホッケー用パック; *《俗》ハンバーガー.

hóckey skàte アイスホッケー用スケート靴.

hóckey stìck ホッケー用スティック. ● **jolly ~s** わーいうれしいなあ《ありきたりのことに対する喜びの表現; 英国の女子パブリックスクールの明朗活発な学校生活を彷彿とさせるような雰囲気をからかって言う》.

hóck lèg〔家具〕曲がり脚《上部内側にくびれがある》.

Hock·ney /hákni/ ホックニー **David** ~ (1937–)《英国のポップアートの画家; 版画・写真・舞台デザインも手掛ける》.

hóck·shòp *n**《口》一六銀行, 質屋 (pawnshop).

Hóck·tide *n*〔史〕ホック祝節《Easter 後の第 2 月曜と火曜に行なった民間祭期》.

hocky, hock·ie, hock·ey /háki/, **hook(·e)y** /húki/《俗》*n* くそ, SHIT; つば[痰](を吐くこと); 精液, 愛液; *まずい[まずそうな]食い物; *うそっぱち, だぼら. [? *hock*[2]]

hoc opus, hic lab·or est /hoʊk ɔ́:pùs hì:k lá:bɔ:r ést/ これこそ仕事, これこそ労苦. [L]

ho·cus /hóʊkəs/ *vt* (-s- | -ss-) だます, かつぐ; ごまかす;《薬物入りの酒で》ぼうっとさせる; …に薬(ﾔｸ)を一服盛る. ► *n* 薬入りの飲み物; 詐欺, 欺瞞. [↓]

hócus-pócus /-póʊkəs/ *n*《奇術師などの》ラテン語まがいの呪文[まじない]; 煙にまくようなことば; 手品, 奇術; いんちき, ごまかし, てらい. ► *vi, vt* (-s- | -ss-) 手品を使う; 人の目をくらます ‹*with, on*›. [17 世紀の擬似ラテン語 *hax pax max Deus adimax*]

hod /hád/ *n* 煉瓦箱《煉瓦職人が煉瓦・しっくいなどを運ぶ木製の箱》; *石炭入れ (coal scuttle). [ME *hot* (dial)<OF *hotte* pannier <? Gmc]

ho·dad /hóʊdæd/, **ho·dad·dy** /-dædi/ *n* 陸(ｵｶ)サーファー, サーファー気取りの男, へたなサーファー; *《俗》しろうとのくせにいっぱしのことを言うやつ, 自分でできないのに選手のまわりなどで騒いでいるやつ; *《俗》胸くそわりいやつ, にくたらしいやつ. [C20<?; サーファーの叫び声 *Ho*[1], dad! か]

hód càrrier《煉瓦・しっくいなどを》HOD で運ぶ人夫; 煉瓦職人の助手 (hodman‖).

hod·den /hád(ə)n/, **hod·din** /hádən/ *n*《スコ》無地の粗ラシャ.

hódden gréy《スコ》HODDEN,《特に》白っぽい毛に少量の黒い毛を交ぜて織ったラシャ地.

Hodeida AL-ḤUDAYDAH.

Hodge /háʤ/ **1** ホッジ《男子名; Roger の愛称》. **2**‖《典型的)作男, 田舎者.

hodge·podge* /háʤpàʤ/ *n* ごたまぜ; HOTCHPOTCH. ► *vt* ごた混ぜにする. [HOTCHPOTCH]

Hodg·kin /háʤkɪn/ ホジキン (1) Sir **Alan Lloyd** ~ (1914–98)《英国の生理学者; 神経の興奮伝達を物理的・化学的変化の点から解明し, ノーベル生理学医学賞 (1963)》 (2) **Dorothy Mary Crowfoot** ~ (1910–94)《英国の化学者; ペニシリン・ビタミン B_{12} の構造を解明, ノーベル化学賞 (1964)》.

Hódgkin's disèase〔医〕ホジキン病《悪性リンパ腫》. [Thomas *Hodgkin* (1798–1866) London の医師]

ho·di·er·nal /hòʊdiə́:rnl/ *a* 今日の (of this day).

hod·ma·dod /hádmədàd/ *n*‖《方》HODMANDOD.

hód·man‖ /-mən/ *n* (*pl* **-men** /-mən/) HOD CARRIER,《一般に》手伝い人, 下働き (hack); 下請け作家, 三文文士, 売文作家.

hod·man·dod‖ /hádməndàd/ *n* カタツムリ, ででむし (snail).

hó·do·gràph /hádə-, hóʊ-/ *n*〔数〕速度図, ホドグラフ《動点の速度ベクトルの始点を原点に一致させたとき終点の描く図形》. [Gk *hodos* road, path]

ho·dom·e·ter* /hoʊdámətər; hɔ-/ *n* ODOMETER.

hó·do·scòpe /hádə-, hóʊ-/ *n*〔光〕(カウンター)ホドスコープ《荷電粒子の進路観測装置》.

hoe[1] /hóʊ/ *n* 長柄の鍬(ｸﾜ), ホー; (ホー形)除草器;《モルタル・しっくい用の》鍬; BACKHOE. ► *vt, vi* 鍬を入れる ‹*in, into*›; 除草器で〈雑草を〉掘り起こす ‹*up*›. ● **a long** ROW[1] **to ~**. **~ in**《豪口》もりもり食べる[食べ始める]; 精力的に始める, 張り切って取りかかる. **~ into** …《豪口》〈食物を〉もりもり食う; 〈人〉にがみがみ言う, どなりつける; 〈仕事〉に張り切って取りかかる, 熱心にやる. ◆ **hó·er** *n* 鍬を使う人; 除草する人[機械]. [OF<Gmc (HEW)]

hoe[2] ⇨ HO[2].

Hoe ホー **Richard March** ~ (1812–86)《米国の印刷機製造業者・発明家; 高速輪転機を発明 (1847)》.

hóe·càke* *n* トウモロコシパン. [かつて鍬の刃の上で焼いた]

hóe-dìg*《方》*n* ホーディッグ《田舎のスクエアダンス》; ダンス.

hóe·dòwn* *n* 活発で陽気な踊り,《特に》スクエアダンス; ホーダウン曲; ホーダウンのダンスパーティー;《俗》激論;《俗》激しいもの, 熱戦, 大騒ぎ;《俗》暴力団の出入り, 渡り合い.

Hoek van Hol·land /hú:k va:n hɔ́:la:nt/ フーク・ファン・ホラント《HOOK OF HOLLAND のオランダ語名》.

Hof /hóʊf, hɔ́(:)f/ ホーフ《ドイツ中南東部 Bavaria 州北東部の Saale 川に臨む市》.

Hof·burg /G hó:fbʊrk/ ホーフブルク《Vienna の Hapsburg 家の旧宮殿》.

H of C〔英〕°House of Commons.

Hofei 合肥 (⇨ HEFEI).

Ho·fer /hóʊfər/ ホーファー **Andreas** ~ (1767–1810)《Tirol の愛国者; 同地域のオーストリア帰属を守るためにフランスおよびバイエルンと戦った》.

Hof·fa /háfə/ ホッファ **James R(iddle)** ~ ['**Jimmy**' ~] (1913–?75)《米国の労働運動指導者; 全米トラック運転手組合委員長 (1957–71); 陪審員買収と金横領で有罪 (1964); 出所 (1971) 後に失踪; 暗殺されたと考えられている》.

Hoff·man /háfmən/ ホフマン (1) '**Abbie**' ~ [**Abbott** ~] (1936–89)《米国の政治活動家; 青年国際党 (Youth International Party, Yippies) の創設者》 (2) **Dustin** (**Lee**) ~ (1937–)《米国の俳優; 映画 *Kramer vs. Kramer* (クレイマー, クレイマー, 1979), *Rain Man* (レインマン, 1989)》 (3) **Samuel Kurtz** ~ (1902–95)《米国の推進技術者; ロケットエンジンの開発を指導》.

Hoff·mann /háfmən/ ホフマン (1) **August Heinrich ~ von Fal·lers·le·ben** /-fá:lərslèɪbən/ (1798–1874)《ドイツの詩人・言語学者・文学史家; 愛国詩 'Deutschland, Deutschland über alles' はドイツ国歌になったが, 第二次大戦後はそのうち第 3 節が公式の国歌とされている》 (2) **E(rnst) T(heodor) A(madeus)** ~ (1776–1822)

《ドイツの作家・作曲家・画家; 本名 Ernst Theodor Wilhelm ～; 怪奇的・幻想的な作品で知られる》(3) ホフマン **Jules A(lphonse)** ～ (1941–)《フランスの免疫学者; ノーベル生理学医学賞 (2011)》 (4) **Roald** ～ (1937–)《米国の化学者; 化学反応のメカニズムを研究; ノーベル化学賞 (1981)》.

H of L 〔英〕°House of Lords.

Hof·mann /háfmən/ ホフマン (1) **August Wilhelm von** ～ (1818–92)《ドイツの化学者; タール工業・合成染料工業の基礎を築いた》 (2) **Hans** ～ (1880–1966)《ドイツ生まれの米国の画家; 米国の抽象絵画の指導的立場にあった》 (3) **Josef Casimir** ～ (1876–1957)《ポーランド生まれの米国のピアニスト・作曲家》.

Hof·manns·thal /háfmənztà:l; *G* hó:fmansta:l/ ホフマンスタール **Hugo von** ～ (1874–1929)《オーストリアの詩人・劇作家》.

Hof·stadt·er /hóufstæ̀tər/ ホフスタッター **Richard** ～ (1916–70)《米国の歴史学者》.

Ho·fuf /houfú:f/ ホフーフ《AL-HUFUF の別称》.

hog /hág, *hó:g/ *n* (*pl* ～**s**, ～) **1** 豚 (swine, pig); 飼い豚《«米» では特に 120 ポンド (約 54 kg) 以上の食用の豚を, «英» では特に去勢した(食用)雄豚をいう; cf. BOAR》: eat [behave] like a ～ がつがつ食う [無作法にふるまう] / What can you expect from a ～ but a grunt? «諺» 豚にはブーブーしか期待できない. **2 a** «口» 豚みたいなやつ, 下品な男, 貪欲なやつ, 大食家, 不潔な人物; *«俗» 薬(ﾔｸ)を多く使うやつ: ROAD HOG. **b** *«俗» ポリ(公), マッポ (pig). **c** *«俗» 囚人 (yard pig). **d** «俗» (大型の)オートバイ《特に Harley-Davidson》, 大型車《特に Cadillac》; *«鉄道俗» 機関車, 機関士; 《廃材などの》寸断機. **3** [hogg, hogget ともいう] **a** «英方・豪» 初めて毛を刈り取る前の若い羊(の毛[肉]). **b** ‖若い家畜. **4** 〔海〕《船底清掃用の》硬いブラシ[ほうき]; 船首・船尾の垂下の程度 (cf. SAG); 《梁材の》中高の反(ｿ)り. **5** «俗» **a** *1 ドル. **b** PCP, ANGEL DUST《麻薬》. ● **a ～ in armor** 風采の上がらない野暮な人, 美装が身につかない人. **a ～ on ice** *«口» たよりにならない人. **bring one's ～s to the wrong market** «口» まるでお門違いをする. **go (the)** WHOLE HOG. **live [eat] high off [on] the ～ [～'s back]** «口» ぜいたくな[羽振りのよい]生活をする. **low on the ～** «口» つましく, 細々と. **on the ～** «俗» 無一文で (broke).

► *v* (**-gg-**) *vt* **1** «口» むさぼる, 人一倍欲しがる, 独り占めする, 独占的に使用する: Don't ～ it all to yourself. **2** 〈背などを〉中高にする; 〈口ひげ・馬のたてがみなどを〉短く刈る. **3** 〈廃材などを〉寸断機で寸断[破砕]する. ► *vi* **1** 頭を下げて背を丸くする; 〈中央部が〉豚の背のように曲がる; 〔海〕船体の両端が垂下する. **2** むさぼる, 貪欲な行為[行動]をする. ● **～ the road** 《車で》道路の中央を走る.

◆ **hóg·ger**[1] *n* **～·lìke** *a*

[OE *hogg*<? Celt (Corn *hoch*, Welsh *hwch* swine)]

ho·gan /hóugən, -gà:n/ *n* ホーガン《北米インディアン Navaho 族の住居; 組んだ枝を泥でおおって作る》. [Navaho]

Ho·gan /hóugən/ ホーガン **William Benjamin** ～ [**'Ben'** ～] (1912–97)《米国のプロゴルファー》. ● **H～'s ghost!** «豪俗» これは驚いた, なんだこれは; «豪韻俗» トースト (toast).

Hógan's brìckyard «野球俗» 整地の悪いグラウンド, 野球用空き地.

Ho·garth /hóugà:rθ/ ホーガース **William** ～ (1697–1764)《英国の風俗画家・銅版画家; 道徳的・諷刺的な版画・絵画で知られる; *A Rake's Progress* (1735), *Marriage à la Mode* (1745)》. ◆ **Ho·gárth·ian** *a*

HO gauge /éɪʧóu ━/ 〔鉄道模型〕HO ゲージ《軌間が約 5/8 inch》. [half+*O gauge*]

hóg·bàck *n* 豚の背のような背; 〔地質〕豚背(ﾄﾝﾊｲ)丘, ホグバック《低い切り立った山の背》; 〔考古〕両面が傾斜したサクソン[スカンディナヴィア]人の墓.

hóg bàdger HOG-NOSED BADGER.

Hog·ben /hɔ́:gbən, hág-, -bèn/ ホグベン **Lancelot Thomas** ～ (1895–1975)《英国の動物学者・著述家》.

hóg chòlera *〔獣医〕豚コレラ (=*swine fever*).

hóg dèer 〔動〕アクシスジカ (axis).

hóg·fìsh *n* 〔魚〕**a** ベラ科の食用魚《西インド諸島周辺産の》. **b** カナガシラの一種《米国南岸産》. **c** スズキ目パーチ科の魚《北米淡水産》. **d** フサカサゴ属の食用魚《地中海・東大西洋産》.

hogg /hɔ́(:)g, hág/ *n* HOG 3.

Hogg ホッグ **James** ～ (1770–1835)《スコットランドの詩人; 通称 'Ett·rick /étrɪk/ Shepherd'; ロマン主義運動に伴うバラッド復興の時期に人気を博した》.

Hoggar Mountains ⇨ AHAGGAR MOUNTAINS.

hogged /hɔ́(:)gd, hágd / *a* 〔海〕竜骨の両端が垂下した.

hóg·ger[2] *n* *«鉄道俗» 機関士 (=*hoghead*).

hóg·gery *n* 養豚場, 豚小屋; 豚のようなふるまい.

hog·get /hágət/ *n* HOG 3. [*hog*, *-et*]

hog·gin /hɔ́(:)gən, hág-/, **-ging** /-gɪŋ/ *n* 砂と小石を混ぜたもの, 砂利《道路用》.

hóg·gish *a* 豚みたいな; 下品な, 意地きたない, 強欲な, 利己的な; 不潔な. ◆ **～·ly** *adv* **～·ness** *n*

hóg·hèad, hóg·jòcky *n* *«鉄道俗» HOGGER.

hóg héaven «俗» 極楽, 天国, パラダイス (=*pig heaven*): in ～ 天にも昇る心地で, このうえなくしあわせで.

hóg·lèg, -lègg /-lèg/ *n* *«西部・俗» REVOLVER.

hóg lìne HOG SCORE.

hóg·ly *a* HOGGISH.

Hog·ma·nay /hàgmənéɪ/ [[s]h-] «スコ» *n* 大みそか (New Year's Eve); 大みそかの祝祭; 大みそかのお祝いの品物《オート麦製ケーキなど》. [C17 Sc, NEng<? AF *hoguinané* (=OF *aguillanneuf*); 一説に F<L *hoc in anno* in this year (祝い歌のリフレーン)より]

hóg-nòsed bádger 〔動〕ブタバナアナグマ (=*hog badger*, *sand badger*)《アジア産》.

hóg-nòsed skúnk 〔動〕ブタバナスカンク《北米南西部産の大型のスカンク》.

hóg·nòse snáke, hóg-nòsed snáke 〔動〕ハナダカヘビ (=*blowing adder*, *flathead (adder)*, *puff(ing) adder*, *sand viper*, *spotted adder*, *spreading snake*)《無毒または低毒; 北米産》.

hóg·nùt *n* 欧州産セリ科の植物の塊茎 (earthnut); ヒッコリーの木(の実) (pignut).

hóg pèanut 〔植〕アメリカヤブマメ《北米東部産》.

hóg·pèn* *n* 豚小屋 (sty, piggery).

hóg's-bàck *n* HOGBACK.

hóg scòre 〔カーリング〕ホッグスコア (=*hog line*)《目標 (tee) から 21 フィート前方のライン》.

hóg's fènnel 〔植〕SULPHURWEED.

hógs·hèad *n* **1 a** 大樽《通例 63–140 ガロン入り》. **b** ホグズヘッド《略 hhd》(1) 液量の単位: =238.5 liters (63 米ガロン=52.5 英ガロン) 2) ビール・サイダーなどの単位: =245.4 liters (54 英ガロン)》. **2** *«鉄道俗» HOGGER.

hóg·skìn *n* PIGSKIN.

hóg's lèg*«西部・俗» REVOLVER.

Hogs·nor·ton, Hogs Nor·ton /hágznɔ́:rtn/ ホッグズノートン《田舎者・無骨者ばかりで信じられないような事件が起こっていたという, イングランド Oxfordshire の架空の村》.

hóg sùcker 〔魚〕北米産のサッカー科の淡水魚《時に食用》.

hóg-tìe* *vt* 〈家畜・人〉の四足[手足]を縛る; «口» 〈人〉の行動の自由を奪う.

Hogue ⇨ LA HOGUE.

hóg·wàsh *n* 豚の餌《残飯や食べ物の残り物などに水を加えたもの》; まずい食べ物[飲み物]; «口» 内容の貧弱なもの, 駄作, たわごと, でたらめ, ナンセンス: That's ～!

hóg·wèed *n* 《ragweed, horseweed, ‖cow parsnip など》各種の雑草.

hóg-wíld *a* «口» ひどく興奮した, 狂暴な, 抑えがきかない, 節度のない: go [run] ～ えらく興奮する, 抑えがきかなくなる.

hóg-wrèstle *n**«俗» 野卑な田舎踊り.

Ho·hen·lin·den /*G* ho:ənlíndn/ ホーエンリンデン《ドイツ南東部 Bavaria 州 Munich の東にある村; ナポレオン戦争で, オーストリア軍がフランス軍に敗れた地 (1800)》.

Ho·hen·stau·fen /hóuənʃtàufən, -stàu-; *G* ho:ənʃtáufn/ ホーエンシュタウフェン家(の人), シュタウフェン朝《神聖ローマ帝国を支配したドイツの王家 (1138–1254)》.

Ho·hen·zol·lern /hóuənzàlərn; hòuənzólən; *G* ho:əntsɔ́lərn/ **1** ホーエンツォレルン家(の人)《ドイツの王家; ブランデンブルク-プロイセン王家 (1415–1918); ドイツ帝国の王家 (1871–1918)》. **2** ホーエンツォレルン《ドイツ南西部の地方; もとプロイセンの州》.

Ho·he Tau·ern /hóuə táuərn/ ホーエタウエルン《オーストリア西部 Carinthia と Tirol の間にあるアルプス東部の支脈; 最高峰 Grossglockner (3798 m)》.

Hoh·hot /hóuhóut/, **Hu·he·hot** /hú:heɪhóut/, **Hu·ho·hao·t'e** /hú:hóuháutá:/ 呼和浩特(ﾌﾌﾎﾄ)《中国, 内モンゴル自治区の首都》.

ho ho /hóu hóu/ *int* オーオー, ホホー, ホホーッ, ホーイ, オーイ, ハッハッハ《笑い・呼びかけ・注意・驚き・疲労・賞賛・得意・軽蔑の発声》,《馬などを止める》ドードー. [加重 *ho*[1]]

Ho·ho·kam /hòuhouká:m/ *n* (*pl* ～) ホホカム人《紀元前 300 年ころから後 1400 年ころまで Arizona 州 Gila 川 および Salt 川沿いに興った文化に属したアメリカ先住民; 灌漑用水路網を建設した》. ► *a* ホホカム人[文化]の.

ho-hum /hóuhám/ *int* アーア, ファーッ《あくびの擬音語で, 倦怠・疲労・退屈などを表わす》. ► *a* «俗» つまらない, 退屈な; 無関心な. ► *n* «俗» つまらないもの, 退屈なこと. ► *vt* «俗» …に飽きる, 退屈する, 興味を失う.

hoick[1] /hɔ́ɪk/ *vt*, *n* «英・口» ぐいと[ひょいと]持ち上げる[引く](こと), 〈ボールを〉強く打つ(こと), 投げる(こと); 〈飛行機を〉急上昇させる(こと); «NZ» 《咳払いして》つばを吐く(こと). [変形? < *hike*]

hoicks /hɔ́ɪks/, **hoick**[2] *int* ホイッ, それっ《猟犬を励ます掛け声》.

hoiden ⇨ HOYDEN.

Hoihow ⇨ HAIKOU.

hoi pol·loi /hɔ́ɪ pəlɔ́ɪ/ *pl* [[u]the] [*derog*] 民衆, 大衆, 庶民 (the masses), 烏合(ｳｺﾞｳ)の衆; «俗» ばか騒ぎ, 空(ｶﾗ)騒ぎ. [Gk=the many]

hoise /hɔ́ɪz/ 《方》 *vt* (**~d, hoist** /hɔ́ɪst/) 《滑車などを用いて》引き揚げる, 高く揭げる; 持ち上げて運び去る. [? LDu; cf. G *hissen*]

hói·sin sàuce /hɔ́ɪsɪn-, -ʃɪn-, ⌐⌐-/ 〖中国料理〗海鮮醤《大豆にニンニク・スパイスを加えた調味料》.

hoist[1] /hɔ́ɪst/ *vt* 〈旗・帆などを〉揚げる, 〈重い物を〉いくらかゆっくりと引き[巻き]上げる; 持ち上げて運ぶ[飲む]; 〈物価などを〉上昇させる; 《俗》盗む, かっぱらう (heist); 《俗》〈人を〉つるす (hang); *《口》〈酒, 特にビールを〉ぐいと[一杯]やる: ~ down 引き下ろす / ~ SAIL / ~ one *《口》一杯やる[ひっかける] / ~ a few (beers). ► *vi* 高く上がる; 高く上げるために綱を引く. ● **~ one's** FLAG[1]. **~ with** [**by**] **one's own** PETARD. ► *n* **1** 巻き上げる[釣り上げる]こと; 掲揚; 引上げ, 持上げ; 〖工〗巻揚げ機[装置] (hoister), ホイスト; CLOTHES HOIST; "貨物用エレベーター; 《俗》盗み, 強奪: give sb a ~ 人を押し[持ち]上げる 〈*over* the fence〉. **2** 〖海〗旗布の縦幅[内縁] (cf. FLY[1]), 信号旗. ◆ **~·er** *n**《俗》万引き《人》. [C16 < HOISE]

hoist[2] *v* HOISE の過去・過去分詞.

hóist·ing shèars [〈*sg*/*pl*〉] 〖機〗合掌起重機.

hóist·wày *n* 《貨物などの》上げ降ろし口; エレベーターの昇降路.

hoi·ty-toi·ty /hɔ́ɪtitɔ́ɪti, *háɪtitáɪ-/ *a* うわついた, 大仰な; こうるさい, おこりっぽい; 気取った, 横柄な, 偉そうな. ► *int* いやはや, あきれたね《横柄さに対する抗議の声》. ► *n* 横柄さ, とりすました[思い上がった]態度; 《古》大仰な騒ぎ, 軽はずみ(な行為). [*hoit* (obs) to romp <?]

Ho·kan /hóʊkən/ *n* (*pl* **~, ~s**) 〖言〗ホカ大語族《北米南西部およびメキシコのいくつかのアメリカインディアン語族からなる》.

hoke /hóʊk/ 《俗》 *vt* りっぱそうに見せかける, でっち上げる 〈*up*〉. ► *n* HOKUM.

hóked-úp *a**《俗》HOKEY[1].

hok·ey[1] /hóʊki/ *《俗》 *a* 陳腐な, いやに感傷的な; つくった, わざとらしい, うそっぽい, いんちきくさい. ◆ **hók·i·ly** /hóʊkəli/ *adv* **~·ness, hók·i·ness** *n* [*hokum*, -*y*[4]]

hokey[2] *n* 《俗》ブタ箱 (prison).

ho·key-co·key /hóʊki kóʊki/ *n* ホーキーコーキー《簡単な歌に合わせて輪になって踊るダンス; その歌》.

hokey·do·key /hóʊkidóʊki/ *a, adv**《口》OKEYDOKE.

ho·k(e)y-po·k(e)y /hóʊkipóʊki/ *n* **1** 《口》手品, まやかし; 《俗》たわごと; 《大道で売る》安物アイスクリーム, 駄菓子; 《安物の》アイスクリーム売り; 《俗》いんちき商品, いかもの. **2** [the] ホーキーポーキー《みんなで手をつなぎ, 輪になって踊る簡単なダンス》. ► *a* 《俗》いんちきくさい, にせものの. [HOCUS-POCUS]

ho·ki /hóʊki/ *n* 〖魚〗ホキ《メルルーサと近縁のマクルロヌス属の海産食用魚; ニュージーランド南岸沖産》. [Maori]

Hok·kien /hóʊkjén, -kién/ *n* **a** (*pl* **~, ~s**) 《中国の》福建人. **b** 福建語 (Fujianese).

hok·ku /hɔ́(:)ku, háku/ *n* (*pl* **~**) HAIKU. [Jpn 発句]

Ho·ko·nui /hòʊkənú:i, hákənù:i/ *a* 〖地質〗ホコヌイ紀[系]の《ニュージーランドにおける三畳紀[系]・ジュラ紀[系]に対応する時代[地層]》. ► *n* [ᵒh-] 《NZ》密造ウイスキー.

ho·kum /hóʊkəm/ 《口》 *n* 《舞台・映画などで》客うけをあてこんだ工夫, ミーハー的要素《特定効果の見込めるしぐさ・せりふ・歌・設定など》; くだらないこと, たわごと, 調子のいい[もっともらしい]こと, まやかし; 安物のキャンディー, いんちき商品, 役にも立たない代物. [C20<?; *hocus-pocus*+bun*kum* か]

ho·kus /hóʊkəs/ *n**《俗》薬(?) (narcotic).

hol /hál/ *n* [ᵘ*pl*] "《口》(学校の)休み (holiday).

hol- /hóʊl, hál/, **ho·lo-** /hóʊloʊ, háloʊ, -lə/ *comb form* 「完全」「類似」「最高に水酸基を含む」 [Gk]

hol·ándric /hoʊl-, hɑl-/ *a* 〖遺〗限雄[全雄]性の (opp. *hologynic*). ◆ **hol·an·dry** /hóʊlændri, hál-/ *n*

hol·árctic /hoʊl-, hɑl-/ *a* 北極地方の[に関する]; [H-] 〖生物地理〗全北区の.

Hol·bein /hóʊlbàɪn; hɔ́l-/ ホルバイン (**1**) **Hans ~** the Elder (c. 1465–1524) 《ドイツの画家》 (**2**) **Hans ~** the Younger (1497 or 98–1543) 《前者の子; イングランドの Henry 8 世の宮廷画家; Erasmus, Sir Thomas More の肖像画で有名》.

Hol·berg /hɔ́:lbɛ̀ərg/ ホルベア **Ludvig ~**, Baron ~ (1684–1754) 《ノルウェー生まれのデンマークの劇作家》.

Hol·born /hóʊ(l)bərn/ ホルボーン《旧 London の Metropolitan boroughs の一つ; 1965 年から Camden の一部》.

hold[1] /hóʊld/ *v* (**held** /héld/) *vt* **1 a** 手に持つ, つかむ, 握る; 保持する, 支える, 持ちこたえる (support); 抱く 〈*in* one's arms〉; 〈銃などを〉構える, 向ける 〈*on*〉: ~ sb *by* the collar 襟元をつかむ / ~ a pipe *between* the teeth パイプをくわえる / ~ a drill *against* the wall 壁にドリルを押し当てる / ~ the BAG[1] / ~ the ROAD. **b** 《ある場所・位置・状態に》保つ; 維持する; [~ *-self*] 《ある姿勢を》とる, ふんばる: ~ one's HEAD high / ~...still ...をじっとさせておく, 動かさない / ~ the door open 戸を開けておく / ~ one's course 〈船・飛行機が〉航路をそれずに進む / ~ one*self* ready to start スタートの構えをする. **c** 〈痛いところなど〉に手を当てる, 押える; 《身体の一部を》おおう. **2 a** 保有[所有]する (own); 保管する; 〈席・部屋などを〉確保して[とって]おく, 押える, 予約する; *《俗》〈麻薬を〉所持する: ~ shares 株を保有する / ~ the rights to do...する権利を有する / ~ a tourist visa 観光ビザを保有する / Lightly won, lightly *held*. 《諺》得やすきは失いやすし. **b** 保持する, 守る; 〖電算〗〈データを〉他へ転写した後も記憶装置に保持する; 〖楽〗〈音・休止などを〉持続させる, 伸ばす 〈*on*〉: ~ a fort 要塞を守り抜く. **c** 占領する; 〈役・地位などを〉占める: ~ the office of the chairman 議長の役職にある. **d** 〈電話〉を切らずに待つ: *H~* the line, please. **3** 〈会・行事などを〉開く, 催す, 行なう, もつ, 〈式を〉挙げる, 〈選挙・調査などを〉実施する. **4 a** 抑える, 制する, 止める; 差し控える, 〈決定など〉留保する: ~ one's breath 息をころす / ~ the other team *to* one run 相手チームを 1 点に抑える / ~...to a minimum ...を最低限に抑える[食い止める] / There is no ~*ing* him. 彼は手に負えない. **b** 〈注意などを〉ひき留める, ひきつける: ~ sb's attention [interest]. **c** 《約束・義務・責任などに関して》〈人を〉拘束する, ...に〈...を〉守らせる 〈*to*〉: ~ sb *to* his promise [word] 人に約束を守らせる / I'll ~ you to that. 《口》《約束どおり》そうしてもらうよ / ~ sb *to* ACCOUNT / ~ sb for RANSOM. **d** 留め置く, 留置[勾留]する, 拘束する; be *held* captive 捕虜になる. **5 a** 〈容器が〉〈液などを〉入れることができる, ...だけはいる, 〈建物・乗物などが〉...の収容能力がある, 収容できる; 腹に収める: This room can ~ fifty people. この部屋には 50 人はいれる / She can ~ her drink [liquor]. 彼女は酒を少々飲んでもなんともない, 酒がいける / I can't ~ any more pie. もうパイは食べられない. **b** 含む, 収納する (contain); 〈価値・魅力などを〉有する: The box ~*s* 50 CDs. 箱には CD が 50 枚はいっている / ~ great promise きわめて有望である / The job *held* no appeal for me. その仕事は何の魅力もなかった / The future can ~ many sorrows for us. 未来にはいろいろな悲しみごとが控えているかもしれない. **6** 《心に》いだく (cherish); 《記憶などに》留める; ...と思う, 考える; 主張する; 〈裁判所が〉判決[判示, 判断]する 〈*that*〉: ~ money lightly 金は重要でないと思う / ~ sb (to be) responsible for... 〈人が〉...の責任があると考える / ~ the belief [opinion] *that*...という信念[意見]をいだく / I ~ it my duty to inform you. お知らせするのはわたしの義務だと思います / Plato *held that* the soul is immortal. プラトンは霊魂は不滅だと考えていた. **7** 《口》[*impv*] 《調理場などに向かって》〈ソース・マヨネーズなどを〉付けないで出して, ...抜きでね.

► *vi* **1 a** 保つ, つかまっている, 握っている; 踏みとどまる 〈*for, with*〉; 《変節せず》〈信条・決意などを〉守る, 執着[固執]する 〈*to* one's beliefs, resolution〉: Please ~ still. じっとしていてください. **b** もつ, 耐える, 持ちこたえる; 持続する, 〈天候などが〉もつ (last): This rope won't ~ long. この綱は長くもつまい / They are hoping their luck ~*s*. 幸運が続くことを願っている. **c** 前進を続ける; 歌い[演奏し]つづける. **2** 保有する, 所有する 〈*of, from*〉; *《口》麻薬を所持する[売っている]: Are you ~*ing*? クスリある[持ってる]かい? **3** 〈規則・議論などが〉効力[妥当性]を有する, 適用できる: ~ good [true] 有効である, 適用される / The rule does not ~ in the case. その法則はこの場合あてはまらない. **4** [ᵘ*impv*] 控える, 待つ; 電話を切らないで(そのまま)待つ (: *H~*, please. / Could [Will] you ~?); 秒読みを中断する.

● **~...against sb** ...を根にもって〈人を〉恨む, ...を持ち出して〈人を〉非難する. **~ back** 引っ込める, 取り消す; 引き止める; 押しとどめる, 制御する; 阻害する, 〈人〉の上達[進歩]を妨げる; しまっておく, 隠す; 取って[残して]おく, 差し控える 〈*on*〉; 〈金などを〉出ししぶる; 〈感情などを〉抑える, 自制する 〈*from*〉; ためらう, しりごみする. **~ by**...を固く守る; 固執[執着]する. **~ down** 押えつける, 抑えつける, 抑圧する; 〈物価・インフレ・人数などを〉低く抑える, 抑制する; 《口》維持する, 〈地位を〉保つ: ~ *down on doing*...するのを差し控える / ~ a [the] job *down* 同じ職にとどまる / He had *held down* a tough job for a long time. **~ everything** 《口》HOLD it. **~ forth** 提示する (offer); 述べたてる, 長々としゃべる 〈*on, about*〉. **~ hard** 《馬を止めるため》手綱を強く引く; [*impv*] 待て, あわてるな! **~ in** 〈腹などを〉引っ込めておく; 〈感情を〉抑制する; 自制する. **~ it** [ᵘ*impv*] 《口》中断する, やめる, 待機する, 待つ: *H~ it!* 待て, ちょっと待った; (そのまま)動くな, じっとして! / *H~ it*, Buster! ちょっと[おい], よしなよ[やめてよ]. **~ it down** 《口》静かにする, 騒がしくしない. **~ off** 近寄らせない, 寄せつけない, 食い止める, 〈敵・対戦相手を〉阻止する, はばむ; 〈人を〉避ける, 〈...から〉離れている 〈*from*〉; 〈人を〉待たせておく; 控える, 遠のいている; 遅らせる, 延ばす, 見合わせる 〈(*from*) doing, *on* sb [sth]〉; "〈雨・あらしなどが〉遅れる, 来ない, 待っている: ~ *off on* a job 仕事に手をつけるのを延ばす. **~ on** (*vi*) しっかりつかんでいる; 続けていく, 持続する, 〈雨が〉降り続く; すがりつく 〈*by* one's hands, *to* a piece of plank〉; 踏みとどまる, 持ちこたえる, ふんばる, 死守する; [ᵒ*impv*] 待つ, 止まる, 《電話を》切らないでおく. (*vt*) 〈物を〉固定しておく. **~ on to** [**onto**]...を保持する, 手放さないでいる; ...をたよりにする, ...にすがる; 〈最後〉まで歌いつづける; ...に固執する: ~ *onto* the lead リードを守る. **~ out** (*vt*) 〈手など〉ぐっと伸ばす; 差し出す 〈*to*〉; 〈見込み・可能性などを〉提供[呈示, 示唆]する, 《相手に》〈希望を〉いだかせる, ...があると言う; 寄せ付けない; *《口》〈当然期待されているものを〉引き留めておく, 言わないで[隠して]いる; 〈望みなどを〉最後までもち続ける[捨てない]: The doctor can ~ *out no* hope of recovery. 医者は相手に回復の望みがあると約束できない. (*vi*) 〈たくわえなどが〉もつ (last); 〈...に〉最後まで耐える[持ちこたえる] 〈*against*〉; 《待遇改善を要求して》就業[契約更改]を拒む. **~ out for**... 〈望みのもの〉を求めて待つ[こらえる], ...をあくまで要求する. **~ out on**... 《口》〈人〉に対し《情報・金などを》押えて渡さない, 隠しごとをする; 〈物事〉を引き留めておく; «口»〈人〉の望むようにしない, …に回答[援助]を拒む. **~ over** [°*pass*] 延期する (postpone); (予定以上に)続ける, 続演[続映]する; 引き留める, 留め置く; 〘法〙期間以上に在任を続ける; 〘楽〙〈音を〉次の拍[小節]まで延ばす. **~…over sb [sb's head]** 人の上に〈傘などを〉かざす; 人に〈おどしなどを〉振りかざす. **H~ some, fold some.** *«証券俗» 株をいくらか持ちながらいくらか売る. **~ one's own** 自己の地歩を保つ, 譲らない, 屈しない 〈*against, with*〉, 〈病人・会社などが〉なんとか持ちこたえている. **~ to…** ⇨ *vt, vi*; …を保持する. **~ together** まとめる, 団結させる; 団結を続ける, まとまっている. **~…under** 〈国民などを〉抑えつける. **~ up** (1) 上方にささげる; 上げる, 掲げる; 支え(てい)る; 引合いに出す, 持ち出す, 取り上げる 〈*as, to*〉: ~ sb *up as* an example *to* everyone 人を皆に模範として挙げる. (2) 〈嘲笑の的などにして〉見せる, 示す 〈sb [sth] *to* derision, ridicule, scorn〉. (3) [°*pass*] さえぎる, 妨げる; 遅らせる, 延期する 〈*on*〉. (4) 支持[維持]する, 支援する. (5) «口» 止める; (止まって)待つ 〈*for*〉, [*impv*] 止まれ, 待て; 《ピストルを突きつけて》…に停止を命ずる, …から強奪する (: ~ *up* the bank); 立っている 《通例 馬がよろめく時にいう「ころぶな!」》. (6) (くじけずに)持ちこたえる, がんばる; 歩調をゆるめない; 〈議論・理論などが〉説得力がある; 〈好天気・調子が〉続く, もつ, *雨が上がる. (7) *«口» …に不当な要求をする, ふっかける, ぼる. **~ with…** [°*neg*] …に賛成する, …を可とする; …に味方する.

► *n* **1 a** 捕える[つかむ]こと, 把握 (grip), 保持; 握力; 〘レス〙ホールド; 〘法〙《所有権の》保有: release [let go] one's ~ 手を放す[ゆるめる] 〈*on* sth〉. **b** 掌握, 支配力, 威力 〈*on, over*〉; 把握力, 理解(力) 〈*on* [*of*] sth〉; 〘電子工〙保持, ホールド: tighten one's ~ *on* [*over*]… への支配を強化する. **c** 押えどころ; 手[足]掛かり, 支え; 足場; 容器, 入れ物. **2** 確保, 予約; 差し控えること; 一時的停止[遅れ]; 《ミサイル発射時の》秒読みの遅れ; 〘空〙待機命令[指令]; 《ダンスの最後の》突然の不動の姿勢, ホールド; 〘楽〙延音記号, フェルマータ (𝄐); 〘音〙持続: put a ~ *on* a library book 図書館の本を予約する / announce a ~ *on* all takeoffs 離陸差し控えを通告する. **3** 監獄 (prison); 収監, 拘留 (: put sb in ~); 隠れ場, 避難所; «古» とりで, 要塞 (stronghold). ● **(be) in ~s** つかみ合って[組みついて](いる). **catch [grab, have, seize] ~ of…** をしっかりつかむ, つかまえる. **get (*a) ~ of…** をつかむ, 把握する, 掌握する, 理解する; 〈考え・印象などを〉もつ, いだく; …を手に入れる, 借りる; 《連絡をとる相手として》〈人〉をつかまえる. **get ~ on oneself** [°*impv*] 《度を失ったりせず》落ちついている, しっかりする. **have a ~ on [over]**…に支配力[威力, 権力]をもっている, …の急所を握っている. **keep (one's) ~ of [on]**…に(しっかり)つかまっている, …を捕えて放さない. **lay ~ of [on]** …をつかむ, 捕える; 〈相手のことばに〉つけこむ. **lose (one's) ~ of [on, over]**…の手掛かりを失う, …から手を放す; …の支配[人気, 理解]を失う. **on ~** 待機して; (一時)保留となって, 一時中断して: put sb *on* ~ 《電話で》人を待たせておく; 人との交際を保留にする[やめる] / put the plan *on* ~ 計画を保留[延期]にする. **take a (firm) ~ on oneself** 《苦境で》自制する, 冷静にふるまう. **take ~** 定着する; 確立する, 根付く; 〈薬が〉効いてくる; 発症する; 〈火が〉まわる. **take ~ of [on]** 〈有形・無形のもの〉をつかむ, 捕える, 制する, 牛耳る. **(with) no ~s barred** あらゆる手段が許されて, ルールを無視して, 制限なしで, したい[言いたい]放題で《もとは レスリング関連の表現》.

♦ **~·able** *a*

[OE *healdan*; cf. G *halten*]

hold² *n* 〘海〙船倉; 倉内; 〘空〙《飛行機の》貨物室: break out [stow] the ~ 船荷を降ろし[積み]始める. [*holl* (obs)<OE *hol* HOLE; 語形は ↑ に同化; HELL, HELM², HOLLOW などと同語源]

hóld·àll *n* ᴴ大型の(旅行)かばん, 合切袋; 雑集, POTPOURRI 〈*of*〉.

hóld·bàck *n* 妨害 (hindrance); 阻止; 遅滞; 出さないで[押えて]いるもの[金]; 保管物; 《馬車の》制御装置; 〘機〙ホールドバック《傾斜型ベルトコンベヤーのブレーキ》; 深入り[コミット]しない人.

hóld-dòwn *n* 抑制; 止め具, 締め具.

hold'·em /hóuldəm/ *n* ホールデム《手持ちの 2 枚のカードと机上の 5 枚のうちの 3 枚を合わせて最高の手をつくるポーカーの一種》.

hold·en /hóuld(ə)n/ *v* «古» HOLD¹ の過去分詞.

Hol·den /hóuld(ə)n/ **1** ホールデン **William ~** (1918–81) 《米国の映画俳優; 本名 William Franklin Beedle》. **2** ホールデン《オーストラリアにおける GM の子会社 GM-Holden 社製の自動車》.

hóld·er *n* **1** 《官職・タイトル・記録などの》保有[保持]者, 持主, 所持者; テナント; 〘法〙《小切手・手形などの》所持人; 《人質などの》拘束者; ᴴSMALLHOLDER. **2** 支えるもの; 入れ物, ケース, ホルダー.

hóld·er·bàt *n* 〘建〙壁[下端]にパイプを固定するもの.

hólder in dúe cóurse 〘法〙《流通証券の》正当所持人.

Höl·der·lin /*G* hœldərliːn/ ヘルダーリン **(Johann Christian) Friedrich ~** (1770–1843) 《ドイツの詩人; 古代ギリシアにあこがれ, 思想性の強い抒情的な賛歌を書いた; 小説 *Hyperion* (1797–99)》.

hóld·fàst *n* 保持, 握ること, しっかりとつかむこと; 歯止め; しっかりと押えるもの《釘・鉤釘・締め金・かすがい・握り金物・留め金など》; 《海草などの》付着部[根], 固着器官, 《寄生動物などの》吸着器官, 固着器官.

hóld-hárm·less *a* 賠償責任免除の〈取決め・条項〉《一方当事者が他方当事者に対して, 第三者から賠償請求があった場合はみずからが責めを負う旨を保証する》.

hóld·ing *n* 保持, 握ること; 〘スポ〙ホールディング; 土地保有(条件), 占有; 所有権; 《行事・会合などの》実施; [ᵘ*pl*] 《図書館の》蔵書, 《博物館の》収蔵品; [ᵘ*pl*] 保有地, 借地, 保有物, 《特に》持株; 持株会社所有の会社; 〘法〙判示, 判決. ► *a* 遅延させるための, 妨害の, 抑止する; 一時的保存[保有]用の; 〘空〙着陸待機(用)の; «豪口» 金持ちの, 裕福な; *«俗» 麻薬を持っている: ~ operation 現状維持策 / ~ fuel 待機燃料.

hólding cómpany 持株会社《他社の株式を保有することによってその事業活動を支配することを目的とする会社; cf. PARENT COMPANY》.

hólding pàddock «豪»《家畜, 特に 刈り込み前の羊の》一時的囲い地.

hólding pàttern 〘空〙待機経路《着陸許可を待つ飛行機がとる(楕)円形の周回路》; 待機[一時休止](状態). ● **in a ~** *«口» 一時休止中で, あとまわしにして[なって].

hólding tànk 《船舶の》汚水槽[タンク].

hóld·òut *n* 抵抗; 忍耐; 同意[妥協]しない人[集団, 組織], 拒否者; «口» 《待遇改善を要求して》契約更改を保留するスポーツ選手; *«俗» 《賄賂など》金を出そうとしない者, 払いに応じない者; [*pl*] *«俗» 〘トランプ〙《パックから抜き取っておく》隠し札.

hóld·òver *«口» *n* 残存物, 遺物 〈*from*〉; 継続上演の映画[演劇など]; *残留者, 留任者; 《学年・学科などの》再修者; 《伐採・被害を免れて》残った樹木; 繰越し; 二日酔い; 留置場.

hóld tìme 《ロケットなどの打上げで秒読みや一連の作業を一時中断する》一時待機時間.

hóld·ùp *n* **1 a** 《列車・車・乗客などの》不法抑留; 強奪, 追いはぎ, 《特に 銃を突きつけての》強盗. **b** *法外な値の要求; 《退職を匂わせながらする》強引な待遇改善要求. **c** 遅れ, 停滞, 妨害, ᴴ交通渋滞: What's the ~? 何で遅れてるの? 何をぐずぐずしてるの? **2** 〘化〙《装置内の》残留液, ホールドアップ. **3** 〘ブリッジ〙勝ち札の温存, ホールドアップ. **4** [ᵘ~s] ホールドアップ《ガーターを必要としないストッキング》.

hóldup màn 銃を突きつける強盗, ピストル強盗.

hole /hóul/ *n* **1 a** 穴, 孔; 《衣類などの》破れ, 裂け目 〈*in*〉; くぼみ, 坑 (pit). **b** 《獣の》巣穴 (burrow); ひどい住居[宿, 町], うすぎたない場所; [the] 独房, 土牢; *«俗» 地下鉄 (subway): that wretched ~ of a house あのみじめな穴蔵みたいな家. **c** 〘ゴルフ〙ホール《球を入れる穴; ホールに入れた得点; また ティーからホールに至る区間及び 1–9 [18] の一連のコース全体》; 《球[ビー玉]の》打込み穴: HOLE IN ONE. **d** 〘理〙空孔《粒子が欠けたエネルギー単位; 特に反粒子を表わすもの》; 〘電子工〙《半導体の》正孔. **e** 〘スポ〙《ディフェンスの》隙間, 〘野〙三遊間. **2 a** 落とし穴; «口» 動きのとれない苦境 (fix): like a rat in a ~ 追い詰められたネズミ[窮鼠]のように. **b** 《計画・論理・理論などの》欠陥, 弱点, '穴' 〈*in*〉; 損失, 出費. **3** 流れなどの深い所, 深み; *入江, 小さな港; *«西部» 山中の平坦な草地《しばしば地名の一部; JACKSON HOLE など》. **4** 〘スタッドポーカー〙伏せたカード. **5** «俗» **a** 穴 (anus, vagina); 性交; 《性交する対象としての》女, 淫売: a bit of ~. **b** いやったらしいやつ (asshole). **c** 口 (mouth): Shut your ~! ● **a better ~ ['ole] (to go to)** «俗» もっといい(安全な)場所. **blow a ~ in**…の一部を爆破する; 〈計画などを〉頓挫させる, 骨抜きにする; 〈理論など〉の欠陥をあばく[明らかにする]. BURN **a ~ in one's pocket. dig a ~ for oneself＝dig oneself into a ~** «口» みずから墓穴を掘る. **every ~ and corner** くまなく, 隅々まで. **a ~ in the head** «口» 全く望ましくないこと, とんでもないこと: I need [want]…like *a ~ in the head*.＝I need [want]…like [as much as] I need [want] *a ~ in the head*. …なんか全く不要だ. **a ~ in the [one's] head [wig]** *«俗» 放心, ぼんやり, 痴呆: get *a ~ in the head* 放心する, 頭がばかになる / have *a ~ in the head* ばかだ, いかれてる. GAPING HOLE. HOLE-IN-THE-WALL. **in ~s** 穴のあくほどすりきれて. **in (no end of) a ~** «口» (底なし)穴に落ち込んで, 窮地に陥って. **in the ~** 〘野〙〈投手が〉ボールの数がストライクの数より多くなった[なって], 〈打者が〉ストライクを 2 つ取られた[て]; 〘スポ〙〈打者など〉次の次の番の[で] (cf. *on* DECK); *«口» 《トランプなどで》得点がマイナスになって; 赤字になって, 借金して; 〘トランプ〙伏せて配った (cf. HOLE CARD); 刑務所[独房]にはいって; *«俗» 〈権利など〉停止して: I'm fifty dollars *in the* ~ this month. 今月は 50 ドル不足だ. **make a ~ in…** «口» …を大幅に使う[減らす], …に大穴をあける. **not know [can't tell]** sb [sth] **from a ~ in the ground** «俗» …のことをまるで知らない. **out of the ~** «口» 《トランプなどで》得点がプラスになって; «口» 《スポーツで》相手に追いついて; «口» 借金がなくなって, 黒字で. **pick [find, make] a ~ in sb's coat** 人のあらを探す. **pick [knock, punch] ~s [a ~] in**…のあらを探す, 〈主張など〉を切りくずす, …に難癖をつける. **shoot full of ~s** …の欠陥を指摘する, 批判する.

► *vt, vi* **1** [°*pass*] …に穴をあける; 穴を掘る; 〈トンネルを〉掘る; 〘鉱〙すかし掘りにする; «俗» 〈人〉に風穴をあける, 撃つ (shoot). **2** 〈ウサギなどを〉穴に追い込む; 〘玉突〙〈球を〉穴に送り込む; 〘ゴルフ〙〈球を〉ホールに打ち込む 〈*out*〉: ~ a putt パットを決める. ● **~ in** *«口» 隠れる, 身を隠す. **~ out** 〘クリケット〙〈打者が〉ボールを野手へと打ちアウトになる. **~ up** 冬ごもりする; [ˢ*pass*] *«口» 《警察などから》隠れる, 身を隠す 〈*in, at*〉; «口» 《ホテルなどに》(やむなく)一時部屋をとる, 泊まる; 押し込める, 隔離する; 〘ゴルフ〙ホールインワンをする.

♦ **~·able** *a* ⁺〘ゴルフ〙ホールできる〈パット〉. **hól·er** *n* **~·less** *a*

[OE *hol*; cf. HOLD², G *Höhle*]

H

hóle-and-córner *a* 人に知られないようにする, ひそかな, こそこそした, 陰険な; つまらない: a ～ wedding.
hóle càrd〘スタッドポーカー〙ホールカード (＝*down card*)《手開きまで伏せておく札》; 取っておきの手, 奥の手, 切り札.
hóle-hìgh *a*〘ゴルフ〙〈アプローチショットが〉ホールハイの, ピンハイの (＝*pin-high*)《打った場所からカップまでと同じくらいの距離で, その右または左に止まった》.
hóle in óne *n*〘ゴルフ〙ホールインワン (ace); 最初の試みでの成功: make [hit, get] a ～. ► *vi* ホールインワンをする.
hóle in the héart〘医〙《心臓の》中隔欠損.
hóle-in-the-wáll *n*″《口》キャッシュディスペンサー (ATM); *《口》うすぎたない場所, ちっぽけな店《バー・レストランなど》; *《俗》闇の酒屋[飲み屋], 売春宿; 《CB 無線俗》トンネル.
hóle·pròof *a* 〈布が〉穴のあかない; 抜け穴[欠点]のない.
hóle pùnch《紙に穴をあける》穴あけ器.
hóle sàw CROWN SAW.
hóley *a* 穴のある; 穴だらけの.
hóley dóllar〘豪史〙穴あきドル《1813–30 年間に流通した, スペインドルに円孔をあけた 5 シリング相当の硬貨》.
Hol·guín /(h)ɔːlgíːn/ オルギン《キューバ東部の市》.
Ho·li /hóʊli/ ホーリー祭《2–3 月にインド全域で行なわれるヒンドゥー教の春祭; もともと豊年祈願の祭礼で, 祭の参加者が相手かまわず赤い水をかけ合うなどはめをはずした行事が行なわれる》.
hol·i·but /hálәbәt/ *n* HALIBUT.
-hol·ic /hɔ́(ː)lɪk, hóʊ-, hál-/ *n comb form* -AHOLIC: computer-*holic*.
hol·i·day /hálәdèɪ, -di/ *n* **1 a** 休み, 休日, 休業日; 祝日, 祭日 (holy day): make a ～ (営業を)休みにする / BANK [LEGAL, NATIONAL] HOLIDAY / make a ～ of it 休業して祝う. **b** 休暇; [～(s)] ″長い休暇, 休暇期, バカンス (vacation*); 《休暇を利用した》旅行; [the ～s]*HOLIDAY SEASON: an activity ～ スポーツなどを目的とした休暇(旅行) / take a (week's) ～ (1 週間の)休暇をとる / be home for the ～*s* 休暇で帰省している / on ～＝on one's ～*s* ″休暇中で / go on ～ 休暇を利用して[とって]旅行する / the Easter ～(*s*) 春休み / the summer ～(*s*) 夏休み / BUSMAN'S HOLIDAY / CHRISTMAS HOLIDAYS / HAPPY *H*～*s*! ハッピーホリデーズ《祝祭日期にかわす挨拶のことば; カードにも使う》. **c** 免除[猶予]期間: TAX HOLIDAY. **2***《俗》**a**《船上の》ペンキを塗り忘れたところ. **b** し忘れた仕事, 中途半端な仕事. ► *a* 休日の, 休暇中の; 楽しい, 祝祭日らしい; よそ行きの: ～ clothes 晴れ着 / ～ English あらたまった英語. ► *vi* ″休暇をとる, 休暇を過ごす 〈*in, at*〉 (vacation*). [OE *hāligdæg* (HOLY, DAY)]
Holiday ホリデー **'Billie'** ～ (1915–59)《米国の女性ジャズシンガー; 本名 Eleanora Fagan, 愛称 'Lady Day'》.
hóliday bròchure 旅行案内のパンフレット, 旅行パンフ.
hóliday càmp″《計画的に造られた》(海浜・湖岸)リゾート, 休暇村.
hóliday chèer*《口》《特にクリスマス・新年に飲む》(祝いの)酒.
hóliday còmpany《特にツアーを企画する》旅行代理店.
hóliday còttage 別荘 (cottage).
hóliday·er *n* HOLIDAYMAKER.
hóliday hòme″別荘.
Hóliday Ínn ホリデイイン《Charles K. Wilson が創立 (1952) した米国のホテルチェーンのホテル》.
hóliday·màker *n* 《休暇を楽しむ》旅行者[客], 行楽客.
holiday resort ⇨ RESORT.
hól·i·dàys *adv* 休日には(いつも).
hóliday sèason [the] **1***祝祭日期, ホリデーシーズン《Thanksgiving から新年までの期間; 特に Christmas, Hanukkah などを祝う年末年始の時期; 単に the holidays ともいう》. **2**″夏の休暇期, ヴァカンスの季節.
hóliday stòry 休暇物語《休暇を利用して冒険に出かけた主人公の体験を描く物語; 特に Arthur Ransome の *Swallows and Amazons* に始まる 12 冊のシリーズ (1930–47) が有名》.
hóliday vìllage″休暇村《holiday camp の大規模のもの》.
ho·lid·ic /hәlídɪk, hoʊ-/ *a*〘生化〙〈食餌など〉成分が化学的にすっかり明らかになっている (cf. MERIDIC, OLIGIDIC). [*hol-, -idic*]
hólier-than-thóu *a, n*《口》[*derog*] いやに聖人[信心家]ぶった(人), 偉そうな顔をした[人を見くだしたような](やつ), ひとりよがりな.
hó·li·ly *adv* 神聖に, 信心深く.
hó·li·ness *n* 神聖なこと, 聖性; [His [Your] H-]〘カト〙聖下《ローマ教皇の尊称》. ► *a* [ºH-]〘キ教〙ホーリネス教会[派]の: a ～ Christian. [OE *hālignes*; ⇨ HOLY]
Hóliness chúrch [bódy]〘キ教〙ホーリネス教会《19 世紀に米国に興った, 聖化 (sanctification) により全き聖潔な生活を送ることを旨とする根本主義的 (Fundamentalist) な諸教会の一つ》.
Hol·ins·hed /hálәnzhὲd, -ʃὲd; -ʃὲd/, **-lings-** /-lɪŋz-/ ホリンシェッド, ホリングズヘッド **Raphael** ～ (d.c. 1580)《イングランドの年代記編者; ⇨ HOLINSHED'S CHRONICLES》.
Hólinshed's Chrónicles *pl*『ホリンシェッドの年代記』《Raphael Holinshed によって大部分が編纂されたとされるイングランド・スコットランド・アイルランドの歴史 (1577); Shakespeare をはじめとする多くのエリザベス朝劇作家に題材を提供した》.
ho·lism /hóʊlɪz(ә)m/ *n*〘哲・心・生〙全体論《複雑な体系の全体は, 単に各部分の機能の総和ではなく各部分を決定する統一体であるとする》; 全体論的研究, ホリスティック医療. ◆ **hól·ist** *n*
ho·lis·tic /hoʊlístɪk/ *a* 全体論の, 全体論的な; 全人的療法の: ～ medicine 全人(的)医療, ホリスティック医学. ◆ **-ti·cal·ly** *adv*
Hol·kár Státe /hɑlkáːr-/ ホルカル国《インド中部の旧藩王国; 18 世紀からインド独立まで Indore を拠点に Maratha 同盟を構成した Holkar 家が統治》.
holla ⇨ HOLLO.
Hol·land /hálәnd/ **1** ホラント《神聖ローマ帝国の伯爵領; 今日のオランダの North および South Holland 州に当たる》. **2** オランダ《NETHERLANDS の俗称; cf. DUTCH》. **3** ホランド Sir **Sidney (George)** ～ (1893–1961)《ニュージーランドの政治家; 首相 (1949–57)》. **4** [ºh-] ホランド《平織りの重目に糊づけした綿布・亜麻布; 日よけ・製本用》. ■ the **Párts of** ～ ホランド《イングランド東部 Lincolnshire 南東部の旧行政区分; ☆Boston》. [Du *Holtlant* (*holt* wood, *-lant* land)]
hól·lan·daise (sàuce) /hálәndèɪz(-), ⌐⌐⌐(-)/ オランデーズソース《卵黄とバターとレモン果汁または酢で作る; 特に 魚料理に使う》. [F *sauce hollandaise*]
Hol·lande /*F* hɔlɑ̃ːd/ オランド **François (Gérard Georges)** ～ (1954–　)《フランスの政治家; 大統領 (2012–　)》.
Hólland·er *n* オランダ人 (Dutchman); オランダ船; 《オランダで発明された》一種の紙パルプ製造機.
Hólland Hóuse ホランド館《London の Kensington にある James 1 世時代の邸宅; 18–19 世紀には Whig のサロン, 現在は公有でホステル・野外コンサート会場》.
Hol·lan·dia /hɑlǽndiә/ ホランディア《DJAJAPURA の旧称》.
Hol·lands /hálәndz/ *n* オランダジン (＝**Hólland gín**). [Du *hollandsch genever* Dutch gin]
hol·ler[1] /hálәr/ *vi*《口》叫ぶ; 《口》不平を鳴らす; *《俗》密告[告げ口]する. ► *vt*《口》叫ぶ; 《口》大声で呼ぶ 〈*out*〉. ► *n*《口》叫び; 《口》不満; *ホラー(ソング) (＝**hóller-sòng**)《南部黒人の労働歌の一種》. ● **give** sb **a** ～ *《口》人を呼ぶ, 人に連絡する. [変形く *hollo*]
holler[2] *a, n, adv, v*《方》HOLLOW.
Hol·ler·ith /hóʊlәrɪθ; hɔ́l-/ ホレリス **Herman** ～ (1860–1929)《米国の発明家; パンチカードによる情報処理の自動化を可能にする tabulating machine を発明; Tabulating Machine Co. (IBM 社の前身) を設立 (1896)》.
Hóllerith cárd 穿孔カード (punch card).
Hol·li·day /hálәdèɪ, -di/ ホリデー **John Henry** ～ ['Doc' ～] (1852–87)《米国西部のギャンブラー・ガンマン, 一時歯科医師; Wyatt Earp と共に 'OK 牧場の決闘' (1881) を戦った》.
Hol·li·ger /*G* hɔ́ligәr/ ホリガー **Heinz** ～ (1939–　)《スイスのオーボエ奏者・作曲家》.
Hollingshead ⇨ HOLINSHED.
hol·lo, -loo, hol·loa /hálou, ⌐⌐, *hәlóʊ/, **hol·la** /hálә, -lɑː, *hәlɑ́ː, *hɑlɑ́ː/ *int* おーい, ほら《注意・応答の発声》. ► *n* (*pl* ～**s**)《特に狩猟で》hollo! の叫び声. ► *vi, vt* /hálou/ 大声で叫ぶ; 〈猟犬を〉けしかける 〈*away, in, off, out*〉. [F *holà* (*ho* HO[1], *là* there)]
hol·low /háloʊ/ *a* **1 a** うつろな, 中空の, うろの(ある), 空洞の; くぼんだ, 落ち込んだ, こけた: ～ cheeks [eyes]. **b** 鈍く響く, うつろな〈音〉. **c** 空腹の. **2** 内容のない, 無意味な, 空疎な; 不誠実な, うわべだけの: a ～ triumph むなしい勝利 / ～ compliments 空(そら)世辞 / ～ pretence しらじらしい口実 / a ～ laugh [voice]《感情を欠く》うつろな笑い[声] / The story had a ～ ring [rang ～]. その話はうそっぽかった. **3**《口》全くの. ► *n* へこみ, くぼみ, えくり; 凹地(おう), 窪地, 盆地, 谷間; 穴, 孔 (hole); うつろ, 《木の幹・岩の》うろ穴: the ～ of the hand [neck] てのひら[ぼんのくぼ]. ● **in the** ～ **of** sb's **hand** 人に全く隷属して (cf. PALM[1] 成句). ► *adv* うつろに; 《口》全く, すっかり. ● BEAT...(**all**) ～. ► *vt, vi* へこませる, えぐる, へこむ, くぼむ, 中空にする[なる], 空洞化する. ● ～ **out** 〈木材などを〉くりぬく, 掘り抜く; くりぬいて作る 〈*of*〉. ◆ ～**ly** *adv* ～**ness** *n* [OE *holu, holh* cave; HOLE と同語源; cf. G *hohl*]
hól·lo·wàre /háloʊ-/ *n* HOLLOWWARE.
Hól·lo·way Príson /hálәwèɪ-/ ホロウェー刑務所《London 北部にある英国最大の未決女囚の収容所》.
Hólloway's píll s *pl* ホロウェーの丸薬《1837 年発売の最初の特許医薬品》. [Thomas *Holloway* (1800–83) London の薬屋]
hóllow bàck〘製本〙ホローバック (＝*open back, spring back*)《本を開いたとき, 表紙と中身の間に空洞ができる背》; 〘医〙凹背(おうはい) (LORDOSIS).
hóllow-èyed *a*《疲労などで》目が(深く)くぼんだ.
hóllow-fàced bát〘動〙ミゾコウモリ.
hóllow fóot〘医〙(陥)凹足, 窪足.
hóllow héart〘植〙《ジャガイモの》空洞病.
hóllow-héart·ed *a* 不実な (insincere).
hóllow lég [º*pl*] 底無しの食欲[胃袋]: have ～*s* [a ～] いくら食べても[飲んでも]平気である, いくらでも食べる[飲む].
hóllow néwel〘建〙中明階段親柱, 漸折階段中心柱.

hóllow órgan〘解〙中空器官, 中空臓器.
hóllow wáll CAVITY WALL.
hóllow·wàre *n* 比較的深さのある家庭器具《特に 銀製の kettle, saucepan, tumbler など; cf. FLATWARE》.
hol·ly /háli/ *n* 〘植〙 **a** モチノキ科モチノキ属の各種の木,《特に》ホリー《ユーラシア産のセイヨウヒイラギまたよく似た米国東部産のアメリカヒイラギ; 葉にとげがあり, 実は赤く熟す; 園芸品種が多い ★ 日本のヒイラギ(柊)はモクセイ科》; ホリーの枝《クリスマスの装飾用》. **b** HOLLY OAK. [OE *hole(g)n*; cf. G *Hulst*]
Holly **1** ホリー《女子名》. **2** ホリー **Buddy** ～ (1936–59)《米国のロックンロールシンガー・ギタリスト・ソングライター; 本名 Charles Hardin Holley》. **3**《口》HOLLYWOOD《Hollywood の周辺で用いられる》. [OE (↑)]
Hólly and the Ívy [The]「ひいらぎとつたは」《クリスマスキャロルの一つ; 冒頭の句》.
hólly blùe〘昆〙ルリシジミ.
hólly fèrn〘植〙ヒイラギデンダ, カラフトデンダ《山岳地産》.
hol·ly-gol·ly /háligáli/, **hul·ly-gul·ly** /háligáli/ *《俗》*n* でたらめ, ナンセンス, うそっぱち; 大騒ぎ, 騒動, 混乱. [*hullabaloo, hurly burly* などの影響か]
hólly·gràpe *n* OREGON GRAPE.
hólly·hòck *n* 〘植〙タチアオイ, ホリホック《多年草》. [ME＝marsh marrow (HOLY, *hock* (obs) mallow＜OE *hoc*)]
hólly òak〘植〙ヒイラギ様の葉のカシ,《特に》HOLM OAK.
Hol·ly·wood /háliwùd/ *n* **1** ハリウッド《(1) Los Angeles 市の一区で, 映画制作の中心地 (2) Florida 州南東部 Miami の北にある市; 大西洋岸のリゾート地》; 米国映画界[産業]. **2***《俗》サングラスに派手な服装の男[女], 悪趣味な派手野郎[ケバいやつ]. ► *a* ハリウッド(風)の;《口》〈服装など〉派手な, けばけばしい;〈人が〉気取った, わざとらしい, 調子のいい. ● **go ～**《口》大物を気取る, 派手な格好をする; *《学生俗》かっとなる, ヒステリックにふるまう. ♦ **～·ish** *a*
Hóllywood béd〘家具〙ハリウッドベッド《フットブレートのない短脚のマットレスベッド》.
Hóllywood Bówl [the] ハリウッドボウル《ハリウッドにある自然の地形を利用した円形劇場; 夏期には屋外コンサート, イースターには早暁の礼拝がある》.
Hóllywood kìss *《俗》お払い箱 (kiss-off).
Hóllywood kìtchen《戸棚・オーブン・ガス台・流し台など》ユニットになった台所, システムキッチン.
Hóllywood shówer *《海俗》《ふんだんに浴びることのできる》お湯のシャワー.
Hóllywood stóp《俗》CALIFORNIA STOP.
holm[1‖], **holme**‖ /hóum/ *n* 川辺の低地, 河川敷; 川中島,《三角洲の》中洲(なかす),《本土付近の》小島《英国の地名に多い》. [ON *holmr*]
holm[2] /hóum/ *n* 〘植〙HOLM OAK; ‖《方》HOLLY. [*holm* (dial) holl＜*holin*; ⇨ HOLLY]
Hól·man-Húnt /hóulmən-/ ⇨ HUNT.
Holmes /hóu(l)mz/ **1** ホームズ《男子名》. **2** ホームズ (**1**) **Oliver Wendell** ～ (1809–94)《米国の詩人・小説家・医師; 機知と穏かなユーモアに富む 'Breakfast-Table' ものと呼ばれる随筆で有名》(**2**) **Oliver Wendell** ～ (1841–1935)《前者の子; 米国の法律家; 合衆国最高裁判所陪席裁判官 (1902–32); 有力な反対意見を多く出し, Great Dissenter (偉大なる反対者)と呼ばれた》. **3 a** ホームズ **Sherlock** ～《英国の小説家 Conan Doyle の作品中の名探偵》. **b**《一般に》名探偵. **4**《俗》友だち (homes), [*voc*] おまえ, あんた, 先生. ♦ **～·ian** *a* シャーロックホームズを想わせる(ような). [HOLM[1]]
hol·mi·um /hóu(l)miəm/ *n* 〘化〙ホルミウム《希土類元素; 記号 Ho, 原子番号 67》. ♦ **hol·mic** /hálmɪk/ *a* [NL (*Holmia* Stockholm)]
hólm òak〘植〙セイヨウヒイラギガシ, イレックスガシ (＝*ilex*)《地中海地方産の常緑高木》.
holo- /hóulou, hálou, -lə/ ⇨ HOL-.
hòlo·bénthic *a* 〘生態〙終生海底にすむ.
hòlo·blástic *a* 〘発生〙〈卵が〉全割の (opp. *meroblastic*).
Hol·o·caine /háləkèın, hóu-/〘商標〙ホロカイン《フェナカイン (phenacaine) 製剤》.
hòlo·cárpic *a* 〘植〙全実性の.
holo·caust /háləkɔ̀:st, hóu-/ *n* 全焼の[焼きつくす]いけにえ, 全燔祭(はんさい)《獣を丸焼きにして神前に供える》; 火による皆殺し, 大虐殺, [the H-]《ナチスによる》ユダヤ人大虐殺, ホロコースト; 大破壊, 破局: a nuclear ～ 核兵器による大破壊. ♦ **hòlo·cáus·tal, hòlo·cáus·tic** *a* [OF＜Gk (*holo-*, *kaustos* burnt)]
Hólo·cène *a*, *n* [the]〘地質〙完新世[統](の) (Recent).
holo·crine /háləkrən, -krì:n, -kràın, hóu-/ *a* 〘生理〙全分泌の (cf. MEROCRINE): ～ glands ホロクリン腺, 全分泌腺.
hòlo·crýstalline *a* 〈火成岩が〉完晶質の《ガラス質を含まず結晶だけからなる; cf. HEMICRYSTALLINE》.
hòlo·énzyme *n* 〘生化〙ホロ酵素《アポ酵素と補酵素の複合体》.
Hol·o·fer·nes /hɑ̀ləfə́:rniz, hòu-, həláfənì:z/ **1** ホロフェルネス《Babylon 王 Nebuchadnezzar の部下の将軍で, ユダヤの未亡人 Judith に迷って殺された》. **2** ホロファーニーズ《Shakespeare, *Love's Labour's Lost* に出る衒学的教師》.
ho·log·a·my /həlágəmi, hòu-/ *n* 〘生〙ホロガミー《原生動物の通常個体が同形同大のまま配偶子となり合体すること》;〘植〙全配偶性《一菌体の全体を配偶子嚢に発達させること》. ♦ **ho·lóg·a·mous** *a* [*-gamy*]
hólo·gràm *n* 〘光〙ホログラム《物体にレーザー光線などを照射して得られた干渉縞を感光材料に記録したもの; 立体像を再生できる》. [*holo-*, *-gram*]
hólo·gràph[1] *n*, *vt* HOLOGRAM (で記録する). [*telegram*: *telegraph* の類推で ↑ から]
holograph[2] *n* 自筆の文書[証書, 自筆]. ► *a* 自筆の. ♦ **hòl·o·gráph·ic** *a* [F or L＜Gk (*holo-*, *-graph*)]
ho·log·ra·phy /houlágrəfi; hɔ-/ *n* 〘光〙ホログラフィー《ホログラム (hologram) の記録再生技術》. ♦ **-pher** *n* **hòlo·gráph·ic, -i·cal** *a* **-i·cal·ly** *adv*
hò·lo·gý·nic /-ʤínık/ *a* 〘遺〙限雌[全雌]性の (opp. *holandric*).
hòlo·hédral *a* 〘晶〙完全面の, 完面像の (cf. HEMIHEDRAL).
hòlo·metábolism *n* 〘昆〙完全変態. ♦ **-me·tab·o·lous** /-mətǽbələs/ *a*
hòlo·mórphic *a* 〈結晶が〉《異極像に対して》完面像の;〘数〙解析的な, 正則な.
ho·lo·muu /hóuloumù:/ *n* (*pl* ～**s**) ホロムー《ハワイの女性の着る変わり袖付きのムームー》.
hòlo·my·ár·i·an /-maıɛ́əriən/ *a* 〘動〙ホロミアリア型の《線虫類の筋肉系の様相の一型》.
hol·on /hálən/ *n* 〘哲〙ホロン《より大なる全体の中の一つの全体》;〘生態〙生物と環境の総合体 (biotic whole). [Gk *holos* whole より 1970 年 Arthur Koestler の造語]
hòlo·párasite *n* 〘生〙全寄生植物[生物] (cf. HEMIPARASITE). ♦ **-parasític** *a*
hólo·phòne *n* 〘光〙ホロホーン《音響ホログラムを記録する装置》.
hòlo·phó·tal /-fóutl/ *a* 全光反射(装置)の; 完全照光(鏡)の.
hólo·phote /-fòut/ *n* 完全照光鏡《灯台などの灯光の全光反射装置》.
hólo·phràse *n* 〘言〙一語文《句や文相当の内容を表わした 1 語》,《時に》HOLOPHRASIS.
ho·loph·ra·sis /həláfrəsəs/ *n* (*pl* **-ses** /-sì:z/)〘言〙輯合(しゅうごう)《句や文の内容を 1 語で表現すること》.
hòlo·phrás·tic /-frǽstık/ *a* 複合的な概念を 1 語[1 語句]で表現する, 輯合(しゅうごう)の.
hòlo·phýtic *a* 完全植物性(栄養)の (photoautotrophic) (opp. *holozoic*).
hòlo·plánkton *n* 〘生〙終生浮遊生物 (cf. MEROPLANKTON).
hólo·scòpe *n* 〘光〙ホロスコープ《レーザー光線による立体顕微鏡》.
hòlo·scóp·ic /-skápık/ *a* 全体を視野に収めた, 総合的な.
ho·lo·thu·ri·an /hòulouθ(j)úriən, hɑ̀l-; -θjúər-/ 〘動〙*a*, *n* ナマコ類[綱] (Holothuroidea) の; ナマコ (sea cucumber). [Gk *holothourion* zoophyte]
hólo·tỳpe *n* 〘生〙正基準標本, 完模式標本. ♦ **hòlo·týp·ic** /-típ-/ *a*
hòlo·zóic *a* 〘生〙完全動物性(栄養)の (heterotrophic) (opp. *holophytic*).
holp /hóu(l)p/, **holped** /hóu(l)pt/ *vt*《古・方》HELP の過去形.
holp·en /hóu(l)pən/ *v*《古・方》HELP の過去分詞.
hols ⇨ HOL.
Holst /hóulst/ ホルスト **Gustav** (**Theodore**) ～ (1874–1934)《英国の作曲家; 管弦楽組曲 *The Planets* (1916)》.
Hol·stein[1] /hóulstàın, -stì:n; hólstaın/ *n* 〘畜〙ホルスタイン種(の牛) (＝**Hólstein-Fríesian**) (Friesian‖)《白・黒の大型乳牛》. [↓]
Holstein[2] ホルシュタイン《ドイツ北部 Schleswig-Holstein 州南部の地域; もとデンマーク王の支配のもとに Schleswig と同君連合をなした公国であったが, 1866 年プロイセン領に編入された》.
Hol·stéin·ian *a* 〘地質〙ホルスタイン間氷期の《北欧地域の更新世の間氷期についていう; Elster 氷期のあとにくる》.
hol·ster /hóulstər/ *n* ホルスター《(1) ピストル・小銃などのケース; 通例革製; ベルト・鞍などに付けたり肩にかけたりする (2)〘登山〙ピッケル・ハーケン用ハンマーを入れるケース (3) 携行用の器具を入れるケース》. ► *vt* 〈ピストルを〉ホルスターに入れる. ♦ **～ed** *a* [Du; cf. ON *hulstr* sheath, OE *heolster* darkness]
holt[1] /hóult/ *n*《古・方・詩》雑木林, 雑木の山. [OE]
holt[2‖] *n* 獣の穴,《特にカワウソの》巣穴. [*hold*[1]]
Holt ホールト **Harold** (**Edward**) ～ (1908–67)《オーストラリアの政治家; 首相 (1966–67)》.
ho·lus-bo·lus /hóuləsbóuləs/ *adv*《口》一気に, たちまち,(まるごと)ひと飲みに. [*whole bolus* の擬似ラテン語]
ho·ly /hóuli/ *a* 神聖な, 聖なる; 清浄な; 神事に供する, 宗教上の; 神々しい; 信心深い; 高徳の, 聖者の; 恐ろしい, おそれおおい;《口》(実に)ひどい, すごい; ‖《俗》すばらしい, 最高の. ● **H～ cats** [**cow, cripes, gee, Gumdrops, mackerel, Moses, smoke(s),**

snooks, socks, Swiss Cheese]! *《口》えーっ, あれっ, おやまあ, ほんと, まさか, 何てことを, ひどい, これはたいへん!《驚き・怒り・困惑・恐怖・喜びなどを表わす》. **H~ fuck** [**shit**]!=《卑》HOLY cats! **H~ moly** [**mo·ley**] /móuli/! えーっ, まさか, 何てことだ!《もとは漫画の Captain Marvel の口ぐせ》. **H~ Toledo!**=*《俗》HOLY cats! **the Holiest** 至聖者《キリスト・神の尊称》; HOLY OF HOLIES. ► *n* 神聖なもの[場所]. [OE *hālig* (⇨ WHOLE); cf. G *heilig*]

Hóly Allíance [the] 神聖同盟《1815 年ロシア・オーストリア・プロイセン間に締結》.

Hóly Árk 〘ユダヤ教〙 聖櫃(せいひつ) (ark).

Hóly Bíble [the] 聖書 (the Bible).

hóly brèad 聖餐式[ミサ]用のパン.

Hóly Cíty [the] **1** 聖都《Jerusalem, Mecca, Varanasi など》. **2** 天 (heaven).

Hóly Commúnion 〘キ教〙 聖餐, 〘プロ〙 聖餐式, 〘カト〙 聖体拝領《Lord's Supper, Eucharist ともいう》.

Hóly Cróss Dày 聖十字架称賛の日《9 月 14 日》.

hóly dày 《日曜以外の》宗教上の祝日[祭日, 断食日など].

hóly dày of obligátion 〘カト〙《ミサを聴き, 労働をしない》つとめの祝日.

Hóly Fámily [the] 聖家族(図).

Hóly Fáther [the] 〘カト〙 教皇聖下 (the Pope)《称号》.

Hóly Ghóst [the] 聖霊 (HOLY SPIRIT).

Hóly Gráil **1** [the] 聖杯, グラール《キリストが最後の晩餐に用い, のちに十字架の下で Joseph of Arimathea がキリストの血を受けた; 円卓の騎士 (the Knights of the Round Table) はこれを捜し当てることを念願とした》. **2** [h- g-]《実現が(ほとんど)不可能な》目標, 切なる願い, 見果てぬ夢.

hóly gràss 〘植〙 セイヨウコウボウ(香茅)《イネ科; クマリンの香りがある》. [北欧では聖人祝日にこれを教会入口に振りまいた]

Holy·head /hálihɛ̀d/ ホリヘッド《(**1**) ウェールズ HOLY ISLAND の別称 **2**) その中心となる町》.

Hóly Hóur 〘カト〙 聖時間(の信心)《聖体を前にしての祈りと黙想の時間》; [h- h-]《アイルロ》パブの閉店が法律で義務づけられている午後の時間帯.

Hóly Ínnocents' Dày [the] 罪なき嬰児(みどりご)殉教の日《Herod 王の命で Bethlehem 中の男児が殺された記念日; 12 月 28 日; *Matt* 2:16–18》.

Hóly Ísland ホーリー島《(**1**) イングランド北部 Northumberland 州北東岸沖の小島; St Aidan が 635 年に修道院を創設した地; 別称 Lindisfarne **2**) ウェールズ北西の Anglesey 島の西にある; 別称 Holyhead》.

Hóly Jóe *n* 《口》(従軍)牧師, (従軍)司祭, 《広く》聖職者; 《俗》信心家ぶったやつ. ► *a* 《俗》いやに敬虔な, 高ぶった, 信心家ぶった.

Hóly Lànd [the] 聖地《Palestine の称》; 《非キリスト教圏の》聖地.

Hóly Léague [the] 〘フランス史〙 カトリック(教徒)[旧教]同盟, 神聖同盟《1576 年 Guise 公を盟主として結成, 新教徒と新教派の Henry 3 世, 4 世に対抗》.

Hóly Lóch ホーリーロッホ《スコットランド西部 Clyde 湾の西岸, Clyde 川河口の対岸にある小さな湾; 米軍原子力潜水艦の基地; 1961 年より使用》.

hóly Máry 《アイル》(いやに)敬虔な人, 信心家.

Hóly Móther 聖母(マリア).

Hóly Náme [the] 〘カト〙 聖名《Jesus の御名》.

Hol·yoake /hóuljòuk, hóulióuk/ ホリオーク Sir **Keith Jacka** ~ (1904–83)《ニュージーランドの政治家; 首相 (1957, 60–72), 総督 (1977–80)》.

Hóly Óffice [the] 〘カト〙 検邪聖省, 聖務聖省; [the] 異端審問所 (the Inquisition).

hóly of hólies [the]《ユダヤ神殿の》至聖所《神の契約の箱が置いてある》, [*fig*] 最も神聖な場所. [L SANCTUM SANCTORUM の訳]

hóly óil 〘キ教〙 聖油《洗礼・重病者などに用いる聖別されたオリーブ油》.

Hol·yoke /hóuljòuk/ ホールヨーク《Massachusetts 州南西部の市》.

Hóly Óne [the] 聖なる者《キリスト; 天主, 神》.

hóly órders *pl* [°H- O-s] 上級聖職[聖品] (major orders); [‹*sg*›] 叙階[叙品]式 (ordination); 〘カト〙《聖職の》品級; 聖職, 聖品; 〘英国教〙 主教と司祭と執事[助祭]: take ~ 叙階[叙品]をうける, 司祭になる.

hóly pláce 聖地; 《ユダヤ神殿の》聖所《至聖所のまわりの部屋》; [*pl*] 巡礼地, 聖地.

Hóly Róller* [°*derog*] 礼拝式・伝道集会などでむやみに狂喜する宗派[《特に》ペンテコステ派]の信者. ♦ **Hóly Róller·ìsm** *n*

Hóly Róman Émpire [the] 神聖ローマ帝国 (962–1806)《Charlemagne 戴冠 (800) 以降の帝位を含めることもある; また, この時期を西ローマ帝国の復興とみなすこともある》.

Hóly Róod 《キリスト磔刑(たっけい)の》聖十字架; [°h- r-]《一般に》十字架.

Hóly-Róod Dày 聖十字架発見の祝日《5 月 3 日》; HOLY CROSS DAY.

Hóly·rood Hóuse /hálirù:d-/ [the Palace of ~] ホーリールード ハウス宮殿《Edinburgh の旧宮殿; 国王のスコットランドにおける居城; **Hólyrood Pálace** とも呼ばれる》.

Hóly Sácrament [the] 聖餐(のパン), 聖礼 (the Sacrament).

Hóly Sáturday 聖土曜日《復活祭前週の土曜日》.

Hóly Scrípture [the] 聖書 (the Bible).

Hóly Sée [the] 〘カト〙 聖座; 教皇庁, 聖庁; 教皇法廷.

Hóly Sépulcher [the] 聖墳墓, 聖墓《キリストが復活するまで横たわっていた Jerusalem の墓》.

Hóly Shróud (of Túrin) [the] (トリノの)聖骸布《イタリアの Turin の大聖堂に 1578 年から保管されている, キリストの遺骸を包んだと伝えられる亜麻布》.

Hóly Spírit [the] 聖霊, みたま (=*Holy Ghost*)《三位一体の第 3 位》.

hóly stínk 《口》不快[厄介]なもの[こと].

hóly·stòne *n, vt* 〘海〙 甲板砥石(で磨く). [*bibles* などと呼ばれた石で, ひざまずいて使ったことから]

Hóly Sýnod 〘東方正教会〙 主教会議, 聖シノド《最高宗教会議》.

Hóly Táble [the] 聖餐台, 聖体拝領台.

Hóly Thúrsday 〘キ教〙 聖木曜日《英国教会系ではキリスト昇天の祝日 (Ascension Day); カトリックでは洗足木曜日 (Maundy Thursday)》.

hóly·tìde *n* 《古》聖季節《宗教行事を行なう日・季節》.

Hóly Trínity [the] 聖三位一体 (⇨ TRINITY).

hóly wàr /; ⌒ ⌒/ 聖戦《十字軍の遠征など》.

hóly wàter 《カトリックの》聖水; 《仏教の》お水; 《神社前の》みたらし. ● **as the devil loves** ~ 決して (never)《聖水は悪魔を追い払うことから》.

Hóly Wèek 聖週, 受難週 (Passion Week)《復活祭前の 1 週間》.

Hóly Wíllie 聖ウィリー, 信心家ぶった偽善者. [↓]

Hóly Wíllie's Práyer 『聖ウィリーの祈り』《Robert Burns の諷刺詩 (1785, 出版 1789)》.

Hóly Wrít [the] 聖書 (the Bible); 絶対的権威をもつ書物[発言].

Hóly Yèar 〘カト〙 聖年《特に 25 年目ごとの》.

hom /hóum/, **ho·ma** /hóumə/ *n* 蘇摩(そま) (soma) (の樹液から造った聖酒), ホーマ. [Pers]

hom- /hóum, hám/, **ho·mo-** /-mou, -mə/ *comb form*「同一の」「同類の」「〘化〙同族の」(opp. *heter-*)《通例 ギリシア系の語に用いる》. [Gk *homos* same]

hom·age /hámɪʤ, *ám-/ *n* 敬意, オマージュ; 《封建時代の》託身儀礼, 臣従礼, 忠誠(の宣誓), 主従関係; 奉仕活動, 貢物. ● **pay** [**do, render**] ~ **to**…に敬意を表する, …を礼賛する; …に臣下の誓いをする. ► *vt* 《古・詩》敬意を表する《honor の意に加えて賞賛・賛辞を呈し, 大きな尊敬を払うこと》. [OF (L *homo* man)]

hóm·ag·er *n* 封臣, 家臣 (vassal).

hom·a·lo·graph·ic /hɑ̀məlǝgrǽfɪk/ *a* HOMOLOGRAPHIC.

hom·bre[1] /ámbreɪ, -brì:/ *n* *《俗》ヒスパニック系人, メキシコ人, メキシコ兵; *《南西口》男 (man), やつ. [Sp]

hombre[2] ⇨ OMBRE.

hom·burg /hámbə̀:rg/ *n* [°H-] ホンブルグ (=~ **hàt**)《狭いつばが両側でややそり上がり山の中央がへこんだ男性用のフェルト帽》. [*Homburg* 19 世紀末この帽子が最初に流行したドイツの温泉保養地]

Homburg /; *G* hɔ́mburk/ ホンブルク (BAD HOMBURG).

home /hóum/ *n* **1**《人が家族と共に住む》わが家, 自宅, うち, 生家; 《家族的愛情の場としての》家庭, 家庭生活; 家族; 《物件としての》家, 住宅 (house); 家財: There's no place like ~. 《諺》わが家にまさるところはない《John Howard Payne の *Home, Sweet Home* 中の一節》/ East or west, ~ is best. 《諺》どこに行こうとわが家にまさるところはない / Men make houses, women make ~*s*. 《諺》男は家屋をつくり女は家庭をつくる / *H~* is where the heart is. 《諺》どこにいてもわが家はなつかしいところ / Don't try this at ~. よい子はまねしないでね《テレビ番組で言う》/ a letter from ~ うちからの手紙 / the old ~ なつかしい生家 / leave ~ 家を出る[出て独立する] / a sweet ~ 楽しい家庭 / the joys of ~ 一家団欒(だんらん)の楽しみ. **2 a** 生まれ故郷, ふるさと; 居住地; 自国, 本国, 故国, 《英連邦で》英本国 (Great Britain); 原産地, 本場, 生息地, 生育地 (habitat) ‹*of, to*›; 発祥地, 本家, 本元 ‹*of*›: letters from ~ 本国からの来信 / make…one's ~ …に居を構える[住む] / back ~ 故郷では, 本国では / Scotland, the ~ of golf ゴルフ発祥の地スコットランド / SPIRITUAL HOME. **b** 〘電算〙 ホームページ(のトップページ), ホーム(位置)《カーソルの出発点, 通例画面の左上隅, 文書ではその冒頭》. **3 a**《自分の家のような》憩いの場所; 宿泊所, ホーム; 療養所, 施療所, 養育院, 孤児院; 収容所; 《口》精神病院; 《文》墓場; 《探検隊の》基地, 本部: a sailors' ~ 海員宿泊所 / a ~ for the blind [aged] 盲人[老人]ホーム / ‖a dogs ~ 野犬保護施設. **b** 〘競技〙 決勝点 (goal); 《遊戯で》陣; 〘野〙 本塁 (home base); 〘ラクロス〙 ホーム《相手方のゴールに最も近い攻撃の拠点》, ホームプレーヤー; 《スポーツチームの》本拠地, ホーム, ホームでのゲーム[勝利]. **4** [°*pl*; °*voc*] *《俗》親友, ダチ, HOMEBOY.

● **at ~** (**1**) 在宅で; 地元で: Is Mr. Smith *at* ~? / Is the match *at* ~ or away? その試合はホームグラウンドかよそか? (**2**) 在宅日[面会日]で, 訪問を喜んで受ける状態で: I am not *at* ~ *to* anybody today. 今日はどなたにも面会お断わり (cf. AT HOME *n*). **(3)** 自国に, 本国に[で]: at ~ and abroad 国内外で. **(4)** 気楽に, 居ごこちがよく, くつろいで; なじんで ‹*with*›: be [feel, look] *at* ~ / Please make yourself *at* ~. どうぞお楽に. **(5)** 精通して, 熟達して: He is *at* ~ *in* [*on, with*] history. 彼は歴史に通じている. **close** [**near**] **to** ~ 《発言・話題などが》当を得ていて居ごこちの悪い. **from** ~ 不在で, 外出中で; 家[本国]を離れて. **go** ~ **to mama** *《俗》《結婚などをあきらめて》実家[田舎]に帰る. **go to one's last** [**lasting**] ~ 永眠する. **(a)** ~ **(away*) from** ~ 《自宅同様に》くつろげる所, 憩いの場. **~, sweet** ~ なつかしのわが家よ《久しぶりでわが家に帰るときのことば》. **near** ~ [*fig*] 切実な[に]. **set up** ~ 居を構える (set up house). **the** ~ **of lost causes** 成功する見込みのない運動の発祥の地《オックスフォード大学》. **What's…when it's at ~?** "《口》[*joc*] …とはいったいどういうものだ. **Who's…when he's** [**she's**] **at ~?** "《口》[*joc*] …とはいったい何者だ.

► *a* **1** わが家の, 自宅(で)の; 家庭(用)の; 自国の, 本国の; 内地の; 内政上の (domestic) (opp. *foreign*); 故郷の; 地元(で)の, 本場の; 本拠の, 主要な; 〘競技〙決勝の; 〘野〙本塁(生還)の: ~ life 家庭生活 / HOME FIRE / HOME COOKING / ~ baking 家で焼くこと[焼いたもの《ケーキなど》] / ~ remedies 家伝薬 / ~ treatment 在宅治療 / ~ consumption 国内消費 / a ~ market 国内市場 / ~ products 国産品 / one's ~ city 故郷の市 (cf. HOMETOWN) / one's ~ state 故郷の州 / HOME OFFICE / a ~ game 本拠地での[ホーム]ゲーム. **2** 急所をつく, 痛烈な: a ~ question 急所をつく質問 / HOME TRUTH.

► *adv* **1 a** わが家へ; 自国へ, 故国へ: come [go, return] ~ わが家[本国]へ帰る; 《俗》出所する / be late ~ 帰りが遅い / be on one's [the] way ~ 帰り道にある / send [write] ~ 国へ送る[手紙を出す] / see sb ~ 人を家まで送って行く. **b** (自宅[自国]へ)帰って; *在宅して (at home): He is ~. 帰って来た; 帰省中; *家にいる / I'm ~! 帰ったよ, ただいま. **c** 〘野〙本塁へ. **2** ぐさりと, ずぶりと(急所に達するまで); ‹釘などを›深く, 十分に; 徹底的に, 痛切に, ぐさりと胸を突くように: strike [hammer, hit] ~ 深く打ち込む (⇨ 成句). **3** 〘海〙ぐっと海岸の方へ; 最大限に, いっぱいに; 船(の中)の方へ; しかるべき位置に: come ~ 〘海〙‹いかりが›止まらないで船の方へ引かれる. ● BRING…~ **to** sb. **bring oneself** ~ ‹財政的に›立ち直る, 身上[地位]を回復する. **come** ~ あとになってたたる, つけが回ってくる (cf. *come* ~ *to* ROOST[1]); 〘ゴルフ〙イン(コース)にはいる《18 ホールのうちの後半の 9 ホールをプレーする; cf. GO[1] out (成句)》: *come* ~ to haunt sb ‹先延ばしにしていた問題が›あとで人を悩ます[困らせる]. **come** ~ **to** sb しみじみと人の胸にこたえる, はっきり理解される. DRIVE ~. GET[1] ~. **go** ~ [*euph*] 死ぬ, 昇天する (cf. 1a); [*impv*] 《俗》黙れ, うるさい!; ‹皮肉などが›《相手に》効く, こたえる (cf. 2); 《俗》すりきれる, いたむ, 寿命がくる: My car is *going* ~. HAMMER ~. **hit** ~ ‹ボールを›ゴールに突き刺す; ‹評言が›人の胸をぐさりと突く; ‹物事が›《人に》理解される. ~ **and dry** "《口》目的を達して, 成功[勝利]して, 成功[勝利]を確実にして, 安全な (=《豪》~ **and hosed**). HOME FREE. ~ **in one** 一発[一回]で当てて[決めて], 一回で(推測が)当たって, 大当たりとなって. **H~, James!** 《口》[*joc*] 《運転手に》家までやってくれ《元来は, 御者・お抱え運転手に家に戻るよう命じるときに用いた》. **nothing to** WRITE ~ **about. press** [**push**] ~ ‹攻撃・非難などを›徹底的[強力]にやる, ‹主張などを›徹底させる: *press* ~ an [one's] advantage 好機を存分に活用する. STRIKE ~. **take** ~… 手取りで…(の賃金)をもらう (cf. TAKE-HOME PAY).

► *vi* 家へ帰る, ‹特に 訓練されたハトが›巣に帰る ‹*to*› (⇨ HOMING); 居[本拠]を構える. ► *vt* 家へ帰す; …に家[安息所]を与える; 自動操縦で進める. ● ~ **(in) on**… ‹飛行機などが›‹無線標識など›を目指して[に導かれて]進む, ‹ミサイルなどが›‹目標›に向かって自動操縦で進む, …を自動追尾する; [*fig*] …を目指す, …に的をしぼる: ~ (*in*) *on* the radio beacon [the housing problem] 無線標識に従って進む[住宅問題に焦点をあてる]. ~ **on to** [**onto**]…=HOME in on…; ‹目標›に向かわせる.

[OE *hām* village, home; cf. G *Heim*]

Home DOUGLAS-HOME.

ho·me-, -moe- /hóumi, hámi/, **-meo-, -moeo-** /-miou, -miə/, **-moi-** /houmɔ́i/, **-moio-** /-mɔ́iou, -ə/ *comb form*「類似の」 [Gk *homoios* like; cf. HOM-]

hóme affáirs *pl* 内務, 内政 (cf. FOREIGN AFFAIRS); 国内[家庭内]問題.

hóme áid 《NZ》HOME HELP.

hóme alóne *a* 家に大人が不在で, 家にひとり置き去りにされて(いる): ~ kids.

hóme-and-hóme *a* 相手と自軍のホームグラウンドで交互に行なう‹試合›.

hóme bànking 〘金融〙ホームバンキング《銀行の顧客が家庭に置かれたコンピューター端末・テレビ・電話などの回線を通して自分の口座を利用できるようにするシステム》.

Hóme·bàse ホームベース《英国の DIY のチェーン店》.

hóme báse 〘野〙ホームベース (home plate); 本拠(地) (headquarters); 目指すところ, 目標点, 決勝点 (home).

hóme-bèat *n* 《警官の》自宅付近の巡回[受持ち]地区.

hóme bìrd HOMEBODY.

hóme·bòdy *n* 《口》家にいるのが好きな人.

hóme·bòrn *a* 自国生まれの; 土着の (native).

hóme·bòund *a* 本国行きの, 帰航の; 家に閉じこめられた, 《病気などで》外出ができない.

Hóme Bóx Òffice 〘商標〙ホームボックスオフィス (⇨ HBO).

hóme·bòy *n* (*fem* **hóme·gìrl**, (集合的) **hóme pèople**) **1** *《口》**a** 同一地域[社会集団]の仲間[メンバー], 不良少年[ギャング]仲間, スラム仲間. **b** 同郷人; 田舎者, 野暮天. **2** 親友; 気のおけない人, 気取らないやつ; *《俗》《男の》同性愛者, ホモ, 《同性愛者の》愛人, ホモだち.

hóme·bréd *a* 自宅[自国]育ちの; 国産の; 世間知らずの, 純朴な.

hóme bréw 自家製ビール, 自家製の酒; 自家製のもの; 国産のもの; *《俗》地元出身の選手. ♦ **hóme-bréwed** *a, n* 自家醸造の(ビール[酒]).

hóme·build·er *n* 住宅建築業者.

hóme·build·ing *n* 住宅建設.

hóme·buílt *a* 手製の, 自力で作りあげた, 自家製の (homemade).

hóme·bùy·er *n* 住宅購入者.

hóme-càre *a* 在宅施療[介護]の.

hóme cènter ホームセンター, 住宅設備販売店《住宅用設備・材料・道具などを販売する大型店舗》.

hóme cínema "HOME THEATER.

Hóme Círcuit 〘英史〙London を中心とする巡回裁判区.

hóme·còming *n* 帰省, 帰郷, 帰国, 里帰り; *ホームカミング《同窓生を迎えて年 1 回 普通は秋に催される大学祭, 学園祭; パーティーやアメフトの試合なども行なう》: a ~ queen *学園祭の女王《学生の中から選ばれる》.

hóme compúter 家庭用小型コンピューター, ホームコンピューター.

hóme cóoking 家庭料理; *《俗》満足させること, 楽しいこと.

Hóme Cóunties *pl* [the] London を取り巻く諸州《特に Essex, Kent, Surrey, Hertfordshire》; [‹*a*›] 英国富裕階級(に特有)の.

hóme còurt advántage 〘スポ〙地元でプレーすることの有利.

hóme éc /-ék/ *《口》HOME ECONOMICS.

hóme económics 家政学; 家庭科. ♦ **hóme ecónomist** 家政学者.

hóme entertáinment 家庭用娯楽器具《テレビ・ビデオ・ステレオ・コンピューターなど》.

hóme fàrm "《地方大地主の》自作農場.

hóme·fèlt *a* しみじみ胸にこたえる.

hóme fìre 炉の火; [*pl*] 家庭, 家庭生活: keep the ~*s* burning 銃後の生活を守る, 家庭の生活を続けていく《第一次大戦中に英国で流行した歌の一節から》.

hóme·fòlk, -fòlks *n pl* 故郷の家族[親類, 友人 など].

hóme frée 《口》*a* 成功[勝利]間違いなし[目前]で, 楽勝で; 窮地を脱して, うまくやって, 《努力のあとで》悠々として.

hóme fríes *pl* 《ゆでた[生の]》ポテトスライスのフライ (=**hóme fríed potátoes**).

hóme frònt / ⏑ ⏑/ [the] 国内戦線, 銃後《人びとおよびその活動》. ● **on the** ~ ⇨ FRONT.

homegirl ⇨ HOMEBOY.

hóme gróund よく知っている場所, 地元; "〘スポ〙ホームグラウンド, 本拠地; 熟知している分野[題目].

hóme·grówn *a* 家[地元]で育てた[栽培した, 作った], 自家製の, 地場[国内]産の; 地元(出身)の, 自分の国の, 土着の; *《俗》素朴な, しろうとの. ► *n* *《俗》自家栽培[国内産]のマリファナ.

hóme guárd **1** 地方義勇隊; [the H- G-] 〘英〙国土防衛軍《1940 年 5 月に組織された, ドイツ軍の侵攻に備えるための無給の市民軍》. **2** *《俗》土地[家]に落ちついた人, 隠退したサーカス人, 《街の》居着きの乞食; *《俗》同一の雇用者の下で働きつづける人, 職場を変えない労働者; *《俗》女房持ちの水夫. ♦ **hóme guárds·man** /-mən/ 地方義勇兵.

hòme hélp " 家政婦, ホームヘルパー; ホームヘルプ《地方自治体によるホームヘルパー派遣業務》.

hóme impróvement 家のリフォーム.

hóme índustry 家内工業.

hóme·kèep·ing *a* 自宅に引っ込みがちな. ♦ **hóme·kèep·er** *n*

hóme kèy **1** 〘楽〙曲の基本となるキー. **2** 《タイピングの際の》ホームキー《指の基準位置とされるキー; 通例 左手は ASDF, 右手は JKL とセミコロン》.

hóme·lànd /, -lənd/ *n* 自国, 母国, 故国, 祖国; 《南ア》ホームランド《BANTUSTAN に対する公式用語》.

hómeland secúrity 自国[国土]の安全保障: DEPARTMENT OF HOMELAND SECURITY.

hóme lànguage *母語; 家庭内言語.

hóme·less *a* 家のない, ホームレスの; [the, ‹*n pl*›] ホームレスの人たち; 飼い主のない; 《まれ》安息の場を与えない. ♦ **~·ness** *n*

hóme·lìke *a* わが家にいるような; いかにも気やすい, 気楽な, 簡素な; 健全な.

hóme lóan 住宅ローン.

hóme·ly *a**〈人・容貌が〉不器量な, 十人並みの; 家庭的な, くつろげる; 〈女性が〉家庭的な; 飾らない (plain), 質素な, 地味な; 素朴な, 洗練さに欠ける; なじんだ, ありふれた (familiar), あたりまえの. ◆ **-li·ness** *n*
hóme·màde *a* 手製の, 自家製の, 手作りの, ホームメードの (opp. *store-bought*); 国産の; 質素な.
hóme·màker *n**家事を切り盛りする人, 《特に》主婦 《housewife の言い換え》; 《病人・高齢者などの家庭のための》ホームヘルパー.
hóme·màking *n* 家庭作り, 家政. ► *a* 家政の.
hóme móvie 自家製映画.
hóme núrse DISTRICT NURSE.
homeo- /hóumiou, -miə/ ⇨ HOME-.
hómeo·bòx *n* 〔遺〕ホメオボックス《動物の発生に伴う形態形成を制御する, 遺伝子中の一定の塩基配列》.
hóme óffice 本社, 本店 (cf. BRANCH OFFICE); 自宅内オフィス (cf. SOHO); [the H- O-] /ˈ―― ――/ 〔英〕内務省《大臣は Home Secretary》.
hómeo·mòrph *n* 〔晶〕異質同形結晶.
hòmeo·mórphism *n* 〔晶〕異質同形; 〔数〕位相同型(写像), 同相(写像). ◆ **-mórphic** *a* 位相同型の.
hómeo·mòrphy *n* HOMOMORPHY.
Hóme on the Ránge 「峠のわが家」《米国の民謡; Kansas 州の州歌; range は「大放牧地」を指す》.
homeo·path /hóumiəpæ̀θ/, **-me·op·a·thist** /hòumiάpəθɪst/ *n* ホメオパシー医; ホメオパシー支持者[唱道者].
H
ho·meo·path·ic /hòumiəpǽθɪk/ *a* 〔医〕ホメオパシーの, ホメオパシーを実践[唱道]する; 薄まった, 気の抜けた(ような). ◆ **-i·cal·ly** *adv*
ho·me·op·a·thy /hòumiάpəθi/ *n* 〔医〕類似[同毒]療法, ホメオパシー《治療対象とする疾患と同様な症状を健康人に起こさせる薬物をごく少量投与する治療法; opp. *allopathy*》.
ho·me·o·sis /hòumióusəs/ *n* (*pl* **-ses** /-sìːz/) 〔生〕相同異質形成, ホメオーシス《たとえば昆虫の体節が特に突然変異によって別の体節の特徴をもつ構造に取って代わられることなど》.
hòmeo·stásis *n* (*pl* **-ses**) 〔生〕ホメオスタシス, 恒常性《生物体が体内環境を一定範囲に保つはたらき》; 《社会組織などの》平衡維持力, 恒常性. ◆ **-státic** *a*
hòmeo·thérapy *n* 同種療法《治療対象とする疾患の原因と類似の物質を投与する治療法》.
hómeo·thèrm *n* 〔生・動〕恒温[定温]動物, 温血動物. ◆ **-thèrmy** *n* 恒温性.
hòmeo·thérmal *a* HOMEOTHERMIC.
hòmeo·thérmic *a* 〔生・動〕恒温動物の, 恒温性の, 温血の (warm-blooded) (opp. *poikilothermic*).
ho·me·o·tic /hòumiάtɪk, hàm-/ *a* 〔遺〕ホメオ遺伝子の[に関連した], ホメオティックな《突然変異により正常な組織を別の正常な組織に変化させる遺伝子についていう》.
hòmeo·tránsplant *n* 〔医〕同種(組織)移植片.
hómeo·tỳpe *n* 〔生〕同模式標本.
hòmeo·týpic, -ical /-típ-/ *a* 〔生〕同型の〈分裂〉.
hóme·òwn·er *n* 自宅を有する人, 住宅所有者.
hóme pàge 〔インターネット〕ホームページ (**1**) ある情報発信者が発信する情報の入口となるページ; ＝welcome page **2**) ブラウザーを起動して最初に表示されるページ **3**) インターネット普及当初は website の意》.
home people ⇨ HOMEBOY.
hóme pérmanent [pérm] 自宅でかけるパーマ, ホームパーマ; ホームパーマ用品[セット].
hóme pìece *《俗》同じ刑務所にはいっている以前からの友だち.
hóme pláte 〔野〕本塁, ホームプレート (home base); *《空軍俗》帰還地, 空母. ● **get to ～** *《俗》《セックスの》最終段階まで行く, 本番まで行く.
hóme pórt 母港; 船籍港. ◆ **hóme-pòrt** *vt* 〈艦隊〉の母港を設定する.
ho·mer[1] /hóumər/ *n* ホーメル《古代ヘブライの容量単位: 約 $10^1/_2$ [のちに $11^1/_2$] 米 bushels》. [Heb]
hom·er[2] *n* 《口》ホーマー (home run); 伝書バト (homing pigeon); *《スポ俗》地元に身びいきする役員. ► *vt, vi* 《口》ホームランにする[を打つ]. [*home*]
Ho·mer 1 ホーマー《男子名》. **2** ホメーロス《紀元前 9-8 世紀ころのギリシアの詩人; *Iliad* と *Odyssey* の作者》: (Even) ～ sometimes nods. 《諺》名人も居眠りする[あやまつ]ことはある, '弘法も筆の誤り'. **3** ホーマー **Winslow** ～ (1836-1910)《米国の画家; 特に海を題材とする画で知られる》. [Gk＝a security or pledge]
hóme rànge 〔生態〕《定住性動物の》行動圏.
Ho·mer·ic /houmérɪk/ *a* ホメーロス(風)の; 規模雄大な, 堂々とした: ～ verse 六歩格の詩 / the ～ question 《*Iliad* と *Odyssey* の作者はだれかという》ホメーロス問題. ► *n* OLD IONIC. ◆ **-i·cal·ly** *adv* [L<Gk; ⇨ HOMER]
Homéric láughter とめどのない大笑い. [Hephaestus がびっこをひく姿を Homer の詩 *Iliad* 中の神々が笑ったことから]
hóme·ròom* *n* 《出席をとったり学級活動をするために》学級全員の集まる教室, ホームルーム; ホームルームの時間; ホームルームの全生徒.
hóme rúle 内政[地方]自治; [H- R-]ˈˈアイルランド自治《19 世紀後半から 20 世紀初めに至るアイルランドの自治権獲得運動》. ◆ **hóme rúler** 内政[地方]自治唱道者; [H- R-]ˈˈアイルランド自治論者.
hóme rún 〔野〕ホームラン; ホームイン; 大成功: a ～ hit.
hóme·schòol *vi, vt* 自宅で教育する, (...に)ホームスクーリングを行なう. ◆ **～·ing** *n*
hóme·schòol·er *n* 自分の子供を自宅で教育する親; 自宅で親に教育をされている子供.
hóme scrèen テレビ.
Hóme Sécretary 〔英〕内務大臣, 内相《Home Office の大臣; 正式には Secretary of State for the Home Department》.
hóme sèrver 〔電算〕ホームサーバー, 家庭用サーバー.
hóme shópping ホームショッピング《通販やインターネットなどで買物をすること》.
hóme·sìck *a* ホームシックの, 郷愁に駆られた. ◆ **～·ness** *n*
hóme sìgn 聾者が個人的に用いる手話; 標準的な手話に組み込まれる個人的なサイン.
hóme sígnal 〔鉄道〕場内信号機《駅に進入する列車に対するもの》.
hóme·sìte *n* 家の敷地[所在地].
hóme·slìce *n**《俗》友だち, 仲間 (homeboy, homegirl).
hóme·spùn *a* 手で紡いだ(糸で手織りした), 手織り(風)の, ホームスパン製の; 素朴な, 庶民的な, 飾らない; あかぬけしない, ありふれた: ～ philosophy 庶民の知恵, しろうと考え; 持論. ► *n* ホームスパン (**1**) 手で紡いだ糸を用いた手織りラシャ **2**) 手織り風の目の粗い布地); 素朴さ; 《廃》田舎者; *《俗》自家製の酒[ビール].
hóme stànd 〔野〕本拠地シリーズ《ホームグラウンドで行なわれる一連の試合》.
hóme·stày *n* ホームステイ《外国人学生が一般家庭 (host family) に滞在すること》.
home·stead /hóumstèd, -stɪd/ *n* 家, 家屋敷, 《特に》付属建物付き農場; 〔米法〕家産, 家産権《家族の生活の基礎となる財産, 特に住宅とそれに隣接する土地, およびそれに対する(残存配偶者の)占有権》; 〔米・カナダ〕《かつて政府が入植者に譲渡した 160 エーカーの》自営農地; 《豪》《牧畜場主の》住宅. ► *vt, vi**〈土地を〉HOMESTEAD LAW に基づいて入手(して定住)する. ◆ **～·er** *n**ホームステッド法による入植者; homestead の所有者. [OE *hāmstede* (STEAD)]
Homestead ホームステッド《Florida 州南東部 Miami の南西にある市》.
Hómestead Àct [the] 〔米〕自営農地法, ホームステッド法《5 年間定住した西部の入植者に公有地を 160 エーカー[約 65 ヘクタール]ずつ払い下げることを決めた 1862 年の連邦立法》.
hómestead·ing *n* 〔米〕URBAN HOMESTEADING.
hómestead làw 〔米〕家産差し押え免除法《homestead を差し押えから保護する法律》; 公有地自営農地転換法, 《特に》HOMESTEAD ACT; 〔米〕不動産税免除法《homesteader に財産税の免除その他の特権を認める州法》.
hóme·sterˈˈ *n* ホームチームの選手.
hóme stráightˈˈ HOMESTRETCH.
hóme·strétch *n* 〔競馬・競技〕最後の直線コース, ホームストレッチ (cf. BACKSTRETCH); 最終段階[局面], 終盤, 追い込み: in [on] the ～ 追い込みで.
hóme stúdy 《通信教育による》自宅学習; *《里親としての適格性についての》家庭調査.
hóme·stỳle* *a* 〈料理・もてなしなどが〉家庭的な, 手作りの, 質素で気取らない.
hóme théater* ホームシアター (home cinemaˈˈ) 《設備》.
hóme thrùst 《武器で》急所をつくこと; [*fig*] 痛いところをつかれること.
hóme tìmeˈˈ下校時間.
hóme·tówn *n* 出生地, 郷里; 主たる居住地.
hóme trúth [°*pl*] 《当人にとって》不愉快な[耳の痛い]事実[真実, 情報]; 明白な事実の陳述: I must tell you a few ～*s*.
hóme ùnit 《米・豪》《集合住宅内の》一世帯分, 《マンションなどの》一戸, 一室《通例 所有者が居住しているもの》.
hóme vídeo ホームビデオ (**1**) 家庭用のビデオデッキ **2**) 特に映画のビデオソフト; ビデオゲーム, テレビゲーム **3**) ビデオカメラで撮った自家製映像》.
hóme vísit 《医師による》往診, 訪問看護.
hóme vìsitor 家庭訪問員《子供の指導に当たるケースワーカーの一種》.
hóme·ward *a* 家路へ向かう, 帰途の; 《本国へ》帰航の: ～-bound 本国行きの〈船〉. ► *adv* 家路を指して; 本国へ. [OE *hāmweard* (*-ward*)]
hóme·wards *adv* HOMEWARD.
hóme·wòrk *n* 宿題; 在宅労働, 内職; 《会議などのための》下調べ, 予習; *《学生俗》'宿題' (lovemaking). ● **do one's ～** 下調べをする, しっかり準備する.
hóme·wòrk·er *n*ˈˈ在宅勤務[労働]者; 内職をする人; 家事労働者 (houseworker).
hóme·wòrk·ing *n*ˈˈ在宅勤務.
hom·ey, homy /hóumi/ *a**家庭の[らしい], 家庭的な, 気のおけな

い, くつろいだ. ► *n* 《豪》(新来の)英本国人; *《黒人俗》《故郷[南部]を出てきたばかりの》新参者, 世間ずれしていない人, 世慣れない人, おのぼりさん; *《俗》友だち, 同郷者, HOMEBOY. ♦ **~·ness, hóm·i·ness** *n*

homi·cid·al /hàməsáɪdl, hòum-/ *a* 殺人(犯)の; 殺人癖の(ある), 人殺しでもしそうな. ♦ **~·ly** *adv*

homi·cide /háməsàɪd, hóum-/ *n* **1**〖法〗*殺人《英米法では犯罪となる殺人は MURDER と MANSLAUGHTER に区別する; justifiable ~ (正当殺人) と excusable ~ (免責される殺人)は犯罪にならない》. **2** 殺人犯《人》. [OF<L (*homo* man, *-cide*)]

hom·ie /hóumi/ *n**《俗》HOMEY.

hom·i·let·ic /hàmələ́tɪk/, **-i·cal** *a* 説教(術)の; 教訓的な; 説教じみた. ♦ **-i·cal·ly** *adv* [L<Gk (*homileō* to hold converse, consort)]

hòm·i·lét·ics *n* 説教法[学], 法話術.

ho·mil·i·ary /hamílièri; -əri/ *n* 説教集.

hom·i·list /hámәlɪst/ *n* 説教師.

hom·i·ly /háməli/ *n* 説教《特に 聖書に題材を得たもの》; 訓戒, 訓語, 訓辞; 《退屈な》お説教, 小言; 格言, 《陳腐な》きまり文句. [OF, <Gk=discourse (*homilos* crowd)]

hom·in- /hámən/, **hom·i·ni-** /hámənə/ *comb form*「人」「人間」 [L HOMO]

hom·ing /hóumɪŋ/ *a* 家へ帰る; 〈ハトなどが〉帰巣[回帰]性を有する; (自動)誘導[追尾]の: a ~ instinct 帰巣[回帰]本能 / a ~ torpedo 感応[自動追尾]魚雷 / a ~ device 《誘導弾などの》自動誘導[指向]装置 / a ~ guidance 自動誘導(法). ► *n* 帰来, 帰還, 回帰, ホーミング; 帰巣本能.

hóming pìgeon 伝書バト (carrier pigeon); *《俗》《第二次大戦後の》名誉除隊の記章.

hom·i·nid /hámənəd, -nɪ̀d/ *n, a*〖動〗ヒト科 (Hominidae) の(動物); 人類に似た動物; 原人; 人間. [*homin-, -id*[2]]

hom·i·nine /hámənàɪn, -nən/ *a* 類人の; 人間の(特徴を有する).

hom·i·ni·za·tion /hàmənəzéɪʃ(ə)n; -nàɪ-/ *n* ヒト化《他の霊長類と人類を区別する特質の進化論的発達》; 環境の人間化《環境を人間の利用しやすいように変えていくこと》.

hom·i·nized /hámənàɪzd/ *a* 人類の特質をそなえた; 〈環境が〉人間に合わせて変えられた.

hom·i·noid /hámənɔ̀ɪd/〖動〗*a* ヒト上科 (Hominoidea) の[に関する]; ヒト科に似た; 人類に似た. ► *n* ヒト上科の動物; 人間に似た動物. [*-oid*]

hom·i·ny* /háməni/ *n* 外皮をとっ(てひき割りにし)たトウモロコシ《かゆ状にして食べる》. [Algonquian]

hóminy grìts* [‹*sg/pl*›] ひき割りトウモロコシ.

hom·ish /hóumɪʃ/ *a* HOMEY.

homme /*F* ɔm/ *n* 人, 人間; 男 (man). [⇨ HOMO]

homme d'af·faires /*F* ɔm dafɛːr/ 実業家, ビジネスマン. [F=man of affairs]

homme de con·fiance /*F* ɔm də kɔ̃fjɑ̃ːs/ 信用できる人物, 腹心, 片腕. [F=man of trust]

homme de let·tres /*F* ɔm də lɛtr/ 学者; 文人, 文学者. [F=man of letters]

homme d'es·prit /*F* ɔm dɛspri/ 才気あふれる人, 機知に富む人, 才人. [F=man of spirit]

homme du monde /*F* ɔm dy mɔ̃ːd/ 世慣れた人; 上流社会の人. [F=man of the world]

homme moy·en sen·su·el /*F* ɔm mwajɛ̃ sɑ̃sɥɛl/ 平均的肉体労働者. [F=average sensual man]

hom·mock /hámək/ *n* 《氷原上の》氷丘 (hummock).

hom·mos /hʌ́məs, hám-/ *n* HUMMUS.

ho·mo[1] /hóumou/ *n* (*pl* **~s**) [°H-] ヒト, 人間《ヒト科ヒト属 (*H-*) に属する動物の総称; 現生人類 (*H. sapiens*), *H. erectus* などの化石人類が含まれる》. [L *homin- homo* man]

homo[2] 《俗》[°*derog*] *n* (*pl* **~s**) ホモ (homosexual)《男・女》. ► *a* 同性愛の, ホモの.

homo- /hóumou, hámou, -mə/ ⇨ HOM-.

hòmo·blástic *a*〖生〗同胚葉性の (cf. HETEROBLASTIC);〖植〗同形発生の. ♦ **hómo·blàsty** *n*

hòmo·céntric[1] *a* 同じ中心をもつ, 同心の;〖光〗〈光が〉同一点から発する[に集まる], 共心の.

ho·mo·céntric[2] /hòumou-/ *a* 人類[ヒト]中心の.

hòmo·cércal *a*〖魚〗正形の〈尾びれ〉, 正形尾の, 正尾の〈魚〉《尾びれが上下相称; cf. HETEROCERCAL》.

hòmo·chlamýdeous *a*〖植〗同花被(かひ)の《ユリの花などのように, 萼(がく)と花冠が合体して区別できない; cf. HETEROCHLAMYDEOUS》.

hòmo·chromátic, -chrómous *a* 単色[一色の].

hòmo·cýclic *a* ISOCYCLIC.

hòmo·cýsteine *n*〖生化〗ホモシステイン《代謝におけるメチオニンの中間体; 心血管疾患の危険因子と考えられている》.

hòmo·cỳs·tin·úria /-sìstɪn(j)úriə/ *n*〖医〗ホモシスチン尿(症)《先天性代謝異常》.

ho·mo·dont /hóumədànt/ *a*〖動〗同形歯の (cf. HETERODONT).

ho·moe·cious /houmíːʃəs/ *a*〖生〗《生活環を通じ》同一宿主に寄生する. [L (*homoios* like)]

homoe-, homoeo- ⇨ HOME-.

ho·moe·ol·o·gous /hòumiáləgəs, hàm-/ *a*〖生〗〈染色体が〉同祖の《遺伝子構成が先祖では相同であったと思われる》. ♦ **ho·moeo·logue, -log** /hóumiəlɔ̀(ː)g, hám-, -làg/ *n*

Hómo eréc·tus /-ɪréktəs/〖人〗ホモ・エレクトゥス, 原人. [NL=erect man]

hòmo·eróticism, -erótism *n* 同性愛. ♦ **-erótic** *a* 同性愛の (homosexual).

hòmo·ga·mét·ic /-gəmétɪk/ *a*〖遺〗同形配偶子性の, ホモガメートの.

ho·mog·a·my /houmágəmi, hə-/ *n* **1**〖生〗同形配偶《2 種の同形配偶子間で行なわれる; opp. *heterogamy*》. **2**〖植〗雌雄同熟, ホモガミー《雌雄の生殖細胞の成熟が同時期に行なわれること; opp. *dichogamy*》. **3**〖生〗同類交配. ♦ **ho·móg·a·mous** *a* **hòmo·gámic** *a* [*-gamy*]

ho·mog·e·nate /həmádʒənèɪt, hou-, -nət/ *n*〖生〗ホモジェネート《細胞構造を細かく破壊して得る懸濁液》.

ho·mo·ge·ne·i·ty /hòumədʒəníːəti, hàm-, -néɪə-/ *n* 同種, 同質(性), 一様性, 等質性, 均質性[度], 均等性;〖数〗同次性.

ho·mo·ge·ne·ous /hòumədʒíːniəs, hàm-, -njəs/ *a* 同種の, 同質の, 同性の, 均一の, 等質の, 均質の; 同原の, 純一の;〖数〗同次の, 斉次の;〖生〗相同の (homogenous). ♦ **~·ly** *adv* **~·ness** *n*

hòmo·génesis *n*〖生〗純一発生, 同種発生 (opp. *heterogenesis*). ♦ **-genétic** *a*

ho·mog·e·nize /həmádʒənàɪz, hou-/ *vt, vi* 均質化する: ~*d* milk 均質[等質, ホモ]牛乳. ♦ **ho·mòg·e·ni·zá·tion** *n* 均質化. **-nìz·er** *n*

ho·mog·e·nous /həmádʒənəs, hou-/ *a*〖生〗HOMOGENEOUS; 〈器官が〉(同源[異源])同構造の;〖生〗HOMOPLASTIC; 同種の, 同質の. [L (*homo-*, Gk *genos* kind)]

ho·mog·e·ny /həmádʒəni, hou-/ *n*〖生〗《発生・構造の》相同性, (歴史的)相同.

ho·mog·o·ny /həmágəni, hou-/ *n*〖植〗雌雄蕊(しゆうずい)同長, ホモゴニー. ♦ **ho·mòg·o·nous** *a* **-nous·ly** *adv*

hómo·gràft *n*〖外科〗同種移植片 (cf. HETEROGRAFT).

hó·mo·gràph /hámou-, hóu-/ *n* 同綴異義語《seal (アザラシ) と seal (印), lead /líːd/ と lead /léd/ など》. ♦ **hò·mo·gráph·ic** *a*

ho·mog·ra·phy /həmágrəfi, hou-/ *n* 一字一音主義のつづり字法;〖数〗ホモグラフィー, 射影変換(による対応関係), 《特に》平面射影変換;〖数〗HOMOLOGY.

Hómo há·bi·lis /-hǽbələs/〖人〗ホモ・ハビリス《初めて道具を作ったとされる直立猿人; 約 200 万年前の最古のヒト属》. [NL=skillful man]

homoi- /houmɔ́ɪ, hə-/, **homoio-** /-mɔ́ɪou, -ə/ ⇨ HOME-.

homóio·thèrm *n* HOMEOTHERM. ♦ **-thèrmy** *n* HOMEOTHERMY.

homòio·thérmic, -thérmal *a* HOMEOTHERMIC.

ho·moi·ou·si·an /hòumɔ̀ɪúːsiən, hə-, -ziən/ *n* [°H-]〖神学〗類(本)質[ホモイウシオス]論者《キリストと父は似てはいるが本質的には同じではないとする; cf. HETEROOUSIAN, HOMOOUSIAN》. ► *a* 類質論(者)の. ♦ **~·ism** *n* [Gk (*ousia* essence)]

ho·mo·lec·i·thal /hòumoulésəθəl, hàm-/ *a*〖発生〗〈卵が〉等黄性の, 等卵黄の.

homolog ⇨ HOMOLOGUE.

ho·mol·o·gate /houmáləgèɪt, hə-, ha-/ *vt* 同意する, 認可する;〖自動車レース〗〈特定の車種・エンジンなどを〉生産型として認定[公認]する, ホモロゲートする; 《スコ》承認する. ► *vi* 一致する, 同調する. ♦ **ho·mòl·o·gá·tion** *n* 《生産型であることの》型式認定, ホモロゲーション.

ho·mo·log·i·cal /hòuməládʒɪk(ə)l, hàm-/, **-log·ic** *a* 相同 (homology) の (homologous);〖数〗ホモロジーの. ♦ **-ical·ly** *adv*

ho·mol·o·gize /houmálədʒàɪz, hə-, ha-/ *vt, vi* 〈性質・位置などそれぞれ〉対応[相応]させる[する], 一致させる[する]. ♦ **-giz·er** *n*

hom·o·lo·gou·me·na /hàmələgúːmənə, houmàl-/, **-gu·me·na** /-g(j)úː-/ *n pl* [the]〖聖〗ホモログメナ《初期教会によって正典とされた新約聖書の諸書; cf. ANTILEGOMENA》.

ho·mol·o·gous /houmáləgəs, hə-, ha-/ *a* 〈性質・位置・構造など〉一致する;〖数〗相同の;〖化〗同族の;〖生〗相同(器官)の, 異体[異種]同形の;〖免疫〗同一源の. [L<Gk (*homo-*, *logos* ratio, proportion)]

homólogous chrómosomes *pl*〖生〗相同染色体《減数分裂において対合する染色体》.

ho·mol·o·graph·ic /houmàləgrǽfɪk, ha-/ *a*〖地図〗各部分の縮小率を同一比率とした, 等積の.

homolográphic projéction〖地図〗楕円等積投影図法, ホモログラフ図法.

hom·o·logue, -log /háməlɔ̀(ː)g, hóu-, -làg/ *n* 相同物;〖生〗相同器官《など》;〖化〗同族体.

homologumena ⇨ HOMOLOGOUMENA.

H

ho·mol·o·gy /houmáləʤi, hə-/ *n* 相同関係; 〖生〗《異種の部分・器官の》相同 (cf. ANALOGY); 〖化〗同族(関係); 〖数〗位相合同, ホモロジー. ［Gk＝agreement］

ho·mól·o·sine projèction /houmáləsən-, -sàɪn-, hə-, hɑ-/ 〖地図〗ホモロサイン図法《緯度 40 度以下をサンソン図法 (sinusoidal projection), それより高緯度をホモログラフ図法 (homolographic projection) で表わす正積図法》.

hómo lú·dens /-lú:dəns, -dɛ̀nz/ 遊戯人, ホモ・ルーデンス. ［NL＝playful man］

ho·mol·y·sis /houmáləsəs, hə-, hɑ-/ *n* 〖化〗ホモリシス (＝**ho-molýtic físsion**)《共有結合が切断して, 2 つの電気的に中性の原子[遊離基]となること》. ♦ **ho·mo·lyt·ic** /hòuməlítɪk, hàm-/ *a* ［*-lysis*］

hòmo·mórphic *a* HOMOMORPHISM の; HOMOMORPHY の. ♦ **-phi·cal·ly** *adv*

hòmo·mórphism *n* 形の類似; 〖生〗異体同形; 〖植〗同形完全花を有すること, 同形花性; 〖動〗同形性; 〖数〗準同型(写像). ♦ **-phous** *a* 同形の.

hómo·mòrphy *n* 〖生〗異体同形, 異質同型, 類似形《異類の生物間の外形的類似》.

ho·mon·o·mous /houmánəməs, hɑ-/ *a* 〖生〗同規的な, 相同的な.

hòmo·núclear *a* 〖化〗同一の核からなる分子の, 同核の《たとえば水素》.

hom·onym /hámənɪ̀m, hóu-/ *n* 同音異義語《pail (桶) と pale (杭) と pale (青白い) など》, 同綴同音異義語《pole (さお) と pole (極) など》, 同綴異義語《lead /lí:d/ (導く) と lead /lɛ́d/ (鉛) など》; 異物[異人]同名; 〖生〗同一名, 異物同名, ホモニム《異なる分類上の群に付された同一の名称; cf. SYNONYM》. ♦ **hòm·o·ným·ic** *a* ［L＜Gk (*onym*)］

ho·mon·y·mous /houmánəməs, hə-, hɑ-/ *a* **1** あいまいな, 紛らわしい (ambiguous); 同義の; 同音異義語の (homonymic); (異物)同名の. **2**〖光・眼〗同側の. ♦ **-mous·ly** *adv* **ho·món·y·my** *n* 同義(性); 異物同名.

ho·mo·ou·si·an, ho·mo·u·si·an /hòumouú:siən, -áu-, hàm-, -ziən/ *n* [ᵒH-]〖神学〗同本質[同一実体, 同体, ホモウシオス]論者《キリストと神とは本質的に同一とする; cf. HETEROOUSIAN, HOMOIOUSIAN》. ► *a* 同本質論(者)の. ♦ **～·ìsm** *n*

hó·mo·phìle /hóumə-/ *n, a* HOMOSEXUAL; 同性愛を擁護する(人).

hómo·phòbe *n* ホモに嫌悪感をもつ人, 同性愛嫌悪者, ホモ嫌い.

hòmo·phóbia *n* ホモ[同性愛(者)]嫌悪[恐怖症, 差別], ホモフォビア. ♦ **-phóbic** *a*

hómo·phòne *n* 同音字 (c /s/ と s, または c /k/ と k); (異綴)同音異義語《queen (女王) と quean (娼婦) など》. ♦ **ho·moph·o·nous** /houmáfənəs, hə-, hɑ-/ *a*

hòmo·phónic *a* 同音の; (異綴)同音異義語の; 〖楽〗単声[単旋律]の. ♦ **-i·cal·ly** *adv*

ho·moph·o·ny /houmáfəni, hə-, hɑ-/ *n* 同音; 〖楽〗同音性, ホモフォニー; 斉唱; 単音[単旋律]的歌曲 (cf. POLYPHONY); 〖言〗《語源の異なる語の》同音化.

ho·mo·phy·ly /hóuməfàɪli, houmáfəli; həmɔ́fə-/ *n* 〖生〗歴史的相同《共通祖先をもつ生物間の類似》.

hòmo·plástic *a* 〖生〗〈器官などが〉成因的相同の, 同形造成性[同種形成性]の; 〖生・医〗同種の他の個体の[に由来する], 同種(間)の〈移植〉. ♦ **-ti·cal·ly** *adv*

ho·mo·pla·sy /hóuməplèɪsi, hám-, -plæsi; həmɔ́pləsi/ *n* 〖生〗成因的相同, ホモプラシー.

hòmo·pólar *a* 〖化・電〗同極の: ～ bond 等極結合 / a ～ compound 同極化合物.

homopólar génerator 〖電〗単極発電機《電機子端子がすべて同一極性をもつ直流発電機》.

hòmo·pólymer *n* 〖化〗ホモポリマー《1 種類の単量体から構成される重合体》. ♦ **-polymeric** *a*

hòmo·pòly·núcleotide *n* 〖生化〗ホモポリヌクレオチド《同種のヌクレオチドの重合体》.

hòmo·pòly·péptide *n* 〖生化〗ホモポリペプチド《同種のペプチドの重合体》.

ho·mop·ter·an /həmáptərən; hə-/ *n, a* 〖昆〗同翅類(の). ♦ **ho·móp·ter·ous** *a* 同翅類 (Homoptera) の.

hom·orgánic /hòum-, hàm-/ *a* 〖音〗同器官的な.

Hómo sá·pi·ens /-séɪpiɛ̀nz, -ənz; -sǽp-/ 〖動〗ホモ・サピエンス《ヒトの分類学上の学名》; 人類. ［NL＝wise man］

ho·mo·sce·das·tic·i·ty /hòumous(k)ɪdæstísəti, hàm-/ *n* 〖統〗等分散性《分散が等しい 2 個以上の分布について, または, 一方の変量の値を固定した場合の他方の変量の分散が固定した値によらず同一であることをいう》. ♦ **hò·mo·sce·dás·tic** *a*

hómo·sèx *n* HOMOSEXUALITY.

hòmo·séxual *a* 同性愛(行為)の; 同性の. ► *n* 《特に男性の》同性愛者 (cf. BISEXUAL, HETEROSEXUAL, LESBIAN). ♦ **～·ist** *n* **～·ly** *adv*

hòmo·sexuálity *n* 同性愛, 同性性欲.

hòmo·sócial *a* 同性どうしの社会的関係の, 男どうしのつきあいの. ♦ **-sociálity** *n*

hómo·sphère *n* 〖気〗等質圏《異質圏 (heterosphere) の下にある大気領域》. ♦ **-sphéric** *a*

ho·mo·spo·ry /hóuməspɔ̀:ri, hám-, houmáspəri/ *n* 〖植〗同形胞子形成. ♦ **hòmo·spórous** /, houmáspərəs/ *a*

hómo·sty·ly /-stàɪli/ *n* HOMOGONY.

ho·mo sum: hu·ma·ni nil a me ali·e·num pu·to /hɔ́:mou sùm humà:ni ní:l ɑ: mèɪ à:liénum pú:tou/ わたしは人間である; わたしは人間に関することは何一つ自分に無関係だとは思わない《Terence のことば》. ［L］

hòmo·táxis *n* 〖地質〗類似配列, ホモタクシス《地質中で化石や配列順序の類似していること; 同時期とはかぎらない》. ♦ **-táx·ic, -táx·i·al** *a*

hòmo·thál·lic /-θǽlɪk/ *a* 〖生〗《菌類・藻類の生殖で》同株[同体]性の, ホモタリズムの. ♦ **-thál·lìsm** *n*

hòmo·thérmal *a* HOMEOTHERMIC.

hòmo·tránsplant *n* 〖外科〗HOMOGRAFT. ♦ **-transplantátion** *n*

hómo·tỳpe *n* 〖生〗同型; 《生物分類の》定[同]模式標本. ♦ **hò-mo·týp·ic** /-típ-/ *a*

homousian ⇨ HOMOOUSIAN.

hòmo·zygósis *n* 〖生〗同型[ホモ]接合; 同型[ホモ]接合性 (homozygosity). ♦ **-zygótic** *a*

hòmo·zygósity /-zaɪgásəti/ *n* 〖生〗同型[ホモ]接合性.

hòmo·zýgote *n* 〖生〗同型[ホモ]接合体《相同染色体の相対する遺伝子座に同じ対立遺伝子をもつ個体》. ♦ **hòmo·zýgous** *a* 同型[ホモ]接合の. **-zýgous·ly** *adv*

Homs /hɔ́(:)mz, hʊ́ms/ ホムス《**1**) ḤIMṢ の別称 **2**) Al-KHUMS の別称》.

ho·mun·cu·lus /houmʌ́ŋkjələs, hɑ-/ *n* (*pl* **-li** /-làɪ, -lì:/) こびと, 一寸法師; 解剖実験用人体模型; 精子微人《かつて精子中に存在すると考えられた超小人》. ♦ **ho·mún·cu·lar** *a* ［L＝small man (dim)＜*homo* man］

homy ⇨ HOMEY.

hon /hʌ́n/ *n* [ᵘ*voc*]《口》かわいい人, 恋人 (honey).

hon. honor ♦ honorable ♦ honorary.

Hon. Honorable ♦ Honorary.

Ho·nan /hóunǽn, -ná:n/ **1** 河南 (⇨ HENAN). **2** [h-] 絹紬(けんちゅう) (＝**h～ sílk**)《ポンジー (pongee) に似た光沢のある絹織物; 元来 河南省で作られたもの》.

hon·cho /hántʃou/《口》*n* (*pl* **～s**) [ᵒhead ～] 責任者, 親分, トップ, ボス, リーダー, 主任; 敏腕家, やり手. ► *vt* …の長をする, 牛耳る, 指導[監督]する, 組織する. ［Jpn 班長］

hón·da /hándə/, **hon·do** /-dou/ *n* (*pl* **～s**) 投げ縄の一端につくった環[索目] (eye)《ロープの他端をこれに通す》. ［Sp *honda* sling］

hon·dle /hándl/ *vi*《口》取引の交渉[駆引き]をする, 値切る. ［? *hack*¹ / *hackle*＋*handle*］

Hon·du·ras /hɑnd(j)ʊ́rəs; -djʊ́ə-/ ホンジュラス《中米の国; 公式名 Republic of ～ (ホンジュラス共和国); ☆Tegucigalpa》. ■ **the Gúlf of ～** ホンジュラス湾《ベリーズ南部・グアテマラ東部・ホンジュラス北部に囲まれたカリブ海の支湾》. ♦ **Hon·dú·ran, Hòn·du·rá·ne·an, -ni·an** /-réɪniən/ *a, n*

hone¹ /hóun/ *n* 砥石(といし), ホーン《微粉状の砂岩》; 〖機〗《研ぎ上げ用の》ホーン. ► *vt* 砥石で研ぐ; ホーンで研ぎ上げる, ホーニングする; 〈才能・技術〉に磨きをかける, 磨き上げる: ～…to perfection …を完璧なものにする, 鍛え上げる. ♦ **hón·er** *n* ［OE *hān* stone］

hone² 《方》*vi* 不平を言う, 嘆く; あこがれる 〈*for, after*〉. ［OF *hogner* to grumble＜? Gmc］

hone³ *vi* [次の成句で]: **～ in** (**on**) 〈ボールやミサイルが〉(…に向かって)飛ぶ[進む], 〈人が〉(…に)向かう; (…に)注目する, 的を絞る (home in on). ［変形＜*home* in］

Ho·neck·er /hóunəkər/ ホーネッカー **Erich** ～ (1912–94)《東ドイツの政治家; 社会主義統一党[共産党]書記長 (1971–89; 76 年以前は第一書記), 国家評議会議長(元首; 1976–89)》.

Ho·neg·ger /(h)ánɪgər; *F* ɔnegɛ:r/ オネゲル **Arthur** ～ (1892–1955)《フランス生まれのスイスの作曲家》.

hon·est /ánəst/ *a* **1 a** 正直な, 律義(りちぎ)な, まっすぐな (upright); 誠実な: (as) ～ as the day is long とても正直な / to be ～ (with you) ＝in my ～ opinion 正直に言うと / It was ～ of you to tell me your troubles. よく正直に心配事を話してくれたね / be ～ with…に正直に[率直に]打ち明ける; …と正しく交わる / be ～ about…について誠実な態度をとる; …を率直に打ち明ける[さらけ出す]. **b** 正直に働いて得た, 正当な, ちゃんとした〈利得など〉: make an ～ living まともに働いて生計を立てる / earn [turn] an ～ PENNY. **2 a** 〈言行など〉偽りのない; まぜ物のない; 正味の〈量目など〉; つつましい, 質素な〈食べ物など〉/ the ～ truth 掛け値なしの真実, 全くの事実. **b** 無邪気な, 単純な〈間違いなど〉. **3** 頼もしい; 賞賛に値する; 《古》貞淑な; 《古》評判のよい; ᵘ感心な《目下の者などをほめて》. ● **～ to God** [**goodness, Pete**] ほんとに, 全く, 絶対に, 誓って. **keep** sb **～** *《俗》ただすんなり通さないために〈学生〉に課題を出す[テストをする]; 《野球俗》〈バッター〉にデッドボールぎりぎりの球を投げる, 打者めがけて投げる. **make an ～ woman (out) of** [°*joc*] 〈長いことつきあってきた[妊娠させた]女性〉と結婚する. ► *n* 《口》 信用できる人. ► *adv* 《口》 ほんとに, ほんとさ, うそじゃないよ; 《古》 正直に: I didn't do it, ～! ［OF＜L *honestus*; ⇨ HONOR］

Hónest Ábe 正直エイブ《Abraham LINCOLN の愛称》.

hónest bróker 《国際紛争·企業間紛争の》中立的仲裁人. ［元来ドイツ統一を進めた Bismarck について用いられた］

hónest Ínjun [Índian] *adv* 《口》 きっと, ほんとに, ほんとだよ, うそじゃないよ, うそつかない: *Honest Injun?* ほんとに?

hónest Jóe [an ～] 《口》 ありきたりのまじめ人間.

Hónest Jóhn 1 *《口》 まっ正直な男; *《口》 正直でだまされやすい男. **2** オネストジョン《米国陸軍の核搭載可能な小型ミサイル》.

hónest·ly *adv* 正直に, 公正に; 正直に言って, うそ偽りなく, 本当に; [いらだち·困惑·不信·嫌悪を含めて] 正直なところ, 全く, まさか, いやはや: *H～*, I can't bear it. 全く, やりきれないよ. ● **come by ～** 《口》〈性格など〉親譲りである.

hónest-to-Gód 《口》 *a* 正真正銘の, 本物の. ► *adv* 正真正銘, 本当に.

hónest-to-góodness *a* 《口》 正真正銘の, 本物の, ありのままの, 率直な.

hon·es·ty /ánəsti/ *n* **1** 正直, 誠実, 潔白; 誠意, 実意; 《廃》 貞節 (chastity): ～ of purpose まじめさ, 誠実 / in all ～ 正直言って, 実のところ / *H～* is the best policy. 《諺》 正直は最上の策. **2** 〔植〕 ギンセンソウ, ルナリア (＝*satinflower, satinpod, moonwort*) 《莢(さや)が透明なことから》.

hóne·wòrt /hóun-/ *n* 〔植〕 **a** ヨーロッパ産のセリ科植物. **b** 北米産のミツバ《セリ科》.

hon·ey /háni/ *n* **1** 蜂蜜; 花蜜, 糖蜜: Make yourself all ～ and the flies will devour you. 《諺》 いい顔ばかりしていると甘く見られる. **2** 《蜜のように》甘いもの; すてきなもの[人], すばらしいもの[人]; かわいい人[女の子]; 《妻·恋人·夫·子供などに呼びかけて》きみ, あなた, ねえ, ぼうや《など》(darling); 《俗》 むずかしい人物, 難問: a ～ of a car すばらしい[最高の]車 / (my) ～! 《妻·恋人などへの呼びかけ》/ my ～*s* おまえたち《母親の子供たちへの呼びかけ》. **3** *《俗》 ビール (beer); ‖《韻俗》 金 (money). ► *a* 蜂蜜の; 蜜の; 蜜を生ずる[食する]; 《蜜のように》甘美な; ‖《俗》 すてきな, すばらしい. ► *vt, vi* 蜂蜜で[のように]甘くする; 甘いことばをかける; お世辞を言う 〈*up*〉; 《幼児》 …を欲しがる[選ぶ]. ♦ **～·less** *a* **～·like** *a* ［OE *hunig*; cf. G *Honig*; IE で 'yellow, golden' の意］

hóney àgaric 〔植〕 ナラタケ (HONEY FUNGUS).

hóney ànt 〔昆〕 HONEYPOT ANT.

hóney bàdger 〔動〕 RATEL.

hóney bàrge *《海軍俗》 ごみ運搬の平底船.

hóney bèar 〔動〕 **a** KINKAJOU. **b** ミツグマ (sloth bear). **c** マレーグマ (sun bear).

hóney·bèe *n* 〔昆〕 ミツバチ, 《特に》 セイヨウミツバチ.

hóney bùcket *《俗》 肥桶(こえおけ), バキュームカー, 糞尿運搬車, 肥だめ.

hóney·bùnch, -bùn *n* *《口》 [通例 親愛の呼びかけ] かわいい人 (honey, darling, sweetheart).

hóney bùzzard 〔鳥〕 ハチクマ《地バチの巣を襲ったり, 飛んでいるハチを捕えたりするタカ; 欧州·アジア産》.

hóney·càkes *n* [*voc*] 《口》 かわいい人, やあ (babycakes).

hóney càrt 《俗》 HONEY WAGON.

hóney·còmb *n* ミツバチの巣, ハチの巣; ハチの巣状のもの; 〔動〕 《反芻胃の》 蜂巣胃, 網胃 (reticulum) (＝～ **stòmach**); 《特に 銃の鋳そこないの》 窩腔(かこう); 〔織〕 蜂巣(はちす)織り, 枡(ます)織り, ハニカム《布面に蜂の巣状の凹凸を織り出したもの, また その織布; 織りは waffle weave, 織布は waffle cloth とも呼ばれる》. ► *vt* ハチの巣状[穴だらけ]にする; 〈悪弊·スパイなどが〉…に食い[はいり]込む; 浸食する, あやうくする. ► *vi* ハチの巣状になる. ♦ **～ed** *a* ハチの巣状の; 穴(ぼこ)だらけの. ［OE］

hóneycomb mòth 〔昆〕 ハチミツガ (bee moth).

hóneycomb trípe 〔動〕 蜂巣胃《反芻動物の胃壁の一部》.

hóney-còol·er *《俗》 *n* 妻[恋人, 女]をうまくおだててなだめる男; 女をなだめすかすお世辞[愛情表現].

hóney·crèep·er *n* 〔鳥〕 **a** ミツドリ《ホオジロ科; 熱帯·亜熱帯アメリカ産》. **b** ハワイミツスイ (HAWAIIAN HONEYCREEPER).

hóney·dèw *n* 糖液《葉·茎から出る甘い汁》; 蜜のように甘いもの, 甘露; 《アブラムシ類が分泌する》蜜; 《糖蜜で甘くした》甘露タバコ; AMBROSIA; HONEYDEW MELON.

hóneydew mélon ハネジュー[ハニデュー](メロン) 《muskmelon の一種》.

hóney·èat·er *n* 〔鳥〕 ミツスイ (＝*honeysucker*) 《ミツスイ科の各種の鳥; 南太平洋産》.

hón·eyed *a* 蜜のある[多い]; 蜜で甘くした; 〈ことばなどが〉甘い, ご機嫌取りの; 蜂蜜色の.

hóney·fùck 《卑》 *n* セクシーな女, 《性愛の対象としての》少女, 'ロリータ'. ► *vi* 甘くロマンチックに性交する; 少女とやる.

hóney·fùg·gle /-fʌ̀g(ə)l/ *vi* 《卑》 HONEYFUCK.

hóney fùngus 〔菌〕 ナラタケ (＝*bootlace fungus, honey agaric, honey mushroom*) 《木の根元に群生する食用キノコ; 立木を枯らし大害を与えることがある》.

hóney·guìde *n* 〔鳥〕 ミツオシエ《アフリカ·インド産; 動作や鳴き声で蜂蜜のありかを知らせる》; 〔植〕 ハチをひきつけると考えられている花冠上の斑.

hóney lòcust 〔植〕 アメリカサイカチ《マメ科; 北米産》.

hóney màn *《俗》 《女の》ヒモ, 取持ち男 (pimp); 《愛情表現として》いい人, 優しい人.

hóney mesquìte 〔植〕 MESQUITE.

hóney·mòon *n* 新婚期間; 新婚旅行, ハネムーン; 蜜月 (＝～ **pèriod**) 《新しい関係·活動などを始めて間もなくの順調な時期》. ► *vi* 新婚生活を送る, 新婚旅行をする. ♦ **～·er** *n* ［*honey*＋*moon*; 結婚後 1 か月の甘い生活と空の月のかけることから愛情の衰えやすさを暗示］

hóneymoon brídge 〔トランプ〕 ハネムーンブリッジ《2 人で行なう各種のブリッジ》.

hóney mòuse 〔動〕 フクロミツスイ (＝*honey phalanger, honey possum, honeysucker*) 《豪州産; クスクス科; 鼻と舌が長く花蜜·蜂蜜を食する》.

hóney·mòuthed /-ðd/ *a* 口のうまい, 口先だけの.

hóney mùshroom 〔菌〕 HONEY FUNGUS.

hóney pàrrot 〔鳥〕 インコ (lorikeet).

hóney phàlanger 〔動〕 HONEY MOUSE.

hóney plànt 養蜂植物 (BEE PLANT).

hóney pòssum 〔動〕 HONEY MOUSE.

hóney·pòt *n* **1** 蜜の壺; HONEYPOT ANT; 魅力あるもの[(若い)女性], 人気のある場所, 人をひきつける所; いい資金源[金づる]; 〔電算〕 ハニーポット《ハッカーが侵入したくなるように見せかけ, あえて攻撃させてその手法を解析するためのシステム》; 《俗》 蜜壺, あそこ (vagina): like bees [flies] around a ～ 蜜に群がる虫のように《魅力あるものの周辺に集まる様子》. **2** [*pl*] 両手を尻の下に組んですわった子 (honeypot) の腕を別の子供がつかんで持ち上げて組み手をほどくまで前後に振る子供の遊び.

hóneypot ànt 〔昆〕 ミツツボアリ《ミツツボアリ属などのアリの総称; 働きアリの肥大した腹部に蜜を蓄えていて, 餌が不足したときに仲間に吐き戻して与える》.

hóney sàc [stòmach] 《ミツバチの体内にある》蜜胃.

hóney·sùck·er *n* 〔鳥〕 HONEYEATER; 〔動〕 HONEY MOUSE.

hóney·sùckle *n* 〔植〕 **a** スイカズラ, ニンドウ(忍冬)《総称》. **b** ヤマモガシ科バンクシア属の木《豪州原産》. ♦ **～d** *a* スイカズラの生い茂った[香りがする].

hóneysuckle fàmily 〔植〕 スイカズラ科 (Caprifoliaceae).

hóneysuckle òrnament 〔装飾〕 ANTHEMION.

hóney-swéet *a* 蜜のように甘い.

Hóney Tàngerine 〔園〕 ハニータンジェリン (MURCOTT).

hóney-tóngued *a* 口のうまい, 甘いことを言う.

hóney·tràp 魅力的なもの[場所]; おとり; 《俗》 色じかけ工作. ► *vt, vi* 《俗》 (…に)色じかけをする.

hóney tùbe 蜜管《蜜を出すとされたミツバチの腹部の管》.

hóney wàgon *《陸軍俗》 ごみ収集トラック, 《営倉内の》ごみ集めの手押し車; 糞尿運搬[回収]車, トイレトラック; 《農場などの》糞尿撒布車; 《CB 無線俗》 ビール運搬トラック.

Hon·fleur /*F* ɔ̃flœːr/ オンフルール《フランス北部 Seine 川の河口にある港町》.

hong /háŋ, *hɔ́ːŋ/ *n* 《中国の》商館, …洋行. ［Chin］

Hong /hɔ́ːŋ/ [the] ホン川, 紅河 (＝**Sóng** ～ /sɔ́ːŋ-/) 《RED RIVER のヴェトナム語名》.

hongi /háŋi/ *n* 《NZ》 《マオリ族の》鼻を押しつけ合う挨拶. ［Maori］

Hong Kong, Hong·kong /háŋkáŋ/ 香港, ホンコン (**1**) 中国南東部, 珠江の河口に位置する特別行政区; もと英国直轄植民地 (1898–1997); 香港島 (Hong Kong Island), 対岸の九竜半島と新界 (New Territories), 大嶼山 (Lantau) および周辺の島々からなる **2**) 香港島; 植民地時代の首都 Victoria の所在地》. ● **go to ～** 《口》 いなくなる. ♦ **Hóng Kóng·er** 香港人.

Hóng Kóng dóg [the] 《俗》 下痢《極東の旅行者の用語》.

Hóng Kóng flú 香港かぜ (Mao flu).

Hong·qi /hɔ́(ː)ŋkíː/ **1** 『紅旗』 (＝*Red Flag*) 《中国共産党中央委員会理論誌 (1958–88); 代わって『求是』(Qiushi) を発刊》. **2** 紅旗《中国製の乗用車; 要人用》.

hon·groise /*F* ɔ̃grwaːz/ *a* 〔料理〕 ハンガリー風の, パプリカ入りの.

Hong·shui, Hung-shui /húŋʃwíː/ [the] 紅水河(こうすいが)(ホンシュイホー) 《西江 (Xi) 上流の別称》.

Hong·wu, Hung-wu /húŋwúː/ 洪武帝 (1328–98) 《明の初代皇帝 (1368–98); 本名 朱元璋 (Zhu Yuanzhang)》.

Hong Xiu·quan, Hung Hsiu-ch'uan /húŋ ʃiúːtʃuáːn/ 洪秀全(こうしゅうぜん)(ホンシウチュエン) (1814–64) 《太平天国の乱 (Taiping Rebellion) の指導者》.

Hong·ze /húŋdzáː/, **Hung-tse** /-tsáː, -tsíː/ 洪沢(こうたく)(ホンツォ)湖

(＝**Hóngzé Hu** /-hú:/)《中国江蘇省西部, 南京北方の大淡水湖》.

Ho·ni·a·ra /hòuniá:rə/ ホニアラ《ソロモン諸島の Guadalcanal 島にある町; 同国の首都》.

hon·ied /hʌ́nid, -ɪd/ *a* HONEYED.

ho·ni soit qui mal y pense /*F* ɔni swa ki mal i pɑ̃s/ 思い邪なる者に災いあれ《Order of the Garter の標語》.

Hón·i·ton (láce) /hánɪtən(-), hʌ́n-/ ホニトンレース《花の小枝模様を編み込んだレース》. [*Honiton* イングランド Devon 州の町で生産地]

honk[1] /háŋk, *hɔ́:ŋk/ *n* ガン (goose) の鳴き声(のような声[音]); 車の警笛, 鼻をかむ音, [〈*int*〉] ブーッ, ビーッ, チーン; 《俗》大騒ぎの飲み会, らんちきパーティー. ► *vi, vt* 〈ガンが〉鳴く(ような音を出す[出させる]); (車の警笛を)鳴らす 〈*at*〉, 警笛を鳴らして伝える; 《俗》(ゲーッと)吐く 〈*up*〉; *《俗》鼻をチーンとかむ; 《俗》ブーとおならをする; 《豪俗·英俗》匂う, 悪臭を放つ (stink); 《ホモ俗》〈相手〉の性器をいじってモーションをかける. ♦ **~·er** *n* ⁺《自動車レース》格別に速い車; ガン (goose); 《豪俗·米俗》鼻; *《俗》雁首, ペニス; *《俗》変なやつ, 変人; *《俗》でかいもの. [imit]

honk[2] *n* *《黒人俗》白人の男. [*honkie*]

honked /háŋkt, *hɔ́:ŋkt/ *a* 《俗》酔っぱらって.

hónk·ers *a* 《俗》酔っぱらって.

hon·kie, -ky, -key /hɔ́(:)ŋki, háŋ-/ *《黒人俗》[°*derog*] *n* 白人, 白んぼ, 白いの. ► *a* 白人の. [C20<?]

honky-tonk /hɔ́(:)ŋkitɔ̀(:)ŋk, háŋkitàŋk/ *n* **1** 《俗》**a** *騒がしい安酒場[キャバレー, ナイトクラブ]; *けちな町のしけた小屋 (theater); *淫売屋. **b** 安っぽい歓楽街. **2** ホンキートンク《(1) 安キャバレーで弾くようなラグタイム音楽; わざと安っぽい音の出るピアノで演奏する 2) ギター·ヴァイオリン·ヴォーカルなどを伴うカントリーミュージック》. ► *a* 安酒場[キャバレーなど]風の; うらぶれた; いかがわしい; ホンキートンク調の〈音楽〉. ► *vi* 場末の酒場に行く[通う]. ♦ **~·er** *n* [C19<?; imit か]

hon·nête homme /ɔ́(:)nɛtɔ́(:)m/ [the] (上品で)誠実な人, 正直者; 紳士. [F＝honest man]

Hon·o·lu·lu /hàn(ə)lú:lu/ ホノルル《Hawaii 州の州都; Oahu 島にある》. ♦ **Hò·no·lú·lan** *n*

hon·or | hon·our /ánər/ *n* **1 a** 名誉, ほまれ, 栄誉; 光栄, 恩典; 面目, 体面; 貞節, 淑徳, 純潔; 徳義, 道義心: a point of ～《履行しないと》名誉[面目]にかかわること / pledge one's ～ 名誉にかけて誓う / lose one's ～ 面目[貞操]を失う / in ～ 徳義上 / a man of ～ 名誉を重んじる人 / It would be an ～. 《依頼に答えて》喜んでお受けいたします / To what do we owe the [this] ～! [*joc*] これはまたどういう風の吹きまわしで! / There is ～ among thieves. 《諺》盗人にも仁義あり《仲間のものは盗まない》. **b** 尊敬, 敬意; [*pl*] 儀礼, 儀式; 《古》お辞儀 (obeisance): pay [give] ～ to…に敬意を表する / hold sb in ～ 人を尊敬する / the funeral [last] ～*s* 葬儀 / (full) military ～*s* 軍葬の礼; 貴人に対する軍隊の礼. **2** 名誉となるもの[人]; 名誉章, 勲章; 名誉の表彰, [*pl*] 叙位, 叙勲; 《古·詩》装飾(品), 飾り; [*pl*]《大学》優等(学位)《略 Hons》; [*pl*]《大学》HONORS COURSE; 《競技》優勝; 《ゴルフ》打出し先番, オナー: He is an ～ *to* the country [school]. 国[学校]のほまれである / the top [highest] ～*s* 最高栄誉賞, 最優秀賞 / graduate *with* (first-class) ～*s* (最)優等で卒業する. **3 a** 高位, 高官; [His H-, Your H-] 閣下《英では主に地方判事へ, 米では裁判官へ, アイルランドでは一般に高位の人への敬称》. **b** [*pl*]《トランプ》最高の役札《たとえばブリッジの切り札の ace, king, queen, knave, ten の 5 枚, あるいはノートラの場合の 4 枚の aces》, 役札の得点. **c** 《紋》HONOR POINT. ● **be on one's ～ to** do＝**be bound in ～ to** do＝**be (in) ～ bound to** do 面目にかけて…しなければならない. DEBT OF HONOR. **do ～ to** sb＝**do** sb **～** 人の名誉となる, 人に面目を施させる; 人に敬意を表する: Will you *do me the* ～ of dining with me? お食事をごいっしょしていただけませんか. **do the ～s** ホスト[司会]をつとめる《肉を切り分けたり, 乾杯の音頭をとったりする》: *do the* ～*s of* the table [the house] 食卓[一家]のホスト[もてなし]役をする. **for ～ (of…)** 《商》(…の)信用上. **for the ～ of**…の信用上; …の名誉のため. **give** sb **one's (word of) ～** 面目にかけて人に約束する[誓う]. **have the ～** 〈…する〉光栄を有する 〈*of* doing, *to* do〉: I *have the* ～ *to* inform you that… 謹んで申し上げますが…, 拝啓… / May I *have the* ～ *of*…? …してもよろしいでしょうか. **～ bright** 《口》誓って, 間違いなく(やれ), きっとだぞ: *H～ bright?* だいじょうぶか? **H～s (are) even.** 《トランプ》絵札[最高の札]が平等に行きわたっている; 五分と五分である. HONORS OF WAR. **in ～ of**…に敬意を表して, …を祝して[記念して]. MAID OF HONOR. **on [upon] one's (word of) ～** 名誉にかけて, 誓って. **put** sb **on** his ～ 名誉にかけて誓約させる. **to** sb**'s ～** その人の名誉になって: It was greatly *to his* ～ that he refused the reward. 報酬を拒絶したことで彼は大いに男を上げた.

► *vt* **1** 尊敬する, あがめる 〈sb *as* a hero〉; …に名誉[栄誉, 賞, 称号]を与える, …を表彰する 〈sb *for* his achievements〉; …の栄爵[官位など]を与える; 礼遇する; …に光栄を与える 〈sb *with* a visit〉; 《スクエアダンス》〈相手〉にお辞儀して挨拶を交わす: I am ～*ed* to meet you. お目にかかれて光栄です / our ～*ed* guests 来賓の方がた. **2** (…の任期を)全うする; 〈招待など〉慎んで受ける; 〈約束·条約·契約などを〉履行[遵守]する, …の条件を充足する; 〈手形·クレジットカードなどを〉引き受ける, 〈期日に手形を〉支払う: Major credit cards ～*ed*. 主要なクレジットカード使えます.
[OF<L *honos, honor* repute, beauty]

Ho·no·ra /hounɔ́:rə/ ホノーラ《女子名; 愛称 Nora, Norah》. [L＝honor, honorable]

hon·or·able /án(ə)rəb(ə)l/ *a* **1** 尊敬すべき, 志操の正しい, 恥を知る, りっぱな, あっぱれな; 光栄ある, 名誉な; 高貴な, 顕要の; 名誉を表彰する: an ～ duty 栄職 / His intentions are ～. 《口》本当に結婚する気がある / Brutus is an ～ man. ブルータスは高潔な人だ《Shak., *Caesar* 3.2.87 etc》. **2** 名誉を傷つけない, 体面を考えた: an ～ withdrawal 名誉ある[恥ずかしくない]撤退 / an ～ compromise 体面を保った妥協. ● **the H～** 閣下《英では伯爵以下の貴族の子·女官·高等法院判事·下院議長·植民地の(立法評議会)議員などの, 米では両院および州議員などの敬称; 略 Hon.》: the ～ Ms Justice Smith. ★ the ～ gentleman [member] または my ～ friend 英国下院議員が議場で他の議員に言及するときの呼称. **the Most H～** 侯爵·枢密院および Bath 勲爵士団への敬称《略 Most Hon.》. **the Right H～** 伯爵以下の貴族·枢密顧問官·控訴裁判所判事·ロンドン市長などへの敬称《略 Rt Hon.》. ► *n* **1** Honorable の敬称のつく身分の人; 《一般に》高貴な人. **2** *HONORABLE DISCHARGE.
♦ **～·ness** *n* **hòn·or·abíl·i·ty** *n*

hónorable díscharge 《米軍》《無事故·満期の》名誉除隊(証明書).

hónorable méntion 選外佳作.

hón·or·ably *adv* みごとに, りっぱに.

hon·or·and /ánərænd/ *n* 名誉学位受領者.

hon·o·rar·i·um /ànəréəriəm/ *n* (*pl* **-ia** /-iə/, **～s**)《講演·助言などに対する》謝礼(金), 心付け. [L; ⇨ HONOR]

hon·or·ary /ánərèri; ɔ́n(ə)rəri/ *a* 名誉上の, 肩書だけの, 名誉職の; 無給の; 徳義上の〈負債など〉; 栄誉をたたえる: an ～ degree 名誉学位《名誉博士など》/ an ～ member [office] 名誉会員[職] / an *H*～ Secretary《学会·協会などの》名誉事務局長[幹事]《無報酬; 略 Hon. Sec.》. ► *n* 名誉職[学位](をもつ人); 《古》HONORARIUM.
♦ **hòn·or·ár·i·ly** /; ɔ́n(ə)rərili/ *adv* [L＝of HONOR]

hónor bòx*《街角の》新聞販売機. [客を信用する販売方式であるため]

hónor còde 倫理規定[規範], 礼儀作法, 校則, 《軍隊の》服務規程; honor system: an ～ college [institution] HONOR SYSTEM を採用している大学[施設].

hónor crìme 名誉犯罪《家や一族の名誉を汚した者を罰するという信念に基づいて犯される犯罪; たとえば異教徒と関係をもって家名を傷つけた娘に男性親族が加害する場合など; 殺害した場合は honor killing と呼ばれる》.

Ho·no·ré /ànəréɪ/ オノレ《男子名》. [F; ⇨ HONOR]

hon·or·ee /ànərí:/ *n* 栄誉をうける人, 受賞者.

hón·or·er *n* 栄誉を与える人, 礼遇する人.

hónor guàrd 儀仗(ぎじょう)兵 (guard of honor).

Ho·no·ria /hounɔ́:riə/ ホノリア《女子名》. [L; ⇨ HONORA]

hon·or·if·ic /ànərífɪk/ *a* 栄誉ある, 敬称の, 尊称的な: an ～ title. ► *n* 敬称, 尊称; 敬語. ♦ **-i·cal·ly** *adv*

ho·no·ris cau·sa /anɔ́:rɪs kɔ́:zə; (h)ɔnɔ́:rɪs káuzə/ *adv, a* 名誉[栄誉]をたたえて[たたえる]. [L＝for the sake of honor]

Ho·no·ri·us /hənɔ́:riəs/ **1** ホノリウス ～ **III** (d. 1227)《ローマ教皇 (1216–27); 本名 Cencio Savelli》. **2** ホノリウス **Flavius** ～ (384–423)《西ローマ帝国皇帝 (395–423); 治下では西ゴート族の侵入 (410), 植民地喪失などがあって帝国は衰弱の道をたどった》.

hónor kìlling 名誉殺人 (⇨ HONOR CRIME).

hónor pòint 《紋》《盾の》上端中央と中心部との中間点 (＝*collar point, color point*).

hónor ròll*芳名簿, 栄誉[受賞]者一覧, 優等生名簿, 在郷軍人名簿: an ～ of donors 寄付者[ドナー]芳名簿[一覧].

hónors còurse 《主に英国の大学の》優等科, 専攻科.

hónors degrèe 《米大学》優等学位 (cf. HONOURS DEGREE).

hónor socìety*学業成績認定委員会; 《大学·高校の》学生団体《学業成績と課外活動の優秀な者を会員とする》.

hónors of wár *pl* 《軍》降服した軍隊に与えられる特典《引き続き軍旗を掲げて退去するのを許すなど》.

hónor sỳstem*《当事者を信頼する》無監督試験制度, 無監視システム, 《刑務所の》自主管理制度; 《大学の》優等科[専攻科]制度.

hónor trìck QUICK TRICK.

honour ⇨ HONOR.

Hónour Moderàtions *pl* MODERATION 4.

hónour schòol 《オックスフォード大学》優等コース.

hónours degrèe 《英大学》優等学位《成績が上位の学部卒業生が授与される学位; 上から first-class, second-class, third-class の 3 種があり, second-class はさらに upper second-class と lower second-class に分かれる; cf. PASS DEGREE, HONORS DEGREE》: JOINT [SINGLE] HONOURS DEGREE.

hónours lìst [the] 《英》《毎年 1 月 1 日と女王誕生日に発表される》叙爵[叙勲]者一覧.

hons. honours.

Hon. Sec. HONORARY Secretary.
Hont·horst /hɔ́:nthɔ̀:rst/ ホントホルスト **Gerrit van ～** (1590–1656)《オランダの画家; Caravaggio の影響をうけた; イングランドの Charles 1 世などの宮廷で活躍し, 肖像画が知られる》.
honyo(c)k, honyocker ⇨ HUNYAK.
hoo /hú:/ *pron*ᴵᴵ《方》SHE.
hoo-boy /hú:bɔ́ɪ/ *int**《俗》おやおや, ええっ, 何とまあ, やれやれ.
hooch[1], **hootch**[1] /hú:ʧ/*《口》*n*(強い)酒, ウイスキー; 密造酒, 闇酒. [Alaskan *hooch*inoo 部族の名]
hooch[2], **hootch**[2] *《俗》*n*《わらぶきの》小屋; 家, 住居;《米軍の》兵舎, バラック. [Jpn うち]
hooch[3] *n**《俗》HOOTCHY-KOOTCHY.
Hooch, Hoogh /hóʊx/ ホーホ **Pieter de ～** (1629–after 84)《オランダの風俗画家》.
hooched /hú:ʧt/ *a* [°～ up]*《俗》酔っぱらって.
hooch·er, hootch·er /hú:ʧər/ *n**《俗》酒飲み, のんだくれ (drunkard).
hóoch·fèst, hóotch·fèst *n**《俗》飲み会, 酒盛り, (酒を飲む)パーティー.
hóoch·hòund, hóoch hèad *n**《俗》酔っぱらい, のんだくれ, のんべえ.
hooch·ie, hootch·ie /hú:ʧi/ *n**《俗》だれとでも寝る女, ふしだら女.
hoo·chie-coo·chie, hoo·chy-coo·chy /hú:ʧikú:ʧi/ *n* *《俗》HOOTCHY-KOOTCHY.
hood[1] /húd/ *n* **1 a**《コートなどの》フード, ずきん; 覆面;〔大学〕フード《ガウンの肩にかけるたれ布》;《鷹・馬の》頭装. **b**《コブラの》からかさ状の頸部;《鶏の》とさか,《鳥の》冠;〔動〕HOODED SEAL;《俗》尼さん (nun). **2** ᴵᴵ《自動車・乳母車などの》幌, フード; *《車の》ボンネット (bonnetᴵᴵ);《煙突の》傘;《炉の》ひさし;《台所の》レンジフード (cooker hoodᴵᴵ);《タイプライター・発動機などの》おおい;《砲塔の》天蓋;〔海〕《昇降口の》おおい(ぶた). ► *vt* フードでおおう[を付ける]; おおい隠す; 目隠しする;〈目・まぶたを〉なかば閉じる. ♦ **～·less** *a* **～·like** *a* [OE *hōd*; HAT と同語源; cf. G *Hut*]
hood[2] /, hú:d/ *n**《俗》HOODLUM, 刺客, ガンマン, 強そうな若者.
hood[3] /húd/ *n* [the]*《俗》居住地域 (neighborhood)《特に 都市部の貧困者層の住む地域; INNER CITY》.
Hood 1 ROBIN HOOD. **2** フッド (1) **Samuel ～**, 1st Viscount ～ (1724–1816)《英国の提督; 七年戦争, アメリカ独立戦争, フランス革命戦争で武名を揚げた》. (2) **Thomas ～** (1799–1845)《英国の詩人・ユーモリスト; *The Song of the Shirt* (1843), *The Bridge of Sighs* (1844)》.
-hood /hùd/ *n suf* [名詞に付けて性質・状態・時期・階級・身分・境遇などを表わす; まれに形容詞に付く]「連・団・社会」などの意の集合名詞をつくる: child*hood*, man*hood*, false*hood*, likeli*hood*; priest*hood*, neighbor*hood*. [OE *-hād*; 本来 名詞 OE *hād* person, condition, quality; cf. G *-heit*]
hoo·dang, hou-* /hú:dæŋ/ *n* 楽しい集会[パーティー], 愉快なひと時;《方》田舎のひなびたダンスパーティー.
hóod·ed *a* ずきんを(目深に)かぶった; フード[ずきん, 幌, 傘]付きの;〔植〕帽子状の;〔動〕頭部だけ色が違う, ずきん状の冠毛のある,〈コブラなどが首の両側の皮膚がふくらむ;〈目などが〉なかば閉じた. ♦ **～·ness** *n*
hóoded cráne〔鳥〕ナベヅル.
hóoded crów〔鳥〕**a** ズキンガラス, ハイイロガラス《欧州産》. **b** イエガラス (house crow)《インド産》.
hóoded séal〔動〕ズキンアザラシ《北大西洋・北極海産》.
hood·ia /húdiə/ *n*〔植〕フーディア《(1) 南アフリカやナミビア原産の, サボテンに似たとげをもつガガイモ科フーディア属 (*H-*) の多肉植物 (2) その植物から得られる食欲抑制成分》. [19 世紀英国の園芸家 Hood の名から]
hood·ie /húdi/ *n* **1** フーディー《フード付きスウェットシャツ(を着た人)》. **2**《スコ》ズキンガラス (hooded crow).
hood·lum /hú:dləm, húd-/ *n*《口》不良, チンピラ, 暴力団員, やくざ, ならず者;《暴力をふるう》犯罪者. ♦ **～·ish** *a* **～·ìsm** *n* 不良[やくざ]的行為, 非行. [C19<?; cf. South G (dial) *Haderlump* ragged good-for-nothing]
hóod·man-blínd /-mən-/ *n*《古》BLINDMAN'S BUFF.
hóod·mòld, hóod mòld·ing *n*〔建〕DRIPSTONE.
hoo·doo /hú:du:/ *n* (*pl* **～s**) **1 a** VOODOO;《口》縁起の悪いもの, 厄病神;《口》不運. **b** たわごと. **2**〔地質〕**a** 岩柱《北米西部にみられる変わった形をした自然石柱》. **b** EARTH PILLAR. ► *vt* VOODOO;《口》不運にする. ♦ **～·ìsm** *n* VOODOOISM. [変形〈*voodoo*]
hóod·wìnk *vt*〈人〉の目をくらます, だます, ごまかす;《古》〈馬の眼〉におおいをする;《古》目隠しする;《廃》隠す: ～ sb *into* do*ing* 人をだまして…させる / ～ sb *out of* his money 人から金をだまし取る. ► *n* 目隠し. ♦ **～·er** *n*
hoody /húdi/ *a* ごろつきの, チンピラのような. ► *n* ᴵᴵHOODIE. [*hood*[2]]
hoo·er /hú:ər/ *n*《豪俗》淫売, 売女(ばいた); [ののしって] 野郎, このあま. [*whore*]
hoo·ey /hú:i/*《口》*n* ばかな事, たわごと (nonsense); [〈*int*〉] ばかな: That's a lot of ～. / He's full of ～. / *H-!* ばかな! [C20<?; *phooey*]
hoof /húf, hú:f; hú:f/ *n* (**hooves** /húvz, hú:vz; hú:vz/, **～s**) ひづめ, 蹄(ひづめ)《UNGUAL, UNGULAR *a*》; 蹄足《ひづめのある足》; 馬[ロバ]の足; (*pl* **～s**) [*joc*] 人間の足; ひづめをもった動物;〔数〕蹄状体 (ungula): under the ～ (of…に)踏みにじられて. ● **get the ～** *《俗》追い出される, 首になる. **on the ～**〈食肉用家畜が〉《まだ食肉処理されずに》生きたままで;〈人が〉ふだんのままの状態で; 歩きながら, ほかのことをしながら; ᴵᴵ深く考えずに, 急いで. PAD[2] **the ～. shake a wicked [mean] ～** ⇨ CALF[1]. ► *vi*《口》歩く;《俗》《足でリズミックな音をたてて》踊る, ステージで踊る, 社交ダンスをする. ► *vt*《口》〈ある距離を〉歩く; ひづめで蹴る,〈ボールを〉《思いっきり》蹴る; ᴵᴵ《俗》《地位・職から》追い出す, 首にする〈*out*〉. ● **～ it**《口》歩いて行く, 徒歩旅行をする;《俗》走る, とんずらこく, すたこら逃げる, 立ち去る;《口》踊る, ダンサーをする. [OE *hōf*; cf. G *Huf*]
hóof-and-móuth disèase FOOT-AND-MOUTH DISEASE.
hóof·bèat *n* ひづめの音.
hóof·bòund *a*〔獣医〕〈馬が〉ひづめが乾いてちぢかんでいる, 狭窄症でびっこをひいている.
hóofed *a* (…の)ひづめ (hoof) のある, 有蹄の; ひづめ状の.
hóof·er *n*《口》よく歩く人, 徒歩旅行者;《俗》ダンサー,《特に》タップダンサー, 木ぐつダンサー.
hóof·pàd *n* ひづめ当て.
hóof pìck 鉄べら《ひづめに食い込んだ石などをほじる》.
hóof·prìnt *n* ひづめの跡.
hóof ròt〔獣医〕腐蹄(症).
Hooft /hóʊft/ ホーフト **Pieter Corneliszoon ～** (1581–1647)《オランダの詩人・歴史家・劇作家; オランダルネサンスの中心人物;『オランダ史』(27 巻, 1642–54)》.
Hoogh ⇨ HOOCH.
Hooghly ⇨ HUGLI.
hoo-ha, -hah /hú:hà:/《口》*int* こりゃー驚いた, へーッ(そうかね), なーるほど《人の熱心さ・単純さをからかう》. ► *n* 大騒ぎ; お祭り騒ぎ; [the ～'s] いらいら (the jitters);《俗》たわごと, かすみたいな話: What's (all) the ～ about? 何をそんなに騒いでいるんだ. [C20<?; Yid か]
hoo·haw /hú:hɔ̀:/ *n**《俗》重要人物, お偉いさん.
hook /húk/ *n* **1 a** かぎ, 鉤, フック; 自在かぎ; かぎの手; 受話器掛け; [*pl*]*《俗》手. **b** ホック, 留め金; 肘金物, 肘金《蝶番(ちょうつがい)の固定部》;《ドアの》あおり止め. **c** 釣針 (fishhook); わな; 誘いの手, 誘引の手段[工夫]《巧妙な書き出し, 曲の親しみやすいフレーズ[歌詞], 景品・無料サービスなど》. **2 a** かぎ形の刈り鎌;《海俗》錨 (anchor). **b**〔動・植〕かぎ状器官[突起], 逆鉤; [*pl*]《俗》手(の指). **c** かぎ状の岬[砂洲], 鉤状砂嘴(さし);《河川の》屈曲部;〔サーフィン〕波の頂上. **d** かぎ状の記号[部分]《小文字の g または q の下に出る部分, 文字のセリフ (serif) など》;《音符の》フック, かぎ《♪♪ などの旗形の部分》; [ᵁ*pl*]〔印〕丸括弧. **e***《学生俗》《成績評価の》C. **3**〔ボク〕フック《ひじを曲げて打つ》;〔スポ〕フック《利き腕と反対の方向へカーブすること[ボール]; cf. SLICE》;〔バスケ〕HOOK SHOT;〔野〕カーブ;〔クリケット〕フック《ボールをレッグへ引っ張る打法》;〔アイスホッケー〕HOOK CHECK;〔アメフト〕フック (BUTTONHOOK); [the]〔アメフト〕フック《ボール保持者の頭を曲げた腕の中に抱え込む激しいタックル》. **4**《俗》薬(やく), ヘロイン. **5***《俗》売春婦 (hooker); *《俗》スリ (pickpocket). ● **by ～ or (by) crook** なんとか(かんとか)して, 是が非でも. **get one's ～s into [on]**…《口》…を手に入れる[掌握する], がっちりとつかむ,〈通例 女性が〉〈男性〉の気をひく, …をつかまえる (cf. *get* one's CLAWS *into*). **get [give sb] the ～**《舞台・マウンドなどから》降ろされる[降ろす, 降板させる]; *《俗》首になる[する]. **～, line, and sinker**《口》完全に, すっかり: swallow sb's story ～, *line, and sinker* うのみにする, すっかり信じ込む[真に受ける]. **let [get] sb off the ～**〔スポ〕相手をとらえそこなう[から得点しそこなう]. **off the ～** (1)《口》責任[罰]を免れて, 難局を脱して: get *off the* ～ 難局を脱する; 罰を免れる / get [let] sb *off the* ～ 人を困難から救う; 無罪放免にする. (2)〈受話器が〉はずれて. **off the ～s** (1)《俗》死んで, くたばって: drop [slip] *off the ～s* くたばる, 死ぬ. (2)《口》手っ取り早く. **on one's own ～**《口》独力で. **on the ～**《口》(1) 待たされて. (2) 責任[義務]を負って〈*for, to* do〉, 窮地に陥って; わなにかかって,《人の》意のままになって: go *on the ～ for* sb 人のために借金をする. (3) サボって. **ring off the ～***《口》〈電話が〉ジャンジャンかかってくる, 鳴りっぱなしだ. **take [sling] one's ～** [ᵁ*impv*] ᴵᴵ《口》そっと逃げ出す, ずらかる (hook it). **throw the ～s** *《俗》大道で物乞いをする. **throw the ～s into** sb*《俗》人をだます, 人をあやつる.
► *vt, vi* **1 a**《フック[かぎ](状のもの)で》ひっかける, かける, つるす, 結びつける〈*on, onto, to*〉; ホックで留める[留まる]〈*on, into*〉;〈魚を〉釣針に掛ける, 針掛かりさせる;〈牛などが〉角で襲う[突く];〔アイスホッケー〕スティックでじゃまする: ～ a bag over one's shoulder バッグを肩にかける. **b** かぎ編みする,〈衣服・敷物などを〉かぎ編みで作る[織る]. **c**《鎌で》刈る〈*down*〉. **2 a**《口》くすねる, かっぱらう, 万引きする;《口》〈人を〉ひっかける, だます, 釣る;《俗》売春する; [ᵁ*pass*]《俗》《悪癖・麻薬・酒などの》とりこにする, 中毒にする〈*on*〉;《口》夢中にする, すっかりファンにし

てしまう 〈*on*〉; *《俗》 労働者を買収してスパイさせる. **b** *《口》 つかむ, 手に入れる, 見つける; *《俗》 つかまえる, 逮捕する; *《警察俗》 〈人〉に反則キップを切る. **c** *《学生俗》 理解する, わかる 〈*on* sth〉. **3 a** (かぎなりに) 曲げる[曲がる]; 〈手・腕・足などを〉《かぎ状に》 曲げてつなぐ[引く, 支える]. **b** 〖ボクシング〗 フックを入れる; ‖《俗》 打つ, なぐる; 〖ゴルフ・ボウル〗 フックさせる[する] (opp. *fade*); 〖野・クリケット・サッカー〗 〈ボールを〉カーブさせる; 〖ラグビー〗 《スクラムの体勢で》 〈ボールを〉奪って後方へ送る, フッカーをつとめる; 〖アイスホッケー〗 〈相手を〉スティックで阻止する. **4** 《俗》 ずらかる, どろんする; *《学生俗》 …で C をもらう[取る].

● **~ a ride** 《俗》 車に乗せてもらう, 列車にただ乗りする. **~ down** ホックで留める; *《俗》 投げる, ほうってよこす 〈*to*〉; *《俗》 のみ込む, 《ぱくぱく》 食べる, 一気に飲む[食べる]. **~ in** かぎでかき込む[引き寄せる]; かぎで留める; つなぐ, 接続する[される]. **~ into…** 〈インターネットなど〉に接続する; *《口》 …にかかわる, 深入りする. **~…into…** 〈コンピューターなどを〉…に接続する; *《俗》 〈人を〉うまく引き込んで…させる. **~ it** 《俗》 逃げる, ずらかる, とんずらする. **~ Jack** *《口》 ずる休みする (play hooky). **~ on** ホックでくっつける; かぎで掛ける. **~ on to…** 《口》 …にくっつく[なつく, なじむ]. **~ up** ホックで留める[留まる] 〈*to*〉; 《口》 〈人〉にホックで留めてやる; 馬などを車につなぐ 〈*to*〉; 〈機械などを〉据え付ける; 〈ラジオ・電話などを〉組み立てる, 取り付ける; 《口》 〖放送〗 中継する; 《電源・装置・インターネットなどに》 つなぐ, 接続する 〈*to*〉; 《口》 仲間になる[する], つきあうようになる[する], 《俗》 セックスする 〈*with*〉; 《口》 提携[協力]する 〈*with*〉; 〈人〉に〈物を〉供給する 〈*with*〉; 《俗》 出会う 〈*with*〉; *《俗》 結婚する; 《方》 結婚させる; 〖紡〗 目拾いする.

♦ **~·less** *a* **~·like** *a* 〔OE *hōc*; cf. MLG, MDu *hōk* corner〕

Hook ⇨ CAPTAIN HOOK.

hook·ah, hooka /húkə, húː-/ *n* 水ギセル (water pipe) (cf. NARGHILE). 〔Urdu<Arab=casket〕

hóok and éye 《衣類の》 かぎホック; 《ドアの》 あおり止め; 《戸の開閉用の》 肘壺.

hóok and ládder (trùck) *《消防の》 はしご車 (=*ladder truck*).

hóok and lóop fàstener 《服などの》 マジックテープ式ファスナー.

hóok àrm *《俗》 利き腕; 《野球俗》 左腕 《投手》.

hóok-bìll *n* 〖鳥〗 オウム, インコ 《など》.

hóok chèck 〖アイスホッケー〗 フックチェック 《相手のパックを自分のスティックの曲がった部分で押えて奪うこと》.

Hooke /húk/ フック **Robert** ~ (1635–1703) 《イングランドの科学者・発明家; HOOKE'S LAW を発見》.

Hóoke cóupling 〖機〗 フック継手 (=*Hooke's joint*). 〔↑〕

hooked /húkt/ *a* **1** /, -əd/ かぎ状の[に曲がった]: a ~ nose かぎ[わし]鼻. **2** かぎの付いた; (かぎに)ひっかかった, からみついた; かぎ編みの; 《口》 だまされた, ひっかかった 〈*on*〉; 《俗》 麻薬中毒で 〈*on*〉; 《口》 夢中になって, はまって 〈*on*〉; 《俗》 既婚で: a ~ rug フックトラグ 《麻[綿]布に毛糸を刺して表にループをつくったじゅうたん》. ♦ **~·ness** *n*

hóoked schwá 〖音〗 フックト[かぎ付き]シュワー 《米語の teach*er* などのそり舌母音を表わす /ɚ/ の記号で, 本辞典の /ər/ に相当》.

hóok·er[1] *n* オランダ式 2 本マストの帆船; アイルランド沿岸の 1 本マスト漁船; 《一般に》 古ぼけた[ぶかっこうな]船: the old ~ [*derog*] おんぼろ船. 〔Du *hoeker*; ⇨ HOOK〕

hooker[2] *n* HOOK するもの[人]; 〖ラグビー〗 フッカー 《スクラムの最前列でボールを奪って後方へ送る選手》; 《口》 売春婦; *《俗》 人をひっかけるやつ, 《薬の》 売人, プロの賭博師; 《俗》 わな (catch), くせもの; 巧妙な導入部; 《口》 こそ泥, 万引, スリ; *《俗》 逮捕状; *《口》 ウイスキー[ブランデーなど]のひと飲み. 〔*hook*〕

Hooker フッカー (**1**) Sir **Joseph Dalton** ~ (1817–1911) 《英国の植物学者・探検家; Kew Gardens 園長 (1865–85)》 (**2**) **Richard** ~ (1554?–1600) 《イングランドの神学者; 英国教会の教義の基礎をつくった》 (**3**) **Thomas** ~ (1586?–1647) 《アメリカ植民地のピューリタン牧師; Connecticut で Hartford を開拓 (1636), 人民にはみずからの偽政者を選ぶ天与の権利があると述べて「アメリカ民主主義の父」とも呼ばれた》 (**4**) Sir **William Jackson** ~ (1785–1865) 《英国の植物学者; Sir Joseph Dalton ~ の父; Kew Gardens の初代園長 (1841–65)》.

Hóoke's jóint HOOKE COUPLING.

Hóoke's láw フックの法則 《: 固体のひずみは弾性限界内では加わる力に比例する》. 〔Robert *Hooke*〕

hookey[1] ⇨ HOCKY.

hookey[2] ⇨ HOOKY[2].

hóok·let *n* 小さな hook; 《虫の頭部の》 鉤.

hóok·nòse *n* わし鼻, かぎ鼻. ♦ **hóok-nòsed** *a*

Hóok of Hólland [the] フーク・ファン・ホラント (*Du* Hoek van Holland) 《(**1**) オランダ南西部 South Holland 州の岬 (**2**) そこにある港》.

hóok pìn かぎ形の頭の目釘.

hóok·shòp *n* *《俗》 売春宿 (brothel), 淫売屋.

hóok shòt 〖バスケ〗 フックショット 《片手でボールを頭上に持ち上げてリングの側面から弧を描くようにして行なうシュート》.

hóok slìde 〖野〗 フックスライド (=*fadeaway*) 《体を横に投げ出すようにしてタッチをかわすスライディング》.

hóok spànner 〖機〗 かぎ頭スパナ.

hóok·tip *n* 〖昆〗 カギバガ(鉤翅蛾) 《前翅がかぎ状になっているカギバガ科の各種の蛾》.

hóok·ùp *n* 〖軍〗 《空中給油のための》 給油機の授油ホースとの接続; 〖電子工〗 接続, 《機器の》 接続図, 接続した装置, フックアップ; 〖放送〗 中継; *《口》 提携, 同盟, 協力, 親和: a nationwide ~ 全国中継放送.

hóok·wòrm *n* 〖動〗 鉤虫 《鉤虫科に属する寄生性の線形動物》; 〖医〗 鉤虫症 (ancylostomiasis) (=**~ disèase**).

hóoky[1] *a* HOOK がたくさんある[におおわれた]; かぎ状の; *《俗》 魅力的な, 人をひきつける, すばらしい; 〈曲が〉憶えやすい; ‖《俗》 盗んだ, 盗品の (stolen).

hooky[2], **hook·ey** /húki/ *n* [主に 次の成句で]: **play ~** *《口》 学校[仕事]をサボる, なまける (play truant‖). ► *vi* *《俗》 くすねる (steal). 〔C19<?; cf. *hook it* to escape〕

hooky[3] ⇨ HOCKY.

hoo·ley, hoo·lie /húːli/ *n* 《アイル・NZ》 騒々しいパーティー, お祭り騒ぎ.

hoo·li·gan /húːlɪgən/ *n* 暴徒; ごろつき, 乱暴者, 不良; ギャング, ガンマン; 銃 (gun); *《俗》 だらしない[ぞんざいな]仕事; *《俗》 二流の自動車レース; *《俗》 西部カウボーイショーのテント: football ~*s* フーリガン 《サッカーの試合会場などであばれたり騒いだりする暴徒》. ♦ **~·ism** *n* 乱暴, 無頼生活. 〔London に住んでいた無頼なアイルランド系家族の姓 *Houlihan* からか〕

hóoligan Nàvy [the] *《海軍俗》 不良海軍 《Coast Guard のこと》.

hoo·lock /húːlək, -lɔk/ *n* 〖動〗 テナガザル, 《特に Assam 地方の》 フーロック(テナガザル). 〔(Assam or Burmu)〕

hoon /húːn/ 《豪俗》 *n* 荒っぽい若者, よた者; ばか, あほ, 目立ちたがり屋; 娼婦のヒモ, 女衒, ポン引き. 〔C20<?〕

hoop[1] /húːp, *húp/ *n* 輪, わっか(状のもの), たが; 《輪回し遊びの》 輪, フラフープ, 《サーカスなどの》 曲芸用の輪; 《柱の》 まきたが, 《鉄筋コンクリート柱の主筋に巻く》 帯筋, フープ; 《砲身などの》 環帯; 平型の指輪; フープイヤリング 《輪形のイヤリング》; 《鯨鬚・金属など曲げやすい素材で作られた輪形の》 張り骨 《もと 婦人服のスカートを張り広げた》, HOOPSKIRT, HOOP PETTICOAT; 《刺繍用の》 張り輪; フープ 《ドラムの胴に皮を固定するための輪状の枠》; 〖クロッケー〗 フープ 《球を打ち入れてくぐらせる鉄製の小門》; 《バスケットボールの》 バスケット(リング), ゴール, [ᵁ*pl*] バスケットボール; [〈*a*〉] バスケットボールの; 〖新体操〗 フープ 《女子の種目》; 《豪口》 騎手 (jockey): shoot ~*s* バスケットボール(の練習)をする. ● **go [jump] through (the) ~s [a ~, the ~]** 試練を経る, 苦労する; つらいことをあえてする. **put sb through the ~** 《口》 人を鍛える, 問責する, 思い知らせる. ► *vt* …にたがをはめる; 取り巻く; 〖バスケ〗 得点する; 輪形にする. ► *vi* 輪のような形をつくる; フラフープを回す. ♦ **~·like** *a* **~ed** *a* 輪形をした, まるく曲げた; たがをはめた; 環帯を巻きつけた; 輪骨張りの. 〔OE *hōp*〕

hoop[2] *v, n* WHOOP: ~*ing* and hollering 歓喜と興奮のワイワイ騒ぎ.

hoop-a-doop /húːpədùːp/, **hoop-de-doop** /-də-/, **-de-doo** /-dùː/ *n* *《口》 WHOOP-DE-DO.

hoop·ee /húːpi/ *n* WHOOPEE.

hóop·er *n* たがを掛ける人; 桶屋; HOOPSTER.

Hoop·e·rat·ing /húːpərèɪtɪŋ/, **Hóoper ràting** *n* 〖ラジオ・テレビ〗 電話照会調査による視聴率格付け, フーパーレーティング 《米国の統計家 Claude E. Hooper (1898–1954) の方式によるラジオの聴取率[テレビの視聴率]の格付け》.

hoop·er-doop·er /húːpərdùːpər/, **hoop·er·doo** /-dùː/ *《俗》 *a* ワイワイ浮かれ騒ぐ, すごくおもしろい. ► *n* とてもすばらしいもの[人]; 重要人物, 大物.

hóo·pid sàlmon /húːpəd-, húpəd-/ 〖魚〗 SILVER SALMON.

hóop·ing còugh WHOOPING COUGH.

hóop ìron 《煉瓦積みのたが用の》 帯鉄, 帯鋼.

hoop·la /húːplàː, húp-/ *n* **1** ‖輪投げ 《物をめがけて投げた輪がはまるとそれをもらえる縁日などの遊び》. **2** *《口》 **a** 鳴り物入りの派手な宣伝; 大騒ぎ, ばか騒ぎ. **b** 人をけむに巻くような話. **3** *《俗》 カーニバルの営業権. 〔*la*[2]〕

hóop·man /-mən/ *n* 《口》 バスケットボール選手.

hoo·poe, -poo /húːpu, -pou/ *n* 〖鳥〗 ヤツガシラ 《ブッポウソウ目ヤツガシラ科》. 〔OF<L *upupa* (imit)〕

hóop pètticoat フープペチコート 《張り骨で広げたペチコート》.

hóop pìne 〖植〗 ナンヨウスギ (=*Moreton Bay pine*) 《オーストラリア東部・ニューギニア産》.

hóop·skìrt *n* フープスカート 《張り骨で広げたスカート》; 張り骨 (hoop).

hóop snàke 1 《米国南部・中部の民話の》 尾をくわえ輪になってぐるぐる回る猛毒の大型ヘビ. **2** 〖動〗 **a** ドロヘビ (=*mud snake*) 《米国南部産; 無毒》. **b** RAINBOW SNAKE.

hóop·ster *n* 《口》 HOOPMAN; フラフープを回す人.

hoop·tie /húːpti/ *n* *《俗》 車, 《特に》 オンボロ車.

hoop·ty-do(o) /húːptidùː/ *n* 《俗》 WHOOP-DE-DO.

hoor, hoo·er /húər/ *n* ‖《俗・方》 WHORE.

hoo·rah /hʊrɑ́ː, *-rɔ́ː/ *int, n, vi, vt* HURRAH.
hoo·ray[1] /hʊréɪ/ *int, n, vi, vt* **1** HURRAH. **2** [H-] ᴵᴵHOORAY HENRY.
hoo·ray[2], **hur·ray** /hʊréɪ/ *int*《豪》さよなら!
Hooráy Hénry ᴵᴵフレー・ヘンリー《金持ちのたわけた若者; 特に 自己顕示的にふるまい流行のものをすぐ採り入れるような者; Sloane Ranger に対する呼び名》.
Hóorn Íslands /hɔ́ːrn-/ *pl* [the] ホーン諸島《FUTUNA ISLANDS の別称》.
hoo·roo /hʊrúː/ *int*《豪》さよなら!
hoos(e)·gow /húːsgàʊ/ *《俗》*n* [the] ムショ, ブタ箱 (jail); 屋外便所. [Sp *juzgado* tribunal]
hoosh /húːʃ/ *n*《俗》濃いスープ, ごった煮.
hoo·sier /húːʒər/ *n* 不器用な人, 世間知らずの田舎者; [H-] インディアナ州人, フージャー《俗称》. ► *a* [H-] インディアナ州(人)の. ► *vi* [次の成句で]: **～ up** *《俗》ずるける, 仮病をつかう, サボる.
Hóosier càbinet フージャーキャビネット《20 世紀初頭に作られた背の高い台所用収納棚; オーク製で貯蔵箱・小麦粉のふるいがついている》.
Hóosier Stàte [the] 田舎者州《Indiana 州の俗称》.
hoot[1] /húːt/ *n* **1** フンとやじる[あざける]声, ブーイング (⇨ HOOTS); ホー《フクロウの鳴き声》; ブーブー, ボー《汽笛・警笛の音》: *～s* of laughter《軽蔑の》笑い声, 嘲笑. **2** [a (real) ～]《口》(底抜けに)おもしろいこと[もの, 人]. **3** [ᵘ*neg*]《口》無価値なもの, 少量, 一顧: *not* give [care] a ～ [two *～s*] ちっとも気にしない / *not* matter [worth] a ～ [two *～s*] 問題にもならない[なんの値打もない]. ► *vi, vt* 〈フクロウが〉ホーホー鳴く; 〈汽笛・サイレンなど〉ブーブー鳴る[鳴らす]; 《軽蔑・怒りなどで》フンという, やじる, はやしたてる 〈*at*〉; [ˢ～ with laughter]《声をたてて》笑う: ～ down 〈弁士・発言などを〉やじり倒す / ～ sb *off* the stage やじって舞台から去らせる / ～ one's disapproval やじって反対する / ～ and holler やじる. ♦ **hóot·ing·ly** *adv* [ME *hūten* (? imit)]
hoot[2] *n*《豪俗》支払い, 金 (money). [Maori *utu* price, requital]
hoot[3] ⇨ HOOTS.
hootch ⇨ HOOCH[1,2].
hoot·chee /húːtʃi/, **hot·chee** /hɑ́tʃi/ *n* *《俗》ペニス.
hootcher ⇨ HOOCHER.
hootchfest ⇨ HOOCHFEST.
hootchie ⇨ HOOCHIE.
hóotchie-cóot·chie /-kúːtʃi/ *《俗》*n* **1** 性行為, セックス. **2** [the] HOOTCHY-KOOTCHY.
hoot·chy-koot·chy /húːtʃikúːtʃi/ *《俗》*n* [the] ベリーダンス; ベリーダンスの踊り子, ベリーダンサー. [C19<?]
hóot·ed *a* [ᵒ～ up] *《俗》酔っぱらった.
hoo·te·nan·ny*, **hoot-*** /húːt(ə)næ̀ni/ *n*《口》《ダンスやフォークソングなどの》形式ばらない集い[パーティー]; 《方・口》GADGET, 《名前がわからないとき》何とかいうもの; 《俗》HOOT[1]: not give a ～ ちっともかまわない. [C20<?]
hóot·er *n* やじ; フクロウ; ᴵᴵ汽笛, 号笛, 警笛, 《自動車などの旧式の》らっぱ; ᴵᴵ《工場の》サイレン; ᴵᴵ《俗》《大きな》鼻 (nose); *《俗》一杯(の酒); *《俗》コカイン (cocaine); *《俗》マリファナ(タバコ); [ᵘ*pl*] *《俗》おっぱい (breasts); [*neg*] 少量. [*hoot*[1]]
hóot òwl〘鳥〙《特に 鳴き声の大きな》フクロウ; *《鉱山・工場の》深夜勤務.
hoots /húːts/, **hoot** /húːt/ *int*《スコ》《不平・じれったさを示す発声》フン, ウヘッ, チェッ (pshaw, tut). [imit]
hooty /húːti/ *a* *《俗》すばらしい, 最高の, 愉快な.
hoove /húːv/ *n*〘獣医〙鼓腸症《胃がガスでふくらむ》.
hooved /húːvd, hʊ́vd/ *a* HOOFED.
Hoo·ver[1] /húːvər/ フーヴァー (**1**) **Herbert** (**Clark**) ～ (1874–1964)《米国第 31 代大統領 (1929–33); 共和党; 大恐慌に有効な対策を打てず, 支持を失った》(**2**) **J**(**ohn**) **Edgar** ～ (1895–1972)《米国の法律家・政府高官; FBI 長官 (1924–72)》.
Hoover[2] *n* **1**〘商標〙フーバー《電気掃除機》. **2** [h-]《俗》大食い, 人間掃除機. ► *vt, vi* **1** [ᵘh-] ᴵᴵ掃除機をかける; 掃除機で吸い取る 〈*up*〉; 《口》かき集める, 大量に手に入れる. **2** [h-]《俗》**a** 食い[飲み]まくる, がっつく 〈*up*〉. **b** (…に[と])オーラルセックスをやる. **c** *〈株を〉買いあさる.
Hóover Dám [the] フーヴァーダム《米国西部の Colorado 川上流 Nevada, Arizona 両州境のダム (1936 年完成); 旧称 Boulder Dam》. [Herbert *Hoover*; 1947 年 Truman による改称]
hóover·ing *n* ᴵᴵ掃除: do the ～ 掃除をする.
Hóover moratórium フーヴァーモラトリアム《1931 年米国大統領 Hoover の提案した戦債・賠償の支払いの 1 年間停止》.
Hóover·ville *n* フーバーヴィル, フーヴァー村《1930 年代初めの大恐慌時代に都市の空地やごみ捨て場などに建てた失業者や浮浪者などを収容する住宅群》; 《同様の》仮設住宅群[地区]. [Herbert *Hoover, -ville*]
hooves *n* HOOF の複数形.
hop[1] /hɑ́p/ *v* (**-pp-**) *vi* ひょいと跳ぶ; (片足で)ぴょんと跳ぶ, とびまわる 〈*along*〉; 《口》/[*joc*] 踊る; びっこをひく; 〈ボールが〉バウンドする; 《口》〈乗物に〉(ひょいと)乗る 〈*in, into, on, onto*〉, 〈…から〉(さっと)降りる 〈*off, out, out of*〉, 飛び降りる 〈*down*〉; 《口》〈飛行機が〉飛ぶ, (飛行機で)ひとっ飛びする, ちょっと出かける 〈(*over*) *to*〉; 《口》(あちこちに)とびまわる, 転々とする; 罵倒する; *《俗》活気づく, 盛り上がる: ～ from job to job 仕事を転々とする. ► *vt* 飛び越す; 〈ボールなどを〉弾ませる, バウンドさせる; 《口》〈飛行機・列車・車〉に飛び乗る, …で旅行[移動]する, …にこっそり乗り込む; 《口》HITCHHIKE; 《口》空輸する; 《口》《飛行機で》横断する; 攻撃する, 罵倒する; …の世話をする. ● **～ in** [**out**]《口》車に乗る[から降りる]. **～ into**《豪俗》〈人に飛びかかる, 〈仕事〉に取りかかる. **～ it** ᴵᴵ《口》BEAT it. **～ off**《口》《飛行機で》飛び立つ; [ᵘ*impv*] ᴵᴵ《口》さっと立ち去る. **～ on** [**all over**]《俗》しかる, 叱責する. **～ the twig** [**stick**]《俗》(債権者をまいて)逃げる; 《口》ぽっくり死ぬ. **～ to it**《口》[ᵒ*impv*] 着手する, さっさと始める, 仕事に取りかかる. **I'll go hopping** (**to hell**)! へーっ驚いたなあ, すげえや. ► *n* **1 a** 片足跳び, ぴょんぴょん跳び, 両足跳び, かえる跳び, 短急跳躍. **b**《口》踊り, ダンス (dance), ダンスパーティー. **2 a**《飛行機の》離陸; 《長距離飛行中の》一航程 (stage); 《口》短距離飛行, ひと飛び, 近距離[短期]の旅. **b** ᴵᴵ《俗》〈人を〉車に乗せること: give sb a ～. **c** 飛球; 〘クリケット〙跳飛球; 〘野〙《速球の》ホップ, 《ゴロの》バウンド. **3** *《俗》《客の荷物を運ぶホテルの》ボーイ (bellhop). ● **～ and jump** *《口》近距離 (＝*hop, skip, and a jump*). **on the ～**《口》(**1**) ᴵᴵ現場を不意討ちに: catch sb *on the* ～ 現場を押える, 不意討ちする. (**2**) 騒ぎ[飛び]まわって: keep sb *on the* ～ 人に忙しい思いをさせる. (**3**)《俗》逃げて, 逃亡して, ずらかって. [OE *hoppian*; cf. G *hüpfen*]
hop[2] *n*〘植〙ホップ《アサ科のつる性多年草》; [*pl*] ホップの毬花《ビールの香り・苦味付け原料》; [ᵘ*pl*]《俗》ビール; 《俗》アヘン, 《一般に》麻薬; *《俗》麻薬中毒者; *《俗》ごたごた, 混乱; *《俗》たわごと, 大うそ, ナンセンス: (as) mad as *～s* *《口》気違いみたいになって, かんかんになって. ● **full of ～s** *《俗》いいかげんな話をする, 酔ったような話し方をする, いつもいいかげんで. ► *v* (**-pp-**) *vt* …にホップで風味をつける; 《口》麻薬で酔わせる 〈*up*〉, 〈競走馬〉に興奮剤を与える, 《一般に》刺激[激励]する 〈*up*〉; *《俗》〈エンジンなど〉の馬力を強化する, 〈車を〉馬力が出るようにする 〈*up*〉. ► *vi* ホップ(の毬花)を摘む; 〈ホップのつるが〉毬花を生ずる. [MLG, MDu *hoppe*; cf. G *Hopfen*]
Hop *n*《豪俗》警官.
HOP high oxygen pressure.
ho·pak /hóʊpæ̀k/ *n* GOPAK.
hóp·bìnd, -bìne *n*〘植〙ホップのつる.
hóp clòver〘植〙**a** マメ科シャジクソウ属の各種の草《クスダマツメクサなど》. **b** コメツブウマゴヤシ (black medic).
hope /hóʊp/ *n* **1** 望み, 希望, 願い 〈*for*〉 (opp. *despair*); [ᵒ*pl*] 期待 〈*that*…〉; 有望な見込み 〈*of*〉: *H～* springs eternal (in the human breast).《諺》人間は決して希望をすてない《Pope のことば》/ If it were not for ～, the heart would break.《諺》望みなきとき心破れる / While there is LIFE, there is ～. / *H～* deferred maketh the heart sick.《諺》かなわない望みは心労のたね《*Prov* 13: 12》/ high *～s* 大きな望み, 野望 / There is little [not much] ～ *that*…の見込みはほとんどない / Don't raise his *～s* too much. 彼に期待をもたせすぎるとよくない / HOLD[1] out ～ (of…) / dash [shatter] sb's *～s* 人の希望をくじく / lose ～ 失望する / give up ～ 絶望する / be in great *～s* (*that*…なることを)大いに期待している / be past [beyond] (all) ～ 望みが(全く)ない / live in ～(*s*) (*of*…) 楽観的な期待をもっている, (…の)望みをもっている / in *～s of* [*that*]…を期待[希望]して / in the ～ *of* [*that*]…を期待[希望]して / set [lay, build] one's *～s on*…に期待をかける / pin one's *～s on*…に希望を託する / have high [great] ～ for…に強い期待を寄せる / with the ～ *of* [*that*]…という目的で / build up one's [sb's] *～s*《実現しそうもない》望みをもつ[もたせる] / stand a (good) ～ of…の見込みは(十分に)ある / She does not have a ～ in hell of winning. 彼女が勝てる見込みはゼロだ. **2** 望みを与える[もたせる]もの, 希望の星, 頼みの綱 〈*for*〉: He is the ～ *of* the family. 一家のホープだ / last ～ 最後の頼みの綱 / best ～ 一番の期待の星 / WHITE HOPE. **3**《古》信頼, あて. ● **Some ～(s)** [**What a ～**]! ᴵᴵ《口》[*iron*] まず見込みはないね, まず無理だろうね. **You've got a ～!**《豪俗》まあ見込みはないぞ. ► *vi* **1** 希望をいだく, 期待する: ～ *for* success [a good crop] 成功[豊作]を願う / *H～ for* the best and prepare for the worst.《諺》楽観せよ, しかし最悪にも備えよ. **2**《古》たよる, あてにする. ► *vt* **1** 望む, 願う, 期待する, …が望ましい, …であってほしいと思う: I ～ to see you again. またお目にかかりたいものです / We ～ *that* you have a wonderful Christmas and a great year ahead. / I ～ you don't mind. おいやでなければよいのですが / I'm *hoping that* washing dries. 洗濯物が乾くといいんですが / Will he win? —I ～ so. 彼は勝つだろうか—勝つと思うよ (I hope he will win.) / Will he die?—I ～ not. 死ぬでしょうか—死にはしないよ (I hope he will not die.) / I should [would] ～ so (too).《口》(全く)そう願うよ / I *～d* to have seen you at the meeting yesterday. きのう会でお目にかかるつもりでしたが《会えなかった》/ It is to be *～d* that…でありたいものだ. ★ I hope は内容が良いことに用い, 悪いことには通例 I am afraid または I fear を用いる. **2**《俗》思う, 想像する. ● **half ～** ⇨ HALF *adv* 成句. **～ against** (**all**) **～** 一縷の望みをかける 〈*for*; *that*〉《*Rom* 4: 18》. ～

and pray 願って祈る, ひたすら願う ⟨*for*; *that*⟩. **I ～ to tell you …!***《口》…はそのとおりだ, いや全く[ほんとに]…だ.
◆ **hóp·er** *n* [OE (n) *hopa*, (v) *hopian*; cf. G *Hoffe*]

Hope 1 ホープ《男子名; 女子名》. 2 ホープ (1) **Anthony** ～ (1863–1933)《英国の作家・劇作家; 本名 Sir Anthony ～ Hawkins; 小説 *The Prisoner of Zenda* (1894)》 (2) **Bob** ～ (1903–2003)《英国生まれの米国の喜劇俳優; 本名 Leslie Townes ～》. [OE (↑)]

HOPE Health Opportunity for People Everywhere.

hópe chèst* 若い娘が結婚準備に整えた品(を入れる箱), ホープチェスト (cf. BOTTOM DRAWER).

hóped-fòr *a* 期待された, 待ち望まれた.

Hópe díamond [the] ホープダイヤモンド《1830 年 London の富豪 Thomas Hope に買い取られ, 長年同家が所有していた 45.5 カラットの濃いサファイアブルー色のダイヤモンド (インド産出); 現在は Washington, D.C. の Smithsonian 博物館に展示されている》.

hópe·ful *a* 望みをかけて(いる), 期待して(いる) ⟨*of*, *about*, *that*⟩; 有望な, 希望がもてる, 見込みのある, 末頼もしい; 希望に満ちた, 楽観的な: I am ～ *of* (=hope for) success. 成功できるつもり. ► *n* 志望者, 志願者, 優勝をねらう選手[チーム]: a (young) ～ 成功を期する人, 前途有望な人, [*iron*] 行く末が案じられる若者 / a Presidential ～ 大統領を目指す人, 有力な大統領候補. ◆ **～·ness** *n*

hópe·ful·ly *adv* 1 うまくいけば, …だといいのだが (it is hoped [I hope] that…). 2 希望をもって.

hópeful mónster 〘生〙ホープフルモンスター《偶然に生じた複合突然変異により新しい型の生物のもととなり大進化の媒体となる仮説上の個体; 遺伝学者 Richard B. Goldschmidt の造語》.

H

Hopei, -peh 河北 (⇨ HEBEI).

hópe·less *a* 1 望みを失って, 絶望して ⟨*of doing*⟩; 見込みのない, 絶望的な, どうしようもない: a ～ case 回復の見込みのない症状[患者] / The situation is ～ *of* improvement. 事態改善の見込みなし / It's ～ trying to talk to these people. こんな連中に話してもむだだ / a ～ dreamer 度しがたい夢想家. 2《口》まるきりへた[だめ]な[で], 無能な, 不甲斐ない ⟨*at* sth [*doing*], *with* sth⟩: be ～ *at* cook*ing* / be ～ *at* names どうしても名前が憶えられない / be ～ *with* figures 数字にはまるで弱い. ◆ **～·ness** *n*

hópe·less·ly *adv* 希望を失って, 絶望して; どうしようもないほどに, ひどく; すごく, いかにも.

Hope·well /hóupwὲl, -wəl/ *a* 〘考古〙ホープウェル(文化)(期)の (= **Hope·well·ian** /houpwélian/)《Ohio, Illinois 両州に, 紀元前 500 年ころから紀元 500 年ころまで栄えたアメリカ先住民の Mound Builders の文化についていう》.

hóp·fèst *n**《俗》ビールの飲み会, ビールパーティー.

hóp fìend [fìghter]*《俗》麻薬常用者, ヤク中 (hophead).

hóp flỳ ホップにつくアリマキ.

hóp gàrdenǁ ホップ栽培園.

hóp·hèad *n**《俗》アヘン中毒者, 麻薬常用者;《豪俗》のんだくれ.

hóp·hèad·ed *a**《麻薬俗》ヤク中の.

hóp hòrnbeam 〘植〙アサダ, アメリカアサダ (=*hardhack*)《カバノキ科の高木》.

Ho·pi /hóupi/ *n* **a** (*pl* **～, ～s**) ホピ族《Arizona 州北東部に住む Pueblo 族》. **b** ホピ語.

hóp·jòint*《俗》*n* 安サロン; アヘン窟.

hóp kìln ホップ乾燥炉, ホップ乾燥所.

Hop·kins /hápkənz/ ホプキンズ (1) Sir **Anthony** ～ (1937–)《英国の俳優; 映画 *The Silence of the Lambs* (羊たちの沈黙, 1990)》 (2) Sir **Frederick Gowland** ～ (1861–1947)《英国の生化学者; ビタミン研究の先駆者; ノーベル生理学医学賞 (1929)》 (3) **Gerard Manley** ～ (1844–89)《英国の詩人・イエズス会司祭; 'sprung rhythm' による独創的な詩作を行なった》 (4) **Harry L(loyd)** ～ (1890–1946)《米国の政治家・行政官; Franklin D. Roosevelt 大統領の下で New Deal 政策を推進した》.

Hop·kin·son /hápkəns(ə)n/ ホプキンソン **Francis** ～ (1737–91)《米国の政治家・著述家; 独立宣言署名者の一人; 異能の人物で, 米国初の流行歌を作り, 国旗の図案も作った》.

hop·lite /háplàɪt/ *n* 〘古ギ〙装甲歩兵.

hop·lol·o·gy /hɑpláləʤi/ *n* 武器学[研究].

hóp mèrchant 〘昆〙COMMA.

hóp-òff *n*《俗》離陸.

hóp-o'-my-thúmb /-əmə-/ *n* 親指小僧, 小人.

hóp-òver *n*《豪俗》攻撃 (assault).

hópped-úp /, ⏤⏤/*《俗》*a* 興奮した, 狂喜した; 興奮させる(ようにした), いろいろ工夫を凝らした; 麻薬を使った, 薬物に酔った, ハイになった; パワーアップした.

hóp·per¹ *n* 1 ひょいひょい[ぴょんぴょん]跳ぶもの;《口》次から次へと移動する人, 渡り歩く人《旅行者など》;《俗》踊る人, 舞踏者;*《俗》麻薬常用者; 跳ぶ虫《バッタなど》;《豪》カンガルー;《アイル》のみ (flea);《ピアノ鍵盤の》ばね;《野球俗》《はねる》ゴロ: a city-～. 2 じょうご状の容器;*《俗》便器; ホッパー《穀物・セメント・石炭などを流下させる漏斗状の装置》;*議員立法提案箱; 自動式種まき機;《泥土などを運ぶ》底開き船; HOPPER CAR;〘電算〙ホッパー《(穿孔)カードを保持し, 必要なものを差し出す装置》. ● **have one in the ～***《俗》⟨女性が⟩妊娠している, ⟨男性が⟩妻に子供ができた. **in the ～***《口》準備[処理, 考慮, 待機]中で, 処理中で.

hopper² *n* HOP PICKER;*《俗》しけもく.

Hopper ホッパー (1) **Edward** ～ (1882–1967)《米国の画家・エッチング作家》 (2) **Grace Murray** ～ (1906–92)《米国の数学者・海軍少将; 初の商用コンピューター UNIVAC I の開発に参加, また COBOL を開発した》.

hópper càr 〘鉄道〙底開き貨車; ホッパートラック.

hóp pìcker ホップ摘みの労働者, ホップ摘取り機.

hóp pìllow ホップ枕《安眠を促すという》.

hóp·ping¹ *n* ホップ摘取り[採集]; ホップ苦味調合.

hopping² *a* はね跳ぶ; びっこの;*《口》すごく忙しい, 活発な; 渡り歩きの; 激怒した: a show-～ existence ショーからショーへと渡り歩く生活. ► *adv*《口》猛烈に: ～ mad ものすごくおこっている. ► *n* 片足跳び; かえる跳び; ホップダンス; [ᵘ*compd*]《あちこち》跳び[渡り]歩くこと, はしご (: bar-*hopping*, channel-*hopping*);《北イング》縁日, [the H-s]《Newcastle の》定期市. [*hop*¹]

hópping Jóhn /hápən-, hápɪŋ-/, **hóp·pin' Jóhn** /hápən-/ *[ᴼH-] ホッピンジョン《米・ササゲ入りのベーコンシチュー》.

hop·ple /háp(ə)l/ *vt* ⟨馬など⟩の両足を縛る (hobble); …に足かせをはめる; …の自由を妨げる. ► *n* [ᵘ*pl*] 足かせ.

hóp pòcket ホップ袋 (=168 pounds, ≒76 kg).

hóp pòle ホップのつるを仕立てる柱; のっぽ.

Hóp·pus (cúbic) fóot /hápəs-/ 〘英〙ホッパス《木材の材積単位: ≒ 0.036m³》. [Edward *Hoppus* 18 世紀の英国の測量技師]

hóp·py¹ *a* ホップの豊富な; ホップの風味のある. ► *n*《俗》麻薬中毒者. [*hop*²]

hoppy² *a* 跳ぶような動きの. [*hop*¹]

hóp·sàck(·ing) *n* ホップサッキング, バーラップ《麻・黄麻の袋地; これに似た粗い織物》.

hop·san /hápsàːn/ *n**《軍俗》《韓国で》タクシー.

hóp·scòtch *n* 石蹴り遊び, けんけんぱ. ► *vi* 石蹴りのときのように動く;《口》(あちこち)渡り歩く, とびまわる.

hóp, skíp, and (a) júmp 1 近距離, すぐそこ: only a ～ from home. 2 HOP, STEP, AND JUMP.

hóp, stép, and júmp [the] 三段跳び (triple jump); 近距離.

hóp-stìck*《俗》*n* アヘン用パイプ; マリファナタバコ.

hóp·tòad *n*《口・方》TOAD;*《俗》強い酒(をあおること).

hóp tòy*《俗》アヘン吸引用器.

hóp trèe 〘植〙ホップノキ《北米産ミカン科ホップノキ属の落葉低木[小高木]; 苦味のある果実をホップの代用としてビール製造に用いた》.

hóp trèfoil 〘植〙HOP CLOVER.

hóp-ùp *n*《口》興奮剤, 覚醒剤, シャブ. ► *a**《俗》《エンジンの》パワーアップ用の.

hóp·vìne *n* ホップのつる (hopbine); ホップ (hop plant).

hóp·yàrd *n* ホップ畑.

hoquet ⇨ HOCKET.

hor. horizontal.

ho·ra, ho·rah /hɔ́ːrə/ *n* ホーラ《ルーマニア・イスラエルの輪になって踊るダンス》. [Romanian＜Turk]

Hor·ace /hɔ́(ː)rəs, hár-/ 1 ホレス《男子名》. 2 ホラティウス (*L* Quintus Horatius Flaccus) (65–8 B.C.)《ローマの抒情・諷刺詩人; *Odes* (歌章), *Epistles* (書簡詩)》. [ローマの家族名]

Ho·rae /hɔ́ːrìː, -ràɪ/ *pl* 〘ギ神〙ホーラーたち《季節と盛衰と秩序の女神》. [L＜Gk (*hōra* season, hour)]

ho·ral /hɔ́ːrəl/ *a* 時間の[に関する]; 時間ごとに. ◆ **～·ly** *adv*

ho·ra·ry /hɔ́(ː)rəri, hár-/ *a* 時の, 1 時間の; 1 時間ごとの.

Ho·ra·tian /həréɪʃən/ *a* ホラティウス (Horace) (風)の.

Horátian óde 〘韻〙ホラティウス風オード (=*Sapphic ode*)《同じ韻律形式をもった長短 4 行ぐらいの短い連からなる》.

Ho·ra·tio /həréɪʃiòu; hə-/ 1 ホレイショー《男子名》. 2 ホレイショー《*Hamlet* 中の Hamlet の親友》. [⇨ HORACE]

Horátio Álger *a* ホレイショー・アルジャー風の《成功は独立心と勤勉とによって得られるとする》. [*Horatio* ALGER]

Ho·ra·tius /həréɪʃ(i)əs/ ホラーティウス《ローマ人の氏族名: 1)〘ロ伝説〙Alba Longa の Curiatii 三兄弟と戦った三兄弟 2)〘ロ伝説〙HORATIUS COCLES 3) ⇨ HORACE》.

Horátius Có·cles /-kóukliz/ 〘ロ伝説〙ホラーティウス・コクレス《エトルリアの王 Porsenna との戦いで Tiber 川の橋をこわしてローマを守った英雄》.

horde /hɔ́ːrd/ *n* 大群, 人波; 多数;《中央アジアなどの》遊牧民の集団; 流民の群れ;《動物・昆虫の》移動群, ホルド ⟨*of*⟩;《古風》[*derog*] 未開人・下層民の集団[一群]: a ～ [～*s*] of… 多数の… / in one's ～ 大勢で, 大挙して / GOLDEN HORDE. ► *vi* 群れをなす, 群れをなして移動する[住む]. [Pol＜Turk＝camp]

hor·de·in /hɔ́ːrdiən/ *n* 〘生化〙ホルデイン《大麦に含まれるプロラミン (prolamin)》.

hor·de·o·lum /hɔːrdíːələm/ *n* (*pl* **-la** /-lə/) 〘医〙麦粒腫 (sty). [L (dim)＜↑]

Ho·reb /hɔ́ːrèb/ 〘聖〙ホレブ《Moses が神から律法を与えられた山; Sinai 山と考えられる; *Exod* 3: 1》.

Hore-Be·li·sha /hɔ́ːrbəlíːʃə/ ホア-ベリシャ (**Isaac**) **Leslie** ～, 1st Baron ～ (1893–1957)《英国の政治家; 陸相 (1937–40); 1939年春, 第二次大戦開始直前に徴兵制をしいた》.
hore·hound, hoar- /hɔ́ːrhàund/ *n*〔植〕**a** ニガハッカ《南欧原産; シソ科》; ニガハッカ汁(を含む咳止め用の飴). **b** ニガハッカに似たシソ科の草本. ［OE＝hoary herb］
ho·ri·zon /həráɪz(ə)n/ *n* **1 a** [the] 地平(線), 水平線, 地平圏: The sun rose *above* [sank *below*] *the* ～. 太陽は地平線上に昇った[地平線下に没した]. ★ (1) 視水平線, 視地平 (＝apparent [visible] ～) (2) 居所地平 (＝sensible ～) (3) 真地平 (＝true ～). **b**〔地質〕層位, 層序, 層準;〔天〕地平;〔考古〕文化的広がり, 文化ホライズン. **2** [°*pl*]《思考・知識などの》視野, 限界, 範囲, '地平' ‹*of*›: broaden [expand, widen] one's ～*s* 視野を広げる. ● **on the ～** 水平[地平]線上に; はるかなたに; 前途に; 差し迫って, 間近で[に]. ♦ **～·al** *a* ［OF, ＜Gk *horizōn* (*kuklos*) limiting (circle) (*horizō* to bound)］
horízon·less *a* 地平[水平]線のない; 終わりがない, 終わりそうもない (endless); 絶望的な (hopeless).
hor·i·zon·tal /hɔ̀(ː)rəzántl, hàr-/ *a* **1** 地平[水平]線上の; 水平面(で)の; 平面の, 水平な (cf. VERTICAL); 横方向の; ‹機械など›水平動の; 均一の, 均等な;〔経〕同一レベル[同等の地位](で)の, 対等の, 水平的な, 同業種間の: a ～ line 水平[地平]線 / a ～ distance 水平距離 / ～ distribution 水平分布 /〔経〕HORIZONTAL INTEGRATION [MERGER]. **2**《俗》[*euph*] 横になってする, 性交の (: a ～ desire);《俗》酔っぱらった. ● **get ～** *《俗》横になる, 寝る, セックスをする. ► *n* [the] 水平位置; 水平物《線・面など》; 水平棒. ♦ **～·ly** *adv* 横に, 水平に. **hòr·i·zon·tál·i·ty** /-tǽl-/ *n* ［F or NL (HORIZON)］
horizóntal bár〔体操〕鉄棒(競技) (＝*high bar*).
horizóntal bómbing〔軍〕水平爆撃.
horizóntal compónent [inténsity]〔理〕水平分力, 水平磁力《地磁気の磁場の水平成分》.
horizóntal divéstiture〔経〕水平剥奪《会社が自社製品に類似の製品を生産する他の事業や会社の持株を処分すること; 法的強制によることが多い; cf. VERTICAL DIVESTITURE》.
horizóntal éxercise《俗》横臥体操, 性交;《俗》横になること, 睡眠.
horizóntal integrátion〔経〕水平的統合《同一業種間の統合; cf. VERTICAL INTEGRATION》.
horizóntal·ìze *vt* 水平に配列する.
horizóntal mérger HORIZONTAL INTEGRATION.
horizóntal mobílity〔社〕水平移動《同一の社会層内での転職や文化の拡散など; cf. VERTICAL MOBILITY》.
horizóntal párallax《天体観測上の》地平視差.
horizóntal proliferátion 水平的増大《核兵器保有国の増大; cf. VERTICAL PROLIFERATION》.
horizóntal rúdder〔海〕《潜水艦などの》水平舵;〔空〕《飛行機などの》昇降舵 (elevator).
horizóntal stábilizer*〔空〕水平安定板.
horizóntal tásting 水平的利き酒, よこ飲み《同一年度の産地・生産者などの異なるワインを飲み比べる法》.
horizóntal únion 水平[横断]的組合 (craft union).
horkey ⇨ HOCKEY².
Hork·hei·mer /*G* hɔ́rkhaɪmər/ ホルクハイマー **Max** ～ (1895–1973)《ドイツの哲学者・社会学者》.
Hor·licks /hɔ́ːrlɪks/ **1**〔商標〕ホーリックス《(1) 麦芽エキスと牛乳から製造される粉末 (2) 1) を温かいミルクまたは湯で溶いて作る飲み物; 安眠のため就寝前に飲む》. **2** [°h-]ᵁ《俗》混乱, めちゃめちゃ《bollocks の婉曲語》: make a ～ of …をめちゃめちゃにする.
hor·me /hɔ́ːrmi/ *n*〔心〕ホルメー《目的を追求する行動の原動力としての生のエネルギー》. ［G＜Gk *hormē* impulse］
hor·mo·go·ni·um /hɔ̀ːrməgóuniəm/ *n* (*pl* **-nia** /-niə/)〔植〕《藍藻類の》連鎖体.
hor·mo·nal /hɔːrmóunl/ *a* ホルモンの; ホルモンの影響をうけた. ♦ **～·ly** *adv*
hor·mone /hɔ́ːrmòun/ *n*〔生化〕ホルモン, SEX HORMONE; *《俗》ホルモンの塊り, 性的人間. ♦ **～·lìke** *a* ［Gk (*hormaō* to impel)］
hórmone replácement thèrapy〔医〕ホルモン補充療法《閉経期などの女性に性ホルモンを投与する療法; 閉経後の不快な症状を軽減したり, 骨粗鬆(こつそしょう)症や心臓発作の発生を予防する; 略 HRT》.
hor·mon·ic /hɔːrmánɪk/ *a* HORMONAL.
hor·mon·ize /hɔ́ːrmòunàɪz/ *vt* ホルモンで処理する《特に化学的に去勢する》.
hor·mo·nol·o·gy /hɔ̀ːrmənálədʒi/ *n* ホルモン学, 内分泌学[研究].
Hor·muz, Or- /(h)ɔ́ːrmʌ̀z, (h)ɔːrmúːz/ ホルムズ, オルムズ《Hormuz 海峡北岸に近いイラン領の島; 古代都市の遺跡がある; 中世イスラム世界で東方貿易の中心》. ■ **the Stráit of ～** ホルムズ海峡《イランとアラビア半島の間の海峡; ペルシア湾の出入口で戦略的・経済的に重要》.
horn /hɔ́ːrn/ *n* **1 a**《牛・羊・サイなどの》角(つの)《CORNEOUS *a*》; 鹿の角 (antler);《悪魔などの》角; [ᵁ*pl*]《妻を寝取られた夫に生えるとされた》角. **b**《カタツムリなどの》角, 触角, 角状器官[突起]. **c**〔聖〕栄光, 力の象徴[源泉]. **2 a** 角質, 角質様物質; 角材. **b** 角製[角の形]の器《杯・火薬筒など》, 角製品《靴べらなど》; 酒杯, 酒 (drink). **3 a** 角笛; 警笛, クラクション;〔楽〕ホルン, FRENCH HORN, HUNTING HORN;《ジャズの》管楽器, ホーン《特にトランペット》, ホーン奏者; ホーン型スピーカー(のホーン); 拡声器: sound [honk, beep] one's ～ *at*…に警笛を鳴らす. **b** [the] *《口》電話: get on *the* ～ 電話する. **4 a**〔空〕角, ホーン《方向舵・補助翼・昇降舵と操舵索とを連結する部分のてこ》;〔空〕張出し釣合い (＝**～ bàlance**); 角型アンテナ; 弓の各端, かなとこの尖端;《鞍の》前橋(まえつぼ) (pommel). **b** 新月の一端. **c** 砂洲[岬など]の先端; [the H-] HORN²; 切り立った峰,〔地質〕氷食尖峰 (＝*pyramidal peak*). **d**《俗》鼻; [the]《卑》勃起(したペニス): get [have] *the* ～ 勃起する. **e**《両刀論法 (dilemma) の》角(つの). ● **around the ～**〔野〕《ダブルプレーで》5–4–3 と渡る. BLOW¹ one's (own) ～. **come out at the little end of the ～** 大ぼらを吹いたあとで失敗する. **draw [haul, pull] in one's ～s**《以前より》慎重にやる, 自分を抑える, おとなしくする; 支出を抑える, 切り詰める; 前言を引っ込める. DRIVE **on the ～**. **get ～s on one's head** ‹夫が›妻を寝取られる;《まれ》‹妻が›夫を寝取られる. **lean on the ～** クラクションを強く鳴らす. **lock ～s** 角突き合わせる, 意見が合わない, 衝突する ‹*with* sb›. **on the ～s of a** DILEMMA. **show one's ～s** 角を出す; 本性をあらわす; けんか腰になる. **take the** BULL¹ **by the ～s.** **the** GATE OF HORN. **toot one's own ～**＝BLOW¹ one's own ～.
► *a* 角(つの), 角状の, 角質(かくしつ)の.
► *vt* 角を生やす; 角を取り去る; 角で突く;〔造船〕‹肋材›を竜骨と直角になるように組む;《古》CUCKOLD; *《俗》鼻で‹麻薬を›吸う. ● **～ in**《口》干渉する, 割り込む, しゃしゃり出る ‹*on*›: Don't ～ *in on* our conversation.
♦ **～·like** *a* ［OE＝OS, OHG, ON *horn*; L *cornu* horn と同語源］
Horn¹ [King] ホーン王《英国最古のロマンス *King Horn* (13 世紀後半) の主人公で, Suddene (現 Man 島) の王子》.
Horn² **1** [Cape] ホーン, オルノス岬《南米最南端の岬 (56°00'S); Tierra del Fuego 諸島南部, チリ領の小島オルノス島 (**～ Ísland**) にある; 強風と荒波で航行の難所》. **2** ホトン《アイスランド北西部の岬; 別称 North Cape》.
hórn·bèam *n*〔植〕クマシデ属の各種落葉樹《カバノキ科》.
hórn·bìll *n*〔鳥〕サイチョウ《アジア南部・アフリカ産》.
hórn·blènde *n*〔鉱〕(普通)角閃石, ホルンブレンド. ♦ **horn·blén·dic** *a*
hórnblende schìst〔岩石〕角閃片岩.
Hórn·blòw·er ホーンブロアー **Horatio** ～《C. S. Forester の *The Happy Return* (1937) を第一作とする連作海軍小説の主人公; 少尉候補生から提督まで出世する》.
hórn·blòw·ing *n* 積極的[派手な]宣伝, ぶち上げ.
hórn·bòok *n* ホーンブック, 角本(つのほん)《昔の児童の学習用具: アルファベット・数字などを書いた紙を透明な角質の薄片でおおい, 柄の付いた枠に入れたもの》; 入門書; *《法律の》基礎学習教科書.
Hórn·chùrch ホーンチャーチ《イングランド南東部 Essex 州にあった urban district; 現在は Havering の一部》.
hórn·dòg *n* *《俗》好色漢, 色事師.
Horne /hɔ́ːrn/ ホーン (**1**) **Lena** ～ (1917–2010)《米国の黒人歌手・女優》(**2**) **Marilyn** ～ (1934–)《米国のメゾソプラノ》.
horned /hɔ́ːrnd, (詩) hɔ́ːrnəd/ *a* 角(つの)[とげ]のある, 有角の; 角状の;《古》妻を寝取られた: the ～ moon《詩》新月, 三日月.
♦ **hórn·ed·ness** /-əd-, -nd-/ *n*
hórned ádder [ásp]〔動〕HORNED VIPER.
hórned lárk〔鳥〕ハマヒバリ (＝*shore lark, wheatbird*)《耳羽がある; 北半球に分布》.
hórned lízard〔動〕HORNED TOAD.
hórned ówl〔鳥〕ミミズク,《特に》アメリカワシミミズク (great horned owl).
hórned póndweed〔植〕イトクズモ, ミカヅキイトモ.
hórned póppy〔植〕ツノゲシ.
hórned póut〔魚〕《米国東部原産のアメリカナマズ, ヘラナマズ.
hórned púffin〔鳥〕ツノメドリ《北太平洋産》.
hórned scréamer〔鳥〕ツノサケビドリ《南米北部産》.
hórned tóad〔動〕ツノトカゲ (＝*horned lizard*)《米南西部・メキシコ産》.
hórned víper〔動〕ツノクサリヘビ (＝*cerastes, horned adder* [*asp*])《エジプト産》.
hórn·er *n* 角細工人; 角笛吹き;《俗》コカイン[ヘロイン]を吸うやつ, コナかぎの鼻たれ; *《俗》大酒飲み, のんだくれ.
hor·net /hɔ́ːrnət/ *n*〔昆〕スズメバチ; [*fig*] うるさい人, 意地悪: (as) mad as a ～ *《口》怒り狂って, かんかんになって. ● **a ～'s [～s'] nest**《口》大変な面倒, 厄介事; 怒り: bring [raise] *a ～'s nest* about one's ears＝stir up *a ～'s nest* 人びとの怒り[反感]をかう, 騒動をひき起こす. ［OE *hyrnet*; cf. HORN, G *Horniss*］

hórnet cléarwing〘昆〙スカシバ.

Hor·ney /hɔ́:rnàɪ/ ホーナイ **Karen** ～ (1885–1952)《ドイツ生まれの米国の精神分析学者》.

horn·fels /hɔ́:rnfɛ̀lz/ *n*〘岩石〙ホルンフェルス《代表的な接触変成岩》. [G (HORN, *Fels* rock)]

hórn·fìsh *n*〘魚〙ギマ《フグ目ギマ科》.

hórn flỳ〘昆〙ノサシバエ (=*buffalo gnat*)《牧野の牛糞で発生し, 角のあたりに集まり家畜の血を吸う黒いハエ》.

hórn·fùl *n* (*pl* ～**s**) 角製杯一杯(の分量).

Hornie ⇨ AULD HORNIE.

Hór·ni·man Muséum /hɔ́:rnəmən-/ [the] ホーニマン博物館《London の Forest Hill にある博物館・図書館; 人類の発達史についての資料を収める》. [Frederick J. *Horniman* (1835–1906) 創立者]

hórn·ist *n* ホルン奏者, 《特に》フレンチホルン奏者.

hor·ni·to /hɔ:rní:toʊ/ *n* (*pl* ～**s**)〘地質〙ホーニト《溶岩流の上にできるかまど状のガス噴出口》. [Sp (dim)＜*horno* oven]

hórn·less *a* 角のない, 無角の. ♦ **～·ness** *n*

hórn-mád *a*《古》猛烈におこった. ♦ **～·ness** *n*

Hórn of África [the] アフリカの角《アフリカ北東部の, ソマリアを中心とする突出部; 紅海からインド洋に抜ける石油ルートに位置する》.

hórn of plénty **1** [the]〘ギ神〙豊饒の角 (CORNUCOPIA). **2**〘菌類〙クロラッパタケ《らっぱの形をした食用キノコ》.

hórn·pìpe *n* ホーンパイプ《昔の英国の管楽器》; ホーンパイプ《英国の水夫間に流行した活発なソロダンス[舞曲]》.

hórn·pòut *n* HORNED POUT.

hórn-rìms *n pl* 角(つの)[鼈甲(べっこう)(に似たプラスチック)]枠の眼鏡. ♦ **hórn-rìmmed** *a*

Horn·sey /hɔ́:rnzi/ ホーンジー《旧 London boroughs の一つ; 現在は HARINGEY の一部》.

hórn sìlver〘鉱〙角銀鉱 (cerargyrite).

hórn-sprèad *n*《二角獣で》角の間の最大間隔.

hórn·stòne *n*〘岩石〙角岩 (chert)《珪質岩》;〘地質〙HORNFELS.

horn·swog·gle /hɔ́:rnswàg(ə)l/《俗》*vt* 一杯食わす, ペテンにかける, 欺く. ● **I'll be ～d.**《俗》これは驚いた, 参ったね. ► *n* ばかげたこと, たわごと, ナンセンス. [C19＜?]

hórn·tàil *n*〘昆〙キバチ (=*wood wasp*)《樹木に産卵する》.

hórn·wòrm *n*〘昆〙スズメガの幼虫, イモムシ《尾角をもつ》.

hórn·wòrt *n*〘植〙**a** マツモ. **b** ツノゴケ(類).

hórn·wràck *n*〘動〙群体を形成するコケムシ, 《特に》オウギコケムシ《あらしのあとなどにしばしば海岸に打ち上げられる》.

hórny *a* **1** 角(つの)の; 角状の, 角質(かくしつ)の, 角のように硬い[硬くなった]; ごわごわした, かさかさの〈肌・手足など〉; 角製の; 角(状突起)のある; 半透明の;〘地質〙〈石理が〉均質で密な: the ～ coat (of the eye) 角膜. **2**《俗》性的に興奮した, 発情した, むらむらした, すけべな, やりたがっている《horn (勃起) に由来するが, 女性にもいう》; "《口》性的魅力がある, セクシーな. ► *n*《俗》警官, マッポ;《スコ・豪俗》牛, 去勢牛 (bullock); [H-] HORNIE. ♦ **hórn·i·ness** *n*

hórny córal〘動〙ヤギ (gorgonian).

hor·o·loge /hɔ́(:)rəlòʊʤ, hár-, -làʤ/ *n* 時計《特に原始的な測時器》. [OF＜L (Gk *hōra* time, *-logos* telling)]

hor·o·log·ic /hɔ̀(:)rəláʤɪk, hàr-/, **-i·cal** *a* 時計の, 時計学上の. ♦ **-i·cal·ly** *adv*

Hor·o·lo·gium /hɔ̀(:)rəlóʊʤ(i)əm, hàr-/〘天〙とけい座 (時計座) (Clock).

ho·rol·o·gy /hərálədʒi, hɔ:-; hɔról-/ *n* 時計学; 時計製作法; 測時法. ♦ **-gist, -ger** *n* 時計師[学者].

ho·rop·ter /hərάptər, hɔ:-; hɔrɔ́ptər/ *n*〘光〙単視軌跡, 単眼限, ホロプター, ホロプテル《一定眼位の両眼視において, 物体が単一に見える点の軌跡》. [F (Gk *horos* limit, *optēr* one that looks)]

horo·scope /hɔ́(:)rəskòʊp, hár-/ *n*〘占星〙星占い, 《誕生時の》天体位置観測 (cf. NATIVITY); 天宮図, 十二宮図《占星用》: cast a ～ 運勢図を作る, 星占いをする. ► *vi* 占星天宮図を作る. ► *vt* …の運勢図を作る; 占う. ♦ **hòro·scóp·ic** /-skáp-/ *a* 天宮図の, 星位上の; 星占いの. [F, ＜Gk (*hōra* time, *skopos* observer)]

ho·ros·co·py /hɔ(:)ráskəpi/ *n* 占星術, 星占い; 運星の相.

hor·o·tely /hɔ́(:)rətɛ̀li, hár-/ *n*〘生〙順進化《適当な速度の進化; cf. BRADYTELY, TACHYTELY》.

Ho·ro·witz /hɔ́(:)rəwɪ̀ts, hár-, -vɪ̀ts/ ホロヴィッツ **Vladimir** ～ (1903–89)《ロシア生まれの米国のピアニスト》.

hor·ren·dous /hɔ(:)réndəs, hɑr-, hə-/ *a* 恐ろしい, 恐るべき, ものすごい, ひどい. ♦ **～·ly** *adv* **～·ness** *n* [L (gerundive)＜*horreo*; ⇨ HORRIBLE]

hor·rent /hɔ́(:)rənt, hár-/ *a*《古・詩》逆立った, 身の毛もよだつ.

hor·res·co ref·e·rens /hɔ:réskoʊ réfərɛ̀nz/ わたしはそれを語ってさえ身の毛がよだつ《Virgil, *Aeneid* 中の句》. [L=I shudder in relating]

hor·ri·ble /hɔ́(:)rəb(ə)l, hár-/ *a* 恐ろしい, 身の毛のよだつ;《口》残酷な, 冷淡な〈*to*〉;《口》ぞっとするほどいやな, 実にひどい: ～ weather 実にいやな天気. ► *n* 恐ろしい人[もの], 身の毛のよだつもの. ♦ **～·ness** *n* [OF＜L (*horreo* to bristle, shudder at)]

hór·ri·bly *adv* ものすごく, ひどく, ばかに; きわめて.

hor·rid /hɔ́(:)rəd, hár-/ *a* 恐ろしい, 忌まわしい;《口》ひどい, 憎らしい, つれない, 薄情な〈*to*〉;《古・詩》粗毛の生えた, ざらざらする. ★ HORRIBLE より少し弱い. ♦ **～·ly** *adv* **～·ness** *n* [C16=bristling, shaggy＜L=prickly, rough; ⇨ HORRIBLE]

hor·rif·ic /hɔ(:)rífɪk, hɑ-/ *a* 身の毛もよだつほどの, 恐ろしい, ものすごい. ♦ **-i·cal·ly** *adv*

hor·ri·fi·ca·tion /hɔ̀(:)rəfəkéɪʃən, hàr-/ *n* ぞっとする[させる]こと; ぞっとさせるもの.

hor·ri·fy /hɔ́(:)rəfàɪ, hár-/ *vt* こわがらせる, ぞっとさせる;《口》(ぞっとするほど)反感を起こさせる;《口》…にひどいショックを与える. ♦ **hór·ri·fied** *a* 恐怖におののいた, ぞっとした. **-fìed·ly** *adv*

hórrify·ing *a* 恐るべき, ぞっとさせる(ような), 衝撃的な, ひどい. **～·ly** *adv*

hor·rip·i·late /hɔ(:)rípəlèɪt, hɑ-/ *vt, vi* …の身の毛をよだたせる, 身の毛が逆立つ; 身震いさせる[する].

hor·rip·i·la·tion /hɔ(:)rìpəléɪʃ(ə)n, hɑ-/ *n* 身の毛のよだつこと; 頭髪の逆立つこと; 鳥肌 (gooseflesh).

hor·ror /hɔ́(:)rər, hár-/ *n* **1 a** 恐怖, 戦慄, 衝撃; 激しい憎しみ, 憎悪, 嫌悪;《口》〈…に対する〉狼狽〈*at*〉: have a ～ of…がぞっとするほど嫌い / to one's ～ ぞっとしたことには / in ～ ぞっとして. **b** 恐ろしいもの, 恐怖のもと, ぞっとするほどいやなもの[人];《口》実にひどい[手に負えない]もの: the ～*s* of war 戦争の惨事 / a little ～ "《口》悪ガキ. **c**《文芸・映画などのジャンルとしての》ホラー, 恐怖もの. **2** [the ～s]《口》ぞっとする心持, 憂鬱, 《アルコール中毒の》震えの発作; DELIRIUM TREMENS; [the ～s]《俗》《麻薬をやった時に見る》恐ろしい幻覚;《廃》毛を逆立てること: *H～s!* キャー, (あら)まあ! / ～ of ～*s* "[*joc*] なんとも恐ろしいことに. ► *a* 恐怖を感じさせる; 戦慄的な, 血も凍る: a ～ fiction 恐怖小説, ホラー(もの) / a ～ film [comic] ホラー映画[漫画]. [OF＜L; ⇨ HORRIBLE]

hórror shòw《口》ぞっとするもの, 目もあてられない光景, 惨状.

hórror stòry ホラー小説[映画];《口》悲惨な体験(談).

hórror-strùck, -strìcken *a* 恐怖に襲われた[て], 恐怖のあまり身がすくんで.

hórror vá·cui /-vǽkjuàɪ/ 空間畏怖《自己の前に広がる空白に対していだく恐怖感; 装飾の起源を説明するときにあげられる》. [NL=horror of vacuum]

hors /ɔ́:r; (h)ɔ́:r; F ɔ:r/ *adv, prep* …の外[外部]に. [F=outside]

Hor·sa /hɔ́:rsə/ ホルサ (⇨ HENGIST AND HORSA).

hors com·merce /*F* ɔr kɔmɛrs/ *a, adv* 非売の[で].

hors con·cours /*F* ɔr kõku:r/ *a, adv* 〈出品物が〉審査外の; 比類なくすぐれた; 審査の対象からはずして. [F=out of the competition]

hors de com·bat /ɔ́:r də kõʊbá:; -kɔ́mbɑ:/ *a, adv*《負傷・損傷のため》〈兵士・戦闘機などが〉戦闘不能で; 職務が果たせなくなって. [F=out of the fight]

hors d'oeu·vre /ɔ:r dɔ́:rv; ɔ: dɔ́:vr; *F* ɔr dœ:vr/ (*pl* ～(**s**)) オードブル, 前菜《スープの前に出る軽い料理》; 添え物, 二の次. [F=outside the work]

horse /hɔ́:rs/ *n* (*pl* ～**s**, ～) **1 a** 馬《EQUINE *a*》, 《成長した》雄馬; ウマ科の動物《シマウマ・ロバなど》: eat like a ～ 馬食[大食]する / work like a ～ がむしゃらに[忠実に]働く / You can take [lead] a ～ to water, but you can't make him drink.《諺》いやがることはさせられない / Don't change ～*s* in midstream.《諺》川中で馬を乗り換えるな / If two men ride on a ～, one must ride behind. 二人が一頭の馬に乗るなら一人は後ろ《指導者は一人がよい》/ It is useless to flog a dead ～.《諺》死に馬にむち打ってもむだ《過ぎたことはあきらめよ》/ WILD HORSE. ★ 雄馬 stallion, 雌馬 mare, 雄の子馬 colt, 雌の子馬 filly, 子馬 foal, 軍馬 steed. **b** 騎兵, 騎兵隊 (cavalry)《集合的》;《口》〘チェス〙KNIGHT. **c** [*derog/joc*] 人, やつ (fellow); *《俗》頑固者, 一徹者, まじめ警官, '馬車馬'; *《俗》強い攻撃的プレーヤー: a willing ～ (一手に引き受けて)手伝ってくれる人. **2 a** 木馬;〘体操〙鞍馬, 跳馬; *《俗》トラック, トラクター. **b** 脚立(きゃたつ), のこびき台, ひき枠, 干し物掛けの台, 衣桁, 衣紋掛け, 《皮の》なめし台. **3**〘海〙JACKSTAY;〘海〙縦帆の帆脚索末端のすべり環がはまった棒 (traveler);〘鉱〙中石(なかいし)《鉱脈中の岩》;《口》馬力 (horsepower);《俗》ヘロイン; *《俗》麻薬中毒者; *《俗》馬糞, 馬ぐそ; [*pl*] *《俗》細工した一組のさいころ; *《俗》虎の巻 (crib); *《俗》1000 ドル; *《俗》運び屋《買収されて手紙・タバコ・麻薬などを運ぶ者, 特に看守》. **4** [ºH-O-R-S-E]〘ゲーム〙ホース, H-O-R-S-E《バスケットボールのフリースローゲーム; 親がやったプレーを同じようにプレーして失敗するごとに, h, o, r, s, e の順で 1 文字ずつが与えられ, 最初に e に達した者が負けとなる》. ● **a ～ of another [a different] color** 全然別の事柄: That's *a ～ of a different color.* それなら話は別だ; そんなの関係ないよ. **back [bet on, pick] the wrong ～** (競馬で)負け馬に賭ける; 弱いほうを支持する; 判断を誤る. **back [pick] the right ～** 勝馬に賭ける; 強いほうを支持する; 正しい判断をする. **change ～s in midstream** 途中で方針[立場, 計画]を変える (cf. 1a 諺). **choke a ～**《俗》〈荷・札束など〉とても大きい, ばかでかい. **Does a wooden ～ have a hickory dick?** *《俗》ばかな質問をするんじゃない, わかりきったことだろうが. **eat a man off a ～** «俗» (馬のように)大食いする. **flog [beat, mount on] a dead ～** 済んだ問題について論議する; むだ骨を折る (cf. 1a 諺, DEAD HORSE). **get on one's ～***«口» 急ぐ, すぐ出発する(用意をする). **hold one's ～s** [ᵁ*impv*] «口» 我慢する, 落ちつく, はやる心を抑える, ちょっと待つ. **～ and foot**＝**～, foot and dragoons** 歩兵と騎兵, 全軍; [*fig*] 全力を挙げて. **～ and ～***«俗» 五分五分で, 対等で. **～s for courses** 人にはそれぞれ得手不得手があること. **I could** EAT **a horse. look a** GIFT HORSE **in the mouth. on one's** HIGH HORSE. **on the ～***«俗» ヘロイン中毒になって, ヘロインでラリって. **play ～** だます, 欺く, ばかにする ‹*with*›. **play the ～s** ⇨ PLAY *vt* 3. **(straight [right]) from [out of] the ～'s mouth** «口» いちばん確かな筋から(直接に) 《馬の本当の年齢はその歯を見れば知られることから》. **talk ～** 競馬用語を使う; 大ぼらを吹く. **To ～!** [号令] 乗馬! ► *a* 馬の; 馬用の; 馬利用の; 強大な; 騎馬の; 騎兵用の. ► *vt* **1** 馬に乗せる; ‹馬車›に馬をつける. **2** むち打つ; «口» 突く, 押す; 素手で本来の位置に動かす; 人の背に乗せる《むち打つため》; ‹雌›と交尾する; «俗» …と性交する; *«俗» 虎の巻で勉強する; «海・口» ‹人を›酷使する, ‹新入生を›いじめる; «口» からかう; *«俗» だます; «俗» 派手に演技する. ► *vi* ばか騒ぎをする, ふざける, 不倫にふける ‹*around, about*›; «口» のらくらする, ちんたらする ‹*around*›; 《ゲラ刷りの》校正をする; 馬に乗る, 馬で行く; ‹雌馬が›さかりがついている.
♦ **～·less** *a* **～·lìke** *a* [OE *hors*; cf. OS, OHG *hros* (G *Ross*)]

hórse-and-búggy *a* 馬と馬車の時代の; 古めかしい, 旧式の: the ～ days.

hórse and búggy [cárriage] 馬と馬車《旧式なもののたとえ》: go out with ～ 流行遅れになる.

hórse àpple «俗・方» 馬糞; «俗» たわごと, ナンセンス, あほらしいこと; [*pl*, ‹*int*›] ばかばかしい, くっだらねえ!

hórse·bàck *n* 馬の背; HOGBACK. ● **a man on ～** 強力な[野心的な]指導者, 軍事独裁者. **(go) on ～** 馬に乗って(行く). ► *adv* 馬に乗って: ride ～. ► *a**馬に乗って行なう‹パレード・旅など›; *«口» 性急な, はやまった‹意見など›; *«俗» ‹仕事が›手早い: ～ riding* 乗馬.

hórse bàlm 〔植〕北米東部産のシソ科の多年草《湿った林の中に生え, レモン香があり, ピラミッド形の黄色い花をつける》.

hórse·bèan *n* 〔植〕 **a** 《馬の飼料にする》ソラマメ (broad bean). **b** JERUSALEM THORN 《マメ科の小低木》.

hórse blòck 《乗馬用》踏み台.

hórse bòxᴵᴵ 馬匹(ばっ)運送(貨)車 (horse trailer*); [*fig*] 大きな腰掛け.

hórse bràss 《もと馬具に付けた》真鍮製の装飾金具.

hórse·brèak·er *n* 調馬師.

hórse·càr* *n* 鉄道馬車; 馬運送車.

hórse chèstnut 〔植〕トチノキ(栃の木), 《特に》セイヨウトチノキ, ウマグリ, マロニエ; トチの実 (＝*conker*).

hórse-chèstnut fàmily 〔植〕トチノキ科 (Hippocastanaceae).

hórse·clòth *n* 馬衣.

hórse còck*«卑» 《ボローニャソーセージなどの》円柱形の肉片.

hórse-còllar *vt* «野球俗» 零封[完封]する.

hórse còllar 馬の首輪[首当て]; «野球俗» 無得点《スコアボードの大きな零 (0) から》.

hórse còperᴵᴵ 《不正をはたらきかねない》博労.

horsed /hɔ́:rst/ *a* [ᴾ～ up]*«俗» ヘロインでラリって[いい気持になって].

hórse dòctor 馬医者, 獣医; *«俗» [*derog*] 医者; [the H- D-s] 英陸軍獣医部 (Royal Army Veterinary Corps).

hórse-dràwn *a* 馬に引かせた, 馬が引く.

hórse·fàce *n* 不器量な長い顔, 馬づら. ♦ **～d** *a*

hórse·fèathers* *n* «俗» たわごと, ばからしい考え, ナンセンス. ► *int* ばかな, ありえない.

hórse·flèsh *n* 馬肉, さくら肉; 《特に 競馬・乗馬の観点から見た場合の》馬 (horses); «卑» 女.

hórse·flỳ *n* 〔昆〕 **a** アブ. **b** (ウマ)シラミバエ.

hórse gèntian 〔植〕ツキヌキソウ (feverroot).

Hórse Guàrds *pl* [the] **1** 〔英〕近衛騎兵隊 (**1**) ROYAL HORSE GUARDS **2**) HOUSEHOLD TROOPS の騎兵旅団). **2** 近衛騎兵旅団本部, ホースガーズ《London の Whitehall にある》.

Hórse Guàrds Paráde ホースガーズ・パレード《London の Horse Guards 裏手の広場のこと; 女王の Official Birthday (6 月第 2 土曜日) に trooping the colour(s) の式典がある》.

hórse·hàir *n* 《たてがみ・尾の》馬の毛《かつて詰め物・織物に用いた》; 馬巣(ばす)織り (haircloth).

hórsehair wòrm [snàke] 〔動〕《成熟後の, 自由生活をする》ハリガネムシ (＝*hairworm*).

Hórse·hèad Nébula [the] 〔天〕《オリオン座の》馬頭星雲.

hórse·hìde *n* 馬の生皮[なめし革]; «口» 野球のボール.

hórse hòckey*«俗» 馬糞, 馬くそ; *«俗» たわごと, ナンセンス.

hórse·jòckey *n* 騎手 (jockey).

hórse látitudes *pl* 〔海〕《北緯および南緯各 30° 辺の海上, 特に大西洋上の》無風帯.

hórse·làugh *n* ばか笑い, 高笑い, 哄笑 (guffaw).

hórse·lèech *n* 〔動〕ウマビル; あくなき強欲者, 搾取者; «古» VETERINARIAN: daughters of the ～ 〔聖〕蛭の二人の娘《ひどく貪欲な者; *Prov* 30:15》.

hórseless cárriage [*joc*] 馬抜き馬車《旧式の自動車》.

hórse lìtter 馬かご《2 頭の馬の間につける》.

hórse màckerel 〔魚〕 **a** マグロ, 《特に》クロマグロ (tunny). **b** マアジ, 《特に》ニシマアジ.

hórse·man /-mən/ *n* (*pl* **-men** /-mən/) 乗馬者, 騎手; 馬術家; 馬を飼育する人. ♦ **～·shìp** *n* 馬術; 乗馬 (equitation).

hórse marìne 騎馬水兵, 乗船騎兵; [*pl*] [*joc*] 騎馬水兵隊《場違いなもの》; 場違いな人, 不適任な人: Tell that to the ～*s!* でたらめ言うな!

hórse màster 調馬師; 貸し馬屋, 貸し馬車屋.

hórse·mèat *n* 馬肉, さくら肉 (horseflesh); «卑» 女.

hórse·mìnt *n* 〔植〕ヤグルマハッカ (monarda).

hórse mùshroom 〔植〕シロオオハラタケ《食用》.

hórse·nàpping *n* 競走馬泥棒《行為》.

hórse nèttle 〔植〕ワルナスビ, オニナスビ《北米原産の雑草》.

Hor·sens /hɔ́:rs(ə)nz, -s/ ホーセンス《デンマークの Jutland 半島東部の, ホーセンスフィヨルド (**～ Fjórd**) の湾奥の市・港町》.

Hórse of the Yéar Shòw [the] ホース・オヴ・ザ・イヤー・ショー《毎年 10 月に London で開催される障害飛越競技会; 1949 年より》.

hórse òpera [òpry] «口» 《テレビ・映画の》西部劇; *«俗» サーカス(の馬のショー).

hórse pàrlor «俗» 馬券売場.

hórse piàno «サーカス俗» 汽笛オルガン (calliope).

hórse pìck 馬のひづめにはいった小石などをかき出す鉤.

hórse pìstol 《革袋入りで大型の》馬上短銃.

hórse·plày *n* 《子供などの》ふざけっこ《互いに押し合ったりこづいたりする》. ► *vi* ふざけっこをする.

hórse·plày·er *n* 馬に賭ける人, 競馬狂. ♦ **-plày·ing** *n*

hórse·pònd *n* 馬に水を飲ませたり洗ったりする小さい池, 馬洗い池.

hórse·pòwer *n* [*pl* ～] 〔力〕馬力《仕事率の単位: ＝746 watts; 略 hp, HP》; 馬の牽引力; 馬力利用機械; «口» 活力, 能力, パワー.

hórse·pòwer-hòur *n* 馬力時《一馬力で一時間に行なう仕事量[使うエネルギー]の単位》.

hórse·pòx *n* 〔獣医〕馬痘(ばとう).

hórse ràce 《一回の》競馬; 激しい争い, 競り合い, 接戦: ～ journalism* «俗» 《候補者の支持率や当落予想などに終始する》選挙戦報道.

hórse ràcing 競馬 (horse races).

hórse·ràdish *n* **1** 〔植〕セイヨウワサビ, ワサビダイコン《アブラナ科の多年草》; セイヨウワサビの根(をすりおろして作った薬味・ソース), ホースラディッシュ. **2***«俗» ヘロイン (heroin).

hórse ràke 畜力レーキ《まぐわ》.

hórse rìdingᴵᴵ 乗馬 (riding) (horseback riding*).

hórse ròom «俗» 馬券売場.

hórse's àss «卑» ばかたれ, くそばか, いやなやつ, げす野郎.

hórse sènse «口» 常識 (common sense), あたりまえの判断力.

hórse·shìt /, hɔ́:rʃ-/*«卑» *n, vi, vt* BULLSHIT. ► *int* ばかな, くだらない.

horse·shoe /hɔ́:rsʃù:, hɔ́:rʃ-/ *n* 蹄鉄, かなぐつ《魔除け・幸運の兆しとみなされる》; 蹄鉄形 [U 字形] のもの; 〔動〕HORSESHOE CRAB; [～s, ‹*sg*›] 蹄鉄投げ遊び. ► *vt* …に蹄鉄をつける, 装蹄する; ‹アーチなど›蹄鉄形にする. ► *a* 蹄鉄形の. ♦ **hórse·shòer** *n* 蹄鉄工, 装蹄師.

hórseshoe árch 〔建〕蹄鉄形アーチ.

hórseshoe bàt 〔動〕キクガシラコウモリ.

hórseshoe cràb 〔動〕カブトガニ (＝*king crab*) 《北米・東アジア産》.

Hórseshoe Fálls *pl* [the] ホースシュー滝 (Canadian Falls) (⇨ NIAGARA FALLS).

hórseshoe màgnet (馬)蹄形[U 字形]磁石.

hórseshoe vètch 〔植〕ヨーロッパ産マメ科の草本.

hórse shòw 《例年の》馬術ショー.

hórse's nèck ホーセズネック, 馬の首《渦巻形にむいたレモン[オレンジ]の皮をジンジャーエールに添え, 時にウイスキー・ブランデー・ジンなどを加えた冷たい飲み物》.

hórse sòldier 騎馬兵.

hórse·tàil *n* 馬の尾《昔トルコで軍旗・総督旗に用いた》; 〔植〕トクサ属の多年草 (EQUISETUM) 《トクサ・スギナなど》; «口» PONYTAIL.

hórse tràde 馬市(うまいち); 抜け目のない交渉, 政治取引[駆引き], 詐欺. ♦ **hórse tràder** *n*

hórse-tràding *n* 馬の売買; 抜け目のない取引[駆引き]; 価格[役割分担]の交渉. ♦ **hórse-tràde** *vi* 抜け目なく取引する, うまく交渉する.

hórse tràiler*馬匹(ばっ)運搬車[トレーラー] (horse boxᴵᴵ).

hórse trànquilizer [trànk]*«俗» PCP剤 (phencyclidine).

H

hórse vàult [the]〘体操〙跳馬.

hórse·wèed *n*〘植〙**a** ヒメムカシヨモギ《北米原産》. **b** オオブタクサ, クワモドキ. **c** 北米原産のアキノノゲシの一種.

hórse·whìp *n, vt* 馬のむち(で打つ). ♦ **-whìpper** *n*

hórse·wòman *n* 女性乗馬者, 女性騎手; 女性馬術家; 馬の扱い[世話]にたけた女性; 馬を飼育する女性.

hors·ey[1], **horsy** /hɔ́ːrsi/ *a* 馬の(ような); 馬好きの, 乗馬[競馬]好きの; 馬匹改良に熱心な; 騎手気取りの; 馬みたいな, でかくてぶかっこうな: a ~ face 馬づら. ♦ **hórs·i·ly** *adv* **-i·ness** *n*

hór·si·cùlture /hɔ́ːrsi-/ʺ *n* 馬飼育農業《農地・草地を開発して馬の飼育に転用すること》.

hors·ie, hors·ey[2] /hɔ́ːrsi/ *n* 《幼児》おんまさん.

hors·ing /hɔ́ːrsɪŋ/ *a* 〈雌馬が〉交尾期の.

horst /hɔ́ːrst/ *n*〘地質〙地塁, ホルスト《2 つの正断層にはさまれた, 両側より隆起している細長い地塊; cf. GRABEN》. [G]

hors texte /*F* ɔr tɛkst/ *adv, a* 本文と別に[の], 別刷りで[の].

Horst Wes·sel Lied /*G* hɔ́rst vɛ́sl lìːt/ ホルスト・ヴェッセルの歌 (=**Hórst Wéssel Sòng**)《1930 年に暗殺されて英雄扱いされた突撃隊員 Horst Wessel 作の詩に曲をつけたナチス党歌, ナチスドイツの準国歌》.

horsy ⇨ HORSEY[1].

Hor·szow·ski /hɔːrʃɔ́ːfski/ ホルショフスキ **Mieczyslaw** ~ (1892–1993)《ポーランド生まれの米国のピアニスト》.

hort. horticultural ♦ horticulture.

Hor·ta /hɔ́ːrtə/ **1** オルタ《北大西洋にあるポルトガル領の Azores 諸島の Faial 島にある港町》. **2** オルタ **Victor** ~, Baron ~ (1861–1947)《ベルギーの建築家; art nouveau 様式の代表的建築家》.

H

hor·ta·tive /hɔ́ːrtətɪv/, **hor·ta·to·ry** /hɔ́ːrtətɔ̀ːri; -t(ə)ri/ *a* 勧告(調)の; 激励の. ♦ **hórtative·ly** *adv* **hor·tá·tion** *n* 勧告; 激励. [L (*hortor* to exhort)]

Hor·tense /hɔ́ːrtèns, ─́─; *F* ɔrtɑ̃ːs/ **1** ホーテンス《女子名》. **2** Hortense de BEAUHARNAIS. [F<L=(of the) garden]

Hor·tense de Beauharnais /*F* ɔrtɑ̃ːs-/ オルタンス・ド・ボアルネ (⇨ BEAUHARNAIS).

hor·ten·sia /hɔːrténsiə/ *n* **1**〘植〙アジサイ (hydrangea). **2**[H-] ホーテンシア《女子名》. [L=gardener (HORTENSE)]

Hor·thy /hɔ́ːrti/ ホルティ **Miklós** ~ **de Nagybánya** (1868–1957)《ハンガリーの海軍将校; ハンガリー王国摂政 (1920–44)》.

hor·ti·cul·ture /hɔ́ːrtəkʌ̀ltʃər/ *n* 園芸, 園芸学. ♦ **hòr·ti·cúl·tur·ist** *n* 園芸家. **-cúl·tur·al** *a* **-al·ly** *adv* [*agriculture* にならって L *hortus* garden より]

hor·ti·thérapy /hɔ̀ːrtə-/ *n* 園芸療法.

hor·tus sic·cus /hɔ́ːrtəs síkəs/ 圧葉標本, 押葉集; [*fig*] つまらない事実などの収集. [L=dry garden]

Ho·rus /hɔ́ːrəs/〘エジプト神話〙ホルス《鷹の姿[頭部]をもつ太陽神; Osiris と Isis の息子》. [L<Gk<Egypt *Hur* hawk]

Hor·vitz /hɔ́ːrvɪts/ ホーヴィッツ **H**(**oward**) **Robert** ~ (1947–)《米国の遺伝学者; ノーベル生理学医学賞 (2002)》.

Hos.〘聖〙Hosea.

ho·san·na, -nah /houzǽnə, *-záː-/ *n* 熱狂的賛成[称賛]の叫び[ことば]; [ᵒ〈*int*〉]〘聖〙ホサナ《「救いたまえ」の意の, 神を賛美する叫び[ことば]; *Matt* 21: 9, 15, etc.》. ► *vt* 熱狂的に賛成[称賛]する. [L<Gk<Heb=save now!]

HO scale /éɪtʃóu ─/ HO 縮尺《自動車・鉄道模型の縮尺: 1 フィートに対し 3.5 mm; cf. HO GAUGE》.

hose /hóuz/ *n* **1** (*pl* ~**s**) ホース, 蛇管; *《俗》ホース, まら (penis); ʺ《方》《穀粒を包む》殻. **2** (*pl* ~) 長靴下, ストッキング, タイツ; 《古》半ズボン, 《doublet と共に着用した》タイツ: six pairs of ~ 長靴下 6 足 / half ~ 半靴下, ソックス (socks). ► *vt* **1** 《ホースで》〈庭などに〉水をかける[まく], 〈車などを〉水をかけて洗う〈*down*〉; 《俗》ホースなどで打つ, やっつける. **2** 《俗》だます, ペテンにかける, だまして奪う; *《俗》…と性交する; *《俗》《自動火器で》…に発砲[射撃]する, 撃ちまくる, 掃射する〈*down*〉; *《学生俗》断わる, はねつける: get ~*d* はねつけられる. **3** 《古》長靴下を履かせる. ● **~ down** *《俗》殺す, 消す, バラす. ♦ **~·lìke** *a* [OE=stocking, husk; cf. G *Hose*]

Ho·sea /houzéɪə, -zíːə; -zíə/〘聖〙**1** ホセア《紀元前 8 世紀のヘブライ人の預言者》. **2** ホセア書《旧約聖書の一書; 略 Hos.》. [Heb=salvation]

ho·sel /hóuzəl/ *n*〘ゴルフ〙ホーゼル《クラブヘッドの部分の, シャフトを挿入する所》. [(dim)‹*hose*]

ho·sen /hóuz(ə)n/ *n* 《古》HOSE の複数形.

hóse·pìpeʺ *n* (水をひく)ホース (hose).

hos·er /hóuzər/ *n* **1** ホースで水をまく[注水する]人. **2***《俗》**a** いいやつ, 頼もしい[たよれる]やつ; 《カナダ俗》カナダ人《特に 質朴でがんじょうな北部人タイプ》. **b** ペテン師, いかさま野郎, 詐欺師; あちこちで性関係をもつやつ, だれとでも寝る女. **c** 愚か者; 無骨者.

hóse tòps *pl* 《スコ》足部のない長靴下.

ho·sierʺ /hóuʒər; -ziər, -ʒər/ *n* 靴下屋, メリヤス商人《靴下・カラー・男性用下着類を売る》. [*hose*]

hó·siery *n* 靴下類; ʺメリヤス[ニット下着]類; 靴下・メリヤス下着販売業[工場].

hos·ing /hóuzɪŋ/ *n* 《俗》*n* だますこと, 不当に利用すること; 猛攻撃をうけること, 決定的敗北: take a ~ だまされる, 決定的な打撃をうける.

hos·ka /háskə/ *n**《俗》MAHOSKA.

hosp. hospital.

hos·pice /háspəs/ *n* ホスピス《末期患者のケアシステムおよび施設》; ʺ《病人・貧困者などの》収容所, ホーム (home); 旅人接待[宿泊]所《特に修道会が巡礼などのために設けたもの》. [F<L; ⇨ HOST[1]]

hos·pi·ta·ble /háspɪtəb(ə)l, ─́───/ *a* もてなし[客扱い]のよい, 客人を歓迎する, 手厚い〈*to, towards*〉; 生存[生育]に適した〈環境・気候など〉; 〈新思想などに対して〉寛容な, オープンな〈*to*〉. ♦ **-bly** *adv* **~·ness** *n* [F (L *hospito* to entertain); cf. HOST[1]]

hos·pi·tal /háspɪtl/ *n* **1** 病院, 医療施設; 救護院; 〘英史〙慈善施設; 養育院, 収容所; 修理所, …の病院 (: a doll ~); *《俗》刑務所 (jail)《CIA や暗黒街の用語》: go into [enter] (*the**) ~ 入院する / leave (*the**) ~ 退院する / My son is still in (*the**) ~. まだ入院中《★ 英米で冠詞の有無に注意》. **2**ʺパブリックスクール《Christ's *H*~ など固有名詞にだけ残る》. ● WALK **the ~**(**s**). ► *a* 病院の, 病院勤務の: a ~ ward 病棟. [OF<L *hospitalis*; ⇨ HOST[1]]

hóspital bèd 病院ベッド《頭部・胴部・足部の高低調節が可能》.

hóspital còrner [ᵘ~s] 病院式ベッドメーキング(によるシーツの隅の折り目).

hóspital·er *n* 慈善宗教[救護院]団員; 《London などの》病院付き牧師[司祭]; [H-]〘史〙病院騎士会士 (KNIGHT HOSPITALER). [OF<L; ⇨ HOSPITAL]

Hos·pi·ta·let /(h)àspɪt(ə)lét, ɔ̀(ː)spitaːlét/ オスピタレット《スペイン北東部 Barcelona の南西郊外の市》.

hóspital féver 病院チフス《院内非衛生による》.

hóspital·ìsm *n* 病院制度; 病院[養育院]制の悪影響; 院内非衛生; 病院症, 施設病, ホスピタリズム.

hóspital·ist *n* 病院医師《他の医師の受け持ちの入院患者を診療・治療することを専門とする医師》.

hos·pi·tal·i·ty /hàspətǽləti/ *n* **1** 親切にもてなすこと, 歓待, 厚遇, もてなし; 《飲食物・娯楽などによる》顧客・来場者へのサービス, 接待: Afford me the ~ of your columns. 貴紙にご掲載願います《寄稿家の依頼のことば》/ partake of sb's ~ 人のもてなしをうける / the ~ industry ホスピタリティー産業《ホテル・レストラン業など》. **2** 《新思想などに対する》受容力, 理解力.

hospitálity suìte 《商談や集会などの際に用意される》接待用スイートルーム.

hospitálity tràу お茶セット《ホテルが客のために用意しているポット・カップ・コーヒーなどをそろえたトレイ》.

hòspital·izátion *n* 病院収容, 入院(加療); 入院事例[患者数]; 入院期間; 《口》入院保険 (=~ **insùrance**).

hóspital·ize *vt* [ᵘ*pass*] 入院させる, 病院加療を施す.

hós·pi·tal·ler *n* HOSPITALER.

hóspital·man /-mən/ *n* (*pl* **-men** /-mən/)〘米海軍〙《病院助手の》衛生兵, 看護兵.

hóspital núrseʺ 看護師.

hóspital òrderly〘軍〙衛生兵, 看護兵.

Hóspital Sáturday 病院寄付金募集の土曜日《街頭などで行なう; cf. HOSPITAL SUNDAY》.

hóspital shìp 《戦時などの》病院船.

Hóspital Súnday 病院寄付金募集の日曜日《教会で行なう; cf. HOSPITAL SATURDAY》.

hóspital tràin 《戦地からの》傷病兵運搬列車.

hóspital trùst 〘英〙トラスト(ホスピタル) (⇨ TRUST 4).

hos·pi·ti·um /haspíʃiəm; -tiəm/ *n* (*pl* **-tia** /-iə/) HOSPICE.

hos·po·dar /háspədàːr/ *n* 《トルコ支配下のモルダヴィア・ヴァラキアの》太守, 君主. [Romanian<Ukrainian]

hoss /hɔ́(ː)s, hás/ *n* 《方・俗》馬 (horse); *《俗》やつ, やっこさん (chap): old [ole] ~ 《呼びかけに用いて》よう兄弟.

host[1] /hóust/ *n* 《客をもてなす》主人(役), 亭主役, ホスト〈*to*〉; 主催者; 《旅館などの》亭主; 〘ラジオ・テレビ〙司会者, 案内人; 〘生〙《寄生動植物の》寄主, 宿主 (opp. *parasite*); 〘外科〙被移植体 (cf. DONOR); 〘地質〙親鉱物, 親岩石《内包する鉱物よりも古い外部の鉱物[岩石]》; 〘電算〙ホスト(コンピューター) (=~ **compùter**)《ネットワークを通じて多くのユーザーがアクセスする中枢コンピューター》; 〘電算〙ホスト《メモリーカードなどが挿入されるドライブやコンピューター》: the ~ country [nation]《国際的行事の》主催[開催, 受入れ]国〈*for*〉/ play [be] ~ *to* …=serve as ~ *for*…の主催者[ホスト役]をつとめる; …の受け入れ先[開催場所]となる / the ~ club ʺ《サッカーなどの》ホームチーム. ● **count** [**reckon**] **without one's ~** 帳場に問い合わせないで勘定する; 重要な点を見のがして結論を下す. ► *vt* 接待する, もてなす; 〈パーティーなど〉の主人役をつとめる, 主催する; …の司会をする; 《(顧客の)ウェブサイトを》管理する; *《口》〈レストラン〉で食い逃げする. ► *vi* 主人(役)をつとめる. ♦ **~·ly** *a* ホストの, 主人役にふさわしい. **~·shìp** *n* [OF<L *hospit- hospes* host, guest]

host[2] *n* 大勢, 群, 多数 (large number); 《詩・古》軍, 軍勢 (army); 天使《集合的》; 太陽と月と星, 日月星辰: ~*s* [a ~] of admirers 多数の崇拝者 / the heavenly ~=the ~(*s*) of heaven 天体群, 日

月星辰;〖聖〗《神に仕える》天使軍 / the Lord [God] of *H~s*〖聖〗万軍の主, 天帝 (Jehovah). ● **a ~ in himself** [**herself**] 一騎当千の者. ► *vi* 群がる; (戦争のために)集結する. [OF<L *hostis* enemy, army]

host[3] *n* [the, °the H-]〖教会〗聖体, 聖餐式[ミサ]のパン, ホスチア; 《廃》いけにえ, 犠牲. [OF<L *hostia* victim]

hos·ta /hóustə, hás-/ *n*〖植〗ギボウシ属 (*H-*) の各種草本.

hos·tage /hástɪʤ/ *n* **1** 人質; 《まれ》抵当, 質, かた: hold [take] sb ~ 人を人質に取る / be held [taken] ~ 人質[かた]に取られる. **2** 《古》宿泊所, 宿屋. ● **be** (**a**) **~ to**…に支配[拘束, 左右]される. **give ~s** [(**a**) **~**] **to fortune** [**time, history**] 自分の将来を天にゆだねる; 自分を危険にさらす; 言質を与える. ♦ **~·ship** *n* 人質. [OF (L *obsid- obses* hostage)]

hos·tel /hást(ə)l/ *n* 簡易宿泊所, 安宿, ユースホステル (=*youth* ~) "従業員宿舎, 学生寮; "ホームレス[難民]の宿泊施設; 《老人・身障者・長期療養者などの》療養所, 福祉厚生施設; 《古》宿屋. ► *vi* 《旅行中》ユースホステルに泊まる; "《方》宿泊する. ♦ **-tel·(l)ing** *n* [OF<HOSPITAL]

hós·tel·(l)er *n* 《宿泊所の》世話係; 宿の主; *《学生寮の》寮生, ユースホステル利用の旅行者.

hóstel·ry *n* 《文》宿屋 (inn); "[*joc*] PUB.

hóstel schòol〖カナダ〗ホステルスクール《イヌイットおよびインディアンの子弟のための国立の寄宿学校》.

hóst·ess *n* 女主人(の役); 《テレビ・ラジオの》女性司会者; 《列車・バスなどの》乗客係の女性; 《古風》AIR HOSTESS; 《バー・ナイトクラブの》ホステス; 《旅館・料理店などの》おかみ, 女中頭; *《レストランなどの》案内係の女性: the ~ the mostest 《口》[*joc*] パーティー上手《女性》. ● **bang the ~** *《古風俗》ベルで客室乗務員を呼ぶ. ► *vi, vt* 〈女性が〉主人役をつとめる, 仕切る, 接待する. [OF (*-ess*[1])]

hóstess gòwn ホステスガウン《親しい客を家庭でもてなすときなどに婦人が着用するしゃれた雰囲気のローブ[部屋着]》.

hóst fàmily ホストファミリー《ホームステイの外国人学生を受け入れる家族》.

host·ie /hóusti/ *n* 《豪口》AIR HOSTESS.

hos·tile /hást(ə)l; -tàɪl/ *a* 敵意ある, 敵意を示す, 敵対する, 敵愾心をもった 〈*to, toward*〉; 敵の; 敵対的な, 反友好的な; 過酷な〈環境・条件など〉; 〈企業の合併・買収などが〉目標企業の現経営陣・取締役会の抵抗を抑えて行なわれる, 敵対的な: be ~ *to* reform 改革に反対だ / go ~ 《豪》おこる, 腹を立てる / a ~ takeover 敵対的買収. ► *n* 敵意をいだく者, 敵, 敵兵, 敵機, 敵船. ♦ **~·ly** *adv* **~·ness** *n* [F or L; ⇨ HOST[2]]

hóstile fíre〖保〗敵対火, 仇火(きゅう)《火床でないところに発生する火; これによる火災のみが保険で担保される; opp. *friendly fire*》.

hóstile wítness〖法〗《証人尋問請求側当事者に敵意を持っていると判断される, あるいは証言しようとしない》敵意をもつ証人.

hos·til·i·ty /hastíləti/ *n* 敵意, 敵性, 敵愾心 〈*to, toward, between*〉; 反抗, 敵対行為[作用]; 《思想上の》反対, 対立; [*pl*] 戦争行為, 交戦(状態) 〈*between*〉: long-term *hostilities* 長期抗戦 / open [suspend] *hostilities* 開戦[休戦]する.

hos·tler /(h)áslər/ *n* 《馬屋・宿屋などの》馬丁; *《乗物・機械などの》整備員. [OSTLER]

hóst plànt 寄主(きしゅ)植物.

hóst-specífic *a* 特定の宿主に寄生する, 定宿性の.

hot /hát/ *a* (**hót·ter**; **hót·test**) **1** 熱い, 暑い (opp. *cold*); (体が)熱っぽい; 〖冶〗高温の, 熱間の: a ~ day / HOT WATER / STRIKE while the iron is ~. / (Is it) ~ enough for you? いや暑いねえ《暑い時の挨拶》. **2 a** ヒリヒリする, 辛い (pungent, spicy); 刺激的な; 〈色が〉燃えるような: This curry is too ~. このカレーは辛すぎる. **b** 《口》〈…に〉きびしい, 厳重な 〈*on*〉. **3 a** 激しい, 白熱した (fiery) 〈議論・戦い・競争など〉; 議論を呼ぶ, 論争[関心]の的となる〈問題・話題〉; 〈状況がむずかしい, 手に負えない 〈*for*〉; 《球技で》強烈な, むずかしい〈球〉; 〖ジャズ〗即興的で激しい, ホットな, エキサイティングな, 〈ミュージシャンが〉ホットなジャズを演奏する; ホットな〈媒体〉《テレビと比べてラジオのように, 情報が詳細で受け手の積極的関心を要しない; McLuhan の用語》. **b** 熱烈な; 熱望して, しきりにしたがって (eager) 〈*for*〉; 夢中になって, 熱をあげて 〈*on*〉: ~ *for* reform 改革に熱心な. **c** 血の気の多い, おこった (angry), 興奮して, かっかとして(いる) 〈*with* rage〉. **d** 《口》わくわくさせる, センセーショナルな, 活気がある, 生きいきした. **e** 《口》性的に興奮した, さかりがついた, 熱くなった; 《俗》セクシーな; 《口》(性的)刺激の強い, 過激な〈映画など〉. **f** *《俗》酔っぱらった. **4 a** できたての, ほやほやの; "《口》発行されたばかりの〈財務省証券・紙幣〉: ~ meal 《できたての》温かい食事. **b** 〈ニュースなど〉新しい, 最新の, (今)話題の; 人気の, 流行の, 売れ筋の〈商品〉: ~ news / news ~ off [from] the press(es) / a ~ property 人気物件; 売れっ子 (俳優[選手]). **c** 〖狩〗〈臭跡が〉強い (cf. COLD, COOL, WARM); 接近して, 《隠れんぼ・クイズなどで》〈人が〉目標[正解]に近づいて, 当てそうで: ~ on the trail [track, heels] (of…を)急追して[…にきびすを接して]. **5 a** 《口》〈ミュージシャン・ダンサー・選手など〉うまい, すばらしい; きわめて有望な〈チームなど〉; よくできる, 申し分ない 〈*at, in, on*〉; 事情に通じた, 〈…に〉詳しい 〈*on*〉: a ~ favorite 《競馬の》人気馬; 《一般に》本命 / ~ *at* [*in*] math 数学が得意で / a ~ tip 確かな情報, 有益な助言. **b** 《俗》ラッキーな, まぐれあたりの, つきについている. **6 a** 《俗》不正に入手した, 盗んだ(ばかりの); 《俗》密輸品の, 禁制の (contraband); *《俗》やばいブツ[禁制品]を抱えて; 《俗》お尋ね者の; 《俗》危険な, やばい: ~ goods 《すぐ足がつく》盗品. **b** 《俗》放射能の, 放射性の; 放射性物質を扱う〈実験室など〉; 〈原子が〉励起されている (excited); 高電圧の; 〈電線・マイクなど〉電気がきている, スイッチがオンになっている; 速い, 高速の[が出る]〈乗物など〉. **c** 《俗》ばかげた, 途方もない, 《豪口》むちゃな〈料金・価格〉. **d** *《俗》かっこいい, いかしてる. ● (**all**) **~ and bothered** 《口》興奮して, 取り乱して, やきもき[かっか]して 〈*about*〉; *《口》性的に興奮した, 熱くなって, むらむら[うずうず]して. BLOW[1] **~ and cold. drop** sth [sb] **like a ~ potato** [**brick, chestnut**] 《口》あわてて[いきなり, 惜しげもなく]捨てる, 急に一切の関係を絶つ. **get ~** 《口》興奮する, おこる, 熱中する; 《クイズなどで》もう少しのところに近づく (⇨ 4c); 《俗》《ギャンブルなどで》つき[運]がまわってくる, つき始める; 《俗》せわしく[忙しく]なる. **Get ~ and get lucky!** *《俗》とんでもない, ばか言うな. **get** [**catch**] **it ~** (**and strong**) 《口》ひどくしかられる, きつく懲らしめられる. GIVE **it to** sb **~** (**and strong**). **go ~ and cold** 突然恐怖[緊張]に襲われる, 冷や汗が出る. **have it ~** 《口》〈人を〉ひどくしかりつける. **~ and cold** *《口》よくなったり悪くなったりの[で], 一定しない(で). **~ and heavy** 猛烈な[に], 熱心な[に], 電光石火の[のごとく]. **~ and ~** 《古》熱いほやほやの, できたての〈料理〉. **~ and strong** 《口》こっぴどく, 猛烈に[な]. **~ to go** [**trot**] 《俗》《性欲・所有欲・期待などで》うずうずして 〈*for*〉. **~ under the** COLLAR. **~ with** 《口》砂糖入りの酒 (cf. COLD *without*). **make it** [**a place, things, etc.**] (**too**) **~ for** [**to hold**] sb 《口》(迫害などで)いたたまれなくする, こっぴどくやっつける[しかる]. **not so** [**too, very**] **~** 《口》たいしてよくない[効果がない], あまり満足のいかない, さえない: For mayor he is *not so* ~. 市長として凡庸だ. **the pace is too ~** (**for** sb) (…にとって)ペースが速すぎる, ついていけない; やばいことになる, 足もとに火がつく (cf. *make it* (*too*) HOT *for* sb). **too ~** (**to handle**) (掛かり合うと)危険[厄介]な, (手を出すと)やばい.

► *adv* 熱く; 熱心に, 熱烈に; 激しく; おこって; すばやく; 〖冶〗高温で, 熱間で: The sun shone ~ on my face. 熱く顔に照りつけた.

► *v* (**-tt-**) "《口》/*《方》*vt* 〈冷えた食べ物を〉温める, 加熱する 〈*up*〉. ► *vi* 熱くなる; [*fig*] 危険な状態になる. ● **~ it up** 《俗》うんとおもしろくやる. **~ up** "《口》激化する, 活発になる[する], 活気づく[づける], 刺激する, 加速[促進]する; 〈エンジンなど〉の出力を強化する.

► *n* [[u]the] 暑い天気, 暑熱, 炎熱; 熱い[温かい]食事, *《俗》食事 (meal), HOT DOG; 《運動後などの》熱い馬; *《俗》盗品; [the ~s] 《俗》激しい性欲, 性愛, 強い性的魅力; [the ~s] *《俗》強い好み: have [get] *the ~s* 《俗》性的に燃えている, 〈…と〉やりたがっている 〈*for* sb〉. ♦ **hót·tish** *a* **~·ness** *n* [OE *hāt*; cf. HEAT, G *heiss*]

hót áir 暑気, 暖房用スチーム; 《口》ほら(話), 大ぶろしき, 大言, 怪気炎, たわごと, おべっか, 空(から)手形: full of ~ 間違った, 大げさな, うぬぼれた.

hót-áir ballòon 熱気球.

hót-áir èngine〖機〗熱空気機関.

Ho·tan /hóutáːn/, **Ho·t'ien** /hóutiɛ́n/, **Kho·tan** /xóutáːn/ ホータン (和田)《中国新疆ウイグル自治区 Takla Makan 砂漠南西部のオアシス町》.

hót and cóld *《俗》ヘロインとコカインを混ぜたもの.

hót-and-sòur sóup〖中国料理〗酸辣湯(スアンラータン) (SUAN-LA TANG).

hót átom〖原子物理〗反跳原子, ホットアトム.

hót báby *《俗》情熱的でセクシーな女の子, みずてん.

hót·bèd *n* 温床; 《通例 望ましくないことの》温床, 発生源 〈*of*〉; 助長[育成]する環境 〈*of*〉; 〖冶〗熱延用ベッド; 《俗》《二人(以上)の交代勤務者が借りる》共用ベッド.

hót béef "《韻俗》泥棒をつかまえて! (Stop thief!).

hót blást 溶鉱炉に吹き込む熱風.

hót·blòod *n* サラブレッド種(の馬); 血の気の多い人[選手].

hót-blóod·ed *a* 熱烈な, 血気盛んな; 興奮しやすい, 短気な, おこりっぽい; 〈馬が〉アラブ系の, サラブレッド系の, 〈家畜が〉純血種の, 優秀な血統の. ♦ **~·ness** *n*

hót·bòx *n* 《鉄道車両などの》熱軸箱; *《俗》囚人懲罰箱 (sweatbox).

hót-bráined *a* 《古》HOTHEADED.

hót-búlb èngine 焼玉(やきだま)機関, ホットバルブエンジン《点火のために焼球がついている》.

hót búnk 《海俗》《交代勤務の船員同士が》ベッドや寝棚を共用すること.

hót-bùtton *a* *《口》強い関心[感情的・政治的対立]をひき起こす〈問題など〉.

hót bùtton *《口》論争[感情的対立]の引金, 重大な関心事; 《新商品の》顧客に訴える魅力: hit a ~ 激しい論争[感情的対立]をひき起こす.

hót·càke *n* ホットケーキ, パンケーキ. ● **like ~s** 《口》勢いよく, 盛んに: sell [go] *like ~s* 飛ぶように売れる.

hót càp ホットキャップ《初春に植物にかぶせる防寒用のビニールまたは紙袋のおおい》.

hót cáthode〖電〗熱陰極.

hót céll 〘原子力〙ホットセル《高放射性物質を扱うための実験室の遮蔽された区画》.
hotch /hɑ́tʃ/ 《スコ・北イング》 *vi* 《小刻みに》揺れる, そわそわする; 位置[重心]を移す; 〈…で〉群れる, うようよする〈*with*〉. ► *vt* 揺れさせる, 移動させる. [OF *hocher*]
hot·cha /hɑ́tʃɑː, -tʃə/ 《俗》 *n* ホットジャズ. ► *int* [^U*joc*] いいぞ, やったぜ, オッケー, すっごい (=*hotcha-cha*)《喜び・同意・安堵などを表わす》. ► *a* 性的魅力のある, 元気でセクシーな.
hót chéck *《俗》不良小切手, 不正な[にせの]小切手, 不渡り小切手 (=*hot paper*): pass [take] a ～ 不良小切手を振り出す[受け取る].
hotchee ⇨ HOOTCHEE.
hót chócolate ホットチョコレート.
hótch·pòt *n* 〘英法〙財産併合. [OF]
hotch·potch /hɑ́tʃpɑ̀tʃ/ *n* 〘料理〙ホッチポッチ《野菜・ジャガイモ・肉入りの濃厚なスープ[シチュー]》; ^Uごたまぜ, 寄せ集め (hodgepodge*); 〘英法〙HOTCHPOT. [AF and OF *hochepot* shake pot (*hocher* to shake); *-potch* は前半に同化]
hót cóckles 目隠ししていて自分を打った人を言いあてる遊戯.
hót còmb ホットコーム《金属製で電熱式の整髪用くし》. ♦ **hót-còmb** *vt*
hót córner 《野球俗》三塁手の守備位置, ホットコーナー; *《俗》《戦場・政治上の》枢要な難所, 難局.
hót cròss bún 十字パン《Lent の期間や Good Friday に食べる十字架のしるしがはいった菓子パン》.
hót dámn *int* *《俗》こいつはいい[すげえ]や, やったー.
hót dèsk *n* 《事務所の》共用デスク. ► *vi* 共用デスク制をとる; 共用デスクで仕事をする. ♦ **～·er** *n*
hót dèsking 共用[フリー]デスク制《事務所の席を固定せず机を共用して仕事をする方式》.
hót díg·ge·ty [-gi-] /-dígəti/, **hót díggety dóg [dóg·ge·ty** /-dɔ́(ː)gəti, -dɑ́g-/, **dámn]** *int* *《俗》こりゃいいや, 最高だ.
hót dísh* 鍋焼き料理 (casserole).
hót·dòg *《俗》*vi* これみよがしの態度をとる, 見せつける, 《サーフィン・スキー・スケートボードで》離れわざを見せる. ► *a* (これみよがしに)うまい, すぐれた〈スキーヤーなど〉. ♦ **hót·dòg·ger** *n*
hót dòg *n* **1** FRANKFURTER; ホットドッグ《細長いパンに熱いソーセージをはさんだもの》. **2** *《俗》離れわざを見せつける選手, 見せびらかし屋; *《俗》できるやつ, やり手 (hotshot). ► *int* *《口》ワーイ, こりゃいい, やったー, すごい, すてき!
hót dòg ròast WIENER ROAST.
hótdog skíing 《口》ホットドッグスキー《アクロバット演技のような曲芸を披露する》.
ho·tel /houtél, *⌐⌐/ *n* ホテル, 旅館; [フランス用法] 邸宅, 官邸; [H-] ホテル《文字 h を表わす通信用語; ⇨ COMMUNICATIONS CODE WORD》; 《豪》《宿屋も兼ねた》酒場: put up at [in] a ～ ホテルに泊まる. ●**His [Her] Majesty's ～** [*joc*] 刑務所. ► *vt* (-ll-) ホテル[旅館]に泊める. ●**～ it** ホテルに宿泊する. ♦ **～·dom** *n* ホテル界, ホテル業界. [F<OF HOSTEL]
hotél chìna ホテルチャイナ《丈夫な硬質磁器の一種》.
hô·tel de ville /outél də víːl/ (*pl* **hô·tels de ville** /―/) 《フランスなどの》市庁. [F]
hô·tel Dieu /*F* otɛl djø/ (*pl* **hô·tels Dieu** /―/) 《中世の》病院; (市立)病院. [F=mansion of God]
ho·tel·ier /houtéljər, òut(ə)ljéɪ; (h)əutélieɪ/ *n* ホテル所有者[経営者]. [F]
hotél·kèep·er *n* ホテル経営者[支配人], ホテルマン.
hotél·màn /, -mən/ *n* HOTELKEEPER.
hót flásh* [flúsh^U] **1** [^U*pl*] 〘生理〙《閉経期の》一過性[全身]熱感, ほてり, ホットフラッシュ; *《口》突発的性衝動. **2** [hot flash] *《口》重要なニュース[情報].
hót·fòot *adv* /; ⌐⌐/ 大急ぎで. ► *vi* /; ⌐⌐/ [^U～ it (out)] 大急ぎで行く[去る]. ► *n* (*pl* ～s) **1** 《口》足焼き《人の靴にひそかにマッチをはさみ込んで点火させるいたずら》; 侮辱, 痛烈な皮肉; 刺激, あおり. **2** 《俗》歩くこと; *《俗》保釈中に逃げるやつ, 《約束を守らずに》ずらかるやつ.
hót-gálvanize *vt* 溶融めっきする.
hót góspel 熱烈な福音伝道. ♦ **hót góspeler** *n*
hót gréase *《俗》避けがたい面倒事.
hót·hèad *n* 激しやすい人, 性急な人, 短気者; 熱血漢, 過激なやつ.
hót·héad·ed *a* 短気な, 激しやすい; 性急な. ♦ **～·ly** *adv* **～·ness** *n*
hót·hòuse *n* 温室; 温床; (陶器)乾燥室; 《活動などの》中心地, 活気のある場; 《廃》BROTHEL. ► *a* 温室栽培の; 温室育ちの(ような), 室(むろ)咲きの, 過保護の, きゃしゃな; 温室的な: a ～ plant 温室育ちの[繊細な]人 / ～ atmosphere [environment] 《エリート校などの》英才教育的環境. ► *vt* 〈子供〉に早期英才教育をする. ♦ **hót-hòusing** *a*
hóthouse efféct GREENHOUSE EFFECT.
hót íce *《俗》盗んだダイヤモンド.
hót ìron 《俗》HOT ROD.
hót íssue *〘証券〙人気新銘柄.
hót ítem *《俗》よく売れる[売れ筋の]品, 人気商品; *《俗》セクシーな男[女]; *《俗》あつあつのカップル.
hót kèy, hót·kèy *n, vi, vt* 〘電算〙ホットキー(を押す), ホットキーで〈機能を〉呼び出す《ワンタッチで機能を呼び出すことを可能にするキー(の組合わせ)》.
hót láb [láboratory] 放射能を浴びることの多い研究室[実験室], ホットラボ.
hót líck 《ジャズ俗》トランペット[クラリネット]の即興演奏.
hót·lìne *n* ホットライン《政府首脳間などの緊急直通電話》, 《一般に》(緊急)直通電話; 《特定用途の》直通電話サービス, ホットライン (=*helpline*)《心のカウンセリング, 消費者の問い合わせ・苦情処理など用》; 《米・カナダ》《電話を利用した》視聴者参加番組.
hót·lìner *n* 《カナダ》《電話を利用した》視聴者参加番組のホスト.
hót lìnk *n* 〘電算〙ホットリンク《**1**) データ変更が随時反映される(ハイパーテキストの)リンク **2**) 特に HTML ページでなく画像などへの直接リンク》. ► *vt* 〈データ〉にホットリンクする.
hót·lìst *n* 〘インターネット〙ホットリスト《有用なページや個人が頻繁に参照するページの URL を登録したリスト》.
hót·ly *adv* 熱く; 激しく, 猛烈に; 興奮して, 怒って, むきになって.
hót mámma *《俗》RED HOT MAMMA.
hót·mèlt *n* ホットメルト《製本用などの速乾性接着剤》.
hót métal 〘印〙ホットメタル《金属活字による植字法や印刷方法; その活字》.
hót míke *《俗》作動中のマイク(ロホン).
hót móney ホットマネー (=*funk money*)《国際金融市場を動きまわる投機的な短期資金》; 《俗》盗んだ[不法行為で得た]金, やばい金.
hót mòon·er 火山活動によって月にクレーターが生じたと考えている人, 月面噴火説主張者.
hót númber 《俗》最新のすばらしい[人気のある]もの; 《俗》売れ行きのよい商品, 売れ筋商品; 《俗》ノリのいい[パワフルな]音楽; *《俗》セクシーな男[女].
hót núts *《俗》*pl* 《男の》性欲, 睾丸のうずき; 股間が熱くなってるやつ.
hót òne *《俗》ひどく変わった[独特な]もの[人], とてもおかしな冗談, すばらしいもの.
hót pàck 〘医〙温罨法, 温パック; 《かんづめ》熱間処理法.
hót pàd* 鍋つかみ (potholder).
hót pànts *pl* **1** ホットパンツ《ぴったりした女性用ショートパンツ》. **2** /⌐⌐⌐/ 《俗》欲情; 《俗》情欲につかれた男, 性欲の強い(若い)女: have [get] ～ for sb.
hót páper *《俗》HOT CHECK.
hót pépper 〘植〙トウガラシ; 唐辛子《実・香辛料》.
hót plàte 料理用鉄板, ホットプレート; 電熱器, 電気こんろ; 食物保温器.
hót-poo /-pùː/ *a, n* *《俗》最新情報(の).
hót pòt 肉とジャガイモとその他の野菜の煮込み; 《卓上用の》煮込み鍋.
hót potáto 《口》むずかしい[危険な, 扱いにくい]問題: a political ～. ● **drop sth [sb] like a** HOT **potato.**
hót-prèss *n* 〘機〙加熱圧搾機, つや出し機. ► *vt* 加熱圧搾する, …の光沢を出す.
hót próperty *《口》《後援者・出資者からみて》見込み[価値]のある人[もの].
hót pursúit 《犯人・敵に対する》緊急[越境]追跡: in ～ of…を緊急追跡して; …を激しく追い求めて / with…in ～…に激しく追われて, …がすぐ後ろについて.
hót ròck 〘地質〙熱岩《そのエネルギーを地上に輸送するための水がない地熱源》; むこうみずなパイロット; *《俗》やり手, 偉ぶったやつ (hotshot); [*pl*] *《俗》男の性欲, 睾丸のうずき.
hót ròd 《俗》ホットロッド《高加速と高速走行用に改造した(中古)自動車》; 《俗》ホットロッドのドライバー[ファン, 製作者] (hot-rodder). ♦ **hót-ród** *vi, vt*
hót-ròdder 《俗》*n* ホットロッドのドライバー[ファン, 製作者]《特に十代の若者》; むこうみずなドライバー.
hót ròdding 《俗》ホットロッド運転[レース]; むちゃな[無謀な]運転.
hót-róll /, ⌐⌐/ *vt* 〘冶〙熱間圧延する.
hót róller 《髪をカールさせる》ホットカーラー.
hót sèat [the] 《俗》《死刑用》電気椅子 (electric chair); [the] 《口》居ごこちの悪い[冷や汗の出る, 重責を伴う, 非難を浴びる]立場, 苦境; 《法廷の》証人席; 《飛行機の》射出座席: on [in] *the* ～ 苦境に陥って.
hót shít 《卑》どえらいやつ, たいしたもの[人物], 派手なやり手, 大物; [〈*int*〉] やったぜ, いいぞっ, それそれ《うれしさ・同意などを表わす》: He thinks he's ～. 自分がたいした者だと思っている, 思い上がっている.
hót shòe 1 〘カメラ〙ホットシュー《フラッシュ用の接点付き差し込み口》. **2** *《俗》腕のいいレーシングドライバー.
hót-shórt *a* 〘冶〙〈金属が〉赤熱に達しない高温で弱い[もろい] (cf. COLD-SHORT, RED-SHORT). ♦ **～·ness** *n* 赤熱もろさ[脆性].
hót shórt *《俗》やばい車, 盗難車.
hót·shòt *《俗》*n* やり手, 腕利き, できるやつ, 熟練者, うまい選手, 名手; 大物, 自信たっぷりの成功者, 大物ぶるやつ; 消防士; むちゃをやる戦闘機乗り; 電気椅子 (electric chair); 命取りになる麻薬注射, '熱い注射'《不純物・毒物入りの注射, または 致死量の注射, 特に ヘロイン》; 急行(貨物)列車; 高速機[車]; 最新情報, ニュース. ► *a* やり手の, 腕利きの, できる; うぬぼれた; 華麗な, 派手な; 急行(便)の. ► *vt* …に致死性の麻薬をうつ.

Hótshot Chárlie *《軍俗》 HOTSHOT, 身勝手なやつ.

hót·sie-dándy /hátsi-/ *a* *《俗》 HOTSY-TOTSY.

hotsie-totsie ⇨ HOTSY-TOTSY.

hót skétch *《俗》 [°*iron*] 絵になる人物《派手で活発》.

hót skínny [the] *《俗》 内部情報 (skinny).

hót slòt 《コンセントの》差し込み口.

hót spìt *int* *《俗》 HOT SHIT.

hót-spòt *vt* 〈森林火事を〉頻発区域内で食い止める.

hót spòt **1** 《口》 **a** 戦地, 紛争(の危険をはらむ)地帯, 治安の悪い地域; 《口》 困難な[危険な]状況, やばい[困った]こと. **b** 歓楽街; 《口》《人気[活気]のある》ナイトクラブ; おもしろい[活気のある]場所, 人気スポット. **c** *山火事頻発地帯; *出火場所. **2** 〖電算〗 ホットスポット《**1**) 無線でインターネットに接続できる設備のある場所 **2**) 画面上でクリックに反応する箇所》. **3 a** 《エンジン・炉などの》周囲より高温部分, 過熱点, 熱点, ホットスポット. **b** 〖地質〗 ホットスポット《地殻下部またはマントル上部の, 高温の物質が上昇する部分》. **4** 〖環境〗 ホットスポット《絶滅危惧種が(多数)生息する地域[海域]; biodiversity ～ ともいう》. **5** 〖遺〗 ホットスポット《遺伝子内の突然変異を起こしやすい部分》.

hót spríng 温泉 (cf. THERMAL SPRING).

Hót Spríngs Nátional Párk ホットスプリングズ国立公園《Arkansas 州中西部の温泉地帯; 1921 年指定》.

hót·spùr *n* むこうみず, 短気者《Sir Henry PERCY のあだ名 H~ より》. ♦ **hót·spùrred** *a*

hót squàt [the] *《俗》 電気椅子 (electric chair).

hót stóve lèague (ホット)ストーブリーグ《オフシーズン中の, スポーツファンによるスポーツ[特に 野球]談義; また, そうした話をしに集まるファン》.

hót-stúff *vt* 《軍俗》 盗む, 失敬する.

hót stúff 《俗》 *n* **1** すばらしい[おもしろい, すごい]もの; すごいニュース[情報]; 盗品, 密輸品, やばい品物; 熱い飲み物[食べ物], [〈*int*〉] 熱いから(気をつけて); 手のやける[面倒な]こと; わいせつなもの《本・映画など》. **2** [ˢ*derog*] できる[よく知っている, たいした]やつ, エキスパート 〈*at*〉; 元気者, 精力家, 熱血漢; 好色家; セクシーな女; [〈*int*〉] よう, 色男[色女]! ► *a* すばらしい, すごい, いかした; [〈*int*〉] よくやった, すばらしい, なかなかいい.

hót-swáp *vt* 〈コンピューターの部品を〉電源を入れたままで交換する. ♦ **-swáp·pa·ble** *a*

hot·sy-tot·sy, hot·sie-tot·sie /hátsitátsi/ *a* 《俗》 すばらしい, 申し分ない, とってもいい.

hót tamále *《俗》 セクシーな女.

hót-témpered *a* 短気な, 激しやすい, かんしゃく持ちの.

Hot·ten·tot /hát(ə)ntàt/ *n* [°*derog*] **a** (*pl* ～, ～**s**) ホッテントット族 (KHOIKHOI). **b** ホッテントット語 (KHOIKHOI). ［Afrik］

Hóttentot [Hóttentot's] fìg 〖植〗 ホッテントットのイチジク, バクヤギク(莫邪菊) (＝*sour fig*)《アフリカ南部乾燥地帯原産のメセン類; 果実は食べられる; グランドカバーともする》.

Hóttentot's brèad ELEPHANT'S-FOOT (の根茎).

hot·ter /hátər/ *n* ᴵᴵ《俗》 (盗んだ)車をおもしろ半分に乗りまわすやつ (joyrider). ♦ **hót·ting** *n*

hót tícket 《口》 とても人気がある人[もの], 人気者, 売れっ子.

hót·tie, hót·ty *n* 《英・豪》 湯たんぽ; [hottie] *《口》 性的魅力のある人, セクシーな人.

hót-tín *vt* 〖冶〗 溶金浸漬法でスズめっきする.

hót típ 《口》《株・競馬などについての》信頼できる情報.

hót·tish *a* やや熱い[暑い].

hót tóddy ホットトディー (⇨ TODDY).

hót tràv 料理保温器.

hót tùb 大型温水浴槽, ホットタブ; 渦流発生装置のある温水浴槽. ♦ **hót-tùb** *vi*

hót wàlker *〖競馬〗《レース終了後に馬体を冷やすために馬をひいて歩く》索馬手.

hót wár 熱い戦争, 本格的戦争《武力戦; opp. *cold war*》.

hót wáter 湯, 温水; 《口》 (みずからまねいた)困難, 窮境, 不名誉: in ～ 困って, 〈…と〉面倒なことになって 〈*with*〉 / get [land] sb into ～ 困難[厄介な事態]に陥れる.

hót-wáter bòttle [bàg*] 湯たんぽ《通例 ゴム製》.

hót-wáter hèating 温水暖房.

hót wáter pollùtion THERMAL POLLUTION.

hót wáter tànk [cỳlinder ᴵᴵ] 給湯タンク.

hót-wáter trèatment 《植物の寄生菌などを除くための》温湯処理.

hót wèll HOT SPRING; 〖機〗《機関の》湯槽, 温水だめ.

hót-wìre *a* 熱線の, 加熱線利用の〈電気器具〉. ► *vt* 《俗》《点火装置をショートさせてキーなしで》〈車など〉のエンジンをかける《自動車窃盗犯が利用する方法》; *《俗》 不正に操作する, 勝手にいじる.

hót wìre 電気コード; *《俗》 ニュース, ホットニュース.

hót-wórk *vt* 〖冶〗 熱間加工する.

hót zíg·ge·ty [zíg·gi·ty] /-zígəti/ *int* *《俗》 やったー, すげえ, ワーオ! (hot diggety).

hót zóne 〖電算〗 ハイフネーション調整幅(の領域)《行末にそれ以上の余白があれば次の単語をハイフンで切って追い込む》.

hou·bá·ra (bústard) /hubá:rə(-)/ 〖鳥〗 フサエリショウノガン《アフリカ産》. ［Afrik］

houdah ⇨ HOWDAH.

Hou·dan /hú:dæn/ *n* 〖鶏〗 フーダン《フランス原産の中型種》. ［原産地名］

houdang ⇨ HOODANG.

Hou·di·ni /hudí:ni/ **1** フーディーニ **Harry** ～ (1874–1926)《ハンガリー生まれの米国の魔術師; 縄抜け・箱抜けなど脱出術の名人》. **2** 縄抜け師; 巧みな脱出.

Hou·don /hú:dàn; *F* udɔ̃/ ウドン **Jean-Antoine** ～ (1741–1828)《フランスの後期ロココ様式の肖像彫刻家》.

hough /hák, háx/ 《スコ》 *n* HOCK¹; hock から少し上のところまでの足肉. ► *vt* 〈…〉の膝腱を切る (hamstring). ［OE *hōh* heel; cf. *hōhsinu* hamstring］

houm·mos, hou·mous, hou·mus /hú:məs/ *n* HUMMUS.

hound¹ /háund/ *n* **1** 猟犬《《英》では特に FOXHOUND を指す》; 《口》 犬; [the ～s] ᴵᴵ《狐狩り用の》猟犬群; [the H-] *《俗》 Greyhound バス: follow (*the*) ～*s*＝ride to ～*s* (馬上で)猟犬を先に立てて狩りをする. **2** 《紙まき競走 (hare and hounds) の》追跡者, '犬'; [*derog*] 卑劣漢, '犬'; 《口》《趣味などを》追う人, 熱中者, [*compd*] すごい…好き[ファン]; 〖魚〗 DOGFISH; *《俗》《大学の》新入生. **3** [*pl*] *《俗》 足 (feet); [～s, 〈*int*〉] *《俗》 すばらしい (great). ► *vt* 猟犬で狩る; しつこく追跡する[追いまわす]; 悩ます, 迫害する, いじめる; せき立てる, しつこくせがむ 〈～sb *to* do〉; けしかける (set) 〈*at*〉; 激励する 〈*on*〉. ● ～ **down** 追い詰める, 突きとめる. ～ sb **out (of…)** 人を〈職場・町などから〉追い出す. ～**…out of** sb 《強引に》人から〈情報を〉聞き出す. ♦ ～**·er** *n* ～**·ish** *a* ［OE *hund*; of G *Hund*］

hound² *n* [*pl*] 〖海〗 檣肩(しょうけん); 《車の》締め棒. ［ME＜Scand; cf. ON *hūnn* knob at the masthead］

hóund dòg *《南部》 猟犬 (hound); *《俗》 セックスのことばかり考えている男, 女のあとばかり追っかけている男, 色気違い; [H- D-] 〖米空軍〗 ハウンドドッグ《空対地ミサイル》.

hóund·fìsh *n* 〖魚〗 DOGFISH.

hóunds on an ísland *pl* *《食堂俗》 ベークトビーンズに載せたフランクフルトソーセージ.

hóund's-tòngue *n* 〖植〗 オオルリソウ属の各種の草本, 《特に》シノグロッスム オフィシナレ (＝*dog's tongue*)《ユーラシア産; ムラサキ科》.

hóunds·tòoth [hóund's-tòoth] (chéck) 千鳥格子 (＝*dogtooth* [*dog's-tooth*] (*check*)).

houn·gan /hú:ŋgən/ *n* ヴードゥー (voodoo) の聖職者. ［Fon］

Houns·field /háunzfi:ld/ ハウンズフィールド Sir **Godfrey Newbold** ～ (1919–2004)《英国の電気技術者; コンピューター断層撮影法 (CAT) を開発; ノーベル生理学医学賞 (1979)》.

Houns·low /háunzlou/ ハウンズロー《London boroughs の一つ》.

Hou·phouët-Boi·gny /ufwéibwa:njí:/ ウフエ-ボアニ **Félix** ～ (1905?–93)《コートジヴォアールの政治家・医師; 国家独立後初代の大統領 (1960–93)》.

hour /áuər/ *n* **1 a** 1 時間 《HORAL, HORARY *a*》; 《授業の》1 時間; 単位時間 (credit hour): There are 24 ～*s* in a day. / half an ～＝*a half ～ 半時間 / ～ after [upon] ～ 何時間も, 延々と; 毎時間, 刻々と / in an ～＝in an ～'s time 1 時間で / within the ～ 1 時間以内に / for ～*s* (and ～*s*) 何時間もの間 / by the ～ ⇨ 成句. **b** …時間の行程: The town is an ～ (away) [an ～'s walk] from here. 町まではここから(徒歩)1 時間で行ける. **2** 時, 折; (…の)ころ, 時代; 現代: in a good [happy] ～ 幸いにも, 運よく / in an ill ～ 折あしく, 不運にも / in one's ～ of need 苦難[まさか]の時に / my boyhood's ～*s* 少年時代 / sb's finest ～ 《人にとって》最良の時[瞬間, 時代]. **3 a** 時刻, 時限; [the] 正時(しょうじ); [one's (last) ～] 死期, 最期; [one's] 重大な時, 盛時: ask the ～ 時刻を聞く / at an early [a late] ～ 早く[おそく] / at this ～ こんな時間に《深夜に, または早朝に》 / the ～*s* of darkness [daylight] 夜間[昼間] / at quarter past *the* ～ 正時 15 分過ぎに / on the ～ ⇨ 成句 / ～ 5 [five] 《事件発生など起点時から》5 時間目(の時刻) / to an [*the*] ～ きっかり / The clock struck *the* ～. 時計が正時を告げた / *His* ～ has come. 彼の臨終の時が来た. **b** [ᴵᴵ*pl*] 《24 時間制の》時刻: as of 0001 ～ 午前 0 時 1 分現在 / 2135 ～*s* 午後 9 時 35 分 《21 hundred and 35 hours と読む》. **4 a** [°*pl*] 《特定の目的の》時間; [*pl*] 勤務時間; 就寝[起床]時刻; *〖教育〗 CREDIT HOUR, SEMESTER HOUR: lunch ～ / visiting ～*s* 面会時間 / school ～*s* 授業時間 / after ～*s* 営業[勤務]時間後に, 閉店後に, 放課後に / out of ～*s* 営業[勤務]時間外に / keep bad [late] ～*s* いつも夜ふかし(して朝寝)する / keep good [early] ～*s* 早寝(早起き)する / keep regular ～*s* 規則正しく寝起き[生活]する. **b** [°H-s] 〖カト〗 時課《定時の祈り》, 時禱書 (book of hours). **c** [the H-s] 〖ギ神〗 時の女神 (HORAE). **5** 〖天〗 時(じ)《経度間の 15 度》; SIDEREAL HOUR. ● **all ～s** 《夜おそすぎるか朝早すぎるなど》尋常でな

H

い時間: at *all* ～*s* (of the day [night]) 時を選ばず, いつでも / until [till, to] *all* ～*s* ずっとおそくまで. **all the ～s** (**God sends** [**gives**]) ありとあらゆる時間: work *all the* ～*s God sends* しゃにむに働く. **at the top** [**bottom**] **of the ～** (毎)正時[毎時 30 分, (…時)半]に. **by the ～** 時間ぎめで〈雇うなど〉; 1 時間ごとに, 刻一刻; 何時間も, 長い間. **from ～ to ～** 刻一刻と (cf. FROM *one* ～ *to another* [*the next*]). **improve each** [**the shining**] **～** 時間を活用する. **of the ～** 現在の, 目下の: the man *of the* ～ 時の人 / the question *of the* ～ 当面の問題. **on the ～** 正時に: *on the* ～ of ten 10 時ちょうど[きっかり]に / every ～ *on the* ～ 毎正時に, 正時ごとに. **take one's ～** 《アイルロ》 悠長にやる. **the** SMALL HOURS. **24 ～s a day** 一日 24 時間, 一日中. ♦ **～·less** *a* 時間のない, 超時間的な. [OF, ＜Gk *hōra* season, hour]

hóur àngle 〔天〕時角.

hóur cìrcle 〔天〕時圏; 《赤道儀式望遠鏡の》赤経の目盛り環.

hóur·glàss *n* 《1 時間用の》砂[水銀]時計; 時間(の経過); 〔電算〕《ビジー状態のとき画面に表示される》砂時計のアイコン. ►*a* 砂時計形の, (腰の)くびれた: an ～ figure.

hóur hànd 《時計の》短針, 時針.

hou·ri /húəri, *háuri, *hú:ri/ *n* 〔イスラム〕極楽に住む黒い瞳の完全美の処女; 《広く》あだっぽい娘. [F＜Pers＜Arab; 目が 'gazelle-like' の意]

hóur-lóng *a* 1 時間の, 1 時間続く.

hóur·ly *a* 1 時間ごとの; 1 時間の; ひっきりなしの, たびたびの; 時間給の: an ～ wage / an ～ man 時間給の労働者. ►*adv* 1 時間ごとに; 時間給で; 絶えず, 毎度 (frequently); 間もなく: change the position two ～ 2 時間ごとに位置を変える / expect sb ～ 今か今かと待つ. ►*n* 《ロ》時間給従業員.

hóur plàte 《時計の》文字盤.

house *n* /háus/ (*pl* **hous·es** /háuzəz, háusəz/) **1 a** 家, 家屋, 住宅, 人家; 《スコ》アパートの一軒分. **b** 家庭 (home, household); 一家, 家人, 家族(全員) (family): (as) safe as ～*s* [a ～] このうえなく安全で / An Englishman's ～ is his CASTLE. / A ～ DIVIDED (against itself) cannot stand. / My [Our] ～ is your ～. ここをあなたの家だと思ってくつろいでください / the Johnson ～ ジョンソン家. **c** 家系, 血統: the *H*～ of Windsor ウィンザー家《現英国王室》/ the Imperial [Royal] *H*～ 皇室[王室]. **d** *《俗》関心, 好意, 励まし: give sb a lot of ～ [[s]*iron*] 人に大いに親切を尽くす. **2** 《動物の》穴, 巣, 甲, 殻; 《家畜・飼鳥などの》小屋; 《品物の》置場; 《野菜などの》栽培室, 育成室, ハウス; 〔海〕DECKHOUSE: a strawberry ～ イチゴ(栽培)ハウス. **3 a** 旅館, ホテル; レストラン, バー, クラブ; *《ロ》売春宿, 女郎屋: (the) Sloane *H*～ スローンホテル / the speciality of the ～ 当店の自慢料理. **b** 寄宿寮, 学生寮; 寄宿生《集合的》; 《大学の》学部 (college); [the H-] 〔オックスフォード大学〕Christ Church 学寮; ″《校内競技会用の》クラス, グループ. **4 a** 劇場, 演芸場, コンサートホール; 見物人, 聴衆, 館内 (audience); 興行: a packed ～ 大入り, 満員(の観客[聴衆]) / dress the ～ 劇場を多くの招待客でいっぱいにする; ひいき客をうまく配置して盛大に見せる / The second ～ starts at 6 o'clock. 2 回目の興行は 6 時に始まる. **b** 賭博場; 賭博場経営者; ハウス賭博《碁盤目のある特殊なトランプを用いる lotto の類のゲーム》. **c** 《カーリングで》ハウス《標的 (tee) 周辺の円》. **5 a** 《オフィス》ビル, 集会所, 会館, 議事堂; [the H-] 議会, 《特に》下院; 議員連, 討論者《集合的》; 《会議の》定足数: Broadcasting *H*～ 放送会館《BBC の本部》/ be in [enter] *the H*～ 下院議員である[になる] / make [keep] a *H*～ ″下院で定足数になる[を保つ]. **b** 《居住用の》教団建物, 修道院; 修道会, 教団; 教会堂 (church), 寺院 (temple), 会堂 (synagogue); 《教会・大学などの》評議員会; HOUSE OF GOD. **c** ″[*euph*] 《かつての》WORKHOUSE. **6** 店, 商店, 会社; [the H-] ″《ロ》ロンドン証券取引所: a publishing ～ 出版社 / in [out of] ～ 社内[社外]で[に] / ～ policy 店のきまり[方針]. **7** 〔占星〕宿, 宮《天を 12 分した 12 宿[宮]の一つ》. **8** [[○]H-] ハウス(ミュージック) (＝～ **mùsic**) 《シンセサイザーや sampling を多用し, リズムを重視した急テンポでビートのきいたディスコ[ダンス]音楽》. **9** [〈*a*〉] 家の, 家屋[住居]用の; 家によく出入りする; 〈動物が〉家で飼われた; 店[会社など]の; 〈ワインが〉当店の; 〈バンドなどが〉店のお抱えの: ～ wine ハウスワイン《料理店で銘柄を指定しない時に出す 通例 安価な品》/ ～ red ハウスワインの赤.

● **be in possession of the H～** ″《議会で》発言権を有する. **bring down the ～**＝**bring the ～ down** 《ロ》満場をうならせる, 大喝采を博する, 大受けする. **clean ～** 家を掃除する; 弊風を一掃[粛清]する. **go** (**all**) **round the ～s** ″《ロ》遠回りをする; 不必要にまわりくどいやり方[言い方]をする. **～ and home** [強意] 家庭, 家庭の楽しみ: turn out of ～ *and home* 家から追い出す / EAT sb out of ～ *and home*. **a ～ of call** 行きつけの家; 《注文取りの》得意先, 配達先; 旅人宿. **a** HOUSE OF CARDS. **keep a good ～** ぜいたくに暮らす; 客を歓待する. **keep ～** 所帯を持つ; 家事を(切り盛り)する; ″債権者を避けて外出しない. **keep** [**have**] OPEN HOUSE. **keep** (**to**) **the** [**one's**] **～** 《病気などで》家に引きこもる (stay indoors). **like a ～ on fire** [**afire**] 《ロ》どんどん, どしどし, がんがん, 盛んに, 速やかに: get on [along] *like a* ～ *on fire* [*afire*] 《ロ》とても仲よくやっていく, 意気投合する. **like the side of a ～** 《ロ》〈女性が〉ひどく太って. **move ～** ″転居[移転, 引っ越し]する. **on the ～** 店[会社, 事業主, 宿の亭主 など]の負担で, ただで, サービスで: have a drink *on the* ～ 店のおごりで飲む. **play ～** 家族[お父さん, お母さん]ごっこをする, ままごとをする. **pull down the ～** *《俗》bring down the HOUSE. **put** [**set, get**] **one's** (**own**) **～ in order** 《他人をとやかく言う前に》身辺を整理する[行ないを正す]; 財政状態《など》をよくする; 秩序を回復する. **round the ～s** ″《俗》体じゅう, 全身に; ⇨ go (all) round the HOUSE. **set the ～ on fire** 〈聴衆・観衆〉をひきつける, 沸かす. **set up ～** 一家を構える; 《夫婦として》いっしょに暮らす, 同棲する 〈*together*〉.

►*v* /háuz/ *vt* **1** 〈家族・住民〉に住居を提供する, 家をあてがう; 《臨時に》…に宿を貸す; 〈イベントなどを〉開催する; …に場所を提供する: how to ～ and feed the poor いかにして貧民に食と住をあてがうか / ～ a traveler for the night 旅人に一夜の宿を貸す. **2** 屋内に閉じ込める 〈*up*〉; 〈物品を〉収める, 収蔵[保管]する, 〈人を〉収容する; 《保護するために》おおう, …にカバーをかける; 〔海〕〈大砲を〉艦内に引っ込める, 〈中檣(ちゅうしょう)・上檣を〉引き下げる, 〈錨を〉収める: Our office is ～*d* in the East Tower. わたしたちの事務所はイーストタワーの中にあります / a library *housing* tens of thousands of books 数万冊の本を所蔵する図書館 / ～ a plant 植物を温室に入れる / The show was ～*d* in a casino. ショーはカジノで行なわれた. **3** 〔建〕〈木材〉に差し込み用の穴をうがつ; 〈ほぞ穴など〉にはめる, 差し込む. **4** ″《警察俗》〈犯人を〉追跡する, 〈盗品を〉突きとめる; *《俗》…から金を盗む; *《俗》成功する. ►*vi* 宿る (lodge), 住む 〈*up*〉. ● **～ around** *《俗》うろつく. [OE *hūs*; cf. G *Haus*]

hóuse àgent ″家屋周旋人, 不動産屋.

hóuse àpe 《ロ》チビ, ガキ, 子供.

hóuse arrèst 自宅監禁, 軟禁: be placed [kept, held] under ～ 軟禁されている.

hóuse·bòat *n* 《居住・遊覧用の》平底船; 宿泊設備付きヨット. ►*vi* houseboat に住む[で巡行する]. ♦ **～·er** *n*

hóuse·bòdy* *n* HOMEBODY.

hóuse·bote /-bòut/ *n* 〔法〕家屋修理材採取権.

hóuse·bòund *a* 《病気などで》家から出られない, 引きこもりがちの.

hóuse·bòy *n* 《家庭・ホテルなどの》下働き, 雑用係.

hóuse brànd 販売者ブランド, 自社ブランド《製造者でなく, 小売業者や商社がその販売商品に独自につける商標》.

hóuse·brèak *vi* 押込み強盗をはたらく; ″家屋取りこわしをする. ►*vt* 〈犬・猫などを〉《室内をよごさないように》下(しも)のしつけをする; しつける, 飼いならす, おとなしくさせる. ►*n* 押込み強盗. ♦ **～·ing** *n* 押込み強盗(罪); 家宅侵入; ″家屋取りこわし. [逆成く *house-breaker, -breaking, -broken*]

hóuse·brèak·er *n* 押入り強盗 (⇨ BURGLAR); 住居[家宅]侵入者; ″家屋取りこわし業者, 解体業者; ″《アンティークとして売るために》人家のドア・壁などを買いあさる業者.

hóuse·bròken*, **-bròke*** *a* 〈犬・猫など〉室内飼いのしつけができた (house-trained″) 《決まった場所で, または 外に出て排泄する》; [*joc*] 飼いならされた, しつけのよい, 従順な.

hóuse·bùild·er *n* 家屋建築(請負)師, 住宅建設業者, 工務店.

hóuse·bùild·ing *n* 家屋建築業, 住宅建設.

hóuse càll 《医師・看護師などの》往診; 《修理人・セールスマンなどの》訪問[出張]サービス[販売].

hóuse·càrl, -càrle *n* 《古英語時代のイングランドやデンマークの》王族の親衛隊員, 近衛兵.

hóuse càt イエネコ, 飼い猫.

hóuse chùrch 《伝統的宗派から独立した》カリスマ派の教会. [個人宅での信仰集会に由来]

hóuse·clèan *vt, vi* (家を)大掃除する; 〈会社・官庁など〉人事を一新する, 人員整理をする, 粛清[一掃]する (cf. *clean* HOUSE). ♦ **～·ing** *n* **～·er** *n*

hóuse·còat *n* ハウスコート《女性が家庭で着る長くてゆったりしたくつろぎ着》.

hóuse·cràft″ *n* 家事切り盛りの才; 家政科, 家庭科.

hóuse crìcket 〔昆〕イエコオロギ, 《特に》ヨーロッパイエコオロギ.

hóuse cròw 〔鳥〕イエガラス (＝*hooded crow*) 《インド産の, 典型的腐食動物》.

housed /háuzd/ *a**《俗》《罰として》外出差し止めになって.

hóuse dèaler*《麻薬俗》自分の家で取引する売人.

hóuse detèctive [**dìck**] 《デパート・ホテル・銀行・会社などの》警備員.

hóuse dìnner 特別晩餐会《クラブ・学校などで会員や客のために催す》.

hóuse dòctor 《病院の》住込み医師.

hóuse dòg 番犬, 飼い犬.

hóuse·drèss *n* 部屋着, 室内着.

hóuse-dùst mìte 〔動〕室内塵ダニ, ヒョウダニ《ハウスダストによく見られ, しばしば子供などのアレルギー反応の誘因となるチリダニ科のコナヒョウダニとヤケヒョウダニ》.

hóuse fàctor 《スコ》ESTATE AGENT.

hóuse·fàther *n* 《学生寮などの》寮監, 舎監.

hóuse fìnch 〔鳥〕メキシコマシコ (＝*redhead*) 《北米西部・メキシコ産; しばしば 家のまわりに巣を作る鳴鳥》.

hóuse flàg〔海〕社旗, 船主旗; ヨットの持主の旗.
hóuse flànnel ハウスフランネル《床掃除用など》.
hóuse·flỳ *n*〔昆〕イエバエ.
house·frau /háusfràu/ *n* 《俗》HAUSFRAU.
hóuse·frònt *n* 家の正面[前面].
hóuse·fùl *n* 家いっぱい 〈*of* guests etc.〉.
hóuse·fùrnish·ings *n pl* 家庭用品《台所用品など》.
hóuse gìrl HOUSEMAID.
hóuse·guèst *n* 《一晩以上の》来客, 泊まり客.
hóuse·hòld *n* 世帯, 所帯《構成員が1人の場合も含めて同一住居に住むすべての者を含む》; 家庭, 家族, 一家《雇い人も含めて》; 《信仰·主義上の》同志; [the H-]《英》王室; 《廃》家政: the Imperial [Royal] *H*~ 皇室[王室]《奉仕者を含む》. ► *a* 家庭[所帯](用)の; 日常の, 身近な, 聞き[見]慣れた; 王室の: ~ affairs 家事, 家政 / ~ goods 家財 / ~ management 家事の切り盛り / ~ pests 家庭害虫《ゴキブリ·ネズミなど》.
household árts *pl* 家政学《料理·裁縫·育児など》.
Household Cávalry [the]《英》近衛騎兵隊《Life Guards と Blues and Royals の2個連隊からなる》.
household cléaner 家庭用クリーナー[洗剤].
household efféćts *pl* 家財.
hóuse·hòld·er *n* 世帯主, 家長;〔法〕自由所有権保有者. ♦ **~·ship** *n*
household fránchise [súffrage]〔英史〕戸主選挙権.
household góds *pl*〔古ロ〕家の守り神 (lares and penates); ‖《口》家庭必需品.
household náme HOUSEHOLD WORD.
household stúff 《古》家財, 所帯道具.
household tróops *pl* [the, °the H- T-]《英》近衛部隊《王国の警護を受け持つ騎兵および歩兵部隊; Household Cavalry と Brigade of Guards とからなる》.
household wórd おなじみのことば[名前], 人のよく知っていることわざ[名前, 人物].
hóuse-hùnt·ing *n* 住宅捜し, 家(ﾔ)捜し.
hóuse·hùsband *n* (専業)主夫《妻が外で働く家庭で家事を切り盛りする夫》.
house jòurnal 《企業などの》社内報, 内部広報紙[誌] (house magazine).
hóuse·kèep *vi* 《口》所帯を持つ (keep house), HOUSEKEEPER をつとめる, 家事をする, 日々食事の用意をする.
hóuse·kèep·er *n* 家政婦; 《ホテルの》清掃主任《女性》; 家屋[事務所]管理人; 主婦 (housewife).
hóuse·kèep·ing *n* 家政, 家事, 家計; 家計費 (=**~ mòney**); 《オフィス·店舗などの》維持管理; 《企業などの活動を支える》物的管理《備品管理·記録管理など》;〔電算〕ハウスキーピング《特定の問題解決に関係しないシステムの運用のための管理動作》: set up ~ 所帯を持つ.
hou·sel /háuz(ə)l/ 《古》*n* 聖体(の授与[拝受]) (Eucharist). ► *vt* …に聖体を授ける. [OE *hūsel* sacrifice]
house làrry *《俗》よく顔を出す割には何も買わない客, ひやかし客.
hóuse·lèek *n*〔植〕(クモノス)バンダイソウ属の多肉植物, 《特に》ヤネバンダイソウ (=*sengreen*).
hóuse·less *a* 家のない, 宿無しの (homeless); 家影のない. ♦ **~·ness** *n*
hóuse·lìghts *n pl*〔劇〕《幕あいの》観客席用の照明.
hóuse·lìne *n*〔海〕ハウスライン《三つ撚(ﾖ)の小綱》.
house magazìne 社内報 (house organ).
hóuse·màid *n* 女中, 手伝い《家事を担当し, 通例 住込み》. ♦ **~y** *a*
hóusemaid's knée 女中ひざ《膝蓋滑液嚢炎》.
hóuse·man /-mən, -mæ̀n/ *n* 《家庭·ホテルなどの》下働き, 雑用係; 《デパート·ホテルなどの》警備員; 《ダンスホール·賭博場などの》管理者, 用心棒; ‖《病院の》インターン (intern); *《俗》強盗, 夜盗 (burglar).
hóuse màrk 社章, 会社マーク《特定の会社の製品であることを示す商標; cf. LINE MARK, PRODUCT MARK》.
hóuse màrtin〔鳥〕イワツバメ《欧州産》.
hóuse·màster *n* 《男子寄宿学校などの男性の》寮監, 舎監; 《まれ》《一家の》主人.
hóuse màtch‖ 対寮試合.
hóuse·màte *n* 同居人[者].
hóuse·mìstress *n* 女主人, 主婦; 《女子寄宿学校などの》女性舎監.
hóuse mòss *《俗·方》《ベッド·テーブルなどの下にたまった》綿ぼこり.
hóuse·mòther *n* 女あるじ, 《女子寮の》寮母.
hóuse mòuse〔動〕ハツカネズミ.
hóuse nìgger *《俗》黒人の召使; *《黒人俗》[*derog*] 白人に卑屈な[飼いならされた]黒人 (Uncle Tom).
hóuse of assémbly 《英植民地·英保護領·英連邦諸国の》立法府, 下院.
hóuse of Búrgesses [the]〔米史〕《Virginia, Maryland 両州のかつての》植民地議会下院 (⇨ BURGESS).
hóuse of cárds 子供がトランプ札で作る家; 砂上の楼閣, 机上の空論: collapse [fall down] like a ~.
Hóuse of Cómmons [the]《英国およびカナダ議会の》下院, 庶民院 (cf. HOUSE OF LORDS, SENATE).
hóuse of corréction 矯正院《少年犯や軽犯罪を犯した者を監置し教育·矯正する》; [*euph*] 刑務所, 監獄.
Hóuse of Cóuncilors [the]《日本の》参議院.
hóuse of délegates [the, °the H- of D-]《Maryland, Virginia および West Virginia の州議会の》下院.
hóuse of deténtion 未決監, 留置場.
hóuse òfficer‖《通例 住込みの》若手の病院勤務医, 《特に intern, resident などの》実習医.
hóuse of Gód 神の家, 聖堂, 教会(堂).
hóuse of íll fáme [repúte] 《古》売春宿, 悪所.
Hóuse of Kéys [the]《Man 島の議会の》下院.
Hóuse of Lórds [the]《英国議会の》上院, 貴族院《聖職貴族 (Lords Spiritual) と世俗貴族 (Lords Temporal) からなる; 最高司法機関の役割も合わせもったが (⇨ LAW LORD), 2005 年法施行後は, この裁判権は新設の連合王国最高裁判所 (Supreme Court of the United Kingdom) に移行》; [the] ‖《俗》男子トイレ.
hóuse of mány dóors *《俗》刑務所.
hóuse of práyer [wórship] 祈りの家, 教会 (house of God).
Hóuse of Represéntatives [the]《米国議会·州議会の》下院, 代議院, 《オーストラリアの》下院, 《ニュージーランドの》国会《旧下院, 現在は一院制》, 《日本の》衆議院.
hóuse of stúdies [stúdy] 聖職者研修所《聖職にある学者に便宜をはかる教育機関》.
Hóuse of the Péople [the] LOK SABHA.
hóuse of tólerance 公認売春所, 公娼宿.
hóuse òrgan* 《会社の》商況月報[週報], 社内報.
hóuse·pàint·er *n* 家屋[住宅]塗装業者.
hóuse·pàrent *n* 《学生寮·ホステル·養護施設·孤児院などの》施設管理人, 施設長, 寮父, 寮母.
hóuse-párlor·màid *n* 小間使, 給仕女.
hóuse pàrty ハウスパーティー《**1**) 別荘や学生のクラブハウスなどで泊まりがけで行なうパーティー **2**) その招待客》.
hóuse·pèrson *n* 家政担当者《性(差)別回避語》.
hóuse·phòne *n* 《ホテルなどの》館内電話.
hóuse physícian 《病院の》住込みの(内科)医師[インターン], 病院居住医.
hóuse plàce 《方》《農家や小住宅の》居間.
hóuse·plànt *n* 室内植物; 《俗》出不精, 家にじっとしている(無気力な)人.
hóuse-pròud‖ *a* 家の美化[手入れ]に熱心な, 家自慢の.
hous·er /háuzər/ *n* 住宅計画立案者, 住宅問題専門家.
hóuse-ràising* *n* 《田舎で隣人が集まって行なう》家の棟上げ.
hóuse ràt〔動〕家ネズミ《クマネズミなど》.
hóuse·ròom *n* 置き場所; 宿泊場所: I wouldn't give it ~. そんなものはもらいたくもない[置き場に困る] / give sb ~ 《口》人を泊める.
hóuse rùle ハウスルール《特定グループ[特定地域]内でしか通用しないゲームの規則》.
hóuse sèat 劇場の特別招待席.
hóuse sèwer 私設下水.
hóuse shòe スリッパ (slipper).
hóuse-sìt *vi* 〈家人に代わって〉留守番をする 〈*for*〉. ♦ **hóuse sìtter** *n* **hóuse-sìtting** *n*
hóuse slìpper 屋内用スリッパ《かかとがある; cf. BEDROOM SLIPPER》.
hóuse snàke〔動〕**a** MILK SNAKE. **b** イエヘビ《アフリカイエヘビ属の数種のヘビで, 無害》.
Hóuses of Párliament [the]〔英〕《国会の》上下両院; 国会議事堂《Thames 河岸にある》.
hóuse spàrrow〔鳥〕イエスズメ (=*English sparrow*)《スズメより少し大きい》.
hóuse stèward 《大家やクラブの》執事, 家扶, 家令.
hóuse stỳle 特定出版社[印刷所など]の用字用語[(組版)スタイル], ハウススタイル.
hóuse sùrgeon 《病院の》住込みの外科医師[インターン], 病棟外科医.
hóuse swàp ホームエクスチェンジ《休暇中, 希望の条件が合致した者どうしが家を交換すること》.
hóuse-to-hóuse *a, adv* 戸ごとの[に], 戸別の[に], 軒並みの[に], 一軒一軒: ~ selling 戸別訪問販売 / make a ~ visit 戸別訪問をする.
hóuse·tòp *n* 屋根の頂, 屋根 (roof). ● **shout [cry, preach, proclaim, etc.]…from the ~s [rooftops]** を世間に吹聴[宣伝]する.
hóuse tràiler ハウストレーラー《自動車に連結して移動住宅 (mobile home) とするトレーラー》.
hóuse-tràin‖ *vt* HOUSEBREAK. ♦ **~ed** *a* HOUSEBROKEN

hóuse tràp ハウストラップ《屋外下水路から屋内排水路へ空気が流入するのを防ぐトラップ》.

Hóuse Un-Américan Actívities Commìttee [the]〘米〙下院非米活動委員会《1940–50 年代の'アカ狩り'で有名; 略 HUAC》.

hóuse·wàres* *n pl* HOUSEFURNISHINGS.

hóuse·wàrm·ing (pàrty) 新居披露[引っ越し祝い]のパーティー.

hóuse·wìfe *n* 専業主婦; /hʌ́zəf/"針箱, 裁縫道具入れ. ♦ **~·ly** /-wàɪf-/ *a* 主婦らしい, 倹約な. **~·li·ness** *n* **-wìf·ey** *a* [ME *hus(e)wif* (HOUSE, WIFE)]

house·wife·ry /háuswàɪf(ə)ri; -wɪf(ə)ri/ *n* 一家の切りまわし, 家政, 家事.

hóusewife tìme*《俗》奥様アワー《視聴者のほとんどが主婦である昼前後の放送時間帯》.

hóuse·wòrk *n* 家事, 家事労働.

hóuse·wòrk·er *n* 家事労働者《メイド・料理人など》.

hóuse·wrèck·er *n* 建物解体業者 (wrecker).

hóuse wrèn〘鳥〙イエミソサザイ《米国産》.

housey-housey, hous·ie-hous·ie" /háuziháuzi/ *n* BINGO, LOTTO.

hous·ing[1] /háuzɪŋ/ *n* **1 a** 住宅建設, 住宅供給[斡旋]; 宿を貸すこと. **b** 住宅, 住居, 避難所. **2** 囲い;〘機〙《工作機械の》縦枠架構, シャフトのおおい, 部品収納箱, ハウジング;〘電〙外被;〘海〙檣脚(しょうきゃく), 第一部斜檣の船体内の部分;〘海〙HOUSELINE;〘木工〙大入れ《差し口の一種》;〘建〙NICHE.

housing[2] *n* 馬衣(うまぎぬ); [ᵘ*pl*] 馬飾り. [*house* textile covering < OF]

hóusing associàtion〘英〙住宅組合《住宅を比較的安く供給する目的で設立された団体》.

hóusing bènefit"《失業者および低額所得者に対して地方自治体から支給される》住宅給付金[手当].

hóusing devèlopment [《英》 **estàte**]《特に民間の》計画住宅[アパート]群, 住宅団地.

hóusing list"《公営住宅入居希望者の》入居待ちリスト.

hóusing pròject*《主に低所得の世帯を収容するための》公営住宅[アパート]群, 集合住宅群, 団地.

hóusing schème"《地方自治体の》住宅建設[供給]計画.

Hous·man /háusmən/ ハウスマン (1) **A(lfred) E(dward)** ~ (1859–1936)《英国の古典学者・詩人; *A Shropshire Lad* (1896), *Last Poems* (1922)》 (2) **Laurence** ~ (1865–1959)《前者の弟; 英国の作家・画家; 戯曲 *Victoria Regina* (1934)》.

Hous·say /usáɪ/ ウーサイ **Bernardo Alberto** ~ (1887–1971)《アルゼンチンの生理学者; ノーベル生理学医学賞 (1947)》.

Hous·ton[1] /hjú:stən, *jú:-/ **1** ヒューストン (1) **Sam(uel)** ~ (1793–1863)《米国の軍人・政治家; Texas 共和国 (1836–45) 大統領 (1836–38, 41–44), Texas 州知事 (1859–61)》. (2) **Whitney** ~ (1963–2012)《米国のポップシンガー・女優》. **2** ヒューストン《Texas 州南東部の市; Sam ~ にちなむ; Texas 共和国の首都 (1837–39, 42–45); 有人宇宙飛行センター (1961 年設立) がある》: ~, we have a problem. [*joc*] ヒューストン, こちらトラブル発生《問題発生を伝えるときの表現; Apollo 13 号の飛行士がヒューストンの管制センターに告げたことばに由来》. ♦ **Hous·to·nian** /hjustóuniən, -njən, *ju-/, **~·ite** *n* ヒューストン市民

Hous·ton[2] /háustən/ ハウストン《New York 市の Manhattan 南部を東西に走る大通り; ⇨ SoHo》.

hous·to·nia /hustóuniə/ *n*〘植〙アカネ科トキワナズナ属[ヒナソウ属] (*H-*) の多年草. [William *Houston* (d. 1733) スコットランドの植物学者]

hou·tie /háuti/ *n* [*derog*]《ジンバブウェで》黒人.

hout·ing /háutɪŋ/ *n*〘魚〙フェール《欧州産のサケ科シロマス属の魚》.

Hou·yhn·hnm /huínəm, (h)wín-; hú:ɪn(ə)m/ フイヌム《*Gulliver's Travels* に出る人間の理性をそなえた馬》.

HOV high-occupancy vehicle 複数乗車車両 (⇨ HOV LANE).

hove *v* HEAVE の過去・過去分詞.

Hove /hóuv/ ホーヴ《イングランド南部 Brighton に隣接する町; イギリス海峡に臨むリゾート地》.

hov·el /hʌ́v(ə)l, háv-/ *n*《屋根だけで壁や囲いのない》小屋, 物置《主に家畜・道具類を入れる》; 離れ家; あばら家; 円錐形の窯小屋. ► *vt* (-l- | -ll-) 小屋に入れる; …に屋根をつける;〈煙突などを〉小屋の形にする. [ME<?]

hóvel·er *n* 無免許水先案内人.

hov·er /hʌ́vər, háv-/ *vi* 空を舞う〈*about, over*〉, 空中にとどまる,〈ヘリコプターなどが〉ホバリングする;《不安げに》いつまでも立っている; うろつく, さまよう〈*about, near, around, at*〉; ためらう, 躊躇する, 迷う〈*between*〉;〈数値が〉一定レベルにとどまる;〘電算〙ホバーする《マウスポインターをリンクなどの上に合わせる》: the unemployment rate *~ing* around 5% 5% 前後にとどまっている失業率. ► *vt*〈鳥がひなを〉抱く. ● **~ over** …に付きまとう, …を監視する. ► *n* 空に舞うこと; うろつき, さまよい; ためらい, 迷い; 傘型育雛(いくすう)器. ♦ **~·er** *n* [ME (*hove* (obs) to hover, linger, *-er*[3])]

hóver·bàrge" *n* ホバーバージ《エアクッション式の荷船》.

hóver·bèd *n* ホバーベッド《エアクッションを利用したベッド; 火傷・皮膚病患者用》.

hóver·cràft *n* (*pl* ~, ~s) ホバークラフト (AIR-CUSHION VEHICLE).

hóver·fèrry" *n* 連絡船用ホバークラフト.

hóver·flỳ *n*〘昆〙空中に停止できるアブ,《特に》ハナアブ (=*flower fly, syrphid, syrphis fly*)《ハナアブ科の昆虫の総称; ヒラタアブ類を含む》.

hóver·ing áccent〘韻〙彷徨アクセント《主に 弱強五歩格の heroic verse で, 詩行に弱弱強強と 2 つの弱音節と強音節が続くもの》.

hóver mòwer ホバーモアー《エアクッション式の草刈り機》.

hóver·pàd" *n* ホバーパッド《ホバークラフト[トレイン]の底をなす防衝板》.

hóver·plàne" *n* ヘリコプター.

hóver·pòrt *n* ホバークラフト港[発着所].

hóver·tràil·er *n* ホバートレーラー《エアクッション式トレーラー; 湖沼・湿地帯などで重量貨物を運ぶ》.

hóver·tràin *n* ホバートレイン, 浮走列車《磁力により, エアクッションを利用した高速列車》.

Ho·vha·ness /houvá:nəs/ ホヴァネス **Alan** ~ (1911–2000)《米国の作曲家; 両親はアルメニア人とスコットランド人; 非ヨーロッパ圏の楽器の斬新な使用で知られる》.

Ho·vis /hóuvəs/〘商標〙ホーヴィス《英国製の全粒小麦を原料とした黒パン》. [L *hominis vis* (人間の力) の短縮]

HOV lane* /éɪtʃòuví:-/ 複数乗車車両専用車線《2 人以上の人が乗った車だけが通行できる道路車線; 通例 ダイヤモンド型のマークがつけてある》.

how[1] *adv* **A** /háu/ [疑問副詞] **1** [方法・様態] **a** どのように; どんなふうに, どんな具合に, いかに: *H~* shall I do it? どんなふうにしたらよいでしょうか / *H~* do I go there? そこへどうやって[何で]行けばよいのか / Do you know ~ it happened? それがどんなふうにして起こったのか知っていますか / *H~* does the song begin? その歌はどんなふうに始まるのか. **b** 何という名前[肩書]で: *H~* do you call yourself? / *H~* do you call this in English? **c** [不定詞または節を導いて]: He knows ~ *to* swim. / I don't know ~ *to*. どのようにするのかわからない. **2** [状態] どんな状態で: *H~* is she (doing) now? 彼女は今はどんな具合ですか / *H~* (are) you feeling? 気分はどう? / *H~* are you? ⇨ 成句. **3** [程度] **a** どれほど, どれだけ, どのくらいの単位で, いくら(の値段)で〈売る〉: *H~* old is he? / *H~* do you like Japan? 日本はいかがですか《好きか嫌いか》/ *H~* is sugar today? きょうの砂糖の相場は? **b** [名詞節を導いて]: I wonder ~ old he is. / Tell me ~ damaged your car is. 車がどのくらい損傷したか話してください. **4** [相手の意見・説明などを求めて] どうして, なぜ, いかが: *H~?** 何ですか, もう一度言ってください (=What?) / *H~* do you mean? きみはどういうつもりなのか / *H~* is it that you are here? きみはどうしてここにいるのだ / *H~* would it be to start tomorrow? 明日出発したらどうだろう. **5** [感嘆文に転用して] **a** まあ, まあ何と: *H~* foolish (you are)! / *H~* kind of you! まあご親切さま / *H~* well she sings! まあ歌のじょうずなこと / *H~* it rains! なんてひどい雨だろう / *H~* I wish I could travel around the world! 世界一周の旅ができたらなあ! **b** [名詞節を導いて]: You cannot imagine ~ wonderfully she sang.

B /hàu/ [関係副詞] **1** [名詞節を導いて] …である次第: That is ~ (=the way) it happened. このようにして事は起こったのです / She told me ~ (=that) she had read it in the magazine. 雑誌で読んだとわたしに言った. **2** [副詞節を導いて] どうにでも…ように: I don't care ~ you spend the holidays. きみが休暇をどう過ごそうとぼくはかまわない / Do it ~ (=as best) you can. どうにでもやってごらん.

● **all you know ~**《俗》きみの力でできるかぎり. **and ~!**《口》とても, そうだとも, もちろん《皮肉・強意》: Prices are going up, *and ~!* 物価が上がってきたのなんのって, すごいよ / Do you mean it?—*And ~!* 本気で言ってるの?—もちろん! **any (old) ~** 取り散らかして, きたならしく, ぞんざいに. AS[1] **~.** HERE'S **~!** **H~ about…?** (1) …についてはどう思う?; …はいかが《勧誘》; …しませんか《提案》: *H~ about* some more tea? もう少しお茶いかが / *H~ about* 10 dollars until Sunday? 日曜まで 10 ドル貸してもらえないかな. / *H~ about* getting together for lunch tomorrow? 明日いっしょにお昼でもどうですか. (2) …はどうする[どう思う](かな)?: *H~ about* you? きみはどうする[思う]? **H~ about that!**=**H~ do you like that!**《口》驚いたねえ, 驚いたろう, なんてことだ, うれしいねえ, すばらしいじゃない!《驚嘆・不快・絶賛などの発声》. **H~ about that [it]?** [前文を受けて] (そうなったら)どう思う, (それでも)いいかい? **H~ are [H~'s] things (with you)?** 調子はどう, 元気? (H~ are you?)《返事は (Things are) fine. など》. **H~ are you?** お元気ですか;《体の[生活の]》具合はいかがですか. **H~ (are) you doing?** 元気? 調子はどう? **H~** CAN[1] [COULD] **you?** **H~** COME[1]**?** **H~ comes it** (that…)? ⇨ COME[1]. **H~ do you do?** /háudəjədú:, -didú:, -djʊdú:/ こんにちは; はじめまして《初対面の挨拶; 略して **H~ d'ye (do)?, H~ do?** ともいう; cf. HOW-DO-YOU-DO》. **H~ ever [in the world, on earth, the devil,** etc.] …? 一体(全体)どうして…か? **H~ goes…?**《口》…はどんなですか?: *H~ goes* the investigation? 調査のほうはどうだい? **H~ goes it** (with you)? 《口》《友人間などで用いて》変わりはないかね, 景気はどうだい. **H~ (have) you been?** *《口》元気?, どうしてた? **~ one likes [wants]** ‖好きなように: Live your life ~ *you want.* 好きなように生きなさい. **H~ much?** (値段は)いくらですか《尻下がり調子で》; [*joc*] 何ですって? (=What?, How?). **~ much for ~ little** 《口》わずかなお金で得られる(多くの)もの[どれだけ多くのものが得られるか], つまらないものに対して払う(多くの)お金[どれだけ多くのお金を払わなければならないか]. **H~ now?** 《古》これはどういうこと[意味]なのだ. **H~'s about…?** 《俗》How about…? **H~ say you?** あなたのお考えは? **H~'s by you?=H~'s (it) with you?=H~'s it going?** 《口》元気(してた)?, どう?, やってる? **H~'s everything [every little thing]?** 《口》調子[景気]はどう? (H~ are things?). **H~ so?** どうしてそう思うの? **H~'s that?** どう, あなたの意見は?; どうして, なぜ? (why); 《クリケットの審判に向かって》アウトではないですか. **H~'s that (again)?** えっ何ですって(もう一度言ってくれませんか). **H~'s that for…?** …については[…としては]どうですか; 〈品質・行為などがすばらしい[ひどい]でしょう?: *H~'s that for* convenience? とっても便利でしょう? **H~ then?** これはどうしたことだ; ほかに方法は. **H~ ya living?** *《俗》調子はどうだい, 元気か? 《返事は Living large. (順調だよ)》. **H~ you is [be, was]?** 《口》[ᵒ*joc*] ご機嫌いかが? 《'How are you?' の言い換え》. **seeing ~…** 《俗》…だからって (because, since). **This is ~ it is.** 《口》次のような事情なのです《説明を始めるときの文句》.

► *n* /háʊ/ [the] やり方, 方法 (manner, means); 「どのようにして」という質問: *the* ~ and (the) why of it その方法と理由.

[OE *hū*; cf. WHO, G *wie*]

how² ⇨ HOWE².

how³ /háʊ/ *int* [ᵒ*joc*] やあ, おい《インディアンのことばをまねた挨拶》. [AmInd]

How·ard /háʊərd/ **1** ハワード《男子名》. **2** ハワード (**1**) **Catherine ~** ⇨ CATHERINE HOWARD (**2**) **Henry ~**, Earl of Surrey (1517?–47)《イングランドの詩人・廷臣; Wyatt と共に英国で sonnet を書いた最初の詩人で, Elizabeth 朝英詩の発展の基礎をつくった》 (**3**) **John ~** (1726–90)《英国の博愛家; 監獄の改革を行なった; *State of the Prisons* (1777)》 (**4**) **John Winston ~** (1939–)《オーストラリアの政治家; 自由党党首 (1985–89, 95–2007); 首相 (1996–2007)》 (**5**) **Trevor (Wallace) ~** (1913–88)《英国の俳優; 映画 *Brief Encounter* (逢びき, 1945)》. [OF<Gmc=brave+heart *or* OE=sword+guardian]

Hóward Lèague for Pénal Refórm [the] 〘英〙ハワード刑罰改革連盟《体刑や死刑に反対し, 国際的な刑罰改革を目指す英国の組織; 1866 年結成; 英国で最初に監獄改革運動を行なった John *Howard* にちなむ》.

Hówards Énd /háʊərdz-/ 『ハワーズ エンド』《E. M. Forster の小説 (1910)》.

Hóward Univérsity ハワード大学《Washington, D.C. にある大学; 1867 年創立; 学生の大部分がアフリカ系で, アフリカ系アメリカ人文化研究の中心的存在》.

how·be·it /haʊbíːət/ *adv, conj* 《古・文》…とはいえ, とはいうものの, …にもかかわらず (nevertheless).

hów'd /-əd/ how did の短縮形: *H~* you do?

how·dah, hou- /háʊdə/ *n* 象[ラクダ]かご《象[ラクダ]の背に取り付ける, 数人乗りで通例 天蓋がある》. [Urdu<Arab=litter]

how·die, -dy /(h)áʊdi/ *n* 《スコ・北イング》産婆 (MIDWIFE).

how-do-you-do /háʊdəjədúː/, **how-d'ye-do** /-dɪdúː/, **how-de-do** /-dɪdúː/ *n* 《口》[*iron*] 状況, 困った状況, 苦しい立場 (cf. HOW¹ 成句); ‖《口》けんか, 騒ぎ: This is a fine [pretty, nice] ~. こいつは困った.

how·dy¹ /háʊdi/ *int* *《口・方》こんちわ, やあ, よう. ► *vt, vi* (…に)こんにちはと挨拶をする. [C19 *how d'ye*]

howdy² ⇨ HOWDIE.

Hówdy Dóody 「ハウディ・ドゥーディ」《米国の子供向けテレビ番組 (1947–60); 架空の町 Doodyville でサーカスを経営する赤毛でそばかすだらけのカウボーイ姿の少年 Howdy Doody が主人公の人形劇》.
● **Does ~ have wooden balls?** *《俗》ばかな質問をするんじゃない, わかりきったことだろうが.

howe¹ /háʊ, hóʊ/ *n* 《スコ》窪地, 盆地, 広い谷間. [OE *hol*]

howe² /háʊ/ 《北イング》*n* 丘《主に地名で; **how** /háʊ/ ともいう》; 墳丘, 塚. [ON *haugr* hill; cf. HIGH]

Howe ハウ (**1**) **Elias ~** (1819–67)《米国の発明家; ミシンを発明》 (**2**) **'Gordie' ~ [Gordon ~]** (1928–)《カナダ生まれの米国のアイスホッケー選手》 (**3**) **Irving ~** (1920–93)《米国の批評家》 (**4**) **James Wong ~** (1899–1976)《米国の映画カメラマン; 中国生まれ, 本名 Wong Tung Jim; *The Rose Tattoo* (バラの刺青, 1955)》 (**5**) **Julia ~** (1819–1910)《米国の作家・社会改良家; 旧姓 Ward; 南北戦争における北軍の軍歌 'The Battle Hymn of the Republic' (1862) の作詞者》 (**6**) **Richard ~**, Earl ~ (1726–99)《英国の海軍大将; 海峡艦隊司令長官となり, フランス革命戦争中の 1794 年フランス艦隊を撃破》 (**7**) Sir **William ~**, 5th Viscount ~ (1729–1814)《英国の軍人; Richard の弟; 米国独立戦争における英国軍司令官; 数度の勝利にもかかわらず, とどめは刺せず辞任》.

how·e'er /haʊéər/ however の短縮形.

Howel Dda ⇨ HYWEL DDA.

How·ells /háʊəlz/ ハウエルズ (**1**) **Herbert (Norman) ~** (1892–1983)《英国の作曲家・オルガン奏者》 (**2**) **William Dean ~** (1837–1920)《米国の作家・批評家; *The Rise of Silas Lapham* (1885)》.

how·ev·er /haʊévər/ *adv* **1** [関係詞] **a** いかに…であろうとも: *H~* tired you may be, you must do it. どんなに疲れていようとそれをしなければならない. **b** どのような方法でも: You can do it ~ you like. 好きなようにやってよい / ~ you SLICE it. **2** 《口》[疑問詞] 一体全体どうして (how ever): *H~* did you manage it? 一体全体どうやって処理したの. ► *conj* けれども, しかしながら, ところで, とはいえ《文頭・文中・文尾のいずれにも置かれる; 通例 文中または文尾にコンマと共に用いて *adv* と区別; but よりも形式的な語》; 《古》ALTHOUGH: These plans, ~, cannot be carried out without money.

howff, howf /háʊf, hóʊf/ 《スコ》*n* よく行く場所, パブ; 住まい, 住みか. [Du *hof* enclosure]

how·it·zer /háʊətsər/ *n* 〘軍〙榴弾(りゅうだん)砲. [Du<G<Czech =catapult]

howk /háʊk/ *vt, vi* ‖《方》掘る (dig). [ME *holken* (OE *hol* hollow)]

howl /háʊl/ *vi, vt* **1** 遠ぼえする; 泣きわめく; 怒号する; わめきながら言う; 不平を言う 〈*at*〉; 〈風などが〉うなる, ヒューヒューという: ~ in pain 苦しくてわめく. **2** 大声をあげる 〈*with* laughter〉, 大笑いする 〈*at* a joke〉; 飲み騒ぐ. ● **~ down [out, away]** どなって黙らせる. **one's night to ~** 歓楽を尽くす時. ► *n* 遠ぼえの声, ほえ声, 《風などの》うなる音; 叫び, わめき声, 大笑い; 《口》ひどく笑わせるもの, 冗談, おかしな人; 〘ラジオ・通信〙《受信機の波長を合わせるときの》騒音, ハウリング《音響帰還による発振性の雑音》; 不平, 反対: a ~ of protest 激しい[ごうごうたる]抗議の叫び. [ME (imit)]

Hów·land Island /háʊlənd-/ ハウランド島《太平洋中部 Phoenix 諸島の北西にある米国領の島》.

hówl·er *n* ほえる人[獣]; 〘動〙HOWLER MONKEY; 泣き叫ぶ人, 《葬式に雇われて泣く》泣き男; ‖《俗》赤ん坊, 子供; ‖〘電話〙ハウラー《受話器の掛け違い[忘れ]警報装置》; 《口》大間違い, 大失態, 噴飯もの《特にことばの上での》: come a ~ 大失敗をやる.

hówler mònkey 〘動〙ホエザル《熱帯アメリカ産》.

howl·et /háʊlət/ *n* 《古・詩・方》OWL, OWLET.

hówl·ing *a* **1** ほえる, わめく; 寂しい, ものすごい: ~ wilderness 〘聖〙/《口》(野獣のほえる)寂しい荒野《*Deut* 32: 10》. **2** 《口》どえらい, 途方もない: a ~ success 大成功 / a ~ error [lie, etc.] ひどい誤り[うそなど]. **3** 《口》べろんべろんに酔った, 大トラになった. ► *adv* 《口》とてつもなく, ものすごく, えらく: ~ drunk. ♦ **~·ly** *adv*

hówling dérvish 〘イスラム〙絶叫する熱狂派修道僧.

hówling mònkey 〘動〙HOWLER MONKEY.

Hów·lin' Wólf /háʊlɪn-/ ハウリン・ウルフ (1910–76)《米国の黒人ブルースシンガー; 本名 Chester Arthur Burnett》.

Howrah ⇨ HAORA.

how·so·ev·er /hàʊsoʊévər/ *adv* 《文》いかに[どれほど]…でも《however の強調形で *how…soever* ともする》.

hów-tó 《口》*a* 実用技術を教える, ハウツーものの: a ~ book. ► *n* 手引き, ガイド. ♦ **~·er** *n* ハウツーものの著者.

how·tow·die /haʊtáʊdi/ *n* ハウタウディ《ゆでた鶏肉に落とし卵とホウレンソウを添えたスコットランド料理》. [Sc]

how·zat /haʊzǽt/ *int* 《口》《クリケットで》How's that? (⇨ HOW¹ 成句).

how·zit /háʊzɪt/ *int* 《南ア口》やあ, こんにちは.

Hox·ha /hóʊdʒɑː/ ホッジャ **Enver ~** (1908–85)《アルバニアの政治家; アルバニア労働党第一書記 (1954–85)》.

hoy¹ /hɔ́ɪ/ *n* 〘海〙ホイ《かつての 1 本マストの小型帆船; 重量物運搬用の大型はしけ》. ♦ **~·man** /-mən/ *n* [Du *hoei*<?]

hoy² *int* ホイ《注意をひくためまたは家畜などを追うときの発声》; 〘海〙《上方に向かって》オーイ! ► *n* 叫び声, 掛け声. [imit; cf. AHOY, HEY¹]

hoy³ *vt* 《豪口》投げる, ほうる.

hoya /hɔ́ɪ(j)ə/ *n* 〘植〙サクララン《ガガイモ科 *H~* 属のランの総称; 南アジア・オーストラリア原産》. [Thomas *Hoy* (c. 1750–1821) 英国の園芸家]

hoy·den, hoi- /hɔ́ɪd(ə)n/ *n* おてんば娘, はねっかえり, じゃじゃ馬. ► *a* 〈娘が〉騒々しく無作法な, はねっかえりの. ► *vi* おてんばにふるまう. ♦ **~·ism** *n* **~·ish** *a* [C16=rude fellow<?Du *heiden* country lout; ⇨ HEATHEN]

hoyle /hɔ́ɪl/ *n* [ᵒH-] トランプ競技法の本, 室内遊戯の本. ● **according to ~ [H~]** 規則[計画]どおりに[の], 公正に[な]. [Edmond *Hoyle*]

Hoyle ホイル (**1**) **Edmond ~** (1671 or 72–1769)《英国のトランプゲームの本の著者; 著書 *Short Treatise on the Game of Whist* (1742) などによって確立されたホイストのルールが 1864 年まで適用された》 (**2**) Sir **Fred ~** (1915–2001)《英国の天文学者・数学者; 定常宇宙論 (steady state theory) を提唱した》.

Hoyt /hɔ́ɪt/ ホイト《男子名》. [Gmc=glee]

hp, HP ᵒhalf pay ♦ high pressure ♦ ‖ᵒhire purchase ♦ horse-

power. **HP** °High Priest ♦ °house physician ♦〘英〙°Houses of Parliament. **hPa** hectopascal. **HPA** high power amplifier.
HPF highest possible frequency ♦ high power field.
HPLC °high-performance liquid chromatography.
HPV °human papillomavirus ♦ human-powered vehicle.
HQ headquarters. **hr** here ♦ hour(s).
HR 〘英〙°Home Rule [Ruler] ♦〘野〙°home run ♦〘米〙°House of Representatives ♦ °human resources.
Hra·dec Krá·lo·vé /(h)rá:dɛ̀ts krá:ləvèɪ/ フラデツクラロヴェ (*G* Königgrätz)《チェコ中北部の Elbe 川に臨む町》.
H-R diagram /èɪtʃá:r ——/ HERTZSPRUNG-RUSSELL DIAGRAM.
Hr·dlič·ka /há:rdlɪtʃkà:/ ハードリチカ **Aleš** ～ (1869–1943)《Bohemia 生まれの米国の人類学者》.
HRE °Holy Roman Empire. **H. Res.** House resolution.
Hr factor /èɪtʃá:r ——/〘生化〙Hr 因子《Rh マイナスの血液中にあり RH FACTOR に対する》.
HRH His [Her] Royal Highness.
Hrod·na /hrɔ́(:)dnə, hrád-/, **Grod·no** /grɔ́(:)dnə, grádnoʊ/ フロドナ, グロドノ《ベラルーシ西部の Neman 川に臨む市》.
Hrolf /(h)rálf/ ロルフ《ROLLO の別称》.
Hroth·gar /hróʊθgɑ:r/ フローズガール《*Beowulf* 中の Zealand の王; その居城 Heorot を怪物 Grendel に襲われ 12 年間にわたって悩まされるが, Beowulf に救われる》.［OE; ⇨ ROGER］
hrs hours.
HRT /èɪtʃà:rtí:/ °hormone replacement therapy.
Hr·vat·ska /hərvá:tskɑ:/ フルヴァーツカ《CROATIA のセルビア語名》.
hryv·nia /(h)rívniə/, **hryv·na** /-nə/ *n* (*pl* ～, ～**s**) フリヴニャ《ウクライナの通貨単位: ＝100 kopiykas》.
hrzn horizon. **h.s.**〘処方〙[*L hora somni*] at bedtime.
Hs〘化〙hassium.
HS °high school ♦〘英〙°Home Secretary ♦ °house surgeon.
HSBC /èɪtʃɛ̀sbì:sí/ エイチエスビーシー《London に本拠を置く世界最大級の銀行・金融グループ》.［The *H*ongkong and *S*hanghai *B*anking *C*orp (創立時の名称)］
HSC〘豪〙Higher School Certificate 中等学校卒業認定書.
HSDPA high speed downlink packet access (⇨ HSPA).
HSE〘英〙Health and Safety Executive.
HSH His [Her] Serene Highness.
Hsi 西江 (⇨ XI).
Hsia 夏 (⇨ XIA).
Hsia Kuei 夏珪 (⇨ XIA GUI).
Hsia-men 厦門 (⇨ XIAMEN).
Hsian 西安 (⇨ XI'AN).
Hsiang 湘 (⇨ XIANG).
Hsiang-t'an 湘潭 (⇨ XIANGTAN).
Hsi Chiang 西江 (⇨ XI).
hsien /ʃién/ *n* **1**《中国の》県 (xian). **2**《道教の》仙, 仙人, 神仙《immortal などと英訳される》.
HSIK 《E メールなどで》How should I know?
Hsin·chu /ʃíntʃú:/ 新竹(しんちく)(シンチュー)《台湾北西部の港町》.
Hsinhailien 新海連 (⇨ XINHAILIAN).
Hsin-hsiang /ʃínʃiá:ŋ/ 新郷 (⇨ XINXIANG).
Hsin·hua /ʃínhwá:/ 新華社 (Xinhua).
Hsining 西寧 (⇨ XINING).
Hsin-kao /ʃíngáu/ 新高山(にいたかやま)《玉山 (YU SHAN) の別名》.
Hsiung-nu 匈奴 (⇨ XIONGNU).
HS1 °High Speed 1.
HSPA high speed packet access 高速パケットアクセス《携帯電話の次世代高速データ通信規格の一つ; 下り方向の HSDPA と上り方向の HSUPA に分かれている》.
HST Hawaii(an) standard time ♦ ″high speed train ♦ °Hubble Space Telescope ♦ hypersonic transport.
HS2 °High Speed 2.
Hsüan Chiao /ʃuá:n dʒiáu/ 玄教, 道教 (Taoism).
Hsüanhua 宣化 (⇨ XUANHUA).
Hsüan-tsang 玄奘 (⇨ XUANZANG).
Hsüan Tsung 玄宗 (⇨ XUANZONG).
Hsüchou 徐州 (⇨ XUZHOU).
Hsün-tzu 荀子 (⇨ XUNZI).
HSUPA high speed uplink packet access (⇨ HSPA). **ht** heat ♦ (*pl* **hts**) height. **HT** halftone ♦ hardtop ♦ Hawaii time ♦ high-tension ♦ °high tide.
HTH /èɪtʃtì:éɪtʃ/ *n*＊《学生俗》幼なじみの[故郷に残してきた]恋人.［*h*ome*t*own *h*oney］
HTH 《E メールなどで》hope this helps.
HTLV /èɪtʃtì:èlví:/ *n* ヒト T 細胞白血病ウイルス (human T-cell lymphotropic [leukemia] virus)《ある種の白血病や免疫系不全に関与するレトロウイルスの一種》.
HTLV-III, HTLV-3 /èɪtʃtì:èlvì:θrí:/ *n* ヒト T 細胞白血病ウイルス III 型 (HIV-1).
HTM〘電算〙HTML 形式のファイルを示す拡張子.
HTML, html /èɪtʃtì:èmél/ *n*〘電算〙HTML《ハイパーテキストを記述するためのマークアップ言語; 通常のテキストファイルに書体やレイアウト情報, 他のファイルへのリンクなどタグとして埋め込む規約からなる; この書式のファイル名は .htm(l) で終わる; cf. SGML》.［*h*yper*t*ext *m*arkup *l*anguage］
HTTP, http〘インターネット〙Hypertext Transfer Protocol《WWW でハイパーテキストを転送する方式; ウェブページの URL は通例 http で始まる》. **HUAC** /h(j)ú:æk/ °House Un-American Activities Committee.
Hua Guo·feng /hwá: gwóʊfʌ́ŋ/, **Hua Kuo-feng** /, -kwóʊfʌ́ŋ/ 華国鋒(かこくほう)(ホワクオフォン) (1921–2008)《中国の政治家; 共産党主席 (1976–81)・首相 (1976–80)》.
Huai, Hwai /hwáɪ/ [the] 淮河(わいが)(ホワイホー)《中国河南省南部に源を発し, 東流して洪沢湖 (Hongze Hu) に注ぐ》.
Huai·nan /hwáɪná:n/ 淮南(わいなん)(ホワイナン)《中国安徽省中北部の工業都市》.
Huai·ning, Hwai- /hwáɪníŋ/ 懐寧(かいねい)(ホワイニン)《ANQING (安慶) の旧称》.
Hua·lla·ga /wɑ:yá:gə, xwɑ:-/ [the] ワヤガ川《ペルー中北部を北に流れ, Marañón 川に合流する》.
Huam·bo /(h)wá:mboʊ/ フアンボ《アンゴラ中西部の町; 旧称 Nova Lisboa (1928–75)》.
huanaco ⇨ GUANACO.
Huang, Hwang /hwá:ŋ/ [the] 黄河(こうが)(ホワンホー) (＝*Yellow River*) (＝**Huang He** /—ˊ hə́:/, **Hwang Ho** /—ˊ hóʊ/).
Huang·di, Huang-ti /hwá:ŋdí:/〘中国伝説〙黄帝(こうてい) (＝*Yellow Emperor*)《中国に文化・諸技術をもたらした古代の帝王; 五行の中の '土徳' があるので黄帝(黄は土の色)という》.
Huang Hai, Hwang Hai /hwá:ŋ háɪ/ 黄海 (＝*Yellow Sea*).
Huang·pu, Hwang Pu, Whang·poo /hwá:ŋpú:/ [the] 黄浦(こうほ)(ホワンプー)江《中国東部を流れる川; 上海市内を北東に流れて長江下流に注ぐ》.
Huang Shan /hwá:ŋ ʃá:n/ 黄山(こうざん)(ホワンシャン)《中国安徽(あんき)省南東部の山; 主峰は光明頂 (1841 m); 名勝地》.
hua·ra·che /wərá:tʃi, hə-/ *n* かかとの低い上部が編み革のサンダル.［AmSp］
Huás·car /wá:skà:r/ ワスカル (d. 1532)《インカ帝国皇帝 (1525–32); 異母弟 Atahualpa に殺された》.
Huas·ca·rán /wà:skərá:n/, **Huas·cán** /wɑ:ská:n/ ワスカラン, ワスカン《ペルー西部, アンデス山脈の高峰 (6768 m)》.
Huas·tec, Huax·tec /wá:stèk, —ˊ/ *n* **a** (*pl* ～, ～**s**) ワステカ族《メキシコ Veracruz 州北東部と San Luis Potosí 州北西部に住むマヤ系インディオ》. **b** ワステカ語.
Huay·na Ca·pac /wáɪnɑ: ká:pà:k/ ワイナ・カパック (d. 1525)《インカ帝国皇帝; 帝国の領土を最大にしたが, 死に際して領土を 2 人の息子 Atahualpa と Huáscar にゆだねたことにより, スペイン人の到来まで続く内乱のもとをつくった》.
hub[1] /hʌ́b/ *n* **1** ハブ《車輪・プロペラ・ファンなどの円筒形の中心部》;〘電算〙ハブ《いくつかの装置が接続される装置, 特に star topology を採るネットワークの中心となる装置》;《輪投げの》標的 (hob);《鉛管の》受口, ハブ, ボス;〘冶〙ハブ《硬貨・メダル加工用のダイのスチール製パンチ》. **2**《活動の》中心, 中枢 (center); ハブ(空港) (＝～ **àirport**) (**1**) 多数の路線が集中し乗り継ぎの拠点となる大空港 **2**) 特定の航空会社の拠点空港》; [the H～ (of the Universe)]＊宇宙の中心《Boston 市の愛称》: the ～ of our town 町の中心(地) / the economic ～ of Asia アジア経済の中枢[中心地] / a transit ～ 交通拠点, 拠点駅《多数の路線が集中する駅》. ● **from ～ to tire** 完全に. **up to the ～**＊深くはまって, 抜き差しならない.［C16＝?HOB[1]］
hub[2] *n* ″《口》夫, ハズ (husband).
húb-and-spóke *a* ハブ・アンド・スポーク方式の《周辺空港の便をすべて拠点空港に集める空路システムについていう; 周辺空港間の直通空路はない》.
hub·ba /hʌ́bə/ *n* [″*pl*]＊《俗》クラック (crack). ► *a*＊《俗》バカな, アホな.
hubbaboo ⇨ HUBBUB.
hub·ba-hub·ba, huba-huba /hʌ́bəhʌ́bə/＊《俗》*int* いいぞいいぞ, よしよし, ウホウホ《きれいな女の子などに対する賞賛・熱意を示す発声; 第二次大戦で GI たちがよく用いた》; 早くしろ, 早く早く, 急げ! ► *adv* 即刻, 直ちに, 急いで.［Chin 好不好］
Hub·bard /hʌ́bərd/ **1** ハバード (**1**) **Elbert** (**Green**) ～ (1856–1915)《米国の作家・出版人; 自立と忍耐の徳を説くエッセイ 'A Message to Garcia' (1899) は広く愛読された》 (**2**) **L**(**afayette**) **Ron**(**ald**) ～ (1911–86)《米国の小説家; Scientology の創設者》 (**3**) MOTHER HUBBARD. **2** HUBBARD SQUASH.
Húbbard squásh〘野菜〙ハバード《クリカボチャの一品種; 単に Hubbard ともいう》.
hub·ble /hʌ́b(ə)l/ *n* ″《方》HUBBUB.
Hubble **1** ハッブル **Edwin Powell** ～ (1889–1953)《米国の天文学者; ハッブルの法則 (Hubble law) を発見した》. **2** [h-]〘天〙ハッブル《距離単位: 10^9 光年》.

húbble-bùbble *n* 《簡単な》水ギセル; ブクブク, ガラガラ《泡立つ音, うがいの音》; ペチャペチャ《話し声》; 騒ぎ. ［imit; 加重＜BUBBLE］

Húbble cònstant 〘天〙ハッブル定数《銀河後退速度が距離に比例して増加する割合》. ［E. P. *Hubble*］

Húbble effèct [the] 〘天〙REDSHIFT.

Húbble làw, Húbble's láw 〘天〙ハッブルの法則《: 十分遠方に位置する銀河はその距離に比例した速度で後退している》. ［E. P. *Hubble*］

Húbble Spáce Tèlescope [the] 〘天〙ハッブル宇宙望遠鏡 (＝**Húbble Tèlescope**)《NASA の主鏡口径 2.4 m の反射望遠鏡; 1990 年スペースシャトル Discovery から放出された; 略 HST》.

húb·bly *a**《口》でこぼこの〈道〉, 波騒ぐ〈海〉.

hub·bub /hʌ́bʌ̀b/, **hub·ba·boo, hub·bu·boo** /hʌ́bəbùː/ *n* ガヤガヤ, 騒音, 喧騒; ときの声; 騒ぎ, 騒動 (uproar). ［C16＜? Ir; cf. ScGael *ububub* exclamation of contempt, Ir *abú* a war cry］

hub·by /hʌ́bi/ 《口》夫, ハズ (husband). ［*hub*[2], -*y*[3]］

húb·càp *n* 《自動車の》ハブキャップ, ホイールキャップ; *《俗》うぬぼれたやつ.

Hu·bei /húːbéɪ/, **-pei, -peh** /, húːpéɪ/ 湖北(ほく)(フーペイ)《中国中東部の省; ☆武漢 (Wuhan)》.

Hu·bel /(h)júːbəl/ ヒューベル **David Hunter** ～ (1926–2013)《カナダ生まれの米国の生理学者; 大脳皮質視覚領細胞の情報処理の研究によりノーベル生理学医学賞 (1981)》.

Hu·ber /h(j)úːbər/ フーバー **Robert** ～ (1937–)《ドイツの生化学者; 細菌の光合成反応の中心をなすタンパク質複合体の構造を決定; ノーベル化学賞 (1988)》.

Hu·bert /hjúːbərt/ ヒューバート《男子名》. ［Gmc＝mind＋bright］

Hu·bli-Dhar·wad /hʊ́blidɑ̀ːrwɑ́ːr/ フブリ-ダールワール《インド南西部 Karnataka 州北西部の市》.

hu·bris /h(j)úːbrəs/ *n* 《報いをうける》傲慢, うぬぼれ; 〘ギリシア悲劇〙神々に対する不遜. ♦ **hu·brís·tic** *a* ［Gk］

Huck ハック《HUCKLEBERRY FINN の通称》.

huck·a·back /hʌ́kəbæ̀k/, **huck** /hʌ́k/ *n* ハッカバック《綿製・亜麻製のタオル地》. ［C17＜?］

huck·ery /hʌ́kəri/ *a* 《NZ口》醜い (ugly).

huck·le /hʌ́k(ə)l/ 《まれ》*n* おいど, 尻; 出っ張り, こぶ.

húckle·bàck *n* HUMPBACK.

húckle·bèrry /, ″-b(ə)ri/ *n* 〘植〙 **a** ハックルベリー《ブルーベリーに似たツツジ科ゲーリュサッキア属の低木で濃紺または黒の液果をつける; 北米原産》. **b** ブルーベリー (blueberry, whortleberry). ► *vi* huckleberry を取る. ［変形＜? *hurtleberry* WHORTLEBERRY］

Húckleberry Fínn /-fín/ ハックルベリー・フィン《Mark Twain, *Adventures of Huckleberry Finn* (1884) の主人公・語り手; 通称 Huck; 自由を求める孤独な少年で, 黒人 Jim と共に Mississippi 川をいかだで下る》.

húckle·bòne 《まれ》*n* 無名骨 (hipbone); 《四足獣の》距骨 (talus).

huck·ster /hʌ́kstər/ *n* 呼び売り商人, 《野菜・果物などの》行商人; *押しの強い[強引な, 詐欺師的な]セールスマン[営業部員]; 金目当てに働く者; *《口》広告屋, 宣伝屋, 《特にラジオ・テレビの》コマーシャルの制作業者, コピーライター. ► *vt, vi* 呼び売りする, 行商する; 値段の交渉をする〈over〉; 品質を落とす (adulterate); 強引に[鳴り物入りで]売り込む. ♦ **～·ism** *n* COMMERCIALISM, 売らんかな主義. **húck·stery** *n* 呼び売り, 行商. ［ME＜? LG; cf. *huck* (dial) to bargain, hawker］

húckster·ìze *vt* …に強引な[押売りじみた]手段を用いる.

HUD °head-up display ♦ /hʌ́d/ 〘米〙(°Department of) Housing and Urban Development.

Hu·day·dah /hɔːdéɪdə, -dáɪ-/ [Al-～ /àːl-/] フダイダー, ホデイダ《イエメン西部の紅海に臨む港湾都市; 別称 **Ho·dei·da** /hoʊdéɪdə/》.

Hud·ders·field /hʌ́dərzfiːld/ ハッダーズフィールド《イングランド北部 West Yorkshire の町, Manchester の北東に位置》.

hud·dle /hʌ́dl/ *vi* 身を寄せ合う, 押し合いへしあいする, 群がる〈*up, together*〉; 《寒さなどで》縮こまる, うずくまる; 《口》額を集めて[ひそひそと]相談[協議]する, 立ち話をする; 〘アメフト〙次の作戦を決めるためスクラム線の後方に集合する, ハドルする; 〘トランプ〙《次の手を決定するため》考え込む: Children ～*d around* the fire. たき火のまわりに集まった. ► *vt* **1** 乱雑に積み重ねる[集める]〈*together, up*〉; やたらに詰め込む〈*into, out of*, etc.〉; [～ *-self*]《体を》丸める: ～ *oneself* (up) 体を丸くする, 縮こまる / ～*d* masses 身を寄せ合っている民衆《自由の女神 (Statue of Liberty) の台座に刻まれている文句 (Emma Lazarus のソネット) から》. **2** 急いでする, ぞんざいにやる〈*over, through, up*〉; 急いで[無造作に]着る〈on〉. **3** 隠す, 隠蔽する. ► *n* 混雑, 乱雑; 雑然とした集団, 群衆; 《口》私的な会談[協議]; 〘アメフト〙ハドル《次のプレーを決めるための選手たちの集合》; 〘トランプ〙考え込み: all in a ～ 乱雑に / a ～ of buildings 密集した建物群 / a ～ of prisoners 囚人の群れ. ● **go [get] into a ～** 《口》ひそひそ話し合う[協議する]〈*with*〉. ♦ **húd·dler** *n* ［C16＜? LG; cf. ME *hoderen* to wrap up］

Hu·di·bras /hjúːdəbræs/ ヒューディブラス《Samuel Butler の同名の諷刺詩 (1663–78) の主人公で, 長老教会派の頑迷な保安官; 偽善と利己主義が痛快に暴露される》. ♦ **Hù·di·brás·tic** *a, n* [°h-] 滑稽で諷刺的な(作品).

Hud·son /hʌ́ds(ə)n/ **1** [the] ハドソン川《New York 州東部 Adirondack 山地に発し, 南流して New York 湾に注ぐ》. **2** ハドソン (**1**) **Henry** ～ (c. 1565–1611)《イングランドの航海家・探検家; Hudson 川を探検, のち Hudson 海峡を通って Hudson 湾を発見した》 (**2**) **Rock** ～ (1925–85)《米国の映画俳優; 本名 Roy Sherer, Jr.; 甘いマスクの二枚目として 1960 年前後に人気があった; エイズで死亡》 (**3**) **W(illiam) H(enry)** ～ (1841–1922)《英国の博物学者・小説家・随筆家; アルゼンチン生まれ; 小説 *Green Mansions* (1904), 自伝 *Far Away and Long Ago* (1918)》.

Húdson Báy ハドソン湾《カナダ北東部の湾; Hudson 海峡で大西洋と連絡》.

Hud·so·ni·an /hʌdsóuniən/ *a* ハドソン湾の.

Húdson Ínstitute [the] ハドソン研究所《Herman Kahn が設立 (1961) した, 未来の予測・分析を行なうシンクタンク; 在 Indiana 州》.

Húdson Ríver Schòol [the] ハドソンリヴァー派《19 世紀中期の米国の風景画家の一派; Hudson 渓谷などをロマン主義的な手法で描いた》.

Húdson's Bày blánket 《カナダ》ハドソンズベイ・ブランケット《通常 色縁のある丈夫な羊毛製毛布》. ［*Hudson's Bay* Company 当初の販売元］

Húdson's Báy Còmpany [the] ハドソン湾会社《1670 年, 太平洋へ通ずる北西航路の発見, Hudson 湾周辺地域の占有, 同地方との交易を目的に設立されたイングランドの特許会社》.

Húdson séal 模造あざらし皮《muskrat の皮》.

Húdson Stráit ハドソン海峡《カナダ北東部, Baffin 島南部と Quebec 州北部にはさまれ, Hudson 湾と大西洋をつなぐ》.

hue[1] /hjúː/ *n* 色合い《color, tint に対する文語的な語》; 色; 〘色彩〙色相; 《意見などの》傾向; 種類, タイプ; 《廃》外形, 顔色: every ～ of carnation 色とりどりのカーネーション / opinions of every ～ [all ～*s*] さまざまな見解. ► *vt* …に色をつける〈*with*〉. ► *vi* 色がつく. ♦ **～·less** *a* ［OE *hīw* form, appearance; cf. ON *hȳ* down on plant］

hue[2] *n* 《追跡の》叫び声 (⇨ HUE AND CRY). ［OF＝outcry (*huer* to shout＜imit)］

Hue, (F) Hué /h(j)uːéɪ, (h)wéɪ/ フエ, ユエ《ヴェトナム中部 Annam 地方の古都》.

húe and crý [⟨*sg*⟩] **1** 抗議の叫び, 激しい非難〈*against*〉; 大騒ぎ: raise a ～ *against*…にごうごうの抗議[非難]の声をあげる. **2** 〘史〙叫喚追跡(の叫び声); 罪人逮捕布告; 《罪状・人相を書いた》昔の犯罪公報.

hued /hjúːd/ *a* 色のついた: green-～ 緑色の / many-～ 多色の.

huel·ga /wélgɑː/ *n* ストライキ. ［Sp］

Huel·va /(h)wélvɑ/ ウェルバ (**1**) スペイン南西部 Andalusia 自治州の県 **2**) その県都; Cádiz 湾の近くに位置》.

huemul ⇨ GUEMAL.

Huer·ta /wéərtə, uéər-/ ウエルタ **Victoriano** ～ (1854–1916)《メキシコの軍人・政治家; 臨時大統領 (1913–14)》.

Hues·ca /(h)wéskə/ ウェスカ (**1**) スペイン北東部 Aragon 自治州の県 **2**) その県都; ローマ時代からの都市で, Aragon 王国の首都 (1096–1118)》.

hue·vos ran·che·ros /wéɪvous rɑːntʃéərous/ 〘メキシコ料理〙ウエボスランチェロス《トルティーヤに目玉焼きを載せチリソースをかけたもの》. ［AmSp＝eggs cooked in a ranch style］

huey /hjúːi, júːi/ *n* [次の成句で]: **hang a ～** *《俗》左折する, 左にターン[カーブ]する (hang a left [Lilly, Louie]).

huff /hʌ́f/ *n* ぷりぷり[むっと]すること, 立腹; ひと吹き, 一陣の風; 〘チェッカー〙コマを取ること (⇨ *vt*): in a ～ むっと[ぷりぷり]して / take ～＝get [go] into a ～ むっとする. ► *vi* ぷりぷり[むっと]する, いきまく; からいばりをする; フーッと吹く, 吹き出す, ハーハーあえぐ, あえぎながら進む. ► *vt* おこらせる; むっとして[さげすんで]言う; 《古》どなりつける, …にいばりちらす; 〈空気を〉吹き込む, ふくらませる; 増長[暴騰]させる; 〘チェッカー〙《取るべきコマを取り忘れた罰として》〈相手のコマを〉取る; 《俗》〈シンナー・麻薬を〉鼻で吸う (snort); 《軍俗》殺す: ～ sb *into* [*out of*] 人をおどして…させる[…をやめさせる, 奪う] / ～ sb to pieces ひどくいじめる. ● **～ and puff** 《口》ハーハーあえぐ, 息を切らす; 《口》騒ぎたてる, ぶつくさ言う, ごねる. ［imit of blowing］

huff-duff /hʌ́fdʌ̀f/ *n* 〘軍〙ハフダフ《高周波方向探知機》. ［*HFDF* (high-*f*requency *d*irection *f*inder)］

húff·er 傲慢な人, いばり屋; 《俗》過給器 (supercharger); *《俗》シンナーを吸うやつ.

húff·ish *a* 短気な, 不機嫌な, ぷりぷりした; いばりちらす, 高慢ちきな. ♦ **～·ly** *adv* **～·ness** *n*

Húff·man còde /hʌ́fmən-/ 〘電算〙ハフマンコード《ハフマン法により圧縮したコード》.

Húffman còding [mèthod] 〘電算〙ハフマン法《データ圧縮法の一つ; 頻度の高い文字列ほど短い文字列に置き換えることによる》.

[David Albert *Huffman* (1925–99) 米国の計算機科学者]

húffy *a* «口» 不機嫌な, おこりっぽい; 傲慢な. ► *n* いらいら, ぷりぷり. ♦ **húff·i·ly** *adv* いらいらして; 傲慢に. **-i·ness** *n*

Hu·fuf /hufúːf, hoʊ-/ [Al-～ /æl-/] フフーフ《サウジアラビア東部 Al-Hasa 地方の中心都市; 別称 Hofuf》.

hug /hʌ́g/ *vt* (-gg-) **1** 《通例 愛情をもって》抱きしめる, ハグする; 抱きかかえる; 〈熊が前肢で〉抱え込む; 〈信念・秘密などを〉いだく, (後生)大事に守る; «古» …に愛着を示す, …の機嫌を取る: ～ sb tight 〈人を〉ぎゅっと抱きしめる / I *hugged* the towel around my body. 私はタオルを体に巻きつけた. **2 a** …にぴったり着く, 密着する, へばりつく; 〈衣服が〉〈からだ〉にぴったりフィットする: ～ the ROAD (成句). **b** 〈道が〉〈川など〉に沿って走る; 〈壁など〉に沿って進む, 〖海〗〈岸〉に近く航行する. ► *vi* しがみつく, 抱きつく; 接近する. ● **～ one's chains** 束縛に甘んじている. **～ oneself** 喜ぶ 〈*on, for, over*〉; 何かを抱え込むような姿勢をとる, 《寒さなどで》身を縮める. **～ the porcelain god [goddess]＝～ the throne** *«俗» (便器にしがみついて)吐く. ► *n* 抱きしめること, ハグ (cf. O[1] 2); 〖レス〗抱き込み, ハッグ: give sb a ～ 〈人を〉抱きしめる. ♦ **húg·ga·ble** *a* 抱きしめたくなるような, かわいい. **húg·ger** *n* [C16＜? Scand; cf. ON *hugga* to soothe, OE *hogian* to take care of]

huge /hjúːdʒ, *júːdʒ/ *a* 巨大な, 莫大な, 非常な, 大変な: «口» 大人気の, 超有名な, 大成功の: a ～ success 大成功 / a ～ sum of money 巨額の金 / ～ talent 大変な才能 / 3D is going to be ～ soon. 3D はまもなく大ヒットするだろう. ♦ **～·ly** *adv* 大いに, 非常に. **～·ness** *n* 巨大さ, 莫大さ. [OF *ahuge*＜?]

húge·ous *a* «古»/[*joc*] HUGE. ♦ **～·ly** *adv* **～·ness** *n*

hug·ger-mug·ger /hʌ́gərmʌ̀gər/ *n, a, adv* 乱雑(な[に]), 混乱(した); 秘密(の[に]). ► *vt, vi* 隠す, もみ消す (hush up); こそこそふるまう[相談する]. ♦ **～y** *n* ⁺*«俗» いんちき, 不正. [C16＜?; cf. ME *hoder* to huddle, *mokere* to conceal]

Hug·gin /hʌ́gən/ ハギン《男子名; Hugh の愛称》.

Hug·gins /hʌ́gənz/ ハギンズ (1) **Charles B**(**renton**) ～ (1901–97) 《カナダ生まれの米国の外科医; 前立腺癌へのホルモン療法を開発, ノーベル生理学医学賞 (1966)》 (2) Sir **William** ～ (1824–1910) 《英国の天文学者; 分光写真撮影の技術を開発した》.

hug·gy-hug·gy /hʌ́gihʌ́gi/ *a**«俗» とても仲のよい, 仲むつまじい. [*hug*]

Hugh /hjúː/ ヒュー《男子名; 愛称 Huggin, Hughie》. [Gmc＝mind, spirit]

Hugh Capet ⇨ CAPET.

Hughes /hjúːz, *júːz/ ヒューズ (1) **Charles Evans** ～ (1862–1948) 《米国の法律家・政治家; 合衆国最高裁判所陪席裁判官 (1910–16), 国務長官 (1921–25), 合衆国最高裁判所首席裁判官 (1930–41)》 (2) **Howard** (**Robard**) ～ (1905–76) 《米国の実業家・飛行家・映画制作者; 映画・不動産事業などへの莫大な投資で知られたが, 晩年は隠遁, なぞめいた生活を送った》 (3) (**James Mercer**) **Langston** ～ (1902–67) 《米国の黒人詩人・小説家; 黒人の経験をうたって Harlem Renaissance の原動力となった》 (4) **Ted** ～ (1930–98) 《英国の詩人; 本名 Edward James ～; 詩人 Sylvia Plath と結婚; 詩集 *The Hawk in the Rain* (1957); 桂冠詩人 (1984–98)》 (5) **Thomas** ～ (1822–96) 《英国の法律家・思想家・小説家; *Tom Brown's School Days* (1857)》 (6) **William M**(**orris**) ～ (1864–1952) 《英国生まれのオーストラリアの政治家; 首相 (1915–23)》.

Hugh·ie, Hu·ie /hjúːi/ *n* **1** ヒューイ《男子名; Hugh の愛称》. **2** [Hughie] «豪口» 天気[雨, 波など]の神: Send her down, ～! 雨になれ, 雨よ降れ / Whip [Send] 'em up, ～! 波よ来い. ● **call** (**for**) **～＝cry ～** «俗» オエッとやる, 吐く, もどす, あげる《吐く時の音を人名になぞらえたもので, ほかに Bill, Charlie, Earl, Herb, Ralph, Ruth なども用いられる》. ► *vi* [h-] 吐く, ゲーッとやる, ゲロする.

Hu·gli, Hoo·ghly /húːgli/ [the] フーグリ川《インド東部 Ganges デルタの最西部を流れる分流》.

húg-me-tìght *n* 〖服〗ハグ・ミー・タイト《婦人用の短くぴったりしたニットのベスト》.

Hu·go /hjúːgoʊ; *F* ygo/ **1** ヒューゴー《男子名》. **2** ユゴー **Victor** (**-Marie**) ～ (1802–85) 《フランスの作家・詩人・劇作家; 小説 *Notre-Dame de Paris* (1831), *Les Misérables* (1862)》. **3** (*pl* **～s**) 〖米〗ヒューゴー賞《SF の年間ベスト作品に与えられる賞; 米国最初の SF 雑誌 *Amazing Stories* (1926) 編集発行人 *Hugo* Gernsback (1884–1967) にちなむ》. ♦ **Hù·go·ésque** *a* [⇨ HUGH]

Hu·gue·not /hjúːgənɑ̀t, -nòʊ/ *n, a* 〖史〗ユグノー(の)《16–17 世紀ごろのフランスの Calvin 派の新教徒》. ♦ **～·ìsm** *n* ユグノーの教義. **Hù·gue·nót·ic** *a* [F *eiguenot* one who opposed annexation by Savoy＜Du＜Swiss G *Eidgenoss* confederate; 語形は *Hugues* (16 世紀の Geneva 市長)に同化]

huh /hʌ́, hʌ̃/ *int* フン, ヘン, ヘッ, いやだね《無関心・不信などの発声》; 《問い返し・疑問・驚きを示して》なんだって, エ, ハァ, ン?; *[文末に置いて]《同意を求めて》…だよね, …でしょ: Pretty good, ～? けっこういいよね. [imit]

Huhehot, Hu-ho-hao-t'e HOHHOT.

huh-uh ⇨ UH-UH.

hui /húːi/ «豪» *n* 会合; 懇親会. [Maori & Haw]

Hui /hwíː/ *n* (*pl* ～, ～**s**) 回(ホイ)族《寧夏回族自治区・甘粛省など中国北西部に多く居住するイスラム教を信仰する民族; 現在では宗教を除いてほとんど漢化している》.

hú·ia (**bìrd**) /húːjə(-)/ 〖鳥〗ホオダレムクドリ, フイア《ニュージーランド山地産; 今は絶滅》.

huic /háɪk/ *int* YOICKS.

Hui·chol /witʃóʊl/ *n* **a** (*pl* ～, **Hui·cho·les** /-liz, -leɪs/) ウイチョル族《メキシコ中西部の Jalisco 州と Nayarit 州にわたる山岳地域に居住するインディオの部族》. **b** ウイチョル語《Uto-Aztecan 語族の言語》.

Huie ⇨ HUGHIE.

Hui·la /(h)wíːlɑ/ ウイラ《コロンビア中南西部の火山 (5750 m)》.

huil·bos /hœ́ɪlbɑ̀s, héɪl-/ *n* 〖植〗アフリカ産マメ科トゲナシジャケツ属の高木. [Afrik]

hui·pil /wipíːl/ *n* (*pl* **～s, -pi·les** /-leɪs/) ウイピル《中央アメリカの女性が着るポンチョタイプの上衣》. [Nahuatl]

hui·sa·che /wisɑ́ːtʃi/ *n* 〖植〗キンゴウカン (＝*opopanax tree, sponge tree*) 《マメ科アカシア属の低木; 芳香のある花は香水の原料》. [AmSp]

Hui·tzi·lo·poch·tli, Ui·tzi- /wìːtsələpóʊtʃtli/ 〖アステカ神話〗ウイツィロポチトリ《Aztec 族の軍神・太陽神; Nahuatl 語で hummingbird of the left (＝south) の意》.

Hui·zinga /háɪzɪŋgə/ ホイジンガ **Johan** ～ (1872–1945) 《オランダの歴史家; *The Waning of the Middle Ages* (1919), *Homo Ludens* (1938)》.

Hu Jin·tao /húː dʒíntáʊ/ 胡錦濤(こきんとう)(フーチンタオ) (1942–) 《中国の政治家; 国家主席 (2003–)》.

hu·la /húːlə/ *n* 《ハワイの》フラダンス, フラ音楽. ► *vi* フラダンスを踊る. [Haw]

Hulagu ⇨ HÜLEGÜ.

húla hòop フラフープ《腰のまわりで回転させて遊ぶプラスチックの輪》. ♦ **húla-hòop** *vi* [*Hula-Hoop* 〖米商標〗]

húla-húla *n* HULA.

húla skìrt 《草の茎・ビニールなどで作ったすだれ状の》フラダンスのスカート.

Hul·da /hʌ́ldə/ ハルダ《女子名》. [Scand＝amiable]

Hul·dah /hʌ́ldɑː/ ハルダー《女子名》. [Heb＝weasel]

Hü·le·gü, Hu·la·gu /hulɑ́ːgùː, hùːlɑːgúː/ フラグ, 旭烈兀 (c. 1217–65) 《イルハーン国の開祖 (在位 1258–65); Genghis Khan の孫, Kublai の弟; Baghdad を攻略, アッバース朝を滅亡させ (1258), イルハーン朝を開いた》.

hulk /hʌ́lk/ *n* 《乗物・建物の》残骸; 廃船《貯蔵所などに用いる》; (大きくて)ぶかっこうな船; [°*pl*] 〖史〗牢獄船; ばかでかい人, かさばるもの: a ～ of a man ずうたいの大きな男. ► *vi* ぬーっと現われる, 大きく迫る 〈*up*〉; "«方» のっそりと[重々しく]動く. ► *vt* …に牢獄船入りを命ずる; 廃船に宿泊させる. [OE *hulc* and MLG, MDu]

húlk·ing, húlky *a* «口» ずうたいの大きい, ぶかっこうな.

hull /hʌ́l/ *n* **1** 外皮, 殻, 外殻, 穀皮, 籾殻(もみがら), 果皮, 《特に豆の》さや, 《イチゴなどの》へた; 《一般に》おおい; [*pl*] 衣服. **2** 船体, 船殻; 〖空〗《飛行艇の》艇体; 《飛行船の》船体, 艇体; 《ロケット・誘導弾の》外殻; 《戦車の》車体. ● **～ down** 〖海〗《マストだけで船体の見えない》遠くに[の]; 〖軍〗敵からは見られずに敵の観察・攻撃ができる位置に[の]. ► *vt* …から殻[外皮, へた]を取る, …の皮[さや]をむく (shuck); 《砲弾で》船側を貫く: ～*ed* rice 玄米. ► *vi* 帆をたたんで漂う; «古» のらくらと無為に時を過ごす. ♦ **～-less** *a* **～·er** *n* [OE *hulu* (*helan* to cover); 「船体」の意は ME から (cf. *hold*[2])]

Hull **1** ハル (1) イングランド北東部の港湾都市; Hull 川と Humber 川の合流点に位置; 公式名 **Kíngston upòn ～** 2) カナダ Quebec 州南西部の Ottawa 川に臨む市; Ottawa (Ontario 州) の対岸に位置. **2** ハル **Cordell** ～ (1871–1955) 《米国の政治家; 国務長官 (1933–44); 国連創設に貢献; ノーベル平和賞 (1945)》.

hul·la·ba·loo /hʌ́ləbəlùː; ━━━́/ *n* (*pl* **～s**) ガヤガヤ, 騒ぎ, ごった返し, 喧々囂々(けんけんごうごう)の論争. [*hallo, hullo* などの加重; cf. Sc *baloo* lullaby]

húlled bárley 〖植〗カワムギ (皮麦) 《実(穎果)と殻(穎)が接着しているオオムギ》.

húlled córn 《灰汁につけるかその中でゆでるかして》皮を除いた全粒トウモロコシ.

Húll Hòuse ハルハウス《1889 年 Jane Addams と Ellen Gates Starr (1860–1940) によって Chicago に設立された米国で最初期のセツルメント; 1965 年に取りこわされた》.

hul·li·gan /hʌ́ligən/ *n**«俗» 外人.

hul·lo, hul·loa" /həlóʊ/ *int* おーい, やあ, おや, 〖電話〗もしもし! (HELLO). [HALLO]

Hulme /hjúːm/ ヒューム **T**(**homas**) **E**(**rnest**) ～ (1883–1917) 《英国の文芸評論家・詩人; imagism 提唱者の一人; *Speculations* (1924)》.

Hul·se /hʌ́ls/ ハルス **Russell Alan** ～ (1950–) 《米国の物理学者; 中性子星を伴う連星 (pulsar) を発見, ノーベル物理学賞 (1993)》.

hum[1] /hʌ́m/ *v* (-mm-) *vi* **1** 〈ハチ・こま・機械などが〉ブンブンいう[音をたてる]; もぐもぐ言う, 口ごもる; ハミングで歌う, 鼻歌を歌う 〈*to oneself*〉:

My head ～*s*. 頭がガンガン鳴る. **2**〈場所・聴衆などが〉ざわつく〈*with* activity, excitement〉; «口» 活発である, 〈事業など〉景気がいい; «口» 悪臭がする; «豪口» せがむ, 乞う〈*for*〉: make things ～ «口» 景気をつける, 活気を与える. ► *vt* 鼻歌で歌う; 鼻歌を歌って…させる; 口ごもって〈不快感などを〉表明する: ～ a child *to* sleep 子守歌などを歌って子供を寝つかせる. ● **～ along**〈自動車などで〉ビューッとぶっ飛ばす; 〈事業など〉景気よくいく. **～ and haw** [**ha, hah**] ¹¹口ごもる; ためらう. ► *n* ブンブン; 遠くの雑音, ガヤガヤ; 《ラジオなどの》ハム《電源からくる低いうなり》; 《ためらい・賞賛・軽い驚きを表わす》フーン; 鼻歌(の節まわし); 《人間の》活動; ¹¹«口» 悪臭; «豪俗» たかり, 物乞い. ● **～s and ha's** [**haws**] 口ごもって[ためらって]ばかりいること. ► /m:, m̩m:/ *int* フーン《疑い・不同意などの発声》. ♦ **húm·ma·ble** *a* [imit]

hum[2] *n* HUMBUG.

hu·man /hjú:mən, *jú:-/ *a* 人の, 人類の; 人間の(作る), 人間的な; 人間らしい, 人間にありがちな[できる], 思いやり[人間味]のある: ～ affairs 人間に関する諸事, 人事 / a ～ creature 人間 / HUMAN INTEREST / the HUMAN RACE / ～ sacrifice 人身御供(ごくう) / ～ error 人的ミス / To ERR is ～, to forgive divine. / more [less] than ～ 人間より上[下]で / Clinton is only ～. クリントンも人間だ《あやまちも犯す》. ●**put a ～ face on**…=**make**… ～ 血の通った[現実味のある]ものにする. ► *n* 人, 人間 (=～ **béing**); [the] 人類. ♦ **～·lìke** *a* **～·ness** *n* [OF<L *humanus* (*homo* man)]

Hu·ma·nae vi·tae /humá:nàɪ wí:tàɪ/「人間の命について」(1968)《教皇 Paul 6 世による旧来の産児制限反対を再確認する回勅》. [L]

húman cápital〘経〙人的資本《人的資源 (human resources) に対する投資すなわち教育・訓練によって蓄積された知識・技能など; 生産性を高め収益の向上につながる》.

húman cháin 1《ものをすばやく運ぶための》人の列, 'バケツリレー' の列. **2** 人間の鎖《抗議の意志を表わすため手をつないだ人びとの列[輪]》.

húman choriónic gonadotrópin〘生化〙ヒト絨毛性ゴナドトロピン (chorionic gonadotropin)《略 hCG, HCG》.

húman dócument 人間記録, ヒューマンドキュメント《人間性についてのよい説明となるような記録》.

hu·mane /hjuméɪn, *ju-/ *a* 人道にかなった, 人情ある, 慈悲[情け]深い; 人を高尚にする〈学問など〉, 優雅な: ～ killer 動物の無痛屠殺機 / ～ learning 古典文学 / ～ studies 人文学科 / ～ education 人格教育. ♦ **～·ly** *adv* **～·ness** *n* [C16 (変形)<*human*]

húman ecólogy 人間[人類]生態学.

húman enginéering 人間工学 (ergonomics); 《企業などの》人事管理.

húman equátion 個人的偏見.

humáne socìety [ºH- S-] 人道協会《動物虐待の防止, 人命救助などの活動を行なう》.

húman fáctor 人間的[人的]要因, ヒューマンファクター; [～s; 〈*sg*〉] ERGONOMICS.

húman geógraphy ANTHROPOGEOGRAPHY.

húman grówth hòrmone〘生化〙ヒト成長ホルモン《小人症の治療に用いる; 略 HGH》.

hu·man·ics /hjumǽnɪks, *ju-/ *n* 人間学.

húman immunodefíciency vìrus ヒト免疫不全ウイルス (HIV).

húman ínterest〘新聞〙人間的興味(をそそる記事), ヒューマンインタレスト.

húman·ìsm *n* 人間性; 人間本位[尊重, 至上]主義, 人本主義, ヒューマニズム; 人道教 (cf. Religion of HUMANITY); 人文学; [ºH-] 人文学《特に 14–16 世紀の古典文学研究》. ★ '人道主義', '博愛主義' の意味での 'ヒューマニズム' は humanitarianism.

húman·ist *n* ヒューマニスト《人間性研究者; 人本主義者, 人間(至上)主義者》; 人文学研究者; [ˢH-] 人文主義者, 《特に》14–16 世紀の古典文学研究家. ► *a* 人間性研究の, 人本主義的な; 人文学の, 人文主義的な, 古典文学的な; 人類主義の. ★ ⇨ HUMANISM. ♦ **hù·man·ís·tic** *a* **-ti·cal·ly** *adv*

humanístic psychólogy 人間性[人間学的]心理学《人間を全体的にとらえ, 主体性・価値などの問題を扱う》.

hu·man·i·tar·i·an /hjumæ̀nətέəriən, *ju-/ *a* 人道主義の, 人道的な; 博愛主義の; 人間[人類]の[による] (=*human*); 〘神学〙キリスト人間説の: ～ aid 人道的援助 / a ～ crisis 人道危機. ► *n* 人道主義者, ヒューマニスト; 人性論者; 博愛家; キリスト人間論者《キリストに神性を認めない》. ♦ **～·ism** *n* 博愛(主義), ヒューマニズム; 〘倫〙人道主義; 人性論; 〘神学〙キリスト人間説. **～·ist** *n*

Hu·ma·ni·té /*F* ymanite/ [l'～]『ユマニテ』《フランスの左翼紙; もとはフランス共産党の機関紙; 1904 年創刊》.

hu·man·i·ty /hjumǽnəti, *ju-/ *n* **1** 人類 (mankind), 人類社会. **2** 人間性 (human nature); [*pl*] 人の属性; 人道, 人情, 慈愛, 慈悲, 親切; [ᵘ*pl*] 慈善行為. **3 a**〘スコ大学〙ラテン文学. **b** [the humanities] (1)《ギリシア・ラテンの》古典文学. (2) 人文科学《自然科学に対して語学・文学・歴史・(数学・)哲学など; 社会科学を除くことが多い》. ■ the **Relígion of H～** 人道教《超自然的なことを排斥して人間の幸福安寧を旨とする宗教》. [OF<L; ⇨ HUMAN]

húman·ìze | **-ìse** *vt* 人間化する, …に人間性を与える; 人に優しい[血の通った]ものにする; 人体に適応させる; 文明化する, 教化する: ～*d* milk 母乳化したミルク, ヒューマナイズドミルク / ～ the prison system 刑務所制度を人権に配慮して改める. ► *vi* 人間らしくなる, 情け深くなる. ♦ **-iz·er** *n* **hùman·izátion** *n*

húman·kìnd /, ⸗⸗/ *n* 人類, 人間 (mankind).

húman léukocyte àntigen〘医〙ヒト白血病特異抗原.

húman·ly *adv* 人間らしく; 人間と同様に; 人情から; 人間の判断で, 人力で; 人間的見地から: ～ possible 人間の力で[人情として]可能な / ～ speaking 人知[人力]の限りでは; 《神ではなく》人間の側から言えば / ～ liable 人間にはありがちで〈*to* do〉.

húman náture 人性, 人間性; 〘社〙人間性《人間が社会的に習得する行動の型・態度・考えなど》: It's (only [just]) ～ to do…するのが人情[人間の性(さが)]というものだ.

húman·òid *a*《形・行動など》ヒトそっくりの, 人間もどきの. ► *n* ヒト類似の生物; 《SF で》人型ロボット.

húman papillómavirus ヒト乳頭腫ウイルス, ヒトパピローマウイルス《生殖器の疣贅(ゆうぜい)をひき起こす; 略 HPV》.

húman poténtials mòvement 人間潜在能力回復運動《集団訓練・指導によって自尊心や対人関係を高めようとする社会運動》.

húman ráce [the] 人類 (humanity, mankind).

húman relátions [ᵘ〈*sg*〉] 人間関係(論), ヒューマンリレーションズ.

húman resóurces *pl* 人的資源, 人材; 《企業などの》人事[労務]管理部門, 人事部[課]《略 HR》.

húman ríghts *pl* (基本的)人権.

húman scíence 人文科学《人類学・言語学・文学・心理学・宗教学などの総称; また その一部門》.

húman shíeld 人間の盾《敵の攻撃を阻止するために抑留・配置された捕虜・人質など》.

human T-cell lymphotropic [leukemia] virus /⸗ tí: ⸗ ⸗ ⸗/ HTLV.

hu·ma·num est er·ra·re /humá:nʊm ὲst ɛrá:reɪ/ あやまちを犯すのは人間的なことである. [L]

húman wáve 人間の波, ウェーブ (wave).

hu·mate /hjú:mèɪt, *jú:-/ *n*〘化〙フミン酸塩[エステル].

Hu·mā·yūn /humá:jù:n/ フマーユーン (1508–56)《ムガル帝国皇帝 (1530–40, 55–56); 初代皇帝 Bābur の子》.

Hum·ber /hʌ́mbər/ [the] ハンバー川《イングランド北東部 Trent 川と Ouse 川との合流河口; 中央支間長が 1410m の吊橋 (The ～ **Bridge**) がかかっている》.

Húmber·sìde ハンバーサイド《イングランド東部の旧州; ☆Beverley》.

Hum·bert /hʌ́mbərt/ ハンバート《男子名》. [Gmc=high+bright]

hum·ble /hʌ́mb(ə)l, *ʌ́m-/ *a* (**-bler**; **-blest**) **1** 謙虚な, 謙遜な, つつましい, 控えめな (opp. *arrogant*, *insolent*, *proud*), 地味な. **2** 地位[格]の低い, 〈身分など〉卑しい; 《卑下して》つまらない, 一介の, しがない; 粗末な, わずかな; ささやかな: a man of ～ origins 生まれの卑しい男 / my ～ abode 拙宅 / a ～ dwelling ささやかな住まい / ～ fare 粗末な食べ物 / in my ～ opinion 卑見[私見]によれば / your ～ servant 敬具《昔の公用の手紙の結びの文句》; [*joc*] 小生 (=I, me). **3** ごく普通の, ありきたりの; 一見重要には思えない; «廃» 低い〈谷・平地〉; «廃» 背の低い〈植物〉. ► *vt* 卑しめる, 平伏させる; 〈強敵などを〉下す; 謙虚にする, …の高慢の鼻を折る: ～ one*self* 謙遜[卑下]する, 謙虚になる, かしこまる, へりくだる. ♦ **～·ness** *n* **húm·bler** *n* [OF<L *humilis* lowly; ⇨ HUMUS]

hum·ble-bee /hʌ́mb(ə)lbì:/ *n* BUMBLEBEE. [ME<? MDu *hummel*]

húmble píe «古» 豚[鹿]の臓物のパイ. ●**eat ～** 甘んじて屈辱をうける; おそれいってわびる. [*humble*, *umbles*「《特に》シカの臓物」(異形)<*numbles* <OF=loin of veal; eat ～ は humble (*a*) の意にかけたもの]

húm·bling *a*〈経験・敗北などが〉恥ずかしい思いをさせる, 自分の慢心[不勉強]を思い知らされる(ような). ♦ **～·ly** *adv*

húm·bly *adv* 謙虚に, おそれいって; 卑しい身分で.

Hum·boldt /hʌ́mbòult, hʊ́m-; *G* hʊ́mbɔlt/ フンボルト (1) (**Friedrich Wilhelm Karl Heinrich**) **Alexander von ～** (1769–1859)《ドイツの自然科学者・旅行家・探検家; 近代地理学の基礎を築いた》(2) (**Karl**) **Wilhelm von ～** (1767–1835)《Alexander の兄; 言語学者・哲学者・外交官; 言語類型論・言語哲学の先駆》.

Húmboldt Cúrrent [the] フンボルト海流 (Peru Current). [Alexander von *Humboldt*]

Húmboldt Glácier [the] フンボルト氷河《グリーンランド北西部にある大氷河; 高さ 100 m で, Kane Basin に幅 100 km にわたって流入する》.

hum·bug /hʌ́mbʌ̀g/ *n* **1 a** ペテン, ごまかし, 詐欺; ばかな行ない; 大うそ, たわごと (nonsense); おべっか. **b** ペテン師, 偽善者, ほら吹き, おべっか使い. **2** ¹¹《2 色の縞がはいった》はっか入りキャンディー. ► *vt*, *vi* (**-gg-**) 一杯食わせる; だまして…させる[…を奪う]〈sb *into doing*, *out*

H

of sth〉. ► *int* ばかな, くだらない! ♦ **húm·bùg·ger** *n* **húm·bùg·gery** *n* ［C18＜?］

hum·ding·er /hʌ́mdíŋər/ *n* 《口》 すばらしいもの[人], 傑出したもの, 異例なもの: a ～ of a party すばらしいパーティー / a ～ of a row すごい口論. ［C20＜?; *hummer* の変形か］

húm·díng·ing *a* *《俗》 第一級の.

hum·drum /hʌ́mdrʌ̀m/ *a* 平凡な, 月並みな, ありきたりの, 単調な, 退屈な. ► *n* 平凡, 単調; 退屈な話[仕事]; 凡人. ► *vi* (-mm-) 平凡[月並み, 単調]にやっていく. ♦ **～·ness** *n* ［C16 (加重)＜? HUM[1]］

Hume /(h)júːm/ ヒューム (1) **David** ～ (1711–76) 《スコットランドの哲学者・歴史家・経済学者; 経験論を徹底させ, 先天的認識を否定する懐疑論に達した; *A Treatise of Human Nature* (1740), *Political Discourses* (1752), *History of England* (1754–62)》 (2) (**George**) **Basil** ～ (1923–99) 《英国の Benedict 派修道士・枢機卿; 1976 年枢機卿, また ベネディクト派から初の Westminster 大司教となる》 (3) **John** ～ (1937–) 《北アイルランドの政治家; 北アイルランド紛争和平合意への尽力によりノーベル平和賞 (1998)》.
♦ **Húm·ean, -ian** *a*

hu·mec·tant /hjuméktənt, *ju-/ *a* 湿気を与える. ► *n* 湿潤[希釈]剤. ♦ **hù·mec·tá·tion** *n* 《古》 湿潤(化). ［L *humect- humecto* (*humeseus* moist)］

hu·mer·al /hjúːm(ə)rəl/ *a* 〘解・動〙 上腕骨の; 肩の: a ～ fracture. ► *n* 〘カト〙 HUMERAL VEIL.

húmeral véil 〘カト〙 《司祭・副助祭の》 肩衣(かたぎぬ).

hu·mer·us /hjúːm(ə)rəs/ *n* (*pl* **-meri** /-mərài, -rìː/) 〘解〙 上腕骨; 上腕 (brachium); 〘動〙 《上腕に相当する》 前脚の骨, 《鳥・昆虫の》 羽の骨. ［L＝shoulder］

H

hu·mic /hjúːmɪk, *júː-/ *a* 〘化〙 有機物の, 有機物からなる; 腐植土の, 腐植土から採った. ［*humus*］

húmic ácid 〘化〙 腐植酸, フミン酸 《腐食質から得られる複雑な有機酸の総称》.

hu·mic·o·lous /hjumíkələs/ *a* 〘生〙 土中[土の上]にすむ[生育する]生物の. ♦ **hu·mi·cole** /hjúːmɪkòʊl/ *n*

hu·mid /hjúːməd, *júː-/ *a* 湿気のある, むしむしする. ♦ **～·ly** *adv* **～·ness** *n* ［F or L *humidus* (*umeo* to be moist)］

hu·mid·i·fy /hjumídəfàɪ, *ju-/ *vt* [°*pp*] 湿らせる, ぬらす, 給湿[増湿, 加湿]する. ♦ **hu·míd·i·fi·er** *n* 給湿機, 加湿機[器]; 《煙草工場などの》 湿度調節係. **hu·mìd·i·fi·cá·tion** *n* 給湿, 加湿.

hu·mid·i·stat /hjumídəstæ̀t, *ju-/ *n* 恒湿器, 調湿器, ヒューミディスタット. ［*humidity, -stat*］

hu·mid·i·ty /hjumídəti, *ju-/ *n* 湿気, 湿り気, 蒸し暑さ; 〘理・気〙 湿度: ABSOLUTE [RELATIVE] HUMIDITY.

hu·mi·dor /hjúːmədɔ̀ːr, *júː-/ *n* 《適当な湿度を与える》 タバコ貯蔵箱; 《これと類似の》 加湿設備.

hu·mi·fi·ca·tion /hjùːməfəkéɪʃ(ə)n, *jùː-/ *n* 腐植(土)化(作用); 泥炭化. ♦ **hu·mi·fied** /hjúːməfàɪd, *júː-/ *a* **hú·mi·fỳ** *vt, vi*

hu·mil·i·ate /hjumílièɪt, *ju-/ *vt* …に恥をかかせる, 屈辱を与える, …のプライドを傷つける, みじめな気持にさせる, へこます: ～ one*self* 面目を失う, 恥をかく. ♦ **-à·tor** *n* ［L; ⇨ HUMBLE］

hu·míl·i·àt·ing *a* 屈辱的な, 不面目な, みじめな. ♦ **～·ly** *adv*

hu·mìl·i·á·tion *n* 恥をかかせること, へこますこと; 恥をかくこと; 屈辱, 屈服, 恥, みじめさ, 不面目.

hu·mil·i·ty /hjumíləti, *ju-/ *n* 謙虚(さ) (opp. *conceit*); [*pl*] 謙虚な行為: with ～ 謙虚に. ［OF＜L; ⇨ HUMBLE］

hu·mint, HUMINT /hjúːmìnt, *júː-/ *n* スパイによる情報収集[諜報活動], ヒューミント (cf. ELINT, SIGINT); 《それによる》 スパイ情報. ［*human intelligence*］

hu·mir·i·a·ceous /hjumìriéɪʃəs/ *a* 〘植〙 フミリア科 (Humiriaceae) の 《フウロソウ目》.

Hum·ism /hjúːmìz(ə)m/ *n* ヒューム哲学 《特に 事物の生起と生起の間には必然的な関連を例示することはできないとする懐疑論》. ［David *Hume*］

hum·mel /hʌ́m(ə)l/ 《スコ》 *a* 〈麦など〉芒(のぎ)のない; 〈牛・鹿が〉角のない. ［ME; cf. LG *hummel* hornless animal］

Hum·mel /*G* hʊ́ml/ フンメル **Johann Nepomuk** ～ (1778–1837) 《オーストリアの作曲家・ピアニスト》.

húm·mer *n* ブンブンいうもの, 鼻歌を歌う人; HUMMINGBIRD; 〘野〙 速球; 《口》 とてもすばらしい人[もの], HUMDINGER; 《俗》 不法[誤認]逮捕[告訴]; *《俗》 ただでもらえるもの. ► *《俗》 *a* 無料の; すばらしい.

Hummer *n* *HUMVEE.

húm·ming *a* ブンブンいう[うなる]; 鼻歌を歌う; 《口》 精力的な, 元気いっぱいの, きわめて忙しい, 活気づいた; 《口》 泡立つ〈ビール〉.

húmming·bìrd *n* 〘鳥〙 ハチドリ(蜂鳥) (＝*trochilus*) 《南米・北米産》: (as) restless as a ～ ひどく落ちつかない.

húmmingbird mòth [hàwkmoth] 〘昆〙 スズメガ (hawkmoth).

húmming tòp うなりごま, 鳴りごま 《おもちゃ》.

hummm… /hʌ́mː, mː/ *int* ウーン, ブーン 《モーターなどのうなり音, ハチなどの羽音》. ［imit］

hum·mock /hʌ́mək/ *n* 小山, 丘; 《氷原上の》 氷丘; HAMMOCK[2]; *《沼沢地の》 小高い場所, ブルト. ► *vi* 《特に 氷原上で》 小山をなす. ♦ **húm·mocky** *a* 丘[氷丘]の多い[のような], でこぼこの. ［C16＜?; cf. HUMP, HAMMOCK[2]］

hum·mus /hʌ́məs, hʊ́m-/ *n* ホムス 《ヒヨコマメのペーストをゴマ油などで調味したクリームソース; ギリシア・中東でパンにつけるなどして食べる》. ［?Arab＝chickpea］

hum·my /hʌ́mi/ *a, adv* *《黒人俗》 《何にも知らずに》 しあわせな[に], いい気な[で].

hu·mon·gous /hjumʌ́ŋgəs, -mɑ́ŋ-, *ju-/, **-mun-** /-mʌ́n-/ *a* 《俗》 やたらでっかい, ばかでかい, 途方もない, すごい. ［*huge*＋*monstrous*］

hu·mor | hu·mour /hjúːmər, *júː-/ *n* **1** おかしみ, おもしろさ, ユーモア; おもしろおかしいもの 《文章・話・事態など》; ユーモアを解する[表わす]力[感覚] 《WIT が知的なのに対して, humor は情的》: cheap ～ 駄じゃれ / BLACK HUMOR / a sense of ～ (failure) ユーモアを解する心(がないこと). **2 a** 気質, 気性 (temperament): Every man in his ～. 十人十色. **b** 《一時的な》 気分, 気持, 機嫌; 気まぐれ (whim): in a good [bad] ～ 上機嫌[不機嫌]で / ILL HUMOR / when the ～ takes me 気が向くと / I am in the ～ [no ～] for working. 働く気になっている[気がしない]. **c** 《古》 液 (fluid); 〘中世医学〙 体液: the four cardinal ～*s* 四体液 《black bile [melancholy], blood, phlegm, yellow bile [choler] の配合の割合で体質や気質が定まるとされた》. ● **out of ～** 不機嫌で; いつもの元気がない. ► *vt* 〈人・趣味・気質などを〉満足させる, …と調子を合わせる, …の機嫌を取る, うまく扱う. ［OF＜L *humor* moisture; ⇨ HUMID］

húmor·al *a* 〘医〙 体液(性)の: ～ pathology 体液病理学.
♦ **～·ist** *n* 体液病理学者.

húmoral immúnity 体液(性)免疫 (antibody-mediated immunity).

hú·mored *a* 機嫌が…の: good-*humored*, ill-*humored*.
♦ **～·ly** *adv*

hu·mor·esque /hjùːmərésk, *jùː-/ *n* 〘楽〙 ユモレスク 《ユーモアがあって気まぐれな性格をもつ器楽曲》. ♦ **～·ly** *adv* ［G *Humoreske* (HUMOR)］

húmor·ist *n* ユーモアのある人, 滑稽[諧謔]家, ユーモア作家[画家, 俳優]; 《古》 気まぐれな人. ♦ **hù·mor·ís·tic** *a* HUMOROUS.

húmor·less *a* 滑稽味のない, しゃれっ気のない; ユーモアがわからない, おもしろみのない: ～ laugh [smile] 作り笑い. ♦ **～·ly** *adv* **～·ness** *n*

húmor·ous *a* ユーモアの(感覚の)ある; 滑稽な, ひょうきんな; おどけた, おかしい; 《古》 気まぐれな; 《廃》 体液の, 湿った. ♦ **～·ly** *adv* **～·ness** *n*

húmor·some *a* 気の変わりやすい, 気まぐれな, 気むずかしい; ひょうきんな, 滑稽な. ♦ **～·ness** *n*

hu·mous /(h)júːməs/ *a* 腐植(質)の, 腐植土の.

hump /hʌ́mp/ *n* **1 a** 《背の》 こぶ; 《ラクダなどの》 (背)こぶ, 肩峰; 《サーカス俗》 ラクダ: a camel with two ～*s* フタコブラクダ. **b** 《豪俗》 荷物を背に歩く[放浪する]こと[人]. **2** 《表面から》 盛り上がった部分, 隆起した箇所; 円丘; 〘鉄道〙 ハンプ 《重力で車両の仕分けをするため急傾斜をつけた軌道》; 《豪》 道路上に横切ってつくってある隆起 (speed bump); 〘空〙 ハンプ 《航空の障害となる山脈・山》; [the H-] ヒマラヤ山脈 《第二次大戦中連合軍の中国への物資空輸の障害となった》; 《海岸線の》 突出部. **3** [the] "《口》 不機嫌, いらいら, むしゃくしゃ, 落ち込み; *《口》 努力, 奮闘; 《卑》 性交(の相手), 《性的にみた》 女; *《俗》 くだらんやつ, くず: on *the* ～ 活動して / get [have] *the* ～ むしゃくしゃする, むっつりする / It gives me *the* ～. それがしゃくにさわる. ● **bust (one's) ～** *《俗》 猛烈に働く, 一心にはげむ. **crawl** sb's **～** *《カウボーイ俗》 〈人を〉容赦なくぶったたく, ぶちのめす. **get a ～ on** *《口》 急ぐ, 大急ぎでやる. **hit the ～** *《俗》 《刑務所・軍隊から》 脱獄する, 脱走する. **live on** one's **～s** 自活する. **over the ～** 《口》 (最大の)難関[危機]を脱して, 《年季・兵役期間・刑期などの》 半ばを過ぎて, 山を越えて; *《俗》 薬(ヤク)でラリって.
► *vt* **1** 〈背を〉まるくする, 猫背にする (hunch) 〈*up*〉; 《英・豪口》 〈重い物を〉肩にかつぐ, えっちらおっちら運ぶ. **2** 〈くさくさ[がっかり]させる; [～ *-self*] 《口》 努力する (exert); 《卑》 …と性交する. ► *vi* **1** 丘状に盛り上がる, 円丘をなす. **2** 最高速度で進む; *《口》 努力する, 忙しく働く, 急ぐ; *《俗》 (苦労して)進む; 《卑》 性交する. ● **～ along [it]** *《俗》 急ぐ, 急いで[すっとんで]行く; *《俗》 (苦労して)進む. **H～ off!** 《アイル口》 出て行け, うせろ! **～ one's swag [bluey, drum]** 《豪俗》 身のまわり品を背負って放浪する. **H～ yourself!** 《俗》 出てうせろ, あっちへ行け!
♦ **～·less** *a*
［C17＜? ↓; cf. LG *humpel* hump, Du *homp* lump］

húmp·bàck *n* 若年性円背(の人), 猫背(の人), 亀背, せむし, 〘医〙 KYPHOSIS; 〘動〙 HUMPBACK WHALE; 〘魚〙 HUMPBACK SALMON; HUMPBACK BRIDGE. ♦ **～ed** *a* せむしの, 猫背の; 中央が盛り上がった(形の).

húmpback [húmpbacked] brídge " 太鼓橋, そり橋, アーチ形の橋.

húmpback [húmpbacked] sálmon 〘魚〙 カラフトマス (＝

pink salmon)《北米西部より北日本・朝鮮東海岸にかけて分布》.

húmpback whále〔動〕ザトウクジラ.

húmp brìdge HUMPBACK BRIDGE.

húmp dày [°H- D-] *《口》水曜日. [週のまん中を山に見立てた表現]

humped /hʌ́m(p)t/ *a* こぶ[隆肉]のある; HUMPBACKED.

húmped cáttle〔動〕《家畜化された》コブウシ, インド牛 (Brahman).

Hum·per·dinck /hʌ́mpərdìŋk; *G* hʊ́mpərdɪŋk/ フンパーディンク **Engelbert** ～ (1854–1921)《ドイツの作曲家; オペラ *Hänsel und Gretel* (1893)》.

húmp·ery *n**《卑》性交.

humph /hm, m̩m̩, (鼻にかけて) hʌ́mf, mmm̩, hʌ́/ *n, int, vt, vi* フン[フフン](という)《疑い・軽蔑・不満を表わす》.

Humph /hʌ́mf/ ハンフ《男子名; Humphrey の愛称》.

Hum·phrey /hʌ́mfri/ **1** ハンフリー《男子名; 愛称 Humph, Numps, Dump, Dumphy》. **2** ハンフリー (**1**) ⇨ Duke of GLOUCESTER (**2**) **Hubert H(oratio)** ～ (1911–78)《米国の政治家; 副大統領 (1965–69); 民主党》. [Gmc＝high＋peace]

Húm·phreys Péak /hʌ́mfriz-/ ハンフリーズ山《Arizona 州の最高峰 (3851 m)》.

hump·ty[¶] /hʌ́m(p)ti/ *n* クッション付きの低い椅子, ハンプティ. [? *humped*] ► [¶]《俗》*a* 不機嫌な, いらいらした, おこりっぽい; セックスをしたがって, むらむらして. [*hump*]

Hump·ty-Dump·ty /hʌ́m(p)tidʌ́m(p)ti/ **1** ハンプティダンプティ《英国の伝承童謡の主人公; 塀から落ちてわれてしまう卵の擬人化で, もとの姿には戻らないものとして描かれる》. **2** [°h- d-] **a** ずんぐりむっくりの人. **b** 一度こわれるともとどおりにならないもの. **c***《俗》《落選確実の》泡沫候補者 (cf. MICKEY MOUSE). **3** [Lewis Carroll, *Through the Looking-Glass* から] 単語に好き勝手な意味をもたせる人物.

húmpy[1] *a* こぶ[隆起]のある; こぶだらけの; こぶ状の, 猫背の; [¶]《口》腹を立てた, むっとした; *《俗》性的に興奮した[興奮させる], セクシーな. ► *n*《豪俗》ラクダ. [*hump*]

humpy[2]《豪》*n* 先住民の小屋; 小屋. [(Austral) *oompi*; 語形は *hump* の影響]

húm tòne [nòte]〔鳴鐘〕ハムトーン《strike tone よりほぼ 1 オクターブ低い》.

hum-um ⇨ UH-UH.

humungous ⇨ HUMONGOUS.

hu·mus[1] /hjúːməs, *júː-/ *n* 腐植質, 腐植土, 腐植. [L＝ground, soil]

hu·mus[2] /húmʊs, húː-/ HUMMUS.

Hum·vee /hʌ̀mvíː, ⌐⌐/〔商標〕ハムヴィー《軍用車; 高機動多目的装輪車両 (high-mobility multipurpose wheeled vehicle) の略 HMMWV から》.

Hun /hʌ́n/ *n* フン, 匈奴《4–5 世紀に欧州を侵略したアジアの遊牧民族》; [°h-]《文化などの》破壊者, 野蛮人 (vandal); [*derog*] ドイツ兵[人]《特に 第一次大戦で》. ♦ **～·lìke** *a* [OE *Hūne*<L<Gk<Turk]

Hu·nan /húːnáːn; -nǽn/ *n* 湖南(ㄏㄨ)(ㄋㄢ)《中国中南東部の省; ☆長沙 (Changsha)》. ► *a* 湖南料理の, 湖南風の《特にトウガラシを効かせた辛い味付けのもの》.

Hu·na·nese /hùːnəníːz, *-s/ *a* 湖南省の; 湖南方言の; 湖南料理の. ► *n* 湖南省人; 湖南方言.

hunch /hʌ́ntʃ/ *n* **1** 予感, 直感, 虫の知らせ: I have a ～ [My ～ is] *that*…じゃないかという気がする / act on a ～＝play [follow] one's [a] ～ 勘にたよって行動する. **2** 突き, 押し. **3** 隆肉, こぶ (hump); 厚ぎれ; 塊り (lump). ► *vt* **1**〈背などを〉弓なりに曲げる〈*up, out*〉; 突く, 押す: ～ one's shoulders [back] 背中を丸める, 前かがみになる. **2**《口》勘[直感]で…だと信じる〈*that*〉. ► *vi* **1** 突き[押し]進む; 背を曲げる, 前かがみになる, 体を丸める, うずくまる〈*over, up*〉; *背を曲げてすわる〈*up*〉; 弓状[丘状]に盛り上がる. **2** 不正な事をする. [C16 <?; *hinch* (obs) to push (<?) の変形か]

húnch·bàck *n* [*derog*] せむし, 猫背の人;〔医〕(脊柱)後湾. ♦ **-bàcked** *a*

Húnchback of Nòtre Dáme [The]『ノートルダムのせむし男』《Victor Hugo の小説 *Notre-Dame de Paris* (1831) の英語版タイトル; 表題は登場するせむし男 QUASIMODO に由来》.

húnchy *a* 猫背の (humpbacked).

hun·dred /hʌ́ndrəd/ *a* [a *or* one ～] 100 の; [the] 第 100 の, 百番目の; 多くの, たくさんの: I have a ～ things to do. することが山ほどある / a ～ times《口》何度も(何度も), 繰り返し; 百倍も / not a ～ miles away [off, from…] [*joc*] あまり遠くない(所に). ● **a ～ and one** 非常に多くの. ► *n* **1 a** [a *or* one ～] 100, 百; 百の記号《100, C》: a great [long] ～＝120 / seven *in the* ～＝100 分の 7, 7 分 / a ～ to one 九分九厘(の可能性). **b** [*pl*] 何百, 幾百; 多数: ～*s* of people 幾百人もの[多数の]人びと / by ～*s*＝by the ～(*s*) 何百となく, たくさん. **c** [the ～s] 100 代《100–109, 100–199 or 100–999》;《アラビア数字の表記で》百の位, 百位 (＝～(')s place); [*pl*] 百の位の数字 (hundred's digit). **2** 100 人[個]; 100 ドル[ポンド](紙幣);〔競技〕100 ヤード競走; 100 歳; [*pl*] 100 年, 世紀: live to a ～ 100 (歳)まで生きる / in the fifteen-～*s* 16 世紀に, 1500 年代に《1500 年から 1599 年の間に》. **3**〔英史〕郡, ハンドレッド《英国の county または shire の構成単位; みずからの裁判所 (＝**～ còurt**) を有した》;〔米〕ハンドレッド《現在の Delaware 州の類似の行政単位》. ★ (1) 数詞または数を示す形容詞を伴うとき複数の s を付けない; 普通 100 位と 10 [1] 位との間に and /ən(d)/ を置いて読むが, 米口語ではこの and を略すこともある: two ～ (*and*) ten＝210 / eleven […nineteen] ～＝1100 […1900] / a few ～ (of them) 数百 / some ～ 約 100 (＝about a ～) / the ～ *and* first 101 番. (2) 1100 から 1999 までは eleven ～ → nineteen ～ and ninety-nine と読むのが普通で, a [one] thousand one ～ → a [one] thousand nine ～ *and* ninety-nine はまれ. (3) 連結形 HECT-, CENTI-. ● **a [one] ～ percent** 全く, 完全な[に]; [*neg*][¶](体調が)万全でない. **give a [one] ～ (and ten) percent** 全力を尽くす. **～s and thousands** あられ砂糖《菓子などを飾るために振りかける》. **in their ～s [thousands** etc.**]** 多数, たくさん, 大量に, うじゃうじゃと. [OE; cf. G *hundert*]

húndred-and-éighty-degrée, 180-degree /⌐⌐⌐⌐/ *a, adv* 180 度の; 完全な[に]; 正反対の[に].

Húndred Dáys *pl* [the]《Napoleon の》百日天下《1815 年 3 月 20 日–6 月 28 日》; [the]〔米史〕百日議会《1933 年 3 月 9 日–6 月 16 日; Franklin Roosevelt が重要立法を進めた》.

Húndred Flówers〔中国〕百花斉放《1956–57 年毛沢東が行なった体制批判の自由化政策》.

húndred·fòld *a, adv* 100 の部分[100 人]からなる; 100 倍の[に]. ★ 通例 a, an または one, four などの数詞が付く: The quantity increased [*an*] ～. その量は 100 倍に増えた. ► *n* 100 倍の数[量].

húndred-percént *a* 100 パーセントの, 完全な, 徹底的な, 確かな, ちゃきちゃきの: a ～ American. ► *adv* 全く. ♦ **～·er*** *n* 過激な愛国者; 極端論者;《俗》もうけるためには何でもやる事業人. **～·ìsm** *n*

húndred próof*《俗》*a* 最高の, 純粋の, まじりっけなしの; 最悪の, 最低の.

húndred(')s dìgit《アラビア数字の表記で》百の位の数字《345 における 3》.

húndred(')s plàce《アラビア数字の表記で》百の位.

hun·dredth /hʌ́ndrədθ, -drətθ/ *a* 第 100 (番目)の; 100 分の 1 の. ► *n* 第 100 (番目); 100 分の 1;〔数〕小数点以下第 2 位 (＝**～(')s plàce**). ● OLD HUNDREDTH. ♦ **～·ly** *adv*

húndred·wèight *n* (*pl* **～s, ～**) ハンドレッドウェイト《略 cwt.; 重量の単位: (1)〔英〕112 lb (50.8 kg) (＝long ～),〔米〕100 lb (45.36 kg) (＝short ～) (2) METRIC HUNDREDWEIGHT》.

Húndred Yéars' Wár [the] 百年戦争 (1337–1453)《英仏間で戦われた数次にわたる戦争》.

hung /hʌ́ŋ/ *v* HANG の過去・過去分詞. ► *a* **1**〈議会が〉絶対多数のない, 過半数の取れない;〈陪審が評決不能の: HUNG PARLIAMENT / HUNG JURY. **2**《俗》いらいらして, 不機嫌で, HUNG UP;《俗》疲れきって;《俗》二日酔いで (hungover);《俗》ほれて. **3**《俗》(…な)一物をもって;《俗》巨根で (well-hung): ～ like a bull [horse] / ～ like a chicken [fieldmouse]. **4**〔電算〕ハング(アップ)した.

Hung. Hungarian ♦ Hungary.

Hun·gar·i·an /hʌ̀ŋgéəriən/ *a* ハンガリー(人[語])の. ► *n* ハンガリー人,《特に》マジャール人 (Magyar); ハンガリー語《Finno-Ugric 語派の一つ》. [L (*H*)*ungari* Magyar nation]

Hungárian góulash GOULASH[1].

Hungárian gráss〔植〕アワ (foxtail millet).

Hungárian pártridge〔鳥〕ヨーロッパヤマウズラ.

Hungárian Revolútion [Úprising] [the] ハンガリー革命[動乱]《1956 年 10 月ハンガリーに起こった反ソ・自由化を求める民衆の蜂起; ソ連軍の介入により鎮圧され, Nagy に代わって Kádár の親ソ政権が誕生》.

Hun·ga·ry /hʌ́ŋg(ə)ri/ ハンガリー《東欧の国; ハンガリー語名は Magyarország; ☆Budapest》.

húng béef ハングビーフ《つるし干しにした牛肉; cf. DRY-CURE》.

hun·ger /hʌ́ŋgər/ *n* **1** 飢え, 飢餓; 空腹, ひもじさ; 飢饉: die *of* [*from*] ～ 餓死する / satisfy one's ～ 空腹を満たす〈*with* cakes〉/ *H*～ is the best SAUCE. **2** [a ～] 熱望, 渇望〈*for, after*〉: a ～ *for* [*after*] fame [learning] 名誉[知識]欲 / a ～ *for* success [*to* succeed] 成功欲. ● **(strictly) from ～***《俗》だめな, 低劣な[に], 安っぽい, 大衆向けの[に], ブスの, いやな, 願い下げの. ► *a**《俗》from HUNGER. ► *vi, vt* 飢える, 飢えさせる, 飢えさせて…させる〈*into* submission, *out of* a place〉; 腹が減る, ひもじくなる; 渇望[熱望]する〈*for, after*〉. [OE (n) *hungor*, (v) *hyngran*; (v) は (n) に同化; cf. G *Hunger*]

húnger cùre 飢餓療法, 絶食療法.

húnger màrch 飢餓行進《失業者の示威運動》. ♦ **húnger màrcher** 飢餓行進参加者.

húnger pàin〔医〕飢餓痛, 空腹痛《空腹時にみられる上腹部痛; 酸分泌の多い胃潰瘍, 十二指腸潰瘍に多い》.

húnger pàngs *pl* 空腹時痛《空腹や絶食の初期段階に起こる数秒内の腹部の痛み; 胃腸の収縮と相関する》.

húnger-strìke *vi* (**-strùck**) ハンガーストライキを行なう.

húnger strìke ハンガーストライキ: go on (a) ～ ハンストにはいる. ♦ **húnger strìker** *n*
Hung Hsiu-ch'üan 洪秀全 (⇨ HONG XIUQUAN).
húng júry 〖法〗評決不能陪審《評決成立の必要数(伝統的には全員一致)の賛成が得られず評決することができない陪審; この場合審理無効となり新陪審の下でやりなおす》.
húng·óver *a* 二日酔いで; いやな気分で, みじめで.
húng párliament" 絶対多数の政党が存在しない議会.
hun·gry /hʌ́ŋgri/ *a* **1** 飢えた, 腹の減った, ひもじい; 食欲を起こさせる; 渇望して, しきりに欲しがって ‹*for*›; «口» ハングリー精神をもった, 野心的な, 貪欲な; 性に飢えた; [*compd*] …に飢えた: feel ～ 空腹を覚える / go ～ 飢える, 飢餓に陥る / the ～ 飢えに苦しむ人びと / a ～ look ひもじそうな顔 / (as) ～ as a hunter 腹がぺこぺこで / ～ work 腹の減る仕事 / a ～ mouth (to feed) 養うべき人[家族] / power- ～ 権力に飢えた. **2** 不毛の (barren) ‹土地›, 乏しい; «豪俗» けちな, 締まり屋の: ～ ore 貧鉱. ► *n* [the hungries] «口» 空腹: get the *hungries* 腹が減る. ♦ **hún·gri·ly** *adv* **-gri·ness** *n* [OE *hungrig*; ⇨ HUNGER]
Húngry Fórties *pl* [the] 〖英史〗飢餓の 40 年代《1840–49 年に各地に大飢饉が起こった》.
húngry ríce FUNDI[2].
Hung-shui 紅水河 (⇨ HONGSHUI).
Hung-tse 洪沢 (⇨ HONGZE).
húng úp *a* **1** «口» ‹…に› こだわって, 取りつかれて, 夢中になって, 片思いで ‹*on, about*›; «口» 心配で落ちつかない, いらだって. **2** 遅れて, 引き止められて; *«口» 常識に縛られて, お堅い, さばけない; «野球俗» ‹走者が›塁間にはさまれて: ～ in traffic 渋滞に足止めされて. ★ ⇨ HANG up (成句).
hung·us /hʌ́ŋəs/ *a* «ハッカー» でっかい, 手に負えない, もてあます. [*humongous*]
Hung-wu 洪武 (⇨ HONGWU).
hunh /hʌ̃/ *int* ウーン《考えるとき, また 米方言・黒人のことばで付加疑問強調詞》. [imit]
hunk[1] /hʌ́ŋk/ *n* 大きな塊り, 厚ぎれ (: a ～ of bread); «口» 筋骨たくましい男, セクシーな男; «口» でっかい人, 大男; *«俗» 《性的対象として見た》女. ● **a ～ of change** *«俗» ちょっとしたお金. **a ～ of cheese** *«俗» ぐずな[いやな]やつ. [C19<? LDu; cf. Du *homp* lump]
hunk[2]* *n* 《子供のゲームで》自陣, ホーム, ゴール. ● **on ～** 安心できる場所に. [Du *honk* goal, home]
hunk[3] *n* [ºH-] *«俗» HUNKY[1]. [*hunkie* または bo*hunk*]
hun·ker /hʌ́ŋkər/ *vi* うずくまる, しゃがむ, しゃがみ込む (crouch, squat) ‹*down*›: They are ～*ing down* for attack. 攻撃に移る構えをとっている. ● **～ down** *隠れる, 潜伏する, 身を潜める; 《難局が終わるまで》じっと待つ, 腰を据える, 断固たる態度をとる. [Sc<Scand (ON *húka* to squat)]
Húnker *n* 〖米史〗《1845–48 年民主党員中の》保守主義者; [h-] 旧弊家. ♦ **～·ism** *n*
hún·kers *n pl* 尻 (haunches). ● **on one's ～** しゃがんで; 不遇な時期にあって. [*hunker*]
hunks /hʌ́ŋ(k)s/ *n* (*pl* ～) 意地悪《人》, 偏屈な老人; 欲ばり, けちんぼ; *«俗» HUNKY[1]. [C17<?]
hun·ky[1], **hun·kie** /hʌ́ŋki/ *«俗» *n* [ºH-] [ᵘ*derog*] 《東欧・中欧》移民(労働者), 東欧・中欧者; 白人, 白いの (honkie). [? *Hungarian*, -*y*[3] or *donkey*]
hunky[2] «俗» *a* がっしりした, たくましい, セクシーな; 性的に興奮した, やりたい気分で, うずうずして. [*hunk*[1]]
hunky[3] *a* *«俗» HUNKY-DORY; 勝負なしの, 引分けの.
húnky-chúnk /-ʧʌ́ŋk/ *n* *«俗» 《特にヨーロッパ中部出身の》がっしりした労働者.
húnky-dó·ry /-dɔ́:ri/ *a* «俗» 文句なしで, うまくいって, けっこうで. [C20 ‹ *hunk*[2] (obs, dial) home base, -*dory* (<?)]
Hun·nish /hʌ́nɪʃ/ *a* フン族 (Huns) の[に似た]; 野蛮な.
hunt /hʌ́nt/ *vt, vi* **1 a** 狩る, 狩猟する, 遊猟する, "《特に》狐狩りをする《米では獣にも鳥にも用いるが, 英では鳥には shoot を用いる》; "‹馬・猟犬を›狐狩りに使う; "‹獲物のいる場所を›狩り立てる; ‹肉食動物が› 獲物を追う, 捕食する: ～ *for* deer / ～ big game 《ライオンなどの》大物狩りをする / ～ ivory 《象牙を得るために》象狩りをする / ～ heads 首狩りをする / go (out) ～*ing* 狩りに出かける / That dog won't [don't] ～. *«口» やつ[その手]は使えない, やつには無理だ. **b** 追跡する; 追い払う ‹*away, out*›; 迫害する; 悩ます. **c** 捜す, あさる, 物色する ‹*after, for*›: ～ *for* the missing child 行方不明の子供を捜索する. **2** ‹機械・計器の針などが›不規則に動く, 揺れる (oscillate); 〖空〗‹飛行機・ロケットが›機体を前後に揺らす, ハントする; 〖鳴鐘〗鐘を打つ順序を変える. ● **～ down** 追い詰める; 捜し[見つけ]出す, 見つかるまで捜す; ‹鐘が›《順序を変えて鳴らすうち》しだいにおそめるように鳴らさせる. HUNTIN', SHOOTIN', (AND) FISHIN'. **～ out** ‹動物を›狩りつくす; 追跡して捕える; 捜し当てる[出す]. **～ through [over, around]**…の中を(くまなく)捜す ‹*for*›. **～ up** 狩り立てる, 捜索する; 捜し当てる, ‹図書館・文書などで›《丹念に》捜す, 調べる ‹*in*›; ‹鐘が›《順序を変えて鳴らすうち》しだいに早めるように鳴らされる. ► *n* **1** 狩り, 狩猟, "狐狩り; 追跡, 捜索; 探求; 狩猟地, (狩)猟区; 猟人会, (狐[鹿])狩りの一行: After a long ～, we found his house. ずいぶん捜してやっと彼の家を見つけた / sb has [is on] a ～ *for*…=The ～ is on for…を捜し求める / murder ～ 殺人犯の捜索 / job ～ 職探し, 就活. **2** 〖鳴鐘〗 5–12 個の鐘を順序を変えて鳴らすこと. ● **in the ～** «俗» チャンスがある. **out of the ～** «俗» (もはや)チャンスはない. [OE *huntian*; cf. OE *hentan* to seize]
Hunt ハント (**1**) (**James Henry**) **Leigh ～** (1784–1859)《英国の随筆家・批評家・詩人; *The Examiner* (1808) を創刊し, Keats, Shelley などを世に出した》 (**2**) Sir **R**(**ichard**) **Timothy ～** (1943–)《英国の医学者; ノーベル生理学医学賞 (2001)》 (**3**) **William Holman ～** (1827–1910)《英国の画家; ラファエル前派の創始者の一人》.
húnt-and-péck *n* 《打つキーをひとつひとつ探しながら打つ》我流のタイプの打ち方 (cf. TOUCH SYSTEM).
húnt·awày *a, n* «英・NZ» 羊追いの(犬).
húnt báll" 狩猟者たちが狩姿で催す舞踏会.
húnt·bòard *n* 〖家具〗ハントボード (=*hunt table*) (**1**) 主に英国で, 飲み物を出すのに使う半円形テーブル **2**) 米国で, 高いサイドボードテーブル; 狩り前後の食事を出すのに用いられたもの》.
húnt·ed *a* 追われた, 狩り立てられた; おびえたような, やつれた‹顔つき›.
húnt·er *n* **1** 狩りをする人, 猟師, ハンター; 捕食動物; [*pl*] 狩猟民; 猟犬; [the H-] 〖天〗オリオン座 (Orion); 猟馬, 《特に》ハンター種《英国の半血種で, 強健な雌馬とサラブレッドの交配による》. **2** 探求者, ‹…を›あさる人 ‹*for, after*›: a ～ *after* fame 名誉欲の強い人 / a bargain ～ 特価品をあさる人. **3** ハンター《狩猟者に適する両ぶた懐中時計》; HUNTER GREEN.
Hún·ter 1 ハンター (**1**) **John ～** (1728–93)《スコットランドの解剖学者・外科医; 比較解剖学・形態学の先駆者》 (**2**) **William ～** (1718–83)《スコットランドの産科医; John の兄; 産科を医学の一分野として確立するのに貢献》. **2** [the] ハンター川 《オーストラリア南東部 New South Wales 州, Sydney の北東を流れる川》.
húnt·er-gáther·er *n* 〖人〗狩猟採集生活者.
húnter gréen ひわもえぎ色 (greenish yellow green).
húnt·er-kíll·er *a* 〖軍〗対潜水艦攻撃の, 対潜….
húnter-kíller sàtellite (衛星)破壊[攻撃]衛星, キラー衛星 (=*satellite killer*).
húnter's móon 狩猟月《仲秋の満月 (harvest moon) の次の満月》.
húnt·ing *n* 狩り, 狩猟, ハンティング, "狐狩り; 探すこと, 探求, 追求, 捜索; 〖機〗乱調, ハンチング (**1**) 同期装置の周期の乱れ **2**) 計器類などの指示の不規則な振れ **3**) 自動制御系で均衡状態を見いだそうとする継続的作動》; 〖電子工〗《セレクターの》捜線; 〖鳴鐘〗ハンティング (=plain ～)《鐘が一定の進行で順番に打ち鳴らされる単純な組立て》: go flat- ～ "アパート探しをする. ● **Good ～!** しっかりおやりなさい, 幸運を祈るよ (Good luck!). ► *a* 狩猟好きな, 狩猟用の.
húnting bòx" 《狩猟時に寝泊まりする》猟小屋 (=*hunting lodge*).
húnting càp 狩猟帽《いわゆる鳥打ち帽, ハンチングとは違い, 競馬の騎手がかぶるものと同型でビロード製》.
húnting càse ふた付きの時計側《ガラスの保護用; cf. HUNTER》.
húnting cát 〖動〗CHEETAH.
húnting cròp 狩猟用の乗馬むち.
húnting dòg 猟犬; 野生の犬, 〖動〗リカオン (AFRICAN WILD DOG).
Húnting Dógs [the] 〖天〗りょうけん座 (猟犬座) (Canes Venatici).
Hun·ting·don /hʌ́ntɪŋdən/ **1** ハンティンドン(・アンド・ピーターバラ) (=**～ and Péterborough**) (HUNTINGDONSHIRE). **2** ハンティンドン《イングランド中東部 Cambridgeshire の町; Oliver Cromwell 誕生の地》.
Húntingdon·shire /-ʃɪər, -ʃər/ ハンティンドンシャー《イングランド東部の旧州; ☆Huntingdon; 現在 Cambridgeshire の一部》.
húnting fíeld 猟場.
húnting gròund 猟場; あさり場 ‹*for*›: HAPPY HUNTING GROUND.
húnting hòrn 狩猟用らっぱ, 〖楽〗狩猟ホルン《近代ホルンの前身》; 〖馬〗横乗り鞍の左側の第 2 鞍頭, 第 2 ホーン.
húnting knìfe 猟刀《剝皮・切離などに用いる》.
húnting léopard 〖動〗CHEETAH.
húnting lòdge 猟小屋 (HUNTING BOX).
húnting pínk 狐狩りをする人の赤い上着(の服地); 狐狩りをする人.
húnting spíder WOLF SPIDER.
Hun·ting·ton /hʌ́ntɪŋtən/ **1** ハンティントン《West Virginia 州西部の市》. **2** ハンティントン《男子名》. [OE=hunting estate]
Húntington Béach ハンティントンビーチ《California 州 Los Angeles の南東にある太平洋に臨む市; 油田がある》.
Húntington's choréa, Húntington's disèase 〖医〗ハンチントン舞踏病, 慢性遺伝性舞踏病《30 代に多く発病するまれな遺伝病; 進行性で, 認知症に至る》. [George *Huntington* (1850–1916) 米国の神経病学者]
húnting wàtch 〖時計〗HUNTER.
húnting whìp HUNTING CROP.

hunt·in', shoot·in', (and) fish·in' /hʌ́ntɪn ʃúːtɪn (ənd) fíʃɪn/ 狩りと鉄砲撃ちと釣り, 有閑階級[貴族]の娯楽《上流階級の /g/ を落とす発音をなぞったもの》.

húnt·ress *n* HUNTER の女性形; [the H-] 狩りの女神, DIANA; 捕食動物の雌.

Hunts /hʌ́nts/ ハンツ (HUNTINGDONSHIRE).

húnt sàb [sabotèur] ᴵᴵ狩猟[狐狩り]反対運動家 (sab).

húnts·man /-mən/ *n* (*pl* **-men** /-mən/) ᴵᴵ《狐狩りの》狩猟家, 猟師, ハンター; ᴵᴵ《狐狩りの》猟犬係. ♦ **~·shìp** *n* **húnts·wòman** *n fem*

húntsman's-cúp *n* (*pl* **~s**)〘植〙ヘイシソウ属の食虫植物 (pitcher plant),《特に》ムラサキヘイシソウ《米国東部沼沢地原産》.

húntsman spìder〘動〙アシダカグモ.

húnt's-úp *n* 狩猟開始のらっぱの音; 激励の歌[曲]; クリスマス唱歌隊の笛の音.

Hunts·ville /hʌ́ntsvɪ̀l, -vəl/ ハンツヴィル《Alabama 州北東部の市》.

húnt tàble〘家具〙HUNTBOARD.

húnt the slípper スリッパ捜し《室内遊戯》.

húnt the thímble 指ぬき探し《英国の子供たちのゲームで, 指ぬきなどを隠して, それを探しあてる遊び》.

Hun·tzi·ger /*F* œ̃tsiʒɛːr/ アンツィジェール **Charles(-Léon-Clément)** ~ (1880–1941)《フランスの将軍; 対独休戦協定に署名 (1940), Pétain 政権の陸相 (1940–41)》.

Hu·nya·di /hʊ́njɑ̀ːdi, -jɔ̀ː-/ フニャディ **János** ~ (1407?–56)《トルコに抵抗したハンガリーの軍人で, 国民的英雄》.

Hunyadi Já·nos /–— jáːnoʊʃ/ フニャディ・ヤーノシュ《ハンガリー産のミネラルウォーター》.

hun·yak /hʌ́njæ̀ːk, húːn-, hʊ́n-, -jæ̀k/, **hun·yock** /-jʌ̀k/, **hon·yo(c)k** /hʌ́njʌ̀k/, **hon·yock·er** /-jʌ̀kər/《俗》*n*《東欧などからの》移民(労働者) (hunky); 百姓, 田舎者, かっぺ. [C19 <?]

Hú·on Gúlf /hyúːɑ̀n-/ フオン湾《New Guinea 島東岸, Huon 半島の南にある珊瑚海北部の Solomon 海の入江》.

Húon píne〘植〙マキ科リムノキ属の大常緑樹《Tasmania 島産; 彫刻・造船用材》. [the *Huon* Tasmania 島の川]

hup /hʌ́p/ *int*《馬をせきたてる[右に回す]ときの》ドー;《犬へ》おすわり!; (お)いっちに (HEP³). [C20<?; cf, Du *hop!* gee-up]

Hu·pa /húːpə/ *n* **a** (*pl* ~, **~s**) フーパ族《California 北西部に住むインディアン》. **b** フーパ語.

Hupei, Hupeh 湖北 (⇨ HUBEI).

hup·pa(h), chup·pa(h) /xúpə/ *n*〘ユダヤ教〙フッパー《**1**) 結婚式が行なわれる天蓋 **2**) 結婚式[儀礼]》. [Heb]

Hu·ra·kan /hù:rəkáːn/ フラカン《グアテマラの Quiche 族のあらしの神; 'hurricane' はこの神の名に由来する》.

Hur·ban, Chur- /xuərbáːn, xúərbən/〘ユダヤ教〙エルサレム神殿の破壊《紀元前 587 年のバビロニア軍によるもの; 紀元 70 年のローマ軍によるもの》;《ナチスによる》ユダヤ人大虐殺 (Holocaust). [Heb＝destruction]

hur·dies /hə́ːrdiz/ *n pl*《スコ》尻 (buttocks, rump).

hur·dle /hə́ːrdl/ *n*〘競技・馬術〙障害物, ハードル; [**~s**] ハードル競走 (hurdle race, hurdling) (cf. HIGH [LOW] HURDLES); 障害, 困難 〈*to*〉; ᴵᴵ編み垣, 網代(あじろ)組み《木の枝などを四角に編んだもので, 運搬自由》;〘史〙すのこぞり《反逆者を乗せて刑場に送ったもの》: cross [clear] a ~ 障害を乗り越える / fall at the first [final] ~ 最初[最終]の局面でつまずく. ● **jump the ~**《俗》結婚する. ► *vt* …にすのこで垣をする〈*off*〉;〈ハードル・塀などを〉飛び越す;〈障害・困難を〉乗り越える, 克服する. ► *vi* ハードル[塀・障害物]を飛び越す, 障害物競走に出る. [OE *hyrdel*; cf. G *Hürde*]

húr·dler *n* ハードル競走者; すのこ製造人, 編み垣職人.

húrdle ràce〘競技〙ハードル競走 (cf. FLAT RACE).

hurds /hə́ːrdz/ *n pl* 亜麻くず, 麻くず.

hur·dy-gur·dy /hə́ːrdigə́ːrdi/ *n*〘楽〙ハーディガーディ《同度の 2 本の弦とドローン弦数本を張ったリュート状の楽器》;《口》BARREL ORGAN, STREET PIANO. [C18 <? imit]

hurl /hə́ːrl/ *vt* **1 a**《力をこめて》投げる, 投げつける, 放り投げる〈*at*〉;〘野〙〈試合・イニングを〉投げる; 発射[投下]する; ぐいと押す, 押しやる; [~ *-self*] 力いっぱいぶつける;〈力を〉投入する: ~ *oneself at* [*upon*] …に猛然と[全力で]ぶつかる / ~ *oneself down* 身を投げ出す / ~ *oneself into*…の中に飛び込む; 挺身する. **b** 放り出す; 追放する〈*out*〉;《スコ》〈車を〉駆る, 運転する. **2**〈悪口などを〉浴びせる, どなる〈*around*; *at*〉;〈悲鳴などを〉あげる. **3***《俗》吐く. ► *vi* **1** 投げる, 放り投げる, 投げつける;〘野〙投球する, 投手をつとめる; ハーリング (hurling) をする. **2** 勢いよく飛ぶ[進む], 突進する; ぐるぐる回る;《スコ》(のろのろと)車で行く. **3***《俗》吐く, もどす (vomit). ► *n* 投げること, 渦を巻いて流れ込む急流, 打ち寄せる怒濤;《落石などの》落下;《ハーリングの》スティック;《スコ》車で行くこと. ♦ **húrl·er** *n* HURL する人;〘野〙投手, ハーラー. [ME (?imit); cf. LG *hurreln*]

Húr·ler('s) sỳndrome /hə́ːrlər(z)-, húər-/〘医〙ハーラー[フルラー]症候群《常染色体劣性遺伝の形式で遺伝するムコ多糖体沈着症; 骨格・顔貌の変形, 肝脾腫肥大症, 関節運動の制限, 角膜混濁, 精神遅滞などを呈する》. [Gertrud *Hurler* (1889–1965) ドイツの小児科医]

húrl·ey, húrly *n* HURLING; ハーリング用のスティック (＝**~ stìck**); ハーリングボール;《口》棍棒.

húrl·ing *n* 投げること; ハーリング《ホッケー・ラクロスに似たアイルランドの球技; 15 人ずつの 2 チームで行なう》.

hur·ly¹ /hə́ːrli/ *n*《古》HURLY-BURLY.

hurly² ⇨ HURLEY.

hur·ly-bur·ly /hə́ːrlibə́ːrli, –́ – –̀ –/ *n* 大騒ぎ (uproar), ごたごた. ► *a* 混乱した. [加重く HURL*ing* (obs) uproar]

Hu·ron /hjúərən, -ɑ̀n/ *n* **1 a** (*pl* ~, **~s**) ヒューロン族《もとは Huron 湖北東部の入江である Georgia 湾と Ontario 湖にはさまれた地域に居住していた先住民》. **b** ヒューロン語《Iroquois 語族に属する》. **2** [Lake] ヒューロン湖《北米五大湖中第 2 の大湖》.

hur·rah /hʊráː, -rɔ́ː, hə-/, **hur·ray** /-réɪ/ *int* 万歳, やったー, いいぞ, フレー: *H~ for* the Queen! 女王万歳! ► *n* 歓呼[万歳]の声; 熱狂; 論争; 浮かれ騒ぎ. ► *vi* 万歳を唱える, 歓呼する. ► *vt* 歓声をあげて迎える[応援する]. [C17< ? G *hurra*; 一説に変形く HUZZA]

Hur·ri·an /hʊ́riən/ *n* **a** フルリ人《紀元前 2000 年–1200 年中東に住んでいた非セム系の古代民族》. **b** フルリ語.

hur·ri·cane /hə́ːrəkèɪn, hʌ́rə-, hə́ːrɪkən, hʌ́rɪ-; hʌ́rɪkən, -kèɪn/ *n* **1 a** ハリケーン《カリブ海・北大西洋・北太平洋東部で発生する発達した熱帯低気圧》;〘海・気〙颶風(ぐふう)《時速 73 (米では 74) マイル以上, 118 km 以上; ⇨ BEAUFORT SCALE; ★ 人名 (以前は女性名) で呼ぶ慣行がある》. **b**《感情などの》激発, 大あらし〈*of*〉. **2** [H-] ハリケーン《第二次大戦中の英空軍戦闘機》. [Sp and Port<?Taino *hurakán* (⇨ HURAKAN)]

húrricane bìrd〘鳥〙グンカンドリ (frigate bird).

húrricane dèck ハリケーン甲板, 覆甲板, 遊歩甲板《河川用客船の最上軽甲板》.

húrricane-fòrce wínd ハリケーン級の風《Beaufort scale で 12–17, または時速 73 マイル以上》.

húrricane hòuse〘海〙甲板室.

húrricane hùnter ハリケーン観測機(乗員).

húrricane làmp [làntern] 風防付きランプ, ハリケーンランプ, カンテラ (＝*storm lantern*); ほや付きの燭台[電気スタンド].

húrricane tàpe ハリケーンテープ《強風のとき窓ガラスを固定するための強力粘着テープ》.

húrricane wàrning [wàtch] 暴風警報, 暴風注意報.

hur·ri·coon /hə́ːrəkùːn, hʌ́rə-; hʌ́rɪ-/ *n* ハリケーン観測気球. [*hurricane*＋balloon]

húr·ried *a* せきたてられた, あわてた; 大急ぎの, あわただしい; 騒々しい. ♦ **~·ly** *adv* **~·ness** *n*

hur·ry /hə́ːri, hʌ́ri; hʌ́ri/ *vt, vi* 急がせる, せきたてる; 急ぐ, あわてて[急いで]する: ~ one's steps 足を速める / ~ troops 軍隊を急派する / It's no use ~*ing* him. あの男はせきたててもむだだ / ~ *along* 急いで行く, 急がせる / ~ *away* [*off*] 急いで去る[去らせる] / ~ *back* 急いで帰る, あわてて戻る / ~ *down* 急いで降りる / ~ *in* 急いではいる / ~ sb *into doing*… 急いで人に…させる / ~ *on* 急いで行く; 急ぐ; はかどらせる / ~ *over*…をあわてて[ぞんざいに]やる / ~ *to* do…しようと急ぐ / ~ the application through 申請を急いで認可する / ~ *up* 急ぐ〈*with*〉; 急がせる. ● **~ up and wait**《いくつかのことを》急いでやってあとは長々と待つ(ことになる), せかされたかと思うと待たされる《もとは軍隊用語》. ► *n* 大急ぎ, 急速, あわて急ぐこと; せっかちに望むこと〈*to* do, *for*〉; [否定・疑問の構文で] 急ぐ必要: ~ and confusion てんやわんやの騒ぎ / in one's ~ to do…しようとあわてて[急ぐあまり] / *Is* there *any* ~? 何か急ぐことでもあるのですか / (There's) *no* ~. 急ぐことはない / *What's* your [(all) the] ~?＝*Why* (all) the ~? なんでそんなに急ぐんですか. ● **get a ~ on**《口》急ぐ. **in a ~** (**1**) あわてて, 急いで. (**2**)《口》喜んで, 進んで: I won't do it again *in a* ~. 二度とやる気はない. (**3**)《口》容易に: You will not beat that *in a* ~. それにはちょっとかなうまい. **in no [not in any] ~** ゆっくり構えて, 当分[特に急いで]…する気はなくて〈*to* do〉. ♦ **húr·ri·er** *n* **húrry·ing·ly** *adv* 急いで, あわてて. [C16 <? imit; cf. SCURRY; OE 用語は *hrædíng* (*hræd* quick), ME から *haste*]

húrry-scúrry, -skúrry *adv* あわただしく, あたふたと. ► *a* あわただしい, 大あわての. ► *n* 大あわて; 騒ぎ, 混乱. ► *vi* あわてふためく, あたふたする, うろたえる. [*scud, scuttle* の影響をうけた *hurry* の加重]

húrry-ùp *a*＊《口》(大)急ぎの, 急を要する. ► *n* せかす[急がせる]こと: give sb a bit of ~ 人をせきたてる[急がせる].

hurst, hyrst /hə́ːrst/《古・方》*n* 森; 森のある丘; 砂洲(す). [OE *hyrst*; cf. G *Horst*]

Hurst ハースト **Fannie** ~ (1889–1968)《米国の小説家・劇作家・映画脚本家》.

Hurstmonceux ⇨ HERSTMONCEUX.

Hurs·ton /hə́ːrstən/ ハーストン **Zora Neale** ~ (1903–60)《米国の作家; 黒人の民話・風習の研究家として知られた》.

hurt /hə́ːrt/ *v* (**hurt**) *vt* …にけがをさせる; 痛める;〈人の感情を〉害する, 傷つける,〈人〉につらい思いをさせる;《俗》〈人を〉痛めつける, ばらす;

危うくする, …に損害を与える: Another glass won't [cannot] ～ you. もう一杯ぐらい飲んでもさわりはないでしょう / get ～＝～ *oneself* けがをする / It ～*s* me to think of her. 彼女のことを思うと心が痛む / new cars that won't ～ your wallet お手ごろ価格の新車 / This will ～ me more than it ～*s* you. 《人を罰したり失望させたりした時に口実・言いわけとして》つらいのはむしろわたしのほうだ. ► *vi* 傷[害, 苦痛, 打撃]を与える, つらい; 痛む; [°be ～ing] *《口》〈…の〉必要に迫られている, 〈…に〉困って[窮して]いる 〈*for* sth〉 (⇨ HURTING). ● **cry [holler] before one is ～** [ᵘ*neg*] 《口》 わけもなく文句を言う[こわがる]. **～in' for certain** *《学生俗》 困って, 窮して, みじめで (hurting); *《黒人俗》 醜い (ugly). **It doesn't ～ what [how, etc]….** 《口》 何が[いかに]…でも平気である. **It won't ～ [doesn't ～, never ～s]** (sb [sth]) **to** do 《口》 人[物]にとって…しても損[害]にはならない, …したってばちはあたらない: *It doesn't ～ to* ask. 質問したっていいでしょう. **not ～ a** FLY². **where it ～s** 痛む箇所; 痛いところ, 弱点: Is this *where it ～s*? 痛むのはここですか / hit sb *where it ～s* 人の痛いところ[弱み]をつく. ► *n* 傷, けが《injury よりもくだけた語》; 痛み, (精神的)苦痛; 損害, 損失: do ～ *to*…を傷つける, そこなう / It was a great ～ *to* her pride. 彼女の誇りを大いに傷つけた. ► *a* けがをした; 破損した; 店(ﾀﾅ)ざらしの; 感情を害した, 傷ついた; *《俗》 醜い, 不細工な; *《黒人俗》 薬(ﾔｸ)でラリった: a ～ book 破損本 / feel ～ つらい思いをする, 傷つく. ♦ **～·er¹** *n* 《古》 傷つける人[もの]. **～·able** *a* [OF *hurter* to knock＜?Gmc (ON *hrútr* to ram)]

hur·ter² /hə́:rtər/ *n* 保護[強化]するもの[部品], 緩衝器[物], 《馬車のこしきが当たる》車軸の肩. [OF; ⇨ HURT]

húrt·ful *a* 《感情を》傷つける; 痛手[ダメージ]となる 〈*to*〉. ♦ **～·ly** *adv* **～·ness** *n*

húrt·ing *n* 傷つけること. ● **put a ～ on** sb *《黒人俗》 故意に人に危害を加える. ► *a* 《口》 つらい思いをして, みじめで; 《俗》 薬(ﾔｸ)が切れて(いる); *《俗》 金に困って, すかんぴんの, 金欠で (⇨ HURT *vi*); 《黒人俗》 すげえ不細工[ブス]な.

hur·tle /hə́:rtl/ *vi* 突進する, 猛スピードで走る, 疾走する; 衝突する 〈*against*〉; 〈石・矢などが〉ビュンビュン飛ぶ. ► *vt* ぶつける; ビュッとほうる, 投げる. ► *n* ほうること; 《詩》 衝突(の音). [ME＝to collide (HURT, *-le*)]

húrtle·bèrry *n* WHORTLEBERRY; HUCKLEBERRY.

húrt·less *a* 害を与えない, 害のない; 傷をうけない.

Hur·wicz /hə́:rwɪtʃ/ ハーヴィッツ **Leonid** ～ (1917–2008) 《ロシア生まれの米国の経済学者; ノーベル経済学賞 (2007)》.

Hus /hʌ́s, hús/ フス **Jan** ～ (1372/73–1415) 《ボヘミアの宗教改革者》.

HUS °hemolytic uremic syndrome.

Hu·sain /huséɪn, -sáɪn/ **1** フサイン (629?–680) 《カリフ; Ali と Muhammad の娘 Fatima の第 2 子》. **2** 《ヨルダン王》 HUSSEIN.

Hu·sák /h(j)ú:sɑ:k/ フサーク **Gustáv** ～ (1913–91) 《チェコスロヴァキアの政治家; 共産党書記長 (1969–87)・大統領 (1975–89)》.

Ḥu·sayn ibn ʻAlī /huséɪn ɪb(ə)n ɑ:lí:/ フサイン・イブン・アリー (c. 1854–1931) 《Hejaz 王 (1916–24); 第一次大戦下のアラブの反乱の指導者》.

hus·band /hʌ́zbənd/ *n* **1 a** 夫: ～ and wife 夫婦 / A good ～ makes a good wife. 良夫良妻をつくる. **b** *《俗》 《売春婦の》仲介者, 情夫, ひも, 《ホモ・レズの》男役. **2** 《古》 節約家; 《古》 財産管理人, 執事, 家令 (steward) : a good [bad] ～ 《古》 倹約家[尻抜け]. ● **～'s tea** [*joc*] 亭主のいれた茶《薄くて冷たい》. ► *vt* 倹約[節約]する, 有効に利用する, 取っておく (save); [*fig*] 〈意見を〉いだく, 信奉する; 《古》 耕す, 栽培する; 《古》 …に夫をもたせる, …の夫となる. ♦ **～·er** *n* **～·hòod** *n* **～·less** *a* **～·ly** *a* [OE *hūsbonda*＜ON (HOUSE, BOND²)]

húsband·man /-mən/ *n* 《農業の一部門の》専門家; 《古》 農夫, 百姓, 作男: a dairy ～ 酪農家 / a poultry ～ 養鶏家.

húsband·ry *n* 《酪農・養鶏などを含む》農業, 農学; 節約, 管理; 《古》 家政: ANIMAL HUSBANDRY / good [bad] ～ じょうず[へた]な暮らし方.

hush¹ /hʌ́ʃ/ *vt, vi* 静かにさせる[する], 黙らせる[黙る]; 鎮める[鎮まる], 抑える. ● **～ up** 〈悪評などを〉もみ消す, 秘密のうちに処理する (cover up); 静かにさせる; [°*impv*] 黙る, 口をつぐむ, 口外しない; *《俗》 〈人を〉殺す, 消す, 始末する. ► *a* 口止めの, もみ消しの; 〘音〙 歯擦音の; 《古》 静かな. ► /ʃ:, hʌ́ʃ/ *int* シーッ, 静かに! (cf. SH). ► *n* 静けさ, 静寂; もみ消し: (Let's have) a bit of ～! ちょっと静かに(しましょう) / policy of ～ もみ消し政策. ♦ **～·ful** *a* 黙した, 静かな. **～ed** *a* [逆成＜*husht, hust* (imit int); *-t* を pp と誤ったもの]

hush² 〘鉱〙 *vt* 《鉱脈・鉱石を求めて》〈表土を〉洗い流す, 〈鉱石を〉水洗いする. ► *n* 《方》 《人工的な》水流, どっと流れる水. [C18 (imit)]

hush·a·by(e) /hʌ́ʃəbàɪ/ *vi* [*impv*] 静かに眠れ, ねんねんよ: *H*～, baby. ► *n* 子守歌.

húsh bòat [shìp] Q-BOAT.

húsh-hùsh *a* 《口》 《特に公的な計画・活動・文書について》 極秘の, 内密の (secret, confidential). ► *adv* 内密に, こっそり. ► *n* 秘密(主義); 検閲. ► *vt* 沈黙させる; 内聞にする, もみ消す.

Hu Shih, Hu Shi /hú: ʃí:/ 胡適(ｺﾃｷ)(ﾌｰｼｰ) (1891–1962) 《中国の思想家・外交官; 言文一致の '白話' (pai-hua) の運動を推進; 米国大使 (1938–42)》.

húsh·ing sòund 〘音〙 シュー音 (/ʃ, ʒ/; cf. HISSING SOUND).

húsh kit ᴴ《ジェットエンジン用の》消音装置《吸音型の内筒と改良型ノズルの組合わせ》.

húsh mòney 口止め料, 内済金.

Húsh Pùp·pies /-pʌ̀piz/ 〘商標〙 ハッシュパピー《軽く柔らかい革靴》.

húsh pùppy [ᵘ*pl*] *《南部》 ハッシュパピー《ひき割りトウモロコシの小さな丸い揚げパン》. ♦ **húsh-pùppy** *a* *《俗》 南部(の田舎)風の. [犬がほえるのをやめさせるために与えたことからか]

húsh-ùp *n* 《口》 《事件などの》もみ消し.

husk¹ /hʌ́sk/ *n* 《穀類などの》殻, さや, 皮, 包皮, 穀皮; *トウモロコシの皮; 《昆虫・エビなどの》脱け殻; 《器具・機械の》支持枠, 外枠; 《無用の》外皮, 価値のない部分, かす, 脱け殻同然の人; *《俗》 やつ, 男 (guy): rice in the ～ もみ. ► *vt* …の殻[さや]をとる, …の皮をむく; 《俗》 …の服を脱がせる. ♦ **～·er** *n* 脱穀機[者]. [? LG＝sheath (dim)＜*hūs* house; cf. OE *hosu* husk]

husk² *n* 〘獣医〙 肺虫症《寄生虫に起因する牛・羊・豚の気管支炎で, 空咳を伴う》; しゃがれ声, かすれ声. [逆成＜*husky²*]

húsk·ing* *n* 《トウモロコシ・豆などの》皮むき; HUSKING BEE.

húsking bèe* トウモロコシの皮むき会 (＝*corn husking*) 《農家の隣人や友人が手伝いに集まって行なうもの; 終わったあとダンスをしたりパーティーを楽しんだりする》.

húsk-tomàto *n* 〘植〙 ホオズキ (ground-cherry).

húsky¹ *a* 殻の, 皮の, 膜質の; 殻だらけの; 中身のない, 空虚な; からからの, がさつく; がさつな. [*husk¹*]

husky² *a* しゃがれ[かすれ]声の, 〈歌手の声など〉ハスキーな. ♦ **húsk·i·ly** *adv* しゃがれ声で. **-i·ness** *n* [↑]

husky³ 《口》 *a* がっしりした, がんじょうな, 強大な, 男性的な, 大きな. ► *n* がっしりした人, 大男; 強力な機械. [↑]

husky⁴ *n* [ˢH-] **1** ハスキー犬, エスキモー犬; 〘犬〙 SIBERIAN HUSKY. **2** 《カナダ》 エスキモー人, エスキモー語. [ESKIMO]

huss /hʌ́s/ *n* 〘魚〙 食用のトラザメ (dogfish).

Huss /hʌ́s, hús/ フス **John** ～＝Jan HUS.

hus·sar /həzɑ́:r, hu-, -sɑ́:r; huzɑ́:r/ *n* [°H-] 《15 世紀ハンガリーの》軽騎兵; 《一般に》 軽騎兵, 騎兵. [Hung＜It; ⇨ CORSAIR]

Hus·sein /huséɪn/ フサイン, フセイン (**1**) ～ **I** (1935–99) 《ヨルダン国王 (1952–99); 中東和平を積極的に推進した》 (**2**) **Saddam** ～ (1937–2006) 《イラクの軍人・政治家; 大統領 (1979–2003); cf. IRAQ WAR》.

Hus·serl /húsərl/ フッサール **Edmund** ～ (1859–1938) 《ドイツの哲学者; 現象学を創始》. ♦ **～·ian** /husə́:rliən/ *a*

hus·sif /hʌ́səf, hʌ́z-/ *n*ᴴ《俗》 針箱. [HOUSEWIFE]

Huss·ite /hʌ́sàɪt, hús-/ *n* 〘史〙 フス派の信徒. ► *a* フス (Jan Hus) の; フス派の. ♦ **Huss·it·ism** /hʌ́sàɪtìz(ə)m, hús-/ *n*

hus·sy /hʌ́si, hʌ́zi/ *n* おてんば娘, いたずら娘; あばずれ, 男好き; ᴴ《方》 針箱: You brazen [shameless] ～! [C16 HUSSIF]

hus·tings /hʌ́stɪŋz/ *n* **1** [the, 〈*sg/pl*〉] 〘英〙 《1872 年法までの》全国議員候補者指名の演壇; [the, 〈*sg/pl*〉] 《政見発表の》演壇, 演説会(場); [the, 〈*sg/pl*〉] ᴴ選挙手続き, 選挙運動[演説]: *at* [*on*] the ～ 選挙運動[演説]中で. **2** [〈*sg*〉] ハスティングズ裁判所 (**1**) 〘英〙 中世初期に諸都市で開かれた裁判所; 遺言と捺印証書の登録・保管などを扱った; 今日では London でまれに開かれるのみ; ＝**cóurt of ～** **2**) 〘米〙 Virginia 州の一部の都市の裁判所; ＝**～ còurt**). [(pl)＜*husting*＜OE＝house of assembly＜ON]

hus·tle /hʌ́s(ə)l/ *vt* **1** 押し込む, 乱暴に押す 〈sb *into, out* (*of*)〉; 追い立てる, せきたてる; 強要する 〈*into doing*〉: ～ sb *out* (*of*) the door 人をドアロから追い出す. **2** 骨折って獲得する; *売り込む; …に売りつける, …を相手に[…で]稼ぐ; *《俗》 …から巻き上げる[強奪する], だます; 《俗》 賭け事に誘い込む; *《俗》 〈売春婦が客を〉引く; 《俗》 〈異性を〉口説く, …に言い寄る; *《俗》 物乞いする, 盗む. **3** かきまぜて振る. ► *vi* 押す 〈*against*〉; 飛び込む, 駆け込む 〈*into*〉; *《口》 精力的に[活発に]行動する, ハッスルする; 急ぐ, 急いで進む 〈*across, through*〉; 営利のために努力する, ばりばり稼ぐ; *《俗》 不正な[いかがわしい]手口で金を稼ぐ, 麻薬を売る, 売春をやる; 乞う, 求める (beg) 〈*for*〉; [°H-] ハッスルを踊る (⇨ *n*). ● **～ up** [ᵘ*impv*] 《口》 急ぐ. ► *n* **1** 大急ぎ, 押し合い; 騒ぎ; *《口》 精力的な動き[プレー], がんばり, 元気, ハッスル; 強引なセールス[売込み]: the ～ and bustle 雑踏, 喧騒 〈*of a city*〉. **2** 《俗》 金もうけ[だまし, 誘惑]の手口, (不正な)商売, 詐欺, 麻薬売買, 売春; 《俗》 強盗; 《俗》 さっと調べること. **3** [°H-] ハッスル《ディスコ音楽に合わせて踊る激しく複雑なダンス》. ● **get a ～ on** [ᵘ*impv*] 《口》 急ぐ, がんばる. [MDu＝to shake, toss (freq)＜*hutsen* (imit)]

hústle-bústle *n* 活気にあふれた雑踏.

hús·tler *n* 《口》 敏腕家, やり手, 強引なセールスマン; *《俗》 スリ(の相棒), 泥棒, 故買屋, 詐欺師, ばくち打ち, 《賭博で玉突きをする》ハスラー, 薬(ﾔｸ)の売人; *《口》 売春婦, ホモ売春者, 男娼; 《俗》 女をうまくモノにする男, つわもの.

Hus·ton /hjú:stən, *jú:s-/ ヒューストン **John** ～ (1906–87) 《米国の映画監督; *The Treasure of the Sierra Madre* (黄金, 1948), *The African Queen* (アフリカの女王, 1951) など》.

Hu·szár /húsɑ̀:r/ フサール **Károly** ～ (1882–1941) 《ハンガリーのジャーナリスト・政治家》.

hut[1] /hʌ́t/ *n* 小屋,《雨露をしのぐ程度の》あばら屋; 山小屋, ヒュッテ;〘軍〙仮兵舎;《豪》牛飼い[羊飼い]の宿舎; *《俗》ブタ箱; *《俗》《大学の》寮; *《俗》家;《鉄道俗》車掌車. ► *vt, vi* (-tt-) 小屋に泊まらせる[泊まる]. [F *hutte*＜Gmc (G *Hütte*)]

hut[2] *int* (お)いっちに《行進の掛け声》. [? 変形く *hep*[3]]

hutch /hʌ́tʃ/ *n*《ウサギなど小動物を飼う》おり, 箱, 小屋;《俗》小屋; [*derog*] 狭苦しい小さな家; 箱, ひつ; *ハッチ《上部に戸のない棚の付いたキャビネット》;《パン屋の》こね桶;〘鉱〙洗鉱樋(ᵒ)[槽]; 鉱石運搬車. ► *vt* hutch にしまう, 貯蔵する. [ME＝coffer＜OF *huche*]

Hutch ハッチ (⇨ STARSKY).

hutch·ie /hʌ́tʃi/ *n*《豪》簡易テント用シーツ. [*hutch*]

Hutch·ins /hʌ́tʃənz/ ハッチンズ **Robert Maynard** ～ (1899–1977)《米国の教育者; 30 歳で Chicago 大学学長となり, 大学の改革を行なった; 'great books program' (世界の名著に親しみ, 教養を身につける) による教養教育を提唱》.

Hutch·in·son /hʌ́tʃəns(ə)n/ ハッチンソン **Anne** ～ (1591–1643)《イングランド生まれのアメリカの宗教活動家; 旧姓 Marbury》.

hút cìrcle〘考古〙《住居趾であることを示す》環状列石.

hu·tia, ju- /(h)utíːə/ *n*〘動〙フチアクーガ (＝*cane rat*)《食用となるヤマアラシ類の齧歯(ᵍ)動物; 西インド諸島産》. [AmSp＜Taino]

hút·ment *n* 野営, 仮兵舎宿泊; 仮小屋の兵舎.

hu·tong, hu·tung /húːtúŋ/ *n*〘中国〙胡同(ﾌｰﾄﾝ)《市街地の横町, 小路》.

Hut·ten /hútn/ フッテン **Ulrich von** ～ (1488–1523)《ドイツの人文主義者・詩人; 熱烈な愛国者, また Luther の支持者として名高い》.

Hut·ter·ite /hʌ́tərὰɪt, húːt-/ *n* フッター派の人《Montana, South Dakota およびカナダの一部で農業に従事して財産共有の生活を営む再洗礼派》. ◆ **Hut·te·ri·an** /hʌtíəriən, hu-/ *a* [Jakob *Hutter* (d. 1536) Moravia の再洗礼派の宗教改革者]

hút·ting *n* 兵舎建設資材.

Hu·tu /húːtuː/ *n* **a** (*pl* ～, ～**s**, **Ba·hu·tu** /bəhúːtuː/) フトゥ[フツ]族《ルワンダおよびブルンジに住む農耕民》. **b** フトゥ[フツ]語《Bantu 諸語の一つ》.

hutung ⇨ HUTONG.

hutzpa(h) ⇨ CHUTZPAH.

Hux·ley /hʌ́ksli/ ハクスリー (**1**) **Aldous** (**Leonard**) ～ (1894–1963)《英国の小説家・評論家; T. H. の孫; 小説 *Point Counter Point* (1928), *Brave New World* (1932), *Eyeless in Gaza* (1936)》(**2**) Sir **Andrew Fielding** ～ (1917–2012)《英国の生理学者; Julian, Aldous と異母兄弟; 神経の興奮伝達機構解明に功績をあげ, ノーベル生理学医学賞 (1963)》(**3**) Sir **Julian** (**Sorell**) ～ (1887–1975)《英国の生物学者; T. H. の孫で, Aldous の兄》(**4**) **T**(**homas**) **H**(**enry**) ～ (1825–95)《英国の生物学者; Darwin の進化論を強く支持した》. ◆ **Hux·lei·an** /hʌ̀kslíːən, hʌ́ksliən/, **Hux·ley·an** /hʌ́ksliən/ *a*

Huy /(h)wíː/ ユイ《ベルギー東部 Liège 州, Meuse 川に臨む町; Liège の南西に位置》.

Hu Yao·bang, Hu Yao-pang /húː jáubáːŋ/ 胡耀邦(ｺﾖｳﾎｳ)(ﾌｰﾔｵﾊﾞﾝ) (1915–89)《中国の政治家; 共産党総書記 (1980–87)》.

Huy·gens, -ghens /háɪgənz, hɔ́ɪ-/ ホイヘンス **Christian** ～ (1629–95)《オランダの数学者・天文学者・物理学者》.

Húygens éyepiece〘光〙ホイヘンス接眼鏡《間を隔てた 2 枚の凸レンズからなる色消し接眼鏡で, 対物レンズによる像が 2 枚のレンズの中間に生ずる》. [↑]

Húygens' prìnciple〘理〙ホイヘンスの原理《Huygens が光の波動説の基本原理として述べた, 波の伝播に関する仮説》.

Huys·mans /hɔ́ɪsmɑːns/ ユイスマンス (**1**) **Camille** ～ (1871–1968)《ベルギーの著述家・政治家; 第二インターナショナル書記長 (1905–22), 首相 (1946–47)》(**2**) **Joris-Karl** ～ (1848–1907)《フランスの小説家; *A rebours* (1884)》.

Hu·zoor /həzúər/ *n*《古》《インド》尊称の一つ. [Arab]

huz·za(h) /həzáː; hu-/《英では古》*int, n, vi, vt* HURRAH. [C16 ＜?; 船乗りの叫び声 *hussa, hissa* からか]

huz·zy /hʌ́zi/ *n* HUSSY.

hv have. **HV** high velocity ◆ high voltage. **HVAC** heating, ventilation [ventilating], and air-conditioning 暖房, 換気および空調. **hvy** heavy.

HW °high water ◆ highway ◆ °hot water.

Hwai 淮河 (⇨ HUAI).

Hwaining 懐寧 (⇨ HUAINING).

hwan /(h)wáːn/ *n* (*pl* ～) ホアン《1962 年以前の韓国の通貨単位: ＝100 chon》. [Korean]

Hwan·ge /(h)wáːŋgeɪ; (h)wǽŋgeɪ, -gi/ ホワンゲ《ジンバブウェ西部の町; 旧称 Wankie》.

Hwang Hai 黄海 (⇨ HUANG HAI).

Hwang Ho 黄河 (⇨ HUANG).

Hwang Pu 黄埔江 (⇨ HUANGPU).

HWM °high-water mark. **hwy** highway.

hwyl[u] /húːil/ *n*《詩の朗誦のときなどの》熱情, 感情の高まり. ► *a* 胸の高鳴るような. [Welsh]

Hy /háɪ/ ハイ《男子名; Hiram の異形》.

hy·a·cinth /háɪəsɪ̀nθ, -sənθ/ *n* **1 a**〘植〙ヒヤシンス. **b**〘植〙ムスカリ (grape hyacinth). **c**〘ギ神〙ヒュアキントスの血から生じたとされる花《アイリス・グラジオラス・ヒエンソウなど》. **d** すみれ色. **2** ヒヤシンス《(**1**) 橙黄色の風信子鉱[石] 2) 古代人の珍重した青色の宝石[サファイア]》. **3** [H-] ハイアシンス《女子名》. [F, ＜Gk＝gem of blue color]

hy·a·cin·thine /hàɪəsínθàɪn, -θən/, **-thi·an** /-θiən/ *a* ヒヤシンスの(ような), すみれ色の; 可憐な, 美しい.

Hy·a·cin·thus /hàɪəsínθəs/〘ギ神〙ヒュアキントス《Apollo に愛された美少年; Apollo の円盤にあたって死に, その血からヒアシンスができた》.

Hy·a·des /háɪədìːz/, **Hy·ads** /háɪæ̀dz/ *pl*〘ギ神〙ヒュアデス《Atlas の 7 人娘》; [(the)]〘天〙ヒアデス星団.

hyaena ⇨ HYENA.

hy·al- /háɪəl/, **hy·alo-** /háɪəlou, -lə/ *comb form*「ガラス(状)の」「透明な」 [Gk *hualos* glass]

hy·a·lin /háɪələn/ *n*〘生化〙硝子質, ヒアリン《透明なガラス状物質》.

hy·a·line /háɪələn, -làɪn/ *a* ガラスの; ガラス質[状]の, 水晶のような, 透明な; 非結晶の. ► *n* /-lən, -lìːn, -làɪn/《詩》鏡のような海, 澄んだ空[大気], 透き通ったもの;〘生化〙HYALIN.

hýaline càrtilage〘解〙ヒアリン[硝子(ｼｮｳｼ)]軟骨.

hýaline degenerátion〘医〙《組織の》ヒアリン変性.

hýaline mémbrane disèase〘医〙《新生児の》ヒアリン[硝子]膜症, 硝子(様)変性《略 HMD》.

hy·a·lin·ize /háɪələnàɪz/ *vi* ヒアリン(質)化する, 硝子質化する.

hy·a·lite /háɪəlàɪt/ *n*〘鉱〙玉滴(ｷﾞｮｸﾃｷ)石《オパールの一種; 無色透明》.

hy·al·o·gen /haɪǽləʤən/ *n*〘生化〙ヒアロゲン《加水分解によってヒアリンを生じる物質》.

hy·a·loid /háɪəlɔ̀ɪd/〘解〙*a* ヒアリン様の. ► *n* HYALOID MEMBRANE. [F, ＜Gk (*hualos* glass)]

hýaloid mèmbrane〘解〙《眼の》硝子様[硝子体]膜.

hy·alo·phane /haɪǽləfèɪn/ *n*〘鉱〙重土長石, ハイヤロフェン《正長石とセルシアンの中間組成の鉱物の旧称》.

hy·alo·plasm /haɪǽləplæ̀z(ə)m, háɪəlou-/ *n*〘解〙《細胞質の》透明質. ◆ **hỳ·alo·plás·mic** *a*

hy·a·lu·ro·nate /hàɪ(ə)l(j)úərənèɪt/ *n*〘化〙ヒアルロン酸塩[エステル].

hy·a·lu·rón·ic ácid /hàɪ(ə)l(j)ʊərɑ́nɪk-/〘生化〙ヒアルロン酸《眼球硝子体液・関節滑液などに含まれるムコ多糖》.

hy·a·lu·ron·i·dase /hàɪ(ə)l(j)ʊərɑ́nədèɪs, -z/ *n*〘生化〙ヒアルロニダーゼ《ヒアルロン酸を低分子化する酵素》.

H-Y antigen /éɪtʃwáɪ ―/〘免疫〙H-Y 抗原《Y 染色体の遺伝子に依存する組織適合抗原》. [*h*istocompatibility＋*Y* chromosome]

Hy·bla /háɪblə/ ヒュブラ《Sicily 島の Etna 山南麓にあった古代都市 (＝～ **Májor**)》.

hy·brid /háɪbrəd/ *n*〘遺〙雑種, ハイブリッド; 混血の人; 混成物, 混成タイプのもの, ハイブリッド車 (＝～ **càr** [**vèhicle**]);《異種の文化背景をもつ》混成[交種]文化の人《移民の子など》, [*derog*] 合いの子;〘言〙混種語《異種の言語の要素からなる語; 例 eatable, eagerly》: architectural ～*s*《さまざまな様式の》混在する建築物. ► *a* 雑種の (opp. *full-blooded*); 混成の;〘理〙〈電磁波が電場・磁場の伝搬方向成分がゼロでない;〘電子工〙〈回路が〉トランジスターと真空管からなる, 〈IC が〉半導体チップと他の部品を基盤上にもつ, ハイブリッドの (cf. MONOLITHIC): a ～ word 混種語. ◆ **～·ism** *n* 雑種であること; 交雑, 雑種形成;〘言〙混種. **～·ist** *n* 雑種形成[造成]者. **hy·brid·i·ty** /haɪbrídəti/ *n* 雑種性, 交種性. [L]

hýbrid bíll〘英議会〙公私混合法律案.

hýbrid compúter ハイブリッドコンピューター, ハイブリッド計算機《analog と digital の計算装置が組み合わされている計算システム》.

hýbrid·ìze *vt, vi* 雑種を形成する, 交雑する, 混成する;〘生化〙〈DNA などを〉ハイブリッド形成する, ハイブリダイズする《相補的な塩基配列をもつ鎖を組み合わせて二本鎖をつくる》; 混種語をつくる. ◆ **-ìz·er** *n* **-ìz·able** *a* **hỳbrid·izátion** *n* 交雑(形成)[造成, 育種], 雑種形成;〘生化〙ハイブリッド形成, ハイブリダイゼーション.

hy·bri·do·ma /hàɪbrədóumə/ *n*〘生〙ハイブリドーマ《癌細胞と抗体産出リンパ球とを融合させてつくった雑種細胞; 単クローン抗体を産出する》.

hýbrid perpétual〘園〙ハイブリッドパーペチュアル(系の四季咲き大輪バラ) (＝**hýbrid perpétual róse**).

hýbrid téa〘園〙ハイブリッドティー(系の四季咲き大輪バラ) (＝**hýbrid téa róse**).

hýbrid vígor〘生〙雑種強勢 (heterosis).

hy·bri·mýcin /hàɪbrə-/ *n*〘薬〙ハイブリマイシン《他の抗生物質成分と組み合わせてつくられた抗生物質》.

hy·bris /háɪbrəs, híː-/ *n* HUBRIS.

hy·can·thone /haɪkǽnθoun/ *n*〘化〙ヒカントン《バクテリア・動物細胞に突然変異を起こさせる化学物質; 住血吸虫症治療薬》.

hyd. hydraulics ◆ hydrostatics.

hy·dan·to·in /haɪdǽntouən/ *n*〘化〙ヒダントイン《医薬品・樹脂の中間体になる》. [Gk *hudōr* water, all*antoic*, *-in*[2]]

Hy·das·pes /haɪdǽspiz/ [the] ヒュダスペス川《JHELUM 川の古代名; 河畔で Alexander 大王がインド軍を破る戦いがあった (326 B.C.)》.

hy·da·thode /háɪdəθòʊd/ *n* 〔植〕排水組織.

hy·da·tid /háɪdətɪ̀d, -təd/ *n* 〔動〕水胞体; 〔動・医〕包虫《エキノコックス属条虫の幼虫が中間宿主内において嚢包を形成したもの》; 〔医〕嚢腫. ► *a* hydatid の[に冒された], 包虫症の.

hy·da·tíd·i·form móle /hàɪdətɪ́dəfɔ̀ːrm-/ 〔医〕胞状奇胎《栄養膜細胞の増殖を伴う水腫状腫大を示す絨毛からなる胎盤病変》.

Hyde /háɪd/ **1** [Mr.] ハイド氏 (⇨ JEKYLL). **2** ハイド (**1**) **Douglas** ～ (1860–1949)《アイルランドの作家・政治家; 筆名 An Craoibhín Aoibhinn; ゲール同盟を設立; 共和国初代大統領 (1938–45)》 (**2**) **Edward** ～ ⇨ 1st Earl of CLARENDON.

hy·del /haɪdɛ́l/ *a* 《インド》 HYDROELECTRIC.

Hýde Párk 1 ハイドパーク《London 中西部の Kensington Gardens に隣接する公園; cf. SPEAKERS' CORNER》: a ～ orator ハイドパークの一角で演説する弁士. **2** ハイドパーク《(**1**) New York 市郊外, Hudson 川上流にある静かな村; Franklin D. Roosevelt 大統領の生地・埋葬地 **2**) Chicago 市の南部, Chicago 大学周辺の地区》.

Hýde Pàrk Córner ハイドパークコーナー《London の Hyde Park の東南の角; 何本かの道路が交わる交通の激しい場所》.

Hy·der·a·bad /háɪd(ə)rəbæ̀d, -bɑ̀ːd/ ハイダラーバード, ハイデラバード (=*Haidarabad*)《(**1**) インド中南部 Andhra Pradesh および旧 Hyderabad 州の州都 **2**) インド南部の旧州 **3**) パキスタン南西部 Indus 川に臨む市》.

H

Hy·der [**Hai·der**] **Ali** /háɪdər ɑːlíː/ ハイダル・アリー (1722–82)《南インドのマイソール王国のムスリム支配者; 2 次にわたるマイソール戦争で英国の侵略に抵抗した》.

hyd·no·car·pate /hɪ̀dnəkɑ́ːrpeɪt/ *n* 〔化〕ヒドノカルプ酸塩[エステル].

hyd·no·cár·pic ácid /hɪ̀dnəkɑ́ːrpɪk-/ 〔薬〕ヒドノカルプ酸《ハンセン病治療用》.

hydr- /háɪdr/, **hy·dro-** /háɪdroʊ, -drə/ *comb form* 「水(の)」「水素」「ヒドラ, ヒドロ虫」 [Gk *hudro-* (*hudōr* water)]

Hy·dra[1] /háɪdrə/ **1 a** 〔ギ神〕ヒュドラー《Hercules に殺された 9 つの頭をもつ蛇; 1 頭を切るとその跡に 2 頭を生じたという》. **b** [h-] (*pl* **～s, -drae** /-dri/) 手に負えない代物[問題], 大きな災い. **2 a** [h-] 〔動〕ヒドラ. **b** 〔天〕うみへび座 (海蛇座) (Water Monster [Snake]). **c** 〔天〕ヒドラ《冥王星の第 3 衛星; 2005 年発見; cf. NIX》 [Gk]

Hydra[2] イドラ (ModGk **Ídhra** /íːðrɑː/)《エーゲ海南部 Peloponnesus 半島東岸沖の島》. ♦ **Hy·dri·ot** /háɪdriət, -ɑ̀t/, **-ote** /-òʊt, -ət/ *n*

hy·dra·gogue, -gog /háɪdrəgɔ̀(ː)g, -gɑ̀g/ *n* 〔薬〕駆水薬, 利尿薬[剤].

hýdra-héad·ed *a* (Hydra のように) 多頭の; 多岐にわたる, 多面的な, 多くの支部をもつ《団体など》; 根絶しにくい, 問題の多い.

hy·dral·azine /haɪdrǽləzìːn/ *n* 〔薬〕ヒドララジン《血圧降下薬》. [*hydr-*, phthal*ic* (acid), *azine*]

hy·dran·gea /haɪdréɪnʤə/ *n* 〔植〕アジサイ《ユキノシタ科アジサイ属 (*H-*) の植物の総称》; 《薬用の》アジサイの乾燥根[茎]. [NL (*hydr-*, Gk *aggos* vessel)]

hy·drant /háɪdrənt/ *n* 消火栓 (fireplug), 水道[給水]栓.

hy·dranth /háɪdrænθ/ *n* 〔動〕ヒドロ花(か).

Hy·dra·o·tes /hàɪdrəóʊtiz/ [the] ヒュドラオテス川《RAVI 川の古代名》.

hy·drar·gyr·ia /hàɪdrɑːrʤíriə/, **-gy·ri·a·sis** /haɪdrɑ̀ːrʤəráɪəsəs/, **hy·drar·gy·rism** /haɪdrɑ́ːrʤərɪ̀z(ə)m/ *n* 〔医〕水銀中毒 (mercurialism).

hy·drar·gyr·ic /hàɪdrɑːrʤírɪk/ *a* 水銀の.

hy·drar·gy·rum /haɪdrɑ́ːrʤərəm/ *n* 〔化〕水銀 (mercury).

hy·drar·thro·sis /hàɪdrɑːrθróʊsəs/ *n* (*pl* **-ses** /-sìːz/) 〔医〕関節水症, 関節水腫.

hy·drase /háɪdrèɪs, -z/ *n* 〔生化〕ヒドラーゼ《水分子を付加または脱離する反応を触媒する酵素》.

hy·dra·sórt·er /hàɪdrə-/ *n* ハイドラソーター《液状廃棄物から有用固形物を採集すると同時に発電用蒸気を出す装置》.

hy·dras·tine /haɪdrǽstìːn, -tən/ *n* 〔薬〕ヒドラスチン《hydrastis に含まれる結晶アルカロイド; 子宮刺激・止血用》.

hy·dras·ti·nine /haɪdrǽstənìːn, -nən/ *n* 〔薬〕ヒドラスチニン《ヒドラスチンの酸化生成物; 白色の有毒アルカロイド; 心筋興奮剤・子宮止血剤に用いた》.

hy·dras·tis /haɪdrǽstəs/ *n* ヒドラスチス根《キンポウゲ科 *H*～ 属の多年草の乾燥した根; 以前は薬用》. [C19<?]

hy·dra·tase /háɪdrətèɪs, -z/ *n* 〔生化〕ヒドラターゼ《炭素水素結合の水化・脱水反応を触媒するリアーゼ》.

hy·drate /háɪdrèɪt/ 〔化〕*n* 水和物, 水化物. ► *vt, vi* 水和する; …に水分を補給する, うるおす. ♦ **hý·dràt·able** *a* **hý·dràt·ed** *a* 水和した, 含水の; 水分を保持して: keep ～*d* 水分補給を続ける / stay ～*d* 水分[うるおい]を保つ. **hy·drá·tion** *n* 水和(作用). **hý·drà·tor** *n* [F (*hydr-*)]

hýdrated alúmina 〔化〕アルミナ水和物.

hýdrated líme 消石灰 (=*slaked lime*).

hy·drau·lic /haɪdrɔ́(ː)lɪk, -drɑ́l-/ *a* 液圧[油圧, 水圧](応用)の; 油圧式の; 水流の; 水力学の; 水中で硬化する, 水硬性の: a ～ crane 油圧クレーン / a ～ valve 調水弁. ► *n* 液圧応用機械. ♦ **-li·cal·ly** *adv* **hỳ·drau·líc·i·ty** /-lɪ́səti/ *n* 水硬性. [L<Gk (*hydr-*, *aulos* pipe)]

hydráulic accúmulator 〔機〕水圧[水力]だめ.

hydráulic bráke 《液圧プレスによる》油圧ブレーキ.

hydráulic cemént 水硬(性)セメント.

hydráulic clútch 〔工〕FLUID COUPLING.

hydráulic engineéring 水力工学, 水工学.

hydráulic flúid 〔機〕《水圧機械装置の》作動液.

hydráulic jáck 〔機〕油圧[水圧]ジャッキ.

hydráulic líft 〔機〕水圧[油圧]リフト.

hydráulic machínery 水力機械.

hydráulic míning 水力採鉱 (cf. PLACER MINING).

hydráulic préss 〔機〕液圧プレス.

hydráulic rám 水撃ポンプ《傾斜した管路内を流下してきた水を急に止めることにより生じる高圧を利用して, その水の一部を高所に汲み上げる装置》.

hy·dráu·lics *n* 水力学; 〔土木〕水理学; [*pl*] 《機械の》油圧[水圧]システム, 油圧[水圧]式機械.

hydráulic suspénsion 〔車〕液圧(ばね)懸架装置[方式].

hydráulic tórque convèrter 〔機〕流体変速機, 流体トルクコンバーター.

hy·dra·zide /háɪdrəzàɪd, -zəd/ *n* 〔化〕ヒドラジド《ヒドラジンカルボン酸誘導体》.

hy·dra·zine /háɪdrəzìːn, -zən/ *n* 〔化〕ヒドラジン《空気中で発煙する無色液; ロケット燃料用》.

hy·dra·zo·ate /hàɪdrəzóʊèɪt/ *n* 〔化〕アジ化水素酸塩, 窒化水素酸塩, アジ化物 (azide). [*hydrazo*ic, *-ate*]

hy·drázo gròup [**ràdical**] /haɪdrǽzoʊ-, háɪdrə-/ 〔化〕ヒドラゾ基.

hy·dra·zo·ic /hàɪdrəzóʊɪk/ *a* 〔化〕アジ化水素酸[窒化水素酸]の. [*hydr-*, *az-*[1], *-ic*]

hy·dra·zó·ic ácid /hàɪdrəzóʊɪk-/ 〔化〕アジ化水素酸, 窒化水素酸《有毒な無色液; 鉛塩は起爆薬》.

hy·dra·zone /háɪdrəzòʊn/ *n* 〔化〕ヒドラゾン《カルボニル基とヒドラジンの縮合化合物》.

hy·dre·mia /haɪdríːmiə/ *n* 〔医〕水血症.

hy·dria /háɪdriə/ *n* (*pl* **-dri·ae** /-drìː/) ヒュドリア《水平に 2 つ, 垂直に 1 つの取っ手のあるギリシア・ローマの水差し壺》. [Gk]

hy·dric /háɪdrɪk/ *a* 〔化〕水素の, 水素を含む; 〔生態〕湿潤な(環境に適した), 水生の. ♦ **-dri·cal·ly** *adv*

-hy·dric /háɪdrɪk/ *a suf* 〔化〕「水酸基[酸水素]を含む」: hexa*hydric*. [*hydr-*, *-ic*]

hy·dride /háɪdràɪd, -drəd/ *n* 〔化〕水素化物; 《古》水酸化物. [*hydrogen*, *-ide*]

hy·dril·la /haɪdrílə/ *n* 〔植〕クロモ《米国では養魚槽植物として広まった》.

hy·dri·ód·ic ácid /hàɪdriɑ́dɪk-/ 〔化〕ヨウ化水素酸.

hy·dro[1] /háɪdroʊ/ *n* (*pl* **～s**)ᴵᴵ《口》水治療施設付きホテル, 湯治場. [*hydro*pathic treatment]

hydro[2] *n* (*pl* **～s**) 水力電気; 水力発電所. ► *a* 水力電気[発電]の. [*hydro*electric power (plant)]

hydro[3] *n* (*pl* **～s**) HYDROPLANE.

hydro- /háɪdroʊ, -drə/ ⇨ HYDR-.

hỳdro·acóustic *a* 流体音波の, 水中音波の; 水中音伝播の; 水中音響学の.

hỳdro·acóustics *n* 水中音響学.

hỳdro·áir·plàne *n* 水上(飛行)機 (seaplane).

hỳdro·biólogy *n* 水生生物学, 陸水[湖沼](生物)学. ♦ **-gist** *n* **hỳdro·biológical** *a*

hỳdro·bí·plàne *n* 複葉水上(飛行)機.

hýdro·bòmb *n* 飛行魚雷, 投下用魚雷.

hỳdro·brómic *a* 〔化〕臭化水素の.

hydrobrómic ácid 〔化〕臭化水素酸.

hỳdro·brómide *n* 〔化〕臭化水素酸塩.

hỳdro·cárbon /,*⏤ ⏤⏤/ *n* 〔化〕炭化水素《炭素と水素からなる化合物の総称》. ♦ **-carbonáceous, -carbónic, -cárbonous** *a*

hýdro·cèle *n* 〔医〕水瘤(すいりゅう)《陰嚢などの》, 睾丸瘤.

hỳdro·céllulose *n* 〔化〕水和[ヒドロ]セルロース.

hỳdro·cephálic *a* 〔医〕水頭(症)の. ► *n* 水頭症患者.

hỳdro·céph·a·lus /-séfələs/, **-céphaly** *n* 〔医〕水頭(症)《髄液の異常な貯留により脳室が拡大した状態》. ♦ **-céphalous** *a* [Gk *kephalē* head]

hỳdro·chlóric *a* 〔化〕塩化水素の.

hydrochlóric ácid 〔化〕塩化水素酸, 塩酸.

hỳdro·chlóride *n* 〔化〕塩酸塩.

hỳdro·chlòro·fluòro·cárbon *n* 〔化〕ヒドロ[ハイドロ]クロロフルオロカーボン《代替フロンの一種; 略 HCFC》.

hỳdro·chlòro·thíazide *n* 〖薬〗ヒドロクロロチアジド《利尿剤・血圧降下剤》.
hỳdro·cólloid *n* 〖化〗親水コロイド. ♦ **-collóidal** *a*
hỳdro·còol·ing *n* 〖農〗ハイドロクーリング《果物・野菜を氷水に浸して鮮度を保つ方法》.
hỳdro·córal *n* 〖動〗ヒドロサンゴ.
hỳdro·córtisone *n* 〖生化〗ヒドロコルチゾン[コーチゾン]《副腎皮質ステロイドの一種; リウマチ様関節炎治療剤》.
hỳdro·cràck·ing *n* 〖化〗《炭化水素の》水素化分解(法).
♦ **hýdro·cràck** *vt* **hýdro·cràck·er** *n*
hỳdro·cyánic *a* 〖化〗シアン化水素の.
hydrocyánic ácid 〖化〗シアン化水素酸, 青酸.
hỳdro·dynámic *a* 流体力学の, 水力学の, 動水力学の.
♦ **-dynámical** *a* **-ical·ly** *adv*
hỳdro·dynámics *n* 流体力学, 水力学; HYDROKINETICS.
♦ **-dy·nám·i·cist** /-daɪnǽməsɪst/ *n* 流体力学者.
hỳdro·elástic suspénsion 〖車〗液体ばね懸架(装置), ハイドロエラスティックサスペンション.
hỳdro·eléctric *a* 水力電気の; 水力発電の.
♦ **-electrícity** *n* 水力電気. **-trical·ly** *adv*
hýdro·flàp *n* ハイドロフラップ《飛行艇の水中下げ翼, 姿勢制御・制動・操舵用》.
hỳdro·flùo·bóric ácid 〖化〗フッ化ホウ素酸 (fluoroboric acid).
hỳdro·fluóric *a* 〖化〗フッ化水素の.
hydrofluóric ácid 〖化〗フッ化水素酸, フッ酸.
hỳdro·fluòro·cárbon *n* 〖化〗ヒドロフルオロカーボン, フッ化炭化水素《代替フロンの一種; 略 HFC》.
hýdro·fòil *n* 水中翼; 水中翼船, ハイドロフォイル. [*aerofoil* の類推]
hýdro·fòrm·ing *n* ハイドロホーミング法《ガソリンの接触改質法の一つ》. ♦ **-fòrm·er** *n* ハイドロホーミング装置.
hỳdro·frácturing *n* 水力破砕(法), (ハイドロ)フラクチャリング《地下の岩盤に液体を圧送し割れ目をつくり油井の出油を促進する方法》.
hỳdro·gasificátion *n* 水素添加ガス化法《高温高圧で石炭をメタン化する方法》. ♦ **hỳdro·gásifier** *n*
hýdro·gèl /-ʤɛ̀l/ *n* 〖化〗ヒドロゲル《水を分散媒とするゲル》.
hy·dro·gen /háɪdrəʤ(ə)n/ *n* 〖化〗水素《気体元素; 記号 H, 原子番号 1》. [F (*-gen*)]
hy·drog·e·nase /haɪdráʤənèɪs, -z/ *n* 〖生化〗ヒドロゲナーゼ《水素分子の出入りを伴う酸化還元反応を触媒する酵素》. [↑, *-ase*]
hy·dro·gen·ate /haɪdráʤənèɪt, háɪdrə-/ *vt* 〖化〗水素化する; 水素添加する: ~*d* oil [fat] 硬化油[脂肪]. ♦ **hy·drò·gen·á·tion** /, hàɪdrəʤə-/ *n*
hydrogen ázide 〖化〗HYDRAZOIC ACID.
hýdrogen bòmb 水素爆弾 (=*H-bomb*).
hýdrogen bònd [bònding] 〖化〗水素結合.
hýdrogen brómide 〖化〗臭化水素《有毒ガス》.
hýdrogen bùrning 〖天〗水素燃焼《星の内部で核融合により水素がヘリウムになること》.
hýdrogen·cárbonate *n* 〖化〗炭酸水素塩.
hýdrogen chlóride 〖化〗塩化水素《猛毒の気体; 水溶液は塩酸》.
hýdrogen cýanide 〖化〗シアン化水素《猛毒の液体》; 〖化〗HYDROCYANIC ACID.
hýdrogen embrìttlement 〖冶〗水素脆性《水素ガスの吸収による延性の低下》.
hýdrogen flúoride 〖化〗フッ化水素.
hýdrogen íodide 〖化〗ヨウ化水素.
hýdrogen ìon 〖化〗水素イオン; 〖化〗HYDRONIUM.
hýdrogen-ìon concentrátion 〖化〗水素イオン濃度.
hy·dro·gen·ize /haɪdráʤənàɪz, háɪdrə-/ *vt* HYDROGENATE; 水爆で破壊する.
hýdrogen màser 〖理〗水素原子メーザー《原子時計発振器に用いる》.
hy·dro·gen·ol·y·sis /hàɪdrəʤənáləsəs/ *n* 〖化〗水素化分解, 水素添加分解.
hy·drog·e·nous /haɪdráʤənəs/ *a* 〖化〗水素の[に関する, を含む].
hýdrogen peróxide [dióxide] 〖化〗過酸化水素《水溶液は消毒薬・漂白剤》.
hýdrogen súlfide 〖化〗硫化水素.
hỳdro·geólogy *n* 水文地質学. ♦ **-geológical** *a* **-gist** *n*
hýdro·gràph *n* 水位[流量]記録計; 水位図, 流量曲線, ハイドログラフ; 〖電〗流量図.
hy·drog·ra·phy /haɪdrágrəfi/ *n* 〖地理〗水路学《海洋・河川・湖沼や沿岸の自然状態の, 航行上の観点からの研究》, 水路測量; 地図上の水路部分; 水位[流量]学; 水位[流量]記録(法); 水位, 流量.
♦ **-pher** *n* **hỳ·dro·gráph·ic, -i·cal** *a* **-i·cal·ly** *adv*
hy·droid /háɪdrɔɪd/ *n, a* 〖動〗ヒドロ虫(の) (hydrozoan), 《特に》ヒドロポリプ(の). [*hydra, -oid*]
hỳdro·kinétics *n* 流体動力学 (cf. HYDROSTATICS).
♦ **-kinétic, -i·cal** *a* **-ical·ly** *adv*
hýdro·làb *n* 〖海洋〗海中[海底]実験船, ハイドロラブ.
hy·dro·lase /háɪdrəlèɪs, -z/ *n* 〖生化〗加水分解酵素, ヒドロラーゼ.
hỳdro·lást·ic /-lǽstɪk/ *a* 〖車〗〈サスペンションが〉《スプリング代わりに》圧搾流体を用いた.
hýdro·lìth *n* 〖化〗ハイドロリス (calcium hydride).
hydrológic cýcle 〖水文〗水の循環 (=*water cycle*) (=**hydrológical cýcle**)《海から大気によって陸に運ばれ, また 海に戻る一連の過程》.
hy·drol·o·gy /haɪdrálədʒi/ *n* 水文(すいもん)学《地球上の水の生成・循環・性質・分布などを研究する》. ♦ **-gist** *n* **hỳ·dro·lóg·ic, -i·cal** *a* **-i·cal·ly** *adv*
hy·drol·y·sate /haɪdráləsèɪt, *hàɪdrəláɪsèɪt/, **-zate** /-z-/ *n* 〖化〗加水分解されたもの, 水解物.
hy·drol·y·sis /haɪdráləsəs, *hàɪdrəláɪ-/ *n* 〖化〗加水分解.
♦ **hy·dro·lyt·ic** /hàɪdrəlítɪk/ *a* **-i·cal·ly** *adv* [*-lysis*]
hy·dro·lyte /háɪdrəlàɪt/ *n* 〖化〗加水分解質.
hy·dro·lyze /háɪdrəlàɪz/ *vt, vi* 〖化〗加水分解する. ♦ **hý·dro·lỳz·able** *a* **hỳ·dro·ly·zá·tion** *n*
hýdrolyzed végetable pròtein 植物タンパク水解物《アミノ酸に加水分解された植物タンパクで, 加工食品の添加剤・増香剤とされる; 略 HVP》.
hỳdro·magnétic *a* 磁気流体力学の (magnetohydrodynamic); 磁場中の導電性流体の〈波動〉.
hỳdro·magnétics *n* 磁気流体力学(magnetohydrodynamics).
hydromagnétic wáve 〖理〗流体磁気波《磁場の中のプラズマなど電気伝導流体中の波》.
hy·dro·man·cy /háɪdrəmæ̀nsi/ *n* 水占い. ♦ **-màn·cer** *n* **hỳ·dro·mán·tic** *a*
hỳdro·mánia *n* 水渇望.
hỳdro·masságe *n* 水流[水中]マッサージ《水流を利用したマッサージ》; 泡ぶろ, ジャグジー (spa).
hỳdro·mechánics *n* 流体力学. ♦ **-mechánical** *a*
hỳdro·medúsa *n* (*pl* **-sae**) 〖動〗ヒドロクラゲ.
♦ **-medúsan** *a, n* **-medúsoid** *a*
hy·dro·mel /háɪdrəmɛ̀l/ *n* 《発酵しない》蜂蜜水《発酵したものは mead》.
hỳdro·métallurgy *n* 湿式冶金[精錬]. ♦ **-gist** *n* **-metallúrgical** *a*
hỳdro·méteor *n* 〖気〗大気水象《水蒸気の凝結・昇華による生成物: 霧・雨・霰など》.
hỳdro·meteorólogy *n* 水文気象学. ♦ **-gist** *n* **hỳdro·meteorológical** *a*
hy·drom·e·ter /haɪdrámətər/ *n* (液体)比重計, 浮きばかり; 《河川の》流速計. ♦ **hy·dróm·e·try** *n* (液体)比重測定(法); 流速測定(法). **hỳ·dro·mét·ric, -ri·cal** *a*
hỳdro·móno·plàne *n* 単葉水上機.
hỳdro·mórphic *a* 〖植〗水中生育の, 水生の; 過湿生成の〈土壌〉.
hỳdro·mór·phone /-mɔ́ːrfòun/ *n* 〖生化〗ヒドロモルホン《モルフィン (morphine) から誘導されるケトン; モルフィンよりはるかに作用が大きく, 特に塩酸塩を鎮痛薬として使う》.
hy·dro·naut /háɪdrənɔ̀ːt, *-nɑ̀ːt/ *n* 〖米海軍〗深深度潜航員, 深海艇乗組員.
hỳdro·náu·tics /-nɔ́ːtɪks/ *n* 海洋開発工学.
hỳdro·nephrósis *n* 〖医〗水腎(症).
hy·dron·ic /haɪdránɪk/ *a* 〖建・機〗〈冷暖房が〉循環水式の. ► *n* [~s, 〈*sg*〉]《閉管内を循環する冷水・温水による》循環水式冷暖房システム. ♦ **-i·cal·ly** *adv*
hy·dro·ni·um /haɪdróuniəm/ *n* 〖化〗ヒドロニウムイオン (=~ **ìon**)《水素イオンが水分子と結合してできるイオン: H_3O^+》. [*hydr-, -onium*]
hy·dro·path·ic /hàɪdrəpǽθɪk/ *a* 水治療法の: ~ treatment 水治療法. ► *n* 水治療院. ♦ **-i·cal·ly** *adv*
hy·drop·a·thy /haɪdrápəθi/ *n* 〖医〗水治療(法) (=*water cure*)《水を内用および外用して病気を治療する; cf. HYDROTHERAPY》.
♦ **-thist** *n* 水治療師. [*-pathy*]
hỳdro·peritonéum *n* 〖医〗腹水(症) (ascites).
hỳdro·peróxide *n* 〖化〗ヒドロペルオキシド《OOH 基を含む化合物》.
hy·dro·phane /háɪdrəfèɪn/ *n* 〖鉱〗透蛋白石《多孔質のオパール》.
♦ **hy·droph·a·nous** /haɪdráfənəs/ *a*
hýdro·phìle *a* HYDROPHILIC.
hỳdro·phílic *a* 〖化〗親水性の. ► *n* ソフトコンタクトレンズ.
♦ **hỳ·dro·phi·líc·i·ty** /-fɪlísəti/ *n*
hy·droph·i·lous /haɪdráfələs/ *a* 〖植〗(受粉が)水媒の; 好水性の, HYDROPHYTIC. ♦ **hy·dróph·i·ly** /-fəli/ *n*
hýdro·phòbe *n* 恐水病患者; 〖化〗疎水性物質.
hỳdro·phóbia *n* 〖医〗恐水病《**1**) 狂犬病 (rabies) の別称 **2**) 病

的な水の恐怖, 特に飲み下すときの痙攣の苦しさを想起することによる恐怖; cf. AQUAPHOBIA).
hỳdro·phóbic *a* 〘化〙 疎水性の; 恐水病の. ◆ **-pho·bíc·i·ty** /-foubísəti/ *n*
hýdro·phòne *n* 水中聴音器, ハイドロホン; 水管検漏器; 〘医〙 通水式聴音器.
hy·dro·phyl·la·ceous /hàɪdroufəléɪʃəs/ *a* 〘植〙 ハゼリソウ科 (Hydrophyllaceae) の.
hýdro·phỳte *n* 〘生態〙 水生植物 (湿地に生育する, または大量の水を要する植物; cf. HALOPHYTE). ◆ **hỳ·dro·phýt·ic** /-fít-/ *a*
hy·drop·ic /haɪdrápɪk/ *a* 水症 (hydrops) 性の.
hýdro·plàne *n* 水中翼船; ハイドロプレーン (競艇用の小型・平底の高速モーターボート); 水上機 (seaplane); 水中翼, (水上機の) 水上滑走用構造物; (潜水艦の) 水平舵. ► *vi* 水上を(すれすれに)滑走する; 水中翼船[ハイドロ艇, 水上機]に乗る[を操縦する]; 〈自動車など〉ハイドロプレーニング (hydroplaning) を起こす. ◆ **-plàn·er** *n*
hýdro·plàning *n* ハイドロプレーニング (自動車[飛行機]が水をかぶった道路[滑走路]を高速で走る時, タイヤが浮いてハンドルやブレーキがきかなくなる現象).
hỳdro·pneumátic *a* 水圧と空気圧を利用した, 液気圧併用の.
hydro·pón·ics /-pánɪks/ *n* 〘農〙 水耕法, 水栽培 (=*aquiculture*). ◆ **hỳ·dro·pón·i·cist** /-sɪst/, **hy·drop·o·nist** /haɪdrápənɪst/ *n* **-pón·ic** *a* **-i·cal·ly** *adv* [Gk *ponos* labor]
hýdro·pòwer *n* 水力電力.
hy·drops /háɪdràps/ *n* 〘医〙 水症 (edema).
H
hy·drop·sy /háɪdràpsi/ *n* 《古》 水症 (edema). [OF]
hydro·psycho·thérapy *n* 〘精神医〙 (プール・ふろなどを用いる) 水精神治療(法).
hỳdro·quinóne /, ─ ─ ─ ⁄ ─/, **-quínol** *n* 〘化〙 ヒドロキノン, ヒドロキノール (現像主薬・医薬・酸化防止剤・ペンキ・燃料用).
hýdro·rùbber *n* 〘化〙 水素化ゴム.
hýdro·scòpe *n* **1** 〘光〙 水中透視鏡, ハイドロスコープ (パイプ中に反射鏡を組み込んだ, かなり遠く[深く]を見る装置; cf. WATER GLASS). **2** 水時計.
hýdro·sère *n* 〘生態〙 湿生(遷移)系列.
hýdro·skì *n* 〘空〙 ハイドロスキー (離着水を容易にするため水上機の艇体形の胴体下面から突出するよう設計された水中翼).
hýdro·skìmmer *n* (両側に波を切るひれの付いた) エアクッション艇, 水上スキマー.
hy·dro·sol /háɪdrəsɔ̀(:)l, -sòul, -sàl/ *n* 〘化〙 ヒドロゾル (分散媒が水のゾル). ◆ **hỳ·dro·sól·ic** /-sál-/ *a*
hýdro·sòme, -so·ma /-sòumə/ *n* 〘動〙 ヒドロポリプの群体.
hýdro·spàce *n* (研究・開発などの対象としての) 大洋の水面下の領域, 水中(域).
hýdro·speed *n* ハイドロスピード (=**hýdro·spèed·ing**) (勢いよく流れる泡立つ水の中に飛び込み, 浮袋で浮きながら高速で流されていくスポーツ).
hýdro·sphère *n* 〘水文〙 水界, 水圏 (地球の表面の水の占める部分・地下水・大気中の水気; opp. *lithosphere*); (大気中の) 水気. ◆ **hỳdro·sphér(e)·ic** *a*
hy·dro·stat /háɪdrəstæ̀t/ *n* (ボイラーの) 爆発[損傷]防止装置; 漏水検出器.
hỳdro·státic, -ical *a* 静水の; 流体静力学的な: a *hydrostatic* pressure [press] 静水圧[水圧機]. ◆ **-ical·ly** *adv*
hydrostátic bálance 〘理〙 静水ばかり (液体の密度を測る).
hydrostátic páradox 〘理〙 静水学上のパラドックス (水圧は水柱の高さに比例し, 容器または水量の大小には無関係であるという一見矛盾した説).
hỳdro·státics *n* 流体静力学, 静水力学 (cf. HYDROKINETICS).
hỳdro·súlfide *n* 〘化〙 水硫化物.
hỳdro·súlfite *n* 〘化〙 ヒドロ亜硫酸塩, ハイドロサルファイト (=*dithionite, hyposulfite*) (特にナトリウム塩は漂白剤などとして使う).
hỳdro·táxis *n* 〘生〙 水分走性 (生物の水分に対する走性). ◆ **hỳ·dro·tác·tic** *a*
hỳdro·thérapy, -therapéutics *n* 〘医〙 水治療法 (=*water cure*) (水を外用する病気治療法; cf. HYDROPATHY). ◆ **-thérapist** *n*
hỳdro·thérmal *a* 〘地質〙 熱水(作用)の[による]. ◆ **~·ly** *adv*
hydrothérmal vént 〘海洋・地質〙 熱水噴出口 (鉱物質を豊富に含む熱水が噴出する海底の開口部).
hỳdro·thórax *n* 〘医〙 水胸(症).
hýdro·trèat *vt* 水素化[添化]処理する. ◆ **~·er** *n*
hýdro·tròpe *n* 〘生〙 屈水性誘発物質.
hy·drot·ro·pism /haɪdrátrəpɪ̀z(ə)m/ *n* 〘生〙 (植物の主根などの) 水(⁴)屈性, 水分屈性, 屈水性: positive [negative] ~ 向水[背水]性. ◆ **hỳdro·trópic** *a* **-i·cal·ly** *adv*
hy·drous /háɪdrəs/ *a* 〘化・鉱〙 含水の, 水和した. [*hydr-*]
hydrox- /haɪdráks/ ⇨ HYDROXY-.
hy·drox·ide /haɪdráksàɪd/ *n* 〘化〙 水酸化物. [*oxide*]
hydróxide ìon 〘化〙 水酸化物イオン.
hy·droxo- /haɪdráksou, -sə/ *comb form* 「(配位基としての) 水酸基(を含む)」 [*hydroxyl, -o-*]
hydròxo·cobálamin *n* 〘生化〙 ヒドロキソコバラミン (コバラミン誘導体; ビタミン B_{12} の一種).
hy·drox·ó·ni·um (ìon) /hàɪdràksóuniəm(-)/ HYDRONIUM.
hy·droxy /haɪdráksi/ *a* 〘化〙 水酸基の[を含む].
hy·droxy- /haɪdráksi/, **hy·drox-** /-dráks/ *comb form* 「(特に水素の代わりの) 水酸基(を含む)」 [*hydroxyl*]
hydróxy ácid 〘化〙 ヒドロキシ酸 (カルボキシル基のほかに水酸基を含む有機酸の総称).
hydròxy·ápatite *n* 〘生化〙 ハイドロキシアパタイト (脊椎動物の結合組織によって形成される硬組織中の無機成分).
hydròxy·butýric ácid 〘化〙 ヒドロキシ酪酸.
hydróxy kétone 〘化〙 ヒドロキシケトン (水酸基を含むケトン).
hy·drox·yl /haɪdráksəl/ *n* 〘化〙 水酸基, ヒドロキシル基 (=~ gròup [ràdical]). ◆ **-yl·ic** /hàɪdràksílɪk/ *a* [*hydr-, ox-, -yl*]
hydróxyl·amìne /, hàɪdràksíləmì:n/ *n* 〘化〙 ヒドロキシルアミン (無色の針状晶; 還元剤).
hydròxyl·ápatite *n* HYDROXYAPATITE.
hy·drox·y·lase /haɪdráksəlèɪs, -z/ *n* 〘生化〙 水酸化酵素, ヒドロキシラーゼ.
hydróxyl·àte *vt* 〘化〙 ヒドロキシル化する. ◆ **hydròxyl·átion** *n*
hydróxyl ìon 〘化〙 水酸化物イオン (hydroxide ion).
hydròxy·lýsine *n* 〘生化〙 ヒドロキシリジン (コラーゲン中に存在する; アミノ酸の一種).
hydròxy·próline *n* 〘生化〙 ヒドロキシプロリン (コラーゲン中に存在するイミノ酸の一種).
hydròxy·trýptamine *n* 〘生化〙 SEROTONIN.
hydròxy·uréa *n* 〘生化〙 ヒドロキシ尿素 (白血病治療薬).
hy·droxy·zine /haɪdráksəzì:n/ *n* 〘薬〙 ヒドロキシジン (抗ヒスタミン薬・鎮静薬).
hỳ·dro·zó·an /hàɪdrəzóuən/ *a* ヒドロ虫類 (Hydrozoa) の. ► *n* ヒドロ虫.
Hy·drus /háɪdrəs/ 〘天〙 みずへび座 (水蛇座) (Water [Little] Snake). [L<Gk=water snake]
hy·e·na, -ae- /haɪí:nə/ *n* (*pl* **~s, ~**) **1** 〘動〙 ハイエナ (アジア・アフリカ産; 死肉を食べ, ほえ声は悪魔の笑い声にたとえられる). **2** 残酷な人, 裏切り者, 欲の深い人. ◆ **hy·é·nic** /-í:-, -ɛ́n-/ *a* [OF and L<Gk (fem)〈*hus* pig]
hyéna dòg 〘動〙 リカオン (AFRICAN WILD DOG).
Hy·ères /iέər, jέər; *F* jɛ:r/ イエール (フランス南東部 Toulon の東, Côte d'Azur にある町).
hy·et- /háɪət, haɪét/, **hy·eto-** /háɪətou, haɪétou, -tə/ *comb form* 「雨の」 [Gk *huetos* rain]
hy·e·tal /háɪətl/ *a* 雨の, 降雨の, 降雨地域の.
hyéto·gràph /, haɪétə-/ *n* 雨量(分布)図; ″自記雨量計.
hy·e·tog·ra·phy /hàɪətágrəfi/ *n* 〘気〙 雨量学[図法]. ◆ **hy·e·to·gráph·ic, -i·cal** /hàɪətə-, haɪètə-/ *a*
hy·e·tol·o·gy /hàɪətálədʒi/ *n* 〘気〙 雨学.
hy·e·tom·e·ter /hàɪətámətər/ *n* 〘気〙 雨量計.
Hy·fil /háɪfɪl/ 〘商標〙 ハイフィル (炭素繊維で強化したプラスチック[(合成)樹脂]).
Hy·ge·ia /haɪdʒí:ə/ 〘ギ神〙 ヒュギエイア (「健康」の意の擬人化された女神).
hy·gé·ian *a* 健康の, 衛生の; [H-] HYGEIA の.
hy·ge·ist, -gie- /háɪdʒiɪst/ *n* HYGIENIST.
hy·giene /háɪdʒì:n/ *n* 衛生学; 衛生, 清潔; 《電算俗》 (コンピューターウイルスに対する) 予防措置, 対抗手段: personal ~ 自主的な衛生管理. [F<Gk *hugieinē* (*tekhnē* art) of health (*hugiēs* healthy)]
hy·gien·ic /hàɪdʒí:nɪk, *-dʒ(i)ɛ́n-/, **-i·cal** *a* 衛生(学)の, 保健の, 衛生上の; 衛生的な, 衛生[健康]によい, 清潔な; ひややかな, 非情な〈見解など〉. ◆ **-i·cal·ly** *adv*
hy·gién·ics /, *-dʒ(i)ɛ́n-/ *n* 衛生管理, 衛生(学).
hy·gien·ist /haɪdʒí:nɪst, ─ ⁄ ─, *haɪdʒ(i)ɛ́n-/ *n* 保健士, 衛生士[技師].
hygr- /háɪgr/, **hy·gro-** /háɪgrou, -grə/ *comb form* 「湿気」「液体」 [Gk *hugros* wet]
hy·gris·tor /haɪgrístər/ *n* 〘電〙 ハイグリスター (湿度によって抵抗の変わる電子回路素子).
hýgro·gràm *n* (hygrograph などが記す) 湿度記録.
hýgro·gràph *n* 自記湿度計.
hy·grol·o·gy /haɪgrálədʒi/ *n* 湿度学.
hy·gro·ma /haɪgróumə/ *n* (*pl* **~s, -ma·ta** /-tə/) 〘医〙 滑液嚢水腫.
hy·grom·e·ter /haɪgrámətər/ *n* 湿度計. ◆ **hy·gróm·e·try** *n* 湿度測定(法). **hỳ·gro·mét·ric** *a*
hy·groph·i·lous /haɪgráfələs/ *a* 湿地を好む, 好湿性の.
hýgro·phỳte *n* 〘植〙 湿生植物; HYDROPHYTE. ◆ **hỳ·gro·phýt·ic** /-fít-/ *a*

hýgro·scòpe *n* 検湿器.
hy·gro·scóp·ic /-skápɪk/ *a* 検湿器の, 検湿器でわかる; 湿りやすい, 〘化·植〙吸湿性の: ～ movement 乾湿運動. ♦ **-i·cal·ly** *adv* **-sco·pic·i·ty** /-skoupísəti/ *n*
hýgro·stàt *n* HUMIDISTAT.
hỳgro·thérmal *a* 湿度と温度に関する.
hỳgro·thérmo·gràph *n* 温湿度記録計, 自記温湿計.
hying ⇨ HIE.
Hyk·sos /híksàs, *-sòus/ *a* ヒュクソスの, ヒクソスの《紀元前 17–16 世紀にエジプトを支配した第 15–16 王朝の異民族についていう; cf. SHEPHERD KING》.
hyl- /háɪl/, **hy·lo-** /háɪlou, -lə/ *comb form*「物質」「木」「森」［Gk (*hulē* matter, wood)］
hy·la /háɪlə/ *n* 〘動〙アマガエル属 (*H-*) の各種のカエル.
hy·lic /háɪlɪk/ *a* 物質の, 物質的な; 木材の.
hy·lol·o·gy /haɪláləʤi/ *n* MATERIALS SCIENCE.
hylo·mórphism *n* 〘哲〙質料形相論. ♦ **-mórphic** *a*
hy·loph·a·gous /haɪláfəgəs/ *a* 〘動〙木食性の.
hỳlo·théism *n* 物是神論《神または神々と物質を結びつける考え》. ♦ **-théist** *n*
hỳlo·zó·ism /-zóuɪz(ə)m/ *n* 物活論《生命と物質の不可分を説く》. ♦ **hỳlo·zo·ís·tic** /-zouístɪk/ *a* 物活論(者)の. **-ist** *n* **hỳ-lo·zó·ic** /-zóuɪk/ *a*
Hy·man /háɪmən/ ハイマン《男子名; ユダヤ人に多い》.［Heb *chaim* life］
Hy·mans /háɪmà:ns/ ヘイマンス **Paul** ～ (1865–1941)《ベルギーの政治家; 第一次大戦後 Paris 講和会議に出席し, 国際連盟規約の起草に尽力した》.
hy·men /háɪmən, -mèn, -mən/ *n* 〘解〙処女膜 (＝*maidenhead*); 〘畜〙膣弁; [H-] 〘ギ神〙ヒュメナイオス, ヒュメーン《婚姻の神》; 《古·詩》結婚(の賛歌). ♦ **～·al** *a* ［Gk *humēn* membrane］
hy·men- /háɪmən/, **hy·me·no-** /-mənou, -nə/ *comb form*「(処女)膜 (hymen)」［Gk (↑)］
hy·me·ne·al /hàɪmənízəl; -mɛ-, -mə-/ 《古·詩》*a* 婚姻の (nuptial). ► *n* 結婚の賛歌, 祝婚歌; [*pl*] 結婚(式) (nuptials). ♦ **～·ly** *adv*
hy·me·ni·um /haɪmí:niəm/ *n* (*pl* **-nia** /-niə/, **～s**) 〘植〙《菌類の子実体の》子実層. ♦ **hy·mé·ni·al** *a*
hy·me·nop·ter /háɪmənàptər/ *n* HYMENOPTERON.
hy·me·nop·ter·an /hàɪmənáptərən/ *a* HYMENOPTEROUS. ► *n* HYMENOPTERON.
hy·me·nop·ter·on /hàɪmənáptərən, -ràn/ *n* (*pl* **-tera** /-tərə/, **～s**) 膜翅類 (Hymenoptera) の昆虫. ♦ **hỳ·me·nóp·ter·ous** *a* ［Gk＝membrane winged］
Hy·met·tus /haɪmétəs/ イミトス (*ModGk* Imittós)《ギリシア南東部の, Athens の東の山地; 大理石·蜂蜜の産地》. ♦ **Hy·mét·ti·an, Hy·mét·tic** *a*
hy·mie, hei·mie, hi·mie /háɪmi/ *n* [ºH-] 《俗》[*derog*] ユダヤ人の男, ユダ公 (Jew).［*Hyman*］
hymn /hím/ *n* 賛美歌, 聖歌; 《一般に》賛歌. ► *vt* (賛美歌を歌って)賛美する. ► *vi* 賛美歌を歌う.［OF, ＜Gk *humnos* song in praise of gods or heroes］
hym·nal /hímn(ə)l/ *a* 賛美歌の, 聖歌の. ► *n* 賛美歌集, 聖歌集.
hýmnal stánza 〘韻〙COMMON MEASURE.
hym·na·ry /hímnəri/ *n* 賛美歌[聖歌]集 (hymnal).
hýmn·bòok *n* 賛美歌本, 聖歌集 (hymnal). ● SING **from the same ～.**
hym·nic /hímnɪk/ *a* 賛美歌[聖歌]の; 賛美歌[聖歌]的な.
hym·nist /hímnɪst/ *n* 賛美歌作者 (＝*hymnodist, hymnographer*).
hym·no·dy /hímnədi/ *n* 賛美歌[聖歌]吟唱; 賛美歌, 聖歌; 賛美歌[聖歌]作歌(法). ♦ **-dist** *n* HYMNIST.［L＜Gk (⇨ HYMN); cf. PSALMODY］
hym·nog·ra·phy /hɪmnágrəfi/ *n* 賛美歌[聖歌]誌《解説とビブリオグラフィー》; HYMNODY. ♦ **-pher** *n*
hym·nol·o·gy /hɪmnáləʤi/ *n* 賛美歌学, 聖歌学; HYMNODY. ♦ **-gist** *n* **hỳm·no·lóg·ic, -i·cal** *a* **-i·cal·ly** *adv*
Hýmns Áncient and Módern『古今聖歌集』『ヒムズ·エンシェント·アンド·モダーン』《英国聖公会用の賛美歌集; 1861 年刊行, その後数次の改訂がなされている》.
hýmn shèet 賛美歌シート《賛美歌を印刷した紙》; 政党の方針, マニフェスト: use the same ～ 同一の方針に従う[合意する]. ● SING **from the same ～.**
hy·oid /háɪɔ̀ɪd/ *a, n* 〘解〙舌骨(の).［F (Gk *hu* upsilon)］
hýoid bóne 〘解〙舌骨 (＝*tongue bone*).
hy·o·scine /háɪəsì:n/ *n* 〘薬〙ヒヨスチン (scopolamine)《瞳孔散大薬·鎮静薬》.［↓］
hy·o·scy·a·mine /hàɪəsáɪəmì:n, -mən/ *n* 〘薬〙ヒヨスチアミン《瞳孔散大薬·鎮静薬》.［NL＜Gk *huoskuamos* henbane (*hu-hus* pig, *kuamos* bean)］
hy·o·scy·a·mus /hàɪəsáɪəməs/ *n* ヒヨス葉《ヒヨス (henbane) の乾燥葉; 鎮痙·鎮痛·鎮静薬》.
hyp[1] /híp/ *n* [the, º*pl*] 《古》HYPOCHONDRIA.
hyp[2] *n, vt, a* 《俗》HYPE[1,2].
hyp- /háɪp/ ⇨ HYPO-.
hyp. hypothesis ♦ hypothetical.
hyp·abys·sal /hìpəbís(ə)l, hàɪpə-/ *a* 〘地質〙〈火成岩が〉半深成の. ♦ **～·ly** *adv*
hypaesthesia ⇨ HYPESTHESIA.
hy·pae·thral /hɪpí:θrəl, haɪ-/ *a* 青天井の, 〈もと古代ギリシアの神殿が〉屋根のない; 屋外の, 戸外の.［HYPO-, ETHER］
hyp·al·ge·sia /hìp(ə)lʤí:ʒ(i)ə, hàɪpæl-, -ziə/ *n* 〘医〙痛覚鈍麻 (opp. *hyperalgesia*).［*hypo-*］
hy·pal·la·ge /hɪpǽləʤi, haɪ-; haɪpǽləgi/ *n* 〘修·文法〙代換(法)《通常の文法的語句配列 apply water to the wound を apply the wound to water と逆にする類》.
hy·pan·thi·um /haɪpǽnθiəm, hɪ-/ *n* (*pl* **-thia** /-θiə/) 〘植〙花托筒, 花床筒, 萼筒(がくとう), ヒパンチウム《バラなどの花床部の杯状[筒状]の肥大》, イチジク状花序, 隠頭花序 (＝*calyx tube*). ♦ **hy·pán·thi·al** *a*
Hy·pa·tia /haɪpéɪʃ(i)ə/ ヒュパティア (c. 370–415)《Alexandria の新プラトン主義の女性哲学者·数学者》.
hype[1] /háɪp/ 《俗》*n* 皮下注射, 薬(やく)の静注 (hypodermic), 皮下注射器[針]; 麻薬[ヘロイン]常用者, ヤクの売人. ► *vt* [ᵘ*pass*] 刺激する, 興奮させる, あおりたてる〈*up*〉; 増大させる, 〈販売を〉活気づける.
hype[2] 《口》*n* ごまかし, (信用)詐欺; 誇大広告[宣伝], 大げさな報道; 誇大な言い分; 売り込まれた人[もの]; 釣銭をごまかす人. ● **blow a ～** *《俗》すごく興奮する, 騒ぎたてる, あわてふためく. ► *vt* ごまかす, 惑わす; 〈人〉に釣銭をごまかす; 大げさに宣伝する, 売り込む〈*up*〉; いんちき宣伝でひっかける; こしらえる, でっちあげる〈*up*〉. ► *a* 《俗》すごい, かっこいい.［C20＜?］
hýpe àrtist *《俗》HYPER[2].
hyped /háɪpt/ *a* 《俗》HYPED-UP.
hýped-úp *a* *《俗》わざとらしい, こしらえた, にせものの; 誇大に宣伝された; 《口》わくわく[どきどき]して, ハイになって; 《麻薬俗》ラリってる.
hy·per[1] /háɪpər/ 《口》*a* 興奮しやすい; ひどく興奮[緊張]した, 躁状態になって; HYPERACTIVE; 異常に[いやに]関心のある〈*about*〉. ► *n* *《口》活動過多の[興奮しやすい, 騒々しい]人; *《俗》《注射器で薬をうつ》ヤク中. ● **throw a ～** *《俗》ひどくおこる[興奮する].［*hyperactive*］
hyp·er[2] /háɪpər/ *n* 《俗》宣伝屋.
hy·per- /háɪpər/ *pref*「向こうの」「超越, 超過」「過度に」「非常な」「三次元を超えた(空間の)」「〘電算〙ハイパーテキストの」［Gk (*huper* over, beyond)］
hỳper·ácid *a* 〘医〙過酸(症)の, 胃酸過多(症)の. ♦ **hỳper·acíd·ity** *n* 過酸(症), 胃酸過多(症).
hỳper·áctive *a, n* 過度に活動的な(人), 〈子供が〉落ちつきのない, 多動の; 〘医〙〈内臓が〉機能亢進状態の, 過活動の: ～ children 多動児. ♦ **-activity** *n* 活動亢進(状態), 活動過多, ATTENTION DEFICIT DISORDER.
hy·per·acu·sis /hàɪpərəkjú:səs/ *n* 〘医〙聴覚過敏.
hyperaemia ⇨ HYPEREMIA.
hyperaesthesia ⇨ HYPERESTHESIA.
hỳper·aggréssive *a* 過度に攻撃的な.
hỳper·aldósteronism *n* ALDOSTERONISM.
hỳper·al·gé·sia /-ælʤí:ziə/ *n* 〘医〙痛覚過敏(症). ♦ **-gé·sic** /-zɪk, -sɪk/ *a*
hỳper·alimentátion *n* 〘医〙《点滴などによる》高栄養輸液, 高カロリー療法.
hỳper·báric *a* 〘医〙〈脊髄麻酔液が〉高比重の《髄液よりも比重の大きい; cf. HYPOBARIC》; 与圧された, 高圧(酸素)の. ♦ **-bár·i·cal·ly** *adv*
hyperbáric chámber 高圧酸素室, 高圧室.
hyperbáric médicine 高圧療法[医療]《高圧酸素法など》.
hy·per·ba·ton /haɪpə́:rbətàn/ *n* 〘修〙転置法《The hills echoed. を Echoed the hills. とするなど》.
hy·per·bo·la /haɪpə́:rb(ə)lə/ *n* (*pl* **～s, -lae** /-li, -làɪ/) 〘数〙双曲線.［NL (↓)］
hy·per·bo·le /haɪpə́:rbəli/ *n* 〘修〙誇張(法)《例: My blood boiled. 血が煮えたぎった》.［Gk＝excess (*hyper-, ballō* to throw)］
hy·per·bol·ic /hàɪpərbálɪk/ *a* **1** 〘修〙誇張法の; 大げさな. **2** 〘数〙双曲線の; 〘数·理〙双曲的な《1 直線外の 1 点を通りその直線に平行な直線が 2 つ以上引ける空間の[に関する]》. ♦ **-i·cal** *a* **-i·cal·ly** *adv*
hyperbólic cosécant 〘数〙双曲(線)余割《略 cosech》.
hyperbólic cósine 〘数〙双曲(線)余弦《略 cosh》.
hyperbólic cotángent 〘数〙双曲(線)余接《略 coth》.
hyperbólic fúnction 〘数〙双曲線関数.
hyperbólic geómetry 〘数〙双曲(的)幾何学.
hyperbólic navigátion 〘海·空〙双曲線航法《複数地上局か

らの電波の到達時間差から双曲線を引いて位置を確認する》.
hyperbólic parábolоid〘数〙双曲放物面.
hyperbólic parábolоid róof〘建〙双曲放物面屋根, ハイパボリックパラボロイド形屋根.
hyperbólic sécant〘数〙双曲(線)正割《略 sech》.
hyperbólic síne〘数〙双曲(線)正弦《略 sinh》.
hyperbólic tángent〘数〙双曲(線)正接《略 tanh》.
hy·per·bo·lism /haɪpə́ːrbəlɪ̀z(ə)m/ *n*〘修〙誇張法 (hyperbole). ◆ **-list** *n* 誇張法使用者.
hy·per·bo·lize /haɪpə́ːrbəlàɪz/ *vi, vt*〘修〙誇張法を用いる;《一般に》誇張する.
hy·per·bo·loid /haɪpə́ːrbəlɔ̀ɪd/ *n*〘数〙双曲面. ◆ **hy·pèr·bo·lói·dal** *a*
hy·per·bo·re·an /hàɪpərbɔ́ːriən, -bɔríːən/ *n* 極北の人; [ᵘH-]〘ギ神〙ヒュペルボレ(イ)オス人《北風の向こう側の陽光の地に住む, Apollo を崇拝する民族》. ► *a* 極北の, 極北に住む; 非常に寒い. [cf. BOREAS]
hỳper·cal·cé·mia /-kælsíːmiə/ *n*〘医〙カルシウム過剰血(症), 高カルシウム血(症). ◆ **-cé·mic** *a*
hỳper·cáp·nia /-kǽpniə/ *n*〘医〙炭酸過剰(症), 高炭酸(症), ハイパーカプニア《血液中の炭酸ガス過剰》. ◆ **-cáp·nic** *a* [Gk *kapnos* smoke]
Hýper·Càrd〘商標〙ハイパーカード《1987 年に当時の Apple Computer 社が開発した最初の商用 HYPERTEXT システム》.
hỳper·cataléctic *a*〘韻〙行末に余分の音節のある. ◆ **hỳper·catalẽxis** *n* 行末音節過剰.
hỳper·cáutious *a* 極端に用心深い.
hỳper·chàrge *n*〘理〙ハイパーチャージ《素粒子のもつ量子数の一つ》. ► *vt* …に過度に詰め込む[課する].
hỳper·cho·les·ter·ol·émia /-kəlɛ̀stərəlíːmiə/, **-ter·émia** /-təríːmiə/ *n*〘医〙高コレステロール血(症). ◆ **-émic** *a*
hỳper·chròmic anémia〘医〙高色素(性)貧血.
hỳper·compétitive *a* 過度に競争する[競争心のある], 過当競争の.
hỳper·cómplex *a*〘数〙〈変数が〉超複素の,〈数・環が〉多元の: ~ variables 超複素変数 / ~ number 多元数.
hỳper·cónscious *a* 意識過剰の 〈*of*〉.
hỳper·corréct *a* あまりに正確すぎる, やかましすぎる;〘言〙過剰訂正の, 直しすぎの. ◆ **~·ly** *adv* **~·ness** *n*
hỳper·corréction *n*〘言〙過剰訂正, 直しすぎ《正用法[形]を意識しすぎてかえって誤った言語形式を用いること》.
hỳper·crín·ism /-krínɪ̀z(ə)m/ *n*〘医〙(内分泌)腺分泌過多(症).
hỳper·crític *n* 酷評家.
hỳper·crítical *a* 酷評する, 不当に批判する, あら探しの. ◆ **hỳper·críticism** *n* 酷評, あら探し. **-crítical·ly** *adv*
hýper·cùbe *n*〘数〙超立方体《多次元において, 三次元における立方体に相当するもの》;〘電算〙ハイパーキューブ《超立方体状のトポロジーを用いるネットワークアーキテクチャー》.
hỳper·díploid *a*〘生〙高二倍体の《二倍体よりやや多い数の染色体をもつ》. ◆ **-díploidy** *n* 高二倍性.
hýper·drìve *n*〘SF〙ハイパードライブ《超光速推進システム》; 大(販売)攻勢, 大キャンペーン, 猛攻撃.
hỳper·dulía *n*〘カト〙《聖母マリアへの》特別崇敬, ヒュペルドゥリア (cf. DULIA, LATRIA).
hỳper·émesis *n*〘医〙悪阻(ﾂﾜﾘ)《過度の嘔吐》.
hy·per·emia, -ae·mia /hàɪpəríːmiə/ *n*〘医〙充血. ◆ **-mic** *a*
hỳper·esthésia, -aes- *n*〘医〙知覚[触覚]過敏(症). ◆ **hỳ·per·es·thé·tic** /-ɪsθétɪk, -ɛs-/ *a*
hỳper·eutéctic *a*〘冶〙過共晶の.
hỳper·eutéctoid *a*〘冶〙過共析の.
hỳper·excitabílity *n* 過興奮(性); 興奮性亢進. ◆ **-excítable** *a*
hỳper·exténd *vt*〘医〙《関節を》正常な範囲を超えて伸展させる, 過伸展させる.
hỳper·exténsion *n*〘生理〙《四肢などの》過伸展.
hỳper·fine *a* 超微細の.
hyperfine strúcture〘理〙《電子のエネルギー準位の》超微細構造《略 hfs》.
hỳper·fócal dístance〘写〙《レンズの焦点を無限大にしたときの》至近結像距離, 過焦点距離.
hỳper·fúnction *n*〘医・生〙機能亢進.
hy·per·ga·my /haɪpə́ːrgəmi/ *n* 昇婚, 昇嫁婚《カースト[地位]的に自分と同等以上の者との結婚》.
hỳper·geométric distribútion〘数〙超幾何分布《2 種類のものが混合した集団における》.
hỳper·glycémia, -cáe- *n*〘医〙高血糖(症), 過血糖(症). ◆ **-gly·cé·mic** /-glaɪsíːmɪk/ *a*
hy·per·gol /háɪpərgɔ̀(ː)l, -gòul, -gàl/ *n* 自燃性燃料.
hỳper·gól·ic /-gɔ́(ː)lɪk, -góul-, -gál-/ *a* 〈ロケット発射薬が〉自動点火性[燃焼性]の, 自燃性の. ◆ **-i·cal·ly** *adv*
hỳper·hidrósis *n*〘医〙多汗(症).
hy·per·i·cin /haɪpérəsən/ *n*〘化〙ヒペリシン, ハイパーシン《HYPERICUM に存在する, 赤色蛍光をもつ結晶性の色素; 強壮・鎮静効果をもつため, 鬱病治療に用いられることがある》. [*hypericum*, *-in*²]
hy·per·i·cum /haɪpérəkəm/ *n*〘植〙ヒペリカム《オトギリソウ科オトギリソウ属 (*H-*) の各種の草本[低木]; セイヨウオトギリ, ビヨウヤナギ, キンシバイなど》. [L<Gk (*ereikē* heath)]
hỳper·immúne *a*〘医〙高度免疫の, 過免疫の《抗原の反復注射に対する反応として生み出された抗体を過量に保有している》. ◆ **hỳper·ím·mu·nìzed** *a*
hỳper·inflátion *n* ハイパーインフレ, 超インフレ. ◆ **~·àry** /; -(ə)ri/ *a*
hỳper·ínsulin·ism *n*〘医〙インスリン過剰(症), 高[過]インスリン(血)症.
Hy·pe·ri·on /haɪpíəriən/ **1**〘ギ神〙ヒュペリーオーン《Titans の一人で, Uranus と Gaea の子, Aurora と Selene と Helios の父; Homer では=Helios》. **2**〘天〙ヒペリオン《土星の第 7 衛星》.
hỳper·irritabílity *n* 過剰刺激感受性. ◆ **-írritable** *a*
hỳper·ka·lé·mia /-keɪlíːmiə/ *n*〘医〙カリウム過剰血(症), 高カリウム血(症).
hỳper·keratósis *n*〘医〙角質増殖(症), 過角化症. ◆ **-keratótic** *a*
hỳper·ki·né·sia /-kɪníːziə, -kaɪ-, -ʒ(i)ə/, **-né·sis** /-səs/ *n*〘医〙運動過剰[亢進](症), 多動, 増動. ◆ **-kinétic** *a*
hýper·lìnk *n, vt*〘電算〙ハイパーリンク(する)《ハイパーテキスト中で, 別のファイル, あるいは同じファイルの別の場所への関連づけ(をする)》.
hỳper·li·pé·mia /-laɪpíːmiə/, **-lip·i·dé·mia** /-lɪ̀pədíːmiə/ *n*〘医〙脂肪過剰血(症), 高脂(肪)[高脂質]血(症). ◆ **-li·pé·mic, -lip·i·dé·mic** *a*
hỳper·lìpo·pròtein·émia *n*〘医〙高リポタンパク血(症).
hỳper·mánia *n*〘精神医〙重症[重篤]躁病.
hýper·màrketᴵᴵ *n*《郊外の》大型スーパー(マーケット).
hýper·mèdia *n*〘電算〙ハイパーメディア《文書・音・映像などを組み合わせて多角的に情報を呈示するコンテンツの形式》.
hỳper·menorrhéa *n*〘医〙月経過多(症), 過多月経 (menorrhagia).
hy·per·me·ter /haɪpə́ːrmətər/ *n*〘韻〙音節過剰詩句;〘古典詩学〙2 または 3 行 (colon) からなるピリオド (period). ◆ **hỳ·per·mét·ric, -ri·cal** *a* 〈詩が〉音節過多の, 字余りの.
hỳper·me·tró·pia /-mɪtróupiə/, **-mét·ropy** /-métrəpi/ *n* HYPEROPIA. ◆ **-me·tróp·ic** /-mɪtrápɪk, -tróu-/, **-i·cal** *a*
hýper·mìl·ing /-màɪlɪŋ/ *n*《エアコンの使用や急発進や空ぶかしをやめる, タイヤの空気圧を上げる, 大型車の後ろについて空気抵抗を減らすなど, あの手この手での》燃費節約運転. ◆ **-mìl·er** /-màɪlər/ *n*
hy·perm·ne·sia /hàɪpərmníːʒ(i)ə; -ziə/ *n*〘心〙記憶過剰[増進]《異常に精確かつ鮮明》. ◆ **-né·sic** /-zɪk, -sɪk/ *a*
Hy·perm·nes·tra /hàɪpərmnéstrə/〘ギ神〙ヒュペルムネーストラー《Danaus の 50 人の娘 (Danaides) の中でただ一人自分の夫を殺さなかった娘》.
hỳper·mobílity *n*〘医〙《関節などの》過剰運動性.
hỳper·módern *a*〘チェス〙超現代流の《1920 年代に一世を風靡した側面から中央を掌握する戦法についていう; Nimzowitsch, Reti たちが創始者とされる》.
hýper·mòrph *n* **1**〘医〙長高体《高身長・低坐高, 四肢が細長く体軀・胸・肩・鼻・唇などが細い; opp. *hypomorph*》, ECTOMORPH. **2**〘遺〙高次形態, ハイパーモルフ《形質発現に対する活性が野生型よりも高い突然変異型対立遺伝子》. ◆ **hỳper·mórphic** *a* **-mór·phism** *n*
hỳper·mútable *a*〘遺〙突然変異が異常に頻繁な, 超突然変異の. ◆ **hỳper·mutátion** *n*
hỳper·na·tré·mia /-nətríːmiə/ *n*〘医〙ナトリウム過剰血(症), 高ナトリウム血(症).
hỳper·núcleus *n* (*pl* **-clei**)〘理〙超原子核, ハイパー(原子)核《核子の代わりに hyperon を含む原子核》.
hy·per·nym /háɪpərnɪ̀m/ *n*〘言〙上位語, 包摂語 (opp. *hyponym*)《例: building は house, hotel の hypernym》.
hy·per·on /háɪpəràn/ *n*〘理〙重核子, ハイペロン《ストレンジクォークを含むバリオン; *Λ* 粒子, *Σ* 粒子, *Ξ* 粒子など》. [*-on*²]
hy·per·ope /háɪpəròup/ *n* 遠視の人.
hy·per·opia /hàɪpəróupiə/ *n*〘医〙遠視 (=*farsightedness, hypermetropia*) (cf. PRESBYOPIA). ◆ **-op·ic** /-ráp-, -róu-/ *a*
hy·per·os·mia /hàɪpərázmiə/ *n*〘医〙嗅覚過敏.
hy·per·os·to·sis /hàɪpəràstóusəs/ *n* (*pl* **-ses** /-sìːz/)〘医〙骨化過剰(症)[外骨(腫)症](の骨). ◆ **-tot·ic** /-tát-/ *a*
hỳper·óx·ia /-áksiə/ *n*〘医〙酸素過剰(症), 高酸素(症).
hỳper·óxide *n*〘化〙超酸化物 (superoxide).
hỳper·párasite *n*〘生態〙重寄生者, 高次[重複]寄生者《寄生者にさらに寄生する》. ◆ **-párasitism** *n* 重寄生, 高次寄生, 過寄生. **-parasític** *a*
hỳper·pàra·thýroid·ìsm *n*〘医〙上皮小体(機能)亢進(症), 副甲状腺機能亢進(症). ◆ **-thýroid** *a*

hỳper·phágia *n* 〘医〙摂食亢進(症), 過食(症). ♦ **-phág·ic** /-fǽdʒɪk, -féɪ-/ *a*

hỳper·phýsical *a* 超自然の, 超物質的な. ♦ **~·ly** *adv*

hỳper·pi·é·sia /-paɪíːʒ(i)ə; -ziə/ *n* 〘医〙高血圧 (hypertension), 異常高圧.

hỳper·pigmentátion *n* 〘医〙色素沈着過度, 色素沈着過剰(症)《体の一部または組織に色素の沈着が異常に増えること》.

hỳper·pi·tú·i·ta·rism /-pət(j)úːət(ə)rɪ̀z(ə)m/ *n* 〘医〙過下垂体症, 下垂体(機能)亢進; 《下垂体亢進による》異常成長, 末端肥大. ♦ **hỳper·pitúitary** *a*

hýper·plàne *n* 〘数〙超平面.

hỳper·plásia *n* 〘医·生〙《細胞·組織の》過形成, 増生, 増殖, 過生, 肥厚. ♦ **-plástic** *a*

hýper·plòid 〘遺〙 *a* 高数性の《倍数体より多い(が半数の倍数に達しない)染色体数を有する》. ► *n* 高数体, 高(異数)倍数体. ♦ **-plòidy** *n* 高数性, 高(異数)倍数性.

hỳper·pnéa, -pnóea /-(p)níːə/ *n* 〘医〙呼吸亢進, 過呼吸. ♦ **-pn(o)é·ic** *a* ［Gk *pnoē* breathing］

hỳper·pólar·ìze *vt* 〈神経細胞などを〉過分極化する. ► *vi* 過分極する. ♦ **-pòlar·izátion** *n* 過分極.

hỳper·po·tas·sé·mia /-pətæ̀síːmiə/ *n* 〘医〙HYPERKALEMIA.

hỳper·pyréxia *n* 〘医〙超[異常]高熱. ♦ **-pyrétic** *a*

hỳper·real *a* 現実からかけはなれた; 〈絵画など〉細部まで極度に写実的な. ♦ **-reálity** *n*

hỳper·réal·ìsm *n* 〘美〙ハイパーリアリズム《通常とは異なる[衝撃的な]技法で写実を行なう絵画の手法》. ♦ **-ist** *a*, *n* ハイパー[超]リアリズムの(画家). **-realístic** *a*

hýper·scòpe *n* 〘軍〙塹壕用潜望鏡.

hỳper·secrétion *n* 〘医〙分泌過多[過剰], 過分泌.

hỳper·sénsitive *a* 極端に敏感な, 神経過敏な〈*to*〉; きわめてデリケート[微妙]な; 〘医〙感覚過敏(性)の, 過敏症の; 過(剰)感作の; 〘写〙超高感度の. ♦ **-sensitívity, ~·ness** *n* 〘医〙(感覚)過敏(性), 過敏症.

hỳper·sénsitize *vt* 〈フィルム·乳剤など〉超高感度にする. ♦ **hỳper·sensitizátion** *n* 超増感.

hỳper·séxual *a* 性関心[性行動]が過剰な, 性欲過剰の. ♦ **-sexuálity** *n* 性行動過剰.

hýper·slòw *a* 極端にゆっくりした, 超低速の.

hỳper·sónic *a* 極超音速の《音速の 5 倍以上; cf. SUPERSONIC》; 〘通信〙極超音波の《500 MHz を超える》: a ～ transport 極超音速輸送機《略 HST》. ♦ **-són·ics** *n* 極超音速学《航空力学の一分野》. **-són·i·cal·ly** *adv*

hỳper·sophísticated *a* ひどく世慣れた, きわめて洗練された; 〈器械が〉極度に精巧になった.

hýper·spàce *n* 〘数〙超空間《高次元ユークリッド空間》; 《SF で, 超光速の移動·情報伝達が可能な》超空間. ♦ **hỳper·spátial** *a*

hỳper·spècial·izátion *n* OVERSPECIALIZATION.

hỳper·splé·nism /-splíːnɪ̀z(ə)m, -splέn-/, **-splé·nia** /-splíːniə/ *n* 〘医〙脾機能亢進(症). ♦ **-splén·ic** /-splέnɪk/ *a*

hýper·sthene /-sθìːn/ *n* 〘鉱〙紫蘇(ˢ)輝石, ハイパーシーン. ♦ **hỳper·sthén·ic** /-sθέn-, -sθíː-/ *a* ［F (*hyper-*, Gk *sthenos* strength); hornblende より硬いことから］

hýper·sùrface *n* 〘数〙超曲面.

hỳper·suspícious *a* 異常[極度]に疑い深い.

Hýper·Tàlk *n* 〘電算〙ハイパートーク《HyperCard 用のコマンド記述言語; オブジェクト指向プログラミングの嚆矢とされる》.

hýper·tènse *a* 過度に緊張した, 極度に神経質な.

hỳper·ténsion *n* 〘医〙高血圧(症); 緊張亢進(症).

hỳper·ténsive *a* 高血圧(性)の. ► *n* 高血圧患者.

hýper·tèxt *n* 〘電算〙ハイパーテキスト《関連箇所を即座に参照できるリンクがもうけられたテキスト》. ♦ **hỳper·téxtual** *a*

hypertext màrkup lànguage HTML.

hypertext trànsfer prótocol HTTP.

hỳper·thér·mia /-θə́ːrmiə/, **-thérmy** *n* 〘医〙高体温, 高熱 (hyperpyrexia)《特に治療のために誘発したもの》. ♦ **-thér·mic** *a*

hỳper·thérmo·phìle *n* 超好熱菌. ♦ **-thèrmo·phílic** *a*

hỳper·thýroid·ìsm *n* 〘医〙甲状腺(機能)亢進(症). ♦ **-thýroid** *a*, *n* 甲状腺亢進(症)の(患者). **-thy·rói·dic** *a*

hỳper·tónia *n* 〘医〙緊張過度[亢進], 高血圧.

hỳper·tónic *a* 〘生理〙〈筋肉が〉高(緊)張の; 〘化·生理〙〈溶液が〉高浸透圧の, 高張(性)の; 高血圧の; 調子の高い, 強健な, 優勢の. ♦ **-tonícity** *n*

hỳper·trì·glyc·er·i·dé·mia /-glìsəràɪdíːmiə/ *n* 〘医〙トリグリセリド過剰血(症), 高グリセリド血(症). ♦ **-tri·glyc·er·i·dé·mic** *a*

hy·per·tro·phy /haɪpə́ːrtrəfi/ 〘医〙 *n* 肥大; 肥厚; 栄養過度. ► *vt*, *vi* 肥大[肥厚]させる[する]. ♦ **hỳ·per·tróph·ic** /-tráf-, -tróʊ-/, **hy·pér·tro·phied** *a* 肥大性の; 肥厚性の. ［*-trophy*］

hỳper·úrban·ìsm *n* 〘言〙過度都会風《過剰修正形 (hypercorrect forms) の使用; その形》.

hỳper·uri·cé·mia /-jʊ̀ərəsíːmiə/ *n* 〘医〙尿酸過剰血(症), 高尿酸血(症).

hỳper·váriable *a* 〘免疫〙超可変の《免疫グロブリンの L 鎖および H 鎖におけるアミノ酸残基の配列が著しく変化に富む比較的短いポリペプチド鎖についていう》; 〘生化〙高変異性の《著しく変化に富むヌクレオチド配列の[を含む]》.

hỳper·velócity *n* 〘理〙超高速度《特に砲弾や宇宙船への衝突物について, 秒速 10,000 フィート (約 3000 m) 以上の速度》.

hỳper·ventilátion *n* 〘医〙換気[呼吸]亢進, 過度呼吸, 過換気. ♦ **-véntilate** *vi*, *vt*

hỳper·vérbal *a* 極端に口数の多い.

hỳper·vìtamin·ósis *n* (*pl* **-óses**) 〘医〙ビタミン過剰(症).

hyp·esthésia, -aes- /hìp-/ *n* 〘医〙感覚[触覚]減退. ♦ **-thé·sic, -thé·tic** *a*

hýpe·stìck *n**《俗》(皮下)注射器[針].

hy·pe·thral /hɪpíːθrəl, haɪ-/ *a* HYPAETHRAL.

hy·pha /háɪfə/ *n* (*pl* **-phae** /-fi/) 〘菌〙菌糸. ♦ **-phal** *a* ［Gk＝web］

hy·phen /háɪf(ə)n/ *n* ハイフン, 連字符《- または -; ⇨ DOUBLE HYPHEN》; 《談話中において》音節間の短い休止. ► *vt* HYPHENATE. ♦ **~·less** *a* ［L＜Gk＝under one, together (*hypo-*, *hen* one)］

hýphen·àte *vt* ハイフンでつなぐ[区切る]. ► *n* /, -ət/ 外国系市民, 《特に》愛国心が分裂した外国系アメリカ市民 (cf. HYPHENATED); 《口》兼業者《writer-director (脚本家兼監督) のようにハイフンが付くことから》. ► *a* /, -ət/ HYPHENATED. ♦ **hỳphen·átion** *n* ⁺〘電算〙ハイフネーション《文書中で行末にかかった単語の分綴可能な位置にハイフンを挿入して以降を次行に送るワードプロセッサーの機能》.

hý·phen·àt·ed *a* ハイフンでつないだ[区切った]; 混血の; 外国系の: a ～ word ハイフンでつないだ語 / ～ Americans 外国系米国人《ドイツ系米人 (German-Americans), アイルランド系米人 (Irish-Americans) などハイフンを付けて書くことから》.

hýphen·ìze *vt* HYPHENATE. ♦ **hỳphen·izátion** *n*

hypn- /hípn/, **hyp·no-** /hípnoʊ, -nə/ *comb form*「睡眠」「催眠」［Gk HYPNOS］

hyp·na·gog·ic, -no- /hìpnəgádʒɪk/ *a* 催眠の; 〘心〙入眠(時)の: ～ hallucination 入眠時幻覚.

hypnagógic ímage 〘心〙入眠時幻覚像.

hypno·análysis *n* 〘精神分析〙催眠分析《催眠術を用いた, 心理療法のための分析》. ♦ **-analýtic** *a*

hýpno·dràma *n* 催眠劇[演技]《催眠者がある状況を演じてみせること; 催眠者による心理劇 (psychodrama)》.

hỳpno·génesis *n* 催眠. ♦ **-genétic, -génic** *a* 催眠の. **-genétical·ly** *adv*

hýpno·gràph *n* 睡眠体測定器.

hyp·noid /hípnɔ̀ɪd/, **hyp·noi·dal** /hɪpnɔ́ɪdl/ *a* 催眠様の.

hyp·nol·o·gy /hɪpnálədʒi/ *n* 催眠学, 睡眠学.

hyp·no·pe·dia, -pae- /hìpnəpíːdiə/ *n* 睡眠学習法 (＝*sleep-learning*). ♦ **-dic** *a* ［Gk *paideía* education］

hỳpno·phóbia, hýpno·pho·by /-fòʊbi/ *n* 〘医〙睡眠恐怖症. ♦ **hỳpno·phó·bic** /, -fáb-/ *a*

hyp·no·pom·pic /hìpnəpámpɪk/ *a* 《覚醒前の》半睡半識の, 覚醒後持続性の.

Hyp·nos /hípnɑ̀s/ 〘ギ神〙ヒュプノス《眠りの神; 夢の神 Morpheus の父; ローマの Somnus に当たる》. ［Gk *hupnos* sleep］

hyp·no·sis /hɪpnóʊsəs/ *n* (*pl* **-ses** /-sìːz/) 催眠《状態》; 催眠術.

hỳpno·thérapy *n* 催眠(術)療法 (cf. HYPNOANALYSIS). ♦ **-thérapist** *n* 催眠療法士.

hyp·not·ic /hɪpnátɪk/ *a* 〈薬などが〉催眠性の, 眠気を誘う; 催眠術の, 催眠術にかかった, 我を忘れた(ような); 催眠術にかかりやすい; うっとりさせる. ► *n* 催眠薬 (soporific); 催眠状態にある人, 催眠術にかかりやすい人. ♦ **-i·cal·ly** *adv* ［F, ＜Gk (*hupnoō* to put to sleep)］

hypnótic suggéstion 催眠暗示《催眠下での暗示(療法)》.

hyp·no·tism /hípnətɪ̀z(ə)m/ *n* 催眠術[法]; 催眠学[研究]; 催眠状態 (hypnosis); 魅力. ♦ **-tist** *n* 催眠術師.

hyp·no·tize | **-tise** /hípnətàɪz/ *vt* …に催眠術をかける, 催眠する; 魅する. ► *vi* 催眠術を行なう; 暗示を与える. ♦ **hýp·no·tìz·able** *a* 眠らすことのできる, 催眠術にかかる. **hỳp·no·tiz·abíl·i·ty** *n* 被催眠性.

Hyp·nus /hípnəs/ HYPNOS.

hy·po[1] /háɪpoʊ/ *n* (*pl* **～s**) 〘写〙ハイポ《定着液用のチオ硫酸ナトリウム》. ［*hypo*sulfite］

hypo[2] 《口》 *n* (*pl* **～s**) HYPODERMIC; 刺激; 麻薬中毒者. ► *vt* 皮下注射する; 刺激する, 促進する.

hypo[3] *n* (*pl* **～s**) 《口》ヒポコン (hypochondriac); 《古》HYPOCHONDRIA.

hypo[4] *n* (*pl* **～s**) 《口》低血糖症 (hypoglycemia) の発作[発病].

hy·po- /háɪpoʊ, -pə/, **hyp-** /háɪp/ *pref*「下に」「以下」「少し」〘化〙「次亜」; 〘楽〙「変格旋法」: *hypo*dorian. ［Gk (*hupo* under)］

hỳpo·acídity *n* 〘医〙低酸(症), 胃酸減少(症).

hỳpo·allergénic *a* 〘医〙〈化粧品·装身具·食品など〉低アレルギー誘発性の, アレルギーを起こしにくい[の出にくい].

H

hỳpo·báric *a*〘医〙〈脊髄麻酔液が〉低比重の《髄液よりも比重の小さい; cf. HYPERBARIC》; 減圧された, 低圧の〈室〉.

hỳpo·bár·ìsm *n* 低比重; 減圧, 低圧;〘医〙低圧症《低圧の外気に接して生じる状態》. [Gk *baros* weight]

hýpo·blàst *n*〘発生〙原内胚葉,《主に鳥類の》胚盤葉下層. ♦ **hỳpo·blástic** *a*

hỳpo·bránchial〘動〙*a* 鰓(えら)の下にある. ►*n* 下鰓(かさい)節[骨].

hỳpo·cal·cé·mia /-kælsí:miə/ *n*〘医〙低カルシウム血(症). ♦ **-cal·cé·mic** *a*

hy·po·caust /háɪpəkɔ̀:st/ *n*〘古ロ〙床下暖房《英国内のローマ時代の遺跡でも見つかっている》. [L<Gk (*kaustos* burnt)]

hýpo·cènter *n*《核爆発の》爆心地 (ground zero);《地震の》震源. ♦ **hỳpo·céntral** *a*

hỳpo·chlor·hý·dria /-klɔ̀:rháɪdriə/ *n*〘医〙《胃液の》低塩酸(症).

hỳpo·chlórite *n*〘化〙次亜塩素酸塩[エステル].

hỳpo·chlórous ácid〘化〙次亜塩素酸.

hy·po·chon·dria /hàɪpəkándriə/ *n* **1** 健康を気にしすぎること, 心気症 (hypochondriasis); 憂鬱症, 気病み. **2** HYPOCHONDRIUM の複数形. [L<Gk (pl)〈*hypochondrium*; melancholy の起こる場所と考えられた]

hy·po·chon·dri·ac /hàɪpəkándriæ̀k/ *a* HYPOCHONDRIACAL; HYPOCHONDRIAL. ►*n* 心気症(患者); 健康を気にしすぎる人.

hy·po·chon·dri·a·cal /hàɪpəkàndráɪək(ə)l, -kən-/ *a* 心気症の, 心気的な. ♦ **~·ly** *adv*

hy·po·chon·dri·al /hàɪpəkándriəl/ *a*〘解〙肋骨より下位にある, 季肋[下肋]部の.

hy·po·chon·dri·a·sis /hàɪpəkàndráɪəsəs, -kən-/ *n* (*pl* **-ses** /-sì:z/)〘医〙心気症, 沈鬱症, ヒポコンドリー(症).

hy·po·chon·dri·um /hàɪpəkándriəm/ *n* (*pl* **-dria** /-driə/)〘解〙季肋部, 下肋部.

hy·po·chró·mic anémia /hàɪpəkróʊmɪk-/〘医〙低色素[血色素減少]性貧血.

hy·po·co·rism /haɪpákərìz(ə)m, hɪ-, hàɪpəkɔ́:r-/ *n* 愛称; 愛称の創作[使用];《幼児に話しかけるときの》赤ちゃんことば; 婉曲語 (euphemism). ♦ **hy·po·co·ris·tic** /hàɪpəkərístɪk, hɪ̀p-/, **-ti·cal** *a* **-ti·cal·ly** *adv*

hýpo·còtyl /, ⌐ ─ ─⌐ ─/ *n*〘植〙胚軸.

hy·poc·ri·sy /hɪpákrəsi/ *n* 偽善; 偽善行為: *H*~ is a homage that vice pays to virtue.《諺》偽善とは悪が善にささげる敬意なり. [OF, <Gk=acting, feigning]

hyp·o·crite /hípəkrɪ̀t/ *n*, *a* 偽善者(の), 猫かぶり(の): play the ~ 猫をかぶる. [OF, <Gk=actor (↑)]

hyp·o·crit·i·cal /hìpəkrítɪk(ə)l/, **-ic** *a* 偽善の, 偽善(者)的な. ♦ **-i·cal·ly** *adv*

hỳpo·cýcloid *n*〘数〙内(ない)[内転]サイクロイド, 内擺線(はいせん). ♦ **-cycloídal** *a*

hýpo·dèrm, hỳpo·dérma *n* HYPODERMIS. ♦ **hỳpo·dérmal** *a* [Gk (*derma* skin)]

hỳpo·dérmic *a*〘医〙皮下の; 皮下注射用の; 刺激する. ►*n* 皮下注射; 皮下注射器[針]; 皮下注射液. ♦ **-mi·cal·ly** *adv*

hypodérmic injéction 皮下注射.

hypodérmic néedle 皮下注射針; 皮下注射器《針を付けた》.

hypodérmic syrínge 皮下注射器.

hỳpo·dérmis *n*〘植〙下皮《茎の表皮下の厚壁繊維層》;〘動〙《昆虫などの》下皮, 真皮《表皮細胞層》;〘解〙皮下組織 (superficial fascia).

hỳpo·díploid *a*〘生〙低二倍体の《二倍体よりやや少ない数の染色体をもつ》. ♦ **-díp·loi·dy** *n* 低二倍性.

hỳpo·dórian móde〘楽〙ヒポドリア旋法《**1**) ギリシア旋法の一つ; ピアノの白鍵でイーイの下行音列 **2**) 教会旋法の一つ; ピアノの白鍵でイーイの上行音列》.

hỳpo·eutéctic *a*〘冶〙亜共晶の.

hỳpo·eu·téc·toid /-jutéktɔ̀ɪd/ *a*〘冶〙亜共析の.

hỳpo·gàmma·glòb·u·li·né·mia /-glɑ̀bjələní:miə/ *n*〘医〙低ガンマグロブリン血(症). ♦ **-mic** *a*

hy·po·gas·tri·um /hàɪpəgǽstriəm/ *n* (*pl* **-tria** /-triə/)〘解〙下腹部. ♦ **-gás·tric** *a*

hy·po·ge·al /hàɪpəʤí:əl/, **-gé·an** /-ən/, **-gé·ous** /-əs/ *a* 地下の, 地中の; 地下に生ずる, 地下[地中]性の. ♦ **-al·ly** *adv*

hy·po·gene /háɪpəʤì:n/ *a*〘地質〙〈岩石が〉地下で生成した, 深成の, 内性の (cf. EPIGENE);〈鉱床が〉上昇水によって形成された (cf. SUPERGENE[1]). ♦ **hy·po·gén·ic** *a*

hy·pog·e·nous /haɪpáʤənəs, hɪ-/ *a*〘植〙〈菌など〉葉などの裏面に生じる (cf. EPIGENOUS).

hypogeous ⇨HYPOGEAL.

hy·po·ge·um /hàɪpəʤí:əm, hɪ̀p-/ *n* (*pl* **-gea** /-ʤí:ə/)《古代建築の》地下部[室], 穴蔵; 埋葬用地下洞, 地下墓室.

hỳpo·géu·sia /-gjú:ʒ(i)ə, -ʤú:-, -ziə/ *n*〘医〙味覚減退《亜鉛の欠乏により味覚が異常に鈍くなること; 時に 嗅覚減退も伴う》. [Gk *geusis* taste]

hy·po·glos·sal /hàɪpəglás(ə)l/〘解〙*a* 舌下の. ►*n* HYPOGLOSSAL NERVE.

hypoglóssal nérve〘解〙舌下神経.

hỳpo·glycémia *n*〘医〙低血糖(症). ♦ **-gly·cé·mic** *a*

hy·pog·na·thous /haɪpágnəθəs/ *a*〘動・人〙下顎突出の.

hỳpo·gónad·ìsm, -go·nád·ia /-goʊnǽdiə/ *n*〘医〙性機能低下[不全](症). ♦ **-gonád·al** *a* **-go·nád·ic** *a*, *n* 性機能低下[不全](症)の(人[患者]).

hy·pog·y·nous /haɪpáʤənəs, hɪ-/ *a*〘植〙〈雄蕊(ずい)・花弁・萼片が〉子房下生の,〈花が〉子房上位の. ♦ **hy·póg·y·ny** *n*

hý·poid (gèar) /háɪpɔ̀ɪd(-)/〘機〙ハイポイド歯車[ギヤ]《食い違い軸間に運動を伝える円錐形の歯車》.

hỳpo·ka·lé·mia /-kèılí:miə/ *n*〘医〙低カリウム血(症) (=*hypopotassemia*). ♦ **-mic** *a* [*kalium*, *-emia*]

hỳpo·kinésis, -kinésia *n*〘医〙運動低下(症), 減動. ♦ **-kinétic** *a*

hỳpo·lím·ni·on /-límniàn, -niən/ *n* (*pl* **-nia** /-niə/)《湖水の》深水層. [Gk *limnē* lake]

hỳpo·lýdian móde〘楽〙ヒポリディア旋法《**1**) ギリシア旋法の一つ; ピアノの白鍵でヘーヘの下行音列 **2**) 教会旋法の一つ; ピアノの白鍵でハーハの上行音列》.

hỳpo·mag·ne·sé·mia /-mægnəsí:miə/ *n*〘獣医〙《特に 牛・羊の》血漿中マグネシウム過少症, 低マグネシウム血症. ♦ **-sé·mic** *a*

hỳpo·mánia *n*〘精神医〙軽躁(病). ♦ **-mán·ic** /-mǽn-/ *a*

hỳpo·menorrhéa *n*〘医〙月経過少(症), 過少月経.

hýpo·mòrph *n* **1**〘医〙矮小体型《坐高に比べて身長が低い; opp. *hypermorph*》, ENDOMORPH. **2**〘遺〙低次形態遺伝子, ハイポモルフ《野生型対立遺伝子と比較して形質発現に対する活性が低くなった突然変異対立遺伝子》. ♦ **hỳpo·mórphic** *a*

hỳpo·motílity *n*〘医〙低運動性.

hýpo·nas·ty /-næ̀sti/ *n*〘植〙下偏生長 (opp. *epinasty*). ♦ **hỳpo·nás·tic** *a* [Gk *nastos* pressed]

hỳpo·nítrite *n*〘化〙次亜硝酸塩[エステル].

hỳpo·nítrous ácid〘化〙次亜硝酸.

hỳpo·nóia /-nɔ́ɪə/ *n*〘医〙精神機能減退.

hy·po·nym /háɪpənìm/ *n*〘言〙下位語, 被包摂語[項] (opp. *hypernym*)《例: dog は animal の hyponym》;〘生〙NOMEN NUDUM. ♦ **hy·pon·y·mous** /haɪpánəməs/ *a* **hy·pón·y·my** *n*〘言〙包摂性《一方の語の意味が他方の語の意味を含むような 2 つの語の間の関係》.

hỳpo·pàra·thýroid·ìsm *n*〘医〙上皮小体(機能)低下[不全](症). ♦ **-thýroid** *a*

hỳpo·phárynx *n*〘昆・解〙下咽頭.

hỳpo·phósphate *n*〘化〙次燐酸塩.

hỳpo·phósphite *n*〘化〙次亜燐酸塩.

hỳpo·phosphóric ácid〘化〙次燐酸.

hỳpo·phósphorous ácid〘化〙次亜燐酸.

hỳpo·phrýgian móde〘楽〙ヒポフリギア旋法《**1**) ギリシア旋法の一つ; ピアノの白鍵でトートの下行音列 **2**) 教会旋法の一つ; ピアノの白鍵でローロの上行音列》.

hy·poph·y·ge /haɪpáfəʤi/ *n*〘建〙《特にドーリス式柱頭の下の》開き (apophyge).

hy·poph·y·sec·to·my /haɪpɑ̀fəséktəmi, hɪ-/ *n*〘医〙下垂体切除(術). ♦ **-mize** /-màɪz/ *vt*

hy·poph·y·sis /haɪpáfəsəs, hɪ-/ *n* (*pl* **-ses** /-sì:z/)〘解〙下垂体 (pituitary gland). ♦ **hy·po·phy·se·al** /haɪpɑ̀fəsí:əl, -zí:-, hàɪpəfíziəl/, **-si·al** /-fíziəl/ *a* [NL<Gk=offshoot]

hỳpo·pigmentátion *n*〘医〙色素沈着減少《体や組織の色素が異常に減少すること》.

hy·po·pi·tu·i·ta·rism /hàɪpoʊpət(j)ú:ət(ə)rìz(ə)m/ *n*〘医〙下垂体(機能)低下[不全](症)《肥満・青年期継続・短小化など》. ♦ **hỳpo·pitúitary** *a*

hỳpo·plásia *n*〘医〙減(形)成, 形成不全, 発育不全;〘植〙減成. ♦ **-plástic** *a*

hýpo·plòid〘遺〙*a* 低数性の《基準倍数体よりやや少ない数の染色体を有する》. ►*n* 低数体, 低(異数)倍数体. ♦ **-plòidy** *n*

hy·pop·nea /haɪpápniə, hɪ-/ *n*〘医〙呼吸低下, 減呼吸.

hỳpo·po·tas·sé·mia /-pətæ̀sí:miə/ *n*〘医〙HYPOKALEMIA. ♦ **-po·tas·sé·mic** *a*

hỳpo·psychósis *n*〘医〙精神作用減退.

hy·po·py·on /haɪpóʊpiɑ̀n/ *n*〘医〙前房蓄膿. [Gk=ulcer]

hỳpo·secrétion *n*〘医〙分泌不全[減退].

hỳpo·sénsitive *a*〘医〙感受性が低下した, 過敏性が減退した. ♦ **-sensitívity** *n*〘医〙感受性低下, 過敏性減退.

hỳpo·sénsitize *vt*〘医〙〈人を〉(特にアレルゲンに対し)除[減]感作する. ♦ **-sensitizátion** *n* 除感作, 減感作.

hy·po·spa·di·as /hàɪpəspéɪdiəs/ *n*〘医〙尿道下裂.

hýpo·sprày *n*〘医〙ハイポスプレー《皮下注射の代わりに霧状に液を皮下へ浸透させる器具》.

hy·pos·ta·sis /haɪpástəsəs, hɪ-/ *n* (*pl* **-ses** /-sì:z/)〘医〙血液沈滞, 沈下鬱血; 血液沈渣;〘神学〙《三位一体論の》位格, ヒュポスタシ

ス; 基礎, 根本;〘哲〙本質, 実体, 実在 (substance, reality); 人, 個体;〘遺〙下位(性) (opp. *epistasis*). ♦ **hy·po·stat·ic** /hàɪpəstǽtɪk, hɪ̀p-/, **-i·cal** *a* **-i·cal·ly** *adv* [L<Gk=sediment (*stasis* standing, state)]

hypostátic únion〘神学〙位格的結合《キリストと人性と神性の神の位格における結合》.

hy·pos·ta·tize /haɪpɑ́stətàɪz, hɪ-/, **-size** /-sàɪz/ *vt* 本質として考える, 具象化して考える. ♦ **hy·pòs·ta·ti·zá·tion** *n*

hy·po·sthe·nia /hàɪpəsθíːniə/ *n*〘医〙衰弱(状態), 脱力.

hỳpo·stòme *n*〘動〙《三葉虫・甲殻類の》下唇,《刺胞動物の》口円錐, 口丘, 囲口部,《ダニの》下口片[体].

hy·po·style /háɪpəstàɪl/〘建〙*a* 多柱式の〈ホールなど〉. ► *n* 多柱式建築. [Gk *stylos* pillar]

hỳpo·súlfite *n*〘化〙次亜硫酸塩 (hydrosulfite);〘写〙THIOSULFATE.

hỳpo·súlfurous ácid〘化〙次亜硫酸.

hy·po·tax·is /hàɪpətǽksəs/ *n*〘文法〙従位, 従属(構文) (opp. *parataxis*). ♦ **-tác·tic** *a*

hỳpo·ténsion *n*〘医〙低血圧(症); 緊張低下(症).

hỳpo·ténsive *a* 低圧性の, 低血圧の; 血圧降下性の, 降圧の〈薬〉. ► *n* 低血圧(症)の人.

hy·pot·e·nuse /haɪpɑ́t(ə)n(j)ùːs, -z/, **-poth-** /-pɑ́θ-/ *n*〘数〙《直角三角形の》斜辺《略 hyp.》. [L<Gk=subtending line (*teinō* to stretch)]

hypothalámic reléasing fàctor [hòrmone] 視床下部放出因子 (=*releasing factor*)《視床下部より分泌され, 直接下垂体を刺激してホルモンを分泌させるホルモンの総称》.

hỳpo·thálamus *n*〘解〙視床下部. ♦ **-thalámic** *a*

hy·poth·ec /haɪpɑ́θɪk, hɪ-/ *n*〘ローマ法・スコ法〙抵当権. ● **the whole [hale]** ~《スコロ》全財産, 一切合切, なにもかも. [F, <Gk (*hypo-*, *tithēmi* place)]

hỳpo·théca *n*〘植〙下殻(かく), 下面《珪藻(けいそう)類の細胞の内側の殻; cf. EPITHECA》.

hy·poth·e·cary /haɪpɑ́θəkèri, hɪ-; -k(ə)ri/ *a* 抵当権の[による].

hy·poth·e·cate /haɪpɑ́θəkèɪt, hɪ-/ *vt* …に抵当権を設定する, 抵当[担保]に入れる; HYPOTHESIZE. ♦ **-cà·tor** *n* **hy·pòth·e·cá·tion** *n* 抵当権設定(契約).

hypothenuse ⇨ HYPOTENUSE.

hỳpo·thérmal *a* なまぬるい, 微温の;〘地質〙〈鉱脈・鉱床が〉深熱水(生成)の《地下深所の熱水溶液から高温・高圧条件のもとで生じた》; HYPOTHERMIC.

hy·po·ther·mia /hàɪpoʊθə́ːrmiə/ *n*〘医〙低体温(症);《心臓手術などの》低体温(法). ♦ **-thér·mic** *a* [Gk *thermē* heat]

hy·poth·e·sis /haɪpɑ́θəsəs, hɪ-/ *n* (*pl* **-ses** /-sìːz/) 仮説, 仮定;《条件命題の》前件; 単なる推測, 臆測: a working ~ 作業仮説. ♦ **hy·póth·e·sist** *n* [L<Gk=foundation (*hypo-*, THESIS)]

hy·poth·e·size /haɪpɑ́θəsàɪz, hɪ-/ *vi* 仮説を立てる〈*about*, *on*〉. ► *vt* …と仮定する, 想定する; 仮説として取り上げる. ♦ **-sìz·er** *n*

hy·po·thet·i·cal /hàɪpəθétɪk(ə)l/, **-thét·ic** *a* 仮説の, 仮定の; 推測に基づく, 仮定上の; 仮説を立てるのが好きな;〘論〙条件を含む, 仮言的の, 仮定的な (conditional). ► *n* [-ical] 仮定を含む文, 仮言命題[三段論法]. ♦ **-i·cal·ly** *adv*

hypothétical impérative〘倫〙仮言(的)命令《純粋に義務の意識によるものでなく, ある目的や結果を条件とした命令; Kant の用語; cf. CATEGORICAL IMPERATIVE》.

hypothétical sýllogism〘論〙仮言三段論法.

hy·po·thét·i·co-dedúctive /hàɪpəθétɪkoʊ-/ *a* 仮説-演繹法の.

hỳpo·thýmia *n* 鬱状態, 気分沈滞; 感情[情動]減退.

hỳpo·thýroid·ìsm *n*〘医〙甲状腺(機能)低下[不全](症). ♦ **-thýroid** *a*

hy·po·to·nia /hàɪpətóʊniə, -poʊ-/〘医〙*n* 緊張減退[低下], 低張, 低圧; 低血圧. [Gk *tonos* tone]

hỳpo·tónic *a*〘生理〙〈筋肉が〉低(緊)張の;〘化・生理〙〈溶液が〉低浸透圧の, 低張(性)の. ♦ **-tónical·ly** *adv* **-tonícity** *n*

hy·pot·ro·phy /haɪpɑ́trəfi, hɪ-/ *n* 発育不全.

hỳpo·tỳpe *n*〘生〙記載[公表]時標本.

hỳpo·ventilátion *n*〘医〙低換気, 換気低下[過少], 減呼吸.

hy·po·vo·lé·mia /-vɑlíːmiə/ *n*〘医〙(循環)血液量減少. ♦ **-vo·lé·mic** *a* [*vol*ume, *-emia*]

hỳpo·xánthine *n*〘生化〙ヒポキサンチン《動物組織に含まれるプリン塩基》.

hyp·ox·emia | -ae- /hìpɑ̀ksíːmiə, hàɪ-/ *n*〘医〙低酸素血(症). ♦ **-émic** *a*

hy·pox·ia /haɪpɑ́ksiə, hɪ-/ *n*〘医〙低酸素(症). ♦ **hy·póx·ic** *a*

hyps- /hɪ́ps/, **hyp·si-** /hɪ́psə/, **hyp·so-** /hɪ́psoʊ, -sə/ *comb form*「高さ」「高い」 [Gk *hupsos* height]

Hy·pse·lan·tes, Hy·psi·lan·tis /ìːpsəláːndis/ YPSILANTIS.

hyp·si·loph·o·dont /hìpsəlɑ́fədɑ̀nt/ *n*〘古生〙ヒプシロフォドン《速く走るのに適応した二足歩行の小型鳥脚類の草食性恐竜》.

hýpso·chròme *n*〘化〙浅色団《置換によって有機色素などの色を淡くする原子(団)》. ♦ **hỳpso·chró·mic** /-króʊ-/ *a*

hyp·sog·ra·phy /hɪpsɑ́grəfi/ *n*〘地理〙地勢測量; 地勢;《けばなどによる》地勢図示法; 測高法 (hypsometry). ♦ **hỳp·so·gráph·ic, -i·cal** *a*

hyp·som·e·ter /hɪpsɑ́mətər/ *n* 測高計《液体の沸点から気圧を求め, 土地の高さを知る温圧計 (thermobarometer); 三角法を利用し樹木の高さを測る器械》; 温圧計の煮沸器.

hyp·som·e·try /hɪpsɑ́mətri/ *n* 測高法. ♦ **hỳp·so·mét·ric** *a*

hy·ra·coid /háɪrəkɔ̀ɪd/ *a*, *n*〘動〙イワダヌキ類[目] (Hyracoidea) の(動物).

hy·ra·co·the·ri·um /hàɪrəkoʊθíəriəm/ *n*〘古生〙ヒラコテリウム《ヒラコテリウム属 (*H-*) のウマ; ウマの祖先で, 始新世初頭に出現》.

hy·rax /háɪræ̀ks/ *n* (*pl* ~**·es**, **hy·ra·ces** /-rəsìːz/)〘動〙イワダヌキ, ハイラックス (=*coney*, *rock rabbit*)《イワダヌキ目 (Hyracoidea) の哺乳動物; アフリカ産》. [Gk]

Hyr·ca·nia /hərkéɪniə/ ヒルカニア《カスピ海南東岸の古代ペルシアの一地方》. ♦ **Hyr·cá·ni·an** *a*

hyrst ⇨ HURST.

hy·son /háɪs(ə)n/ *n* 熙春(きしゅん)茶《中国産緑茶の一種》.

hý spy /háɪ-/ 隠れんぼ (hide-and-seek)《I spy ともいう》.

hys·sop /hɪ́səp/ *n* **1**〘植〙ヤナギハッカ, ヒソップ《南欧・南西アジア原産のシソ科の常緑亜低木; 茎葉に芳香と苦味があり, 薬用・香味付け・茶などに利用》; ヒソップに似た植物《HEDGE HYSSOP など》. **2**〘聖〙ヒソップ, ヒソプ《ユダヤ人が儀式のときにその枝を祓(はら)いに用いた》.

hys·ter- /hɪ́stər/, **hys·tero-** /hɪ́stəroʊ, -rə/ *comb form*「子宮」「ヒステリー」 [Gk; ⇨ HYSTERIA]

hys·ter·ec·to·my /hìstəréktəmi/ *n*〘医〙子宮摘出(術). ♦ **hỳs·ter·éc·to·mìze** /-màɪz/ *vt* **-mìzed** *a*

hys·ter·e·sis /hìstəríːsəs/ *n* (*pl* **-ses** /-sìːz/)〘理〙《磁気・電気・弾性などの》履歴現象, ヒステリシス. ♦ **hỳs·ter·ét·ic** /-rét-/ *a*

hysterésis lòop〘磁〙ヒステリシスループ《鉄に対する磁化力を正と負の間に一巡させたときの磁束密度の変化する模様を示した環線》.

hysterésis lòss〘磁〙ヒステリシス損《磁気材料の履歴現象に伴って変圧器の鉄心中などで発生するエネルギー損失》.

hys·te·ria /hɪstíəriə, *-téria/ *n* ヒステリー;《一般に》極度の[病的な]興奮, (集団)ヒステリー(現象). [Gk *hustera* womb; 子宮の変調による女性特有のものと考えられた]

hys·ter·ic /hɪstérɪk/ *a* HYSTERICAL. ► *n* ヒステリーを起こしやすい人; 感情変化の激しい人. [Gk *husterikos* of the womb (↑)]

hys·tér·i·cal *a* ヒステリー(性)の; 病的に興奮した, 理性を失った, 度を過ごした;《口》すごく[むちゃくちゃ]おもしろい. ♦ **~·ly** *adv* ヒステリー的に, 病的[異常]に興奮して; ひどく: ~ funny.

hystérical féver〘医〙ヒステリー熱.

hys·tér·ics *n* [<*sg*/*pl*>] ヒステリー発作, 突然の笑い[泣き]出し, 発作的興奮[激怒]: have ~=go (off) into ~=fall into ~ ヒステリーを起こす / in ~ ヒステリー状態で; 笑いが止まらなくなって.

hỳstero·génic *a* ヒステリーを起こす, ヒステリー起因性の.

hys·ter·oid /hɪ́stərɔ̀ɪd/, **hys·ter·oi·dal** /hìstərɔ́ɪdl/ *a* ヒステリーに似た, ヒステリー様の.

hys·ter·ol·o·gy /hìstərɑ́lədʒi/ *n*〘医〙子宮学;《古》HYSTERON PROTERON.

hys·ter·on pro·ter·on /hɪ́stərɑ̀n prɑ́tərɑ̀n/〘修〙(論理的な前後関係の)倒置(法);〘論〙不当仮定の虚偽 (cf. PETITIO PRINCIPII). [Gk=latter (in place of) former]

hỳstero·sal·pín·go·gràm /-sælpɪ́ŋgə-/ *n* 子宮卵管造影図《子宮卵管造影法による X 線像》.

hỳstero·sal·pin·góg·ra·phy /-sælpɪŋgɑ́grəfi/ *n* 子宮卵管造影(法).

hýstero·scòpe *n*〘医〙子宮鏡, ヒステロスコープ.

hys·ter·os·co·py /hìstərɑ́skəpi/ *n* 子宮鏡検査(法). ♦ **hỳs·tero·scópic** *a*

hys·tero·tely /hɪ́stəroʊtèli/ *n*〘生〙ヒステロテリー《生物体の一部に, 通常よりも前の発育段階の形質が現われること》.

hys·ter·ot·o·my /hìstərɑ́təmi/ *n*〘医〙子宮切開(術),《特に》帝王切開術.

hys·tri·co·morph /hɪ́strəkoʊmɔ̀ːrf/ *a*〘動〙ヤマアラシ類[亜目] (Hystricomorpha) の. ► *n* ヤマアラシ.

Hyun·dai /hʌ́ndèɪ; háɪəndàɪ/ ヒュンダイ(現代)《韓国 Hyundai Motor (現代自動車) 社製の自動車》.

Hy·wel [How·el] Dda /hʌ́uəl dáː, hʌ́wəl ðáː/ ハウェル・ダー (d. 950)《ウェールズの王子; 通称 Hywel the Good; 南北ウェールズを統一し, ウェールズ法を成文化した》.

hy·zone /háɪzòʊn/ *n*〘化〙三原子水素, ヒゾーン. [*hy*drogen+*ozone*]

Hz hertz.

I

I[1], **i** /áɪ/ *n* (*pl* **I's, Is, i's, is** /áɪz/) アイ《英語アルファベットの第 9 字》; I [i] の表わす音; I 字形(のもの); 9 番目(のもの); 〖ローマ数字〗1; [incomplete の略]《学業成績で》保留《後日レポートなどを提出した時に成績が決定する》; 保留の評価を受けた人[もの]; 〖アメフト〗I FORMATION; 〖数〗*x* 軸に平行な単位ベクトル: DOT[1] one's *i's* / *ii*, II=2 / *ix*, IX=9.

I[2] *pron* /aɪ, áɪ, ə/ (*pl* **we**) [人称代名詞一人称単数主格] わたしは[が], ぼくは[が], おれ: Am *I* not right?=《口》Ain't *I* right? / It is *I*.《文》=《口》It's me. / You [He, She, My wife] and *I* are...《並べるときは二人称, 三人称, 一人称の順が慣例》. ★ 人称代名詞中 I だけを文中でも大文字で書くのは小文字 i が前後の語の一部と見誤られるのを避けるためであった. ● **(play) the great I am** 《口》大人物(風を吹かす). ► *n* /áɪ/ (*pl* **I's**) [the]〖哲〗自我, 我 (the ego): another *I* 第二の我. [OE *ic*=OS *ik*, OHG *ih* (G *ich*), ON *ek*, Goth *ik*<Gmc **eka*<IE **egō* (EGO)]

i, i' /ɪ/ *prep* 《方》IN[1].

i- /ɪ/ *pref* Y-.

-i *n suf, a suf* (1) ラテン・イタリア語系の名詞の複数形をつくる: foc*i*, dilettant*i*, timpan*i*. (2) 中東(近隣)地域名などから形容詞をつくる: Israel*i*, Pakistan*i*. [セム語・インド-イラン語の *a suf*]

-i- /ɪ, ə, í; ɪ, í/ (1) ラテン語系の複合語の連結母音: aur*i*cula, omn*i*vorous. (2) 語系に関係のない単なる連結母音: cune*i*form, French*i*fy. cf. -o-. [L]

i [通例 イタリック体で]〖数〗虚数単位 (imaginary unit).

i. industrial ♦ initial ♦ intelligence ♦ intensity ♦ interest ♦ intransitive ♦ island(s) ♦ isle(s) ♦ °moment of inertia.

I 〖電〗°electric current ♦ interstate ♦〖化〗iodine ♦ °isotopic spin ♦ Italy ♦〖論〗°particular affirmative.

I. Idaho ♦ Independent ♦ Indian ♦ Island(s) ♦ Isle(s) ♦ Israeli.

-ia[1] /iə, jə/ *n suf* ギリシア・ラテン語系の名詞をつくり「病気の状態」「動植物の属名」「地域, 社会」を示す: hyster*ia*, Dahl*ia*, Wister*ia*, suburb*ia*. [L and Gk]

-ia[2] /iə, jə/ *n suf pl* 動植物学上の分類名をつくる, また「特定の…に関する[属する, 起源をもつ]もの」の意の名詞をつくる: Mammal*ia*, Reptil*ia*, Bacchanal*ia*, Saturnal*ia*. [L]

-ia[3] /iə, jə/ *n suf* -IUM の複数形.

i.a. °in absentia. **Ia., IA** Iowa. **IAA** 〖生化〗°indoleacetic acid. **IAAF** International Association of Athletics Federations [もと°International Amateur Athletic Federation].

IABA International Boxing Association 国際ボクシング協会《1946 年設立; 本部 Lausanne》.

Ia·coc·ca /àɪəkóʊkə/ アイアコッカ **Lee** ~ (1924–)《米国の実業家; Chrysler 社会長 (1979–92)》.

IAEA °International Atomic Energy Agency.

Ia·go /iá:goʊ/ **1** イアーゴー《男子名》. **2** イアーゴー《Shakespeare, *Othello* に出る旗手; Othello の妻 Desdemona が不貞をはたらいているかのように状況をつくりあげて Othello を誤解させる》. [Sp<L; ⇨ JACOB]

Iain /í:ən/ イアン《男子名》. [⇨ IAN]

-i·al /iəl, jəl/ *a suf* -AL[1]: celest*ial*, ceremon*ial*, colloqu*ial*.

IALC instrument approach and landing chart.

IAM International Association of Machinists and Aerospace Workers.

iamb /áɪæ̀m(b)/〖韻〗*n* 《ギリシア・ラテン詩の》短長格《⏑—》;《英詩の》弱強格《× ⫠》. [*iambus*]

iam·bic /aɪǽmbɪk/〖韻〗*a, n* 短長格の(詩行), 弱強格の(詩行) (⇨ METER[1]);《ギリシアの》短長格の諷刺詩(の): ~ pentameter 弱強[短長]五歩格.

iam·bist /aɪǽmbɪst, ⸗⸗⸗/ *n* IAMBIC の詩を作る人.

iam·bus /aɪǽmbəs/ *n* (*pl* **~·es, -bi** /-bàɪ/) IAMB. [L<Gk *iambos* iambus, lampoon]

Ian /í:ən/ イアン《男子名; John のスコットランド形》.

-ian ⇨ -AN[1].

-iana ⇨ -ANA.

Ian·the /aɪǽnθi/ アイアンシー《女子名》. [Gk=violet flower]

ian·thi·na /iǽnθənə, aɪ-/ *n* JANTHINA.

IAP international airport.

Iap·e·tus /aɪǽpətəs/〖天〗ヤペトゥス《土星の第 8 衛星》.

iarovize ⇨ JAROVIZE.

IARU °International Amateur Radio Union.

IAS 〖空〗indicated airspeed 指示対気速度.

Ia·şi /já:ʃ(i)/ ヤーシ (G **Jas·sy** /G jási/)《ルーマニア北東部の市; Moldavia の旧都》.

-i·a·sis /áɪəsəs/ *n suf* (*pl* **-i·a·ses** /-sì:z/)「病的状態」「…性の病気」「…に起因する病気」: elephant*iasis*, mydr*iasis*, psor*iasis*. [L<Gk]

IAT °International Atomic Time.

IATA /aɪá:tə, iá:-/ °International Air Transport Association.

iat·ric /aɪǽtrɪk/, **iat·ri·cal** /-rɪk(ə)l/ *a* 医師の; 治療の, 医療の. [Gk (*iatros* physician)]

-i·at·ric /iǽtrɪk/, **-i·at·ri·cal** /iǽtrɪk(ə)l/ *a comb form*「…の医療の」: psych*iatric(al)*. [Gk (↑)]

-i·at·rics /iǽtrɪks/ *n comb form* (*pl* ~)「治療」: ped*iatrics*. [↑]

iat·ro- /aɪǽtroʊ, iǽtroʊ, -rə/ *comb form*「医師」「医療」 [Gk *iatros* physician]

iàtro·chémistry *n* 《中世の》医療化学, 医化学, イアトロ化学. ♦ **-chémist** *n*

iàtro·génesis *n* 〖医〗医原性《医療によって別の障害や併発症を生ずること》.

iàtro·génic *a* 医師の診断[治療]によって生じた, 医原性の: an ~ disease 医原病, 医原性疾患. ♦ **-i·cal·ly** *adv*

iàtro·phýsics *n* 物療医学; 物理療法.

-i·a·try /áɪətri/ *n comb form*「治療」: psych*iatry*. [L<Gk; ⇨ IATRIC]

IAU International Association of Universities 国際大学協会《ユネスコの諸問団体》♦ International Astronomical Union 国際天文学連合.

Ib /íb/ イブ《女子名; Isabel(le), Isabella の愛称》.

ib. ibidem. **IB** in bond ♦ INCENDIARY bomb ♦ °international baccalaureate. **IBA** 〖英〗°Independent Broadcasting Authority ♦〖生化〗°indolebutyric acid.

Iba·dan /ɪbá:d(ə)n; -bǽd-/ イバダン《ナイジェリア南西部 Oyo 州の州都》.

Iba·gué /ì:bəgéɪ/ イバゲ《コロンビア中西部の市》.

Iban /ibá:n, í:bà:n/ *n* **a** (*pl* ~, **~s**) イバン族 (=*Sea Dayak*)《Borneo 島の特に Sarawak 北部に分布する Dayak 族》. **b** イバン語《マレー語に近いオーストロネシア語族の言語; cf. LAND DAYAK》.

IBAN /áɪbæ̀n/ International Bank Account Number 国際銀行口座番号, アイバン《受取人の口座の所在国・支店・口座番号を特定する最大 34 桁のアルファベットと数字の組合わせ; 欧州の金融機関に送金する際に必要とされる》.

I band /áɪ —/〖解〗I 帯《横紋筋繊維中の》.

Ibáñez ⇨ BLASCO IBÁÑEZ.

Ib·ar·ru·ri /ibá:ruri/ イバルリ **Dolores** ~ (⇨ LA PASIONARIA).

IBD 〖医〗°inflammatory bowel disease.

I-beam /áɪ ⸗/ *n**《証券俗》IBM (株) (=*beam*) (cf. BIG BLUE).

I beam /áɪ ⸗/ I 形鋼[梁], I ビーム《断面が I 字形》.

Ibe·ria /aɪbíəriə/ イベリア《**1**) =IBERIAN PENINSULA **2**) 古代の東グルジア地方》. [L; L *Iberi* (Gk *Ibēres* Spaniards) の国の意]

Ibé·ri·an *a* イベリアの; イベリア人の; イベリア語の. ► *n* イベリア人; イベリア語《**1**) IBERO-ROMANCE **2**) CELTIBERIAN》.

Ibérian Península [the] イベリア半島.

ibe·ris /aɪbíərəs/ *n* 〖植〗アブラナ科イベリス属 (*I-*) の各種草本 (candytuft).

Ibe·ro- /aɪbíəroʊ, -rə/ *comb form*「イベリア (Iberia)」

Ibéro-Románce *n* イベロロマンス語 (=*Iberian*)《古典時代後期にイベリア半島で話されていたロマンス諸語の一つ; ラテン語と現代のスペイン語・カタルーニャ語・ポルトガル語との中間段階》.

Ibert /ibέər/ イベール **Jacques(-François-Antoine)** ~ (1890–1962)《フランスの作曲家》.

Iber·ville /í:bərvìl, -vì:l, áɪbərvìl; *F* ibɛrvil/ ディベルヴィル **Pierre Le Moyne d'**~ (1661–1706)《フランス領カナダ生まれの軍人・探検家; Louisiana に最初の植民地を建設した (1699)》.

ibex /áɪbèks/ *n* (*pl* ~, **~·es, ib·i·ces** /íbəsì:z, áɪb-/)〖動〗**a** アイベックス《アルプス・アペニノ山脈などに野生する湾曲した大角をもつヤギ》,《特に》アルプスアイベックス. **b** ノヤギ《小アジア産》. [L]

IBF International Boxing Federation 国際ボクシング連盟.

Ibi·bio /ìbəbí:oʊ/ *n* **a** (*pl* ~, **-bí·os**) イビビオ族《ナイジェリア南東部の部族》. **b** イビビオ語.

Ibi·cuí /ì:bɪkwí:/ [the] イビクイ川《ブラジル南部 Rio Grande do Sul 州を西流して Uruguay 川に合流する》.

ibid. /íbɪd/ ibidem.

ibi·dem /íbədèm, ɪbáɪdəm, *ɪbí:dəm/ *adv* 同じ箇所に, 同書[章, 節]に. ★ 通例 ibid. の形で引用文, 脚注などに用いる. [L=in the same place]

-ibility ⇨ -ABILITY.

ibis /áɪbəs/ *n* (*pl* ~, ~·es) 〖鳥〗 **a** トキ科の各種の渉禽. **b** WOOD IBIS. [L<Gk]

Ibi·za, Ivi·za /iví:θə, ibí:-, -sə, -zə/ イビサ ((**1**) 地中海西部のスペイン領バレアレス諸島の島; Majorca 島の南西に位置 **2**) その中心地, 海港).

Ibí·zan hóund /ibí:zən-; -θən-/ 〖犬〗 イビザンハウンド (スペイン領バレアレス諸島で作出されたほっそりとして機敏な中型の猟犬). [*Ibiza*]

-ible ⇨ -ABLE.

Ib·lis /íbləs/ *n* EBLIS.

IBM °intercontinental ballistic missile ♦〖商標〗°International Business Machines Corp.

IBM-compatible /áɪbì:èm—/ *a, n* IBM 互換機(の), IBM 機と互換性のある(パソコン).

ibn- /íb(ə)n/ *comb form* [°I-] 「(…の)息子 (son)」(名前に使われる): *Ibn*-Saud. [Arab=son]

Ibn al-ʿAr·a·bi /ìbnʊlærəbí:/ イブン-アル[イブヌル]-アラビー (1165–1240) (イスラムの神秘思想家).

Ibn al-Athīr /ìbnʊlæθíər/ イブン-アル[イブヌル]-アシール (1160–1234) (アラブの歴史家).

Ibn al-Fā·rid /ìbnʊlfá:rid/ イブン-アル[イブヌル]-ファーリド (1181–1235) (アラブの神秘主義詩人).

Ibn Baṭ·ṭū·ṭah /ìb(ə)n bætú:tɑ:/ イブン-バットゥータ (1304–68 or 69) (アラブの旅行家; 25 年以上にわたってアフリカ・アジア・ヨーロッパを旅し, アフリカ・アジア旅行記 *Riḥlah* を著わした).

Ibn Faḍ·lān /— fædlá:n/ イブン-ファドラーン (fl. 921–22) (アラブの旅行家; 南ロシアに関する信頼できる最も早い旅行記を著わした).

Ibn Ḥan·bal /— xá:nbəl/ イブン-ハンバル (780–855) (イスラムの法学者; HANBALI の祖).

Ibn Hazm /— xǽz(ə)m/ イブン-ハズム (994–1064) (イスラムスペインの文筆家・歴史家・法学者・神学者).

Ibn Hi·sham /— hɪʃá:m/ イブン-ヒシャーム (d. 833) (アラブの史家; Ibn Ishāq の Muhammad 伝を改訂・編集).

Ibn Is·hāq /— isháːk/ イブン-イスハーク (c. 704–767) (イスラムの歴史家; Muhammad 伝を著わした).

Ibn Ju·bayr /— ʤubáɪər/ イブン-ジュバイル (1145–1217) (スペインのアラブ系旅行家; Mecca へ 3 回巡礼し, 旅行記を著わした).

Ibn Khal·dūn /— xældú:n, -kæl-/ イブン-ハルドゥーン (1332–1406) (アラブの歴史家; 主著『歴史序説』で独自の社会理論を展開した).

Ibn Rushd /— rúʃt/ イブン-ルシュド (AVERROËS のアラビア語名).

Ibn Sa·ʿūd /— sɑ:ú:d, -sáʊd/ イブン-サウド **Abdul-Aziz** ~ (c. 1880–1953) (サウジアラビア王 (1932–53); サウジアラビアを建国, 米国の石油会社に利権を供与, 国力増強へ道を開いた).

Ibn Sī·nā /— sí:nɑ:/ イブン-シーナー (AVICENNA のアラビア語名).

Ibn Ṭu·fayl /— tʊfáɪl/ イブン-トゥファイル (*L* Abubacer) (1105?–85) (スペインのアラブ系哲学者・医師).

Ibn Zuhr /— zúər, -zúhər/ イブン-ズフル (*L* Avenzoar, Abumeron) (c. 1090–1162) (イスラムの思想家・臨床医).

Ibo, Ig·bo /í:boʊ/ *n* **a** (*pl* ~, ~s) イボ族 (ナイジェリア南東部の黒人部族). **b** イボ語.

ibo·ga·ine /ɪbóʊgəì:n/ *n* 〖薬〗 イボガイン (熱帯アフリカ産キョウチクトウ科の植物 *Tabernanthe iboga* の根・樹皮・葉から得られるアルカロイド; 抗鬱薬・幻覚誘発薬). [F (*iboga*)]

Ib·ra·him /ìbrɑ:hím/ イブラヒム (男子名). [cf. ABRAHAM]

Ibrā·hīm Pasha /— pá:ʃə, -pǽʃə, -pəʃá:/ イブラーヒーム・パシャ (1789–1848) (エジプトの将軍・総督 (1848); Muḥammad ʿAlī の子).

IBRD °International Bank for Reconstruction and Development. **IBS** 〖医〗°irritable bowel syndrome.

Ib·sen /íbsən, íp-/ イプセン **Hen·rik** /hénrɪk/ (**Johan**) ~ (1828–1906) (ノルウェーの劇作家・詩人). ♦ **Ib·se·ni·an** /ɪbsí:niən, ɪp-, -sén-/, **~·ésque** /ìbsənésk, ìp-/ *a* **~·ite** *n, a*

Íbsen·ìsm *n* イプセン的手法 (問題劇の形で社会の因襲的偏見を摘発する); イプセン主義 (因襲打破を主張する).

ibu·pro·fen /àɪbjuprόʊfən/ *n* 〖薬〗 イブプロフェン (非ステロイド性の抗炎症薬).

-ic, «古» **-ick,** «古» **-ique** /—ɪk/ *a suf* 「…の」「…のような」「…の性質の」「…からなる」「…によって生じる」「…を生じる」; 〖化〗「-ous で終わる形容詞より高い原子価のある」: hero*ic*, rust*ic*, magnet*ic*; sulfur*ic*; [名詞転用] crit*ic*, publ*ic*; [学術名] log*ic*, mus*ic* (cf. -ICS). [OF *-ique* or L *-icus* or Gk *-ikos*]

i/c 〖軍〗 in charge (of) ♦ in command.

IC [L *Iesus Christus*] °Jesus Christ ♦〖文法〗°immediate constituent ♦ °Imperial College ♦ °integrated circuit ♦ internal combustion.

Içá /isá:/ [the] イサ川 (PUTUMAYO 川のブラジルにはいってからの名称).

ICA °International Communication Agency ♦ International Cooperative Alliance 国際協同組合同盟.

icac·i·na·ceous /ɪkæ̀sənéɪʃəs/ *a* 〖植〗 クロタキカズラ科 (Icacinaceae) の.

-i·cal /—ɪk(ə)l/ *a suf* 「…に関する」「…の(ような)」の意: geometr*ical* (geometric<geometry) / mus*ical* (<music). ★ 通例 -ic, -ical は交互転用できるが, 意義を異にする場合もある: econom*ic*—econom*ical*. [*-ic*]

ICANN Internet Corporation for Assigned Names and Numbers (インターネット上で利用されるアドレス資源(IP アドレス・ドメイン名・ポート番号など)の標準化や割り当てを行なう組織).

ICAO °International Civil Aviation Organization.

Icar·ia /ɪkéəriə, ɪ-/ イカリア (ModGk **Ika·ría** /ì:kəríːə/) (エーゲ海の南 Sporades 諸島にあるギリシア領の島; 別称 Nikaria).

Icár·i·an[1] *a* ICARUS の(ような); むこうみずな.

Icarian[2] *a* イカリア(人)の. ► *n* イカリア人.

Icárian Séa [the] イカリア海 (エーゲ海の一部で, Patmos 島, レロス (Leros) 島と小アジアにはさまれた部分; Icarus が墜死したところという).

Ica·rus /íkərəs, áɪ-/ **1** 〖ギ神〗 イーカロス (Daedalus の息子; 蠟づけの翼で父と共に Crete 島から脱出したが太陽に接近しすぎたため, 蠟が溶けて海に落ちた). **2** 〖天〗 イカルス (太陽に最も近づく小惑星).

ICBL °International Campaign to Ban Landmines. **ICBM** °intercontinental ballistic missile. **ICBP** °International Council for Bird Preservation. **ICC** °International Chamber of Commerce ♦〖米〗°Interstate Commerce Commission ♦ International Cricket Council ♦ International Criminal Court 国際刑事裁判所 (2003 年 The Hague に設立).

ice /áɪs/ *n* **1** 氷 (GLACIAL *a*); 張りつめた氷, 氷層; アイスホッケー競技場; 《寒さで固まった》 氷のようなもの; *アイス (クリームなしで果汁を凍らせた, シャーベットなど), ″アイスクリーム: break through the ~ (人などが)氷がわれて落ちる / two ~*s* アイス(クリーム) 2 個. **2** (菓子の) 糖衣, アイシング (icing); «俗» ダイヤモンド, (一般に) 宝石; «俗» コカイン(の結晶), ヒロポンアイス. **3** よそよそしい[冷たい]態度. **4** *«俗» (不正業者の払う)(警察への)賄賂; *«俗» (良いチケットを得るために) 劇場関係者に払うプレミアム. ● **Bite the ~!** *«俗» くたばりやがれ, うせな! **break the ~** 堅苦しい[よそよそしい]雰囲気をほぐす; 最初に取り組む, 先鞭をつける, 口火を切る; 先制点をあげる. **cut ~** [°*neg*] «口» 役に立つ, 影響を与える, 関心をよび起こす ‹*with*›: What others say *cuts no ~ with* him. 人が何と言っても彼には馬耳東風だ. **keep on ~** «口» 保留にする, …への対応を引き延ばす, 凍結する. **on ~** 氷上の, スケーターによる‹ショーなど›; 冷蔵庫にはいって, ‹ワインなど›氷で冷やして; «口» 保留[控え]となって; «口» 監禁されて, 禁固刑になって; «口» 成功[勝利]が確実で; «口» 最高に, 極度に. **on thin ~** 薄氷を踏むようで; 危険[不安, 微妙]な状態で: be (skating [walking]) *on thin ~* 危険な[微妙な]立場にいる. **piss on ~** *«俗» いい暮らしをする. **put on ~**=**keep on** ICE; *«俗» 成功[勝利]を確実にする; *«俗» 殺す. **stink on ~** *«俗» (冷凍しても悪臭を放つほど) 完全に腐っている, ‹番組・考えなどが›全くだめである, 使いものにならない.
► *a* *«俗» すばらしい, かっこいい (cool).
► *vt* **1** 凍らせる; 氷で冷やす ‹*down*›; …に氷を入れる[補給する]; 氷でおおう ‹*over, up*›; ‹菓子など›にアイシング[糖衣]をかける. **2** *«口» 確かなものとする, …の決着をつける; *«口» …の成功[勝利]を決定的にする: have… ~*d* …の成功を確実なものにする. **3** *«俗» 殺す; *«俗» こてんこてんにやっつける; *«俗» 黙殺する, のけ者にする ‹*out*›; *«俗» 当惑させる (embarrass), 笑いものにする. **4** 〖アイスホッケー〗 ‹パックを›打って相手のゴールラインを越える, アイシングする. ► *vi* **1** 氷のように冷える, ‹池・道路などが›凍る, 氷でおおわれる ‹*over, up*›, ‹機体・機具などが›氷結する, 着氷する ‹*up*›. **2** *«俗» 黙る, 黙り込んでいる.
♦ **~·less** *a* **~·like** *a* [OE *is*; cf. G *Eis*]

-ice /əs/ *n suf* 「状態」「性質」「行為」などを示す: hosp*ice*, just*ice*, mal*ice*, precip*ice*, serv*ice*. [OF<L]

Ice. Iceland ♦ Icelandic. **ICE** 〖英〗 Institution of Civil Engineers 土木技術協会 ♦ °internal combustion engine ♦ International Cultural Exchange 国際文化交流.

íce àge 〖地質〗 氷河時代, [the I- A-] 更新世.

íce àx (登山用の) ピッケル, アイスアックス.

íce bàg 氷嚢 (=*ice pack*); アイスバッグ (氷を運ぶズック製の手提げ).

íce bàll アイスボール (凍らせて, 飲み物を冷やすのに用いる水入りのプラスチックボール).

íce bèer アイスビール (氷点下の温度で醸造したビール).

ice·berg /áɪsbə̀:rg/ *n* 氷山 (cf. FLOE); [*fig*] 氷山の一角; ICEBERG LETTUCE; 冬期に水泳をよくやる人, 冷たい海で早朝水泳を楽しむ人; «口» 冷淡[冷静]な人; «俗» 冷たい[不感症の]女. ● **the tip of the** [**an**] **~** 氷山の表出部; [*fig*] 氷山の一角. [? Du (*ijs* ice, *berg* mountain)]

íceberg lèttuce アイスバーグレタス (葉がキャベツ状になっているレタスの一種).

íceberg slìm *«俗» ポン引き; *«俗» 人を食いものにする者, 冷酷なやつ.

íce·blìnk *n* 〖気〗 氷映(ひょうえい) (氷原の反映で水平線近くの空が明るく見えること); (Greenland などの海岸の) 氷の崖.

íce·blòck *n* 氷の塊り, 氷片;《豪》氷菓, アイスキャンディー.
íce blùe *n, a*《氷片にみられるような》緑がかった淡青色(の).
íce·bòat *n* 氷上ヨット; 砕氷船 (icebreaker). ◆ **～·ing** *n*〔スポ〕氷上ヨットに乗ること, アイスボーティング. **～·er** *n*
íce·bòund *a* 氷に閉ざされた, 氷の張りつめた: an ～ ship / an ～ harbor 凍結港.
íce·bòx *n* アイスボックス《氷を入れた冷蔵箱》;《冷蔵庫の》製氷箱; *《古風》冷蔵庫《電気冷蔵庫にも用いる》;《俗》独房,《広く》刑務所; *《俗》《ショー・スポーツなどで》出番を待つ場所,《ステージの》ウイング,《野球の》ダッグアウト, ブルペン.
íce-bòxed *a**《俗》女にセックスを拒まれた, 女がメンスでセックスができない〈男〉.
íce·brèak·er *n* 砕氷船 (iceboat); 砕氷器;《埠頭を守る》流氷よけ; よそよそしさ[雰囲気]をほぐすもの《パーティーでのゲーム・踊りなど; cf. *break the* ICE》;《俗》つきあいじょうずな人.
íce bùcket アイスバケット《水割り用のあるいはワインの瓶を冷やすための氷を入れたバケツ状容器》.
íce càp 氷冠, 氷帽《高山・極地などの万年(氷)雪[氷原]》;《頭部用の》氷嚢, 氷枕 (cf. ICE BAG).
íce chèst アイスボックス (icebox)《氷を入れた冷蔵箱》.
íce-cóld *a* 氷のように冷たい; 冷淡な, 無感動な.
íce-crèam *a* バニラアイスクリーム色の.
íce créam /, ─́─ ──́/ アイスクリーム; *《俗》結晶状の麻薬, アヘン.
íce-crèam chàir《歩道のカフェなどで用いる》肘掛けのない小さい円椅子.
íce-crèam còne アイスクリームコーン.
íce-crèam frèezer アイスクリーム製造機.
íce-crèam hàbit《俗》時々麻薬をやる習慣.
íce-crèam hèadache アイスクリーム頭痛 (brain freeze).
íce-crèam màn*《俗》アヘンの売人.
íce-crèam sóda (アイス)クリームソーダ.
íce crỳstals *pl* 氷晶;〔気〕ICE NEEDLES.
íce cùbe 角氷, アイスキューブ.
iced /áɪst/ *a* 氷でおおわれた, 氷詰めの; 氷で冷やした, 氷のはいった; 糖衣をかけた: ～ coffee [tea] アイスコーヒー[ティー] / ～ fruits 砂糖漬けの果物 / have… ～ ⇨ ICE *vt* 2.
íce dàncing アイスダンス《社交ダンスの動きを採り入れたフィギュアスケート》. ◆ **íce dànce** *n, vi* **íce dàncer** *n*
íced lólly ICE LOLLY.
íce·fàll *n* 凍結した滝;〔水文〕氷瀑《氷河の崩落部》.
íce fìeld《特に 極地方の陸・海の》氷原.
íce·fìsh *n*〔魚〕小さい氷片のような[半透明な]各種の魚: **a** カラフトシシャモ (capelin). **b** スイショウウオ《南極海産のコオリウオ科のうろこのない魚》
íce fìshing《氷面に穴をあけてする》穴釣り, 氷穴釣り. ◆ **íce-fìsh** *vi, vt*
íce flòe《海上の》氷原;《表面が平原状の》浮氷.
íce flòwer 氷花 (frost flower).
íce fòg〔気〕氷霧(こおりぎり)(ひょうむ).
íce fòot〔海洋〕氷脚《極地方の海岸線に沿って延びている氷の帯》; 氷河の末端.
íce-frée *a* 凍らない, 氷結しない: an ～ port 不凍港.
íce frònt 氷前線《ice shelf などの海に面した崖状の縁》.
íce hòckey〔競技〕アイスホッケー.
íce·hòuse *n* 貯氷庫, 製氷室.
ice·kha·na /áɪskɑ̀:nə, -kǽnə/ *n* 氷上自動車競技会, アイスカーナ. [*ice*+gym*khana*]
Içel /í:ʧɛl/ イーチェル《MERSIN の別称》.
Ice·land /áɪslənd, -lænd/ アイスランド (*Dan* Island, *Icel* Ísland)《北大西洋の北部, Greenland 東南方の島で, 一国をなす; 公式名 Republic of ～ (アイスランド共和国); ☆Reykjavík》. ◆ **～·er** /áɪslæ̀ndər, -lən-/ *n*
Íceland ágate〔鉱〕アイスランド瑪瑙(めのう) (obsidian).
Íceland crýstal〔鉱〕アイスランドクリスタル (Iceland spar).
Ice·lan·dic /aɪslǽndɪk/ *a* アイスランドの; アイスランド人[語]の. ► *n* アイスランド語《Germanic 語派の一つ; cf. OLD ICELANDIC》.
Íceland móss [líchen]〔植〕アイスランドゴケ, エイランタイ《ウメノキゴケ科の地衣植物; 食用・薬用》.
Íceland póppy〔植〕シベリアヒナゲシ, アイスランドポピー, 宿根ゲシ (=*arctic poppy*).
Íceland spár〔鉱〕氷州石《純粋無色透明の方解石》.
íce lólly /, ─́─ ──́/ ″《口》《棒につけた》アイスキャンディー, 棒アイス (=*iced lolly*).
íce machìne 製氷機[器].
íce màiden*《俗》落ちつきはらった女, 動じない女, 冷たい女 (ice queen).
íce·màker *n* 製氷器[装置], アイスメーカー《角氷を作る装置》.
íce·màn *n**氷屋, 氷配達人; 氷上旅行に慣れた人; スケートリンク管理人; *《俗》宝石泥棒; *《俗》常に冷静さを失わないギャンブラー[選手, 芸人]; *《俗》プロの殺し屋.
íce mílk アイスミルク《脱脂乳からつくる氷菓》.
íce nèedles *pl*〔気〕細氷, アイスニードル (=*ice crystals*).
IC engine /àɪsí: ─́─/ INTERNAL COMBUSTION ENGINE.
Ice·ni /aɪsí:nàɪ/ *n pl* イケニ族《東部イングランド Norfolk および Suffolk 地方に住んだ古代のケルト族; ⇨ BOADICEA》. ◆ **Ice·ni·an** /aɪsí:niən/, **Ice·nic** /-sí:nɪk, -sɛ́n-/ *a*
íce-òut *n* 解氷《湖面などの氷が解けること; opp. *ice-up*》.
íce pàck 大浮氷群, 積氷; 氷嚢 (ice bag); アイスパック《保冷剤のはいったパック》.
íce pàil アイスペール《ワインの瓶を冷やしたりするための氷を入れる容器》.
íce pàlace*《俗》《鏡やカットグラスを備えてあるような》高級売春宿.
íce pìck アイスピック《氷割り用の錐》.
íce plànt 1〔植〕**a** アイスプラント《南アフリカ原産のハマミズナ科の多肉植物で, 葉と若い茎の表面に嚢状異形細胞とよばれる突起があり中に水を蓄えていて, 日光が当たると氷晶のようにきらきらと輝く; *Carpobrotus* 属, *Delosperma* 属, *Dorotheanthus* 属など; 特に, 葉を野菜として食べられる *Mesembryanthemum crystallinum* を指し, California や地中海沿岸にも帰化している》. **b** オオベンケイソウ《ピンクの花を咲かせるベンケイソウに近縁の園芸植物》. **2** 製氷工場.
íce plòw 川や湖の氷をブロック状に切る装置.
íce pòint〔理〕氷点.
íce púdding アイスプディング《一種の氷菓子》.
íce quèen 1*《口》冷たく傲慢に構えた女, お高くとまっている女 (ice maiden). **2** すぐれた女性アイススケート演技者, 銀盤の女王.
íce ràin〔気〕着氷性の雨 (freezing rain).
íce rìnk スケートリンク.
íce rùn そり (toboggan) 用の氷滑走路.
íce sàiling 氷上ヨットレース.
íce·scàpe *n* 氷景, 極地の風景.
íce-scòured área〔地質〕氷食地域《氷床の前進で削られた地域》.
íce scrèw〔登山〕アイススクリュー《氷にねじ込んで使用するハーケン》.
íce shèet 氷床《南極大陸や Greenland の内陸氷》.
íce shèlf〔海洋〕棚氷(たなごおり), 氷棚(ひょうほう)《海をおおう氷床》.
íce shòw 氷上ショー, アイスショー.
íce skàte アイススケート靴; スケート靴のすべり金具. ◆ **íce-skàte** *vi* アイススケートをする. **íce-skàting** *n* アイススケート. **íce-skàter** *n*
íce stàtion《南極の》極地観測所[基地].
íce stòrm〔気〕着氷性悪天《着氷性の雨を伴う暴風雨》.
íce téa* アイスティー.
íce tòngs *pl* [ºa pair of ～] 氷ばさみ.
íce trày《冷蔵庫用の》製氷皿.
íce-ùp *n*《雪や水の》凍結, 氷結 (opp. *ice-out*).
íce wàgon*《俗》不感症の女.
íce wàter 氷水, 冷やした水; 氷の解け水. ● **piss ～***《俗》平然としている, 冷酷になる.
íce wìne EISWEIN.
íce wòol アイスウール《編物用の光沢のある毛糸》.
íce yàcht ICEBOAT.
ICF intermediate care facility.
ICFTU ºInternational Confederation of Free Trade Unions.
Ich·a·bod /íkəbɑ̀d/ *n* イカボド《男子名》. ► *int* 悲しいかな《栄光は去れりの嘆き; *1 Sam* 4: 21》. [Heb=without honor]
Íchabod Cráne イカボド・クレイン《Washington Irving, *The Sketch Book* 中の一篇 'The Legend of Sleepy Hollow' に登場する小学校教師》.
I-ch'ang 宜昌 (⇨ YICHANG).
ich dien /*G* ɪç dí:n/ わたしは奉仕する《Prince of Wales (英国皇太子) の標語》. [G=I serve]
IChemE〔英〕Institution of Chemical Engineers.
I Ching /í: ʤíŋ, -ʧíŋ/ 易経 (=*Book of Changes*)《中国の古典; 五経の一つ》; [ºi c-]《易経による》易占い.
ich-laut /íxlàʊt/ *n* [ºI-]〔音〕ich 音《ドイツ語の ich /ɪç/ の /ç/ が代表的な例; cf. ACH-LAUT》.
ichn- /íkn/, **ich·no-** /íknoʊ, -nə/ *comb form*「足跡 (footprint)」「跡」 [Gk *ikhnos* footstep]
ich·neu·mon /ɪkn(j)ú:mən/ *n*〔動〕MONGOOSE,《特に》エジプトマングース;〔昆〕ICHNEUMON FLY. [L<Gk=tracker[1], spider-hunting wasp]
ichnéumon flỳ [wàsp]〔昆〕ヒメバチ《同科の寄生バチの総称》.
ich·nite /íknàɪt/ *n*〔古生〕足跡化石.
ich·nog·ra·phy /ɪknɑ́grəfi/ *n* 平面図(法). ◆ **ìch·no·gráph·ic, -i·cal** *a*
íchno·lìte *n*〔古生〕足跡化石, 痕跡化石, 生痕.
ich·nol·o·gy /ɪknɑ́ləʤi/ *n* 足跡化石学, 生痕学. ◆ **ìch·no·lóg·i·cal** *a*
ichor /áɪkɔ̀:r, *-kər/ *n*〔ギ神〕《神々の脈管中を流れる無色の》霊液, イコル;《詩》血のような液体;〔医〕《潰瘍・創傷から分泌される》膿漿;〔地質〕アイコア《花崗岩質の溶液》. ◆ **ichor·ous** /áɪkərəs/ *a* 膿漿の(ような). [Gk]

ich·tham·mol /íkθəmɔ̀(:)l, -mòul, -màl/ *n* 〖薬〗 イクタモール《皮膚疾患用消毒・抗炎症薬》.

ich·thus /íkθəs/, **-thys** /-θəs/ *n* 《古代キリスト教徒の》魚形章. [Gk *ikhthus* fish; Jesus Christ, Son of God, Savior の意のギリシア語句の頭文字を組み合わせると「魚」の意のギリシア語になることから]

ich·thy- /íkθɪ/, **ich·thyo-** /íkθiou, -θiə/ *comb form* 「魚」 [Gk (↑)]

ich·thy·ic /íkθiɪk/ *a* 魚の, 魚類の; 魚形の.

íchthyo·dònt *n* 魚の歯の化石.

ìchthyo·fáuna *n* 魚相《ある地域の魚(の生態)》. ♦ **-fáunal** *a*

ich·thy·og·ra·phy /ìkθiágrəfi/ *n* 魚類記載学, 魚類誌[学], 魚論. ♦ **-pher** *n*

ich·thy·oid /íkθiɔ̀ɪd/ *a* 魚に似た. ► *n* 魚形脊椎動物.

Ich·thy·ol /íkθiɔ̀(:)l, -òul, -àl/ 〖商標〗 イヒチオール《イクタモール (ichthammol) 製剤》.

ich·thy·ol·a·try /ìkθiálətri/ *n* 魚崇拝.

íchthyo·lìte *n* 魚の化石.

ich·thy·ol·o·gy /ìkθiáləʤi/ *n* 魚類学, 魚学. ♦ **-gist** *n* 魚類学者. **ìch·thy·o·lóg·i·cal** *a* **-i·cal·ly** *adv*

ich·thy·oph·a·gi /ìkθiáfəʤàɪ/ *n pl* 魚食民(族).

ich·thy·oph·a·gist /ìkθiáfəʤɪst/ *n* 魚類常食者.

ich·thy·oph·a·gous /ìkθiáfəgəs/ *a* 〖動〗 魚食性の (piscivorous). ♦ **-gy** /-ʤi/ *n* 魚を食べる[常食とする]こと.

ìchthy·órnis *n* 〖古生〗 魚鳥(うおどり), イクチオルニス《*I*~ 属の鳥はアジサシのような脊椎と歯をそなえていた》.

íchthyo·sàur *n* 〖古生〗 魚竜《ジュラ紀に全盛であった魚竜目 (Ichthyosauria) の爬虫類》. ♦ **ìch·thyo·sáu·ri·an** *a, n*

ìchthyo·sáurus *n* 〖古生〗 イクチオサウルス属 (*I*-) の魚竜.

ich·thy·o·sis /ìkθióusəs/ *n* (*pl* **-ses** /-sì:z/) 〖医〗 魚鱗癬 (= *fishskin disease*). ♦ **ìch·thy·ót·ic** /-át-/ *a*

ichthys ⇨ ICHTHUS.

ICI 〖英〗 Imperial Chemical Industries.

-i·cian /íʃ(ə)n/ *n suf* (-IC(S) で終わる名詞・形容詞と関連して)「…に巧みな人」「…を学んだ人」「…家」: mathemat*ician*, mus*ician*. [F]

ici·cle /áɪsɪk(ə)l/ *n* つらら; 《ホイルなどの》クリスマスツリーにさげる細長い飾り; [*pl*] *《俗》 コカインの結晶; 《口》 冷たい[冷静な]人, 感情の動きの鈍い人. ♦ **~d** *a* [*ice*+*ickle* (obs) icicle]

ic·ing /áɪsɪŋ/ *n* 《菓子の》砂糖ごろも, 糖衣, アイシング (=*frosting*); 花を添えるもの (icing on the cake); 〖気・空〗 《固体[機体]表面での》着氷; 《物体表面・地表面の》氷衣; 〖アイスホッケー〗 アイシング《パックがセンターライン手前から相手側のゴールラインを越えて流れること; 反則》. ● **(the) ~ on the cake** (不要な)添えもの, 飾り; 《十分なところに》花を添えるもの, さらなる楽しみ, 予期せぬボーナス. [ICE]

ícing ìndex 〖気〗 着氷指数《特定の場所・時刻における着氷の確率》.

ícing sùgar" 粉砂糖, 粉糖 (confectioners' sugar).

ici on parle fran·çais /*F* isi ɔ̃ parl frɑ̃sɛ/ ここではフランス語が通じます. [F=French is spoken here]

ICJ °International Court of Justice.

ick /ík/ *《俗》 *n* 《べとつく》きたないもの, いやなもの; [ᵘI-!, 〈*int*〉] チェッ, くそ, ゲッ, ウヘッ, いやなこった!; いやなやつ. [*icky*]

-ick ⇨ -IC.

ick·er /íkər/ *n* 《スコ》《穀類の》穂 (ear, spike).

Ick·es /íkəs/ イッケス **Harold L(eClair)** ~ (1874–1952) 《米国の政治家; Franklin D. Roosevelt 大統領の New Deal 政権の中枢として活躍した》.

ick·ie /íki/ *a* 《口》 ICKY.

Íck·nield Wày [Strèet] /íknì:ld-/ [the] イクニールド街道《イングランド南部 Salisbury Plain から the Wash に走る丘陵の古道》.

icky /íki/ 《口》 *a* (**íck·i·er**; **íck·i·est**) べとべと[ねっとり]した; やけに甘ったるい[感傷的な], いやな感じの, むかつく. ► *n* 退屈なやつ, 世間知らずのこちこち野郎[学生]. ♦ **íck·i·ness** *n* [*sticky* の子供の発音]

ícky-póo /-pú:/ 《俗》 *a* 胸くそ悪い, むかつく (icky); [〈*int*〉] ウヘッ, ゲゲッ.

ícky-stícky *a* 《俗》 ICKY.

ícky-wíck·ey /-wíki/ *a* 《俗》 ICKY.

icon /áɪkàn/ *n* 《絵画・彫刻の》像, 肖像, イコン; 〖東方正教会〗 《キリスト・聖母・聖徒・殉教者などの》聖画像, 聖像; 偶像(視されるもの), 崇拝[憧憬]の的, アイドル; 象徴(的なもの[人]); 〖言〗 類似(的)記号, 類像, アイコン; 〖電算〗 アイコン《プログラムやファイルなどを表わす絵; マウスなどの位置指示装置を用いて選択・操作する》. [L<Gk=image]

icon- /aɪkán/, **icono-** /aɪkánou, -nə/ *comb form* 「像」 [Gk (↑)]

icon·ic /aɪkánɪk/ *a* 像の, 肖像の; 聖画像の; 偶像の; 象徴的な, 代表的な; 〖彫〗 伝統的様式の, 因襲的な; 〖言〗 類像的な (⇨ ICONICITY). ♦ **-i·cal·ly** *adv*

ico·nic·i·ty /àɪkənísəti/ *n* 図像性, 類像性, 類似記号性《記号における形式と意味の対応》.

icónic mémory 〖心〗 映像的記憶, アイコニックメモリー.

icon·i·fy /aɪkánəfàɪ/ *vt* 〖電算〗 〈ウインドーを〉《最小化して》アイコン表示にする, アイコン化する.

Ico·ni·um /aɪkóuniəm/ イコニウム《KONYA の古代名》.

ico·nize /áɪkənàɪz/ *vt* 偶像視[化]する; ICONIFY.

icon·o·clasm /aɪkánəklæ̀z(ə)m/ *n* 聖画像[偶像]破壊(主義); 因襲打破. [↓; *enthusiast*: *-asm* などの類推]

icon·o·clast /aɪkánəklæ̀st/ *n* 聖画像[偶像]破壊(主義)者《8–9 世紀東方正教会の信徒, 16–17 世紀のピューリタンなど》; 因襲打破を唱える人. ♦ **icòn·o·clás·tic** *a* 聖画像[偶像]破壊(者)の; 因襲打破(主義者)の. **-ti·cal·ly** *adv* [ICON, Gk *klaō* to break]

ico·nog·ra·phy /àɪkənágrəfi/ *n* 図像学《画像・彫像などによる主題の象徴的提示法》; 図像の主題; 《特に宗教的な》図像; 肖像[彫像]研究(書); 《特定主題に基づく》イコン集成. ♦ **-pher** *n* 肖像画家; 図像学者. [Gk=sketch; ⇨ ICON]

icòn·o·gráph·ic, -i·cal *a* 図像(学)の, 肖像画の; 図解の. ♦ **-i·cal·ly** *adv.*

ico·nol·a·try /àɪkənálətri/ *n* 偶像崇拝. ♦ **-nól·a·ter** *n* 偶像崇拝者. **-trous** *a*

ico·nol·o·gy /àɪkənáləʤi/ *n* 図像(解釈)学, イコノロジー; 肖像, 画像; 象徴主義; 画像などの描写[説明]. ♦ **-gist** *n* **icòn·o·lóg·i·cal** *a*

icon·o·mat·ic /aɪkànəmǽtɪk/ *a* 表音絵文字の《絵文字と表音文字の中間段階》.

ico·nom·e·ter /àɪkənámətər/ *n* 〖測〗 イコノメーター《透視ファインダー》; 〖写〗 自動調節直視ファインダー. ♦ **-e·try** *n*

icóno·scòpe *n* 〖電子工〗 アイコノスコープ《初期のテレビに使われた撮像管; もと商標》.

ico·nos·ta·sis /àɪkənástəsəs/, **icon·o·stas** /aɪkánəstæ̀s/ *n* (*pl* **ico·nos·ta·ses** /àɪkənástəsì:z/) 〖東方正教会〗 聖(像)障, 聖画壁, イコノスタシス《聖画像の描いてある内陣と身廊との仕切り》. [ModGk]

ico·sa- /aɪkóusə, -kɑ́:sə; áɪkɔ̀sə, -kə-/, **ico·si-** /aɪkóusɪ, -kásɪ, -sə; áɪkɔ̀sɪ, -kə-/, **icos-** /aɪkóus, -kás; áɪkɔ̀s, -kəs/ *comb form* 「20」: *icosi*dodecahedron 二十面十二面体. [Gk]

icòsa·hédron *n* (*pl* **~s, -dra**) 〖数〗 二十面体 (⇨ TETRAHEDRON). ♦ **-hédral** *a*

icòsi·tètra·hédron *n* 〖晶〗 偏菱三八面体.

ICPO ⇨ INTERPOL.

ICRC °International Committee of the Red Cross.

-ics /´-ɪks/ *n* (*pl*) *suf* 「…学」「…術」「…論」(⇨ -IC): eth*ics*, phonet*ics*, tact*ics*. ★ 複数語形であるが (1) 通例「学術・技術の名」としては単数扱い: linguist*ics*, opt*ics*, mathemat*ics*, econom*ics*. (2) 具体的な「活動・現象・特性・規則」などを指すときは複数扱い: athlet*ics*, gymnast*ics*, acoust*ics*, eth*ics*. (3) 中には単数・複数両様に扱われるものもある: hyster*ics*. [F *-iques* or L *-ica* or Gk *-ika*]

ICSH 〖生化〗 °interstitial-cell stimulating hormone. **ICSI** 〖医〗 intracytoplasmic sperm injection 卵細胞質内精子注入法, イクシー. **ICT** information and communication technology 情報通信技術.

ic·ter·ic /ɪktérɪk/ *a* 〖医〗 黄疸(性)の, 黄疸にかかった.

íc·ter·ine wárbler /íktəràɪn-/ 〖鳥〗 キイロウタイムシクイ《欧州産ウタイムシクイ属の胸が黄色い鳴鳥》.

ic·tero·génic /ìktərou-, ɪktèrə-/ *a* 〖医〗 黄疸を誘発する, 黄疸誘発(性)の.

ic·ter·us /íktərəs/ *n* 〖医〗 黄疸 (jaundice); 《穀類などの》黄化病. [L=yellow bird; jaundice を治すと考えられた]

Ic·ti·nus /ɪktáɪnəs/ イクティノス《前 5 世紀のギリシアの建築家; Callicrates と Parthenon を造営した》.

ic·tus /íktəs/ *n* (*pl* **~·es, ~**) 〖韻〗 強音, 揚音; 〖医〗 発作: apoplectic ~ (脳)卒中 / ~ of sun 日射病. [L=stroke (*ico* to strike)]

ICU 〖医〗 °intensive care unit.

icy /áɪsi/ *a* 氷 (ice) の, 氷でおおわれた, 凍りついた〈道路など〉; すべりやすい; 氷のような, 冷たい〈風など〉; 冷淡な〈目つきなど〉; 強靭な〈神経〉: an ~ manner ひややかな態度. ♦ **íc·i·ly** *adv* 氷のように; ひややかに. **íc·i·ness** *n*

ícy pòle 《豪》 ICE LOLLY.

id[1] /íd/ *n* [the] 〖精神分析〗 イド《本能的衝動の源泉》. [NL=that; G *es* の訳]

id[2] *n* 〖生〗 特殊原形質, 遺伝基質. [G *Idioplasma* IDIOPLASM]

id[3] *n* アレルギー性皮膚疹. [*-id*[6]]

Id /í:d/ *n* 〖イスラム〗 イード (1) 'ĪD AL-AḌḤĀ 2) 'ĪD AL-FIṬR).

ID /àɪdí:/ *n* (*pl* **~'s, ~s**) 身分証明 (ID card など); STATION BREAK. ► *vt* (**~'d, ~ed, ~'ed; ~'·ing, ~·ing**) 《口》〈人〉の身分証明書をチェックする, …の身元を確認する (identify); …に身分証明を発行する. [*id*entification]

-id[1] /ɪd, əd/ *n suf* 「…の娘」(: Dana*id*, Nere*id*); 〖天〗 星座の名に付加してその星座から降る流星の名をつくる (: Andromed*id*, Perse*id*); 〖天〗「…型変光星」(: Cephe*id*); 「…王朝の人」(: Seleuc*id*<Se-

leucus); 叙事詩の題名 (: Aene*id*). [↓]

-id[2] /ɪd, əd/ *n suf, a suf* 〘動〙その科に属する動物を表わす: clupe*id*, arachn*id*. [L *-ides*]

-id[3] /ɪd, əd/ *n suf* ラテン語の名詞から名詞をつくる: carot*id*, chrysal*id*, orch*id*, pyram*id*. [F<L<Gk]

-id[4] /ɪd, əd/ *a suf* ラテン語の動詞または名詞から状態を示す形容詞をつくる: horr*id*, flu*id*, frig*id*, morb*id*, sol*id*. [F<L *-idus*]

-id[5] /ɪd, əd/ *n suf* -IDE.

-id[6] /ɪd, əd/ *n suf* 〘医〙「皮膚疹」「…疹」: syphil*id* 梅毒疹, tubercul*id* 結核疹. [F<L]

I'd /aɪd, àɪd/ 《口》I had [would, should] の短縮形.

id. idem. **i.d., ID** inside [inner, internal] diameter ♦ inside dimensions. **ID** Idaho ♦ identification ♦ identity ♦ independent distributor ♦ °industrial design ♦ °Institute of Directors ♦ °Intelligence Department ♦ °intelligent design.

Ida[1] /áɪdə/ **1** アイダ《女子名》. **2** [Princess] 王女イーダ《Tennyson, *The Princess* の主人公; Gilbert & Sullivan の喜歌劇にも出る》. [Gmc=labor]

Ida[2] イダ《**1**) Crete 島の最高峰 (2456 m); Zeus 誕生の地と伝えられる; 現代ギリシア語名 Ídhi **2**) 小アジア北西部, 古代 Troy の南東に位置する山 (1774 m); トルコ語名 Kaz Dağı》.

-i·da /ədə/ *n pl suf* 〘動〙「…の仲間である動物」「…の形をした動物」《目・綱などの分類名をつくる》: Scorpion*ida* サソリ目 / Beroi*da* ウリクラゲ目. ♦ **-i·dan** /əd(ə)n/ *n suf, a suf* [L (neut pl)<*-ides* 父称接辞]

IDA °International Development Association.

-i·dae /ədìː/ *n pl suf* 「…家の人びと」; 〘動〙「科 (family) (cf. -INAE)」: Seleuc*idae*; Fel*idae* ネコ科. [L<Gk *-idai*]

Ida·ho /áɪdəhòʊ/ **1** アイダホ《米国北西部の州; ☆Boise; 略 I., ID》. **2** (*pl* **~s, ~es**) アイダホ《Idaho 州で栽培されるジャガイモの品種; 特に Idaho russet 種のジャガイモ; ⇨ RUSSET》. ♦ **Ìda·hó·an** *a, n*

ʽĪd al-Aḍḥā /íːd æla:dhá:/ 〘イスラム〙犠牲祭, イード・アルアドハー《イスラムの 2 大祭の一つ; 巡礼月 (Dhu'l-Hijja) の第十日目にあたる hajj 終了の日を祝して家畜を犠牲に捧げ, 通例 4 日にわたって続く; 大祭 (Greater Bairam) ともいう》.

ʽĪd al-Fiṭr /íːd ælfítər/ 〘イスラム〙断食明けの祭, イード・アルフィトル《イスラムの 2 大祭の一つ; 断食月 (Ramadan) の翌月つまり Shawwal 月の 1-3 日に祝われる; 小祭 (Lesser Bairam) ともいう》.

IDB 《南ア》illicit diamond buyer [buying].

ID bracelet /áɪdíː ―/ ID ブレスレット (IDENTIFICATION BRACELET).

ID card /áɪdíː ―/ 身分証明書 (=*identification card, identity card*).

IDDM 〘医〙°insulin-dependent diabetes mellitus.

ide /áɪd/ *n* 〘魚〙アイド (ORFE). [Swed]

IDE /áɪdìːíː/ 〘電算〙IDE《パソコン用ハードディスクのインターフェース; ATA の前身》. [*I*ntegrated *D*rive *E*lectronics]

-ide /àɪd, əd, ɪd/ *n suf* 「…化合物」「…系列元素」: ox*ide*, bro*mide*; actin*ide*, lanthan*ide*. [G and F; *oxide* の類推]

idea /aɪdíːə; -díə/ *n* **1 a** 考え, 観念; 知識; 認識, 理解, 判断; 考え方: a general ~ 概念 / FIXED IDEA / I'm shocked at the bare ~ of ...を思っただけでもぞっとする / give sb a rough ~ about [of]...について概略を説明する / I have no ~ what you mean. あなたがどういうつもりなのか全然わからない / have the right ~ ちゃんとわかっている / the young ~ 子供の考え方, 子供ごころ, [*fig*] 初々しい心(の若者), 生徒たち. **b** 《漠然とした》感じ, 印象; 予感, 直感; 幻想 (fancy): I had an [no] ~ we'd win. 勝ちそうな気がした[まるでしなかった] / get the ~ that... 《誤って》...だと思い込む / get the wrong ~ 誤解する ⟨*about*⟩ / get [have] ~*s* (into one's head) 妄想[よからぬ考え, 野心, 叛意]をいだく / give sb ~*s* of doing... 人に...しようとする考えをいだかせる / put ~*s* in [into] sb's head 人にあらぬ期待[よからぬ思い]をいだかせる. **2 a** 思いつき, アイディア, 考案; 趣向, 意図 ⟨*of, behind*⟩; 意味, 要点: a man of ~*s* 着想豊かな人 / That's [There's] an ~. 《口》そりゃあいい(考えだ) / That's the ~. そのとおりだよ, 図星だ / give up the ~ of...を断念する / Have you got *the* ~? 《趣旨が》わかりましたか / with the ~ do*ing*...するつもりで / the big [great] ~ [*iron*] たいそうな考え / Whose bright ~ was that? 《口》[*iron*] だれがこんなひどいことを考え出したのだ. **b** 意見, 見解; 思想: have one's own ~ 自分の考えをもっている / force one's ~*s* on others 自分の考えを人に押しつける / a man of one ~=MONOMANIAC / Eastern ~*s* 東洋思想. **c** 〘楽〙楽想, 主題, モチーフ. **3 a** [one's] 《口》理想(のもの), あるべき姿; 《廃》典型: That is *not my* ~ of happiness [a gentleman]. しあわせ[紳士]とはそんなものとは思わない. **b** 〘哲〙イデア; イデー, 理念; 概念; 表象; 〘クリスチャンサイエンス〙心像; 《廃》おもかげ. ● **The (very) ~ (of it [do*ing*...])!** 《口》(そんなこと考えるなんて)ずいぶんだ, まあひどい! **the WHOLE ~ of....** **What an ~!** まあ, あきれた! **What's the (big) ~ (of do*ing*...)?** 《口》(...するなんて)いったいどういうつもり[わけ]だ《不満を表わす》. **you have no ~** 《口》《後続の節や先行する文を強調して》実に, 本当に: *You have no* ~ how much things cost here. 当地の物価が高いことといったら!

♦ **~·less** *a* [L<Gk=look, form, kind]

idéaed, idéa'd *a* 着想の豊かな; [*compd*] (…な)考えをもった: bright-*ideaed* 頭のいい / one-*ideaed* 偏狭な.

ide·al /aɪdíː(ə)l; -díəl/ *n* 理想, 極致; 典型, 規範; 理想の人[もの], あこがれの的; 観念; 高邁な目的, 理念; 〘数〙イデアル. ► *a* **1** 理想の, 理想的な, うってつけの, 申し分のない; 典型的な. **2** 観念的な, 想像上の, 架空の (opp. *real*); 〘哲〙観念に関する, 観念論的な, 唯心論の; 理想[理念]的な. ♦ **~·less** *a* [F<L; ⇨ IDEA]

idéal crýstal 〘晶〙理想結晶, 完全結晶.

idéal élement 〘数〙仮想元素《拡張・一般化のために数理的に導入された元素; たとえば虚数の *i* など》.

idéal gás 〘理〙理想気体 (=*perfect gas*).

idéal-gás làw 〘理〙理想気体の法則 (gas law).

Idéal Hóme 『アイディアルホーム』《英国の住宅関連月刊誌》.

Idéal Hóme Shòw [the] アイディアルホームショー《London の Earls Court で毎年春に開かれる家具・調度品・室内装飾用品などの展示会; 以前は Ideal Home Exhibition といった》.

idéal·ìsm *n* 理想主義; 理想化されたもの; 〘哲〙観念論, 唯心論 (opp. *materialism*); 〘芸〙観念主義 (opp. *realism*).

idéal·ist *n* 理想主義者; 夢想家; 〘哲〙観念論者, 唯心論者; 〘芸〙観念主義者. ► *a* IDEALISTIC.

ide·al·is·tic /aɪdìː(ə)lístɪk, àɪdi-/ *a* 理想主義的な; 観念[唯心]論的な. ♦ **-ti·cal·ly** *adv*

ide·al·i·ty /àɪdiǽləti/ *n* 理想的な性質; 理想化されたもの, 理想(像), 観念; 《詩的・創造的な》想像力; 〘哲〙観念性.

idéal·ìze *vt* 理想化する, 理想的と考える; 観念的に扱う. ► *vi* 理想化する, 理想(像)を描く[いだく]. ♦ **~d** *a* **idé·al·ìz·er** *n* 理想化する人, 理想を描く人, 理想家. **idèal·izátion** *n* 理想化.

idéal·ly *adv* 観念的に; 典型的に; 理想的に, 申し分なく; 理論的に言えば; 理想[欲]を言えば.

idéal póint 〘数〙理想点《射影幾何学で 2 本の平行線が無限の空間で交わるとする点》.

idéal týpe 〘社〙理想型.

idéa màn アイディアマン《新着想を次々と出す人》.

idéa·mònger 《口》*n* 創意[着想]を売る人; IDEA MAN.

idéa of réference 〘精神医〙関係念慮《ふと耳にした発言や偶然出会った人を自己に関連づける妄想; 通例 被害的に受け止める》.

idéas màn" IDEA MAN.

ide·ate *vt, vi* /aɪdièɪt, aɪdíː-/ 観念化する; 考える, 想像する. ► *n* /aɪdièɪt, aɪdíːət/ 〘哲〙観念的対象《観念に対応した現実存在》.

ide·a·tion /àɪdiéɪʃ(ə)n/ *n* 観念作用, 観念化(する力). ♦ **~·al** *a* **~·al·ly** *adv*

ide·a·tum /àɪdiéɪtəm/ *n* (*pl* **-ta** /-tə/) IDEATE.

idée fixe /ideɪ fíːks/ (*pl* **idées fixes** /―/) 固定観念; 一つのことに夢中になること; 〘楽〙固定楽想, イデー・フィクス《特に Berlioz の作品で, 曲全体を貫く中心的動機》. [F=fixed idea]

idée re·çue /― rəsjúː; *F* ide r(ə)sy/ (*pl* **idées re·çues** /―/) 一般観念[慣習], 通念. [F=received idea]

idem /áɪdèm, í-, íː-/ *n, a* 《略 id.》同上(の), 同著者(の); 同語(の); 同書物[典拠](の). [L=the same]

idem·po·tent /áɪdəmpòʊtnt, íd-, ―――, *aɪdémpətənt/ 〘数〙 *a* 等冪(とうべき)の: an ~ element 等冪[冪等]元 / the ~ law 等冪律. ► *n* 等冪元.

ídem quód /-kwád/ *adv* ...に同じ (the same as)《略 i.q.》. [L]

ident /áɪdènt/ *n* IDENTIFICATION; "STATION BREAK.

iden·tic /aɪdéntɪk, ə-/ *a* **1** 〘外交〙《ある国に対する 2 つ以上の国[2 つ以上の国に対するある国]の措置・文書が》共同[同一]歩調の, 同文の: an ~ note 同文通牒. **2** IDENTICAL. [L; ⇨ IDENTITY]

idén·ti·cal *a* 全く同じ, 同一の (the very same); 《相異なるものについて》同じ, 等しい, 一致する, うりふたつの ⟨*with, to*⟩; 同一原因の; 一卵性の⟨双生児⟩: the ~ person 同一人, 本人. ♦ **~·ly** *adv* 全く同じに, 同じく; 同様に, 等しく. **~·ness** *n* [L (↑)]

idéntical equátion 〘数〙恒等式 (identity).

idéntical proposítion 〘論〙同一命題《例 Man is man. など》.

idéntical rhýme 〘韻〙同音韻《強勢のある母音の前の子音までも等しい脚韻; 例 rain, rein, reign》.

idéntical twíns *pl* 一卵性双生児 (cf. FRATERNAL TWINS), 《動物の》一卵性双子.

iden·ti·fi·able /aɪdèntəfáɪəb(ə)l, ə-, ―――――/ *a* だれ[何]であるか識別できる, 身元を確認できる; 見分けがつく, それとわかる; 同一とみなし[証明し]うる. ♦ **-ably** *adv*

iden·ti·fi·ca·tion /aɪdèntəfəkéɪʃ(ə)n, ə-/ *n* **1 a** 《人・ものの》身元[正体]の確認[認定], 識別; 同一であることの証明[確認, 鑑定], 同定; 〘生〙同定《ある標本を既知の taxon と同一と定めること》: ~ papers 身分証明書類 / proof [means] of ~ 身分証明になるもの. **b** 一体感, 共感; 〘精神分析〙同一視, 同一化; 〘社〙同一視, 一体化, 帰属意識《ある社会集団の価値・利害を自己のものとして受容すること》. **2** 身元[正体]を証明するもの, 身分証明書; 識別情報.

identificátion bràcelet 本人であることを示すしるしのついたブレスレット, 本人証明腕輪 (=*ID bracelet*).

identificátion càrd" 身分証明書 (ID CARD).
identificátion dìsc" IDENTIFICATION TAG.
identificátion paràde" 犯人割出しのために被疑者などを列にして並べること, 面通しの列.
identificátion plàte 《自動車などの》登録番号標.
identificátion tàg 認識票《軍人が身に着ける名前・通し番号などを記した金属の札》.
iden·ti·fi·er /aɪdéntəfàɪər, ə-/ *n* 確認者, 鑑定人; 〘電算〙識別名, 識別子.
iden·ti·fy /aɪdéntəfàɪ/ *vt* **1** …がだれ[何]であるかを明らかにする, …の身元[正体]を確認する[割り出す], 鑑定[識別]する, 突きとめる ‹*as*›: The child was *identified by* its clothes. その子供がだれであるかは衣服でわかった / ～ a body 死体の身元を確認する. **2** ‹…と›同一視する, 結びつける ‹*with*›; ‹…と›提携させる; ‹…に›関係[共鳴]させる ‹*with*›; 〘精神分析〙‹自分を›人と同一視する; 〘生〙同属[同種]と認める, 同定する: ～ A *with* B＝～ A *and* B A を B と同一とみなす / ～ *oneself* [become *identified*] *with* ‹政党・政策など›と行動を共にする, 提携する, …に献身する. ▶ *vi* 同じになる; 一体感をもつ, 共感する, 共鳴する, 同情[感情移入]する ‹*with*›: ～ *with* the hero of a novel 自分が小説の主人公になったような気になる.
iden·ti·kit /aɪdéntəkɪt/ *a* [ºI-] できあいの, 紋切り型の, 型どおりの (stereotyped): ～ pop stars 変わりばえしないポップスターたち.
Iden·ti-Kit /aɪdéntəkɪt/ 〘商標〙アイデンティキット《モンタージュ顔写真(作製スライド)》. [*identi*fication＋KIT[1]]
iden·ti·ty /aɪdéntəti, ə-/ *n* **1 a** 同一であること, 一致, 同一性: the principle [law] of ～ 〘論〙同一律. **b** 〘数〙IDENTICAL EQUATION, IDENTITY ELEMENT; 〘論〙IDENTICAL PROPOSITION; 〘心〙(自我)同一性, アイデンティティー. **2 a** 《他のものでなく》自分[それ]自身であること, 本人であること; 主体性, 独自性, 個性 (individuality); 本体, 正体, 身元: Woman had no other ～ than that of her husband's wife. 女性は妻としてしかその存在を認められていなかった / That's a case of mistaken ～. 人違いだ / disclose [conceal] one's ～ 自分の身元[自分がだれであるか]を明かす[隠す] / establish [prove, recognize] sb's ～ 人の身元を確認する. **b** 《口》身元証明の手段, 身分証明書. **c** [ºold ～] 《豪口》《土地の》名士. [L; ⇨ IDEM]
idéntity càrd 身分証明書 (ID card).
idéntity crìsis 〘心〙同一性[アイデンティティー]の危機《青年期や社会的変動期に生ずる同一性解体の危機》; 《団体・組織の》性格[方向]づけにかかわる混乱.
idéntity dìsc" IDENTIFICATION TAG.
idéntity èlement 〘数〙単位元(ゲン).
idéntity fùnction 〘数〙恒等関数《独立変数のすべての値に対して従属変数の値が独立変数自身の値に等しい関数》.
idéntity màtrix 〘数〙単位行列.
idéntity paràde" IDENTIFICATION PARADE.
idéntity pòlitics アイデンティティーの政治《人種・民族・宗教などをアイデンティティーとする集団の利害を主張する政治》.
idéntity thèft 個人情報窃盗, ID 窃盗《社会保障番号など他人の個人情報を不法に使用して金・信用を得ること》.
idéntity thèory 〘哲〙(心脳)同一説《精神的な状態と脳の状態を同一と考える唯物論の理論》.
ideo- /ídiə, áɪ-/ *comb form* IDEA の意. [Gk]
ídeo·gràm *n* 表意文字《漢字の一部・エジプト文字などの象形文字; cf. PHONOGRAM》; 表語文字[記号] (logogram). ♦ **ìdeo-grám·(m)ic** *a* **-gram·mát·ic** /-grəmǽtɪk/ *a*
ídeo·gràph *n* IDEOGRAM.
ìdeo·gráph·ic, -i·cal *a* 表意文字からなる, 表意文字の, 表意的な. ♦ **-i·cal·ly** *adv*
ide·og·ra·phy /ìdiágrəfi, àɪ-/ *n* 表意文字使用; 象徴[符号]による表意(法).
ideo·log·i·cal /àɪdiəláʤɪk(ə)l, ìd-/, **-log·ic** *a* 観念学の; 空論の; 観念形態の, イデオロギーの: an ～ dispute イデオロギー論争. ♦ **-i·cal·ly** *adv*
ide·ol·o·gism /àɪdiáləʤìz(ə)m, ìd-/ *n* イデオロギー固執主義, 教条主義.
ide·ol·o·gist /àɪdiáləʤɪst, ìd-/ *n* 観念論者; 空論家; 特定イデオロギーの運動家.
ide·ol·o·gize /àɪdiáləʤàɪz, ìd-/ *vt* イデオロギー的に分析する; 特定イデオロギーに転向させる.
ideo·logue /áɪdiəlɔ̀(:)g, -làg/ *n* 空論家, 夢想家 (visionary); 特定のイデオロギーを唱える[に凝り固まった]者, イデオローグ. [F (逆成 ‹ ↓)]
ide·ol·o·gy /àɪdiáləʤi, ìd-/ *n* イデオロギー; 特定文化[集団, 個人]の考え方; 〘社〙《社会・政治上の》イデオロギー, 観念形態; 《古》〘哲〙観念学[論]; 空理, 空論. [F (*ideo-*, *-logy*)]
ìdeo·mótor *a* 〘心〙観念運動性の; 観念運動に関する.
ídeo·phòne *n* 〘言〙表意音《特にアフリカの言語において一品詞を構成する擬音[擬声]語的な要素》.
ides /áɪdz/ *n* [‹*sg/pl*›] 〘古ロ〙NONES 後の 8 日目《3, 5, 7, 10 月は 15 日; その他の月は 13 日; 広義で 7 日前から当日までも指す》. ● **Beware the ～ of March.** 3 月 15 日を警戒せよ《Caesar 暗殺の故事から, 凶事の警告; Shak., *Caesar* 1.2.18》. [OF‹L *Idus* (pl) ‹Etruscan]
id est /ɪd ést/ すなわち, 換言すれば (that is)《通例 i.e. と略す》. [L]
Id·fu /ídfù:/, **Ed·fu** /éd-/ イドフ, エドフ《エジプト南東部 Nile 川沿いの町; Ptolemy 3 世によって創建された Horus 神殿で知られる》.
id ge·nus om·ne /ɪd ʤí:nəs ámni/ すべてその種類の, その階級全体の. [L＝all of that kind]
Ídhi /í:ði/ イディ《Crete 島の IDA[2] 山の現代ギリシア語名》.
Ídhra ⇨ HYDRA[2].
-idia *n suf* -IDIUM の複数形.
-i·din /ədən/, **-i·dine** /ədì:n/ *n suf*「構造などが他の化合物と関連をもつ化合物」: tolu*idine*. [*-ide*]
id·io- /ídiou, -ə/ *comb form*「特殊な」「特有の」 [Gk *idios* private]
ìdio·adaptátion *n* 〘生〙個別適応.
ídio·blàst *n* 〘植〙異形細胞; 〘鉱〙自形変晶. ♦ **ìd·io·blás·tic** *a*
id·i·o·cy /ídiəsi/ *n* 愚かな考え[行動], 愚挙; [*derog*] 白痴 (⇨ IDIOT). [IDIOT; *lunacy* の類推か]
ìdio·glós·sia /-glɔ́(:)siə, -glás-/ *n* 〘医〙構音欠如, 構語不全《理解不可能な発音をする》; イディオグロシア《親密な関係にある幼児, 特にふたごの間で使われる私的言語》.
ídio·gràm *n* 〘遺〙イディオグラム《核型を図式的に表わしたもの》.
ìdio·gráphic *a* 〘心〙個別的具体的事例(の研究)の, 個性記述学の (cf. NOMOTHETIC).
id·i·o·lect /ídiəlèkt/ *n* 〘言〙個人言語《一個人のある一時期における発話の総体; cf. DIALECT》. ♦ **ìd·io·léc·tal** *a*
id·i·om /ídiəm/ *n* **1**《ある言語特有の》慣用(語)法[句], 熟語, 成句, イディオム. **2**《一言語の》特質, 特徴; 《一国民の》言語, 《ある地方・階級の》方言, 語風; 《ある作家・作曲家・時代などの》個性的表現形式, 作風; 《一般に》様式, 流儀: the English ～＝the English language / Shakespeare's ～ シェイクスピアの語法. [F or L‹Gk *idiomat- idioma* private property (*idios* own)]
id·i·o·mat·ic /ìdiəmǽtɪk/, **-i·cal** *a* **1** 慣用語法にかなった[の多い, を含む], 慣用的な; ある言語の特徴を示す, いかにもその国語らしい: ～ English いかにも英語らしい英語. **2**《芸術などで》独特の作風の, 個性的な. ♦ **-i·cal·ly** *adv* 慣用語的[風]に. **-ic·ness** *n* [Gk＝peculiar (↑)]
Ídiom Néutral イディオム・ネウトラル《VOLAPÜK を改良して 1902 年に発表された人工国際補助語の一つ》.
ìdio·mórphic *a* 固有の形をもつ; 〘鉱〙自形の (opp. *allotriomorphic*): an ～ mineral. ♦ **-phi·cal·ly** *adv*
id·io·path·ic /ìdiəpǽθɪk/ *a* 〘医〙特発(性)の; ある個人に独特の, 固有の: ～ cardiomyopathy 特発性心筋症. ♦ **-i·cal·ly** *adv*
id·i·op·a·thy /ìdiápəθi/ *n* 〘医〙特発症, 特発性疾患.
ídio·phòne *n* 〘楽〙イディオフォーン《摩擦・打撃などによる物質自体の音を利用した楽器; cymbals, xylophone など》. ♦ **ìd·io·phón·ic** /-fán-/ *a*
ídio·plàsm *n* 〘生〙遺伝質, 胚形質, イディオプラズム《細胞遺伝質; opp. *trophoplasm*》. ♦ **ìdio·plasmátic** *a*
id·io·syn·cra·sy, -cy /ìdiəsíŋkrəsi/ *n* 特異性, 特徴, 特異な性格[傾向, 性癖, 表現法, 性質]; 《個人の》特有の体格[からだつき]; 〘医〙特異体質. ♦ **ìd·io·syn·crat·ic** /ìdiousɪnkrǽtɪk/ *a* 特異的な, 特有の; 風変わりな (peculiar). **-i·cal·ly** *adv* [Gk (*idio-*, *sun* with, *krasis* mixture)]
id·i·ot /ídiət/ *n* 《口》(どうしようもない)ばか, まぬけ; 〘心〙[*derog*] 白痴(者)《最も重度の精神薄弱者を指した; cf. IMBECILE》: You ～! 大ばか者め. ● **like an ～＝like ～s** 《口》猛烈に, ばかみたいに. [OF, ‹Gk＝private citizen, layman, ignorant person]
ídiot bòard 《俗》プロンプター, カンペ《カメラに映らない所に台本などを表示する投射像・巻紙など》; IDIOT CARD.
ídiot bòx*《俗》テレビ.
ídiot càrd 《俗》キューカード, カンペ (＝*cue card*, *idiot board*, *idiot sheet*).
ídiot chànnel "《俗》民間テレビ放送.
ídiot gìrl 《俗》IDIOT CARD を持つ係の女の子.
id·i·ot·ic /ìdiátɪk/, **-i·cal** *a* ばかげた, くだらない, 大ばかな; [*derog*] 白痴の (⇨ IDIOT). ▶ *n* [-tic]*《俗》IDIOT JUICE. ♦ **-i·cal·ly** *adv*
ídiot·ìsm *n* **1** 慣用句 (idiom); 《廃》方言, 《一言語の》特徴 (idiom). **2** 《古》IDIOCY.
ídiot jùice*《麻薬俗》ナツメグ (nutmeg) の粉末を水で溶いたもの.
ídiot lìght 〘車〙異常表示ランプ《バッテリー(液)・オイル・ガソリンなどの欠乏・異常を自動的に示す》.
ídiot òil*《俗》アルコール, 酒.
ídiot pìll 《俗》バルビツール錠[カプセル]《睡眠薬》.
ídiot·pròof *a* だれでも簡単に扱える, 使いやすい.
ídiot savánt (*pl* **ídiot(s) savánts**) 〘精神医〙イディオサヴァン《特殊な才能をもつ精神薄弱者》; 専門ばか. [F]
ídiot shèet IDIOT CARD.
ídiot's lántern "《俗》テレビ.

ídiot tàpe 〘印〙自動植字用のコンピューター入力テープ.

ídio·tỳpe *n* 〘免疫〙イディオタイプ《免疫グロブリンに抗原特異性を与える決定基》; 〘遺〙遺伝子型 (genotype). ◆ **ìd·io·týp·ic** /-típɪk/ *a*

-id·i·um /ídiəm/ *n suf* (*pl* ～s, **-id·ia** /ídiə/)「小さいもの」: anther*idium*. [NL<Gk]

IDL °international date line.

idle /áɪdl/ *a* (**ídl·er; ídl·est**) **1** 〈人が〉仕事がない, 定職のない; 試合のない, オフの, 暇な; 怠惰な; 〈機械・工場など〉遊んで, 使用されないで: the ～ rich 有閑階級 / an ～ spectator 手をこまねいて見ている人 / spend ～ hours ぶらぶら時間を過ごす / have one's hands ～ 手がすいている / lie [stand, sit] ～ 働かないでいる, 使われないままになっている, 〈金・土地などが〉遊んでいる / run ～ 〈機械が〉空回りする. **2** むだな, 無益な (useless); 根拠のない, くだらない: an ～ talk むだ話 / an ～ threat こけおどし / It is ～ to say that…と言ってもむだだ / an ～ rumor 根も葉もないうわさ. ► *vi* **1** なまけている, 遊んでいる, のらくらしている, 無為に時を過ごす 〈*about, around*〉, ぶらぶらする. **2** 〈機械が〉空転する; 無負荷回転する, スロットルを閉めてゆっくり回転する. ► *vt* なまけて費やす, 〈時間を〉遊んで過ごす 〈*away*〉; *《口》〈労働者を〉遊ばせる; 〈機械・エンジンを〉空転[アイドリング]させる. [OE *īdel* empty, useless; cf. G *eitel*]

ídle·ness *n* 怠惰, 無為; 遊んでいること: *I～* is the root [mother] of all evil [sin, vice]. 《諺》怠惰は悪徳のもと, 小人閑居して不善をなす / BUSY ～.

ídler *n* なまけ者, 無精者; 役立たず; 〘海〙直外員; 〘機〙遊び車[ギア], アイドラー (idler wheel); 〘鉄道〙空車.

ídle(r) gèar 〘機〙遊び歯車[ギア].

ídle(r) pùlley 〘機〙《ベルトやチェーンの誘導・締めつけ用に空転する》遊び車.

ídler shàft 〘機〙アイドラーシャフト《駆動軸と被駆動軸の間を空転する大歯車を支えている軸》.

ídle(r) whèel 〘機〙遊び車, 仲立車, アイドラーホイール《idler gear, idler pulley など》.

idlesse /áɪdləs, aɪdlɛ́s/ *n* 《詩》安逸, 逸楽 (idleness).

ídle tìme アイドルタイム[時間] (**1**) 機械設備・コンピューターシステムなどがデータや次の作業指示を待っている状態で稼働していない時間 **2**) 就業時間中の空き時間, 手待ち時間).

Idle·wild /áɪdlwàɪld/ アイドルワイルド《JOHN F. KENNEDY INTERNATIONAL AIRPORT の旧称》.

id·li /ídli/ *n* 《インド》イドリー《米と豆の粉を練ってふかした円盤状の蒸しパン》. [Malayalam, Kannada]

idly /áɪdli/ *adv* なまけて; 無為に, 安閑と, つれづれに, 手もちぶさたに; 無益に: stand [sit] ～ by 手をこまねいて[何もしないで]いる.

Ido /íːdoʊ/ *n* イド語《Esperanto を簡易化した国際語; 1907 年フランスで発表されたが Esperanto の綱領に反するので Esperantists は支持せず》. [Ido=offspring; ⇨ *-id*[1]]

ido·crase /áɪdəkrèɪs, íd-/ *n* 〘鉱〙ベスブ石, ベスビアナイト (=*vesuvianite*)《褐色か緑色で Vesuvius 放出岩に多い》.

idol /áɪdl/ *n* **1** 偶像; 偶像神, 偽りの神; 偶像視[崇拝]される人[もの], 崇拝物, アイドル; 手本, 規範; 《廃》いかさま師: a popular ～ 民衆の崇拝の的 / one's childhood ～ 子供のころのアイドル / a fallen ～ 崇拝者を失った[人気の落ちた]人, 落ちた偶像 / make an ～ of…《盲目的に》…を崇拝する. **2** 〘論〙(先入的)謬見[誤謬], IDOLUM; 《古》幻, 虚像. ★ Francis Bacon, *Novum Organum* (1620) にいうイドラは次のとおり: **～s of the cave**=IDOLA SPECUS. **～s of the market [forum]**=IDOLA FORI. **～s of the theatre**=IDOLA THEATRI. **～s of the tribe**=IDOLA TRIBUS. [OF, <Gk *eidōlon* image, idol]

idola /aɪdóʊlə; ɪ-/ *n* IDOLUM の複数形.

idóla fó·ri /-fɔ́ːràɪ/ 市場のイドラ[幻影] (=*idols of the market [forum]*)《言語の混乱に起因する誤謬》. [NL]

idóla spé·cus /-spíːkəs/ 洞窟のイドラ[幻影] (=*idols of the cave*)《個人に特有な誤謬》. [NL]

idol·a·ter, -tor /aɪdɑ́lətər/ *n* 偶像崇拝者; 偶像教徒, 異教徒; 崇拝者, 心酔者 〈*of*〉. ◆ **idól·a·tress** /-trəs/ *n fem* [F, <Gk (IDOL, *latreuō* to worship)]

idóla the·á·tri /-θiéɪtràɪ/ 劇場のイドラ[幻影] (=*idols of the theatre*)《伝統的教義や方法に起因する誤謬》. [NL]

idóla trí·bus /-tráɪbəs/ 種族のイドラ[幻影] (=*idols of the tribe*)《人間の本性に起因する誤謬》. [NL]

idol·a·trize /aɪdɑ́lətràɪz/ *vt* 崇拝する; …に心酔する. ► *vi* 偶像を崇拝する; 偶像崇拝的に心酔する.

idol·a·trous /aɪdɑ́lətrəs/ *a* 偶像崇拝をする, 偶像崇拝の[的な]; 心酔する. ◆ **～·ly** *adv* **～·ness** *n*

idol·a·try /aɪdɑ́lətri/ *n* 偶像[邪神]崇拝; 盲目的崇拝, 心酔: honor sb on this side of ～ 人をほとんど盲目的に敬う.

ídol·ìsm *n* 偶像崇拝; IDOLIZATION; 〘論〙IDOLUM; 《古》謬見. ◆ **ídol·ist** *n* 《古》偶像崇拝者 (idolater).

ídol·ìze *vt, vi* 偶像化[視]する 〈*as*〉; 〈偶像を〉崇拝する; 溺愛[心酔, 敬慕]する. ◆ **-iz·er** *n* **ìdol·izátion** *n*

ido·lum /aɪdóʊləm; ɪ-/ *n* (*pl* **-la** /-lə/) EIDOLON; [^{U}pl] 〘論〙偏見像, 偶像, イドラ; 心像, 表象, 観念. [L; ⇨ IDOL]

Idom·e·neus /aɪdɑ́mən(j)ùːs/ 〘ギ神〙イードメネウス《クレタ (Crete) の王で, トロイア戦争でのギリシア軍勇将の一人への誓いを守り, 自分の息子をいけにえとしてささげた》.

ido·ne·ous /aɪdóʊniəs/ *a* 《古》ぴったりの, 適当な.

IDP °integrated data processing ◆ internally displaced people 国内避難民 ◆ international driving permit 国際自動車運転免許証.

Id·ris /ídrəs, áɪd-/ イドリス《ウェールズ伝説の巨人; 詩人に霊感を与え狂気に誘う》.

Id·u·maea, -mea /ìʤəmíːə/ イドマヤ《ギリシア・ローマ人によって名づけられた EDOM の称》. ◆ **Ìd·u·máe·an, -mé-** *a, n* イドマヤ(人)(の).

Idun /íːdùn/, **Ithun(n)** /íːðùːn/ 〘北欧神話〙イドゥン《春の女神; 神々に永遠の若さと生命を与えるリンゴの守り手で, Bragi の妻》.

idyl(l) /áɪdl; ídl, áɪ-/ *n* 田園詩, 牧歌, (小)物語詩; 《散文の》田園文学 (=prose ～); 《田園詩的な》ロマンチックな物語[できごと]; 田園風景; 〘楽〙田園詩曲. [L<Gk (dim)<*eidos* form]

idyl·lic /aɪdílɪk, ɪ-/ *a* 田園詩(風)の, 牧歌的な, のどかな. ◆ **-li·cal·ly** *adv* 田園詩風に.

idyl(l)·ist /áɪdlɪst, íd-/ *n* 田園詩人[作家].

-ie, -y, -ey /i/ *n suf* [名詞に付けて]「小さいもの」「…に属する[関係のある]もの」《親愛の気持ちを表わす》; [形容詞に付けて]「…の性質をもつもの」の意: John*ny* (ジョン坊), Ann*ie* (アン嬢ちゃん), aunt*y* (おばちゃん), dogg*ie*, book*ie*, talk*ies*; cut*ie* (かわい子ちゃん), dark*ey* (黒んぼ). [Sc *-y*<*-ie*]

i.e. /áɪ íː/ °id est. ★ that is とも読む.

IE Indo-European ◆ Industrial Engineer ◆ °Internet Explorer.

IEA °International Energy Agency.

iech·yd da /jǽkidùː/ *int* 《ウェールズ》乾杯.

IED °improvised explosive device.

IEE 〘英〙Institution of Electrical Engineers《現在は IET》.

IEEE Institute of Electrical and Electronics Engineers アメリカ電気・電子学会, アメリカ電気・電子技術者協会.

IELTS /áɪèlts/ IELTS (アイエルツ)《British Council と Cambridge 大学が共同で運営する英語能力試験; 英国・カナダ・オーストラリア・ニュージーランドなどの大学に留学する際, 試験結果の提出を求められる》. [*I*nternational *E*nglish *L*anguage *T*esting *S*ystem]

Ie·per /jéɪpər/ イーペル, イープル (F **Ypres** /F ipr/)《ベルギー北西部 West Flanders 州, フランス国境の近くにある市; 第一次大戦の激戦地》.

-ier /iər, jər/ *n suf* 「…に関する職業[職種]の人」: glaz*ier*, hos*ier*; gondol*ier*, grenad*ier*. [*-er*[1] and F<L *-arius*]

IET 〘英〙Institution of Engineering and Technology 工学技術学会《前身は IEE》.

if *conj* /ɪf, ìf, əf/ **1** [仮定・条件を表わして] もしも…ならば, …とすれば. **a** [現在・未来の不確実な事柄についての推量]: *If* you *are* tired, we will go straight home. 疲れているならすぐ帰宅しよう / I shall tell him *if* he *comes*. 彼が来たら話しましょう. **b** [現在の事実に反する]: *If* you *knew* how I suffered, you would pity me. わたしがどんなに苦しんだかを知っていれば, きみは同情するだろうに / *If* I *were* you, I would help him. わたしがきみなら彼を助けてやるのですが; 彼を助けてやりなさいよ. **c** [過去の事実に反する仮定]: *If* I *had known* [=《文》*Had I known*] earlier, I wouldn't have done it. 前もって知っていたらしなかったろうに. **d** [その他の構文]: *If* I *were to* die, … ⇨ BE / *If* it SHOULD…. ★「時」に関する用法では, if は概してその事に対して疑いのある場合に, when は確実性の強い場合に用いる: *If* he comes [he *should* come] tomorrow… / *When* Christmas comes…. **2** [譲歩] たとえ…としても (even though), …ではあるが: *If* (even) he be ever so rich… どんなに金持であろうとも… / I will do it (even) *if* it kills me. たとえ命を落とすとしてもやります / *Even if* you don't like it, you must do it. たとえいやでもやらねばならぬ / His manner, *if* patronizing, was not unkind. 彼の態度はなにか偉そうではあったが不親切ではなかった / an enthusiastic *if* small audience 少数ではあるが熱心な聴衆. **3** …のときはいつでも: *If* I feel any doubt, I ask. 疑問のあるときはいつでも尋ねます. **4** [ask, see, try, learn, know, doubt, wonder などの目的語として間接疑問の名詞節を導いて] …かどうか (whether): *Ask* [*Try*] *if* it is true. はたして本当かどうか聞いて[試して]ごらん / I *doubt if* he is coming. 彼が来るかどうか怪しい. **5** [帰結部を略した感嘆文; 驚き・希望・いらだちなどを表わす]: *If* I only knew! (=I wish I only knew!) 知ってさえいればなあ!《知らないで残念》/ *If* I haven't lost my watch! いまいましい, 時計をなくしちまった!《この前に I'm blessed などを補う; ⇨ BLESS》/ Why, *if* it isn't John! だれかと思えばジョンじゃないか.

● AS[1] **if. if a day [a dime, an inch, a man, a yard,** etc.] [強調形式] 1 日 [1 ダイム, 1 インチ, 1 人, 1 ヤードなど] でもあるとすれば, 確かに, 少なくとも: He is seventy *if a day*. 彼はどうしたって 70 歳は行っている《if he is a day (old) ともいう》/ It cost twenty dollars *if a dime*. それは確かに 20 ドルした / She measures six feet *if an inch*. 身長は少なくとも 6 フィートはある / I have walked 15 miles, *if a yard*. 15 マイルは確かに歩いた. **if and only if** ⇨ IFF. **if and**

[or] **when**=IF (cf. UNLESS *and until*). **if any** もしあれば; たとえあるとしても: Correct errors, *if any*. 誤りがあれば正せ / There are few, *if any*, mistakes. 誤りがあるにしても少ない. **if anything** どちらかと言えば, (それどころか[あるいは])むしろ: She is, *if anything*, a little better today. どちらかと言えば今日は少しよい. **if at all** ⇨ at ALL. **if ever** (いやしくも)やる[ある]とすれば; やる[ある]としても: Now is the time, *if ever*, to show your real worth. 今こそきみの真価を示す時だ. **...if ever there was one** まったくの[まさしく]..., 本当の (cf. *If there is* ONE *thing*): a kindhearted man *if ever there was one*. **if it wasn't [weren't, hadn't been] for...=if not for...** もし...がなかったら[いなかったら], ...なかりせば. **if not (1)** そうでなければ; もし...でなければ: He'll pick you up. *If not*, I'll come. 彼が拾ってくれるはず. でなければぼくが来るよ / *If not* you, then who? 君のほかにだれが? **(2)** ...とはいわないが, ...はともかくも: They welcome China's investment, *if not* influence. 中国の影響はともかく投資は歓迎している **(3)** ひょっとすると《さらに多くの[大きな, 重要な]》: dozens *if not* hundreds of people 数十といわず数百の人びと《この例は (2) の意味で「数百人とはいわないが数十人」とも解される》. **if nothing else** ほかのことはどうでも, なにはともあれ. **if** ONLY. **if so** そうなら, その場合. **if so be that** «古» IF. **if then** どんなに早くとも, 少なくとも. **only if**...する場合にかぎり: They can succeed *only if* they develop new market.=*Only if* they develop new market can they succeed. 新規市場を開拓しないかぎり成功するのは不可能だ.

► *n* /ɪ́f/ 条件 (condition); 仮定 (supposition): (and) it's [that's] a big *if* 本当に「もしも」の[仮定の]話だが / There is no *if* in the case. この場合無条件だ[絶対確実だ] / The *ifs* of history are not very profitable. 歴史における「もしも」はあまり実りがない / The future is full of *ifs*. 未来は不確定なことばかりである. ● **ifs and buts=ifs, ands, or buts** *«口» 不平や言いわけ: I don't want any *ifs and buts*. 言いわけはもうけっこう.

[OE *gif*; cf. G *ob* whether, if]

IF °intermediate frequency. **IFAD** 〘国連〙°International Fund for Agricultural Development.

íf-bèt *n* 〘競馬〙限定繰越勝馬投票《一つのレースに勝った払戻金を次のレースに賭ける方法》.

IFC °International Finance Corporation.

íf-clàuse *n* 〘文法〙条件節《if などで導かれる節》.

Ife /í:feɪ/ イフェ《ナイジェリア南西部の市; Yoruba 族の最大・最古の町の一つ; 12 世紀ころから制作されたテラコッタ・ブロンズの像によって広く知られる》.

-if·er·ous /ɪ́f(ə)rəs/ *a comb form* -FEROUS.

iff /ɪ́f(ə)n(d) óʊnli ìf, ɪ́f/ *conj* 〘論・数〙...である場合およびその場合に限って (if and only if).

IFF 〘軍〙Identification, Friend or Foe《航空機などに搭載する》敵味方識別装置.

if·fish /ɪ́fɪʃ/ *a* IFFY.

if·fy /ɪ́fi/ «口» *a* if の多い, 条件付きの, 不確かな, 疑わしい, あやしい, よくなさそうな; *あぶない, 危険な. ♦ **íf·fi·ness** *n*

-i·fi·ca·tion /əfɪkéɪʃ(ə)n/ *n suf* -FICATION.

If·ni /ɪ́fni/ イフニ《モロッコ南西部のスペインの旧海外州 (1934–69); ☆Sidi Ifni》.

IFO identified flying object 確認飛行物体 (cf. UFO).

-i·form /əfɔ̀:rm/ *a comb form* -FORM.

I formation /áɪ ―/ 〘アメフト〙I フォーメーション《バックスがクォーターバックの真後ろに I 字形に並ぶ攻撃陣形》.

-i·for·mes /əfɔ́:rmì:z/ *n pl comb form* 〘動〙「...の形をしたもの」《分類名をつくる》: Anser*iformes* ガンカモ類[目]. [NL<L (masc & fem pl)<*-iformis* -iform]

IFP °Inkatha Freedom Party. **IFR** 〘空〙instrument flight rules 計器飛行規則. **IFRC** °International Federation of Red Cross and Red Crescent Societies.

IFS °Irish Free State.

if·tar /ɪ́ftɑ̀:r/ *n* 〘イスラム〙イフタール《Ramadan の間, 日没後にとる断食明けの食事》.

-i·fy /əfàɪ/ *v suf* -FY.

Ig 〘生化〙immunoglobulin. **IG** °Inspector General.

IgA /áɪʤì:éɪ/ *n* 〘生化〙IgA, 免疫グロブリン A (=*immunoglobulin A*)《血液中に存在する血清型と唾液・涙・汗などの外分泌液に含まれる分泌型とがある》.

Igbo ⇨ IBO.

IgD /áɪʤì:dí:/ *n* 〘生化〙IgD, 免疫グロブリン D (=*immunoglobulin D*)《作用はよくわかっていないが, 血清中に少量存在している遊離型と B 細胞の分化過程に発現する膜型がある》.

Ig·dra·sil /ɪ́gdrəsɪ̀l/ YGGDRASIL.

IgE /áɪʤì:í:/ *n* 〘生化〙IgE, 免疫グロブリン E (=*immunoglobulin E*)《アレルギー反応を起こす抗体》.

IGF °insulin-like growth factor.

IG-Far·ben /G i:ge:fárbən/ イーゲーファルベン《第二次大戦前のドイツの世界的化学工業トラスト》. [*I*nteressengemeinschaft der deutschen *Farben*industrie AG]

igg /ɪ́g/ *vi* *«俗» 無視する, とぼける (ignore).

IgG /áɪʤì:ʤí:/ *n* 〘生化〙IgG, 免疫グロブリン G (=*immunoglobulin G*)《血清中に最も多量に含まれる免疫グロブリン; 主要な抗体分子》.

ig·gle /ɪ́g(ə)l/ *vt* *«俗» そそのかす. [? EGG on]

Igh·tham /áɪtəm/ アイタム《イングランド Kent 州中西部の村; 14 世紀初めの濠に囲まれた荘園領主の邸宅 Ightham Mote が残る》.

Iglau /G í:glaʊ/ イグラウ《JIHLAVA のドイツ語名》.

ig·loo, ig·lu /ɪ́glu/ *n* (*pl* ~**s**) イグルー《エスキモーの氷雪塊の家》; ドーム型の建物[小屋], イグルー; 〘軍〙覆土式[ドーム型]弾薬(貯蔵)所; アザラシが雪中につくるくぼみ《その下に息抜き穴がある》; イグルー《航空輸送用のかまぼこ型コンテナ》. [Eskimo=house]

IgM /áɪʤì:ém/ *n* 〘生化〙IgM, 免疫グロブリン M (=*immunoglobulin M*)《主として血管内に分布し, 抗原刺激で最初に出現する抗体; 補体結合活性をもつ》.

IGM °International Grandmaster.

Ig·nar·ro /ɪgnáːroʊ/ イグナロ **Louis J(oseph)** ~ (1941–)《米国の薬理学者; 循環器系における信号伝達分子としての一酸化窒素 (NO) の発見により, ノーベル生理学医学賞 (1998)》.

Ig·na·tius /ɪgnéɪʃ(i)əs/ **1** イグネイシアス《男子名》. **2** [Saint] 聖イグナティオス ~ **of Antioch** (d. c. 110 A.D.)《Antioch の司教; 異名 ~ Theophorus (「神を運ぶ者」の意); 殉教地ローマに至るまでに残した七書簡で有名; 祝日 10 月 17 日(もと 2 月 1 日)》. [L<Gk<?; L *ignis* fire の連想で 'fiery' の意か]

Ignátius of Loy·ó·la /-lɔɪóʊlə/ [Saint] 聖イグナティウス・デ・ロヨラ (1491–1556)《スペインの聖職者; イエズス会の創設者》. ♦ **Ig·na·tian** /ɪgnéɪʃ(i)ən/ *a*

Ig·nat·yev /ɪgnáːtjɪf/ イグナティエフ **Nikolay Pavlovich** ~, Count ~ (1832–1908)《ロシアの政治家・外交官; 汎スラヴ主義者で, 北京条約 (1860) を締結するなどロシアのアジア外交で枢要な役割を演じた》.

ig·ne·ous /ɪ́gniəs/ *a* 火の(ような); 〘地質〙火成の. [L (*ignis* fire)]

igneous róck 〘地質〙火成岩 (cf. VOLCANIC ROCK).

ig·nes·cent /ɪgnés(ə)nt/ *a* パッと燃え上がる; (鋼で打つと)火花を発する; 激しやすい〈性格〉. ► *n* 火花を発する物質.

ig·ni- /ɪ́gnə/ *comb form*「火」「燃焼」 [L (*ignis* fire); cf. IGNEOUS]

ig·nim·brite /ɪ́gnəmbràɪt/ *n* 〘地質〙イグニンブライト《溶結した大規模な火砕流堆積物》.

ig·nis fat·u·us /ɪ́gnəs fǽʧuəs; -tju-/ (*pl* **ig·nes fat·ui** /ɪ́gnì:z fǽʧuàɪ; -tju-/)《沼地などに発生し旅人を迷わせた》鬼火, 燐火, 狐火 (=*jack-o'-lantern, will-o'-the-wisp, friar's lantern*); [*fig*] 人を迷わす[惑わす]もの, 幻想的なお題目[目標, 希望 など]. [L=foolish fire]

ig·nite /ɪgnáɪt/ *vt* 発火させる; 〈燃料〉に点火する; 高度に[赤々と]熱する; [*fig*] ...に火をつける, 燃え立たせる, 〈興味など〉かきたてる; 〈戦争・暴動・論争など〉ひき起こす; 〘化〙自然燃焼[化学変化]するまで加熱する. ► *vi* 発火する, 点火する, 燃え上がる; (熱せられて)輝き出す. ♦ **ig·nít·able, -ible** *a* 発火[点火]性の. **ig·nìt·abíl·i·ty, -ibíl-** *n* 可燃性, 点火性[力]. [L *ignit- ignio* to set on fire; ⇨ IGNEOUS]

ig·nít·er, -ní·tor *n* 点火者, 点火器, 点火薬; 〘電子工〙点弧子, イグナイター.

ig·ni·tion /ɪgnɪ́ʃ(ə)n/ *n* 点火, 発火, 着火, 引火; 燃焼; 《エンジンの》点火装置, イグニション; 〘電子工〙点弧: an ~ switch 点火スイッチ.

ignítion còil 点火コイル《火花点火機関で点火プラグの火花を発生する誘導コイル》.

ignítion kèy イグニションキー《エンジン始動用の鍵》.

ignítion tèmperature [pòint] 発火[着火]温度, 発火[着火]点.

ig·ni·tron /ɪgnáɪtrɑ̀n/ *n* 〘電子工〙イグニトロン《点弧子型水銀放電管》. [*igni*tion, *-tron*]

ig·no·ble /ɪgnóʊb(ə)l/ *a* 生まれの卑しい; 下劣な, 下品な, あさましい, 見さげはてた; 〘鷹狩〙翼の短い〈鷹〉, 追うに値しない〈獲物〉. ♦ **-bly** *adv* **~·ness** *n* **ig·no·bil·i·ty** /ɪ̀gnoʊbɪ́ləti/ *n* [F or L (*in-*[1], NOBLE)]

ig·no·min·i·ous /ɪ̀gnəmɪ́niəs/ *a* 不面目な, 不名誉な, 恥ずべき; 卑しむべき; 屈辱的な. ♦ **~·ly** *adv* **~·ness** *n*

ig·no·miny /ɪ́gnəmɪ̀ni, -məni/ *n* 不面目, 不名誉, 恥辱; 恥ずべき[卑しむべき]行為, 醜行. [F or L (*in-*[1], L (*g*)*nomen* name)]

ig·nor·al /ɪgnɔ́:rəl/ *n* ˈˈ«口» 無視(すること).

ig·no·ra·mus /ɪ̀gnəréɪməs/ *n* 無知な者, 無学な者, 知ったかぶりのばか者. [L=we do not know (⇨ IGNORE); cf. イングランドの著述家 George Ruggle (1575–1622) の笑劇 *Ignoramus* (1615 年初演)]

ig·no·rance /ɪ́gn(ə)rəns/ *n* 無知, 無学; 不知, 不案内 〈*of*〉: be *in* ~ *of*...を知らない / keep sb *in* ~ 人を無学のままにしておく; 人に〈...を〉知らせないでおく 〈*about*〉/ *I~* is bliss. «諺» 知らぬが仏《Thomas Gray の句より》/ *I~* of the law is no excuse. «諺» 法の不知は抗弁[言いわけ]にならない. [F<L; ⇨ IGNORE]

íg·no·rant *a* 無知の, 無学の ‹*in*›; 特定分野の知識に欠ける, 不知の, 不案内の ‹*of*›; ものを知らない, 礼儀知らずの, 失礼な; (ある事を)知らない ‹*of, that*...›; 無知[無学]から起こる[による]; 《黒人俗》 気が短い, キレやすい: an ～ answer 無知をあらわす返事 / She is ～ *of* the world. 世間知らずだ. ♦ **～·ly** *adv* **～·ness** *n*
ig·no·ran·tia ju·ris ne·mi·nem ex·cu·sat /ìgnərá:ntiɑ: jú:rɪs néɪmɪnɛ̀m ɛkskú:sà:t/ 法の不知は何びとをも免責せず《法を知らなかったということは抗弁事由にならない; IGNORANCE of the law is no excuse. として諺化している》. [L]
ig·no·ra·tio elen·chi /ìgnəréɪʃiòu ɪléŋkì:, -kàɪ/ 〘論〙論点相違の虚偽. [L]
ig·nore /ɪgnɔ́:r/ *vt* ‹人の意見·証拠·信号などを› 《故意に》無視する, 黙殺する, 知らないふりをする; 〘法〙 ‹大陪審が›証拠不十分として不起訴[却下]にする; 不問に付す, ...に目をつぶる. ♦ **ig·nór·able** *a* **ig·nór·er** *n* [F or L *ignoro* not to know (*in*-[1])]
ig·no·tum per ig·no·ti·us /ɪgnóutum pɛ̀r ɪgnóutiùs/ わからないことをさらにわからないことばで説明すること. [L]
Ig·o·rot, -or·rot /ì:gəróut/ *n* **a** (*pl* ～, ～**s**) イゴロト族《フィリピンの主島 Luzon 島北部に住む》. **b** イゴロト語.
Igraine /ɪgréɪn/ 〘アーサー王伝説〙 イグレーヌ《Uther Pendragon 王の妻で Arthur 王の母》.
Igua·çú, Iguas·sú /ì:gwəsú:/ [the] イグアス川《ブラジル南部 Paraná 州を西に流れ, 上パラナ (Alto Paraná) 川に合流する》.
Iguaçú Falls /─ ─ ─/ *pl* [the] イグアス滝《ブラジル·アルゼンチン国境の Iguaçú 川にある大瀑布; 幅 4km の馬蹄形の落ち口から多数の小滝 (平均落差 61m) に分かれて流れ落ちる》.
igua·na /ɪgwá:nə/ *n* 〘動〙 **a** イグアナ《熱帯アメリカ産のイグアナ属 (*I-*) の大トカゲ》. **b** 大トカゲ《オオトカゲ属 などのトカゲ》. [Sp<Carib]
igua·nid /ɪgwá:nɪd/ *n* 〘動〙 イグアナ《イグアナ科 (Iguanidae) のトカゲの総称》.
iguan·odon /ɪgwá:nədɑ̀n/ *n* 〘古生〙 イグアノドン《同属 (*I-*) の各種恐竜; 白亜紀前期の大型の草食竜》. [*mastodon* などの類推で *iguana* より]
iguan·odont /ɪgwá:nədɑ̀nt/ 〘古生〙 *a* イグアノドン属の. ► *n* IGUANODON.
IGY °International Geophysical Year.
IHD °International Hydrological Decade.
I-head /áɪ─/ *a* 〘機〙 I 頭型の‹シリンダー·エンジン›《吸·排気バルブがシリンダーヘッドにある》.
ihp, i.h.p., IHP °indicated horsepower.
ih·ram /ɪrá:m/ *n* イフラーム《**1**) イスラム教徒が Mecca 巡礼 (hajj ないし umrah) をする際の禁忌の状態 **2**) この状態にある男性が着用せねばならない巡礼用装束; 二枚の白い布からなり, 裸になって一枚を腰に巻き, もう一枚を左の肩に掛ける》. [Arab]
IHS /áɪèɪtʃés/ JESUS《ギリシア文字 *ΙΗΣ*<*ΙΗΣΟΥΣ* 'Jesus' の *H* (=ē) を H と誤って転写したことに由来する》; 《再解釈により》Iēsus Hominum Salvātor 'Jesus Savior of men', IN HOC SIGNO (VINCES) (=in this sign (thou shalt conquer)), In Hoc (Cruce) Salus (=in this (cross) salvation).
IHT 〘英〙°inheritance tax.
IHVH ⇨ YHWH.
IIE 〘米〙 Institute of Industrial Engineers 工業技術者協会.
IIP 〘米〙 (Bureau of) International Information Programs 国際情報プログラム局《国務省の一部局; 1999 年創設》.
IISS °International Institute for Strategic Studies.
ii·wi /í:wi/ *n* 〘鳥〙 ベニハワイミツスイ, イーウィ《ハワイミツスイ科》. [Haw]
IJs·sel, Ys·sel /áɪs(ə)l/ [the] アイセル川《IJsselmeer に流れ込む, Rhine 川の分流》.
IJs·sel·meer /àɪs(ə)lméər/ アイセル湖 (*Eng* Lake **Ijssel**)《オランダ北西部の浅い淡水湖; Zuider 海南部がアイセル湖ダムの建設でせき止められてできた》.
ikan /í:kà:n/ *n* 《マレーシア》 魚(料理). [Malay]
Ikaría ⇨ ICARIA.
ikat /í:kà:t/ *n* 〘染色〙 くくり染め, くくり絣(がすり), イカット《織糸の一部を糸でくくって防染し染め分け, これで布を織る技法, また その織物》. [Malay=tying]
IKBS °intelligent knowledge-based system.
ike /áɪk/ *n* 《俗》 ICONOSCOPE.
Ike **1** アイク《男子名; Isaac などの愛称》. **2** アイク《Dwight D. Eisenhower の愛称》. **3** 《俗》 [*derog*] ユダヤ人《男》.
IKEA /aɪkí:ə, ɪkéɪə/ 〘商標〙 イケア《スウェーデンで創業したイケア社 (Inter ～ Systems B.V.) の組立て式家具》.
ike·ba·na /ìkəbá:nə, ì:kɛ-/ 生け花. [Jpn]
Ike·ja /ɪkéɪdʒɑ:/ イケジャ《ナイジェリア南西部 Lagos 州の州都; Lagos の郊外都市》.
Ikey /áɪki/ **1** アイキー《男子名; Isaac などの愛称》. **2** 《俗》 [*derog*] ユダヤ男; "《俗》 質屋.
Ikh·na·ton /ɪkná:tn/ イクナートン《AKHENATON の別称》.
ikon /áɪkɑ̀n/ *n* ICON.
il- /ɪ(l)/ ⇨ IN-[1,2].
-il /ɪl, əl/ *a suf* -ILE[1].
IL Illinois ♦ interleukin ♦ Israel.
I²L ⇨ I square L の位置.
ILA International Longshoremen's Association 国際港湾労働者組合《本部 New York 市》.
ilang-ilang, ylang-ylang /ì:là:ŋí:là:ŋ/ *n* **1** 〘植〙 イランイランノキ《バンレイシ科の常緑高木; マレー諸島·フィリピン諸島原産》. **2** イランイラン香油. [Tagalog]
Il Du·ce /ɪl dú:tʃi, -tʃeɪ/ イル·ドゥーチェ《ファシスト党首 Mussolini の称号; cf. FÜHRER》. [It=the leader]
ile- /ɪ́lɪ/, **il·eo-** /íliou, -ə/ *comb form*「回腸」「回腸と」: *ile*itis. [L; ⇨ ILEUM]
-ile[1] /ɪl, əl, àɪl; àɪl/ *a suf*「...に関する」「...できる」「...に適した」: sen*ile*, serv*ile*, vir*ile*; ag*ile*, doc*ile*, frag*ile*; prehens*ile*, protract*ile*; fut*ile*, puer*ile*. [L *-ilis*]
-ile[2] /ɪl, əl, àɪl; àɪl/ *n suf* 〘統〙「...等分した一つ」: dec*ile*. [*-ile*; cf. quart*ile*]
ilea *n* ILEUM の複数形.
il·e·ac /íliæ̀k/ *a* 〘医〙 腸閉塞 (ileus) の.
il·e·al /íliəl/, **ileac** *a* 〘解〙 回腸 (ileum) の.
Île-de-France /*F* ildəfrɑ̃:s/ イル-ド-フランス《フランス中北部の Paris を中心とする地方·旧州·地域圏; Essonne, Hauts-de-Seine, Seine-et-Marne, Seine-St.-Denis, Val-de-Marne, Val-d'Oise, Ville-de-Paris, Yvelines の 8 県からなる》.
Île des Pins /*F* il de pɛ̃/ パン島 (*E* Isle of Pines)《太平洋南西部 New Caledonia 島南端から約 50 km ほど南東にあるフランス領の島》.
Île du Dia·ble /*F* il dy djɑ:bl/ DEVIL'S ISLAND.
il·e·i·tis /ìliáɪtəs/ *n* 〘医〙 回腸炎.
il·e·os·to·my /ìliɑ́stəmi/ *n* 〘医〙 回腸造瘻[フィステル形成](術).
Îles de la So·cié·té /*F* il də la sosjete/ *pl* SOCIETY ISLANDS.
Îles du Vent /*F* il dy vɑ̃/ *pl* 《南太平洋の》 WINDWARD ISLANDS.
Ile·sha /iléɪʃə/ イレシャ《ナイジェリア南西部の町》.
Îles Mar·quises /*F* il marki:z/ *pl* MARQUESAS ISLANDS.
Îles sous le Vent /*F* il su lə vɑ̃/ *pl* 《南太平洋の》 LEEWARD ISLANDS.
il·e·um /íliəm/ *n* (*pl* **il·ea** /íliə/) 〘解·昆〙 回腸. [L *ilium*; 語形は ↓ と混同]
il·e·us /íliəs/ *n* 〘医〙 腸閉塞(症), イレウス. [L<Gk (*illein* to roll)]
ilex /áɪlèks/ *n* 〘植〙 **a** セイヨウヒイラギガシ (holm oak). **b** モチノキ (holly)《モチノキ属 (*I-*) の木の総称》. [L]
il faut cul·ti·ver no·tre jar·din /*F* il fo kyltive nɔtr ʒardɛ̃/ 己れの庭を耕すべし; 自分の仕事に精を出すべし《Voltaire のことば》.
Il·ford /ílfərd/ イルフォード《イングランド南東部 Essex 州にあった municipal borough; 現在は Redbridge の一部》.
Il·fra·combe /ílfrəkù:m/ イルフラクーム《イングランド南西部 Devonshire の Bristol 湾沿いにある海岸保養地》.
Ili /í:lí:/ [the] イリ川《中国新疆(しんきょう)ウイグル自治区の北西部から西流してカザフスタンで Balkhash 湖に注ぐ川》.
ilia *n* ILIUM の複数形.
Il·ia /íliə/ 〘ロ神〙 イーリアー《Romulus と Remus の母 Rhea Silvia のこと》.
Ilía /ilí:ə/ イリア《ギリシア南西部 Peloponnesus 半島北西部の県; 古代 Elis とほぼ同じ地域》.
il·i·ac /íliæ̀k/ *a* 〘解〙 腸骨の(近くにある); 《古》 ILEAC[2]. [L (*ilia* flanks)]
íliac pássion 《古》 ILEUS.
Il·i·ad /íliəd/ **1** [the] イーリアス《Homer 作とされるトロイア攻囲戦をうたった古代ギリシアの叙事詩; cf. ODYSSEY》. **2** イーリアス風の叙事詩; 長篇詩[物語](にふさわしい数々の偉業); 長く続くもの《災害·不幸など》: an ～ of woes うち続く不幸. ♦ **Il·i·ad·ic** /ìliǽdɪk/ *a*
Il·i·am·na /ìliǽmnə/ イリアムナ《Iliamna 湖の北東にある火山 (3053 m)》.
Iliámna Láke イリアムナ湖《Alaska 州南西部にある同州最大の湖》.
Il·i·an /íliən/ *a, n* イリウム (Ilium) の(住民).
Il·ies·cu /ɪliésku, ɪljés-/ イリエスク **Ion** ～ (1930–)《ルーマニアの政治家; 大統領 (1990–96, 2000–04)》.
Ili·gan /ɪlí:gən/ イリガン《フィリピンの Mindanao 島北岸にある市》.
il·io- /íliou, -ə/ *comb form*「腸骨 (ilium)」 [L]
Il·i·on /íliən, -ɑ̀n/ イリオン《古代 TROY のギリシア語名》.
il·i·um /íliəm/ *n* (*pl* **il·ia** /íliə/) 〘解〙 腸骨. [L]
Ilium イリウム《古代 TROY のラテン語名》.
ilk /ílk/ *a* 《スコ》 同一の, 同じ (same); 《スコ》 おのおのの, めいめいの (each). ► *n* [°*derog*] 家族, 同類, 同種: that ～ その家族, 同類. ● **of that [its, their] ～** 《スコ》 同名[同家, 同地]の; 同種類の.

► *pron* 《スコ》めいめい (each). [OE *ilca* some (**i*- that, the same, **lik*- LIKE²)]

il·ka /ílkə/ *a* 《スコ》めいめいの, それぞれの. [↑]

ill /íl/ *a* (**worse; worst**) **1** (opp. *well*) **a** [*pred*] 病気で, 気分が悪い, 吐き気がする (sick*): be taken ～=fall ～ 病気になる / ～ with fever 熱病にかかって / be ～ in bed 病気で寝ている. **b** 不健全な, 不調の: ～ health 不健康. **2 a** 悪い, 不徳な, 邪悪な; 意地の悪い, 不親切な: ～ deeds 悪行 / ILL FAME, ILL BLOOD, ILL FEELING, ILL NATURE, ILL HUMOR, ILL TEMPER. **b** いやな, 不快な; 有害な; 不都合な; みじめな; 《縁起の》悪い, 不吉な: ～ weather / ～ effects 悪影響 / *Ill* weeds grow apace [are sure to thrive]. 《諺》雑草は茂りやすい, '憎まれっ子世にはばかる' / ～ fortune [luck] 不幸, 不運 / *Ill* NEWS comes apace. / ～ omen 凶兆. **c** *《俗》《容疑のために》逮捕されて, ぶち込まれて. **3 a** へたな, まずい, ろくでもない, しょうもない; 不十分な, 不適当な; 不満足な: ～ management 不適切な管理 / ～ manners 無作法 / with an ～ GRACE / ～ success 不成功. **b** 《古》むずかしい: an ～ man to please 気むずかしい人. ● **look ～** 病気のように見える; 〈事が〉不調に見える.

► *n* **1** 悪, 邪悪; 《古》罪悪; 不利なこと: do ～ 悪事をはたらく, 害をなす. **2** [ᵘ*pl*] 不幸, 苦悩; 災難, 困難; 病苦, 病気. ● **for** GOOD **or ～.**

► *adv* (**worse; worst**) **1** 悪く (badly): behave ～ 行儀が悪い / *Ill* got, ～ spent. 《諺》悪銭(あくせん)身につかず / speak [think] ～ of... 〈人〉を悪く言う[思う] / use sb ～ 人を虐待する. **2** 不親切に, 意地悪く, あしざまに; 不都合に, 運悪く; 不完全に, 不十分に; ほとんど…なく (scarcely): The plan is ～ timed. (cf. *ill*-timed plan) / ～ provided 供給不足で / ILL-EQUIPPED / I can ～ afford the time. その時間は都合しかねます / We can ～ afford to ignore his opinion. 彼の意見を無視するわけにはいかない. ● **be ～ off** 暮らし向き[都合, 工面]が悪い. **～ at ease** 居ごこちが悪い, 落ちつかない, 不安で. **It goes ～ with**... 事態は…にとってうまくいかない, …がひどいめにあう. **take** sth **～** 物事を悪くとる, おこる.

[ME=evil<ON *illr* bad<?]

I'll /aɪl, àɪl/ I will [shall] の短縮形.

ill. illustrated ◆ illustration ◆ illustrator. **Ill.** Illinois.

íll-advísed *a* 無分別な, 思慮のない, 賢明でない, 軽率な. ◆ **-ad·vís·ed·ly** /-əd-/ *adv*

íll-affécт·ed *a* 好感をもっていない, 不満をもっている, 不服な 〈*toward*〉.

Illam·pu /ijɑ́:mpu/ イヤンプー (**1**) ボリビア西部にあるアンデス山中の山塊; 別称 Sorata; 北峰が最高峰 Ancohuma (6388 m) **2**) 同山塊の南峰 (6362 m)).

íll-assórt·ed *a* ILL-SORTED.

il·la·tion /ɪléɪʃ(ə)n/ *n* 推理, 推論 (inference); 推論の結果, 結論.

il·la·tive /ílətɪv, ɪléɪtɪv/ *a* 推定的な, 推論の; 推論を導く; 〘文法〙入格[方向格]の (ハンガリー語などにおいて方向あるいは「…の中へ」の意を表わす格)). ► *n* 推論; 推論を導く語句 (therefore, as a consequence など); 〘文法〙入格(の語), 方向格(の語). ◆ **～·ly** *adv* [L]

íllative conjúnction 〘文法〙推論接続詞 (therefore, then, so など).

il·láudable /ɪ-/ *a* ほめられない, ほめかねる. ◆ **-bly** *adv*

Il·la·war·ra /ìləwɑ́rə/ **1** イラワラ (オーストラリア南東部 New South Wales 州南東部の海岸地方). **2** 〘畜〙イラワラ種(の乳牛) (牧草の少ない土地にも強い).

íll-beháved *a* 行儀の悪い, 無作法な; 〘電算〙〈プログラムが〉行儀の悪い.

íll-bé·ing *n* 悪い状態, 不幸, (体の)不調.

íll blóod BAD BLOOD.

íll-bóding *a* 縁起の悪い, 不吉な.

íll-bréd *a* 育ち[しつけ]の悪い, 無作法な.

íll bréeding 無作法, 育ちの悪さ.

íll-concéaled *a* 〈感情などが〉隠しきれない, 抑えがたい.

íll-concéived *a* 発想がよくない, よく検討されていない.

íll-condítioned *a* たち[意地]の悪い; 体調の悪い; 悪性の; 〘数〙〈行列が〉悪条件の. ◆ **～·ness** *n*

íll-consídered *a* 無分別な, 不適当な, 賢明でない.

íll-defíned *a* 定義のまずい; 不明確な.

íll-dispósed *a* たちの悪い; 非協調的な, 悪意をいだく, 性悪の 〈*toward*〉.

Ille-et-Vi·laine /*F* ilevilɛn/ イレヴィレーヌ (フランス北西部 Bretagne 地域圏の県; ☆Rennes).

il·légal /ɪ-/ *a* 違法な, 不法な (unlawful), 非合法的な; 違反の, 反則の. ► *n* 《主に米》違法入国[入植]者. ◆ **～·ly** *adv* 違法に. **ìl·legálity** *n* 違法, 不法, 非合法; 違法行為. [F or L (*in*-¹, *legalis* legal)]

illégal abórtion 堕胎(罪).

illégal álien* ILLEGAL IMMIGRANT.

illégal ímmigrant 違法入国[滞在]者.

il·légal·ìze /ɪ-/ *vt* 違法[不法]とする, 非合法化する. ◆ **il·lègal·izá·tion** *n*

il·légible /ɪ-/ *a* 〈文字などが〉読みにくい, 判読しがたい[できない]. ◆ **-ibly** *adv* **il·legibílity** *n*

il·legítimacy /ì-/ *n* 違法, 非合法; 不条理, 不合理; 非嫡出(性), 私生, 庶出; 型破り(語法).

il·legítimate /ì-/ *a* 違法の; 〈分類名が〉国際基準に従わない; 非嫡出の, 庶出の; 〘論〙推論を誤った; 〈語句など〉誤用の; 変則的な; 〘生〙〈受精など〉異常な, 異常[変則的]な受精によって生じた: an ～ child 非嫡出子. ► *n* 非嫡出子, 庶子, 私生子. ► *vt* /-mèɪt/ 違法と認める; 非嫡出子と認める. ◆ **～·ly** *adv* 違法に, 不合理に. [L *illegitimus* (*in*-¹); 語尾は *legitimate* に同化]

il·le·git·i·ma·ti non car·bo·run·dum /ìlədʒìtəmɑ́:ti nòun kɑ̀:rbərʌ́ndəm/, **il·le·git·i·mis non car-** /ìlə-dʒítəmɪs-/ *《俗》つまらん者に苦しめられることなかれ, できそこない[ばか者]になめられるな. [擬似ラテン; *illegitimatus* bastard, *Carborundum* 研磨剤の一つ]

il·legitimátion /ì-/ *n* 違法との認定; 非嫡出子の認定.

il·legítimatize, il·legítimize /ì-/ *vt* ILLEGITIMATE.

íll-equípped *a* 設備[装備]の悪い, 資格[能力]のない, 準備ができていない 〈*for*, *to* do〉.

íll fáme 不評判, 悪評, 悪名, 悪声: HOUSE OF ILL FAME. ◆ **íll-fámed** *a*

íll-fáted *a* 不運な, 悲運の, 不幸な; 不幸をもたらす: an ～ day 厄日(やくび).

íll-fávored *a* 〈人・顔が〉不器量な, 醜い; 不快な, いやな.

íll féeling 悪感情, 悪意, 敵意, 反感.

íll-fítting *a* 〈服が〉サイズが合わない.

íll-fóund·ed *a* 根拠の薄弱な, 正当な理由のない.

íll-gótten *a* 不正手段で得た, 不正な: ～ gains [wealth] 不正利得.

íll héalth 不健康, 体調不良.

íll húmor 不快, 不機嫌. ◆ **íll-húmored** *a* 不機嫌な. **-húmored·ly** *adv*

il·líberal /ɪ-/ *a* 狭量な; 反自由主義的な; 物惜しみする, けちな; 《古》教養のない, 下品な; 教養を必要としない. ► *n* illiberal な人, 《特に》反自由主義者. ◆ **～·ly** *adv* **～·ness** *n* **il·liberálity** /ɪ-/ *n* [F (*in*-¹, LIBERAL)]

il·líberal·ìsm /ɪ-/ *n* 反自由主義.

Il·lich /ílɪtʃ/ イリッチ **Ivan ～** (1926–2002) (オーストリア生まれの社会思想家; *Deschooling Society* (1971), *Medical Nemesis* (1975)).

il·lícit /ɪ-/ *a* 違法[不法]な, 禁制の, 不義の: an ～ distiller 酒の密造者 / the ～ sale of opium アヘン密売 / ～ intercourse 不義, 密通. ◆ **～·ly** *adv* **～·ness** *n* [F or L (*in*-¹, LICIT)]

Illi·ma·ni /ì:jəmɑ́:ni/ イイマニ, イリマニ (ボリビア西部 Andes 山脈の山 (6402 m); La Paz の南東に位置).

il·límit·able /ɪ-/ *a* 無限の, 広大な, 広々とした, 果てしない. ◆ **-ably** *adv* 無限に, 限りなく, 果てしなく. **～·ness** *n* **il·lìmit·abílity** /ɪ-/ *n*

ill·in' /ílɪn/ 《俗》*a* 病気で, 体調が悪くて; 行儀が悪い, ふざけた, 調子に乗った; ばかな, 足りない, いかれた; 動揺して, カッカして; いかさない, さえない (bad).

íll-infórmed *a* 〈人・発言などが〉情報不足の.

il·lin·i·um /ɪlíniəm/ *n* 〘化〙イリニウム (記号 Il; 現在は PROMETHIUM という). [*Illinois*, -*ium*; Illinois 大学で確認したとされた]

Il·li·nois /ìlənɔ́ɪ, *-nɔ́ɪz/ **1 a** イリノイ (米国中部の州; ☆Springfield; 略 Ill., IL). **b** [the] イリノイ川 (Illinois 州を南西に流れて Mississippi 川に合流する川). **2** イリノイ連合 (Illinois, Iowa, Wisconsin のインディアンの連合); (*pl* ～) イリノイインディアン (イリノイ連合のインディアン); イリノイ語. ◆ **Il·li·nois·an** /-nɔ́ɪən/, **-noi·an** /-nɔ́ɪən/, **-nois·i·an** /-nɔ́ɪziən/ *a*, *n* [F<Algonquian]

Illinóis gréen* 《俗》イリノイグリーン (マリファナの一種).

il·líquid /ɪ-/ *a* 〈資産が〉(容易に)現金化できない, (市場)流動性のない[低い]; 現金不足の; 〈市場が〉取引の動きが鈍い. ◆ **～·ly** *adv* **il·liquídity** /ì-/ *n*

il·lite /ílaɪt/ *n* 〘鉱〙イライト (雲母群鉱物). ◆ **il·lit·ic** /ɪlítɪk, ɪláɪ-/ *a* [*Ill*inois 州, -*ite*]

il·líteracy /ɪ-/ *n* 非識字, 読み書きできないこと; 無学; (*pl* **-cies**) (無学による) 言い[書き]間違い.

il·líterate /ɪ-/ *a* 読み書きのできない, 文盲の; 教育のない, 非識字の; 《言語・文学などの》教養のない, 無教養さのあらわれた〈文体など〉; 《特定分野での》知識[素養]のない, 無知な: He is politically ～. 彼は政治のことはさっぱりわからない. ► *n* 非識字者, 無教育者. ◆ **～·ly** *adv* **～·ness** *n* [L (*in*-¹, LITERATE)]

íll-júdged *a* 無分別な, 思慮のない, 賢明でない.

íll-kémpt /-kém(p)t/ *a* UNKEMPT.

íll-lóok·ing *a* 〈顔が〉醜い; 人相のよくない, うす気味悪い顔つきの.

íll-mánnered *a* 無作法な, 粗野な. ◆ **～·ly** *adv*

íll-mátched, -máted *a* 不似合いな, 不釣合いの: an ～ couple.

íll náture 不機嫌な[ひねくれた, 卑しい]性格.

íll-nátured *a* 意地の悪い, ひねくれた; 不機嫌な, おこりっぽい. ◆ **～·ly** *adv* **～·ness** *n*

íll·ness *n* 不健康, 疾患, 病気; 《廃》不快; 《廃》邪悪.
il·locútion /ɪ-/ *n* 〘哲・言〙 発語内行為《ある発話をすることがなにか行為をなすことになること; たとえば「明日来ることを約束します」という発話はそれ自体で「約束する」という行為になる》.
il·locútion·àry /ɪ-; -(ə)ri/ *a* 〘哲・言〙 発語内の: an ~ act 発語内行為.
il·lógic /ɪ-/ *n* 没論理, 無論理, 不合理. ［逆成く↓］
il·lógical /ɪ-/ *a* 非論理的な, 不合理な, 筋の通らない, 理不尽な, ばかげた. ♦ **il·logicálity** /ɪ-/ *n* 不合理: a book full of *illogicalities*. **~·ly** *adv* **~·ness** *n*
íll-ómened *a* 縁起の悪い, 不吉な; 不運な.
íll-píece *n**《俗》魅力のない同性愛の相手.
íll-prepáred *a* 心構えの不十分な, 準備不足の.
íll-sórt·ed *a* 不似合いの, 不釣合いの; 《スコ》ひどく不快になった: an ~ pair 不似合いの夫婦.
íll-spént *a* 浪費された.
íll-stárred *a* 星回りの悪い, 不運な, 不幸な.
íll-súit·ed *a* 不似合いな, 不適な.
íll témper 不機嫌, 短気.
íll-témpered *a* おこりっぽい, 気むずかしい. ♦ **~·ly** *adv*
íll-tímed *a* 時を得ない, 折の悪い, あいにくの: an ~ arrival まずい時にかち合った[タイミングの悪い]到着.
íll-tréat *vt* 虐待する, ひどいめにあわせる, 冷遇する. ♦ **~·ment** *n* 虐待, 冷遇.
il·lude /ɪl(j)ú:d/ *vt* 《文》欺く, 惑わす; 錯覚させる; 《廃》あざける, ばかにする; 《古》免れる.
il·lume /ɪlú:m/ *vt* 《古・詩》ILLUMINATE.
il·lu·mi·nance /ɪlú:mənəns/ *n* 〘光〙 ILLUMINATION.
il·lú·mi·nant *a* 発光性の, 照らす. ► *n* 発光体[物]; 〘光〙 光源.
il·lu·mi·nate *v* /ɪlú:mənèɪt/ *vt* **1** 照らす, 照明する, …にイルミネーションを施す; 〈顔色などを〉輝かせる, 明るくする; 《古》…に灯火をともす; 放射線照射する; 〈写本などを〉色模様・飾字などで飾る. **2** 啓蒙[啓発]する; …に(説明[解釈]の)光明を投ずる, 明らかにする, 解明する; 目立たせる, 際立たせる. **3** …に栄光[名声]を与える, 光彩を添える. ► *vi* イルミネーションを施す; 明るくなる. ► *a* /-nət/ 《古》照らされた; 《古》啓蒙[教化]された(と自称する). ► *n* /-nət/ 《古》明知を得た(と自称する)人. ［L (*in-*[2], *lumen* light)］
il·lú·mi·nàt·ed *a* 《照明で》照らされた; 〈写本などが〉彩飾された; 《俗》酔っぱらった: an ~ car 花電車 / an ~ manuscript 彩飾[金泥]写本.
il·lu·mi·na·ti /ɪlù:məná:ti/ *n pl* (*sg* **-to** /-toʊ/) 明知を誇る人びと, (自称)哲人たち; [I-] 《18 世紀フランスの》啓蒙主義者; [I-] 光明派《**1**) 16 世紀スペインのキリスト教神秘主義の一派 **2**) 1778 年ドイツ Bavaria に起こった自然神教を奉ずる共和主義の秘密結社》. ［L or It; ⇨ ILLUMINATE］
il·lú·mi·nàt·ing *a* 照明する; 明らかにする, 啓発する〈意見・説など〉. ♦ **~·ly** *adv*
il·lu·mi·na·tion /ɪlù:mənéɪʃ(ə)n/ *n* **1** 照明(法); 〘光〙 照度 (= *illuminance*); [°*pl*] 電飾, イルミネーション; 《文字・写本などの》彩飾(模様). **2** 啓蒙; 解明. ♦ **~·al** *a*
il·lu·mi·na·tive /ɪlú:mənèɪtɪv, -nə-/ *a* 明るくする; 明らかにする; 啓蒙的な.
il·lú·mi·nà·tor *n* 光を与える人[もの], 照明器, 反射鏡, 発光体《など》; 啓蒙者; 写本彩飾師.
il·lu·mine /ɪlú:mən/ *vt* 《文》ILLUMINATE.
il·lu·mi·nism /ɪlú:mənìz(ə)m/ *n* [I-] ILLUMINATI 派の主義[教義]; 啓蒙[教化]主義. ♦ **-nist** *n*
il·lu·mi·nom·e·ter /ɪlù:mənɑ́mətər/ *n* 〘光〙 照度計.
illus. illustrated ♦ illustration.
íll-úsage *n* 虐待, ひどい扱い, 酷使.
íll-úse *vt* /-jú:z/ 虐待[酷使]する; 悪用[濫用]する. ► *n* /-jú:s/ 虐待, 酷使.
il·lu·sion /ɪlú:ʒ(ə)n/ *n* **1 a** 幻覚, 幻影, 錯視, 錯覚; 幻想, 迷妄; 思い違い, 勘違い; 〘心〙 錯覚; だまし絵, 反転遠近錯視図: be under the ~ that…と錯覚[勘違い]している / be under no ~(*s*) 事実[状況]を正確にとらえている / cherish the ~ that…と思い違いをする[思い込む] / have no ~*s* about…についてなんら思い違いをしていない. **b** 《廃》だますこと, 瞞着 (deceiving). **2** 透明な絹網《婦人用ベール・縁飾り用》. ♦ **~·al** *a* ［F＜L (*illudo* to mock＜*lus- ludo* to play)］
illúsion·àry /; -(ə)ri/ *a* 幻の; 幻想の, 錯覚の.
illúsion·ism *n* 幻影説, 迷妄説《実在世界は幻影と説く》; 〘芸〙 幻覚法, だまし絵技法. ♦ **-ist** *n* 迷妄説論者; 幻想家; 幻覚法[だまし絵]画家; 手品師. **il·lù·sion·ís·tic** *a* **-ti·cal·ly** *adv*
il·lu·sive /ɪlú:sɪv, -zɪv/ *a* ILLUSORY. ♦ **~·ly** *adv* **~·ness** *n*
il·lu·so·ry /ɪlú:s(ə)ri, -z(ə)-/ *a* 錯覚に基づく, 錯覚を起こさせる; 人目を欺く; 紛らわしい, 架空の, まぼろしの. ♦ **-ri·ly** *adv* **-ri·ness** *n*
illust. illustrated ♦ illustration.
il·lus·trate /íləstrèɪt, *ɪlʌ́s-/ *vt* **1** 〈本などに〉さしえ[説明図]を入れる, 図解する 〈*with*〉. **2** 《実例・図・比較などによって》説明する[明らかにする], 例証する, 明示する 〈*with*〉; …の例証となる. **3** 《古》著名にする; 《廃》照らす, 明るくする; 《廃》飾る; 《廃》啓蒙する. ► *vi* 実例を出す[出して説明する]. ［L (*in-*[2], *lustro* to light up)］
íl·lus·tràt·ed *a* 写真[さしえ]入りの: an ~ book [newspaper]. ► *n* 写真[さしえ]の多い新聞[雑誌].
Íllustrated Lóndon Néws [the]『イラストレーテッド・ロンドン・ニューズ』《英国の雑誌; ジャーナリズム分野におけるグラフィックアートの活用の先駆的存在; 1842 年創刊, 2003 年廃刊》.
il·lus·tra·tion /ìləstréɪʃ(ə)n/ *n* **1** 実例, 引例; 例証; 《本の》さしえ, イラスト(レーション); 例解[図解](すること): by way of ~ 実例として / in ~ of …の例証として. **2** 《古》著名にすること. ♦ **~·al** *a*
il·lus·tra·tive /ɪlʌ́strətɪv; íləstrèɪtɪv/ *a* 実例となる, 例証となる 〈*of*〉; 図解の, イラストの. ♦ **~·ly** *adv*
íl·lus·trà·tor *n* さしえ画家, 挿画家, イラストレーター; 図解[説明]者, 説明する人.
il·lus·tri·ous /ɪlʌ́striəs/ *a* 傑出した, 秀抜な, 高名な, 著名な; 輝かしい, はなばなしい〈功績など〉; 《古》光り輝く, 明るい; 《古》明らかな. ♦ **~·ly** *adv* **~·ness** *n* ［L *illustris*; ⇨ ILLUSTRATE］
il·lu·vi·al /ɪlú:viəl/ 〘地質〙 *a* 集積の; 集積物の; 集積地の.
il·lu·vi·ate /ɪlú:vièɪt/ *vi* 〘地質〙 集積する. ♦ **-àt·ed** *a*
il·lu·vi·a·tion /ɪlù:viéɪʃ(ə)n/ *n* 〘地質〙 集積(作用)《ある層の土壌から浸出した物質が次の(下の)層に蓄積されること》.
il·lu·vi·um /ɪlú:viəm/ *n* (*pl* **~s, -via** /-viə/) 〘地質〙 集積物.
íll wíll 悪意, 悪感情, 敵意, 嫌悪 (opp. *goodwill*): bear sb no ~ 人に悪意をもたない. ♦ **íll-wílled** *a*
íll wínd 不幸, 災難: It's an ~ that blows nobody (any) good. 《諺》だれの得にもならない風は吹かない, '甲の損は乙の得'.
íll-wísh·er *n* 人の不幸を願う人.
il·ly /íl(l)i/ *adv* 《方》ILL, BADLY.
Il·lyr·ia /ɪlíriə/ イリュリア《古代 Balkan 半島アドリア海東岸の地方》. ♦ **Il·lýr·ic** *a*
Il·lýr·i·an *a* ILLYRIA の; イリュリア人[語]の. ► *n* イリュリア人; イリュリア語《今のアルバニア語と同系の死語》.
Il·lyr·i·cum /ɪlírɪkəm/ イリュリクム《Illyria にあったローマの属州》.
il·ly·whack·er /íli(h)wækər/ *n* 《豪俗》《特にあちこちの市 (fair) をねらう》いかさま[ペテン]師, いんちき香具師(やし).
Il·men /ílmən/ [Lake] イリメニ湖《ヨーロッパロシア西部 Ladoga 湖の南にある湖》.
il·men·ite /ílmənàɪt/ *n* 〘鉱〙 チタン鉄鉱, イルメナイト. ［*Ilmen* Ural 山系中の山脈］
il n'y a pas de quoi /*F* il nja pɑ d kwa/ どういたしまして.
ILO °International Labour Organization.
Ilo·ca·no, -ka- /ì:loʊká:noʊ/ *n* **a** (*pl* ~, ~**s**) イロカノ族《フィリピンの Luzon 島北部に住む民族》. **b** イロカノ語.
Ilo·ilo /ì:loʊí:loʊ/ イロイロ《フィリピンの Panay 島南東部の市》.
Ilo·rin /ɪlɔ́(:)rən, ɪlɑ́r-/ イロリン《ナイジェリア西部 Kwara 州の州都》.
I Lòve Lúcy「アイ・ラブ・ルーシー」《米国 CBS テレビの人気コメディー (1951–61); Lucille Ball 主演》.
ILP 〘英〙 Independent Labour Party 独立労働党《1893 年創立; 現労働党の母体となった》.
ILR 〘英〙 Independent Local Radio 独立ローカルラジオ.
ILS 〘空〙 instrument landing system 計器着陸装置[方式].
ils ne pas·se·ront pas /*F* il n(ə) pɑs(ə)rɔ̃ pɑ/ やつらを通すな[食い止めろ]《Verdun 防衛戦 (1916) のフランス軍の合いことば》.
im- /ɪm/ ⇨ IN-[1,2].
I'm /aɪm, àɪm/ I am の短縮形.
IM °individual medley ♦ °International Master ♦ intramural.
im·age /ímɪdʒ/ *n* **1 a** 像, 肖像, 彫像, 画像, 影像; 偶像. **b** 姿, 形 (form); そっくりの姿; 姿[形]のそっくりな人[もの]: He is the ~ of his father. 父親に生き写しだ. **c** 象徴, 権化, 典型 〈*of* devotion〉; 〘精神分析〙《両親・国家などの》理想像, IMAGO. **d** 〘電算〙 イメージ《あるデータが他のデータ媒体にそっくり記憶されていること》. **2** 〘光〙《鏡・網膜上の》像, 映像; 〘数〙 像, 写像. **3 a** 〘心〙 心像, 表象; 《一般に》考え, 概念; 《マスメディアによってつくられた》一般概念, 通念, イメージ; 《古》幻想: mental ~ 心像. **b** 〘修〙 形象, イメージ; 文彩, ことばのあや《特に直喩・隠喩など》; あざやかな描写: speak in ~*s* たとえで話す. ► *vt* …の像を造る[描く]; 映す; 投影する; 心に描く, 想像する; …の典型となる; 生きているように描く[描写する], 模写する; 比喩を用いて書く. ♦ **~·able** *a* ⁺〘心〙〈語句が〉イメージ喚起[形成]性の, 心像性の. **~·less** *a* ［OF＜L *imagin- imago* copy; IMITATE と同語源］
ímage-build·er *n* イメージづくりをする人[もの].
ímage-build·ing *n* 《広告などによる》イメージづくり.
ímage convèrter 〘電子工〙 イメージ[映像]変換管.
ímage dissèctor 〘電子工〙 解像管《テレビカメラ用真空管の一種》.
ímage enhàncement 画像向上[改善]《顕微鏡・監視カメラ・スキャナーからの画像をコンピュータープログラムで改善する処理》.
ímage intènsifier 〘電子工〙 イメージ[映像]増倍管.
ímage·màker *n* イメージづくりをする人, イメージメーカー《企業の広報を担当する人など》.
ímage òrthicon イメージオルシコン《テレビカメラ電子管》.

ím·ag·er *n* 撮像装置.
im·ag·ery /ímɪʤ(ə)ri/ *n* 像, 影像, イメージ《集合的》; 作像術; 画像; 〖文芸〗比喩[修辞]的表現, 形象; 心像; 想像の産物.
ímagery rehèarsal イメージトレーニング《頭の中で自己の最良の演技[走法など]を思い浮かべて最高のコンディションを得るトレーニング法》.
ímage·sètter *n* イメージセッター《印画紙やフィルムに高い解像度で文字やデータを出力する装置》.
ímage tùbe 〖電子工〗イメージ管 (image converter).
imag·in·able /ɪmǽʤ(ə)nəb(ə)l/ *a* 想像できる, 想像できるかぎりの《強調のために最上級形容詞または all, every, no などに添えて用いる》: *every* means ～ ありとあらゆる方法 / the *greatest* joy ～ 想像できないほどの大喜び. ♦ **-ably** *adv* (容易に)想像できるように, 当然. **～·ness** *n*
imag·i·nal /ɪmǽʤənl/ *a* **1** 想像の, 影像の, 心像の. **2** /, *ɪméɪɡənl/ 〖動〗成虫 (imago) の; 成虫状の.
imag·i·nary /ɪmǽʤənèri; -n(ə)ri/ *a* 想像(上)の; 〖数〗虚の (opp. *real*): an ～ enemy 仮想敵. ► *n* 〖数〗IMAGINARY NUMBER. ♦ **imàg·i·nár·i·ly** /; ɪmǽʤən(ə)rɪ-/ *adv* **imág·i·nàr·i·ness** /; -n(ə)rɪ-/ *n*
imáginary númber 〖数〗虚数.
imáginary párt 〖数〗虚数部分, 虚部.
imáginary únit 〖数〗虚数単位《$\sqrt{-1}$; 記号 *i*》.
imag·i·na·tion /ɪmæ̀ʤənéɪʃ(ə)n/ *n* **1 a** 想像; 想像力 (=reproductive ～); 創作力, 構想力 (=creative ～); 《芸術の》理解力: beyond ～ 想像以上で, 想像を絶して / by any STRETCH of the ～ / catch sb's ～ 人の想像力をかきたてる, 心をとらえる / leave...to sb's ～ …を〈人〉の想像にまかせる / not leave much [leave little] to the ～ 〈セックス描写などが〉露骨である; 〈服が〉すけすけである / Use your ～! 想像力をはたらかせなさい《ちょっと考えればすぐわかるだろう, の意》. **b** [°one's] 心, 興味 (mind): in my ～ わたしの頭の中で. **2** 想像の所産, 心像; 空想, 妄想; 臨機応変の知恵, 機略, 機知. ♦ **～·al** *a*
imag·i·na·tive /ɪmǽʤ(ə)nətɪv, *-nèɪtɪv/ *a* **1** 想像(上)の, 想像的な, 架空の, 偽りの. **2** 想像力[創作力, 構想力]に富む, 機略縦横の; 想像力から生まれた〈文学など〉; 想像を好む. ♦ **～·ly** *adv* **～·ness** *n*
imag·ine /ɪmǽʤən/ *vt, vi* **1** 心に描く, 想像する, 仮定する 〈sth, sth *to* be [do]〉; …であると勝手に思い込む, つくり上げる 〈sb *as*; *that*, *how*, *what*〉: Just [You can] ～ (*how* mad I was)! (ぼくがどんなにおこったか)まあ考えてもごらん / I can ～. 《相手のことばに対して》わかるよ, なるほど / I always ～*d* him *as* an old man. いつもあの人を老人と想像していた / I can't ～ marry*ing* him. 彼と結婚するなんて考えられない / She's *imagining* things. (ないことまで)いろいろ想像でつくり出している. **2** 思う (suppose) 〈*that*...〉; 推察する, 推測する (guess) 〈*who*, *why*, etc.〉: I ～ I have met you before. お会いしたことがあるようですね / I cannot ～ *what* he wants. **3** 《古》たくらむ. ♦ **imág·in·er** *n* [OF<L; ⇨ IMAGE]
imag·i·neer /ɪmæ̀ʤəníər/ *n* イマジニア《デザイン・企画・演出などの考案者, 特に Disneyland のアトラクションなどを立案する人》. ► *vt* 《imagineer として》立案[企画・デザイン]する. ♦ **～·ing** *n*
imag·ing /ímɪʤɪŋ/ *n* 画像化, 撮像, イメージング: MAGNETIC RESONANCE IMAGING.
imág·in·ings *n pl* 《勝手な》想像, 思い込み.
im·ag·ism /ímɪʤìz(ə)m/ *n* [ˢI-] 〖文芸〗写象主義, イマジズム《ロマン派に対抗して 1912 年ごろ起こった T. E. Hulme, Ezra Pound, Amy Lowell などの詩人の主張; 「事物」を直接的に扱う, 描写に貢献しないことばは使わない, 単調なリズムでなく音楽的なフレーズによる, という三点を重要な綱領とする》. ♦ **-ist** *n, a* 写象主義者(の). **im·ag·ís·tic** *a* **-ti·cal·ly** *adv* [*image*]
ima·go /ɪmá:ɡoʊ, ɪméɪ-/ *n* (*pl* **～es, ～s, imag·i·nes** /ɪméɪɡənì:z, ɪmá:-, ɪméɪʤə-, ɪmǽʤə-/) 〖動〗成体, 《チョウなどの》成虫; 〖精神分析〗イマーゴ (=*image*) 《幼時に形成された愛する人の理想像で, 成人後も不変のもの》. [NL; ⇨ IMAGE]
imam /ɪmá:m, i-, -mǽm/, **imaum** /, ɪmɔ́:m/ *n* [°I-] イマーム《**1**) モスクにおける集団礼拝の指導者 **2**) イスラム教社会における指導者, カリフ (caliph) **3**) イスラム教の学識豊かな学者の尊称 **4**) シーア派 (Shi'a) の最高指導者》. ♦ **～·ship** *n* [Arab=leader]
imam·ate /ɪmá:mèɪt, ɪmǽm-/ *n* [°I-] イマーム (imam) の職[管区].
Imám Bá·yil·di /-bá:jɪldi/ イマーム・バユルドゥ《トマト・タマネギのみじん切りをナスに詰めて煮込んでから冷やしたトルコ料理; トルコ語で「(あまりにもおいしくてあるいは高いので)イマームが目をまわした」の意》.
IMAP 〖電算〗Internet Message Access Protocol《E メール用プロトコルの一種》.
ima·ret /ɪmá:rət; -rèt/ *n* 《トルコで》巡礼者の宿舎, 宿坊. [Turk]
Ima·ri /ɪmá:ri/ *n* 伊万里焼. [Jpn]
IMAX /áɪmæks/ 〖商標〗アイマックス《映画の広角の投影システム》.
im·bálance *n* 不均衡, アンバランス; 〖医〗《筋肉や内分泌腺の》平衡失調, 平衡異常; 《人口の男女比や学校の人種別人数の》不均衡.
im·bálanced *a* 不均衡な, 《特に》《宗教的・人種的に》人口比率の不均衡の著しい: ～ schools.
im·bálm *vt* 《古》EMBALM.
im·be·cile /ímbəsəl, -sàɪl; -sì:l/ *a* 低能な, 愚鈍な, 大ばかな; 《古》虚弱な. ► *n* 低能者, ばか; [*derog*] 痴愚者《中程度の精神遅滞の人》. ♦ **～·ly** *adv* **im·be·cíl·ic** /-sílɪk/ *a* [F<L=without supporting staff, feeble (*in*-[1], *baculum* stick)]
im·be·cil·i·ty /ìmbəsíləti/ *n* 痴愚; 愚かさ; ばかな行ない[ことばなど]; 虚弱; 無能.
im·béd *vt, vi* EMBED.
im·bibe /ɪmbáɪb/ *vt* 〈酒などを〉飲む; 〈水分・気体・光・熱などを〉吸収する, 〈空気・煙などを〉吸い込む; 〈思想などを〉吸収する, 同化する; 《古》液に浸す. ► *vi* 酒を飲む; 水分[気体, 光, 熱など]を吸収する. ♦ **im·bíb·er** *n* [L *in*-[2](*bibo* to drink)]
im·bi·bi·tion /ìmbəbíʃ(ə)n/ *n* 吸収, 吸入; 〖化〗吸水膨潤, インビビション; 〖写〗カラー焼付けでのゼラチンによる染料吸収; 《廃》浸す[溶かす]こと. ♦ **～·al** *a*
im·bítter *vt* EMBITTER.
im·bi·zo /ɪmbí:zoʊ/ *n* (*pl* **～s**) 《南ア》集会, 《元来は》長老[王]が招集した Zulu 族の集会. [Zulu]
im·bódy *vt* EMBODY.
im·bósom *vt* EMBOSOM.
im·bówer *vt* EMBOWER.
im·brex /ímbrèks/ *n* (*pl* **im·bri·ces** /-brəsì:z/) 〖建〗牡瓦(おがわら); PANTILE. [L *imbric- imbrex* rain tile]
im·bri·cate *a* /ímbrɪkət/ 〖植・動〗〈葉・うろこなど〉重なり合った, かわら[覆瓦]状の; 〈屋根ふき材料, 装飾・模様など〉うろこ状に重なった. ► *vt, vi* /ímbrəkèɪt/ かわら合わせに重ねる[重なる], うろこ状に重ねる[重なる]. ♦ **～·ly** *adv* [L (↑)]
ìm·bri·cá·tion *n* かわら合わせ状(の構造[模様]), うろこ形の重なり合い, 鱗状配列, インブリケーション.
imbrices *n* IMBREX の複数形.
im·bro·glio /ɪmbróʊljoʊ/ *n* (*pl* **～s**) 《劇・小説などの》複雑な筋; 《事件などの》もつれ, 紛糾, ごたごた; 不祥事, スキャンダル; 《人間・国家間の》込み入った誤解, こじれた不和; 《まれ》ごたごたした積み重ね. [It (*in*-[2], BROIL[1]); *embroil* と混同]
Im·bros /í:mbrɔ:s/ イムブロス《IMROZ のギリシア語名》.
imbrown ⇨ EMBROWN.
im·brue /ɪmbrú:/, **em-** /ɛm-/ *vt* 〈手・剣を〉汚す, 染める 〈*with* [*in*] blood etc.〉. [OF=to bedabble (*in*-[2], Gmc BROTH)]
im·brúte /ɪm-/, **em-** /ɛm-/ *vt, vi* 野獣のようにする[なる], 野獣化する. ♦ **～·ment** *n*
im·bue /ɪmbjú:/ *vt* 〈思想・感情を〉…に吹き込む, 鼓吹する 〈*with*〉; 〈水分・染料などを〉…にたっぷり染み込ませる, …を染める 〈*with*〉; …に与える, 賦与する 〈*with*〉; IMBRUE: ～ a mind *with* new ideas [patriotism] 新思想[愛国心]を吹き込む / words ～*d* with certain social meaning 社会的意味がこめられたことば. ♦ **～·ment** *n* [F or L *imbuo* to moisten]
im·burse /ɪmbɔ́:rs/ 《まれ》 *vt* ためる; …に金を支払う.
IMechE 〖英〗Institution of Mechanical Engineers 機械学会.
IMEI International Mobile Equipment Identity 国際移動体装置識別番号, 《携帯電話の》端末識別番号.
IMF °International Monetary Fund.
IMFC International Monetary and Financial Committee 国際通貨金融委員会《IMF 総務会の諮問機関として 1999 年に設立; 国際通貨制度の運営・安定に関して総務会に報告・勧告する》.
IMHO 《E メールなどで》in my humble opinion.
im·id·az·ole /ìmədǽzòʊl/ *n* 〖化〗イミダゾール (=*glyoxaline*) 《異種環状化合物; コバルト検出試薬とする》.
im·ide /ímaɪd/ *n* 〖化〗イミド《アンモニアの水素原子の 2 つを金属原子で置換した化合物》. ♦ **im·id·ic** /ɪmídɪk/ *a* [F; *amide* の変形]
im·i·do /ímədòʊ/ 〖化〗 *a* 《配位子の》イミド…; IMINO.
im·in- /ímən/, **im·i·no-** /ímənoʊ, -nə/ *comb form* 〖化〗IMINE の意. [AMIN-]
imine /ímì:n, ‒ˊ/ *n* 〖化〗イミン《アンモニアの水素原子の 2 つを炭化水素基で置換した化合物》.
im·i·no /ímənòʊ/ *a* 〖化〗《置換基の》イミノ… (imido).
ìmino·úrea *n* 〖生化〗イミノ尿素 (⇨ GUANIDINE).
imip·ra·mine /ɪmíprəmì:n, -mən/ *n* 〖薬〗イミプラミン《三環系抗鬱薬》. [*imino*dibenzyl と *amino*propyl を並べ換えたもの]
im·i·tate /ímətèɪt/ *vt* 模倣する, まねる (mimic); 見習う; 模写[模造]する, …に似せる; …に似る; 〖生〗…に擬する: paper made to ～ leather 革に似せてつくった紙. ♦ **im·i·ta·ble** /ímətəb(ə)l/ *a* 模倣できる, まねして(も)よい, 見習うべき. **-ble·ness** *n* **ìm·i·ta·bíl·i·ty** *n* **ím·i·tà·tor** *n* 模倣[模造, 偽造]者. [L *imitat- imitor* to copy; cf. IMAGE]
ím·i·tàt·ed *a* まねた; 模造の, にせの.
im·i·ta·tion /ìmətéɪʃ(ə)n/ *n* **1** 模倣, まね, 模造; 〖社〗模倣; 〖生態〗《動物の》模倣(行動); 〖楽〗模倣《ある楽句を調や声部を変えて反復すること》; 〖哲〗《Plato, Aristotle の哲学で》模倣, ミメーシス: in ～

of…を模倣して, まねて / a pale [poor] ～ お粗末な模造品 / *I~* is the sincerest form of flattery. 《諺》模倣は最も誠意ある追従なり. **2** 模造品, まがいもの, 偽造品, にせもの; 《文学作品の》模倣作; [〈*a*〉] 模造…, 人造…: ～ leather [pearls] 模造皮革[真珠]. ♦ **～·al** *a*

Im·i·ta·ti·o·ne Chris·ti /ɪmətèɪʃióʊni krístàɪ/ [De]『キリストに倣(なら)いて』(＝*The Imitation of Christ*)《Thomas à Kempis 作とされるキリスト教の信仰修養書》. [L]

imitátion mìlk 代用ミルク《乳脂肪を植物油脂で代替したもの, または すべてが代替物で合成されたダイエット食品用のミルク》.

ím·i·tà·tive /; -tətɪv/ *a* 模倣の, 模倣的な, 〈…を〉まねた 〈*of*〉; 擬声[擬音]的な〈語〉; 模造の; 模倣好きな: ～ arts 模倣芸術《実在物の模写を含む演劇・絵画・彫刻》/ ～ music 擬声音楽 / ～ words 擬声語. ♦ **～·ly** *adv* まねて, 模倣して, 模造して. **～·ness** *n*

ímitative mágic 模倣呪術《ある状態をつくり出す[模倣する]ことにより, 現実に望みどおりの状態を生み出そうとする呪術》.

im·mac·u·la·cy /ɪmǽkjələsi/ *n* 汚点[きず, 欠点, 過失]のないこと, 無垢, 潔白, 完璧.

im·mac·u·late /ɪmǽkjələt/ *a* 汚点[欠点]のない, 無きずの, 完璧な; 清浄な, 純潔な, 無垢の; 〘生〙 斑点のない. ♦ **～·ly** *adv* **～·ness** *n* [L (*in-*[1], *macula* spot)]

Immáculate Concéption [the] 〘カト〙 無原罪の宿り, 無原罪懐胎(説)《聖母マリアは懐胎の瞬間から原罪を免れていたこと; 時に virgin birth と混同される》; [the] 無原罪の御宿り[無原罪懐胎]の祝日《12 月 8 日》.

im·mane /ɪméɪn/ 《古》 *a* 巨大な, 広大な; 残酷きわまる.

im·ma·nence /ímənəns/ *n* 内在(性); (神の)宇宙における内在, 内在論. ♦ **-nen·cy** *n* IMMANENCE.

ím·ma·nent *a* 内在する, 内在的な (inherent) 〈*in*〉; 〘神学〙 〈神が〉内在的な《宇宙の内に存在する; cf. TRANSCENDENT》; 偏在する. ♦ **～·ly** *adv* [L (*in-*[2], *maneo* to remain)]

ímmanent·ìsm *n* 〘哲〙 内在哲学[論]《意識一元論》; 〘神学〙 内在論《神は宇宙のいたるところに内在するとする説》. ♦ **-ist** *n* **ìm-ma·nent·ís·tic** *a*

Im·man·u·el /ɪmǽnjuəl, -jəl/ **1** イマニュエル《男子名》. **2** 〘聖〙 インマヌエル《**1**) Isaiah によってその誕生を預言された救世主の名; *Isa* 7: 14 **2**) イエスキリストを呼んだ名; *Matt* 1:23》. [⇨ EMMANUEL]

ìm·matérial /ì-/ *a* **1** 重要でない, 些細な, 取るに足らない, 微々たる: ～ details [objections]. **2** 実体のない, 無形の, 非物質的な; 精神上の, 霊的な. ♦ **～·ly** *adv* **～·ness** *n*

ìm·matérial·ìsm /ì-/ *n* 非物質論, 非唯物論, 唯心論. ♦ **-ist** *n* 非物質論者.

ìm·materiálity /ì-/ *n* 非物質性, 非実体性; 非重要性; 非物質的なもの, 実体のないもの.

ìm·matérial·ìze /ì-/ *vt* 無形にする, 非物質的にする, …の実体をなくする.

ìm·ma·tésticle /ì-/ *a**《俗》 関係ねえ, どうでもかまわねえ. [*im-material*＋*testicle*]

ìm·matúre /ì-/ *a* 未成熟の, 未熟な, 未発達の, 未分化の, 未完成の; 〘地質〙 侵食が初期の, 幼年期の; 《古》 時期尚早の, 時ならぬ (premature). ► *n* 未成熟な者[鳥]. ♦ **～·ly** *adv* **im·matúrity** /ì-/ *n*

im·méasurable /ɪ-/ *a* 測ることのできない, 果てしない, 広大な; 測り知れない〈損害など〉. ♦ **-ably** *adv* 測り知れないほど; 広大無辺に. **～·ness** *n* **-measurabílity** *n*

im·me·di·a·cy /ɪmí:diəsi/ *n* 直接性; 即時性; 隣接; [[U]*pl*] 密接なもの; 〘哲〙 直接性, 無媒介性.

im·me·di·ate /ɪmí:diət/ *a* **1** 早速の, 即座の, 即時の; 現在に近い; 現在の; 〘哲〙 直覚の, 直観の: ～ cash 即金(払い) / an ～ notice 即時通告 / an ～ answer [reply] 即答 / take ～ action 即時行動を起こす / ～ delivery [payment] 即時配達[払い] / the ～ past [future] ごく最近[近未来] / ～ concerns 目先の関心事 / ～ inference 〘論〙 直接推理 / with ～ effect 即座に発効して, 効果がてきめんで. **2** 直接の (direct), じかの; すぐ隣りの, 隣接した, 〈関係などが〉いちばん近い, 直近の; 直接関係する: an ～ neighbor すぐ隣りの人 / in the ～ vicinity すぐ近所に / an ～ cause 直接の原因 / ～ connection 直接のつながり / the ～ family 肉親 / one's ～ predecessor [successor] 直前の前任者[直後の後継者]. ♦ **～·ness** *n* 直接性; じかの接触; だしぬけ. [OF or L (*in-*[1], MEDIATE)]

immédiate annúity 即時年金 (cf. DEFERRED ANNUITY).

immédiate constítuent 〘文法〙 直接構成(要)素《略 IC; He went to bed. の IC は he と went to bed で, went to bed の IC は went と to bed》.

immédiate·ly *adv* 直ちに, 早速, すぐに; 直接に; すぐ近くに, 隣接して. ► *conj* [U]…するやいなや (as soon as).

im·médicable /ɪ-/ *a* 不治の, 治らない〈病気・傷など〉; 矯正できない〈悪弊など〉. ♦ **-bly** *adv* **～·ness** *n*

Im·mel·mann /íməlmà:n, -mən; *G* ímlman/ **1** インメルマン **Max** ～ (1890–1916)《ドイツの飛行家》. **2** 〘空〙 インメルマン反転[ターン] (＝～ **tùrn**)《逆方向に進路を変える方法》.

im·mémorable /ɪ-/ *a* 記憶に値しない; IMMEMORIAL.

ìm·memórial /ì-/ *a* 記憶[記録]にないほど昔の, 遠い昔の, 太古からの: from [since] time ～ 太古から. ♦ **～·ly** *adv*

im·mense /ɪméns/ *a* 広大な, 莫大な, 巨大な; 測り知れない, 限りない; 《口》 とてもいい, すてきな, すばらしい. ♦ **～·ly** *adv* 莫大に, 広大に; 《口》 とても, 非常に. **～·ness** *n* IMMENSITY. [OF＜L *in-*[1] (*mens- metior* to measure)＝immeasurable]

im·men·si·ty /ɪménsəti/ *n* 広大, 莫大; 無限の空間; 莫大なもの[量].

im·ménsurable /ɪ-/ *a* IMMEASURABLE. ♦ **～·ness** *n* **im-mensurabílity** /ɪ-/ *n*

im·merge /ɪmə́:rʤ/ *vi* 《水などに》飛び込む(ようにして姿を消す). ► *vt* 《古》 IMMERSE. ♦ **im·mér·gence** *n*

im·merse /ɪmə́:rs/ *vt* **1** 浸す, 沈める, つける, 突っ込む 〈*in* liquid〉; 埋める 〈*in*〉; 〘教会〙 …に浸礼を施す. **2** 熱中[没頭]させる; 巻き込む, 陥らせる 〈*in* debt〉: be ～*d in* one's work / ～ one*self in* study. ♦ **im·mér·sal** *n* [L (*mers- mergo* to dip)]

im·mérsed *a* 浸された; 埋められた; 浸礼を施された; 〘生〙 《他の組織の中に》埋没した; 〘植〙 水中で育つ.

im·mérs·ible* *a* 〈電気器具など〉浸水可能な.

im·mer·sion /ɪmə́:rʒ(ə)n, -ʃ(ə)n/ *n* **1** 浸入, 沈入, 浸漬; 〘教会〙 浸礼; [U]《口》 IMMERSION HEATER; 〘天〙 潜入《一天体が他の天体の後ろまたは陰に隠れること》: total ～ 全身浸礼. **2** 熱中, 没頭 〈*in*〉; 没入法《学習中の言語のみを使用する外国語教授法》.

immérsion hèater 電熱式湯沸かし器《コードの先端に鉄の棒[環]を付けたものを直接液体に浸す湯沸かし》.

immérsion·ìsm *n* 〘キ教〙 浸礼主義《洗礼には水につかることが絶対に必要であるとする》; 浸礼(式). ♦ **-ist** *n*

immérsion lèns [objèctive] 〘光〙 浸液系対物レンズ, 界浸レンズ, 液浸レンズ.

im·mer·sive /ɪmə́:rsɪv/ *a* 〘電算〙 没入型の《スクリーン上もしくはバーチャルリアリティーディスプレーで周囲 360 度を取り囲むような臨場感のある》.

im·mésh /ɪ-/ *vt* ENMESH.

ìm·methódical /ì-/ *a* 秩序のない, 不規則な, 無方式な, 乱雑な. ♦ **～·ly** *adv* **～·ness** *n*

im·mie /ími/ *n**《口》 色着きビー玉, 色玉, イミー. [*im*itation agate]

im·mi·grant /ímɪgrənt/ *n* 《外国・他地域からの》移民, (入国)移住者 (opp. *emigrant*); [U]《在住 10 年未満の》外国人; [U]《(黒人)移民の子孫; 移入植物[動物], 移入者. ► *a* 移住して来る, 移入する; 移民者の: an ～ community.

im·mi·grate /íməgrèɪt/ *vi, vt* 《他国・他地域から》(入国)移住[移民]する[させる], 移入する 〈*into* [*to*] a country; *from*〉. [L (*in-*[2])]

im·mi·gra·tion /ɪməgréɪʃ(ə)n/ *n* (入国)移住, 移入, 移民, 入植, 入国; 《空港・港などでの》(出)入国管理, 入国審査; 《一定期間内の》移民(数); 入植者, (入国)移民, 移入者《集合的》: go through ～ 入国管理を通過する. ♦ **～·al** *a*

Immigrátion and Naturalizátion Sèrvice [the] 〘米〙 移民帰化局《司法省内にあったが, その役割は 2003 年新設の国土安全保障省に移管された; 略 INS》.

im·mi·nence /ímənəns/ *n* 切迫, 緊迫; 切迫したこと, 差し迫った危険.

im·mi·nen·cy /ímənənsi/ *n* 切迫, 危急 (imminence).

ím·mi·nent *a* 差し迫った, 切迫[急迫]した, 今にも起こりそうな; 《古》 張り出している: be in ～ danger of collapsing 今にも崩壊する危険がある. ♦ **～·ly** *adv* **～·ness** *n* [L *immineo* to be impending; cf. EMINENT]

im·míngle /ɪ-/ *vt, vi* 混和[融合]させる[する] (blend); 混合する (intermingle).

im·míscible /ɪ-/ *a* 《油と水のように》混合することのできない 〈*with*〉. ♦ **-bly** *adv* **im·miscibílity** /ɪ-/ *n*

im·mis·e·ra·tion /ɪmìzəréɪʃ(ə)n/ *n* 貧困化. ♦ **im·mís·e-ràte** *vt*

im·mis·er·i·za·tion /ɪmìzərəzéɪʃ(ə)n; -ràɪ-/ *n* IMMISERATION.

im·mítigable /ɪ-/ *a* 緩和しがたい, なだめにくい. ♦ **-bly** *adv* **～·ness** *n*

im·mit·tance /ɪmítns/ *n* 〘電〙 イミッタンス《admittance と impedance の総称》.

im·míx /ɪ-/ *vt* 混和する, 混入する; 巻き込む, 巻添えにする. ♦ **im-míxture** /ɪ-/ *n* 混和; 巻添え: avoid an *immixture* in political strife 政争に巻き込まれるのを避ける.

im·móbile /ɪ-/ *a* 動かしがたい, 固定された; 不動の, 静止した. ♦ **im·mobílity** /ì-/ *n* [OF＜L]

im·mó·bi·lìsm /ɪ-/ *n* 《譲歩・妥協による》現状維持的政策, 極端な保守主義.

im·móbilize /ɪ-/ *vt* 動か[動け]なくする, 固定する, 不動にする; 〘医〙 《ギプス・副木などで》〈手足・関節を〉固定する; 〈軍隊・艦隊・航空隊を〉移動不能にする; 〈正貨の〉流通を止める. ♦ **-móbilizer** *n* [+]イモビライザー《車の盗難防止装置》. **im·mobilizátion** /ɪ-/ *n*

Im·mo·bi·lon /ɪmóʊbəlàn, -lən/ 〘商標〙 イモビロン《野生動物を動けなくする薬品》.

im·móderate /ɪ-/ *a* 節度[節制]のない, 中庸を欠いた; 過度の, 法外な, 極端な (extreme); 《廃》慎みのない, 不謹慎な. ♦ **～·ly** *adv* **～·ness, im·mod·er·a·cy** /ɪmád(ə)rəsi/ *n*

im·moderátion /ɪ-/ *n* 節度[中庸]を欠いていること; 過度, 極端.

im·módest /ɪ-/ *a* ぶしつけな, 無作法な; 〈通例 女性の言動・服装などが〉不謹慎な, 下品な, みだらな; あつかましい, でしゃばりの. ♦ **～·ly** *adv* ぶしつけに; 無遠慮に, あつかましく. **im·módesty** /ɪ-/ *n* 不謹慎, 無作法; 無遠慮, あつかましさ; 不謹慎な行為[ことば].

im·mo·late /íməlèɪt/ *vt* 犠牲にする; いけにえとして殺す[ささげる]; (焼き)殺す. ♦ **ìm·mo·lá·tion** *n* いけにえに供する[される]こと[もの]; 殉死, 犠牲; 焼身自殺 (self-immolation). **ím·mo·là·tor** *n* いけにえを供する人. [L=to sprinkle with meal (MOLA)]

im·móral /ɪ-/ *a* 不道徳な, 倫理[モラル]に反する; 不品行な, ふしだらな, 身持ちの悪い; 〈本・絵など〉わいせつな: ～ earnings 売春による稼ぎ. ♦ **～·ly** *adv*

im·móral·ist /ɪ-/ *n* 不道徳を唱える[実践する]人, 不道徳家[主義者]. ♦ **-ism** *n*

ìm·morálity /ì-/ *n* 不道徳; 不品行, ふしだら; わいせつ; 不道徳行為; 醜行, 乱行, 風俗壊乱.

immóral·ìze *vt* 不道徳化する, 道徳に背かせる.

im·mórtal /ɪ-/ *a* 不死の; 不滅の, 不朽の〈名声など〉, 永久の; 神の; 〖生理〗〈細胞が〉無限に分裂する. ► *n* 不死の存在; 名声不朽の人《特に 作家》; [*pl*; °I-s]《特に ギリシア・ローマ神話の》神々; [I-] アカデミーフランセーズ会員 (les Immortels)《定数 40 人》; [*pl*; °I-s] 古代ペルシアの近衛隊《定数を常に維持》. ♦ **～·ly** *adv*

ìm·mortálity /ì-/ *n* 不死, 不滅, 不朽; 不朽の名声.

im·mórtal·ìze /ɪ-/ *vt* 不滅[不朽]にする, …に永遠性を与える; …に不朽の名声を与える. ♦ **-iz·er** *n* **im·mòrtal·izátion** /ɪ-/ *n*

Immórtal Mémory [the] 不朽の人《詩人 Robert BURNS のこと》.

im·mor·telle /ìmɔːrtél/ *n* EVERLASTING FLOWER. [F]

im·mótile /ɪ-/ *a* 動かない, 動けない.

im·móvable /ɪ-/ *a* 動かせない, 固定した; 静止した, 不動の; 確固たる, 揺るぎない; 感情に動かされない, 冷静な; 〖法〗〈財産が〉不動の: ～ property 不動産. ► *n* [ᵘ*pl*]〖法〗不動産. ♦ **-ably** *adv* しっかりと固定されて; 揺るぎなく; 断固として. **～·ness** *n* **im·movabíl·ity** /ɪ-/ *n*

immóvable féast 固定祝日《年によって日付が変わることがない Christmas など; opp. *movable feast*》.

immun. immunity ♦ immunization.

im·mune /ɪmjúːn/ *a* 〈義務・責任などを〉免除された (exempt) 〈*from*〉; 〈攻撃・競争などから〉保護された, 守られた 〈*from*〉; 受けつけない, 反応を示さない 〈*to*〉; 〖生化・生理〗免疫(性)の 〈*against, from, to*〉. ► *n* 免疫[免除]者. [L *immunis* exempt (*munis* ready for service)]

immúne bódy 〖免疫〗免疫体 (antibody).

immúne cómplex 〖医〗免疫複合体.

immúne-cómplex disèase 〖医〗免疫複合体病.

immúne respònse 免疫応答, 免疫反応.

immúne sérum 〖免疫〗免疫血清.

immúne survéillance IMMUNOLOGICAL SURVEILLANCE.

immúne sỳstem 〖生〗免疫システム, 免疫系《生体が異質の物質・細胞・組織から体を防衛するために体内に存在する免疫反応発生システム》.

im·mu·ni·ty /ɪmjúːnəti/ *n* 免疫(性); (法的)免除, 免責, 免除[免責]特権; 《教会の》不入権, 俗務免除; 《危害・有害物から》免れていること, 安全であること.

immúnity bàth 〖米法〗証人刑事免責特権利用者《証人に与えられる将来の訴追免除の特権を利用するために証言をする者》.

im·mun·ize /ímjənàɪz/ *vt* 免れさせる; 〈人〉に免疫性を与える, 免疫にする 〈*against* contagion〉. ♦ **-ìz·er** *n* **ìm·mu·ni·zá·tion** *n* 免除; 免疫処置, (免疫)予防注射, 免疫化.

im·mu·no- /ímjənoʊ, ɪmjúː-, -nə/ *comb form*「免疫 (immunity)」「免疫学 (immunology)」 [⇨ IMMUNE]

ìmmuno·adsórbent /, ɪmjùː-/ *n, a* 〖生化〗IMMUNOSORBENT.

ìmmuno·ássay /, ɪmjùː-, -æséɪ/ 〖生化〗*n* 免疫学的検定(法), 免疫測定(法). ► *vt* 免疫学的検定法で測定する. ♦ **-assáy·able** *a*

ìmmuno·biólogy /, ɪmjùː-/ *n* 免疫生物学.

ìmmuno·blòt /, ɪmjúː-/ *n* 〖生化〗免疫ブロット. ♦ **-blòt·ting** *n*

ìmmuno·chémistry /, ɪmjùː-/ *n* 免疫化学. ♦ **-chémist** *n* **-chémical** *a* **-ical·ly** *adv*

ìmmuno·cómpetence /, ɪmjùː-/ *n* 〖免疫〗免疫適格. ♦ **-cómpetent** *a*

ìmmuno·cómpromised /, ɪmjùː-/ *a* 〖医〗免疫システムがそこなわれた[弱体化している], 免疫無防備(状態)の.

immúno·cỳte *n* 〖免疫〗免疫細胞.

ìmmuno·cyto·chémistry /, ɪmjùː-/ *n* 〖免疫〗免疫細胞化学. ♦ **-chémical** *a* **-ical·ly** *adv*

ìmmuno·defíciency /, ɪmjùː-/ *n* 〖免疫〗免疫欠損[欠乏], 免疫不全. ♦ **-defícient** *a*

ìmmuno·depréssion /, ɪmjùː-/ *n* 〖免疫〗免疫抑制. ♦ **-depréssant** *n* 免疫抑制薬. **-depréssive** *a*

ìmmuno·diagnósis /, ɪmjùː-/ *n* 〖医〗免疫学的診断(法), 免疫診断. ♦ **-diagnóstic** *a*

ìmmuno·diffúsion /, ɪmjùː-/ *n* 免疫拡散(法).

ìmmuno·elèctro·phorésis /, ɪmjùː-/ *n* 免疫電気泳動(法). ♦ **-phorétic** *a* **-i·cal·ly** *adv*

ìmmuno·fluoréscence /, ɪmjùː-/ *n* 〖免疫〗免疫蛍光検査(法), 免疫蛍光法. ♦ **-cent** *a*

im·mu·no·gen /ɪmjúːnədʒən/ *n* 〖免疫〗免疫原. ♦ **ìmmuno·génic** /, ɪmjùː-/ *a* 免疫原(性)の. **-gen·í·ci·ty** *n*

ìmmuno·génesis /, ɪmjùː-/ *n* 免疫発生[起源].

ìmmuno·genétics /, ɪmjùː-/ *n* 免疫遺伝学《**1**) 免疫と遺伝体との相互関係を調べる免疫学 **2**) 血清の凝集反応を応用して動物の類縁関係を調べる学問》. ♦ **-genétic, -ical** *a* **-ical·ly** *adv* **-ge·nét·i·cist** *n*

ìmmuno·glóbulin /, ɪmjùː-/ *n* 〖生化〗免疫グロブリン《抗体としての分子構造をもつタンパク質; 略 Ig》.

immunoglobulin A /-—- éɪ/ 〖生化〗IgA.

immunoglobulin D /-—- díː/ 〖生化〗IgD.

immunoglobulin E /-—- íː/ 〖生化〗IgE.

immunoglobulin G /-—- dʒíː/ 〖生化〗IgG.

immunoglobulin M /-—- ém/ 〖生化〗IgM.

ìmmuno·hematólogy /, ɪmjùː-/ *n* 免疫血液学. ♦ **-hematólogist** *n* **-hematológic, -ical** *a*

ìmmuno·hìsto·chémical /, ɪmjùː-/ *a* 免疫組織化学(上)の. ♦ **～·ly** *adv* **-chémistry** *n* 免疫組織化学.

ìmmuno·histólogy /, ɪmjùː-/ *n* 免疫組織学. ♦ **-histológical, -ic** *a* **-ical·ly** *adv*

immunológical survéillance IMMUNOSURVEILLANCE.

immunológical tólerance 〖免疫〗免疫寛容《特定の抗原に対する免疫応答機構の特異的非反応》.

im·mu·nol·o·gy /ìmjənálədʒi/ *n* 免疫学. ♦ **-gist** *n* **ìm·mu·no·lóg·ic, -i·cal** *a* **-i·cal·ly** *adv*

ìmmuno·módulator /, ɪmjùː-/ *n* 〖生化〗免疫修飾物質, 免疫調節剤《免疫機能低下状態の時はこれを高め, 亢進状態を抑制し, 機能が正常の場合は全く影響のない薬剤; レバミゾール・ローベニシラミン・メチコバールなど》. ♦ **ìmmuno·módulatory** *a*

ìmmuno·pathólogy /, ɪmjùː-/ *n* 免疫病理学. ♦ **-pathólogist** *n* **-pathológic, -ical** *a*

ìmmuno·pharmacólogy /, ɪmjùː-/ *n* 免疫薬理学; 《特定薬物の》免疫学的効果. ♦ **-gist** *n*

ìmmuno·precipitátion /, ɪmjùː-/ *n* 免疫沈降(反応). ♦ **-precípitate** *n, vt*

ìmmuno·prophyláxis /, ɪmjùː-/ *n* 〖医〗免疫(学的)予防《ワクチン・治療抗血清などを用いる, 免疫付与による病気予防》.

ìmmuno·reáction /, ɪmjùː-/ *n* 免疫反応. ♦ **-reáctive** *a* 免疫反応性の. **-reactívity** *n*

ìmmuno·regulátion /, ɪmjùː-/ *n* 免疫調整. ♦ **-régulatory** *a*

ìmmuno·représsive /, ɪmjùː-/ *a* IMMUNOSUPPRESSIVE.

ìmmuno·sórbent /, ɪmjùː-/ *n* 〖生化〗免疫吸着剤. ► *a* 免疫吸着剤の[を使う].

ìmmuno·suppréss /, ɪmjùː-/ *vt, vi* (〈組織〉の)免疫反応を抑制する.

ìmmuno·suppréssant /, ɪmjùː-/ *n, a* IMMUNOSUPPRESSIVE.

ìmmuno·suppréssion /, ɪmjùː-/ *n* 免疫抑制.

ìmmuno·suppréssive /, ɪmjùː-/ *n* 免疫抑制薬 (=**ìmmuno·suppréssor**). ► *a* 免疫抑制(性)の.

ìmmuno·survéillance /, ɪmjùː-/ *n* 〖免疫〗免疫(学的)監視(機構) (=*immune surveillance, immunological surveillance*).

ìmmuno·thérapy /, ɪmjùː-/ *n* 〖医〗免疫療法. ♦ **-therapéutic** *a*

ìmmuno·tóxin /, ɪmjùː-/ *n* 〖医〗抗毒素 (antitoxin).

im·mure /ɪmjúər/ *vt* 《室内に》閉じ込める; 監禁[幽閉]する; 壁に埋め込む; 壁の中に葬る; 《古》…に壁をめぐらす: ～ one*self in* …に引きこもる. ♦ **～·ment** *n* 監禁; 引きこもり. [F or L (*murus* wall)]

im·músical /ɪ-/ *a* 《まれ》非音楽的な. ♦ **～·ly** *adv*

im·mútable /ɪ-/ *a* 不変の, 不易の. ♦ **-bly** *adv* 不変に. **～·ness** *n* **im·mutabílity** /ɪ-/ *n*

Imo /íːmoʊ/ イモ《ナイジェリア南部の州; ☆Owerri》.

IMO 《E メールなどで》in my opinion (⇨ IMHO) ♦ °International Maritime Organization.

Im·o·gen /ímədʒən; -dʒèn/ **1** イモジェン《女子名》. **2** イモジェン《Shakespeare, *Cymbeline* の女性主人公で, ブリテン王 Cymbeline の娘; 夫との間を裂かれ, さらに不貞の嫌疑をうけて身を洞穴に避けるが, のちに疑いが晴れて再会する》. [? *Innogen* ＜OIr＝daughter, girl]

imp[1] /ímp/ *n* 小悪魔, 小鬼, インプ; 腕白[いたずら]小僧; 《古》子供;

《廃》若枝, 接ぎ穂. [OE *impa* young shoot, graft (↓)]

imp[2] *vt* 〘狩〙〈鷹の翼〉に羽毛を付け足して繕う, つぎ羽をする; …に翼を付ける; 《古》補強[補修]する. [OE *impian* to graft<L *impotus* graft]

imp. imperative ♦ imperfect ♦ imperial ♦ impersonal ♦ import ♦ imported ♦ importer ♦ imprimatur.

IMP 〘ブリッジ〙 International Match Point.

im·pact *n* /ímpækt/ 衝撃, 打撃, 衝突; 影響, 影響力, インパクト 〈*on, against*〉: on ~ 当たった瞬間に, ぶつかった衝撃で / make an ~ *on*…に影響を与える. ► *v* /ɪmpǽkt/ *vt* しっかり固定する; 密着させる, 詰め込む〈*into, in*〉; …に衝突する; 強く打つ[たたく], たたきつける; …に強い衝撃[影響]を与える; …に有害[不利]な影響を与える, 逆効果である. ► *vi* 強い衝撃[影響]を与える; 強く当たる〈*on, against*〉; 有害[不利]な影響を与える. ♦ **impáct·ful** /, ⌐⌐⌐/ *a* **im·pác·tive** *a* [L=pushed against; ⇨ IMPINGE]

ímpact adhèsive 感圧接着剤.

ímpact àid* 《連邦職員の子弟が通う学区への》連邦政府の財政的援助 (cf. IMPACTED).

ímpact àrea 《爆弾・ミサイルの》炸裂地域, 被弾地, 弾着地域.

ímpact cràter 衝突火口 《隕石や火山の噴出物の落下によってできた穴》.

impáct·ed *a* 〈管などが物[便など]が詰まった; 管[通路]に詰まった; 〘医〙〈歯が〉埋伏した; 〈折れた骨が〉楔合[嵌入]した; 深く定着した, 抜きがたい; *人口稠密な 《土地税をかけられない連邦用地と多くの連邦職員をかかえ, 連邦政府による財政援助が行なわれている地域についていう》.

im·pac·tion /ɪmpǽkʃ(ə)n/ *n* ぎっしり詰め込むこと, 密着させること; 〘医〙《歯などの》埋伏, 宿便.

im·pác·tor, -páct·er *n* 衝撃装置, インパクター 《蒸気ハンマー・杭打ち機など》.

ímpact paràmeter 〘理〙 衝突パラメーター.

ímpact prìnting 〘電算〙 インパクトプリンティング 《媒体の上に活字エレメントやピンなどを打ちつけて用紙にインクを付着させる印字方式》. ♦ **ímpact prìnter** *n*

ímpact stàtement 《ある企画が環境などに与える》影響評価.

ímpact strèngth 《材料の》衝撃強さ.

ímpact tèst 《材料・構造物などの》衝撃試験.

ímpact wrènch 〘機〙 インパクトレンチ.

im·páint *vt* 《廃》描く (paint, depict).

im·pair /ɪmpέər/ *vt* 〈価値・美点・健康などを〉減ずる, 害する, そこなう, 傷つける. ► *n* 《古》IMPAIRMENT. ♦ **~·ment** *n* 減損, 損傷; 〘医〙欠陥, 障害. **~·er** *n* [OF<L=to make worse (*pejor*)]

im·páired *a* 弱った, 悪くなった, 健康を害した, 減少した, そこなわれた, 十分に機能[役目]を果たさない; [*compd*] …に障害のある; 《口》酔った: hearing-~ 聴覚に障害のある, 耳の聞こえない / an ~ driver 飲酒運転のドライバー.

im·pa·la /ɪmpǽlə, -pɑ́:lə/ *n* (*pl* **~s, ~**) 〘動〙 インパラ 《アフリカ産大型羚羊》. [Zulu]

im·pale /ɪmpéɪl/ *vt* 突き刺す, 刺す, 刺し貫く〈*on, with* a spike〉; 串刺しの刑に処する; 手も足も出ないようにする; 《古》杭[垣]で囲む; 〘紋〙盾の中央に一垂線を引いて〈二つの紋章を〉左右に描く. ● **go ~ oneself** 《俗》くたばっちまいな, 勝手に死んじまえ (go fuck yourself). ♦ **im·pál·er** *n* **~·ment** *n* 串刺しの刑; 〘紋〙合わせ紋. [OF or L (*palus* PALE[2])]

im·pálpable *a* さわることができない; 微細な; 微妙な, 実体のない; 容易にわからない, わかりにくい, 理解しがたい. ♦ **-bly** *adv* **im·palpabílity** *n*

im·pan·ate /ɪmpǽnət, ímpənèɪt/ *a* 〈キリストの体が〉聖餐のパンの中に宿っている. [L (*panis* bread)]

im·pa·na·tion /ìmpənéɪʃ(ə)n/ *n* 〘神学〙聖体聖餐同体, パン内の聖体説 《キリストの体と血とが聖餐のパンとぶどう酒の中に宿っているという教義》.

im·pánel *vt* 陪審員候補者名簿に載せる; 《陪審員候補者名簿から》〈陪審員を〉選ぶ. ♦ **~·ment** *n*

im·pan·sion /ɪmpǽnʃ(ə)n/ *n* 《サイズ・規模・人員などの》縮小.

im·páradise *vt* 天国に入れる, 恍惚とさせる; 極楽のようにする, 楽園化する.

im·pàri·pínnate *a* 〘植〙 奇数羽状の.

im·pàri·syllábic *a* 〘ギリシア・ラテン文法〙〈名詞が〉主格よりも属格のほうが音節の多い 《たとえば 主格 *dens* と 属格 *dentis*》. ► *n* imparisyllabic な名詞.

im·párity *n* DISPARITY.

im·párk *vt* 〈動物を〉園内に囲う; 〈森などを〉囲って公園[猟園]にする. ♦ **im·par·ká·tion** *n*

im·part /ɪmpɑ́:rt/ *vt* (分け)与える〈*to*〉; 〈知識・秘密などを〉伝える, 伝授する〈*to*〉. ♦ **~·able** *a* **ìm·par·tá·tion** *n* 分与, 授与; 伝達, 伝授. **~·ment** *n* [OF<L (*in-*[2], PART)]

im·pártial *a* 偏らない, えこひいきしない, 公平な, 公明正大な. ♦ **~·ly** *adv* **im·partiálity** *n* 偏らないこと, 公平, 不偏不党.

im·pártible *a* 〈不動産などが〉分割できない, 不可分の. ♦ **-ibly** *adv* **im·pàr·ti·bíl·i·ty** *n*

im·páss·able *a* 通り抜けられない, 通行[横断]できない. ♦ **-ably** *adv* 通り抜けられないように. **im·pàss·abílity** *n* **~·ness** *n*

im·passe /ímpæs, ⌐⌐/; ɪmpɑ́:s/ *n* 袋小路; 難局, 窮境, 行き詰まり, 手詰まり, 行き悩み: reach [come to] an ~ 行き詰まる.

im·pássible *a* 苦痛を感じない; 傷つくことのない; 無感覚な, 無神経な, 鈍感な; IMPASSABLE. ♦ **im·pás·si·bly** *adv* **~·ness** *n* **im·passibílity** *n* [OF<L; ⇨ PASSION]

im·pas·sion /ɪmpǽʃ(ə)n/ *vt* …の気持を高ぶらせる, 感激させる. [It]

im·pás·sioned *a* 熱のこもった, 情熱的な, 熱烈な.

im·pássive *a* 感情のない; 無感動な; 平然とした, 無表情な; 《古》苦痛を感じない, 無感覚な. ♦ **~·ly** *adv* **im·passívity** *n* **~·ness** *n*

im·paste /ɪmpéɪst/ *vt* …に糊を塗る, 糊で固める; …にえのぐを厚く塗る; 《廃》糊状にする.

im·pas·to /ɪmpɑ́:stou, -pǽs-/ *n* (*pl* **~s**) 〘画〙盛上げ塗り, 厚塗り; 厚く塗られたえのぐ; 陶器の装飾用盛上げ. [It]

im·pátience *n* 短気, せっかち; じれったさ, もどかしがること〈*of*〉; 《苦痛・圧迫などを》我慢できないこと〈*with, at*〉; 〈…したくて〉たまらないこと, 切望〈*to* do〉.

im·pa·ti·ens /ɪmpéɪʃənz, -s; -ʃiènz, -pǽti-/ *n* 〘植〙ホウセンカ属 [ツリフネソウ属] (*I-*) の草本, インパチェンス (cf. BALSAM, JEWELWEED, TOUCH-ME-NOT). [NL; ↓軽く触れただけでさやがはじけることから]

im·pátient *a* **1** 気短かな, 性急な, せっかちな, いらいらする〈*at, with*〉; 落ちつかない: be ~ *of*…に耐えきれない, 我慢できない; 〈解釈〉を許さない. **2** もどかしがる, しきりに…したがる〈*to* do〉: be ~ *for*…が欲しくてたまらない. ♦ **~·ly** *adv* **~·ness** *n* [OF<L]

im·pávid *a* 《古》恐れを知らぬ. ♦ **~·ly** *adv*

im·páwn *vt* 《古》質に入れる; [*fig*] 誓約する.

im·pay·able /ɪmpéɪəb(ə)l/; *F* ɛ̃pɛjabl/ *a* PRICELESS.

im·peach /ɪmpí:tʃ/ *vt* **1** 〈人の名誉・名声など〉に疑いを投げかける, 疑問視する, 〈証人など〉の信用性に異議を申し立てる, 弾劾する. **2** 《重大な罪で》告発[非難]する; *〈公職にある者を〉《法的に》弾劾する, 弾劾裁判に付す; 《違法行為などのために》解任する: ~ a politician *for* accept*ing* bribes 政治家を収賄で告発する / ~ sb *of* [*with*] a crime 人の罪を告発する. ► *n* 《古》IMPEACHMENT. ♦ **~·able** *a* 弾劾[告発, 非難]すべき. **im·pèach·abílity** *n* 弾劾可能性. [OF *empecher*<L *im-*[2](*pedica* fetter)=to entangle]

impéach·ment *n* 弾劾, 告発; 《廃》不名誉: ~ of a judge 裁判官の弾劾裁判 / ~ of witness 証人の弾劾.

im·péarl 《文》*vt* 真珠のようにする; 真珠(のような玉)で飾る[をちりばめる]: the grass ~*ed with* dew.

im·péccable *a* 欠点のない, 非の打ちどころのない, 無欠な, 完全な; 罪を犯すことのない. ♦ **-bly** *adv* **im·peccabílity** *n* 欠点のないこと, (完全)無欠.

im·péccant *a* 罪[過誤]のない, 潔白な. ♦ **-an·cy** *n*

im·pe·cu·nious /ìmpɪkjú:njəs, -niəs/ *a* 金のない, (いつも)無一文の, 貧乏な. ♦ **~·ly** *adv* **~·ness, ìm·pe·cù·ni·ós·i·ty** /-niɑ́s-/ *n* [*in-*[1]; ⇨ PECUNIARY]

im·ped·ance /ɪmpí:d(ə)ns/ *n* **1** 〘理〙インピーダンス 《交流回路における印加電圧と回路を流れる電流との比; また各種の波動・振動などの同様の比; 記号 Z; cf. MECHANICAL IMPEDANCE, ACOUSTIC IMPEDANCE》. **2** 障害(物), 邪魔物.

im·pede /ɪmpí:d/ *vt* 妨げる, じゃまする, 遅らせる. ♦ **im·péd·er** *n* [L *impedio* to shackle the feet of (*ped- pes* foot)]

im·ped·i·ment /ɪmpédəmənt/ *n* **1** 妨害(物), じゃま, 障害〈*to*〉; 身体障害; 言語障害, どもり〈*in* one's speech〉. **2** (*pl* **-men·ta** /-tə/) 〘法〙 **a** 行為無能力. **b** 婚姻障害 《血縁関係・年齢不足など》: ~ of consanguinity 血族関係の婚姻障害 / ~ of precontract 先約の婚姻障害. **3** [*pl*] 《古》IMPEDIMENTA. [L (↑)]

im·ped·i·men·ta /ɪmpèdəméntə/ *n pl* じゃまな物; 《旅などの》(厄介な)荷物, 《特に 軍隊の》輜重(しちょう) 《運搬する糧食・武器・弾薬など》. [L (pl) <↑]

im·ped·i·men·tal /ɪmpèdəméntl/, **-ta·ry** /-t(ə)ri/ *a* 《古》妨げになる: causes ~ *to* success 成功を妨げる原因.

im·ped·i·tive /ɪmpédətɪv/ *a* 妨げとなる.

im·pel /ɪmpél/ *vt* (**-ll-**) 推進する, 促す, 駆りたてる; 強いて…させる 〈sb *to* an action, *to* do, *into* doing〉: *impelling* force 推進力. [L (*in-*[2], *pello* to drive)]

im·pél·lent *a* 推進性の, 促す. ► *n* 推進力.

im·pél·ler, -lor *n* 推進する人[もの]; 〘機〙《渦巻ポンプ・ジェットエンジンなどの》羽根車, 回転翼, インペラー; 回転翼の羽根.

im·pend /ɪmpénd/ *vi* 〈事件・危険など〉迫る, 今まさに起ころうとしている; 《古》差しかかる, たれさがる〈*over*〉. [L (*pendeo* to hang)]

impénd·ent *a* IMPENDING. ♦ **-ence, -en·cy** *n*

impénd·ing *a* 切迫した, 差し迫った: an ~ storm 今にも来そうなあらし / death ~ over us 迫り来る死.

im·penetrabílity *n* 〘理〙不可入性 《ある物体の占めている空間には他の物体ははいれないこと》; 貫通できないこと; 理解できないこと, 不可解; 無感覚, 頑迷.

im·pénetrable *a* **1** 突き通せない〈*to, by*〉; 〈森林など〉通れない,

足を踏み込めない; 〘理〙不可入性の. **2** 見通せない; 測り知れない, 不可解な〈神秘など〉. **3** 〈思想などを〉受けつけない, 頑固な, 無感覚な, 鈍感な〈*to, by*〉. ♦ **-bly** *adv* 貫けないほどに; 測り知れないように; 無感覚に. [OF<L]

im·pénetrate *vt* …に深く[完全に]浸透する.

im·pénitence, -cy *n* 悔い改めないこと, 頑迷; 頑迷な行為[ことば].

im·pénitent *a* 改悛の情のない, 頑迷な. ► *n* 悔い改めない人, 頑固な人. ♦ **~·ly** *adv* **~·ness** *n*

im·pénnate *a* 〘鳥〙飛力のある翼羽を有しない, 無翼の.

imper(at). imperative.

im·per·a·ti·val /ɪmpèrətáɪv(ə)l/ *a* 〘文法〙命令法の.

im·per·a·tive /ɪmpérətɪv/ *a* 避けられない, 緊急の, 肝要の; 強制的な, 命令的な; 〘文法〙命令法の: It is ~ that we (should) act at once. いやでもおうでも直ちに行動しなければならない / the ~ mood 〘文法〙命令法. ► *n* 命令 (command); 〘文法〙命令法; 命令語[形, 文]; 規則, 規範; 《回避できない》緊急事態[義務, 必要]; 緊急の判断. ♦ **~·ly** *adv* 命令的に, いやおうなしに. **~·ness** *n* [L (*impero* to command); 文法用語は Gk *prostaktikē* (*egklisis* mood) のラテン語訳]

im·pe·ra·tor /ɪ̀mpərá:tər, -tɔ̀:r/ *n* 大将軍, 最高司令官《共和制ローマで凱旋将軍に与えられた称号》; 《帝政ローマの》皇帝; 《一般に》最高の支配者, 元首. ♦ **im·per·a·to·ri·al** /ɪmpèrətɔ́:riəl/ *a* [L; cf. EMPEROR]

ìm·percéivable *a* 《古》IMPERCEPTIBLE.

ìm·percéptible *a* 目に見えない, 気づかれないほどの; 微細な, わずかの. ♦ **-bly** *adv* **~·ness** *n* **ìm·perceptibílity** *n*

ìm·percéption *n* 無知覚, 無感覚.

ìm·percéptive *a* 感知しない〈*of*〉; 知覚力を欠いた. ♦ **~·ness** *n*

ìm·percípience *n* 無知覚. ♦ **-percípient** *a*

imperf. imperfect • imperforate.

im·pérfect *a* **1** 不完全な, 不十分な; 欠点[欠陥]のある; 〘植〙不完全の, 雌雄異花の (diclinous); 有性生殖のない. **2** 〘法〙法的要件を欠く: ~ obligation 《法的強制力のない》不完全債務 / ~ trust 不完全信託. **3** 〘楽〙半音減の; 〘文法〙未完了の, 半過去の: the ~ tense 未完了時制, 半過去《英語では進行形がこれに相当する》. ► *n* 〘文法〙未完了時制; 《動詞の》未完了形. ♦ **~·ly** *adv* 不完全に, 不十分に. **~·ness** *n* [OF<L]

impérfect cádence 〘楽〙不完全休止.

impérfect competítion 〘経〙不完全競争.

impérfect flówer 〘植〙不完全花.

impérfect fúngus 〘植〙不完全菌類の真菌.

ìm·perfect·ible *a* 完全化[完成]されえない.

ìm·perféction *n* 不完全, 不全; 欠点, 欠陥, 不備; 〘製本〙印刷の不完全な枚葉紙, 《乱丁などによる》未綴じの折[本].

ìm·perféctive 〘文法〙*a* 〈ロシア語などの動詞が〉未完了相[形]の. ► *n* 未完了相[形](の動詞).

impérfect rhýme 〘韻〙不完全韻 (SLANT RHYME).

impérfect stáge 〘植〙不完全期《菌類が無性生殖を営む時期》.

im·pérforate, -rated *a* 穴のあいていない, 無孔の; 〈郵便切手が〉目打ちのない, 無目打ちの; 〘解・生〙あるべき穴がない, 無孔の. ► *n* 目打ちのない切手, 無目打ち, インパーフ. ♦ **im·perforátion** *n* 無孔, 無開口, 閉鎖.

imperia *n* IMPERIUM の複数形.

Im·pe·ria /ɪmpíriə, -pér-/ インペリア《イタリア北西部 Liguria 州, Genoa の南西に位置する港町》.

im·pe·ri·al /ɪmpíəriəl/ *a* **1** 帝国 (empire) の; 英帝国の; 英帝国制定の; 〈度量衡が〉英本国法定の標準に従った《1971 年メートル法採用により廃止》: the *I*~ Parliament 英帝国議会 / ~ preference 英帝国内特恵関税. **2** 皇帝 (emperor) の, 皇后 (empress) の; 最高の権力をもつ; 荘厳な, 堂々とした (majestic), ものすごい; 傲慢な, 尊大な; 〈商品など〉優秀な. ► *n* **1** [I-] 神聖ローマ帝国皇帝派の人[軍人]; [I-] 皇帝, 皇后. **2** ナポレオン 3 世ひげ《下唇下のとがったひげ》; 〘洋紙〙インペリアル判《米 23×31 インチ, 英 22×30 インチ大》; 乗合馬車の屋根(に載せる旅行用トランク); 〘建〙頂がとがったドーム; 上質の品, ものすごいもの; 帝政ロシア金貨. ♦ **~·ly** *adv* [OF<L; ⇨ IMPERIUM]

Impérial Béach インペリアルビーチ《California 州南部 San Diego の南, メキシコ国境の近くにある市》.

impérial búshel 英ブッシェル (⇨ BUSHEL[1])

Impérial Cíty [the] 帝都《Rome 市など》.

Impérial Cóllege インペリアルカレッジ《London にある理科系のカレッジ; London 大学の提携校; 科学・鉱山学・工学・コンピューターなどの分野で最高水準の研究が行なわれている; 1907 年創立; 略 IC》.

Impérial Cónference [the] (イギリス)帝国会議《英帝国諸国の首相による会議; 第 1 回は Victoria 女王即位 50 周年の 1887 年に植民地会議 (Colonial Conference) として開かれ, 1907 年に改称, 1937 年が最後》.

impérial éagle 〘鳥〙カタジロワシ (＝*king eagle*)《南欧・アジア産》.

impérial gállon 英ガロン《＝4.546 liters》.

Impérial Hóliday [ˢi- h-] 全英休日《法定休日ではないが, 現女王誕生日や Victoria 女王誕生日などのイギリス連邦全土で重要視されている休日》.

impérial·ìsm *n* 帝国主義; 領土拡張主義; 強引な支配; 大英帝国主義; 帝政.

im·périal·ist *n* 《特に 米・英の》帝国主義者(の手先); 英帝国の官吏; 帝政主義者; 《特に 1600–1800 年間の神聖ローマ帝国の》皇帝支持者, 皇帝派の人. ► *a* 帝国主義(者)の, 帝政主義(者)の. ♦ **im·pè·ri·al·ís·tic** *a* **-ti·cal·ly** *adv*

impérial·ìze *vt* 帝国の支配下に置く; 帝政化する, 帝国主義化する; …に威厳を与える.

impérial móth 〘昆〙アメリカテイオウヤママユ《黄色に茶紫の帯のある大きく美しいヤママユガ科の蛾; 米国産》.

impérial pígeon 〘鳥〙アジア・豪州産の大型のハト, 《特に》ミカドバト属の各種 (cf. NUTMEG PIGEON).

impérial présidency* 帝王的大統領制《憲法の規定を越えて強大化した米国大統領の職[地位]》. ♦ **impérial président** *n*

Impérial Válley [the] インペリアル谷《California 州南東部 Colorado 砂漠中の谷; ほとんどが海面下の低地; Colorado 川からの灌漑用水によって農業地帯になっている》.

Impérial Wár Musèum [the] 〘英〙帝国戦争博物館《London の Lambeth にある国立博物館; 第一次, 第二次大戦およびそれ以降の戦争における英国・英連邦各国民の努力・犠牲を記念・記録する; 1917 年設立》.

im·péril *vt* 〈生命・財産などを〉あやうくする, 危険にさらす (endanger). ♦ **~·ment** *n* [*in-*[2]]

im·pe·ri·ous /ɪmpíəriəs/ *a* 傲然とした, 横柄な; 専制的な; 緊急の, 差し迫って重大な. ♦ **~·ly** *adv* **~·ness** *n* [L; ⇨ IMPERIUM]

im·pérish·able *a* 不滅の, 不死の; 不朽の. ► *n* 不滅[不朽]のもの. ♦ **-ably** *adv* 不滅に, 永久に. **~·ness** *n* **im·pèrish·abílity** *n*

im·pe·ri·um /ɪmpíəriəm/ *n* (*pl* **-ria** /-riə/, **~s**) 至上権, 絶対的支配権, 主権, 帝権; 〘法〙《国家の》絶対権; 〘ローマ法〙命令権; 帝国. [L＝command, dominion; ⇨ EMPIRE]

impérium in im·pé·rio /-ɪmpíəriòu/ 国家内の国家, 権力内の権力. [L]

im·pérmanent *a* 永続しない, 一時的な, はかない. ♦ **~·ly** *adv* **im·pérmanence, -cy** *n*

im·pérmeable *a* 染みとおらない, 不浸透性の, 不透水的な〈*to*〉; 寄せつけない. ♦ **im·permeabílity** *n*

ìm·permíssible *a* 許されない, 許すことのできない. ♦ **ìm·permíssibly** *adv* **ìm·permissibílity** *n*

impers. impersonal.

im·per·scrip·ti·ble /ɪmpərskríptəb(ə)l/ *a* 典拠のない, 無典拠の.

im·pérson·al *a* 人格を有しない; 個人に言及しない[かかわらない], 一般的な; 人格にかかわらない, 感情[主観]を交えない, 非情[冷淡]な, そっけない, 人間味のない, 機械的な, 没個性的な〈態度・場所など〉; 〘文法〙非人称の; 〘文法〙〈代名詞が〉不定の (indefinite): ~ forces 人間外の力《自然力・運命など》/ an ~ construction 非人称構文 / ~ it 非人称の 'it'. ► *n* 〘文法〙非人称動詞[代名詞]. ♦ **~·ly** *adv* 非個人的に; 非人格的に.

im·personálity *n* 非人格性; 個人に関しないこと; 人間感情の不在(性); 非情(性), 冷淡さ; IMPERSONAL なもの.

im·pérson·al·ìze *vt* 非個人的[非人格的]にする. ♦ **im·pèr·son·al·izátion** *n*

impérsonal vérb 〘文法〙非人称動詞《常に第三人称単数; 例 methinks, It rains.》.

im·per·son·ate /ɪmpə́:rs(ə)nèɪt/ *vt* 〈俳優などが…〉の役を演ずる, …に扮する; …の風を装う, まねる, …になりすます; …の声色をつかう; 〘法〙〈他人〉の氏名・肩書などを詐称する; 《まれ》体現[具現]する, 人格化する, 擬人化する. ► *a* /-nət, -nèɪt/ 具現[人格化]された. ♦ **im·pèr·son·á·tion** *n* 人格化, 権化; 《俳優の》扮装(法); 役を演ずること; 物まね, 声色. **im·pér·son·à·tor** *n* 扮装者; 役者, 物まね芸人, 声色つかい. [*in-*[2], L PERSONA]

ìm·persónify *vt* 《古》PERSONIFY.

im·pértinence, -cy *n* でしゃばり, 生意気, 無礼; 不適切, 見当違い; 不適切[無礼]な行為[ことば].

im·pértinent *a* **1** 《目上の人などに対して》礼儀をわきまえない, ぶしつけな, 敬意を欠く, 無礼な〈*to*〉; 《まれ》不適切な, ふさわしくない. **2** 見当違いの, お門違いの, 無関係の〈*to*〉. ♦ **~·ly** *adv*

im·pertúrb·able *a* 冷静な, 沈着な, 容易に動じない, 腹のすわった. ♦ **-ably** *adv* **im·pertùrb·abílity** *n*

im·perturbátion *n* 沈着, 冷静.

im·per·vi·a·ble /ɪmpə́:rviəb(ə)l/ *a* IMPERVIOUS.

im·pérvious *a* 〈水や空気を〉通さない, 不浸透性の, 不透水的な〈*to*〉; 傷つかない, いたみにくい; 無感覚な, 鈍感な, 受けつけない〈*to*〉. ♦ **~·ly** *adv* **~·ness** *n*

im·pe·tig·i·nous /ɪ̀mpətíʤənəs/ *a* 〘医〙膿痂疹(性)の.

im·pe·ti·go /ɪ̀mpətáɪgou, -tí:-/ *n* (*pl* **~s**) 〘医〙膿痂疹(のうかしん), イン

ペチゴ, とびひ. [L *im-*²(*peto* to seek)=to assail]

im·pe·trate /ímpətrèɪt/ *vt* 嘆願して得る, 祈願によって授かる;《まれ》嘆願する. ♦ **ìm·pe·trá·tion** *n* **ím·pe·trà·tive** *a*

im·pet·u·os·i·ty /ɪmpèʧuásəti/ *n* 激烈, 猛烈; 性急さ; 性急な行動, 衝動.

im·pet·u·ous /ɪmpéʧuəs/ *a* (動きの)激しい, 猛烈[激烈]な〈風・速度など〉; 性急な, むこうみずな. ♦ **~·ly** *adv* **~·ness** *n*

im·pe·tus /ímpətəs/ *n* 起動力, 勢い, 刺激, はずみ〈*for*〉;《抵抗に逆らって動く物体の》運動力; 奨励: give [add, lend] (an) ~ to... を促進する. [L=assault, force; ⇨ IMPETIGO]

ím·pey·an phéasant /ímpiən-/〖鳥〗ニジキジ《アフガニスタンからミャンマーにかけて分布》. [Sir Elijah *Impey* (1732–1809) ヨーロッパに紹介した英国の法律家]

imp·fing /ímpfɪŋ/ *n*〖晶〗結晶析出促進, 晶化誘起《結晶をひき起こすために液体に小さな結晶を入れること》.

imp. gal., imp. gall. °imperial gallon.

Imp·hal /ímphʌ̀l; ímfəl, ɪmfɑ́:l/ インパール《インド北東部 Manipur 州の州都; ミャンマー国境に位置; 1944 年日本軍が進攻したが, 補給が途絶して, 多数の将兵が死亡した》.

im·phee /ímfi/ *n*〖植〗アフリカ産のモロコシ. [Zulu]

im·pi /ímpi/ *n* (*pl* **~es, ~s**)《Zulu または Kaffir 族戦闘員の》大部隊. [Zulu]

im·pícture *vt* 描く (portray).

im·píety *n* 不信心; 不敬, 不孝; [ᵘ*pl*] 不信心[不敬, 邪悪]な行為[ふるまい]. [OF or L; ⇨ IMPIOUS]

im·pig·no·rate /ɪmpígnərèɪt/ *vt* 質に入れる (pawn), 抵当に入れる (mortgage). ♦ **im·pìg·no·rá·tion** *n*

im·pinge /ɪmpínʤ/ *vi* 打つ, 突き当たる, 衝突する〈*on, against*〉; 〈…に〉影響を与える, 〈心などを〉打つ〈*on*〉; 〈人の権利・財産などを〉侵す, 侵害する〈*on*〉. ♦ **im·píng·er** *n* ⁺インピンジャー《空気中の粉塵の標本を採取する装置》. [L *im-*²(*pact- pango* to fix)=to drive (thing) at]

impínge·ment *n* 衝突, 衝撃; 衝突捕集《空気中の液滴除去法》; 侵害.

impíngement attàck〖冶〗衝撃侵食[腐食], インピンジメント侵食《乱流中におけるエロージョン侵食》.

im·pi·ous /ímpiəs, ɪmpáɪəs/ *a* 神を敬わない, 不敬な, 不信心な; 《親などに対して》敬意を払わない, 親不孝の. ♦ **~·ly** *adv* **~·ness** *n* IMPIETY. [L (PIOUS)]

ímp·ish *a* 鬼の(ような); 腕白な, ちゃめな (mischievous). ♦ **~·ly** *adv* **~·ness** *n* [*imp*¹]

im·plácable *a* なだめがたい, 容赦ない; 和解しにくい, 執念深い, 不倶戴天の;《まれ》救いえない, 消しがたい, 不治の. ♦ **-bly** *adv* **im·placabílity** *n*

ìm·placéntal *a* APLACENTAL.

im·plánt *vt* はめ込む, 埋め込む; 〈習慣・考えなどを〉植え付ける, 吹き込む〈a doubt *in* sb's mind〉;〖医・歯〗埋め込む, 移植する; ᴵᴵ《古》植える, 〈種を〉まく; [ᵘ*pass*]〈受精卵を〉(子宮の壁に)着床させる. ► *vi* 〈受精卵が〉着床する. ► *n* /ˊ-ˋ/ 差し込まれた[植え付けられた]もの;〖医・歯〗移植組織[片], 埋没物, インプラント. ♦ **~·able** *a* **~·er** *n* [F or L *im-*²(PLANT)=to engraft]

im·plan·ta·tion /ìmplæntéɪʃ(ə)n; -plɑ̀:n-/ *n* 植え込むこと, 移植;〖医〗(体内)移植, 埋込み, 埋没,《固形薬物の》(皮下)植込み;《子宮内での》着床; 教え込むこと; 注入, 鼓吹;〖理〗注入.

im·pláusible *a* 本当とは思えない, 信じがたい, ありそうもない. ♦ **-bly** *adv* **~·ness** *n* **im·plausibílity** *n*

im·plead /ɪmplí:d/ *vt, vi* 告訴[起訴]する;《まれ》非難する, 責める;《古》抗弁する. ♦ **~·er** *n*

im·plédge *vt*《古》PLEDGE.

im·ple·ment /ímpləmənt/ *n* **1** 道具, 用具, 器具; 手段, 方法; [*pl*]《家具・衣服などの》備品, 装具; 手先, 働き手: agricultural [farm] ~*s* 農具 / stone ~*s* 石器. **2**〖スコ法〗履行. ► *vt* /-mènt/ 〈計画・政策などを〉施行[実施]する, 実行に移す; 〈要求・条件・不足などを〉満たす; …に道具[手段]を与える. ♦ **ím·ple·mèn·ter, -tor** *n* **ìm·ple·mén·tal** *a* 道具の, 道具[助け]になる; 実現に寄与する〈*to*〉. **ìm·ple·men·tá·tion** *n* 施行, 実施, 実行; 完成, 成就. [L (*impleo* to fulfil)]

im·ple·tion /ɪmplí:ʃ(ə)n/ *n*《古》満たすこと, 満ちていること, 充満, 飽和.

im·pli·cate /ímpləkèɪt/ *vt* **1**《犯罪などへの》〈人〉の関与を立証[示唆]する; 掛かり合いにする, 巻き込む;《古》もつれさせる, からみ合わせる, 包み込む: He was ~*d in* the murder. 彼の殺人への関与が明らかにされた. **2** 結果として…に影響を与える; 当然…を意味する, 含意する (imply). ► *n* /-plɪkət, -pləkèɪt/ 包含されたもの. [L *im-*²(*plicat- plico* to fold)]

im·pli·ca·tion /ìmpləkéɪʃ(ə)n/ *n* **1** かかわり, 密接な関係, 関与(の示唆)〈*in*〉. **2 a** 言外の意味, 示唆, 含意, 含蓄, 含み, ニュアンス;〖論〗含意《2 種の命題間で, 一方から他方を推論しうる関係》;〖法〗黙示(の意思表示); 推測, 推定: by ~ 暗に, それとなく, 含意[推定]されるところでは. **b** [ᵘ*pl*] (将来的な)影響, (起こりうる)結果. ♦ **~·al** *a*

im·pli·ca·tive /ímpləkèɪtɪv, ɪmplíkətɪv/ *a* 含蓄的な, 言外の意味をもつ; 巻添えの. ♦ **~·ly** *adv* **~·ness** *n*

im·pli·ca·ture /ímplɪkəʧər, ˊ-ˋ--/ *n*〖哲・言〗含意, 推意;《特に》会話の含意, 会話的推意 (conversational implicature)《発話の状況から推論される, logical entailment とは異なる含意》.

im·plic·it /ɪmplísət/ *a* **1**《明白に言い表わさずに》暗に意味された, 言わず語らずの, 暗黙の, 黙示の (opp. *explicit*); 潜在的[必然的]に含まれた, 内在する〈*in*〉;《廃》もつれ合った. **2**《疑問・条件なしの》絶対的な, 盲目的な: ~ obedience 絶対的服従, 盲従 / ~ faith 盲信. **3**〖数〗陰関数表示の, 陰の (opp. *explicit*). ♦ **~·ly** *adv* 暗黙(のうち)に, 黙示的に, それとなく, 暗に; 盲目的に. **~·ness** *n* [F or L; ⇨ IMPLICATE]

implícit differentiátion〖数〗陰関数微分法.

implícit fúnction〖数〗陰関数 (opp. *explicit function*).

im·plíed *a* 含意された, 暗黙の;〖法〗黙示の (opp. *express*); 情況から推定される, 間接的な; それとなしの, 言外の.

implíed consént 暗黙の同意, 黙諾;〖米法〗黙示的同意《運転免許取得には当局から求められれば飲酒テストを受ける義務を伴うなど》.

im·plied·ly /ɪmpláɪ(ə)dli/ *adv* 暗に, 暗黙に, それとなく.

implíed pówer 黙示的権限《特に米国では, 合衆国憲法による規定はないが連邦政府が行使できる権限を指す》.

im·plode /ɪmplóʊd/ *vi* 〈真空管などが〉内側に破裂する, 内破する; 〈天体が〉急激に収縮する; 内部崩壊する; 大幅に縮小する; 集中する, 統合する. ► *vt* 内破させる;〖音〗内破させる, 〈破裂音を〉出わたりなしに発音する. [*in-*²; *explode* にならったもの]

im·plore /ɪmplɔ́:r/ *vt, vi* 懇願[嘆願, 哀願]する, 乞い願う, 泣きつく: ~ sb *for* mercy [*to* do] 人に慈悲を[…するよう]哀願する / ~ another chance もう一度チャンスを乞う / an *imploring* glance すがるような目 / I ~ you《頼みごとをして》お願い[後生]だから, どうか. ♦ **im·plór·ing·ly** *adv* 嘆願して, 哀願的に. **im·plo·ra·tion** /ìmplɔ:réɪʃ(ə)n, -plə-/ *n* [F or L *im-*²(*ploro* to weep)=to invoke with tears]

im·plo·sion /ɪmplóʊʒ(ə)n/ *n*《真空管などの》内破《内側に向かっての爆発》;〖音〗《破裂音の》内破; (急激な)内部崩壊; 爆縮; 縮小, 圧縮; 集中[統合](化);〖精神医〗内的破砕療法《最も恐ろしい状態を, 初めは想像上, 次に実生活で反復経験させる恐怖症の治療法》.

im·plo·sive /ɪmplóʊsɪv/〖音〗*a* 出わたりなしに発音される. ► *n* 内破音. ♦ **~·ly** *adv*

im·plu·vi·um /ɪmplú:viəm/ *n* (*pl* **-via** /-viə/)〖古ロ〗インプルウィウム《中庭 (atrium) のまん中の雨水だめ》. [L (*pluo* to rain)]

im·ply /ɪmpláɪ/ *vt* 含意する, 意味する; 暗示する, ほのめかす, それとなく言う〈*that*...〉; 包含する, 必然的に含む[伴う];《廃》巻き込む, 包む: Silence often *implies* resistance. [OF<L; ⇨ IMPLICATE]

im·po /ímpoʊ/ *n* (*pl* **~s**)ᴵᴵ《口》IMPOT.

impolder ⇨ EMPOLDER.

im·pólicy *n* 不得策, 愚策.

ìm·políte *a* 無作法な, 失礼な: an ~ reply. ♦ **~·ly** *adv* **~·ness** *n*

im·pólitic *a* 考えのない, 賢明でない, 得策でない, 軽率な, (やり方の)へたな. ♦ **~·ly** *adv* 軽率に, へたに. **ìm·polítical** *a* **-ical·ly** *adv*

im·pon·der·a·bil·ia /ɪmpɑ̀ndərəbíliə/ *n pl* 測り知れないもの (imponderables).

im·pónder·able *a* 測ることのできない, 重量のない; 評価ができない. ► *n* 不可量物《熱・光など》;《効果・影響の》測り知れないもの, 不確定要素《感情・世論など》. ♦ **-ably** *adv* **~·ness** *n* **im·pònder·abílity** *n*

im·pone /ɪmpóʊn/ *vt*《廃》賭ける (stake, wager).

im·po·nent /ɪmpóʊnənt, ˊ-ˋ-/ *n* 賦課する人.

im·port *v* /ɪmpɔ́:rt/ *vt* **1** 輸入する〈*into, to*〉(opp. *export*); 引き入れる, 導入[移入]する;〖電算〗〈アプリケーションが〉〈他のアプリケーションの作ったデータを〉自身が使用できるように変換して取り込む, インポートする (cf. EXPORT): ~ tea *from* India インドから茶を輸入する / ~*ed* goods 輸入品. **2** …の意味を含む, 意味する;《古》述べる;《古》…に重要である, 重大な関係がある: Clouds ~ rain. 雲は雨を意味する / It ~*s* us to know...を知るのがわれわれには大切だ. ► *vi* 輸入する; 重要である (matter). ► *n* /ˊ-ˋ/ **1 a** 輸入 (importation); [°*pl*] 輸入品[用役]; [ᵘ*pl*] 輸入(総)額; [〈*a*〉] 輸入(用)の. **b**《カナダ俗》'越境' 選手[プレーヤー]; *《学生俗》《寮祭などに》町の外から呼んできた女の子. **2** 趣旨, 意味; 重要(性), 意義: a matter *of* no ~ 取るに足らないこと / *of* great ~ ごく重要な. ♦ **impórt·able** *a* [L IN-²(*porto* to carry)=to bring in]

im·pór·tance *n* **1 a** 重要[重大](性); 重要な面, 意義: a matter *of* great [no] ~ 重大事[取るに足らないこと] / attach ~ to …を重要視する. **b**《廃》重大事. **c**《廃》意味. **2 a** 有力, 重み, 貫禄: a person *of* ~ 有力者, 重要人物 / a position *of* ~ 重要な地位 / be conscious of [know, have a good idea of] one's own ~ うぬぼれている, もったいぶっている. **b** 尊大: with an air of ~ もったいぶって, ものものしげに. **3**《廃》しつこさ. ♦ **im·pór·tan·cy** *n*《古》IMPORTANCE.

im·por·tant /ɪmpɔ́:rtnt/ *a* 重要な, 重大な, 大切な; 有力な, 偉い;

もったい[尊大]ぶった; 《廃》 IMPORTUNATE: an ~ man / look ~ 偉そうに構えている. [OF<OIt (L IMPORT to signify, be of consequence)]

impórtant·ly *adv* 重要な点[面]で; もったいぶって, 偉そうに; 重要なことに[だが].

impórtant móney *《俗》 大金 (heavy money).

im·por·ta·tion /ìmpɔːrtéɪʃ(ə)n, -pər-/ *n* 輸入; 輸入品, 外来のもの.

ímport dùty 輸入関税.

impórt·ed cábbageworm 青虫《モンシロチョウの幼虫》.

impórted fíre ànt 〔昆〕ヒアリ, リヒターヒアリ《南米原産のトフシアリ属の2種; 米国南東部における大害虫》.

im·por·tee /ìmpɔːrtíː/ *n* 外国から連れて来られた[招かれた]人.

impórt·er *n* 輸入者, 輸入商[業者, 国].

im·por·tu·nate /ɪmpɔ́ːrtʃənət, -tjʊ-/ *a* しつこくせがむ[要求する], うるさい, しつこい〈人·懇願·要請など〉; 厄介な; 〈事が〉切迫した. ♦ **~·ly** *adv* しつこく. **~·ness, im·por·tu·na·cy** /ɪmpɔ́ːrtʃənəsi/ *n* しつこさ. [L *importunus* inconvenient]

im·por·tune /ìmpərt(j)úːn, ɪmpɔ́ːrt(j)ùːn, *-tʃən, ''-tʃùːn/ *vt* …にうるさく頼む[せがむ]; 〈売春婦が〉〈客を〉誘う; 《古》 しつこくねだる; 悩ます. ► *vi* しつこくせがむ; 不当な方法で人に取り入る. ► *a* IMPORTUNATE. ♦ **~·ly** *adv* **-tún·er** *n* [F or L (↑)]

im·por·tu·ni·ty /ìmpərt(j)úːnəti, -pɔ̀ːr-/ *n* しつこさ; しつこい要求[懇願].

im·pose /ɪmpóʊz/ *vt* **1** 賦課する, 〈義務などを〉負わせる, 〈税を〉課する, 〈罰金を〉科する; 押しつける, 強要する; 〈にせものなどを〉押しつける, つかませる: ~ a tax *on* sb 人に課税する / ~ one's opinion *upon* others 自分の意見を人に押しつける / ~ oneself *on*… 〈他人事に〉でしゃばる, 〈人のところに〉押しかける. **2** 《古》 〈…の上に〉置く 〈*upon*〉; 〔印〕組付けする; 《廃》〔宗〕《儀礼的に》〈手を〉置く, 按手(あんしゅ)する. ► *vi* 威圧する, 感心させる; 〈人の善意などに〉つけこむ, 〈特権などを〉濫用する 〈*upon*〉; だます, 欺く 〈*on*〉; 〈人に対して〉あつかましくでしゃばる 〈*on*〉: ~ *upon* sb's kindness 人の親切につけこむ / I will not be ~*d upon*. おれはだまされないぞ. ♦ **im·pós·er** *n* [OF<L (*pono* to put)]

im·pós·ing *a* 印象的な, 堂々とした, りっぱな. ♦ **~·ly** *adv*

impósing stòne [tàble, sùrface] 〔印〕組付け台.

im·po·si·tion /ìmpəzíʃ(ə)n/ *n* **1** 課税, 賦課, 《法律などの》施行; 賦課物, 賦課金, 税; 異常な負担, 不当な要求; ''《生徒に課する》罰課題 (cf. IMPOT); 《人の善意などに》つけこむこと; 詐欺, ペテン: the ~ of martial law 戒厳令の施行 / an ~ *on* imports 輸入品税(賦課). **2** 置くこと; 〔印〕組付け; 〔宗〕按手: the ~ of hands 按手礼. [OF or L; ⇨ IMPOSE]

im·possibílity *n* 不可能(性); 不可能なこと[もの].

im·póssible *a* **1** 不可能な; とてもありえない[変な], 信じがたい〈うわさなど〉: It is ~ *for* him *to* do that. / ~ *of* attainment [execution] 到達[実行]しがたい / next to ~ ほとんど不可能な. **2** 《口》 我慢のならない, どうしようもない, とんでもない; 手に負えない, 扱いにくい, 御しがたい: Aren't they ~? とんでもない連中だね. ► *n* [the] できそうもないこと, 不可能事; ありえないこと: attempt *the* ~ 不可能な事を試みる. ♦ **-bly** *adv* ありそうもなく; 信じられないほど: not *impossibly* ことによると, もしかすると. **~·ness** *n* [OF or L]

impóssible árt CONCEPTUAL ART.

impóssible fígure 不可能図形《一見三次元のものの図示のように見えるが, 実際は三次元のものの投影図ではありえないもの》.

im·post[1] /ímpòʊst/ *n* 賦課金, 税; 輸入税, 関税; 〔競馬〕ハンディキャップの負い荷. ► *vt* *関税を決定するために〈輸入品を〉分類する. [OF<L; ⇨ IMPOSE]

impost[2] *n* 〔建〕迫元(せりもと)《arch の内輪の起点》. [F or It<L=placed upon (↑)]

im·pos·tor, -ter /ɪmpɑ́stər/ *n* 詐称者, かたり《人》; 詐欺師, 山師, ペテン師. [F<L; ⇨ IMPOST[1]]

im·pos·tume /ɪmpɑ́stʃùːm/, **im·pos·thume** /-θ(j)ùːm/ 《古》 *n* 膿瘍 (abscess); 道義の退廃(の根源).

im·pos·ture /ɪmpɑ́stʃər/ *n* 詐欺, かたり, ペテン; 詐欺行為, 詐欺事件.

im·po·sure /ɪmpóʊʒər/ *n* 《まれ》 IMPOSITION.

im·pot /ímpɑ̀t/ *n* ''《口》《生徒に課する》罰課題. [IMPOSITION]

im·po·tence /ímpətəns/, **-cy** *n* 無力, 無能, 無気力, 虚弱; 《男性の》(性的)不能, 陰萎, インポテンツ; 〔畜〕勃起[交尾]不能症.

ím·po·tent *a* 《能力·権力·体力·活力·効力などの》力のない, 無力な, 無能な, 虚弱な, 無益な; 〈男性が〉不能の, 陰萎の (opp. *potent*); 《広く》生殖能力のない; 《廃》 自制心のない. ► *n* 虚弱[無能, 不能]者. ♦ **~·ly** *adv* **~·ness** *n* [OF<L (*in-*[1])]

im·pound /ɪmpáʊnd/ *vt* 〈牛などを〉囲い[おり]に入れる; 〈ものを〉囲い込む, 〈人を〉閉じ込める, 拘置する; 〈水などを〉ためる; 〔法〕押収する, 収用する; 取り上げる, 没収する: ~*ed* water 貯水. ► *n* /⌐⌐/ 灌漑用貯水池. ♦ **~·able** *a* **~·er** *n* [*in-*[2]]

impóund·ment *n* 閉じ込めること; ためられた水, 人工湖; 貯水量.

im·pov·er·ish /ɪmpɑ́v(ə)rɪʃ/ *vt* 貧しくする; 〈土地などを〉やせさせる, 不毛にする; お粗末にする; 虚弱にする. ♦ **~·er** *n* **~·ment** *n* [OF; ⇨ POVERTY]

im·póv·er·ished *a* 貧しい, 貧困に陥った; 衰えた, 質の落ちた; 〈動物相·植物相〉まばらな; 《実験で》標準よりも刺激の少ない.

im·pówer *vt* 《廃》 EMPOWER.

im·práctícable *a* 〈方法·計画など〉実行不可能な; 〈道路など〉通行できない; 《まれ》〈人が〉手に負えない, 強情な. ♦ **-bly** *adv* **im·practicabílity** *n*

im·práctical *a* 実際的でない, 非現実的な; 実際に疎い; 実行できない, 非実用的な; 〈人が〉不器用な, 手ぎわの悪い. ♦ **im·practi·cálity** *n* 非実際性, 実行不能; 実際的でない[実行不可能な]事柄. **~·ly** *adv* **~·ness** *n*

im·pre·cate /ímprɪkèɪt/ *vt* 〈災いなどを〉祈り求める; 呪う: ~ a curse *upon* sb 人に呪いあれと祈る. ► *vi* 呪う. ♦ **-cà·tor** *n* [L (*in-*[2], *precor* to pray)]

ìm·pre·cá·tion *n* 《人に災難を》祈ること; 呪い(のことば). ♦ **im·pre·ca·to·ry** /ímprɪkətɔ̀ːri, ɪmprékə-; ímprɪkèɪt(ə)ri, ɪmprékət(ə)ri/ *a*

ìm·precíse *a* 不正確な, 不明確な. ♦ **~·ly** *adv* **~·ness** *n*

ìm·precísion *n* 不正確, 不明確, 非精密.

im·prédicative *a* 〔論·哲〕非述語[非可述, 非叙述]的な.

im·preg /ímprèg/ *n* 合成樹脂浸透ベニア, インプレッグ.

im·prégnable[1] *a* 難攻不落の, 堅固な; 《批評·論敵などに》動じない, 負けない. ♦ **im·prèg·na·bíl·i·ty** *n* **-bly** *adv* **~·ness** *n* [OF (*in-*[1], L *prehendo* to take)]

impregnable[2] *a* 受精[受胎]可能な. [IMPREGNATE]

im·preg·nant /ɪmprégnənt/ *n* 含浸剤《他の物質に染み込ませる物質》.

im·preg·nate *vt* /ɪmprégnèɪt, ⌐⌐⌐/ **1** 妊娠[受胎]させる, 〔生〕受精させる; 〈土地を〉肥沃にする. **2** 飽和[充満]させる, 含浸する, 浸漬する 〈*with*〉; 〈心に〉染み込ませる, 印象づける, 〈思想などを〉吹き込む, 注入する 〈*with*〉; …に染み込む, 浸透する: ~*d* paper 含浸紙. ► *a* /ɪmprégnət, -nèɪt/ 妊娠している; 肥沃にした; 染み込んだ, 飽和した; 吹き込まれた 〈*with*〉. ♦ **-nà·tor** *n* **im·prèg·ná·tion** *n* †〔鉱〕鉱染作用. [L; ⇨ PREGNANT]

im·pre·sa /ìmpréɪzə/ 《廃》 *n* 《盾の上の》紋章; 金言. [It]

im·pre·sa·rio /ìmprəsɑ́ːriòʊ/ *n* (*pl* **-ri·òs**) 《歌劇·音楽会などの》興行主, 座元; 《テレビ番組·スポーツ大会などの》主催者, 後援者; 《一座の》監督, 指揮者. [It]

ìm·prescríptible *a* 〔法〕〈権利など〉時効で取得できない, 法令で動かせない, 不可侵の, 絶対的な. [L; ⇨ PRESCRIBE]

im·press[1] /ɪmprés/ *vt* (《古》 **im·prest** /ɪmprést/) **1** …に印象づける; …に強く[深く]印象づける, 感じ入らせる; 〈事を〉銘記させる: be favorably [unfavorably] ~*ed* 好[悪]印象をうける / Mr. Hill ~*ed* me *as* (be*ing*) a kind man. ヒル氏は親切な人という印象をうけた / ~ sb *with* the importance of… = ~ *on* sb the importance of… 人に…の重要性を認識させる / be ~*ed by* [*with*] …に強い印象[深い感銘]をうける, 感じ入る, 感心する. ★ 副詞(句)で特に制限されていないかぎり, 「好ましい印象」の意味で用いられる. **2** 押しつける; 押す, 印する, 刻する 〈a mark *on* a surface, a surface *with* a mark; *into*〉; 〈力·電圧〉を加える. ► *vi* (良い)印象を与える, うけがよい. ► *n* /⌐⌐/ 押印, 刻印; 痕跡, 特徴; 印象, 感銘. [OF (*em-*, PRESS[1])]

im·press[2] /ɪmprés/ *vt* (《古》 **im·prest** /ɪmprést/) 《特に 陸海軍に》強制徴募する; 徴用[徴発]する; (説得して)…の援助を得る; 無理強い(で説得)する; 《議論などに》援用[利用]する. ► *n* /⌐⌐/ IMPRESSMENT. [*in-*[2], *press*[2]]

impréss·ible *a* 感じやすい, 感受性の強い. ♦ **impress·ibíl·ity** *n* 感じやすいこと, 感受性, 記銘力. **-ibly** *adv* **~·ness** *n*

im·pres·sion /ɪmpréʃ(ə)n/ *n* **1 a** 《頭に焼きついた》イメージ, 印象, 感じ, 感触, 感銘; (ぼんやりした)考え, 気持; 影響, 効果: give the ~ of 10 years younger 10歳若い印象を与える / First ~*s* are (the) most lasting. 《諺》 第一印象が最も長持ちする / make a strong ~ *on*…に強烈な印象を与える, …を感動させる / be under the ~ that …と思って[信じて, 思い込んで]いる. **b** 模倣, 模写, 物まね 〈*of*〉; 似顔絵, 《人·物の》想像図. **2 a** 〔印〕印刷圧, 印圧; 刷り, 印刷; 印刷された一枚; 《原版のままの》刷(さつ) 《略 imp.; cf. EDITION》; 《ペンキの》一回目の塗り, 下塗り; 《装飾·保護用の》塗装; 捺印, 押印, 刻印; 圧痕, 痕(あと), 痕跡, くぼみ; 〔地質〕《植物の一部による土壌表面の》印象: the second ~ of the third edition 第3版の第2刷 / the ~ of a seal on wax 封蠟に押印すること. **b** 〔金工〕彫り型; 〔歯〕印象《口腔の歯などの陰型で, これから人工歯などの陽型をつくる》. ♦ **~·al** *a* 印象の, 印象的な. **~·al·ly** *adv* [OF<L; ⇨ IMPRESS[1]]

impréssion·able *a* 感じやすい, 感動しやすい, 感受性の強い; 可塑性の強い; 〈紙などが〉印刷に適した, 印刷可能な. ♦ **-ably** *adv* **imprèssion·abílity** *n* 感受[感動]性, 敏感.

impréssion·ìsm *n* [°I-] 印象主義, 印象派《絵画において Monet, Pissarro, Sisley, Manet, Renoir たちが唱道した理論[一派]; 文学の Goncourt 兄弟やサンボリストの詩人, 音楽の Debussy, Ravel, Delius などの理論·技法をもいう》.

impréssion·ist *n* [°I-] 印象派の画家[彫刻家, 作家, 作曲家]; 物まね芸人. ► *a* IMPRESSIONISTIC.

im·près·sion·ís·tic *a* [°I-] 印象主義の, 印象派の; 印象[主観]に基づく, 漠然とした(印象による). ♦ **-ti·cal·ly** *adv*

im·pres·sive /ɪmprésɪv/ *a* 強い[良い]印象を与える, 印象的な, 感じのよい; 感動的な, すばらしい, みごとな. ♦ **~·ly** *adv* みごとに, あざやかに, すばらしく; きわめて. **~·ness** *n*

impréss·ment *n* 強制徴募[募兵]; 徴発, 徴用, 収用.

im·pres·sure /ɪmpréʃər/ *n* 《古》 IMPRESSION.

im·prest[1] /ímprèst/ *n* 《公務執行のために国庫から出す》前払い金, 公用前渡金; 《もと 英国で徴募のときに兵士や水兵に与えた》前払い, 支度金; 〔米軍〕《部隊単位で支給される》臨時費前渡金. ► *a* 〔会計〕前払いの, 前金の. [*in prest* (OF *prest* advance pay); 一説に *imprest* (obs) to lend<It *imprestare*]

imprest[2] *v* 《古》 IMPRESS[1,2] の過去・過去分詞.

im·pri·ma·tur /ìmprəmá:tùər, -tər, -méɪ-, *ɪmprímətùr/ *n* 《特に ローマカトリック教会の著作物の》印刷[出版]許可《略 imp.》; [[s]joc] 許可, 認可, 承認, 免許, お墨付き; 承認の判; 《書物の》奥付. [L=let it be printed]

im·pri·ma·tu·ra /ɪmprìmətúərə/, **-ture** /ɪmprímətʃùər/ *n* 〔画〕下塗り. [It]

im·pri·mis /ɪmpráɪməs, -prí:-/ *adv* 最初に, まず第一に. [L *in primis* among the first]

im·print /ímprɪ̀nt/ *n* 押印, 印影; 痕跡; [*fig*] 形跡, 刻印; 出版事項《書物の title page の下・裏に表記される出版者・出版地・出版年・印刷者・版など》; 出版社名《買収や著作権譲渡による出版物に表記される》: leave an ~ on...に刻印を残す. ► *v* /— ⌐—, ⌐ ⌐—/ *vt* 〈判などを〉押す 〈a mark *on* [*onto*] a surface〉; ...に印する 〈a surface *with* a mark〉; 銘記する, 感銘させる 〈*on, onto, in, into*〉; 〈キスを〉する, 与える; [[u]*pp*] 〔動・心〕刷り込みをする, 刻印づける 〈*on, onto, to, into*〉. ► *vi* 〔動・心〕刷り込みをうける. ♦ **im·prínt·er** *n* [OF <L; ⇨ IMPRESS[1]]

imprínt·ing / , ⌐ ⌐ — / *n* 〔動・心〕《幼いうちの》刷り込み, 刻印づけ.

im·pris·on /ɪmpríz(ə)n/ *vt* 刑務所に入れる, 収監[投獄]する, 拘禁する; 閉じ込める, 監禁する 〈*in*〉; 拘束する, 縛る. ♦ **~·er** *n* [OF (*en*-[2])]

imprísonment *n* 〔法〕投獄, 監禁, 拘禁(刑), 収監, 留置, 禁固(刑), 自由刑: life ~ 終身刑 / ~ at hard labor 懲役, 重労働付き拘禁刑 / under ~ 監禁[留置]されて.

im·pro /ímproʊ/ *n* 《口》 IMPROVISATION, 《特に ライヴエンターテインメントで》インプロ《エンターテイナーと客とが一種のかけ合いで盛り上げ進行させる》.

im·próbable *a* あり[起こり]そうもない; 本当とは思えない. ♦ **-bly** *adv* ありそうもなく: not *improbably* ことによると, あるいは. **~·ness** *n* **im·probabílity** *n*

im·próbity *n* 不正直, 不誠実; 狡猾, 邪悪.

im·promp·tu /ɪmprám(p)t(j)u/ *adv, a* 即座に[の], とっさに[の], 用意なしに[の], 即興に[の], にわか作りで[の]. ► *n* (*pl* ~s) 即席演説, 即興演奏, 即興詩; 〔楽〕即興曲《など》. ► *vt, vi* IMPROVISE. [F<L *in promptu* in readiness; ⇨ PROMPT]

im·próper *a* 不適当な, 不相応な, 妥当でない, 誤った; 《その場合・目的に》そぐわない, 不穏当な, 不都合な, あるまじき; 無作法な, 下品な, 不道徳な, みだらな, はしたない; 異常な; 不規則な, 変則的な: make an ~ suggestion いやらしいことを言う. ♦ **~·ly** *adv* **~·ness** *n*

impróper fráction 〔数〕仮分数.

impróper íntegral 〔数〕特異積分, 広義の積分.

im·pro·pri·ate /ɪmpróʊprièɪt/ *vt* 〈教会の収入を〉個人[法人]財産に移す, 〈十分の一税・教会財産を〉俗人の手に移す; 《廃》私有化する. ► *a* /-priət, -èɪt/ 〈教会財産が〉俗人の手に移った. ♦ **im·prò·pri·á·tion** *n* 教会の収入[財産]を俗人の手に移すこと; 俗人所有の教会財産. **im·pró·pri·à·tor** *n* 教会財産を所有する俗人. [L=to make one's own (*in*-[2], PROPER); cf. APPROPRIATE]

ìm·propríety *n* 不適当, 不穏当; 不正, 《特に 言語使用上の》間違い; 下品, 不体裁; 不都合な言動, 不行跡.

im·prov /ímprɑ̀v/ *a, n* 《口》即興(の), アドリブ(の). [*improvisation*]

im·prove /ɪmprú:v/ *vt* **1** 向上[進歩, 上達]させる; 〈土地・建物などを〉改善[改良]する; 〈道路を〉整備する: ~ one's health 健康を増進する / ~ one*self* 上達する, 自己を向上させる 〈*in*〉. **2** 十分に[うまく]利用する; 《古》使う: ~ the occasion [opportunity] 機会をうまく利用する; 機会をうまくとらえて説教する. ► *vi* よくなる, 好転する; 進歩する, 増進する 〈*in*〉. ● **~ away** 改良して取り除く; 改良しようとしてかえってだめにする. **~ on**...に改良を加える, ...よりよいものにする. ► *n* [次の成句で]: **on the ~** 改良[改善]されつつある (improving). ♦ **im·próv·able** *a* 改良[改善]できる; 耕作に適した. **-ably** *adv* 改良しうるように, 改善できるように. **im·pròv·abíl·i·ty** *n* [ME *em-, improw(e)*<AF (OF *prou* profit); 語形は *prove* の影響]

Impróved Órder of Réd Mèn [the] 改良赤い人結社《1833 年 Baltimore で設立されたインディアン文化の保護をスローガンにした白人のみの組織; 略 IORM; cf. RED MAN》.

impróve·ment *n* 改良, 改善, 向上, 進歩, 上達; 改良点 〈*in, on*〉; 《米・NZ》改良, インプルーブメント《(1) 建物・柵など建造物を設けるなどして土地の価値を増大させること (2) その建造物》; 《時間などの》利用, 活用: There is plenty of room for ~. 大いに改善の余地がある.

im·próv·er *n* 改良者, 改善者, よくするもの; 《給金なし・低賃金の》見習い.

im·próvident *a* 先見の明のない, 先を考えない, 不用意な, 将来の備えを怠る; 倹約[貯蓄]しない. ♦ **im·próvidence** *n* 先見の明[思慮]のないこと; 浪費. **~·ly** *adv*

im·próv·ing *a* 《道徳的・知的に》教化する, ためになる.

im·prov·i·sa·tion /ɪmprɑ̀vəzéɪʃ(ə)n, ìmprə-; ìmprəvàɪzéɪʃ(ə)n/ *n* 即席に[即興で]やること; 即吟, 即興詩[曲], 即興画[演奏]《など》. ♦ **~·al** *a* **~·al·ly** *adv*

im·prov·i·sa·tor /ɪmprávəzèɪtər/ *n* 即興に作る人, 即興詩人[演奏者]. [↓]

im·prov·i·sa·to·re /ɪmprɑ̀vəzətɔ́:ri, ˈˈ-reɪ/ *n* (*pl* **-ri** /-ri/, ~s) 即興で作る人, 《特に》即興詩人. [It]

im·prov·i·sa·to·ri·al /ɪmprɑ̀vəzətɔ́:riəl/, **im·pro·vi·sa·to·ry** /ɪmprávəzətɔ̀:ri, ìmprəváɪzə-; ìmprəvàɪzéɪt(ə)ri/ *a* 即席の, 即興の; 即興詩人[演奏家]の. ♦ **-tó·ri·al·ly** *adv*

im·prov·i·sa·tri·ce /ɪmprɑ̀vəzətrí:tʃi, ˈˈ-tʃeɪ/ *n* (*pl* **-ci** /-tʃi/, ~s) 女性即興詩人. [It]

im·pro·vise /ímprəvàɪz, *⌐ — ⌐/ *vt, vi* 〈詩・音楽・祝辞など〉即興で作る[演奏する]; その場で作る; 間に合わせの材料で作る: ~ *on* a tune 即興である曲の変奏をする. ♦ **-vìs·er, -vì·sor** / , *⌐ — ⌐/ *n* 即興詩人[演奏者]. [F or It<L=unforeseen; ⇨ PROVIDE]

improvísed explósive devíce 即席爆発装置, 簡易爆発物《テロリストやゲリラが使う手製の爆弾》.

im·prúdence *n* 軽率, 無謀, 無分別, 不謹慎; 軽率な言行.

im·prúdent *a* 軽率な, 無謀な, 無分別な. ♦ **~·ly** *adv* 軽々しく. **~·ness** *n*

im·pu·dence /ímpjəd(ə)ns/ *n* ずうずうしさ, あつかましさ, 生意気, 無遠慮, 無礼; 生意気な言行: None of your ~! 生意気はやめろ / have the ~ *to* do... あつかましくも...する. ♦ **-den·cy** *n*

im·pu·dent /ímpjəd(ə)nt/ *a* **1** あつかましい, 恥知らずの, 生意気な: an ~ young rascal 生意気な青二才 / He was ~ enough to make faces at the teacher. 生意気にも先生にしかめっつらをした. **2** 《廃》下品な, みだらな. ♦ **~·ly** *adv* あつかましく, 生意気に(も). **~·ness** *n* [L=shameless (*pudeo* to be ashamed)]

im·pu·dic·i·ty /ìmpjʊdísəti/ *n* 不謹慎, 厚顔無恥.

im·pugn /ɪmpjú:n/ *vt* 論難[非難]する, 《ことば・議論で》攻撃[排撃]する; 〈言行〉に異議を唱える, 疑いをさしはさむ; ...に反駁する; 《廃》襲う; 《廃》抵抗する. ♦ **~·able** *a* 非難[攻撃, 反駁]の余地がある. **~·ment** *n* 非難, 攻撃, 反駁. **~·er** *n* [L IN-[2](*pugno* to fight) =to assail]

im·pug·na·tion /ìmpjù:néɪʃ(ə)n/ *n* 《古》 IMPUGNMENT.

im·púissance *n* 無気力, 無力, 虚弱, 無能.

im·púissant *a* 無力な, 無能な, 無気力な, 虚弱な.

im·pulse /ímpʌ̀ls/ *n* 衝撃, 推進力; 衝動, (起動)刺激, はずみ, できごころ; 誘因, 動機; 性癖, 癖; 〔力〕瞬間力, 力積《力と時間との積》, 衝撃量; 〔電〕衝撃, インパルス; 〔生理〕衝撃, インパルス: give an ~ to ...に刺激を与える, ...を奨励する / a man of ~ 衝動的な人 / act *on* ~ 衝動的に[できごころで]行動する / *On* (an) ~ he grasped her hand. 思わず彼女の手を握ってしまった / on the ~ of the moment その時のはずみで / under the ~ of curiosity 好奇心に駆られて. ► *vt* ...に衝撃を与える. [L (⇨ IMPEL); cf. PULSE]

ímpulse bùy [pùrchase] 衝動買いしたもの.

ímpulse bùying 《特に 消費財の》衝動買い. ♦ **ímpulse bùyer** *n*

ímpulse tùrbine 〔機〕衝動タービン《高速の流れを羽根車に当てる方式のタービン; 羽根車に運動量を与えた流れは向きが変わる; cf. REACTION TURBINE》.

im·pul·sion /ɪmpʌ́lʃ(ə)n/ *n* 衝動, 衝撃, 刺激, 原動力, 推進; はずみ; 強迫 (compulsion).

im·pul·sive /ɪmpʌ́lsɪv/ *a* 衝動的な, 推進的な; 一時の感情に駆られた[やすい], 直情の; 〔力〕瞬間力の. ♦ **~·ly** *adv* **~·ness, im·pul·siv·i·ty** /ɪmpʌ̀lsívəti/ *n*

im·pun·du·lu /ìmpʊndú:lu/ 《南ア》 *n* インプンドゥール (=~ **bìrd**)《呪師 (witch) が呼び出す霊鳥; 犯罪をそそのかす妖鳥ともされる》; 《時に》ゾンビ (zombi). [Ngomi]

im·pu·ni·ty /ɪmpjú:nəti/ *n* 刑[罰, 害]をうけないこと, 《刑事責任の》免除, (刑事)免責. ● **with ~** 《悪いことをしても》罰をうけずに, とがめられずに. [L (*poena* penalty)]

im·púre *a* きたない, 不潔な; 《宗教上》〈人・食べ物・食器などが〉汚れた, 不浄の; 不純な, 混ざりもののある; 〈色・音・スタイルなどが〉混合の; みだらな, 猥褻な; 〈ことば・言語などが〉純粋でない. ♦ **~·ly** *adv* **~·ness** *n*

im·púrity *n* 不潔, 不純; みだら, 猥褻; 不純行為; 不純物, 夾雑物, 混ざりもの; 〔電子工〕《半導体中の》不純物.

im·pút·able *a* 帰する[負わせる]ことができる, 転嫁できる: sins ~ *to* weakness 性格の弱さによると思われる罪 / No blame is ~ *to* him. 彼にはなんのとが[責任]もない. ♦ **im·pùt·abíl·i·ty** *n*

im·pu·ta·tion /ìmpjətéɪʃ(ə)n/ *n* 《罪などを》帰すること, 転嫁 (accusation); 非難; あてこすり, 汚名: cast an ～ *on* [make an ～ *against*] sb's good name 人の名声を傷つける.

imputátion sỳstem 〖英税制〗インピュテーション方式, 帰属方式《前払い法人税 (ACT) を支払った会社からの受取り配当金に対する株主の所得税は一部が ACT によって納付されたものとみなし, 対応額を株主の納税額から控除することによって配当金への二重課税を避ける制度; 会社の納税義務の一部を株主に帰属させる方式の意》.

im·pu·ta·tive /ɪmpjúːtətɪv/ *a* 帰せられた, 負わされる; 転嫁された. ♦ **～·ly** *adv* **～·ness** *n*

im·pute /ɪmpjúːt/ *vt* 〈不名誉・過失などを〉〈…の〉せいにする (attribute) 〈*to*〉; 〈性質などを〉〈…に〉帰する, 〈…の〉ものとする 〈*to*〉; 〖神学〗《身代わりによって》〈善悪を〉〈…に〉帰する 〈*to*〉; 〖経〗〈価値を〉帰属させる: ～ the crime *to*…に罪を負わせる / He ～*d* his failure *to* his ill health. 失敗を病気によるものとした. ♦ **im·pút·er** *n* **im·pút·ed·ly** *adv* [OF＜L IN-[2](*puto* to reckon)＝to enter in the account]

ìmputréscible *a* 腐らない, 分解しない.

Im·ran Khan /ímrɑ̀ːn kɑ́ːn/ イムラン・ハーン (1952–) 《パキスタンのクリケット選手; 本名 Imran Ahmad Khan Niazi; 引退後は政治家として活動》.

Im·roz /ɪmróːz/ イムロズ (*Gk* Imbros) 《GÖKÇEADA の旧称》.

im·shi /ímʃi/ *int* ″《軍俗》 行っちまえ! [Arab]

IMT °International Military Tribunal.

imu /íːmu/ *n* 《ハワイ》 イームー 《焼け石で料理を作る穴》. [Haw]

IMunE 〖英〗 Institution of Municipal Engineers.

in[1] *prep* /ɪn, ən, ín/ **1** [場所] **a** [位置・存在] …の中に[で]: *in* a crowd 群衆の中に / *in* the world / *in* London / *in* the middle [center] 中央に / the family *in* this photo この写真の家族. **b** [移動・方向] *《口》 …の中へ (into); …の方へ: put one's hand *in* (＝into) one's pocket / go *in* (＝into) the house / Get *in* my car. この車に乗りなさい / *in* all DIRECTIONS. **2 a** [環境・状況・形状]: go out *in* the rain 雨の中を出て行く / *in* prison 獄中に / *in* full BLOSSOM / *in* lamb 子羊をはらんで / *in* a good LIGHT[1] / *in* MILK / *in* a circle 輪になって / *in* GROUPS / pack *in* fives 5 個ずつ包装する / cut *in* two 2 つに切る. **b** [心的・肉体的状態]: *in* confusion 混乱して / *in* DESPAIR / *in* good HEALTH / *in* a RAGE / *in* tears ⇨ TEAR[1] / *in* TROUBLE. **c** [理由・動機] …のために: cry *in* pain 痛くて泣く / rejoice *in* one's recovery 回復して喜ぶ. **d** [事情・条件] …だから, (…の場合)には: *in* the circumstances こういう事情だから / *in* that case (万一)その場合には. **e** 〖楽〗 …調で: a symphony *in* C minor ハ短調の交響曲. **f** 〖文法〗 語尾[語頭]が…で終わる[始まる], …の接辞をもった: words *in* '-y' 接尾辞 '-y' で終わる語. **3 a** [所属・行為・活動]: *in* the army 入隊して / be engaged *in* reading 読書している / *in* crossing the river 川を渡るときに / *in* BUSINESS / deal *in* oil 油を商う / *in* SEARCH of. **b** [着用]: *in* uniform 制服[軍服]を着て / a girl *in* blue 青い服の少女 / a woman *in* a hat 帽子をかぶった婦人 / a man *in* spectacles [a red tie] 眼鏡をかけた[赤いネクタイをした]男. **c** [目的] …のために, …として: *in* sb's defense 人を弁護するために / *in* HONOR of / *in* RETURN for. **4** [時] **a** …(のうち)に, …の間, …中: *in* the morning / *in* January / *in* (the) spring / *in* (the year) 1984 / *in* (the) future 将来に[は] / *in* one's boyhood 少年時代に / *in* my life 自分の生涯で. **b** …の終わり[後]には, …経てば: *in* a few days 2, 3 日経って (cf. WITHIN). ★*《口》でしばしば within と同義に用いる. **c** *…の間(のうちで) (for): the hottest day *in* ten years 10 年間で一番暑い日 / *in* years 何年もの間. **5** [制限・関連] …において[関して], …について: **a** [範囲]: *in* one's sight 視界の内に / *in* sb's OPINION / the latest thing *in* cars 最新型の自動車 / One *in* ten will pass. 10 人に 1 人合格する / an ascent of 30 *in* 1000 30/1000 の上り勾配 / *in* ITSELF. **b** [特定の部分・分野]: a wound *in* the head 頭の傷 / blind *in* one eye 片眼が見えない / rich *in* products 産物に富む / strong *in* algebra 代数が得意で / degree *in* physics 物理学の学位. **c** [尺度・数量など]: a foot *in* length 長さ 1 フィート / seven *in* number 数は 7 つ. **6 a** [材料・手段] …で, …をもって: paint *in* oils 油えのぐで描く / done *in* wood 木で作った / write *in* pencil [English] 鉛筆[英語]で書く / print *in* red 赤で印刷する. **b** [方法] …をもって: *in* this MANNER / *in* PUBLIC / *in* SECRET. **7 a** [内在]: as far as *in* me lies ⇨ LIE[2] / He had something of the hero *in* his nature. 多少豪傑肌のところがあった. **b** [同等関係] …という, すなわち: I have found a friend *in* Jesus. イエスという友を見いだした / *In* him you have a good leader. 彼はきみのよい指導者だ / You made a mistake *in* asking him. 彼に頼んだのはきみの間違いだ.
● **as in**…の場合のように, …におけるがごとく. **be in it** 従事している, 関係[参加]している: *be in it* up to the neck 深入りして[大いに困窮して]いる. **be not in it** はるかに劣る, 勝ち目はない. HAVE **it in** one. **in as much as**＝INASMUCH AS. **in** BETWEEN. **in so far as**…＝INSOFAR as. **in so much that**…するほどまでに. **in** THAT. **little** [**not much, nothing**] **in it** 《口》 たいした違いはない. **What's in it for me?** それがわたしにとってどんな利益になるというのだろうか.

► *adv* /ín/ **1 a** 中に[へ], 内に[へ]; 近くに[で]; 家に[で], きまった場所に[で], 適切な位置に; 《球技でボールが》ラインの内側にはいって, インで (cf. OUT): COME *in* / CUT *in* / Is he *in* (＝at home)? / SHUT *in*. **b** 加えて, 含めて; 〈記事などが〉載って: ADD *in* / PAINT *in* / The word was not *in*. その語は載っていなかった. **c** 到着して, 来て; 届いて: The train [summer] is *in*. / The report must be *in* by Friday. レポートは金曜日までに提出のこと. **d** 〈収穫・要求など〉取り入れ[受け入れ]られて, 《店に》納入されて, 入荷して: When will strawberries be *in*? イチゴはいつはいりますか. **2 a** 〈油井が〉産油中で. **b** 〈映像が〉明瞭[鮮明]になって: FADE[1] *in*. **c** ″〈火・明かりが〉ともって, 《まだ》燃えて.

► *a* /ín/ **1** 内側の; 内部へ向かっている, はいってくる; 〖ゴルフ〗インの: the *in* part 《機械などの》内部 / an *in* patient 入院患者 / IN-BASKET. **2 a** 政権について[を握っている], 〈候補者が〉当選して: The Democrats were *in*. 民主党が政権を握っていた / the *in* party 与党. **b** 《競技で》攻撃側の[になって], 打つ番になって: the *in* side [team] 攻撃側. **3** すべて完了した. **4 a** 《口》〈人が〉新しいことに通じている, 進んでいる; 《ある集団に》受け入れられて; 流行の[して], はやっている, うけている (opp. *out*); *《口》内輪の者にしかわからない, 楽屋落ちの〈しゃれなど〉: Those hats are *in*. あんな帽子がはやりなんだ / the *in* thing (to do) はやりのもの / ⇨ IN-[4]. **b** 旬(しゅん)で, 盛りで: Strawberries are *in*. イチゴが出盛りだ. **5** 〈潮が〉満ちて, 上げ潮で; 〈運などが〉向いて, 順調に. **6** 〈人と〉うまくいって, 〈人と〉…な関係で 〈*with* sb〉. **7** *《俗》 パクられて (arrested) (cf. RUN *in*).
● ALL **in**. **be in at**…に参加している, 居合わせている. **be in for** … 〈競争など〉に参加している[することになっている], 〈分け前などを〉受けることになっている; 〈職・地位〉の候補者である; 《口》 必ず…に出くわす[を経験する]だろう: You're *in* for a good [bad] time. きっと楽しめる[ひどいめにあう]よ. **be in for it** のっぴきならないはめになっている, お目玉は必至である; 《俗》 妊娠している. **be in on**…の内情[内幕]に通じている; …に加わる, 関係する. **be** [**keep**] **in with**… 《口》 …と親しくしている, …に顔がきく; 〖海〗 …に接近している. BREED **in and in**. DO[1] **in**. HAVE **it in for**…. **in and out** 見えたり隠れたり, うねりくねって; 〈…に〉出たりはいったりで 〈*of* hospital, jail, etc.〉; すっかり, 隅から隅まで〈知る・調べる〉《inside (and) out ともいう》. **in like Flynn** *《俗》《ある社会・グループに》受け入れられて, 認められて, うまくやって; 《米俗・豪俗》《行動が》衝動的で, 機を見るに敏で《Errol FLYNN との連想からか》. **in** THERE. **In there!** 《中を指して》 あれあそこに!; 中にいる人たち! **In with**…! …を入れろ!: *In with* you! 中へはいれ! / *In with* it! そいつを中へ入れろ!

► *n* /ín/ [[U]*pl*] 地位[権力]のある人, 有力者; [the ～s] 政府党, 与党; 〖競技〗 攻撃側の人; 〖テニス〗 イン 《打ったボールがコートにはいること》; 《口》《特に引きのある》強み (advantage), てづる (pull), コネ, '顔' 〈*with*〉; *《俗》 入場券[許可証], 切符. ● **the ins and outs** 詳細; 《川・事情などの》曲折; 一部始終, 隅々.

► ″《方》 *vi* /ín/ 集める, 収穫する; 〈土地を〉囲い込む.

[OE＝OS, OHG, Goth *in*, ON *i*＜IE]

in[2] /ɪn/ *prep* IN[1]: IN RE / IN VIVO. [L]

in-[1] /ɪn/ *pref* 「無[不]… (not)」; UN-, NON- (⇨ UN-): *in*conclusive. ★ l の前では *il-*; b, m, p の前では *im-*; r の前では *ir-* となる. [L]

in-[2] /ɪn/ *pref* **1** IN[1], ON, INTO, WITHIN, AGAINST, TOWARD. ★ ラテン語起源の語に付けて強意を表わす. l の前では *il-*; b, m, p の前では *im-*; r の前では *ir-* となる. **2** EN-[1]. [IN[1] or IN[2]]

in-[3] /ín/ *a comb form* 「…の中の」「中[内]の」: *in*-company, *in*-process, *in*-state / *in*-state students 《州立大で》州内出身者. [IN[1]]

in-[4] /ín/ *n comb form* 「最新流行の」「仲間うちだけの」: the *in*-thing はやり / the *in*-word 流行語 / *in*-language. [IN[1]]

-in[1] /ɪn/ *n suf* 「…に属する (pertaining to)」の意のギリシア・ラテン語系の形容詞およびその派生名詞をつくる: coff*in*. [F＜L *-ina*]

-in[2] /ən, 'n, ɪ̀n/ *n suf* 〖化〗 -INE[2]; 化学製品・薬品名などをつくる: acet*in*, podophyll*in*.

-in[3] /ìn/ *comb form* 「…による抗議集会」「…のための集団示威行動」「公共の場で行なう集団行動」: TEACH-IN, PRAY-IN, BE-IN. [SIT-*in*]

in. inch(es) ♦ inlet. **In** 〖化〗 indium. **IN** Indiana.

-i·na[1] /íːnə/ *n suf* (*pl* ～) 〖生〗「…群」: Acar*ina* ダニ目《分類名》/ Globiger*ina*. [L＝belonging to; cf. *-in*[1]]

-ina[2] *n suf* **1** 女性形をつくる: Georg*ina*, czar*ina*. **2** 楽器名をつくる: concert*ina*.

ìn·abílity *n* 無力, 無能(力), 不能; 無資格.

in ab·sen·tia /ɪn æbsénʃ(i)ə/ *adv* 不在中に. [L＝in (one's) absence]

in ab·strac·to /ɪn əbstrǽktoʊ, -st-/ *adv* 抽象的には, 一般に. [L＝in the abstract]

ìn·accéssible *a* 〈場所・人が〉近づきがたい, 寄りつきにくい; 〈物が〉得がたい, 理解[利用, アクセス]できない[しにくい]; 〈人が〉〈感情などを〉受けつけない 〈*to*〉: ～ *to* the public 一般非公開の / ～ by car 車では行けない. ♦ **-bly** *adv* **～·ness** *n* **ìn·accessibílity** *n*

in·áccuracy *n* 不正確, 杜撰(ずさん); 誤り, 間違い.

in·áccurate *a* 不正確な, 杜撰な, 誤った. ♦ **~·ly** *adv* 不正確に, ぞんざいに. **~·ness** *n*
in·áction *n* 無活動, 不活動; 怠惰; 休止, 休息.
in·áctivate *vt* 不活発にする, 〈軍隊・政府機関などを〉解散する; 〔理・化〕不活性にする; 〔光〕不旋光性にする; 〔免疫〕〈血清などを〉非働性にする, 不活性化する. ♦ **in·áctivator** *n* **in·activátion** *n* 不活性化, 失活, 不活化, 非働(性)化.
in·áctive *a* 無活動の, 不活発な; 動かない, 使われていない, 〈核施設などが〉停止中の; 怠惰な, 無気力な; 〔理・化〕不活性の; 〔光〕不旋光性の《通過する直線偏向の偏向面を回転しない》; 〔理〕放射能のない; 〔軍〕非現役の; 〔医〕〈病気が〉静態の, 休止の; 〔免疫〕不活性の, 非働性の: an ~ volcano 休火山. ♦ **~·ly** *adv* **in·activity** *n*
ìn·adápt·able *a* 適応[順応]できない. ♦ **ìn·adàpt·abílity** *n*
in·ádequacy *n* 不適当; 不十分, 《力量などの》不足; [°*pl*] 不適当な箇所, 欠点.
in·ádequate *a* 不適当な 〈*to* a purpose, *to* do〉; 不十分な, 不備な 〈*for*〉; 未熟な, 適応性[能力, 資格]に欠ける. ♦ **~·ly** *adv* **~·ness** *n*
ìn·admíssible *a* 許せない, 受け入れがたい, 承認しがたい; 〔法〕裁判で認められない, 証拠能力がない, 許容されない. ♦ **-bly** *adv* **in-admissibílity** *n*
in·ad·vert·ence /ìnədvə́ːrtns/, **-cy** *n* 不注意, 怠慢, 粗漏; 手落ち, 間違い.
ìn·ad·vért·ent *a* 不注意の, 粗漏な (inattentive), 怠慢な; 《意図的でなく》偶然の, ふとした, うっかりやった〈行為など〉. ♦ **~·ly** *adv*
ìn·advísable *a* 勧められない, 不得策の. ♦ **-ably** *adv* **ìn-advisabílity** *n*
-i·nae /áɪni/ *n pl suf* 〔動〕亜科 (subfamily) を示す (cf. -IDAE): Fel*inae* /fɪláɪni/ ネコ亜科. [NL]
in ae·ter·num /ɪn aɪtɛ́rnùm, ɪn itə́ːrnəm/ 永遠に, 永久に. [L]
Ina·gua /ɪnɑ́ːgwə/ イナグア《Bahama 諸島南東部の 2 島 Great ~ と Little ~ の総称》.
in·álien·able *a* 〈権利など〉譲渡[移転]できない, 不可譲の, 奪うことができない: ~ right 不可譲の権利《特に人が人として本来的にもっている権利》. ♦ **-ably** *adv* **in·àlien·abílity** *n*
in·álter·able *a* 変えられない, 変更できない, 不変性の. ♦ **-ably** *adv* 変更できないように, 不変に. **~·ness** *n* **in·àlter·abílity** *n*
in·am·o·ra·ta /ɪnæ̀mərɑ́ːtə/ *n* 恋人, 愛人《女》, 《特に》情婦. [It (fem) < ↓]
in·am·o·ra·to /ɪnæ̀mərɑ́ːtoʊ/ *n* (*pl* ~s) 恋人, 愛人《男》, 情夫. [It=enamored (*in-*², L *amor* love)]
ín-and-ín *a, adv* 同種族[系統]内で繰り返した[て], 同族交配の[で]: ~ breeding 同種交配.
ín-and-óut *a* 《短期に》売り買いする; *《俗》よかったりまずかったりの〈ショー〉. ► *n* 《卑》性交. [(n) は 17 世紀の play at ~ 《英俗》から]
ín-and-óut·er *n* *《俗》《調子に》むらのある選手[芸人].
inane /ɪnéɪn/ *a* 空虚な, うつろな; ばかげた, 無意味な. ► *n* うつろなもの[こと]; [the] 無限の空間. ♦ **~·ly** *adv* **~·ness** *n* [L *inanis* empty]
inan·ga /íːnɑ̀ːŋgɑː; íːnɑ̀ːŋə/ *n* (*pl* ~s, ~) 〔魚〕イナンガ《ニュージーランド・タスマニア産の *Galaxias* 属の淡水魚; 幼魚は美味で whitebait として食用》. [Maori]
in·ánimate *a* 生命のない, 無生命の, 非情の; 意識のない; 活気のない, 気の抜けた (dull); 〔文法〕〈性が〉無生の: ~ matter 無生物 / ~ nature 《人・動物以外の》非動物界. ♦ **~·ly** *adv* **~·ness** *n*
in·animátion *n* 生命のないこと; 不活動, 無気力.
in·a·ni·tion /ìnəníʃ(ə)n/ *n* 飢餓(性)衰弱, 飢餓; 無気力; 空虚. [L; ⇨ INANE]
inan·i·ty /ɪnǽnəti/ *n* ばかなこと, 愚鈍, 浅薄; [°*pl*] 無意味な[ばかげた]ことば[行為]; 空(くう), 空虚. [INANE]
in·appárent *a* 明らかでない; 〔医〕不顕性の. ♦ **~·ly** *adv*
in·appéasable *a* UNAPPEASABLE.
in·ap·pel·la·ble /ìnəpéləb(ə)l/ *a* 上告[控訴]できない.
in·áppetence, -cy *n* 食欲欠乏, 食思[食欲]不振.
in·áppetent *a* 食欲のない, 食思[食欲]不振の.
in·ápplicable *a* 応用[適用]できない, あてはまらない, 無関係の 〈*to*〉, 不適当な. ♦ **-bly** *adv* **~·ness** *n* **in·applicabílity** *n*
in·ápposite *a* 不適切な; 見当違いの, 筋道の通らない. ♦ **~·ly** *adv* **~·ness** *n*
in·appréciable *a* 感知できないくらいな, ごくわずかな; 取るに足らない. ♦ **-bly** *adv* わからないほど, ごくわずかに.
in·appreciátion *n* 真価を認めえぬこと, 無理解.
in·appréciative *a* 真価を認めない, 目のきかない. ♦ **~·ly** *adv* **~·ness** *n*
in·apprehénsible *a* 理解できない, 不可解な.
in·apprehénsion *n* 理解を欠くこと, 無理解.
in·apprehénsive *a* 理解力のない, 理解に欠ける; 〈危険などに〉気づかない 〈*of*〉. ♦ **~·ly** *adv* **~·ness** *n*
ìn·appróach·able *a* 近づけない; とてもかなわない; よそよそしい. ♦ **-ably** *adv* **ìn·appròach·abílity** *n*
in·apprópriate *a* 不適当な, ふさわしくない, まずい. ♦ **~·ly** *adv* **~·ness** *n*
in·ápt *a* 不適当な 〈*for*〉; 適性[能力]のない, へたな, 不器用な. ♦ **~·ly** *adv* **~·ness** *n*
in·áptitude *n* 不向き, 不適当; 不手際, 拙劣.
in·árch *vt* 〔園〕〈若枝を〉寄せ接ぎ[根接ぎ]する.
in·árguable *a* 議論の余地のない〈事実など〉. ♦ **-ably** *adv*
in·árm *vt* 《詩》抱く (embrace).
in·artículate *a* 発音の不明瞭な[はっきりしない], ことばにならない; 《興奮・苦痛などで》口がきけない, ものが言えない; 口では言い表わせない (unspoken); はっきり意見の言えない; 口にはしない, 暗黙の; 〔生〕関節のない: politically ~ 政治的に発言力のない. ► *n* 〔動〕腕足類無関節類[綱] (Inarticulata) の動物. ♦ **~·ly** *adv* はっきりしない発音で, 不明瞭に. **~·ness, in·artículacy** *n*
in ar·tic·u·lo mor·tis /ɪn ɑːrtíkjəlòʊ mɔ́ːrtəs/ *adv, a* 死の瞬間に[の], 臨終に[の]. [L]
in·artifícial *a* たくまない, 天真爛漫な, 自然な; 非芸術的な, 拙劣な. ♦ **~·ly** *adv* **~·ness** *n*
ìn·artístic, -tical *a* 非芸術的な; 芸術のわからない, 無[没]趣味な. ♦ **-tical·ly** *adv* 非芸術的に.
in·as·much as /ìnəzmʌ́tʃ əz, -æ̀z/ *conj* …だから, …の故に (since); 《文》…の程度まで (to the extent that), …であるかぎりは (insofar as).
ìn·atténtion *n* 不注意, 怠慢; 不注意な行為; 無愛想: with ~ 不注意に, うかつに.
ìn·atténtive *a* 不注意な, 怠慢な; そんざいな; 無愛想な. ♦ **~·ly** *adv* **~·ness** *n*
in·áudible *a* 聞き取れない, 聞こえない, 不可聴の. ♦ **-bly** *adv* 聞き取れないように, 聞こえないほどに. **in·audibílity** *n*
in·au·gu·ral /ɪnɔ́ːg(j)ərəl; -gjʊ-/ *a* 就任(式)の; 開始の, 開会の: an ~ address *《大統領・州知事の》就任演説; 発会式の辞 / an ~ ceremony 就任[発会]式 / the ~ issue 創刊号. ► *n* *就任演説[式]; "《教授の》就任公開講義.
in·au·gu·rate /ɪnɔ́ːg(j)ərèɪt; -gjʊ-/ *vt* 就任式を行なって〈人を〉就任させる 〈*as*〉; …の落成式[開業式, 発会式]を行なう; 〈新時代〉の幕を切って落とす, 開始する. ♦ **-rà·tor** *n* 就任させる人, 叙任者; 開始者, 発会者. **-ra·to·ry** /-rətɔ̀ːri; -t(ə)ri/ *a* [L=to practice augury (*in-*², AUGUR)]
in·au·gu·ra·tion /ɪnɔ̀ːg(j)əréɪʃ(ə)n; -gjʊ-/ *n* 就任(式); 正式開始, 起業, 発会; 落成[開業, 開通, 除幕]式.
Inaugurátion Dày [the] 〔米〕大統領就任式日《選挙の翌年の 1 月 20 日; 1934 年以前は 3 月 4 日》.
ìn·auspícious *a* 不吉な; 不運な, 不幸な: an ~ start さい先の悪い出だし. ♦ **~·ly** *adv* 不吉に, 運悪く. **~·ness** *n*
ìn·authéntic *a* 本物[確実]でない. ♦ **-tically** *adv* **ìn·authentícity** *n*
in banc /ɪn bǽŋk/ *a, adv* 〔法〕所属裁判官全員による法廷で, 合議体法廷で; "《巡回裁判でない》本来の裁判所で. [L; ⇨ BANC]
in·band /ɪnbǽnd/ *a* 〈煉瓦など〉縦に並べた.
ín-bàsket *n* 到着書類入れ (in-box).
ín·bè·ing *n* 本質, 根本の性質.
in-betwéen *a* 中間的な. ► *n* 中間的なもの, 仲介者. ♦ **~·er** *n*
ín·bòard *a, adv* **1** 〔空〕機内の[に], 〔海〕船内の[に]; 〔空〕胴体中心寄りの[に]; 〔機〕内向きの[に]; 船内エンジンを備えた. **2** "《俗》うまくいって, 順調で, 運がよい: I'm ~. ► *n* 船内エンジン; 船内エンジン付きボート (cf. OUTBOARD): an ~ motor 船内モーター.
ín·bòard-óut·bòard *a, n* 《小型船用の》船尾の推進機と連結した船内発動機の(付いた船) (=*stern drive*).
ín-bònd shóp 《カリブ》免税店.
ín·bórn *a* 生まれつきの, 生来の, 生得の, 〔医・生〕先天性の.
ín·bòund *a, adv* 〈飛行機・船舶など〉到着[帰着]する, 帰航して, 〈電車など〉市内[都心]に向かう[向かって], 上りの[で] (opp. *outbound*): an ~ track 《鉄道の》到着線, 上り線, *上りホーム. ► *vt, vi* 〔バスケ〕(ボールを)コート内に入れる.
ín·bóunds *a* 〔バスケ〕〈パスなど〉コート外からコート内への.
inbounds line 〔アメフト〕インバウンズライン (=*hash marks*)《サイドラインに平行な, フィールドを縦に 3 分する 2 本の破線; デッドになったボールをこの線上でインプレーにする》.
ín·bòx *n* *到着[未決]書類箱; 《メールソフトの》受信箱.
ín·brèathe *vt* 吸い込む; 〈考えなどを〉吹き込む.
ín·bréd *a* 生まれつきの; 同系[近親]交配[繁殖]の: an ~ line 近交系. ► *n* /ˊ-ˋ-/ 近親交配による個体.
ín·bréed *vt* 〈動物を〉同系[近親]交配させる, 近親繁殖させる; 《まれ》内部に生じさせる. ► *vi* 同系交配する, 近親交配[繁殖]する; 《接触選択の範囲を狭く限定して》極度に純粋に[非生産的に]なる.
ín·brèed·ing *n* 近親交配, 同系交配[繁殖], 内交配, 自殖, 近交; 閉鎖的閥の形成, 派閥人事.
ín-búilt "*a* BUILT-IN.
ín·bý(e) 《スコ》*adv* 中心[内部]へ. ► *a* 近くにある.

► *prep* …の近くに, …の中に. ► *n* 近くの土地.

inc. including ♦ incomplete ♦ incorporated ♦ increase.

Inc. /ɪŋkɔ́ːrp(ə)rèɪtəd, íŋk/ incorporated《特に米国で, 会社名に後置; ⇨ INCORPORATED》.

In·ca /íŋkə/ *n* **1** インカ族《スペインに征服されるまで帝国を形成していたペルーの Quechua 族》; インカ国王《インカ帝国の国王》; インカの王族[貴族]; インカ人《インカの影響の下にあった人》. **2** [i-]〖鳥〗インカハチドリ《南米産インカハチドリ属の数種のハチドリ》. [Sp＜Quechua ＝lord, king]

Ínca dòve〖鳥〗インカバト《北米南部・中米産》.

In·ca·ic /ɪŋkéɪɪk/ *a* インカ人の; インカ帝国の.

Incáic Émpire [the] インカ帝国《12–16 世紀のペルーにあった Inca 族の帝国》.

in·cálculable *a* 数えきれない, 無数[無量]の; 予想[見積もり]できない; 頼み[あて]にならない, 気まぐれな. ♦ **-bly** *adv* **in·calculabílity** *n*

in·ca·les·cence /ìnkəlés(ə)ns, ìŋ-/ *n* 増温, 加熱; 高まる熱意; 熱[熱意]の上がる[高まる]状態. ♦ **ìn·ca·lés·cent** *a*

in cámera 室内で, 裁判官室で; ひそかに, 非公開で, 内密に. [L ＝in a chamber]

In·can /íŋkən/ *a* INCAIC. ► *n* インカ帝国住民[国民]; ケチュア語 (Quechua).

in·can·desce /ìnkəndés; -kæn-/ *vi, vt* 白熱する[させる].

ìn·can·dés·cent /; -kæn-/ *a* 白熱の, 白熱光を発する; 光り輝く, きらめく; 熱意[意欲]に燃えた, 〈表現などが〉きらめくような, みごとな; 激怒した. ► *n* 白熱電球. ♦ **ìn·can·dés·cence** /; -kæn-/ *n* 白熱, 白熱光; 《熱意などに》燃えること. **~·ly** *adv* [L (*candeo* to become white); ⇨ CANDID]

incandéscent lámp 白熱灯[電球].

incandéscent líght 白熱灯の光, 白熱光.

in·cant /ɪnkǽnt/ *vt* 唱える: ~ psalms.

in·can·ta·tion /ìnkæntéɪʃ(ə)n/ *n* 呪文(を唱えること), まじない, 魔法, 魔術; まじないの儀式, 加持祈禱; 《感覚に訴えるための》無内容な文句の繰返し. ♦ **~·al** *a* **in·can·ta·to·ry** /ɪnkǽntətɔ̀ːri; -t(ə)ri/ *a* [OF＜L *in*-[2](*canto* to sing)＝to chant, bewitch]

in·cap /ínkæp/ *n*《俗》INCAPACITANT.

in·cápable *a* できない; 〈改善などを〉許さない, 受けつけない〈*of* change〉; 〈うそが〉言えない〈*of* a lie, lying〉; 無能な, 無力の; 法的能力がない, 無能力な〈*of*〉: He was drunk and ~. 酔いつぶれていた. ► *n* 無能者; 無能力者. ♦ **-bly** *adv* **~·ness** *n* **in·capabílity** *n* 不能, 無能; 無能力, 無資格.

ìn·capácious *a* 狭い, 限られた; 《古》知的に欠陥のある.

in·ca·pac·i·tant /ìnkəpǽsət(ə)nt/ *n* 活動不能化剤《一時的な眠け・めまい・麻痺などを起こさせる薬品; 催涙ガスなど》.

ìn·capácitate *vt* 無能力にする〈sb *for* [*from*] work*ing*, *for* work〉;〖法〗無能力にする, …から資格を奪う. ♦ **ìn·capacitátion** *n* 無能力にすること; 資格剥奪; 失格.

ìn·ca·pác·i·tàt·ed *a*《病気などで》体が不自由な, 無能力となった: an ~ person (法的に)無能力となった人.

ìn·capácity *n* 無能, 無力〈*for* work, *for* do*ing*, *to* do〉;〖法〗(法的)無能力; 就労不能; 無資格; 失格.

incapácity bènefit〖英〗就労不能給付《病気や障害により連続 28 週以上働けない人への国家の給付金》.

In·cap·a·ri·na /ɪnkæ̀pəríːnə/ *n* インカパリーナ《INCAP (Institute of Nutrition in Central America and Panama) が開発したタンパク補給剤; 綿実(めんじつ)粉末・コーン・モロコシ・トルラ酵母からなる》. [*INCAP*＋*farina*]

in·cápsulate *vt* ENCAPSULATE.

ín·càr *a* 自動車の中の, 車内の.

in·car·cer·ate /ɪnkáːrsərèɪt/ *vt* 拘禁[監禁, 投獄]する; 閉じ込める, 束縛する〈*in*〉. ► *a* /-rət/ 投獄された (imprisoned); 閉じ込められた. ♦ **-à·tor** *n* **in·càr·cer·á·tion** *n* 拘禁, 監禁, 投獄, 施設収容; 幽閉(状態);〖医〗嵌頓(かんとん)(症). [L (*carcer* prison)]

in·car·di·nate /ɪnkáːrdənèɪt/ *vt* 《ローマ教皇庁の》枢機卿 (cardinal) に任ずる; 〈聖職者を〉教区に入籍させる. ♦ **in·càr·di·ná·tion** *n*

in·car·na·dine /ɪnkáːrnədàɪn/ 《古・詩》*a, n* 肉色[淡紅色, 朱鷺(とき)色](の); 血のように赤い色[深紅色](の). ► *vt* 淡[深]紅色に染める: the multitudinous seas ~ 大海原をあかねに染める (Shak., *Macbeth* 2.2.59). [F＜It (↓)]

in·car·nate *a* /ɪnkáːrnət, -nèɪt/ 肉体をもつ, 人の姿をした; 〈観念・抽象物などが〉具体化した; INCARNADINE: an ~ fiend＝a devil ~ 悪魔の化身 / Liberty ~ 自由の権化. ► *vt* /ɪnkáːrnèɪt, ⏑⏑⏑/ …に肉体を与える, …の化身となる; 具体化する, 体現[実現]させる. [L *incarnor* to be made flesh (*caro* flesh); cf. CARNAGE]

in·car·na·tion /ìnkɑːrnéɪʃ(ə)n/ *n* 肉体を与える[与えられる]こと, 人間の姿[形]をとること; 《神・霊などの》権化, 化身; 典型; [the I-]〖キ教〗受肉, 托身《キリストにおいて神性と人性が合体したこと》; 具体化, 具現, …版 (version);〖医〗内芽発生[形成]; ある特定の時期[段階](の姿): He is the ~ of honesty. 正直そのものだ / a former ~ 前世(の姿).

in·car·vil·lea /ìnkɑːrvíliə/ *n*〖植〗インカルヴィレア属[ツノシオガマ属] (*I*-) の草本《アジア産; ノウゼンカズラ科》. [Pierre d'*Incarville* (1706–57) フランスの宣教師]

in·cáse *vt* ENCASE. ♦ **~·ment** *n*

in·cáution *n* 不注意.

in·cáutious *a* 軽率な, 無謀な. ♦ **~·ly** *adv* **~·ness** *n*

in·cen·di·a·rism /ɪnséndiərìz(ə)m/ *n* 放火; 煽動.

in·cen·di·ary /ɪnséndièri; -diəri/ *a* 放火の; 火災を起こすための, 焼夷性の; 発火しやすい; 煽動的な, 刺激的な; 激辛の: an ~ bomb [shell] 焼夷弾 / an ~ speech アジ演説. ► *n* 放火者[犯人]; 煽動者 (agitator); 焼夷弾, 発焼剤. [L＝causing a fire (*incens- incendo* to kindle)]

in·cen·dive /ɪnséndɪv/ *a* 発火力のある.

in·cense[1] /ínsèns/ *n* **1** 香(こう); 香の煙, 芳香, インセンス; *《俗》マリファナ (marijuana). **2** 愛想, お世辞. ► *vt* …に香をたきこめる; …に対して[の前で]焼香する; 焼香のために…をたく. ► *vi* 焼香する. ♦ **in·cen·sa·tion** /ɪnsènséɪʃ(ə)n/ *n* [OF＜L *incensum* thing burnt, incense; ⇨ INCENDIARY]

in·cense[2] /ɪnséns/ *vt* (ひどく)おこらせる, 激怒[激昂]させる; 《古》〈感情を〉起こさせる: be ~*d by* sb's conduct [*at* sb's remarks] 人の行為に[評を聞いて]激怒する. ♦ **~·ment** *n* [OF＜L (↑)]

íncense bòat 舟形(聖)香入れ《吊り香炉に移す香を入れておく容器》.

íncense bùrner (置)香炉.

íncense cèdar〖植〗オニヒバ《北米原産; ヒノキ科》; オニヒバ材《芳香があり木目がまっすぐで, 鉛筆・たんす・クローゼット内張りに用いる》.

in·cen·so·ry /ínsènsəri, *-sɔ̀ːri/ *n* 吊り香炉 (censer).

in·cent /ɪnsént/ *vt* INCENTIVIZE.

ín·cènter *n*〖数〗内心.

in·cen·tive /ɪnséntɪv/ *a* 刺激的な, 鼓舞[誘発]する: an ~ speech 激励演説 / ~ goods [articles] 報奨物資 / an ~ wage system 奨励賃金制度. ► *n* **1** 刺激, 誘因, 動機; *《俗》コカイン. **2** 励みとなるもの〈*to* do, *for* do*ing*〉, 販売促進策, 奨励金, 報奨(金);〖スポ〗インセンティブ《年俸とは別に, 成績に応じて支払われる報奨金》: tax ~*s* 租税上の優遇策[措置]. ♦ **~·ly** *adv* [L＝setting the tune (*canto* to sing)]

incéntive pày [bònus, wàge]《労働者・従業員などに対する》(生産性向上)奨励金, 奨励給, 特別手当.

in·cen·tiv·ize /ɪnséntəvàɪz/ *vt* 《報奨金[品]で》奨励する, …の労働意欲[モチベーション]を高める.

in·cept /ɪnsépt/ *vt*〖生〗摂取する (ingest); 《古》始める: ~ the Psalms 詩篇を起唱する, 詩篇の始句を独唱する. ► *vi* 《かつてのケンブリッジ大学で》master [doctor] の学位を取る; 職[役]に就く. ♦ **in·cép·tor** *n* [L *in*-[2](*cept- cipio*＝*capio* to take)＝to begin]

in·cep·tion /ɪnsépʃ(ə)n/ *n* 始まり, 開始, 発端; 《かつてのケンブリッジ大学で》学位取得.

In·cep·ti·sol /ɪnséptəsɔ̀(ː)l, -sòʊl, -sɑ̀l/ *n*〖土壌〗インセプティゾル《層位分化のやや発達した土壌; cf. ARIDISOL, HISTOSOL, MOLLISOL, OXISOL, etc.》. [*inception*, *-sol* (L *solum* soil)]

in·cep·tive /ɪnséptɪv/ *a* 初め[発端]の;〖文法〗動作の開始を示す, 起動(相)の. ► *n* INCHOATIVE. ♦ **~·ly** *adv*

in·cer·tae se·dis /ɪŋkértàɪ séɪdɪs, ɪnsə́ːrti síːdəs/ *adv*〖生〗《分類学上の》位置不詳で, 所属不明で. [L]

in·cértitude *n* 不確実; 不(安)定, 疑惑, 不安.

in·ces·sant /ɪnsés(ə)nt/ *a* 絶え間のない, ひっきりなしの. ♦ **~·ly** *adv* 絶え間なく. **~·ness** *n* **-san·cy** *n* [F or L (*cesso* to CEASE)]

in·cest /ínsèst/ *n* 近親相姦(罪). [L (*castus* chaste)]

in·ces·tu·ous /ɪnséstʃuəs; -tju-/ *a* 近親相姦の[的な](罪を犯した); 〈関係が〉排他[閉鎖]的な, なれあいの. ♦ **~·ly** *adv* **~·ness** *n*

inch[1] /íntʃ/ *n* **1 a** インチ《長さの単位: ＝1/12 foot, 2.54 cm; 略 in.》: Give him [knaves] an ~ (and he [they] will take a mile [a yard, an ell]). 《諺》寸を許せば尺を望む《少しわがままを許してやるとますますつけあがる》. **b**〖気〗インチ《1 インチの降雨[降雪]量》: an ~ of rain [snow] 1 インチの雨量[降雪量]. **c**〖理〗水銀柱インチ, インチ水銀 (＝~ **of mércury**)《圧力の単位; 気圧では約 33.9hPa》. **d** WATER-INCH. **2** [*pl*] 身長, ウエストサイズ: a man of your ~*es* きみと同じくらいな身長の男 / gather up one's ~*es* まっすぐに立ち上がる / Men are not to be measured in ~*es*. 《諺》人物は背丈では測れない. **3** 少量, 少額, 少し: You don't give an ~, do you? 君はどうしても譲らないんだね. ● **by ~es** (1) あやういところで, かろうじて (＝by an ~). (2) 少しずつ, じわじわ, 一寸刻みに: kill *by* ~*es* (一寸試しに)なぶり殺しにする. **every** ~ どこからどこまで, 徹頭徹尾, 寸分の隙のない: know *every* ~ of London ロンドンは隅から隅まで知っている / *every* ~ a gentleman. IF **an ~.** **~ by ~** 少しずつ (＝by ~es). **to an ~** 寸分たがわず, 精密に. **(to) within an ~ of**…に非常に接近して, もう少しで…のところまで: come *within an* ~ *of* doing あやうく…しそうになる / flog [beat, thrash] sb *within an* ~ *of* his life 人をなぐって半殺しにする. ► *vt, vi* 少しずつ動かす[動く]: ~ (one's way [oneself]) *across* [*along*, etc.]…を横切って[に沿って]少しずつ進

む. [OE *ynce*<L *uncia* twelfth part; cf. OUNCE¹]

inch² *n* 《スコ・アイル》島,《特に 海岸近くの》小島. [Gael *innis*]

Ínch·cape Róck /ínʧkèɪp-/ [the] インチケープロック (⇨ BELL ROCK).

inched /ínʧt/ *a* インチ目盛りのある; …インチの: an ～ tape＝INCH TAPE / three-～ panels.

In·cheon, In·ch'ŏn /ínʧán, *–⌐/ 仁川(インチョン)(じんせん)《韓国北西部 Seoul の西にある港湾都市; 国際空港があり, ソウルの海と空の玄関; 旧称 済物浦 (Chemulpo)》.

ínch·er *n* 《長さ・直径などが》…インチのもの: a six-～ 6 インチ砲.

ínch·mèal *adv* じりじりと, 少しずつ (gradually). ● **by ～**＝INCHMEAL. [*-meal*]

in·cho·ate *a* /ɪnkóuət, ínkouèɪt/ 始まったばかりの, 初期の; 不完全な, 未完成の, まとまりのない; 組織化されていない; 〚法〛〈権利・利益が〉未確定の, 未発効の; 〈犯罪が〉未完成の《犯罪完成前ではあるがそれ自体罪となる未遂・共同謀議・教唆など》. ► *vt* /ínkouèɪt, –⌐–/ 始める. ♦ **～·ly** *adv* **～·ness** *n* [L *inchoo, incoho* to begin]

in·cho·a·tion /ìnkouéɪʃ(ə)n/ *n* 初め, 発端, 端緒; 開始, 着手.

in·cho·a·tive /ɪnkóuətɪv/ *a* 《まれ》始まったばかりの (inchoate); 〚文法〛動作の開始を示す, 起動(相)の: an ～ verb 起動動詞. ► *n* 〚文法〛起動動詞. ♦ **～·ly** *adv*

Inch'ŏn 仁川 (⇨ INCHEON).

ínch-póund *n* インチパウンド《＝1/12 foot-pound; 略 in.-lb.》.

ínch tàpe インチ目盛りの巻尺 (＝*inched tape*).

ínch·worm *n* 〚昆〛シャクトリムシ (looper).

in·ci·dence /ínsəd(ə)ns/ *n* **1** 《できごと・影響などの》範囲, 発生(率), 発病率; 影響[作用]を及ぼすこと; 付随的であること; 負担, 帰着: What is the ～ of the tax? この税はだれにかかるか. **2** 《投射物・光線などの》落下, 入射, 投射; 〚数〛結合《直線とそれを含む平面などの部分的一致》; 〚光・理〛投射[入射](角): ANGLE OF INCIDENCE. [OF or L (↓)]

ín·ci·dent *n* できごと; 付随事件, 小事件; 事変, 事件《戦争・暴動など》; 《詩・小説中の》挿話; 〚法〛付随条件, 付随事項, 付随義務[権利]; *《口》私生子: without ～ 何事もなく, 無事に. ► *a* 〈…に〉起こりやすい, ありがちな 〈*to*〉; 〚法〛付帯的な, 付随する 〈*to*〉; 〚理〛投射の, 入射の 〈*on, over*〉: an ～ angle 入射角 / ～ rays 入射光線 / the angle at which light is ～ on the surface 光が表面に入射する角度. ♦ **～·less** *a* [OF or L (*in-*², *cado* to fall)]

in·ci·den·tal /ìnsədéntl/ *a* 〈…に〉付随して起こる[ありがちな], 付随的な 〈*to*〉; 偶然の, 偶発的な; 〈…に〉付帯[二次]的な 〈*on*〉, 主要でない, 副次的な: ～ damages 付随的損害賠償(金) / ～ expenses 臨時費, 雑費 / an ～ image 残像. ► *n* 付随的[偶発的]事柄; [*pl*] こまごまとした持物, 雑費. ♦ **～·ness** *n*

incidéntal·ly *adv* 偶然; 付随的に; [文修飾語として] ついでながら, ちなみに, ところで.

incidéntal músic 付随音楽《映画・劇などに付随して演奏する曲》.

íncident ròomᴵᴵ 《警察の》捜査本部.

in·cin·der·jell /ɪnsíndərʤèl/ *n* 〚軍〛発炎ゼリー《ナパームと混合したゼリー状ガソリン; 火炎放射器・焼夷弾用》.

in·cin·er·ate /ɪnsínərèɪt/ *vt* 焼いて灰にする, 焼却する, 〚化〛灰化する. ► *vi* 燃えて灰になる. ♦ **in·cìn·er·á·tion** *n* 《ごみ・死体などの》焼却, 〚化〛灰化, *火葬. [L (*ciner- cinis* ashes)]

in·cín·er·à·tor *n* 焼く人[もの]; 《ごみなどの》焼却炉.

in·cip·i·ent /ɪnsípiənt/ *a* 始まりの, 初期の, 発端の: the ～ light of day 曙光 / ～ madness 発狂の前兆. ♦ **in·cíp·i·en·cy, -ence** *n* 最初, 発端; 《病気などの》初期. **～·ly** *adv* 初めて. [L; ⇨ INCEPT]

in·ci·pit /ínsəpət/ *n* 書き出し, 書き始めの語句《古写本などで新章節の初めを示すのに用いた語》. [L＝(here) begins]

ín·cìrcle *n* 〚数〛内接円.

in·ci·sal /ɪnsáɪz(ə)l/ *a* 《切歯などの》切縁の.

in·cise /ɪnsáɪz/ *vt* …に切り込みを入れる, …に印[文字, 模様など]を刻み込む; 〈印・模様を〉刻む, 彫刻する; 〚医〛切開する. [OF<L (*cis- cido*＝*caedo* to cut)]

in·císed *a* 切り[刻み]込んだ, 刻んだ, 彫った; 〚医〛《ぎざぎざでなく》鋭く[スパッと]切れた〈傷・切れ目〉; 〚植〛〈葉が〉縁の切れ込みが深い, 深裂の (⇨ MARGIN): an ～ leaf 深裂葉.

in·ci·si·form /ɪnsáɪzəfɔ̀ːrm/ *a* 〚動〛切歯形の.

in·ci·sion /ɪnsíʒ(ə)n/ *n* 切り込み, 彫り込み; 切り目, 切り口; 〚医〛切開(術), 切断; 〚植〛《葉縁の》深裂; 鋭敏, 機敏; 直截. ♦ **～·al** *a* [INCISE]

in·ci·sive /ɪnsáɪsɪv/ *a* 鋭利な; 鋭敏な, 機敏な; 〈ことばなど〉刺すような, 痛烈な, 辛辣な, 鋭い; 直截な; 〚解〛切歯の. ♦ **～·ly** *adv* **～·ness** *n*

in·cí·sor *n* 〚解〛門歯, 切歯.

in·ci·so·ry /ɪnsáɪzəri/ *a* 切断用の, 鋭利な〈門歯〉.

in·ci·su·ra /ìnsàɪʒúərə, -sə-/ *n* (*pl* **-rae** /-ri/) INCISURE.

in·cis·ure /ɪnsíʒər, -sáɪ-/ *n* 切り傷; 〚解〛《V 字形の》切り目, 亀裂, 切痕.

in·cite /ɪnsáɪt/ *vt* 刺激する, 教唆する, 煽動する, 駆りたてる, けしかける; 〈怒り・恐怖, また暴動などを〉ひき起こす: ～ sb *to* an action [*to* do]. ♦ **～·ment, ìn·ci·tá·tion** *n* 刺激, 教唆, 煽動 〈*to*〉; 刺激物, 誘因: ～*ment* to racial hatred 人種的憎悪煽動. **in·cít·er** *n* [OF<L (*cito* to rouse)]

incíte·ful *a* 〈ことば・行動が〉刺激[煽動]的な, 駆りたてる[けしかける]ような.

ìn·civílity *n* 無礼, 無作法(な行為).

in·cívism /, ìnsəvìz(ə)m/ *n* 愛国心[公民意識]の欠如.

incl. inclosure ♦ included ♦ include ♦ including ♦ inclusive(ly).

in·clásp *vt* ENCLASP.

incle ⇨ INKLE.

ín·clèar·ingᴵᴵ *n* 〚商〛受入手形額, 手形交換額.

in·clémency *n* 《天候の》荒れ, 不良, 《気候の》きびしさ; 《精神的な》きびしさ, 冷酷さ.

in·clément *a* 〈天候が〉険悪な, 荒れ模様の, 〈気候が〉きびしい, 寒さやあらしのひどい; 《古》無情な (unmerciful), 苛酷な. ♦ **～·ly** *adv* **～·ness** *n*

in·clín·able *a* …の傾向がある, …したがる 〈*to* mercy, *to* do〉; 好意的な 〈*to*〉; 傾けられる〈装置など〉.

in·cli·na·tion /ìnklənéɪʃ(ə)n/ *n* **1** 傾ける[傾く]こと, 《首などを》曲げる[下げる]こと; うなずき, 会釈; 勾配, 傾斜(度), 傾き; 《磁針の》伏角 (dip); 〚数〛傾き, 傾角; 〚天〛傾斜(角); 斜面: an ～ of the head うなずき (nod) / have slight [great] ～ わずかに[大きく]傾斜している. **2** 《ある状態・行動へ向かう》傾向, 性質; 《心の》傾向, 性向, 性癖 〈*to, to* do, *for, toward*〉, 嗜好, 好み 〈*for* study〉; 《廃》本性, 気質, 性質: The thread has an ～ *to* shrink. その糸はとかく縮みやすい / have an ～ *to* hard work [*to* work hard] 懸命に働こうとするたちである / against one's [sb's] ～ 自分[人]の性向に反して / I have the ～, but don't have the time. やる気はあるけれども時間がない. ♦ **～·al** *a* [OF or L; ⇨ INCLINE]

in·cli·na·to·ry /ɪnkláɪnətɔ̀ːri; -t(ə)ri/ *a* 傾斜の, 傾斜している.

in·cline *v* /ɪnkláɪn/ *vt* **1** 傾ける, 傾斜させる; 〈体を〉曲げる, 〈頭を〉下げる, 垂れる, 〈耳・心を〉傾ける 〈*to*〉: ～ the head in agreement 同意してうなずく / Let us ～ our hearts *to* obey God's commandments. 神の戒律を守るよう心を傾けよう. **2** [ᵘ*pass*] 〈人を〉…したい気にさせる; 《文》〈心を〉向ける 〈*to* do〉: be ～*d to* suppose that…と考えたい気がする / feel ～*d to* work 働きたいと思う. ► *vi* **1** 傾く, 傾斜する; 体[頭]を曲げる[下げる]: ～ *forward* 身を乗り出す / ～ away from…から体をそらす. **2** …する[…への]傾向がある, …しがちである 〈*to, toward*〉; …したいと思う, 傾く 〈*to* do〉: ～ *to* leanness [stoutness] やせる[太る]たちだ / purple *inclining to* red 赤みがかった紫 / Dogs ～ *to* eat meat. 犬は肉を食べたがる. ● **～ one's ear** 《好意的に》耳を傾ける, 傾聴する. ► *n* /ínklàɪn, –⌐/ INCLINED PLANE; 《普通の機関車で上れない》急勾配鉄道 (＝**inclíned ráilway**). ♦ **in·clín·er** *n* [OF<L (*in-*², *clino* to bend)]

in·clíned *a* (…の)傾向[意向]のある, (…に)ひかれて[傾いて] 〈*to, toward, to* do〉; [副詞を伴って] (…の[…的な])才能のある; 傾斜のある; 《線・平面と》ある角度をなす; 〚解〛斜位の: artistically ～ 芸術の才のある.

inclíned pláne 斜面; 《勾配約 45° の》ケーブル鉄道の路面[軌道].

in·clin·ing /ɪnkláɪnɪŋ/ *n* INCLINATION; 《古》共鳴者, 同調者.

in·cli·nom·e·ter /ìnklənɑ́mətər/ *n* 伏角計 (dip circle); 傾角計 (clinometer), 《飛行機・船舶の》傾斜計, インクリノメーター.

in·clip /ɪnklíp/ *vt* (-pp-) 《古》抱きしめる, 囲む.

in·clóse *vt* ENCLOSE. ♦ **in·clós·er** *n*

in·clósure *n* ENCLOSURE.

in·clude /ɪnklúːd/ *vt* 含む, 包含する; 《全体の一部として》算入する, 含める 〈*among, in*〉 (opp. *exclude*); 包み[囲い]込む, 閉じ込める: all charges ～*d* 一切の料金を含めて. ● **～ out** 《口》/[*joc*] 〈…から〉除外する 〈*of*〉. ♦ **in·clúd·able, -ible** *a* [L *inclus- includo* to enclose (*claudo* to shut)]

in·clúd·ed *a* 含まれた, 包含された; 含めて (including); 〚植〛〈雄蕊(ずい)・雌蕊が〉花冠の外に突き出ていない.

in·clúd·ing *prep* …を含めて (opp. *excluding*); …をはじめ, たとえば…(など): Six were present, ～ the teacher. 先生も入れて 6 人出席した.

in·cluse /ínklùːs, –⌐, -z/ *n* 《みずから洞窟・小屋・修道者独房などにはいった》修道者, 隠修士 (recluse). [L (INCLUDE)]

in·clu·sion /ɪnklúːʒ(ə)n/ *n* 包含, 包括; 算入; 〚論・数〛包含(関係); 〚生〛《細胞内への》封入; (細胞)含有物, 〚鉱〛包有物; 〚冶〛介在物; 〚教育〛統合教育《障害をもつ生徒を通常学級で教育すること》. ♦ **～·àry** *a* [*L*; ⇨ INCLUDE]

inclúsion bòdy 〚医〛封入体《病毒に感染した細胞中に見いだされる顆粒構造体》.

in·clu·sive /ɪnklúːsɪv/ *a* (opp. *exclusive*) 含めて, 込めて, 算入して; すべてを含んだ, 包括的[広範]な; 〚文法〛〈一人称複数 we が〉包括の《話者と相手を含む; opp. *exclusive*》; 明示的に両性を含む表現を用いる (non-sexist); 〈政府・政策などがあらゆる層に開かれた[全党派が参加する]: pages 5 to 24 ～ 5 ページから 24 ページまで《両端のページを含めて》《明確を期して both ～ とすることもある》/ an ～ fee 一切込みの料金. ●～ **of**…を含めて: a party of ten, ～ *of* the host 主客合わせて 10 人のパーティー. ♦ **～·ly** *adv* 勘定に入れて; すべてをひっくるめて. **～·ness, in·clu·sív·i·ty** *n* [L; ⇨ INCLUDE]
inclúsive disjúnction 〘論〙包含的選言《通例 $p \vee q$ で表わし, 命題 *p* または *q* または *p* と *q* の両方, の意》.
inclúsive fítness 〘遺〙包括適応度.
inclúsive ór 〘論〙非排中[非排他]的な「あるいは」(INCLUSIVE DISJUNCTION).
in·clú·siv·ìsm *n* 包括主義, 包含主義《多様・異質な要素を一つのシステムのもとに取り込もうとする考え方》. ♦ **in·clú·siv·ist** *n, a*
ìn·coércible *a* 抑制できない, 抑えきれない〈力など〉; 〘理〙液化できない〈気体〉.
in·cog /ínkɑ̀g, —⌐/ *a, adv, n* 《口》INCOGNITO.
incog. incognito.
in·cógitable *a* 《まれ》信じられない, 考えられない.
♦ **in·cò·gi·ta·bíl·i·ty** *n*
in·cog·i·tant /ɪnkɑ́ʤətənt/ *a* 思慮のない, 無分別な (inconsiderate); 思考力をもたない. ♦ **～·ly** *adv*
in·cog·ni·ta /ìnkɑgní:tə, ɪnkɑ́gnətə/ *a* 〈女性が〉匿名の, 忍びの, 微行の. ►*n* 匿名[お忍び]の女性. [(fem) < ↓]
in·cog·ni·to /ìnkɑgní:toʊ, ɪnkɑ́gnətòʊ/ *a, adv* 変名の[で], 匿名の[で], 忍びの[で]: travel ～. ►*n* (*pl* **～s**) 変名(者), 匿名(者), 微行する人. [It=unknown (*in-*¹, COGNITION)]
in·cógnizable *a* 認識[識別]できない, 知覚できない.
in·cógnizant *a* 意識しない, 気づかない〈*of*〉. ♦ **in·cógnizance** *n* 気づかないこと, 無知, 認識の欠如.
ìn·cohérence, -cy *n* 筋道の立たないこと, 支離滅裂; 矛盾した考え[ことば]; 言語錯乱, (思考)散乱.
ìn·cohérent *a* 《論理的に》一貫しない, つじつまの合わない, 矛盾した, 支離滅裂の, ちぐはぐな; 《怒り・悲しみで》わけのわからない, 取り乱した; 結合力のない, ばらばらの; 性質を異にする, 相容れない; 〘理〙非干渉性の, インコヒーレントな. ♦ **～·ly** *adv* **～·ness** *n*
ìn·cohésive *a* 結合力[凝集性]のない, 結束[まとまり]の悪い.
♦ **ìn·cohésion** *n*
ìn·combústible *a, n* NONCOMBUSTIBLE. ♦ **-bly** *adv* **ìn·combustibílity** *n* 不燃性, 難燃性.
in·come /ínkʌ̀m/ *n* **1** (定期)収入, 《特に 年間の》収益, 所得 (opp. *outgo*): earned [unearned] ～ 勤労[不労]所得 / live within [beyond, above] one's ～. **2** 入来, 到来, 流入. [ME=arrival, entrance<OE (*in*¹+*come*)]
íncome accòunt 損益計算(書).
íncome bònd 〘商〙収益社債[債券]《企業収益に応じて利子が支払われるもの》.
íncome fùnd インカムファンド《配当収益に重点を置いて資金運用を行なう投資信託; cf. GROWTH FUND》.
íncome gròup 所得層《所得税額からみて同一の集団》.
íncome màintenance 〘米〙《政府が払う》所得補助[維持]金.
ín·còmer *n* 入来者, 新来者; 移入民, 転入者, 来住者; 新任者, 後継者; 侵入者.
íncome stàtement INCOME ACCOUNT.
íncome suppòrt 《英国・カナダの》所得援助《生活困窮者・失業者に対する手当; かつての supplementary benefit》.
íncome tàx 所得税.
íncome tàx còde TAX CODE.
ín·còming *n* はいってくること, 入来, 到来〈*of*〉; [*pl*] 収入, 所得: ～*s* and outgoings 収入と支出. ►*a* はいってくる; 後任の, 後継の; 移住してくる; 自然に生まれてくる〈利益など〉; 始まったばかりの: an ～ line 〘電〙引込み線, 《交換機の》入り線 / the ～ tide 上げ潮.
ìn·comménsurable *a* 同じ規準で測れない[比較できない]; 比べものにならない, 桁違いの〈*with*〉; 全く不相応[不釣合い]な; 〘数〙通約できない, 無理(数)の. ►*n* 同じ規準で測れないもの, 通約できない数[量]. ♦ **-bly** *adv* **ìn·commensurabílity** *n*
ìn·comménsurate *a* 不相応な, 不釣合いの〈*with, to*〉; 不十分な, 少な[小さ]すぎる; INCOMMENSURABLE. ♦ **～·ly** *adv* **～·ness** *n*
in·com·mode /ìnkəmóʊd/ *vt* 〈人〉に不便を感じさせる, 迷惑をかける; じゃまする. [OF or L (*in-*¹)]
ìn·commódious *a* 不便な, 勝手[都合]の悪い; 狭苦しい, 居ごこちの悪い. ♦ **～·ly** *adv* **～·ness** *n*
ìn·commódity *n* 窮屈, 不便, 不都合(なもの).
ìn·commúnicable *a* 伝達できない, 何とも言いようのない; 分与することのできない〈王権など〉; 口の重い, 無口な. ♦ **-bly** *adv* **～·ness** *n* **ìn·communicabílity** *n*
in·com·mu·ni·ca·do /ìnkəmjù:nəká:doʊ/ *adv, a* (外部との)連絡を絶たれて[た]; 独房に監禁されて[た]; 人との接触を断って[断った], 引きこもって, 引きこもった: a prisoner held [kept] ～ for four weeks 4 週間の間 外部との連絡を絶たれた囚人. [Sp=deprived of communication]
ìn·commúnicative *a* UNCOMMUNICATIVE. ♦ **～·ly** *adv* **～·ness** *n*
ìn·commútable *a* 交換できない; 変えられない, 不変の.
♦ **-ably** *adv* **～·ness** *n* **ìn·commutabílity** *n*
in·commutátion *n* REVERSE COMMUTING.
ìn·compáct *a* 締まりのない, 緻密でない, 散漫な.
ín·còmpany *a* 社内の, 企業内の.
in·cómparable *a* 比較できない〈*with, to*〉; 無比の, 比類のない.
♦ **-bly** *adv* 比較にならないほど, とびはなれて. **in·comparabílity** *n* [OF<L]
ìn·compátible *a* 気性が合わない; 〈人が〉折り合いの悪い; 相容れない, 両立しがたい, 矛盾する〈*with*〉; 〘論〙〈2 つ以上の命題が〉両立しない; 〈役職など〉兼任不可能の; 接ぎ木[自家受精]が不可能な, 不和合(性)の; 〘数〙INCONSISTENT; 〘薬〙配合禁忌の; 〘医〙〈血液・血清が〉不適合の; 〘電子工〙互換性のない, インコンパチブルな; 〘テレビ・ラジオ〙〈カラー・ステレオ放送が〉非両立式の. ►*n* [ᵘ*pl*] 両立しないもの, 性の合わない人; 配合禁忌の薬; [*pl*] 〘論〙同時に同一物の属性でありえないもの; [*pl*] 〘論〙非両立命題. ♦ **ìn·compatibílity** *n* ⁺《離婚原因としての》性格の不一致; 《受精の》不和合性, 《接ぎ木の》不親和性; 〘薬〙配合禁忌; [*pl*] 相互に排除しあう性質[もの], 配合禁忌薬. **-bly** *adv* 相容れないほどに. **～·ness** *n* [L (*in-*¹)]
in·cómpetent *a* **1** 無能な, 役に立たない, 不適任な: He is ～ *to* manage [*for* managing, *as* a manager of] the hotel. ホテルを経営する力[資格]がない. **2** 〘法〙**a** 証言能力のない, 証人適格のない, 証拠能力のない: an ～ evidence 証拠能力なき証拠. **b** 無能力[無資格]の. **c** 〈裁判所などが〉管轄権がない, 権限がない. **3** 〈岩石が〉もろい; 〘医〙(機能)不全の. ►*n* 無能な人, 不適任者, 役立たず《人》; 〘法〙無力者. ♦ **in·cómpetence, -cy** *n* 無能力, 不適格; 〘法〙無能力; 〘医〙(機能)不全(症). **～·ly** *adv* [F or L]
ìn·compléte *a* 不完全な, 不十分な, 不備な; 〘植〙〈花が〉不完全な《萼(がく)・花冠・雄蕊(ずい)・雌蕊のいずれかを欠いている》; 〘昆〙〈変態が〉不完全な《幼虫が成虫と似ていてさなぎの段階がない》; 〘アメフト〙〈パスが〉不成功の, インコンプリートの: ～ (intransitive [transitive]) verbs 〘文法〙不完全(自[他])動詞. ►*n*ᵉ〘教育〙未完《定期試験を受けていない学生や課題が未提出の学生に与えられる仮の成績評価》. ♦ **～·ly** *adv* 不完全[不十分]に. **～·ness** *n* **ìn·complétion** *n*
incompléteness thèorem GÖDEL'S THEOREM.
ìn·complíance, -cy *n* 不承諾, 不従順, 強情.
ìn·complíant *a* 承諾しない, 従わない; 強情な. ♦ **～·ly** *adv*
ìn·comprehénsible *a* 理解できない, 不可解な; 《古》〈特に 神の属性が〉無限の. ♦ **-bly** *adv* 理解できないように, 不可解に; [文修飾語] どういうわけか. **～·ness** *n* **ìn·comprehensibílity** *n*
ìn·comprehénsion *n* 無理解.
ìn·comprehénsive *a* 理解[包容]力のない, 範囲の狭い.
♦ **～·ly** *adv* **～·ness** *n*
ìn·compréss·ible *a* 圧縮できない. ♦ **ìn·compress·ibílity** *n* 非圧縮性. **-ibly** *adv*
ìn·compútable *a* 計算できない; 数えきれない. ♦ **-ably** *adv*
in·co·mu·ni·ca·do /ìnkəmjù:nəká:doʊ/ *adv, a* INCOMMUNICADO.
ìn·concéivable *a* 想像も及ばない, 思いもよらぬ; 《口》信じられない, 全く驚くべき. ♦ **-ably** *adv* **～·ness** *n* **ìn·conceivabílity** *n* 不可解, 想像も及ばぬこと.
ìn·concínnity *n* 不調和, 優美でないこと, 泥臭さ.
ìn·conclúsive *a* 〈議論などが〉決着のつかない, 結論に達しない, 決定[確定]的でない, 要領を得ない. ♦ **～·ly** *adv* 決定的でなく, 要領を得ずに. **～·ness** *n*
ìn·condénsable, -ible *a* 凝結[凝縮]しにくい. ♦ **-bly** *adv* **ìn·condensabílity, -si-** *n*
in·con·dite /ɪnkɑ́ndət, -dàɪt/ *a* 〈文学作品など〉構成のまずい; 拙劣な, 生硬な, 粗雑な; 粗野な. ♦ **～·ly** *adv* [L *condo* to put together]
In·co·nel /íŋkənɛ̀l/ 〘商標〙インコネル《ニッケル 80%, クロミウム 14%, 鉄 6% からなる高温・腐食に強い合金》. [?*I*nternational *N*ickel *Co*mpany+(*n*)*el* (< nickel)]
ìn·confórmity *n* 不同形, 不適合, 不一致〈*to, with*〉.
in·cóngruent /, *⌐—⌐—/ *a* 合わない, 一致しない, 調和しない, 適合しない. ♦ **in·cóngruence** /, *⌐—⌐—/ *n* INCONGRUITY. **～·ly** *adv*
ìn·congrúity *n* 不調和; 不適合; 不調和[場違い]なもの.
in·cóngruous *a* 調和しない〈*with, to*〉; 釣り合わない, 不似合いの; 不条理な〈態度など〉, 不適当な, 無礼な; 首尾一貫しない, つじつまの合わない; 〘地〙非合同の. ♦ **～·ly** *adv* **～·ness** *n* [L]
in·con·nu /ìnkən(j)ú:/ *n* **1** 知られていない人 (stranger). **2** (*pl* **～s, ～**) 〘魚〙北米北西部・ユーラシアの北極海沿岸産のサケ科の食用淡水魚. [F]
in·cónscient *a* 無意識の, ぼんやりした.
ìn·consécutive *a* 連続しない; 前後一貫しない, 脈絡のない.
♦ **～·ly** *adv* **～·ness** *n*
in·cónsequence *n* 論理的でないこと, 矛盾.
in·cónsequent *a* 論理的でない, つじつまの合わない, 見当違いの; 脈絡のない; 不調和な; 取るに足らない, 瑣末な. ♦ **～·ly** *adv*
in·con·se·quen·tia /ìnkɑnsəkwénʃ(i)ə, ɪnkɑ̀n-/ *n pl* 取るに足らぬ些細なこと, つまらぬこと, 些事, 枝葉末節.

in·consequéntial *a* 取るに足らない, 瑣末な; 筋の通らない; 見当違いの. ► *n* 取るに足りないこと. ♦ **~·ly** *adv* **in·consequentiálity** *n*

ìn·consíder·able *a* 重要でない, 取るに足らない; わずかの: not ~ 少なからぬ, 相当な. ♦ **-ably** *adv* わずかに. **~·ness** *n* [F or L]

ìn·consíderate *a* 思いやりのない, 礼儀[作法]を心得ない〈*of*〉; 思慮[分別]のない, 軽率な: It's ~ *of* you to do…するとはきみも思いやりがない. ♦ **~·ly** *adv* **~·ness** *n*

in·consideràtion *n* 無思慮, 無分別, 軽率.

ìn·consíst·ency, -ence *n* 一貫性の欠如, 不一致, 矛盾; 無定見; 〘論〙不整合; 矛盾した事物.

ìn·consíst·ent *a* 〈2つ以上のものが〉相互に一致[調和]しない, 相反する〈*with*〉; 〈1つのものが〉《内部的に》矛盾した; つじつまの合わない, 首尾一貫しない; 無定見な, 無節操の, 気まぐれな (changeable); 〘数〙〈方程式が〉不能の, 〈問題が〉不成立の: ~ equations 不能方程式. ♦ **~·ly** *adv* **~·ness** *n*

ìn·consólable *a* 慰めることのできない, 悲しみに沈んだ (disconsolate); やるせない. ♦ **-ably** *adv* **~·ness** *n* **ìn·consolabílity** *n* [F or L]

ìn·cónsonant *a* 調和[一致]しない〈*with, to*〉; 〈音が〉協和しない. ♦ **~·ly** *adv* **in·cónsonance** *n* 《思想・行動などの》不調和, 不一致, 《音の》不協和.

ìn·conspícuous *a* 目立たない, 引き立たない; 〘植〙〈花が〉小さくて淡い色の. ♦ **~·ly** *adv* **~·ness** *n*

in·cónstant *a* 変わりやすい, 不定の, 変化の多い; 気まぐれな; 不実[不信]の, 浮気な〈愛・忠誠心など〉: an ~ lover 浮気な恋人. ♦ **~·ly** *adv* **in·cónstancy** *n* [OF<L]

ìn·consúmable *a* 焼きつくされない; 消耗[消費]しえない, 使いきれない. ♦ **-ably** *adv*

ìn·contést·able *a* 議論の余地のない, 争いえない, 明白な〈事実・証拠など〉. ♦ **-ably** *adv* 疑いなく, 明白に, 無論. **ìn·contèst·abílity** *n* 不可争性. **~·ness** *n* [F or L]

in·cóntinence *n* 自制のできないこと; 色情的なこと; 〘医〙《大小便・情動の》失禁: the ~ of speech 多弁, 饒舌 / the ~ of urine 〘医〙尿失禁.

in·cóntinency *n* INCONTINENCE; [*pl*] 淫乱.

in·cóntinent[1] *a* 〈怒りなどを〉自制のできない, 抑えきれない〈*of*〉; とめど[きり]のない〈おしゃべりなど〉; 淫乱な; 〘医〙(大小便)失禁の. [OF or L; ⇨ CONTINENT[2]]

incontinent[2] *adv* INCONTINENTLY[1]. [L *in continenti tempore* in continuous time]

in·cóntinent·ly[1] *adv* 《古・文》直ちに, 即座に (immediately); あわてふためいて. [↑]

incontinently[2] *adv* だらしなく; みだらに; 思慮なく, 軽率に. [INCONTINENT[1]]

ìn·contróllable *a* UNCONTROLLABLE.

ìn·controvért·ible *a* 論争[議論]の余地のない, 否定できない, 明白な. ♦ **-ibly** *adv* **~·ness** *n* **in·còntrovert·ibílity** *n*

ìn·convénience *n* 不便(なもの), 不都合, 不自由, 迷惑(な事柄): A housing shortage is an ~. 住宅難は不便なものだ / cause ~ to sb=put sb to ~ 人に迷惑をかける / if it's no ~ to you ご迷惑でなければ. ► *vt* 〈人〉に不便を感じさせる, 迷惑をかける: I hope I do not ~ you.

ìn·convéniency *n* INCONVENIENCE.

ìn·convénient *a* 不便な, 不自由な, 都合の悪い: if (it is) not ~ *to* [*for*] you… ご迷惑でなければ… / Would five o'clock be ~? 5時では都合が悪いですか. ♦ **~·ly** *adv* 不自由に, 不便に. **~·ness** *n* [OF<L]

ìn·convért·ible *a* 引換え不能の; 兌換できない; 外貨と換えられない. ♦ **ìn·convèrt·ibílity** *n* 引換え[兌換]不能. **-ibly** *adv* [F or L]

ìn·convíncible *a* 納得させることのできない, わからず屋の.

ìn·coórdinate(d) *a* 同格[同等]でない, 不調整の.

ìn·coordinátion *n* 不同格; 〘医〙協調(運動)不能.

in·cor·po·rate[1] *v* /ɪnkɔ́:rpərèɪt/ *vt* **1** 《組織の一員[一部]として》受け入れる, 編入する, 組み込む〈*in, into*〉; 〈他の文書の一部を〉組み込む〈*in, into*〉; 合体[合同]させる, 合併する〈*with*〉; 混ぜる, 混合する; 〘電算〙〈記憶装置〉に組み込む: ~ new ideas *into* a plan 案に新しい考えを織り込む. **2** 法人[会社] (corporation) にする, 法人化する, …に法人格を与える. **3** 具体化する. ► *vi* 合同[合体]する, 結合する, 混ざる〈*with*〉; 法人[会社]になる, 法人化する. ► *a* /-p(ə)rət/ 合同した, 一体化した; 法人[会社]組織の, 法人格のある; 《文》具体化された. ♦ **in·cor·po·ra·ble** /ɪnkɔ́:rp(ə)rəb(ə)l/ *a* incorporate されうる. **in·cór·po·rà·tor** *n* 結合者; *法人[会社]設立者. [L (*in-*[2], *corpus* body)]

in·cor·po·rate[2] /ɪnkɔ́:rp(ə)rət/ *a* 《古》無形の, 霊的な. [*in-*[1]]

in·cór·po·ràt·ed *a* 合同[合併, 編入]した; 法人[会社]組織の, 法人格のある《Inc. と略して特に米国の会社名のあとに付ける; 《英》の Ltd (=Limited) に当たる》: an ~ company *会社, 《特に》株式会社 (limited(-liability) company[II]) / Viacom *Inc.*

incórporated bár INTEGRATED BAR.

in·cór·po·ràt·ing *a* 結合させる, 合体させる; 〘言〙抱合的な (POLYSYNTHETIC).

in·còr·po·rá·tion *n* **1** 結合, 合同, 合併, 編入; 《他の文書の内容の》組み込み; 混合, 混和. **2** 結社, 法人団体, 法人組織, 会社 (corporation); 〘法〙法人格付与, 法人化, 法人[会社]設立.

in·cór·po·rà·tive *a* 合体的な, 合同的な, 結合的な; 〘言〙抱合的な (POLYSYNTHETIC).

ìn·corpóreal *a* **1** 実体のない, 無形の, 非物質的な, 無体の; 霊的な. **2** 〘法〙《特許権・著作権などのように》無体の: ~ chattels 無体動産 / ~ hereditament 無体法定相続産. ♦ **~·ly** *adv*

ìn·corporéity, ìn·corporeálity *n* 実体のないこと, 無形; 非物質性.

ìn·corréct *a* 正しくない, 間違った, 不正確な; 妥当でない, 不適当[不穏当]な, ふさわしくない; 《廃》正していない (not corrected). ♦ **~·ly** *adv* 不正確に; 不適当に. **~·ness** *n* [OF or L]

in·córrigible *a* 矯正[善導]できない, 救いがたい, 度しがたい; 〈子供が〉非行をはたらく; 手に負えない; 根強い, 抜きがたい〈習慣など〉. ► *n* 手に負えない人[もの], 度しがたい人. ♦ **-bly** *adv* **~·ness** *n* **in·corrigibílity** *n* [OF or L]

ìn·corrúpt *a* 堕落しない; 賄賂のきかない, 買収できない, 清廉な; 〈言語が〉正しい, 純正な, 〈写本が〉改変のない; 《廃》腐敗してない. ♦ **ìn·corrúpt·ed** *a* **~·ly** *adv* **~·ness** *n*

ìn·corrúpt·ible *a* 《道徳的に》腐敗[堕落]しない, 賄賂[買収]のきかない, 清廉潔白な; 腐敗[腐食, 分解, 崩壊]しない, 朽ちない. ► *n* incorruptible なもの. ♦ **-ibly** *adv* **~·ness** *n* **in·corrùpt·ibílity** *n* [OF or L]

ìn·corrúption *n* 清廉潔白; 《古》腐敗しないこと, 朽ちない状態.

ín-còuntry *a* 国内の[における].

incr. increase ♦ increased.

in·cras·sate /ɪnkrǽsèɪt/ *vt* 〘薬〙《濃化剤や蒸発などで》〈液を〉濃化する, 濃縮する; 《廃》THICKEN. ► *vi* 《廃》厚く[濃く]なる. ► *a* /-ət, -èɪt/ 〘植・動〙肥厚した. ♦ **ìn·cras·sá·tion** *n*

in·crease *v* /ɪnkrí:s, ⌐⌐/ (opp. *decrease*) *vi* 増す, 増える, 増大する; 《質が》強まる, 増進する, 〈変化などが〉一段と進む; 繁殖する: ~ *in* number [power, population] 数[力, 人口]が増す / ~ by 10% 10%増す / an *increasing* number of… ますます多くの[増大する]…. ► *vt* 増す, 増やす, 大きくする, 拡大する; 強める; 《廃》豊かにする, 富ませる: ~ speed / ~ one's efforts さらに努力する. ► *n* /⌐⌐, ⌐⌐/ 増加, 増大, 増進, 亢進; 《米では古》増殖, 繁殖; 《人・動植物の》子孫; 増加数[量, 額, 率, 度]; 利益, 利子; 《古》農産物: ~ *in* the cost of living 生活費の増大 / a steady ~ *in* population 着実な人口増. ● **on the ~** しだいに増加[増大]して, 漸増して. ♦ **in·créas·able** *a* [OF<L (*in-*[2], *cresco* to grow)]

in·créased *a* 増加[増大]した[する], ふえた: the ~ cost of living 増大した生活費.

in·créas·er *n* 増大する人[もの]; 漸大管《小径管を大径管につなぐアダプター管》.

in·créas·ing·ly *adv* ますます, いよいよ, だんだん.

in·cre·ate /ìnkriéɪt/ *a* 《古・詩》〈神などが〉創造されないで存在する, 自存的な.

in·crédible *a* 信じられない, 信用できない; 途方もない, すごい. ♦ **-bly** *adv* 信じられないほど; 極端に. **~·ness** *n* **in·credibílity** *n*

Incrédible Húlk [The]「超人ハルク」《1962年に始まったSFアクション漫画; 青年科学者 David Bruce Banner が実験中に放射能を大量に浴びた影響で, 激怒するたびに緑色の体に紫色のパンツをはいた巨大な怪力の超人 Hulk に変身して悪と闘う》.

ìn·credúlity *n* 容易に信じないこと, 疑い深いこと.

in·crédulous *a* 容易に信じない, 疑い深い, 懐疑的な〈*of*〉; 〈目・顔つきなどが〉疑うような; INCREDIBLE: an ~ smile 人を疑っているような笑い. ♦ **~·ly** *adv* **~·ness** *n*

in·cre·ment /íŋkrəmənt, ɪn-/ *n* (opp. *decrement*) 《特に規則的でゆるやかな》増加, 増大, 増進, 増殖, 増強, 漸増, 増価, (徐々に進む)変化; 増加量[率, 単位], 増分, 増額, 《特に》昇給, 増資, 積み立て; 利益, 利得, インクリメント; 〘数〙増分; 〘林〙生長量: unearned ~ 〘経〙《地価などの》自然[不労]増額 / in ~*s* of…きざみで, …ずつ(増えて) / for an hour each week, in two ~*s* 週に2回, 合わせて1時間. ► *vt, vi* 〘電算〙増す, インクリメントする〈*by* 1, 2, etc.〉. ♦ **in·cre·men·tal** /ìnkrəméntl/ *a* **-tal·ly** *adv* [L; ⇨ INCREASE]

incremental·ism *n* 《政治的・社会的な》漸進主義[政策]. ♦ **-ist** *n, a*

incremental plótter 〘電算〙インクリメンタルプロッター《プログラムの制御の下でペン先などを少しずつ動かして曲線などを描く装置》.

incremental repetítion 〘韻〙漸増反復《劇的効果をあげるために各節で先行節の一部を, 用語を少し変化させて繰り返すこと》.

in·créscent *a* 増大する, 《特に》〈月が〉だんだん満ちてくる, 上弦の (waxing) (opp. *decrescent*).

in·cre·tion /ɪnkrí:ʃ(ə)n/ *n* 内分泌; 内分泌物. [*in-*[2], *secretion*]

in·críminate *vt* 訴える, 告発する; 〈人〉に罪を負わせる[きせる], 罪に陥れる; 〈証拠・証言などが〉…が有罪であることを示す; 《害悪などの》原因とみなす: *incriminating* evidence 有罪証拠. ◆ **in·crimi·nátion** *n* **-na·to·ry** /ɪnkrím(ə)nətɔ̀:ri; -t(ə)ri, -nèɪt(ə)-/ *a* 有罪にする[罪に落とす]ような. [L (*in-*², CRIME)]

ín·cròss *n* 同品種近交系間交雑種, インクロス. ► *vt* 同品種近交系間で交配させる.

ín·cróss·brèd *n* 異品種近交系間交雑種, インクロスブレッド.

ín-cròwd *n* [the] «口» 最先端を行く人びと, 通(つう)の連中, 勝ち組, セレブ仲間 (in people).

in·crúst *vt, vi* ENCRUST.

in·crus·ta·tion /ìnkrʌ̀stéɪʃ(ə)n/, **en-** /èn-/ *n* 外被でおおう[おおわれる]こと; 皮殻, 外殻; かさぶた; 上張り[はめ込み]の装飾(物), インクラステーション《化粧張り・モザイク・象眼・宝石をちりばめたものなど》; 付着物, 堆積物《泥など》; 《習慣・意見などの》蓄積, 積み重ね. [F or L; ⇨ ENCRUST]

in·cu·bate /ínkjəbèɪt, íŋ-/ *vt* 〈卵を〉抱く, かえす; 保温[培養]する; 熟考する, もくろむ. ► *vi* 卵を抱く, 巣につく; 〈卵が〉かえる; 〈考えなどが〉浮かぶ, 生まれる; 〖医〗〈病気が〉潜伏する. ◆ **ín·cu·bà·tive** *a* **in·cu·ba·to·ry** /ínkjəbətɔ̀:ri, íŋ-; -bèɪt(ə)ri/ *a* [L (*in-*², *cubat- cubo* to lie)]

in·cu·ba·tion /ìnkjəbéɪʃ(ə)n, ìŋ-/ *n* 抱卵, 孵卵, 孵化(期間); (定温)培養, インキュベーション; 〖化〗定温放置; もくろみ, 企て; 〖医〗潜伏; 〖医〗潜伏期(間) (incubation period): artificial ～ 人工孵化. ◆ **～·al** *a*

incubátion pàtch 〖鳥〗抱卵斑 (=*brood patch*)《抱卵期に親鳥の腹部の羽毛が抜けた皮膚の裸出部》.

incubátion pèriod 〖動〗孵卵期間; 〖医〗潜伏期(間).

ín·cu·bà·tor *n* INCUBATE する人[もの]; 孵卵[孵化]器, 保育器, 培養器, 定温器, 恒温器, インキュベーター; インキュベーター《ベンチャーが育つのを支援する組織・施設》.

in·cu·bous /íŋkjəbəs, ín-/ *a* 〖植〗〈葉が〉倒覆瓦状の; (倒)覆瓦状葉の (cf. SUCCUBOUS).

in·cu·bus /íŋkjəbəs, ín-/ *n* (*pl* **-bi** /-bàɪ/, **～·es**) インクブス《睡眠中の女を犯す夢魔; cf. SUCCUBUS》; «文» 悪夢 (nightmare); 圧迫する人[もの], 《心の》重荷《借金・試験など》. [L *incubo* nightmare; ⇨ INCUBATE]

incudes *n* INCUS の複数形.

in·cul·cate /ɪnkʌ́lkèɪt, ⌐⌐⌐/ *vt* 《繰り返し》教え込む, 熱心に説き聞かせる, 鼓吹する: ～ ideas *in* [*into*] sb [*in* sb's mind] 人[人の心]に思想を教え込む / ～ students *with* love of knowledge 学生に知識愛を教え込む. ◆ **in·cúl·cà·tor** /, ⌐⌐⌐⌐/ *n* **in·cul·cá·tion** *n* [L *in-*²(*culco*=*calco* to trample)=to tread on; ⇨ CALK[1]]

in·cúlpable *a* 罪のない, 非難するところのない, 潔白な. ◆ **-bly** *adv* **～·ness** *n*

in·cul·pate /ɪnkʌ́lpèɪt, ⌐⌐⌐/ *vt* 〈人〉に罪を負わせる (incriminate); 非難する, とがめる. ◆ **in·cul·pá·tion** *n* **-pa·to·ry** /ɪnkʌ́lpətɔ̀:ri; -t(ə)ri/ *a* 〈ことばなどが〉人を罪に陥れる[非難する]. [L (*culpa* fault)]

in·cult /ɪnkʌ́lt/ *a* 粗野な, 洗練されない, 下品な; «古» 〈土地が〉耕作されていない, 未開墾の.

in·culturátion *n* 〖社〗ENCULTURATION.

in·cúm·ben·cy *n* 聖職禄所有者の役目[任期]; 在職(期間); もたれ掛かること; 義務, 責務; «まれ» 重荷.

in·cum·bent /ɪnkʌ́mbənt/ *a* **1** 現職の, 在職の: the ～ governor. **2** 義務としてかかる 〈*on*〉; 《上に》のしかかる; 〈地層が〉上に重なった, 上層の; 〖植〗倚位[せな受け]の (opp. *accumbent*); «古・詩» (上から)おおいかぶさるような〈暗闇・大波など〉; «古» 差し迫った: a duty ～ *on* me わたしに課せられた義務 / It is ～ *on* you (=It is your duty) to answer his question. 彼の質問に答えてやるのがきみの責任だ. **3** 相当な市場占有率をもつ, 大手の. ► *n* 《公職の》現職者, 在職者《現職大統領など》; 《教会の》聖職禄保有者, 《英国教会の》教会をもつ牧師《rector, vicar など》; 占有者, 居住者. ◆ **～·ly** *adv* [L *in-*² (*cumbo*=*cubo* to lie)=to lie upon]

in·cum·ber /ɪnkʌ́mbər/ *vt* ENCUMBER.

in·cum·brance /ɪnkʌ́mbrəns/ *n* 〖法〗抵当などの先取特権; ENCUMBRANCE.

in·cu·na·ble /ɪnkjú:nəb(ə)l/ *n* INCUNABULUM.

in·cu·nab·u·lum /ìnkjənǽbjələm/ *n* (*pl* **-la** /-lə/) [*pl*] 初期, 黎明期, 揺籃時代; 初期刊本, 揺籃期本, インキュナビュラ《西暦 1501 年より前の印行本》; 初期の作品[製品]. ◆ **-lar** *a* [L *incunabula* swaddling clothes (*in-*², *cunae* cradle)]

in·cur /ɪnkə́:r/ *vt* (-rr-) 〈負債・損失・罰などを〉負う, こうむる, 受ける, 背負い込む; 〈怒り・非難・危険を〉まねく, 〈不興を〉かう. [L (*in-*², *curs- curro* to run); cf. CURRENT]

in·cúrable *a* 不治の, 矯正[改良, 善導]不能の: ～ diseases 不治の病. ► *n* 不治の病人; 救いがたい人. ◆ **-ably** *adv* 治らないほど; 矯正できないほど. **in·curabílity** *n* 不治; 矯正不能. **～·ness** *n* [OF or L]

in·curiósity *n* 好奇心のないこと, 無関心.

in·cúrious *a* 好奇心のない, せんさくしない, 無関心な, 無頓着な; ぼんやりした〈目つきなど〉; «古» [ᵁ*neg*] おもしろく[目新しく]ない: *not* ～ なかなかおもしろい. ◆ **～·ly** *adv* **～·ness** *n*

in·cur·rence /ɪnkə́:rəns, -kʌ́r-; -kʌ́r-/ *n* 《損害・責任などの》背負い込み.

in·cúr·rent *a* 〈管・穴など〉水が流れ込む, 流入する[させる], 流入水用の.

in·cur·sion /ɪnkə́:rʒ(ə)n, -ʃ(ə)n/ *n* 《他の領地への》(突然の)侵入, 侵攻, 突入, 急襲, 来襲, 襲撃 (raid); 《他の領分に》はいること, 足を踏み込むこと; 《川水などの》流入. ◆ **in·cur·sive** /ɪnkə́:rsɪv/ *a* 侵入[流入]する; 侵略的な. [L; ⇨ INCUR]

in·cur·vate *vt, vi* /ínkə̀:rvèɪt, *⌐⌐⌐/ 内側へ曲げる, 湾曲させる. ► *a* /ínkə̀:rvèɪt, *ɪnkə́:rvət/ 内側へ曲がった. ◆ **in·cùr·vá·tion** *n* 内屈, 湾曲. **in·cúr·va·ture** /-ʧər, -tjʊ̀ər, *-ʧʊ̀r, *-tʊ̀r/ *n*

ín·cùrve *n* 内屈, 内曲, 湾曲; 〖野〗インカーブ (inshoot). ► *vt, vi* /⌐⌐/ 内側に曲げる[曲がる]; 内屈[内湾曲]させる[する].

in·cus /íŋkəs/ *n* (*pl* **in·cu·des** /ɪnkjú:diz, íŋkjədì:z/) 〖解〗《中耳の》きぬた骨(こつ), 砧骨(ちんこつ) (=*anvil*)《耳小骨の一つ》. [L]

in·cuse /ɪnkjú:z, -s/ *a* 〈古貨幣など〉極印を打ち込んだ. ► *n* 《古貨幣などの》極印. ► *vt* 〈貨幣など〉に刻印する; 〈図などを〉打ち込む, 刻する.

in·cy-win·cy /ínsiwínsi/ *a* *«俗» ちっちゃな, ちょっぴりの (tiny).

Ind /índ/ *n* «古・詩» INDIA; «廃» INDIES.

ind- /índ/, **in·di-** /índə/, **in·do-** /índou, -də/ *comb form*「インジゴ(のような)」「藍色」[L; ⇨ INDIGO]

Ind- /índ/, **In·do-** /índou, -də/ *comb form*「インド(人)の (Indian)」「インド-ヨーロッパ語族の (Indo-European)」[Gk (*Indos* India)]

ind. independent ♦ index ♦ indicated ♦ indicative ♦ indirect ♦ industrial ♦ industry. **Ind.** Independent ♦ India ♦ Indian ♦ Indiana ♦ Indies. **IND** India ♦ investigational new drug 治験新薬《臨床試験を認可された新薬》.

in·da·ba /ɪndɑ́:bə/ «南ア» *n* 《部族代表(と)の》会議, 協議, 会談; «口» 関心事, 難題. [Zulu=business]

in·da·gate /índəgèɪt/ *vt* 探究する. ◆ **-gà·tor** *n* **ìn·da·gá·tion** *n* [L=to track down]

in·da·mine /índəmì:n, -mən/ *n* 〖化〗インダミン《塩基性化合物で青色染料原料; またその誘導体》. [*ind-*, *amine*]

IndE Industrial Engineer.

in·debt·ed /ɪndétəd/ *a* 恩義[恩恵]をうけて, おかげをこうむって〈*to*〉; 負債[借金]がある〈*to*〉: I am ～ *to* you *for* the situation I hold now. 今の地位が得られたのはあなたのおかげです. ◆ **～·ness** *n* 恩義, 負い目; 負債, 債務; 負債額. [OF *endetté*; ⇨ DEBT]

in·décency *n* 不体裁, 無作法; 卑猥, 猥褻; 猥褻な[みだらな, 下品な]行為[ことば].

in·décent *a* 無作法な, 見苦しい, みっともない, 破廉恥な; 猥褻な, 尾籠(びろう)な; 不当な, 不適切な. ◆ **～·ly** *adv* 無作法に; みだらに, 下品に. [F or L=unseemly]

indécent assáult 〖法〗強制猥褻罪.

indécent expósure 〖法〗公然猥褻(罪).

ìn·decíduous *a* 〖植〗落葉しない, 常緑の (evergreen).

ìn·de·cípher·able /-dɪ-/ *a* 判読[解読]できない. ◆ **-ably** *adv* **ìn·de·cìpher·abílity** *n*

ìn·decísion *n* 決しかねること, 優柔不断, ためらい.

ìn·decísive *a* 決定的でない, 〈選挙などが〉決着のつかない; 優柔不断な, 煮えきらない, 不明確な. ◆ **～·ly** *adv* **～·ness** *n*

ìn·declínable *a* 〖文法〗語尾[語形]変化をしない, 不変化の. ► *n* 不変化詞《格変化をしない語》. [F<L]

ìn·decomposable *a* 分解できない, 分析できない.

ìn·décorous *a* 無作法な, はしたない, 見苦しい. ◆ **～·ly** *adv* **～·ness** *n* [L=unseemly]

ìn·decórum *n* 無作法, 無礼, 品のないこと; 無作法な[はしたない]行為. [L]

in·deed /ɪndí:d/ *adv* **1 a** 本当に, 全く, 実に, 真に: Very cold ～. 全くひどい寒さだ / Yes [No], ～! そうですとも[いやとんでもない]. **b** 《外見・想像に対して》実際に, 実は, 現実に: He is ～ a hero, though nobody would recognize him as such. だれもそう認めようとはしないが, 実は彼は英雄なのだ / if ～ such a thing happens もし現実にそんなことになったら. **2** [前文を強調・敷衍して] いや実のところ, それどころか, さらに, むしろ: I am hungry; ～, I am almost starving. 腹がすいたどころか, もう餓死しそうだ / He is a cautious man, ～ a timid one. 彼は慎重な男だ, いや, はっきり言うと臆病者だ. **3** [譲歩的に] なるほど, 確かに, いかにも: ～…, but なるほど…がしかし / There are ～ exceptions. 確かに例外もあるのだが. **4** [相手の質問を繰り返して]: What is that noise?—What is that, ～! あの物音は何ですか?—[同感して] 何でしょうね, 本当に!; [*iron*] あれは何ですって《わかっているでしょうに》. ► *int* /, ᴵᴵ⌐⌐/ [関心・懐疑・憤慨・皮肉・疑問などを示して]: *I~!* まあ, へーえ, [*iron*] まさか! / *I~?* おや本当に? [IN[1], DEED; 16 世紀ごろまでは 2 語に書かれた]

in·déedy *adv* «口» INDEED.

indef. indefinite.

in·de·fat·i·ga·ble /ìndɪfǽtɪgəb(ə)l/ *a* 疲れない, 飽きない, 根気のよい, 倦むことを知らない. ♦ **-bly** *adv* 疲れずに, 根気よく. **~·ness** *n* **in·de·fàt·i·ga·bíl·i·ty** *n* [F or L (DE*fatigo* to weary out); ⇨ FATIGUE]

ìn·defeásible *a* 無効にできない, 解除条件が付されていない〈権利〉; 取消し権が留保されていない. ♦ **-bly** *adv* **~·ness** *n* **in·defeasibílity** *n*

in·de·fec·ti·ble /ìndɪféktəb(ə)l/ *a* いつまでも損ずる[朽ちる, 衰える]ことのない; 欠点のない, 完璧な. ♦ **-bly** *adv* **ìn·de·fèc·ti·bíl·i·ty** *n*

ìn·defénsible *a* 護りがたい, 防御できない; 弁護[弁明]の余地のない, 擁護できない. ♦ **-bly** *adv* **ìn·defensibílity** *n*

ìn·definable *a* 定義できない, 名状しがたい, 漠然とした, はっきりしない, おぼろげな, いわく言いがたい. ► *n* 定義できないもの, 漠然としたもの. ♦ **-ably** *adv* なんとなく, どことなく. **~·ness** *n* **ìn·defin·ability** *n*

in·défínite *a* はっきりしない, 明確でない; 〈数量・大きさなどが〉限界がない, 不確定の; 〖植〗〈おしべなどが〉きわめて数が多い, 不定の; 〖植〗〈花序が〉無限の; 〖文法〗不定の. ► *n* indefinite なもの. ♦ **~·ly** *adv* 無期限に, いつまでも; 漠然と, あいまいに: put off *~ly* 無期延期する. **~·ness** *n* [L]

indéfinite árticle 〖文法〗不定冠詞 《a, an》.

indéfinite íntegral 〖数〗不定積分.

indéfinite prónoun 〖文法〗不定代名詞 《some, any, somebody など》.

indéfinite ténse 〖文法〗不定時制 《完了・継続を示さないもの》.

ìn·dehíscent *a* 〖植〗〈果皮が〉裂開しない: ~ fruits 閉果. ♦ **ìn·dehíscence** *n* 《果皮の》非裂開(性).

ìn·delíberate *a* 慎重でない; 故意でない.

in·del·i·ble /ɪndéləb(ə)l/ *a* 消す[ぬぐう]ことのできない〈しみ・インクなど〉, 書いたら消えない〈鉛筆など〉; いつまでも残る; 忘れられない〈恥辱など〉. ♦ **-bly** *adv* 消えないように, 永久に. **in·dèl·i·bíl·i·ty** *n* [F or L (*deleo* to efface, DELETE)]

in·délicacy *n* 下品, 野卑, 無作法; 猥褻; 下品な言行.

in·délicate *a* 下品な, 野卑な, 無作法な; 猥褻な, 尾籠(びろう)な; 思いやりのない, 無神経な; 手際の悪い. ♦ **~·ly** *adv* **~·ness** *n*

in·dem·ni·fi·ca·tion /ɪndèmnəfəkéɪʃ(ə)n/ *n* 保証, 保障; 免責; 賠償, 補償; 賠償[補償]金[物資].

in·dem·ni·fy /ɪndémnəfàɪ/ *vt* **1** 《将来の損害・損失・傷害などから》(法律的に)保護する, 保障する, 補償を約束する; 〈人〉の法的責任[刑罰]を免除する, 免責する: ~ sb *from* [*against*] harm 人を危害から守る / ~ sb *for* actions 人の行為を罰しない保証をする. **2** 《生じた損害に対して》〈人〉に償う, 賠償[補償]する: ~ sb *for* a loss 人に損失の補償をする. ♦ **-fi·er** *n* [L *indemnis* free from loss (*damnum* loss)]

in·dem·ni·tee /ɪndèmnətíː/ *n* 被保障者; 被賠償者.

in·dem·ni·tor /ɪndémnətər/ *n* 保障者; 賠償者.

in·dem·ni·ty /ɪndémnəti/ *n* 《将来の損害・損失に対する》(法的)保護, 保障; 《法的責任・刑罰からの》免責 (cf. ACT OF INDEMNITY); 賠償, 補償, 損失補償 〈*for*〉; 賠償[補償]金, 弁償金, 補償支払い; 補償契約; [ᵘ*attrib*] 《健康保険の》個別診療報酬[支払保証方式] (FEE-FOR-SERVICE) (: an ~ plan).

ìn·demónstrable /, -démən-/ *a* 証明できない, 証明不可能な. ♦ **ìn·demonstrabílity** *n* 証明不可能. **-bly** *adv*

in·dene /índìːn/ *n* 〖化〗インデン 《無色液状の炭化水素》. [*indole*, *-ene*]

in·dent /ɪndént/ *vt* **1 a** …にぎざぎざをつける, のこぎり状[ジグザグ]にする; …にほぞあなをつくる; ほぞあな[蟻ほぞ]で接合する. **b** 湾入させる, くぼませる; 〈印などを〉打ち込む, 押す; 〖印〗〈新パラグラフ・一定字数を〉引っ込めて組む, 字下げする, インデントする: an *~ed* coastline 出入りのある[リアス式の]海岸線 / ~ the first line of a paragraph. **2** 〖史〗〈一枚の紙に同一文面で複数作成した契約書などを〉ぎざぎざ[波形, 歯形]に切り離す 《別々の紙に作り重ねて端を切ることもある; ⇨ INDENTURE》; 〈契約書などを〉二通に作成する; 歯形捺印証書で契約する, ᵘ二枚続き注文書で注文する 《一枚は手元に保存する》, 〈物資を〉徴発する; 年季奉公契約書で〈奉公人を〉縛る: an *~ed* deed 歯形捺印証書. ► *vi* **1** ぎざぎざ[へこみ]をつける; ᵘ注文書[徴発書]を発する 〈*upon* sb *for* goods〉; 注文する. **2** 《廃》正式に同意する. ► *n* /, ˊ-ˋ/ **1** ぎざぎざ, へこみ, くぼみ; 窪地; 〖印〗引っ込め, 字下がり, インデント. **2** 歯形捺印証書, 二枚続き契約書; ᵘ申し込み, 請求, 〖商〗注文書, 買付け委託, 受託買付け品, 海外からの注文(状), 徴発(書); 〖米史〗歯形公債証書. ♦ **in·dént·er** *n* [AF<L (*dent- dens* tooth)]

in·den·ta·tion /ìndèntéɪʃ(ə)n/ *n* ぎざぎざをつけること; ぎざぎざ, へこみ, くぼみ, 圧痕, 欠刻 (notch); 《海岸線などの》湾入; 〖印〗INDENTION.

indént·ed *a* ぎざぎざのある, ジグザグ形の.

in·den·tion /ɪndénʃ(ə)n/ *n* 〖印〗新パラグラフを引っ込めること, 引っ込め(スペース); 《古》INDENTATION.

in·den·ture /ɪndéntʃər/ *n* **1 a** 《二通作成して正式印 (seal) をおした》捺印証書, 契約書, 証書, 証文. **b** [ᵘ*pl*] 年季奉公契約証文: take up [be out of] one's *~s* 年季奉公を終える. **c** 正式な目録[証書]. **d** 〖史〗《歯形に切り同一性が証明できるようにした》歯形捺印[歯形切目]証書, インデンチュア. **2** 刻み目[ぎざぎざ]をつけること, 刻み目. ► *vt* 歯形捺印証書で契約する; 年季奉公に入れる; 《古》…にぎざぎざを入れる. ♦ **~d** *a* 年季奉公(契約)の. **~·shìp** *n* [AF; ⇨ INDENT]

in·dén·tured sérvant 〖米史〗年季契約奉公人 《特に 17–18 世紀に渡米した労働者で, 通常渡航費・生活費の代わりに 3–7 年の労働契約を結んだ者》.

in·dé·pen·dan·tiste /*F* ɛ̃depɑ̃dɑ̃tist/ *n* 〖カナダ〗Quebec 州独立主義者[論者] (cf. PÉQUISTE).

in·de·pend·ence /ìndəpéndəns/ *n* 独立, 自立 〈*of*, *from*〉, 独立心; 《古》独立して暮らせるだけの収入 (competence). [*independent*, *-ence*]

Independence インディペンデンス 《Missouri 州西部, Kansas City の東にある市; Truman 大統領の生地》.

Indepéndence Dày 〖米〗独立記念日 《7 月 4 日; 1776 年のこの日, 独立宣言が採択された; 連邦の法定祝日》.

Indepéndence Háll 〖米〗独立記念館 《Philadelphia 市に残る Pennsylvania 植民地議会議事堂; 1776 年 7 月 4 日独立宣言が採択され, 87 年には合衆国憲法が審議された場所》.

ìn·de·pénd·en·cy *n* INDEPENDENCE; [I-] 〖キ教〗独立派; 独立国.

ìn·de·pénd·ent *a* **1 a** 独立[自立]した, 一本立ちの, 自由の, 独立の (opp. *dependent*): live ~ 自活する. **b** ᵘ民営の, 私立の. **c** 独立心の強い, 自主的な; 気ままな. **2** 《恒産・不労所得などがあって》稼がなくてもやっていける; 働かずに暮らせるだけの〈財産・収入〉. **3** 無党派の, 無所属の. **4** [I-] 〖キ教〗独立派の. **5** 〖数・統〗独立の; 〖論〗独立の, 無関係の. ● **~ of**… [形容詞句のほかに, 副詞句も導く] …から独立して[した], …と無関係で: I am ~ *of* my parents. 両親から独立している / *I~ of* monetary considerations, it is a promising position. 金のことは抜きにしても, 将来性のある地位だ. ► *n* **1** 独立した人[もの]; [ᵒI-] 無党派の人, 無所属候補者[議員]; [I-] 〖キ教〗独立派の人 《16 世紀末のイングランドに出現した会衆組織の自律性を主張した一派; ここから会衆派・バプテスト派などが生じ, Cromwell の護国卿政治期には大きな政治勢力をなした》. **2** [the I-] 『インディペンデント』《英国の日刊高級紙; 1986 年創刊》. [*in-*¹]

independent assórtment 〖遺〗自由組合わせ.

Indepéndent Bróadcasting Authòrity [the] 〖英〗独立放送公社 《1972 年独立テレビ公社 (Independent Television Authority) から発展的に形成された公共法人; 民間商業放送の運営・監督管理などを行なった; 略 IBA; cf. RADIO AUTHORITY》.

indepéndent cláuse 〖文法〗独立節, 主節.

indepéndent·ist *n*, *a* 独立主義[論](者)(の).

in·de·pen·den·tis·ta /ìndɛpɛ̀ndɛntíːstɑː/ *n* プエルトリコ独立主義[論]者. [Sp *-ista*「…する人, …主義者」]

indepéndent·ly *adv* 独立して, 自主的に; 〈…とは〉無関係に 〈*of*〉.

indepéndent méans *pl* PRIVATE MEANS.

Indepéndent on Súnday [the] 『インディペンデント・オン・サンデー』《英国の日曜高級紙; 1990 年創刊》.

indepéndent schóol 〖英〗独立学校, インディペンデントスクール 《公費補助を受けない私立学校》.

Indepéndent Télevision 〖英〗独立テレビ 《Independent Television Authority によって認可を受けて設立された民間テレビチャンネル; 別名 Channel 3; 略 ITV》.

Indepéndent Télevision Commission [the] 〖英〗独立テレビ委員会 《1991 年から Independent Broadcasting Authority に代わって民間テレビ放送の認可・監督を行なった機関; 略 ITC; 2003 年 Ofcom に移行》.

Indepéndent Télevision Néws 〖英〗独立テレビニュース 《Channel 4 や Channel 3 (Independent Television の別名), 携帯電話会社など に 24 時間ニュースを提供する会社; 略 ITN》.

indepéndent trável 《旅行会社にたよらない》個人旅行.

indepéndent váriable 〖数〗独立変数.

ín-depth *a* 徹底的な, 詳細な, 突っ込んだ〈研究・議論など〉.

ìn·describable *a* 言い表わすことができない, 名状しがたい, 漠然とした; 言いようのないほどの, 言語に絶する. ► *n* indescribable なもの. ♦ **-ably** *adv* **~·ness** *n* **in·describabílity** *n*

ìn·destrúctible *a* 破壊できない, 不滅な; こわれない, 丈夫な. ♦ **-bly** *adv* **~·ness** *n* **ìn·destructibílity** *n*

ìn·detérminable *a* 確定できない, 解決のつかない; 確かめられない. ♦ **-ably** *adv* **~·ness** *n* [L (DETERMINE)]

in·de·ter·mi·na·cy /ìndɪtə́ːrm(ə)nəsi/ *n* INDETERMINATION.

indetérminacy prìnciple UNCERTAINTY PRINCIPLE.

ìn·detérminate *a* 不確定の, 不定の; 未確定の, 未決定の; 形のきまらない〈伸ばしかけの髭・彫像〉; 漠然とした, あいまいな; 〖数〗〈数・形・方程式などが〉不定の; 〖医〗〈病気が〉不定型の; 〖植〗RACEMOSE; 〖工〗余り材をもった, 不静定の〈トラス〉: an ~ vowel 〖音〗あいまい母音 (/ə/). ♦ **~·ly** *adv* **~·ness** *n* [L]

indetérminate cléavage 〖動〗非決定的卵割.

indetérminate séntence〘法〙不定期刑(の言い渡し).

in·determinátion *n* 不定, 不確定, あいまいさ; 不決断, 優柔不断.

ìn·detérminism *n*〘哲〙非決定論, 自由意志論;《一般に》不確定,《特に》予測[予見]不能(性). ♦ **-ist** *n* **in·determinístic** *a*

ìn·devóut *a* 不信心の, 敬虔でない.

in·dex /índèks/ *n* (*pl* **~·es, in·di·ces** /índəsìːz/) **1 a** (*pl* **~·es**) 索引; カード索引 (card index);《辞書などの》つめかけ, サムインデックス (thumb index). **b** 蔵書目録; 禁止[制約]物リスト; インデックス《株式公開企業と株価の一覧》; [the I-]〘カト〙INDEX LIBRORUM PROHIBITORUM; INDEX EXPURGATORIUS;《廃》目次, 序文. **2 a** 指示するもの; 目盛り,《時計などの》指針; 人差し指 (index finger);〘印〙指標, 手, インデックス (fist) (☞, ☞). **b** 表示するもの, しるし, 兆し; 指針, 指標: Style is an ~ of the mind. 文は心の鏡である. **c** (*pl* **-dices**)〘数〙指数,《対数の》指標, 率, 添え字《X^a, Y_a などの a》;〘理〙《屈折率などの》指数;〘経·統〙INDEX NUMBER;《物の縦·横などの》寸法比: refractive ~ 屈折率. **3**《俗》顔 (face). ► *vt, vi* **1 a**《〈本など〉に》索引を付ける,〈語などを〉索引に載せる. **b** 指し示す, …の示す指標となる. **c**〘工〙所定位置に動かす,《index head などで》割出しする. **2**〈年金などを〉物価(指数)にスライドさせる (index-link[‖]) 〈*to* inflation〉. ♦ **~·able, ~·ible** *a* [L *indic- index* pointer, forefinger, sign; ⇨ INDICATE]

ìndex·átion *n*〘経〙指数化方式, インデクセーション (=*indexing*)《物価指数などの利用による賃金·利率·年金などの物価スライド方式》.

índex càrd 索引[インデックス]カード.

índex càse〘医〙指針症例《**1**) ある家族·集団における他の症例の発見につながる発端者の症例 **2**) 接触伝染病の第一症例》.

índex crìme*《FBI の年次報告に統計が発表される》重大犯罪.

ín·dèxed *a*〘経〙物価スライド方式の (index-linked[‖]).

índex·er *n* 索引作成者.

índex èrror〘測〙《計器目盛りの》指示誤差.

Índex Ex·pur·ga·tó·ri·us /-ıkspə̀ːrgətɔ́ːriəs/ (*pl* **Índices Ex·pur·ga·tó·ri·i** /-riìː/)〘カト〙(削除箇所指定)禁書目録, 要検閲図書表《現在 宗教法上の効力はない》. [L=expurgatory index]

índex fìnger 人差し指 (forefinger).

índex fòssil〘地質〙標準[示準]化石《分布が広く, 含有岩石地質年代決定に役立つ化石》.

índex fùnd*〘証券〙インデックスファンド《一定期間の市場の平均株価に見合う運用成果を生み出せるように組入れ銘柄と比率を選定したミューチュアルファンド》.

índex fùtures *pl*〘証券〙株価指数先物(取引)《株価指数を価格に置き換え, 一種の金融商品として差金決済により売買する先物取引》.

índex hèad〘機〙割出し台《index plate を操作して分割角度を決める装置》.

in·dex·i·cal /ındéksık(ə)l/ *a* INDEX の; 指標的な《**1**) 話者ごとに指示するものが異なる; cf. DEICTIC **2**) 個々の話者に関する[話者がだれか明らかにする]》. ► *n* 指標的な語[サイン, 特徴].

índex·ing *n* INDEXATION.

índexing hèad〘機〙INDEX HEAD.

Índex Li·bró·rum Pro·hib·i·tó·rum /-laıbrɔ́ːrəm prouhìbətɔ́ːrəm/ (*pl* **Índices Librórum Prohibitórum**)〘カト〙禁書目録《the Index と略す》. [L=index of prohibited books]

índex-lìnked[‖] *a* 物価指数に連動した, 物価スライド型の.

índex-lìnk·ing *n* INDEXATION.

índex nùmber〘数·経·統〙指数.

índex of refráction〘光〙屈折率 (=*refractive index*).

índex pàge〘電算〙索引ページ.

índex plàte〘機〙割出し板《円の周囲に目盛り穴を並べた板; index head の部品》.

indi- /índə/ ⇨ IND-.

In·dia /índiə/ **1 a** インド (*Hindi* Bharat)《インド亜大陸の大半を占める共和国; ☆New Delhi; 1947 年まで英国植民地, 独立後は英連邦の一国; 略 Ind.》. **b** インド半島, インド亜大陸. **2** インディア《文字 i を表わす通信用語; ⇨ COMMUNICATIONS CODE WORD》. [OE < L < Gk (*Indos* river Indus)]

Índia ínk*[°i- i-] 墨《固形》;《すった》墨, 墨汁 (=*China ink, Chinese ink*).

Índia·man /-mən/ *n*〘史〙《東インド会社の》インド貿易船.

In·di·an /índiən/ *a* **1** インドの, インド製の; インド人[語]の; 東インド諸島の. **2**(アメリカ)インディアンの; インディアン語の. ► *n* **1** インド人;〘史〙インド在住のヨーロッパ人《特に 英国人 (=*Anglo-Indian*)》; インド語; 東インド諸島の住民 (East Indian). **2**(アメリカ)インディアン (American Indian)《今日では Native American が好まれる》; インディアン語: The only good ~ is a dead ~. 良いインディアンは死んだインディアンだけだ, インディアンほど始末に悪いものはない《Sheridan 将軍のことばと伝えられる》. **3**[‖]《口》インド料理(店). **4** [the]〘天〙インディアン座 (Indus). **5** [~s, 〈*int*〉] 驚いたり興奮したりしたときの発声: HONEST INDIAN.

In·di·ana /ìndiǽnə/ インディアナ《米国中東部の州; ☆Indianapolis; 略 Ind., IN》.

Índian àgent〘米·カナダ〙(アメリカ)インディアン管理官.

Indiána Jónes インディ·ジョーンズ《George Lucas 制作, Steven Spielberg 監督の冒険活劇映画 *Raiders of the Lost Ark* (レイダース/失われたアーク, 1981) その他に主役として登場する考古学者; Harrison Ford が演じた》.

In·di·an·an /ìndiǽnən/, **-an·i·an** /-ǽniən/ *a* インディアナ (Indiana) 州(人)の. ► *n* インディアナ州人.

In·di·a·nap·o·lis /ìndiənǽp(ə)ləs/ インディアナポリス《Indiana 州中部の市, 州都》.

Indianapolis 500 /-⸗ faıvhʌ́ndrəd/ [the] インディアナポリス 500《毎年 5 月の Memorial Day または その直前の土曜日または日曜日に Indianapolis Motor Speedway で行なわれるレーシングカーの 500 マイルレース; 第 1 回が 1911 年に行なわれた世界一古い伝統をもつスピードレースで, 賞金額·観客数も世界一; 通称 Indy 500》.

Indianápolis Mòtor Spéedway [the] インディアナポリス·モーター·スピードウェイ《Indianapolis 市の近くにある自動車レースコース; Indianapolis 500 が行なわれる所》.

Índian béan〘植〙アメリカキササゲ《北米東部原産の落葉高木》; アメリカキササゲのさや.

Índian bíson〘動〙インドヤギュウ (gaur).

Índian bréad ブクリョウ (tuckahoe); CORN BREAD.

Índian chólera インドコレラ《真性コレラ》.

Índian clùb〘体操〙インディアンクラブ《瓶状で金属性 または 木製の棍棒; 通例 2 本一対で腕の筋力強化用》.

Índian cóbra〘動〙インドコブラ (=*spectacled cobra*).

Índian córn トウモロコシ (corn).

Índian créss〘植〙キンレンカ, ノウゼンハレン《南米原産》.

Índian Désert [the] インド砂漠《THAR DESERT の別称》.

Índian élephant〘動〙インドゾウ.

Índian Émpire [the] インド帝国《英国が植民地インドを支配した期間 (1858–1947) のインド; 1947 年インドとパキスタンに分かれて独立》.

Índian fíg〘植〙オオガタホウケン(大形宝剣)《熱帯アメリカ原産のウチワサボテン; イチジクに似た果実をとるために広く栽培される》.

Índian fíle《歩行者などの》一列縦隊 (single file). ● **in Indian** FILE².

Índian gìft*《口》取り戻すつもりで[返礼目当てで]与える贈り物.

Índian gìver*《口》一度与えたものを取り戻す人, 返礼目当てでものを与える人. ♦ **Índian gìving** *n*

Índian gráss〘植〙インディアングラス《北米中東部産のイネ科の多年草; 穂が長い; 干し草にする》.

Índian Guíde インディアンガイズ《米国 YMCA が統轄する, アメリカインディアンの伝承に基づいた活動計画をもつ, 父と息子のための組織のメンバー》.

Índian háy*《俗》マリファナ (Indian hemp).

Índian hémp 1〘植〙大麻 (hemp); 大麻からつくる麻薬[麻酔薬], マリファナ. **2**〘植〙北米産のキョウチクトウ科バシクルモン属の多年草《インディアンは繊維を麻の代用にする》.

Indianian ⇨ INDIANAN.

Índian ínk[‖] INDIA INK.

Índian·ism *n* インディアンの特質[文化]; インディアンの利益[文化]の拡大をはかる政策, インディアン保護政策. ♦ **-ist** *n*

Índian·ize *vt* 〈性格·習慣·外見などを〉インド人[インディアン]化する;〈地域を〉インド化する《インドの影響下·支配下に置く》. ♦ **Ìn·di·an·izátion** *n* インド人化(政策).

Índian jacána〘鳥〙PHEASANT-TAILED JACANA.

Índian lícorice〘植〙トウアズキ (=*jequirity* (*bean*), *rosary pea*)《熱帯産マメ科のつる性植物; 鮮紅色の種子 (jequirity beans) はロザリオやネックレスにし, 根は甘草(かんぞう)の代用にする》.

Índian lìst《カナダ口》酒類を売ってはならない客の名簿.

Índian lótus〘植〙ハス (=*sacred lotus*).

Índian mahógany インドマホガニー (toon).

Índian Máiden インディアン·メイデン《米国 YWCA が統轄する, INDIAN GUIDE と同様の母と娘のための活動組織のメンバー》.

Índian mállow〘植〙イチビ, キリアサ (=*stamp weed*).

Índian méal トウモロコシのひき割り (cornmeal).

Índian míllet〘植〙**a** アズキモロコシ (durra). **b** トウジンビエ (pearl millet).

Índian múlberry〘植〙ヤエヤマアオキ《アカネ科; (タヒチアン)ノニ (noni) として健康食品にされる》.

Índian mústard〘植〙カラシナ (=*leaf mustard*).

Índian Mútiny [the] インド大反乱 (=*Sepoy Mutiny* [*Rebellion*])《1857–59 年, インド北部を中心に起きたインド人傭兵の反乱》.

Índian Nátional Cóngress [the] インド国民会議派《1885 年結成; インド独立運動の中心となり, 独立後は連邦·州の与党の座を占めた》.

Índian·ness *n* インド的特質; アメリカインディアンたること.

Índian óak チーク (teak).

Índian Ócean [the] インド洋.

Índian óil*《俗》インド大麻から抽出したアルコール.

Índian páintbrush〘植〙**a** カステラソウ (=*painted cup*)《北米原産ゴマノハグサ科 *Castilleja* 属の半寄生植物; その一種は Wyoming 州の州花). **b** コウリンタンポポ (orange hawkweed)《欧州原産》.

Índian pángolin 〔動〕インドセンザンコウ.

Índian pípe 〔植〕ギンリョウソウモドキ (＝*corpse plant [light]*, *waxflower*)《北米・アジア産》.

Índian pítcher 〔植〕ムラサキヘイシソウ《食虫植物》.

Índian púdding* インディアンプディング《コーンミール・牛乳・糖蜜などを混ぜて焼いたプディング》.

Índian réd 酸化鉄粘土《ペルシア湾産》; インド赤《代赭(たいしゃ)色のアメリカインディアンの顔料》.

Índian ríce 〔植〕マコモ (wild rice).

Índian róbin 〔鳥〕インドヒタキ《インド産》.

Índian rópe trick ヒンドゥーロープ《縄が空中に立ちのぼってゆき, 男がそれを登っていったというインドの奇術》.

Índian Rúnner インディアンランナー《インド原産のアヒルの卵用種》.

Índian shót 〔植〕カンナ (canna).

Índian sígn* [the] 敵の力を奪うまじない, 呪い; [the] ジンクス, 《特に相手に不運をもたらす》不思議な力. ● **have [put] the ～ on**…に対して神通力をもつ[及ぼす].

Índian sílk INDIA SILK.

Índian Státes (and Ágencies) *pl* [the] NATIVE STATES.

Índian súmmer*《晩秋・初冬の》小春びより, 残暑, インディアンサマー《現在では9月中旬から10月初めの夏の戻りを指すことが多い》(cf. ST. LUKE'S [MARTIN'S] SUMMER); 晩年の穏やかな時期, キャリア末期の幸福な時期.

Índian swéater «カナダ» COWICHAN SWEATER.

Índian Térritory [ˢthe]〔米史〕インディアン特別保護区《19世紀初頭にインディアンを強制居留させるために特設した準州で, 今の Oklahoma 州東部地方; 1907年に全廃》.

Índian tobácco 〔植〕**a** ロベリアソウ, セイヨウミゾカクシ《北米原産キキョウ科の一年草; 薬用》. **b** 野生のタバコの一種《California 州南部から Oregon 州南部に至る乾燥した谷間でみられる》. **c** 大麻 (hemp).

Índian túrnip 〔植〕テンナンショウ(の球茎).

Índian Wárs *pl* [the] インディアン戦争《初期植民地時代から19世紀末まで, 北米インディアンと白人植民者との間に絶え間なく続いた戦い》.

Índian wéed [the] タバコ.

Índian wréstling **1** 腕ずもう (arm wrestling). **2** インディアンレスリング《**1**) 互いに逆向きに並んであおむけに横になり, 左[右]の足を組み合わせその足を床につけて相手をひっくり返し, うつ伏せにする **2**) 互いに左[右]の手を固く握り, 左[右]の足を相手と並べて立って相手のバランスをくずそうとする》. ♦ **Índian-wrèstle** *vi*

Índia pàper インディア紙《**1**) 強くて薄い上質の印刷用紙; 辞書・聖書などに用いる; ＝Bible paper **2**) 凹版の校正刷りに用いる薄い吸収性の強い紙》;《中国の》唐紙(とうし): Oxford ～ オックスフォードインディア紙《OUP の特漉き紙》.

Índia prìnt インド産サラサ《木版による極彩色の柄のある平織り綿布》.

Índia pròof インディア紙への試し刷り.

índia rúbber [ºI-] 弾性ゴム; [ºI-] 消しゴム; [ºI-]*ゴム製オーバーシューズ. ♦ **índia-rúbber** *a*

Índia sìlk インドシルク《平織りで薄く柔らかい》.

In·dic /índɪk/ *a, n* インド半島の; インド語派(の)《印欧語族に属し, Sanskrit, Hindi, Urdu, Bengali などを含む》.

in·di·can /índəkæ̀n/ *n* 〔化〕インジカン《インジゴ (indigo) の葉中の配糖体; 藍の母体》;〔生化〕尿インジカン《尿の一成分》.

in·di·cant /índɪkənt/ *a, n* 指示[表示]する(もの).

in·di·cate /índəkèɪt/ *vt* 指す, 示す, 指示する, 指摘する;《身振りで》(暗に)示す, 知らせる; 簡単に述べる; …のしるし[兆し]である, …の存在を示す[表わす]; 〈対策などを〉必要とする, …が望ましい;〔医〕〈ある療法〉の必要を示す, 指示する 〈*that, whether*〉: ～ one's agreement *to* sb 人に同意の気持を伝える / Fever ～*s* sickness. 熱のあるのは病気のしるしだ / An operation is ～*d*. 手術が必要である. ► *vi* ˈ《右[左]折の》指示を出す. [L (*dico* to make known); ⇨ INDEX]

ín·di·cà·ted *a* INDICATOR に指示[表示]された; [*pred*] ˈ«俗» 望ましい (desirable).

indicated hórsepower 図示[指示]馬力《略 ihp, IHP》.

ìn·di·cá·tion *n* 指示, 指摘, 表示; しるし, 兆し, 徴候;〔医〕適応(症);《計器の》示度, 表示度数. ♦ **～·al** *a*

in·dic·a·tive /ɪndíkətɪv/ *a* 示す, 表示する, 暗示する 〈*of*〉;〔文法〕直説法の, 叙実法の (cf. SUBJUNCTIVE): the ～ mood〔文法〕直説[叙実]法. ► *n*〔文法〕直説法(の動詞形). ♦ **～·ly** *adv* [F＜L; 文法用語は Gk *horistikē* (*egklisis* mood) の訳]

ín·di·cà·tor *n* 指示者; (信号)表示器,《車などの》方向指示器, 標識;〔工〕インジケーター《計器・文字盤・指針など》; 圧力指示器;〔化〕指示薬;《一般に》指標;〔生態〕指標(生物) (bioindicator);〔電子工〕標識子 (tracer); RADIOACTIVE TRACER;〔経〕経済指標《就業率・生産指数・物価指数など経済活動の状態を示す》;〔鳥〕ミツオシエ (honeyguide).

índicator bòard [pànel]《列車・飛行機の》発着表示板.

índicator càrd [diagram]〔機〕インジケーターダイヤグラム[線図]《エンジンのシリンダー内の圧力とピストン行程との関係を示す》.

in·dic·a·to·ry /ɪndíkətɔ̀ːri; -t(ə)ri/ *a* 〈…を〉示す, 表示する (indicative) 〈*of*〉.

indices *n* INDEX の複数形.

in·di·cia /ɪndíʃ(i)ə/ *n* (*pl* ～, ～**s**)〔米〕料金別納郵便物の証印《切手・消印の代用》; しるし (⇨ INDICIUM). [L]

in·di·cial /ɪndíʃ(ə)l/ *a* 指示する; 索引の.

in·di·ci·um /ɪndíʃiəm/ *n* (*pl* **-cia** /-ʃiə/, ～**s**) しるし, 徴候, 特徴; 証拠. [L; ⇨ INDEX]

in·dic·o·lite /ɪndíkəlàɪt/ *n* 〔鉱〕インディコライト (＝*indigolite*)《インジゴブルー色を呈する電気石 (tourmaline)》. [F (*indico*- INDIGO, *-lite*)]

in·dict /ɪndáɪt/ *vt*〔法〕起訴する; *《大陪審 (grand jury) が正式に》起訴する; 非難[告発]する: ～ sb *for* murder [*as* a murderer, *on* a charge of murder] 人を殺人罪で起訴する. ♦ **～·er, ～·or** *n* 起訴者. **～·ee** /ɪndàɪtíː, -dáɪti/ *n* 正式起訴で起訴された被起訴者, 被告. [AF＜OF; ⇨ INDITE]

indíct·able *a* 〈人・罪が〉《大陪審で》正式起訴されるべき, 正式起訴で訴追される: an ～ offense 正式起訴で訴追される犯罪.

in·dic·tion /ɪndíkʃ(ə)n/ *n* 《15年ごとに課税の目的で資産評価をする時の》ローマ皇帝布告(による税金);《その》十五年期 (＝cycle of ～). ♦ **～·al** *a*

indíct·ment *n* 起訴(手続き), 告発;《大陪審による正式の》起訴(状); «スコ» 法務長官 (Lord Advocate) による起訴;《不備・欠陥などに対する》非難[告発](の理由); …の誤り[不備]を示すもの: bring in an ～ against sb 人を(正式)起訴する / BILL OF INDICTMENT.

in·die /índi/ *n* インディー(ズ)《**1**) メジャー傘下にない独立系のレコード[映画]制作会社など; 独立プロ **2**) 独立プロが制作したレコード[映画など]》. ► *a* インディーズ系の, 独立プロの. [*independent*, *-ie*]

in·dienne /ìndién; *F* ɛ̃djɛn/ *a*〔料理〕インド風の, カレー入りの: rice ～. ► *n* キャラコのプリント地.

In·dies /índiz/ *pl* [the] インド諸国《インド・インドシナ・東インド諸島の総称的旧名; ⇨ EAST [WEST] INDIES》. [(pl)＜*Indy* (obs) India]

in·dif·fer·ence /ɪndíf(ə)rəns/ *n* 無関心, 冷淡, 無頓着 〈*to, toward, as to, about*〉; 不偏, 中立; 重要でないこと; 平凡, 凡庸; «古» 区別がつかないこと: show ～ *to*…に知らぬ顔をする / with ～ 無頓着に, 冷淡に / a matter *of* ～ どうでもよい事.

indífference cùrve〔経〕無差別曲線.

in·dif·fer·en·cy *n* «古» INDIFFERENCE.

in·dif·fer·ent *a* **1** 〈人が〉無関心な, 冷淡な, 無頓着な, こだわらない 〈*to*〉; 偏頗(へんぱ)のない, 公平な, 中立の 〈*to, between*〉;〔理〕《化学[電気, 磁気]的性質が》中性の (neutral), 無作用の, 不関…;〔生〕未分化の〈細胞・組織〉: She was ～ *to* him. 彼に無関心だった / He is ～ *between* A and B. 彼は A にも B にも偏り[選好]がない / ～ electrode [zone] 不関電極[帯]. **2** 極端でない, 普通の; 〈物事が〉重要でない, 無関係な, どうでもよい; 可もなく不可もない, 平凡な;《道徳的に》良くも悪くもない; まあまあの, (かなり)まずい: Dangers are ～ *to* us. 危険などは眼中にない / an ～ specimen 平凡な標本 / an ～ performance たいしてよくもない演技 / a very ～ player 全くまずい選手. ► *n*《宗教または政治に》無関心な人. ♦ **～·ly** *adv* [OF or L＝making no distinction (*in*-¹)]

indífferent·ìsm *n* 無頓着[無関心]主義;〔宗〕《あらゆる宗教は平等とする》信仰無差別論. ♦ **-ist** *n*

in·di·gen /índɪʤən/ *n* INDIGENE.

in·di·gence /índɪʤəns/**, -gen·cy** *n* 貧困, 貧窮, 窮乏.

in·di·gene /índəʤìːn/ *n* 土着の人, 先住民;〔生〕自生種. [F＜L＝native (*indi*-＝*in*-², *gen*- to beget)]

in·dig·e·nize /ɪndíʤənàɪz/ *vt* 土着化させる. ♦ **in·dìg·e·ni·zá·tion** *n*

in·dig·e·nous /ɪndíʤənəs/ *a* 土着の, 原産の, 自生の, 土地固有の 〈*to*〉;《一定の領域[環境]内で》固有の;〔鉱〕現地成の; 先住民の(ための); 生来の 〈*to*〉. ♦ **～·ly** *adv* 土着して. **～·ness** *n* [L (INDIGENE)]

in·di·gent /índɪʤənt/ *a* 貧乏な, 窮乏した; «古» 欠陥のある, …が欠けている 〈*of*〉. ► *n* indigent な人. ♦ **～·ly** *adv* [OF＜L (*indi*-＝*in*-², *egeo* to need)]

ìn·di·gést·ed *a* 不消化の; 〈計画など〉ずさんな, 未整理の, まとまりのない.

ìn·di·gést·ible *a* 消化できない[しにくい]; (難解すぎて)理解できない; 受け入れにくい〈学説など〉; 我慢できない. ► *n* indigestible なもの. ♦ **-ibly** *adv* **ìn·digèst·ibílity** *n*

ìn·di·gés·tion *n* 不消化; 消化不良 (dyspepsia), 胃弱;《不消化による》胃痛; [*fig*] 消化不良.

ìn·di·gés·tive *a* 消化不良の.

In·di·gir·ka /ìndəgíərkə/ [the] インディギルカ川《シベリア東部 Sakha 共和国北東部を北に流れて東シベリア海に注ぐ》.

in·dign /ɪndáɪn/ *a* «古» 価値のない; «廃» 品格を傷つける, 恥ずべき, 不面目な; «詩» 〈罰など〉不当の. [OF＜L]

in·díg·nant /ɪndígnənt/ *a* 憤慨した, おこった 〈*at* [*over, about*] sth, *with* sb〉. ♦ **~·ly** *adv* 憤然として. [L *indignor* to regard as unworthy (*dignus* worthy); cf. ↑]
in·dig·ná·tion /ɪ̀ndɪgnéɪʃ(ə)n/ *n* 憤り, 義憤, 憤慨 〈*at* sth, *against* [*with*] sb〉.
indignátion mèeting 公憤示威大会, 抗議集会.
in·díg·ni·ty /ɪndígnəti/ *n* 尊厳を傷つける行為, 侮辱, 無礼; 屈辱, 冷遇; 〘法〙《離婚原因となる》人格を傷つける虐待; 《廃》不名誉, 恥ずべき行為; 《廃》憤り.
ín·di·go /índɪgòʊ/ *n* (*pl* **~s, ~es**) 〘化〙インジゴ《特にマメ科コマツナギ属の植物から採る藍色染料》; 〘化〙インジゴ (=*indigotin*)《天然藍の成分の一つ》; 〘植〙INDIGO PLANT; 深い紫がかった青, 洋藍色, インディゴ(ブルー) (=*indigo blue*). ► *a* 藍色の. [Sp and Port<L <Gk *indikon* Indian (dye)]
índigo bírd INDIGO BUNTING.
índigo blúe 藍色, インディゴブルー; 〘化〙インジゴブルー.
♦ **índigo-blúe** *a*
índigo búnting [**fínch**] 〘鳥〙ルリノジコ (=*indigo bird*)《ホオジロ科の鳴鳥で, 飼鳥ともする; 北米原産》.
ín·di·goid /índəgɔ̀ɪd/ 〘化〙 *a* インジゴイド系の. ► *n* INDIGOID DYE.
índigoid dýe インジゴイド染料《indigo blue と同じ分子構造をもつ》.
in·díg·o·lite /ɪndígəlàɪt/ *n* 〘鉱〙INDICOLITE.
índigo plànt 〘植〙インジゴを採る植物, 《特に》マメ科コマツナギ属の各種草本.
índigo snáke 〘動〙インディゴヘビ (=*gopher snake*)《米国南部・中南米の大型無害のヘビ》.
in·di·gót·ic /ɪ̀ndəgátɪk/ *a* 藍色の, インジゴの.
in·díg·o·tin /ɪndígətən, ɪ̀ndɪgóʊt(ə)n/ *n* 〘化〙インジゴチン (INDIGO).
índigo whíte [ˢI- W-] インジゴホワイト《藍を還元して得た白色の結晶粉末; 空気で酸化されて藍に戻る》.
In·dio /índiòʊ/ *n* (*pl* **-di·òs**) インディオ《中南米などの旧スペイン・ポルトガル領の先住民》. [Sp or Port=Indian]
ìn·diréct *a* **1** 〈道など〉まっすぐでない, 遠回りの; 〈継承・称号などが〉直系で伝えられていない: an ~ route 回り道. **2** 間接の, 間接的な; 遠まわしの; 〘文法〙間接的な; 二次的な, 副次的な: an ~ cause 間接原因, 遠因. **3** 曲がっている, 率直でない, 不正直な: ~ dealing 不正なやり方. ♦ **~·ly** *adv* 間接的に; 遠まわしに. **~·ness** *n* [OF or L]
índirect aggréssion 《宣伝など非軍事的手段による》間接侵略.
índirect cóst [**chárge**] 間接費, 間接経費.
índirect díscourse INDIRECT NARRATION.
índirect évidence 間接証拠 (circumstantial evidence).
índirect fíre 〘砲〙間接(照準)射撃.
índirect frée kíck 〘サッカー〙間接フリーキック《直接ゴールしても得点にはならないフリーキック》.
in·di·réc·tion /ɪ̀ndərékʃ(ə)n, -daɪ-/ *n* 遠まわし(のやり方[表現]); 不正直, 欺き; 方向性の欠如, 無目的, 無定見.
índirect lábor 〘会計〙間接労働, 間接労務費《生産に直接関係しない事務・修理・維持などの間接的な労働; cf. DIRECT LABOR》.
índirect líghting 間接照明.
índirect matérial(s) còst 〘会計〙間接材料費.
índirect narrátion 〘文法〙間接話法《He said, "*I am ill.*" の直接話法 (direct narration) に対する He said *that he was ill*. など》.
índirect óbject 〘文法〙間接目的語.
índirect orátion 〘文法〙間接話法.
índirect pássive 〘文法〙間接受動態《間接目的語や前置詞の目的語を主語としている受動態: He was given the book. / He was laughed at. など》.
índirect prímary 〘米〙間接予備選挙《党大会で候補者を選挙する代表者を選出; cf. DIRECT PRIMARY》.
índirect próof 〘論〙間接証明[論証]法, 帰謬法 (reductio ad absurdum).
índirect quéstion 〘文法〙間接疑問.
índirect redúction 〘論〙間接還元法.
índirect spéech INDIRECT NARRATION.
índirect tàx 間接税 (cf. DIRECT TAX).
índirect taxátion 間接課税.
ìn·discérn·ible *a* 識別できない, 見分け[聞き分け]にくい, 見えない. ► *n* 見分け[聞き分け]にくいもの. ♦ **-ibly** *adv* 識別しにくいように. **ìn·discern·ibílity** *n*
ìn·discérptible *a* 分解[分離]できない. ♦ **ìn·discerpti·bílity** *n*
ìn·dísciplinable *a* 訓練できない, 御しがたい.
ìn·díscipline *n* 訓練[自制心]の欠如, 無規律, 無秩序.
ìn·dísciplined *a* 訓練[規律]の欠けた.
ìn·discóver·able *a* UNDISCOVERABLE.
ìn·discréet *a* 無思慮な, 無分別な, 軽率な, あけすけな〈言動など〉. ♦ **~·ly** *adv* **~·ness** *n*
ìn·discréte *a* (個別に)分かれていない, 分けられない, 密着した, 連続的な, 同質的な.
ìn·discrétion *n* 無分別, 無思慮, 軽率; 無分別[軽率, 不謹慎]な言動, うっかり秘密《など》を漏らすこと: calculated ~《うっかりしたと称するが実は》故意の(機密)漏洩 / ~*s* of youth 若気のあやまち / have the ~ *to* do… 無分別[不謹慎]にも…する.
ìn·discríminate *a* 無差別の, 見境のない; 行きあたりばったりの, でたらめな; 無節操な, 慎みのない; 雑多な: an ~ reader 濫読家 / ~ *in* making friends だれかれの見境なく友人をつくる. ♦ **~·ly** *adv* **~·ness** *n*
ìn·discríminating *a* UNDISCRIMINATING. ♦ **~·ly** *adv*
ìn·discriminátion *n* 無差別; 無分別; でたらめ.
ìn·discríminative *a* UNDISCRIMINATING. ♦ **~·ly** *adv*
ìn·discúss·ible *a* 議論できない.
ìn·dispénsable *a* 欠かせない, 不可欠な 〈*to, for*〉; 避けられない〈義務など〉: Health is ~ *to* everyone. 健康はだれにも不可欠だ / No man is ~. 《諺》欠かせない人というものはないものだ. ► *n* 不可欠なもの[人]; [*pl*]《古》ズボン. ♦ **ìn·dispensabílity** *n* **-ably** *adv* 必ず, ぜひとも. **~·ness** *n*
ìn·dis·póse /ɪ̀ndɪspóʊz/ *vt* 不適当[不向き, 不能]にする 〈sb *for*, *to* do〉; …する気をなくさせる, いやにさせる 〈sb *to* do, *toward*, *from*〉; 体調不良にする: Hot weather ~*s* anyone *to* work. 暑いとだれも働くのがいやになる. [↓の逆成か]
ìn·dis·pósed /ɪ̀ndɪspóʊzd/ *a* 具合が悪い, 気分がすぐれなくて, 不調で; 気乗りがしない, いやで 〈*to* do, *for*, *toward* sth〉: ~ *with* a cold かぜで具合が悪い / be ~ *to* go 行く気がしない. ♦ **ìn·dis·pósed·ness** /-(ə)dnəs/ *n* INDISPOSITION. [L *indispositus* disordered]
ìn·disposítion *n* 気分がすぐれないこと, 体調不良《頭痛・かぜなど》; 気が進まないこと, いや気 〈*to, toward* sth, *to* do〉; 不適当, 不向き.
ìn·dispútable *a* 争う余地のない (unquestionable), 明白な, 確実な. ♦ **-ably** *adv* 明白に, 議論[反駁]の余地なく, 当然. **~·ness** *n* **ìn·disputabílity** *n*
ìn·dissóciable *a* 分離できない, 分かつことができない, 不可分の. ♦ **-bly** *adv*
ìn·dissóluble *a* 分解[分離, 溶解]できない, こわれない; 解消[破棄]できない, 固い, 永続的な〈契約など〉. ♦ **-bly** *adv* **~·ness** *n* **ìn·dissolubílity** *n*
ìn·distínct *a* 〈形・音など〉不明瞭な, 区別がはっきりしない, ぼんやりした, かすかな. ♦ **~·ly** *adv* **~·ness** *n*
ìn·distínctive *a* 目立たない, 特色のない; 差別のない, 区別できない. ♦ **~·ly** *adv* **~·ness** *n*
ìn·distínguish·able *a* 区別[見分け]がつかない 〈*from*〉. ♦ **-ably** *adv* 見分けのつかないほど. **~·ness** *n* **ìn·distinguish·abílity** *n*
ìn·distríbutable *a* 分配できない.
in·díte /ɪndáɪt/ *vt* 〈詩・演説文などを〉作る, 書く (compose); 文字にする; 文学的に表現する; [*joc*] 〈伝言・手紙などを〉書く, したためる; 《廃》書き取らせる. ♦ **~·ment** *n* **in·dít·er** *n* [OF<L (*dicto* to DICTATE); ⇨ INDICT]
ín·di·um /índiəm/ *n* 〘化〙インジウム《金属元素; 記号 In, 原子番号 49》. [NL (INDIGO, *-ium*)]
índium ántimonide 〘化〙アンチモン化インジウム, インジウムアンチモン《化合物半導体》.
indiv. individual.
ìn·divért·ible *a* わきへそらされない. ♦ **-ibly** *adv*
in·di·víd·u·al /ɪ̀ndəvídʒ(u)əl/ *a* **1** 個々の, 各個の; 一個人の, 個人的な; 個人用の; 独特の, 特有の, 個性を発揮した: in the ~ case 個々の場合において / give ~ attention to pupils 生徒の一人一人の面倒をみてやる / an ~ style 独特の文体. **2**《廃》分割できない. ► *n* 《集団の一員としての》個人; 個体; 《物の》一単位; 人, 人物; 〘生〙個体; 〘論〙個体: a private ~ 一私人 / a strange ~ 変な人. [ME=indivisible<L; ⇨ DIVIDE]
indivídual·ìsm *n* **1** 個人主義; 利己主義; 〘哲〙個体主義《個々のもののみが本質的であるとする》; 〘哲〙個人主義《すべての行為は個人の利益によって決定される[生ずる]とする》; LAISSEZ-FAIRE. **2** 個性 (individuality); 《個人の》特異性. ♦ **-ist** *n, a* **ìn·di·vìd·u·al·ís·tic** *a* **-ti·cal·ly** *adv*
in·di·vid·u·ál·i·ty /ɪ̀ndəvɪ̀dʒuǽləti/ *n* **1** 個性, 個体性; 個体, 個人, 単一体; [*pl*] (個人的)特性, 特質: keep one's ~ 個性を守る. **2**《古》不可分性.
indivídual·ìze *vt* **1** 個々に区別する, …に個性を発揮させる[与える]: His style of writing ~*s* his novels. 独特の文体によって彼の小説が個性的なものになっている. **2** 個別的に取り扱う[述べる, 考慮する], 個別に列挙する; 個人の特殊事情に合わせる, 個別的配慮をする: ~*d* care 個別の事情に応じたケア. ♦ **individual·izátion** *n* 個別化, 個性化; 差別, 区別.
indivídual·ly *adv* 個人として, 個人的に; 個性[独自性]を発揮して; 個々に, 各個に, 個別的に, 一つ[一人]ずつ.
indivídual médley 〘泳〙 個人メドレー《略 IM》.
indivídual psychólogy 個人心理学《(1) 集団心理学・社会心理学に対し, 個人を扱う 2) Alfred Adler の心理学》; 《個人差を扱う》個性心理学.
indivídual retírement accòunt 〘米〙 個人退職(積立)勘定, 個人年金退職金勘定《勤労者が毎年一定額まで積み立てて課税所得から控除できる積立貯金; 利子には退職するまで税金がかからない; 略 IRA》.
indivídual sávings accòunt 〘英〙 個人貯蓄口座《1999 年, 個人株式投資プラン (personal equity plan) と免税特別貯蓄口座 (tax-exempt special savings account) に代わるものとして導入された預金; 略 ISA》.
in·di·vid·u·ate /ɪndəvíʤuèɪt/ *vt* 個々別々にする, 個別[個体]化する; …に個性を与える, 区別して目立たせる, 個性化する. ♦ **ìn·di·vìd·u·á·tion** *n* 個別化, 個体化; 個別性, 《特に》(個人的)特性 (individuality); 〘生〙《受精卵の》個性化; 〘哲〙 個体化《普遍的なものからの個体の生成》. [L; ⇨ INDIVIDUAL]
in·divísible *a* 分割できない, 不可分の; 〘数〙 割り切れない. ► *n* 分割できないもの; 極微分子, 極少量. ♦ **-bly** *adv* **ìn·divisibíli·ty** *n* [*L*]
indn indication.
indo- /índoʊ, -də/ ⇨ IND-.
Indo- /índoʊ, -də/ ⇨ IND-.
Índo-Áryan *n, a* インド-アーリア人(の)《(1) インド亜大陸に居住し, 印欧系言語を話す民族に属する人 2) 古く南アジアに侵入した印欧系人》; インド-アーリア語(の)《主にインド・パキスタン・バングラデシュ・スリランカで用いられているインド-イラン語派に属する諸言語の総称》.
Índo·chína インドシナ《(1) アジア南東部の半島; ヴェトナム・カンボジア・ラオス・ミャンマー・タイ, Malay 半島を含める; 別称 Farther India 2) FRENCH INDOCHINA》.
Índochina Wár [the] インドシナ戦争 (1946–54)《インドシナにおけるフランスの支配に終止符を打った》.
Índo-Chinése *a* インドシナ(語)の; 《まれ》 SINO-TIBETAN. ► *n* (*pl* ～) インドシナ人; インドシナ語; 《まれ》 SINO-TIBETAN.
in·dócile *a* 教え[扱い]にくい, 訓練しにくい, 不従順な, 言うことを聞かない. ♦ **in·docílity** *n*
in·doc·tri·nate /ɪndáktrənèɪt/ *vt* 《思想・教義などを》〈人〉に教え込む, 吹き込む, 洗脳する; 《基本・初歩などを》〈人〉に教える, 教授する: ～ sb *in* [*into*] a principle [*with* an idea] 人に主義[思想]を吹き込む. ♦ **-nà·tor** *n* **-na·to·ry** /-nətɔ̀:ri; -nèɪtəri/ *a* **in·dòc·tri·ná·tion** *n* 教え込むこと, 洗脳. [*in-*[2]]
ìndo·cýanine gréen 〘染〙 インドシアニングリーン《トリカルボシアニン染料; 血液量[心拍量]測定・肝機能検査用》.
Índo-Européan *a* インド-ヨーロッパ語族の[に属する], 印欧語族の; 印欧基語の. ► *n* 〘言〙 インド-ヨーロッパ語族 (=**Índo-Européan lánguages**); 印欧基語[祖語] (Proto-Indo-European); 印欧基語の話者; インド-ヨーロッパ人《インド-ヨーロッパ語を話す民族の一員》.
Índo-Européan·ist *n* 印欧語学者, 印欧語比較言語学者.
Índo-Gangétic Pláin, Gangétic Pláin [the] インダス・ガンジス平原, ヒンドゥスターン平原《インド亜大陸中北部の大平原; Brahmaputra, Ganges 両河下流のデルタ地帯から西方の Indus 川流域に広がる》.
Índo-Germánic *a, n* 〘言〙 INDO-EUROPEAN.
Índo-Híttite *n, a* 〘言〙 インド-ヒッタイト語族(の)《アナトリア語 (Anatolian) を印欧語族の一語派とせずに印欧語と類縁関係にある一語群とみなす場合に両者を一括した名称》; インド-ヒッタイト基語[祖語](の).
Índo-Iránian 〘言〙 *a* インド-イラン語の[に属す]. ► *n* インド-イラン語《印欧語族の一つ; Indic 語派と Iranian 語派からなる上位の語派, その基語》; インド-イラン語を母語とする人.
in·dole /índoʊl/ *n* 〘化〙 インドール《(1) タンパク質分解の際に生ずる悪臭のある物質; 香料・試薬などに用いる 2) その誘導体》. [*indigo*, *-ole*]
ìndole·acétic ácid 〘生化〙 インドール酢酸 (=*heteroauxin*)《糞尿中に存在; 植物生長ホルモンとして利用する; 略 IAA》.
ìndole·amíne / , -ǽmì:n/ *n* 〘生化〙 インドールアミン《アミンを含むインドール誘導体; tryptamine, serotonin, melatonin など》.
ìndole·butýric ácid 〘生化〙 インドール酪酸《根の成長を促進する植物ホルモン, 略 IBA》.
in·do·lence /índələns/ *n* 怠惰, 遊惰; 〘医〙 無痛(性).
ín·do·lent *a* 怠惰な, なまける, 無精な; やる気をなくさせる, うんざりする; 怠惰を表わす; 〘医〙 無痛(性)の〈腫瘍・潰瘍〉; 〘医〙 進行[治癒]のおそい. ♦ **～·ly** *adv* [L=not feeling pain (*doleo* to suffer pain)]
In·dol·o·gy /ɪndáləʤi/ *n* インド学. ♦ **-gist** *n*
in·do·meth·a·cin /ìndoʊméθəsən/ *n* 〘薬〙 インドメタシン《特に関節炎の治療に用いる抗炎症性・鎮痛性・解熱性の非ステロイド薬》.
in·dom·i·ta·ble /ɪndámətəb(ə)l/ *a* 負けん気の強い, 不屈の. ♦ **-bly** *adv* 断固として. **～·ness** *n* **in·dòm·i·ta·bíl·i·ty** *n* 負けじ魂, 不屈(の精神). [L (*in-*[1], DAUNT)]
Indon. Indonesia ♦ Indonesian.
In·do·ne·sia /ìndəní:ʒə, -ʃə; -ziə/ **1** インドネシア《公式名 Republic of ～ (インドネシア共和国); かつて Dutch [Netherlands] East Indies, 1945 年に独立; ☆Jakarta》. **2** MALAY ARCHIPELAGO.
Ìn·do·né·sian *a* インドネシア(人)の; インドネシア語(群)の. ► *n* インドネシア人; マレー諸島人; インドネシア語 (Bahasa Indonesia); 〘言〙 インドネシア語群[語派]《オーストロネシア語族に属し, Malay, Tagalog, Malagasy などを含む》.
in·dòor *attrib a* 屋内の, 室内の (opp. *outdoor*): ～ sports 屋内[インドア]スポーツ.
índoor báseball 室内ソフトボール.
índoor plúmbing *《口》 便所, トイレ《屋外便所に対して用いる》.
in·dóors *adv* 屋内に[て, へ] (cf. *in* DOORS): stay [keep] ～ 外出しない, 家に閉じこもる. ► *n* 屋内.
Índo-Pacífic *a* インド洋-西太平洋地域の. ► *n* 〘言〙 インド-太平洋語族《オーストロネシア語族 (Austronesian) に含まれないニューギニア, Melanesia のパプア諸語および Andaman 諸島, Tasmania の言語からなる大語族》.
ìndo·phénol *n* 〘化〙 インドフェノール《酸性で赤, アルカリ性で青を示す, 酸塩基指示薬; また誘導体も含めて染料製造中間体》.
Índo-Portuguése *n, a* (破格)ポルトガル語(の)《ポルトガル領インドなどで用いられた》.
In·dore /ɪndɔ́:r/ インドール《(1) インド中北西部 Madhya Pradesh 西部の市 2) インド中部の旧州; 今は Madhya Pradesh の一部; ☆Indore》.
in·dorse /ɪndɔ́:rs/ *vt* ENDORSE.
in·dor·see /ìndɔ̀:rsí:/ *n* ENDORSEE.
indórse·ment *n* ENDORSEMENT.
in·dox·yl /ɪndáksəl/ *n* 〘化〙 インドキシル《複素環式化合物; インジゴ合成の中間体》. [*indo-*, hydr*oxyl*]
In·dra /índrə/ 〘ヒンドゥー教〙 インドラ, 因陀羅《雷や雨をつかさどる Veda 教の主神》. [Skt]
ín·dràft | -dràught *n* 引込み, 吸入; 流入 〈*of*〉.
in·dràwn *a* 吸い込んだ〈息など〉; 《無口・引っ込み思案・自己中心的で》うちとけない, よそよそしい (aloof); 内省的な.
Indre /*F* ɛ̃:dr/ アンドル《フランス中部 Centre 地域圏の県; ☆Châteauroux》.
Indre-et-Loire /*F* ɛ̃:drelwa:r/ アンドル-エ-ロアール《フランス中西部 Centre 地域圏の県; ☆Tours》.
in·dri /índri/, **in·dris** /índrɪs/ *n* 〘動〙 インドリ《キツネザルの一種; マダガスカル島産》. [F<Malagasy; 「ほら見て!」の誤解]
in du·bio /ɪn dúbiòʊ/ 疑わしい; 未決定の. [L]
in·du·bi·ta·ble /ɪnd(j)ú:bətəb(ə)l/ *a* 疑う余地のない, 確かな, 明白な. ► *n* 疑う余地のないもの[こと]. ♦ **-bly** *adv* **～·ness** *n* **in·dù·bi·ta·bíl·i·ty** *n* [F or L]
in·duce /ɪnd(j)ú:s/ *vt* **1** 誘導する, 説いて[勧めて]…させる, しむける: I couldn't ～ him *to* do that. それをさせようとしたがだめだった / Nothing shall ～ me *to* go. どんな誘いがあっても行かない. **2** 《影響力・刺激で》引き出す; ひき起こす, 誘発する 〈a feeling *in* the mind〉; 〘発生〙〈器官を〉誘導する; 〘医〙〈分娩を〉誘発[誘導]する, 〈妊婦〉に陣痛をもたらす, 〈胎児〉の分娩を早める; 〘電〙〈電気・磁気を〉誘導する; 〘理〙〈放射能を〉誘導する: Opium ～*s* sleep. アヘンは催眠性がある / ～*d* current 誘導電流. **3** 〘論〙 帰納する (opp. *deduce*). [L (*in-*[2], *duct- duco* to lead)]
in·dúced drág 〘流体力学〙 誘導抗力.
indúced pluripotent stém cèll 人工多能性幹細胞 (iPS cell).
indúced radioactívity 〘理〙《天然放射能に対して》誘導[誘発人工]放射能 (=*artificial radioactivity*).
indúce·ment *n* **1** 誘引[誘導](するもの), 誘因, 刺激 〈*to*〉; 報奨(金), 見返り, リベート; 《契約の》誘因; 〘法〙《犯罪の》動機. **2** 〘法〙《訴訟上の》予備的陳述.
in·dúc·er *n* INDUCE する人[もの]; 〘生化〙 誘導物質《リプレッサーと結合してこれを非活性化することによって構造遺伝子を活性化する物質》.
in·dúc·ible *a* 誘導できる; 〘生化〙〈酵素が〉誘導性の《特定の誘導物質の存在に反応して細胞で生産される》; 〘生化〙《遺伝子(産物)が》誘導可能な《特定の分子が存在する場合にのみ活性化[発現]される》; 帰納できる. ♦ **in·dùc·ibíl·i·ty** *n*
in·duct /ɪndʌ́kt/ *vt* 導き[引き]入れる (lead) 〈sb *into* a room, seat, etc.〉; 〈秘訣などを〉〈人〉に伝授する, 手ほどきをする 〈*to, into*〉; 入会させる; (正式に)就任させる 〈sb *to* an office〉; *《選抜徴兵法などによって》教育入隊させる, 兵役に就かせる 〈*into* the army〉; 〘電〙 INDUCE. [INDUCE]
in·duc·tance /ɪndʌ́ktəns/ *n* 〘電〙 インダクタンス《(1) 電磁誘導による起電力の発生機能(をもつ回路[コイル]) 2) 起電力と電流変化率の比》.
in·duct·ee* /ɪndʌktí:, ─ ─ ⌐/ *n* 新入会員, 新任者, 《栄誉殿堂などの》殿堂入りした人; 徴募兵.

in·dúctile *a* 引き伸ばせない, 柔軟性のない, 非延性の.

in·duc·tion /ɪndʌ́kʃ(ə)n/ *n* **1 a** 引き入れること, 誘導, 導入;〔電〕誘導《電磁誘導・静電誘導など》; 感応, 誘発;〔発生〕誘導《ある胚域の発生・分化の方向が近接胚域に影響されて決定すること》;〔生化〕誘導《細胞に特定の物質が与えられるとそれを取り込んで代謝するための酵素が合成されること》;〔医〕陣痛[分娩]誘発;《混合気のシリンダーへの》吸入. **b**《官職などの》就任式,《組織・栄誉殿堂などに》受け入れること[式]; *入隊式, 募兵, 徴兵;《秘訣などの》伝授, 手ほどき; INDUCTION COURSE. **c**〔劇〕《初期イギリス演劇の》序幕;《古》緒言, 序論. **2**〔論〕帰納(法)《特殊[個々]の事例から一般的な結論を導き出すこと; opp. *deduction*》; 帰納による結論;〔数〕帰納法 (=mathematical ~);《事実・証拠などの》提出, 提示. ♦ **~·less** *a* [OF or L; ⇨ INDUCE]

indúction còil〔電〕誘導[感応]コイル, 誘導線輪.

indúction cómpass〔空〕磁気誘導コンパス《地球磁場内でコイルに起こる起電力を利用して方位を知る》.

indúction còurse《新入社員などの》研修, オリエンテーション.

indúction hàrdening〔冶〕高周波焼入れ.

indúction hèating〔電〕誘導加熱.

indúction lòop sỳstem 誘導ループシステム《劇場などで, 一定区域にめぐらしたループ状のワイヤから補聴器に信号を送り, 難聴者がせりふや音を聞けるようにするシステム》.

indúction mòtor〔電〕誘導電動機, インダクションモーター.

indúction pèriod 誘導期《1)〔化〕反応開始後, 十分な反応速度に達するまでの期間 2)〔写〕現像液につけてから黒化が始まるまでの時間》.

indúction vàlve [pòrt]〔機〕《レシプロエンジンの》吸込み弁.

in·duc·tive /ɪndʌ́ktɪv/ *a* 帰納(法)的な;〔電〕誘導の, 感応の;〔発生〕誘導的な (cf. INDUCE);《まれ》引き入れる, 誘導の ‹to›;《まれ》緒言の, 前置きの: ~ reasoning 帰納推理. ♦ **~·ly** *adv* **~·ness** *n*

indúctive reáctance〔電〕誘導リアクタンス.

in·dúc·tiv·ism *n* 帰納法主義. ♦ **-ist** *n, a*

in·dúc·tor *n* 聖職授与者;〔電〕誘導子;〔電〕REACTOR;〔化〕感応物質, 誘導(物)質;〔発生〕誘導者[原].

indúctor cómpass INDUCTION COMPASS.

in·due /ɪnd(j)úː/ *vt* ENDUE.

in·dulge /ɪndʌ́lʤ/ *vt* **1** …にふけらせる; 気ままにさせる, ‹子供を›甘やかす; ‹欲求などを›思いのままに満たす; 喜ばせる, 楽しませる: ~ *oneself* in…にふける; …を満喫する / ~ the company *with* a song 歌で一座の人びとを楽しませる. **2**〔商〕‹人・会社›に支払猶予を与える, ‹手形・債務›に猶予を与える; [ᵘ*pp*]《古》(恩恵として)与える. ► *vi* ふける, ほしいままにする ‹*in*›; 従事する, たずさわる ‹*in*›;《口》深酒をする: ~ *in* medical researches 医学の研究にたずさわる. ♦ **in·dúlg·er** *n* **in·dúlg·ing·ly** *adv* [L *indulgeo* to give free rein to]

in·dúl·gence *n* **1** ものごとにふけること; 道楽, 楽しみ; わがまま, 放縦 (self-indulgence). **2** ほしいままにさせる[する]こと; 大目に見ること, 寛大, 鷹揚; 恩恵, 特権;〔商〕支払い猶予;〔カト〕免償(符), 贖宥(しょくゆう)券; [ˢI-]〔英史〕《非国教徒に対する》信仰の寛容[自由]: ask for [beg, crave, etc.] sb's ~ ‹人の›許し[辛抱]を乞う. ■ the **Declarátions of I~**〔英史〕信仰寛容[自由]宣言《1662, 72, 87, 88 年》. ► *vt*〔カト〕…に免償を与える.

in·dúl·genced *a*〔カト〕‹祈り・事物などが›免償をもたらす.

in·dúl·gen·cy *n* INDULGENCE.

in·dúl·gent *a* 気ままにさせる, 寛大な, 鷹揚な, 甘い, 手ぬるい ‹*to*›; SELF-INDULGENT: ~ parents 子に甘い親. ♦ **~·ly** *adv*

in·du·line, -lin /índ(j)əlìːn, -lən/ *n*〔化〕インジュリン《普通は青色の塩基性キノンイミン染料》. [*ind-, -ule, -ine*²]

in·dult /ɪndʌ́lt, ⏑⏑/ *n*〔カト〕特典《教皇がある人に法律上の義務を免除する恩典的な行為》. [L=priviledge]

in·du·men·tum /ìnd(j)əméntəm/ *n* (*pl* **~s, -ta** /-tə/) 被物,《鳥の》羽毛;〔昆〕包嚢;〔植〕羊毛状被覆, 蜜毛;〔菌〕毛被物. [L =garment]

in·du·na /ɪndúːnə/ *n*《南ア》《Zulu 族の》族長;《Zulu 族武装隊の》隊長; 権力者;《工場・農園・鉱山などの》監督官. [Zulu]

in·dúplicate *a*〔植〕‹葉・花弁が›内向鑷合(じょうごう)状の.

in·du·rate /índ(j)ərèɪt/ *vt* 固くする, 硬化する; 無感覚[非情, 強情, 頑固]にする;《苦しみなどに》慣れさせる, 鍛える (inure); ‹習慣などを›確立する. ► *vi* 固くなる; 根付く, 確立する. ► *a* /-rət/ 硬化した; 無感覚な. ♦ **-ràt·ed** *a* (繊維組織の増加で)硬化した. [L (*duras* hard); ⇨ ENDURE]

in·du·ra·tion /ìnd(j)əréɪʃ(ə)n/ *n* 硬化(させること); 硬化状態, 硬結; 頑固, 非情;〔地質〕《沈澱物・岩石の》硬化; 硬化岩;〔医〕硬化;〔医〕硬結(部). ♦ **-ra·tive** /índ(j)ərèɪtɪv, -rət-/ *a* 固まる, 硬化性の, 頑固な.

In·dus¹ /índəs/ [the] インダス川《チベットから西に流れ, パキスタンを通ってアラビア海に注ぐ》. [Gk<Pers<Skt *sindhu* river]

Indus²〔天〕インディアン座 (Indian).

indus. industrial ♦ industry.

Índus civilizàtion [the] INDUS VALLEY CIVILIZATION.

in·du·si·ate /ɪnd(j)úːziət, -ʒi-/ *a* INDUSIUM を有する.

in·du·si·um /ɪnd(j)úːziəm, -ʒi-/ *n* (*pl* **-sia** /-ziə, -ʒiə/)《真正シダ植物の子嚢群を包む》包膜;〔昆〕包被;〔解〕包膜,《特に》羊膜 (amnion). ♦ **in·dú·si·al** *a* [NL<L=tunic]

in·dus·tri·al /ɪndʌ́striəl/ *a* 産業[工業](上)の, 産業による[から得た]; 工業用の; 産業[工業]の発達した; 産業[工業]に従事する; 産業[工業]労働者の; 労働の; インダストリアルミュージックの《無機的な雑音・機械音・電子音を多用するロック・メタル・ノイズ (noise) などについていう》: an ~ exhibition 産業博覧会 / ~ waste(s) 産業廃棄物 / ~ maintenance 失業者救済制度 / an ~ nation 工業国 / an ~ spy 産業スパイ / ~ workers 工員, 産業労働者 / an ~ accident 労働災害, 労災. ► *n* 産業労働者; 産業関連会社; [*pl*] 産業[工業]株[社債]. [*industry, -al*; 19 世紀 F *industriel* の影響もあり]

indústrial áctionᴴ《労働者の》争議行為《ストライキ・遅延戦術など》.

indústrial álcohol 工業用アルコール.

indústrial archaeólogy 産業考古学《産業革命初期の工場・機械・製品などを研究する学問》. ♦ **indústrial archaeólogist** *n*

indústrial árts*[‹*sg*›] 工作, 技術《初等・中等学校などでの教科》.

indústrial bánk 勤労者銀行, 消費者銀行, インダストリアルバンク《1)〔米〕産業労働者・消費者向けの小口金融会社 2)〔英〕中小の割賦金融会社》.

indústrial demócracy 産業民主主義《企業の経営・管理に労働者が発言権をもつこと; 特に 取締役会への労働者代表の参加》.

indústrial design 工業デザイン, インダストリアルデザイン《略 ID》. ♦ **indústrial desígner** 工業デザイナー.

indústrial devélopment certíficate〔英〕工業開発証明書《工場の新設・拡張にあたって地方自治体への許可申請に添付が義務づけられている環境省 (以前は貿易産業省) の証明書; 工場立地の調整が目的》.

indústrial díamond 工業用ダイヤモンド.

indústrial diséase 産業[職業]病 (occupational disease).

indústrial dispúte 労働争議.

indústrial dístrict INDUSTRIAL PARK.

indústrial enginéering 生産[経営, 産業]工学, インダストリアルエンジニアリング《略 IE》. ♦ **indústrial engineér** *n*

indústrial éspionage 産業スパイ活動.

indústrial estáteᴴ INDUSTRIAL PARK.

indústrial insúrance 簡易保険; 労働者保険.

indústrial·ìsm *n* 産業主義, (大)工業主義.

indústrial·ist *n* (大)生産会社の社主[経営者], 産業資本家, 生産業者. ► *a* INDUSTRIALISM の.

indústrial·ìze *vt, vi* 産業化[工業化]する: ~*d* countries. ♦ **indùstrial·izátion** *n* 産業化, 工業化, インダストリアリゼーション.

indústrial lánguage《口》口汚い[下品な]ことば, 悪口雑言, 悪態, ののしり.

indústrial·ly *adv* 産業[工業]上; 産業[工業]によって.

indústrial médicine 産業[職業]病(予防)医学.

indústrial mélanism〔生態〕工業暗化[黒化]《特に 工業汚染物質で黒くなった地域の蛾に褐色の固体が増加する現象》.

indústrial párk《米・カナダ》工業団地《計画的に造られた広域的・包括的な都市郊外の工業地域》.

indústrial psychólogy 産業心理学. ♦ **indústrial psychólogist** *n*

indústrial relátions *pl* 労使[労資]関係; 労務管理; 産業関係《産業活動に伴う諸関係》.

indústrial-révenue bònd〔証券〕産業歳入担保債《産業設備の賃貸料収入を利子支払い財源とする債券》.

Indústrial Revolútion [the] 産業革命《1760 年ごろから 19 世紀初頭にかけて, 英国を中心として機械・動力などの発明をきっかけに起こった社会・経済構造の大変革》; [i- r-]《一般に》産業革命.

indústrial schóol 実業学校; 少年(矯正)授産学校.

indústrial shów《俳優による》商品広告のための演技[ショー].

indústrial sociólogy 産業社会学.

indústrial-stréngth *a* 工業用強度[仕様]の, 非常に強力な, 酷使に耐えるように作られた (heavy-duty);《サイズ・濃さなどが》業務用の, 特製の: an ~ soap / ~ coffee.

indústrial tribúnal〔英〕産業[労働]審判所《不当解雇・余剰労働者解雇など労使間の係争について事情を聴取して審決を下し労働法違反の是正をはかる機関》.

indústrial únion 産業別労働組合 (=*vertical union*) (cf. CRAFT UNION).

indústrial wáste 産業廃棄物: dump [dispose of] ~ illegally 産業廃棄物を不法投棄する.

Indústrial Wórkers of the Wórld [the] 世界産業労働者組合《1905 年 Chicago で組織された急進的労働組合; 賃金制廃止・産業別組合主義の理念を掲げ, 黒人・移民・女子・非熟練労働者を差別せず, 直接行動を重視する路線をとったが, 20 年代に急速に衰退; 略 IWW》.

in·dus·trio- /ɪndʌ́strioʊ, -riə/ *comb form*「工業」「産業」: *industrio*-economic 産業経済の. [INDUSTRY]

in·dus·tri·ous /ɪndʌ́striəs/ *a* よく働く, 熱心な, 勤勉な, 精励な; 《廃》巧みな. ♦ **～·ly** *adv* 精を出して, こつこつと. **～·ness** *n*

in·dus·try /índəstri/ *n* **1**《INDUSTRIAL *a*》産業; (製造)工業; …業; 産業活動; 産業経営者たち; 組織的労働: the auto(mobile) ～ 自動車産業 / the steel ～ 製鋼業 / the broadcasting ～ 放送事業 / the shipbuilding ～ 造船業 / HEAVY [LIGHT] INDUSTRY. **2**《INDUSTRIOUS *a*》勤勉, 精励: ～ and thrift 勤勉と倹約, 勤倹 / Poverty is a stranger to ～. 《諺》稼ぐに追いつく貧乏なし. **3**《特定作家・題目についての》研究, 著述. [OF or L＝diligence]

Índus Válley civilizàtion [the] インダス文明 (＝**Índus civilizàtion**)《Indus 川流域に栄えた紀元前 2500–前 1500 年ごろの文明; Harappa や Mohenjo-Daro が代表的な遺跡》.

in·dwell /ɪndwél, ⌐–⌐/ *vt, vi* 〈精神・霊などが〉(…の)内に住む, (…に)宿る. ♦ **～·er** *n*

ín·dwèll·ing *a* 内在する;〘医〙〈カテーテルなど〉体内に留置した.

In·dy[1] /*F* ɛ̃di/ ダンディ (**Paul-Marie-Théodore-)Vincent d'～** (1851–1931)《フランスの作曲家》.

In·dy[2] /índi/, **Indy 500** /–– fàɪvhʌ́ndrəd/ [the] インディー(500)《INDIANAPOLIS 500 の通称》.

Índy càr ràcing インディカーレース《傾斜した楕円形のトラックを周回するフォーミュラカーレース; 特に INDIANAPOLIS 500》.

-ine[1] *suf* (1) /ən, ì:n, àɪn/「…に関する」「…よりなる」「…の性質をもつ」の意の形容詞をつくる: serpent*ine*. (2) /ɪn, ən/ 女性名詞・抽象名詞をつくる: hero*ine*; discipl*ine*, doctr*ine*. [F, L and Gk]

-ine[2] /i:n, àɪn, ən/ *n suf*〘化〙塩基・元素・化合物・製品などの名をつくる: anil*ine*, caffe*ine*, chlor*ine*, iod*ine*. [L or Gk]

-ine[3] /í:n, áɪn/ *n suf*「楽器(の装置) (-ina)」: seraph*ine*.

in·éarth *vt* 《古・詩》埋める (bury), 埋葬する.

in·ebri·ant /ɪní:briənt/ *a, n* 酔わせる(もの) (intoxicant).

in·ebri·ate /ɪní:brièɪt/ *vt* 《酒に》酔わせる; 陶酔させる; 有頂天にする: the CUPS that cheer but not ～. ► *a* /-briət, -èɪt/ 酔った, のんだくれの, アル中の. ► *n* /-briət/ 大酒家, のんだくれ. ♦ **in·ébri·àt·ed** *a* **in·èbri·á·tion** *n* 酔わせること, 酩酊; 飲酒癖; 有頂天. [L (*in*-[2], *ebrius* drunk)]

in·ebri·e·ty /ìnɪbráɪəti/ *n* 酔い, 酩酊; 習慣性酩酊, 《病的な》飲酒癖.

in·édible *a* 食用に適さない, 食べられない. ♦ **in·edibílity** *n* 非食用, 食用不適.

in·ed·i·ta /ínédətə/ *n pl* 未刊行文. [L]

in·édit·ed *a* 未刊行の; 未編集の; 編集上の変更[追加]なしに刊行された.

in·éducable *a* 《特に 精神薄弱などのために》教育不可能な. ♦ **in·educabílity** *n*

in·educátion *n* 無教育.

in·ef·fa·ble /ínéfəb(ə)l/ *a* 言いようのないほど大きい[美しい]; 言語に絶した, 筆舌に尽くしがたい; (口にしてはならないほど)神聖な〈神の名〉. ♦ **-bly** *adv* 言い表わせないほど. **～·ness** *n* **in·èf·fa·bíl·i·ty** *n*

ìn·effáce·able *a* 消すことのできない, ぬぐい去れない. ♦ **-ably** *adv* **ìn·effàce·abílity** *n*

ìn·efféctive *a* 無効の; 効果のない, むだな; 効果的でない; 無能な, 無力な. ♦ **～·ly** *adv* **～·ness** *n*

ìn·effèctual *a* 効果[効力]のない, むだな, むなしい; 無能な. ♦ **～·ly** *adv* **～·ness** *n* **ìn·effectuálity** *n* 無効, 無益; 無能, 無力.

in·efficácious *a* 効力[効果, 効能]のない (ineffective)〈薬など〉. ♦ **～·ly** *adv* **～·ness** *n*

in·éfficacy *n* 無効果, 無効能.

ìn·effíciency *n* 無効果, 非能率, 無能; 効果のない[非能率的な]もの.

ìn·effícient *a* 無効果の, 能率の上がらない, 効率の悪い; 役に立たない, 無能な, 技能[力量]不足の. ► *n* 無能な人, 役立たず. ♦ **～·ly** *adv*

ìn·egalitárian *a* 《社会的・経済的に》不平等な, 不公平な.

ìn·elástic *a* 弾力[弾性]のない, 非弾性の; 適応性のない, 融通のきかない;〘経〙〈需要など〉非弾力的な, 非弾性の《経済要因の変化に対応した変動の少ない》. ♦ **-elástically** *adv* **ìn·elastícity** *n*

inelástic collísion〘理〙非弾性衝突.

inelástic scáttering〘理〙非弾性散乱.

in·élegance *n* 優美でないこと, 不粋, 野暮.

in·élegancy *n* [[U]*pl*] 雅致のない行為[ことば, 文体 など]; 《古》INELEGANCE.

in·élegant *a* 優美でない; 洗練されていない, 趣味のよくない, あかぬけない, 野暮な. ♦ **～·ly** *adv* [F＜L]

in·éligible *a* 《法的に》(選ばれる)資格のない, 無資格の; 不適任の, 不適格な; 《道徳的に》不適当な, 望ましくない;〘アメフト〙フォワードパスを捕球する資格がない〈レシーバー〉. ► *n* 不適格者. ♦ **-bly** *adv* **～·ness** *n* **in·eligibílity** *n*

in·éloquent *a* 弁の立たない, 口べたな, 訥弁(とつべん)の. ♦ **～·ly** *adv* **in·éloquence** *n*

in·eluc·ta·ble /ìnɪlʌ́ktəb(ə)l/ *a* 《文》不可抗力の, 不可避の, 免れえない. ♦ **-bly** *adv* **in·elùc·ta·bíl·i·ty** *n* [L (*e*-, *luctor* to strive)]

in·elud·ible /ìnɪlú:dəb(ə)l/ *a* 避けられない, のがれられない (inescapable).

in·enar·ra·ble /ìnɪnǽrəb(ə)l/ *a* 言いようのない, 説明しがたい. ♦ **-bly** *adv*

in·ept /ɪnépt/ *a* **1** 適性がない, 不向きの; 〈発言・処理・取扱いなどが〉場違いの, 不適切な; ばかげた. **2** 無器用な, 不手際な, 無能な, へたな. ♦ **～·ly** *adv* **～·ness** *n* **in·ep·ti·tude** /ɪnéptət(j)ù:d/ *n* 不適切, 不手際, 無能; ばかげた行為[ことば]. [L *in*-[1](*eptus*＝APT)]

in·équable *a* 均等でない, むらのある.

ìn·equálity *n* 不同, 不等, 不平等, 不公平; 不均質; 《気候・温度の》変動; 《表面の》でこぼこ, 起伏; 不適当;〘天〙均差;〘数〙不等式.

in·èqui·láteral *a* 不等辺の; 〈二枚貝が〉不等側の: an ～ triangle.

in·équitable *a* 不公平な (unfair), 不公正な. ♦ **-bly** *adv* **～·ness** *n*

in·équity *n* 不公正, 不公平; 不公平な事例.

in·équi·vàlve, -vàlved *a* 〈二枚貝が〉不等殻の.

in·erádicable *a* 根絶できない, 根深い. ♦ **-bly** *adv* **～·ness** *n* **in·eradicabílity** *n*

in·erásable *a* 消す[ぬぐう]ことのできない. ♦ **-ably** *adv* **～·ness** *n*

in·érr·able /, -ér-/ *a* 誤りえない, 間違うはずのない, 間違いのない. ♦ **-ably** *adv* **～·ness** *n* **in·èrr·abílity** *n*

in·érrant *a* 誤り[間違い]のない, 無謬の. ♦ **in·érrancy** *n*

in·érrant·ist *n*〘キ教〙無謬論者, 不可謬論者《聖書を絶対的に無謬なものとみなす人》.

ìn·errátic *a* 常軌を逸しない, 脱線しない; さまよい歩かない; 〈恒星が〉不動の軌道に沿って動く (fixed).

in·ert /ɪnə́:rt/ *a*〘理〙自動力のない (cf. INERTIA);〘化〙不活性の; (生来)鈍い, 遅鈍な, 緩慢な, 不活発な (sluggish), 〈作品などが〉おもしろみのない. ► *n* 鈍い人; 不活性物質. ♦ **～·ly** *adv* **～·ness** *n* [L *inert*- *iners* unskilled; ⇨ ART[1]]

inért gás〘化〙不活性ガス, 《特に》希ガス (noble gas).

in·er·tia /ɪnə́:rʃ(i)ə/ *n*〘理〙慣性; 惰性, 惰力; 不活発, ものぐさ, 遅鈍;〘医〙無力(症): moment of ～ 慣性能率, 惰率. ♦ **in·ér·tial** *a* **-tial·ly** *adv* [INERT]

inértial fórce〘理〙慣性力.

inértial fráme, inértial fráme of réference〘理〙慣性系 (inertial system).

inértial guídance〘航法〙慣性誘導《加速度を測定して予定の方向・姿勢・速度に自動調節する》.

inértial máss〘理〙慣性質量《Newton の第二法則によって決められる物体の質量; cf. GRAVITATIONAL MASS》.

inértial navigátion 慣性航法 (inertial guidance).

inértial plátform〘航法〙慣性プラットホーム《inertial guidance のための装置のアセンブリー》.

inértial réference fràme INERTIAL SYSTEM.

inértial spáce〘理〙慣性空間《Newton の慣性の法則が適用される空間》.

inértial sýstem〘理〙慣性系 (＝*inertial reference frame*, *inertial frame of reference*)《Newton の運動の第一法則が成り立つ基準座標系》;〘航法〙慣性誘導方式 (⇨ INERTIAL GUIDANCE; cf. COMMAND SYSTEM).

inértia rèel" 慣性リール《自動車のシートベルト用》.

inértia-rèel bélt [séat bèlt]"《車などの》自動調節式シートベルト.

inértia sélling" 押しつけ販売《勝手に商品を送付し返品がなければ代金を請求するやり方》.

ìn·escápable *a* 避けられない, 免れえない, 不可避の (inevitable). ♦ **-ably** *adv* **ìn·es·càp·abíl·i·ty** *n*

ìn·escútcheon *n*〘紋〙盾(形)中の小盾紋章 (cf. ESCUTCHEON).

Inés de Castro ⇨ CASTRO.

in es·se /ɪn ési/ *adv, a* 実在して; 実在の (cf. IN POSSE). [L＝in being]

ìn·esséntial *a, n* 本質的[必須]でない(もの), なくても済む(もの); 《まれ》実体のない(もの).

in·es·sive /ɪnésɪv/ *n*〘文法〙内格《フィンランド語などで, その中に存在するあるいはその中で行なわれる場所などを表わす格》. ► *a* 内格の.

in·éstimable *a* 計り知れない, 計算できないほどの; このうえもない, 非常に貴重な. ♦ **-bly** *adv* [OF＜L]

in·eva·si·ble /ìnɪvéɪzəb(ə)l, -sə-/ *a* 避けられない, 不可避の; 当然の.

in·ev·i·ta·ble /ɪnévətəb(ə)l/ *a* 避けられない, 免れがたい, 不可避の; 必然的な; 〈人物描写・物語の筋などが〉納得のいく, もっともな; 《口》付き物の, おきまりの, 例の; [the, 〈*n*〉] 避けられない事物, 必然の運命: the ～ hour 死期《Thomas Gray の句》/ an English gentleman with his ～ umbrella おきまりのこうもり傘を持ったイギリ

ㇲ紳士. ♦ **in·év·i·ta·bly** *adv* 不可避的に, 必然的に; [文を修飾して] 必ず, 確かに. **in·èv·i·ta·bíl·i·ty** *n* 避けがたいこと, 不可避; 不可抗力, 必然性. **~·ness** *n* [L (*evito* to avoid)]

inévitable áccident 〘法〙 不可避の事故, 不可避的偶発事故, 災害; 回避不能事故.

ìn·exáct *a* 厳密でない, 不正確な. ♦ **ìn·exáctitude, ~·ness** *n* 不正確. **~·ly** *adv*

in ex·cel·sis /ìn ɪkséls̩əs, -ʧél-/ *adv* 最高に, 最大限に.

ìn·excítable *a* たやすく興奮しない, 冷静な.

ìn·excúsable *a* 言いわけの立たない, 許しがたい. ♦ **-ably** *adv* **~·ness** *n* **ìn·ex·cùs·abíl·i·ty** *n*

ìn·éxecutable *a* 実行[遂行]しがたい, 実行不可能な.

ìn·execútion *n* 《命令の》不実施, 不実行; 《法律の》不施行, 《裁判所命令や遺言の》不執行; 《契約などの》不履行; 《捺印証書などを》作成[交付]せぬこと.

ìn·exértion *n* 努力不足; 怠慢, 不精.

ìn·exháust·ible *a* 無尽蔵の; 疲れを知らない, 根気のよい. ♦ **-ibly** *adv* **~·ness** *n* **ìn·exhàust·ibílity** *n*

ìn·exháustive *a* すべてを尽くしていない, 網羅的でない, 完全でない.

ìn·exístence *n* 存在[実在]しないこと, 非存在.

ìn·exístent *a* 存在しない (nonexistent).

in·ex·o·ra·ble /ɪnéks(ə)rəb(ə)l/ *a* 止めようのない, 変えられない, 厳然たる; 冷酷な, 無情な, 《どんなに頼んでも》容赦のない: the ~ progress of information technology 情報技術のとどまるところを知らぬ進歩. ♦ **-bly** *adv* **~·ness** *n* **in·èx·o·ra·bíl·i·ty** *n* [F or L (*exoro* to entreat)]

ìn·expéctant *a* 期待していない.

ìn·expédient *a* 不適当な, 不得策な; 不便な. ♦ **~·ly** *adv* **ìn·expédience, -cy** *n*

ìn·expénsive *a* 費用のかからない, 安い, 割安の. ♦ **~·ly** *adv* **~·ness** *n*

ìn·expérience *n* 無経験, 不慣れ, 未熟; 世間知らず.

ìn·expérienced *a* 無経験な, 不慣れで, 未熟で ‹*in*›; 世間知らずの, うぶな.

ìn·éxpert *a* 未熟な, へたな, 無器用な. ► *n* 未熟者. ♦ **~·ly** *adv* **~·ness** *n*

ìn·expertíse *n* 専門知識[技術]の欠如.

ìn·éxpiable *a* 償われない, 罪深い; «古» なだめがたい, 執念深い‹敵意など›. ♦ **-bly** *adv* **~·ness** *n* [L]

ìn·éxpiate *a* ‹悪業などが›償われて[罪滅ぼしされて]いない.

ìn·expláin·able *a* INEXPLICABLE.

ìn·explícable /, ɪnéksplɪkəb(ə)l/ *a* 説明[解釈]のできない, 不可解な. ♦ **-bly** *adv* 不可解に; どういうわけか. **~·ness** *n* **in·èx·pli·ca·bíl·i·ty** *n* [F or L]

ìn·explícit *a* 明瞭でない; はっきり言わない, ことばのあいまいな. ♦ **~·ly** *adv* **~·ness** *n*

ìn·explósive *a* 爆発しない, 不爆発(性)の.

ìn·expréss·ible *a* 言い表わせない, 言うに言われぬ, 口にできない. ► *n* 言えないもの; [*pl*] «口·古» ズボン. ♦ **-ibly** *adv* **~·ness** *n* **ìn·exprèss·ibílity** *n*

ìn·expréssive *a* 無表情な; 無口な, むっつりした; «古» INEXPRESSIBLE. ♦ **~·ly** *adv* **~·ness** *n*

in·ex·pug·na·ble /ìnɪkspʌ́gnəb(ə)l, -pjúːnə-/ *a* 征服できない, 難攻不落の, 論破できない (impregnable) ‹議論など›; 抜きがたい‹憎悪›. ♦ **-bly** *adv* **~·ness** *n*

ìn·expúngible *a* ぬぐい[消し]去ることのできない‹臭気·記憶など›. [EXPUNGE]

ìn·exténsible *a* 広げられない, 広がらない, 拡張不能の, 伸びない. ♦ **ìn·extensibílity** *n*

ìn·exténsion *n* 不拡張.

in ex·ten·so /ìn ɪksténsou/ *adv* 詳細に, 省略せずに, 完全に: report ~ 詳細に報告する. [L]

ìn·extínguish·able *a* 消すことができない; 抑えきれない, 止めようのない. ♦ **-ably** *adv*

in·ex·tir·pa·ble /ìnɪkstə́ːrpəb(ə)l/ *a* 根絶しがたい. ♦ **~·ness** *n*

in ex·tre·mis /ìn ɪkstríːməs, -stréɪ-/ *adv* 絶体絶命で; 死に臨んで, 臨終に. [L]

ìn·extrícable /, ɪnékstrɪkəb(ə)l/ *a* 解けない, 解決できない; 込み入った; ほどけない, 切り離せない; 脱出できない. ♦ **-bly** *adv* **~·ness** *n* **in·ex·trì·ca·bíl·i·ty** *n* [L; ⇨ EXTRICATE]

Inez /íːnèz, áɪ-/ イネズ, アイネズ《女子名》. [Sp; ⇨ AGNES]

inf. infantry ♦ infinitive ♦ infinity ♦ infra. **in f.** °in fine.

INF intermediate range nuclear forces 中距離核戦力.

ín·fàll *n* 侵入, 侵略; 落合い, 合流点; 落下; 〘理〙 流入.

in·fal·li·bi·lism /ɪnfǽləbəlìz(ə)m/ *n* 〘カト〙 教皇不謬説.

in·fallibílity *n* 誤りがないこと; 絶対確実; 〘カト〙 不謬性, 無謬性: PAPAL INFALLIBILITY.

in·fállible *a* 全く誤りのない‹人·判断·記憶など›; 絶対確実な, 信頼できる‹方法など›; 必ず起こる, はずれることのない; 〘カト〙 ‹特に 教皇が› 不謬の: No man is ~. «諺» あやまたぬ人はない. ► *n* 絶対確実な人[もの]. ♦ **~·ness** *n* INFALLIBILITY. [F<L]

in·fállibly *adv* 間違いなく, 確実に; «口» いつも, 必ず.

ín·fàll·ing *a* 〘理〙 流入している《ブラックホールのような天体に向かって重力で落下している》.

in·fa·mize /ínfəmàɪz/ *vt* «古» …に汚名をきせる.

in·fa·mous /ínfəməs/ *a* 悪名高い, 汚名を流した, 名うての, 札付きの; 不名誉な, 恥ずべき, 忌まわしい, 破廉恥な; 〘法〙 (破廉恥罪で)公民権を奪われた: an ~ crime 破廉恥罪 / ~ coffee ひどいコーヒー. ♦ **~·ly** *adv* 悪名高く; 不名誉にも. [L (↓)]

in·fa·my /ínfəmi/ *n* 不名誉, 悪名, 汚名; 醜行, 非行, 破廉恥な行為; 〘法〙 《破廉恥罪による》名誉剥奪, 公民権喪失. [L]

in·fan·cy /ínfənsi/ *n* 幼少, 幼年期, 幼時; 初期, 揺籃期; 〘法〙 《成年 (majority) に達しない》未成年 (minority); 幼児 (infants); 〘地質〙 幼年期: in one's [its] ~ 子供のころに; 初期に.

in·fant /ínfənt/ *n* 幼児《通例 歩行前の乳児を指すが, 7 歳未満の小児を指すことも多い》; ᴴ幼児学校の児童[幼児]; 〘法〙 未成年者 (minor); «古» 貴族·名門の子女; [°*pl*] 動物の子. ► *a* 幼児(用)の, 小児(用)の; 幼稚な, 初期の; 〘法〙 未成年の: an ~ son [daughter] 幼い息子[娘]. ♦ **~·hòod** *n* **~·like** *a* [OF<L *infans* unable to speak]

in·fan·ta /ɪnfǽntə/ *n* 《スペインおよびポルトガルの》王女, 内親王; INFANTE の妃. [Sp and Port *-a* (fem)‹ ↑]

in·fan·te /ɪnfǽnti, -teɪ/ *n* 《スペインおよびポルトガルの》王子, 親王《長子を除く》. [Sp and Port *-e* (masc)‹ INFANT]

in·fan·teer /ìnfəntíər/ *n* «軍俗» 歩兵 (infantryman).

in·fan·ti·cide /ɪnfǽntəsàɪd/ *n* 嬰児[新生児]殺し, 嬰児殺(ᵏ)《犯罪, または 昔の慣行としての'間引き'》; 嬰児殺しの犯人. ♦ **in·fàn·ti·cí·dal** *a* 嬰児殺しの. [F<L (*-cide*)]

in·fan·tile /ínfəntàɪl, -tɪl; -tàɪl/ *a* 乳児[幼児](期)の; 小児の(ような), あどけない; 子供じみた, 幼稚な; 初歩の; 《発達過程の》最初期の. ♦ **ìn·fan·tíl·i·ty** /-tíl-/ *n*

ínfantile áutism 〘医〙 乳児自閉症.

ínfantile parálysis 小児麻痺 (poliomyelitis).

ínfantile scúrvy 乳児壊血病 (=*Barlow's disease*).

in·fan·til·ism /ínfəntàɪlìz(ə)m, -tə-, ɪnfǽntə-; ɪnfǽntɪ-/ *n* 〘心〙 幼稚[小児]症《成人しても身体·知能などが小児的》; 幼児的言動[特徴].

in·fan·til·ize /ínfəntàɪlàɪz, -tə-, ɪnfǽntə-; ɪnfǽntɪ-/ *vt* 小児化する; 子供扱いする. ♦ **in·fan·til·i·za·tion** /ìnfəntàɪləzéɪʃ(ə)n, -tə-, ɪnfæ̀ntə-; ɪnfæ̀ntɪlaɪ-/ *n*

in·fan·tine /ínfəntàɪn, -tìːn/ *a* 子供らしい, 子供じみた.

ínfant mortálity 乳児死亡率《生後 1 年間の死亡率》.

ínfant pródigy 天才児, 神童.

in·fan·try /ínfəntri/ *n* 歩兵《集合的》; 歩兵科; 歩兵連隊: mounted ~ 騎馬歩兵. [F<It (*infante* youth, foot soldier‹ INFANT)]

ínfantry·man /-mən/ *n* 《個々の》歩兵.

ínfant schòol, ínfants' schòol 〘英〙 幼児学校《通例 5–7 歳の児童を教育; cf. PRIMARY SCHOOL》.

in·farct /ínfɑ̀ːrkt, ─́─/ *n* 〘医〙 梗塞(ᶜᵒ)(部)《血液の循環を阻止されて壊死(ᵉ)に陥った組織》. ♦ **~·ed** *a* [L *in-*² (*farcio* to stuff)]

in·farc·tion /ɪnfɑ́ːrkʃ(ə)n/ 〘医〙 *n* 梗塞; 梗塞形成.

in·fare /ínfɛ̀ər/ *n* «スコ·米方» 《挙式の一両日後に 通例 新郎宅で行なう》結婚披露宴.

in·fat·u·ate /ɪnfǽʧuèɪt/ *vt* …の思慮を失わせる; のぼせあがらせる, 夢中にさせる: Tom is ~*d with* Kate [gambling]. ケートにのぼせている[賭博に夢中だ]. ► *a* /-ʧuət/ INFATUATED. ► *n* /-ʧuət/ 夢中になっている人. ♦ **in·fát·u·à·tor** *n* [L; ⇨ FATUOUS]

in·fát·u·àt·ed *a* 頭が変になった; のぼせあがっている, 夢中になっている. ♦ **~·ly** *adv* 迷って, 夢中になって.

in·fat·u·a·tion /ɪnfæ̀ʧuéɪʃ(ə)n/ *n* 夢中にさせる[なる]こと, のぼせあがり, 心酔; 心酔させるもの[人].

ín·fàuna *n* 〘動〙 《水底の》埋在[内生]動物(相), インファウナ《底質中で生活している動物(相); cf. EPIFAUNA》. ♦ **ín·fàunal** *a*

in·faust /ɪnfáust, -fɔ́ːst; -fɔ́ːst/ *a* 不吉な, 縁起の悪い.

in·féasible *a* 実行不可能な (impracticable). ♦ **~·ness** *n* **in·feasibílity** *n*

in·fect /ɪnfékt/ *vt* …に病気をうつす, 感染させる; ‹病原性生物が›‹生体·器官›に侵入する; ‹空気·水などを›《病原体などで》汚染する; ‹ウイルスが›‹コンピューター›に感染する; 感化する, ‹人を›‹悪風に›染ませる, かぶれさせる ‹*with*›; 堕落させる, だめにする; 《一般に》…に影響を与える; 〘国際法〙 ‹中立国の船に積んだ敵貨などが, 他の積載貨物や船そのもの›に敵性をうつす, 敵性感染させる《没収の危険を与える》: ~ sb *with* the plague 人に悪疫を感染させる / the ~*ed* area 伝染病流行地域 / ~ sb [sb's mind] *with* one's laziness 人になまけ癖をうつす. ► *vi* 感染する, 病毒に冒される. ► *a* «古» 感染[伝染]した. ♦ **in·féc·tor, ~·er** *n* [L *in-*²(*fect- ficio*=*facio* to make)=to taint]

inféct·ed *a* 伝染した, 感染した; 汚染した; 〘電算〙 ウイルスに感染した.

in·fec·tion /ɪnfékʃ(ə)n/ *n* 伝染, 感染 (cf. CONTAGION); 感染事例, 感染者数; 感染体, 汚染物質; 感染症, 伝染病; 汚染; 悪い感化[影響], 《感情の》伝染; 〘国際法〙敵性感染.
in·fec·tious /ɪnfékʃəs/ *a* 感染(性)の; 悪影響を与える, うつりやすい〈あくび・笑いなど〉, すぐ広まる; 〘国際法〙〈敵貨など〉敵性感染性の: an ~ disease 感染症 / an ~ hospital 伝染病病院. ♦ **~·ly** *adv* **~·ness** *n*
inféctious anémia 〘獣医〙伝染性貧血, 伝貧(でんぴん) (=*malarial fever*) 《ウマ・ロバのウイルス病; 回帰熱・衰弱・黄疸・貧血などを特徴とする》.
inféctious bóvine rhinotracheítis 〘獣医〙牛伝染性鼻(腔)気管炎.
inféctious hepatítis 〘医〙感染[伝染]性肝炎 (hepatitis A).
inféctious mononucleósis 〘医〙伝染性単球(増加)[単核]症 (=*glandular fever*).
in·fec·tive /ɪnféktɪv/ *a* 伝染[感染]を起こす; 人にうつる (infectious). ♦ **~·ness** *n*
in·fec·tiv·i·ty /ìnfɛktívəti/ *n* 伝染力, 伝染性.
in·fécund *a* 実を結ばない, 不妊の, 不毛の. ♦ **ìn·fecúndity** *n* 不妊, 不毛.
ín·fèed *n* 〘機〙送り込み, 《センターレス研削における》切り込み送り, インフィード[停止]研削; 送り込み装置.
in·felicífic *a* 不幸にする, 不幸をもたらす.
ìn·felícitous *a* 不幸な, 不運な; 不適切な〈表現など〉; 不備な, 不完全な. ♦ **~·ly** *adv* **~·ness** *n*
ìn·felícity *n* 不幸, 不運; 不適切(な表現).
ín·fèlt *a* 《古》心に深く感じた[徹した], 心からの.
in·fer /ɪnfə́ːr/ *v* (**-rr-**) *vt* **1** 《事実・前提・証拠から論理的に》推論する, 推断する; 推測する, 考える: ~ an unknown fact *from* a known fact. **2** (結論として)意味[暗示]する (imply, hint); 表わす, 示す; 《口》〈人がそれとなく言う[示す]: Her silence ~*s* consent. 彼女が黙っているのは承諾を意味する. ► *vi* 推論[推断]する. ♦ **in·fér·able, in·fér·ra·ble** *a* 推断[推論, 推理]できる〈*from*〉. [L (*in*-², *fero* to bring)]
in·fer·ence /ínf(ə)rəns/ *n* 推論, 推定, 推理; 推論で得た結果[結論, 命題]; 〘論〙推理: the deductive [inductive] ~ 演繹[帰納]推理 / draw [make] an ~ *from*... からある断定を下す, 推断する / by ~ 推論によって.
ínference rèader 投資推測調査員 《政治・経済・社会情勢を調査して投資に対する見きわめをする証券専門家》.
in·fer·en·tial /ìnfərénʃəl/ *a* 推理の[に似た]; 推理[推論]に基づいた, 推断した. ♦ **~·ly** *adv* 推論的に, 推論によって.
infér·ible *a* INFERABLE.
in·fe·ri·or /ɪnfíəriər/ *a* (opp. *superior*) **1** 《位置が》下位の, 下方の; 下級の, 目下の; 劣った, 劣等の 〈*to*〉; 質の悪い, 粗末な; あまり良くない, 中程度の, 並みの: an ~ officer 下級将校[役員] / This is ~ *to* that. これはあれより劣っている. **2** 〘解〙〈器官が〉下位の; 〘動〙腹側の; 〘印〙下付きの 《H_2, D_n の 2, n などにいう》; 〘植〙〈萼(がく)・子房が〉下位の, 下に付いた; ABAXIAL. **3** 〘天〙〈惑星が〉地球と太陽の間にある (⇨ INFERIOR PLANET). ► *n* 目下の者, 下級者, 劣った人[もの]; 〘印〙下付き数字[文字]. ♦ **~·ly** *adv* [L (compar) < *inferus* low]
inférior conjúnction 〘天〙内合 《合のうち内惑星が太陽と地球の間にある場合》.
inférior cóurt 下位裁判所 《英国では州裁判所・治安判事裁判所以下の, 米国では一般的管理権をもつ裁判所以外の裁判所》.
inférior góods *pl* 〘経〙下級財, 劣等財 《所得が増えれば消費量が減るような, より劣等な代用品》.
in·fe·ri·or·i·ty /ɪnfìərió(ː)rəti, -ár-/ *n* 下位, 劣ること, 劣等(性), 劣勢 (opp. *superiority*); 粗悪.
inferiórity còmplex 〘精神分析〙劣等複合, 劣等感 (opp. *superiority complex*); 《俗に》ひけめ, ひがみ.
inférior plánet 〘天〙内惑星 《地球と太陽との間にある水星・金星》.
in·fer·nal /ɪnfə́ːrn(ə)l/ *a* 黄泉(よみ)の国の, 地獄の(ような); 悪魔のような, 非道の (hellish); 《口》ひどい, 我慢ならない, いまいましい: the ~ regions 地獄 / an ~ bore ひどく退屈な男. ► *n* [*pl*] 《古》悪魔のような人びと; [*pl*] 《古》地獄. ♦ **~·ly** *adv* 悪魔[地獄]のように; 《口》ひどく. **in·fer·nal·i·ty** /ìnfərnǽləti/ *n* [OF<L; ⇨ INFERNO]
inférnal machíne 偽装爆破装置 《今は booby trap, time bomb などというのが普通》.
in·fer·no /ɪnfə́ːrnoʊ/ *n* **1** (*pl* ~**s**) 地獄 (hell); 《大火災などの》地獄のような場所[光景]; 灼熱. **2** [the I-] 地獄編 《Dante の *La Divina Commedia* 中の第一篇》. [It<L *infernus* situated below]
in·fe·ro- /ínfəroʊ, -rə/ *comb form* 「下に」「下側に」 [L (*inferus* below)]
ìnfero·antérior *a* 下前部の.
in·fer·rer /ɪnfə́ːrər/ *n* 推論者, 推測者.
in·fer·ri·ble /ɪnfə́ːrəb(ə)l/ *a* INFERABLE.
in·fértile *a* 〈土地が〉やせた, 不毛の; 〈動植物が〉生殖力[繁殖力]のない, 不妊の; 〈卵が〉無精の, 受精していない. ♦ **ìn·fertílity** *n* 不毛, 不妊(性); 生殖[繁殖]不能(症), 不妊症. [F or L]
in·fest /ɪnfést/ *vt* 〈多数の害虫・海賊・病気などが〉…に横行する, はびこる, 群がる, 荒らす; 〈ノミなどが動物〉に寄生する, たかる: a coast ~*ed with* pirates 海賊が横行する沿岸 / shark-~*ed* waters サメが出没する水域. ♦ **~·er** *n* [OF or L=to assail (*infestus* hostile)]
in·fes·tant /ɪnféstənt/ *n* INFEST するもの[生物], 寄生動物 《衣蛾(いが)・こな虫・酢線虫など》.
ìn·fes·tá·tion *n* 横行, 出没, 蔓延, 群がり; 《寄生虫などの》(体内)侵入, 侵襲.
in·feu·da·tion /ìnfjudéɪʃ(ə)n/ *n* 下封, ENFEOFFMENT: the ~ of tithes 十分の一税徴収権の俗人への譲与. [L; ⇨ FEE]
in·fib·u·late /ɪnfíbjəlèɪt/ *vt* 《留め金[リング]で, または部分縫合で》〈陰部を〉封鎖する 《性交できなくするため》. ♦ **in·fib·u·lá·tion** *n* (陰部[陰門])封鎖. [L; ⇨ FIBULA]
in·fi·del /ínfəd(ə)l, -dèl/ *n* 《主に古》《特定の宗教に対する》不信心者; 《一般に》不信心者, 信仰のない人, 無神論者; 異教徒 《かつてキリスト教徒とイスラム教徒が互いに相手を呼ぶのに使った》; 懐疑的な人. ► *a* 不信心な; 異教徒の. [OF or L (*fidelis* faithful < *fides* faith)]
ìn·fidélity *n* 不信心; 不信, 背信(行為); 不貞, 不義, 不倫.
ín·fìeld *n* 〘野・クリケット〙内野(の各ポジション); 内野手 (infielders) (opp. *outfield*); 《競技場トラック内の》フィールド; 農家の周囲[付近]の畑, 耕地. ► *adv* infield の方へ[中へ], 内野へ. ♦ **~·er** *n* 内野手.
ínfield flỳ 〘野〙内野フライ, インフィールドフライ.
ínfield hìt 〘野〙内野安打.
ínfield òut 〘野〙内野ゴロアウト.
ín·fìelds·man /-mən/ *n* 〘クリケット〙INFIELDER.
in fi·eri /ɪn fíəri/ *a* なりつつある, 完成の途中で. [L=in course of completion]
ín·fìght·ing *n* 〘ボク〙接近戦, インファイト; 内部抗争, 内ゲバ; 乱戦, 乱闘. ♦ **ín·fìght** *vi* **ín·fìght·er** *n*
ìn·fìll *vt* 〈空いている場所を〉埋める, 詰める, ふさぐ, 充填する. ► *n* INFILLING.
ín·fìll·ing *n* 空間[隙間]をふさぐ[埋める]こと; 充填材; 《都市計画》既存の建物の間の空地に建物を建てること: ~ housing 埋込み住宅.
in·fílter *vi* 漉(こ)し入れる, ふるい入れる.
in·fil·trate /ɪnfíltrèɪt, ⌐⌐⌐; ⌐⌐⌐/ *vt* 浸透[浸潤]させる, 染み込ませる 〈*into*〉; 〈物質〉に浸透する; 〈軍隊を〉侵入させる, 潜入させる 〈*into*〉; 〈組織など〉に潜入する. ► *vi* 浸透する, 侵入[潜入]する. ► *n* 浸入物; 〘医〙浸潤物. ♦ **-trà·tor** *n* [*in*-²]
ìn·fil·trá·tion *n* 浸入, 浸透; 《敵陣などへの》侵入, 潜入; 〘医〙浸潤(物); 〘冶〙溶浸; 〘地質〙浸潤; 浸入物: ~ of the lungs 肺浸潤.
infiltrátion gàllery 〘土木〙集水埋渠(きょ)[暗渠].
in·fil·tra·tive /ínfɪltrèɪtɪv, ɪnfíltrətɪv/ *a* 染み込む, 浸透[浸潤]する; 浸潤性の.
in·fi·mum /ɪnfáɪməm, -fíː-/ *n* 〘数〙下限 (greatest lower bound) (cf. SUPREMUM). [L]
infin. infinitive.
in fi·ne /ɪn fíːnè, -fáɪnèɪ/ *adv* 終わりに (finally) 《略 in f.》. [L]
in·fi·nite /ínfənət/ *a* 無限の; 無量の, 無数の; 莫大な, 果てしない (endless); 〘数〙無限の (opp. *finite*); 〘文法〙不定の, 非定形の 《人称および数の限定をうけない infinitive, gerund など》: an ~ variety [number] of... 無数の…. ► *n* [the I-] 造物主, 神, 無限者 (God); [the] 無限の空間[時間]; 無限大, 無限量; 〘数〙無限: an ~ of... 無限[無量]の…. ♦ **~·ly** *adv* 無限に, 際限なく; 大いに, 非常に. **~·ness** *n*
ínfinite íntegral 〘数〙無限積分.
ínfinite lóop 〘電算〙無限ループ 《プログラム中, 何度反復しても終了条件が満されないループ》.
ínfinite próduct 〘数〙無限(乗)積.
ínfinite régress 〘論・哲〙無限後退 《ある事柄の成立条件の条件を求め, さらにその条件を求めるといったふうに無限にさかのぼること》.
ínfinite séries 〘数〙無限級数.
in·fin·i·tes·i·mal /ɪnfìnətésəm(ə)l/ *a* 微小の; 〘数〙無限小の, 微分の. ► *n* 極微量; 〘数〙無限小. ♦ **~·ly** *adv* **~·ness** *n* [NL (⇨ INFINITE); cf. CENTESIMAL]
infinitésimal cálculus 〘数〙極限[無限]算法 《微積分学 differential calculus および integral calculus》.
in·fin·i·tive /ɪnfínətɪv/ 〘文法〙*n* 不定詞[形] 《I can go. や I want to go. における *go*, *to go*; *to* の付くものは *to*-~, *to* の付かないものは bare [root] ~; cf. SPLIT INFINITIVE》. ► *a* 不定詞の. ♦ **~·ly** *adv* **-ti·val** /ɪnfìnətáɪv(ə)l/ *a* [L *in*-¹(*finitivus* definite < *finit- finio* to define)]
in·fin·i·tize /ɪnfínətàɪz/ *vt* 《時間・空間・状況などの制約から解放して》無限にする.
in·fin·i·tude /ɪnfínət(j)ùːd/ *n* 無限; 無限の数量[広がり]: an ~ of... 無数の…. [INFINITE, *-tude*]
in·fin·i·ty /ɪnfínəti/ *n* 無限; 無限の時間[空間, 数量]; 〘数〙無限

大《記号 ∞》; 〖理〗無限遠; TRANSFINITE NUMBER; 〖写〗無限遠(用目盛り), 無限大, インフ; [〈*a*〉] 超高感度の: an ～ of… 無数の… / an ～ microphone [transmitter, bug]《スパイ用の》超高感度マイク[送話器, 盗聴器]. ● **to ～** 無限に. [OF<L; ⇨ INFINITE]

infínity pòol インフィニティプール《端が水面下に隠されて見えず, 無限に広がっているように感じさせるプール》.

in·firm /ɪnfə́ːrm/ *a* 《身体的に》弱い, 虚弱な, 衰弱した; 《性格・意志が》弱い, 決断力のない, 優柔不断な; 〈支柱・構造が〉しっかりしていない, ぐらぐらする, 不安定な; 〈論拠が〉薄弱な, 〈財産権が〉効力のない: ～ *with* age 老衰して / ～ *of* purpose 意志の弱い. ♦ **～·ly** *adv* **～·ness** *n*

in·fir·mar·i·an /ìnfərmɛ́əriən/ *n* 《修道院施療所などの》看護人.

in·fir·ma·ry /ɪnfə́ːrm(ə)ri/ *n* 《特に 修道院・学校・工場などの》診療所, 小病院, 養護室《病院名としてよく使われる》. [L; ⇨ INFIRM]

in·firm·a·to·ry /ɪnfə́ːrmətɔ̀ːri; -t(ə)ri/ *a* 〈論拠などを〉弱める[無効にする]ような 〈*of*〉.

in·fir·mi·ty /ɪnfə́ːrməti/ *n* 虚弱, 病弱; 柔弱; 病気, 疾患; 《精神的な》欠点, 弱点.

ín·fìx *vt* /, ⌐ ⌐/ 差し込む, はめ込む 〈sth *in* another〉; しっかり焼きつける 〈a fact *in* one's mind〉; 〖言〗〈挿入辞を〉挿入する. ► *n* 〖言〗《接頭辞・接尾辞に対して》挿入辞. ► *a* 〖数〗中置の《演算子を演算数の間に置く》. ♦ **ìn·fix·átion** *n*

infl. influenced.

in·fla·ces·sion /ìnfləsέʃ(ə)n/ *n* 〖経〗インフラセッション《インフレを抑制できないために生ずる景気後退》. [*infla*tion＋re*cession*]

in fla·gran·te (de·lic·to) /ìn fləgrǽnti (dɪlíktou)/ *adv* FLAGRANTE DELICTO.

in·flame /ɪnfléɪm/ *vt* …に火をつける, 燃え上がらせる, あかあかと照らす; 〈人を〉おこらせる, 興奮させる; 〈感情・欲望・食欲などを〉過度に刺激する, 〈怒りなどを〉あおる; 激化させる; 《怒り・興奮で》〈顔を〉赤くさせる, 〈目を〉まっ赤にさせる[はれあがらせる]; 〈血液・体組織〉に異常に熱をもたせる[炎症を起こさせる]. ► *vi* 燃え上がる; 激怒[興奮]する; 赤くはれあがる, 炎症を起こす. ♦ **in·flám·er** *n* [OF<L (*in*-²)]

in·flam·ma·ble /ɪnflǽməb(ə)l/ *a* 燃えやすい, 可燃性の, 引火性の; 激し[おこり]やすい, 興奮しやすい. ► *n* 可燃物. ♦ **-bly** *adv* **～·ness** *n* **in·flàm·ma·bíl·i·ty** *n* [↑; F *inflammable* の影響]

in·flam·ma·tion /ìnfləméɪʃ(ə)n/ *n* 点火, 着火, 伝火, 燃焼; 《感情などの》燃え上がり, 激怒; 〖医〗炎症: an ～ of nationalism / ～ of the lungs 肺炎 (pneumonia).

in·flam·ma·to·ry /ɪnflǽmətɔ̀ːri; -t(ə)ri/ *a* 怒り[敵意, 激情など]をかきたてる, 感情を刺激する, 激昂させる, 煽動的な〈演説など〉; 〖医〗炎症性の. ♦ **-ri·ly** *adv*

inflámmatory bówel disèase 〖医〗炎症性腸疾患《クローン病 (Crohn's disease) または 潰瘍性大腸炎 (ulcerative colitis); 略 IBD》.

in·flát·able *a, n* 《空気などで》ふくらませることのできる(もの)《ゴム風船・ゴムボートなど》.

in·flate /ɪnfléɪt/ *vt* 《空気・ガスなどで》ふくらませる 〈*with*〉; 膨張させる, ふくれあがらせる; 《誇り・満足で》得意がらせる, 慢心させる, 意気軒昂にする (elate); 〖経〗〈物価などを〉吊り上げる, 〈通貨を〉膨張させる, 〈数字などを〉水増しする 〈*with*〉: ～ a balloon / be ～*d with* pride 得意がる. ► *vi* 膨張する, ふくらむ. ♦ **in·flát·er, -flá·tor** *n* [L (*in*-², *flat- flo* to blow)]

in·flát·ed *a* 《空気などで》ふくれあがった, 充満した; 得意になった, 慢心した; 〈文体・言語が〉大げさな, 仰々しい; 《インフレの結果》暴騰した, 〈通貨が〉著しく膨張した; 〖植〗中空の, ふくらんだ: the ～ value of land 暴騰した地価. ♦ **～·ly** *adv* **～·ness** *n*

in·fla·tion /ɪnfléɪʃ(ə)n/ *n* 〖経〗インフレーション, 通貨膨張 (opp. *deflation*), 《物価などの》暴騰; 《口》物価上昇率; ふくらませること; 膨張; 〖天〗インフレーション《ビッグバンによる宇宙誕生直後の指数関数的な宇宙膨張》; 得意; 仰々しさ.

inflátion·àry /; -(ə)ri/ *a* インフレの, インフレを誘発する: an ～ tendency インフレ傾向.

inflátionary gáp 〖経〗インフレギャップ《総需要[総支出]が総供給[純国民生産]を上回ったときのその差》.

inflátionary spíral 〖経〗悪性インフレ, インフレスパイラル《物価と賃金の相互上昇による》.

inflátion·ìsm *n* インフレ政策, 通貨膨張論. ♦ **-ist** *n, a*

inflátion-pròof *vt* 〈投資・貯蓄などを〉インフレから守る《物価スライド方式などによって》.

in·flect /ɪnflékt/ *vt* (内に)曲げる, 内曲[屈曲, 湾曲]させる (bend); 〖数〗変曲させる; 〖文法〗〈語を〉屈折[語形変化]させる (cf. INFLECTION); 〈声〉の調子[高さ]を変える, …に抑揚をつける (modulate); …に影響を及ぼす, 大きく変える. ► *vi* 〈語が〉屈折[語形変化]する; 〈声が〉変化する. ♦ **～·able** *a* [L (*flex- flecto* to bend)]

infléct·ed *a* 〈語が〉変化した, 〈言語が〉屈折のある; 〖動・植〗INFLEXED.

in·flec·tion | -flex·ion /ɪnflékʃ(ə)n/ *n* 屈曲, 湾曲; 音声の調節; 抑揚 (intonation); 〖文法〗屈折《名詞・代名詞・形容詞の declension, 動詞の conjugation を含む》; 変化形, 活用形, 屈折語尾; 形態論; 〖数〗変曲《曲線の凹凸の変化》; INFLECTION POINT. ♦ **～·less** *a* 屈曲[屈折, 抑揚]のない. [F or L]

infléction·al *a* 屈曲の; 〖文法〗屈折[活用, 語尾変化]の(ある); 抑揚の: ～ endings 屈折語尾 / an ～ language 屈折言語《同一の語が語形変化により種々の文法的機能をおびることを特徴とする言語類型; 代表例はラテン語・ギリシア語; cf. AGGLUTINATIVE language, ISOLATING LANGUAGE, SYNTHETIC language》. ♦ **～·ly** *adv*

infléction pòint 転換点[期]; 〖数〗変曲点《曲線の凹凸の変わり目》, 〖土木〗反曲点; TURNING POINT.

in·fléc·tive *a* 屈曲する; 〖文法〗屈折[語形変化]する; 〈音が〉抑揚のある.

in·flexed /ìnflèkst, ⌐⌐/ *a* 〖動・植〗下へ[内へ, 軸寄りに]曲がった, 内曲した: an ～ leaf.

in·fléxible *a* 《固くて》曲がらない, 曲げられない, 柔軟性を欠く; (意志を)曲げない, 変化に応じない, 剛直な, 頑固な; 曲げられない, 変えられない, 融通のきかない, 不変の〈決定・法律など〉. ♦ **in·flexibílity** *n* 曲げられないこと, 不撓性; 剛直, 頑固, 不変. **-ibly** *adv* **～·ness** *n*

inflexion ⇨ INFLECTION.

in·flict /ɪnflíkt/ *vt* 〈打撃・傷などを〉加える, 負わせる; 〈罰・重荷などを〉科する, 課する, 押しつける; 〈人を〉苦しめる, 悩ます (afflict): ～ a blow [a wound] *on* sb 人に打撃を加える[傷を負わせる] / ～ one*self* [one's company] *on* sb 人に迷惑[厄介]をかける / be ～*ed with*…で苦しめられる. ♦ **～·able** *a* **～·er, -flíc·tor** *n* [L (*flict- fligo* to strike)]

in·flic·tion /ɪnflíkʃ(ə)n/ *n* 《打撃・苦痛・罰を》加える[課する, 科すること; 刑罰, 苦しみ, 難儀, 迷惑: ～ of emotional distress 感情的苦しみを加えること.

in·flíc·tive *a* 打撃を加える, 重荷を課する; 刑罰の, 苦痛の, 難儀の.

ín-flíght /, ⌐ ⌐/ *a* 飛行中の[に行なわれる]: ～ meals 機内食 / ～ magazines 機内雑誌 / ～ movies 機内映画 / ～ refueling 空中給油.

ìn·florèscence *n* 〖植〗花序《軸上の花の並び》; 花部, 花の咲く部分; 花房; 花《集合的》; 《一輪の》花; 《一般に》花の咲くこと, 開花(現象). ♦ **in·florèscent** *n* 開花している. [L (*in*-², FLOURISH)]

ín·flow *n* 流入 (influx); 流入物; 流入量. ♦ **～·ing** *a, n*

in·flu·ence /ínfluːəns/ *n* **1** 影響(力), 感化(力), 作用, 力 〈*on*〉; 人を左右する力, 威力, 勢力, 権勢, 威光, にらみ, 説得力 〈*over, with* sb〉; 《私利を得るための》権力の行使, 不当干渉: the ～ of the moon *upon* the tides 月が潮に及ぼす作用 / under the ～ of liquor [a drug] 酒[麻薬]に酔って / the sphere of ～ 勢力範囲 / undue ～ 不当の威圧, 不当圧力 / outside ～ 外圧 / use [exert, exercise] one's ～ *with* [*to* do]…に対して[…するよう]尽力する[影響力を行使する] / through sb's ～ 人の尽力で. **2** 影響を及ぼす人[もの], 勢力者, 有力者: a good [bad] ～ 道徳的に良い[悪い]影響を与える人[もの] / He's an ～ for good [evil]. 人を善[悪]に誘う人だ / an ～ in the political world 政界の実力者. **3** 〖電〗誘導, 感応 (induction); 〖占星〗《天体が発する》霊液《人の行動に影響を及ぼすと考えられた》, 感応(力)《天体からの霊気の力》. ● **under the ～** 〖法〗酒気を帯びて; 《口》酔って (drunk). ► *vt* …に影響[感化]を及ぼす, 左右する, 動かす; *《口》〈飲み物〉に酒を加える: He ～*d* me against going to college. 彼に感化されて大学に進学するのをやめた / Food ～*s* our health. 食物は健康を左右する. ♦ **～·able** *a* **ín·flù·enc·er** *n* [OF or L (IN*fluo* to flow in)]

ínfluence pèddler* 《賄賂をもらって有力者に話をつける》口きき屋, フィクサー. ♦ **ínfluence pèddling** *n* [< PEDDLE one's influence]

ín·flu·ent *a* 流れ込む, 流入する, 注ぐ; 《古》影響力を与える. ► *n* 流入; 流入水, 支流; 〖生態〗影響種《群集全体の調和上重要な影響を及ぼす生物》.

in·flu·en·tial /ìnfluénʃ(ə)l/ *a* (大きな)影響を及ぼす[もつ], 勢力のある, 有力な: in ～ quarters 有力筋に. ► *n* 影響力をもつ人物, 有力者, 実力者. ♦ **～·ly** *adv* 幅をきかして.

in·flu·en·za /ìnfluénzə/ *n* 〖医・獣医〗インフルエンザ, 流行性感冒《口語では (the) flu という; ウイルスは A, B, C の 3 型に分類される》; 《広く》感冒, かぜ. ♦ **ìn·flu·én·zal** *a* [It; ⇨ INFLUENCE; 疫病が星の影響と考えられたため]

in·flux /ínflʌ̀ks/ *n* 流入 (opp. *efflux*); 到来, 殺到 〈*of* customers〉; 《本・支流の合する》流入点, 河口 (estuary). [F or L (*in*-²)]

in·fo /ínfou/ *n* **1** (*pl* **～s**) 《口》INFORMATION. **2** 〖インターネット〗info《domain 名の一つ》.

in·fóld[1] *vt* ENFOLD. ► *vi* 内側に折れる, 折り重なる. ♦ **～·er** *n* **～·ment** *n*

infold[2] *vt, vi* 〈腸管などの管状器官の一部などを[が]〉陥入させる[する] (invaginate). [*in*-²]

in·fo·me·di·ary /ìnfoumíːdièri; -əri/ *n* 《ネットショッピング・オークションなどの》売買情報仲介業者[サイト]. [*info*rmation＋inter*mediary*]

in·fo·mer·cial /ìnfəmə́ːrʃ(ə)l/ *n* 《主に米》インフォマーシャル《製品やサービスについての詳しい情報を提供する番組の形態をとるテレビコ

マーシャル》. [*information*＋*commercial*]

in·fo·pre·neur /ɪnfoʊprənə́:r/ *n* 情報工学産業の企業家. ♦ **～·ial** *a* [*information*＋*entrepreneur*]

in·form[1] /ɪnfɔ́:rm/ *vt* **1 a** 〈人〉に〈…のことを〉告げる, 知らせる, 告知[通知, 報知]する 〈*about*, *of*〉: I ～*ed* my mother *of* my safe arrival.＝I ～*ed* my mother *that* I had safely arrived. 母に無事着いたと通知した / We were ～*ed that*…という通知があった / I beg to ～ you *that*…につきご通知申し上げます / be reliably ～*ed* 信頼すべき筋から聞いている / be fully ～*ed* 詳しく聞いている. **b** 〈人〉に密告する: I'm going to ～ your mother *on* you. きみのことを母親に言いつけてやる. **2** 〈ある特徴・性格が〉…にみなぎっている, 充満している, 浸透している; 特徴づける; 《生気などを》…に吹き込む, 活気づける (animate); 《廃》〈精神・性格を〉形成する, 訓練[指導]する, 教え込む; 《廃》…に指図する, 導く (direct); 《廃》公表する; 《廃》形づくる, …に形を与える, 整える: the social ideals which ～ the culture 当該文化を特徴づけている社会理念 / His performance is ～*ed with* passion. 彼の演技には情熱があふれている / ～ sb *with* new life 人に新しい生命を吹き込む. ► *vi* 情報[知識]を与える; 告げ口する, 密告[通報]する, 告発する: One of the thieves ～*ed against* [*on*] the others. 一人がほかの仲間を密告した. ♦ **～·ing·ly** *adv* [OF<L *in-*[2](FORM)＝to give shape to, describe]

inform[2] 《古》 *a* (はっきりした)形のない; ぶかっこうな〈怪物など〉. [*in-*[1]]

ín-fórm[‖] *a* 好調の, 《試合・競技に備えて》仕上がっている.

in·fórmal *a* 略式の, 非公式の; 形式[儀式]ばらない, うちとけた; 〈衣服など〉ふだん(着)の; 〈ことばなど〉口語[会話]体の, くだけた《正式の文章には向かないが教養ある人が日常の話しことばで用いる》; 〔文法〕《ドイツ語・フランス語などで》〈二人称が〉親密さを表わす[くだけた]形の: ～ dress 略服 / an ～ visit 非公式訪問 / ～ conversations 非公式会談《記録をとらない》. ♦ **～·ly** *adv*

ìn·formálity *n* 非公式, 略式, 形式ばらないこと; 略式の[形式ばらない]行為[やり方, 手続き など].

infórmal vóte 《豪》無効の投票(用紙).

in·for·mant /ɪnfɔ́:rmənt/ *n* 通知者, 報知者, 情報提供者; 密告者, 略式起訴状提出者, 略式起訴者; 〔言〕被調査者, 《土地固有の文化・言語などの》情報[資料]提供者, インフォーマント. [INFORM[1]]

in for·ma pau·pe·ris /ɪn fɔ́:rmə pɔ́:pərəs/ *adv*, *a* 〔法〕《訴訟費用などを支弁しない》貧者の資格で(の), 訴訟救助で(の). [L]

in·for·ma·tics /ìnfərmǽtɪks/ *n* 情報学 (information science).

in·for·ma·tion /ìnfərméɪʃ(ə)n/ *n* **1 a** 通知, 報知, 報告, 情報, インフォメーション; 知識, 見聞; 知らせ, 事実, 資料 (data) 〈*on*, *about*〉; 〔電算・遺〕情報: ask for ～ 問い合わせる, 照会する / give ～ 知らせる / a sad piece [bit] of ～ 悲報 / for your ～ ご参考までに; 言っておきますがね / ～ bureau 情報部. **b** 《警察などへの》通報, 密告; 〔法〕告発(状), 告訴状, 《大陪審を経ない》略式起訴(状); 起訴: lodge [lay] an ～ against…を告発[密告]する. **2** 《駅・ホテル・電話局などの》案内(係[所]): Call ～ and ask for her phone number. 番号案内に電話して電話番号を聞きなさい / an ～ office 《駅などの》案内所. ♦ **～·al** *a* 情報の, 情報を提供する. **～·al·ly** *adv* **～·less** *a* [OF<L; ⇨ INFORM[1]]

informátional pícketing* 広報ピケ《要求・不満を一般に知らせるためのピケ》.

informátion àrt 情報芸術, インフォメーションアート《情報の伝達と表現に関する芸術》.

informátion cènter 情報[広報]センター; (観光)案内所.

informátion dèsk 《受付机のある》案内所, 受付.

informátion òverload 情報過多.

informátion pollùtion 情報公害, 情報の氾濫.

informátion pròcessing 情報処理.

informátion provìder 情報提供者《データベースやサーバーを通じて情報を提供する個人[組織]; 略 IP》.

informátion retrìeval 〔電算〕情報検索《略 IR》.

informátion scìence 情報科学.

informátion superhíghway [the] 情報スーパーハイウェー《特に 1990 年代に米国で構想された高度情報通信網》.

informátion sỳstem 情報(処理)システム.

informátion technólogy 〔通信〕情報技術[テクノロジー]《コンピューターと遠距離通信技術を用いたデータ収集・処理・記憶・伝達の技術; 略 IT》.

informátion thèory 〔数・通信〕情報理論《確率論・通信論の一分野》.

in·for·ma·tive /ɪnfɔ́:rmətɪv/ *a* 知識[情報]を与える, 見聞を広める; 有益な, 教育的な (instructive). ♦ **～·ly** *adv* **～·ness** *n* [L (INFORM[1])]

in·for·ma·to·ry /ɪnfɔ́:rmətɔ̀:ri; -t(ə)ri/ *a* 情報[知識]を与える, ためになる, 啓発的な. ♦ **in·fòr·ma·tó·ri·ly** /; ɪnfɔ́:mət(ə)rɪli/ *adv*

in·fórmed *a* 情報に通じた, 知っている; 情報に基づく; 知識[学識]のある, 見聞の広い: a well-～ man 情報通 / ～ sources 消息筋. ♦ **～·ly** /, -mədli/ *adv* **～·ness** /, -məd-/ *n*

infórmed consént 〔医〕十分な説明に基づく同意, インフォームドコンセント《手術や実験的治療をうける場合, その詳細を知らされたうえで患者が与える同意》.

infórm·er *n* 通知者; 情報提供者 (informant); 密告者, 略式起訴状提出者, 略式起訴者; 《警察へ違法行為の情報を売る》職業的密告者[略式起訴者], 情報屋, たれ込み屋 (＝common ～).

in·fo·tain·ment /ìnfətéɪnmənt/ *n* 娯楽報道番組[記事]《報道性よりも娯楽的興味をねらう報道番組[記事]やドキュメンタリー》. [*information*＋*entertainment*]

ínfo·tèch *n* INFORMATION TECHNOLOGY.

ínfo·wàr *n* CYBERWAR; 《マスコミ・ネットなどの》宣伝[プロパガンダ]合戦.

in·fra /ínfrə/ *adv* 下に, 下方に, 以下に, 下記に, 後掲 (opp. *supra*): see ～ p. 40 以下の40ページを見よ. [L＝below]

in·fra- /ínfrə/ *pref*「下に」「下部に」「下位に」「の内に」: *infra*costal / *infra*clavicular 鎖骨下の. [L (↑)]

ínfra·clàss *n* 〔生〕下綱(こう)《subclass の下位分類》.

ìnfra·cóstal *a* 〔解〕肋骨下の.

in·fract /ɪnfrǽkt/ *vt* 〈法律・誓約などを〉破る, …に違反する (violate). ♦ **in·frác·tor** *n* **in·frác·tion** *n* 違反. [L; ⇨ INFRINGE]

in·fra·di·an /ɪnfréɪdiən/ *a* 〔生〕〈生物活動のリズムが〉24 時間よりも長い周期で変動する, 一日 1 回未満反復する.

ínfra díg /-díg/ *pred a* 《口》INFRA DIGNITATEM.

ínfra dig·ni·tá·tem /-dìgnətéɪtəm/ *pred a* 品格を下げる, 体面[沽券]にかかわる. [L]

ìnfra·húman *a*, *n* ヒト[人間]より下位の(もの); ANTHROPOID.

in·fra·lap·sar·i·an /ìnfrəlæ̀psέəriən/ 〔神学〕*n* 堕罪後予定論者, 後定論者. ► *a* 堕罪後予定説の, 後定論者の. [*infra*, L *lapsus* a fall]

infralapsárian·ìsm *n* 〔神学〕堕罪後予定説, 後定論《神の善人選択は人祖の堕罪後になされたと信ずるカルヴァン派などの神学説; opp. *supralapsarianism*》.

ìnfra·márginal *a* 縁[端]の下の, 外縁の.

in·frángible *a* 破壊できない, ばらばらにできない〈そろいなど〉; 犯すべからざる〈法律〉, 破ってはならぬ〈約束〉. ♦ **-bly** *adv* **～·ness** *n* **in·frangibílity** *n*

ínfra·òrder *n* 〔生〕下目(もく)《亜目 (suborder) の下に位置する分類階級》.

ìnfra·réd *a* 〔理〕赤外(線)の; 赤外線を生ずる[利用する]; 赤外線を感知する. ► *n* 赤外線《略 IR; cf. ULTRAVIOLET》.

infraréd astrónomy 赤外線天文学.

infraréd detéctor 〔電子工〕赤外線検出[探知]器.

infrared pórt 〔電算〕赤外ポート《赤外線を使ってデータをやりとりするためのポート》.

infraréd radiátion 赤外線.

ìnfra·rénal *a* 〔解〕腎臓下の.

ìnfra·sónic *a* 〔理〕超低周波[可聴下周波]の[による].

ìnfra·sónics *n* 超低周波[可聴下周波](学).

ínfra·sòund *n* 〔理〕超低周波不可聴音.

ìnfra·specífic *a* 〔生〕種以下の, 種内の: ～ category 低次分類単位《亜種 (subspecies) など》/ ～ evolution 種以下の進化.

ínfra·strùcture *n* 基礎構造, 土台; 《都市・国家・多国間集団防衛条約機構などの》(恒久的)基幹施設《道路・港湾・病院・学校・発電所・交通機関・灌漑施設・通信施設・飛行場・要塞・ミサイル基地・兵站基地など》, 社会的生産基盤, インフラストラクチャー, インフラ. ♦ **ìnfra·strúctural** *a*

in·fréquent *a* めったに起こらない, (時)たまの, まれな, 低頻度の; 普通でない, 珍しい; 数少ない; ところどころにしかない. ♦ **～·ly** *adv* まれに, たまに: not ～*ly* しばしば, 時々. **in·fréquence, -cy** *n* まれなこと.

in·fringe /ɪnfríndʒ/ *vt* 〈法を〉破る, 犯す, 〈権利を〉侵害する; 《廃》こわす, だめにする; 《廃》負かす, くじく. ► *vi* 〈権利などを〉侵害する 〈*on*〉; 〈他の領域に〉はいり込む 〈*on*〉. ♦ **in·fríng·er** *n* **～·ment** *n* (法規)違反; 《特許権・著作権などの》(権利)侵害. [L *in-*[2](*fract-fringo*＝*frango* to break)＝to break off]

in·fruc·tes·cence /ìnfrʌktés(ə)ns/ *n* 〔植〕果実序.

in·frúctuous *a* 実を結ばない, 不毛の; 無益の. ♦ **～·ly** *adv*

in·fu·la /ínfjələ/ *n* (*pl* **-lae** /-lì:/) 〔カト〕司教冠垂飾《司教冠の後ろに 2 本たれさがっている》. [L]

in·fun·dí·bu·li·fòrm /ìnfəndíbjələ-/ *a* 〔植〕じょうご形の, 漏斗状の.

in·fun·dib·u·lum /ìnfəndíbjələm/ *n* (*pl* **-u·la** /-lə/) 〔生〕漏斗状器官; 〔解〕漏斗, 漏斗(状)部, 漏斗管. ♦ **ìn·fun·díb·u·lar, -díb·u·làte** *a* 漏斗の(ある); 漏斗状の. [L]

in·fu·ri·ate /ɪnfjʊ́ərièɪt/ *vt* 激怒させる: be ～*d* at…にかんかんにおこる. ► *a* /-riət/ 激昂した. ♦ **in·fú·ri·àt·ing** *a* **in·fú·ri·àt·ing·ly** *adv* **in·fù·ri·á·tion** *n* [L (*in-*[2], FURY)]

in·fus·cate /ɪnfʌ́skèɪt, -kət/, **-cat·ed** /-kèɪtəd/ *a* 〔昆〕黒ずんだ, 暗褐色の: ～ wings.

in·fuse /ɪnfjú:z/ *vt* 〈思想などを〉吹き込む, 染み込ませる; 持ち込む,

導入する ⟨*into*⟩; 活発にする; ⟨薬・薬草・茶などを⟩水[湯]に浸して成分を出させる, 煮出す, 浸出させる; 〘医〙注入する ⟨*into*⟩: ～ children *with* spirit＝～ spirit *into* children 子供たちに元気を出させる. ► *vi* ⟨茶の葉などが⟩水[湯]に浸されて成分[風味]を出す, 浸出する, 出る. ♦ **in·fús·er** *n* 注入者[器]; 浸出器. **in·fús·i·ble**[1] *a* 注入できる; 吹き込める. [L *infus- infundo*; ⇨ FOUND[3]]

in·fúsible[2] *a* 溶解しない, 不溶解性の. ♦ **～·ness, in·fusibíl·ity** *n* 不溶解性. [*in-*[1]]

in·fu·sion /ɪnfjúːʒ(ə)n/ *n* 注入, 導入, 投入; 吹き込むこと ⟨*of* spirit *into* sb⟩; 《香料の》浸出; 〘医〙注入, 輸液《糖液・食塩水などの静脈内投与》; 《浸剤の》温浸(法); 注入物; 浸出液, 浸剤; 輸液剤; 混和物: an ～ of federal money 連邦資金の注入.

infúsion·ìsm *n* 〘神学〙霊気注入説《霊魂はすでに存在しており, 肉体が母体に宿りまたは生まれ出るときに注入されるとする》. ♦ **-ist** *n*

in·fu·sive /ɪnfjúːsɪv/ *a* 元気づける, 励ます, 鼓吹する.

in·fu·só·ri·al *a* 〘動〙(浸)滴虫の[を含む, からなる].

infusórial éarth 滴虫土 (kieselguhr)《不適切な旧称》.

ìn·fu·só·ri·an 〘動〙*a* INFUSORIAL. ► *n* (浸)滴虫.

in fu·tu·ro /ɪn fʊtúroʊ/ *adv* 将来(において). [L＝in the future]

Ing /ɪŋ/ 〘北欧神話〙FREY.

-ing[1] /ɪŋ/ *suf* (1) 動作・行為 (: driv*ing*), 職業 (: bank*ing*), できごと (: wedd*ing*), 作り出されたもの (: build*ing*), 使われるもの・材料 (: cloth*ing*),「…されるもの」(: wash*ing*),「…に関連するもの」(: off*ing*), 形状・配置 (: color*ing*) などを表わす(動)名詞をつくる. [OE *-ung, -ing*＜Gmc **-ungā*] (2) 現在分詞をつくり形容詞的に用いられる. 時に「…しそうな」,「…されるのに適した」の意. [OE *-ende*; 語尾は(1)との混同]

-ing[2] *n suf*「…に属する[の一種に由来する]もの」《時に指小辞的意味をもつ》: sweet*ing*, geld*ing*, wild*ing*, farth*ing*. [OE＜Gmc **-inga*; cf. -LING[1]]

ín·gàther *vt* 集め込む, ⟨特に 収穫物を⟩取り入れる. ► *vi* 集まる. ♦ **～·ing** *n* 収納, 収穫; 集合, 集会.

Inge[1] /índʒ/ インジ **William** (**Motter**) ～ (1913–73)《米国の劇作家; *Picnic* (1953), *Bus Stop* (1955)》.

Inge[2] /ɪŋ/ イング **William Ralph** ～ (1860–1954)《英国の聖職者・著述家; St. Paul's 大聖堂の dean (1911–34); 文化・時事問題への悲観的見解で知られ, 'gloomy dean' の異名をもつ》.

in·géminate *vt* 《まれ》繰り返す: ～ peace 静かにと繰り返し言う. ♦ **in·geminátion** *n*

in·gen·er·ate[1] /ɪndʒénərèɪt/ 《古》*vt* 発生[生じ]させる. ► *a* /-rət/ 生まれながらの, 生得の. ♦ **～·ly** *adv* [*in-*[2]]

in·gen·er·ate[2] /ɪndʒénərət/ *a* 《古》生まれた[生じた]のでない; 自存の, 固有の. [*in-*[1]]

Ing·en·housz /íŋənhàʊs/ インゲンホウス **Jan** ～ (1730–99)《オランダの医師・植物生理学者; 光合成を発見した》.

in·ge·nious /ɪndʒíːnjəs/ *a* 器用な, 巧妙な; 精巧な; 独創的な, 発明の才のある; 《廃》知力を示す[要する]. ♦ **～·ly** *adv* **～·ness** *n* INGENUITY. [ME＝talented＜F or L (*ingenium* cleverness)]

in·ge·nue, -gé- /ǽnʒənùː; ǽnʒèɪnjùː, ⌐–⌐; F ɛ̃ʒeny/ *n* 無邪気な少女[娘]; 純情な娘役(をする女優) (cf. SOUBRETTE). [F (fem)＜INGENUOUS]

in·ge·nu·i·ty /ɪndʒən(j)úːəti/ *n* 発明の才, 独創性, 創意; 巧妙さ, 精巧; 巧みな仕掛け; 《廃》純真[率直]さ: with ～ 巧みに. [L (↓); 語義は INGENIOUS との混同]

in·gen·u·ous /ɪndʒénjuəs/ *a* 率直な, 淡白な; 無邪気な, うぶな, 純真な, あどけない; 《廃》高貴の生まれの, 気高い; 《廃》INGENIOUS. ♦ **～·ly** *adv* **～·ness** *n* [L *ingenuus* freeborn, frank (**gen-* to beget)]

In·ger·soll /íŋgərsɔ̀(ː)l, -sɑ̀l, *-səl/ インガソル **Robert G**(**reen**) ～ (1833–99)《米国の法律家・雄弁家; 不可知論的な立場をふまえた講演で名をはせ 'great agnostic' の異名を得た》.

in·gest /ɪndʒést/ *vt* ⟨食物・薬などを⟩摂取する (opp. *egest*); ⟨思想などを⟩受け容れる; ⟨ジェットエンジンが異物を⟩吸い込む. ♦ **～·ible** *a* **in·ges·tion** /ɪndʒéstʃ(ə)n/ *n* 食物摂取, 摂食, (経口)摂取; 摂取[摂食]物. **in·gés·tive** *a* 食物摂取の. [L (*gest- gero* to carry)]

in·ges·ta /ɪndʒéstə/ *n pl* 摂取物, 飲食物. [L (↑)]

íng·fòrm *n* 〘文法〙ing 形《現在分詞・動名詞の総称》.

in·gle /íŋ(g)əl/ *n* 炉火; 炉 (fireplace); かど, 隅 (corner). [Sc＜? Gael *aingeal* fire, light]

In·gle·bor·ough /íŋ(g)ə)lbə̀ːroʊ, -b(ə)rə; -b(ə)rə/ イングルバラ《イングランド北部 North Yorkshire の山 (723 m)》.

íngle·nòok *n* 《大きな炉の》炉隅 (chimney corner); 《炉隅の》長椅子; ᴴ《俗》おまんこ.

íngle·sìde *n* FIRESIDE.

In·gle·wood /íŋgəlwʊ̀d/ イングルウッド《California 州南西部 Los Angeles の南西にある郊外都市》.

in·glórious *a* 不名誉な, 恥ずべき; 《文》名もない, 無名の. ♦ **～·ly** *adv* 不名誉に; 世に知られずに. **～·ness** *n*

ín·gòal *n* 〘ラグビー〙インゴール《ゴールラインとデッドボールラインの間のトライ可能なエリア》.

In Gód Wè Trúst われらは神を信ずる《米国貨幣および Florida 州の標語; 1956 年以後米国の公式の標語》.

ín·gò·ing *a* はいって来る; 洞察力のある: an ～ tenant 新借家[借地]人 / the ～ tide 入り潮 / an ～ mind 明敏な頭脳の持主 / an ～ question 鋭い質問. ► *n* はいって来ること; ᴴ《新借受人が払う》定着物件費, 造作費.

In·golds·by /íŋg(ə)l(d)zbi/ インゴルズビー **Thomas** ～《英国の文人 R. H. Barham (1788–1845) が韻文物語集 *The Ingoldsby Legends* (1840 出版) 発表に用いた仮名》.

In·gol·stadt /íŋgəlstɑ̀ːt, -ʃtɑ̀ːt/ インゴルシュタット《ドイツ南部 Bavaria 州中部の Danube 川に臨む市》.

in·got /íŋgət/ *n* 〘冶〙鋳塊, インゴット, 《特に》金[銀, 鉄]塊; 鋳型. ► *vt* ⟨地金を⟩インゴットにする. [? *in*[1]＋*goten* (pp)＜OE *geotan* to cast; 一説に, OF *lingot* ingot of metal を *l'ingot* (*le* the) と誤ったものか]

íngot íron 〘冶〙インゴット鉄《平炉でつくる純鉄》.

ín·gràde *a* 昇進なしで得る, 同一職階内の.

in·gráft *vt* ENGRAFT. ♦ **～·ment** *n*

ín·gràin *a* 紡織以前に染色した繊維でつくられた; 染色した糸で織った, 先染めの, 生(き)染めの; 深く染み込んだ, 根深い; 生得の, 根っからの: ～ vices 宿弊. ► *n* 地染めの糸; 生染めじゅうたん, 通風織り (＝**～ càrpet**); 生得の性質, 本性. ► *vt* /⌐–⌐/ しっかりと染み込ませる. [C18 *dyed in grain* dyed with kermes through fiber]

in·gráined *a* 深く染み込んだ; ⟨ばか・うそつきなど⟩根深い, 根っからの, 全くの; ⟨ごみ・汚れなど⟩こびりついた. ♦ **-gráin·ed·ly** /-(ə)dli/ *adv*

In·gram /íŋgrəm/ イングラム《男子名》. [Gmc＝? raven of Ing]

In·grams /íŋgrəmz/ イングラムズ **Richard** (**Reid**) ～ (1937–)《英国のジャーナリスト; 諷刺雑誌 *Private Eye, The Oldie* を編集》.

in·grate /íngrèɪt/ *n* 恩知らず, 忘恩の徒. ► *a* 《古》恩知らずの. ♦ **～·ly** *adv* [L (*gratus* GRATEFUL)]

in·gra·ti·ate /ɪngréɪʃièɪt/ *vt* 気に入られるようにする, 迎合する: ～ one*self with*…に取り入る, …の機嫌を取る. ♦ **in·grà·ti·á·tion** *n* ご機嫌取り, 取り入ること, 迎合(すること); 迎合行為. **in·gra·ti·a·to·ry** /ɪngréɪʃ(i)ətɔ̀ːri; -t(ə)ri/ *a* 機嫌を取る, 迎合する, 取り入ろうとする; 人に好感を与える. [L *in gratiam* into favor]

in·grá·ti·àt·ing *a* ご機嫌取りの, (いやに)愛想のいい, こびる (flattering); 人に好感を与える (pleasing). ♦ **～·ly** *adv*

in·grátitude *n* 忘恩, 恩知らず. [F or L; ⇨ INGRATE]

in·gra·ves·cent /ìngrəvés(ə)nt/ *a* 〘医〙漸進的に悪化する, 漸悪性の⟨病気など⟩. ♦ **in·gra·vés·cence** *n* 《病気などの》悪化, 進行. [L *gravo* to grow heavy]

in·gre·di·ent /ɪngríːdiənt/ *n* 成分; 《料理などの》材料, 具; 構成要素, 要因. [L *ingress- ingredior* to enter into]

In·gres /F ɛ̃ːgr/ アングル **Jean-Auguste-Dominique** ～ (1780–1867)《フランスの古典派の画家》.

in·gress /íngrès/ *n* 立入り, 入来, 進入 (opp. *egress*); 入場権, 入場の自由; 入口, 進入手段[経路]; 〘天〙《食の際などの》侵入. ► /⌐–⌐/ *vi* はいる. [L; ⇨ INGREDIENT]

in·grés·sion *n* はいること; 進入; 〘生〙移入, 内殖.

in·gres·sive /ɪngrésɪv/ *a* はいる, 進入する; 〘文法〙起動(相)の (inchoative, inceptive); 〘音〙吸気(流)の. ► *n* 起動動詞; 吸気(流)音. ♦ **～·ness** *n*

In·grid /íŋgrəd/ イングリッド《女子名》. [Swed＜ON＝ride of Ing; beautiful as Ing]

ín·gròund *a* ⟨プールが⟩地面を掘って造られた.

ín-gròup *n* 〘社〙内集団《個人が所属して連帯感や共同体意識をもちうる集団; opp. *out-group*》; 派閥 (clique), 仲良しグループ.

ín·gròw·ing *a* 内に伸びる, ⟨足の爪が⟩肉に食い込む.

ín·gròwn *a* 中[内]に成長[生長]した; ⟨足の爪が⟩肉へ食い込んだ, 内生の; 自意識[集団などへの帰属意識]過剰の; 天性の, 根深い. ♦ **～·ness** *n*

ín·gròwth *n* 内に伸びること; 内に伸びたもの.

in·guin- /íŋgwən/, **in·gui·no-** /-noʊ, -nə/ *comb form*「鼠蹊(そけい)部の」[L (↓)]

in·gui·nal /íŋgwən(ə)l/ *a* 〘解・医〙鼠蹊(部)の: an ～ hernia 鼠蹊ヘルニア. ♦ **～·ly** *adv* [L (*inguen* groin)]

in·gúlf, -gúlph *vt* ENGULF.

in·gur·gi·tate /ɪngə́ːrdʒətèɪt/ *vt* むさぼり食う[飲む]; [*fig*] のみ込む (guzzle). ► *vi* がぶがぶ飲む, がつがつ食う. ♦ **in·gùr·gi·tá·tion** *n* 大食い, 貪食. [L＝to flood (*gurgit- gurges* whirlpool)]

In·gush /ɪngúːʃ/ *n* **a** (*pl* ～, ～**·es**) イングーシ族《Caucasus 山脈の北斜面に居住するイスラム系民族》. **b** イングーシ語.

In·gu·she·ti·ya /ìŋguʃétijə/, **In·gu·she·tia** /ìŋguʃíːʃə/ イングーシェティア《ヨーロッパロシア南部 Caucasus 山脈の北斜面に位置する共和国; 1992 年 Chechnya 共和国と分離; ☆Magas》.

INH [*iso*n*i*cotinic acid *h*ydrazide] isoniazid.

in·hab·it /ɪnhǽbət/ *vt* …に住む, 居住する; …に存在する, 宿る, 身を置く; …の内側に位置を占める; …に精通している. ► *vi* 《古》住む. ♦ **～·er** *n* [OF or L *habito* to dwell, HABIT]

inhábit·able[1] *a* 居住に適する. ♦ **inhàbit·abílity** *n*

in·hábitable[2] *a* 《廃》 住むことのできない, 居住不可能な.
in·hab·it·an·cy /ɪnhǽbətənsi/, **-ance** *n* 《特定期間の》居住; 居所.
in·háb·it·ant *n* 《特定地域・家などの》住人, 住民, 居住者 ‹*of*›; 生息動物 ‹*of*›.
in·hab·i·tate /ɪnhǽbətèɪt/ *vt* 《古》 INHABIT.
in·hab·i·ta·tion /ɪnhæ̀bətéɪʃ(ə)n/ *n* 居住, 生息; 住居, 住所.
inhábit·ed *a* 人の住んでいる: be thickly [sparsely] ～ 人が密集して[まばらに]住んでいる.
in·hal·ant /ɪnhéɪlənt/ *a* 吸い込む, 吸入する, 吸入用の. ► *n* 吸入薬《噴霧式鼻薬・麻酔蒸気・アレルギー抗原など》; 吸入器[装置].
in·ha·la·tion /ìnhəléɪʃ(ə)n/ *n* 吸入, 吸息; 〖医〗吸入(法); INHALANT. ♦ **～·al** *a*
inhalátion thèrapy 〖医〗(酸素)吸入療法.
in·ha·la·tor /ín(h)əlèɪtər/ *n* 〖医・鉱〗吸入器[装置].
in·hale /ɪnhéɪl/ *vt* 吸入する (opp. *exhale*); ‹タバコの煙などを›肺まで吸い込む; *《俗》 がつがつ食う, ぐいぐい飲む: ～ fresh air 新鮮な空気を吸い込む. ► *vi* タバコの煙[空気・ガスなど]を肺まで吸い込む. ► *n* /, ⌐⌐/ 吸入. [L (*halo* to breathe)]
in·hál·er *n* 吸入者; 吸入器, 吸入麻酔器; 呼吸用マスク; 空気濾過器; ブランデーグラス (snifter).
In·ham·ba·ne /ìnjəmbɑ́:nə/ イニャンバネ《モザンビーク南東部, モザンビーク海峡のイニャンバネ湾 (～ **Báy**) に臨む港町》.
ìn·harmónic, -ical *a* 不調和な, 不協和の.
ìn·harmónious *a* 不調和な, 調子はずれの, 不協和の; 不和の. ♦ **～·ly** *adv* **～·ness** *n*
in·hármony *n* 不調和, 不協和; 不和.
ín·hàul, ín·hàul·er *n* 〖海〗引索(ひきづな) (opp. *outhaul*).
in·here /ɪnhíər/ *vi* ‹性質などが›生来[固有]のものである ‹*in*›; 〖法〗‹権利など›賦与されている, 帰属している ‹*in*›; ‹意味が›含まれている. [L (*haes- haereo* to stick)]
in·her·ence /ɪnhíərəns/ *n* 固有, 生得, 天与, 内在; 〖哲〗内属《属性の実体に対する関係》.
in·hér·en·cy *n* INHERENCE; 持ち前の性質.
in·hér·ent *a* ‹性質・権利などが›固有の, 本来の, 生来[生得]の, 内在する, つきものの ‹*in*›. ♦ **～·ly** *adv* 生得的に; 本質的に.
in·her·it /ɪnhérət/ *vt* 授かる; 〖法〗‹財産・権利などを›相続する, 承継する, ‹不動産を›(法定)相続する; ‹体質・性格などを›受ける, 遺伝によって受け継ぐ; 《前任者・先人から》受け継ぐ: ～ a fortune *from*... から財産を相続する / Habits are ～*ed*. 習癖は遺伝する. ► *vi* 相続する, (不動産を)(法定)相続する. [OF＜L＝to appoint an heir (*heres* heir)]
inhérit·able *a* (法定)相続可能な; ‹人が›(法定)相続できる, 相続者になれる; 遺伝する. ♦ **-ably** *adv* **inhèrit·abílity** *n*
in·her·i·tance /ɪnhérətəns/ *n* 〖法〗(不動産)(法定)相続(権); 相続財産, 遺産; 法定相続不動産; 受け継いだもの; 〖遺〗遺伝(形質); 継承; 継承権; 伝統; 自然の恵み; 《廃》 所有(権): receive...by ～ ...を相続する. [AF (OF *enheriter* to INHERIT)]
inhéritance tàx 相続税 《**1**)〖米〗遺産相続した相続人に対して課されるもの; cf. ESTATE TAX **2**)〖英〗1986 年に capital transfer tax に代わって導入された税; 全遺産および死亡時から 7 年以内の生前贈与に課す **3**) (不正確な米用法で) ESTATE TAX》.
in·hér·it·ed *a* 遺伝性の, 相続した: an ～ quality 遺伝形質.
in·hér·i·tor *n* (法定)相続人, 承継者; 後継者. ♦ **in·hér·i·tress** /-trəs/, **-trix** /-trɪks/ *n fem*
in·he·sion /ɪnhí:ʒ(ə)n/ *n* 《まれ》 INHERENCE. [L; ⇨ INHERE]
in·hib·in /ɪnhíbən/ *n* 〖生化〗インヒビン《睾丸のセルトリ細胞および卵巣の顆粒細胞で産生され, 下垂体に作用し FSH 分泌を阻害するホルモン》. [*inhibit*, *-in*[2]]
in·hib·it /ɪnhíbət/ *vt* 抑える, ‹行動などを›抑制する, 阻害する, 妨げる; ...に‹...を›禁じる, 禁止する ‹*from doing*›; 〖教会法〗‹聖職者›に職務執行を停止する; 〖電子工〗‹特定の信号・操作を›阻止する. ► *vi* 抑制する. ♦ **in·hib·i·to·ry** /ɪnhíbətɔ̀:ri; -t(ə)ri/, **in·híb·i·tive** *a* 抑制[阻害, 阻止]する, 抑制性の. [L *in-*[2](*hibit- hibeo*＝*habeo* to hold)＝to hold in, hinder]
inhíbit·ed *a* ‹行動などが›抑制された; 自己規制する, 引っ込み思案の, 内気な.
in·hi·bi·tion /ìn(h)əbíʃ(ə)n/ *n* 抑制; 〖心・生理〗抑制, 抑圧, 阻害, 制止; 〖化〗反応停止[抑制]; 《口》《広く》感情的な抵抗; 〖教会法〗職務執行停止命令; 〖英法〗職務停止令状.
in·híb·i·tor, -it·er *n* 抑制するもの[人]; 〖化〗(反応)抑制剤, 《特に》(酸化)防止剤; 抑制体[薬, 物質], 遅効剤; 〖生化〗阻害剤; 抑圧遺伝子; 鉱物の発光を妨げる不純物; 〖ロケット〗《反応速度を低下[停止]する》阻止剤.
in hoc sig·no vin·ces /ɪn hóʊk sígnoʊ wíŋkèɪs, ɪn hɑ́k sígnoʊ vínsiz/ この印[十字]によりて汝は勝利せん《Constantine 大帝の座右の銘; cf. IHS》. [L＝in this sign shalt thou conquer]
ín·hòld·ing *n* 国立公園内民有地. ♦ **ín·hòld·er** *n*
ín-hòme *n* 〖ラクロス〗インホーム《敵側のゴールに最も近い位置(の選手)》. ► *a* 家庭内の, 家にいる.
in·homogenéity *n* 異質(性), 不均一性; 《等質部の中の》異質部分; 不均一構造《宇宙にできた(星間)物質の塊り》.
in·homogéneous *a* 同質[均質, 等質]でない.
in·hóspitable *a* 客あしらい[もてなし]の悪い, 無愛想な, 不親切な; 宿る所のない, 生存しにくい‹荒野など›. ♦ **-bly** *adv* **～·ness** *n*
in·hospitálity *n* もてなしの悪いこと, 冷遇, 無愛想.
ín-hòuse /, ⌐⌐/ *a*, *adv* 一つの集団[組織, 企業]内部の[で], 社内の[で]: ～ proofreading 社内校正, 内校(ないこう).
in·húman *a* 不人情な, 冷酷な, 残酷な; 非人間的な, 人間にふさわしくない‹生活条件など›; 人間と違う; 超人的な. ♦ **～·ly** *adv* **～·ness** *n*
ìn·humáne *a* 不人情な, 無慈悲な, 思いやりのない, 残酷な. ♦ **～·ly** *adv*
ìn·humánity *n* 不人情(な行為), 残酷(なしわざ): man's ～ to man 人間が人間に対して行なう残酷な行為《Burns, 'Man was made to mourn' (1786) より》.
in·hume /ɪnhjú:m/ *vt* 葬る, 埋葬する, 土葬にする. [L *humus* ground]
ìn·hu·má·tion *n* 埋葬; 埋葬された死体.
In·i·go /ínəgòʊ/ イニゴー《男子名》. [Sp; ⇨ IGNATIUS]
in·im·i·cal /ɪnímɪk(ə)l/ *a* 敵意のある, 反目して(いる), 不和な ‹*to*›; 反している, 阻害する, 不利[有害]な ‹*to* success›. ♦ **～·ly** *adv* **～·ness** *n* [L (*inimicus* ENEMY)]
in·ímitable *a* まねのできない, 独特の, 無比の, 無類の. ♦ **-bly** *adv* **～·ness** *n* **in·imitabílity** *n* [F or L]
in·i·on /íniən/ *n* 〖人〗イニオン《後頭骨の分界頂線と正中矢状面との交点》. [Gk]
in·iq·ui·tous /ɪníkwətəs/ *a* 不正[不法]の, 邪悪な, よこしまな. ♦ **～·ly** *adv* **～·ness** *n*
in·iq·ui·ty /ɪníkwəti/ *n* 《重大な》不正, 不法, 邪悪; 《重大な》不正[不法]行為. [OF＜L (*aequus* just)]
in·isle *vt* 《古》 ENISLE.
init. initial.
ini·tial /ɪníʃ(ə)l/ *a* 初めの, 最初の, 当初の, 初期(段階)の; 冒頭の, 語頭にある: the ～ velocity 初速 / the ～ expenditure 創業費 / the ～ stage [phase] 初期, 第一期 / an ～ letter 頭字. ► *n* 《語頭の》頭字; [[u]*pl*] 《固有名詞の》頭文字《John Smith の略の *J.S.*, Great Britain の *GB* など》; 章節頭の特大飾り文字; 〖生〗始原細胞: an ～ signature 頭文字だけの署名. ► *vt* (**-l-** | **-ll-**) ...に頭字をつける; ‹書類›に頭文字で署名する. ♦ **～·ly** *adv* 初めに, 最初(のうち)は, 冒頭に. **～·ness** *n* [L; ⇨ INITIATE]
initial condition 〖数〗初期条件.
initial·ése *n* 頭文字語, イニシャル語《頭文字を使った略語》.
initial·ism *n* 頭文字語《DDD, IFC など頭文字からなる略語》; 《広く》頭字語 (acronym) 《NATO /néɪtòʊ/ など》.
initial·ìze *vt* ‹電算機のカウンター・変数などを›初期値にセットする, 初期化する. ♦ **initial·izátion** *n* 初期設定.
inítial públic óffering* 株式の初公募, 新規株式公開《略 IPO》.
inítial rhýme 頭韻 (ALLITERATION); 行頭韻 (BEGINNING RHYME).
inítial síde 〖数〗《角の》始辺, 始線, 原線《角を計るときの基線となる半直線; cf. TERMINAL SIDE》.
inítial stréss 〖理〗元(もと)応力.
Inítial Téaching Àlphabet [the] 初期指導用英語アルファベット《Sir James Pitman が創案した 1 字 1 音式 44 文字; 略 ITA, i.t.a.》.
ini·ti·ate /ɪníʃièɪt/ *vt* **1** ‹計画などを›始める, 起こす, 創始する, 着手する. **2** 加入[入会]させる; ‹人›に秘伝[奥義]を伝える, 伝授する; ...に初歩を教える, 手ほどきする; 〖政〗INITIATIVE によって‹法案・議案を›提出する: ～ sb *into* a society 人を入会させる / ～ sb *into* a secret 人に秘密を教える. ► *a* /-ʃiət, -ʃièɪt/ 手ほどきをうけた; 秘伝を授けられた; 新入会の; 《古》 始めたばかりの. ► *n* /-ʃiət, -ʃièɪt/ 伝授を受けた人; 新参者, 入会者. [L (*initium* beginning ‹*in-*[2], *it- eo* to go)]
ini·ti·a·tion /ɪnìʃiéɪʃ(ə)n/ *n* 開始, 創始, 創業; 始動; 起爆; 加入; 入会式, 入団式; 成年式; 〖社〗入社式, 加入礼, イニシエーション; 手ほどき, 伝授.
ini·tia·tive /ɪníʃ(i)ətɪv/ *n* **1** 第一歩, 手始め; 率先, 首唱, 主導; 〖軍〗先制: have *the* ～ 《敵に対して》主導権を握っている / take [seize] *the* ～ (*in* doing, *to* do) 率先してやる, 自発的に先手を打つ, イニシアティブをとる / use one's (own) ～ 人にたよらず自分でする. **2** 先駆けて事を行なう才能, 創業の才, 企業心, 独創力. **3** 新規の(行動)計画[提案, 構想]: a peace ～ 和平構想. **4** [[u]the] 〖政〗**a** 《議会での》発議権, 議案提出権: have *the* ～ 発議権がある. **b** 直接発案, 国民[州民, 住民]発案, イニシアティブ《一定数の有権者が立法に関する提案を行なって選挙民や議会の投票に付する制度[権利]; cf. REFERENDUM》. ● **on one's own** ～ みずから進んで, 自発的に. ► *a* 始めの, 発端の; 初歩の. [F (INITIATE)]
iní·ti·à·tor *n* 創始者; 首唱者; 教導者, 伝授者; 反応を起こさせるもの, 開始剤, 起爆薬, 触媒《など》.
ini·ti·a·to·ry /ɪníʃiətɔ̀:ri; -t(ə)ri/ *a* 始めの; 初歩の, 手ほどきの;

入会の, 入門の, 入党の.

in·i·tio /ɪníʃiòu/ *adv* 《ページ・章・節などの》最初に, 冒頭に《略 init.》. [L]

in·ject /ɪnʤékt/ *vt* 〈液体・気体を〉注射[注入]する; 〈人体など〉に液体を注入する; 〈資金を〉注入する; 〈話に意見などを〉差しはさむ, 〈活気などを〉吹き込む 〈some life *into* an argument, a class〉; 〈ロケットを〉軌道に乗せる: ~ penicillin *into* sb's arm＝~ sb's arm *with* penicillin 人の腕にペニシリンを注射する. [L *in-*²(*ject- jicio*=*jacio* to throw)]

injéct·able *a* 〈薬物が〉注射可能な. ► *n* 注射可能物質[薬物].

in·jéc·tant *n* 注入物質[材, 剤].

in·jéct·ed *a* 注射[注入]された; 充血した.

in·jec·tion /ɪnʤékʃ(ə)n/ *n* 注入, 注射, 灌腸; [*fig*]《資金などの》投入; 注射薬[剤, 液], 灌腸薬; 〘医〙充血; 〘地質・鉱〙貫入; 〘機・空〙噴射; 〘宇〙投入, インジェクション《人工衛星[宇宙船]を脱出速度にもっていく[軌道へ乗せる]こと; その時間と場所》; 〘数〙単射(像).

injéction mòlding 〘工〙《熱可塑性物質などの》注入式塑造法, 射出成形《熱で溶かした樹脂を冷却した型に流し込む》.
♦ **injéction-mòld·ed** *a*

in·jéc·tive *a* 〘数〙単射の.

in·jéc·tor *n* 注水器, 注射器; 注射者; 噴射機[装置], インジェクター.

injéctor ràzor インジェクター式安全かみそり《ディスペンサーから刃を直接かみそりに押し込む方式》.

ín-jòke *n* (特定グループのみにわかる)仲間うちのジョーク, 内輪うけ, 楽屋落ち.

ìn·judícial *a* INJUDICIOUS.

ìn·judícious *a* 無分別な, 無思慮な. ♦ **~·ly** *adv* **~·ness** *n*

In·jun /ínʤən/ *《口》 *n* [°*derog*] AMERICAN INDIAN. ⇨ HONEST INJUN. ► *a* (アメリカ)インディアンの.

in·junct /ɪnʤʌ́ŋkt/ *vt* …に(差止め)命令を出す. [逆成く↓]

in·junc·tion /ɪnʤʌ́ŋ(k)ʃ(ə)n/ *n* 命令, 訓令, 指令; 〘法〙《裁判所の》(差止め)命令: seek an ~ 命令を請求する / grant an ~ 命令を出す / obtain [take out] an ~ *against*…に対する命令が認められる. [L; ⇨ ENJOIN]

in·junc·tive /ɪnʤʌ́ŋ(k)tɪv/ *a* 命令的な: an ~ maxim《…せよ[してはならぬ]式の》命令的格言. ♦ **~·ly** *adv*

in·jur·ant /ínʤ(ə)rənt/ *n* 有害物質.

in·jure /ínʤər/ *vt* 傷つける; 〈健康を〉害する; 不当に扱う; 〈権威・評判などを〉そこなう, 〈名誉・感情などを〉害する; …に損害を与える: an ~*d* look [voice] 感情を害したような[むっとした]顔つき[声] / ~*d* innocence 不当に非難された人のむっとした態度《しばしば 非難が正当であるという含みをもつ》/ the ~*d* party 被害者. ♦ **ín·jur·er** *n* [逆成く*injury*]

in·ju·ria /ɪnʤúəriə/ *n* (*pl* **~s, -ri·ae** /-rìː, -riàɪ/) 〘法〙権利侵害, 違法行為 (injury). [L; ⇨ INJURY]

in·ju·ri·ous /ɪnʤúəriəs/ *a* 有害な 〈*to* health〉; 不法な, 不正な; 人を傷つける, 中傷的な〈ことば〉; (権利)侵害的な. ♦ **~·ly** *adv* **~·ness** *n*

in·ju·ry /ínʤ(ə)ri/ *n* 害, 危害, 傷害, 損害, 被害, 損傷, 創傷, けが; 《感情・評判などを》傷つけること, 無礼, 侮辱, 名誉毀損 〈*to* one's reputation〉; 〘法〙権利侵害, 法益侵害, 被害; 《廃》侮辱的言辞, 悪口: be an ~ *to*…を傷つける; …の害になる / do sb an ~ 人に危害を加える[損害を与える] / do oneself an ~ "《口》痛いめにあう / suffer [sustain] *injuries* 負傷する 〈*to* one's head〉. [AF＜L *in-*¹(*juria* ＜*jur- jus* right)＝wrong]

ínjury bènefit 〘英〙労災保険給付, 業務障害給付.

ínjury tìme 〘サッカー・ラグビーなど〙ロスタイム, アディショナルタイム《けがの手当てなどに要した分の延長時間》.

in·jústice *n* 不法, 不正, 不公平; 不正(当)な行為[処置]: do sb an ~ 人を不当に扱う, 人を正当に判断しない.

ink /íŋk/ *n* インク; 印刷インキ; 墨汁; 〘動〙《イカやタコの出す》墨; *《俗》[*derog*] 黒人; 《口》広く紹介すること, 《新聞・雑誌による》報道; *《俗》安ワイン: write in (red) ~ (赤)インクで書く. ● SLING¹ **~.** ► *vt* インクで書く; …にインクを塗る, 墨入れする; インクでよごす, インクで消す 〈*out*〉; *《俗》〈契約書など〉に署名する, 契約書に署名させて〈人を〉雇う. ● **~ in** 〈地名などを〉インクで書き込む; INK over. **~ over** 〈鉛筆の下図など〉にインク[墨]を入れる[塗る]; 〘印〙〈版面〉にインクを入れる. **~ up** 〈印刷機〉にインキを入れる. [OF＜L＜Gk *egkauston* Roman emperor's purple ink (*en-*², CAUSTIC)]

In·ka·tha /ɪŋkáːtə/ 〘南ア〙インカタ《南アフリカ共和国の最大部族であるZulu 族を基盤とする民族文化解放組織; 1975 年 Mangosuthu Buthelezi が設立》. [Zulu *inkhata* Zulu emblem]

Inkátha Fréedom Pàrty [the] 〘南ア〙インカタ自由党《INKATHA が他の人種をも受け容れて結成した中道的政党; 略 IFP》.

ínk bàg INK SAC.

ínk bàll 〘印〙インキボール (＝*inking ball*)《印刷師が版面にインクをつけるために用いた道具》.

ínk·bèrry /; -b(ə)ri/ *n* 〘植〙**a** オクノフウリンウメモドキ(の実)《北米東部産モチノキ科の常緑低木》. **b** ヨウシュ[アメリカ]ヤマゴボウ (pokeweed) (の実).

ínk·blòt *n* 《心理テスト用の》インクのしみでつくった模様, インクブロット.

ínkblot tèst 〘心〙インクブロットテスト《Rorschach test など》.

ínk bòttle インク壺[瓶].

ínk càp 〘植〙INKY CAP.

inked /íŋkt/ *a* 《俗》酔った.

ínk·er *n* 〘印〙印肉棒, 墨ローラー; 〘電信〙INKWRITER.

In·ker·man /íŋkərmən/ インケルマン《Crimea 半島南西部, Sevastopol の東にある村; クリミア戦争で英仏軍がロシア軍を破った地 (1854)》.

ínk·fàce *n**《俗》[*derog*] 黒人, 黒ん坊.

ínk·fìsh *n* 〘動〙イカ (cuttlefish).

ínk fòuntain 〘印〙インキ壺《印刷機におけるインキをためておく部分》.

ínk·hòrn *n* 角(つの)製のインク入れ. ► *a* 学者ぶった, 衒学的な: ~ terms 衒学的用語《ギリシア語・ラテン語からの難解な借用語など》.

in-kínd *a* 《金銭以外の》現物での, 物資による; 《受け取ったものに対して》同種のもので支払う[返済する].

ínk·ing *n* 〘製図〙墨入れ; 〘電信〙現字: an ~ stand インク台, スタンプ台.

ínking bàll 〘印〙INK BALL.

ínking tàble [slàb] 〘印〙INK TABLE.

ínk-jèt *a* 〈プリンターが〉インクジェット式の《霧状にしたインクを静電気的に吹き付ける高速印字法》.

ínk knìfe インクべら.

in·kle, in·cle /íŋk(ə)l/ *n* 《縁飾り用の》広幅リンネルテープ(に用いるリンネル糸).

in·kling /íŋklɪŋ/ *n* かすかな知識, うすうす感じていること; 暗示, ほのめかし, 手掛かり: have an [no] ~ of…をうすうす知っている[少しも知らない] / give sb an ~ of… 人に…をほのめかす, それとなく匂わせる. [ME *inkle* to utter in an undertone, hint at＜?]

ínk·pàd *n* 印肉, スタンプ台.

ínk·pòt *n* インク壺.

ínk sàc 〘動〙《イカの》墨袋, 墨汁嚢.

ínk slàb 〘印〙インクの練り盤 (ink table); 硯(すずり).

ínk·slìng·er *n* **1** [*derog*] 文士, 物書き, 編集者, 記者; 《俗》事務屋. **2** [Johnny I-] 〘米伝説〙ジョニー・インクスリンガー《PAUL BUNYAN の timekeeper》.

Ínk-Slìng·ers *pl* [the] 英国陸軍経理部《あだ名》.

ínk·stànd *n* インクスタンド; INKWELL.

ínk·stìck *n* 墨; *《俗》万年筆.

ínk·stòne *n* 硯(すずり), 硯石.

ínk tàble 〘印〙インク練り盤 (＝*ink slab*).

ínk·wèll *n* 《机上はめ込みの》インク壺.

ínk·wòod *n* 〘植〙ムクロジ科の小樹《Florida 州および西インド諸島原産; 材は黒く果実は赤紫》.

ínk·writer *n* 〘電信〙現字機 (＝*inker*)《受信印字機》.

inky *a* インクでしるしをした, インクを塗った; インクのような; インクでよごれた, まっ黒な; 《俗》酔った: ~ darkness. ♦ **ínk·i·ness** *n*

ínky càp 〘植〙ヒトヨタケ (＝*ink cap*)《溶化して黒インク状に滴下する》.

ínky-dìnk *n**《俗》まっ黒けの黒人.

ínky·poo /-pùː/ *a* 《豪俗》酒に酔った.

INLA °Irish National Liberation Army.

in·láce *vt* ENLACE.

in·láid /, ⌐ ⌐/ *a* ちりばめた, はめ込まれた, 象眼(模様)の: ~ work 象眼細工.

in·land /ínlænd, -lənd/ *n* 内陸, 奥地, 僻地. ► *a* /-lənd/ (海に遠い)奥地の, 僻地の, 内陸の; "国内の, 内国の, 内地の: ~ commerce [trade] 国内取引[通商] / an ~ duty 内国税. ► *adv* 内陸に, 奥地に.

ínland bíll 内国為替手形.

Ínland Émpire [the] インランドエンパイア《**1**) 米国北西部の Cascade 山脈と Rocky 山脈の間の地域; Washington 州東部, Oregon 州北東部, Idaho 州北部, Montana 州西部にまたがる **2**) California 州南部 Los Angeles 市の東の Ontario, Riverside, San Bernardino 3 市を中心とする都市圏》.

ínland·er *n* 内陸[奥地]に住む人.

Ínland Passage ⇨ INSIDE PASSAGE.

Ínland Révenue [the] 〘英〙内国税収入委員会, 内国歳入委員会 (Board of ~)《略 IR; 2005 年 Customs and Excise と統合され, Revenue and Customs として発足》; [i- r-] "内国税収入 (internal revenue*).

ínland séa 〘海洋〙内海, 縁海《大陸棚の上に広がる海》; [the I- S-] 瀬戸内海.

ínland wáters *pl* [the] 内水《河川湖沼・湾など一国内の水域, および陸から $3^1/_2$ マイル内の領海》.

in·laut /ínlàut/ *n* 〘音〙《語・音節の》中間音.

ín-làw *n* 姻族, 姻戚, 《特に》[°*pl*] 義理の親, 配偶者の両親, しゅうと(め)夫婦. [逆成く father-*in-law* etc.]

in·lay /⌐ ⌐, *⌐ ⌐/ *vt* 《装飾として》はめ込む, 象眼する, ちりばめる

〈*with* gold〉;〈銀食器など〉に部分的に銀をかぶせる;《金属・木石などの刻み目に》〈針金を〉たたき込む[溶かし込む];〔製本〕〈図版などを〉台紙にはめ込む;〔園〕〈接ぎ芽を〉台木に差し込む. ► *n* /⌐—⌐—/ 象眼, はめ込み(細工);〔歯〕詰め物, インレー; 《CD などについている》解説カード (= ~ card); INLAY GRAFT. ♦ **~·er** *n* 象眼師. [*in*¹+*lay*²]

ínlay gràft〔園〕芽接ぎ.

in·let /ínlɛ̀t, -lət/ *n* 入江, 《島と島の間の》小海峡; 入口, 取入れ口; はめ込み(物), 象眼物; はめ込む, 押し込むこと. ► *vt* /⌐—⌐—/ (~; **-lèt·ting**) はめ込む, 差し込む. [*in*+*let*¹; *let in* することから]

in·li·er /ínlàɪər/ *n*〔地質〕内座層; 他に完全に囲まれた地域[層]; 包領 (enclave).

in li·mi·ne /ɪn líːmɪnɛ̀/ 戸口で; 最初に《略 in lim.》. [L (*limin-limen* threshold)]

ín-líne *a, adv* (部品[ユニット]が)直線に並んだ[て];〔電算〕テキスト行中にある, インラインの;〔電算〕ONLINE.

ín-lìne éngine〔機〕(直)列形エンジン《内燃機関の気筒がクランク軸沿いに直線に並んだもの》.

ín-lìn·er *n* インラインスケートですべる人; インラインスケート.

ín-lìne skáte インラインスケート《ローラーが直列に並んだスケート靴》. ♦ **ín-lìne skáter** *n* **ín-lìne skáting** *n*

in loc. °in loco. **in loc. cit.** °in loco citato.

in lo·co /ɪn lóukou, -lák-/ *adv* あるべき場所に《略 in loc》. [L=in its place]

in lóco ci·tá·to /-saɪtéɪtou, -sɪtáː-/ *adv* 前に引用した所に《略 in loc. cit.》. [L=in the place cited]

in lóco pa·rén·tis /-pəréntəs/ *adv* 親の代わりに, 親代わりの地位で. ► *n* 《大学などの》管理者側による親代わりの監督[取締まり]. [L]

ín·ly /-li/ *adv* 《詩》内に, 内心に; 心から, 衷心から, 親しく; 完全に, 十分に. [OE *innlīce* (*in*¹, *-ly*¹)]

ín·lỳ·ing /-làɪ-/ *a* 内側[内部]にある, 内陸の.

ín·màte *n* 《精神病院・施設・刑務所などの》被収容者, 入院患者, 在監者, 同房者; 《古》共住者, 同居人, 寄寓者, 家人. [? *inn*+*mate*¹; *in*¹ と連想された]

in me·di·as res /ɪn míːdiɑs ríːz, -médiɑs réɪs/ *adv* いきなり話[計画]のまん中へ, 事件の中心に. [L=into the midst of things]

in me·dio /ɪn míːdiòu, -méd-/ *adv* 中間に. [L=in the middle]

in médio tu·tís·si·mus íbis /-tutísəmus íːbəs/ 汝は中央において最も安全に歩むならん. [L=you will go most safely by the MIDDLE COURSE]

in mem. °in memoriam.

in me·mo·ri·am /ɪn məmɔ́ːriəm/ *adv* 記念に; 追悼して. ► *prep* …を記念して; …を悼みて《墓碑銘中のことば》. ► *n* 墓碑銘, 追悼文. [L=in memory of]

in·mésh *vt* ENMESH.

ín-mìgrate *vi* 《特に産業の盛んな地方で働くために継続的・大規模に》他の地方から移住して来る, (人口)移入する (opp. *out-migrate*). ♦ **ín-mìgrant** *n, a* **ìn-migrátion** *n* (人口)移入.

ín·mòst /, ″-məst/ *a* 《文》最も奥の; 心の奥の, 内心の, 奥深く秘めた〈感情など〉. [OE *innemest* (superl)〈*inne*]

inn /ín/ *n* 《田舎の》宿屋, 《小さな》ホテル (cf. HOTEL); 飲み屋, 居酒屋 (tavern); ″《古》《London の, 特に法学生用の》学生宿舎 (Inns of Chancery); 《そこから発展した》法曹学院 (Inns of Court): a country ~ 田舎の宿屋. ► *vi, vt* 《古》宿屋に宿泊する[させる]. ♦ **~·less** *a* [OE (IN¹)]

Inn [the] イン川《スイス南東部から北東に流れオーストリア, ドイツ Bavaria 州を通り Danube 川に合流する》.

inn·age /ínɪʤ/ *n*〔商〕残留荷量《船貨の輸送中の乾燥などによる目減りを引いた分の到着時の実際分量》;〔空〕《飛行後の》残留燃料. [*in*¹, *-age*]

in·nards /ínərdz/ 《口》*n pl* 内臓, はらわた; 《物の》内部; 《複雑な機械・機構の》内部(構造). [(dial) INWARDS]

in·nate /ɪnéɪt, ⌐—/ *a* 生来の, 生得の, 天賦の, 先天的な (opp. *acquired*); 内在的な, 本質的な,〔哲〕本有的な;〔植〕〈雄蕊(ずい)が〉頂生の (cf. ADNATE);〔菌〕〈子実体など〉内生の: ~ ideas〔哲〕本有[生得]観念. ♦ **~·ly** *adv* 生来, 生まれつき. **~·ness** *n* [L (*natus* born)]

innáte reléasing mèchanism〔動物行動学〕生得的解発[触発]機構[機制]《特定の刺激に対して一定の反応をする生得的な機構; 略 IRM》.

in·návigable /ɪ(n)-/ *a* 航行できない: an ~ river.

in·ner /ínər/ *a* 内の, 内部の, 中心的な, 中枢の (opp. *outer*); 秘密の, 私的な; 精神の, 《心の》内面の; 心の中にしばしば抑圧された形で存在する, 内なる (cf. INNER CHILD);〔化〕〈化合物が〉分子内で生ずる (intramolecular): an ~ court 中庭 / ~ life 精神[霊的]生活. ► *n* 内側の部分; 的の中心 (bull's-eye) と外圏との間の部分, それに命中する弾[矢] (cf. RED¹);〔サッカーなど〕インナー《前衛中堅の両側の 2 人で, それぞれ left inner, right inner という》;〔印〕INNER FORM. ♦ **~·ly** *adv* **~·ness** *n* [OE *innera* (compar)〈IN¹]

ínner bár [the]〔英法〕《法廷の手すり (bar) 内で弁論する特権のある》勅選弁護士などの高位の法廷弁護士 (barristers) (cf. OUTER BAR).

ínner cábinet ″《閣内の》実力者グループ; 《組織内の小人数による》非公式の諮問委員会.

ínner chíld 内なる子供《人の精神における子供のような部分》.

ínner círcle 権力中枢部の側近グループ.

ínner cíty 《都市の》中心市街地, インナーシティー《スラム化・ゲットー化していることが多い人口密集地区》; [the I- C-] 《北京市の》城内. ♦ **ínner-cíty** *a*

ínner-diréct·ed *a* 自己の規準に従う, 内部志向の.

ínner éar〔解〕内耳 (=*internal ear*).

ínner fórm〔印〕《ページ物組版の組み付けの》裏版 (=*inside form*) 《第 2 ページを含む側の版面; opp. *outer* [*outside*] *form*》.

Ínner Hébrides *pl* [the] インナーヘブリディーズ諸島《スコットランド西方の列島; ⇨ HEBRIDES》.

ínner jíb〔海〕インナージブ《何枚かある船首三角帆のうちいちばん内側のジブ》.

Ínner Líght 内なる光 (=*Christ Within, Light Within*) 《クエーカーの信条における心の中に感じられるキリストの光》.

Ínner Lóndon インナーロンドン《City とそれに隣接する 13 の LONDON BOROUGHS からなる London の中心部》.

ínner mán [wóman] [the] 精神, 霊魂; [the] [*joc*] 胃袋, 食欲: refresh [warm] *the* ~ 腹ごしらえをする.

Ínner Mongólia 内モンゴル《中国の北部にある自治区; 別称 Nei Monggol; ☆Huhehot; cf. OUTER MONGOLIA》.

ínner·mòst /, ″-məst/ *a* INMOST. ► *n* 最も内側の[深い]部分. ♦ **~·ly** *adv*

ínner párt [vóice]〔楽〕内声.

ínner plánet〔天〕地球型惑星《太陽系の中で小惑星帯 (asteroid belt) より内側を運行する惑星; 水星・金星・地球・火星; cf. OUTER PLANET》.

ínner póst〔海〕プロペラポスト《プロペラ軸を支える柱部で, 船尾材の一部分》.

ínner próduct〔数〕内積 (scalar product).

ínner quántum nùmber〔理〕内量子数《原子の電子系の全角運動量の大きさを表わす量子数; 記号 J, j》.

ínner sánctum 《口》[″*joc*] 至聖所 (sanctum) 《私室など》; 聖域.

ínner·sòle *n* INSOLE.

ínner spáce 《意識経験の領域外にある》精神世界;〔画〕内的空間《抽象絵画における深さの感じ》; 海面下(の世界); (大)気圏 (cf. OUTER SPACE).

ínner·spring *a* 内にばね[スプリング]のある: an ~ mattress.

Ínner Témple [the]〔英〕イナーテンプル法曹学院 (⇨ INNS OF COURT).

ínner tùbe 《自転車などの》内管, (インナー)チューブ《しばしば浮輪などにする》.

ínner-túb·ing* /-t(j)ùːbɪŋ/ *n* タイヤのチューブを使った川下り[雪すべり] (TUBING). ♦ **ínner-túb·er** *n*

in·ner·vate /ɪnə́ːrvèɪt, ínər-/ *vt* …に神経を分布する;〈神経・器官を〉刺激する.

ìn·ner·vá·tion〔医〕*n* 神経支配; 神経感応; 神経分布. ♦ **~·al** *a*

in·nérve /ɪ-/ *vt* …に活気を与える, 鼓舞する; INNERVATE.

In·ness /ínəs/ イネス **George** ~ (1825–94) (1854–1926) 《米国の画家父子》.

ínn·hòld·er *n* INNKEEPER.

in·nie /íni/ *n* **1** 排他的な内集団 (in-group) に属する人, 部内者. **2** 《口》内にくぼんだへそ(をもつ人), 引っ込みべそ. [*in*¹, *-ie*]

In·nig·keit /ínɪ(k)kàɪt; *G* ínɪçkaɪt/ *n* [ˢi-] 《楽曲・演奏の》誠実さ, 暖かみ.

in·ning /ínɪŋ/ *n* **1 a**〔野・ソフトボール〕イニング, 回; 《蹄鉄投げ・ビリヤードなどの》回; [~s, 《口》~ses, 〈*sg*/*pl*〉]〔クリケット〕回, 打撃番, イニング; *《ボク俗》ラウンド: in the top [bottom] half of the seventh ~〔野〕7 回の表[裏]に / win by 7 runs and one ~ 7 点でアルファ勝ちする. **b** [°*pl*; 英では常に ~s, 〈*sg*/*pl*〉] 《政党の》政権担当期, 《個人の》能力発揮の機会[好機], 活躍期, 得意時代. **2** 《荒地・湿地・海の》埋立て, 開拓; [*pl*] 埋立地, 開拓地. **3** 《作物の》収穫, 取入れ. **4** 《俗》ホモ[レズ]あばき (OUTING). ● **have a good ~s** ″長い間幸運に恵まれる, 悔いのない人生を送る, 天寿を全うする《クリケット用語より》. **have one's ~s** *《俗》いいめをみる, うけにいる. [*in* (v) to go in]

Inniskilling ⇨ ENNISKILLEN.

in·nit /ínɪt/ ″《口》isn't it.

ínn·kèep·er *n* 宿屋 (inn) の主人[経営者], 旅館営業者, 旅館主.

in·no·cence /ínəsəns/ *n* **1** 無罪, 潔白, 責任のないこと; 清浄, 純潔; (道徳的)無害; 無邪気, 天真爛漫 (simplicity); 単純, 無知, 世間知らず; 純真[単純]な人: in all ~ 何の悪気もなく. **2**〔植〕トキワナズナ (bluet).

in·no·cen·cy *n* INNOCENCE, innocent な行為[性質].

in·no·cent *a* **1** 清浄な, 無垢の, 純潔な; 罪のない, 潔白な, 無責任

の ⟨of crime, charge⟩; 無辜(むこ)の; 公認の, 合法的な. **2 a** 無邪気な, あどけない; 悪気[悪意]のない,〖法〗善意の; 無邪気[あどけなさ]を装った: (as) ～ as a (newborn) baby 赤ん坊のように無邪気[無心]な / ～ misrepresentation〖英〗善意不実表示. **b** お人よしの, 世間知らずの; 無知な; …を知らない (ignorant) ⟨of⟩; …に気づいていない (unaware) ⟨of⟩. **c**《口》全く…のない ⟨of⟩: a swimming pool ～ *of* (=without) water 水のないプール. **3** 無害な; ⟨病気など⟩悪性でない, 無害(性)の: ～ amusements 無害な娯楽. ► *n* **1** 潔白な人; 無邪気な子供, お人よし; ばか; 新参, 新米; *《黒人俗》黒人の市民権運動を支持する白人: MASSACRE OF THE INNOCENTS. **2** [[u]*pl*]*〖植〗トキワナズナ, ヒナソウ (bluet). ● **play the ～** わからないふりをする, しらばくれる, とぼける. ♦ **～·ly** *adv* 罪なく; 無邪気に, 何くわぬ顔で; 害なく. [OF or L *in-*[1](*nocent- nocens* (pres p) ‹ *noceo* to hurt)=harmless]

Innocent《ローマ教皇》インノケンティウス (**1**) ～ **II** (d. 1143)《在位 1130–43》(**2**) ～ **III** (1160 or 61–1216)《在位 1198–1216; 本名 Lothair of Segni; 在任中に中世教皇権は絶頂に達した》(**3**) ～ **IV** (d. 1254)《在位 1243–54; 本名 Sinibaldo Fieschi; 神聖ローマ皇帝 Frederick 2 世と争った》(**4**) ～ **XI** (1611–89)《在位 1676–89; 本名 Benedetto Odescalchi; 長らく Louis 14 世の教皇権制限論と争った》.

Ínnocents' Dày [the] HOLY INNOCENTS' DAY.

in·noc·u·ous /ɪnákjuəs/ *a* 特に害はない, 無害の, ⟨虫など⟩無毒の; 迫力のない, 刺激のない, 無味乾燥な, あたりさわりのない, 退屈な⟨演説・小説など⟩. ♦ **～·ly** *adv* **～·ness, in·no·cu·i·ty** /ìnəkjú:əti/ *n* 無害; 無害なもの[こと]. [L (*nocuus* hurtful); cf. INNOCENT]

in·nóm·i·na·ble /ɪnámənəb(ə)l/ *a* 名を付けることができない; 名を出せない.

in·nóminate /ɪ-/ *a* 名前のない, 匿名の.

innóminate ártery〖解〗無名動脈, 腕頭動脈 (brachiocephalic artery).

innóminate bóne〖解〗無名骨, 寛骨 (=*hipbone*).

innóminate véin〖解〗無名静脈, 腕頭静脈 (brachiocephalic vein).

in·nom·i·ne /ɪnnámənèɪ, -nì:, -nóʊ-/ *n*〖楽〗イ(ン)ノミネ《16 世紀のイングランドの, グレゴリオ聖歌を定旋律としたモテット風の器楽曲》. [L (↓)]

in nom·i·ne /ɪn námənèɪ, -nóʊ-/ *adv* …の名において; 名をもって. [L=in the name]

in·no·vate /ínəvèɪt/ *vi* 革新する, 新生面を開く ⟨*in, on*⟩. ► *vt* 新しく取り入れる, 始める;《古》…に変更を加える, 新しくする. ♦ **-và·tor** *n* 革新者. [L (*in-*[2], *novus* new)]

in·no·va·tion /ìnəvéɪʃ(ə)n/ *n* 革新, 刷新, 新機軸, イノベーション; 新制度, 新奇な事[もの]. ♦ **～·al** *a*

in·no·va·tive /ínəvèɪtɪv/ *a* 革新的な, 斬新な. ♦ **～·ly** *adv* **～·ness** *n*

in·no·va·to·ry /ínəvətɔ̀:ri; -t(ə)ri/ *a* INNOVATIVE.

in·nóxious /ɪ-/ *a* 無害な, 無毒の. ♦ **～·ly** *adv*

Inns·bruck /ínzbrʊ̀k, íns-/ インスブルック《オーストリア西部の市, Tirol 州の州都; ウインタースポーツのメッカ, 冬季オリンピック開催地 (1964, 76)》.

Ínns of Cháncery *pl* [the]〖英史〗《London の》法学予備院, インズ・オヴ・チャンセリー《法曹学院入学希望者の予備教育を担当した一種の学生宿舎》.

Ínns of Cóurt *pl* [the]〖英〗法曹学院, インズ・オブ・コート《London の 4 法曹学院: Lincoln's Inn, Inner Temple, Middle Temple, Gray's Inn; 弁護士任命権を有し, 英国の裁判官や法廷弁護士は必ずそのいずれかの会員になっている; アイルランドにも同名の類似の組織がある》.

in nu·bi·bus /ɪn n(j)ú:bəbəs/ 雲の中に; 明らかならずして. [L=in the clouds]

in nu·ce /ɪn nú:keɪ/ *adv* (クルミの)殻の中に; 小さな範囲内で; 要するに. [L=in the nut]

in·nu·en·do /ìnjuéndoʊ/ *n* (*pl* ～**es**, ～**s**) 諷刺, 諷刺的言説, あてこすり; ほのめかし;〖法〗《名誉毀損訴訟での》真意説明(条項), 語意の説明(条項). ► *vi, vt* (…に)あてこすりを言う, あてつけて言う. ► *adv* すなわち. [L=by nodding at (*in-*[2], *nuo* to nod)]

In·nu·it /ín(j)uət/ *n* (*pl* ～, ～**s**) INUIT.

in·númerable /ɪ-/ *a* 数えきれない, 無数の. ♦ **-bly** *adv* 数えきれないほどに, 無数に. **in·nù·mer·a·bíl·i·ty** *n*

in·númerate"/ɪ-/ *a, n* 数学[科学]の基礎原理に通じていない(人), 数学[計算]音痴の(人). ♦ **in·númeracy**" *n* 数学に弱いこと.

in·númerous /ɪ-/ *a*《詩》INNUMERABLE.

in·nutrítion /ì(n)-/ *n* 滋養分欠乏, 栄養不良.

in·nutrítious /ì(n)-/ *a* 滋養分の乏しい.

Ino /áɪnoʊ/〖ギ神〗イーノー《Cadmus と Harmonia の娘; 夫 Athamas からのがれて海に身を投じ, 海の女神 Leucothea とされた》.

-ino /í:noʊ/ *comb form*〖理〗「ボゾンに対する超対称粒子」: photi*no*, graviti*no*. [neutrino からの類推]

ìn·obsérvance *n* 不注意, 怠慢;《習慣・規則の》違反, 無視. ♦ **ìn·obsérvant** *a*

in·occupátion *n* 従事することのなさ, 手持ちぶさた, 無聊(ぶりょう).

inocula *n* INOCULUM の複数形.

in·oc·u·la·ble /ɪnákjələb(ə)l/ *a* 病菌などを植えられる, 接種可能の. ♦ **in·òc·u·la·bíl·i·ty** *n*

in·oc·u·lant /ɪnákjələnt/ *n* INOCULUM.

in·oc·u·late /ɪnákjəlèɪt/ *vt* ⟨人・動物⟩に予防接種をする; …に微生物を植え付ける, 接種する; ⟨微生物を⟩植え付ける; ⟨思想などを⟩⟨人⟩の心に植え付ける, 吹き込む ⟨*with*⟩;《古》⟨継ぎ穂などを⟩差し込む, 接ぐ, ⟨植物に⟩枝[芽]を接ぐ: ～ sb *with* virus=～ virus *into* [*upon*] sb 人に病菌を接種する / ～ sb *for* [*against*] the smallpox 人に種痘を行なう. ► *vi* 接種[種痘]を行なう. ♦ **-là·tor** *n* [L=to engraft (*in-*[2], *oculus* eye, bud)]

in·òc·u·lá·tion *n*〖医〗接種;《思想の》植付け, 感化;〖菌・農・生〗接種《微生物などを培地[動植物]に植え付けること》;〖冶〗接種; INOCULUM: protective ～ 予防接種 / vaccine ～ ワクチン接種 / have an ～ *against* typhoid 腸チフスの予防接種をうける.

in·óc·u·là·tive /, -lət-/ *a* 接種の, 種痘の. ♦ **in·òc·u·la·tív·i·ty** *n*

in·oc·u·lum /ɪnákjələm/ *n* (*pl* **-la** /-lə/)〖生〗接種物[材料], 移植片, 接種原《spores, bacteria, viruses など》.

in·ódor·ous *a* 香り[匂い]のない. ♦ **～·ly** *adv*

ín-òff *n*〖玉突〗《snooker で》インオフ (LOSING HAZARD).

ìn·offénsive *a* 無害な, 悪気のない, あたりさわりのない, 目立たない; 不快感を与えない, いやでない. ♦ **～·ly** *adv* 害にならない[目立たない]ように. **～·ness** *n*

ìn·offícious *a*〖法〗道義や自然の愛情を無視した, 人倫に反した《当然請求権を有すると思われる遺族に遺産を与えない遺言など》;《古》義務観念のない. ♦ **～·ness** *n*

in om·nia pa·ra·tus /ɪn ɔ́:mnia: pa:rá:tʊ̀s/ すべてのことに対して用意ができている. [L]

Ìnö·nü /ɪnán(j)ú:/ イネニュ **Ìs·met** /ɪsmét, ← ←/ ～ (1884–1973)《トルコの軍人・政治家; 大統領 (1938–50), 首相 (1923–24, 25–37, 61–65); Kemal Atatürk の右腕, その死後大統領の地位を継ぎ, トルコの民主化に貢献》.

in·óperable *a*〖医〗⟨病気などが⟩手術不能の; 実行できない, 使えない, 役に立たない. ♦ **-bly** *adv* **in·operabílity** *n* [F]

in·óperative *a* 効きめのない, 効力のない, 無効の; 操業していない, 作動しない. ♦ **～·ness** *n*

ìn·opérculate *a, n*〖植〗ふたのない, 無蓋の;〖動〗えらぶたのない(魚),《殻口に》ふた[へた]のない(貝).

in·opportúne *a* 時機を失した, 折の悪い; 不適当な, 都合の悪い. ♦ **～·ly** *adv* 折あしく, あいにく. **～·ness** *n*

in·or·di·na·cy /ɪnɔ́:rd(ə)nəsi/《古》*n* 過度, 法外; 法外な行為.

in·or·di·nate /ɪnɔ́:rd(ə)nət/ *a* 過度の, 法外な, 尋常でない;《古》秩序[節度]のない, 乱れた. ♦ **～·ly** *adv* **～·ness** *n* [L; ⇨ ORDAIN]

inorg. inorganic.

ìn·orgánic *a* 生物と異なる物質からなる, 無機の; 生活機能のない, 無生物の; 有機組織を欠いた, 非有機的な⟨社会など⟩; 自然な[本来の]生長[生成]過程を経ていない, 人為的な;〖言〗⟨語・音など⟩非語源的な, 偶発的な《類推などによる》;〖化〗無機(化学)の (opp. *organic*): ～ matter [compounds] 無機物[化合物] / ～ fertilizer 無機(質)肥料. ♦ **-ical·ly** *adv*

inorgánic chémistry〖化〗無機化学.

in·organizátion *n* 無組織, 無体制.

ìn·ornáte *a* 飾らない.

in·ósculate *vi, vt* ⟨血管・導管など⟩連絡する; ⟨繊維・つたなど⟩よれ合う; 混交する (blend). ♦ **in·osculátion** *n*

ino·sine /ínəsì:n, áɪnə-, -sən/ *n*〖生化〗イノシン《イノシン酸の加水分解で生じるヌクレオシド》.

ino·sín·ic ácid /ìnəsínɪk-, àɪnə-/〖生化〗イノシン酸《筋肉に存在するプリンヌクレオチドの一つ》.

ino·si·tol /ɪnóʊsətɔ̀(:)l, aɪ-, -tòʊl, -tàl/ *n*〖生化〗イノシトール, イノシット, 筋肉糖《ビタミン B 複合体の一つ》. [*inosite* inositol, *-ol*]

ino·trópic /ì:nə-, àɪnə-/ *a* 筋肉の収縮を支配する, 変力(性)の.

INP International News Photo.

in pa·ce /ɪn pá:keɪ/ *adv* 平和において; 和解して. [L=in peace]

in pais /ɪn péɪ/ *adv, a*〖法〗法廷外で, 訴訟せずに, 法的手続きを踏まずに; 書面によらずに, 証書外で: matter ～ 証書外事項. [OF=in the country]

in pa·ri ma·te·ria /ɪn pá:ri mətíriə/ *adv* 同じ事項[内容]について(の); …に関連して. [L=in a like matter]

in par·ti·bus /ɪn pá:rtəbəs, -tɪbʊ̀s/ *adv* 異教徒の土地で[に]; 敵対する[冷淡な]周囲の中で[に]. [↓]

in par·ti·bus in·fi·de·li·um /ɪn pá:rtɪbʊ̀s ɪnfɪdéɪliʊ̀m/ *adv* 不信者たちの地方で; 異教国で《管区をもたない名義だけの司教について用いられる; 略 i.p.i.》. [L=in the regions of infidels]

ín·pàtient *n* 入院患者 (cf. OUTPATIENT).

in per·pe·tu·um /ɪn pərpéʧuəm; -tju-/ *adv* 永久に, 永遠に. [L]

ín-pérson *a* 生の, 実況の: an ～ performance 実演.

in per·so·nam /ɪn pərsóunæ̀m/〘法〙*adv*《訴訟などで》人に対して (cf. IN REM). ► *a* 対人の. [L]
in pet·to /ɪn pétou/ *adv*《教皇の》胸中に, ひそかに《教皇の意中の枢機卿候補者に関して用いる句》; 小型の, 小規模の. [It=in the breast]
ín·phàse *a*〘理・電〙《複数の波が》同相の.
ínphase compónent〘電〙同相分.
ín·pìg *a* 妊娠した〈豚〉.
ín-plánt *a* 工場内での: ～ training programs.
in pos·se /ɪn pάsi/ *adv, a*《実在ではなく》可能性として(の), 潜在的に[な] (cf. IN ESSE). [L=in possibility]
in·póur *vt, vi* 注ぎ込む, 流し込む.
in·póur·ing *a* 流入する. ► *n* /⌐ ─ ─/ 流入.
in pr. °in principio.
in prae·sen·ti /ɪn prɪzéntàɪ, -tì:, -praɪséntì:/ 現在において. [L]
in prin·ci·pio /ɪn prɪnsípiou, -kíp-/ 初めにおいて《略 in pr.》. [L=in the beginning]
ín-prínt *a* 印刷[増刷]されて, 絶版ではない.
in-prócess *a*《原料・完成品に対して》製造過程の〈品物〉.
in pro·pria per·so·na /ɪn próupriə pərsóunə/ 本人みずから, 自身で (personally). [L]
in pu·ris nat·u·ra·li·bus /ɪn pjúərɪs nætjurá:lɪbəs/ *a* 全裸の, すっ裸の. [L=in pure nature]
ín·pùt *n* 投入量;〘機・電・言〙入力;〘電算〙入力(データ), インプット《opp. *output*》;〘経〙投入資本[労働力, 材料]; 入力《生体に作用し取り込まれる刺激》;《口》《計画につぎ込まれる情報などの》投入総量;《寄せられる》意見, アドバイス, 情報; 投入手段[時点]. ► *vt, vi* (**-pùt·ted, ～**)〈データなどを〉電算機に入力する, 入れる, インプットする. ♦ **ín·pùt·ter** *n*
ínput devìce〘電算〙入力装置《キーボード・マウス・トラックボールなど》.
ínput/óutput *n*〘電算〙入出力《略 I/O》.
ín·pùt-óut·pùt anàlysis〘経〙投入産出分析.
inq. inquire.
in·qi·lab /ínkəlà:b/ *n*《インド・パキスタンなど》革命: *I*～ zindabad 革命万歳! [Urdu]
in·quest /ínkwèst/ *n*《特に陪審による》審問; 審問検死 (=coroner's ～);《口》《試合・できごとなどの》《事後の》検討; 陪審員団,《特に》検死陪審員団;《陪審の》評決, 決定; 調査, 取調べ: the grand ～ of the nation〘英〙下院 / the Last [Great] *I*～ 世の終わりの審判, 最後の審判 (Last Judgment) / the grand [great] ～〘史〙GRAND JURY. [OF<L; ⇨ INQUIRE]
in·quíet *a*《古》乱された, 静かでない, 不安な.
in·quíetude *n* 不安, 動揺; 落ちつきなく体を動かすこと; [*pl*] 不安[心配]な思い. [OF or L (QUIET)]
in·qui·line /ínkwəlàɪn/〘動〙*n*《他の動物の巣の中に同居する》住込み[巣内]共生動物. ► *a* 住込み[巣内]共生の. ♦ **ín·qui·lin·ìsm** /-lə-/ *n* 住込み共生, 内生. [L=tenant]
in·quire /ɪnkwáɪər/ *vt, vi* 尋ねる, 問う; 質問[問い合わせ]をする;〘法〙審査する, 審問する; 調べる, 調査[探究]する, 洗う 〈*into*〉: 'The police ～*d of* him if he knew where his wife was. 警察は彼に彼の妻がどこにいるか尋ねた / ～ *of* sb *about*…について人に尋ねる / ～ out 尋ね出す, 調べ出す / ～ *within* 御用の方は中へ《案内所などの掲示》. ● **～ after**… ″…の安否を問う[病気を見舞う]; …を尋ねる. **～ for**…を尋ねる, …に面会を求める;〈店の品〉の有無を問い合わせる;〈人〉の安否を問う. ♦ **in·quír·er** *n* [OF<L (*in*-², *quisit- quaero* to seek)]
in·quír·ing *a* 不審そうな; 知りたがる, せんさく好きな, 探求心のある, 好奇心の強そうな: an ～ look 不審顔 / an ～ (turn of) mind 探求心, せんさく癖. ♦ **～·ly** *adv*
in·quiry /ɪnkwáɪəri, *ínkwəri, *ínkwì-/ *n* 尋ねる[問う]こと, 質疑; 問い合わせ, 照会, 引合い, 質問; [*pl*] 案内所[係];《公式の》取調べ, 調査, 審査, 審問, 尋問, 詮議; 賠償額確定令状 (=writ of ～);〘電算〙問い合わせ: a court of ～〘軍〙軍人予審裁判所, 予審軍法会議 / help the police with their *inquiries* ″警察で事情を聞かれる[取調べを受ける] / make *inquiries* 質問をする, 問い合わせる〈*about*〉, 審問する, 取り調べる〈*into*〉/ on ～ 尋ねて[調べて]みると.
inquíry àgency 私立探偵社, 興信所.
inquíry àgent ″私立探偵.
inquíry òffice《駅などの》案内所, 受付.
in·qui·si·tion /ìnkwəzíʃ(ə)n/ *n* 厳重な調査, 探究, 探索;《陪審の》審問; 審問報告状; 糾問;《異端[反対]分子の》人権無視のきびしい取締まり[取調べ];《一般に》きびしい尋問;〘カト史〙異端審問; [the I-] 異端審問所. ♦ **～·al** *a* **～·ist** *n* INQUISITOR. [OF<L= examination; ⇨ INQUIRE]
in·quis·i·tive /ɪnkwízətɪv/ *a* (うるさく)知りたがる, 聞きたがる, 好奇心の強い; せんさく好きな, 根掘り葉掘り聞く. ♦ **～·ly** *adv* **～·ness** *n* [F<L (↑)]
in·quis·i·tor /ɪnkwízətər/ *n* 調査者, 審問者; 取調べ官, 糾問官;《不当にきびしい[意地悪な]》尋問者; [I-]〘史〙異端審問官 (⇨ GRAND INQUISITOR). [F<L (INQUIRE)]
inquísitor-géneral *n* (*pl* **inquísitors-géneral**) [the I-G-]〘史〙《スペインの》異端審問所長.
in·quis·i·to·ri·al /ɪnkwìzətɔ́:riəl/ *a* 審問者[調査者]の(ような); 糾問主義的な〈刑事訴訟手続き〉《訴追を待たずに裁判官が職権で手続きを開始する訴訟手続き; opp. *accusatorial*》; せんさく好きな, 根掘り葉掘り聞く. ♦ **～·ly** *adv* **～·ness** *n*
in·quis·i·tress /ɪnkwízətrəs/ *n* 女性 INQUISITOR.
in·quórate *a* 定足数 (quorum) に達しない.
in re /ɪn réɪ, -rí:/ *adv, prep* …に関して, …の事件で. [L]
in rem /ɪn rém/〘法〙*adv*《訴訟で》物に対して (cf. IN PERSONAM). ► *a* 対物の. [L=against a thing]
in re·rum na·tu·ra /ɪn réɪrəm nət(j)úərə, -rí:-/ *adv* 事の性質上, 本来的に. [L=in the nature of things]
INRI [L *Iesus Nazarenus Rex Iudaeorum*] Jesus of Nazareth, King of the Jews《*John* 19:19》.
in·ro /ínrou/ *n* (*pl* ～, ～**s**) 印籠(いんろう). [Jpn]
ín·ròad *n* [ᵁ*pl*] 侵入, 侵略, 襲撃〈*into*〉; [ᵁ*pl*] 蚕食, 侵害〈*on, into*〉. ● **make ～s into [in, on]**…に影響を及ぼし始める,〈たくわえなどを〉蚕食する, …に食い込む;〈仕事・問題など〉にうまく取り組みだす,〈…すること〉に(部分的に)成功する. ► *vi* 侵入する; 食い込む. [*in*¹+*road* riding]
ín·rùn *n*〘スキー〙《ジャンプ競技の》助走路, インラン.
ín·rùsh *n* 侵入, 来襲; 流入. ♦ **～·ing** *n, a*
ins. inches ♦ inspector ♦ insulated ♦ insulation ♦ insulator ♦ insurance. **INS**〘米〙°Immigration and Naturalization Service ♦〘空〙inertial navigation system 慣性航法装置.
in sae·cu·la sae·cu·lo·rum /ɪn sáɪkulà: sàɪkulóurum, -séɪkulà: sèɪ-/ *adv* 世紀の世紀にわたって; 永久に. [L=to the ages of ages]
in·sálivate *vt*《かんで》〈食物〉に唾液を混ぜる. ♦ **in·salivátion** *n* 唾液混和.
ìn·salúbrious *a*〈気候・場所・土地などが〉健康によくない; 不健全な〈交際など〉. ♦ **ìn·salúbrity** *n*
in·sálutary *a* 不健全な〈考え方〉, 悪影響を及ぼす〈結果〉.
in·sane /ɪnséɪn/ *a* 正気でない, 精神障害[異常, 錯乱]の, 心神喪失の, 狂気の;《口》非常識な, ばかげた, あきれはてた: an ～ asylum [hospital] 精神病院《今は mental hospital [ward] という》/ an ～ attempt 非常識な企て. ♦ **～·ly** *adv* 発狂して, とっぴに. **～·ness** *n* [L (*in*-¹)]
in·sánitary *a* 不衛生な, 不潔な.
in·sanitátion *n* 衛生規則[施設]を欠くこと; 不衛生.
in·san·i·ty /ɪnsǽnəti/ *n* 精神障害[異常, 錯乱], 心神喪失, 狂気; 愚行, 愚の骨頂.
in·sa·tia·ble /ɪnséɪʃəb(ə)l/ *a* 飽くことを知らない, 飽くなき〈欲望〉, 貪欲な〈*of*〉. ♦ **-bly** *adv* 飽くことなく, 貪欲に; 非常に, きわめて〈腹ぺこなど〉. **～·ness** *n* **in·sà·tia·bíl·i·ty** *n* 飽くことを知らないこと, 貪欲さ.
in·sa·ti·ate /ɪnséɪʃ(i)ət/ *a* INSATIABLE. ♦ **～·ly** *adv* **～·ness** *n* **in·sa·ti·e·ty** /ìnsətáɪəti, ɪnséɪʃ(i)əti/ *n* 満たされぬ欲望.
ín·scàpe *n* 構成要素, 本質.
ín-schòol *a* インスクールの, 学校内の《学校時間内や学校の中で行なわれる》: ～ suspension 校内停学《生徒を登校させて別室で学習をさせながら懲罰該当行為について指導を行なうもの》.
in·science /ínʃ(i)əns/ *n* 知らないこと, 無知.
in·scribe /ɪnskráɪb/ *vt* **1**〈文字・記号などを〉しるす〈*in, into, on, onto*〉;〈石碑など〉にしるす, 彫る, 刻む〈*with*〉;〈本を〉献ずる,〈献呈用の自著〉に署名[献題]する〈a book *to* [*for*] sb〉;〈心〉に銘記する;〈名前を〉名簿に載せる, ″〈株主・申込者の氏名を〉登録する, 記名する,〈株を〉売る[買う]: ～ a name *on* a gravestone=～ a gravestone *with* a name 墓石に名を刻む / an ～*d* stock 記名公債[株式]. **2**〘数〙内接させる (opp. *circumscribe*): an ～*d* circle 内接円. ♦ **in·scríb·er** *n* **in·scríb·able** *a* [L (IN²*script- -scribo* to write upon)]
in·scrip·tion /ɪnskrípʃ(ə)n/ *n* 銘, 碑文, 題銘,《硬貨などの》銘刻;《寄贈図書に記した》題字, 書名; 献詞; 献呈;《文字などを》しるす[彫る, 刻む]こと; ″《証券・公債の》記名, 登録; [*pl*] ″記名[登録]公債[証券];〘薬〙《処方箋の》処方欄《薬名と調合量を記した部分》. ♦ **～·al** *a*
in·scrip·tive /ɪnskríptɪv/ *a* 銘の, 題銘の, 碑銘の. ♦ **～·ly** *adv*
inscroll ⇨ ENSCROLL.
in·scru·ta·ble /ɪnskrú:təb(ə)l/ *a*《神秘的で》測り知れない, 不可解な, なぞめいた;《まれ》肉眼で見通せない. ♦ **-bly** *adv* **in·scrù·ta·bíl·i·ty, ～·ness** *n* 測り知れないこと, 不可解; 不思議(なもの). [L (*scrutor* to search); cf. SCRUTINY]
in·sculp /ɪnskʌ́lp/ *vt*《古》刻む, 彫刻する (engrave).
in se /ɪn séɪ/ *adv* それ(ら)自体において. [L]
ín·sèam *n*《ズボンの》股から裾までの縫い目; *股下寸法 (inside leg″);《靴・手袋などの》内側の縫い目.
in·sect /ínsèkt/ *n*〘動〙昆虫;《通俗に》虫《クモ・ダニ・ムカデなど》; 虫けら同様の者; *《海軍俗》新米少尉. ► *a* 昆虫(用)の; 殺虫用の. ♦ **in·séc·tan, -te·an** *a* **～·lìke** *a* [L *insectum* (*animal*)]

notched (animal)〈in-[2](sect- seco to cut); cf. SECTION〕
in·sec·tar·i·um /ìnsèktέəriəm/ *n* (*pl* **-ia** /-iə/) 昆虫飼育場, 昆虫館.
in·sec·tary /ínsèktəri/ *n* INSECTARIUM.
in·sec·ti·ci·dal /ɪnsèktəsáɪdl/ *a* 殺虫の; 殺虫剤の. ♦ **~·ly** *adv* 殺虫剤として.
in·séc·ti·cìde /ɪnsέktə-/ *n* 殺虫; 殺虫薬[剤].
in·séc·ti·fùge /ɪnsέktə-/ *n* 駆虫剤.
in·sec·tile /ɪnsέkt(ə)l, -tàɪl/ *a* 昆虫の[に似た, からなる].
in·sec·tion /ɪnsέkʃ(ə)n/ *n* 切り込み, 断節.
in·sec·ti·val /ìnsɛktáɪv(ə)l/ *a* いかにも昆虫的な.
in·sec·ti·vore /ɪnsέktəvɔ̀ːr/ *n* 〘動〙食虫目 (Insectivora) に属する哺乳小動物《ハリネズミ・モグラなど》; 《一般に》食虫動物[植物].
in·sec·tiv·o·rous /ìnsɛktív(ə)rəs/ *a* 〘生〙食虫性の. ♦ **ìn·sec·tív·o·ry** *n* [NL (*-vorous*)]
insectívorous bát 〘動〙食虫コウモリ《小翼手類のコウモリ》.
insectívorous plánt 〘植〙食虫植物.
in·sec·tol·o·gy /ìnsèktáləʤi/ *n* 昆虫学 (entomology).
ínsect pòwder 除虫粉, 《特に》PYRETHRUM.
ínsect wàx 〘化〙虫白蠟(ちゅうはくろう) (Chinese wax).
ìn·secúre *a* 不安な, 自信のない, 心もとない; 不確かな; 不安定な, 安全性の低い, しっかり固定されていない; くずれそうな〈地盤など〉, われそうな〈氷など〉. ♦ **~·ly** *adv* **~·ness** *n* **ìn·secúrity** *n*
in·sel·berg /íns(ə)lbə̀ːrg, -z(ə)l-, *-bὲrg/ *n* (*pl* **~s, -ber·ge** /-bə̀ːrgə, *-bὲr-/) 〘地質〙島山, 島状丘, インゼルベルク《平原上に孤立してそびえ立つ山; オーストラリアの Ayers Rock が代表的》. [G]
in·sem·i·nate /ɪnsέmənèɪt/ *vt* 〈土地〉に種をまく; 〈心〉に植え付ける〈*with*〉; 〈女性・雌性の性管〉に精液を注入する. [L; ⇨ SEMEN]
in·sèm·i·ná·tion *n* 種まき, 播種; 精液注入, 授精, 媒精, 助精 (⇨ ARTIFICIAL INSEMINATION).
in·sém·i·nà·tor *n* 《家畜などの》人工授精を施す人.
in·sen·sate /ɪnsέnsèɪt, -sət/ *a* 感覚力のない, 無感覚の, 不感(性)の; 非情の, 無情[残忍]な; 理性[理解力]を欠いた; ばかげた. ♦ **~·ly** *adv* **~·ness** *n* [L; ⇨ SENSE]
in·sensibílity *n* 感受性の欠如, 無感覚〈*to* pain〉; 無意識, 人事不省; 鈍感, 無神経〈*to*〉; 平気, 冷淡. [F or L]
in·sénsible *a* 感じない, 無感覚な〈*to* [*of*] pain〉; 意識がない, 人事不省の; 気がつかない; 無頓着な, 無神経な〈*of* danger〉; 目に見えない[気づかない]ほどの; 《物質のように》感情をもたない; 《古》まぬけな; わけのわからない, 無意味な; 洗練されていない, 無粋な: be knocked ~ なぐられて気絶する / by ~ degrees きわめて徐々に. ♦ **-bly** *adv* 気づかぬほど(徐々に), わずかに. **~·ness** *n*
in·sénsitive *a* 無感覚な, 鈍感な, 感じない〈*to* light, beauty〉; 思いやりのない, 気転のきかない, 無神経な; 《物理的・化学的に》反応しない. ♦ **~·ly** *adv* **~·ness, in·sensitívity** *n*
in·séntient *a* 知覚[感覚, 意識]のない, 無生の. ♦ **in·sén·tience** *n*
in·séparable *a* 分けられない, 分離できない, 不可分の; 離れられない〈*from*〉. ► *n* [*pl*] 分けられないもの; 離れがたいもの[人]; 親友. ♦ **-bly** *adv* **~·ness, in·separabílity** *n* [L]
in·séparate *a* 分かれていない.
in·sert /ɪnsə́ːrt/ *vt* 差し込む, はめ込む, 挿入する〈sth *in*, *into* another; *between* pages〉; 書き入れる, 掲載する〈a word, an article *in*, *into* a line, newspaper〉; 間に固定する[縫いつける]; 〈選手を〉投入する; 〘生〙〈DNA などを〉挿入する, 組み込む. ► *vi* 〈筋肉が〉《可動部に》付着している, 停止する. ► *n* /ˊ-ˋ/ 挿入物, 差し込み物, インサート; 〘製本〙入紙(じゅう) (=*inset*)《折丁に差し込む地図・写真などの別刷り紙》; 《新聞などの》折り込み広告[ビラ]; 〘ジャーナリズム〙挿入記事; 〘映〙挿入面《大写しで画面間に差し込む手紙など》; 〘冶〙インサート《1) 移動可能のダイ 2) 鋳物製品の一部となる金属部品》. ♦ **~·able** *a* **~·er** *n* [L (*sert-* *sero* to join)]
insért·ed *a* 差し込んだ; 〘植〙《花の部分などに》着生した; 〘解〙《筋肉などの器官が動かすほうの部分に》付着した.
in·ser·tion /ɪnsə́ːrʃ(ə)n/ *n* 挿入, 差し込み; 挿入物; 書込み; 新聞折り込み広告; 《レースや縫取りなどの》差し込み; 〘解〙付着[着生](点), (筋)停止(点); 〘遺〙挿入断片《存在している遺伝子配列に挿入された遺伝物質》, 挿入(変異)《遺伝子挿入を起こす突然変異の様式》; 〘字〙INJECTION. ♦ **~·al** *a*
in·sérvice /ˊ-ˋ-/ *a* 勤務中に行なう, 現職の: ~ training 現職教育 / ~ police officers 現職の警官.
in·ses·so·ri·al /ìnsɛsɔ́ːriəl/ *a* 〘動〙〈鳥の足が〉木にとまるのに適した; 〈鳥が〉木にとまる.
ìn·sét *vt* /ˊ-ˋ-/ (**~, -sét·ted**) 挿入する, 差し込む; …にはめ込む. ► *n* /ˊ-ˋ-/ 《書物の》入紙 (insert); 折り込み広告; 挿入画[図, 写真]; 〘服〙はめ込み, インセット《装飾などのために差し込んだ布やレース》; 《台所用品の》入れ子; 〘鉱〙斑晶; 流入(口), 水路. ♦ **ìn·sét·ter** /ˊ-ˋ-/ *n*
INSET /ínsὲt/ *n* 〘英教育〙《公立学校教員に対する》現職研修: an ~ course 現職研修科目 / an ~ day 現職研修日《年間 5 日あり, 授業は休みとなる; 通称 'Baker day'》. [*in*-*service* (education and) *training*]
in·séver·able *a* 切り離せない, 分けられない, 緊密な.
in·shal·lah /ìnʃɑːláː; ɪnʃǽlə/ *int* アラーのおぼしめしならば. [Arab=if Allah wills it]
in·shéathe *vt* さや (sheath) に納める.
ín·shòot *n* 〘野〙インシュート (incurve).
ín·shóre *a*, *adv* (opp. *offshore*) 海岸に近い[近く], 沿岸の[に], 沿海の[に], 近海の[に]; 岸に向かう〈波など〉: ~ fisheries [fishing] 沿岸漁業. ● **~ of**…より海岸に近く.
in·shríne *vt* 《古》ENSHRINE.
in·síde /ˊ-ˋ-/ *n* 内部, 内側 (opp. *outside*); 内心; 内壁; [the] 《歩道などの》家並に近い部分, "《道路の》路肩寄り車線; 《馬車などの》車内席(の乗客); [the] 内情を知る立場《上層部など》; 内情, 内幕, 舞台裏; 〘野〙インサイド, 内角; 《フィールドの》内側, インコース; 〘バスケ〙インサイド《バスケットの下[近く]》; [ᵘone's ~s] 《口》内臓, 《特に》胃腸, はらわた. ● DRAW **an ~ straight.** **~ out** 裏返しに; 大混乱して; *《俗》酔っぱらって; 徹底的に, すっかり, 裏も表も《in [inside] and out ともいう》: turn a sock ~ *out* / turn one's desk ~ *out* looking for a watch 机をひっくり返すようにして時計を捜す / know a trade ~ *out* 商売の裏表を知りつくしている. **on the ~** 内幕[秘密など]を知りうる立場にあって; 心底(では). **the ~ of a week** "《口》週の中ごろ《月曜から金曜まで》. ► *a* 内部に在る, 内部の, 内側の; 屋内(用)の; 〘野〙内角[インコーナー]の; 〘サッカー・ホッケー〙内側の, センター寄りの; 秘密の, 内面の: ~ information [knowledge] 内情, 内幕 / the ~ story 《新聞記事などの》内幕物.
► *adv* 中へ, 中に, 内部に, 内面に, 内側に; 屋内[室内]で; 《俗》ブタ箱に(はいって): put sb ~ ムショにぶち込む. ● **~ of**… 《口》…の内部[内側]に; …以内に: ~ *of* a week 一週間以内に. ► *prep* …の内部に[へ], …の内側に (within), センター[インサイド]寄りに; 〈時間〉のうちに《米では代わりにしばしば inside of を用いる》: ~ an hour 1 時間以内に.
ín síde 〘バド・スカッシュなど〙インサイド《サービス権をもっているプレーヤー[サイド]》.
ínside addréss 郵便物の内部に書く宛名, インサイドアドレス.
ínside báll インサイドボール《頭脳的な作戦や巧みなテクニックを特徴とする野球》.
ínside cáliper 〘機〙内パス, 穴パス.
ínside fórm INNER FORM.
ínside fórward 〘サッカー〙インサイドフォワード《INSIDE LEFT [RIGHT] の古い呼び名》.
ínside jób 《口》内部の者の犯行, 内部犯罪.
ínside láne 《競走用トラックの》インコース; "路肩寄り車線.
ínside léft 〘サッカー・ホッケー〙インサイドレフト, 左のインナー《センターフォワードとアウトサイドレフトの間のフォワード》.
ínside lég "股下寸法 (inseam*)
ínside lót INTERIOR LOT.
ínside mán 内勤の従業員; 《組織・会社などにはいり込んでいる》潜入スパイ.
Ínside Pássage, Ínland Pássage [the] 内海航路《Washington 州北西部の Puget 湾から本土と沿岸の島々の間を通って Alaska 州 Skagway に至る航路》.
in·sid·er /ɪnsáɪdər, ˊ-ˋ-/ *n* 内部の人, 身内, 会員, 部員; 内情に明るい人, 消息通, 当事者; 〘証券〙内部者, インサイダー《一般投資家に対して, 当該証券発行会社の役員・上級幹部や証券業者》.
ínside ríght 〘サッカー・ホッケー〙インサイドライト, 右のインナー《センターフォワードとアウトサイドライトの間のフォワード》.
insíder tráding [déaling] 〘証券〙インサイダー取引《インサイダーが内部の秘密情報を利用して行なう違法な取引》.
ínside skínny *《俗》内幕, 内情, マル秘情報.
insíde-the-párk hóme rún 〘野〙ランニングホームラン (= **insíde-the-párk·er**).
ínside tráck 内コース, インコース; 《口》《競争の上で》有利な立場: have the ~ 走路の内側を走る; 《口》有利な立場にある, 優位を占める.
in·sid·i·ous /ɪnsídiəs/ *a* 知らぬ間に蓄積する, じわじわと効いてくる; 〈病気などが〉潜行性の; 狡猾な, 陰険な, 油断のならない; 魅惑的だが危険な[命取りの]: the ~ effects of aging 知らない間に及ぶ加齢の影響 / ~ wiles 悪だくみ. ♦ **~·ly** *adv* 知らぬ間に, じわじわと; 陰険に, 狡猾に. **~·ness** *n* [L=cunning (*insidiae* ambush〈*sedeo* to sit)]
ín·sìght *n* 洞察(力), 識見, 眼識〈*into*〉; 〘心〙自己洞察; 〘精神医〙病識: a man of ~ 明察の人 / gain [have] an ~ into…を見抜く, 洞察する. [ME=discernment〈? Scand and LG (*in*-[2])]
ín·sìght·ful /ˊ, *ˊ-ˋ-/ *a* 洞察力のある〈人〉; 洞察に満ちた, 本質を突いた, 鋭い〈観察・分析など〉. ♦ **~·ly** *adv*
in·sig·ne /ɪnsígni/ *n* (*pl* **-nia** /-niə/) INSIGNIA.
in·sig·nia /ɪnsígniə/ *n* (*pl* **~, ~s**) 《官職・叙勲・所属などの》記章, 勲章, バッジ; 《一般に》記章, しるし: a military ~ 《軍隊の》階級[部隊, 等級]章 / a mourning ~ 喪章 / Rags are ~ of the beggar's profession. ぼろ着は乞食商売の記章である. [L (pl)〈*insigne* (*signum* sign)]
in·signíficance *n* 取るに足らないこと, つまらないこと, 些細さ, 無意味; 卑しい身分: fade [pale] into ~ 重要性が下がる, 世間から忘れられる.

ìn·signíficancy *n* INSIGNIFICANCE; つまらないもの[人].

ìn·signíficant *a* 取るに足らない, つまらない, 些細な, 無意味な; しがない, 卑しい〈身分・人格〉; ほんのわずかの, 微々たる. ► *n* 取るに足らない人[もの]. ♦ **~·ly** *adv*

ìn·sincére *a* 誠意のない, ふまじめな; 偽りの, 偽善の. ♦ **~·ly** *adv* **ìn·sincérity** *n* [L]

in·sin·u·ate /ɪnsínjuèɪt/ *vt* **1** 遠まわしに言う, ほのめかす, あてこする, いやみを言う〈*that*〉. **2** いつの間にか[徐々に]はいり込ませる; [~-*self*] 徐々にはいり[染み]込む, 巧みに取り入る: ~ *oneself into* sb's favor 人にうまく取り入る. ► *vi* あてこする; «古» 取り入る; «古» 忍び込む. ♦ **-à·tor** *n* [L *in-*[2](*sinuo* to curve)=to wind one's way into]

in·sín·u·àt·ing *a* 遠まわしの, ほのめかしている; うまく取り入る, こびるような: an ~ voice ねこなで声. ♦ **~·ly** *adv* 遠まわしに; こびるように, 迎合的に.

in·sin·u·a·tion /ɪnsìnjuéɪʃ(ə)n/ *n* 徐々にはいり込むこと, うまく取り入ること; あてこすり, ほのめかし: by ~ 遠まわしに.

in·sín·u·à·tive /, -ətɪv/ *a* うまく取り入る, こびるような〈微笑〉; あてこすりの〈ことば〉. ♦ **~·ly** *adv*

in·sip·id /ɪnsípəd/ *a* 風味のない, まずい; 無味乾燥な, おもしろみのない. ♦ **~·ly** *adv* **~·ness** *n* **ìn·si·píd·i·ty** *n* [F or L; ⇨ SAPID]

in·sip·i·ence /ɪnsípiəns/ *n* «古» 無知, 愚鈍.

in·síp·i·ent *a* 無知な, 愚鈍な. ♦ **~·ly** *adv*

in·sist /ɪnsíst/ *vi, vt* (あくまで)主張する, 言い張る, 固執する, 力説[強調]する〈*on*; *that*〉; 強く要求する, 迫る; «古» 断固として続ける〈*on*〉: I ~ *on* this point. この点は譲らない / He ~*s on* his innocence.=He ~*s* (*on* it) *that* he is innocent. 彼は無罪を主張する / He ~*s on going* to the movies. 映画に行くと言ってきかない / She ~*ed* (*on* it) *that* you (should) be invited to the party. きみを会に招待すべきだと主張した. ● **if you ~** ぜひにとおっしゃるなら. ♦ **~·er** *n* [L IN-[2]*sisto* to stand on, persist]

in·sís·tence, -cy *n* 主張, 固執, 力説, 強調〈*upon* one's innocence〉; 無理強い, 強要〈*upon* obedience〉; しつこさ: at sb's ~ 人から強いられて[せがまれて].

in·sís·tent *a* あくまで主張[要求]する, しつこい; 〈色・音・調子などが〉目立つ: his ~ demand 彼のしつこい要求 / He was ~ *on* going out. 出かけると言い張っていた. ♦ **~·ly** *adv* あくまで, しつこく.

in si·tu /ɪn sáɪt(j)u, -sítu/ *adv* もとの場所に; 〖解〗自然位で, 正常所在で; 〖建〗原位置に, イン・シトゥー. [L]

ìn·snáre *vt* «古» ENSNARE.

ìn·sobríety *n* 不節制; 暴飲.

in·sóciable *a* «まれ» 非社交的な, つきあいにくい. ♦ **-ably** *adv* **in·sociabílity** *n*

ìn·so·fár *adv* その程度[範囲, 限り]において. ● **~ as [that]**…の範囲[限り]で(は), …という限りにおいて: I shall do what I can ~ *as* I am able. できるかぎりのことはします.

insol. insoluble.

in·so·late /ínsoulèɪt/ *vt* 日光にさらす, 日にあてる《保蔵・熟成・乾燥のため》. [L *insolo* to place in the sun (*sol* sun)]

in·so·lá·tion *n* 日光にさらすこと, 日干し; 日照; 日光浴; 〖医〗日射病 (sunstroke); 〖気〗日射; 〖天〗インソレーション《受光太陽エネルギー》.

ín·sòle *n* 靴の中底; 靴の敷皮[中敷].

in·so·lence /íns(ə)ləns/ *n* 横柄, 不遜, 尊大, 傲慢, 暴慢; 横柄なふるまい[ことば, 態度].

ín·so·lent *a* 《目上や同等者に対して》横柄な, 不遜な, 傲慢な, 無礼な〈*to*〉; «まれ» 〈権力者・金持などが〉尊大な, 高慢な. ► *n* 横柄な人. ♦ **~·ly** *adv* **~·ness** *n* [ME=arrogant<L (*soleo* to be accustomed)]

in sol·i·do /ɪn sálədòu/**, in sol·i·dum** /-dəm/ *adv, a* 〖民法〗連帯して[の]. [L=in a mass]

in·sol·u·bi·lize /ɪnsáljəbəlàɪz/ *vt* 溶けにくくする, 不溶(性)化する. ♦ **in·sòl·u·bi·li·zá·tion** *n*

in·sóluble *a* 不溶(解)性の; 解くことのできない, 解決[説明, 解釈]できない; «古» INDISSOLUBLE. ► *n* 不溶物, 不溶分; 解決不能のこと[問題]. ♦ **-bly** *adv* **in·solubílity, ~·ness** *n* 不溶(解)性; 解決[説明]できないこと.

in·sólvable *a* INSOLUBLE. ♦ **in·sólv·ably** *adv*

insólvency provìsion "支払不能企業賃金規定, 破産企業従業員賃金受領権(規定).

in·sol·vent /ɪnsálvənt/ *a* 《債務超過で》支払い能力のない[なくなった]〈会社など〉, 破産[倒産]した; [*joc*] 金[給料]を使い果たして, 金欠病で; 欠陥のある; 負債の全額返済に不十分な〈資産など〉, 債務超過の; 支払い不能[債務超過]に関する, 支払い不能者救済の〈法など〉. ► *n* 支払い不能者. ♦ **-ven·cy** *n* 支払い不能, 債務超過, 倒産.

in·som·nia /ɪnsámniə/ *n* 〖医〗不眠(症). ♦ **in·sóm·ni·ous** *a* 不眠(症)の. [L=sleepless (*somnus* sleep)]

in·som·ni·ac /ɪnsámniæk/ *a, n* 不眠症の(患者).

in·so·múch *adv* …の程度まで, …ほど. ● **~ as**=INASMUCH AS. **~ that**…するほど, そのため: The rain fell in torrents, ~ *that* they were ankle-deep in water. 滝のような雨が降り, そのためくるぶしまで水につかった. [ME *in so much*]

in·son·i·fy /ɪnsánəfàɪ/ *vt* 《ソナー・超音波撮像などで》…に(超)音波を照射する; …に高周波をあてて音響ホログラムを作る.

in·sou·ci·ance /ɪnsú:siəns; *F* ɛ̃susjɑ̃:s/ *n* 無頓着, のんき. [F (↓)]

in·sou·ci·ant /ɪnsú:siənt; *F* ɛ̃susjɑ̃/ *a* 無頓着な, のんきな, 平然とした. ♦ **~·ly** *adv* [F (*in-*[1], *souci* care)]

ín·soùrc·ing *n* インソーシング《アウトソーシングしていた業務を自社[自国]に戻すこと》.

in·sóul *vt* ENSOUL.

insp. inspector.

in·span /ɪnspǽn/ *vt, vi* (-nn-) «南ア» 〈車〉に牛[馬]をつける; 〈牛などを〉車につける (harness). [Du (*in-*[2], SPAN[1])]

in·spect /ɪnspékt/ *vt, vi* 視察[検査, 検分, 点検, 閲覧]する, 調べる, 〈軍隊などを〉査閲する. ♦ **~·able** *a* **~·ing·ly** *adv* [L IN-[2] (*spect- specio* to look)]

in·spec·tion /ɪnspékʃ(ə)n/ *n* 視察, 検査, 監察, 《書類の》閲覧, 検閲, 点検, 検分, 立入り検査, 査察, 観察, 《問題解決につながる》パターンの認識, 洞察; 〖医〗視診, 診査: a tour of ~ 視察旅行 / ~ declined [free] «掲示» 縦覧謝絶[随意] / medical ~ 検疫; 健康診断 / aerial ~ 空中査察 / make ~ of…を検分する / on the first ~ 一応調べた[一見した]ところでは / on closer [close] ~ もっと綿密に調べると. ♦ **~·al** *a*

inspéction árms 〖軍〗銃点検《位置または号令; 銃を両手で体の前に斜めに持つ》.

inspéction càr 〖鉄道〗《レールの異状を調べる》検査車.

inspéction chàmber 〖土木〗のぞき穴, MANHOLE.

in·spéc·tive *a* 検査[視察]する, 注意深い; 検閲[検査, 視察]の.

in·spéc·tor *n* 視察官; 検査官[員, 役], 監査人[役], 監督官, 選挙管理員, 検閲官; 視学, 督学官; 警部《通例 superintendent の次の階級; ⇨ POLICE》; "《列車・バスの》検札係 (=ticket ~): a mine ~ 〖鉱〗保安係員. ♦ **~·ship** *n*

inspéctor·ate *n* INSPECTOR の職[管轄区域, 任期]; 検査官一行, 視察団.

inspéctor géneral (*pl* **inspéctors géneral**) 〖軍〗監察総監, 監察官; 検閲総監.

in·spec·to·ri·al /ɪnspèktɔ́:riəl/**, -to·ral** /ɪnspékt(ə)rəl/ *a* 査察(官)の; 査察官[警部]の職務の.

inspéctor of táxes 〖英〗税額[所得]査定官《歳入・関税委員会 (Revenue and Customs) の官吏で個人・法人の所得税申告書の査定に当たる》.

in·spec·tress /ɪnspéktrəs/ *n* 女性 INSPECTOR.

in·sphére *vt* ENSPHERE.

in·spi·ra·tion /ìnspəréɪʃ(ə)n/ *n* **1 a** 霊感, インスピレーション; 霊感による着想, 天来の妙想; インスピレーションを与える[刺激となる]人[もの], 着想の源, 《芸術作品などの》生みの親; 〖神学〗霊感, 神感《特に聖書がその影響のもとに書かれたという霊感; cf. VERBAL INSPIRATION, PLENARY INSPIRATION, MORAL INSPIRATION》: a flash of ~ 《突然の》霊感のひらめき / have a sudden ~ 急に名案を思いつく / Ninety percent of ~ is perspiration. «諺» 霊感の九割は発汗にあり. **b** 《世論操作などのための有力筋からの》示唆, 内意, 暗示. **2** 息を吸い込むこと, 吸息, 吸気 (opp. *expiration*). ♦ **~·ism** *n* 霊感説. **~·ist** *n* 霊感論者.

inspirátion·al *a* 霊感の; 霊感[刺激]を与える; 鼓舞[鼓吹]する. ♦ **~·ly** *adv*

in·spi·ra·tor /ínspərèɪtər/ *n* 霊感を与える人; 吸入器; 《蒸気機関の》注入器, インゼクター.

in·spir·a·to·ry /ɪnspáɪərətɔ̀:ri; -t(ə)ri/ *a* 吸息の[を助ける, に用いる].

in·spire /ɪnspáɪər/ *vt* **1** 鼓舞[激励]する; 〈思想・感情を〉起こさせる, いだかせる, 吹き込む, 鼓吹する〈*in, into*〉; 〈人〉に霊感を与える; 〈人〉に刺激[意欲]を与える, 煽動する〈*to* do〉; …に創作上のヒント[着想, インスピレーション]を与える, 触発する; 〈デマを〉飛ばす; «古» …に息を吹きかける, 〈生命を〉吹き込む: ~ confidence *in* sb=~ sb *with* confidence 人に自信をいだかせる / ~ false stories about sb 人についてデマを飛ばす. **2** 吸う, 吸い込む (opp. *expire*). ► *vi* 霊感を与える; 息を吸い込む (inhale). ♦ **in·spír·able** *a* 吸い込む[霊感をうける]ことができる. **in·spír·er** *n* [OF<L (*spiro* to breathe)]

in·spíred *a* 神霊に感じた, 霊感をうけたような, みごとな, すばらしい; 〈報道・記事が〉(その筋の)内意を受けた; 〈推測が〉的確[正確]な, (勘の)鋭い: the ~ writings 霊感の書, 聖書 / an ~ article [newspaper] 御用記事[新聞] / politically-~ 政治的な理由による[動機からの] / Japanese-~ 日本風の, 日本をイメージした. ♦ **~·ly** *adv*

in·spír·ing *a* 鼓舞する, 奮起させる, 活気づける; 霊感を与える; 《空気を》吹き込む〈ふいごなど〉: an ~ sight 胸のおどるような光景 / AWE-INSPIRING. ♦ **~·ly** *adv*

in·spírit *vt* 活気づける, 〈人〉の気を引き立たせる, 鼓舞する〈sb *to* an action [*to* do]〉. ♦ **~·ing** *a* **~·ing·ly** *adv*

in·spis·sate /ɪnspísèɪt, ínspəsèɪt/ *vt, vi* 《沸騰・蒸発させて》濃く[濃厚に]する[なる], 濃縮する, 濃化する. ► *a* /-sət/ 濃くした, 濃厚な (inspissated). ♦ **-sa·tor** *n* **in·spis·sá·tion** *n* [L (*spissus* thick)]

in·spís·sàt·ed /, ínspəsèɪtəd/ *a* 濃厚な, 濃縮した: ～ gloom 深い憂鬱.

inst. 〔商〕instant ♦ institute ♦ institution ♦ institutional.

ìn·stabílity *n* 不安定(性); (心の)不安定, 変わりやすさ; 不決断, 優柔不断; 〔理〕不安定状態, 不安定性. [F＜L]

instabílity lìne 〔気〕不安定線《寒冷前線の前方によく起こる強い上昇流を伴う悪天候の線状域》.

in·stáble *a* UNSTABLE.

in·stall, 《英》**in·stal** /ɪnstɔ́:l/ *vt* **1** 取り付ける, 据え付ける, 設置する, 装置[設備]する〈heating apparatus *in* a house〉; 〔電算〕〈ソフトウェア・ハードウェアを〉システムに組み込む, インストールする. **2** 就任させる, 任命[任用]する〈sb *in* office, *as* the boss〉; 席[位置]に着かせる〈sb *in* a place〉: ～ one*self* [be ～*ed*] in a seat 席に着く. ► *vi* インストールできる. ♦ **～·er** *n* 取付け作業員; 〔電算〕インストール用プログラム, インストーラー. [L (*in-*², STALL¹)]

in·stall·ant /ɪnstɔ́:lənt/ *n* 任命者, 叙任者.

in·stal·la·tion /ìnstəléɪʃ(ə)n/ *n* **1** 据え付け, 取付け, 設置, 架設; 〔電算〕組込み, インストール; 《取り付けられた》設備, 装置; 軍事施設, 基地. **2** 就任; 任命(式), 任官(式), 叙任(式). **3** インスタレーション《広い空間に彫刻・立体などさまざまな素材を配置して構成する美術表現》.

instáll·ment¹ | **-stál-**¹ *n* 分割払い込み金, 割賦金; 《数回に分かれたシリーズ番組・双書・連載物などの》一回[一話]分, 一部: in [by] ～*s* 分割払いで; 何回にも分けて / pay in monthly [yearly] ～*s* 月賦[年賦]で払う. ► *a* 分割払いの, 割賦の. [C16 *estallment*＜AF (*estaler* to fix)]

installment² | **-stal-**² *n* INSTALLATION.

instállment plàn* 分割払い(法), 割賦法 (hire purchase system[‖]): on the ～ 分割払いで.

instállment sèlling* 分割払い[割賦]販売.

In·sta·mat·ic /ìnstəmǽtɪk/ 〔商標〕インスタマチック《小型の固定焦点型カメラ》. [*instant*＋*automatic*]

in·stance /ínstəns/ *n* **1 a** 《具体的な》例, 実例, 事例; 《古》例外; 場合, 事実; 段階; 《廃》事情, 動機, 原因; 《廃》しるし (token): in this ～ この場合. **b** 〔電算〕インスタンス《オブジェクト指向言語で, ある型をもつ具体的なオブジェクト》. **2** 《性急な》依頼, 要請 (request); 申し立て, 主張; 勧め, 提議; 〔法〕訴訟(手続き); 《訴訟の》審級 (⇨ COURT OF FIRST INSTANCE); 《古》嘆願. ● **at first ～** 〔法〕第一審で. **at the ～ of**…＝**at sb's ～** …の依頼[勧め, 提案]により: We agreed to go *at his* ～. 彼の勧めで行くことに同意した. **for ～** たとえば. FOR INSTANCE. **in the first** [**last**] **～** 第一に[最後に]; 第一審で[最終審で]. ► *vt* 例に引く[挙げる]; [ᵘ*pass*] …の事例とする, 例証する. [OF＜L *instantia* contrary example]

ín·stan·cy *n* 強要; 緊迫, 切迫; 《まれ》即時.

in·stant /ínstənt/ *n* **1** 即時; 瞬間, 瞬時; 〔商〕今月《略 inst.》: for an ～ ちょっとの間, 瞬間 / this [that] ～ 今[その時]すぐに / in an ～ 瞬く間に, たちまち / in the ～ of doing…する瞬間に. **2** 即席飲料, 《特に》インスタントコーヒー: make a cup of ～. **3** インスタントくじ. ● **on the ～** たちどころに, 即刻. **the ～** (**that**)…するとすぐ, …しだい: *The* ～ he saw me… わたしを見るが早いか…. ► *a* 即刻の, 即時の; 切迫した, 切なる, 強要的な (urgent); 〔商・法〕今の, 当該の, 今月の《略 inst.》; 即席料理用の, インスタントの; [*fig*] 急ごしらえの, 即製[速成]の, 性急な, 安直な: an ～ answer 即答 / an ～ remedy 即座の手当て / the ～ case 本件, 当該事件 / the 13th *inst.* 本月 13 日《今は商用文でも of this month とすることが多い; cf. ULTIMO, PROXIMO》/ ～ mashed potatoes 即席マッシュポテト. ► *adv* 《詩》直ちに. [OF or L (*insto* to be present, be urgent ‹ *sto* to stand)]

in·stan·ta·ne·ous /ìnst(ə)ntéɪniəs/ *a* 瞬間の, 即時の, 即座の, てきめんの; その瞬間[同時]に起こる; 〔理〕瞬間の〈速度〉: ～ death 即死 / ～ adhesive 瞬間接着剤. ♦ **～·ly** *adv* 即座に, たちどころに; 同時に. **～·ness** *n* **in·stan·ta·ne·ity** /ɪnstæ̀ntəní:əti, ìnstəntə-/ *n*

instantáneous sóund prèssure 〔理〕瞬間音圧.

instantáneous wáter hèater, instantáneous héater 瞬間湯沸かし器.

ínstant bóok インスタント本《アンソロジーやリプリントのように編集作業などをほとんど必要としない本》.

ínstant cámera インスタントカメラ.

in·stan·ter /ɪnstǽntər/ *adv* 《英では古》/[*joc*] 直ちに, やにわに. [L＝urgently; ⇨ INSTANT]

in·stan·tial /ɪnstǽnʃəl/ *a* 具体例の, 例となる[を与える].

in·stan·ti·ate /ɪnstǽnʃièɪt/ *vt* 〈説・主張〉の証拠として実例を示す, 事例を挙げて裏付ける; 〔電算〕〈オブジェクト〉のインスタンスを生成する. ♦ **in·stàn·ti·á·tion** *n*

ínstant·ìze *vt* インスタント化する.

ínstant lóttery* スピードくじ.

ínstant·ly *adv* 直ちに, 即座に, すぐ, その瞬間に, たちまち; 《古》切迫して: be ～ killed 即死する. ► *conj* …するやいなや.

ínstant méssaging 〔電算〕インスタントメッセージング《インターネットに接続している人にリアルタイムでメッセージを送信すること; そのようなメッセージのやりとり》. ♦ **ínstant méssage** *n* インスタントメッセージ. ► *vt* 〈人〉にインスタントメッセージを送る.

in·stant·on /ínstæ̀ntàn/ *n* 〔理〕インスタントン《最低のエネルギー状態間に起こる相互作用に対する仮説上の量子単位》. [*instant*, *-on*²]

ínstant photógraphy 速撮り[三分間]写真術.

ínstant réplay* 〔テレビ〕《ビデオの》即時再生 (action replay[‖]); 《口》直後の繰返し[再現].

ínstant Zén* 《俗》即席禅 (LSD).

in·stár¹ *vt* 《古》星として[のように]置く; 《古》星[スター]にする; 星で飾る, きら星のように並べる.

in·star² /ínstɑ̀:r/ *n* 〔動〕齢, 令《節足動物, 特に昆虫の脱皮と脱皮の中間段階》. [L＝form, image]

in·státe *vt* 〈人を〉任ずる, 就任させる; 置く; 《廃》…に授与する; 《廃》与える. ♦ **～·ment** *n*

ín-stàte* *a* 州内の; 州内居住者の, 州民の: ～ tuition《州内大学における》州民授業料.

in sta·tu pu·pil·la·ri /ɪn stǽt(j)ù: pjù:pɪlɑ́:ri/ *adv, a* 保護の下で[の]; 学生 [《特に》junior] の身分で[の]; 修士号をもたない(で). [L]

in sta·tu quo /ɪn stéɪt(j)ù: kwóʊ, -stǽt(j)ù:-, -stǽʧù:-/ *adv, a* 現状(維持)で[の], もとのままで[の]. [L]

in sta·tu quo an·te bel·lum /ɪn stɑ́:tù: kwoʊ à:ntɛ bɛ́lʊm/ 戦争前の状態で[に]. [L]

in·stau·ra·tion /ìnstɔ:réɪʃ(ə)n/ *n* 回復, 再興, 復興; 《まれ》創立, 設立. ♦ **in·stàu·rà·tor** *n*

in·stead /ɪnstɛ́d/ *adv* その代わりとして; それよりも: Give me this ～. 代わりにこれを下さい. ● **～ of**…の代わりに; …しないで, …するどころか〈*doing*〉: Let's have tea ～ *of* coffee. コーヒーより紅茶にしよう / in the room ～ *of* on the street 街頭でより部屋の中で / They played baseball ～ *of* do*ing* homework. 宿題をやるどころか野球をやった. [ME *in stead* in place]

ín·stèp *n* 足の甲, 足背; 靴[靴下]の甲; 足の甲に似たもの; 《馬・牛などの》後脚の向脛(むこうずね)《ひざ (hock) とつなぎ関節 (pastern joint) の間》. [C16; *in*¹＋*step* か]

in·sti·gate /ínstəgèɪt/ *vt* 〈人を〉けしかける, そそのかして…させる〈sb *to* (do) sth〉; 煽動して〈暴動・反乱などを〉起こさせる; 〈訴訟・調査などを〉始める. ♦ **ín·sti·gà·tive** *a* 煽動的な, そそのかす. **-gà·tor** *n* **in·sti·gá·tion** *n* 煽動, 教唆: at [by] the *instigation* of …にそそのかされて, …の煽動で. [L *in-*²(*stigo* to prick)＝to stimulate]

in·still, in·stil /ɪnstíl/ *vt* (**-ll-**) 徐々に〈思想などを〉染み込ませる; 《まれ》一滴ずつたらす: ～ ideas *in* [*into*] sb's mind＝～ sb's mind *with* ideas 人に思想を教え込む. ♦ **-stíll·er** *n* [L (*stillo* to drop); cf. DISTILL]

in·stil·la·tion /ìnstəléɪʃ(ə)n/ *n* 滴下, 滴下[滴注]物; 〔医〕点滴注入(法); 点眼(薬[剤]); 《思想などを》教え込むこと.

instíl(l)·ment *n* 滴下, 点滴; 徐々に教え込むこと.

in·stinct¹ /ínstɪŋ(k)t/ *n* 〔動・心〕本能; 生来の傾向, 天性, 天稟(てんぴん); 直感, 勘〈*for*〉: maternal ～ 母性本能 / act on ～ 本能のままにふるまう / have an ～ *for*…の才[天性]がある, 生来…に向いている / by [from] ～ 本能的に. [ME＝impulse＜L *in-*²(*stinct-stinguo* to prick)＝to incite]

in·stinct² /ɪnstíŋ(k)t/ *pred a* いっぱいになって, みなぎって, 染み込んで〈*with*〉; 《廃》内なる力に駆りたてられて: a picture ～ *with* life 生気[活気]に満ちた絵. [L (pp)〈(↑)]

in·stinc·tive /ɪnstíŋ(k)tɪv/ *a* 本能の, 本能的な; 天性の; 直覚的な. ♦ **～·ly** *adv* 本能的に, 直観的に.

in·stinc·tu·al /ɪnstíŋ(k)ʧuəl/ *a* INSTINCTIVE. ♦ **～·ly** *adv*

in·sti·tute /ínstət(j)ù:t/ *vt* 〈会・制度・法制などを〉設ける, 制定する; 〈調査を〉始める; 〈訴訟を〉起こす; 教会[教区]に〈人を〉任命する: ～ legal proceedings *against*…を相手取って訴訟を起こす / ～ sb *to* [*into*] a benefice 人を聖職に就ける. ► *n* **1 a** 《学術・美術の》学会, 協会, 研究所; 《学術・教育・社会的な》施設, 機関, 協会 (institution); 《その》会館; 《理工系の》専門学校, 大学. **b*** 《教員などの》研修会, 短期講習. **2** 慣行, 慣例, しきたり; 原理, 法; [*pl*] 《特に法律学の原理・綱領の》提要, 注釈書, 論説書; [～s] 根元論; [the I-s] 《古代ローマの》法学提要; [the I-s] 『綱要』《Calvin の *The Institutes of the Christian Religion* (キリスト教綱要, 1536) の略称》. **3** 《廃》設立 (instituting). [L *in-*²(*stitut- stituo*＝*statuo* to set up)＝to establish, teach]

Ínstitute of Diréctors [the] インスティチュート・オヴ・ディレクターズ《英国の実業家団体; 1903 年設立; 略 ID》.

ínstitute of educátion [ᵒI- of E-] 《イングランド・ウェールズの》教員養成協会.

ín·sti·tùt·er *n* INSTITUTOR.

in·sti·tu·tion /ìnstət(j)ú:ʃ(ə)n/ *n* **1 a** 《学会・協会などの》設立, 創立; 《法律などの》制定, 設定; 〔教会〕(聖職)委嘱, 任命, 叙任(式)

(installation), 《キリストによる》聖餐の創始, EUCHARIST: the ～ of gold standard 金本位制の設定. **b** 《訴訟の》開始, 提起. **2 a** 《制度化された》慣行, 慣例, 制度, 法. **b** 《口》おなじみのもの[人], 名物. **3** 《教育・社会・慈善・宗教などの活動のための》機関, 協会, 団体; 公共の建物, 会館, 施設. **4** 機関投資家 (＝*institutional investor*). [OF＜L; ⇨ INSTITUTE]

institútion·al *a* **1** 制度上の, 制度化した; 《教会・聖職者・儀式などの制度によって》組織化された〈宗教〉. **2** 機関の, 協会の, 団体の, 施設の; 施設によくみられる, 画一的な, おきまりの: in need of ～ care 施設での世話を必要とする / an ～ investor 機関投資家 / ～ food 規格化された食品. **3** 〈広告が〉企業イメージをよくするための: ～ ad 企業広告. ♦ **～·ly** *adv*

institútion·al·ism *n* 制度[組織]尊重主義; 公共[慈善]機関の組織; 《困窮者に対する》公共機関での世話; 〔経〕制度学派《経済現象を歴史的に発展する社会制度の一部として把握する立場》. ♦ **-ist** *n*

institútion·al·ìze *vt* 制度化[慣行化]する; 規定[定例]とする; 〈精神病患者・青少年犯罪者・高齢者などを〉施設に収容する; 〈患者・囚人などを〉《外部では自立できないほど》施設の生活に慣らす. ♦ **in·stitùtion·al·izátion** *n*

institútion·al·ìzed *a* 制度化した, 〈不正などが〉日常化した; 〈収容者が〉施設に慣れきって自立できない, 施設依存症になった.

institútional revolútion CULTURAL REVOLUTION.

institútional revolútionary CULTURAL REVOLUTIONARY.

institútion·àry /; -(ə)ri/ *a* 学会の, 協会の; 創始[制定]の; 聖餐式制度の; 聖職授与の.

in·sti·tu·tive /ínstət(j)ù:tɪv/ *a* 制定[設立, 開始]に資する[のための]; 慣習的な; 設立された. ♦ **～·ly** *adv*

ín·sti·tù·tor *n* 制定者, 設立者; *聖職授任者.

in·stóre *a* 《百貨店などの》店内の, 店内での.

InstP 〔英〕 Institute of Physics.

instr. instructor ♦ instrument ♦ instrumental.

ín·stròke *n* 〔機〕《ピストンなどの》内衝程, 内向き行程 (opp. *outstroke*).

in·struct /ɪnstrʌ́kt/ *vt* 教授する, 教える; 〈人〉に伝える, 通知する 〈*that*〉; 〔英法〕〈依頼人[事務弁護士]が〉〈事務弁護士[法廷弁護士]〉に事件の説明をする, 事件を依頼する; 〔米法〕〈裁判官が〉〈陪審〉に説示する; 指示[指図, 命令]する 〈sb *to* do; *that*〉: ～ sb how to use… [*in* the use of…] 人に…の使い方を教える / ～ jurors *on* the burden of proof 陪審に立証責任について説示する. ♦ **～·ible** *a* [L *instruct- instruo* to teach, furnish (*struo* to pile up)]

in·strúct·ed *a* 教育[訓令, 指示]をうけた.

in·struc·tion /ɪnstrʌ́kʃ(ə)n/ *n* 教授, 教育, 訓育; 教え, 教訓; [*pl*] 指示, 指図, 指令, 訓令; [*pl*] 使用[取扱い]説明書 (＝～ **bòok**); [*pl*] 〔法〕《事件の》依頼(状), (事件の)説明; 〔米法〕(陪審への)説示; 〔電算〕命令: give [receive] ～ *in* French フランス語の教授をする[うける] / give ～*s to*…に指示する. ♦ **～·al** *a* 教授[教育]の, 教育[教訓]的な.

instrúctional télevision* 《有線放送による》授業用テレビ番組 《略 ITV》.

instrúction mànual 使用[取扱い]説明書.

instrúction sèt 〔電算〕命令セット《各コンピューターで実行可能な全命令; cf. RISC》.

in·strúc·tive *a* 教育[教訓]的な, 有益な, ためになる: The hint was ～ *to* me. ♦ **～·ly** *adv* **～·ness** *n*

in·strúc·tor *n* 指導員, 教師, 教官, インストラクター; *《大学の》専任講師 (cf. LECTURER): an ～ *in* English *at* a university. ★ 多くの米国の大学では instructor, assistant professor, associate professor, (full) professor と昇進する. ♦ **～·ship** *n* 教師[講師]の身分[地位]. **in·strúc·tress** *n fem*

in·stru·ment /ínstrəmənt/ *n* **1 a** 道具, 《実験用の》器械, 器具; 計器; 楽器 (musical instrument); 手段, 方法; 《人の》手先, 道具: writing ～ 筆記用具《ペンなど》/ surgical ～*s* 外科用器械 / nautical ～*s* 航海計器 / fly on ～*s* 計器飛行をする / an ～ *of* fate [God] 運命[神]の道具. **b** きっかけ[動機]となるもの[人]. **2** 〔法〕(法律)文書《契約書・証書・協定書・委任状・遺言書など》; 証券, 手形; 金銭債務証書; 〔法〕証拠文書: financial ～*s* 金融証券《株券・手形など》/ a negotiable ～ 流通証券. ► /-mènt/ *vt* 〈楽曲を〉器楽用に編曲する; …に機器を備える; 文書を…にあてる, …に証書を提出する. [OF or L; ⇨ INSTRUCT]

in·stru·men·tal /ìnstrəméntl/ *a* 手段になる, 助けになる, 〈…するのに〉あずかって力ある 〈*to, in, in doing*〉; 器械[道具]の[を用いる]; 〔楽〕楽器の, 器楽の (opp. *vocal*); 〔哲〕INSTRUMENTALISM の; 〔文法〕《古英語・ロシア語などの》具格[助格, 造格]の: ～ errors 器械誤差 / ～ drawing 用器画 / ～ music 器楽曲. ► *n* 〔文法〕具格(の語), 助格, 造格《手段を示す格》; 器楽曲. ♦ **～·ly** *adv* 手段として, 間接に; 器械で; 楽器で; 〔文法〕具格[助格, 造格]的に[として]. [F＜L]

instruméntal condítioning 〔心〕道具的条件づけ (OPERANT CONDITIONING).

instruméntal góods *pl* PRODUCER GOODS.

instruméntal·ìsm *n* 〔哲〕器具[道具]主義, インストルメンタリズム《思想や観念は環境支配の道具としての有用性によって価値が決まるとする John Dewey の説》.

instruméntal·ist *n, a* 器楽演奏家, 器楽奏者; 〔哲〕道具主義者(の).

in·stru·men·tal·i·ty /ìnstrəmentǽləti, -mèn-/ *n* 手段, 方便, 助け; 《政府などの》機関 (agency), 庁, 部局: by [through] the ～ of…によって, …の尽力で.

instruméntal léarning 〔心〕道具的学習(法)《ある行為の結果受ける賞罰によって経験的に学習する》.

in·stru·men·ta·tion /ìnstrəməntéɪʃ(ə)n, -mèn-/ *n* 〔楽〕楽器奏法, 管弦楽法; 〔楽〕楽器編成; 器械[器具]使用[設置]; 計(測)器の考案[組立て, 装備], 計装; 科学[工業]器械研究; 《特定目的の》器械[器具]類; 《まれ》手段, 方便: by [through] the ～ of…の尽力[手段]によって.

ínstrument flỳing [flìght] 〔空〕計器飛行 (opp. *contact flying*).

ínstrument lànding 〔空〕計器着陸 (cf. ILS).

ínstrument pànel [bòard] 計器板 (dashboard).

in·subórdinate *a* 従順でない, 反抗する; 下位でない, 劣らない. ► *n* 不従順な人, 反抗者. ♦ **～·ly** *adv* **in·subordinátion** *n*

in·substántial *a* 実質のない, 空虚な; 非現実的な; 堅固でない, もろい; わずかな, 微量の. ♦ **～·ly** *adv* **in·substantiálity** *n*

in·súffer·able *a* 耐えられない; (うぬぼれが強く[傲慢で])我慢のならない, しゃくにさわる. ♦ **-ably** *adv* たまらないほど. **～·ness** *n*

in·suffícience *n* 《まれ》 INSUFFICIENCY.

in·suffíciency *n* 不十分, 不足; 足りないところ, 欠点; 《特に心臓弁・筋肉の》(機能)不全(症); 不適当.

in·suffícient *a* 不十分な, 不足な; 不適当な 〈*to*〉. ♦ **～·ly** *adv* 不十分に; 不適当に.

in·suf·flate /ínsəflèɪt, ɪnsʌ́flèɪt/ *vt* 〈気体・液体・粉末を〉吹き込む[吹き付ける] 〈*into, onto*〉; …に吹き込む[吹き付ける] 〈*with*〉; 〈ガス・粉末を〉吹き散らす; 〔医〕〈鼻などを〉吸入[通気]法で治療する; 〔キ教〕〈洗礼用の水・受洗者〉に(悪魔払いに)息を吹きかける. ♦ **in·suf·flá·tion** *n* 吹送, 吸入, 通気; 〔キ教〕息吹(いぶき).

ín·suf·flà·tor *n* 吹き入れ器, 粉吹き器; 吸入器; 《粉末散布による》指紋現出器.

in·su·la /íns(j)ələ; -sjʊ-/ *n* (*pl* **-lae** /-lì:, -làɪ/) 〔解〕《脳・膵臓の》島; 《古代ローマの》町の一区画, 集合住宅, インスラ. [L＝island]

in·su·lant /ínsələnt/ *n* 絶縁材.

in·su·lar /íns(j)ələr; -sjʊ-/ *a* 島の, 島形の, 島に生息[居住]する; 〔生〕生息地の限られた; 〈気候が〉島嶼(とうしょ)性の《海の影響で穏和な》; 孤立した, かけ離れた; 島民の, 島国民の, 島国的な, 狭量な; 〈書法が〉イギリス書体の, 島嶼体の; 〔生理・解〕島の, 《特に》ランゲルハンス島の: ～ prejudices 島国的偏見. ► *n* 《まれ》島民. ♦ **～·ìsm** *n* 島国性, 島国根性, 狭量. **ìn·su·lár·i·ty** *n* 島(国)であること; 孤立; 島国根性, 狭量. **～·ìze** *vt* 島国化する. **～·ly** *adv* [L; ⇨ INSULA]

Ínsular Céltic 〔言〕島嶼(とうしょ)ケルト語《ケルト語派のうちイギリス諸島に分布する言語とブリテン島起源のブルトン語 (Breton)》.

in·su·late /ínsəlèɪt; -sjʊ-/ *vt* 《電気・熱・音などの伝導を遮断するように》…をおおう, 絶縁[断熱, 遮音, 防音]する 〈*from, against*〉; 防護する; 隔離する, 孤立させる 〈*from*〉; 《古》〈陸地を〉島にする. ♦ **-làt·ed** *a* 隔離された; 絶縁された: an ～*d* wire 絶縁電線. [L＝made into an island; ⇨ INSULA]

ín·su·làt·ing bòard, insulátion bòard 〔建〕断熱板.

insulating oil 〔電〕絶縁油.

insulating tàpe" 絶縁テープ (FRICTION TAPE).

insulating vàrnish 〔電〕絶縁ワニス.

in·su·lá·tion *n* 《電気・熱・音などの伝導の》遮断, 絶縁; 絶縁性, 断熱性, 遮音性; 絶縁体, 絶縁物[材], 断熱材, 遮音材, 碍子(がいし); 隔離, 孤立.

insulátion resístance 〔電〕絶縁抵抗.

ín·su·là·tor *n* 〔電〕絶縁体[物, 材]; 断熱[遮音]材; 絶縁器, 碍子.

in·su·lin /íns(ə)lən; -sjʊ-/ *n* 〔生化〕インスリン, インシュリン《膵臓でできるタンパク質ホルモン; 糖尿病の特効薬》. [NL INSULA islet (of the pancreas), *-in*[2]]

ínsulin-còma thèrapy 〔精神医〕インスリン昏睡療法 (INSULIN-SHOCK THERAPY).

ínsulin-depèndent diabétes 〔医〕インスリン依存性糖尿病 (type 1 diabetes).

ínsulin-depèndent diabétes mellítus 〔医〕インスリン依存性糖尿病 (type 1 diabetes) 《略 IDDM》.

ínsulin·ìze *vt* インスリンで治療する, …にインスリン療法を施す.

ínsulin-lìke grówth fàctor 〔医〕インスリン様成長[増殖]因子《インスリン類似の構造をもつポリペプチドで, IGF-I と IGF-II の2種類がある; 胎児の発育中または幼年期中に分泌され, 成長ホルモンの作用を仲介する》.

in·su·lin·o·ma /ìnsələnóʊmə/ *n* (*pl* **～s, -ma·ta** /-tə/) 〔医〕(膵)島細胞(腺)腫, インスリノーマ.

ínsulin resìstance 〘医〙インスリン抵抗性《血糖の細胞内への取り込みや脂肪分解などにおいてインスリンに対する反応が十分にできない状態; 2型糖尿病が典型だが, 糖尿病以外でもしばしばみられる》.
ínsulin resìstance sỳndrome 〘医〙インスリン抵抗性症候群 (metabolic syndrome).
ínsulin shòck 〘医〙インスリンショック《インスリンの過剰投与による低血糖症; 冷汗・痙攣・昏睡を生ずる》.
ínsulin-shòck thèrapy 〘精神医〙インスリンショック療法 (=*insulin-coma therapy*)《インスリン投与による低血糖昏睡を用いた統合失調症などの精神障害の治療法; 略 IST》.
in·sult /ɪnsʌ́lt/ *vt* はずかしめる, 侮辱する; 害する; 《廃》攻撃[襲撃]する: ~ sb's intelligence 人をばかにする, 無能扱いにする / foods that ~ the body 体によくない食べ物 / The noise ~*ed* our ears. その音は耳ざわりだった. ► *vi* 《古》高慢[無礼]な態度をとる. ► *n* /ーー/ 侮辱, 無礼(なことば[ふるまい]); 〘医〙傷害(の原因), 発作: the last ~ (我慢できない)ひどい侮辱 / be an ~ to sb's intelligence 人にとってレベルが低すぎて話にならない, 子供だましもいいところだ. ● **add ~ to injury** ひどいめにあわせたうえになお侮辱を加える; 踏んだり蹴ったりのめにあわせる. ♦ **insúlt·er** *n* [OF or L (*insulto* to jump upon, assail)]
in·sul·ta·tion /ìnsʌltéɪʃ(ə)n/ *n* 《古》侮辱.
insúlt·ing *a* 侮辱の, 無礼な〈ことば〉. ♦ **~·ly** *adv* 侮辱して.
in·súperable *a* 征服することができない, 無敵の; 打ち勝ちがたい, 克服できない〈困難〉. ♦ **-bly** *adv* **~·ness** *n* **in·superabílity** *n*
ìn·suppórt·able *a* 耐えられない, 我慢ができない; 支持[擁護]できない. ♦ **-ably** *adv* **~·ness** *n*
ìn·suppréss·ible *a* 抑制[抑圧]できない. ♦ **-ibly** *adv*
insur insurance.
in·súr·able *a* 保険が付けられる, 保険に適する: ~ property 被保険財産. ♦ **in·sùr·abíl·i·ty** *n*
insúrable ínterest 〘保〙被保険利益.
insúrable válue 〘保〙保険価額.
in·sur·ance /ɪnʃúərəns/ *n* 保険(契約); 保険業; 保険金(額); 保険証券 (=~ **pòlicy**); 《まれ》保険料[掛け金]; 保証, 対策, 安全策, 「保険」〈*against*〉: an ~ agent 保険代理店 / an ~ company 保険会社 / HEALTH [LIFE] INSURANCE / car ~ 自動車保険 / ~ for life 終身保険 / take out ~ 保険にはいる / have ~ *for* [*on*] sth …に保険をかける. ► *a* だめ押しの: an ~ run 〘野〙だめ押し点. [*ensurance*＜OF; ⇨ ENSURE]
insúrance bròker 保険仲介人, 保険ブローカー《保険契約者の委嘱をうけて最高の条件を出す保険会社との契約締結をはかる独立の業者; 収入は保険会社から受け取る手数料》.
insúrance càrrier* 保険会社 (insurance company).
insúrance certìficate 保険引受証, 保険契約証.
insúrance prèmium 保険料.
insúrance stàmp 〘英〙保険印紙《一定額を国民保険に払っていることを証明する印紙》.
in·súr·ant *n* 保険契約者; 《生命保険の》被保険者.
in·sure /ɪnʃúər/ *vt* 保証する, …の保証となる; …に保険を付ける; 〈保険業者が〉…の保険を引き受ける; 確実にする (ensure): ~ sb *against* [*from*] risks / ~ one's property *against* fire *for* $100,000 財産に10万ドルの火災保険をかける / ~ one's car *with* a local insurance company 車について地元の保険会社と契約する. ► *vi* 保険[保証]契約を結ぶ; 〈…を〉防ぐ(手段をとる) 〈*against*〉. [ENSURE]
in·súred *a* 保険にはいっている, 保険付きの. ► *n* [the] 被保険者.
in·súr·er *n* 保険者, 保険業者, 保険会社; 保証人.
in·sur·gen·cy /ɪnsə́ːrʤ(ə)nsi/, **-gence** *n* 暴動, 反乱(行為).
in·súr·gent *a* 暴動[反乱]を起こした[目的とする]; 《詩》逆巻く, 打ち寄せる〈波〉. ► *n* 暴徒, 叛徒, 反乱兵; *《政党内の》反対分子, 造反派. ♦ **~·ly** *adv* [L IN²*surrect-* -*surgo* to rise up]
in·súr·ing clàuse 保険引受約款.
ìn·surmóunt·able *a* 乗り越えられない, 打ち勝ちがたい, 克服できない. ♦ **-ably** *adv* **~·ness** *n* **ìn·surmòunt·abílity** *n*
in·sur·rec·tion /ìnsərékʃ(ə)n/ *n* 暴動, 反乱. ♦ **~·al** *a* **~·ist** *n* 暴徒, 叛徒; 暴動[反乱]煽動者. [OF＜L; ⇨ INSURGENT]
insurréction·àry /; -(ə)ri/ *a* 暴動の, 謀叛の; 暴動を誘発する. ► *n* 暴徒, 暴民, 叛徒.
insurréction·ìze *vt* 〈国民などを〉煽動して暴動を起こさせる; 〈国など〉に暴動を起こす.
ìn·suscéptible *a* 受けつけない〈*of* treatment, *to* agency〉; 動かされない, 感じない, 影響されない: a heart ~ *of* [*to*] pity 情けを知らぬ心. ♦ **-bly** *adv* **ìn·susceptibílity** *n*
ín·swìng *n* 〘クリケット〙インスイング《投球が内側にカーブすること》.
ín·swìng·er *n* インスインガー (**1**) 〘クリケット〙打者の足もとに食い込んでくるカーブ **2**) 〘サッカー〙ゴールに向かってカーブするパス・キック》.
in·sy /ínzi/ *n**《俗》引っ込んでいるへそ (opp. *outsy*).
int. intelligence ♦ intercept ♦ interest ♦ interim ♦ interior ♦ interjection ♦ intermediate ♦ internal ♦ [°Int.] international ♦ interpreter ♦ intersection ♦ interval ♦ interview ♦ intransitive.
in·ta /íntə/ *prep* 《発音つづり》INTO.
in·tact /ɪntǽkt/ *a* 手をつけていない, そこなわれていない, 無傷で, (そっくりそのまま)完全な; 去勢されていない; 処女の: keep [leave, preserve]…~ …に手をつけないでおく, …をそのままにしておく. ♦ **~·ness** *n* [L (*tact-* *tango* to touch)]
in·ta·gli·at·ed /ɪntǽlièɪtɪd, -tɑ́ː-/ *a* 沈み彫りを施した.
in·ta·glio /ɪntǽljoʊ, -tɑ́ː-/ *n* (*pl* ~**s**) 《浮彫り (relievo) に対して》沈み彫り, 彫込み模様; 〘印〙凹刻印刷[鋳型]; 彫込み宝石, インタリオ (cf. CAMEO). ► *vt* 〈模様を〉彫り込む; 沈み彫りにする. [It (*in*-², TAIL²)]
ín·tàke *n* **1** 《空気・水などの》取入れ(量), 吸込み(量); 摂取(量); 〘機〙入力 (input); 採用者(数), 受入れ人員: the ~ of alcohol アルコール摂取量 / a sharp ~ of breath 《驚くなどして》はっと息をのむこと. **2** 《水・空気・燃料などの》取入れ口, 吸入口; くびれ; 〘鉱〙通風孔; "《沼沢地の》埋立地, 干拓地.
íntake mànifold 〘機〙《内燃機関の》吸気マニホルド《混合気をキャブレターや燃料噴射器からシリンダーの吸気弁へと導く管》.
In·tal /íntæl/ 〘商標〙インタール《クロモリンナトリウム (cromolyn sodium) 製剤》. [*int*erference with *al*lergy]
in·tángible *a* 触れることのできない; 実体のない, 無体の, 無形の〈財産など〉; 雲をつかむような, 漠とした〈議論など〉. ► *n* 手に触れることのできないもの, 無形のもの, 無形財産[資産] (**1**) 情報・特許権・株券など **2**) 士気・自信・独創性など). ♦ **-bly** *adv* 手でさわれないほど; 漠然と(して). **~·ness** *n* **in·tangibílity** *n*
in·tar·sia /ɪntɑ́ːrsiə/ *n* 《ルネサンス期の》寄木象眼, インタルジア; インターシャ《ニッティングで別糸で象眼したように模様を編み込むこと》. [It]
in·te·ger /íntɪʤər/ *n* 〘数〙整数; 完全なもの; 完全体. [L=untouched, whole (*tango* to touch); cf. ENTIRE]
íntеger ví·tae /-váɪti, -víːtàɪ, íntεgὲr wíːtàɪ/ 潔白な, 高潔な. [L=blameless in life]
in·te·ger vi·tae sce·le·ris·que pu·rus /íntεgὲr wíːtàɪ skὲlεrískwε púːrʊs/ 生活が正しく罪に汚れていない(人). [L]
in·te·gra·ble /íntɪgrəb(ə)l/ *a* 〘数〙積分可能の, 可積分の. ♦ **ìn·te·gra·bíl·i·ty** *n*
in·te·gral /íntɪgrəl/ *a* 《全体の一部分として》絶対必要な, 不可欠な, 肝要な; 《他と》一体をなす; 一体化した, 統合された, 組み込まれた, 一体型の; 完全な; 〘数〙整数の; 〘数〙積分の. ► *n* 全体, 総体; 〘数〙積分 (cf. DIFFERENTIAL). ♦ **in·te·gral·i·ty** /ìntəgrǽləti/ *n* 完全; 不可欠性. **~·ly** *adv* [L (INTEGER)]
íntegral cálculus 〘数〙積分学.
íntegral domáin 〘数〙整域.
íntegral equátion 〘数〙積分方程式.
íntegral trípack 〘写〙インテグラルトライパック《感色性の異なる3種の乳剤を同一の支持体に塗布した普通のカラーフィルム》.
in·te·grand /íntəgrǽnd/ *n* 〘数〙被積分関数.
in·te·grant /íntɪgrənt/ *a* 完全体を構成する, 構成要素の; 必要欠くべからざる, 必須の: an ~ part 構成要素. ► *n* 《不可欠な》要素, 成分.
ín·te·gràph /íntə-/ *n* 〘数〙積分器, 求積器, インテグラフ.
in·te·grase /íntəgrèɪs, -z/ *n* 〘生化〙インテグラーゼ《宿主細菌の DNA へプロファージの組込みを触媒する酵素》.
in·te·grate *v* /íntəgrèɪt/ *vt* 〈部分・要素を〉統合する, 一体化する, 組み込む〈*into*, *with*〉; 完全にする; 〈温度・風速・面積など〉の総和[平均値]を示す; 〈人種的・文化的に異なった人びとを〉(社会に)統合[融合]する; …における(人種)差別を撤廃する (desegregate); 〘数〙積分する. ► *vi* 統合[一体化]する. ► *a* /íntɪgrət/ INTEGRATED. [L=to make whole; ⇨ INTEGER]
ín·te·gràt·ed *a* 統合[一体化]した, 完全な; 〘心〙〈人格が〉統合[融和]した; 〈チームなどが〉統一のとれた; 〈会社などが〉一貫生産の; 人種差別のない, 統合された; 合計[平均]した; 積分した.
íntegrated bár 〘法〙《米国のいくつかの州の》強制加入制法曹[法律家]協会 (=*incorporated bar*).
íntegrated círcuit 〘電子工〙集積回路 (=*chip*, *microchip*) 《略 IC》.
íntegrated círcuitry 集積回路工学[設計].
íntegrated dáta pròcessing 〘電算〙集中データ処理《略 IDP》.
íntegrated injéction lògic 〘電算〙アイスクエアエル, I^2L《マイクロプロセッサーや半導体メモリーに用いられる集積回路の一形式》.
íntegrated óptics 〘光〙集積光学《光集積回路に関する技術[学問]》.
íntegrated pést mànagement 〘農〙(総合的)害虫管理, 総合防除《害虫と作物の生態的研究に基づき, 農薬使用を最小限に抑え, 天敵や不妊化法などを応用した害虫管理; 略 IPM》.
íntegrated sérvices dígital nétwork 〘通信〙ISDN.
íntegrated sóftware 〘電算〙総合ソフトウェア《ワープロ・表計算などを含む》.
ín·te·gràt·ing fàctor 〘数〙積分因子.
in·te·grá·tion *n* 完成; 《契約書面の》完結性; 統合, 合併; 調

整; 《人種などの》差別撤廃, 融合 (cf. SEGREGATION, DESEGREGATION); 〘心〙《人格の》統合; 《人体による食物の》同化; 〘遺〙組込み《DNA に外来の塩基配列が導入されること》; 〘遺〙COADAPTATION; 〘電子工〙集積化; 〘数〙積分(法)《微分 (differentiation) の逆演算; また微分方程式の解を求めること》. ♦ **～·al** *a*

integrátion·ist* *n* 《人種などの》統合論者. ► *a* 統合論の.

ín·te·grà·tive /, -grət-/ *a* 完全にする, 集成的な, 統合的な; INTEGRANT.

íntegrative bárgaining 統合的交渉《労使間などの交渉のアプローチの一つで当事者は利害を統合させ双方に有益な解決を求めるもの; cf. DISTRIBUTIVE BARGAINING》.

ín·te·grà·tor *n* 集成[統合]する人[もの]; 〘電算〙システムインテグレーター (=system(s) integrator)《ハードウェア・ソフトウェア・ネットワーク環境などを統合したシステムを構築して提供する企業》; 〘数〙積分器, 求積器; 〘電算〙積分器; 〘電算〙積分回路網.

in·teg·ri·ty /ɪntégrəti/ *n* 《道徳的・人格的に信頼できる》正直, 廉直, 高潔, 誠実; 健全; 完全, 無欠(の状態), 全一性; 《データなどの》完全性, 正確性: defend the territorial ～ 領土の保全をはかる. [OF or L; ⇨ INTEGER]

in·te·gro·differéntial /ìntəgroʊ-, ɪntèg-, -tìː-/ *a* 〘数〙積分微分の.

in·teg·u·ment /ɪntégjəmənt/ *n* おおい, 外皮, カバー; 〘動〙外被, 外皮, 包被《皮膚・殻など》; 〘植〙珠皮. ♦ **-men·tal** /ɪntègjəméntl/, **-men·ta·ry** /-mént(ə)ri/ *a* 外被[包被]の, 《特に》皮膚の (cutaneous). [L (*tego* to cover)]

In·tel /íntèl/ インテル(社) (～ Corp.)《米国の半導体・マイクロプロセッサーメーカー; 1968 年設立》.

intel intelligence.

in·tel·lect /ínt(ə)lèkt/ *n* 知力, 《論理的・客観的》思考[理解]力; 《特に 高度の》知性, 理知; 知識人, 傑出した頭脳の持主; [the] 知識人, 識者《集合的》: a man of ～ 知性のすぐれた人 / human ～ 人間の知力 / the ～(*s*) of the age 当代の識者たち. [OF or L; ⇨ INTELLIGENT]

in·tel·lec·tion /ìnt(ə)lékʃ(ə)n/ *n* 知力をはたらかせること, 思惟作用, 思考; 《思考の結果たる》概念.

in·tel·lec·tive /ìnt(ə)léktɪv/ *a* 知力の(ある), 知性の, 知的な; 理知的な, 聡明な. ♦ **～·ly** *adv*

in·tel·lec·tu·al /ìnt(ə)léktʃuəl, -ʃuəl/ *a* 知的な, 知力[知性]の(必要な); 知的生活を好む; 知力の発達した, 聡明な: the ～ class 知識階級 / the ～ faculties 知的能力 / ～ pursuits 知的な職業. ► *n* 知識人, 識者; [*pl*] 《古》知力: the ～*s* of a country 一国の知識階級[知識層]. ♦ **～·ly** *adv* 知的に; 知性に関しては. **in·tel·lèc·tu·ál·i·ty** *n* 知力, 知性, 聡明. **～·ness** *n*

intelléctual ássets 知的資産《社員のもつ知識・経験・技術などの無形資産》.

intelléctual·ìsm *n* 知性偏重; 知的研究; 知性の行使; 〘哲〙主知主義. ♦ **-ist** *n* **ìn·tel·lèc·tu·al·ís·tic** *a*

intelléctual·ìze *vt, vi* 知的にする[なる]; 知的に処理[分析]する; 《感情的・心理的意味を無視して》〈問題を〉理屈で説明する, 表面的に[過度に知的に]説明する; 知性をはたらかせる, 理知的思考をする. ♦ **-iz·er** *n* **intellèctual·izátion** *n*

intelléctual próperty 〘法〙知的財産(権), 知的所有権《略 IP》.

in·tel·li·gence /ɪntélədʒ(ə)ns/ *n* **1 a** 理解力, 思考力, 知能; 聡明, 発明, 英知; 〘心〙知能; 〘電算〙知能《認識・推論・学習などの能力》; 〘クリスチャンサイエンス〙知性《神の根本的属性》; [ºI-] 知性的[霊的]存在, 《特に》天使 (angel); すぐれた知性の持主: human ～ 人知 (cf. HUMINT) / have the ～ *to* do 頭をはたらかして…する. **b** 理解, 知性: exchange a look of ～ 互いに意味ありげに見交わす. **2** (機密[秘密])情報; 諜報; 諜報機関, (秘密)情報部. [OF<L INTELLIGENT]

intélligence àgent 諜報(部)員, スパイ.

intélligence depàrtment [bùreau] 情報[諜報]部[局]《軍事・外交情報の収集分析を行なう政府の部局》.

intélligence òffice INTELLIGENCE DEPARTMENT; *《古》職業紹介所.

intélligence quòtient 〘心〙知能指数 (⇨ IQ).

in·tél·li·genc·er *n* スパイ, 間諜, 内通者; 通報者, 情報提供者, 伝達者.

intélligence sèrvice INTELLIGENCE DEPARTMENT.

intélligence tèst 〘心〙知能検査.

in·tél·li·gent *a* **1** 理解力ある, 理性的な; 聡明な, 利口な; 知力を有する[示す]; 〈機械が〉識別[判断]力を有する; 〘電算〙情報処理機能をもつ〈端末装置など〉(cf. DUMB[1]); 〈建物・組織などが〉情報化した, コンピューターネットワーク化された. **2** 《古》…を知っている 〈*of*〉. ♦ **～·ly** *adv* 理知的に, 聡明に, 物わかりよく. [L *intellect- intelligo* to choose between, understand (*inter-*, *lego* to gather, select)]

intélligent ágent 〘電算〙エージェント, ボット《インターネット上で情報収集などの定型処理を自動的に行なうプログラム》.

intélligent cárd SMART CARD.

intélligent desígn 知的設計論, インテリジェントデザイン《宇宙や生命体は高度に知的な存在によって創造されたとし, 進化論を認めない疑似科学的主張; 略 ID》.

in·tel·li·gen·tial /ɪntèlədʒénʃəl/ *a* 知力の, 知的な; 知力をもった[のすぐれた]; 通報する.

intélligent knówledge-bàsed sýstem インテリジェント知識ベースシステム, エキスパート[専門家]システム《特定の専門分野において, 問題解決・決定を行なうコンピューターシステム; 略 IKBS》.

in·tel·li·gen·tsia, -tzia /ɪntèlədʒéntsiə, -gén-/ *n* [ᵁthe; 〈*sg*/*pl*〉] 知識人, 知識階級, インテリゲンチャ. [Russ<Pol<L; ⇨ INTELLIGENCE]

intélligent términal 〘電算〙インテリジェント端末, 知能端末 (=*smart terminal*)《それ自体に内蔵されている処理装置によってある程度の情報処理能力をもつ端末》.

in·tel·li·gi·ble /ɪntélədʒəb(ə)l/ *a* 理解できる, わかりやすい 〈*to*〉; 〘哲〙知性によって知ることができる, 知性的な: make one*self* ～ 自分の言うこと[考え]をわかってもらう. ♦ **-bly** *adv* わかりやすく, 明瞭に. **～·ness** *n* **in·tèl·li·gi·bíl·i·ty** *n* 理解できること, わかりやすさ, 明瞭(度); 理解できるもの.

In·tel·sat /íntelsæt, ─ ─ ─/ 国際電気通信衛星機構, インテルサット《本部 Washington, D.C.》; インテルサットの通信衛星. [*Inter*national *Tel*ecommunications *Sat*ellite Organization [もと Consortium]]

in·tem·er·ate /ɪntémərət/ *a* 《まれ》犯されない, 汚されない, 清らかな. [L (*temero* to violate)]

in·témperance *n* 不節制, 放縦; 暴飲, 大酒; 《言動の》慎み[節度]のなさ, 乱暴さ; 不節制な[節度のない]行為.

in·témperate *a* 不節制な, 暴飲暴食の, 《特に》酒におぼれる; 度を過ごした, 乱暴な〈行為・ことば〉; きびしい, 険悪な〈天候・気候〉: ～ habits 大酒癖 / ～ language 暴言. ♦ **～·ly** *adv* **～·ness** *n*

in·tend /ɪnténd/ *vt* **1** (…する)つもりである, (…しようと)思う 〈*to* do, do*ing*, *that*〉; 〈行為などを〉意図する, 企てる: I ～ *to* go. 行くつもりだ / I ～*ed to* have gone. 行くつもりだった(が実現しなかった) / We ～ *that* the plan (should) be postponed. 計画は延期するつもりだ. **2** 〈人・ものを〉〈ある目的に〉向けようとする, 〈…にする〉つもりである, 予定する, 指定する 〈sb, sth *to* do, *to* be, *for*, *as*〉; 《古》〈心・目を〉向ける; 《古》進む: I ～ him *to* go [～ *that* he (*should*) go] to college. 彼を大学へ行かせるつもりだ / I ～ him *to be* a doctor [*for* the medical profession]. 彼を医者にするつもりだ / The gift was ～*ed for* you. それはきみへの贈り物だったのだ / It is ～*ed as* a gift. それは贈り物のつもりだ / This portrait is ～*ed for* [*to* be] me. この肖像画はぼくを描いたつもりなのだ. **3** 意味する, 指す (mean); …に言及する; 《廃》解釈する. ► *vi* **1** 目的[計画]をもつ, 意図する. **2** 《古》出発する; 《古》先へ進む. ♦ **～·er** *n* [OF<L *in*-[2](*tens-* or *tent- tendo* to stretch)=to stretch out, direct, purpose]

intend·ance *n* 監督, 管理; 経理(局); 《フランス・スペインなどの》行政庁, 地方庁; 管理庁.

inténd·ancy *n* INTENDANT の職[身分, 地位, 管轄区域]; 監督官《集合的》; 管理部; INTENDENCY.

inténd·ant *n* 監督者[官]; 《劇場などの》管理者; 《スペイン植民地などの》行政官; 《ラテンアメリカ諸国の》地方長官.

inténd·ed *a* もくろんだ, 故意の (intentional); 意図された; 標的となった, ねらった; 《口》婚約した, いいなずけの: my ～ wife 近くわたしの妻になる人. ► *n* [one's] 《古風口》婚約者. ♦ **～·ly** *adv* **～·ness** *n*

inténd·ency *n* 《スペイン植民地などの》行政区.

in·ténd·ing *a* 未来の, なるつもりの: an ～ teacher [immigrant] 教師志望者[入国希望者].

inténd·ment *n* 〘法〙《法律上の》真義, 《法の》真意解釈; 《古》意図, 目的.

in·ten·er·ate /ɪnténərèɪt/ *vt* 軟らかにする, 軟化させる. ♦ **in·tèn·er·á·tion** *n* [L *tener* soft]

in·tense /ɪnténs/ *a* **1** 《程度の》激しい, 強度の; 強烈な〈印象〉, 非常に濃い〈色〉; 〘写〙《明暗度の》強い: ～ heat 高熱, 酷暑. **2** 一心不乱の, 神経を張りつめた[集中した]; 熱烈な, 情熱的な, 真剣な〈愛・人〉; *《口》重大な; ᴺ《俗》興奮した (excited): ～ study 猛勉強 / ～ *in* one's application 一心不乱に勉強して. ♦ **～·ly** *adv* 激しく; 熱心に; 情熱的に. **～·ness** *n* [OF or L; ⇨ INTEND]

in·tén·si·fì·er *n* 増強[増倍]装置; 〘文法〙強意語; 〘写〙増感剤[液]; 〘遺〙強調遺伝子.

in·ten·si·fy /ɪnténsəfàɪ/ *vt* (さらに)強める, 強化[激化]する; 増強する, 増倍する; 〘写〙〈ネガを〉補力する《明暗度を強める》. ► *vi* 強まる, 激化する. ♦ **in·tèn·si·fi·cá·tion** *n* 強めること, 強化, 激化, 増強; 〘写〙補力.

in·ten·sion /ɪnténʃ(ə)n/ *n* 強さ, 強度; 強化; 緊張, 精神の集中, 決意の固さ; 〘論〙内包 (connotation) (opp. *extension*). ♦ **～·al** *a* 内包的な, 内在的な. **～·al·ly** *adv* **in·ten·sion·al·i·ty** /ɪntènʃənǽləti/ *n*

in·ten·si·tom·e·ter /ɪntènsətámətər/ *n* X 線強度測定装置, 線量計.

in·ten·si·ty /ɪnténsəti/ *n* 強烈, 激烈, 猛烈; 強さ, 強度, 効力; 《色の》彩度; 〘理〙強度; 〘写〙明暗度.

inténsity modulàtion 〘電〙輝度変調《表示画面の画素などの明るさを変えること》.

in·ten·sive /ɪnténsɪv/ *a* **1** 強い, 強烈な, 激しい; 〘経・農〙集約的な (opp. *extensive*); 《一般に》徹底的な, 集中的な; 〘文法〙強意の, 強調の; 〘論〙内包的な; 〘理〙〈変数など〉物質の量から独立した, 示強…: ~ agriculture 集約農業 / ~ reading 精読. **2** [*compd*] …集約的な, …を強調した: CAPITAL-INTENSIVE, LABOR-INTENSIVE. ► *n* 強めるもの; 〘文法〙強意語《very, awfully など》, 強意形成要素《強意のための接頭辞・接尾辞など》. ♦ **~·ly** *adv* **~·ness** *n*

inténsive cáre 〘医〙集中治療; INTENSIVE CARE UNIT.

inténsive cáre ùnit 〘医〙集中治療部[病棟]《略 ICU》.

inténsive prónoun 〘文法〙強意代名詞《強意用法の再帰代名詞; 例 He himself said so. の himself》.

in·tén·siv·ìsm *n* 《家畜の》集中飼育, 重放牧.

in·tent /ɪntént/ *n* **1** 目的, 意図, 意志, 決意, 意向; 意思, 作意《特定の行為を行なうときの心的態度》: criminal ~ 犯意 / with evil [good] ~ 悪[善]意をもって / ~ *to* kill 殺意 / with ~ *to* do…しようと[するつもりで] / a statement [declaration] of ~ 意向通知(書). **2** 含意, 意味, 意義, 趣旨. ● **by ~** 意図的に. **to [for] all ~s (and purposes)** どの点からみても, 事実上, ほとんど. ► *a* 熱心な; 一心の; 集中して, 没頭して; 決心して〈*on*〉: an ~ look [gaze] 一心に見守る目 / be ~ *on* reading 読書に余念がない. ♦ **~·ly** *adv* 一心に, 余念なく. **~·ness** *n* [OF<L; ⇨ INTEND]

in·ten·tion /ɪnténʃ(ə)n/ *n* **1 a** 意思, 意向 〈*of* do*ing*, *to* do〉; 意図, 目的, 故意, 作意; 究極の意図[目的]; [one's ~s] 《口》《男の側の》結婚の意志: by ~ 故意に / do…without ~ するつもりがなくて…する / have no [every] ~ of do*ing*…する気は少しもない[する気満々だ] / with the ~ of do*ing*…するつもりで / with good ~*s* 善意で, よかれと思って; 誠意をもって / Are your ~*s* honorable? 《まれ》[*joc*] 誠意をもって結婚するつもりですか. **b** 〘神学〙《祈り または ミサの》意向: special [particular] ~ ミサの執り行なわれる[祈りがささげられる]特別の対象. **2** 意味, 趣旨; 概念, 観念; 〘スコラ哲学〙志向 (cf. FIRST [SECOND] INTENTION). **3** 〘医〙治癒過程[様式] (cf. FIRST [SECOND] INTENTION). ♦ **~·less** *a* [OF<L=stretching, purpose; ⇨ INTEND]

inténtion·al *a* もくろんだ, 故意の, 意図的な, 作意的な; 〘哲〙表象的な, 志向的な; 外部に向けられた: ~ damage / an ~ insult. ♦ **~·ly** *adv* 意図的に, 計画的に, 故意に, わざと. **in·ten·tion·al·i·ty** /ɪntènʃənǽləti/ *n*

in·tén·tioned *a* …のつもりの: well-*intentioned*.

inténtion mòvement 〘動物行動学〙意図運動《ある行為に至る準備の行為; たとえば 跳ぶ前のかがむ行為》.

inténtion trèmor 〘医〙企図震顫(しんせん)《随意運動をしようとすると生ずる》.

in·ter /ɪntə́ːr/ *vt* (-rr-) 埋葬する (bury) 〈*in*〉. [OF<Romanic (L *terra* earth)]

in·ter- /íntər/ *comb form*「中」「間」「相互」「以内」 [OF or L (*inter* between, among)]

inter. intermediate.

interabang ⇨ INTERROBANG.

ìnter·acadèmic *a* 学校[大学]間の, 学校[大学]に共通の.

ìnter·áct[1] *vi* 相互に作用する, 影響し合う, 〈薬などが〉反応する 〈*with*〉; 話し合う, 交流する, 情報を交換する, 協力し合う.

ínter·àct[2]" *n* 幕間, 幕あい. [F *entr'acte* にならったもの]

ìnter·áct·ant *n* 相互に作用するもの, 《特に》〘化〙反応体.

ìnter·áction *n* 相互[交互]作用, 相互の影響, 相乗効果; 交流; 〘理〙《素粒子間の》相互作用; 〘電算〙対話. ♦ **~·al** *a*

ìnter·áction·ism *n* 〘哲〙相互[交互]作用説《心と身体は独立な実体で, 相互に作用し合うとする説》: SYMBOLIC INTERACTIONISM. ♦ **-ist** *n*, *a*

ìnter·áctive *a* 相互に作用[影響]する; 双方向(性)の; 〘電算〙対話式の. ♦ **~·ly** *adv* **ìnter·actívity** *n*

interáctive fíction 双方向小説, インタラクティヴフィクション《ストーリー性をもったテレビゲームで, プレーヤーが次の行動などを指示することで物語の展開に参加できる》.

interáctive vídeo 〘電算〙対話式ビデオ表示《コンピューターとビデオ表示装置を結合させたもの; 視聴者の選択にしたがって映像情報が画面に表示される》.

ìnter·ágency *n* 中間的[仲介](政府)機関. ► *a* (政府)諸機関間の[で構成する]〈委員会〉.

ìnter·ágent *n* 仲介者.

in·ter alia /ìntəréɪliə, -áː-/ *adv* 《もの・事について》なかんずく, とりわけ. [L=among other things]

in·ter ali·os /ìntəréɪliòus, -áː-/ *adv* 《人について》なかんずく, なかでも. [L=among other persons]

ìnter·allíed *a* 同盟国間の; 連合国側の《第一次大戦で》.

ìnter-Américan *a* アメリカ大陸(諸国)間の.

in·ter ar·ma si·lent le·ges /ìntɛər áːrmaː sìlɛnt léɪgèɪs/ 武器の間では法は沈黙する. [L=amid the arms laws are silent]

ìnter·artícular *a* 〘解〙関節間の.

ìnter·atómic *a* 原子(相互)間の.

ìnter·átrial *a* 〘解〙心房間の: ~ septum 心房中隔.

ìnter·authórity *a* 当局間の.

ìnter·avàil·abílity" *n* 《公共施設・交通手段などの》相互利用可能.

ìnter·bánk *a* 銀行間の.

ìnter·béd *vt* 層の間に入れる, 層間挿入する (interstratify). ♦ **ìnter·bédded** *a* 層間の.

ìnter·blénd *vt*, *vi* 混ぜる[混ざる], 混合する 〈*with*〉.

ìnter·bòrough *a* 自治都市[町村]間の; 2つ以上の自治都市[町村]に関する[にある]. ► *n* 自治都市間交通機関.

ínter·bràin *n* 〘解〙間脳 (diencephalon).

ìnter·bréed *vt*, *vi* 交配する, 雑種を作る[生ずる], 雑種形成[造成]する (crossbreed); 同系[近親]交配する.

in·ter·ca·lary /ɪntə́ːrkəlèri, ìntərkǽl(ə)ri; -l(ə)ri/ *a* 〈日・月・年が〉閏(うる)の; 差し込んだ; (間に)挿入された; 〈学年などが〉学外履修(期間)の; 〘地質〙地層間の; 〘植〙〈分裂組織などが〉節間の: an ~ day 閏日《2月29日》.

in·ter·ca·late /ɪntə́ːrkəlèɪt/ *vt* 〈1日[1か月]を〉閏日[月]として暦に入れる; [[U]*pp*] 間に差し込む, 挿入する, 介在させる. [L (*calo* to proclaim)]

in·tèr·ca·lá·tion *n* 閏日[月]を置くこと; 閏日[月]; 間に入れること, (中間への)差し込み, 挿入; 差し込んだもの; 〘地質〙はさみ《異なる岩質の層間にはさまれた層》.

ìnter·cáste *a* 階級間の; カースト間の.

in·ter·cede /ìntərsíːd/ *vi* 仲裁する, 中にはいる: ~ *with* sb *for* [*on behalf of*] his son 人にその息子のことをとりなす. ♦ **-céd·er** *n* [F or L *inter-*(CEDE)=to intervene]

ìnter·céllular *a* 細胞間の[にある]. ♦ **~·ly** *adv*

ìnter·cén·sal /-séns(ə)l/ *a* 国勢調査と国勢調査との間の: the ~ period [years etc.].

ìnter·céntral *a* 中心(施設)[センター]間の.

in·ter·cept /ìntərsépt/ *vt* 〈人・ものを〉途中で捕える[奪う, 止める], 横取りする; 〈通信を〉傍受する, 盗聴する; 〈光・熱を〉さえぎる, 遮断する; 〈逃亡などを〉押える, 〈動きを〉止める; 〈敵機・ミサイルなどを〉要撃[迎撃]する; 〘スポ〙〈パス・敵を〉インターセプトする; 〘数〙〈線分など〉(二点[線, 面]間に)切り取る; 《廃》妨げる, じゃまする; 《廃》…との連絡を遮断する, 見えなくする. ► *n* /⌐—⌐/ 途中で奪うこと; 遮断, 妨害 (interception), 《特に》〘軍〙迎撃, 要撃; 傍受した暗号[通信]; 〘スポ〙インターセプト《敵方のボールなどをパス中に奪うこと》; 〘数〙切片《切り取った部分; 直線などが座標軸と交わる点の原点からの距離》. ♦ **in·ter·cép·tive** *a* さえぎる, 妨げる. [L *inter*-(*cept- cipio*=*capio* to take)]

in·ter·cép·tion *n* 途中で捕える[奪う]こと, 横取り, 《通信の》傍受, 盗聴; 遮断, さえぎること, 遮蔽, 妨害; 〘スポ〙インターセプション《インターセプトすること, またインターセプトされたフォワードパス》; 〘軍〙要撃, 迎撃.

in·ter·cép·tor, -cépt·er *n* 横取りする人[もの]; さえぎる人[もの]; 〘軍〙要撃[迎撃]機, 防空戦闘機, 要撃[迎撃]ミサイル (=~ **míssile**).

in·ter·ces·sion /ìntərséʃ(ə)n/ *n* 仲裁, 調停, 斡旋, とりなし; 人のための神への祈り, 代願, 代禱: make an ~ *to* A *for* B B のため A にとりなす. ♦ **~·al** *a* **-cés·so·ry** /-sésəri/ *a* 仲裁[調停]の; とりなしの〈祈り〉. [F or L; ⇨ INTERCEDE]

in·ter·ces·sor /ìntərsésər/ *n* 仲裁者, 調停者, 斡旋者. ♦ **-ces·só·ri·al** /-səsɔ́ːriəl/ *a*

ìnter·chánge *vt*, *vi* (相互に)交換する, 取り換える, 取り交わす; 置き換える, 交代させる[する], 入れ代える, 入れ代わる 〈*with*〉. ► *n* /⌐—⌐—/ 相互交換, やりとり, 交代; 《高速道路の》インターチェンジ; "《他の交通機関への》乗換え駅 (=~ **stàtion**). ♦ **-chánger** *n*

ìnter·chánge·able *a* 交換できる, 交代[交替]できる, 入れ替え可能な, 互換性のある: ~ parts 交換部品. ♦ **-ably** *adv* 互いに交換して, 入れ替えて. **-chànge·abílity** *n* 取り換えられること, 交換[交代]できること, 互換性. **~·ness** *n*

ìnter·chúrch *a* 教会間(相互)の.

ìnter·cíty *a* 都市間の, 都市を結ぶ: ~ traffic 都市間[連絡]交通. ► *n*" 都市間高速列車.

ìnter·cláss *a* クラス間の, クラス対抗の〈競技〉; 2クラス(以上)を含む; 階級間の〈結婚など〉.

ìnter·clávicle *n* 〘動〙《脊椎動物の》間鎖骨. ♦ **ìnter·cla·vícular** *a*

ìnter·cóllege *a* INTERCOLLEGIATE.

ìnter·collégiate *a* 大学間の, 大学連合[対抗]の; "学寮[カレッジ]間の. ► *n* [*pl*] 《大学連盟主催の》対抗競技会, インターカレッジ, インカレ.

ìnter·colónial *a* 植民地(相互)間の. ♦ **~·ly** *adv*

ìnter·colúmnar *a* 〘建・解〙柱間の.

ìnter·columniátion *n* 〘建〙柱間, 柱の内法(うちのり); 柱割様式《柱の基部直径の倍数によって柱と柱の間隔を決める様式; cf. DIASTYLE, PYCNOSTYLE, SYSTYLE》.

ínter·còm /-kɑ̀m/ *n* INTERCOMMUNICATION SYSTEM.

ìnter·commúnal *a* 《2つ以上の》コミュニティー間の, 二国[多国]間の.

ìnter·commúnicate *vi* 相交わる; 通信[連絡]し合う, 意見を交換する; 〈部屋などが〉互いに通じる. ♦ **inter·communicátion** *n* 相互の交通, 交際, 連絡; 交通路.
intercommunicátion sỳstem 《船・飛行機・会社などの》相互通信装置, 内部[船内, 機内, 社内]通話装置, インターコム; インターホン.
ìnter·commúnion *n* 相互の交わり[交際, 連絡]; 〔キ教〕諸教派共同聖餐式.
ìnter·commúnity *n* 共通性; 共有. ► *a* コミュニティー間の[で行なわれる].
ìnter·cómpany *a* 会社間の.
ìnter·compáre *vt* 互いに比べ合う, 相互比較する.
ìnter·compárison *n* 相互比較.
ìnter·comprehensibílity *n* 相互理解(性).
ìnter·concéption·al *a* 妊娠と次の妊娠の間の: the ~ period 間妊娠期.
ìnter·conféssion·al *a* 〔教会〕諸宗派共同の, 異宗派(教会)間の, 信条協調的な.
ìnter·connéct *vt* 相互に連結[連絡]させる; 〈数台の電話を〉一つの線につなぐ. ► *vi* 相互に連結[連絡]している[する]. ♦ **-connéction** | **-connéxion** *n*
ìnter·connéct·ed *a* 相互に連結[連絡]した; 相互に関連した, 相関した. ♦ **~·ness** *n*
ínter·connèct·or *n* 《国境を越えてつながる》ガスパイプライン.
ìnter·consonántal *a* 〔音〕〈母音が〉子音間にある, 子音にはさまれた.
ìnter·continéntal *a* 大陸間の, 大陸をつなぐ. ♦ **~·ly** *adv*
intercontinéntal ballístic míssile 〔軍〕大陸間弾道弾《略 ICBM》.
ìnter·convérsion *n* 相互交換[転換, 変換].
ìnter·convért *vt* 相互交換する. ♦ **~·ible** *a* 相互交換可能な, 互換性のある. **ìnter·convèrt·ibílity** *n*
ìnter·còol·er *n* 〔機〕《多段圧縮機の》中間冷却器. ♦ **-còol** *vt*
ìnter·córporate *a* 異なる団体[法人]間の[を含む].
ìnter·córrelate *vt, vi* 相関する[させる]. ♦ **-correlátion** *n*
ìnter·cóstal *a* 〔解〕肋間の, 肋間筋の; 《船舶の》肋材間の, 断切の〈縦材〉; 〔植〕葉脈間の: ~ neuralgia 肋間神経痛 / ~ muscle 肋間筋. ► *n* 肋間, 肋間筋[部]. ♦ **~·ly** *adv*
in·ter·course /íntərkɔ̀ːrs/ *n* 交流, 交際, 《個人・国家間の商業上の》交渉, 通商 〈*with, between*〉; 霊的交通 〈*with* God〉; 性交, 交合 (sexual intercourse): commercial [diplomatic] ~ 通商[外交] / friendly ~ 友交, 親交 / social ~ 社交. ► *vt, vi**《俗》(…と)性交する. [OF=exchange, commerce<L; ⇨ COURSE]
ìnter·cróp 〔農〕*vt* …の間で作物を生育させる; 〈作物を〉間作する; 〈土地〉で間作をする. ► *vi* 間作する. ► *n* /⎯⎯⎯/ 間(作)作物.
ìnter·cróss *vt, vi* 〈線など〉互いに交わらせる, 互いに交わる; 交雑させる, 交雑雑種を作る[生ずる]. ► *n* /⎯⎯⎯/ 交雑; 交雑雑種.
ìnter·crúral *a* 〔解〕脚間の.
ìnter·crýstalline cráck 〔冶〕結晶粒界破壊 (cf. TRANSCRYSTALLINE CRACK).
ìnter·cúltural *a* 異文化間の. ♦ **~·ism** *n*
ìnter·cúrrent *a* 中間の; 〔医〕介入性の: an ~ disease 介入疾患, 併発症. ♦ **~·ly** *adv* **-cúr·rence** *n*
ìnter·cút 〔映・テレビ〕*vt* 〈対照的なショットを〉挿入する, インターカットする; 〈シーン〉に対照的なショットを挿入する. ► *vi* カットして対照的なショットを交互させる. ► *n* /⎯⎯⎯/ インターカットのフィルム[シーン].
ìnter·dáte* *vi* 宗教[宗派]の異なる人とデートする.
ìnter·déal·er *a* 業者[ディーラー]間の.
ìnter·denominátion·al *a* 教派間に起こる[共通する], 超教派[宗派]の, 教派協調的な. ♦ **~·ly** *adv*
ìnter·déntal *a* 〔解〕歯間の; 〔音〕歯間の《舌端を歯間に置いて発音する》: ~ consonants 歯間子音. ► *n* 〔音〕歯間音. ♦ **~·ly** *adv*
ìnter·departméntal *a* 各部局間の, 《特に教育機関の》各学科[学部]間の, 二学科[学部]以上共同の. ♦ **~·ly** *adv*
ìnter·depénd *vi* 相互依存する.
ìnter·depénd·ence, -cy *n* 相互依存(性).
ìnter·depénd·ent *a* 互いに依存する. ♦ **~·ly** *adv*
in·ter·dict /ìntərdíkt/ *vt* 《命令によって》禁止する; …の使用を禁止する; 〈禁制品〉の供給を阻止する, 差し止める; 止める, 妨げる, 阻止する 〈sb *from* do*ing*, sth *to* sb〉; 〈敵の補給線・通信線などを〉《地上砲火・空爆などで》破壊する, 断つ; 〔カト〕…の聖務[特権]を停止させる. ► *n* /⎯⎯⎯/ 禁止(命令), 禁止令; 〔ローマ法〕《法務官による》特示命令; 《裁判所・行政官の》禁止(命)令; 〔スコ法〕差止め命令; 〔カト〕《処罰としての》聖務禁止(令). ♦ **ìn·ter·díc·tion** *n* 禁止, 禁制, 停止; 〔スコ法〕禁治産宣告(手続き); 〔軍〕阻止《軍事行動を制止するための砲撃・空爆》. **ìn·ter·díc·tive** *a* **ìn·ter·díc·tor** *n* **ìn·ter·díc·to·ry** *a* [OF<L *inter-*(*dict- dico* to say)=to interpose, forbid by decree]
ínterdict lìst 《カナダ》INDIAN LIST.
ìnter·diffúse *vi* 《均質な混合状態に近づくまで》相互に拡散する. ♦ **-diffúsion** *n*
ìnter·dígital *a* 〔解〕指間の, 趾間の.
ìnter·dígitate *vi, vt* 組み合わせた両手の指のように固く組み合う[合わせる], 互いにかみ合う[合わせる], 互いにはいり込む[込ませる]. ♦ **-digitátion** *n* 交互嵌合(かんごう).
ìnter·disciplinárian *n* 学際的研究にたずさわる人.
ìnter·disciplinárity *n* 学際的研究, 学際的研究のもたらす多様性.
ìnter·dísciplinary *a* 2つ(以上)の学問分野にまたがる, 学際的な: ~ study 学際的研究.
in·ter·dit /*F* ɛ̃tɛrdi/ *a* 禁止された, 禁制の.
in·ter·est /ínt(ə)rəst, -t(ə)rɛ̀st/ *n* **1 a** 関心, 興味, 感興, おもしろさ, 好奇心; 関心事, 趣味: This book has no ~ *for* me. この本はぼくにはおもしろくもない / have [feel] a great ~ *in* politics 政治に大いに関心をもつ / take an ~ [lose ~] *in* one's work 仕事に興味をもつ[失う] / places *of* ~ 名所 / This may be *of* ~ to you. これはきみに興味があることかもしれない / a man with wide ~*s* 関心領域の広い人, 多趣味の人 / My greatest ~ is *in* music. 最大の関心[趣味]は音楽だ. **b** 重要性: a matter of no little ~ 重大事. **2 a** 利害関係 〈*in*〉; 利権, 権益, 権利; 不動産上の権利; 持株, 株 〈*in* a company〉; [°*pl*] 利, 利益, ため; 私利私欲 (self-interest): have an ~ *in* an estate 地所に権利をもつ / PUBLIC INTEREST / It is in your (own) (best) ~(*s*) to go. 行くほうがきみのためだ / have sb's (best) ~*s* at heart 人のことを(いちばん)気にかけている / look after one's own ~*s* 私利をはかる / know one's own ~ 私利に抜け目がない. **b** 利息, 利率, 金利; [*fig*] 利子, おまけ, 余分: INTEREST RATE / annual [daily] ~ 年利[日歩] / simple [compound] ~ 単[複]利 / at 5 percent ~ 5分利で / at high [low] ~ 高利[低利]で. **3** [°*pl*] 《特定業種[活動分野]の》(有力な)同業者連, 関係者たち, 実業界[財界]の実力者グループ; 大企業: the banking ~ 銀行業者 / the landed ~ 地主側 / Protestant ~ 新教派 / the Mitsui ~ 三井財閥 / the business ~*s* 大事業家連. **4** 勢力, 信用 〈*with* the boss〉: have ~ *with* …に勢力[信用]がある, 顔がきく / make ~ *with* 〈人〉にはたらきかける, 運動する / through ~ *with* 〈人〉の伝手(つて)で[コネで]〈職を得るなど〉 / use one's ~ *with*…に尽力する. ● **buy an ~ in**…の株を買う, …の株主になる. **declare an** [**one's**] **~** かかわり[利害関係]があることを表明する, 関与を認める. **in the ~(s) of**…の(利益[促進]の)ために: *in the ~ of* saving time 時間を節約するために. **(just) as a matter of ~=(just) out of ~** 参考までにお聞きしますが. **lose ~** 〈人が〉興味を失う (⇨ 1a); 〈ものが〉おもしろくなくなる. **pay** sb **back with ~** 《口》おまけを付けて仕返しをする. **with ~** (1) 興味をもって〈聞くなど〉. (2) 利息を付けて: return a blow *with* ~ おまけを付けてなぐり返す / repay kindness *with* ~ 倍にして親切に報いる.
► *vt* **1** …に興味を起こさせる, …に関心をもたせる: ~ sb *in*… 《何かをさせよう, 勧めよう, 買わせようなどの意図で》人に…への興味をもたせる / It may ~ you to know that… ご興味がおありかと思いますので…ということをお知らせしておきます. **2** 関係[参加]させる, あずからせる: ~ one*self in*…に(積極的に)かかわる, 関心を払う.
[ME *interesse*<AF<L *inter-*(*esse* to be)=to be between, make difference, concern]
ínterest·ed *a* **1** 興味[関心]をもって 〈*in* sth [sb], *in* do*ing*, *to* do, *that*〉: I'm ~ *in* film making [*in* mak*ing* films, *to* make films]. 映画制作に関心がある / She was ~ *that* I was single at that time. 彼女は当時私が独身だったことに関心を示した. **2** 興味をもった, 乗り気になっている; 利害関係をもつ; 私の利害に動かされた, 私心のある: ~ spectators うち興ずる見物人 / an ~ look おもしろそうな顔つき / the ~ parties 利害関係者, 当事者たち / the person ~ 関係者 / ~ motives 利害関係がからんだ動機 / an ~ witness 利害関係者証人. ♦ **~·ly** *adv* 興味をもって; 自分のためを考えて. **~·ness** *n*
ínterest-frée *a, adv* 無利子の; 無利子で.
ínterest gròup 利益団体.
ínterest·ing *a* 興味深い, おもしろい, 人の関心をひく, 珍しい, 変わった, 奇妙な: an ~ book おもしろい本. ● **in an ~ condition** [**situation, state**] 《古》in a certain CONDITION. ♦ **~·ly** *adv* おもしろく; 興味深いことに(は). **~·ness** *n*
ínterest ràte 利率, 金利 (=rate of interest)《単に rate ともいう》.
ínterest ràte swàp 〔金融〕金利スワップ, インタレストスワップ《同一通貨の固定金利債務と変動金利債務の間で金利部分だけ交換すること》.
ínterests sèction 利益代表部: the US ~ in Havana 在ハバナ米国利益代表部.
ìnter·éthnic *a* 異人種間の, 異民族間の.
ínter·fàce *n* 中間面; 〔理〕界面; (相互に)作用を及ぼす領域; 相互作用[伝達]の手段; インターフェース《2つの装置を連動させるための接続器》: the ~ between the scientist and society 科学者と社会の接点. ► *vt, vi* (〈襟など〉の)間に芯を縫い込む; 調和[融合]する[させる]; インターフェースで接続する, …とのインターフェースをもつ[もたせる]

〈*with*〉; …のインターフェースとなる; 交流する[させる]〈*with*〉.

ìnter·fácial *a* 〈結晶体の稜が〉二面にはさまれた; 界面の.

interfácial ténsion 〘理〙《2 液体間の》界面張力.

ínter·fàcing *n* 《折り返しなどの》芯地, 接着芯; インターフェースソフト[装置].

ìnter·fáith *a* 異教派[宗派, 教徒]間の.

ìnter·fascícular *a* FASCICLES の間の.

ìnter·fémoral *a* 〘解〙大腿部間の.

ìnter·fenestrátion *n* 〘建〙窓間《窓と窓の間の壁面の幅》; 窓割り《窓の割り付け方》.

ìn·ter·fere /ìntərfíər/ *vi* **1** 干渉[介入]する, 口出しする〈*in*〉; 仲裁[調停]する: ~ *in* private concerns 私事に干渉する. **2** 妨げる, じゃまをする〈*with*〉; 〈証人に〉干渉して証言を妨害する, 手をまわして偽証させる, 〈利害などが〉衝突する, 抵触する〈*with*〉; 〘理〙〈光・音・電波が〉干渉する; 〘通信〙〈テレビ・ラジオが〉混信する; 〘スポ〙《不法に》妨げる, インターフェアをする; 〈馬が〉《自分の》脚と脚をぶつける; 〘特許法〙同一発明の優先権を争う: if nothing ~*s* さしつかえなければ / Don't ~ *with* me. じゃまをするな / The claims of the two countries ~*d*. 両国の要求が衝突した / Drinking often ~*s with* health. 酒はしばしば健康を害する. ● **~ with**…を勝手にいじる; [*euph*] …に性的いたずら[暴行]をする; 〈証人に〉偽証させる. ♦ **ìn·ter·fér·er** *n* [OF (reflexive)=to strike each other (L *ferio* to strike)]

ìn·ter·fér·ence *n* 干渉, 介入, 口出し; じゃま, 妨害〈*with*〉; 〘スポ〙不法妨害, インターフェア; 〘理〙《光・音・電波などの》干渉; 〘遺〙干渉《染色体のある場所で交差が起こると近傍における交差の頻度が影響をうけること》; 〘心〙干渉《前に学習した行動と矛盾する新しい学習が前に学習した行動の遂行に障害となること》; 〘通信〙混信(源); 〘特許法〙《特許(権)の》抵触; 《同一発明の優先権をめぐる》抵触審査. ● **run ~ for**… 〘アメフト〙〈ボールキャリアー〉について走って敵のタックルを阻止する; *《口》〈人〉のために厄介な問題を前もって処理する. ♦ **in·ter·fe·ren·tial** /ìntərfərénʃ(ə)l/ *a* [↑; *differ*: *difference* などの類推]

interférence fìt 〘機〙締まりばめ.

ìn·ter·fér·ing *a* 干渉[口出し]する, おせっかいな〈人〉. ♦ **~·ly** *adv* **~·ness** *n*

ìnter·fér·o·gràm /-fíərə-/ *n* 〘光〙インターフェログラム《干渉光強度の変化の写真記録図》.

in·ter·fer·om·e·ter /ìntərfərámətər/ *n* 〘光〙干渉計: a stellar ~ 恒星干渉計. ♦ **-fer·óme·try** *n* 干渉計使用[構成]法, インターフェロメトリー. **-fer·o·met·ric** /-fìərəmétrɪk/ *a* **-ri·cal·ly** *adv*

in·ter·fer·on /ìntərfíərɑ̀n/ *n* 〘生化〙インターフェロン《ウイルス感染によって動物細胞内に生成するタンパク質で, ウイルス抑制因子》. [INTERFERE, *-on*]

interféron álpha ALPHA INTERFERON.

interféron béta BETA INTERFERON.

interféron gámma GAMMA INTERFERON.

ìnter·fértile *a* 〘動・植〙交配できる. ♦ **-fertílity** *n*

ìnter·fíbrillar *a* 〘解〙原繊維間の.

ìnter·fíle *vt* 綴じる, 綴じ込む (file).

ìnter·fírm *a* 会社間の.

ìnter·flów *vi* 合流する, 混流する; 混合する. ► *n* /⌐—⌐/ 混流; 混合.

ìnter·flúent *a* 互いに流れ込む, 合流[混流]する.

ínter·flùve /-flùːv/ *n* 河間地域《隣接する川にはさまれた地域》. ♦ **ìnter·flúvial** *a*

ìnter·fóld *vt* 折り込む, 折り合わせる.

ìnter·fratérnal *a* 兄弟間の; FRATERNITY 間の.

ìnter·fúse *vt, vi* にじみ込ませる; 広がる, 充満する; 混合する. ♦ **ìnter·fúsion** *n* 浸潤, 浸透, 混合. [L; ⇨ FUSE[2]]

ìnter·galáctic *a* 銀河系間(空間)の; 宇宙の: ~ gas 銀河間ガス. ♦ **-ti·cal·ly** *adv*

ìnter·generátion·al *a* 世代間の, 複数の世代にまたがる.

ìnter·genéric *a* 〘生〙属間の〈交配・雑種〉.

ìnter·glácial *a, n* 〘地質〙間氷期(の).

ìnter·governméntal *a* 政府間の: an ~ body 政府間機関. ♦ **~·ly** *adv*

ìnter·gradátion *n* 《一連の段階・形式を経ての》遷移, 変移, 移行; 遷移の段階. ♦ **~·al** *a*

ìnter·gráde *vi* 〈種などが〉漸次に他に移り変わる. ► *n* /⌐——⌐/ 中間の段階[形式, 程度].

ìnter·gráft *vi* 相融合する; 互いに接ぎ木できる.

ìnter·gránular *a* 細粒と細粒の間の[に生じた], 細粒間の, 粒子間の, 粒間…: ~ corrosion [fracture] 《金属の》粒間腐食[割れ].

ìnter·gróup *a* 〘社〙集団[グループ]間の, 人種[民族]間の.

ínter·gròwth *n* 互いに交わって生長すること[したもの]; 互生, 合生; 〘晶〙連晶《複数の結晶の連接共生; 双晶 (twin) など》. ♦ **ìnter·grów** *vi, vt*

ìnter·hemisphéric *a* 〘解〙大脳半球間の; 《地球の》両半球間の, 両半球にわたる.

in·ter·im /íntərəm/ *n* **1** 合間, しばらくの間: in the ~ その間に, 当座の間. **2** 暫定措置, 仮決定; [the I-] 〘キ教〙暫定協約, 仮信条協定《プロテスタントとカトリック間の紛争解決のための一時的協定; 神聖ローマ皇帝 Charles 5 世の命による Augsburg 仮信条協定 (1548) など》. ► *a* 当座の, 臨時の, 仮の, 暫定的な, 中間の: an ~ certificate 仮証書 / an ~ report 中間報告(書). ► *adv* その間に. [L (*inter-*, *-im* adv suf)=in the meantime]

ínterim dívidend 《決算期前の》中間配当.

ìnter·indivídual *a* 個人間の.

ìnter·índustry *a* (諸)産業間の, 業界間の.

ìnter·iónic *a* 〘化〙イオン間の.

in·te·ri·or /ɪntíəriər/ *a* 内の[に在る], 内部の (opp. *exterior*); 室内[屋内]の; 奥地の, 内地の; 内国の, 国内の (opp. *foreign*); 内的な, 精神的な; 個人的な, 秘密の: the ~ trade 国内貿易 / ~ to…より内側の. ► *n* 内部, 内側; 室内, 屋内, インテリア; [the] 内陸, 奥地; 室内図, 《建物の》内部写真; 〘映・劇〙室内[屋内]セット; [the] 内政, 内務; 内心, 本性; 《俗》腹. ♦ **~·ly** *adv* 内に, 内部に; 内面的に. [L (compar)〈*inter* among]

intérior ángle 〘数〙内角.

intérior ballístics 砲内弾道学.

intérior desígn [decorátion] 室内装飾(用材料), インテリアデザイン. ♦ **intérior desígner [décorator]** 室内装飾家, インテリアデザイナー.

intérior dráinage 〘地理〙内部[陸地内]排水.

in·ter·i·or·i·ty /ɪntìəriɔ́(ː)rəti, -ár-/ *n* 内面性, 内部性; 実質, 中身.

intérior·ìze *vt* 内なるものとする, 内面化する.

intérior lót 中間画地《角地以外の画地》.

intérior mónologue 内的独白《登場人物の意識の流れを表わす小説内の独白》.

intérior plánet 〘天〙内惑星 (inferior planet).

intérior spríng máttress スプリング入りのマットレス (= **intérior-sprùng máttress**).

ìnter·ísland *a* 島と島の間の, 島間の.

interj. interjection.

in·ter·ja·cent /ìntərʤéɪs(ə)nt/ *a* 間にある, 介在する.

in·ter·jac·u·la·to·ry /ìntərʤǽkjələtɔ̀ːri; -t(ə)ri/ *a* 差しはさんだ, 挿入した.

in·ter·ject /ìntərʤékt/ *vt, vi* 〈ことばを〉不意に差しはさむ, 挿入する〈*into*〉; ついでに言う; 介入させる〈*oneself into* sb's business〉; 《古》間にはいる, 介入する. ♦ **-jéc·tor** *n* **-jéc·to·ry** /-ʤékt(ə)ri/ *a* [L (*ject- jacio* to throw)]

in·ter·jec·tion /ìntərʤékʃ(ə)n/ *n* 不意の発声, 感嘆; 間に入れる[差しはさむ]こと; 差しはさんだもの[ことば]; 〘文法〙間投詞, 感嘆詞《ah!, eh?, Heavens! など; 略 int., interj.》.

interjéction·al *a* 挿入的な; 間投詞の, 間投詞的な. ♦ **~·ly** *adv*

ìnter·kinésis *n* 〘生〙分裂間期 (=*interphase*)《減数分裂の第一分裂が終わり第二分裂が始まるまでの期間》.

ìnter·knít *vt* 編み合わせる.

ìnter·knót *vt* 結びつける, 結び合わせる.

ìnter·láboratory /; -ləbɔ́r-/ *a* 研究室間の.

ìnter·láce *vt* 織り交ぜる, 組み合わせる〈sth *with* another〉, からみ合わせる; 混ぜ合わせる; 〘テレビ〙〈走査線を〉飛び越させる. ► *vi* 織り交ざる, 組み合わさる, からみ合う. ♦ **~·ment** *n*

ìnter·láced *a* 〘紋〙〈図形が〉織り交ぜられた.

interláced scánning 〘テレビ〙飛越し走査, インターレース走査《映像を交互の 2 つの線群に分けて走査する方式》.

ìnter·lácing *n* INTERLACED SCANNING.

ínterlacing arcáde 〘建〙交差迫持(せりもち).

In·ter·la·ken /íntərlɑ̀ːkən/ インターラーケン《スイス中西部 Bern 州の Aare 川に臨む町; 観光避暑地》.

ìnter·láminate *vt* 薄片の間に差し込む; 薄片にして交互に重ねる〈*with*〉. ♦ **ìnter·laminátion** *n* 交互薄片層.

ínter·lànguage *n* 国際語; 〘言〙《翻訳などの》媒介言語; 〘言〙中間言語《第 2 言語習得の過程で発達するとされる母語と目標言語の中間の言語体系》.

ìnter·láp *vi* OVERLAP.

ìnter·lárd *vt* [[s]*joc*]〈話・文章などに〈…を〉交ぜる〈*with*〉; 《廃》…に脂身を混ぜる: ~ one's speech *with* foreign phrases [words] 外国語を交ぜて話をする.

ìnter·láy *vt* …の中間に入れる〈*with*〉; 〘印〙…に中むら取りを貼る. ► *n* /⌐——⌐/ 〘印〙中[間]むら取り, インターレイ.

ìnter·láyer *vt* 層の間に入れる. ► *n* /⌐——⌐/ 《2 層間の》中間の層.

ínter·lèaf *n* 《本の色刷り写真版などの保護や注の書込み用の》差し込み(白)紙, 間紙(あいし). ► *vt* /⌐——⌐/ INTERLEAVE.

ínter·lèague* *n* 〘野〙インターリーグ《American League と National League 間で交流試合を行なう, レギュラーシーズン中の一期間》.

ìnter·léave *vt* 〈本などに白紙を綴じ[はさみ]込む; 挿入する, 盛り込む; SLIP-SHEET; INTERLAMINATE; 〘電算〙インターリーブする, 〈データなどを〉単一の系列中に交互に分散させる, 交互に扱う[並べ換える]. ► *n* /ˌ-ˌ-ˊ-/ 〖電算〗インターリーブ.

in·ter·leu·kin /ìntərlúːkən, ˌ-ˌ-ˊ-/ *n* 〖免疫〗インターロイキン《リンパ球・マクロファージ・単球によって産生放出され免疫システム制御機能をもつ低分子量化合物; 略 IL》. [*inter-*, *leuk-*, *-in*[2]]

interleukin-1 /ˌ-ˊ- wʌ́n/ *n* 〖免疫〗インターロイキン 1《特に活性化単球・マクロファージから産生されるモノカイン; 未熟な B 細胞や T 細胞の分化を促す; 略 IL-1》.

interleukin-2 /ˌ-ˊ- túː/ *n* 〖免疫〗インターロイキン 2《活性化 T 細胞から産生されるリンホカイン; 癌細胞などを直接攻撃するキラー T 細胞や免疫力を高めるヘルパー T 細胞などの増殖と活性化を促す; 略 IL-2》.

ìnter·líbrary *a* 〈図書の貸借が〉図書館相互の, 図書館間の.

ìnter·líne[1] *vt* 〈本・ページ・文書など〉の行間に書き込む[印刷する]; 〈語句を〉行間に入れる. ► *vi* 行間への書込み[記入, 印刷]をする. [*line*[1]]

interline[2] *vt* 〈衣服〉の表地と裏地の間に芯地を入れる. [*line*[2]]

interline[3] *a* 〈輸送機関・運賃など〉2 つ以上の路線にまたがる[をつかう]. [*line*[1]]

ìnter·líneal *a* INTERLINEAR. ♦ **~·ly** *adv*

ìnter·línear *a* 行間の; 《文書の》行間に書いた[記入した]; 《原文とその訳文などを》一行おきに書いた[印刷した]. ► *n* 行間印刷のある本, 《原文の行間に訳文を入れた》行間翻訳本. ♦ **~·ly** *adv*

ìnter·líneate *vt* INTERLINE[1]. ♦ **-lineátion** *n*

ìnter·língua *n* INTERLANGUAGE; [[I-]] インターリングア《**1**) Giuseppe Peano が考案した屈折なしのラテン語を基にした国際語 **2**) International Auxiliary Language Association of New York City が考案した, 英語と主なロマンス語の要素を基にした人工国際語》; 中間言語《機械翻訳のためにつくられる人工言語で, 原言語を解析して言語に依存しない表現に変換したもの》.

ìnter·língual *a* **1** 言語間の; 2 つ(以上)の言語にかかわる: an ~ dictionary. **2** INTERLINGUA の, (人工)国際語の.

ìnter·líning[1] *n* INTERLINEATION.

ínter·lining[2] *n* 《衣服の》表地と裏地の間に入れた芯.

ìnter·línk *vt* 連結する, 結びつける. ► *n* /ˌ-ˌ-ˊ-/ 連結環. ♦ **-línkage** *n*

ìnter·lóbular *a* 〖解〗小葉間の.

ìnter·lócal *n* 地方間の〈交通・協定 など〉.

ìnter·lóck *vt* 連結する, 結合する, 抱き合わせる; 〈機械の各部を〉連動させる. ► *vi* 組み合う, 抱き合う; 各部が連動する; 〖電算〗インターロックする: ~*ing* signals 〖鉄道〗連動信号(機). ► *a* 〈織物が〉両面(スムース)編みの, インターロックの. ► *n* /ˌ-ˌ-ˊ-/ 連結, 連動; インターロック《ある操作をしたとき関連する動作が同時に起こるようにまたは有害な動作が同時に起こらないようにする機械的・電気的機構》; 〖電算〗インターロック《進行中の操作が完了するまで次の操作を作動させないこと[装置]》; 〖映〗《カメラと録音機を連動させる》同時装置; インターロックの織物; インターロック生地の衣服. ♦ **~·er** *n*

ìnter·lócked gráin 〖木材〗繩目.

ìnter·lóck·ing diréctorate 兼任重役会[制]《重役が互いに他社の重役を兼任する》.

ìnter·locútion *n* 対話, 問答, 会話.

in·ter·loc·u·tor /ìntərlɑ́kjətər/ *n* **1** 対話者, 対談者; *MINSTREL SHOW の司会者《出演者の中央にいて両脇の出演者と滑稽な掛け合いをする》. **2** 〖スコ法〗《裁判所による》判決, 決定, 命令. ♦ **-lóc·u·tress** /-trəs/, **-trice** /-trəs/, **-trix** /-trìks/ *n fem* [L (*locut- loquor* to speak)]

in·ter·loc·u·to·ry /-lɑ́kjətɔ̀ːri; -t(ə)ri/ *a* 対話(体)の, 問答体の; 〖法〗中間の〈判決〉, 中間判決の, 仮の.

ìnter·lópe /-lóup/ *vi* 他人の事に立ち入る, 割り込む; 他人の権利を侵害する, もぐり営業を行なう. [逆成く↓]

in·ter·lop·er /íntərlòupər, ˌ-ˌ-ˊ-/ *n* でしゃばる人, 他人の事に立ち入る者, 侵入者; 無免許営業者, もぐり商人. [Du *loopen* to run; *landloper* などにならったもの]

in·ter·lude /íntərlùːd/ *n* 合間; 合間のできごと; 幕あい (interval); 幕あいの演芸, 間(ﾏ)狂言; 《昔の》中間劇《喜劇の始まり》; 〖楽〗間奏曲: a romantic ~ つかの間の[はかない]恋. [L (*ludus* play)]

ìnter·lúnar *a* 月の見えない期間の《陰暦 30 日ごろの約 4 日》, 無月期間の.

ìnter·lunátion *n* 月の見えない期間, 無月期間.

ìnter·márriage *n* 異なる人種・階級・氏族・宗教の人たちの結婚, 人種間結婚; 近親[血族]結婚; ENDOGAMY.

ìnter·márry *vi* 〈氏族・階級などが〉結婚によって結ばれる〈*with*〉; 仲間どうしで結婚する, 近親[血族]結婚する; (異)人種[文化]間で結婚する.

ìnter·máxillary *a* 〖解〗上顎骨間の, 顎間の; 上あごの後部と中央部の〈歯〉; 《甲殻類の》小あごのある頭節間の.

ìnter·méddle *vi* 干渉する, 容喙(ﾖｳｶｲ)する, おせっかいする, でしゃばる〈*with, in*〉. ♦ **-méddler** *n*

ìnter·média *n pl* インターメディア《音楽・映画・舞踊・電子工学など多様な媒体を合わせ用いて作り上げた複合芸術》. ► *a* 多様なメディアを同時に用いる.

in·ter·me·di·a·cy /ìntərmíːdiəsi/ *n* 仲介, とりなし; 中間(性).

in·ter·me·di·ary /ìntərmíːdièri; -diəri/ *n* 媒介者[物]; 《一般に》媒介, 手段; 仲介人[者], 中間者; 中間段階(の形態[産物]), 中間物: through the ~ of…を介して / financial ~ 金融仲介機関. ► *a* 中間の; 中継の, 仲介の, 媒介の: ~ business 仲介業 / an ~ post office 中継郵便局.

ìnter·médiate *a* 中間の; 中級の; 〖理〗〈中性子が〉中速の《100–100,000 電子ボルトのエネルギーをもっている》; 中等学校の: the ~ examination 〖英大学〗中間試験 / an ~ curriculum 中等学校のカリキュラム. ► *n* 中間物; 媒介[仲介]者; 媒介, 手段; 〖化〗中間生成物, 中間体, 中間物; 中級者; 〖印〗《紙型の》種鉛版; *中型(自動)車; 〖英大学〗中間試験. ► *vi* 間にはいる (intervene); 仲立ちする, 仲介する, とりなす〈*between*〉. ♦ **~·ly** *adv* 中間に在って, 介在して. **~·ness** *n* [L; ⇨ MEDIUM]

inter·médiate-áct·ing *a* 〖薬〗中時間作用性の.

intermédiate bóson 〖理〗中間ボソン (W PARTICLE).

intermédiate fréquency 〖通信〗中間周波数.

intermédiate góods *pl* PRODUCER GOODS.

intermédiate hóst 〖生〗中間宿主《寄生虫の幼生期の宿主; cf. DEFINITIVE HOST》; 病原体保有者 (reservoir); 媒介動物 (vector).

ìnter·médiate-lèvel wáste 中レベル(放射性)廃棄物.

intermédiate rànge ballístic míssile 〖軍〗中距離弾道弾《略 IRBM》.

intermédiate schòol 中等学校《**1**) 〖米〗中学校 (junior high school) **2**) 〖米〗通例 小学課程の第 4 学年から第 6 学年の 3 学年からなる学校》.

intermédiate stóck 〖園〗中間台木(ﾀﾞｲｷﾞ) (=*interstock*).

intermédiate sýstem 〖電算〗中間システム《ユーザーやネットワークをインターネットに接続する装置》.

intermédiate technólogy 中間技術《小規模・簡単・自足を旨とし, 環境と資源の保護との両立を唱える科学技術(観)》.

intermédiate tréatment 〖社会福祉〗中間処遇《問題をもつ青年を監禁・処罰することなく, 矯正させる方法》.

intermédiate-válue thèorem 〖数〗中間値の定理《閉区間 $[a, b]$ で連続な関数 $f(x)$ は $f(a)$ と $f(b)$ との間にあるすべての値をとるという定理》.

intermédiate véctor bòson 〖理〗媒介ベクトル中間子, 中間ベクトルボソン (W PARTICLE).

intermédiate véssel 〖海〗貨客船《貨物を主として客を若干搭載する航洋船》.

ìnter·mediátion *n* 仲介, 媒介, 仲裁.

ìnter·médiator *n* 仲介者, 媒介者, 仲裁者.

in·ter·me·din /ìntərmíːd(ə)n/ *n* 〖生化〗インテルメジン《脳下垂体中間部から分泌されるメラニン細胞刺激ホルモン》.

ìnter·médium *n* 仲介物, 媒介物.

intér·ment *n* 埋葬, 土葬. [*inter*]

in·ter·mer·cial /ìntərmə́ːrʃ(ə)l/ *n* 〖電算〗ページ間広告《インターネット上のリンクを選択したとき, 目的のページとは別に表示される広告画面》. [*inter*page [*inter*stitial]+com*mercial*]

ìnter·mésh *vi, vt* かみ合う, かみ合わせる (interlock).

ìnter·metállic *a, n* 2 種以上の金属[金属と非金属]からなる, 合金(の).

intermetállic cómpound 金属間化合物.

in·ter·mez·zo /ìntərmétsou, -médzou/ *n* (*pl* **-mez·zi** /-métsi, -médzi/, **~s**) 《劇・歌劇などの》幕あい演芸[狂言]; 〖楽〗インテルメッツォ《幕あいの音楽・大曲中の間奏曲・器楽の小品など》; ちょっとした息抜き. [It; ⇨ INTERMEDIATE]

ìnter·migrátion *n* 相互移住.

in·términable *a* 果てしない, 限りのない; 長たらしい, だらだらと続く〈説教など〉; [the I-] 無限の実在, 神 (God). ♦ **-bly** *adv* **~·ness** *n*

ìnter·míngle *vt, vi* 混ぜ合わす, 混ざり合う; 〈人が〉交流する〈*with*〉.

ìnter·ministérial *a* (各)省間の: ~ mission.

in·ter·mis·sion /ìntərmíʃ(ə)n/ *n* 《演劇・コンサートなどの》休憩時間 (interval[11]), 幕あい(の音楽); 《授業間の》休憩時間; 《熱発作などの》間欠[休止]期; 中絶, 中断: without ~ ひっきりなしに. ♦ **~·less** *a* [L; ⇨ INTERMIT]

in·ter·mis·sive /ìntərmísɪv/ *a* INTERMITTENT.

in·ter·mit /ìntərmít/ *vt, vi* (**-tt-**) 一時止める[止まる], 中絶[中断]させる[する]; 間欠[点滅]させる[する]; 〖医〗〈脈拍が〉結滞する. ♦ **-mít·ter, -mít·tor** *n* **-mít·ting·ly** *adv* [L (*miss- mitto* to let go)]

in·ter·mít·tent *a* 時々とぎれる, 断続する; 間欠性の, 周期性の; 時々の: an ~ spring 間欠泉 / ~ pulse 〖医〗間欠脈. ♦ **~·ly** *adv* 間欠的に, 断続的に. **-mít·tence, -ten·cy** *n* 時々とぎれること, 断続, 間欠(状態).

intermíttent claudicátion 〖医〗間欠性跛行, 断続跛行.

intermíttent cúrrent 《電信・呼び鈴の》断続電流.

intermíttent féver 〖医〗《マラリアなどの》間欠熱.

intermíttent móvement 〘映〙間欠運動.
ìnter·míx *vt, vi* 混ぜる, 混ざる; 混合する: smiles ～*ed with* tears 泣き笑い. ♦ **～·able** *a*
ìnter·míxture *n* 混合; 混合物.
ìnter·módal *a* 共同[複合]一貫輸送の《(**1**) 全輸送区間を通じて, トラックと鉄道のように 2 つ以上の異なる形態の手段を使う輸送の **2**) その輸送に使われる》.
ìnter·modulátion *n* 〘電〙相互変調.
ìnter·molécular *a* 分子間の. ♦ **～·ly** *adv*
ìnter·móntane, -móuntain, ínter·mònt /-mɑ̀nt/ *a* 山間の.
ìnter·múndane *a* 2 つ(以上)の世界[天体]間の.
ìnter·múral *a* 壁にはさまれた, 壁間の; 都市[学校]間の, 都市[学校]対抗の.
in·tern[1] /ɪntə́ːrn, *⁻⁻/ *vt* 〈交戦国の捕虜·居留外国人·船舶などを〉《一定の区域[港]内に》拘禁[抑留]する〈*in*〉; 〈危険人物などを〉強制収容[隔離]する. ► *n* /⁻⁻/ 被抑留者 (internee). [F *interner*; ⇨ INTERNAL]
in·tern[2*], **in·terne*** /íntə̀ːrn/ *n* 医学研修生, インターン《卒後臨床研修をうける 1 年目の研修生; cf. EXTERN》; 教育実習生, 教生. ► *vi* インターン[研修生]として勤務する. [F *interne* (↑)]
in·tern[3], **in·terne** /ɪntə́ːrn/ *a* 《古》INTERNAL.
in·ter·nal /ɪntə́ːrn(ə)l/ *a* 内の, 内部の (opp. *external*); 内在的な, 本質的な; 組織内の; 内国の, 国内の; *州内の; 内面的な, 精神的な; 〘解〙内部の, 内側の[で起こる]; 〈機器が〉内蔵の; 〈薬などが〉内用の; ‖〈学生が〉試験を受ける学校で学んだ; ‖〈試験官が〉学内の; 〈試験が〉学内で出題·採点する: ～ evidence 内在的証拠《外物の証明を必要としない》/ ～ debt [loan] 内国債 / ～ bleeding 内出血 / ～ troubles 内紛. ► *n* [*pl*] 《事物の》本質, 実質; [*pl*] 内臓, はらわた; [*euph*] 内診《膣[子宮]検査》. ♦ **～·ly** *adv* 内部に; 内(面)的に; 心的に; 本質的に. **in·ter·nal·i·ty** /ɪntə̀ːrnǽləti/ *n* 内在(性). [L (*internus* inward)]
intérnal áuditory meátus 〘解〙内耳道.
intérnal cáche 〘電算〙内部キャッシュ (PRIMARY CACHE).
intérnal cápsule 〘解〙《大脳の》内包.
intérnal clóck 体内時計 (body clock), 生物時計 (biological clock).
intérnal combústion èngine 〘機〙内燃機関《略 ICE; cf. EXTERNAL COMBUSTION ENGINE》.
intérnal convérsion 〘理〙内部転換《原子核が励起状態から低い状態に転位し, その時に放出されるエネルギー(通常は光子)を同じ原子内の軌道電子が吸収し, 電子が外に飛び出してくること》.
intérnal córk 〘植〙《リンゴの》縮果病 (cork).
intérnal dráinage INTERIOR DRAINAGE.
intérnal éar 〘解〙内耳 (inner ear).
intérnal énergy 〘理〙内部エネルギー.
intérnal éxile 国内流刑.
intérnal fríction 〘機〙内部摩擦.
intérnal gèar 内歯(うちば)歯車.
intérnal·ize *vt* 内面化する; 〘心〙〈価値·規範などを〉内在化する《自分の中に採り入れてそれに合致した価値·規範を身につける》; 〘言〙内在化する《規則を言語能力の一部とする》; 〘経〙〈特に外部への負担となる社会的コストを〉内部化する《価格に上乗せ[算入]する》. ♦ **intèr·nal·izátion** *n* 内面化, 内在化; *〘証券〙呑(の)み行為《ブローカーが顧客から受けた注文を取引所を通さず自分が相手になって取引を成立させること; 禁止行為; cf. EXTERNALIZATION》.
intérnal márket 〘経〙単一市場 (single market); 〘英〙《NHS の》内部市場《市場メカニズムを導入して互いに業務契約する仕組み》.
intérnal médicine 内科学.
intérnal navigátion 〘海〙内地航行, 内航.
intérnal pollútion 《医薬品·食物中の有害物質による》体内汚染.
intérnal préssure 〘理〙内圧(力).
intérnal resístance 〘電〙内部抵抗《バッテリーなど電圧源内の抵抗; 電流が流れると電圧を下げる》.
intérnal respirátion 〘生·生理〙内呼吸《体内における血液と細胞·組織間のガス交換; cf. EXTERNAL RESPIRATION》.
intérnal révenue* 内国税収入 (inland revenue‖).
Intérnal Révenue Sèrvice [the] 〘米〙内国歳入庁, 米国国税庁《財務省の一部局; 略 IRS》.
intérnal rhýme 〘韻〙中間韻《詩行の行中語とその行の行末語または 次行の行中語とのなす韻》.
intérnal secrétion 〘生理〙内分泌物, ホルモン.
intérnal stréss 〘理〙内部応力.
intérnal wórk 〘理〙内力仕事.
ìnter·nátional *a* 国際(上)の, 国際的な: an ～ conference 国際会議 / an ～ exhibition 万国博覧会 / an ～ servant 国際公務員《国連専門機関などの職員》/ an ～ reputation 国際的名声. ► *n* 《国籍·永住権などで》2 か国以上に関係のある人; 国際競技出場者; 国際(運動)競技; 多国籍企業, 国際組織; [°I-] 国際労働運動機関, [I-] 国際労働者同盟, インターナショナル; インターナショナルの一員. ■ the **Fírst I～** 第一インターナショナル《London で組織; もと International Workingmen's Association; 1864–76》. the **Sécond I～** 第二インターナショナル (＝*Socialist International*)《Paris で組織; 1889–1914》. the **Thírd I～** 第三インターナショナル《Moscow で組織; 1919–43; 正式には Communist International, 略して Comintern ともいう》. the **Fóurth I～** 第四インターナショナル《1938 年 Trotsky の指導下に少数の急進論者で組織; Trotskyist International ともいう》. ♦ **～·ly** *adv* 国際的に, 国際上. **ìn·ter·nà·tion·ál·i·ty** *n* 国際的であること, 国際性.
Internátional Ágencies *pl* 《国連の》国際専門機関《ILO, FAO, UNESCO など》.
internátional áir mìle 国際空里 (international nautical mile)《約 6076 ft, ＝1852 m》.
Internátional Àir Tránsport Assocìation [the] 国際航空運送協会《民間航空会社の団体で, 運賃などを協定; 略 IATA; 1945 年発足; 本部 Montreal》.
Internátional Ámateur Rádio Ùnion [the] 国際アマチュア無線連合《略 IARU; 1925 年結成》.
Internátional Associátion of Athlétics Federàtions [the] 国際陸上競技連盟, 国際陸連《1912 年に International Amateur Athletic Federation として創立, 2001 年現名称に変更; 本部 Monte Carlo; 略 IAAF》.
Internátional Atómic Énergy Àgency [the] 国際原子力機関《核不拡散体制の維持, 原子力の平和利用の推進を目的とする国際的協力機関; 略 IAEA; 1957 年設立; 本部 Vienna; ノーベル平和賞 (2005)》.
Internátional Atómic Tíme 国際原子時《国際単位 (SI unit) として定義された秒を測定する原子時計 (atomic clock) による時間計測システム; 略 TAI, IAT》.
internátional baccaláureate [°I- B-] 国際バカロレア試験《国際的に認められた大学入学資格試験; 略 IB》.
Internátional Bánk for Reconstrúction and Devélopment [the] 〘国連〙国際復興開発銀行《世界銀行 (World Bank) の公式名; 略 IBRD; 1945 年設立》.
Internátional Brigádes *pl* [the] 国際旅団《スペイン内乱で共和国政府側について戦った多くの国からの義勇兵からなる軍》.
Internátional Búsiness Machìnes インターナショナル·ビジネス·マシーンズ(社) (～ Corp.)《米国のコンピューター·情報処理機器·システムのメーカー; 略·通称は IBM; 1911 年設立》.
Internátional Campáign to Bán Lándmines 地雷禁止国際キャンペーン《対人地雷全面禁止を目指す国際非政府組織; 1992 年結成; 略 ICBL; ノーベル平和賞 (1997); ⇨ Jody WILLIAMS》.
internátional cándle 〘光〙国際燭《1940 年まで用いられた光度単位: ＝1.02 cd; 現在の単位は candela》.
Internátional Chámber of Cómmerce [the] 国際商業会議所《略 ICC; 1919 年設立; 本部 Paris》.
Internátional Cívil Aviátion Organizàtion [the] 〘国連〙国際民間航空機関《略 ICAO; 1947 年発足; 本部 Montreal》.
Internátional Códe [the] 国際船舶信号; [the] 国際共通電信符号.
Internátional Commíttee of the Réd Cróss [the] 赤十字国際委員会《略 ICRC; 1863 年設立; 本部 Geneva; ノーベル平和賞 (1917, 44, 63)》.
internátional commúnity [the] 国際社会.
Internátional Confederátion of Frée Tráde Ùnions [the] 国際自由労働組合連盟, 国際自由労連《略 ICFTU; 1949 年 WFTU を脱退した CIO, TUC など西側諸国の組合で結成; 2006 年合併により ITUC となった》.
internátional cópyright 国際著作権《国家間で取り決めた著作権(制度)》.
Internátional Cóuncil for Bírd Preservàtion [the] 国際鳥類保護会議《略 ICBP; 1993 年 BirdLife International に改称》.
Internátional Cóurt of Jústice [the] 〘国連〙国際司法裁判所《通称 World Court; 1945 年 The Hague に設立; 略 ICJ》.
Internátional Críminal Políce Organizàtion [the] 国際刑事警察機構 (⇨ INTERPOL).
internátional dáte lìne [the, °I- D- L-] 国際日付変更線 (date line)《略 IDL》.
Internátional Devélopment Associàtion [the] 〘国連〙国際開発協会《'第二世界銀行' とも呼ばれる; 略 IDA; 1960 年発足; 本部 Washington, D.C.》.
In·ter·na·tio·nale /ɪ̀ntərnæʃənɑ́ːl, *-nǽl; *F* ɛ̃tɛrnasjɔnal/ [L'I- *or* the I-] 「インターナショナル」《共産主義者·労働者間に歌われる革命歌》; INTERNATIONAL. [F (fem) ‹ *international*]
Internátional Énergy Àgency [the] 国際エネルギー機関《略 IEA; 1974 年設立; 本部 Paris》.
internátional exchánge 国際為替, 外国為替.

Internátional Federátion of Réd Cróss and Réd Créscent Societies [the] 国際赤十字・赤新月社連盟《1919 年 Paris で League of Red Cross Societies として設立, 83 年 League of Red Cross and Red Crescent Societies (赤十字・赤新月社連盟)に改称, 91 年 現名称となった; 平時における健康増進・疾病予防などを目的に各国赤十字社間の連絡・調整を行なう; 本部 Geneva; 略 IFRC; ⇨ INTERNATIONAL RED CROSS》.
Internátional Fináncе Corporàtion [the]〘国連〙国際金融公社《発展途上国のための金融機関; 略 IFC; 1956 年設立; 本部 Washington, D.C.》.
Internátional Fúnd for Agricúltural Devélopment [the] 国際農業開発基金《国連の専門機関; 途上国の農業開発, 食糧生産の増大などを目的とする; 1977 年発足; 本部ローマ; 略 IFAD》.
Internátional Geophýsical Yéar [the] 国際地球観測年《1957 年 7 月 1 日–58 年 12 月 31 日の 18 か月; 略 IGY》.
Internátional Góthic 国際ゴシック (INTERNATIONAL STYLE).
Internátional Grándmaster 国際グランドマスター《国際チェス連盟 (FIDE) が授ける最高位の名人; 略 IGM》.
Internátional Hérald Tríbune [the]『インターナショナル・ヘラルド・トリビューン』《Paris に本社をもつ英文日刊紙; New York Times 傘下》.
Internátional Hydrológical Décade [the] 国際水文(すいもん)学十年計画《水資源などの国際協力研究のためにユネスコの定めた 1965–74 年の期間; 略 IHD》.
Internátional Ínstitute for Strátegic Stúdies [the]〘英〙国際戦略研究所《略 IISS; 1958 年設立》.
internátional·ism *n* 国際(協調)主義, インターナショナリズム; 国際性; [I-] 国際共産[社会]主義. ♦ **-ist** *n* 国際(協調)主義者; 国際法学者; [I-] 国際共産[社会]主義者.
internátional·ìze *vt* 国際化する; 国際管理下におく. ♦ **in-ternàtional·izátion** *n*
Internátional Lábour Organizàtion [the]〘国連〙国際労働機関《略 ILO; ヴェルサイユ条約によって 1919 年設立; 本部 Geneva; ノーベル平和賞 (1969)》.
internátional láw 国際(公)法.
Internátional Máritime Organizàtion [the]〘国連〙国際海事機関《略 IMO; 1958 年設立; 本部 London; 旧称 Inter-Governmental Maritime Consultative Organization》.
Internátional Máster 国際マスター《INTERNATIONAL GRANDMASTER に次ぐ名人; 略 IM》.
Internátional Mílitary Tribúnal [the] 国際軍事裁判《略 IMT》.
Internátional Mónetary Fùnd [the] 国際通貨基金《国連の専門機関; 略 IMF; 本部 Washington, D.C.; 1945 年発足》.
internátional Mórse códe 国際モールス符号.
internátional náutical míle 国際海里 (INTERNATIONAL AIR MILE).
Internátional Olýmpic Commìttee [the] 国際オリンピック委員会《略 IOC; 1894 年設立; 本部 Lausanne》.
Internátional Órange〘海〙国際オレンジ色《航海・海難救助に利用される明るいオレンジ色》.
Internátional Organizátion for Standardizátion [the] 国際標準化機構《国際的な共通規格の制定・規格統一を促進する機関; 略 ISO; 本部 Geneva》.
Internátional Péace Cònference [the] 万国平和会議《1899 年と 1907 年に The Hague で開催》.
Internátional Phonétic Álphabet [the] 国際音標文字[音声字母]《略 IPA》.
Internátional Phonétic Associátion [the] 国際音声学協会《略 IPA; 1886 年設立》.
Internátional Physícians for the Prevéntion of Núclear Wár [the] 核戦争防止国際医師会議《略 IPPNW; 1980 年設立; 本部 Boston; ノーベル平和賞 (1985)》.
internátional pítch〘楽〙国際標準音《**1**) 1939 年に採用された, イの音を毎秒 440 振動とする標準音; ＝concert [Stuttgart] pitch **2**) ＝DIAPASON NORMAL》.
Internátional Práctical Témperature Scàle [the]〘理〙国際実用温度目盛《1960–90 年に使われた; 略 IPTS; 現在は International Temperature Scale》.
Internátional Réd Cróss [the] 国際赤十字《全名 International Red Cross and Red Crescent Movement; 赤十字国際委員会 (International Committee of the Red Cross), 国際赤十字・赤新月社連盟 (International Federation of Red Cross and Red Crescent Societies), 各国赤十字社の総称; 略 IRC; ノーベル平和賞 (1917, 44, 63)》.
internátional relátions *pl* 国際関係; [〈*sg*〉] 国際関係論.
internátional replý cóupon 国際返信切手券《外国からの返信の費用を返信を求める人が負担するときに切手の代わりに同封するクーポン券; 略 IRC》.
Internátional Scientífic Vocábulary 国際科学用語《略 ISV》.
internátional séa and swéll scàle〘気〙DOUGLAS SCALE.
Internátional Socíety for Kríshna Cònsciousness [the] クリシュナ意識国際協会 (⇨ HARE KRISHNA).
Internátional Spáce Stàtion [the] 国際宇宙ステーション.
Internátional Stándard Átmosphere〘空〙国際標準大気《略 ISA》.
Internátional Stándard Bóok Nùmber 国際標準図書番号《出版書籍に与えられる国際的コード; 略 ISBN》.
Internátional Stándard Sérial Nùmber 国際標準逐次刊行物番号《逐次刊行物に与えられる国際的コード; 略 ISSN》.
Internátional Stýle [the] 国際様式《**1**) 1920–30 年代にヨーロッパ・米国で発展し, 20 世紀半ばの西洋建築の主流をなした合理主義的造形様式 **2**) 14–15 世紀ヨーロッパの絵画を中心とするゴシック美術様式; ＝International Gothic》.
Internátional Sýstem (of Únits) [the] 国際単位系《略 SI》.
Internátional Telecommunicátion Ùnion [the]〘国連〙国際電気通信連合《略 ITU; 前身は 1865 年設立の万国電信連合 (International Telegraph Union); 本部 Geneva》.
Internátional Témperature Scàle [the]〘理〙国際温度目盛《略 ITS; cf. INTERNATIONAL PRACTICAL TEMPERATURE SCALE》.
Internátional Tráde Únion Confederátion [the] 国際労働組合総連合《2006 年国際自由労連 (ICFTU) と世界労働連合の合併により誕生した世界最大の労働組合; 略 ITUC》.
internátional únit 国際単位《**1**) ビタミンやホルモンなどの量・効果を測定するための国際的に認められた単位 **2**) 絶対単位に基づいて国際規約で定めた電気・熱などの単位; 略 IU》.
internátional vólt〘電〙国際ボルト《＝1.00034 V》.
Internátional Whάling Commission [the] 国際捕鯨委員会《略 IWC; 1946 年の国際捕鯨取締条約に基づき, 49 年 London で第 1 回委員会が開かれた; 事務局は英国 Cambridge》.
Internátional Wórkingmen's Associàtion [the] 国際労働者協会《別称 First INTERNATIONAL》.
Internátional Zóne [the] 国際管理地区《TANGIER ZONE の別名》.
interne ⇨ INTERN[2,3].
in·ter·ne·cine /ìntərnésì:n, -ní:sì:n, -ní:saɪn; -ní:sàɪn/ *a* 仲間どうしの, 内輪の; 互いに殺し合う, 共倒れの; 殺人的な; 内輪もめの, 内紛の: ～ war 大殺戮戦; 内紛. [L *inter*-(*neco* to kill)＝to slaughter]
in·tern·ee /ìntərní:/ *n* 被抑留者《捕虜など》.
In·ter·net /íntərnèt/ *n* **1** [the] インターネット《世界規模のコンピューターネットワーク; 単に the Net ともいう; cf. WEB 2b》: on [over] *the* ～ インターネットで. **2** [i-]〘電算〙ネットワーク(間)のネットワーク《ネットワークどうしをさらにネットワークで結んだもの》. [*inter*-, *net*work]
Ínternet addréss〘インターネット〙インターネットアドレス《インターネット上で個々のサイトを特定するアドレス (site address) または個人を特定するアドレス (e-mail address)》.
Ínternet bànking インターネットバンキング《インターネットを介した振込・振替・残高照会などの銀行サービス》.
Internet café /―́ ― ―́/ インターネットカフェ, ネット喫茶《有料でインターネットが利用できるカフェ・喫茶店》.
Ínternet Explòrer〘インターネット〙インターネットエクスプローラー《Microsoft 社のウェブブラウザー; 略 IE》.
Ínternet sérvice provìder インターネット(サービス)プロバイダー, インターネット接続業者 (⇨ SERVICE PROVIDER; 略 ISP).
Ínternet Socíety [the]〘インターネット〙インターネット協会《インターネット関連の技術の開発・標準化のための組織; 略 ISOC》.
ìnter·néuron *n*〘解〙《中枢神経系内部の》介在ニューロン. ♦ **～·al** *a*
in·ter·nist* /ìntɜ́:rnɪst/ *n* 内科医; 一般開業医. [*internal*, *-ist*]
intérn·ment *n* 抑留(期間), 強制収容; 隔離. [*intern*[1]]
intérnment cámp《捕虜・政治犯などの》収容所.
ínter·nòde *n*〘解・動・植〙節間《節と節との間の部分; また NODE OF RANVIER の間節》. ♦ **ìnter·nódal** *a*
in·ter nos /ìntər nóus/ *adv* ここだけの話だが, 秘密に. [L＝between ourselves]
íntern·shìp *n* INTERN[2] の地位[身分, 期間]; 病院実習補助金; 《会社などでの》実習訓練期間.
ìnter·núclear *a*〘解・生・理〙核間の.
in·ter·nun·cial /ìntərnʌ́nsiəl; -ʃəl/ *a* INTERNUNCIO の;〘解〙介在の, 連絡の《神経中枢間などに介在する》.
internúncial néuron〘解〙介在ニューロン (interneuron).
inter·núncio *n* (*pl* **～s**) 仲介する使者, 使節; 教皇(庁)公使;

〘史〙コンスタンティノープルにおける(特にオーストリア)政府を代表する外交使節. [It<L]

ìnter·oceánic *a* 大洋間の.

in·tero·cep·tive /ìntərouséptɪv/ *a* 〘生理〙内受容の, 内受容性の.

in·tero·cep·tor /ìntərouséptər/ *n* 〘生理〙内受容器《体内に発生する刺激に感応する; cf. EXTEROCEPTOR》.

ìnter·ócular *a* 目と目の間の[にある], 眼間の.

ìnter·óffice *a* 《同一組織内の》営業所間の, 事業所間の, 支店間の: an ~ phone [memo] 社内電話[メモ].

ìnter·óperable *a* 相互運用が可能な, 相互運用性のある. ♦ **-óperate** *vi* **ìnter·operabílity** *n*

ìnter·ósculate *vi* 互いに混じり合う[浸透する]; 〈血管などが〉接合[連結]する; 《異種生物間に》共通性をもつ. ♦ **-ósculant** *a* **-osculátion** *n*

ìnter·ósseous *a* 〘解〙骨間の.

ìnter·páge *vt* 〈訳文などを〉ページの間に差し込む.

ìnter·pandémic *a* 《病気の》大流行の狭間(はざま)の.

ìnter·paríetal *a* 〘解〙頭頂骨間の, 壁間の.

ìnter·parliaméntary *a* 各国議会(相互)間の.

Ìnter-Parliaméntary Únion [the] 列国議会同盟《1889年設立の議員の国際的団体; 略 IPU; 本部 Geneva》.

ìnter·paroxýsmal *a* 〘医〙痙攣 (paroxysm) と痙攣の間に起こる, 発作間の.

ìnter·párty *a* 政党間の: ~ dispute.

in·ter·pel·lant /ìntərpélənt/ *n* INTERPELLATOR.

in·ter·pel·late /ìntərpéleɪt, -pəléɪt; ɪntə́ːpəlèɪt/ *vt* 《議会で》〈大臣〉に質問する, 説明を求める《しばしば 議事日程を狂わす目的で》. ♦ **in·ter·pel·la·tion** /ìntərpəléɪʃ(ə)n; ɪntə̀ː-/ *n* 《議会での大臣に対する》質問, 説明要求. **-pél·la·tor** /, -pəléɪtər; -pəléɪtər/ *n* 《議会での》(代表)質問者. [L=to disturb (*pello* to push)]

ìnter·pénetrate *vt, vi* (完全に)浸透する; 互いに浸透し合う. ♦ **-penetrátion** *n* 完全浸透; 相互浸透. **-pénetrative** *a* 互いに浸透する.

ìnter·pérson·al *a* 個人間の[に起こる]; 人間[対人]関係の. ♦ **~·ly** *adv*

interpérsonal thèory 〘心〙対人関係説《人間関係が人格形成と異常行動に影響を及ぼすとする説》.

ínter·phàse *n* 〘生〙間期, 中間期《有糸分裂の連続する核分裂の中間の時期》; 分裂間期 (INTERKINESIS).

ínter·phòne *n* インターホン, 屋内電話. [もと商標]

ìnter·pláit *vt* 編み合わせる.

ìnter·pláne *a* 〘空〙《複葉機の》翼間の; 飛行機間の.

ìnter·plánetary *a* 〘天〙惑星間の, 惑星と太陽間の.

ìnter·plánt *vt* 〈作物を〉間作する; 〈木を〉間植[混植]する.

ínter·plày *n* 相互作用; 交錯. ► *vi* /⸗⸗⸗⸗, ⸗⸗⸗⸗; ⸗⸗⸗⸗/ 互いに作用[影響]し合う.

ìnter·pléad 〘法〙*vi* 競合権利確認手続きをする. ► *vt* 競合権利確認のために法廷に召喚する.

ìnter·pléad·er[1] *n* 〘法〙競合権利者確認手続き.

interpleader[2] *n* 〘法〙競合手続きをとる人.

In·ter·pol /íntərpɔ̀(ː)l, -pòul, -pɑ̀l/ 国際[世界]警察, インターポール《正式名は International Criminal Police Organization (国際刑事警察機構), 略 ICPO; 1923 年ヨーロッパ諸国が Vienna で設立, のちに世界各国が参加; 本部 Lyons》. [*Inter*national *Po*lice]

ìnter·pólar *a* 両極(地)を結ぶ, 両極(地)間の.

in·ter·po·late /ɪntə́ːrpəlèɪt/ *vt, vi* 《勝手に語句を入れて》〈原文〉に手を加える, 改竄(かいざん)する; 〈語句を〉書き入れる, はさむ; 《一般に》〈付加的・異質のものを〉間に入れる, 〈ことばなどを〉差しはさむ; 〘数〙〈中間値を〉挿入する, 補間[内挿]する. ♦ **-làt·er, -là·tor** *n* **-là·tive** /, -lət-/ *a* [L INTER*polo* to furbish up; cf. POLISH[1]]

in·tèr·po·lá·tion *n* 改竄, (勝手な)原文改変; 間に差しはさむこと; 書き加えた[はさんだ]語句; 〘数〙補間法, 内挿法 (cf. EXTRAPOLATION).

ìnter·populátion·al *a* 異集団[異種, 異文化]間の.

in·ter·pose /ìntərpóuz/ *vt* 間にはさむ[置く], 挿入する 〈*between*〉; 〈ことば・異議などを〉差しはさむ 〈*in, into*〉; 〈拒否権などを〉持ち出す: ~ *oneself* 立ち入る. ► *vi* 間にはいる; 仲裁にはいる 〈*between*〉; 干渉する, 口を出す 〈*in*〉. ♦ **-pós·al** *n* 挿入; 介入. **-pós·er** *n* [F<L (*posit- pono* to put); cf. POSE[1]]

in·ter·po·si·tion /ìntərpəzíʃ(ə)n/ *n* 介在(の位置); 介入, 干渉, 仲裁; 挿入物; 〘医〙介置(術); *州権優位説《州はその権利を侵害する連邦政府の措置に反対できるとする説》.

in·ter·pret /ɪntə́ːrprət/ *vt* **1** 解釈する, 説明する, 〈夢を〉判断する; 〈音楽・劇を〉自己の解釈に基づいて演奏する[演ずる]: I ~*ed* his silence *as* consent. 彼が黙っているのを同意したものと解釈した. **2** 通訳する; 〘電算〙〈プログラムを〉インタープリターで機械言語に翻訳処理する. ► *vi* 通訳する. ♦ **~·able** *a* **intèrpret·abílity** *n* [OF or L (*interpret- interpres* explainer)]

in·ter·pre·ta·tion /ɪntə̀ːrprətéɪʃ(ə)n/ *n* 解釈, 説明; 通訳; 《事実と興味深い説明を交じえた》解説(式教授法); 〘芸〙解釈《自己の解釈に基づく演出[演技, 演奏]》: put an ~ on…に解釈を与える. ♦ **~·al** *a* 解釈上の; 通訳の.

interpretation center ⇨ INTERPRETIVE CENTER.

interpretátion clàuse 〘法〙解釈条項《制定法または契約書の中で使用されている文言の意義を確定しておくために設けられる条項》.

in·tér·pre·tà·tive /, -tət-/ *a* 解釈の; 通訳の; 解釈的な, 説明的な. ♦ **~·ly** *adv*

intérpretative [intérpretive] dánce 創作ダンス《現代舞踊の一つ; 抽象的型によらないで感情や物語を描写する》.

intérpret·er *n* 解釈者, 説明者; 通訳者; 〘電算〙インタープリター《**1**) カードに穿孔されているデータをそのカード上に印字する機械 **2**) 命令を実行時に機械言語に翻訳処理するプログラム》. ♦ **~·ship** *n* 通訳者の職分[技量]. **-pre·tress** /-prətrəs/ *n fem*

in·tér·pre·tive *a* INTERPRETATIVE. ♦ **~·ly** *adv*

intérpretive [interpretátion] cènter 《観光地や史跡の》解説館, 利用案内所 (VISITOR CENTER).

intérpretive semántics 〘言〙解釈意味論.

ìnter·proféssion·al *a* 異種職業間の, 異業種間の.

ìnter·províncial *a* 州の間の[にある], 州間の.

ìnter·próximal *a* 〘歯〙隣接歯間の: ~ space 歯間腔.

ìnter·púlse *n* 〘天〙インターパルス《パルサーが発する 2 種のパルスのうちの二次的パルス》.

in·ter·punc·tion /ìntərpʌ́ŋkʃ(ə)n/ *n* 句読法[点].

ìnter·púpillary *a* 〘解〙瞳孔間の; 《眼鏡の》2 レンズの中心間の.

ìnter·quártile rànge 〘統〙四分位数間領域《最小の四分位数から最大の四分位数までの間の範囲》.

ìnter·rácial, ìnter·ráce *a* 人種間の; 人種混合の. ♦ **~·ly** *adv*

ìnter·rádial *a* 《棘皮動物などの》射出部 (radius) 間の.

Ìnter·Ràil *vi* インターレールパスを使って旅をする.

ÌnterRail pàss インターレールパス《ヨーロッパに 6 カ月以上滞在する人向けに販売されている乗車券で, ヨーロッパの多くの国または 1 国のみの鉄道に一定期間無制限で乗れるもの》.

ìnter·refléction *n* 〘光〙相互反射.

interreges *n* INTERREX の複数形.

ìnter·région·al *a* (異なる)地域間の.

ìnter·régnum *n* (*pl* **~s, -na**) 《帝王の崩御・廃位などによる》空位期間; 《内閣更迭などによる》政治の空白期間; 《一般に》休止[中絶]期間. ♦ **-rég·nal** *a* [L (*regnum* reign)]

ìnter·reláte *vt* 相互に関係づける, 相互関係に置く. ► *vi* 相互関係を有する 〈*with*〉.

ìnter·reláted *a* 相互関係のある, 相関の. ♦ **~·ness** *n*

ìnter·relátion *n* 相互関係. ♦ **~·shìp** *n*

ìnter·relígious *a* 宗教間の, 異教(徒)間の.

ìnter·rénal *a* 〘解〙腎間の.

in·ter·rex /íntərrèks/ *n* (*pl* **ìn·ter·ré·ges** /-ríːʤiz/) 空位期間中の執政者, 摂政. [L (*rex* king)]

in·ter·ro·bang, in·ter·a- /ɪntérəbæ̀ŋ/ *n* 感嘆修辞疑問符《‽》. [*bang* は印刷俗語で感嘆符 (!) のこと]

interrog. interrogation • interrogative(ly).

in·ter·ro·gate /ɪntérəgèɪt/ *vt, vi* 質問する, 尋問[審問]する; 〈応答機・コンピューターなど〉に応答指令信号を送る, 応答させる, 〈データベースなど〉に問い合わせる, …を調べる. ♦ **in·ter·ro·ga·tee** /ɪntèrəgeɪtíː/ *n* [L (*rogo* to ask)]

in·tèr·ro·gá·tion *n* 質問, 尋問, 審問, 取調べ; 疑問; 疑問符 (question mark); 〘通信〙《パルス(列)による》呼びかけ信号. ♦ **~·al** *a*

interrogátion pòint [màrk] 疑問符 (question mark).

in·ter·rog·a·tive /ìntərɑ́gətɪv/ *a* 疑問の, 疑問を表わす, 疑問文に用いられる; 詮索する[したがる]. ► *n* 〘文法〙疑問詞, 《特に》疑問代名詞; 疑問文; 疑問符. ♦ **~·ly** *adv* 疑問的に, 不審がって.

interrógative ádverb 〘文法〙疑問副詞《when?, why?, how? など》.

interrógative prónoun 〘文法〙疑問代名詞《*What* is this? の what など》.

in·tér·ro·gà·tor *n* 質問者, 尋問[審問]者; 〘通信〙質問機(送信部), 呼びかけ機《敵味方識別機において応答機 (transponder) などに応答指令信号を送る》.

in·ter·rog·a·to·ry /ìntərɑ́gətɔ̀ːri; -t(ə)ri/ *a* 疑問の, 質問の, 疑問を表わす. ► *n* (公式)質問, 《特に》〘法〙《被告・証人に対する》質問書.

in·ter·ro·gee /ɪntèrəgíː/ *n* 被質問者, 被尋問者.

in ter·ró·rem clàuse /-tɛrɔ́ːrəm-/ 〘法〙《遺言書中の》脅迫的条項《遺言に異議申し立てする者は遺産は受けられない旨の条項》. [L *in terrorem* in terror]

in·ter·rupt /ìntərʌ́pt/ *vt, vi* 〈人〉の話に口をはさむ, さえぎる, 中途妨害する; 中断する; 〘電算〙割り込む. ► *n* /⸗⸗⸗⸗/ 一時停止, 中断; 隔たり (gap); 〘電算〙割込み《**1**) 新たな処理のために進行中のプログラムを中断する機能 **2**) その中断》. ♦ **~·ible** *a* **ìn·ter·rúp·tive** *a* 中断する, じゃまをする, 妨害的な. [L; ⇨ RUPTURE]

interrúpt·ed *a* さえぎられた, 中断された, 中絶した; 〘植〙《葉などが》対称についていない, 不整[不斉]の〈茎の部分〉. ♦ **～·ly** *adv* 断続的に, とぎれとぎれに. **～·ness** *n*
interrúpted cádence 〘楽〙阻害終止 (deceptive cadence).
interrúpted cúrrent 〘電〙断続電流.
interrúpted scréw 〘機〙間抜きねじ.
interrúpt·er, -rúp·tor *n* さえぎるもの[人]; 〘電〙《電流》断続器; 《武器の》安全装置.
ìn·ter·rúp·tion *n* 中断, 妨害; 中絶, 不通: ～ of electric service 停電 / without ～ 間断なく.
ìnter·scápular *a* 〘解·動〙(2つの)肩甲骨間の.
ìnter·scholástic *a* 《中等の》学校間の, 学校対抗の.
in·ter se /ìntər séɪ/ *adv, a* 彼らだけの間で[の]; 〘畜〙同一育種間で[の]. [L=among [between] themselves]
in·ter·sect /ìntərsékt/ *vt* 〈道路·河川などが町·平野などを〉横切る, 横切って分ける[二分する]; 〈線·道路が別の線·道路〉と交差する. ► *vi* 〈線·面などが〉相交わる, 交差する; 部分的に重なる, 接点をもつ; 共通領域を分ける; OVERLAP. [L=to divide; ⇨ SECTION]
in·ter·sec·tion /ìntərsékʃ(ə)n/ *n* 横切ること, 横断, 交差; 《道路の》交差点; 〘数〙交差, 交わり; 〘数〙共通(部)分(を求める演算).
intersection·al[1] *a* 交差する, 共通部の.
ìnter·séction·al[2] *a* 各部[地域]間の: ～ games 地区対抗競技.
ínter·sègment *n* 〘解〙(体)節間.
ìnter·segméntal *a* 〘解〙体節間の, 脊髄節間の.
ìnter·sénsory *a* 複数の感覚系にかかわる, 感覚間の.
ìnter·séptal *a* 〘生·解〙隔膜[隔壁]間の.
ìnter·sérvice *a* 《陸海空の》(2つ[3つ]の)軍部間の.
ínter·sèssion* *n* 《大学の》学期と学期の間《集中講義が行なわれる》.
ínter·sèx *n* 〘生〙間性(の個体); UNISEX.
ìnter·séxual *a* 異性間の; 〘生〙間性の: ～ love 異性愛. ♦ **～·ly** *adv* **-sexuálity** *n*
ìnter·sidéreal *a* INTERSTELLAR.
ínter·spàce *n* /ˈ‐‐‐/ 間の空間[時間], 合間. ► *vt* /‐‐‐/ 〈2つのもの〉の間に空間[時間]を置く[残す], …の間をあける; …の間の空間を満たす[占める]: a line of ～*d* hyphens 破線 / He began to ～ his visits. しだいに足が遠のいた. ♦ **ìnter·spátial** *a*
ìnter·specífic, -spécies *a* 〘生〙〈雑種などが〉種間の. ♦ **-specifically** *adv*
in·ter·sperse /ìntərspə́ːrs/ *vt* 〈…(の間)に〉まき散らす, 散在させる, 散らばらせる〈*between, among, in, throughout*〉; …に〈…を〉散在させる, 飾りとしてちりばめる〈*with*〉: the sky ～*d with* stars 星をちりばめた空 / Bushes were ～*d among* the trees.=The trees were ～*d with* bushes. 木々の間に灌木が散在していた. ♦ **-spér·sion** /-spə́ːrʃ(ə)n, -ʒ(ə)n/ *n* 散在, 点在, 〘生〙相互的散在. [L; ⇨ SPARSE]
ìnter·spínous, -spínal *a* 〘解〙棘突起間の.
in·ter·sta·di·al /ìntərstéɪdiəl/ *n* 〘地質〙亜間氷期《氷床の成長と縮小の間の休止期》.
ínter·stàge *a* 段 (stage) 間の〈装置など〉. ► *n* 《ロケットの》段間(部)《2つの段 (stage) の間の部分》.
ìnter·státe *a, adv* 《米国·オーストラリアなどで》(各)州間の[で], 州際の; 各州連合の; 《豪》他州へ[に]: ～ commerce 州際通商[商業] / ～ extradition [rendition] 《他州からの逃亡犯人の》州間引渡し. ► *n* /‐‐‐/*州間高速自動車道 (=～ híghway): *I*-95.
Ínterstate Cómmerce Commìssion [the] 〘米〙州際通商委員会《1887年に設立された州際運輸や, 州際関係の株式売買·会計検査·免許交付·人種差別問題などを監督·規制した政府機関; 略 ICC; 1995年に廃止され, 機能は STB に引き継がれた》.
ìnter·stéllar *a* 恒星間の: ～ space 太陽系宇宙空間, 恒星間空間 / ～ gas [dust, medium] 星間ガス[塵, 物質].
ìnter·stérile *a* 異種交配の不可能な. ♦ **-sterílity** *n*
in·ter·stice /ɪntə́ːrstəs/ *n* 《特に狭い》隙間; 〘理〙《格子上の原子間の》隙間; 割れ目, 裂け目; 《時間の》間隔, 合間. [L *interstitium* (*stit- sisto* to stand)]
ìnter·stímulus *a* 2種の異なる刺激の間の, 刺激間の.
in·ter·sti·tial /ìntərstíʃəl/ *a* 隙間の, 間隙の, 裂け目の; 〘解〙間質(性)の, 介在性の; 〘晶〙間入[侵入]型(結晶)の: ～ hepatitis 間質性肝炎. ► *n* 〘電算〙ウェブページの切り換え時に表示される(広告)ページ. ♦ **～·ly** *adv*
interstítial-céll stìmulating hòrmone 〘生化〙間細胞刺激ホルモン《黄体形成ホルモン (luteinizing hormone) のこと; 略 ICSH》.
interstítial cómpound 〘化〙侵入型[間隙]化合物.
ínter·stòck *n* 〘園〙中間台木 (intermediate stock).
ìnter·strátify *vi, vt* 地層と地層の間に介在する[介在させる, はさむ], 混合層にする. ♦ **-stratificátion** *n*
ìnter·subjéctive *a* 〘哲〙間主観的な; 客観的な. ♦ **～·ly** *adv* **-subjectívity** *n*
ìnter·syllábic *a* 〘音〙音節間の.
ìnter·tángle *vt* からみ[より]合わせる, もつれさせる.
ínter·tèrm *n* INTERSESSION.
ìnter·territórial *a* 異なる領土間で行なわれる, 他領土にまたがる; 〘動〙テリトリー間の.
ìnter·testaméntal *a* 旧約聖書終章と新約聖書第一章との間の, 新約旧約間の《2世紀間》.
in·ter·tex·tu·al·i·ty /ìntərtèkstʃuǽləti/ *n* 間[相互]テキスト性《あるテキストが他の(複数の)テキストとの間に有する関係; 引喩·翻案·翻訳·パロディ·模倣などをいう; Julia Kristeva の造語》. ♦ **ìn·ter·téxtual** *a* **-téxtual·ly** *adv*
ìnter·téxture *n* 織り合わせ; 織り交ぜたもの.
ìnter·tídal *a* 満潮と干潮の間の, 間潮の, 潮間の: ～ marsh 潮間沼沢地. ♦ **～·ly** *adv*
ínter·tìe *n* 〘電〙電流を二方向に流す連結[接続].
ìnter·tíll *vt* 〈作物〉の列の間に栽培する. ♦ **～·age** *n*
ìnter·tríbal *a* (異)種族間の.
in·ter·tri·go /ìntərtráɪgoʊ/ *n* (*pl* **～s**) 〘医〙間擦疹《首のしわ·乳房下などこすれ合う部分の表在性皮疹》. [L (*trit- tero* to rub)]
ìnter·trópical *a* 南北両回帰線間[内]の; 熱帯地方の (tropical).
Intertrópical Convérgence Zòne [the] 〘気〙熱帯収束帯《両半球の貿易風間の地帯; 略 ITCZ》.
intertrópical frónt 〘気〙熱帯前線.
ìnter·twíne *vt, vi* からみ合わせる[合う], 編み合わせる, 織り合わせる, 織り込む, もつれ合う〈*with*〉. ♦ **～·ment** *n*
ìnter·twíst *vt, vi* からみ合わせる[合う], ねじり合わせる. ► *n* /‐‐‐/ からみ合わせる[合う]こと, からみ合った状態.
In·ter·type /íntərtàɪp/ 〘商標〙インタータイプ《Linotype に似た自動植字[写植]機》.
ìnter·univérsity *a* 大学間の.
ìnter·úrban *a, n* 都市間の; 都市間連絡列車[バスなど].
in·ter·val /íntərvəl/ *n* 《場所·時間の》間隔; 《程度·質·量などの》差, 隔たり; 合間, ‖《芝居·音楽会などの》休憩時間, 幕間 (intermission*); 〘数〙区間, インターバル; 〘楽〙音程; ‖INTERVALE; 《interval training 中の》一回の疾走, インターバル: at an ～ of five years 5年おいて / at ～*s* of fifty feet [two hours] 50フィート[2時間]の間をおいて / at long [short] ～*s* 時たま[しばしば] / at regular ～*s* 一定の間隔をおいて. ● **at ～s** 時々, 折々; とびとびに, ところどころに, ここかしこに. ♦ **in·ter·val·lic** /ìntərvǽlɪk/ *a* [L *inter*-(*vallum* rampart)=space between ramparts]
in·ter·vale /íntərvəl, -vèɪl/ *n* 《ニューイング》川沿いの山間低地. [↑; *vale*[1] に同化]
ínterval èstimate 〘統〙区間推定《INTERVAL ESTIMATION による推定値》.
ínterval estimàtion 〘統〙区間推定.
in·ter·va·lom·e·ter /ìntərvəlámətər/ *n* 〘写〙インターバロメーター《一定時間の間隔でシャッターがきれる装置》.
ínterval scàle 〘統〙間隔尺度《大小関係のみならず数値の差も有意だが, 比に意味はない; 摂氏温度が典型的》.
ínterval sígnal 〘ラジオ〙番組の合間の送信中を示す信号.
ínterval tràining インターバルトレーニング《疾走とジョギングを繰り返すトレーニング方法; cf. FARTLEK》.
ìnter·vársity‖ *a* INTERUNIVERSITY.
ìnter·véin *vt* 脈と組み合わせる; 脈[筋]状に織り交ぜる.
in·ter·vene /ìntərvíːn/ *vi* 《時間的·物理的に》間に起こる, はさまる; 間にある, 介在する; じゃまをする; 仲裁[調停]する〈*between, with*〉; 〘医〙介入する; 介入する, 《力·威嚇により》内政干渉をする〈*in* a dispute〉; 〘法〙〈第三者が〉訴訟に参加する〈*in*〉: I will see you tomorrow, should nothing ～. 支障がなければ明日お目にかかります / in the *intervening* period [years] その間の時期[年月]に. ♦ **-vé·nor** /-víːnər, -nɔ̀ːr/, **-vén·er** *n* 仲裁人, 調停人; 〘法〙訴訟参加人. [L (*vent- venio* to come)]
in·ter·ve·nient /ìntərvíːnjənt/ *a* 間に来る[はいる, 起こる], はさまる, 介在する, 干渉する; 付随する, 二次的な. ► *n* 間入物; 仲裁[干渉]者.
in·ter·ven·tion /ìntərvénʃ(ə)n/ *n* 間にはいること, 調停, 仲裁; 介入, 内政干渉; 〘法〙訴訟参加; *〘教育〙親による子供の教育; 〘医〙介入《疾病の進行の阻止·緩徐や健康の改善のためにとる手段》; 商品隠し, 売り惜しみ: divine ～ 神の加護. ♦ **～·al** *a*
intervéntion·ist *n* 《自国経済·他国政治に》政府干渉を主張する人, 干渉主義者. ► *a* 干渉主義の. ♦ **-ism** *n*
ìnter·ventrícular *a* 〘解〙心室間の.
ìnter·vértebral *a* 〘解〙椎間の. ♦ **～·ly** *adv*
intervértebral dísk 〘解〙椎間(円)板.
in·ter·view /íntərvjùː/ *n* **1** 会見, 面談; 面接(試験); 《取材のための》インタビュー, 取材調査[訪問]; インタビュー記事[番組]; 《警察の》事情聴取, 取調べ: have [hold] an ～ with…と会見する / give an ～ インタビューに応じる. **2** INTERVIEWEE. ► *vt* 〈人〉と会見[面接]する; 〈人〉にインタビューする: ～ sb *for* a job 〈求人側が〉求職者と面接する. ► *vi* 面接する, インタビューする: ～ *with* sb *for* a job 〈求職者が〉求人側と面接する. [F *entrevue* (*s'entrevoir* to see one

another (*inter-*, VIEW))]

in·ter·view·ee /ìntərvjuːíː/ *n* 被会見者, インタビューされる人.

íntervìew·er *n* 会見者, 面接者; 会見[訪問]記者, 聞き手, インタビュアー; 《玄関ドアの》のぞき穴.

in·ter vi·vos /íntər víːvòus, -váɪ-/ *adv, a* 〘法〙〈贈与・信託など〉生存者間に[の]. [L=among the living]

ìnter vívos trúst 〘法〙生前信託 (living trust).

ìnter·vocálic *a* 〘音〙母音間にある: ~ consonants.

in·ter·volve /ìntərválv/ *vt, vi* 互いにからみ合わせる[からみ合う], 巻き合わせる[合う]. ♦ **in·ter·vo·lú·tion** *n*

ìnter·wár *a* 両大戦間の.

ìnter·wéave *vt, vi* 〈糸・枝など〉織り[編み]合わせる[さる], からみ合わせる[合う]; 《一般に》混交する: ~ truth *with* fiction 虚実取り混ぜる. ► *n* 織り[編み]合わせ; 混交. ♦ **-wóven** *a*

ìnter·wínd /-wáɪnd/ *vt, vi* INTERTWINE, INTERVOLVE.

ìnter·wórk *vt* 織り込む. ► *vi* 相互に作用する; 〘電算〙〈プログラムどうし・プログラムとシステムなどが〉連繋して動作する.

ìnter·wréathe *vt, vi* INTERTWINE.

ìnter·zónal, -zóne *a* 地域間の.

in·tes·ta·ble /ɪntéstəb(ə)l/ *a* 〘法〙〈幼児・精神異常者などが〉遺言をする能力を欠いた, 遺言状を書く資格のない.

in·tes·ta·cy /ɪntéstəsi/ *n* 遺言を残さないで死ぬこと, 無遺言; 無遺言死亡者の遺産.

in·tes·tate /ɪntéstèɪt, -tət/ *a* 《適法の》遺言書を残さないで; 〈財産が〉遺贈されたものでない, 遺言書による処分のできない: die ~ 遺言をしないで死ぬ / ~ succession 〘法〙無遺言相続. ► *n* 無遺言死亡者. [L; ⇨ TESTAMENT]

in tes·ti·mo·ni·um /ɪn tèstəmóuniəm/ *adv* 証拠として. [L=in witness]

in·tes·ti·nal /ɪntéstənl/ *a* 〘解〙腸(管)の; 腸を冒す, 腸に起こる, 腸に寄生する. ♦ **~·ly** *adv*

intéstinal flóra 〘医〙腸内細菌叢.

intéstinal fórtitude* 勇気と忍耐, 肝っ玉, 胆力《guts に代えた婉曲的表現》.

in·tes·tine /ɪntéstən/ *n* [ᵘ*pl*] 腸《ALVINE *a*》: the large [small] ~ 大[小]腸. ► *a* 内部の; 国内の: an ~ war 内戦. [L=internal (*intus* within)]

Ín the Bléak Mìd-Wínter 「こがらしさむく」《英国で歌われるクリスマスキャロル; 作詞 Christina Rossetti, 作曲 Gustav Holst》.

in·thral(l) /ɪnθrɔ́ːl/ *vt* ENTHRALL.

in·thron·iza·tion *n* /ɪnθròunəzéɪʃ(ə)n; -nàɪ-/ ENTHRONIZATION.

in·ti·fa·da /ìntəfáːdə/ *n* [the, ˢthe I-] 民衆蜂起, インティファーダ《1987 年に始まった, イスラエル占領地 (Jordan 川西岸地区および Gaza 地区) でのパレスティナ住民の抗議運動》; [the] 《一般に》蜂起, 反乱. [Arab=uprising]

in·ti·ma /íntəmə/ *n* (*pl* **-mae** /-mìː, -màɪ/, **~s**) 〘解〙内膜, 《特に》血管内膜. ♦ **ín·ti·mal** *a* [*tunica intima*]

in·ti·ma·cy /íntəməsi/ *n* 親密, 親交, 懇意; 精通, 熟知; [*euph*] 肉体関係, 情交《特に警察や弁護士が用いる》; [*pl*] 親密な行為[発言, やりとり]; 《プライベートな》ここちよさ: be on terms of ~ 親密な間柄である / his ~ *with* Japan 日本通ぶり.

in·ti·mate¹ /íntəmət/ *a* **1 a** 親密な, 懇意な; [*euph*] 親密な関係の, 肉体関係がある 〈*with*〉; 《相互のつながりが》密接な: ~ friends [friendship] 親友[親交] / be on ~ terms *with*…と親しい仲である. **b** 親近感を与える; 居ごこちのいい〈喫茶店など〉; 小人数を対象とする〈音楽会など〉; 〈ことばづかいなど〉形式ばらない, うちとけた. **c** 肌に直接着る〈下着など〉; 〈包装が〉品物にじかに触れる. **2** 個人的な, 私的な; [*euph*] 性的な, 秘めやかな; 心の奥底の: one's ~ affairs 私事 / ~ parts 秘部 (private parts) / an ~ diary 内面をつづった日記. **3** 詳しい; 詳細な, 深い; 本質的な (intrinsic); 〈混合など〉完全な, よく行き届いた: have an ~ knowledge *of* the country その国を熟知している. ► *n* 親友《特に秘密を打ち明けられる友》. ♦ **~·ly** *adv* 親密に; 密接に; 個人的に; 心の奥底から; 詳しく. **~·ness** *n* [L (*intimus* inmost)]

in·ti·mate² /íntəmèɪt/ *vt* 暗示する, ほのめかす (hint); 《まれ》告示する, 公表する 〈*that*…〉. ♦ **-màt·er** *n* [L=to proclaim (↑)]

in·ti·ma·tion /ìntəméɪʃ(ə)n/ *n* ほのめかし, 暗示; 通告, 予告, 通達, 発表, 告示.

in·time /*F* ɛ̃tim/ *a* INTIMATE¹.

in·tim·i·date /ɪntímədèɪt/ *vt* 威嚇する, 脅迫する; こわがらす, 畏縮させる, おじけづかせる: ~ sb *into doing* 人をおどして…させる / feel ~*d* けおされる, おじけづく / an *intimidating* figure 威圧感のある人物. ♦ **-dàt·ing·ly** *adv* **-dà·tor** *n* **in·tìm·i·dá·tion** *n* **-da·to·ry** /-dətɔ̀ːri; ɪntìmɪdéɪt(ə)ri/ *a* [L=made afraid; ⇨ TIMID]

in·ti·mism /íntəmìz(ə)m/ *n* アンティミスム《日常・家庭の生活を描いた 20 世紀初頭のフランスの Vuillard や Bonnard などの絵画様式》. [*intimist*]

in·ti·mist /íntəmɪst/ *n* アンティミスム (intimism) の画家. ► *a* アンティミスムの; 〈小説が〉個人の内面感情を表現する.

in·tim·i·ty /ɪntímәti/ *n* 《古》INTIMACY.

in·tinc·tion /ɪntíŋ(k)ʃ(ə)n/ *n* 〘教会〙インティンクション《聖餐のパンをぶどう酒に浸すこと》. [L; ⇨ TINGE]

in·tine /íntìːn/ *n* 〘生〙《胞子・花粉粒の》内膜, 内壁 (endosporium). [L *intimus* innermost, *-ine*¹]

in·títle *vt* ENTITLE.

in·tit·uleᴴ /ɪntítʃul; -tjul/ *vt* [ᵘ*pass*] 〈法案・書物など〉に名称[題名]を与える (entitle).

intl, intnl international.

in·to /(子音の前) ìntə, (母音の前) ìntu/ *prep* (opp. *out of*) **1** [進入・侵入・注入・探査・調査・新状態にはいること] …の中に[へ], …に[へ]; …の方へ; …へぶつかって (against): come ~ the house 家にはいる / plug ~ the socket ソケットに突っ込む / look ~ the box [sun] 箱をのぞく[太陽の方を見る] / inquire ~ a matter 事件を調査する / well ~ the night ずっと夜ふけまで / get ~ difficulties 困難に陥る / go ~ teaching 教職に就く / bump ~ a door ドアにぶつかる. ★ in が「静止」を表わすのに対し into は元来「動作」を表わすが, into の代わりに in を使うこともある (⇨ IN¹ *prep* 1b). **2** [変化・結果] …に(する, なる): turn water ~ ice 水を氷に変える / make flour ~ bread 小麦粉をパンにする / translate English ~ Japanese 英語を日本語に訳す / A caterpillar turns ~ a butterfly. 毛虫は蝶に変わる / reason sb ~ compliance 人を説いて承知させる. **3** 〘数〙割って (cf. DIVIDE *v*): 2 ~ 6 goes 3 times [equals 3, is 3]. =(Dividing) 2 ~ 6 gives 3. 6 割る 2 は 3. ● **be ~…** (1) 《口》《一時的に》…に興味をもって[熱中して]いる, のめり込んでいる, はまっている; …をよく知っている: *be* ~ religion [playing tennis] 宗教[テニス]に凝っている / *be* ~ one*self* 物思いにふける. (2) …に干渉する: *be* ~ other people's business. (3) 《俗》〈人〉に借金して: How much *are* you ~ him *for?* 彼にいくら借金があるの? (4) 《卑》〈女と〉肉体関係をもつ. [OE (*in*¹, *to*)]

ín·tòed *a* 足指内反の《内方に曲がっている》.

in·tólerable *a* 耐えられない, 我慢できない (unbearable); 《口》じれったい, しゃくにさわる; 過度の, 法外な, 大変な〈数・量〉. ► *adv* 《廃》きわめて. ♦ **-bly** *adv* 耐えられない[我慢できない]ほどに. **~·ness** *n* **in·tolerabílity** *n*

in·tólerance *n* 耐えられないこと 〈*of*〉; 《異説に対して》雅量のないこと, 狭量, 不寛容; 〘医〙不耐(性)《食物・薬などに対する過敏症》〈*to*〉: religious ~ 宗教的不寛容 / an ~ *to* cow's milk 牛乳を受けつけないこと, 牛乳アレルギー.

in·tólerant *a* 耐えられない 〈*of* oppression〉; 狭量な, 偏屈な, 〈特に宗教上の異説などを〉容れない, 不寛容の 〈*of*〉; 《医薬品・食品などに》不耐性の, 過敏な. ► *n* 狭量な人. ♦ **~·ly** *adv* **~·ness** *n*

in·tómb *vt* 《古》ENTOMB.

in·to·na·co /ɪntɔ́(ː)nəkou, -tán-/ *n* (*pl* **~s**) 〘美〙イントナコ《フレスコ画の仕上げ塗り用石膏; cf. ARRICCIO》. [It]

in·to·nate /íntənèɪt, -tou-/ *vt* INTONE.

in·to·na·tion /ìntənéɪʃ(ə)n, -tou-/ *n* 〘音〙イントネーション, 声の抑揚, 音調, 語調; 〘楽〙音の整調法; 読唱, 詠唱, 吟唱; 《聖歌の》歌い出しの楽句(の詠唱). ♦ **~·al** *a*

intonátion cóntour 〘音〙音調曲線.

intonátion pàttern 〘音〙音調型.

in·tóne *vt, vi* 〈祈禱文・賛美歌を〉吟唱する, 〈聖歌の初節を〉詠唱する, 単調に歌う; …に抑揚をつける, 節をつけて言う; 単調な調子で話す. ♦ **in·tón·er** *n* [L (*in-*²)]

in·tor·sion /ɪntɔ́ːrʃ(ə)n/ *n* 《植物の茎などの》内方捻転; 〘医〙《眼球などの》内方旋回, 内転.

in·tort·ed /ɪntɔ́ːrtəd/ *a* 《内側へ》ねじれた〈角(る)など〉.

in to·to /ɪn tóutou/ *adv* 全体として, 全部で, そっくり, まとめて. [L=on the whole]

In·tour·ist /íntùərɪst/ インツーリスト《ロシアの旅行会社; ソ連邦時代は国営旅行社》.

ín·tòwn /, ーーˊ/ *a* 都市中央の[にある].

in·toxed /ɪntákst/ *a** 《俗》マリファナに酔って[が効いて].

in·tox·i·cant /ɪntáksɪkənt/ *a* 酔わせる. ► *n* 酔わせる物, 《特に》アルコール飲料, 酒. ♦ **~·ly** *adv*

in·tox·i·cate /ɪntáksəkèɪt/ *vt* 酔わせる, 酩酊させる; 興奮させる, 夢中にさせる; 〘医〙中毒させる (poison): be ~*d with* victory [*by* success, *from* wine] 勝利[成功, 酒]に酔う. ► *a* /-sɪkət/ 《古》酔った (intoxicated). [L (*in-*², TOXIC)]

in·tóx·i·càt·ed *a* 酔った, 酩酊した; 夢中になっている. ♦ **~·ly** *adv*

in·tóx·i·càt·ing *a* 酔わせる, 酩酊させる; 興奮させる, 夢中にする. ♦ **~·ly** *adv*

in·tòx·i·cá·tion *n* 酔わせること, 酔い, 酩酊; 興奮, 夢中, 陶酔; 〘医〙中毒.

in·tox·im·e·ter /ɪntáksɪmìːtər/ *n* イントキシメーター《呼気による酒酔い度測定機》.

intr. intransitive.

in·tra- /íntrə/ *pref* 「内」「間」; INTRO-. [L=inside]

ìntra-abdóminal *a* 腹内の, 腹腔内の.

ìntra-aórtic ballóon counterpulsátion 〘医〙大動脈内バルーン反対拍動法《胸部大動脈内にバルーンを挿入し, 心拡張期に膨張させ心収縮期に収縮させることによって血液循環をたすける反対拍動法).

ìntra-artérial *a* 〔解〕動脈内の. ♦ **~·ly** *adv*

ìntra-artícular *a* 〔解〕関節内の.

ìntra-atómic *a* 原子内の.

ìntra·cápsular *a* 〔解〕嚢内の, 包内の, 被膜内の.

ìntra·cárdiac, -cár·di·al /-ká:rdiəl/ *a* 〔解〕心(臓)内の (endocardial). ♦ **-cár·di·al·ly** *adv*

ìntra·cartiláginous *a* 〔解〕軟骨内の, 内軟骨の.

ìntra·céllular *a* 〔生·解〕細胞内の[での]. ♦ **~·ly** *adv*

ìntra·cérebral *a* 大脳内の. ♦ **~·ly** *adv*

ìntra·cíty *a* 市内の, 《特に》市中心部の.

Ìntra·cóast·al Wáterway [the] 《小型船舶用の》内陸大水路, 沿岸内水路《Boston と Florida 湾間の Atlantic Intracoastal Waterway, および Florida 州 Carrabelle /kærəbél/ と Texas 州 Brownsville /bráunzvìl, -vəl/ 間の Gulf Intracoastal Waterway の 2 つからなる》.

ìntra·cómpany *a* 会社内の.

ìntra·cránial *a* 〔解〕頭蓋内の. ♦ **~·ly** *adv*

in·tráctable *a* 御しにくい, 手に負えない, 強情な; 処置[加工]しにくい; 〈病気などが〉治りにくい, 難治(性)の; 〔数〕〈問題が〉困難な, 手に負えない《多項式アルゴリズムが与えられない》. ♦ **-bly** *adv* 強情に. **~·ness, in·tractabílity** *n*

ìntra·cutáneous *a* INTRADERMAL. ♦ **~·ly** *adv*

ìntra·cỳto·plásmic *a* 〔生〕細胞質内の.

íntra·dày *a* 一日のうちに起こる, 日内の: an ~ high 〔証券〕日中最高値.

ìntra·dérmal, -mic *a* 〔解〕皮内の. ♦ **-dérmal·ly, -dér·mi·cal·ly** *adv*

intradérmal tést 〔医〕皮内テスト《免疫テスト》.

in·tra·dos /íntrədàs, -dòu, ıntréıdɔ̀s; ıntréıdɔs/ *n* (*pl* ~ /-dòuz, -dàs; -dɔ̀s/, **~·es** /-dàsəz; -dɔ̀sız/) 〔建〕《アーチの》内輪(うちわ), 内弧面 (opp. *extrados*). [F (*dos* back)]

ìntra·fallópian *a* 〔解〕ファロピーオ(氏)管 (fallopian tube) 内の, 卵管内の.

ìntra·fascícular *a* 〔植〕維管束内の.

ìntra·galáctic *a* 銀河内の.

ìntra·gástric *a* 胃内の.

ìntra·génic *a* 〔遺〕遺伝子内の.

ìntra·glácial 〔地質〕*a* 氷河中の; 間氷期の.

ìntra·governméntal *a* 政府内の〈抗争·協力〉.

ìntra·moléc̀ular *a* 〔化〕分子内の. ♦ **~·ly** *adv*

ìntra·múndane *a* この世の, 物質世界内の.

ìntra·múral *a* 《都市·学校·建物などの》壁[境界, 区域, 組織]内の, 《主に米》《特に》学内[校内]だけの (opp. *extramural*); 大学の研究[教育]の一部をなす; 〔解〕(臓器[細胞])壁内の: ~ athletics 校内[学内]競技会 / ~ burial 教会内埋葬 / ~ treatment 院内治療. ♦ **~·ly** *adv* [L *murus* wall]

in·tra mu·ros /íntra: mú:ròus/ 《都市などの》城壁内で[に]; 市内で[に]; 大学の構内で[に]; 内密に. [L (↑)]

ìntra·múscular *a* 〔解〕筋(肉)内の《略 IM》: an ~ injection 筋内注射, 筋注. ♦ **~·ly** *adv*

ìntra·násal *a* 鼻腔内の. ♦ **~·ly** *adv*

ìntra·nátional *a* 国内(だけ)の.

íntra·nét *n* 〔電算〕イントラネット《インターネットのネットワーク技術を使用して構築した構内ネットワーク》. [*Internet* のもじり]

intrans. intransitive.

in trans. °in transitu.

in·tran·si·geance /ıntrǽnsəʤəns, -zə-/, **-cy** *n* INTRANSIGENCE. ♦ **-geant** *a, n* **-geant·ly** *adv*

in·trán·si·gence, -cy *n* 折り合わないこと, 妥協[譲歩]しないこと, 《政治上の》非妥協的態度.

in·tran·si·gent /ıntrǽnsəʤənt, -zə-/ *a, n* 妥協を拒否する, 非妥協的な(人). ♦ **~·ly** *adv* [F<Sp *los intransigentes* extremists (*in-*[1], TRANSACT)]

in·tránsitive 〔文法〕*a* 自動(詞)の (cf. TRANSITIVE); 〈形容詞·名詞が〉自動的な《指示対象として名詞句を特に必要としないものについていう》. ► *n* 自動詞 (=~ **vérb**). ♦ **~·ly** *adv* 自動詞的に, 自動詞として. **~·ness** *n* **in·transitívity** *n*

in tran·si·tu /ın trǽnsıt(j)ù:, -trá:nsıtu/ *adv* 輸送中に, 運送中に, 途中で《略 in trans.》.

in·trant /íntrənt/ *n* 《古》ENTRANT.

ìntra·núclear *a* 〔理·生〕《原子·細胞などの》核内の.

ìntra·ócular *a* 眼(球)内の: ~ injection 眼内注射.

intraócular léns 〔医〕眼内レンズ《手術により, 白内障の水晶体に置き換えられたプラスチック製レンズ》.

intraócular préssure [ténsion] 〔医〕眼(内)圧.

ìntra·óperative *a* 〔医〕(外科)手術中の. ♦ **~·ly** *adv*

in·tra·par·tum /ìntrəpá:rtəm/ *a* 〔医〕分娩中の.

ìntra·párty *a* 政党内で起こる, 党内の〈派閥·抗争〉.

ìntra·peritonéal *a* 腹膜(組織)内の. ♦ **~·ly** *adv*

ìntra·pérson·al *a* 一個人の内で起こる, 個人内の, 内面[内心]の.

íntra·plàte *a* 〔地質〕プレート内の.

ìntra·populátion *a* 集団内の, 個体群内の.

in·tra·pre·neur /ìntrəprənə́:r, *-n(j)ʊ́r/ *n* 社内企業家《既存企業内で新たな製品·サービス·システムなどを開発·管理するために行動の自由と資金的保証を与えられた社員·従業員》. ♦ **~·ial** *a* [*intra-*, entre*preneur*]

ìntra·psýchic, -psýchical *a* 〔心〕精神内部の, 心内の. ♦ **-chical·ly** *adv*

ìntra·région·al *a* (地)域内の: ~ trade.

ìntra·specífic, ìntra·spécies *a* 〔生〕同一種内の. ♦ **-specífical·ly** *adv*

ìntra·spínal *a* 〔解〕髄腔内の.

ìntra·státe* *a* 州内の: ~ commerce 州内通商.

ìntra·tellúric *a* 〔地質〕地下の, 岩石圏下の[にある, の活動による], 内成的な〈火成岩など〉; 〔岩石〕溶岩の地上噴出前の結晶期の, 地下期の.

ìntra·thécal *a* 〔解〕さや内の[に包まれた], 鞘内の; (脳脊)髄膜の下にある[への]; 〔動〕《サンゴ虫類の》莢壁の内部にある: an ~ injection くも膜下注入. ♦ **~·ly** *adv*

ìntra·thorácic *a* 〔解〕胸郭内の. ♦ **-ical·ly** *adv*

ìntra·úterine *a* 〔解〕子宮内の.

intraúterine devíce 子宮内避妊器具[リング] (=**intraúterine contracéptive devíce**) 《略 IU(C)D》.

in·trav·a·sation /ıntrævəséıʃ(ə)n/ *n* 血管内異物侵入.

ìntra·váscular *a* 〔解〕血管[脈管]内の; 〔植〕維管束内の. ♦ **~·ly** *adv*

ìntra·vehícular *a* 乗物[《特に》宇宙船]の中(で)の (opp. *extravehicular*).

ìntra·vénous *a, n* 静脈(内)の, 静脈注射(の)《略 IV》: an ~ injection 静脈注射. ♦ **~·ly** *adv*

intravénous dríp 〔医〕点滴静注, 静脈内滴注(法).

ìntra·ventrícular *a* 〔解〕心室内の, 脳室内の. ♦ **~·ly** *adv*

in·tra vi·res /ìntrə váıriz/ *adv, a* 〔法〕《個人·法人の》権限内で[の] (opp. *ultra vires*). [L=within powers]

ìntra·vítal, ìntra·ví·tam /-váıtæ̀m/ *a* 〔生〕生存中の; 生体内の, 生体内染色 (vital staining) の (cf. SUPRAVITAL). ♦ **-vítal·ly** *adv*

ín-trày ‖*n* 到着[未決]書類入れ (in-box).

ìntra·zónal *a* 〔地質〕〈土壌が〉成帯内性の; 地域内の.

in·treat /ıntrí:t/ *vt, vi* 《古》ENTREAT.

in·trénch *vt, vi* ENTRENCH.

in·trénch·ing tòol 《兵隊用の》壕掘り具, 土工器具《折りたたみ式小型シャベルなど》.

in·trep·id /ıntrépəd/ *a* 勇敢な, 大胆な. ♦ **~·ly** *adv* **~·ness** *n* **in·tre·pid·i·ty** /ìntrəpídəti/ *n* 大胆, 剛勇; 大胆(不敵)な行為. [F or L (*trepidus* fearful)]

in·tri·ca·cy /íntrıkəsi/ *n* 複雑; [*pl*] 込み入った事[事情].

in·tri·cate /íntrıkət/ *a* 入り組んだ, 込み入った, 複雑な (complicated); 難解な. ♦ **~·ly** *adv* 複雑に. **~·ness** *n* [L=to entangle (*in-*[2], *tricae* tricks)]

in·tri·gant, -guant /ìntrigá:nt, æ̀n-; íntrıg(ə)nt; *F* ɛ̃trigɑ̃/ *n* (*fem* **-g(u)ante** /ìntrigá:nt, æ̀n-; *F* ɛ̃trigɑ̃:t/) 陰謀家, 策略家, 策士.

in·trigue /ıntrí:g/ *vt* **1** …の好奇心[興味]をそそる: be ~*d by* [*with*] a new toy / He was ~*d to* learn that…ということを知りたがった. **2** 策謀によって達成する; 《まれ》困惑させる, 頭をかかえ込ませる; だます; 《廃》もつれさせる. ► *vi* 陰謀を企てる, 術策をめぐらす; 密通する 〈*with*〉: ~ *with* Tom *against* Jones ジョーンズに対しトムと共謀する / ~ *with* the enemy 敵と通ずる. ► *n* /⏑⏑, ⏑⏑/ 陰謀, 策謀; 密通, 不義 〈*with*〉; 《芝居などの》筋, 仕組み; 興味をそそる[不思議な, おもしろい]こと. ♦ **in·trígu·er** *n* [F<It; ⇨ INTRICATE]

in·trígu·ing *a* 好奇心をあおる, 興味をそそる, おもしろい. ♦ **~·ly** *adv* 興味深く, おもしろく; 興味深いことに.

in·trin·sic /ıntrínsık, -zık/ *a* 本来そなわっている, 固有の, 本質的な 〈*to*〉 (opp. *extrinsic*); 〔医〕内因性の; 〔解〕《器官などに》内在する. ♦ **-trín·si·cal** *a* **-si·cal·ly** *adv* **-si·cal·ness** *n* [ME=interior<OF<L *intrinsecus* inwardly]

intrínsic fáctor 〔生化〕内(性)因子《抗貧血因子として外因子 (EXTRINSIC FACTOR) であるビタミン B_{12} の腸吸収に必要な, 胃粘膜から分泌される糖タンパク質》.

intrínsic semicondúctor 〔電子工〕真性半導体.

intrínsic váriable 〔天〕内因的変光星《食変光星 (eclipsing variable) 以外の変光星》.

in·tro /íntrou/ 《口》*n* (*pl* **~s**) INTRODUCTION, 《ポピュラー音楽などの》前奏, 序奏, イントロ. ► *vt* 紹介する.

in·tro- /íntrou, -trə/ *pref* 「内へ」「中へ」(opp. *extro-*). [L=to the inside]

intro(d). introduction • introductory.

in·tro·duce /ìntrəd(j)úːs/ *vt* **1 a** 紹介する;《社交界などに》披露する;〈歌手·俳優などを〉登場させる, デビューさせる;〈新製品などを〉売り出す;〈話題·議案などを〉持ち出す, 提出する〈*into*〉: Mr. Brown, let me ～ my brother *to* you. 弟を紹介しましょう / ～ one*self* 自己紹介する / ～ a bill *into* Congress 法案を議会に提出する. **b** 先導する, 案内する; …に手ほどきをする〈*to*〉;〈論文·演説·放送番組など〉に緒言[前置き]をつける,(前置きをつけて)始める〈*with*〉;〘文法〙〈接続詞が節を〉導く: ～ sb *into* an anteroom 人を待合室に案内する / ～ sb *to* (the delights of) skiing 人にスキー(の楽しみ)を初めて経験させる / ～ a speech *with* a joke 冗談を枕に話を始める. **2 a** 持ち込む, 初輸入する, 伝える〈*into, in*〉; 採り入れる, 導入する: When was tobacco ～*d into* Japan? タバコはいつ日本に伝えられたか / ～*d* species [variety] 外来種[導入品種]. **b** 差し込む〈*into*〉: ～ a pipe *into* the wound 傷口に管を差し込む. ♦ **-dúc·er** *n* 紹介者; 輸入者; 創始者. **-dúc·ible** *a* [L (*duct- duco* to lead)]

in·tro·duc·tion /ìntrədʌ́kʃ(ə)n/ *n* **1** 紹介, 披露(ひろう);《議案などの》提出〈*of*〉: a letter of ～ 紹介状〈*to*〉/ make the ～*s* 紹介をする / need [require] no ～ あらためて紹介する必要もない. **2** 序文, 緒言, はしがき; 入門(書), 概論, 序説; 初めての体験, 出会い〈*to*〉;〘楽〙導入部, 序奏, イントロ; 前奏曲 (prelude). **3** 採用, 創始; 発売; 持ち込み, 初輸入[導入](したもの)《特に 動植物》, 移入[外来]種〈*into, to*〉; 導入[採用]されたもの《税など》; 差し込み, 挿入 (insertion)〈*into*〉.

in·tro·duc·tive /ìntrədʌ́ktɪv/ *a* INTRODUCTORY.

in·tro·duc·to·ry /ìntrədʌ́kt(ə)ri/ *a* 紹介の, 前置きの, 導入となる, 序言の; 入門的な: an ～ chapter 序章, 序説 / ～ remarks 序言 / an ～ course / an ～ offer [price] 発売記念特別提供[価格]. ♦ **-ri·ly** *adv* **-ri·ness** *n*

ìntro·fléxion *n* 内側への屈曲[湾曲], 内側屈折.

in·tro·gres·sant /ìntrəgrés(ə)nt/〘遺〙*n* 遺伝子移入によってできた個体. ▶ *a* 遺伝子移入の.

in·tro·gres·sion /ìntrəgréʃ(ə)n/ *n*〘遺〙遺伝子移入; はいって来る[行く]こと.

ìn·tro·grés·sive *a*〘遺〙遺伝子移入の[を示す].

in·troit /íntrɔ̀ɪt, íntròʊət, ɪntróʊət/ *n*〘カト〙入祭文, 入祭唱《ミサにおいて司祭昇壇の際に歌う賛美歌など》;〘英国教〙聖餐式前に歌う歌;《礼拝の始めに合唱する》答唱聖歌. [OF < ↓]

in·troi·tus /ɪntróʊɪtəs/ *n*〘解〙《体腔の》入口, 口,《特に》膣口. [L =entrance (INTRO*eo* to go in)]

in·tro·jec·tion /ìntrəʤékʃ(ə)n/ *n*〘心〙投入, 採り込み, 採り入れ, 摂取《対象の属性を自己のもとに同化すること》. ♦ **in·tro·ject** /ìntrəʤékt/ *vt, vi*

in·tro·mis·sion /ìntrəmíʃ(ə)n/ *n* 挿入, 送入;《性交時の》挿入(時間); 入場[加入]許可;〘スコ法〙《他人の事件·財産などへの》干渉.

in·tro·mit /ìntrəmít/《英では古》*vt* (-tt-) 挿入[送入]する, …の差し込みを許す; 中に入れる〈*into*〉. ♦ **-mít·ter** *n* [L (*mitto* to send)]

ìn·tro·mít·tent *a* 挿入に適した; 挿入した状態で機能を果たす: an ～ organ〘動〙挿入器官《両性個体などの雄性交接器》.

in·tron /íntrɑ̀n/ *n*〘生化〙イントロン《遺伝子中で EXON[2] の間に介在して, その遺伝子の最終産物として発現しないポリヌクレオチド配列》. ♦ **in·trón·ic** *a* [*intragenic, -on*[2]]

In·tro·pin /íntrəpìn/〘商標〙イントロピン《塩酸ドーパミン製剤; 心臓活動刺激薬》.

in·trorse /íntrɔ̀ːrs/ *a*〘植〙内向きの, 内旋[内開]の (opp. *extrorse*). ♦ **～·ly** *adv* [L *introversus*]

in·tro·spect /ìntrəspékt/ *vi, vt* 内省する. ♦ **-spéc·tor** *n* [L (*spect- specio* to look)]

in·tro·spec·tion /ìntrəspékʃ(ə)n/ *n* 内省, 内観, 自己反省 (self-examination) (opp. *extrospection*). ♦ **～·al** *a*

introspéction·ism *n* 内観主義(心理学) (cf. BEHAVIORISM). ♦ **-ist** *n, a* 内観心理学者, 内観心理学の. **ìn·tro·spèc·tion·ís·tic** *a*

ìn·tro·spéc·tive *a* 内省的な, 内観的な, 自己反省[省察]の. ♦ **～·ly** *adv* 内省的に. **～·ness** *n*

ìntro·suscéption *n* INTUSSUSCEPTION.

in·tro·ver·si·ble /ìntrəvə́ːrsəb(ə)l/ *a* 内に向けられる.

in·tro·ver·sion /ìntrəvə́ːrʒ(ə)n, -ʃ(ə)n/ *n* 内向, 内省;〘心〙内向(性) (opp. *extroversion*) (cf. AMBIVERSION);〘医〙《臓器などの》内曲, 内側転位, 内翻. [eversion, diversion などの類推で *introvert* から]

in·tro·ver·sive /ìntrəvə́ːrsɪv/ *a* 内向(的)の; 内省的な. ♦ **～·ly** *adv*

in·tro·vert /ìntrəvə̀ːrt, ⏤⏤́/ *vt, vi*〈心·考えを〉内へ向ける, 内省させる[する];〘動·医〙〈器官·臓器を〉内翻させる. ▶ *n* /⏤́⏤⏤̀/〘心〙内向型の人, 内向者 (opp. *extrovert*); はにかみ屋;〘動〙《コケムシ·ホシムシなどの》陥入吻(ふん). ▶ *a* /⏤́⏤⏤̀/ INTROVERTED. [NL (*verto* to turn)]

íntrovert·ed *a*〈人が〉内向性の強い, 内向的な;〈地域·集団が〉内向きの, 偏狭な;〘解·動〙〈器官が〉内翻(ないほん)した.

ìn·tro·vér·tive *a* INTROVERSIVE.

in·trude /ɪntrúːd/ *vt* 押し入れる; 押しつける, 強いる;〘地質〙貫入させる: ～ one*self into* a conversation 話に割り込む / ～ one's opinion *upon* others 自分の意見を人に押しつける. ▶ *vi* 押し入る, 侵入する〈*into* a place〉; 立ち入る, じゃまする〈*into* sb's affairs〉;〘地質〙貫入する: I hope I am not *intruding* (*upon* you). おじゃまではないでしょうね / ～ *upon* sb's privacy 人の私事に立ち入る / ～ *upon* sb's hospitality もてなしにつけこむ. [L (*trus- trudo* to thrust)]

in·trúd·er *n* (違法)侵入者, 乱入者, じゃま者, でしゃばり; 不法(土地)占有者;〘軍〙《特に 夜間の》侵入機(操縦士).

in·tru·sion /ɪntrúːʒ(ə)n/ *n*《意見などの》押しつけ; じゃま(なもの), 割込み, 介入,《場所への》侵入〈*into, on*〉;〘法〙《無権利者の》土地侵入占有;《教会禄の》占有横領;〘地質〙《マグマの》貫入;〘地質〙貫入岩(体);〘スコ教会〙《教区民の同意なしに行なわれる》牧師の天降り任命. ♦ **～·al** *a* **～·ist** *n*〘スコ教会〙牧師の天降り任命支持[実行]者. [OF or L; ⇨ INTRUDE]

in·tru·sive /ɪntrúːsɪv/ *a* 侵入的な; でしゃばりの, じゃまをする, うっとうしい;〘地質〙貫入(性)の (cf. EXTRUSIVE);〘地質〙深成の (plutonic);〘言〙《非語源的に》割り込んだ, 嵌入(かんにゅう)の〈音·文字など〉: an ～ arm of the sea 入江 / ～ rocks 貫入岩 / ～ r /áːr/〘音〙嵌入的 r 音《例: India office /índiərɔ́(ː)fəs/ の /r/ の音; cf. LINKING r》. ♦ **～·ly** *adv* でしゃばって; 侵入して. **～·ness** *n*

in·trúst *vt* ENTRUST.

in·tu·bate /ínt(j)ʊbèɪt/ *vt*〈喉頭など〉に挿管する.

in·tu·ba·tion /ìnt(j)ʊbéɪʃ(ə)n/ *n*〘医〙挿管(法).

in·tu·it /ɪnt(j)úːət/ *vt, vi* 直観で知る[理解する], 直覚する, 直観する. ♦ **～·able** *a* [L *in-*[2](*tuit- tueor* to look)=to consider]

in·tu·i·tion /ìnt(j)uíʃ(ə)n/ *n* 直覚, 直観(的洞察); 直観力; 直観的知識[事実].

intuítion·al *a* 直覚の, 直覚[直観]的な. ♦ **～·ly** *adv* **～·ism** *n* INTUITIONISM. **～·ist** *n* INTUITIONIST.

intuítion·ism *n*〘心〙直覚説《外界の事物は直覚的に認識されるとする》;〘哲〙直観主義[論]《真理の認識は直観によるものとする》; INTUITIVISM;〘数〙直観主義《数学は特別な直観に基づくものとする》. ♦ **-ist** *n* 直観[直覚]論者.

in·tu·i·tive /ɪnt(j)úːətɪv/ *a*〈能力が〉直覚[直観]的な;〈知識·確信が〉直観的にわかる[得られる],〈ソフトなどが〉(直観的に)わかりやすい;〈人が〉直観力のある. ♦ **～·ly** *adv* 直覚[直観]的に. **～·ness** *n*

in·tú·i·tiv·ìsm *n*〘倫〙直観主義《道徳的価値判断は直観によるものとする》. ♦ **-ist** *n*

in·tu·mesce /ìnt(j)umés/ *vi*《熱などで》膨張する, ふくれあがる; 泡立つ, 沸騰する. [L (*tumeo* to swell)]

in·tu·mes·cence /ìnt(j)umés(ə)ns/ *n* 膨張, 沸騰, はれあがること, 膨大; はれもの. ♦ **-cent** *a* 膨張性の, 膨張する, はれあがる, 沸騰して泡立つ.

in·tus·sus·cept /ìntəsəsépt/〘医〙*vt*〈腸管の一部などを〉陥入[重積]させる. ▶ *vi* 陥入する, 重積(症)になる.

in·tus·sus·cep·tion /ìntəsəsépʃ(ə)n/ *n*〘医·獣医〙重積(症), 腸重積(症);〘生〙《細胞壁の》挿入(生長);〘生理〙摂取(作用);《思想の》摂取, 同化. ♦ **-cép·tive** *a*

in·twíne *vt* ENTWINE.

in·twíst *vt* ENTWIST.

In·u·it /ín(j)uət/ *n* **a** (*pl* ～, ～**s**) イヌイット族《北米, Greenland のエスキモー族; カナダでは同族に対する正式名称》. **b** イヌイット語《1) =ESKIMO 2) カナダ北西部からグリーンランドに至る地域で話されているエスキモー語の方言群》.

Inuk /ínʊk/ *n* (*pl* **Inuit**) イヌク《イヌイット族の一員》.

Inuk·ti·tut /ɪn(j)úktətùt/, **-tuk** /-tùk/ *n* イヌクティトット語《Inuit の一方言; カナダ極北地方で話されている》.

in·u·lase /ínjəlèɪs, -z/ *n*〘生化〙イヌラーゼ《イヌリンを加水分解して果糖に変える酵素》. [↓, *-ase*]

in·u·lin /ínjələn/ *n*〘生化〙イヌリン《ダリアの塊根やキクイモの塊茎に含まれる貯蔵多糖類の一種》.

in·unc·tion /ɪnʌ́ŋ(k)ʃ(ə)n/ *n* 塗油 (anointing);〘医〙《軟膏剤などの》塗擦(療法); 塗擦剤, 軟膏.

in·un·dant /ɪnʌ́ndənt/ *a* みなぎる, あふれる.

in·un·date /ínəndèɪt/ *vt* [[u]*pass*] 浸水[冠水]させる, 水浸しにする〈*with* water〉; 充満させる, …に押し寄せる: a place ～*d with* visitors 来訪者が殺到する場所. ♦ **-dà·tor** *n* **ìn·un·dá·tion** *n* 浸水, 氾濫; 洪水; 充満, 殺到. **in·un·da·to·ry** /ɪnʌ́ndətɔ̀ːri; -t(ə)ri/ *a* 大水の(ような), 洪水性の. [L *in-*[2](*undo* to flow < *unda* wave)]

Inu·pi·at /ɪn(j)úːpiæ̀t/, **Inu·pi·aq** /ɪn(j)úːpiɑ̀ːk/, **Inu·pik** /ɪn(j)úːpɪk/ *n* **a** (*pl* ～, ～**s**) イヌピアト族, イヌピアク族《Alaska 北部の Bering 海沿岸地方, Siberia の Chukchi 半島および北極海沿岸地方のエスキモー人》. **b** イヌピアト語, イヌピアク語.

ìn·urbáne *a* 都会的上品さのない, 洗練されていない, 無骨な, 粗野な, 下品な, 無作法な, 野卑な. ♦ **～·ly** *adv* **ìn·urbánity** *n*

in·ure /ɪn(j)ʊ́ər/ *vt*〈困難·苦痛に〉慣れさせる, 鍛える〈*to*〉: be ～*d to* distress 困苦に慣れている / ～ one*self to*…に身を慣らす. ▶ *vi*《特に 法的に》効力を発する, 発効する; 役立つ. ♦ **～·ment** *n* 慣らすこと, 慣れ; 鍛練. [AF (*in*[2], *eure* work < L *opera*)]

in·úrn *vt* 骨壺 (urn) に納める; 埋葬する (entomb). ♦ **~·ment** *n*

in usum Del·phi·ni /ɪn úːsum dɛlfíːniː/ 皇太子御用(の); 《猥褻な箇所などが》削除された〈本〉. [L=for the use of the Dauphin]

in utero /ɪn júːtəròu/ *adv, a* 子宮内で[の], 生まれる前で[の]: ~ surgery 子宮内手術. [L=in the uterus]

in·útile *a* 《文》無益な, 無用の. ♦ **~·ly** *adv* **ìn·utílity** *n* 無益, 無用; 役に立たない人[もの].

in utrum·que pa·ra·tus /ɪn utrúmkwɛ pɑːráːtùs/ どちらの場合にも用意ができている. [L]

inv. invented ♦ inventor ♦ invoice.

in vac·uo /ɪn vǽkjuòu, -wáːkʊ-/ *adv* 真空内に; 事実とは無関係に, 現実から遊離して. [L=in a vacuum]

in·vade /ɪnvéɪd/ *vt, vi* 〈他国を〉侵略する《特に 征服・略奪を目的に軍隊が行なう》; …に侵入[来襲]する; 〈観光地など〉に押し寄せる, 詰めかける, 殺到する; 〈音・病気・感情などが〉侵す, 襲う; 〈権利などを〉侵害する. ♦ **in·vád·er** *n* 侵略者[国], 侵入者[軍]. [L (*vas- vado* to go)]

in·vag·i·nate /ɪnvǽʤənèɪt/ *vt* さやに入れる, 収める; 〖発生・医〗〈管・器官などの一部分を〉陥入させる. ► *vi* はいる, はまる, 陥入する. ► *a* /-nət, -nèɪt/ さやに収めた, 陥入した.

in·vag·i·na·tion /ɪnvæʤənéɪʃ(ə)n/ *n* さやに入れる[はいっている]こと; 〖発生〗《胞胚壁が折れ込んで原腸胚を形成する》陥入; 〖医〗陥入; 〖医〗重積(症), 腸重積 (intussusception); 陥入部.

in·va·lid[1] /ínvələd, ″-lìːd/ *a, n* 《特に 病気・老齢などで》病弱な(人), 病身の(者); 傷病兵; 病人向き[用]の. ► *vt, vi* /, *-lìːd/ 病弱にする[なる], 病気[障害]で動けなくする[なる]; [ᵘ*pass*] ″病弱者として取り扱う, 傷病者[兵]として免役[除隊]にする 〈*out* (*of* the army)〉; 傷病兵名簿に記入する[される]: be ~*ed* home 傷病兵として送還される. [L (*in*-¹)]

in·válid[2] *a* 〈論拠などが〉薄弱な, 〈議論・言いわけなどが〉根拠[説得力]のない, 論理的に矛盾した, 〈方法が〉実効性のない, 《法的に》効力がない, 無効な; 〈コンピューターが〉認識できない, 〈データなどが〉無効な. ♦ **~·ly** *adv* **~·ness** *n* [↑]

in·val·i·date /ɪnvǽlədèɪt/ *vt* 無効にする; 〈議論などを〉誤りであることを示す. ♦ **in·vàl·i·dá·tion** *n* 無効化. **-dà·tor** *n*

ínvalid chàir 下肢不自由者用(折りたたみ式)移動椅子, 車椅子.

In·va·lides /*F* ɛ̃valid/ [les] 《Paris の》廃兵院 (=l'Hôtel des ~) 《Seine 川左岸にあり, 現在は主として軍事博物館; Napoleon 1 世を始め多くの軍人の墓がある》.

ínvalid·ìsm *n* 長わずらい, 病弱, 病身; 病弱者の比率.

ìn·valídity[1] *n* 無効; 説得力の欠如.

invalidity[2] *n* 《病気・老齢などによる》就労不能状態; INVALIDISM.

invalídity bènefit 〖英〗《国民保険による》疾病給付 《略 IVB》.

in·váluable *a* 価値の測れない; 測り知れぬほど貴重な, 非常に貴重な (priceless). ♦ **-ably** *adv* **~·ness** *n*

in·van·dra·re /ínvɑ̀ːndrɑ̀ːrə/ *n* (*pl* ~) 《スウェーデンへの》出稼ぎ労働者 (cf. GASTARBEITER). [Swed]

In·var /ínvɑːr/ 〖商標〗インバー, インバール, アンバー《鋼とニッケルの合金; 熱膨張係数がきわめて小さいので科学器械に用いる》. [*invariable*]

in·váriable *a* 不変の, 一定の; 〖数〗一定の, 常数の; 〈屈折言語の名詞が〉単複同形の, 不変化の. ► *n* 不変のもの; 〖数〗常数, 定数. ♦ **-ably** *adv* 一定不変に; 常に, 必ず, 例外なく, 決まって(…する). **in·variabílity** *n* 不変(性). **~·ness** *n*

in·váriance *n* 不変(性).

in·váriant *a* 変化しない, 不変の, 一様の. ► *n* 〖数〗不変式, 不変量. ♦ **~·ly** *adv*

in·va·sion /ɪnvéɪʒ(ə)n/ *n* 《特に 征服・略奪を目的とした軍隊の》侵入, 侵攻, 侵略; 《観光客などの》殺到; 《病気・動植物などの》侵入; 〖医〗侵襲; 《権利などの》侵害: make an ~ *upon*…に侵入する, …を襲う. [F or L; ⇨ INVADE]

invásion of prívacy プライバシーの侵害.

in·va·sive /ɪnvéɪsɪv/ *a* 侵入する, 侵略的な; 侵害する, 出すぎた, 立ち入った; 〖医〗〈検査・治療などが〉侵襲性の《1) 健康な組織を侵す 2) 器具などを生体内に挿入することを要する》; 《古》〈権利などを〉侵害する 〈*of*〉: minimally ~ 低侵襲の, 最小侵襲の. ♦ **~·ly** *adv* **~·ness** *n* 侵入性; 〖医〗侵襲性.

in·vect·ed /ɪnvéktəd/ *a* 〖紋〗小さな波形[連続する半円形状]の縁取りのある.

in·vec·tive /ɪnvéktɪv/ *n* 毒舌, 非難, 罵倒, 侮辱的言辞. ► *a* 侮辱的な, 罵倒の, 毒舌の. ♦ **~·ly** *adv* **~·ness** *n* [OF (L *invect- inveho* to go into, assail)]

in·veigh /ɪnvéɪ/ *vi* 激しく抗議する, しきりと苦情を述べる, 痛烈に非難する, ののしる, 悪口を言う 〈*against*〉. ♦ **~·er** *n* [L (↑ < *vect- veho* to carry)]

in·vei·gle /ɪnvéɪg(ə)l, -víː-/ *vt* 釣り込む, おびき寄せる, 誘い込む, 籠絡する; だまし取る: ~ sb *into doing*… 人をだまして…させる / ~ sb *out of* sth=~ sth *out of* sb 人をだまして物を巻き上げる. ♦ **~·ment** *n* **-gler** *n* [ME *enve(u)gle*<AF<OF *aveugler* to blind]

in·ve·nit /ɪnwéɪnɪt, -véɪ-/ 彼[彼女]は発見した《略 inv.》. [L]

in·vent /ɪnvént/ *vt* **1 a** 発明する, 創案する; 〈物語などを〉想像力で作る, 創作する; 〈言いわけなどを〉こしらえる, 捏造(ねつぞう)する: ~ an excuse 言いわけをでっちあげる. **b** 《古》見つける. **2***《俗》盗む (steal). ♦ **in·vén·tor, ~·er** *n* 発明[案出]者, 発明家. **in·vén·tress** /-trəs/ *n fem* [ME=to discover<L IN-²*vent- -venio* to come upon, find]

in·ven·tion /ɪnvénʃ(ə)n/ *n* 発明, 創案; 発明品, 新案; でっちあげ, 捏造, こしらえ事, 作り事; 発明[工夫]の才, 創意; 《芸術的》創作, 創造; 〖社〗発明, 創造; 《古》発見 (discovery); 〖楽〗インベンション《対位法の鍵盤用小曲》; 〖修〗《話の適切な》内容選択: NECESSITY is the mother of ~. / a newspaper full of ~*s* 捏造記事に満ちた新聞 / That is pure ~. それは全くのでっちあげだ.

Invéntion of the Cróss [the] 聖十字架発見の祝日《西暦 326 年 5 月 3 日 Constantine 大帝の母 St Helena が Jerusalem で十字架を発見した記念日》.

in·vén·tive *a* 発明の(才のある), 創意に富む[の表われた]. ♦ **~·ly** *adv* **~·ness** *n*

in·ven·to·ry /ínvəntɔ̀ːri; -t(ə)ri/ *n* 《商品・家財・財産などの》目録, 在庫目録, 棚卸表, 一覧, 《アパートの》備え付け家具の明細書; 《船舶の》属具目録; 目録記載の物品; 在庫, 在庫品(の総価格), 棚卸資産; 天然資源調査一覧《特に 一地方の野生生物数》; 《カウンセリング用の適性・特技などを記した》人物調査記録; 概観, 概要; *在庫調べ, 棚卸し (stocktaking″); 目録作成. ► *vt* 〈家財・商品などを〉目録に記入する, …の目録を作る; 棚卸しする; 概括する. ► *vi* 〈財産などが〉目録上…の価値を有する 〈*at*〉. ♦ **in·ven·to·ri·al** /ìnvəntɔ́ːriəl/ *a* **ìn·ven·tó·ri·al·ly** *adv* [L; ⇨ INVENT]

ìn·verácity *n* 不信実, 不誠実; 《意図的な》虚偽, うそ.

In·ver·car·gill /ìnvərkáːrgəl/ インヴァーカーギル《ニュージーランド南島南岸の市》.

In·ver·ness /ìnvərnés/ **1** インヴァネス《1) スコットランド北西部の旧州; 1975 年廃止 2) スコットランド北西部の町; Highlands 地方の中心都市》. **2** [ºi-] **a** インバネス(コート), とんび, 二重回し (=~ /–––/ **còat** [**clòak**]) 《短いケープがついたコート》 **b** インバネスケープ (=~ **càpe**) 《丈の長い男性用ケープ》.

Invernéss-shire /-ʃɪər, -ʃər/ インヴァネスシャー《スコットランドの旧州 INVERNESS の別称》.

in·verse /ɪnvə́ːrs, ––/ *a* 逆の, 反対の, 倒置の, 転倒した; 倒錯の; 〖数〗逆関数の: in ~ relation [proportion] to…に反比例して. ► *n* 逆, 反対(のもの); 〖論〗逆換[戻換]で導いた推論; 〖数〗逆関数 (inverse function), 逆算; 〖数〗逆元《逆数・反数など》. ► *vt* /––/ 《まれ》逆にする. ♦ **~·ly** *adv* 逆に, 反対に; 逆比例して. [L=turned in; ⇨ INVERT]

ínverse féedback NEGATIVE FEEDBACK.

ínverse fúnction 〖数〗逆関数.

ínverse ímage 〖数〗原像 (=*counter image*) (cf. MAPPING).

invérsely propórtional *a* 〖数〗逆比例の, 逆比例した[する] (cf. DIRECTLY PROPORTIONAL).

invérse propórtion 〖数〗逆比例, 反比例: in ~ to…に反比例して.

ínverse rátio 〖数〗逆比, 反比.

ínverse squáre làw 〖理〗逆二乗則《物理量が, 源からの距離の 2 乗に反比例するという法則》.

invérse trigonométric fúnction 〖数〗逆三角関数.

invérse variátion 〖数〗逆比例, 反比例; 逆変分 (cf. DIRECT VARIATION).

in·ver·sion /ɪnvə́ːrʒ(ə)n, -ʃ(ə)n/ *n* さかさま(にすること), 逆(にすること), 反対(にすること), 転置; 〖体操〗逆ぶら下がり; 〖文法・修〗語順転換, 倒置(法) (anastrophe); 〖論〗逆換(法), 戻換(れいかん); 〖解〗内反, 逆位, 倒置; 〖音〗反転, そり舌 (retroflexion); 〖遺〗逆位《染色体再構成の一形式》, 逆位部分; 〖楽〗転回; 〖化〗転化, 反転; 〖晶〗転移 (transformation); 〖理〗反転 (=population ~); 〖気〗《気温の》逆転 (temperature inversion); 〖数〗反転《座標軸の向きをすべて逆にする座標変換》; 〖数〗反転, 転位, 相反《半径 *a* の円を境に内側と外側を入れ替えるような変換》; 〖電〗《直流から交流への》反転; 〖電算〗反転《語中の各ビット位置の値を逆にする演算》; 〖通信〗《傍受防止のための周波数スペクトルの》反転; 〖精神医〗性対象倒錯, 同性愛 (=sexual ~).

invérsion làyer 《大気の》逆転層.

in·ver·sive /ɪnvə́ːrsɪv/ *a* 転倒の, 逆の, 反対の.

in·vert /ɪnvə́ːrt/ *vt* 逆さにする, 逆[反対]にする, 転位[転倒]させる; 〈つまさきを〉内側に向ける; 〖数〗逆数にする; 〖楽〗転回させる; 〖化〗転化する; 〖音〗〈舌を〉反転させる, そり舌音 (retroflexion) として発音する: ~ a cup 茶碗を逆さにする. ► *a* /––/ 〖化〗転化した. ► *n* /––/ 〖建〗INVERTED ARCH; インバート《円形下水管の最低部》; 〖郵趣〗逆刷り《文字などがさかさまに刷られた印刷ミスの切手》; 〖化〗転化; 〖精神医〗性的倒錯者, 同性愛者 (homosexual); 《口》INVERTEBRATE. ♦ **in·vért·ible** *a* **invèrt·ibílity** *n* [L=to turn the wrong way round (*vers- verto* to turn)]

in·vert·ase /ɪnvə́ːrtèɪs, -z, ⸗–⸗/ *n* 〘生化〙 蔗糖酵素, 転化酵素, インベルターゼ (=*sucrase*) 《蔗糖を転化 (invert) する》.

in·vértebrate *a* 〘動〙 脊椎のない, 背骨のない, 無脊椎動物の; [*fig*] 骨なしの, 気骨[気力]のない. ► *n* 〘動〙 無脊椎動物; 気骨のない人, 骨なし.

invért·ed *a* 逆さの, あべこべの; 反転した, 〘地質〙 逆転した〈褶曲〉; 〘音〙 そり舌の (retroflex); 性的倒錯の, 同性愛の.

invérted árch 〘建〙 逆さ迫持(せりもち), 逆アーチ (=*invert*).

invérted cómma 〘印〙 インバーテッドコンマ (', "); [*pl*] QUOTATION MARKS: put a word in ~*s* 《特別に意識して》 語を引用符に入れる, 特別な音調で発音する. ● **in ~s** 《口》 いわゆる.

invérted mórdent 〘楽〙 PRALLTRILLER.

invérted pléat 〘服〙 逆ひだ, インバーテッドプリーツ 《2 本のひだ山が表でつき合わせになるプリーツ》.

invérted snób 偽悪的スノッブ, 偽悪的な庶民気取り (reverse snob*). ♦ **invérted snóbbery** *n*

invért·er *n* 〘電〙 変換装置[機], インバーター 《直流を交流にする》; 〘電算〙 インバーター, 反転回路 《極性・論理値を逆にする》.

ínvert sóap 逆性石鹸 (CATIONIC DETERGENT).

ínvert súgar 転化糖 《蔗糖の加水分解で得られる》.

in·vest /ɪnvést/ *vt* **1** 投資する; 〈時間・努力などを〉注ぎ込む, ささげる: ~ one's money *in* stocks 株に投資する. **2** 着用させる, まとわせる 〈sb *with*, *in*〉; 《まれ》〈衣服を〉着る; …に〈記章・勲章などを〉帯びさせる, 授ける 〈*with*〉; …に〈性質・権力・地位を〉授ける, 賦与する 〈*with*〉; 〈…に〉任命する 〈*as*〉; 〈権力などを〉〈…に〉授ける, 託す (vest) 〈*in*〉: ~ sb *with* a cross 人に十字勲章を授ける / ~ sb *with* rank 人に位を授ける / a man ~*ed with* an air of dignity 威厳のある男. **3** 包む, おおう, 取り囲む, 〘軍〙 包囲する. ► *vi* 投資する 〈*in*〉. ● **~ in…** 《口》/[*joc*] 〈衣服・車など〉に金をつぎ込む, …を買う. ♦ **~·able, ~·ible** *a* **in·vés·tor** *n* 投資家, 投資者; 包囲者; 叙任[授与]者. [F or L=to clothe (*vestis* clothing); 「投資する」は It *investire* より]

in·ves·ti·gate /ɪnvéstəgèɪt/ *vt*, *vi* 調査する, 捜査[探索]する, 取り調べる, 研究する. ♦ **-gà·tor** *n* 調査者[官], 捜査者[員], 取調べ官, 研究者[家]. **-ga·ble** /-gəb(ə)l/ *a* [L (*vestigo* to track < VESTIGE)]

in·ves·ti·ga·tion /ɪnvèstəgéɪʃ(ə)n/ *n* 調査 〈*of*, *into*〉, 取調べ, 研究; 研究論文, 調査報告: upon ~ 調べてみると / under ~ 調査中, 取調べ中 / make ~ *into*…を調査する. ♦ **~·al** *a* 調査の, 研究の; 治験用の.

in·vés·ti·gà·tive *a* 調査の, 調査追求する, 真相を究明する〈報道など〉; 捜査の, 取調べの.

in·ves·ti·ga·to·ry /ɪnvéstɪgətɔ̀ːri; -t(ə)ri/ *a* INVESTIGATIVE.

in·ves·ti·tive /ɪnvéstətɪv/ *a* 官職[資格]を授与する; 任官[資格付与]の[に関する].

in·ves·ti·ture /ɪnvéstəʧər, *-ʧʊ̀r/ *n* **1** 《官職・聖職などの》 授与, 任官, 叙任; 任官式, 叙任式, 認証式; 《資格・性質の》 付与; 〘中世法〙 占有移転 《小作人への土地の譲渡式》. **2** おおい, 飾り. **3** 《まれ》 包囲, 攻囲.

invést·ment *n* **1 a** 投資, 出資; 投下資本, 投資金; 投資[支出]の対象, 《特に 長く使う》 商品: a good ~ 有利な投資, 良い買い物. **b** 《時間・努力などの》 投入, 傾注. **2** 《古》 外衣; 《まれ》 着せること, 被服; 〘生〙 外皮, 外層, 外殻; 〘軍〙 包囲, 封鎖; 叙任, 授与 (investiture).

invéstment ànalyst 投資分析専門家, 投資アナリスト 《株価予想の専門家》.

invéstment bànk 〘米〙 投資銀行 《株式・債権など有価証券の新規発行の引受け・仲介で企業の資産調達をするほか, 各種コンサルティングも行なう》.

invéstment bànker 〘米〙 投資銀行 (investment bank); 投資銀行行員.

invéstment bònd 〘英生保〙 投資証券, インベストメント・ボンド 《保険料一時払いの生命保険で, 保険料のうち一定額が証券などに投資され節税効果のある場合もある》.

invéstment càsting 〘冶〙 焼流し精密鋳造(法), インベストメント鋳造(法) (LOST WAX).

invéstment còmpany 投資信託会社, 投資会社.

invéstment fùnd 投資信託財産; 投資(信託)会社.

invéstment létter stòck LETTER STOCK.

invéstment mánagement còmpany 投資顧問会社.

invéstment trùst INVESTMENT COMPANY.

invéstor relàtions [ᵁ〈*sg*〉] 投資家への広報活動, 投資家 PR 《上場企業などが投資家と大衆に会社を理解してもらい, 企業イメージを高めて金融・証券界や投資家層のうけをよくしようとする活動; 略 IR》. [*public relations* にならった造語]

in·vet·er·a·cy /ɪnvét(ə)rəsi/ 《古》 *n* 根深いこと, 頑固, 慢性; 執念深いこと, 宿怨.

in·vet·er·ate /ɪnvét(ə)rət/ *a* 〈病気・習慣・偏見などが〉根深い, しつこい, 頑固な; 常習的な, 根っからの; 《廃》 敵意に満ちた: an ~ enemy 宿敵 / an ~ disease 長わずらい / an ~ habit 常習 / an ~ liar 根っからのうそつき. ♦ **~·ly** *adv* [L (*in-*², *veter- vetus* old)]

in·víable *a* 《遺伝体質に致命的欠陥があって》 生存不能の; 《財政的に》 生き残れない: an ~ company. ♦ **in·viability** *n*

In·vic·tus /ɪnvíktəs/ 「不屈」「不撓不屈の心」 《英国の詩人 William Ernest Henley の詩 (1875); 'I am the master of my fate' などの句で知られる》. [L=unconquered]

in·vid·i·ous /ɪnvídiəs/ *a* しゃくにさわる, (不公平[差別的]で)不愉快な〈批評・比較など〉; 人にねたまれるような〈地位・名誉など〉; ねたみ深い. ♦ **~·ly** *adv* しゃくにさわるように, いまいましく; 不公平に. **~·ness** *n* [L=full of ENVY]

in·vig·i·late /ɪnvíʤəlèɪt/ *vi* 試験監督をする; 監視する, 見張りをする. ► *vt* 監督する; 《廃》 警戒させる. ♦ **-là·tor** *n* **in·vìg·i·lá·tion** *n* [L (*in-*², *vigilo* to watch < VIGIL)]

in·vig·o·rant /ɪnvígərənt/ *n* 強壮剤.

in·vig·o·rate /ɪnvígərèɪt/ *vt* …に元気を出させる, 活気づける, 爽快にする, 鼓舞する. ♦ **in·víg·o·rà·tive** /, -rət-/ *a* 心身を爽快にするような, 鼓舞する. **-rà·tor** *n* 元気づける人[もの], 刺激物, 強壮剤. **in·vìg·o·rá·tion** *n* [L; ⇨ VIGOR]

in·víg·o·ràt·ing *a* 元気づける; 〈空気・微風などが〉さわやかな. ♦ **~·ly** *adv*

in·vin·ci·ble /ɪnvínsəb(ə)l/ *a* 負かしがたい, 無敵の; 克服しがたい: ~ ignorance 不可抗的無知 《自分ではどうにもならない無知; 特に 神学上の概念に関する知識について》. ♦ **-bly** *adv* **~·ness** *n* **in·vìn·ci·bíl·i·ty** *n* [OF<L (*vinco* to conquer)]

Invíncible Armáda [the] 無敵艦隊 (Armada).

in vi·no ve·ri·tas /ɪn wíːnoʊ wéɪrɪtàːs, -váɪnoʊ vérɪtæ̀s/ ぶどう酒の中に真実はある; 酔うと本性があらわれる. [L=in wine there is truth]

in·víolable *a* (神聖で)冒してはならない, 冒すことのできない, 不可侵の. ♦ **-bly** *adv* **~·ness** *n* **in·violabílity** *n* 不可侵(性), 神聖.

in·vi·o·la·cy /ɪnváɪələsi/ *n* 犯されて[冒瀆されて]いないこと, 汚れのない状態.

in·víolate *a* 犯されていない; 神聖な, 冒瀆されていない; 汚れのない; 破られていない〈約束〉. ♦ **~·ly** *adv* **~·ness** *n* [L (*in-*¹, VIOLATE)]

in·vis·cid /ɪnvísəd/ *a* 粘度がゼロの, 無粘性の; 無粘液の.

in·visible *a* **1** 目に見えない; 隠れた, 無視されている; 統計[財務諸表]に表われない, 貿易外の; 見えないほど小さい, それとわからない; はっきりしない; 内密の, 公けにされない: ~ light 不可視光線 / ~ hinge 隠し蝶番. **2** 《古》 来訪者に会いたがらない: He remains ~ when out of spirits. 気分が悪いと人に会わない. ► *n* 目に見えないもの; [ᵁ*pl*] 〘経〙 貿易外収支の一項目, 用役; [the] 霊界; [the I-] 神. ♦ **-bly** *adv* 目に見えないように, 目につかないほど. **~·ness, in·visibílity** *n*

invísible bálance 〘経〙 貿易外収支.

invísible cáp [the] 隠れ帽 《かぶると姿が見えなくなるという伝説の帽子》.

invísible éxports *pl* 〘経〙 無形輸出品, 貿易外輸出 《特許料収入・外国品輸送料・保険料金など》.

invísible éxports and ímports *pl* 〘経〙 貿易外収支 《運賃・保険料・手数料・観光客による消費など用役の輸出入》.

invísible fíle 〘電算〙 HIDDEN FILE.

invísible gláss 不可視ガラス; 無反射ガラス.

invísible gréen 《一見 黒と区別しがたい》 濃緑.

invísible hánd 〘経〙 見えざる手 《Adam Smith の説: 自己利益追求が見えざる手により社会全体の利益につながる》.

invísible ímports *pl* 〘経〙 無形輸入品, 貿易外輸入 (⇨ INVISIBLE EXPORTS).

invísible ínk SECRET INK.

invísible ménding 《かけはぎなど》 あとが見えないように繕う[直す]こと.

invísible tráde 貿易外取引, 見えざる貿易 《商品取引以外の海外旅行・サービスなどによるもの》.

in·vi·ta Mi·ner·va /ɪnwíːtàː mɪnérwàː/ ミネルヴァが言うことを聞かなくて; 生来の才能や霊感がなくて. [L]

in·vi·ta·tion /ìnvətéɪʃ(ə)n/ *n* **1** 誘い, 招待, 招聘(しょうへい), 勧誘; 招待状, 案内状; 《CB 無線俗》 《警察からの》 呼出し状: a letter of ~ 招待状 / an ~ card [ticket] 招待券 / an open [a (long-)standing] ~ いつでもかまわないという条件の誘い / admission by ~ only 入場は招待者に限る / at the ~ of…の招きによって / an ~ to sing [*to* membership] 歌うようにとの[入会の]勧め / accept [decline] an ~ (*to* a party) (パーティーへの)招待に応ずる[を断わる] / an ~ *to* tender 〘商〙 競争入札募集. **2** 誘引, 魅力, 〈悪事への〉誘惑, 挑発: an open ~ to burglars 泥棒がはいりやすい状態. ● **Do you want an** ENGRAVED INVITATION? [INVITE]

invitátion·al *a* (参加者が)招待者だけの〈試合・展覧会など〉; 依頼の〈記事など〉. ► *n* 招待者だけによる競技会[展覧会など], 《競技会の名称として》 …インビテーショナル.

in·vi·ta·to·ry /ɪnváɪtətɔ̀ːri; -t(ə)ri/ *a* 招待の, 招きの. ► *n* 招文, 招詞 《特に 詩篇 95》.

in·vite /ɪnváɪt/ *vt* **1 a** 招待する, 招く 〈sb *to* dinner〉; 誘う: be

～d out よそに招待される,《デートなどに》誘い出される / ～ sb over [around, in] for a meal 人を食事に招く. **b**〈人〉に〈…することを〉請う, 勧める, 促す〈sb *to* sing, *to* be seated〉;〈意見・質問などを〉求める, 請う. **2 a**〈非難・危険などを〉もたらす, 招来する. **b**〈ものが〉ひきつける, 誘う: Every scene ～s the ravished eye. どの場面も見る者の目を奪う. ● **～ along**《会などに》いっしょに行こうと〈人を〉誘う〈*to*〉. **～ back** お返しに[再び]〈人を〉招く;〈いっしょに帰る人を〉自宅に誘う〈*for, to*〉. ► *n* /´－/《口》招待(状), お呼ばれ (invitation). ♦ **in·vít·er** *n* ［OF or L *invitat- invito*］

in·vi·tee /ìnvətí:, -vàɪ-/ *n* 招待された人, 客,〖法〗被誘引者: a public ～《ホテル・劇場などの》一般客.

in·vít·ing *a* 招く, いざなう; 誘惑的な, 心を奪う, …したい気を起こさせる (tempting); けっこうな, 感じのよい, 爽快な, うまそうな. ♦ **～·ly** *adv* **～·ness** *n*

in vi·tro /ɪn ví:troʊ, -ví-/ *adv, a*〖生〗試験管内で(の), 生体(条件)外で(の), インヴィトロで[の] (opp. *in vivo*). ［L］

in vítro fertilizátion EXTERNAL FERTILIZATION《略 IVF》.

in vi·vo /ɪn ví:voʊ/ *adv, a*〖生〗生体(条件)内で(の), インヴィヴォで[の] (opp. *in vitro*). ［L＝in a living (thing)］

in·vo·cate /ínvəkèɪt/ *vt*《古》INVOKE. ♦ **-cà·tor** *n*

in·vo·ca·tion /ìnvəkéɪʃ(ə)n/ *n* **1**《神への》祈り, 祈願, 祈求の短禱, 射禱(しゃとう); [the]《'In the name of the Father' など, 礼拝の前の》招詞;《助け・支援の》嘆願, 請願;《詩の初めの》詩神の霊感を祈ることば; 悪魔を呼び出す呪文, まじない. **2**《権威づけ・正当化のため》引合いに出すこと; (法に)訴えること,《法の》発動, 実施. ♦ **～·al** *a* **in·voc·a·to·ry** /ɪnvákətɔ̀:ri; -t(ə)ri/ *a* ［OF＜L; ⇨ INVOKE］

in·voice /ínvɔ̀ɪs/ *n*〖商〗送り状[仕切り状](による送付[積送]); 明細記入請求書, インボイス; 委託商品: an ～ book 仕入れ帳; 送り状控え帳. ► *vt*〈商品〉の仕切り状[請求書]を作る[提出する];〈人〉に仕切り状を送る;〈貨物を〉積送する. ► *vi* インボイスを作る[提出する]. ［(pl)＜*invoy* ENVOY; *-ce* は DICE, TRUCE など参照］

in·voke /ɪnvóʊk/ *vt*〈神・聖人などに〉援助[加護]を祈る;〈権威あるもの・神聖なものを〉引合いに出す, 持ち出す, 援用する;〈法に〉訴える, たよる;〈法を〉実施する,〈権利を〉行使する;〈復讐・助けなどを〉切願する, 念ずる〈*on*〉;〈霊を〉《呪術で》呼び出す;〈感情・イメージなどを〉もたらす, ひき起こす;〖電算〗〈関数・ルーチンを〉呼び出す (call), 起動する. ♦ **in·vók·er** *n* ［L (*voco* to call)］

in·vol·u·cel /ɪnváljəsèl/ *n*〖植〗小総苞(しょうそうほう).

in·vo·lu·cre /ínvəlù:kər/ *n*〖解〗被膜, 包被;〖植〗《花序・果実の基部の》総苞; 包み, おおい. ♦ **-lu·cral** /ìnvəlú:krəl/ *a* 総苞の[に似た]. **-crate** /ìnvəlú:krət, -krèɪt/ *a* 総苞をもった. ［F or L; ⇨ INVOLVE］

in·vo·lu·crum /ìnvəlú:krəm/ *n* (*pl* **-cra** /-krə/) 被膜; INVOLUCRE;〖医〗骨柩(こつきゅう). ［L＝wrapper］

in·vóluntary *a*《当事者の》意思によらない, 意図しない, 非任意の; 不本意の, 心ならずの; 無意識の, 思わず知らずの, 何気なしの; 強制的な, いやおうなしの;〖生理〗不随意の (reflex): ～ hospitalization 強制入院 / ～ movements 不随意運動. ♦ **-rily** *adv* **-riness** *n* ［L］

invóluntary mánslaughter〖法〗過失致死(罪).

invóluntary múscle〖生理〗不随意筋.

in·vo·lute /ínvəlù:t/ *a* 複雑な (involved);〖植〗内巻きの, 内旋の;〖動〗らせん状に巻いた, 内旋の; 伸開線状の, 内旋形の. ► *n*〖数〗伸開線 (cf. EVOLUTE). ► *vi* 内旋する;〈出産後に子宮が〉もとの状態に戻る, 退縮する; すっかりなくなる. ♦ **～·ly** *adv* ［L (pp)＜INVOLVE］

ín·vo·lùt·ed *a* INVOLUTE; 複雑な, 入り組んだ;〈子宮など〉常態に復した, 退縮した. ♦ **～·ly** *adv* **～·ness** *n*

ínvolute géar tèeth *pl* INVOLUTE TEETH.

ínvolute téeth *pl*〖機〗インボリュート歯《内旋形の歯車の歯》.

in·vo·lu·tion /ìnvəlú:ʃ(ə)n/ *n* **1 a** 巻込み(線); 内巻き, 回旋(部分). **b** もつれること; 複雑, 混乱, もつれ;〖文法〗《主語述語間に節や句の介在した》複雑構文. **2**〖数〗累乗(法), 冪(べき)法 (exponentiation) (opp. *evolution*);〖数〗対合《位相空間や点列に対する, 二度施すと恒等変換になる写像》. **3**〖生〗退化 (degeneration);〖解〗《腸胚など》包み込まれてできた組織; 腸胚形成;〖医〗退縮《出産後の子宮の収縮など》;《年齢による生体・組織の》退化, 衰退《月経停止など》. ♦ **～·al** *a* **～·àry** /; -(ə)ri/ *a*

in·volve /ɪnválv/ *vt* **1** 含む;《必然的に》伴う, 必要とする, …が付き物である: This question ～*s* embarrassing explanations. この問題にはいろいろ厄介な説明が必要である. **2** 巻き込む, からみ込む〈*in, with*〉; 巻添えにする, かかわらせる, 参加させる, 連坐させる〈*in*〉; 関係[関連]させる〈*with*〉; …に影響を与える; [*pass*/～ *-self*] 熱中させる, 恋愛関係にする〈*in*〉: be ～*d in* debt 借金で首がまわらない / be ～*d in* an intrigue 陰謀に掛かり合う[連坐する] / get ～*d with* sb 人とかかわりをもつ, いい仲になる / become romantically ～*d* 恋愛関係になる. **3** 巻く, 包む; らせん状に巻く[巻きつける]; [°*pass*] 複雑にする;《廃》〖数〗累する. ♦ **～·ment** *n* 巻き込む[巻添えにする]こと, 掛かり合い, 関与〈*in*〉; 熱中, 没頭〈*in, with*〉;《男女の》関係; 充足感, 手ごたえ; 困った事, 迷惑; 複雑[困難]な状況[事態]; 財政困難. **in·vólv·er** *n* ［L *in-*²(*volut- volvo* to roll)＝to surround］

in·vólved *a* 入り組んだ, 複雑な; 混乱した; 処理のむずかしい;《財政的に》困っている; 曲がった, よじれた; 含意された: an ～ style [plot] 複雑[難解]な文体[筋]. ♦ **～·ly** *adv*

in·vúlnerable *a* 傷つけられない, 不死身の; 打ち勝ちがたい; 反駁できない, 反証不可能な〈議論など〉. ♦ **-bly** *adv* **～·ness** *n* **in·vulnerabílity** *n*

in·vul·tu·a·tion /ɪnvʌ̀ltʃuéɪʃ(ə)n/ *n*《魔法をかけるため》人や動物の像を作る[使う]こと.

ín·wàll *n*《高炉などの》内壁. ► *vt* /－´－/ 壁[塀]で囲む.

in·ward /ínwərd/ *adv* 中へ, 内で; 心の中へ[で]; ひそかに;《廃》精神的に. ► *a* 内の, 内部の; 内方への, 内向の (opp. *outward*);〖商〗輸入の; 内的な, 心の, 精神上の, 霊的な;〈人が〉内省的な; よく知っている; 内にこもってはっきりと聞こえない〈声〉. ► *n* 内部; 内心; 精神, 真髄; [*pl*] /ínərdz, -wərdz/《口》腸, はらわた; [*pl*]"輸入税[品]. ［OE *innanweard*］

ínward invéstment 対内投資《外国から国内への投資》.

Ínward Líght INNER LIGHT.

ínward-lóok·ing *a* 外部に無関心な, 内向的な.

ínward·ly *adv* 内部[内方]へ, 中心へ; 内部で〈出血する〉; 声にならない[聞き取れないほどの]声で(ひとりごとのように)〈話す〉; 心の内に; 内心, ひそかに;《廃》親しく, 密接に.

ínward·ness *n* 本質; 内部; 内的[精神的]なこと; 内省; 霊性; 親密, 精通.

ín·wards *adv* INWARD. ［ME］

in·wéave *vt* 織り込む, 織り合わせる, 織り交ぜる〈*with*〉.

in·wínd /-wáɪnd/ *vt* ENWIND.

ín·wòrks *a* 工場内(で)の.

in·wráp *vt* ENWRAP

in·wréathe *vt* ENWREATHE.

in-wróught / , ´－´/ *a*〈模様など〉織り込んだ, 縫い込んだ; 刺繡[象眼]を施した〈*in, on* a fabric〉;〈織物など〉模様を織り[縫い]込んだ〈*with* a pattern〉; [*fig*] よく混じり合った〈*with*〉.

in·ya·la /ɪnjá:lə/ *n* (*pl* ～, ～**s**)〖動〗NYALA. ［Zulu］

in-your[yer]-fáce /-jər-/ *a*《口》攻撃的な, 大胆不敵な, あつかましい. ［バスケットボールでディフェンスをものともせずダンクシュートを決めることからか］

io /í:oʊ/ *n* (*pl* ～**s**)〖鳥〗ハワイノスリ《ハワイ産》. ［Haw］

Io /áɪoʊ/ **1**〖ギ神〗イーオー《Zeus が妻 Hera のねたみを恐れて若い雌牛に変えた女; Hera の送ったアブに追われて Bosporus (＝cow's ford) を越え Ionian Sea を渡った》. **2**〖天〗イオ《木星の第 1 衛星; cf. GALILEAN SATELLITES》. **3** [io] (*pl* **íos**)〖昆〗IO MOTH.

Io〖化〗ionium. **I/O**〖電算〗input/output.

Io·án·ni·na /joʊá:ninɑ:/**, Yan·ni·na, Ya·ni·na** /já:nɪnɑ̀:/ イオアニナ (Serb **Ja·ni·na** /já:nɪnɑ̀:/)《ギリシア北西部 Epirus 地方北部の市; Ali Paşa がトルコに反旗を翻した地》.

IOC °International Olympic Committee.

iod- /aɪóʊd, -ád/, **io·do-** /aɪóʊdoʊ, -ád-, -də/ *comb form*「ヨウ素」［F; ⇨ IODINE］

io·date /áɪədèɪt/ *n*〖化〗ヨウ素酸塩. ► *vt* ヨウ素処理する (iodize). ♦ **ìo·dá·tion** *n*

iod·ic /aɪádɪk/ *a*〖化〗ヨウ素の, ヨード (V) の.

iódic ácid〖化〗ヨウ素酸.

io·dide /áɪədàɪd/ *n*〖化〗ヨウ化物.

io·di·nate /áɪədənèɪt/ *vt* ヨウ素で処理する; ヨウ化物にする. ♦ **ìo·di·ná·tion** *n* ヨウ素化.

io·dine /áɪədàɪn, -dì:n/**, -din** /áɪədən/ *n* **1**〖化〗ヨウ素, ヨード《非金属ハロゲン元素; 記号 I, 原子番号 53》. **2** ヨードチンキ, ヨーチン (＝tincture of ～): ～ preparation ヨード剤. ［F *iode*＜Gk *iōdēs* violet colored (*ion* violet); その蒸気の色から］

íodine nùmber [vàlue]〖化〗ヨウ素価《油脂などの 100 g 中に吸収されるハロゲンの量をヨウ素に換算してグラム数で表わしたもの》.

iodine 131 /´— wʌ̀nθə:rtiwʌ́n/〖化〗ヨウ素 131《ヨウ素の放射性同位元素; 記号 I^{131}, ^{131}I; 工学・医学で放射性トレーサーに用いる》.

íodine-xénon dàting ヨウ素-キセノン年代測定.

io·dism /áɪədɪz(ə)m/ *n*〖医〗ヨード中毒.

io·dize /áɪədàɪz/ *vt* IODINE [IODIDE] で処理する, ヨウ素処理する.

ío·dìzed sált ヨウ素添加食卓塩《特にヨード欠乏の人がダイエットの補助に用いる》.

iòdo·chlòr·hydróxy·quin /-kwən/ *n*〖薬〗ヨードクロルヒドロキシキン《以前は特に止瀉薬として用いたが, 今は湿疹などの皮膚疾患に用いる抗菌薬; 日本でスモン病の原因とされるキノホルムのこと》.

io·do·form /aɪóʊdəfɔ̀:rm, -ád-/ *n*〖化〗ヨードホルム《局所殺菌薬》. ［IODINE; *chloroform* にならったもの］

Io·dol /áɪədɔ̀(:)l, -dòʊl, -dàl/〖商標〗アイオドール《防腐剤》.

io·dom·e·try /àɪədámətri/ *n*〖化〗ヨード(還元)滴定, ヨードメトリー. ♦ **io·do·met·ric** /aɪòʊdəmétrɪk/ *a*

io·do·phor /aɪóʊdəfɔ̀:r, -ád-/ *n*〖化〗ヨードフォア《ヨウ素と界面活性剤の錯体; ヨウ素を徐々に放出し, 消毒薬として使われる》.

iodo·prótein *n*〖生化〗ヨードタンパク質.

io·dop·sin /àɪədápsən/ *n*〖生化〗ヨードプシン, アイオドプシン《鶏などの網膜から抽出した感光物質》.

io·do·pyr·a·cet /aɪòʊdəpírəsèt, aɪàdə-/ *n* 〘薬〙 ヨードピラセット《尿路造影に用いる造影剤》.
io·dous /aɪóʊdəs, áɪədəs/ *a* 〘化〙 ヨード (III) の; ヨードのような[に関する].
Iof·fé bár /jɑfí:-/ 〘理〙 ヨッフェ棒《核融合装置においてプラズマを磁気的な井戸の中に閉じ込めるために外磁場の方向に電流を通す棒》. [M. S. *Ioffe* 1962 年実験に成功したソ連の物理学者]
I of M °Isle of Man. **I of W** °Isle of Wight.
io·lite /áɪəlàɪt/ *n* アイオライト《CORDIERITE の宝石名》.
IOM °Isle of MAN.
ío mòth /áɪoʊ-/ 〘昆〙 イオメダマヤママユ《北米産ヤママユガ科のガ; 後翅に大きな眼状紋がある》.
IOM3 〘英〙 Institute of Materials, Minerals and Mining.
ion /áɪən, -àn/ *n* 〘理〙 イオン《自由電子を含めることもある》: a positive ～ 陽イオン (cation) / a negative ～ 陰イオン (anion). [Gk =going]
-ion /⌐jən, (/ʃ, ʒ, ʧ, ʤ/ のあとでは) ⌐(ə)n/, **-sion** /⌐ʃən, (母音のあとでは) ⌐ʒ(ə)n/, **-tion** /⌐ʃ(ə)n/ *n suf*「状態」「動作(の結果)」を表わす: un*ion*, pot*ion*, relig*ion*, ques*tion*; exten*sion*, deci*sion*; revolu*tion*. [F or L]
Ion. Ionic.
Io·na /aɪóʊnə/ **1** アイオナ《スコットランド西岸沖の Inner Hebrides 諸島南部, Mull 島南西端沖の島; St. Columba の修道院 (563 年設立) の地で, 英国初期キリスト教の中心地の一つ》. **2** アイオナ《女子名》. [Gk=violet(-colored stone)]
íon chàmber IONIZATION CHAMBER.
íon chànnel 〘生化〙 イオンチャンネル[チャネル]《細胞膜を貫通して孔をつくり, ナトリウム・カルシウムなど特定のイオンを選択的に透過させるタンパク質分子からなるチャンネル》.
íon èngine 〘空〙 イオンエンジン (=*ion rocket*)《加速した荷電粒子を噴射させて推力を得る反動エンジン》.
Io·nes·co /i:ənéskoʊ; *F* jɔnɛsko/ イヨネスコ **Eugène** ～ (1909–94)《ルーマニア生まれのフランスの劇作家; 不条理劇の代表的存在;『禿の女歌手』(1950)》.
íon ètching 〘理〙 イオンエッチング《金属・ガラス・ポリマー・生体組織などに高エネルギーイオンをあてたのち, 腐食させる方法》.
íon exchànge 〘化〙 イオン交換.
íon exchànge chromatógraphy 〘化〙 イオン交換クロマトグラフィー.
íon exchànger 〘化〙 イオン交換体.
íon exchànge résin イオン交換樹脂.
Io·nia /aɪóʊniə/ イオニア《古代小アジア西海岸中部と付近のエーゲ海の島々; 紀元前 1000 年ごろギリシア人の一派イオニア人 (Ionians) が本土より植民したのでこの名がある》.
Ió·ni·an *a* イオニア(人)の; 〘楽〙 イオニア式の; 〘哲〙 イオニア派の. ► *n* イオニア人; 〘哲〙《古代ギリシアの》イオニア派の自然哲学者.
Iónian Íslands *pl* [the] イオニア諸島《ギリシアの西方イオニア海に南北に連なる島々》.
Iónian móde 〘楽〙 イオニア旋法《教会旋法の一つ; ピアノの白鍵でハ–ハの上行音列》.
Iónian Séa [the] イオニア海《地中海中部, イタリア半島南東部とギリシアにはさまれた海域》.
ion·ic /aɪánɪk/ *a* 〘理〙 イオン (ion) の; イオンを含む[による]. ♦ **-ical·ly** *adv*
Ionic *a* IONIAN; 《古代ギリシア語の》イオニア方言の; 〘建〙 イオニア式の (cf. CORINTHIAN, DORIC); [i-] 〘韻〙 イオニア韻脚の[からなる]. ● **the ～ order** 〘建〙 イオニア式オーダー《柱面に flute (縦溝) があり, 柱頭の両側に渦巻形がつく》. ► *n* **1** 《古代ギリシア語の》イオニア方言《Attica および Aegean Islands で用いられた古代ギリシア四大方言 (Ionic, Aeolian, Arcadian, Doric) 中の最も主要なもの; アッティカ方言の姉妹方言》. **2** [i-] 〘韻〙 イオニア韻脚(の詩)《長々短々格 (major ionic) と短々長々格 (minor ionic) がある》. [L<Gk *Iōnikos*]
iónic bónd 〘化〙 イオン結合 (electrovalent bond).
ion·ic·i·ty /àɪənísəti/ *n* 〘理〙 イオン性, イオン化傾向.
iónic mobílity 〘化〙 イオン移動度.
iónic propúlsion ION PROPULSION.
íon implantàtion 〘理〙 イオン注入《半導体を得る方法の一つ》.
io·ni·um /aɪóʊniəm/ *n* 〘理・化〙 イオニウム《放射性のウランの同位元素; 記号 Io》. [*ion*, *-ium*]
ìon·izátion *n* 〘化・理〙 イオン化, 電離: ～ tendency イオン化傾向.
ionizátion chàmber 〘理〙 電離箱(ばこ) (=*ion chamber*)《放射線測定装置の一種》.
ionizátion gàuge 〘電〙 電離真空計.
ionizátion potèntial 〘理〙 電離電圧, イオン化電位, イオン化ポテンシャル.
íon·ìze *vt, vi* 〘化・理〙 イオン化する, 電離する: ～*d* hydrogen 電離水素. ♦ **íon·ìz·able** *a*
íon·ìz·er *n* イオン化装置; マイナスイオン空気清浄機.
íon·ìz·ing radiàtion 〘理〙 電離放射線.
íon mìcroscope FIELD-ION MICROSCOPE.
ion·o·gen /aɪánəʤən/ *n* 〘化〙 イオノゲン《イオンをつくり出す物質; イオン化される物質》. ♦ **ìon·o·gén·ic** *a* [*ion*, *-o-*, *-gen*]
ion·o·mer /aɪánəmər/ *n* 〘化〙 イオノマー, アイオノマー《エチレンとアクリル酸[メタクリル酸]の共重合体を金属イオンによって架橋した強靭な可塑性樹脂》. [*ion*, *-o-*, poly*mer*]
io·none /áɪənòʊn/ *n* 〘化〙 イオノン《強いスミレ香をもつ油状ケトン; オーストラリアのミカン科の低木の精油に含まれるほか, シトラール (citral) からも得られる》.
ióno·pàuse /aɪánə-/ *n* 電離圏界面, イオノポーズ《電離圏 (ionosphere) の最上層部》. [*ion*, *-o-*, *-pause*]
ióno·phòre /aɪánə-/ *n* 〘生化〙 イオン透過担体, イオノフォア.
iono·sonde /aɪánəsànd/ *n* 〘工〙 イオンゾンデ《電離層のイオン層の高さを電波の反射によって測定・記録する装置》.
ióno·sphère *n* 電離圏《地球上空の電離層のある圏内; 約 60–1000 km》; 電離層《成層圏上部, 地上約 60–400 km の無線電波が反射される層》. ♦ **iòno·sphéric** *a* **-ical·ly** *adv*
ionosphéric wáve 〘通信〙 電離層波, 上空波 (sky wave).
io·not·ro·py /àɪənátrəpi/ *n* 〘化〙 イオノトロピー《イオンの転移を通じて行なわれる異性化反応》.
íon propùlsion 〘空〙 イオン推進 (=*ionic propulsion*)《帯電粒子の噴射による宇宙船などの推進》.
íon ròcket ION ENGINE.
ion·to·phorésis /aɪàntə-/ *n* (*pl* **-ses**) 〘医〙 イオン導入(法)《電気浸透法の一つ; イオン化した薬剤などを電流によって体組織に入れる》. ♦ **-pho·rét·ic** /-rét-/ *a* **-i·cal·ly** *adv*
íon tràp 〘電子工〙 イオントラップ《ブラウン管の蛍光面を破壊するイオンを蛍光面以外のところに集めて捕える装置》.
IOOF Independent Order of ODD FELLOWS.
-ior[1] /⌐iər, ⌐jər/ *suf* ラテン系形容詞の比較級をつくる: infer*ior*, super*ior*, inter*ior*, exter*ior*, jun*ior*, sen*ior*. [L]
-ior[2] | **-iour** /⌐iər, ⌐jər/ *n suf*「…する人」: sav*io(u)r*. [-or[2]]
io·ra /aɪɔ́:rə, i-/ *n* 〘鳥〙 ヒメコノハドリ《同科の数種; 南アジア産》.
IORM °Improved Order of Red Men.
Ioshkar-Ola ⇨ YOSHKAR-OLA.
io·ta /aɪóʊtə/ *n* **1** イオータ《ギリシア語アルファベットの第 9 字 Ι, ι, 英語の I, i に当たる》. **2** 微少, みじん (jot): not an [one] ～ of…が少しもない. [Gk *iōta*]
io·ta·cism /aɪóʊtəsìz(ə)m/ *n* イオータ (ι) を他の字に代用しすぎること; イオータ化《本来異なる母音および重母音をすべて /i:/ 音化するギリシア語の傾向; cf. ITACISM》.
IOU, i.o.u. /áɪòʊjú:/ *n* (*pl* ～**s**)《略式の》借用証書; 借金, 債務; [*fig*] 借り, 義務. [*I owe you* の音訳]
-iour ⇨ -IOR[2].
-ious /⌐iəs, -jəs/ *a suf* -OUS: edac*ious*.
IOW 《E メールなどで》in other WORDS ♦ °Isle of Wight.
Io·wa /áɪəwə/ **1** アイオワ《米国中部の州; ☆Des Moines; 略 Ia., IA》. **2 a** (*pl* ～, ～**s**) アイオワ族《現在の Iowa 州付近に居住していた Sioux 語系の先住民》. **b** アイオワ語. ♦ **Ío·wan** *a, n*
Íowa Cíty アイオワシティー《Iowa 州東部 Cedar Rapids の南にある市》.
IP initial point ♦ innings pitched 〘野〙 投球回数 ♦ °intellectual property ♦ intermediate pressure ♦ 〘インターネット〙 Internet Protocol《ルータやゲートウェイなどの機器によりコンピューターをインターネットに直接接続するプロトコル; cf. TCP/IP, IP PACKET》.
IPA independent practice association ♦ India pale ale《明るい琥珀色をしたにがみのあるビール》♦ individual practice association ♦ °International Phonetic Alphabet ♦ °International Phonetic Association.
iPad /áɪpæ̀d/ 〘商標〙 アイパッド《Apple 社のタブレット型コンピューター》.
IP address /áɪpì: ⌐⌐/ 〘インターネット〙 IP アドレス (=*IP number*, *dot address*)《機械が認識する 32 ビットのアドレス情報; 8 ビットごとに十進表示してピリオド (dot) で区切って表記することが多い; cf. DOMAIN》.
Ipa·tieff /ɪpá:tièf, -ʧəf/ イパーチエフ **Vladimir Nikolayevich** ～ (1867–1952)《ロシア生まれの米国の化学者; 高オクタン価ガソリンを製造法を開発した》.
IPCC Intergovernmental Panel on Climate Change 気候変動に関する政府間パネル《1988 年発足; ノーベル平和賞 (2007)》.
ip·e·cac /ípɪkæ̀k/, **ipe·cac·u·an·ha** /ìpəkæ̀kjuá:n(j)ə, -ǽn(j)ə/ *n* 〘植〙 トコン, イペカック《南米原産のアカネ科の低木》; 吐根《トコンの根で, 催吐薬・去痰薬用; 特に吐根シロップとして用いる》. [Port<Tupi-Guarani=emetic creeper]
Iph·i·ge·nia /ìfəʤənáɪə/ 〘ギ神〙 イーピゲネイア《Agamemnon と Clytemnestra の娘; Agamemnon によって女神 Artemis への犠牲とされかかったが, これをあわれんだ女神によって神官にされた》.
iPhone /áɪfòʊn/ 〘商標〙 アイフォン《Apple 社のスマートフォン》.
i.p.i. °in partibus infidelium.
I-pin 宜賓 (⇨ YIBIN).

Ípi·ros /íːpirɔ̀ːs/ イピロス《EPIRUS の現代ギリシア語名》.
Ip·i·u·tak /ìpijúːtæk/ *a* イピユタック文化(期)の《紀元 100–600 年ごろのアラスカのエスキモー文化; Alaska 州北西部 Hope 岬 Ipiutak で発見された (1948) 標準遺跡にちなむ》.
ipm inches per minute. **IPM** 〖農〗°integrated pest management. **IPMS** 〖英〗 Institution of Professionals, Managers, and Specialists《現在は Prospect》.
IP number /áɪpìː ─/ 〖インターネット〗 IP ADDRESS.
IPO °initial public offering.
iPod /áɪpɑ̀d/ 〖商標〗 アイポッド《Apple 社の携帯音楽プレーヤー》.
Ipoh /íːpoʊ/ イポー《マレーシア Perak 州の州都; スズ採掘の中心地》.
ip·o·moea /ìpəmíːə/ *n* 〖植〗 ヒルガオ科イポメア属[サツマイモ属] (*I-*) の各種つる性草本.
IP packet /áɪpìː ─/ 〖インターネット〗 IP パケット《インターネット上のデータ転送の単位》.
IPPNW °International Physicians for the Prevention of Nuclear War.
ip·pon /ípɑ̀n/ *n* 《柔道などの》一本. [Jpn]
IPR intellectual property rights 知的財産権.
ipro·ni·a·zid /àɪprənáɪəzəd/ *n* 〖薬〗 イプロニアジド《イソニアジド (isoniazid) の誘導体; モノアミンオキシダーゼ阻害薬; 抗鬱薬, もとは抗結核薬にもされた》. [*isopropyl*+*isoniazid*]
ips inches per second《テープレコーダーのスピード表示》.
Ipsambul ⇨ ABU SIMBEL.
iPS cell /áɪpìːés ─/ iPS 細胞《人工多能性幹細胞 (induced pluripotent stem cell) の略称; 体細胞へ数種類の遺伝子を導入することにより, ES 細胞に似た分化万能性をもたせた細胞のこと》.
ip·se, IPSE /ípsi/ *n* 〖電算〗 IPSE, イプシ《大規模で複雑なシステムの開発を支援するツール類で構成される統合化ソフトウェア環境》. [*integrated project support environment*]
ip·se dix·it /ípsi díksət, ‖ípseɪ-/ 独断(の言). [L=he himself said it]
ìp·si·láteral /ìpsɪ-/ *a* 《身体の》同側(性)の. ♦ **~·ly** *adv*
ip·sis·si·ma ver·ba /ɪpsísəmə vɔ́ːrbə/ *pl* 《ある人が言った》まさにそのとおりのことば. [L=the very words]
ip·so fac·to /ípsoʊ fǽktoʊ/ *adv* その事実によって, そのこと自体で. [L=by that very fact]
ip·so ju·re /ípsoʊ ʤúəri, -júːrɛ/ *adv* 法律の力で. [L]
Ip·sus /ípsəs/ イプソス《古代小アジアの Phrygia 南部にあった町; Diadochi の戦争の古戦場 (301 B.C.)》.
Ips·wich /ípswɪʧ/ イプスウィッチ《**1**) オーストラリア東部 Queensland 州南東部の市 **2**) イングランド南東部 Suffolk 州の州都》.
IPTS °International Practical Temperature Scale. **IPU** °Inter-Parliamentary Union. **i.q.** °idem quod.
IQ /àɪkjúː/ *n* 〖心〗 知能指数; 《特定分野の》熟達(度), 知識. [*intelligence quotient*]
Iqa·lu·it /ikáːluət/ イカルイット《カナダ北部 Nunavut 準州の Baffin 島南東部にある町, 同州の州都; 旧称 Frobisher Bay》.
Iq·bal /ɪkbáːl, ─ ─; íkbæl/ イクバール Sir **Muhammad** ~ (1877–1938)《インドの詩人・思想家; ヒンドゥー教国とイスラム教国の分離を唱え, パキスタン建国運動の先駆者とされる》.
-ique ⇨ -IC.
Iqui·que /ɪkíːki, -keɪ/ イキケ《チリ北部の市・港町》.
Iqui·tos /ɪkíːtoʊs/ イキトス《ペルー北東部 Amazon 川上流に臨む河港都市》.
ir- /ɪ/ ⇨ IN-[1,2]: *ir*rational.
Ir 〖化〗 iridium. **Ir.** Ireland ♦ Irish. **IR** 〖電算〗°information retrieval ♦ 〖理〗 infrared ♦ 〖英〗°Inland Revenue ♦ intelligence ratio ♦ 〖米〗°Internal Revenue ♦ °investor relations ♦ Iran.
Ira /áɪərə/ アイラ《男子名》. [Heb=watchful]
IRA /áɪərə/ 〖米〗°individual retirement account ♦ °Irish Republican Army.
ira·cund /áɪərəkʌ̀nd/ *a* 《古》 おこりやすい, 短気な. ♦ **ìra·cún·di·ty** *n* [L (*ira* anger, IRE)]
ira·de /ɪráːdi/ *n* トルコ皇帝の勅令. [Turk＜Arab]
ira fu·ror bre·vis est /íːrɑː fúrɔ̀ːr bréwɪs ɛ̀st/ 怒りは短い狂気である. [L=anger is a short fury]
irai·mbi·la·nja /iràɪmbiláːn(d)ʒə/ *n* (*pl* ~) イライムビランジャ《マダガスカルの通貨単位: =1/5 ariary》.
Irak ⇨ IRAQ.
Iraki ⇨ IRAQI.
Irá·kli·on /ɪrǽkliən, iráːkliɔ̀ːn/ イラクリオン《CANDIA の現代ギリシア語名》.
Iran /ɪráːn, ɪrǽn/ イラン《西南アジアの国; 公式名 Islamic Republic of ~ (イラン・イスラム共和国); ☆Tehran; 旧称 Persia》. ■ the **Platéau of ~** イラン高原《イラン中部・東部, アフガニスタン西部, パキスタン西部にまたがる高原》. ♦ **Irán·ic** *a* IRANIAN. [Pers *Irān* Persia]
Irán-Cóntra affàir [the] イランコントラ事件《米国による, レバノンで捕えられている米国人人質の解放を目的とする対イラン武器売却およびその代金によるニカラグアの右派ゲリラ Contras 支援事件; 1986 年事件が明るみに出て, 関与した国家安全保障会議 (NSC) のみならず Reagan 政権の責任追及の声が大きくなり 'Irangate' といわれた》.
Irán·gàte *n* イランゲート《Iran-Contra affair のスキャンダル》.
Ira·ni /ɪráːni, ɪrǽni/ *a*, *n* イラン人 (Iranian).
Ira·ni·an /ɪréɪniən, ɪrǽn-, ɪráː-, aɪ-/ *a* イラン(人)の, イラン語の; イラン語派の. ► *n* **a** イラン[ペルシア]人. **b** イラン[ペルシア]語; イラン語派《インド-ヨーロッパ語族に属し, Avestan, Persian, Kurdish, Pashto などを含む》.
Irán-Iráq Wár [the] イラン-イラク戦争 (1980–88).
Iraq, Irak /ɪráːk, ɪrǽk/ イラク《西南アジアの国; 公式名 Republic of ~ (イラク共和国); ☆Baghdad》. ♦ **Iráq·i·an, Irák-** *n*, *a* IRAQI.
Iraqi, Iraki /ɪráːki, ɪrǽki/ *n* **a** イラク人. **b** 《アラビア語の》イラク方言. ► *a* イラクの; イラク人の; イラク方言の. [Arab]
Iráq Wár [the] イラク戦争《9/11 後に Al-Qaeda との関連を疑われた Hussein 大統領への制裁として 2003 年イラクで始まった戦争; Second Persian Gulf War とも呼ばれる; 初め同年 3–4 月, 米英を中心とする連合軍がイラク軍を破り, 06 年 Hussein は処刑されたが, その後も各地で戦闘が続発, 米国率いる占領軍の兵士にも多数の死傷者を出した》.
IRAS /áɪræs/ 〖天〗 Infrared Astronomical Satellite 赤外線天文衛星.
iras·ci·ble /ɪrǽsəb(ə)l/ *a* おこりっぽい, かんしゃく持ちの, 短気な〈人〉; おこった〈返事〉. ♦ **-bly** *adv* **~·ness, iràs·ci·bíl·i·ty** *n* [OF＜L (*irascor* to grow angry＜IRE)]
irate /aɪréɪt, ─ ─/ *a* おこった, 怒りに駆られた[満ちた]. ♦ **~·ly** *adv* **~·ness** *n* [L (*ira* anger, IRE)]
IRB °Irish Republican Brotherhood.
Ir·bid /íərbɪd/ イルビド《ヨルダン北部の町》.
Irbīl ⇨ ARBĪL.
IRBM °intermediate range ballistic missile. **IRC** °international reply coupon ♦ °International Red Cross ♦ 〖インターネット〗 Internet Relay Chat《インターネットに接続している不特定多数のユーザー間でのネットワークを介した会話》. **IRD** integrated receiver decoder ♦ integrated receiver descrambler.
ire /áɪər/ 《文》 *n* 《激しい》怒り, 憤り. ► *vt* おこらせる. ♦ **~·ful** *a* おこった, 憤った, おこりっぽい. **~·ful·ly** *adv* **~·ful·ness** *n* **~·less** *a* [OF＜L *ira*]
Ire., Irel. Ireland.
Ire·dell /áɪərdɛ̀l/ アイアデル **James** ~ (1751–99)《米国の法律家; 合衆国最高裁判所陪席裁判官 (1790–99)》.
Ire·land[1] /áɪərlənd/ **1** アイルランド (*L* Hibernia)《Britain 島の西に位置する島; 英国領である北部の Northern Ireland を除いて一国をなす》. **2** アイルランド (=*Eire*)《アイルランド島の大部分を占める共和国 (Republic of Ireland *or* Irish Republic; Northern Ireland と区別して Southern Ireland ともいう); ☆Dublin; 1801–1921 年 United Kingdom of Great Britain and Ireland の一部, 1922–37 年 Irish Free State として英国の自治領, 37 年英連邦内の独立国 (公式名 Eire) となり, 49 年共和国となって英連邦より脱退》.
Ireland[2] アイアランド **John** ~ (1879–1962)《英国の作曲家》.
Ire·na /aɪríːnə/ アイリーナ《アイルランドの擬人名》.
Ire·ne 1 /aɪríːn; áɪriːn, aɪríːni/ アイリーン, アイリーニ《女子名》. **2** /aɪríːni/ 〖ギ神〗 エイレーネー《平和の女神; ローマの Pax に当たる》. [Gk=(messenger) of peace]
Irène /iréɪn/ イレーヌ《女子名》. [F; ↑]
iren·ic, ei·ren- /aɪrénɪk, -ríː-/, **iren·i·cal** /-ɪk(ə)l/ *a* 平和[融和]に資する; 平和的な, 協調的な. ♦ **-i·cal·ly** *adv* [Gk *eirēnikos* EIRENICON]
irenicon ⇨ EIRENICON.
irén·ics *n* 融和[平和, 和協]神学《キリスト教教派間の融和の方法を論じたもの》.
iren·ol·o·gy /àɪrənɑ́ləʤi/ *n* 平和学[研究]《国際関係論の一部》.
Ire·ton /áɪərtn/ アイアトン **Henry** ~ (1611–51)《イングランドの軍人; ピューリタン革命で議会派を指導した》.
Ir gene /àɪɑ́ːr ─/ 〖免疫〗 Ir 遺伝子《免疫応答遺伝子》. [*immune response*]
ir·ghiz·ite /íərgəzàɪt/ *n* 〖地質〗 イルギス石《カザフスタンで発見された, シリカに富むテクタイト》.
Iri·an /ìriáːn/ イリアン《NEW GUINEA 島の別称》.
Irián Já·ya /-ʤáːjə/ イリアンジャヤ《PAPUA (州)の旧称》.
irid /áɪərəd/ *n* 〖植〗 アヤメ(科の植物).
ir·id- /írəd, áɪərəd/, **ir·i·do-** /írədoʊ, áɪərə-, -də/ *comb form* 「虹」「虹彩」「イリジウム」 [Gk; ⇨ IRIS]
irid. iridescent.
ir·i·da·ceous /ìrədéɪʃəs, àɪərə-/ *a* 〖植〗 アヤメ科 (Iridaceae) の, 《特に》アヤメ属 (*Iris*) の. [L; ⇨ IRIS]
ir·i·dec·to·my /ìrədéktəmi, àɪərə-/ *n* 〖眼〗 虹彩切除(術).
irides *n* IRIS の複数形.
ir·i·des·cence /ìrədés(ə)ns/ *n* 《シャボン玉・鳥の羽などの》虹色[玉虫色, 暈色(うんしょく)]のきらめき[光彩, 光沢]; 輝かしさ.
ìr·i·dés·cent *a* 虹色に輝く[きらめく], 真珠光沢の, 玉虫色に変化

する. ♦ ～·ly *adv* [*irid-*, *-escent*]
iridéscent séaweed 〔植〕北米太平洋岸にみられる紅藻植物スギノリ科ギンナンソウ属の海藻《革質で幅広く, 虹色に輝く》.
irid·ic /ırídık, aı-/ *a* **1** 〔化〕イリジウム(酸)の[を含む]. **2** 〔解〕虹彩(iris)の.
irid·i·um /ırídiəm, aı-/ *n* 〔化〕イリジウム《金属元素; 記号 Ir, 原子番号 77》. [NL (*irid-*, *-ium*)]
ir·i·dize /írədàız, áıərə-/ *vt* 虹色にきらめかせる.
irído·cỳte /aırídə-, ı-; írıdəu-, áıərı-/ *n* 〔動〕虹色(こうしょく)細胞.
ir·i·dol·o·gy /àıərədáləʤi, ìr-/ *n* 〔医〕虹彩学. ♦ **-gist** *n*
ir·i·dos·mine /ìrədázmən, àıərə-/, **-mi·um** /-miəm/ *n* 〔鉱〕イリドスミン《オスミウムとイリジウムの天然合金》. [*iridium*, *osmium*, *-ine*[2]]
ir·i·dot·o·my /ìrədátəmi, àıərə-/ *n* 〔医〕《人工瞳孔形成のための》虹彩切開(術).
ir·i·dous /írədəs, áıərə-/ *a* 〔化〕イリジウム(III)の.
irie /áıri/ 《ジャマイカ》*a* すてきな, 楽しい, 最高の, すごくいい. ► *int* アイリー《「やあ」「こんちは」を意味する Rastafarian の挨拶》.
Iri·go·yen /ìrıgóujèn/ イリゴージェン **Hi·pó·li·to** /ipó:litòu/ ～(1852–1933)《アルゼンチンの政治家; 大統領 (1916–22, 28–30)》.
iris /áıərəs/ *n* (*pl* ～·**es**, **ir·i·des** /áıərədì:z, ír-/) **1** 〔植〕アヤメ属 (*I-*) の各種の植物, アヤメ, イリス, アイリス. **2** 〔解〕《眼球の》虹彩; アイリス《虹色に輝く石英[水晶]》; 《詩》虹; 虹色のきらめき; 虹色のアーチ[輪]; 〔写〕IRIS DIAPHRAGM. ► *vt* 虹のようにする; 〔映・テレビ〕《虹彩絞りを操作して》アイリスイン[アイリスアウト]にする ‹*in*, *out*› (cf. IRIS-IN, IRIS-OUT). ♦ ～**ed** *a* [L＜Gk *irid- iris* rainbow]
Iris 1 アイリス《女子名》. **2** 〔ギ神〕イーリス《虹の女神, 神々の使者》. [Gk (↑); 命名は花の連想か]
íri·scòpe /áıərı-/ *n* 分光色表示器.
íris dìaphragm 〔写〕《レンズの》虹彩[アイリス]絞り.
íris fàmily 〔植〕アヤメ科 (Iridaceae).
Irish /áıərıʃ/ *a* アイルランドの; アイルランド人[語]の; [*derog*]《つじつまの合わないことを言うので有名な》アイルランド人的な (cf. IRISH BULL). ► *n* **1** アイルランド語 (＝*Irish Gaelic*)《アイルランド共和国の公用語だが, 衰退傾向にある》; IRISH ENGLISH; [the] アイルランド国民, アイルランド軍; IRISH WHISKEY. **2** [次の成句で]《口》かんしゃく《アイルランド人はせっかちでおこりっぽいとされることから》. ● **get one's [sb's] ～ up** 《口》かっとなる[させる], かんしゃくを起こす[起こさせる]. **have the** LUCK **of the ～.** ♦ ～·**ness** *n* [OE *Iras* the Irish]
Írish brídge″ アイルランド式の橋《道が流れを横切るところを石で固めた浅瀬》.
Írish búggy*《俗》手押し車 (wheelbarrow).
Írish búll もっともらしく思えるが実は不合理な表現[ことば]《例: It was hereditary in his family to have no children.》: make an ～ 不合理なことを言う.
Írish cóffee アイリッシュコーヒー《ホットコーヒーに砂糖・ウイスキーを加え, ホイップクリームを浮かせたもの》.
Írish confétti 《俗》《暴動・デモで投げつける》石, 煉瓦.
Írish dáisy 〔植〕ショクヨウ[セイヨウ]タンポポ.
Írish déer [élk] 〔古生〕アイルランドヘラジカ《更新世に生息した幅 4 m に及ぶ掌状の角をもったオオツノジカ属のシカ; 角・骨格がアイルランド・イングランドなどで発見される》.
Írish Énglish アイルランド英語.
Írish·er *n* 《口》IRISHMAN.
Írish fán*《俗》シャベル.
Írish Frée Stàte [the] アイルランド自由国《the Republic of IRELAND の旧称 (1922–37); 略 IFS》.
Írish Gáelic アイルランドゲール語 (Irish).
Írish grápe [*joc*] ジャガイモ (Irish potato).
Írish Guárds *pl* [the] 〔英〕近衛歩兵第四連隊《4 個一組のボタンに青の羽根飾りをつける; 1900 年設立; ⇨ FOOT GUARDS》.
Írish·ìsm *n* アイルランド風[かたぎ]; アイルランド語法; IRISH BULL.
Írish·ìze *vt* アイルランド化する, アイルランド風にする. ♦ **Ìrish-izátion** *n*
Írish jòke アイルランド人をネタにした冗談《アイルランド人のまぬけさを笑ってイングランド人が口にする》.
Írish kíss*《俗》平手打ち.
Írish lócal*《俗》IRISH BUGGY.
Írish·ly *adv* アイルランド人風に[の流儀で].
Írish Máfia*《俗》アイリッシュ・マフィア《John F. Kennedy 大統領の支持母体となったアイルランド系 Boston 人の緊密なグループ》.
Írish máil 《子供用の》手動レバー式三輪[四輪]車.
Írish·man /-mən/ *n* アイルランド(系)人; 〔植〕TUMATAKURU.
Írish móss 〔海藻〕トチャカ (＝*carrageen*); 乾燥したトチャカ[イカノアシ]《ゼリーなどの原料》.
Írish Nátional Liberátion Àrmy [the] アイルランド民族解放軍《暴力的手段によって南北アイルランドの統合を目指す非合法組織; 略 INLA》.
Írish níghtingale*《俗》アイルランド民謡の(カウンター)テナー歌手.
Írish Pále [the] 〔史〕ペイル (PALE[2]).
Írish pénnant 《海俗》《毛布・ロープなどの》ほつれた先っぽ.
Írish potáto ジャガイモ《sweet potato と区別して》.
Írish Renaissánce [the] アイルランド文芸復興《19 世紀末の Yeats, Synge たちによる民族的文芸運動》.
Írish Repúblic [the] アイルランド共和国 (⇨ IRELAND).
Írish Repúblican Ármy [the] アイルランド共和軍《全アイルランドの統一共和国樹立を目指す急進的民族主義者組織; Sinn Fein の軍事組織的な性格が強いが, 2005 年武力闘争の放棄を宣言; 略 IRA; cf. PROVISIONAL》.
Írish Repúblican Brótherhood [the] アイルランド共和国兄弟団《19 世紀の Fenian 運動の革命的中核となった団体; 略 IRB; アイルランド系米国人の支援をうけ, Irish National Volunteers を経て 1919 年 Irish Republican Army となった》.
Írish·ry *n* アイルランド(系)人 (the Irish)《集合的》; アイルランド風[かたぎ].
Írish Séa [the] アイリッシュ海《Great Britain 島とアイルランド島の間の大西洋の内海》.
Írish sétter 〔犬〕アイリッシュセッター《赤褐色の鳥猟犬》.
Írish stéw アイリッシュ シチュー《羊肉・ジャガイモ・タマネギなどの煮込み》.
Írish térrier 〔犬〕アイリッシュテリア《中型で赤毛》.
Írish túrkey*《俗》コンビーフとキャベツの料理.
Írish twéed アイリッシュツイード《淡色の縦糸と濃色の横糸の丈夫な織物; 男子背広・コート用》.
Írish wáter spàniel 〔犬〕アイリッシュウォータースパニエル《大型の猟犬; 冠毛があり, 被毛は茶褐色の縮れた毛が密生し, 短い毛の生えた尾をもつ》.
Írish wáy [the] 《卑》《男女間の》肛門性交, ケツ掘り.
Írish whískey アイリッシュウイスキー《主に大麦から造るアイルランド産のウイスキー》.
Írish wólfhound 〔犬〕アイリッシュウルフハウンド《大型で, 粗くかたい被毛の猟犬》.
Írish·wòman *n* アイルランド(系)の女[女性].
Írish yéw 〔植〕アイルランドイチイ《セイヨウイチイの園芸品種で樹形は円柱状》.
íris-ìn *n* 〔映・テレビ〕アイリスイン《画面の一部からしだいに円く全体に広がる撮影法》.
íris-òut *n* 〔映・テレビ〕アイリスアウト《画面全体からしだいに円く中心部へと絞り消す撮影法》.
íris shùtter 《カメラの》虹彩シャッター.
iri·tis /aıráıtəs/ *n* 〔医〕虹彩炎. ♦ **irit·ic** /aırítık/ *a* [G (IRIS, *-itis*)]
irk /ə́:rk/ *vt* うんざりさせる, いらだたせる, 退屈させる: It ～*s* me to dress up. 盛装するのは閉口だ. ► *n* 《まれ》退屈(の種), 不快感; ″《俗》ERK. [ME＜?; cf. ON *yrkja* to work]
írk·some *a* 飽きあきする, うんざりする, 退屈な, かったるい (tedious). ♦ ～·**ly** *adv* ～·**ness** *n*
Ir·kutsk /ıərkú:tsk, ə̀:r-/ イルクーツク《東シベリアの市; Baikal 湖の西, Angara 川に臨む》.
IRL Republic of Ireland.
IRM °innate releasing mechanism.
Ir·ma /ə́:rmə/ アーマ《女子名》. [*Erma* (Gmc＝universal)]
IRO 〔英〕Inland Revenue Office ♦〔国連〕International Refugee Organization 国際難民救済機関.
iro·ko /əróukou/ *n* (*pl* ～**s**) 〔植〕イロコ《アフリカ西部熱帯産のクワ科の落葉大高木; 材はチークの代用にされる》. [Yoruba]
iron /áıərn/ *n* **1 a** 鉄《金属元素; 記号 Fe, 原子番号 26; cf. FERRIC, FERROUS, FERRO-》: STRIKE while the ～ is hot. **b** 鉄のような堅さ[強さ], 強固: a man of ～ 意志の強い人; 無情な人 / muscles of ～ 筋金入りの筋肉 / a will of ～ 鉄の(ような)意志 / (as) hard as ～ 鉄のように堅い; 厳格な, 冷酷な. **2** 鉄器; アイロン, こて; 焼きごて (branding iron), 《それの》ブランド; 〔ゴルフ〕アイアン《ヘッドが金属のクラブ; cf. WOOD[1]》; [°*pl*] あぶみ (stirrup); [*pl*] 足かせ, 手かせ; [*pl*] 奇形矯正用の脚当て; 《食物中の》鉄分, 〔薬〕鉄剤; *《俗》オートバイ, バイク《しばしば集合的》; 《俗》車 (car); 《俗》ピストル, 銃; 銛 (harpoon); *《俗》《重量挙げの》ウェート; 《俗》銀貨; 《電算俗》ハードウェア, 機械 (cf. BIG IRON): an ～ shot 《ゴルフの》アイアンショット. ★ゴルフのアイアンは 1 番から 9 番まで次のとおり: (1) driving iron (＝cleek) (2) midiron (3) mid-mashie (4) mashie iron (5) mashie (6) mashie niblick (7) pitcher, mashie niblick (8) pitching niblick (9) niblick. ● **have (too) many [several, other] ～s in the fire** (あまりに)多くの[いくつかの, 他の]事業[活動]に手を出している[を手掛けている]. **in ～s** 足[手]かせをはめられて; 〔海〕《帆船が帆と風向きの関係で》操船不能になって: clap sb *in* ～*s* 人に手かせ[足かせ]をかける. **pump ～** 《口》《トレーニングで》ウェートを挙げる. **rule with a rod of ～ [with an ～ hand]** ‹人・国などを›きびしく管理[支配]する. **The ～ entered into his soul.** 〔聖〕虐待されて苦しむ, 捕われの身となる《*Ps* 105:18》.
► *a* 鉄の, 鉄製の; 鉄のような, 鉄のように堅い[強い]; しっかり握った, 固く結んだ; 冷酷な: an ～ will 鉄石の心.
► *vt* **1** …にアイロンをかける; ‹しわを›アイロンでとる. **2** …に足[手]かせ

をはめる. **3** …に鉄をかぶせる[張る, 打つ]. ► *vi* アイロンがけをする; 〈布地など〉アイロンがかかる. ● **~ off** *《俗》支払う (pay). **~ out** アイロンをかける; 〈しわを〉のばす, 〈でこぼこ・ふぞろいを〉ならす; [*fig*] 〈困難・不和などを〉取り除く, 解決する, 打開する; 《豪口》ノックアウトする; *《俗》《銃などで》バラす (kill). **~ up** *《俗》タイヤチェーンをつける. [OE *īren, īserm*<Gmc (G *Eisen*)<? Celt]

Íron Àge **1** [the] 〘考古〙鉄器時代 (cf. BRONZE AGE, STONE AGE). **2** [the i- a-] 〘ギ神〙黒鉄時代 (⇨ GOLDEN AGE), 《一般に》末世, «古» 《人類の》堕落時代.

íron àlum 〘鉱〙鉄ミョウバン (halotrichite).

íron bactèria *pl* 鉄細菌, 鉄バクテリア 《第 2 鉄を第 3 鉄に酸化する》.

íron·bàrk *n* 〘植〙堅い樹皮をもち良質の堅材となるユーカリノキ (= **~ trèe**) 《豪州産; アカゴムノキなど》.

íron bétsy *《俗》軍用ライフル.

íron bláck 〘化〙鉄黒 《アンチモンの黒色微粉末で, 顔料》.

íron blúe 鉄青, 紺青 《フェロシアン化第二鉄を主成分とする青色顔料》; 鉄灰色 (steel gray).

íron bòmb 《核爆弾でない》通常爆弾.

íron·bóund *a* /, ⁻⁻/ 鉄張りの(ような); 堅い, 曲げられない; 〈海岸などが〉岩の多い, ごつごつした; きびしい; 〈天候が〉苛烈な; 足かせ[手かせ]をかけられた.

íron bùrner *《俗》鍛冶屋.

íron cemént 〘化〙鉄セメント 《ポルトランドセメントの一種で, 酸化鉄分の多いもの》.

Íron Cháncellor [the] 鉄血宰相 《Bismarck の異名》.

íron·clád *a* 甲鉄の, 装甲の; 破棄できない, きびしい〈契約・協定など〉; 弱みのない; 〈植物が〉不利[不順]な環境に耐える. ► *n* /⁻ ⁻/ 装甲艦; 武装した騎士; 道義心の堅固な人.

Íron Cróss 鉄十字勲章 《1813 年に設けられたプロイセンおよびオーストリアの最も有名な軍功賞》.

íron cúrtain **1** [the, ᵒthe I- C-] 鉄のカーテン 《旧ソ連圏と西欧諸国とを厳重に隔てた検閲・秘密主義などの障壁; 1946 年 Winston Churchill が使ってこの意味が定着した》. **2** 《一般に》鉄のカーテン 《きびしい検閲・秘密主義による情報伝達への障壁, または 文化交流への障害》; [〈*a*〉] 共産[ソ連]圏の: behind the ~ 鉄のカーテンの背後で.

íron-defìciency anémia 〘医〙鉄欠乏性貧血.

Íron Dúke [the] 鉄人公爵 《Duke of WELLINGTON の異名》; 弩級戦艦 (Dreadnought); ‖《韻俗》幸運, 僥倖 《fluke とのごろ合わせから》.

irone /aɪróʊn, ⁻⁻/ *n* 〘化〙イロン 《無色の液体テルペン; 香水に用いる》.

íron·er *n* アイロンを使う[かける]人; 《洗濯用仕上げ機器》アイロナー, MANGLE².

íron físt IRON HAND.

íron·físt·ed *a* 無情[冷酷]な; 握り屋の, けちな (stingy).

íron fòunder 鋳鉄(ちゅうてつ)製造(業)者.

Íron Gáte [the] 鉄門 《ルーマニア・セルビア国境を流れる Danube 川の長さ 3 km にわたる峡谷; カルパティア山脈と Balkan 山脈を分かつ》.

íron glànce 〘鉱〙鏡(きょう)鉄鉱 (hematite).

íron gráy 鉄灰色 《かすかに緑がかったつやのある灰色》. ♦ **íron-gráy** *a*

Íron Guárd [the] 鉄衛団 《ルーマニアのファシスト党; 1936 年に結成し, 第二次大戦後解党》.

íron hánd 外面的優しさの下に隠されたしたたかさ[きびしさ, 苛酷さ] (=*iron fist*) (cf. VELVET GLOVE). ● **rule with an ~** ⇨ IRON.

íron·hánd·ed *a* きびしい, 冷酷な; 圧制的な, 専制的な. ♦ **~·ly** *adv* **~·ness** *n*

íron hát DERBY HAT.

íron·héart·ed *a* 無情な, 冷酷な.

íron hórse (蒸気)機関車; 自転車, 三輪車, オートバイ; *《俗》戦車, タンク; [the I- H-] 鉄の馬, 機関車 《Lou GEHRIG のあだ名》.

íron hóuse *《俗》ブタ箱, 牢屋 (jail).

iron·ic /aɪránɪk/, **iron·i·cal** *a* 皮肉な, 反語的な; 皮肉好きの, 皮肉屋の. ♦ **-i·cal·ness** *n* [F or L<Gk=dissembling; ⇨ IRONY¹]

irón·i·cal·ly *adv* 皮肉っぽく; 皮肉なことに, 皮肉にも.

íron·ing *n* アイロンかけ, アイロン仕上げ; 〘工〙《容器・管材などの壁の表面の》しごき加工, アイアニング; アイロンをかけた[かけるべき]もの 《衣類など》.

íroning bòard [tàble] アイロン台.

iro·nist /áɪərənɪst/ *n* 《特に 作家などの》皮肉屋.

iro·nize¹ /áɪərənàɪz/ *vt* 皮肉っぽくする, …に皮肉をこめる. ► *vi* 皮肉(なこと)を言う, 皮肉る, あてつけがましいまねをする.

íron·ize² *vt* 《栄養として》…に鉄分を混ぜる.

íron-jáwed *a* 鉄製のあごのついた, 鉄のようなあごをもった (: an ~ boxer); 決意の固い, 決然とした.

íron lády 厳格で非情な女 (iron maiden); [the I- L-] 鉄の女 《Margaret THATCHER のあだ名》.

íron·lìke *a* 鉄のように強い[堅い].

íron lòss 〘電〙鉄損 《鉄心に起こる電力損失》.

íron lúng 鉄の肺 《小児麻痺患者などに使う鉄製呼吸補助装置》.

íron máiden [ˢI- M-] **1** 鉄の処女 《中世に使われたといわれる拷問具; 女性の形をした箱の内側に多数の釘が出たもの》. **2** 厳格で非情な女, 冷徹な女; [the I- M-] IRON LADY.

íron mán *《俗》ドル (dollar), 1 ドル銀貨; 粘り強くやりぬく男, がんばり屋の[タフな]選手, 鉄人; 鉄人レース 《水泳・サーフィン・長距離走などを競う苛酷な多種競技, 特にトライアスロン》; *《俗》《カリブソの》ドラムカンたたき.

íron·màster *n* 鉄器製造業者, 製鉄業者, 鉄工場主.

íron méteorite 〘天〙隕鉄 《高い割合の鉄を含む隕石》.

íron míke «俗» AUTOMATIC PILOT.

íron-mòld *vi* 鉄さび[インクのしみ]でよごす.

íron mòld 《布などについた》鉄さび, インクのしみ; 《布の》湿ったカビ.

íron·mònger ‖*n* 金物屋, 金物商.

íron·mòn·gery ‖*n* 金物 《工具・園芸用具など》; 金物店; 金物業; «俗» 銃器 (firearms).

íron monóxide 〘化〙FERROUS OXIDE.

íron-òn *a* アイロンで押えて付ける.

íron óre 鉄鉱石.

íron óxide 〘化〙酸化鉄 《酸化鉄 (II) (III) など》.

íron pàn 〘地質〙鉄盤層.

íron póny *《俗》バイク (motorcycle).

íron-pùmp·er *n* «俗» ウェートトレーニングをする人, 重量挙げ選手.

íron pýrite(s) 〘鉱〙黄鉄鉱 (pyrite).

íron ràtion [ᵒ*pl*] 非常食, 《特に 野戦兵士用の》非常携帯口糧.

íron·ròot *n* 〘植〙ハマアカザ属の一種.

íron rúle 冷酷な政治; 鉄則.

íron rùst 鉄さび.

Irons /áɪərnz/ アイアンズ **Jeremy (John) ~** (1948–) 《英国の俳優; 映画 *Reversal of Fortune* (運命の逆転, 1990)》.

íron sànd 砂鉄.

íron·sìde *n* 剛の者, つわもの; [I-] 剛勇王 《EDMUND 2 世のあだ名》; [I- *or* I-s] 剛勇者 《Oliver CROMWELL のあだ名》; [I-] 《Cromwell の率いた》鉄騎隊兵士, 《広く》ピューリタンの兵士, 使命感に燃えた戦士; [~s, 〈*sg*/*pl*〉] 装甲艦.

Ironside アイアンサイド **William Edmund ~**, 1st Baron ~ (1880–1959) 《英国の軍人; 陸軍元帥 (1940)》.

íron·smìth *n* 鉄工, 鍛冶屋.

íron·stòne *n* 鉄鉱石, 鉄鉱, 鉄岩; 硬質(白色)陶器 (=**~ chína**).

íron súlfate 〘化〙硫酸鉄, 《特に》FERROUS SULFATE.

íron súlfide 〘化〙硫化鉄 (**1**) =FERROUS SULFIDE **2**) 二硫化鉄; 天然には黄鉄鉱・白鉄鉱として産する).

íron·wàre *n* 鉄器, 金物, 鉄製品.

íron·wèed *n* 〘植〙キク科ショウジョウハグマ属[ヤンバルヒゴタイ属]の各種の草本 《ヤナギアザミ・ヤナギタムラソウなど》.

íron·wòod *n* 非常な硬質材(の樹木), 鉄木.

íron·wòrk *n* 《構造物の》鉄製部分; 鉄製品; [~s, 〈*sg*/*pl*〉] 鉄工所, 製鉄所.

íron·wòrk·er *n* 鉄工所[製鉄所]の工員, 鉄工員; 鉄骨組立て職人.

íron·wòrk·ing *n* 鉄製品製造法.

iro·ny¹ /áɪərəni/ *n* (穏やかな)皮肉, あてこすり; 皮肉なできごと[結果]; 《運命などの》意外な成り行き, 皮肉なめぐり合わせ; DRAMATIC IRONY; 反語; 反語法; 反語的表現[発言]: a touch [trace, hint] of ~ わずかばかりの皮肉 / life's little *ironies* 人生の小さな皮肉 / the ~ of fate [circumstances] 運命の皮肉[いたずら], 奇縁 / SOCRATIC IRONY. [L<Gk *eirōneia* pretended ignorance (*eirōn* dissembler)]

irony² /áɪərni/ *a* 鉄 (iron) の, 鉄製の; 鉄のような.

Ir·o·quoi·an /ɪrəkwɔ́ɪən/ *n* **a** イロクォイ人. **b** 〘言〙イロクォイ語族. ► *a* イロクォイ人の; 〘言〙イロクォイ語族の.

Ir·o·quois /írəkwɔ̀ɪ, -kwɑ̀ː/ *n* **a** (*pl* ~ /-(z)/) イロクォイ人 《Iroquoi League を形成していた部族の一人》. **b** イロクォイ語.

Íroquois Léague [Conféderacy] [the] イロクォイ連盟 《アメリカの植民地時代に現在の New York 州に居住するインディアンが結成していた連合体; Cayuga, Mohawk, Oneida, Onondaga, Seneca の 5 部族 (1722 年 Tuscarora 族が加わり 6 部族) からなり, 各部族の統一と行事の多くは現在でも維持されている》.

IRQ 〘電算〙interrupt request 割込み要求 ♦ Iraq.

ir·rádiance /ɪ-/ *n* 光の発散, 発光; (知的[精神的])光明, 光輝; 〘理〙放射束密度, 放射度. ♦ **ir·rádiancy** *n* **ir·rádiant** *a* 光り輝く.

ir·rádiate /ɪ-/ *vt* 照らす, 照射する; 明らかにする, 啓蒙する; 〈顔を〉喜びに輝かせる; 〈親切・愛敬を〉振りまく, 注ぐ; 放射線治療[処理]をする; 日光[紫外線など]にさらす. ► *vi* «古» 発光する, 光り輝く. ► *a* キラキラ輝く (irradiated). ♦ **-à·tive** *a* **-à·tor** *n* [L *irradio* to shine on (*radius* ray)]

ir·rádiated /ɪ-/ *a* 照射をうけた; 〘紋〙光線に囲まれた, 放射状の光に包まれた.

ir·radiátion /ɪ-/ *n* 光を投ずること, 照射, 放射; 光輝; 啓発, 啓蒙; 放散, 広がり; 〖光〗光滲(こうしん)《背景を暗くすると発光体が実物よりも大きく見える現象》; 〖理〗放射線被曝; 《X 線・ガンマ線などの》照射.

ir·rad·i·ca·ble /ɪrǽdɪkəb(ə)l/ *a* 根絶できない, 根深い. ♦ **-bly** *adv*

ir·rátional /ɪ-/ *a* 理性のない, 道理のわからない; 理性に基づかない, 不合理な; 〖数〗無理(数)の, 不尽根数の (opp. *rational*); 《ギリシア・ローマ韻律の》変則格(詩脚)の. ► *n* 不合理なもの[こと]; 〖数〗無理数. ♦ **ir·rationálity** *n* 理性のないこと; 不合理, 不条理; 不合理な考え[言動]. **~·ly** *adv* 不合理に. **~·ize** *vt* 不合理[不条理]にする. [L (*in-*¹)]

ir·rátional·ism /ɪ-/ *n* 《思想・行動の》無分別, 不合理, 背理 (irrationality); 〖哲〗非合理[非理性]主義《非合理的・神秘的なものが宇宙を支配するとして直観・本能などを重視する》. ♦ **-ist** *n* **ir·rà·tio·nal·ís·tic** *a*

irrátional númber 〖数〗無理数.

Ir·ra·wad·dy /ìrəwɑ́di/ [the] イラワディ川《ミャンマーを南流して Bengal 湾に注ぐ; 下流はデルタ地帯をなす》.

ir·réal /ɪ-/ *a* 真実でない.

ìr·reálity /ì-/ *n* UNREALITY.

ir·réalizable /ɪ-/ *a* 実現できない; 現金化できない.

ìr·rebúttable /ì-/ *a* 反論[反証]できない.

ìr·reclàim·able /ì-/ *a* 取返しのつかない, 回復不能の, 矯正できない; 開墾できない, 埋立てできない. ♦ **-ably** *adv* **ìr·reclàim·ability** *n*

ir·récognizable /ɪ-/ *a* UNRECOGNIZABLE.

ir·reconcílable /ɪ-/ *a* 和解できない, 融和しがたい; 調和[両立]しない, 矛盾する ‹*to*, *with*›. ► *n* 非妥協(派)の人; [*pl*] 互いに相容れない考え[信念]. ♦ **-ably** *adv* **~·ness** *n* **ir·reconcilabílity** *n*

ìr·recóver·able /ì-/ *a* 取り返せない, 回復[回収]しがたい. ♦ **-ably** *adv* **~·ness** *n*

ir·re·cu·sa·ble /ɪrɪkjúːzəb(ə)l/ *a* ‹証拠などが›排除[拒否]できない. ♦ **-bly** *adv*

irred. irredeemable.

ìr·redéem·able /ì-/ *a* 買い戻しのできない, 取り返すことのできない; 矯正できない, 救いようのない, 望みのない; ‹国債などが›償還されない, ‹紙幣が›兌換(だかん)できない. ► *n* 無償還公債 (=~ **bónd**). ♦ **-ably** *adv* **irredèem·abílity** *n*

ir·re·den·ta /ìrɪdɛ́ntə/ *n* 未回収地《民族的に同一だが他国の支配下にある地》. [It=unredeemed]

ir·re·den·tism /ìrɪdɛ́ntìz(ə)m/ *n* **1** [ᵁI-] 〖イタリア〗未回収地回復運動, イレデンティズモ《Tirol などイタリア民族の居住地方でありながらイタリア王国に属さぬ地方 (Italia irredenta) の併合をはかろうとする運動; 19 世紀末より第一次大戦まで展開された》. **2** 《一般に》民族統一主義《Transylvania を要求したハンガリーなどの》. ♦ **-tist** *n*, *a* [It (↑)]

ìr·redúcible /ì-/ *a* 《一定以上には》単純化[縮小]できない, 帰し[化し, 復し]えない ‹*to*›; 減じられない, 削減できない; 〖数〗約せない, 既約の; 〖外科〗整復不能の, 非還納(性)の‹ヘルニアなど›: ~ polynomial 既約多項式. ♦ **-ibly** *adv* **ìr·reducibílity** *n*

ìr·refléxive /ì-/ *a* 反射性[反省的, 再帰的]でない.

ìr·refórm·able /ì-/ *a* 矯正できない, 救いがたい; 変更を許さない. ♦ **ìr·refòrm·abílity** *n*

ir·ref·ra·ga·ble /ɪréfrəgəb(ə)l, ìrɪfrǽgə-/ *a* 論駁できない, 争う余地のない, 確かな; 犯す[動かす]ことができない‹法律など›. ♦ **-bly** *adv* **ir·rèf·ra·ga·bíl·i·ty** /, ìrɪfræ̀gə-/ *n*

ìr·refrángible /ì-/ *a* 犯すことができない (irrefragable); 〖理〗‹光線が›屈折しない. ♦ **-bly** *adv* **~·ness** *n*

ìr·refútable /ì-, ɪréfjə-/ *a* 反駁できない. ♦ **-ably** *adv* **ir·re·fut·abil·i·ty** /ìrɪfjùːtəbíləti, ɪrèfjətə-/ *n*

irreg. irregular ♦ irregularly.

ìr·regárd·less /ì-/ *a*, *adv* 《非標準》REGARDLESS.

ir·régular /ɪ-/ *a* **1** 不規則な, 変則の; 不定期の; 異常な, 異例の; 破格の‹要求など›. **2** ふぞろいの, 不同の, 不整の; 均斉を欠いた; ‹道など›でこぼこの; 〖植〗‹花弁など›ふぞろいの, 不規則の, 不斉の, 不整正の; *‹商品が›少々難のある, きず物の. **3** 規則[規範]に従わない; ᴴ‹結婚など›内々の, 秘密の; ‹行為など›不規律な, だらしない; 〖軍〗正規でない, 不正規の; 〖文法〗不規則変化の: ~ conduct 不身持ち / ~ troops 不正規軍 / ~ verbs 不規則動詞. ► *n* 不正規兵《ゲリラなど》; [*pl*] *規格はずれの商品, きず物. ♦ **~·ly** *adv* 不規則に; ふぞろいに; 不定期に. [*ir-*]

irrégular gálaxy 〖天〗不規則銀河.

ir·regulárity /ɪ-/ *n* 不規則, 変則; 不整, ふぞろい; 不規則なもの; [ᵁ*pl*] 反則, 違反, 不正, 不法; 不品行, 無作法, 型破り; [*pl*] 不身持ち; でこぼこ; 便秘.

irrégular váriable 〖天〗不規則変光星.

ir·rélative /ɪ-/ *a* 関係[関連]のない ‹*to*›; 絶対的な; 縁故のない; 見当違いの. ♦ **~·ly** *adv* **~·ness** *n*

ir·rélevance, -cy /ɪ-/ *n* 不適切, 見当違い, 関連性の欠如; お門違いの批評, 的はずれの質問《など》.

ir·rélevant /ɪ-/ *a* 不適切な, 筋違いの, 見当違いの, 的はずれの, ちぐはぐな, 関係[関連]のない ‹*to*›. ♦ **~·ly** *adv*

ìr·relíevable /ì-/ *a* 救助[救済]しがたい; ‹苦痛など›除去できない.

ìr·relígion /ì-/ *n* 無宗教, 無信仰, 不信心; 反宗教, 不敬. ♦ **~·ist** *n* 無[反]宗教者. [F or L]

ìr·relígious /ì-/ *a* 無宗教の; 反宗教的な, 不信心な, 不敬な. ♦ **~·ly** *adv* **~·ness** *n*

ir·re·me·able /ɪríːmiəb(ə)l, ᴴɪrɛ́m-/ *a* 《主に詩》引き返せない, 戻れない: an ~ path 帰るによしなき道. ♦ **-ably** *adv*

ìr·reméd·iable /ì-/ *a* 治療のできない, 不治の; 取返しのつかない; 回復できない. ♦ **-bly** *adv* **~·ness** *n*

ìr·remíssible /ì-/ *a* 許しがたい; 免れられない. ♦ **-bly** *adv*

ìr·remóvable /ì-/ *a* 移せない, 取り除けない; 免官できない, 終身官の. ♦ **-ably** *adv* **ìr·removabílity** *n*

ir·réparable /ɪ-/ *a* 修繕[回復]できない, 取返しのつかない‹誤りなど›. ♦ **-bly** *adv* **~·ness** *n* **ir·rèp·a·ra·bíl·i·ty** *n*

ìr·repéal·able /ì-/ *a* ‹法律が›廃止できない, 取り消せない. ♦ **ìr·repèal·ability** *n*

ìr·replàce·able /ì-/ *a* 取り替えられない, 埋合わせのきかない, かけがえのない. ♦ **-ably** *adv* **~·ness** *n* **ìr·replàce·ability** *n*

ìr·repléviable /ì-/, **-replévisable** /ì-/ *a* 〖法〗‹動産が›占有回復不能の.

ìr·représs·ible /ì-/ *a* ‹欲求などが›抑え[制し]きれない; 快活な, 活力に満ちあふれた. ► *n* 《口》(衝動などを)抑えることのできない人. ♦ **-ibly** *adv* **ìr·reprèss·ibility** *n*

ìr·repróach·able /ì-/ *a* 非難の余地がない, おちどのない, 申し分のない. ♦ **-ably** *adv* **~·ness** *n* **ìr·repròach·abílity** *n*

ir·rè·prodúcible /ɪ-/ *a* 再生[複写]不可能な. ♦ **ir·rè·pro·ducibílity** *n*

ìr·resíst·ible /ì-/ *a* 抵抗できない, 抗しがたい, いやおうなしの; 抑えられない, 禁じえない; たまらなく魅力的な: an ~ force 不可抗力 / her ~ smile. ♦ **-ibly** *adv* **~·ness** *n* **ìr·resist·ibílity** *n*

ìr·resóluble /ì-/ *a* 解決[説明]できない; 《古》溶けない; 《古》解き放せない.

ir·résolute /ɪ-/ *a* 決断力のない, 優柔不断な, ぐずぐずした. ♦ **~·ly** *adv* **~·ness** *n* **ir·resolútion** *n*

ìr·resólvable /ì-/ *a* 分解[分離, 分析, 解決]できない.

ìr·respéctive /ì-/ *a* ...にかかわりない; [副詞的に用いて] にもかかわらず, かまわず, 無関係に. ● **~ of**... [しばしば 副詞句をなして] ...に関係なく, ...の別なく: ~ *of* sex or age 性別年齢に関係なく, 老若男女の別なく. ♦ **ir·respéctive·ly** *adv* 関係なく ‹*of*›: *~ly of*=IRRESPECTIVE of.

ir·réspirable /ɪ-, ìrɪspáɪə-/ *a* ‹空気・ガスなどが›吸入できない, 呼吸に適さない.

ìr·respónsible /ì-/ *a* 責任感のない‹人›; 無責任な, いいかげんな‹行為›; 責任を問われない‹独裁者など›, 責任(能力)のない‹未成年者など›. ► *n* 責任(感)のない人. ♦ **-bly** *adv* 無責任に, 責任をもたず. **ìr·responsibílity** *n* 責任を負わないこと, 無責任な行為[人]. **~·ness** *n*

ìr·respónsive /ì-/ *a* 応答しない, 反応[手ごたえ]のない ‹*to*›. ♦ **~·ness** *n*

ìr·reténtion /ì-/ *n* 保てないこと: ~ of urine 尿失禁.

ìr·reténtive /ì-/ *a* ‹記憶など›保持力のない. ♦ **~·ness** *n*

ìr·retráce·able /ì-/ *a* 引き返しえない, さかのぼりえない.

ìr·retríevable /ì-/ *a* 回復[挽回]できない, 取返しのつかない, 償えない: ~ breakdown (of the marriage) 修復しがたい婚姻破綻. ♦ **-ably** *adv* **ìr·retrievabílity** *n*

ir·réverence /ɪ-/ *n* 不敬[不遜](な言行).

ir·réverent /ɪ-/ *a* 不敬な, 不遜な; 皮肉っぽい. ♦ **~·ly** *adv* **ir·reveréntial** *a*

ìr·revérsible /ì-/ *a* 逆に[裏返し]できない; 逆転[逆行]できない, 不可逆性の; 撤回できない, 取消しえない. ♦ **-ibly** *adv* **~·ness, ìr·reversibílity** *n*

ir·révocable /ɪ-/ *a* 取り消せない, 取返しのつかない, 変更できない, 撤回不能の. ♦ **-bly** *adv* **-revocabílity, ~·ness** *n*

ir·ri·den·ta /ìrɪdɛ́ntə/ *n* IRREDENTA.

ir·ri·ga·ble /írɪgəb(ə)l/ *a* 灌漑できる. ♦ **-bly** *adv*

ir·ri·gate /írəgèɪt/ *vt* ‹土地›に水を注ぐ[引く], 灌漑する; 〖外科〗‹傷口などを›灌注[洗浄]する; [*fig*] 潤す; 《まれ》湿らす, ぬらす. ► *vi* 灌漑[灌注]する. ♦ **ír·ri·gà·tive** *a* [L (*in-*², *rigo* to moisten, lead water)]

ir·ri·gá·tion *n* 灌漑, 注流, 灌水; 〖外科〗灌注(法), 洗浄(法): an ~ canal [ditch, channel] 用水路. ♦ **~·al** *a*

ír·ri·gà·tor *n* 灌漑者; 灌漑車; 〖外科〗イリゲーター, イルリガートル, 灌注器, 洗浄器.

ir·rig·u·ous /írígjuəs/ *a* 潤す, 灌漑に役立つ; 《古》よく潤された, よく灌漑された.

ir·ri·sion /ɪríʒ(ə)n/ *n* 《古》嘲笑, あざけり. [L *irris- irrideo* to laugh at]

ir·ri·ta·bil·i·ty /ìrətəbíləti/ *n* おこりっぽいこと, 短気; 〖生理〗刺激感応[反応]性, 被刺激性, 興奮性, 過敏性.

ir·ri·ta·ble /írətəb(ə)l/ *a* おこりっぽい, 短気な; じれったがる; 〘医〙刺激反応性の, 過敏な, 〘生理・生〙興奮性の〈器官・傷など〉: an ~ colon 過敏[興奮](性)結腸. ♦ **-bly** *adv* **~·ness** *n*

írritable bówel sỳndrome 〘医〙過敏性腸症候群 (=*irritable colon* (*syndrome*), *mucous colitis, spastic colon*)《慢性下痢もしくは下痢便秘の反復・腹痛などを呈する; 略 IBS》.

írritable héart 〘医〙興奮心, 過敏心臓 (cardiac neurosis).

ir·ri·tan·cy[1] /írətənsi/ *n* いらだたしさ, じれったさ; 立腹.

irritancy[2] *n* 〘法〙無効(にすること); IRRITANT CLAUSE.

ír·ri·tant[1] *a* 刺激する, 刺激性の, ヒリヒリさせる. ► *n* 刺激物, 刺激原[薬]; いらいらさせるもの. [*irritate*[1]]

irritant[2] *a* 〘法〙無効にする. [*irritate*[2]]

írritant cláuse 〘スコ法〙無効条項.

ir·ri·tate[1] /írətèɪt/ *vt, vi* いらいら[じりじり]させる[する], おこらせる, 腹を立てる, じらす[じれる]〈*at, by, with, against*〉; ヒリヒリ[チクチク]させる; 〘医〙刺激する, …に炎症を起こさせる. ♦ **-tà·tor** *n* [L *irrito* to provoke]

irritate[2] *vt* 〘法〙無効にする, 失効させる. [L *in-*[1](*ritus*=*ratus* established)=invalid]

ír·ri·tàt·ed *a* 刺激された, 炎症を起こした, ヒリヒリする. ♦ **~·ly** *adv*

ír·ri·tàt·ing *a* 刺激する, ヒリヒリさせる; 腹立たしい, いらいらさせる, しゃくにさわる, じれったい, うるさい. ♦ **~·ly** *adv*

ìr·ri·tá·tion *n* いらだたせること[もの]; いらだち, 激昂, 立腹; 〘医〙刺激(状態), 炎症(箇所): skin ~ 皮膚炎.

ír·ri·tà·tive *a* いらだたせる; 刺激性の. ♦ **~·ness** *n*

ir·ro·rate /írərèɪt, ɪróurət/, **ir·ro·rat·ed** /írərèɪtəd/ *a* 〘動〙小さい斑点のある, 小斑のある.

ìr·rotátional /ì-/ *a* 回転しない, 無回転の; 〘流体力学〙渦なしの.

ir·rupt /ɪrʌ́pt/ *vi* 突入[侵入, 乱入]する〈*into*〉; 〈群衆などが〉怒りを爆発させる; 〘生態〙〈個体数が〉急増する, 大発生する, 〈鳥などが〉集団移入する. ♦ **ir·rúp·tion** *n* [L; ⇨ RUPTURE]

ir·rup·tive /ɪrʌ́ptɪv/ *a* 突入[乱入, 侵入]する; 〘地質〙INTRUSIVE. ♦ **~·ly** *adv*

IRS °Internal Revenue Service.

ir·tron /ə́:rtrɑ̀n/ *n* 〘天〙《銀河中心核の》赤外線源. [*i*nf*r*ared spec*tr*um, *-on*[2]]

Ir·tysh, -tish /ɪərtíʃ, ə̀:r-/ [the] イルティシ川《西シベリアの Obi 川最大の支流; 中国領の Altai 山中に発し, 北流してカザフスタンを通り, ロシアにはいって Ob 川に合流する》.

Irún /irú:n/ イルーン《スペイン北部 Guipúzcoa 県の市》.

Irv /ə́:rv/ *n**《黒人俗》ポリ公, サツ (Irvine).

Ir·vine 1 /ə́:rvən/ **a** アーヴィン《男子名》. **b***《黒人俗》ポリ公, サツ (=*Irv*). **2** /ə́:rvàɪn/ アーヴァイン《California 州南西部の市; 州立大学のキャンパス (University of California ~) を中心に開発が計画された》.

Ir·ving /ə́:rvɪŋ/ **1** アーヴィング《男子名》. **2** アーヴィング (1) Sir **Henry** ~ (1838–1905)《英国の俳優; 本名 John Henry Brodribb; 名女優 Ellen Terry と組んで London の Lyceum Theatre を経営した (1878–1902)》(2) **John** (**Winslow**) ~ (1942–)《米国の小説家; *The World According to Garp* (1978)》. (3) **Washington** ~ (1783–1859)《米国の作家; *The Sketch Book* (1819–20; 'The Legend of Sleepy Hollow', 'Rip Van Winkle' などの名作が含まれる)》. **3** アーヴィング《Texas 州北東部 Dallas の西郊外にある市》. **4***《俗》MELVIN. [OE=sea friend; green river]

Írving·ite *n* [°*derog*] アーヴィング派の人, カトリック使徒教会の信徒 (⇨ CATHOLIC APOSTOLIC CHURCH).

Ir·vin suit /ə́:rvən —/ アーヴィン服《第二次大戦の英国空軍の制服》.

Ir·win /ə́:rwən/ アーウィン《男子名》. [⇨ IRVING]

is /ɪz, (有声音の次) z, (無声音の次) s, íz/ *vi* BE の三人称単数現在形.

is- /áɪs/, **iso-** /áɪsou, -sə/ *comb form*「等しい」「同じ」「異性体」(opp. *heter-, anis-*): *iso*chronism, *iso*dont. [Gk *isos* equal]

is., Is. island(s) ♦ isle(s). **IS** Iceland ♦ information system ♦ °Intermediate School (: *IS* 109). **Isa., Is.** 〘聖〙Isaiah.

ISA /áɪsə/ 〘英〙°individual savings account ♦ 〘電算〙Industry Standard Architecture《IBM の AT bus に基づいて標準化された (1988) バス規格; cf. EISA》♦ °international standard atmosphere.

Isaac /áɪzɪk, -zək/ **1** アイザック《男子名; 愛称 Ike》. **2** 〘聖〙イサク《Abraham の子, Jacob と Esau の父; *Gen* 21:3》. [Heb=laughter]

Isaacs /áɪzɪks, -zəks/ アイザックス (1) Sir **Isaac Alfred** ~ (1855–1948)《オーストラリアの法律家・政治家; オーストラリア総督 (1931–36)》(2) **Rufus Daniel** ~ ⇨ 1st Marquis of READING.

Is·a·bel, -belle /ízəbɛ̀l/ イザベル《女子名; Elizabeth の変形; 愛称 Bel, Bella, Ib, Tib》.

Is·a·béla Ísland /ìzəbɛ́lə-/ イサベラ島《エクアドル領の Galápagos 諸島最大の島; 別称 Albemarle Island》.

is·a·bel·la /ìzəbɛ́lə/ *n, a* [°I-] 灰黄色(の), 麦わら色(の).

Isabella 1 イザベラ《女子名; Isabel の異形》. **2** イサベル (1) ~ **I** (1451–1504)《カスティリャ女王 (1474–1504), アラゴン女王 (1479–1504); 通称 '~ the Catholic'; Ferdinand 5 世とカスティリャ・アラゴンを共同で統治した》(2) ~ **II** (1830–1904)《スペイン女王 (1833–68)》.

Isabélla Farnése イザベラ・ファルネーゼ (1692–1766)《スペイン王 Philip 5 世の妃; Parma 公家の出; スペイン王 Charles 3 世の母》.

Isabélla of Fránce イザベラ・オヴ・フランス (1292–1358)《イングランド王 Edward 2 世の妃; フランス王 Philip 4 世の王女; 夫を廃位させ, 息子 Edward 3 世を王位につけた》.

is·a·bel·line /ìzəbɛ́lən, -àɪn/ *a* 灰黄色の, 麦わら色の.

ìs·abnórmal /àɪs-/ *n* 〘気〙等異常線《標準気象からの偏差が等しい地点を結ぶ地図・海図上の線》.

ìs·acóustic *a* 等音響の.

Is·a·do·ra /ìzədɔ́:rə/ イザドラ《女子名》. [(fem); ⇨ ISIDORE]

Is·a·dor(e) /ízədɔ̀:r/ イザドア《男子名》. [(masc); ⇨ ISIDORE]

isa·go·ge /áɪsəgòuʤi, ⏑⏑⏑⏑/ *n* 《学問の分野などに対する》手引, 序説 (introduction); ISAGOGICS. [Gk]

isa·gog·ic /àɪsəgɑ́ʤɪk/ *a* 《特に 聖書の》手引の, 序説的な. ♦ **-i·cal·ly** *adv*

ìsa·góg·ics *n* 序論的研究, 《特に》聖書序論《聖書の文献学的研究》, 聖書入門.

Isai·ah /aɪzéɪə; -záɪə/ **1** アイゼイア, アイザイア《男子名》. **2 a** 〘聖〙イザヤ《紀元前 8 世紀後半のイスラエルの大預言者》. **b** イザヤ書《旧約聖書の The Book of the Prophet ~; 略 Is., Isa.》. [Heb=Yahweh's salvation]

Isai·as /aɪzéɪəs; -záɪ-/ 〘ドゥエー聖書〙ISAIAH.

is·állo·bàr /aɪs-/ *n* 〘気〙気圧等変化線, イサロバール. ♦ **is·àllo·bár·ic** /-bǽ-/ *a*

is·állo·thèrm /aɪs-/ *n* 〘気〙気温等変化線.

is·ándrous /aɪs-/ *a* 〘植〙雄蕊(ずい)と花弁が同数の.

is·anom·al /àɪsənɑ́məl/ *n* 〘気〙等偏差線《気温・気圧などの偏差の等しい地点を結ぶ地図・海図上の線》.

is·an·thous /aɪsǽnθəs/ *a* 〘植〙整正花をもった.

Isar /í:zɑ̀:r/ [the] イーザル川《オーストリアの Tirol 地方から北東に流れ, ドイツ Bavaria 州で Danube 川に合流する》.

isa·rithm /áɪsərɪð(ə)m/ *n* ISOPLETH.

isa·tin /áɪsətən/ *n* 〘化〙イサチン《黄赤色柱状晶; 染料用》.

-isation ⇨ -IZATION.

Isau·ria /aɪsɔ́:riə/ イサウリア《古代小アジア中南部 Pisidia 東部, Taurus 山脈の北斜面の地域》. ♦ **Isáu·ri·an** *a, n*

is·ba /ɪzbɑ́:/ *n* 《ロシアの》丸太小屋, 百姓家. [Russ]

ISBN °International Standard Book Number.

ISC interstate commerce.

Is·car·i·ot /ɪskǽriət/ 〘聖〙イスカリオテ《キリストを裏切った JUDAS の姓》; 《一般に》裏切り者. ♦ **~·ism** *n* [Heb=man of Kerioth]

is·che·mia | -chae- /ɪskí:miə/ *n* 〘医〙虚血, 乏血《局所的血液不足》. ♦ **-mic** *a* [NL＜Gk (*iskhō* to keep back)]

Is·chia /ískiə/ イスキア《イタリア南部 Naples 湾北西端のティレニア海に浮かぶ火山島》.

is·chi·op·o·dite /ìskiɑ́pədàɪt/ *n* 〘動〙坐骨《節足動物の関節肢の第 3 肢節》.

is·chi·um /ískiəm/ *n* (*pl* **is·chia** /ískiə/) 〘解〙坐骨. ♦ **ís·chi·al, is·chi·ad·ic** /ìskiǽdɪk/, **is·chi·at·ic** /ìskiǽtɪk/ *a* 坐骨の, 坐骨の近くにある. [L＜Gk]

ISDN /àɪèsdì:ɛ́n/ *n* ISDN《音声・画像・データなどの通信サービスを統合的に提供するデジタル通信網(の規格)》. [*I*ntegrated *S*ervices *D*igital *N*etwork]

-ise ⇨ -IZE.

is·en·thal·pic /àɪsənθǽlpɪk/ *a* 〘理〙等エンタルピーの.

is·en·trop·ic /àɪsəntróupɪk, -trɑ́p-/ *a* 〘理〙等エントロピーの. ♦ **-pi·cal·ly** *adv*

Iseo /izéɪou/ [Lake] イゼーオ湖《イタリア北部 Lombardy 州の湖》.

Isère /izéər/ イゼール《フランス南東部 Rhône-Alpes 地域圏の県; ☆Grenoble》; [the] イゼール川《フランス南東部 Graian Alps から西南西に流れ, Rhone 川に合流する》.

Iser·lohn /ì:zərlóun, ⏑⏑⏑/ イーザーローン《ドイツ西部 North Rhine-Westphalia 州, Dortmund の南東の市》.

Iseult /ɪsú:lt, ɪz-/ **1** イスールト《女子名》. **2** 〘アーサー王伝説〙イズー (1) アイルランド王の娘, King MARK of Cornwall の妻で Tristram の愛人 2) Brittany 王の娘で Tristram の妻》. ★ Yseult, Isolde ともいう. [Gmc=ice+rule]

Is·fa·han /ìsfəhɑ́:n, -hǽn/ イスファハン《ESFAHĀN の別称》.

ish /íʃ/ *adv* 《口》ちょっぴり.

-ish /ɪʃ/ *a suf* [形容詞・名詞に自由に付けて] (1)「…の」「…に属する」「…性の」: Engl*ish*, Ir*ish*. (2) [°*derog*]「…のような」「…じみた」: fool*ish*, child*ish*. (3)「…の傾向のある」「…好きの」: huff*ish*, clubb*ish*. (4)「やや」「…がかった」「…気味の」: whit*ish*, cold*ish*. (5)《口》「およそ…ごろの」「〈年齢が〉…がらみの」: 4:30-*ish* 4 時半ごろの / forty*ish* 40 がらみの / dinner*ish* 晩餐ごろの. [OE *-isc*=OS, OHG *-isc*]

Ish·er·wood /íʃərwùd/ イシャウッド **Christopher** (**William Bradshaw**) ～ (1904–86)《英国生まれの米国の作家; *Goodbye to Berlin* (1939)》.

Ishi·gu·ro /ìʃigúərou/ イシグロ **Kazuo** ～ (1954–)《長崎生まれの英国の作家; 漢字表記は石黒一雄; *The Remains of the Day* (1989)》.

Ishim /ɪʃím/ [the] イシム川《カザフスタン北部に発し, 北流してロシアにはいり, シベリア西部で Irtysh 川に合流する》.

Ish·ma·el /íʃmeɪ(ə)l, -miəl/ **1**〔聖〕イシマエル, イシュマエル《Abraham が妻の侍女 Hagar に生ませた子; 妻 Sarah の主張で母と共に追放された; *Gen* 16:11; イスラムの伝承ではアラブ民族の遠祖とされる》. **2** 追放人, 世の憎まれ者, 宿無し, 社会の敵. ［Heb＝whom God hears］

Ish·ma·el·ite /íʃmeɪəlàɪt, -miə-/ *n* イシマエル (Ishmael) の子孫; 社会ののけ者, 世の憎まれ者. ♦ **-ìt·ish** *a* **-ìt·ìsm** *n*

Ish·tar /íʃtɑːr/ イシュタル《アッシリア・バビロニアの豊穣・多産・戦争の女神; フェニキアの Astarte に対応する》.

Isi·ac /ísiæk, ízi-, áɪsi-/, **Isi·a·cal** /ɪsáɪək(ə)l, aɪsáɪ-/ *a* イシス (Isis) 神の, イシス崇拝の.

isid·i·um /aɪsídiəm/ *n* (*pl* **-ia** /-iə/)〔植〕裂芽《地衣類の無性生殖器官の一つ》. ♦ **isíd·i·òid** *a*

Is·i·dor(e) /ízədɔ̀ːr/ イジドア《男子名; 愛称 Izzy》. ［Gk＝gift of Isis］

Ísidore of Sevílle [Saint] セビリャの聖イシドール (c. 560–636)《スペインの聖職者; ラテン語名 Isidorus Hispalensis; セビリャの大司教; 中世に広く使われた百科全書的書物 *Etymologiae* (語源論) を著わした; 祝日 4 月 4 日》.

isin·glass /áɪz(ə)nglæ̀s, -zɪŋ-; -zɪŋglɑ̀ːs/ *n* にべ, アイシングラス (＝*fish gelatin* [*glue*])《魚類のうきぶくろから得るゼラチン; にかわ・ゼリー・セメント・印刷インキなどに用いる》;〔鉱〕雲母 (mica), 白雲母 (muscovite). ［変形 < Du *huisenblas* sturgeon's bladder］

Isis /áɪsəs/ **1** イセト, イシス《古代エジプトの主女神で, Osiris の妻; 牛の角をもつ姿で描かれる》. **2** [the] アイシス川《Oxford における THAMES 川の名称》.

Is·kan·der Bey /ɪskɑːndéər béɪ/ イスカンデル・ベイ《SKANDERBEG のトルコ語名》.

Is·ken·de·run /ɪskɛ̀ndərúːn/, **-ron** /-rán/ イスケンデルン《トルコ南部, イスケンデルン湾 (the **Gúlf of ～**) に臨む港湾都市; 旧称 Alexandretta》.

isl. (*pl* **isls**) [°Isl.] island, isle.

Is·lam /ɪzlɑ́ːm, ɪs-, -lǽm, ⏑⏑/ *n* イスラム教, 回教 (cf. MUSLIM); 全イスラム教徒; イスラム文化[文明]; イスラム教国, イスラム世界. ［Arab＝submission (to God) (*aslama* to resign oneself)］

Is·la·ma·bad /ɪslɑ́ːməbɑ̀ːd, ɪz-, -lǽməbæ̀d; ɪzlɑ́ːməbæ̀d/ イスラマバード《パキスタン北東部にある同国の首都; Rawalpindi の北東に位置》.

Is·lám·ic *a* イスラム教の. ♦ **-i·cal·ly** *adv* **Is·lám·i·cìze** *v* **Is·làm·i·ci·zá·tion** *n*

Islámic cálendar [the] ヒジュラ暦, イスラム暦 (＝*Hegira calendar*)《西暦 622 年を紀元とする太陰暦》. ★ 第 1 月から順に Muharram, Safar, Rabi al-Awwal, Rabi al-Thani, Jumada al-Awwal, Jumada al-Thani, Rajab, Shaban, Ramadan, Shawwal, Dhu'l-Qadah, Dhu'l-Hijja. 1 年が 354 ないし 355 日のため, 月日は毎年太陽暦とずれてゆく.

Islámic éra [the] ヒジュラ紀元, イスラム紀元《Muhammad が Mecca から Medina へ移った西暦 622 年に始まる; cf. ANNO HEGIRAE》.

Is·lám·i·cìsm *n* ISLAMISM.

Islámic Jihád [the] イスラムジハード運動, イスラム聖戦機構《Hezbollah などと協力しつつパレスティナの解放を目指すイスラム主義組織》.

Is·lám·ics *n* イスラム教研究.

Islám·ìsm *n* イスラム教; イスラム文化; イスラム主義《イスラム法に基づいて運営される国家の実現を主張する政治運動》,《俗に》イスラム原理主義. ♦ **-ist** *n* イスラム教徒; イスラム主義者; イスラム原理主義者; イスラム研究者.

Islám·ìte /, ízləmàɪt, ís-/ *n* イスラム教徒 (Muslim). ♦ **Is·lam·it·ic** /ìzləmítɪk, ìs-/ *a* イスラム教の[に関する], イスラム(教)的な.

Is·lam·ize /ízləmàɪz, ɪslɑ́ː-, ɪzlɑ́ː-, -lǽ-/ *vt* イスラム(教)化する; 〈人〉にイスラム教を信奉させる, イスラム教に改宗させる. ♦ **Ìslam·izátion** *n*

is·land /áɪlənd/ *n* **1 a** 島《略 is.; INSULAR *a*》: No man is an ～, entire of itself. 人はそれだけで自足している島ではない, 自分ひとりで独立しているものではない《John Donne, *Devotions upon Emergent Occasions* (1624) 中のことば》. **b** [the I-s]《NZ》南太平洋の島々, ポリネシア(および一部メラネシアの島々). **2** 島に似たもの, 孤立した丘, *大草原中の森林地,〔道路〕SAFETY ISLAND, TRAFFIC ISLAND; オアシス; 孤立(民族)集団[地域];〔解〕《細胞の》島, 細胞群;〔海〕《航空母艦右舷の》アイランド《艦橋・砲台・煙突など含めた構造物》; 島式カウンター《どの側からでも近づくことができる》;〔鉄道〕島式ホーム (＝～ **plátform**). ► *vt* 島(のよう)にする; 島に置く; 孤立させる;《島のように》…に散在させる. ［OE *īgland* (*ī*(*e*)*g* island, LAND); *-s-* は ISLE より］

Ís·land /íːslɑ̀ːn/ イースラン《ICELAND のデンマーク語名》.

Ís·land /íːslɑ̀ːnt/ イースラント《ICELAND のアイスランド語名》.

ísland árc 弧状列島, 島弧《日本列島や Aleutian 列島のような列島; 通例 外洋に対して凸状をなし, 内側に深い海盆をもつ》.

Ísland Cárib a アイランドカリブ《小アンティル諸島 (Lesser Antilles) のインディオ》. **b** アイランドカリブ語《アラワク語族; ベリーズ・グアテマラ・ホンジュラスなどでも話される》.

ísland·er *n* 島の住民, 島民; [I-]《NZ》太平洋の島の人.

ísland-hòp *vi* 島から島へ[島づたいに]旅する[移動する], 島巡りをする.

ísland·man /-mən/ *n*《アイル》ISLANDER.

ísland of Lángerhans ISLET OF LANGERHANS.

ísland of Réil /-ráɪl/〔解〕ライル島 (INSULA).

Ísland of Sáints [the] 聖人たちの島《IRELAND の俗称》.

ísland of stabílity〔理〕安定性の島《陽子数と質量数を表わす図上, 高度に安定した核種の群》.

Íslands of the Blést *pl* [the]〔ギ神・ロ神〕極楽島, 幸福の島々 (＝*Hesperides*)《世界の西の果てにあり, 英雄や善人が死後永遠にしあわせに暮らせるという島》.

ísland úniverse〔天〕島(ㄕ)宇宙《銀河系外星雲》.

Is·lay /áɪleɪ, -lə/ アイレイ, アイラ《スコットランド西岸沖の Inner Hebrides 諸島最南端の島; ウイスキー製造で知られる》.

isle /áɪl/ *n* 島,《特に》小島《散文では固有名詞と共にだけ用いる; 単独では詩語》. ► *vt* 小島(のよう)にする; 小島(のようなもの)に置く; 孤立させる. ► *vi* 小島に住む[とどまる]. ［OF *ile*<L *insula*; *-s-* は L にならったもの(15 世紀)］

Ísle of Dógs ⇨ DOGS.

Ísle of Ély ⇨ Ely[1].

Ísle of Fránce [the] ÎLE-DE-FRANCE.

Ísle of Mán ⇨ MAN.

Ísle of Pínes /-páɪnz/ **1** ⇨ PINES. **2** パインズ島《ÎLE DES PINS の英語名》.

Ísle of Wíght ⇨ WIGHT.

Ísle Róy·ale /-rɔ́ɪ(ə)l/ ロイヤル島《Superior 湖北西部の島; Michigan 州に属し, 周囲の 100 を超える島々とともにロイヤル島国立公園 (**Ísle Róyale Nátional Párk**) を形成する》.

Ísles of the Bléssed [**Blést**] *pl* [the] ISLANDS OF THE BLESSED.

is·let /áɪlət/ *n* 非常に小さい島, 小島(に似たもの), 隔絶されたもの[点]; ISLET OF LANGERHANS. ［OF (dim) < ISLE］

íslet of Lángerhans〔解〕ランゲルハンス島《膵臓中にあってインスリンを分泌する細胞群の一つ》.

Is·ling·ton /ízlɪŋtən/ イズリントン《London boroughs の一つ; London 北部にある》.

isls islands.

ism /íz(ə)m/ *n*《口》[°*derog*] 主義, 学説, イズム; 抑圧的[差別的]な態度[考え]. ［↓］

-ism /ɪz(ə)m/ *n suf*「行動・状態・作用」「体系・主義・信仰」「特性・特徴」「偏見・差別」「病的状態」: bapt*ism* / Darwin*ism*, Calvin*ism* / hero*ism*, Irish*ism* / rac*ism* / alcohol*ism*. ［OF<L<Gk; ⇨ -IZE］

Is·ma·el /ísmiəl/〔聖〕イシマエル (Ishmael).

Is·ma·il /ìzmeɪíːl, ìs-/ イスマイル《IZMAIL のルーマニア語名》.

Is·ma·ili, -ma·ʻi·li /ìsmɑːíːli, ìz-, -mə-/, **Is·ma·ili·an** /ìsmɑːíːliən, ìz-, -mə-/ *n* イスマーイール派の信徒《イスラム教シーア派の第 6 代イマーム Jaʻfar ibn Muḥammad の長子で, 父に後継者として任命されたが取り消された Ismāʻīl を第 7 代イマームとしたシーア派の一分派》.

Is·ma·i·lia /ìzmeɪəlíːə, ìs-; ìzmaɪlíːə, ìs-/ イスマイリア《エジプト北東部の Suez 運河に臨む市》.

Is·mā·ʻīl Pasha /ɪsmɑ́ːìːl ⏑⏑/ イスマーイール・パシャ (1830–95)《エジプトの副王 (1863–79); 欧化政策の結果, 財政破綻をまねき, 後年の英国による占領をもたらした》.

Ís·mail Sa·má·ni Péak /ísmaɪl səmɑ́ːni-/ イスマーイール・サーマーニー峰《タジキスタン北東部 Pamirs 高原にある同国[旧ソ連]の最高峰 (7495 m); 旧称 Communism Peak, Stalin Peak》.

Is·nik /íznɪk/ *a* IZNIK.

is·n't /íznt/ is not の短縮形.

iso /áɪsou/ *n* (*pl* **～s**)*《俗》独房. ［*iso*lation］

ISO /àɪèsóu/ *n*〔写〕ISO《国際標準化機構 (International Organization for Standardization) によって採用された規格によるフィルムの露光指数》.

iso- /áɪsou, -sə/ ⇨ IS-.

ISO〔英〕(Companion of the) Imperial Service Order 文官勲功章(勲士)《1993 年に打ち切られた》♦ in search of…を求む《恋人募集欄で用いる》♦ °International Organization for Standardization.

ìso·agglutinátion *n*〔医〕《血液型などの》同種[同系, 種族内]凝集現象. ♦ **-agglútinative** *a*

ìso·agglútinin *n*〔医〕《血液型などの》同種凝集素.

ìso·agglutínogen *n*〔免疫〕同種凝集原.

ìso·al·lóx·a·zine /-əláksəzìːn/ *n* 〔生化〕イソアロキサジン《黄色の液体; リボフラビンなどさまざまなフラビンの前駆体》.

ìso·ámyl ácetate 〔化〕酢酸イソアミル《無色の液体; 味付け・香料・溶剤に用いる》.

ìso·andrósterone *n* 〔生化〕イソアンドロステロン (EPIANDROSTERONE).

ìso·ántibody *n* 〔免疫〕同種抗体 (=*alloantibody*).

ìso·ántigen *n* 〔免疫〕同種抗原. ♦ **-antigénic** *a* **-antigenícity** *n*

íso·bàr *n* 〔気・理〕等圧線; 等圧式; 〔理〕同重体, 同重核《同一の質量数を有する異種の元素または原子核》. [Gk=of equal weight]

ìso·bár·ic /-bǽr-/ *a* 等圧線の; 等圧の, 定圧の; 〔理〕同重体の, 同重核の.

isobáric spín 〔理〕ISOSPIN.

íso·bàth *n* 〔地図〕《海底・地下の》等深線. ♦ **ìso·báth·ic** *a* 等深(線)の.

ìso·bi·láteral /-baɪ-/ *a* 〔植〕〈葉が〉双同側型(ｿｳ)の.

ìso·bútane *n* 〔化〕イソブタン《引火性のある無色の気体; 燃料や冷凍剤に用いる》.

ìso·bútene *n* 〔化〕イソブテン (isobutylene).

ìso·bútyl *n* 〔化〕イソブチル《イソブタンから誘導される 1 価の置換基》.

ìso·bútylene *n* 〔化〕イソブチレン《無色揮発性の気体; ガソリン・化学中間体・ブチルゴム製造用》.

isobútyl nítrite 〔化〕亜硝酸イソブチル《イソブチルアルコールから得られる無色の液体; 麻薬使用者が吸引する》.

ISOC °Internet Society.

ìso·calóric *a* 等カロリーの.

ìso·car·bóx·az·id /-kàːrbáksəzəd/ *n* 〔薬〕イソカルボキサジド《抗鬱薬》.

ìso·cárpic *a* 〔植〕同数心皮の.

ìso·cephálic *a* 〔美〕等頂の《絵画や浮彫りで, 群像の頭の高さがそろっている様子》.

iso·cheim, -chime /áɪsəkàɪm/ *n* 〔気〕等寒線. ♦ **-chéi·mal, -chei·me·nal** /-káɪmən(ə)l/ *a* [Gk *kheima* winter weather]

iso·chor(e) /áɪsəkɔ̀ːr/ *n* 〔理〕等容(曲)線, 等積(曲)線. ♦ **iso·chór·ic** *a*

ìso·chromátic *a* 〔光〕等色の; 〔理〕一定の波長[周波数]の; 〔写〕ORTHOCHROMATIC.

ìso·chrómo·sòme *n* 〔生〕同腕染色体.

iso·chron /áɪsəkràn/, **-chrone** /-kròʊn/ *n* 〔地理〕等時線, アイソクロン《ある現象が同時に起こった点あるいは電信・交通機関などで等時間に達しうる地点を結ぶ地図上の線》.

isoch·ro·nal /aɪsákrən(ə)l/ *a* 等時(性)の, 等時間隔の[で反復する]; 同一時間の[に起こる]. ♦ **~·ly** *adv* **isóch·ro·nìsm** *n* 等時性.

isoch·ro·nize /aɪsákrənàɪz/ *vt* 等時化する.

isoch·ro·nous /aɪsákrənəs/ *a* ISOCHRONAL. ♦ **~·ly** *adv*

isóchronous góvernor 〔機〕等速調速機.

isoch·ro·ous /aɪsákroʊəs/ *a* 全体が同じ色の.

iso·cítric ácid 〔生化〕イソクエン酸《クエン酸の異性体で, クレブズ回路の成員》.

ìso·clínal *a* 等傾斜の; 等伏角の; 〔地質〕等斜褶曲の: an ~ valley 等斜谷. ► *n* ISOCLINIC LINE. ♦ **~·ly** *adv*

íso·clìne *n* 〔地質〕等斜褶曲.

iso·clin·ic /àɪsəklínɪk/ *a* ISOCLINAL. ♦ **-i·cal·ly** *adv*

isoclínic líne 〔理〕等伏角線, 等傾線《地磁気伏角の等しい地点を結んだ線》; 《平板中の主応力の》等傾(角)線.

isoc·ra·cy /aɪsákrəsi/ *n* 平等参政権, 万民等権政治, アイソクラシー. ♦ **iso·crat** /áɪsəkræ̀t/ *n*

Isoc·ra·tes /aɪsákrətìːz/ イソクラテス (436–338 B.C.)《アテナイの弁論家・修辞家; Plato と異なる立場から実践的な知を説いた》.

iso·cýanate *n* 〔化〕イソシアン酸塩[エステル], イソシアナート《プラスチック・接着剤などに用いる》.

iso·cyánic ácid 〔化〕イソシアン酸 (=*carbamide*).

ìso·cýanide *n* 〔化〕イソシアン化物, イソシアニド.

ìso·cýanine *n* 〔化〕イソシアニン《写真フィルムの増感剤として使用する色素》.

ìso·cýclic *a* 〔化〕同素環式の (cf. HETEROCYCLIC).

iso·diamétric *a* 等直径の; 等軸の; 〔晶〕等側軸の.

iso·dí·a·phere /-dáɪəfɪər/ *n* 〔理〕同余体.

iso·di·mórphism *n* 〔晶〕同質二像の 2 つの結晶形が似ていること. ♦ **-mórphous** *a*

iso·dont /áɪsədànt/ *a, n* 〔動〕等歯性の(動物).

íso·dòse *a* 等線量の《等量の放射線をうける点[地帯]の》: an ~ chart.

ìso·dynámic, -ical *a* 等力(性)の, 等強度の; 等磁力の.

isodynámic líne 〔理〕等磁力線 (=*isogam*)《地磁気の水平分力の等しい地点を結ぶ線》.

ìso·eléctric *a* 〔化〕等電の.

isoeléctric fócusing 〔生化〕等電点電気泳動《タンパク質を分類するために pH 勾配の存在下で行なう電気泳動法》.

isoeléctric póint 〔化〕等電点《タンパク質などの物質の電位ゼロの点の水素イオン濃度 (pH)》.

ìso·electrónic *a* 〔理〕〈原子・イオンが〉同数の電子をもつ, 等電子の. ♦ **-ical·ly** *adv*

ìso·énzyme *n* 〔生化〕イソ酵素 (=*isozyme*)《化学的には異なるが同一の触媒反応を行なう酵素群の一つ》. ♦ **-enzymátic** *a* **-enzýmic** *a*

iso·fla·vone /àɪsoʊfléɪvòʊn/ *n* 〔生化〕イソフラボン《**1**) 種々の誘導体が配糖体として植物中に天然に産する無色透明のケトン; 大豆胚芽に多く含まれる; 女性の骨粗鬆(ｿｼｮｳ)症・更年期障害・乳がんなどの疾患の軽減に効果があるとされる **2**) その誘導体; ダイゼイン・ゲニステインなど》.

íso·fòrm *n* イソ型, アイソフォーム《機能的には等しいが構造的には一部異なるタンパク質の複数の分子型; 同一遺伝子産物で mRNA のスプライシングの違いやタンパク質のプロセシングの違いでつくられる》.

iso·gam /áɪsəgæ̀m/ *n* ISODYNAMIC LINE.

ìso·gámete /, -gəmíːt/ *n* 〔生〕同形配偶子 (opp. *heterogamete*). ♦ **-gamétic** *a*

isog·a·mous /aɪságəməs/ *a* 〔生〕同形配偶子によって生殖する (opp. *heterogamous*). ♦ **isóg·a·my** *n* 同形配偶子生殖, 同形配偶.

iso·ge·ne·ic /àɪsoʊʤəníːɪk, -néɪ-/ *a* 同系の (syngeneic): ~ graft 同種[同系]移植.

ìso·génic *a* 同(質)遺伝子型の, 同系の.

isog·e·nous /aɪsáʤənəs/ *a* 〔生〕同原の, 同生の.

ìso·géo·thèrm *n* 〔地質〕《地球内部の》等地温線. ♦ **-gèo·thérm·al, -thérm·ic** *a*

iso·gloss /áɪsəglɔ̀(ː)s, -glàs/ *n* 〔言〕等語線《言語的特徴の異なる二地方を分ける線》; また, 地図上に示されたその境界線; cf. ISOLEX, ISOPHONE》; 一地方に特有の言語的特色. ♦ **iso·glóss·al** *a* **-glóss·ic** *a*

ìso·glúcose *n* イソグルコース《澱粉質の穀物から得る砂糖の代用品》.

íso·gòn *n* 等角多角形.

iso·gon·ic /àɪsəgánɪk/, **isog·o·nal** /aɪságənl/ *a* 等角の; 《地磁気が》等偏角の; 〔生〕等生長の. ► *n* ISOGONIC LINE.

isogónic [isogónal] líne 等偏角線, 等方位角線.

isog·o·ny /aɪságəni/ *n* 〔生〕《一生物の各部分の均斉のとれた》等成長.

íso·gràft *n* HOMOGRAFT.

íso·gràm *n* 〔気・地理〕等値線 (=*isoline*).

íso·gràph *n* 〔電算〕アイソグラフ《代数方程式の実根・虚根の両方を確定するアナログ計算機》; 〔製図〕イソグラフ《分度器と三角定規の機能をもつ用具》; 〔言〕等語線 (ISOGLOSS).

iso·há·line /-héɪliːn, -làɪn/ *n* 〔海洋〕等塩分線.

iso·hel /áɪsəhèl/ *n* 〔気〕等日照線. [Gk *hēlios* sun]

iso·hemólysin /, -hìːməláɪs(ə)n, -hèmə-/ *n* 〔免疫〕同種溶血素.

ìso·hemólysis *n* 〔免疫〕同種溶血(現象).

iso·hýdric *a* 〔化〕等(水素)イオン濃度の, 等水性の.

iso·hy·et /àɪsəháɪət/ *n* 〔気〕等降水量線. ♦ **~·al** *a*

ìso·immunizátion *n* 〔免疫〕同種免疫(作用).

ìso·kinétic *a* 等速の; 〔生理〕等速性の《トレーニングなどの分野で, 一定速度に調整した筋の収縮についていう》.

iso·la·ble /áɪsələb(ə)l, *ís-/ *a* 分離[隔離]できる.

iso·lat·able /àɪsəléɪtəb(ə)l, *ìs-/ *a* ISOLABLE.

iso·late /áɪsəlèɪt, *ís-/ *vt* 孤立させる, 隔離[分離, 区別]する, 切り離す, 抜き出す, 〈原因などを〉特定する, 発見する; 〔医〕〈伝染病患者を〉隔離する; 〔電〕絶縁する (insulate); 〔化〕《蒸留・沈澱・吸収などにより》単離させる; 〔菌〕〈特定の菌を〉分離する, 隔離[純粋]培養する: ~ one*self from* all society 世間と一切の交際を絶つ, 隠遁する. ► *a* /-lət, -lèɪt/ ISOLATED. ► *n* /-lət, -lèɪt/ 隔離[分離]されたもの[人], 隔離集団; 孤立者, 世捨て人. [逆成 < *isolated* (F *isolé* < It < L); ⇨ INSULATE]

íso·làt·ed *a* 孤立した, 隔離された; 他に類のない (unique); 例外的な; 点在する, ばらばらの, その場[一度]限りの, 散発的な, 単発的な; 〔化〕単離した; 〔電〕絶縁した: an ~ patient 隔離患者 / an ~ incident 単発の事件. ♦ **~·ly** *adv*

ísolated cámera 〔テレビ〕部分撮影用ビデオカメラ《スポーツ中断などで即時再生用に競技(場)の特定箇所を撮る》.

ísolated páwn 〔チェス〕孤立したポーン《隣接する縦列に同色のポーンのないもの》.

ísolated póint 〔数〕孤立点 (=*acnode*).

íso·làt·ing lànguage 〔言〕孤立(言)語《言語の類型分類の一つ; 語形変化を行なわない単音節語で文を構成し, 統語関係が主に語順によって示される言語; 代表例は中国語・ヴェトナム語; cf. AGGLUTINATIVE language, ANALYTIC language, INFLECTIONAL language》.

iso·la·tion /àɪsəléɪʃ(ə)n, *ìs-/ *n* 隔離, 分離; 交通遮断; 孤立(性), 孤独; 〘化〙単離; 〘電〙絶縁; 隔離飼育; 〘生〙《混合集団からの個体・特定菌の》分離; 《生体組織・器官などの》分離; 〘精神分析〙隔離《強迫神経症に現われる防衛機制; ある考えや行為を精神の他の部分と分離させること》: splendid ～ 〘英史〙栄光[光栄]ある孤立《19 世紀後半の英国外交の基本である孤立政策を象徴することば》/ in ～ 孤立[分離]して / in splendid ～ [°*joc*] 孤高で, ひとつだけ離れて目立って.

isolátion hòspital 隔離病院.

isolátion·ism *n* 孤立主義; 〘米政治〙孤立主義《ヨーロッパの国際問題には干渉せず, 同盟関係を回避するという第二次大戦までの伝統的外交政策》. ♦ **-ist** *n, a*

isolátion pèriod 《伝染病患者の》隔離期間.

isolátion wàrd 隔離病室.

iso·la·tive /áɪsəlèɪtɪv, ís-; -lət-/ *a* 〘言〙〈音変化が〉孤立的に生ずる, 孤立性の《あらゆる環境で起こる; cf. COMBINATIVE》.

iso·la·to /àɪsəléɪtoʊ, -zə-/ *n* (*pl* ～**es**) 《身体的・精神的に仲間から離れた》孤立者. [It]

íso·là·tor *n* 隔離する人[もの]; 騒音[振動]絶縁装置; 〘電子工〙絶縁体 (insulator), 断路器, アイソレーター; GLOVE BOX.

Isolde /ɪsóʊld(ə); ɪzɔ́ldə; *G* izɔ́ldə/ イゾルデ《ISEULT のドイツ語名》.

iso·lec·i·thal /àɪsəlésəθəl/ *a* HOMOLECITHAL.

Isole Eolie ⇨ AEOLIAN ISLANDS.

Iso·lette /àɪsəlét/ 〘商標〙アイソレット《未熟児保育器》. [*isol*ate＋bassin*ette*]

ìso·léucine *n* 〘生化〙イソロイシン《カゼインの中にある必須アミノ酸》.

iso·lex /áɪsəlèks/ *n* 〘言〙等語彙線《特定の語彙項目の使用地域を示す等語線; cf. ISOGLOSS, ISOPHONE》. [*lexicon*]

íso·lìne *n* ISOGRAM.

isol·o·gous /aɪsɑ́ləgəs/ *a* 〘化〙同級体の《同型の構造をもち, 異なる原子または原子団からなる化合物》. ♦ **íso·lògue, -lòg** /-lɔ̀(:)g, -lɑ̀g/ *n* 〘化〙同級体; 同じ平文に対する暗号文.

íso·lùx *n* ISOPHOTE.

ìso·magnétic *a* 等磁の. ► *n* 等磁線 (＝～ **líne**).

iso·mer /áɪsəmər/ *n* 〘化〙異性体; 〘理〙異性核, (核)異性体 (nuclear isomer). [G＜Gk (*meros* share)]

isom·er·ase /aɪsɑ́mərèɪs, -z/ *n* 〘生化〙異性化酵素, イソメラーゼ.

iso·mer·ic /àɪsəmérɪk/ *a* 〘化〙異性体の. ♦ **-i·cal·ly** *adv*

isom·er·ism /aɪsɑ́mərìz(ə)m/ *n* 〘化〙《化合物などの》異性《同種同数原子からなり, 構造配列が異なること》; 〘理〙核異性《同原子番号同質量数で, エネルギー準位と半減期が異なること》.

isom·er·ize /aɪsɑ́məràɪz/ *vi, vt* 〘化〙異性体になる[する], 異性化する. ♦ **isòm·er·izá·tion** *n* 異性化.

isom·er·ous /aɪsɑ́m(ə)rəs/ *a* 〈斑紋・模様などが〉同数の部分をもつ; 〘植〙〈花など〉各部分が等数の, 同数の; 〘化〙ISOMERIC: an ～ flower 同数花.

ìso·métric, -rical *a* 等大[等長, 等面積, 等体積, 等角]の; 〘晶〙等軸の; 〘生理〙等尺性の《トレーニングなどの分野で, 抵抗負荷に対する筋収縮において, 筋の長さをさほど変えずに緊張を高めるものについていう; cf. ISOTONIC》; 〘韻〙等韻律の; ISOMETRIC DRAWING [PROJECTION] の: ～ system 等軸晶系. ► *n* ISOMETRIC DRAWING; ISOMETRIC LINE. ♦ **-rical·ly** *adv*

isométric dráwing 等測図, 等角図.

isométric líne 〘理〙等積[等容]曲線《一定体積での圧力と温度の関係を表わす》; 〘地図〙等距離線《長さの実数値を示すように地図上に引かれた曲線: 等高線・等深線など》.

isométric projéction 〘製図〙等角投影(法), 等軸測投影(法); 等角(投影)図, アイソメ.

ìso·mét·rics *n* [〈*sg/pl*〉] アイソメトリックス《対立筋の長さを変えずに筋繊維の緊張を高める収縮を行なうトレーニング》.

iso·me·tro·pia /àɪsoʊmətróʊpiə/ *n* 〘医〙両眼屈折力均等, 同視眼.

isom·e·try /aɪsɑ́mətri/ *n* 大きさの等しいこと, 等長, 等面積, 等体積, 等角; 〘数〙等長変換; 〘地図〙等距離法; 《海抜の》等高; 〘生〙等[相対]生長.

íso·mòrph *n* 〘化・晶〙(異種)同形体[物]. ♦ **ìso·mórphous** *a*

ìso·mórphic *a* 同形の, 同一構造の; 等晶形の; 〘植〙同型世代交代の, 同類形態の《形態がよく似た単相の配偶体と複相の胞子体の世代交代をもつ》; 〘数〙同型の: ～ mapping 同型写像. ♦ **-phi·cal·ly** *adv*

ìso·mórphism *n* 〘化・晶〙類質同像, 同形; (異種)同形; 〘数〙同型(写像).

iso·ni·a·zid /àɪsənáɪəzəd/ *n* 〘薬〙イソニアジド《抗結核薬》.

ìso·nicotínic ácid 〘化〙イソニコチン酸《主にイソニアジドをつくるのに用いる》.

ISO 9660 /áɪèsóu náɪnsíkssìksóu/ 〘電算〙ISO 9660《ISO の定めた標準的な CD-ROM フォーマット; ディスク上のディレクトリー構造などを規定する; cf. RED BOOK, YELLOW BOOK》.

iso·nome /áɪsənòʊm/ *n* 〘生〙等頻度線, 等数度線.

ison·o·my /aɪsɑ́nəmi/ *n* 《法的な》同権, 権利平等.

Ison·zo /izɔ́:n(t)soʊ/ [the] イゾンツォ川《スロヴェニア北西部から南流してイタリア北東部にはいり, Trieste 湾に流入する; セルビアークロアチア語名 Soča》.

ìso·óctane *n* 〘化〙イソオクタン《ガソリンの耐爆性判別の標準に用いるオクタンの異性体》.

iso·pach /áɪsəpæ̀k/, **iso·pach·yte** /àɪsəpǽkàɪt/ *n* 〘地質〙等層厚線.

iso·phene /áɪsəfì:n/ *n* 〘生態〙《地図上の》等態線.

íso·phòne *n* 〘言〙等音線《特定の発音が見いだされる地域を示す等語線; cf. ISOGLOSS, ISOLEX》.

iso·phote /áɪsəfòʊt/ *n* 〘光〙等照線 (＝*isolux*). ♦ **ìso·phót·al** *a*

iso·pi·es·tic /àɪsoʊpaɪéstɪk, -pi-/ 〘気・理〙*a* 等圧の (isobaric). ► *n* 等圧線 (isobar). [Gk *piestos* compressible]

iso·pleth /áɪsəplèθ/ *n* 〘数・気・地理〙等値線 (＝*isarithm*). ♦ **ìso·pléth·ic** *a* [Gk *plēthos* fullness]

iso·pod /áɪsəpɑ̀d/ *n, a* 〘動〙等脚類 (Isopoda) の(動物). ♦ **isop·o·dan** /aɪsɑ́pədən/ *a, n* **isóp·o·dous** *a*

iso·pren·a·line /àɪsəprén(ə)lən/ *n* 〘薬〙イソプレナリン (isoproterenol). [? *iso*propyl＋adre*naline*]

iso·prene /áɪsəprì:n/ *n* 〘化〙イソプレン《人造ゴムの原料》.

iso·pren·oid /àɪsəprí:nɔɪd/ *a* 〘化〙イソプレンの[を含む], イソプレン構造の.

Iso·prin·o·sine /àɪsəprínəsì:n, -sən/ 〘商標〙イソプリノシン《免疫修飾作用と抗ウイルス作用をもつ薬; B 細胞と T 細胞を刺激してウイルス感染を防ぐ》.

iso·pro·pa·nol /àɪsəpróʊpənɔ̀(:)l, -nòʊl, -nɑ̀l/ *n* 〘化〙イソプロパノール (ISOPROPYL ALCOHOL). [*propane, -ol*]

ìso·própyl *n* 〘化〙イソプロピル(基) (＝～ **ràdical [gròup]**).

isoprópyl álcohol 〘化〙イソプロピルアルコール《不凍剤・消毒用アルコール》.

isoprópyl éther 〘化〙イソプロピルエーテル《脂肪・樹脂の溶剤・抽出剤・ペンキ剥離剤》.

iso·pro·ter·e·nol /àɪsəproʊtérənɔ̀(:)l, -nòʊl, -nɑ̀l/ *n* 〘薬〙イソプロテレノール《交感神経興奮薬, 鎮痙薬, 気管支痙縮の弛緩薬》.

isop·ter·an /aɪsɑ́pt(ə)rən/ *a, n* 〘昆〙シロアリ目 (Isoptera) の(アリ).

iso·pyc·nic /àɪsoʊpíknɪk/ *a* 等[定]密度の; 等密度法の[による]《密度差を利用した遠心分離などの技術についていう》.

ìso·rhýthmic *a* 〘楽〙定形反復リズムの, イソリズムの.

isos·ce·les /aɪsɑ́s(ə)lì:z/ *a* 〘数〙〈三角形・台形が〉二等辺の, 等脚の. [L (*iso-*, Gk *skelos* leg)]

isósceles tríangle 〘数〙二等辺三角形.

ìso·séismal 〘地震〙*a* 等震の. ► *n* 等震線. ♦ **-séismic** *a*

ìs·osmótic *a* 〘理・化〙〈溶液が〉等浸透圧の, 等張(性)の (isotonic). ♦ **-i·cal·ly** *adv*

íso·spìn *n* 〘理〙荷電スピン, アイソスピン (＝*isobaric spin, isotopic spin*)《陽子と中性子を区別する属性》.

iso·spon·dy·lous /àɪsoʊspɑ́ndələs/ *a* 〘魚〙等椎目[ニシン類] (Isospondyli) の.

ìso·spórous *a* 〘植〙同形胞子の. ♦ **íso·spò·ry** *n*

isos·ta·sy /aɪsɑ́stəsi/ *n* 《力の》平衡; 〘地質〙《地殻の》平衡, 均衡, アイソスタシー; 〘地質〙均衡説《地殻が均衡を保っているのは, 山部ほど地表下の岩石が深くまで存在するためとする説》. ♦ **ìso·stát·ic** *a* **-ical·ly** *adv* [Gk *statis* station]

iso·stere /áɪsəstìər/ *n* 〘気〙等比容線; 〘化〙等配電子体. [Gk *stereos* solid, hard]

ìso·stéric *a* 〘化〙等配電子の〈化合物など〉《価電子数と空間配列が同じで原子の種類と数の異なる》; 〘理〙等比体積の.

isos·ter·ism /aɪsɑ́stərìz(ə)m/ *n* 〘化〙等配電子性; 〘薬〙等配電子体説《等配電子体は薬理作用が同じであるとする理論》.

iso·tach /áɪsətæ̀k/ *n* 〘気〙等風速線.

ìso·táctic *a* 〘化〙〈重合体が〉アイソタクチックの《主鎖に対して側鎖が同一方向にのみ配位した; cf. ATACTIC, SYNDIOTACTIC》.

ìso·téni·scòpe /-ténə-/ *n* 〘化〙イソテニスコープ《沸点および蒸気圧の測定器》.

iso·there /áɪsəθìər/ *n* 〘気〙等夏温線, 等暑線《夏の平均温度が同値の地点を結ぶ》. ♦ **isoth·er·al** /aɪsɑ́θɪrəl/ *a* [OF (Gk *there-theros* summer)]

iso·therm /áɪsəθə̀:rm/ *n* 〘気〙等温線; 〘理・化〙等温(曲)線《一定温度での圧力と体積の関係を表わす》.

iso·ther·mal /àɪsəθə́:rməl/ *a* 等温(線)の: the ～ layer [line, zone] 等温層[線, 帯]. ► *n* ISOTHERM. ♦ **～·ly** *adv*

isothérmal région 〘気〙STRATOSPHERE.

ìso·thìo·cýanate *n* 〘化〙イソチオシアン酸塩[エステル], イソチオシアナート《からし油 (mustard oil) など》.

ìso·thìo·cyánic ácid *n* 〘化〙イソチオシアン酸.

ìso·thérmic *a* ISOTHERMAL.

iso·tone /áɪsətòʊn/ *n* 〘理〙同中性子核, アイソトーン.

iso·ton·ic /àɪsətɑ́nɪk/ *a* 〘化・生理〙〈溶液が〉等浸透圧の, 等張(性)の (isosmotic); 〘生理〙等(緊)張[等張力]性の《トレーニングなどの分野て, さほど抵抗負荷のかからない状態における筋収縮において, 筋の長さを変えて緊張をあまり高めないものについていう; cf. ISOMETRIC);〘楽〙音階を等分的平均に分割した, 等音の: ~ tuning イソトニック調律 / an ~ (sports) drink アイソトニック飲料, スポーツドリンク《体液にほぼ等しい浸透圧をもつ》. ♦ **-i·cal·ly** *adv* **ìso·tonícity** *n*

iso·tope /áɪsətòup/〘理〙*n* 同位体, 同位元素, アイソトープ《原子番号が同じで原子量が異なる》; 核種 (nuclide). ♦ **iso·top·ic** /àɪsətápɪk/ *a* **-i·cal·ly** *adv* **isot·o·py** /aɪsátəpi, áɪsətòupi/ *n* 同位元素性. [Gk *topos* place]

isotópic spín〘理〙ISOSPIN.

iso·tret·i·noin /àɪsoutrétənɔ̀ɪn/ *n*〘薬〙イソトレチノイン《レチノイン酸のシス異性体で, ビタミンAの誘導体; 難治性痤瘡[にきび]の治療薬として処方されるが, 胎児への催奇形性のおそれがある》.

iso·tron /áɪsətràn/ *n*〘理〙アイソトロン《同位元素の電磁分離器の一種》.

iso·trop·ic /àɪsətróupɪk, -tráp-/ *a* 等方性の《(1)〘理〙物理的特性が全方向に等しい (2)〘生〙全方向に等しく生長する; 特に 卵などが先天的に定まった軸をもたない》. ♦ **-i·cal·ly** *adv* **isot·ro·pous** /aɪsátrəpəs/ *a* ISOTROPIC. **isot·ro·py** /aɪsátrəpi/ *n* 等方性. [Gk *tropos* turn]

íso·tỳpe *n*〘生〙《分類上の》同基準標本;〘免疫〙イソタイプ, アイソタイプ《ある種の全個体が共有する抗原決定基》; アイソタイプ《絵グラフの単位となる絵や図形》; 絵グラフ.

iso·typ·ic /àɪsətípɪk/, **-i·cal** *a* ISOTYPE の;〘晶〙同形の.

iso·zyme /áɪsəzàɪm/ *n*〘生化〙アイソザイム (isoenzyme). ♦ **ìso·zý·mic** *a*

ISP〘インターネット〙°Internet service provider.

is·pa·ghul /íspəgù:l/, **-ghu·la** /ìspəgú:lə/ *n* イスパグール《西アジア産のオオバコの一種の種子; 胃腸薬とする》. [Pers=horse's ear]

Is·pa·han /ìspəhá:n, -hǽn, ⏤⏤/ **1** イスパハン《EṢFAHĀN の別称》. **2** イスパハン《手織りのペルシアじゅうたん; 濃い赤・青・緑の地に古風な花や動物の模様が特色》.

Is·par·ta /ìspɑ:rtá:/ イスパルタ《トルコ南西部 Konya の西方にある市》.

I spy /àɪ ⏤/ 隠れんぼ (hide-and-seek);〘ゲーム〙アイスパイ《その場に見える物のうち, 一人が何か一つを選んでその最初の1文字を言い, 他の者がそれが何かを当てる遊び》.

I²L /áɪskwɛ̀ərɛ́l/ °integrated injection logic.

Isr. Israel ♦ Israeli.

Is·ra·el /ízriəl, -reɪəl/ *n* (略 Isr.) **1** イスラエル《地中海東岸のパレスティナにある国; 1948年ユダヤ人の国として建国; 公式名 State of ~ (イスラエル国); ☆Jerusalem》. **2** イスラエル《(1) 紀元前1020年ごろパレスティナにイスラエル人が樹立した王国 (2) それが前922年に南北に分裂したのち前721年にアッシリアに滅ぼされるまでの北王国 (Northern Kingdom, Ephraim); ☆Samaria》. **3 a**〘聖〙イスラエル《JACOB の別名; *Gen* 32: 28》. **b** [〈*pl*〉] イスラエル人, ユダヤ人, 神の選民, キリスト教徒. **4** イズリエル, イズレイエル《男子名; 愛称 Izzy》. ► *a* ISRAELI. [Heb *yisrā'ēl* striver with God (*Gen* 32: 28)]

Ísrael ben El·i·éz·er /-bèn èliéɪzər, -éɪzər/ イスラエル・ベン・エリエゼル《BA'AL SHEM TOV の本名》.

Is·rae·li /ɪzréɪli/ *n* (*pl* ~s, ~)《現代の》イスラエル人, イスラエル国民. ► *a*《現代の》イスラエル(人)の.

Is·ra·el·ite /ízriəlàɪt/ *n* イスラエル[ヤコブ]の子孫; ユダヤ人 (Jew); 神の選民. ► *a* イスラエルの; ユダヤ人の. ♦ **Ís·rael·ìt·ish** *a*

Is·ra·fil /ízrəfi:l/〘イスラム神話〙イスラフィール《イスラム教の天使; 最後の審判の日にらっぱを吹くといわれる》.

Is·ro /ízrou/ *n* (*pl* ~s)*《俗》イズロ《ユダヤ人の, アフロに似たヘアスタイル》. [*Is*rael+Af*ro*]

ISS °International Space Station.

Is·sa /í:sɑ:, ɪsá:/ *n* (*pl* ~, ~s) イッサ族《エチオピア東部・ソマリア・ジブチに住むソマリ族に属する部族》.

Is·sa·char /ísəkà:r/〘聖〙**1** イッサカル, イサカル《Jacob と Leah の息子で Issachar 族の祖; *Gen* 30:18》. **2** イッサカル[イサカル]族《イスラエル十二部族の一つ》. [Heb=? he is hired]

is·sei* /iséɪ, í:sèɪ/ *n* (*pl* ~, ~s) [°I-] 一世《日系移民の1代目》. ★2代目を nisei, 3代目を sansei といい, nisei のうち日本で教育をうけて帰った米国人を kibei という.

ISSN °International Standard Serial Number.

is·su·able /íʃuəb(ə)l/ *a* 発布[発行]できる, 発行を認可された〈通貨・債券など〉;〘法〙《訴訟上の》争点となしうる; 〈利得など〉生ずる, 得られる. ♦ **-ably** *adv*

is·su·ance /íʃuəns/ *n* 配給, 支給; 発行, 発布; 出現.

ís·su·ant *a*《古》出現する, 出てくる (emerging);〘紋〙〈獣が〉直立して上半身だけ現わした, 〈炎など〉出てくるように描いた, (紋地の底部[上部]から)上がる[昇る]ように描いた: a lion ~.

is·sue /íʃu, ˈísju/ *n* **1 a** 発行物;《特に 出版物の》発行数[高], (第…)刷; 発布, 発行 〈*of* bonds, stamps, a newspaper〉,《手形などの》振出し 〈*of* bills〉: today's ~ (of a paper) 今日発行の新聞 / the March ~ (of a magazine) 雑誌の3月号. **b** 供給[配給](物);〘軍〙支給[交付](品);〘図書〙貸出し冊数, 貸出し記録システム. **c** 流出(物), 発出(物); 流出点, 出口〈*of* water〉, 河口;〘医〙《血・うみなどの》流出(口)《出ること, または出る切り口・潰瘍など》: an ~ of blood=a bloody ~ 出血. **d** 子, 子女, 子孫: die without ~ 直系卑属を残さずに死亡する《遺言でしばしば用いられる表現》. **2** 係争[論争]点, 論点,《訴訟の》争点, 論争, 討論; 関心, 問題, トラブル: a point of ~ 争点 / avoid [evade] the ~ 論点を避ける[かわす] / raise an ~ 問題を提起する / make a political ~ of…を(騒ぎ立てて)政治問題化する / ISSUE OF FACT [LAW] / GENERAL ISSUE. **3 a**《成り行きの》結果, 結末;《古》終わり, 終結; 決着をつける時; [*pl*]《地所などからの》収益, 収穫;《廃》結論: in the ~ 帰着するところは, 要するに / bring a matter to an ~ 事の決着[始末]をつける. **b**《廃》行為 (act, deed). ● **at** ~ (1) 係争[論争]中で[の], 問題の, 当該の (=**in** ~): the point [question] *at* [*in*] ~ 係争点[問題]. (2) 不和で, 争って 〈*with* each other〉. **face the** ~ 事実を事実として認めてそれに対処する. **force the** ~ 決定[結論]を強いる. **have** ~ **with**…《口》…のことで問題をかかえて[悩んで]いる. **join (the)** ~ 意見が対立する, 論争する 〈*with* sb *on* a point〉;〘法〙争点を決定する. **take** ~ **with**…と争う, 〈人の意見に異議を唱える. **the (whole)** ~《口》なにもかも, 一切合財.

► *vi* **1** 出る, 出てくる, 発する, 流出する, 噴出する 〈*forth, out*; *from*〉; 〈利益が〉生ずる; 由来する, 起こる 〈*from*〉;《古》(子孫として)生まれる, 出る 〈*from*〉; 発行される: Black smoke ~*d from* the windows. 窓から黒煙が噴き出た. **2** 〈結果に〉終わる (end) 〈*in*〉. ► *vt* 出す, 発する; 〈パスポート・身分証などを〉発行[交付]する, 支給する 〈*to*〉; 〈令状などを〉発給する (: ~ a writ *against* sb); "…に支給する 〈*with*〉; 〈告知文書などを〉発布[布告, 公布]する, 発表する; 発行[刊行]する, 〈切手・通貨などを〉流布させる; 〈手形などを〉振り出す: ~ shares in a new company 新会社の株式を発行する.

♦ **~·less** *a* 子供のない; 成果をもたらさない; 争点のない. **ís·su·er** *n* 発行人;《手形などの》振出人. [OF=exit (L *exitus*; ⇨ EXIT)]

íssue of fáct〘法〙事実上の争点《事実の有無の問題; cf. QUESTION OF FACT》.

íssue of láw〘法〙法律上の争点《法律適用上の問題; cf. QUESTION OF LAW》.

íssue prìce〘証券〙発行価格.

íssuing hòuse〘英証券〙《証券発行の引受けを行なう》証券発行商社, 発行受託会社《株式会社などの株式・債券の発行に際してその引受け・売りさばきに当たる金融機関で, 多くは merchant bank; 米国の investment bank に相当》.

Is·sus /ísəs/ イッソス《古代小アジア南部, 今の Iskenderun の北にあった町; Alexander 大王がペルシア軍を破った地 (333 B.C.)》.

Is·syk-Kul, Ysyk-Köl /ìsɪkkál, -kœ́l/ イシククル《キルギス北東部, 天山山脈中にある湖》.

-ist /ɪst/ *n suf*「…する人」「…を操作する人」「…を専門とする人」「…を奉ずる人」「…主義者」「…家」: cycl*ist*, social*ist*, pian*ist*, pessim*ist*. ► *a suf*「…の特質の」: dilettant*ist*. [F and L＜Gk -*istēs*; -IZE の agent noun をつくる]

IST °insulin-shock therapy.

-is·ta /ístə/ *n suf*「…する人」「…主義者」「…支持者」: fashion*ista*. [Sp; cf. SANDINISTA]

ista·na /ɪstá:nə/ *n*《マレー半島の王国の》王宮. [Malay]

Is·tan·bul /ìstænbú:l, -tà:n-, -búl/ イスタンブール《トルコ北西部 Bosporus 海峡と Marmara 海に臨む同国最大の都市; ビザンティン帝国・オスマントルコ時代の首都; 古代名 Byzantium, 旧称 Constantinople》.

Is·ter /ístər/ [the] イステル川《DANUBE 川下流の古代名》.

isth. isthmus.

isthmi *n* ISTHMUS の複数形.

isth·mi·an /ísmiən; ísθ-, íst-, ísm-/ *a* 地峡の; [°I-] Corinth 地峡[イストミア祭]の; [°I-] パナマ地峡の. ► *n* 地峡に住む人; [I-] パナマ地峡の住民.

Ísthmian Canál Zòne [the] パナマ運河地帯.

Ísthmian Gámes *pl* [the] イストミア祭《コリントス (Corinth) で隔年に行なわれた古代ギリシアの全民族的な祭典; ⇨ OLYMPIAN GAMES》.

isth·mic /ísmɪk; ísθ-, íst-, ísm-/ *a* ISTHMIAN;〘解〙峡部の[に起こる].

isth·mus /ísməs; ísθ-, íst-, ísm-/ *n* (*pl* ~es, **isth·mi** /-màɪ/) 地峡; [the I-] パナマ地峡 (Isthmus of Panama), スエズ地峡 (Isthmus of Suez);〘解・植・動〙峡部. [L＜Gk]

-is·tic /ístɪk/, **-is·ti·cal** /ístɪk(ə)l/ *a suf* -IST, -ISM の語尾をもつ名詞から形容詞をつくる: de*istic*, lingu*istic*, the*istic*, Method*istical*. [L＜Gk]

is·tle /ístli/ *n* イストレ (=*ixtle*)《熱帯アメリカ産の agave, yucca などから採る繊維; 綱・網・敷物などの原料》. [AmSp]

Is·tria /ístriə/ イストリア, イストラ《アドリア海北端に突き出た半島; スロヴェニア・クロアチア領》. ♦ **Ís·tri·an** *a, n*

ISV independent software vendor 独立系ソフトウェアベンダー ♦ °International Scientific Vocabulary.

it¹ /ɪt, ət/ *pron* (*pl* **they**) [人称代名詞] [三人称単数主格・目的格] それは[が]; それを[に]. **1** [既述(または後述)の無生物, 植物・虫・語句・

抽象観念, 性別が不明またはそれを考慮しない場合の動物・幼児を指して]: He took a stone and threw *it*. 石を取って(それを)投げた / The dog wags *its* tail. 犬が尾を振る / The child lost *its* way. その子は道に迷った. **2** [はっきり it の指す名詞はないが, 既述事項からそれと察知できるもの, またはその原因・理由を指して]: She was telling a lie, and I knew *it*. 彼女はうそをついていたがわたしは(それと)知っていた / Although mother didn't like *it*, I decided to go to the movies. 母は不賛成だったがわたしは映画に行くことに決めた / You look pale. What is *it*? 青い顔をしてるけどどうしたの. ★このような場合「人」でもだれか不明なときは it が用いられる: There's a ring at the door. Go and see who *it* is.—I think *it*'s the postman. **3** [非人称動詞 (impersonal verb) の主語として, また天候・寒暖・明暗・時・距離・その他事情・状態などを漠然と指す]: *It* is raining. / *It* is spring. 春だ / *It* is five minutes' walk. 歩いて 5 分です / *It* is getting hot. / *It* is Friday (today). / *It* looks like snow. 雪になりそうだ / *It* will soon be New Year. じき正月になる / *It* is 2 miles to the station. 駅まで 2 マイルです / *It* says in the Bible *that*...と聖書にある / How goes *it* with you today? 今日はご機嫌いかがですか / Had *it* not been for you, what would I have done? きみの世話がなかったらぼくはどうしたろう. **4 a** [動詞・前置詞の漠然とした目的語として]: walk *it* 徒歩で行く, てくる / Deuce take *it*. あっ, しまった! / CATCH *it* / Let's make a night of *it*. ひと晩飲み明かそう. **b** [名詞を臨時動詞としたあとに漠然と目的語として]: CAB[2] *it* / LORD *it* / QUEEN *it*. **5 a** [後続の(動)名詞・不定詞句・名詞句[節]を指す; いわゆる形式主語[目的語], 予備の 'it']: *It* is a nuisance, *this delay*. / *It* is no use *trying*. / *It* is difficult (*for me*) *to beat him*. / *It* is certain *that we shall succeed*. / I think *it* unwise *to climb a mountain without a guide*. **b** [it is [was]...that [who, whom, which] の型で強調構文をなす; cf. THAT *conj* 4]: *It is* the price *that* frightens him. 彼の驚くのはその値段だ / *It is* Tom *that* I want to see. わたしが会いたいのはトムです. ★従属節の動詞は, 例外的に主語の it に合致させることがある: It is *I* that [who] *am* to blame. (例外) Is *it* you *that's* going to be married? 結婚しようというのはあなたですか. **6** [<*n*>] /ít/ **a** «口» 極致, 至上, 理想 (the ideal), あつらえむきのもの[人]; 重要人物; 要点: In a lilac sunbonnet she is *it*. 彼女が藤色の日よけボンネットをかぶった姿は天下一品だ / As a Christmas gift, this is really *it*. クリスマスの贈り物としてはまさに理想的だ. **b** 《遊戯の》鬼 (tagger). **c** *«口» ばか, まぬけ (boob). **d** «口» 性的魅力 (sex appeal); «口» 《漠然と性交・性器を指して》あれ; [<*a*>] «俗» セクシーな: make *it* with ...とあれをやる[寝る]; ...に好感を与える[持たれる] / IT GIRL.

● **be** AT[1] [IN[1]] **it. full of it** «口» でたらめで, ばかなことを言って; «口» full of OLD NICK. HAVE **it (for** sb). ON **it. That's it.** [it に強勢] «口» (まさに)そこが問題[肝要]だ, そこだ; «口» (まさしく)それが欲しかったのだ, それだそれそれ, それで決まりだ, これでよし; «口» そのとおりだ, (要するに)そういうこと; «口» それでおしまい; [That's に強勢] «口» (いいぞ)その調子!《是認・激励》; [That's に強勢] «口» (えーい)もうたくさんだ, うんざりだ《いらだち》; [it に強勢] «口» あーあ, がっかりだな, まいったね, やれやれ《失望》. **This is it.** «口» いよいよ来るぞ, 来るものが来た, (まさしく)これだ; «口» これがお待ちかねのものです; «口» これが肝心なところだ, 今が大事な時だ; "«口» まさにそのとおり, 問題はそこ[それ]だよ; もう十分だ. WITH **it.** [OE *hit* (neut nom and acc) < HE[2]]

it[2] /ít/ *n* "«口» ITALIAN VERMOUTH: GIN AND IT.

It. Italian ♦ Italy. **IT** °income tax ♦ °Indian Territory ♦ °information technology ♦ °Inner Temple. **ITA** °Initial Teaching Alphabet.

ita·cism /íːtəsɪ̀z(ə)m/ *n* 《ギリシア文字の》η (eta) を /iː/ と発音すること (cf. IOTACISM); 《ギリシア稿本で》ē, ei, oi に i を代用すること. ♦ **-cist** *n*

it·a·col·u·mite /ɪ̀təkɑ́l(j)əmàɪt/ *n* 〔岩石〕イタコルマイト, 撓曲(とうきょく)石英片岩《薄片は非常に柔軟性を有する》. [*Itacolumi* ブラジル Minas Gerais 州の山の名]

it·a·cón·ic ácid /ɪ̀təkɑ́nɪk-/ 〔化〕イタコン酸.

itai-itai /ɪtáɪɪtàɪ/ *n* イタイイタイ病 (=∼ **disèase**). [Jpn]

Itai·pu /itáɪpu/ イタイプ《ブラジル・パラグアイの国境を流れる Paraná 川にあるダム》.

ital /itɑ̀ːl/ *n* アイタル(フード)《Rastafarian の菜食主義に基き, 有機野菜などを塩抜きで調理した食事》.

ital. italic(s) ♦ italicized. **Ital.** Italian ♦ Italy.

Ita·lia **1** /itáːljɑː/ イタリア《ITALY のイタリア語名》. **2** /ɪtǽljə, *ə-/ イタリア《ITALY のラテン語名》.

Itália irr·e·dén·ta /-ɪrɛdéntə/ 未回収のイタリア (⇨ IRREDENTISM). [It]

Ital·ian /ɪtǽljən, *ə-/ *a* イタリアの; イタリア人[語]の. ► *n* イタリア人; イタリア系の人; イタリア語; ITALIAN VERMOUTH. [It *italiano* (*Italia* Italy)]

Ital·ian·ate /ɪtǽljənət, -èɪt, *ə-/ *a* イタリア化した, イタリア風の〈建築など〉. ► *vt* /-èɪt/ イタリア風にする (Italianize).

Itálian bréad イタリアパン《イーストでふくらませた甘みをつけない外皮の堅いパン》.

Itálian clóver 〔植〕CRIMSON CLOVER.

Itálian cút «俗» イタリアンカット《第二次大戦後のイタリアのネオレアリズモの女優のヘアスタイル》.

Itálian dréssing 〔料理〕イタリアンドレッシング《ニンニク・ハナハッカで風味をつけたサラダドレッシング》.

Itálian Èast África イタリア領東アフリカ (1936–41)《Ethiopia, Eritrea および Italian Somaliland》.

Itálian fóotball *«俗» 爆弾, 手榴弾.

Itálian gréyhound 〔犬〕イタリアングレーハウンド《グレーハウンドを小振りにした感じの愛玩犬》.

Itálian hánd イタリア書体 (=**Itálian hándwriting**)《中世イタリアで発達した手書き書体; ローマ字表記をするほとんどすべての国々で用いられている》; [fine ∼ として]《交渉などの》巧妙さ, ずる賢さ.

Itálian héro *«俗» イタリアンサンド (SUBMARINE).

Itálian·ìsm *n* イタリア風[好み]; イタリア魂, イタリア人かたぎ; イタリア語法. ♦ **-ist** *n*

Itálian·ìze *vi* イタリア風になる, イタリア化する; イタリア人画家を模倣する. ► *vt* イタリア(人)風にする. ♦ **Itàlian·izátion** *n*

Itálian míllet 〔植〕アワ (foxtail millet).

Itálian províncial *a* イタリア田舎風の, イタリアンプロヴィンシャルの《18–19 世紀イタリアの地方の直線的で装飾の少ない果樹材・マホガニー製家具についていう》.

Itálian rýegrass [**rýe**] 〔植〕ネズミムギ, イタリアンライグラス《欧州原産; 牧草・芝生・緑肥用》.

Itálian sándwich イタリアンサンド (SUBMARINE).

Itálian síxth 〔楽〕イタリアの六, 増六の和音《増 6 度和音の一つで, 長 3 度と増 6 度からなる》.

Itálian Somáliland イタリア領ソマリランド《東アフリカの旧植民地; 英領ソマリランドと共に 1960 年ソマリアとして独立》.

Itálian sónnet 〔韻〕イタリア式ソネット (=*Petrarchan sonnet*)《Petrarch によって始められた十四行詩で, 前半 8 行と後半 6 行の 2 部に分かれ, 前の 8 行は *abba abba*, 後の 6 行は *cde cde*, *cdc dcd* などの韻を踏む》.

Itálian túrnip, Itálian túrnip bròccoli 〔野菜〕イタリアカブラ, ブロッコリーラーブ (=*Broccoli rabe* [*raab*, *rab*], *raab*, *turnip broccoli*)《カブの一種で, わずかに苦味のある暗緑色の葉と花蕾(からい)を食用とする》.

Itálian vermóuth イタリアンベルモット《甘口のベルモット》.

Itálian wárehouse" イタリア物産店.

Itálian wárehouseman" イタリア物産商.

ital·ic /ɪtǽlɪk/ *a* 〔印〕イタリック体の, 斜体の; 〈書体が〉16 世紀のイタリア書体を手本とした; [I-] 古代イタリア(人[語])の, 〔言〕イタリック語派の. ► *n* **1** 〔印〕イタリック体(の文字)《船・新聞雑誌・書物などの名称や, 強調を示すのに用いる右に傾いた字体; タイプ[手書き]する際は 1 本の下線で示す; cf. ROMAN》: printed *in* ∼*s*. **2** [I-] 〔言〕イタリック語派《印欧語族に属し, Latin, Oscan, Umbrian, および Spanish, French, Italian, Romanian などを含む; cf. ROMANCE LANGUAGES》. [L *italicus* < Gk; ⇨ ITALIAN]

itálic hánd 原(げん)イタリア書体 (=**itálic hándwriting**)《Italian hand のもととなった書体》.

Ital·i·cism /ɪtǽləsɪ̀z(ə)m/ *n* ITALIANISM.

ital·i·cize /ɪtǽləsàɪz/ *vt* イタリック体で印刷する; 《イタリック体を指示するために》...に下線を引く; 強調する, 目立たせる. ► *vi* イタリック体にする. ♦ **itàl·i·ci·zá·tion** *n*

itálic týpe 〔印〕イタリック《活字の種類》.

Ital·i·ote /ɪtǽliòʊt/, **-ot** /-ɑ̀t/ *n* 古代イタリア南部のギリシア植民地の住民. ► *a* Italiote の.

It·alo- /ɪtǽloʊ, -lə/ *comb form*「イタリアの」「イタリアと」: *Italo*-American イタリアとアメリカの, 伊米の. [L]

Itálo·phìle *a*, *n* イタリア(風)好みの[びいきの](人).

It·a·ly /ít(ə)li/ イタリア (*It*, *L* Italia)《ヨーロッパ南部の国; 地中海に突き出た長靴状の半島, Sicily 島, Sardinia 島ほか多数の島々からなる; 公式名 Italian Republic *or* Republic of ∼ (イタリア共和国); ☆Rome》.

Ita·na·gar /ìːtənʌ́gər/ イタナガル《インド北東部 Arunachal Pradesh の州都》.

ITAR-TASS /itáːr-ㅡ/ イタル・タス《ロシア国営の通信社; TASS をソ連崩壊後の 1992 年再編し, 改称したもの》. [*ITAR* (Russ *I*nformatsionnoye *T*elegrafnoye *A*gentstvo *R*ossy=Information Telegraph Agency of Russia), *TASS*]

ITC °Independent Television Commission.

itch /ítʃ/ *n* **1** かゆいこと, かゆみ, 掻痒(そうよう); [the] 〔医〕皮癬(ひぜん), 疥癬(かいせん). **2** 《むずむずするような》渇望, 切望, うずき 〈*to* do, *for*〉; 性欲, 情欲, (cf. SEVEN-YEAR ITCH): have an ∼ *for* writing 書きたくてむずむずする. **3** *«俗» 〔玉突〕手球をポケットに落とすこと. ● **scratch the ∼ to** do...したいという欲求を満たすようする, 我慢できずに...してみる. ► *vi* **1** かゆい, むずがゆい; かゆみを起こす; [通例 進行形で] «口» 〈...したくて〉むずむずする 〈*to* do〉, 欲しくてたまらない, しきりに待ち望む 〈*for*〉: He is ∼*ing to* go outside. / one's FINGERS ∼ *for* [*to* do]. **2** *«俗» 〔玉突〕〈手球が〉ポケットに落ちる. ► *vt* **1** 〈足など〉にかゆみを起こす; いらいらさせる, じらす, 悩ます; «非標準» 〈皮膚を〉かく. **2** *«俗» 〔玉突〕〈手球を〉ポケットに落とす. [OE *giccan*; cf. G *jucken*]

ítch·ing *n* ITCH. ► *a* かゆい, むずがゆい; したくてむずむずする, 欲しくてたまらない ‹*to* do, *for*›; 落ちつかない, うずうずしている. ● **have an ～** PALM[1]. ♦ **～·ly** *adv*

ítching pòwder かゆみ粉《いたずらで他人の襟首などに入れてかゆみを起こさせる粉》.

ítch mìte 皮癬の虫, 《特に》ヒゼンダニ; 《豪》CHIGGER.

ítchy *a* 皮癬[疥癬]にかかった; かゆい; かゆくなる, ちくちくする‹服›; 欲しくてむずむずする; うずうずしている; そわそわしている. ● **have an ～** PALM[1]. **have ～ feet** 《口》落ちつかない; 《口》出かけたくて[職場を変わりたくて]うずうずしている. **～ fingers** 《口》盗みたくてうずうずしている指, 盗みぐせのある人の手. ♦ **ítch·i·ness** *n*

ITCZ °Intertropical Convergence Zone.

it'd /ɪtəd/ it had [would] の短縮形.

-ite /àɪt/ *suf*「…の人(の)」「…の信奉者(の)」の意の名詞・形容詞をつくる; 化石・鉱物・器官部分・塩類・爆薬・商品などの名詞をつくる; 形容詞・名詞・動詞をつくる: Israel*ite*, Hitler*ite* / ammon*ite*, anthrac*ite*, som*ite*, sulph*ite*, dynam*ite*, ebon*ite* / pol*ite*, favor*ite*, un*ite*. [OF, <Gk *-itēs*]

item /áɪtəm/ *n* **1** 箇条, 項目, 条項, 種目, 品目, 細目; 《新聞の》一つの記事, 《ニュースの》項目; 部材; 《漠然と》代物, こと, やつ; 《俗》(うわさの)二人, カップル: an ～ of furniture 家具一つ / ～*s* of business 営業種目 / local ～*s* 《新聞の》地方記事, 地方だね / ～ by ～ 一項目ずつ, 逐条的に / be an ～ 《口》‹男女が›できている. **2** 《廃》警告, ヒント: give [take] (an) ～. ► *adv* / ˌ*áɪtɛm/ 一つ(何々)《項目を次々に数え上げるとき》; 同じく, さらにまた. ► *vt* 《古》箇条書きにする; 《古》メモする; 《古》計算する. [L=likewise; (n)<(adv)]

ìtem·izátion *n* 箇条書き, 項目別分類; 項目リスト, 明細.

ítem·ize *vt* 箇条書き[項目リスト]にする, 明細に記す. ♦ **-ìz·er** *n*

ítem vèto 〘米〙項目別拒否権《議決法案の一部に対する, 州知事・大統領の拒否権》.

Ité·nez /itéɪnəs/ [the] イテネス川《GUAPORÉ 川のスペイン語名》.

it·er·ant /ítərənt/ *a* 反復する, 繰り返す. ♦ **ít·er·ance, -an·cy** *n* ITERATION.

it·er·ate /ítərèɪt/ *vt* 繰り返す (reiterate); 〘電算〙ITERATION を行なう. [L (*iterum* again)]

it·er·a·tion /ìtəréɪʃ(ə)n/ *n* 繰返し, 反復(されるもの); 〘数〙反復法《逐次近似の方法》; 〘電算〙イテレーション, 繰り返し, 反復(処理)《終了条件に達するまで一定の処理を繰り返すこと》; 〘電算〙版, バージョン.

it·er·a·tive /ítərətɪv, -rèɪt-/ *a* 反復の; くどい; 〘文法〙反復(相)の; 〘電算〙《一連のステップなどを》繰り返す, 反復する‹プロセス・手法›. ► *n* 〘文法〙反復相 (frequentative). ♦ **～·ly** *adv*

-ites *n suf* -ITIS の複数形.

ít gìrl 《俗》セクシーな[魅力的な]女(の子), イットガール《もとは映画 *It* (1927) に主演した Clara Bow のあだ名》.

Ith·a·ca /íθɪkə/ **1** イタケー (ModGk **Ithá·ki** /iθá:ki/)《ギリシアの西方イオニア諸島の島; 神話の Odysseus [Ulysses] の故郷》. **2** イサカ《New York 州中南部 Cayuga 湖に臨む市; Cornell 大学 (1865)》. ♦ **Íth·a·can** *n, a*

Ithun(n) ⇨ IDUN.

Ithu·ri·el /ɪθjú:riəl/ イスーリエル《Milton, *Paradise Lost* に出てくる, Satan の正体をあばいた天使》.

Ithúriel's spéar **1** 真偽を試す確実な基準. **2** 〘植〙California 周辺原産のユリ科トリテレイア属の草本.

ithy·phal·lic /ɪθɪfǽlɪk/ *a* 酒神バッコス (Bacchus) の祭礼の, 祭礼の際にかつぎ歩く男根像 (phallus) の; ‹絵画・彫刻が›勃起したペニスをもつ; 淫猥な; Bacchus 賛歌に用いる韻律の. ► *n* バッコス賛歌律の詩; 淫猥詩. [L<Gk (*ithus* straight)]

Iti /áɪti; áɪtaɪ/ *n* (*pl* **Ities**) EYETIE.

-it·ic /ítɪk/ *a suf* -ITE, -ITIS に対応する形容詞をつくる. [F<L<Gk *-itikos*]

-itides *n suf* -ITIS の複数形.

itin·er·a·cy /aɪtín(ə)rəsi, ə-/ *n* ITINERANCY.

itin·er·an·cy /aɪtín(ə)rənsi, ə-/ *n* 巡回, 巡歴, 遍歴; 巡回制度; 巡回を要する職[任務]; 巡回を任務とする人びとの一団《裁判官・説教師など》.

itín·er·ant *a* 巡回する, 巡歴の, 遍歴中の, 渡り歩く‹労働者など›; 地方巡回の; 巡回[遍歴]中に行なう: an ～ trader 旅商人, 行商人 / an ～ judge 巡回裁判官 / an ～ preacher 〘メソジスト教会〙巡回説教[布教]師. ► *n* 遍歴者, 渡り歩く人; 巡回布教師; 巡回判事; 旅商人, 旅役者《など》. ♦ **～·ly** *adv* [L (*itiner- iter* journey)]

itínerant eléctron 〘理〙遍歴電子.

itin·er·ary /aɪtínərèri, ə-; -r(ə)ri/ *n* 旅程, 道程; 旅行記, 旅日記; 旅行案内(書). ► *a* 旅行[旅程, 旅路]の; 《古》巡回[巡歴]する.

itin·er·ate /aɪtínərèɪt, ə-/ *vi* 巡回する, 巡遊する, 巡回説教する: an *itinerating* library 巡回図書館, 移動文庫. ♦ **itìn·er·á·tion** *n* ITINERANCY.

-i·tion /íʃ(ə)n/ *n suf* 動作・状態を表わす: pet*ition*, defin*ition*. [L]

-i·tious /íʃəs/ *a suf*「…の(性質のある)」: ambit*ious*, nutrit*ious*. [L]

-i·tis /áɪtəs/ *n suf* (*pl* **～·es, -it·i·des** /ítədì:z/, **-i·tes** /áɪtiz, í:-/)「炎症」; (*pl* **～·es**)「…による病気」「…に強いられる苦しみ」「…に対する強い性癖」「…狂」「…中毒」: bronch*itis*; adjectiv*itis*, television*itis*. [Gk]

it'll /ítl/ it will [shall] の短縮形.

ITN 〘英〙°Independent Television News.

ITO International Trade Organization 国際貿易機構.

-i·tol /ətɔ̀(:)l, ətòʊl, ətàl/ *n suf* 〘化〙「糖[多価]アルコール」: dulc*itol*, mann*itol*, xyl*itol*. [*-ite, -ol*]

-i·tous /⌐ətəs/ *a suf* -ITY で終わる名詞に対応する形容詞をつくる: felic*itous*, calam*itous*. [F<L]

its /ɪts, əts/ *pron* [it の所有格] それの, その, あれの, あの: A dog came out of ～ kennel. / A grapefruit has a flavor all ～ own.

it's /ɪts, əts/ it is [has] の短縮形: *It's* (=It is) fine. / *It's* (=It has) stopped. ● **It's** BEEN.

ITS °international temperature scale.

it·self /ɪtsélf/ *pron* [IT[1] の強調・再帰形] それ自身, そのもの; 正常な[健康な]状態. ● **by ～** (1) それだけで, 単独で, 独力で. (2) ひとりでに, 自動的に. **in and of ～** それ自体は. **in ～** 本来, 本質的に. **of ～** ひとりでに, 自然に. ★ ⇨ ONESELF. [OE (IT[1], SELF)]

ITT /àɪtì:tí:/ ITT (社) (～ Corp.)《米国の電話通信会社; 1920 年設立, コングロマリットに成長するが, 95 年 3 社に分割し, 他分野に転身した; 旧称 International Telephone and Telegraph Corp. (国際電話電信会社)》.

it·ty-bit·ty /ítibíti/, **it·sy-bi·tsy** /ítsibítsi/ 《口》*a* ちっちゃな, ちっぽけな, ちょっとした; [*derog*] 凝った; 細々した部分からなる. [*little bit* の幼児語か; または *bit* の影響をうけた *little* の加重幼児語か]

ITU intensive therapy unit 集中治療部 ♦ °International Telecommunication Union ♦ International Typographical Union 《1986 年解散》.

ITUC °International Trade Union Confederation.

It·u·raea, -rea /ìtʃərí:ə/ イツリヤ《パレスティナ北東部 Damascus の南にあった古代国家》. ♦ **Ìt·u·ráe·an, -ré·an** *a, n*

Itur·bi·de /ì:tùərbí:ðeɪ/ イトゥルビデ **Agustín de ～** (1783–1824)《メキシコ皇帝 (1822–23); もとはスペイン軍の軍人; 独立達成後皇帝 Agustín 1 世となるが翌年追放された》.

ITU-T International Telecommunication Union-Telecommunication Standardization Sector《国際電気通信連合 (ITU) の国際標準規格の検討部門; 1993 年, それまで ITU の委員会だった CCITT などの業務を引き継いで発足》.

ITV, iTV interactive television 双方向テレビ(番組).

ITV 〘英〙°Independent Television ♦ °instructional television.

-i·ty /⌐əti/ *n suf* 性質・状態・程度などを表わす: prob*ity*, regular*ity* (⇨ -TY[2]). [OF<L *-itas*]

i-type semiconductor /áɪ— —/ INTRINSIC SEMICONDUCTOR.

IU °international unit(s). **IUCD** °intrauterine contraceptive device. **IUCN** International Union for Conservation of Nature 国際自然保護連合《1948 年設立; 本部スイスの Gland》.

IUD 〘医〙intrauterine death《胎児の》子宮内死 ♦ °intrauterine device.

Iugurtha ⇨ JUGURTHA.

Iu·lus /aɪjú:ləs/ 〘ロ神〙イウールス《(1) ASCANIUS の別称 2) その子でユリウス族の祖》.

-ium /⌐iəm, jəm/ *n suf* ラテン語系の名詞, 化学元素の名詞をつくる; 窒素塩基のイオン; 器官部名・生体組織名などを表わす: med*ium*, prem*ium*, rad*ium*, irid*ium* / anilin*ium* / hypogastr*ium*, mycel*ium*. [L<Gk]

IUPAC /jú:pæk/ International Union of Pure and Applied Chemistry 国際純正応用化学連合《1919 年設立》.

IV /àɪví:/ *n* 《主に米》静注(器具), 点滴(装置). [*intravenous*]

IV intravenous(ly) (cf. IM).

Ivan /áɪv(ə)n/ **1 a** アイヴァン《男子名》. **b** ロシア人[兵]. **2** /ivá:n, áɪv(ə)n/ イヴァン (1) **～ III Vasilyevich** (1440–1505)《モスクワ大公 (1462–1505); 通称 'the Great'; 諸公国を併合, モンゴル人による支配を終わらせ, 中央集権国家の基礎を固めた》 (2) **～ IV Vasilyevich** (1530–84)《モスクワ大公 (1533–84); 通称 'Terrible' (雷帝); 1547 年に初めて公式にツァーリ (tsar) の称号を用い, 中央集権国家を完成させた》. [Russ; ⇨ JOHN]

Ivan·hoe /áɪvənhòʊ/ アイヴァンホー《Sir Walter Scott の同名の歴史小説 (1819) の主人公の騎士; ノルマン人の圧政からサクソン人を守り, Locksley (Robin Hood) と共に Richard 1 世の復位をたすける》.

Ivan Iva·no·vi(t)ch /áɪv(ə)n aɪvǽnəvɪtʃ, ivá:n ivá:nəvɪtʃ/ イヴァン・イヴァノヴィチ《典型的なロシア人; cf. JOHN BULL》.

Iva·no-Fran·kivsk /ivá:nəfrɑ:nkífsk/, **-Fran·kovsk** /-frɑ:nkɔ́:fsk/ イヴァノ-フランキフスク[フランコフスク]《ウクライナ南西部の市; 旧称 Stanislav》.

Iva·no·vo /ivá:nəvə/ イヴァノヴォ《ヨーロッパロシア中部 Nizhny Novgorod の西北西にある市; 旧称 **Ivánovo Voz·ne·sénsk** /-vɑ̀znəsénsk/ (イヴァノヴォヴォズネセンスク)》.

IVB °invalidity benefit.

I've /àɪv/ I have の短縮形: *I've* done it.
-ive /⌐ɪv/ *a suf*「…の傾きのある」「…の性質を有する」《名詞として用いられるものが多い》: nat*ive*, capt*ive*, fest*ive*, sport*ive*, mass*ive*, explos*ive*. [OF＜L *-ivus*]
iver·mec·tin /àɪvərméktən/ *n* 〘薬〙 イベルメクチン《動物・ヒトの寄生虫駆除薬》.
Ives /áɪvz/ アイヴズ (1) **Charles** (**Edward**) ～ (1874–1954)《米国の作曲家》(2) **Frederick Eugene** ～ (1856–1937)《米国の近代的写真凸版の発明家》(3) **James Merritt** ～ ⇨ CURRIER AND IVES. ♦ **～·ian** *a* C. E. Ives (風)の.
IVF °in vitro fertilization.
ivied /áɪvid/ *a* IVY の茂った, キヅタでおおわれた; ACADEMIC.
Iviza ⇨ IBIZA.
IVM 〘医〙 in vitro maturation《未成熟卵子の》体外成熟(培養).
Ivo /áɪvou, í:-/ アイヴォ, イーヴォ《男子名》. [OHG＝yew; cf. ↓]
Ivor /áɪvər, í:-/ アイヴァー, イーヴァー《男子名》. [Celt＝(one who carries) yew (＝bow); cf. Welsh *Ifor* lord]
Ivor·i·an /aɪvɔ́:riən/ *a, n* コートジヴォアール (*F* Côte d'Ivoire) の(人).
ívo·ried *a* 象牙製の, 象牙でおおわれた, 象牙に似た.
ivo·ry /áɪv(ə)ri/ *n* 象牙,《イッカク・セイウチなどの》きば; 象牙質; 象牙色, アイボリー; 象牙に似たもの, 象牙製の物;《口》ビリヤードの球,《ピアノなどの》キー, さいころ《など》; [ᵘ*pl*]《口》歯; VEGETABLE IVORY;《俗》頭蓋骨: artificial ～ 人造象牙 / tickle [tinkle] the *ivories* [*joc*] ピアノを弾く / show one's *ivories*《俗》歯をむきだす / wash [rinse] one's *ivories*《俗》酒を飲む. ► *a* 象牙製の, 象牙に似た; 象牙色の; IVORY-TOWERED: ～ manufactures 象牙製品 / an ～ skin. [OF (L *ebor- ebur*); cf. ELEPHANT]
Ivory アイヴォリー **James** ～ (1928–)《米国の映画監督; *A Room with a View* (眺めのいい部屋, 1985)》.
ívory-bìlled wóodpecker, ívory·bìll 〘鳥〙 ハシジロキツツキ《北米・キューバ産; 国際保護鳥》.
ívory bláck アイボリーブラック《象牙を焼いた黒色顔料で油に混ぜやすく変色しない》.
Ívory Cóast [the] 象牙海岸《CÔTE D'IVOIRE の英語名》. ♦ **～·er** *n*
ívory dóme*《俗》知識人, 専門家.
ívory gáte 〘ギ神〙 象牙の門《眠りの住まいの門で, 夢の出てくるところ; cf. GATE OF HORN》.
ívory gùll 〘鳥〙 ゾウゲカモメ《北極圏産》.
ívory-hùnt·er *n**《俗》新人スカウト《特に 野球の》.
ívory nùt ゾウゲヤシ (ivory palm) の果実 (cf. VEGETABLE IVORY).
ívory [ívory-nùt] pàlm 〘植〙 (アメリカ)ゾウゲヤシ.
ívory-thùmp·er *n**《俗》ピアノ弾き.
ívory tówer 象牙の塔《俗世間を離れた逃避の場; 学問の世界》; 超俗的態度: be shut up [live] in an ～ 象牙の塔にたてこもる. ♦ **ívory-tówer** *a* **ívory-tówer·ish** *a*
ívory-tówered *a* 世俗と縁を切った, 象牙の塔に住む; 人里を遠く離れた.
ívory·tỳpe *n*《古》アイボリータイプ《天然色効果を出す写真; 今日は使用されない》.
ívory yéllow [whíte] 乳白色, 象牙色.
ivy /áɪvi/ *n* **1** 〘植〙 **a** キヅタ属の各種,《特に》セイヨウキヅタ. **b** POISON IVY. **2** [ᵘI-]《口》IVY LEAGUE の大学. **3** [I-] アイヴィー《女子名》. ► *a* 学園の, 学究的な; 純学理的な; [ᵘI-] IVY LEAGUE の. [OE *īfig*; cf. G *Efeu*]
ívy gerànium 〘植〙 ツタバゼラニウム《南米原産》.
Ívy Léague *n* [the] アイヴィーリーグ《米国北東部の名門 8 大学: Harvard, Yale, Columbia, Princeton, Brown, Pennsylvania, Cornell, Dartmouth; この 8 大学からなる競技連盟》. ► *a* アイヴィーリーグの; アイヴィーリーグ的な《教養と育ちの良さがあり, 地味で保守的》. [校舎・寮にツタにおおわれた煉瓦の建物が多かった]
Ívy Léague cùt*《俗》(短い)角刈り (crew cut).
Ívy Léaguer アイヴィーリーグの学生[卒業生].
ívy-lèaved tóadflax 〘植〙 ツタバウンラン, ツタガラクサ (Kenilworth ivy).
ívy vìne 〘植〙 **a** ノブドウ属の一種《米国中部産》. **b** アメリカヅタ (Virginia creeper).

IW inside width ♦ °Isle of Wight ♦ isotopic weight.
IWA International Whaling Agreement 国際捕鯨協定.
IWC °International Whaling Commission.
iwi /í:wi/ *n* (*pl* ～)《NZ》《Maori の》種族, 部族. [Maori]
iwis, ywis /iwís/ *adv*《古》きっと, 確かに (certainly).
Iwo /í:wou/ イウォ《ナイジェリア南西部 Ibadan の北東にある市》.
IWW °Industrial Workers of the World.
Ix·elles /iksél/ イクセル《ベルギー中部 Brussels 首都地域の町; フラマン語名 Elsene》.
ix·ia /íksiə/ *n* 〘植〙 イキシア, イクシア《アヤメ科イキシア属 (*I-*) の植物; 大型のみごとな花をつける; 南アフリカ原産》. [L＜Gk]
ix·io·lite /íksiəlàɪt/ *n* 〘鉱〙 イクシオン石《pegmatite 中に存在する黒灰色・亜金属光沢の鉱物》. [Swed]
Ix·i·on /ɪksáɪən/ **1** 〘ギ神〙 イクシーオーン《Lapith 族の王; Hera を犯そうとして Zeus の怒りに触れ, 欺かれて Nephele と交わり, のち永遠に回り続ける火焔車に縛りつけられた》. **2** 〘理〙 イクサイオン《制御核融合研究の実験用磁気鏡》. ♦ **Ix·i·o·ni·an** /ìksióuniən/ *a*
ix·nay /íksnèɪ/ *n**《俗》NIX¹: ～ on…はだめ, …はいけない. [pig Latin]
ix·o·did /íksədìd, ɪksóudəd/ *n, a* 〘動〙 マダニ(の).
ix·o·ra /íksərə/ *n* 〘植〙 イクソラ《熱帯原産アカネ科サンタンカ属[イクソラ属] (*I-*) の常緑低木または小高木; 花は多数の花が集合して美しく, 観賞用とする》. [Hindi＝Divinity]
Ixtaccíhuatl, Ixtacíhuatl ⇨ IZTACCÍHUATL.
ix·tle /íkstli/ *n* ISTLE.
Iyar, Iy·yar /í:jà:r/ *n* 〘ユダヤ暦〙 イッヤル《政暦の第 8 月, 教暦の第 2 月; 現行太陽暦で 4–5 月; ⇨ JEWISH CALENDAR》.
Iyen·gar /ijéŋgɑ:r/ *n* アイアンガーヨガ《インドの B.K.S. Iyengar (1918–) が考案した, ロープや台などの補助具を使うヨガ》.
Izaak /áɪzək, -zɪk/ アイザック《男子名》. [⇨ ISAAC]
Iza·bal /ì:zəbá:l, -sə-/ [Lake] イサバル湖《グアテマラ東部の湖》.
Izal·co /ɪzǽlkou, isá:l-/ イサルコ《エルサルバドル西部の活火山 (1950 m)》.
iz·ard /ízərd/ *n* 〘動〙 Pyrenees 山脈産のシャモア (chamois). [F *isard*＜?]
-iza·tion,《英》**-isa-** /əzéɪʃ(ə)n; aɪ-, ɪ-/ *n suf* [-IZE, -ISE に終わる動詞から名詞をつくる]: civil*ization*, organ*ization*.
iz·ba /ɪzbá:/ *n* ISBA.
-ize,《英》**-ise** /àɪz/ *v suf*「…にする[なる]」「…化する」「…で処理する」「…の方法で取り扱う」「…を生み出す」「…を奉ずる, 広める」: civil*ize*, critic*ize*, organ*ize*, Finland*ize*. [OF, ＜Gk]
Izhevsk /í:ʒɛ̀fsk/ イジェフスク《ヨーロッパロシア東部 Udmurtiya 共和国の首都》.
Iz·may·il /ì:smɑ:í:l, ízmiəl/ イズマイル (*Russ* **Iz·ma·il** /ízmiəl, ìsmɑí:l/)《ウクライナ南西部の市; Danube 川三角洲の北に位置する; ルーマニア語名 Ismail》.
Iz·mir /ɪzmíər/ イズミル《トルコ西部, エーゲ海の入江イズミル湾 (the **Gúlf of ～**) に臨む港湾都市; 旧称 Smyrna》.
Iz·mit /ɪzmít/ イズミット《トルコ北西部 Marmara 海東端のイズミット湾 (the **Gúlf of ～**) に臨む港湾都市; 古代名 Astacus, Nicomedia》.
Iz·nik /íznɪk/ *n* イズニック《トルコ北西部, Marmara 海の東にあるイズニック湖 (**～ Láke**) 東岸の村; 古代名 Nicaea》. ► *a* イズニック陶器の《元来 15–17 世紀に Iznik で作られた色あざやかな陶器・タイルおよびそれを模倣した製品についていう》.
Iz·tac·cí·huatl, Ix·tac·cí- /ì:stɑ:ksí:wà:tl/, **-ta·cí-** /ì:stɑ:sí:-/ イスタクシワトル《メキシコ中南部 Mexico City の南東にある休火山 (5286 m)》.
Iz·ves·ti·ya, -tia /ɪzvéstijə/『イズヴェスチヤ』《ロシアの新聞; 旧ソ連の政府機関紙; 1991 年独立紙に転換》. [Russ＝news]
iz·zard /ízərd/ *n*《古・方》ゼッド (z) の字. ● **from A to ～** 始めから終わりまで, 完全に. [C18 *ezed*＜? F *et zède*]
iz·zat /ízət/ *n*《インド》名誉, 名声, 体面, 自尊心; 威厳. [Arab＝glory]
iz·zat·so /ɪzǽtsou/ *int**《俗》何だ, やる気か《挑戦》, そんなばかな《不信》. [*Is that so?*]
Iz·zy /ízi/ イジー《男子名; Isador(e), Isidor(e), Israel の愛称》.

J

J, j /ʤéɪ/ *n* (*pl* **J's, Js, j's, js** /-z/) ジェイ《英語アルファベットの第 10 字》; J の表わす音; J 字形(のもの); 10 番目(のもの); [J] J PEN; [J]《俗》マリファナ(タバコ) (joint) (cf. MARY JANE);〘数〙y 軸に平行な単位ベクトル. ★ J はもと I の異形として母音字 (I) にも子音字 (J) に用いられた. J を子音字, I を母音字とする区別が一般に確立したのは 17 世紀半ばである. そのため K [L, M, …] が「10 [11, 12, …]番目」の意味で用いられることがある (cf. U).

j〘電〙虚数単位 ($\sqrt{-1}$). **j, J**〘理〙joule(s).

J〘電〙°current density ♦〘トランプ〙jack ♦ Japan ♦ Journal ♦ °J particle ♦ Judge ♦ jumper ♦ °jump shot ♦ Justice.

ja /já:/ *adv* YES. [G]

JA Jamaica ♦ °joint account ♦ °Judge Advocate ♦ °Junior Achievement.

já·al gòat /ʤéɪəl-, já:əl-/〘動〙ヌビアアイベックス《角が細長いウシ科の動物; 北アフリカ・アラビアの山岳地産》. [Heb=wild goat; cf. JAEL]

jaap /já:p/ *n*《南ア》まぬけ, 田舎者. [Afrik]

jab /ʤǽb/ *vt, vi* (-bb-)《こぶし・ひじなどで》すばやく突く,〘ボク〙ジャブする;《とがったもので》ぐいと突く; ずぶり[ぐさり]と突き刺す (stab);〈物を〉ぐいと突っ込む 〈*into*〉;《口》(…に)皮下注射をする: ～ (*at*) one's opponent 相手にジャブをいれる / ～ sb *in* the side 人の脇腹をつつく / ～ one's finger *at*…《怒り・いらだち・非難などの気持で》…を人差し指で激しくこづく. ● **～ a vein***《俗》ヘロインを打つ. **～ out**《先のとがったもので》えぐり取る. ► *n*《急激な》突き,〘ボク〙ジャブ;〘軍〙二度突き《突っ込んだ銃剣を抜かずにさらに突く》;《口》(皮下)注射; 批判, 非難. ● **take a ～ at** sb 人に打ちかかる; ジャブを見舞う; 人を批判[非難]する. **trade ～s** ジャブを交わす; 議論を戦わす, 論争をする 〈*over, on*〉. [JOB[2]]

Jabal ⇨ BAHR AL-JABAL.

Jabal Mūsā ⇨ Gebel MUSA.

Ja·bal·pur /ʤʌ́bəlpʊ̀r; ʤʌ̀bəlpʊ́ər/, **Jub·bul·pore** /-pɔ̀:r; -pʊ́ər/ ジャバルプール《インド中部 Madhya Pradesh 東部の市》.

jab·ber[1] /ʤǽbər/ *vi, vt* (わけのわからないことを)ペチャクチャしゃべる;〈サルなどが〉キャッキャッと叫ぶ. ► *n* 早口でわけのわからないおしゃべり. ♦ **～·er** *n* [ME (imit)]

jabber[2] *n*《口》(皮下)注射器[針]; *《俗》薬(ヤク)をうつ常用者. [*jab*]

jab·ber·wock(y) /ʤǽbərwɑ̀k(i)/ *n* 無意味なことば[話], わけのわからないことば; [〈*a*〉] ちんぷんかんぷんの. [*Jabberwocky*: Lewis Carroll, *Through the Looking-Glass* 中のナンセンス詩]

Ja·bez /ʤéɪbɛz/ ジェーベズ《男子名》. [Heb=?sorrow; ?height]

Jā·bir ibn Ḥay·yān /ʤǽbɪər ɪ̀b(ə)n haɪjǽn/ ジャービル・イブン・ハイヤーン **Abū Mūsā** ～ (c. 721–c. 815)《アラブの錬金術師; 'アラブ化学の父' といわれる; ⇨ GEBER》.

jab·i·ru /ʤǽbərù:, ⏑⏑ー/ *n*〘鳥〙**a** ズグロハゲコウ《熱帯アメリカ産》. **b** トキ(イロ)コウ (wood ibis)《アフリカ・インド産》. **c** クラハシコウ《アフリカ産》. **d** セイタカコウ (saddle-bill)《アフリカ・インド・豪州産》. [Port＜Tupi]

jáb·òff *n**《俗》薬(ヤク)の皮下注射(の効きめ).

ja·bo·ney, ji- /ʤəbóʊni/ *n**《俗》新入り移民, 新米, うぶなやつ;《腕っぷしの強い》悪党, 用心棒 (muscleman), ボディーガード; よくテレビにゲスト出演する専門家.

jab·o·ran·di /ʤæ̀bərǽndi, ʒæ̀b-, *-rændí:/ *n* ヤボランジ《**1**〘植〙ブラジルのミカン科の低木 **2**) その乾燥葉; 利尿・発汗剤を採る》. [Port＜Tupi]

ja·bot /ʒæbóʊ, ʤǽboʊ; ʒǽboʊ/ *n* ジャボ《**1**) 婦人服 またはスコットランド高地服のレースの胸部ひだ飾り **2**) 昔の男子用シャツの胸部ひだ飾り》. [F=crop of bird]

ja·bo·ti·ca·ba /ʒəbù:tɪká:bə, ‖ʤæbɑ̀t-/ *n*〘植〙ジャボチカバ《ブラジル原産のフトモモの一種; 熟果は紫色で食用》. [Port＜Tupi]

jáb pòp **vi*《俗》薬(ヤク)をうつ.

ja·cal* /həká:l/ *n* (*pl* **-ca·les** /-ká:leɪs/, **～s**) ハカール《メキシコや米南西部地方に見られる柱間を粘土で固めたわらぶき小屋》. [AmSp＜Nahuatl]

jac·a·mar /ʤǽkəmɑ̀:r, ʒǽk-/ *n*〘鳥〙キリハシ《キツツキ目キリハシ科の鳥の総称; 熱帯アメリカ産》. [F＜Tupi]

ja·ca·na /ʤəká:nə, ʤǽkənə/, **ja·ça·na** /ʒà:səná:; ʤæs-/ *n*〘鳥〙レンカク (＝*lily-trotter, water pheasant*)《熱帯地方産》. [Port＜Tupi]

jac·a·ran·da /ʤæ̀kərǽndə/ *n*〘植〙ジャカランダ《ノウゼンカズラ科ジャカランダ[キリモドキ]属 (*J-*) の各種の樹木; 藍色の花を円錐花序につける; 熱帯アメリカ原産》. [Port＜Tupi]

j'accuse /*F* ʒakyz/ *n* 強い非難, 糾弾, 告発; [J-]「余は弾劾す」(1898)《Zola が Dreyfus 事件を弾劾した公開状; この句で始まる》. [F=I accuse]

ja·cinth /ʤéɪs(ə)nθ, ʤǽs-/ *n*〘鉱〙ジャシンス《HYACINTH (黄褐色の風信子石); さらにオレンジ色に近い宝石を指すこともある》; 赤みがかったオレンジ色. [OF or L HYACINTH]

ja·cinthe /ʤéɪs(ə)nθ, ʤǽs-, ʒɑ:sǽnt/ *n* 赤みがかったオレンジ色. [F]

jack[1] /ʤǽk/ *n* **1** [J-] ジャック《男子名; John, 時に James, Jacob の愛称》. **2 a** [J-] 普通の男; [[s]J-] 無礼なやつ, はがゆいやつ; [[o]J-] 男 (man), やつ (fellow), 少年 (boy)《every man ～, every ～ one of them などの句で強意語として用いる》; [J-]《俗》仲間, 相棒, あんた (buddy, guy)《通例 見知らぬ男性への呼びかけに用いる》: Every *J*～ has his Jill.《諺》どんな男にも(似合いの)女がいるものだ (cf. JACK AND JILL) / *J*～ of all trades, and master of none.《諺》何でもやれる人に秀でた芸はない, 多芸は無芸 (cf. JACK-OF-ALL-TRADES). **b** 動物の雄 (opp. *jenny*),《特に》ロバの雄; アジ科の数種の魚; カワカマスの幼魚, サケの雄の幼魚;〘動〙JACKRABBIT;〘鳥〙JACKDAW;〘鳥〙JACKSNIPE;《豪》ワライカワセミ (laughing jackass). **3** [[o]J-] 水兵, 水夫 (jack-tar); [[s]J-] 使用人, 召使, 労働者, 雑役夫; JACK-OF-ALL-TRADES; 大道商人, 呼び売り商人 (cheap-jack); 木材伐り出し人 (lumberjack); ‖《俗》警官 (policeman), 刑事 (detective), 憲兵: ～ at a pinch (急場の)臨時雇い《人》/ *J*～ is as good as his master.《諺》召使は主人に劣らず; 人はみんな同じ. **4**《トランプの》ジャック (knave); JACKPOT; BLACKJACK. **5**《ローンボウリングの》標的用小球 (＝*dib*);《特に JACKS で用いる》JACKSTONE. **6 a**《時計の》時打ちジャック (＝*clock jack, jack-o'-the-clock*)《古い教会堂などの大型時計のベルを打つハンマーを持った機械人形》. **b** ジャッキ, 押上げ万力《ねじジャッキ・水圧ジャッキ・自動車用ジャッキなど》; ジャック《ハープシコード・ピアノなどの鍵の奥に垂直にセットしてある木片で, アクションを弦に伝える部材》. **c**〘海〙檣頭(しょうとう)横材;《舞台用の》大道具の突っ張り棒; 焼き串回転具 (smokejack); 靴脱ぎ (bootjack). **d**《鉄道俗》機関車 (locomotive). **7** 船首旗《国籍を示す小旗; cf. UNION JACK》; 夜間漁猟用たいまつ[閃光灯], 夜間漁猟用の灯油容器 (cf. JACKLIGHT). **8**〘電〙ジャック《プラグの差込み口》. **9**〘飛込み〙JACKKNIFE. **10** APPLEJACK; BRANDY; JACK CHEESE;《俗》ちょっとした嗜好品《タバコ・菓子など》; *《俗》巻きタバコを作るためのタバコ. **11**《俗》金, ぜに (money). **12**《俗》何も[少しも]なし, ゼロ (nothing), JACK SHIT: not worth ～ 何の価値もない / know ～ about…のことはてんで知らない. **13** [*compd*] 普通より小型のもの: *jack*shaft. ● **a** PIECE **of ～.** HOOK **J～. I'm all right, J～.**《口》自分はだいじょうぶだ《人のことは知らないが》. **on one's J～ (Jones)**《俗》一人で (alone). ► *a*〈ロバなどが〉雄の. ● **be ～ of…**《豪俗》…にうんざりしている. ► *vt, vi* **1** ジャッキで上げる[起こす]. **2** たいまつ[閃光灯など]で夜釣り[夜猟]をする,《特に》夜中に鹿の密猟をする (＝*jacklight*). **3***《空軍俗》さっと機首をかわす (jank). **4***《俗》盗む, 強盗する; *《俗》…から強奪する, 襲って奪う. ● **～ around***《俗》時間をむだに費やす, ばかなことをやっている, ふざける; *《俗》おせっかいをする,〈…に〉ちょっかいを出す 〈*with*〉. **～ sb around***《俗》人をからかう, 困らせる, いじめる, じらす. **～ in** ‖《俗》〈仕事・計画などを〉やめる, 投げ出す;《口》〈装置などを〉つなぐ,〈インターネットなどに〉接続する 〈*to*〉. **～ off** ‖《俗》行ってしまう, ずらかる. **～ out***《俗》銃を抜く, 銃をちらつかせる. **～ sb's** WIG. **～ up** ジャッキで押し上げる;〈仕事・計画などを〉投げ出す, 放棄する (give up); *《口》〈値段・賃金などを〉引き上げる (raise), 値上げする;《口》〈スピードを〉上げる;《口》…の質[程度]を高める;《口》〈人〉に自信を持たせる, 支持する; *《口》《非行・怠慢のため》〈人を〉しかる, …に焼きを入れる (reproach),〈人〉の責任を問う,〈人〉に気合いを入れる;《俗》興奮させる, 奮い立たせる;《俗》さんざんなぐる;《豪俗》拒否する, …に抵抗する; ‖《口》取り決める (fix), 直す (put right);《NZ俗》取りまとめる, 整理する;《俗》薬(ヤク)をうつ (shoot up); *《俗》強盗をする (hold up); *《俗》(身体捜査して)尋問する, 職務質問する. ♦ **～·er** *n* [JOHN; 語形は F *Jacque* James との連想]

jack[2] *n*《中世の歩兵の》革製袖なし上着;《革製のビールの》ジョッキ (blackjack). [F *jaque*＜?]

jack[3] *n*〘植〙JACKFRUIT. [Port *jaca*＜Malayalam]

jack[4] *vi, vt* [次の成句で]: **～ off***《卑》自慰する,〈男〉に手淫をしてやる (masturbate). [*jerk off* あるいは *ejaculate*]

jàck-a-dándy /-ə-/ *n* しゃれ者; うぬぼれ屋.

jack·al /ʤǽk(ə)l, -ɔ̀:l/ *n* **1**〘動〙ジャッカル《アフリカ・欧州・アジアにすむイヌ科の雑食動物》. **2** [*fig*] 下働き, お先棒かつぎ, 手下, だしに使われる者《ジャッカルはライオンのために獲物をあさると信じられたところから》; 悪者, 詐欺師; [〈*a*〉] 先棒かつぎ的な. ► *vi* (-ll-) 下働きをつとめる 〈*for*〉. [Turk＜Pers]

jáck-a'-làntern /-ə-/ *n* JACK-O'-LANTERN.

jáckal bùzzard 〘鳥〙シロハラノスリ《アフリカ産》.

jáck-a-Lènt /-ə-/ *n* 四旬節 (Lent) の遊びに用いる人形; つまらない人. [*jack*＋*a* (＝of)＋*Lent*]

jack·a·napes /ʤǽkənèɪps/ *n* 《猿のように》生意気なやつ, 気取り屋; こましゃくれた子供, いたずらっ子; 《古》《ならした》猿. [ME *jack Napis* Suffolk 公 William de la Pole (1396–1450) のあだ名]

Jáck and Jíll 若い男女《英国の伝承童謡では山に水を汲みに行く男の子と女の子》.

Jáck and the Béanstalk 「ジャックと豆の木」《英国民話》.

jackaroo ⇨ JACKEROO.

jáck·àss *n* 雄ロバ, ロバ; /; ᵁ-ɑ̀ːs/ 《口》まぬけ, のろま, 田舎者; 《豪》ワライカワセミ (laughing jackass, kookaburra). ◆ **jáck·àss·ery** *n* 愚行. [*jack*[1]]

jáckass rìg 〘海〙ジャッカス艤装《リグ (rig) の艤装を部分的に簡略化している》; *《俗》SHOULDER HOLSTER.

jáck bèan 〘植〙ナタマメ《飼料作物; 時に食用》.

jáck·blòck *n* 〘建〙ジャックブロック工法, リフトスラブ (lift-slab) 工法. [商標]

jáck·bòot *n* **1 a** 《ひざ上まである》長靴(ちょうか)《17–18 世紀の騎兵やナチスの兵士が用いた; 今は漁師などが用いる》. **b** 《ひもなしでふくらはぎまでの》軍用長靴. **2** 強圧的な行為[精神], 強制, 専横, 軍国主義; 強圧的[残酷]な人物. ► *vt* 強圧的に服従させる.

jáck·bòot·ed *a* 長靴(ちょうか)を履いた; 容赦なく強圧的な: ～ militarism.

jáckboot tàctics 強制[強圧]手段, 脅迫戦術.

jáck-by-the-hédge *n* 〘植〙GARLIC MUSTARD.

jáck chèese [ᴼJ- c-] ジャック(チーズ) (MONTEREY JACK).

jáck creválle 〘魚〙ムナグロアジ.

jáck·dàw *n* **1** 〘鳥〙ニシコクマルガラス《ユーラシア・北アフリカ産; よくなつき人語をまねる》; [*fig*] おしゃべり. **2** 〘鳥〙GRACKLE《北米産》.

jáck-déuce *adv*, *a**《俗》かしいで[だ] (askew).

jacked /ʤǽkt/ *a**《俗》薬(やく)に酔って, ハイになって (jacked up); *《俗》興奮して, わくわく[ぞくぞく]して; [ᴼ～ off [out]]《俗》いらいらして, うんざりして. [*jack*[1]]

jácked úp *a**《俗》《薬(やく)などで》酔って, 興奮して, ハイになって; *《俗》わくわくして; *《俗》気が転倒して, 心配して, そわそわ[やきもき]して; *《俗》思い上がった, はねあがりの; *《俗》逮捕されて, あげられて; *《俗》だめになって, 進退きわまって; 《豪俗》性病にかかって.

jack·een /ʤækíːn/ *n* 《アイル》[*derog*] 小生意気なダブリン人, 街のやつ, つまらない男. [*-een*[2]]

jack·e·roo, -a- /ʤæ̀kərúː/ *n* (*pl* ～s) 《豪口》《牧場の》新参の見習い雇人; *《俗》カウボーイ. ► *vi* 《豪口》見習いとして働く. [*jack*[1]＋kangaroo]

jáck·er-úpper *n**《俗》高くする[上げる]者, 《特に》値上げするやつ.

jack·et /ʤǽkət/ *n* **1 a** 《袖付きの, 通例腰のあたりまでの丈の》上着, ジャケット《単独またはスーツの一部として着用する》; ジャンパー; MONKEY JACKET. **b** CORK JACKET; STRAIGHTJACKET. **2** 《動物の》皮, 《犬・猫などの》毛皮; 《調理した》ジャガイモの皮: potatoes boiled *in their* ～*s* 皮ごとゆでたジャガイモ. **3 a** 《書物の》カバー, ジャケット (＝*book jacket, dust cover* [*jacket, wrapper*], *wrapper*)《英語の cover は表紙のこと》; 紙表紙本の表紙《本の前べりの所で裏へ折り曲げたもの》; 《小冊子・目録などの》表紙. **b** 《レコード・CD の》ジャケット; *《書類などを入れた》無封の封筒, 包み紙; 〘郵〙書留便運搬ケース. **4** 包被, 被覆物; 《水冷[液冷]エンジンの》水ジャケット; 《砲身・銃身などを包む》被筒; 《水冷式機関銃の》冷却筒; 《小銃弾の弾丸先端を包む》被甲, ジャケット; 薬莢(やっきょう); ジャケット《海洋採収井を波浪から守るため海底に固定した櫓状の構造物》. **5** *《俗》YELLOW JACKET《麻薬》. **6** *《警察俗》《犯人の》調書(のファイル), 前歴; *《俗》《囚人の》評判; *《軍俗》《個人の》服務記録. ● DUST [TRIM] sb**'s** ～. ► *vt* **1** …にジャケットをかぶせる; 被覆する. **2** 《口》ひっぱたく, なぐる. ◆ ～**·ed** *a* ～**·less** *a* ～**·like** *a* [OF (dim)〈JACK[2]]

jácket cròwn 〘歯〙ジャケットクラウン, ジャケット冠《レジン・陶材などでできた人工歯冠》.

jácket potátoᴴ ジャケットポテト《皮のついたまま焼いたジャガイモ; しばしばバター・チーズ・ハムなどをはさんで食べる》.

jack·ey /ʤǽki/ *n* **1** ᴴ《俗》ジン (gin). **2** [ᴼJ-]《豪俗》先住民の男 (Jacky).

Jáck·fìeld wàre ジャックフィールド焼き《イングランド Shropshire の村 Jackfield で 18 世紀中葉に焼かれた赤色粘土を用いた黒釉(ゆう)陶器》.

jáck·fìsh *n* 〘魚〙PIKE[4], PICKEREL.

Jáck Fróst 「霜」「厳寒」「冬将軍」《霜の擬人的表現》: before ～ comes 厳寒の前に.

jáck·frùit *n* 〘植〙**a** パラミツ, ナンカ, ジャックフルーツ《南インド原産のクワ科の大樹; 材は有用, 巨大な果実 (5–40 kg) は食用》. **b** DURIAN. [*jack*[3]＋*fruit*]

jáck-gò-to-béd-at-nóon *n* 〘植〙GOATSBEARD《キク科》.

jáck·hàmmer* *n* 携帯用削岩機, ジャックハンマー (pneumatic drill); AIR HAMMER. ► *vt* 繰り返し[たてつづけに]激しく[やかましく]たたく.

Jáck Hórner ジャック・ホーナー《英国の伝承童謡の男の子; 歌詞は 'Little ～ | Sat in the corner, | Eating a Christmas pie; | He put in his thumb, | And pulled out a plum, | And said, What a good boy am I!'》.

Jáck·ie **1** ジャッキー《**1)** 女子名 **2)** 男子名》. **2** [ˢj-]《豪俗》先住民の男 (Jacky). [(dim); ⇨ JACQUELINE, JACK]

Jackie-O /-´- óʊ/ *a* ジャッキー・オナシス (Jacqueline Onassis) 風の.

jáck-in-a-bòx *n* (*pl* **jácks-**, ～**·es**) 〘植〙ハスノハギリ《熱帯海岸産の常緑高木》; ᴴCUCKOOPINT; JACK-IN-THE-BOX.

jáck-in-òffice *n* (*pl* **jácks-**) [ˢJ-] いばりくさった[もったいぶった]小役人, 横柄な俗吏.

jáck-in-the-bòx *n* (*pl* ～**·es, jácks-**) [ˢJ-] 人形[ピエロの頭など]が飛び出すびっくり箱; 《各種の》機械装置[仕掛け], 〘機〙差動装置 (differential gear); *ヤドカリ.

Jáck-in-the-Grèenᴴ *n* (*pl* ～**s, Jácks-**) 《May Day の遊戯で》青葉で囲まれた屋台に入れられた男[子供].

jáck-in-the-púlpit *n* (*pl* ～**s, jácks-**) 〘植〙**a** テンナンショウ《サトイモ科》. **b** ᴴCUCKOOPINT.

jáck jòb 《卑》自慰.

Jáck Kétch /-kɛ́ʧ/ ᴴ《古》絞首刑執行人 (hangman). [17 世紀の英国の有名な絞首刑吏の名から]

jáck·knìfe *n* ジャックナイフ《折り込み式の丈夫な大型ナイフ》; 〘飛込み〙ジャックナイフ(ダイブ)《えび形飛込み》. ► *vt, vi* **1** ジャックナイフで切る[切りつける]. **2** 折り曲げる[折れ曲がる], 〈トレーラートラックや車両が〉90 度以下の角度に折り曲げたようになる; 〘飛込み〙ジャックナイフダイブをする.

jáck làdder 〘海〙《横棒付きの》なわばしご (＝*Jacob's ladder*, *rope ladder*); 《材木用の》GANGWAY.

jáck·lèg[1] *《俗》*a*, *n* へたな(やつ); 破廉恥な[いいかげんな](やつ); 間に合わせの (makeshift): a ～ lawyer いかさま弁護士. [*jack*[1], *-leg* (cf. black*leg*)]

jackleg[2] *n* 〘機〙ジャックレッグ《jackhammer を支える支持棒》. [*jack*hammer＋*leg*]

jáck·lìght* *n* 夜間漁猟用たいまつ[閃光灯, 懐中電灯, 人工灯火]. ► *vt* JACK[1] 2.

jáck·lìght·er *n* たいまつを用いて漁[猟]をする者, 《特に》鹿密猟者.

Jack·lin /ʤǽklən/ ジャックリン **'Tony' ～** [**Anthony ～**] (1944–) 《英国のプロゴルファー》.

jáck màckerel 〘魚〙マアジ属の食用魚《太平洋東部産》.

jacko /ʤǽkoʊ/ *n* (*pl* **jáck·os**) JOCKO.

jàck-of-áll-trádes /,-´-´-´-/ *n* (*pl* **jàcks-**) [ˢJ-] よろず屋, 何でも屋 (cf. JACK[1]《諺》).

jáck-òff *《卑》*n* マスかき男; とんま, ばかたれ, まぬけ, あほう, ぐうたら; [*voc*] [*derog*] おいてめえ, そこのあほんだら. [*jack*[1]]

jáck-o'-làntern /-ə-/ *n* **1** IGNIS FATUUS; SAINT ELMO'S FIRE. **2** [ˢJ-] カボチャ(など)のちょうちん《中身をくりぬき, 目・口・鼻などをあけたもの; Halloween に子供が作って遊ぶ》. **3** 〘菌〙ヒダハタケ科オムファロトゥス属の燐光を発する大型の鮮橙色の毒キノコ.

jáck-o'-the-clóck /-ə-/ *n* 時打ちジャック (JACK[1]).

jáck pìne 〘植〙バンクスマツ《北米北部原産; パルプ材用》.

jáck plàne 〘木工〙荒仕上げかんな, 荒かんな.

jáck plùg 〘電〙ジャック用差込み[プラグ].

jáck·pòt *n* **1 a** 〘ポーカー〙積立て賭け金《一人が 2 枚そろいの jack またはそれ以上の札を手に入れるまで積み立てる》; ジャックポット《積立て賭け金方式のゲーム》. **b** 《bingo, slot machine, クイズなどゲーム一般の》積立て賭け金[賞金]; 多額の賞金; *《俗》大金; 共同資金, 出し合った金. **2** 《口》(思いがけない)大当たり, 大成功; *《西部》困難, 災難, 窮地. ● CUT **up** (**the**) ～**s**. **hit the** [**a**] ～ 積立て賭け金[賞金]を得る; 《口》大当たりをとる, 大成功する, 望んでいたものを見つける, どんぴしゃりのものに当たる, [*iron*] みじめなほどに失敗する. [C20＜?; *jack*[1] playing card＋*pot* か]

jáck-púdding *n* [ˢJ-] 道化師 (buffoon, clown).

jáck·ràbbit *n* 〘動〙ジャックウサギ《北米西部産の耳とあと足の長い数種の野ウサギ》. ► *vi* 《俗》はね上がる.

jáckrabbit stárt 《口》急激な発進, 突然の出発.

jáck ràfter 〘建〙配(はい)付けだるき.

Jáck Róbinson [次の成句で]: **before you** [**one**] **can** [**could**] **say ～** 《口》あっという間に, だしぬけに.

jáck·ròll·er *n**《俗》酔っぱらい[年寄り]から盗む泥棒.

jáck róse ジャックローズ《やや青みをおびたあざやかな赤》.

Jáck Rússell (**tèrrier**) 〘犬〙ジャックラッセル《小型のテリア》. [*John Russell* (1795–1883) 英国の聖職者で 'the sporting parson' といわれた]

jacks /ʤǽks/ *n* [〈*sg*〉] ジャックス《ゴムまりをつきながら JACKSTONE (羊の趾骨など)を定められた方法で投げ上げたり受けたり地面を移動させたり地面から拾い上げたりする子供の遊び》.

jáck sàlmon 〘魚〙**a** WALLEYE. **b** GRILSE.

jáck·scrèw *n* 《部品などのはめ込みの》調整ねじ; 〘機〙ねじジャッキ (=*screw jack*).

jáck·shàft *n* 〘機〙副軸, 《昔の鎖駆動の自動車の》中間軸, ジャックシャフト.

jáck shìt*《卑》 **1** [ºJ- s-] 何の価値もないもの, 役立たず, くだらんやつ, 無 (nothing), ナンセンス. **2** [否定語と共に用いて] 全く(…ない): I *don't* know ~ about…のことなんざ何にも知っちゃいねえ / *not* worth ~ クソの値打もない, まったくくだらねえ.

jack·sie, jack·sy /dʒǽksi/ *n*″《俗》おしり, けつ(の穴), おいど (arse). [*jack*[1]]

jáck·smèlt *n* 〘魚〙カリフォルニアトウゴロウ《北米太平洋沿岸; California 市場の重要な食用魚》.

jáck·snìpe *n* 〘鳥〙 **a** コシギ《欧州北部・アジア産》. **b** PECTORAL SANDPIPER《アメリカ産》.

jáck sòcket 〘電〙ジャックソケット (jack).

Jack·son /dʒǽks(ə)n/ **1** ジャクソン (**1**) **Andrew** ~ (1767–1845)《米国第7代大統領(1829–37); 通称 'Old Hickory'; 民主党; Appalachian 山脈以西出身の初の大統領; Jacksonian Democracy と呼ばれる民主化を指導した》 (**2**) **Glenda** (**May**) ~ (1936–)《英国の女優・政治家; 映画 *Women in Love* (恋する女たち, 1969), *A Touch of Class* (ウィークエンド・ラブ, 1973); 労働党下院議員》 (**3**) **Helen** (**Maria**) **Hunt** ~ (1830–85)《米国の小説家・詩人; 旧姓 Fiske; California のインディアンの苦境を描いた小説 *Ramona* (1884) で知られる》 (**4**) **Jesse** (**Louis**) ~ (1941–)《米国の公民権運動指導者・バプテスト派牧師》 (**5**) **Mahalia** ~ (1911–72)《米国の歌手; gospel singer の第一人者》 (**6**) **Michael** (**Joseph**) ~ (1958–2009)《米国のポップシンガー・ソングライター; 'King of Pop' と称された》 (**7**) **'Reggie'** ~ [**Reginald Martinez** ~] (1946–)《米国のプロ野球選手; 強打の外野手で, postseason に強かったことからあだ名は 'Mr. October'》 (**8**) **Robert H**(**ough·wout**) /háuət/ ~ (1892–1954)《米国の裁判官; 合衆国最高裁判所陪席裁判官 (1941–54)》 (**9**) **Thomas Jonathan** ~ (1824–63)《米国南北戦争における南軍の将軍; 第1次 Bull Run の戦い (1861) の司令官として連邦軍を撃退し, Stonewall の異名をとった》. **2** ジャクソン《男子名》. **3** ジャクソン《(**1**) Mississippi 州の州都; Pearl 川に臨む **2**) Tennessee 州西部の市》. ◆ **Jack·so·ni·an** /dʒæksóuniən/ *a, n* A. Jackson の(支持者). [=son of Jack]

Jáckson Dày ジャクソン勝利記念日《1月8日; 1815年 Andrew Jackson が New Orleans で英軍を大破した日; Louisiana 州では法定休日》.

Jáckson Hóle ジャクソンホール《Wyoming 州北西部 Teton Range 東側の Snake 川に沿う山間の高原; かつては狩猟地, 現在はリゾート地で, 西側は Grand Teton 国立公園》.

Jack·son·ville /dʒǽks(ə)nvìl/ ジャクソンヴィル《(**1**) Florida 州北東部の市・港町 **2**) North Carolina 州東部の市》.

Jáck Sprát ジャック・スプラット《伝承童謡の主人公で, 脂身を食べられなかったやせ男; 奥さんは赤身が嫌いなでぶ女》.

jáck stàff 〘海〙船首旗ざお.

jáck stànd 《ジャッキアップされた自動車を支える》架台, ジャッキスタンド.

jáck·stày *n* 〘海〙ジャックステー《(**1**) 帆桁の上側に取り付けた金属[木]の棒またはロープ **2**) 帆のすべり環》.

jáck·stòne *n* ジャックストーン《JACKS 用の丸い小石または等長の3本の棒が中点で直角に交わる6突起の金属体》; [~s, ‹*sg*›] JACKS.

jáck·stràw *n* わら人形; ゲームに用いる木片[骨片など]; [~s, ‹*sg*›] 木片[骨片など]を乱雑に積んだ中から一片だけ他を動かさずそっと取り去る積木落としの一種. [Wat Tyler 事件 (1381) のリーダーの一人 *Jack Straw* から]

jacksy ⇨ JACKSIE.

jack·sy-par·do /dʒǽksipɑ̀ːrdou/, **jáck·sy-par·dy** /-pɑ̀ːrdi/ *n*″《俗》JACKSIE.

jáck-tár *n* [ºJ-] 水兵, 水夫 (=*jack*).

Jáck the Gíant-Kìll·er 巨人殺しのジャック《英国民話の主人公で Cornwall の農夫の子; 隠れみの・飛行靴・金剛剣・全知の帽子の4つの宝物を得て, 国中の巨人族を退治してしまう》.

Jáck-the-Lád″《俗》*n* 威勢のいいやつ, 目立ちたがり, (かっこいい)あんちゃん; よた者, 悪党, お尋ね者.

Jáck-the-rágs *n* (*pl* ~) 《南ウェールズ》くず屋.

Jáck the Rípper 切り裂きジャック《1888年 London で少なくとも5人の売春婦を殺害した犯人; 事件は迷宮入り》.

jáck tòwel 巻きタオル《両端がつながったロール式手ふき》.

jáck-ùp *n**増加, 高騰; 甲板昇降型[ジャックアップ式]海底油田掘削装置.

Jacky /dʒǽki/ *n* **1** [ºj-] 船乗り; [ºj-]″《俗》ジン (gin); [^{s}j-]《豪俗》先住民の男 (=*Jackey, Jackie*). **2** ジャッキー《(**1**) 女子名; Jacqueline の愛称 **2**) 男子名; Jack の愛称》. ● **sit** (**up**) **like** ~《豪口》(**1**) まっすぐに[堅くなって]すわっている, 堂々とふるまう. (**2**) 行儀よく[おとなしく]している.

Jácky Hówe 《豪口》《労働者や奥地の男が着用する》ウール製ベスト[袖なしシャツ].

jácky wínter [^{s}J- W-] 〘鳥〙オジロオリーブヒタキ《豪州とニューギニアの一部に分布するヒタキ科の灰褐色の小鳥》.

Ja·cob /dʒéɪkəb/ **1** ジェーコブ《男子名; 愛称 Jack》. **2** 〘聖〙 **a** ヤコブ (cf. JAMES)《Isaac と Rebekah の次男で Abraham の孫でありイスラエル12支族の祖の父; 双子の兄 Esau の長子特権を奪い, Esau に与えられるはずの祝福を奪った; *Gen* 25: 24–34》. **b** イスラエル《古代ヘブライ民族; *Isa* 43: 22》. **3** /; F ʒakɔb/ ジャコブ **François** ~ (1920–2013)《フランスの分子遺伝学者; 酵素とウイルスの合成に関する遺伝的制御の研究でノーベル生理学医学賞 (1965)》. **4** 〘畜〙ヤコブ (=*Jacob sheep*)《角が2本または4本で白黒まだらの種のヒツジ》. [Heb =supplanter]

Jac·o·be·an /dʒæ̀kəbíːən/ *a* **1 a** イングランド王 James 1 世時代 (1603–25) の. **b** ジェームズ1世時代風の《(**1**)〘家具〙暗褐色彫刻のオークを多用した **2**)〘建〙後期ゴシック様式と Palladian 様式の結合した》. **2** 〘聖〙ヤコブ書 (General Epistle of James) の. **3** ヘンリー・ジェームズ (Henry James) の (Jamesian). ► *n* James 1 世時代の人《文人・政治家など》. [L (*Jacobus* James; ↑)]

jacobéan líly [ºJ-] 〘植〙ツバメズイセン, スプレケリア《メキシコ原産; ヒガンバナ科》.

Ja·co·bi /dʒəkóubi; G jakóːbi/ ヤコービ **Carl Gustav Jacob** ~ (1804–51)《ドイツの数学者; Abel とは独立に楕円関数論に貢献》.

Ja·co·bi·an /dʒəkóubiən, jɑː-/ *n* 〘数〙関数[ヤコービ]行列式, ヤコビアン (=~ **detèrminant**)《多変数多成分関数について各成分の各変数による偏微分を並べた行列の行列式; 変数変換による測度変化率を表わす》.

Jac·o·bin /dʒǽkəbən/ *n* **1 a** 〘史〙ジャコバン《フランス革命の過激共和主義の政党員》; 《一般に》過激派のメンバー, 急進派; [‹*a*›] ジャコバンの[的な]. **b** ジャコバン《フランスのドミニコ会士 (Dominican friar)》. **2** [j-] 〘鳩〙カツラバト, エリマキバト, ジャコビン《カワラバトを改良した家バト; 首に僧帽状の羽毛がある》. ♦ **~·ìsm** *n* ジャコバン主義; 過激急進主義. **~·ìze** *vt* ジャコバン[急進]主義化する. [OF; ⇨ JACOBEAN]

Jac·o·bin·ic /dʒæ̀kəbínɪk/, **-i·cal** *a* ジャコバン党[主義]の; 過激な.

Jac·o·bite /dʒǽkəbàɪt/ *n* **1** 〘英史〙ジャコバイト《James 2 世派の人, Stuart 王家支持者》. **2** 〘神学〙ヤコブ派, キリスト単性論者 (Monophysite). ♦ **Jàc·o·bít·i·cal** /-bít-/ *a* James 2 世派の, ジャコバイトの. **Jác·o·bìt·ism** /-bàɪt-/ *n* Jacobites の政策[主義]. [L; ⇨ JACOBEAN]

Jácobite Rísing [**Rebéllion**] [the] 〘英史〙ジャコバイトの反乱《James Francis Edward Stuart が 1715–16 年に, また Charles Edward Stuart が 1745–46 年に起こしたスチュアート朝復興のための反乱》.

Jácob-Mo·nód /-mənɑ́d; F ʒakɔbmɔno/ *a* 〘遺〙ジャコブ-モノの(モデルの), オペロン説の. [François *Jacob*, Jacques *Monod*]

Ja·cob's /dʒéɪkəbz/ ジェイコブ(ズ)《英国のビスケットメーカー United Biscuits Ltd. のブランド》.

Ja·cob·sen /jɑ́ːkɔːpsən; jǽkəb-/ ヤコブセン **Ar·ne** /ɑ́ːrnə/ ~ (1902–71)《デンマークの建築家・デザイナー》.

Jácob shéep 〘畜〙ヤコブヒツジ (JACOB).

ja·cobs·ite /dʒéɪkəbzàɪt/ *n* 〘鉱〙磁マンガン鉱, ヤコブス鉱《磁鉄鉱系の黒い鉱物》. [F (*Jakobsberg* スウェーデンの産地)]

Jácob's ládder **1** 〘聖〙ヤコブのはしご《Jacob が夢に見た天まで届く, 天使が昇り降りするはしご; *Gen* 28: 12》. **2** 〘海〙なわばしご (jack ladder); 〘機〙バスケット付きコンベヤー. **3** 〘植〙ハナシノブ《葉の配列がはしごに似ている》.

Já·cob·son's órgan /dʒéɪkəbs(ə)nz-/ 〘解・動〙ヤコブソン[ヤコブソン]器官 (vomeronasal organ). [Ludvig L. *Jacobson* (1783–1843) デンマークの解剖学者]

Jácob's-ród *n* 〘植〙ユリ科アスフォデリネ属の多年草 (asphodel).

Jácob's stáff 《測量器の》支架; 距離[高度]測定器.

Ja·co·bus /dʒəkóubəs/ *n* 〘金貨〙UNITE[2].

jac·o·net /dʒǽkənèt; -nɪt/ *n* ジャコネット《薄地の白綿布; 片面つや出し染色綿布》. [Urdu (*Jagannath* インドの産地)]

Ja·co·po del·la Quer·cia /jɑːkóupou dèllə kwέərtʃɑː/ ヤコポ・デラ・クエルチア (c. 1374–1438)《イタリアの彫刻家》.

jac·quard /dʒǽkɑ̀ːrd; dʒəkɑ́ːrd/ [ºJ-] *n* 〘紡〙ジャカード《(**1**) 模様に応じて穴あけされた紋紙により柄を織り[編み]出す機構 **2**) JACQUARD LOOM》; ジャカード織り[紋織地] (=~ **wèave**). [Joseph-Marie *Jacquard* (1752–1834) 発明したフランス人]

Jácquard lòom 〘紡〙ジャカード(紋織)機《ジャカード機構を備えた織機》.

Jacque /ʒɑ́ːk/ ジャック《男子名》. [F; ⇨ JACQUES]

Jac·que·line /dʒǽk(w)ələn, -lìːn; dʒǽk(ə)lìːn, -lɪn/ ジャクリーン《女子名; 愛称 Jacky》. [F (fem); ⇨ JACK]

Jac·que·rie /ʒɑ̀ːk(ə)ríː, ʒæk-/ *n* [the] ジャクリーの乱《1358年の北フランスの農民暴動》; [ºj-] 百姓一揆, 農民暴動; [ºj-] 農民(階級). [F=peasantry (*Jacques* JACOB)]

Jacques /ʒɑ́ːk; F ʒɑːk/ **1** ジャック《男子名》. **2** ジャック ~ **I** ⇨ DESSALINES. [F; ⇨ JACK]

Jacques Bon·homme /F ʒɑːk bɔnɔm/ 田吾作《農民に対する古い蔑称》. [F=James goodfellow]

jac·ta alea est /já:ktà: á:lià: ést/ 賽(さい)は投げられた (⇨ The DIE² is cast.). [L]
jac·ta·tion /ʤæktéɪʃ(ə)n/ *n* 自慢, ほらを吹くこと; 〘医〙 JACTITATION.
jac·ti·ta·tion /ʤæktətéɪʃ(ə)n/ *n* **1** ほら吹き; 〘法〙 詐称, 虚偽揚言(ようげん)《他人を傷つけるような虚偽の主張: **1**) 何某と結婚しているとの偽りの主張を行なう婚姻詐称 (=～ **of márriage**) **2**) SLANDER OF TITLE》. **2** 〘医〙 輾転(てんてん)反側《体を前後左右に反転したりよじったりすること》.
jac·u·late /ʤǽkjəlèɪt/ *vt* 〈槍などを〉前方に投げる. ♦ **jàc·u·lá·tion** *n* [L *jaculor* to throw]
Ja·cuz·zi /ʤəkú:zi, ʤæ-/ 〘商標〙 ジャクージ《数か所に吹出し口のある噴流式気泡ぶろ[プール]》.
jade¹ /ʤéɪd/ *n* 〘鉱〙 翡翠(ひすい), 玉(ぎょく), 硬玉 (jadeite), 軟玉 (nephrite); 翡翠の彫刻[工芸品]; JADE GREEN. [F＜Sp (*piedra de*) *ijada* (stone of) the colic＜L *ilia* flanks; 腹痛に効くとされた]
jade² *n* 馬, やせ馬, やくざ馬; [*derog/joc*] 女, あばずれ, 浮気娘. ► *vt* 〈馬を〉《へとへとになるほど》こき使う; 《一般に》疲れさせる; 《廃》ばかばかしくする, さらしものにする. ► *vi* ぐったり疲れる. [ME＜?]
jád·ed *a* へとへとになった; 飽きた, 倦んだ, 熱意[関心]がうせた; 衰えた, なまった〈感覚・食欲〉. ♦ **～·ly** *adv* **～·ness** *n*
jáde gréen 翡翠色《明るい青みがかった緑》.
jade·ite /ʤéɪdàɪt/ *n* 〘鉱〙 ジェード輝石, 翡翠輝石, ジェダイト, 硬玉 (=*true jade*). ♦ **ja·dit·ic** /ʤeɪdítɪk/ *a*
jáde plànt 〘植〙 クラッスラ《ベンケイソウ科》.
jad·ish /ʤéɪdɪʃ/ *a* たちの悪い, 悪癖のある; みだらな. ♦ **～·ly** *adv*
Ja·dot·ville /ʒædouví:l, ʒædóʊvìl/ ジャドヴィル《LIKASI の旧称》.
j'adoube /*F* ʒadub/ *int* 〘チェス〙 コマをそろえているのだ《動かすつもりはなくコマに手を触れるときのことば》. [F=I adjust]
jady /ʤéɪdi/ *a* JADISH.
jae·ger, ja-, jä-, ya- /jéɪgər/ *n* [°J-] 《旧ドイツ・オーストリア軍の》狙撃兵 (sharpshooter); 猟師 (hunter); 狩猟服の従者; /, ʤéɪ-/ 〘鳥〙 トウゾクカモメ (=*marlinespike, sea robber*) 《一般に skua より小型のもの》. [G *Jäger* huntsman]
Jaeger 〘商標〙 イェーガー《英国 Jaeger 社製のウール製ニットウェアなど》.
Ja·el /ʤéɪəl/ **1** ジェーエル《女子名》. **2** 〘聖〙 ヤエル《自分の天幕に避難して来た Sisera を殺した女; *Judges* 4: 17–22》. [Heb=wild goat]
Ja·én /hɑ:éɪn/ ハエン《**1**) スペイン南部 Andalusia 自治州の県 **2**) その県都》.
Jaf·fa /ʤǽfə, jǽfə, já:-/ **1** ヤッファ (*Heb* Yafo) 《イスラエル西部の海港; 1950 年 Tel Aviv に併合された; 古代名 Joppa》. **2** 〘園〙 ジャッファ (=～ **órange**) 《イスラエル産の大きくて皮の厚いオレンジ》.
Jaff·na /ʤá:fnə; ʤǽf-/ ジャフナ《スリランカ北部の市; Tamil 人の王国の古都》.
Jáffna Península ジャフナ半島《スリランカ北端の Palk 海峡に突き出た半島》.
jag¹ /ʤǽg/ *n* 《岩などの》鋭い角; 《のこの歯のような》ぎざぎざ; 《口》突き (jab); 《スコ》注射; 《方》ぼろきれ (shred): polio ～*s* ポリオの注射. ► *v* (**-gg-**) *vt* 《のこなどで》切り込みを入れる, …にぎざぎざ[歯, 刻み目]をつける; ぎざぎざに引き裂く[破る, ちぎる]; 《方》突く, 刺す. ► *vi* 突き刺さる 〈*at*〉; ガタガタ揺れ動く. [ME (? imit)]
jag² *n* **1 a** 《俗》酔い, 酩酊(めいてい), 陶酔(感); 《俗》飲めるだけの酒; 《俗》ひとしきりの飲酒[痛飲, 麻薬使用], 飲み騒ぎ; 《口》《特定の活動[感情など]への》ひとしきりの没入, …三昧: have a ～ on 酔っている / a crying ～ 泣きまくり. **b** *《俗》酔っぱらい, のんだくれ. **2** 《方》《乾草・木材などの》少量の荷 (small load). [C16 (dial)=load for one horse＜?]
Jag *n* [ˢj-] ⁿ《口》ジャガー (Jaguar) 《自動車》.
JAG °Judge Advocate General.
ja·ga /ʤá:gà:/ 《マレーシア》 *n* 番人, 守衛. ► *vt* 見張る.
Jag·an·nath, Jag·ga·nath /ʤʌ́gənà:t, -nɔ̀:t/, **Jag·an·na·tha** /ʤʌ̀gəná:θə/ JUGGERNAUT.
Jag·a·tai /ʤæ̀gətáɪ/ CHAGATAI.
jager, jäger ⇨ JAEGER.
jagg /ʤǽg/ *n, v* JAG¹.
jag·ged¹ /ʤǽgəd/ *a* 〈岩・刃・傷・線などが〉ぎざぎざした; 〈旋律・声など〉調子の狂った, 急激に変化する; 〈話・考えが〉角(かど)のある, とげとげしい. ♦ **～·ly** *adv* **～·ness** *n* [*jag*¹]
jagged² /ʤǽgd/ *a* *《俗》酔っぱらった, 酩酊した. [*jag*²]
jág·ger¹ *n* ぎざぎざをつけるもの; 菓子の装飾切り用の柄付きの歯[波]形回転小輪; 歯形のみ (toothed chisel). [*jag*¹]
jagger² *n* ⁿ《方》荷物を運ぶもの, 行商人, 荷馬. [*jag*²]
Jagger ジャガー Sir **'Mick'** ～ [**Michael Philip** ～] (1943–) 《英国のロック歌手・ソングライター; Rolling Stones のリードヴォーカリスト》.
jag·gery, -gary, -ghery /ʤǽgəri/ *n* ジャッガリー《特に ココナッツヤシの樹液から採る粗黒砂糖》; 粗糖. [Hindi]
jág·gie *a* 《スコ》JAGGY.
jág·gy *a* JAGGED¹; 《スコ》とげのある. ► *n* [*pl*] ぎざぎざ(の線), ジャギーズ《ワープロの文字の輪郭などが階段状になったもの》.
jág hòuse *《俗》《ホモ向けの》男娼宿, 売り専屋.
jág·òff *n* *《卑》JACK-OFF.
jág·ster *n* *《俗》飲み騒ぐ人, 大酒飲み. [*jag*²]
jag·uar /ʤǽg(j)əwà:r, -gwər; -gjuər/ *n* **1** 〘動〙 アメリカヒョウ, ジャガー (=*American leopard* [*tiger*]) 《中南米産》. **2** [J-] ジャガー《英国 Jaguar Cars Ltd. 製の高級乗用車》. [Sp, Port＜Tupi]
jag·ua·run·di /ʤæ̀gwərʌ́ndi/, **-ron-** /-rán-/ *n* 〘動〙 ジャガランディ《中南米産の長尾短脚のヤマネコ》. [AmSp, Port＜Tupi]
Jah /ʤá:, já:/ *n* YAH; 《Rastafarianism の》神.
Ja·hān·gīr /ʤəhá:ngɪ̀ər/ ジャハンギール (1569–1627) 《インドのムガル朝第 4 代皇帝 (1605–27)》.
ja·hee·my, je-, gee- /ʤəhí:mi/ *《軍俗》 *n* 移動乾ドック; 上陸用舟艇回収機.
Jah·veh, -ve /já:veɪ/, **Jah·we(h)** /já:weɪ, -veɪ/ *n* YAHWEH.
Jah·vism /já:vìz(ə)m/, **-wism** /-wìz(ə)m, -vìz(ə)m/ *n* YAHWISM.
jai /ʤáɪ/ *n* 《インド》勝利 〈*to*〉: JAI HIND.
jai alai /háɪ(ə)làɪ, hàɪ əláɪ/ ハイアライ《通例 2 人[4 人]で行なう handball に似たゲーム》. [Sp＜Basque]
jai-by-jai /ʤáɪbaɪʤáɪ/ *a* *《俗》[ものの大体の大きさを示す身振りを共に用いて] (幅が)これこれと(長さが)これこれの[で]: The room was about ～.
Jai Hind /ʤáɪ hínd/ *int* インドに勝利を (Victory to India) 《インドの政治スローガンおよび挨拶のことば》. [Hindi (*jaya* victory, *Hind* India)]
jail, gaol /ʤéɪl/ *n* 刑務所, 監獄, 牢屋, 拘置所, 留置場; 拘置, 拘留, 勾留. ● **break ～** 脱獄する. ► *vi* 投獄する, 収監する: be ～*ed for* robbery. ► *vt* *《口》服役する, ムショ暮らしをする. ★《米》では jail. 《英》では公用語としては gaol とつづるが, 普通は両形を無差別に用いる. [OF＜Romanic (dim)＜L CAGE]
jáil·bàit 《俗》 *n* 性的魅力のある承諾年齢以下の少女[少年]《これと性交渉をもてば刑務所行きとなる》; 刑務所行きにつながりそうなもの[人].
jáil·bìrd *n* 《口》囚人, 常習犯, 前科者.
jáil·brèak *n* 脱獄.
jáil càptain 《俗》刑務所長.
jáil delìvery 集団脱獄; 《暴力による》囚人釈放; 〘英法〙 《巡回裁判にあたり》全囚人を刑務所から法廷に出すこと, 収容者全員の審理.
jáil·er, jáil·or, gáol- *n* 《刑務所の》看守 (keeper), 獄吏, 刑務官; 人[物]を閉じ込めておく人.
jáil fèver 発疹チフス《かつて監獄で多発》.
jáil·hòuse* *n* JAIL.
jáilhouse láwyer *《俗》'獄内弁護士'《専門家はだしの法知識を身につけた囚人》.
Jailolo ⇨ DJAILOLO.
Jain /ʤáɪn/, **Jai·na** /ʤáɪnə/ *a, n* ジャイナ教(徒)の; ジャイナ教祖師; ジャイナ教徒. [Hindi＜Skt=of a Buddha or saint (*ji* to conquer)]
Jáin·ìsm *n* ジャイナ教《不殺生の戒律を中心とする禁欲の苦行主義で知られるインドの宗教》. ♦ **-ist** *n, a*
Jáin·tia Hílls /ʤáɪntiə-/ *pl* [the] ジャインティア丘陵《インド北東部 Meghalaya 州東部の丘陵地帯》.
Jai·pur /ʤáɪpʊ̀ər, ⸗⸗/ ジャイプール《**1**) インド北西部の旧州; 現在は Rajasthan 州の一部 **2**) Rajasthan 州の州都》.
Ja·kar·ta, Dja- /ʤəká:rtə/ ジャカルタ《インドネシア Java 島北西部にある同国の首都・港町; 旧称 Batavia》.
jake¹ /ʤéɪk/ 《俗》 *a* 《米・豪》よい, けっこうな, 申し分のない, OK で, いける. ► *n* **1** *ちゃんとしたやつ, 信用できる人物. **2** ジャマイカジンジャーを使ったウイスキー代用酒, メチルアルコール入りの酒, 非合法の酒. **3** *(男子)便所, トイレ. **4** 《2 歳未満の》野生のシチメンチョウの雄. [C20＜?; JAKE からか]
jake² *《俗》 *n* 粗野な田舎者, ばか, まぬけ, とんま. ► *vt, vi* 〈人〉との)約束をすっぽかす. [↓]
Jake ジェーク《男子名; Jacob の愛称》.
jáke fláke 《俗》退屈なやつ, どうでもいいようなやつ.
jáke·lèg *n* *《俗》《安酒による》泥酔, 酩酊.
jakes /ʤéɪks/ *n* [〈*sg/pl*〉] 《屋外》便所 (privy), トイレ; ⁿ《方》汚物, 糞便.
Ja·kob /ʤéɪkəb/ ジェーコブ《男子名》. [G, Swed; ⇨ JACOB]
Jakob-Creutzfeldt disease ⇨ CREUTZFELDT-JAKOB DISEASE.
Ja·kob·son /já:kəbs(ə)n/ ヤコブソン **Roman** ～ (1896–1982) 《ロシア生まれの米国の言語学者; 構造主義言語学の Prague 学派の中心的存在》.
JAL Japan Airlines 日本航空.
Ja·lāl ad-Dīn ar-Rū·mī /ʤəlá:l ədí:n ɑ:rrú:mi/ ルーミー (c. 1207–73) 《イランの神秘主義詩人; 叙事詩『精神的マスナビー』; 神秘主義のメフレビー教団(踊るデルウィーシュ)の開祖》.
Ja·lan·dhar, Jul·lun·dur /ʤʌ́ləndər/ ジャランダル《インド北部 Punjab 州の市》.

jal·ap, -op /ʤǽləp, ʤɑ́ː-/ *n* 〘植〙ヤラッパ《メキシコ産サツマイモ属のつる性多年草》; ヤラッパ根《根を乾かした生薬で下剤; cf. TURPETH》; ヤラッパ樹脂. [F<Sp<Aztec *Xalapan* メキシコの地名]

Ja·la·pa ⇨ XALAPA.

ja·la·pe·ño, -no /hɑ̀ːləpéɪnjoʊ; hæ̀l-/ *n* (*pl* **~s**) ハラペーニョ (=**~ pépper**)《メキシコの濃緑色の極辛のトウガラシ》. [MexSp]

jal·a·pin /ʤǽləpən/ *n* ヤラピン《jalap の樹脂で下剤》.

ja·le·bi /ʤəléɪbi/ *n* 〘インド〙ジャレービー《米粉と小麦粉をヨーグルトで練ったものを揚げ, シロップをからめた渦巻状の菓子》. [Hindi]

jal·fre·zi /ʤɑːlfréɪzi; ʤæl-/ *n* 〘インド〙ジャルフレージー《鶏肉またはラム肉に生のトウガラシ・トマト・タマネギがはいった中辛のカレー》. [Bengali]

Ja·lis·co /həlískoʊ/ ハリスコ《メキシコ中西部の州; ☆Guadalajara》.

ja·lop[1] /ʤəlɑ́p/ *《俗》 *n* JOLLOP; JALOPPY.

jalop[2] ⇨ JALAP.

ja·lop(·p)y, jal·lopy /ʤəlɑ́pi/ *n* 《口》おんぼろ自動車[飛行機]; 《一般に》自動車, 車. [C20<?]

jal·ou·sie /ʤǽləsi; ʒǽluziː/ *n* 〘建〙《日よけ・通風の》ブラインド, ジャルージ; ジャルージ窓. [F; ⇨ JEALOUSY]

Jal·u·it /ʤǽl(j)uət/ ヤルート, ジャルイット《太平洋西部 Marshall 諸島西部, Ralik 列島南部に位置する環礁; 第二次大戦中, 日本軍が統治していた》.

jam[1] /ʤǽm/ *v* (**-mm-**) *vt* **1 a** (ぎっしり)詰め込む, 無理に押し込む 〈*in, into; together*〉; 押しつぶす; ぐっと[強く]押す〈*on*〉; 〈場所を〉ふさぐ (block up); 〈劇場など〉につめかける〈*up*〉: be *jammed with*…でいっぱいである, 雑踏する / get *jammed* 押し込まれる, 押しつぶされる. **b** 〈法案・意見などを〉無理に通す, 押しつける. **2** 〈指などを〉はさむ; 《ものを詰めて[ひっかけて]》〈機械(の一部)を〉動かなくする; 〘通信〙〈放送・通信〉に妨害電波をかける; 〈通信機器を〉《妨害電波などで》不能にする; [ᵘ*pass*]〈電話回線を〉パンクさせる. **3** 《ジャズ》《寄り集まったミュージシャンが》即興で演奏する. **4** *《口》困らせる, 苦しめる, 窮地に立たせる〈*up*〉; *《俗》〈人に〉強要する, たかる〈*for*〉. **5** 〘バスケ〙〈ボールを〉リングに押し込む; 〘アメフト〙〈レシーバーを〉つぶす; 〘野〙〈打者〉の内角を攻める. ► *vi* **1** 〈機械の運転部分などが〉物が詰まって動かなくなる, つかえる, からむ〈*up*〉. **2** 《狭い所に》しゃにむに割り込む〈*into*〉. **3** 《口》ジャムセッションをやる[に加わる], 自由に即興演奏を展開する (cf. JAM SESSION); *《学生俗》パーティーをやる, 《寄り集まって》楽しむ; *《口》《コンテストで》ラップソング (rap song) を作る, ラップセッションをやる; *《口》〈呼び売り商人が〉競り売りをする (auction) (cf. JAM AUCTION). **4** *《学生俗》性交する, 〈…と〉やる〈*with*〉; *《俗》去る, さっさと行く; *《俗》すいすい進む[はかどる]. **5** 〘バスケ〙ダンクシュートを決める. ● **~ on** 〈帽子・靴下などを〉急いで身に着ける[かぶる, 履く, はめる]; 〈ブレーキ・アクセルなどを〉強く踏む[押す]. **~ open [shut]** 〈ドア・窓などを〉《物でふさいだり押えたりして》開いた[閉じた]ままにする. **~ together** 〈車などを〉大急ぎで[雑に]組み立てる. **~ up** ⇨ *vt, vi*; 強く押し上げる; 詰まらせる, ふさぐ, 〈人を〉便秘させる. ► *n* **1** いっぱいに詰まっていること, 込み合い, 雑踏, 《車両などの》込み合い[混雑]; *《俗》騒々しい音: a traffic ~ 交通渋滞. **2** 《機械の》故障, 停止, 誤作動, ジャム; 《口》困難, 窮地 (difficulty): a paper ~ in the printer プリンターの紙詰まり / be in [get into] a ~ 窮地にある[陥る] / get sb out of a ~ 人を窮地から救う. **3** 〘ジャズ〙JAM SESSION; 《俗》ラップセッション; *《俗》パーティー; ローラーダービーの1ラウンド (⇨ JAMMER). **4** *《俗》盗みやすい小物《時計・指輪など》; *《俗》コカイン; 《ホモ俗》異性愛の男, ノン気(ᵍ)の男《*just a man* からか》. **5** 〘バスケ〙ダンクシュート (slam dunk). **6** 〘登山〙《口》ジャム《岩の割れ目に手[足]をかけて得る手[足]掛かり》. ● **kick [break] out the ~s** *《俗》勝手気ままにやる[行動する, 演奏する]. ► *a* *《俗》異性愛の《同性愛者の用語》. ► *adv* 完全に, すっかり. ● **~ full** 《口》いっぱい[ぎっしり]詰まった. [C18 (imit)]

jam[2] *n* **1** ジャム (cf. PRESERVE): strawberry ~ イチゴジャム / spread ~ on slices of bread=spread slices of bread *with* ~ 切ったパンにジャムを塗る. **2** ᴴ《口》愉快なこと, 容易なこと: have ~ on it とても楽しいことをしている. **3** 《俗》あそこ, 蜜壺 (vagina); 《俗》性交, セックス(の相手). ● **D'you want ~ on it?** 《口》そのうえまだ何か欲しいというのか. **~ today** すぐに欲しいもの. **~ tomorrow** 《いつも約束だけに終わる》明日の楽しみ《Lewis Carroll, *Through the Looking-Glass* 中の "The rule is, jam tomorrow and jam yesterday — but never jam to-day." から》. MONEY **for ~. real ~** とても楽しいこと, 《遊びみたいに》とても楽な仕事; すてきなごちそう. ► *vt* (**-mm-**) ジャムにする; …にジャムを塗る. ♦ **~·like** *a* [? *jam*[1]]

Jam. Jamaica ♦〘聖〙James.

Ja·mai·ca /ʤəméɪkə/ **1** ジャマイカ《西インド諸島中の島で, 一国をなす; もと英領, 1962年独立, 英連邦に属する; ☆Kingston》. **2** JAMAICA RUM. ♦ **Ja·mái·can** *a, n*

Jamáica gínger ジャマイカジンジャー《ジャマイカ産の ginger; これから採る香味料; またその根の医療用粉末》.

Jamáican ébony COCUSWOOD.

Jamáica pépper ALLSPICE.

Jamáica rúm ジャマイカラム《香りの強い上等ラム酒》.

Jamáica shórts *pl* ジャマイカショーツ《Bermuda shorts より短い, 太腿の半ばまでのパンツ》.

ja·mais vu /*F* ʒamɛ vy/ 〘心〙未視感, ジャメヴュ《経験しているのに, 経験したことがないと感ずること; cf. DÉJÀ VU》. [F=never seen]

jám àuction [pìtch] 《俗》《店内での》人寄せして行なう販売, 呼び売り; 《俗》安物[まがいもの]を呼び売りする店.

jamb, jambe /ʤǽm/ *n* 〘建〙《出入口・窓・炉などの両側の》だき, わき柱; [*pl*]《炉辺の》だき石; 《石塀・鉱石の》柱状突出部[体]; JAMBEAU. [OF *jambe* leg]

jam·ba·laya /ʤʌ̀mbəláɪə/ *n* ジャンバラヤ《ハム[エビ, ソーセージ, チキン, カキ]とトマト・タマネギ・香辛料などを入れた炊き込みご飯》; ごたまぜ. [LaF]

jam·beau /ʤǽmboʊ/, **-bart** /-bɑ̀ːrt/, **-ber** /-bər/ *n* (*pl* **-beaux** /-boʊ(z)/, **-barts, -bers**)《中世のよろいの》すねあて. [AF *jambe* leg, *-eau*<L *-ellus* (n suf)]

Jambi, Djam·bi /ʤɑ́ːmbi; ʤǽmbi/ ジャンビ《インドネシア Sumatra 島南東部のハリ (Hari) 川に臨む港町》.

jam·bled /ʤǽmb(ə)ld/ *a* 《酒に》酔って.

jam·bo /ʤǽmboʊ/ *int* 《東アフリカ》こんにちは!《挨拶》.

jam·bok /ʒæmbɑ́k/ *n, vt* SJAMBOK.

jam·bon /*F* ʒɑ̃bɔ̃/ *n* ハム (ham): œufs au ~ ハムエッグ.

jam·bon·neau /*F* ʒɑ̃bɔno/ *n* (*pl* **-neaux** /—/) 小さなハム.

jam·bo·ree /ʤæ̀mbəríː/ *n* **1** ジャンボリー《全国的・国際的な Boy [Girl] Scouts の大会; cf. CAMPOREE》. **2** 《口》陽気な騒ぎ[会合, 宴会]; 《政党・スポーツ連盟などの》お祭り騒ぎの余興付き大会; 出し物が次々と変わる長時間番組. [C19<?]

James /ʤéɪmz/ **1** ジェームズ《男子名; 愛称 Jack, Jamie, Jem, Jemmie, Jim, Jimmy, Jimmie など》. **2** 〘聖〙**a** ヤコブ (cf. JACOB) 《**1**) 十二使徒の一人 St ~ the Great(er) (大ヤコブ) (⇨ APOSTLE); Zebedee の子, John (ヨハネ) の兄弟; 祝日7月25日 **2**) 十二使徒の一人 St ~ the Less (小ヤコブ); Alphaeus の子; 祝日5月3日(もと1日) **3**) イエスの兄弟ヤコブ (*Gal* 1:19); ヤコブの手紙の著者とされる》: the cross of St. ~ 剣形の長十字形. **b** ヤコブ書《新約聖書 General Epistle of ~ (ヤコブの手紙): 略 Jam.》. **3** 《イングランド王》ジェームズ (**1**) ~ **I** (1566–1625)《在位 1603–25, スコットランド王としては ~ VI; スコットランド女王 Mary と Darnley 卿の子; Stuart 朝の創始者; 王権神授説を唱え, 議会との対立の因をつくった》 (**2**) ~ **II** (1633–1701)《在位 1685–88, スコットランド王としては ~ VII; 議会との対立が激しく, 名誉革命でフランスに亡命》. **4** ジェームズ (**1**) **Henry** ~ (1843–1916)《米国人として生まれ英国に帰化した小説家; William の弟; 旧世界の堕落と知恵に対立する新世界の無垢と充溢(じゅういつ)を基本的主題とする; *Daisy Miller* (1879), *The Portrait of a Lady* (1881), *The Wings of the Dove* (1902)》 (**2**) **'Jesse' ~ [Jesse Woodson ~]** (1847–82)《米国の無法者; 兄の Frank (1843–1915) らと強盗をはたらいたが, 賞金目当ての仲間の一人に殺された; 伝説では英雄化されて義賊となり, 小説や映画の題材となった》 (**3**) **P(hyllis) D(orothy)** ~ (1920–)《英国の女性ミステリー作家; 作品にロンドン警視庁の詩人警視 Adam Dalgliesh を主人公にしたシリーズがある》 (**4**) **William** ~ (1842–1910)《米国の心理学者・哲学者; Henry の兄; プラグマティズムの代表的存在》. **5** [the] ジェームズ川《**1**) North Dakota 州および South Dakota 州を南流し, Missouri 川に合流する; 別称 Dakota 川 **2**) Virginia 州中部をおおよそ東に流れ, Hampton Roads を通って Chesapeake 湾に注ぐ》. [⇨ JACOB]

Jámes Báy ジェームズ湾《カナダ東部, Ontario, Quebec 両州にはさまれた Hudson 湾南部の支湾》.

Jámes Bónd ジェームズ・ボンド《Ian Fleming の一連の小説 (1954–64) の主人公; 英国の諜報部員で, 007 /dʌ́b(ə)lóʊsɛ́v(ə)n/ と呼ばれる》.

Jámes Édward ジェームズ・エドワード (James Francis Edward STUART).

Jámes·ian, -ean *a* William [Henry] JAMES (流)の.

Jámes-Lánge thèory /-lɑ́ːŋə-/ [the] 〘心〙ジェームズ-ランゲ説《米国の心理学者 William James とデンマークの生理学者 Carl Georg Lange が唱えた, 身体的・生理的変化が情動に先行するという説》.

Jame·son /ʤéɪms(ə)n, ʤém(ə)-/ ジェームソン Sir **Leander Starr** ~, Baronet (1853–1917)《南アフリカの医師・政治家; 通称 'Doctor Jameson'; Edinburgh 生まれ; 1895年ブール人政府を転覆させようと Transvaal に侵入して失敗 (the ~ **Ráid**); Cape 植民地首相 (1904–08)》.

Jámes·tòwn ジェームズタウン《**1**) Virginia 州東部 Williamsburg の南西, James 川の Jamestown 島にあった村; 1607年イングランド人がアメリカで最初に定住したところ **2**) St. Helena 島の首都・港町》.

jámestown wèed [ᴼJ-] JIMSONWEED.

Jā·mī /ʤɑ́ːmi/ ジャーミー (1414–92)《イランの神秘主義叙事詩人; ペルシア文学衰退期最後の大神秘主義詩人とされる》.

Ja·mie /ʤéɪmi/ ジェーミー《男子名; James の愛称》.

jám jàr ジャム壺, ジャムの瓶.

jammed /ʤǽmd/ *a* 混雑した; 〈機械などが〉こわれた, 故障した; 〈電話回線が〉パンクした; *《口》酔っぱらって; *《口》窮地に陥って, *《俗》逮捕されて (jammed up).

jámmed úp *a**《口》窮地に陥って, トラブルを起こして; *《俗》逮捕されて; 満腹で.

jám·mer *n* **1** 妨害電波(発信機), 妨害器, ジャマー. **2 a** ジャマー《ローラーダービー (Roller Derby) で相手チームの選手を一周以上抜いて得点をあげる選手》. **b**《ジャズ俗》ジャム(セッション)に加わる人, セッションマン.

jam·mies /dʒǽmiz/ *n pl*《幼児》パジャマ (pajamas).

jám·ming *n*〔通信〕妨害, ジャミング. ► *a**《俗》すばらしい, すてきな (excellent), のってる.

Jam·mu /dʒʌ́mu/ ジャンムー《インド北部 Jammu and Kashmir 州の冬期の州都》.

Jámmu and Káshmir ジャンムー・カシミール《インド北部, ヒマラヤ山脈の西端に位置する山岳州; 州都は夏季が Srinagar, 冬季は Jammu; インド・パキスタン・中国で国境が争われている広義の Kashmir 地方の一角を占める》.

jám·my *a* ジャムのような, (ジャムで)べたつく; ˢ《口》愉快な, 容易な, もってこいの, すばらしい; ˢ《口》〈試験が〉やさしい; ˢ《口》とても運がいい, ついてる (fortunate). ► *adv*《口》最高について, 運よく. [*jam*²]

Jam·na·gar /dʒɑːmnʌ́gər; dʒæm-/ ジャームナガル《インド西部 Gujarat 州西部の市》.

ja·moke¹ /dʒəmóʊk/ *n**《俗》コーヒー. [*java*+*mocha*]

ja·moke² *《俗》*n* 男, あいつ, やつ, 野郎 (guy); ばか, いいカモ, つまらないやつ. [*jerk, joker* などからの造語か]

jám-pácked *a*《口》ぎゅうぎゅう詰めの[で], すし詰めの[で], あふれかえって〈*with*〉. ♦ **jám-páck** *vt*

jam·pan /dʒǽmpæ̀n/ *n*《インドの》駕籠(かご). [Bengali]

jams¹ /dʒǽmz/ *n pl*《口》PAJAMAS; [J-]〔商標〕ジャムズ《腰ひも付きで派手な色柄のひざまである海水パンツ》. [C20<?*pajamas*]

jams² *n pl* [the]*《俗》JIMJAMS¹.

jám sèssion《口》ジャムセッション《(ジャズ)ミュージシャンが集まって自由に演奏をくりひろげる堅苦しくない演奏会》.

Jam·shed·pur /dʒʌ́mʃèdpùr; dʒʌ̀mʃɛdpúər/ ジャムシェドプール《インド東部 Jharkhand 州南東部の市》.

Jam·shid, -shyd /dʒæmʃíːd/〔ペルシア神話〕ジャムシード《PERI たちの支配者; 不死を誇った罪により人間の形にされペルシアの王となり 700 年君臨した》. [Pers]

Ja·mu·na /dʒʌ́mənə/ [the] ジャムナ川《バングラデシュを流れる Brahmaputra 川の本流の名称》.

jám-ùp *a* とてもよい, 一級の, とびきりの. ► *n* 人込み, 混雑; 停滞, 渋滞.

jan /dʒǽn/ *n**《証券俗》《先物取引での》1 月 (January).

Jan /dʒǽn/ ジャン《**1**) 男子名 **2**) 女子名》. [(1) Du; ⇨ JOHN 2) (dim)<JANE, JANET]

Jan. January.

Ja·ná·ček /jáːnətʃɛ̀k/ ヤナーチェク **Leoš** ~ (1854–1928)《Moravia 生まれの作曲家》.

Ja·na Sangh /dʒʌ́nə sʌ́ŋ/ 人民党《インドの政党》.

Ja·na·ta /dʒʌ́nətɑ̀ː, dʒənáːtə/ *n*《インド》公衆, 大衆, 民衆; 人民[ジャナタ]党《インドの政党》. [Hindi]

Jan·dal /dʒǽndl/〔NZ 商標〕ジャンダル《ゴムぞうり》.

Jane /dʒéɪn/ **1** ジェーン《女子名; 愛称 Janet(ta), Jenny》. **2** JANE PORTER. **3** [j-]《俗》**a** 女, 女の子, 娘 (woman, girl); 恋人, 彼女 (sweetheart). **b** (女子)便所 (cf. JOHN). **c***マリファナ (marijuana). [⇨ JOAN]

Jáne Crów*《俗》女性差別. [JIM CROW のもじり]

Jáne Dóe /-dóu/〔米法〕ジェーン・ドウ《訴訟で当事者の本名不明のとき用いる女性の仮名; cf. JOHN DOE》; *(ふつうの)女, 《特に名を出すことのない》女, 某女性.

Jáne Éyre /-έər/ ジェーン・エア《Charlotte Brontë の同名の小説 (1847) の主人公; 孤児で, のちに家庭教師になり, 主人の Rochester と恋に落ちる》.

Jane·ite /dʒéɪnàɪt/ *n* Jane AUSTEN 賛美者.

Jane Marple ⇨ MARPLE.

Jáne Pórter ジェーン(・ポーター) (=**Jáne Párker**)《Tarzan の相手役の女性》.

Jane Q. Public [Citizen] /-́ ̀ kjúː ́-ˊ-/*《俗》平均的一般女性, ふつうの女 (cf. JOHN Q. PUBLIC [CITIZEN]).

Jáne Róe〔米法〕ジェーン・ロウ (JANE DOE).

Jane's /dʒéɪnz/『ジェーン』《航空機および軍用船に関する年鑑 *Jane's All the World's Aircraft, Jane's Fighting Ships* の略称》.

Jan·et¹ /dʒǽnət, *dʒənét/ ジャネット《女子名; Jane の愛称》.

Ja·net² /*F* ʒanɛ/ ジャネ **Pierre(-Marie-Félix)** ~ (1859–1947)《フランスの心理学者・神経学者》.

Jánet and Jóhn ジャネットとジョン《典型的中産階級の暮らしを描いた英国の子供向け物語のシリーズ》.

Ja·net·ta /dʒənétə/ ジャネッタ《女子名; Jane の愛称》.

jan·fu /dʒǽnfùː/ *n**《俗》陸海軍合同による軍事的大混乱[大へま]. [*joint Army-Navy fuck up*]

jang /dʒǽŋ/ *n*《卑》陰茎, 陽物. [cf. *jing-jang*]

jan·gle /dʒǽŋ(ɡ)əl/ *vt, vi* ジャンジャン[ジャラジャラ]鳴らす[鳴る]; 口やかましくけんか[口論]する (wrangle); 〈神経などを〉いらだたせる〈(*on*) the nerves〉, 耳ざわりである〈*on* sb's ears〉; 《古・北イング》むだ話をする. ► *n*《鐘などの》乱調子, 調子はずれの騒音; 口論; 騒がしさ; むだ話. ♦ **ján·gler** *n* [OF<?Gmc; cf. MDu *jangelen* to grumble]

jan·gli /dʒʌ́ŋgli/ *a*《インド》JUNGLI.

ján·gly *a* 騒々しい, 耳ざわりな, 調子はずれの. [*jangle*]

Jan·ice /dʒǽnəs/ ジャニス《女子名》. [(dim)<JANE]

Ja·nic·u·lum /dʒəníkjələm/ [the] ジャニコロの丘《Rome の Tiber 川右岸にある丘; 七丘に対峙する》.

jani·form /dʒǽnəfɔ̀ːrm/ *a* JANUS-FACED.

Janina ⇨ IOÁNNINA.

jan·is·sary /dʒǽnəsèri; -s(ə)ri/, **jan·i·zary** /-zèri; -z(ə)ri/ *n* [ᵒJ-] 新軍, イェニチェリ《オスマン帝国の常備歩兵; 1826 年廃止》; トルコ兵; 護衛; 追随者, 《圧制などの》手先; 忠実な部下[支持者]. [F<It<Turk=new troops]

Jánissary mùsic トルコ軍楽風の音楽《シンバル・トライアングル・ベースドラムなどを多用》.

jan·i·tor /dʒǽnətər/ *n*《主に米》《ビル・学校・事務所の》管理人, 用務員 (caretaker); 清掃員; 門番, 玄関番 (doorkeeper). ► *vi* janitor として働く. ♦ **jan·i·to·ri·al** /dʒæ̀nətɔ́ːriəl/ *a* **ján·i·tress** *n fem* [L (*janua* door)]

janizary ⇨ JANISSARY.

jank /dʒǽŋk/ *vi**《空軍俗》《対空砲火を避けるため》さっと機首を振る. [cf. JINK]

jan·kers /dʒǽŋkərz/ ˢ《俗》*n*《軍規違反者に対する》懲罰; 軍規違反者; 営倉. ● **on ~** ˢ《俗》《軍規違反で》懲罰をうけて.

Ján Mà·yen Ísland /jáːn màɪən-; jǽn-/ ヤンマイエン島《Greenland の東方にあるノルウェー領の島》.

jannock ⇨ JONNOCK.

Jan·sen /dʒǽns(ə)n, jáːn-/ ヤンセン **Cor·ne·lis** /kɔːrnéɪləs/ ~ (1585–1638)《フランドルのカトリック神学者; ⇨ JANSENISM》.

Jan·sen·ism /dʒǽns(ə)nìz(ə)m/ *n*〔カト〕ヤンセン主義, ジャンセニスム《Cornelis Jansen の教会改革の精神を奉じた主張; その宗教運動》; 《性などに対する》厳格な考え[態度]. ♦ **-ist** *a, n* **Jàn·sen·ís·tic** *a*

jan·sky /dʒǽnski/ *n*〔天〕ジャンスキー《電波天文学における電磁波束密度の単位; 記号 Jy》. [Karl G. *Jansky* (1905–50) 銀河電波を発見した米国の無線技師]

Jans·son /jáːnsɔːn/ ヤンソン **Tove** ~ (1914–2001)《フィンランドの女性作家・画家; スウェーデン系; 子供向けの Moomintroll シリーズで国際的評価を得た》.

jan·thi·na /dʒǽnθənə/ *n*〔貝〕アサガオガイ属 (*J-*) の各種の貝. [L =violet blue]

Jan·u·ary /dʒǽnjuèri; -(ə)ri/ *n* (*pl* **-àr·ies, -àr·ys** /-z/) 一月《略 Jan., Ja.; cf. MARCH¹》. [AF<L *Januarius* (*mensis* month) of JANUS]

ja·nu·is clau·sis /jáːnuìːs kláusìːs/ ドアを閉めて. [L]

Ja·nus /dʒéɪnəs/〔ロ神〕ヤーヌス《門・戸口の守護神で, すべての始まりを司る神; 頭の前後に顔をもった姿で表わされる》;〔天〕ヤヌス《土星の第 10 衛星》. [L=doorway, archway]

Jánus-fàced *a* 対照的な二面を有する; 反対の 2 方向に向いた; [*fig*] 二心のある, 人を欺く (deceitful).

Jánus gréen〔化〕ヤヌス緑《生体染色用》.

Jan·vier /*F* ʒɑ̃vje/ *n* 一月 (January).

Jap /dʒǽp/ *a, n*《口》[ᵘ*derog*] JAPANESE; [j-]*《俗》奇襲, だまし討ち. ● **pull a ~***《俗》待ち伏せて攻撃する, 奇襲をかける. ► *vt* [j-] *《俗》待伏せする, 奇襲する, だまし討ちする.

JAP /dʒǽp/ *n**《俗》[ᵘ*derog*]《金持ちで甘やかされた》ユダヤのお嬢さま[《時に》おぼっちゃま]. [*Jewish American Princess [Prince]*]

ja·pan /dʒəpǽn/ *n* うるし, 漆 (lacquer); 黒ワニス (=~ **bláck**); 漆器; 日本製陶磁器[絹布]. ► *a* 日本製漆器のような; うるし塗りの; 日本様式の. ► *vt* (**-nn-**) …に漆[黒ワニス]を塗る; …に光沢をつける. ♦ **ja·pánned** *a* 漆塗りの, 漆器の. **ja·pán·ner** *n* 漆職人. **ja·pán·ning** *n*

Japan *n* 日本. ► *a* JAPANESE. ■ the **Séa of ~** 日本海. [? Malay *Japang, Japung*<Chin *Jih-pun* (日本)]

Japán állspice〔植〕ロウバイ.

Japán cédar〔植〕JAPANESE CEDAR.

Japán clóver〔植〕ヤハズソウ《アジア原産の米国南部東海岸地方の牧草》.

Japán Cúrrent [the] 日本海流《別名を Japan Stream, Black Stream (黒潮) ともいう》.

Jap·a·nese /dʒæ̀pəníːz, *-s/ *a* 日本の; 日本人の; 日系の; 日本語の. ► *n* **a** (*pl* ~) 日本人; 日系人. **b** 日本語.

Japanése andrómeda〔植〕アセビ.

Japanése arália〔植〕ヤツデ (FATSIA).

Jápanese bárnyard mìllet〔植〕JAPANESE MILLET.

Jápanese béetle〔昆〕マメコガネ《米国では農作物・芝生などの害虫》.

Jápanese Bóbtail 三毛猫.

Jápanese cédar〔植〕スギ(杉) (=*Japan cedar*).

Jápanese chérry〔植〕サクラ(桜)《花を楽しむ》.

Jápanese Chín 〘犬〙チン(狆)《日本原産の愛玩犬; かつて Japanese spaniel といった》.
Jápanese crésted íbis 〘鳥〙トキ《国際保護鳥》.
Jápanese cýpress 〘植〙ヒノキ(檜, 檜木).
Jápanese déer 〘動〙シカ, ニホンジカ.
Jápanese éggplant 日本ナス, 長ナス.
Jápanese flówer 水中花.
Jápanese gélatin 寒天 (agar).
Jápanese íris 〘植〙ハナショウブ, カキツバタ.
Jápanese ísinglass 寒天 (agar).
Jápanese ívy 〘植〙ツタ (Boston ivy).
Jápanese knótweed 〘植〙イタドリ《日本原産のタデ科の多年草; 竹のような茎と小さな白い花が特徴》.
Jápanese lácquer うるし, 漆.
Jápanese lántern 提灯 (Chinese lantern).
Jápanese láurel 〘植〙アオキ (＝*Japan laurel*).
Jápanese léaf 〘植〙リョクチク (CHINESE EVERGREEN).
Japanése macáque 〘動〙ニホンザル.
Jápanese máple 〘植〙イロハモミジ, イロハカエデ.
Jápanese médlar 〘植〙ビワ (loquat).
Jápanese míllet 〘植〙ヒエ.
Jápanese mínk 〘動〙イタチ, ニホン[ホンド]イタチ; イタチの毛皮.
Jápanese óyster 〘貝〙マガキ.
Jápanese páper 和紙 (＝*Japan paper*).
Jápanese pépper 〘植〙サンショウ.
Japanése persímmon 〘植〙カキ; 柿の実 (kaki).
Jápanese plúm 〘植〙**a** スモモ. **b** ビワ (loquat).
Jápanese prínt 《江戸時代の》木版刷り.
Jápanese quáil 〘鳥〙(ニホン)ウズラ《ヨーロッパウズラと区別して》.
Jápanese quínce 〘植〙**a** ボケ. **b** ビワ (loquat).
Jápanese ríver fèver 〘医〙日本河熱, ツツガムシ病 (tsutsugamushi disease).
Jápanese róse 〘植〙ノイバラ (multiflora (rose)).
Jápanese sílk ジャパニーズシルク《日本産の生糸》.
Jápanese slípper 《マレーシア》ゴムぞうり, つっかけ.
Jápanese spániel 〘犬〙ジャパニーズスパニエル《JAPANESE CHIN の旧称》.
Jápanese spúrge 〘植〙フッキソウ.
Jápanese stránglehold 〘レス〙首巻き固め.
Jápanese umbrélla pìne 〘植〙コウヤマキ (umbrella pine)《スギ科》.
Jápanese wáx trèe 〘植〙ハゼノキ, ハゼ.
Jap·a·nesque /ʤæ̀pənésk/ *a* JAPANESY.
Jap·a·nesy /ʤæpəníːzi, -si/ *a* 日本風な, 日本式の.
Ja·pan·i·ma·tion /ʤəpæ̀nəméɪʃ(ə)n/ *n* 日本製アニメ, ジャパニメーション (anime). ［*Japan*＋*animation*］
Japán·ism *n* 日本風, 日本人の特質, 日本語の語法; 日本研究; 日本心酔.
Jap·a·nize /ʤǽpənàɪz/ *vt* [°j-] 日本風にする, 日本化する; 日本の傘下[勢力下]に置く. ♦ **Jàp·a·ni·zá·tion** *n*
Japán láurel JAPANESE LAUREL.
Ja·pano- /ʤəpǽnoʊ, -nə/ *comb form*「日本」［*Japan*, *-o-*］
Jap·a·nol·o·gy /ʤæ̀pənɑ́ləʤi/ *n* 日本学, ジャパノロジー. ♦ **-gist** *n*
Japáno·phìle *n* 親日家, 日本風を好む人.
Japán páper 和紙 (Japanese paper).
Japán stándard tìme 日本標準時《略 JST》.
Japán Stréam [the] JAPAN CURRENT.
Japán wàx [tàllow] 木蠟(もくろう), ハゼ蠟《主にハゼノキの実の脂肪》.
jape /ʤéɪp/ 《文》*n* 冗談 (joke); 笑話, 笑劇; 《冗談半分の》いたずら, からかい; GIBE[1]. ► *vi* 冗談を言う, からかう. ► *vt* からかう. ♦ **jáp·er** *n* **jáp·ery** *n* 冗談, しゃれ. ［ME＜?］
Ja·pheth /ʤéɪfəθ; -fɛθ/ **1** ジェーフェス《男子名》. **2**〘聖〙ヤペテ, ヤフェト《Noah の第 3 子で, インド-ヨーロッパ族の祖とされる; *Gen* 5: 32; cf. SHEM, HAM》. ［Heb＝extension］
Ja·phet·ic /ʤəfétɪk; ʤeɪ-/ *a* ヤペテの; 《古》INDO-EUROPEAN.
Jap·lish /ʤǽplɪʃ/ *n* 日本英語; 英語の多く混じる日本語. ［*Japanese*＋*English*］
ja·po·nai·se·rie /*F* ʒapɔnɛzri/ [ˢJ-] *n* 日本的芸術スタイル, 日本趣味; 日本風の芸術作品.
Ja·pon·ic /ʤəpɑ́nɪk/ *n* JAPANESE.
ja·pon·i·ca /ʤəpɑ́nɪkə/ *n* 〘植〙**a** ツバキ (camellia). **b** ボケ (Japanese quince). **c** サルスベリ (crape myrtle). ［L (fem)＜*japonicus* Japanese］
Jap·o·nism /ʤǽpənɪz(ə)m/ *n* JAPANISM.
Ja·pu·rá /ʒɑ̀ːpərɑ́ː/ [the] ジャプラ川《コロンビア南部, ブラジル北西部を流れ, Amazon 川へ合流する; 別称 Yapurá》.
Ja·ques /ʤéɪkwiz/ ジェイクウィズ《Shakespeare, *As You Like It* に出る貴族で皮肉な厭世家》.
Jaques-Dal·croze /ʒɑ́ːkdæ̀lkróʊz, ʒǽk-/ ジャック-ダルクローズ **Émile** ～ (1865–1950)《スイスの作曲家・教育者; リズム教育法; eurythmics を発案》.
jar[1] /ʤɑ́ːr/ *n* 《陶磁器・ガラス製の》広口瓶, 壺, ジャー; ᴴ《口》一杯のビール[酒]: a ～ of jam ひと壺のジャム. ♦ **～·fùl** *n* jar 一杯(の量); ジャーの中身. ［F＜Arab］
jar[2] *v* (-rr-) *vt* **1** (ギーギー[ガタガタ]と)震動させる; きしらせる. **2**《突然の打撃などで》ぎくりとさせる, …に衝撃を与える; ゆする, ゆさぶる, ぐらぐらさせる: She was *jarred* by her mother's death. ► *vi* **1** (ギーギー)きしる, 《耳・神経などに》さわる ⟨*on*⟩; (きしるような音をたてて)ぶつかる ⟨*against*, *on*⟩; ガタガタ震動する, ギーギー揺れる: ～ *on* sb [sb's nerves] 人の感情にさわる, 人をいらだたせる. **2**《陳述・言動など》衝突する, 食い違う; 言い争う (quarrel); 調和を欠く ⟨*with*⟩: His view always ～*s with* mine. 彼の意見はいつもわたしのとかみ合わない. ► *n* **1**《神経にさわる》きしる音, 《耳ざわりな》雑音; 激しい震動; 衝撃 (shock); 《身体・精神への》さわり. **2**《意見などの》衝突, 不和, 軋轢(あつれき): be at (a) ～ 仲たがいしている. ♦ **jár·ring** *a* ギーギーいう, 耳ざわりな; びっくりする; 《体を》ぎくりとさせる; 相反する, 対立する. **jár·ring·ly** *adv* ［C16＜? imit］
jar[3] *n* [次の成句で]: **on the ～** 《ドアが》少し開いて (ajar). ［CHAR[2] (obs) turn; cf. AJAR[1]］
jar·di·niere, -nière /ʤɑ̀ːrdəníər, ʒɑ̀ːrdn(j)ɛ́r; ʒɑ̀ːdɪniɛ́ər/ *n* 《植木鉢を入れる》装飾用のポット; 花台; 《肉料理の》野菜の添え物, ジャルディニエール. ［F＝female gardener; ⇨ GARDEN］
Jar·ed /ʤǽrəd/ ジャレド《男子名》. ［Heb＝descent］
jar·gon[1] /ʤɑ́ːrgən, *-gɑ̀n/ *n* **1 a** [°*derog*]《同業者・同一集団内にだけ通ずる》専門用語, 職業語, 仲間ことば, ジャーゴン. **b**《2 つ以上の言語が混じって単純化した》くずれた言語[方言], 混合語 (pidgin). **2** わけのわからないことば, ちんぷんかんぷん; 《古》鳥のさえずり. ► *vi* jargon で話す[を使う]; わけのわからないことばを話す; さえずる. ♦ **～y** *n* **jàr·gon·ís·tic** *a* ［OF＜?; imit か］
jargon[2] *n* JARGOON.
jar·go·naut /ʤɑ́ːrgənɔ̀ːt, *-nɑ̀ːt/ *n* [*joc*] ジャーゴンをむやみに用いる人. ［*jargon*＋*argonaut*; cf. ARGOT］
jar·go·nelle, -nel /ʤɑ̀ːrgənɛ́l/ *n* 〘園〙早生洋梨の一品種. ［F (dim)＜jargoon］
járgon·ize *vi* 専門語[隠語]で話す; わけのわからないこと[たわごと]を言う. ► *vt* 専門語[隠語]に言い変える, ジャーゴン化する.
jar·goon /ʤɑːrgúːn/ *n* 〘鉱〙ジャーゴン《白色・灰白色のジルコン》. ［F＜It＜? ZIRCON］
jár·hèad *n**《中部》ラバ (mule); *《軍俗》海兵隊員.
Ja·rīr /ʤəríər/ ジャリール (c. 650–c. 729)《アラブの詩人; 諷刺詩で知られる》.
jarl /jɑ́ːrl/ *n* 〘北欧史〙《王の次に位する》族長, 首長 (chieftain), 貴族. ［ON; cf. EARL］
Jarls·berg /jɑ́ːrlzbə̀ːrg/ *n* ヤールスバーグ《ノルウェー産の硬質チーズ》.
ja·ro·site /ʤǽrəsàɪt/ *n* 〘鉱〙鉄明礬石, ジャロサイト. ［Barranco *Jaroso* スペイン Almería 州の地名］
jar·o·vize, yar·o-, iar·o- /jɑ́ːrəvàɪz/ *vt* 〘農〙VERNALIZE. ［Russ *yara* spring］
jarp /ʤɑ́ːrp/, **jaup** /ʤɔ́ːp/ *vt* 《イングランド北東部》たたく, つぶす, 《特に》《イースターの卵》の殻をわる.
jar·rah /ʤǽrə/ *n* 〘植〙マルバユーカリノキ, ジャラ, マホガニーゴムノキ《豪州南西部産のユーカリの一種》. ［(Austral)］
Jar·rett /ʤǽrət, *ʤér-/ ジャレット **Keith** ～ (1945–)《米国のジャズピアニスト・作曲家》.
Jar·row /ʤǽroʊ/ ジャロー《イングランド北東部 Tyne and Wear 州の Tyne 川南岸にある町; 大恐慌時代に当地の失業者が London まで繰り返し飢餓行進 (hunger march) を行なった》.
Jar·ry /ʒɑːríː/ ジャリ **Alfred** ～ (1873–1907)《フランスの作家》.
Ja·ru·zel·ski /jɑ̀ːruzélski/ ヤルゼルスキ **Wojciech Witold** ～ (1923–)《ポーランドの軍人・政治家; 統一労働者党第一書記 (1981–89), 国家評議会議長 (1985–89), 大統領 (1989–90)》.
jar·v(e)y, -vie /ʤɑ́ːrvi/ 《口》*n* 《アイル》貸馬車の御者, 軽装二輪馬車の御者; 貸馬車. ［*Jarvey* (愛称)＜*Jarvis*］
Jar·vik-7 /ʤɑ́ːrvɪksév(ə)n/ 〘商標〙ジャービック 7《ポリウレタン製人工心臓》. ［Robert K. *Jarvik* (1946–) 発明者である米国人］
Jar·vis /ʤɑ́ːrvəs/ ジャーヴィス《男子名》. ［AF＜Gmc＝spear＋servant］
Jas. 〘聖〙James.
JAS Japanese Agricultural Standard 日本農林規格.
ja·seyᴴ /ʤéɪzi/ *n* 《梳毛糸(そもう)製の》かつら. ［変形く?*jersey*］
jas·mine, -min /ʤǽzmən, ʤǽs-/ *n* **1**〘植〙ジャスミン《通例 芳香を放つ花をつけるソケイ属の常緑低木の総称》, ソケイ《モクセイ科》; ジャスミンに似た香りをもつ植物; YELLOW JESSAMINE; ジャスミン香水(の成分); ジャスミン色《明るい黄》. **2** [J-] ジャスミン《女子名》. ［C16＜F＜Arab＜Pers］
jásmine téa 《ジャスミン花で香りをつけた》ジャスミン茶.
Ja·son /ʤéɪs(ə)n/ **1** ジェーソン《男子名》. **2**〘ギ神〙イアーソーン《金の羊毛 (Golden Fleece) 獲得に成功した勇士; cf. ARGONAUT》. ［Gk＝? healer］

jas·pa·chate /ʤǽspəkèɪt/, **-gate** /-gèɪt/ *n* 〘鉱〙瑪瑙(めのう)碧玉 (agate jasper). ［F and L; ⇨ JASPER, AGATE］
jas·pé /ʒæspéɪ, ʤæs-; ⌐⌐⌐/ *a* 碧玉 (jasper) 状の; 《特に》さまざまに色縞(じま)などを入れた, ジャスプの《綿織物》. ［F＝mottled (↓)］
jas·per /ʤǽspər/ *n* 〘鉱〙碧玉(へきぎょく)《塊状で緻密な玉髄 (chalcedony)》; 黒みがかった緑色; JASPERWARE. ♦ **jás·pery** *a* ［OF, ＜Gk *iaspis*］
Jasper 1 ジャスパー《男子名》. **2** [ˢj-] *《俗》神学生, いやに敬虔なやつ, ひどくおとなしいやつ, なんにも知らない田舎者, 《広く》男, やつ (fellow, guy), ばか, まぬけ; *《俗》レスビアン. ［Pers＝treasure bringer; cf. GASPER, CASPER］
Jásper Nátional Párk ジャスパー国立公園《カナダ西部 Alberta 州西部, Rocky 山脈の東斜面にある》.
Jas·pers /já:spərs/ ヤスパース **Karl** (**Theodor**) ～ (1883–1969) 《ドイツの実存主義哲学者》.
jásper·wàre *n* ジャスパー(ウェア)《1775 年ごろ Wedgwood が開発したカメオ細工 (cameo) 様の精炻器》.
jas·pil·ite /ʤǽspəlàɪt/ *n* 〘岩石〙ジャスピライト《赤碧玉と黒鉄が縞(しま)状になった岩石》.
jas·sid /ʤǽsəd/ *n* 〘昆〙ヨコバイ《ヨコバイ科 (Cicadellidae syn. Jassidae) の昆虫の総称》.
Jassy ⇨ IAŞI.
Jas·trzę·bie-Zdrój /jɑ:ʃʧέbjəzdrɔ̀ɪ/ ヤスチェンビエーズドロイ《ポーランド南部の市》.
Jat /ʤá:t, ʤɔ́:t/ *n* ジャート族《インド北西部に住むインド-アーリア系の民族》. ［Hindi］
Ja·ta·ka /ʤá:təkə/ *n* ジャータカ (闍陀伽), 本生(ほんじょう)(ほんじょう)経《仏陀の前世を物語った説話集》. ［Skt］
ja·ti /ʤá:ti/ *n* (*pl* ～, ～**s**) 《インド》ジャーティ《生まれを同じくする集団; いわゆるカースト[サブカースト]を指す》. ［Hindi］
ja·to, JATO /ʤéɪtoʊ/ 〘空〙 *n* (*pl* ～**s**) jato unit を使った離陸; JATO UNIT. ［*jet-assisted takeoff*］
játo ùnit 〘空〙離陸補助噴射推進装置[ロケット]《燃料が尽きたときは捨てるものもある》.
jauk /ʤá:k, ʤɔ́:k/ *vi* 《スコ》ふざける, のらくらする. ［ME＜?］
jaunce /ʤɔ́:ns, *ʤá:ns/ *vi* 《古》PRANCE.
jaun·dice /ʤɔ́:ndəs, *ʤá:n-/ *n* **1** 〘医〙黄疸(おうだん) (＝*icterus*): ～ of the newborn 新生児黄疸. **2** ひがみ, ねたみ, 偏見. ► *vt* 黄疸にかからせる. ［OF (*jaune* yellow)］
jaun·diced /ʤɔ́:ndɪst/ *a* **1** 黄疸にかかった(ような); 黄色の: ～ skin. **2** 偏った, ひがんだ, ねたみをいだいた, 敵対的な; ネガティブな: take a ～ view of…についてひがんだ見方をする[偏見をいだく] / look with a ～ eye 色めがねで見る.
jaunt /ʤɔ́:nt, *ʤá:nt/ *n* 遠足 (excursion), 《短距離の》遊山旅行; 《古》苦しい旅. ► *vi* 遠足[遊山旅行]をする; 《古》とぼとぼ歩く. ［C16＜?］
jáunt·ing [**jáunty**] **càr** 《特に アイルランドの》軽装二輪馬車.
jaun·ty /ʤɔ́:nti, *ʤá:n-/ *a* 快活な, 元気のよい, さっそうとした, 意気揚々とした, きびきびした; いきな, しゃれた; 《古》育ち[生まれ]のよい, 上品な. ► *n* ″《口》MASTER-AT-ARMS. ♦ **jáun·ti·ly** *adv* **-ti·ness** *n* ［C17 *jentee*＜F GENTLE; 語尾は -*y*⁴ に同化］
jaup ⇨ JARP.
Jauregg ⇨ WAGNER VON JAUREGG.
Jau·rès /ʒɔ:rέs/ ジョレス (**Auguste-Marie-Joseph-**) **Jean** ～ (1859–1914)《フランスの社会主義者; 社会主義政党を統一; 第一次大戦を前に平和主義者として仏独の和解を支持し, 暗殺された》.
Jav. Javanese.
Ja·va /ʤá:və, *ʤǽvə/ **1** ジャワ《インドネシアの主島; ☆Jakarta; インドネシア語名 Djawa》. **2** ジャワ種(の鶏)《黒色大型の米国産出種》; [ºj-]《口》コーヒー; JAVA MAN. **3** 〘商標〙ジャヴァ《多様なシステムを含むインターネットのようなネットワークで, プログラムの授受を E メール感覚の容易さで実現するプログラミング言語》.
Jáva cótton KAPOK.
Jáva dóve 〘鳥〙ギンバト《ジュズカケバトの白変したもの》.
Jáva fíg 〘植〙WEEPING FIG.
Jáva Héad ジャワ岬《Java 島最西端の岬; インド洋から Sunda 海峡への入口に位置する》.
Jáva màn [the] ジャワ原人《Java 島の Trinil などの更新世層で発見された化石人類; 現生人類の直接の祖先 *Homo erectus* と分類される》.
Já·van *a* JAVANESE. ► *n* ジャワ人.
Java·nese /ʤæ̀vəní:z, ʤà:-, -s; ʤæ̀v-/ *a* ジャワの; ジャワ人の; ジャワ語の. ► *n* **a** (*pl* ～) ジャワ人. **b** ジャワ語.
Jávan rhinóceros 〘動〙ジャワサイ (*Rhinoceros sondaicus*) 《Java, Sumatra, インドに広く分布していたが, 現在はジャワ島西部の保護区に残るのみで絶滅状態に近い》.
Jáva pépper 〘植〙ヒッチョウカ (＝*cubeb*).
Ja·va·ri /ʒù:vərí:/ [the] ジャヴァリ川, ヤバリ川 (Sp **Ya·va·rí** /jà:vərí:/)《ペルー-ブラジル国境を北東に流れ, Amazon 川に合流》.
Jáva·Script 〘商標〙ジャヴァスクリプト《Web ブラウザーを制御する記述言語》.
Jáva Séa [the] ジャワ海《Java 島と Borneo 島の間の海域; 大陸棚の浅海が広い》.
Jáva spárrow 〘鳥〙ブンチョウ (文鳥)《Java 原産》.
jav·e·lin /ʤǽv(ə)lən/ *n* **1** 投げ槍; 槍で武装した兵[護衛] (＝～ **màn**); [the] 〘競技〙槍投げ (＝～ **thròw**). **2** 〘軍〙《爆撃機などの》縦列飛行編隊 (＝～ **formátion**)《必ずしも同一高度ではない》. ► *vt* 投げ槍で刺す[突く]. ［F＜Celt］
ja·ve·li·na /hæ̀vəlí:nə/ *n* PECCARY. ［AmSp］
jávelin bàt 〘動〙ヘラコウモリ《熱帯アフリカ産》.
Ja·vél(le) wàter /ʒəvέl-, ʒæ-/ ジャベル水(すい)《**1**) 次亜塩素酸ナトリウムの水溶液で漂白・殺菌・防腐用 **2**) 次亜塩素酸カリウムの水溶液》. ［*eau de Javel* の部分訳; *Javel(le)* は現在 Paris の一部に含まれる昔の町の名］
jaw /ʤɔ́:/ *n* **1 a** あご, 《特に》下あご; [*pl*] 口部 (mouth)《上下顎骨と歯を含む》, 開いた上下のあごの空間; 〘動〙顎板, 大顎: the lower [upper] ～ 下[上]あご. **b** [*pl*]《はさみ道具の》あご部; 《谷・海峡などの》狭い入口, ジョー; [the ～s] せっぱつまった危険な状況. **2** 《口》(つまらない)おしゃべり; 《口》小言, ののしり, お説義 (lecture) (cf. PI-JAW); 《俗》生意気な言いぐさ: Hold [Stop] your ～! 黙れ! ● **bat** [**beat, bump, flap**] **one's** ～ ⇨ CHOP³. **get** ～**s tight** 《口》黙る, おこる. **give sb a** ～ しかりつける, くどくど小言を言う. **set one's** ～ 《奥歯をぐっとかみ合わせて》あごを引き締める《決意・闘志・頑強さなどを含意》, '肚を決めてかかる'. **sb's** ～ **drops** (**a mile**) 《口》驚いて大口をあける, びっくりする. **the** ～**s of death** 死地, 窮地: be saved from *the* very ～*s of death*. ► 《俗》*vi, vt* あごを動かして《ガムなどを》かむ; (長々とペチャクチャ)しゃべる ‹*about*›; くどくど言う, 叱責する, お説教[談義]をする ‹*at* sb›; *《俗》…に対して説得につとめる (jawbone). ● ～ sb **down** 《俗》人をしゃべり負かす. ♦ ～**·less** *a* ［OF *joe* cheek, jaw＜?］
ja·wan /ʤəwá:n/ 《インド》*n* 軍人, 兵士; 巡査《男性》; 若者. ［Urdu］
jáw·bòne *n* **1** 顎骨, 《特に》下顎骨; *《俗》やたらしゃべるやつ. **2** *《俗》財政上の信用; *《俗》貸付け, ローン. **3** *《口》説得工作, 強い要請[圧力]. ► *vt* **1** *《口》《大統領などが》説得工作をする, 強く要請する; *《俗》しかる, お説教する. **2** *《俗》借りる, 信用[つけ]で買う. ► *vi* *《口》説得につとめる; *《俗》財政上の信用を得るために熱心に話す; *《俗》貸し付ける; *《俗》しゃべる, 長々と議論する ‹*about*›; *《軍俗》射撃訓練をする. ► *adv* *《俗》信用[分割]で: buy ～ 信用で買う.
jáw·bòning *n* *《口》ジョーボーニング《産業界・労働組合の指導者に対する大統領などからの強い要請・説得工作》; 《一般に》強い要請, 強い口頭の圧力.
jáw·brèak·er *n* 《口》非常に発音しにくい[舌をかむような]語句 (tongue twister); 《口》大きく固いキャンディー[風船ガム]; 〘機〙JAW CRUSHER.
jáw·brèak·ing *a* 《口》〈名前など〉非常に発音しにくい.
jáw·cràck·er *n* *《俗》JAWBREAKER.
jáw crùsher 〘機〙ジョークラッシャー (＝*jawbreaker*)《あご状のかみ合わせのある岩石破砕機》.
jáw-dròp·ping *a* 《口》びっくりさせる, 驚くべき. ♦ ～**·ly** *adv*
jáw-dròp·per *n* 《口》驚くべきもの[こと], 驚嘆に値するできごと.
jawed /ʤɔ́:d/ *a* あご (jaw) のある; [*compd*] …のあごをした: square-～ あごの角ばった.
jáw hàrp, jáws [**jáw's, jáws'**] **hàrp** *《口》JEWS' HARP.
jáw·jàck *《俗》*vi* ペチャクチャ[のべつまくなしに]しゃべる. ♦ ～**·ing** *n* 話し, おしゃべり.
jáw-jàw ″《俗》*vi* 長々としゃべる[議論する]. ► *n* 長々としゃべること, 長談義, 長話.
jáw·less físh 無顎類の魚《下あごのない魚; ヤツメウナギ・メクラウナギなど; cf. BONY FISH, CARTILAGINOUS FISH》.
jáw·lìne *n* 下あごの輪郭.
ja·wohl /*G* javó:l/ *adv* そう(です)とも《ja の強調語》.
jaws [**jaw's, jaws'**] **harp** ⇨ JAW HARP.
Jáws of Lífe [the] 〘商標〙ジョーズ・オブ・ライフ《大破した乗物などから閉じ込められた人を救出するこじあけ機》.
Jax·ar·tes /ʤæksá:rtiz/ [the] ヤハルテス川《SYR DARYA の古代名》.
jaxy, jax·ey, jax·ie /ʤǽksi/ *n* ″《俗》おしり, けつ(の穴) (jacksie).
jay¹ /ʤéɪ/ *n* **1** 〘鳥〙**a** カケス《旧北区主産, カラス科; 派手な色で, しわがれ声で騒々しく鳴き, うろつきまわっていたずらをする》. **b** カケスに似た鳥, オオカケス. **2** 《口》**a** 生意気なおしゃべり《人》. **b** のろま, まぬけ, 青二才, 世間知らず, おのぼりさん, 《すぐだまされる》カモ; しゃれ者, だて男. **3** かけす色《おだやかな青》. ［OF＜L *gaius, gaia*］
jay² *n* 《アルファベットの》J [j]; 《俗》マリファナ(タバコ) (joint); *《俗》銀行 (jug); 新改宗者 (neophyte).
Jay 1 ジェイ **John** ～ (1745–1829)《米国の法律家・政治家; 合衆国最高裁判所初代首席裁判官 (1789–95); ジェイ条約 (Jay's Treaty) で英国との関係を改善した》. **2** ジェイ《男子名》. ［(dim); ⇨ JACOB, James］
Jaya ⇨ PUNCAK JAYA.

Ja·ya·pu·ra, Dja·ja- /ʤɑ̀ːjəpúərə/ ジャヤプラ《インドネシア New Guinea 島北岸の市, Papua 州の州都; 旧称 Hollandia, Kotabaru, Sukarnapura》.

Ja·ya·wi·já·ya Móuntains /ʤɑ̀ːjəwɪʤáːjə-/ *pl* [the] ジャヤウィジャヤ山脈《インドネシア Papua 州中東部にある山脈で, Maoke 山脈の東部分を占める; 最高峰は Trikora 山 (4750 m); 旧称 Orange Range》.

jáy·bìrd *n* カケス (jay); JAY[1] 2: (as) naked as a ～ 《口》 まっ裸で, 一糸もまとわず.

Jay·cee /ʤèɪsíː/ *n**《口》 青年(商業)会議所 (Junior Chamber of Commerce) (の会員). [*j*unior *c*hamber]

Ja·ye·war·de·ne /ʤɑːjɛwáːrdɪnə/ ジャヤワルダナ **J**(**unius**) **R**(**ichard**) ～ (1906–96)《スリランカの政治家; 首相 (1977–78), 大統領 (1978–89)》.

jay·gee /ʤéɪʤíː/ *n**《口》 LIEUTENANT JUNIOR GRADE. [*j*unior *g*rade]

jáy·hàwk* *vt* 《口》 襲撃して略奪する; 《口》 持ち去る. ► *n* 《口》 JAYHAWKER; 《中西部》 ひどく変わった人物.

jáy·hàwk·er *n* [°J-] ジェイホーカー《南北戦争当時の Kansas 州, Missouri 州などで奴隷制に反対して活動したゲリラ隊員》; [j-] 略奪者; [J-]*《口》 Kansas 州人《あだ名》.

Jáyhawker Stàte [the] ジェイホーカー州《Kansas 州の俗称》.

jáy smòke*《俗》 マリファナタバコ (joint) (cf. J).

Jáy('s) Tréaty 〘米史〙 ジェイ条約《独立戦争終結後に英米間に残された外交上の諸問題に一応の解決を与えた両国間の条約 (1794); 米側の全権特使 John Jay にちなむ》.

jay·vee /ʤéɪvíː/*《口》 *n* JUNIOR VARSITY; [°*pl*] 二軍チームのメンバー. [*j*unior *v*arsity]

jáy·wàlk *vi* 《口》 交通規則や信号を無視して街路を横切る. ♦ **～·er** *n* **～·ing** *n* [*jay*[1]]

Ja·zee·ra /ʤəzíːrə/ [al-～ /æl-/] (アル)ジャジーラ《カタールのアラビア語によるケーブルテレビ・ニュースネットワーク; 1996 年設立》.

Ja·zi·rah /ʤəzíːrə/ [Al /æl-/] ジャジーラ《El GEZIRA の別称》.

jazz /ʤǽz/ *n* **1** 〘楽〙 ジャズ; JAZZ DANCE. **2 a** 《口》 ジャズ的狂騒[興奮, 刺激], 活気; *《俗》 みばをよくするもの, 飾り. **b** 《俗》 大ぼら, たわごと, くだらない話 (humbug); *《俗》 ありきたりの[いつもの]話, お題目; *《俗》 似たようなもの, その類: Don't give me all that ～. そんなくだらん話は聞かせないでくれ / ...and all that ～ = ...or some such ～ ...とかいったようなもの, 似たようなもの. **3** 《卑》 性交, 女陰, 女; *《卑》 精液. ► *a* ジャズの; ジャズ式[的]の; まばらの, 雑色の: ～ fans ジャズファン. ► *vi, vt* **1** ジャズダンスを踊る; ジャズを[ジャズ風に]演奏する; ジャズ風に編曲する. **2** 加速する, スピードアップする 〈*up*〉; 《俗》 元気に[にぎやかに]やる; *《俗》 興奮[熱中]させる; 《俗》 遊び歩く; 《卑》 (...と)性交する. **3***《俗》 だぼらを吹く, でたらめ[たわごと]を言う. ● **～ it** 《俗》 (熱狂的に)ジャズを演奏する. **～ up** 《口》 ジャズ風に演奏する; 《口》 活気づける, にぎやかにする, 多彩にする, (今ふうに)飾る, 魅力的にする. ♦ **～·er** *n* JAZZMAN. **～·lìke** *a* [C20<?; 〘楽〙は 'copulation' からか]

Jázz Àge [the] ジャズエイジ《Scott Fitzgerald の *Tales of the Jazz Age* (1922) に由来する表現で, 米国の 1920 年代, とりわけ社会の繁栄や狂騒, 性風俗を形容するのに用いられる》.

jázz ballèt JAZZ DANCE.

jázz bànd ジャズバンド.

jazz·bo /ʤǽzbou/ 《俗》 *n* (*pl* **～s**) ジャズ演奏家[ファン]; 粋(いき)ななりをした男[女], 色男, 色女; [*derog*] 黒人男, 黒人兵.

jázz dànce ジャズダンス.

jazzed /ʤǽzd/ *a* [°～ up] 《俗》 **1** 敏活な, 元気[やる気]が出た, わくわく[ドキドキ]して; 《酒・麻薬に》酔っぱらった. **2** 《追加されて》多彩になった, おもしろくなって, 魅惑的になって; *細工をした, 偽造した〈小切手など〉.

jaz·zer·cise /ʤǽzərsàɪz/ *n* ジャザーサイズ, ジャズダンス《ジャズ音楽に合わせて行なう体操》. [*jazz*+*exercise*]

jázz lòft*(実験的)ジャズ演奏用のロフト.

jázz·màn /, -mən/ *n* ジャズ演奏家, ジャズマン.

jaz·zo·thèque /ʤǽzətɛ̀k/ *n* 生演奏のジャズとレコード音楽のあるナイトクラブ. [*jazz*+*discothèque*]

jázz òxford ジャズオックスフォード (=JAZZ SHOE).

jázz-róck *n* 〘楽〙 ジャズロック《ジャズとロックの混じり合った音楽》.

jázz shòe ジャズシューズ (=*jazz oxford*) 《**1)** ジャズを踊るときに履くかかとの低い柔らかい革の男子用紐靴 **2)** これに似たカジュアルシューズ》.

jázzy 《口》 *a* ジャズ的な, ジャズ風の, ジャジーな; 狂騒的な, 活発な; 華麗な, 派手な; にぎやかな, 《色彩などが》パッとした, かっこいい (: a ～ guy / a ～ sweater [car]); 古臭い, 堅苦しい, つまらない. ♦ **jázz·i·ly** *adv* ジャズ的[風]に. **-i·ness** *n*

J.B. /ʤèɪbíː/ *n**《俗》 STETSON.

J-bar (**lift**) /ʤéɪ—(—)/ J バーリフト《J 字型腕木を腰に引っかけて乗る 1 人用スキーリフト; cf. T-BAR》.

JBS 〘米〙 °John Birch Society. **JC** °Jesus Christ ♦ Julius CAESAR ♦ °junior college ♦ °jurisconsult ♦ 〘スコ〙 °Justice Clerk ♦ °juvenile court. **JCAHO** 〘米〙 Joint Commission on Accreditation of Healthcare Organizations 医療機関認定合同委員会《現在は TJC》.

JCB /ʤèɪsìːbíː/ 〘商標〙 JCB《英国 J C Bamford Excavators Ltd. の掘削・建設機械》.

JCB [L *Juris Canonici Baccalaureus*] Bachelor of Canon Law. **JCD** [L *Juris Canonici Doctor*] Doctor of Canon Law. **JCL** 〘電算〙 °job control language ♦ [L *Juris Canonici Licentiatus*] Licentiate in Canon Law.

J-cloth /ʤéɪ —/ 〘商標〙 J クロス《家庭向け清掃用クロス》. [最初 *J*ohnson and Johnson 社が製造]

J. C. Penney /ʤéɪ sìː —/ J. C. ペニー《米国 J. C. Penney Co., Inc. 系列の衣料中心のデパートチェーン》.

JCR 〘英〙 °junior combination room ♦ 〘英〙 °junior common room. **JCS** 〘米〙 °Joint Chiefs of Staff. **jct.** junction.

J-curve /ʤéɪ —/ *n* 〘経〙 J カーブ《為替レートの変動の効果を示すグラフがとる J 字形; 期待される調整効果が遅れて現われてくることによる》.

JD /ʤèɪdíː/ *n**《俗》 ジャック・ダニエルズ (Jack Daniel's, 商標) のウイスキー.

JD [L *Juris Doctor*] Doctor of Jurisprudence, Doctor of Law ♦ [L *Jurum Doctor*] Doctor of Laws ♦ Justice Department ♦ 《口》 °juvenile delinquency ♦ 《口》 °juvenile delinquent.

je /*F* ʒə/ *pron* I.

jeal·ous /ʤɛ́ləs/ *a* **1 a** 嫉妬深い; そねむ, ねたむ 〈*of*〉; 羨望する 〈*of*〉; 〘聖〙 ねたむ, 熱情の〈神〉《不信仰[不忠実]を許さない; *Exod* 20: 5, 34: 14》. **b** 《廃》 ZEALOUS. **2** 〈権利などを〉守るに汲々とした 〈*of*〉; (疑い深いまでに)油断のない, (自分のものを)取られまいと用心する: watch with a ～ eye 油断なく見守る / a city ～ *of* its rights 権利を後生大事に守ろうと怠りない都市. ♦ **～·ly** *adv* ねたんで; 極端に用心深く[警戒して], 油断なく. **～·ness** *n* [OF<L; ⇨ ZEALOUS]

jeal·ou·sy /ʤɛ́ləsi/ *n* 嫉妬, ねたみ, そねみ, やきもち; 油断のない配慮, 警戒心; ねたみを示す言動. [OF (ZEALOUS)]

jean /ʤíːn/ *n* **1** [ˢ～s, 〈*sg*〉] ジーン(ズ), デニム地《細綾織り綿布; 運動服・作業服用》. **2** [*pl*] ジーンズ[デニム]製のズボン, ジーパン《運動・作業用, また カジュアルウェア》, 《一般に》ズボン. ● CREAM **one's ～s.** ♦ **～ed** *a* ジーンズを着た, ジーンズをはいた. [OF (L *Janua* Genoa)]

Jean /ʤíːn/ ジーン《女子名; 男子名》. [F, Sc; ⇨ JANE, JOAN, JOHN]

Jeanne /ʤíːn/ ジーン《女子名; 愛称 Jeannette》. [F; ⇨ JEAN]

Jeanne d'Arc /*F* ʒɑːn dark/ ジャンヌ・ダルク (⇨ JOAN OF ARC).

Jea(n)·nette /ʤənɛ́t/ ジャネット《女子名; Jean(ne) の愛称》. [F]

Jean·(n)ie /ʤíːni/ ジーニー《女子名》. [(dim)<JEAN]

Jean·(n)ine /ʤəníːn/ ジャニーン《女子名》. [F (dim)<JEAN(NE)]

Jean Paul ⇨ Johann Paul Friedrich RICHTER.

Jeans /ʤíːnz/ ジーンズ Sir **James** (**Hopwood**) ～ (1877–1946)《英国の物理学者・天文学者; *The Universe Around Us* (1929) など天文学の啓蒙書で知られる》.

jéans·wèar *n* ジーンズウェア《ジーンズ製のカジュアルウェア》.

jeas·ley, jeas·ly /ʤíːzli/ *a**《俗》 JEEZLY. [C20<?]

Jeb·by /ʤɛ́bi/*《俗》 *n* イエズス会士 (Jesuit); イエズス会.

jeb·el, djeb- /ʤɛ́b(ə)l/ *n* 山《しばしばアラビアの地名に用いられる》. [Arab]

Jebel ⇨ BAHR AL-JABAL.

Jebel el-Druz, Jebel Druze ⇨ DURŪZ.

Jebel Musa ⇨ MUSA.

Jebel Toubkal ⇨ TOUBKAL.

Je·bus /ʤíːbəs/ 〘聖〙 エブス《Jerusalem のこと; *Judges* 19: 10》.

Jed·burgh /ʤɛ́db(ə)rə/ ジェドバラ《スコットランド南東部, イングランド国境の町》.

Jedda(h) ⇨ JIDDA(H).

Je·de·di·ah /ʤɛ̀dədáɪə/ ジェデダイア《男子名》. [Heb=Yah is my friend]

J. Edgar (**Hoover**) /ʤéɪ —(—)/*《俗》 警察(官), 連邦捜査官. [*J*ohn *Edgar* HOOVER]

jee ⇨ GEE[2].

jee·bies /ʤíːbiz/*《俗》 *n* [the] HEEBIE-JEEBIES. ► *vi* びくつく.

jee·gee /ʤíːʤi/ *n**《俗》 ヘロイン (jojee).

jeep /ʤíːp/ *n* **1 a** 《軍用などの》ジープ. **b** [J-] 〘商標〙 ジープ《軍用 jeep に似た四輪駆動車》. **2***《軍俗》 LINK TRAINER; *《海軍俗》《小型の》護衛空母 (=～ **càrrier**); *《陸軍俗》 新兵. ► *vi, vt* ジープで行く[で運ぶ]. [? G.P.=*g*eneral-*p*urpose; E. C. Segar (1894–1938) の漫画 Eugene the *Jeep* の影響あり]

jee·pers /ʤíːpərz/, **jéepers créepers** *int* 《主に米口》 おや, これはこれは. [*Jesus Christ* の婉曲表現]

jéep-jòckey *n**《陸軍俗》 ジープの運転手.

jeep·ney /ʤíːpni/ *n* ジープニー《10 人ぐらい乗れるようにジープを改造したフィリピンの乗合バス》. [*jeep*+*jitney*]

jéep safàri ジープサファリ《四輪駆動車に乗り込んで行なう野生動物観察ツアー》.

jeer /ʤíər/ *vt, vi* あざける, やじる, ばかにする〈*at*〉. ► *n* あざけり, からかい, やじ. ♦ **～·ing** *a, n* あざけるような; あざけり, からかい, 嘲笑. **～·ing·ly** *adv* あざけって, ばかにして. **～·er** *n* 〔C16<?〕
jee·ra /ʤí:rə/ *n* 《インド》 クミン (cumin). 〔Hindi〕
jeers /ʤíərz/ *n pl* 〘海〙(下層帆桁の) 索具, ジーア. 〔ME<?〕
jees ⇨ JEEZ.
jee·ter /ʤí:tər/ *n**《俗》 だらしない男, 田舎者; *《陸軍俗》 中尉, 少尉 (lieutenant). 〔Erskine Caldwell, *Tobacco Road* 中の人物 *Jeeter* Lester から〕
jeet kune do /ʤí:t kù:n dóʊ/ ジークンドー, 截拳道 (Bruce Lee が考案した武術; カンフーにボクシングなどの格闘技の要素を取り入れている). 〔Cantonese〕
Jeeves /ʤí:vz/ ジーヴズ (P. G. Wodehouse の一連の小説 Jeeves 物に出る奇策縦横の模範的執事); (一般に) 執事.
jeez, jeeze, jees /ʤí:z/ *int* [°J-] 《俗》 おや, まあ, あら, ああ, ヒャー, ゲッ, やれやれ (驚き・落胆). 〔*Jesus*〕
jéez Louíse *int* 《俗》 JEEZ.
jeez·ly /ʤí:zli/ *a* 《俗》 ぱっとしない, しょうもない, くだらない.
jeezy-peezy /ʤí:zipí:zi/ *int* [°J-]*《俗》 JEEZ.
je·fe /héɪfeɪ, héf-/ *n**《南西部》 首領, 指導者; (スペイン語圏諸国の) 軍[政界]の指導者. 〔Sp<F *chef* CHIEF〕
Jeff /ʤéf/ *n* **1** ジェフ (男子名; Geoffr(e)y, Jeffr(e)y の愛称). **2** [ˢj-]*《黒人俗》 **a** 白人. **b** 堅っ苦しいやつ, 退屈なやつ, つまらないやつ. ► *v* [j-]*《黒人俗》 *vt* だます, 丸め込む, 誘惑する, 説得する. ► *vi* *白人のようなふるまい[考え方]をする, いい子ぶる.
Jef·fers /ʤéfərz/ ジェファーズ (**John**) **Robinson** ～ (1887–1962) (米国の詩人; *Tamar and Other Poems* (1924)).
Jef·fer·son /ʤéfərs(ə)n/ **1** ジェファソン (男子名). **2** ジェファソン **Thomas** ～ (1743–1826) (米国第 3 代の大統領 (1801–09); リパブリカン党; 独立宣言の大部分を起草した). 〔OE＝son of Geoffrey〕
Jéfferson Cíty ジェファソンシティ (Missouri 州の州都; Missouri 川に臨む).
Jéfferson Dávis's Bírthday 〘米〙 ジェファソン・デーヴィス誕生記念日 (6 月 3 日または同月の第 1 月曜日; 南部の諸州で法定休日).
Jéfferson Dày 〘米〙 (トマス)ジェファソン誕生記念日 (4 月 13 日; Alabama 州で法定休日).
Jef·fer·so·ni·an /ʤèfərsóʊniən, -njən/ *a* ジェファソン (Thomas Jefferson) 流(の民主主義)の. ► *n* ジェファソン崇拝者. ♦ **～·ìsm** *n*
Jef·frey /ʤéfri/ **1** ジェフリー (男子名). **2** ジェフリー **Francis** ～, Lord ～ (1773–1850) (スコットランドの文芸批評家・法律家; Wordsworth, Keats, Byron などをきびしく批評した). 〔⇨ GEOFFREY〕
Jéffrey píne 〘植〙 ジェフリーマツ (北米西部原産の三葉松の一種). 〔John *Jeffrey* (1826–54) スコットランドの園芸家〕
Jef·freys /ʤéfriz/ ジェフリーズ **George** ～, 1st Baron ～ of Wem (1645–89) (ウェールズ生まれの裁判官; Monmouth 公の王位要求の反乱における叛徒に厳刑を科し, 'Bloody Assizes' (血の巡回裁判, 1685) といわれた).
jeg·gings /ʤégɪŋz/ *n pl* デニムレギンス, ジェギンス (デニムあるいはデニムに似た生地のスキニージーンズ風レギンス). 〔*jeans* ＋ *leggings*〕
jehad, jehadi ⇨ JIHAD, JIHADI.
jeheemy ⇨ JAHEEMY.
Je·hol /ʤəhóʊl, róʊhóʊ/ 熱河(ねっか)(ルーホー) (中国北東部の旧省; ☆承徳 (Chengde)).
Je·hosh·a·phat /ʤɪhá∫əfæt, -hás-/ *n* 〘聖〙 ヨシャパテ, ヨシャファト (前 9 世紀のユダ (Judah) の王; 北のイスラエルと和を講じた; *1 Kings* 22: 41–50). ► *int* ヒェーッ, あきれたね, これはこれは.
Je·ho·vah /ʤɪhóʊvə/ 〘聖〙 エホバ (旧約聖書の神; *Exod* 6: 3); 〘キ教〙 神 (God). 〔Heb YHWH (＝Yahweh) に adōnai 'my lord' の母音をあてはめた誤った字訳〕
Jehóvah's Wítness エホバの証人 (絶対平和主義を奉じ, 宗教に関しては政府の権威をも認めないキリスト教の一派の信徒; 同派は 1872 年 Charles T. Russell (1852–1916) が Pittsburgh で設立; *Isa* 43: 10; cf. WATCHTOWER).
Je·ho·vist /ʤɪhóʊvɪst/ *n* YAHWIST.
Je·hu /ʤí:h(j)u; -hju/ **1** ジーヒュー (男子名). **2** [J-] 〘聖〙 エヒウ, イエフ (1) Ahab の全家を滅ぼしたイスラエルの王; 兵車での猛攻で有名; *2 Kings* 9: 20 2) 前 9 世紀のユダ (Judah) の預言者; *1 Kings* 16). **3** [ᵘj-] 《口》 [*joc*] 御者 (driver), (特に) むこうみずに飛ばす御者. ● **drive like** ～ 《口》 車を猛烈に飛ばす. 〔Heb＝Yah is God〕
Je·ju, Che·ju /ʤéɪʤù:/ 済州(チェジュ)(さいしゅう) (朝鮮半島の南方にある韓国領の島; 別称 Quelpart).
je·jun- /ʤɪʤú:n/, **je·ju·no-** /-noʊ, -nə/ *comb form* 「空腸 (jejunum)」 〔L〕
je·june /ʤɪʤú:n/ *a* **1** 貧弱な, 乏しい; 栄養価の低い; 不毛の〈土地〉; 無味乾燥な (dry), 味気ない, 退屈な. **2** 未熟な, 子供っぽい, 幼稚な, 単純な. ♦ **～·ly** *adv* **～·ness, je·jú·ni·ty** *n* 〔C17＝empty, fasting<L *jejunus*; 2 は *juvenile* と混同か〕
je·ju·nec·to·my /ʤɪʤù:néktəmi, ʤèʤu-/ *n* 〘医〙 空腸切除(術).
je·ju·nos·to·my /ʤɪʤù:nástəmi, ʤèʤu-/ *n* 〘医〙 空腸フィステル形成術, 空腸造瘻(ぞうろう)術.
je·ju·num /ʤɪʤú:nəm/ *n* (*pl* **-na** /-nə/) 〘解〙 空腸. ♦ **je·jú·nal** *a* 〔L (neut)<*jejunus* JEJUNE〕
Je·kyll /ʤékəl, ʤí:kəl, *ʤéɪ-/ ジキル博士 (R. L. Stevenson, *The Strange Case of Dr. Jekyll and Mr. Hyde* (1886) の主人公; 善良な Dr. Jekyll は自分が発見した薬を飲んで悪の権化 Mr. Hyde に変わることを楽しんでいたが, しだいに Hyde の力が優勢になり, 身の破滅をまねく).
Jékyll and Hýde 二重人格者. ♦ **Jékyll-and-Hýde** *a*
jel[1] /ʤél/ *n**《俗》 変な[ぞっとする]やつ, とんま (脳みそが Jell-O の人, の意).
jel[2] *a**《俗》 嫉妬して, (やきもちを)やいて. 〔*jealous*〕
Jel·i·nek /jélənèk/ イェリネク **Elfriede** ～ (1946–) (オーストリアの小説家・劇作家; ノーベル文学賞 (2004)).
jell /ʤél/ *vi, vt* ゼリー状になる[する]; 《口》 [*fig*] 〈計画・意見など〉固まる, 固める, 〈取引・契約を〉まとめる; *《俗》 ゆっくりする, くつろぐ〈*out*〉. ► *n* JELLY. 〔逆成〈*jelly*〕
jel·la·ba /ʤəlá:bə; ʤéləbə/ *n* DJELLABA(H). 〔Arab〕
Jel·li·coe /ʤélɪkòʊ/ ジェリコー **John Rushworth** ～, 1st Earl ～ (1859–1935) (英国の提督; 第一次大戦中 Jutland の海戦 (1916) を指揮, 戦略上重要な勝利をおさめた).
jel·lied /ʤélid/ *a* ゼリー(状)に固めた; ゼリーで包んだ.
jéllied éel ウナギのゼリー寄せ (薄塩で煮て煮こごりにして酢をかけて食べる英国のウナギ料理).
jéllied gásoline ゼラチン化[ゼリー状]ガソリン (napalm).
jel·li·fy /ʤéləfàɪ/ *vt* ゼリー(状)にする; 軟化[弱化]させる. ► *vi* ゼリー(状)になる. ♦ **jèl·li·fi·cá·tion** *n*
jel·lo /ʤéloʊ/ *n* ゼリー (jelly). 〔↓〕
Jell-O /ʤéloʊ/ 〘商標〙 ジェロー, ゼロー (各種果物の味と色をつけたデザート用ゼリー).
jel·ly /ʤéli/ *n* **1 a** ゼリー, ジェリー (1) 菓子 2) 〘料理〙 肉・魚の煮こごり 3)*ゼリー状の半透明のジャム). **b** ゼリー状のもの, どろどろのもの (pulp); 《俗》 ゼリグナイト (gelignite); 〘動〙 クラゲ (jellyfish); 《俗》 ゼリー (避妊薬の一種); ″《口》 ゼリー (テマゼパム (temazepam) のカプセル). **2** 道徳的[感情的]にすっきりしない状態, 優柔不断, 迷い, 動揺, 不安. **3***《俗》 たやすいこと[仕事]; *《俗》 無料で手にはいるもの. **4** 《俗》 かわいい女の子, ガールフレンド; 《卑》 ワギナ, セックス (jelly roll); 《卑》 精液. **5** [*pl*] ゼリーシューズ[サンダル] (ゴム・軟質プラスチック製の女子用靴; 多様であざやかな色が選べる). ● BEAT sb **to a ～**. **turn to [feel like]** ～ (緊張・恐怖で) 〈足などが〉へなへなとなる. ► *vi, vt* **1** ゼリーになる[する]; ゼリー状に固まる[固める]. **2***《俗》 ぶらぶらしている; *《俗》 しゃべくりまわる. ♦ **～·like** *a* 〔OF *gelée* frost, jelly<L (*gelo* to freeze)〕
jélly bàby ″赤ん坊の形のゼリー (菓子); [*pl*] 《俗》 アンフェタミンの錠剤[カプセル].
jélly bàg ゼリー濾(こ)し袋 (通例 寒冷紗・フランネル製); ジェリーバッグ (半透明の素材でできたバッグ).
jélly bèan **1** ゼリービーン (菓子); 《俗》 アンフェタミン錠[カプセル]. **2** 《俗》 いくじのない[軟弱な]いやなやつ, (特に) 女を取り持つ男 (pimp); *《俗》 いやに着飾った野郎, 派手な格好をしたやつ. **3** [〈*int*〉]*《俗》 (十代の者の間で) やあ, こんちは!
jélly bèlly *《俗》 でぶちん, おなかのぶよぶよしたやつ; 《俗》 臆病者, 腰抜け.
jélly bòmb ゼリー状ガソリン焼夷弾.
jélly càn (水・灯油などを入れる) ポリタンク.
jélly dòughnut ゼリー[ジャム]入りのドーナツ.
jélly·fìsh *n* クラゲ; クダクラゲ (siphonophore); クシクラゲ (ctenophore); 《口》 気骨のない人, 骨無し.
jélly fùngus 〘菌〙 膠質(こう)菌 (ゼリー質の菌; シロキクラゲ目などの菌).
jélly jòb 《俗》 ゼリグナイト (gelignite) を使う金庫破り.
jéllyròll **1** ゼリーロール (＝*Swiss roll*) (ゼリー[ジャム]を塗った薄いスポンジケーキを巻いた菓子; 断面が渦巻形). **2***《俗》 恋人 (lover), いいひと, いろ, 情人, 愛人; *《俗》 女たらし; *《卑》 ワギナ, セックス.
jélly sàndal ゼリーサンダル (⇨ JELLY).
jélly shòe ゼリーシューズ (⇨ JELLY).
jel·u·tong /ʤélətɔ̀(:)ŋ, -tàŋ/ *n* 〘植〙 ジェルトン, クワガタノキ (キョウチクトウ科); ジェルトン (その乳状樹液; チューインガム・ゴム製造用). 〔Malay〕
Jem /ʤém/ ジェム (男子名; James の愛称).
jem·a·dar /ʤémədà:r/ *n* (インドで) インド人士官 (中尉相当官); (インド人の) 警官, 官吏. 〔Hind〕
je main·tien·drai /*F* ʒə mɛ̃tjɛ̃drɛ/ わたくしは主張する (オランダの標語).
Je·mappes /ʒəmá:p/ ジュマップ (ベルギー南西部 Walloon 地域, Mons の西にある町; フランス革命戦争でフランス軍がオーストリア軍を破った地 (1792)).
jem·be /ʤémbɛ/ *n* 《東アフリカ》 鍬 (hoe). 〔Swahili〕
je-m'en-fi·chisme /*F* ʒmɑ̃fi∫ism/ *n* 無関心.

je-m'en-fi·chiste /*F* ʒmɑ̃fiʃist/ *n* 無関心派(の人).

je-m'en-fou·tisme /*F* ʒmɑ̃futism/ *n* 無関心.

Je·mi·ma(h) /ʤəmáɪmə/ ジェマイマ《女子名》. [Heb=? dove]

je·mi·mas /ʤəmáɪməz/ *n pl* ″《口》深ゴム靴. [C20(↑)]

Jem·mie /ʤémi/ ジェミー《男子名; James の愛称》.

jem·my″ /ʤémi/ *n* JIMMY《泥棒の》;《焼いた》羊の頭《料理用》;《方》《厚手の》オーバーコート. ► *vt* JIMMY. [*James* の愛称]

Jen /ʤén/ ジェン《女子名; Jennifer の愛称》.

Je·na /jéɪnə/ イェーナ《ドイツ中東部 Thuringia 州の市; イェーナ大学 (1558) では 18 世紀末から 19 世紀初頭にかけて Fichte, Hegel, Schelling, Schiller などが講じた; Napoleon がプロイセン軍を破った地 (1806)》. ■ the **Báttle of ～ and Áu·er·stedt** /-áuərʃtèt/ イェーナの戦い《1806 年 10 月 14 日, ナポレオン戦争中の戦い; フランス軍とプロイセン・ザクセン軍の決戦; ナポレオンがプロイセン軍を撃破, その結果プロイセンの領土は半減した》.

Jéna glàss イェナガラス《Jena 主産のホウ素・亜鉛などを含むガラス; 化学・光学器材・温度計用》.

je ne sais quoi /ʒə nə sèɪ kwá:/ [^{o}*joc*] 名状しがたいもの, 何か《特に好ましいもの》. [F=I do not know what]

Jen·ghiz [Jen·ghis] Khan /ʤéŋgəs ká:n/ GENGHIS KHAN.

Jen·ice /ʤénəs/ ジェニス《女子名》. [変形く JANICE]

Jen·kins /ʤéŋkənz/ ジェンキンズ (1) **'Fergie' ～ [Ferguson Arthur ～]** (1943–)《カナダ出身のプロ野球選手; 右投げ投手で, 1967–72 年 6 シーズン連続 20 勝を達成》 (2) **Roy (Harris) ～**, Baron ～ of Hillhead (1920–2003)《英国の政治家; 欧州委員長 (1977–81); 社会民主党党首 (1982–83)》.

Jénkins' Éar ■ the **Wár of ～** ジェンキンズの耳戦争《1739 年 10 月に開始され, オーストリア継承戦争の前哨戦となった英国とスペインの戦争; 英国人船長 Robert Jenkins がスペイン艦に臨検されて片耳を切り取られたと主張したことに端を発した》.

jên-min-pi ⇨ RENMINBI.

jên-min-piao ⇨ RENMINPIAO.

Jen·ner /ʤénər/ ジェンナー (1) **Edward ～** (1749–1823)《英国の外科医; 種痘法を発見》 (2) Sir **William ～** (1815–98)《英国の医学者》. ♦ **Jen·ne·ri·an** /ʤenɪ́əriən/ *a* Edward Jenner の(方法による).

jen·net /ʤénət/ *n* スペイン種の小馬; 雌ロバ, 駃騠(けってい)(hinny). [OF＜Cat *ginet* Zenete 乗馬の得意な部族]

jen·ne·ting /ʤénətɪŋ/ *n* 〖植〗早生リンゴの一種. [F *Jeannet* (dim)＜JOHN; 'St John's apple' の意か]

Jen·nie /ʤéni/ ジェニー《女子名; Jennifer の愛称》.

Jen·ni·fer /ʤénəfər/ ジェニファー《女子名; 愛称 Jen, Jennie, Jenny》. [Celt; ⇨ GUENEVERE]

jen·ny /ʤéni/ *n* 自動起重機, ロコクレーン; ジェニー紡績機 (spinning jenny);〖玉突〗ジェニー《スヌーカーで, 手球がクッション付近の球に当たったあとミドルポケットにはいるショット (short ～) またはコーナーポケットにはいるショット (long ～)》;《動物の》雌 (opp. *jack*), 雌ロバ (=～ àss), 鳥の雌; [^{u}J-] *《俗》訓練用飛行機,《広く》飛行機. [愛称＜↓]

Jenny ジェニー《女子名; Jane, Jean, Jennifer の愛称》.

Jénny Léa ″《韻俗》紅茶 (tea).

jénny wrèn ミソサザイ《子供などの用いる俗称》.

Jens /jéns/ イェンス《男子名》. [Dan]

Jen·sen·ism /ʤéns(ə)nɪ̀z(ə)m/ *n* ジェンセン主義《知能指数はおおむね遺伝によって決定するとする》. ♦ **-ist, -ite** *n* [Arthur R. *Jensen* (1923–) 米国の教育心理学者]

Jen·son /ʤénsən; *F* ʒɑ̃sɔ̃/ ジャンソン **Nicolas ～** (c. 1420–80)《フランスの印刷業者・活字彫刻者; ローマン体を完成》.

je·on /ʤeɪɔ́:n/ *n* (*pl* ～) CHON, JUN.

Jeon·ju, Chŏn·ju /ʤʌ́nʤù:/ 全州(チョンジュ)(ぜんしゅう)《韓国南西部, 全羅北道の市・道庁所在地》.

jeop·ard /ʤépərd/ *vt* JEOPARDIZE.

jeop·ar·dize /ʤépərdàɪz/ *vt* 危うくする, 危険にさらす.

jeop·ard·ous /ʤépərdəs/ *a* 危険な. ♦ **～·ly** *adv*

jeop·ar·dy /ʤépərdi/ *n* **1** 危険 (danger, risk);〖法〗危険《刑事事件の被告人が裁判で有罪判決および刑罰に処せられる危険》: be *in* ～ 危険にさらされている, 危うくなっている / put [place] sb [sth] in ～ 危うくする, 危機に陥れる. **2** [J-]「ジョパディ!」《米国の人気テレビクイズ番組 (1964–)》. ► *vt* JEOPARDIZE. [OF *iu parti* divided play, uncertain issue; ⇨ JOKE, PART]

Jeph·thah /ʤéfθə/ **1** ジェフサ《男子名》. **2**〖聖〗エフタ《イスラエルの大士師; Yahweh に立てた誓願を守って娘を犠牲にした; *Judges* 11: 30–40; Handel のオラトリオ *Jephthah* (1752) はこれを主題とする》. [Heb=opposer]

je·quír·i·ty (bèan), -quér- /ʤəkwírəti(-)/〖植〗INDIAN LICORICE. [Port＜Indic]

Je·qui·ti·nho·nha /ʒəkì:tən(j)óunjə/ [the] ジェキティニョニャ川《ブラジル東部の川; Minas Gerais 州に源を発し, 東流して Bahia 州を流れ, 大西洋に注ぐ》.

Jer.〖聖〗Jeremiah, Jeremias ♦ Jeremy ♦ Jersey.

Jerba ⇨ DJERBA.

jer·bil /ʤə́:rbəl/ *n* GERBIL.

jer·boa /ʤərbóuə/ *n*〖動〗トビネズミ (=*desert rat*)《アラビア・アフリカ砂漠地方主産; 後脚と尾が長い》. [L＜Arab=flesh of loins, jerboa]

jerbóa móuse〖動〗トビネズミ型ネズミ《総称》.

jereed ⇨ JERID.

jer·e·mi·ad /ʤèrəmáɪəd, *-æ̀d/ *n* 悲嘆, 泣きごと, 恨みごと. [↓, *-ad*[1]]

Jer·e·mi·ah /ʤèrəmáɪə/ **1** ジェレマイア《男子名; 愛称 Jerry》. **2**〖聖〗**a** エレミヤ《紀元前 7–6 世紀のイスラエルの預言者》. **b** エレミヤ書《旧約聖書の The Book of the Prophet ～; 略 Jer.》. **c** [a ～; ^{s}j-] 悲観論者, 不吉な予言をする人. [Heb=Yah is high]

Jer·e·mi·as /ʤèrəmáɪəs/ *n*〘ドゥエー聖書〙JEREMIAH.

Jer·e·my /ʤérəmi/ ジェレミー《男子名; 愛称 Jerry》. [JEREMIAH]

Je·rez /həréɪs/ ヘレス《スペイン南西部 Cádiz の北東にある市; 公式名 **～ de la Fron·té·ra** /həréz de lə frɑ̀ntéərə/, 旧称 **Xe·res** /ʃériz/; シェリー製造で知られる》.

jerfalcon ⇨ GYRFALCON.

Jer·i·cho /ʤérɪkòu/ エリコ (*Arab* Arīḥā)《Jordan 川西岸, 死海の北西に位置するオアシス町で, パレスチナの古都; Joshua に率いられたイスラエル人が, 攻略に成功して神の恵みを経験した地 (*Josh* 6); 1994 年パレスティナ自治政府が設立されて自治を開始》. ● **Go to ～!**《口》どこへでも行ってしまえ, うるさい, あっちへ行け!

je·rid, je·reed, jer·reed /ʤərí:d/ *n*《トルコ・イラン・アラビア騎兵の》投げ槍; (馬上)槍投げ競技. [Arab=rod]

jerk[1] /ʤə́:rk/ *n* **1 a** 急にぐいと[ピクッと]引く[押す, ひねる, 突く, 投げる]こと: give a ～ ぐいと引く / stop [pull] with a ～ ぐっと停止する[ぐいと引く]. **b** [*pl*] ″《口》/ [*joc*] 体操, 運動 (physical jerks);〖重量挙〗ジャーク《胸から頭上へ挙げる; cf. CLEAN AND JERK》. **c**〖生理〗(筋)反射; [*pl*] 筋肉の痙攣(けいれん),〖医〗攣縮; [*pl*] *《俗》舞踏病 (chorea); [*pl*]《口》譫妄(せんもう)症 (delirium tremens); [the ～s]《宗教的感動などから起こる》手足・顔面などの痙攣的動作, 躍動. **2** [^{s}*voc*]《俗》世間知らず, ばか, とんま, 鈍いやつ, 変なやつ, くだらんやつ, 青二才, 田舎者; *《口》SODA JERK;《卑》オナニーをする者: the red-haired stupid ～ この[あの]赤毛のばか野郎. **3** *《俗》《鉄道の, 短い》支線, 小鉄道; *《タクシー運転手俗》短距離, ショート, ごみ拾い. ● **put a ～ in it**《口》活発に[さっさと]やる. ► *vt, vi* **1** ぐいと動かす[引く, 押す, 突く, ねじる], ひょいと投げる;〖重量挙〗〈バーベルを〉ジャークで挙げる;〈銃を〉抜く; ぐいと動く, ガタガタと揺れながら進む; ピクピクする, ひきつる; *《卑》(女と)やる: ～ *away* さっと引き離す[奪う] / ～ *off* [*out*] さっと取り去る[引き抜く] / ～ *up* ぐいと引き[ほうり]上げる, ぐいと引き締める;〈動物が耳を〉ピンと立てる / The door ～*ed* open. 戸がぐいと開いた. **2** *《口》〈カウンターの後ろで作ったアイスクリームソーダなどを〉ぐいっと出す. **3** *《俗》むだに時間をつぶす. ● **～ around** *《俗》ぶらぶら[ちんたら]する, なまける. **～ sb around [off, over]** *《俗》〈人を〉いらいらさせる, 困らせる, …に時間のむだをさせる, 手間どらせる, (いいように)振りまわす. **～ off**《卑》自慰する, (…に)マスターベーションをする (masturbate);《俗》ぶらぶら[のらくら]する; *《俗》だめにする, へまをする. **～ out**〈ことばを〉突然とぎれとぎれに言う. [C16＜? imit; cf. YERK]

jerk[2] *vt* [^{u}*pp*]〈特に牛肉を〉細長く切って乾燥させる;〈豚肉・鶏肉を〉バーベキューにする. ► *n* 乾燥肉, ジャーキー (=*jerky*); 焼肉. [逆成＜*jerky*[2]]

jérk·er *n* JERK[1] する人;《俗》酔っぱらい, のんべえ; *《俗》コカイン耽溺者.

Jer·ki·mer /ʤə́:rkəmər/ *n* *《俗》田吾作 (Herkimer Jerkimer).

jer·kin /ʤə́:rkən/ *n* ジャーキン (1) 袖なしの短い胴着 (2) 16–17 世紀の男子用の短い上着; 主に革製》. [C16＜?]

jérkin·hèad *n*《屋根の》半切妻.

Jérk McGée /-məgí:/ *《俗》ばか, とんま, まぬけ.

jérk-òff《俗》*n* へまばかりするやつ, ばかなやつ (jerk), なまけ者. ► *a* 自慰[せんずり]用の, エロの〈雑誌〉; ばかばかしい, くだらない.

jérk tòwn *《俗》小さな(田舎)町.

jérk·wàter *《口》*n* 支線の列車, 給水停車地; へんぴな土地[田舎町]. ► *a* 支線の〈列車〉; 小さな (small), 取るに足りない, へんぴな: a ～ college 田舎大学, 駅弁大学.

jérky[1] *a* ピクピク[ぐいと]動く; がたがた揺れる; ちぐはぐな, ぎくしゃくした; *《俗》ばかな, くだらない, なってない. ♦ **jérk·i·ly** *adv* **-i·ness** *n* [*jerk*[1]]

jerky[2]* *n* 乾燥肉, ジャーキー (jerked meat). [(Am)Sp CHARQUI]

Jer·ne /jéərnə/ イェルネ **Niels K(aj) ～** (1911–94)《英国生まれのデンマークの免疫学者; 免疫系の解明に貢献, ノーベル生理学医学賞 (1984)》.

Jer·o·bo·am /ʤèrəbóuəm/ **1**〖聖〗ヤラベアム, ヤロブアム (1) **～ I**《前 10 世紀の北王国イスラエル初代の王》 (2) **～ II**《前 8 世紀の北王国イスラエル第 14 代, コヒウ王朝第 4 代の王》. **2** [j-] ジェロボーアム《約 3 リットル入りの, 特にシャンパン用の大瓶; Jeroboam 1 世に関する 'a mighty man of valour' 'who made Israel to sin' (*1 Kings* 11: 28, 14: 16) にちなむ》.

Je·rome /ʤəróum/ **1** ジェローム《男子名; 愛称 Jerry》. **2** [Saint] 聖ヒエロニムス (*L* Eusebius Hieronymus) (c. 347–419/420)

《ラテン教父; ラテン語訳 (Vulgate) 聖書を完成した》. **3** ジェローム ～ **K(lapka)** ～ (1859-1927) 《英国のユーモア作家; *Three Men in a Boat* (1889)》. [Gk=holy name]

jerreed ⇨ JERID.

jer·ri·can /ʤérikæ̀n/ *n* ジェリカン 《5 ガロン入りの缶[(ポリ)容器]; 主にガソリン用》. [*Jerry*[1]+*can*[2]; もとドイツ製]

jer·ry[1] /ʤéri/ *n*《俗》室内便器 (chamber pot); JEROBOAM. [? *jeroboam*]

jerry[2] *a* 安普請の (jerry-built); 貧弱な, 間に合わせの. ► *n**《俗》簡単な手仕事をする労働者, 筋肉労働者, 保線工夫;*《俗》《すぐ隠せるような》小型ピストル.

jerry[3] *a**《俗》[次の成句で]: **be** [**get**] ～ (よく)知っている, わかっている[わかる] ‹*on, on to, to*›. [C20<?]

jerry[4]《豪俗》*n* 《調べてみて》はっと悟る[気づく]こと: take a ～ (*to*…に)はっと気づく. ► *vi* 気づく ‹*to*›. [? *jerry*[3]]

Jerry[1]《口》*n* [°*derog*] ドイツ兵, ドイツ人 《あだ名; ⇨ JOHN BULL》;《軍俗》ドイツ軍機. [変形く? *German*]

Jerry[2] **1** ジェリー 《(1) 男子名; Gerald, Gerard, Jeremiah, Jeremy, Jerome の愛称 (2) 女子名; Geraldine の愛称》. **2***《俗》女の子 (girl).

jérry-bùild *vt, vi* 〈家を〉安普請する, 安普請の家を建てる; いいかげんに作り上げる. ♦ **～·er** *n* 安普請大工, たたき大工; 《投機的な》安普請家屋の建売り業者. **-build·ing** *n* 安普請(の建物). [逆成く↓]

jérry-bùilt *a* 安普請の; 粗製濫造の. [*jerry*[2]]

jérry càn JERRICAN.

jerrymander ⇨ GERRYMANDER.

jérry-rìgged *a* いいかげんに作り上げた, 間に合わせに組んだ.

jérry shòp* 下等なビール店, 安酒場.

Jer·sey /ʤə́ːrzi/ **1 a** ジャージー 《イギリス海峡の Channel 諸島中最大の島; ☆St. Helier》. **b** *NEW JERSEY. **2** 〔畜〕ジャージー種の乳牛 《淡黄褐色の小型の牛で, 特に南イングランドに多い》. **3** [j-] ジャージー 《柔らかくて伸縮性のあるメリヤス服地; それで作ったスポーツウェア・セーター・下着など》.

Jérsey·an *n* New Jersey の人, ジャージー人.

Jérsey bárrier ジャージーバリア 《交通の遮断, 車線の変更, 道路の分離に用いるコンクリート製の隔壁》.

Jérsey Cíty ジャージーシティー 《New Jersey 州北東部の港市; Hudson 川をはさんで New York 市の対岸にある; 大鉄道ターミナルがある》. ♦ **Jérsey Cíty·ite** *n*

Jérsey gíant 〔鶏〕ジャージージャイアント 《Langshan とアジア種の交配によって New Jersey 州で作出された黒色大型の品種》.

Jérsey gréen*《俗》マリファナの一種.

Jérsey·ite *n* JERSEYAN.

Jérsey líghtning《口》アップルジャック (applejack) 《New Jersey が主産地》.

Jérsey Líly [the] ジャージーの百合(ゆり) 《Jersey 生まれの美貌の女優 Lillie LANGTRY の通称》.

Jérsey píne VIRGINIA PINE.

Je·ru·sa·lem /ʤərúːs(ə)ləm, *-z(ə)-/ エルサレム 《パレスティナの古都; イスラエルが首都と定めている; ユダヤ教・キリスト教・イスラム教の聖地; 古代名 Hierosolyma》. ⇨ NEW JERUSALEM. ♦ **～·ite** *a, n*

Jerúsalem ártichoke 〔植〕キクイモ 《北米原産》. [*Jerusalem*<It *girarole* sunflower]

Jerúsalem Bíble [the] エルサレム聖書 《同名の解説付きフランス語訳聖書を範として 1966 年に英国で出版されたカトリック系の聖書》.

Jerúsalem chérry 〔植〕フユサンゴ, タマサンゴ 《ナス科》.

Jerúsalem crícket 〔昆〕《米国南西部産の》カマドウマの一種 (=*sand cricket*).

Jerúsalem cróss エルサレム十字 《4 本の各腕の先に横木が付いている十字》.

Jerúsalem óak 〔植〕**a** 葉に芳香のあるアカザの一種. **b** アリタソウ.

Jerúsalem póny [*joc*] ロバ (donkey).

Jerúsalem ságe 〔植〕シソ科オオキセワタ属の各種多年草[低木] 《地中海沿岸から中央アジアにかけての乾燥地に産する; 花は茎上部の葉腋に集まって輪生状となる》.

Jerúsalem Slím*《俗》JESUS Christ.

Jerúsalem thórn 〔植〕**a** CHRIST'S-THORN. **b** 熱帯アメリカのマメ科の小低木 (=*horsebean*) 《生垣・飼料用》.

Jer·vis /ʤə́ːrvəs; ʤáː-, ʤə́ː-/ **1** ジャーヴィス 《男子名》. **2** ジャーヴィス **John** ～, Earl of St. Vincent (1735-1823) 《英国の海軍大将》. [⇨ GERVASE]

Jér·vis Báy /ʤáːrvəs-/ ジャーヴィス湾 《オーストラリア南東部 New South Wales 州南東岸にある入江; 海岸地域は連邦特別地域》.

Jes·per·sen /jéspərs(ə)n/ イェスペルセン **(Jens) Otto (Harry)** ～ (1860-1943) 《デンマークの言語学者・英語学者; *The Philosophy of Grammar* (1924), *A Modern English Grammar* (7 vols, 1909-49)》.

jess, jesse /ʤés/ 〔狩〕*n* 《タカ・ハヤブサの》足緒. ► *vt* 〈タカ・ハヤブサ〉に足緒を付ける. ♦ **jéssed** *a* [OF]

Jess ジェス 《男子名; Jesse の愛称》.

jes·sa·min(e) /ʤés(ə)mən/ *n* JASMINE.

Jes·sa·mine ジェサミン 《女子名》. [⇨ JASMINE]

Jes·se /ʤési/ **1** ジェシー 《男子名》. **2 a** 〔聖〕エッサイ 《David の父; *1 Sam* 16》. **b** JESSE TREE. **3** [j-]《方》きびしくしかる[打つ]こと. [Heb=Yah exists]

Jésse Jámes 1 ジェシー・ジェイムス (⇨ JAMES). **2***《俗》金をだまし取る男, 横領者.

Jes·sel·ton /ʤésəltən/ ジェスルトン 《KOTA KINABALU の旧称》.

Jésse trèe エッサイの樹(き) 《Jesse を根としてキリストまでの系図を樹枝で示した図像》.

Jésse wìndow エッサイの窓 《JESSE TREE を中心とするステンドグラスの窓》.

Jes·si·ca /ʤésɪkə/ ジェシカ 《女子名》. [? Heb=Yah is looking]

Jes·sie /ʤési/ **1** ジェシー 《(1) 女子名; Jessica, Janet の愛称 (2) 男子名; Jesse の愛称》. **2** [ᵘj-]《口》めめしい男, ホモ.

jes·sy /ʤési/ *n*《口》JESSIE.

jest /ʤést/ *n* しゃれ, 冗談 (joke); からかい[あざけり](のことば); いたずら, 悪ふざけ; 戯れ; 笑いぐさ, 物笑いの種: be no idle ～ 冗談[遊び半分]ではない, 本気だ / be a standing ～ いつも物笑いになる.
● **break a** ～ 冗談[しゃれ]を飛ばす. **in** ～ ふざけて, 冗談に: Many a true word is spoken *in* ～.《諺》時に冗談が本当になる, 'うそから出たまこと'. ► *vi* 冗談[しゃれ]を飛ばす; 〈人に〉ふざけた[ふまじめな]ことを言う[態度をとる], 茶化す (trifle) ‹*with*›; からかう, ひやかす, あざける (scoff) ‹*at*›. ► *vt* 〈人を〉からかう, 笑いものにする. ● ～ **with edge(d) tools** ⇨ EDGE TOOL. ♦ **～·ful** *a* [ME=exploit<OF<L (*gero* to do)]

jést·bòok *n* 滑稽小話集, 笑話集.

jést·er *n* 冗談好き《人》; 《特に中世, 王侯・貴族がかかえた》道化 (fool).

jést·ing *n* おどけ; ふざけ, 滑稽. ► *a* 冗談の; 冗談の好きな, 滑稽な; くだらない (trivial). ♦ **～·ly** *adv*

Je·su /ʤíːzu, ʤéɪ-, jéɪ-, -su; ʤíːzju/ *n*《文》JESUS. [OF]

Jesu·it /ʤéʒuət, ʤéʒʊ-; ʤézjʊ-, ʤézʊ-, ʤéʒʊ-/ *n* 〔カト〕イエズス会士 《SOCIETY OF JESUS の修道士》; [ᵘj-] [*derog*] 《陰険な》策謀家, 詭弁家 (⇨ JESUITRY). [F or NL; ⇨ JESUS]

Jesu·it·ic /ʤèʒuɪ́tɪk, ʤèʒʊ-, ʤèzʊ-/, **-i·cal** *a* イエズス会の; [*derog*] 陰険な, 詭弁をつかう. ♦ **-i·cal·ly** *adv*

Jésuit·ìsm *n* イエズス会主義[教義, 慣行, 組織など]; [ˢj-] JESUITRY. ♦ **-ist** *n*

Jésuit·ìze [ˢj-] *vi* Jesuit 的にふるまう[教える]. ► *vt* イエズス会主義化させる.

jésuit·ry *n* [°J-] [ᵘ*derog*] Jesuit のような言動[信条], 詭弁癖, 陰険さ, 本心を隠すこと, 策略, ずる賢さ. [イエズス会は「目的は手段を正当化する」と考えているとされた]

Jésuit(s') bárk キナ皮 (CINCHONA).

Je·sus /ʤíːzəs, -z/ **1** イエス[イエズス](キリスト) (=～ **Christ**) (c.6-4 B.C.-c.A.D. 30) 《Christ Jesus, Jesus of Nazareth ともいう; ⇨ CHRIST; 略 Jes.》. **2** シラクの子イエス (=**Són of Sírach** /sáɪræk; síər-/) 《前 3 世紀の人で, 聖書外典 Ecclesiasticus (集会の書) の著者》. **3** 〔クリスチャンサイエンス〕イエス 《神性の理念に関する人の最高の肉体的概念; 誤りを譴責, 滅ぼし, 人の不滅性を明らかにする》. ● **beat** [**kick, knock**] **the** ～ **out of** sb*《俗》人をさんざんぶったたく[けりつける, なぐりつける]. ～ **(Christ)!**=**Holy** ～**!**《俗》ひでえなあ, ちきしょう, くそ, まったく 《強い驚き・不信・焦燥など》. ～ **wept!**《卑》なんということだ 《怒り・悲しみの発声》. [Heb=Savior]

Jésus bòot [**shòe**]《俗》《ヒッピーなどが履く》男性用サンダル.

Jésus frèak《口》ジーザスフリーク 《JESUS MOVEMENT の参加者; 根本主義的な熱烈な信仰をもち, ヒッピー的な生き方をするキリスト信者》.

Jésus mòvement [**revolùtion**] [the] ジーザスムーヴメント 《既成の教会・宗派から独立したイエスキリストの教えを中心とする米国における若者の根本主義的キリスト教運動; 1960 年代末期から 70 年代初期に隆興した》.

Jésus pèople *pl* ジーザスピープル 《JESUS MOVEMENT の参加者》.

Jésus shòp ジーザス運動専門店 《JESUS PEOPLE の使用するポスター・バッジ・シャツなどを専門に扱う店》.

jet[1] /ʤét/ *n* **1 a** 噴射, 噴出, 射出 (spurt) ‹*of* water›; 射(出)流, 噴流, 射水, ジェット; JET STREAM; 〔理〕ジェット 《高エネルギー素粒子反応で, 比較的狭い角度内に一群となって発生する粒子群》. **b** 突出部; 噴出口, 吹出し口. **2**《口》JET AIRPLANE, JET ENGINE. ► *a* ジェット機の; JET-PROPELLED. ► *vt, vi* (**-tt-**) **1** 射出[噴出]させる[する]; 突出させる[する]; ジェット推進で動く[進む]. **2** ジェット機で行く[旅行する, 輸送する] ‹*off*›: ～ in ジェットで到着する / ～ about [around] ジェットで飛びまわる. **3***《俗》さっさと立ち去る, 急いで行く. ● ～ **up***《俗》懸命に[てきぱき]働く, うまくやる. ♦ **jét·ting·ly** *adv* **～-lìke** *a* [F *jet(er)*<L *jacto* to throw]

jet[2] *n* 黒玉(こくぎょく) 《褐色褐炭の一種》; 黒玉色, 漆黒, ジェット. ► *a* 黒玉(製)の; 漆黒の (jet-black). [OF, <Gk]

Jet ジェット 《女子名》.

JET /ʤét/ Joint European Torus 《欧州共同体 9 か国の共同開発になるトカマク型核融合実験装置》.

jét·abòut *n* 各地をジェット機で旅行してまわる人.

jét àge *n, a* ジェット機時代(の).

jét áirplane ジェット機.

jet·ava·tor, -eva- /ʤétəvèɪtər/ *n* ジェタベーター《推力方向制御のためロケットの噴出口につけた小さなフラップ・スポイラーなど》. [*jet*＋elev*ator*]

jét·bèad *n*〔植〕シロヤマブキ.

jét bèlt 人間ジェット, ジェットベルト (=*jump belt*) (=**jét flýing bèlt**)《小型噴射装置に飛翔装置を付けたベルトで, 装着者は地上 7–8 m の高さで短距離を飛ぶ》.

jét-bláck *a* 漆黒の, 《つやのある》まっ黒な〈髪・ピアノ〉.

jét bláck 黒玉色, 漆黒.

jét·bòat *n* ジェットボート《ジェットエンジン装備の船》.

jét·bòrne *a* ジェット機で運ばれる, ジェット輸送の.

je·té /ʒətéɪ/ *n*〔バレエ〕ジュテ《足を蹴り上げる跳躍の一種》. [F＝thrown (pp)〈JET[1]]

jét éngine ジェットエンジン.

jetevator ⇨ JETAVATOR.

jét fatígue [exhàustion] JET LAG.

jét·fòil[U] *n* ジェットホイル《ジェットエンジン装備の水中翼船》.

jét gùn〔医〕JET INJECTOR.

Jeth /ʤét/ *n*〔ヒンドゥー暦〕三月, ジェット《グレゴリオ暦の 5–6 月; ⇨ HINDU CALENDAR》. [Skt]

jét-hòp *vi* ジェット機旅行をする.

Jeth·ro /ʤéθroʊ/ **1**〔聖〕エテロ, エトロ《Moses の義父; *Exod* 3: 1, 4–18》. **2** ジェスロ《男子名》. [Heb＝excellent]

jét injèctor〔医〕噴射式注射器 (=*jet gun*).

jét làg ジェット機疲れ, 時差ぼけ (=*jet fatigue*)《ジェット機旅行の時差による疲労・神経過敏など》. ♦ **jét-làgged** *a*

jét·lìner *n* ジェット(定期)旅客機.

jet·on /ʤétn, ʒətṍʊ/, **jet·ton** /ʤétn/ *n*《トランプなどの》数取り (counter); 《公衆電話・スロットマシンなどに使う》代用硬貨. [F (*jeter* to add up accounts, JET[1])]

jét·pàck *n*〔宇〕ジェットパック《宇宙飛行士が宇宙船外を移動する際に背負う, ジェット推進装置付き救命具》.

jét pílot ジェット機操縦士, ジェットパイロット.

jét pláne ジェット機.

jét·pòrt *n* ジェット機専用空港.

jét-propélled *a* ジェット推進(式)の; [*fig*] 猛烈に速い, 力に満ちあふれた.

jét propúlsion《飛行機・船舶の》ジェット推進.

JETRO /ʤétroʊ/ Japan External Trade Organization 日本貿易振興機構, ジェトロ.

jét ròute〔空〕ジェットルート《航空機の安全飛行のため設けられた 18,000 フィート以上の高々度飛行経路》.

jet·sam /ʤétsəm/ *n* **1**〔海保〕投げ荷《難船のとき船体を軽くするため海中に投じた貨物・船体の一部・装備; ⇨ FLOTSAM, LAGAN》. **2** 漂流物; 捨てられたもの, がらくた. [JETTISON]

jét sèt [the]《口》ジェット族《ジェット機で世界各地の保養地・行楽地巡りをする超有閑族》; 《もと》西欧の風俗にひかれるソヴィエトの若者. ♦ **jét-sèt** *a*《口》ジェット族の. **jét-sètter** *n*《口》ジェット族の一員. **jét-sèt·ting** *a*

Jét-Skì〔商標〕ジェットスキー《水上バイク》. ► [jet-ski] *vi* ジェットスキーをする. ♦ **jét-skì·er** *n* **jét-skì·ing** *n*

jét strèam〔気〕ジェット気流, ジェット(流);〔空〕《ジェットエンジンの》噴流, ジェット気流.

jét sỳndrome ジェット機症候群 (jet lag).

jét·ted[U] *a*〈ポケットが〉フラップを付けずへりをパイピングした (piped).

Jet·tie /ʤéti/ ジェティー《女子名; Jet の愛称》.

jet·ti·son /ʤétəs(ə)n, -z(ə)n/ *n* 投げ荷, 打ち荷《緊急時に船の重量を軽くするために積荷を投げ捨てること》. ► *vt*〈積荷を〉投げ捨てる, 投げ荷する; 《航空機・宇宙船から》〈不要の燃料タンク・爆弾などを〉投棄する; 〈不用物・重荷などを〉捨てる, 放棄する, 〈人を〉解雇[解任]する. ♦ **~·able** *a* [AF *getteson*; ⇨ JET[1]]

jetton ⇨ JETON.

jet·ty[1] /ʤéti/ *n* 突堤, 防波堤, 防砂堤; 突堤を保護する杭[木製構造物]; (突堤式)埠頭, 桟橋; 《飛行機の》搭乗橋, タラップ; 《建物の》突出部: a ~ harbor 突堤港. ► *vi* 突出する. [OF *jette* (JET[1])]

jetty[2] *a* 黒玉の; 黒玉色の, 漆黒の (jet-black). [JET[2]]

jét wàsh〔空〕ジェットエンジンで生ずる空気の後流.

Jét·wày〔商標〕ジェットウェイ《旅客機とターミナルビルを連絡する伸縮筒式の乗降用通路》.

jeu /ʒə́ː; *F* ʒø/ *n* (*pl* **jeux** /—/) 遊び, 戯れ. [F＝play, game＜L *jocus* jest]

jeu de mots /*F* -də mo/ ことばの遊戯, ごろ合わせ, しゃれ, 地口(じぐち). [F＝play of words]

jeu d'es·prit /ʒəː desprí:; *F* -dɛspri/ (*pl* **jeux d'es·prit** /—/) 機知に富んだことば, 気のきいたしゃれ, 秀句, 警句.

jeune fille /ʒə́ːn fíː; *F* ʒœn fij/ (*pl* **jeunes filles** /—/) 少女, 若い娘. [F＝young girl]

jeune pre·mier /-prəmjéɪ; *F* -prəmje/ *masc*〔劇〕若い主役, 主役を演ずる若者. ♦ **-mière** /-mjɛːr/ *fem*

jeu·nesse /*F* ʒœnɛs/ *n* 若者; 青春.

jeu·nesse do·rée /ʒəːnés dɔːréɪ; *F* -dɔre/ 富裕でハイカラな貴公子たち. [F＝gilded youth]

jeux *n* JEU の複数形.

Jev·ons /ʤévənz/ ジェヴォンズ **William Stanley** ~ (1835–82)《英国の経済学者・論理学者; 限界効用価値論を提唱して経済思想史上に新時代をもたらした; *The Theory of Political Economy* (1871)》.

Jew /ʤúː/ *n* (*fem* JEWESS) **1** ユダヤ人, 《広く》イスラエル人, ヘブライ人; ユダヤ教徒: (as) rich as a ~ 大金持ちで. **2** [[s]j-] [*derog*] 強欲な商人, 高利貸し, 守銭奴, ごうつくばり: an unbelieving ~ 疑い深い人 / go to the ~*s* 高利貸しに金を借りに行く. ► *a* ユダヤ人の (Jewish). ► *vt* [[U]j-]《口》[*derog*]《取引で》〈人に〉容赦しない, だます, ごまかす: ~ down 値切り倒す. [OF＜L *judaeus*＜Gk *ioudaios*＜Aram]

Jéw-bàit·ing *n, a*《組織的でしつこい》ユダヤ人迫害(をする). ♦ **Jéw-bàit·er** *n*

jéw·bòy *n* [[O]J-]《口》[*derog*]《年齢にかかわらず》ユダヤ男.

jew·el /ʤúːəl/ *n* **1 a** 宝石; [[U]*pl*] 宝飾品; 《時計機器などの》宝石軸受, 受石, 穴石, 石. **b** 宝石に似たもの《星など》; 貴重な人[もの], 至宝: a ~ of a boy [servant] 大切な男の子[重宝なお手伝い]. **2** [J-] ジューエル《女子名》. ● **the ~ in the** [**one's**] **crown** 最良のもの. ► *vt* (**-l-** | **-ll-**) [[U]*pp*] 宝石で飾る, …に珠玉をちりばめる, 〈腕時計など〉に軸受石をはめる; 〈ことばなどを〉飾る, 〈景色などに〉彩りを添える. ♦ **~(l)ed** *a* **~(·l)y** *a* **~·lìke** *a* [AF, OF＜?; 一説に OF (dim)〈*jeu* game, play, JOKE]

jéwel bèetle〔昆〕タマムシ《熱帯産のタマムシ科の甲虫の総称; 背中全体に金属に似た派手な光沢と模様がある; 幼虫は木に穴を開け, 害虫となる》.

jéwel blòck〔海〕玉滑車.

jéwel bòx 1 宝石箱; 《プラスチック製の》CD [DVD] ケース; 小型で精巧なもの. **2**〔貝〕キクザルガイ《キクザルガイ科の二枚貝の総称; 細い突起が密生する堅固な殻をもつ》.

jéwel càse 宝石ケース[入れ]; CD [DVD] ケース (jewel box).

jéwel·er | **-el·ler** *n* 宝石職人; 宝石商, 貴金属商《しばしば宝石のほかに時計・陶器・銀製品・高価な贈り物用商品などをも扱う》; 精密科学器具製作[修理]専門家.

jéwelers' pútty PUTTY POWDER.

jéwelers' [jéweler's] róuge 高級ベンガラ《レンズ・金属の研磨に用いる酸化第二鉄の粉末》.

jéwel físh〔魚〕ジュエルフィッシュ《アフリカ原産の色あざやかなカワスズメ科の熱帯魚》.

jéwel·ry | **-el·lery** *n* 宝石類; 宝飾品類《指輪・腕輪・ネックレスなど》; 《一般に》装身具; JEWELER の業務[技術].

jéwel tòne ジュエルトーン《アメジスト・エメラルド・ルビーなどの宝石を思わせる色》.

jéwel·wèed *n*〔植〕《北米原産の》2 種のツリフネソウ (=touch-me-not) (cf. IMPATIENS): **a** アカボシツリフネソウ, ケープツリフネソウ《花はオレンジ色》. **b** ウスキツリフネソウ《花は黄色》.

Jéw·ess *n fem* [[O]*derog*] ユダヤ女.

Jew·ett /ʤúːət/ ジューエット (**Theodora**) **Sarah Orne** ~ (1849–1909)《米国の小説家; ニューイングランドの生活を地方色豊かに描いた短篇小説で知られる》.

jéw·fìsh *n*〔魚〕**a** ハタ科の大魚《ゴリアテグルーパー(イタヤラ)など》. **b** MULLOWAY.

Jéw for Jésus ユダヤ人キリスト教徒《イエスをユダヤ人として認め, 救世主であると伝道するユダヤ人教団の一員》.

Jew·fro /ʤúːfroʊ/ *n**《俗》ジューフロ《Afro に類似したヘアスタイル》.

Jéw·ish *a* ユダヤ人の; ユダヤ系の; ユダヤ人特有の, ユダヤ人らしい; [*derog*] けちな, 欲ばりな; ユダヤ教の; 《口》YIDDISH. ► *n*《口》YIDDISH; JEWISH AUTONOMOUS REGION. ♦ **~·ly** *adv* **~·ness** *n*

Jéwish Álps *pl* [the]*《俗》ユダヤアルプス《ユダヤ人の高級別荘地のある CATSKILL MOUNTAINS のこと》.

Jéwish Autónomous Région [Óblast] [the] ユダヤ自治州《ロシア東端 Amur 川の左岸にある自治州; 1934 年ユダヤ人の入植先として成立したが, 植民は十分に行なわれなかった; 別称 Yevreyskaya Autonomous Oblast; ☆Birobidzhan》.

Jéwish cálendar [the] ユダヤ暦 (=*Hebrew calendar*)《ユダヤ人の間で, 3761 B.C. を創世紀元として起算され A.D. 360 ごろより現在の形になった太陰太陽暦》. ★ 一年の月は, 現行の政暦 (civil calendar) では第 1 月から順に次のとおり: Tishri, Heshvan, Kislev, Tebet(h), Shebat, Adar, Nisan, I(y)yar, Sivan, Tammuz, Ab, Elul. 教暦 (sacred calendar) では Nisan を第 1 月とする.

Jéwish Chrístian *n, a* ユダヤ人キリスト教徒(の), 《特に》JEW FOR JESUS (の).

Jéwish Nèw Yéar〔ユダヤ教〕ROSH HASHANAH.

Jéwish penicíllin*《俗》[*derog*] チキンスープ《万病に効くとされている》.

Jéwish príncess [ᵁderog] ユダヤのお嬢さま (=**Jéwish Américan príncess**)《裕福な[甘やかされた]ユダヤ系米国人家庭の娘》.
jéw lìzard 〘動〙アゴヒゲトカゲ (=*bearded lizard, bearded dragon*)《豪州産》.
Jéw·ry *n* ユダヤ人[民族] (Jews); ユダヤ人社会; ユダヤ人の宗教[文化]; 《古》 JUDEA; 《古》 ユダヤ人街 (ghetto).
Jéw's-èar *n* 〘菌〙キクラゲ《食用キノコ》.
Jéws' [Jéw's] hàrp [ˢj-] 〘楽〙ジューズハープ, ビヤボン《口にくわえ, 指で弾く口琴》.
Jéw's màllow 1〘植〙タイワンツナソ, シマツナソ, モロヘイヤ《インド・台湾原産シナノキ科の一年草; 若い葉と茎は食用となり, 特に エジプト・シリアなどで栽培される; インドではジュート繊維を取る》. **2** 黄麻, ジュート (JUTE).
je·zail /ʤəzáɪl, -zéɪl/ *n* アフガニスタン式の長銃. [Urdu]
Jez·e·bel /ʤézəbɛ̀l, -b(ə)l/ **1**〘聖〙イゼベル《イスラエル王 Ahab の放埒(ほうらつ)な妃; Baal 信仰を民に強制, 最後は Elijah の予言どおりに殺された; *1 Kings* 16, 19, 21, *2 Kings* 9: 30–37》. **2** [ᵒj-] 邪悪な女, 毒婦, 妖婦, 放埒な女. ◆ **~·ish** *a* [⇨ ISABELLA]
Jez·re·el /ʤézrì:(ə)l, -ɛ̀l, ʤezrí:l/ イズレエル, エズレル《古代パレスティナ Samaria の町; イズレエル平野の東端にあった; 現在のイスラエル北部 Gilboa 山の北西に位置する》. ■ the **Pláin [Válley] of ~** イズレエル平野《ESDRAELON 平野の別称; 「イズレエル[エズレル]の谷」(cf. *Judges* 6: 33) と訳されることもあるが, 実際は平原》.
JFK John Fitzgerald Kennedy《**1**) 米国大統領 **2**) JOHN F. KENNEDY INTERNATIONAL AIRPORT》.
jg 〘米海軍〙junior grade.
Jhab·va·la /ʤɑ̀:bvá:lə/ ジャブヴァーラ **Ruth Prawer ~** (1927–)《米国の小説家・映画脚本家; ポーランド系ユダヤ人で, インド人と結婚; 小説 *Heat and Dust* (1975), 映画脚本 *Howards End* (1992)》.
jha·la /ʤá:lə/ *n* 〘インド音楽〙ジャーラ《ラーガ (raga) 第 2 楽章の終止法》. [Skt]
Jhan·si /ʤá:nsi/ ジャーンシー《インド北部 Uttar Pradesh 南西部の市》.
Jhar·khand /ʤá:rkənd/ ジャールカンド《インド北東部の州; 2000 年に Bihar 州南部を分離して新設された; ☆ Ranchi》.
Jhe·lum /ʤéɪləm/ [the] ジェラム川《インド Kashmir 中西部に発し, パキスタン北東部で Chenab 川に合流する; 古代名 Hydaspes》.
JHS ᵒJunior High School.
jhug·gi /ʤʌ́gi/ *n* 《インド》《泥とトタン板でできた》スラム街の住居, 掘っ建て小屋. [Hindi]
JHVH ⇨ YHWH.
-ji /ʤi/ *suf* [姓や姓名のあとに付けて] 《インド》「…さん」「…殿」「…氏」《ヒンドゥー教徒・パールシー教徒が用いる; シク教徒は聖典や寺院にも人格化して付ける》. [Hindi]
Jia·mu·si /ʤiá:mú:sí:/, **Chia-mu-ssu** /-sú:/, **Kia·mu·sze** /-sə́:/ チャムス (佳木斯)《中国黒竜江省中東部の工業都市》.
Jiang Jieshi 蔣介石 (⇨ CHIANG KAISHEK).
Jiang Jingguo 蔣経国 (⇨ CHIANG CHINGKUO).
Jiang Qing /ʤiá:ŋ ʧíŋ/, **Chiang Ching** /; ʧæŋ-/ 江青 (1914–91)《毛沢東夫人; '四人組' (Gang of Four) の中心人物》.
Jiang·su /ʤiá:ŋsú:/, **Kiang·su** /; kjæŋsú:/ 江蘇(こうそ)(チヤンスー)《中国東部の省; ☆南京 (Nanjing)》.
Jiang·xi /ʤiá:ŋʃí:/, **Kiang·si** /; kjæŋsí:/ 江西(こうせい)(チヤンシー)《中国南東部の省; ☆南昌 (Nanchang)》.
Jiang Ze·min /ʤiá:ŋ dzá:mín/ 江沢民(こうたくみん)(チヤンツォーミン) (1926–)《中国の政治家; 共産党総書記 (1989–2002), 国家主席 (1993–2003)》.
jiao, chiao /ʤiáʊ/ *n* (*pl* ~) 〘中国〙角, チアオ《中国・台湾の補助通貨単位: =1/10 元 (yuan)》. [Chin]
Jiao·zhou /ʤiáʊʤóʊ/, **Kiao·chow** /; kjáʊʧáʊ/ 膠州(こうしゅう)(チヤオチョウ), 膠県(こうけん)(チヤオシエン)《中国山東省南東部, 膠州湾 (**Jiaozhou Wan** /ㄧㄧ wá:n/, **Kiáochów Báy**) を囲む区域; 日清戦争後の三国干渉でドイツが租借した》.
jib¹ /ʤíb/ *n* **1**〘海〙ジブ, 船首三角帆. **2** [ᵒ*pl*] 《ウェールズ南部》ゆがんだ顔つき, しかめっつら; 《廃》《しかめっつらのときに突き出た》下唇; 《廃》顔, 鼻. ● **slide one's ~** *《俗》分別を失う, 気が違う; *《俗》しゃべりまくる. **the cut of sb's ~** 《口》風貌, 風采, 外見, 身なり; 《口》性格. ► *vt, vi* (-bb-) 〘海〙〈帆・帆桁などを〉舷側から舷側へ回す; 〈帆が〉くるりと回る. [C17<?]
jib² *n* 〘機〙ジブ《**1**) 起重機の突き出した回旋臂(ひ) **2**) デリックのブーム[斜柱]》. [↑; cf. GIBBET]
jib³ *vi* (-bb-) 〈馬・車などが〉進もうとしない (balk) 〈*at*〉; [*fig*] 〈事を〉ためらう, いやがる, 〈労働者が〉〈賃金切下げなどを〉受け入れようとしない 〈*at*〉. ► *n* JIBBER. ◆ **jíb·ber**¹ *n* [C19<?]
jib·a·goo /ʤíbəgù:/ *n* (*pl* ~**s**) *《俗》[*derog*] くろんぼ (jigaboo).
jibb /ʤíb/ *v, n* 〘海〙JIBE¹.
jib·ba, -bah /ʤíbə/ *n* ジバ《イスラム教徒の丈の長い長袖のコート》. [Egypt<Arab]
jib·ber², **jib·ber-jab·ber** /ʤíbər(ʤæbər)/ *n, vi* 《俗》 JABBER¹.
jib·bons /ʤíb(ə)nz/ *n pl* ᵁ《南西部》 SPRING ONIONS.
jíb·bòom *n* 〘海〙ジブ斜檣, ジブブーム.
jíb cràne 〘機〙ジブクレーン《回転ブームのある起重機》.
jíb dòor 〘建〙さすり戸, ジブドア《壁と同平面に取り付け, 通例 ペンキ塗りまたは紙張りにしてドアに見えないようにする》.
jibe¹ /ʤáɪb/ 〘海〙*vi* 〈縦帆またはその帆桁が〉一方の舷から反対の舷に急転する(ように船の進路を変える), ジャイブする. ► *vt* 〈帆〉の向きを変えさせる. ► *n* ジャイブすること. [Du]
jibe² *n, v* ⇨ GIBE¹.
jibe³ *vi* 《口》調和する, 一致する 〈*with*〉. [C19<?]
jíb-hèad·ed 〘海〙*a* 先端のとがった, ジブ形の〈帆〉; すべての帆が三角形の, ジブ形帆の〈帆装〉.
jiboney ⇨ JABONEY.
Jib(o)uti ⇨ DJIBOUTI.
Jibran ⇨ GIBRAN.
JIC 《E メールなどで》just in case.
ji·ca·ma /hí:kəmə/ *n* クズイモ《熱帯アメリカ原産マメ科のつる性多年草; 塊茎はサラダ用》. [MexSp<Nahuatl]
Ji·ca·ril·la /hì:kərí:ə/ *n* **a** (*pl* ~, ~**s**) ヒカリーヤ族《New Mexico 州の Apache 族》. **b** ヒカリーヤ語《アタパスカ (Athapascan) 語群の一つ》. [Sp<MexSp=little basket; 籠造りが得意であった]
Jid·da(h) /ʤídə/, **Jed·da(h)** /ʤédə/ ジッダ, ジェッダ《サウジアラビア西部 Hejaz 地方の紅海に臨む港湾都市; Mecca の外港》.
jif /ʤíf/, **jif·fin** /ʤífən/, **jif·fing** /ʤífɪŋ/ *n* 《口》 JIFFY.
jif·fy /ʤífi/, **jiff** /ʤíf/ *n* 《口》一瞬, ちょっとの間: in a ~ すぐ / Wait (half) [Just] a ~. ちょっと待て. [C18<?]
Jiffy 〘商標〙ジフィー《こわれものの郵送などに使う内側に詰め物をした大型封筒》.
Jíffy bàg ジフィーバッグ《**1**) JIFFY **2**) 旅行用の小物などを入れる革[キャンバス]製の小型のバッグ》. [商標; ↑]
jig¹ /ʤíg/ *n* ジグ《16 世紀のイングランドで流行した急速度の活発なダンス; その舞曲》; *《俗》ダンスパーティー; 《俗》悪ふざけ, 冗談. ● **in ~ time** 迅速[急速]に (rapidly). **The ~ is up.** 《俗》もうだめだ, 万事休す, 遊びはそれまで! ► *vi, vt* (-gg-) ジグを踊る; 急激に上下に動く[動かす]; *《卑》(…と)性交する, やる. ◆ **jíg·gish** *a* [C16<?; *jog*¹ の変形か; cf. OF *giguer* to dance]
jig² *n* 〘機〙ジグ《工作用の固定・案内の道具》; 〘釣〙ジグ (=*jigger*)《lure の一種》; 〘鉱〙ジグ《流体中でふるい出し選鉱する装置》. ► *vi, vt* (-gg-) 〈鉱石を〉ジグで選鉱する; 〈井戸を〉スプリングポールで掘る; 〘機〙ジグを用いて工作する; 〘釣〙ジグで釣る[を作る]. [? *jig*¹; *gauge* の変形か]
jig³ *n* 《俗》[ᵁ*derog*] ニグロ, 黒人. [C20<? *jig*¹]
jig·a·boo /ʤígəbù:/ *n* (*pl* ~**s**) *《俗》[ᵁ*derog*] 黒人. [*jig*³, *-aboo* (cf. BUGABOO) か]
jig-a-jig ⇨ JIG-JOG.
jig·a·ma·ree /ʤígəmərì:, ㄧㄧㄧㄧ/ *n* 《口》新案の品, 妙な代物.
jíg-chàser *《俗》*n* 白人, 白人の警官; 南部人. [*jig*³]
jigg /ʤíg/ *n* JIG¹.
jíg·ger¹ *n* ジグを踊る人; 〘機〙 JIGSAW.
jig·ger² /ʤígər/ *n* **1**〘機〙ジグを操作する人. **2**〘海〙ジガー《**1**) 帆船船尾の補助帆 **2**) JIGGERMAST》; ジガー《単滑車と二輪滑車[2 つの二輪滑車]を組み合わせた小型のテークル》. **3** ジガー《2 つのカップを底で合わせた形の, ウイスキーなどの計量器; 容量は 1¹/₂ ounce》, ジガー一杯の酒; *《俗》一杯(やること); *《俗》アイスクリームサンデー; *《俗》紙巻きタバコ. **4** 《口》もの, 代物 (gadget)《正式な呼称がわからないときに使う》. **5**〘玉突〙ブリッジ, レスト (bridge); 〘釣〙ジグ (jig); 〘鉱〙 JIG²; 〘ゴルフ〙ジガー《ヘッドが細く, 少しロフトのついたアプローチ用のアイアンクラブ》; 〘製陶〙機械ろくろ. **6**〘服〙ジガー (=~ **còat**)《婦人用コートの一種》. **7** 《リヴァプール方言》路地. **8** *《俗》物乞いをするために腕や足につけた傷. ► *vt* 《俗》…にちょっかいを出す, じゃまする, くすねる; 《俗》めちゃめちゃにする 〈*up*〉; *《俗》不正操作する, いじって改変する. ► *vi* 上下に激しく動く, 〈かかった魚が〉もがく. ► *int* [ᵒ~s] *《俗》気をつけろ, 逃げろ! [(freq)< JIG²]
jigger³ *n* 〘動〙 CHIGGER (=~ **flèa**).
jig·gered *a* 《口》**1** DAMNED: Well, I'm ~! まさか! / I'll be ~ if…なんてことがあってたまるか. **2** 酔っぱらった; 《北イング》へとへとに疲れた 〈*up*〉. [BUGGERED の婉曲表現か]
jígger·màn /, -mən/ *n* 機械ろくろ師; *《俗》見張り (=**jígger [jíggers] gùy**).
jígger·mast /-məst, -mæ̀st/ *n* 〘海〙最後檣(さいこうしょう)《4 本マスト船の最後部マスト, または小帆走艇の船尾の補助マスト》.
jig·gery-po·kery /ʤígəripóʊkəri/ 《口》*n* ごまかし, ペテン, いかさま; たわごと (nonsense). [C19<?; cf. Sc *joukery-pawkery* (*jouk* to dodge, skulk)]
jiggins ⇨ JUGGINS.
jig·gle /ʤíg(ə)l/ *vi, vt* 小刻みに揺れる[ゆする]; *《俗》〈女が〉挑発的に体を動かす[ゆする]: I ~*d* his head against the wall quite a few times. やつの頭を壁に何度もぶつけてやった. ► *n* 揺れ; ゆさぶり; *《俗》女の肉体[胸]が小刻みに揺れること, ゆさゆさ, プリンプリン; *《俗》《テレビなどで》女の肉体を見世物にするやり方; *《俗》女優が挑発的に体を動かすテレビ番組[シーン]. ► *a* JIGGLY. [jig¹ or JOGGLE¹]

jíg·gly *a* 揺れる, 不安定な; *«俗» 性的興味をそそる〈番組など〉. ► *n* *«俗» JIGGLE.

jig·gus /ʤígəs/, **jig·gum** /ʤígəm/ *n* *«俗» 何とかいうもの, ちょっとした装置[代物], あれ (gadget).

jig·gy /ʤígi/ *«俗» *a* 性的に大胆な[興奮して], 《禁断症状で》ふるえて, いらいらして; いかしてる, かっこいい.

jíg·jòg, jíg·jìg, jíg-a-jìg /-ə-/ *n, vi* 反復上下動(をする); «卑» 性交(する).

jigs /ʤígz/ *int* 逃げろ (jiggers)!

jíg·sàw *n* 電動糸のこ, ジグソー《曲線切り用》; JIGSAW PUZZLE. ► *vt* ジグソーで切る; 入り組んだ形に並べる. ► *a* ジグソーパズル(の小片)のような, ジグソーで切った(ような)形の. [*jig*[1]]

jígsaw pùzzle ジグソーパズル《一枚の絵をばらして作った多くの小片を組み合わせてもとの絵にする玩具》.

jig·swig·gered /ʤígswìgərd/ *a* «口» JIGGERED.

ji·had, je- /ʤɪhá:d, ‖-hǽd/ *n* 〘イスラム〙聖戦, ジハード《**1**) 異教徒に対する戦い **2**) 自己の欲望に対する戦い; =*greater* ～》; 《大義·理想などのための》'聖戦', (一大)キャンペーン 〈*for, against*〉. ◆ **～·ìsm** *n* **～·ist** *n, a* [Arab]

ji·hadi, je- /ʤɪhá:di/ *n* ジハード (jihad) を遂行する人, 聖戦士.

Jih-k'a-tse ⇨ XIGAZÊ.

Ji·hla·va /jí:hlɑ:vɑ:/ イフラヴァ《チェコ中部 Moravia 地方西部の市; 中世以来 銀を産出; ドイツ語名 Iglau》.

jil·bab /ʤɪlbá:b, -bǽb/ *n* ジルバブ《顔·手以外の全身を包む, 女性イスラム教徒の伝統的衣服》.

Ji·lin /ʤí:lín/, **Ki·rin** /kí:rín/ 吉林(きつりん)(チーリン)《**1**) 中国北東部の省; ☆長春 (Changchun) **2**) 同省中部の工業都市; 旧称 永吉 (Yongji)》.

jill ⇨ GILL[3].

Jill /ʤíl/ ジル《女子名; Juliana の愛称》.

jill·e·roo, -a- /ʤìlərù:/ *n* (*pl* ～**s**) «豪口» 女の JACKEROO.

jil·lion /ʤíljən/ «口» *n* 厖大な数, ン千億. ► *a* 厖大な数の, 無数の. [MILLION, BILLION にならったもの]

Ji·lo·lo /ʤaɪlóulou/ ジャイロロ《HALMAHERA のオランダ語名》.

Ji·long /ʤí:lúŋ/ キールン (基隆) (CHILUNG).

jilt /ʤílt/ *n* 《突然恋人をふる》気まぐれ男[女]. ► *vt* 〈恋人を〉だしぬけにふる[捨てる]. ◆ **～·er** *n* [C17<?; cf. *jillet* flirtatious girl]

jim /ʤím/ *vt* (**-mm-**) *«俗» だめ[めちゃめちゃ]にする.

Jim 1 a ジム《男子名; James の愛称》. **b** «口» やつ, 男. **2** [j-] «豪口» 1 ポンド(札).

Jím Crów *«口» *n* **1** [*derog*] 黒人 (Negro); 人種差別, 黒人差別, 人種隔離政策《特に 米国南部の》. **2** [ᵘj- c-] ジンクロ《レールなどを人手で曲げたり伸ばしたりする道具》. ► *a* 人種差別の, 黒人を差別する; 黒人専用の: a ～ law 黒人差別法. ► *vt* 〈黒人などを〉人種差別する, 差別待遇する. ◆ **Jím Crów·ism** 人種差別主義. [19 世紀アメリカ黒人の歌のリフレーン 'jump, Jim Crow' から]

jím-dándy *«口» *a, n* すばらしい(人[もの]); [J- D-] ジムダンディ《何でも解決してしまう人物》.

Ji·mé·nez /himéɪnəs/ ヒメネス **Juan Ramón** ～ (1881–1958)《スペインの抒情詩人; ノーベル文学賞 (1956)》.

Jiménez de Cis·ne·ros /—— dèɪ sɪsnéərəs/ ヒメネス·デ·シスネロス **Francisco** ～ (1436–1517)《スペインの聖職者·政治家; 摂政 (1506, 16–17); 枢機卿 (1507)》.

Jím Háwkins ジム·ホーキンズ《R. L. Stevenson, *Treasure Island* に登場する宝を捜す少年》.

jim·i·ny, jim·mi·ny /ʤíməni/ *int* «口» なんてこった, ヒェーッ《驚き·軽い呪い》. [*geminy*; ⇨ GEMINI]

jim·jam /ʤímʤæ̀m/ *vi, vt* (**-mm-**) *«俗» JAZZ up.

jim·jams[1] /ʤímʤæ̀mz/ «俗» *n pl* DELIRIUM TREMENS; [ᵘthe] 不安感, びくびく (the jitters). [*jam*[1] の恣意的加重; *delirium tremens* の変形か]

jimjams[2] *n pl* «幼児» PAJAMAS.

Jím Jóhnson «俗» ペニス (Johnson).

Jimmie ⇨ JIMMY.

jim·mies[1] */ʤímiz/ *n pl* 《アイスクリームやケーキの上に振りかける》トッピング用チョコ[キャンディー]チップ. [C20<?]

jimmies[2] [the] *«俗» *n pl* DELIRIUM TREMENS; 極度の精神不安[落ち込み]. [JIMJAMS[1]]

jim·my /ʤími/ *n* 短いかなてこ《強盗用具》; 〘鉄道〙石炭車. ► *vt* 〈戸·窓などを〉かなてこでこじあける. [↓]

Jim·my, Jim·mie /ʤími/ **1** ジミー《男子名; James の愛称》. **2** «スコ口» [男性に対する呼びかけ] きみ, おい; «豪» 入植者, 移民 (immigrant); *«俗» GM の車[エンジン]《ホットロッド用語》. **3** [ˢj-] «韻俗» おしっこ(をすること) (piddle)《Jimmy Riddle の短縮形》: I'm just going off for a ～.

Jímmy O'·Gób·lins /-əgáblənz/ *pl* ‖«韻俗» ソヴリン金貨 (gold sovereigns).

Jímmy Pórter ジミー·ポーター《John Osborne の戯曲 *Look Back in Anger* の主人公で, 下層階級の青年; angry young men のプロトタイプとなった》.

Jímmy Ríddle *n, vi* ‖«韻俗» おしっこ(する) (piddle).

Jímmy Wóod·ser /-wúdsər/ «豪口» 独りで酒を飲む男; «豪口» 独りで飲む酒, 独酌.

jimp /ʤímp/ «スコ» *a* やせ型の, すんなりした; 乏しい, 不十分な. ► *adv* かろうじて, ほとんど…ない. ◆ **～·ly** *adv* [C16<?]

jím·son(·wèed) /ʤíms(ə)n(-)/, **jímp·son(·wèed)** /ʤímps(ə)n(-)/ *n* [ᵒJ-] 〘植〙シロバナヨウシュチョウセンアサガオ (= *jamestown weed, apple of Peru, stinkweed*). [*Jamestown*, Virginia]

jin /ʤín/ *n* (*pl* ～, ～**s**) JINN.

Ji·na /ʤí:nə/ *n* ジナ《ジャイナ教 (Jainism) で, カルマ (karma) から解脱した偉大な師》. [Skt=victor]

Ji·nan, Chi·nan /ʤí:ná:n/, **Tsi·nan** /; tsí:nǽn/ 済南(さいなん)(チーナン)《中国山東省の省都》.

jin·gal, -gall, gin- /ʤíŋgɔ:l/ *n* ジンジャル銃《銃架に載せて発射する大型銃; 昔インド·中国で用いた》. [Hindi]

Jing·de·zhen /ʤíŋdə́:ʤə́n/, **Ching·te·chen** /; ʧíŋtéɪʧén/ 景徳鎮(けいとくちん)(チントーチェン)《中国江西省北東部の市; 中国第一の陶磁器生産地》.

Jin·ghis Khan /ʤíŋgɪz ká:n, ʤíŋgɪz-/ GENGHIS KHAN.

jing·jang /ʤíŋʤæŋ/ *«卑» *n* 陰茎; 女陰; 性交. [cf. *jang, ying-yang*]

jin·gle /ʤíŋg(ə)l/ *n* **1** チリンチリン[リンリン]と鳴る音, 電話のベルの音; [〈*int*〉] リンリン, チリン, ジャラジャラ; 同音[類似音]の繰返し; 調子よく響く詩[ことば, コマーシャル(ソング), 歌]; *«俗» 電話をかけること (: give sb a ～); «俗» 金, 銭(ぜに) (money). **2** 《アイルランド·オーストラリアの》ジングル馬車《1 頭立て 2 輪の幌馬車》. **3** *«俗» どんちゃん騒ぎ, 酒盛り; *«俗» 酒による興奮, ほろ酔い. ► *vt, vi* チンチン[リンリン]鳴らす[鳴る]; チリンチリンと鳴りながら動く[進む]; 〈詩句が〉調子よく響く; 〈詩句〉の韻を合わせる; 〈詩句が〉押韻する (rhyme). ◆ **jín·gler** *n* **jín·gly** *a* 調子[響き]のよい; チリンチリンと鳴る. [ME (imit)]

Jingle ジングル **Alfred** ～《Dickens, *Pickwick Papers* に登場する, 口べたのおしゃべりでさまざまな悪事をはたらく旅役者》.

jíngle bèll 〘海〙細ひもを引いて船橋から機関室に速力を指示するベル; ジングルベル, 鈴 (cascabel); そりの鈴; 《商店のドアに取り付けた》来客を知らせるベル.

jín·gled *a* *«俗» 酔った, ほろ酔いの.

jíngle-jángle *n* ジャンジャン[ジャラジャラ]いう絶え間ない音.

jíngle shèll 〘貝〙ナミマガシワガイ(の貝殻).

jin·go /ʤíŋgou/ *int* ほーら, はいっ!《手品師が何か出すときの掛け声》; JINGOISM. ● **By** (**the living**) **～!** «口» 絶対, べらぼうな, こいつあ驚いた《強調·驚きなど》. ► *n* (*pl* ～**es**) 《対外政策で》示威的強硬論者, 主戦論者, 盲目的愛国者. ► *a* 感情的対外強硬の, 主戦論の. ► *vi* 極端な対外強硬論を唱える. ◆ **～·ish** *a* 対外強硬の. **～·ìsm** *n* 《好戦的な》愛国主義, 主戦論, ジンゴイズム. **～·ist** *n, a* **jin·go·ís·tic** *a* **-ti·cal·ly** *adv* [Jesus の婉曲語か]

jings /ʤíŋz/ *int* [ᵒby ～] «スコ» こいつあ驚いた. [*jingo* の変形]

Jin·ja /ʤínʤə/ ジンジャ《ウガンダ南東部 Victoria 湖岸の港町》.

jink /ʤíŋk/ *vi* ‖さっと身をかわす[向きを変える], 身をかわして逃げる; «俗» 《敵機·対空砲火を避けて》飛行機がジグザグに体をかわす. ► *vt* ひらりと[さっと]避ける; だまして負かす. ► *n* ‖身をかわすこと; 《ラグビー·飛行機の操縦などで》うまく相手をかわすこと; [*pl*] 浮かれ騒ぎ (: HIGH JINKS). [Sc (imit)]

jin·ker /ʤíŋkər/ «豪» *n* 一種の二輪馬車 (sulky); 木材運搬用二輪[四輪]車. ► *vt* jinker で運ぶ. [*janker* long pole on two wheels]

jínky bòard *«俗» シーソー (seesaw).

Jin·men Dao /ʤínmʌ́n dáu/ 金門島 (QUEMOY ISLAND).

jinn /ʤín/, **jin·nee, jin·ni** /ʤəní:, ʤíni/ *n* (*pl* **jinn, jinns**) 《イスラム神話·伝説》精霊, 霊鬼, ジン《人や動物の姿で現われ, 人間に対し超自然力をもつ》; 妖精, 精霊 (genie). [Arab; cf. GENIE]

Jin·nah /ʤínə, ʤínɑ:/ ジンナー **Mohammed Ali** ～ (1876–1948)《インドのムスリム政治家; パキスタンの初代総督 (1947–48)》.

jin·rik·i·sha, -rik·sha, -rick·sha /ʤɪnríkʃɔ:, -ʃɑ:, -ʃə/ *n* 人力車 (rickshaw). [Jpn]

JINS /ʤínz/ *n* 〘米〙監督を必要とする少年少女 (Juvenile(s) In Need of Supervision) (cf. CINS, MINS, PINS).

jinx /ʤíŋ(k)s/ «口» *n* 《不運をまねく》縁起の悪いもの[人], ジンクス; *«口» 《かけられた》呪い, 《避けがたい》不運, 凶 〈*on*〉: break the ～ ジンクスを破る, 《競技で》連敗のあとに勝つ / put a ～ *on*…の縁起[験(げん)]を悪くする, …にけちをつける. ► *vt* [ᵘ*pass*] …に不運をもたらす, …にけちをつける; 呪う. [C20<? L *jynx* wryneck, charm: 占い魔術に用いたことから]

Jin·zhou /ʤínʤóu/, **Chin-chou, Chin·chow** /; ʧínʧáu/ 錦州(きんしゅう)(チンチョウ)《中国遼寧省の南西部にある市》.

jip ⇨ GYP[1,4].

ji·pi·ja·pa /hì:pihá:pə/ *n* 〘植〙パナマソウ《中南米原産》; 《その若葉の繊維で作った》パナマ帽. [Sp]

jippo ⇨ GYPPO.

jird /ʤɔ́:rd/ *n* 〘動〙スナネズミ《スナネズミ属の数種の小さな齧歯類; アジア·アフリカ北部の乾燥地帯に分布; 尾が長く穴居性》. [Berber]

JIS Japanese Industrial Standards 日本工業規格.

jism, gism /ʤíz(ə)m/ *n* 《俗》 元気, 精力, 活力; 《俗》 興奮; 《卑》 精液 (semen). [C20<?]

jis·som /ʤísəm/ *n* 《卑》 精液 (jism).

jit[1] /ʤít/ *n**《俗》 5 セント玉. [*jitney*]

jit[2] *n* ジット (=～ **jìve**) 《ジンバブエでポピュラーなダンス音楽》. [Shona=to dance]

JIT job instruction training; just-in-time.

jit·ney /ʤítni/ *《俗》 *n* 5 セント玉 (nickel), 5 セント; 《小さな》 5 セント葉巻; 《低料金の》 小型乗合バス(代用の車); ガタガタ自動車; 無免許タクシー, 白タク. ► *a* 5 セントの, 安物の, やっつけ(仕事)の, 小型の. [C20<?; F *jeton* token からか]

jítney bàg *《俗》 小銭入れ, 小型ハンドバッグ.

jit·ter /ʤítər/ 《口》 *vi, vt* **1** いらいら[そわそわ]する[させる], 神経質にふるまう; 《こわくて[寒くて]》 ガタガタ震える; びくびくして言う. **2** ぶるぶる[ガタガタ]と細かく上下[前後]振動を続ける[振動させる], 小刻みに速く進む. ► *n* **1** [the ～s] ひどい神経質, いらいら, 不安感: give [get, have] *the ～s* いらいら[びくびく]させる[する]. **2** 〖電子工〗 ジター 《電圧の揺らぎなどによる瞬間的な波形の乱れ》. ► *a* びくびくの, 神経質な. [C20<?; *chitter* to shiver の変形か]

jítter·bùg *n* ジルバ; ジルバを踊る人; 《聴けば体で拍子をとり出す》 ジャズ狂, スウィングファン; 《口》 ひどく神経質な人. ► *vi* ジルバを踊る; 《口》 《競技で》 ひょいひょい動いて相手を混乱させる.

jít·tery *a* 《口》 神経過敏な, びくびく[いらいら]した, ぶるぶる震える. ♦ **jít·ter·i·ness** *n*

jiu·jit·su, jiu·jut·su /ʤuʤítsu/ *n* JUJITSU.

Jiu·long /ʤiú:lúŋ/ 九竜(きゅうりゅう)(チウロン) 《KOWLOON の拼音(ピンイン)表記》.

Jiu·quan /ʤiú:ʧuá:n/, **Chiu·chüan** /; ʧiú:-/, **Kiu·chuan** /; kiú:-/ 酒泉(しゅせん)(チウチュワン) 《中国甘粛省北西部の市》.

ji·va /ʤí:və/ *n* 〖ジャイナ教〗 命 《生命あるもの; opp. *ajiva*》. [Skt]

Ji·va·ro /hí:vəròu/ *n* **a** (*pl* ～, ～**s**) ヒバロ族 《ペルーとエクアドルにまたがって居住するインディオ》. **b** ヒバロ語. ♦ ～**·an** *a, n.*

jive /ʤáɪv/ *n* **1** 《特に1930–40 年代の》 スウィング(ミュージック), ジャズ; スウィング[ロックンロール]に合わせて踊るダンス, ジャイヴ(ダンス). **2** *《俗》 **a** まやかしもの, いいかげんな話, でたらめ, はったり, うそっぱち, ほら, ごまかし, おべんちゃら; *《俗》 口答え. **b** JIVE TALK. **3** *《俗》 派手な商品[服装]; *《俗》 くだらないもの, がらくた; *《俗》 薬(やく), マリファナ(タバコ); *《俗》 セックス, 性交. ● **blow** ～ *《俗》 マリファナを吸う. **hep to the** ～ ⇨ HIP[5]. **pull** ～ *《黒人俗》 酒を飲む. ► *vt* 〈音楽を〉煽情的に演奏する; *《俗》 からかう, だます, おちょくる, けむに巻く, はったりをかける. ► *vi* **1** スウィングを演奏する; スウィングに合わせて踊る; [°*neg*] 意味をなす, つじつまが合う. **2** *《俗》 《新語・隠語などを使ったりして》 くだらない[わけのわからない]話をする; 《俗》 でたらめ[いいかげんなこと]を言う, よたを飛ばす. ● ～ **and juke** *《学生俗》 大いに楽しい時を過ごす, みんなでワイワイやる. ► *《俗》 *a* ごまかしの, でたらめの, うその, いかさまの (phony); 《クールな演奏中に》 目立った演奏をする. ♦ **jív·er** *n* **jív·ey, jívy** *a* [C20<?]

jíve-àss *n* *《卑》 楽しくやる[にぎやかな]ことが好きなやつ; *《俗》 人をだますやつ, はったり屋; *《俗》 うそっぱい話, でたらめ. ► *a* あてにならない, いいかげんな, でたらめの, はったりの (jive); ばかげた, ろくでもない.

jíve·stìck *n* *《俗》 マリファナタバコ.

jíve tàlk 《特に 黒人ジャズミュージシャンが用いるような》 わけのわからない隠語, 最新の俗語, 特殊用語; *《俗》 ジャイヴトーク 《1930–40 年代に流行した, 黒人ミュージシャンのスラングを多用した早口でリズムに乗ったしゃべり方; 調子をとるように指を鳴らしたり体をひねったりする》.

jíve tùrkey *《俗》 ばかなやつ, ふざけた野郎, あほう.

jizz[1] /ʤíz/ *n* 《口》 《動植物の種別の手がかりとなる》 特徴的印象[外観]. [?]

jizz[2], **jiz·zum** /ʤíz(ə)m/ *n* 《卑》 精液 (jism).

JK 《E メールなどで》 just kidding. **Jn** 〖聖〗 John.

jna·na /ʤ(ə)ná:nə, -njá:nə/ *n* 〖ヒンドゥー教〗 智, 知識 (knowledge). [Skt]

JND, j.n.d. 〖心〗 °just noticeable difference. **Jno.** 〖聖〗 John. **Jnr**[||] Junior. **jnt** joint.

jo[1], **joe** /ʤóu/ *n* (*pl* **jóes**) [°*voc*] 《スコ》 恋人 (sweetheart, darling) [*joy*]

jo[2] *n* *《俗》 コーヒー. [⇨ JOE[2]]

Jo ジョー (**1**) 女子名; Josephine, Josepha, Joan の愛称 **2**) 男子名; Joseph の愛称》.

Jo. Joel.

Jo·ab /ʤóuæb/ **1** ジョーアブ 《男子名》. **2** 〖聖〗 ヨアブ 《David 軍の指令官; *2 Sam* 18: 14》. [Heb=Yah is father]

Jo·a·chim /ʤóuəkìm/ **1** ジョアキム 《男子名》. **2** [Saint] 聖ヨアキム 《処女 Mary の父とされる; 妻は St Anne; 祝日 7 月 26 日(もと 8 月 16 日)》. **3** /jouá:kɪm, -xɪm, jóuəkìm, -xìm/ ヨアヒム **Joseph** ～ (1831–1907) 《ハンガリーのヴァイオリン奏者・作曲家》. [Heb=Yah has set up]

Jo·a·chim of Fio·re /jouá:kɪm əv fjɔ́:reɪ/ フィオーレのヨアキム (c. 1132–1202) 《イタリアの修道士・神秘主義者; 別名 Joachim of Flora [Floris]》.

Joan /ʤóun/, **Jo·an·na** /ʤouǽnə/ ジョーン, ジョアンナ 《女子名》. [(fem); ⇨ JOHN]

joan·ie, joany /ʤóuni/ *a* *《俗》 遅れた, 古臭い, ダサい. [人名 *Joan* か]

jo·an·na /ʤouǽnə/, **jo·an·ner** /-ǽnər/ *n* 《韻俗》 ピアノ (piano).

joannes ⇨ JOHANNES.

Jo·an·nes est no·men eius /jouá:neɪs ɛst nòumɛn éɪjus/ ヨハネが彼の名 《プエルトリコの標語》. [L]

Joan of Arc /ʤóun əv á:rk/ [Saint] 聖ジャンヌ・ダルク (*F* Jeanne d'Arc) (c. 1412–31) 《百年戦争で国難を救ったフランスの聖女; Maid of Orléans (オルレアンの少女) と呼ばれる》.

João Pes·soa /ʒwãũ pɛsóuə/ ジョアンペソア 《ブラジル北東部 Paraíba 州の州都; 旧称 Paraíba》.

job[1] /ʤɑ́b/ *n* **1 a** 仕事, 手間仕事, 賃仕事; 職務, 役目; 義務, 責任; 《口》 大変な[努力を要する]こと; 〖電算〗 ジョブ 《計算機に処理させる作業単位》: odd ～*s* 半端仕事 / It's quite a ～ to do that in a week. 一週間でやるのは全く骨だ. **b** 《口》 《特定の》 作業, 手術, 《特に》 形成外科手術. **2 a** 職, 働き口, 勤め口, 地位 (position), 職種: a safe ～ 安定した職[勤め口] / He got a full-time ～ as a teacher. 専任の教師の口を見つけた / between ～*s* 求職[失業]中で. **b** 仕事場, 《建築などの》 現場. **3 a** 《公職を利用する》 不正行為, 汚職, 《特に》 不正人事; 《口》 犯罪(行為), 盗み (theft), 強盗 (robbery): do [pull] a ～ 強盗(など)をはたらく, ひと仕事やる. **b** *《俗》 いいかげんな話, はったり, SNOW JOB. **4** [||]《口》 事, 事件 (affair), 運 (luck), 事態, 状況: a bad [good] ～ ⇨ 成句. **5 a** [主に職業用語] 《一般に》 作られたもの, 品物 《特に すぐれた機械・乗物・冷蔵庫など》: a nice little ～ よい品 / a double-breasted ～ ダブルの上着. **b** 《俗》 代物, 《際立った》 人物, 《タフな[さめた]》 人; 《米俗・豪俗》 酔いどれ, のんだくれ (drunkard): a blonde ～ ブロンドの女. **c** [*pl*] 見切り品 《ぞっき本など》. **6** 《口》 排便, おつとめ, うんこ: do a [the] ～. ● **a bad** ～ 割の悪い仕事, 失敗; 困った事態. **a (bloody [jolly, very]) good** ～ けっこうな事態 (=a good thing): It was *a good* ～ you didn't go. きみは行かなくてよかった(行ったら大変だった). **a good** ～ **well done** りっぱに遂行された良い仕事. **a** ～ **of work** (ちょっとした)ひと仕事, 困難な[重要な, やりがいのある]仕事. **(and) a good** ～ **[thing], too** それはけっこうなことだ, でかした. **by the** ～ 一仕事いくらの契約で, 請負で. **do a** ～ **on...** *《俗》 …をぶちこわす, めちゃめちゃにする, 徹底的にやっつける, 痛めつける, 〈人〉を傷つける, だます, 殺す. **do sb's** ～ **for** him 《俗》 人をやっつけてしまう, 往生させる. **do the** ～ 《口》 《しばしば代用品として》 うまくいく, 目的を果たす. **fall down on the** ～ 《口》 ちゃんとした仕事をしない. **Get a** ～**.** *《俗》 《しょぼくれてないで》 何か始めたら. **give...up as a bad** ～ 《口》 (どうにもならないと)あきらめる, 見放す. **Good [Nice]** ～**!** よくやった, でかした; [*iron*] ひどいね. **have a** ～ 《口》 〈…する〉のが大変だ 〈*to* do, *doing*〉: Mary *had a* ～ find*ing* the house. その家を見つけ出すのに苦労した. **have a** ～ **on one's hands** 《口》 難題を抱える. **have one's** ～ **cut out** (**for** one)=have one's WORK cut out (for one). **it is more than one's** ～**'s worth** (to do...) [||]…するのは職務権限を超える, 自分の一存ではとても…できない, …すれば職を失う (cf. JOBSWORTH). ～**s for the boys** [単独でまたは it is のあとで] 《口》 [*derog*] (支持者や仲間に論功行賞として与える)うまい勤め口, (仲間うちに分け合う)割のいい仕事[地位]. **just the** ～ 《口》 おあつらえむきのもの. **lie [lay] down on the** ～ 《口》 《故意に》 だらだら働く, サボる. **make a (good [clean, excellent, fine,** etc.**])** ～ **of it** 《口》 うまくやってのける, 徹底的にやる. **make the best of a bad** ～ 《口》 厄介なことをなんとか[うまく]やってのける, 悪条件のもとで最善を尽くす. **on the** ～ 仕事中に[で]; 《口》 忙しく働いて, 仕事に精出して, 悪事[犯罪]をはたらいて; 《俗》 油断なく, 警戒して; 《俗》 性交の最中で. **out of a** ～ 失業して, 職にあぶれて.
► *a* **1** [||]賃貸(用の), 賃[手間]仕事の; 端物(はもの)印刷(用)の. **2** 職業の; 雇用の.
► *vi, vt* (**-bb-**) **1** 賃[手間]仕事をする; 卸売りする, (株式・商品の)仲買いをする; 〈大きな仕事を〉下請けに出す. **2** *《俗》 だます, はめる, 〈人〉からだまし取る; 《公職を利用して》 不正な金もうけをする. **3** [||]〈馬・馬車などを〉賃借[賃貸]する. ● ～ **backward(s)** あとになって(株のもうけなどを)あれこれ計算する, あと知恵をはたらかせる. ～ **off** ひどい安売りをする.
[C16<?; cf. *job* (obs) lump]

job[2] *vt, vi* (**-bb-**) 《古》 JAB; 《豪》 たたく, ぶんなぐる. ● ～ **pop** *《俗》 《麻薬を》 皮下注射する. ► *n* 《古》 JAB. [ME (? imit); cf. JAB]

Job /ʤóub/ **1** ジョウブ 《男子名》. **2 a** 〖聖〗 ヨブ 《ヨブ記の主人公である義人; 忍苦・堅忍の典型; *Job* 42: 10–17》: (as) patient as ～ きわめて辛抱強い. **b** ヨブ記 《旧約聖書の The Book of ～》. **c** 大きな苦しみにじっと耐える人. ● **have the patience of** ～ じっと耐える, ひたすら我慢する. **try the patience of** ～ どんな我慢の人をもおこらせる 《cf. *James* 5: 11》. [Heb=? pious *or* persecuted]

jób àction 《労働者の》 順法抗議(運動) 《ストでなく怠業・順法闘争など》.

jób anàlysis 職務分析 《職務の特性とこれを果たすための能力・経験・環境など諸条件を調べる体系的研究》.

jo·ba·tion /ʤoubéɪʃ(ə)n/ *n* [||]《口》 長ったらしい小言. [*jobe* to reprimand tediously; cf. JOB]

jób bànk ⟪求職者のための職業情報をコンピューター処理で提供する, 政府運営の⟫ 職業紹介銀行.

jób·ber *n* **1 a** ⟪安い品を大口に買って小口に売る⟫ 仲継人, ジョバー; 仲買業者; 賃労働者, 請負作業員 (pieceworker); ᴵᴵSTOCKJOBBER. **b** 公職を利用して私利をはかる[私腹を肥やす]者. **2** ᴵᴵ⟪日決めの⟫ 貸し馬屋; ᴵᴵ«タクシー運転手俗» 車を借りて時間制で働く雇われ運転手. **3** *«口» ちょっとした装置[仕掛け], 代物, あれ (gadget). [*job*[1]]

job·ber·nowl /ʤábərnòul/ *n* ᴵᴵ«口» あほう, まぬけ, とんま. [? *jobard* (obs) blockhead, *nowl*＜NOLL]

jób·bery *n* 公職で不正利益を得ること, 汚職; 利権あさり.

job·bie, -by /ʤábi/ *n* «口» ちょっとした装置, 代物, なに (gadget); [ˢjobbies] «口» 排便, 便通, うんち. ► *vi, vt* «口» うんちする, *«俗» よごす. [*job*[1]]

jób·bing *a* ᴵᴵ手間仕事をする, 手間賃かせぎの: a ～ gardener 臨時雇いの植木屋 / a ～ printer 端物(はもの)印刷屋. ► *n* PIECEWORK; JOBBERY; BROKING.

jób càse 〘印〙 ジョブケース ⟪大文字・小文字などの別なく, 一組の活字が収められる⟫.

jób·cèntre *n* 〘英〙 公共職業安定所, ジョブセンター.

jób clùb 〘英〙 ジョブクラブ ⟪会員に就職の手ほどき・斡旋をする失業者支援団体⟫.

jób contròl lànguage 〘電算〙 ジョブ制御言語 ⟪略 JCL⟫.

Jób Còrps /-kɔ̀ːr/ [the] 〘米〙 職業部隊 ⟪失業青少年のための職業訓練センターの運営組織⟫.

jób còsting 個別原価計算(法) (JOB-ORDER COSTING).

jób descrìption 職務内容説明書 ⟪職務分析に基づき, 職務に必要な作業・設備・能力・資格・条件などについて分類記載したもの⟫.

jo·ber /ʤóubər/ *a* [次の成句で]: **(as) ～ as a sudge** «俗» 大まじめて, 全くしらふで ⟪(as) sober as a judge の頭音転換 (spoonerism)⟫.

jób fèstival [fàir] 〘米〙 ⟪大学構内で企業が行なう⟫ 就職説明会.

jób·hòld·er *n* 定職のある人; *«口» 政府職員.

jób-hòpping *n* ⟪目先の利を求めて⟫ 職を転々とすること. ♦ **jób-hòp** *vi* **jób-hòpper** *n*

jób-hùnt·er *n* «口» 求職者. ♦ **jób-hùnt** *vi* 職を探す. **jób-hùnt·ing** *n* 職探し, 求職.

Job·ian /ʤóubiən/ *a* 〘聖〙 ヨブ (Job) の.

jób·less *a* 仕事のない, 失業中の; 失業者のための; [the] 失業者たち: a ～ rate 失業率 / ～ insurance 失業保険 / ～ claim 失業手当[保険]の請求(件数). ♦ **～·ness** *n*

jób lòck *«俗» ⟪医療保険を失うことからくる⟫ 退職不安.

jób lòss 失業, 失職; [*pl*] 失職者数: 400 ～*es* 失職[解雇]者 400 名.

jób lòt ⟪一括取引用の各種雑多な⟫ 大口商品, 込み; ⟪大量の⟫ 雑多な安物, ふぞろいで低級な人[品]の集まり. ● **in ～s** 十把ひとからげに, 込みで.

jób·màster ᴵᴵ*n* 貸し馬[馬車]屋の主人.

jób·nàme *n* 〘電算〙 ジョブ名.

jób òrder ⟪労働者に対する⟫ 作業指令書, 製造指図書.

jób-òrder còsting 〘会計〙 個別原価計算, (製造)指図書別原価計算 (＝*job costing*) ⟪一製品の製造に必要な個々の製造過程ごとにかかるコストを合計して, その製品の製造原価の総計を算出する; cf. PROCESS COSTING⟫.

jób prìnter ᴵᴵ⟪名刺・ちらし・招待状など⟫ 端物(はもの)印刷屋. ♦ **jób prìnting** 端物印刷.

Jobs /ʤábz/ ジョブズ **'Steve' ～ [Steven Paul ～]** (1955–2011) ⟪米国の実業家; Apple 社の共同設立者の一人⟫.

jób satisfàction 仕事への満足感, 働きがい.

Jób's cómforter **1** ヨブの慰安者 ⟪うわべは慰めて[慰めているつもりで]かえって相手の悩みを深める人; *Job* 16: 1–5⟫. **2** 腫物 (boil) ⟪*Job* 2: 7⟫.

jób secùrity 雇用保障.

jób·sèek·er *n* 求職者.

Jóbseeker's Allòwance 〘英〙 失業手当.

jób-shàre *vi* ワークシェアリングをする. ► *n* ワークシェアリング ⟪個々の事例⟫. ♦ **jób-shàrer** *n*

jób shàring ワークシェアリング ⟪1 人の正規の労働者の仕事を 2 人以上の労働者が時間・日・週などによって分担し合う労働形態⟫.

jób shèet ⟪労働者に渡す⟫ 作業[仕事]内容指示書, 作業票.

jób shòp ジョブショップ ⟪**1**) 通例 短期契約で技術者や生産工程における特定の機能を提供する機関[工場] **2**) 注文生産メーカー **3**) 端物印刷所 **4**) 流れ作業でなく, 一つの作業区から次の作業区へ製品を移動させていく生産組織 **5**) 職業紹介所⟫. ♦ **jób shòpper** *n*

Jób's téars (*pl* ～) 〘植〙 ジュズダマ ⟪イネ科⟫; [⟨*pl*⟩] 数珠玉 ⟪その種子, ひもを通して首飾りなどにする⟫.

jób stìck 〘印〙 ⟪植字用の⟫ ステッキ (composing stick).

jóbs·wòrth /ʤábz-/ *n* ᴵᴵ«口» [*derog*] 融通のきかない小役人[職員, 役員, 管理人 など], '一存出羽の守' ⟪たいしたことでもないのに 'It's more than my job's worth (to do…)' などと言って人の頼みを断わることから; cf. JOB[1] 成句⟫.

jób tìcket ⟪労働者に対する⟫ 作業票 (＝*worksheet*) ⟪作業要領の指示と実働時間の記録用⟫; JOB ORDER.

jób wòrk 〘印〙 ⟪名刺・ちらしなどの⟫ 端物(はもの)組版[印刷] (cf. BOOKWORK); 賃仕事, 請負仕事.

Jo·cas·ta /ʤoukǽstə/ 〘ギ神〙 イオカステー ⟪OEDIPUS の母; わが子と知らずに Oedipus と結婚したが, 近親相姦の事実を知って縊死(いし)した⟫.

Joc·e·lyn, -lin(e) /ʤás(ə)lən/ ジョスリン ⟪女子名⟫. [OF＜Gmc＝merry; one of the Geats; cf. JOYCE]

jock[1] /ʤák/ «口» *n* 競馬の騎手 (jockey); DISC JOCKEY. ► *vt* *«俗» ⟨特に 女の子が⟩⟨男⟩にまとわりつく.

jock[2] *«口» *n* ⟪男子運動選手の⟫ サポーター (jockstrap); ⟪特に 大学の⟫ 運動選手[部員], 体育会系, スポーツファン; パイロット, 宇宙飛行士; オタク, マニア: technology ～*s*. ♦ **～·ish** *a* [*jock*strap]

jock[3] *n* «卑» ⟪男性の⟫ 性器, 持物 (genitals). [C18＜?; *jockum, jockam* (old sl) penis からか]

Jock **1** ジョック ⟪男子名⟫. **2** [ᵒj-] ᴵᴵ«口» [ᵒ*derog*] スコットランド人 (Scot); ᴵᴵ«俗» スコットランド(高地人)兵; «スコ・アイル» 田舎の青年[若者]. [Sc; ⇨ JACK]

jóck·er *«俗» *n* 物乞いしてくれる男友だちを連れた浮浪者; ホモの男.

jock·ette /ʤakét/ *n* 女性(競馬)騎手.

jock·ey /ʤáki/ *n* **1 a** (競馬)騎手; «俗» ⟪乗物・機械などの⟫ 運転手, 操縦者, 操作係; DISC JOCKEY; *«学生俗» 虎の巻 (pony) 使用者. **b** ᴵᴵ若者, 下っぱ; ᴵᴵ«俗» ⟪娼婦の⟫ 客; ᴵᴵ«俗» 男; ᴵᴵ«俗» 警官, 役人; «俗» 相手をやじる選手 (cf. RIDE *v*); «古» 馬商人; «廃» 吟遊詩人, 乞食, 放浪者. **2** ⟪乗馬の⟫ 鞍当て. **3** *«俗» ⟪習慣性の⟫ 麻薬. ► *vt* **1** ⟨馬⟩に騎乗する; «口» …の運転手[操縦士]をする, ⟨機械を⟩操作する; 少しずつ動かして位置を調節する: ～ one's horse *into* position 馬を(所定の)位置につける. **2** 策を用いてあやつる ⟨sb *away, out, in*⟩; だます, 欺く: ～ sb *into* do*ing* [*out of* sth] 人をだまして…させる[…を奪う]. ► *vi* 競馬騎手[運転手, 操縦士]をする; うまく立ちまわる, 策動する ⟨*for*⟩. ● **～ around** ⟪よい位置につくために⟫ 動きまわる. **～ for position.** ♦ **～·dom** *n* **～·shìp** *n* 競馬騎手としての技術[熟練]. [*Jockey* (dim)＜*Jock*]

Jockey 〘商標〙 ジョッキー ⟪男性用のブリーフ⟫.

jóckey càp ジョッキーキャップ ⟪騎手のかぶるようなまびさしの長い帽子⟫.

jóckey clùb 競馬クラブ; [the J- C-] 〘英〙 ジョッキークラブ ⟪競馬場の管理・運営などを行なう団体⟫.

jóckey pùlley IDLER PULLEY.

Jóckey shòrts *pl* [ˢj-] ジョッキーショーツ ⟪ぴったりしたニットの男子用ブリーフ; ⇨ JOCKEY⟫. [商標]

jockeystrap ⇨ JOCKSTRAP.

jóck ìtch TINEA CRURIS. [JOCK[3]]

jocko /ʤákou/ *n* (*pl* **jóck·os**) チンパンジー; ⟪一般に⟫ サル (monkey). [F＜(WAfr)]

jock·oc·ra·cy /ʤakákrəsi/ *n* *«俗» テレビ中継などで幅をきかせている(もと)選手たち. [*jock*[2], *-ocracy*]

Jock o' Ha·zel·dean /ʤák ə héiz(ə)ldìːn/ ヘーゼルディーンのジョック ⟪英国のバラッドで, 大部分は Sir Walter Scott の作; ヒロインは Er·ring·ton /ɛ́rɪŋt(ə)n/ の首長との結婚を強いられ, 愛人 Jock を想って悲しみ, 式の当日 Jock と国外に逃げる⟫.

jóck·stràp *n* ⟪男子運動選手用の⟫ サポーター (＝*jock, athletic supporter*) (＝**jóckey·stràp**); «俗» ⟪特に 学校・大学の⟫ 運動選手. ► *vi* *«俗» ⟪選手・ボクサー・レスラーなどをして⟫ どさ回りの生活をする. [*jock*[3]＋*strap*]

jóck·stràp·per *n* *«俗» 運動選手 (jockstrap).

jocky /ʤáki/ *n* «俗» 一物 (penis); *«麻薬俗» JOCKEY.

jo·cose /ʤoukóus, ʤə-/ *a* 滑稽な, おどけた, ふざけた (facetious). ♦ **～·ly** *adv* **～·ness** *n* [L (*jocus* jest)]

jo·cos·i·ty /ʤoukásəti/ *n* おもしろおかしさ, 滑稽; 冗談を言う[ふざける]こと; おどけた言行, 冗談.

joc·u·lar /ʤákjələr/ *a* おどけた, ひょうきんな; 冗談で言った[した], 軽い. ♦ **～·ly** *adv* **joc·u·lar·i·ty** /ʤàkjəlǽrəti/ *n* おどけ; おもしろおかしさ; おどけた[ひょうきんな]言行. [L (*joculus* (dim)＜JOCOSE)]

joc·und /ʤákənd, *ʤóu-/ *a* 陽気な, 快活な, 楽しげな. ♦ **～·ly** *adv* **jo·cun·di·ty** /ʤoukʌ́ndəti/ *n* 陽気, 快活 (gaiety); 陽気な言行. [OF＜L *jucundus* pleasant (*juvo* to delight)]

jodh·pur /ʤádpər/ *n* [*pl*] ジョッパー(ズ) (＝**～ brèeches**) ⟪乗馬ズボン⟫; ジョッパー (＝**～ bòot [shòe]**) ⟪乗馬用の半長靴⟫. [↓; その地方で着用されていた]

Jodh·pur /ʤádpər, -pùər/ ジョードプル ⟪**1**) インド北西部の旧藩王国; 別名 Marwar; 今は Rajasthan 州中西部 **2**) その首都⟫.

Jo·die /ʤóudi/ **1** ジョディー ⟪女子名; 男子名⟫. **2** [ᵒj-] *«軍俗» JODY. [JODY]

Jodl /jóudl/ ヨードル **Alfred ～** (1890–1946) ⟪ドイツの軍人; 全軍作戦参謀長として第二次大戦の軍事行動の計画・実施に関与; 戦犯として死刑となる⟫.

Jód·rell Bánk /ʤádrəl-/ ジョドレルバンク ⟪イングランド北西部 Cheshire 北東部にある世界最大級の電波望遠鏡をもつ天文台の所在地⟫.

Jo·dy /ʤóudi/ **1** ジョディー ⟪**1**) 女子名; Judith の愛称 **2**) 男子名⟫.

2 [ᵒj-] *《軍俗》兵隊にとられなかった男, 出征兵の留守にその恋人[妻]とうまくやる男, 寝取り屋ジョディー (=*Jodie*).

joe[1] ⇨ JO[1].

joe[2] /ʤóu/ *n* *《口》コーヒー (=*jo*). [*Java*]

Joe *n* **1** ジョー《男子名; Joseph の愛称》. **2 a**《口》やあ, きみ《名前を知らない人に対する呼びかけ》; [ᵒj-]《口》男, やつ (fellow, guy); [ᵒj-]《口》平均的な男, 普通の男[人]; [<*a*>] *《口》一般的な, ごく普通の: an average [a regular, an ordinary] ~ 普通の男 / a good ~. いいやつ / *J~* Taxpayer. **b**《俗》米国人, 米兵 (cf. GI JOE); ″《俗》つまらない仕事ばかりあてがわれる男. **c** [the ~s, the joes]《豪韻俗》震顫譫妄 (Joe Blakes). ► *vt* *《俗》〈人〉に知らせる (inform).

Jóe Bláke ″《韻俗》お菓子 (cake);《豪韻俗》ヘビ, くちなわ (snake), [the ~s] 震顫譫妄(しんせんせんもう)(症)《the SHAKES との押韻俗語だが see SNAKES との連想もある; しばしば the Joes と短縮》; *《韻俗》ステーキ (steak).

Jóe Blóggs /-blágz/ ″《口》[*derog*] 普通の人[男] (=**Fréd Blóggs**).

Jóe Blów **1**《米口・豪口》平均的市民, 普通の人[男], だれか; *《俗》名前のわからない人物, 何某; *《軍俗》若い男子民間人; *《軍俗》(米国)兵, 兵士. **2** *《俗》ミュージシャン; *《俗》大ぼら吹き;《サーカス俗》昼めしの時間.

Jóe Cítizen《カナダロ・米口》普通の市民[男]: marry some nice ~.

Jóe Cóllege《口》[ᵒ*derog*] 典型的な[一般的な]男子大学生;《俗》学生, 書生, 青二才, 若いの.

Jóe Dó(a)kes /-dóuks/ *《口》平均的男子市民, 普通の男; *《口》何某 (so-and-so).

Jóe Gísh *《俗》海軍兵学校生徒《Annapolis の用語》.

Jo·el /ʤóuəl, -ɛl/ **1** ジョエル《男子名》. **2 a**〘聖〙ヨエル《ヨエル書の著者とされる預言者》. **b** ヨエル書《旧約聖書の一書》. [Heb=Yah is God]

Jóe Míller 滑稽小話集; 駄じゃれ, 古臭い[陳腐な]ジョーク. [John Motley, *Joe Miller's Jestbook* (1739); Joe Miller (1684–1738) は Drury Lane 座の道化]

Jóe Palóoka ジョー・パルーカ《米国の漫画家 Ham(mond Edward) Fisher (1900–55) の漫画 (1930) および Tony Dipreta の漫画 (1971) の主人公; いつまで経ってもチャンピオンになれないボクサー; ⇨ PALOOKA》.

jóe·pòt *n* *《口》COFFEEPOT.

Jóe Públic ″一般的[平均的]な人, 一般大衆.

jòe-pýe wèed /ʤòupáɪ-/〘植〙《北米産の》ヒヨドリバナ属の多年草. [C19<?; *eupatory* EUPATORIUM の変形か]

Jóe Sád *《黒人俗》人気のない[うけない]やつ.

Jóe Schmó [Schmóe] *《俗》あまりパッとしない人物, どうと言うこともない人, 凡人; *《俗》ついてない男, どじなやつ, とんま (jerk). [*schmo(e)* の擬人化]

Jóe Shít the Rágman *《軍卑》ただの兵隊, 兵卒, GI (=*Joe Snuffy, Joe Tentpeg*).

Jóe Síx-pàck *《俗》普通のアメリカ人[男, 労働者], そこらの男, 何某. [最も普通に飲む 1 パック 6 本のビールから]

Jóe Snúffy *《軍卑》JOE SHIT THE RAGMAN.

Jóe Sóap《口》やる気まんまんだが頭のとろいやつ, (やることが多すぎてやけ気味の)このばか, 自分 (=*I*); ″《俗》普通の男, 一般人: I suppose ~'ll have to do it. どうせまた自分がやらなきゃならないでしょうよ!

Jóe Stórch *《俗》JOE ZILSCH (cf. STORCH).

Jóe Tént·pèg *《軍卑》JOE SHIT THE RAGMAN.

jo·ey /ʤóui/ *n* 幼獣,《特に》カンガルーの子; 幼児. [(Austral)]

Joey **1** ジョーイ《男子名; Joseph の愛称》. **2** ジョーイ《サーカスやパントマイムの道化師 (clown) の愛称; 英国のパントマイム役者・道化師 Joseph GRIMALDI にちなむ》. **3** ″《俗》3 ペンス硬貨《もと 4 ペンス》.

Jóe Yále *《俗》JOE COLLEGE《特に東部の伝統校風の》.

Jóey Hóoker〘植〙GALLANT SOLDIER.

Jóe Zíl(s)ch /-zílʃ/ *《俗》平均的な市民, 普通の人.

Jof·fre /*F* ʒɔfr/ ジョフル **Joseph-Jacques-Césaire** ~ (1852–1931)《フランスの軍人; 第一次大戦におけるフランス軍総司令官; Marne の戦いで勝利をあげた》.

jog[1] /ʤág/ *v* (-gg-) *vt* (そっと)押す, 突く, 揺らす;《注意を促すため》ちょっと突く (nudge); [*fig*] よび起こす〈sb's memory〉;〈馬を〉ゆるい速歩 (jog trot) で走らせる;〈機械を〉ちょっと動かす;〈紙束〉の端をゆすって突きそろえる: ~ sb's elbow [arm] ひじ[腕]をつつく《注意・警告などのため》. ► *vi* 上下動を繰り返す; ぼつぼつ[とぼとぼ]歩く;〈馬が〉ゆるい速歩で走る;《運動のため》ゆっくりと軽く走る, ジョギングする; 出かける (depart): ~ *along* [*on*]《口》ゆるゆる(歩いて)行く[進む]; 単調に[淡々と]進む / We must be *jogging*. もう出かけるとしよう. ► *n* 軽い揺れ, 上下動; 軽い押し, 突き (nudge); [*fig*] 喚起するもの; 促し;《馬の》ゆるい速歩 (jog trot); ジョギング. [ME (? imit); cf. SHOG]

jog[2] * *vi* (-gg-) 急に方向を変える,〈道などが〉急に曲がる〈*to* the right [left]〉. ► *n*《道路や直線の》軸線から山形[コの字形など]に突出した部分;《壁の》基準面から突出[後退]した部分; でこぼこ, ふぞろい; 急な方向転換. [JAG[1]]

Jog·bra /ʤágbrɑ̀ː/〘商標〙ジョグブラ《ジョギング用ブラジャー》.

jóg·ger *n* JOG[1] [ジョギング]する人;《裁断機や印刷機から出た用紙をゆすってそろえる》突きそろえ機; [*pl*] JOGGING PANTS.

jóg·ging *n* ジョギング《軽いランニング》.

jógging pànts *pl* ジョギングパンツ, スウェットパンツ.

jógging shòe ジョギングシューズ.

jógging sùit ″ジョギング[スウェット]スーツ.

jog·gle[1] /ʤág(ə)l/ *vt* ゆさぶる. ► *vi* 軽く揺れる. ► *n* 軽い揺れ; ジョギング. ♦ **jóg·gler** *n* [(freq) < JOG[1]]

joggle[2]〘建・機〙*n* だぼ[ほぞ, ジョッグル](による接合). ► *vt* だぼ[ほぞ]を用いて組む[継ぐ, 接合する]. [JOG[1]]

jóggle pòst〘建〙だぼ継ぎの柱[材]; 真束(しんづか).

jóg·gling bòard **1 a** 跳躍台, スプリングボード《両端を支持台で留めた木製の板; 上に乗って遊ぶ[運動する]》. **b** SEESAW. **2** *《俗》ぶらんこ.

Jogjakarta ⇨ YOGYAKARTA.

jóg tròt *n*《馬などの》ゆっくりした規則正しい速歩; きまった習慣, 単調な暮らし[やり方]. ► *vi* jog trot で進む.

Jo·hann /jóuhɑ̀ːn/ ヨハン《男子名》. [G; ⇨ JOHN]

Jo·han·na /ʤou(h)ǽnə/ ジョハンナ《女子名》. [G; ⇨ JOAN]

jo·han·nes /ʤouhǽnəs, -niz/, **jo·an-** /ʤouǽn-/ *n* (*pl* ~) ヨハネス金貨《昔のポルトガル金貨》. [*Johannes* (=John) V (1689–1750) ポルトガル王で, 最初の発行者]

Jo·han·nes /jouhǽnəs/ ヨハネス《男子名》. [G, Du; ⇨ JOHN]

Jo·han·nes·burg /ʤouhǽnəsbɜ̀ːrg, -hάː-/ ヨハネスバーグ, ヨハネスブルグ《南アフリカ共和国北東部の市; Gauteng 州の州都で, 同国最大の都市; Witwatersrand 台地の南斜面に位置》.

Jo·han·nine /ʤouhǽnàɪn, -ən/ *a* 使徒ヨハネ (John) の[に関する]; ヨハネ伝の.

Jo·han·nis·berg·er /ʤouhǽnəsbɜ̀ːrgər, jouhάː-; jəuhǽn-/ *n* ヨハニスベルガー《Rhine 地方産の各種白ワイン》.

Jo·hán·nis·berg Ríesling /jouhάːnəsbɛ̀ərg-/ ヨハニスベルグリースリング《(1) 白ワイン用高級白ブドウ; ドイツの Riesling 種が南アフリカ・米国・オーストラリアに移植栽培され, この名で呼ばれている (2) California などで産するリースリングワイン》.

John /ʤán/ **1** ジョン《男子名; 愛称 Jack, Jackie, Johnnie, Johnny; cf. JON[1], IAN, SEAN》. **2**〘聖〙**a** 洗礼者ヨハネ (⇨ JOHN THE BAPTIST). **b** [ᵒSaint] ヨハネ《Zebedee の子で兄弟 James (大ヤコブ) と共に十二使徒 (⇨ APOSTLE) の一人; 伝承的には福音書・手紙・黙示録の著者といわれる》. **c** ヨハネによる福音書, ヨハネ伝《新約聖書の四福音書の一つ The Gospel according to St. ~》. **d** ヨハネ書《新約聖書の The First Epistle General [Second Epistle, Third Epistle] of ~ (ヨハネの第一[第二, 第三]の手紙)》. **e** ヨハネの黙示録 (⇨ REVELATION). **3 a** ジョン (1167–1216)《イングランド王 (1199–1216); 通称 '~ Lackland' (欠地王); Henry 2 世の子; Magna Carta を承認 (1215)》. **b** ジョン (1) **Augustus** (**Edwin**) ~ (1878–1961)《ウェールズの肖像画家・エッチング作家》(2) Sir **Elton** (**Hercules**) ~ (1947–)《英国のロックシンガー・作曲家・ピアニスト; 本名 Reginald Kenneth Dwight》. **c** ジョアン ~ **I** (1357–1433)《ポルトガル王 (1385–1433); 通称 'the Great'; カスティリャからの独立を保つ一方, 海外に進出, 大航海時代の幕開けとした》. **d** ヤン ~ **III Sobieski** (1629–96)《ポーランド王 (1674–96)》. **e** ヨハネス (1) ~ **XXII** (c. 1245–1334)《ローマ教皇 (1316–34); 本名 Jacques Duèse; Avignon にあって神聖ローマ皇帝 Louis 4 世と対立しこれを破門》(2) ~ **XXIII** (1881–1963)《ローマ教皇 (1958–63); 本名 Angelo Giuseppe Roncalli; 第 2 ヴァチカン公会議を開催した》. **4** [ᵒj-]《俗》**a** 男 (man), やつ (fellow);《法律を守る》良心的市民, 一般市民. **b** 売春婦の客; *被害者, カモ; ぐうたらの若い男, 金づかいの荒い男; *女を囲っている男, パパ, パトロン, だんな, きまった男, 若いホモを囲っている男. **c** 警官 (policeman); *《軍俗》尉官 (lieutenant); *《陸軍俗》新兵: second ~ 少尉 (second lieutenant). **d** [*derog*] 中国人 (John Chinaman). **5** [j-]《口》(男子)便所, トイレ (cf. JANE); [ᵒj-]《俗》ペニス (John Thomas). [L *Jo(h)annes*<Gk<Heb=Yah is gracious]

John B /—́ bíː/ *《俗》つば広の帽子 (cf. STETSON).

Jóhn Bárleycorn [擬人] モルト入りの酒, ビール, ウイスキー; [擬人] [*joc*] 大麦の粒.

Jóhn Bírch Socíety [the]〘米〙ジョン・バーチ協会《米国の反共極右団体; 1958 年設立; 略 JBS; ⇨ John BIRCH》. ♦ **Jóhn Bírch·er** BIRCHER.

jóhn·bòat * *n*《1 人こぎの》小型平底ボート.

Jóhn Brówn's Bódy『ジョン・ブラウンの遺骸』《南北戦争時に北軍の兵隊の間で流行した歌曲; John Brown の Harpers Ferry 襲撃を主題としたもの; 日本では「おたまじゃくしはかえるの子」の歌詞で歌われる; Battle Hymn of the Republic ともいう》.

Jóhn Búll ジョン・ブル《典型的な英国人; 英国民; 英国; 肥満体にユニオンジャック柄のベストに革のブーツを履き, しばしばブルドッグを連れた姿で描かれる》. ★ cf. BROTHER JONATHAN, UNCLE SAM (米国人), SANDY (スコットランド人), PADDY (アイルランド人), TAFFY (ウェールズ人), FROGGY (フランス人), FRITZ, JERRY[1] (ドイツ人), HANS (ドイツ人, オランダ人), IVAN (ロシア人). 中には軽蔑的に用いられるものもある. ♦ **~·ish** *a* **~·ish·ness** *n* **~·ism** *n* 英国人かたぎ. [John Arbuthnot のパンフレット集 *The History of John Bull* (1712) から]

Jóhn Chínaman [ᵁderog] 中国人.

John Chrysostom ⇨ CHRYSOSTOM.

Jóhn Cítizen «口» 一般市民, 並みの人.

Jóhn Cóllins ジョン・コリンズ《ジンをベースにした COLLINS》.

Jóhn Cómpany [the] ジョン・カンパニー《EAST INDIA COMPANY のニックネーム》.

john·darm /ʤándɑ̀:rm/ *n* ˈˈ«俗» 警官, おまわり. [F *gendarme*]

Jóhn Déere /-díər/ 〘商標〙 ジョンディア《米国 Deere & Company 製のトラクター・コンバイン・耕耘機などの各種農業機械・園芸機械》.

Jóhn Dóe 1 〘米法〙 ジョン・ドウ《訴訟で当事者の本名不明のとき用いる男性の仮名; 通例 第一当事者[原告]を John Doe, 第二当事者[被告]を Richard Roe という; cf. JANE DOE》. **2** *普通の男, 平均的な男; ある男, 某男性.

Jóhn dógface *«軍俗» «陸軍の» 新兵, 歩兵.

Jóhn Dóry (*pl* **Jóhn Dó·ries**) 〘魚〙 マトウダイ, ニシマトウダイ (= *dory*).

Jóh·ne's disèase /jóʊnəz-/ 〘獣医〙 ヨーネ病《パラ結核菌による家畜の慢性腸炎》. [Heinrich A. *Johne* (1839–1910) ドイツの細菌学者]

Jóhn Fámily «俗» プロの泥棒, ペテン師.

Jóhn Fármer *«俗» FARMER.

Jóhn F. Kénnedy Internátional Áirport /-éf-/ ケネディー国際空港《New York 市 Queens 区南部にある; 旧称 Idlewild》.

Jóhn F. Kénnedy Spáce Cènter /-éf-/ ケネディー宇宙センター《Florida 州の Cape Canaveral にある NASA の宇宙船・ロケット打上げ基地》.

Jóhn Háll *«俗» アルコール (alcohol).

Jóhn Háncock *«口» 自筆署名 (signature): Put your ~ on that check. 小切手に署名しなさい. [独立宣言の署名中 John Hancock のが肉太で鮮明だったことから]

Jóhn Hénry 1 ジョン・ヘンリー《1870 年代に活躍したと伝えられる米国の伝説的な超人的黒人鉄道線路作業員》. **2** *«口» 自筆の署名 (John Hancock).

Jóhn Hóllow·lègs *«俗» 飢えた男.

Jóhn Hóp «豪韻俗» 警官, おまわり (cop).

John·ian ˈˈ/ʤóʊniən/ *n* «Cambridge 大学の» St. John's College 在校生[卒業生].

Jóhn Ínnes /-ínəs/ 〘英〙 ジョン・イネス培養土《1939 年に John Innes Horticultural Institute で開発された配合の鉢用培養土》.

Jóhn Láw *«俗» 警官, 警察.

Jóhn Léwis ジョン・ルイス《London の Oxford Street にある, 家庭用品および布地で知られる百貨店》.

John L's /⸺ élz/ *«俗» LONG JOHNS.

Jóhn Márk マルコ (⇨ MARK).

Jóhnnie Wálker 〘商標〙 ジョニーウォーカー《スコットランド製のブレンデッドウイスキー》. [創業者の愛称]

John·ny, -nie /ʤáni/ **1** ジョニー《男子名; John の愛称》. **2** «口» 男, やつ (fellow); «口» のらくらした若い男, しゃれ者; «口» JOHNNY REB; [j-] 《入院患者が診療の際に着る》袖付き短上衣《背中の方で開く》; [j-] ˈˈ«俗» コンドーム; [j-] «口» 便所. ★ ここにない口語・俗語的な語義は JOHN を見よ.

Jóhnny Ápple·sèed ジョニー・アップルシード (1774–1845)《米国の開拓者; 本名 John Chapman; リンゴの種子や苗木を辺境に配って歩いたという》.

Jóhnny Ármstrong ˈˈ«海俗» 力仕事; 腕力.

Jóhnny-be-góod *n* *«俗» 警察, サツ.

jóhnny·càke, jón·ny- /ʤáni-/ *n* *トウモロコシ粉のパン; «豪» 小麦粉の薄焼きパン.

Jóhnny Canúck «カナダ» ジョニー・カナック《(1) CANADA の擬人的表現 (2) CANADIAN の口語表現》.

Jóhnny cóllar [ˢj-] 前開きでぴったりした小さな丸襟.

Jóhnny-còme-láte·ly «口» *n* (*pl* **-láte·lies, Jóhnnies-**) 新参者, 新米, 新入り; 《グループが成功したあとでの》新加入者; 成り上がり者. ► *a* 新参の, 新米の, 新しい, 最新の.

Jóhnny Crápaud «俗» ジョニー・クラポー《フランス人のあだ名; ⇨ CRAPAUD》.

Jóhnny-júmp-ùp * *n* 〘植〙 スミレ, 野生のサンシキスミレ (wild pansy), 《栽培種の》パンジー, 小花のパンジー.

Jóhnny Láw *«俗» 警官, 警察 (John Law).

Jóhnny O'Brien *«俗» 有蓋貨車 (boxcar).

Jóhnny Óne-Nòte *«口» 一つことしか考えられない男, 考えの狭い人物, '単細胞'.

Jóhnny-on-the-spót «口» *n* 待ってましたとばかり何でもする人, 突発[緊急]事態にすぐ対処できる人. ► *a* 即座の, 待ってましたとばかりの.

Jóhnny Ráw «口» 新米, 新兵 (greenhorn).

Jóhnny Réb «口» 《南北戦争当時の》南軍の兵士; *«俗» 南部の白人 (Rebel).

Jóhnny Tróts *«俗» 下り腹 (diarrhea).

Jóhn O'·Dréams /-ədrí:mz/ ˈˈ«口» ぼんやりした人, 実際に疎い人.

Jóhn of Áustria ⇨ JUAN DE AUSTRIA.

Jóhn of Damáscus [Saint] ダマスクスの聖ヨアンネス (c. 675–749)《シリアの神学者; イコン崇敬を擁護; 祝日 12 月 4 日 (もと 3 月 27 日)》.

Jóhn of Gáunt /-gɔ́:nt, *-gá:nt/ ジョン・オヴ・ゴーント Duke of Lancaster (1340–99)《イングランドの貴族; Edward 3 世の子で Lancaster 家の祖》. [Ghent に生まれた]

Jóhn of Láncaster ランカスターのジョン (⇨ Duke of BEDFORD).

Jóhn of Léiden ライデンのヤン (c. 1509–36)《オランダの再洗礼派の指導者; 本名 Jan Beuckelson; Münster に神政をしいて統治したが, 捕えられて処刑された》.

Jóhn of Sálisbury ソールズベリーのヨアンネス (1115 or 20–80)《イングランドの宗教家・学者; Canterbury 大司教 Theobald, Thomas Becket の秘書; Chartres 司教 (1176–80)》.

Jóhn of the Cróss [Saint] サン・フアン・デ・ラ・クルス, 十字架の聖ヨハネ (1542–91)《スペインの神秘主義者・教会博士・詩人; 本名 Juan de Yepes y Álvarez; Saint Theresa と共に跣足(せんそく)カルメル会を創立; 祝日 12 月 14 日(もと 11 月 24 日)》.

Jóhn o'·Gróats /-gróʊts/, **Jóhn o'Gróat's** (**Hòuse**) ジョン・オ・グローツ(・ハウス)《スコットランドの最北端, したがって Great Britain の最北端と考えられてきた場所; 実際の最北端は Dunnet Head; cf. LAND'S END, LIZARD HEAD》. ● **from Land's End to ~** 英国 (Great Britain) の端から端まで.

Jóhn Pául ヨハネス・パウルス (**1**) ~ **I** (1912–78)《ローマ教皇 (1978); 本名 Albino Luciani》 (**2**) ~ **II** (1920–2005)《ローマ教皇 (1978–2005); 本名 Karol Wojtyła; ポーランド出身, スラヴ圏から選出された最初の教皇》.

John Q. Public /⸺ kjú: ⸺/, **John Q.** (**Citizen**) /⸺ kjú: (⸺)/ *«口» 平均的一般市民, 一般大衆.

Jóhn Ráw 未熟者, 初心者.

Jóhn Róscoe *«俗» 銃 (gun).

Johns /ʤánz/ ジョーンズ **Jasper** ~ (1930–)《米国の画家; 抽象表現主義後の世代の作家で, ポップアートやミニマルアートに影響を与えた》.

Jóhns Hópkins Univérsity /ʤánz-/ ジョンズ・ホプキンズ大学《Maryland 州 Baltimore にある私立大学; 1876 年創設》. [*Johns Hopkins* (1795–1873) Baltimore の銀行家で資金遺贈者]

John·son /ʤáns(ə)n/ **1** ジョンソン (**1**) **Amy** ~ (1903–41)《英国の女性長距離飛行家; 女性として初めて英豪間単独飛行 (1930)》 (**2**) **Andrew** ~ (1808–75)《米国第 17 代大統領 (1865–69); 民主党; Lincoln の暗殺後, 副大統領より昇格; 南部に融和的な再建政策を続けて議会共和党と対立, 弾劾裁判にかけられたが, 弾劾不成立になった》 (**3**) Dame **Celia** ~ (1908–82)《英国の女優》 (**4**) **Cornelius** ~ (1593?–1661)《イングランドの肖像画家》 (**5**) **Jack** ~ (1878–1946)《米国のボクサー; 本名 John A. ~; 黒人初の世界ヘビー級チャンピオン (1908–15)》 (**6**) **James P**(**rice**) ~ (1894–1955)《米国のジャズピアニスト・作曲家》 (**7**) **James Weldon** ~ (1871–1938)《米国のアフリカ系の詩人・外交官》 (**8**) **Lyndon B**(**aines**) ~ (1908–73)《米国第 36 代大統領 (1963–69); 略称 LBJ; 民主党; Kennedy の暗殺で副大統領より昇格; 公民権法を成立させる (1964) 一方, ヴェトナム戦争への介入を拡大した; 夫人は **Claudia Alta Taylor** ~ (1912–2007), Lady Bird の愛称で知られた》 (**9**) **'Magic'** ~ [**Earvin** ~, **Jr.**] (1959–)《米国のプロバスケットボール選手; 魔術のように巧みなパスワークから 'Magic' の異名をとった》 (**10**) **Michael** (**Duane**) ~ (1967–)《米国の陸上競技選手》 (**11**) **Philip C**(**ortelyou**) ~ (1906–2005)《米国の建築家; 国際様式を推進, のちポストモダニズムを主導した》 (**12**) **Richard M**(**entor**) ~ (1780–1850)《米国の政治家; Van Buren 民主党政権の副大統領 (1837–41)》 (**13**) **Robert** ~ (c. 1911–38)《米国のブルース歌手・ギタリスト》 (**14**) **Samuel** ~ (1709–84)《英国の文人・辞書編纂家・座談家; 通称 'Dr. ~'; *A Dictionary of the English Language* (1755), *The Lives of the Poets* (1779–81); James Boswell による *The Life of Samuel Johnson* (1791) がある》 (**15**) **Walter** (**Perry**) ~ (1887–1946)《米国のプロ野球選手; 速球投手として知られ, 'Big Train' の異名をとった》 (**16**) Sir **William** ~ (1715–74)《英国のアメリカ植民地行政官; 北米におけるフランスとの勢力争いで Iroquois 族を英国側につけるのに貢献した》 (**17**) **William** ~ (1771–1834)《米国の法律家; 合衆国最高裁判所陪席裁判官 (1804–34); Marshall 首席裁判官のもとでしばしば少数意見を表明した》. **2** /jú:nsɔ:n/ ユーンソン **Eyvind** ~ (1900–76)《スウェーデンの小説家; ノーベル文学賞 (1974)》. **3** *«俗» 放浪者, 流れ者; [ᵒj-] «俗» ペニス (=Jim ~); [ᵒj-] *«俗» しり, けつ; [ᵘj-] *«俗» もの, こと (thing); «俗» 売春婦のヒモ, 売春宿のおやじ.

Jóhnson bàr *《蒸気機関車の》逆転てこ[棒].

Jóhnson Cíty ジョンソンシティー《Tennessee 州北東部の市》.

John·son·ese /ʤɑ̀nsəní:z, *-s/ *n* ジョンソン (Dr. Johnson) 流の文体《ラテン語が多くて大げさな文体》.

Jóhnson gràss 〘植〙 セイバンモロコシ《地中海地域原産のイネ科の

多年草; 牧草; 広く帰化している雑草). [William *Johnson* (d. 1859) 米国の農芸家]

John·so·ni·an /dʒɑnsóuniən, -njən/ *a* Andrew [Lyndon, Samuel] JOHNSON の; Dr. Johnson 風の〈文体など〉. ►*n* ジョンソンの模倣[崇拝]者, ジョンソン学者.

Jóhnson nòise 〘電子工〙ジョンソン雑音, 熱雑音 (thermal noise). [John B. *Johnson* (1887–1970) 米国の物理学者]

Jóhnson ròd *《俗》[*joc*] ジョンソンロッド《機関車・自動車・飛行機などの故障の原因としての, わけのわからない部分の仮称; 特に新米をからかったりするときに用いる表現》.

Jóhnson Spáce Cènter LYNDON B. JOHNSON SPACE CENTER.

Johns·ton /dʒánst(ə)n, -s(ə)n/ ジョンストン **Joseph E(ggleston)** ~ (1807–91)《米国の南軍の将軍》.

Jóhnston Átoll ジョンストン環礁《中部太平洋 Honolulu の南西にある米国領の環礁; 軍事施設として使われた》.

Jóhn the Báptist 〘聖〙洗礼者[洗者]ヨハネ, バプテスマのヨハネ《ユダヤの荒野で活動した預言者; イエスに洗礼を授けた; Herod Antipas により斬首された; *Matt* 3, 14; cf. SALOME》.

Jóhn Thómas 《俗》ペニス (=*John*).

Jóhn Wáyne *《俗》*n* 好戦的な警官. ►*a* タフでへこたれない, 戦闘員として模範的な. ►*vi*《機関銃など》武器を自己流に[かっこつけて]扱う. ●**~ it** *《俗》《不屈・寡黙で》男らしくふるまう. [John *Wayne*]

Jóhn Wáyne's bróther *《軍俗》りっぱな兵士.

Jóhn Wáyne's síster [móther] *《軍俗》弱音を吐くやつ, わがまま者, なまけ者.

Jo·hor, Jo·hore /dʒəhɔ́ːr/ ジョホール《マレーシア南部 Malay 半島南端の州; ☆Johor Bahru》.

Johór(e) Báh·ru /-báːru/ ジョホールバール《マレーシア Johor 州の州都》.

joie de vi·vre /*F* ʒwa də viːvr/ 生の喜び. [F=joy of living]

join /dʒɔ́ɪn/ *vt* **1** 合わせる, つなぐ, 接合[結合, 連結]する; 連絡する, 結ぶ (connect); 結びつける, ひとつ[いっしょ]にする (unite); 〈2 点を〉直線[曲線]で結ぶ: ~ A *to* [*onto, with*] B / ~ A *and* B (*together* [*up*]). **2 a** …に加わる, …といっしょ[仲間]になる, …に加入[入営]する; 〈船〉に乗り組む; 〈所属部隊・本船〉に帰任する: My wife ~*s* me in thanking you for the gift. お贈り物に対し妻ともどもありがたくお礼申し上げます. **b** 〈河・大道〉に合する, 合流する. **3** …に接する[隣接する] (adjoin). ►*vi* **1** 結びつく, 合する (meet) 〈*at* a point〉; 結束する; 〈地所など〉《互いに》隣接する, 接触する. **2** いっしょになる, 参加する (take part) 〈(*with* another) *in* an action〉, 入会する, 入隊する. ●**~ battle** 戦いを始める 〈*with*〉. **~ forces** ⇨ FORCE[1]. **~** HANDS. **~ on** 〈車両などを〉連結[増結]する. **~ out** 《サーカス俗》入団する; *《俗》〈放浪者が〉雇ってもらってただで移動する. **~ out the odds** 《俗》売春(婦)周旋業をする. **~ up** 〈…と〉落ち合う, 合流する 〈*with*〉; 同盟[提携]する 〈*with*〉; 入隊[入会]する. ►*n* 接合個所[点, 線, 面], つなぎ目 (joint); 〘数〙和集合, 合併集合 (union). ♦ **~·able** *a* [OF *joindre*<L *junct- jungo*; cf. YOKE]

join·der /dʒɔ́ɪndər/ *n* 接合, 結合, 合同; 〘法〙併合 〈*of* actions [parties, offenses]〉; 《争点の》決定 〈*of* issue〉. [AF (↑)]

jóined-úp *a* "《口》〈文字が〉続け書きの; 〈考え・方針などが〉連携[統一]のとれた.

jóin·er *n* **1** 結合者, 接合物; 指物(さしもの)師, 建具工[屋]《英国で多く用いる, 米国では単に carpenter》. **2** 《口》多くの団体[会]に加入する(のを好むたちの)人, 顔の広い人.

jóin·ery *n* 指物師の技術; 指物[建具]職; 建具類.

jóin·ing *n* 接合, 結合, 連結; 接合点[様式]; 接合物, つなぎ, 継手.

joint /dʒɔ́ɪnt/ *n* **1 a** 接合(法), 《電線などの》接続. **b** 接合箇所[点, 線, 面], 継ぎ目, 接点; 〘木工〙《木材の》仕口(しくち); 《2 つの部材の》継手, ジョイント; 《煉瓦積みなどの》目地(めじ); 〘地質〙節理《岩石の割れ目》; 〘製本〙溝 (=*hinge*)《厚表紙の平と背の境目》. **c** 《肉屋で切り分ける》大肉片, 骨付き肉《料理用》; 〘解〙関節(部); 《枝・葉の》節(ふし), 付け根; 節から節までの部分. **2** 《俗》**a** 《概していかがわしい[古ぼけた]》《人が集まる》場所, 《もと闇の酒類を売った》もぐり酒場, 安レストラン[ナイトクラブ, 宿]; 《一般に》場所, 場, 建物, 家; 《サーカス・市などの》売店; [*compd*] … 屋: CLIP JOINT / a hamburger ~ ハンバーガー屋. **b** [the] *ムショ (prison, jail). **3** 《俗》マリファナ(タバコ); *《俗》紙巻きタバコ; 《俗》銃 (gun); 《麻薬俗》注射針, 注射用具; 《卑》肉茎, ペニス; 《競馬俗》《蓄電池付きの》馬に電気ショックを与える装置《使用は違法》. **4** 《黒人俗》映画, 曲, 作品. ●**blow the ~** *《俗》《急いで》建物[店など]から逃げる, とんずらする. CASE[2] **the ~**. **eat [live] high on the ~**=eat [live] high on the HOG. **out of ~** 脱臼して, 関節がはずれて; [*fig*] 狂って, 乱れて (disordered); 不満で, 不服で, 不和で: The time is *out of* ~. 時代の関節がはずれている, 調子が狂っている《Shak., *Hamlet* 1. 5. 189》/ put sb's NOSE *out of* ~. **pull one's ~** 《卑》マスをかく; 《俗》泣きごとを言う, 不平を鳴らす. ►*attrib a* **1** 共同の; 合同の, 合併の, 合弁の, 共有の; 結合した, 複合の; 〘法〙共同の (opp. *several*): ~ authors 共著者 / a ~ offense 共犯 / ~ ownership 合有(権) / a ~ responsibility [liability] 共同責任. **2** 〘数〙2 つ以上の変数をもつ: ~ probability density [distribution] 同時確率密度[分布]. **3** 《俗》すばらしい. ●**during their ~ lives** 〘法〙2 人[全部]が生きている間. ►*vt* **1** 継ぎ合わせる; 〈継ぎ目〉に目地塗りする, 〈板を〉はぎ合わせる. **2** 継ぎ目で[節に]分ける; 〈肉などを〉大切り身に切る. ►*vi* ぴったりと合体する; 〘植〙〈穀類などが〉節を生ずる. ♦ **~·less** *a* 継ぎ目なしの; 無関節の. **~·ly** *adv* 共同で: ~*ly* liable 共同して責任を負うべき / hold [own] ~*ly* 共有する. [OF (pp)<JOIN]

jóint accóunt 《銀行の》共同預金口座《共同預金者, 特に夫婦のいずれの名によっても引き出せる: 略 JA》.

jóint and séveral *a* 〘法〙連帯の: ~ liability 連帯責任《債務者各人が同一債務に対して一体として責任を負うと同時に個別的にも比例配分割合でなく全責任を負う》.

jóint bàr 〘鉄道〙継目板《2 本のレールなどをつなぎ支えるための鋼板》; 《コンクリート打継ぎ部の》差し筋.

Jóint Chíefs of Stáff [the] 〘米〙統合参謀本部《議長, 陸・空軍参謀総長, 海軍作戦部長で構成; 時に海兵隊司令官も加わる; 略 JCS》: the Chairman of *the* ~ 統合参謀本部議長.

jóint commíttee 《議会の》両院協議会, 合同協議会.

jóint cústody 〘法〙《離婚した または別居中の両親による》共同監護(権).

jóint degrée ダブルディグリー, 複数学位《同時に 2 つの学位を取得できる課程》.

jóint·ed *a* 継ぎ目[関節]のある, [*compd*] 接合[継ぎ]が…の; "〈肉などが〉切り分けられた: well-~ うまく継いだ. ♦ **~·ly** *adv* **~·ness** *n*

jóint·er *n* 接合者[器], 接続工; 〘木工〙長かんな《板の接合面を仕上げる》; 目立てやすり; 〘石工〙目地(めじ)ごて, 目地棒; 〘農〙三角すき, 前すき, 副犂(ふくり).

jóint èvil 〘獣医〙関節病 (NAVEL ILL).

jóint fàctory *《俗》マリファナ(タバコ)を売る店 (smoke shop).

jóint fámily [hóusehold] 合同[集合]家族《2 世代以上の血統者が同居する家族単位》.

jóint flóat 〘経〙《特に EC 諸国の》共同変動相場制.

jóint flùid 〘生理〙関節滑液 (synovial fluid).

jóint gràss 〘植〙キシュウスズメノヒエ《北米・中米原産; 湿地などに群生する; 茎葉飼料・砂防用》.

jóint hónours degrèe 〘英大学〙複数専攻優等学位 (cf. SINGLE HONOURS DEGREE).

jóint hòp *vi* *《俗》次々場所を変えて遊びまわる.

jóint ìll 〘獣医〙関節病 (NAVEL ILL).

jóint·ing *n* 接合, ジョイント形成; 《形成された》接合部; 〘建〙目地仕上げ; 〘建〙目地材; 〘岩石〙節理形成, 節理作用[運動].

jóinting rùle 〘石工〙目地(めじ)定規.

jóint mèeting ⇨ JOINT SESSION.

jóint probabílity 〘数〙同時確率.

jóint resolútion 〘米議会〙《両院の》合同決議《大統領の署名または大統領拒否権に抗する両院の 2/3 以上の多数決で法的効力が発生; cf. CONCURRENT RESOLUTION》.

jóint·ress /-rəs/, **join·tur·ess** /dʒɔ́ɪntʃərəs/ *n* 〘法〙寡婦給与 (jointure) を有する婦人.

jóint retúrn 〘米〙所得税総合申告書《夫婦の収入を合わせて一本にした》.

jóint séssion [méeting] 〘米議会〙両院合同会議.

jóint·stìck *n* *《俗》マリファナタバコ.

jóint stóck 〘経〙共同資本.

jóint-stóck cómpany *株式社団; "株式会社.

jóint stóol 組立て椅子.

join·ture /dʒɔ́ɪntʃər/ *n* 〘法〙寡婦給与《夫の死後妻の所有に帰すように定められた土地財産》; 寡婦給与の設定; 《まれ》接合, 継ぎ目. ►*vt* 〈妻〉に寡婦給与を設定する. [OF<L; ⇨ JOIN]

jointuress ⇨ JOINTRESS.

jóint vénture 合弁事業, ジョイントベンチャー.

jóint·wèed *n* 〘植〙タデ属の草本《アメリカ産》.

jóint·wòrm *n* 〘昆〙カタビロコバチ科の昆虫の幼虫.

Join·ville[1] /*F* ʒwɛ̃vil/ ジョアンヴィル **Jean de ~**, Sire de ~ (c. 1224–1317)《フランスの年代記作者; *Histoire de Saint-Louis* (1309)》.

Join·vil·le[2], **-vi·le** /ʒɔɪnvíːli/ ジョインヴィレ《ブラジル南部 Santa Catarina 州の市》.

joist /dʒɔ́ɪst/ *n* 《天井・床板を支える》梁(はり), 根太(ねだ), ジョイスト. ►*vt* …に根太を付ける[梁を渡す]. ♦ **~·ed** *a* [OF *giste*<L=support (*jaceo* to lie, rest)]

jo·jo·ba /hahóubə/ *n* 〘植〙ホホバ《北米南西部産のツゲ科の常緑低木; 種子から油 (~ òil) を採る》. [AmSp]

Jó·kai /jóukɔɪ/ ヨーカイ **Mór [Maurus]** ~ (1825–1904)《ハンガリーの小説家》.

joke /dʒóuk/ *n* **1 a** 冗談, 戯れ, おどけ (jest); 悪ふざけ, いたずら; 笑いごと: crack [make, tell] a ~ 冗談を言う / see the ~ 冗談がわかる[通じる] / for a ~ 冗談のつもりで / in ~ 冗談に / play a ~ on sb 人をからかう / take a ~ 冗談を笑って受ける, からかわれてもおこらない / PRACTICAL JOKE / A rich man's ~ is always funny. 《諺》金持の

冗談はいつもおかしがられる. **b** 笑いぐさ; 物笑いの種 〈*of* the town〉: be the (standing) ～ of…の(あいかわらずの)物笑いになっている. **2** 取るに足りないこと, ばかげたこと; 容易なこと, 朝めし前のこと: It's no ～. 冗談[笑いごと]じゃない, えらいことだ / That exam was a ～. あの試験は簡単だった. ● **be [go, get] beyond a ～** 冗談事ではない, 重大である. **a family ～** 《以前家族で大笑いしたできごとなどと思い合わせて》家族の中でだけおかしがられること, ファミリージョーク. **sb's idea of a ～** …が冗談のつもりで言った[した]こと《実際はひどいこと》. **the ～ is on** sb 逆に自分が笑いものになって[こけにされて]. ► *vi* 冗談[しゃれ]を言う 〈*with* sb, *about* sth〉. ► *vt* 〈人を〉からかう (banter): ～ sb *on* his baldness 人のはげ頭をからかう. ● **(all) joking apart [aside]** 《口》 冗談は抜きにして, 冗談はさておき, まじめなはなし…. **only [just] joking** 《口》 冗談冗談; というのはうそ. **You must [have to] be joking.** 《口》 まさか, ご冗談でしょう, ウッソー!

♦ **jók·ing·ly** *adv* 冗談に, しゃれて. ［L *jocus* jest, game］

jok·er /ʤóʊkər/ *n* **1 a** 冗談を言う人[やつ], おどけ者, ひょうきん者; 〘トランプ〙ジョーカー. **b** 《俗》 行儀の悪いやつ; 《俗》 [ᵁ*derog*] やつ, やっこさん, 野郎 (fellow); *《軍俗》 何でもよくわかっているやつ, 利口ぶった野郎 (wiseacre); 《俗》 ばか. **2** *全体の効果[目的]を無にする[弱める]ような一項, 《特に》カムフラージュ条項《法案を骨抜きにするあいまいな条項》; ペテン(文書), 策略; 予期せぬ問題[障害]. ● **～ in the pack [deck]** 予測のつかないもの, 予期しない行動をとる人物.

jóke·smìth *n* 《口》 ジョーク[ギャグ]作者, 笑話作家.

jóke·ster *n* 冗談を言う人, ジョーク好き.

jok·ey, joky /ʤóʊki/ *a* 冗談好きな; 冗談ぽい, 冗談みたいな, おかしな, ふざけた. ♦ **jók·i·ly** *adv* 冗談(風)に, ふざけるように. **jóki·ness** *n*

Jokjakarta ⇨ YOGYAKARTA.

jo·kul /jóʊkʊ̀l/, **jö·kull** /jǿ:-/ *n* アイスランドの氷雪山. ［Icel＝icicle, glacier］

jole /ʤóʊl/ *n* JOWL[2].

jo·lie laide /*F* ʒɔli lɛd/ (*pl* **jo·lies laides** /—/) BELLE LAIDE.

Jo·liot-Cu·rie /*F* ʒɔljokyri/ ジョリオ-キュリー (1) **(Jean-)Frédéric** ～ (1900–58)《フランスの物理学者; 旧姓 Joliot; 人工放射能の発見でノーベル化学賞 (1935)》 (2) **Irène** ～ (1897–1956)《フランスの物理学者; Curie 夫妻の長女, Frédéric の妻; 夫との共同研究でノーベル化学賞 (1935)》.

Jol·li·et, Jo·li·et /ʤòʊliét; *F* ʒɔlje/ ジョリエ, ジョリエット **Louis** ～ (1645–1700)《フランス系カナダ人の探検家; Jacques Marquette と共に Mississippi 川流域を探検》.

jol·li·fi·ca·tion /ʤàlɪfəkéɪʃ(ə)n/ *n* 歓を尽くすこと; 浮かれ騒ぎ, 宴楽.

jol·li·fy /ʤáləfàɪ/ *vi* 《口》 陽気に浮かれる[騒ぐ]. ► *vt* 陽気にさせる.

jol·li·ty /ʤáləti/ *n* 楽しさ, 陽気; [*pl*] ᴴ《特に 酒を飲む》陽気な集まり[会合], お祭り騒ぎ.

jol·lop /ʤáləp/ 《俗》 *n* 下剤, お薬; 強い酒(一杯); *《食べ物の》大量, 山盛り, 大盛り.

jol·ly /ʤáli/ *a* **1** 楽しい, 愉快な, 陽気な (merry); (酒で)上機嫌の, ほろ酔い機嫌の; ᴴ《口》 すてきな, 気持のよい, 楽しい: a ～ fellow (つきあっておもしろい)快男児. **2** ᴴ《口》 [ᴼ*iron*] 大層な, すごい, すばらしい: a ～ fool 大ばか / What a ～ mess I am in! 大変な事になったわい! ● **～ hockey sticks** ⇨ HOCKEY STICKS. **the ～ god** 陽気な神《酒神 Bacchus》. ► *adv* ᴴ《口》 とても, すごく (very): a ～ good fellow 快男児 / You will be ～ late. きみはずいぶん遅れるだろう. ● **～ D** ᴴ《俗》 とても親切な. **～ good** すばらしい, よくやった, 実にけっこう, いやまったく. **～ well** ᴴ《俗》 間違いなく, きっと (most certainly). ► *n* ᴴ《口》 楽しいひと時, パーティー, お祝い; ᴴ《口》 楽しい旅行; [*pl*] 《口》 興奮, スリル; JOLLY BOAT; ᴴ《俗》 海兵隊員 (Royal Marine). ● **get one's jollies** 《俗》 大いに楽しむ, 愉快にやる, 快感をおぼえる. ► *v* 《口》 *vt* ᴴうれしがらせる, おだてる (flatter) 〈*along, up*〉; ᴴやんわりと説得する 〈sb *into doing*〉; からかう, ひやかす; ᴴ〈場所を〉明るくする, はなやかにする, …の雰囲気を盛り上げる 〈*up*〉. ► *vi* 明るく冗談を言う; からかう, ひやかす. ♦ **jól·li·ly** *adv* 愉快そうに, 陽気に. **jól·li·ness** *n* 楽しさ, 陽気. **jól·li·er** *n* ［OF *jolif* gay, pretty＜? ON *jól* YULE］

Jólly bàlance /; *G* jó:li-/ ヨリーのばね秤《比重秤》. ［Philipp Gustav von *Jolly* (1809–84) ドイツの物理学者］

jólly bòat 〘海〙《本船付属の中型の》雑用ボート; 行楽用の小帆船. ［C18＜?; cf. C16–17 *jolywat, gellywatte* and YAWL］

Jólly Róger [ᵁthe] 海賊旗《黒地に頭蓋骨と 2 本の骨を交差させた図を白く染め抜いた旗; cf. BLACK FLAG》.

Jo·lo /hɔ:lɔ́:, hoʊlóʊ/ ホロ《フィリピン南部 Mindanao 島の南西にある Sulu 諸島の主島》.

Jol·son /ʤóʊls(ə)n/ ジョルソン **Al** ～ (1886–1950)《米国のポピュラー歌手・コメディアン; 本名 Asa Yoelson; ロシア生まれのユダヤ人; 顔を黒く塗り, 感情を体いっぱいに表現する歌で人気を集めた》.

jolt /ʤóʊlt/ *vt, vi* **1** 〈馬車など〉急激にゆさぶる[揺れる]; ガタガタ揺れながら行く; 《強打して》ぐらつかせる; 〈地震が〉〈地域を〉揺るがす, 襲う; 《不意に》衝撃を与える (shock), ぎょっと[ぎくっと]させる; …に干渉する, 横槍を入れる: ～ sb *out of* his reverie 人をいきなり現実に引き戻す. **2** 《俗》 麻薬[ヘロイン]を注射する. ► *n* **1** 激しい上下動, 急激な動揺, 《地震の》揺れ; 衝撃(的事件), 驚き, ショック; 《電気などによる》瞬間的刺激; 《突然の》頓挫, 不運; 〘ボク〙ブロー (: pass a ～). **2** 《俗》 《元気づけのための》少量, 一杯; *《俗》 《酒の》強さ, アルコール強度; 《俗》 麻薬の注射, 1 回分の麻薬; 《俗》 《麻薬・マリファナタバコの》最初の衝撃的感覚 (rush); 《俗》 マリファナタバコ; 《俗》 禁固刑. ♦ **～·er** *n* 動揺の激しいもの, ひどく揺れる乗物. **～·ing·ly** *adv* **jólty** *a* ［C16＜?; *joll* to strike＋*jot* to bump か］

jólt·er·hèad 《古・方》 *n* ばか者; 大頭.

jólt-wàgon *n* *《中部》 農場用荷車.

Jo·ma·da /ʤəmá:dɑ:/ *n* 〘イスラム〙 JUMADA.

Jo·mi·ni /ʒòʊməní:/ ジョミニ **(Antoine-)Henri de** ～, Baron de ～ (1779–1869)《フランスの軍人・戦略家; 軍事思想家; 戦争の諸原則の体系化をはかり, 近代軍事思想の先駆となる》.

Jo·mon /ʤóʊmàn/ *a* 縄文時代の. ［Jpn］

Jon[1] /ʤán/ ジョン《男子名; John の異つづり》.

Jon[2] /jɔ́:n/ ヨーン **François du** ～《Franciscus JUNIUS のフランス語名》.

Jon. 〘聖〙 Jonah, Jonas ♦ Jonathan.

Jo·nah /ʤóʊnə/ *n* **1** ジョーナ《男子名》. **2 a** 〘聖〙 ヨナ《ヘブライの預言者; 海上のあらしの責任を取らされ犠牲として海に捨てられるが大魚に呑まれ陸上に吐き出された; *Jonah* 1–2》. **b** ヨナ書《旧約聖書の一書; 略 Jon.》. **c** 凶事[不幸]をもたらす人. **3** *《俗》 ジャズ愛好家, 今ふうの遊び人. ► *vt* [ˢj-] JINX. ［Heb＝dove］

Jónah cràb 〘動〙 北米北東岸産のイチョウガニ《赤みがかった大型食用ガニ》.

Jo·nas /ʤóʊnəs/ ジョーナス《男子名》; 〘ドゥエー聖書〙 JONAH.

Jon·a·than /ʤánəθ(ə)n/ **1** ジョナサン《男子名》. **2** 米国人, 《特に》ニューイングランド人 (⇨ BROTHER JONATHAN). **3** 〘聖〙 ヨナタン《Saul の子で David の親友; ⇨ DAVID AND JONATHAN》. **4** 〘園〙 紅玉(こうぎょく)《秋リンゴの一種》. ［Heb＝Yah has given］

Jones /ʤóʊnz/ *n* **1** ジョーンズ《男子名》. **2** ジョーンズ (1) **Casey** ～ ⇨ CASEY JONES (2) **Daniel** ～ (1881–1967)《英国の音声学者》 (3) **Inigo** ～ (1573–1652)《イングランドの画家・建築家・舞台装飾家; イングランドに Palladio の古典主義様式の伝統を確立した》 (4) **John Paul** ～ (1747–92)《スコットランド生まれの米国の海軍将校; 本名 John Paul; 独立戦争の英雄》 (5) **LeRoi** ～ ⇨ Imamu Amiri BARAKA (6) **Quincy (Delight)** ～ (, Jr.) (1933–)《米国のトランペット奏者・プロデューサー・作曲家・編曲者》 (7) **Robert Tyre** ～ [**'Bobby'** ～] (1902–71)《米国のゴルファー》 (8) **'Tom'** ～ (1940–)《英国のポピュラーシンガー; 本名 Thomas Jones Woodward》. **3** [ᴼj-] *《俗》 **a** 麻薬常用癖, 薬物嗜癖, 《特に》ヘロイン中毒 (cf. SCAG JONES); ヘロイン. **b** 強い欲求. **c** もの, こと (thing). **d** ペニス, 一物. ● **keep up with the ～es** 《口》 隣人[仲間]に負けまいと見えを張る《米国の漫画家 A. R. Momand の連載漫画 (1913–31) から》. ► *vi* [次の成句で]: **j～ for [on]** *《俗》 なんとしても手に入れたい, 欲しくてたまらない, …に耽溺している. ［JOHN］

Jónes·tòwn ジョーンズタウン《ガイアナ北部ベネズエラ国境の近くにあった集落; 1978 年米国のカルト指導者 Jim Jones (1931–78) に率いられた新興宗教人民寺院 (People's Temple) の信者 900 余人の集団自殺があった》.

jong /ʤáŋ/ 《南ア》 *n* 〘史〙 若い下男[奴隷]; [*derog*] 黒人. ［Afrik］

jon·gleur /ʤáŋglər; *F* ʒɔ̃glœ:r/ *n* 《中世の》旅芸人, 吟遊詩人. ［F＜OF *jogleour* JUGGLER］

Jön·kö·ping /jǿ:rnʃɔ̀:rpɪŋ/ イェンシェピング《スウェーデン南部 Vättern 湖南端の市》.

jon·nock /ʤánək/, **jan-** /ʤǽn-/ ᴴ《方》 *a* [通例 後置] 本物の, 正真正銘の. ► *adv* ほんとうに, 全く. ［C19＜?］

jonnycake ⇨ JOHNNYCAKE.

jon·quil /ʤáŋkwəl, ʤán-/ *n* 〘植〙 キズイセン; 淡黄色. ［F or NL＜Sp (dim)＜JUNCO］

Jöns /jǿ:ns/ ヨーンス《男子名》. ［Swed］

Jon·son /ʤáns(ə)n/ ジョンソン **Ben(jamin)** ～ (1572–1637)《イングランドの劇作家・詩人; *Every Man in His Humour* (1598), *Volpone* (1606), *The Alchemist* (1610)》. ♦ **Jon·so·ni·an** /ʤansóʊniən, -njən/ *a*

joog /ʤú:g/ *vt* 《俗》 JUKE[3].

jook[1] /ʤú:k, ʤʊ́k/ *n, vi* *《俗》 JUKE[2].

jook[2] /ʤʊ́k/ *vt* 《俗》 JUKE[3]

Jop·lin /ʤáplən/ ジョプリン (1) **Janis** ～ (1943–70)《米国の女性ロック歌手》 (2) **Scott** ～ (1868–1917)《米国のラグタイムピアニスト・作曲家; 'King of Ragtime' と呼ばれた》.

Jop·pa /ʤápə/ ヨッパ《JAFFA の聖書名》.

jor /ʤɔ́:r/ *n* 〘インド音楽〙 ジョール《ラーガ (raga) の, リズミックな第 2 楽章》.

Jor·daens /jɔ́:rdɑ:ns/ ヨルダーンス **Ja·cob** /já:kɔ̀:p/ ～ (1593–1678)《フランドルの画家》.

Jor·dan /ʤɔ́:rdn/ **1** [the] ヨルダン川《パレスティナ北東部を南流し, Galilee 湖を通って死海に注ぐ》. **2** ヨルダン《アジア南西端の国; 公式名 Hashemite Kingdom of ～ (ヨルダン-ハーシム王国); 旧称 Transjordan; ☆Amman》. **3** ジョーダン **Michael (Jeffrey)** ～

(1963–)《米国のプロバスケットボール選手》. **4** [j-]〘紙〙ジョルダン (= ～ **machine**)《パルプ精製機》. **5** [j-]《英方・卑》しびん, おまる (chamber pot). ♦ **Jor·da·ni·an** /ʤɔːrdéɪniən/ *a*, *n* ヨルダン(人)の; ヨルダン人.

Jórdan álmond スペイン Málaga 積出しのアーモンド《優良品で製菓用》;《着色糖衣の》アーモンド菓子. [? F or Sp *jardin* GARDEN; 語形は ↑ に同化]

Jórdan cùrve /, ʒɔːrdɑ́ːŋ-/〘数〙ジョルダン曲線 (simple closed curve). [Camille *Jordan* (1838–1922) フランスの数学者]

Jórdan cúrve thèorem [the]〘数〙ジョルダンの曲線定理《平面上のジョルダン曲線は平面を2つの領域に分けるという定理》.

jo·rum /ʤɔ́ːrəm/ *n*《大型の, 特に パンチ用の》ボウル形のグラス; 大量: a ～ of punch / great ～*s* of ink. [? *Joram* 金・銀・銅の器を携えて David のもとへ遣わされた人 (*2 Sam* 8:10)]

Jos /ʤɑ́s/ ジョス《ナイジェリア中部の市》.

Jos. Joseph • 〘聖〙Joshua.

jo·san /ʤóusən/ *n**《軍俗》女友だち. [Korean を経た「お嬢さん」からか]

Jo·sé /houséɪ/ ホセ《男子名》. ● **no** WAY[1], ～. [Sp; ⇨ JOSEPH]

Jo·sef /ʤóuzəf/ ジョゼフ《男子名》. [G, Du; ↓]

Jo·seph /ʤóuzəf, -səf/ **1** ジョゼフ《男子名; 愛称 Jo, Joe, Joey》. **2 a**〘聖〙ヨセフ《族長 Jacob の第11子で, 父に偏愛されたために兄たちによって奴隷に売られたが, 堅く信仰を守り全エジプトのつかさとなった; *Gen* 30: 22–24, 37》. **b** 志操堅固な男. **3** [Saint]〘聖〙聖ヨセフ《イエスの母 Mary の夫でナザレの大工; *Matt* 1: 16–25》. **4** ヨーゼフ ～ **II** (1741–90)《神聖ローマ皇帝 (1765–90); Maria Theresa の子で啓蒙専制君主》. **5** [Chief] ジョゼフ Chief ～ (c. 1840–1904)《Nez Percé の族長; 米国政府軍に抵抗し, 追撃をかわしつつカナダへのがれようとするが降伏》. **6** [j-]《18世紀の婦人の乗馬用の》ケープ付き大マント. [Heb=Yah increases (children)]

Jo·se·pha /ʤouzíːfə/ ジョジーファ《女子名》. [(fem)<↑]

Jo·se·phine /ʤóuzəfiːn/ **1** ジョゼフィーン《女子名; 愛称 Jo, Josie》. **2** [Empress] ジョゼフィーヌ (1763–1814)《Napoleon Bonaparte の最初の皇后; 初め Alexandre BEAUHARNAIS 子爵と結婚; 夫の死後, 社交界の花形となり, Napoleon と再婚》. ● **Not** TONIGHT, ～. [(fem)<JOSEPH]

Jóseph·ìte *n*〘カト〙ヨセフ会会員《1871年 米国 Baltimore で設立された黒人教育福祉事業団 St. Joseph's Society of the Sacred Heart の会員》.

Jóseph of Arimathéa アリマタヤの聖ヨセフ《イエスのひそかな弟子; 富裕なユダヤ議会議員で, イエスの死体を引き取り墓に納めた; 中世伝説では, 聖杯 (Holy Grail) をイングランドに運んだとされる; 祝日もと3月17日; *Matt* 27: 57–60; cf. GLASTONBURY》.

Jóseph's cóat〘植〙ハゲイトウ. [*Joseph* (*Gen* 37: 23)]

Jo·seph·son /ʤóuzəfs(ə)n, -səf-/ ジョセフソン **Brian D(avid)** ～ (1940–)《英国の理論物理学者; ジョセフソン効果 (Josephson effect) の発見でノーベル物理学賞 (1973)》.

Jósephson effèct〘理〙ジョセフソン効果《超伝導体を絶縁膜を隔てて接合したとき, 電子対がトンネル効果で通過することにより電位差がなくても位相差による電流が流れる現象》.

Jósephson jùnction〘理〙ジョセフソン接合《Josephson effect を応用する回路素子》.

Jo·se·phus /ʤousíːfəs/ **1** ジョシーファス《男子名》. **2** ヨセフス **Flavius** ～ (37 or 38–c. 100)《ユダヤの歴史家・軍人; 本名 Joseph ben Matthias;『ユダヤ戦記』(75–79),『ユダヤ古代誌』(93)》. [L; ⇨ JOSEPH]

josh /ʤɑ́ʃ/《口》*n* 悪気のない冗談, からかい. ► *vt*, *vi* からかう, ひやかす. ♦ **～·er** *n* **～·ing** *n* **～·ing·ly** *adv* [C19<?]

Josh ジョッシュ《男子名; Joshua の愛称》.

Josh·ua /ʤɑ́ʃuə/ **1** ジョシュア《男子名; 愛称 Josh》. **2**〘聖〙**a** ヨシュア《Moses の後継者でイスラエルの民の指導者; *Exod* 17: 9–14》. **b** ヨシュア記《旧約聖書の The Book of ～; 略 **Josh.**》. **3** JOSHUA TREE. [Heb=Yah saves]

Jóshua trèe〘植〙ヨシュアノキ《北米南西部の砂漠に生育するユッカの一種》.

Jóshua Trèe Nátional Párk ジョシュアツリー国立公園《California 州南部の Mojave 砂漠と Colorado 砂漠の間に指定されている国立公園; Joshua tree をはじめとするさまざまな砂漠植物, 動物が保護されている》.

Jo·si·ah /ʤousáɪə/ **1** ジョサイア《男子名》. **2**〘聖〙ヨシア (d. ?609 B.C.)《宗教改革を遂行したユダの王 (640?–?609); *2 Kings* 22》. [Heb=Yah supports]

Jo·si·as /ʤousáɪəs/ ジョサイアス《男子名》. [↑]

Jo·sie /ʤóuzi/ ジョージー《女子名; Josephine の愛称》.

jos·kin /ʤɑ́skən/ *n*[u]《俗》野暮天, いなかっぺ. [? *Joseph*, *-kin*]

Jos·quin des Prés [**des Prez, Des·prés, Des·prez**] /*F* ʒɔskɛ̃ de pre/ ジョスカン・デ・プレ (c. 1440–1521)《フランドルの作曲家; ルネサンス期最高の音楽家と目される; 20のミサ曲, 90のモテットのほか世俗的な歌曲でも知られる》.

joss[1] /ʤɑ́s/ *n*《中国人の祭る》神像, 偶像;《口》運. [?Port *deos*<L DEUS]

joss[2] *n*《英方・豪口》親方, 頭(かしら), 上役 (boss).

jos·ser /ʤɑ́sər/《俗》*n*[u]男, やつ, ばか者, 老いぼれ;《豪》司祭, 牧師. [↑]

jóss hòuse《中国の》寺院, 廟(びょう).

jóss pàper《中国人が》神像 (JOSS) の前で燃やす金銀紙.

jóss stìck 線香《joss の前に立てる》.

jos·tle /ʤɑ́s(ə)l/ *vt* 押す, 突く; ゆさぶる, 動揺させる; 〈人〉と競う; …のすぐ近くにある, …と親しく接する;*《俗》する (pickpocket): ～ sb *away* 人を押しのける 〈*from*, *out of*〉 / ～ sb *around* 人をあちこちに押し[突き]動かす / ～ one's way 押し分けて進む. ► *vi* 押す, 突く, 押し合う 〈*against*, *with*〉; 争う, 競う 〈*with*〉; すぐ近くにある, 親しく接する;*《俗》スリをはたらく (pickpocket): ～ *through* a crowd 群衆を押し分けて進む / ～ *with* sb *for* sth 人と物を争う. ► *n* 押し合い, 込み合い; 混雑; 衝突. ♦ **jós·tler** *n*[+]*《俗》スリ. [ME *justle* (freq)<JOUST]

Jos·ue /ʤɑ́ʃui/ *n* JOSHUA.

jot /ʤɑ́t/ *n* (ほんの)わずか, 少し (whit): not a ～ = not one ～ (or tittle) 少しも…(し)ない. ► *vt* (-tt-) ちょっと[急いで]書き留めておく 〈*down*〉. ♦ **jót·ter** *n* ざっとメモする人; メモ帳. **jót·ting** *n* (ざっと)書き留めておくこと; [[u]*pl*] メモ, 控え. [L<Gk IOTA; cf. *Matt* 5: 18]

jo·ta /hóutə/ *n* ホタ《スペインの民族舞踊の一つ; その3/4拍子の曲》. [Sp]

Jo·tun, -tunn /jóut(ə)n, -tùn/〘北欧神話〙ヨトゥン《神々としばしば争った巨人族》.

Jo·tun·heim, -tunn- /jóut(ə)nhèɪm, -tùn-, -hàɪm/〘北欧神話〙ヨトゥンヘイム《巨人族 Jotun たちの国で Midgard のはずれの山地にある》.

Jo·tun·heim·en /jóut(ə)nhèɪmən/, **Jótunheim Móuntains** *pl* [the] ヨートゥンハイム山地《ノルウェー中南部の山群; Glittertind (2465 m), Galdhøppigen (2469 m) などの峰がある》.

joual /ʒwɑ́ːl/ *n* [°J-]《フランス系カナダ人の》無教養な人の話すフランス語《特に Quebec 州のひどくくずれたフランス語方言》. [CanF<F *cheval* horse]

Jou·bert /ʒúːbèər/ ジュベール **Petrus Jacobus** ～ (1834–1900)《南アフリカの軍人・政治家; 通称 'Piet Joubert'; Transvaal 臨時大統領 (1875), 副大統領 (1883–84)》.

jouis·sance /ʒwisɑ́ːs/ *n*《文》快楽, 恍惚. [F (*jouir* to enjoy)]

jouk /ʤúːk/《スコ》*vi*, *vt* 頭をひょいと下げる, (…から)身をかわす. ► *n* 身をかわすこと. [?]

joule /ʤúːl, ʤául/ *n*〘理〙ジュール《エネルギーおよび仕事の SI 単位: =10 million ergs; 記号 J》. [↓]

Joule ジュール **James Prescott** ～ (1818–89)《英国の物理学者; エネルギー保存の法則の確立に貢献》.

Jóule's láw〘理〙ジュールの法則《**1)** 導線に流れる電流による発熱(ジュール熱)の量は電流の2乗および抵抗に比例する **2)** 一定量の理想気体の内部エネルギーは体積には関係なく温度だけの関数である》. [↑]

Jóule-Thómson [**Jóule-Kélvin**] **effèct**〘理〙ジュール-トムソン[ジュール-ケルヴィン]効果《低圧の容器中に気体を断熱的に流出させるとき, 気体の温度が変化する現象》. [James P. *Joule*+William *Thomson*, Lord *Kelvin*]

jounce /ʤáuns/ *vt*, *vi* ガタガタする[ゆする, 揺れる], がたつく (bump, jolt). ► *n* 動揺, 上下動, はね返り. ♦ **jóuncy** *a* ガタガタ揺れる. [ME<?]

jour. journal • journeyman.

Jour·dan /ʒuərdɑ́ː/ ジュールダン Comte **Jean-Baptiste** ～ (1762–1833)《フランスの軍人; 革命政権下で徴兵制の立法化を推進, Napoleon の下で帝国元帥 (1804)》.

jour·nal /ʤə́ːrnl/ *n* **1 a** 日誌, 日記 (diary);〘簿〙仕訳(しわけ)帳;〘簿〙取引日記帳 (daybook);〘海〙航海日誌 (logbook) (=ship's ～); 飛行日誌. **b**《会議の》議事録, [the J-s] 議会[国会]議事録. **c** 日刊新聞, 新聞; 定期刊行物《特に 時事的な内容を扱うもの》; 雑誌《特に 学術団体などの機関誌》: a monthly ～ 月刊雑誌. **2**〘機〙ジャーナル《回転軸の軸受内の部分》. ► *vt* 日誌に書く[記入する]. [OF<L DIURNAL]

jóurnal bèaring〘機〙ジャーナル軸受.

jóurnal bòx〘機〙軸箱.

jour·nal·ese /ʤə̀ːrn(ə)líːz, *-s/ *n* 新聞雑誌文体[語法], ジャーナリズムの文体;《型にはまった》新聞口調 (cf. OFFICIALESE).

jour·nal in·time /*F* ʒurnal ɛ̃tim/《私的な》日記.

jóurnal·ism *n* **1 a** ジャーナリズム, 新聞雑誌編集[経営](業), 新聞雑誌編集[経営]の研究. **b** 新聞雑誌寄稿執筆(業); 新聞雑誌の文章《端的な事実の記述, または俗うけをねらう記述》;《絵画・劇などの》新聞雑誌調の[俗うけをねらった]表現[上演]. **2** 新聞雑誌《集合的》.

jóurnal·ist *n* ジャーナリスト《新聞雑誌記者・新聞雑誌寄稿家, 特に 新聞人》; 新聞雑誌業者; 大衆にうけるように書く作家[ライター]; 日誌をつける人.

jour·nal·is·tic /ʤə̀ːrn(ə)lístɪk/ *a* 新聞雑誌的な, 新聞雑誌記者流の. ♦ **-ti·cal·ly** *adv*

jóurnal·ìze *vt, vi* 日誌に記す, 日記をつける;〘簿〙仕訳(しわけ)をする, 仕訳帳に記入する. ♦ **-iz·er** *n*

jour·ney /dʒə́ːrni/ *n* 《通例 陸上の》旅行; 旅程, 道程; 《方》1日の道のり, 行程: a ~ into the country 田舎への旅行 / be (away) on a ~ 旅に出ている / a ~ of three months＝a three months' ~＝a three-month ~ 3か月の旅 / go [start, set out] on a ~ (to...へ) 旅行に出かける / make [take, undertake, perform] a ~ 旅行をする / break a [one's] ~ "旅の途中でひと休みする, 途中下車する / A pleasant ~ to you!＝I wish you a good [happy] ~. 楽しいご旅行を! / Have a safe [good] ~. では道中ご無事で / one's ~'s end 旅路の果て, (人生)行路の終わり / a day's ~ from here 当地から1日の行程 / a ~ to work 通勤. ► *vi* 旅行をする. ► *vt* 〈土地・国を〉旅行する. ♦ **~·er** *n* [OF *jornee* day, day's work or travel＜L (*diurnus* daily＜*dies* day)]

jóurney·càke *n* JOHNNYCAKE.

jóurney·man /-mən/ *n* **1** 《他人のもとで働く》熟練労働者, 職人《APPRENTICE の上で master [《時に》craftsman] より下》; 《一応の水準に達した》ベテラン職人, ひととおりのプロ; 単なる職人[雇われ者]; 日雇いの仕事師. **2** 〘天〙気象台の補助時計.

jóurney·wòrk *n* 《職人のする》日ぎめの手間仕事; [*fig*] 雇われ仕事, つまらない仕事, 売文.

journo /dʒə́ːrnoʊ/ *n* (*pl* **jóurn·os**) 《口》ジャーナリスト.

joust /dʒáʊst/, **just** /dʒʌ́st, dʒúːst/ *n* 馬上槍試合; [*pl*] 《中世騎士の》馬上槍試合大会 (tournament); 一騎討ち, 戦い, 競い合い. ► *vi* 馬上槍試合をする; 一騎討ちをする; 競う, 戦う, 争う, 論争する. ♦ **~·er** *n* [OF＝to come together＜L (*juxta* near)]

J'Ou·vert /ʒuvɛ́ər/ *n* 《カリブ》ジュヴェ《Mardi Gras 前日の月曜日; 明け方からカーニバルが始まる》. [F *jour ouvert* day opened]

Jove /dʒóʊv/ JUPITER. ● **By ~!** 神かけて, 誓って, おやまあ; とんでもない, そうだとも《強調・驚き・賛成などを表わす》. [L *Jov- Jupiter*]

jo·vi·al /dʒóʊviəl, -vjəl/ *a* 陽気な, 快活な, 楽しい, 愉快な (merry); [J-] JOVIAN[1]. ♦ **~·ly** *adv* **jo·vi·al·i·ty** /dʒòʊviǽləti/ *n* 楽しさ, 愉快, 陽気; [ᵘ*pl*] 陽気なことば[行為]. [F＜L *jovialis* of JUPITER; 木星がその下に生まれた人に与える影響から]

J

Jo·vi·an[1] /dʒóʊviən/ *a* JOVE の; (Jove のように)堂々とした; 木星 (Jupiter) の; 〘天〙〈惑星が〉木星型の《質量・密度に関していう; ⇨ JOVIAN PLANET》. ♦ **~·ly** *adv*

Jovian[2] ヨヴィアヌス (*L* Flavius Claudius Jovianus) (c. 331–364) 《ローマ皇帝 (363–364)》.

Jóvian plánet 〘天〙木星型惑星《地球型惑星 (terrestrial planet) より大型の木星・土星・天王星・海王星》.

Jo·vi·ol·o·gist /dʒòʊviálədʒɪst/ *n* 木星学者.

jow /dʒáʊ/ 《スコ》*n* 打つこと; 鐘を鳴らすこと, 鐘の音.

jo·war /dʒəwáːr/ *n* 《インド》アズキモロコシ (durra). [Hindi]

Jow·ett /dʒáʊət, dʒóʊ-/ ジャウエット **Benjamin** ~ (1817–93) 《英国の古典学者・教育者; Plato の対話篇の翻訳がある》.

jowl[1] /dʒáʊl, *dʒóʊl/ *n* あご (jaw), 下あご; ほお; 《豚の》ほお肉. ● **bat** [**beat, bump, flap**] **one's ~s** ⇨ CHOP[3]. [ME *chevel* jaw＜OE *ceafl*]

jowl[2] *n* 《人・牛・豚の》のど袋, 《鶏などの》肉垂; [ᵘ*pl*] 《老人の》《ほお・のどの》たれた肉; 魚の頭部《料理用》. [ME *cholle* neck; head of man, beast, or fish＜OE *ceole*]

jowled /dʒáʊld/ *a* 二重あごの (jowly); …なあご[のど袋]をもつ: a heavy-~ dog / ruddy-~.

jówly /dʒáʊli/ *a* 際立った下あごをもった, 二重あごの.

joy /dʒɔ́ɪ/ *n* **1 a** 喜び, うれしさ (delight); 至福 (bliss); 喜びの種: in ~ 喜んで, うれしがって / to one's ~ うれしいことには / with ~ 喜んで / the ~*s* and sorrows of life 人生の喜びと悲しみ[哀歓, 苦楽] / A thing of beauty is a ~ forever. 美しいものは永遠の喜びである《Keats の句》. **b** [ᵘ*neg*] "《口》結果, 満足, 成功: do*n't* get *any* ~ うまくいかない / expect *no* ~ 結果を期待しない / *no* ~ ⇨ 成句. **2** [J-] ジョイ《女子名》. ● **Any ~?** "《口》うまくいった? **full of the ~s of spring** 《口》快活で; 《口》大喜びで, とても喜んでいる. **no ~** "《口》不満, 失敗: I tried to get a taxi, but *no* ~. **wish** sb **~ of**... 《口》[*joc*] …をたっぷりお楽しみくださるよう(にと言う): I *wish* you ~ *of* winter camping holidays. 冬のキャンプ休暇をたっぷりとお楽しみください. ► 《文・詩》*vi, vt* 喜ぶ (rejoice); 喜ばせる; 《古》楽しむ (enjoy). [OF＜L *gaudia* (*gaudeo* to rejoice)]

jóy·ance 《古・詩》*n* 喜び; 楽しみ; 娯楽《行為》.

jóy·bèlls *n pl* 祝祭[慶事]を報ずる教会の鐘.

jóy·bòx *n**《俗》ピアノ (piano).

Joyce /dʒɔ́ɪs/ **1** ジョイス《女子名; 男子名》. **2** ジョイス **(1) James (Augustine Aloysius)** ~ (1882–1941) 《アイルランドの小説家・詩人; *Dubliners* (1914), *A Portrait of the Artist As a Young Man* (1916), *Ulysses* (1922), *Finnegans Wake* (1939)》 **(2) William** ~ (1906–46) 《New York 市生まれの英国人; あだ名 'Lord Haw-Haw'; ナチスドイツから英語による宣伝放送をし, 戦後反逆罪で処刑された》. [OF＝joy; Gmc＝a Geat]

Joyc·ean /dʒɔ́ɪsiən/ *a* ジョイス (James Joyce) の, ジョイス的な[風の]. ► *n* ジョイス研究者[賛美者, 模倣者].

jóy dùst*《俗》粉末状のコカイン.

jóy flàkes [〈*sg*〉]*《俗》粉末状の麻薬, 白, コカイン.

jóy·ful *a* 喜ばしい, うれしい, 楽しい, 喜びにあふれた. ♦ **~·ly** *adv* **~·ness** *n*

jóy hèmp*《俗》マリファナ(タバコ).

jóy·hòuse *n**《俗》売春宿 (brothel).

jóy jùice*《俗》酒 (liquor), ビール.

jóy knòb*《俗》《車, 特に ホットロッドの》ハンドル, 《飛行機の》操縦桿; 《卑》喜悦棒 (joystick).

jóy·less *a* 喜びのない, わびしい, 索莫たる. ♦ **~·ly** *adv* **~·ness** *n*

Joy·ner /dʒɔ́ɪnər/ ジョイナー **Florence Griffith** ~ ⇨ GRIFFITH JOYNER.

Jóy of Cóoking [The]『料理の楽しみ』『ジョイ・オヴ・クッキング』《米国のロングセラーの料理書; 初版は 1931 年》.

jóy·ous *a* JOYFUL. ♦ **~·ly** *adv* **~·ness** *n*

jóy·pàd *n* 《テレビゲーム用の》ジョイパッド.

joy·pop /dʒɔ́ɪpɑ̀p/ *vi* (-pp-) 《俗》《中毒にならない程度に》楽しんで時々麻薬を用いる, 麻薬を皮下注射する. ♦ **-pòp·per** *n* 《俗》時々薬をやる者, 麻薬[《特に》マリファナ]の新参者.

jóy pòwder*《俗》粉状の薬(ヤク), ヘロイン, コカイン, モルヒネ.

jóy·rìde *n* 《口》《盗んだ車などを》おもしろ半分に[乱暴に]乗りまわすこと; 《広く》(ただの)お遊び (: not a ~); 《費用や結果を考えない》むちゃくちゃなふるまい; *《俗》酒宴, 飲み会, パーティー; *《俗》麻薬による陶酔[興奮]; *《俗》あの世行きの旅路: take sb on a ~ 人を始末する. ► *vi* 《口》joyride をする; *《俗》時々麻薬をやる. ♦ **jóy·rìd·er** *n* ⁺*《俗》時々薬をやる者. **jóy·rìd·ing** *n*

jóy smòke*《俗》マリファナタバコ.

jóy·stìck *n* 操縦桿, 《一般に》手動式操作装置, 《ホットロッドの》ハンドル, 《テレビゲーム用の》ジョイスティック; 《俗》アヘン[マリファナ]用パイプ; 《卑》ペニス.

jóy wàter*《俗》(強い)酒, きす, アルコール.

JP °jet propulsion ♦ °Justice of the Peace.

J particle /dʒéɪ ─/ 〘理〙J/PSI PARTICLE.

JPEG /dʒéɪpɛ̀g/ 〘電算〙JPEG (ジェイペグ) 《ISO と ITU-T による国際機関, また その制定になる静止画像データ圧縮方式; cf. MPEG》. [*J*oint *P*hotographic *E*xperts *G*roup]

J pen /dʒéɪ ─/ J ペン《J 字印のついた幅広ペン先》.

JPG 〘電算〙JPEG 方式で圧縮された静止画像ファイルを示す拡張子.

Jpn Japan ♦ Japanese.

J/psi par·ticle /dʒéɪ(p)sáɪ ─/ 〘理〙ジェイ・プシー粒子 (＝*J particle, psi particle*) 《電子の約 6000 倍の質量をもつ中間子; チャームクォークとその反クォークからなる》.

Jr, jr Junior. **JSD** [L *juris scientiae doctor*] Doctor of Juridical [Juristic] Science.

J smoke /dʒéɪ ─/*《俗》マリファナタバコ.

JST °Japan standard time. **jt** joint.

jua kali /dʒúə káːli; -kǽli/ *n* [ᵘ〈*a*〉]〘ケニア〙手工業, 工芸. [Swahili]

Juan /(h)wáːn, dʒúːən/ ファン, ジュアン《男子名》. [Sp; ⇨ JOHN]

Jua·na /(h)wáːnə/ **1** ファナ《女子名》. **2** [j-]*《俗》マリファナ, カンナビス (cannabis).

Juan Car·los /(h)wáːn káːrlòʊs; -lɔ̀s/ ファン・カルロス ~ **I** (1938–)《スペイン王 (1975–); Alfonso 13 世の孫; Franco の死で即位, スペインの民主制移行を推進》.

Juan de Aus·tria /hwáːn ðeɪ áʊstriɑː/ ファン・デ・アウストリア (1547–78)《スペインの軍人; 英語では John of Austria; 神聖ローマ皇帝 Charles 5 世の私生児で, Philip 2 世の異母弟; Lepanto の戦いでトルコ軍を破った (1571)》.

Juan de Fu·ca /(h)wáːn də fjúːkə/ ■ **the Stráit of Júan de Fúca** ファン・デ・フカ海峡《カナダ British Columbia 州の Vancouver 島と米国 Washington 州の Olympic 半島の間の海域》.

juane /(h)wáːn/ *n**《俗》マリファナ(タバコ). [mari*juana*]

Juan Fer·nán·dez Islands /(h)wáːn fərnǽndəs ─/ *pl* [the] ファン・フェルナンデス諸島《太平洋南東部, チリの西方にあるチリ領の 3 つの島》.

Jua·ni·ta /(h)wɑːníːtə/ **1** ファニータ《女子名》. **2** [j-]*《俗》マリファナ. [Sp (fem dim); ⇨ JOHN]

Juan-les-Pins /*F* ʒɥɑ̃lepɛ̃/ ジュアン-レ-パン《フランス南東部 Antibes 岬にある村; 海水浴場》.

Juan Ma·nuel /xwáːn mɑːnwɛ́l/ [Don] ファン・マヌエル (1282–1348)《スペインの軍人・政治家・作家; Léon, Castile 王 Alfonso 10 世の甥; 代表作『ルカノール伯爵』(1335) は 51 篇からなる説話集で, 寓話を通して道徳的訓戒を与えている》.

Juá·rez /(h)wáːrəs/ **1** CIUDAD JUÁREZ. **2** ファレス **Benito (Pablo)** ~ (1806–72)《メキシコの革命家・政治家; 大統領 (1861–72); 内乱下の政府を指導, Maximilian の帝政と戦い, 勝利をあげて, 共和政を確立》.

ju·ba /dʒúːbə/ *n* ジューバ《**(1)** ハイチのアフリカ起源の踊り **2)** 米国南部の農園で働く黒人の踊り》.

Juba 1 ジュバ《南スーダンの町・首都》. **2** [the] JUBBA.

Ju·bal /dʒúːb(ə)l/ 〘聖〙ユバル《Cain の子孫; 音楽家・楽器製作者の

祖とされる; *Gen* 4: 21》.

Jub·ba /ʤúːbə/ [the] ジューバ川《エチオピア南部からソマリアを通り, インド洋に注ぐ》.

jub·bah, -ba /ʤúːbə/ *n* ジュバ《イスラム圏で用いる袖付きの長衣》. [Arab]

Jubbulpore ⇨ JABALPUR.

ju·be[1] /ʤúːbi/ *n* 《教会堂の》内陣障壁 (rood screen), ジュベ; ROOD LOFT. [F<L *Jube, Domine, benedicere* Bid, Lord, a blessing; deacon がこの祈りをする場所]

jube[2] /ʤúːb/ *n* 《豪口》ゼリー状の甘い菓子. [JUJUBE]

ju·bi·lant /ʤúːbələnt/ *a* (歓声をあげて)喜ぶ, 歓呼する, 歓喜に酔って(いる). ♦ **-lance, -cy** *n* 歓喜. **~·ly** *adv*

ju·bi·lar·i·an /ʤùːbəlέəriən/ *n* JUBILEE を祝う人, jubilee 祝賀者.

ju·bi·late /ʤúːbəlèɪt/ *vi* 歓喜する, 歓呼する; jubilee を祝う. [L *jubilo* to shout (esp. for joy)]

Ju·bi·la·te /jùːbəláːteɪ, ʤùː-, ʤùːbəléɪti; -láːti/ *n* **1 a** ユビラーテ《聖書の詩篇第 100: Jubilate Deo＝O be joyful in the Lord で始まる》. **b** ユビラーテの楽曲; [j-] 歓喜の歌, 歓呼. **2** 喜び呼ばわれの主日 (＝**~ Súnday**)《復活祭後第 3 の日曜日》.

ju·bi·la·tion /ʤùːbəléɪʃ(ə)n/ *n* 歓喜, 歓呼(の声); 祝い, 祝賀.

ju·bi·lee /ʤúːbəlìː, ⌐–⌐/ *n* **1** 特別な記念日[記念祭], 《特に》五十年[二十五年]祭; 祝祭, 佳節: DIAMOND [GOLDEN, SILVER] JUBILEE. **2** 歓喜; 《未来の喜びをうたった》黒人民謡. **3 a** [°J-] 〔ユダヤ史〕ヨベルの年《ユダヤ民族が Canaan にはいった年から起算して 50 年ごとの年; 奴隷を解放し, 人手に渡った土地を返却し, 土地を休耕すべきことを神が Moses に命じた; *Lev* 25: 8–17》. **b** 〔カト〕聖年, 特赦の年. **4** [J-] 〔商標〕ジュビリー《ねじ締め式のホースバンド (hose clip)》. ► *a* [°J-] 〔料理〕FLAMBÉ: cherry ~. [OF, <Gk<Heb＝ram, ram's horn trumpet ヨベルの年の始まりを雄羊の角笛で告げたことから; のち JUBILATE と連想]

Ju·by /ʤúːbi, júː-/ [Cape] ジュービ岬, ユービ岬《アフリカ北西部モロッコ南西岸の岬; Tarfaya の町が近い》.

Jú·car /húːkàːr/ [the] フカル川《スペイン東部の川; 南・東に流れ, 地中海の Valencia 湾に注ぐ》.

ju·co /ʤúːkòʊ/ *n* (*pl* **~s**) JUNIOR COLLEGE; junior college の選手.

Jud. 〔聖〕Judges ♦〔聖書外典〕Judith.

Judaea ⇨ JUDEA.

Judaeo- ⇨ JUDEO-.

Ju·dah /ʤúːdə/ **1** ジューダ《男子名》. **2** 〔聖〕 **a** ユダ《Jacob の第 4 子で Judah 族の祖; *Gen* 29: 35》. **b** ユダ族《イスラエル十二部族の一つ》. **3** ユダ《パレスティナの古王国; ☆Jerusalem》. [Heb＝praised]

Júdah ha-Na·sí /-hɑːnɑːsíː/ ユダ・ハナシ (135?–?220)《ユダヤのラビ; Mishnah を編纂した》.

Ju·da·ic /ʤudéɪk/, **-i·cal** *a* ユダヤ(民族[教])の, ユダヤ人[風]の (Jewish). ♦ **-i·cal·ly** *adv* [L<Gk; ⇨ JEW]

Ju·da·i·ca /ʤudéɪəkə/ *n* ユダヤ(教)の文物, ユダヤ文献.

Ju·da·ism /ʤúːdəɪz(ə)m, -di-, -deɪ-/ *n* ユダヤ教(教義); ユダヤ主義, ユダヤ(教)的考え方[生き方]; ユダヤ人《集合的》. ♦ **-ist** *n* ユダヤ教徒; ユダヤ主義者. **Jù·da·ís·tic** *a*

Ju·da·ize /ʤúːdəàɪz, -di-, -deɪ-/ *vt, vi* ユダヤ(人)風にする[なる], ユダヤ教徒化する. ♦ **-iz·er** *n* **Jù·da·i·zá·tion** *n*

Ju·das /ʤúːdəs/ *n* **1** ジューダス《男子名》. **2 a** 〔聖〕(イスカリオテの)ユダ (＝**~ Iscáriot**)《十二使徒の一人 (⇨ APOSTLE); イエスを裏切って銀 30 枚で祭司長に売り, のちに自殺した; *Matt* 26: 47–48, *Mark* 3: 19》. **b** 裏切り者 (traitor). **3** [°Saint] ユダ《十二使徒の一人 JUDE》. **4** [°j-] 《独房の戸などの》のぞき穴 (＝**júdas window, júdas hòle**). ► *a* 《仲間の捕獲[殺害]のために》おとりとして使う鳥[獣]の. [⇨ JUDE]

Júdas-cólored *a* 赤毛の. [*Judas* Iscariot の毛髪が赤かったという伝説から]

Júdas kíss 〔聖〕ユダの接吻《*Matt* 26: 48》; [*fig*] うわべだけの好意, 裏切り行為.

Judas Maccabaeus ⇨ MACCABAEUS.

Júdas Príest *int* *《俗》おや, まあ, まったく, なんてことだ, ちくしょう, くそっ! ('Jesus Christ' の代替表現).

Júdas trèe 〔植〕セイヨウハナズオウ《Judas が首をくくったという木》, 《広く》ハナズオウ (cercis).

Judas window ⇨ JUDAS.

Judd /ʤʌ́d/ ジャッド《男子名》.

jud·der /ʤʌ́dər/ *n* 〔楽〕《特に ソプラノ発声中に起こる》音声緊張度の突然の変化; ジャダー《フレームレート変動による映像のがたつき》; ″《エンジン・機械などの》激しい振動(音)[きしみ], ジャダー. ► *vi* ″激しく振動する[きしむ]. ♦ **júd·dery** *a* [imit; cf. SHUDDER]

Jude /ʤúːd/ **1** ジュード《男子名》. **2** [°Saint] ユダ (＝*Judas*)《十二使徒の一人 (⇨ APOSTLE); 祝日 10 月 28 日》. **3** 〔聖〕 **a** ユダ書《新約聖書の The General Epistle of ~ (ユダの手紙)》. **b** ユダ《ユダの手紙の著者》. [Heb＝praise]

Ju·dea, -daea /ʤudíːə, -déɪə/ ユダヤ, ユデア《古代パレスティナの南部地域; ペルシア・ギリシア・ローマの支配下にあった; もとはユダ (Judah) 王国のあった地》. ♦ **Ju·d(a)é·an** *a, n*

Júde Fáw·ley /-fɔ́ːli/ ジュード・フォーリー《Thomas Hardy, *Jude the Obscure* (1895) の主人公; 知識欲に燃えながらも常に肉の誘惑に負け, しだいにどん底に落ちていく》.

ju·den·rein /ʤúːdnràɪn; júː-/ *n* 〈地域・組織などが〉ユダヤ人のいない, ユダヤ人を排除した《特に ナチスドイツ時代に関連していう》. [G＝free of Jews]

Ju·deo-, -daeo- /ʤudéɪoʊ, -díː-, ʤúːdioʊ/ *comb form*「ユダヤ人[教]の[に関する]」「ユダヤと…」 [L]

Judéo-Chrístian *a* ユダヤ教とキリスト教の(共通の).

Judéo-Gérman *n* イディッシュ (Yiddish).

Judéo-Spánish *n* ユダヤ系スペイン語 (LADINO).

Ju·dez·mo, -des- /ʤudέzmoʊ/ *n* ラディノ語 (LADINO).

Judg. 〔聖〕Judges.

judge /ʤʌ́ʤ/ *n* **1 a** 裁判官, 判事: a side ~ 陪席判事 / a preliminary [an examining] ~ 予備審問の裁判官 / the presiding ~ 裁判長. **b** 裁き主(ぬし)《最高絶対の審判者である神・キリスト》. **c** [°J-] 〔聖・ユダヤ史〕裁き人, 裁きづかさ, 士師(し)《Joshua の死後, 王政の始まる前, 神によって起こされイスラエルの民を導いた指導者; cf. JUDGES》. **2** 《競技・討論・品評会などの》審判者, 審査員; くろうと, 鑑定家, めきき (connoisseur, critic): the ~*s* in a dog show [of a beauty contest] ドッグショー[美人コンテスト]の審査員 / a good ~ of swords [wine] 刀剣[酒]の鑑定家 / a poor ~ of poetry 詩のよしあしのわからない人 / He is no ~ of horses. 彼には馬のよしあしはわからない / if I'm any ~ (of…) もし私に(…の)よしあしがわかるなら, 愚見を申せば. ● **~ and jury** 《すべてを一存で決める》最高権威者. ► *vt, vi* **1 a** 裁判する, 審理する, 裁く; 裁断する, …に判決を下す: *J~* not, that ye be not ~*d*. 人を裁くな, 人に裁かれぬためである《*Matt* 7: 1》. **b** 審判する; 審査する, 鑑定する; 〈コンテストなど〉の審査員をつとめる: She was ~*d* 'Miss USA'. ミスアメリカに選ばれた. **2** …に判断を下す; 《批判的に》判断する; …であると判断する, …と思う (think); 判断する 〈*by, from, on*〉: Don't ~ a book *by* its cover. 《諺》本(のよしあし)を表紙で判断するな / ~ sb (*to be*) honest＝~ *that* sb is honest 人を正直だと判断する / *to* ~ *by* appearances 外見で判断すると / *judging from* [*by*] the fact that …という事実から判断すると / as [so] far as I can ~ わたしの判断では. **3** 〔聖・ユダヤ史〕裁く, 治める (govern). ♦ **júdg·er** *n* **~·shìp** *n* judge の職[地位, 任期, 権限]. [OF<L *judic- judex* (*jus* right, law, *-dicus* speaking)]

júdge ádvocate 《陸海空軍の》軍法務官《略 JA》.

jùdge ádvocate géneral (*pl* **~s, jùdge ádvocates géneral**) [the] 《米陸海空軍および英陸空軍の》軍主任法務官《略 JAG》.

júdge-màde *a* 裁判官の下した判決(例)によって決まった: the ~ law 裁判官のつくった法, 判例法.

Júdg·es [〈*sg*〉] 〔聖〕士師記《旧約聖書の The Book of ~; 略 Jud(g).》.

Júdge's márshal 〔英〕《巡回裁判所の》判事付き事務官.

Júdges' Rúles *pl* 〔英法〕裁判官規則《警察官が被疑者・逮捕者に対する場合の手続き・行為を規制するもの; 1984 年警察・刑事証拠法 (Police and Criminal Evidence Act) の下における実施規定がこれに代わったが, 違反しても直ちに違法となるわけではない》.

judg·mat·ic, judge- /ʤʌʤmǽtɪk/, **-i·cal** *a* 《口》思慮分別のある, 賢明な. ♦ **-i·cal·ly** *adv*

júdg·ment | júdge·ment *n* **1 a** 裁判, 審判, 裁き; 判決; 判決の結果確定した債務(の判決書). **b** [the (Last) J-] 〔神学〕最後の審判 (⇨ JUDGMENT DAY); 《神の裁きとしての》天罰, ばち, 災い; 《聖・古》正義: It is a ~ *on* you *for* getting up late. 朝寝坊の天罰だ. **2** 判断, 審査, 鑑定; 〔論〕判断; 判断力, 批判力, 思慮分別, 良識, 識見 (good sense); 意見, 見解 (opinion); 批判, 非難: in my ~ わたしの判断[考え]では / a man of good ~ 分別のある人 / form a ~ *on* fact 事実に基づいて意見を組み立てる. ● **against one's better ~** 心ならずも, 不本意ながら. **a ~ of Solomon** ソロモンの裁き, 賢明な判決《*1 Kings* 3: 16–27》. **give** [**pass**] **~** 判決を下す 〈*on* sb [a case]〉; (批判的な)意見を述べる 〈*on*〉. **sit in ~** 裁判する 〈*on* a case〉; 判決を下す; 《偉そうに》批判する, 裁く 〈*on, over*〉. [OF; ⇨ JUDGE]

judg·men·tal | judge- /ʤʌʤméntl/ *a* 判断の; きびしい判断をしがちな, 批判的になりがちな. ♦ **~·ly** *adv*

júdgment by defáult 〔法〕DEFAULT JUDGMENT.

júdgment càll 〔スポ〕審判の判定《微妙なプレーに対して, 審判員が判定すること》; 個人的な判断[決断, 意見].

júdgment crèditor 判決(に基づく)債権者.

Júdgment Dày **1** [the] 〔神学〕《この世の終わりの》最後の審判の日 (doomsday) (＝*the Day of* (*the Last*) *Judgment, the Last Day*). **2** [j- d-] 裁判の判決日.

júdgment dèbt 判決(に基づく)債務.

júdgment dèbtor 判決(に基づく)債務者.

júdgment in defáult 〔法〕DEFAULT JUDGMENT.

Júdgment of Páris 〔ギ神〕パリスの審判《APPLE OF DISCORD を Aphrodite に与えてトロイア戦争の原因となった》.

júdgment sèat 判事席; 法廷; [°J-] 《神の裁きの日の》裁きの庭.

júdgment sùmmons 〔英〕《確定判決に基づく債務の不履行に対する》債務者拘禁のための召喚状.

ju·di·ca·ble /ʤúːdɪkəb(ə)l/ *a* 〈争議などが〉裁判で解決できる, 裁くことのできる.

jú·di·càre /ʤúːdɪ-/ *n* [°J-] 〔米〕《連邦政府助成による》低所得者対象の無料[低額]法律サービス, ジュディケア. [*judicial*+*care*; cf. MEDICARE]

ju·di·ca·tive /ʤúːdɪkèɪtɪv; -kə-/ *a* 裁判[判断]する権限[能力]をそなえた.

ju·di·ca·tor /ʤúːdɪkèɪtər/ *n* 《古》裁判[審判]する人, 裁判官.

ju·di·ca·to·ry /ʤúːdɪkətɔ̀ːri; -t(ə)ri/ *a* 裁判(上)の, 司法の. ► *n* 裁判所 (court); 司法 (judiciary).

ju·di·ca·ture /ʤúːdɪkəʧər, -ʧʊ̀r, -t(j)ʊ̀r; -ʧər, -tjʊ̀ər/ *n* 司法[裁判](権); 裁判官の権限[職権]; 裁判管轄(区); [the] 司法部, 裁判所; 裁判官 (judges): SUPREME COURT OF JUDICATURE. [L (*judico* to judge)]

ju·di·cia·ble /ʤudíʃ(i)əb(ə)l/ *a* JUDICABLE.

ju·di·cial /ʤudíʃ(ə)l/ *a* **1** 司法の, 裁判の; 司法部の; 裁判官の; 裁判所[裁判官]の命令[許可]による: ~ police 司法警察. **2** 裁判官のような[にふさわしい]; 公正な, 公平な; 判断力ある, 批判的な. **3** 天罰の: ~ blindness 天罰による盲目. ♦ **~·ly** *adv* 司法上; 裁判によって; 裁判官らしく. [L (*judicium* judgment<JUDGE)]

Judícial Commíttee of the Prívy Cóuncil [the] 〔英〕枢密院司法委員会《保護領およびいくつかの自治領の最高控訴院》.

judícial fáctor 《スコ》《裁判所が任命した》管財人, 収益管理人.

judícial·ìze *vt* **1** 司法手続きにのっとって扱う. **2** 〈政治問題·環境問題などを〉司法制度に持ち込む, 裁判問題にする.

judícial múrder 法の殺人《不当な死刑宣告》.

judícial revíew 司法審査(権); 違憲立法審査.

judícial separátion 〔法〕裁判上の別居 (=*legal separation*) 《結婚解消に至らない裁判上の別居; cf. DIVORCE, *divorce* A MENSA ET THORO》.

ju·di·ci·ary /ʤudíʃièri, -ʃəri; -ʃ(i)əri/ *n* [the] 《国家の統治機関における》司法部; 裁判所制度; 裁判官 (judges). ► *a* 司法の, 裁判所の, 裁判(官)の: ~ proceedings 裁判手続き. [L; ⇨ JUDICIAL]

ju·di·cious /ʤudíʃəs/ *a* 思慮分別ある, 賢明な. ♦ **~·ly** *adv* **~·ness** *n* [F<L; ⇨ JUDICIAL]

Ju·die /ʤúːdi/ ジュディ《女子名; JUDITH の愛称》.

Ju·dith /ʤúːdəθ/ **1** ジュディス《女子名; 愛称 Judy, Judie, Jody など》. **2 a** ユデト《ユデト書の主人公; Assyria の将 Holofernes を殺してユダヤを救った寡婦》. **b** 〔聖〕ユデト[ユディト]書《旧約聖書外典の一書; 略 Jud.》. [Heb=jewess; (fem)‹JUDAH]

ju·do /ʤúːdoʊ/ *n* 柔道. ♦ **júdo·ist** *n* 柔道家, 柔道の選手. [Jpn]

ju·do·ka /ʤúːdoʊkɑ̀ː, ⌐ ⌐ ⌐/ *n* (*pl* ~, ~**s**) 柔道家. [Jpn]

Ju·dy /ʤúːdi/ **1** ジュディ《女子名; Judith の愛称》. **2** ジュディ《PUNCH-AND-JUDY SHOW の Punch の妻》; [°j-] 《俗》女, 娘, 女の子: play a *j*~ of one*self* ばかをやる. **3 a** 《航空俗》ジュディ《管制官·パイロットが「機影をとらえた」の意で無線交信に用いる用語》. **b** *《俗》そのとおり (exactly).

jug[1] /ʤʌ́g/ *n* **1 a** ジャグ《取っ手と注ぎ口の付いた深い液体容器; 通例《英》では広口の水差し (pitcher) (型容器), 《米》では口のすぼまった大型容器をいう》; 《豪》水差し形の湯沸かし. **b** ジャグ一杯 (jugful); ᴵᴵ《口》グラス一杯のビール[酒]; 《俗》《中味を含めて》酒瓶, ウイスキー瓶, *缶ビール, *大瓶入りの安ワイン; *《俗》アンフェタミン錠[カプセル], 《注射用の》アンフェタミンのアンプル. **2** [°the] 《俗》刑務所 (=stone ~); 《俗》《エンジンの》気化器, キャブ (carburetor); 《俗》銀行, 金庫; [ᵘ*pl*] 《俗》乳房, おっぱい. ► *vt* (-gg-) [ᵘ*pp*] 〈ウサギ肉などを〉土鍋で煮る[ゆでる]; 《俗》ムショにぶち込む. ► *vi* 《俗》大酒を飲む, 痛飲する 〈*up*〉. [? *Jug* JOAN などの愛称]

jug[2] *vi* (-gg-), *n* 〈nightingale など〉ジャッジャッと鳴く(声). [imit]

jug[3] *n* *《俗》《薬物の注射に使われる》頸静脈 (jugular vein).

juga *n* JUGUM の複数形.

ju·gal /ʤúːg(ə)l/ 〔解·動〕*a* 頬骨の (malar). ► *n* 頬骨 (zygomatic bone) (=~ **bóne**). [L; ⇨ JUGUM]

ju·gate /ʤúːgèɪt, -gət/ *a* 〔生·植〕対になった, 共軛(きょうやく)する; 〔昆〕翅垂(しすい)型の; 〈硬貨の意匠など〉連結した, 一部重なり合った. ► *n* *《特に 大統領候補と副大統領候補の》2 つの顔を描いたバッジ. [L *jugo* to bind (*jugum* YOKE)]

júg bànd* ジャグバンド《水差しや洗濯板のような普通の楽器でないものを使ってジャズ·フォークなどを演奏する》.

júg-èared *a* ᴵᴵ《俗》《水差しの取っ手のように》大きく突き出た耳をした.

Ju·gend·stil /júːgəntʃtiːl/ 〔美〕ユーゲントシュティール (ART NOUVEAU).

júg·fùl *n* (*pl* ~**s**) 水差し一杯の分量; たくさん, どっさり: not by a ~ まるで[全然]…ない (not at all).

jugged /ʤʌ́gd/ 《俗》*a* [°~ up] 酔っぱらって; ムショにぶち込まれて. [*jug*[1]]

júgged háre 《土鍋などで煮た》野ウサギのシチュー.

júg·ger *n* *《俗》大酒飲み, 酔っぱらい, のんべえ.

Jug·ger·naut /ʤʌ́gərnɔ̀ːt, *-nɑ̀ːt/ **1** 〔インド神話〕ジャガナート《Vishnu 神の第 8 化身である Krishna 神の像; この像を載せた車にひき殺されると極楽往生ができると信じた》. **2 a** [°j-] 怪物《軍艦·戦車など》; 《制御できないほどの》巨大な組織, 強大な勢力; 威圧的なもの, 抵抗不可能なもの《根強い社会制度·風習など》. **b** [j-] ᴵᴵ《特に 欧州全土にわたる物資輸送に従事する》超大型トラック. [Hindi *Jagannath* lord of the world]

jug·gins /ʤʌ́gənz/, **jig·gins** /ʤíg-/ *n* 《俗》まぬけ, ばか, 《詐欺の》カモ. [? *Juggins* (人名‹JUG[1]); cf. MUGGINS]

jug·gle /ʤʌ́g(ə)l/ *vi*, *vt* **1 a** 手品[奇術]を使う, 曲芸をする, 《特に》《ボール·ナイフなどを》巧みに空中にあやつる, 投げ物を演ずる, ジャグリングをする. **b** 手品で欺く; ごまかして奪う 〈money *out of* sb's pocket〉: ~ away 手品で消す; たぶらかして巻き上げる / ~ into 手品を使って…に変える. **c** 巧みにさばく[こなす], やりくりする, 調整する; 〈数字などを〉操作する, ごまかす: ~ A and [with] B. **2** あぶなっかしくつかむ[捕える], 〔野〕〈ボールを〉ジャッグルする. ● ~ **around** …の位置[順序]を(あれこれ)変える. ~ **with**… 〈人〉をだます; 〈事実〉を曲げる; …を巧みにあやつる; 〈ボール·輪·皿など〉の投げ物をする《曲芸》; 〈数個のもの〉をあぶなっかしい格好で支える[あやつる]. ► *n* 手品, 奇術(投げ物)の曲芸, ジャグリング; 詐欺, ごまかし. [L *joculor* to jest (⇨ JOKE); 一説に OF *jo(u)glere* juggler の逆成]

júg·gler *n* 手品師, 奇術師; (投げ物の)曲芸師, ジャグラー; ペテン師 (trickster); *《俗》《麻薬の》売人 (pusher): a ~ with words 詭弁家. [OF<L=joker, jester (↑)]

júg·glery *n* 手品, 奇術; 曲芸, 《特に》投げ物, ジャグリング《ボールやナイフなどを巧みにあやつる芸》; 人を欺く行為, ごまかし, 詐欺.

júg·gling àct いろいろなことを同時にこなさなくてはならない状況, 綱渡り的状況.

júg hàndle **1** ジャグ[水差し]の取っ手. **2** [*pl*] ᴵᴵ《俗》《大きくて目立つ》耳. **3** [°jughandle] 《交通量の多い幹線道路と連絡する》水差しの取っ手形にカーブした接続道路. [*jug*[1]]

júg-hàndled *a* 一方的な, 片手落ちの, 偏頗な.

júg·hèad *n* 《俗》ラバ (mule); 《俗》うすのろ, ばか, とんま; 《俗》大酒飲み, アル中, のんべえ.

ju·glan·da·ceous /ʤùːglændéɪʃəs/ *a* 〔植〕クルミ科 (Juglandaceae) の.

Jugoslav(ia) ⇨ YUGOSLAV(IA).

jug·u·lar /ʤʌ́gjələr, ʤúː-/ *a* 〔解〕頸(部)の; 頸静脈の; 〔魚〕のどに腹びれのある〈魚〉, 喉部にある〈ひれ〉. ► *n* JUGULAR VEIN; [the] [*fig*] 《敵の》最大の弱点, 急所: have an instinct for *the* ~ 相手の急所を心得ている / go for *the* ~ 急所を攻める. [L (*jugulum* collarbone‹YOKE)]

júgular véin 〔解〕頸静脈.

ju·gu·late /ʤʌ́gjəlèɪt, ʤúː-/ *vt* …ののどを切って殺す; 〔医〕《荒療治で》…の病状を制止する.

ju·gu·lum /ʤʌ́gjələm, ʤúː-/ *n* (*pl* **-la** /-lə/) 〔鳥〕胸部; 〔昆〕喉板. [L (dim)‹↓]

ju·gum /ʤúːgəm/ *n* (*pl* **ju·ga** /-gə/, ~**s**) 〔解·動〕隆起《骨など 2 つの組織を結ぶ隆線または溝》; 〔昆〕繋垂(けいすい), 翅垂(しすい); 〔植〕羽状複葉, 対生小葉. [L=yoke]

Ju·gur·tha /ʤugə́ːrθə/, **Iu-** /jʊ-/ ユグルタ (c. 160–104 B.C.) 《ヌミディア王 (118–105 B.C.); ローマに抵抗したため処刑された》.

júg wine*《口》《大瓶で買う》安ワイン.

juice /ʤúːs/ *n* **1 a** 《果物·野菜·肉などの》汁, 液, ジュース《含有する[抽出した, しぼり取った]液体をいう; 「果汁風味の[果汁をいくらか含む]飲料」の意味はない》; [ᵘthe] *《証券俗》オレンジジュースの先物取引(市場): lemon ~ レモン果汁 / a glass of tomato ~ トマトジュース一杯. **b** [°*pl*] 体液, 分泌液: digestive ~(*s*) 消化液. **c** 水分, 液分, 汁気. **2 a** 精, 精髄, エキス, 本質 (essence) 〈*of*〉; 《口》精力, 活力, 能力. **b** 《口》電気 (electricity), 電流; [J-] 《演劇俗》電気係; 《口》ガソリン, 燃料《その他動力源となる液体》; *《カーレース·ホットロッド俗》ガソリン混和剤 (pop) 《ニトロメタンなど》; *《俗》ニトロ (nitroglycerin); [ᵘthe] *《俗》酒, ウイスキー, ワイン; 《俗》液体に混ぜた麻薬. **3** *《俗》《賭博·恐喝·ゆすり·賄賂などで得た》金, あがり, 法外な利息, 甘い汁; *《俗》いい地位, 力, (政治的な)影響力, 引き, コネ. **4** 《俗》楽しみ, 刺激; [the] *《俗》うわさ話, おもしろい話, スキャンダル 〈*about*, *on*〉. ● **on the** ~ *《俗》大酒を飲んで, 痛飲して. **sb's competitive** [**creative**] ~**s** 競争[創作]意欲. **step on the** ~ 《口》step on the GAS[2]. STEW[1] **in one's** (**own**) ~. ► *vt* …の汁をしぼる; 《方·俗》〈牛〉の乳をしぼる; …に汁を加える; *《俗》〈レース前に競走馬·競技者に〉麻薬をうつ. ► *vi* *《俗》麻薬をうつ (pop); *《俗》(酒を)飲みすぎる, 大酒をくらう. ● ~ **back***《俗》〈酒を〉飲む, 飲みほす. ~ **up** 《俗》活気づける; 《俗》強化[パワーアップ]する; [°*pass*] 酔わせる, 麻薬が効く; *《俗》酒を飲む; *《俗》…に燃料を補給する; *《俗》〈電灯を〉つける. ♦ **júiced** *a* [*compd*] 汁[液]を含んだ; [°~ up] 《俗》酔っぱらった, 麻薬が効いて; [°~ up] 熱がはいって, 興奮して. ~**·less** *a* 汁のない, 乾いた. [OF<L=broth, juice]

júice bàr 《俗》ジュースバー《アルコールを出さないバー; しばしば 麻薬の巣となる》.

júice bòx 《ストローの付いた》紙パックのジュース,《ジュースの》ブリックパック; *《俗》《車の》バッテリー; *《俗》JUNCTION BOX.
júice dèaler 《俗》暗黒街の高利貸し, 暴力金融業者.
júice frèak *《俗》大酒飲み, のんだくれ, きすもろ,《薬(ヤク)より》酒が好きなやつ.
júice·hèad *n* 《俗》大酒飲み, のんだくれ, のんべえ.
júice hòuse *《黒人俗》酒屋 (liquor store).
júice jòint *《俗》《カーニバルの》清涼飲料の売店; *《俗》もぐり酒場 (speakeasy); バー, 酒場, 酒屋.
júice lòan *《俗》高利貸しの貸付金.
júice màn *《俗》高利貸し, 取立て人.
jui·cer /ʤúːsər/ *n* ジュースしぼり器, ジューサー; レモンしぼり器;《演劇俗》電気係 (electrician), 舞台照明技師; *《俗》大酒飲み, のんべえ.
júice ràcket *《俗》高利貸しの商売.
júice sàc 〖植〗砂瓤(さじょう)《ミカンの袋の中にある汁を含んだ細長い袋状の組織》.
juicy /ʤúːsi/ *a* **1 a** 水分の多い, 汁の多い, 多汁(質)の, 多肉の (succulent);《口》〈天気が〉雨降りの; ぬれてぐしゃぐしゃの〈道〉. **b** 〖美〗〈色彩が〉潤いのある;《俗》肉感的な, いかす, わいせつな. **2**《口》元気な, 活気のある;《口》〈話など〉おもしろい, 興味しんしんの, きわどい, 醜聞的な: a ～ bit of gossip. **3**《口》もうかる, うまみのある, おいしい. **4**《口》酔っぱらった, ぐでんぐでんの. ◆ **júic·i·ly** *adv* **-i·ness** *n* [JUICE]
juil·let /*F* ʒɥijɛ/ *n* 七月 (July).
Júil·liard Schóol /ʤúːliɑ̀ːrd-, -ljɑ̀ːrd-/ ジュリアード学校《New York 市 Manhattan にある世界的な舞台芸術教育機関; Lincoln Center の一部をなす》.
juin /*F* ʒɥɛ̃/ *n* 六月 (June).
Juiz de Fo·ra /ʒwíːʒ də fóurə, -fɔ́ːrə/ ジュイズ・デ・フォラ《ブラジル東部 Minas Gerais 州の市》.
ju·jit·su, ju·jut·su /ʤuʤítsu/ *n* 柔術. [Jpn]
ju·ju[1] /ʤúːʤu/ *n* 《西アフリカ先住民の》護符, お守り, 魔除け, 呪物;《護符の》魔力;《護符によって生ずる》禁制, タブー. [? F *joujou* toy; cf. Hausa *djudju* fetish]
juju[2] *n* *《俗》マリファナタバコ. [mari*juana*]
juju[3] *n* 〖ナイジェリア〗ジュジュ《ギターとトーキングドラムを使う Yoruba 族のポピュラー音楽》.
ju·jube /ʤúːʤùːb/ *n* 〖植〗ナツメ《クロウメモドキ科ナツメ属の各種の樹木 (=～ **bùsh**), その実》; / ,*ʤúːʤubìː/ ナツメのゼリー, ナツメの香りのついた飴[トローチ剤]. [F or L＜Gk *zizuphon*]
jujutsu ⇨ JUJITSU.
Ju·juy /huhwíː/ フフイ《アルゼンチン北西部 Jujuy 州の州都; 公式名 San Salvador de Jujuy》.
juke[1] /ʤúːk/ *《俗》*vt, vi, n* 《フットボールなどで》見せかけの動きで欺く(こと), かわす,〈人を〉まく (evade); ジグザグに動く[進む]. [? *jouk* (dial) to cheat]
juke[2] *《俗》*n* JUKEBOX (music); JUKE HOUSE, ROADHOUSE, JUKE JOINT. ► *vi* 《特に異性と》ジュークボックスなどを一晩遊びまわる;《パーティーなどで》楽しく遊ぶ, 楽しむ, 踊る, ダンスをする. ● **jive and ～** *《俗》大いに楽しむ, 愉快にやる. **juking and jiving** *《俗》軽薄で無責任な(行為), いいかげんな(言動), ちゃらんぽらん(な). [Gullah *juke* disorderly]
juke[3] *vt* 《俗》突く, 刺す. [?]
júke·bòx *n* ジュークボックス: ～ music. [↑, *box*[1]]
júke hòuse *《南部》売春宿; *《南部》《街道沿いの》安っぽいバー, 安酒場.
júke jòint *ジュークボックスを置いた店《飲食ができ, 音楽をかけてダンスもできる》.
Jukes /ʤúːks/ [the, 〈*sg/pl*〉] ジューク家《New York 州に実在した一家の仮名で貧困・犯罪・病気などの悪質遺伝の典型; cf. KALLIKAK》.
ju·ku /ʤúːku/ *n* (*pl* ～) 塾. [Jpn]
Jul. July.
Jule /ʤúːl/ ジュール《男子名; Julian, Julius の愛称》.
ju·lep /ʤúːləp/ *n* ジュレップ《調合甘味飲料》;〖医〗水薬;《薬に加味する》糖水; *ジュレップ《(1) バーボン[ブランデーなど]に砂糖を加え, 砕いた氷の上に注いでミントの葉を添えたカクテル (=*mint julep*) (2) ジン[ラムなど]に柑橘類の果汁を加えたカクテル》. [OF＜Pers *gulāb* rose water]
Jules /ʤúːlz/ ジュールズ《男子名》. [F; ⇨ JULIUS]
Ju·lia /ʤúːljə/ ジュリア《女子名; 愛称 Juliet》. [L (fem); ⇨ JULIUS]
Ju·lian /ʤúːljən/ *n* **1** ジュリアン《男子名; 愛称 Jule》. **2** ユリアヌス (*L* Flavius Claudius Julianus) (c. 331–363)《ローマ皇帝 (361–363); 通称 'Apostate' (背教者); Constantine 大帝の甥; 異教に改宗し, キリスト教徒を弾圧》. ► *a* ユリウス (J. Caesar) の; ユリウス暦の. [L=derived from or belonging to JULIUS]
Ju·li·ana /ʤùːliǽnə; -ɑ́ːnə, -ǽnə/ **1** ジュリアナ《女子名》. **2** ユリアナ (1909–2004)《オランダ女王 (1948–80); Wilhelmina 女王の娘》. [L (dim)＜JULIA]
Júlian Álps *pl* [the] ジュリアアルプス《スロヴェニア西部とイタリア北東部にまたがるアルプス東部の山脈; 最高峰 Triglav (2864 m)》.
Júlian cálendar [the] ユリウス暦《Julius Caesar が定めた (46 B.C.) 旧太陽暦; cf. GREGORIAN CALENDAR》.
Júlian dáy 〖天〗ユリウス積日[通日], ユリウス日《ユリウス周期の元期(前 4713 年 1 月 1 日)からの日数》.
Júlian yéar 〖天〗ユリウス年《ユリウス暦の平均の 1 年の長さ (365.25 日); 1984 年以来元期などを測る年の長さの基準》.
Ju·lie /ʤúːli/ ジュリー《女子名》. [F; ⇨ JULIA]
Ju·lien /*F* ʒyljɛ̃/ ジュリアン《男子名》. [F; ⇨ JULIAN]
ju·li·enne /ʤùːlién, ʒùː-/ *n* ジュリエンヌ《千切りの野菜を入れたコンソメ》;《肉・野菜の》千切り(の付け合わせ). ► *a* 千切りにした〈野菜〉: ～ potatoes [peaches]. ► *vt* 千切りにする. [F (*Jules* or *Julien* 人名)]
Julien So·rel /*F* -sɔrɛl/ ジュリアン・ソレル《Stendhal, *Le Rouge et le Noir* (赤と黒) の主人公の青年》.
Ju·li·et /ʤúːljət, ʤuːliét, ⌐⌐⌐/ **1** ジュリエット《女子名》. **2** ジュリエット《Shakespeare, *Romeo and Juliet* の女性主人公; 恋人の代名詞としても使われる》. **3** JULIETT《通信用語》. [It (dim)＜JULIA]
Júliet càp ジュリエットキャップ《花嫁などが後頭部にかぶる網目の縁なし小型婦人帽》.
Ju·li·ett /ʤùːliét/ *n* ジュリエット《文字 j を表わす通信用語; ⇨ COMMUNICATIONS CODE WORD》.
Ju·lius /ʤúːljəs, -liəs/ **1** ジュリアス《男子名; 愛称 Jule, Julie》. **2** ユリウス ～ **II** (1443–1513)《ローマ教皇 (1503–13); 本名 Giuliano della Rovere; Michelangelo をはじめとする芸術家を庇護した》. [L=? downy-bearded]
Jullundur ⇨ JALANDHAR.
Ju·ly /ʤulái/ *n* (*pl* ～**s**) 七月: the FOURTH of ～. [AF＜L (*Julius* Caesar); cf. AUGUST, MARCH[1]]
Julý effèct [the] 7 月効果《7 月に医療ミスが多発する現象; 7 月が新卒の医師の新任時期に当たるためといわれる》.
Ju·ma·da /ʤumáːdə/ *n* 〖イスラム〗ジュマーダ《JUMADA AL-AWWAL または JUMADA AL-THANI; ⇨ ISLAMIC CALENDAR》. [Arab]
Jumáda al-Aw·wál /-ɑːləwáːl/ 〖イスラム〗ジュマーダ・アルアッワル《イスラム暦 (⇨ ISLAMIC CALENDAR) の第 5 番目にあたる月》.
Jumáda al-Tha·ní /-tɑːníː/ 〖イスラム〗ジュマーダ・アッサーニー《イスラム暦 (⇨ ISLAMIC CALENDAR) の第 6 番目にあたる月》.
ju·mar /ʤúːmər/ *n* 〖登山〗ユマール《ザイルにセットして使う自己吊り上げ器》. ► *vi* ユマールを使って登る.
jum·bie /ʤʌ́mbi/ *n* 《カリブ》死者の霊,《特に》悪霊. [Kongo (*zumbi* fetish)]
jum·ble[1]*, **-bal*** /ʤʌ́mb(ə)l/ *n* 薄いリング形のクッキー. [変形く? *gimmal* GIMBALS]
jumble[2] *vt* 乱雑にする, ごたまぜ[いっしょくた]にする〈*up, together*〉; 雑に組み立てる〈*together*〉;〈人〉の頭を混乱させる. ► *vi* 無秩序な群れをなして進む. ● **～ up** ごちゃまぜにする, 混同する〈*with*〉. ► *n* ごちゃまぜ(の物), 寄せ集め (medley); 混乱 (disorder), 動揺; "慈善バザー用の商品 (rummage); "JUMBLE SALE: fall into a ～ 混乱する. ◆ **júm·bled** *a* **júm·bler** *n* **júm·bly** *a* ごちゃごちゃの, 混乱した. [? imit; *joll* (dial) to bump＋*tumble* か]
júmble sàle "慈善バザー, がらくた市 (rummage sale*).
júmble shòp "雑貨店, よろず廉価品店.
jum·bo /ʤʌ́mbou/ *n* (*pl* ～**s**)《口》非常に大きなもの, 巨漢, 巨獣;《口》JUMBO JET;〖機〗ドリルキャリジ, ジャンボ, ユンボ; [J-] ジャンボ《1882 年ころに米国の Barnum & Bailey Circus が購入した巨大なアフリカ象の名》. ► *a* 《口》非常に大きい, でっかい (huge), 特大の. [? Mumbo *Jumbo*]
júmbo·ìze *vt* 〈タンカーなどを〉(超)大型化する.
júmbo jét / ,⌐⌐⌐/ ジャンボジェット《数百人乗りの大型旅客機; 通例 Boeing 747 をいう》.
júmbo-sìze(d) *a* JUMBO.
jum·buck /ʤʌ́mbʌ̀k/ *n* 《豪口》羊 (sheep).
ju·melles /*F* ʒymɛl/ *n pl* 双眼鏡, オペラグラス.
Jum·na /ʤʌ́mnə/ [the] ジャムナ川《YAMUNA 川の別称》.
jump /ʤʌ́mp/ *vi* **1 a** 跳ぶ, 跳び上がる, 跳躍する (leap); 飛行機からパラシュートで飛ぶ, 降下する;〈動物が〉障害物を跳び越える: ～ *across* [*over*] …を跳び越す / ～ *aside* 跳びのく / ～ *down* [*up*] 跳び降りる[上がる] / ～ *into* the river 川に飛び込む / ～ *out of* the window 窓から飛び出す / ～ *onto* a moving train 動いている列車に飛び乗る / ～ *from* one's seat 席から飛び上がる / ～ *to* the door ドアの所へ飛んで行く / ～ to one's death 飛込み[飛び降り]自殺する / ～ to one's feet パッと立ち上がる, 飛び上がる / ～ for joy こおどりして喜ぶ / ～ clear of…から脱出する; …から身をよける. **b** 《驚いて》跳び上がる, びくっとする;〈心が〉高鳴る, おどる: sb's heart ～*s* はらはら[どきどき]する / The news made him ～. 知らせで彼はどきっとした. **c** 《ジャズ俗》躍動する, スウィングする; [進行形で]《口》にぎわう, (活気で)沸き返る;《口》いそいそと立ちまわる;《契約を無視して》職を(転々と)変える. **2** 急に出世[昇進]する;〈価格・金額などが〉はね上がる, 急増[急騰]する. **3 a** (急に)飛び移る;〈話題が〉飛躍する;〖電算〗〈プログラム(の制御)が〉一連の命令から他へ切り換わる, 飛ぶ, 分岐する: ～ to a subroutine. **b** 〈タイプの字などが〉飛ぶ;〖映〗画面が切れて飛ぶ;〖チェッカー〗飛び越して相手のコマを取る;〖ブリッジ〗必要以上にビッドを上げる. **4** 一致する

J

(agree) ⟨*together*, *with* one another⟩: Good [Great] wits ～. 《諺》知者(の考え)は一致する, '肝胆相照らす'. ► *vt* **1 a** ⟨小川などを⟩跳び越える; *⟨列車などに⟩に飛び乗る[から飛び降りる]; ⟨軌道⟩から脱線する. **b** ⟨馬などに⟩飛び越えさせる, 飛越(ひえつ)させる; ⟨獲物を⟩飛び立たせる: ～ a horse *over* a hurdle 馬にハードルを飛び越えさせる. **2** はね上がらせる, あやす (dandle) ⟨a baby *on* one's knees⟩; [ᵁ*pp*] ⟨ジャガイモなどを⟩フライパンでゆすって揚げる. **3** ⟨価格を⟩はね上がらせる; 〘ブリッジ〙⟨ビッドを⟩吊り上げる. **4 a** ⟨年級・階級を⟩飛び越す; ⟨人を⟩飛級[特進]させる: ～ the second grade 2 年を飛級する / ～ sb from instructor to full professor 講師から飛んで正教授にする. **b** ⟨本のページ・章を⟩飛ばして読む (skip over); 〘新聞〙⟨記事を⟩別のページに続ける; 〘電〙迂回する; ⟨自動車を⟩ジャンプスタートさせる, ⟨あがったバッテリーを⟩ブースターケーブルで他車のバッテリーにつなぐ (cf. JUMP-START). **c** ⟨信号など⟩より早く行動する[動く, 始める]: ～ the green light 青信号になる前に飛び出す / ～ the (traffic) lights 信号を無視する. **5** *《口》⟨町など⟩から突然去る, 高飛びする, *《口》⟨料金を⟩払わずにずらかる; *《口》⟨列車に⟩無賃乗車する: The robbers ～*ed* town. 町から逃亡した. **6** ⟨人・神経を⟩ぎくりとさせる (startle); ⟨人を⟩出し抜く, ⟨人を⟩だまして…させる ⟨*into doing*⟩; *《俗》⟨採掘権・土地を⟩不正に手に入れる; 横領する; 〘チェッカー〙飛び越えて⟨相手のコマを⟩取る. **7 a** そっと進み寄る; 《口》⟨人を⟩急に襲う, 襲いかかって[銃でおどして]強奪する, …に飛びかかる, 非難する; 《俗》⟨男が⟩…とセックスする. **b** ⟨岩(に穴)を⟩ジャンパードリルする. **8** 《廃》危険にさらす, 賭ける (risk, hazard).

● **go (and) ～ in the lake [river, sea, ocean]** [ᵁ*impv*] 《口》(うるさがられないように)立ち去る, (とっとと)消えうせる. **～ aboard [on board]** 活動に参加する. **～ about** 躍(おど)りまわる; せかせかしている. **～ a** CLAIM. **～ all over** sb 《口》人をひどく非難する, やりこめる ⟨*for* it⟩. **～ at** ⟨招待・申し込み・職・好機など⟩に飛びつく[喜んで応ずる]. **～** BAIL¹. **～ down sb's** THROAT. **～ in** (深く考えず)すぐに[進んで]始める[行なう]; 会話に割り込む. **～ in at [～ off] the deep** END¹. **～ in line*** ＝JUMP the queue. **～ into…** すぐに…を始める[行なう]. **～ off** 出かける, 始める; 〘馬〙障害飛越(ひえつ)の同点決勝ラウンドを始める[に出る]; 〘軍〙攻撃を開始する. **～ off the page** ⟨記事・絵などが⟩(人の)目に飛び込んでくる ⟨*at*⟩. **～ on…** 《俗》⟨人などに⟩飛びかかる, 襲いかかる; 《口》…を激しく非難[攻撃]する, しかる; JUMP at. **～ on [onto]…** 《口》…にさっと取りかかる. **～ out at** sb すぐ人の目につく. **～ out of one's** SKIN. **～ over the** BROOMSTICK. **～ one's bill** 勘定を払わずに去る, 食い逃げする. **～ sb's bones** *《俗》⟨男が⟩…とセックスする, やる. **～ ship** 〘海〙⟨船員が⟩契約期間を満たさずに船を降りる; (無断で)持ち場を離れる; 《組織・運動などから》離脱する, 脱走[逃亡]する; 見捨てる. **～ smooth** *《俗》まっとうになる, おとなしく[穏やかに]なる, うちとける. **～ the** GUN¹. **～ the queue**ᴵᴵ 順番を無視して並んでいる列の前に出る, 割り込む; 優先的に扱われる. **～ the track [rails]** ⟨車両が⟩脱線する; 《口》気が散る. **～ to a** CONCLUSION. **～ to it** [ᵁ*impv*] 《口》さっさと取りかかる, 急ぐ. **～ to the eyes** すぐ目につく, 目に飛び込んでくる. **～ up** 急に立ち上がる; 《カリブ》楽しいお祭り騒ぎに加わる; *《口》活気づける, ⟨曲などを⟩活発にやる. **～ up and down** [通例進行形で] 《口》かっとなる, 興奮する, 熱中する. **not know which** WAY¹ **to ～.**

► *n* **1 a** 跳ぶこと, ひと跳び, とびはね, 跳躍(距離); 〘競技〙跳躍, ジャンプ (⇨ BROAD [LONG, HIGH, POLE] JUMP); (落下傘)降下; 《通例 飛行機による》短い旅行; 《廃》危険, 冒険: at a ～ 一足飛びに, 一躍して. **b** 《馬術などの》《飛び越える》障害(物). **2** 《数量・価格・相場などの》急増, 急騰; 〘ブリッジ〙JUMP BID. **3 a** 《議論などの》急転, 中絶, 飛躍; 〘新聞・雑誌〙記事が他ページへ続くこと, その部分 (cf. BREAKOVER); 〘映〙ジャンプ《同一場面内で連続すべき被写体の動きが連続せずに飛躍すること》. **b** 〘電算〙プログラムの制御の切換え, 飛越し, ジャンプ, 分岐. **c** 〘車〙JUMP START: get a ～《他車のバッテリーを使って》車のエンジンをかけてもらう. **4** 〘石工〙段違い. **5** 〘チェッカー〙《飛び越えて》相手のコマを取ること; 《俗》強盗 (robbery). **6** 急な[はっとした]動き; [the ～s] そわそわ, びくびく; [ᵁthe ～s] 《口》《アルコール中毒症などの》神経的なひきつり[震え], 譫妄(せんもう)症 (delirium tremens); [the ～s] 《口》舞踏病 (chorea). **7** 《俗》 **a** 躍動的なリズムのジャズ, スウィング, ジャンプ(ミュージック); 《スウィングの》ダンス; ダンスパーティー, パーティー. **b** *《ティーンエージャーの》乱闘, 出入り (rumble). **c** 《俗》セックス. **8** [the] *《俗》始め, 最初 (the beginning): from *the* ～ 始めから. ● **all of a ～** 《口》びくびくして. **(at a) full ～** 全速力で. **be for the** HIGH JUMP. **get [have] the ～ on…** 《口》…に対して先手をとる[一歩先んずる]. **give sb a ～ [the ～s]** 《口》人をぎょっとさせる. **have the ～s** ぎょっとする. **one ～ ahead (of…より)** 一歩先んじて, 一枚うわてで. ***on the* ～** *《口》忙しく駆けずりまわって, 忙しい[忙しく], 暇なしで; 《口》猛スピードで; 《口》びくついて. **put** sb **over the big ～** 人を殺す. **take a ～** [*impv*] 《口》うせろ! **take the ～ up the line** *《俗》⟨サーカスなど⟩旅をする, 次の町へ移動する.

► *a* **1** 〘ジャズ〙テンポの速い, 急テンポの; 《口》神経質な, びくびくした. **2** 〘軍〙パラシュート(部隊)の.

► *adv* 《廃》正確に, ぴったり.

♦ **～·able** *a*

[C16＜? imit; cf. LG *gumpen* to jump]

júmp àrea 〘軍〙落下傘部隊の降下地《敵陣後方》.

júmp bàll 〘バスケ〙《試合開始の》ジャンプボール.

júmp bànd 《俗》ジャンプバンド《ジャンプミュージック (⇨ JUMP) を演奏するバンド》.

júmp bèlt JET BELT.

júmp bìd 〘ブリッジ〙《bridge で自分の手札の強いことを示すための》必要以上に高い競り値[点数](の宣言).

júmp bòot ジャンプブーツ《落下傘隊員の履くブーツ》.

júmp càbles *pl* ブースターコード《自動車などの上がってしまったバッテリーに充電するとき用いる》.

júmp cùt 《映画の》画面を飛ばすこと; 《話などの》飛躍. ♦ **júmp-cùt** *vi*

júmped-úp ᴵᴵ《口》*a* 新興の, 成り上がりの; 思い上がった.

júmp·er¹ *n* **1 a** 跳躍するもの[人]; ジャンパー《陸上競技・スキーなどの跳躍競技の選手》; 障害レース用乗用馬; とびはねる虫《ノミなど》. **b** 荷物集配トラック運転手助手, HANDYMAN; 《俗》乗車券検札係. **c** [ᵁJ-] ジャンパー, '跳舞者'《礼拝時に跳んだり踊ったりして霊的な高まりを表わすキリスト教派の信徒; 18 世紀ウェールズのメソジスト派など》. **2** 《子供用などの》簡単なそり; 幼児がとびはねるための椅子. **3** ジャンパー《削岩用のたがね装置》; ジャンパー作業員[工夫]; 先有鉱区横領者. **4** *〘海〙檣間(しょうかん)維持索, ジャンパー; 〘電〙ジャンパー(線) (＝～ **wire**) 《回路の切断部をつなぐ短い導線》; 〘車〙ブースターケーブル (booster cable); 〘電算〙ジャンパー《2 列に並んだ細かいピン状電極をつなぐ導体; ジャンパーの変更により, 回路を変更できる》. **5** 〘バスケ〙JUMP SHOT: hit a ～. [*jump*]

jumper² *n* 《水夫などの着る》作業用上着, ジャンパー; *ジャンパースカート[ドレス], エプロンドレス《女性・子供用の袖なしのワンピース》; ᴵᴵセーター, プルオーバー; [ᵁ*pl*]*ロンパース, カバーオール (rompers) 《子供の遊び着・寝巻用》. ● **stuff [shove, stick]…up one's ～** ＝stuff…up one's ASS². [? *jump* (dial) short coat＜? F *jupe*]

júmper càbles* *pl* JUMP CABLES.

júmper's knée 〘医〙ジャンパーひざ《激しいジャンプを要求されるスポーツ選手にみられる膝蓋腱の炎症や損傷によるひざの疼痛》.

júmper stày 〘海〙ジャンパーステー《檣間吊り索, または 水平支索》.

júmp hòok 〘バスケ〙ジャンプフック《ジャンプしながらの hook shot》.

júmp·ing *a* 跳ぶ, はねる⟨動物⟩; 跳躍[ジャンプ](用)の; 《俗》スウィングの⟨バンド⟩; 《俗》ひどく騒がしい[活気のある], にぎわっている⟨場所⟩.

júmping bèan [sèed] 《メキシコ》トビマメ《メキシコ産トウダイグサ科メキシコトビマメ属およびナンキンハゼ属の植物の種子; 中にいるハマキガの幼虫の動きによっておどる》.

júmping dèer MULE DEER.

júmping géne 《口》TRANSPOSON.

júmping hàre 〘動〙トビウサギ (＝*springhaas*)《アフリカの乾燥した荒地にすむ》.

júmping jàck **1 a** 《手足や胴が連結されていて, それについているひも[棒]を引っ張ると跳んだりはねたりする》踊り人形; ねずみ花火. **b** 《口》YES-MAN. **2** ジャンピングジャック, 挙手跳躍運動 (＝*side-straddle hop*)《気をつけの姿勢と開脚で両手を頭上で合わせる姿勢を跳躍をはさんで交互に繰り返す準備運動の一つ》.

júmping mòuse 〘動〙トビハツカネズミ《北米産》.

júmp·ing-óff plàce [pòint] **1** 最果ての地, 文明世界の果て; 遠隔の地; 限界(点), ぎりぎりのところ. **2** 《旅・事業・研究などの》起点, 出発点.

júmping plánt lòuse 〘昆〙キジラミ.

júmping ròpe* SKIPPING ROPE.

júmping spìder 〘動〙ハエトリグモ.

júmp jèt ジャンプジェット機, VTOL ジェット機《垂直に離着陸できるジェット機》.

júmp jòckeyᴵᴵ 〘競馬〙障害競走騎手.

júmp lèadsᴵᴵ /-lìːdz/ *pl* JUMP CABLES.

júmp lìne 〘新聞・雑誌〙《記事のページが離れるときの》続きページ指示.

júmp·màster *n* 〘米軍〙《落下傘部隊の》降下係将校.

júmp-òff *n* 出発(点), 《競走・攻撃の》開始; 〘馬〙障害飛越(ひえつ)の(同点)決勝ラウンド.

júmp pàss 〘バスケ・アメフトなど〙ジャンプパス.

júmp ròpe* *n* 縄跳びの縄 (skipping ropeᴵᴵ); 縄跳び (skippingᴵᴵ). ► *vi* /ˊ― ˋ―/ 縄跳びをする.

júmp sàck 《俗》パラシュート.

júmp sèat 《自動車・飛行機の》折りたたみ式補助席; 《馬車内の》可動座席.

júmp shòoter ジャンプショットを打つ人.

júmp shòt **1** 〘バスケ〙ジャンプシュート[ショット]. **2** 〘玉突〙ジャンプショット《ほかの球を飛び越すように手球を撞くこと》.

júmp-stàrt *vt* ジャンプスタートで⟨車(のエンジン)を⟩始動させる; 《口》⟨動こうとしないものを⟩なんとか始動させる, 活性化する; 《口》速やかにスタートさせる: ～ the economy 経済を活性化する.

júmp stàrt 〘車〙ジャンプスタート (＝*jump*)《エンジンを, ブースターケーブル (booster cables) を使って他車のバッテリーとつなぐことにより, または車を押したり坂道に走らせたりしながら始動させること》; 《口》《停滞した経済などの》活性化.

júmp strèet *《俗》始め, スタート: from ～ 始めっから.
júmp·sùit *n* 落下傘降下服; ジャンプスーツ《降下服に似た上下つなぎのカジュアルウェア》.
júmp-ùp *n* **1** 飛び上がること, とびはね. **2**《カリブ》集団でする踊り, 楽しいお祭り騒ぎ; *《軍俗》即座にしなければならない仕事. **3**《豪口》《通行の妨げとなる路上の》隆起, 急斜面, 崖.
júmpy *a* 跳躍性の, よくはねる[揺れる]〈乗物など〉, 急にとぶ[変わる, 移る]〈話など〉; 《口》神経質な[で], びくびく[そわそわ]して, すぐ驚く. ◆ **júmp·i·ly** *adv* **-i·ness** *n*
jun /ʤʌ́n, ʤʊ́n/ *n* (*pl* ～)《北朝鮮の》CHON. [Korean]
jun. junior.
Jun. June ◆ Junior.
Ju·na·gadh /ʤʊnɑ́ːgəd/ ジュナガド《インド西部 Gujarat 州, Kathiawar 半島の町; 仏教関連の洞窟・寺院・およびヒンドゥー・イスラムの遺跡で知られる》.
junc. junction.
jun·ca·ceous /ʤʌ̀ŋkéɪʃəs/ *a*〘植〙イグサ科 (Juncaceae) の.
jun·co /ʤʌ́ŋkoʊ/ *n* (*pl* ～**s**, ～**es**)〘鳥〙ユキヒメドリ (=*snowbird*)《ホオジロ科; 北米産》. [Sp＜L *juncus* rush plant; 居場所から]
junc·tion /ʤʌ́ŋ(k)ʃ(ə)n/ *n* **1 a** 接合点; 交差点, 《高速道路の》合流点, ジャンクション; 《川の》合流点. **b** 連絡駅, 乗換駅《しばしば固有名詞の一部として》; 〘電〙接合器, JUNCTION BOX. **2** 接合, 連接, 連絡; 〘電子工〙《半導体内の電気的性質の異なる部分の》接合; 〘文法〙連結, ジャンクション《主語と述語に分析できない一次語と二次語の語群; cf. NEXUS》. ◆ ～·**al** *a* [L; ⇨ JOIN]
júnction bòx〘電〙接続箱.
júnction transìstor〘電子工〙接合トランジスター.
junc·tur·al /ʤʌ́ŋ(k)ʧərəl, -ʃə-/ *a*〘言〙連接の[に関する].
junc·ture /ʤʌ́ŋ(k)ʧər/ *n* **1** 接続, 連結, 接合; 接合点, 連絡箇所, つなぎ目, 関節; 〘言〙連接. **2** 時点; (重大)局面, 危機 (crisis): *at* this ～ この重大時に, この局面で; 現時点で. [L; ⇨ JOIN]
Jun·diaí /ʒùːndjɑíː/ ジュンディアイ《ブラジル南東部 São Paulo 州南東部の市》.
June /ʤúːn/ *n* **1** 六月 (cf. MARCH). **2** ジューン《女子名; 6 月生まれに多い》. [OF＜L *Junius* month of JUNO]
Ju·neau /ʤúːnoʊ, ʤʊnóʊ/ ジュノー《Alaska 州南東部にある同州の州都》.
Júne bèetle [bùg]〘昆〙コフキコガネ《総称》.
Júne·bèrry /, -b(ə)ri/ *n*〘植〙《北米産の》ザイフリボク(の実) (=*saskatoon, serviceberry, shadblow, shadbush, sugarberry*)《バラ科》.
Júne dròp〘園〙ジューンドロップ《施肥ミス・病気・環境悪変などにより, 特に 6 月ごろ果実が落ちること》.
Júne gràss KENTUCKY BLUEGRASS.
June·teenth /ʤùːntíːnθ/ *n* ジューンティーンス《6 月 19 日; 特に Texas 州で, 1865 年同州で奴隷解放が発表されたこの日を記念して祝う祭》. [*June*＋nine*teenth*]
Jung /jʊ́ŋ/ ユング **Carl Gustav** ～ (1875–1961)《スイスの心理学者・精神医学者; 分析心理学を創始; 外向的・内向的人格や元型, 集合無意識の概念を提唱し発展させた》.
Jung·frau /jʊ́ŋfràʊ/ [the] ユングフラウ《スイスの Bernese Alps 中の高峰 (4158 m)》.
Jung·gar /ʒʊ́ŋgɑ́ːr / ジュンガル(準噶爾)盆地 (=～́ **Pen·dí** /pʌ́ndíː/) (DZUNGARIA).
Júng·ian *a, n* ユング(の理論)の[に関する]; ユングの理論の信奉者.
Júngian psychólogy ユング心理学, 分析心理学《リビドーは単なる性本能の発現ではなく生きる意志の発現であるとし, 無意識は種の記憶の結果であるとする; cf. COLLECTIVE UNCONSCIOUS》.
jun·gle /ʤʌ́ŋg(ə)l/ *n* **1** [ᵘthe]《インドや Malay 半島などの》ジャングル, (熱帯の)密林: cut a path through *the* ～ ジャングルの中に道を切り開く. **2 a** 混乱, 錯綜; 雑多な寄せ集め; 幻惑[困惑]させるもの, 迷宮. **b** 非情な生存競争(の場), 《混乱状態にある》現実の世の中, 無法地帯, 都会ジャングル; 《俗》《町はずれの鉄道線路沿いの》失業者や浮浪者のキャンプ, 《都市の失業者の》たまり場: It's a ～ out there. 外は(弱肉強食の)ジャングルだ. **3** ジャングル (=～́ **mùsic**)《高速ビートのドラムとベースの音色を極端に強調したダンス音楽》. ● **the law of the** ～ ジャングルのおきて《弱肉強食》. ◆ ～·**like** *a* **júng·list** *n, a* ジャングルの(ミュージシャン[ファン]). **jún·gly** *a* ジャングル(性)の, 密林の(ような). [Hindi＜Skt＝desert, forest]
júngle-bàsh·ing *n*《俗》《兵隊などが》ジャングルを切り開いて進むこと.
júngle bùnny [ᵘ*derog*]《俗》黒んぼ, 土人.
júngle búsh quàil〘鳥〙ヤブウズラ《インド・スリランカ原産; キジ科》.
júngle bùzzard *《俗》放浪者のキャンプ (jungle) に住みついて他の放浪者にたかる放浪者.
júngle càt ジャングルキャット《北アフリカからアジアにかけて生息する中型のヤマネコ》; 《一般に》熱帯地方に生息する野生のネコ科動物《ヒョウなど》.
jún·gled *a* ジャングルにおおわれた; *《俗》《jungle juice の飲みすぎで》酔っぱらった.
júngle féver 密林熱, ジャングル熱《熱帯, 特に Malay 諸島のマラリア熱病》.
júngle fòwl〘鳥〙**a** ヤケイ《東南アジア産; 鶏 (domestic fowl) の原種とされる》. **b**《豪》MEGAPODE.
júngle gréen ダークグリーン(の服).
júngle gỳm ジャングルジム.
júngle jùice 《俗》《特に自家製の》強い酒, 密造酒; 《豪俗》灯油 (kerosine).
júngle làw [the] law of the JUNGLE.
júngle mòuth *《俗》臭い息, 口臭.
júngle rìce〘植〙コヒメビエ, ワセビエ《熱帯アジア原産; 水田・畑の雑草》.
júngle ròt 《俗》熱帯の皮膚病.
júngle tèlegraph BUSH TELEGRAPH.
jun·gli /ʤʌ́ŋgli/ 《インド》*a* ジャングルに住む; 無作法な, 野暮ったい. [*jungle, -i*]
Ju·nín /huníːn/ フニン (**1**) アルゼンチン東部 Buenos Aires の西方にある市 **2**) ペルー中部, フニン湖 (**Láke** ～́) 南端の南東にある町》.
jun·ior /ʤúːnjər/ *a* **1 a**〈…より〉年少の〈*to*〉; 年少のほうの (younger)《特に 2 兄弟の弟・同名父子の子・同名生徒の年少者; opp. *senior*; cf. MINOR》: John Smith *J*~ ジョンスミス弟[2 世]《通例 John Smith, Jr. の形をとるが, コンマは略することが多く, また jr. とも書く》. **b** *《四年制大学・高校の》三年級の, 《二年制大学の》一年級の《卒業学年の一つ前の学年をいう; ⇨ FRESHMAN》; ᴴ《7–11 歳の》学童の. **c** 青少年[若年者]用の[からなる]. **2**〈…より〉時期[年代]が後の〈*to*〉; 下位の, 後進の, 〘法〙後順位の〈債権など〉: a ～ partner 下級の共同経営者. **3** 小型の: a ～ hurricane 小型のハリケーン. ► *n* **1 a** 年少者; 地位の低い人, 下級職員, [one's] 後進者, 後輩; [ˢJ-] *《家族の》息子, 二世 (son); 若者: He is my ～ by three years.＝He is three years my ～. 彼はわたしより 3 つ年下だ. **b** *《四年制大学・高校の》三年生, 《二年制大学の》一年生; 日曜学校生徒と同年齢層の児童《9–11 歳》; ᴴ小学校 (junior school) の学童; [J-] ジュニア《ガールスカウトの 9–11 歳の団員; ⇨ GIRL SCOUT》. **2** 若い女性, お嬢さん (junior miss); ジュニア《婦人服のサイズ, 胴のほっそりした若い人向きのデザイン》: coats for teens and ～*s* 十代の少女や若い女性用のコート. **3**〘英法〙下級法廷弁護士, ジュニアバリスター《KC [QC] より下位の barrister》. [L (compar)〈*juvenis* young]
Júnior Achíevement〘米〙青少年育成会《高校生を対象にした全国組織で, 自分たちで各種商売を運営し, 実業経験を身につけることを目的とする; 略 JA》.
ju·nior·ate /ʤúːnjərèɪt, -rət/ *n* イエズス会の高等学院課程《哲学コースに進む前の 2 年》; イエズス会高等学院.
júnior bárrister〘英法〙下級法廷弁護士, 非勅選法廷弁護士《勅選弁護士 (King's Counsel, Queen's Counsel) でない barrister》.
júnior cóllege 《米国・カナダの》二年制大学, 《日本の》短期大学; 成人教育学校.
júnior combinátion ròom 《Cambridge 大学の》学生社交室《略 JCR; cf. SENIOR COMBINATION ROOM》.
júnior cómmon ròom 《Oxford 大学などの》学生社交室《略 JCR; cf. MIDDLE [SENIOR] COMMON ROOM》.
júnior féatherweight ジュニアフェザー級のボクサー《バンタム級とフェザー級の中間; 制限体重は 122 ポンド (55.34 kg)》.
júnior flýweight ジュニアフライ級のボクサー《制限体重は 108 ポンド (48.99 kg)》.
júnior hígh (schòol)〘米〙下級高等学校《通常 7, 8, 9 学年の 3 年制; 上は senior high (school) に連絡する》.
ju·nior·i·ty /ʤuːnjɔ́(ː)rəti, -njɑ́r-/ *n* 年下であること, 年少(の身); 後進[後輩]の身; 下級, 下位.
Júnior Léague [the]〘米〙女子青年連盟《Association of the Junior Leagues International, Inc. 傘下の地域組織; 社会奉仕活動を行なう》. ◆ **Júnior Léaguer** 女子青年連盟会員.
júnior líbrary〘英〙児童図書館.
júnior líghtweight ジュニアライト級のボクサー; [〈*a*〉] ジュニアライト級の. ★ 現在は super featherweight という.
júnior míddleweight ジュニアミドル級のボクサー; [〈*a*〉] ジュニアミドル級の. ★ 現在は super welterweight という.
júnior míss *若い女性, お嬢さん《13 歳から 15, 6 歳》; ジュニア(サイズ)《胴のほっそりした若向きの婦人服サイズ》.
júnior óptime〘ケンブリッジ大学〙数学優等卒業試験の第三級合格者.
júnior schòol〘英〙小学校《通例 7–11 歳の児童を教育; cf. PRIMARY SCHOOL》.
júnior technícian〘英空軍〙兵長 (⇨ AIR FORCE).
júnior vársity〘米〙大学[高校]運動部の二軍チーム《VARSITY の下位; cf. JAYVEE》.
júnior wélterweight ジュニアウェルター級のボクサー; [〈*a*〉] ジュニアウェルター級の. ★ 現在は super lightweight という.
ju·ni·per /ʤúːnəpər/ *n* **1**〘植〙**a** ネズミサシ, ビャクシン《ヒノキ科ネズミサシ属[ビャクシン属]の木の総称》, 《特に》セイヨウネズ, セイヨウビャクシン (=*common juniper*)《球果をジンの香りづけに使う》: oil of ～＝

J

JUNIPER OIL. **b** ビャクシンに似た針葉樹. **2**〘聖〙レダマの木, エニシダの木《*1 Kings* 19: 4; RETEM と同定される》. [L *juniperus*]
júniper jùice 《俗》ジン (gin).
júniper òil 杜松子(としょうし)油《セイヨウネズの実から得る精油; ジンやリキュールの香りづけおよび医薬に用いる》.
júniper tàr 杜松タール (=**júniper tàr óil**)《欧州産 juniper の一種の木部を乾留して得るタールで, 局所抗湿疹薬にする》.
Jun·ius /ʤúːnjəs, -niəs/ **1** ジュニアス《男子名》. **2** ジュニアス《英国王 George 3 世の閣僚を非難した一連の手紙 (1769–72) の筆者で, 本名不明の人物; Sir Philip Francis とする説もある》. **3** ユニウス **Franciscus ~** (1589–1677)《イングランドの言語学者; フランス語名 François du Jon》. [ローマの家族名より]
junk[1] /ʤʌ́ŋk/ *n* **1 a** がらくた, くず物, 廃品,《くたびれてはいるが》まだなんとか役に立つ代物;《詰め物・マットなどに用いる》古綱のきれ; ジャンクフード (junk food); ばかげたこと, くだらないもの;《口》(あれやこれやの)もの (stuff, things), 持物: hunk [pile, piece] of ~ *《口》おんぼろの機械,《特に》ぽんこつ車. **b** 《俗》麻薬, ヘロイン: be on the ~ 麻薬をやっている, 麻薬中毒である. **2**〘海〙塩漬け肉;《マッコウクジラの》頭部脂肪組織; "厚い一片, 塊り (lump) ‹*of*›. **3** JUNK BOND. **4***《テニス俗》巧妙なサーブ[ロブ], ゆるいが打ち返せないショット, ジャンク; *《野球俗》JUNK BALL. ► *vt* 《口》(がらくたとして)投げ捨てる, 反古にする;《俗》‹競技者・競走馬›に興奮剤[麻薬]をうつ. [ME *jonke* old useless rope]
junk[2] *n* ジャンク《中国水域で使われてきた帆船》. [F, Port or Du <Jav *djong*]
júnk àrt 《金属・モルタル・ガラス・木などの》廃棄物利用造形美術, ジャンクアート. ◆ **júnk àrtist** ジャンクアーティスト.
júnk bàll 《野球俗》*n* 変則投法によるゆるい変化球, ナックルボール, フォークボール. ► *a* 変則(投球)の‹投手›.
júnk bònd 〘金融〙ジャンクボンド《格付けが低く (BB 以下) 利払い・償還について危険が大きいが利回りも大きい社債》.
júnk dèaler JUNKMAN[1].
J **junk DNA** /ー dìːɛ̀néɪ/〘遺〙ジャンク DNA《遺伝子としての機能をもたないと考えられる DNA 領域; spacer DNA などが相当する》.
júnked *a* [°~ up]《俗》麻薬に酔って.
júnk è-mail くずメール (spam).
júnk·er*《俗》*n*《修理に値しない》おんぼろ自動車, こわれた機械, ぽんこつ; 麻薬常習者;《麻薬, 特にヘロインの》売人. [*junk*[1]]
Jun·ker /júŋkər/ *n*《ドイツの》貴族の子弟, 青年貴族, 貴公子; ユンカー《東部ドイツの地主貴族; プロイセンではこの階層出身の軍人・官僚が多く, 反動的で, ドイツ軍国主義の温床となった》. ◆ **~·dom** *n* ユンカー階級[社会]. **~·ìsm** *n* ユンカー政体[政策, 主義]. [G=young lord]
júnker màn*《俗》マリファナ喫煙者.
Jun·kers /júŋkərz, -s/ ユンカース **Hugo ~** (1859–1935)《ドイツの航空技術者》.
jun·ket /ʤʌ́ŋkət/ *n* **1** ジャンケット《味付けした牛乳を凝固させたカスタードに似た甘い凝乳製食品》, ジャンケット食品[料理]. **2** 宴会 (feast); 遊山(ゆさん), 旅行, 歓楽;《公費でする》大名[遊山]旅行; 接待旅行. ► *vi* 宴会を催す; 宴会に出席する; 遊山に行く;《公費で》大名旅行する. ► *vt* ‹人を›遊山旅行などでもてなす, 宴会を催してもてなす. [OF *jonquette* rush basket (used for junket)<L *juncus* rush]
jun·ke·teer /ʤʌ̀ŋkətíər/, **júnket·er** *n*《宴会で》飲み騒ぐ人; *公費旅行者.
júnk fàx くずかご行きのファックス通信物, ごみファックス《広告など; cf. JUNK MAIL》.
júnk fòod ジャンクフード《ポテトチップス・ポップコーンなど, カロリーが高いだけで栄養価は低いスナック風の食品》;《食物代替物のはいった》インスタント食品;《俗うけはするが》くだらない[役にも立たない]もの.
júnk gùn SATURDAY NIGHT SPECIAL.
júnk·hèap *n* JUNKYARD;《俗》おんぼろ自動車;《俗》雑然とした場所, ごみためみたいな所, 荒れはてた家[建物].
junk·ie /ʤʌ́ŋki/《口》*n* JUNKMAN[1]; 麻薬常用者, ペイ患, 売人(ばいにん), ジャンキー;《広く》何かに取りつかれた者, 熱中者, 中毒者, …気違い. [*junk*[1]]
júnk jèwelry*《口》安物の模造宝石装身具類.
júnk màil くずかご行きの郵便物《主に宣伝広告用; しばしば宛名として個人名の代わりに occupant, resident などが使われる》.
júnk·màn[1]* *n* くず屋, ジャンク屋.
júnk·man[2] /-mən/ *n* ジャンクの船員.
júnk scìence*《俗》《法廷に提出される》'科学的' なデータ[証拠].
júnk scùlpture JUNK ART. ◆ **júnk scùlptor** *n*
júnk shòp 古綱店, 古船具店 (marine store); 船具商 (ship chandler);《二流品を売る》中古品店, ジャンク屋.
júnk squàd*《俗》《警察の》麻薬取締まり[捜査]班.
júnk tànk*《俗》麻薬常用者収容所[留置所]の独房.
júnky 《口》*n* JUNKIE. ► *a* がらくたの, 二級品の.
júnk·yàrd *n*《古鉄・古紙・古布などの》廃品置場.
Ju·no /ʤúːnoʊ/ **1 a**〘ロ神〙ユーノー《Jupiter の妻; 光・誕生・女性・結婚の女神; ギリシアの Hera に当たる》. **b** 堂々とした美人. **c**〘天〙ジュノー《小惑星 3 番; 小惑星中 4 位の大きさ》. **2** ジュノー《女子名》. [L; 'youthful one' の意か]
Ju·no·esque /ʤùːnoʊɛ́sk/ *a* ‹女性が›堂々として気品のある, 押し出しのりっぱな; ふくよかな (plump). [C19 (↑)]
Ju·not /*F* ʒyno/ ジュノー **Andoche ~**, Duc d'Abrantès (1771–1813)《フランスの将軍》.
junque /ʤʌ́ŋk/ *n*《俗》我楽多, ジャンク《JUNK[1] をフランス語風につづったもので, 骨董品業者などが使うつづり》.
Junr junior.
jun·ta /ʤʌ́ntə, *hún-, *hʌ́n-, "ʤún-/ *n*《スペイン・南米などの》行政機関,《特に 革命政権樹立後の》指導者集団, 暫定(軍事)政権, (革命)評議会; JUNTO. [Sp and Port<L *juncta* ‹ JOIN]
jun·to /ʤʌ́ntoʊ/ *n* (*pl* **~s**)《政治上の》領袖団, ジャントー; [J-]〘英史〙《William および Anne の時代の》ホイッグ首脳; 派閥, 徒党,《文芸の》同人; JUNTA. [↑]
jupe /ʤúːp; ʒúːp/ *n* スカート. [F]
Ju·pi·ter /ʤúːpətər/ **1 a**〘ロ神〙ユーピテル《神々の主神で天の支配者; 光・気象現象の神; ギリシアの Zeus に当たる; 神妃は Juno; cf. JOVE》. **b**〘天〙木星. **2** [‹*int*›] あらっ, ウワッ! ● **by ~** 《古》by JOVE. [L *Jup(p)iter* (JOVE, PATER)]
ju·pon /ʤúːpɑ̀n, ʤupɑ́n; ʒúːpɔn/ *n* ジポン《**1**) 中世の鎧(よろい)ひたたれ **2**) 中世後期の陣羽織》. [OF; ⇨ JUPE]
jura *n* JUS[1] の複数形.
Ju·ra /ʤúərə/ **1 a** ジュラ《**1**) フランス東部 Franche-Comté 地域圏の県; ☆Lons-le-Saunier **2**) スコットランド西岸沖 Inner Hebrides の島 **3**) スイス北西部の州; ☆De·lé·mont /*F* dəlemɔ̃/》. **b** [the] ジュラ山脈《フランス東部・スイス西部の山脈》. **2**〘地質〙ジュラ紀[系].
ju·ral /ʤúərəl/ *a* 法律(上)の, 司法(上)の; 権利・義務に関する. ◆ **~·ly** *adv* [JUS[1]]
Ju·ra·men·to /hùərəméntoʊ/ [the] フラメント川《アルゼンチン北部を流れる Salado 川の上流における名称》.
ju·rant /ʤúərənt/ *a, n*〘法〙宣誓する(人).
Ju·ras·sic /ʤuərǽsɪk/〘地質〙*a* ジュラ紀[系]の. ► *n* [the] ジュラ紀[系] (⇨ MESOZOIC). [F (*Jura* mountains); cf. LIASSIC, TRIASSIC]
ju·rat /ʤúəræt/ *n*〘英〙《特に Cinque Ports の》市政参与;《Channel 諸島やフランスの》政務官;〘法〙《宣誓供述書 (affidavit) 末尾の》宣誓認証記載《その宣誓供述書の作成年月日および宣誓立会人氏名が記載認証されている結びの句》. [L=sworn man (*juro* to swear)]
ju·ra·to·ry /ʤúərətɔ̀ːri; -t(ə)ri/ *a*〘法〙宣誓の[で述べた].
ju·rel /hurɛ́l/ *n*〘魚〙アジ科の各種の食用魚. [Sp]
Jur·gen /ʤɜ́ːrgən/ ジャーゲン《J. B. Cabell の同名の物語 (1919) に登場する, 妻を悪魔から取り返した中年の質屋》.
ju·rid·i·cal /ʤuərídɪk(ə)l/ *a* 司法[裁判]上の; 法律上の (legal); 裁判官の職務の, 判事職の: a ~ person 法人. ◆ **ju·ríd·ic** *a* **~·ly** *adv* [L (JUS[1], *dico* to say)]
jurídical dáys *pl* 裁判日, 開廷日.
ju·ried /ʤúərid/ *a* 審査員団が選定した, 審査制の‹美術展など›.
ju·ri·met·rics /ʤùərəmétrɪks/ *n* 計量法学《社会科学の科学的分析法を用いて法律問題を扱う》. ◆ **jù·ri·mét·ri·cist, jù·ri·met·rí·cian** *n*
ju·ris·con·sult /ʤùərəskɑ́nsʌ̀lt, *-kənsʌ́lt/ *n* 法(律)学者 (jurist)《特に 国際法[民法]の; 略 JC》. [L]
ju·ris·dic·tion /ʤùərəsdíkʃ(ə)n/ *n* 司法権, 裁判権, (裁判)管轄(権); 支配(権), 管轄権; (裁判)管轄区, (司法)管区, 支配圏[区域]; 法域: have [exercise] ~ *over*…を管轄する / in some ~*s* 一部の法域では. ◆ **~·al** *a* **~·al·ly** *adv* [OF and L; ⇨ JUS[1], DICTION]
Jú·ris Dóctor /ʤúərəs-/〘米〙法学博士《law school の卒業生に授与される学士相当の学位》. [L=doctor of law]
ju·ris·pru·dence /ʤùərəsprúːd(ə)ns/ *n* **1** 法学, 法律学, 法理学;《古》法律の知識, 法律に精通すること; 法体系, 法制 (system of law): MEDICAL JURISPRUDENCE. **2** 判例《集合的》; 判例法. ◆ **-pru·den·tial** /-prudénʃ(ə)l/ *a* **-dén·tial·ly** *adv* [L; ⇨ JUS[1], PRUDENT]
jù·ris·prú·dent *a* 法律[法理]に精通した. ► *n* 法律専門家 (jurist).
ju·rist /ʤúərɪst/ *n* 法律家, 法学者, 法学生,《すぐれた》法律専門家, 法実務家, 裁判官《英では特に法(理)学者, 法律関係の著述家; 米では弁護士 (lawyer), 裁判官 (judge) をもいう》. [F or L; ⇨ JUS[1]]
ju·ris·tic /ʤuərístɪk/, **-ti·cal** *a* 法理学者的な, 法学徒の; 法学の, 法律上の, 法律上認められた. ◆ **-ti·cal·ly** *adv*
jurístic áct 《法的権利の変更などを目的とする私人の》法律行為.
jurístic pérson 〘法〙法人 (=*artificial person*).
ju·ror /ʤúərər, *-rɔ̀ːr/ *n* 陪審員 (⇨ JURY[1]);《陪審員候補者名簿に名を連ねた》陪審員候補者; 宣誓者 (cf. NONJUROR);《コンテストなどの》審査員. [AF<L; ⇨ JURY[1]]
Ju·ruá /ʒùəruáː, -rwáː/ [the] ジュルア川《ペルー中東部からほぼ北東流してブラジル北西部で Solimões 川に合流》.

Ju·rue·na /ʒùəruéɪnə, -rwéɪ-/ [the] ジュルエナ川《ブラジル中西部を北流し, Teles Pires 川と合流して Tapajós 川となる》.

ju·ry[1] /ʤúəri/ *n* **1 a**〖法〗陪審《通例 市民の中から選定された 12 名の陪審員からなり, 法廷で事実の審議にあたり, 有罪 (guilty) か無罪 (not guilty) かの評決 (verdict) を裁判長に答申する; 陪審員は juror といい, また以前は juryman, jurywoman ともいった; ⇨ COMMON [GRAND, PETIT, PETTY, SPECIAL] JURY》: The ～ has given [has returned] the verdict of guilty [not guilty]. 陪審は有罪[無罪]の評決を下した[答申した] / The ～ are divided in opinion. / ⇨ CORONER's ～. **b** 諮問[答申]を委嘱された人びと. **2**《コンテストなどの》審査員会[団]. ● JUDGE **and ～**. **the ～ is (still) out** 評決はまだ出ていない; ‹…については›結論[判断結果]はまだ出ていない ‹*on*›. ► *vt* *‹出品作などを›審査する, ‹美術展など›への展示作品を選ぶ (cf. JURIED). [OF *juree* oath, inquiry＜L (*juro* to swear)]

jury[2] *a*〖海〗《緊急時などの》仮の, 応急の (makeshift). [C17＜?; cf. F *ajurie* aid]

júry bòx《法廷の》陪審員席.

júry consùltant 陪審コンサルタント《陪審選定を有利に進めるために雇われる専門家》.

júry dùty *陪審員としてのつとめ[義務].

júry·man /-mən/ *n* 陪審員 (⇨ JURY[1]).

júry màst〖海〗仮マスト, 応急マスト.

júry nullificàtion〖法〗陪審による説示無視《陪審が裁判官の説示に従わず, それと知りつつ一定の証拠を意識的にしりぞけあるいは法の適用を拒否し, 法を適用したのとは異なった評決を出すこと》.

júry of mátrons〖史〗受胎審査陪審《妊娠を理由に被告が死刑執行の停止を申し出たときその事実を審査する既婚婦人からなる陪審》.

júry-pàck·ing *n* 陪審員選定工作.

júry pànel〖法〗陪審, 陪審員団; 陪審員候補者名簿.

júry pròcess〖法〗陪審員召喚手続き[召喚状].

júry-rìg *vt* ‹装置などを›応急的に作る, 間に合わせに組み立てる.

júry ròom 陪審員室《陪審員が審議を行なう部屋》; 陪審員控室《陪審員候補者が陪審員として呼ばれるまで待機する部屋》.

júry sèrvice ″JURY DUTY.

júry trìal〖法〗陪審審理 (＝*trial by jury*) (cf. BENCH TRIAL).

júry·wòman *n* 女性陪審員 (⇨ JURY[1]).

jus[1] /ʤʌ́s/ *n* (*pl* **ju·ra** /ʤúərə/)〖法〗法, 法律(体系); 権利, 権限. [L *jur- jus* law, right]

jus[2] /ʒú:(s), ʤú:s; ʒú:/ *n*〖料理〗汁, 肉汁. [F＝juice]

jus ca·non·i·cum /jú:s kənóunɪkùm, ʤʌ́s kənánɪkəm/ 教会法 (canon law). [L]

jus ci·vi·le /ʤʌ́s sɪváɪli, -ví:-/ 市民法, 民法 (civil law). [L]

jus di·vi·num /jú:s dɪwí:nùm, ʤʌ́s dɪváɪnəm/ 神の法; 神権. [L]

jus gen·ti·um /jú:s géntiəm, ʤʌ́s ʤénʃiəm/ 万民法; 諸国民の法, 国際法. [L]

jus na·tu·ra·le /ʤʌ́s næ̀ʧəréɪli/, **jus na·tu·rae** /ʤʌ́s nət(j)úəri/ 自然法 (natural law). [L]

jus pri·mae noc·tis /ʤʌ́s práɪmi náktəs/ DROIT DU SEIGNEUR. [L]

jus re·lic·tae /ʤʌ́s rəlíkti/〖スコ法〗寡婦産権《子供があれば 1/3, なければ 1/2 まで夫の動産を相続できる》. [L]

jus san·gui·nis /jú:s sá:ŋgwənəs, ʤʌ́s sǽŋg-/ 血統主義《出生児は親が市民権をもつ国の市民権を得るという原則》. [L]

Jus·se·rand /*F* ʒysrɑ̃/ ジュスラン **Jean(-Adrien-Antoine)-Jules ～** (1855–1932)《フランスの著述家・外交官》.

jus·sive /ʤʌ́sɪv/〖文法〗*a* 命令を表わす. ► *n* 命令語[形, 格, 法]. [L *juss- jubeo* to command]

jus so·li /ʤʌ́s sóulàɪ, -li/ 出生地主義《出生児は出生地の国の市民権を得るという原則》. [L＝right of the soil]

just[1] *a* /ʤʌ́st/ (ᵘ**more ～; most ～**) **1** 正しい, 公正な‹人・行為など›, 公明正大な;〖聖〗神の前に正しい, 義にかなった (righteous): She is fair and ～ in judgment. 彼女の判断は公正である / There is no such thing as a ～ war. 正しい戦争などというものはない / Be ～ before you are generous. 《諺》気前のよさよりまず公正たれ / Be ～ to every man. だれにも公正であれ / Noah was a ～ man...《*Gen* 6:9》/ the SLEEP of the ～. **2** 正当な (lawful) ‹行為›; 至当な, 正当な‹要求・報酬など›; 適正な, 適当な; 十分根拠のある‹考え・疑い・意見など›: It's only ～ that he should claim it. それを要求するのは当然というほかはない / receive [get] one's ～ deserts 当然の報酬[罰]を受ける / a ～ opinion もっともな意見.

► *adv* /ʤəst, ʤʌst, ʤʌ́st/ **1 a** まさに, まさしく, ちょうど (exactly, precisely): ～ then＝～ at that time ちょうどその時 / ～ as you say いかにもおっしゃるとおりで / It's ～ as I feared [thought, expected, etc.]. まさに恐れて[思って]いたとおりだ / ～ as you like [please, wish] お好きなように, どうぞご随意に[ご勝手に] / ～ as it is [as you are] そのままで / ～ there ほらあそこに / ～ when [where, what, how]...《正確な答えを求めて》いったいいつ[どこで, 何を, どうやって]. **b**《口》全く (quite), ほんとに (positively); [否定疑問形の反語]《俗》全く, たいへん (absolutely): I am ～ starving. 腹がぺこぺこだ / It is ～ splendid. ただもうりっぱだ / I know ～ what you mean. よくわかるよ / Do you like beer?—Don't I ～! 好きなのなんのって(大好きです). **2 a** [完了形に添えて] ほんの今(…したばかり): He *has* (only) ～ *come*. 今来たばかりだ (cf. JUST *now*) / He *had* ～ *left* school when he came here. ここへ来たのは学校を出たての時だった. ★ 特に米口語では過去形とも用いる: The bell ～ *rang*. ベルが今鳴ったところだ. **b** [現在形に添えて] ちょうど今: He is ～ coming. **3 a** [しばしば only を伴い] ようやく, やっと, かろうじて: *only* ～ enough まずどうやら / I was (*only*) ～ in time for school. やっとのことで学校に間に合った. **b** ただ, ほんの, …だけ (only): I came ～ because you asked me to come. きみが来てくれと言うから来ただけだ / How many are you?—*J*～ one.《客に向かって》何名さまですか—一人だけ / It is not ～ a problem in Japan. 単に日本の問題にとどまらない / It's ～ that I was a bit worried. ちょっと心配だっただけ. **c** [時間・空間を表わすことばを伴って] ほんのちょっと, すぐ: ～ before Christmas / ～ west of Boston. **4 a** [命令形に添えて]《口》まあちょっと: *J*～ look at this picture. ちょっとこの絵をご覧なさい / *J*～ imagine [think of it]. まあ考えてもごらん / *J*～ a moment, please. ちょっとお待ちください. **b** [意味を和らげたり注意を促して] ほぼ; まあ: ～ about here ここらへんに / ～ over there あそこらへんに / It ～ might work. もしかするとうまくいくかもしれない.

● **～ about**《口》(1) だいたい, 大方, ほとんど, ほぼ (nearly): ～ *about* enough だいたい足りる. (2) [強意的に] まさに, 全く (quite): ～ *about* everything なにもかも皆. **～ for that** [文頭で]《口》それでは. **～ in** CASE[1]. **～ like that** あっという間に, だしぬけに, 考えなしに: When I returned, the bag was gone, ～ *like that*! 戻るとバッグは跡形もなく消えていた / Are you leaving me? *J*～ *like that*? 私と別れるって言うの? そんなに簡単に? **～ now** [現在形動詞と用いて] ちょうど今; [主として過去形と共に用いて] 今しがた, ついさっき; [未来形と用いて] やがて, すぐ: She finished breakfast ～ *now*. ついさっき朝食を終わった (cf. *adv* 2a). **～** ON. **～ so** (1) 全くそのとおり (quite so)《時に感嘆的に用いる》; きちんと片付いて[整理されて]; 非常に注意深く, 慎重に: Everything passed ～ *so*. 万事そのようにゆきました. (2) …との条件で, …ならば, …である限り (as long as). **～ the** SAME. **not ～ any** ただの…ではない. **not ～ yet** 現時点では…でない. **That is ～ it [the point]**. まさにそれ[そこ]なんだ.

♦ **～·ly** *adv* 正しく, 正当に, 妥当に, 公正に; 正確に (accurately); 当然(に). **～·ness** *n* 正しさ, 公正; 妥当, 正当. [OF＜L *justus* (*jus* right)]

just[2] ⇨ JOUST.

juste-mi·lieu /*F* ʒystmiljø/ *n* 黄金の中庸 (golden mean).

júst-fólks *a* 気さくな, 気取らない.

jus·tice /ʤʌ́stəs/ *n* **1** 正義, 公正 (rectitude), 公平, 公明正大 (fairness); 正しさ, 正当, 妥当, 当否 (rightness): *J*～ must not only be done, it must be seen to be done. 正義はただ行なわれるだけでなく, 行なわれたことが目に見えなければならない. **2 a** 公正な判断; 司法, 裁判; 処罰: seek ～ 法による裁き[処罰]を求める. **b** 司法官, 裁判官 (judge), JUSTICE OF THE PEACE;〖米〗《連邦および若干の州の》最高裁判所判事の称号,〖英〗最高法院判事の称号. **c** [J-] 正義の女神《一方の手に天秤, もう一方の手に剣を持ち目隠しをしている》. **d** [the J-]《口》《米国の》司法省 (Department of Justice).

● **bring** sb **to ～** 人を法に照らして処断する. **deny** sb **～** 人を公平[正当]に扱わない; 人に裁判をうける権利を認めない. **do** sb [sth] **～** ＝**do ～ to** sb [sth] (認めるべき点は認めて)…に正当な取扱いをする, …を公平に評する, 十分その持ち前を発揮させる: *do* ample [full] ～ *to* the repast ごちそうを十二分にいただく[どんどん食べる] / This picture does not *do* her ～. この写真は実物どおり撮れていない《実物に劣る》. **do oneself ～** 技量[真価]を十分に発揮する. **in ～ to** sb ＝**to do** sb **～** 人を公平に評すれば. **Mr. [Mrs.] J～** ″高等法院の裁判官に対する敬称. **rough ～** 荒っぽい裁き[正義]. **the course of ～** 法的正義を実現する道, 法[裁判]の正当な手続き《Shak., *Merch V* 4.1.198–200》: pervert *the course of* ～ ″裁判を誤導する《虚偽の証拠を提出したり, 証人・陪審員を買収・脅迫したりする》. **there's no ～ (in the world)** (世の中)不平等だ. **with ～** 公正に, 正当に (reasonably). ♦ **～·shìp** *n* 裁判官たる資格[地位, 職]. [OF＜L *justitia*; ⇨ JUST[1]]

jústice clérk (*pl* **～s**)《スコ》最高法院副長官《略 JC》.

jústice còurt 治安判事裁判所《治安判事 (justice of the peace) が小事件の裁判や重大事件の予審を行なう下級裁判所》.

jústice of the péace 治安判事《小事件の裁判や宣誓の確認・結婚式の立会いなどを行なう地方判事; 普通は地方の名望家で, 無給の名誉職; 略 JP; ⇨ MAGISTRATE》.

jústice's wárrant〖法〗治安判事の令状 (cf. BENCH WARRANT).

jústice·wèed *n*〖植〗白花をつけるヒヨドリバナ属の草本《米国東部産》.

jus·ti·cia·ble /ʤʌstíʃ(i)əb(ə)l/ *a* 司法判断に適している, 裁判に付せらるべき; 法的に[裁判で]決着をつけうる. ♦ **jus·ti·cia·bíl·i·ty** *n*

jus·ti·ci·ar /ʤʌ̀stíʃiər, -ʃià:r/ *n*〖史〗最高法官《ノルマン王朝およびプランタジネット王朝の政治上・司法上の大官》;《中世スコットランドの》最高裁判官《2 人いた》; 司法官: Chief *J*～ イングランド王国行政

J

長官 / local ～ 地方裁判官.［L; ⇨ JUSTICE］
jus·ti·ci·ary /ʤʌ̀stíʃièri; -ʃ(i)əri/ *n* 司法官, 裁判官; 《スコ》司法; 〖史〗最高法官 (JUSTICIAR). ► *a* 司法(上)の; 裁判官職の.
jús·ti·fì·able /, ⌐‐‐‐‐/ *a* 正当と認められる, 筋の通った, 正当な, もっともな, あたりまえの. ♦ **-ably** *adv* **～·ness** *n* **jùs·ti·fì·abíl·i·ty** *n*
jústifiable abórtion THERAPEUTIC ABORTION.
jústifiable hómicide 〖法〗正当殺人《正当防衛, 死刑執行官の死刑執行など》.
jus·ti·fi·ca·tion /ʤʌ̀stəfəkéɪʃ(ə)n/ *n* **1**《行為の》正当化,《正当であるとする》弁明, 弁明の事由; 〖神学〗義認, 義化, JUSTIFICATION BY FAITH: in ～ of…を正当だと理由づけるために, …を弁護して. **2** 〖印〗《活字組み版·タイプ印字などの》行末の整頓, 製版, 整版, ジャスティフィケーション.
justificátion by fáith 〖神学〗信仰義認《信仰によって義[罪なし]とされること》.
jus·ti·fi·ca·tive /ʤʌ́stəfəkèɪtɪv/, **-to·ry** /ʤʌstífɪkətɔ̀:ri; ʤʌ́stəfəkèɪt(ə)ri/ *a* 正当化する(力のある); 弁解[弁明]の, 弁解となる.
jús·ti·fì·er *n* **1** 弁明者, 弁解者. **2**〖印〗《とびらなど余白の多い組版の余白を埋める》ジョス,《語間を埋め, 行を整頓する》スペースバンド; 製版者.
jus·ti·fy /ʤʌ́stəfàɪ/ *vt* **1 a**〈人の行為·陳述などを〉正しいとする, 正当だと理由づける;〈事情が〉〈行為を〉正当化する: be *justified* in doing…するのは正当だ[もっともだ] / ～ one*self* 自分の行為を弁明する, 身のあかしを立てる〈*to* sb〉; 保証人となりうることを立証する / The benefit *justifies* the cost. 利益があれば費用は正当化される / The end *justifies* the means. 《諺》目的さえよければ手段は選ばない, 'うそも方便'. **b**〖神学〗〈神が罪人を〉義 (righteous) となす, 義認[義化]する; 《古》〈人〉の罪を赦す. **c**《古》…に正義を行なう, 裁く. **2**〖印〗《行末をそろえるために》〈活字〉の字間を整える,〈行間を〉整える. ► *vi* **1**〖法〗《ある行為に対して》十分な根拠を示す, 保証(人)となる; 〖神学〗〈神が〉人を赦して受け容れる, 義認する. **2**〖印〗〈行が〉きちんとおさまる, 行をそろえる. ● **～ bail** 保釈金支払い後においても相応の財力ありと宣誓する. **to ～ the ways of God to men** 神の御業を人びとに認めさせること《Milton, *Paradise Lost* の一節; 詩人がこの詩を書いた目的を述べた部分》.［F＜L＝to do justice to; ⇨ JUST[1]］
Jus·tin /ʤʌ́stən/ **1** ジャスティン《男子名》. **2** [Saint] 聖ユスティノス (c. 100–c. 165)《初期のキリスト教護教家; 通称 '～ Martyr'; 祝日 6 月 1 日(もと 4 月 14 日)》.［⇨ JUSTUS］
Jus·ti·na /ʤʌstí:nə/, **-tine** /-tí:n/ ジャスティーナ, ジャスティーン《女子名》.［(fem)＜↑］
Jus·tin·i·an /ʤʌstíniən/ ユスティニアヌス ～ **I** (483–565)《ビザンティン帝国の皇帝 (527–565); 通称 '～ the Great'; ラテン語名 Flavius Justinianus; ローマ帝国の再興を目指し, 領土の回復をはかった;『ユスティニアヌス法典』を編纂》.
Justínian Códe [the] ユスティニアヌス法典《17 世紀以降は Corpus Juris Civilis とも呼ばれる》.
júst-in-tíme *a, n*〖経営〗ジャストインタイム(の)《各製造段階で予測により生産·納入された材料·部品·製品を在庫しておく代わりに, 必要量の直前納入により在庫費用の最小化をはかるとともに品質管理意識を高める生産システム; トヨタ自動車の 'かんばん方式' に由来; 略 JIT》.
júst intonátion 〖楽〗純正律, 純正調.
jus·ti·tia om·ni·bus /justítiɑ: ɔ́:mnɪbʊ̀s, ʤʌstíʃiə ɑ́mnəbəs/ すべての人に正義を《District of Columbia の標語》.［L＝justice to [for] all］
jus·tle /ʤʌ́s(ə)l/ *vt, vi, n* JOSTLE.
júst nóticeable dífference 〖心·音〗丁度[最小]可知差異, 弁別閾(いき)《略 JND, j.n.d.》.
Jus·tus /ʤʌ́stəs/ ジャスタス《男子名》.［L＝just *or* upright］
Júst Wílliam『ジャスト·ウィリアム』《Richmal Crompton の短篇童話シリーズ; 友人たちと悪童集団 Outlaws を結成して数々のいたずらや冒険をする 11 歳の少年 William Brown が主人公》.
jut /ʤʌ́t/ *n* 突起, 突出部, 突端. ► *vi, vt* (-tt-) 突出する[させる]〈*out, forth, up*〉;《挑戦的に》〈あごなどが[を]〉突き出る[出す]〈*out*〉.［JET[1]; 一説に, 逆成＜*jut*ty］
jute /ʤú:t/ *n* 黄麻(こうま), ジュート《ツナソの繊維; ロープ·ナンキン袋などの材料》; 〖植〗ツナソ, シマツナソ《ジュートを採るシナノキ科の一年草; インド原産》.［Bengali＜Skt＝braid of hair］

Jute *n* ジュート人《ゲルマン民族の一派で, 5, 6 世紀にイングランドの Kent 地方に侵入した; cf. SAXON》.［OE *Eotas, Iotas*＝Icel, *Iótar* people of Jutland］
jutia ⇨ HUTIA.
Jut·ish /ʤú:tɪʃ/ *a* ジュート人[族]の. ► *n* KENTISH.
Jut·land /ʤʌ́tlənd/ ユトランド (Dan **Jyl·land** /jýlà:n, jǿl-/)《デンマークの大半とドイツ Schleswig-Holstein 州の北部からなる半島》.
jut·ty /ʤʌ́ti/ *n*《建物の》突出部 (jetty);《古》JETTY[1], 突堤. ► *vi, vt*《廃》突出する[させる], …から突き出る.［変形＜JETTY[1]］
juv. juvenile.
ju·va·bi·one /ʤù:vəbáɪòʊn/ *n*〖生化〗ジュバビオン《幼若ホルモン (juvenile hormone) に近いバルサムモミのテルペンで, 昆虫の成熟を阻止する》.［*juvenile*＋*Abies* (balsamea)＋hormo*ne*］
juve /ʤú:v/ *《俗》*a* JUVENILE. ► *n* **1** 少年, 少女,《特に》非行少年 (juvenile delinquent); 少年院, 少年裁判所. **2**《芸能俗》少年[少女]の役, 未成年者の役.
ju·ve·nal /ʤú:vən(ə)l/ *a* JUVENILE. ► *n*《古》若者 (youth).
Juvenal ユウェナリス (*L* Decimus Junius Juvenalis) (c. 60–c. 128)《ローマ帝国の政治·社会を諷刺した詩人》. ♦ **Ju·ve·na·lian** /ʤù:vənéɪljən/ *a*
júvenal plúmage 〖鳥〗《孵化(ふか)時の綿毛の直後に生える》幼羽.
ju·ve·nes·cence /ʤù:vənés(ə)ns/ *n* 若さ, 青春, 少年期;《幼少期からの》青春期への移行[成長]; 若返り.
jù·ve·nés·cent *a* 若々しい; 若返る; 若返らせる.
ju·ve·nile /ʤú:v(ə)nàɪl, *-n(ə)l/ *a* **1** 少年[少女]の, 若い; 子供らしい; 少年[少女]向きの; おとならしくない, 子供じみた; 未成年の,〈動植物が〉十分に生長しきっていない, 幼い: ～ literature 児童文学 / a ～ part [role] 子役. **2**〖地質〗〈気体·水などが〉地表に初めて出た, 初生の: ～ water 処女水. ► *n* 少年, 少女; 〖法〗《特に刑事裁判などに関連して》未成年者《多くの国で 18 歳未満》; 生殖可能期に達していない動植物;《競馬の》二歳馬; 〖鳥〗《まだ完全に羽毛が生えかわっていない》若鳥, 幼鳥; 若役を演ずる俳優[女優], 子役; 少年少女向けの本.［L (*juvenis* young)］
júvenile cóurt 少年裁判所; 少年事件法廷《YOUTH COURT の旧称》.
júvenile delínquency 未成年者の反社会的行動; 少年非行[犯罪]. ♦ **júvenile delínquent** 非行未成年者.
júvenile diabétes 〖医〗若年型糖尿病.
júvenile hórmone 〖昆〗幼若[幼虫]ホルモン.
júvenile òfficer *少年裁判所補導官.
júvenile-ón·sèt diabétes 〖医〗若年型糖尿病.
ju·ve·nil·ia /ʤù:vənílɪə/ *n pl* [ᵒ⟨sg⟩] 青年期作品(集),《若書きの》初期作品集; 青少年向きの作品(集).［L; ⇨ JUVENILE］
ju·ve·nil·i·ty /ʤù:vəníləti/ *n* 年少, 幼少; 若々しさ; 思想[行為]の未熟さ; [*pl*] おとならしくない[あさはかな, 子供じみた]考え[行為]; 少年少女, 未成年者, 若者たち.
ju·ve·nil·ize /ʤú:vən(ə)làɪz, -vnəl-/ *vt*〖昆〗〈幼虫〉の成虫化を阻止する, 幼若化する. ♦ **jù·ve·nil·i·zá·tion** *n*
ju·ve·noc·ra·cy /ʤù:vənɑ́krəsi/ *n* 若い世代による政治, 若年政治 (opp. *gerontocracy*); 若年政治の行なわれている国[社会].［L *juvenis* young, *-o-*, *-cracy*］
Ju·ven·tud /hù:vɛntú:d/ ■ **Ísla de la** /í:zlə də lə/ **～** フベントゥド島 (*E* Isle of Youth)《キューバの南西にある島; 旧称 Pinos [Pines] 島》.
ju·vie, ju·vey /ʤú:vi/ *《俗》*n* 少年, 少女, 未成年者; JUVENILE DELINQUENT; 少年裁判所, 少年拘置所, 少年院; 少年補導警察官;《警察の》少年課;《芸能俗》JUVE. ► *a* 少年[少女]の, 十代のガキのような, 子供じみた (juvenile).
jux·ta- /ʤʌ́kstə/ *comb form*「近い (next)」「そばに (aside)」［L *juxta* (adv, prep)］
jùxta·glomérular *a*〖解〗腎糸球体に近い, 糸球体近接の, 傍糸球体の.
jux·ta·pose /ʤʌ́kstəpòʊz, ⌐‐⌐/ *vt*《近接して》並べる, 並列[並置]する〈*to, with*〉. ♦ **～d** *a*［逆成＜↓］
jux·ta·po·si·tion /ʤʌ̀kstəpəzíʃ(ə)n/ *n*《近接した》並置, 並列. ♦ **～·al** *a*［F＜L (*juxta-*, *pono* to put)］
JV °junior varsity. **Jy** July.
Jylland ⇨ JUTLAND.
j'y suis, j'y reste /*F* ʒi sɥi ʒi rɛst/ 挺(てこ)でも動かんぞ《MacMahon 将軍のことば》.［F＝here I am, here I remain］

K

K, k /kéɪ/ *n* (*pl* **K's, Ks, k's, ks** /-z/) ケイ《英語アルファベットの第11字; ⇨ J》; K [k] の表わす音; K 字形(のもの); 11 番目(のもの); 〚ローマ数字〛250; [K]《口》1000《kilo- から: $30*K* 3 万ドル》; [K] (*pl* **K**)〚電算〛1024 バイト (⇨ KILO-); [K]*《俗》《麻薬などの》1 キロ (kilogram); 〚数〛*z* 軸に平行な単位ベクトル; [K]〚野〛三振 (strikeout); *《俗》ケタミン (ketamine hydrochloride)《LSD に類似した薬物》.

k [ᵁ*k*]〚理〛°Boltzmann constant ♦〚数〛constant ♦ kilo-; 〚通貨〛koruna. **k.** ᴵᴵkarat ♦ kilogram(s) ♦ kitchen ♦ knit ♦ knot ♦ kosher.

K Cambodia ♦〚化〛kalium, potassium ♦ karat ♦〚理〛kelvin(s) ♦ Kelvin ♦ kilometer(s) ♦〚通貨〛kina ♦ kindergarten ♦〚チェス・トランプ〛king ♦ knight ♦〚楽〛Köchel (number) ♦〚通貨〛kyat(s); 《E メールなどで》OK. Ⓚ kosher.

ka /ká:/ *n* 第二霊, 魂, カ《古代エジプト宗教における, 生命を生み維持する根源》. [Egypt]

ka cathode.

ka- ⇨ KER-.

Kaa·ba, Ka'·ba, Caa- /ká:bə/ [the] カーバ《イスラム教徒にとって最も聖なる神殿; Mecca の聖モスクの中庭にあり, ここに詣でるのが巡礼の最終目的; cf. HAJJ, KIBLA》. [Arab=square building]

kaa·ma /ká:mə/ *n*〚動〛カーマハーテビースト, アカハーテビースト《HARTEBEEST の一種[一亜種]》. [Khoikhoi]

Kaap·land /ká:plɑ̀:nt/ ケープ州《CAPE OF GOOD HOPE, CAPE PROVINCE のアフリカーンス語名》.

kab ⇨ CAB[1].

ka·bad·di /kəbá:di/ *n*〚スポ〛カバディー《インドの団体競技; 相手の陣地にはいって敵に触れ, 味方の陣地に戻ることを競う; ただし, その間息をつがずに 'kabaddi kabaddi…' と声を出しつづけなければならない》. [Tamil]

ka·ba·ka /kəbá:kə/ *n* カバカ《ウガンダ南部のかつての王国 Buganda の支配者の称号》. [(Uganda)]

kabala ⇨ KABBALAH.

Kab·a·lé·ga Fálls /kæ̀bəlí:gə-, -léɪ-/, **-re-** /-rí:-, -réɪ-/ [the] カバレガ滝《ウガンダ西部 Albert 湖東方の Victoria Nile 川にかかる滝 (落差 40 m); 別称 Murchison Falls》.

ka·ba·ra·go·ya /kəbɑ̀:rəgóʊjə/ *n*〚動〛ミズオオトカゲ (=*Malayan monitor*)《東南アジア産》. [C17<?]

Ka·bar·di·an /kəbá:rdiən/ *n* **a** カバルダ人《Caucasus 地方北西部に住むチェルケス人 (Circassian)》. **b** カバルダ語《チェルケス語の東部方言》.

Kab·ar·dí·no-Bal·kár·i·ya /kæ̀bərdí:noʊbɔ̀:lkǽrijə, -bæ̀l-/ カバルディノ-バルカル共和国《ロシア, 北 Caucasus にある共和国; ☆Nalchik》. ♦ **Kab·ar·din·ian** /kæ̀bərdí:niən/ *a, n*

Kabarega Falls ⇨ KABALEGA FALLS.

kab·ba·lah, ka(b)·ba·la /kəbá:lə, *kǽbə-, ᴵᴵkæbá:-/ *n* [ᴼK-] カバラ《ユダヤ教の神秘思想; 中世後期・ルネサンスのキリスト教神学者に影響を与えた》; 秘教, 秘法. ★ Cab(b)ala, Qabalah とも書く. ♦ **kab·ba·lism** /kǽbəlìz(ə)m/ *n* **kab·ba·list** /kǽbəlɪst/ *n* **kàb·ba·lís·tic** /kæ̀bəlístɪk/ *a* [L<Heb=tradition]

kabele ⇨ KEBELE.

ka·bel·jou, -jau, -jauw /ká:bəljàʊ, kǽb-/ *n*〚魚〛南アフリカ産のニベ科オオニベ属の大型の食用海産魚 (=*salmon bass*)《肝臓はきわめてビタミン A に富む》. [Afrik<Du=cod]

Ka·bia /ká:biə/ カビア《SELAYAR の別称》.

Ka·bi·la /kəbí:lə; kæ-/ カビラ (1) **Joseph** ~ (1971–)《コンゴ民主共和国の政治家; 大統領 (2001–); Laurent の子》(2) **Laurent (Désiré)** ~ (1939–2001)《コンゴ民主共和国の軍人・政治家; 大統領 (1997–2001); Mobutu 独裁政権を倒して大統領に就任, 国名をザイールからもとの名に戻した; 暗殺》.

Ka·bi·nett /kæ̀bɪnét/ *n* カビネット《通常の収穫期に摘んだブドウで造る上質ワイン》. [G=cabinet]

ka·bloo·ey /kəblú:i/ *a**《俗》BLOOEY: go ~.

ka·bob /kəbáb/ *n* KEBOB.

ka·boom /kəbú:m/ *int* ドドーン, ドッカーン《雷鳴・大爆発など》. [*ka-, boom*[1]]

ka·bou·ter /kəbáʊtər/ *n* カバウテル《反戦平和とアナキズムを唱えるオランダの政治グループ》. [Du]

Ka·bu·ki /kəbú:ki/ *n* [ᴼk-] 歌舞伎. [Jpn]

Kabúki dánce [dáncing] 歌舞伎の踊り; *《俗》[*derog*]《政治家の》大見え, ポーズ, 「演技」.

Ka·bul /ká:bəl, kəbú:l; kɔ́:b(ə)l, kəbʊ́l/ **1** カブール, カーブル《アフガニスタンの首都; カブール川に臨む》. **2** [the] カブール川, カーブル川《アフガニスタン・パキスタンをほぼ東流して Indus 川に合流する》. ♦ **Ka·buli** /ká:bəli, kəbú:li/ *a, n*

Kab·we /ká:bweɪ; kǽb-/ カブウェ《ザンビア中部 Lusaka の北方にある町; 旧称 Broken Hill》.

Ka·byle /kəbáɪl/ *n* **a** (*pl* ~, ~**s**)《北アフリカの》カバイル族. **b** カバイル語《Berber 諸語の一つ》.

Ka·by·lia /kəbáɪliə, -bíl-/ カビリア《アルジェリア北部 Algiers の東方に位置する, 海岸沿いの山岳地帯; Kabyle 族の居住する地域; 西の大カビリア (Great Kabylia) と東の小カビリア (Little Kabylia) の 2 地域に分かれる》.

kac·cha /kʌ́tʃɑ:/ *n* KUCCHA.

kacha, kachcha ⇨ KUTCHA.

ka·chang pu·teh /ká:tʃɑ:ŋ putéɪ/ 《マレーシアの》揚げ豆, 炒(い)り豆. [Malay]

Kachchh /kʌ́tʃ/ ■ the **Gúlf of** ~ カッチ湾《インド西部 Kathiawar 半島の北にはいり込んだアラビア海の入江; Gulf of Kutch ともつづる》. the **Ránn** /rʌ́n/ **of** ~ カッチ入江《パキスタン南部とインド西部にまたがる大塩性湿地; Indus 川流域から Kachchh 湾に及ぶ; Rann of Kutch ともつづる》.

Ka·chin /kətʃín/ *n* **a** カチン族《ミャンマー北東部を中心に, 中国雲南省およびインド Arunachal 州などにも分布する山地民》. **b** カチン語《チベット-ビルマ語派に属する》.

ka·chi·na /kətʃí:nə/ *n* (*pl* ~**s**, ~) カチナ《Pueblo インディアンの守護神[祖先の霊]で雨の神》; 《雨乞いなどのため》カチナに扮する踊り手 (=~ **dàncer**), その仮面; カチナ人形 (=~ **dòll**)《カチナをかたどった(木彫りの)人形》. [Hopi=supernatural]

ka·ching /kətʃíŋ/ *int* チーン《キャッシュレジスターの音をまねた語で, 大金・大もうけ・荒稼ぎの比喩に用いる》. [*ka-, ching*]

ka·choo /kətʃú:/ *int* ハクション (ahchoo).

ka·cho·ri /ká:tʃəri; kǽtʃ-/ *n*〚インド〛カチョリ《香辛料で味付けした豆類やジャガイモを詰めた揚げパン》. [Hindi]

kack *n, v*《俗》CACK[2].

ka·dai·tcha /kədáɪtʃə/ *n*《豪》KURDAITCHA.

Ká·dár /ká:dɑ̀:r/ カーダール **János** ~ (1912–89)《ハンガリーの政治家; 首相 (1956–58, 61–65), 社会主義労働者党第一書記 (1956–88)》.

kad·dish, qad·dish /ká:dɪʃ; kǽdɪʃ/ *n* (*pl* **kad·di·shim, qad-** /kɑ:díʃɪm/) [ᴼK-]〚ユダヤ教〛カディッシュ《毎日シナゴーグの礼拝で唱えるアラム語の祈り; 特に 親または近親者の死後 11 か月間毎日および命日に礼拝で唱える祈り》: say ~ カディッシュを唱える, 喪に服す. [Aram=holy]

Ka·desh /kéɪdèʃ/ カデシ, カデシュ (KADESH-BARNEA).

Kádesh-bár·nea /-bá:rniə, -bɑ:rní:ə/ カデシ・バルネア, カデシュ・バルネア《古代パレスティナ南部死海の南西に存在したオアシス町; *Num* 13: 26, 32: 8》.

kadi ⇨ QADI.

Ka·diák bèar /kədjǽk-/ KODIAK BEAR.

kad·i·gin /kǽdədʒən/ *n**《俗》(何とかいう)もの, あれ, 代物. [*thingamajig* (⇨ THINGUMBOB)]

Ka·di·köy /kɑ̀:dɪkɔ́ɪ/ カドゥキョイ《トルコ北西部 Bosporus 海峡入口の東, Istanbul 南東部の地区; 古代名 Chalcedon; 紀元前 685 年ギリシア人によって建設》.

Ka·di·yev·ka /kədí:jəfkə/ カディエフカ《STAKHANOV の旧称》.

Ka·du·na /kədú:nə/ **1** カドゥナ (1) ナイジェリア中北部の州; 旧称 North-Central 州 2) その州都》. **2** [the] カドゥナ川《ナイジェリア中北部を流れる, Niger 川の支流》.

Kaerh ⇨ GAR.

Kae·sŏng /kéɪsɔ́(:)ŋ/ 開城(ケソン)(かいじょう)《北朝鮮南西部の市; 高麗王朝の都であった》.

kaf ⇨ KAPH.

kaf·fee·klatsch /kɔ́:fiklæ̀tʃ, ká:-, -feɪ-, -klɑ̀:tʃ/ *n* [ᴼK-] コーヒーを飲みながらのおしゃべり会. [G]

Kaf·fe·klub·ben /ká:fəklʊ̀bən, -klʌ̀b-/ カフェクルッベン島《グリーンランド北部海岸沖の北極海にある島; 世界最北の陸地 (北緯 83°40′)》.

Kaf·fir /kǽfər/ *n* (*pl* ~, ~**s**) **1 a**《古》カーフィル人《南アフリカの Bantu 族》; カーフィル語《Xhosa 語の旧称》. **b** [ᴼk-] [*derog*]《南ア》黒人. **2** [ᵁk-] [*derog*]《イスラム教徒からみた》異教徒. **3** [*pl*] ᴵᴵ〚証券〛南ア鉱山株. **4** [ᵁk-] KAFIR. [Arab=infidel]

Káffir béer《南ア》カーフィル《先住民の造る酒》.

K

Káffir clíck《ブッシュマン・コイコイ族などのことばに聞かれる》舌打ち音.

Káffir líly〘植〙**a** シゾスティリス(コッキネア), ウインターグラジオラス《南アフリカに自生するアヤメ科の緋赤色の花をつける多年草; 観賞用に栽培》. **b** クンシラン, ウケザキクンシラン (＝*clivia*)《ヒガンバナ科; 南アフリカ原産》.

Káffir líme〘植〙カフィアライム, 瘤蜜柑(こぶみかん), ブルット《緑色のごつごつした果実がなる東南アジア産の柑橘属の野生木; タイ・インドネシア・マレーシアでは果実や葉を料理に使う》.

kaf·fi·yeh, kef- /kəfí:(j)ə/ *n* カフィーヤ, カフィエ, ケフィエ《アラブ人が頭・首に巻く四角い布》. [Arab]

Kaf·frar·ia /kəfréəriə, kæ-/ カフラリア《南アフリカ共和国 Eastern Cape 州東部の地方; 住民に Kaffir 人が多いのでこう呼ばれた》. ♦ **Kaf·frár·i·an** *a, n*

kaf·ir /kǽfər/ *n* 〘植〙サトウモロコシの一種 (＝**〜 còrn**)《モロコシ属; 南アフリカ原産》.

Kafir[1] *n* KAFFIR.

Kafir[2] *n* (*pl* 〜, 〜**s**) カーフィル族 (NURI).

Kaf·iri /kǽfəri/ *n* カーフィル語《Kafir 族の言語; ⇨ NURI》.

Kaf·i·ri·stan /kæ̀fərıstǽn; -stá:n/ カーフィリスターン《NURISTAN の旧称》.

Kaf·ka /kǽfkə, *ká:fkə/ カフカ **Franz** 〜 (1883–1924)《Prague に生まれたユダヤ系ドイツ語作家; *Der Prozess* (審判, 1925), *Das Schloss* (城, 1926)》. ♦ **〜·ésque** *a* カフカの(作品のような), カフカ的な.

ka·foos·ter /kəfú:stər/ *n**《俗》わけのわからない[どうでもいいような]話. [C20<?]

kaftan ⇨ CAFTAN.

Ka·fue /kəfú:i/ [the] カフエ川《ザンビア中央部に源を発し, 曲流しながら Zambezi 川に合流する》.

Ka·ge·ra /kəgéərə/ [the] カゲラ川《タンザニア・ルワンダ国境から東流して Victoria 湖に注ぐ Nile 川最奥の源流》.

ka·goule /kəgú:l/ *n* CAGOULE.

ka·gu /ká:gu/ *n* 〘鳥〙カグー, カンムリサギモドキ《New Caledonia 産; 国際保護鳥》. [(New Caledonia)]

ka·ha /ká:hɑ:, ⌐⌐/, **ka·hau** /ká:hàʊ, ⌐⌐/ *n* 〘動〙テングザル (proboscis monkey). [(Borneo)]

ka·ha·wai /ká:həwàı, ká:wàı/ *n* 〘魚〙AUSTRALIAN SALMON. [Maori]

Kah·lo /ká:loʊ/ カーロ **Frida 〜 de Rivera** (1907–54)《メキシコの画家》.

Kahn /ká:n/ カーン **Herman** 〜 (1922–83)《米国の数学者・未来学者》.

Kah·ne·man /ká:nəmən/ カーネマン **Daniel** 〜 (1934–)《イスラエル生まれの米国の心理学者・経済学者; ノーベル経済学賞 (2002)》.

Káhn reàction [the]〘医〙カーン反応 (KAHN TEST).

Káhn tèst [the]〘医〙カーン試験《梅毒検査; Wassermann test の改良型》. [Reuben L. *Kahn* (1887–1979) リトアニア生まれの米国の細菌学者]

Kah·ra·man·ma·raş /kà:rɑ:mà:nmá:rà:ʃ/ カフラマンマラシュ《トルコ中南部 Taurus 山脈の東麓にある市; 別称 Maraş, Marash》.

kah·si /ká:zi/ *n*"《俗》便所, トイレ. [(sl)＝rectum]

ka·hu·na /kəhú:nə/ *n* 《ハワイ先住民の》祈禱師, 呪術師; [°big 〜] *《口》大物, カリスマ; 《口》《特にコンピューターの》達人; 《口》《サーフィンで》大波. [Haw]

kai /káı/ *n* 《豪》食料 (food). [Maori]

kai·ak /káıæ̀k/ *n, v* KAYAK.

Kai·e·téur Fálls /kàıətúər-, kàıtʃúər-/ *pl* [the] カイエトゥール滝《ガイアナ中部の Potaro 川にかかる; 高さ 226 m, 幅 107 m》.

kaif /káıf/ *n* KEF.

Kai·feng /káıfʌ́ŋ, -féŋ/ 開封(かいほう)(カイフォン)《中国河南省の黄河に臨む市; 宋時代の首都》.

kail ⇨ KALE.

káil·yàrd, kále- *n* 《スコ》野菜畑, 菜園.

káilyard schòol [°K-] 菜園派《スコットランド方言を多く用いて農民生活を 'sentimental' に描いた小説家の一派; 代表作家は J. M. Barrie や John Watson》.

kain ⇨ CAIN.

kái·nic ácid /káınık-, kéı-/〘化〙カイニン酸《紅藻カイニンソウ中に存在; 回虫駆除薬とする》.

kai·nite /káınàıt, kéı-/, **-nit** /kaıní:t/ *n* 〘鉱〙カイナイト《砕いて肥料とするカリ塩》. [G (Gk *kainos* new)]

kai·no·génesis /kàınoʊ-/ *n* CENOGENESIS.

Kainozoic ⇨ CAINOZOIC.

kai·ro·mone /káırəmoʊ̀n, -roʊ-/ *n* 〘生〙カイロモン《ある生物が発し, 別種の生物が適応的な利益を得ることのできる化学的メッセンジャー; 植物の昆虫誘引物質や摂食刺激物質など; cf. ALLOMONE》.

kai·ros /káırɑ̀s/ *n* 《行動などの》好機, 潮時. [Gk＝opportunity]

Kair·ouan /kεərwá:n/, **Kair·wan** /kaıərwá:n/ カイラワーン, カイルワーン《チュニジア中北部の市; イスラム教の聖地の一つ》.

Kai·sar-i-Hind /káısɑ:rıhínd/ *n* 〘インド〙インド皇帝《英国国王の旧称》.

kai·se·ki /káısεki, ⌐⌐⌐/ *n* 懐石料理. [Jpn]

kai·ser /káızər/ [°K-] *n* 皇帝 (emperor); ドイツ皇帝, カイゼル (1871–1918); オーストリア皇帝 (1804–1918); 〘史〙神聖ローマ帝国皇帝 (962–1806); オーストリア-ハンガリー皇帝 (1867–1918); KAISER ROLL. ♦ **〜·dom** *n* 皇帝の地位[大権, 領土]. **〜·ism** *n* (ドイツ)皇帝独裁(主義). **〜·ship** *n* 皇帝の地位[大権]. [L CAESAR]

Kaiser カイザー (1) **Georg** 〜 (1878–1945)《ドイツの表現主義の劇作家》 (2) **Henry J(ohn)** 〜 (1882–1967)《米国の実業家; Kaiser Aluminum, Kaiser Steel などの企業を創業した》.

kai·se·rin /káızərən/ *n* 皇后.

káiser ròll カイザーロール《サンドイッチに使ったりする皮の堅い大型のロールパン》. [形がオーストリア皇帝の王冠に似ていることから]

Kai·sers·lau·tern /kàızərsláʊtərn/ カイザースラウテルン《ドイツ南西部 Rhineland-Palatinate 州の南部にある市》.

kai·zen /kaızén/ *n* カイゼン(改善)《作業[生産]方法や機械設備などから一切のむだを省くための絶えざる向上を説く日本のビジネス哲学やその組織的実践活動》. [Jpn]

ka·jal /ká:ʤəl/ *n* カージャル《インドで目のまわりを黒く縁取る化粧用の粉》. [Hindi]

Ka·jar /kɑ:ʤá:r, ⌐⌐/ *a, n* (*pl* 〜, 〜**s**) QAJAR.

ka·ja·wah /kəʤá:wə/ *n* ラクダ[ラバ]の背の両側にたらしたかご《婦人の乗用》. [Hindi<Pers]

kak /kǽk/ *v* 《俗》CACK[2].

ka·ka[1] /ká:kə/ *n* 〘鳥〙カカ《ニュージーランド産のミヤマオウムの一種》. [Maori]

kaka[2] *a**《俗》まずい, よくない (bad). [Gk *kakos* bad; ⇨ CAC-]

kaka[3] ⇨ CACA.

káka béak〘植〙マメ科クリアンサス属の亜低木 (＝*parrot's-beak*)《ニュージーランド原産でオウムのくちばし状の深紅色の花をつける》.

ka·ka·po /kà:kəpóʊ/ *n* (*pl* 〜**s**) 〘鳥〙フクロウオウム (＝*owl parrot*)《ニュージーランド産; 国際保護鳥》. [Maori]

ka·ke·mo·no /kà:kəmóʊnoʊ, kæ̀kə-/ *n* (*pl* 〜**s**) 掛け物, 掛け軸. [Jpn]

ka·ki /ká:ki/ *n* 柿. [Jpn]

ka·ki·e·mon /kà:kiémàn/ *n* [°K-] 柿右衛門様式の色絵磁器. [陶工酒井田柿右衛門(初代は江戸初期の人)から]

Ka·ki·na·da /kà:kıná:də/ カキナダ《インド東部 Andhra Pradesh 北東部, Bengal 湾に臨む市》.

kak·is·toc·ra·cy /kæ̀kəstákrəsi/ *n* 最悪の市民による政治, 悪徳政治. ♦ **ka·kis·to·crat·i·cal** /kəkìstəkrǽtık(ə)l/ *a* [*aristocracy* にならって Gk *kakistos* worst から]

kak·o·to·pia /kæ̀kətóʊpiə/ *n* 絶望郷 (opp. *Utopia*). [Gk *kakos* bad, E *utopia*]

ka·ku·ro /kǽkjəròʊ, kəkjúəroʊ/ *n* カックロ《数字計算パズルの一種; クロスワードのような升目に, 縦横の升目の合計があらかじめ指定された数字になるよう 1–9 の数字を埋めてゆく》. [Jpn (*kasan*＋*kurosu*)]

Ka·laal·lit Nu·naat /kɑlá:(t)lì:t nʊná:t/ カラートリトヌナート《GREENLAND の原地語による名称》.

ka·la-azar /kà:ləazá:r, kæ̀lə-/ *n* 〘医〙黒熱病, カラ・アザール《原虫ドノバンリーシュマニア感染症; 発熱・肝脾肥大・痩衰・貧血などを伴う》. [Assamese＝black disease]

Kal·a·ha·ri /kæ̀ləhá:ri/ [the] カラハリ砂漠 (＝**〜 Désert**)《南アフリカ共和国・ナミビア・ボツワナに広がり, Bushman が住んでいる》.

Ka·lakh /ká:là:x/ カラフ《CALAH の別称》.

ka·lam /kəlá:m/ *n* カラーム《イスラム神学の, 特に 8 世紀に始まり人間の理性と自由意志を重視した一派》; アラーのことば. [Arab＝word, speech]

ka·la·ma·ta /kà:ləmá:tə, kæ̀l-/ *n* [°K-] カラマタ《ギリシア産黒オリーブの塩水漬け》. [*Kalamata* ギリシア南部の港町]

Kal·a·ma·zoo /kæ̀ləməzú:/ カラマズー《Michigan 州南西部の市》.

ka·lan·choe /kæ̀lənkóʊi, kəlǽŋkoʊi, kǽləntʃòʊ/ *n* 〘植〙カランコエ《ベンケイソウ科リュウキュウベンケイ属[カランコエ属] (*K-*) の各種の多肉植物; 主に観賞用》.

Ka·lash·ni·kov /kəlǽʃnəkɔ̀(:)f, -kɑ̀f, *-lá:-/ *n* カラシニコフ《ロシア製の突撃銃; 通例 AK-47 を指す》. [Mikhail Timofeyevich *Kalashnikov* (1919–) 開発したロシア人]

Ka·lat, Khe·lat /kəlá:t/ カラート《パキスタン南西部 Baluchistan 州南部の地域; 旧藩王国》.

kal·a·thos /kǽləθɑ̀s/ *n* (*pl* **-thoi** /-θɔ̀ı/) CALATHUS.

Kalb /ká:lp, kǽlb/ カルブ **Johann** 〜 (1721–80)《米国独立戦争で大陸軍に参加したドイツ人将校; 通称 'Baron de Kalb'》.

kale, kail /kéıl/ *n* **1** COLE; 緑葉カンラン[キャベツ], ケール; 《スコ》キャベツ類, 野菜; 《スコ》《キャベツを主とした》野菜スープ; SEA KALE. **2** *《俗》金, 現金, 《特に》(ドル)札 (greenback). [*cole* の北部方言]

ka·léi·do·scòpe /kəláıdə-/ *n* 万華鏡(まんげきょう)(ばんかきょう); 変幻きわまりない[さまざまに変わる]もの[色, 状況, 景色]; 多様な人[もの]の集まり, 寄せ集め: the 〜 of life 人生の万華鏡. ♦ **ka·lèi·do·scóp·ic, -i·cal** /-skáp-/ *a* 万華鏡的な, 変幻きわまりない, 複雑多彩な. **-i·cal-**

ly *adv* [Gk *kalos* beautiful, *eidos* form, *-scope*]

Ka·le·mie, -mi /kəléɪmi/ カレミエ, カレミ《コンゴ民主共和国東部 タンガニーカ湖西岸の港町; 旧称 Albertville》.

kalends ⇨ CALENDS.

Ka·le·va·la /kɑ̀:ləvɑ́:lə/ [the]『カレワラ』《フィンランドの文学者 Elias Lönnrot が各地の伝承歌謡を採録・集成して 1835 年に初めて出版した同国の民族叙事詩》.

kaleyard ⇨ KAILYARD.

Kal·gan /kǽlgǽn/ カルガン《張家口 (ZHANGJIAKOU) の別名》.

Kal·goor·lie /kælgʊ́ərli/ カルグーリー《オーストラリア Western Australia 州南部の金鉱の町》.

Kal·hu /kǽlhu/ カルフ《CALAH の別称》.

ka·li /kɑ́:li/ *n*〘植〙SALTWORT.

Kali〘ヒンドゥー教〙カーリー《Siva 神の妃 Devi の邪悪な側面の一つで, 死と破壊の女神》. [Skt＝the black one]

kal·ian /kɑ:ljɑ́:n/ *n* CALEAN.

Kā·li·dā·sa /kɑ̀:lɪdɑ́:sə/ カーリダーサ《5 世紀ごろのインドの劇作家・詩人; 戯曲 *Sakuntala*》.

ka·lif /kéɪləf, kǽl-/ *n* CALIPH.

kal·ij, kal·eege /kǽlɪʤ/ *n* (*pl* **kál·ij·es, kál·eeg·es**)〘鳥〙ミヤマハッカン (＝**～ phèasant**)《ヒマラヤからタイにかけて分布するコシアカキジ属の鳥; 米国にも移入》. [Nepali]

Ka·li·man·tan /kæ̀ləmǽntæ̀n, kɑ̀:ləmɑ́:ntɑ̀:n/ カリマンタン《**1**) BORNEO 島のインドネシア語名 **2**) 同島南部および東部のインドネシア領の部分; もと オランダ領東インドの一部で Dutch Borneo と呼ばれた》.

ka·lim·ba /kəlɪ́mbə, kɑ:-/ *n* カリンバ《zanza を改良したアフリカ Bantu 族の民族楽器》. [Bantu]

Ka·li·nin /kəlí:nən/ **1** カリーニン **Mikhail Ivanovich ～** (1875–1946)《ソ連の政治家; 国家元首 (1919–46)》. **2** カリーニン《TVER の旧称》.

Ka·li·nin·grad /kəlí:n(j)əngræ̀d, -grɑ̀:d/ カリーニングラード《**1**) ヨーロッパロシア西端の州; リトアニアをはさんだロシアの飛び地 **2**) 同州の州都・港湾都市; バルト海南東部の Vistula Lagoon に近い不凍港; ドイツ時代は Königsberg といい, 東プロイセンの中心都市; 軍港であったため, 第二次大戦で破壊された》.

ka·liph /kéɪləf, kǽl-/ *n* CALIPH.

Kal·i·spel /kǽləspɛ̀l, ⏑⏑ˊ/ *n* **a** (*pl* ～, ～**s**) カリスペル族《Idaho 州北部および Montana 州北西部の Salish 語系先住民》. **b** カリスペル語《Kalispel 族と Spokan 族の言語》.

Ka·lisz /kɑ́:lɪʃ/ カリシ《ポーランド中西部の市》.

ka·li·um /kéɪliəm/ *n*〘化〙POTASSIUM.

Ka·li Yu·ga /kɑ̀li júgə/〘ヒンドゥー教〙カリユガ《暗黒時代, 第四の時代; ⇨ YUGA》; 最悪の末世. [Skt]

kal·koen·tjie /kælkú:ntji/ *n* **1**〘植〙南アフリカ Cape 地方産アヤメ科グラジオラス属の多年性草本. **2**〘鳥〙アカノドツメナガタヒバリ《南アフリカ産; セキレイ科》. [Afrik＝small turkey]

kal·li·din /kǽlədən/ *n*〘生化〙カリジン《カリクレインの作用で血漿グロブリンから生成されるキニン: **1**) ブラジキニン (bradykinin) **2**) 前者の末端にリシンが加わったもの》. [*kalli*krein, pept*ide*, *-in*[2]]

Kal·li·kak /kǽləkæ̀k/ カリカク家《New Jersey 州に実在した一家の仮名で, 異腹の子孫の家系の一方は優秀な人物が輩出, 他方は酒乱・低能・犯罪者が続出した; cf. JUKES; ⇨ CALLI-, CAC-》.

kal·li·krein /kǽləkràɪn/ *n*〘生化〙カリクレイン《血漿からキニンを遊離させる酵素》. [G (*calli-*, Pan*kreas* pancreas, *-in*[2])]

Kal·li·o·pe /kəláɪəpi/〘ギ神〙CALLIOPE.

Kal·mar /kɑ́:lmɑ̀:r, kǽl-/ カルマル《スウェーデン南東部の港町・市; スウェーデン・デンマーク・ノルウェーによる連合王国カルマル同盟 (1397–1523) が成立した地》.

kal·mia /kǽlmiə/ *n*〘植〙カルミア《ツツジ科カルミア属 (*K-*) の花木の総称》. [Peter *Kalm* (1715–79) スウェーデンの植物学者]

Kal·muck, -muk /kǽlmʌ̀k, ⏑ˊ/, **-myk** /kælmɪ́k/ *n* **a** カルムイク族《もとは Dzungaria にいたが, 現在は主に Kalmykia 共和国に居住するモンゴル系の人びと》. **b** カルムイク語《Mongolic 語群の一つ》. [Russ＜Tartar]

Kal·myk·i·ya /kælmɪ́kijə/, **-ia** /-iə/ カルムイキア《ヨーロッパロシア南部, カスピ海の北西, Volga 川の西岸にある共和国; ☆Elista》.

ka·long /kɑ́:lɔ̀(:)ŋ, kɑ́:-, -lɑ̀ŋ/ *n*〘動〙オオコウモリ, 《特に》ジャワオオコウモリ《東南アジア産》. [Jav]

kal·pa /kʌ́lpə/ *n*〘ヒンドゥー教〙劫(ごう), カルパ (劫波)《きわめて長い時間の単位》. [Skt]

kal·pak /kǽlpæ̀k, ⏑ˊ/ *n* CALPAC.

kal·so·mine /kǽlsəmàɪn, -mən/ *n, vt* CALCIMINE.

Ka·lu·ga /kəlú:gə/ カルガ《ヨーロッパロシア中西部の Oka 川に臨む市; Moscow の南西に位置》.

Ka·ma[1] /kɑ́:mə/ **1 a**〘ヒンドゥー神話〙カーマ《愛の神》. **b** [k-] 欲望, 情欲. **2** カーマ《女子名》. [Skt＝love]

Kama[2] [the] カマ川《ヨーロッパロシア東部の川; Ural 山脈に発して南西に流れ, Kazan の南で Volga 川に合流》.

ka·ma·ai·na /kɑ̀:məáɪnə/ *n* カーマアイナ《Hawaii に長く住んでいる人; Hawaii 生まれの人》. [Haw]

kam·a·cite /kǽməsàɪt/ *n*〘鉱〙カマサイト《隕石中の鉄・ニッケル合金》. [G]

ká·ma·gràph /kɑ́:mə-/ *n*〘印〙カーマグラフ《色調からえのぐの盛り上がりまで原画どおりに複製する機械; その複製画》.

ka·ma·gra·phy /kəmɑ́:grəfi/ *n*〘印〙カーマグラフ原画複製法.

ka·ma·la /kɑ́:mələ; kǽm-/ *n*〘植〙クスノハカシワ, カマラ《インド産》; カマラ《クスノハカシワの果実の腺体で染料および駆虫剤》. [Skt]

Ka·ma·su·tra, Kama Sutra /kɑ̀:məsú:trə/ [the]『カーマスートラ』《8 世紀に書かれたヒンドゥーの性愛経書; cf. KAMA[1]》.

Kam·ba /kɑ́:mbə; kǽmbə/ *n* **a** (*pl* ～, ～**s, Wa·kam·ba** /wɑ:kɑ́:mbə; wækǽmbə/) カンバ族《ケニア中央部の Bantu 系黒人》. **b** カンバ語.

Kam·chat·ka /kæmʧǽtkə, *-ʧɑ́:t-/ カムチャツカ(半島).

kame /kéɪm/ *n*〘地質〙ケイム《消失した氷河末端の氷成堆積物による丘陵地形; cf. ESKER》. [Sc COMB]

ka·meez /kəmí:z/ *n* カミーズ《南アジアで, ゆったりしたズボン (shalwar) に合わせて着るゆったりしたチュニック[シャツ]》. [Urdu＜Arab＜L *camisia* shirt]

Ka·me·ha·me·ha /kəmèɪəméɪhɑ:/ カメハメハ **～ I** (1758?–1819)《Hawaii 諸島の統一者で, カメハメハ朝の初代の王 (1795–1819); 通称 '～ the Great'》.

Kamehaméha Dày カメハメハ 1 世誕生記念日《Hawaii の祝日で 6 月 11 日》.

Ka·me·nev /kɑ́:m(j)ənɛ̀f, kǽm-/ カーメネフ **Lev Borisovich ～** (1883–1936)《ソ連の政治家・共産党指導者 Stalin と対立, 処刑された》.

Ka·mensk-Ural·sky /kɑ́:mənskʊrǽlski/ カメンスク-ウラリスキー《ロシア西部 Ural 山脈東麓にある工業都市》.

Ka·me·rad /kæ̀mərɑ́:t/ *int* 降参《第一次大戦でドイツ軍の投降兵が使用》. [G＝companion]

Ka·mer·lingh On·nes /kɑ́:mərlɪŋ ɔ́:nəs/ カメルリンオンネス **Heike ～** (1853–1926)《オランダの物理学者; 低温物理学を開拓, ヘリウムの液体化に成功; ノーベル物理学賞 (1913)》.

Ka·me·run /kæ̀mərú:n/ CAMEROON《ドイツ語つづり》.

Ka·met /kʌ́meɪt/ カメート《インド北部 Uttarakhand 州にあるヒマラヤ山脈の高峰 (7756 m)》.

ka·mi /kɑ́:mi/ *n* (*pl* ～)《神道の》神. [Jpn]

ka·mik /kɑ́:mɪk/ *n*《カナダ》カーミク《アザラシの皮で作ったブーツ》. [Eskimo]

ka·mi·ka·ze /kɑ̀:mɪkɑ́:zi/ *n* [°K-] (神風)特攻機; 特攻隊員;〘サーフィン〙カミカゼ《わざとサーフボードから海中へ落ちること》. ► *a* 特攻隊の(ような); 無謀な, 無鉄砲な. [Jpn]

Ka·mi·la·roi /kɑ́:mɪlɑ̀:rɔɪ; kǽmələrɔ̀ɪ/ *n* **a** (*pl* ～) カミラロイ族《オーストラリア New South Wales 州に住む先住民》. **b** カミラロイ語.

Kam·mer·er /kɑ́:mərər/ カンメラー **Paul ～** (1880–1926)《オーストリアの生物学者; 獲得形質が遺伝することを証明できると主張し論争を起こした》.

Kam·pa·la /kɑ:mpɑ́:lə; kæm-/ カンパラ《ウガンダ中部 Victoria 湖北岸にある同国の首都》.

kam·pong, cam- /kɑ́:mpɔ̀(:)ŋ, -pɑ̀ŋ; kǽmpɔŋ, ⏑ˊ/ *n*《マレーシアの》小村落, 部落, カンポン. [Malay]

Kam·pu·chea /kæ̀mpʊʧí:ə/ カンプチア《1976–89 年の CAMBODIA の名称》. ♦ **-ché·an** *a, n*

kam·pung /kǽmpʌ̀ŋ, ⏑ˊ/ *n* KAMPONG.

kam·seen /kæmsí:n/, **kam·sin** /kǽmsən/ *n* KHAMSIN.

Kan ⇨ GAN.

Kan. Kansas.

ka·na /kɑ́:nə/ *n* (*pl* ～) [°*attrib*] かな. [Jpn]

Ka·nak /kənǽk, -nɑ́:k/ *n* カナク人《フランスの海外領 New Caledonia の白人住民に対して, メラネシア系先住民をいう》. [*Kanaka*]

Ka·naka /kənǽkə, kǽnəkə/ *n* [°k-] カナカ人《**1**) Hawaii および南洋諸島の先住民 **2**) かつて南洋諸島からオーストラリアへ連れてこられた農園労働者》.

ka·na·mý·cin /kæ̀nə-/ *n*〘薬〙カナマイシン《長野県の土壌中の放線菌 *Streptomyces kanamyceticus* の培養液から分離した広域抗生物質》.

Ka·nan·ga /kənɑ́:ŋgə/ カナンガ《コンゴ民主共和国南西部の市; 旧称 Luluabourg》.

Kananur ⇨ CANNANORE.

Ka·na·ra, Ca·na·ra /kɑ́:nərə, kənɑ́:rə/ カナラ《インド南西部 Karnataka 州のアラビア海に沿う地域》.

Kan·a·rese, Can- /kæ̀nərí:z, *kɑ̀:-, *-s/ *n* **a** (*pl* ～) カナラ族《インド南部 Karnataka 州に居住する》. **b** カナラ語 (Kannada); カナラ文字.

kanaster ⇨ CANASTER.

kan·ban /kɑ́:nbɑ̀:n; kǽnbæ̀n/ *n*〘経営〙かんばん方式; 《かんばん方式で使う》かんばん《作業指図票》. [Jpn]

Kan·chen·jun·ga /kæ̀nʧənʤʌ́ŋgə, -ʤʊ́ŋ-/, **Kang-** /kæŋ-/, **Kin·chin-** /kɪ̀nʧɪn-/ カンチェンジュンガ《ヒマラヤ山脈にある世界第 3 の高峰 (8586 m)》.

Kan·chi·pu·ram /kɑ:nʧí:pərəm/ カンチプラム《インド南部 Tamil

K

Nadu 州の北東部にある市; ヒンドゥー教の聖地).
Kan·da·har, Qan- /kʌ̀ndəhá:r, ⌐–⌐; kǽn/ カンダハル《アフガニスタン南東部の通商都市》.
Kan·del /kændél/ カンデル **Eric R(ichard)** ~ (1929–)《オーストリア生まれの米国の神経科学者; 記憶·学習におけるシナプスの中心的役割を発見, ノーベル生理学医学賞 (2000)》.
Kan·din·sky /kændínski/ カンディンスキー **Wassily** ~ (1866–1944)《ロシア生まれの画家; 抽象画の創始者の一人》.
Kan·dy /kǽndi/ キャンディ《スリランカ中西部の市; 1815 年英国が占領するまでキャンディ王国の首都》. ♦ **~·an** *a*
Kane /kéɪn/ ケーン (1) **Charles Foster** ~《Orson Welles 監督·主演の映画 *Citizen Kane* (1941) の主人公; W. R. Hearst をモデルとした新聞社主》 (2) **Elisha Kent** ~ (1820–57)《米国の北極探検家》.
Káne Básin /kéɪn-/ [the] ケーン海盆《Baffin 湾の北, Greenland 北西部と Ellesmere 島東部との間にある海峡の一部》.
kan·ga[1], **khan-** /kǽŋgə/ *n* カンガ《東アフリカの女性が身に着けるさまざまな色彩·柄が施された薄地綿布》. [Swahili]
kan·ga[2] /kǽŋgə/ *n* 《豪口》カンガルー; 《豪韻俗》金, 給料《kangaroo=screw と押韻》. [↓]
kan·ga·roo /kæ̀ŋgərú:/ *n* (*pl* **~s, ~**)〔動〕カンガルー《豪州産》; ˈˈオーストラリア人[代表選手]; [ˈˈ*pl*]ˈˈ西オーストラリア株《鉱山·不動産·タバコ株など》. ► *vi, vt*《クラッチ操作がまずくて》〈車が[車を]〉ガクンと出る[出す]; *《俗》《偽証で》〈人を〉有罪にする. [? (Austral)]
kangaróo acàcia〔植〕ハリアカシア (=*kangaroo thorn*)《豪州原産》.
kangaróo àpple〔植〕ニュージーランド周辺原産のナス属の低木状植物(の実) (=*gunyang*)《実は食べられる》.
kangaróo bèar〔動〕KOALA.
kángaroo clósureˈˈ[the] カンガルー式討論終結法《委員長が修正案を選択して討議に付し他を捨てる》.
kángaroo clúb*《俗》KANGAROO COURT.
kángaroo cóurt カンガルーコート (1) 正規の法的手続きをとらないいんちき法廷[裁判]; 開拓地や囚人仲間で行なわれるつるしあげ·リンチなど 2) 手続き·権限·処分などが不当な法廷[裁判]》.
kangaróo dòg カンガルー狩猟用のグレーハウンドに似た大型犬.
kangaróo gràss〔植〕カンガルーグラス《豪州全域にはびこるメルカガヤの一種》.
kangaróo hàre〔動〕ウサギワラビー (hare wallaby).
kangaróo·ing *n*《豪》カンガルー狩り(法).
Kángaroo Ísland カンガルー島《オーストラリア South Australia 州沖の島》.
kangaróo mòuse〔動〕ヒメカンガルーマウス《ポケットマウス科ヒメカンガルーマウス属の 2 種; 北米産》.
kangaróo pàw〔植〕カンガルーポー《豪州原産ハエモドルム科アニゴザントス属, マクロピディア属の数種の草本; 長い花筒部がゆるやかに湾曲し, 花被片の外側に赤いベルベット状の短毛がある》.
kangaróo pòcket〔服〕カンガルーポケット《衣服の前面中央につける大型ポケット》.
kangaróo ràt〔動〕**a** カンガルーネズミ《ポケットマウス科カンガルーネズミ属の数種; 北米西部·メキシコ産》. **b** ネズミカンガルー (rat kangaroo)《豪州産》.
kangaróo-tàil sòup カンガルーテールスープ《豪州の珍味とされる》.
kangaróo thòrn〔植〕KANGAROO ACACIA.
kangaróo vìne〔植〕カンガルーアイビー《豪州東部原産のブドウ科シッサス[セイシカズラ]属の常緑つる性の多年草》.
Kangchenjunga ⇨ KANCHENJUNGA.
kang·ha /kʌ́ŋhə/ *n* カンガー《シク教徒が髪に付ける櫛(くし); cf. FIVE Ks》. [Punjabi]
Ka·Ngwa·ne /kɑ̀:(ə)ŋgwá:neɪ/ カヌグワネ《南アフリカ共和国 Transvaal 州東部にあった Bantustan》.
Kang·xi, K'ang-hsi /ká:ŋʃí:/ 康熙帝 (1654–1722)《中国清朝の皇帝 (1661–1722); 姓は愛新覚羅, 名は玄燁(げんよう) (Xuanye), 廟号は聖祖 (Shengzu)》.
kan·ji /ká:nʤi; kǽn-/ *n* (*pl* ~) [ᵒ*attrib*] 漢字. [Jpn]
kan·na /ká:nə/ *n*〔植〕GANNA.
Kan·na·da /ká:nədə, kǽn-/ *n* カンナダ語 (=*Kanarese*)《インド南西部 Karnataka 州周辺のドラヴィダ語族の一つ》.
Ka·no /ká:noʊ/ カノ《(1) ナイジェリア北部の州 2) その州都》.
ka·noon /kɑ:nú:n/ *n*〔楽〕カーヌーン《ツィター属の撥弦楽器》. [Turk]
Kan·pur /ká:npʊ̀r; kɑ:npʊ́ər/ カーンプル (*E* Cawnpore)《インド北部 Uttar Pradesh 中南部の Ganges 川右岸にある市》.
Kans. Kansas.
Kan·san /kǽnzən/ *a* Kansas 州(人)の. ► *n* カンザス州人;〔地質〕カンザス氷期《北米大陸の氷河期の第 2 氷期》.
Kan·sas /kǽnzəs/ **1** カンザス《米国中部の州; ☆Topeka; 略 Kan(s)., KS》. **2** [the] カンザス川《Kansas 州北東部から東流し, Kansas City で Missouri 川に合流》.
Kánsas Cíty カンザスシティー《(1) Missouri 州西部の Missouri 川と Kansas 川の合流地点にある市 2) Kansas 州北東部の市; 上記合流点をはさんで前者の西側に隣接する》.
Kánsas-Nebráska Áct [the]〔米史〕カンザス-ネブラスカ法《Kansas と Nebraska 両準州が奴隷州となるか自由州となるかは住民の決定によるとし, Missouri Compromise を無効とした法律 (1854); これを機に北部の反奴隷制拡大勢力により共和党が結成された》.
Kansu 甘粛 (⇨ GANSU).
Kant /kǽnt, *ká:nt/ カント **Immanuel** ~ (1724–1804)《ドイツの哲学者; 合理論と経験論を総合する批判哲学を基礎づけた; *Kritik der reinen Vernunft* (純粋理性批判, 1781) ほか》.
kan·tar /kæntá:r/ *n* カンタール《エジプト·トルコなどイスラム教国の重量単位: ほぼ hundredweight に相当》. [Arab; ⇨ CENTUM[1]]
kan·te·le /ká:ntələ/ *n*〔楽〕カンテレ《フィンランドのツィター属弦楽器; もとは 5 弦であったが, のちには 30 弦に及ぶものもつくられている》. [Finn]
Ként·ian *a* カントの; カント哲学の. ► *n* カント学徒.
Ként·ian·ìsm *n* カント哲学 (=*Kantism*).
Kánt·ism *n* KANTIANISM. ♦ **-ist** *n* KANTIAN.
Kán·ton Ísland, Cán·ton Ísland /kǽnt(ə)n-/ カントン島《太平洋中部にある Phoenix 諸島最大の島[環礁]; キリバス領》.
KANU /ká:nu/ *n* ケニアアフリカ民族同盟 (Kenya African National Union)《ケニアの政党》.
Ka·nu·ri /kənʊ́əri/ *n* **a** (*pl* ~, **~s**) カヌリ族《ナイジェリア北東部 Bornu 州および隣接するニジェールとチャドの国境地域に住む長身の黒人族》. **b** カヌリ語《ナイル-サハラ語族に属する》.
kan·zu /kǽnzu/ *n* カンズー《東アフリカの男子が身に着ける長い白布》. [Swahili]
Kao /káʊ/ カオ **Charles** (**Kuen**) ~ (1933–)《中国生まれの物理学者; 漢字表記は高錕; 光通信に用いるグラスファイバー内の光伝送に関する業績によりノーベル物理学賞 (2009)》.
Kao·hsiung /káʊʃiúŋ, gáʊ-/ 高雄(たかお)(カオシュン)《台湾南西部の南シナ海に臨む市·港町》.
Ka·o·lack /ká:oʊlæ̀k, káʊlæk/ カオラック《セネガル南西部の町》.
kao·liang /kàʊliá:ŋ, kèɪoʊliǽŋ/ *n* 高粱(こうりゃん). [Chin]
ka·olin, -line /kéɪələn/ *n*〔鉱〕高陵石, 白土, カオリン《磁器の原料となる白粘土; 賦形剤·消炎薬として医薬品にも用いる》. [F<Chin]
ka·olin·ite /kéɪələnàɪt/ *n*〔鉱〕高陵石, カオリナイト《カオリンの主成分》. ♦ **kà·olin·ít·ic** /-nít-/ *a*
káolin·ìze *vt* 高陵土化する, カオリン化する.
ka·on /kéɪɑ̀n/ *n*〔理〕ケーオン, K 中間子 (=*K-meson, K particle*). ♦ **ka·ón·ic** *a* [K, *-on*[2]]
kap·ai /kǽpàɪ, ⌐–⌐/ *int*《NZ》よし, うまい, やった, OK. [Maori]
Ka·pell·meis·ter /kəpélmàɪstər, *kɑ:-, ˈˈkæ-/ *n* (*pl* ~) [ᵒk-] カペルマイスター《ドイツ王侯の礼拝堂付きの音楽指揮者》; 《合唱団·管弦楽団·楽隊の》指揮者, 楽長; [*derog*] 御用楽長. [G=chapel master]
kapéllmeister mùsic 楽長音楽《独創性のない型にはまった音楽》.
ka·pey·ka /kɑ:péɪkɑ:/ *n* (*pl* **ka·pe·ek** /kɑ:péɪək/) カペイカ《ベラルーシの通貨単位; =1/100 ruble》. [Belarussian=kopeck]
kaph, caph, kaf /ká:f, kɔ́:f/ *n* カフ《ヘブライ語アルファベットの第 11 字》. [Heb]
Ka·pı·da·ğı /kɑ̀:pidɑ:(g)í:/ カプダー《トルコ北西部の Marmara 海南岸に位置する半島; 古代には島であったといわれている; 古代名 Cyzicus》.
Ka·pi·tsa, -tza /ká:pjɪtsə, kəpítsə/ カピッツァ **Pyotr Leonidovich** ~ (1894–1984)《ソ連の物理学者; 低温物理学の研究, 特にヘリウム-2 の超流動性の発見で知られる; ノーベル物理学賞 (1978)》.
ka·pok, ca- /kéɪpɑ̀k, kǽpək/ *n* ジャワ綿, カポック (=*ceiba, Java cotton, silk cotton*)《CEIBA の種子を包む綿; 枕·救命帯·寝袋などに入れる》. [Malay]
kápok trèe SILK-COTTON TREE.
Ká·po·si's sarcóma /kǽpəsiz-, kəpóʊ-; kəpáʊziz-, kæ-/〔医〕カポジ肉腫, 特発性多発性出血性肉腫. [Moritz *Kaposi* Kohn (1837–1902) オーストリアの皮膚科医]
kap·pa /kǽpə/ *n* カッパ《ギリシア語アルファベットの第 10 字; Κ, κ》. [Gk]
Kap·ton /kǽptɑ̀n/〔商標〕カプトン《軽量で丈夫な耐熱性プラスチック; シート状にして航空機の耐熱材などに用いる》.
ka·pu /ká:pu; kǽpu/ *n*《ハワイ》タブー, 禁制 (taboo). [Haw]
ka·put, -putt /kəpʊ́t, kɑ:-, -pú:t/《口》*pred a* 完全にやっつけられた, めちゃめちゃになった; おしまいで, だめになった, 使いものにならない, こわれた, ぽんこつの; 完全に時代遅れの: go ~ だめになる, こわれる. [G]
ka·ra /ká:rə/ *n* カラー《シク教徒が右手首に着ける鋼鉄製の腕輪; cf. FIVE Ks》. [Punjabi]
karabiner ⇨ CARABINER.
Ka·ra·chay-Cher·kes·sia /kɑ̀:rətʃáɪtʃɪərkésjə/, **Ka·ra·cha·ye·vo-Cher·kes·si·ya** /kɑ̀:rətʃáɪjəvòʊtʃɪərkésijə/ カラチャイ-チェルケシア《ヨーロッパロシア南東部, 北 Caucasus にある共和国; ☆Cherkessk》.

Ka·ra·chi /kərá:ʧi/ カラチ《パキスタン南部 Sindh 州の州都, アラビア海に臨む港湾都市; 独立後 1947–59 年仮首都》.

Ka·ra·de·niz Bo·ğa·zı /kà:rədəní:z bòʊ(g)ɑ:zí:/ カラデニス海峡《BOSPORUS 海峡のトルコ語名》.

Ka·ra·gan·da /kærəgəndá:/ カラガンダ《QARAGHANDY ロシア語名》.

Kar·a·george /kærəʤɔ́:rʤ/ カラジョルジェ (1762–1817)《セルビアのカラジョルジェヴィチ (Kar·a·geor·ge·vić /kærəʤɔ́:rʤəvìʧ/) 王家の祖; セルビア-クロアチア語で **Ka·ra·đor·đe** /kà:rɑ:djɔ́:rdjə/, 'Black George' の意; 本名 Đorde Petrović; 独立のためトルコと戦った指導者; ロシアを背景に世襲君主となったが暗殺された》.

ka·rahi /kɑ:ráɪ/ *n* 〘インド〙カライ《balti などを作るのに用いる浅い両手鍋》. [Hindi]

Ka·rai·kal /kà:rɪká:l/ KARIKAL.

Kara·ism /kǽrəìz(ə)m/, **Kara·it·ism** /-àɪtìz(ə)m/ *n* 〘ユダヤ教〙カライ派の教義, '聖書主義'《口伝律法 (rabbinism と Talmudism) を排して聖書のみを重視する 8 世紀 Baghdad で起こった一派》.

Kara·ite /kǽrəàɪt/ *n* 〘ユダヤ教〙カライ派の人, '聖書主義者'. [Heb＝scripturalists (*qārā* to read)]

Ka·raj /kərá:ʤ/ カラジュ《イラン北部 Tehran の北西にある市》.

Ka·ra·jan /ká:rəjà:n/ カラヤン **Herbert von ~** (1908–89)《オーストリアの指揮者》.

Ka·ra·kal·pak /kærəkà:lpá:k/ *n* **a** (*pl* ~, ~**s**) カラカルパク人《Aral 海周辺に住むチュルク人》. **b** カラカルパク語.

Ka·ra·kal·pak·stan /kærəkà:lpá:kstà:n, -stæn/ [the] カラカルパクスタン《ウズベキスタン北西部 Aral 海の南東にある自治共和国; ☆Nukus》.

Ka·ra·kó·ram Ránge /kà:rəkɔ́:rəm-/ [the] カラコルム[カラコラム]山脈 (＝*Mustagh*)《Kashmir 地方北部の山脈; 世界第 2 の高峰 K2 があり, カラコルム峠 (**Karakóram Páss**) (5575 m) が横切る》.

Ka·ra·ko·rum /kærəkɔ́:rəm/ カラコルム《モンゴル中央部にあるモンゴル帝国の古都遺跡》.

Karakórum Ránge [the] カラコルム山脈 (KARAKORAM RANGE).

kar·a·kul, car·a·cul /kǽrək(ə)l/ *n* [°K-] 〘羊〙カラクール《中央アジア原産の種; 毛は粗く縮れている》; カラクール《カラクール種のきわめて若い羊の光沢のある黒い毛皮; 珍重される》. [Russ *Karakul* Bokhara の村]

Ka·ra Kum /kærə kú:m, kà:rə-/ カラクム《トルクメニスタンの Aral 海の南, カスピ海と Amu Darya の間に広がる砂漠》.

Ka·ra·man·lis /kà:rəmà:nlí:s, ⌐–⌐–⌐/ カラマンリス (**1**) **Konstantinos ~** (1907–98)《ギリシアの法律家・政治家; 首相 (1955–63, 74–80), 大統領 (1980–85, 90–95)》 (**2**) **'Kostas' ~ [Konstantinos ~]** (1956–　)《ギリシアの政治家; 前者の甥; 首相 (2004–09)》.

Kar·a·ma·zov /kærəmǽzɑv, -zɔ(:)v, -zɑf, -zɔ(:)f/ カラマーゾフ《Dostoyevsky の小説 *The Brothers Karamazov* (1879–80) の舞台となる一家》.

kar·a·o·ke /kæriόʊki, *kèr-/ *n* カラオケ. [Jpn]

Ká·ra Séa /ká:rə-/ [the] カラ海《ロシアの北, Novaya Zemlya の東に広がる北極海の一部》.

ka·rass /kərǽs, kæ-/ *n* カラース《共通の利害と個人的つながりで結びつけられた幻想の集団》. [Kurt Vonnegut, *Cat's Cradle* (1963) の中で使われる造語]

Ka·ra Su /kærə sú:, ká:rə-/ [the] カラ川《トルコ東部 Euphrates 川の源流》.

kar·at* /kǽrət/ *n* 〘冶〙カラット, 金位 (carat[ll])《純金含有度を示す単位; 純金は 24 karats; 略 K., kt》. [CARAT]

ka·ra·te /kərá:ti/ *n* 空手. ◆ **karáte·ist** *n* [Jpn]

ka·rá·te chòp 空手チョップ. ◆ **karáte-chòp** *vt* 空手チョップで打つ.

ka·ra·te·ka /kərá:tikà:/ *n* 空手家, 空手選手. [Jpn]

Kar·a·thane /kǽrəθèɪn/ 〘商標〙カラセン《ウドンコ病に有効な農薬》.

ka·rá·ya gùm /kəráɪə-/ カラヤガム《インド産のアオギリ科の木から採れるゴム》. [Hindi]

Kar·ba·lā' /kà:rbəlá:, ká:rbələ/, **Ker·be·la** /ká:rbələ/ カルバラ, ケルベラ《イラク中部 Baghdad の南西にある市; シーア派の聖地》.

kar·bo·naa·tje /kà:rbəná:tji/ *n* 《南ア》カーボナーティエ《ローストビーフの薄切り料理》.

ka·ree /kərí:/ *n* 〘植〙アフリカ南部産のウルシ属の常緑樹.

ka·re(e)·ba /kərí:bə/ *n* カリーバ《ジャマイカの男子の袖の短いシャツ》. [C20 (? Afr)]

Ka·rel /ká:rèl/ カレル《男子名》. [Czech, Du; ⇨ CHARLES]

ka·rela /kərélə/ *n* 《インド》〘植〙BITTER MELON. [Hindi]

Ka·re·lia /kərí:liə, -ljə/ カレリア《ロシア北西端の共和国; ☆Petrozavodsk》.

Ka·ré·li·an *a* カレリア(人[語])の. ► *n* **a** カレリア人. **b** カレリア語《フィン-ウゴル語派に属する》.

Karélian Ísthmus [the] カレリア地峡《フィンランド湾と Ladoga 湖にはさまれる》.

Kar·en[1] /kǽrən/ カレン《女子名》. [Dan; ⇨ CATHERINE]

Ka·ren[2] /kərén/ *n* **a** (*pl* ~, ~**s**) カレン(諸)族《ミャンマー東部・南部に住む》. **b** カレン(諸)語.

Ka·ri·ba /kərí:bə/ [Lake] カリバ湖《Zambezi 川に建設された水力発電用ダム (the ~ **Dám**) によってできた人造湖; ザンビアとジンバブウェの国境をなす》.

Ka·ri·kal /kà:rəká:l/ カリカル (**1**) インド南部 Pondicherry の南にあったフランスの領土; 1954 年インドに編入 **2**) その中心であった市; 現在は Tamil Nadu 州東部にある飛び地で, Pondicherry 連邦直轄領に属する》.

Kar·i·ta·ne /kærətá:ni, ⌐–⌐–⌐/ 《NZ》 *a* カリタネの (**1**) 〈産院が〉 PLUNKET SOCIETY の(方式を適用して)設立した; 妊産婦・新生児に対する医療についていう **2**) 〈看護師が〉 Plunket Society で養成された》. ► *n* カリタネ看護師 (＝~ **nùrse**)《Plunket Society で養成された看護師》. [ニュージーランド南島の町で, Plunket Society の本部所在地]

kark /ká:rk/ *vi* 《豪口》 CARK[2].

Kar·kheh /kərkéɪ/ [the] カルケー川《イラン西部に発し, 南西に流れ, イラク南東部において, Tigris 川の東部湿地帯に流入する; 古代名 Choaspes》.

Karl /ká:rl/ カール《男子名》. [G, Dan; ⇨ CHARLES]

Karle /ká:rl/ カール **Jerome ~** (1918–　)《米国の結晶学者; X 線の回折強度を統計的に処理することによって物質の結晶構造を決定する方法を開発, ノーベル化学賞 (1985)》.

Karl·feldt /ká:rlfèlt/ カールフェルト **Erik Axel ~** (1864–1931)《スウェーデンの詩人; 自然と農民の生活をうたった抒情詩人; ノーベル文学賞 (1931)》.

Karl-Marx-Stadt /kɑ:rlmá:rkʃtà:t, -stà:t/ カールマルクスシュタット《CHEMNITZ の旧称 (1953–90)》.

Kar·loff /ká:rlɔ̀(:)f, -lὰf/ カーロフ **Boris ~** (1887–1969)《英国生まれの米国の俳優; 本名 William Henry Pratt; 映画 *Frankenstein* (1931) で有名になる》.

Kar·lo·vy Va·ry /ká:rləvi vá:ri/ カルロヴィヴァリ《チェコ西部の市; 鉱泉保養地》.

Karls·bad, Carls- /ká:rlsbà:t/ カールスバート《KARLOVY VARY のドイツ語名[別称]》.

Karls·kro·na /kɑ:rlzkrú:nə/ カールスクルーナ《スウェーデン南部, バルト海に臨む市; 同国の重要な軍港》.

Karls·ru·he /ká:rlzrù:ə; *G* kárlsru:ə/ カールスルーエ《ドイツ南西部 Baden-Württemberg 州の市》. ◆ **Kárls·rù·her** *n*

Karl·stad /ká:r(ə)lstà:(d)/ カールスタード《スウェーデン南西部 Vänern 湖沿いの市》.

kar·ma /ká:rmə, kɑ́:r-/ *n* **1** [°K-] 〘ヒンドゥー教〙カルマ, 羯磨(かつま), 業(ごう); 〘仏教〙因果応報, 因縁(いんねん); 宿命(論). **2** *《口》《人・物・場所から発する》(直感的に感じられる)特徴的な発気[雰囲気] (vibes). ◆ **kár·mic** *a* **kár·mi·cal·ly** *adv* [Skt＝work, fate]

Kar·man /kɑ:rmá:n/ カルマン **Tawakkul** ~(1979–　)《イエメンの人権活動家; ノーベル平和賞 (2011)》.

Kár·man cànnula [càtheter] /ká:rmən-/ 〘医〙カーマンカニューレ《吸引法による堕胎用器具》. [Harvey *Karman* (1924–2008) 考案者の米国人]

Kár·man vórtex strèet /ká:rmən-/ 〘流体力学〙カルマン渦列(うずれつ)《流体中に置かれた物体の背後にできる規則的な渦の列》. [Theodore von *Kármán* (1881–1963) ハンガリー生まれの米国の航空工学者]

Karmathians ⇨ QARMATIANS.

Kar·nak /ká:rnæk/ カルナク《エジプト東部の Nile 川に臨む町; 古代都市遺跡 Thebes の北部》.

Kar·na·ta·ka /kərná:təkə/ カルナータカ《インド南部のアラビア海に臨む州; ☆Bangalore; 旧称 Mysore》.

Kar·nis·che Al·pen /*G* kárnɪʃə álpn/ カルニッシェアルペン《CARNIC ALPS のドイツ語名》.

Kärn·ten /*G* kέrntn/ ケルンテン《CARINTHIA のドイツ語名》.

Ka·rok /kərάk/ *n* **a** (*pl* ~, ~**s**) カロク族《California 州北西部の Klamath 川流域に居住する先住民》. **b** カロク語. [Karok＝upstream]

Kar·ol /kǽrəl/ キャロル《女子名》. [⇨ CAROL]

Kar·o·line /kǽrəlàɪn, -lən/ キャロライン《女子名》. [Swed; ⇨ CAROLINE]

Ká·ro·lyi /kǽrəlji, ká:-/ カーロイ Count **Mihály ~** (1875–1955)《ハンガリーの政治家; 民主共和国 (1918–19) の大統領 (1919)》.

ka·roo, kar·roo /kərú:/ *n* (*pl* ~**s**) **1** [°K-] カルー《南アフリカ共和国西部の乾燥台地; Western Cape 州中部の **Gréat [Céntral] K~** (大カルー), 同州南部の **Líttle [Sóuthern] K~** (小カルー), Northern Cape 州の Orange 川沿いの **Nórth [Úpper] K~** (北カルー) など》. **2** [K-] 〘地質〙カルー系 (⇨ LOWER [UPPER] KAROO). ► *a* [K-] 〘地質〙カルー系の. [Khoikhoi]

ka·ro·shi /kəróʊʃi/ *n* 過労死. [Jpn]

ka·ross /kərάs/ *n* カロス《アフリカ南部先住民の袖なし毛皮外套[敷物]》. [Afrik]

Kár·pa·thos /ká:rpəθɔ̀:s/ カルパトス《ギリシア Dodecanese 諸島の島; Rhodes 島と Crete 島の間に位置》.

K

Kar·pov /ká:rpɔ̀(:)f, -pɑ̀f/ カルポフ **Anatoly Yevgenyevich** ~ (1951–)《ロシアのチェスプレーヤー; 世界チャンピオン (1975–85, 93–98)》.

Kar·rer /ká:rər/ カラー **Paul** ~ (1889–1971)《ロシア生まれのスイスの化学者; 多糖類・ビタミン・カロチノイド色素の構造を解明した; ノーベル化学賞 (1937)》.

kar·ri /kǽri, ká:ri/ *n* 〔植〕カリ《豪州西部原産のユーカリノキ; その赤黒い堅材; オーストラリアの重要輸出品》. [(Austral)]

karroo ⇨ KAROO.

Kars /ká:rz, -s/ カルス《トルコ北東部の市》.

Kar·sa·vi·na /kɑ:rsá:vənə, -sǽv-/ カルサヴィナ **Tamara (Platonovna)** ~ (1885–1978)《ロシア生まれの英国のバレリーナ; Diaghilev のロシアバレエ団で Nijinsky と共演》.

karsey ⇨ KARZEY.

karst /ká:rst/ *n* 〔地質〕カルスト《石灰岩・苦灰岩など可溶性岩石の多い地域にできる地形》. ◆ **kárst·ic** *a* [G]

Karst カルスト《KRAS のドイツ語名》.

kart /ká:rt/ *n* ゴーカート (go-kart, go-cart); カート《レース用小型自動車》.

Kar·tik /ká:rtɪk/ *n* 〔ヒンドゥー暦〕八月, カールティク《グレゴリオ暦の 10–11 月; ⇨ HINDU CALENDAR》. [Skt]

kárt·ing *n* ゴーカートレース.

Kā·rūn /kərú:n/ [the] カールーン川《イラン西部を南西に流れて Shatt-al-Arab 川に流入する》.

kary-, cary- /kǽri/, **kar·yo-, car·yo-** /kǽriou, -riə/ *comb form*「核」「仁(じん)」 [Gk]

kar·y·og·a·my /kæ̀riágəmi/ *n* 〔生〕核融合, カリオガミー.

káryo·gràm *n* 〔遺〕核型 (karyotype), 《特に》染色体図《一つの有機体の染色体全体を図表化したもの》.

kàryo·kinésis *n* 〔生〕(間接)核分裂, 核動 (mitosis). ◆ **-kinétic** *a*

kary·ol·o·gy /kæ̀riálədʒi/ 〔生〕 *n* 核学《細胞学の一分野; 細胞核, 特に 染色体の構造・機能を扱う》; 細胞核の特質. ◆ **kàry·o·lóg·i·cal, -lóg·ic** *a*

káryo·lỳmph *n* 〔生〕核液, 核リンパ (nuclear sap).

kar·y·ol·y·sis /kæ̀riáləsəs/ *n* 〔生〕核融解.

káryo·plàsm *n* 〔生〕核質 (nucleoplasm). ◆ **kàryo·plás·mic** *a*

káryo·sòme *n* 〔生〕カリオソーム, 染色仁, 染色質核小体.

kàryo·systemátics *n* 核型系統[分類]学.

kar·y·o·tin /kæ̀rióutən, kǽriə-/ 〔生〕 *n* 核質; 染色質.

káryo·tỳpe *n* 〔遺〕核型(かくけい). ► *vt, vi* (…の)核型を決定する[調べる]. ◆ **kàr·yo·týp·ic, -i·cal** /-típ-/ *a* **-ical·ly** *adv* **-tỳp·ing** *n*

Kar·zai /ká:rzàɪ, ⏑⏑/ カルザイ **Hamid** ~ (1957–)《アフガニスタンの政治家; 大統領 (2002–)》.

kar·zy, -zey, -s(e)y, car- /ká:rzi/ *n*"《俗》便所.

Ka·sai /kəsáɪ; kɑ:-/ **1** [the] カサイ川《アンゴラ中部に発し, コンゴ民主共和国で Congo 川に合流する》. **2** カサイ《コンゴ民主共和国中南部の地方》.

kasbah ⇨ CASBAH.

ka·sha /ká:ʃə/ *n* カーシャ《**1**) 東欧料理; そば[小麦]がゆの一種 **2**) 調理前のそば[小麦]の穀粒》. [Russ]

Ka·shan /kɑ:ʃá:n, kə-/ *n* **1** カーシャーン《イラン中部 Esfahan の北にある市》. **2** カーシャーンじゅうたん (=~ **rúg**)《やわらかい色の豪華なペルシアじゅうたん; 花柄が多い》.

kasher ⇨ KOSHER.

Kashi /kǽʃi, ká:ʃi/, **Kash·gar** /kǽʃgà:r, ká:ʃ-/ カーシー(喀什), カシュガル《中国新疆ウイグル自治区南西部のオアシス都市》.

Kash·mir /kǽʃmɪ̀r, kǽʒ-, ⏑⏑; kæ̀ʃmíər/ **1** カシミール《インド・パキスタン北部の地方; 1947 年以降両国間の係争地》. **2** [k-] /*⏑⏑/ カシミヤ(織り) (CASHMERE).

Káshmir góat 〔動〕カシミヤヤギ《被毛から cashmere を織る》.

Kash·miri /kæʃmíəri, *kæʒ-/ *n* **a** (*pl* ~, ~**s**) カシミール人. **b** カシミール語《印欧語族 Indic 語派の一つ》.

Kash·mir·ian /kæʃmíəriən, *kæʒ-/ *a* カシミールの, カシミール人の. ► *n* KASHMIRI.

Káshmir rúg カシミヤラグ (SOUMAK).

kash·rut(h) /kɑ:ʃrú:t, -θ/ 〔ユダヤ教〕 *n* 適法; 食事戒律. [Heb =fitness]

Ka·shu·bi·an /kəʃú:biən/ *n* カシューブ語《ポーランド北部の西スラヴ語》.

kasj /kǽʒ/ *a* 《俗》CAS.

Kas·pa·rov /kɑ:spá:rəf/ カスパロフ **Garry (Kimovich)** ~ (1963–)《ロシアのチェスプレーヤー; 世界チャンピオン (1985–93)》.

Kas·sa /kɔ́:ʃɔ:/ コショ《KOŠICE のハンガリー語名》.

Kas·sa·la /kǽsələ; kəsá:lə/ カッサラ《スーダン北東部の市》.

Kas·sel, Cas·sel /kǽsəl, ká:-/ カッセル《ドイツ中部 Hesse 州の市》.

kas·se·ri /kəséəri, kɑ:-/ *n* カセーリ《ヤギ乳または羊乳から造る, カテージチーズに似たギリシアのチーズ; 米国では牛乳から造る》.

Kás·ser·ine Páss /kǽsərì:n-/ [the] カッセリーン峠《チュニジア中北部にある峠; 1943 年米軍とドイツ軍の戦車戦で米軍が勝利をあげた地》.

Kas·tel·lór·i·zon /kɑ̀:stəlɔ́:rəzɔ̀:n, -zɑ̀n/ カステロリゾン《エーゲ海の Dodecanese 諸島最東の島; ギリシアに属するが, トルコ南西岸沖から 3.2 km のところに位置; 英語では Castellorizo ともいい, イタリア語名は Castelrosso》.

Käst·ner /késtnər/ ケストナー **Erich** ~ (1899–1974)《ドイツの詩人・作家; 少年小説 *Emil und die Detektive* (エミールと探偵たち, 1929)》.

Kas·tri·o·ti /kɑ̀:strióuti/ カストリオティ **George** ~《SKANDERBEG の本名》.

Kas·tro /ká:strou/ カストロ《**1**) Lesbos 島の海港 MYTILENE の別称 **2**) KÁSTRON》.

Ká·stron /ká:strɔ̀:n, kǽstrɑ̀n/ カストロン《ギリシア領の Lemnos 島西部の海港》.

Kastrop-Rauxel ⇨ CASTROP-RAUXEL.

kat, khat, qat /ká:t/ *n* 〔植〕チャット, カート, アラビアチャノキ《アラビア・アフリカのニシキギ科の常緑低木; 葉は麻薬性があり, かんだり茶に入れたりする》. [Arab]

ka·ta /ká:tɑ:; kǽtə/ *n* (*pl* ~, ~**s**)《空手などの》型. [Jpn]

kat(a)- /kǽt(ə)/ ⇨ CAT-.

ka·tab·a·sis, ca- /kətǽbəsəs/ *n* (*pl* **-ses** /-sì:z/)《紀元前 401 年のギリシア軍の》内陸から海岸への撤退; 下降, 後退; 〔軍〕退却. [Gk=a going down]

kat·a·bat·ic /kæ̀təbǽtɪk/ *a* 〔気〕〈風・気流が〉下降する, 下降気流によって生ずる (opp. *anabatic*).

katabolism ⇨ CATABOLISM.

ka·ta·ka·na /kɑ̀:təká:nə; kæ̀t-/ *n* 片仮名. [Jpn]

kàta·mórphism, càta- *n* 〔地質〕降変作用, カタモルフィズム《風化作用など地表近くで起こる変化で, 複雑な鉱物から単純な鉱物が生成される; cf. ANAMORPHISM》.

ka·ta·na /kətá:nə/ *n* 刀, 日本刀. [Jpn]

Ka·tan·ga /kətá:ŋgə, -tǽŋ-/ カタンガ《コンゴ民主共和国南東部の歴史的地域; ☆Lubumbashi; 銅・金・コバルト・ウラン・亜鉛などの鉱物資源に富む; 旧称 Shaba》. ◆ **Ka·tan·gese** /kətɑ:ŋgí:z, -tæŋ-, *-s/ *a*

kataplasia ⇨ CATAPLASIA.

Katar, Katari ⇨ QATAR.

kàta·thermómeter *n* カタ温度計《温度の降下する速度によって冷却力や空気の流れの速さを測定する器具》.

katatonia ⇨ CATATONIA.

ka·tc(h)i·na /kətʃí:nə/ *n* KACHINA.

Kate /kéɪt/ ケート《女子名; Katharine などの愛称》.

Ka·te·rí·ni /kɑ̀:tərí:ni/ カテリーニ《ギリシア北部 Salonika 湾西岸の町》.

Kath /kǽθ/ *n* 《豪口》KATHLEEN MAVOURNEEN.

kath·ak /kátək/ *n* [°K-] カタック《インド四大舞踏の一つ; 北インドで生まれ, ムガル時代宮廷の保護をうけて発達した》; (*pl*~, ~**s**) カタック《語り部・音楽家のカーストに属する人》. [Bengali]

ka·tha·ka·li /kɑ̀:təká:li/ *n* [°K-] カタカリ《インド四大舞踊の一つ; 南インド Kerala 州に伝わる伝統舞踊; 題材は *Ramayana* や *Mahabharata* に採ることが多く, もとはすべて男優によって演じられた》. [Malayalam=drama]

ka·tha·re·vu·sa, -vou- /kɑ̀:θərévəsɑ̀:/ *n* [°K-] カタレヴサ《現代ギリシア語の文章体というべきもの; cf. DEMOTIC》. [ModGk (Gk *katharos* pure)]

Kath·a·rine /kǽθ(ə)rən/, **Kath·a·ri·na** /-rí:nə/, **Kath·e·rine** /-rən/, **Kath·ryn** /kǽθrən/ **1** キャサリン, キャサリーナ, キャスリン《女子名; 愛称 Kate, Kathie, Kathy, Katie, Kay, Kit, Kitty など》. **2** [Katharina] キャサリーナ《Shakespeare, *Taming of the Shrew* に登場するじゃじゃ馬娘》. [⇨ CATHERINE]

ka·thar·sis /kəθá:rsəs/ *n* (*pl* **-ses** /-sì:z/) CATHARSIS.

Katherina ⇨ KATRINA[2].

Ka·thi·a·war /kɑ̀:tiəwá:r; kæ̀t-/ カーティアーワール《インド西部 Gujarat 州のアラビア海に突出する大半島》.

Kathie ⇨ KATHY.

Kath·leen /kǽθlin, ⏑lí:n/ キャスリーン《女子名》. [Ir; ⇨ KATHERINE]

Káthleen Mavóurneen 《豪口》常習犯; 長期間, 《特に》不定期刑 (=*Kath*). ['It may be for years, it may be forever' のリフレーンのある歌より]

Kath·man·du, Kat- /kæ̀tmændú:, kɑ̀:tmɑ̀:n-/ カトマンドゥー《ネパールの首都》.

kathode ⇨ CATHODE.

Kathy, Kath·ie /kǽθi/, **Ka·tie** /kéɪti/ キャシー, ケイティー《女子名; Katherine, Katherina などの愛称》.

kat·ion /kǽtàɪən/ *n* CATION.

kat·i·po /kǽtəpòu, ká:-/ *n* 《NZ》〔動〕セアカゴケグモ (redback spider). [Maori]

ka·tjie·pier·ing /kɑ̀:tʃɪpíərɪŋ, kàɪtɪ-, ⏑⏑⏑⏑/ *n* 〔植〕南アフリカ

産アカネ科クチナシ属の常緑低木《芳香のある大型の白または黄色の花をつける》.［Afrik］

Kat·mai /kǽtmàɪ/ [Mount] カトマイ山《Alaska 半島北東部の火山 (2047 m); 1912 年大噴火》.

Katmandu ⇨ KATHMANDU.

Ka·to·wi·ce /kɑ̀ːtəvíːtsə/ カトヴィツェ《ポーランド中南部 Silesia 地方の市》.

Ka·tri·na[1] /kətríːnə/, **Kat·rine**[1] /kǽtrən, -rìːn/ カトリーナ, カトリン《女子名》.［⇨ KATHERINE］

Kat·ri·na[2] /kɑːtríːnə/ [Ja·bal /ʤǽːbəl/] カトリナ山《Sinai 半島の Musa 山の最高峰 (2637 m); Gebel **Kath·er·i·na** /-kæθəríːnə/ ともいう》.

Kat·rine[2] /kǽtrən/ [Loch] カトリン湖《スコットランド中部の美しい湖; Sir Walter Scott の *Lady of the Lake* のヒロイン Ellen が湖中の小島に住んだ》.

ka·tsi·na /kəʧíːnə, -tsíː-/ *n* (*pl* **-nam** /-nəm/, ～**s**) KACHINA.

Kat·si·na /kɑ́ːtsɪnə, kætsíːnə/ カツィナ《**1**) ナイジェリア北部の州 **2**) その州都; 16–18 世紀 Hausa 族の文化の中心地》.

kát·su·ra /kɑ́ːtsərə; kætsúərə/ *n* **1**〘植〙カツラ (=～ **trèe**)《米国では観賞用に栽培》. **2**《主に女性用の》かつら.［Jpn］

Kat·te·gat /kǽtɪgæ̀t/ [the] カテガット《デンマークとスウェーデンの間の海峡》.

ka·tu·sa /kətúːsə/ *n**《俗》《特に 米軍に編入された》韓国兵.［*K*orean *a*ttached *t*o *US* *A*rmy］

ka·ty·did /kéɪtidɪ̀d/ *n*〘昆〙北米産のひげの長いキリギリス.

Ka·týn Fórest /kætín-/ [the] カティンの森《第二次大戦中ソ連軍の捕虜となった約 4300 人のポーランド人将校が虐殺された場所; ロシア西部 Smolensk の近郊にある》.

katz·en·jam·mer /kǽtsənʤæ̀mər/*《口》*n* 二日酔い, 宿酔; 不安, 苦悶;《不満・抗議などの》てんやわんやの大騒ぎ, 非難ごうごう.［G=cats' wailing］

Kau·ai /káʊàɪ, kɑ̀ːuɑ́ːiː/ カウアイ《Hawaii 州 Oahu 島の北西にある火山島》.

Kauff·mann /káʊfmɑːn/ カウフマン (**Maria Anna Catharina**) **Angelica** ～ (1741–1807)《スイス生まれの画家; London で活動 (1766–81)》.

Kauf·man /kɔ́ːfmən/ コーフマン **George S**(**imon**) ～ (1889–1961)《米国の劇作家》.

Kau·nas /káʊnəs, -nɑ̀ːs/ カウナス (Russ **Kov·no** /kɔ́ːvnoʊ, -nə/)《リトアニア中部 Neman 川に臨む市; かつての首都 (1920–40)》.

Ka·un·da /kɑːúndə/ カウンダ **Kenneth** (**David**) ～ (1924–　)《ザンビア独立運動の指導者; 同国初代大統領 (1964–91)》.

Kau·nitz /káʊnəts/ カウニッツ **Wenzel Anton von** ～, Prince von ～-Rietberg (1711–94)《オーストリアの政治家; Maria Theresa, Joseph 2 世に仕え, 内政・外交に手腕をふるった》.

Kau·ra·vas /káʊrəvɑ̀ːz/ *n pl*《Mahabharata で》クル族《パーンドゥ族 (Pandavas) と同族でありながら不和を生じ, 大戦闘をくりひろげる》.

kauri, -rie, -ry /káʊəri/ *n* **1**〘植〙カウリマツ (=～ **pìne**)《ニュージーランド産; 樹脂を採る》. **2** カウリ樹脂, カウリコーパル (=～ **rèsin** [**gùm, còpal**]).［Maori］

Kaut·sky /káʊtski/ カウツキー **Karl Johann** ～ (1854–1938)《ドイツのマルクス主義理論家; 社会民主党を指導した》.

ka·va, ca·va /kɑ́ːvə/, **ká·va·ká·va** *n* **1**〘植〙カバ (=*kawakawa*)《ポリネシア産のコショウ属の大型草本》. **2** カバ《カバの根をしぼって造る麻酔性の飲料》; 乾燥させたカバの根《かつて利尿剤・消毒剤として利用》.［Tongan, Marquesan］

Ka·vá·fis /kɑːvɑ́ːfiːs/ カヴァフィス **Konstantínos Pétrou** ～《Constantine CAVAFY の本名》.

Ka·vá·la, Ka·vál·la /kəvǽlə/ カヴァラ《ギリシア北東部 Macedonia 地方の市・港町》.

Ka·va·rat·ti /kʌ̀vərʌ́ti/ カヴァラッティ《インド南西岸沖, アラビア海の Laccadive 諸島の町; 連邦直轄地 Lakshadweep の行政の中心》.

ka·vass /kəvɑ́ːs/ *n*《トルコの》武装警官.［Turk］

Kaveri ⇨ CAUVERY.

ka·vir, ke- /kəvíər/ *n*《イランの》塩の砂漠, 塩分の多い湿地.［Pers］

ka·wa·ka·wa /kɑ̀ːwəkɑ́ːwə, ⌐‿⌐‿/ *n*〘植〙カワカワ《ニュージーランド産コショウ科の低木; 葉に芳香がある》; KAVA.［Maori］

Ka·wa·sá·ki disèase [**sỳndrome**] /kɑ̀ːwəsɑ́ːki-/〘医〙川崎病《乳幼児に好発する急性熱性疾患》.［日赤医療センターの医師 川崎富作 (1925–　) が 1961 年に発見］

kay /kéɪ/ *n*《アルファベットの》K [k];*《俗》《ボクシングで》ノックアウト, KO.

Kay 1 ケイ《女子名; Katharine, Katherine などの愛称》. **2** ケイ《男子名》.［Welsh (L *Caius* rejoice)］ **3** [Sir] ケイ《円卓の騎士の一人で Arthur 王の執事; 粗野で自慢屋》.

kay·ak /káɪæ̀k/ *n* カヤック《**1**) こぎ手の乗る所以外を皮でおおったイヌイット人のカヌー **2**) 同型のスポーツ用小舟》. ► *vi* カヤックに乗る, カヤックで行く. ◆ **～·er** *n* **～·ing** *n*［Inuit］

kay·det /keɪdét/ *n**《俗》CADET.

kay·duc·er /keɪd(j)úːsər/ *n**《俗》《列車の》車掌.

Kaye /kéɪ/ ケイ **'Danny'** ～ (1913–87)《米国の俳優・コメディアン, 本名 David Daniel Kaminski》.

Kaye-Smith /kéɪsmíθ/ ケイスミス **Sheila** ～ (1887–1956)《英国の小説家》.

kayo /kèɪóʊ, ⌐‿/《俗》*n* (*pl* **kày·ós**) KNOCKOUT. ► *vt* KO する; だめにする.

Kay·se·ri /kàɪzəríː/ カイセリ《トルコ中部の市; 古代より商業の中心; 古代名 Caesarea (Mazaca), Mazaca》.

ka·za·chock /kɑːzəʧɔ́ːk/ *n* KAZATSKY.

Ka·zak /kəzɑ́ːk, -zǽk, ˈkǽzæk/ *n*〘織〙カザック《カフカス地方産の, 大胆な色の幾何学模様または様式化された植物[動物]柄の毛織の敷物》.［アゼルバイジャンの町の名］

Ka·zak(h) /kəzɑ́ːk, -zǽk/ *n* **a** カザフ族《イスラム教徒が多い》. **b** カザフ語《チュルク語群 (Turkic) の一つ》.

Ka·zakh·stan /kæ̀zækstǽn, kɑ̀ːzɑːkstɑ́ːn, kə-/ カザフスタン《中央アジア北西部, カスピ海から Altai 山脈に至る地域を占める国; 公式名 Republic of ～ (カザフスタン共和国); ☆Astana; 1936–91 年カザフ共和国 (the Kazakh SSR) の名でソ連邦構成共和国》.

Ka·zan[1] /kəzǽn, -zɑ́ːn/ カザン《ヨーロッパロシア中東部 Tatarstan 共和国の首都; 15 世紀カザンハーン国の首都》.

Ka·zan[2] /kəzɑ́ːn/ カザン **Elia** ～ (1909–2003)《トルコ生まれの米国の演出家・映画監督; Tennessee Williams, Arthur Miller の作品を演出, 映画 *Gentleman's Agreement* (紳士協定, 1947), *On the Waterfront* (波止場, 1954)》.

Ka·zan·tza·kis /kɑ̀ːz(ə)ntsɑ́ːkis, -ʧɑ́ː-/ カザンザキス **Nikos** ～ (1885–1957)《ギリシアの小説家・詩人・劇作家》.

ka·zat·ska /kəzɑ́ːtskɑː/ *n* KAZATSKY.

ka·zat·sky, -ski /kəzɑ́ːtski/ *n* コサックダンス《ロシアのフォークダンス》.［Russ］

Kaz·bek /kɑːzbɛ́k/ [Mount] カズベク山《Caucasus 山脈中部, グルジアとロシアの国境にある死火山 (5047 m)》.

Kaz Da·ğı /kɑ̀ːz dɑː(g)íː/ カズ山《小アジアにある IDA[2] 山のトルコ語名》.

kazh /kǽʒ/ *a*《俗》CAS.

ka·zil·lion /kəzíljən/ *n, a* 膨大な数(の), 無慮何千億(の) (=*gazillion*).

ka·zoo[1] /kəzúː/ *n* (*pl* ～**s**) カズー《おもちゃの笛》. ● **tootle one's own** ～ ほらを吹く.［imit］

ka·zoo[2] /kəzúː/, **ga·zoo** /gəzúː/, **ga·zool** /-zúːl/*《俗》*n* 尻, けつの穴; 便所. ● **out the** ～*《俗》はいて捨てるほど, くそみたいにたくさん. **up the** ～*《俗》けつの穴まで, 大いに, 限度いっぱいに, 過剰に, やりすぎて.［*kazoo*[1] の音とおならの連想か; *gazool* は *asshole* との混成か］

Kazvin ⇨ QAZVĪN.

kb kilobase(s). **kb, kbar** /kéɪbɑ̀ːr/ kilobar(s). **KB** °King's Bench ♦〘チェス〙°king's bishop ♦ °kite balloon ♦ °Knight Bachelor. **KB, Kb**〘電算〙kilobit(s) ♦〘電算〙kilobyte(s).

K-band /kéɪ⌐‿/ *n* K 周波数帯, K バンド《10.9–36.0 GHz の無線周波数帯域; 警察無線・衛星通信などに使用》.

KBD °King's Bench Division. **KBE** Knight (Commander of the Order) of the British Empire. **Kbps**〘電算〙kilobits per second. **kbyte**〘電算〙kilobyte(s). **kc** kilocycle(s). **KC** °Kansas City ♦ °kennel club ♦ °King's College ♦ °King's Counsel ♦ °Knight Commander ♦ °Knights of Columbus. **kcal** kilocalorie(s). **KCB** Knight Commander (of the Order) of the Bath. **KCL**《London 大学の》°King's College. **KCMG** Knight Commander (of the Order) of St. Michael and St. George. **kc/s** kilocycles per second. **KCVO** Knight Commander of the (Royal) Victorian Order. **KD**〘商〙kiln-dried ♦ knockdown ♦〘商〙knocked-down. **KE** °kinetic energy ♦ °knowledge engineer ♦ °knowledge engineering.

kea /kéɪə, kíːə/ *n*〘鳥〙ミヤマオウム, ケア《ニュージーランド産; 雑食性で死肉も食い, 時には羊を攻撃し腎臓の脂身を食う》.［Maori (imit)］

Kéa ⇨ KEOS.

Kean /kíːn/ キーン **Edmund** ～ (1789–1833)《英国の悲劇俳優; Shylock, Hamlet, Iago, Macbeth などの役で名をなした》.

keat ⇨ KEET.

Kea·ting /kíːtɪŋ/ キーティング **Paul John** ～ (1944–　)《オーストラリアの政治家; 労働党; 首相 (1991–96)》.

Kea·ton /kíːtn/ キートン **Buster** ～ (1895–1966)《米国の喜劇俳優; 本名 Joseph Francis ～; サイレント時代を代表する映画俳優; *The Navigator* (海底王キートン, 1924), *The General* (キートン将軍, 1927)》.

Keats /kíːts/ キーツ **John** ～ (1795–1821)《英国の詩人; 英国ロマン主義運動の代表的存在; 'Ode on a Grecian Urn', 'Ode to a Nightingale', 'To Autumn' (すべて 1819)》. ◆ **～·ian** *a*

Keb /kéb/〘エジプト神話〙GEB.

ke·bab, ke·bob /kəbɑ́b/ *n* [ᵘ*pl*]〘料理〙ケバブ (=*shashlik*)《**1**) 漬け汁に漬けて 通例 野菜と共に串焼きにした[する]肉片 **2**) SHISH KEBAB》.［Urdu＜Arab］

Keb·bi /kébi/ ケッビ《ナイジェリア北西部の州; ☆Birnin Kebbi》.
keb·buck, -bock /kébək/ n《方》円盤状[球形]のチーズ. [ScGael]
ke·be·le /kəbéɪleɪ/, **ka-** /kɑ:-/ n〘エチオピア〙ケベレ《1974 年の皇帝制廃止の後, 軍事政権によって各都市部につくられた自治組織》. [Amh]
Ke·ble /kí:b(ə)l/ キーブル **John** ~ (1792–1866)《英国教会の神学者・詩人; Oxford movement を始めた》.
Kechua(n) ⇨ QUECHUA(N).
Kechumaran ⇨ QUECHUMARAN.
keck[1]* /kék/ vi 吐き気を催す, むかつく; 吐くときのような音を出す, ゲーッという; ひどく嫌う, へどが出る ⟨at⟩. [imit]
keck[2] n〘植〙**a** COW PARSNIP. **b** COW PARSLEY. [*kex* を *kecks* (pl) と誤ったもの]
keck·le /kék(ə)l/ vi, vt CACKLE; クスクス笑う.
kecks n pl《俗》ズボン;《下着の》パンツ. [KICKS]
Kecs·ke·mét /kétʃkəmèɪt/ ケチケメート《ハンガリー中部の市》.
ked /kéd/ n〘昆〙ヒツジシラミバエ (sheep ked). [?]
Ked·ah /kédə/ ケダー《マレーシア北西部の州; マレー半島西部にあり, 西は Malacca 海峡に面する; ☆Alor Setar》.
Ke·dar /kí:dər/〘聖〙ケダル《Ishmael の次男 (*Gen* 25: 13); 後裔がアラブの荒野で天幕生活をする民であるという》.
ked·dah /kédə/ n KHEDAH.
kedge /kédʒ/ vt, vi〘海〙小錨(こいかり)の索をたぐって⟨船を⟩移動させる[船が移動する]. ► n 小錨 (=~ **ànchor**). [C17 ? *cagge* (obs), *cadge* (dial) to bind, tie]
ked·ger·ee /kédʒərì:; ―――́/ n ケジャリー《**1)** 米・割豆・タマネギ・卵・香辛料入りのインド料理; 欧州では魚を加える **2)** 調理した[燻製にした]魚・米・堅ゆで卵・香辛料をクリームで煮た料理》. [Hindi]
Ke·di·ri /kɪdíəri/ ケディリ《インドネシア Java 島東部の市》.
Kedron ⇨ KIDRON.
kee /kí:/ n《俗》KEY[3].
keech /kí:x/ n《スコ口》うんち.
keed /kí:d/ n [voc]*《俗》がき, ちび, …坊や[小僧] (kid).
ke·ef /kiéf, kí:f/ n KEF.
K **Kee·gan** /kí:gən/ キーガン (**Joseph**) **Kevin** ~ (1951–　)《英国のサッカー選手》.
keek /kí:k/ vi, n《スコ》のぞく[(盗み)見る](こと);*《俗》出歯亀,《特に衣服業界の》産業スパイ. [ME *kike*]
keel[1] /kí:l/ n **1**《船・飛行船などの》キール, 竜骨;《詩》船; KEELBOAT: lay (down) a ~ 竜骨を据える, 船を起工する. **2**〘植〙《マメ科の蝶形花の》竜骨弁, 舟弁(しゅうべん);〘鳥〙胸峰, 竜骨; [the K-]〘天〙竜骨座 (Carina). ● **on (an) even** ~ ⟨船・航空機が⟩《前後あるいは左右に》水平[平衡]を保って;《口》⟨人・事態が⟩落ちついた, 平静な: keep sth *on an even* ~ ⟨会社などを⟩安定した状態に保つ. ► vt, vi (…に)竜骨をつける; ⟨船を[船が]⟩転覆させる[する]; ⟨船が⟩不安定に傾く. ● ~ **over** 転覆する[させる];《急に》倒れる[倒す], 卒倒する[させる], 気絶する[させる]; ⟨ソフトウェアなどが⟩突然作動しなくなる, クラッシュする: ~ *over with* laughter 笑いころげる. ♦ **~ed** a **~less** a [ON; cf. OE *ceole* throat, beak of ship]
keel[2] n《北イング》平底船,《特に Tyne 川の》石炭運送船; キール《石炭の重量単位: ≒ 47,500 lb》. ♦ **~·man** /-mən/ n [MLG, MDu=ship, boat (=OE *cēol*)]
keel[3] n《英》《米方》代赭(たいしゃ)石 (red ocher),《技師などの》クレヨン. ► vt クレヨンでしるしをつける. [ME (Sc dial) *keyle*]
keel[4] vt, vi《古・方》《かきまぜたりして》冷ます; 冷める. [OE *cēlan*; ⇨ COOL]
keel[5] n キール《子アヒルの腸内出血を伴う致死病》.
kéel·age n 入港税, 停泊税. [KEEL[1]]
kéel árch OGEE ARCH.
kéel·bàck n〘動〙キールバック《水辺に生息するナミヘビ科ヒバカリ属の無害なヘビ; 豪州産》. [うろこの竜骨状の突起から]
kéel bátten〘造船〙キール定規.
kéel·blòck n〘造船〙キール[竜骨]盤木《造船・船体修理の際キールの下に並べて船体を支える》.
kéel·bòat n キールボート《竜骨のある平底船; 米国西部の河川の貨物運送船》.
kéel bòne CARINA.
Kée·ler pólygraph /kí:lər-/ キーラー式うそ発見器. [Leonarde *Keeler* (1903–49) 米国の犯罪学者で, 発明者]
kéel·hàul vt〘海〙《刑罰として》⟨人を⟩綱に縛って船底をくぐらせる; しかりつける. [Du; ⇨ KEEL[1], haul]
kee·lie /kí:li/ n《スコ・北イング》《都会, 特に Glasgow の》ごろつき, チンピラ. [cf. *gillie*]
Kée·ling Íslands /kí:lɪŋ-/ pl [the] キーリング諸島《Cocos Islands の別称》.
kee·li·vine /kí:lɪvàɪn/ n《スコ》(黒芯の)鉛筆.
kéel lìne〘海〙キール線, 首尾線.
keel·son /kéls(ə)n, kí:l-/ n〘造船〙内竜骨, ケルソン. [LG; ⇨ KEEL[1], SWINE (木材の名として)]
Keelung 基隆 (⇨ CHILUNG).
kee·ma /kí:mə/ n《インド》ひき肉, キーマ: ~ curry キーマカレー《ひき肉を使った汁気の少ないカレー》. [Hindi]
keen[1] /kí:n/ a **1 a** 鋭い, 鋭利な (sharp); ⟨風・寒さなどが⟩きびしい, 身を切るような (cutting); 鼻をつく, つんとくる; ピリッとした: a ~ blade 鋭い刃. **b** 辛辣な, 痛烈な (incisive). **2** ⟨視覚・嗅覚・聴覚・洞察力・知力などが⟩鋭敏な; 抜け目のない: have a ~ eye for…を見る目が鋭い. **3** ⟨感情が⟩強烈な, 激烈な; 熱心な; はつらつとした; 熱望して(いる) ⟨*to* go abroad, *that*⟩: a ~ gardener 大の園芸好き / (as) ~ as mustard 強く望んで,《口》熱中して, 熱心で / ~ about [on] …に夢中で / ~ *on* do*ing*…するのに熱心[夢中]で / She is ~ *on* her son('s) entering college. 息子が大学にはいるのを切望している. **4** ⟨競争などが⟩激しい; ⟨値段が⟩格安の: a ~ competition. **5**《口》すばらしい, 最高の, すごい. ♦ **~·ness** n [OE *cēne*; cf. G *kühn* bold]
keen[2] n《アイルランドの》号泣しながら歌う葬式の歌,《死者に対する》叫び泣き, 泣き悲しみ, 哀号, 哀哭. ► vi, vt 泣き叫ぶ (bewail), (⟨人を⟩悼んで)哀号[哀哭]する; 大声で嘆く[不満を言う]. ♦ **~·er** n《アイルランドの葬式での》泣き男[女]. [Ir *caoinim* to wail]
kéen-édged a 刃の鋭い, 鋭利な.
kéen-éyed a 眼力の鋭い.
kéen·ly adv 鋭く; きびしく; 激しく, 強く; 熱心に; 注意深く, じっと; 格安に.
keeno ⇨ KENO.
kéen-sét a 空腹な; 切望している ⟨*for*⟩.
keep /kí:p/ v (**kept** /képt/) vt **1 a** 持ち続ける, 保持[保有]する, 預かって[預けて]おく; 自分のものにする, 占取する: *K*~ the change. お釣りはいいよ / You can ~ it.《口》きみにあげるよ, 取っとけよ (cf. *You can* KEEP sth [sb].) / Can I ~ it? もらっておいていいですか? / Can I ~ this key *with* you? この鍵を預かってくれない? **b** つかんで[握って]いる; ⟨家・部屋などに⟩閉じこもる, ⟨席を⟩離れないでいる; ⟨立場・見解などを⟩貫く: ~ the saddle 鞍から落ちない / ~ one's bed《病気で》床を離れない / ~ one's way《道からそれないで》進み続ける. **2 a** 保存する (preserve), 残しておく (reserve); ⟨商品を⟩備えておく: ~ sth *for* future use 将来使うためとっておく / Do you ~ (=sell) post cards? はがきはありますか. **b** (心に)留める, 銘記する (remember). **3** [目的補語を伴って] **a** ⟨ある位置・関係・状態に⟩保つ, …しておく: ~ a razor sharp かみそりを鋭利にしておく / ~ things separate 物を別々にしておく / ~ sb in ignorance 人を無知のままにしておく. **b** …させ続ける, 続けて…させる: ~ a machine run*ning* 機械を運転し続ける / I'm sorry to have *kept* you wait*ing* so long. 長いことお待たせしてすみません. **4** ⟨ある動作・状態を⟩続ける: He *kept* silence. 沈黙を守った[続けた]. **5 a** ⟨約束・秘密・条約などを⟩守る, 果たす (fulfill); ⟨法律・規則などに⟩従う (obey), ⟨習慣などを⟩続ける; ⟨儀式・祝祭などを⟩挙げる, 祝す, 祭る (celebrate, observe),《古》⟨教会などに⟩規則的に行く: ~ a promise [one's word] 約束を守る / ~ a secret 秘密を守る / ~ the law 法を維持する, 法が遵守されるようにする / ~ the Sabbath 安息日を守る. **b** ⟨計算・日記などを⟩記入する: ~ a diary 日記をつける / ~ ACCOUNTS. **6 a** ⟨家族を⟩養う, 扶養する (support); ⟨召使などを⟩雇っておく, ⟨下宿人などを⟩置く; ⟨女を⟩囲う; ⟨家畜・ミツバチなどを⟩飼う; ⟨馬車・自動車などを⟩かかえている; ⟨庭などを⟩(いつも)手入れする, 世話をする: ~ one*self* 自活する / ~ a large family 大家族を養う / This garden is always *kept* well. この庭はいつも手入れが行き届いている. **b** 守る, 保護する; ⟨羊などの⟩番をする;〘競技〙⟨サッカーなどのゴールを⟩守る: May God ~ you! お大事に! **7** ⟨商店・学校などを⟩管理する, 経営する (manage). **8 a** 与えないでおく (withhold); 隠す ⟨*from*⟩: ~ the facts *from* sb 人に事実を知らせないでおく. **b** 引き留める, 拘留する (detain); 離しておく ⟨*from*⟩; 制する, 抑えておく; …させない (restrain) ⟨*from*⟩: ~ a prisoner *in* a cell 囚人を独房に入れておく / What *kept* you so long? どうしてそんなに遅れたのか / What's ~*ing* him? 彼は何をぐずぐずしているんだ / She could not ~ the tears *from* her eyes. 涙を抑えきれなかった / Illness *kept* me *from* com*ing*. 病気で来られなかった.
► vi **1 a** [補語を伴って] ⟨ある状態に⟩ある, ずっと…で[に]ある; …し続ける: ~ cool 冷静にしている / ~ crying 泣き続ける / *K*~ trying. めげずにがんばりなさい / *K*~ going. その調子でどんどんやりなさい, 前進あるのみ. **b** 《ある位置に》とどまる; 閉じこもる;《口》居住する (dwell), 宿泊する: ~ at home (出ないで)家にいる / ~ under (the water) (水の)下に(もぐって)いる / *K*~ behind me. わたしの後ろに隠れていなさい[続いてきなさい] / Where do you ~? 住まいはどこですか. **c** 進路[方向]を保つ, そのまま前進する: ~ to the right 右側通行を守る / ~ on up the road 道を上り続ける. **2** ⟨食物が⟩(腐らないで)もつ (last); ⟨知らせ・仕事などが⟩《一時》そのままで[あとでも]よい; ⟨秘密が⟩守られている: This milk won't ~ till tomorrow. この牛乳は明日までもたない / This news will ~. この知らせはすぐ話さなくてもよい. **3**《口》⟨授業などが⟩続いて行なわれている: School ~*s* today. 今日は学校がある. **4** …しないようにする, (差し)控える ⟨*from*⟩: I couldn't ~ *from* laughing. 笑わずにいられなかった. **5**〘アメフト〙⟨クォーターバックが⟩手渡しパスをするふりをしてボールを渡さない, キープする;〘クリケット〙WICKETKEEPER をする.
● **How are you ~ing?** ご機嫌いかがですか (=How are you?). ~ **about** [**around**] 手近に置いておく. ~ **after**…(の跡)を追い続ける; …を案じ続ける; …にしつこく[うるさく]言う ⟨*about* sth⟩. ~ sb

after *《罰として》〈生徒を〉居残らせる. **～ ahead** 《レースなどで》先頭を保つ; 前進[進歩]を続ける. **～ ahead of**…の先を行く: ～ one step *ahead of* one's competitors 競争相手の一歩先を進む. **～ at** (*vi*) たゆまずにやる, 熱心にやる; 〈人〉にうるさく言う[せがむ]〈*about*〉. (*vt*)〈人〉に…を続けてやらせる: *K～ at* it! 続けろ, がんばれ! / *K～* him *at* it! しっかりやらせろ! **～ away** (*vt*)〈…に〉近づけない, …に〈…を〉使わせ[触れさせ]ない〈*from*〉: ～ knives *away from* children 子供にはナイフをさわらせない / ～ a child *away from* the water's edge 子供を水際に近寄らせない / What *kept* you *away* last night? 何の用でゆうべあなたは来られなかったのですか. (*vi*) 近づかない, 〈酒・タバコなどに〉手をつけない〈*from*〉: *K～ away from* the dog. 犬に近づくな. **～ back** (*vt*) 近寄らせない, 制する〈*from*〉; 引きとどめる, 前進[進歩]させない; 進級させない; ‖KEEP sb after; 《与えずに》取っておく, しまっておく; 〈秘密などを〉隠しておく; 〈涙・笑い・怒りを〉こらえる. (*vi*) 近寄らない, 引っ込んでいる〈*from*〉. **～ down** (*vt*)〈頭などを〉下げておく; 〈反乱などを〉鎮める, 〈領地などを〉抑圧する, 〈害虫などを〉抑える; 〈声・感情などを〉抑える; 〈経費などを〉増やさない; …の進歩[成功]を妨げる; 《吐き気を抑えて》〈飲食物を〉もどさないでおく: You can't ～ a good man *down*. 有能な者は必ず頭角をあらわすものだ《男女に使える》. (*vi*) 身を伏せている, すわった[寝た]ままでいる. **～ from**…を慎む〈*doing*〉(⇨ *vi* 4); …から遠ざかる; 〈人〉に…をやめさせる (⇨ *vt* 8b); 〈人を〉…から守る. **～ going** 《困難の中で》がんばっていく; 進み[動き]続ける; やり続ける. **～** HOUSE. **～ in** (*vt*)〈感情などを〉抑制する; 閉じ込める; ‖《罰として》〈生徒を〉留めておく; 〈火を〉燃やしておく; 〖印〗活字を詰めて組む. (*vi*) 引きこもる; 〈火が〉消えないでいる. **～** sb **in**… 人に〈ある生活様式〉を続けさせる; 人に〈衣食〉を絶えず供給する: His prize money *kept* him *in* beer for a year. 賞金のおかげで1年間ビールが飲めた. **K～ in there!** がんばれ, そうだ, その調子だ. **～ in with**…《私利のために》…と仲よくし(ようとし)ている. **～ it up** (困難を排して)続ける; どしどしやる. **～ off**(…) (*vt*) (…から)〈敵・災害を〉近づけない, 防ぐ, 避ける; …に〈食べ物など〉を控えさせる; …に〈話題など〉を避けさせる: The conversation should be *kept off* that topic. 話にその話題を持ち出さないほうがよい. (*vi*) (…から)離れている, 近寄らない; 〈食べ物など〉に手を出さない; 〈話題など〉に触れない(でおく); ‖〈雨・あらしなどが〉始まらない: If the rain *～s off*, … 雨が降り出さなければ…. **～ on** (*vt*) 着けたままでいる; 続けて留まらせて[雇って]おく〈*at, in*〉; もち[使い]続ける; 〈態度などを〉見せ続ける: ～ one's son *on at* school 息子を続けて在学させる. (*vi*) 《あくまで》前進[ある行為]を続ける; …し続ける〈*doing*〉; 《口》《うるさいほど》しゃべり続ける〈*about*〉; 《口》うるさく言う[せがむ], がみがみ言う〈*at*〉; 《on は前置詞》…にうるさく言う, せっつく: ～ *on with* one's work 仕事を続ける / ～ *on* talk*ing* / The boy *kept on at* his mother to take him to the zoo. 母親に動物園へ連れて行ってとせがんだ / ～ *on* sb *about*…のことで人にうるさく言う. **～ out** (*vt*) 中に入れない, 締め出す〈*of*〉. (*vi*) 中にはいらない〈*of*〉: Danger! *K～ out!* 《掲示》危険! 立ち入るな. **～ out of**… 〈寒さ・面倒などを〉を避ける[避けさせる]: ～ a subject *out of* the discussion ある事柄を論じないでおく. **K～ out of this!** *《口》お節介はよせ, 余計なことするな. **～ (oneself) to oneself** 人づきあいを避ける. **～ (sb) to**… 〈家・本街道・本論〉から離れない[人に離れさせない]; 〈時間・規定など〉を固く守る[人に守らせる]. **～** sth **to**… 〈数量などを〉…に抑える, 制限する. **～ together** まとまっている[まとめておく]; 〈人びとが[を]〉協調する[させる]. **～ to oneself** 〈物・情報などを〉人に与えない[知らせない]: *K～* this *to* your*self*. これは口外しないでください / *K～* your opinions *to* your*self*. あなたは口出ししないで. **～ under** 抑える, 制する, 服従させる; (麻酔剤で)…の意識を失わせておく, 鎮静させる. **～ up** (*vt*) 立たせておく; 支える, 維持する; 良好な[行き届いた]状態にしておく; 〈活動・通信・習慣などを〉続ける; 〈体面・元気・価格などを〉保持する; 《眠らせずに》起こしておく: *K～ up* the good work. その調子でがんばりなさい / keep up APPEARANCES. (*vi*) 倒れない, 沈まない; 屈しない《病気・老齢・悲嘆などに》; 《ある水準を》維持する; 〈…と〉同じ速度で進む, 遅れずについていく; 〈話などに〉ついていく〈*with*〉; 〈天候・攻撃などが〉続く; 夜起きている: The rain *kept up* all night. 雨が夜中降り続いた / ～ *up* on current events 時事に通じている. **～** sb **up to the collar** 懸命に勉強させる. **～ up with**… 〈人・時勢など〉に遅れない, ついていく; 〈支払いなど〉をきちんと続ける; 《訪問・文通などで》…と交際を続ける, 関係を維持する: ～ *up with* the times / ～ *up with* fashion / ～ *up with* the JONESes. **～ with**… *《口》〈習慣・価値観など〉に賛同する; …に滞在する; …とつきあう: in KEEPING with….
Where (have) you been ～ing yourself? *《口》《長いこと会っていないけど》どこに行ってたの, どこに雲隠れしてたの? **You can ～** sth [sb]. 《口》わたしは…には興味がない, …は好まない, …はけっこう[願い下げ]だ (cf. *vt* 1a).
► *n* **1** 生活の糧, 食物, 《牛馬などの》飼料のたくわえ; 牧草(地); 生活費; 《動物の》飼育費. **2 a** 《古》保護, 保存, 維持, 管理; 《家畜などの》世話, 番: be in bad [low] ～ 保存が悪い / be in good [high] ～ 保存がよい / be worth one's ～ 保存[飼育]しがいがある. **b** 番人, 管理人; 監獄 (prison). **3** 《城の》本丸, 天守閣; 城, 要塞. **4** 〖アメフト〗KEEP PLAY; [～s, 〈*sg*〉] 取ったのは返さない約束['ほんこ'でやるビー玉遊び. ● **earn one's ～** 働いて家賃と食費を免除される, 自活する; 賃金・コストに見合う働きをする[成果をあげる], 元がとれる: The card will *earn its* ～. そのカードは持っていて損はない. **for ～s** 勝ち取ったものは返さない条件で, 'ほんこ' で; 本気で; 最終的に, 決定的に; 《口》いつまでも, 永久に, ずっと: play *for ～s* 'ほんこ'[本気]でやる.
♦ **～·able** *a*
[OE *cēpan* to observe <?; cf. OS *kapōn* to look, ON *kōpa* to stare]

kéep-awày *n* キープアウェイ《味方同士でボールを投げあい, 相手方に取られないようにする遊び》.

kéep·er *n* **1 a** 守る人; 番人, 看守, 守衛; 《動物園の》飼育係; ‖猟場番人; 《精神障害者の》付添人; 管理人, 保管者; ‖《博物館の》学芸員 (curator); 経営者, 持主, 飼い主: the *K～* of the Privy Seal ⇨ PRIVY SEAL / LORD KEEPER (OF THE GREAT SEAL). **b** 〖競技〗守備者, キーパー; ‖GOALKEEPER; ‖WICKETKEEPER; 〖アメフト〗KEEP PLAY; 《タイムの》記録係. **2 a** 《特に結婚指輪の》留め指輪; 留め装置《車の轂子(こしき)など》, 留め金, つめ, 《戸の》かんぬき穴, 受座; キーパー《耳にあけた穴がふさがらないようにするためのイヤリング》. **b** 保磁子, キーパー《磁力保持のため U 字形磁石の先に渡す軟鉄棒》. **3** 貯蔵に耐える果物[野菜]; 飼育が…な家畜 (: an easy [a hard] ～); 〖釣〗獲っても法に触れない十分な大きさの魚; *《口》もっている[とっておく]価値のあるもの: a good [bad] ～ もちのよい[悪い]果物[野菜 など]. ● **Am I my** BROTHER**'s ～?** ♦ **～·ship** *n*

kéep·er·ing‖ *n* 猟場番人の仕事, 猟場管理.

kéeper rìng GUARD RING.

kéep fít‖ 良好な体調を保つための運動, フィットネス運動[体操].
♦ **kéep-fít** *a* フィットネスの.

kéep·ing *n* **1 a** 保持, 保有; 保存, 貯蔵(性); 管理, 保管, 保護; 扶養, 飼養, 飼育; 扶持, 飼料, 食物: have the ～ of…を預かっている / in good [safe] ～ よく[安全に]保存[保管]されて / in one's ～ 保持して / in sb's ～ 人の管理下[保護下]にあって. **b** 《規則などを》守ること, 遵守, 遵法 (observance). **2** 調和, 一致, 相応 (conformity)〈*with*〉: out of ～ *with*…と調和[一致]しないで. ● **in ～ with**…と調和[一致]して; …に賛同して; 考慮して.

kéeping ròom 《古》《イングランドやニューイングランドの家庭の》居間 (hall).

kéep-lòck *n* 《俗》《レクリエーションを認めない》独房監禁刑.

kéep·nèt *n* 〖釣〗フラシ《針金の輪のついた網びく》.

kéep plày 〖アメフト〗キーププレー《クォーターバックがボールを持って走る攻撃プレー》.

kéep·sàke *n* 《ちょっとした》記念品, 形見 (memento); 《19 世紀初めに流行した》贈答用装飾本.

kee-rect /kíːrèkt/ *a* [〈*int*〉] *《俗》そのとおり (correct).

kees·hond /kéɪshɔ̀(ː)nd, kíːs-, -hɑ̀nd, -t/ *n* (*pl* **～s, -hon·den** /-dən/) 〖犬〗キースホンド《オランダ原産; キツネに似た顔をし, グレーがかった長毛が密に生えた中型犬》. [Du; *kees* <? *Cornelis* Cornelius]

kee·ster /kíːstər/ *n* *《俗》KEISTER.

keet, keat /kíːt/ *n* 〖鳥〗ホロホロチョウ(の若鳥). [imit]

keeve, kieve /kíːv/ *n* 《金属鉱石洗浄用などの》大桶, 大樽; ‖《水でうがたれた》岩床池. [OE *cȳf*; cf. L *cupa* tub]

Kee·wa·tin /kiwéɪtn/ キーウェーティン《カナダ Nunavut 準州の Hudson 湾西岸一帯を占める地区; 大半がツンドラ》.

kef /kéf, kéɪf, kíːf/, **kief** /kíːf/ *n* 夢ごこちの陶酔; 喫煙用麻薬《マリファナ・ハシーシ・アヘン》. [Arab=pleasure]

Kefallinía ⇨ CEPHALONIA.

keffiyeh ⇨ KAFFIYEH.

ke·fir /kɛfíər, kéfər, kíː-/ *n* ケフィア《ウシなどの乳を発酵させた飲料》. [Russ]

Kef·la·vík /kjéblə̀vìːk, kéf-/ ケプラヴィーク《アイスランド南西部 Reykjavík の西南西にある町; 国際空港がある》.

kef·te·des /kɛftéðiz, -ðɛs/ *n* ケフテデス《ギリシア料理で, ハーブとタマネギのはいった小さいミートボール》. [ModGk]

keg /kég, 《方》kǽg, kéɪg/ *n* 小さい樽, ケグ《通例 5 ないし ‖10[*30] gallons 入り》; ケグの中身; 《英・豪》(一樽の)ビール; ‖KEG BEER.
[ON *kaggi* <?]

kég bèer [àle, bìtter]‖ 樽[ケグ]ビール (=*keg*).

Ké·gel èxercises /kéɪgəl-, kíː-/ *pl* ケーゲル体操《排尿時などに恥骨尾骨筋を繰り返し収縮させてその強化をはかる運動; 漏尿抑止のために考えられたが, 膣口の締まりをよくして性感を高める効果もある; 単に Kegels ともいう》. [Arnold H. Kegel (1894–1981) 米国の婦人科医]

kég·ger *《俗》*n* ビールパーティー; [^{s}～s, 〈*sg*〉] 1 ケグのビール. [*keg*]

keg·ler /kéglər, kéɪ-/, **keg·e·ler** /kég(ə)-/ *n* *《口》BOWLER¹.

keg·ling /kéglɪŋ, kéɪ-/ *n* *《口》BOWLING.

kég pàrty 《口》ビールを飲んでの大騒ぎ, ビールパーティー.

Keigh·ley /kíːθli/ キースリー《イングランド北部 West Yorkshire, Leeds の西北西にある紡績の町》.

keir /kíər/ *n* KIER.

kei·ret·su /keɪrétsu/ *n* (*pl* **～, ～s**) (企業)系列《株式の持合などによる日本企業間の強力な結合》. [Jpn]

kei·rin /keɪrín, ⌐⌐/ *n* 《競輪の》スプリント競技. [Jpn]

keis·ter, kees-, keys-, kies-, kis·ter /kíːstər, káɪ-/ *《俗》*n* かばん, スーツケース; お尻, けつ; 尻ポケット, ポケット; 金庫.

[C20<?; 一説に *kist* (dial)<G *Kiste* chest]

Kei·tel /káɪtl/ カイテル **Wilhelm ～** (1882–1946)《ドイツの元帥; 国防軍最高司令部長官 (1938–45); 戦後処刑》.

Keith /kí:θ/ キース《男子名》. [Sc=? woods]

keit·loa /káɪtloʊə, kéɪt-/ *n* 〘動〙二角のうち後ろの角が前の角と同じかむしろ長いクロサイ《アフリカ南部産》. [Tswana]

Kek·ko·nen /kékənən, -nèn/ ケッコネン **Urho K(aleva) ～** (1900–86)《フィンランドの政治家; 首相 (1950–53, 54–56), 大統領 (1956–82); 対ソ友好, 中立政策を続けた》.

Ke·ku·lé formula /kéɪkəlèɪ ─́─/ 〘化〙ケクレ式《6 個の炭素原子が交互に二重結合して六角形をなしたベンゼンの構造式》. [↓]

Ke·ku·le von Stra·do·nitz /kéɪkuleɪ fɔ:n ʃtrá:doʊ nìts/ ケクレ・フォン・シュトラドニッツ (**Friedrich**) **August ～** (1829–96)《ドイツの化学者; もとの姓は Kekulé; 現代有機化学の父とされる》.

Ke·lan·tan /kəlǽntæ̀n, *-lá:ntà:n, ˈˈ-læ̀ntǽn/ クランタン《マレー半島にあるマレーシア北東部の州; ☆Kota Baharu》.

ke·lep /kəlép/ *n* 〘昆〙《中央アメリカに住む》ハリアリ《針をもち昆虫を食う》. [Kekchi]

kelim ⇨ KILIM.

kel·leck /kélək/, **-leg** /-lɪg/, **-lick** /-lɪk/, **-lock** /-lək/ *n* KILLICK.

Kel·ler /kélər/ ケラー (1) **Gottfried ～** (1819–90)《スイスの詩人・小説家; *Der Grüne Heinrich* (1854–55)》 (2) **Helen** (**Adams**) ～ (1880–1968)《米国の盲聾唖の社会運動家; 自身も視覚障害者であった Anne Sullivan の指導のもと超人的努力を続け, 読み・書き・話す能力を習得; 障害者のために一生をささげた》.

Kéller plàn [**mèthod**] 〘教育〙《大学での》個性化授業法, PSI, ケラープラン (=*Personalized System of Instruction*). [Fred S. *Keller* (1899–1996) 米国の心理学者]

Kel·ler·wand /kélərvà:nt/ ケラーヴァント山 (*It* Monte Coglians)《オーストリアとイタリアの間に位置する Carnic Alps の最高峰 (2780 m)》.

Kel·logg /kélɔ̀(:)g, -làg/ ケロッグ **Frank B(illings) ～** (1856–1937)《米国の政治家; Coolidge 政権の国務長官 (1925–29) として Kellogg-Briand Pact の締結に尽力; ノーベル平和賞 (1929)》.

Kéllogg-Briánd Páct [the] ケロッグ-ブリアン条約 (KELLOGG PEACE PACT).

Kéllogg (**Péace**) **Pàct** [the] ケロッグ不戦条約《1928 年 Paris で米・仏・英・独・日・伊など多くの国間で結ばれた戦争放棄協定; 初めフランス外相 Aristide Briand が Frank B. Kellogg に呼びかけたもので, 自衛目的の戦争は例外とした》.

Kel·logg's /kélɔ̀(:)gz, -làgz/ 〘商標〙ケロッグ《米国 Kellogg 社製のシリアル》. [William K. *Kellogg* (1860–1951) 創立者]

Kells /kélz/ ケルズ《アイルランドの町 CEANANNUS MÓR の旧称》. ■ **The Book of ～** ケルズの書《ケルズの修道院に保管されていた 800 年ころのラテン語福音書の装飾写本》.

kel·ly[1] /kéli/ *n* KELLY GREEN.

kelly[2] *n* (*pl* **kél·lies, ～s**)*《俗》《麦わらで固く編んだ》平縁の帽子. [? *Kelly*]

kelly[3] *n* 〘石油〙ケリー《ロータリー式掘削で, 掘管の上端に付属する断面が四角または八角のロッドパイプ》.

Kelly 1 ケリー《男子名》. 2 ケリー (1) **'Gene' ～** [**Eugene Curran ～**] (1912–96)《米国のダンサー・俳優・振付家; 1940–50 年代に Fred Astaire と並ぶ踊りの名手としてミュージカル映画で活躍; *Singin' in the Rain* (雨に唄えば, 1952)》 (2) **Grace** (**Patricia**) ～ (1929–82)《米国の映画女優; 1956 年モナコの大公 Rainier 3 世と結婚; 映画 *High Noon* (真昼の決闘, 1952), *The Country Girl* (喝采, 1954); 自動車事故で死亡》 (3) **Ned ～** (1855–80)《オーストラリアの Victoria 地方を荒らした山賊 (bushranger); 絞首刑死》. [Ir=warrior]

kélly gréen [ᵒK-] 明るい黄緑色. [↑; 緑が象徴のアイルランドに多い人名]

Kélly pòol 〘玉突〙ケリープール (=*pill pool*)《各競技者が番号を引いて番号順に的球にあててゆき, 自分の引いた番号と同じ番号の的球をポケットに入れれば勝ち, 他者に自分の番号の球をポケットされれば負け》.

Kélly's èye 《口》《ビンゴで》1 番.

ke·loid, che- /kí:lɔ̀ɪd/ *n, a* 〘医〙ケロイド(の). ♦ **ke·loi·dal** /kilɔ́ɪdl/ *a* [Gk]

kelp /kélp/ *n* 〘植〙ケルプ, コンブ《コンブ目(特にコンブ属)の漂着性の大型褐藻》; ケルプ灰《ヨードを採る》. ► *vi* ケルプ灰を採るために海藻を焼く. [ME<?]

kélp bàss /-bæ̀s/ 〘魚〙ケルプバス《California 沿岸産のハタ科の一種》.

kel·pie[1], **kel·py** /kélpi/ *n* 〘スコ伝説〙水魔《馬の姿で出現し, 人を水死に誘いまた水死を予報する》. [C18<? Celt; cf. ScGael *cailpeach* colt]

kelpie[2] *n* 《豪》ケルピー《オーストラリアで, イギリスの牧羊犬から作出された活動的な作業犬》. [*Kelpie* (犬の名)]

Kel·sey /kélsi/ ケルシー (1) 女子名 2) 男子名》. ● **(as) cold as ～'s ass** [**nuts**]*《俗》えらく寒い. **(as) dead as ～'s nuts***《俗》完全に死んで. **(as) tight as ～'s nuts***《俗》締まり屋で. ★ Kelsey's nuts はおそらく, 1920 年代の米国自動車業界で名が知れていた Kelsey Wheel 社の車輪のナットに言及したものだが, nuts (きんたま) の連想もある.

kel·son /kéls(ə)n/ *n* KEELSON.

kelt /kélt/ *n* 1 やせぼそり, ほっちゃり《産卵直後のやせた親サケ[マス]》. 2*《俗》生っちろいやつ, 白人, 白人みたいな肌の黒人. [ME<?]

kel·ter /kéltər/ *n* KILTER.

Kel·thane /kélθeɪn/ 〘商標〙ケルセン《ハダニ類の退治に用いる散布用農薬》.

Kelt(ic) ⇨ CELT(IC).

Kelt·sy /kéltsi/ ケルツィ《KIELCE のロシア語名》.

kel·vin /kélvən/ *n* 〘理〙ケルヴィン《絶対温度の単位: 水の三重点の 1/273.16; 記号 K》. ► *a* [K-] ケルヴィン[絶対]温度(目盛り)の: 77 (degrees) *K*～ 絶対温度 77 度《略 77K, 77°K》. [↓]

Kelvin 1 ケルヴィン《男子名》. 2 ケルヴィン **William Thomson,** Baron ～ (1824–1907)《英国の数学者・物理学者》. [Celt=warrior friend]

Kélvin effèct THOMSON EFFECT.

Kélvin scàle 〘理〙ケルビン([絶対]温度)目盛り《絶対零度を 0 とし, 目盛りの間隔は摂氏と同じ; 氷点が 273.15, 水の沸点が 373.15》.

Ke·mal Ata·türk /kəmǽl ǽtətə̀:rk, -á:-/ ケマル・アタチュルク (1881–1938)《トルコの軍人・政治家; トルコ共和国の初代大統領 (1923–38); 本名 Mus·ta·fa /mʊstɑ:fá:/ Kemal; Atatürk は「父なるトルコ人」の意の称号》.

Kem·ble /kémb(ə)l/ ケンブル (1) **Frances Anne ～** [**'Fanny' ～**] (1809–93)《英国の女優》 (2) **John Philip ～** (1757–1823)《英国の俳優・劇場支配人; 前者の伯父》.

Ke·me·ro·vo /kémərəvə, -ròʊ-, -rəvòʊ/ ケメロヴォ《ロシア, 西シベリア南部 Kuznetsk 炭田地帯の中心都市》.

kemp /kémp/ *n* 〘畜〙死毛《羊毛からよりのけた粗毛》. ♦ **kémpy** *a* [ON]

Kempis ⇨ THOMAS À KEMPIS.

Kémp's rídley 〘動〙RIDLEY. [Richard M. *Kemp* 19 世紀米国の自然研究家]

kempt /kém(p)t/ *a* 〈髪など〉ちゃんとくしを入れた; 〈家など〉こぎれいな. [(pp) < *kemb* (dial) to comb]

ken[1] /kén/ *n* 知力の範囲; 眼界, 視界. ● **beyond** [**outside, out of**] **one's ～** 視界外に, 目の届かない所に; 知識の範囲外に, 理解しがたく. **within** [**in**] **one's ～** 視界内に; 理解できて. ► *v* (**-nn-; kent** /ként/) *vt* 《方》認める, 見抜く; 《北イング》〈人・ものを〉(すぐ)それとわかる, 知る, 知っている 〈*that*〉; 《古》見る. ► *vi* 《スコ》知っている 〈*of, about*〉. [OE *cennan* to make known; cf. CAN[1], ON *kenna*]

ken[2] *n* 《俗》《盗賊・乞食などの》巣, 巣窟, 隠れ家 (den). [? *kennel*[1]]

Ken 1 ケン《男子名; Kenneth の愛称》. 2 ケン **Thomas ～** (1637–1711)《英国教会の主教・賛美歌作者; Kenn ともつづる; 1688 年 James 2 世によるカトリックの復活をねらった信仰自由宣言に反対した 7 人の主教の一人》. 3 **a** 〘商標〙ケン《BARBIE 人形のボーイフレンド》. **b***《俗》体制順応型の若者[男], 特徴のない男, ありきたりの男.

Ken. Kentucky.

ke·naf /kənǽf/ *n* 〘植〙ケナフ, アンバリ麻, ボンベイ麻《1) アフリカ原産のフヨウ属の一年草; 繊維作物として栽培される 2) その繊維[粗布]》. [Pers]

kench /kéntʃ/ *n* 《魚・毛皮などを塩漬けにする》箱, ひつ. [?]

Ken·dal /kéndl/ 1 ケンダル《イングランド北西部 Cumbria 州の町; Lake District の入口にあたる》. 2 KENDAL GREEN.

Kéndal gréen 〘織〙ケンダルグリーン《1) ツイードに似た緑色の紡毛織物 2) この織物の緑色》.

Ken·dall /kéndl/ ケンダル (1) **Edward Calvin ～** (1886–1972)《米国の生化学者; 副腎皮質からステロイドホルモンのコーチゾンを分離, 関節リウマチの治療に適用して成功; ノーベル生理学医学賞 (1950)》 (2) **Henry Way ～** (1926–99)《米国の物理学者; クォークの存在を実験的に確認; ノーベル物理学賞 (1990)》.

Kéndal mínt càke ケンダルミントケーキ《長方形の板の形をしたハッカ味の堅い砂糖菓子; ハイカーや登山家に好まれる》.

ken·do /kéndoʊ/ *n* 剣道. ♦ **～·ist** *n* 剣道家; 剣道選手. [Jpn]

Ken·drew /kéndru/ ケンドルー Sir **John Cowdery ～** (1917–97)《英国の生化学者; タンパク質ミオグロビンの分子構造を解明; ノーベル化学賞 (1962)》.

Ke·neal·ly /kəní:li/ ケニーリー **Thomas** (**Michael**) ～ (1935–)《オーストラリアの小説家; *Schindler's Ark* (1982)》.

Ken·il·worth /kénlwə̀:rθ/ ケニルワース《イングランド中部 Warwickshire の町; Scott の小説 *Kenilworth* (1821) の舞台である Leicester 伯の居城の跡がある》.

Kénilworth ívy 〘植〙ツタバウンラン, ツタガラクサ (=*ivy-leaved toadflax, mother-of-thousands*[*-millions*])《ヨーロッパ原産ゴマノハグサ科の地覆植物》. [↑]

Ke·ni·tra /kəní:trə/ ケニトラ (*Arab* Mina Hassan Tani)《モロッコ北西部の市; 旧称 Port Lyautey》.

Kenn /kén/ ケン **Thomas** ～＝Thomas KEN.

Ken·nan /kénən/ ケナン **George F(rost)** ～ (1904–2005)《米国の外交官・歴史家; Truman 政権の対ソ封じ込め政策の立案者》.

Ken·ne·bec /kénəbèk, ニーニ/ [the] ケネベック川《Maine 州中西部を南流して大西洋へ注ぐ》.

Ken·ne·dy /kénədi/ **1** ケネディ (**1**) **Anthony** (**McLeod**) ～ (1936–　)《米国の法律家; 合衆国最高裁判所陪席裁判官 (1988–)》 (**2**) **Edward M**(**oore**) ～ (1932–2009)《米国民主党の政治家; 愛称 'Ted' ～; J. F. の弟; 連邦上院議員 (1962–2009)》 (**3**) **John F**(**itzgerald**) ～ (1917–63)《米国第 35 代大統領 (1961–63); 愛称 'Jack' ～; 民主党; カトリック教徒としては初の大統領; Texas 州 Dallas でパレード中に暗殺された; 略 JFK》 (**4**) **Joseph P**(**atrick**) ～ (1888–1969)《米国の実業家; 英国大使 (1937–40); J. F., R. F., E. M. の父》 (**5**) **Robert F**(**rancis**) ～ (1925–68)《米国民主党の政治家; 愛称 'Bobby' ～; J. F. の弟; 大統領候補指名に向けて遊説中暗殺された》 (**6**) **William** (**Joseph**) ～ (1928–　)《米国の小説家》. **2** [Cape] ケープケネディ《Cape CANAVERAL の旧称 (1963–73)》. ♦ **Kènnedy·ésque** *a*

Kénnedy Cénter for the Perfórming Árts [the] 舞台芸術のためのケネディセンター《John F. Kennedy 大統領を記念して Washington, D.C. に建設された文化の殿堂; 1971 年開設》.

Kénnedy Internátional Áirport JOHN F. KENNEDY INTERNATIONAL AIRPORT.

Kénnedy Róund [the] ケネディラウンド《GATT の関税一括引下げ交渉 (1964–67); 一律平均 35% の関税引下げに合意; 提唱者の John F. Kennedy 大統領にちなむ》.

Kénnedy Spáce Cènter JOHN F. KENNEDY SPACE CENTER.

ken·nel[1] /kénl/ *n* **1 a** 犬[猫]小屋; [～s, ⟨*sg*⟩] 犬[猫]の飼育場, 《犬など》ペット預かり所; [*pl*]《狩猟隊本部などの》犬舎; 《猟犬などの》群れ (pack). **b**《キツネなどの》巣, 巣穴 (lair): go to ～ ⟨キツネなどが⟩穴に隠れる. **2** 掘っ建て小屋; 《ばくちなどの》宿; *《俗》(安っぽい)家, 借室. ► *vt, vi* (**-l-** | **-ll-**) 犬小屋に入れる[はいる]; 犬小屋に住む; 巣につく; [*fig*] 宿る, 潜む ⟨*in*⟩. [AF＜L (*canis* dog)]

kennel[2] *n*《道路わきの》下水溝, 溝, どぶ (gutter). [C16 *cannel* ＜AF *canel* CHANNEL[1]]

kénnel clùb [°K- C-] 畜犬クラブ[協会], ケネルクラブ《略 KC》.

kénnel còugh〘獣医〙犬舎病, 犬伝染性気管気管支炎.

Ken·nel·ly /kén(ə)li/ ケネリー **Arthur Edwin** ～ (1861–1939)《米国の電気技術者; 交流理論を確立, Heaviside と同じころに電離層の存在を予言した》.

Kénnelly(-Héaviside) làyer〘通信〙ケネリー(-ヘヴィサイド)層 (E LAYER). [↑, O. *Heaviside*]

kénnel·man /-mən/ *n* (*pl* **-men** /-mən/) 犬舎のオーナー[管理者], 犬の飼育者[世話人]《女性は **kénnel·màid**》.

Kén·ne·saw Móuntain /kénəsɔ̀ː-/ ケネソー山《Georgia 州北西部 Atlanta の近くにある山; 南北戦争の古戦場 (1864)》.

Ken·neth /kénəθ/ **1** ケネス《男子名; 愛称 Ken, Kennie, Kenny》. **2** ケネス ～ **I** (d. c. 858)《スコットランド王国の祖とされる人物; 通称 'MacAlpin'》. [Ir＝handsome]

Ken·nie /kéni/ ケニー《男子名; Kenneth の愛称》.

kén·ning[1]《スコ》*n* 認知, 認識; 《かろうじて認められる程度の》少量, 微々たる存在. [ME＝sight, view (KEN[1])]

kenning[2] *n*〘修〙婉曲代称法, ケニング《主に古英詩や Edda にみられる一種の隠喩表現; たとえば heofoncandel (＝heaven candle) で 'sun' の意》. [ON; ⇨ KEN[1]]

Ken·ny /kéni/ **1** ケニー《男子名; Kenneth の愛称》. **2** ケニー **Elizabeth** ～ (1880–1952)《オーストラリア生まれの看護師; 通称 'Sister Kenny'; 小児麻痺患者のリハビリテーション技術を開発》.

Kénny mèthod [**trèatment**]〘医〙ケニー療法《Elizabeth Kenny が開発した小児麻痺の治療法で, 温熱療法・運動療法を組み合わせたもの》.

ke·no, kee-, ki-, qui- /kíːnoʊ/ *n* (*pl* ～**s**)*キーノ《ビンゴ (bingo) に似たカード賭博》. [C19＜?; 一説に F *quine, -o*]

kè·no·génesis /kìːnoʊ-, kèn-/ *n* CENOGENESIS.

ke·no·sis /kənóʊsəs, ki-/ *n*〘神学〙(キリストの)謙虚《キリストが人間の形をとることによる神性放棄; cf. *Philip* 2:7》. ♦ **ke·not·ic** /kənátɪk, ki-/ *a* [Gk (*kenoō* to empty)]

ken·o·tron /kénətràn/ *n*〘電〙ケノトロン《低電流・高電圧用整流器とする高真空二極管》. [Gk *kenos* empty]

Kén·sal Gréen /kéns(ə)l-/ ケンサルグリーン《London 北西部の地区; カトリックの共同墓地がある》.

Ken·sing·ton /kénzɪŋtən/ ケンジントン《London 南西部の地区; Kensington and Chelsea の一部をなす高級住宅地区で, Kensington Palace や Victoria and Albert Museum がある》.

Kénsington and Chélsea ケンジントン-チェルシー《London boroughs の一つ; 1965 年 Kensington と Chelsea の合併で成立》.

Kénsington Gárdens *pl* [°⟨*sg*⟩] ケンジントン公園《London の Hyde Park の西に隣接する大きな公園; もと Kensington Palace の庭園; Peter Pan の像がある》.

Kénsington Pálace ケンジントン宮殿《Kensington Gardens の西端にある宮殿で, 一部は London 博物館となっている; Victoria 女王生誕の地》.

ken·speck·le /kénspèk(ə)l/, **-speck** /-spèk/ *a*《スコ》明らかな, はっきりとした. [*kenspeck*＜Scand; ⇨ KEN[1]]

kent *v* KEN[1] の過去・過去分詞.

Kent /ként/ **1** ケント (**1**) イングランド南東部の州; ☆Maidstone **2**) イングランド南東部にあった古王国; ⇨ HEPTARCHY **3**) Ohio 州北東部の市; KENT 州立大学 (1910)). **2** ケント羊 (ROMNEY MARSH). **3** ケント《男子名》. **4** ケント (**1**) **Bruce** ～ (1929–　)《英国のカトリック司祭・平和運動家》 (**2**) **James** ～ (1763–1847)《米国の法学者; New York 州最高裁判所裁判官やエクイティー裁判所所長などを歴任, 判決や著述で米国におけるエクイティーの確立に貢献した》 (**3**) **Rockwell** ～ (1882–1971)《米国の画家・イラストレーター》. **5** ⇨ CLARK KENT. ● **a man of** ～《Medway 川以東生まれの》ケント人 (cf. KENTISH man). [OE＝OPEN COUNTRY]

Ként bùgle KEY BUGLE.

ken·te /kéntèɪ; kéntə/ *n* ケンテ (**1**) 派手な色のガーナの手織り布 (＝～ **clòth**) **2**) これで作った一種のトーガ》. [(Ghana)]

ken·ten /kéntèn/ *n**《俗》《アヘンを吸うための》ランプ.

Ként hòrn KEY BUGLE.

kéntia pàlm /kéntiə-/〘植〙ヒロハケンチャヤシ《オーストラリア原産のケンチャヤシ属のヤシ; 観賞用に鉢植え栽培される》.

Ként·ish *a* ケント (Kent) (州)の. ● **a** ～ **man**《Medway 川以西生まれの》ケント人 (cf. man of KENT); 《一般に》ケント人. ► *n*《古英語・中英語の》ケント方言 (＝*Jutish*).

Kéntish fíre[‖]《もどかしさ・非難などの》長い一斉の拍手.

Kéntish glóry〘昆〙カバガ《ヨーロッパ産の大型の蛾》.

Kéntish plóver〘鳥〙シロチドリ.

Kéntish rág ケント石《Kent 産の堅い石灰岩; 建材》.

kent·ledge /kéntlɪʤ/ *n*〘海〙底荷用鉄塊.

Ken·tucky /kəntʌ́ki; ken-/ **1** ケンタッキー《米国中東部の州; ☆Frankfort; 略 Ken., Ky, KY》. **2** [the] ケンタッキー川《Kentucky 州東部に発し, 同州中部を北西に流れ Ohio 川に合流》. ♦ **Ken·túck·i·an** *a, n*

Kentúcky blúegrass [**blúe**]〘植〙ケンタッキーブルーグラス, ナガハグサ, ソモソモ (＝*blue grass*)《北米温帯原産の多年草; 牧草・芝草として有用》.

Kentúcky cóffee trèe〘植〙ケンタッキーコーヒーノキ, アメリカサイカチ《北米産のマメ科の高木; 実はかつてコーヒーの代用とした》.

Kentúcky cólonel〘米〙ケンタッキー大佐《Kentucky 州で非公式の colonel の称号を与えられた人》.

Kentúcky Dérby [the]〘競馬〙ケンタッキーダービー《米国三冠レースの一つ; 3 歳馬による距離 1¼ マイルのレースで, 毎年 5 月の第 1 土曜日に Kentucky 州 Louisville の Churchill Downs 競馬場で開催される》.

Kentúcky fríed* *a* SOUTHERN-FRIED; 《俗》酒に酔った (fried).

Kentúcky Frìed Chícken〘商標〙ケンタッキーフライドチキン《KFC Corp. のファーストフードチェーンで販売されるフライドチキン; 'finger-lickin' good' と宣伝されている》.

Kentúcky óyster*《俗》《食用にする》豚の内臓.

Kentúcky rífle ケンタッキー銃《18 世紀初め開拓時代に使われた》.

Ken·ya /kénjə, kíː-/ **1** ケニア《東アフリカの国; 公式名 Republic of ～ (ケニア共和国); ☆Nairobi》. **2** [Mount] ケニア山《ケニアのほぼ中央, 赤道のすぐ南に位置する死火山; アフリカ大陸第 2 の高峰 (5199 m)》. ♦ **Kén·yan** *a, n*

Ken·ya·pi·the·cus /kènjəpíθɪkəs, kìː-, -pəθíːkəs/ *n*〘古生〙ケニアピテクス《(**1**) ケニアの Victoria 湖の近くで発見された中新世のヒト科の一属 **2**) 同類の類人猿》.

Ken·yat·ta /kenjáːtə; -jǽtə/ ケニヤッタ **Jomo** ～ (c. 1894–1978)《ケニアの政治家; 初代首相 (1963–64)・大統領 (1964–78)》.

Ké·ogh (**plàn**) /kíːoʊ(-)/〘米〙キーオー(プラン)《自営業者のための退職金積立てプラン; 節税効果がある》. [Eugene J. *Keogh* (1907–89) 米国の政治家]

Ke·os /kíːɑ̀s, kéɪɔ̀ːs/ ケオス (ModGk **Kéa** /kíːə, kéɪə/)《エーゲ海の Cyclades 諸島北西部の島; 古代名 Ceos》.

kep /kép/ *v*《北イング》CATCH.

ke·pi /kéɪpi, képi/, **ké-** /kéɪ-/ *n* ケピ《フランスの軍帽; 頂部が扁平》. [F＜G (dim)＜*Kappe* cap]

Kep·ler /képlər/ ケプラー **Johannes** ～ (1571–1630)《ドイツの天文学者; ⇨ KEPLER'S LAW》. ♦ **Kep·le·ri·an** /keplíəriən, -léər-/ *a* ケプラー(の法則)の.

Képler's láw ケプラーの法則《太陽系の惑星の運動について Johannes Kepler が定めた 3 つの法則: **1**) 各惑星は太陽を焦点とする楕円軌道を描く **2**) 太陽から惑星に至る直線は等時間に等面積を描く; したがって惑星は太陽に接近している時ほど速度が大きい **3**) 惑星の公転周期の 2 乗は太陽からの平均距離の 3 乗に比例する》.

Ke·pone /kíːpòʊn/ キーポン《もとクロルデコン (chlordecone) の商品名; 毒性の強い殺虫剤; 1977 年使用禁止》.

Kep·pel /képəl/ ケッペル **Augustus** ～, 1st Viscount ～ (1725–86)《英国の海軍将校; アメリカ独立革命中の1778 年の戦いで, フランス軍をのがし, 軍法会議にかけられた》.

K

kept /képt/ *v* KEEP の過去・過去分詞. ► *a* 金銭上の援助を受けている; 囲われた: a ~ mistress [woman] めかけ, 囲われ女 / a ~ man 男めかけ, 囲われ男, ヒモ, 髪結いの亭主 / a ~ press 御用新聞.
képt·ie *n**《俗》囲われた女, めかけ.
Ker /kéər, kə́:r, ká:r/ カー, ケア **William Paton** ~ (1855–1923)《スコットランドの文学者》.
ker- /kər/, **ka-** /kə/ *comb form*《俗》擬音語や混乱状態を表わす語に付く強意辞《副詞や間投詞をつくる》: *ker*plunk ドッスーン〈と落ちる〉/ *ker*chunk ガッチャーン / *ka*pow バキューン, バシーン / *ker*fuffle.
Ker·a·la /kérələ/ ケララ《インド南西端のアラビア海に面する州; ☆Trivandrum》. ◆ **Ké·ra·lìte** *a, n*
ke·ram·ic /kərǽmɪk/ *a, n* CERAMIC.
ke·ram·ics /kərǽmɪks/ *n* CERAMICS.
Ke·ra·sun /kèrəsú:n/ ケラスン《GIRESUN の別称》.
ker·at- /kérət/, **ker·a·to-** /-toʊ, -tə/ ⇨ CERAT-.
ker·a·tec·to·my /kèrətéktəmi/ *n*〖医〗角膜切除(術).
ker·a·tin /kérət(ə)n/ *n*〖生化〗角質, ケラチン《角・爪・羽・毛髪などに含まれる硬タンパク質の一種》.
ker·a·tin·ize /, kérət(ə)nàɪz, kərǽt-/ *vt, vi*〖生化〗ケラチン状にする[なる], 角質化する. ◆ **kèr·a·tin·izá·tion** /, kəræ̀t-/ *n*
ke·rát·i·no·cỳte /kərǽt(ə)nə-/ *n*〖生化〗ケラチン生成細胞《表皮細胞にある》.
ker·a·ti·no·phílic /kèrətənə-, kəræ̀t(ə)nə-/ *a*《毛・皮膚・羽など》角質に好んで生ずる, 好ケラチン性の〈菌類〉.
ke·rat·i·nous /kərǽt(ə)nəs/ *a* ケラチン(性)の (horny).
ker·a·ti·tis /kèrətáɪtəs/ *n* (*pl* **-tit·i·des** /-títədì:z/)〖眼〗角膜炎.
kèrato·conjunctivítis *n*〖眼〗角結膜炎.
kèrato·có·nus /-kóʊnəs/ *n*〖眼〗円錐角膜《角膜が円錐状に突出したもの》.
ker·a·tog·e·nous /kèrətáʤənəs/ *a* 角 (horn) [角質物]を生ずる.
ker·a·toid /kérətɔ̀ɪd/ *a* 角(つの)に似た, 角質の (horny).
kèrato·mil·eú·sis /-mɪl(j)ú:səs/ *n* 角膜曲率形成(術)《角膜の一部を取り出し, 冷凍して屈折異常を修正してもとに戻す角膜移植術; cf. LASIK》.
K **ker·a·top·a·thy** /kèrətápəθi/ *n*〖医〗角膜症[病].
kérato·plàsty *n*〖眼〗角膜移植[形成](術). ◆ **kèrato·plás·tic** *a*
ker·a·tose /kérətòʊs/, **cer-** /sér-/〖動〗*a* 角質の; 角質海綿類の. ► *n*《海綿類の》角質繊維. [*-ose*]
ker·a·to·sis /kèrətóʊsəs/ *n* (*pl* **-ses** /-sì:z/)〖医〗《皮膚の》角化症. ◆ **kèr·a·tót·ic** /-tát-/ *a*
keratósis fol·li·cu·lár·is /-fɑ̀ləkjəléərəs/〖医〗毛包性角化症 (Darier's disease).
ker·a·tot·o·my /kèrətátəmi/ *n*〖医〗角膜切開(術).
kerb‖ /kə́:rb/ *n*《歩道の》縁石(ふちいし) (curb*). ► *vt*〈歩道〉に縁石をつける. ★ 関連語は ⇨ CURB. [変形〈*curb*]
ker·ba·ya /kéərbɑ:jɑ:/ *n* ケルバヤ《マレー女性のブラウス》.
kérb-cràwl·ing‖ *n* セックスの相手を求めて歩道沿いにゆっくり車を走らせること (=*gutter-crawling*). ◆ **kérb-cràwl** *vi* **kérb-cràwl·er** *n*
kérb dríll‖《道を横断する際の》右・左・右とする確認.
Kerbela ⇨ KARBALĀ'.
kérb·ing‖ *n* 縁石《集合的》;《車の運転中に》タイヤを縁石にこすること.
kérb·sìde‖ *n*《歩道・車道の》縁石側 (curbside*).
kérb·stòne‖ *n*《歩道の》縁石 (curbstone*).
kérb wéight‖《車の》装備重量, 車両重量.
Kerch /kéərʧ/ ケルチ《ウクライナの市・港町; Crimea 半島東部のケルチ半島 (the ~ **Península**) にあって, ケルチ海峡に臨む》.
ker·chief /kə́:rʧəf, -ʧi:f/ *n* (*pl* **~s, -chieves** /-ʧi:vz/)《女性の》スカーフ, ネッカチーフ, カーチフ; ハンカチ. ◆ **~ed** *a* [AF *courchef*; ⇨ COVER, CHIEF]
ker·choo‖ /kərʧú:/ *int* ハクション (ahchoo).
Kérch Stráit [the] ケルチ海峡《ケルチ, Taman の両半島の間の海峡; Azov 海と黒海を結ぶ》.
Ke·ren·sky /kərénski, kérən-/ ケレンスキー **Aleksandr Fyodo·rovich** ~ (1881–1970)《ソ連の革命家; 十月革命前の臨時政府首相 (1917); のち米国に住んだ》.
Ke·res /kéɪrèɪs/ *n* **a** (*pl* ~) ケレス族 (Keresan). **b** ケレス語.
Ker·e·san /kérəsən/ *n* **a** ケレス語族《ケレス諸方言のみからなるアメリカインディアンの言語の語族》. **b** ケレス族《New Mexico 州中部に居住する Pueblo インディアン》.
kerf /kə́:rf/ *n*《おのなどでの》切り口, 切り溝,《のこの》挽き目; 切り口[挽き目]幅; 挽き目[手斧(ちょうな)目など]をつけられたもの;《切り倒した木の》木口, 切り口. ► *vt* …に挽き目[切り口, 手斧目]をつける. [OE *cyrf* cutting; cf. CARVE]
ker·floo·ie, -floo·ey /kərflú:i/ *a**《俗》FLOOEY.
ker·flum·mox, ker·flum·mix /kərflʌ́mәks, -ɪks/ *vt*《俗》困惑[混乱]させる, 迷わす, めんくらわす (flummox).
ker·fuf·fle, car-, kur- /kərfʌ́f(ə)l/ *n*‖《口》ばか騒ぎ, あわてふためき; 騒動, 取っ組み合い. ► *vt*《スコ》めちゃめちゃにする. [Sc (*fuffle* to disorder)<(imit)]
Ker·gue·len /kə́:rgələn, kə̀ərgəlén/ ケルゲレン《Kerguelen 諸島中の主島》.
Kérguelen Íslands *pl* [the] ケルゲレン諸島《インド洋南部の島群; フランス領》.
Ke·rin·ci, Ke·rin·tji /kəríntʃi/ クリンチ《インドネシア Sumatra 島中西部の火山 (3805 m)》.
Kerk·ra·de /kéərkrɑ̀:də/ ケルクラーデ《オランダ南東部 Limburg 州の町; ヨーロッパ最古の炭鉱町の一つ》.
Kér·ky·ra /kéərkɪrə/ ケルキラ《CORFU の現代ギリシア語名》.
Ker·mád·ec Íslands /kərmǽdək-/ *pl* [the] ケルマデク諸島《ニュージーランドの北東にある火山島群》.
Ker·man /kərmá:n, kəər-/ **1** ケルマーン《**1**) イラン南東部の州; 古代ペルシア帝国の Carmania 地方 **2**) 同州の州都; じゅうたん生産の中心地; 古代名 Carmana》. **2** KIRMAN.
Ker·man·shah /kermɑ̀:nʃá:, -ʃɔ́:; kə:-/ ケルマンシャー《イラン西部の市; '王の都' の意; 1979 年のイスラム革命後の約 10 年間は Bakhtaran と呼ばれていた》.
ker·mes /kə́:rmiz/ *n* (*pl* ~) **1** ケルメス《**1**) カーミンカイガラムシの雌を乾燥させたもの; 鮮紅色の染料を採る **2**) その染料》. **2**〖化〗無定形三硫化アンチモン (=~ **mìneral**). **3**〖植〗ケルメスナラ, アカミガシ (=~ **òak**)《地中海沿岸産の常緑低木; これにカーミンカイガラムシがつく》. [F<Arab and Pers; CRIMSON と同語源]
ker·mes·ite /kə́:rmizàɪt, -məsàɪt/ *n*〖鉱〗紅安鉱.
ker·mis /kə́:rməs/, **-mess(e), kir·mess** /, -mès/ *n*《オランダなどの》祭の市(いち); *にぎやかな慈善市. [Du]
Ker·mit /kə́:rmət/ **1** カーミット《男子名》. **2 a** カーミット (=~ **the Fróg**)《'Sesame Street' や 'The Muppet Show' に登場するマペットのカエル》. **b** [k-]‖《俗》フランス人 (cf. FROG[1]).
Kér·mode béar /kə́:rmòʊd-/〖動〗シロアメリカグマ《アメリカグマ (American black bear) の毛の白い変種; カナダ British Columbia 州の中部海岸産》. [Francis *Kermode* 20 世紀初めのカナダの博物学者]
kern[1] /kə́:rn/ *n*〖印〗飾りひげ《イタリック体文字の *f* 上端と下端, *y* の下端など活字ボディーから突き出した部分》. ► *vt, vi* (…に) kern を使う[つける];〈文字〉の間隔を調整する, カーニング (kerning) する. [? F *carne* corner]
kern[2], **kerne** /kə́:rn, *kérn/ *n*《古代アイルランドの》軽歩兵(隊)《剣と投げ槍だけを持った》; アイルランドの百姓[田舎者];《古》百姓. [Ir=band of soldiers]
kern[3] /kə́:rn/ *n*〖工〗《壁・柱などの》断面の核. [G; cf. KERNEL]
Kern /kə́:rn/ カーン **Jerome** (**David**) ~ (1885–1945)《米国のミュージカル・ポピュラー音楽の作曲家; *Show Boat* (1927)》.
ker·nel /kə́:rn(ə)l/ *n* **1**《果実の》仁(じん)〈*of* a walnut etc.〉;《方》《果実の》種;《小麦などの》穀粒, 粒 (grain);《トウモロコシの》実, 粒: He that would eat the ~ must crack the nut.《諺》実を食せんとする者はクルミを割らねばならぬ《それだけの努力をせよ》. **2** [*fig*] 中心部, 中核 (nucleus), 核心, 心髄, 眼目 (gist)〈*of* a story〉: There is a ~ of truth [wisdom] in this story. この話にはわずかながら真実[知恵]が含まれている. **3**〖理〗閉殻, 核《価電子を取り除かれた原子》;〖電算〗カーネル《OS の中枢部; cf. SHELL》;〖数〗零空間, 核;〖文法〗KERNEL SENTENCE. ► *v* (**-l-** | **-ll-**) *vt*《仁のように》包み込む〈*in*〉. ► *vi*《まれ》(熟れて)仁を生ずる. ◆ **~ed** | **~led** *a* 核[仁]のある. [OE (dim)〈*corn*[1]]
kérnel sèntence〖変形文法〗核文《ある言語のあらゆる文の生成基盤と想定される, 最も基本的な, 単文で能動・肯定・平叙の構造の文》.
ker·nic·te·rus /kərnɪ́kt(ə)rəs/ *n*〖医〗核黄疸《新生児黄疸の重症型》. [G (*kern*[3] nucleus, ICTERUS)]
kern·ing /kə́:rnɪŋ/ *n*〖印・電算〗カーニング《文字間隔の調整, 特に欧文の TA, VA など通常の印刷では字間が開きすぎる場合に, 空白部分に食い込むように印刷すること》. [*kern*[1]]
kern·ite /kə́:rnàɪt/ *n*〖鉱〗ケルナイト《ホウ砂の原料》. [*Kern* County: California 州の発見地]
ker·nos /kə́:rnɑs/ *n* (*pl* **-noi** /-nɔ̀ɪ/)〖考古〗子持ち壺, ケルノス《陶製の輪または器のふちの上にいくつもの小さい器が付着したミュケーナイ文明時代の器物》. [Gk]
kero /kéroʊ/ *n*《豪》KEROSINE.
ker·o·gen /kérəʤən/ *n*〖地質〗油母, ケローゲン《これから頁岩(けつがん)油を採る》. [↓, *-gen*]
ker·o·sine, -sene* /kérəsì:n, ⌐‒⌐/ *n* 灯油, ケロシン (paraffin oil‖). [Gk *kēros* wax]
Ker·ou·ac /kéruæ̀k/ ケルアック **'Jack'** ~ [**Jean-Louis** ~] (1922–69)《米国の beat generation の代表的作家; *On the Road* (1957), *Big Sur* (1962)》.
ker·plunk /kərplʌ́ŋk/ *adv* ドサッ[ドシン, ドボン]と. ● **go ~**《俗》へまをする, ドジを踏む, ポシャる. [imit (*ker-*)]
Kérr effèct /kə́:r-, ká:r-/〖光〗カー効果《**1**) 電気光学効果: 電場による複屈折 **2**) 磁気光学効果》. [John *Kerr* (1824–1907) スコットランドの物理学者]

ker·ria /kɛ́riə/ *n* 〘植〙ヤマブキ《中国・日本原産のバラ科の落葉低木》. [William *Kerr* (d. 1814) 英国の植物学者]

ker·rie /kɛ́ri/ *n* KNOBKERRIE.

Ker·ry /kɛ́ri/ **1** ケリー《アイルランド南西部 Munster 地方の県, ☆Tralee; 山岳地域で湖沼が多い》. **2** [°k-] ケリー種(の牛)《小型で黒色の良種の乳牛》; KERRY BLUE TERRIER.

Kérry blúe (térrier) 〘犬〙ケリーブルー(テリア)《アイルランド原産の中型の猟犬・愛玩犬; 頭部が長く, 被毛は青みがかったグレー》.

Kérry Híll ケリーヒル種(の羊)《Wales や Midlands で飼育される短毛の羊》.

ker·sey /kə́ːrzi/ *n* カージー《**1**) うね織りの粗いラシャ; ズボンや仕事着用 **2**) ウールまたはウールと木綿の綾織り生地; コート用; その衣服》. [ME＜? *Kersey*, Suffolk]

ker·sey·mere /kə́ːrzimìər/ *n* カージーミア《良質梳毛糸の綾織りの服地》. [C18 *cassimere* (変形)＜CASHMERE; 語形は ↑ に同化]

Ker·tész /kɛ́ərteɪs/ ケルテース **Imre** ～ (1929–) 《ハンガリーのユダヤ系作家; ホロコーストを描いた半自伝的作品で知られる; ノーベル文学賞 (2002)》.

Ke·ru·len /kɛ́rəlɛ̀n/ [the] ヘルレン川《モンゴル北東部の川; 東流して中国内モンゴル自治区の呼倫(フルン)湖に注ぐ》.

ke·ryg·ma /kərígmə/ *n* 〘キ教〙ケリュグマ, 宣布《キリストの福音を宣(の)べ伝えること》. ◆ **ker·yg·mat·ic** /kɛ̀rɪgmǽtɪk/ *a* [Gk]

kes /kéɪʃ/ *n* KESH.

Ke·sey /kíːzi/ キージー **Ken (Elton)** ～ (1935–2001)《米国の小説家; *One Flew Over the Cuckoo's Nest* (1962)》.

kesh /kéɪʃ/ *n* ケーシュ《シク教徒の長髪とあごひげ; cf. FIVE Ks》. [Punjabi]

Kes·sel·ring /kɛ́səlrɪŋ/ ケッセルリング **Albert** ～ (1885–1960)《ドイツの元帥》.

Kes·te·ven /kɛ́stɪv(ə)n, kɛstíːv(ə)n/ ■ the **Párts of** ～ ケステヴァン《イングランド東部 Lincolnshire 南西部の旧行政区分; ☆Sleaford》.

kes·trel /kɛ́strəl/ *n* 〘鳥〙**a** チョウゲンボウ《小型のハヤブサ》. **b** アメリカチョウゲンボウ (＝*sparrow hawk*). [ME＜? OF *casserelle* (dial), *créc(er)elle*]

Kes·wick /kɛ́zɪk/ ケジック《イングランド北西部 Cumbria 州の町; Lake District の交通の要衝, リゾート地》.

ket /kɛ́t/ *n* 〘理〙ケット (＝～ **vèctor**)《系の量子力学的な状態を表わすヒルベルト空間のベクトル; | 〉で表わす; cf. BRA[2]》. [bra*cket*]

ket- /kɛ́t/, **ke·to-** /kíːtoʊ, -tə/ *comb form* 〘化〙「ケトン」 [G; ⇨ KETONE]

ke·ta·mine /kíːtəmìːn, -mən/ *n* 〘薬〙ケタミン《非バルビタール系の速効全身麻酔薬; 幻覚剤として使われることがある; cf. SPECIAL K》. [*ket-*, *-amine*]

ketch /kɛ́ʧ/ *n* 〘海〙ケッチ《2 檣に縦帆を張った小帆船で, 後檣帆が大型のもの; cf. YAWL[1]》. [? CATCH]

ketch·up /kɛ́ʧəp, kǽʧ-/ *n* ケチャップ. [Malay＝spiced fish sauce]

ke·tene /kíːtìːn, kɛ́t-/ 〘化〙 *n* ケテン《無色で強い臭気のある有毒気体》; ケテン化合物《総称》.

Kethuvim, -bim ⇨ KETUBIM.

ke·to /kíːtoʊ/ *a* 〘化〙ケトンの[に関する, を含む].

ke·to·co·na·zole /kìːtoʊkóʊnəzoʊl/ *n* 〘薬〙ケトコナゾール《慢性皮膚真菌感染症の治療に用いる広域抗真菌薬》.

kéto-énol tautómerism 〘化〙ケトエノール互変異性《活性メチレン化合物などにみられる》.

kéto fòrm 〘化〙《ケトエノール互変異性体の》ケト型.

kèto·génesis *n* 〘生化〙ケトン生成. ◆ **-génic** *a*

kèto·glu·tá·rate /-gluːtáːrèɪt/ *n* 〘生化〙ケトグルタル酸塩[エステル].

kèto·glutáric ácid 〘生化〙ケトグルタル酸, 《特に》α-ケトグルタル酸《アミノ酸代謝に重要な役割を果たす》.

kèto·héxose *n* 〘化〙ケトヘキソース《ケトン基のあるヘキソース[六炭糖]》.

ke·tol /kíːtɔ̀(ː)l, -tòʊl, -tɑ̀l/ *n* 〘生化〙ケトール, ヒドロキシケトン (＝*hydroxy ketone*)《アシロインなど, ケトン基とアルコール基を含む有機化合物》. [*ket-*, *-ol*]

ke·tone /kíːtòʊn/ *n* 〘化〙ケトン《2 個の炭素原子に結びついたカルボニル基をもつ化合物》. ◆ **ke·ton·ic** /kɪtɑ́nɪk/ *a* 〘化〙ケトンの[を含む, から誘導された]. [G *keton* (変形)＜*aketon* ACETONE]

kétone bòdy 〘生化〙ケトン体 (＝*acetone body*)《アセト酢酸・アセトン・β-ヒドロキシ酪酸の総称; 脂質代謝の中間体だが, 糖尿病などの代謝異常では血液・尿中に多量に蓄積する》.

kétone gròup [ràdical] 〘化〙ケトン基.

ke·to·ne·mia /kìːtəníːmiə/ *n* 〘医〙ケトン血(症).

ke·to·nu·ria /kìːtənjúəriə/ *n* 〘医〙ケトン尿(症).

kèto·pró·fen /-próʊfən/ *n* ケトプロフェン《非ステロイド性消炎鎮痛薬》.

ke·tose /kíːtòʊs, -z/ *n* 〘化〙ケトース《ケトン基をもつ単糖》.

ke·to·sis /kɪtóʊsəs/ *n* (*pl* **-ses** /-sìːz/) 〘医〙ケトン症, ケトーシス《糖尿病に伴うことが多い》. ◆ **ke·tot·ic** /kɪtɑ́tɪk/ *a*

kèto·stéroid *n* 〘生化〙ケトステロイド《分子中にケトン体を含むステロイド》.

ke·tox·ime /kɪtɑ́ksìːm/ *n* 〘化〙ケトオキシム《ケトンがヒドロキシルアミンと縮合して生成する有機化合物》.

Ket·ter·ing /kɛ́tərɪŋ/ **1** ケタリング《Ohio 州南西部 Dayton の南郊にある市》. **2** ケタリング **Charles F(ranklin)** ～ (1876–1958)《米国の技術者; 自動始動装置など自動車の構造に関わる発明が多数》.

Ket·ter·le /kɛ́tərlə/ ケターレ **Wolfgang** ～ (1957–)《ドイツ生まれの米国の物理学者; アルカリ原子のボース-アインシュタイン凝縮 (Bose-Einstein condensate) を実現, ノーベル物理学賞 (2001)》.

ket·tle /kɛ́tl/ *n* **1** 釜, 湯沸かし, やかん, ケトル; 反応釜《低融点の金属・ガラスなどの加工用容器》; FISH KETTLE; 〘楽〙 KETTLEDRUM; POTHOLE; *《俗》懐中時計: A watched ～ never boils. ⇨ POT[1] 《諺》. **2** 〘地質〙《氷河の底の》鍋穴, ケトル (＝～ **hòle**). ● **a (pretty [fine, nice, rare]) ～ of fish** 困った事態, 厄介な状況, 混乱, ごたごた. **a different ～ of fish** 別のもの, 別の事柄, 別問題. **keep the ～ boiling** ＝keep the POT[1] boiling. **put the ～ on** 湯を沸かす. ◆ **～·fùl** *n* [ON *ketill*＝OE *cietel*＜Gmc＜L (dim)＜*catinus* bowl]

kéttle·drùm *n* 〘楽〙ケトルドラム《真鍮[銅, グラスファイバー]製の半球の開口部に皮を張った太鼓で, 張力を変えて音の高低が変えられる; cf. TIMPANI》; 《俗》午後の茶会《19 世紀に流行》. ◆ **kéttle-drùmmer** *n* ケトルドラム[ティンパニ]奏者.

kéttle hòlder やかんつかみ《布製のパッド》.

ke·tu·bah, -thu- /kɛ̀tùːváː, -θùː-, kəsúːvə/ *n* (*pl* **-both, -bot** /-vóʊt, -súːvòʊt, -θ, -s/, **～s**) 〘ユダヤ教〙結婚証文, ケトゥバー《離婚もしくは死別の際に妻に与える金銭問題について規定した正式文書》. [Heb＝a writing]

Ke·tu·bim, -thu-, -vim /kətúːvɪm, -bɪm, kətuvíːm, -θuː-, -suː-/ *n pl* 〘聖〙諸書, ケトゥヴィーム (HAGIOGRAPHA). [Heb＝writings]

Keu·per /kɔ́ɪpər/ *n* 〘地質〙コイパー《ヨーロッパの三畳系上部統の総称; イングランドでは泥灰岩や砂岩を主とする》.

keV °kiloelectron volt(s).

kev·el /kɛ́v(ə)l/ *n* 〘海〙大型索留め, ケベル. [OF＝pin, peg]

Kev·in /kɛ́vən/ **1** ケヴィン《男子名》. **2** ″《俗》[*derog*]《典型的な労働者階級の》あかぬけない[下品な, マナーの悪い]若者, イモにいちゃん, ダサ男, あんちゃん (cf. SHARON, WAYNE). [Ir＝handsome birth]

kevir ⇨ KAVIR.

Kev·lar /kɛ́vlɑ̀ːr/ 〘商標〙ケブラー《ナイロンより軽く鋼鉄の 5 倍の強度をもつとされ, タイヤコード・ベルト・防弾服などに用いられるアラミド (aramid) 繊維》.

Kew /kjúː/ キュー《**1**) オーストラリア Victoria 州南部, Melbourne 北東郊外の町 **2**) イングランド南東部 London boroughs の一つ Richmond upon Thames 北西部の地区; KEW GARDENS が知られている》.

Kéw Gárdens [°〈*sg*〉] キュー植物園, キュー・ガーデン《London 西郊の Kew にある植物園; 公式名 Royal Botanic Gardens, Kew》.

kew·pie /kjúːpi/ *n* **1** キューピー《よく太って翼のある赤んぼの姿をした妖精》. **2** [K-] 〘商標〙キューピー《人形》. [*Cupid*, *-ie*]

kex ″/kɛ́ks/ *n* 中空の茎をもつ植物(の干した茎). [ME＜?]

key[1] /kíː/ *n* **1** 鍵, キー; 鍵形のもの: lay [put] the ～ under the door ドアの下に鍵を置く《家をたたんだしるし》/ turn the ～ on a prisoner 囚人を牢に入れドアに鍵をかける. **2 a** [the] 要所, 関門 〈*to*〉: *the* ～ *to* the Mediterranean 地中海の関門《Gibraltar》. **b** 《問題・事件などの》解答; 解決の鍵[手掛かり] (clue) 〈*to*〉; 秘訣 〈*to* success etc.〉; 《外国書の》直訳本; 《数学・試験問題の》解答書, 虎の巻; 《動植物の》検索表; 《地図・辞書などの》記号[略語]表 〈*to* a map〉; 《暗号解読の》鍵《鍵となる文字列, 換字表など》: hold the ～ *to*…の鍵を握る. **c** 重要人物; *《俗》Ivy League 大学の学生; [K-] Man 島の下院議員 (cf. HOUSE OF KEYS). **3 a** 《時計の》ねじ (＝watch ～); スパナ; 〘建〙栓, くさび栓, こみ栓; 《アーチの》かなめ石 (keystone); 〘機〙キー, 割りピン《軸に歯車などを固定する際に用いる一種のくさび》; 〘土木〙車知(栓)《部材の接合面にはめ込んで固定する》; 《ラス (lath) に塗り込んだ》壁の下塗り; 壁土・ペンキなどの付着をよくするための粗面. **b** 《キーボードの》キー; 〘電〙電鍵, キー; 《オルガン・ピアノ・吹奏楽器の》キー, 鍵(けん); [*pl*] 《俗》ピアノ. **c** 〘電算〙《整列[ソート]》キー (＝*sort key*, *key field*)《データをある規則にしたがって並べ換えるときに, その規則を適用するフィールド》. **4** 《声の》調子; 〘楽〙《長短の》調; [*fig*] 《思想・表現・色彩などの》基調 (tone), 様式 (mode); 〘写〙基調, キー; 《感情などの》激しさの程度: speak in a high [low] ～ 高い[低い]調子で話す / in a minor ～ 沈んだ[悲しそうな]調子で / all in the same ～ すべて同一の調子で, 単調に / the major [minor] ～ 長調[短調]. **5** 〘チェス〙KEYMOVE; 〘植〙翼果 (samara) (＝～ fruit); 〘バスケ〙KEYHOLE. ● **have [get] the ～ of the street** [*joc*] 夜間締め出しを食う, 宿無しになる. **in [out of] ～** (…と)調和して[しないで] 〈*with*〉. **on ～** 正しい調性で; 調子が合って. **the power of the ～s** 〘カト〙教皇権. **under** LOCK[1] **and ～**.

► *a* 基本的な, 重要な, かなめの, 欠かせない, 基幹の, 基調の; 《解決などの》鍵となる: a ～ color 基本色 / a ～ figure 重要[中心]人物.

► *vt* **1 a** 〈情報・データを〉キー入力する 〈*in*, *into*〉; 〈楽器を〉調律する.

b *[°*pass*] 〈ことば・考え・行動などを〉情況[雰囲気など]に合わせる, 調和させる, 調節する 〈*to, into*〉. **2** …に鍵をかける; 栓[くさび, かんぬきなど]で締める 〈*in, on*〉; 〈アーチ〉にかなめ石を入れる 〈*in*〉. **3 a** 《検索表[記号解など]で》知る; 〈記号・キーワードなどが〉〈項目を〉指示する, 特定する. **b** 《割付けで》〈さしえ・記事など〉の位置を記号で指示する; 〈記事など〉に記号を入れてさしえなどと対応づける 〈*to*〉; 《広告の反響を知るために》〈広告〉の中に記号[符牒]を入れる (⇨ KEYED ADVERTISEMENT). **4** 《壁土・ペンキなどののりをよくするために》〈表面を〉粗くする; 〈しっくい・ペンキなど〉ののりをよくする. **5** …の決定的要因[鍵]となる. ► *vi* **1** 鍵をかける. **2** 〘アメフト〙 相手の動きを見る[うかがう] 〈*on*〉. **3** KEYBOARD. ● **be [get] ~ed into**…を理解する, 好きになる. **~ (in) on**…に焦点をしぼる, 重点をおく. **~ into**… 〈コンピューターなど〉に(不正)アクセスする; 〈物事が〉…にうまく合う, 調和する. **~ in with**…とうまく合う, 調和する. **~ up**…の調子を上げる, 〈楽器〉のピッチを上げる; 緊張させる, 鼓舞する 〈sb *to* do, *to* a condition〉; 〈要求など〉の調子を強める (raise). ♦ **~·er** *n*
[OE *cæg(e)*<?; cf. MLG *keige* spear]

key[2] *n* 《特に 西インド諸島や Florida 南方の》海面からいくらもない小島[砂洲, サンゴ礁], 洲島, 平坦島, キー. [Sp *cayo* shoal, reef; QUAY の影響]

key[3] *n* 《俗》1 キログラムの薬(ᵏˢᵘʳⁱ). [*ki*logram]

Key キー **Francis Scott ~** (1779–1843) 《米国の法律家・詩人; 米国の国歌となった (1931) *The Star-Spangled Banner* の作詞者》.

kéy assìgnment 〘電算〙 キー割り当て, キーアサイン 《キーボード上の各キーへの機能の割り当て》.

kéy·bàr *n* 《タイプライターの》キーバー 《先端に活字が付いたバーで, キーと連動して印字する》.

kéy·bòard *n* **1 a** 《ピアノ・タイプライター・植字機・コンピューターなどの》鍵盤, キーボード. **b** [°*pl*] 〘楽〙 キーボード (=electronic ~) 《ピアノのような鍵盤で演奏するシンセサイザーなどの電子楽器》. **2** 《ホテルのフロントなどで》各室の鍵を下げる板. ► *vi* 鍵盤[キーボード]を操作する. ► *vt* 〈情報・原稿を〉キーボードで打ち込む[植字する]. ♦ **~·er** *n*

kéy·bòard·ist *n* 鍵盤楽器[キーボード]奏者.

kéy bùgle 有鍵[キー]ビューグル.

kéy·bùtton *n* キーボタン 《タイプライターなどの鍵(ᵏᵉⁿ)頭部の指で押す部分》.

kéy càrd キーカード 《ドアの鍵を開けたり現金支払機を操作したりするのに使うプラスチックのカード》.

kéy càse キーケース 《折りたたみケース式のキーホルダー》.

kéy clùb 《鍵を渡された会員だけがはいれる》会員制クラブ, キークラブ.

kéy cúrrency 基軸通貨, 国際通貨 (international currency).

kéy déer [°K-] 〘動〙 キージカ, フロリダオジロジカ 《Florida Keys 産の尾の白い小型のシカ》.

kéy dìsk 〘電算〙 キーディスク 《プログラムの実行時に必要とされる特別なディスク; 違法コピー防止に使われる》.

keyed /kíːd/ *a* **1** 有鍵の; 〘機〙 キーのある, キーで締めた; かなめ石で締めた〈アーチ〉; 解答[記号解など]のある; 鍵に合わせた; 〈アルゴリズムが〉鍵付きの 《鍵数字などで初期化される》; 調律した; 適合させた, 調和させた: a ~ instrument 有鍵楽器 《ピアノ・オルガンなど》. **2 a** [ᵘ~ up] 緊張した, 興奮した, 不安な, ナーバスな 〈*about, for, over*〉: He looked ~ *up about* the examination. 試験のことで緊張しているようだった. **b** [°~ up] 《俗》 《酒・ドラッグで》酔っぱらった: ~ (*up*) to the roof すっかり酔っぱらって.

kéyed advertísement かぎ付き広告 《広告の反響がどの新聞[雑誌など]から来たものか広告主が特定できるような記号を入れ込んだ広告》.

kéy fìeld 〘電算〙 キーフィールド (KEY[1]).

kéy frùit 〘植〙 翼果 (samara).

kéy grìp キーグリップ 《映画・テレビの制作でカメラや背景を移動させたり組み立てたりする技術者》.

kéy·hòld·er *n* 《商店・工場などの》鍵の保管者.

kéy·hòle *n* 鍵穴; 栓穴; 鍵穴状開口部; 〘バスケ〙 鍵型フリースローゾーン: look through [listen at] the ~(*s*) 鍵穴からのぞき込む[立ち聞きする]. ► *a* 《口》内状を暴露する, のぞき趣味の.

kéyhole lìmpet 〘貝〙 スカシガイ科 *Fissurella* 属の各種笠形の貝 《傘状の貝殻の頂上部に穴[頂孔]がある》.

kéyhole sàw 挽(ʰ)回しのこ, 穴挽きのこ.

kéyhole súrgery 《口》キーホール サージャリー 《ファイバースコープを利用して, きわめて小さい切開部から小型の手術器具を差し入れて行なわれる手術》.

kéy índustry 基幹産業.

kéy·ing sèquence 多表換字法暗号翻訳用の数列[文字列].

Kéy Lár·go /-láːrgoʊ/ キーラーゴ 《Florida 州南西端にある Florida Keys 諸島中最大の島; 1938 年に完成した Overseas Highway によって本土と連絡する》. [Sp *Cayo Largo* long islet]

kéy·less *a* KEY[1] のない[要らない]: ~ entry キーレスエントリー 《車や建物のドアをキーを使わずに開けるシステム》 / a ~ watch‖ 竜頭巻き時計 (stem-winder).

kéy lìght 《写真の被写体を照らす》主光線.

Kéy líme [°k-] 〘植〙 キーライム 《酸味よりも苦味のある黄色のライム; サワーライムの小果種で, Florida Keys で野生化した》.

Kéy lìme píe [°k-] 〘菓子〙 キーライムパイ 《コンデンスミルク・ライムジュースなどを合わせたものを, 焼いたパイ皮に入れて冷やしたもの》.

kéy·lòg·ger *n* キーロガー, キー入力監視プログラム 《キー入力記録の保存プログラム; しばしばウイルスとしてシステムにはいりこみ, クレジットカードやパスワードなどの秘密情報を外部に送信する》. ♦ **-lòg·ging** *n*

kéy·màn *n* 重要人物, 中心人物, キーマン.

kéy máp 輪郭地図, 概念図.

kéy mòney 《借家人の払う》権利金, 保証金, 礼金.

kéy·mòve *n* 〘チェス〙 詰めの第一手 (key).

Keynes /kéɪnz/ ケインズ **J(ohn) M(aynard) ~**, 1st Baron ~ (of Tilton) (1883–1946) 《英国の経済学者; *The General Theory of Employment, Interest and Money* (1936)》.

Kéynes·ian *a, n* ケインズ学派[理論]の; ケインズ学派の人. ♦ **~·ism** *n*

kéy·nòte *n* 〘楽〙 主音 《音階の第 1 音》; 《演説などの》要旨, 《行動・政策・性格などの》基調; KEYNOTE ADDRESS: give the ~ to…の大方針を定める / strike [sound] the ~ of…の基調に触れる[を探る]. ► *vt* …の主音[基調]を決める; 〈大会〉で基調演説をする; 基調として表明する; 強調する. ♦ **kéy·nòter** *n* 基調演説者.

kéynote addréss [spéech] 基調演説 《政党大会などで当面の主要な課題・方針・政策などを表明するもの》. ♦ **kéynote spéaker** *n*

kéy of lífe 〘エジプト芸術〙 ANKH.

kéy·pàd *n* 《プッシュホン・電卓などの》キーパッド; 〘電算〙 テンキー, キーパッド.

kéy·pàl *n* 《口》E メールを交換し合う友だち, メル友.

kéy pàttern 卍(ᵐᵃⁿʲⁱ)模様, 雷文(ʳᵃⁱᵐᵒⁿ).

kéy-pérson insùrance キーパーソン保険 《組織の重要人物にかける保険》.

kéy·phòne‖ *n* 押しボタン式電話, プッシュホン.

kéy plàte キープレート 《鍵穴の回りを保護するための金属板》; 〘印〙 捨て版, キープレート 《カラー印刷で原画の輪郭線を仮に製版した描き版》.

kéy·pùnch *n* 〘電算〙 鍵盤穿孔(ˢᵉⁿᵏᵒᵘ)機, キーパンチ. ► *vt* 〈カード〉に穿孔機で穿孔する; 〈データを〉穿孔機で入力する. ♦ **~·er** *n* キーパンチャー 《操作者》.

kéy rìng 《たくさんの鍵を通しておく》鍵輪, キーリング.

Key·ser·ling /káɪzərlɪŋ/ カイザーリング **Hermann Alexander ~**, Graf ~ (1880–1946) 《ドイツの哲学者・社会学者》.

kéy·sèt *n* 《タイプライター・植字機などの》鍵盤, キーボード (keyboard).

kéy sìgnature 〘楽〙 調号, 調子記号.

kéy·smìth *n* 鍵屋; 合い鍵製造機の操作者.

kéy stàge 〘英教育〙 基本[主要]段階 《national curriculum の 4 つの年齢区分; 5–7 歳, 7–11 歳, 11–14 歳, 14–16 歳に区分され, 生徒は各段階の終わりに評価を受ける》.

kéy stàtion 〘ラジオ・テレビ〙 キーステーション, キー局, 親局 《ネットワーク番組を送る放送局》.

keyster ⇨ KEISTER.

kéy·stòne *n* 〘建〙 《アーチの頂上の》かなめ石, くさび石, キーストーン; 要旨, 根本原理 〈*of*〉; 《多数のものを結び合わせる》かなめとなるもの; 〘生態〙 《食物連鎖の》中枢種, キーストーン種; [the] 《野球俗》 二塁(ベース).

kéystone jòist 〘建〙 キーストーン床梁(ʸᵘᵏᵃᵇᵃʳⁱ) 《底面より上面が広くなっている, 側面が傾斜したコンクリートの床梁》.

Kéystone Kóps [Cóps] *pl* [the] キーストン警官隊 《1912–17 年のサイレント映画時代, Mack Sennett のスラップスティック喜劇にきまって登場したよれよれの制服を着たどじな警官たち》.

kéystone sàck [cùshion] [the] *《野球俗》 二塁ベース.

Kéystone Stàte [the] キーストーン州 《Pennsylvania 州の俗称; 独立当時 13 州の中央部に位置したことによる》.

kéy·stròke *n* 《タイプライター・植字機・電算機などの》キー打ち. ► *vt, vi* キー打ちする.

kéy-swìng·er *《俗》 *n* いくつものキークラブのキーをもった学生[教授]; ほら吹き, 自慢屋.

kéy·wày *n* 〘機〙 キー溝(ᵐᵒ); 《錠の》鍵道, 鍵穴.

Kéy Wést キーウェスト 《Florida Keys 西端の島にある観光都市; 延長 100 マイルの洋上道路で本土と通じ, 海軍基地がある》. ♦ **Kéy Wést·er** *n*

kéy wòrd 《暗号解読などの際に》解く鍵となる語, キーワード; [ᵘkey-word] 《一般に》鍵となる語, 重要語, 《検索の手引となる》見出し語, キーワード; 〘電算〙 《プログラミングで》キーワード, 予約語 (RESERVED WORD); 〘電算〙 キーワード 《目立つように表示した語》.

kéy-wòrd-in-cóntext *attrib a* 見出し語が文脈の中に置かれた形式で配列された〈索引など〉 (cf. KWIC).

kéy wòrker‖ 公共サービス労働者 《警察官・医療従事者・教員など》.

Ke·zi·ah /kəzáɪə/ ケザイア 《女子名》. [Heb=cassia]

KFC Corporation /kéɪèfsíː ─/ KFC 社 《ファーストフードチェーンを運営する米国の企業; 1952 年設立; ⇨ KENTUCKY FRIED CHICKEN》.

kg keg(s) ♦ kilogram(s) ♦ king. **kG** kilogauss. **KG** Knight

of (the Order of) the Garter.
KGB /kéɪʤì:bí:/ *n* [the]〘ソ連〙国家保安委員会 (Committee of State Security)《1954 年 MVD を改称したもの; 1991 年解体》. [Russ *Komitet Gosudarstvennoy Bezopasnosti*]
kgm kilogram-meter(s). **kgps** kilogram(s) per second.
Kgs〘聖〙Kings.
Kha·ba·rovsk /kəbá:rəfsk/ ハバロフスク《**1**) ロシア極東の Okhotsk 海に臨む地方 **2**) Amur 川に臨むハバロフスク地方の中心都市》.
Kha·cha·tu·ri·an /kàːʧətúəriən, kæ̀ʧ-/ ハチャトゥリヤン **Aram (Ilich)** ~ (1903–78)《ソ連の作曲家;『ピアノ協奏曲』(1936), バレエ曲『ガヤネー』(1942; その中の『剣の舞』が有名)》.
Kha·da·fy /kədá:fi, -dǽfi/ QADDAFI.
khad·dar /ká:dər/, **kha·di** /ká:di/ *n* カダール織り《インドの手織り木綿》. [Hindi]
khaf, khaph /xá:f, xɔ́:f/ *n* ハーフ《ヘブライ語アルファベットの第 11 字 (kaph) の異形》. [Heb]
Khaf·re /kǽfreɪ/, **Khaf·ra** /kǽfrɑ:/ カフラ (*Gk* Chephren)《エジプト第 4 王朝の王 (在位 紀元前 26 世紀末ころ); Khufu 王の子; Giza に第 2 の大ピラミッドを建設》.
Kha·ka·si·ya /xəká:sijə/, **Kha·kas·sia** /kəkǽsiə/ ハカシア《ロシア, シベリア南部の共和国; ☆Abakan》.
kha·ki /kǽki, ká:ki; ká:ki/ *a* カーキ色[黄土色]の; カーキ色布の. ► *n* (*pl* ~**s**) カーキ色服地[布]; [*pl*] カーキ色の軍服[衣服]; カーキ色. ● **get into ~** 陸軍にはいる. [Urdu=dusty]
kháki bùsh 《南ア》センジュギク (African marigold).
Kháki Cámpbell カーキキャンベル《大型の卵をよく生む, 茶色がかった英国産のアヒルの品種》.
kháki elèction 1 カーキ選挙《**1**) 1900 年 Boer 戦争中に行なわれた英国の国会議員選挙; 保守党が大勝 **2**) 1918 年第一次大戦後に行なわれた英国の国会議員選挙》. **2** ¹¹《一般に》非常時に乗じて行なう政略選挙.
Khak·sar /ká:ksà:r, ⎯⎯́/ *n* ハークサール《インドにおけるイスラム支配の確立を目標としたインドの一民族運動; 1930 年代インド北部に広まった》; ハークサール実践者.
Khā·lid /xǽlɪd, ká:-/ ハーリド (1913–82)《サウジアラビア王 (1975–82); 全名 ~ ibn ʽAbd al-ʽAzīz as-Saʽūd》.
khal·if /kǽlɪf, kéɪ-, kɑ:lí:f/, **kha·li·fa** /kəlí:fə, kɑ:-/ *n* CALIPH.
Khál·i·fat agitátion /kǽləfæ̀t-/ 《インド》ハリハ運動《イスラム教国を異教国の干渉から回復する政治運動》.
khal·i·fate /kǽləfèɪt/ *n* CALIPHATE.
Kha·līl /kɑ:lí:l/ [Al-~ /ǽ:l/] ハリール《HEBRON のアラビア語名》.
Khal·kha /kǽlkə, xǽlxə/ *n* **a** ハルハ族《モンゴル北東部のモンゴル族の一支族》. **b** ハルハ語《モンゴル語の標準変種でモンゴル国の公用語》.
Khalkidhikí ⇨ CHALCIDICE.
Khalkís ⇨ CHALCIS.
Khal·sa /ká:lsə/〘インド〙カールサー《シク教の第 10 代で最後のグルである Gobind Singh (在位 1675–1708) が創始した軍事集団》. [Hind=pure<Arab]
Kha·ma /ká:mə/ カーマ Sir **Seretse** ~ (1921–80)《ボツワナの政治家; 初代大統領 (1966–80)》.
Kham·bhat /kʌ́mbət/ カンバト《インド西部 Gujarat 州中東部の町; Khambhat 湾の奥に位置; 別称 Cambay》. ■ the **Gúlf of** ~ カンバト湾《インド西部 Mumbai の北方, アラビア海の湾; 別称 Cambay 湾》.
Kha·me·nei /xɑ:méɪneɪ/ ハーメネイー, ハメネイ Ayatollah **Sayyed Ali** ~ (1939–)《イランの宗教指導者・政治家; 大統領 (1981–89), 最高指導者 (1989–)》.
kham·sin /kæmsí:n, kǽmsən/ *n*〘気〙ハムシン, カムシン《春に Sahara 砂漠からエジプトへ吹く乾熱風》. [Arab]
Kham·ti /ká:mti/ *n* **a** (*pl* ~, ~**s**) カムティ族《ミャンマー北西部およびインド Arunachal 州に住む Tai 系の部族》. **b** カムティ語《カムティ族の用いる Thai 語》.
khan[1] /ká:n, kǽn/ *n* [ᵒK-]〘史〙汗(かん), ハーン《**1**) 中央アジア諸国の統治者[大官]の尊称 **2**) モンゴル・トルコ地方の君主の称号》. ♦ **khán·ate** /-èɪt, -ət/ *n* 汗の領土, ハーン国, 汗国; 汗の地位. [Turk=lord]
khan[2] *n* 《トルコなどの》隊商宿 (caravansary). [Arab=inn]
Khan ⇨ IMRAN KHAN.
khanga ⇨ KANGA[1].
Khaniá ⇨ CANEA.
Khan·ka /kǽŋkə/, **Han-** /hǽŋ-/ ハンカ《Vladivostok の北方, 中露国境にある湖; 中国語名は興凱湖》.
khan·kah /ká:ŋkə/ *n*〘イスラム〙神秘主義修道者 (dervish) が共同生活する修道場.
khan·sa·ma(h) /ká:nsəmà:, kɑ:nsá:mə/ *n* 《インド》《英国人家庭の》インド人コック兼執事. [Hindi]
Khan Ten·gri /ká:n téŋgri/, **Ten·gri Khan** /téŋgri ká:n/ ハンテングリ《キルギスと中国新疆ウイグル自治区の境にある天山山脈の山 (6995 m)》.
Khan·ty /ká:nti, xá:n-/ *n* **a** (*pl* ~, **-ties**) ハンティ族《シベリア西部 Ob 川の中下流域に住む狩猟漁労民; Ostyak の名でも知られる》. **b** ハンティ語 (⇨ OB-UGRIC).
khaph ⇨ KHAF.
khá·pra (bèetle) /kǽprə(-), ká:-/〘昆〙ヒメアカカツオブシムシ《インドから世界中に広がった貯蔵穀物の害虫》. [Hindi *khaprā* destroyer]
Kha·rag·pur /kʌ́rəgpʊ̀ər/ カラグプール《インド北東部 West Bengal 州南西部の市》.
kha·rif /kərí:f/ *n* 《インド・パキスタンなどで》初冬に収穫する作物 (cf. RABI). [Urdu<Arab]
Kha·ri·jite /ká:rəʤàɪt/ *n*〘イスラム〙ハワーリジュ派 (Khawarij) の人.
Khar·kiv /ká:rkəf, xá:r-/, (Russ) **Khar·kov** /ká:rkɔ̀:f, xá:r-, -kɔ̀:v, -kəf/ ハルキフ, ハリコフ《ウクライナ北東部の市; Donets 炭田地帯の端にある工業都市; ウクライナ共和国の首都 (1919–34)》.
Khar·toum, -tum /kɑ:rtú:m/ ハルトゥーム《スーダンの首都; Blue Nile, White Nile 両河の合流地点》.
Khartóum Nórth ハルトゥームノース《Khartoum 郊外の市》.
Khási Hílls /ká:si-/ *pl* [the] カーシ丘陵《インド北東部 Meghalaya 州と Assam 州にわたる丘陵地帯》.
khat ⇨ KAT.
Kha·ta·mi /kətá:mi, ká:tɑ:mi, xɑ:tɑ:mí/ ハタミ **Sayed Mohammad** ~ (1943–)《イランのシーア派の聖職者・政治家; 大統領 (1997–2005)》.
Kha·tan·ga /kətá:ŋgə, -tǽŋ-/ [the] ハタンガ川《ロシア北部の川; Krasnoyarsk 地方北東部に源を発し, Khatanga 湾を通って Laptev 海へ注ぐ》.
Kha·wa·rij /kəwá:rɪʤ/ *pl*〘イスラム〙ハワーリジュ派 (=*Kharijites*)《第 4 代カリフ Ali と Umayyad 朝の支配から離脱し, クルアーンにのっとりイスラム国家の改革を目指した政治・宗教的一派》.
kha·yal /kəjá:l/ *n*〘楽〙カヤール《インドの古典的声楽の形式の一つ》. [Urdu=thought, meditation]
Khayyám ⇨ OMAR KHAYYÁM.
Kha·zar, Kho- /kəzá:r/ *n* (*pl* ~, ~**s**) ハザル族《6–9 世紀を中心に南ロシアの草原地帯で活動したアルタイ系遊牧民》.
kha·zer·ay, -ei /xɑ̀:zəráɪ, ⎯⎯́/ *n**《俗》がらくた, くず, くだらんこと. [Yid *chazer* pig]
kha·zi /ká:zi/ *n* (*pl* ~**es**) ¹¹《俗》便所, トイレ. [It *casa* house]
khed·a(h), ked·dah /kédə/ *n* 《インドの》野生象生け捕り用の囲いわな. [Assamese & Bengali]
khe·dive /kədí:v/ *n* 《1867–1914 年の》エジプト副王. ♦ **khe·dív·ial** /-dí:viəl/, **-dív·al** /-dí:v(ə)l/ *a* [F<Turk<Pers=prince]
Khelat ⇨ KALAT.
Khe·ra·skov /kərá:skəf/ ヘラスコフ **Mikhail Matveyevich** ~ (1733–1807)《ロシアの詩人; 古典主義的な作品を多く書いたが, 特に叙事詩 *Rossiyada* (ロシヤーダ, 1779) で知られる》.
Kher·son /keərsɔ́:n/ ヘルソン《ウクライナ南部, 黒海近くの Dnieper 川に臨む市・港町》.
khet, kheth /xét, xéθ, xéɪt, xéɪθ/ *n* HETH.
khi /káɪ/ *n* CHI[1].
khich·ri /kíʧri/ *n* KEDGEREE.
khid·mat·gar, -mut- /kídmətgà:r/ *n* 《インド》《英国人家庭の》食堂係, 給仕. [Urdu<Pers]
khi·la·fat /kíləfæt, ⎯⎯́, kɪlá:fət/ *n* CALIPH の権威[威信], ヒラーファト. [Turk<Arab]
Khíng·án Móuntains /ʃíŋá:n-/ *pl* [the] 興安嶺(こうあんれい)(シンアンリン)《大興安嶺 (Greater Khingan Range) および小興安嶺 (Lesser Khingan Range) の総称》.
Khíos ⇨ CHIOS.
Khirbat [Khirbet] Qumran ⇨ QUMRAN.
Khi·va /kí:və/ ヒヴァ《**1**) 西アジア Amu Darya 流域にあったハーン国; 1924 年 Uzbek および Turkmen 共和国に分かれた **2**) その首都だったオアシス都市》.
Khmer /k(ə)méər/ *n* **a** (*pl* ~, ~**s**) クメール族《カンボジアの主要民族》. **b** クメール語. ► *a* クメール族の; クメール語の.
Khmér Repúblic [the] クメール共和国《Cambodia の旧公式名 (1970–75)》.
Khmér Róuge [the] 赤いクメール, クメールルージュ《カンボジアの共産勢力; 1975 年 Pol Pot に率いられて時の政権を倒し, Democratic Kampuchea を樹立》.
Kho·dzhent /xɔ:ʤént/ ホジェント《KHUJAND の別称》.
Khoi /kɔ́ɪ/ *n* KHOIKHOI.
Khoi·khoi, Khoe·khoe /kɔ́ɪkɔ̀ɪ/, **Khoi·khoin** /kɔ́ɪkɔ̀ɪn/ *n* **a** (*pl* ~, ~**s**) コイ(コイ)族《アフリカ南部の先住民; 17 世紀には Cape 州に住んでいたが, 現在は大半がナミビアに居住》. **b** コイ(コイ)語《Khoisan 語族に属する》. [Khoikhoi=man]
Khoi·san /kɔ́ɪsà:n, ⎯⎯́/ *n* **a** コイサン族《Bushman と Khoikhoi の総称》. **b**〘言〙コイサン語族《コイコイ・ブッシュマンなどの諸語を含むアフリカ南部の一語族; cf. CLICK[1]》.

Kho·ja /kóuʒə/ *n* 〘イスラム〙ホジャ《インド西部・アフリカ東部のイスマーイール派の一派の信徒で，ヒンドゥー教からの改宗者の流れをくむ階級》.

Kho·mei·ni /xouméini, kou-, hou-, ‖kɑ-/ ホメイニー **Ruhollah Mussaui** ～ (1902–89)《イランのイスラム教シーア派指導者；イスラム革命を指導して Pahlavi 朝を打倒，イランイスラム共和国の最高指導者 (1979–89)》.

Khoms /xɔ́:ms/ ホムス《KHUMS の別称》.

Kho·rā·sān /kɔ̀:rəsɑ́:n, xɔ̀:-/, **Khu·ra·san** /kùərəsɑ́:n/ **1** ホラーサーン《イラン北東部からトルクメニスタン南部・アフガニスタン北部にまたがる歴史的地域》. **2** コラーサーン《あざやかな色彩のペルシアじゅうたん[敷物]》.

Kho·rugh /xɔ:rú:g/ ホルグ《タジキスタン南東部にある Gorno-Badakhshan 自治州の州都》.

Khor·ra·ma·bad /kɔ:rǽməbɑ̀:d, -bæ̀d/ ホッラマーバード《イラン西部 Lorestān 州の州都》.

Khor·ram·shahr /kɔ̀:rəmʃɑ́:(hə)r, xɔ̀:-, kɑ̀r-/ ホッラムシャフル《イラン西部 Khūzestān 州の州都；Abadan の北北西，Shatt-al-Arab 川に臨む》.

Khotan ⇨ HOTAN.

khoum /kú:m, xú:m/ *n* クーム《モーリタニアの通貨単位：＝1/5 ougiya》. [(Mauritania)]

Kho·war /kóuwɑ̀:r/ *n* コワール語《北西パキスタンで用いられるインド-ヨーロッパ語族 Indic 語派の一つ》.

Khru·shchev /kruʃ(tʃ)ɔ́:f, -(tʃ)ɛ́f, -v, krú:ʃ⌐/ フルシチョフ **Nikita (Sergeyevich)** ～ (1894–1971)《ソ連の政治家；共産党第一書記 (1953–64), 首相 (1958–64)；脱スターリン化政策と西側諸国との平和共存外交を進めた》. ♦ **～·ian** /kruʃ(tʃ)ɔ́:viən, -(tʃ)óuv-, -(tʃ)ɛ́v-/ *a* **～·ite** *a*

Khu·fu /kú:fu/ クフ (*Gk* Cheops)《エジプト第 4 王朝の王 (在位紀元前 26 世紀)；Giza の大ピラミッドを建設》.

Khu·jand /xuʤɑ́:nt/ フジャンド《タジキスタン北西部 Syr Darya の左岸にある市；別称 Khodzhent, 旧称 Leninabad (1936–90)》.

Khul·na /kúlnə/ クルナ《バングラデシュ南西部の Ganges 川デルタに臨む市》.

Khums /kú:mz, xɔ́:ms/ [Al-～/æl-, ɑ:l-/] フムス《リビア北西部の港町》.

khurta ⇨ KURTA.

khus·khus, cus·cus /kʌ́skəs/ *n* 〘植〙ベチベルソウ，カスカスガヤ，クスクス《インド原産のイネ科の多年草；根から採れる油は香料》. [Pers]

khut·ba, -bah /kútbə/ *n* 〘イスラム〙フトバ《金曜の正午の礼拝の際にモスクで行なわれる定式化した説教；この説教で時の支配者の名を読み上げることがその主権の承認を意味する》. [Arab]

Khū·ze·stān, Khu·zi- /kù:zistɑ́:n, -stǽn/ フージスターン《イラン南西部の州；肥沃な地域で，油田地帯でもある；古代の Elam, のちの Susiana のあった地方；☆Ahvāz》.

Khwā·rizm /xwɑ́:rìz(ə)m/ ホラズム《中央アジア Amu Darya 川の下流地域；古くは東西交通路の要衝で 12 世紀には強大な王国が栄えた；現在ウズベキスタン・トルクメニスタン両国に属する》.

Khwā·riz·mī /kwɑ́:rəzmi, xwɑ́:-/ [al-～] フワーリズミー (c. 780–c. 850)《イスラムの数学者・天文学者；インドからアラビア数字を導入，代数をヨーロッパに紹介；algorism という語は彼の名に由来する》.

Khy·ber /káibər/ *n* [ºk-] ‖《韻俗》けつ(の穴), おしり《Khyber Pass ＝arse と押韻》.

Khýber Pakh·tún·khwa /-pəktúnkwə/ ハイバル・パフトゥンハー，カイバル・パクトゥンクワ《パキスタン北部の州；☆Peshawar；アフガニスタンとの国境に Khyber 峠がある；旧称 North-West Frontier Province》.

Khýber Páss **1** [the] ハイバル峠，カイバル峠，カイバー峠《アフガニスタンとパキスタンとの国境，Hindu Kush 山脈南部の Safed Koh 山脈中にある峠；Peshawar の西北西に位置；古来西アジアとインドを結ぶ交通上の難所，19 世紀アフガン戦争の舞台》. **2** ‖《俗》KHYBER.

kHz kilohertz.

ki[1] /kí:/ *n* 《俗》KEY[3].

ki[2] /kí:/ *n* CHI[2]. [Jpn, Korean]

KIA 〘軍〙(*pl* ～'s, ～s) killed in action 戦死者.

ki·aat /kiɑ́:t/ *n* 〘植〙ムニンガ《アフリカ南部産のマメ科の高木；材はチークに似て耐久性がある》. [Afrik]

Kiamusze ⇨ JIAMUSI.

ki·ang /kiǽŋ, -ɑ́:ŋ/ *n* 〘動〙キヤン《チベット・モンゴル産の野生ロバ》. [Tibetan]

Kiangsi 江西 (⇨ JIANGXI).

Kiangsu 江蘇 (⇨ JIANGSU).

Kiaochow 膠州 (⇨ JIAOZHOU).

kia ora /kí:ə ɔ́:rə/ *int* 《NZ》お元気で，ご健康を，ごきげんよう. [Maori＝good health]

kiaugh /kjɑ́:x/ *n* 《スコ》心配，焦燥. [? ScGael *cabhag*]

kib·be, kib·beh, kib·bi /kíbi/ *n* キッバ《羊肉とブルグア (bulgur) を練ったトルコなどの名物食品》. [Arab]

kibbitz ⇨ KIBITZ.

kib·ble[1] /kíb(ə)l/ *vt* 〈穀物などを〉粗くひく. ► *n* 粗びきの穀物《ドッグフードなど》. ♦ **～ed** *a* 粗びきの. [C18＜?]

kibble[2] *n* キブル《鉱石・石を吊り上げるバケット》. ► *vt* キブルで吊り上げる. [G *Kübel*＝OE *cyfel*, ＜L *cupellus* corn measure (dim)〈CUP〕]

kib·butz /kibúts, -bú:ts/ *n* (*pl* **-but·zim** /-bùtsí:m, -bù:-/) キブツ《イスラエルの農業共同体》. ♦ **～·nik** /-nɪk/ *n* キブツ(住)民. [Heb＝gathering]

kibe /káib/ *n* 《特に かかとの》あかぎれ，しもやけ. ● **gall [tread on]** sb's **～s** 人の痛いところに触れる，人の感情を害する. ♦ **kíby** *a* [ME＜?]

ki·bei /kí:béɪ/ *n* (*pl* ～, ～s) [ºK-] 帰米日系米人《教育の大部分を日本でうけた二世；⇨ ISSEI》. [Jpn]

ki·bit·ka /kɪbítkə/ *n* 《キルギス人の》円形天幕，包(パオ)；キルギス人[タタール人]一家；《ロシアの》幌車，幌付きそり. [Russ＜Turk]

kib·itz, kib·bitz /kíbəts, kəbíts/ *《口》*vi, vt* 《トランプなどに》横から口を出す；余計な口出しをする，おせっかいをする；おしゃべりをする；ふざける，からかう. [Yid＜G (*Kiebitz* lapwing, busy boy)]

kib·itz·er, kib·bitz·er /kíbətsər, kəbíts-/ 《口》*n* (横から口出しをする)トランプの見物人；余計な口出しをする人，おせっかい屋；ふざける[からかう]人. [Yid; cf. G *kiebitzen*]

kib·la(h) /kíblə/ *n* 〘イスラム〙キブラ《礼拝[サラート]の方向；メッカの Kaaba の方角で，モスクでは mihrab によって示される》. [Arab]

Ki·bo /kí:bou/ キボ《タンザニア北東部 Kilimanjaro 山の最高峰 (5895 m) で，アフリカの最高点》.

ki·bosh, ky- /káɪbɑ̀ʃ, *⌐⌐, *kɪ-/ 《俗》*n* 抑える[止める]もの，とどめ(の一撃)，結末. ● **put the ～ on**…にとどめを刺す，…をたたきつぶす，だいなしにする，やっつけてけりをつける. ► *vt* …にとどめを刺す，…の始末をつける，たたきつぶす. [C19＜?]

kick[1] /kík/ *vt* **1** 蹴る，けとばす；《いきなり》一撃[強打]する；〈馬〉の脇腹を蹴って前進させる；〈銃などが〉反動で打つ；蹴って〈穴を〉あける；〘サッカーなど〙〈ゴール〉にボールを蹴って[キックして]入れる，キックして〈点を〉あげる：～ a ball ボールを蹴る / ～ a goal キックして 1 ゴールあげる / The gun ～*ed* my shoulder. 小銃が(発射で)肩に反動した. **2 a** *《口》〈求婚者などを〉はねつける，〈申し込みを〉蹴る，一蹴する (reject)；〈雇い人を〉たたき出す〈*out*〉；*《俗》釈放[放免]する；《俗》〈麻薬・悪習を〉やめる：～*ed* to the curb *《俗》肘鉄をくらって，てんで相手にされずに / ～ the habit. **b** *批評する，こきおろす. ► *vi* **1 a** 蹴る〈*against, at, in*〉，〈馬が〉はねる；《口》足を高くはね上げる；〘サッカーなど〙ボールを蹴る，キックする；《口》《車，特に レーシングカーの》ギアを切り換える〈*into*〉：This horse ～*s*. この馬は蹴る癖がある. **b** 〘クリケット〙〈球が〉はね上がる〈*up*〉；〈銃が〉反動する (recoil)〈*back*〉. **c** ラストスパートをかける. **2** 《口》はねつける，反抗[反対]する〈(*out*) *against, at*〉；《口》文句[苦情]を言う，こぼす〈*about*〉. **3** 《俗》死ぬ，くたばる (die). **4** 元気である：ALIVE and ～*ing* / be still ～*ing* まだ生きている.

● **～ about**＝KICK around. **～ against the pricks [goad]** 〈牛が〉おこって突き棒を蹴る；[*fig*] 強情に歯向かって[無用の抵抗をして]傷つく；良心に反する行為をする. **～ and scream** 《口》いやだと大騒ぎする，だだをこねる：drag sb ～*ing and screaming* into action [the twentieth century etc.] 人をむりやり行動に駆りたてる[人に時代の変化を認識させる，時代に適応させる]. **～ around** 《口》(*vt*) 〈人を〉乱暴に扱う，虐待する，いじめる；〈人を〉利用する；〈ボールを〉蹴り回す；〈問題・案などを〉いじくりまわす，あれこれ考える[議論する]，試しにやってみる. [主に ing 形で] (*vi*) (…の)あちこち動きまわる，住居[職]を転々と変える，転々としながら世渡りをする；*《俗》経験を積む；(…で)生きている；〈ものが〉《放置されて》(…に)ある，ころがっている；〈案などが〉ほったらかしにされる，顧みられない. **～ aside** 捨て去る，うっちゃる. **～ ASS**[2]. **～ back** (*vt*) 蹴り返す；*《俗》〈盗品を〉持主に返す；《口》〈金を〉割り戻す，リベートとして払う. (*vi*) 仕返しをする〈*at*〉；〈火器などが〉はね返る；《口》〈病気が〉ぶり返す；*《口》くつろぐ，リラックスする；*《俗》やめていた薬(ヤク)の使用をまた始める. **～ cold (turkey)** *《俗》いきなり[スパッと]薬(ヤク)を絶つ. **～ down** 〈ドアなどを〉蹴破る；キックダウンする (⇨ KICKDOWN). **～ downstairs** 階下へ蹴って落とす；家から追い出す；降格させる. **～ down [away] the** LADDER. **～ in** (*vt*) 《外側から》〈ドアなどを〉蹴ってこわす，…に押入って盗む；*《俗》〈割前を〉出す，寄付[拠出]する〈*on* sth, *for* sb〉. (*vi*) *《俗》死ぬ，くたばる；*《俗》寄付をする，割前を払う〈*on* sth, *for* sb〉；《口》始動する，効力をもち出す，〈薬が〉効き始める；*《俗》口をはさむ，口を出す. **～ sb in the teeth** 《口》人にひどい仕打ちをする，頭ごなしにやっつける，がっかりさせる. **～ …into touch** ‖〈計画などを〉取りやめる，棚上げする. **～ it** 《俗》《麻薬などの》習慣をやめる；*《俗》熱心にジャズをやる；*《俗》のんびり過ごす，ぶらぶらする. **～ off** (*vt*) 開始する；けとばす；〈靴を〉蹴って脱ぐ；《口》〈人を〉〈場所・組織・活動〉から追い出す；《口》〈人〉への〈インターネットなど〉の接続を止める. (*vi*) 〘サッカーなど〙キックオフする，〈試合が〉始まる (cf. KICKOFF)；《口》始まる，〈人が〉始める〈*with, by*〉；《俗》去る，出発する；*《俗》死ぬ，くたばる；‖《口》《突然》けんか[争い]を始める. **～ on** 《口》〈スイッチなどを〉つける；作動し始める. **～ out** (*vt*) 《口》追い出す，解雇[放校に]する〈*of, from*〉. (*vi*) 〈…に向けて〉蹴りつける〈*at*〉；〈電気などが〉(供給が)止まる；〘サッカーなど〙ボールをキックアウトする (cf. KICKOUT)；《サーフィン・スケートボードで》板の後部に重心を移し先端を空中に浮かせて向きを変える. **～ over** 《口》〈エンジン〉に点火する，始動する[させる]；*《俗》〈金を〉出す，払う；*《俗》強盗をはたらく. ～

over the traces ⇨ TRACE[2]. **～ oneself** «口» 自分を責める, 自分に腹を立てる, 後悔する《しばしば could ～ [could have ～*ed*] oneself の形で用いる》. **～ sb's face [teeth, head] in** 人を蹴ってひどく傷つける. **～ one's heels** ⇨ HEEL[1]. **～ the** GONG **around.** **～ up** (*vt*) 蹴り上げる; «口» 〈ほこりなどを〉蹴たてる, 舞い[吹き]上げる; «口» 〈騒ぎなどを〉ひき起こす; «口» 興奮させる; *«口» 増やす, 強める, 上げる: ～ *up* a row [dust, fuss, shine, shindy, storm] «口» 騒ぎを起こす; 公然と反対する. (*vi*) 不調[不順]になる; 〈風などが〉強まる; 反抗的にふるまう. **～ up** one's [sb's] **heels** ⇨ HEEL[1]. **～ sb upstairs** «口» 〈人を〉閑職に追いやる, 空名的な高位に祭り上げる. **～ sb when [while] he is down** 倒れた[抵抗できない]相手を攻撃する, 人の弱りめをたたく.

► *n* **1** 蹴ること, けとばすこと, 蹴り; 蹴る力; 《競争での》ラストスパート; 〖サッカーなど〗《ボールの》キック, キッカー《キックする選手》; 〖泳〗キック; 《発射した銃砲の》反動 (recoil), 《反動による砲の》後座: give a ～ at …をひと蹴りする. **2 a** «口» 反対, 拒絶, 抗議, 不平, 文句; 反対意見[理由]: I don't have any ～*s*. **b** [the] «俗» 解雇, 《軍隊からの》追放: get [give] *the* ～ 首になる[する]. **c** 《事態の》意外な[急な]展開; 〖玉突〗キックほこりなどが原因で起こるボールの意外な[異常な]動き). **3** «口» 反発力, 元気, 精力, 力, エネルギー; «口» 興奮, 快感, スリル; «口» スリルを感じさせるもの, ゾクゾクするもの; [°on a [the]… ～] «口» 熱中, …熱, はまっていること; «口» おもしろい[愉快な]やつ; [*pl*] «俗» 性的快感, オルガスム; «口» 《ウイスキーなどの》ピリリとした味, 利き, 《麻薬の》効きめ: have no ～ left (疲れて)反発力がない / have (got) a ～ like a mule «口» すごい効きめ[刺激, 快感]がある / whisky with a ～ ピリッとくるウイスキー. **4** [∥]«俗» 6 ペンス (sixpence). **5** «俗» 《特にズボンの》ポケット, 財布; [*pl*] «俗» ズボン; [*pl*] «俗» 靴, シューズ. **6** *«軍俗» 軍曹. ● BETTER[1] **than a ～ in the pants [up the ass]. for ～s [the ～]** おもしろ半分に, スリル[刺激]を求めて. **get a ～ [one's ～s] from [out of, doing]**… «口» …で非常な快感[喜び]を覚える[得る], ぞくぞくする: I'm *getting* ～*s out of* life. **get [receive] more ～s than halfpence** 親切[感謝, 賞賛]をうけるどころかとんだめにあう. **give sb a ～** «口» 人を興奮させる, 人にスリル[快感]を与える. **a ～ at the can [cat]** «カナダ口» 絶好の機会. **a ～ in one's gallop** «俗» 気まぐれ, 移り気. **a ～ in the ass** «卑» a KICK in the guts. **a ～ in the guts [butt, pants, rear, stomach, teeth]** «口» 《思わぬ》ひどい仕打ち[非難, 叱責], ショック, 落胆のもと; «俗» 刺激, 活, 鼓舞. **a ～ in the wrist** *«俗» 酒の一杯, 気付け. **a ～ up the backside** «口» 刺激, 活, 鼓舞. **off a ～** «口» もう熱が冷めて. **on a ～** «口» 目下夢中になって.

♦ **～·able** *a* **～·less** *a* ［ME *kike*＜? Scand; cf. Icel *keikja* to bend backward］

kick[2] *n* 《瓶の》上げ底, キック. ［C19＜?］

kíck·abòut *n* 略式のサッカー.

Kick·a·poo /kíkəpùː/ *n* **a** (*pl* ～, ～s) キカプー族《Sauk, Fox 族と縁戚関係にある Algonquian 系のインディアン》. **b** キカプー語.

kíck-àss *«俗» *a* 荒っぽい, パワフルな, タフな, 元気のある, すごい (＝*kick-yer-ass*). ► *n* 力, 元気, パワー.

kíck·bàck *n* 《急激な》(望ましくない)強い反動[反応], はね返り; «口» 《得意先への》割戻金, リベート, 口きき料, 賄賂, 政治献金; «口» ぴんはね, 上前(うわまえ); «口» 《盗品の》送り返し: ～ of duty 戻し税[関税].

kíck·bàll *n* キックボール《野球に似た子供のボール遊びでバットで打つ代わりに足で大きなボールを蹴る》.

kíck bòard FLUTTERBOARD.

kíck·bòx·ing *n* キックボクシング. ♦ **kíck·bòx** *vi* **kíck·bòx·er** *n*

kíck·dòwn *n* 〖車〗キックダウン《オートマチック車で, アクセルをいっぱいに踏み込んで行なう低速ギアへの切り換え》; キックダウン装置.

kíck drùm 〖楽〗キックドラム《ペダルを踏んで演奏するバスドラム》.

kicken ⇨ KICKIN'.

kíck·er *n* **1 a** 蹴り手; 蹴るもの; 蹴り癖のある馬; 〖ラグビー・サッカーなど〗キッカー. **b** *«口» 頑固な反抗[反対]者, 不平家; 脱党者. **2** はね返るもの; 〖クリケット〗落ちて高くはね上がったボール. **3** «口» 〖ボートに取り付ける着脱式の〗船外モーター (outboard motor). **4 a** «口» 刺激[力・喜び]を与えるもの, はずみをつけるもの; 意外な利点; «俗» あっと驚く結末, 意外な展開, *思いがけない障害[落とし穴, 不利な契約条項]; *«俗» 《しゃれ・話などの》おち, さわり (punch line); *«俗» 気のきいた返答 (zinger), 鋭い[グサッとくる]一言. **b** 余分なもの; 追加料金[手数料]. **c** 〖印・ジャーナリズム〗キッカー《通常の見出しのさらに上部に目につくように組んだ見出し》. **d** 〖トランプ〗《ポーカーで》キッカー, おどし札《ドローするとき, ワンペアなどとともに手元に残しておく 3 枚目の高位札》. **5** 歩き始める前に履かせる赤ん坊の靴; *«俗» 《テニスなどの》シューズ. **6** 〖スキー〗キッカー《aerial 競技で使われる高さ 3m ほどのジャンプ台》. **7** *«俗» 《ズボンの》ポケット (kick).

kícker ròcket キッカーロケット《人工衛星を軌道に乗せるために, booster rocket の補助に使うロケット》.

kíck frèak *«俗» 中毒になっていない薬(やく)使用者.

kick·in' /kíkɪn/, **kick·en** /kík(ə)n/ «俗» *a* エキサイティングな, 活気ある, すばらしい; すてきな, かっこいい, すごい.

kíck·ing àss *«俗» 愉快に[パーッと]やること: have a ～.

kícking stràp 蹴り止め革, はかま革《馬車馬の蹴るのを止める》; 〖海〗キッキングストラップ《帆のブーム (boom) が上がるのを防ぐ副索》; [*pl*] [*joc*] 《兵士の》雑嚢の締め革.

kíck·òff *n* 〖サッカーなど〗キックオフ; «口» 始め, 開始: for a ～ 《議論などの》手始めとして, 第一に.

kíck·òut *n* 〖サッカーなど〗キックアウト《ボールを側線外に蹴り出すこと》; *«俗» 追放, 解雇, 《軍隊からの》不名誉除隊.

kíck pàd *«俗» ヤクをやめるための場所[施設].

kíck pàrty *«俗» LSD パーティー.

kíck plàte 〖建〗蹴板(けいた)《ドアの下のかまちに張る金属板》.

kíck plèat 〖服〗キックプリーツ《歩きやすいように細身スカートなどの前か脇につけるひだ》.

kick·shaw(s) /kíkʃɔː(z)/ *n* 無用な飾り; (奇抜なだけで)くだらないもの, おもちゃ; [[∥]*derog*] «古» 《前菜として出る》凝った料理, 珍味. ［F *quelque chose* something］

kíck·sòrt·er *n* 〖理〗波高分析器, キックソーター.

kíck·stànd *n* 《自転車・オートバイの》(キック)スタンド.

kíck-stàrt *vi, vt* キックスタートさせる; …にはずみを与える, 促進する.

kíck stàrt KICK STARTER; 《スタート時に》はずみをつけてやること.

kíck stàrter 《オートバイなどの》キックスターター.

kíck stìck *«俗» マリファナタバコ.

kíck·tàil *n* キックテール《スケートボード後部の上反り部》.

kíck tùrn 〖スキー〗キックターン《急斜面などで一旦停止してスキーを片足ずつ 180° 方向転換する技術》; 〖スケートボード〗キックターン《前輪を浮かせて向きを変えること》.

kíck·ùp *n* «口» 騒動, 大騒ぎ; 《ダンスなどの》蹴り上げ; *«俗» ダンスパーティー.

kícky *a* 蹴り癖のある〈馬〉; *«口» すてきな, おもしろい, 刺激的な, 元気な, 活気のある; *«俗» 最新の, シックな.

kíck-yer-àss *a* *«俗» KICK-ASS.

kid[1] /kíd/ *n* **1 a** 子ヤギ; 《一般に》幼獣. **b** 子ヤギの肉; 子ヤギ革, キッド(革); キッドの手袋[靴]. **2** «口» 子供, 若者; *«俗» 若い運動選手; 戦闘機乗り; *«口» 《特に 目下の者への親しい呼びかけ語として》(ねえ)きみ; [the] *«俗» おれ, あたし. **3** *«俗» でたらめ, たわごと. ● **a new ～ on the block** «俗» 新入り, 新参者, 新顔. **no ～** 冗談でなく, 本当に. **our ～** [°*voc*] [∥]«口» わたしの弟[妹]. ► *a* キッド(製)の; «口» 年下の (younger), 未熟な: one's ～ brother [sister] 弟[妹].

► *vt, vi* (**-dd-**) **1** 〈ヤギ・羚羊などが〉子を産む. **2** «口» だます, からかう 〈*about, around, on,* «北イング» *up*〉: Are you *kidding?*＝You're *kidding* (me)!＝You've got to be [You must be] *kidding!* 冗談言うな, 冗談でしょう, まさか, うっそー, からかわないでよ! / I'm not *kidding.* ほんとだよ / I ～ you not. ウソじゃないってば, マジだぜ / Who do you think you're *kidding?* かつごうとしたって無理だよ, 相手を見てものを言えよ. ● **～ around** [通例 進行形で] «口» ふざける. **kidding aside** 冗談は抜きにして[さておき], まじめな話だが. **No kidding!** ほんとだよ, うそじゃない; 冗談言うな, 本当か, まさか (You're kidding!). **～ oneself** «口» 自分を偽わる[正当化する].

♦ **kíd·der**[1] *n* **kíd·ding·ly** *adv* ［ON *kith*; cf. G. *Kitze*; n 3, v 2 の意は C19 'to make a goat of, deceive' の意からか］

kid[2] *n* 《水夫の》配食用の手桶. ［? *kit*[1]］

kid[3] *n* 《焚きつけなどに用いる》束ねた小枝, そだ, しば. ► *vt* 束ねる. ［ME＜?］

Kid ⇨ KYD.

Kidd /kíd/ キッド **William ～** (c. 1645–1701) 《スコットランド生まれの海賊; 通称 'Captain' ～; 半ば伝説的な存在として R. L. Stevenson などが作品で採り上げた》.

kid·der[2] /kídər/ *n* [∥]«方» KIDDIER.

Kid·der·min·ster /kídərmìnstər/ **1** キッダーミンスター《イングランド中西部 Worcestershire の市》. **2** キッダーミンスターじゅうたん (＝*Scotch carpet*) (＝**～ càrpet**).

kid·die, kid·dy /kídi/ *n* 子ヤギ; «口» 子供, ちびっこ; [the Kiddies] 〖英〗FOOT GUARDS《あだ名》. ［*kid*[1], *-ie*］

kíddie càr 子供用三輪車.

kid·di·er /kídiər/ *n* [∥]«方» 《野菜などの》呼び売り商人.

kíddie·wìnk *n* [∥][*joc*] 小さな子供, 幼子.

kíd·dish *a* CHILDISH. ♦ **～·ly** *adv* **～·ness** *n*

kid·dle /kídl/ *n* 《川に仕掛けた》簗(やな); 《浜辺の》杭に網を張った魚を捕るための仕掛け. ［AF］

kid·do /kídou/ «俗» *n* (*pl* **～s, ～es**) 《特に 目下に対する親しい呼びかけ語として》きみ, おまえ, やあ; 子供, 若者, 友だち. ［*kid*[1]］

kid·dush /kídəʃ, -ɪʃ, kɪdúːʃ/ *n* 〖ユダヤ教〗キドゥシュ《次の安息日[祝祭日]の聖なることを宣べる金曜日[前夜]の夕食前の祈り》. ［Heb ＝sanctification］

kíddush ha·shém /-həʃéɪm/ [°K- H-] 〖ユダヤ教〗(神の)み名の清め, 殉教. ［Heb］

kiddy ⇨ KIDDIE.

kíd glóve キッドの手袋. ● **handle [treat] with ～s** ⇨ GLOVE.

kíd-glóve(d) *a* キッドの手袋をはめた; 如才ない; «口» きわめて慎重な, 上品すぎる, 生ぬるい; 〈ミカンなどの皮が〉柔らかくてむきやすい: a ～ affair 礼装を要する式[会合].

kíd léather キッド革, キッド《子ヤギのなめし革; 手袋用の子羊[ヤギ]革》.

kid·nap /kídnæp/ *vt* (-pp-, *-p-) 〈人を〉さらう, 誘拐[拉致]する. ► *n* 誘拐, 拉致. ♦ **kíd·nàp·(p)er** *n* 誘拐[拉致]犯, 人さらい. **kìd·nàp·(p)ée** *n* 誘拐[拉致]された人. [逆成 < *kidnapper* (KID[1], *nap* to NAB)]

kid·ney /kídni/ *n* **1**〔解〕腎臓, 腎 (RENAL *a*); 無脊椎動物の排泄器官; 《牛・羊などの》腎臓《食用》; KIDNEY POTATO. **2** 気質 (temperament), 種類, 型 (type): a man of my own ~ このわたしと同じ気質[タイプ]の人 / a man of the right ~ 性質[性格]のいい人. ♦ **~·lìke** *a* [ME<?]

kídney bàsin〔医〕膿盆《体液などを採るときに使う腎臓の形をした浅い容器》.

kídney bèan〔植〕インゲン(マメ), サンドマメ, 菜豆(さいとう)《特に 豆の色が濃赤褐色のもの》.

kídney-bùst·er *n* *《俗》きつい仕事[運動]; 《CB 無線俗》でこぼこ道, ガタガタ道; 《CB 無線俗》乗りごこちの悪いトラック[座席].

kídney còrpuscle 腎小体 (Malpighian corpuscle).

kídney dìsh KIDNEY BASIN.

kídney machìne 人工腎臓 (=*artificial kidney*).

kídney òre〔鉱〕腎臓鉄鉱《腎臓形赤鉄鉱》.

kídney-pìe *n* キドニーパイ《牛・羊などの腎臓を入れたパイ》; 《豪俗》お世辞, ごまかし, 見せかけ.

kídney potàto 腎臓形のジャガイモ《品種の一つ》.

kídney pùnch〔ボク〕キドニーパンチ《背中の腎臓のところを打つ反則パンチ》.

kídney-shàped *a* 腎臓形の, インゲンマメ形の.

kídney stòne 腎臓形の小石, キドニーストーン, 軟玉; 〔医〕腎石, 腎結石 (renal calculus).

kídney tàble インゲンマメ形のテーブル.

kídney vètch マメ科植物の一種《昔 腎臓病治療用》.

ki·dol·o·gy /kɪdɑ́ləʤi/ *n* "《口》おかしな[笑うべき, けったいな, 滑稽な]もの; ごまかし, からかい. [KID[1] (v)]

Kid·ron /kídrən, káɪ-; -rɔ̀n/, **Ked·ron** /kéd-, kíː-; -rɔ̀n/ キデロン, キドロン, ケデロン《Jerusalem と Olives 山の間の谷; *2 Sam* 15: 23, *John* 18: 1》.

K

kíd shòw *《俗》《サーカスの》つけたりの出し物.

kíd·skìn *n* 子ヤギの皮; 《なめした》キッドスキン, キッド革 (kid leather).

kíd·stàkes, -stèaks *n* 《豪俗》ごまかし, 見せかけ, いんちき, ばかな話: Cut the ~!

kíd [kíd's, kíds'] stùff 《口》子供にふさわしい事[もの], 子供用のもの, 子供だまし; 《口》とても簡単な事, たやすい事; *《俗》マリファナ《'初心者向けの薬物' の意》.

kíd tòp *《俗》《サーカスの》つけたりの出し物用テント.

kid·ult /kídʌ̀lt/ 《俗》*a* 〈テレビ番組などが〉子供から大人まで楽しめる, ファミリー向けの; 子供向けとも大人向けともつかない, ことな向けの. ► *n* 子供にも大人にも喜ばれるような娯楽(を楽しむ人), 趣味が子供とも大人ともつかない人, ことな. [*kid*-+*adult*]

kid·vid /kídvɪ̀d/ *n* 子供向けテレビ番組; 子供向けビデオ. [*video*]

kief ⇨ KEF.

kie·kie /kíːeɪkìːeɪ, kíːkìː/ *n*〔植〕ツルアダンの一種《ニュージーランド原産タコノキ科のつる植物; 果実は食用》. [Maori]

Kiel /kíːl/ キール《ドイツ北部 Schleswig-Holstein 州の州都・港町; Kiel 運河に臨む; 1284 年ハンザ同盟 (Hanseatic League) に加盟; 両大戦で重要な軍港として機能した》.

kiel·ba·sa /kilbɑ́ːsə, kɪl-; -bǽsə, kjɛl-/ *n* (*pl* **~s**, **-ba·sy** /-si/) キールバーサ《ポーランドの燻製ソーセージ》. [Pol<Russ]

Kíel Canál [the] キール運河《北海とバルト海を結ぶ運河 (長さ 98 km)》.

Kiel·ce /kiέltseɪ, kjέlt-/ キエルツェ (*Russ* Keltsy)《ポーランド南部の工業都市》.

kier /kíər/ *n*〔織維〕《布地を煮沸し漂白したり染めたりする》(高圧)精練釜, キヤー. [ON *ker* tub]

Kier·ke·gaard /kíərkəgɑ̀ːr(d), -gɔ̀ːr(d)/ キルケゴール **Søren (Aabye)** ~ (1813–55)《デンマークの哲学者; 実存哲学の祖とされる; 『死に至る病』(1844)》. ♦ **Kìer·ke·gáard·ian** *a*

kie·sel·gu(h)r /kíːz(ə)lgʊ̀ər/ *n*〔地質〕《多孔質の》珪藻土 (cf. TRIPOLI). [G (*Guhr* earthly deposit)]

kie·ser·ite /kíːzəràɪt/ *n*〔鉱〕硫酸苦土石, キーゼル石(せき). [Dietrich *Kieser* (1779–1862) ドイツの医師]

Kie·sing·er /kíːzɪŋər/ キージンガー **Kurt Georg** ~ (1904–88)《西ドイツの政治家; 首相 (1966–69)》.

kiester ⇨ KEISTER.

Ki·ev /kíːɛf, -ɛv, -ɪf/, (Ukrainian) **Kyiv, Kyyiv** /kjíːu/ キエフ, キイフ《ウクライナの首都; Dnieper 川に臨む》.

Kíev·an *a* キエフ (Kiev) の; 《11–12 世紀の》キエフ大公国の. ► *n* キエフ生まれの人, キエフ市民.

kie·wiet /kíːvɪt/ *n* 《南ア》〔鳥〕オウカンゲリ《チドリ科タゲリ属》.

kif /kíf, kíːf/, **ki·fi** /kíːfi/ *n* KEF.

kife /káɪf/ *vt* *《俗》だまし取る, 盗む.

Ki·ga·li /kɪgɑ́ːli/ キガリ《ルワンダの首都》.

kike /káɪk/ *n* 《俗》[*derog*] ユダヤ人 (Jew), ユダヤ教徒. [C20<?; ユダヤ系移民の人名に多い *-ki* からか]

kíke-kìll·er *n* *《俗》棍棒, 警棒.

Kikládhes ⇨ CYCLADES.

ki·koi /kíːkɔɪ/ *n* キーコイ《アフリカ東部で身に着ける色縞(しま)の綿布》. [Swahili]

Ki·kon·go /kɪkɑ́ŋgoʊ/ *n* コンゴ語 (Kongo).

Ki·ku·yu /kɪkúːju/ *n* **1 a** (*pl* **~, ~s**) キクユ族《ケニアの Bantu 語系の部族》. **b** キクユ語《Bantu 諸語の一つ》. **2** [k-]〔植〕キクユグラス (=**k~ gràss**)《ケニア原産の匍匐性のチカラシバ属の多年草; 芝生・飼料用》.

Ki·lau·ea /kɪ̀ːlàuéɪə/ キラウエア《Hawaii 島中南部 Mauna Loa 火山の東側の火山 (1243 m); 活動をしている噴火口として世界最大級》.

Kil·by /kílbi/ キルビー **Jack (St. Clair)** ~ (1923–2005)《米国の物理学者; 集積回路 (IC) の発明に寄与; ノーベル物理学賞 (2000)》.

Kil·dare /kɪldέər/ キルデア《アイルランド東部 Leinster 地方の県, ☆Naas》.

kil·der·kin /kíldərkən/ *n* キルダーキン《英国の容量単位: =1/2 barrel》; 中樽《16–18 ガロン入り》. [ME *kinderkin*<MDu (dim) < *kintal* QUINTAL]

ki·lim, ke·lim /kɪlíːm/ *n* [[s]K-] キリム《トルコや Kurdistan などで織る模様入りのパイルなしじゅうたん》. [Turk<Pers]

Kil·i·man·ja·ro /kɪ̀ləmənʤɑ́ːroʊ, -ʤǽr-/ [Mount] キリマンジャロ《タンザニアにあるアフリカの最高峰 (5895 m)》.

Kil·ken·ny /kɪlkéni/ キルケニー《**1**) アイルランド南東部 Leinster 地方の県 **2**) その県都》.

Kilkénny cáts *pl* 互いにしっぽだけになるまで闘ったといわれる猫: fight like ~ 双方死ぬまで闘う.

kill[1] /kíl/ *vt* **1** 殺す, 〈病気など[作家]が〉〈人[登場人物]を〉死なせる; 〈苦労・飲酒などが〉〈命を〉奪う; 屠殺する; 〈鳥獣を〉射止める; 〈植物を〉枯らす (blight): be ~*ed* in the war 戦争で死ぬ / ~ by inches ⇨ INCH[1]. **2 a** 《口》〈議案を〉否決する, 〈計画・申し出などを〉(握り)つぶす; 《口》〈記事を〉没にする; (酷評して)葬る. **b**〔印〕〈不要な部分を〉削る. **3 a** 〈風・病気・痛みなどの〉勢いをそぐ, 鎮める; 〈色などを〉中和する; 〈効果・競争力などを〉弱める, 奪う; 〔冶〕〈溶融鋼〉に脱酸剤を加える: The trumpets ~ the strings. トランペットで弦が聞こえない. **b** 〈音響・照明・(タバコの)火などを〉消す; 《口》〈エンジンを〉止める; 〔電算〕〈プログラム・処理などを〉中止する; 〔電〕〈回路を〉絶つ (cut off); 〈愛情・希望などを〉消す, 抑制する: ~ one's chances 機会をつぶす. **c**〔テニス〕スマッシュする; 〔サッカーなど〕〈ボールを〉ぴたりと止める. **4** 〈時間を〉つぶす; 〔ホッケーなど〕〈ペナルティーを〉(無得点で)切り抜ける: ~ time 暇をつぶす, 〈待ち時間を〉紛らわす. **5** 《口》 **a** 〈人〉に死ぬ[命の縮む]思いをさせる; 〈人〉にかんかんに怒る; 《おかしさで》〈人〉の腹の皮をよじらせる; へとへとに疲れさせる; ひどく痛がらせる[不快にさせる]; 〈人を〉意気消沈させる, 落ち込ませる; *〈人を〉動揺させる, 驚かせる: My shoes [feet] are ~*ing* me. 靴[足]が痛い. **b** 〈服装・様子・目つきなどが〉〈人を〉悩殺する, うっとりさせる; 〈観客・聴衆を〉魅了する. **6** 《口》〈飲食物を〉平らげる, 《特に》〈酒瓶を〉すっかり空(から)にする, あける. ► *vi* **1 a** 人殺しをする, 殺生する; 《口》人を悩殺する: would ~ *for* [*to* do]… 《口》…のためなら[…するためなら]何でもする / Thou shalt not ~. 〔聖〕なんじ殺すなかれ《*Exod* 20:13》. **b** 《牛・豚を殺して》肉がとれる: Pigs ~ well [badly]. 多量の肉がとれる[とれない], 切りでがある[ない]. **2** 《俗》刺すように痛む, ズキズキする. **3** 〈植物が〉枯れる, 枯死する. ● FIT[1] **to ~. if it ~s you** 《口》どんなに困難でも, 死んでも. **~ off** 《大量に[次々と]》殺す, 殺戮する, 絶滅させる; 〈作中人物を〉死なせる; 〈計画などを〉つぶす; 除く, 排除する, なくす. **~ out** 〈動物が〉《食肉処理されて》…の量の肉がとれる. **~ oneself** 自殺する, 《自分の過失で》死亡する; 《口》…しようとして無理する, 死ぬほど[大いに]…する 〈*to do*, do*ing*〉: Don't ~ your*self to* pass your driving test on the first attempt. 運転免許試験に一回で受かろうと思って無理しなくてよい / ~ one*self* laugh*ing* [*with* laughter] 大笑いする. **~ or cure** 治してくれるか命取りになるか(わからない), いちかばちか(の). **~ sb with kindness** 世話をやきすぎてだめにする, ひいきの引き倒しをする, 親切すぎて迷惑を与える. **That ~s it.** これでだめになった, ぶちこわしだ, やる気がうせた. **to ~** 《口》ほれぼれ[うっとり]させるように[くらい], みごとに, 極度に: She was dressed [got up] *to* ~. 衣裳がビシッときまっていた. **won't ~ sb** 《口》大騒ぎする[たいした]ことではない.
► *n* 《狩りで獲物を》仕留めること; 《狩りの》獲物《一匹または全体》; 撃沈, 撃墜; 撃沈[撃墜]した敵の船[飛行機]; 《スポ》KILL SHOT; *《俗》殺人, 殺し. ● **be in at [on] the ~** 狩りなどの獲物が殺されるとき居合わせる; 最期を見届ける. **come in [move in, close in, go (in)] for the ~** 《議論などで》とどめを刺そうと迫る[構える]. [ME *cullen, killen*; QUELL と同語源か]

kill[2] *n* [[o]K-] *《方》水路, 小川 (creek)《米国の地名に多い》: Cats*kill*. [Du=channel]

kil·la·dar /kíləd̀ɑːr/ *n* 《インド》城塞の指揮官[司令官]. [Hind <Pers]

Kil·lar·ney /kɪlɑ́ːrni/ ■ the **Lákes of ~** キラーニー湖《アイルランド南西部 Kerry 県にある美しい 3 つの湖》.

kill·deer /kíldìər/, **-dee** /-di/ *n* (*pl* ～, ～s) 〔鳥〕フタオビチドリ (=～ **plóver**)《北米温帯産》. [imit]
killed /kíld/ *a* **1** 〈ワクチンが〉不活化した. **2** [°～ off] *《俗》《酒・麻薬に》酔って.
killemquick ⇨ KILLMEQUICK.
kíll·er *n* **1** 殺すもの[人]; 殺し屋, 殺人鬼, 人殺し; 屠殺人; 〔動〕KILLER WHALE; 〔動〕キラー《他のゾウリムシを殺すゾウリムシ》: HUMANE ～. **2**《マリファナなど》強烈なもの; 《口》驚異的な人[もの], みごとなもの, すごいやつ, 大変な難事; 《口》傑作なジョーク; *《俗》魅力的な男[女], 女[男]殺し, 《服装が》すてきな人. ▶ *a* 《俗》並はずれた, みごとな, すごい, いかす, 大変な; 致命的な, 潰滅的な, (相手の)息の根をとめる: ～ shoes かっこいい靴 / a ～ exam えらくむずかしい試験.
kíller àpp キラーアップ《OS を選ぶ決め手となる超人気ソフト》; 《一般に》目玉となる特徴, 決め手.
kíller bée **1**〔昆〕攻撃性の強いセイヨウミツバチ《**1**) =AFRICAN HONEYBEE **2**) =AFRICANIZED BEE》. **2** [°*pl*] *《俗》会社乗っ取りを阻止するための援護勢力《投資銀行・弁護士・PR 会社など》.
kíller cèll KILLER T CELL.
kíller díll·er /-dílər/ 《俗》異例の[ずぬけた]事[人].
kíller ìnstinct 闘争[殺戮]本能, 攻撃[凶暴]性, 突貫[攻撃]精神, 《がむしゃらな》闘志.
kíller sàtellite HUNTER-KILLER SATELLITE.
kíller T cell /—— tí: ——/〔免疫〕キラー (T) 細胞《癌細胞・外来細胞などを破壊して免疫作用を果たす T 細胞; cf. HELPER T CELL, SUPPRESSOR T CELL》.
kíller wèed *《俗》PHENCYCLIDINE, PCP; *《俗》マリファナとフェンシクリジンの合剤, 効きめの強いマリファナ.
kíller whále 〔動〕シャチ, サカマタ, オルカ (=*killer*, *orca*).
kíll fèe * フリーランスの記者の書いた記事を没にした場合に支払われる原稿料, 捨て稿料.
kil·lick /kílɪk/ *n* 錨(いかり)代わりの石; 小型いかり, いかり; 《口》《英海軍の》一等兵 (leading seaman)《いかり形の記章をつけているところから》. [C17<?]
kil·lic·kin·nic(k) /kìləkəník/ *n* KINNIKINNICK.
Kil·lie·cran·kie /kìlikrǽŋki/ キリークランキー《スコットランド中部の Grampian 山地南東部の峠; James 2 世派が William 3 世の軍を破った地 (1689)》.
kil·li·fish /kílifɪʃ/ *n* 〔魚〕カダヤシ類 (=*topminnow*) 《**1**) カダヤシ目キプリノドン科の, 淡水または汽水域にすむ卵性の小魚各種 **2**) カダヤシ目カダヤシ科の卵胎生の小型の淡水魚; グッピー, カダヤシなど》.
kíll·ing *a* **1** 殺す, 致死の (fatal); 枯らす; 死にそうな; ひどく骨の折れる, 耐えがたい: a ～ frost 植物を枯死させる霜 / at a ～ pace 殺人的なペースで. **2** 《口》おかしくてたまらない; 〈女性などが〉悩殺的な, うっとりさせる: a ～ story とてもおもしろい話. ▶ *n* 殺害, 殺し; 《狩猟で仕留めた全部の》獲物; 《口》《株・事業などでの》大もうけ, 大当たり. ● **make a ～** 《口》大金をつかむ, 大もうけする. ◆ **～·ly** *adv*
kílling bòttle 《採集した昆虫を殺すための》毒瓶.
kílling fìeld 《戦争などの》大量殺人現場.
kíll·jòy *n* 《故意に》興をそぐ人[もの], 興ざまし, 興ざめなやつ; 暗い人, ネクラ.
kill·me·quick /kílmɪkwìk/, **kill·em·quick** /kíləmkwìk/ *n* *《方》強い酒, 生(き)のウイスキー.
kil·lock, kil·loch /kílək/ *n* KILLICK.
kíll·òut *n* *《黒人俗》すばらしい人[こと, もの], しびれるやつ.
kíll ràtio [ràte] 《戦闘における敵味方の》死傷者比率, 殺傷者率.
kíll shòt 《ラケットを用いる競技で》相手が返球できないように決めるショット; 《アメフト俗》強烈なタックル, 殺人タックル.
kíll-tìme *n*, *a* 暇つぶしの(仕事[娯楽]).
kíll vèhicle *《俗》迎撃ミサイル (interceptor missile).
Kil·mar·nock /kɪlmɑ́:rnək/ キルマーノック《スコットランド南西部の町; Robert Burns が詩で歌い, 彼の処女詩集が出版された地》.
kiln /kíln, kíl/ *n* 《焼いたり乾燥をさせたりする》窯(かま), 炉, キルン: a brick [lime] ～ 煉瓦[石灰]窯 / a hop ～ ホップ乾燥所. ▶ *vt* kiln で乾燥する[焼く]. [OE *cylene*<L *culina* kitchen]
kíln-drỳ *vt* 〈木材などを〉窯で乾かす, 人工乾燥する: *kiln-dried* flooring 人工乾燥の床板.
Kíl·ner jàr /kílnər-/ 〔商標〕キルナージャー《食物保存用のガラス容器》.
kilo /kí:loʊ, kíl-/ *n* (*pl* ～s) キロ (kilogram, kilometer, kiloliter などの短縮形). [F]
Kilo *n* キロ《文字 k を表わす通信用語; ⇨ COMMUNICATIONS CODE WORD》.
kilo- /kíloʊ, kílə, *kí:lə/ *comb form* 〔単位〕キロ《**1**) $=10^3$; 記号 k **2**)〔電算〕《ビット数などに関して》$2^{10}=1024$》. [F<Gk *khilioi* thousand]
kílo·àmpere *n* 〔電〕キロアンペア《=1000 amperes》.
kílo·bàr *n* 〔理〕キロバール《圧力の単位: =1000 bars; 記号 kb, kbar》.
kílo·bàse *n* 〔遺〕キロベース《DNA, RNA などの核酸連鎖の長さの単位: base pair 1000 個と同じ; 略 kb》.
kílo·bàud *n* 〔通信・電算〕キロボー《=1000 baud》.
kílo·bìt *n* 〔電算〕キロビット《=1000 [1024] bits; 略 KB, Kb》.
kílo·bùck *n* [*pl*] *《俗》大金.
kílo·bỳte *n* 〔電算〕キロバイト《=1000 [1024] bytes; 略 KB, kb》.
kílo·càlorie *n* キロカロリー, 大カロリー《記号 kcal; ⇨ CALORIE》.
kílo connèction *《俗》《純粋の麻薬を 2 倍に薄めてさばく》麻薬卸人.
kílo·cùrie *n* 〔理〕キロキュリー《放射能の強さの単位: =1000 curies; 記号 kc》.
kílo·cỳcle *n* 〔電〕キロサイクル《周波数の単位: =1000 cycles; 記号 kc; 今は kilohertz という》.
kílo·elèctron vólt 〔理〕キロ電子ボルト《=1000 electron volts; 記号 keV》.
kílo·gàuss *n* 〔理〕キロガウス《=1000 gauss; 記号 kG》.
kílo·gràm, 《英》**-gramme** *n* キログラム《=1000 grams; 記号 kg: **1**) 質量の基本単位 **2**) 俗に重さ・力の単位 (kilogram force)》.
kílogram càlorie KILOCALORIE.
kílogram fórce 〔理〕キログラム重, 重量キログラム《1 kg の質量にはたらく重力の大きさに等しい力; 記号 kgf》.
kílo·gràm-méter *n* 〔理〕キログラムメートル《仕事の単位: 1 kg の重量を 1 m 上げる仕事の量》.
kílo·hèrtz *n* 〔理〕キロヘルツ (=*kilocycle*)《振動数[周波数]の単位: =1000 hertz; 記号 kHz》.
kil·ohm /kílòʊm/ *n* 〔電〕キロオーム《=1000 ohms》.
kílo·jòule *n* キロジュール《〔理〕=1000 joules; 記号 kJ》.
kílo·lìter *n* キロリットル《=1000 liters; 記号 kl, kL》.
kìlo·méga·cỳcle *n* 〔通信〕キロメガサイクル《=1000 megacycles》.
ki·lo·me·ter | -tre /kəlɑ́mətər, kɪ-, kíləmì:-/ *n* キロメートル《=1000 meters; 記号 km》. ◆ **kilo·met·ric** /kìləmétrɪk/, **-ri·cal** *a*
ki·lo·met·rage /kəlɑ́mətrɪdʒ/ *n* 《行程・旅程の》キロメートル数, 走行キロ数.
kílo·òersted *n* 〔電〕キロエルステッド《磁力の単位: =1000 oersteds》.
kílo·pàrsec *n* 〔天〕キロパーセク《=1000 parsecs; 記号 kpc》.
kìlo·pascál *n* 〔理〕キロパスカル《=1000 pascals; 記号 kPa》.
kílo·ràd *n* 〔理〕キロラド《放射線の吸収線量の単位: =1000 rads; 記号 krad》.
kílo·tòn *n* キロトン《**1**) =1000 tons **2**) TNT 1000 トンに相当する原水爆などの爆破力; 記号 kt; 広島の原爆は 20 kt》.
kílo·vàr *n* 〔電〕キロバール《=1000 vars; 記号 kvar》.
kílo·vòlt *n* 〔電〕キロボルト《電圧の単位: =1000 volts; 記号 kV》.
kílo·vòlt-ámpere *n* 〔電〕キロボルトアンペア《記号 kVA》.
kílo·wàtt *n* 〔理〕キロワット《電力・仕事の単位: =1000 watts; 記号 kW》.
kílo·wàtt-hóur *n* 〔電〕キロワット時《エネルギー・電力量の単位; 記号 kWh, kwh》.
Kil·roy /kílrɔɪ/ キルロイ《次の句で用いる正体不詳の人物》. ● **～ was here** 「キルロイ参上」《第二次大戦のころ米兵が各地に残したらくがきの文句; 塀越しに顔半分をのぞかせた男の絵に添えて書かれた》.
kilt /kílt/ *n* キルト《スコットランド高地人・軍人が着用する格子縞(じま)で縦ひだの短い巻きスカート》; キルト風のスカート; [the] スコットランド高地人の服装. ▶ *vt* 〈スカートなどの〉裾をはしょる, からげる 〈*up*〉; …に縦ひだをとる; …にキルトを着せる. ▶ *vi* 敏捷に動く. ◆ **～·ed** *a* 縦ひだをとった; キルトを着た. [Scand; cf. Dan *kilte* (*op*) tuck (up), ON *kjalta* shirt, lap]
kil·ter /kíltər/ *n* [主に次の成句で] 正常な状態, 常態, 順調, 調和, 均衡, 一直線. ● **out of ～ =off ～** 不調で, 狂って, 故障して; 傾いて, 曲がって. **out of ～ with…**とかけ離れて, 矛盾して. [C17<?]
kilt·ie /kílti/ *n* キルト (kilt) をはいた人; スコットランド高地人連隊の兵; キルティー《縦に切り込みのある舌革が甲に折り重なるようになった靴; その舌革》.
kílt·ing *n* キルティング《**1**) 片ひだをつけること, 特に スカートにキルトプリーツを取ること **2**) キルティングしたもの》.
kilty /kílti/ *n* キルトをはいた人, スコットランド高地人連隊兵 (kiltie).
Kim /kím/ **1** キム《男子名; 女子名》. **2** キム《Kipling の同名の小説 (1901) の主人公, Kimball O'Hara の通称; インドにいるアイルランド人孤児》. [OE=royal]
Kim·ber·ley /kímbərli/ **1** キンバリー《南アフリカ共和国 Northern Cape 州東部の市・州都; ダイヤモンドの産地》. **2** KIMBERLEYS.
Kim·ber·leys /kímbərliz/ *pl* [the] キンバリー地方《オーストラリア Western Australia 州北部の高原地帯》.
kim·ber·lite /kímbərlàɪt/ *n* 〔岩石〕キンバーライト (=*blue earth* [*ground, stuff*])《橄欖(かんらん)石・金雲母を主成分とする, ダイヤモンドなどを含む斑状火成岩》. [*Kimber*ley, *-lite*]
kim·ble /kímb(ə)l/ *vi* *《俗》《好かれようと》懸命にがんばる.
Kim·bun·du /kɪmbúndu/ *n* (*pl* ～, ～s) キンブンドゥー族[語] (Mbundu).
kim·chi, kim·chee /kímtʃi/ *n* キムチ. [Korean]
Kim Dae Jung /kím déɪ dʒú:ŋ/ 金大中 (キム デジュン) (きん だいちゅう) (1925–2009)《韓国の政治家; 大統領 (1998–2003); ノーベル平和賞 (2000)》.
Kim Il Sung /kím íl sʌ́ŋ, -súŋ/ 金日成 (キム イルソン) (きん にっせい) (1912–94)

K

《北朝鮮の政治家; 首相 (1948-72)・主席 (1972-94)》.

Kim Jong Il /kím ʤɔ́(:)ŋ íl, -ʤáŋ-/ 金正日(キムジョンイル)(きんしょうにち) (1941-2011)《北朝鮮の政治家; 金日成の息子で後継者; 国防委員会委員長 (1993-2011), 朝鮮労働党総書記 (1997-2011)》.

Kim Jong Un /kím ʤɔ́(:)ŋ ú:n, -ʤáŋ-/ 金正恩(キムジョンウン)(きんしょうおん) (1983-)《北朝鮮の政治家; 金正日の三男で後継者》.

kim·mer /kímər/ *n* CUMMER.

ki·mo·no /kəmóunə, -nou/, **ki·mo·na** /-nə/ *n* (*pl* **~s**)《日本の》着物; キモノ《着物をまねた西洋の化粧着》. ● **open (up) one's ~** *《俗》胸のうちを明かす. ♦ **~ed** *a* ［Jpn］

Kim Young Sam /kím jáŋ sá:m, -sǽm/ 金泳三(キムヨンサム)(きんえいさん) (1927-)《韓国の政治家; 大統領 (1993-98)》.

kin[1] /kín/ *n* 親族, 親類 (relatives); 親類の者《個人》; 一族, 一門; 似たような人びと, 同類; 《古》血族関係 (kinship). ● **near of ~** 近親で. NEXT OF KIN. **of ~** 親戚で; 同種類で, 同類で 〈*to*〉. ► *a* 血族で, 親族で (related); 同質で, 同類で: be ~ *to*…の親類である; …に類似している, …に近い / more ~ than kind 親族ではあるが情愛のない《Shak., *Hamlet* 1.2.65》. ♦ **~·less** *a* 親類のない. ［OE *cynn*; cf. ON *kyn* family, L GENUS］

kin[2] *n* KINE[2].

-kin /kən/, **-kins** /kənz/ *n suf*「…の小さいもの」: lamb*kin*; Sim*kin* (‹ Simon, Samuel); Jen*kin* (‹ John); baby*kins*. ［Du; cf. G *-chen*］

ki·na[1] /kí:nə/ *n* (*pl* **~, ~s**) キナ《パプアニューギニアの通貨単位: ＝100 toea; 記号 K》.

kina[2] *n* (*pl* ~)《動》ナガウニの一種《ニュージーランド沿岸産の食用ウニ》. ［Maori］

Kin·a·ba·lu, -bu- /kìnəbəlú:/ キナバル《Borneo 島中北部にある同島の最高峰 (4095 m)》.

kinaesthesia ⇨ KINESTHESIA.

ki·na·ra /kiná:rə/ *n* キナラ《Kwanzaa を祝うために 7 本のろうそくを立てる燭台》.

ki·nase /káinèis, kín-, -z/ *n*《生化》キナーゼ《燐酸化反応の触媒となる酵素》. ［*kinetic*, *-ase*］

Kin·car·dine /kınká:rd(ə)n/, **-shire** /-ʃìər, -ʃər/ キンカーディン(シャー)《スコットランド東部の旧州; 別称 Mearns》.

kin·chin, -chen /kínʧən/, **kinch** /kínʧ/ *n*《俗》子供 (child). ［G (dim) ‹ *Kind* child］

Kinchinjunga ⇨ KANCHENJUNGA.

kínchin-lày *n*《俗》使い歩きの子供から金銭を奪うこと.

kin·cob /kíŋkàb/ *n*《金銀糸で刺繍した》インド錦. ［Urdu＜Pers (*kamkā* damask)］

kind[1] /káınd/ *n* **1 a** 種類 (class, sort, variety); 〈…する〉種類(の人), …のようなもの; 《ものの異同を決める》性質, 質 (quality): a ~ of tree [metal] 木[金属]の一種, 一種の木[金属] / a new ~ of lighter 新式のライター / a book of this [that] ~＝this [that] ~ of book こう[そう]いう種類の本 / the best of its [their] ~ その種の中で最良のもの / Books of this ~ are….＝《まれ》This ~ of books is….＝《口》These ~ of books are…. こういう本は…だ / many ~*s* of people いろいろな人たち / all that ~ of crap [shit etc.]《俗》そのほか同じようなくだらんことごと / What ~ of (《口》a) man is he? ＝《文》Of what ~ is this man? この人はどんな人ですか. ★ kind of a…は「種類」に加えて「程度・質のよしあし」を意味することがある / What ~ of talk is that! なんだその言いぐさは, よくそんなことが言えるな / nothing [not anything] of the [that] ~ 決して[全く]そんなものではない / I shall do nothing of the ~. そんな事をするものか / Nothing of the ~!《陳謝・依頼などに対して》(そんなことは)何でもないことです / something of the ~ まあそんなもの[ところ] / This is the ~ of thing [a thing of the ~] I meant. これはわたしが言ったものに近い / He is not the ~ (of person) *to* do [who does] things by halves. 彼は物事を中途半端にするような人ではない. **b**《古》《動物・植物などの》類, 族 (race), 属 (genus), 種 (species): the cat ~ ネコ族. **c**《古》系統, 家柄 (lineage); 《古》《男女の》性 (gender, sex). **2** 本来の性質, 本質, 本性; 《古》《その人特有の》やり方, 流儀 (manner): change one's ~ 本性を変える / in a stately ~ 堂々たるやり方で. **3**《古》自然 (nature), 自然界: laws of ~ 自然の理法. **4**《金でなく》品物, 現物 (cf. *in* KIND 成句); 《教会》聖餐の一品《パンまたはぶどう酒》. **5** *《俗》多数, 多量: the [that] ~ of money. ● **after one's [its] ~**《古》その(人の)本性に従って. **a ~ of…** 一種の…, いわば; あれでも…の (cf. *of a* KIND): *a ~ of* gentleman 紳士らしきもの, でも紳士. **all ~s of…** 各種の, いろいろな (many); 《量が》たくさんの (plenty of): *all ~s of* flowers いろいろな花 / *all ~s of* money 金をどっさり[たっぷり]. **his [her, etc.] ~** 彼[彼女]みたいな人間[タイプ]. **in a ~** ある程度は, 幾分か; いわば. **in ~** (1) 本来の性質が, 本質的に: differ *in* ~《程度だけでなく》性質が異なる. (2) 〈支払いが〉《金銭でなく》物品で; 〈返報などが〉同種の物で: payment *in* ~ 現物による支払い, 《税などの》物納 / an allowance *in* ~ 現物給与 / wage *in* ~ 現物給与 / I replied to his insults *in* ~. 彼の無礼にこちらも無礼で答えた. **~ of** /káındəv, -də/《口》ある程度, まあ, やや, どちらかと言えば (rather): ~ *of* good ちょっとよい / I ~ *of* expected it. 少しは予期していた. ★ 口語の発音を反映してしばしば *kind o'*, *kinda*, *kinder* (発音は共に /káındə/)と書き, 主に形容詞, 時に動詞に伴う (cf. SORT *of*). **of a ~** (1) 同じ種類の: two [three] *of a* ~ 類似した 2 [3] 者, 似たもの同士. (2) (あれでも)一種の, 一応の, 名ばかりの (cf. *a* KIND *of*): a gentleman *of a* ~ でも紳士 / happiness *of a* ~ 一応幸福と呼べるもの, 幸福らしきもの. **one of a ~** 独特なもの[人], たった一つしかないもの. **some ~ of**《口》なかなかの, たいした, ちょっとした, いっぱしの. ► *a* [the] *《俗》すばらしい, 上等の: He's got *the* ~ car. ［OE *cynd(e)* nature, race; cf. KIN[1]］

kind[2] *a* **1** 親切な, 優しい, 思いやりのある, 情け深い: He was very ~ *to* us. わたしたちにとても優しかった / Would you be ~ enough to [so ~ as to] do…? …していただけませんか / It is very [so] ~ *of* you to do…してくださってご親切ありがとう. **2** 心からの; 《古・方》愛情のある (affectionate, loving): Give my ~ regards to your brother. お兄さんによろしく / with ~ regards 敬具《手紙の結び》. **3** 〈気候などが〉温和な (mild); やわらかい, 〈…に〉よい[無害な]〈*to*〉. **4** 扱いやすい, 従順な, すなおな; 《廃》自然の. ［ME＝natural, well-disposed＜OE *gecynde* natural, native (↑)］

kinda, kind·er /káındə/《発音つづり》《口》KIND[1] of.

kin·der·gar·ten /kíndərgà:rtn, *-gà:rdn/ *n* *幼稚園《州によっては義務教育の一部で, 小学校で 1 年生の下に幼児学年 (grade K) として組み込まれていることが多い; cf. K-12》; [U]《義務教育前の》保育所[園]. ［G＝children's garden］

kin·der·gart·ner /kíndərgà:rtnər, *-gà:rd-/, **-gar·ten·er** /-gà:rt(ə)nər, *-gà:rd(ə)nər/ *n* 幼稚園の先生; 幼稚園児, 園児.

Kin·der, Kir·che, Kü·che /*G* kíndər kírçə kýçə/ 子供・教会・台所 (children, church, kitchen)《第二次大戦期までドイツで唱えられた女性道徳のスローガン; 出産と育児・信仰・家事こそが女性のつとめで, 社会進出は無用とするもの》.

kínd·héart·ed *a* 親切な, 心の優しい, 思いやりのある, 情け深い (compassionate). ♦ **~·ly** *adv* **~·ness** *n*

Kin·di /kíndi/ [al /æl/-~] キンディー (d. c. 870)《アラブの哲学者; イスラム世界最初の哲学者で, ギリシア哲学もよくした; 'Philosopher of the Arabs' と呼ばれる》.

kin·dle[1] /kíndl/ *vt* **1 a** 燃やす, たきつける, …に火をつける (set fire to): ~ a twig [a fire] with a match. **b** 〈人・情熱などを〉燃え立たせる (inflame); 〈興味を〉あおる (stir up); 始める, 創出する: This ~*d* him to courage. これで彼は勇気づいた. **2** 明るくする, 輝かせる (light up): The rising sun ~*d* the castle. 朝日で城が燃えるように輝いた. ► *vi* **1** 火がつく, 〈木などが〉燃えつく (catch fire), 燃える, 燃え上がる: ~ up 燃え立つ. **2** 〈顔・目などが〉輝く (glow); キラキラする; 興奮する, 激する (be excited) 〈*at* an insult etc.〉: His eyes ~*d with* excitement. ♦ **kín·dler** *n* たきつける人; たきつけ. ［ON *kynda* to kindle; cf. ON *kindill* candle, torch］

kindle[2] *vt* 〈ウサギが子を〉産む. ► *vi* 〈ウサギが〉子を産む. ［ME＝offspring, young＜? *kind*[1], *-le*[1]］

Kindle《商標》キンドル《電子書籍端末》.

kínd·less *a* 〈人が〉不愉快な, 気に入らない; 〈風土が〉快適でない; 《廃》無情な, 冷酷な; 《古》不自然な. ♦ **~·ly** *adv*

kín·dling[1] *n* 点火, 発火; 興奮; 《木っぱなどの》たきつけ; 《医》燃え上がり現象, キンドリング《脳局所の癲癇(てんかん)性興奮の反復で生じる癲癇原性変化の長期増強》.

kindling[2] *n*《ウサギの》出産.

kínd·ly *a* **1 a** 親切な, 情け深い, 思いやりのある. **b** 〈気候・環境・肌ざわりなどが〉快い, 快適な, 〈土地などが〉向く, 合う〈*for*〉. **2**《古》自然の, 生得の; 《古》合法の; 《古》土着の, 生え抜きの. ► *adv* **1 a** 親切に, 優しく; 丁重に, ねんごろに: He treated me ~. 優しくしてくれた / He ~ helped me. 親切にも助力してくれた. **b** どうぞ〈…してください〉(please): Will [Would] you ~ shut the door? ドアを閉めていただけませんか. **2 a** 快く (agreeably), 心から, 喜んで, 好意的に: take… ~ …を快く受ける, 善意に解する, 〈忠告などを〉快く受け入れる / look ~ on…を好意的[肯定的]に見る / Thank you ~. 本当にありがとう. **b** [特に成句に用いて] 自然に, 無理なく. **3** *《南部》多少, ある程度. ● **take ~ to…** [[U]*neg*] (自然に)…を好む, …が気に入る, …になじむ, なつく. ♦ **kínd·li·ly** *adv* 親切に, 優しく. **kínd·li·ness** *n* 親切, 温情; 親切な行為; 《気候の》温和.

kínd·ness *n* **1** 親切, 優しさ〈*of* heart etc.〉; 親切な行為[態度]: Thank you for your ~. ご親切ありがとう / have the ~ *to* do 親切にも…する / out of ~《利害のためでなく》親切心から / do [show] a ~ *to* sb 人に親切を尽くす / Will you *do* me a ~? ひとつお願いがあるのですが / A forced ~ deserves no thanks.《諺》仕方なしの親切に感謝は無用. **2**《古》愛情 (love), 好意 (goodwill), 友情: have a ~ *for* sb 人に好意を寄せる, 人がなんとなく好きだ. ● KILL[1] sb **with ~**. **K~ of** Mr.…氏のご好意により (by favor of)《人に託した手紙の封筒に書く文句》.

kind o' /káındə/《発音つづり》《口》KIND[1] of.

kin·dred /kíndrəd/ *n* **1** 血縁, 血族関係 (relationship); 一族, 一門 (clan); [〈*pl*〉] 親族, 親類(の人びと), 親類縁者 (relatives): claim ~ *with* …と血縁があると言う / All of his ~ are dead. 彼の親類縁者はみな死んでいる. **2**《質の》類似, 同種 (affinity) 〈*with*〉. ► *a* 血縁の; 同種の, 同質の, 同類の: a ~ spirit [soul]《趣味・関心事など》ほぼ一致する人, 気の合った人. ♦ **~·less** *a* **~·ly** *adv* **~·ness**

n **~·ship** *n* ［ME=kinship (KIN, *-red*＜OE *rǣden* condition)］
kindsa /káɪndzə/ 《発音つづり》 kinds of.
kin·dy /kíndi/ *n* 《豪口》 幼稚園, 保育園.
kine[1] /káɪn/ *n pl* 《古·方》 雌牛, 畜牛 (cows). ［OE］
kine[2] *n* 〔理〕 カイン 《速度の cgs 単位: =1 cm/sec.》. ［Gk *kineō* to move］
kine[3] /kíni/ *n* KINESCOPE.
kin·e·ma" /kínəmə/ *n* CINEMA.
kin·e·mat·ic /kìnəmǽtɪk, kàɪ-/, **-i·cal** *a* 〔理〕 運動学的な, 運動(学)上の. ◆ **-i·cal·ly** *adv* ［Gk *kinēmat- kinēma* motion (*kineō* to move)］
kìn·e·mát·ics *n* 〔理〕 運動学.
kinemátic viscósity 〔理〕 《粘性流体の》 動粘性率, 動粘度 《記号 ν》.
kin·e·máto·gràph /kìnəmǽtə-, kàɪ-/ *n* CINEMATOGRAPH.
kin·e·scope /kínəskòup, káɪ-/ *n* 〔電子工〕 受像管, キネスコープ (=*kine*) 《ブラウン管の一種》; 《それを用いた》 テレビ映画. ► *vt* 〈テレビ番組を〉 キネスコープに収録する. ［もと *Kinescope* 商標］
Ki·nesh·ma /kí:nɪʃmə/ キネシマ 《ヨーロッパロシア中部 Moscow の北東, Volga 川右岸にある市》.
-ki·ne·sia /kəní:ʒ(i)ə, kaɪ-/, **-ci·ne·sia** /sə-, saɪ-/ *n comb form* 「動き」「運動」「動作」: para*kinesia*. ［NL＜Gk (KINESIS)］
ki·ne·sics /kəní:sɪks, kaɪ-, -zɪks/ *n* 動作学, 身振り学, キネシクス 《身振り·手振り·目の動きなどの身体動作とその意味伝達機能の体系的研究》.
ki·ne·si·ol·o·gy /kənì:siάləʤi, kaɪ-, -zi-/ *n* (身体)運動学; 運動療法. ◆ **ki·nè·si·o·lóg·ic, -i·cal** *a* **ki·nè·si·ól·o·gist** *n*
ki·ne·sis /kəní:səs, kaɪ-/ *n* (*pl* **-ses** /-sì:z/) 運動, 動き; 〔生理〕 無定位運動, キネシス 《生物が刺激に対して行なう運動のうち, 刺激の方向と関係しないもの; cf. TAXIS》; 〔生〕 キネシス 《鳥類·爬虫類の一部にみられる頭蓋の骨の可動性》. ［Gk=motion］
-ki·ne·sis /kəní:səs, kaɪ-/ *n comb form* (*pl* **-ses** /-sì:z/) **1** 「分裂」: karyo*kinesis*. **2** 「運動の活性化」「活動化」: chemo*kinesis*, photo*kinesis*. ［Gk］
kin·es·the·sia | **-aes-** /kìnəsθí:ʒ(i)ə, kàɪ-/ *n* (*pl* **-sias**/) 〔生理〕 運動(感)覚, 筋覚.
kin·es·the·sis | **-aes-** /kìnəsθí:səs, kàɪ-/ *n* (*pl* **-ses** /-sì:z/) KINESTHESIA.
kin·es·thet·ic /kìnəsθétɪk, kàɪ-/ *a* 〔生理〕 運動感覚(性)の. ◆ **-thét·i·cal·ly** *adv*
ki·net- /kənét, kaɪ-, -ní:t/, **ki·ne·to-** /-nétou, -ní:-, -tə/ *comb form* 「運動」 ［Gk; ⇨ KINETIC］
kine·theódolite /kìnə-, kàɪ-/ *n* キネセオドライト 《theodolite にカメラを取り付けた機器; 航空機·ミサイルの観測用》.
ki·net·ic /kənétɪk, kaɪ-/ *a* 〔理〕 運動の (opp. *static*); 動力学 (kinetics) の; 活動的な, 動的な; 〔生理〕 速動性の; KINESTHETIC; KINETIC ART の. ◆ **-i·cal·ly** *adv* ［Gk (*kineō* to move)］
kinétic àrt 動く美術, キネティックアート 《動力や光の効果などによる動きを基調とする彫刻·アサンブラージュ (assemblage) など》. ◆ **kinétic àrtist** *n*
kinétic énergy 〔理〕 運動エネルギー.
kinétic fríction 〔理〕 動摩擦, 運動摩擦 《面上の物体がすべりながら運動するのに抗してはたらく力; cf. STATIC FRICTION》.
ki·net·i·cism /kənétəsìz(ə)m, kaɪ-/ *n* 運動状態, 運動性; KINETIC ART.
ki·net·i·cist /kənétəsɪst, kaɪ-/ *n* 動力学[速度論]専門家; キネティックアートの作家[理論家], KINETIC ARTIST.
kinétic poténtial 〔理〕 運動[動力学系]ポテンシャル.
ki·nét·ics *n* 〔理〕 動力学 (opp. *statics*); 動態; 〔化〕 速度論; 反応速度; 反応の仕組み.
kinétic théory 〔理〕 気体分子運動論 (=**~ of gáses**); 熱運動論 (=**~ of héat**).
kinétic théory of mátter 〔理〕 物質の(分子)運動論 《物質は不規則運動をしている小粒子からなるという説》.
ki·ne·tin /káɪnətən/ *n* 〔生化〕 キネチン, カイネチン 《細胞分裂刺激作用のある植物ホルモン》. ［*-in*[2]］
kinéto·chòre *n* 〔生〕 **a** 動原体 (centromere). **b** キネトコア 《動原体の 2 つの表面上に形成されるタンパク質·DNA 複合構造体で, 紡錘糸付着部位》.
kinéto·gràph *n* キネトグラフ 《kinetoscope で見るために動くものの一連の写真をとる活動写真撮影機》.
kinèto·núcleus *n* KINETOPLAST.
kinéto·plàst *n* 〔生〕 《トリパノソーマなどある種の鞭毛虫の》 運動核, 動原核. ◆ **kinèto·plástic** *a*
kinéto·scòpe *n* キネトスコープ 《光源の上を一連の写真を動かして拡大レンズを通して見る初期の活動写真映写機》.
kinéto·sòme *n* 〔生〕 キネトソーム (BASAL BODY).
kín·fòlk, kíns·fòlk, kín·fòlks *n pl* 親戚, 親類.
king /kíŋ/ *n* **1 a** 王, 王様, 国王, 帝王, 君主 《REGAL[1], ROYAL, MONARCHICAL *a*》; 《部族の》 首長, 酋長; [K-] 王 《神·キリスト》: the *K*~ of heaven [glory] 天[栄光]の王 《神》 / all the *K*~'s horses and all the *K*~'s men can't [couldn't] do sth 《諺》 王様の馬と王様の家来たちが総出でかかっても…できない 《どんなに賢明な[強力な]人[集団]でも不可能だ; 伝承童謡 Humpty-Dumpty の一節から》. **b** 《実業界などの》 大立者, …王, 指導者, 第一人者; もっとも大切にすべき人; 〔英〕 紋章院長官 《King of Arms の略》; *《俗》 刑務所長: a railroad ~ 鉄道王 / KING OF MISRULE / The patient or customer is ~. 患者や顧客こそ大切にすべきだ. **2** 最優秀[最大]のもの, 王者, 《果物·植物などの》 最上種 〈*of*〉; 〔トランプ·チェス·チェッカー〕 キング; *《口》 キングサイズのタバコ: Cash is ~. 現金がなによりも重要だ / the KING OF BEASTS [BIRDS] / check the ~ 〔チェス〕 キングを詰める. **3** 〔魚〕 KING SALMON. **4** [the (Book of) K-s] 〔聖〕 列王記[紀] (⇨ KINGS). ● **be ~** 全盛である. KING'S RANSOM. **live like a ~** 王様のような[ぜいたくな]暮らしをする. **to the [a] ~'s** TASTE.
★ King's [king's] を冠する主に英国の事物を表わす語は, 元首が女性の時は King's [king's] を Queen's [queen's] で置き換えて言うものが多い: King's Counsel → Queen's Counsel / King's English → Queen's English / King's evidence → Queen's evidence.
► *a* [[s]*compd*] 《重要性·大きさなどが》 最上[最高, 最大]の; 《口》 KING-SIZE. ► *vt* 王にする; 〈製品を〉キングサイズに作る. ● **~ it** 王らしくふるまう; 尊大にふるまう, 偉ぶる 〈*over*〉 (cf. QUEEN [LORD] *it*).
◆ **~·hòod** *n* 王たること, 王の身分, 王位 (kingship). **~·less** *a* 国王のない. **~·lìke** *a* 国王[王者]のような (kingly). ［OE *cyning, cyng*＜Gmc (KIN, *-ing*[2]); cf. G *König*］
King キング (**1**) **'B.B.' ~** [**Riley B. ~**] (1925–) 《米国のブルース歌手·ギタリスト》 (**2**) **Billie Jean ~** (1943–) 《米国の女子テニス選手; Wimbledon で優勝 (1966–68, 72–73, 75)》 (**3**) **Martin Luther ~, Jr.** (1929–68) 《米国のバプテスト派の牧師·公民権運動の指導者; 非暴力の抵抗により人種差別撤廃を訴えた; ノーベル平和賞 (1964); 暗殺》 (**4**) **Stephen** (**Edwin**) **~** (1947–) 《米国のホラー小説家》 (**5**) **W**(**illiam**) **L**(**yon**) **Mackenzie ~** (1874–1950) 《カナダの自由党政治家; 首相 (1921–26, 26–30, 35–48)》.
Kíng and Cóuntry debàte [the] 「国王と祖国」討論 《1933 年 2 月 9 日 Oxford 大学学生連盟が行なった討論会; 国王と祖国のために戦うことはしないという決議を採択し, 当時の平和主義の高まりを示すものとして注目される一方で物議をかもした》.
kíng àuk 〔鳥〕 **a** オオウミガラス (great auk). **b** ヒメウミスズメ (dovekie).
kíng·bird *n* 〔鳥〕 **a** タイランチョウ科タイランチョウ属の鳥の総称 《南北アメリカ産; cf. TYRANT FLYCATCHER》. **b** ヒヨクドリ (=**kíng bìrd of páradise**) 《フウチョウ (bird of paradise) の一種》.
kíng·bòlt *n* 〔機〕 キングボルト, キングピン (kingpin) 《自動車の前輪軸を前車軸に連結する; 鉄道車両の台車を他の部分と連結する》; 〔建〕 真ボルト.
Kìng Chárles's héad いつも話題にする話, 固定観念. ［Dickens の *David Copperfield* 中の Mr. Dick の話はいつも Charles 1 世の断頭のことに戻った］
Kìng Chárles spániel /; ⌐–⌐–⌐–/ 〔犬〕 キングチャールズスパニエル 《English toy spaniel の英国での呼称; 愛玩用》. ［*Charles* II］
kíng cóbra 〔動〕 キングコブラ 《インド原産の毒ヘビ》.
kíng cràb 〔動〕 **a** カブトガニ (horseshoe crab). **b** *食用のクモガニ (spider crab). **c** タラバガニ (=*Alaskan crab*).
kíng·cràft *n* 《王の》 国家統治策, 統治手腕, 帝王学.
kíng·cùp *n* 〔植〕 **a** ウマノアシガタ, キンポウゲ (buttercup). **b**" コバノリュウキンカ 《キンポウゲ科》.
kíng·dom *n* **1 a** 《king または queen をいただく》 王国; 王土, 王領 (realm); 王の統治, 王政; …王国; 《古》 王権, 王位. **b** [°K-] 神政, 神の国: the ~ of heaven 神の国, 天国 / Thy ~ come. 〔聖〕 み国を来たらせたまえ (⇨ KINGDOM COME) 《*Matt* 6: 10》. **c** 個人が君臨する分野[領域]. **2** 〔生〕 《分類上の》 界 (⇨ CLASSIFICATION); 〔生態〕 区系界; 《学問·芸術などの》 世界, 分野 (realm): ANIMAL [PLANT *or* VEGETABLE, MINERAL] KINGDOM. ● **come into one's ~** 権力[勢力]を得る (cf. *Luke* 23: 42). ◆ **~·less** *a* ［OE］
kíngdom cóme 《口》 来世, 天国; 《口》 ずっと遠く[先]; 《口》 意識不明, 死: gone to ~ あの世へ行って / blow [send] sb [sth] to ~ 《爆弾などで》 殺す[吹き飛ばす]. ● **until [till] ~** 《口》 この世の終わるまで, いつまでも.
Kíngdom Háll 王国会館, キングダムホール 《JEHOVAH'S WITNESSes の礼拝所》.
kíng èagle 〔鳥〕 カタジロワシ (imperial eagle).
Kìng Édward キングエドワード 《ジャガイモの一品種; 楕円形大型で皮に赤みがかった斑点がある》. ［*Edward* 7 世にちなむ］
kíng èider 〔鳥〕 アカハナケワタガモ, ケワタガモ.
Kíng Émperor 英国王兼インド皇帝 《昔の称号》; 《オーストリア-ハンガリー連合王国の》 皇帝兼王.
kíng fèrn 〔植〕 セイヨウゼンマイ (royal fern).
kíng·fìsh *n* 大きさ[姿, 味]の際立った魚 《ニベ科·アジ科の魚, サワラの類など》; 《口》 巨頭, 大立者.
kíng·fìsh·er *n* 〔鳥〕 カワセミ.

K

Kìng Geórge's Fálls [the] キングジョージ滝《AUGHRABIES FALLS の別称》.
Kíng Gród /-grád/ [ˢk- g-]*《俗》ひどくいやな男, いけすかないやつ, 超むかつくやつ《California のことば》.
kíng-hìt 《豪口》 *n* 不意討ち, 《特に 不正な》ノックアウトブロー. ► *vt* …にいきなりなぐりかかる.
Kíng Hórn ホーン王 (⇨ HORN).
kíng·hùnt·er *n* 〔鳥〕ワライカワセミ (kookaburra).
Kìng Jámes Vérsion [Bíble] [the] 欽定英訳聖書 (Authorized Version). [*James* I]
king·klip /kíŋklìp/ *n* 〔魚〕キングクリップ《アフリカ南部産のウナギに似たアシロ科の海産魚; 食用》.
King Kong /kíŋ kɔ́(:)ŋ, -kɑ́ŋ/ **1** キングコング《米国映画 *King Kong* (1933) に登場する巨大なゴリラ》. **2***《黒人俗》強烈な安酒.
Kíng Kóng pìlls [spècials] *pl**《俗》バルビツール剤[カプセル].
kíng·let *n* [ᵒ*derog*] 小王, 小国の王; 〔鳥〕キクイタダキ属の各種の鳥《北米のアメリカキクイタダキとルビーキクイタダキなど》.
kíng·ling *n* 小王.
Kíng Lóg (何もしない)のらくら支配者《Aesop の「ユーピテルと蛙」の話から》.
kíng·ly *a* 王の, 王者の; 王位を有する; 王者にふさわしい, 王らしい; 君主制の. ► *adv* 《古・詩》王者らしく, 王者にふさわしく. ♦ **kíng·li·ness** *n* 王らしさ, 王者の尊厳.
kíng màckerel 〔魚〕オオサワラ (cero)《釣り魚》.
kíng·màker *n* **1** 国王擁立者; [K-]〔英史〕Earl of WARWICK. **2**《要職の人選を自由にできる》政界の実力者. ♦ **kíng·màking** *n*, *a*
kíng of árms (*pl* **kings of árms**) [ᵒK- of A-]《英国などの》紋章院長官. ★ 英国紋章院 (Heralds' College) には Garter, Clarenceux, Norroy and Ulster の 3 長官がいる.
kíng of béasts [the] 百獣の王《ライオン》.
kíng of bírds [the] 百鳥の王《ワシ》.
kíng of héralds KING OF ARMS.
Kíng of kíngs 1 [the, ᵒthe K- of K-] (もろもろの)王の王《神・キリスト (*1 Tim* 6: 15); cf. SERVANT OF THE SERVANTS》. **2** [k- of k-] 王者中の王者, 大王皇帝《昔のペルシアなど東方諸国の王の称号》.
Kíng of Misrúle [the] LORD OF MISRULE.
Kíng of Róme 〔史〕ローマ王《NAPOLEON 2 世が生まれてすぐに付けられた呼称》.
Kíng of Swíng スウィングの王様《米国のクラリネット奏者 Benny GOODMAN のこと》.
kíng of térrors [the] 恐怖[破滅]の王, 死 (death)《*Job* 18: 14》.
kíng of the cástle [the] ‖お山の大将ごっこ《お山の上から突き落とし合う遊び》; 上位者, 大将.
kíng of the fórest [the] 森の王《オーク (oak)》.
kíng-of-the-hérrings *n* 〔魚〕OARFISH.
Kíng of Wáters [the] 百川の王《AMAZON 川》.
kíng pàrrot 〔鳥〕キンショウジョウインコ《オーストラリア東南部原産の大型インコ》.
kíng pènguin 〔鳥〕オウサマペンギン.
kíng·pìn *n* 〔ボウル〕キングピン《中央[中心]のピン, 1 番 (headpin) または 5 番; 九柱戯の中心のピン》; 〔機〕KINGBOLT; 《ナックル継手の》ナックル取付け用ピン; 《口》親玉, 中心人物, 主宰者, 中心[かなめ]となるもの. ► *a* 《口》最も重要な, かなめとなる, 第一の.
kíng pòst [pìece] 〔建〕真束(しんづか) (cf. QUEEN POST).
kíng pràwn 《豪》豪州周辺産のクルマエビ属のエビ.
kíng ràil 〔鳥〕オウサマクイナ《北米産》.
kíng ròd 〔建〕KINGBOLT.
Kings *n* [‹*sg*›]〔聖〕列王紀[記]《旧約聖書の一書; プロテスタント訳では上・下 2 書がある; ドゥエー聖書などかつてのカトリック訳では 4 書あり, AV の *1&2 Sam*, *1&2 Kings* に相当する》: The First [Second] Book of the ~ 列王紀上[下].
Kíng's ⇨ KING'S COUNTY.
Kíng's ádvocate 国王顧問弁護士.
kíng sàlmon 〔魚〕マスノスケ, キングサーモン (=*Chinook* (*salmon*), *quinnat* (*salmon*), *spring salmon*)《サケの最大種で 2 m に達する; 太平洋産》.
Kíng's Bénch [the]〔英〕《高等法院 (High Court) の》王座部 (=**Kíng's Bénch Division**); [the]《もと》王座裁判所 (COURT OF KING'S BENCH).
Kíng's Bírthday [the]〔英〕国王誕生日.
kíng's bíshop 〔チェス〕《ゲーム開始時》キング側のビショップ.
kíng's blúe COBALT BLUE.
Kíng's bóunty 〔英史〕《三つ子以上の子を生んだ母親への》下賜金.
Kíngs Cányon Nátional Párk キングズキャニオン国立公園《California 州中東部 Sierra Nevada 山中に指定されている国立公園; 南側に Sequoia 国立公園が隣接; セコイアの巨木, Kings 川の峡谷で有名》.
Kíng's Chámpion [the] 国王擁護者《Westminster Hall における披露の祝宴に鎧冑(よろいかぶと)に身を固めて馬で乗り込み, 王の資格を拒む者に一騎討ちを挑んだ; George 4 世の即位式 (1821) まで行なわれ, Dym·oke /dímək/ 家の世襲となっていた》.
Kíng's Cóllege 〔英〕キングズカレッジ《**1**) Cambridge 大学のカレッジの一つ; 1441 年創立 **2**) London 大学のカレッジの一つ; 1829 年創立; 英国教会の ordinands のための特待制度がある》.
Kíng's Cóllege Chápel キングズカレッジ・チャペル《Cambridge 大学の King's College にある礼拝堂; 1515 年完成; 英国にある垂直様式の建築物の傑作; クリスマスイブに行なわれる少年聖歌隊によるキャロルで有名》.
Kíng's cólour 〔英〕英国国旗.
Kíng's Cóunsel 〔英〕勅選弁護士《大法官の推薦により指名される上位の barrister; 絹の法服を着るため silk と呼ばれる; 略 KC》.
Kíng's Cóunty キングズカウンティー《OFFALY の旧称》.
Kíng's Cúp 国王杯《**1**) London 近辺で毎年開かれる飛行競技会; George 5 世国王杯が送られる **2**) 男子団体の室内テニス国際選手権; スウェーデン国王杯が送られる》.
Kíng's Divísion 〔英〕《陸軍歩兵隊の》国王師団.
Kíng's Énglish [the] キングズイングリッシュ《教養人が使うイングランド南部の標準英語》.
Kíng's évidence 〔英〕国王の証拠, 共犯者証人, 国側の証拠 (cf. STATE'S EVIDENCE): turn ~《訴追側に協力して》共犯者に不利な証言をする, 共犯者証人になる.
kíng's évil [the, ᵒthe K- E-] 瘰癧(るいれき) (scrofula). [かつて王が触れると治るとされた]
Kíngs·ford-Smíth /kíŋzfərd-/ キングズフォードスミス Sir **Charles Edward** ~ (1897–1935)《オーストラリアの飛行家; 同志 3 人と大西洋初横断飛行に成功した (1930)》.
Kíng's Guíde 〔英〕キングズガイド《進級制度で最高位に達したガールガイド (Girl Guide)》.
Kíng's híghway 〔英〕(天下の)公道, 国道.
kíng·shìp *n* 王の身分[位, 務め], 王位, 王座, 王権; 王の尊厳, 王威; 王の人格; 王の支配[統治](力), 王政, 帝政; [ᵒK-] 陛下: His *K*~ 国王陛下.
kíng·sìde *n* 〔チェス〕《白からみて》チェス盤の右半分《コマを並べたときキングを含む側》.
kíng-sìze, -sìzed *a* 特大の, 特に長い, キングサイズの; *‹ベッドが› キングサイズの《ほぼ 76×80 インチ (約 1.9×2.0m); cf. FULL-[QUEEN-, TWIN-]SIZE》; *キングサイズのベッド用の‹シーツなど›.
kíng's knight 〔チェス〕《ゲーム開始時》キング側のナイト.
Kings·ley /kíŋzli/ キングズリー **Charles** ~ (1819–75)《英国の牧師・著述家; 小説 *Westward Ho!* (1855), 児童文学 *The Water-Babies* (1863)》.
Kíng's Lýnn /-lín/ キングズリン《イングランド東部 Norfolk 州の市場町; Wash 湾に近く, 中世には重要な港であった; 別称 Lynn (Regis)》.
kíngs·men /-mən/ *n pl* 〔英〕キングズメン《Cambridge 大学の King's College の卒業生》.
Kíng's Méssenger 〔英〕外交特使.
kíng snàke 〔動〕キングヘビ《キングヘビ属の無毒のヘビ; 毒ヘビを含む他のヘビを捕食する; 北米・中米産》.
kíng snìpe *《俗》保線[線路敷設]作業班の責任者.
kíng's páwn 〔チェス〕《ゲーム開始時》キングの前のポーン.
kíng's péace 〔英史〕《中世のイングランドにおける》王の平和《**1**) 特定地域・特定の人びとに与えられた国王による保護 **2**) 国王の名の下に行なわれる法律による安全》.
Kíng's Prínter 〔英〕《欽定訳聖書と祈禱書 (Prayer Book) の印刷を許可された》欽定印刷所.
Kíng's Próctor 〔英法〕国王代訴人.
kíng's ránsom 捕虜になった王の身代金; 莫大な金額: pay a ~ 大金を払う ‹*for*›.
Kíng's Regulátions *pl* 〔英・英連邦〕《軍人に与える》行動規定.
Kíng's Remémbrancer [the]〔英〕王室収入徴収官《最高法院主事の兼務》.
kíng's róok 〔チェス〕《ゲーム開始時》キング側のルーク.
Kíng's Schólar 〔英〕王室奨学基金の給費生.
Kíng's Scóut 〔英〕キングズスカウト《進級制度で最高位に達したスカウト》.
kíng's shílling 〔英史〕徴兵官から受け取ると法的に兵役の義務が生じた 1 シリング《1879 年以前》. ● **take the ~** (応募して)兵隊になる, 入隊する.
Kíng's Spéech [the, ˢthe K- s-]〔英〕議会開会の際の勅語《首相または閣僚が執筆し, 政府の新年度の方針・新たな法案の概略を述べる》.
Kings·ton /kíŋstən/ **1** キングストン《**1**) ジャマイカの首都; カリブ海の入江キングストン湾 (~ **Hárbor**) に臨む **2**) カナダ Ontario 州南東部, Ontario 湖の東端に位置する市・港町 **3**) New York 州南東部の町 **4**) =KINGSTON UPON THAMES》. **2** キングストン **Maxine Hong** ~ (1940–)《米国の作家; 中国系》.
Kingston upon Hull ⇨ HULL.

Kíngston upòn Thámes キングストンアポンテムズ《London boroughs の一つ; Surrey 州の州都》.
Kíng Stórk 暴君《Aesop 物語から; cf. KING LOG》.
Kíngs·tòwn キングズタウン《**1**) 西インド諸島の St. Vincent and the Grenadines の首都 **2**) DUN LAOGHAIRE の旧称 (1821–1921)》.
kíng's wéather [II]《口》《儀式当日の》上天気.
kíng's yéllow 雄黄, 石黄 (orpiment)《黄色顔料》; 明るい黄色.
kíng tòdy〘鳥〙オウギタイランチョウ (Royal Flycatcher)《熱帯アメリカ産》.
kíng trùss〘建〙真束(しんづか)組.
kíng vùlture〘鳥〙トキイロコンドル《中米産》.
King·wa·na /kɪŋwáːnə/ *n* キンワーナ語《コンゴ民主共和国で話される Swahili 語の方言》.
Kíng Wíllow クリケット(の守護霊).
kíng·wòod *n*《熱帯地方産の》家具用良材(の採れる樹木),《特に》《ブラジル産の》ヒルギカズラ属の木, キングウッド, 紫檀(したん).
ki·nin /káɪnən/〘生化〙*n* キニン《ペプチドの一種; 植物の細胞分裂を刺激し, 動物の平滑筋を収縮させる》; CYTOKININ.
ki·ni·nase /káɪnənèɪs, -z/ *n*〘生化〙キニナーゼ《キニンを破壊する血液中の酵素》.
ki·nin·o·gen /kaɪnínəʤən/ *n*〘生化〙キニノゲン《キニンの不活性前駆物質》. ♦ **ki·nìn·o·gén·ic** /-ʤén-/ *a*
kink /kíŋk/ *n* **1**《糸・綱などの》よれ, よじれ, こぶ,《ワイヤロープの》キンク〈*in*〉,《髪の》縮れ. **2**《心・性格の》特異性,(妙な)くせ, ねじれ;《口》気まぐれ, 妙な[突拍子もない]考え; 名案, 妙案;《口》変態嗜好[行動];《俗》変なやつ, 変態. **3**《身体の部分の》痙攣, 筋違い,(筋肉の)つり. **4** 問題点, 欠陥, 不備. ► *vi, vt* よれる[させる], もつれる[させる], ねじれる[させる]. ● **iron** [**work**] **out the ～s**《口》問題点をうまく処理する. ♦ **～·er** *n**《俗》サーカスの出演者. [LDu]
kin·ka·jou /kíŋkəʤùː/ *n*〘動〙キンカジュー (＝*honey bear*)《樹上にすむアライグマ科の夜行性小獣; 中米・南米産》. [F＜Algonquian]
kinko /kíŋkou/ *n, a* (*pl* **kínk·os**)《俗》変態(的行動)(の), 異常性欲(者)(の). [*kink, -o*]
kínky *a* **1** よじれた, もつれた; よれやすい;(細かい)縮れ毛の. **2 a**《口》変な, 風変わりな, とっぴな, 異様な,《特に》性的に倒錯した,(やや)変態の;〈服装が〉セクシーな, 挑発的な. **b***《俗》不正な, 盗まれた, 盗品の. ► *n**《俗》盗品,《特に》盗難車. ♦ **kínk·i·ly** *adv* **-i·ness** *n* [*kink*]
kínky bóot [II] キンキーブーツ《ひざ[もも]まである, 通例 黒の女性用ブーツ》.
kínky héad [**nób**]《俗》[*derog*] 黒人.
Kin·ne·ret /kínərèt/ [Yam /jáːm/ ～] キネレト湖《GALILEE 湖のヘブライ語名》.
kin·ni·kin·nic(k), -ki·nic(k) /kìnɪkəník, ⏑⏑⏑⏑⏑/ *n* キニキニック《**1**) 乾かした葉や樹皮の混合物で, 昔 インディアンや開拓者が(タバコを混ぜて)吸った **2**) これに用いた植物; クマコケモモ・アメリカミズキなど》. [Algonquian]
Kin·nock /kínək/ キノック **Neil** (**Gordon**) ～ (1942–)《英国の政治家; 労働党党首 (1983–92)》.
ki·no[1] /kíːnou/ *n* (*pl* **～s**) キノ樹脂, 赤膠(せきこう) (＝**～ gúm**); キノ樹脂を採る樹木,《特に》キノノキ《インド・セイロン産》. [(WAfr)]
kino[2] *n* (*pl* **～s**) 映画館. [G]
kino[3] ⇨ KENO.
Kin·ross /kɪnrɔ́(ː)s, -rás/, **Kinróss-shire** /-ʃɪər, -ʃər/ キンロス(シャー)《スコットランド中東部の旧州; ☆Kinross》.
-kins ⇨ -KIN.
kín selèction〘生〙血縁選択[淘汰]《近親に対する利他的行動に有利に作用する自然淘汰の一種で, 次の世代への利他者の遺伝的寄与を増大する》.
Kin·sey /kínzi/ キンジー, キンゼー **Alfred Charles** ～ (1894–1956)《米国の動物学者; 1948, 53 年にそれぞれ男性と女性の性行動に関する研究報告 (Kinsey Reports) を発表》.
kinsfolk ⇨ KINFOLK.
Kin·sha·sa /kɪnʃáːsə, [II]-ʃǽsə/ キンシャサ《コンゴ民主共和国の首都; Congo 川下流 Stanley Pool の下流左岸に位置する; 旧称 Léopoldville》.
kín·shìp *n* 親族[血縁]関係;《性質などの》類似, 近似.
kínship fámily〘社〙親族家族, 拡大家族 (extended family).
kínship gròup〘人〙親族集団.
kíns·man /-mən/ *n* 親族の男; 同族の者.
♦ **kíns·wòman** *n fem*
Kin·tyre /kɪntáɪər/ キンタイア《スコットランド西部の半島; North 海峡に向かって南へ突出; 南端はキンタイア岬 (the **Múll of ～**)》.
Kin·yar·wan·da /kìnjɑːrwáːndə/ *n* キニャルワンダ語 (Rwanda)《Bantu 諸語の一つで, ルワンダの公用語》.
Kioga ⇨ KYOGA.
ki·osk, ki·osque /kíːàsk/ *n* **1** キオスク《駅・広場などにある新聞売店・公衆電話室・広告塔・地下鉄入口などの簡易建築》; キオスク《公共施設・街頭などに設置されている情報端末》. **2**《トルコなどの》あずまや. [F＜Turk＝pavilion＜Pers]

Ki·o·wa /káɪəwɔ̀ː, -wàː, -wèɪ/ *n* **a** (*pl* **～, ～s**) カイオワ族《北米の平原インディアン; 現在は主に Oklahoma 州に居住する》. **b** カイオワ語.
kip[1] /kíp/ *n* キップ皮 (＝**kíp·skìn**)《幼獣または小獣の皮》; キップ皮の束. [ME＜?; cf. MDu *kipp*]
kip[2] /kíp/《俗》*n* 下宿, 宿; 下宿などの寝床,《広く》ベッド; [II](ひと)眠り; *夜警(員),《廃》売春宿, 淫売屋;《アイル》きたない[不潔な, むさくるしい]場所. ► *vi* (**-pp-**) 眠る; 寝る, 横になる〈*down*〉: **～ *out*** 戸外で寝る. [C18＜?; cf. Dan *kippe* mean hut]
kip[3] /kíp, gíp/ *n* (*pl* **～, ～s**) キップ《ラオスの通貨単位: ＝100 ats; 記号 K》. [Thai]
kip[4] /kíp/ *n*《豪》two-up というばくちで銅貨をはじき上げるのに用いる木片. [*kep*]
kip[5] /kíp/ *n* キップ《重量単位: ＝1000 lb＝453.6 kg》. [*kilo*＋*pound*[1]]
kipe /káɪp/ *vt**《俗》盗む, ちょろまかす, くすねる. ♦ **kíp·er** *n*
Kip·ling /kíplɪŋ/ キプリング (**Joseph**) **Rud·yard** /rʌ́djərd, rʌ́ʤərd/ ～ (1865–1936)《英国の短篇作家・詩人・小説家; インド生まれ; 小説 *The Light that Failed* (1891), *Kim* (1901), 詩集 *Barrack-Room Ballads* (1892), 短篇・韻文集 *The Jungle Book* (1894); ノーベル文学賞 (1907)》. ♦ **Kìpling·ésque** *a*
kip·per[1] /kípər/ *n* 産卵期(後)の雄のサケ[マス]; キッパー《塩をした燻製ニシン[サケ]》. ► *vt* [[U]*pp*]〈サケ・ニシンなど〉に塩をして燻製にする. ♦ **～·er** *n* [ME＜?; *copper* (その色)からか]
kipper[2] *n*《俗》人, やつ (fellow);《俗》若いの, ガキ;《豪口》成人の儀式を済ませたばかりの先住民の若者《通例 14–16 歳》;《豪》[*derog*] 英国人. [(Austral)]
kip·per·sol /kípərsɔ̀l/ *n*《南ア》アフリカ産ウコギ科キュソニア[クッソニア]属の各種常緑樹. [Afrik]
kípper tìe [II] キッパータイ《色・柄の派手な幅広ネクタイ》.
Kípp's apparátus /kíps-/〘化〙キップの装置《加熱せずに硫化水素などのガスを発生させる装置》. [Petrus J. *Kipp* (1808–84) オランダの化学者]
ki·pu·ka /kɪpúːkə/ *n*《ハワイ》キプカ《溶岩流におおわれずに流出前の地表が島状に低く取り残された地域》. [Haw]
kir /kíər/ *n* [[°]K-] キール《crème de cassis を白ワインで割った食前酒》. [Canon Felix *Kir* (1876–1968) Dijon の市長で考案者]
kír·by grip /kə́ːrbi-/ ヘアピン (bobby pin)《最初のメーカー *Kirby*, Beard & Co. が発売した Kirbigrip という商品名から》.
Kirch·hoff /kíərkɔ̀ːf; *G* kírçhɔf/ キルヒホフ **Gustav Robert** ～ (1824–87)《ドイツの物理学者; Bunsen と共に分光分析の基礎を確立した》.
Kírchhoff's láw〘電〙キルヒホフの法則《回路の分岐点での出入電流に関する第 1 法則と, 閉路についての電圧に関する第 2 法則とからなる電気回路理論の基本法則》. [↑]
Kirch·ner /kíərknər; *G* kírçnər/ キルヒナー **Ernst Ludwig** ～ (1880–1938)《ドイツの画家; 表現主義画家グループ Die Brücke の創立者の一人》.
Kirghiz, -giz ⇨ KYRGYZ.
Kir·ghi·zia, Kir·gi·zia /kɪrgíːziə, -ʒ(i)ə; kəːgíziə/ KYRGYZSTAN.
Ki·ri·bati /kíərəbæ̀s/ キリバス《太平洋中西部の Gilbert, Phoenix, Line 各諸島からなる国; 公式名 Republic of ～ (キリバス共和国); もと英領植民地 Gilbert and Ellice Islands の一部, 1979 年独立, 英連邦に属する; ☆Tarawa》.
Ki·rik·ka·le /kəríkəlèɪ/ クルッカレ《トルコ中部 Ankara の東南東にある町》.
Kirin 吉林 (⇨ JILIN).
Ki·riti·mati /kərísməs, kìrətɪmáːti/ キリティマティ《太平洋中部 Line 諸島中の大環礁; キリバスに属する; 別称 Christmas Island》.
Kir·jath-ar·ba /kə̀ːrjəθáːrbə, kíər-/ キリアテ-アルバ, キルヤト-アルバ《HEBRON の古代名》.
kirk /kə́ːrk, kíərk/ *n*《スコ》教会;《スコットランドの》教会; [the K-] スコットランド長老教会 (＝K～ of Scotland): FREE KIRK. [ON *kirkja*＝OE CHURCH]
Kirk /kə́ːrk/ カーク《男子名》. ★ ⇨ CAPTAIN KIRK. [↑]
Kirk·cal·dy /kərkɔ́ː(l)di, -káː-/ カーコーディ《スコットランド南東部 Forth 湾に臨む港町》.
Kirk·cud·bright /kərkúːbri/ カークーブリー《**1**) スコットランド南西部の旧州 (＝**Kirkcúdbright·shire** /-ʃɪər, -ʃər/) **2**) その中心の町》.
kírk·man /-mən/《スコ》*n* スコットランド長老教会の信者; 聖職者.
Kirk·pat·rick /kə̀ːrkpǽtrɪk/ [Mount] カークパトリック山《南極大陸 Victoria Land 南部の山 (4528 m)》.
kírk sèssion《スコットランド長老教会および他の長老教会の》最下級長老会議.
Kir·kuk /kɪrkúːk; kə̀ːrkúk, ⏑⏑/ キルクーク《イラク北東部の市; Kurdistan の中心地, 油田地帯の中心》.
Kirk·wall /kə́ːrkwɔ̀ːl/ カークウォール《スコットランド北部 Orkney 諸島の Mainland 島にある同諸島の行政の中心地; 古代スカンディナヴィア人の建てた聖堂がある》.

K

kírk·yàrd *n* 《スコ》 CHURCHYARD.

Kír·li·an photógraphy /kíərliən-/ キルリアン写真(術) 《(生物の)被写体を電場に置くことによってその物体から放射する発光をフィルムに記録する方法》. ◆ **Kírlian phótograph** *n* ［Semyon D. *Kirlian*, Valentina K. *Kirlian* 1939年ごろ活躍したソ連の発明家］

Kir·man /kɪərmá:n, kər-/ *n* キルマンじゅうたん (=*Kerman*). ［*Kerman*］

kirmess ⇨ KERMIS.

kirn /kə́:rn, kíərn/ *n* 収穫祭; 《スコ》 攪乳器 (churn).

ki·rom·bo /kɪrámbou/ *n* (*pl* ～**s**) 〘鳥〙 オオブッポウソウ 《マダガスカル島産》. ［Malagasy］

Ki·rov /kí:rɔ̀:f, -v; kíərəf/ **1** キーロフ **Sergey Mironovich** ～ (1886–1934) 《ソ連の政治家; 共産党指導者; その暗殺が大粛清 (1934–38) の発端となった》. **2** キーロフ 《ヨーロッパロシア中東部の市; 旧称 Vyatka》.

Ki·ro·va·bad /kɪróuvəbæ̀d, -bà:d/ キロヴァバード 《GÄNCÄ の旧称》.

Ki·ro·vo·hrad /kì:rəvəhrá:d/, (Russ) **-grad** /kɪróuvəgræ̀d, -grà:t/ キロヴォフラード 《ウクライナ中南部の市; 旧称 Yelysavethrad, Zinovyevsk》.

kir·pan /kɪərpá:n, kə:r-/ *n* キルパーン 《シク教徒が身に着ける短剣; cf. FIVE KS》. ［Punjabi, Hindi］

kir roy·al(e) /kíər rɔɪá:l/ *n* [ºK- r-] キールロワイヤル 《crème de cassis をシャンパン (スパークリングワイン) で割った食前酒》. ［F=royal kir］

kirsch(·was·ser) /kíərʃ(vɑ̀:sər)/ *n* キルシュ(ヴァッサー) 《サクランボ果汁から造る無色の蒸留酒》. ［G=cherry (water)］

Kir·sten /kə́:rst(ə)n, kíər-/ カーステン 《女子名》. ［Norw; ⇨ CHRISTINE］

kir·tan /kíərtɑ:n/ *n* キールタン 《ヒンドゥー教の宗教賛歌; リーダーが歌う詩句を集団で繰り返しながら歌う》. ［Skt］

Kírt·land's wárbler /kə́:rtləndz-/ 〘鳥〙 カートランドアメリカムシクイ 《北米北東部産》. ［Jared P. *Kirtland* (1793–1877) 米国の博物誌家］

kir·tle /kə́:rtl/ 《古》 *n* 《中世の》 男子用の短い上着 (tunic, coat); 女性用のガウン[スカート]. ［OE *cyrtel*; L *curtus* short と関連あるか］

Ki·ru·na /kí:rənɑ̀:/ キルナ 《スウェーデン北部の北極圏にある市; 鉄鉱山の町》.

Ki·run·di /kɪrúndi/ *n* キルンディ語 《Bantu 諸語の一つで, ブルンジの公用語》.

ki·ruv /kí:ruv/ *n* キールーヴ 《世俗化したユダヤ人を, セミナーや宗教儀式を通じてユダヤの正統信仰に近づけること》. ［Heb=nearing］

Kir·wan /kə́:rwən/ カーワン **Richard** ～ (1733–1812) 《アイルランドの化学者; *Elements of Mineralogy* (1784)》.

Ki·san·ga·ni /kì:səngá:ni/ キサンガニ 《コンゴ民主共和国北部 Congo 川にある Boyoma 滝の下流に位置する市; 旧称 Stanleyville》.

kish /kíʃ/ *n* 〘冶〙 キッシュ黒鉛. ［? G *Kies* gravel］

Kish キシュ 《古代シュメール, アッカド時代に存在した都市; Babylon 遺跡の東に, その遺跡が残っている》.

Ki·shi·nyov /kɪ̀ʃɪnjɔ́:f/, **-nev** /, kíʃənɛ̀f, -nɛ̀v/ キシニョフ 《CHIŞINĂU の旧称》.

kish·ke, -ka /kíʃkə/ *n* 〘ユダヤ料理〙 キシュカ (=*stuffed derma*) 《腸詰の一種》; [～s] *《俗》 はらわた, 勇気, 肝っ玉 (guts). ［Yid］

kis·ka·dee /kískədì:/ *n* DERBY FLYCATCHER. ［imit］

Kis·lev, -lew /kísləv, -ləf, kɪslέv/ *n* 〘ユダヤ暦〙 キスレウ 《政暦の第3月, 教暦の第9月; 現行太陽暦で 11–12月; ⇨ JEWISH CALENDAR》. ［Heb］

Kis·ma·yu /kɪsmá:u/ キスマユ 《ソマリア南部のインド洋岸の市・港町; 別称 Chisimaio》.

kis·met /kízmɛ̀t, kís-, -mət/, **-mat** /-mət/ *n* [ºK-] 〘イスラム〙 アッラーの意志; 運命, 天命, 宿命 (fate). ［Turk＜Arab (*kasama* to divide)］

kiss /kís/ *n* **1 a** キス, 接吻, くちづけ; [〈*int*〉] チュッ 《キスの音》; 愛のことば[印]: give a ～ to…にキスする / send sb ～*es* 《手紙などで》 愛のことばを送る / sealed with a ～ 《口》 《愛の手紙に》 キスの封印をして, 愛情をこめて 《略 SWAK》. **b** 《詩》 《微風などが》 軽く触れること; 〘玉突〙 《球と球の》 接触, キス; *《俗》 KISS-OFF. **2** 《幼児》 あわ 《乳・茶などに浮かんだ》; ひと口キャンディー[チョコ]; 《小さい》 焼きメレンゲ. ● **blow** [**throw**] sb **a** ～=**blow** [**throw**] **a** ～ **to** sb 人に投げキスをする. ► *vt, vi* **1** キスする: ～ sb *on* the mouth [cheek]=～ sb's mouth [cheek] / ～ and be friends=～ and make up キスして仲直りする / ～ *away* 〈涙などを〉キスしてぬぐい去る / ～ one's hand to sb 人にキスを送る[投げる] / (Do) you ～ your momma with that mouth? *《俗》 《きたないことを言った》 その口でママにキスするの? (cf. Do you EAT with that mouth?) / Many ～ the hand they wish to cut off. 《諺》 切り取ってしまいたい手にもキスする者は多い 《内心の悪意をうわべの丁重さで隠す》. **2** 〈手などが〉軽く触れる; 〘玉突〙 接触する; 《詩》 〈微風・波が〉軽く[やさしく]触れる. ● ～ **and tell** 《直前にやめた組織・別れた有名人との関係などの》 内幕を暴露する. ～ **good-bye** 〈人に〉別れのキスをする 〈*to*〉; 《口》 捨てる, やめる; 《口》 ないもの[見込みなし, 返らないもの]とあきらめる: She ～*ed* me *good-bye*. わたしにキスをして別れを告げた. ～ **hands** [**the hand**] 君主 《など》 の手に接吻する 《儀礼的にまたは大臣などの就任などに際して行なうもの》. ～ **it better** 《幼児が痛みを忘れるように》 こぶや傷口にキスする, キスをして治す. ～ **off** 〈口紅などを〉キスして取り去る[消す]; *《俗》 おさらばする, 忘れ去る, ないものとあきらめる, 軽くあしらう, お払い箱にする (dismiss); *《俗》 避ける, 逃げる; *《俗》 殺す; [*impv*] *《俗》 おせっかいをやめる, 立ち去る. ～ **out** *《俗》 分け前をだまし取られる[もらいそこなう]. ～ **the book** 聖書に接吻して宣誓する. ～ **the canvas** [**resin**] *《俗》 《ボクシングで》 ノックアウト[ダウン]をくらう. ～ **the** DUST. ～ **the ground** 平伏する; 屈辱をなめる. ～ **the post** (おそくなって)締め出しを食う. ～ **the rod** [**cross**] すなおに罰をうける. ～ **up** *《俗》 〈…に〉取り入る, こびへつらう, おべっかを使う, ちやほやする 〈*to* sb〉. ［OE (v) *cyssan* < (n) *coss*; cf. G *küssen*, *Kuss*］

KISS /kís/ *《口》 keep it simple, stupid シンプルにするんだ, このばか 《プログラムや通信文の複雑さを戒める標語》.

kíss·able *a* 〈口・唇などが〉キスしたくなるような.

kíss-and-téll *a* 〈回顧録などが〉内幕を描く, 暴露的な: a ～ book 暴露本 (cf. KISS *and tell*).

kíss-àss 《卑》 *a* こびへつらう, お追従をつかう, よいしょの. ► *n* おべっか(屋), ごますり(野郎). ► *vi* ごまをする, へいこらする. ► *vt* [～ one's way として] へいこらしながら(地位に)昇る 〈*to*〉.

kíss-bútt *n, a* *《俗》 KISS-ASS.

kíss cùrl" 額[ほお, うなじ]にかかるちょっとしたカール (spit curl).

kis·sel /kís(ə)l/ *n* キセル 《甘くした果物のピューレを arrowroot で濃くしたロシアのデザート》. ［Russ］

kíss·er *n* キスする人; 《俗》 口, 唇, あご, 顔: a good [terrible] ～ キスのうまい[へたな]人.

kíss·ing bùg 〘昆〙 (オオ)サシガメ (conenose).

kíssing cóusin 会えばキスする程度のいとこ, KISSING KIN; 親しい知人[友人]; 似たもの同士の一方, よく似たもの, 引写し.

kíssing crùst パン皮の柔らかい部分 《焼くとき他の塊りにくっついてできた部分》.

kíssing disèase キス病 (INFECTIOUS MONONUCLEOSIS) 《俗称》.

Kis·sin·ger /kís(ə)nʤər/ キッシンジャー **Henry A(lfred)** ～ (1923–) 《ドイツ生まれの米国の政治学者; 国家安全保障問題担当大統領補佐官 (1968–73), 国務長官 (1973–77); ヴェトナム戦争の平和的終結に貢献, ノーベル平和賞 (1973)》. ◆ **Kis·sin·ger·ian** /kɪ̀s(ə)nʤέriən/ *a*

kíssing gàte" 小開き門 《牧場などに設置されている半円形または V 字形の木戸; 人を1人ずつ通し, 家畜は通れない》.

kíssing kín [**kínd**] 会えば挨拶のキスを交わす(くらい親しい)親類[知り合い] (=*kissing cousin*); 《俗》 互いにうまくいっている人びと[もの]; 引写し, よく似たもの.

kíss·ing·ly *adv* くちづけするように, 軽く, そっと, 優しく.

kíss-in-the-ríng *n* キスゲーム 《内を向いて輪をつくり, 外にいる鬼が輪中の異性の後ろにハンカチを落とし, 落とされた者はそれを拾って鬼を追い, 鬼が追っ手の居た空所に駆け込む前につかまえてキスする; cf. *throw the* HANDKERCHIEF *to*》.

kíss-me-quìck *n* 後頭部にかぶる縁なし帽; KISS CURL.

kíss-me-quíck hàt" キスミークイック帽 《kiss me quick などの文句を前面に書いた, 通例 黒い安手の帽子; 若い女性が祭やリゾート地でかぶる》.

kíss of déath [the] 破滅のもと, 命取り, あだとなるもの, *《政治俗》 ありがたくない方面からの(計略的な)候補者支持 《Judas の接吻から; *Mark* 14: 44–45》.

kíss-òff *n* [the] 《俗》 お払い箱, 首 (=California ～, New York ～), 縁切り, 手切れ, おさらば, 死; 〘玉突〙 軽い接触, キス. ► /–́–/ *vi* *《俗》 死ぬ, おさらばする, くたばる.

kíss of lífe" [the] 《口から口への》 人工呼吸; [*fig*] 命をよみがえらせるもの.

kíss of péace 《礼拝式・聖餐式の》 親和[平和]の接吻 《実際には肩を抱いて親睦の形式を示す》.

kís·so·gràm /kísə-/ *n* キス付き電報[祝辞], キソグラム 《配達係が受取人にキスをするサービスがつく電報・メッセージ》; キソグラム配達係.

kíssy 《口》 *a* キスしたがる, キスで愛情を表現する(ような), 甘ったるい; キスしたくなる(ような)〈唇〉.

kíssy·fàce /kísi-/, **-fàcey** /-fèɪsi/, **-poo** /pù:/ *《俗》 *n* キス, いちゃいちゃ. ● **play** ～ *《俗》 (やたらと[人前で])キスし合う, いちゃつく; *《俗》 〈人と〉仲よくする, 〈人に〉こびを売る 〈*with*〉. ► *vt* …にキスする, …といちゃいちゃする. ► *a* 《互いに》 キスしたい(気持になって).

kist[1] /kíst/ 《スコ》 *n* 金箱; 《救急用品の》 収納棚; 棺. ［ON *kista*; ⇨ CHEST］

kist[2] *n* CIST.

kist[3] *n* 《南ア》 《特に 嫁入り支度の》 リンネル類入れの木の大箱. ［Afrik］

kister ⇨ KEISTER.

Kist·na /kístnə/ [the] キストナ川 《KRISHNA[2] 川の旧称》.

kist·vaen /kístvàɪn/ *n* 〘考古〙 CIST.

Ki·su·mu /kɪsúːmu/ キスム《ケニア西部の Victoria 湖に臨む港町》.
kis·wa, -wah /kíswàː/ *n*〔イスラム〕キスワ《Mecca の Kaaba をおおう布》. [Arab]
Ki·swa·hi·li /kɪswàːhíːli/ *n* キスワヒリ語 (Swahili).
kit[1] /kít/ *n* **1** 道具箱[袋]; 道具一式; 《旅行・運動などの》用具; 《組立》材料[部品]一式, 《パーツ》キット; 《特別な場合の》装具[服装]一式; 説明書類などの一式; ″《俗》衣服 (clothes); 背嚢(にはいっているもの): a ～ for a model ship 模型の船の組立材料一式 / a first-aid ～ 救急箱 / a doctor ～ 医者のかばん / ～ inspection 《兵士の》服装検査 / get one's ～ off ″《口》服を全部脱ぐ. **2** ″《方》《魚など入れる》木桶, かご, 買物かご. **3**《口》全部, みな. ● **the whole ～ (and caboodle [boodle, boiling])**《口》全部, なにもかも[だれもかれも]みな. ► ″*vt, vi* (-tt-) (…に)装備[服装]をさせる[する]〈*out, up*〉: be *kitted out with* the latest gear 最新の装具を身に着けている. [MDu＝wooden tankard＜?]
kit[2] *n* ポケット用小型ヴァイオリン (＝*pochette*)《昔のダンス教師用》. [C16＜?; L *cithara* CITHERN か]
kit[3] *n* 子猫; 子ギツネ《など》(の毛皮). [*kit*ten]
Kit キット《1) 男子名; Christopher の愛称 2) 女子名; Catharine, Catherine, Katharine, Katherine の愛称》.
kit kitchen. **KIT**《E メールなどで》keep in touch.
Ki·taj /kɪtáɪ/ キタイ **R(onald) B(rooks)** ～ (1932–2007)《米国の画家; 英国に在住; pop art の作家》.
kít bàg〔軍〕背嚢 (knapsack); 旅行かばん; ″DUFFEL BAG.
kít-càt *n* [Kit-Cat] Kit-Cat Club の会員; 半身より小さいが両手を含む肖像画《36×28 インチ＝91×71 cm》.
Kít-Càt Clùb [the] キットキャットクラブ《18 世紀の初め London にあった Whig 党系のクラブ》.
kitch·en /kítʃən/ *n* **1** 台所, 炊事場, 勝手, 厨房(ちゅうぼう); 賄い方, 調理部; 料理 (cookery, cuisine); 《スコ》副食物. **2** 《俗》《オーケストラの》打楽器部門; 《野球俗》打ちごろのコースと高さ, ヒットゾーン. ● **down in the ～***《CB 無線俗》最低速ギアで(運転して). ► *a* 〈言語が〉無教育な人の, ピジン化した: KITCHEN DUTCH. [OE *cycene*, ＜L *coquina*]
kítchen càbinet /; ⌐ー ー⌐/ 台所用食器棚; 《大統領・州知事などの》私設顧問団.
kítchen Dùtch AFRIKAANS.
kítchen·er *n* 料理人; 《特に修道院の》調理係; ″料理かまど, レンジ (range).
Kitch·e·ner /kítʃ(ə)nər/ **1** キッチナー **Horatio Herbert** ～, 1st Earl ～ of Khartoum and of Broome (1850–1916)《英国の元帥; スーダンを征服, ブール戦争で司令官, 第一次大戦当初の陸相》. **2** キッチナー《カナダ Ontario 州南東部の市》.
kìtchen·ét(te) *n* 簡易台所, キチネット. [-*et*]
kítchen évening《豪》結婚前の花嫁のために贈り物として台所用品を持ち寄って祝うパーティー (＝*kitchen tea*) (kitchen shower*).
kítchen gàrden《自家用》菜園, 家庭菜園.
kítchen kàffir [*derog*] FANAGALO.
kítchen knìfe 庖丁.
kítchen·màid *n* 料理人を助けるお手伝い, 台所の下働き, キッチンメード.
kítchen màtch《ガスオーブンなどに用いる頭の大きい》台所用マッチ, 摩擦マッチ.
kítchen mìdden〔考古〕貝塚.
kítchen pàper ″KITCHEN ROLL.
kítchen patról KITCHEN POLICE.
kítchen phỳsic [*joc*]《病人用の》滋養物.
kítchen políce〔米軍〕台所勤務《皿洗いなど台所の片付け; 時に微罪の罰として課せられる; 略 KP; cf. POLICE》; 台所勤務の兵士.
kítchen rànge レンジ, 炊事かまど.
kítchen ròll ″キッチンペーパー, キッチンタオル《台所用・調理用のペーパータオル》.
kítchen shówer* KITCHEN EVENING.
kítchen-sínk *a* ″《生活のきたない面を描いて》極端にリアリスティックな〈演劇・絵画など〉; 雑多な要素からなる, ごたまぜの.
kítchen sínk 台所の流し. ● **everything [all] but [except] the ～** [*joc*] 考えうるすべて, 何でもかんでも.
kítchen stùff 料理の材料《特に 野菜》; 台所の残り物.
kítchen téa《豪》KITCHEN EVENING.
kítchen tòwel KITCHEN ROLL.
kítchen únit《調理用ストーブ・流し台・戸棚などの》ユニット式台所セット(の一点), キッチンユニット.
kítchen·wàre *n* 台所用品, 勝手道具.
kitchy-(kitchy-)koo, kitchie-(kitchie-)koo ⇨ HITCHY-KOO.
kite /káɪt/ *n* **1** 凧(たこ); 〔鳥〕トビ《総称》; ″《俗》《特に 第二次大戦中の》飛行機; [*pl*]〔海〕軽凧《微風の時だけ檣頭(しょうとう)に張る》; 〔数〕凧形. **2**《俗》融通手形, 空手形, 不正小切手, 偽造領収証; *《俗》《特に 刑務所にひそかに持ち込まれる》手紙, メモ. **3**《古》人を食い物にする者, 貪欲な人, ペテン師. **4** *《俗》麻薬の常用者, ラリ公《たこ (kite) のようにハイ (high) な状態にあるというしゃれから》. ● **(as) high as a ～**＝**higher than a ～**《俗》ぐでんぐでんになって, へべれけに酔って. **blow sth high as a ～***《俗》暴露して[すっぱ抜いて]…をすっかりだいなし[おじゃん]にする. **fly [send up] a ～** 凧を揚げる; 意向[世論]を探るため仮に言って[やって]みる, 人気試しに探りを入れる (cf. TRIAL BALLOON); 《俗》融通手形を振り出す, 手形詐欺をはたらく; *《俗》手紙を出す, 獄中へ[から]ひそかに手紙を入れる[出す], 《金・援助を求める》航空便を出す. **Go fly a [your] ～!***《俗》あっちへ行け, 出て行け, うせろ. ► *vi, vt*《口》トビのように速く自由に舞う[飛ぶ, 動く]; 〈値段など〉急に上がる[上げる]; 《俗》融通手形[小切手, クレジットカード]で金をつくる, 融通手形を振り出す; 《俗》《現金化する前に》〈小切手〉の金額を改竄(かいざん)[増額]する, 〈小切手〉で不正[詐欺]をはたらく. ♦ **kít·er** *n* **kít·ing** *n* 凧揚げ. **～·lìke** *a* [OE *cȳta*＜?; cf. G *Kauz* owl]
kíte ballóon〔軍〕凧式(繋留)気球《略 KB》.
kíte·bòard·ing, -sùrf·ing *n* カイトボーディング, カイトサーフィン《サーフボードに乗って大凧をあやつり, その浮揚力を利用して水上を滑走するサーフィン》. ♦ **-bòard·er, -sùrf·er** *n*
kít·ed /káɪtəd/ *a*《俗》酔っぱらった (drunk).
kíte fìghting《マレーシアの》凧の糸切り合戦.
kíte-flỳ·ing *n* **1** 凧揚げ. **2** 探りを入れること, アドバルーンを揚げること; 《俗》手形[小切手, 領収書]詐欺.
Kite·ly /káɪtli/ カイトリー《Ben Jonson, *Every Man in His Humour* 中の嫉妬深い商人》.
kíte·màrk *n* [°K-]〔英〕カイトマーク《BSI の安全規格に適合していることを示す凧の形をしたマーク》.
ki·ten·ge /kɪtéŋɡɛ/ *n*《東アフリカ》キテンゲ《多様な色と柄の女性服用の綿布》. [Swahili]
kitesurfing ⇨ KITEBOARDING.
kít fòx **1**〔動〕**a** スウィフトギツネ (＝*swift fox*)《北米西部平原産の小型のキツネ》. **b** キットギツネ《米南西部・メキシコ産》. **2** KIT FOX の毛皮[生皮].
kith /kíθ/ *n* [今は次の成句のみに用いて] 友人, 隣人, 同胞, 知己; 親戚 (kindred). ● **～ and kin** 親戚知己 (friends and relatives); 親類縁者. [OE *cȳth(th)* knowledge＜*cuth* (⇨ CAN[1]); cf. (UN)COUTH]
Kithairón ⇨ CITHAERON.
kithara ⇨ CITHARA.
kithe, kythe /káɪð/《スコ》*vt* 知らせる, 宣言する, 示す. ► *vi* 知れる, 明らかになる, 現われる.
Kí·thi·ra, Ky·the·ra /kíːθirɑː/ キーテラ《CYTHERA の現代ギリシア語名》.
Kit Kat /kít kæ̀t/〔商標〕キットカット《チョコレートがけウエハース》. [? *Kit-Cat* Club]
kít·ling *n* ″《方》KITTEN.
kitsch /kítʃ/ *n* [ˢK-]《文学・芸術の》俗うけする[をねらった]低級作品, 駄作, がらくた, くず; 《そういう作品にみられる》低俗な虚飾性, キッチュ. ► *a* 悪趣味で俗っぽい, キッチュな. ♦ **kítschy** *a* **kítsch·i·ness** *n* [G＝trash]
kit·tel /kítl/ *n* キッテル《ユダヤ人, 特に 正統派ユダヤ教徒があがないの日 (Yom Kippur) などに着る儀式用白衣》. [Yid]
kit·ten /kítn/ *n* 子猫; 《広く小動物の》子; ″おてんば娘. ● **cast a ～** 感情を爆発させる. **give sb ～s**《口》人をびっくり[いらいら, 興奮]させる. **have ～s [a ～]** ″《口》度を失う, 興奮する, 色をなす, 気が立つ, かっとなる, いらだつ, うろたえる, たまげる, 《感情的に》爆発する, キレる, *《笑いなどで》卒倒する. ► *vi, vt* 〈猫が子を〉産む; じゃれつく, こびを見せる. ♦ **～·lìke** *a* [AF (dim)＜*chat* CAT[1]; 語尾は *-en*[4] に同化]
kítten hèel キトンヒール《先の細い 2–3 cm のヒールをもつ婦人靴》.
kítten·ish *a* 子猫のような; じゃれる (playful); おてんばの; あだっぽい. ♦ **～·ly** *adv* **～·ness** *n*
kítten mòth〔昆〕シャチホコガ科 *Furcula* 属の蛾《灰色または白色で柔毛におおわれている》.
Kit·ti·tian /kətíʃən/ *n* キッツ人《St. Kitts 島の住民》. ► *a* キッツ人[島]の.
kit·ti·wake /kítiwèɪk/ *n*〔鳥〕ミツユビカモメ, アカアシミツユビカモメ. [imit; 鳴き声より]
kit·tle /kítl/《スコ》*a* くすぐったがる; そわそわする, 落ちつきのない; 《手の》早い; 気まぐれな, あてにならない, 扱いにくい. ► *vt* くすぐる; 快く刺激する; …の機嫌を取る; 惑わす. [ME＝to tickle＜? ON *kitla*]
kíttle càttle《米では方》*n, a* 気まぐれな(人たち), あてにならない(連中), やりにくい(物事).
Kítt Péak /kít-/ キットピーク《Arizona 州南部の山 (2096 m); 世界最大級の天文台がある》.
kit·tul /kɪtúːl/ *n* キッタル《クジャクヤシの葉柄から採る柔軟な黒褐色の繊維; ブラシ・網・マット用》; 〔植〕クジャクヤシ《インド原産》. [Sinhalese]
kít·ty[1] *n* 子猫 (kitten), ねこちゃん; 《幼児》ニャーニャー, ニャンコ(ちゃん). [*kit*[3]]
kitty[2] *n* **1 a**〔トランプ〕積金壺《各人が得た金の一部を席料・チップなどのために積み立てる壺》. **b**《勝者に渡る》総賭け金, 積み金; 《一般に》共同出資[積立]金, たくわえ. **2**《各人に配った残りの》場札; 《bowls

の標的である》白い小球 (jack). ● **feed the ～**《賭け増したり罰金を場に払ったりして》積み金を増やす; 共同出資する, 金を出し合う. ［C19<?; cf. KIT[1]］

Kitty[1] キティー《女子名; Catharine, Catherine, Katharine, Katherine の愛称》.

Kitty[2] *n**《俗》キャデラック (Cadillac)《車》. ［*Caddy*］

kítty-còrner, -còrnered *a, adv* CATERCORNER.

Kítty Hàwk キティーホーク《North Carolina 州北東部の村; 1903 年 Wright 兄弟が人類最初の有人動力飛行に成功した地》.

Kítty Lìtter〘商標〙キティーリター《ペット, 特に猫用トイレに敷く吸湿材》.

Kit·we /kíːtwèɪ/ キトウェ《ザンビア北部の市》.

Kitz·büh·el /*G* kítsbyːəl/ キッツビューエル《オーストリア西部 Innsbruck の東北東にある保養地; スキーの町》.

Kiuchuan 酒泉 (⇨ JIUQUAN).

ki·va /kíːvə/ *n* キーヴァ《Pueblo インディアンの(半)地下の大広間; 宗教儀式·会議·その他に用いる》. ［Hopi］

Ki·vu /kíːvu/ [Lake] キヴ湖《コンゴ民主共和国とルワンダの間にある湖》.

Ki·wa·ni·an /kəwáːniən/ *n, a* キワニスインターナショナル (Kiwanis International) の(会員).

Ki·wa·nis Internátional /kəwáːnəs-/ [the] キワニスインターナショナル《1915 年に Detroit で結成された地域奉仕団体》.

ki·wi /kíːwi/ *n* **1**〘鳥〙キーウィ《翼が原始的で飛べないニュージーランド産の夜行性走禽; ニュージーランドの国鳥》; [K-]《口》ニュージーランド人 (New Zealander). **2**《口》《航空関係の》地上勤務員,*《俗》飛ばない空軍将校. **3** KIWIFRUIT. ［Maori］

kíwi·frùit *n* キーウィ(フルーツ) (cf. CHINESE GOOSEBERRY).

Ki·zil Ir·mak /kəzíl ɪərmáːk/ [the] キジルイルマク川《黒海に注ぐトルコ中北部の川; 古代名 Halys》.

kJ kilojoule(s).

Kjø·len [Kjö·len] Mountains /ʧǿːrlən ─́─/ *pl* [the] チェーレン山脈《ノルウェー北東部とスウェーデン北西部の間にある山脈; 最高峰はスウェーデン側の Kebnekaise 山 (2114 m)》.

KJV °King James Version. **KKK** °Ku Klux Klan. **KKt**〘チェス〙°king's knight. **kl, kL** kiloliter(s).

KL《口》Kuala Lumpur.

Kla·gen·furt /kláːgənfùərt/ クラーゲンフルト《オーストリア南部 Carinthia 州の市, 州都》.

Klai·pė·da /kláɪpədə/ クライペダ (*G* Memel)《リトアニア西部のバルト海に臨む市·港町》.

Klam·ath /klǽməθ/ *n* **1 a** (*pl* ～, ～**s**) クラマス族《Oregon 州南西部および California 州北部に住む北米インディアン》. **b** クラマス語. **2** [the] クラマス川《Oregon 州南部 Upper Klamath 湖に源を発し, California 州北西部を抜けて太平洋へ注ぐ》.

Klámath wèed〘植〙セイヨウオトギリ《欧州原産で北米に帰化したオトギリソウ属の多年草で雑草; Saint-John's-wort の一種》.

Klan /klǽn/ *n* [the] クラン《KU KLUX KLAN (の支部)》. ♦ **～·ìsm** *n*

klang·far·be /kláːŋfàːrbə/ *n* [°K-] 音色. ［G］

Kláns·man /-mən/ *n* Ku KLUX KLAN の会員. ♦ **-wòman** *n fem*

Klas /kláːs/ クラス《男子名》. ［Swed; ⇨ NICHOLAS］

klatch, klatsch /klǽʧ, kláːʧ/ *n*《口》おしゃべり会, 歓談会; 集まり, 集団: KAFFEEKLATSCH. ［G *Klatsch* gossip］

klav·ern /klǽvərn/ *n* [°K-] Ku KLUX KLAN の地方支部[集会所]. ［*klan* + *cavern*］

Klax·on /klǽks(ə)n/〘商標〙クラクション《警笛 (horn)》.

klea·gle /klíːg(ə)l/ *n* Ku KLUX KLAN の役員. ［*klan*+*eagle*］

kleb·si·el·la /klèbziélə/ *n*〘菌〙莢膜桿菌(きょうまくかんきん), クレブシエラ. ［↓, *-ella*］

Klebs-Löff·ler bacillus /klébzléflər ─́─/〘菌〙クレブズ-レフラー(桿)菌《ジフテリア菌》. ［Edwin *Klebs* (1834–1913) ドイツの病理学者, Friedrich A. J. *Löffler* (1852–1915) ドイツの細菌学者］

Klee /kléɪ/ クレー **Paul** ～ (1879–1940)《スイスの画家》.

Klee·nex /klíːnèks/〘商標〙クリネックス《ティッシュペーパー》.

Klei·ber /kláɪbər/ クライバー (1) **Carlos** ～ (1930–2004)《オーストリアの指揮者; Erich の子》 (2) **Erich** ～ (1890–1956)《オーストリアの指揮者》.

kléig èyes /klíːg-/ *pl* KLIEG EYES.

kléig lìght KLIEG LIGHT.

Klein /kláɪn/ クライン (1) **Calvin** (**Richard**) ～ (1942–)《米国のファッションデザイナー》 (2) **Lawrence Robert** ～ (1920–)《米国の計量経済学者; 経済変動を分析し, 景気循環のモデルを構築; ノーベル経済学賞 (1980)》. (3) **Melanie** ～ (1882–1960)《オーストリア生まれの英国の精神分析学者; 遊戯を通じた児童の精神分析法を開拓した》.

Kléin bòttle〘数〙クラインの壺[管]《円柱の一端の表·裏をそれぞれ他端の裏·表につなげた表裏の区別ができない閉曲面; 3 次元空間内では実現できないがしばしば壺のような形で描かれる》. ［Felix *Klein* (1849–1925) ドイツの数学者］

Klein·ian /kláɪniən/ *a, n*〘精神分析〙クライン学派の(支持者). ［Melanie *Klein*］

Kleist /kláɪst/ クライスト (1) (**Bernd**) **Heinrich** (**Wilhelm**) **von** ～ (1777–1811)《ドイツの劇作家; *Der zerbrochene Krug* (こわれ甕, 1806)》 (2) **Paul Ludwig** (**Ewald**) **von** ～ (1881–1954)《ドイツの将軍》.

Kle·mens /kléɪmèns/ クレーメンス《男子名》. ［G; ⇨ CLEMENT］

Klem·per·er /klémpərər/ クレンペラー **Otto** ～ (1885–1973)《ドイツの指揮者》.

klepht /kléft/ *n* [°K-]〘史〙クレフト《ギリシアがトルコに征服された時各地にたてこもって抵抗を続けたゲリラ隊員》; 《ギリシアの》山賊. ♦ **kléph·tic** *a* ［Gk (↓)］

klept- /klépt/, **klep·to-** /kléptou, -tə/ *comb form*「盗み」［Gk *kleptēs* thief］

klep·to /kléptou/ *n* (*pl* ～**s**)《俗》窃盗狂 (kleptomaniac)《人》.

klep·toc·ra·cy /klɛptákrəsi/ *n* 泥棒政治[政権], 収奪政治[政権]. ♦ **klép·to·cràt** *n* 泥棒政治家. **klèp·to·crát·ic** *a*

klèpto·mánia, clep·to- /klèptə-/ *n* (病的)盗癖, 窃盗狂, クレプトマニア. ♦ **-má·niac** *n, a*

klèpto·párasite *n*〘動〙盗み寄生者《他の種から常習的に食物を奪う鳥[昆虫, 動物]》. ♦ **-parasític** *a* **-párasitism** *n*

Kle·ve, Cle·ve /kléɪvə/ クレーヴェ (*E* Cleves, *F* Clèves)《ドイツ西部 North Rhine-Westphalia 州北西部の市; 旧クレーヴェ公の領地で, 居城が残る》.

klez·mer /klézmər/ *n* (*pl* **klez·mo·rim** /klèzmərí:m, klɛzmɔ́ːrəm/, ～, ～**s**) クレズマー《(1) 東欧のユダヤ人の民族音楽奏者; 数人の楽団で結婚式などで演奏した (2) イスラエル·米国などでユダヤの伝統音楽を演奏する音楽家》; クレズマーの演奏する音楽 (=～ **mùsic**). ［Yid］

klick, klik /klík/ *n**《軍俗》1 キロメートル (click).

klieg /klíːg/ *n* KLIEG LIGHT.

klíeg èyes *pl*〘医〙クリーグ氏眼《強い光にさらされて起こる結膜炎》. ［↓］

klíeg lìght クリーグライト《映画撮影用のアーク灯》. ［John H. *Kliegl* (1869–1959), Anton T. *Kliegl* (1872–1927) ドイツ生まれの米国の照明専門家］

klik[1] ⇨ KLICK.

klik[2] /klík/ *int* カチッ (click). ［imit］

Klimt /klímt/ クリムト **Gustav** ～ (1862–1918)《オーストリアの画家; 美術家グループ Sezession を創立した》.

Kline /kláɪn/ クライン **Franz** ～ (1910–62)《米国の抽象表現主義の画家》.

Klíne·fel·ter('s) sỳndrome /kláɪnfɛltər(z)-/〘医〙クラインフェルター症候群《男性の性染色体異常を主徴とする先天性疾患; 矮小睾丸·不妊などを伴う》. ［Harry F. *Klinefelter* (1912–90) 米国の医学者］

Klíne tèst [reàction]〘医〙クライン試験《梅毒血清の沈降反応》. ［Benjamin S. *Kline* (1886–1968) 米国の病理学者］

klink /klíŋk/ *n*《口》刑務所, 留置場 (clink).

Klint /klínt/ クリント **Kaare** ～ (1888–1954)《デンマークの家具デザイナー》.

klip·bok /klípbàk/ *n* KLIPSPRINGER. ［Afrik］

klip·das /klípdàːs/, **-das·sie** /-dàːsi/ *n*〘動〙ケープハイラックス《アフリカ南部産のイワダヌキ》. ［Afrik］

klíp·fìsh /klíp-/ *n* **1**《南ア》〘魚〙クリップフィッシュ《浅海や磯にすむあざやかな色をしたアサヒギンポ科の胎生魚; 食用》. **2** 開いて骨を除き塩をしたタラの干物.

klip·spring·er /klípsprìŋər/ *n*〘動〙クリップスプリンガー《アフリカ南部山岳地産の小型の羚羊》. ［Afrik=rock springer］

klis·mos /klízmàs, -məs/ *n* (*pl* **-moi** /-mɔ̀ɪ/) クリスモス《背板が内側へ凹状に曲がり, 脚が外側に曲がった古代ギリシアの椅子》. ［Gk (*klinō* to curve)］

klis·ter /klístər/ *n* クリスター《スキー用の軟らかいワックス》. ［Norw =paste; cf. OE *clǣg* clay］

Klit·zing /klítsɪŋ/ クリッチング **Klaus von** ～ (1943–)《ドイツの物理学者; 量子化ホール効果の発見によりノーベル物理学賞 (1985)》.

Klon·dike /klándàɪk/ **1** [the] **a** クロンダイク《(1) カナダ Yukon Territory の中部を西流して, Yukon 川に合流 2) その流域; ゴールドラッシュ (1897–98) の中心的金産地》. **b** 高価な資源の産地. **2** [°k-] クロンダイク《一人トランプの一種》.

klong /klɔ́(ː)ŋ, kláŋ/ *n*《タイ国の》運河, クロング. ［Thai］

kloodge ⇨ KLUDGE.

kloof /klúːf/ *n*《南アフリカの》峡谷 (ravine). ［Du=cleft］

klootch·man /klúːʧmən/ *n* (*pl* ～**s, -men** /-mən/)《カナダ北西部》インディアンの女 (squaw). ［Chinook］

klop /kláp/ *n**《俗》強打, ガツン (blow). ● **～ in the chops***《俗》顔面パンチ, 激しい攻撃. ［Yid=a blow］

Klop·stock /klápstàk/ クロプシュトック **Friedrich Gottlieb** ～ (1724–1803)《ドイツの詩人; *Der Messias* (救世主, 1748–73) でロマン主義を先取りし, ドイツ近代詩の祖とされる》.

klotz /kláts/ *n*《俗》KLUTZ.

kluck /klʌ́k/ *n, vi, vt* CLUCK.

kludge, kloodge, kluge /klúːʤ, klʌ́ʤ/《電算俗》*n* クラッジ《間に合わせの部品で作った(コンピューター)装置》; 愛すべきへぼコンピューター装置; 間に合わせ[その場しのぎ]の解決(法); いじくりまわして使えなくなったプログラム; ごちゃごちゃしたシステム[状況]. ► *vt* …の設計上の不備を取り除く, …の機能上の欠点を解決する. 〔C20<?〕

kludgy, kludg·ey /klúːʤi, klʌ́ʤi/《俗》*a* ごちゃごちゃした; 設計の悪い, 使いづらい. 〔cf. *kludge*〕

Klug /klúːg, klúːk/ クルーグ Sir **Aaron** ～ (1926–　)《英国の分子生物学者; 結晶学的電子分光法を開発, 核酸とタンパク質の複合体を解明したことによってノーベル化学賞 (1982)》.

kluge ⇨ KLUDGE.

klunk /klʌ́ŋk/ *n, v* CLUNK. 〔imit〕

klup·per /klʌ́pər/ *n**《俗》のろま, ぐず. 〔Yid (sl)〕

klutz /klʌ́ts/*《俗》*n* 不器用なやつ, とんま, うすのろ, ばか, あほ. ► *vi* とんちき[へま, どじ, ばか]をやらかす〈*about, around*〉. ♦ **klútzy** *a* 不器用な, ぶざまな, うすのろの. **klútz·i·ness** *n* 〔Yid<G *Klotz* block of wood〕

klux /klʌ́ks/ *vt* [°K-]*《口》なぐる, …にリンチを加える. 〔Ku *Klux* Klan〕

Kly·az·ma /kliǽzmə/ [the] クリャジマ川《ロシア中西部の川; Moscow の北に源を発し, 東流して Nizhny Novgorod で Oka 川と合流する》.

klys·tron /klístrὰn, kláɪ-/ *n*〖電子工〗速度変調管, クライストロン. 〔*Klystron* 商標〕

km kilometer(s).

Kmart /kéɪ—́—/ Kマート《米国の大手ディスカウントストア》.

K-meson /kéɪ —́—/ *n*〖理〗K 中間子 (KAON). ♦ **-mésic** *a*

kmh, km/h, kmph kilometers per hour. **kmps** kilometers per second. **kn**〖海〗knot(s).

KN〖チェス〗°king's knight.

knack /nǽk/ *n* **1** 技巧, 巧みなわざ; こつ, '呼吸'〈*of, for, in* making …〉;《あることに向く》才, 特性, 癖, 能;《手品師などの》わざ (trick): have [get] the ～ (of it) こつをわきまえている[つかむ] / have a [the] ～ of doing…する癖がある[こつを心得ている]. **2** 技巧を要する仕事;《古》《細かい装身具・精巧なおもちゃなど》巧妙に作られたもの[装置]. 〔? ME=sharp knock or sound<LG (imit)〕

knáck·er[1]" *n* 廃馬屠畜業者; 廃船・廃屋買入れ解体業者;《方》役立たずになった家畜, 廃馬. ► *vt*《俗》殺す, バラす; くたくたに(疲れ)させる, 傷つける, 破壊する. ♦ **knáck·ery**" *n* 廃馬屠畜場. 〔C 19<?; cf. *nacker* saddler<Scand〕

knacker[2] *n* [*pl*] カスタネットの類; [*pl*]"《俗》きんたま; [〈*int*〉]"《俗》くだらん: *K~s* to that. "《俗》くそくらえ, 冗談じゃない, ご免だね, ふざけるな. 〔ME *knak* (imit); cf. KNOCK〕

knáck·ered"《俗》*a* 疲れきって, くたくたで;《使い過ぎて》こわれて, ぽんこつで.

knácker's yàrd" 廃馬屠畜場; 廃船解体場: ready [fit] for the ～ 屠畜場行きで, 〈車など〉ぽんこつで.

knack·wurst, knock- /nάkwərst, *-wuərst/ *n* クナックヴルスト《frankfurter より短く太い香辛料の効いたドイツソーセージの一種》.

knácky *a* こつを心得た, 手並みのさえた; 巧妙な.

knaf·fe /knǽfə/ KUNEFE.

knag /nǽg/ *n* 木の節, 枝の付け根;《物を掛ける》木釘;《松・モミの木の》生育が止まった[枯れた]短い枝. 〔ME〕

knág·gy *a* 木の節[こぶ]の多い; でこぼこの.

knai·del /k(ə)néɪd(ə)l/ *n* (*pl* **knai·dlach** /-dləx/)〖ユダヤ料理〗クネイデル《matzo を入れたスープ料理 (dumpling); 過越しの祝い (Passover) に食べる》. 〔Yid〕

knap[1] /nǽp/ *vt* (-pp-) 〈(火打ち)石を〉槌で割る; "《方》ポキンと折る; "《方》かじる; ゴツンと打つ[ぶつける];《スコ・北イング》話す, しゃべる. ► *n* ゴツンと打つ[割る]こと. 〔ME (imit); cf. Du *knappen* to crack〕

knap[2] *n*《方》丘(の頂), 小山(の頂上). 〔OE *cnæpp* top〕

knáp·per *n* 砕く人; 石割り槌; "《俗》頭, どたま (napper).

knáp·sàck *n* ナップザック, 背嚢. ♦ **～ed** *a* 〔G (*knappen* to bite, SACK[1])〕

knáp·wèed *n*〖植〗ヤグルマギク属の各種,《特に》クロアザミ (=*cropweed*). 〔KNOP, WEED〕

knar /nάːr/ *n* 木の節, 木こぶ.

knár·ry, knarred /nάːrd/ *a* 節[こぶ]だらけの, でこぼこの (knotty).

knaur /nɔ́ːr/ *n* KNAR. 〔ME〕

knave /néɪv/ *n* 悪漢, 悪党, ならず者, ワル;〖トランプ〗ジャック (jack);《古》《使い走りなどの》男の子, 召使, 身分の低い男: Better be a fool than a ～.《諺》悪党よりばかがまし. 〔OE *cnafa* boy, servant; cf. G *Knabe*〕

knav·ery /néɪv(ə)ri/ *n* ごまかし; ふらちな行ない, 不正行為;《廃》いたずら, わるさ.

knav·ish /néɪvɪʃ/ *a* 悪党のような, ならず者の; 不正の, ふらちな, 悪辣な. ♦ **～·ly** *adv* **～·ness** *n*

knaw·el /nɔ́ː(ə)l/ *n*〖植〗シバツメクサ,《広く》ツメクサ.

knead /níːd/ *vt* こねる, 練る; 〈パン・陶器を〉こねて作る;〖食品〗練り合わせる, 捏和(ねつか)する; 混合する, 鍛接する; 〈筋肉などを〉もむ; 〈人格を〉磨く, つくり上げる. ► *vi* 練る, もむ. ♦ **～·able** *a* **～·er** *n* 捏和機, ニーダー. 〔OE *cnedan*; cf. G *kneten*〕

knéad·ed eráser [rúbber] 練り消しゴム《未加硫ゴムで造る消しゴム》.

knéad·ing tròugh こね桶.

knee /níː/ *n* **1** ひざ(がしら), 膝(ひざ), 膝関節;《広義の》ひざ (lap);《動物の》ひざ, ひざ様屈曲部《**1**) 四足獣の後肢のひざ **2**) 四足獣の手根関節, 前ひざ **3**) 鳥類の跗蹠(ふしょ) (tarsus) と腿の間の跗蹠関節 **4**) 昆虫の脚の腿節と脛節との結合点》; 衣服のひざ: draw up the ～*s* ひざを立てる / fall [go] on a ～ 片ひざをつく / hold a child on one's ～ ひざの上に子供を載せる / rise on the ～*s* ひざで立つ / over in the ～*s* 〈馬が〉ひざが前に曲がって. **2** ひざ状のもの[部分]; 木の根のこぶ状隆起; 曲材, 腕木, ひじ材;〖木工・機〗受けひざ;〖建〗隅材, KNEELER;〖造船〗肘(ちゅう)《船材を補強するために取り付ける湾曲材または三角板》;《グラフの》急な屈曲部. **3** [ᵘthe] ひざげり: get *the* ～ in the face 顔面にひざげりをくらう. ● **at one's mother's [father's] ～** 母[父]のひざもとで, 子供の時に. **bend [bow] the [one's] ～ to [before]**…に敬意を表する; …にひざを折って嘆願する; …に屈服する. **bring [beat]** sb[sth] **to** his[its] **～s** 屈服させる. **cut** sb **off at the ～s***《口》人を無能力にする, 無力化する, ギャフンと言わせる. **drop the ～=fall [go (down)] on [to]** one's **～s** ひざまずく, ひざを屈する; ひざまずいて嘆願する[拝む]. **give [offer] a ～ to**…にひざを貸して休ませる《ボクシングの試合などで》; 介添えする. **gone at the ～s**《俗》〈馬が〉よぼよぼして; 〈ズボンが〉ひざがのびて[よれよれで, 破けて]. **～ to ～** ぴったり並んで (=～ by ～); ひざ突き合わせて: go ～ *to* ～ *with* …とひざを交えて談合する / sit ～ *to* ～ ひざを接してすわる. **on bended ～(s)**=on one's KNEES (1). **on** one's **～s** (**1**)《崇拝・嘆願・服従・謝罪のため》ひざまずいて, 低姿勢で. (**2**) 疲れはてて, 弱って, つぶれそうで. **on the ～s of the** GODS. **put** sb **across** one's **～**《子供などを》横ざまにひざに載せて(尻を)ひっぱたく. one's **～s knock (together)**《こわくて》ひざががくがくする, びくびくする. **up to the** [one's] **～s**=KNEE-DEEP. WEAK **at the ～s.**
► *v* (～d) *vt* **1** ひざで打つ[触れる], …にひざげりをくらわす〈*in* the groin〉. **2** 〈枠などを〉ひじ材で接合する, …にひじ材を当てる. **3**《口》〈ズボン〉のひざをのばしてよれよれにする; 〈ズボンなど〉のひざを繕う. **4**《古》ひざまずいて…に懇願する[に敬意を表わす], …の前にひざまずく. ► *vi* 折れ曲がる〈*over*〉;《廃》《礼拝のため》ひざまずく (kneel).
〔OE *cnēo(w)*; cf. G *Knie*〕

knée àction〖車〗ニーアクション《前輪を左右別々に上下できる車台受装置》.

knée bènd《手を使わずにする》ひざの屈伸運動.

knée-bènd·er*《俗》*n* 教会へ通う人, 熱心な信者; ひとりよがりなやつ.

knée·bòard *n* ニーボード《ひざをついてあやつるサーフィン[水上スキー]用の小型ボード》. ♦ **～·er** *n* **～·ing** *n*

knée bràce〖建〗方杖(ほうづえ), ニーブレース《補強材》.

knée brèeches *pl* ブリーチズ《ひざ丈またはひざ下丈で裾のところが脚にぴったりつくようになったズボン》.

knée·càp *n* **1**〖解〗ひざがしら, 膝蓋骨 (patella); ひざ当て. **2***《俗》大統領首都脱出用 NEACP 機《敵のミサイル攻撃に備え待機する》. ► *vt* 〈テロリストなどが〉…のひざ[脚]を射ち抜く《制裁の一種》.

kneed /níːd/ *a* KNEE をもった; ひざを曲げたような曲折[角度]をもった; [*compd*] ひざが…の: a knobby-～ boy ひざにこぶのある少年.

knée-déep *a* ひざまでの深さ[高さ]の, ひざまで没する〈*in*〉; 熱中して, 深くはまって, 忙殺されて〈*in*〉.

knée dròp〖プロレス〗ニードロップ《相手を持ち上げて自分のひざの上に落とす攻め技》.

knée-hígh *a, adv* ひざまでの高さ[深さ]の[で]. ● **～ to a grasshopper [duck, bumblebee, frog, mosquito, spit, splinter, toad,** etc.]《口》〈人が〉ほんのちび[子供]で. ► *n* /—́ —̀/ [ᵘ*pl*] ひざ下までの高さのある靴下[ストッキング, ブーツ].

knée·hòle *n*《机の下などの》ひざを入れる空間, ひざ穴《両袖間の空所》.

knéehole dèsk 両袖机.

knée hólly〖植〗BUTCHER'S BROOM.

knee-jerk /—́ —̀, —̀ —́/《口》*a* 自動的な[予想どおりの, 紋切り型の](反応を示す). ► *vi, vt* (…に)反射的[自動的]に反応する, 予測どおりの対応をする.

knée jèrk〖医〗膝蓋(腱)反射 (patellar reflex);《口》反射的な行動, 自動的な反応;《口》自動的に反応するやつ.

knée jòint〖解〗膝(ひざ)関節;〖機〗ひじ継手.

kneel /níːl/ *vi* (**knelt** /nélt/, **～ed**) ひざを曲げる, ひざをつく, ひざまずく; 膝射(しっしゃ)の構えをする: ～ *down* ひざまずく; 屈服する〈*to, before*〉/ ～ *up* ひざをついて立ち上がる. ► *n* kneel すること. 〔OE *cnēowlian*; ⇨ KNEE〕

knée-lèngth *a* ひざまでの丈[長さ]の〈衣服・ブーツなど〉. ► *n* ひざまでの丈(の衣服).

knéel·er *n* ひざまずく人; ひざぶとん;〖建〗踏止め石.

knée·let *n*《保護用の》ひざおおい[カバー].

K

knéel·ing bùs* ニーリングバス《乗客がステップに上がらないでいいように歩道の高さまで車体がおりるバス》.
knée·pàd *n*《保護用の》ひざ当て, ニーパッド.
knée·pàn *n* ひざがしら (patella).
knée·pìece *n*《甲冑の》ひざ当て.
knée·ròom *n*《自動車・飛行機などの座席にすわったときの》ひざまわりのゆとり.
knee·sies /ní:ziz/, **knee·sie** /-zi/ *n*《口》《テーブルの下などで》ひざとひざをすり合わせていちゃつくこと (cf. FOOTSIE): play ～.
knée-slàpper* *n* 傑作なジョーク[せりふ, 話]. ♦ **-slàpping** *a*
knée·sòck *n* ニーソックス, ハイソックス《特に女の子が履くひざ下までの長さの靴下》.
knée-sprùng *a*〈馬が〉ひざが前屈した.
knées-up *n*ˈ《口》《通例 ダンスを伴う》にぎやかなパーティー[お祝い]. [‘*Knees-up*, Mother Brown’ で始まるダンス曲]
knée swèll《オルガンの》ひざ押し増音器.
knée-trèmbler *n*ˈ《俗》立位での性交.
knell /nél/ *n* 鐘声,《特に ゆっくり鳴らす》弔い[不幸]の鐘; 終焉[死, 失敗]の表われ, 凶兆; 悲しみの音. ● **ring [sound, toll] the ～ of** …の弔鐘を鳴らす; …の廃止[没落]を告げる. ► *vi*〈弔いの鐘が〉鳴る;〈人が〉弔いの鐘を鳴らす; 哀音を発する; 不吉に響く. ► *vt* 鐘で〈凶事を〉報ずる; 鐘を鳴らして呼ぶ[集める]. [OE *cnyll(an)*; 語形は *bell* の影響か]
Knel·ler /(k)nélər/ ネラー Sir **Godfrey ～** (1646 or 49–1723)《ドイツ生まれの英国宮廷の肖像画家; 本名 Gottfried Kniller》.
knelt *v* KNEEL の過去・過去分詞.
Knes·set, -seth /knéset/ *n* [the] クネセト《イスラエル国会》. [Heb=gathering]
knew *v* KNOW の過去形.
knick·er·bock·er /níkərbàkər/ *n* **1** [K-] ニッカーボッカー《New Amsterdam (現在の New York) に初めて移住したオランダ人移民の子孫》,《一般に》ニューヨーク市民, ニューヨークっ子. **2** [*pl*] ニッカーボッカー (knickers*)《ひざ下でしぼるゆったりとした半ズボン》. ♦ **～ed** *a* [Diedrich *Knickerbocker*: W. Irving が *History of New York* (1809) の著者名として用いた名]

K

Knickerbocker Glóry [ˢk- g-] アイスクリームパフェ.
knick·ers /níkərz/ *n pl* ニッカーズ《**1**)*KNICKERBOCKERS **2**)(昔の)ニッカーボッカー型の女性用下着 **3**)ˈパンティー, ショーツ》. ● **get [have] one's ～ in a twist** ˈ《俗》困惑[狼狽]する, いらだつ, おこる. **have sb by the ～** *《俗》人の急所をつかむ, 人を完全に支配する. ► *int* ˈ《俗》ケッ, ばかな《軽蔑・いらだちなどを表わす》. ♦ **knick·er·less** *a* [*knickerbocker*]
knick·knack, nick·nack /níknæk/ *n* 装飾的小物; 小さい装身具, 小間物; 装飾的骨董品; [ᵘ*pl*]《俗》パイオツ;《俗》あそこ (vagina), 一物 (penis), [ᵘ*pl*] またんき (testicles). ♦ **～·ery** *n* **～·ish** *a* [加重 < *knack* (obs) trinket]
knick·pòint, nick- /ník-/ *n*〖地質〗遷移点《川や谷の縦断勾配が急に変わる地点》.
knicks /níks/ *n pl* KNICKERS.
knife /náɪf/ *n* (*pl* **knives** /náɪvz/) 柄付きの刃物; ナイフ, 小刀, 庖丁; 刀剣 (sword), 短剣 (dagger); 手術刀, メス; [the] 外科手術;〖機〗《切断器の》刃: CUT like a ～ / have a horror of *the* ～ 手術が大嫌いである. ● **before you can say ～**《口》あっと言う間に, にわかに. **can cut…with a ～**〈雰囲気などを〉感じ取れる: You *could* have *cut* the air *with a* ～. いやな空気を十分に感じ取れた / an accent that one *could cut with a* ～ はっきりとわかる強いなまり. **get [have, stick] the [one's] ～ into [in]**…に恨み[敵意]を示す[いだく]; …を激しく攻撃する; …をきびしく批判する. **～ and fork** 食事 (meal): play a good [capital] ～ *and fork* たらふく食う. **like a (hot) ～ through butter [margarine]** さっと, やすやすと. **the knives are out (for…)**《口》(…に対して)敵意[批判の矛先]が向けられている. **twist [turn] the ～ (in the wound)** 状況をさらに悪化させる, 人をさらにおこらせる. **under the ～**《口》手術をうけて; 破滅に向かう, だめになりつつある: go *under the* ～ 手術をうける. **war to the ～** 血戦, 死闘. ► *vt* **1** ナイフ[小刀]で切る, 短刀で刺す, 刺し殺す. **2** こっそり(陰険な手段で)やっつける, ひそかに〈人・政党など〉の反対派のためにはたらく[投票する]. **3**〈空・水を〉切り進む. ● **～ sb in the back**=STAB sb in the back. ► *vi* (ナイフで)切り裂く, ぐいぐい切り進む 〈*along, through*〉. ♦ **～·lìke** *a* **knìf·er** *n* [OE *cnīf*<ON; cf. G *Kneif*]
knífe-and-fórk tèa ˈ《俗》HIGH TEA.
knífe blòck《刃を差し込む形式の》庖丁立て, ナイフブロック.
knífe·bòard *n* ナイフとぎ台; ˈ《かつての乗合馬車・二階バスの》背合わせの屋根席.
knífe-bòy *n*〖英史〗ナイフを片付けたりする下働き(の召使).
knífe-èdge *n* **1** ナイフの刃; 切り立った岩稜, 鎌尾根; [ᵒ*attrib*]《プリーツ・ズボンなどの》ピンとした折り目; ナイフエッジ《天秤・はかりなどの支点のくさび状の支え刃》. **2**《局面を一変するような》剣が峰: on a ～ 非常に不安で; 微妙に[きわどいところで]均衡を保って.
knífe-èdged *a* ナイフのように鋭い刃のある; ナイフのように鋭い〈岩稜・折り目・機知など〉.
knífe grìnder《ナイフなどの》とぎ師; とぎ器, シャープナー;〖鳥〗ヨーロッパヨタカ.
knífe-hàppy *a**《俗》〈外科医が〉すぐに切りたがる, 執刀好きな.
knífe machìne ナイフ研磨器《クリーニング用》.
knífe·man /-mən/ *n*《犯罪目的で》ナイフを持つ男.
knífe plèat〖服〗ナイフプリーツ《同一方向にピンとプレスしたひだ》.
knífe·pòint *n* ナイフの先. ● **at ～** ナイフでおどされて[を突きつけられて].
knífe rèst《食卓上の》ナイフ置き; CHEVAL-DE-FRISE.
knífe swìtch〖電〗刃形開閉器, ナイフスイッチ.
knight /náɪt/ *n* **1**《中世の》騎士;《貴婦人に付き添う》武士: the *K*～ of the Rueful Countenance 憂い顔の騎士《Don Quixote のこと》. ★ 封建時代に, 名門の子弟が page から squire に昇進し武功を立てて knight となった. ナイトに就任する儀式を accolade といい土地と黄金の拍車 (spurs) を下賜された. **2**〖英〗ナイト爵, 勲爵士《BARONET の次位で今は一代限りの栄爵; Garter 勲位を最高位として多くの階級があり最下級の knight bachelor を除いて階級ごとの勲爵士団 (Order of Knighthood) に属する》: a ～ of the Bath [Garter] バス[ガーター]勲爵士. ★ Sir の称号を許され Sir John Jones《略式には Sir John》, 妻は Lady Jones《正式には Dame Mary Jones》のように呼ばれる. **3**〖英史〗州選出代議士 (=～ **of the shíre**). **4**《古代ローマの》騎士団の一員;《古代アテナイの》第二階級の市民. **5**《Knights of…といった名称の友愛・慈善団体などの》会員, ナイト;《主義などに献身的に尽くす》勇士, 義人;《道具・場所などを伴い, あだ名として》…の関係の人: a ～ of the air [blade, brush, cue, needle [thimble], pen [quill], pestle, whip] [*joc*] 飛行家[ごろつき, 画家, 玉突き家, 仕立屋, 文士, 薬剤師, 御者]. **6**〖チェス〗ナイト. ● **a ～ in shining armor** [ᵒ*iron*] 鎧(よろ)きらびやかな騎士《義侠心があつく女性に尽くす男; a ～ on a white charger (白馬の騎士)ともいう; cf. a DAMSEL *in distress*》. ► *vt* ナイト爵に叙する, 勲爵士に列する (cf. DUB¹). ♦ **～·like** *a* 騎士の, 騎士にふさわしい. [OE *cniht* boy, youth, servant; cf. G *Knecht*]
knight·age *n* 騎士, 騎士団, 勲爵士団; 勲爵士名鑑.
knight báchelor (*pl* **knights báchelor(s)**)〖英〗下級勲爵士《KNIGHT 爵のうち最も下の階級》;《中世の貴族に仕えた》平騎士.
knight bánneret (*pl* **knights bánneret(s)**) バナレット勲爵士 (⇨ BANNERET¹).
knight commánder (*pl* **knights commánders**)〖英〗《バス勲爵士団などの》中級勲爵士《略 KC》.
knight-compánion *n* (*pl* **knight(s)-compánions**)〖英〗《1階級しかないガーター勲爵士団などの》勲爵士.
knight-érrant *n* (*pl* **knights-**)《中世の》武者修行者; 義侠の士; ドン・キホーテ的人物.
knight-érrant·ry *n* 武者修行; 義侠的[ドン・キホーテ的]行為; 武者修行者《集合的》.
knight gránd cróss (*pl* **knights gránd cróss**)〖英〗《バス勲爵士団などの》一等[最上級]勲爵士.
knight·hèad *n*〖海〗船首副肋材.
knight·hòod *n* 騎士[武士]たる身分; 騎士かたぎ; 騎士道; ナイト爵位, 勲爵士たること; 勲爵士階級, 騎士団.
Knight Hóspitaler〖史〗ヨハネ騎士団員 (⇨ KNIGHTS HOSPITALERS).
knight·ly *a* 騎士の; 勲爵士の; 騎士にふさわしい; 義侠的な; 騎士で構成された. ► *adv*《古》騎士らしく; 義侠的に. ♦ **-li·ness** *n* 騎士らしさ; 騎士[義侠]的行為.
knight márshal〖英史〗宮内司法官.
knight of the róad ˈ《口》/[*joc*] トラック運転手; 追いはぎ; 行商人, セールスマン; 放浪[浮浪]者.
Knights·bridge /náɪtsbrìdʒ/ ナイツブリッジ《London の West End 地区, Hyde Park の南にある高級ショッピング街; Harrods 百貨店がある》.
knight [knight's] sèrvice〖史〗騎士の奉公[義務]《封建君主から土地を与えられた代償としての軍務》.
Knights Hóspitalers *pl* [the] ヨハネ騎士団[騎士修道会]《11 世紀末 Jerusalem のベネディクト会の巡礼用救護所を本部として創設された騎士修道会; 正称は Knights of the Order of the Hospital of St. John of Jerusalem (エルサレム聖ヨハネ救護騎士修道会); 本部が 1310 年 Rhodes 島へ, 1530 年 Malta 島へ移ったため, それぞれ Knights of Rhodes, Knights of Malta とも呼ばれる》.
Knights of Colúmbus *pl* [the] コロンブス騎士会《男性カトリック信徒の国際的友愛組織; 略 K of C》.
Knights of Málta *pl* [the] マルタ騎士団 (⇨ KNIGHTS HOSPITALERS).
Knights of Pýthias *pl* [the] ピシアス騎士会《米国の秘密慈善事業団》.
Knights of Rhódes *pl* [the] ロードス騎士団 (⇨ KNIGHTS HOSPITALERS).
Knights of St. Jóhn (of Jerúsalem) *pl* [the] 聖ヨハネ騎士団 (KNIGHTS HOSPITALERS).
Knights of the Máccabees *pl* [the] マカベ騎士団《1878

年カナダ Ontario 州に結成されたユダヤ人の秘密結社; 1881 年米国に導入された》.

Knights of the Round Table /; -⌐— ⌐—/ *pl* [the] 円卓の騎士団[たち]《Arthur 王によって組織されたといわれる伝説的な騎士団; 騎士たちは王と円卓を囲んで談論・飲食したという; また 武者修行に出たりトーナメントで命を落としたりして, 100 名に欠員が出ると補充したという; cf. ROUND TABLE》.

Knights of Windsor *pl* [the]〘英〙ウィンザー騎士団《MILITARY KNIGHTS OF WINDSOR の旧称》.

Knight Templar (*pl* **Knights Templar(s)**) **1**〘史〙(エルサレム)神殿騎士 (⇨ TEMPLAR). **2** テンプル騎士団員《フリーメーソン系の団体 Knights Templars の一員》.

knip·ho·fia /nɪphóufiə, naɪfóu-/ *n*〘植〙クニフォフィア[シャグマユリ]属 (*K-*) の各種宿根草, トリトマ (＝*tritoma*)《アロエ科; cf. RED-HOT POKER》. [Johan H. *Kniphof* (1704–63) ドイツの植物学者]

knish /k(ə)níʃ/ *n*〘ユダヤ料理〙クニッシュ《練った小麦粉の薄い衣にジャガイモ・肉などを包んで揚げた[焼いた]もの》. [Yid]

knit /nít/ *v* (**knit·ted, knit; -tt-**) *vt* **1** 編む; 表編みにする (cf. PURL²): ～ gloves *out of* wool＝～ wool *into* gloves 毛糸で手袋を編む. **2 a** 密着させる, 結合する (join); 固く結合する (unite) 〈*together*〉; «古・方» 結んでつなぐ: ～ broken bones 折れた骨を接ぐ / The two families were ～ *together* by marriage. 両家は縁組みで結ばれた. **b** 〈まゆを〉寄せる, ひそめる: ～ one's brows ⇨ BROW¹. **3** 引き締める: a well-～ frame [plot] 引き締まった体格[よくまとまった構想]. ► *vi* **1** 編物をする; 表編みする. **2** 結合[接合]する, 結びつく〈*together*〉; 密着する, 癒着する; 〈まゆなど〉寄る. ● **～ up** 編み繕う; 〈議論などを〉結ぶ, まとめる. ► *n* **1 a** 編むこと, 編み方, 編物, 編み目; 表編み. **b** 編物の布地, ニット; [*pl*] KNITWEAR. **2**《眉間などに》しわを寄せること. [OE *cnyttan* to tie in; cf. KNOT¹]

knit stitch〘編物〙表目, 表編み, ニットステッチ (cf. PURL STITCH).

knit·ted *a* 編まれた, 編物の; メリヤスの.

knit·ter *n* 編む人, メリヤス工; 編み機, メリヤス機.

knit·ting *n* 編み作業, 編み方; 編み職; 編糸細工, 編物;〘繊維〙編成, ニッティング; メリヤス地. ● **stick [tend] to one's ～**＝**mind one's ～** 自分の職分に専念する, 他人事に干渉[介入]しない.

knitting machine 編み機, メリヤス機.

knitting needle 編み棒, 棒針.

knit·wear *n* ニットウェア《毛糸編みの衣類》; メリヤス類.

knives *n* KNIFE の複数形.

knob /náb/ *n* こぶ, ふし, ふしこぶ;《ドア・ひきだし・鍋ぶた・電気器具などの》つまみ, 握り玉, 取っ手, ノブ;《旗ざおなどの》球,《柱頭の》擬宝珠(ぎぼうし); 丸い[半球形の]丘[山], 円丘;《砂糖・石炭などの》小塊; «俗» 頭; *«俗» くだらんやつ, いやなやつ; ″«俗» たいしたお方; «卑» ペニス, 亀頭; [*pl*] «俗» おっぱい. ● **(and) the same to you with (brass) ～s on** ″«口» きみのほうこそ(いっそう)《いやみをこめた言い返し》. **with ～s on** «口» おまけに, それどころか, 際立って, きわめて顕著な形で; «口» 絶対に, 間違いなく, 喜んで (: I'll be there *with ～s on*.); «口» 速やかに, さっと. ► *v* (**-bb-**) *vt* …に握り[ノブ]をつける; …にこぶをつくらせる; ″«卑» 〈男が〉…と性交する, 一発やる. ► *vi* こぶをつくる〈*out*〉. ◆ **knobbed** *a* ふしこぶのある; 〈先端が〉こぶ状になった; 握りの付いた. **～·like** *a* [MLG *knobbe* knot, knob, bud; cf. KNOP, NOB¹, NUB]

knob·ber *n**«俗» 女装癖のあるホモ《偽乳 (knobs) をつけたりフェラチオ (knob jobs) をしたりすることからか》.

knob·bing *n*《石材の》荒取り, 玄能こづき[払い], こぶ取り.

knob·ble /náb(ə)l/ *n* 小さいこぶ, いぼ; 小円塊. ◆ **knob·bly** *a* KNOBBY¹.

knobby¹ *a* **1 a** ふし[こぶ]の多い, こぶ状の; でこぼこの. **b** 円丘性の. **2** 複雑な, 困難な; 頑強な, 妥協を許さぬ. ◆ **knob·bi·ly** *adv* **-bi·ness** *n*

knobby² *a* «俗» NOBBY.

knob job «卑» フェラチオ, 尺八 (blow job); «卑» 手がき, マスかき.

knob·ker·rie /-kèri/, **-kie·rie** /-kìri/ *n* ノップケリー《アフリカ南部の先住民が武器に用いる頭にこぶのついた棍棒》.

knob·stick *n* 頭にこぶのついた棍棒; KNOBKERRIE; ″«古» スト破り (scab).

knock /nák/ *vt* **1 a** 〈頭・球などを〉打つ, たたく, なぐる; 打ち当てる, ぶつける: The blow *～ed* him senseless. その一撃で彼は気絶した / ～ one's head *against* [*on*] the door 頭を戸にぶつける. **b** 〈穴などを〉打って[たたいて]つくる; «俗» 〈女〉と一発やる. **2 a** ″«俗» あっといわせる, びっくりさせる, 強く印象づける; *«俗» 〈観客を〉圧倒する: ～...in the AISLES. **b** «口» こきおろす, けなす (decry). **3** [進行形で] 〈ある年齢〉に近づく. **4** *«黒人俗» 借りる, 貸す, 与える. ► *vi* **1 a**《こぶしなど固いもので》コツンとたたく (rap, beat) 〈*at, on*〉: ～ *at* [*on*] the door ドアをコツコツたたく, ノックする《訪れの合図; at は行為の対象を, on はたたく場所を強調する; 米では 通例 on》/ ～ for admittance ドアをたたいて案内を求める. **b** 〈機関が〉カタカタ故障音をたてる, ノックする: The engine is *～ing* badly. エンジンがひどくノックする. **2** 突き当たる, ぶつかる (bump) 〈*against*〉. **3** せっせと働く, せかせか動きまわる; うろつく. **4** «口» こきおろす, 悪口を言う, 難癖をつける, あら探しをする; *«俗» 話す, 論じ合う. **5**〘トランプ〙《gin rummy などで》手札を見せてゲームを終える. ● **have it ～ed** *«俗» 制する, うまくやる. **have** sth **～ed**＝have sth cinched (⇨ CINCH¹). **～ against**…にぶつかる, ばったり出会う. **～ around [about″]** 打ち[たたき]まくる, こづきまわす; «口» 乱暴に扱う, 虐待する; 〈波・あらしが〉〈船・人を〉翻弄する; «口»《みんなで》あれこれ検討する; «口» あちこち歩きまわる, 放浪する; ぶらぶら[だらだら]過ごす; つきあう, (性的に)関係する〈*with* sb, *together*〉; [進行形で]《放置されて》(…に)いる, ある, ころがっている: ～ a ball *about* テニス[サッカーなどを]気軽に楽しむ. **～ at an open door** やらないでよいことをわざわざやる, むだ骨を折る. **～ away** たたき[ぶつかり]続ける〈*at*〉. **～ back** «口» 〈酒などを〉ぐっと飲む, たらふく食う; «口» あわてさせる, 驚かす; «口» …に〈ある金額が〉かかる (cost); ″拒む, はねつける; ″遅らせる, はばむ: ～ one *back*＝～ *back* one 一杯やる / How much did the car ～ him *back?* あの車に彼はいくら出したのか. **～ (sb) cold** なぐって気絶させる;〘ボク〙ノックアウトする; (人の)どぎもを抜く. **～ sb dead** 強く感動させる, うならせる. **～ down (1)** 打ち[なぐり]倒す,《車が[で]》はねる, ひき倒す; 〈家などを〉取りこわす;〘商〙《船積みの便のため》〈機械などを〉分解[解体]する. **(2)** [*fig*] 屈服させる, 〈議論などを〉打ち負かす, たたきつぶす. **(3)** (…の値段を)下げる[下げさせる], まける[まけさせる]; 〈人〉に〈…まで〉まけさせる, 値切り倒す〈*to*〉;〘競売〙競り落とす, 〈品を〉落札させる〈*to* a bidder〉《小槌をたたいて終了を知らせることから》: ～ him [the price] *down* (*by*) five dollars. **(4)** «口» 〈司会者が〉指名する〈sb *for* a song etc.〉; *«俗» 紹介する〈*to*〉. **(5)** *«俗» 〈車掌・従業員などが〉着服する; *«俗» 〈金・評点などを〉稼ぐ. **(6)** *«俗» 〈ビールなどを〉飲む. **(7)** «豪俗»《特に 酒に》〈資金を〉費やす. **～ sb down (to size)** *«口» 〈人を〉へこます, 身のほどを知らせてやる. **～ed out** *«俗»《酒・麻薬に》酔っぱらって; «俗» 疲れきって, へばって, 参って; «俗» 圧倒されて, 感激して. **～ for a** LOOP. **～ for** SIX. **～ forward**＝KNOCK on. **～ head** お辞儀する《叩頭 (kowtow) の訳》. **～ home** 〈釘などを〉しっかり打ち込む; 徹底的にこきおろす. **～ in [into...]** 打ち[たたき]込む; «学生俗» 門限後門をたたいてはいる (opp. *knock out*); [～ in] [″*pass*] *«俗» 逮捕する. **～ into a** COCKED HAT. **～...into shape** …を整頓する; 〈人を〉しつける. **～ sb into the middle of next** WEEK. **～ it (off)** «俗» 騒音[騒ぎ, けんか, 議論 など]をやめる: *K- it off!* 黙れ, 静かにしろ, やめろ, よせ!; (いいかげんに)まじめにしろ. **～ it over the fence** ホームランを打つ; 大成功をおさめる. **～ off** (*vt*) **(1)** (…から)打ち落とす[払う], たたいて払いのける. **(2)** «口» 手早く仕上げる, さっさと片付ける; *«俗» 飲む, 食う, 平らげる. **(3)** «俗» やっつける, 殺す, バラす (kill); *«俗» 打ち負かす. **(4)** ″«口» 盗む; «口» 〈銀行などを〉襲う. **(5)** *«俗» 〈警察などが〉踏み込む, 急襲する; «口» ぱくる. **(6)** «口»《退出時・昼食時などになって》〈仕事を〉やめる, 中断する. (*vi*) 仕事をやめる, 中断する; *«口» 切り上げる, 〈…するのを〉やめる〈*doing*〉. **(7)** (価格などから)〈ある額を〉値引く, まける, 〈量などを〉減少させる, 〈速度を〉落とす. **(8)** …のコピー商品を作る. **(9)** ″«俗» 〈女〉と寝る, やる; *«俗» 売春婦として…と交わる, 〈客を〉取る. **(10)** *«俗» 〈文章の一部などを〉削除する, つめる. **(11)** 〈速度などを〉出す, 達する. (*vi*) **(12)** *«俗» 立ち去る; *«俗» 急ぐ; *«俗» 死ぬ, くたばる. **～...off sb's pins** ひどく驚かせる. **～ on**〘ラグビー〙(ボールを)ノックオンする (cf. KNOCK-ON); «口» 年をとる. **～...on the head** 〈人〉の頭をなぐる, 頭をなぐって気絶させる[殺す]; ″«口» 取りやめる; 〈計画などを〉ぶちこわす; 〈事が〉誤りだと示す. **～ (on)** WOOD. **～ out (1)** 打って[たたいて]〈中のものを〉出す, たたいて[なぐって]〈情報などを〉引き出す〈*of*〉; 〈パイプを〉たたいて灰を落とす; 〈人から〉〈熱意などを〉奪う〈*of*〉. **(2)** «口» なぐって気絶させる (＝**～ out cold**); 〈薬などが〉眠らせる, 意識を失わせる; «俗» すっかり消耗[疲れ]させる; 打ち負かす,《勝抜き戦で》〈相手を〉敗退させる〈*in* a competition, *of* a contest〉; 破壊する; 排除する, 撲滅する; 役に立たなくする, 使えなくする;〘ボク〙ノックアウトする (cf. KNOCKOUT);〘野〙ノックアウトする; «口» 〈知らせなどが〉圧倒する, 呆然とさせる,《すばらしくて》〈人を〉あっと驚かせる, 参らせる (＝～ out cold). **(3)** ″〘競売〙ぐるになって競り落とす. **(4)** «豪俗・米俗» 稼ぐ. **(5)** *«俗» 作り出す, 〈文章・絵などを〉手早く仕上げる; «口» 〈計画などを〉急いで立てる[考える]. **(6)** «口» 〈曲を〉乱暴に演奏する. **(7)** «学生俗» 門限後門をたたいて出る (opp. *knock in*). **～...out (of the box)**〘野〙〈投手を〉ノックアウトする. **～...out of time**〘ボク〙ノックアウトする. **～ over** ひっくり返す, なぐり倒す, 張り倒す;《車が[で]》はねる, ひき殺す; 〈困難を〉排する; 圧倒する, 参らせる; 感嘆させる, うならせる; «俗» 盗む, 〈場所〉から物を盗む, …に強盗にはいる, 襲う; *«俗»《警察が》…に踏み込む, 急襲する; *«俗» つかまえる, ぱくる; *«俗» 飲む, 食う, 消費する: ～ one *over* 一杯やる. **～ (oneself) out** 懸命に努力する, 全力を尽くす, 疲れきる〈*to do*〉; *«俗» とことん遊ぶ. **～ one's** HEAD **against**.... **～ sb's head off**＝knock sb's BLOCK off; «俗» 人を苦もなくやっつける. **～...**SIDEWAYS. **～ sb's socks off** ⇨ SOCK¹. **～ sb stiff** *«俗» 人を(なぐって)気絶させる. **～ the** BOTTOM **out of....** **～ the** BREATH **out of sb's body.** **～ the end in [off]** «俗» だいなしにする. **～ (the)** SPOTS **out of [off]....** **～ through** 壁[仕切りなど]を取りはずす, 打ち抜く. **～ together** ぶつける; 〈客などを〉急いで寄せ集める; 急いで[手早く]組み立てる, 〈料理などを〉こしらえる; 〈2 つの部屋・建物を〉ぶち抜きにする. **～ under** 降参する〈*to*〉. **～ up** 打ち上げる; 〈相手の手[腕]を〉突き上げる;〘クリケット〙球を打ちまくって〈点数を〉取る; «口» 稼ぐ, もうける (earn);〘テニスなど〙《試合前などに》軽く練習する; ″«口» ドアをたたいて〈人を〉起こす; ″«口» へとへとにする[なる]; 急いで[手早く簡単に]作る;〘製本〙(紙の)端を突きそろえる; 衝突する, でくわす ⟨*against, with*⟩; *«俗» 妊娠させる; «口» ぶっこわす, いためる (damage), 傷つける (injure, wound).
► *n* **1 a** たたくこと, 殴打 (blow) ⟨*on* the head etc.⟩; 打撃, 衝突; 打撲傷; 戸をたたくこと[音]; [ᵘ～ ～, ⟨*int*⟩] トントン, コツコツ《ドアをたたく音》. **b** 《機械の》カタカタという故障音, 《エンジンの》ノッキング(の音). **2** 〖野〗ノック《守備練習などのための打球》; 〖クリケット〗打撃番, 順番 (innings). **3** «口» 非難; 不幸, 災難; 頓挫: take the [a] ～ 大きな打撃をうける, 痛手をこうむる. **4** [～s] «俗» 大満足, すごい喜び[楽しみ]: get one's ～*s*. ● **get the ～** «俗» お払い箱になる, ⟨俳優などが⟩見捨てられる. **on the ～** «口» 分割払いで; «俗» 売春をして. **the school of** HARD KNOCKS.
[OE *cnocian*=ON (? imit)]

knóck·abòut *n* **1** ドタバタ喜劇(の役者); 放浪者; «豪» 雑用をする農牧場労働者, よろず屋. **2** ノックアバウト《小型帆走ヨットの一種; bowsprit と topmast がない》; ふだん使いの自動車[服, 帽子 など]. **3** ボール遊び. **4** 激論. ► *a* 乱打の; 騒々しい; ドタバタの⟨喜劇・役者など⟩; 放浪(生活)の; 荒仕事用の⟨服など⟩; ノックアバウトの.

knóck and annóunce rùle 〖法〗ノックと告知の準則《警察が逮捕状・捜索令状を行使するときには, 特殊な状況の場合を除いて, 建物にはいる前に権限と目的を告げなければならないという刑事訴訟法上の原則》.

knóck-bàck *n* «豪口» 拒絶, はねつけ; «囚人俗» 仮釈放却下.

knóck-dòwn *n* **1 a** 打ち倒すこと; 〖ボク〗ノックダウン(パンチ); 乱闘; 《立ち直れない》大打撃, ショック; *«俗» 最高級のもの. **b** 値下げ, 値切り; *«俗» 《従業員がくすねた》店の売上金. **2** 取りはずし[組立て]式の物, ノックダウン《家具など》. **3** «米口・豪口» 紹介, 手ほどき; *«俗» 招待. ► *a* **1** 打ち倒す(ほどの); 圧倒的な; ᵘ⟨値段が⟩最低の, 廉価な: the ～ price 《競売の》最低価格. **2** 取りはずしのできる, 組立て[折りたたみ]式の, 〖商〗現地組立ての, ノックダウン式の.

knóck-dòwn-(and-)drág-òut «俗» *a* 容赦しない, 徹底的な, 激しい: a ～ fight. ► *n* 激しい争い[けんか], 徹底的な論争.

knócked-dówn *a* 〖商〗組立て用の部品[ユニット]からなる, 組立て式の《略 KD》.

knócked úp «俗» *a* ᵘ疲れきった, へばった; 妊娠した; 《酒に》酔っぱらった, べろべろの.

K **knóck·er**¹ *n* **1 a** たたく人, 戸をたたく人; ᵘ戸別販売のセールスマン. **b** 《玄関の》ノッカー《来訪の合図にコツコツ鳴らす金具》. **2** *«口» 悪口屋, けなし屋, 酷評家; *«俗» 野郎, やつ. **3** [*pl*] «俗» おっぱい; [*pl*] «俗» きんたま; «俗» おちんちん, さお. ● **oil the ～** ᵘ«俗» 門番にチップをやる, 門番を買収する. **on the ～** ᵘ戸別訪問をして; ᵘ«俗» 代金後払いで, クレジットで; «豪口» すぐに, 直ちに. **up to the ～** ᵘ«俗» 申し分なく, 快調で.

knock·er², **k'nock·er** /knɑ́kər/ *n* *«俗» 大物, 大立者, お偉いさん. [Yid]

knóck·er-úp *n* 〖英史〗朝の早い労働者を起こして歩く人.

knóck-for-knóck agréement 〖保〗ノックフォアノック協定《自動車保険会社間の協定; たとえば A 社との契約車と B 社との契約車の間で事故が生じた場合, その損害補償はそれぞれの会社が負担し, 互いに相手会社への求償はしないとしたもの》.

knóck·ing *n* 戸をたたくこと[音]; 《エンジンの》ノッキング.

knócking cópy ᵘCOMPARATIVE ADVERTISING; 新聞の露骨な批評記事.

knócking shòp ᵘ«俗» 娼家, 売春宿 (brothel).

knóck-knée /, ―́ ―́/ *n* 〖医〗外反膝(ᵏ); [*pl*] X 脚.

knóck-knéed *a* X 脚[内わに足]の; よろよろの⟨議論など⟩; ぶかっこうな, 釣合いのとれない.

knóck-knóck jòke ノックノックジョーク《knock knock で始まる問答式の駄じゃれジョーク; 例: 'Knock, knock'—'Who's there?'—'Ken'—'Ken who?'—'Ken (=Can) I come in?'》.

knóck·òff *n* KNOCK off すること; 〖機〗ノックオフ《作動不調のときの自動停止(装置)》; 《衣料品などの》オリジナルデザインをそっくりまねて安く売る商品, 《一般に》模造品, コピー(商品); ᵘ«俗» 盗み, 強盗; ᵘ«俗» 盗品. ● **on the ～** ᵘ«俗» 盗みをはたらいて, 泥棒稼業をして.

knóck-òn *n* **1** 〖ラグビー〗ノックオン《ボールを手または腕に当てて前方に進めること; 反則》. **2** 連鎖反応, ドミノ効果.

knóck·òut *n* **1 a** なぐり倒す[倒される]こと, 気絶させ(られ)ること, 打ちのめす[される]こと; 〖ボク〗ノックアウト《cf. KNOCK *out*; 略 KO》, TECHNICAL KNOCKOUT; ノックアウトパンチ. **b** 徹底的な大打撃; «口» 圧倒的なもの, 超美人[美男子]; 大当たり映画[商品]. **2** ᵘトーナメント方式の競技(会); どうでもいい体力・技術を競う競技[レース]. **3** ᵘ〖競売〗談合競売[入札]; ᵘ談合に加わっている者. ► *a* **1** ノックアウトする, 猛烈な⟨パンチ⟩; ⟨薬物が⟩意識を失わせるための; 目をみはるような, すばらしい, 奇抜な, 第一級の: deliver [land] a ～ blow. **2** 〖競売〗ぐるになって競り落とす; ᵘ⟨競技が⟩トーナメント方式の. **3** ⟨マウスが⟩ノックアウトの《遺伝子操作により特定の遺伝子の機能を失わせた》.

knóckout dròps *pl* «俗» ひそかに飲み物に滴下する麻酔剤, 《特に》抱水クロラール (Mickey Finn).

knóck-òver *n* *«俗» 強盗.

knóck·ùp *n* 〖テニスなど〗《特に 試合開始前の》軽い練習, ウォーミングアップ; *«卑» セックス.

knockwurst ⇨ KNACKWURST.

Knok·ke-Heist /kənɑ́kəhaɪst, -héɪst/ クノッケハイスト《ベルギー北西部 Bruges の北北東にある町》.

Knole /nóʊl/ ノウル《London の南東約 30 km のところにある広大な私邸; 15 世紀の建築と 17–18 世紀の家具・絵画などが鑑賞できる》.

knoll¹ /nóʊl/ *n* 小山, 円丘, 塚; 洲, 砂洲; 《海底の》小海丘; ᵘ«方» 丘の頂上. ◆ **knólly** *a* [OE *cnoll* hilltop; cf. G *Knolle* lump]

knoll² «古・方» *n, v* KNELL. ◆ **～·er** *n* [ME (? imit)]

knop /nɑ́p/ *n* 《ガラス器などの装飾的な》握り; 《編み糸などの装飾用の》ふさ, 《ループ糸の》ループ; «古» 《ドアなどの》取っ手, ノブ (knob); 〖建〗つぼみ形装飾, 化粧がしら, 頂華《花・葉などの浮彫りをした柱頭》; «古» 花のつぼみ, 花蕾(ᵏᵃ). ◆ **knópped** *a* [LDu=bud]

knop·kie·rie /knɑ́pkìəri/ *n* «南ア» KNOBKERRIE.

Knos·sos, Cnos·sus /(kə)nɑ́səs/ クノッソス《エーゲ文明の中心として栄えた Crete 島の古都; 別称 Gnossus》. ◆ **Knós·si·an** *a*

knot¹ /nɑ́t/ *n* **1 a** 結び, 結び目 (tie, bow) ⟨*in* a rope, necktie, etc.⟩; 装飾用の結びひも; ちょう[花]結び, 《肩章などの》飾り結び; 《髪の毛や毛糸などの》もつれ; 締めつけ(られる感じ), 結ぼれ: feel a ～ in one's stomach 《緊張などで》胃が締めつけられる感じがする. **b** 《夫婦などの》縁, きずな (bond): a nuptial [marriage] ～ 夫婦のつながり. **2 a** こぶ, いぼ, しこり; 〖解〗結節, 節, 《樹幹の》こぶ; 《板材の》節; 《石材中の》ぼさ; 〖数〗結糸. **b** ᵘ当て物, 肩当て (=porter's ～) 《荷物を運ぶとき肩・頭に当てる》. **3** 《人・ものの》集団, 群 (group), 一派 ⟨*of*⟩: gather *in* ～*s* 三々五々集まる. **4** 〖海〗測程線の結節; 〖海・空〗ノット《1 時間当たりの海里数で示した船・航空機の速度単位; 1 ノットはおよそ時速 6080 フィート=時速 1852 m》; [誤用] 海里 (: 10 ～*s* per hour). **5** 厄介な問題, 難事, 難局; 《問題の》要点, 《物語・演劇などの》筋 (plot): get into ～*s* 身動きがとれなくなる. ● **at the [a (great)] rate of ～s** «口» とても速く, さっと. **cut the ～**=cut the GORDIAN KNOT. **in ～s** ⟨胃などが⟩締めつけられる感じで, ⟨肩などが⟩凝って. **tie the ～** «口» 結婚する, 結ばれる; 結婚式を挙げる[執り行なう]. **tie (up) in [into] ～s** ⟨人を⟩すっかり混乱させる, 大あわてさせる, 心配させる: *tie* one*self up in* ～*s* 混乱に陥る, 苦境に立たされる. ► *v* (**-tt-**) *vt* **1** ⟨ひもなどを⟩結ぶ, …に結び目をつくる; (固く[しっかりと])結びつける ⟨*together*⟩; 結んでふさにする; もつれさせる. **2** ⟨まゆを⟩ひそめる, ⟨額⟩にしわを寄せる (knit). **3** ⟨木の節に節止めを塗る. **4** ⟨得点を⟩タイ[同点]にする. ► *vi* **1** こぶ[節]ができる; ひと塊りになる; 結ばれる; 結び目ができる. **2** もつれる, こんがらかる. **3** ⟨額に⟩しわが寄る; ⟨胃が⟩締めつけられる, ⟨筋肉が⟩凝り固まる. [OE *cnotta*; cf. G *knoten* to KNIT]

knot² *n* (*pl* ～, ～**s**) 〖鳥〗オバシギ, 《通例》コオバシギ. [ME<?]

knót gàrden 《花やハーブを巧みに配した》装飾庭園.

knót·gràss *n* 〖植〗**a** ミチヤナギ《世界中にみられるタデ科ミチヤナギ属の雑草》; 同属の数種の雑草. **b** 茎がふしくれだった草, 《特に》キシュウスズメノヒエ (joint grass).

knót·hèad *n* «俗» まぬけ, うすのろ (dumbbell).

knót·hòle *n* 節穴.

knót·less *a* 結び目のない; 結節[ふしこぶ]のない.

knót·ted *a* 結び目のある, 結んだ; 結び目[結びひも]で装飾した; こぶ[節]のある, ふしくれだった; ⟨胸などが⟩締めつけられる, ⟨筋肉が⟩凝った; もつれた; むずかしい, 困難な; ⟨得点が⟩タイの, 同点の. ● **get ～** ᵘ«口» やだよ, 冗談じゃない, うるさい, あっちへ行け, もうおれは知らん: He can go and *get* ～.

knót·ter *n* 結ぶ人[もの, 機械]; 結びを解くもの.

knót thèory 〖数〗結び目理論《数学的結び目の性質や分類に関する位相幾何学の分野》. ◆ **knót thèorist** *n*

knót·ting *n* 結節; 編み細工, 組糸飾り, 結びひも細工; 《塗装の》節止め.

knót·ty *a* 結節の(ある), 節[こぶ]だらけの⟨木材など⟩; 結び目の多い; もつれた, 紛糾した, 解決困難な. ◆ **knót·ti·ly** *adv* **knót·ti·ness** *n* 節だらけ; 紛糾.

knótty píne 装飾的な節の多い松材《家具・天井・壁などに用いる》.

knótty rhátany 〖植〗PERUVIAN RHATANY.

knót·wèed *n* 〖植〗タデ属の各種草本, 《特に》ミチヤナギ (knotgrass).

knót·wòrk *n* 《ひもなどの》編み[結び]細工[飾り].

knout /náʊt, nú:t/ *n* むち《昔ロシアで革を編んで作った刑具》; [the] むち打ちの刑. ► *vt* ⟨人⟩にむち打ちの刑を加える. [Russ<Scand; cf. ON *knátr* KNOT¹]

know /nóʊ/ *v* (**knew** /n(j)ú:/; **known** /nóʊn/) *vt* **1** 知る, 知っている; わかる, わかっている; 憶えている, 思い出せる: *K*～ thy*self*. 汝自身を知れ (cf. GNOTHI SEAUTON) / You must ～ that…とご承知ください / Do you ～ how to run this machine? この機械の操作の仕方を知っていますか / if you múst ～ どうしても知りたいなら言うけど, あまり言いたくはないけど / Some people (just) don't ～ when to quit [stop, give up]. (やめる)潮時を知らない人もいる, いいかげん(議論[文句など]を)やめればいいのに / You don't ～ where it's been. どこにあったかわからないでしょう《きたないからさわる[口に入れる]んじゃありません; 子供に対して言うことば》/ …and you ～ [he ～*s*] it [前出の内容を受けて] そんなことあなた[彼]は先刻承知のことだが[ちゃんと知ってるくせに] / (Do you) want to ～ something? =(You want to) ～ something?《会話の切り出し・話題の転換に用いて》ちょっと[いいこと]教えてあげようか, まあ聞いてよ / To ～ all is to forgive [pardon] all.《諺》理由がわかれば許したくなる / I ～ that he is ill.＝I ～ him to be ill. 彼が病気なことは知っている / ～ a man by sight [name] 顔[名]を知っている / Who ～*s* if it may be so? そうでないとも限らない, そうかもしれない. **2** 熟知[精通]している; …と知り合いである, …と懇意である, 交際している: Do you ～ Mr. Brown? ブラウンさんとお知り合い[ご懇意]ですか / I *have known* him since he was a boy. 彼の少年のころからの知り合いです / ～ sb to speak to (合えば)声をかける程度の知り合いだ. **3 a** 見て[聞いて]知っている: I *have known* him (to) tell a lie. 彼はうそをついたことがある. ★ 過去または完了形で用いられ, 原形をとるのは《英》; 受身の形は He *has been known to* tell a lie. **b** 〈恐怖・苦痛などを〉知る, 体験する, …の体験をもっている: He ～*s* hardship. 苦難の経験がある. **4** 区別ができる, 識別する, わかる (can tell) 〈sth [sb] *from* another; *apart*〉: ～ Bill *from* Ben＝～ Bill and Ben *apart* / ～ right *from* wrong 正邪を区別できる[見分けられる] / ～ a HAWK[1] *from* a handsaw / I *knew* him at once. すぐ彼だとわかった / How will I ～ you? どうしたらあなただってわかりますか, 何か目印がありますか?《初対面の人と待ち合わせる時のことば》/ I ～ a crook when I see one. いかさま野郎は見れば(すぐに)わかる. **5**《古》〘聖など〙〈性的に女[男]を〉知る: Adam *knew* Eve. **6**〘聖〙気にかける (regard); かばう, 守る (care for). ► *vi* 知っている, 知る; (確かに)承知している: ～ *about*… ⇨ 成句 / Don't you ～?《知っていると思ったのに》知らないの?; わかる? / How do you ～? どうしてわかるの, どうしてそんなに自信をもって言えるの? / How should I ～? 知るわけないでしょう / He thinks he ～*s* better than anyone. だれよりも物知りだと思っている / Tomorrow's a holiday.—I ～. あすは休みだよ—知ってるよ.

● **all** one **～s** 知っているだけ[できるだけ]のこと, 全力; できるだけ, 全力を尽くして. **and I don't ～ what** [**who**] (**else**)《口》その他もろもろのもの[人]. **before** one **～s where** one **is**＝**before** one **～s it** あっという間に, 何が何だかわからないうちに, たちまち. **be known as**…の名で知られている, …と呼ばれている; …として知られている. **be known to**… 〈人〉に知られている. **don't I ～ it**《口》知らないとでも思っているのか, (よく)わかっているよ: I've been a fool and *don't I ～ it*. 確かにばかだったなあ. **Don't I ～ you from somewhere?** どこかでお会いしませんでしたか?《パーティーなどでの初対面の人との会話の切り出しのことば》. **don't you ～**《口》you KNOW. **Don't you ～ it!**《口》まったくだ, そのとおり. **do you ～**《口》《話の切り出しとして》きみ知ってる?, まあ聞いてよ, 実はね. FOR **all** [**aught**] **I ～**. **God** (**alone**[**only**]) [**Heaven**, etc. (**only**)] **～s what** [**who, where**, etc.]…は神のみぞ知る, だれも知らない (＝Nobody ～*s* what etc.…): *God* [*Heaven*] ～*s where* he fled. どこへ逃げたのかだれも知らない / The man has gone *God* [*Heaven*] ～*s where*. 男はだれも知らないところへ行ってしまった. **God** [**Heaven**] **～s how many** [**much, long**] かなり多数の人[もの, 多量のもの, 長い期間]: with *God* ～*s how many* people involved 相当数の人がかかわって / for *God* [*Heaven*] ～*s how long* かなり長期間(にわたって). **God** [**Heaven, goodness, Lord, Christ, hell**] **～s that**…ということは(全知の)神が知っている, 誓って…である, 確かに…: *God* [*Heaven*] ～*s that* it is true. 神に誓って本当だ / *Lord* ～*s* I've tried my best. 自分としては精いっぱいがんばったんだけど. **he ～s** [**I ～**] **not what** [**who**]＝**he does** [**I do**] **not ～ what** [**who**] [言えないものの代用として] 何[だれ]だかわからないもの[人]: The box was full of *she knew not what*. **I don't ～!** [I に強勢を置く]《口》これは驚いた, 信じられん, まさか;《口》ええいまったく, やれやれ, もうたくさんだ, 知るか《いらだちを表わす》: Well, *I don't ～!* へえ, これは驚いた, いやはや. **I don't ～.**《口》同意しかねる, さあ, どうだかね. **I don't ～, I'm sure.**《口》[じれったいような口調で] いったいどうなってるんだか. **I don't ～ that** [**if**]…《口》…かどうかよくわからない, (まあ)…でないと思う: *I don't ～ that* I like it. どうも好きではないな. **if you ～ what I mean** わかってもらえるなら, おわかりでしょうが. **if you ～ what's good for you**《口》自分のためになること[人に期待されていること]がわかっているなら(…したほうがよい). **I knew it.** そうなることはわかっていたんだ. **I ～.**《口》そうだ, いい考えがある;《相手に同意して》そうだね. **I ～** WHAT. **I want to ～.***《口》おやおや《驚きなどを示す》. **I wouldn't ～.** 知るもんか, 知るわけがないよ, へーそう. **～ about**… (1) …について知っている: I ～ (all) *about* that. そのことはよく知っている / not ～ anything *about* sth but ～ what one likes [doesn't like]《特に芸術について》ほとんど何もわかっていないが自分が好きな[嫌いな]ものはわかる. (2) [I don't ～ *about*…の形で]《不確実・疑念・不賛成などを表わして》…のことはよくわからない, …と言えるか疑問である: *I don't ～ about* you, but I'd like one more cup. あなたはどうかわからないけれど, わたしはもう一杯欲しい / *I don't ～ about* that. それはどうかな / He's very clever, isn't he?—*I don't ～ about* clever. 彼はとても利口だね.—さあ利口とは思わないけど. **～ as well as I** [**you**] **do** (that [why etc.] …ということを)よく知っている[わかっている]のに《非難を込めた表現》. **～** sth **backwards** [**inside out**] …に精通している. **～ best** 一番の権威[通(つう)]である. **～** BETTER[1]. **～** sb **for**…として人を知っている: I ～ him *for* what he is. 彼の本性を知っている. **～ from**…*《俗》…について知っている[知識がある]. **～** [**not ～**] **from nothing***《俗》全くなにも知らない, 何もわかっちゃいない. **～ how** やり方[仕方]を知っている. **～ing you** [**him** etc.]＝**if I ～ you** [**him** etc.]《口》きみ[彼など]のことだからきっと[間違いなく]…. **～ of**…のことを(実地にまたは人から聞いて)知っている. **～** one**'s own** MIND. **～ what** one **can do with** sth＝**～ where** one **can put** [**shove, stick, stuff**] sth*《俗》《字義どおりには「…の処分の仕方[しまい場所]を知っている」の意で, stick it up your [his, her] ass の婉曲表現; 話し手がなにか[だれか]を軽蔑しきっているときに使う》: You ～ what you can do with it. そんなもん犬にでも食わしちまえ[クソの役にも立たない など]. **～ what** one **is about** 万事よくわかっている, 心得ている. **～ what's what**《俗》世の中のことに精通している, 心得がある. **～ where it's at***《俗》実情[流行の先端]を知っている, わかっている (cf. WHERE *it's at*). **～ which end** [**way**] **is up** [[U]*neg*]*《口》ちゃんとわかっている, 心得ている, 抜け目がない. **not** (**even**) **～** sb **is alive** 〈人〉のことを気にもかけない, 無視する, 相手にしない. **not if I ～ it**《口》そんな事はまっぴらだ, とんでもない. **not ～** sth **if it bit** one*《俗》…ことをまるでわかって[気づいて]いない. **not ～** one **is born**《口》《昔と比べて》楽な暮らしをする, (生活の)苦労を知らない. **not ～ what hits** one 不意に殺される[負傷する]; (何が何だかわからず)狼狽[動揺]する. **not ～ where to put** one**self** [one**'s face**]《口》居ごこちが悪い, きまりが悪い. **not ～ whether** one **is coming or going**[U]《俗》ひどく当惑する, どうしていいかさっぱりわからない. **not that I ～ of**《質問に答えて》いいえ, わたしの知るかぎりでは: Is he single?—*Not that I ～ of*. 彼は独身?—ぼくの知るかぎりそうじゃないね. **not want to ～** 考慮しようと[かかわろうと]しない, 興味[関心]を示さない: He [She etc.] did*n't want to ～*. 関心を示さなかった, てんで知らんふりだった. **That's all yóu ～** (**about it**). それしかわかっていないんだね, 話はそれだけじゃないんだ. (**the**) **first** [**next**] **thing** one **～s**《口》気がついてみると, いつの間にか. **was not to ～** 語られるべきでなかった; 知りようがなかった. (**Well,**) **what do you ～** (**about that**)?《口》へえ, これは驚いた; おい, 聞いた?《話の切り出しに言う文句》. **What do you ～** (**for sure**)?《口》何かニュース[おもしろい話]はないかね, このごろどう, 元気? **What's** (**there**) **to ～?** [Do you ～…? などの質問に対して]《口》何もむずかしいことなんかない, そんな簡単でしょ. **Who ～s?** さあね, わからないね; ひょっとすると, …かもしれない. **Who ～s what** [**where** etc.]…はだれも知らない (Nobody ～*s* what [where etc.] ….): He was taken *who ～s where*. だれも知らない所へ連れて行かれた. **Wouldn't you ～ it!***《口》考えてもみてよ, 人の気も知らないで. **You don't ～ the half of it.**《口》あなたは事の一面しか知らない, 《もっと複雑[重要]なことを》何にもわかっちゃいない, そんなもんじゃない. **you ～**《口》ねえ(そうでしょう), (…です)ね; あの, その, ええと; [相手の誤りを正して] いいかい, 実は…なんだよ: He is angry, *you ～*. 彼はおこってるんでね. **You** [**Do you**] **～ something** [**what**]? あのねえ, ちょっとした話があるんだけど, まあ聞いてよ. **you ～ what** [**who**]＝YOU-KNOW-WHAT [WHO]. **you ～ what he** [**it**] **is** 彼[それ]がどんなやつ[もの]であるかよく知っているね. **you must ～** (それでは)言い[話し]ましょう. **you never ～** どうなるかわからない; ひょっとするとひょっとするかも.

► *n* [次の成句で] 知識 (information). ● **be in the ～** よく知っている, 事情[内情]に通じている.

♦ **～·able** *a* 知ることのできる, 認識できる. [OE (*ge*)*cnāwan*; CAN[1], ken[1], L *nosco* come to know などと同語源]

K

knów-àll *n, a*《口》KNOW-IT-ALL.

knowe /nóu, náu/ *n*《スコ》KNOLL[1].

knów·er *n* 知る人, 理解する人;〘哲〙認識我.

knów-hòw《口》*n* 実際的知識; 技術知識, 技術情報, ノウハウ; こつ, 秘訣 (method); 能力: business ～ 商売のこつ / the ～ of space travel 宇宙旅行の技術.

knów·ing *n* 知ること; 精通; 知, 知識. ► *a* 物を知る, 認識の; 物知りの, 利口な; 抜け目のない, 心得ている; 知りながらの, 故意の; 知っていることを示す, 心得顔の: a ～ smile.

knów·ing·ly *adv* 心得顔に; 抜け目なく; 知りながら, 承知のうえで, 故意に: ～ kill〘法〙故殺する.

knów·ing·ness *n* 勘のよさ, 物わかりのよさ; 抜け目なさ; 心得顔.

knów-it-àll *a, n*《口》知ったかぶりをする(人), 物知りぶる(人), 利口ぶる(やつ).

knowl·edg·able /nálɪʤəb(ə)l/ *a* KNOWLEDGEABLE.

knowl·edge /nálɪʤ/ *n* **1** 知っている状態, 知覚; 認識; 理解; 熟知, 精通; [the][U]《俗》市内の道を知っていること《London でタクシー運転手となるための必要条件》: without sb's ～ 人に内緒で, 無断で / with [without] the ～ and consent of sb 人の了解を得て[人に無断で] / in the ～ *that*…ということを知って, …がわかって / deny all ～ of…を全然知らないと言う / A little ～ is a dangerous thing.＝A little LEARNING is a dangerous thing. / It is a matter of common ～. それは一般に知られていることだ / *K*～ is power.《諺》知っていれば心強い, 知識は力なり / ～ *of* good and evil 善悪の認識 / lack of ～ 認識の欠如 / She has a (good) ～ *of* painting. 絵画を(よく)知っている. **2** 見聞, 知識; 学問; 経験; [*pl*]《古》学科, 科目: scientific ～ 科学的知識 / ～ *of* life 人生経験. **3** 情報 (news), 報知: *K*～ of the disaster soon spread. 惨事の情報はすぐ広まった. **4**

《古》/〖法〗性交 (carnal knowledge). ● **come to sb's ～** 人の知るところとなる, …に知れる, …の耳にはいる. **out of all ～** 想像を絶する. **secure [safe] in the ～ that**…だということを知り安心して[確かめたうえで]. **to (the best of) one's ～** 知るかぎりでは. [ME *knaulege* (KNOW, OE *-lǣcan* < *-lāc*; cf. wed*lock*)]

knówledge·able *a* 知識のある, よく知っている, 精通している〈*about, of*〉; 見識のある, 聡明な. ♦ **-ably** *adv* **～·ness** *n* **knòwledge·abílity** *n*

knówledge ecònomy 知識経済《成長が生産手段より知識の増大に依存する経済》.

knówledge-bòx *n**《俗》知識箱, あたま (head).

knówledge engineèring 知識工学《エキスパートシステム (expert system) の構築を目的として, ある特定分野の専門知識をコンピューターで利用できるように整理し表現する工学; 略 KE》. ♦ **knówledge engineèr** 知識工学者.

knówledge ìndustry 知識産業.

knówledge·less *a* 知識のない, 無知な.

knówledge mànagement 知識管理.

knówledge trànsfer 知識移転.

knówledge wòrker 知識労働者.

Knowles /nóulz/ ノールズ **William S(tandish)** ～ (1917–2012)《米国の化学者; キラル触媒による不斉水素化反応の研究によりノーベル化学賞 (2001)》.

known /nóun/ *v* KNOW の過去分詞. ► *a* (一般に)知られ[認められ]ている; 既知の: be ～ to do sth…することが知られている / let it be [make it] ～ that…ということを明らかにする[知らせる], 公表[発表]する / make one*self* ～ 名のる, 自己紹介する. ► *n* 〖数〗既知数 (known quantity); 知られた事実.

knów-nòthing *n* **1** 何も知らない人, 無学文盲の人; 《まれ》不可知論者. **2 a** [Know-Nothing]〖米史〗ノーナッシング党員《1850 年代に当時の移民たち, 特にカトリック教徒に対抗して偏狭な愛国主義を唱えた政治組織 Know-Nothing Party の一員; 党の秘密について問われると「何も知らない」と答えることになっていたことに由来する》. **b** 反知性主義の排外主義者. ► *a* 何も知らない, 無学文盲の; 不可知論的な. ♦ **～·ism** *n*

knówn quàntity 〖数〗既知数; よく知られた人[もの].

knów-whàt *n* 《口》目標を知っていること, 目的意識.

knów-whỳ *n* 《口》なぜか[理由, 動機]を知っていること.

Knox /náks/ ノックス **John** ～ (c. 1514–72)《スコットランドの宗教改革家; 長老教会主義に基づくスコットランド教会の成立に貢献した》.

Knox·ville /náksvìl, *-vəl/ ノックスヴィル《Tennessee 州東部の工業都市》.

Knt Knight.

knub·by /nʌ́bi/ *a* NUBBY.

knuck /nʌ́k/ *n**《俗》泥棒, もさ(切り), スリ. ♦ **～·er** *n**《俗》スリ. [*knuckler, knuckle* (C18 sl) pickpocket]

knuck·le /nʌ́k(ə)l/ *n* **1 a** 指関節, 指節(ゆび), 《特に》指の付け根の関節; [ᵘthe ～s]《こぶしの》指関節部, げんこつ; [～s, 〈*sg/pl*〉] BRASS KNUCKLES. **b** 《四足獣の》膝(ひざ)関節突起; 《子牛・豚の》膝関節の肉. **2 a** 〖機〗壺(つぼ), 肘(ひじ), ナックル《蝶番の軸の通る管状部》; KNUCKLE JOINT. **b** 〖建・造船〗《船・屋根などの》稜. **c** 回転の支え[よりどころ]. **3***《俗》頭; *《俗》愚行. ● **give a** WIPE **over the ～s. go the ～(s)** 《豪俗》げんこつでなぐり合う. **near [close to] the ～** 《口》きわどい, あけすけな, わいせつになりそうな. **rap** sb **on [over] the ～s** ＝**rap sb's ～s** 《罰として》子供の指関節を軽くたたく; たしなめる, 叱責する, 酷評する. ► *vt* げんこつでコツンと打つ, 指節で打つ[押す, こする]; 〈はじき玉を〉はじく. ► *vi* **1** (こぶしを握って)指節を下につける《石はじきの構え》〈*down*〉. **2** 屈服する〈*to*〉. **3** 節をなす, 盛り上がる, 突き出る. ● **～ down** ⇨ *vi*; 《口》《遅まきながら》本気で取りかかる〈*to* work〉; 屈服する〈*to*〉. **～ under** 屈服[降服]する〈*to*〉. ♦ **～d** *a* **knúck·ly** *a* 指の関節の大きい. [LDu (dim) < *knoke* bone]

knúckle·bàll *n* 〖野〗ナックルボール. ♦ **～·er** *n* ナックルボール(を得意とする)ピッチャー.

knúckle·bòne *n* **1** 指関節の骨《指の付け根の骨》; 《子牛・豚の》一端が丸くなった趾骨(しこつ); 《趾骨の》丸くなっている端[部分]; 趾骨の肉片. **2** 《羊の》中手骨, 中足骨《jacks などの遊戯に用い, かつては占いにも用いた》; [～s, 〈*sg*〉] 羊の中手骨[中足骨](など)を用いる遊戯, JACKS.

knúckle-bùst·er *《俗》*n* (オープンエンド[開口]型の)スパナ[レンチ], 両口[片口]スパナ; なぐり合い.

knúckle-dràgger *n**《俗》粗野で頭の弱い大男, ゴリラ. [ゴリラが knuckles をひきずって歩く姿から]

knúckle-dùst·er *n* BRASS KNUCKLES (で戦う人); 〖野〗打者の手の近くへの投球.

knúckle·hèad *n* 《口》のろま, たわけ, あほ. ♦ **knúckle·hèad·ed** *a*

knúckle jòint 指関節; 〖機〗ナックル継手, 肘継手《2 本の棒を回転ピンによって継ぐ》.

knuck·ler /nʌ́k(ə)lər/ *n* 《野球俗》KNUCKLEBALL.

knúckle sándwich 《俗》げんこつをくらわせること, 顔面[口]へのパンチ: feed [give] sb a ～.

knúckle-wàlk *vi* 〈ゴリラ・チンパンジーなど〉前肢の指の背面を地につけて歩く, 指背(はい)[握りこぶし]歩行する.

knucks /nʌ́ks/ *n**《俗》BRASS KNUCKLES.

knúcks·man /-mən/ *n**《俗》スリ.

Knúd Rásmussen Lànd /(k)nú:d-/ クヌードラスムッセンランド《グリーンランド北部 Baffin 湾と島の北側にある Lincoln 海の間の地域》.

Knúd·sen nùmber /(k)nú:dsən-/〖流体力学〗クヌーセン数《気流の平均自由行路と代表長との比》. [Martin H. C. *Knudsen* (1871–1949) デンマークの物理学者]

knur /nə́:r/ *n* 《木の》節, こぶ; 硬いこぶ; ᵘ《方》《球戯 knur and spell 用の》木球. [ME *knorre* (変形) KNAR]

knurl /nə́:rl/ *n* 《小さな》節, こぶ; 《金物の表面につけた》つぶ, ローレット; 《硬貨の縁の》ぎざ(ぎざ); 《スコ》ずんぐりした人. ► *vt* …にこぶをつくる; 〈硬貨〉にぎざぎざをつける (mill). ♦ **～ed** *a* こぶ[節]だらけの, ふしくれだった; ぎざぎざのついた. **～y** *a* 節[こぶ]の多い. [↑; 語形は *gnarl* の影響か]

knutᵘ /nʌ́t/ *n* [*joc*] めかし屋, しゃれ者.

Knut /k(ə)n(j)ú:t/ **1** クヌート《男子名》. **2** ⇨ CANUTE. [Norw]

KO, k.o. /keɪóu, ⌐—/ 〖ボク〗*n* (*pl* **～'s**) KNOCKOUT. ► *vt* (**～ed, ～'d; ～'ing; ～'s**) ノックアウトする.

KO 〖サッカーなど〗kickoff.

koa /kóuə/ *n* 〖植〗コア《アカシア属の高木; ハワイ産》; コア材《木目が美しい家具用赤材》. [Haw]

ko·a·la /kouá:lə/ *n* 〖動〗コアラ (＝*kangaroo bear, Australian* [*native*] *bear*) (＝**～ bèar**); コアラの毛皮. [(Austral)]

ko·an /kóuà:n; -æn/ *n* 《禅宗の》公案. [Jpn]

kob /káb/ *n* 〖動〗コブ《waterbuck と近縁のアフリカの羚羊》.

Ko·ba·rid /kóubəri:d/ コバリド (*It* Caporetto)《スロヴェニア西部の村; イタリア軍がドイツ・オーストリア軍に敗れた地 (1917)》.

Kó·be béef /kóubi-, -bèɪ-/ 神戸ビーフ《柔らかく高価》.

København ⇨ COPENHAGEN.

Ko·blenz, Co- /kóublènts/ コブレンツ《ドイツ西部 Rhineland-Palatinate 州の市; Moselle 川と Rhine 川の合流点に位置する》.

ko·bo /kóubou/ *n* (*pl* ～) コボ《ナイジェリアの通貨単位: ＝1/100 naira》. [*copper*]

ko·bold /kóubò:ld, -bàld, -bòuld; kɔ́bəuld, kóu-, -b(ə)ld/ *n* 〖ドイツ伝説〗小鬼, 小魔物; 地の精. [G; ⇨ COBALT]

Ko·búk Vàlley Nátional Párk /koubúk-/ コブクバレー国立公園《Alaska 州西部, 北極圏を流れる Kobuk 川流域に指定されている国立公園》.

Ko·ca /kouʤá:/ [the] コジャ川《トルコ南西部を南に流れて, 地中海に注ぐ川; 古代名を Xanthus 川といい, 河口付近に都市 Xanthus の遺跡がある》.

Ko·ca·baş /kɔ̀:ʤəbá:ʃ/ [the] コジャバシュ川《GRANICUS 川の近代になってからの名称》.

Koch 1 /kátʃ/ コッチ **Ed(ward Irving)** ～ (1924–)《米国の政治家; New York 市長 (1978–89)》. **2** /kɔ́:k, kóuk; káuk, kɔ́tʃ; *G* kɔ́x/ コッホ **(Heinrich Hermann) Robert** ～ (1843–1910)《ドイツの細菌学者・医師; 細菌学の創始者の一人; 炭疽菌・結核菌・コレラ菌などを発見; ノーベル生理学医学賞 (1905)》.

Koch Bi·har /kú:tʃ bəhá:r/ コチビハール《インド北東部 West Bengal 州北東部の町; 旧 Cooch Behar 州の州都; 別称 Cooch Behar》.

Köch·el (number) /kɔ́:rʃəl(—), -kəl(-); -kəl(-); *G* kœ́çl(-)/ ケッヘル番号《Mozart の作品にオーストリアの音楽学者 Ludwig von Köchel (1800–77) が年代順に付けた番号; 略 K》.

Ko·cher /kɔ́(:)kər, -xər/ コッハー **Emil Theodor** ～ (1841–1917)《スイスの外科医; 甲状腺の研究でノーベル生理学医学賞 (1909)》.

Ko·chi /kóutʃi/ コーチ《インド南西部 Kerala 州中西部の市・港町; 旧称 Cochin》.

Ko-chiu 箇旧 (⇨ GEJIU).

Kóch's bacíllus 〖菌〗コッホ桿菌, ヒト(型)結核菌.

Kock /kák/ コック **(Charles-) Paul de** ～ (1793–1871)《フランスの小説家・劇作家》.

Ko·dak /kóudæk/ 〖商標〗コダック《米国 Eastman Kodak 社製の小型カメラ・フィルムその他写真用品のブランド》.

Ko·dály /kóudài/ コダーイ **Zol·tán** /zóultà:n/ ～ (1882–1967)《ハンガリーの作曲家・民俗音楽学者》.

Ko·di·ak /kóudiæ̀k/ **1** コディアック《Alaska 湾の島》. **2 a** 〖動〗KODIAK BEAR. **b***《俗》警官, ポリ公.

Kódiak bèar 〖動〗コディアックヒグマ, アラスカヒグマ (＝*Kodiak*)《Alaska 産の地上最大の肉食獣》.

kod·kod /kóudkòud/ *n* 〖動〗チリヤマネコ, コドコド. [(Chile or Argentina)]

Ko·dok /kóudàk/ コドク《南スーダン北東部 White Nile 川に臨む市; 旧称 Fashoda》.

KOed /keɪóud, ⌐—/ *a* 〖ボク〗ノックアウトされた; *《俗》《酒または麻薬に》酔っぱらった, ラリった.

koedoe ⇨ KUDU.

ko·el, ko·il /kóuəl/ *n* 〖鳥〗オニカッコウ (＝*long-tailed cuckoo*)《イ

ンド・豪州産). [Hindi]
Koest·ler /kés(t)lər/ ケストラー **Arthur** ~ (1905–83)《ハンガリー生まれの英国の小説家・ジャーナリスト; *Darkness at Noon* (1941)》.
K of C °Knight(s) of Columbus.
koff koff ⇨ COFF COFF.
K of P °Knights of Pythias.
kof·ta /káftə/ *n* 〘インド〙コフタ《スパイス入り肉[魚肉]のだんご》. [Urdu]
koft·gar /káftgà:r/ *n* 《インド》金象嵌(ぞうがん)師. [Urdu]
kog·gel·man·der /kàg(ə)lmǽndər, kàx(ə)l-/ *n* 《南ア》《小さな》トカゲ, カメレオン. [Afrik]
Ko·gi /kóugi/ コギ《ナイジェリア中南部の州; ☆Lokoja》.
Ko·hel·eth /kouhéleθ/ 〘聖〙 **1** コヘレト,「コヘレトの言葉」《伝道の書 (Ecclesiastes) のこと》. **2** コヘレト《伝道の書で Solomon につけられた異名; the Preacher (説教者) と英訳されている》. [Heb=preacher]
kohen ⇨ COHEN.
Ko·hi·ma /kouhí:mə, kóuhimə/ コヒマ《インド北東部 Nagaland 州の州都; 第二次大戦の激戦地》.
koh-i-noor /kóuənùər/ *n* [K-] コイヌール《1849 年以来英国王室が所蔵するインド産出のダイヤモンド》; [°K-] 絶品 ⟨*of*⟩,《特に》高価な大型ダイヤモンド. [Pers=mountain of light]
kohl /kóul/ *n* コール墨《アンチモニーの粉末で, アラビア・エジプトの婦人などがまぶたを黒く染める》. [Arab; ⇨ ALCOHOL]
Kohl[1] コール **Helmut** (**Josef Michael**) ~ (1930–2017)《ドイツの政治家; 西ドイツ首相 (1982–90), 統一ドイツ首相 (1990–98); キリスト教民主同盟》.
Kohl[2] ⇨ KOL.
Köh·ler /*G* kø:lər/ ケーラー (**1**) **Georges J**(**ean**) **F**(**ranz**) ~ (1946–95)《ドイツの免疫学者; 癌などの診断・治療に用いられるモノクローナル抗体をつくることに成功, ノーベル生理学医学賞 (1984)》 (**2**) **Wolfgang** ~ (1887–1967)《ドイツの心理学者; ゲシュタルト心理学に大きな発展をもたらした》.
kohl·ra·bi /koulrá:bi, -rǽbi, ⌐⌐⌐/ *n* (*pl* ~**es**) 〘植〙球茎カンラン, コールラビ《茎がカブラ状に肥大したサラダ用野菜》. [G<It<L (COLE, RAPE[2])]
Kóhl·rausch's láw /kóulràuʃəz-/ 〘理〙コールラウシュの(イオン独立移動の)法則《無限希釈溶液中では, 当量イオン伝導率の値は共存する他のイオンとは無関係にそのイオン自体の性質と媒質の性質だけで定まる》. [Friedrich W. G. *Kohlrausch* (1840–1910) ドイツの物理学者]
Kohn /kóun/ コーン **Walter** ~ (1923–2016)《オーストリア生まれの米国の物理学者; 密度汎関数の開発によりノーベル化学賞 (1998)》.
Ko·hóu·tek (**cómet**) /kəhóutek(-), -hú:-/ 〘天〙コホーテク彗星《1973 年初回出現》. [Luboš *Kohoutek* (1935–) チェコの天文学者]
koi /kɔ́ı/ *n* (*pl* ~) 鯉 (carp),《特に》錦鯉. [Jpn]
Koi ⇨ COI.
koil ⇨ KOEL.
Ko·il /kóuəl/ コイル《インド Uttar Pradesh の都市 ALIGARH の古くからの名称; Aligarh はもとは近くの城砦の名》.
koil·onych·ia /kɔ̀ılouníkiə/ *n* 〘医〙匙状爪(ひじょうそう), さじ形爪 (=*spoon nail*)《つめの中央が周縁部よりへこむ症状; 時に鉄欠乏性貧血症によって生じる》. [NL (Gk *koilos* hollow, *onux* nail, *-ia*[1])]
Koi·ne, Koi·né /kɔınéı, ⌐⌐, kiní:; kɔ́ınèı, -ni/ *n* **1** [the] コイネー《紀元前 4 世紀後半から紀元後 6 世紀半ばごろにかけて地中海東部の国々で使われた標準ギリシア語; 新約聖書はこれで書かれた》. **2** [k-]《特定地方の方言[言語]が広い地域で用いられるようになった》共通語. [Gk=common]
koi·no·nia /kɔ̀ınəní:ə, kɔınóuniə/ *n* 〘神学〙《キリスト教徒相互間あるいはキリストとの》交わり, コイノニア. [Gk=fellowship]
Ko·jah /kóuʤɑ:/ *n* 〘畜〙コージャー《ミューテーションミンクの一種》.
Ko·jak /kóuʤæk/ **1** コジャック Lieutenant **Theo**(**dore**) ~《米国テレビの警察ドラマ 'Kojak' (1973–78) の主人公で, New York 市 Manhattan の私服のベテラン刑事》. **2** *《俗》警官, デカ.
ko·ka·ko /kouká:kou/ *n* (*pl* ~**s**) 《NZ》WATTLE CROW. [Maori]
Ko·kand /koukǽnd/, **Qŭ·qon** /kukɔ́:n/ コーカンド, クコン (**1**) ウズベキスタン東部の地方; 18–19 世紀にハーン国があった **2**) 同地方の市; Tashkent の南東に位置》.
ko·kan·ee /koukǽni/ *n* 〘魚〙小型の陸封型のベニマス (=~ **sàlmon**). [*Kokanee* カナダ British Columbia 州のクリーク]
ko·ker·boom /kóukərbù:m, -bòum/ *n* 〘植〙QUIVER TREE. [Afrik]
Kokh·ba /kɔ́:xbɑ:/ [Bar ~] バルコホバ (d. 135)《ユダヤ人の解放者; 本名 Simeon bar Ko·zi·ba /-bɑ:r kɔ́:zibà:/; Hadrian 帝の治下で, ローマのパレスティナ支配に対するユダヤ人の最後の反乱を指導した (132–135 A.D.)》.
kok·las(s) /kóukləs/ *n* 〘鳥〙PUKRAS.
ko·ko·beh /kákʌbε/ *a* 果皮のざらざらした. [Twi=leprosy]
Ko·ko Nor /kóukou nɔ́:r/ ココノール《青海 (Qinghai) 湖の別称》.
Ko·kosch·ka /kəkɔ́(:)ʃka, -káʃ/ ココシュカ **Oskar** ~ (1886–1980)《オーストリアの表現主義の画家・劇作家》.
kok-sa·g(h)yz /kòuksəgí:z, kàk-, -gíz/ *n* 〘植〙ゴムタンポポ《カザフスタン産; 根の乳液は弾性ゴムの原料》. [Russ]
Kol, Kohl /kóul/ *n* (*pl* ~, ~**s**) コウル族《インドの Bengal および Chota Nagpur 地方に住む》.
ko·la /kóulə/ *n* COLA[1]; コーラナット (=~ **nùt**)《コラノキ (kola tree) の果実》.
ko·lac·ky /kəlá:ki, -lǽki/, **ko·lach** /kóulà:ʧ/ *n* (*pl* **ko·lác·ky, kó·lach·es**) 果肉・ケシの実などを詰めて焼いた甘い菓子パン. [Czech, Russ]
Kóla Península [the] コラ半島《ロシア北西部の Barents 海と白海にはさまれる半島》.
Ko·lár Góld Fìelds /koulá:r-/ *pl* [the] コラルゴールドフィールズ《インド南部 Karnataka 州南東部の金採掘地》.
Ko·lar·i·an /koulǽriən/ *n* KOL.
kóla trèe 〘植〙コラノキ《熱帯アフリカ原産のアオギリ科コラノキ属の木; 特に コーラとヒメコーラ》.
kol·basi, -bas·si /koulbá:si/ *n* KIELBASA.
Kol·chak /kɔ(:)lʧá:k/ コルチャーク **Aleksandr Vasilyevich** ~ (1874–1920)《ロシアの海将; Omsk で反ボリシェヴィキ政府を樹立したが, 革命軍に押され, 捕えられ処刑された》.
Kol·ding /kálıŋ/ コレング《デンマーク Jutland 半島東部の市・港町》.
Kol·ha·pur /kóuləpùr; kòulhɑ:púər/ コルハプール《インド西部 Maharashtra 州南部の市》.
Ko·li·ma /kəlí:mə/ [the] KOLYMA.
ko·lin·sky, -ski /kəlínski/ *n* (*pl* **-skies**) 〘動〙タイリクイタチ, チョウセンイタチ; タイリクイタチの毛皮. [Russ (KOLA 地名)]
Kol·ka·ta /koulká:tə, kɑl-, -kátə; kɔlkátə, -kǽtə/ コルカタ《インド東部 West Bengal 州の州都, Hugli 川に臨む港湾都市; もとは Calcutta と呼ばれ, 英領インド時代の首都》.
kol·khoz, -khos, -koz /kɑlkɔ́:z, -xɔ́:z, -hɔ́:z, -s/ *n* (*pl* **-kho·zy** /-zi/, ~·**es**)《ソ連邦諸国の》集団農場, コルホーズ (collective farm); コルホーズ式農業制度. [Russ]
kol·khoz·nik /kɑlkɔ́:znık, -xɔ́:z-, -hɔ́:z-/ *n* (*pl* **-ni·ki** /-nıki/, ~**s**) コルホーズの一員.
kol·ler·gang /kálərgæ̀ŋ/ *n* 《紙パルプ用の》粉砕[圧砕]機.
Kol·lon·tay /kàləntáı/ コロンタイ **Aleksandra Mikhaylovna** ~ (1872–1952)《ソ連の外交官; 世界初の女性大使》.
Koll·witz /kóulwìts; *G* kɔ́lvıts/ コルヴィッツ **Käthe** ~ (1867–1945)《ドイツの石版画家・彫刻家》.
Kolmar ⇨ COLMAR.
Kol·mo·go·rov /kəlmɑgɔ́:rəf/ コルモゴロフ **Andrey Nikolayevich** ~ (1903–87)《ソ連の数学者; 確率論をはじめ集合論・情報理論など多方面に貢献した》.
Köln /*G* kœln/ ケルン《COLOGNE のドイツ語名》.
Kol Ni·dre /koul nídreı, kɔ:l-, -drə/ 〘ユダヤ教〙「コル・ニドレイ」《Yom Kippur の前夜の聖歌; 神への誓いのうち果たさぬものを取り消し, あらゆる罪を許したまえと祈る》. [Aram]
ko·lo /kóulou/ *n* (*pl* ~**s**) コロ《輪になって踊るセルビアの民族舞踊; その音楽》. [Serbo-Croat=wheel]
Ko·lom·na /kəlɔ́:mnə/ コロムナ《ヨーロッパロシア西部 Moscow の南東, Moskva 川と Oka 川の合流点の近くにある市》.
Ko·lozs·vár /kóulouʒvà:r/ コーロズバル《CLUJ-NAPOCA のハンガリー語名》.
Kol·tsov /koultsɔ́:f, -v/ コリツォフ **Aleksey Vasilyevich** ~ (1809–42)《ロシアの民衆詩人》.
Ko·ly·ma /kəlí:mə/ [the] コルイマ川《シベリア北東部, コルイマ山地から北東に流れて東シベリア海に注ぐ》.
Kolýma Ránge [**Móuntains**] [the] コルイマ山地《シベリア北東部 Khabarovsk 地方北東部, Okhotsk 海の北をほぼ海岸線に平行に走る山地》.
Ko·man·dór·ski·ye Íslands /kà:mɑ:ndɔ́:rskijı-/ *pl* [the] コマンドル諸島 (=*Commander Islands*)《Kamchatka 半島の東, Bering 海南西部に位置する島群》.
Ko·ma·ti /kəmá:ti/ [the] コマティ川《南アフリカ共和国北東部 Drakensberg 山脈の北部から東・北に流れてモザンビーク南部でインド洋に注ぐ》.
ko·mat·i·ite /kəmǽtiàıt/ *n* 〘地質〙コマチアイト《マグネシウムを多く含む噴出岩; 橄欖石(かんらんせき)が細長く伸びた組織もつ》. [↑]
ko·mat·ik /koumǽtık/ *n* エスキモーの雪ぞり. ► *vi* 雪ぞり (komatik) で旅をする. [Inuit]
kom·bu /kámbu/ *n* 昆布. [Jpn]
Ko·mi[1] /kóumi/ *n* **a** (*pl* ~, ~**s**) コミ族《Ural 山脈の北西に住む》. **b** コミ語 (Zyrian)《Finno-Ugric 語派の一つ》.
Komi[2] コミ《ヨーロッパロシア北東部 Ural 山脈北部の西にある共和国; ☆Syktyvkar》.
ko·mi·tad·ji, co- /kòumətá:ʤi, kàm-/ *n* コミタージ《バルカン諸国のゲリラ兵》. [Turk=rebel]
ko·mi·teh /koumí:teı/ *n* 《イランの》革命委員会, コミテ《1979 年に発足》.

K

kom·man·da·tu·ra /kəmæ̀ndətúərə/ *n* 《特に 第二次大戦後の西欧都市における連合国の》軍事政府司令部. [? G *Kommandantur* command post]

Kommunizma ⇨ COMMUNISM PEAK.

Ko·mo·do /kəmóudou/ コモド《インドネシア領小スンダ列島の Flores, Sumbawa 両島の間にある島》.

Komódo drágon [lízard] [ᵒk-]〘動〙コモドオオトカゲ (=*dragon lizard*)《Komodo 島と周辺の島に生息する世界最大のトカゲで 3.5 m, 130 kg に達する》. [↑]

Ko·mon·dor /kámәndɔ̀ːr, kóu-/ *n* (*pl* ~**s**, **-dor·ok** /-dɔ̀ːrәk/)〘犬〙コモンドール《強大で被毛が非常に長い白毛の番犬; ハンガリーで産出, もとは牧羊犬》. [Hung]

Kom·so·mol /kámsəmɔ̀(ː)l, -màl, ⌐ ─ ⌐/ *n*〘ソ連〙コムソモール (1918–91)《全連邦レーニン共産主義青年同盟》. [Russ]

Kom·so·molsk-na-Amure /kɑ̀msəmɔ́ːlsknəəmúrə/ コムソモリスク-ナ-アムール《ロシアの極東, Khabarovsk 地方南部の Amur 川に臨む市》.

ko·na /kóunə/ *n* コナ《ハワイで冬に吹く南西の風》. [Haw]

Konakry ⇨ CONAKRY.

Kon·dí·lis /kɔːndíːləs, -lis/ コンディリス **Geórgios** ~ (1879–1936)《ギリシアの将軍; 1935 年クーデターによって George 2 世を復位させた》.

kon·di·to·rei /kɔ̀ːndɪtouráɪ, ⌐ ─ ─ ⌐, kəndítəràɪ/ *n* 菓子屋, ケーキ屋《しばしば 喫茶店を兼ねる》. [G]

kon·do /kándou/ *n* (*pl* ~**s**) 《ウガンダ》泥棒, (武装)強盗.

Ko·nev /kɔ́ːnjɛ̀f, -jɛ̀v, -jəf/ コニェフ **Ivan Stepanovich** ~ (1897–1973)《ソ連の将軍; 第二次大戦の軍最高司令官; ドイツ軍を Ukraine から敗退させた》.

kon·fyt /kənfáɪt; kɑnféɪt/ *n* 《南ア》果物(の皮)の砂糖漬け. [Afrik＜Du]

Kong /kɔ́(ː)ŋ, kɑ́ŋ/ *n**《黒人俗》安ウイスキー, 強いウイスキー (King Kong).

Kong·fu·zi /kúŋfúːzɔ́ː/ 孔夫子 (⇨ CONFUCIUS).

Kon·go /káŋgou/ *n* **a** (*pl* ~, ~**s**) コンゴ族《コンゴ川下流域の Bantu 系部族》. **b** コンゴ語《バントゥー諸語の一つ》.

kon·go·ni /kɑŋgóuni, kəŋ-/ *n*〘動〙キタハーテビースト《東アフリカ産の羚羊》. [Swahili]

Kon·gur, Kun·gur, Qun·gur /kúngúər/ [Mount] コングル(公格爾)山 (=**Kóngúr Shán** /-ʃɑ́ːn/)《中国新疆(しんきょう)ウイグル自治区西部の山 (7719 m); 崑崙 (Kunlun) 山脈の高峰の一つ》.

Kong·zi /kúŋzi/ 孔子 (⇨ CONFUCIUS).

Konia ⇨ KONYA.

Kö·nig·grätz /*G* kǿːnɪçgrɛːts/ ケーニヒグレーツ《HRADEC KRÁLOVÉ のドイツ語名》.

Kö·nigs·berg /kéɪnɪgzbə̀ːrg; *G* kǿːnɪçsbɛrk/ ケーニヒスベルク《KALININGRAD の旧称》.

ko·nim·e·ter /kounímətər/ *n* 塵埃計, コニメーター《空気中の塵埃の量を測定する装置》. [*koni-*, *coni-* (Gk *konis* dust), *-meter*]

ko·ni·ol·o·gy /kòuniálədʒi/ *n* 塵埃(じんあい)学《大気中の塵(ちり)その他不純物の動植物に対する影響を研究する》. [Gk *konis* dust]

Kö·niz /kéɪnəts, kə́ː-; *G* kǿːnɪts/ ケーニツ《スイス中西部 Bern の南西にある町》.

konk /káŋk, *kɔ́ːŋk/ *n*, *vi*, *vt* CONK[1], CONK[2], CONK[4].

Kon·kan /káŋkən/ コンカン《インド西部 Maharashtra 州西部の海岸地域》.

Kon·ka·ni /káŋkəni/ *n* コンカニ語《インド西海岸で用いられる, 印欧語族 Indic 語派の一つ》.

Konstanz ⇨ CONSTANCE.

kon·ta·kion, con- /kəntáːkjɔːn/ *n* (*pl* **-kia** /-kjɑː/)〘東方正教会〙コンダク《礼拝式で唱える短い聖歌》. [Gk=scroll]

Kon-Ti·ki /kɑntíːki/ コンチキ号《1947 年ノルウェーの人類学者 Thor Heyerdahl が仲間 5 人と太平洋を渡ったときに使ったバルサ材のいかだ》.

Kon·ya, -ia /kɔ́ːnjɑː, ─⌐/ コニヤ《トルコ中南部の市; 古代名 Iconium》.

koodoo ⇨ KUDU.

kook /kúːk/ *n* 《俗》変人, 奇人, 嫌われ者; 《サーフィン俗》初心者, 新米. [C20＜? CUCKOO]

kook·a·bur·ra /kúkəbə̀ːrə, -bʌ̀rə; -bʌ̀rə/ *n*〘鳥〙ワライカワセミ《豪州産》. [(Austral)]

kóoky, kóok·ie *a* 《俗》ばかな, いかれた. ♦ **kóok·i·ly** *adv* **-i·ness** *n* [KOOK]

koo·lah /kúːlə/ *n* KOALA.

Kóol-Àid /kúːl-/〘商標〙クールエイド《清涼飲料の粉末》.

Kooning ⇨ DE KOONING.

koo·ra·jong /kúərədʒɔ̀(ː)ŋ, -dʒɑ̀ŋ/ *n* KURRAJONG.

Koo·ri /kúri/ *n*〘豪〙アボリジニー《オーストラリア先住民》.

Koo·te·nai, -nay /kúːt(ə)nèɪ, -ni/ **1** KUTENAI. **2** [the] クートネー川《カナダ British Columbia 州から米国を通り再び同州にはいり, クートネー湖 (~ **Láke**) を経て Columbia 川に合流》.

kop /káp/ *n* 《南ア》丘, 山; 《口》知性; [ᵒthe K-]ᴴコップ《サッカースタジアム後方の階段席; 本来は Liverpool FC の本拠スタジアムのホームサポーター席》. [Afrik=head]

ko·pa·set·ic /kòupəsétɪk, -síːt-/ *a**《俗》COPACETIC.

ko·peck, -pek, co·peck /kóupɛ̀k/ *n* コペイカ《ロシア[ソ連]・ベラルーシの通貨単位: =1/100 ruble》. [Russ (dim)＜*kopye* lance; もと 槍を持った Ivan 4 世の像より]

Ko·per /kóupɛ̀ər/, **Ko·par** /kóupɑ̀ːr/ コペル, コパル《スロヴェニアの Istria 半島にある港町》.

Ko·per·nik /kɔːpέərnik/ コペルニク **Mikołaj** ~《Nicolaus COPERNICUS のポーランド語名》.

Ko·peysk /koupéɪsk/ コペイスク《ロシア中西部 Chelyabinsk の南東にある市》.

koph ⇨ QOPH.

ko·piy·ka /koupíːkə/ *n* コピイカ《ウクライナの通貨単位: =1/100 hryvnia》.

kop·je, kop·pie /kápi/ *n* 《南ア》小丘. [Afrik *koppie*, Du *kopje* (dim); ⇨ KOP]

kop·pa /kápə/ *n* コッパ《初期のギリシア語アルファベットの ϙ; o と u の前の /k/ 音を, また 数詞として 90 を表わした; ラテン文字 Q の原形》. [Gk]

kor /kɔ́ːr/ *n* コール (cor)《古代ヘブライ[フェニキア]の容量単位》. [Heb]

Kor. Korea ♦ Korean.

ko·ra /kɔ́ːrɑː, -rə/ *n*〘楽〙コーラ《リュートに似た, アフリカ起源の 21 弦の楽器》. [Malinke]

ko·rad·ji, co·rad·gee, co·ra·ji /kərǽdʒi, kárədʒi/ *n* 《豪》オーストラリア先住民の呪医. [(Austral)]

korai *n* KORE の複数形.

Ko·ran /kɔːrάːn, -rǽn, kə-, kɔ́ːræ̀n/ *n* [the]〘イスラム〙クルアーン, コーラン (=*Qur'an*, *Quran*)《神 Allah が天使 Gabriel を通じて預言者 Muhammad に読み聞かせたとされるイスラム聖典; 道徳・行動・思考などイスラムの生活全般にわたる究極的な規範》. ♦ **Ko·ran·ic** /kɔːrǽnɪk, kə-/ *a* [Arab=recitation]

ko·ra·ri /kəráːri, kɔ́ːrərìː/ *n*〘植〙NEW ZEALAND FLAX (の花茎). [Maori]

Ko·rat /kɔːráːt/ *n*〘猫〙コラット《タイ原産の短毛の飼い猫の品種; ハート型の顔, シルバーブルーの毛, 緑色の目が特徴》. [タイ北東部の *Khorat* 高原より]

Kor·but /kɔ́ːrbut/ コルブト **Olga** (**Valentinova**) ~ (1955–)《ロシアの女子体操選手; オリンピック Munich 大会 (1972) で金メダルを 3 個獲得》.

Korch·noi /kɔ́ːrʧnɔ̀ɪ/ コルチノイ **Viktor** (**Lvovich**) ~ (1931–2016)《ロシア出身のチェスプレーヤー》.

Kor·da /kɔ́ːrdə/ コルダ Sir **Alexander** ~ (1893–1956)《ハンガリー生まれの英国の映画制作者・監督》.

Kor·do·fan /kɔ̀ːrdəfǽn/ コルドファン《スーダン中部の白 Nile 川の西・北にある地域; ☆El Obeid》.

Kor·do·fan·i·an /kɔ̀ːrdəfǽniən; -féɪ-/ *n* コルドファン諸語《Kordofan 地域の少数民族の諸語; Niger-Congo 語族との類縁関係が想定される》.

Ko·re, Co·re /kɔ́ːreɪ, -ri/ **1**〘ギ神〙コレー《「娘」(maiden) の意で, Zeus と Demeter の娘 Persephone のこと》. **2** [k-] (*pl* **ko·rai** /kɔ́ːràɪ, -reɪ/) コレー《一般にアルカイック期のギリシアの着衣の少女像を指す; 足をそろえ真正面を向いて立った姿がふつう》.

Ko·rea /kəríːə/ 朝鮮: (1) 朝鮮民主主義人民共和国, 北朝鮮 (=North ~)《公式名 Democratic People's Republic of ~; ☆Pyongyang》. (2) 大韓民国, 韓国 (=South ~)《公式名 Republic of ~; ☆Seoul》.

Koréa Báy 西朝鮮湾《遼東半島と北朝鮮西部の間の湾》.

Ko·re·an /kəríːən/ *a* 朝鮮の; 朝鮮人の; 朝鮮語の. ► *n* 朝鮮人; 朝鮮語.

Koréan Wár [the] 朝鮮戦争 (1950–53).

Koréa Stráit [the] 朝鮮海峡.

Koreish ⇨ QURAISH.

ko·re·ro /kɔ́ːrərou, kəríərou/ *n* 《NZ》会話, 議論, 会合. [Maori]

kórf·bàll /kɔ́ːrf-/ *n* コーフボール《バスケットボールに似た男女混合の球技》. [Du *korfbal* (*korf* basket, *bal* ball)]

kó·ri bústard /kɔ́ːri-/〘鳥〙アフリカオオノガン (gom-paauw). [*kori* (SAfr)]

Kórinthos ⇨ CORINTH.

kor·ma, qor·ma /kɔ́ːrmə/ *n*〘インド〙コールマー《ヨーグルトに漬けた肉を香辛料や野菜と共に煮込んだ高級料理》. [Urdu]

Korn·berg /kɔ́ːrnbə̀ːrg/ コーンバーグ (1) **Arthur** ~ (1918–2007)《米国の生化学者; DNA ポリメラーゼ を発見し, DNA の酵素的合成に成功; ノーベル生理学医学賞 (1959)》 (2) **Roger D**(**avid**) ~ (1947–)《米国の化学者; 真核生物の転写の分子的基礎についての研究によりノーベル化学賞 (2006); Arthur の長男》.

Kor·ni·lov /kɔːrníːləf/ コルニーロフ **Lavr Georgiyevich** ~ (1870–1918)《ロシアの将軍; 二月革命 (1917) 後, 反革命を企てて失敗した》.

Ko·ro·len·ko /kɔ̀:rəléŋkoʊ, kɑ̀r-/ コロレンコ **Vladimir Galaktionovich** ～ (1853–1921)《ロシアの作家》.

kor·o·mi·ko /kɔ̀(:)rəmí:koʊ/ *n* 〖植〗ニュージーランド南島原産ゴマノハグサ科ヘーベ属の常緑低木. [Maori]

Ko·ror /kɔ́:rɔ̀:r/ コロール《(1) Caroline 諸島西部, Palau 諸島北部の島 2) パラオの旧首都》.

Kór·sa·koff's psychòsis [sỳndrome] /kɔ́:rsəkɔ̀(:)fs-/ 〖医〗コルサコフ精神病[症候群]《慢性アルコール中毒者に典型的に認められる, 記憶障害とそれによる記憶欠損を埋めるための作話 (confabulation) とを特徴とする健忘症候群》. [Sergei *Korsakov* (1854–1900) ロシアの精神科医]

Kort·rijk /kɔ́:rtràɪk/ コルトレイク (*F* Courtrai)《ベルギー西部 West Flanders 州の町; 亜麻の産地》.

ko·ru·na /kɔ́:rənɑ̀:, kár-/ *n* (*pl* **ko·ru·ny** /-ni/, ～**s**, **ko·run** /-rən/) コルナ《(1) チェコの通貨単位: ＝100 haleru 2) スロヴァキアの euro になる前の通貨単位: ＝100 haleru》. [Czech＝CROWN]

Kor·yak /kɔ:rjǽk; kɔ́r-/ *n* **a** (*pl* ～, ～**s**) コリヤーク族《Kamchatka 半島北部を中心に居住する少数民族》. **b** コリヤーク語.

Kor·zyb·ski /kɔ:rzíbski, kəʒíp-/ コージブスキー **Alfred (Habdank Skarbek)** ～ (1879–1950)《ポーランド生まれの米国の著述家・科学者; 一般意味論 (general semantics) の創始者》.

kos, coss /kóʊs/ *n* (*pl* ～) コッス《インドの距離単位: 通例 3–4 km》. [Hindi]

Kos, Cos /kɔ́(:)s, kás/ コス《(1) ギリシア領 Dodecanese 諸島の島; 古代ドーリス人が定住し, プトレマイオス朝時代に文芸・医学の中心地となった 2) Kos 島北東岸の町》.

Kos·ci·us·ko[1] /kɑ̀ziʌ́skoʊ, -si-/ [Mount] コジアスコ山《オーストラリア New South Wales 州南東部, Great Dividing Range の山 (2229 m); 同国の最高峰》.

Kos·ci·us·ko[2] /kɑ̀siʌ́skòʊ/ コシチューシコ **Thaddeus** ～ (1746–1817)《ポーランドの愛国的軍人; ポーランド語名 Tadeusz Andrzej Bonawentura Koś·ciusz·ko /kɔ:ʃtʃúʃkoʊ/; アメリカ独立革命軍で活躍, 帰国後独立蜂起を指導 (1794)》.

kosh ⇨ COSH[1].

ko·sher /kóʊʃər/, **ka·sher** /ká:ʃər, kaʃéər/ *a* **1** 適法の《ユダヤ教のおきてに従って料理された》, 清浄な〈食物〉(opp. *tref*); 適法の[清浄な]食品を販売[使用]する: keep ～ 適法の食品を用いる / a ～ restaurant 適法の料理を出す店. **2**《口》まともな, きちんとした, 本物の, 正しい, 正当な, 適当な, けっこうな; *《俗》〈酒が〉水で割っていない. ► *n*《口》適法の[清浄な]食品(を扱う店), カシェル. ► *vt* 適法[清浄]にする; *《俗》受け入れてもらえるようにする, きちんと[ちゃんと]する. [Heb＝proper]

kósher-stỳle *a*〈料理・レストランが〉伝統的なユダヤ料理の, 適法の.

Ko·ši·ce /kɔ́:ʃətsèɪ/ コシツェ《スロヴァキア東部の市》.

Ko·sin·ski /kəzínski/ コジンスキー **Jerzy** ～ (1933–91)《ポーランド生まれの米国の小説家; *The Painted Bird* (1965)》.

Ko·so·vo /kɔ́(:)səvòʊ, kás-/ **1** コソヴォ《コソヴォ共和国の首都 Priština の西方の平原; 1389 年オスマントルコ軍が Serbia の率いるキリスト教側連合軍を破ってバルカン支配を決定的にした地》. **2** コソヴォ《バルカン半島中部の内陸国; 公式名 Republic of ～ (コソヴォ共和国); セルビア共和国の自治州であったが, 2008 年独立を宣言; ☆Priština》. ♦ **Ko·so·var** /kɔ́(:)səvɑ̀:r, kás-/ *a, n* コソヴォ(人)の; コソヴォ人. **Kó·so·van** *a, n*

Kos·rae /kɔ́:sràɪ/ コシャエ, コスラエ《西太平洋にある Caroline 諸島東部の火山島; ミクロネシア連邦の一州をなす; 別称 Kusaie》.

Kos·sel /kɔ́(:)səl, kásəl/ コッセル **Albrecht** ～ (1853–1927)《ドイツの生化学者; 細胞および核の化学組成とタンパク質の構成を研究; ノーベル生理学医学賞 (1910)》.

Kos·so·vo /kɔ́(:)səvòʊ, kás-/ Kosovo.

Kos·suth /kásù:θ, ─ ∸, kɔ́:ʃùt/ コシュート **Lajos** ～ (1802–94)《ハンガリーの政治家; オーストリアからの独立革命を指導》.

Ko·stro·ma /kɑ̀strəmá:/ コストロマ《ヨーロッパロシア中部 Volga 川に臨む市》.

Ko·sy·gin /kəsí:gən/ コスイギン **Aleksey Nikolayevich** ～ (1904–80)《ソ連の政治家; 首相 (1964–80)》.

Ko·sza·lin /kɔ:ʃá:lì:n/ コシャリン《ポーランド北西部の市》.

Ko·ta, Ko·tah /kóʊtə/ コタ《インド中西部 Rajasthan 州南東部の市》.

Ko·ta Ba·ha·ru /kóʊtə bá:hɑ:rù:/ コタバル《マレー半島南東部の市で, マレーシア Kelantan 州の州都》.

Ko·ta·ba·ru /kòʊtəbá:ru/ コタバル《JAYAPURA の旧称》.

Ko·ta Kin·a·ba·lu /kóʊtə kìnəbəlú:/ コタキナバル《Borneo 島北西部, マレーシア Sabah 州の南シナ海に臨む港・州都; 旧称 Jesselton》.

Ko·tex /kóʊtèks/〖商標〗コーテックス《生理用ナプキン・タンポン》.

ko·to /kóʊtoʊ/ *n* (*pl* ～**s**) 琴. [Jpn]

Ko·tor /kóʊtɔ̀:r/ コトル (*It* Cattaro)《モンテネグロ南西部, アドリア海の入江コトル湾 (the **Gúlf of** ∼́) に臨む港町》.

kotow ⇨ KOWTOW.

Kottbus ⇨ COTTBUS.

kot·wal /kóʊtwɑ̀:l; kɔ́t-/ *n*《インド》警察署長, 都市長官. [Hindi]

kot·wa·li, -lee /kóʊtwɑ̀:li; kɔ́t-/ *n*《インド》警察署. [Hindi]

Kot·ze·bue /kátsəbù:/ コツェブー **August (Friedrich Ferdinand) von** ～ (1761–1819)《ドイツの劇作家》.

Kou·dou·gou /kudú:gu/ クドゥグ《ブルキナファソ中部の町》.

Kou·fax /kóʊfæks/ コーファックス **'Sandy'** ～ [本名 Sanford ～] (1935–)《米国のプロ野球選手; 左腕速球投手》.

koulan ⇨ KULAN.

kou·li·biac, cou- /kòʊləbjá:k/ *n* KOULIBIACA.

kou·li·bia·ca, cou- /kòʊləbjá:kə/ *n* クーリビヤカ《肉・魚・キャベツなどを生地に包んだ細長い大型のロシア風パイ》. [Russ]

kou·mis(s), kou·myss, ku·miss, ku·mis, ku·mys /kumís, kú:məs/ *n* 馬乳酒, クミス《馬・ラクダなどの乳から造るアジア遊牧民の酒; 薬用とすることもある》. [Russ＜Tartar]

kou·prey /kú:prèɪ/ *n*〖動〗ハイイロヤギュウ, コープレイ《カンボジア・タイ・ヴェトナムの森林にすむ野生のウシ; 絶滅が危惧される》. [(Cambodia)]

kour·bash /kúərbæ̀ʃ/ *n, vt* KURBASH.

kou·ros /kú:rɔ̀:s/ *n* (*pl* **-roi** /-rɔɪ/)〖古ギ・美〗クーロス《古代ギリシア彫刻の直立裸身の青年像》. [Gk＝boy]

Ko·va·lev·ska·ya /kəvəljéɪfskəjə/ コヴァレフスカヤ **Sofya Vasilyevna** ～ (1850–91)《ロシアの数学者; 偏微分方程式を研究》.

Kovno ⇨ KAUNAS.

kovsh /kɔ́:vʃ/ *n* (*pl* **kov·shi** /-ʃi/)《舟の形をした》ひしゃく. [Russ]

Ko·weit /kəwéɪt/ KUWAIT.

kow·hai /kóʊàɪ/ *n*〖植〗ハネミエンジュ《マメ科の常緑低木; 花は黄色》. [Maori]

Kow·loon /káʊlú:n/ 九竜(きゅうりゅう)(カオルン)《(1) 中国南東部, Hong Kong 島の対岸の半島; Hong Kong 行政区の一部 2) 同半島の西岸にある市》.

kow·tow /kaʊtáʊ, *∸ ∸/, **ko·tow** /kaʊtáʊ, ∸ ∸; kəʊtáʊ/ *n*《中国流の》叩頭(こうとう)の礼. ► *vi* 叩頭する, 頓首再拝する (cf. KNOCK *head*); 卑屈に追従する, ぺこぺこする〈*to*〉. [Chin]

Ko·zhi·kode /kóʊʒəkòʊd, ∸ ─ ∸/ コジコーデ《CALICUT の別称》.

KP〖チェス〗°king's pawn ♦〖軍〗°kitchen police ♦ Knight (of the ORDER) OF ST. PATRICK ♦ °Knights of Pythias.

kPa kilopascal(s).

K particle /kéɪ ─/〖理〗K 粒子 (KAON).

kpc kiloparsec(s). **kph** kilometers per hour. **Kr**〖化〗krypton. **KR** °King's Regulations ♦〖チェス〗°king's rook.

Kra /krá:/ ■ the **Ísthmus of** ∼́ クラ地峡《タイ南西部, Malay 半島の最も狭い部分》.

kraal /krá:l, kró:l/ *n*《南アフリカ先住民の垣をめぐらした》村落; 先住民の村落共同体;《垣・柵で囲んだ》小屋 (hut);《家畜の》おり. ► *vt*〈羊・牛などを〉おりで囲う. [Afrik＜Port *curral*＜Khoikhoi]

krad /kéɪræ̀d/ *n* (*pl* ～, ～**s**)〖理〗KILORAD.

Krafft-Ebing /krá:ftéɪbɪŋ, krǽft-/ クラフト-エビング **Richard von** ～ (1840–1902)《ドイツの神経学者・精神医学者; *Psychopathia Sexualis* (1886)》.

kraft /krǽft; krá:ft/ *n* クラフト紙 (＝*sulfate paper*) (＝∼́ **pàper**)《セメント袋・船積用ボール箱などに用いる》. [G＝strength]

Kraft〖商標〗クラフト《米国 Kraft Foods 社製のプロセスチーズ類・加工食品》.

kráft pròcess〖化〗クラフト法 (SULFATE PROCESS).

Kra·gu·je·vac /krá:gujevɑ̀:ts/ クラグエヴァツ《セルビアの市; Belgrade の南東に位置》.

krait /kráɪt/ *n*〖動〗アマガサヘビ属の各種のコブラ《インド・ボルネオなどにすむ; 猛毒》. [Hindi]

Krak·a·toa /kræ̀kətóʊə, ˈkrɑ̀:-/, **-tau, -tao** /-táʊ/ クラカトア, クラカタウ《Java と Sumatra の間の Sunda 海峡にあるインドネシアの火山島; 1883 年に大噴火を起こした》.

Kra·kau /krá:kàʊ/ クラーカウ《KRAKÓW のドイツ語名》.

kra·ken /krá:kən/ *n* クラーケン《ノルウェー沖に現われるという伝説的怪物》. [Norw (dial)]

Kra·ków /krá:kù:f/, **Cra·cow** /krá:kàʊ, krǽ-, kréɪ-, -koʊ/ クラクフ《ポーランド南部の Vistula 川に臨む市; 同国の古都, 大学 (1364)》.

Kra·ma·torsk /krɑ̀:mətɔ́:rsk/ クラマトルスク《ウクライナ東部の市; Donets 盆地中央にあり, 重工業の中心》.

kra·me·ria /krəmíəriə/ *n* RHATANY.

kran /krá:n/ *n* クラーン《イランの旧銀貨: ＝1000 dinar》. [Pers]

Kra·nj /krá:njə/ クラーニ《CARNIOLA のスロヴェニア語名》.

krantz /krǽnts, krá:nts/, **krans** /krǽns, krá:ns/ *n*《南ア》《谷を囲む》絶壁. [Afrik]

Kras /krá:s/ クラス (*G* Karst, *It* Carso)《イタリアとスロヴェニアにまたがる石炭岩層の高原; 第一次大戦の戦場》.

Kras·no·dar /krǽsnədɑ̀:r/ クラスノダル《(1) ロシア, 北 Caucasus の地方 2) 同地方の中心都市; Kuban 川に臨む; 旧称 Yekaterinodar》.

K

Kras·no·yarsk /kræ̀snəjáːrsk/ クラスノヤルスク《1) ロシア, シベリア中部 Yenisey 川の流域に沿って Sayan 山脈から北極海に至る地方 2) 同地方の中心都市; Yenisey 川上流に臨む》.

kra·ter /kréɪtər, krɑːtéər/ *n* クラテル《古代ギリシア・ローマでぶどう酒と水を混ぜるのに用いた瓶(かめ)》. [Gk CRATER]

K ration /kéɪ ―/ 〖米陸軍〗 K 号携帯口糧《第二次大戦中に用いられた携帯糧食; 3 箱で 1 日分》. [Ancel B. *K*eys (1904–2004) 米国の生理学者]

kraut /kráut/ *n* SAUERKRAUT; 塩漬けかぶら; [°K-] «俗» [ᵘ*derog*] ドイツ人[兵, 軍属]. [G]

kráut·hèad *n* «俗» [ᵘ*derog*] ドイツ人[兵].

Kra·zy Kat /kréɪzi kǽt/ クレージー・キャット《米国の漫画家 George Herriman (1880–1944) の漫画 (1913–44) の主人公の黒猫》.

Krebs /krébz/ クレブズ (1) **Edwin Gerhard** ～ (1918–2009)《米国の生化学者; 生体制御機構としての可逆的タンパク質リン酸化の発見でノーベル生理学医学賞 (1992)》 (2) Sir **Hans Adolf** ～ (1900–81)《ドイツ生まれの英国の生化学者; Krebs cycle を発見, ノーベル生理学医学賞 (1953)》.

Krébs cỳcle 〖生化〗 クレブズ回路 (=*citric* [*tricarboxylic*] *acid cycle*)《Sir Hans Adolf Krebs が発見した, 生物の細胞内物質代謝において最も普通のトリカルボン酸回路》.

KREEP, kreep /kríːp/ *n* クリープ《月で採集された黄褐色のガラス様鉱物》. [*K* (=potassium)+*REE* (=*r*are *e*arth *e*lement)+*P* (=*p*hosphorus)]

Kre·feld /kréɪfèlt/ クレーフェルト《ドイツ西部 North Rhine-Westphalia 州の市; 旧称 Krefeld-Uerdingen》.

Kreis·ky /kráɪski/ クライスキー **Bruno** ～ (1911–90)《オーストリアの政治家; 首相 (1970–83)》.

Kreis·ler /kráɪslər/ クライスラー **Fritz** ～ (1875–1962)《Vienna 生まれのヴァイオリン奏者・作曲家》.

Kre·men·chuk, -chug /krèməntʃúːk, -tʃúːg/ クレメンチュグ《ウクライナ中部の Dnieper 川に臨む市》.

krem·lin /krémlən/ *n* **1**《ロシア都市の》城塞. **2** [the K-] **a** クレムリン宮殿《Moscow にある旧皇居; ロシア大統領府[旧ソ連中央政府]が置かれる》. **b** ロシア[ソ連]政府. [F<Russ<Tartar]

krem·lin·ol·o·gy /krèmlənɑ́ləʤi/ *n* [°K-] クレムリノロジー (=*Sovietology*)《ロシア[ソ連]の政治・(外交)政策などの研究》. ◆ **-gist** *n* **krèm·lin·ológ·i·cal** *a*

Krém·nitz [Crém·nitz] whíte /krémnəts-/《インキ・えのぐ用の》鉛白 (white lead). [*Kremnitz, Kremnica* スロヴァキア中西部の町]

krep·lach /krépləx, -lɑ̀ːx/ *n pl* 〖ユダヤ料理〗 クレプラハ《小麦粉の皮に肉やチーズを餃子式に包んだものを煮るか揚げるかしてスープにして出す料理》. [Yid]

kre·tek /kríːtèk; krét-/ *n* クレテック《インドネシアの, 丁字 (clove) 入り紙巻きタバコ》. [Indonesian]

Kretsch·mer /kréɪtʃmər, krétʃ-/ クレッチマー **Ernst** ～ (1888–1964)《ドイツの精神医学者; 体型と気質の類型論的研究を行なった》.

kreu·zer, kreut·zer, creut·zer /krɔ́ɪtsər/ *n* クロイツァー《昔ドイツ・オーストリアで使われた小額の銅貨[銀貨]》. [G *kreuz* (十字) の印があった]

krewe /krúː/ *n* クルー《告解火曜日 (Mardi Gras) にパレードやショーをする New Orleans の民間組織》.

Krieg·ie /kríːgi/ *n** «俗»《第二次大戦時のドイツ軍捕虜収容所での》米人捕虜. [G *Kriegs*gefangene]

krieg·spiel /kríːgspìːl/ [°K-] *n* 兵棋《将校の戦術指導用の, 盤上の戦争ゲーム》; 衝立チェス《対戦者がそれぞれ別の盤上で相手の手を見ずに駒を動かして勝負を競うゲーム; 立会人が駒の動きを伝える》. [G (*Krieg* war, *Spiel* game)]

Kriem·hild /kríːmhɪlt/, **-hil·de** /-hɪ̀ldə/ クリームヒルト《*Nibelungenlied* で, Siegfried の妻; Hagen を殺して夫の敵討ちを果たす》.

krill, kril /kríl/ *n* (*pl* ～)《特にオキアミの》群れ, クリル; オキアミ. [Norw *kril* young fish]

Krim ⇨ KRYM.

krim·mer, crim- /krímər/ *n* クリミア地方産子羊毛皮.

Krio /kríːou/ *n* **a** クリオ語《西アフリカのシエラレオネで話される英語基盤の混交言語で, 同地域諸部族間の共通語》. **b** (*pl* **Krí·os**) クリオ語を話す人. [Creole]

kris /kríːs/ *n*《刀身が波形をした》マレー[インドネシア]人の短剣 (=*creese*), クリス. [Malay]

Krish·na[1] /kríʃnə/ 〖ヒンドゥー神話〗 クリシュナ《Vishnu の第 8 化身》; クリシュナ教徒 (HARE KRISHNA). ◆ **～·ìsm** *n* クリシュナ崇拝. [Skt=black]

Krishna[2] [the] クリシュナ川《インド南部 Western Ghats 山脈から東流して Bengal 湾に注ぐ; 旧称 Kistna》.

Kríshna Cònsciousness クリシュナ意識 (⇨ HARE KRISHNA).

Krishna Menon ⇨ MENON.

Kriss Krin·gle* /krís kríŋg(ə)l/ クリス・クリングル (SANTA CLAUS). [?G *Christkindl* Christmas present]

Kris·te·va /krɪstéɪvə/ クリテヴァ **Julia** ～ (1941–)《ブルガリア生まれのフランスの記号論学者・精神分析家》.

Kris·ti·a·nia /krɪ̀stʃiǽniə, krɪ̀ʃ-, krɪ̀sti-, -ɑ́ːniə; -ɑ́ːniə/ クリスチャニア《OSLO の旧称》.

Kris·tian·sand /krístʃənsæ̀n(d), kríʃ-/ クリスチャンサン《ノルウェー南部 Skagerrak 海峡に臨む市・港町》.

Kris·tian·sund /krístʃənsʊ̀n(d)/ クリスチャンスン《ノルウェー西部 Trondheim の西南西にある港町》.

Kri·ta Yu·ga /krítə júːgə/ [the] 〖ヒンドゥー教〗 クリタユガ《黄金時代, 第一の時代; ⇨ YUGA》.

Krí·ti /kríːti/ クリーティ《CRETE の現代ギリシア語名》.

Krivoy Rog ⇨ KRYVYY RIH.

Kroe·mer /króumər/ クレーマー **Herbert** ～ (1928–)《ドイツ生まれの米国の物理学者; ノーベル物理学賞 (2000)》.

Krogh /krɔ́ːg/ クロー (**Schack**) **August** (**Steenberg**) ～ (1874–1949)《デンマークの生理学者; ノーベル生理学医学賞 (1920)》.

krombek ⇨ CROMBEC.

kro·mes·ki, -ky /krouméski/ *n* 〖料理〗 クロメスキー《ロシア風のコロッケ》. [Russ (dim)<*kroma* slice of bread]

kro·na[1] /króunə/ *n* (*pl* **-nur** /-nər/) クローナ《アイスランドの通貨単位: =100 aurar; 記号 Kr》. [Icel=CROWN]

kro·na[2] /króunə/ *n* (*pl* **-nor** /-nɔ̀ːr, -nər/) クローナ《スウェーデンの通貨単位: =100 öre; 記号 Kr》. [Swed (↓)]

kro·ne[1] /króunə/ *n* (*pl* **-ner** /-nər/) クローネ《デンマーク・ノルウェーの通貨単位: =100 øre; 記号 Kr》. [Dan and Norw=CROWN]

kro·ne[2] /króunə/ *n* (*pl* **-nen** /-nən/) クローネ《1) ドイツの旧通貨単位: =10 marks 2) オーストリアの旧通貨単位 (1892–1925): =100 heller》. [G=crown]

Kro·neck·er /króunèkər/ クロネッカー **Leopold** ～ (1823–91)《ドイツの数学者; 代数的整数論の基礎を築いた》.

Krónecker délta 〖数〗 クロネッカーのデルタ《2 変数が同値のとき 1, 異なるとき 0 となるような 2 変数の関数》. [↑]

kroner *n* KRONE[1] の複数形.

kronor *n* KRONA[2] の複数形.

Kronos ⇨ CRONOS.

Kron·shtadt /króunʃtɑ̀ːt/ クロンシタット《ヨーロッパロシア北西部, St. Petersburg の西フィンランド湾東部のコトリン (Kotlin) 島にある市; 海軍基地; 1921 年水兵がソヴィエト政府に対する反乱を起こしたところ》.

kronur *n* KRONA[1] の複数形.

Kroo /krúː/, **Kroo·boy** /-bɔ̀ɪ/ *n* (*pl* **Kroo, Krooboys**) クルー人 (⇨ KRU).

kroon /krúːn, króun/ *n* (*pl* **～s, kroo·ni** /-ni/) クローン《エストニアの euro になる前の通貨単位: =100 senti; 記号 EEK》.

Kro·pot·kin /krəpɑ́tkən/ クロポトキン **Peter Alekseyevich** ～ (1842–1921)《ロシアの地理学者・革命家; アナキズムの理論家》.

Kro·to /kroutou/ クロート Sir **Harold W**(**alter**) ～ (1939–)《英国の化学者; 炭素フラーレン (C_{60}) の発見によりノーベル化学賞 (1996)》.

Kru /krúː/ *n* **a** (*pl* ～, ～**s**) クルー族《リベリア海岸の黒人族》; クルー人. **b** クルー諸語《Kwa 語群に属す》. ◆ **Krú·man** /-mən/ *n* クルー人.

Kru·ger /krúːgər, krýːər/ **1** クリューガー **Paul** ～ (1825–1904)《南アフリカのブール人政治家; 本名 Stephanus Johannes Paulus ～, あだ名 'Oom Paul' (ポールおじさん); トランスヴァール共和国大統領 (1883–1900), ブール戦争を開戦したが, 亡命》. **2** KRUGERRAND.

Krúger Nátional Párk クリューガー国立公園《南アフリカ共和国北東部 Limpopo 州および Mpumalanga 州東部, モザンビーク国境に接する野生動物保護区域》.

Kru·ger·rand /krúːgərræ̀nd, -rɑ̀ːnd, -rɑ̀ːnt/ *n* クルーガーランド《南アフリカ共和国政府発行の 1 オンス, 1/2 オンス, 1/4 オンス, 1/10 オンスの金貨; Kruger 大統領の像が浮彫りにされている》.

Kru·gers·dorp /krúːgərzdɔ̀ːrp, krýːərz-/ クリューガーズドルプ《南アフリカ共和国北東部 Gauteng 州の市; Johannesburg の西に位置》.

Krúger télegram クリューガー電報《Jameson 侵入事件の失敗に対してドイツ皇帝 William 2 世が Transvaal の Kruger 大統領に送った祝電 (1896 年 1 月 3 日); 英独関係を悪化させる一因となった》.

Krug·man /krúːgmən/ クルーグマン **Paul** (**Robin**) ～ (1953–)《米国の経済学者; ノーベル経済学賞 (2008)》.

krul·gras /krʌ́lgrɑ̀ːs/ *n* «南ア» 〖植〗 FINGERGRASS. [Afrik]

kruller ⇨ CRULLER.

krumm·holz /krʊ́mhòults/ *n* (*pl* ～) 〖生態〗 高山屈曲林 (=*elfinwood*)《樹木限界線の低木林》. [G]

krumm·horn, krum-, crum- /krʌ́mhɔ̀ːrn, krúm-/ *n* 〖楽〗 クルムホルン《1) ステッキを逆にした形の古代の木管楽器 2) オルガンのリードストップ》. [G=curved horn]

krunch /krʌ́ntʃ/ *int* カリッ, ボリッ, バリッ, グシャッ, ザクッ (crunch). [imit]

Krung Thep /krúŋ tép/ クルンテープ《BANGKOK のタイ語名》.

Krupp /krúp, krʌ́p/ クルップ《ドイツの軍需企業の経営者一家》;

Friedrich ～ (1787–1826); **Alfred** ～ (1812–87)《Friedrich の子》; **Friedrich Alfred** ～ (1854–1902)《Alfred の子》; **Gustav** ～ **von Bohlen und Halbach** (1870–1950)《Friedrich Alfred の女婿(じょせい)》; **Bertha** ～ (1886–1957)《Friedrich Alfred の娘》; **Alfried** ～ (1907–67)《Bertha の子》.

Krup·ska·ya /krúpskəjə/ クループスカヤ **Nadezhda Konstantinovna** ～ (1869–1939)《ロシアの革命家; Lenin の妻; 共産党幹部; 教育人民委員部にはいり, ピオネール運動を組織した》.

Kruš·né Ho·ry /krúʃnə hɔ́:ri/ クルシュネホリ《ERZGEBIRGE のチェコ語名》.

Krym, Krim /krím/ [the] クリム《CRIMEA のロシア語名》.

kryo- /kráɪoʊ, -ə/ *comb form* CRY-.

kryp·tol /kríptəl/ *n* クリプトール《黒鉛・カーボランダム・粘土の混合物; 電気抵抗用》.

kryp·ton /kríptὰn/ *n* **1**〘化〙クリプトン《無色不活性気体状元素; 記号 Kr, 原子番号 36》. **2** [K-] クリプトン星《Superman の生まれ育った星》. [Gk; ⇨ CRYPT]

kryp·ton·ate /kríptənèɪt/ *n*〘化〙クリプトン追跡子《クリプトンの放射性同位体を添加して追跡子とした物質》.

krýpton·ite〘SF〙クリプトナイト《Superman の超人的能力を無力化し, さらに死をもたらす物質; Krypton が爆発したときに生じた》.

Kryv·yy Rih /krɪví: ríx/, (Russ) **Kri·voy Rog** /krɪvɔ́ɪ róʊg, -rɔ́:k/ クリヴィイリフ, クリヴォイログ《ウクライナ中南東部の市》.

KS Kansas ♦〘医〙°Kaposi's sarcoma ♦〘英〙°King's Scholar.

Kshat·ri·ya /kʃǽtriə, ʧǽt-/ *n* クシャトリヤ《インド四姓の第 2 階級; 王族と武士; ⇨ CASTE》. [Skt]

KStJ Knight (of the Order) of St. John.

kt karat ♦ knot(s).

kt, KT kiloton(s).

Kt〘チェス〙knight ♦ Knight.

KT〘スコ〙Knight (of the Order) of the Thistle ♦ °Knight Templar, Knights Templar(s).

K-T /kéɪtí/ *a* K-T 境界の[に関する].

Kt Bach °Knight Bachelor.

K-T boundary /kéɪtí ―/ [the]〘地質〙K-T 境界, 白亜紀・第三紀境界《恐竜を含む多くの生物が絶滅した時期》; K-T 境界を示す地層. [K は Cretaceous の C の代わり, *T*ertiary]

kte·ma es aei /(kə)téɪmὰ: ɛ̀s ɑ:éɪ/ 永遠の財産. [Gk]

K-12* /kéɪ(θru)twɛ́lv/ *a, n* 幼稚園から 12 年生までの(生徒・教育)(⇨ KINDERGARTEN).

K2 /kéɪ tú:/ K2 (=*Chogori, Dapsang, Godwin Austen*)《Karakoram 山脈にある世界第 2 の高峰 (8611 m)》.

Kua·la Lum·pur /kwá:lə lúmpὺər, -lʌ́m-/ クアラルンプール《マレー半島の都市で, マレーシアの首都》.

Kuang-chou 広州 (⇨ GUANGZHOU).

Kuan Yin, Kwan- /gwá:n jín/ 観音 (GUANYIN).

Ku·ban /kubǽn, -bá:n/ [the] クバン川《ヨーロッパロシア南部 Caucasus 山脈に発し, 北・西に流れて Azov 海に注ぐ》.

Ku·be·lík /kúbəlɪk/ クーベリック **Rafael** (**Jeroným**) ～ (1914–96)《ボヘミア生まれのスイスの指揮者》.

Ku·bi·tschek de Oli·vei·ra /kú:bəʧɛ̀k deɪ ɔ:livéɪrə/ クビチェック・デ・オリヴェイラ **Juscelino** ～ (1902–76)《ブラジルの政治家; 大統領 (1956–61)》.

Ku·blai Khan /kú:blὰɪ ká:n, -blə-/, **Ku·bla Khan** /kú:blə-/ フビライハーン(忽必烈汗) (1215–94)《元の初代の皇帝 (1271–94), モンゴル帝国第 5 代皇帝 (1260–94); Genghis Khan の孫》.

Ku·brick /k(j)ú:brɪk/ キューブリック **Stanley** ～ (1928–99)《米国の映画監督; *Dr. Strangelove* (博士の異常な愛情, 1964), *2001: A Space Odyssey* (2001 年宇宙の旅, 1968)》.

kuc·cha /kʌ́ʧʧɑ:/ *n* カッチャー《シク教徒が着用する短いズボン; cf. FIVE Ks》. [Punjabi]

Ku·che·an /kuʧí:ən/ *n* クチャ語 (TOCHARIAN B).

ku·chen /kú:kən, -xən/ *n* (*pl* ～)〘菓子〙クーヘン《堅果・果物を入れて焼き砂糖をかけたコーヒーパンケーキ》. [G]

Ku·ching /kú:ʧɪŋ/ クチン《マレーシア Sarawak 州の州都》.

ku·do /k(j)ú:doʊ; kjú:-/ *n* (*pl* **～s**) 褒賞; 賛辞, 称賛. [逆成く↓]

ku·dos /k(j)ú:dὰs, -doʊs; kjú:dɔs/ *n* (*pl* ～) 名声, 栄誉, 称賛: receive ～. [Gk]

ku·du, koo·doo, koe·doe /kú:du/ *n* (*pl* ～, **～s**)〘動〙**a** クーズー, ネジヅノカモシカ (=greater ～)《アフリカ南部産の大型羚羊》. **b** レッサークーズー, コガタネジヅノカモシカ (=lesser ～)《アフリカ東部地方産》. [Afrik<? Xhosa]

Ku·dus /kú:dù:s/ クドゥス《インドネシア Central Java 州北部の町; 農業地帯の交易の中心地》.

kúd·zu /kúdzu, kʌ́d-/〘植〙クズ(葛) (=～ **vìne**)《日本・中国産; マメ科; 特に多く生育する米国南東部ではやっかいな雑草とされている》. ● **grow** [**spread**] **like** ～*〈好ましくないものが〉急速に増える[広まる], はびこる.

ku·eh /kóeɪ/ *n* [〈*sg/pl*〉]〘マレーシア〙クエ《焼き菓子》. [Malay]

Kuei 桂江 (⇨ GUI²).

Kuei-lin 桂林 (⇨ GUILIN).

Kuei-yang 貴陽 (⇨ GUIYANG).

Kuenlun ⇨ KUNLUN.

Ku·fa /kú:fə/ クーファ《イラク中部の都市; アッバース王朝初期の首都で Basra と共に学問・文化の中心として栄えた; イスラム教徒の巡礼地の一つ》.

ku·fi /kú:fi/ *n* クフィ《アフリカ系の男性がかぶる縁なしでぴったりとした円筒または丸型の帽子》. [<Arab *kūfīya* kaffiyeh]

Ku·fic, Cu- /k(j)ú:fɪk/ *a* KUFA の; クーファ体の. ► *n* クーファ体《原典クルアーンの書かれたアラビア文字の書体》.

Kufra(h) ⇨ AL KUFRAH.

ku·gel /kú:gəl/ *n*〘ユダヤ料理〙クーゲル《ヌードルまたはジャガイモ・米などで作るプディングまたはパイ; レーズンを加えたりもする; 通例 付け合わせ料理》. [Yid]

Ku·gel·blitz, ku- /kú:gəlblɪ̀ts/ *n*〘気〙球電 (=*ball lightning*)《直径 20 cm ほどの光球として現われ, 空中をゆっくり移動し音もなく消える, 非常にまれな形式の雷》. [G]

Kuhn /kú:n/ クーン (**1**) **Richard** ～ (1900–67)《オーストリアの化学者; ビタミン類・カロチノイドの分子構造を研究; ノーベル化学賞受賞者に指名されたが, ナチスにより辞退させられた (1938)》. (**2**) **Thomas S**(**amuel**) ～ (1922–96)《米国の科学史家; *The Structure of Scientific Revolutions* (1962)》 ♦ **Kúhn·ian** *a*

Kuibyshev ⇨ KUYBYSHEV.

Ku Klux Klan /kú: klʌ̀ks klǽn, kjú:-/ [the] クークラックスクラン, 3 K 団 (=**Kú Klúx**) (**1**) 南北戦争後南部諸州に結成された秘密結社; 白人至高を唱え黒人や北部人を威圧した **2**) 第一次大戦後米国に結成された白人秘密テロ結社で, カトリック教徒・ユダヤ人・黒人・進化論者などを排斥する》. ♦ **Kú Klúx·er** *n* **Kú Klúx·ism** *n* [? Gk *kuklos* circle+CLAN]

kuk·ri /kúkri/ *n* ククリ刀《ネパールの Gurkha 人が使う広刃の剣》. [Nepali]

Ku·ku Nor /kú:ku nɔ́:r/ KOKO NOR.

ku·la /kú:lə/ *n* (*pl* ～) クーラ《西太平洋の島民間の儀礼的な贈り物の交換》. [Melanesian]

ku·lak /kú:læ̀k, -lὰ:k, *kulǽk, *-lá:k/ *n* (*pl* **～s, ku·la·ki** /-ki/)〘ロシア〙クラーク, 富農《資産・資本を有した上層農民; 社会主義革命後の農業集団化の過程で消滅》. [Russ=fist, tight-fisted person]

ku·lan, kou·lan /kú:lən/ *n*〘動〙クーラン《キルギス草原産の野生ロバ》. [Kirghiz]

kul·cha /kúlʧə/ *n*〘インド〙クルチャ《円形の平たいパン; 通例肉または野菜を詰めてある》. [Pers]

Kuldja, -ja ⇨ GULJA.

kul·fi /kúlfi/ *n*〘インド〙クルフィー《ミルクをたっぷり使った一種のアイスクリーム》. [Hindi]

Kul·tur /kʊltúər/ *n*《特に ナチスの時代に国民精神高揚に用いられた》ドイツの精神文化; 《19 世紀末ドイツの》効率と個人の国家への従属を強調する文化; 文化. [G=CULTURE]

Kultúr·kampf /-kὰ:m(p)f/ *n*〘史〙《Bismarck 時代の対カトリック教会の》文化闘争; 《一般に教育・宗教上の権利をめぐる》文民政府と宗教界との闘争. [G (*Kampf* conflict)]

Ku·lun /kú:lún/ 庫倫(こりん)(クーロン)《ULAANBAATAR の中国語名》.

Kum¹ ⇨ QOM.

Kum² /kú:m/ [the] 錦江(クムガン)(きんこう)《韓国中部を南西に流れて黄海に注ぐ川》.

ku·ma·ra, ku·me·ra /kú:mərə/ *n* «NZ» サツマイモ. [Maori]

Ku·ma·si /kumǽsi, -má:-/ クマシ《ガーナ南部の市; 古くから Ashanti 族の王国の中心》.

Ku·may·ri /kú:maɪri/ クマイリ《GYUMRI の別称》.

kum·ba·loi /kὺmbəlɔ́ɪ/ *n pl* WORRY BEADS.

Kumbh Me·la /kúm méɪlɑ:/ クンブメーラー《12 年に一度インドの聖地で行なわれるヒンドゥー教の祭; 巡礼は Ganges 川と Yamuna 川で水浴する》.

ku·me·ra ⇨ KUMARA.

Kŭm·gang /kúmgὰ:ŋ/ [Mount] 金剛山(クムガンサン)(こんごうさん)《北朝鮮南東部の太白山脈中の山塊; 最高峰は 毘盧山 (1638m); 名勝地で古くは仏教の聖地》.

kumiss, kumis, kumys ⇨ KOUMISS.

ku·mi·te /kú:mɪtèɪ/ *n*《武術の》組手, 《特に 空手の》自由組手. [Jpn]

kum·kum /kúmkùm/ *n* クムクム《ヒンドゥー教徒が吉祥の印として額につける赤い粉》. [Hindi<Skt=saffron]

küm·mel /kím(ə)l; kúm-/ *n* キュンメル《バルト海東岸地方名産の普通はキャラウェーで香りをつけたリキュール》. [G; ⇨ CUMIN]

kummerbund ⇨ CUMMERBUND.

kum·quat, cum- /kʌ́mkwὰt/ *n*〘植〙キンカン(の実). [Cantonese<Chin 金橘]

Kun /kú:n/ クン **Béla** /béɪlə/ ～ (1886–1939)《ハンガリーの革命家; ハンガリー-ソヴィエト共和国首相 (1919); Stalin によって粛清された》.

ku·na /kú:nə/ *n* (*pl* ～, **ku·ne** /kú:neɪ/) クナ《クロアチアの通貨単位: =100 lipa》.

Ku·na /kú:nə/ *n* **a** (*pl* ～, **～s**) クナ族《パナマに居住するインディオ》. **b** クナ語《Chibcha 語族の一つ》.

kun·da·li·ni /kùndəlíːni, kʌ̀n-/ *n* 〘ヨガ〙 クンダリニー《脊柱の基部にとぐろを巻いているとされる生命の力; 修行によりその力は脊柱を伝わり脳に作用し悟りを開く》. [Skt]

Kun·de·ra /kúndərə/ クンデラ **Milan** ～ (1929-)《チェコの作家・詩人; フランスに帰化》.

Ku·ne·fe /kunɛ́fə/ *n* クネフェ《中東の焼き菓子; 細いパスタ生地の中にチーズを入れて揚げ, シロップ漬けしたもの》.

Kunene ⇨ CUNENE.

Kung[1] /kúŋ, kúːŋ/ *n* **a** (*pl* ～, ～**s**) クン族, クン・ブッシュマン《アフリカ南部の Kalahari 砂漠を中心に分布する民族》. **b** クン語《コイサン語族》. ★ 通例 !Kung と表記する.

Kung[2] /gúŋ/ [Prince] 恭親王(きょうしんのう) (⇨ GONG QINWANG).

K'ung /kúŋ/ 孔祥熙(こうしょうき)(コンシアンシー) **H. H.** ～ (1880-1967)《中国の資本家・政治家; 国民政府の要職を歴任; 1948 年米国に移住; 夫人は宋靄齢(そうあいれい) (Soong Ai-ling)》.

Kung Ch'in-wang 恭親王 (⇨ GONG QINWANG).

kung fu /kʌ́ŋ fúː, kúŋ fúː/ カンフー (功夫)《空手に似た中国の拳法》. [Chin]

K'ung-fu-tzu /kúŋfúːdzə́ː/ 孔夫子 (⇨ CONFUCIUS).

kung pao /kʌ́ŋ páʊ, kúːŋ-, kúŋ-/ *a* クンパオ…, 宮保…《ナッツと合わせてピリ辛炒めにした》: ～ chicken 宮保鶏丁《鶏肉とナッツのピリ辛炒め》.

Kungur ⇨ KONGUR.

Kun·lun, Kuen- /kúːnlúːn/ 崑崙(こんろん)(クンルン)《中国西部 Pamir 高原から Tibet 高原の北縁を通って青海省南西部に至る大褶曲山脈》.

Kun·ming /kúnmíŋ/ 昆明(こんめい)(クンミン)《中国雲南省の省都; 旧称 雲南府 (Yunnanfu)》.

Kunsan 群山 (⇨ GUNSAN).

kunz·ite /kún(t)sàɪt/ *n* 〘鉱〙 クンツァイト《黝輝石 (spodumene) の一種; 淡紫色をしていて宝石にされる》. [George F. *Kunz* (1856-1932) 米国の宝石専門家]

Kuo·min·tang /kwóʊmíntǽŋ/ [the] 国民党《1911 年孫文が結成した中国の政党; 49 年中華人民共和国の成立に伴い, 台湾に拠点を移した; Guomintang ともつづる》.

Kuo Mo-jo ⇨ GUO MORUO.

Kuo·pio /kwɔ́ːpiɔ̀ː/ クオピオ《フィンランド中南部の市》.

Kuo-yü /kwóʊjúː, gwóʊ-/ *n* 《中国の》国語, 標準語 (Mandarin). [Chin]

kúp·fer·nìckel /kúpfər-/ *n* 〘鉱〙 紅砒ニッケル鉱.

Kúpf·fer('s) cèll /kúpfər(z)-/ 〘解〙 クッパー細胞《肝臓の類洞に存在する単球マクロファージ系細胞で, 古い赤血球などを貪食する》. [Karl Wilhelm von *Kupffer* (1829-1902) ドイツの解剖学者]

Ku·ra /kəráː, kúərə/ [the] クラ川《トルコ北東部に発し, グルジア・アゼルバイジャンを東南東に流れてカスピ海に注ぐ》.

kur·bash /kúərbæʃ/ *n* 《トルコ・エジプトで用いた》革むち. ► *vt* 革むちで打つ. [Turk]

kur·cha·to·vi·um /kə̀ːrʧətóʊviəm/ *n* 〘化〙 クルチャトビウム《1960 年代末にソ連邦 Dubna 市のグループが RUTHERFORDIUM に対して提案した名称; 記号 Ku》. [Igor V. *Kurchatov* (1903-60) ソ連の物理学者]

Kurd /kúrd, kə́ːrd; kə́ːd/ *n* **a** クルド族《Kurdistan 地方に住む民族; 自治を求める民族運動が根強い》. **b** KURDISH.

kur·dai·tcha /kərdáɪʧə/ 《豪》 *n* 悪霊; 骨呪(じゅ)(師)《骨を用いて敵の病気や死を願う先住民の呪術(師)》.

Kúrd·ish *a* クルド族の, クルド語の; Kurdistan の. ► *n* クルド語《印欧語族イラン語派の一つ》.

Kur·di·stan /kùrdəstǽn, kə̀ːr-; kə̀ːdɪstáːn/ **1** クルディスターン《アジア南西部のトルコ・イラン・イラクなどにわたる高原地帯; 住民は主にクルド人》. **2** クルディスタン《クルド族の織るじゅうたん》.

kurfuffle ⇨ KERFUFFLE.

Kurg ⇨ COORG.

kur·gan /kʊərgáːn, -gǽn/ *n* 〘考古〙 クルガン《南ロシアとウクライナに見られる墓塚》; [K-] クルガンを築いた民族の一員. [Russ]

Kurgan クルガン《ロシア中西部 Chelyabinsk の東方にある市》.

kuri /kúəri/ *n* 《NZ》 Maori 族に育てられた犬, 雑種犬 (mongrel); 《NZ 俗》 いやなやつ, 嫌われ者. [Maori=dog]

Kú·ria Mú·ria Íslands /k(j)úəriə m(j)úəriə-/ *pl* [the] クリアムリア諸島《アラビア海のオマーン南西岸沖に位置する 5 つの島; オマーン領》.

Kú·ril(e) Íslands /k(j)ʊ̀rìːl-, k(j)ʊríːl-; k(j)ʊríːl-/ *pl* [the] 千島列島. ♦ **Ku·ri·li·an** /k(j)ʊríliən; -ríː-/ *a, n* [Russ]

Ku·risch·es Haff /kúːrɪʃəs háːf/ クリシェス湾《KURSKY ZALIV のドイツ語名》.

Kurland ⇨ COURLAND.

Kur·nool /kərnúːl/ クルヌール《インド南部 Andhra Pradesh 西部, Chennai の北西にある町》.

Ku·ro·pat·kin /kʊ̀rəpǽtkən, -páː-/ クロパトキン **Aleksey Nikolayevich** ～ (1848-1925)《ロシアの将軍; 陸相 (1898-1904); 日露戦争当時の極東軍総司令官; 奉天会戦 (1905) で日本軍に敗れ, 解任された》.

kur·ra·jong, cur- /kə́ːrəʤɔ̀(ː)ŋ, kʌ́rə-, -ʤɑ̀ŋ; kʌ́rə-/ *n* 〘植〙 オーストラリア産のアオギリ科の樹木, 《特に》トックリノキ《樹皮から丈夫な繊維を採る》. [(Austral)]

kur·saal /kə́ːrz(ə)l/ *n* 《音楽・ダンスなど楽しめる》保養[逗留]者のための公共の建物; 《海岸・温泉場などの》遊園地; カジノ (casino).

Kursk /kúərsk/ クルスク《ヨーロッパロシア南西部 Seym 川に臨む市; Moscow の南南西に位置》.

Kur·sky Za·liv /kúərski záːlɪf/ クルスキー湾《バルト海の湾; 南部がロシア Kaliningrad 州, 北部がリトアニアに属する; 英語名 Courland Lagoon, ドイツ語名 Kurisches Haff》.

Kurt /kə́ːrt, *kúrt/ カート《男子名》. [G; ⇨ CONRAD]

kur·ta, khur·ta /kə́ːrtə, kúərtɑː/ *n* クルター《インドの腰丈のシャツ; 襟がなくゆったりとしている》. [Hindi]

kur·to·sis /kərtóʊsəs/ *n* 〘統〙 《度数分布の》尖度, とがり. [Gk=convexity]

ku·ru /kúəru/ *n* 〘医〙 クールー《New Guinea 高地人にかつてよくみられた伝染性で致死性の海綿状脳症; プリオンが病原体とされる》. [(New Guinea)=trembling]

ku·rus /kərúːʃ/ *n* (*pl* ～) クルーシュ (piaster)《トルコの通貨単位: =1/100 lira》. [Turk]

Kur·ze·me /kúərzəmèɪ/ クルゼメ《COURLAND のラトヴィア語名》.

Ku·saie /kusáɪèɪ/ クサイエ《KOSRAE 島の別称》.

Kusch /kúʃ/ クーシュ, クッシュ **Polykarp** ～ (1911-93)《ドイツ生まれの米国の物理学者; 電子の磁気モーメントに関する研究でノーベル物理学賞 (1955)》.

Kush ⇨ CUSH.

Ku·shan /kúːʃàːn/ *n* (*pl* ～, ～**s**) クシャーナ[クシャン]朝の人, クシャーナ[クシャン]族《紀元 1-3 世紀にインドに強力な帝国を築いたイラン系王朝の一員》.

Kus·ko·kwim /kʌ́skəkwìm/ [the] カスコクウィム川《Alaska 州南西部を流れ, Bering 海のカスコクウィム湾 (～ **Báy**) に注ぐ》.

Kúss·maul brèathing [respiràtion] /kúsmàʊl-/ 〘医〙 クスマウル呼吸, 糖尿病[昏睡]性大呼吸. [Adolf *Kussmaul* (1822-1902) ドイツの医師]

kus·ti /kústi/ *n* クスティー《パールシー教徒 (Parsi) が身に着ける羊毛のよりひもで織った腰帯》. [Pers, Gujarati]

Kut /kúːt/ [Al-～ /æl-/] クート《イラク中南東部 Baghdad の南東, Tigris 川沿いの市》.

Kü·tah·ya /kutáːjə/ キュタヒヤ《トルコ西部 Bursa の南東にある商業の町》.

Ku·ta·i·si /kutáɪsi, kùːtaːíːsi/ クタイシ《グルジア西部の市》.

Kutch /kʌ́ʧ/ カッチ《インド西部の旧州; ☆Bhuj; 現在は Gujarat 州の一部》. ■ the **Gúlf of** ～=the Gulf of KACHCHH. the **Ránn** /rʌ́n/ **of** ～=the Rann of KACHCHH.

kut·cha, ka·cha, kach·cha /kʌ́ʧə/ *a* 《インド》 粗末な, 不完全な, 間に合わせの. [Hindi=raw, crude]

Ku·te·nai /kúːt(ə)nèɪ, -ni/ *n* **a** (*pl* ～, ～**s**) クテナイ族《British Columbia, Montana, Idaho 諸州に住むインディアンの部族》. **b** クテナイ語.

ku·tu /kúːtu/ *n* 《NZ俗》 シラミ (cootie).

Ku·tu·zov /kətúːzɔ̀ːf, -v/ クトゥーゾフ Prince **Mikhail Illarionovich** ～ (1745-1813)《ロシアの陸軍元帥; ロシアに侵攻した Napoleon 軍を撃退した》.

ku·vasz /kúːvàːʃ, -vàːs/ *n* (*pl* **-va·szok** /-vaːʃɔ̀ːk, -sɔ̀ːk; -ɔ̀k/) 〘犬〙 クーバーズ《チベット産の犬を祖先とし, ハンガリーで貴族が番犬・猟犬として改良した大型純白の犬》. [Hung<Turk=armed constable]

Ku·wait, -weit /kuwéɪt/ **1** クウェート《ペルシア湾北西岸の国; 公式名 State of ～ (クウェート国)》. **2** [Al-～ /æl-/] クウェート《その首都・海港》. ♦ **Ku·wai·ti** /kuwéɪti/ *a, n*

Kuy·by·shev, Kui- /kwíːbəʃɛ̀f, kúːi-, -v/ クイビシェフ《SAMARA の旧称 (1935-91)》.

Kuz·nets /kʌ́znɛ̀ts/ クズネッツ **Simon (Smith)** ～ (1901-85)《ウクライナ生まれの米国の経済学者・統計学者; ノーベル経済学賞 (1971)》.

Kuz·netsk /kuznɛ́tsk/ クズネツク《ヨーロッパロシア南東部 Penza の東にある市》.

Kuznétsk Básin, Kuz·bas(s) /kúzbæs/ クズネツク盆地, クズバス《ロシア, 西シベリアの Novokuznetsk から Tomsk に至る盆地; 豊富な炭田を中心として重化学工業が発達》.

kV kilovolt(s).

Kva·løy /kəváːlɔ̀ɪ, kfáː-/ クヴァーレイ《ノルウェー北岸沖の島; 南クヴァーレイ島 (**Sóuth** ～) と北クヴァーレイ島 (**Nórth** ～) とがあり, 後者の西岸には Hammerfest の町がある》.

kvas(s), quass /kváːs, kwáːs, kfáːs/ *n* クヴァス《大麦・麦芽・ライ麦で造るビールに似たロシアの微アルコール性清涼飲料》. [Russ]

kvell /kvɛ́l/ *《俗》 *vi* 大いに楽しむ; 自慢[満足]げに喜ぶ, にたにたする. [Yid=to gush, flow forth]

kvetch /kvɛ́ʧ, kfɛ́ʧ/ *《俗》 *vi* 不満[文句]ばかり言う, ぐちる, ぶつくさ言う. ► *n* ぼやき屋, こぼし屋; 文句, ぐち. ♦ **kvétchy** *a* [Yid]

kW kilowatt(s).

Kwa /kwáː/ *n* クワ語派《Niger-Congo 語族に属し, コートジヴォアールからナイジェリア南西部に至る海岸沿いから内陸にかけての地域で話される》.

kwa·cha /kwɑ́ːtʃə/ *n* (*pl* ～) クワチャ《**1**) ザンビアの通貨単位: ＝100 ngwee; 記号 K **2**) マラウィの通貨単位: ＝100 tambala; 記号 K》. [(Zambia)]

kwai·to /kwáɪtoʊ/ *n* 《南ア》 クワイト《ヒップホップに似たポピュラー音楽; ヴォーカルの「語り」を特徴とする》.

Kwa·ja·lein /kwɑ́ːdʒəlèɪn, *-lən/ クワジャリン《太平洋西部 Marshall 諸島西部の環礁; 米国のミサイル実験場》.

Kwa·ki·u·tl /kwɑ̀ːki(j)úːtl/ *n* **a** (*pl* **～s, ～**) クワキウトル族《カナダ太平洋岸に居住するアメリカインディアン》. **b** クワキウトル語.

Kwa·Nde·be·le /kwɑ̀ː(ə)ndəbéːlə/ クワヌデベレ《南アフリカ共和国 Transvaal 州にあった Bantustan》.

Kwan·do /kwɑ́ːndoʊ/ [the] クワンド川《アフリカ南部の川; アンゴラ中部に源を発し, アンゴラとザンビアの国境を南下し, Victoria Falls 上流の Zambezi 川に流入する》.

Kwangchow 広州 (⇨ GUANGZHOU).

Kwangchowan 広州湾 (⇨ GUANGZHOU WAN).

Kwangju 光州 (⇨ GWANGJU).

Kwangsi Chuang ⇨ GUANGXI ZHUANGZU.

Kwangtung 広東 (⇨ GUANGDONG).

Kwan·tung /gwɑ́ːndúŋ, kwɑ́ːntúŋ; kwǽntúŋ/ 関東州 (＝the ～ **Léased Térritory**)《中国北東部遼東半島の先端部にあった日本・ロシアの租借地; 1898–1905 年ロシアが租借していたものを日露戦争後日本が引き継ぎ, 関東州と名づけた; 第二次大戦後ソ連が占領 (1945), 50 年中国に返還された; 大連・旅順の港がある》.

Kwan Yin ⇨ KUAN YIN.

kwan·za /kwɑ́ːnzə; kwǽn-/ *n* (*pl* ～, ～**s**) クワンザ《アンゴラの通貨単位: ＝100 lwei; 記号 Kw》. [Bantu]

Kwan·zaa, -za /kwɑ́ːnzə/ *n* クワンザ《12 月 26 日から元日までの 7 日間に行なうアフリカ系アメリカ人の祝祭》. [Swahili]

Kwa·ra /kwɑ́ːrə/ クワラ《ナイジェリア西部の州; ☆Ilorin》.

kwash·i·or·kor /kwæ̀ʃiɔ́ːrkər, -kɔ̀ːr, *kwɑ̀ːʃ-/ *n* 〘医〙 クワシオルコル《アフリカの小児病でトウモロコシ偏食によるタンパク欠乏性の栄養失調》. [(Ghana)＝red boy]

Kwa·Zu·lu /kwɑːzúːlu/ クワズールー《南アフリカ共和国東部の一群の飛び地からなっていた Bantustan》.

KwaZúlu-Natál クワズールー-ナタール《南アフリカ共和国東部の州; 1994 年新設; ☆Pietermaritzburg》.

kwe·di·ni /kwɛdíːni, -díni/ *n* 《南ア》《割礼前の Xhosa 族の》若者, 少年.

Kweichow 貴州 (⇨ GUIZHOU).

Kweilin 桂林 (⇨ GUILIN).

Kweisui 帰綏 (⇨ GUISUI).

Kweiyang 貴陽 (⇨ GUIYANG).

kwe·la /kwéɪlə, kwɛ́lə/ *n* クウェラ《**1**) アフリカ南部で行なわれる一種のビート音楽 **2**) それに合わせて踊るダンス》. [Zulu or Xhosa＝to jump up]

kWh kilowatt-hour(s).

KWIC /kwík/ *n* 〘電算〙 KWIC《見出し語が文脈に含まれたまま配列された索引》. [*k*ey *w*ord *i*n *c*ontext]

Kwík-Fìt /kwík-/ クイックフィット《英国のガソリンスタンドのチェーン店; 自動車修理および自動車部品販売もする》.

KWIM 《E メールなどで》know what I mean?

kwitch·er /kwítʃər/ 《発音つづり》《口》 quit your: *Kwitcher*-beefin' (＝Quit your beefing). ブツブツこぼすな / *Kwitcher*-bellyachin' (＝Quit your bellyaching). つべこべ言うな.

Kwók's disèase /kwɑ́ks-/ クウォック病《グルタミン酸ソーダの取りすぎによる倦怠感・動悸・めまい・頭痛などの症候群; 中国料理店の食事が問題とされた》. [Robert *Kwok* 20 世紀の米国の医師]

KWT Kuwait. **Ky** Kentucky. **KY** Kentucky.

K-Y /kèɪwáɪ/ 〘商標〙 K-Y《性交時の潤滑補助などに用いる水溶性ゼリー》.

ky·ack* /káɪæ̀k/ *n* 鞍の両側に下げる荷袋. [C20＜?]

ky·ak /káɪæ̀k/ *n* KAYAK.

ky·a·nite /káɪənàɪt/ *n* CYANITE.

ky·a·nize /káɪənàɪz/ *vt* 昇汞(しょうこう)溶液で〈木材を〉防腐する. [J. H. *Kyan* (1774–1850) 英国の発明者]

kyat /tʃɑ́ːt, kjɑ́ːt; kiɑ́ːt/ *n* (*pl* **～s, ～**) チャット《ミャンマーの通貨単位: ＝100 pyas; 記号 K》. [Burmese]

ky·ber /káɪbər/ *n*《俗》 KHYBER.

kybosh ⇨ KIBOSH.

Kyd, Kid /kíd/ キッド **Thomas ～** (1558–94)《イングランドの劇作家; *The Spanish Tragedy* (1592 年上演・印刷) は復讐悲劇の流行を促した》.

Kyd·land /ʃýdlɑ̀ːnd/ キドランド **Finn E(rling) ～** (1943–)《ノルウェーの経済学者; ノーベル経済学賞 (2004)》.

kyf /káɪf/ *n*《俗》 女, 性交 (crumpet).

Kyiv ⇨ KIEV.

kyle /káɪl/ *n* 《スコ》 狭い水路, 海峡, 瀬戸.

Kyle カイル《スコットランド南西部の Ayr から Kilmarnock にかけての地区; Robert Burns のゆかりの地》.

ky·lie /káɪli/ *n* 《豪》 カイリー《特に Western Australia 州で, 片側が平らで他方が凸状のブーメラン》. [(Austral)]

kylikes *n* KYLIX の複数形.

ky·lin /kíːlín/ *n* 麒麟(きりん)《中国の想像上の動物》. [Chin]

ky·lix /káɪlɪks, kílɪks/ *n* (*pl* **ky·li·kes** /káɪləkìːz, kílə-/)《古代ギリシアの》浅い脚付き酒杯 (cylix). [Gk＝cup]

ky·loe /káɪloʊ/ *n* 〘畜〙 カイロー牛 (West Highland)《スコットランド高地産の小型で角の長い肉牛》. [C19＜?]

kym- /káɪm/, **ky·mo-** /káɪmoʊ, -mə/ *comb form* CYM-.

kýmo·gràm *n* 《kymograph で記録された》動態記録, キモグラム.

kýmo·gràph *n* 〘医〙 動態記録器, キモグラフ《脈拍・血圧・筋肉の動きなどを波動曲線として記録する機器》; 〘空〙 キモグラフ《飛行中の航空機が空間の固定軸に対してとる角度変化を計測する装置》. ♦ **ky·mog·ra·phy** /kaɪmɑ́grəfi/ *n* 動態記録. **kỳ·mo·gráph·ic** *a* [Gk CYMA, *-graph*]

Kym·ric /kímrɪk/ *a, n* CYMRIC.

Kym·ry /kímri/ *n* CYMRY.

Ky·nar /káɪnɑ̀ːr/ 〘商標〙 カイナー《白色の硬質ポリフッ化ビニリデン樹脂; 化学薬品および熱に強く, 高温導線の絶縁, タンクの内張り, 配管, 弁部品などに用いられる》.

Kyn·e·wulf /kínəwʊ̀lf/ CYNEWULF.

Kyo·ga, Kio- /kióʊgə/ キョーガ《ウガンダ中南部 Victoria 湖の北にある湖》.

Kyong·song /kjɔ́ːŋsɔ́ːŋ; kjɔ́ːŋ-/ 京城(けいじょう)《SEOUL の日韓併合時代 (1910–45) の称》.

ky·oo·dle /kaɪúːdl/ *vi* うるさくほえたてる. [imit]

Kyó·to Pròtocol /kióʊtoʊ-, kjóʊtoʊ-/ [the] 京都議定書《1997 年に京都で開催された国連気候変動枠組条約の締約国会議で採択された国際協定書; 温室効果ガスの排出量削減目標を取り決めたもの》.

ky·pho·sis /kaɪfóʊsəs/ *n* (*pl* **-ses** /-sìːz/) 〘医〙(脊柱)後湾(症) (cf. LORDOSIS, SCOLIOSIS). ♦ **ky·phót·ic** /-fɑ́t-/ *a* [NL＜Gk (*kuphos* humpbacked)]

Kyr·gyz, Kir·g(h)iz /kɪərgíːz, ᴵᴵkɑ́ːgɪz/ *n* **a** (*pl* ～, ～**·es**) キルギス族《中央アジアの 主にキルギスに住む民族》. **b** キルギス語《チュルク諸語の一つ》.

Kyr·gyz·stan /kɪ̀rgɪstǽn, -stɑ́ːn, ⌐—⌐; kɜ̀ːgɪstɑ́ːn/ キルギスタン, キルギス《中央アジア西部の国; 公式名 Kyrgyz Republic (キルギス共和国); ☆Bishkek; 1936–91 年 Kirg(h)iz 共和国の名でソ連邦構成共和国》.

ky·rie /kíriὲɪ, ᴵᴵkíəriὲɪ, -rii/ *n* [ºK-] KYRIE ELEISON.

kýrie eléi·son /-ɛléɪ(ə)sɔ̀ːn; -ɪléɪsən/ [ºK- E-] キリエ,「主よ哀れみたまえ」《カトリック・ギリシア正教のミサの初めに用いる祈りの文句; 英国教会では「十戒」に対する応唱に用いる》; 〘楽〙 キリエ《それに付けた音楽》. [L＜Gk＝Lord, have mercy]

kyte /káɪt/ *n* 《スコ》 胃, 腹.

kythe ⇨ KITHE.

Kythera ⇨ KÍTHIRA.

kyu /kjúː/ *n* 《武道で段位の下の》級. [Jpn]

kyu·do /kjúːdoʊ/ *n* 弓道. [Jpn]

Kyyiv ⇨ KIEV.

Ky·zyl Kum /kɪzíl kúːm/ キジルクム《Aral 海の南東, ウズベキスタン・カザフスタンに広がる砂漠》.

K

L

L, l /él/ *n* (*pl* **L's, Ls, l's, ls** /-z/) エル《英語アルファベットの第 12 字; ⇨ J》; L の表わす音; L 字形(のもの); 〘機〙L 字形管, 矩管; 〘建〙L 字形翼, 袖 (ell); 12 番目(のもの); 〘ローマ数字〙50; [the L] *高架鉄道 (Elevated, el): an *L* station 高架鉄道駅 / *L*VI=56.

l- 〘化〙*pref* /lì:vou, èl, él/「左旋性の (levorotatory)」; [ᵘL-] /èl, él/「不斉炭素原子において左旋性グリセリンアルデヒドと類似の立体配置を示す」(cf. D-). [*lev-*]

l late ♦〘数〙length ♦〘化〙liquid ♦ liter(s) ♦ pound(s) (⇨ £).

l. land ♦ large ♦ lira [lire, liras] ♦ little ♦ long ♦ low ♦ lumen ♦ pound(s) (⇨ £). **l., L.** lake ♦ left ♦ length ♦ (*pl* **ll., LL.**) line.

L 〘化〙°Avogadro constant ♦ ell[1] ♦〘電〙inductance ♦ lady ♦〘理〙Lagrangian ♦〘光〙lambert(s) ♦ large《衣服のサイズ》♦〘理〙°latent heat ♦ Latin ♦ "learner(-driver)《仮免許運転者の車に表示する》♦〘理〙length ♦ lira [lire, liras] ♦ liter(s) ♦ long ♦ loss(es) ♦〘スポ〙lost ♦ Luxembourg ♦ pound(s) (⇨ £).

L. lady ♦〘生〙Linnaean, Linnaeus ♦ Lord.

£ [L *libra, librae*] pound(s): £5 5 ポンド / £m. 100 万ポンド ((one) million pounds) / £E エジプトポンド (Egyptian pound).

la[1], **lah** /lá:/ *n* 〘楽〙ラ《長音階の第 6 音》, イ音 (⇨ SOL-FA, GAMUT). [L *labii*]

la[2] /lɔ́:, *lá:/ *int*《古・方》見よ, おや, まあ《強調または驚きの発声》. [OE; *lo* の弱形]

la[3] /lá:/ *adv* LAH[2].

La 〘化〙lanthanum. **La.** Louisiana.

LA °Latin America ♦ °law agent ♦ °Legislative Assembly ♦ legislative assistant ♦〘英〙Library Association 図書館協議会 ♦ °Local Authority ♦ °Los Angeles ♦ Louisiana.

laa·ger /lá:gər/ *n*《南ア》荷馬車(など)を防壁としてめぐらしたキャンプ; 〘軍〙装甲車[タンクなど]をめぐらした陣営, 車陣; [*fig*] 防御態勢[政策]. ► *vt* 〈人・車両を〉車陣に配する. ► *vi* 車陣をしく[に野営する]. [Afrik]

Laaland ⇨ LOLLAND.

laa·ri /lá:ri/ *n* (*pl* ～) ラーリ《モルジヴの通貨単位: =1/100 rufiyaa》.

Laâ·youne, La'youn /lɑ:jú:n/ ラーユーヌ《アフリカ北西部 Western Sahara の首都; アラビア語名 El Aaiún》.

lab /lǽb/《口》*n* ラボ, 研究[実験]室[棟]; 実験; [〈*a*〉] 実験室用の, 実験室で働く[行なわれた]; 《警察の》鑑識: a ～ coat 白衣. [*laboratory*]

Lab *n* [ˢl-]《口》LABRADOR RETRIEVER.

lab. laboratory. **Lab.** Labo(u)r ♦ Labrador.

La·ban /léɪbən/ **1** レイバン《男子名》. **2**〘聖〙ラバン《Jacob の伯父; 彼が次女 Rachel を妻に欲しがると策を弄して先に長女 Leah を押しつけてから次女をもめとらせた; *Gen* 29: 16–30》. [Heb=white]

La·ba·no·ta·tion /lèɪbənoutéɪʃ(ə)n, lɑ̀:-; lá:bənəutèɪʃ(ə)n/ *n* [ᵒl-] ラバン式(ダンス)表記法. [Rudolf von *Laban* (1879–1958) ハンガリーのダンス理論家]

lab·a·rum /lǽbərəm/ *n* (*pl* **～s, -ra** /-rə/)《後期ローマ帝国の》軍旗, 《特に Chi-Rho の印のある》Constantine 大帝の軍旗; 《行列などに立てて歩く》旗, のぼり. [L]

lab·da·num /lǽbdənəm/ *n* ラブダナム《各種の rockrose から採った天然樹脂; タバコ・石鹸などの香料にする》. [L]

La·be /lá:bɛ/ [the] ラーベ川《ELBE 川のチェコ語名》.

lab·e·fac·ta·tion /læ̀bəfæktéɪʃ(ə)n/ *n*《まれ》LABEFACTION.

lab·e·fac·tion /læ̀bəfǽkʃ(ə)n/《文》*n*《道徳・社会規範などの》低下, 劣化, 弱体化. [L *labefacio* to weaken]

la·bel /léɪb(ə)l/ *n* **1 a** 貼り札, 貼り紙, 荷札, 付箋, レッテル, ラベル; 切手, 印紙《ゴム糊付き》; 《古》《布などの》細片, 条片《特に押印して文書に添えるもの》: put ～*s* on one's luggage. **b**《レコード・CD などの》レーベル, 《特定レーベルの》レコード(会社); 《衣料品などの》商標, ブランド, 高級ブランド服メーカー; 〘理・化〙《物質を同定する》標識 (=*tag*). **c**《人・流派などに付ける》'レッテル', 符丁, 標号《「不当に付けられた」の意を含む》; 〘電算〙ラベル《ファイル識別用の文字群》; 《辞書の定義を補足する》ラベル, レーベル. **2**〘建〙雨押え石, ドリップストーン (dripstone). **3**〘紋〙レーベル《1 本の横棒に 通例 3 つのたれがぶらさがった図柄の紋》. ► *vt* (**-l- | -ll-**) …に貼り紙をする, …にラベルを貼る 〈*with*〉; 〈人・物を〉…と分類する, …と呼ぶ, …という汚名を着せる 〈*as*〉; 〈原子・細胞などを〉《識別のため放射性同位元素・染料などを用いて》標識付けする: The bottle was ～*ed* poison. 瓶に毒薬の貼り札がしてあった / They ～*ed* him (*as*) a liar. 彼をうそつきだと決めつけた. ♦ **～·er | lá·bel·ler** *n* **～·able** *a* [OF=ribbon<? Gmc; cf. LAP[1]]

la belle dame sans mer·ci /*F* la bɛl dam sɑ̃ mɛrsi/ 非情な麗人 (⇨ BELLE DAME SANS MERCI).

la·bel·lum /ləbéləm/ *n* (*pl* **-la** /-lə/)〘植・昆〙唇弁(しんべん). ♦ **la·bél·lòid** *a* 唇弁様の. [L (dim)〈LABRUM]

lábel màte レーベル仲間《同一レーベル所属の歌手・演奏家》.

labia *n* LABIUM の複数形.

la·bi·al /léɪbiəl/ *a* 〘解・動〙唇の, 唇(しん)状の (liplike); 〘音〙唇による, 唇音の; 〘楽〙唇で音を出す. ► *n* 〘音〙唇音《/p, b, m, f, v/ など》; 《オルガンの》フルーパイプ (flue pipe) (=～ **pípe**). ♦ **～·ìsm** *n* 唇音化の傾向. **～·ly** *adv* [L (*labia*)]

lábial·ìze 〘音〙*vt* 唇音化する; 〈母音を〉円唇化する. ♦ **làbial·izátion** *n*

lábia ma·jó·ra /-məʤɔ́:rə/ *pl* 〘解〙大陰唇. [L]

lábia mi·nó·ra /-mənɔ́:rə/ *pl* 〘解〙小陰唇. [L]

la·bi·ate /léɪbièɪt, -ət/ *a* 〘植〙唇状[形]花冠[萼]の; 〘動・解〙唇状物のある, 唇状の, 唇形の; 〘植〙シソ科 (Labiatae) の. ► *n* 〘植〙シソ科植物.

La·biche /*F* labiʃ/ ラビッシュ **Eugène(-Marin)** ～ (1815–88)《フランスの喜劇作家》.

la·bile /léɪbəl, -bàɪl/ *a* 変わりやすい, 不安定な, 応変の; 〘化〙化学変化を起こしやすい, 不安定な (opp. *stabile*). ♦ **la·bil·i·ty** /leɪbíləti, lə-/ *n* [OF=prone to err]

la·bio- /léɪbiou, -ə/ *comb form*「唇」 [L; ⇨ LABIUM]

làbio·déntal 〘音〙*a* 唇歯音の《唇と歯で発する》. ► *n* 唇歯音《/f, v/ など》.

làbio·násal 〘音〙*a* 唇鼻音の《唇と鼻腔で発する》. ► *n* 唇鼻音《/m/》.

làbio·vélar 〘音〙*a* 唇軟口蓋音の. ► *n* 唇軟口蓋音《/w/ のように唇と軟口蓋が同時に関与して発音される音》.

la·bi·um /léɪbiəm/ *n* (*pl* **la·bia** /-biə/) 唇 (lip); 〘動〙《昆虫・甲殻類などの》下唇 (cf. LABRUM), 《腹足類の》内唇; 〘植〙《唇形花冠の》下唇弁; [*pl*] 〘解〙陰唇. [L=lip]

lab·lab /lǽblæb/ *n* 〘植〙フジマメ《若莢と豆は食用》. [Arab]

La Bohème ⇨ BOHÈME.

la·bon·za /ləbánzə/*《俗》*n* 尻, けつ; みぞおち; 腹, おなか. [? It *la pancia*, Sp *la panza* the paunch]

la·bor | la·bour /léɪbər/ *n* **1**《肉体的・精神的な》労働, 勤労, 労力; 苦心, 骨折り, 努力, 仕事 (piece of work); [*pl*] 憂き世の勤め, 世事: HARD LABOR / LABORS OF HERCULES / His ～*s* are over. 彼の一生は終わった. **2**《広義の》労働者たち, 労働者階級; 肉体労働者たち, 労務者たち; 労働組合《集合的》; [ᵘLabour]《英国・英連邦諸国の》労働党 (Labour Party); [ᵘLabour]〘英〙LABOUR EXCHANGE: *L*～ and Capital [Management] 労資 / the Ministry of *Labour*〘英〙労働省. **3** 分娩, お産, 出産, 陣痛; 分娩時間: easy [hard] ～ 安[難]産 / be in ～ 陣痛発作中である, 分娩中である. ► *a* 労働の, 労働者の; [Labour] 労働党の: a ～ dispute 労働争議. ► *vi* **1** 働く, 労働する, 精を出す 〈*in* the fields, *at* [*over*] a dictionary〉; 骨を折る, 努める 〈*for* peace, *after* wealth, *to* understand〉. **2 a** 苦しむ, 悩む: ～ *under* a handicap 不利な条件にあえぐ / ～ *under* a mistake [a false impression, a delusion] 思い違い[誤解]している. **b** 〈女性が〉分娩中である: ～ *with* child. **3** 苦労して[やっとの思いで]進む; 〈エンジンが〉悲鳴を上げる; 〈船が〉ひどく揺られる, 荒波にもまれる, 難航する. ► *vt* **1** 〈論点などを〉(不必要に)詳しく[長々と]述べる[扱う]: ～ the point. **2** 苦しめる, 悩ます; 働かせる. **3** "《方》耕す; 《古・文》苦心して作る; 《古》〈物事を〉達成するべく努力する. ● ～ **one's way** 困難を冒して進む. [OF<L=work]

lábor agrèement 労働協約 (=*collective(-bargaining) agreement, trade agreement*)《団体交渉に基づいて労働組合と使用者の間で協定する賃金・労働時間などに関する取決め》.

la·bo·ra·re est ora·re /lá:bourà:reɪ èst óurà:reɪ/ 働くことは祈ることである《ベネディクト会のモットー》. [L]

lab·o·ra·to·ry /lǽb(ə)rətɔ̀:ri; ləbɔ́rət(ə)ri/ *n* 実験室, 実習室, 試験所, 研究室[所] (cf. LAB); 製錬所, (医)薬品工場, 〘軍〙火薬製造所; 《学校の時間割で》実験の時間; [〈*a*〉] 実験室(用)の. [L=workshop; ⇨ LABOR]

láboratory ànimal 実験動物.

láboratory disèase 《実験動物などに》人為的に罹患させた病気.

láboratory schòol (教育)実験学校《大学付属学校》.

láboratory tèst 臨床検査, 実験室検査.

lábor càmp 《囚人に強制労働をさせる》強制収容所; 《米国西部

の》移住労働者の収容施設.
Lábor Dày 労働者の日《(1) 米国・カナダで9月の第1月曜日; 法定休日 2) 英国などで5月1日》.
lá·bored *a* **1** 苦心した, 骨折った; 困難な, 苦しい (hard); のろくさい: a ~ investigation 苦心した調査 / ~ breathing 苦しい息づかい. **2** 不自然な, 無理な, こじつけの: a ~ speech 堅苦しい演説. ♦ **~·ly** *adv* **~·ness** *n*
lábor·er *n* 労働者, 人夫, 工夫; 非熟練工, 熟練労働者の助手: a bricklayer's ~ 煉瓦職人の助手 / The ~ is worthy of his hire. 《諺》 働く者が報酬を受けるのは当然である, 働く者は報われる《*Luke* 10: 7》.
Labor Exchange ⇨ LABOUR EXCHANGE.
lábor fòrce 労働力 (=*work force*)《(1) ある時点・地域・企業などにおける実労働者(数) 2) 14[16] 歳以上の就労可能人口》.
lábor·ing *a* 労働に従事する; 苦闘している, 悩んでいる; 陣痛に苦しむ; 〈船が〉ひどく揺れる, 難航する: the ~ class(es) 労働者階級 / ~men 労働者. ♦ **~·ly** *adv* 骨折って, 苦しんで.
lábor-intènsive *a* 大きな労働力を要する, 労働集約的な (cf. CAPITAL-INTENSIVE).
la·bo·ri·ous /ləbɔ́:riəs/ *a* 骨の折れる〈仕事〉, 困難な, 面倒な; 勤勉な, 働き者の; 〈文体など〉苦心の跡の見える. ♦ **~·ly** *adv* 骨を折って, 苦労して. **~·ness** *n* [OF<L; ⇨ LABOR]
Lábor·ism *n* **1** 労働党の政策[基本方針]. **2** [l-] 労働者優先[擁護]的態度[体制].
Lábor·ist *n* 労働党支持者; 労働党員 (Laborite).
Lábor·ìte *n* 労働者擁護団体の一員; [L-] 労働者擁護政党員, 労働党員[支持者]; [L-] LABOURITE.
lábor làw 労働法.
Lábor-Mánagement Relátions Àct [the]〘米〙労使関係法《TAFT-HARTLEY ACT の公式名》.
lábor màrket [the] 労働市場.
lábor mòvement [the] 労働運動.
lábor of lóve 〘聖〙'愛の労苦', 好きでする仕事, 篤志事業《*1 Thess* 1: 3, *Heb* 6: 10》.
la·bor om·nia vin·cit /lá:bɔ:r ɔ:mnià: wíŋkɪt/ 労働はすべてを征服する《Oklahoma 州の標語》. [L=labor conquers all things]
lábor pàins *pl* 陣痛; 《一般に》産みの苦しみ.
Lábor Pàrty [the] 労働党《労働者の利益を代表する政党; オーストラリア労働党など; ⇨ LABOUR PARTY》.
lábor relàtions *pl* 労使関係.
lábor·sàving *n, a* 労力節約(の), 省力化(の).
lábor skàte *《俗》労働組合員, 労組員.
lábors of Hércules *pl* [the] **1** 〘ギ神〙ヘーラクレースの十二功業 (=*Herculean labors*)《不死を得るための 12 の難業: ネメアのライオン退治, レルネーの水蛇ヒュドラー退治, ケリュネイアの鹿の生捕り, エリュマントスの猪の生捕り, アウゲイアースの家畜小屋掃除, ステュムパーリデスの鳥退治, クレータの雄牛の生捕り, ディオメーデースの牝馬の生捕り, アマゾーンの女王ヒッポリュテースの帯の奪取, ゲーリュオーンの牛の誘拐, ヘスペリスの園の黄金のリンゴ奪取, 地獄の番犬ケルベロスの連れ出し》. **2** 《一般に》至難の大仕事.
lábor·some *a* 骨の折れる, 労力を要する (laborious); 〈船が〉しけて揺れる.
lábor spỳ 労働スパイ《会社の雇った組合活動スパイ, 経営者側のスパイをつとめる従業員》.
lábor thèory of válue 〘経〙労働価値説《商品価値は生産に要した労働量によって決まるとする説; Petty が提唱し後にマルクス経済学の基礎となった》.
lábor ùnion* 労働組合 (=*trade union*).
lábor wàrd 《病院の》分娩室.
labour ⇨ LABOR.
Lábour and Sócialist Internátional [the] 社会主義労働者インターナショナル《1923 年に Hamburg で組織, 第二次大戦により崩壊》.
Lábour Exchànge [°l- e-]〘英〙公共職業安定所《JOBCENTRE の旧称》.
La·bour·ite /léɪbəràɪt/ *n* 〘英〙労働党員, 労働党議員.
Lábour Pàrty [the] 《英国その他の諸国の》労働党《英国では Conservative Party と共に二大政党をなす》.
La·bour·wal·lah /léɪbərwɑ̀lə/ *n* 《東アフリカで》労働運動の指導者[リーダー].
labra *n* LABRUM の複数形.
Lab·ra·dor /lǽbrədɔ̀:r/ **1** ラブラドル《(1) カナダ東部 Hudson 湾と大西洋との間の半島; Quebec 州と Newfoundland and Labrador 州に分かれる 2) 同半島東部の Newfoundland and Labrador 州に属する地域》. **2** 〘犬〙LABRADOR RETRIEVER. ♦ **Lab·ra·dor·ean, -ian** /læ̀brədɔ́:riən/ *a, n*
Lábrador Cúrrent [the] ラブラドル海流《ラブラドル沖を南下する寒流; 湾流[暖流]と合流, 北大西洋の一部地域にしばしば霧を発生させる》.
Lábrador dúck 〘鳥〙カササギガモ《北米産; 絶滅》.
lab·ra·dor·ite /lǽbrədɔ̀:ràɪt/ *n* 〘鉱〙曹灰長(そうかいちょう)石, ラブラドライト《斜長石の一種》.
Lábrador retríever [dóg] 〘犬〙ラブラドルレトリーバー (=*Lab, Labrador*)《主にイングランドで Newfoundland 原産種を改良したレトリーバー種の犬; 引き締まってがんじょうなからだつきで, 被毛は黒, 黄またはチョコレート色の短い密なもの; 鳥猟犬・警察犬・盲導犬にされる》.
Lábrador Séa [the] ラブラドル海《Labrador 半島と Greenland の間の海域; 大西洋の入江》.
Lábrador spár [stóne] 〘鉱〙LABRADORITE.
Lábrador téa 〘植〙ラブラドルチャ《イソツツジ属の2種; 北米産, ツツジ科》; ラブラドル茶《ラブラドルチャの葉の浸出液》.
la·bret /léɪbrət/ *n* 唇飾り《貝殻・木片など》; ロピアス, ラブレット.
lab·roid /lǽbrɔ̀ɪd, léɪ-/, **-rid** /-rəd/ *a, n* 〘魚〙ベラ科 (Labridae) の(魚).
la·brum /léɪbrəm/ *n* (*pl* **-bra** /-brə/, **~s**) 唇, 唇(しん)状物; 〘動〙上唇《昆虫・甲殻類などの口器の一部; cf. LABIUM》. ♦ **la·bral** /léɪbrəl/ *a* [L=lip; cf. LABIUM]
la·brus·ca /ləbrʌ́skə/ *a* 〘園〙アメリカブドウ (fox grape) の(系統の).
La Bru·yère /là: brujɛ́ər, -briɛ́ər/ ラ・ブリュイエール **Jean de ~** (1645–96)《フランスのモラリスト; *Les Caractères* (人さまざま, 1688)》.
láb·ster *n**《俗》非合法麻薬を調合する者, 薬(ヤク)の製造者.
La·bu·an /ləbú:ən/ ラブアン《Sabah 州西沖のマレーシア領の島; 連邦直轄地をなす》.
la·bur·num /ləbɔ́:rnəm/ *n* 〘植〙キングサリ (=*golden chain* [*rain*])《マメ科キングサリ属 (*L-*) の落葉樹の総称》. [L]
lab·y·rinth /lǽbərɪnθ/ *n* **1** 迷宮, 迷路 (maze); 《庭園などの》迷路園; [the L-] 〘ギ神〙ラビュリントス《Crete 島の王 Minos が Minotaur を監禁するために Daedalus に命じて造らせた迷宮》. **2** 複雑に入り組んだもの[配置]: **a** 〘解〙迷路器官, 《特に 内耳の》迷路, 内耳; 〘オーディオ〙(音響)迷路《スピーカーの低音特性改善用のエンクロージャー》: a ~ of streets ひどく入り組んだ街路. **b** 紛糾, 複雑な関係, もつれた事件. [F or L<Gk]
lab·y·rin·thec·to·my /læ̀bərɪnθɛ́ktəmi/ *n* 〘医〙《内耳の》迷路切除(術). [*-ectomy*]
lábyrinth físh 〘魚〙迷器目 (Labyrinthici) の淡水魚, タイワンドジョウ類.
lab·y·rin·thi·an /læ̀bərínθiən/ *a* LABYRINTHINE.
lab·y·rin·thic /læ̀bərínθɪk/ *a* LABYRINTHINE.
lab·y·rin·thine /læ̀bərínθən, -θàɪn, *-θì:n/ *a* 迷宮[迷路]の(ような); 入り組んだ, もつれた; もってまわった, 遠まわしの; 《内耳の》迷路の.
lab·y·rin·thi·tis /læ̀bərənθáɪtəs/ *n* 〘医〙迷路炎, 内耳炎.
lab·y·rin·tho·dont /læ̀bərínθədɑ̀nt/ *a, n* 〘古生〙迷歯類の(両生類)《デボン紀から三畳紀に生息》.
lac[1] /lǽk/ *n* ラック《ラックカイガラムシが分泌した樹脂状物質; shellac にして使用する》; 〘染〙ラック染料. [Hindi]
lac[2] ⇨ LAKH.
lac[3] *a, n* LAC OPERON (の). [*lactose*]
LAC 〘英〙°leading aircraftman.
La·can /ləká:n; *F* lakɑ̃/ ラカン **Jacques(-Marie-Émile) ~** (1901–81)《フランスの精神分析学者》. ♦ **La·can·i·an** /ləkéɪniən, -kǽn-/ *a* **La·cán·i·an·ism** *n*
Lác·ca·dive Íslands /lǽkədì:v-, -dàɪv-/ *pl* [the] ラカディーヴ諸島《インド南西岸沖 約 320 km のアラビア海にある島群; インドの連邦直轄地 LAKSHADWEEP をなす; 南北の Minicoy 島, Amindivi 諸島を除く部分を指すこともある》.
Láccadive, Mín·i·coy, and Amin·dí·vi Íslands /-mínɪkɔ̀ɪ ənd ʌ̀məndí:vi-/ *pl* [the] ラカディーヴ-ミニコイ-アミーンディーヴィ諸島《LAKSHADWEEP の旧称》.
lác·co·lìth /lǽkə-/, **-lìte** *n* 〘地質〙餅盤(へいばん), ラコリス《餅状の岩体》. ♦ **làc·co·líth·ic** /-líθ-/, **-lít·ic** /-lít-/ *a*
lace /léɪs/ *n* **1** 《絹などの細糸を透かし模様に編んだ》レース; 《軍服などの》モール; 《靴などの》ひも, 打ちひも, 組みひも: gold [silver] ~ 金[銀]モール. **2** 《コーヒーなどに入れる》少量のブランデー[ジンなど]. **3** *《俗》金 (money). ► *vt* **1** レースで飾る, …にささべり[縁飾り]をつける; モールで飾る: the country ~*d* with canals 運河が網目のように流れている地方. **2** ひもで縛る[締める]; 〈人〉にひもを締めて着用させる 〈*into*〉; 〈ひもなどを〉通す (pass): ~ (*up*) one's corset コルセットのひもを締める / ~ a cord *through* a hole ひもを穴に通す / ~ one's waist in 腰をひもで締める. **3** 組み合わせる, 織り交ぜる (interlace), 刺繍する (embroider), 刺す 〈*with* a string etc.〉; …に縞(しま)目をつける (streak) 〈*with* a color etc.〉: ~ one's fingers together 両手の指を組む[組み合わせる]. **4** [ᵘ*pp*] 〈コーヒーなど〉に少量の酒をたらす 〈*with* brandy, whiskey, etc.〉; …に〈薬味などを〉加える 〈*with*〉; *《俗》〈飲食物など〉に〈鎮静剤・麻薬〉などを混ぜる 〈*with*〉; 〈書物・話など〉に趣を添える, 味をつける 〈*with*〉. **5** 〈球・ホームランなどを〉強打する, 飛ばす; 《口》(むち)打つ: ~ sb's jacket [coat] 人を打ちのめす. ► *vi* **1** ひもで結ばれる; (ひもで)腰を締める 〈*up*〉. **2** 打つ, むち打つ 〈*into* sb〉; 《口》非難する, 攻撃する, こきおろす 〈*into*〉. ♦ **lác·er** *n* **~·less** *a* **~·like** *a* [OF (L *laqueus* noose)]
láce·bàrk *n* 〘植〙**a** 豪州東部海岸地の森林産のアオギリ《落葉性大高木でピンクの花をつける》. **b** RIBBONWOOD.

L

láce bùg 〘昆〙グンバイムシ《グンバイムシ科の小型カメムシの総称; 体は扁平で, 胸部・翅にレース状の模様がある; 食植性で害虫とされるものが多い》.
láce-cùrtain *a* 《労働者階級に対して》中産階級的な; 中産階級志向の, 見えを張った, 気取った.
láce cùrtain [ᵁ*pl*] レースのカーテン.
laced /léɪst/ *a* ひもの付いた[で締めた]; レースで飾った; アルコールを加味した.
Lac·e·dae·mon /læ̀sədí:mən/ **1** 〘ギ神〙ラケダイモーン《Zeus の子》. **2** ラケダイモン《SPARTA の正式名》. ♦ **Lac·e·dae·mo·ni·an** /læ̀sədɪmóuniən, -njən/ *a, n*
láce glàss レース模様のついたグラス.
láce·màking *n* レース編み. ♦ **-màker** *n*
láce pàper レース紙《レース模様を浮き出しまたは打ち抜きにした紙》.
láce pìllow レース編み台《ひざの上に置くクッション》.
lac·er·a·ble /lǽsərəb(ə)l/ *a* 引き裂ける, 裂けやすい.
lac·er·ant /lǽsərənt/ *a* 痛ましい, 悲惨な.
lac·er·ate /lǽsərèɪt/ *vt* 〈筋肉・手足などに裂傷[深手]を負わせる; 〈心・感情などを〉ひどく苦しめる, 深く傷つける; 《サーフィン俗》〈大波を〉切り裂く. ► *a* / , -rət/ LACERATED. ♦ **lac·er·a·tive** /lǽsərətɪv, -rèɪ-/ *a* [L (*lacer* torn)]
lác·er·àt·ed *a* 裂けた; 深く傷ついた〈心〉; 〘植〙へり[先端]に大きなぎざぎざのある〈花弁・葉など〉: a ~ wound 裂傷, 裂創.
lac·er·a·tion /læ̀səréɪʃ(ə)n/ *n* かき切り, 切り裂き; 〘医〙裂傷; 裂口; 《感情などを》傷つけること.
La·cer·ta /ləsə́:rtə/ 〘天〙とかげ座(蜥蜴座) (Lizard): BL LACERTAE OBJECT. [L=lizard]
la·cer·tian /ləsə́:rʃ(i)ən/ *a, n* 〘動〙LACERTILIAN.
la·cer·tid /ləsə́:rtəd/ *n* 〘動〙カナヘビ《旧世界産》.
lac·er·til·i·an /læ̀sərtíliən/ *a, n* 〘動〙トカゲ亜目 (Lacertilia) の(動物).
lac·er·tine /lǽsərtàɪn, -tən; ləsə́:taɪn/ *a* トカゲの(ような).
láce-ùp *a* ひもで締める, 編上げの. ► *n* 《口》編上げ靴[ブーツ].
láce·wìng *n* 〘昆〙クサカゲロウ, ヒメカゲロウ.
láce·wòod *n* ゴウシュウアオギリの樹皮; 《柾目に挽いた》アメリカスズカケノキ材 (sycamore); 〘植〙ヤマモガシ (silk oak).
láce·wòrk *n* レース(透かし)細工, レース模様.
lacey ⇨ LACY.
La Chaux-de-Fonds /*F* la ʃodəfɔ̃/ ラ・ショードフォン《スイス西部 Neuchâtel 州, Bern の西北西, Jura 山中にある市; 時計製造の中心地》.
lach·es /lǽtʃəz, léɪ-/ *n* (*pl* ~) 〘法〙懈怠(かいたい)(けたい), 不当な遅滞《権利主張や訴訟提起の不当な遅れ; エクイティー上では法的救済を受けられなくなる消滅時効(の主張)となりうる》; 権利不行使, けしからぬ怠慢. [AF and OF (*lasche* LAX)]
Lach·e·sis /lǽkəsəs, lǽtʃ-; lǽk-/ 〘ギ神〙ラケシス《運命の三女神 (FATES) の一人》. [Gk=destiny]
La·chish /léɪkɪʃ/ 〘聖〙ラキシ《パレスティナ南部 Hebron の西に位置する古代都市; Joshua が占領したカナン人の町; *Josh* 10: 31–33》.
Lach·lan¹ /lɑ́klən/ [the] ラクラン川《オーストラリア南東部 New South Wales 州中部を西に流れ Murrumbidgee 川に合流》.
Lach·lan² /lǽklən, lɑ́k-/ ラハラン《男子名; スコットランドに多い》. [Gael=warlike]
Lach·ry·ma [Lac·ri·ma] Chris·ti /lǽkrəmə krísti/ (*pl* -mae- /-mi-, -màɪ-/) [ᴼl- C-] ラクリマ・クリスティ《元来はイタリア南部 Vesuvius 山の近くで収穫されるブドウで作る白[赤, ロゼ]ワイン; 現在はイタリアのほかの地方でも生産される》. [L=Christ's tear]
lach·ry·mal, lac·ri-, lac·ry- /lǽkrəm(ə)l/ *a* **1** 涙の; 涙もろい. **2** [ᵁlacrimal] 〘解〙涙腺の[に近い]. ► *n* LACRIMATORY; 〘解〙LACRIMAL BONE [CANAL, DUCT, GLAND, SAC]. [L (*lacrima* tear)]
láchrymal váse 涙壺 (LACRIMATORY).
lachrymation, -mator, etc. ⇨ LACRIMATION, -MATOR, etc.
lach·ry·mose /lǽkrəmòus/ *a* 涙もろい, 涙ぐんだ; 涙をさそう, 哀れな, 悲しい〈詩など〉. ♦ **~·ly** *adv* **lach·ry·mos·i·ty** /læ̀krəmɑ́səti/ *n* [L; ⇨ LACHRYMAL]
lac·ing /léɪsɪŋ/ *n* **1 a** レースを付けること, 縫い取り; ひもで縛る[締める]こと; レース(の縁), 金[銀]モール, ひも類. **b** 色縞〈*of* flowers, plumage〉; 〘石工〙レーシング, 帯層 (=~ còurse)《粗石積みの壁などに入れる煉瓦などの結合・補強層》. **2** 《口》むち打ち; 《口》徹底的に打ちのめすこと, たたくこと. **3** 《コーヒーなどに入れた》少量の酒; 活気[興趣]を添えるもの.
la·cin·i·ate /ləsíniə̀t, -ət/, **-at·ed** /-èɪtəd/ *a* 外辺がぎざぎざの; 細長い裂片になった, ぎざぎざ[切れ込み]のある. ♦ **la·cìn·i·á·tion** *n*
lác ìnsect 〘昆〙ラックカイガラムシ《成虫は粗ラックを分泌する; 東南アジア産》.
lack /lǽk/ *n* **1** 欠乏, 不足 (want), 払底 〈*of*〉: for [by, from, through] ~ *of*...がないために / there is no [a total] ~ *of*...はたくさんある[全くない]. **2** 不足[欠乏]するもの: supply the ~ ないものを補給する. ► *vt* 欠く, ...が(十分には)ない: I ~*ed* the money to buy the book (with). その本を買う金がなかった. ► *vi* 〈...が〉欠けて[不足して]いる 〈*in*, *for*〉: You ~ *for* nothing. 欲しいものは皆そろっている / Nothing is ~*ing* but the will. 足りないのは決意だけだ. [MDu and MLG *lak* deficiency]
lack·a·dai·si·cal /læ̀kədéɪzɪk(ə)l/ *a* 活気[やる気]のない; ものうげな; ぼんやりした, 力強さを欠いた. ♦ **~·ly** *adv* **~·ness** *n* [↓, *lackadaisy* < ALACK *the day*]
lack·a·day /lǽkədèɪ/ *int* 《古》ああ悲しい, 悲しいかな.
lack·er /lǽkər/ *n, vt* LACQUER.
lack·ey, lac·quey /lǽki/ *n* **1** 従僕 (footman)《通例 仕着せを着る》; 小間使; (卑屈な)おべっか使い, 追従(ついしょう)者, お先棒をかつぐ者. **2** LACKEY MOTH. ► *vt, vi* 〈...に〉しもべとして仕える 〈*for*〉; ぺこぺこする, へつらう 〈*for*〉. [F < Cat < Sp ALCALDE]
láckey mòth 〘昆〙オビカレハ. [幼虫の体色が従僕の仕着せに似ていることから]
láck·ing *pred a* 欠けて, 不足して; 〈...には〉足りない 〈*for*〉; 〈...に〉乏しい 〈*in*〉; 《口》知恵[頭]の足りない: be found ~ 〈人が〉必要な資質[能力]に欠けている / Money is ~ *for* the plan. その計画には金が足りない / He is ~ *in* common sense. 彼は常識がない.
láck-in-óffice *n* 官職を求める人, 猟官者 (office seeker).
láck·lànd *a, n* 土地のない(人); [L-] 欠地王《King JOHN のあだ名》.
láck·lùster *a* 光[つや, 輝き, 精彩]のない, 〈目などが〉どんよりした, 活気のない (dull). ► *n* 光[つや, 活気]の欠如.
láck·wìt *n, a* 脳なし(の), まぬけ(な).
La·clos /*F* laklo/ ラクロ **Pierre Choderlos de ~** (1741–1803)《フランスの軍人・作家; *Les Liaisons dangereuses* (1782)》.
La·combe /ləkóum/ *n* 〘畜〙ラコーム種《カナダ Alberta 州の Lacombe 試験場で作出したベーコン用白豚》; [ᴼl-] ラコーム種の豚.
La·co·nia /ləkóuniə, -njə/ ラコニア《ギリシア南部 Peloponnesus 半島南東部にあった古代国家; ☆Sparta》. ■ the **Gúlf of ~** ラコニア湾《Peloponnesus 半島の Matapan 岬と Malea 岬の間に入り込んだ地中海の入江》.
La·có·ni·an *a* ラコニアの; ラコニア人[方言]の. ► *n* ラコニア人; ラコニア方言.
la·con·ic /ləkɑ́nɪk/ *a* 簡潔な, 簡明な; ことば数の少ない, むだ口をきかない, ぶっきらぼうな. ♦ **-i·cal·ly** *adv* [L < Gk (*Lakōn* Spartan¹)]
la·con·i·cism /ləkɑ́nəsɪz(ə)m/ *n* LACONISM.
lac·o·nism /lǽkənɪz(ə)m/ *n* 簡潔さ; 簡潔な表現, 警句.
lác òperon 〘生化〙ラクトースオペロン《ラクトースの代謝に関与する遺伝子群; この研究がオペロン説の母体となった》.
La Coruña ⇨ A CORUÑA.
lac·quer /lǽkər/ *n* ラッカー; 漆 (=Japanese [Chinese] ~); LACQUERWARE; ᴵᴵ《古風》HAIR SPRAY; マニキュア用エナメル. ► *vt* ...にラッカー[漆]を塗る; なめらかに仕上げる, ...に磨きをかける; うわべをよく見せる, 外見を取りつくろう. [F *lacre* sealing wax=LAC¹]
lácquer·er *n* 漆屋, 塗物師; 蒔絵(まきえ)師.
lácquer trèe [plànt] 〘植〙ウルシ.
lácquer·wàre *n* 漆工芸品, 漆器, 塗物《集合的にも》.
lácquer·wòrk *n* LACQUERWARE; 漆器製造.
lacquey ⇨ LACKEY.
Lacrima Christi ⇨ LACHRYMA CHRISTI.
la·cri·mae re·rum /lɑ́:krɪmàɪ réɪrùm/ *pl* 不幸に流す涙; 人生の悲劇. [L]
lacrimal ⇨ LACHRYMAL.
lácrimal bòne 〘解〙涙骨.
lácrimal dùct [canàl] 〘解〙涙道, 涙管 (=*tear duct*).
lácrimal glànd 〘解〙涙腺.
lácrimal sàc 〘解〙涙嚢(るいのう).
lac·ri·ma·tion, lach·ry-, la·cry- /læ̀krəméɪʃ(ə)n/ *n* 涙を流すこと, 泣くこと; 〘医〙流涙. [L (*lacrimo* to weep)]
lac·ri·ma·tor, lach·ry-, lac·ry- /lǽkrəmèɪtər/ *n* 催涙物質, 催涙薬, 催涙ガス (tear gas).
lac·ri·ma·to·ry, lach·ry-, lac·ry- /lǽkrəmətɔ̀:ri; -mət(ə)ri/ *a* 涙の; 涙を催させる: ~ gas [shell] 催涙ガス[ガス弾]. ► *n* 涙壺 (=*lachrymal vase*)《古代ローマで送葬者の涙を入れたという》. [L *lacrima* tear]
la·crosse /ləkrɔ́(:)s, -krɑ́s/ *n* ラクロス《10人ずつの2チーム間で行なうホッケーに似た球技》. [F *la crosse* the crossier 使用するスティックが司教杖に似ていることから]
lacrymal ⇨ LACHRYMAL.
lact- /lǽkt/, **lac·ti-** /lǽktə/, **lac·to-** /lǽktou, -tə/ *comb form* 「乳」「乳酸塩[エステル]」「乳酸」「乳糖」 [L *lact- lac* milk]
làct·albúmin *n* 〘生化〙ラクトアルブミン《血清アルブミンに類似の, ホエー (whey) に含まれるタンパク質》.
lac·tam /lǽktæm/ *n* 〘化〙ラクタム《環式分子内アミド; アミド結合 —CO—NH— をもつ; cf. LACTIM》.
lac·ta·ry /lǽktəri/ *a* 《古》乳の(ような), 乳汁を出す.
lac·tase /lǽktèɪs, -z/ *n* 〘生化〙ラクターゼ《乳糖分解酵素》.
lac·tate /lǽktèɪt/ *vi* 乳汁を分泌する, 泌乳する. ► *n* 〘化〙乳酸

塩[エステル]. ［L *lacto* to suckle; ⇨ LACTIC］

láctate dehydrógenase 〘生化〙 乳酸デヒドロゲナーゼ, 乳酸脱水素酵素 《ピルビン酸と乳酸の間の可逆変化を触媒する酵素; 略 LDH》.

lac·ta·tion /læktéɪʃ(ə)n/ *n* 乳汁分泌(期), 泌乳(期); 授乳(期間), 哺乳(期). ♦ **~·al** *a* **~·al·ly** *adv*

lac·te·al /lǽktiəl/ *a* 乳の, 乳汁の; 乳(汁)状の; 乳を出す; 乳糜(にゅうび)を送る[入れる]. ► *n* 〘解〙 乳糜管 (=~ **vèssel**). ♦ **~·ly** *adv* ［L; ⇨ LACTIC］

lácteal glànd 〘解〙 乳腺.

lac·te·ous /lǽktiəs/ *a* LACTEAL; 《古》 乳白色の.

lac·tes·cent /læktés(ə)nt/ *a* 乳汁状の, 乳白色の; 乳液を生ずる[分泌する]; 〘植〙 乳汁液を分泌する. ♦ **-cence** *n* 乳(状)化, 乳状(性); 乳汁色; 〘植〙 乳汁液(分泌).

lacti- /lǽktə/ ⇨ LACT-.

lac·tic /lǽktɪk/ *a* 乳(汁)の; 乳汁から採る; 〘生化〙 乳酸を生成する: ~ fermentation. ［L *lact- lac* milk］

láctic ácid 〘生化〙 乳酸.

láctic ácid bactèria *pl* 〘菌〙 乳酸菌.

láctic dehydrógenase LACTATE DEHYDROGENASE.

lac·tif·er·ous /læktíf(ə)rəs/ *a* 乳汁[乳状液]を生ずる, 乳汁分泌性の; 〘植〙 LATICIFEROUS. ♦ **~·ness** *n* ［L (*lact-, -ferous*)］

lac·tim /lǽktɪ̀m/ *n* 〘化〙 ラクチム 《ラクタム (lactam) と互変異性をなす原子団 —C(OH)=N— を環内に有する環式化合物》.

lacto- /lǽktou, -tə/ ⇨ LACT-.

làcto·bacíllus *n* 〘菌〙 乳酸桿菌 《乳酸を産生する乳酸桿菌属 (*L-*) の細菌の総称》.

làcto·fér·rin /-férən/ *n* 〘生化〙 ラクトフェリン 《乳タンパク質の一つ; 鉄分と結合する; 伝染病に対する抵抗力をつけさせる》.

làcto·flávin *n* 〘生化〙 ラクトフラビン (RIBOFLAVIN).

lac·to·gen /lǽktəʤən, -ʤèn/ *n* 〘生化〙 ラクトゲン 《乳汁の産生を刺激するホルモン; 黄体刺激ホルモン (prolactin) など》.

làcto·génic *a* 催乳性の; 乳腺刺激性の.

lactogénic hórmone 〘生化〙 乳腺刺激ホルモン 《ラクトゲン (lactogen), 特に 黄体刺激ホルモン (prolactin)》.

làcto·glóbulin *n* 〘化〙 ラクトグロブリン 《ホエー (whey) から採る結晶タンパク質》.

lac·tom·e·ter /læktámətər/ *n* 乳脂計, 乳調計, 乳比重計 (galactometer).

lac·tone /lǽktòun/ *n* 〘化〙 ラクトン 《エステルの官能基 —CO—O— を環内に含む化合物》. ♦ **lac·ton·ic** /læktánɪk/ *a* ［*lacto-, -one*］

lac·to·nize /lǽktənàɪz/ *vt* 〘化〙 ラクトン化する. ♦ **làc·to·ni·zá·tion** *n*

lácto-òvo vegetárian 乳卵菜食主義者 (ovolactarian) (=*ovo-lacto vegetarian*) 《乳製品・卵も食べる菜食主義者》.

làcto·peróxidase *n* 〘生化〙 乳過酸化酵素, ラクトペルオキシダーゼ 《乳・唾液中に存在し, チロシンを含むタンパク質のヨウ化を触媒する》.

làcto·prótein *n* 〘生化〙 乳汁タンパク, 乳タンパク.

lácto·scòpe *n* 検乳鏡, 乳脂鏡.

lac·tose /lǽktòus, -z/ *n* 〘生化〙 ラクトース, 乳糖 (=*milk sugar, sugar of milk*) 《哺乳類の乳に存在する二糖》. ［*lact-, -ose*］

lac·tos·uria /læktouʃúriə, -súr-, -sjúr-; -sjúər-/ *n* 〘医〙 乳糖尿 《尿中に乳糖を排泄すること》.

làcto·vegetárian *a* 〈食事(療法)などが〉乳製品と野菜からなる, 乳菜食主義の. ► *n* 乳菜食主義者.

La Cum·bre /lɑː kúːmbreɪ/ クンブレ峠 《USPALLATA PASS の別称》.

la·cu·na /lək(j)úːnə/ *n* (*pl* **-nae** /-ni, -kúːnàɪ/, **~s**) **1** 脱漏, 欠落, 欠陥; 脱文, 欠文, 欠本 〈*in*〉. **2** 〘解〙 窩(か), 陰窩, 腺窩, 凹窩, ラクナ; 〘医〙 裂孔; 〘生〙 骨小腔; 〘建〙 格(ごう)天井の鏡板 (coffer). ♦ **la·cu·nal** /ləkjúːnl/, **-nate** /lək(j)úːnət, -nèɪt, lǽkjənèɪt/ *a* **lac·u·nary** /lǽkjənèri, lək(j)úːnəri; -n(ə)ri/ *a* ［L=pool; ⇨ LAKE[1]］

la·cu·nar /lək(j)úːnər/ *a* LACUNA のある. ► *n* 〘建〙 格(ごう)天井; (*pl* **lac·u·nar·ia** /lækjənéəriə/) 格天井の鏡板, 格間(ごうま) (coffer).

la·cu·nose /lək(j)úːnòus/ *a* 脱漏の多い; くぼみの多い.

La·cus As·phal·ti·tes /léɪkəs æ̀sfəːltáɪtiz/ アスファルトの海, ラクス・アスファルティテス 《DEAD SEA のラテン語名》.

la·cus·trine /ləkʌ́strən; -tràɪn/, **-tri·an** /-triən/ *a* 湖の; 〘地質〙 湖底の; 湖水に生ずる[すむ]; 湖上住家の: ~ deposits 湖底堆積物 / the ~ age [period] 湖上生活時代. ［L; ⇨ LAKE[1]; cf. L *palustris* marshy］

LACW 〘英空軍〙 leading aircraftwoman.

lacy, lac·ey /léɪsi/ *a* **1** レースの; レース状の; 紐(ひも)の. **2** *《俗》 めめしい; *《俗》 同性愛(者)の, ホモの. ♦ **lác·i·ly** *adv* レース状[風]に. **lác·i·ness** *n* ［LACE］

lad /lǽd/ *n* 若者, 若い男, 少年 (opp. *lass*); 若い息子; 《口》 男, 《親しみをこめて》 やつ (chap), [ᵘthe ~s] ″《仕事・遊びの》 仲間; ″《競馬場の》 厩務員, (騎手兼)攻馬手; ″《口》 威勢のいい男, マッチョタイプの男; ″《口》 浮き名を流す若者, 色男; 《スコ》 恋人: my ~*s* おれの仲間[友だち]; [呼び掛け] 諸君, おまえたち / He is quite [″a bit of] a ~. たいした[なかなかの]やつだ. ● **one of the ~s** ″=one of the BOYS. ［ME<?; OE ニックネーム *Ladda* か］

La·da /lɑ́ːdɑ̀ː/ ラーダ 《ソ連製の小型乗用車 Zhiguli の輸出名・愛称》. ［Russ=beloved (one)］

La·dakh /lədɑ́ːk/ ラダク 《インド北西部 Kashmir 地方北部・東部のチベットに接する地域; ☆Leh》. ♦ **La·dakhi** /lədɑ́ːki/ *a, n*

lad·a·num /lǽd(ə)nəm/ *n* LABDANUM.

Lad·brokes /lǽdbrʊ̀ks/ ラドブルックス 《英国各地で賭け店 (betting shop) を運営している会社》.

lád cùlture″ [*derog*] 若者文化 《若者の享楽的行動パターン》.

lad·der /lǽdər/ *n* **1** はしご: climb up [down] a ~ はしごを登る[降りる] / get up [mount] a ~ はしごを登る / He who would climb the ~ must begin at the bottom. 《諺》 千里の道も一歩から / It's unlucky to walk under a ~. はしごの下を通るのは縁起が悪い 《古くからの迷信》. **2 a** はしご状のもの; [the (social) ~s] 社会階層: the economic ~ 経済階層. **b** ″《靴下の》 伝線 (run*). **c** 《出世の》 手段, 階段 〈*of* success〉. **d** LADDER TOURNAMENT (の順位表). ● **begin from** [**start at**] **the bottom of the ~** 卑賤から身をおこす. **get one's foot on the ~** 着手する. **kick down** [**away**] **the ~** 出世の手助けとなった友人[職業]を捨てる. ► *vi* 段々に上に登る; ″〈靴下が〉伝線する (run*). ► *vt* …にはしごを取り付ける; …にはしごで登る; ″〈靴下を〉伝線させる. ♦ **~·lìke** *a* ［OE *hlǣd(d)er*; cf. LEAN[1], G *Leiter*］

ládder-bàck *a, n* 〘家具〙 はしご状の背の(椅子); LADDER-BACKED.

ládder-bácked *a* 背にはしご状模様のある: a ~ woodpecker 〘鳥〙 シマアカゲラ, メキシコキツツキ.

ládder còmpany 《消防の》 はしご車隊.

ládder drèdge バケットドレッジャー 《浚渫(しゅんせつ)機》.

ládder·man /-mən, -mæ̀n/ *n* (*pl* **-men** /-mən, -mɛ̀n/) 《消防の》 はしご車隊員.

ládder pòlymer 〘化〙 はしご状高分子, ラダーポリマー.

ládder·pròof″ *a* 〈靴下が〉伝線しない.

ládder stìtch 《刺繍の》 はしご状[ラダー]ステッチ.

ládder tòurnament はしごトーナメント 《競技者を推定実力順に配し, 順位の隣り合う競技者間の対戦結果により順位を入れ換えてゆく試合法》.

ládder·tròn *n* 〘理〙 ラダトロン 《静電型粒子加速器の一種; 金属枝をはしご状に並べてプラスチックの絶縁体でつなげたもので電流ベルトを作る》.

ládder trùck はしご車 (hook and ladder truck).

lad·die, lad·dy /lǽdi/ 《スコ》 *n* 《親しみをこめて》 若いの, 兄さん, 若者 (cf. LASSIE); 《俗》 おまえ, きみ (old chap). ［*lad*］

lad·dish /lǽdɪʃ/ *a* 若者(特有)の, 若者らしい; ″《口》 男っぽい, マッチョな, 遊び好きの: ~ culture=LAD CULTURE. ♦ **~·ness** *n*

lád·dism″ *n* LAD CULTURE.

lad·du, la(d)·doo /lʌ́du/ *n* 〘インド料理〙 ラドゥー 《豆粉・砂糖・ギー (ghee) などを混ぜ炒めてから団子状に丸めた菓子》.

lade /léɪd/ *v* (**lád·ed; lad·en** /léɪdn/, **lád·ed**) *vt* **1** 〈船・車などに〉貨物[荷]を積む; 〈貨物・荷を〉船[車]に積む. ★ LOAD より文語的. **2** [ᵘ*pp*] 〈人〉に〈責任・悲しみなどを〉負わせる, 苦しめる 〈*with*〉 (⇨ LADEN[1]). **3** 《ひしゃくなどで》 汲み出す. ► *vi* 荷を積む; 《ひしゃくなどで》 液体を汲み出す. ［OE *hladan*; cf. G *laden* to load, LAST[4]］

lad·en[1] /léɪdn/ *v* LADE の過去分詞. ► *a* **1** 荷を積んだ, 担った: branches ~ *with* fruit 実がたくさんなった枝. **2** 〈…に〉苦しんで[悩んで]いる 〈*with*〉; 〈声・文章などが〉〈感情などの〉こもった 〈*with*〉; 〈空気が〉〈…の〉においのする 〈*with*〉: a woman ~ *with* grief 悲しみを負った女性.

laden[2] *vt* LADE.

lad·ette /lædét/ *n* ″《口》 《飲みっぷりなどが豪快な》 男顔負けのねえちゃん[ギャル], アネゴ.

la-di-da, la-de-da, lah-di[de(e), dae]-dah /lɑ̀ːdɪdɑ́ː/ 《口》 *n* 気取り屋; 気取った態度[行動, 話し方]. ► *a* 気取り屋の, 上品ぶった; 平然として, うちとけて, 無頓着で 〈*with*〉. ► *vi* 気取る, もったいぶる. ► *vt* 無造作に扱う. ► *int* 気取っちゃって!; 気にしない 気にしない. ［imit］

la·dies″ /léɪdiz/ *n* [〈*sg/pl*〉] [the] 女性用トイレ (ladies' room).

Ládies Áid* レディーズエイド 《所属教会のための地方婦人募金団体》.

Ládies Auxíliary 《通例 男子社交団体会員・消防隊員などの夫人からなる》 婦人補助団体.

ládies' cháin [°L- C-] レディーズチェーン 《スクエアダンスの一種》.

ládies' dày* [°L- D-] 《スポーツ・劇場などの》 女性招待[優待]日.

ladies'-eardrop ⇨ LADY'S-EARDROP.

ládies' fìngers (*pl* ~) 〘植〙 **a** OKRA. **b** KIDNEY VETCH.

ládies' gállery 〘英下院〙 婦人傍聴席.

ládies' màn 女好きの男, プレイボーイ, 色男.

ládies' nìght 女性の夜 《**1**)″女性が男性のクラブにゲストとして参加を許される特別の夜 **2**)*女性が割引料金で催し物に出席できる夜》.

ládies' ròom* 女性用手洗, 女子トイレ.

ládies' [lády's] trèsses (*pl* ～) 〘植〙 ネジバナ属のラン《総称; しばしば ねじれた花序をもつ地生ラン》.

ládies·wèar *n* 婦人服.

la·di·fy, la·dy·fy /léɪdɪfàɪ/ *vt* 貴婦人にする; 貴婦人扱いする; Lady の称号で呼ぶ; 貴婦人にふさわしいものにする.

La·din /lədíːn/ *n* **a** ラディン語《**1**) イタリア北部で使用されるレトロマンス語方言 **2**) スイス南東部地方のレトロマンス語方言》. **b** ラディン人《ラディン語を母語とする人》.

lad·ing /léɪdɪŋ/ *n* 荷積み, 船積み (loading); 汲(く)み出し; 船荷, 貨物; 荷重: a BILL OF LADING.

la·di·no /lədáɪnoʊ, -díː-, -nə/ *n* (*pl* **～s**) 〘植〙 ラジノクローバー (＝ **～ clóver**)《シロツメクサの巨大化した一変種; 飼料》. [Sp<L]

La·di·no /lədíːnoʊ/ *n* (*pl* **～s**) ラディノ語 (Judeo-Spanish)《バルカン諸国などのスペイン·ポルトガル系ユダヤ人 (Sephardim) の話すヘブライ語要素の混じったスペイン語》; 《ラテンアメリカで》スペイン語を話す混血白人 (mestizo); *《南西部》たちの悪い馬[子牛].

Lad·is·las /lǽdəsləs, -lɑ̀ːs/, **-laus** /-lɔ̀ːs/ [Saint] 聖ラースロー, 聖ラディスラ(ウ)ス ～ **I** (1040–95)《ハンガリー王 (1077–95); 祝日 6 月 27 日》.

la·dle /léɪdl/ *n* ひしゃく, お玉; 〘鋳〙 杓(しゃく), 《柄付きの》取瓶(とりべ), 湯汲み. ► *vt* ひしゃく[お玉]ですくって移す ‹*into*›; 汲み出す ‹*up*, *out*›. ● **～ out** 《口》(思いつくままに)どんどん[物惜しみせず]‹金品·情報を›(分け)与える, ばらまく. ◆ **～·fùl** *n* ひしゃく[お玉]一杯. [OE *hlædel*; ⇨ LADE]

Lad·o·ga /lǽdəgə, lɑ́ː-/ [Lake] ラドガ湖 (Russ **La·dozh·sko·ye Oze·ro** /lɑ́ːdəʃskjəjə ɔ́ːzɪrə/)《ヨーロッパロシア西部 St. Petersburg の北東にある湖; ヨーロッパで最大》.

la dolce vita ⇨ DOLCE VITA.

ladoo ⇨ LADDU.

la·dron(e) *n* /lədróʊn/*《スペイン語を話す地域で》強盗; /lǽdr(ə)n/ 《スコ》ごろつき, 悪党.

La·dróne Íslands /lədróʊn-/ *pl* [the] ラドロネ諸島《MARIANA ISLANDS の旧称》. [↑]

lád's-lòve *n* 〘植〙 SOUTHERNWOOD.

la·dy /léɪdi/ *n* **1 a**《woman に対する丁寧な語》女の人, 婦人, 女性; [*pl*] [*voc*] ご婦人方, (淑女の)皆さま (cf. LADIES): *ladies* first 御婦人からお先に, レディーファースト / *Ladies* (and Gentlemen) (紳士)淑女の皆さん. **b** 《口》恋人, パートナー《女性》(ladylove); 《口》妻, 夫人; 女主人, 女あるじ; [*voc*] 奥方, お姫さま, [ˢ*derog*] 奥さん, お嬢さん, おねえさん, おばさん, (ちょっと)あんた《次のような場合を除けば MADAM のほうが普通》: my [his] young ～ わたしの[彼の]いいなずけ / my dear [good] ～ [*voc*] おまえ / your good ～ ご令閨 / LADY OF THE HOUSE / the ～ of the manor 女領主 / my ～ 家内; 奥さま, お嬢さま《特に高貴な婦人に対する召使のことば》/ young ～ 《口》お嬢さん. **c** [‹*a*›] 《古風》女性…: a ～ doctor 女医《現在では woman doctor, または単に a doctor というのが普通》/ a ～ dog [*joc*] 雌犬 (she-dog). **2 a** 貴婦人, 淑女; 《騎士道における愛の対象としての》貴婦人: She is not (quite) a ～. お嬢さま育ちでない[奥さまらしくない]; みすぼらしい身なりをしている. **b** [L-] レディー: our Sovereign *L*～ 《古·詩》女王 / LADY MAYORESS. ★ 英国では次の場合 女性に対する敬称: (1) 女性の侯·伯·子·男爵 (2) Lord (侯·伯·子·男爵) と Sir (baronet または knight) の夫人 (3) 公·侯·伯爵の令嬢. 令嬢の場合は first name につける. **c** [L-; 擬人化]: *L*～ Luck. **3** [the] *《俗》コカイン. ● FIND THE LADY. **ladies who lunch** [ᵒ*derog*] 《高級レストランなどで集まって昼食をとる》有閑夫人連, …とこの奥様方. **not over till [when] the fat ～ sings** 《口》最後の最後[下駄を履く]までわからない (cf. OPERA¹ 諺). OUR LADY. [OE *hlǣfdige* loaf kneader (*hlāf* bread, **dig-* to knead; cf. DOUGH); cf. LORD]

Lády àltar 聖母礼拝室[堂] (Lady Chapel) の祭壇.

Lády Ám·herst's phéasant /-ǽmərsts-/ 〘鳥〙 ギンケイ《中国西部·チベット原産》. [Sarah E. *Lady Amherst* (d. 1876) 英国の自然愛好家]

Lády and the Trámp 『わんわん物語』《Walt Disney の漫画映画 (1955); 血統書付きのスパニエルとのら犬がくりひろげるロマンチックな冒険物語》.

lády àpple 〘園〙 レディーアップル《蠟引きの肌が好まれる小型リンゴの品種》.

lády bèar 《CB 無線俗》婦人交通警官.

lády bèetle 〘昆〙 テントウムシ (ladybug).

lády·bìrd *n* **1** 〘昆〙 テントウムシ (ladybug) (＝**～ bèetle**); 〘鳥〙 オナガガモ (pintail); 恋人 (sweetheart). **2** [L-] 〘商標〙 **a** 『レディーバード』《英国 Ladybird Books 社刊行の児童書》. **b** レディーバード《英国 Ladybird 社の子供服》.

Lády Bóuntiful **1** バウンティフル夫人《Farquhar, *The Beaux' Stratagem* に登場する金持の慈善家》. **2** [ᵘl- b-] 婦人慈善家, 《これみよがしに》気前よくする女性.

lády·bòy *n* 《タイなどの》ゲイボーイ, ニューハーフ, カトゥーイ.

lády·bùg* *n* 〘昆〙 テントウムシ (＝*lady beetle, ladybird (beetle)*).

lády chàir 手車(てぐるま)《2 人の腕[手]を差し交わして作る負傷者を運ぶためなどの座》.

lády chàpel [ᵒL- C-] 聖母礼拝室[堂]《教会堂·大聖堂に付属し, 通例 中央祭壇の背後に, また 時に別棟にある, 聖母マリアに献堂された礼拝所》.

lády·clòck, -còw *n* 《方》テントウムシ.

Lády Dày お告げの祭り[祝日] (＝*Annunciation (Day)*)《3 月 25 日, 英国では QUARTER DAYS の一つ》. ● **～ in Harvest** 秋のお告げの祭り《8 月 15 日》. [*Our Lady*]

lády fèrn 〘植〙 セイヨウメシダ《ユーラシア·北米温帯産》; メシダ.

lády·finger *n* **1** 〘植〙 **a** LADY'S-FINGER. **b** キツネノテブクロ, ジギタリス (foxglove). **2** レディーフィンガー《細長い指の形をしているスポンジケーキ》.

lády·fìsh *n* **1** 〘魚〙 **a** タイセイヨウカライワシ (＝*tenpounder, bonefish*)《大西洋西部熱帯域に産するカライワシ科の銀色の細長い魚》. **b** ソトイワシ (bonefish). **2** 《俗》マリファナタバコ.

lády frìend 女友だち, 愛人. ★ 上品ぶった言い方.

ladyfy ⇨ LADIFY.

Lady H /–́– éɪtʃ/*《俗》ヘロイン (heroin).

lády-hélpᴵᴵ *n* 主婦の手伝い《女》, 家政婦.

lády·hòod *n* 貴婦人[淑女]の身分[品位]; 貴婦人連, 淑女たち.

Lády in the Cháir [the] 〘天〙 カシオペア座 (Cassiopeia).

lády-in-wáit·ing *n* (*pl* **ládies-**) 女官 (cf. LORD-IN-WAITING).

lády-kìll·er *n* 《口》色男, 女殺し. ◆ **-kìll·ing** *n, a*

lády·kin /-kən/ *n* 小貴婦人, 小淑女; [愛称] お嬢さん.

lády·lìke *a* 貴婦人らしい, 上品な, しとやかな, 貞淑な; (作法などに)細かすぎる; ‹男が›めめしい, 柔弱な. ◆ **～·ness** *n*

lády·lòve /, ─́─ ─́/ *n* 意中の女性, 恋人, 愛人 (sweetheart).

Lády Macbéth マクベス夫人《Shakespeare, *Macbeth* の女性主人公; 気弱な夫を容赦なく引っ張る女の典型》.

Lády Márgaret Háll レディーマーガレットホール《Oxford 大学最古 (1878 年創設) の女子カレッジ》.

Lády Máyoress 〘英〙《London などの大都市の》市長 (Lord Mayor) の夫人.

Lády Múckᴵᴵ《口》気取り屋夫人, 偉そうにふるまう女 (cf. LORD MUCK).

Lády of Sha·lótt /-ʃəlɑ́t/ [the] シャロット姫《Arthur 王伝説中, 魔法の鏡でしか物を見られない定めなのに, Lancelot を直接見たために結局は死んだ》.

lády of the bédchamber 〘英〙《貴族の家の出の》女王[王妃]付き女官.

lády of the hóuse [ᵘthe] 主婦, 女主人 (housewife).

Lády of the Láke [the] 『アーサー王伝説』湖の貴女《しばしば Vivian のこととされる》.

Lády of the Lámp ランプを持つ貴婦人《Florence Nightingale の異称; 夜ランプを手に病院を見回ったことから》.

lády of the níght [évening] 夜の女, 売春婦.

lády òrchid 〘植〙 レディーオーキッド《英国·欧州北部原産のラン; 花は紅色で上面に暗紫色の斑点がある》.

lády páramount (*pl* **ládies páramount**) [the] アーチェリー試合の女性選手係役員.

lády's bèdstraw 〘植〙 セイヨウカワラマツバ, キバナノカワラマツバ《欧州からイランに分布; 北米に帰化》.

lády's-còmb *n* 〘植〙 ナガミゼリ, ナガミノセリモドキ (＝*shepherd's needle*)《地中海沿岸原産; セリ科一年草》.

lády's compànion 針道具入れ, 婦人用小物入れ《小さなケースや袋》.

lády's-éar·dròp, ládies'- *n* 〘植〙 イヤリング形の花の咲く植物《フクシア·ケマンソウなど》.

lády's-fìnger *n* **1** 〘植〙 **a** 指状の実をつける植物《ミヤコグサなど》. **b** KIDNEY VETCH. **c** オクラ (okra); BHINDI. **2** LADYFINGER《ケーキ》.

lády·shìp *n* **1** 貴婦人の身分[品位]. **2** [ᵒL-] 令夫人, ご令嬢《Lady の称号をもつ女性に対する敬称》: your *L*～《you に代用する》/ her *L*～《she, her に代用》.

lády's-làces *n* (*pl* ～) 〘植〙 クサヨシ; シマガヤ, シマクサヨシ, リボングラス (ribbon grass).

lády slìpper 〘植〙 LADY'S SLIPPER.

lády's máid 小間使, 侍女, 腰元.

lády's màn LADIES' MAN.

lády's-màntle *n* 〘植〙 ハゴロモグサ(羽衣草)《同属の多年草の総称; バラ科》.

La·dy·smith /léɪdismɪ̀θ/ レイディスミス《南アフリカ共和国東部 KwaZulu-Natal 州の市》.

lády·snòw *n* 《俗》コカイン, 粉雪 (cocaine).

lády's ròom LADIES' ROOM.

lády's slìpper 〘植〙 アツモリソウ (＝*slipper orchid*)《袋状の唇弁をもつラン科アツモリソウ属の多年草の総称; 北半球の温帯·亜寒帯産; 欧州では, 突き出した黄色の唇弁がおもちゃの靴のように見えるカラフトアツモリソウ (オオキバナアツモリソウ)》.

lády's-smòck *n* 〘植〙 ハナタネツケバナ (cuckooflower).

lády's thùmb 〘植〙 ハルタデ.

lady's tresses ⇨ LADIES' TRESSES.
Lae /lάːèɪ/ ラエ《New Guinea 島東岸 Huon 湾に臨む港町; パプアニューギニアに属する》.
Laender *n* LAND[2] の複数形.
Láen·nec's [Laën·nec's] cirrhósis /léɪnɛks-/【医】ラエ(ン)ネック肝硬変《萎縮性肝硬変》. [René-Théophile-Hyacinthe *Laënnec* (1781–1826) この病気を記述したフランスの医師]
lae·o·trop·ic /lìːətrάpɪk/ *a* 〈貝などが〉左巻きの. [*laev-*]
La·er·tes /leɪə́ːrtiz/ **1**【ギ神】ラーエルテース《Odysseus の父》. **2** レアティーズ《Shakespeare, *Hamlet* 中の Polonius の息子で, Ophelia の兄》. [Gk=gatherer of people]
Lae·tá·re Súnday /litάːri-, -tέəri-, leɪtάːri-/【カト】喜び[歓喜]の主日[日曜日]《四旬節 (Lent) 中の第 4 日曜日 (Mid-Lent Sunday)》.
Lae·ti·tia /lɪtíʃ(i)ə/ レティシア《女子名; 愛称 Lettice, Letty》. [L=joy]
la·e·trile /léɪətrɪl, -trəl, ˈˈtràɪl/ *n* [°L-] レアトリル《アプリコットなどの核から製する amygdalin を含む薬品; 効果が証明されぬまま広く癌治療用に投与された》. [*laevorotarynitrile*]
laev-, laevo- ⇨ LEV-.
laevo, laevulose ⇨ LEVO, LEVULOSE.
LaF °Louisiana French.
La Farge /lə fάːrʒ, -dʒ/ ラ・ファージ **John** ~ (1835–1910)《米国の画家; 壁画・ステンドグラスを手掛け, 米国におけるアーツアンドクラフツ運動を推進》.
La·fay·ette /lӕfiét, lὰː-; lὰːfaɪét; *F* lafajɛt/ **1** ラフィエット, ラファイエット《男子名》. **2** ラファイエット **Marie-Joseph-Paul-Yves-Roch-Gilbert du Motier,** Marquis **de** ~ (1757–1834)《フランスの軍人・政治家; アメリカ独立戦争で義勇軍に加わって軍功をあげた》.
La Fa·yette /*F* la fajɛt/ ラファイエット (**1**) Marquis **de** ~ = Marquis de LAFAYETTE (**2**) **Marie-Madeleine (Pioche de la Vergne),** Comtesse **de** ~ ['Madame de ~'] (1634–93)《フランスの小説家; *La Princesse de Clèves* (1678)》.
laff /lӕf; lάːf/ *n* 《俗》お笑いぐさ, お笑い.
Láf·fer cùrve /lӕfər-/ [the]【経】ラッファー曲線《税率と税収[経済活動]の相関を示す曲線; 最適税率で税収の極値を示す放物線になる》. [Arthur B. *Laffer* (1940–) 米国の経済学者]
Laf·fite, La·fitte /ləfíːt, lӕ-/ ラフィット **Jean** ~ (c. 1780–c. 1826)《フランスの海賊; 1812 年戦争で米国に味方して New Orleans 防衛のために戦った》.
La·fite /*F* lafit/ *n* ラフィット《フランス Médoc 地方産のクラレット (claret)》.
La Fol·lette /lə fάlət/ ラ・フォレット **Robert M(arion)** ~ (1855–1925)《米国の政治家; 革新主義運動 (Progressive Movement) を指導した》.
La·fon·taine /*F* lafɔ̃tɛn/ ラフォンテーヌ **Henri(-Marie)** ~ (1854–1943)《ベルギーの弁護士・政治家; 国際平和局 (International Peace Bureau) 局長 (1907–43); ノーベル平和賞 (1913)》.
La Fon·taine /lὰː fɑntéɪn; *F* la fɔ̃tɛn/ ラ・フォンテーヌ **Jean de** ~ (1621–95)《フランスのモラリスト・詩人; *The Fables* (1668–94)》.
La·forgue /*F* lafɔrg/ ラフォルグ **Jules** ~ (1860–87)《フランスの象徴主義詩人》.
lag[1] /lӕg/ *v* (**-gg-**) *vi* **1** 遅れる, 遅れをとる〈*behind*〉; のろのろ歩く, ぐずつく (linger); しだいに弱まる; 衰える: ~ *behind* (other nations) *in* the exploitation of the air 航空開発で(他国に)遅れをとる. **2** 《順番を決めるために》一種のビー玉 (marble) を線に向かって投げる, 玉を突く;【ゴルフ】パットで寄せる. ► *vt* **1** …に遅れる, 遅れをとる. **2** 〈ビー玉・コインなどを〉投げる;【ゴルフ】〈ボール・パットを〉ホールに寄せる. ► *n* **1 a** 遅延;【機・電】遅れ, 遅滞(量); 《関連した現象間の》時間差, タイムラグ (=*time lag*): CULTURAL LAG / JET LAG. **b** 《まれ》遅れる[一番遅い]人[もの]. **2**《ビー玉遊び (marbles)・玉突で順番を決めるために》投げる[突く]こと;【ゴルフ】寄せのパット. ► *a* いちばん後ろの; 《方》遅れた: the ~ end 最後. [C16=(v) to hang back, (n) hindmost person; LAST[1] の幼児語 (*fog, seg, lag*=1st, 2nd, last) からか]
lag[2] *n* 桶板, 樽板; 《ボイラーなどの断熱用の》外被, 被覆材. ► *vt* (**-gg-**) 外被材でおおう. [? Scand; cf. ON *lögg* barrel rim; LAY[1] と同語源]
lag[3] ˈˈ《俗》*vt* (**-gg-**) 投獄する, 流刑にする; 拘留する, 逮捕する (arrest). ● ~ **up** 逮捕[拘留]する. ► *n* 囚人, 流刑囚, 前科者, 犯罪者; 服役期間, 刑期; 投獄, 移送, 流刑: an old ~ 常習犯; 前科者, マエもち. [C19<?]
lag·an /lӕgən/ *n*【海法】《海難時の》浮標付き投げ荷《他日の発見のため浮標を付け海中に投げ込んだもの; cf. FLOTSAM, JETSAM》. [L <? Gmc]
La·gash /léɪgӕʃ/ ラガシュ《バビロニア南部, Tigris 川と Euphrates 川の間にあったシュメールの都市; 紀元前 2700–2400 年に繁栄; 現在のイラク南東部 Telloh 村》.
lág bòlt LAG SCREW.
Lag b'Omer /lάːg b(ə)óʊmər, lӕg-/【ユダヤ教】オーメルの第三十三日節《過越しの祭の第 2 日から 33 日目にあたる祭日; ユダヤ人の指導者 Bar Kokhba と Akiba ben Joseph の英雄的行為を記念する》. [Heb *lag* 33, *bə* in, *'omer* Omer]
la·ge·na /lədʒíːnə/ *n* (*pl* ~**s, -nae** /-ni/)《細口の》瓶(びん);【生】壺《魚類・両生類・爬虫類・鳥類などの内耳迷路の末端器官, 哺乳類の蝸牛管に相当》. [L=large flask]
lag·end /lӕgənd/ *n* LAGAN
la·ger[1] /lάːgər/ *n* LAAGER.
lager[2] *n* ラガー(ビール) (=~ **béer**)《貯蔵タンクで熟成させるビール; 日本の普通のビール》. [G *Lager-bier* beer brewed for keeping (*Lager* store)]
La·ger·kvist /lάːgərkvìst, -kwìst/ ラーゲルクヴィスト **Pär (Fabian)** ~ (1891–1974)《スウェーデンの劇作家・詩人・小説家; ノーベル文学賞 (1951)》.
La·ger·löf /lάːgərlə̀ːv/ ラーゲルレーヴ **Selma (Ottiliana Lovisa)** ~ (1858–1940)《スウェーデンの女性小説家; *The Wonderful Adventures of Nils* (1906–07); ノーベル文学賞 (1909)》.
láger lòut ˈˈ《口》ビール飲みのよた者, 酔っぱらいのチンピラ.
lag·gard /lӕgərd/ *a* 遅れがちな, のろい, ぐずぐずする. ► *n* 遅れる人, 落伍者, のろま, ぐず;【証券】出遅れ株. ♦ ~·**ly** *a, adv* ~·**ness** *n* [*lag*[1]]
lág·ger[1] *n* 遅れる[遅れがちな]人[もの] (laggard);【経】LAGGING INDICATOR. [*lag*[1]]
lagger[2] *n* LAG[2] を張る職人, 断熱施工業者.
lagger[3] *n* 《俗》囚人, 《特に》仮出獄を許された者. [*lag*[3]]
lág·ging[1] *n* 遅れ, 遅滞. ► *a* 遅れる, 遅い, のろい, ぐずぐずした. [*lag*[1]]
lagging[2] *n* 《ボイラー・管などの》被覆材, 外被, ラギング;【土木】土留め(板), 矢板;【建】上木(うわき)《建設中のアーチを支える横木》. [*lag*[2]]
lagging[3] *n* 《俗》懲役期間, 刑期. [*lag*[3]]
lágging ìndex【経】遅延指数 (cf. LAGGING INDICATOR).
lágging ìndicator【経】遅行指標 (=*lagger*) (opp. *leading indicator*)《種々の経済指標のうち景気の転換点に遅れて転換するもの》.
lág lìne 《ビー玉 (marbles) で》順番を決めるためにそれに向かって玉を投げる地面に引いた線.
la·gn(i)appe* /lӕnjӕp, ˌ⌣ˈ⌣/ *n* 《買物客に与える》景品, おまけ; 心付け, チップ; 思いがけない恩恵, 余得. [LaF <Haitian Creole *lagniappe* <AmSp *la ñapa, la yapa* the gift]
Lagoa dos Patos ⇨ PATOS.
lág of the tíde 《潮汐の調和分析における》半潮差, 遅角 (cf. PRIMING OF THE TIDE).
lágo·mòrph /lӕgə-/ *n*【動】ウサギ目(もく) (Lagomorpha) の動物. ♦ **làgo·mórph·ous** *a* **-mór·phic** *a*
la·goon /ləgúːn/ *n* 潟湖(せきこ), 潟(かた), ラグーン; 礁湖《環礁に囲まれた海面》; 《川・湖水などに通ずる》沼, 池; 《排水処理用の, 人工・天然の》貯水池. ♦ **-góon·al** *a* [F, It, Sp<L LACUNA]
Lagóon Íslands [the] ラグーン諸島《ELLICE ISLANDS の別称で, TUVALU の旧称》.
La·gos /léɪgὰs, lάːgəs/ ラゴス《(**1**) ナイジェリア南西部 Guinea 湾岸の州; ☆Ikeja **2**) 同州にある市・港町・旧首都; 湾岸の島と対岸の本土の部分からなる》.
La Gou·lette /lὰː guːlét/ ラ・グーレット《チュニジア北部の市; Tunis の外港》.
La·grange /ləgrάːndʒ; *F* lagrɑ̃ʒ/ ラグランジュ Comte **Joseph-Louis** ~ (1736–1813)《フランスの数学者・天文学者》.
La·gráng·ian (fùnction) /ləgrάːndʒiən(-)/【理】ラグランジュ関数, ラグランジアン (=*kinetic potential*).
Lagrángian pòint【天】ラグランジュ点《共通の重心の周囲を回る 2 つの天体の軌道面にあって, 微小な第三の天体が平衡状態にある 5 つの点の一つ》.
La Gran·ja /lə grάːŋhɑː/ ラグランハ《SAN ILDEFONSO の別称》.
lág scrèw 《上部がボルト型の》ラグ(木)ねじ (=*lag bolt*).
Lag·t(h)ing /lάːgtɪŋ/ *n* 《ノルウェー国会の》上院 (cf. STORT(H)ING, ODELST(H)ING). [Norw]
La Guai·ra /lə gwáɪrə/ ラ・グアイラ《ベネズエラ北部, カリブ海に臨む市; Caracas の外港》.
La Guar·dia /lə gwάːrdiə/ ラ・ガーディア **Fiorello H(enry)** ~ (1882–1947)《米国の政治家・法律家; New York 市長を連続 3 期つとめた (1933–45)》.
La Guárdia Áirport ラ・ガーディア空港《New York 市の Queens にある国際空港》.
la·gu·na /ləgúːnə/ *n* 小さな湖, 池. [Sp; ⇨ LACUNA]
la·gune /ləgúːn/ *n* LAGOON.
lah[1] ⇨ LA[1].
lah[2] /lάː/ *adv* 《マレーシアロ・シンガポールロ》…ね, …よ《発話の最後に付けて語調を和らげる》: Take it easy-~. 落ちついてね. [Malay]
La Habana ⇨ HABANA.
la·har /lάːhὰːr; léɪ-/ *n*【地質】ラハール《火山灰泥流》. [Jav]
lah-di-dah, lah-de-dah, lah-dee-dah ⇨ LA-DI-DA.
Lahn·da /lάːndə/ *n* ラーンダー語《パキスタンの Punjab 州西部のインド・アーリア語に属する言語》.

La Hogue /lə hóug; *F* la ɔg/ ラ・オーグ《フランス北西部 Cotentin 半島沖の停泊地; 1692 年この沖でフランス艦隊が英国・オランダ連合艦隊に敗れた》.
La·hore /ləhɔ́ːr/ **1** ラホール《パキスタン北東部 Punjab 州東部の市》. **2**〘鳩〙ラホール《黒白の羽衣の大型の観賞用家バトの一品種》.
Lah·ti /lɑ́ːti/ ラハティ《フィンランド南部 Helsinki の北北東にある市》.
Lai·bach /*G* láibax/ ライバハ《LJUBLJANA のドイツ語名》.
la·ic /léɪɪk/ *n* 俗人, 平信徒 (layman). ► *a* LAICAL. [L<Gk; ⇨ LAY³]
lá·ical *a* 《聖職者に対して》俗人の (lay), 世俗の. ♦ **~·ly** *adv* 俗人のように, 世俗的に.
la·i·cism /léɪəsìz(ə)m/ *n* 世俗主義《政治を聖職者ではなく俗人の支配下におく》.
la·ic·i·ty /leɪísəti/ *n* 俗人 (laity) 的性質[影響], 世俗性, 世俗主義.
la·i·cize /léɪəsàɪz/ *vt* 俗人に戻す, 還俗(げんぞく)させる (secularize); 〈学校などを〉俗人に任せる, 俗人の管理下に置く; 〈公職などを〉俗人に開放する. ♦ **là·i·ci·zá·tion** *n* [LAY³]
laid /léɪd/ *v* LAY¹ の過去・過去分詞. ► *a* **1** 横たえた. **2***《俗》セックスをして, 寝て (layed); *《俗》麻薬に酔って, ラリって: get ~ by sb 人とセックスをする. ● **~ out** 《口》なぐり倒されて; *《俗》酒[麻薬]に酔って; *《俗》着飾って. **~ to the bone** *《俗》すっかり酔っぱらって.
láid-báck 《口》*a* ゆったり[のんびり]した, くつろいだ, '肩の力を抜いた'; こだわらない 〈*about*〉; *酒[麻薬]に酔って, 酔っぱらって. ♦ **~·ness** *n*
láid déck 〘造船〙舷側沿いの板張り木甲板.
láid páper 簀(す)の目紙《簀の目状のすき入れがある; cf. WOVE PAPER》.
láid rópe より合わせ綱.
laigh /léɪx/ *a, adv, n* 《スコ》LOW¹.
laik /léɪk/ ¹¹《方》*vi* 遊ぶ, 楽しむ; 休暇をとる, 休む; 失業中である. [OE *lācan*; ON *leika* to play]
lai·lat-al-qadr, Lai·lat-ul-Qadr /léɪlætəlkáːdər/ *n* [the]〘イスラム教〙ライラト・ル・カドル, 御稜威(みいつ)の夜《Muhammad がクルアーンを授かった夜; RAMADAN の 27 日ごろに当たるとされ, この夜は集団で祈り明かす》. [Arab=night of power]
lain *v* LIE² の過去分詞.
laine, lane /léɪn/ *《俗》*a* 不適切な, 無能な (lame). ► *n* 野暮天, 堅物 (square); 無能なやつ, 役立たず.
Laing /lǽŋ, léɪŋ/ レイン **R**(onald) **D**(avid) ~ (1927–89)《英国の精神科医; 反精神医学 (antipsychiatry) の代表的提唱者》. ♦ **~·ian** *a, n*
lair¹ /lέər/ *n* 《野獣の》巣, ねぐら; 《口》《盗賊などの》潜伏先, 隠れ家; ¹¹《人の》休み場所, 避難所; ベッド, 寝椅子; ¹¹《家畜が》横になる[なって休む]場所; ¹¹市場に行く途中牛が休む小舎; 《スコ》墓, 墓地の一区画. ► *vi, vt* lair に入る[入れる], lair で(横になって)休む[休ませる]; …の lair となる. [OE *leger*<Gmc **leg-* to LIE² (OHG=bed, camp, G *Lager* storehouse)]
lair² *vt, vi* 《スコ》泥沼にはまり込ませる[込む]; ぬかるみに沈ませる[沈む]. [Sc=mire<ON=loam, clay]
lair³, **lare** 《豪口》*n* 派手に着飾った[めかしこんだ]悪党[荒くれ者]. ► *vi* めかしこむ 〈*up*〉. [? *leery*]
láir·age *n* 牛[羊]を途中で休ませること[場所, 小屋].
laird /lέərd/ *n* 《スコ》(大)地主. ♦ **~·ly** *a* **~·ship** *n* 地主[領主]の土地[財産]. [*lord*]
lairy /lέəri/ *a* ¹¹《俗》**1** ちゃらちゃらした, (ど)派手な, 俗悪な. **2** うぬぼれた, 抜け目のない. **3**《酔ったりして》けんか腰の: get ~ *with* sb 人にからむ[つっかかる]. [<*leery*]
lais·sez-al·ler, lais·ser- /*F* lεseale/ *n* なげやり, 無頓着; だらしなさ. [F=let go]
lais·sez-faire, lais·ser- /lέsèɪfέər, léɪ-, -zèɪ-/ *n* 無干渉[自由放任]主義, レッセフェール. ► *a* 無干渉主義の, 自由放任の; 他人ごとに干渉しない. ♦ **~·ìsm** /-fέərɪz(ə)m/ *n* [F=let do]
lais·sez-pas·ser, lais·ser- /*F* lεsepase/ *n* 通行券, 通過証, 入場券. [F=let pass]
lai·tance /léɪt(ə)ns/ *n* 〘土木〙レイタンス《混入水過剰などによる新しいコンクリート表面の乳状堆積物》. [F *lait* milk]
la·ity /léɪəti/ *n* [the] 俗人連 (laymen); 《聖職者に対し》平信徒 (opp. *clergy*); 《専門家に対し》しろうと, 門外漢. [*lay*³]
La·ius /léɪəs, láɪəs/〘ギ神〙ラーイオス《テーバイ (Thebes) の王で OEDIPUS の父; 父と知らぬオイディプースに殺される》.
LAK cell /lǽk —/〘医〙LAK 細胞《癌患者のリンパ球を集め, これにインターロイキン (interleukin) を加えて作った細胞; 癌に対して攻撃的にはたらく; これを再び癌患者の体内に投与する, いわゆる養子免疫療法に用いられる》. [*l*ymphokine-*a*ctivated *k*iller]
lake¹ /léɪk/ *n* **1** 湖, 湖水, 湖沼; 《公園などの》池 (pond), 泉水; [*fig*]《溶岩・石油・ピッチなどの》たまり, 貯蔵池; 《ワイン・牛乳などの》大量の余剰在庫. **2** [the L-s] **a** LAKE DISTRICT. **b** 《北米の》五大湖地方: from *the L~s* to the Gulf (五大湖からメキシコ湾にいたる)全米いたるところで. ● **go (and) JUMP in the ~.** ♦ **~·less** *a* [F *lac* <L *lacus* basin, pool, lake]
lake² *n* レーキ (=crimson ~)《深紅色顔料》; 深紅色. ► *vi, vt* 《血色素 (hemoglobin) が血漿中に溶けて》血液が[を]深紅[赤紫]色になる[する]. [LAC¹]
láke bàsin〘地理〙湖盆《**1**) 湖となっている凹地 **2**) 湖の集水域となっている地域》.
Láke Dìstrict [Cò̀untry] [the] 湖水地方, レークディストリクト《イングランド北西 Cumbria 州南部を中心とする美しい湖水と山岳からなる観光地, 国立公園 **Láke Dìstrict Nátional Párk** (1951 年指定); cf. LAKE POETS》.
láke dwèller 湖上生活者《特に 有史以前の》.
láke dwèlling 《特に 有史以前の》湖上家屋[住居].
láke·frònt *n, a* 湖岸(の), 湖畔(の) (=*lakeshore, lakeside*).
láke hèrring〘魚〙コクチマス (cisco) の一種《北米の五大湖や東部の小さい氷河湖に多く産する; 重要な食用魚》.
láke·lànd /, -lənd/ *n* 湖水地方; [L-] LAKE DISTRICT.
Lákeland térrier〘犬〙レークランドテリア《イングランド北西部でキツネなどの穴居害獣をつかまえる猟犬として作出された毛のかたい小型のテリア; 現在では愛玩犬》.
láke·let *n* 小湖水, 小湖.
Láke of the Wóods [the] ウッズ湖《カナダ Ontario, Manitoba 州と米国 Minnesota 州にまたがる湖》.
Làke Plácid レークプラシッド《New York 州北東部 Adirondack 山中にある村; リゾート地; 冬季オリンピック開催地 (1932, 80)》.
Láke Pòets *pl* [the] 湖畔詩人《Lake District に居住した Wordsworth, Coleridge, Southey など》.
láke·pòrt *n* 《米国の五大湖などの》湖岸の港市.
lak·er /léɪkər/ *n* 湖[¹¹湖水地方]を訪ねる人; [L-] 湖畔詩人の一人; 《特に マスなどの》湖水魚; 湖水運航船.
Láke schòol [the] 湖畔(詩人)派 (cf. LAKE POETS).
láke·shòre *n, a* LAKEFRONT.
láke·sìde *n, a* LAKEFRONT.
Láke Stàte [the] 湖の州《Michigan 州の俗称》.
láke stùrgeon〘魚〙ミズウミチョウザメ《五大湖および Mississippi 川産; 体重 140 kg, 体長 2.4 m にも達する》.
Láke Succéss レークサクセス《New York 州南東部 Long Island 西部の村; 1946–51 年国連安保理事会本部の所在地》.
láke tròut〘魚〙湖水産のマス[サケ], 《特に》レイクトラウト (=*Mackinaw trout*)《北米原産イワナ属の大型食用魚》.
lakh, lac /lɑ́ːk, lǽk/ 《インド》*n, a* 10 万(の); 多数(の). [Hind< Skt=mark, sign]
La·ki /lɑ́ːki/ ラーキ《アイスランド南部の噴火口; 1783 年割れ目噴火を起こし溶岩台地を形成》.
La·ko·da /ləkóudə/ *n* ラコーダ《光沢のある琥珀色のオットセイの毛皮》. [Bering 海の Pribilof 諸島の地名から]
La·ko·ta /ləkóutə/ *n* (*pl* ~, ~s) ラコタ族[語] (TETON).
lak·sa /lǽksə/ *n*〘マレーシア料理〙ビーフン料理. [Malay=ten thousand]
Lak·shad·weep /ləkʃɑ́ːdwìːp, lʌ̀kʃədwíːp; lækʃǽdwìːp/ ラクシャドウィープ《インド南西岸沖の Laccadive 諸島からなるインドの連邦直轄地; ☆Kavaratti; 旧称 Laccadive, Minicoy, and Amindivi Islands》.
laky¹ /léɪki/ *a* 湖の, 湖状の, 湖水の多い. [*lake*¹]
laky² *a* 深紅色の. [*lake*²]
La·la¹ /léɪlə/ レイラ《女子名》. [?]
La·la² /lɑ́ːlɑ̀ː/ *n* 《インド》…さま, …殿《MR. に相当する》. [Hindi]
la-la /lɑ́ːlɑ̀ː/ *n**《俗》生意気だが憎めないやつ.
lá-là lànd 《口》ラーラーランド《Los Angeles, Hollywood, 南 California を指す》; 《口》夢の国, おとぎの国. ● **live [be] in ~** 《口》夢想家である, 現実離れしている.
la·lang /lɑ́ːlɑ̀ːŋ/ *n* チガヤ (cogon) の草原 (=~ **gràss**). [Malay]
lal·dy /lǽldi/ *n* 《スコ口》ビシビシたたく[痛めつける]こと. ● **give it ~** 懸命にやる.
-la·lia /léɪliə/ *n comb form*「《ある型の》言語不全」: echo*lalia*. [L (Gk *lalia* chat)]
La Lí·nea /lɑː líːniə/ ラ・リネア《スペイン南西部 Algeciras 湾の東岸, Gibraltar 北方の町》.
La·lique /lælíːk; *F* lalik/ **1** ラリック **René** ~ (1860–1945)《フランスのガラス工芸・装身具デザイナー; アールヌーヴォー様式の作品で知られる》. **2**〘商標〙ラリック《René 以下継承された工場で作られるガラス工芸品》.
lall /lǽl/ *vi* l や r の音を不完全に発音する (/w/ や /j/ を用いる); 子供っぽいしゃべり方をする, 舌がまわらない.
Lal·lan /lǽlən/ *a* 《スコ》LOWLAND. ► *n* LOWLAND SCOTS.
Lal·lans /lǽlənz/ *n* LOWLANDS; LOWLAND SCOTS.
lal·la·pa·loo·za, la·la- /lɑ̀ːləpəlúːzə/ *n**《俗》LOLLAPALOOZA.
lal·la·tion /læléɪʃ(ə)n/ *n*〘音〙r 音を l 音(のよう)に [l 音を r 音ないし w 音のように]発音すること (cf. LAMBDACISM); 子供の(ような)不完全な話しぶり[発音]. [L *lallo* to sing lullaby]
lal·ling /lǽlɪŋ/ *n* 単音の連続的反復.

Lal·ly /lɑ́ːli/ 〘商標〙 ラリー《通例 コンクリートを詰めて支柱とする円筒鉄材》.
lallygag ⇨ LOLLYGAG.
La·lo /F lalo/ ラロ **Édouard(-Victor-Antoine)** ～ (1823–92) 《フランスの作曲家; スペイン系; *Symphonie espagnole* (1874)》.
lam[1] /lǽm/ [‖]《俗》 *vt, vi* (-mm-) 《ステッキなどで》打つ, なぐる. ● **～ into**…を激しく打つ[なぐる]; …に食ってかかる, …を罵倒する. [? Scand; cf. ON *lemja* to beat so as to LAME[1]]
lam[2] *《俗》 *vi* (-mm-) 急いで逃げる, ずらかる ‹*out*›; 脱走[脱獄]する. ► *n* 一目散に逃げること, 逃走 (getaway): be on the ～ 逃走[指名手配]中である, 放浪している. ● **take it on the [a] ～** 一目散に逃げ出す, ずらかる. [C20＜?]
Lam. 〘聖〙 Lamentations.
la·ma /lɑ́ːmə/ *n* ラマ僧 (cf. DALAI LAMA).
Láma·ìsm *n* ラマ教《チベット・モンゴル地方に広まった大乗仏教》. ♦ **Láma·ist** *n, a* **Là·ma·ís·tic** *a* [Tibetan]
La Man·cha /lə mɑ́ːnʧə, -mǽn-/ ラ・マンチャ《スペイン中南部 New Castile 地方南部の高原地帯; *Don Quixote* の舞台; cf. MANCHEGAN》.
La Manche ⇨ MANCHE.
La·marck /ləmɑ́ːrk/ ラマルク **Jean-Baptiste(-Pierre-Antoine de) Monet,** Chevalier **de** ～ (1744–1829) 《フランスの生物学者・進化論者; Lamarckism を唱えた》.
Lamárck·ian *a* ラマルク説の. ► *n* ラマルク学徒.
Lamárck·ìsm *n* ラマルク説, 用不用説, ラマルキズム《外界の影響によって獲得した形質が遺伝するというもの》: NEO-LAMARCKISM.
La·mar·tine /læ̀mərtíːn; F lamartin/ ラマルティーヌ **Alphonse (-Marie-Louis de Prat) de** ～ (1790–1869) 《フランスのロマン主義詩人・政治家; *Méditations poétiques* (瞑想詩集, 1820)》.
la·ma·sery /lɑ́ːməsèri; -s(ə)ri/ *n* ラマ教の僧院, ラマ寺. [F; ⇨ LAMA]
La·maze /ləmɑ́ːz/ *a* 〘医〙 ラマーズ(法)の《Pavlov の条件反射を応用した, 分娩に関する理解や独特の呼吸法などによる自然無痛分娩法》: ～ method ラマーズ法. [Fernand *Lamaze* (1890–1957) フランスの産科医]
lamb /lǽm/ *n* **1 a** 子緬羊(めんよう), 子羊, ラム《特に 1 歳以下で永久歯が生えていないもの; ⇨ SHEEP》; 羚羊 (antelope) などの子; 《口》 PERSIAN LAMB: (as) gentle as a ～ とてもおとなしい[従順な] / (as) innocent as a ～ 全く潔白な, とても無邪気な / a wolf [fox] in ～'s skin＝a WOLF in sheep's clothing / As well be hanged [hung] for a SHEEP as (for) a ～. **b** 子羊肉, ラム (cf. MUTTON); LAMBSKIN. **2** 無邪気な人, 柔和な人; 教会の年少信者; 《口》 だまされやすい人, 投機の初心者, おとなしい[かわいい]子: my ～! 坊や. **3** [the L-] (神の)小羊, キリスト (Lamb of God). ● **in ～** ‹雌羊が›妊娠して. **like [as] a ～ (to the slaughter)** (危険を知らずに)柔順に (*Isa* 53: 7). ► *vt* ‹子羊を›産む, 分娩する; ‹産期の羊›の世話をする. ► *vi* 子羊を産む, 分娩する ‹*down*›. ● **～ down** (1) 《豪》 ‹産期の羊›の世話をする. (2) 《豪口》 ‹金を›つかってしまう, 浪費する; 《豪口》 ‹人›に有り金をすっかりつかわせる; 《豪口》 …から金を巻き上げる. ♦ **～·hòod** *n* 子羊(の段階). **～·lìke** *a* 子羊のような; おとなしい, 柔和な. **lamby** /lǽmi/ *a* [OE; cf. G *Lamm*]
Lamb ラム (1) **Charles** ～ (1775–1834) 《英国の随筆家・批評家; 筆名 Elia; *Tales from Shakespeare* (1807), *Essays of Elia* (1823, 33)》 (2) **Mary (Ann)** ～ (1764–1847) 《Charles の姉; 作家; 弟との共著が多い》 (3) **William** ～ ⇨ 2nd Viscount MELBOURNE (4) **Willis Eugene ～, Jr.** (1913–2008) 《米国の物理学者; 水素原子スペクトルの微細構造の研究でノーベル物理学賞 (1955)》.
lam·ba·da /lɑːmbɑ́ːdə; læm-/ *n* (*pl* ～**s**) ランバダ《男女がおなかを密着させて官能的な姿勢と動きで踊るテンポの速いダンス, またその曲; 1920 年代にブラジルで生まれ, 1989–90 年に欧米・日本で流行》. ► *vi* ランバダを踊る. [Port (*lambar* to whip, *-ada* -ade)]
Lam·ba·ré·né /lɑ̀ːmbəréɪni, -rənéɪ/ ランバレネ《ガボン西部の町; Schweitzer が病院を建て (1913), 終生治療・伝道を行なった地》.
lam·baste, -bast /læmbéɪst, -bǽst/ *vt* 強くなぐる[むち打つ]; こきおろす, 痛罵する. [LAM[1], BASTE[2] to thrash]
lamb·da /lǽmdə/ *n* ラムダ《ギリシア語アルファベットの第 11 字; Λ, λ》; 〘化〙 ラムダ《体積の単位: $=10^{-3}$ cm^3, 10^{-6} liter》; 〘理〙 ラムダ粒子, Λ粒子 (＝～ **pàrticle**) 《HYPERON の一つ》; 〘遺〙 ラムダファージ, λファージ (＝～ **phàge**) 《大腸菌に感染するバクテリオファージの一つ; 大腸菌の遺伝子を導入し他へ転送する能力を有する》; 〘解〙 ラムダ状縫合 (⇨ LAMBDOID).
lamb·da·cism /lǽmdəsìz(ə)m/ *n* 〘音〙 1 字[1 音]使用過多; r 音を l 音(のよう)に発音すること (cf. LALLATION); 〘医〙 ラ行音発音不全(症).
lámbda mòth 〘昆〙 ガマキンウワバ《翅に λ 形の紋のある蛾》.
lámbda pòint 〘理〙 ラムダ点《液体ヘリウム I, II の転移温度: 常圧で約 2.18 K; この温度以下になると超流動などが起こる》.
Lámb dìp 〘理〙 ラムディップ, ラムのくぼみ《気体レーザーの共振周波数帯域幅[出力]の減少》. [W. E. *Lamb*, Jr.]
lamb·doid /lǽmdɔɪd/, **-doi·dal** /læmdɔ́ɪdl/ *a* ラムダ形 (Λ) の, 三角形の; 〘解〙 《頭頂骨・後頭骨間の》 ラムダ(状)縫合の.
lamb·dol·o·gy /læmdɑ́ləʤi/ *n* ラムダファージ (lambda) の研究. ♦ **-gist** *n*
lam·ben·cy /lǽmbənsi/ *n* 《炎・光の》ゆらめき; 《機知などの》軽妙さ.
lam·bent /lǽmbənt/ *a* ‹炎・光が›ゆらめく, ちらちら光る; ‹目・空などが›やわらかに輝く; ‹機知などが›軽妙な. ♦ **～·ly** *adv* [L *lambo* to lick]
lamb·er /lǽmər/ *n* 産期の雌羊の番をする人; 産期の雌羊.
lam·bert /lǽmbərt/ *n* 〘光〙 ランベルト《輝度の cgs 単位》. [J. H. *Lambert* (1728–77) ドイツの数学者・物理学者]
Lambert 1 ランバート《男子名》. **2** ランバート (1) **Constant** ～ (1905–51) 《英国の作曲家・指揮者・批評家》 (2) **John** ～ (1619–84) 《イングランドの軍人; ピューリタン革命時の議会軍の指導者; 護国卿政治の基本的枠組の決定に中心的役割を果たした》. [OF＜Gmc＝land＋bright]
Lámbert (confórmal (cónic)) projéction 〘地図〙 ランベルト正角円錐図法. [J. H. *Lambert* (⇨ LAMBERT)]
Lam·beth /lǽmbəθ/ **1** ランベス《London boroughs の一つ; Thames 川の南岸にある》. **2 a** LAMBETH PALACE. **b** Canterbury 大主教の座.
Lámbeth Cónference [the] ランベス会議《1867 年以来ほぼ 10 年ごとに Canterbury 大主教によって召集されている聖公会の主教会議; 1968 年まで Lambeth Palace で, 1978 年からは Canterbury で開催》.
Lámbeth degrée ランベス学位《Canterbury 大主教によって授与される名誉学位》.
Lámbeth Délft ランベスデルフト《17 世紀イングランドの施釉陶器》.
Lámbeth Pálace ランベス宮殿《London 滞在時の Canterbury 大主教の居館》.
Lámbeth Quadriláteral [the] ランベス四綱領《1888 年のランベス会議において承認された教会再一致のための基礎としての 4 綱領: 聖書, 使徒信条およびニカイア信条, 洗礼および聖餐のサクラメント, 歴史的主教職》.
Lámbeth Wálk ランベスウォーク《英国で 1930 年代後期に流行したスクエアダンスに似た活発なダンス》.
lamb·ie /lǽmi/ *n* 子羊, 羊さん; *《俗》 いとしい人, 恋人.
lámbie-pìe *n* *《俗》 いとしい人, 恋人 (lambie); 《俗》《舐啜対象としての》女性性器.
lámb·ing *n* 《緬羊の》分娩; (羊の)出産の世話.
lámb·kìll *n* 〘植〙 SHEEP LAUREL.
lamb·kin /lǽmkən/ *n* 子羊; 愛児, よい子.
Lámb of Gód [the] 神の小羊, キリスト (*John* 1: 29, 36).
Lam·bor·ghi·ni /læ̀mbɔːrgíːni/ *n* ランボルギーニ《イタリア製スポーツカー》. [F. *Lamborghini* 創業者]
lam·bre·quin /lǽmbərkən, -brɪ-/ *n* *《窓・戸などの》たれ飾り; 《陶磁器などの》たれ飾り風の縁模様; 《中世の騎士が用いた》かぶとずきん; 〘紋〙 MANTLING. [F]
Lam·brus·co /læmbrúːskoʊ, -brʌ́s-/ *n* ランブルスコ《イタリア中部の Emilia-Romagna 州で生産される微発泡性赤ワイン》. [It; *labrusca* ブドウの実より]
lámb's èars (*pl* ～) 〘植〙 ワタチョロギ (＝*woolly betony*).
lámb's frý 《フライ・揚げ物にする》子羊の睾丸[臓物].
lámb·skìn *n* ラムスキン《子羊の毛皮, 子羊のなめし革, 起毛した綿織物・毛織物または上等の羊皮紙》.
lámb's léttuce 〘植〙 CORN SALAD.
lámb's-quàrters *n* (*pl* ～) 〘植〙 **a** シロザ, シロアカザ《世界中に広く分布するアカザ科の一年草; 耕地・荒地・路傍に生える雑草》. **b** ヤマホウレンソウ (orache).
lámb's-tàils[‖] *n pl* 〘植〙 《たれさがった》ハシバミの花穂.
lámbs·wòol *n* 子羊の毛(で織った羊毛地), ラムズウール.
Lamb·ton /lǽm(p)tən/ ラムトン **John George** ～ ⇨ 1st Earl of DURHAM.
LAMDA /lǽmdə/ London Academy of Music and Dramatic Art.
lame[1] /léɪm/ *a* **1 a** 足の不自由な, 跛行(はこう)の: be ～ *of* [*in*] a leg 足が不自由だ / ～ *in* the left leg 左足が不自由で / go [walk] ～ 足をひきずる. **b** 凝って痛い‹肩・背など›. **2 a** ‹議論・言いわけなどが›不十分な, へたな, 拙い, さえない; ‹韻律が›不完全な, 整っていない, 腰折れの; 質の悪い, 劣等な; 卑劣な, 不快な: a ～ excuse へたな弁解 / a ～ meter できそこないの詩. **b** *《俗》 《時代に》遅れている, いけてない. ● **help a ～ dog over a stile** 困っている人を助ける. ► *vt* [[U]*pass*] 不具[障害者]にする; 悪化させる. ► *n* *《俗》 遅れた[いけてない]やつ; *《俗》 だめなやつ, できそこない. ♦ **～·ness** *n* [OE *lama*; cf. G *lahm*]
lame[2] /léɪm, *lǽm/ *n* 薄い金属板金; [*pl*] つづり合わせた金属の薄板《よろいなどの》. [L LAMINA]
la·mé /lɑːméɪ, læ-; lɑ́ːmèɪ/ *n, a* ラメ(の)《金糸[銀糸]を織り込んだ織物》. [F]
láme·bràin *n, a* 《口》 愚か者, 鈍物, ぐず(な). ♦ **～ed** *a*
La·mech /léɪmèk, lɑ́ː-/ 〘聖〙 レメク《Cain の子孫; Jubal, Tubal-

cain たちの父; *Gen* 4: 18-24》.
lamed /léɪmd/ *a**《俗》ばかな, 鈍い.
la·med(h) /lá:mèd/ *n* ラーメド《ヘブライ語アルファベットの第 12 字》. [Heb]
láme dúck 1 役に立たなくなったもの[人], 役立たず, はんぱもの, 足手まとい, 敗残者, 落伍者; 飛行[航行]不能の飛行機[船]; 破産者; 支払い不能に陥った投機家; 公的支援なしでは立ちいかなくなった産業[企業など]. **2**《選挙のあと後任の人と交替するまでの》任期満了目前の議員[大統領など], レイムダック; *間もなく地位を去る人, 任期満了目前の人. ★ 米国大統領は三選が禁じられているので再選直後からこう呼ばれるが, これは逆に大胆な政治を行なう機会でもある. ♦ **láme-dúck** *a* 死に体の: a *lame-duck* bill《成立の見込みが薄い》死に体法案.
Láme-Dúck Amèndment [the] 合衆国憲法第 20 修正《選挙後の連邦議会の開会, 大統領の就任をそれぞれ 1 月 3 日および 1 月 20 日に早めた 1933 年の修正条項》.
la·mell- /ləmél/, **la·mel·li-** /ləmélə/ *comb form* LAMELLA の意. [NL (↓)]
la·mel·la /ləmélə/ *n* (*pl* ~**s**, **-mel·lae** /-méli:, -làɪ/)《骨・組織・細胞などの》薄板, 層板, 薄層, 薄葉, 薄膜, ラメラ《葉緑体では granum 同士をつなぐ膜構造》;〔植〕《キノコの傘の裏の》ひだ, 菌褶(きんしゅう) (gill);〔建〕ラメラ《組み合わせて丸天井などを作る部材》. [L (dim) < LAMINA]
la·mel·lar /ləmélər/ *a* LAMELLA の[形の], 葉状の, 層状の. ♦ ~**·ly** *adv*
lam·el·late /lǽməlèɪt, ləmélèɪt, -lət/ *a* LAMELLA からなる[のある]; LAMELLIFORM. ♦ ~**·ly** *adv*
lam·el·la·tion /læ̀məléɪʃ(ə)n/ *n* 薄層[薄葉]形成, 薄層化, 薄葉化; LAMELLA.
la·mel·li·branch /ləméləbræ̀ŋk/ *a, n*〔動〕弁鰓(べんさい)綱 (Lamellibranchia) の(動物), 二枚貝. ♦ **la·mèl·li·brán·chi·ate** /-brǽŋkiət, -èɪt/ *a, n* 弁鰓類の(貝).
la·mel·li·corn /ləméləkɔ̀:rn/ *a, n*〔昆〕鰓角(さいかく)上科 (Lamellicornia) の(甲虫).
lamélli·fòrm *a* 薄板の形をした, うろこ状の, 鰓葉状の.
lamèlli·rós·tral /-rástrəl/, **-rós·trate** /-trèɪt, -trət/ *a*〔鳥〕《ガン・カモ類のように》くちばしの内側に歯状の横溝のある, 扁嘴(へんし)[板嘴]類の.
la·mel·lose /ləmélòus, lǽməlòus/ *a* LAMELLAR. ♦ **làm·el·lós·i·ty** /-lás-/ *n*
láme·ly *adv* 自信なさげに, 言いわけがましく, 弱々しく, 元気なく; 足をひきずるように, たどたどしく.
la·ment /ləmént/ *vi, vt*《声を上げて》悲しむ, 嘆く, 哀悼する, 泣く, 哭する 〈*for* [*over*] sb's death〉; とても残念に思う, 深く後悔する. ► *n* 悲しみ, 悲嘆, 嘆き; 哀悼の詩, 哀歌, 悲歌, 挽歌; 不平, 不満. ♦ ~**·er** *n* [F or L (*lamentum* (n), *-tor* (v))]
lam·en·ta·ble /lǽməntəb(ə)l, *ləmén-/ *a* 悲しい, 悲しむべき; 情けない, 嘆かわしい (deplorable), 遺憾な;《古・詩》悲しげな; [*derog*] みじめな, みすぼらしい, 貧弱な, けちな. ♦ **-bly** *adv* ~**·ness** *n*
lam·en·ta·tion /læ̀mentéɪʃ(ə)n/ *n* **1** 悲嘆, 哀悼, 悲嘆の声. **2** 哀歌; [L-s, 〈*sg*〉]〔聖〕哀歌《旧約聖書の The L~s of Jeremiah; 略 Lam.》; [L-s]〔楽〕ラメンタツィオ《エレミヤの哀歌の朗唱》.
lamént·ed *a* **1** 哀悼される, 惜しまれる《死者に対し慣習的に用いる》: the late ~ 故人,《特に》亡夫. **2** 残念な (regretted), 嘆かわしい. ♦ ~**·ly** *adv*
lam·er /léɪmər/ *n**《俗》まぬけ, とろい奴, ばかたれ, くず野郎.
la·mia /léɪmiə/ *n* (*pl* **-mi·as, -mi·ae** /-mii:/) **1**〔ギ神・ロ神〕ラミアー《上半身が女体で下半身が蛇の化け物; 人を食い小児の血を吸う》. **2** 妖婦, 魔女; 吸血鬼. [L<Gk]
La·mía, -mia /lamí:ə/ ラミア《ギリシア中東部にある市》.
la·mi·a·ceous /lèɪmiéɪʃəs/ *a*〔植〕シソ科の (labiate).
la·min- /lǽmən/, **lam·i·ni-** /lǽmənə/, **lam·i·no-** /lǽmənou, -nə/ *comb form* LAMINA の意.
lam·i·na /lǽmənə/ *n* (*pl* **-nae** /-nì:, -nàɪ/, ~**s**) 薄片, 薄層板, 層; 薄膜;〔植〕葉身, 葉片;〔解〕板, 層;〔動〕《馬の蹄壁の》葉状層, 蹄葉;〔地質〕ラミナ, 葉層《堆積物の薄層》. [L]
lam·i·na·ble /lǽmənəb(ə)l/ *a* 薄片[薄板]に延ばしうる.
lam·i·nal /lǽmənl/ *a* LAMINAR;〔音〕舌端 (blade) で調音される. ► *n*〔音〕舌端音.
láminal placentátion〔植〕薄膜胎座.
lámina pró·pria /-próupriə/ (*pl* **láminae pró·pri·ae** /-prii:, -priàɪ/)〔解〕(粘膜)固有層, 基底膜 (BASEMENT MEMBRANE).
lam·i·nar /lǽmənər/ *a* 薄板[薄片, 薄層] (lamina) からなる, 薄層をなす; 層流の.
láminar flów〔流体力学〕層流《層状の, 乱れのない流れ; STREAMLINE FLOW の一種; cf. TURBULENT FLOW》.
lam·i·nar·ia /læ̀mənéəriə/ *n*〔植〕コンブ属 (*L-*) の各種海藻. ♦ **làm·i·nár·i·an** *a, n* コンブ属の(各種).
lam·i·nar·i·a·ceous /læ̀mənèəriéɪʃəs/ *a*〔植〕コンブ科 (Laminariaceae) の.
lam·i·nar·in /læ̀mənéərən/ *n*〔化〕ラミナリン《褐藻類中にみられる多糖類》.
lam·i·nary /lǽmənèri; -n(ə)ri/ *a* LAMINAR.
lam·i·nate /lǽmənèɪt/ *vt* 薄く延ばす; 薄くはがす; 薄片を重ねて作る; 〈薄片を〉重ね合わせる. ► *vi* 薄くはがれる, 薄片になる. ► *a* /, -nət/ 薄板[薄片]状の, 薄層からなる; 薄層をもつ[かぶせた]. ► *n* /, -nət/ 薄板[薄層]状のもの; 積層物[品],《特に》複合[ラミネート]フィルム《包装材料》; LAMINATED PLASTIC. ♦ **-nà·tor** *n* [LAMINA]
lám·i·nàt·ed *a* 薄板[薄片]状の, 薄層からなる; 薄片[薄膜]をもつ; ラミネート加工の《紙・木材・布など》: ~ coal 葉状炭 / ~ magnet 成層磁石.
láminated gláss 合わせガラス《安全ガラスの一種》.
láminated plástic 積層プラスチック《紙・布などを重ね合成樹脂で固めたもの》.
láminated wóod 積層材, 集成材.
lam·i·na·tion /læ̀mənéɪʃ(ə)n/ *n* 薄板[薄片]にする[なる]こと; 層状にすること, 積層(形成), 貼り合わせ, ラミネーション; 層状組織; 薄片状(のもの);〔電〕電動子用軟鉄板;〔地質〕LAMINA.
lam·i·nec·to·my /læ̀mənéktəmi/ *n*〔医〕椎弓切除(術).
lam·ing·ton /lǽmɪŋtən/ *n*《豪》ラミントン《チョコレートに浸しココナッツをまぶした四角いスポンジケーキ》. [Lord *Lamington* (1860-1940) Queensland 州知事]
lamini- ⇨ LAMIN-.
lam·i·nin /lǽmənən/ *n*〔生化〕ラミニン《基底膜 (basement membrane) の主たる構成成分である糖タンパク質》.
lam·i·ni·tis /læ̀mənáɪtəs/ *n*〔獣医〕《馬の》蹄葉(ていよう)炎 (founder)《過労・過食が原因》.
lam·i·nose /lǽmənòus/, **-nous** /-nəs/ *a* LAMINATE.
lam·ish /léɪmɪʃ/ *a* 足がやや不自由な; 不完全な.
lamister ⇨ LAMSTER.
Lam·mas /lǽməs/ *n*〔カト〕聖ペテロの鎖の記念日《8 月 1 日; 聖ペテロの投獄と奇跡的脱出を記念する; *Acts* 12: 4-11》;〔英〕収穫祭 (=~ **Dày**)《昔 8 月 1 日に行なわれた; スコットランドでは QUARTER DAYS の一つ》; 収穫祭の季節 (=**Lámmas·tìde**). ● **latter** ~《実際は存在しないため》決して来ることのない日. [OE *hlāfmæsse* (LOAF[1], MASS[1])]
Lam·masch /lá:mà:ʃ/ ランマッシュ **Heinrich** ~ (1853-1920)《オーストリアの法律家・政治家; 1918 年 10-11 月帝政オーストリア最後の首相をつとめた》.
lam·mer·gei·er, -gey·er, -geir /lǽmərgàɪər/ *n*〔鳥〕ヒゲワシ (=*bearded vulture*)《欧州で最大の猛鳥》.
Lám·mer·muir Hílls /lǽmərmjùər-/, **Lám·mer·moor Hílls** /-mùər-/ *pl* [the] ラマーミュア[ラマームア]丘陵《スコットランド南東部 Edinburgh から東南方向の丘陵地; 最高点は標高 533 m》.
lammister ⇨ LAMSTER.
La·mont /ləmánt/ ラモント《男子名》.
La Motte-Fouqué /*G* la mɔtfuké:/ ラ・モットフケー (FOUQUÉ).
L'Amour /lɑ:mɔ́:r, -múər/ ラムール **Louis** (**Dearborn**) ~ (1908-88)《米国の小説家; 100 を超える作品のほとんどがウェスタン; *Hondo* (1953), *Sackett's Land* (1974)》.
lamp[1] /lǽmp/ *n* **1** (石油)ランプ (oil lamp); 灯, 明かり; ちょうちん, ガス灯, 電灯, (電気)スタンド; アルコールランプ (spirit lamp), 安全灯 (safety lamp), 太陽灯 (sunlamp). **2**《詩》たいまつ;《詩》天の光, 太陽, 月, 星 (=~ of heaven). **3**《心・知識などの》光明. **4** [[U]*pl*]《俗》目 (eyes); [[U]*pl*]《海軍俗》灯火番《あだ名》; *《俗》見ること. ● **hand on the** ~=hand on the TORCH. **smell of the** ~〈文章などが〉苦心の跡を残す, 荒削りである. ► *vt* ランプ[灯火]を備える; 照らす;《俗》見る, 見分ける. ► *vi* **1**《文》輝く, 光る. **2** 夜間にライトを使って(ウサギ)狩りをする. **3***《俗》ぶらぶらする. ♦ ~**·less** *a* ~**·er** *n* [OF, <Gk *lampas* torch]
lamp[2] *vt*《北イング》なぐる, ぶちのめす.
lam·pas[1] /lǽmpəs/ *n*〔獣医〕《馬の》口蓋腫. [OF]
lampas[2] *n* ランパ《家具・掛け布用織物, もとは模様絹布》. [MFlem]
lámp·blàck *n* 油煙, すす, ランプブラック《黒色顔料》.
lámp·brùsh chrómosome〔生〕ランプブラシ染色体《卵母細胞中の巨大な染色体》.
lámp chìmney ランプのほや.
Lam·pe·du·sa /læ̀mpəd(j)ú:sə, -zə/ **1** ランペドゥーサ《地中海の Pelagie 諸島の島; イタリア領》. **2** ランペドゥーサ **Giuseppe Tomasi di** ~ ⇨ TOMASI DI LAMPEDUSA.
lám·per èel /lǽmpər-/〔魚〕LAMPREY;〔動〕CONGO SNAKE.
lam·pern /lǽmpərn/ *n*〔魚〕ヨーロッパカワヤツメ《河川に産卵する欧州産のヤツメウナギ》.
lam·pers /lǽmpərz/ *n* LAMPAS[1].
lámp hòlder《電灯の》ソケット.
lam·pi·on /lǽmpiən/ *n*《色ガラスの》豆ランプ.
lámp·lìght *n* ランプの明かり, 灯火. ♦ **lámp·lìt** *a*
lámp·lìght·er *n*《ガス灯時代の街灯の》点灯夫; *点灯用具《つけ木・ねじり紙など》: run like a ~ 速く走る.
lámp òil 灯火用の油; *《中部》灯油 (kerosine).
lam·poon /læmpú:n/ *n*《通例 個人に対する痛烈な》諷刺(文).

► *vt* 《諷刺文などで》攻撃[愚弄]する. ♦ **~·er, ~·ist** *n* 諷刺文作家. **~·ery** *n* 諷刺文を書くこと; 諷刺(精神). [F *lampon*＜? *lampons* let us drink; ⇨ LAP²]

lámp·pòst *n* 街灯柱. ● BETWEEN **you, me, and the ~.**

lam·prey /lǽmpri, -prèɪ/ *n* 〔魚〕ヤツメウナギ (=*sucking fish*) (=**~ èel**). [OF *lampreie*＜L *lampreda*]

lám·pro·phỳre /lǽmprə-/ *n* 〔岩石〕ランプロファイアー, 煌斑(こうはん)岩《黒雲母などを含む塩基性火山岩の総称》.

lámp·shàde *n* ランプの笠; 原爆の爆発高度と爆心地の測定装置, ランプシェード.

lámp shèll 〔貝〕BRACHIOPOD.

lámp stàndard 街灯柱 (lamppost).

lámp·wìck *n* ランプの芯, 灯芯.

lam·py·rid /lǽmpərəd/ *a, n* 〔昆〕ホタル科 (Lampyridae) の(昆虫).

lam·ster /lǽmstər/, **lam·is·ter, lam·mis·ter** /lǽməstər/ *n* 《俗》《特に 警察からの》逃亡者, 逃走犯. [*lam*²]

LAN /lǽn, élèɪén/ *n* ラン (⇨ LOCAL AREA NETWORK).

La·na /lǽnə, lá:nə, léɪnə/ ラナ《女子名》. [⇨ HELEN]

lan·ac /lǽnæ̀k/ *n* 〔空〕《着陸時の》航空機誘導レーダーシステム. [*laminar air navigation and anticollision*]

la·nai /lənáɪ, lɑ:-/ *n* ベランダ (veranda). [Haw]

Lanai ラナイ《Hawaii の Maui 島の西にある島》.

Lan·ark /lǽnərk/ ラナーク《1) スコットランド中南部の旧州; Lanarkshire ともいった; ☆Glasgow 2) スコットランド中南部 Glasgow の南東にある Clyde 河畔の町》.

Lánark·shire /-ʃɪər, -ʃər/ ラナークシャー (LANARK).

Lan·a·set /lǽnəsɛ̀t/ 〔商標〕ラナセット《衣料用の防縮加工樹脂》.

la·nate /léɪnèɪt/, **-nat·ed** /-nèɪtəd/ *a* 羊毛状の (woolly); 羊毛[柔らかい毛]でおおわれた. [L (*lana* wool)]

Lan·ca·shire /lǽŋkəʃɪər, -ʃər/ **1** ランカシャー《イングランド北西部の州; 世界的な綿工業地帯だったところ; 中心都市は Lancaster (旧州都), ☆Preston; 略 Lancs》. **2** ランカシャーチーズ (=**~ chéese**)《白色でもろいチーズ; 熟成するにつれて風味がきつくなる》.

Láncashire hótpot 〔料理〕ランカシャーホットポット《羊[子羊]の肉とジャガイモのシチュー》.

Láncashire stýle CATCH-AS-CATCH-CAN.

Lan·cas·ter /lǽŋkəstər/ **1** ランカスター **Burt(on Stephen)** ~ (1913–94)《米国の映画俳優》. **2** ランカスター《LANCASHIRE の別称》. **3** ランカスター《イングランド北西部 Lancashire の市・旧州都》. ■ the **House of ~** 〔英史〕ランカスター家《1399–1461 年のイングランド王家; Henry 4 世, 5 世, 6 世および Tudor 朝の祖 Henry 7 世を出した; 紋章は赤バラ; ⇨ WARS OF THE ROSES》.

Lan·cas·tri·an /læŋkǽstriən/ *a* **1** Lancaster 市の, Lancashire の. **2** 〔英史〕ランカスター家(出身)の; 〔英史〕ランカスター[赤バラ]党(員)の. ► *n* ランカシャー[ランカスター市]の住民[出身者]; 〔英史〕ランカスター王家の人; 〔英史〕ランカスター党員[支持者], 赤バラ党員 (opp. *Yorkist*).

lance /lǽns; lá:ns/ *n* 槍; 《魚・もりにかかった鯨を突く》やす; 〔外科〕ランセット (lancet); 〔機〕OXYGEN LANCE; 槍騎兵 (lancer); 《仕掛け花火の》火薬を詰めた細い紙筒; 〔魚〕LANCEFISH. ● **break a ~** 〈人と〉試合[議論]する 〈*with*〉; …に賛成の議論をする 〈*for*〉. ► *vt* 槍[やす]で突く[刺す]; ランセットで切開する; 《詩》投げつける, 放つ. ● **~ a** BOIL². ► *vi* 突進する. [F＜L]

Lance ランス《男子名》. [Gmc=(of) land]

lánce bombardìer 《英国砲兵隊の》上等兵, 上等砲兵《bombardier の下位》.

lánce còrporal 〔陸軍・海兵隊〕兵長 (⇨ ARMY, MARINE CORPS).

lánce·fìsh *n* 〔魚〕イカナゴ (sand launce).

lánce-jàck *n* ˈˈ《俗》LANCE CORPORAL, LANCE BOMBARDIER.

lánce·let *n* 〔動〕頭索動物, ナメクジウオ (=*amphioxus*). [*lance*]

Lan·ce·lot, Laun·ce- /lǽnsəlɑ̀t, lá:n-, -s(ə)lət; lá:n-/ **1** ランスロット《男子名》. **2** 〔アーサー王伝説〕(湖の)ラーンスロット (=**~ du Lác** /-dy lǽk/, **~ of the Láke**)《円卓の騎士中最もすぐれた騎士; 王妃 Guinevere との恋愛のため Round Table の騎士団の崩壊をまねいた》. [F (dim); ⇨ LANCE]

lan·ce·o·lar /lǽnsiələr; lá:n-/ *a* LANCEOLATE.

lan·ce·o·late /lǽnsiəlèɪt, -lət; lá:n-/ *a* 〔動・植〕槍先状の, 槍形の, 〈葉が〉披針形の. ♦ **~·ly** *adv* [L *lanceola* (dim)＜LANCE]

lanc·er /lǽnsər; lá:n-/ *n* **1** 槍騎(そう き)兵; [*pl*] 槍騎兵連隊. **2** [~s, 〈*sg*〉] ランサーズ《スクエアダンスの一種; その曲で, 5 部からなる quadrille》.

lánce rèst 《鎧(よろい)の胸当ての》槍支え.

lánce sèrgeant 〔英軍〕軍曹(勤務伍長).

lánce snàke 〔動〕FER-DE-LANCE.

lan·cet /lǽnsət; lá:n-/ *n* **1** 〔外科〕ランセット, 乱切刀《槍状刀》. **2** LANCET ARCH; LANCET WINDOW. **3** [The L-]『ランセット』《英国の医学専門誌; 1823 年創刊》. ♦ **~·ed** *a* ランセット窓[アーチ]のある. [OF; ⇨ LANCE]

láncet àrch 〔建〕ランセット[鋭尖]アーチ (=*acute arch*).

láncet fìsh 〔魚〕ミズウオ (=*wolffish*)《剣状歯がある》.

láncet lìght 〔建〕鋭尖の明かり採り(窓).

láncet wìndow 〔建〕鋭尖窓, ランセット窓.

lánce·wòod *n* 槍の柄・車軸・弓・棹などに用いる強い木材; 槍用材を産する木《バンレイシ科の高木など》.

Lanchow, Lanchou 蘭州 (⇨ LANZHOU).

lan·ciers /lǽnsərz; lá:n-/ *n pl* LANCERS.

lán·ci·fòrm /lǽnsə-; lá:n-/ *a* 槍[ランセット]形の.

lan·ci·nate /lǽnsənèɪt; lá:n-/ *vt* 《まれ》裂く, 刺す: be **~d** with pain 刺すような痛みを感ずる. ► *a* 〈痛みが〉刺すような. ♦ **làn·ci·ná·tion** *n* 裂くこと, 刺すこと; 刺すような痛み, 激痛. [L (pp)＜*lancino* to tear to pieces; cf. LACERATE]

lánci·nàt·ing *a* 〈痛みが〉激しい, 刺すような.

Lancs Lancashire.

land /lǽnd/ *n* **1** 陸, 陸地, 《月や惑星の》陸地 (terra) (opp. *sea*) 《TERRESTRIAL *a*》: *L~* ho! 〔海〕陸が見えるぞ! / by ~ 陸路で (opp. *by sea [air]*) / clear the ~ 〔海〕〈船が〉陸を離れる, 沖に出る/ close with the ~ 〔海〕陸に接近する / lay [shut in] the ~ 〔海〕陸を見失う / make (the) ~=sight the ~ 〔海〕陸を認める, 陸地の見えるところへ来る. **2 a** 《地味・耕作・構築などの適否からみた》土地, 地面; 所有地, 地所; 〔法〕不動産; 〔経〕《生産の場としての》土地: arable [barren] ~ 耕地[不毛地] / building ~ 建設[建築]用地 / There isn't much ~ to cultivate there. そこには耕作できる土地はあまりない / He owns ~(*s*). 彼は地主だ. **b** [*pl*] 《同一の自然景観を有する》地帯, 地域: forest ~*s* 森林地帯. **c** 《溝などで区画された》耕地, 牧草地; [°*pl*] 《南ア》《柵などで仕切られた》耕(作)地; 畝(うね): go [work] on the ~ 農夫になる[である]. **3 a** 《文》国, 国土, 国家; 国民: one's native ~ 故国 (homeland) / from all ~*s* 各国から / a ~ fit for heroes to live in 英雄が住むにふさわしい国, 国のために戦った人を手厚く遇する国. **b** 領土, 地方 (region); 領域, …の世界: the ~ of dreams 夢の国, 理想郷 / LAND OF THE LIVING / LAND OF PROMISE=PROMISED LAND. **4** [the] 《都会に対する》地方, 田舎; 田園生活. **5** 《銃身内部・石臼などの》溝と溝との間の平坦な[山の]部分; ランド《合わせ式の金型を合わせたときに接触する面》. **6** 《Lord の婉曲語》[〈*int*〉] まあ, おや, ほんとうに. ● **(for the) ~'s sake=(for) ~('s) sake(s)=my ~(s)** *《口》後生だから《land は Lord の婉曲語》. **good ~** おやまあ, あきれた (Good Lord). LIVE¹ **off the ~. no man's ~**=NO-MAN'S-LAND. **see [find out, discover,** etc.**] how the ~ lies=spy out the ~** (ひそかに)形勢[情況]を見る[見きわめる] (cf. LAY OF THE LAND). **touch [reach] ~** 〈海から〉陸へのがれる; [*fig*] しっかりした足場を得る.

► *vt* **1 a** 上陸させる, 陸揚げする; 〈航空機などを〉着陸[着水, 着艦]させる; 乗物から降ろす, 下車[下船]させる 〈*at* a roadside station, *in* desert, *on* a lonely island〉. **b** 〈針がかりした魚を〉引き[釣り]上げる, 取り込む; 《口》〈職・契約・賞などを〉獲得する, ものにする; 《スキーで》〈ジャンプを〉成功させる, 決める: ~ (*oneself*) a job 職を見つける[にありつく] / His good looks ~*ed* him the part of Romeo. ルックスがよいことからロメオの役を獲得した. **2** 《口》〈人を〉〈悪い状態に〉陥らせる: His misconduct ~*ed* me *in* much trouble. 彼の不始末には非常に困った / be nicely [properly] ~*ed* [*iron*] 苦境に陥っている. **3** [°*pass*] ˈˈ〈人に〉〈負担・問題などを〉負わせる 〈*with*〉; 〈打撃などを〉加える (deal): ~ a man *with* a coat that doesn't fit 合わない上着を押しつける / He was ~*ed with* the extra work.=The extra work was ~*ed onto* him. 余分な仕事を背負い込まされた / ~ sb one [a blow] *on* the nose [*in* the eye] 人の鼻[目]に一発見舞う. ► *vi* **1 a** 上陸する 〈*at, in, on*〉; 着陸[着水, 着岸, 接岸, 着艦]する 〈*on* the lake〉; 降りる, 下車する 〈*from*〉; 着く 〈*at, on*〉, 〈馬が〉一着になる; 飛び降りる[越える]; 〈落下物が〉地面を打つ[にぶつかる], 着地する, 《表面に》落ちる 〈*on*〉: ~ *on* one's feet ⇨ FOOT. **b** 《記事として》出る, 載る: She [Her story] ~*ed* on the frontpage. 彼女のこと[記事]が 1 面に出た. **2** 〈悪い状態に〉陥る 〈*in* difficulties〉; 〈困難などが〉降りかかる, 舞い込む: ~ *on* sb's DESK. ● **~ all over**…=**~ on**… 《口》…を激しくしかる, 酷評する. **~ up** ˈˈ《口》〈ある場所・状態[…すること]に〉落ちつく, 立ち至る (end up) 〈*in* London, prison; *with*; *doing*〉. [OE; cf. G *Land*]

Land¹ ランド **Edwin (Herbert)** ~ (1909–91)《米国の発明家・物理学者; Polaroid Land カメラを発明》.

Land² /lá:nt/ *n* (*pl* **Län·der, Laen·der** /léndər/) 《ドイツ・オーストリアの》州, ラント. [G]

lánd àgency LAND AGENT の職[勤め].

lánd àgent 土地売買周旋業者, 不動産業者; ˈˈ土地管理人; *公有地[国有地]管理官.

land·am·mann /lǽndəmən/ *n* 《スイスのいくつかの州 (canton) の》評議会議長, 州知事. [Swiss G]

lánd àrmy [°L- A-] 〔英〕WOMEN'S LAND ARMY.

lánd àrt 〔美〕EARTH ART.

lan·dau /lǽndɔ:, *-dàu/ *n* ランドー《前後に向き合う座席上にそれぞれ折りたたみ式の幌の付いた四輪の客馬車》; ランドー型自動車. [*Landau* ドイツ Bavaria の町]

Lan·dau /lɑ:ndáu/ ランダウ **Lev Davidovich** ~ (1908–68)《ソ連

の物理学者; 液体ヘリウムの理論的研究によってノーベル物理学賞 (1962)》.
lan·dau·let(te) /lændəlét/ *n* ランドーレット《**1**) 小型ランドー馬車 **2**) ランドーレット型自動車で, 折りたたみ式の幌が付いた coupé の一種》. [*-let* (dim)]
lánd bànk 土地銀行《**1**) 土地開発銀行 **2**) 不動産を基礎とする発券銀行》.
lánd·bànk·ing *n*《開発待ちの》土地保有[抱え込み].
lánd-bàse(d) *a* (地上)基地所属の, (地上)基地発進の (cf. CARRIER-BASED); 〈生物が〉陸上生活の; 《ウェブサイトにではなく》実際に店舗をかまえる; 〈温度·氷などが〉地表の.
lánd brèeze 〔気〕《夜間海に向かって吹く》陸風(りくふう) (=*land wind*) (opp. *sea breeze*).
lánd brìdge 〔地理〕陸橋《2 つの陸域をつなぐ陸地》; ランドブリッジ《特に 海陸一貫輸送の経路となる鉄道などの(大陸)横断陸路》.
lánd càrriage 陸運, 陸上運搬.
lánd còntract 土地売買契約.
lánd cràb 〔動〕オカガニ《同科の陸生のカニの総称; 放卵の時だけ海水にはいる》, 《特にアメリカ産の》アオオカガニ.
Lánd Dàyak 陸ダヤク族《Borneo 島 Sarawak 南西部に住む DAYAK 族; cf. IBAN》.
lánd dràin 地下排水溝《砂利を詰めた地下溝に有孔管や透水管を埋設し土中の水を排出する暗渠》.
land·drost /lǽn(d)drɔ̀(:)st; -dràst/ *n* «南ア»《英国の統治以前の》(地方の)知事, 地方長官 (magistrate). [Afrik]
lande /*F* lɑ̃:d/ *n* やせた荒れ地; [*pl*]《フランス南西部海岸の》不毛の砂地.
lánd·ed *a* **1** 土地[地所]持ちの; 地所の[からなる]: a ~ proprietor 土地所有者, 地主 / the ~ classes 地主階級 / the ~ interest 地主側 / ~ estate [property] 地所, 所有地, 不動産. **2** 陸揚げをした. **3** 窮地に陥って, 困って, 難渋して 〈*with*〉.
lánded ímmigrant 〔カナダ〕永住移民.
lánd·er *n* 上陸[陸揚げ]する人; 《月面などへの》着陸船[機].
Länder *n* LAND² の複数形.
Lan·ders /lǽndərz/ ランダーズ **Ann** ~ (1918–2002)《米国の新聞紙上人生相談の回答者; 本名 Esther Pauline Lederer, 旧姓 Friedman; 'Dear Abby' とはふたご》.
Landes /*F* lɑ̃:d/ ランド《**1**) フランス南西部 Bordeaux 地方から Landes 県一帯の Biscay 湾に臨む地方 **2**) フランス南西部 Aquitaine 地域圏の県; ☆Mont-de-Marsan》.
Lan·des·haupt·mann /lá:ndəshàuptmən/ *n*《オーストリアの》州知事. [G]
lánd·fàll *n* **1** 着陸, 上陸; 《ハリケーンなどの》上陸; 〔海·空〕ランドフォール, 陸地接近《長い航海[海上飛行]後初めて陸地を認める[に接近する]こと》; 《航行後》初認する陸地: make ~ 空路[海路]到着する; 〈台風などが〉上陸する 〈*on*〉 / make a good [bad] ~ 予測どおりに[と違って]陸地が見つかる. **2** LANDSLIDE.
lánd·fàst *a* 陸地につながった.
lánd·fill *n* 埋立てによるごみ処理 (=*sanitary landfill*); 埋立てごみ; ごみ埋立地. ► *vt* 〈廃棄物などを〉埋立地に埋める.
lánd fòrce [ᵒ*pl*] 陸上部隊, 地上軍.
lánd·fòrm *n* 地勢, 地形.
lánd frèeze 土地凍結《政府による売買·所有権移転の制限》.
lánd gìrlᴴ 婦人農耕部隊 (Women's Land Army) 隊員.
lánd·gràb *n*《未開地などで》土地の収奪[買いあさり]; 《資産などを》好機を捉えてすばやく我が物にすること《未開拓分野で新技術が登場したときに特許を出願したり, 破綻した有力企業の特許権を買ったりする》.
lánd-gràbber *n* 土地収奪者; «アイル» 追い立てられた小作人の土地を買う[借りる]者.
lánd-grànt* *a* 公有地等の供与を得て設立された〈大学·道路·鉄道路線など〉.
lánd grànt* 公有地払い下げ; 払い下げ公有地.
land·grave /lǽn(d)grèɪv/ *n*《1806 年までのドイツの》方伯《皇帝直属で公爵と同格の領主; のちに貴族の称号に用いた》. ♦ **land·gra·vi·ate** /læn(d)gréviət, -vièɪt/, **land·gra·vate** /lǽn(d)grəvèɪt/ *n* 方伯 (landgrave, landgravine) の地位[職権, 所領], 方伯位[領]. **land·gra·vine** /lǽn(d)grəvì:n/ *n fem* landgrave 夫人; 女性 landgrave. [MLG; cf. GRAF, MARGRAVE]
lánd·hòld·er *n* 土地保有者《借地人または地主》.
lánd·hòld·ing *n, a* 土地保有(の); 土地保有権(の); [*pl*] 保有地.
lánd-hùnger *n* 土地所有[獲得, 占有]欲, 土地熱. ♦ **lánd-húngry** *a*
lánd·ing *n* **1 a** 上陸; 陸揚げ; 〔軍〕上陸(作戦); 〔空〕着陸, 着水; 下車: make [effect] a ~ 上陸する; 着陸[着水]する / emergency [precautionary] ~ 緊急[予防]着陸. **b** 上陸場, 荷揚げ場, 埠頭; 木材集積[貯蔵]場, 土場(どば); 〔建〕《階段の》踊り場. **2** [*pl*]《年間の》漁獲高[水揚げ量]. ● **Happy ~s!** «口» 乾杯!; «口» 幸運を祈る!《飛行士仲間の用語》.
lánding àngle 〔空〕着陸角.
lánding bèacon 〔空〕無線着陸標識.
lánding bèam 〔空〕《計器着陸用の》着陸ビーム.
lánding càrd 《他国入国の際に提出を義務づけられる》入国(記録)カード, 上陸証明書; 上陸許可証.
lánding cràft 〔軍〕上陸用舟艇《略 LC》.
lánding fìeld 《飛行機の》離着陸場.
lánding flàp 〔空〕《主翼後縁の》着陸用下げ翼, 着陸(用)フラップ.
lánding fòrce 〔軍〕(敵前)上陸部隊; 陸戦隊.
lánding gèar 〔空·宇〕着陸[着水, 降着]装置.
lánding lìght 〔空〕着陸灯.
lánding nèt 《釣った魚をすくう》手網(たも), 玉網, たま.
lánding pàd HELIPORT.
lánding pàrty 上陸者の一行; 上陸部隊.
lánding plàce 荷揚げ場, 上陸場.
lánding shìp 〔海軍〕揚陸艦《外洋航行能力をもつ大型上陸用艦艇》.
lánding sìgnal òfficer 〔海軍〕着艦誘導員, 着艦信号士官《空母に航空機が円滑に着艦できるよう手信号を送る係; 略 LSO》.
lánding spèed 〔空〕着陸速度.
lánding stàge (浮き)桟橋; 突堤.
lánding strìp 〔空〕仮設滑走路 (airstrip).
landing T [tee] /— tì:/ 〔空〕WIND TEE.
lánding vèhicle 《月面などへの》着陸船 (lander).
lánd-jòbber *n* 土地投機師, 地所仲買人. ♦ **-jòbbing** *n*
lánd·làdy *n* 《旅館·下宿·パブなどの》女主人, おかみ; 女性家主; 女性地主 (cf. LANDLORD), 地主夫人.
lánd làw [ᵘ*pl*] 土地(所有)法.
lánd léague 地積リーグ《3 法定マイル》; [L- L-]〔アイル史〕土地同盟 (1879–82).
lánd lègs *pl* «口»《航海や飛行機旅行の後》地上を歩く能力 (cf. SEA LEGS): find [get] one's ~ 地上[陸]を歩けるようになる.
länd·ler /léntlər/ *n* レントラー《**1**) 南ドイツ·オーストリア高地の 3 拍子の農村ダンスで, ワルツの前身 **2**) その曲 **3**) レントラー風のピアノ·管弦楽曲》. [G]
lánd·less *a* 土地をもたない; 陸地のない. ♦ **~·ness** *n*
lánd·lìne *n* 《衛星回線に対して》地上[陸上]通信線, 陸線; 《携帯電話に対して》固定電話; 陸地線《海または空と陸の境》.
lánd·lòcked *a* 陸地で囲まれた, 陸に閉じ込められた, 内陸の〈国〉; 〈特にサケ科の魚が〉陸封された, 陸封型の; 陸(おか)に上がった〈船乗り, 船〉.
lándlocked sálmon 〔魚〕**a** 陸封ザケ《大西洋産のサケの陸封種》. **b** LAKE TROUT.
land·lop·er /lǽndlòupər/, **-lou·per** /-làupər, -lù:pər/ *n* 浮浪人.
lánd·lòrd *n* 《小旅館·下宿·パブなどの》主人, 亭主; 家主, 大家(おおや), 不動産貸主, 賃貸人; 地主 (landowner) (cf. LANDLADY); ᴴ«古» 領主. ♦ **~·ly** *a* 地主(特有)の. **~·ism** *n* 地主たること; 地主かたぎ; 地主制度(支持).
lánd·lùbber *n* 新米水夫, 陸(おか)者 (landsman). ♦ **~·ly** *a* **~·li·ness** *n* **-lùb·bing** *a*
lánd·man /-mən/ *n* LANDSMAN¹; «古» 田舎者, 百姓.
lánd·màrk *n* **1** 《自然·人工の》境界標(識); 《航海者·旅行者が位置を知る》陸上の目印, 陸標 (cf. SEAMARK), 目標, 道しるべ《特徴的な樹木·建物など》; 〔解〕標認点, 目標《他の構造の指標となる解剖学的構造》. **2** 画期的な事件[展開]; 《文化財として指定された》歴史的建造物; 伝統的規範; [〈*a*〉] 節目となる, 画期的な: a ~ decision 〔法〕《将来先例となるような》画期的[歴史的]判決.
lánd·màss *n* 広大な土地, 《特に》大陸.
lánd mèasure 土地測量単位(系).
lánd mìne, lánd·mìne 地雷; わな, 落とし穴; 投下爆弾 (aerial mine).
land·oc·ra·cy /lændákrəsi/ *n* [*joc*] 地主階級.
land·o·crat /lǽndəkræ̀t/ *n* [*joc*] 地主階級の人.
Lánd of Enchántment [the] 魅惑の地《New Mexico 州の俗称》.
lánd òffice* 公有地管理事務所.
lánd-òffice búsiness* «口» 大量取引, 大商い: do a ~ 活況を呈する, 大もうけをする.
Lánd of Hópe and Glóry 「希望と栄光の国」《英国の愛国歌; 元来, 大英帝国を賛美したものだが, 現在も愛唱され, 特に Proms の最後の夜に歌うしきたりとなっている; A. C. Benson の歌詞, Elgar の作曲によるもので, 1902 年に発表された》.
Lánd of Líncoln [the] リンカンの国《Illinois 州の俗称; Abraham Lincoln が 21 歳から大統領となる 52 歳まで住んだ》.
lánd of mílk and hóney 乳と蜜の流れる地《*Exod* 3: 8, *Num* 16: 13》, 並はずれた豊饒の地; 天の恵み, 天からの賜物.
Lánd of my Fáthers 「わが父祖の国」《ウェールズの国歌》.
Lánd of Nód /-nád/ **1** [the]〔聖〕ノドの地《Cain が弟 Abel を殺したのちに移り住んだ Eden の東の地; *Gen* 4: 16》. **2** [the l- of N-] [*joc*] (居)眠り, 眠りと夢の世界《Nod と nod のしゃれ》: in the ~《すこやかに》眠っていて (opp. *in the land of the living*).
Lánd of Opportúnity [the] 機会の国《Arkansas 州の俗称で, 公定の別称》.

Lánd of Prómise [the Cóvenant] [the]〘聖〙PROMISED LAND.
Lánd of Shíning Móuntains [the] 輝く山の国《Montana 州の俗称》.
lánd of the frée [the] 自由民の国《米国; Star-Spangled Banner の一節》.
Lánd of the Léal [the]《スコ》天国.
lánd of the líving [the] 現世, この世《*Isa* 53: 8》; [°*joc*] 日常社会, 娑婆: [°*joc*] in the ~ 生存して; 起きていて; めざめていて; 《病気・事故から》回復して (opp. *in the land of Nod*).
Lánd of the Mídnight Sún [the] 白夜(びゃくや)の国《(1) ノルウェーなど 2) LAPLAND の口語的名称》.
Lánd of the Rísing Sún [the] 日出ずる国《日本のこと》.
Lan·dor /lǽndɔ̀ːr, -dər/ ランドー **Walter Savage ~** (1775–1864)《英国の詩人・作家; *Imaginary Conversations* (5 vols., 1824–29)》.
lánd·òwn·er *n* 土地所有者, 地主;《口》死体, 死人, 墓の主. ♦ **~·ship** *n* 地主であること, 地主の身分.
lánd·òwn·ing *n, a* 土地所有(上の); 地主(として)の.
Lan·dow·ska /lændɔ́ːfskə, -dɔ́ːv-/ ランドフスカ **Wanda ~** (1879–1959)《ポーランド生まれのチェンバロ奏者》.
lánd pàtent〘法〙《私人への》公有地譲渡[払い下げ]証書.
lánd plàster 粉末石膏《肥料・土壌調整剤》.
lánd-pòor *a* つまらない[厄介な]土地をもちすぎて貧乏な, 土地貧乏の《高い税金などで》.
lánd pòwer 地上兵力; 強大な地上兵力を有する国.
Land·race /lǽndrèɪs, lɑ́ːndrɑ̀ːsə/ *n* [°l-]〘畜〙ランドレース《北欧, 特に デンマーク産のベーコン用白豚》. [Dan]
lánd ràil〘鳥〙ウズラクイナ (corncrake).
lánd refòrm《政府の行なう》農地改革《農地解放など》.
Lánd Règistry〘英〙不動産[土地]登記庁; 不動産[土地]登記所.
land·rost /lǽndrɔ̀(ː)st, -drɑ̀st/ *n* LANDDROST.
Lánd Ròver〘商標〙ランドローバー《英国製の汎用四輪駆動車》.
Land·sat /lǽndsæ̀t/ *n* ランドサット《米国の地球資源探査衛星》. [*Land satellite*]
land·scape /lǽn(d)skèɪp/ *n* **1** 景色, 風景, 景観; 風景画; 風景画法; 《総体的に見た》地形, 地表;《廃》見晴らし, 眺望. **2**《活動の》分野; 情勢, 状況, 展望: the Iraqi political ~ イラクの政情. ► *a, adv*《紙・写真・液晶画面など》横置きの[で] (cf. PORTRAIT). ► *vt* (造園術・風致的国土[地区]計画で)美化する, 修景する. ► *vi* 造園に従事する. ♦ **lánd·scàp·er** *n* LANDSCAPE GARDENER. **lánd·scàp·ing** *n* 造園. [Du; ⇨ LAND, -SHIP]
lándscape àrchitecture 造園, ランドスケープ アーキテクチュア《人が利用・享有する土地を建造物・道路・植栽の効果的配置によって開発する技術》; 造園学. ♦ **lándscape àrchitect** 造園家.
lándscape engineèr 景観工学者.
lándscape gàrden 風景式庭園《18 世紀に英国で流行した, 自然の景観をできるだけ活かした庭園(様式)》.
lándscape gàrdening 造園, 造園学[法]《庭園・公園などにおける開発・植栽の技術》. ♦ **lándscape gàrdener** 造園家, 庭師, 庭園師.
lándscape màrble ランドスケイプ大理石《風景を描いたような模様がある》.
lándscape pàinter 風景画家 (landscapist). ♦ **lándscape pàinting** *n* 風景画(法).
land·scap·ist /lǽn(d)skèɪpɪst/ *n* 風景画家; 造園家, 庭師.
Land·seer /lǽn(d)sìər/ ランドシア Sir **Edwin** (**Henry**) ~ (1802–73)《英国の画家・彫刻家; 動物画で知られる; Nelson's Column の足元にある 4 頭のライオン像を制作》.
Land's End, Lands End /lǽn(d)z ɛ́nd/ ランズエンド《イングランド南西部の Cornwall 州南西端の岬; イングランドの最西端 (5°41′ W); 岩石の多い海岸線が美しく観光地となっている; cf. JOHN O'GROAT'S, LIZARD HEAD》.
lánd shàrk《上陸した水兵を食い物にする》波止場詐欺師; 土地横領者;《口》悪徳土地取引業者.
lánd·sìck *a*〘海〙〈船が陸に近づきすぎて行動困難な.
lánd·sìde *n*《犂(すき)の》犂床(しょう), 地側板; 《空港の》出国ゲートの手前側 (cf. AIRSIDE).
land·skip /lǽn(d)skɪp/ *n*《古》LANDSCAPE.
lands·knecht /*G* lɑ́ːntsknɛçt/ *n* LANSQUENET.
lánd-slàter *n*〘動〙ワラジムシ (wood louse).
lánd·slìde *n* **1** 地すべり, 山くずれ, 崖くずれ; 《その》崩落土砂. **2**《選挙における》一方的得票; 地すべり的勝利, 圧勝 (=~ **victory**). ► *vi* 地すべりを起こす; 《選挙で》圧勝する.
lánd·slìp *n* 小さな地すべり.
Lands·mål, -maal /lɑ́ːntsmɔ̀ːl/ *n* ランスモール (NYNORSK). [Norw=language of the country]
lánds·man[1] /-mən/ *n* 同郷人, 同国人; (海を知らない)陸上生活者 (cf. SEAMAN);〘海〙新米水夫[船員].
lands·man[2] /lɑ́ːntsmən/ *n* (*pl* **lands·leit** /-lὰɪt/, **-men** /-mən/) 同郷のユダヤ人. [Yid]
Land·stei·ner /lǽndstàɪnər; *G* lántʃtaɪnər/ ラントシュタイナー **Karl ~** (1868–1943)《Vienna 生まれの米国の免疫学者・病理学者; ABO 型と MN 型の血液型を発見, ノーベル生理学医学賞 (1930)》.
lánd stèward 土地差配人.
Lands·ting, -thing /lɑ́ːnstɪŋ/ *n* [the]《デンマークの二院制時代の》上院 (cf. RIGSDAG). [Dan=land parliament]
Land·sturm /*G* lántʃturm/ *n*《ドイツ・スイスの》国民軍召集, 国家総動員; 国民軍《現役・予備役以外で武器を取りうる国民のすべてからなる》. [G=land storm]
lánd survèying《土地・建物の台帳作りの》測地術. ♦ **lánd survèyor** (土地)測量士.
lánd swèll《海岸に近い》波のうねり.
Land·tag /lɑ́ːnttɑ̀ːk/ *n*《ドイツ・オーストリアの》州議会; 《リヒテンシュタインの》国会《一院制》; 《プロイセンの》邦議会; 《中世および現代ドイツの》公領. [G=land day; 議会の開催日から]
lánd tàx 土地税, 地租《英国では 1963 年廃止》.
lánd tìe 地つなぎ材《地中の控え板 (anchor plate) と擁壁・外階段などをつなぐ柱や鎖》.
lánd-to-lánd *a*〈ミサイルなどが〉地対地の.
lánd·wàit·er *n*〘英〙《税関の》荷役監視人.
lánd·ward *a, adv* 陸の方の[へ], 陸近くの[へ].
lánd·wards *adv* LANDWARD.
lánd·wàsh *n*《海浜の》高潮線; 《海浜への》波の打寄せ.
Land·wehr /lɑ́ːntvèɪr; lǽndvɛ̀ər/ *n*《ドイツ・スイス・オーストリアの》後備軍. [G=land defense]
lánd wìnd〘気〙陸風 (LAND BREEZE).
lánd yàcht SAND YACHT; 大型自動車.
lane[1] /léɪn/ *n*《生垣・家などの間の, または田舎の》小道, 路地, 細路; 横町《しばしば道路名に用いる》; 《人垣の間の》通路; 《道路の》車線; 《汽船・飛行機などの》規定航路; 《短距離競走・競泳などの》コース, レーン;〘ボウル〙レーン; [*pl*] ボウリング場;〘バスケ〙フリースローレーン;〘生化〙レーン《複数の試料のゲル電気泳動結果を並べるとき各試料の分離パターンが示される列》;〘天〙レーン《特に 渦巻銀河に見られる暗い筋状の構造》; *《俗》新米受刑者; [the L-]〘英〙DRURY LANE: EXPRESS LANE / FAST LANE / PASSING LANE / It is a LONG[1] ~ that has no turning. / a four-~ highway 4 車線[片側 2 車線]道路 / MULTI-LANE. ● **in the straight ~** *《俗》《ゲイでも, 麻薬中毒でも, 前科者でもなく》まっとうで. [OE<?; cf. Du *laan* avenue]
lane[2] *a*《スコ》LONE.
lane[3] ⇨ LAINE.
láne càke レーンケーキ《白いレイヤーケーキ (layer cake) の一種; 通例 酒・ナッツ類・干しブドウなどを入れる》. [C20<?]
láne chànge [chànging]《自動車の》車線変更.
láne ròute 大洋航路線 (ocean lane).
láne·wày" *n* LANE[1].
Lan·franc /lǽnfræ̀ŋk/ ランフランク (1005?–89)《イタリア生まれの聖職者; Canterbury 大司教 (1070–89) で, William 征服王の顧問》.
lang /lǽŋ/ *a*《スコ》LONG[1].
Lang ラング (**1**) **Andrew ~** (1844–1912)《スコットランドの文学者; おとぎ話の蒐集, Homer の翻訳で知られる》(**2**) **Cosmo Gordon ~**, Baron ~ (1864–1945)《英国の聖職者; Canterbury 大主教 (1928–42)》(**3**) **Fritz ~** (1890–1976)《オーストリア生まれの米国の映画監督; *Metropolis* (メトロポリス, 1927), *Hangmen Also Die!* (死刑執行人もまた死す, 1943)》.
lang. language(s).
lan·gar /lʌ́ŋgər/ *n*《インド》ランガル《特にシク教寺院で慈善のために誰にでも開放される無料の食堂・食事》.
lang·bein·ite /lɑ́ːŋbàɪnàɪt/ *n*〘鉱〙ラングバイナイト《カリウム・マグネシウムの硫酸塩鉱物》. [A. *Langbein* 19 世紀ドイツの化学者]
Láng·dale Píkes /lǽŋdèɪl-/ *pl* [the] ラングデールパイクス《イングランド北西部 Lake District の Grasmere 西方にある **Hárrison Stíckle** (732 m) と **Píke o' Stíckle** (708 m) の 2 つの峰》.
Lange 1 ラング (**1**) **Dorothea ~** (1895–1965)《米国の写真家》(**2**) **Jessica ~** (1949–)《米国の映画女優; *Tootsie* (トッツィー, 1982), *Blue Sky* (ブルースカイ, 1984)》. **2** /lɔ́(ː)ŋi, lɑ́ŋi/ ロンギ **David Russell ~** (1942–2005)《ニュージーランドの法律家・政治家; 首相 (1984–89)》. **3** /lɑ́ːŋə/ ランゲ **Christian Louis ~** (1869–1938)《ノルウェーの平和運動家; 国際議会連盟書記長 (1909–33); ノーベル平和賞 (1921)》.
lang·er /lǽŋər/《アイル俗》*n* ペニス, いちもつ; 人間のクズ, クソ野郎.
Lang·er ランガー **Susanne K**(**nauth**) **~** (1895–1985)《米国の哲学者・教育者; A. N. Whitehead の弟子で, 美学・言語分析の分野で活躍》.
Láng·er·hans cèll /lɑ́ːŋərhɑ̀ːns-; lǽŋəhænz-/〘解〙ランゲルハンス細胞《表皮に点在する樹枝状細胞で, 抗原提示機能を果たす》. [Paul *Langerhans* (1847–88) ドイツの病理学者].
Lángerhans ìslet [ìsland]〘解〙ランゲルハンス島 (ISLET OF LANGERHANS).
Lang·land /lǽŋlənd/ ラングランド **William ~** (c. 1330–c. 1400)《イングランドの詩人; *Piers Plowman* (c. 1367–70) の作者とされる》.

lang·lauf /lɑ́:ŋlàuf/ *n* 〘スキー〙長距離レース. ［G］
lang·läu·fer /lɑ́:ŋlɔ̀ɪfər/, **-lauf·er** /-làufər/ *n* (*pl* ～, ～**s**) 長距離スキー選手. ［G＝long runner］
Lang·ley /lǽŋli/ **1** ラングリー (**1**) **Edmund of** ～ ⇨ YORK (**2**) **Samuel Pierpont** ～ (1834–1906)《米国の天体物理学者; 航空機製作の先駆》. **2** ラングリー《Washington, D.C. に近い Virginia 州北部の町; CIA 本部の所在地》; [(the)] CIA (本部). **3** [l-]〘理〙ラングレー《太陽放射の単位: 1 cm² につき 1 グラムカロリー; Samuel P. ～にちなむ》.
Lang·muir /lǽŋmjùər/ ラングミュア **Irving** ～ (1881–1957)《米国の化学者; 界面化学を開拓, ノーベル化学賞 (1932)》.
Lángmuir pròbe 〘理〙ラングミュア探針《プラズマ密度計測用探針の一種》.
Lan·go·bard /lǽŋgəbɑ̀:rd/ *n* ランゴバルド人 (LOMBARD¹). ♦ **Làn·go·bár·dic** *a, n* ランゴバルド(人[語])の; ランゴバルド語.
lan·gos·ti·no /læ̀ŋgəstí:nou/ *n* (*pl* ～**s**)〘動〙ヨーロッパアカザエビ (langoustine). ［Sp］
lan·gouste /*F* lɑ̃gust/ *n*〘動〙イセエビ (spiny lobster).
lan·gous·tine /læ̀ŋgəstí:n/ *n* (*pl* ～**s**)〘動〙ヨーロッパアカザエビ《食用; 北大西洋産》.
lan·grage, lan·gridge /lǽŋgrɪʤ/, **lan·grel** /lǽŋgrəl/ *n*《昔 敵船の帆や索具を破壊するために鉄釘などを詰めた》円筒形の砲弾. ［C18＜?］
Lang·shan /lǽŋʃæn/ *n*〘鶏〙狼山(ランシャン)《コーチンに似た中国産の大型の鶏》. ［上海近くの地名から］
lang syne /læ̀ŋ sáɪn, -záɪn/《スコ》*adv, n* 久しい前(に), 昔 (⇨ AULD LANG SYNE). ［Sc＝long since］
Lang·ton /lǽŋ(k)tən/ ラングトン **Stephen** ～ (d. 1228)《イングランドの聖職者; Canterbury 大司教 (1213–28); Magna Carta の起草に大きな役割を果たした》.
Lang·try /lǽŋ(k)tri/ ラングトリー **Lillie** ～ (1853–1929)《英国の美貌の女優; 通称 'the Jersey Lily'; 皇太子時代の Edward 7 世の愛人》.
lan·guage /lǽŋgwɪʤ/ *n* **1 a**《一般に》言語, ことば;《ある国家·地域·民族などの》言語, …語: spoken [written] ～ 話し[書き]ことば / a foreign ～ 外国語. **b**《学科としての》言語, 語学, 言語学. **2 a** 術語, 専門(用)語, 通語. **b** 語法, 文体, ことばづかい, 言いまわし;《古》言語能力,《特に》外国語を話す能力: fine ～ 美しく飾った言いまわし, はなやかな文体 / BAD LANGUAGE / strong ～ 激しいことば《悪口雑言 (swearing) を指す》/ mild ～《映画の中などでの》多少下品な[汚い]ことば, 軽いののしりことば (cf. strong LANGUAGE) / in plain ～ わかりやすい言い方で / watch [mind] one's ～ ことばに気をつける. **c** 下品なことば, 悪口. **3**《鳥獣などの》鳴き声;《非言語的な》伝達(手段), …ことば[言語];〘電算〙言語: the ～ of flowers [the eyes] 花ことば[目顔] / sign [gesture] ～ 身振り言語. ● **speak a different** ～ (**from** sb) (人と)考え方が違っている. **speak** [**talk**] **sb's** [**the same**] ～ 人と考え方や態度[趣味]が同じである. ［OF (L *lingua* tongue)］
lánguage árts* *pl*《学科目としての》国語, 言語科目《英語の運用能力養成のための読み·書き·話し方など》.
lánguage engineering 言語工学《音声認識·音声合成·機械翻訳などの目的で行なう自然言語のコンピューター処理; 略 LE》.
lánguage làboratory 語学練習室, 'ラボ', LL.
lánguage màster 語学教師.
lánguage plànning 言語計画《一つの社会で使用されているさまざまな言語や方言の研究に基づいてその社会の公用語の選定または育成をはかること》.
lánguage schòol 語学学校.
lánguage sign 〘言〙言語記号.
lánguage univèrsal 言語の普遍的特性.
lánguage variàtion 〘言〙言語変異《年齢·性別·職業·社会階層などによって異なる言語使用の実態; 社会言語学者の主要な研究テーマ》.
langue /*F* lɑ̃:g/ *n*〘言〙ラング《言語共同体の成員が共有する抽象的言語体系; その具現化としての個人の言語行為[発話]を parole という》. ［F; ⇨ LANGUAGE］
langued /lǽŋgd/ *a*〘紋〙舌が体の色と異なる: lion ～ gules 赤舌の獅子.
langue de chat /*F* lɑ̃g də ʃa/ ラングドシャ《指形などの薄いクッキー·チョコレート》. ［F＝tongue of cat］
Langue·doc /*F* lɑ̃gdɔk/ ラングドック (**1**) フランス南部, Toulouse 一帯から Rhone 川以西の沿岸部を経て Loire 上流域に至る地方·旧州; ワインの醸造が盛ん **2**) この地方で製造されるワイン》.
langue d'oc /lɑ:ŋ dɔ́:k; lɔ́ŋ dɔ́k; *F* lɑ̃:g dɔk/《(中世)南フランスの》オック語 (PROVENÇAL).
Langue·doc-Rous·sil·lon /*F* lɑ̃gdɔkrusijɔ̃/ ラングドック-ルシヨン《フランス南部 Lions 湾に臨む地域圏; Aude, Gard, Hérault, Lozère, Pyrénée-Orientales の 5 県からなる》.
langue d'oïl /lɑ:ŋ dɔ́ɪ(l); lɔŋ-; *F* lɑ̃:g dɔil/ オイル語《(**1**) 中世フランス北部に行なわれたロマンス語 **2**) 現代フランス語》.
lan·guet, -guette /lǽŋgwət, læŋgwét/ *n* 小さい舌形のもの《(**1**) LATCHET **2**) 剣の柄のさやと重なって固定する部分 **3**) 楽器の舌(ぜつ)·簧(こう)など》. ［OF (dim)＜LANGUE］
lan·guid /lǽŋgwəd/ *a* **1** ものうげな; 元気[気力]のない, 弱々しい; 関心[熱意]のない; 遅々とした. **2** のんびりした: spend a ～ day on the beach ビーチで一日くつろぐ. ♦ ～**·ly** *adv* ～**·ness** *n* ［F or L (*langueo* to languish)］
lan·guish /lǽŋgwɪʃ/ *vi* **1** 〈活動·商売などが〉弱まる, 衰える, だれる; 元気[生気]がなくなる, 弱る, やつれる; 〈草木などが〉しぼむ, しおれる; 〈契約·議案などが〉無視される, 棚上げされる. **2** みじめな生活を送る, 悩み暮らす; 思い悩む; 思いこがれる 〈*for, over*〉; やるせなさそうに見る 〈*at*〉, もの悲しそうにする. ♦ ～**·er** *n* ～**·ing** *a* 次第に衰える; 思いに悩む; 恋いこがれた; ぐずぐずした, 長引く. ～**·ing·ly** *adv* ～**·ment** *n* 弱り, 衰え, やつれ; 難儀, 悲嘆; うっとうしさ; 思いわずらい. ［OF＜Romanic (↑)］
lan·guor /lǽŋgər, *lǽŋər/ *n* けだるさ, 倦怠; 無気力; うっとうしさ 〈*of* the air〉; 物思い; 夢うつつ; 沈滞;《葉などがその時期でないのに》しおれて[朽ちて]いること. ► *vi* 衰える, 衰弱する. ［OF＜L; ⇨ LANGUID］
lánguor·ous *a* けだるい, ものうい, 疲れた; 退屈な, うっとうしい. ♦ ～**·ly** *adv*
lan·gur /lɑ:ŋgúr; lǽŋgər, lʌ́ŋ-, -guər/ *n*〘動〙ラングール《インド産オナガザル科リーフモンキー属などの数種》. ［Hindi］
lan·iard /lǽnjərd/ *n* LANYARD.
la·ni·ary /léɪnièri; lǽniəri/〘解〙*a* 〈歯が〉裂くに適する, 裂く用をする. ► *n* 犬歯 (canine tooth).
la·ni·ate /léɪnièɪt, lǽn-/ *vt* 引き裂く, ちぎる.
la·nif·er·ous /lənɪ́f(ə)rəs/, **la·nig-** /lənɪ́ʤ-/ *a*〘生〙羊毛状の毛のある. ［L *lana* wool］
La Ni·ña /lɑ: ní:njə/ ラニーニャ《南米ペルー沖の海水温が下がる現象で, 世界的異常気象をひき起こすとされる; cf. EL NIÑO》.
lank¹ /lǽŋk/ *a* やせ細った, ひょろ長い; 〈草木などが〉ひょろっとした; 〈髪が〉(縮れずに)長くつやのない[細い]. ♦ ～**·ly** *adv* ～**·ness** *n* ［OE *hlanc* loose; cf. FLANK, LINK¹］
lank² 《南アフロ》*a* たくさんの, たっぷりある; すばらしい.
Lan·ka /lɑ́:ŋkə, lǽŋ-/ ランカ《CEYLON のシンハラ語名》.
Lan·kes·ter /lǽŋkəstər/ ランケスター Sir **Edwin Ray** ～ (1847–1929)《英国の動物学者》.
lanky /lǽŋki/ *a* ひょろ長い, ひょろっとした〈人·手足〉. ♦ **lánk·i·ly** *adv* **-i·ness** *n*
lan·ner /lǽnər/ *n*〘鳥〙ラナーハヤブサ《南欧·南西アジア·アフリカ産; 特に 鷹狩り用の雌》. ［OF＝wool weaver］
lan·ner·et /lǽnərèt, ⏑⏑⏑/ *n*〘鳥〙ラナーハヤブサ (lanner) の雄《雌より小さい》.
Lannes /lɑ́:n, lǽn/ ランヌ **Jean** ～, Duc de Montebello (1769–1809)《フランスの陸軍元帥》.
lan·o·lin /lǽn(ə)lən/, **-line** /-lən, -lì:n/ *n*〘化〙ラノリン《精製羊毛脂; 軟膏·化粧品の材料》. ［G (L *lana* wool, OIL)］
la·nose /léɪnòus/ *a* LANATE.
lan·sign /lǽnsàɪn/ *n*〘言〙LANGUAGE SIGN.
Lan·sing /lǽnsɪŋ/ ランシング《Michigan 州の南部の市·州都》.
lans·que·net /lǽnskənèt/ *n*〘史〙《16–17 世紀ごろのドイツなどの》雇いの歩兵, 傭兵, ランツクネヒト (＝*landsknecht*); faro に似たトランプゲーム. ［F］
lan·ta·na /læntɑ́:nə, -téɪ-/ *n*〘植〙ランタナ《クマツヅラ科ランタナ属 (*L*-) の低木·草本の総称; 主に熱帯アメリカ産》,《特に》ランタナ, シチヘンゲ(七変化), コウオウカ(紅黄花)《鑑賞用》.
Lan·tao, Lan·tau /lɑ́:ndáu/ 大嶼(だいしょ)山《中国南東部香港島の西にある島》.
lan·tern /lǽntərn/ *n* **1** 手提げランプ, 角灯, カンテラ; ちょうちん (Chinese [Japanese] lantern): DARK LANTERN. **2** 幻灯機 (magic lantern), スライド映写機. **3**《灯台の》灯室;〘建〙明かり窓; 頂塔 (＝～ tower). **4**〘昆〙LANTERN FLY の吻管(ふんかん). **5** LANTERN PINION. ♦ ～**·ist** *n* 幻灯師. ［OF, ＜Gk *lamptēr* torch］
Lántern Fèstival《日本の》お盆 (Bon).
lántern fish 〘魚〙ハダカイワシ《主に深海性の発光魚》.
lántern fly 〘昆〙ビワハゴロモ《発光すると考えられた》.
lántern jàw 突き出た下あご; [*pl*] (ほおがこけて)あごの出ている長細い顔[口部]. ♦ **lántern-jàwed** *a* ひょろ長いあごの, やせ顔の.
lántern pìnion 〘機〙ちょうちん歯車,〘時計〙さしかな (＝*trundle*)《小さなピン歯車》.
lántern slìde 《映写用の》スライド.
lántern trèe 〘植〙チリ産のホルトノキ科クリノデンドロン属の常緑高木《真紅の壺形の花が 1 か月以上咲き続ける》.
lántern whèel 〘機·時計〙LANTERN PINION.
lan·tha·nide /lǽnθənàɪd, -nəd/ *n*〘化〙ランタニド, ランタン系列元素《記号 Ln》. ［G (*lanthanum, -ide*)］
lánthanide sèries [the]〘化〙ランタン系列.
lan·tha·non /lǽnθənɑ̀n/ *n*〘化〙LANTHANIDE.
lan·tha·num /lǽnθənəm/ *n*〘化〙ランタン《金属元素; 記号 La, 原子番号 57》. ［NL (Gk *lanthanō* to escape notice); cerium oxide の中に検出されなかったため］

lant·horn" /lǽnthɔ̀ːrn, lǽntərn/ *n* LANTERN.

Lán·tián màn /lǽntjǽn-/, **Lán-t'ién màn** /-tjén-/〖考古〗藍田(らんでん)原人《中国陝西省藍田県で発見された洪積世中期の化石人類; 北京原人より原始的とされる》.

la·nu·gi·nose /lən(j)úːʤənòus/, **-nous** /-nəs/ *a* うぶ毛の(生えた). ♦ **-nous·ness** *n* [L↓(*lana* wool)]

la·nu·go /lən(j)úːgou/ *n* (*pl* ～s) うぶ毛, 毳毛(ぜいもう), 生毛.

La·nús /lənúːs/ ラヌス《アルゼンチン東部 Buenos Aires の南にある郊外都市》.

lan·yard /lǽnjərd/ *n*〖海〗《三つ目滑車用などの》締めなわ, ラニヤード; 《首にかけて, ナイフ・笛などをつるす》ひも; 《表彰された部隊の隊員が着ける》色紐; 《大砲発射用の》引き綱. [OF *laniere*; 語尾は YARD[1] に同化]

Lan·zhou /lάːnʤóu; lǽn-/, **-chou, -chow** /lάːnʤóu; lǽnʧáu/ 蘭州(らんしゅう)(ランチョウ)《中国甘粛省の省都; 中国と西域を結ぶ交通の要衝》.

Lao /láu/ *n* **a** (*pl* ～, ～s) ラオ族《ラオスとタイ北部に居住する民族; 仏教徒》. **b** ラオ語《ラオ族の使用するタイ諸語に属する言語》.

LAO Laos.

La·oag /lɑːwάːg/ ラオアグ《フィリピン北部 Luzon 島北西部の市》.

La·oc·o·ön /leiάkouɑ̀n/ **1**〖ギ神〗ラーオコオーン《トロイアの Apollo の神官; トロイア戦争の際にギリシア軍の木馬の計略を見破ったためその子と共に Athena 女神が送った 2 匹の海蛇に巻き殺された》. **2**「ラーオコオーンの群像」《紀元前 1 世紀ごろの作; ギリシア, ヘレニズム期の大理石の彫刻》.

La·od·i·cea /leiɑ̀dəsíːə; lèiəudɪ-/ ラオディケア《**1**) 古代小アジア中西部フリュギア (Phrygia) にあった市; *Rev* 1: 11, 3: 14–22 **2**) LATAKIA の古代名》.

La·od·i·ce·an /leiɑ̀dəsíːən; lèiəudɪ-/ *a*, *n* 宗教[政治]に関心の薄い[不熱心な](人); 《一般に》関心の薄い[不熱心な](人)〈*in*〉. [*Rev* 3: 16 の, Laodicea の教会に宛てた書簡中の記述から (⇨ LUKEWARM 引用)]

lao·gai /láugái/ *n* (*pl* ～) 労改, ラオガイ《**1**) 強制労働を通じて行なわれる中国の再教育制度; 「労働改造」の短縮形 **2**) 中国の強制労働施設[キャンプ]》.

Laois, Laoighis, Leix /léiʃ, líːʃ/ レイシュ《アイルランド中部 Leinster 地方の県; ☆Portlaoise; 旧称 Queen's》.

La·om·e·don /leiάmədɑ̀n/〖ギ神〗ラーオメドーン《トロイア (Troy) の建設者で王; Priam の父》.

Laon /*F* lɑ̃/ ラン《フランス北部 Paris の北東, Aisne 県の県都》.

La·os /láus, lάːous/ ラオス《東南アジアの内陸にある国; 公式名 Lao People's Democratic Republic (ラオス人民民主共和国); 旧仏領インドシナの一部, 1953 年完全独立; ☆Vientiane, cf. LUANG PRABANG》.

La·o·tian /láuʃ(i)ən, leióuʃən/ *a* ラオスの, ラオス人の; ラオ族[語]の. ► *n* ラオス人; LAO.

Lao·zi /láuzáː/, **Lao-tzu** /láudzáː; láutsúː/, **Lao-tse** /láudzáː; láutséi/ 老子 (604?–?531 B.C.)《中国古代の道家の開祖とされる人物; cf. TAOISM》; 『老子』《老子の著述とされる書物》.

lap[1] /lǽp/ *n* **1 a** ひざ《すわって腰から左右のひざがしらまでの全体》; 《裾をあげて折り返し, 物などを運ぶのに用いるスカートなどの》ひざ[前]の部分; LAPFUL. **b**《詩》山間の窪地, くぼみ, 山ふところ; 養育の場, 憩の場; 面 (surface)〈*of*〉. **c** 管理, 監督, 責任: *in* [*on*] one's ～ ひざの上に; [*fig*] 人の責任[管理]のもとに / Everything falls into his ～. 何でも彼の思うとおりになる. **2**《衣服・鞍などの》たれさがり, へり; 《古》《コート・ドレスの》下半身部分; [ᵘ*compd*] たれ下がった突出部分: ear*lap*. **3**《2 つのものの》重なり(の部分[長さ]); 〖金属加工〗かぶり傷, ラップ; 《宝石・ガラス用》回転式円盤研磨器, ラップ盤, 〖機〗ラップ仕上げ (lapping) 用工具, ラップ. **4 a**《紡糸する前に長い筵(むしろ)状に繊維をそろえた》筵綿(など), ラップ; 《糸などの》ひと巻き. **b**《競技の》ラップ, 《走路の》1 周, 《競泳路の》1 往復; 《競技の》1 ラウンド; 《行程・競争などの》1 区分, 段階: the last ～ of the trip 旅程の最後. ● **drop [dump, land]...into [in] sb's ～**《口》…を突然人に任せる[押しつける]. **drop [fall] into sb's ～＝land in sb's ～**〈幸運などが〉人にころがり込む. **in the ～ of Fortune＝in Fortune's ～** 幸運に恵まれて. **in the ～ of luxury** ぜいたく三昧に. **in the ～ of the GODS. Make a ～!** *《俗》腰かけて, すわって. ► *v* (-pp-) *vt* **1** 折り重ねる, 折りたたむ (fold); 〈屋根板などを〉(うろこ状に)重ね合わす (overlap); 〈板などを〉重ね継ぎにする. **2**〈包帯などを〉巻く; 〈身体(の一部)〉に巻く; 《全体を》包む, くるむ; 優しく包む, いだく, 包み込む: She *lapped* a blanket *about* [*around*] (her). 体を毛布でくるんだ / He *lapped* his wrist *in* a bandage. 手首に包帯を巻いた / be *lapped* in luxury ぜいたく三昧をする. **3**〖競走・競馬・自動車レース〗一周(以上)の差をつける; 〈コースを〉一周する. **4**〈宝石・機械部品などを〉ラップ(盤)で磨き上げる; 〈バルブなどを〉すり合わせる〈*in*〉. **5**〈綿繊維などを〉長い筵状にする. ► *vi* 折れ重なる; 重なり掛かる, かぶさる; (越えて)延びる, 重なる〈*over*〉; コースを一周する. ● **～ over**＝OVERLAP. [OE *læppa* lappet, piece; cf. G *Lappen*, ON *leppr* rag]

lap[2] *vt*, *vi* (-pp-) 舌ですくい上げて[ピチャピチャなめて]飲む[食べる]; ピチャピチャ音をたてる, 〈波などが〉洗う〈(*up*) *against*〉, …にひたひたと寄せる. ● **～ up [down]** 舌でピチャピチャ飲む[食べる]; 《口》がつがつ[うまそうに]飲む[食べる]; 《口》〈事〉を楽しむ; 《口》〈お世辞などを〉真に受ける, 熱心に聞く. ► *n* ピチャピチャ飲む[食べる]こと[音]; ひとなめ分; [〈*int*〉] ペロ(ペロ), ピチャピチャ; 《俗》《ウイスキーなどの》ひと飲み; 《犬に与える》流動食; 《俗》薄い飲料; 《俗》酒; 《岸を打つ》小波の音. [OE *lapian*; cf. G *Löffel* spoon]

lap[3] *v*《方》LEAP の過去形.

la·pa, lap·pa /lάːpə/ *n*《南ア》ラーパ《柵で囲った中庭; くつろいだり, 食事会・パーティーなどを開いたりする場所》.

La Pal·ma /lə pάːlmə/ ラ・パルマ《スペイン領 Canary 諸島北西部の島; ☆Santa Cruz de la Palma》.

lap·ar- /lǽpər/, **lap·a·ro-** /lǽpərou, -rə/ *comb form*「腹壁」[Gk *lapara* flank]

láparo·scòpe *n*〖医〗腹腔鏡.

lap·a·ros·co·py /læ̀pərάskəpi/ *n* 腹腔鏡検査(法); 腹腔鏡手術. ♦ **làp·a·rós·co·pist** *n* **làp·a·ro·scóp·ic** *a* **-i·cal·ly** *adv*

lap·a·rot·o·my /læ̀pərάtəmi/ *n*〖医〗腹壁切開《特に 側腹部切開》, 開腹(術).

La Paz /lə pǽz, -pάːz, -pάːs; lɑː pǽz/ ラ・パス《**1**) ボリビア西部にある市, 同国の事実上の首都; Titicaca 湖の東, 標高 3300–4100 m の高地にある; cf. SUCRE **2**) メキシコ西部 Baja California Sur 州の州都; California 湾の入江ラ・パス湾 (**La Páz Báy**) に臨む》.

láp bèlt 2 点式シートベルト《腰の部分を締める》.

láp·bòard *n* ラップボード《ひざに載せてノートパソコンの下敷や書きものなどに用いる板》.

láp-chàrt *n*〖自動車レース〗ラップチャート《レースの全経過にわたって出走各車の周回ごとの順位を示した図表》.

láp dànce ラップダンス《ストリッパーが客の面前で, またひざの上で踊るダンス》. ♦ **láp dàncing** *n* **láp dàncer** *n*

láp dissòlve〖映〗ラップディゾルブ (＝*dissolve*).

láp·dòg *n* ひざに載せてかわいがる小型愛玩犬, 抱き犬, ラップドッグ《狆(ちん)など》; [*derog*]《口》追従者, 腰巾着.

la·pel /ləpél/ *n* 襟の折り返し, 折り襟, 下襟, ラペル. ♦ **la·pélled** *a* 折り襟(状)の, 折り襟付きの. [*lap*[1]]

lapél-gràbber *《俗》*n* 相手の襟をつかむ人; 人の注意を引こうとする人; 注目を浴びる人, 注目の的.

lapél mìke [mìcrophone] 折り襟マイク(ロフォン), ラペルマイク.

La Pé·rouse Strait /lɑː peirúːz ―/ ラ・ペルーズ海峡《宗谷海峡の別称》. [Jean-François de Galaup, Comte de *La Pérouse* (1741–c. 88) フランスの探検家]

láp·fùl *n* (*pl* ～s) ひざ一杯, 前掛け一杯 (⇨ LAP[1]).

láp·hèld *a*, *n*〖電算〗ラップトップの(コンピューター) (laptop).

lap·i·cide /lǽpəsàɪd/ *n* 石工, 碑銘彫り工.

lap·i·dar·i·an /læ̀pədέəriən/ *a* LAPIDARY.

lap·i·dar·ist /lǽpədərɪst, ləpíd-/ *n* 宝石通.

lap·i·dary /lǽpədèri; -d(ə)ri/ *a* **1** 石の, 宝石の; 玉[宝石]細工の, 玉彫りの, 玉磨きの; 石に刻んだ[彫った]. **2** 碑文体の, 碑銘に適する, 簡潔で荘重な. ► *n* 玉造り, 宝石細工人; 宝石細工[研磨]術; 宝石通 (lapidarist). [L; ⇨ LAPIS]

lap·i·date /lǽpədèɪt/ *vt*《文》…に石を投げつける, 投石して殺す. ♦ **làp·i·dá·tion** *n*

lap·i·des·cent /læ̀pədés(ə)nt/ *a* 石のような, 《特に》石碑に似た; 《古》石化する.

lap·i·dic·o·lous /læ̀pədíkələs/ *a*〖昆〗石の下に生活する, 石層棲の. [LAPIS, *-colous*]

la·pid·i·fy /ləpídəfàɪ/ *vt*, *vi* 石にする[なる], 石化する (petrify). ♦ **la·pìd·i·fi·cá·tion** *n* 石化.

lap·i·dist /lǽpədɪst/ *n* 宝石細工人; 宝石通.

la·pil·lus /ləpíləs/ *n* (*pl* **-pil·li** /-pílàɪ, -li/)〖地質〗火山礫(れき)《直径 $^1/_4$–$1^1/_2$ インチの火山砕屑(さいせつ)物》. [L (dim) < LAPIS]

lap·in /lǽpən/ *n* ウサギ (rabbit), 《特に》去勢ウサギ; ウサギの毛皮. [F]

lap·is /lǽpəs, léɪ-/ *n* (*pl* **lap·id·es** /lǽpədìːz/) LAPIS LAZULI; 石《特に 鉱物・宝石名に用いる》. [L *lapid- lapis* stone]

lap·is la·zu·li /lǽpəs lǽzəli, -ʒə-; -lǽʒjuli, -làɪ/〖鉱〗青金石, ラピス・ラズリ《12 月の BIRTHSTONE》; 群青(ぐんじょう)《青金石から採る顔料》; 瑠璃色, 群青色. [L *lazuli* AZURE]

Lap·ith /lǽpəθ/ *n* (*pl* **-i·thae** /-əθìː/, ～s)〖ギ神〗ラピテース族《テッサリア (Thessaly) の山岳地方に住んだ民族で, ケンタウロス族と争った》.

láp jòint〖建〗重ね継ぎ, 重ね張り (cf. BUTT JOINT). ♦ **láp-jòint** *vt* **láp-jòint·ed** *a*

La·place /ləplάːs/ ラプラス **Pierre-Simon ～, Marquis de ～** (1749–1827)《フランスの天文学者・数学者・物理学者》.

Lapláce trànsform〖数〗ラプラス変換.

La·plac·ian /ləplάːsiən, -lǽs-, -léɪʃən/ *n*〖数〗ラプラシアン, ラプラスの演算子[作用素] (＝**～ óperator, Lapláce óperator**)《微分作用素の一つ; 記号 △, ∇²》.

Lap·land /lǽplæ̀nd/ ラップランド《ノルウェー・スウェーデン・フィンランドの北部, ロシアの Kola 半島を含む欧州最北部の地域》. ♦ **～·er** *n*

La Pla·ta /lə plάːtə/ **1** ラ・プラタ《アルゼンチン東部 Buenos Aires の

南東, ラプラタ河口南岸の近くにある市). **2** ⇨ PLATA.
La Pláta òtter 〘動〙ラプラタカワウソ, オナガカワウソ《アルゼンチン産; 絶滅の危機にある》.
láp mìcrophone LAPEL MIKE.
láp of hónour[‖] VICTORY LAP.
láp òrgan*《俗》ひざ乗せオルガン, アコーディオン (accordion).
Lapp /lǽp/ *n* [[§]*derog*] ラップ人 (Sami); ラップ語 (Sami). ♦ **~·ish** *a, n* [Swed; cf. MHG *lappe* simpleton]
lap·page /lǽpɪʤ/ *n* 〘法〙権原競合《ある者が権利を主張する土地の一部または全部が, 他の者が権利を主張する土地と重なること》. [*lap*[1]]
láp·per[1] *n*《俗》抱き犬 (lapdog).
lapper[2] *n* ペロペロなめる人;《俗》大酒飲み, のんだくれ.
lap·pet /lǽpət/ *n*《衣服・かぶりものなどの》たれ, たれひだ, たれ飾り, ラペット; 肉垂; 耳たぶ (lobe);《一般に》パタパタして[だらりとたれて]いるもの;〘昆〙LAPPET MOTH. ♦ **~·ed** *a* [LAP[1]]
láppet mòth 〘昆〙カレハガ科の蛾数種の総称《幼虫は側面に小突起をもつ》,《特に》カレハガ.
láp·ping *n* LAP[1] すること;〘機〙ラップ仕上げ, ラッピング《工具と工作物の間に研磨剤を入れ精密に仕上げること》.
láp ròbe*《特に車に乗った時に用いる》ひざ掛け.
Láp·sang (sóuchong) /lɑ́ːpsɑ̀ːŋ(-), lǽpsæŋ(-)/ ラプサン(・スーチョン)《いぶし香のある中国の高級紅茶; cf. SOUCHONG》.
lapse /lǽps/ *n* **1** ふとした[ちょっとした]間違い[失敗], 過失, 失策, 失態 (slip); 一時的欠如; [one's] 転落, つまずき ‹*into* crime›; 背教: a ~ *of* the pen [tongue] 書き[言い]間違い / a ~ of memory=a memory ~ 度忘れ / security ~*s*=~*s in* security 警備の隙 / a ~ *from* faith 背信. **2**《時の》経過, 推移;《時間の》間隔, 隔たり ‹*between*›;《活動の一時的な》空白, 中断;《古》《水の》静かな流れ: (with) the ~ of time 時の流れ(につれて). **3**〘法〙《権利・特権の》消滅, 失効;〘保〙《保険料不払いによる契約の》失効;《習慣などの》衰退, 廃止. **4**《高度増加に伴う気温・気圧などの》低下;《地位・数量などの》下降, 減少. ► *vi* **1 a** いつしか[気を抜いた間に]…になる[陥る] ‹*into*›;《道徳的に》逸脱する, 堕落する ‹*from* faith, *into* vice›; 間違い[失策]をしてしまう. **b** ‹習慣などが›すたれる; ‹会話が›とぎれる. **2**〘法〙‹条件または相続人などを欠くために権利・財産などが›人手に渡る ‹*to*›; ‹保険など›失効[消滅]する, ‹任期・期限が›切れる, 終わる. **3** ‹時が›知らぬ間に経つ, いつの間にか過ぎる ‹*away*›. ♦ **láps·able, -ible** *a* lapse しがちな[すべき]. **láps·er** *n* [L (*laps- labor* to slip, fall)]
lapsed /lǽpst/ *a* すたれている; 失効した; 堕した, 背教の.
lápse ràte 〘気〙《高度の増加に伴う気温・気圧などの》減率.
láp·stòne *n*《靴屋の》ひざ石《ひざに載せそこで革を打つ》.
láp·stràke, -strèak *a, n* 重ね張り[よろい張り]の(船).
láp·stràked *a* LAPSTRAKE.
láp stràp LAP BELT.
lap·sus /lǽpsəs/ *n* (*pl* ~) 失策, 誤り. [L; ⇨ LAPSE]
lap·sus ca·la·mi /lɑ́ːpsʊs kɑ́ːləmìː, lǽpsəs kǽləmàɪ/ 筆のすべり, 筆の誤り. [L (*calamus* reed (pen))]
lap·sus lin·guae /lǽpsəs líŋgwàɪ, -gwi, lɑ́ːpsʊ̀s-/ 舌のすべり, 失言. [L (LINGUA)]
lápsus me·mó·ri·ae /-memɔ́ːriː/ 記憶違い. [L]
Láp·tev Séa /lǽptèf-, -tèv-/ [the] ラプテフ海《東シベリアの北, Taymyr 半島と New Siberian 諸島にはさまれた北極海の一部; 旧称 Nordenskjöld Sea》.
láp tìme 《周回[往復]競技の》ラップタイム, 途中計時.
láp·tòp *a* ‹コンピューターが›ラップトップ型の, ノート型の. ► *n* ノートパソコン, ラップトップ(型)コンピューター (=~ **compúter**).
La·pu·ta /ləpjúːtə/ ラピュータ《Swift, *Gulliver's Travels* 中の飛行する島; 島民は現実離れした沈思にふける哲学者や科学者》.
La·pu·tan /ləpjúːt(ə)n/ *n* ラピュータ島民. ► *a* 空想的な, 雲をつかむような; 不合理な (absurd).
láp-wèld *vt* 重ね溶接する. ♦ **láp wèld** 重ね溶接の接合部.
láp·wìng *n* 〘鳥〙タゲリ (=*green plover, pewit*)《欧州・アジア・北アフリカ産》. [OE; ⇨ LEAP, WINK; 飛ぶさまより; 語形は LAP[1], WING に同化]
la·que·us /léɪkwiəs, lǽk-/ *n* (*pl* **la·quei** /-àɪ, -ìː/) 〘解〙毛帯 (lemniscus). [L=noose]
L'Aqui·la /lɑ́ːkwilɑː/, **Aqui·la** /ǽkwələ, ɑ́ːkwilɑː/ ラクイラ, アクイラ《イタリア中部, ローマの北東, Abruzzi 州の州都》.
lar *n* LARES の単数形.
LAR Libya.
LARA, Lara Licensed Agency for Relief of Asia 公認アジア救済機関, ララ: ~ goods ララ物資.
Lar·a·mie /lǽrəmi/ ララミー《Wyoming 州南東部にある市; University of Wyoming (1886) の所在地》.
lar·board /lɑ́ːrbərd, -bɔ̀ːrd/ *n, a* 〘海〙左舷(の). ★ 今は starboard との混同を避けて PORT[3] という. [? *ladboard* side on which cargo was taken in (⇨ LADE); 語形は STARBOARD の影響]
lar·ce·nist /lɑ́ːrs(ə)nɪst/, **lar·ce·ner** /-nər/ *n* 窃盗犯人.
lar·ce·nous /lɑ́ːrs(ə)nəs/ *a* 窃盗の, 窃盗罪を構成する; 盗みに等しい, べらぼうな‹値段›; 窃盗をする, 手癖の悪い. ♦ **~·ly** *adv*
lar·ce·ny /lɑ́ːrs(ə)ni/ *n* 〘法〙窃盗(罪): GRAND [PETTY] LARCENY. ★ 英国では今は theft を用いる. [AF<L *latrocinium* (*latro* robber<Gk)]
larch /lɑ́ːrʧ/ *n* 〘植〙カラマツ; 唐松材. [G *Lärche*<L *laric- larix*]
lard /lɑ́ːrd/ *n* **1** 豚脂, ラード《豚の脂肪から精製した半固体の油; cf. FAT》;《口》《人体の》余分な脂肪. **2***《俗》[*derog*] 警察, サツ (cf. BACON, PIG[1], PORK). ► *vt* **1**《風味を増すため調理前に》‹肉›に豚の脂肪[ベーコンの小片]を差し込む[巻く], ラーディングする; …に油を塗る. **2** ‹話・文章などを›むやみに飾る, 飾りたてる ‹*with*›;《廃》太らせる, ‹土地を›肥やす. ● **~ in** 差し込む, 持ち込む. ♦ **lar·da·ceous** /lɑːrdéɪʃəs/ *a* ラード(状)の;〘医〙AMYLOID. **~·lìke** *a* [OF=bacon<L *lardum*; cf. Gk *larinos* fat]
lárd-àss *n**《卑》でっけえけつ(したやつ), でぶ; *《卑》のろくさい役立たず, ぼんくら.
lárd-bùcket *n**《俗》太っちょ, でぶ.
lar·der /lɑ́ːrdər/ *n* 食料品用小部屋, 食器棚; 貯蔵食料. ♦ **~·er** *n*《古》食料室係. [F<L; ⇨ LARD]
lárder bèetle 〘昆〙オビカツオブシムシ (=*bacon beetle*)《幼虫はチーズ・肉類・剥製動物などを食う》.
lárd·hèad *n, a*《米俗・豪俗》まぬけ(な), とんま(な).
lárd·ing nèedle [pìn] 〘料理〙ラーディング用の刺し棒[針] (⇨ LARD *vt*).
Lard·ner /lɑ́ːrdnər/ ラードナー **Ring(gold Wilmer)** ~ (1885–1933)《米国の短篇作家; ユーモラスで皮肉のきいた短篇を書いた》.
lárd òil ラード油《ラードから採った潤滑油・灯油》.
lar·don /lɑ́ːrd(ə)n/, **-doon** /lɑːrdúːn/ *n* 豚肉[ベーコン]の細片《風味を増すために赤身肉に差し込む[巻く]》. [F; ⇨ LARD]
lárd pìg 脂肪用豚《lard type の豚》.
lárd tỳpe 〘畜〙《豚の肉用種 (meat type) に対して》脂肪用種, ラードタイプ. ♦ **lárd-tỳpe** *a*
lárdy *a* ラード(質)の; 脂肪[脂身]の多い; 太った, 太ってきた.
lárdy cáke ラード菓子《ラード・ドライフルーツなどを入れた甘い濃厚な菓子》.
lárdy-dárdy /-dɑ́ːrdi/ *a*[‖]《俗》きざな, にやけた.
lare ⇨ LAIR[3].
La·re·do /ləréɪdoʊ/ ラレード《Texas 州南部の, Rio Grande に臨む市; 対岸はメキシコの Nuevo Laredo》.
laree ⇨ LARI[1].
la reine le veut ⇨ LE ROI LE VEUT.
la reine s'avisera ⇨ LE ROI S'AVISERA.
lar·es /léɪriːz, léɪriz, lǽriz; lɑ́ːrìːz, lέəriz/ *n pl* (*sg* **lar** /lɑ́ːr/) [[O]L-]〘古ロ〙ラレース, ラールたち《家庭・道路・海路などの守護神》. [L]
láres and penátes *pl* 家庭の守護神; 大切な家財, 家宝; 家庭 (home).
Lar·gac·til /lɑːrgǽktɪl/ 〘商標〙ラーガクチル《クロールプロマジン (chlorpromazine) 製剤》.
lar·ga·men·te /lɑ̀ːrgəménti/ *adv, a* 〘楽〙たっぷりと(して). [It]
lar·gan·do /lɑːrgɑ́ːndoʊ/ *adv, a* ALLARGANDO.
large /lɑ́ːrʤ/ *a* **1**《空間的に》大きな, 広い (spacious); ゆったりした; [[§]*euph*] 大柄な, 巨体の, 肥満した: a ~ tree 大きな木 / a ~ room 広い部屋 / be ~ of limb 大きい手足をしている / (as) ~ as LIFE / LARGER-THAN-LIFE. **2 a**《程度・規模・範囲などが》大きい, 広い, 広範な;《相対的に》大きいほう[種類]の, 大…: a ~ family 大家族, 子だくさん / a ~ crowd 大群衆 / ~ meal たっぷりとした食事 / ~ powers 広範な権限 / a ~ business 大商い; 大企業 / ~ farmers 大農 / in ~ part 大いに (largely) / a man of ~ experience 経験の豊富な人 / a *larger* issue [question] より重要な問題. **b** 大げさな, 誇張した: ~ talk 大ぶろしき. **c**《廃》‹人・心が›度量の広い, 気前のよい (generous), 豪放な (broad): have a ~ heart [mind] 度量が広い. **3**《数量的に》かなりな (considerable); 多数の (numerous);《廃》多量の, 豊富な;《廃》幅が広い: a ~ sum of money 多額の金. **4 a**〘海〙‹風が好都合の, 順風の (favorable). **b**《俗》すばらしい, 刺激的な; *《俗》強力な, 力強い; *《俗》‹芸人が›人気のある, 有名な, うけている. **5**《廃》‹ことば・ふるまいなど›下品な, みだらな, 粗野な.
● FINE[1] **and ~.** **~ for…***《俗》…に熱中して, 夢中で, …を熱望して. **on the ~ side** どちらかと言えば大きいほう(の), かなり大きい.
► *n*《廃》気前のよさ;《俗》1000 ドル[ポンド]. ● **at ~** (1) 詳細に, 十分に, 長々と‹論ずるなど›. (2) ‹犯人・猛獣などが›脱走して, 逃走中で, 野放しで. (3) 確かなあてもなく, 漫然と: a stroke delivered *at* ~ ねらい定めず加えた一撃. (4) 全体として; 一般に, あまねく: the public *at* ~ 社会全般. (5) 特定の任務のない: an ambassador *at* ~ *無任所大使. (6) *《各地区の選挙区からではなく》全州[郡]から選出される: a representative [congressman] *at* ~ *全州選出議員《定員増加のための新議員は州の特定の選挙区によらず州全体が選出する》. **in (the) ~** 大仕掛けに, 大規模に (cf. *in* LITTLE); 一般に.
► *adv* **1** 大きく, 大々的に;《俗》派手に, 自慢して, これみよがしに;《廃》豊富に: print ~ 大きく活字体で書く / talk ~ 大言壮語する. **2**〘海〙順風に乗って. ● **by and ~** 全般的に, どの点からも; 概して, 大体 (on the whole);〘海〙‹帆船が›風をうけたりうけなかったりで. **be**

living ～*《俗》調子がいい, 順調にやっている.
► *vt* [次の成句で]: **～ it** (**up**)"《俗》《飲んだり踊ったりして》大いに楽しむ, 派手に暮らす[ふるまう].
♦ **～·ness** *n* **largeish** ⇨ LARGISH.
[OF<L *largus* copious]
Lárge Bláck〔豚〕ラージブラック《耳がたれた大型の黒豚; 英国種》.
lárge cálorie 大カロリー (⇨ CALORIE).
lárge chárge 高い請求; *《俗》スリル; *《俗》重要人物, 大物, [*derog*] 偉ぶってるやつ.
lárge-éyed *a* WIDE-EYED.
lárge-flówered *a*〔植〕大輪の.
lárge-hánd·ed *a* 手の大きい; 気前のよい.
lárge-héart·ed *a* 心の大きい, 情け深い. ♦ **～·ness** *n*
lárge intéstine [the]〔解〕大腸.
lárge·ly *adv* **1** 主として, たいてい, 大部分は, 多分に. **2 a** 十分に; 豊富に, 気前よく. **b** 大いに, 大規模に. **c** 大げさに, もったいぶって.
Lárge Magellánic Clóud [the]〔天〕大マゼラン雲.
lárge-mínd·ed *a* 気宇雄大な; 度量の大きい, 寛容[寛大]な.
♦ **～·ly** *adv* **～·ness** *n*
lárge·mòuth *n* LARGEMOUTH BLACK BASS.
lárge·mòuth (**bláck**) **báss**〔魚〕オオクチバス, ブラックバス.
larg·en /lɑ́:rʤən/ *vi, vt*《古·詩》ENLARGE.
lárge òne*《俗》1年のムショ暮らし.
lárge páper edìtion 大判紙版, 豪華版 (édition de luxe).
lárge-prínt *a* 大型活字で印刷した〈本など〉.
lárger-than-lífe *a* 実物より大きい; 誇張された, 大げさな, 並はずれた, 英雄[超人]的な, 人間ばなれした, 非凡[偉大]な, スケールの大きい.
lárge-scále *a*〈地図·模型などが〉大縮尺の《詳細·精確を含意》; 大規模な.
lárge-scàle integrátion〔電子工〕大規模集積《略 LSI》.
lárge-sóuled *a* LARGE-HEARTED.
lar·gess(**e**) /lɑ:rʒés, -ʤés/ *n* 気前のよさ, 大盤振る舞い; 《気前よく与えられた》贈り物, 寄付金, 援助. [OF<L; ⇨ LARGE, -ICE]
lárge-státured *a*〈森林が〉高木と低木からなる.
lárge-týpe *a* LARGE-PRINT.
Lárge Whíte〔畜〕大ヨークシャー, ラージホワイト《胴長の大型白豚; 英国種》.
lar·ghet·to /lɑ:rgétou/〔楽〕*adv, a* 適度におそく[おそい], ラルゲットで[の]. ► *n* (*pl* **～s**) ラルゲットの楽章[節]. [It (dim)<LARGO]
larg·ish, large- /lɑ́:rʤɪʃ/ *a* やや大きい[広い], 大きめの.
lar·go /lɑ́:rgou/〔楽〕*adv, a* きわめておそく[おそい], ラルゴで[の].
► *n* (*pl* **～s**) ラルゴ楽章[節]. [It=broad]
Lárgo Ca·ba·llé·ro /-kæbə(l)jéərou, -kɑ̀:-, -léər-/ ラルゴ·カバリェロ **Francisco ～** (1869–1946)《スペインの社会党の政治家; 首相 (1936–37)》.
lari[1], **lar·ee** /lɑ́:ri/ *n* (*pl* **～**) LAARI.
lari[2] *n* ラリ《グルジアの通貨単位: =100 tetri》.
Lar·i·am /lǽriəm/〔商標〕ラリアム《メフロキン (mefloquine) 製剤》.
lar·i·at*/lǽriət, léər-/ *n* **1**《家畜を捕える》輪縄, 投げ縄; 《牧草をはむ家畜の》つなぎ縄. **2**〔プロレス〕ラリアット, ラリアート《腕の内側で相手の頸部を打つ技》. **3** ラリアット(ネックレス)《首に巻きつけるひも状の首飾り》. ► *vt* 輪縄で捕える, つなぎ縄でつなぐ. [Sp *la reata* (*reatar* to tie again<L *re-*, *apto* to adjust)]
lar·ine /lǽrən, -àɪn/ *a* カモメの[に似た].
La Rió·ja /lɑ̀:-/ ラ·リオハ《スペイン北西部 Ebro 川上流域の自治州·歴史的地域; La Rioja 県と同じ領域を占める; ☆Logroño; the Rioja ともいう; cf. RIOJA》.
La·ri·sa, -ris·sa /ləríså/ ラリッサ《ギリシア中北部 Thessaly 地方東部の市》.
Lar·i·stan /læ̀rəstǽn/ ラーリスターン《イラン南部ペルシア湾岸の地域》.
la·rith·mics /ləríðmɪks, -ríθ-/ *n* 人口集団学《人口の量的面の科学的研究》. ♦ **la·ríth·mic** *a* [Gk *laos* people, *arithmos* number, *-ics*]
lark[1] /lɑ́:rk/ *n* **1**〔鳥〕**a** ヒバリ (skylark): rise [be up] with the ～ 早起きする[している] / If the sky falls, we shall catch ～*s*.《諺》空が落ちたらヒバリが捕れる, ぼたもちは棚から落ちて来ず / (as) happy [gay] as a ～ とても楽しい[ほがらかで]. **b** ヒバリに似た小鳥《マキバドリ (meadowlark), タヒバリ (titlark) など》. **2***詩人, 歌い手. **3**《口》早起き[朝型]の人. **4** [°L-] ラーク《細身で力強い鑑賞用のハト》. [OE *lāferce*, *lǣwerce*<?; cf. G *Lerche*]
lark[2]《口》*n* ふざけ, 戯れ, 冗談, 悪ふざけ; 楽しい[愉快な]こと; [°this ...～]"(つまらない)仕事, (ばかげた)こと[もの]: for [on, as] a ～ 冗談に, おもしろ半分に / have a ～〈人に〉いたずらをする, ふざける〈*with* sb〉/ up to one's ～*s* 戯れに夢中で / What a ～! まあおもしろい! / *this* exam ～ くだらない試験. ● **Blow** [**Bugger, Sod**] **this** [**that**] **for a ～!** "《俗》ばかばかしい, もうたくさんだ. ► *vi* 戯れる, ふざける, 浮かれる, いたずらをする; 馬で駆け巡る: ～ about [around] ふざけまわる. ► *vt* からかう, かまう. ♦ **～·er** *n* **～·ish** *a* [C19 ? *lake* to frolic]
Lar·kin /lɑ́:rkən/ ラーキン **Philip** (**Arthur**) ～ (1922–85)《英国の詩人; 詩集 *The Less Deceived* (1955), *The Whitsun Weddings* (1964), *High Windows* (1974)》.
lárk(**s**)**-hèel** *n* LARKSPUR; 《黒人にみられる》長い[厚い]かかと.
lárk·some *a* 浮かれた.
lárk·spùr *n*〔植〕ヒエンソウ(属の植物); オオヒエンソウ属[デルフィニウム属]の植物 (delphinium).
larky /lɑ́:rki/《口》*a* ふざける, ひょうきんな; ふざけたための, 戯れによる.
♦ **lárk·i·ness** *n*
Lár·mor precèssion /lɑ́:rmɔ̀:r-/〔理〕ラーモア歳差運動《磁気モーメントをもった粒子(系)に磁場を加えたときの, その角運動量または磁気モーメントのベクトルの回転現象》. [Sir Joseph *Larmor* (1857–1942) 英国の物理学者]
larn /lɑ́:rn/ *vt, vi*《口》思い知らせる, わからせる; 《方》/[*joc*] LEARN. [*learn* の方言形]
lar·nax /lɑ́:rnæks/ *n*〔考古〕古代ギリシアのテラコッタ製の棺. [Gk]
Larne /lɑ́:rn/ ラーン《北アイルランド北東部の町·行政区; Belfast の北, Irish 海に臨む貿易港·リゾート》.
La Roche·fou·cauld /lɑ:rɔ̀:ʃfù:kóu, -ròuʃ-/ ラ·ロシュフーコー **François de ～, Duc de ～** (1613–80)《フランスのモラリスト; *Réflexions, ou Sentences et Maximes Morales* (箴言集, 1665)》.
La Ro·chelle /lɑ̀:rəʃél, -rou-, -rɔ:-; -rɔ-/ ラ·ロシェル《フランス西部 Charente-Maritime 県の県都, 港町; 宗教戦争の際のユグノーの本拠地》.
La Roche-sur-Yon /*F* la rɔʃsy:rjɔ̃/ ラ ロッシュ-シュル-ヨン《フランス西部 Vendée 県の県都》.
La·rousse /lərú:s, lɑ:-; læ-/ ラルース **Pierre**(**-Athanase**) ～ (1817–75)《フランスの文法学者·辞書[事典]編集者》.
lar·ri·gan /lǽrɪgən/ *n* ラリガン《木材伐り出し人夫などの履く油なめし革の長靴》. [C19<?]
lar·ri·kin /lǽrɪkən/《豪》*n*《若い》乱暴者, ならず者. ► *a* 粗暴な, ごろつきの. [? LARRY]
lar·rup /lǽrəp/《方·口》*vt* 思い切り打つ, ひっぱたく; …に圧勝する. ► *vi* ぐずぐず[がたぴし]動く. ► *n* 打撃, 一撃. [C19<?; *lather* と関係あるか]
lar·ry[1] /lǽri/ *《俗》*n* [°L-] がらくた商品; ひやかし客. ► *a* つまらない, いんちきな〈品物〉.
larry[2] *n*〔鉱〕底開きの鉱車. [*lorry*]
Larry ラリー《男子名; Laurence, Lawrence の愛称》: (as) happy as ～ とても楽しい[幸福な].
Lars /lɑ́:rz/ ラーズ《男子名》. [Swed; ⇨ LAWRENCE]
Lars Porse(**n**)**na** ⇨ PORSENA.
Lar·tet /lɑ:rtéɪ/ ラルテ **Édouard**(**-Armand-Isidore-Hippolyte**) ～ (1801–71)《フランスの考古学者》.
lar·um /lǽrəm, lɑ́:r-/ *n*《古》ALARM.
lar·va /lɑ́:rvə/ *n* (*pl* **-vae** /-vì:, -vàɪ/, **～s**)〔昆〕幼生, 幼虫; 〔動〕幼態動物《オタマジャクシなど》. ♦ **lár·val** *a* 幼虫の; 未熟な. [L =ghost, mask]
lar·vi- /lɑ́:rvə/ *comb form*「幼虫 (larva)」
lárvi·cìde *n* 殺幼虫剤. ► *vt* 殺幼虫剤で処理する. ♦ **làrvi·cídal** *a*
Lar·vik /lɑ́:rvɪk/ ラルヴィク《ノルウェー南東部 Larvik Fjord に臨む港町》.
lar·vip·a·rous /lɑ:rvíp(ə)rəs/ *a*〔昆〕幼生生殖の.
la·ryng- /ləríŋ, læ-, lɛə-/, **la·ryn·go-** /-ŋgou, -ŋgə/ *comb form*「喉頭 (larynx)」[Gk]
la·ryn·gal /ləríŋ(ə)l/ *a, n*〔音〕LARYNGEAL.
la·ryn·ge·al /ləríndʒ(i)əl, læ̀rəndʒí:əl/ *a*〔解〕喉頭(部)の; 〈病気が〉喉頭を冒す; 〈器具が〉喉頭治療[診療]用の; 〔音〕喉頭[声門]音の.
► *n*〔解〕喉頭部; 〔音〕喉頭音, 声門音; 〔言〕印欧基語喉音《印欧語比較文法で印欧共通基語の音韻として存在したと想定される喉音》.
♦ **～·ly** *adv*
larýngeal·ìze /, læ̀rəndʒí:ə-/ *vt* 喉頭を収縮させて発音する.
♦ **laryngeal·izátion** /, læ̀rəndʒì:ə-/ *n*
lar·yn·gec·to·mee /læ̀rəndʒèktəmí:/ *n*〔医〕喉頭切除手術をうけた人.
lar·yn·gec·to·my /læ̀rəndʒéktəmi/ *n*〔医〕喉頭摘出[切除](術). ♦ **-mized** /-màɪzd/ *a*
larynges *n* LARYNX の複数形.
la·ryn·gic /ləríndʒɪk/ *a* LARYNGEAL.
lar·yn·gi·tis /læ̀rəndʒáɪtəs/ *n*〔医〕喉頭炎. ♦ **làr·yn·gít·ic** /-dʒít-/ *a*
lar·yn·gol·o·gy /læ̀rəŋgáləʤi, -rən-/ *n*〔医〕喉頭科学《鼻咽頭·気管枝なども扱う》. ♦ **-gist** *n* **la·rỳn·go·lóg·i·cal, -ic** *a*
larỳngo·pharýngeal *a*〔医〕喉頭咽頭の.
larýngo·scòpe *n*〔医〕喉頭鏡. ♦ **la·rỳn·go·scóp·ic** /-skáp-/ *a* **-scóp·i·cal** *a* **-i·cal·ly** *adv*
lar·yn·gos·co·py /læ̀rəŋgáskəpi, -rən-/ *n*〔医〕喉頭鏡検査(法).
lar·yn·got·o·my /læ̀rəŋgátəmi, -rən-/ *n*〔医〕喉頭切開(術).
lar·ynx /lǽrɪŋ(k)s/ *n* (*pl* **～·es, la·ryn·ges** /ləríndʒi:z/)〔解〕喉頭

(cf. ADAM'S APPLE). [NL<Gk]

la·sa·gna, -gne /ləzɑ́:njə, -zǽnjə/ *n*〘イタリア料理〙ラザーニャ, ラザーニェ《**1**) 薄い板状のパスタ **2**) これにチーズ・トマトソース・挽肉を何段にもはさみオーブンで焼いた料理》. [It]

La·Salle /ləsǽl/ ラサール《カナダ Quebec 州南部 Montreal 島南東岸の衛星都市》.

La Salle /lə sǽl; *F* la sal/ **1** LASALLE. **2** ラ・サール (**1**) Saint **Jean-Baptiste de** ～ (1651–1719)《フランスのカトリックの教育家・慈善家; キリスト教学校修士会 (Brothers of Christian Schools, 通称 Christian Brothers) を創立 (1684)》 (**2**) **René-Robert Cavelier**, Sieur **de** ～ (1643–87)《フランスの北米探検家; 五大湖地方から Mississippi 川を下り, メキシコ湾に達し, 流域を Louis 14 世にちなんで Louisiana と名づけた》.

La Scala ⇨ SCALA.

las·car /lǽskər/ *n* インド人水夫; 《英軍の》インド人砲兵. [Urdu and Pers=army, camp]

Las Ca·sas /lɑ:s kɑ́:səs/ ラス・カサス **Bartolomé de** ～ (1474–1566)《スペインの宣教師・歴史家; インディアンの奴隷化に反対し, 'Apostle of the Indies' と呼ばれる; *Historia de las Indias* (インディアス史)》.

Las·caux /læskóu; ⏤⏤/ ラスコー《フランス中南西部 Dordogne 県の, 旧石器時代の壁画で有名な洞窟のある地》.

Las·celles /lǽs(ə)lz/ ラセルズ《男子名》.

la·scia·te ogni spe·ran·za, voi ch'en·tra·te /lɑ:ʃɑ́:teɪ òunji sperɑ́:ntsɑ: vòui keɪntrɑ́:teɪ/ 汝ここより入る者すべての希望をすてよ《Dante の『神曲』で地獄への入口に書かれていること ば》. [It]

las·civ·i·ous /ləsíviəs/ *a* みだらな, 好色な; 挑発的な. ◆ **～·ly** *adv* **～·ness** *n* [L (*lascivus* wanton, sportive)]

lase /léɪz/ *vi* レーザー光(線)を発する, レーザー発振する; 〈結晶が〉レーザー用として使える. ► *vt* …にレーザー光(線)をあてる. ◆ **lás·able** *a* レーザー光を発する, レーザー用に使える. [逆成く↓]

la·ser /léɪzər/ *n*〘理〙レーザー《分子[原子]の固有振動を利用してコヒーレント光[電磁波]を放出させる装置》; レーザー光線のように正確な[速い, 強烈な]もの. ► *vt* レーザー光線で治療する, …にレーザー光線を当てる. [*l*ight *a*mplification by *s*timulated *e*mission of *r*adiation]

láser bèam レーザー光線, レーザービーム.

láser bòmb レーザー爆弾《**1**) レーザー光で誘導される通常爆弾 **2**) レーザー光を起爆の熱源とする水爆》.

láser càne レーザー杖《赤外レーザー光を発し, その反射を音などに変えて障害物を知らせる盲人用ステッキ》.

láser dìsc OPTICAL DISK, レーザーディスク.

La Se·re·na /lɑ̀: səréɪnə/ ラ・セレナ《チリ中北部 Valparaíso の北方にある市; 1818 年 2 月 12 日, チリ独立宣言の発せられた場所》.

láser fùsion〘理〙レーザー核融合.

láser gùn レーザーガン《レーザー光線を利用して, バーコードを読み取ったり, スピード違反を取り締まるために速度を測定したりする器具》; 《SF に出てくる》レーザー銃.

láser mèmory〘電算〙レーザーメモリー《レーザー光を走査して記憶内容を読み取る》.

láser prìnter〘電算〙レーザープリンター《レーザー光を利用して印字する》.

láser rànging レーザー測距(法)《レーザーパルスが対象との間を往復する時間を計測して距離を精確に測定する方法》. ◆ **láser rànger** レーザー測距儀.

láser rìfle レーザー銃《武器または器具》.

láser sùrgery〘医〙レーザー手術《レーザー光線による生体細胞の破壊》.

láser trèatment〘医〙レーザー治療.

lash[1] /lǽʃ/ *n* **1 a** むちの柔軟部分, むちひも, むち. **b** むち打つこと, 鞭打(べんだ); [the] むち打ちの刑; 痛烈な非難; すばやい動き, 《怒って尾などを》うち振ること, 《雨・風・波・木の枝などが》激しく打ちつけること: under *the* [sb's] ～ 体刑をうけて; 痛烈な非難をうけて. **c** 駆りたてる[あおる]力[もの]. **2** [ᵘ*pl*] まつげ (eyelash). **3**〘機〙可動部品間の隙間, 遊び. ● **have a ～** «豪口» 〈…を〉試してみる, ひとつやってみる 〈*at*〉. ► *vt* **1 a** むちで打つ, 打ちのめす. **b** 〈波・風が〉…に激しく打ち当たる, 打ちかかる 〈*about*〉; 〈風が雨などを〉打ちつける. **c** 刺激する, 激昂させる 〈*into* fury〉; ののしる, …に皮肉を浴びせる: ～ *oneself into* a fury [rage] 激怒する. **2** 〈尾・足・扇などを〉さっと[激しく]動かす[振る, 振りまわす] 〈*about*〉. **3** 〈新聞などを〉(大量に)発行する 〈*out*〉. **4** ᵘ〈金などを〉濫費する. ► *vi* **1** むち打つ 〈*at*〉; 〈波・風が激しく打ち当たる 〈*against*〉; 痛罵する; ᵘ〈雨・涙などが〉降り注ぐ 〈*down* (*on*)〉. **2** 激しく[さっと]動く. **3** ᵘ濫費する. ● **～ back** 反撃する, 打ち返す, 言い返す 〈*at*〉. **～ into**…を激しく攻撃[非難]する, ぶんなぐる; 〈食べ物〉に食らいつく. **～ out** 激しく打つ, なぐりかかる 〈*at, against*〉; 〈馬が〉けとばす, 蹴る 〈*at, against*〉; 悪口[暴言]を吐く, 酷評する, 激しく非難する 〈*at, against*〉; むちゃをやり出す 〈*against*〉; ᵘ(〈金などを〉)気前よく[むやみに]つかう, 大枚を払う 〈*on* a fur coat〉. ◆ **～·less** *a* まつげ (eyelash) のない. [ME (? imit)]

lash[2] *vt* 《綱・ひもなどで》縛る, 結ぶ: ～ one piece *to* another / ～ two pieces *together* / ～ sth *down* [*on*] 物を結びつける[留める]. [OF *lachier* to LACE]

LASH, lash[3] /lǽʃ/ *n, a* ラッシュ船[システム](の)《貨物を積載したはしけをそのまま船上に搭載する貨物船[海運方式]》. [*l*ighter-*a*board-*sh*ip]

lashed /lǽʃt/ *a* まつげのある, まつげが…の: long-～ まつげの長い.

lásh·er[1] *n* **1** ᵘ堰(せき); ᵘ堰の放水口; ᵘ堰を流れ落ちる水, 堰の下の水たまり. **2** むちで打つ人; 非難者, 叱責者. [*lash*[1]]

lasher[2] *n* 《綱・ひもなどで》縛る人; 〘海〙締め綱. [*lash*[2]]

lásh·ing[1] *n* **1** むち打ち; あてこすり, 《激しい》叱責. **2** [*pl*] ᵘ«口» たくさん (plenty) 〈*of*〉: strawberries with ～*s of* cream クリームをたっぷりかけたイチゴ. [*lash*[1]]

lashing[2] *n* 縛ること; 結束材, 繋索; [*pl*] ひも, 縄. [*lash*[2]]

lash·ins /lǽʃənz/ *n pl* ᵘ«口» たくさん (lashings).

lash·kar /lǽʃkər/ *n* LASCAR.

Lash·kar /lʌ́ʃkər/ ラシュカル《インド中北部 Madhya Pradesh の市; 旧 Gwalior 州の州都で, しばしば Gwalior 市の一部とみなされる》.

lásh-ùp *n* 急場しのぎ[急ごしらえ]のもの; 装備, 設備; «俗» 兵舎; «俗» チーム, 一団, 部隊; «俗» しくじり, へま, ごちゃごちゃ.

LA·SIK /léɪsɪk/ *n*〘眼〙レーシック《角膜を削って近視・遠視・乱視を矯正する外科手術》. [*las*er(-assisted) *i*n situ *k*eratomileusis]

Las·ker /lǽskər/ ラスカー **Emanuel** ～ (1868–1941)《ドイツのチェスプレーヤー; 世界チャンピオン (1894–1921)》.

Lásker Awàrd ラスカー賞《毎年 医学に貢献した人に対してラスカー財団 (**Lásker Foundàtion**) が与える賞; 1946 年創設; 米国で最も権威のある医学賞で, 'アメリカのノーベル賞' ともいわれる》. [Albert *Lasker* (1880–1952) 米国の実業家・慈善家]

las·ket /lǽskət/ *n*〘海〙LATCHING.

Las·ki /lǽski/ ラスキ **Harold** (**Joseph**) ～ (1893–1950)《英国の政治学者・教育者; 労働党委員長, 左派の理論家として活動した》.

Las Pal·mas /lɑ:s pɑ́:lməs/ ラス・パルマス《**1**) Canary 諸島東部を占めるスペインの県 **2**) Canary 諸島中部 Grand Canary 島北東部の市・港町, Las Palmas 県の県都, Canary 諸島自治州の州都; 全名 Las Palmas de Gran Canaria; ヨーロッパと南米を連絡する航路の給油地》.

L-asparaginase /él⏤/ *n*〘生化〙L-アスパラギナーゼ《アスパラギンを分解する酵素; 細菌類から得られ, 白血病の治療に用いる》.

La Spe·zia /lɑ: spétsiə/ ラ・スペツィア《イタリア北西部 Liguria 州の市・軍港》.

lasque /lǽsk; lɑ́:sk/ *n* ラスク《質の劣った板状の薄いダイヤモンド》. [? Pers=piece]

lass /lǽs/ *n* 若い女, 小娘, 少女 (opp. *lad*); 恋人《女性》; «スコ» 女中, メイド. [ON *laskwa* unmarried]

Las·sa /lɑ́:sə, lǽsə/ ラサ (LHASA の異つづり).

Lás·sa féver /lǽsə-, lɑ́:sə-/〘医〙ラッサ熱《特に アフリカで発生する, アレナウイルス科のラッサウイルスによる急性感染症》. [*Lassa* ナイジェリア西部の村, 発見地]

Las·salle /ləsǽl, -sɑ́:l/ ラサール **Ferdinand** ～ (1825–64)《ドイツの社会主義者; Marx の影響を受け, 初期の労働運動を指導した》.

Lás·sen Péak /lǽs(ə)n-/ ラッセンピーク《California 州北部 Cascade 山脈南端にある活火山 (3187 m); ラッセン火山国立公園 (**Lássen Volcánic Nátional Párk**) の中心》.

las·si /lǽsi/ *n* ラッシー《ヨーグルトやバターミルクに砂糖や香料を加えたインドの清涼飲料》. [Hindi]

las·sie /lǽsi/ *n* **1** LASS (cf. LAD). **2** [L-] (名犬)ラッシー《英国生まれの米国の小説家 Eric Knight (1897–1943) の児童物語 *Lassie Come Home* (1940) の主人公であるコリー犬; のちに映画・テレビ・漫画で冒険物語の主人公となった》.

las·si·tude /lǽsət(j)ù:d/ *n* 《精神的・肉体的な》だるさ, 倦怠, 疲労; 気乗りうす. [F or L (*lassus* weary)]

las·so /lǽsou, læsú:/ *n* (*pl* **～s, ～es** /-z/) 輪縄, 投げ縄《家畜を捕えるために用いる結び輪のある長い縄》. ► *vt* 輪縄で捕える. ◆ **～·er** *n* [Sp *lazo* LACE]

Las·so /lɑ́:sou/ ラッソ, ラッスス **Orlando di** ～ (1532–94)《フランドルの作曲家; ラテン語名 Orlandus Las·sus /lǽsəs/》.

last[1] /lǽst; lɑ́:st/ *a* [LATE の最上級; cf. LATEST] **1 a** [the] 《順序の上で》最後の, 終わりの, 最終の (opp. *first*): *the* ～ page of the book / *the* ～ line on a page 最後の行 / *the* ～ Monday of every month / *the* ～ but one=*the* second ～ 終わりから 2 番目 / *the* ～ two 最後の 2 つ / ～ thing (at night) ⇨ LAST THING *adv.* **b** 最後に残った; 臨終の: a ～ chance 最後のチャンス / He spent his ～ dollar. 最後の 1 ドルまで使い果たした / He would share his ～ crust (of bread) with a friend. 彼はなけなしのパンまで友人と分け合うような男だ / to the ～ man 最後の一人に至るまで / in one's ～ moment 死に際に, 臨終に / the ～ days 死期; 《世界の》末期 / LAST WORDS. **2 a** すぐ[この]前の, 昨…, 去る…, 先… (⇨ NEXT ★): ～ evening 昨晩 / ～ Monday=on Monday ～ この前の月曜日に / ～ week [month, year] 先週[先月, 去年] / ～ January=in January ～ 去る 1 月に / ～ summer 過ぐる夏 / ～ time I saw him この前会った時 / in [during] *the* ～ century 前世紀に[間に] / in *the* ～ fortnight この 2 週間に. **b** [the] 最近の, 最新の, 最新流行の (new-

est): *The* ~ (news) I heard, he is in Paris. [副詞的に] 最近の消息では彼はパリにいるとのことだ / I hope you received my ~ (letter). 前便お受け取りのことと存じます / LAST THING / LAST WORD. **3** [the] 最も…しそうもない; 最も不適当[不相応]な: the ~ thing on sb's mind ⇨ LAST THING / *the* ~ man (in the world) I want to see ぼくがいちばん会いたくない人 / The author should be *the* ~ person *to* talk about their work. 著者は自分の著書について決して語るべきでない. **4** 決定的な, 最後的な, 究極の (final); [the] 最上の (supreme); 最下(位)の, 最低の (lowest): It is of *the* ~ importance. それが最も重要なことである / *the* ~ boy in the class クラスでびりの生徒 / LAST WORD. **5** [強意] 個々の: every ~ thing どれもこれもみな / spend every ~ cent 1 セント残らず使い果たす. ● **for the ~ time** 最後に, それを終わりとして: I saw her *for the ~ time.* 彼女とはその後会うことはなかった / You have tricked me *for the ~ time.* 二度とだまされないぞ. **if it's the ~ thing** I do [he does, etc.] 是が非でも, 絶対《強い決意を表わす》. **in the ~ place** 最後に (lastly) LAST THING. **put the ~ hand to**…を仕上げる.
► *adv* [LATE の最上級] **1** いちばん終わりに (lastly) (opp. *first*); 最後に, 結論として: come in ~ 《競走などで》びりになる / ~-mentioned 最後に述べた. **2** この前, 前回に, 最近に (opp. *next*): since I saw you ~ =since I ~ saw you この前きみに会って[別れて]から / ~ hired, first fired 最近雇われた人が最初に解雇される. ● **~ but not** [**by no means**] **least** 最後に述べるが決して軽んじられない[忘れてはならない]. LAST IN, FIRST OUT. **~ of all** 最後に.
► *n* **1 a** 最後のもの[人]: the ~ shall be first (and the first, ~) あとの者が先になり(先の者が後になるだろう), 低く見られていた者がすぐれていることがわかるだろう《*Matt* 19:30》. **b** 《手紙など》いちばん最近[この前]のもの. **2** 最後 (the end); 結末, 最後の模様; 《人の》最後の動作; 死, 臨終, 最期: at the ~ 最後に, 最晩年[最期]に / to [till] the ~ 最後[最期]まで, 死ぬまで / keep [leave, save]…until [till] ~ …を最後まで残して[とって]おく / BREATHE one's ~ / I thought every moment would be my ~. 今にもわたしの最期になるかと思った. **3** 週末, 月末《必ずしも最終日のみではない; cf. FIRST》. ● **at ~** 最後に, ついに, ようやく. **at long ~** =at LAST; やっとのことで, とうとう. **…before ~** 一昨…, 先々…: the night [month, year, etc.] *before* ~ 一昨夜[先々月, おととし など]. **hear the ~ of**…をもはや話題にしない; …と手を切る, 追っぱらう: I shall never *hear the* ~ *of* it. そのことはいつまでも人のうわさになっていることだろう. **look one's ~ of**…の見納めをする; …と手を切る. **see the ~ of**…の見納めをする; …を追っぱらう, …と手を切る.
[OE *latost, latest* (superl) < *læt* (a), *late* (adv); *-t-* の欠落は BEST に同じ]

last[2] *vi, vt* **1** 続く; 持続[存続]する; 耐える, そこなわれない, 衰えない, 持ちこたえる: The lecture ~*ed* (*for*) two hours [*until* five o'clock]. 講演は 2 時間[5 時まで]続いた / The economy is too good to ~. こんな好景気がいつまでも続くわけがない. / He will not ~ much longer. 彼はあまり長いことあるまい. **2** 〈人〉の必要を満たす, 間に合う: This will ~ me a fortnight. これだけあれば 2 週間は間に合うだろう. ● **~ out** 〈…の〉終わりまで間にあう[持ちこたえる]. ► *n* 持続力, 耐久力, 根気. ♦ **~·er**[1] *n* [OE *lǣstan* < Gmc **laist-* LAST[3] (G *leisten* to perform)]

last[3] *n* 靴型, 足型. ● **stick to one's ~** 自己の本分を守る, 要らぬ口出しをしない. ► *vt, vi* 〈靴を〉靴型に合わせる. ♦ **~·er**[2] *n* 靴型に合わせる人[機械]. [OE *lǣste* last[3], *læst* boot, *lāst* footprint; cf. G *Leisten*]

last[4] *n* ラスト《種々の単位: **1)** 重量: 通例 4000 pounds **2)** 羊毛の量 (=~ **of wóol**): 12 袋 (4368 pounds) **3)** ニシンの量 (=~ **of hérrings**): 12 樽 (10,000 匹, 13,200 匹または 20,000 匹) **4)** 穀物[麦芽]の量 (=~ **of gráin** [**mált**]): =10 quarters》. [OE *hlæst* load < Gmc **hlath-* LADE (G *Last*)]

lást acròss 近づいてくる車[列車]の前をだれが最後に横切ったかを競う子供の遊び (=**lást acròss the róad**).

lást ágony 臨終の苦しみ, 断末魔 (death agony).

lást cáll* 《バーでの》ラストオーダー(の時間) (last orders[‖]); 《搭乗の》最終案内[アナウンス].

lást-cáll lòok*《俗》夜もふけたのに交際のきっかけがつかめていないときのあせっている表情.

lást crý [the] 最新流行, 最近のはやり. [F DERNIER CRI]

lást-cýclic *a* 〖変形文法〗最終循環の: a ~ rule 最終循環規則.

Lást Dáy [the] JUDGMENT DAY.

lást-dítch *a* 絶体絶命の, ぎりぎりの, どたんばの, 最後の望みをかけた, 窮余の; 死力を尽くした〈抵抗など〉. ♦ **~·er** *n* 最後までがんばる人.

lást dítch [the] 最後の防衛[抵抗]の場, どたんば: (fight) to *the* ~ 最後の最後まで(闘う) / DIE[1] in *the* ~.

Las·tex /lǽstɛ̀ks/ 〖商標〗ラステックス《被覆弾性糸》.

lást-gásp *a* 《口》どたんば(で)の, せっぱつまっての, 最後の: a ~ winner 土壇場での決勝点[ゴール].

lást gàsp 最後のあえぎ; 死の直前; 終焉: breathe one's ~ 息を引き取る; 終焉を迎える, 消滅する. ● **at one's** [**the**] **~** 臨終に; どたんばに; 疲れはてて. **to the ~** 最期まで, 息を引き取るまで.

Lást Góspel 《礼拝時の誦読用の》福音書の最後の数節《通例 *John* 1:1–14》.

lást hurráh* 最後の努力[仕事], 花道. [米国の作家 Edwin O'Connor (1918–68) の, 老政治家の最後の選挙戦を描いた小説 *The Last Hurrah* (1956) から]

lást ín, fírst óut 後入れ先出し (⇨ LIFO).

lást·ing *a* 永続する, 耐久力のある, 永久(不変)の. ► *n* **1** ラスティング《撚(よ)りの強い堅い綾織り; 靴・かばんの内張り用》. **2** 《古》耐久性, 長命. ♦ **~·ly** *adv* **~·ness** *n*

Lást Júdgment [the] 最後の審判《神が世の終わりに人類に下す》; [the] 最後の審判の日 (Judgment Day).

lást lícks *pl**《俗》《負けが確定的な側の》最後のチャンス; 《一般に》最後の機会.

lást·ly *adv* 《数え立てて》最後に, 終わりに, 結論として.

lást-mínute *a* 最後の瞬間の, どたんばの. ♦ **lást mínute** *n* 最後の瞬間, どたんば.

lást móment LAST MINUTE.

lást náme 姓 (surname) (⇨ NAME).

lást órders[‖] 《バー・パブでの》ラストオーダー (last call*).

lást póst 〖英軍〗消灯らっぱ (cf. FIRST POST); 葬儀におけるらっぱの吹奏; 《郵便の》最終便.

lást quárter 〖天〗《月の》下弦.

lást rítes *pl* [the] 〖カト〗臨終の者に対する最後の秘跡[聖餐] (extreme unction).

lást róundup*《西部》死 (death).

lást stráw [the] 忍耐の限界を超えるもの, とどめの一撃: It's *the* ~ that breaks the camel's back. 《諺》《限度を超せば》たとえわら一本載せてもラクダの背骨が折れる, 重荷に小付け.

Lást Súpper [the] 最後の晩餐《**1)** キリストがはりつけになる前に弟子たちと共にした; cf. MAUNDY THURSDAY **2)** その絵, 特に Leonardo da Vinci のテンペラ壁画 (1495–98)》.

lást thíng *n* [the] 最後のもの[こと]; [the] 最新流行 〈*in*〉; [the L-T-s] 世の終わりを告げる諸事件; [the (four) ~s] 〖キ教〗四終《死・審判・天国・地獄》: *the* ~ on sb's mind 思ってもみないこと, 論外のこと / *the* ~ *in* hats 流行の帽子. ► *adv* [[s]the; [o]~ at night] 《口》最後に, 《特に》寝る前に.

lást trúmp [**trúmpet**] [the] 〖キ教〗最後の審判のらっぱの音《死者をよび起こし審判に服させる》.

lást wórd **1** [the] 《議論に決着をつける》最後的[決定的]なことば; 最終的決定権: have [say, give] *the* [one's] ~ 《議論などで》決定的な発言をする, 最後的な意見を述べる / *the* ~ *on* the future of science 科学の将来についての決定的意見. **2** [the] 《改善の余地のない》完璧なもの, 決定版; 《口》最新式(のもの): *the* ~ *in* video games 最新のテレビゲーム. **3** [the ~s, one's ~s] 臨終[今はの際]のことば. ● **famous ~s** 臨終名言集; [*joc*/*iron*] そうでしょうとも, それはどうかな《言われたことへの不信の表明》.

Las Ve·gas /lɑːs véɪgəs; læs-/ ラスヴェガス《Nevada 州南東部の市; 豪華なホテルとカジノで有名》. [Sp=the meadows]

Las Végas lìne* [the] フットボール賭博の賭け率.

Las Végas Nìght* 《教会や非営利団体の募金活動として許される》合法的な賭博の催し.

lat[1] /lɑ́ːt, lǽt/ *n* (*pl* **~s, la·ti** /-ti/) ラット《ラトヴィアの通貨単位: =100 santimi》. [Latvian]

lat[2] /lǽt/ *n* [[u]*pl*] 《口》広背筋 (LATISSIMUS DORSI).

lat. latitude. **LAT** 〖天〗local apparent time 真太陽地方時 ♦ [o]Los Angeles Times.

la·tah, la·ta /lɑ́ːtə/ *n* ラター《神経症的行動類型; 最初マレー半島で発見されたもので, 通例 驚きによってひき起こされる; 他人の行動やことばを衝動的に模倣するのが特徴》. [Malay]

Lat·a·kia /læ̀təkíːə/ **1** ラタキア《**1)** シリア北西部, 地中海に臨む地方 **2)** その中心都市・港町; 古代名 Laodicea》. **2** [[o]l-] ラタキアタバコ《ラタキア地方を主産地とする芳香のあるタバコ》.

latch /lǽtʃ/ *n* 《ドア・窓・門の》掛け金, 《ばね式の》錠(前), ラッチ, かんぬき, 空錠(そらじょう), 止め金具, NIGHT LATCH; 〖電子工〗ラッチ(回路) (=~ **cìrcuit**)《ある入力に対する出力状態を他の入力があるまで保持する論理回路》: on [off] the ~ 〈ドアが〉掛け金がかかって, 掛け金がはずれて. ► *vt* 〈ドアに〉掛け金をかける. ► *vi* 〈ドアが〉掛け金がかかる; 〖電子工〗〈ラッチ回路が〉保持状態になる. ● **~ on** つかむ, つかまえる; 〈乳児が〉乳首に吸いつく; 付着する; 《口》〈物が〉くっつく; 《口》理解する. **~ onto** [**on to**]…をつかまえる; 《口》…を手に入れる, 自分のものにする; 《口》…を理解する, のみ込む; 《口》…を放さない, 〈物が〉…にくっつく; 《口》〈人が〉…に付きまとう, まつわりつく, すがる; 《口》…にひどく興味をもつ, …に執着する; [‖]《口》《ラグビー・サッカーで》〈他の選手の動き〉をうまく利用する. [*latch* (dial) to seize < OE *læccan*]

látch·er-òn *n* 《口》まつわりつく人.

latch·et /lǽtʃət/ *n* 《古・聖》《特に 革製の》靴ひも.

látch·ing *n* [[u]*pl*] 〖海〗《追加帆取り付け用の帆裾の》縄輪 (=*lasket*).

látch·kèy *n* 掛け金の鍵; 表戸[玄関ドア]の鍵; 《父権からの自由・解放の象徴としての》ドアの鍵.

látchkey chìld [**kìd**] 鍵っ子.

látch·strìng *n* 掛け金のひも《外から引っ張って開ける》; 《口》 歓待. ● **hang out [draw in] the ～ for…***…に家の自由な出入りを許す[許さない].

late /léɪt/ *a* (**lát·er, lat·ter** /lǽtər/; **lát·est, last** /lǽst; lɑ́ːst/) ★ LATER, LATEST は「時」の, LATTER, LAST[1] は「順序」の関係を示す《各項参照》. **1 a** おそい, 遅れた, 遅刻して; 《支払いなど》滞って, 《家賃を》ためて ‹*with*›: I was ～ for [to] work. 仕事に遅れた / (too) ～ for the train 列車に遅れて / Spring is ～ (in) coming. 春の来るのがおそい / It is never too ～ to MEND. / LATE FEE. **b** いつもよりおそい, おそくなってからの; 夜[深夜]になってからの; 時刻[時節]遅れの (backward); 《口》‹女性が›生理が遅れている: ～ dinner 遅い夕食; 《Victoria 朝時代の子供を同席させない》夜の正餐 / (a) ～ marriage 晩婚 / It is getting ～. (そろそろ)おそくなってきた / a ～ show 《テレビの》深夜番組 (cf. LATE-NIGHT) / ～ flowers おそ咲きの花. **2** 終わりに近い, 後期の, 末期の (opp. *early*): ～ spring 晩春 / a boy in his ～ teens ハイティーンの少年 / ～ in life 老齢になって, 晩年に. ★ 比較級を用いると時期がいっそう不明瞭になる: the *later* Middle Ages 中世の末ごろ. **3 a** 近ごろの, このごろの, 最近[最新]の (recent): the ～ war この前[間]の戦争 / of ～ years 近年 / ～ news 最新のニュース / in his ～ visit 前回訪問時に. **b** 先の, 前の, 旧… (former, ex-): the ～ prime minister 前[元]首相. ★ 次の 4 の意味と紛らわしいときは former- を用いるほうがよい. **4** 最近死んだ, 故…: my ～ father 亡父 / the ～ Mr. Brown 故ブラウン氏. ● **～ in the day [game*]** おそすぎて, 手遅れで, 機を失って. ► *adv* (**lát·er; lát·est, last**) **1** おそく, 遅れて, おそすぎて, 間に合わないで (too late): The bus arrived five minutes ～. バスは 5 分遅れて着いた / Better ～ than never. 《諺》おそくともしないよりはまし. **2 a** 夜ふけて[まで]; おそく(まで): dine ～ おそい夕食をとる / ～ in the morning 朝おそく. **b** 《時期の》おそく(に), 終わり近く(に). **3 a** 最近, 近ごろ (lately): as ～ as…に至っても(なお), つい先ごろの…に. **b** 先には, 最近まで (formerly). ● **～ of…** 最近まで…在住[勤務, 所属]であった: Professor Lee, ～ *of* Beijing University. **soon [early] or ～** 《まれ》早晩, おそかれ早かれ. ► *n* [次の成句で]: **of ～** 最近 (lately). **till ～** おそくまで. ♦ **～·ness** *n* おそいこと, 遅れ, 遅刻. [OE (adv) *late* ‹(a) *læt* slow; cf. G *lass* slow, OE *lettan* to LET[2]]

láte adópter 〘商〙新製品・新技術の採用が遅い人, 後発業者.

láte bìrd 夜遊びする人 (cf. EARLY BIRD).

láte blíght 〘植〙《糸状菌によるジャガイモ・トマトなどの》疫病, 葉枯れ病.

láte blóom·er 晩成型の人.

láte-blóom·ing *a* 晩成の, 晩熟の, おそ咲きの.

láte-brèak·ing *a* ‹ニュースなどが›放送[印刷]間際にはいった, 最新の.

láte·còmer *n* 遅れて来た人, 遅刻者, 遅参者; 最近到来した物[人], 新参者 (newcomer).

láte cút 〘クリケット〙レイトカット《ボールがウィケットの近くに来てから行なうカット》.

lat·ed /léɪtəd/ *a* 《詩》BELATED.

láte devéloper 発育[発達, 成長]のおそい人, おくて, 発育遅滞者; LATE BLOOMER.

Láte Egýptian 後期エジプト語《New Egyptian または Demotic Egyptian の別称》.

la·teen /lətíːn, læ-/ 〘海〙*a* 大三角帆の. ► *n* 大三角帆 (＝～ **sàil**); 大三角帆船 (＝～·**er**). [F (*voile*) *latine* Latin (sail)]

latéen-rigged *a* 〘海〙大三角帆を装備した.

láte fée" 時間外特別郵送料; 遅滞料, 延滞料.

Láte Gréek 後期ギリシア語 (⇨ GREEK).

Láte Hébrew 後期ヘブライ語《紀元前 2 世紀から中世初期まで》.

lateish ⇨ LATISH.

Láte Látin 後期ラテン語 (⇨ LATIN).

láte·ly *adv* 最近(は), 近ごろ (of late) (cf. RECENTLY). ● **～ of…** ＝LATE of…. **till ～** 最近まで. [OE *lætlice* (LATE)]

láte módel 《自動車などの》新型. ♦ **láte-mòdel** *a*

lat·en /léɪtn/ *vt, vi* おそくする[なる], 遅れさせる[遅れる].

la·ten·cy /léɪtnsi/ *n* 隠れていること, 見えないこと; 潜伏(期), 潜在; 潜在物; 〘精神分析〙LATENCY PERIOD; 〘生・心〙LATENT PERIOD.

látency pèriod 〘精神分析〙潜在期; 〘生・心〙LATENT PERIOD.

La Tène /lɑː tén, -térn/ *a* 〘考古〙ラテーヌ文化の《La Tène はスイスの Neuchâtel 湖東端にあるヨーロッパ鉄器時代後期の遺跡》.

láte-nìght *a* 深夜の, 深夜営業の: a ～ show 《テレビの》深夜番組.

la·ten·si·fi·ca·tion /leɪtɛ̀nsəfəkéɪʃ(ə)n, lə-/ *n* 〘写〙潜像補力《現像前の潜像を増感すること》. ♦ **la·ten·si·fy** /leɪténsəfàɪ, lə-/ *vt* [*latent*＋*intensification*]

la·tent /léɪtnt/ *a* 隠れている, 見えない, 潜在的な; 〘医〙潜伏性の; 〘生〙潜伏[休眠]の; 〘心〙潜在性の. ► *n* 《肉眼ではよく見えない》犯罪現場の指紋 (＝～ **fíngerprint [prínt]**). ♦ **～·ly** *adv* [L (*lateo* to be hidden)]

látent ambigúity 〘法〙潜在的意味不明瞭《法律文書中文言自体は明確でありながら特殊の事情から不明瞭となること; cf. PATENT AMBIGUITY》.

látent fúnction 〘社〙潜在的機能《制度その他の社会現象が果たしている非意図的で, しばしば気づかれない機能; cf. MANIFEST FUNCTION》.

látent héat 〘理〙潜熱 (cf. SENSIBLE HEAT).

látent ímage 〘写〙潜像《現像すれば見えてくる像》.

látent léarning 〘心〙潜在学習《報酬が与えられることによって顕在化するそれに先立って成立する学習》.

látent pèriod 〘医〙《病気の》潜伏期; 〘生・心〙潜刺激期, 潜期, 潜伏期, 潜時《刺激と反応間の時間》.

látent róot 〘数〙行列 (matrix) の固有方程式の根.

lat·er /léɪtər/ *a* [LATE の比較級] もっとおそい, もっとあとの, 後期の. ► *adv* あとで, のちほど (afterward); [L-]*《口》じゃ, また, さよなら: five years [novels] ～ 5 年後[5 作執筆後]に / not [no] ～ than… までに, …には(すでに) / See you ～. 《口》またあとで, さよなら / It's ～ than you think. そんなに時間はない, 行動を起こすなら今のうちだ. ★ E メールなどで **L8R** と略記することがある: C U *L8R*＝see you later. ● **～ on** のちほど (cf. EARLIER on). **sooner or ～** いつかは, 早晩. **sooner rather than ～** ほどなく, 早目に, 短時間で.

-l·a·ter /⌐ lətər/ *n comb form*「崇拝者」: icono*later*. [Gk]

lat·er·ad /lǽtəræ̀d/ *adv* 〘解〙側面へ.

lat·er·al /lǽt(ə)rəl/ *a* 横の(方への), 横からの; 横方向の; 外側の, 側面の; 〘生〙側生の; 〘音〙側音の: a ～ axis 〘空〙《機体の》左右軸, *y* 軸 / a ～ branch 側枝; 《親族中の》傍系 / ～ root 側根 / a ～ consonant 側音 (/l/). ► *n* 側部; 側部にあるもの, 側面から生じるもの; 〘植〙側生, 横向き; 側生芽[枝]; 〘アメフト〙LATERAL PASS; 支流水路; 〘鉱〙側坑道; 〘音〙側音. ► *vi* 〘アメフト〙ラテラルパスをする. ♦ **～·ly** *adv* [L (*later- latus* side)]

láteral búd 〘植〙側芽, 腋芽(えきが) (＝*axillary bud*).

láteral chàin 〘化〙側鎖 (side chain).

láteral cóndyle 〘解〙外側顆.

láteral físsure 〘解〙《大脳半球の》外側溝 (Sylvian fissure).

lat·er·al·i·ty /lætərǽləti/ *n* 偏り; 左右差, 偏側性《大脳・手など左右一対の器官の左右の機能分化》.

láteral·ìze *vt* [ᵁ*pass*] ‹機能を›左脳・右脳の一方が支配する. ♦ **làteral·izátion** *n* 《大脳の》左右の機能分化.

láteral líne 〘魚〙側線.

láteral líne sỳstem 〘魚〙側線系.

láteral moráine 〘地質〙側堆石《氷河の両側に形成される堆石層》.

láteral páss 〘アメフト〙ラテラルパス《後方に投げるバックワードパスなど, フォワードパス以外のパス》.

láteral thínking 水平[側面]思考《既存の思考法にとらわれずさまざまな角度から問題を包括的に扱う, 特に 非演繹的な思考法》. ♦ **láteral thínker** *n*

láteral véntricle 〘解〙側脳室《左右脳半球で一対をなす》.

Lat·er·an /lǽtərən/ [the] ラテラノ宮殿 (＝the ～ **Pálace**) 《Rome にある 4–14 世紀の歴代ローマ教皇の宮殿, 今は美術館》; [the] ラテラノ大聖堂《ラテラノ宮殿に隣接する; 正式名はラテラノの聖ヨハネ大聖堂; ローマ市の司教座教会で, ローマ司教としての教皇教会堂》.

Láteran Cóuncil 〘カト〙ラテラノ公会議《1123–1517 年間に 5 回ラテラノ宮殿で開かれた》.

Láteran Tréaty [the] 〘史〙ラテラノ条約《1929 年イタリアとローマ教会聖座との間になった政教和約; ヴァチカン市国を独立国として発足させ, また 聖座はイタリアを国家として, Rome をその首都として承認した》.

láter-dáy *a* LATTER-DAY.

lat·eri·grade /lǽtərəgrèɪd/ *a, n* 〘動〙横行性の(動物)《カニなど》.

lat·er·ite /lǽtəràɪt/ *n* 〘地質〙紅土, ラテライト《熱帯地方で岩石の風化でできた鉄・アルミ分の多い土壌》. ♦ **làt·er·ít·ic** /-rít-/ *a* [L *later* brick]

lat·er·i·za·tion /lætərəzéɪʃ(ə)n; -ràɪ-/ *n* 〘地質〙ラテライト化(作用). ♦ **lat·er·ize** /lǽtəràɪz/ *vt*

lat·er·o·ver·sion /lætərouvə́ːrʒ(ə)n, -ʃ(ə)n/ *n* 〘医〙《身体器官, 特に 子宮の》側反, 側転.

láte-séason *a* 季節遅れの, シーズン後半の‹台風など›; 晩成の, 奥手の‹農作物・果樹など›: ～ pick-up 〘野〙後期獲得選手《オールスター以後, 特にペナント獲得に重要なトレードで獲得したプレーヤー》.

lat·est /léɪtəst/ *a* [LATE の最上級; cf. LAST[1]] 最近の, 最新の; いちばんおそい, 最後の: the ～ fashion 最新の流行 / the ～ news 最新ニュース / the ～ thing 新奇なもの, 最新の発明品 / the ～ date 最終日 ‹*for*›. ► *n* [the] 最新のもの ‹*in*›, 最新ニュース[情報] ‹*about*›: the ～ *in* swimsuit technology 最新の水着製造技術. ● **at (the) ～** おそくとも. **That's the ～.**"《口》《非難・あざけりなどを表わして》それは驚いた. ► *adv* いちばんおそく.

Láte Súmmer Hóliday [the] 〘英〙AUGUST BANK HOLIDAY.

láte-térm *a* 〘医〙妊娠 20 週目以降(で)の‹中絶›; 学期後半(で)の.

láte·wòod *n* 秋材 (SUMMERWOOD).

la·tex /léɪtɛ̀ks/ *n* (*pl* **～·es, lat·i·ces** /lǽtəsìːz, léɪ-/) 乳液, ラテックス《トウワタ・トウダイグサ・ゴムの木などの分泌する乳濁液》; ラテックス《合成ゴム・プラスチックなどの分子が水中に懸濁した乳濁液; 水性塗

料・接着剤に用いる)．［L＝liquid］

lath /lǽθ, -ð; lɑ́:θ/ *n* (*pl* ～**s** /lǽðz, lǽθs; lɑ́:θs, lɑ́:ðz/, ～)〘建〙木摺(きずり), 木舞[小舞](こまい), (メタル[ワイヤー])ラス, ラスボード; 木摺類似のもの; 薄い木片; やせた人: (as) thin as a ～ やせこけて / a ～ painted to look like iron 虚勢を張っている臆病者. ● ～ **and plaster** 木摺を下地にしたしっくい《室内壁などの材料》; «韻俗» MASTER[1]. ► *vt* …に木摺を打ちつける, …に木舞をつける: ～ a wall [ceiling etc.]. ♦ ～**-like** *a* ［OE *lætt*; cf. G *Latte*］

láth-and-plàster shéd 掘っ立て小屋.

lathe[1] /léɪð/ *n* 旋盤 (＝turning ～), ろくろ《主軸が水平なもの》. ► *vt* 旋盤[ろくろ]で加工する, 旋盤にかける. ［? ME *lath* a support＜Scand; cf. LADE］

lathe[2] *n*〘英史〙大郡《Kent 州の行政区; いくつかの郡 (hundred) からなった》. ［OE *lǣth* landed estate］

láthe-bèd *n*〘機〙(旋盤の)ベッド《その上を刃物などが移動する》.

láthe dòg〘機〙(旋盤の)回し金(がね).

láthe-hèad *n*〘機〙旋盤の上部構造《刃物台・送り装置など》.

lath·er[1] /lǽðər; lɑ́:-/ *n* 石鹸[洗剤]の泡; (馬の)泡汗; «口» 興奮[動揺](状態), あせり, いらだち, 怒り: (all) in a ～ 汗びっしょりになって; «口»〈人が〉あせって, 動揺して, 興奮して, 怒って / work one*self* (up) into a ～ 馬車馬のように働いて汗をかく; ひどく興奮する[怒る], かっかする. ► *vt* (ひげそりのために)…に石鹸の泡を塗る〈*up*〉, (泡立てて)洗う;〈クリームなどを〉たっぷり塗る; …に〈クリームなどを〉たっぷり塗る〈*with*〉; «口» ぶんなぐる, むち[棒]で強く打ちつける《'beat' するとよく石鹸の泡が立つと考えられたことから》; «野球俗»〈ボールを〉打つ; «口» 動揺[興奮]させる〈*up*〉. ► *vi*〈石鹸が〉泡立つ〈*up*〉;〈馬が〉泡汗だらけになる〈*up*〉. ♦ ～**·er** *n* **láth·ery** *a* 石鹸の泡の(ような); 泡立った, 泡だらけの; 空虚な, 内容のない. ［OE *lēathor*; cf. ON *lauthr* washing soda, foam］

lath·er[2] /lǽθər; lɑ́:ðər/ *n* 木摺[木舞]職人. ［*lath*］

láth·hòuse *n*〘園〙ラスハウス《屋根や周囲を簀子(すのこ)状に張り日照を制限した育苗室》.

la·thi, la·thee /lɑ́:ti/ *n* 木[竹]に鉄のたがをはめた棍棒《インドで警官が武器にする》. ［Hindi］

lath·ing /lǽθɪŋ, -ðɪŋ; lɑ́:θɪŋ/, **láth·wòrk** *n* 木摺打ち; 木摺 (laths)《集合的》.

lathy /lǽθi; lɑ́:θi/ *a* 木摺のような; やせ細った, ひょろ長い.

lath·y·rism /lǽθərɪ̀z(ə)m/ *n*〘医〙ラチリスム, イタチササゲ中毒. ♦ **làth·y·rít·ic** /-rɪ́t-/ *a* ラチリスムの[にかかった].

lath·y·ro·gen /lǽθərəʤɛ̀n, -ʤən/ *n*〘生化〙ラチロゲン《ラチリスム (lathyrism) を誘発し, コラーゲン結合を阻害する求核性化合物の総称》. ♦ **làth·y·ro·gén·ic** *a*

lati *n* LAT[1] の複数形.

lati- /lǽtə/ *comb form*「広い」［L (*latus* broad)］

latices *n* LATEX の複数形.

la·tic·i·fer /leɪtɪ́səfər/ *n*〘植〙乳細胞, 乳管《乳液を含有する細胞・導管》.

lat·i·cif·er·ous /læ̀təsɪ́f(ə)rəs, lèɪ-/ *a*〘植〙乳液を含む[出す].

la·ti·fun·dio /lɑ̀:təfú:ndiòu/ *n* (*pl* **-di·òs**) スペインおよび中南米の LATIFUNDIUM. ［Sp］

lat·i·fun·dism /læ̀təfʌ́ndɪ̀z(ə)m/ *n* 大土地所有. ♦ **-dist** *n* 大土地所有者. ［L *fundus* estate］

lat·i·fun·di·um /læ̀təfʌ́ndiəm/ *n* (*pl* **-dia** /-diə/)〘ローマ史〙ラティフンディウム《多数の小作人・奴隷を使って耕作が行なわれた大所領》.

lat·i·go /lǽtɪgòu/ *n* (*pl* ～**s**, ～**es**)*«西部» 鞍枠に付けた長い革ひも《鞍帯を縛る》. ［Sp］

Lat·i·mer /lǽtəmər/ ラティマー **Hugh** ～ (1485?–1555)《イングランドの聖職者; 改革派の立場を説き, Mary 1 世の即位とともに異端として火刑に処された》.

lat·i·me·ria /læ̀təmɪ́əriə/ *n*〘魚〙ラティメリア《アフリカのコモロ諸島近海の現生シーラカンスで, '生きている化石' の一つ》. ［Marjorie E. D. Courtenay-*Latimer* (1907–2004) 南アフリカの博物館長］

Lat·in /lǽt(ə)n/ *a* **1** LATIUM の; ラテン語の; ロマンス語の; ラティウム人の, 古代ローマ人の. **2** ラテン系の, ラテン民族の, 中南米の: the ～ peoples [races] ラテン民族《フランス・スペイン・ポルトガル・イタリア・ルーマニアなどの諸民族; また 中南米の同系の諸民族》/ ～ music ラテン音楽. **3** ローマカトリック(教会)の. ► *n* **1 a** ラテン系の人; ラティウム人, 古代ローマ人;〘ローマ史〙特別の市民権をもったイタリア人. **b** ローマカトリック教徒. **2** ラテン語; LATIN ALPHABET: THIEVES' LATIN. ★ Classical ～ 古典ラテン語《およそ 75 B.C.–A.D. 175》/ Late ～ 後期ラテン語《およそ 175–600 年間の文学語》/ Low ～ 低ラテン語《Classical ～ のあとに続く諸期のラテン語》/ Medieval [Middle] ～ 中世ラテン語《およそ 600–1500 年間》/ New [Modern] ～ 近代ラテン語《1500 年以後の主に学術語》/ Old ～ 古代ラテン語《古典時代以前, およそ 75 B.C. まで》/ silver ～ 銀の時代 (silver age) のラテン語《文学語》/ Vulgar [Popular] ～ 俗ラテン語《Classical ～ に対して口語として用いられたラテン語; ロマンス諸語の起源となった》. **3** [ˢl-] ラテン音楽. ♦ ～**·less** *a* ラテン語を知らない. ［OF or L (*Latinum*)］

La·ti·na[1] /lətí:nə, læ-/ *n, a* ラテンアメリカの女性(の); 《米国在住の》ラテンアメリカ系女性(の).

La·ti·na[2] /lətí:nə, lɑtí:nɑ:/ ラティナ《イタリア中部 Latium 州の市; Pontine Marshes を干拓して建設; 旧称 Littoria》.

Látin álphabet [the] ラテン文字[ローマ字]アルファベット (＝*Roman alphabet*).

Látin América ラテンアメリカ《スペイン語・ポルトガル語を公用語とする中南米地方諸国の総称》. ♦ **Látin Américan** ラテンアメリカ人. **Látin-Américan** *a*

Látin Américanist ラテンアメリカ研究家.

Látin·àte *a* ラテン語の, ラテン語に由来する[に似た].

Látin Chúrch [the] ラテン教会《ラテン式典礼の教会; 大部分のカトリック教会》.

Látin cróss ラテン十字《縦長の十字; ✝形》.

lat·i·ne /lǽtɪnə/ *adv* ラテン語で. ［L＝in Latin］

La·tin·i·an /lætɪ́niən, lə-/ *n*〘言〙ラテン系諸語《古代語のみを指し, 中世・現代語は ROMANCE[1] と呼ぶ》.

La·tin·ic /lətɪ́nɪk, lə-/ *n* ラテン語の[に由来する]; ラテン民族の.

Látin·ìsm *n* ラテン語風[語法]; ラテン的性格[特徴].

Látin·ist *n* ラテン語学者[文学者]; ラテン文化研究家.

la·tin·i·ty /lətɪ́nəti, lə-/ *n* [ºL-] ラテン語使用(能力); ラテン語風[語法]; ラテン的特徴, ラテン性.

látin·ìze *vt* [ºL-] ラテン語風にする; ラテン(語)化する; ラテン語に訳す; ラテンアルファベットで書き換える; 古代ローマ風にする; ラテン(民族)風にする; ローマカトリック風にする. ► *vi* ラテン語(形[句])を用いる; カトリック風である. ♦ **làtin·izátion** *n* **-ìz·er** *n*

Látin lóver ラテンの色男《ヨーロッパ南部出身で口説きのうまい男; 英国ではフランス人・イタリア人・ギリシア人たちは口説きじょうずと考えられている》.

La·ti·no /lətí:nou, læ-/ *n, a* (*pl* ～**s**) ラテンアメリカ人(の); 《米国在住の》ラテンアメリカ系人(の), HISPANIC.

Látin Quàrter [the] 《Paris の》ラテン区, カルティエラタン (*F* Quartier Latin)《Seine 川南岸の学生・芸術家が多く住む地区》.

Látin ríte〘カト〙ラテン式典礼.

Látin róck〘楽〙ラテンロック《ボサノバとジャズの混ざったロック》.

Látin schòol ラテン語学校《ラテン語・ギリシア語の教育を重視する中等学校》.

Látin squàre〘数〙ラテン方陣, ラテン方格《n 種の数字[記号など]を n 行, n 列に各 1 回ずつ現われるように並べたもの; 統計分析用》.

lat·ish, late·ish /léɪtɪʃ/ *a, adv* ややおそい[おそく], やや遅れた[て], 遅れぎみの[に].

la·tis·si·mus dor·si /lətɪ́səməs dɔ́:rsàɪ/ (*pl* **la·tís·si·mi dórsi** /lətɪ́səmàɪ-/)〘解〙広背筋. ［NL＝broadest (muscle) of the back］

lat·i·tude /lǽtət(j)ù:d/ *n* **1 a** 緯度《略 lat.; cf. LONGITUDE》; [*pl*]《緯度からみたときの》地方: the north [south] ～ 北[南]緯 / cold [warm] ～*s* 寒帯[温帯]地方 / high ～*s* 高緯度[極]地方 / low ～*s* 低緯度地方, 赤道付近 / know the ～ and longitude of…の正確な位置を知っている. **b**〘天〙黄緯 (celestial latitude). **2 a**《解釈・思考・行動などの》自由, 許容範囲;〘写〙寛容度, ラチチュード: be given great ～ *in* (*doing*)…(する)について広い自由(裁量)を与えられる. **b** «まれ» 範囲, 程度; «古» 横幅: out of one's ～ 柄になく. ♦ **làt·i·tú·di·nal** *a* 緯度[緯線]の. **-nal·ly** *adv* 緯度からいって[みて], 緯度的に. ［ME＝breadth＜L (*latus* broad)］

lat·i·tu·di·nar·i·an /læ̀tət(j)ù:d(ə)nέəriən/ *a* 《特に 信教上の》自由主義の, 教義[(信仰上の)形式]にとらわれない; [ºL-]《英国教会内の》広教派の: ～ theology. ► *n* 自由主義者; [ºL-] 広教派の人. ♦ ～**·ìsm** *n* 《信教上の》自由主義, 広教主義.

La·ti·um /léɪʃ(i)əm/ **1** ラティウム《今の Rome 市の南東にあった古代の国》. **2** ラツィオ (It **La·zio** /lɑ́:tsiòu/)《イタリア中部の州; Tyrrhenian 海に臨み, Tiber 川が東西に流れる; ☆Rome》.

lat·ke /lɑ́:tkə/ *n*〘ユダヤ料理〙ラートケ《特に すりつぶしたジャガイモで作るホットケーキ》. ［Yid＜Russ］

La·to·na /lətóunə/ **1** ラトナ《女子名; 愛称 Leta》. **2** ラートーナ《Leto のローマ名》. ［L; ⇨ LETO］

lat·o·sol /lǽtəsɔ̀(:)l, -sòul, -sɑ̀l/ *n* ラトゾル《可溶物の浸出した赤黄色の熱帯性土壌》. ♦ **làt·o·sól·ic** *a*

La·tour /*F* latur/ ラトゥール《フランス Médoc 地方産のクラレット》.

La Tour /lə túər/ ラ・トゥール (1) **Georges de** ～ (1593–1652)《フランスの画家》(2) **Maurice-Quentin de** ～ (1704–88)《フランスのパステル画家》.

La Trappe /*F* la trap/ ラ・トラップ《フランスの Normandy 地方にある修道院; ⇨ TRAPPIST》.

la·tria /lətráɪə/ *n*〘カト〙ラトリア《神のみにささげる最高の礼拝; cf. DULIA, HYPERDULIA》. ［L＜Gk＝service］

la·trine /lətrí:n/ *n* 掘込み便所; (一般に)トイレ. ［F＜L *latrina* (*lavo* to wash)］

latríne làwyer*«軍俗» 兵舎弁護士, こうるさいでしゃばり屋 (＝*barracks lawyer*).

latríne lìps [‹*sg*›]*«俗» きたないことばを使うやつ.

latríne rùmor «俗»《トイレでの立ち話から広まるような》でたらめなうわさ.

latríne wìreless [the]《俗》便所でのうわさのやりとり[情報交換], トイレの口コミ.
la·trí·no(·gràm) /lətrí:noʊ(-)/ *n*《俗》LATRINE RUMOR, トイレのうわさ.
La·trobe /lətróʊb/ ラトローブ **Benjamin (Henry)** ～ (1764–1820)《米国の建築家·技師; イングランド生まれ》.
La·tron·ic /leɪtránɪk/ *int**《俗》さよなら, じゃまた.
-l·a·try /⌐lətri/ *n comb form*「崇拝」: mono*latry*, helio*latry*, bardo*latry*. [Gk]
lats[1] /lá:ts; lǽts/ *n* (*pl* **la·ti** /lá:ti; lǽti/, **la·tu** /lá:tu; lǽtu/) ラッツ《ラトヴィアの通貨単位; ＝100 santimi》.
lats[2] /lǽts/ *n pl*《口》広背筋 (⇨ LAT[2]).
lat·te /lá:teɪ/ *n* CAFFE LATTE.
lat·ten, lat·tin /lǽtn/ *n* ラッテン《昔 教会用器具に多く用いた黄銅の合金板》; ブリキ;《一般に》薄い金属板. [OF, ＜Turk]
lat·ter /lǽtər/ *a* [LATE の比較級] 後の方の, 終わりの, 末の, 後半の; [the, °〈*pron*〉]《2者のうちの》後者(の) (opp. *the former*), [俗用]《3者以上のうちの, また直前に言及した一つを指して》最後(の), 今述べた(もの); 近ごろの, 昨今の (recent);《古》最期の, 末期(まつご)の: the ～ half 後半部 / the ～ 10 days of May 5月下旬 / one's ～ end 最期, 死 / in these ～ days 近来は, 当世は. [OE *lætra* later (compar) 〈 *læt* LATE]
látter-dày *a* 近代の, 当世[現代]の; 後の, 次期の.
látter dáy [the] LAST DAY.
Látter-dày Sáint [[s]Latter-Day Saint] 末日(まつじつ)聖徒《Mormon 教徒自身によるモルモン教徒の称》.
látter·gràss *n*《古》AFTERGRASS.
látter·ly *adv* 近ごろ, このごろ (lately); 後期に, 後に.
látter·màth *n*《古》AFTERMATH.
látter·mòst /, -məst/ *a* いちばん最後の.
Látter Próphets *pl* [the]《ユダヤ教聖書の》後預言書《Isaiah, Ezekiel, Jeremiah, および Hosea から Malachi までの12小預言書; 預言書 (⇨ PROPHET) の後半をなす》.
látter-wìt* *n* あと知恵.
lat·tice /lǽtəs/ *n* (組)格子, ラチス; 格子戸[窓, ついたて など]; LATTICEWORK;〖理〗格子;《非均質炉内の核燃料の》格子;〖晶〗SPACE LATTICE;〖数〗束(そく), ラティス;〖紋〗格子形紋章. ► *vt* …に格子をつける; 格子模様にする. ♦ **～d** *a* 格子造りの, 格子をつけた. **～·like** *a* [OF *lattis* (*latte* LATH)]
láttice bèam [fràme, gìrder]〖建〗ラチス梁(ばり), 格子桁(げた).
láttice ènergy〖理〗格子エネルギー.
láttice trùss〖建〗ラチストラス《格子形骨組》.
láttice wìndow 連子(れんじ)窓, 格子窓.
láttice·wòrk *n* 格子作り[細工]; 格子 (lattice).
lat·tic·ing /lǽtəsɪŋ/ *n* 格子作り[細工, 組み].
lat·ti·ci·nio /læ̀tətʃí:njòʊ/ *n* (*pl* **-ci·ni** /-ni/)《ガラス製品の装飾用に糸状にして用いる》不透明白ガラス. [It＝dairy product]
lattin ⇨ LATTEN.
la·tus rec·tum /lǽtəs réktəm, lá:-/〖数〗通径.
Lat·via /lǽtviə/ ラトヴィア《バルト海沿岸の国; 公式名 Republic of ～ (ラトヴィア共和国); 1918–40 年独立共和国, 40–91 年ソ連邦構成共和国 (the Latvian SSR); ☆Riga; 略 Latv》.
Lát·vi·an *a* ラトヴィアの; ラトヴィア人[語]の, レット人[語]の (Lettish). ► *n* ラトヴィア人; ラトヴィア語, レット語《印欧語族 Baltic 語派の一つ》.
lau·an /lú:à:n, luá:n, lauá:n/ *n*〖植〗ラワン; ラワン材《フィリピン産のフタバガキ科サラノキ属などの軽軟な材》. [Tagalog]
laud /lɔ́:d/ *vt* ほめたたえる (praise), 賛美する, 賞揚する. ► *n* **1** 賞賛, 賛美;《特に》賛美歌. **2 a** [～s, °L-s, 〈*sg/pl*〉]〖キ教〗《聖務日課の》賛課《暁の祈り; ⇨ CANONICAL HOURS》. **b**《修道院で行なう》早暁祈禱. [OF＜L (*laud- laus* praise)]
Laud ロード **William** ～ (1573–1645)《イングランド聖職者; Canterbury 大主教 (1633–45); イングランド·スコットランドの国教会に対する反対派を弾圧して, 長期議会 (Long Parliament) で弾劾され, 処刑された》. ♦ **Láud·ian** *a, n*
Lau·da /*G* láuda/ ラウダ **Niki** ～ (1949–)《オーストリアの自動車レーサー; 本名 Nikolaus-Andreas ～; F1 チャンピオン (1975, 77, 84)》.
láud·able *a* 賞賛するに足る, 見上げた, 感心な, 殊勝な, あっぱれな;〖医〗健全な. ♦ **-ably** *adv* 感心に, 殊勝にも. **làud·abílity, ～·ness** *n*
lau·da·num /lɔ́:dnəm/ *n*〖薬〗アヘンチンキ《鎮痛薬·鎮静薬》;《廃》アヘン剤. [NL〈? *ladanum*; Paracelsus の造語]
lau·da·tion /lɔ:déɪʃ(ə)n/ *n* 賞賛, 賛美.
lau·da·tor /lɔ́:dèɪtər, ─⌐─/ *n* 賞賛者, 賛美者.
lau·da·tor tem·po·ris ac·ti /laudá:tɔ̀:r témpɔ:rɪs á:ktì:/ 往時の賞賛者. [L]
lau·da·to·ry /lɔ́:dətɔ̀:ri; -t(ə)ri/, **lau·da·tive** /-dətɪv/ *a* 賞賛の, 賛美の: a ～ speech.
Lau·der /lɔ́:dər/ ローダー (**1**) **Estée** ～ (1908?–2004)《米国の実業家; 本名 Josephine Esther Mentzer; 化粧品会社 Estée Lauder 社を創業, 経営》 (**2**) Sir **Harry (MacLennan)** ～ (1870–1950)《スコットランドのバラッド歌手·コメディアン》.
Laue /láuə/ ラウエ **Max (Theodor Felix) von** ～ (1879–1960)《ドイツの物理学者; 結晶の X 線回折を研究し固体物理学への道をひらいた; ノーベル物理学賞 (1914)》.
laugh /lǽf; lá:f/ *vi* **1** (声をたてて)笑う; おもしろがる, 興がる 〈*about*〉; あざ笑う, あざける 〈*at*〉; [*fig*] 〈水·景色·穀物などが〉ほほえむ, 笑いさざめく: He ～*s* best who ～*s* last.＝He who ～*s* last ～*s* longest.《諺》最後に笑う者が最もよく笑う, うっかり人を笑うな, あまり気早に喜んではならない / *L*～ and grow [be] fat.《諺》笑う門には福来たる / *L*～ and the world ～*s* with you, weep and you weep alone.《諺》笑えば人は共に笑い, 泣けば泣くのはひとりだけ《愉快にしているほうが人は寄りつくものだ》/ ～ till one cries 涙が出るまで笑う / burst out ～*ing* 爆笑する / ～ *in* sb's face 面と向かってあざ笑う, まともに取り合わない / ～ *over*…を考えて[読みながら]笑う, 笑いながら論議する / ～ *out* カラカラと笑う, 噴き出す / You make me ～!《口》笑わせるね, 笑っちゃうよ / Don't make me ～!《口》笑わせるな, ばかばかしい / You have (got) to ～.《口》《笑い事じゃないが》もう笑うしかない, めそめそしたって始まらない. **2** [進行形で] ''《口》《いい結果が出て》笑って[安心して]いられる, 満足だ: ～ all the way to the bank (⇨ BANK[2] 成句). ► *vt* 笑って…を示す; 笑って…にする: He ～*ed* assent. 笑って承知した / ～ sb *out of* the house あざわらって人を家から追い出す / ～ sb *out of* his belief [habit] あざけって信ずるの[癖]をやめさせる / ～ out of COURT / ～ sb to scorn《古》人をあざわらう. ● **～ at**…を見て[聞いて]笑う; …をあざける; 〈困難·危険などを〉ものともしない, 無視する: ～ *at* one*self* (自分のことで)深く悩まない. **～ away** (**1**) 笑い続ける 〈*at*〉. (**2**) 〈問題·不安などを〉一笑に付する, 笑いとばす; 〈時を〉笑って過ごす. **～ down** 笑って黙らせる, 笑い消す. **～ in one's beard**＝**～ in [up] one's** SLEEVE. **～ into one's hands** 笑いを両手で隠す. **～ it up***《口》冗談を言って笑い続ける, 笑いっぱなしである. **～ like a** DRAIN. **～ off** 笑って退ける, 笑いとばす. **～ on [out of] the wrong [other] side of one's face**'' [**mouth***]《口》得意で笑っていたのが急にしょげる[べそをかく]; (泣き)叫ぶ. **～ one's head off** 大笑いする, ひどく(人のことを)笑いたてる. **not know whether to ～ or cry**《動転[困惑]して》どうしてよいのかわからない.
► *n* 笑い; 笑い声; 笑い方;《口》冗談, 笑いぐさ; あざけり; [*pl*] 気晴らし, 遊び; [a (good) ～] おもしろい[愉快な]人: burst [break] into a ～ 噴き出す / give a ～ 笑い声をたてる / have a good [a hearty] ～ 愉快に過ごす;《事態が変わって》大笑いする 〈*at, about, over*〉/ raise [get] a ～ ''笑いを誘う / You're having a ～ ''《口》笑わせないで, そんなばかな / good for a ～ (よくて)笑われるだけの / That's a ～. お笑いぐさだ / for ～*s* [''a ～]《口》おもしろ半分に. ● **a** BUNDLE **of ～s. a ～ and a half**＝**a bit of a ～**《口》笑いぐさ, 物笑いの種 (a laugh). **be a ～ a minute** [[s]*joc*] とてもおもしろい, 楽しめる. **have [get] the last ～** (不利を克服して)最後の勝利を占める, 最終的には正しいとわかる. **have [get] the ～ of [on]**…を笑い返してやる. **have [get] the ～ on one's side**《形勢逆転して》笑う側になる, 勝利する. **the ～ is on** sb 笑いものにされるのは…の側[方]だ, …の負けだ.
[OE *hlæhhan, hliehhan*; cf. G *lachen*, OE *hlōwan* to moo, LOW[2], (imit) 起源]
láugh·able *a* ばかばかしい, 信じられない. ♦ **-ably** *adv* **～·ness** *n*
láugh·er *n* 笑う人, 笑い上戸; *《俗》笑わせる発言[事態], 笑いぐさ; *《俗》一方的な試合, ちょろいこと, 楽勝.
láugh-ìn *n* 笑劇, お笑い(ぐさ),《テレビの》お笑い[ギャグ]番組; 笑いのめしてする抗議.
láugh·ing *a* 笑っている, 笑っているような; うれしそうな; 笑うべき, おかしい: It is no [not a] ～ matter. 笑い事ではない. ► *n* 笑い (laughter): hold one's ～ 笑いをこらえる. ♦ **～·ly** *adv* 笑って, 笑いながら; あざけるように, 冗談半分に.
láughing acàdemy《俗》精神病院 (cf. FUNNY FARM, NUTHOUSE).
Láughing Cavalíer『笑う士官』《Frans Hals 作の肖像画 (1624); モデルは不明》.
láughing gàs〖化〗笑気 (NITROUS OXIDE).
láughing gúll〖鳥〗**a** ユリカモメ《旧世界産》. **b** ワライカモメ《北米産》.
láughing hyéna〖動〗ブチハイエナ (spotted hyena)《その声は悪魔の笑い声にたとえられる》.
láughing jáckass〖鳥〗ワライカワセミ (kookaburra).
láughing múscle〖解〗笑筋《顔面筋の一つ》.
Láughing Philósopher [the] 笑う哲人《Democritus または G. B. Shaw の俗称》.
láughing sòup [wàter, jùice]《俗》酒, シャンペン (cf. GIGGLE WATER).
láugh·ing·stòck *n* 笑いの種, 笑いぐさ: make sb a ～ 人を笑いものにする / make a ～ of one*self* 笑いものになる.
láughing thrúsh〖鳥〗ガビチョウ《同属の鳥; タイカンチョウ·ハクオウチョウ·ガビチョウなど; アジア産》.
Laugh·lin /lɔ́:flən; lɔ́f-/ ラフリン **Robert B(etts)** ～ (1950–)

《米国の物理学者; 分数量子ホール効果 (fractional quantum Hall effect) を解明, ノーベル物理学賞 (1998)》.

láugh lìne [*pl*] *《目のまわりの》笑いじわ (laughter line‖); 短いジョーク, ひと口ジョーク (one-liner).

láugh·màker *n* 《口》お笑い作家[タレント], コメディアン.

laugh·ter /lǽftər; lɑ́:f-/ *n* 笑い, 笑い声; 《古》笑いぐさ: ～ and tears 笑いと涙 / burst [break out] into (fits of) ～ 噴き出す / COLLAPSE into ～ / roar [scream, shriek] with ～ 大笑い[哄笑]する. ★ laugh よりも長く続き, 笑う行為と音声を重くみる語. [OE *hleahtor*; ⇨ LAUGH]

láughter lìne‖ [*pl*] LAUGH LINE.

Laugh·ton /lɔ́:tn/ ロートン **Charles** ～ (1899–1962)《英国生まれの米国の俳優》.

láugh tràck 〖テレビ〗《喜劇番組に付ける》録音された笑い声, 笑声.

lau·ma /láʊmɑ:/ *n* ラウマ《バルト地方で民間に伝えられる妖精; 長いブロンドの裸体の娘; 森に住み, 子供欲しさにしばしば赤ん坊を誘拐した; 孤児や貧しい少女には好意的だが, 怒らせると復讐心に燃える》.

launce /lɑ́:ns, lǽns, lɔ́:ns/ *n* 〖魚〗イカナゴ (＝sand ～).

Launcelot ⇨ LANCELOT.

Laun·ces·ton /lɔ́:nsəstən, *lɑ́:n-/ ローンセストン《オーストラリア Tasmania 北部の市・港》.

launch[1] /lɔ́:ntʃ, *lɑ́:ntʃ/ *vt* **1 a** 進水させる, 〈ボートなどを〉水面におろす; 〈飛行機・ロケット・魚雷などを〉発進させる, 発射する, 打ち上げる, 〈グライダーを〉滑空[離陸]させる. **b** 《世の中などに》〈人を〉送り出す, 乗り出させる; 〈商品を〉市場に出す, 発売する, 〈本を〉発行する. **2** 始める, 〈事業などを〉起こす (begin), 〈計画・活動〉に着手する; 〖電算〗〈プログラムを〉ロードして実行する, 起動する. **3** 投げつける (hurl); 〈打撃を〉加える (strike); 〈非難などを〉浴びせる; 〈命令を〉発する. ► *vi* **1 a** 飛び立つ, 発進する, 発射される 〈*out, forth*〉; 《古》進水する. **b** 《熱心に》取りかかる, 〈話・事業などを〉急に始める 〈*into*〉; 金をぽんぽんつかう[つかい始める] 〈*out*〉: ～ (*forth*) *into* an explanation 力をこめて説明を始める. **2** 〈事業などに〉乗り出す, 着手する 〈*out*〉; 出発[開始, 開業]する: ～ *out into* a new life 新しい人生に乗り出す. **3** *《俗》吐く, もどす (vomit). ● **～ (oneself) into**…に乗り出す, 〈新しいこと〉を始める. ► *n* 進水; 発進, 発射, 《衛星などの》打上げ; 発売; 開始, 開業; 〖造船〗進水台. ♦ **～·able** *a* [AF *launcher*; ⇨ LANCE]

launch[2] *n* 艦載大型ボート; 汽艇, ランチ. [Sp *lancha* pinnace <? Malay]

láunch còmplex 《衛星・宇宙船などの》発射施設.

láunch·er *n* 〖軍〗発射筒[装置], ランチャー《カタパルト (catapult), 擲弾(てきだん)筒 (grenade ～), ロケット弾発射筒 (rocket ～) など》; LAUNCH VEHICLE.

láunch·ing pàd *n* 発射台 (launchpad); [*fig*] 跳躍台, 足掛かり; *《俗》薬(やく)をうちに行く場所 (shooting gallery).

láunching plàtform 発射台 (launchpad); LAUNCHING SITE.

láunch(ing) shòe 《機体に取り付けた, ロケット弾の》発射架.

láunching sìte 《ミサイル・ロケットなどの》発射基地, 打上げ場.

láunching wàys [〈*sg/pl*〉] 〖造船〗進水台.

láunch·pàd *n* 《ミサイル・ロケットなどの》発射台.

láunch vèhicle 打上げロケット《衛星・宇宙船などの打上げ用ロケットあるいは多段式ロケットの第 1 段目》.

láunch wìndow 〖宇〗発射時限《惑星の位置などの諸条件が宇宙船・人工衛星などの打上げに最適な限られた時間帯》; 《口》《事業などを始める》好機, 潮時.

laun·der /lɔ́:ndər, *lɑ́:n-/ *n* 《特に 浮遊かすを洗い流す選鉱用の》樋(とい). ► *vt* **1** 洗濯する; 洗ってアイロンをかける. **2** 〈不正に得た金などを〉《第三者を通すなどして》合法的[きれい]に見せる, 洗浄する; 〈文章など〉から不適切な部分を除く. ► *vi* 洗濯する; 洗ってアイロンをかける; [副詞を伴って] 洗濯がきく. ♦ **～·er** *n* 洗濯人[屋]. [lavender washerwoman <OF; ⇨ LAVE[1]]

laun·der·ette /lɔ̀:ndərét, *lɑ̀:n-/ *n* コインランドリー. [商標]

laun·dress /lɔ́:ndrəs, *lɑ́:n-/ *n* 《洗濯・アイロンがけを職とする》洗濯女 (laundrywoman).

laun·drette /lɔ̀:ndrét, *lɑ̀:n-/ *n* LAUNDERETTE.

Laun·dro·mat* /lɔ́:ndrəmæ̀t, *lɑ́:n-/ 〖商標〗ローンドロマット《セルフサービスのコインランドリー (launderette)》.

laun·dry /lɔ́:ndri, *lɑ́:n-/ *n* **1** 洗濯場[室]; 洗濯屋, クリーニング屋; 洗濯物《集合的》: do the ～ 洗濯する. **2** 不正に得た金を洗浄する機関《銀行など》. **3** *《軍俗》飛行訓練を評点する教官会議《生徒を wash out (不合格にする) できることから》. ● **hang out the ～** *《軍俗》落下傘部隊を降下させる. [ME *lavendry* <OF; 語形は *launder* の影響]

láundry bàg 《洗濯物を入れる》洗濯袋.

láundry bàsket 洗濯かご《**1)** *洗濯する[した]ものを運ぶ小型のかご (＝clothes basket‖) **2)** ‖汚れた衣服を放り込んでおくふたの付いた大型の容器 (＝hamper*)》.

láundry lìst 《ホテルなどの》クリーニング申込票[カード]; 《当面の課題・物品・人名などを列記した》長いリスト: a ～ of complaints 数々の苦情を記したリスト.

láundry·màn /, -mən/ *n* 洗濯屋《主人または雇人》.

láundry ròom 洗濯室.

láundry·wòman *n* LAUNDRESS; 洗濯屋で働く[を経営する]女性; 洗濯屋の女性御用聞き, 洗濯物の女性配達係.

Laun·fal /lɔ́:nfəl, *lɑ́:n-/ 〖アーサー王伝説〗ローンファル《円卓の騎士の一人》.

lau·ra /lɑ́:vrə/ *n* ラウラ《東方正教会の大修道院; もと 修道士たちは教会の周囲の独立した小屋に住んで集団生活を営んだ》. [Gk＝lane, alley]

Lau·ra /lɔ́:rə/ **1** ローラ《女子名; 愛称 Laurie, Lolly》. **2** ラウラ《Petrarch の抒情詩集 *Canzoniere* (1470) にうたわれる永遠の女性》. [L (fem); ⇨ LAURENCE]

Láura Áshley 〖商標〗ローラ・アシュレイ《デザイナー Laura ASHLEY および息子たちのデザインによる衣料品・生地など; パステルカラーの細かい花柄プリントが有名》.

lau·ra·ceous /lɔ:réɪʃəs/ *a* 〖植〗クスノキ科 (Lauraceae) の.

laur·áldehyde /lɔ:r-/ *n* 〖化〗ラウリンアルデヒド《松葉・オレンジに似た臭気をもつ板状晶; 花精油調合に用いる》.

Lau·ra·sia /lɔ:réɪʒə, -ʃə/ 〖地質〗ローラシア大陸《今の北米大陸とユーラシアからなる仮説上の超大陸; 古生代末期に分離したとされる; cf. GONDWANA》. [*Laurentian*＋Eur*asia*]

lau·re·ate /lɔ́(:)riət, lɑ́r-/ *a, n* 月桂冠をいただいた(人); 名誉[栄冠]をうけた(人); 桂冠詩人 (poet laureate); 〈王冠・花冠が〉月桂樹の枝で編んだ; 賞賛[称揚]者: a Nobel prize ～ ノーベル賞受賞者. ► *vt* /-rièɪt/ 栄誉[栄冠]を与える; 桂冠詩人に任命する. ♦ **～·ship** *n* 桂冠詩人の地位[職]. [L (*laurea* laurel wreath); ⇨ LAUREL]

lau·re·a·tion /lɔ̀(:)riéɪʃ(ə)n, lɑ̀r-/ *n* 桂冠授与; 桂冠詩人 (poet laureate) の任命; 《古》《大学での》学位授与.

lau·rel /lɔ́(:)rəl, lɑ́r-/ *n* **1** 〖植〗ゲッケイジュ(月桂樹) (＝*bay, bay laurel* [*tree*])《古代ギリシアでは Pythian Games の勝者にこの木の葉を冠した》; ゲッケイジュに似た濃緑色の葉をもつ植物《cherry laurel, mountain laurel, spurge laurel など》. **2** [～(s)] 《勝利のしるしとしての》月桂樹の葉[枝], 月桂冠; [～s, 〈*sg/pl*〉] 名誉, 栄誉, 栄冠; 勝利: win [gain, reap] ～*s* 賞賛を博する, 名誉を得る. ● **look to one's ～s** 名声を失わないように心がける. **rest [sit] on one's ～s** 過去の名声に甘んじる, 成功に安住する. ► *vt* (-l- | -ll-) …に桂冠をいただかせる, 桂冠を授ける; …に栄誉をになわせる (honor). ♦ **láurel(l)ed** *a* 月桂冠をいただいた; 栄冠を得た. [ME *lorer* <OF <Prov <L *laurus* bay[4]; *-l* は異化]

Láurel and Hárdy *pl* ローレルとハーディー《米国の喜劇映画俳優, やせた **Stan Laurel** (1890–1965) と太った **Oliver Hardy** (1892–1957) の二人組》.

láurel chèrry 〖植〗ゲッキツ (cherry laurel).

láurel fàmily 〖植〗クスノキ科 (Lauraceae).

Láurel Ráce Tràck [Còurse] ローレル競馬場《Washington, D.C. の北東, Maryland 州中部の町 Laurel にある Washington 国際競馬の開催地》.

Lau·ren /lɔ́(:)rən, lɑ́r-/ **1** ローレン《女子名》. **2** ローレン **Ralph** ～ (1939–)《米国のファッションデザイナー》.

Lau·rence /lɔ́(:)rəns, *lɑ́r-/ **1** ローレンス《男子名; 愛称 Larry, Laurie》. **2** [Saint] LAWRENCE. **3** ローレンス **(Jean) Margaret** ～ (1926–87)《カナダの作家; 旧姓 Wemyss; 小説 *A Jest of God* (1966), *The Diviners* (1974)》. **4** [Friar] ロレンス神父《Shakespeare, *Romeo and Juliet* に出るフランシスコ会の修道士; 二人の仲を取り持つ》. [L＝(a man of) *Laurentum* (イタリアの古都市) <? LAUREL]

Lau·ren·cin /*F* lɔrɑ̃sɛ̃/ ローランサン **Marie** ～ (1883–1956)《フランスの画家; 若い女性を淡い色彩で描いた幻想的な作品が多い》.

Lau·ren·tian /lɔ:rénʃən/ *a* **1** カナダの ST. LAWRENCE 川の; 〖地質〗ローレンシア系の. **2** D.H. [T.E.] LAWRENCE の (Lawrencian).

Lauréntian Híghlands *pl* [the] CANADIAN SHIELD.

Lauréntian Móuntains [Hílls] *pl* [the] ローレンシア山脈[丘陵]《カナダ Quebec 州, St. Lawrence 川の北岸に沿って連なる低い山地; Canadian Shield の南端をなす》.

Lauréntian Pláteau [Shíeld] [the] 〖地質〗ローレンシア台地[楯(たて)状地] (CANADIAN SHIELD).

Láu·ren·tide Íce Shèet /lɔ́:rəntàɪd-/ [the] ローレンタイド氷床《更新世 (160 万–1 万年前) に北米に形成された大陸氷床; 最大時の南限は北緯 37 度に及び, 1300 万平方キロ以上の地域がおおわれた》.

Lau·ret·ta /lɔ:rétə/ ローレッタ《女子名》. [(dim) < LAURA]

láu·ric ácid /lɔ́(:)rɪk-, lɑ́r-/ 〖化〗ラウリン酸.

Lau·rie /lɔ́:ri/ ローリー《**1)** 男子名; Laurence, Lawrence の愛称 **2)** 女子名; Laura の愛称》.

Lau·ri·er /lɔ́(:)rièɪ, lɑ́r-/ ロリエ Sir **Wilfrid** ～ (1841–1919)《カナダの自由党政治家; フランス系カナダ人として最初の首相 (1896–1911)》.

Lau·ri·um /lɔ́(:)riəm, lɑ́r-/ ラウリオン《ギリシア Athens から南東の海岸にある山; 古代の銀山》.

lau·rus·tine /lɔ́:rəstàɪn/ *n* 〖植〗ティヌスガマズミ, トキワガマズミ《南欧原産の常緑低木; 芳香のある(淡紅)白花と緑葉のために広く栽培》.

lau·rus·ti·nus, -res- /lɔ̀:rəstáɪnəs/ *n* LAURUSTINE.

láu·ryl álcohol /lɔ́(:)rəl-, lár-/ 〘化〙 ラウリルアルコール《洗剤・表面活性剤の原料》.

Lau·sanne /louzǽn; *F* lozan/ ローザンヌ《スイス西部の, Leman 湖畔の市, Vaud 州の州都》. ■ the **Cónference of ～** ローザンヌ会議《(1) 1922–23 年のローザンヌ条約を締結した会議 (2) 1932 年ドイツの賠償金削減を決めた会議》. the **Tréaty of ～** ローザンヌ条約《1923 年第一次大戦の連合国とトルコとの間に締結された条約; トルコは Dardanelles, Bosporus 両海峡を非武装化, キプロスを割譲, 一方国際地位を回復》.

laus Deo /láus déɪou/ 神に賛美あれ; 神に感謝する. [L]

Lau·sitz /láuzɪts/ ラウジッツ《LUSATIA のドイツ語名》.

Lausitzer Neisse ⇨ NEISSE.

Lau·ter·bur /lɔ́:tərbər/ ラウターバー **Paul** (**Christian**) ～ (1929–2007)《米国の化学者; 磁気共鳴画像法 (MRI) の基礎を確立; ノーベル生理学医学賞 (2003)》.

Lautrec ⇨ TOULOUSE-LAUTREC.

lav /lǽv/ *n* 《口》 トイレ (lavatory).

la·va[1] /lá:və, ˈlǽvə/ *n* 溶岩《溶融体の岩漿または冷却した岩石》; 《広義に》火口から流れ出た物質; 溶岩層 (＝～ **bèd**): a ～ field 溶岩原. ♦ **～-like** *a* [It (L *lavo* to wash)]

lava[2] *n* [次の成句で]: **in a ～** *《俗》 おこって, かっかして, 汗びっしょりになって (in a lather).

la·va·bo /ləvéɪbou, *-vá:-/ *n* (*pl* **～s, ～es**) **1 a** [ᵒL-] 洗手式《ミサの奉献 (offertory) のあとで行なう》. **b** [ᵒL-] 洗手詩篇《洗手式で唱える *Ps* 26: 6–12 [ドゥエー聖書 *Ps* 25: 6–12]; Lavabo で始まる》. **c** 洗手式用の水受け皿[手ぬぐい]. **2** /ˈlǽvəbəu/ 《中世僧院の壁の》清めの水用の水盤; 《部屋の壁の》装飾水盤; 洗面所, 手洗い, ご不浄. [L＝I will wash (LAVE[1])]

la·vage /ləvá:ʒ, læ-, lǽvɪdʒ/ *n* 洗浄; 〘医〙《腸・胃などの》洗浄. [F]

La·val /ləvǽl; *F* laval/ **1** ラヴァル《カナダ Quebec 州南部, Montreal 市の北西郊外にある市》. **2** ラヴァル《フランス北西部 Mayenne 県の県都》. **3** ラヴァル **Pierre** ～ (1883–1945)《フランスの政治家; 首相 (1931–32, 35–36); Vichy 政権の首相 (1942–44) をつとめ, のちドイツとの協力を問われて国事犯として処刑された》.

láva làmp ラバランプ《液体を満たした透明容器内に原色の粘液塊を封じ込め, 電球で照らしながら浮き沈みさせるインテリア装飾品》.

la·va·la·va /là:vəlá:və/ *n* ラバラバ《Samoa 島などポリネシアの住民が腰に巻く長方形のプリント生地》. [Samoan]

la·va·lier(e), la·val·liere /là:vəlíər, læ̀v-/ *n* ラヴァリエール《細い鎖で首から下げるペンダント》; LAVALIER MICROPHONE. ► *vt* [lavaliere] 《口》〈襟などに〉小型マイクをつける. [F; Duchesse de *La Vallière*]

lavalíer(e) mìcrophone 《首から下げる》小型マイク.

La Val·lière /*F* la valjɛ:r/ ラ・ヴァリエール **Louise-Françoise de La Baume Le Blanc,** Duchesse de ～ (1644–1710)《フランス王 Louis 14 世の愛人 (1661–67)》.

Lavál Univérsity ラヴァル大学《カナダ Quebec 州の州都 Quebec にある大学; フランス語が使用される; 前身の Seminary of Quebec は 1633 年創立, 同国で最も歴史がある》.

la·va·te·ra /là:vətíərə, læ̀v-, ləvá:tərə/ *n* 〘植〙 ハナアオイ属 (*L-*) の各種草本.

la·va·tion /lævéɪʃ(ə)n, leɪ-/ *n* 洗うこと, 洗浄 (washing); 洗い水, 洗浄水. ♦ **～·al** *a*

lav·a·to·ri·al /læ̀vətɔ́:riəl/ *a* トイレの, 公衆トイレふうの; ˈ尾籠(びろう)な, 下(しも)ネタの: ～ jokes 下(しも)がかったジョーク.

lav·a·to·ry /lǽvətɔ̀:ri; -t(ə)ri/ *n* *洗面所, 手洗所, 化粧室, トイレ; *《飛行機内の》トイレ; (水洗)便器; 《洗面所に据え付けた》洗面台; 《英では古》 洗面器, (手)洗い鉢; 聖堂香部屋内洗水盤. [L; ⇨ LAVE[1]]

lávatory pàper トイレットペーパー (toilet paper).

lave[1] /léɪv/ *vt* 《詩》 洗う, 浸す; 〈流れが〉〈岸などを〉洗う; 〈水などを〉注ぐ; 《廃》 汲み出す. ► *vi* 《古》 水浴する (bathe). ♦ **～·ment** *n* 《廃》 LAVAGE. [OF＜L *lavat- lavo* to wash; OE *lafian* to pour water on と合体したものか]

lave[2] *n* 《方》 残り(かす). [OE *lāf*; ⇨ LEAVE[1]]

la·veer /ləvíər/ 《古》〘海〙 *vi* 風上に向かって帆走する[間切る]; 上手(うわ)回しにする.

La Vendée ⇨ VENDÉE.

lav·en·der /lǽvəndər/ *n* **1 a** 〘植〙 ラベンダー《芳香のあるシソ科の常緑半低木; 花穂から精油 (**～ òil**) を採る》. **b** ラベンダーの乾燥した花[茎]《衣類の芳香剤・虫よけ》. **c** ラベンダー香水. **2** ラベンダー(色)《薄紫色・藤色》. ★ 同性愛(者)を象徴する色でもある. ● **lay sb out in ～** *《俗》 打ち倒す, 気絶させる, バラす (lay out); *《俗》 しかりつける. **lay (up) in ～** あとで使うために大切にとっておく; 《俗》 質に入れる (pawn). ► *vt* 〈衣類〉の間にラベンダーを入れる, …にラベンダーで香りをつける. [AF *lavendre*＜L *lavandula*]

lávender bàg ラベンダー袋[バッグ]《乾燥ラベンダーを入れたモスリンなどの小袋; 衣類の芳香剤に用いる》.

lávender còtton 〘植〙 ワタスギギク《南欧原産の常緑の叢地低木; 葉は香気が強い》.

lávender wàter ラベンダー香水, ラベンデル水.

la·ver[1] /léɪvər/ *n* 〘聖〙 洗盤(せんばん)《ユダヤの祭司が洗手・洗足に用いた青銅のたらい》; 《古》 洗礼盤, 《手など洗うための》洗盤, たらい, 《噴水などの》水盤. [OF＜L; ⇨ LAVE[1]]

la·ver[2] /léɪvər, lá:-/ *n* 〘海藻〙 ノリ[海苔], アマノリ (red laver)《アマノリ属の食用海藻》; アオサ (sea lettuce)《など》. [L]

La·ver /léɪvər/ レーヴァー **Rod**(**ney George**) ～ (1938–)《オーストラリアのテニス選手; Wimbledon で優勝 (1961, 62, 68, 69); Grand Slam (全豪・全仏・全米・全英) を 2 回 (1962, 69) 達成したただ一人の選手》.

La·ve·ran /*F* lavrɑ̃/ ラヴラン (**Charles-Louis-**)**Alphonse** ～ (1845–1922)《フランスの寄生虫学者; マラリア病原体を発見 (1880); ノーベル生理学医学賞 (1907)》.

láver brèad ラーヴァーブレッド《生ノリを煮詰めて, オートミールと混ぜ, 平たくして油で焼いたウェールズ地方の料理》.

laverock ⇨ LAVROCK.

La·vin·ia /ləvíniə/ **1** ラウィーニア《*Aeneid* で, Aeneas の 2 人目の妻》. **2** ラヴィニア《女子名》. [L＝?]

lav·ish /lǽvɪʃ/ *a* **1** 物惜しみしない, 気前のよい; 浪費癖のある: **～ in** [*with*] one's praise 惜しみなく賞賛する 〈*for, of*〉 / ～ *of* one's money 気前よく金を使う, 浪費する. **2** 豊富な, 十分な, あり余る (abundant); 多すぎる, むやみな: ～ expenditure 浪費. **3** 豪勢な, ぜいたくな: a ～ party ぜいたくなパーティー. ► *vt* 〈金・愛情・賛辞などを〉惜しまず[気前よく]与える, 振りまく; 浪費する: ～ attention *on* sb 人に世話をやきすぎる / ～ sb *with* gifts 人に惜しみなく贈り物をする / ～ one's money *on* one's pleasures 金を遊興に浪費する. ♦ **～·ly** *adv* **～·ness** *n* [OF *lavasse* deluge; ⇨ LAVE[1]]

La·voi·sier /ləvwá:zièɪ/ ラヴォアジエ **Antoine-Laurent** ～ (1743–94)《フランスの化学者; 近代化学の父; 燃焼が酸化であることを示し, また質量保存法則を確立》.

la·vol·ta /ləváltə, -vóul-/ *n* 〘ダンス〙 ラヴォルタ (VOLTA). [It *la volta* the turn]

Lá·vri·on /lá:vriɔ̀:n/ ラヴリオン《LAURIUM の現代ギリシア語名》.

lav·rock /léɪvrək, lǽv-/, **la·ver·ock** /lǽvə-/ *n* 《スコ・北イング》 ヒバリ (lark).

law[1] /lɔ́:/ *n* **1 a** [the] 法《法律・法規の全体》, 国法; 《一般に》法, 法律, 法の支配; [the] 《口》 法の執行者, 警察; 《俗》 警官, *《俗》 看守: *the* ～ of the land (動かしがたい)国法 / Everybody is equal before *the* ～. 法の前では万人平等である / The ～ is an ass. 《諺》 法とはばかげたものだ《Dickens, *Oliver Twist* から》 / by ～ 法律によって, 法律的に / above the ～ 法の適用外に[で] / at [in] ～ 法律に従った[従って], 法律上の[では] / outside the ～ 法の適用外で; 非合法に / under [within] the ～ 法の下で, 合法的に / a man of ～ 法律家 / be good [bad] ～ 〈意見・判決などが〉法にかなっている[いない] / His word is ～. 彼のことばは法律だ《絶対服従を要求する》 / NECESSITY knows no ～. / LAW AND ORDER / NATURAL LAW / *the* ～ in uniform 制服の警官 / the LONG ARM of *the* ～. **b** 《個々の》法律, 法規; 《分立する特定の》…法; 《エクイティー (equity) に対して》 COMMON LAW: A bill becomes (a) ～ when it passes the Diet. 法案は国会を通ると法律となる / there is no ～ against… 《口》 …を取り締まる法律はない, …していけないってことはない / there should [ought to] be a ～ against… 《口》 …を取り締まる法律があってしかるべきだ, …は法的に認められるべきではない / LAW OF NATIONS / PUBLIC LAW, PRIVATE LAW, INTERNATIONAL LAW, etc. **c** 法律学, 法学 (jurisprudence); [ᵒthe] 法律業, 法曹職, 法曹界, 弁護士の職: study (*the*ᵒ) ～ 法律を学ぶ[研究する] / read [go in for *the*] ～ (弁護士になるため)法律を研究する / be bred to *the* ～ 弁護士[裁判官]になる教育をうける / be learned [versed] in *the* ～ 法律に通じている, 法律を業としている, 弁護士をしている. **d** 法律的手段[手続き], 訴訟: be at ～ 係争中である 〈*with* sb〉 / contend at ～ 裁判[法廷]で争う. ★ 形容詞 JUDICIAL, JURIDICAL, LEGAL. **2 a** 《一般に》おきて, ならわし, 慣例, 慣習; 《宗教上の》おきて, 戒律, 律法; [the L-] 〘聖〙 律法 (LAW OF MOSES): MORAL LAW / the ～*s* of honor 礼儀作法 / ～ of honor＝CODE OF HONOR / LAW OF THE JUNGLE / the ～*s* of God 神の法 / the new [old] ～ 〘聖〙 新[旧]約. **b** [the ～s] 《運動競技の》規則, 規定, ルール (rules): *the* ～*s of* tennis テニスのルール. **3** 《自然現象や科学・哲学・数学上の》法則, 理法, 原理 (principle); 《技術・芸術上の》原則, 法: the ～ of mortality 生者必滅のことわり / LAW OF MOTION [ACTION AND REACTION, etc.] / LAW OF NATURE / the ～ of self-preservation 自己保存の法則 / the ～*s* of thought 論理的推論の法則 / LAW OF SUPPLY AND DEMAND / the ～ of painting [perspective] 画法[遠近法] / the ～ of meter 韻律法. **4** ˈ《競技などでの》時間[距離]上のハンディキャップ, 《狩猟で猟犬が放たれる前にキツネ・ウサギなどに与える》先発(時間), 先進(距離), 猶予. ● **be a ～ unto** [**to**] **oneself** (旧来のものに制約されず)自分の思うとおりにする, 慣例[決まりなど]を無視する. **bend the ～** 《俗》《法律違反にならない範囲で》少しごまかす. **give the ～ to**…を意に従わせる. **go to ～** 法的措置をとる, 訴える, 告訴する. **have the ～ on** [《廃》 **of**] …＝**take** sb **to ～**…に対して法的措置をとる, …を訴える[告訴する]. **lay down the ～** 命令を下す, はっきり申し渡す, 頭ごなしにしかる 〈*to*〉. **take the ～ into one's own hands** 《法律の力を

かりずに》勝手に制裁を加える, リンチを加える.
► *vi* 訴訟を起こす[行なう]: ~ *for* sb. ► *vt* 《方》 訴える, 告訴する, …に対して法的措置をとる.
[OE *lagu*<ON=thing laid down; LAY[1] と同語源]
law[2] /lɔ́ː/, **laws** /lɔ́ːz/ *int* 《方》ヘエッ, たいへん, おやっ《驚きを表わす発声》. [*Lord*]
law[3] *n* 《スコ・北イング》《特に 円い》丘, 円丘《地名に多い: North Berwick ~》. [OE *hlāw*]
law[4] *a, adv, n* 《方》 LOW[1].
Law ロー (**1**) (**Andrew**) **Bonar** ~ (1858–1923)《カナダ生まれの英国の保守党政治家; 首相 (1922–23)》 (**2**) **Edward** ~ ⇨ ELLENBOROUGH (**3**) **John** ~ (1671–1729)《スコットランドの財政家; Louisiana 開拓のためのミシシッピ計画 (Mississippi Scheme) に失敗》 (**4**) **William** ~ (1686–1761)《英国の神秘思想家; *A Serious Call to a Devout and Holy Life* (1728)》.
láw-abìding *a* 法を守る, 遵法の: ~ people (法律をよく守る)良民. ♦ **~·ness** *n*
láw àgent 《スコットランドで》事務弁護士 (solicitor).
láw and órder 法と秩序(の保たれていること[状態]), 安寧秩序. ♦ **láw-and-órder** *a* 法と秩序を重視する, 治安[取締まり]強化の.
láw bìnding 法律書装《law calf, law sheep, buckram などを用いた堅牢な製本》.
láw·bòok *n* 法律書, 法学関係書.
láw·brèak·er *n* 法律違反者, 犯罪者; 《口》法規に適合しないもの. ♦ **láw·brèak·ing** *n, a* 違法(の).
láw càlf 《法律書などの装丁に用いる》上等の子牛皮.
láw cènter" 《無料の》法律相談所.
láw clèrk 裁判官付き調査官, ロークラーク; 法律事務所専門職員.
Láw Commìssion [the] 〔英〕法律委員会《法の体系的発展と改正のために提言を行なう委員会; 1965 年設置》.
láw·còurt *n* 裁判所, 法廷.
Láw Còurts" *pl* [the] 王立裁判所 (the ROYAL COURTS OF JUSTICE).
láw dày 《古》開廷日; 《古》支払期日.
láw enfòrcement 法の執行; 刑事法執行官《警察官など; 集合的》. ♦ **láw-enfòrcer** *n*
Láw Enfòrcement Assístance Administràtion [the] 〔米〕法執行援助局《司法省の一局 (1968–82)》.
láw enfòrcement òfficer [àgent] 法執行官, 警察官.
Lawes /lɔ́ːz/ ローズ **Henry** ~ (1596–1662)《イングランドの作曲家》.
láw fìrm 法律事務所, ローファーム.
láw Frènch 法律用フランス語《中世から 18 世紀までイングランドで法律用語として用いられた Norman-French の変種》.
láw·ful *a* 合法[適法]の, 正当な; 法律の認める, 法律上有効な, 法定の; 法を守る, 遵法的な. ♦ **~·ly** *adv* 適法に, 合法的に, 正しく. **~·ness** *n* 適法, 合法.
láwful áge 〔法〕法定年齢, 成年.
láwful móney 法定貨幣, 法貨.
láw·gìver *n* 立法者; 法典制定者. ♦ **láw·gìving** *n, a*
láw-hànd *n* 法律文書体, 公文書体《イングランドの古法律文書に用いた手書き書体》.
law·ing /lɔ́ːɪŋ/ *n* 《スコ》居酒屋[宿屋]の勘定(書). [Sc *law* (obs) 勘定]
lawk-a-mus·sy /lɔ̀ːkəmʌ́si/ *int* "《卑》LORD have mercy.
lawk(s) /lɔ́ːk(s)/ *int* "《俗》おやっ, たいへん《驚きを表わす》. [*Lord*; cf. LAW[2]]
láw Làtin 〔英史〕法律用ラテン語《Low Latin の一種で, ラテン語化した英語や古代フランス語などを混ぜたもの》.
láw·less *a* 法律のない[行なわれない], 無法な; 非合法の, 不法な; 法律を守らない, 手に負えない: a ~ man=OUTLAW. ♦ **~·ly** *adv* **~·ness** *n*
Láw Lòrd 〔英〕法官貴族《連合王国最高裁判所 (Supreme Court of the United Kingdom) 設置以前に最高司法機関だった上院 (House of Lords) の裁判官に任命された議員; 名目上一代貴族 (life peer) に列せられた; 正式職名は Lord of Appeal in Ordinary (常任上訴裁判官)》.
láw·màker *n* 立法者, (国会)議員. ♦ **láw·màking** *n, a* 立法(の).
láw·man* /-mən/ *n* (*pl* **-men** /-mən/) 法執行者, 警察官, 保安官.
láw mérchant (*pl* **láws mérchant**) [the] 商慣習法, 商事法 (mercantile law); COMMERCIAL LAW.
lawn[1] /lɔ́ːn, *lɑ́ːn/ *n* **1** 芝生, 芝地. **2** 《古・方》林間の空き地 (glade). **3** *《俗》質の悪いマリファナ. **4** 〔生〕菌叢(きんそう). ● **mow [cut] the ~** 《口》芝を刈る; 《口》(電気かみそりで)ひげをそる. ► *a* 芝生の. ♦ **~ed** *a* 芝生を敷いた, 芝地にした. **láwny**[1] *a* 芝生の(ような), 芝生の多い. [ME *laund* glade<OF<Celt; ⇨ LAND]
lawn[2] *n* ローン《平織り薄地の亜麻布[綿布]》; 英国教会の BISHOP の職[地位] (cf. LAWN SLEEVES). ♦ **láwny**[2] *a* ローン製の[に似た]; ローンをまとった. [*Laon* 北フランスの産地]
láwn bòwling* ローンボウリング (=*bowls*)《芝生の上で 2 人[2 組]で行なうゲーム; 最初に投げた的球 (jack) の最も近くにとまるように球 (BOWL[1]) をころがす》.
láwn mòwer 芝刈り機; 《野球俗》強烈な[地をはう]ゴロ; *《西部俗》羊.
láwn pàrty* 園遊会 (garden party).
láwn sàle ヤードセール《庭先に不要品を並べて売る》.
láwn sànd" 芝の目土《肥料・除草剤を含む》.
láwn síeve ローン[絹]製のふるい (⇨ LAWN[2]).
láwn sléeves *pl* 《英国教会の bishop の聖職の》ローン製の袖; [‹*sg*/*pl*›] BISHOP の職[地位].
láwn sprìnkler 〔園〕スプリンクラー, 散水器.
láwn tènnis / ; ⏤ ⏤/ ローンテニス《芝生でやるテニス》; 《一般に》庭球, テニス.
láwn tràctor トラクター式芝刈り機.
láw of áction and reáction [the] 〔理〕作用反作用の法則《運動の第 3 法則》.
láw of áreas [the] 〔天〕面積速度一定の法則《Kepler's laws のうちの一つ; 惑星と太陽を結ぶ動径は一定の時間に一定の面積をおおうというもの》.
láw of áverages [the] 〔統〕平均の法則 (BERNOULLI'S THEOREM); [the] LAW OF LARGE NUMBERS; [the] 事の常, 世の習い.
láw of conservátion of énergy [the] 〔理〕エネルギー保存の法則.
láw of conservátion of máss [the] 〔理〕質量保存の法則.
láw of continúity [the] 〔哲〕連続の法則《: 自然のあらゆる変化は連続的であって突発的ではない》.
láw of cósines [the] 〔数〕余弦法則.
láw of définite propórtions [the] 〔化〕定比例の法則《純粋な化合物では, 元素は常に一定の重量の割合で化合するという法則》.
láw of dóminance [the] 〔生〕優劣の法則《メンデルの遺伝法則の一: 雑種第 1 代では優性の形質のみが現われる》.
láw of efféct [the] 〔心〕効果の法則《: 試行錯誤法によって学習を行なう場合, 満足を与えた[成功した]行動は強められ, 満足を与えなかった[成功しなかった]行動は弱められる》.
láw of (the) exclúded míddle [the] 〔論〕排中律《互いに排反な命題の一方が偽であるならば, 他方は真でなければならないという原理》.
láw òfficer 法務官, "《特に》《イングランド・ウェールズで》法務長官[次官] (Attorney [Solicitor] General) (=**láw òfficer of the Crówn**), 《スコットランドで》検事総長 (Lord Advocate).
láw of gravitátion [the] 〔理〕(万有)引力の法則 (=Newton's ~) (=*law of universal gravitation*).
láw of indepéndent assórtment [the] 〔生〕独立遺伝の法則《メンデルの遺伝法則の一: 2 対以上の対立遺伝子は互いに独立的に配偶子に分配される》.
láw of lárge númbers [the] 〔数〕大数の法則《確率論の極限定理の一》.
láw of máss áction [the] 〔化〕質量作用の法則《化学反応の速度は反応物質の濃度に比例するという法則》.
Láw of Móses [the] モーセの律法 (Mosaic law) (PENTATEUCH).
láw of mótion [the] 〔理〕運動の法則 (=*Newton's laws of motion*)《物体の運動についての基本法則: **1**) 慣性の法則 (=first ~) **2**) ニュートンの運動方程式 (=second ~) **3**) 作用反作用の法則 (=third ~)》.
láw of múltiple propórtions [the] 〔化〕倍数比例の法則.
láw of nátions [the] 諸国民の法, 国際法 (international law).
láw of náture [the] 《自然現象や人間社会の諸現象》法則, 自然界の理法; [the] 自然法 (natural law).
láw of pársimony [the] 〔哲〕節減の原理 (OCCAM'S RAZOR).
láw of pártial préssures [the] 〔理〕分圧の法則 (=*Dalton's law*)《混合気体の圧力は, 各成分気体が単独に混合気体と同体積を占めるときの圧力[分圧]の和に等しいというもの》.
láw of refléction [the] 〔光〕反射の法則《入射角と反射角は相等しい, また入射光線・反射光線・法線の 3 者は同じ平面内にあるという法則》.
láw of refráction [the] 〔光〕屈折の法則《2 つの等方性媒質の境界面での光の屈折において, 入射光線と屈折光線は同じ法線面にあり, 入射角の正弦と屈折角の正弦の比は屈折率に等しいという法則》.
láw of segregátion [the] 〔生〕分離の法則《メンデルの遺伝法則の一: 対をなす遺伝子は配偶子を形成するときに分離し, 一つずつ配偶子に分配される》.
láw of sínes [the] 〔数〕正弦法則.
láw of superposítion [the] 〔地質〕地層累重の法則《押しかぶせ断層も逆転もなければ, 下にある地層が上にある地層よりも古いという法則》.
láw of supplý and demánd [the] 《価格決定にかかわる》需要と供給の法則.

L

láw of the júngle [the] ジャングルの法則[おきて]《自然界の適者生存, 法・道徳などによらない弱肉強食》.

Láw of the Médes and Pérsians [the]〘聖〙メディアとペルシアの法律《変えがたいおきて・制度・習慣; *Dan* 6: 12》.

láw of thermodynámics [the]〘理〙熱力学の法則《**1**) エネルギー保存則 (＝first 〜) **2**) エントロピー増大の法則 (＝second 〜) **3**) 絶対零度でのエントロピーに関する法則 (＝third 〜)》.

láw of univérsal gravitátion [the] LAW OF GRAVITATION.

láw of wár [the] 戦時法規; [the] 戦時国際法.

Law·rence /lɔ́:rəns, lɑ́r-; lɔ́r(ə)ns/ **1** ローレンス, ロレンス《男子名; 愛称 Larry, Laurie》. **2** [Saint] 聖ラウレンティウス (d. 258)《ローマの殉教者; Laurence ともつづる; 皇帝 Valerian の迫害により殉教した; 祝日 8 月 10 日》. **3** ローレンス, ロレンス (**1**) **D**(**avid**) **H**(**erbert**) 〜 (1885–1930)《英国の小説家・詩人; 小説 *Sons and Lovers* (1913), *The Rainbow* (1915), *Women in Love* (1920), *Lady Chatterley's Lover* (1928)》 (**2**) **Ernest Orlando** 〜 (1901–58)《米国の物理学者; cyclotron を発明; 加速器を開発, ノーベル物理学賞 (1939)》 (**3**) **Gertrude** 〜 (1898–1952)《英国の女優; Noël Coward の喜劇・ミュージカルの演技で有名》 (**4**) Sir **Thomas** 〜 (1769–1830)《英国の肖像画家》 (**5**) **T**(**homas**) **E**(**dward**) 〜 (1888–1935)《英国の考古学者・軍人・作家; あだ名 〜 of Arabia; *The Seven Pillars of Wisdom* (1926)》. [⇨ LAURENCE]

Law·ren·cian, -tian /lɔ:rénʃ(i)ən/ *a* D.H. [T.E.] LAWRENCE の.

law·ren·ci·um /lɔ:rénsiəm/ *n*〘化〙ローレンシウム《人工放射性元素; 記号 Lr, 原子番号 103》. [E. O. *Lawrence*]

laws ⇨ LAW[2].

láw schòol〘米〙法科大学院, ロースクール《大学院レベルの法律家養成機関》.

láw shèep《法律書などの装丁に用いる》上等の羊皮.

Láw Society [the] 事務弁護士[ソリシター]協会, ローソサエティー《1825 年創設, 1831 年に法人格を付与されたイングランド・ウェールズの事務弁護士会; 事務弁護士 (solicitor) の試験・修習と登録を管理しており会員の行動に強い規制権限を有する》.

Law·son /lɔ́:s(ə)n/ *n* ローソン (**1**) **Henry** (**Archibald**) 〜 (1867–1922)《オーストラリアの国民詩人・短篇作家; 奥地生活や都市の貧しい人びとの生活の闘いの姿を簡素で流暢な文体で描いた》. ► *a* [^{s}l-] ローソン式の《四角い背もたれとシートの付いた厚い詰め物をしてある角ばったソファー・椅子の様式; 米国の投資家 Thomas W. Lawson (1857–1925) のためにデザインされた》.

Láwson critèrion〘理〙ローソン(の)条件《核融合炉においてエネルギーを取り出すのに必要な条件; 特定温度でのプラズマ粒子密度と閉じ込め時間との積で示し, 通常 10^{14} cm^{-3}·s》. [J. D. *Lawson* (1923–2008) 英国の物理学者]

láw stàtion ″《俗》警察署.

láw stàtioner 法律家用書類商; ″法律家用書類商兼代書人.

láw·sùit *n* 訴訟, 訴え: enter [file, bring in] a 〜 *against*…に対して訴訟を起こす.

láw tèrm 法律用語; 裁判開廷期間.

law·yer /lɔ́:jər, lɔ́ɪər/ *n* **1** 弁護士; 法律家; 法律学者 (jurist); 法律通(づう);〘新約〙モーセ律法の解釈家: a corporate 〜 企業の顧問弁護士, 会社法専門の弁護士 / a good [a poor, no] 〜 法律に明るい[暗い]人. **2**〘魚〙BURBOT. **3** ニュージーランド産キイチゴ属のとげのあるつる性低木. ♦ **〜·lìke** *a* **〜·ly** *a*

láwyer·ing *n*《口》[^{s}*derog*] 弁護士業[稼業]; 法務.

láwyer's wìg〘植〙ササクレヒトヨタケ.

lax[1] /lǽks/ *a* **1** ゆるんだ, たるんだ; きびしさに欠ける, 手ぬるい; 〈人・行為・身持ちなど〉だらしのない, 放縦な; 正確でない, あいまいな; 〈組織・岩石など〉きめの粗い: He is 〜 in discipline. しつけが悪い. **2** 〈腸が〉ゆるんでいる (loose); 〈人が〉下痢をおこしている;〘音〙(舌の筋肉の)弛緩した (opp. *tense*);〘植〙〈花の房が〉散開した. ► *n*〘音〙弛緩音[母音]; ゆるみ音;《方》下痢. ♦ **〜·ly** *adv* **〜·ness** *n* [L *laxus* loose; SLACK と同語源]

lax[2] /lɑ́:ks/ *n*〘魚〙サケ (salmon)《ノルウェー・スウェーデン産》. [Norw (ON *lax*) and Sc (OE *leax*)]

lax[3] /lǽks/ *n* LACROSSE.

LAX / , lǽks/〘空〙Los Angeles International Airport ロサンジェルス国際空港.

lax·a·tion /lækséɪʃ(ə)n/ *n* 弛緩, ゆるみ, 放縦, 緩慢; 便通.

lax·a·tive /lǽksətɪv/ *a* 通じをつける; 下痢性の. ► *n* 緩下剤, 通じ薬. ♦ **〜·ly** *adv* **〜·ness** *n* [OF or L (*laxo* to loosen); ⇨ LAX[1]]

lax·i·ty /lǽksəti/ *n* 締まりのないこと, だらしなさ, 放縦さ;《話しぶり・文体の》不正確さ, あいまいさ; 不注意, ぞんざい;《腸の》ゆるみ (looseness);《筋肉などの》弛緩.

Lax·ness /lɑ́:ksnɛ̀s/ ラクスネス **Halldór Kiljan** 〜 (1902–98)《アイスランドの作家; ノーベル文学賞 (1955)》.

lay[1] /léɪ/ *v* (**laid** /léɪd/) *vt* **1 a** 置く, 横たえる (cf. LIE[2]); 寝かす, 埋葬する;《卑》〈異性〉と寝る (cf. LAID): She *laid* her hand *on* her son's shoulder. 息子の肩に手を置いた / 〜 one*self on* the ground 地面に横たわる. **b** 〈卵を〉産む: 〜 an EGG[1] (成句). **c** 〈金などを〉賭ける (bet): 〜 a wager (*on*…に)賭ける / I'll 〜 (you) ten dollars [any money, etc.] (that) he will come [*on* him *to* come] 彼は必ず来る. **2 a** 敷く, 積む (dispose); 〈表面を〉おおう, …にかぶせる (cov-er, coat), まき散らす; 〈色などを〉(重ねて)塗る;《押して》平らにする; INLAY: 〜 bricks 煉瓦を積む / 〜 a corridor *with* a carpet＝〜 a carpet *on* a corridor 廊下にじゅうたんを敷く. **b** 敷設[建造]する, 据え付ける; 〈生垣を〉仕立てなおす; 〈わなを〉仕掛ける; 〈物を〉(押し)当てる; 〈大砲を〉向ける, 照準する (aim);〘狩〙〈犬を〉〈臭跡に〉つかせる 〈*on* (the) scent〉: 〜 the foundations [groundwork, base] 基礎を築く / 〜 the ground 基礎を築く; 道を開く 〈*for*〉. **3** ″用意する, …のお膳立てをする (set*); 案出[工夫]する (devise): 〜 the table *for* dinner 晩餐のため食卓を整える / 〜 a place for sb＝〜 sb a place 人に食事の用意をする / 〜 a plan 平面[配置]図を描く[引く], 計画を立てる. **4** 提示[提出]する, 申し出る, 申し立てる, 主張する, 開陳する; 〈告訴人が損害額を〉定める (fix): 〜 a suggestion *before* the committee 案を委員会に提示する / 〜 claim *to* (having) the estate その地所に対して権利を主張する / 〜 his damages *at* $1000 彼の損害額を 1000 ドルとする. **5 a** 〈信頼・強勢などを〉置く; 〈重荷・義務・罰などを〉課する (impose): 〜 emphasis *on* good manners 行儀作法に重きをおく / 〜 heavy taxes *on* luxuries 贅沢品に重税を課する. **b** 帰する, 転嫁する, なすりつける (ascribe): 〜 the blame *on* her 彼女に責任を負わせる / 〜 a crime *to* his charge [《古》*to* him] 罪を彼の責任に帰する. **6** 〈むちなどを〉…に振りおろす, 〈一撃を〉加える 〈*on*〉. **7 a** 倒す, 打ち倒す: The rain storms have *laid* all the crops (low). あらしが作物をすべてなぎ倒した. **b** 鎮める, 抑える, 落ちつかせる: 〜 the DUST (成句) / 〜 sb to REST (成句). **8** [^{U}*pass*] 〈物語などの場面を〉置く: The scene of the story is *laid* in the frontier. その物語の舞台は西部辺境に設定されている. **9** [目的補語を伴って]《ある状態に》置く, する: 〜 OPEN (成句) / 〜 one's chest bare 胸をはだける / The war *laid* the country waste. 戦争はその国を荒廃させた / Mother has been *laid* low by bad fever. 母はひどい熱を出して寝ついている. **10** 〈糸などを〉より合わせる; 〈縄などを〉よる, なう, 編む, 組む. **11**〘海〙〈陸などが水平線下に沈むところまで来る (opp. *raise*): 〜 the land.

► *vi* **1** 卵を生む. **2** 賭けをする 〈*on* a horse race〉; 保証する 〈*to*〉. **3** 力を尽くす, 専心する 〈*to*〉;《方・口》準備する, 企てる. **4**〘海〙船をある状態[位置]に置く, 〈船が〉位置につく 〈*against*〉. **5**《非標準》LIE[2].

● **〜 aboard**〘海〙《昔の海戦で》接舷する. **〜 about** (one) ″《古風》前後左右を打ちまくる 〈*with*〉; 精力的に動く. **〜 about…** ″《古》〈人〉を攻撃[非難]する. **〜 about** [**around**]《非標準》寝ころがる, ごろごろする (lie about). **〜 apart**《古》わきへ置く, 片付ける, 退ける, 省く. **〜 aside** わき[下]へ置く; しまって[取って]おく, たくわえる 〈a day *for* golf〉; 捨てる, やめる, 放棄する, 棚上げにする; 任に耐えなくする, 働けなくする. **〜 at…**をめがけて打ちかかる, 攻撃する. **〜 away** しまっておく, 貯蓄[備蓄]する; 〈商品を〉LAYAWAY として留め置く; [^{U}*pass*] 埋葬する. **〜 back** 後方に傾ける[寝かせる];《俗》のんびりやる, リラックスする. **〜…before…** 〈法案などを〉〈議会・委員会など〉に提出する. **〜 by** わきに置く; 中断する; 〈悪習など〉やめる; たくわえる, (不幸に)備える 〈money *for* vacation〉; *〈トウモロコシなど〉の最後の耕作作業をする《中耕など》; *〈作物〉の取入れをする;〘海〙LAY[1] to. **〜 down** (**1**) 下に置く, おろす, 寝かせる: Now I 〜 me *down* to sleep. わたしはこれから横になって眠りにつきます《子供が就寝するときのお祈りの文句》. (**2**) 建て(始め)る, 建造する, 敷設する: 〜 *down* a cable ケーブルを敷設する. (**3**) 〈内払いとして金を〉払う, 賭ける. (**4**) 〈ワインなどを〉貯蔵する; 〈曲を〉レコーディングする; [^{o}*pass*] 〈沈澱物などを〉蓄積する. (**5**) [^{o}*pass*] (独断的に[強く])主張する, 断言する; 〈規則・原則などを〉定める, 規定[制定]する: 〜 it *down* that…だと主張する / 〜 *down* the LAW[1]. (**6**) 捨てる;《俗》やめる, 辞職する: 〜 *down* one's arms 武器を捨てる, 降伏する / 〜 *down* one's life (for…のために)一命をなげうつ. (**7**) 〈畑に, 作物・種子などを〉植える, まく: 〜 *down* the land *in* [*to*, *under*, *with*] grass 土地に牧草を植える, 土地を牧草地にする / 〜 *down* cucumbers キュウリをまく[作る]. (**8**) 〈集中砲火を〉浴びせる;〘野〙〈バントを〉する. (**9**)《非標準》横になる (lie down) (cf. *vt* 1a) **〜 fast** 拘束[束縛]する, 監禁する. **〜 for…**《口》…を待伏せする;《卑》〈男〉と寝る. **〜 in** たくわえる, 買い込む;《俗》食う;〘園〙仮植えする, 〈若枝を〉手入れする;《俗》なぐる. **〜 in for…**を申し込む, …を手に入れようともくろむ. **〜 into…**《口》…をなぐる, しかる, 激しく非難する. **〜 it on** こってり塗る;《口》誇張する, 大げさに言う, むやみにほめたてる[お世辞を言う];《俗》ふっかける, ぼる;《俗》強く打つ, なぐる: 〜 *it on* (a bit) thick [with a trowel]《口》誇張する, 大げさに言う[ほめる]. **〜 off** (**1**)《一時的または永久に》解雇する; 取って[しまって]おく. (**2**) [目的語を伴うとき off は *prep*] (〈不快・有害なこと〉を)やめる; (〈人・物〉を)かまうのをやめる, ほっておく 〈《口》*of*〉; 〈人〉の電話を待たせておく: *L〜 off* bully*ing* her [smok*ing*]. いじめ[たばこ]はやめなさい. (**3**) 区分する; *〈衣服などを〉脱ぐ;〘サッカー〙〈ボールを〉さらにパスする, 中継する;〘海〙〈岸または他の船から〉離す[離れる]. (**4**) 〈賭元が〉(危険を減らすために)両賭けする, また賭けする (hedge); *休養する;《風や標的の動きを考慮に入れて》周辺をねらう. **〜 on** (*vt*) (**1**) [on は *adv*] 〈打撃・むちを〉加える, 与える; 〈ペンキなどを〉(こってり)塗る; ″〈ガス・電気などを〉引く, 敷設する; ″〈催し・軽食・車などを〉(気前よく)提供する, 用意する; 〈賞を〉与える;《口》誇張する (⇨ LAY *it* *on*); ‖届う. **(2)** [on は *prep*] 〈税金などを〉…に(賦)課する; 〈命令などを〉発する; 〈つらい仕事・責任などを〉…に示す, 負わせる (⇨ *vt* 5b); 《口》〈つらい話などを〉〈相手〉に告げる, 話す; 〈犬〉に〈獲物〉の跡を追わせる. (*vi*) なぐりつける; 攻撃[襲撃]する. **～ one** 《俗》屁をひる, 一発やる. **～ one on** 《俗》酔っぱらう. **～ out** **(1)** 広げる, 陳列する, 〈光景などを〉展開する: ～ *out* one's clothes 服を取り出す 〈*for* a party〉. **(2)** 〈遺体〉の埋葬準備をする, 安置する. **(3)** 《口》《なぐって》気絶させる, 打ちのめす, 打ち倒す, バラす; しかりつける. **(4)** (細かく)計画[設計, 企画]する; (きちんと)配列[配置]する, …の地取りをする; 〈製作物〉に作業用の印をつける; 〈考えなどを〉明確に[詳しく]説明する 〈*for*〉. **(5)** 《口》〈金を〉(たくさん[計画に従って])出す, 使う, 投資する 〈*on, for*〉. **(6)** *《黒人俗》《参加していた活動を》突然はずれる, 避ける, 控える, やめる. **～ out on** 〈オール〉を全力でこぐ. **～ over** (*vt*) 塗る, かぶせる; *延期する; *《方・俗》…にまさる. (*vi*) *延期となる; *《乗換えなどのために》時間待ちをする, 途中下車する. **～ oneself out for** [**to** do]… 《口》…に[…しようと]骨折る, 乗り出す. **～ to** ⇨ *vt* 5b; ⇨ *vi* 3; 打ちつける, なぐり倒す; [to は *adv*] [ᵁ*impv*] (けんか・食事などに)取りかかる, 始める; 〘海〙(船首を風に向けて)停船させる[する]. **～ together** いっしょに寄せる; 合わせ考える, 比較する. **～ up** **(1)** 使わずにおく, たくわえる. **(2)** [ᴾ*pass*] 〈病気・けがが〉〈人を〉働けなくする, 引きこもらせる: *be laid up* (in bed) with a bad back 背中の痛みで臥せっている. **(3)** 〘海〙〈船を〉係船する; 〈車を〉(車庫に)しまい込む: ～ *up* a ship 船をドックに入れる. **(4)** 〈縄などを〉よる, なう. **(5)** 〘ゴルフ〙レイアップする《ハザードなどを避けるためわざと短く打つ》. **～ up for oneself** 〈困難などを〉みずから招く. **let it ～** [*impv*] 《俗》ほっておく, 忘れる.

► *n* **1** 位置, 地形, 方向; 形勢, 状態 (cf. LIE² *n*): LAY OF THE LAND. **2** 並べた[敷いた]もの; 《俗》〘トランプ〙《ある種のゲームで》得点を計算するためテーブルの上に表を出して並べる関連のある一連のカード. **3** 隠れ場, 巣; 産卵: in ～ 《鶏が》産卵期で. **4 a** 計画; 《口》職業, 商売, 仕事. **b** 《捕鯨業などで給料代わりに受ける》利益配当; *代価. **5** 《縄などの》より目, より方, ねじれ具合[角]. **6** 《卑》セックスの相手, 性交.

[OE *lecgan*; cf. LIE², G *legen*]

lay² *v* LIE² の過去形.

lay³ *a* 《聖職者に対して》平信徒の, 俗人の; 〘教会〙俗用[雑用]を仕事とする (opp. *choir*); 《特に 法律・医学について》しろうとの, 本職でない; 《特定の事柄に》疎い; 〘トランプ〙切り札でない, 平札(ひらふだ)の: LAY BROTHER, LAY SISTER, etc. [F, <Gk (*laos* people); cf. *laic*]

lay⁴ *n* 《吟詠用の》短い抒情詩[物語詩], レイ; 物語詩; 歌, 詩; 鳥のさえずり. [OF<? Gmc (OHG *leih* song)]

láy·abòut ‖*n* 浮浪者, のらくら者, なまけ者 (idler).

Lay·a·mon /léɪəmən, láɪə-/ ラヤモン《1200 年ごろのイングランドの詩人; ブリトン人の祖 Brutus によるブリテン王国建設から Arthur 王の治世, そしてブリテンの滅亡までの伝説を集めた長詩 *Brut* を残した》.

láy ánalyst 医師でない精神分析家.

Lay·ard /léɪɑ̀ːrd, -ərd, lέərd/ レヤード Sir **Austen Henry ～** (1817–94)《英国の考古学者》.

láy·awày* *n* 予約割賦制 (=～ **plàn**); 予約購入(品)《分割払いの完了時に商品を受け取る》.

láy·bàck *n* 〘フィギュア〙レイバック(スピン) (=～ **spìn**)《上半身を後ろに大きくそらして行なうスピン》; 〘登山〙レイバック《垂直のクラックのある岩壁を登る方法の一つ; クラックのへりに両手をかけて手前に引きながら足は壁面に突っ張るように置いて体勢を維持し, 手足を交互に動かしながら登っていく》.

láy bròther 《修道会の手仕事をする》平修士, 助修士.

láy-bỳ *n* **1** 《船が停泊したりすれ違うことのできる》川[運河]の係船所; 《鉄道・坑内軌道の》側線, 待避線; ‖《道路の》待避場所[車線] (turn-out). **2*** 《トウモロコシなどの》最後の耕作作業《中耕など》. **3** 《豪・南ア》前金予約(割賦)制(の商品).

láy clérk 〘英国教〙《大聖堂, COLLEGIATE CHURCH の》聖歌団員; 教区書記 (parish clerk).

láy commúnion 俗人として教会員であること; 平信者への聖餐授拝.

láy dày 〘商〙船積み[陸揚げ]期間の日, 停泊日《この期間中は滞船料免除》; 〘海〙《出港予定日より》遅れた日; *《俗》《ボートレース延長期間中などにおける》休暇をとる日.

láy déacon 平信徒の助祭[執事].

láy·dòwn *n* 〘ブリッジ〙開いて見せても勝ちが確実な手; *《俗》失敗; *《俗》《アヘン窟で払う》アヘンの吸引代金.

layed /léɪd/ *a**《俗》麻薬に酔って, マリファナでいい気分の, ラリって (laid).

lay·er /léɪər, lέər/ *n* **1** 置く[積む, 敷く]人; 〘競馬〙数頭の馬に賭ける人, 賭け超しをする人; 産卵鶏. **2** 層[積み, 重ね, 塗り](の一つ); 《組織の中の》階層; 〘地質〙単層; 〘地質〙HORIZON; 〘生態〙《植物群落を垂直的にみた》階層; 〘生態〙階層: a thin ～ of dust うっすら積ったほこり / wear several ～*s* of clothing 何枚か重ね着する. ★ 高木層 (tree layer), 低木層 (shrub layer), 草本層 (field [herb] layer), コケ層 (ground [moss] layer) などに区分される. **3** 〘園〙取り木の枝[木], 取り木による植物. **4** ‖《口》LAYABOUT. ► *vt* 層にする; 層状に(積み)重ねる; 層として挿入する; 〈衣服を〉重ね着する; 取り木法によって増やす; レイヤーカットする《段をつけてカットする》. ► *vi* 層をなす, 層からなる; 《枝から》根付く; 〈作物が〉《雨・風に》倒される.

láyer·age *n* 〘園〙取り木《幹から枝を倒して土に埋め, 根付かせてから切り放す繁殖法; cf. MOUND LAYERING》.

láyer càke レイヤーケーキ《クリーム・ジャムなどをはさんで何層にも重ねたスポンジケーキ》.

láy·ered *a* 層のある, 層をなした; 〈髪型が〉段のある, レイヤーカットの.

láyered lóok 〘服〙重ね着ルック[スタイル] (cf. LAYERING).

láyer·ing *n* 〘園〙取り木(法), 圧条法; 〘地図〙《地形の》段彩式表現法; 重ね着《丈や形の異なる服を重ねる着こなし》.

láyer-òut *n* (*pl* **láyers-òut**) 《古風》《葬儀・埋葬前に》遺体を整え安置する業者, 納棺師 (cf. LAY out).

láyer-stòol *n* 〘園〙取り木用の親株[親木].

lay·ette /leɪέt/ *n* 新生児用品一式《衣類・寝具等》. [F (dim)<OF *laie* drawer<MDu]

láy fìgure 人体模型, モデル人形, 人台(じんだい); 人の言うなりになる人, 取るに足らない人; 《小説などの》現実味のない人物. [*lay*<*layman* lay figure<Du *leeman* (*led* joint)]

láy·ing *n* 積む[置く, 据える]こと; 《ガスなどを》引くこと, 敷設; 下塗り; 《糸や縄の》より[ない]方; 〘砲〙照準; 産卵; ひと孵(かえ)し分の卵.

láying òn of hánds 按手(あんしゅ)《聖職任命式あるいは信仰治療で祝福を受ける人の頭[体]に聖職者・施療者が手を置くこと》.

láy lórd 《英上院議員中の》非法律家貴族 (cf. LAW LORD).

láy·man /-mən/ *n* 《聖職者に対して》平信徒, 俗人; 《専門家に対して》しろうと, 門外漢: in ～'*s* terms 《しろうとにわかる》平易なことばで.

láy·òff *n* **1** 《一時的または永久の》解雇(期間); (一時的)強制休業; 活動休止[縮小]期, シーズンオフ; *《俗》失業中の俳優: a ～ system レイオフ制度. **2** 《賭元が危険を減らすためにする》また賭け, 両賭け, 《その》賭け金.

láy of the lánd* [the] 地勢; [*fig*] 形勢, 情勢, 実情, 実態, 現状 (lie of the land‖). ● **see** [**find out, discover,** etc.] **the ～** 形勢を見る[見きわめる].

La'youn ⇨ LAÂYOUNE.

láy·òut *n* **1** 《地面・工場などの》地取り, 配置, 設計; 配置[区画]図; 《新聞・雑誌・書物などの》割付け, レイアウト; 設計法[業]; *《俗》計画, たくらみ (scheme): an expert in ～ 設計[企画]の専門家. **2*** 一式の道具, セット; 工夫を凝らして並べたてたもの (spread); 〘トランプ〙《一人遊びの開始時に並べた》置き札; *《口》施設, 設備; *《口》家, 住まい: The dinner was a fine ～. すばらしいごちそうだった.

láy·òver* *n* 《旅行・行動などの》(短時間の)中断, 途中下車[停車], 待合わせ.

láy·pèrson *n* (*pl* **-pèople, ～s**) 《聖職者に対して》平信徒, 俗人; 《専門家に対して》しろうと, 門外漢 (cf. LAYMAN, LAYWOMAN).

láy rèader / ; ˌ— ˈ—/ 〘英国教・カト〙平信徒の読師《若干の宗教儀式執行が許されている》; 一般読者, しろうとの読者.

láy rèctor 〘英国教〙俗人教区長《rector の十分の一税を受ける平信徒》.

láy shàft ‖〘機〙添え軸.

láy sìster 《修道会の手仕事をする》平修女, 助修女.

láy·stàll ‖*n* ごみ捨て場, ごみの山.

láy·ùp *n* 休み, 休む[休ませる]こと; 《ベニヤ・芯材の》組合わせ; レイアップ法《ガラス繊維などに樹脂を含浸してつくる強化プラスチックの製法》; 〘バスケ〙レイアップ(シュート)《ゴール下からのジャンプシュート》.

láy vícar 〘英国教〙聖歌助手 (⇨ VICAR).

láy·wòman *n* 《修道女 (nun) でない》女性平信者; 《法律・医学などの専門家に対して》しろうと《女性》.

laz·ar /lǽzər, *léɪzər/ *n* 《古風》貧しい病人, 《特に》癩病患者. ♦ **～·like** *a* [*Lazarus*]

laz·a·ret·to /læ̀zərétou/, **-ret(te)** /-rέt/ *n* (*pl* **～s**) [ᵁ-retto] 隔離病院, 《特に》癩病院; 検疫所[船]; [ᵁ-ret, -rette] 〘海〙《船尾または甲板の間の》(食料)貯蔵室, 倉庫 (glory hole).

lázar hòuse 隔離病院 (lazaretto), 《特に》癩療養所.

La·za·rist /lǽzərɪst, ləzɑ́ː-/ *n* ラザリスト会士 (VINCENTIAN).

Laz·a·rus /lǽz(ə)rəs/ **1** ラザルス《男子名》. **2** 〘聖〙ラザロ **(1)** Mary と Martha の弟で, イエスが死からよみがえらせた男; *John* 11–12 **2)** イエスのたとえ話に出る病気の乞食; *Luke* 16: 19–31》. **3** ラザラス **Emma ～** (1849–87)《米国の詩人; 自由の女神の台座に刻まれているソネット 'The New Colossus' の作者》. [Gk<Heb; ⇨ Eleazar]

laze /léɪz/ *vi, vt* なまける, のらくら暮らす: ～ time *away* のらくら過ごす / ～ around [about] 好きなことをして[遊んで]時を過ごす. ► *n* のらくら過ごす時間, 息抜き. [逆成<*lazy*]

Lazio ⇨ LATIUM.

la·zu·li /lǽzəliː, lǽʒə-; lǽzjəliː, -jʊ-, -làɪ/ *n* LAPIS LAZULI.

lázuli bùnting [**fìnch**] 〘鳥〙ムネアカルリノジコ《ホオジロ科; 米国西部産》.

laz·u·lite /lǽzjulàɪt, lǽʒə-/ *n* 〘鉱〙天藍(てんらん)石. ♦ **làz·u·lít·ic** /-lít-/ *a*

laz·u·rite /lǽzjuràɪt, lǽʒə-/ *n* 〘鉱〙青金石《lapis lazuli の主要素》.

la·zy /léɪzi/ *a* **1** 怠惰な, 無精な; のろくさい; 眠気を催す, だるい; 動きが遅い: a ～ correspondent 筆無精な人 / a ～ stream ゆるやかな流れ / a ～ day 眠気を催す日. **2** 垂れた, たるんだ, だらけた; 《家畜の焼印などが》横向きに押された《例: ～ P brand は "ꟼ"》. **3**〈研究が〉厳密さを欠く. ▶ *vi, vt* LAZE. ◆ **lá·zi·ly** *adv* なまけて, のらくらと; ものうげに. **lá·zi·ness** *n* 怠惰, 無精. **～·ish** *a* [? MLG *lasich* feeble]

lázy·bèd[‖]〘農〙*n* 簡易床(ε), レイジーベッド《特にジャガイモの植付けで, 150–170 cm 幅の畑地の中央に種イモを並べ, その両側に 70–80 cm の溝を掘って掘った土を上からかぶせるだけの床》;《岩の多い土地の》人手で耕しただけの小さな畑.

lázy·bònes *n* [〈*sg/pl*〉]《口》なまけ者, 不精者.

lázy dáisy stìtch〘刺繍〙レージーデージーステッチ《細長い輪の先を小さなステッチで留めた花弁形のステッチ》.

lázy dóg*《俗》レイジードッグ《空中で爆発し, 鉄片を散乱させる対人殺傷兵器》.

lázy éye 弱視 (amblyopia);《口》斜視(の目).

lázy-èye blíndness 弱視 (amblyopia).

lázy jàck〘機〙屈伸ジャッキ.

lázy Súsan*[°l- s-] 回転盆 (dumbwaiter[‖])《料理・薬味・調味料などを載せて食卓の上に置く》.

lázy tòngs *pl* 無精ばさみ, 伸縮腕, 伸縮やっとこ, マジックハンド《遠方の物を取るのに用いる》.

laz·za·ro·ne /læ̀zəróuni, lɑ̀:dzə-/ *n* (*pl* **-ni** /-ni/)《ナポリの街の》立ちん坊, 乞食. [It]

lb, lb. (*pl* **lb, lbs.**) [L *libra*, (*pl*) *librae*] pound(s). **l.b.**〘クリケット〙leg bye(s). **LB** Labrador ◆ °letter box ◆ Liberia ◆ °light bomber.

L-band /ɛ́l—/ *n*〘通信〙L バンド《390–1550 MHz の周波数帯; 衛星通信に用いられる》.

LBD °little black dress. **LBdr, LBDR** °Lance Bombardier. **lbf**〘理〙°pound-force. **LBJ** Lyndon Baines JOHNSON. **LBO** °leveraged buyout. **lbs.** [L *librae*] pounds (⇨ LB). **lbw**〘クリケット〙°leg before wicket. **l.c.** °loco citato ◆〘印〙lowercase. **LC** °Lance Corporal ◆〘米海軍〙°landing craft ◆〘劇〙left center ◆ °Legislative Council ◆〘米〙°Library of Congress ◆〘英〙°Lord Chamberlain ◆〘英〙°Lord Chancellor ◆ °Lower Canada.

LC, L/C, l/c, l.c. °letter of credit.

LC classification /ɛ́lsí: —/〘図書〙LC 分類法 (Library of Congress classification).

LCD °liquid crystal display.

LCD, l.c.d.〘数〙°lowest [°least] common denominator.

LCdr, LCDR °Lieutenant Commander.

L cell /ɛ́l —/〘生〙L 細胞《マウスから分離された培養繊維芽細胞; ウイルス研究用》.

l'·chay·im /ləxɑ́:jɪm/ *int*《幸運・健康を願って》乾杯! [Heb= to life]

LCJ〘英〙°Lord Chief Justice. **LCL, l.c.l.**〘商〙LESS-THAN-CARLOAD (lot). **LCM** [L *legis comparativae magister*] Master of Comparative Law ◆ °lymphocytic choriomeningitis.

LCM, l.c.m.〘数〙°lowest [°least] common multiple.

LCpl, LCPL °Lance Corporal. **LCS**〘野〙°League Championship Series. **LCV** light commercial vehicle 小型商用車. **ld** load ◆ lord.

'ld /d/《まれ》would.

Ld Lord. **LD** °Lady Day ◆ °laser disc ◆ °learning disability ◆ learning-disabled ◆ °lethal dose《例: LD_{50}, LD-50=median lethal dose 半数 [50%] 致死(薬)量》◆ line of departure ◆ °long distance ◆ °Low Dutch.

LDC least developed country 後発開発途上国, 最貧国 ◆ less developed country 低開発国, 開発途上国.

L-D converter /ɛ̀ldí: —/〘冶〙L-D 転炉《純酸素上吹き転炉》. [*Linz* and *Donawitz* これを用いた製鋼に初めて成功したオーストリアの 2 つの町]

ldg landing ◆ leading (seaman etc.) ◆ loading ◆ lodging.

LDH °lactate dehydrogenase ◆ °lactic dehydrogenase.

LDL〘生化〙°low-density lipoprotein.

L-dopa /ɛ́l—/ *n*〘薬〙エルドーパ《ドーパ (dopa) の左旋型で, パーキンソン病の治療に用いる》.

LDPE〘化〙°low-density polyethylene. **ldr** leader.

L-driver[‖] /ɛ́l—/ *n* LEARNER-DRIVER.

LDS °Latter-day Saints ◆〘英〙Licentiate in Dental Surgery.

-le[1] /l/ *n suf* (1)「小さい」: icic*le*, knuck*le*. [ME *-el*, *-elle*<OF & OE *-il*] (2)「…する人[道具]」: bead*le*, gird*le*, lad*le*. [OE *-ol*, *-ul*]

-le[2] /l/ *v suf*「反復」: dazz*le*, fond*le*. [OE *-lian*]

-le[3] /l/ *a suf*「…する傾向がある」: fick*le*, nimb*le*. [OE *-el*]

LE °language engineering ◆ °leading edge ◆〘医〙°lupus erythematosus.

lea[1] /lí:, *léɪ/ *n*《詩》広地,《特に》草原, 草地, 牧草地; LEY[1]. [OE *lēa(h)*; cf. OHG *lōh* thicket]

lea[2] /lí:/ *n* ひびろ, リー《**1)** 織糸の長さの単位: 通例 毛糸では 80, 綿糸・絹糸では 120, 麻糸では 300 ヤード **2)** 単位重量当たりの長さで表わした織糸の量: 通例 1 ポンド当たりのリー数》. [ME *lee* (? OF *lier* <L *ligo* to bind)]

lea. league ◆ leather. **LEA**〘英〙°Local Education Authority.

LEAA °Law Enforcement Assistance Administration.

Lea and Per·rins /lí: ən(d) pérənz/〘商標〙リー・アンド・ペリンズ《英国 Lea and Perrins 社製のウスターソース》.

leach[1] /lí:tʃ/ *vt*〈可溶物を〉液体を通して抽出する, 浸出させる〈*out, away*〉;《浸出[溶脱]のために》〈水を〉通す;〈原鉱・灰などに〉水を通す, 浸出用液体を浸す;〈有害物質などを〉土から浸出除去する;《濾(ᶜ)すように》抜き取る, 除去する〈*away, out*〉. ▶ *vi* 浸出される, 溶脱する〈*away, out* (*of*), *in, into*〉. ▶ *n* 濾(ᶜ)すこと;《灰汁を採るための》浸出器; 浸出液, 灰汁, 浸出[溶脱]成分. ◆ **～·able** *a* **～·abílity** *n* **～·er** *n* [? *letch* (obs) to wet<? OE *leccan* to water ((caus) < LEAK)]

leach[2] ⇨ LEECH[2].

Leach リーチ **Bernard** (**Howell**) ～ (1887–1979)《英国の陶芸家; 香港生まれ》.

leach·ate /lí:tʃèɪt/ *n* 浸出液.

léachy *a* 水を通す, 多孔質の (porous).

Lea·cock /lí:kɑ̀k/ リーコック **Stephen** (**Butler**) ～ (1869–1944)《カナダのユーモア作家・経済学者》.

lead[1] /lí:d/ *v* (**led** /léd/) *vt* **1 a** 導く, 案内する (conduct);〈手・綱を取って〉引いて行く; 先導する, 主導する, 指揮[指揮]する, 率いる (direct);〈議論などを〉仕切る;〘ダンス〙〈パートナーを〉リードする: A baton twirler *led* the parade. バトンガールがパレードの先に立って行った / ～ soldiers *against* the enemy 兵を敵に向ける / ～ sb *by* the hand 人を手を取って導く / ～ an orchestra *オーケストラを指揮する, [‖]オーケストラの第一ヴァイオリンをつとめる / ～ the conversation away from religion 宗教の問題に触れないよう会話を進める. **b** …の先頭に立つ,〘競技〙リードする; …で一番である;〈流行〉の先駆けとなる; …に数でまさる (outnumber). **c**〘トランプ〙〈特定の札を〉最初の手として出す, 打ち出す;〘ボク〙〈(最初の)一撃を〉出す, ねらう,〈一撃〉で連打を開始する;〘射撃〙〈動いているもの〉の前方をねらい撃つ, 未来修正をして撃つ;〈走っている味方選手〉の前方へパスを送る, リードパスを送る. **2 a**〈道路などが〉人を〉導く, 連れて行く, [*fig*]〈ある結果へ〉導く〈*to, into*〉: This road will ～ you *to* the station. この道を行けば駅へ出ます / Poverty *led* him *to* destruction. 貧乏から彼は身を滅ぼした. **b** [通例 不定詞を伴って] 誘う, 引き入れる, …する気にならせる (induce); 誘惑する: Fear *led* him *to* tell lies. 彼はこわくてうそをついた / I am now *led to* believe that…. 今では…と考えたい気持になっている / She is easier *led* than driven. [*fig*] 無理にさせようとするよりはうまくその気にさせなくては. **3** 引く, 導く, 移す (convey); 通す (pass): ～ a rope *through* a pulley 滑車にロープを通す. **4**〈人生・生活を〉過ごす, 送る, 暮らす (spend);〈人〉に〈生活を〉送らせる; 暮らさせる: ～ an easy life 楽に暮らす / His wife *led* him a dog's life. 彼の妻は彼にみじめな生活をさせた. **5**〘法〙〈証人〉に誘導尋問をする; [‖]〈訴訟〉の主任弁護人をつとめる;〘スコ法〙〈証拠を〉提出する.

▶ *vi* **1 a** 先に立って行く, 案内する, 先導する, 指揮する, 率いる, 音頭をとる;〘ダンス〙パートナーをリードする;〘楽〙指揮者となる, [‖]第一ヴァイオリン奏者をつとめる,〈楽器・声部が〉重要な入り (entry) を受け持つ;〘法〙主任弁護人となる〈*for*〉. **b**〘競技〙リードする; (他に)まさっている (excel);〘ボク〙一撃を出して相手の力を試す, 攻勢に出る, リードパンチを出す〈*with* one's right [left]〉;〘トランプ〙最初に札を出す, 打ち出す〈*with* a diamond〉. **c**〈新聞・放送などが〉〈…を〉トップ記事[最初の話題]とする〈*with*〉. **2**〈馬などが〉引かれていく, 従う: The horse *led* easily. その馬は引きやすかった. **3**〈道路などが〉至る, 通じる〈*to, into*〉;〈ある結果に〉至る, つながる,〈…を〉もたらす《(*on*) *to*》: All roads ～ *to* ROME. / The incident *led to* civil war. その事件のため結局内戦が起こった / one thing *led to* another… まあいろいろとあって(結局)… / ～ nowhere むだに終わる.

● **～** sb **a jolly** [**pretty**] DANCE. **～ away** [[ᵁ]*pass*] うまくついて来させる[調子に乗せる]. **～ away from**…〘トランプ〙〈手札の同一組の上位札〉の下から打ち出す《通例 不利》. **～ back** 連れ戻す;〈道が〉〈もとの場所に〉通じる〈*to*〉;〘トランプ〙〈札を〉打ち返す《パートナーの打ち出しと同じ組の札を打ち出す》. **～ in** 話[演奏]を〈…で〉始める〈*with*〉. **～ into**…〈話・演奏などを〉始める, …に入る;〈話・場面などが〉…に移行する. **～ off** (*vt*) 連れて行く;〈…で〉始める〈*with*〉;〘野〙〈回〉の先頭打者をつとめる. (*vi*) 始める, 口火を切る〈*with*〉;〘野〙先頭打者となる;〈道などが〉〈…から〉延びて[通じて]いる〈*from*〉;〘野〙〈走者が〉塁を離れる, リードする: They *led* (the dance) *off with* a waltz. ダンスの皮切りにワルツを演奏した. **～ on** 導き続ける; 誘う, 誘い込む, だます, かつぐ,〈人〉に(性的に)興味をもたせる;〈人を〉〈…するように〉仕向ける〈*to* do〉. **～ out** 導き出す〈*of*〉;〈女性をダンスなどに〉席から誘う; 誘い出す, 引き出す. **～ the** WAY[1]. **～ through**…〘トランプ〙〈特定のプレーヤー(の札)〉を先にプレーさせるように打ち出す《上位札が非効果的に使われ, 通例 有利》. **～ up to**… [[ᵁ]*pres p*] …へ次第に導く[誘う], …に話を向ける; 結局は…ということになる, …の下準備となる;〘トランプ〙〈上位札〉をあとでプレーさせるように打ち出す《その札が有効に使われ, 通例 不利》: the days ～*ing up to* graduation 卒業までの日々. **～ with**… (試合などを)〈ある戦法・選手など〉で始める, 最初に…を使う (cf. *vi* 1b, c).

► *n* **1 a** [the] 先導, 率先, 指揮, 指導的地位, 統率; 指図, 心得; *《企業の》経営, 管理: take *the* ～ 先導する, 率先する, 牛耳をとる ‹*in, among*›. **b** [the, a ～] 手本, 例, 前例; «口» 問題解決のきっかけ, いとぐち, 手掛かり (clue): follow *the* ～ of...の手本をまねる (cf. *follow a* LEAD) / give sb *a* ～ 人に手本を示す, 模範を示して[ヒントを与えて]励ます. **c** 〘劇・映画の〙主役, 立て役; 立役者; 《グループの》主要な演奏者[歌い手] (: play [sing] ～); 〘楽〙《和声の》主声部, 主旋律. **2 a** [the] 〘競技〙リード, 勝越し, 優勢 (priority) ‹*in* a race›; [a ～] リード距離[時間]; 〘野〙《走者の》リード; 〘ボク〙攻撃をかけること; 〘射撃〙未来修正《動いている標的の前方をねらって打つこと》, 未来修正量: have *the* ～ リードしている / gain [lose] *the* ～ リードする[リードを失う] / have *a* ～ of two meters [seconds] 2 メートル[2 秒]リードしている. **b** 〘トランプ〙まっさきに出す札[組 (suit)], 打ち出し, 先手(の権利): Whose ～ is it? 〘トランプ〙だれの先手番か / return the ～ 〘トランプ〙打ち返す《パートナーの打ち出しと同じ組の札を打ち出す》. **3 a** 《水車へ水を引く》溝; 《浮氷群・氷原中の》水路; "《馬・犬などの》引きひも, リード (leash*); "〘電〙導線, リード(線) (＝～ wire), 引込み線; 〘海〙動索の道筋[通り具合]; 索導器, リード (leader); アンテナの引込み線: a dog on the ～ 引きひもの付いた犬. **b** 〘鉱〙鉱脈, 砂金を含む砂層. **4** 《新聞記事の》冒頭の一節, 前文, リード《通例 内容の要約》; トップ記事, 《放送の》トップニュース. **5** 〘機〙リード, 進み《ねじの一回転で軸の進む距離など》; 〘土木〙運搬距離. ● **follow a ～** 〘トランプ〙最初の人について札を出す; 先例にならう, 指導に従う.

► *a* 先導する, 先頭の, 冒頭の; 指導的な, 主役の, 主要な, 主旋律を受け持つ: a ～ character 主役, 中心人物 / a ～ singer [vocalist] リードシンガー[ボーカル] / LEAD GUITAR.

[OE *lǣdan*＜Gmc (**laidhō* to LOAD; G *leiten*)]

lead² /léd/ *n* **1** 鉛《金属元素; 記号 Pb, 原子番号 82; PLUMBIC, PLUMBOUS *a*》: (as) dull as ～ 鉛のようなにぶ色の; «口» 非常にまぬけな / (as) heavy as ～ 非常に重い. **2** 鉛製品; 測鉛 (plummet); 〘釣〙おもり; [*pl*] "屋根ぶき用鉛板, 鉛板屋根; [*pl*] 《窓ガラスの》鉛枠, CAME²; 鉛の弾丸, 銃弾 (bullets); 《ストーブなどを磨く》黒鉛 (black lead); 鉛筆の芯; 〘印〙差し鉛, インテル《行間用の薄い鉛板[金属板]》; 白鉛 (white lead); 四エチル鉛 (tetraethyl lead): cast [heave] the ～ 水深を測る / pump [fill] sb full of ～ «口» 人に弾丸を浴びせる. ● **get the ～ out** (**of** one's **ass** [**feet, pants**]) «口» 急く, (気を入れて)取りかかる. **have ～ in** one's **pants** *«口» おもりを付けられたように動く, 行動[反応]がのろい. **～ in** one's **pencil** «口» 活力, 元気, 《特に 性的な》精力: have ～ *in* one's *pencil* 精力がある, (ピンピンに)勃起している, ‹男が›やりたがっている / put ～ *in* sb's *pencil* 人をピンピンにさせる. **swing the ～** "«口» 仮病を使う, サボる; ほらを吹く, 大袈裟に言う. **throw ～** *«俗» 撃つ ‹*at*›. ► *a* 鉛の, 鉛製の. ► *vt* 鉛でおおう[ふく]; …に鉛でおもりをつける; ‹窓›に鉛枠 (CAME²) を付ける[入れる]; …に鉛を詰める; 鉛[鉛の化合物]を混入する[で処理する]; 〘印〙‹活字の行間›に差し鉛を入れる. ♦ **～·ed** *a* ⁺鉛中毒にかかった; ‹ガソリンが›有鉛の, 加鉛の. [OE *lēad*; cf. G *Lot* plummet]

léad ácetate /léd-/ 〘化〙酢酸鉛 (＝*sugar of lead*).

léad-ácid bàttery /léd-/ 〘電〙鉛(なまり)(-酸)蓄電池《二酸化鉛と鉛を正負の電極に, 希硫酸を電解質に用いる》.

léad ársenate /léd-/ 〘化〙ヒ酸鉛《殺虫剤》.

léad ázide /léd-/ 〘化〙アジ化鉛《起爆薬》.

léad ballóon /léd-/ «口» 失敗(した企て) (cf. *go over* [*down*] *like a lead* BALLOON).

Léad·beat·er's cockatóo /lédbì:tərz-/ 〘鳥〙クルマサカオウム《豪州産》. [Benjamin *Leadbeater* 19 世紀英国の自然史家]

Lead·bel·ly /lédbèli/ レッドベリー (1888-1949)《米国のブルース歌手・ギタリスト; 本名 Huddie William Ledbetter》.

léad cárbonate /léd-/ 〘化〙炭酸鉛《白色顔料》.

léad chrómate /léd-/ 〘化〙クロム酸鉛《有毒の黄色結晶; 顔料・酸化剤》.

léad cólic /léd-/ 〘医〙鉛(なまり)疝痛 (＝*painter's colic*).

léad crỳstal /léd-/ 鉛クリスタル(ガラス) (lead glass).

léad dióxide /léd-/ 〘化〙二酸化鉛《酸化剤・電池の電極に用いる》.

lead·en /lédn/ *a* 鉛(製)の; 鉛色の; 重苦しい, 鈍い, だるい; 重荷になる, 厄介な (: a ～ rule); 無気力な, 不活発な; ひどく重い; 質の低い, 価値のない; 単調な. ► *vt* leaden にする. ♦ **～·ly** *adv* **～·ness** *n*

léaden-éyed *a* 眠そうな目をした, どんよりした目の.

Léad·en·hall (**Márket**) /lédnhɔ̀:l(-)/ レドンホール《London にある 14 世紀以来の鳥獣肉類市場; 現在は野菜類なども扱い一般の人も買物ができる》.

léaden séal 封鉛《物を縛った針金の端を留める刻印した鉛片》.

lead·er /lí:dər/ *n* **1 a** リーダー, 先導者, 指導者, 先達; 《英国の政党の》党首; 総務, 幹事; 《米国議会の》院内総務; "LEADER OF THE HOUSE; 総統, 首領, 主将; 指揮官; 職工長; 主唱者, 顔役; 主任弁護人; 《巡回裁判の》首席弁護士; 〘楽〙《器楽・合唱などの》首席奏者[歌手]; "コンサートマスター (concertmaster); *《楽団の》指揮者, リーダー: a party ～ 政党の党首 / the Conservative ～ 保守党党首 / MAJORITY [MINORITY] LEADER. **b** 首位[先頭]のもの; 《馬車の》先頭の馬 (opp. *wheeler*), 先頭の犬; 嚮導(きょうどう)船; 〘機〙主輪, 主動部. **2 a** "社説, 論説; 〘法〙誘導尋問: LEADER WRITER. **b** 〘経〙LEADING INDICATOR. **3** 目玉商品, 特価品 (loss leader); 《魚を網・池などの中へ導く》建網(たてあみ); 導火線; 《水道・スチームの》導管; 《屋根から地面までの》竪樋(たてどい); 索導器; 〘解〙腱, 筋; [*pl*] 〘印〙《目次などの》点線 (…), ダッシュ線 (—), リーダー. **4** 先端部; 《フィルム・録音[ビデオ]テープの》リーダー《両端の巻取り用空白部》; 〘釣〙先糸, はりす; 〘植〙頂端の若枝, 主技. ♦ **～·less** *a*

léader·bòard *n* 〘ゴルフなど〙リーダーボード《トーナメントなどで上位者の成績を表示する大型のボード》.

lead·er·ene /lì:dərí:n/ *n* «口» [*joc*] 《独裁者のような》女性リーダー.

lead·er·ette" /lì:dərét/ *n* 《新聞の》小社説.

Léader of the Hóuse (**of Cómmons** [**Lórds**]) [the] 〘英議会〙(下院[上院])院内総務《議院運営をつかさどる政府委員》.

Léader of the (**Offícial**) **opposítion** [the] 〘英議会〙野党第一党党首.

léad·er·shìp *n* 指揮者[首領]の地位[任務]; 指導, 指揮, 統御, 統率; 指導力, 統率力, リーダーシップ; 指導部, 首脳部.

léader wrìter 《新聞などの》論説委員.

léad·fòot /léd-/ *«口» *n* (*pl* **～s, -fèet**) スピードドライバー, 飛ばし屋; 飛ばしたがる癖.

léad-fóot·ed /léd-/ *«口» *a* のろまな, ぐずの, 間の抜けた; ‹ドライバーが›やたらに飛ばす.

léad-frée /léd-/ *a* ‹ガソリンなどが›無鉛の (nonleaded).

léad glànce /léd-/ 方鉛鉱 (galena).

léad glàss /léd-/ 鉛ガラス《光学ガラス用》.

léad guitár リードギター《ロックやポップスで, メロディーやソロの演奏を担当するギターパート; RHYTHM GUITAR に対する語》.

léad-ìn /lí:d-/ *n* 《コマーシャルなどの》導入部; (…の)前置き ‹*to*›; 〘電〙《アンテナなどの》引込線 (＝*lead-in wire*).

lead·ing¹ /lí:dɪŋ/ *n* 指導, 先導, 指揮, 統率; 《霊的な》導き; «古» 統率力 (leadership): men of light and ～ 啓蒙家たち, (世の)指導者たち. ► *a* 導く, 先導する, 主導する, 指導[指揮]する; 首位の, 一流の, 指折りの, すぐれた; 主要な, 主な (chief); 主役の; 〘英軍〙下士官に次ぐ位の; 〘数〙‹一元多項式の係数が›最高次の項にかかる: a ～ figure in economic circles 経済界の重鎮. [*lead*¹]

lead·ing² /lédɪŋ/ *n* 鉛細工; 鉛のおおい, 鉛の枠; 〘印〙《行間用の》薄鉛板, インテル (lead); 〘印〙行間. [*lead*²]

léading áircraftman 〘英空軍〙二等兵 (⇨ AIR FORCE).

♦ **léading áircraftwoman** *n fem*

léading árticle 《新聞・雑誌の》トップ記事; "《新聞の》社説 (editorial); "LOSS LEADER.

léading búsiness 《劇の》主役, 大役《集合的》.

léading cáse 〘法〙《よく言及される有名な》指導的判例, リーディングケース.

léading cóunsel" 首席弁護士[弁護人]; 王室弁護士, 《巡回裁判の》首席弁護士[弁護人].

léading dóg «豪» 《羊群の》先導犬.

léading económic índicator 〘経〙LEADING INDICATOR.

léading édge 〘空・気〙《プロペラ・翼・気団の》前縁; [the] 《技術開発などの》最先端 (: at the ～ of science); 〘電〙《パルスの》立上がり縁 (opp. *trailing edge*). ♦ **léad·ing-édge** *a*

léading índicator 〘経〙先行指標 (＝*leader*) (opp. *lagging indicator*) 《経済全体に関する景気循環の転換点より早い時期に同方向の転換を示す景気指標; 機械受注・建設受注・株価指数など》.

léading lády 主役[主演]女優.

léading líght 《港・運河などの》導灯; [*fig*] 《地域・教会などの》指導的人物, 有力者.

léading mán 主役[主演]男優.

léading màrk 〘海〙《出入港の際に目標とする》導標.

léading mótive LEITMOTIV.

léading nóte 〘楽〙LEADING TONE.

léading quéstion 〘法〙誘導尋問.

léading rèin 《馬などの》引き手綱; [*pl*] LEADING STRINGS.

léad-ìn gróove 《レコード外周縁の》導入溝.

léading séaman 〘英海軍〙一等水兵 (⇨ NAVY).

léading stàff 牛の鼻輪に付けた棒; 指揮棒.

léading strìngs *pl* 《幼児の肩に掛けて支える》歩行練習用帯ひも; 指導, 保護, 監督, 束縛: be in ～ まだ一本立ちできない.

léading tóne *〘楽〙導音 (＝*leading note, subtonic*) 《音階中の第 7 音》.

léading zéro 頭のゼロ《整数部の左の桁ぞろえのために, 数を表わさないゼロ》: suppress ～*s*.

léad-ìn wíre 〘電〙引込線 (LEAD-IN).

léad jòint /léd-/ *«俗» 《遊園地などの》射的場.

léad·less /léd-/ *a* 無鉛の‹ガソリンなど›; 弾丸を込めてない.

léad lìne /léd-/ 測鉛線, 鉛線 (sounding line).

lead·man /lí:dmæ̀n, -mən/ *n* (*pl* **-men** /-mèn, -mən/) 《労働者の》組頭, 小頭, 職長 (foreman).

léad monóxide /léd-/ 〘化〙一酸化鉛《密陀僧》.

léad nítrate /léd-/ 〘化〙硝酸鉛.

léad·òff /líːd-/ *n* 開始, 着手; 一番手; 〘ボク〙先制の一発, リードオフ; 〘野〙一番打者, リードオフマン, 《各回の》先頭打者. ► *a* 最初の: a ~ batter 先頭打者.
léad óxide /lέd-/ LEAD MONOXIDE; 酸化鉛類.
léad péncil /lέd-/ 鉛筆.
léad peróxide /lέd-/ LEAD DIOXIDE.
léad-pìpe cínch /lέd-/, **léad-pípe** *《俗》確実なこと, 紛れもない事実; たやすい[わけない]こと.
léad·plànt /lέd-/ *n* 〘植〙北米原産のマメ科クロバナエンジュ属の一種.
léad pòison /lέd-/ *《俗》銃弾による死[負傷] (lead poisoning).
léad pòisoning /lέd-/ 〘医〙鉛(なまり)中毒 (=*plumbism, saturnism*); 《俗》銃砲弾による死[負傷], 弾(たま)傷.
léad replácement pètrolᴴ /lέd-/ 有鉛代替ガソリン《通常は有鉛ガソリンを使うタイプの車に用いられる特殊な無鉛ガソリン》.
léads and lágs /líːdz-/ 〘商〙リーズ・アンド・ラッグス《為替相場の変動が予想される際に, それを利するために輸出入代金の対外支払いを早めたり遅らせたりすること》.
léad scréw /líːd-/ 〘機〙《旋盤の往復台を動かす》親ねじ.
léad shót /lέd-/ 《散弾銃の》散弾, 鉛弾 (shot).
léads·man /lέdzmən/ *n* 〘海〙《測鉛で水深を測る》測鉛手, 投鉛手.
léad stòry /líːd-/ 《新聞などの》トップ記事.
léad súlfide /lέd-/ 〘化〙硫化鉛《天然には方鉛鉱として存在; 半導体などに使う》.
léad·swìng·ing /lέd-/ *n*ᴴ《俗》仕事をサボること, なまける[ずるける]こと. ♦ **-swìng·er** *n*
léad tetraéthyl /lέd-/ TETRAETHYL LEAD.
léad tìme /líːd-/ リードタイム《1) 製品の考案[企画決定, 設計]から生産開始[完成, 使用]までの所要時間 2) 発注から配達までの時間 3) 企画から実施に至るまでの準備期間》.
léad-ùp /líːd-/ *n* 準備(期間), 先行する期間, 前段階 ‹*to*›: the ~ *to* the election 選挙の前哨戦.
léad wóol /lέd-/ 鉛綿, 鉛毛《鉄管の継ぎ目などに埋める綿状の鉛》.
léad·wòrk /lέd-/ *n* 鉛を扱う仕事《配管・ガラス入れなど》; 鉛細工, 鉛製品, 《水道管などの》鉛用材; [~s, ‹*sg/pl*›] 製鉛[精鉛]所.
léad·wòrt /lέd-/ *n* 〘植〙**a** ルリマツリ. **b** LEADPLANT.
léadwort fàmily 〘植〙イソマツ科 (Plumbaginaceae).
leady /lέdi/ *a* 鉛のような; 鉛を含む.
L
leaf /líːf/ *n* (*pl* **leaves** /líːvz/) **1 a** 葉, 木の葉, 草の葉; 群葉 (foliage) 《集合的》; 《商品としての》葉, 需葉作物, 葉物《集合的》, タバコ[茶]の葉: the fall of the ~ 落葉時, 秋. **b** 花びら (petal). **c** *《俗》レタス (lettuce). **d** 《俗》マリファナ; [the]*《俗》コカイン. **2 a** 葉状のもの; 《書物の》一枚, 一葉《表裏 2 ページ》; 《窓・シャッター・折り戸・可動橋の》可動部分, 《折りたたみ式テーブルの》自在板; LEAF SIGHT; 薄片, 《金属の》箔《通例 foil より薄い》; 〘機〙板ばね《の一片》; LEAF FAT の一層: a ~ gold 金箔. **b** 葉模様; *《俗》空軍[陸軍]少佐《葉の記章から》. ● **come into ~** 葉を出し始める. **in ~** ‹木・枝など›葉が出て; ‹バラが›花びらが開いて. **take a ~ out of sb's book** 人の例にならう, 見習う. **turn over a new ~** 新しいページをくる; 心を入れ替える, 心機一転する, 新規まきなおしをする. ► *vi* **1** ‹植物が›葉を出す ‹*out*›. **2** さっとページをめくる ‹*through*›. ► *vt* *‹書物›のページをめくる. ♦ **~·less** *a* **~·less·ness** *n* **~·like** *a* [OE *lēaf*; cf. G *Laub*]
léaf·age *n* 葉 (leaves, foliage); 《図案などの》葉飾り.
léaf bèet 〘野菜〙フダンソウ (CHARD).
léaf bèetle 〘昆〙ハムシ《ハムシ科の甲虫の総称》.
léaf·bìrd *n* 〘鳥〙コノハドリ (green bulbul).
léaf blìght 〘植〙黒葉枯れ病; 〘植〙斑点病.
léaf bùd 〘植〙葉芽《葉や枝のような栄養器官になり花にならない芽; cf. MIXED BUD》.
léaf bùtterfly 〘昆〙コノハチョウ《同属の総称》.
léaf clìmber 〘植〙葉柄や葉の変態した巻きひげで巻きつく攀縁(はんえん)植物.
léaf cùrl 〘植〙縮葉病, 《特に》PEACH LEAF CURL.
léaf-cùtter *n* 〘昆〙LEAF-CUTTING ANT [BEE].
léaf cútting 〘園〙葉挿し.
léaf-cùtting [léaf-cùtter] ànt 〘昆〙ハキリアリ (=*umbrella ant*) 《熱帯アメリカ産》.
léaf-cùtting [léaf-cùtter] bèe 〘昆〙ハキリバチ (=*upholsterer bee*).
leafed /líːft/ *a* 葉のある; 葉が…な (leaved).
léaf fàt 葉状脂肪《特に 豚の腎臓の周囲にある脂肪; cf. LEAF LARD》.
léaf gàp 〘植〙葉隙.
léaf grèen 葉緑素 (chlorophyll); リーフグリーン《にぶい黄緑色》.
léaf·hòpper *n* 〘昆〙ヨコバイ《同上科の昆虫の総称》.
léaf ìnsect 〘昆〙コノハムシ《羽が木の葉に似たナナフシ目コノハムシ科の昆虫の総称; インド・マレー諸島などに分布》.
léaf làrd リーフラード《葉状脂肪 (leaf fat) から製する上質の中性ラード》.
léaf·let *n* 〘植〙小葉《複葉の一葉片》; 小さな[若い]葉; 葉状の器官; ちらし(広告), 引札, 折込み印刷物, リーフレット. ► *vi, vt* (**-let-(t)ed; -let·(t)ing**) (…に)ビラ[ちらし]を配る.
lèaf·let·éer *n* [°*derog*] ちらしの筆者, ビラ書き; ビラ配り《人》.
léaf lèttuce 〘植〙チリメンチシャ (cf. HEAD LETTUCE).
léaf mìner 葉もぐり虫《幼虫時代に葉の柔組織を食する各種の昆虫》.
léaf mòld 腐葉土; 葉に生えるカビ.
léaf mònkey 〘動〙リーフモンキー《東南アジア産のオナガザル科コロブス亜科リーフモンキー属の森にすむ数種のサル; 葉や果物などを食べる; cf. LANGUR》.
léaf mùstard 〘植〙カラシナ (Indian mustard).
léaf-nòsed bát 〘動〙鼻の膜が木の葉状になっているコウモリの総称《ヘラコウモリ科・カグラコウモリ科など》.
léaf pèeper *《口》紅葉見物の行楽客《特にニューイングランドの》. ♦ **léaf pèeping** *n*
léaf-ràking *n* 〘労〙《失業者に職を与えるための本来は不要な》むだ[無益]な仕事.
léaf ròll 〘植〙《特に ジャガイモの》葉巻き病.
léaf ròller 〘昆〙ハマキムシ《葉を巻いて巣を作るハマキガなどの幼虫》.
léaf rùst 〘植〙赤サビ病《特に 小麦の葉を冒す》.
léaf scàld 〘植〙《サトウキビの》黄条病.
léaf scàr 〘植〙葉痕《落葉後の茎面にみられる瘢痕》.
léaf scòrch 〘植〙葉焼け病《葉が焼けたように病変する植物の病気の総称》.
léaf shèath 〘植〙葉鞘.
léaf sìght 照尺, 表尺《小銃の, 立てたり倒したりできる照準具》.
léaf spòt 〘植〙斑点病.
léaf sprìng 〘機〙板ばね.
léaf·stàlk *n* 〘植〙葉柄 (petiole).
léaf tràce 〘植〙葉跡《茎から分かれて葉に入る維管束》.
léaf wàrbler 〘鳥〙メボソムシクイ属のムシクイの仲間《チフチャフ, ヤナギムシクイ, エゾムシクイなど》.
léafy *a* 葉の多い, 葉の茂った; 葉からなる, 葉が作る; ‹場所が›緑の豊かな; 広葉の; 葉状の: a ~ shade 緑陰, 木陰. ♦ **léaf·i·ness** *n*
léafy líverwort 〘植〙ウロコゴケ (=*scale moss*).
léafy spúrge 〘植〙ハギクソウ《トウダイグサ科》.
leag /líːg/ *n* 〘海藻〙コンブ属の一種.
league[1] /líːg/ *n* **1** 同盟, 連盟, リーグ; 盟約; 《野球などの》競技連盟; 連盟参加者[団体, 国] (leaguers) 《集合的》: a ~ match リーグ戦 / be (at the) top [bottom] of the ~ リーグのトップ[最下位]である. **2** 部類, 範疇, 水準, 格: He is hardly *in your* ~. 彼はとうていあなたには及ばない / He is not *in* the same ~ *as* [*with*] you. 彼はあなたには及ばない / He is *out of* my ~. 彼はわたしとは格がちがう / The matter's *out of* my ~. それはわたしの領分[力の及ぶところ]ではない. ● **in ~ (with...**と) 同盟[盟約, 連合, 結託]して. ► *vi, vt* 同盟[盟約]する[させる]; 団結[連合]する[させる]. [F or It (L *ligo* to bind)]
league[2] *n* リーグ《距離尺; 英米では約 3 マイル》; 1 平方リーグ《地積の単位》. [L<Celt; cf. OE *leowe*]
Léague Agàinst Crúel Spórts [the] 残虐スポーツ反対同盟《1924 年英国で設立された, 狩猟など 動物を殺すスポーツに反対する運動を展開している団体》.
Léague Chámpionship Sèries 〘野〙リーグ選手権シリーズ, プレーオフ《1969 年アメリカンリーグ・ナショナルリーグがともに東西地区に分かれて以来のリーグ代表決定シリーズ; 1984 年まで 5 回戦で, 85 年から 7 回戦; 略 LCS》.
Léague fòotball 《豪》リーグフットボール《New South Wales 州および Queensland 州では 13 名で行なう Rugby League を, Australian Rules の行なわれている州では Australian National Football Council に加盟している団体(の試合)をいい, Melbourne では Victorian Football League を指す》.
Léague of Aráb Státes [the] ARAB LEAGUE.
Léague of Nátions [the] 国際連盟《1920 年 Versailles 条約に基づいて結成; 1946 年現在の United Nations に引き継がれた》.
Léague of Wómen Vóters [the] 〘米〙女性投票者連盟《婦人の参政権を認めた 1920 年の憲法修正第 19 条の批准後 Carrie Catt (1859–1947) が中心になって創設した, 女性の賢明な投票権行使を指導するための無党派組織; 略 LWV》.
léa·guer[1] *n* 連盟加入者[団体, 国]; 〘野〙連盟の選手.
leaguer[2] 《古》*n* 攻囲 (siege); 包囲陣; LAAGER. ► *vt* 包囲する.
léague tàbleᴴ 《スポーツの》連盟参加団体成績順一覧表, 《一般に》成績[実績]対比一覧表, 順位, 番付.
Le·ah /líːə/ **1** リーア《女子名》. **2** 〘聖〙レア《Laban の長女; 父の策略で妹 Rachel より先に Jacob の妻となり Reuben, Simeon, Levi などを産んだ; *Gen* 29: 13–30》. [Heb=? (wild) cow]
leak /líːk/ *n* **1** 漏れ口, 漏れ ‹*in a boiler*›; 漏り水, 漏出蒸気[ガス]; 漏出量 (leakage); 〘電〙リーク, 漏電(箇所); 《俗》放尿: do [have, take] a ~ 小便をする. **2** 《秘密などの》漏洩, リーク; 機密漏洩者, 漏洩の経路; 機密漏洩が起きやすい箇所: You are the ~. 秘密を漏らしたのはおまえだ. ● **spring [start] a ~** ‹船・容器が›漏れ口ができる,漏り始める. ► *vi* 〈容器などが〉漏る; 〈光・水・空気などが〉漏れる, 漏れ出る 〈*in, into, out (of), through*〉; 〈秘密などが〉漏れる 〈*out*〉; 《俗》小便をする: ～ like a sieve どんどん水[秘密]が漏れる. ► *vt* 〈光・水・空気などを〉漏らす; 〈秘密・情報を〉漏らす, 流す 〈*out*; *to* sb〉.
♦ **～·er** *n* **～·less** *a* [? LG; cf. ON *leka* to drip, OE *leccan* to moisten]

léak·age *n* 漏り, 漏れ, 漏出, 漏電, 漏水; 《秘密などの》漏洩(の機会) 〈*of*〉; 漏出[漏入]物; 漏り高, 漏出量; 〔商〕漏損.

Lea·key /líːki/ リーキー (1) **Louis S(eymour) B(azett)** ～ (1903–72) 《ケニアの人類学者・考古学者; 東アフリカで初期人類の人骨を発掘》 (2) **Mary Douglas** ～ (1913–96) 《ケニアの考古学者; Louis ～ の妻, 旧姓 Nicol; 夫に協力, 1959 年タンザニアの Olduvai 渓谷で Australopithecus を発見した》.

léak·pròof *a* 〈容器・パイプなどが〉漏れない; *秘密が守られる.

léaky *a* **1** 漏れ孔のある, 漏りやすい; 小便のしまりがない. **2** 秘密を漏らしやすい[が漏れやすい]: a ～ vessel 秘密を守れない人, おしゃべり. **3** 〔遺〕漏出性の《タンパク質およびそれが決定する酵素の構造を変化させその生物的活動の一部を喪失させてしまう突然変異遺伝子, また そのようなタンパク質についていう》. ♦ **léak·i·ly** *adv* **-i·ness** *n*

leal /líːl/ *a* 《スコ・北イング》忠実な, 誠実な (loyal); 《スコ古》真の, 正確な: LAND OF THE LEAL. ♦ **～·ly** *adv* [AF; ⇨ LOYAL]

Léam·ing·ton Spá /lémɪŋtən-/ レミントンスパー 《イングランド中南部 Warwickshire 中南部の町; 塩分を含んだ温泉がわく; 公式名 Royal Leamington Spa》.

lean[1] /líːn/ *v* (**leaned** /líːnd; lέnt, líːnd/, ʺ**leant** /lέnt/) *vi* **1 a** もたれる, 寄り掛かる 〈*on* sb's arm, *against* a wall〉. **b** たよる, すがる 〈*on* sb〉; 〔軍〕側面の守りとして〈…に〉よる[集まる] 〈*upon*〉. **2 a** 上体を曲げる, かがむ, そり返る; 傾く, 曲がる, のめる: ～ *down* かがむ / ～ *forward* in walking 前かがみに歩く / ～ *back* 上体を後ろにそらす / ～ *out of* a window 窓から上体を乗り出す / ～ *over* a book 本の上にかがみ込む / ～ *into* the wind (吹きつける)風に向かって前かがみになる. **b** 〈…の方に〉傾く, 気が向く, 〈…の〉ほうを好む, 〈…に〉偏する 〈*to, toward*〉. ► *vt* もたせ[立て]掛ける 〈one's stick *against* a wall〉; 傾ける, 曲げる. ● **～ against**…に対して非好意的である; *LEAN on…. **～ on**… ⇨ *vi*; 《口》〈人〉に〈…するよう〉圧力をかける, …をおどす, 脅迫する 〈*to do*〉; *…を打ちのめす. **～ over** BACKWARD(**s**). ► *n* 傾き, 傾斜 (slope); 偏り, 曲がり (bend). [OE *hleonian*; cf. G *lehnen*, L *inclino* to INCLINE]

lean[2] *a* **1 a** 《ぜい肉がない》やせた型の, 引き締まった, 《脂肪が少なく》細身の (opp. *fat*); 脂肪の(ほとんど)ない: ～ meat 赤身肉. **b** むだのない: a ～ company 《経費・従業員数などの点で》経営効率の高い会社. **c** 〔印〕〈字・字面が〉肉細の, 細身の. **2 a** 栄養分のない, 低カロリーの: a ～ diet 粗食. **b** 中身のない, 貧弱な; 〈ペンキなど〉油分の少ない; 〈粘土・鉱石・石炭・燃料ガスなどが〉低品質の, 低品位の, 〈混合気が〉燃料分の少ない, 薄い: ～ concrete 貧コンクリート 《セメントの割合が少ない》. **c** 乏しい, 収穫の少ない, 不作の; 不毛の; 〔印〕〈仕事が〉引き合わない: ～ crops 凶作, 不作 / a ～ year 凶年. ● **～ and mean** 《俗》やる気まんまんで, えらく野心的で. ► *vt* lean にする, 《特に》〈混合気を〉薄くする. ► *n* 脂肪のない肉, 赤身肉 (cf. FAT); 〔印〕引き合わない仕事. ♦ **～·ly** *adv* **～·ness** *n* [OE *hlǣne*]

Lean リーン Sir **David** ～ (1908–91) 《英国の映画監督; *The Bridge on the River Kwai* (戦場にかける橋, 1957), *Lawrence of Arabia* (アラビアのロレンス, 1962)》.

léan-bùrn éngine 〔車〕希薄燃焼エンジン 《燃費向上や排ガス対策のため, エンジンに送る混合ガスにおける燃料の対空気比率を小さくする方式のエンジン》.

Léan Cuisíne 〔商標〕リーンクイジーン 《ダイエット用冷凍食品のシリーズ》.

Le·an·der /liǽndər/ **1** レアンダー 《男子名》. **2** 〔ギ神〕レアンドロス 《恋人 Hero のかかげる灯を目当てに毎夜 Hellespont 海峡を泳ぎ渡って行ったが, あらしで溺死した》. [Gk＝lion man]

léan-fáced *a* 細面の, やせ顔の; 〔印〕字づらの細い〈活字〉.

léan·ing *n* 傾くこと, 傾き; [°*pl*] 傾向, 性癖, 好み, 偏愛: a youth with literary ～*s* 文学趣味の青年 / have [show] a ～ *toward* the law 法律に向いている.

Léaning Tówer of Písa [the] ピサの斜塔 《ピサ大聖堂の鐘楼; 高さ 約 56 m, 頂部で鉛直から 約 5 m 傾く; 1174 年起工》.

leantʺ *v* LEAN[1] の過去・過去分詞.

léan-tò *a* 差し掛けの: a ～ roof [shed] 差掛け屋根[小屋]. ► *n* (*pl* ～**s**) 差掛け小屋[屋根], 下屋(げや).

leap /líːp/ *v* (～**ed** /líːpt, lέpt; lέpt, líːpt/, **leapt** /lέpt, líːpt/) *vi* **1** 跳ぶ(ように動く), はねる, おどる; 〈ものが〉《視界に》飛び込む, 目につく 〈*out at* sb〉: Look before you ～. 《諺》跳ぶ前に見よ, 'ころばぬ先の杖' / ～ *to* one's feet 《喜んで・驚いて》跳び上がる, さっと立ち上がる / ～ *to* sb's rescue 人の救助に駆けつける / ～ out of one's SKIN / ～ *to* CONCLUSIONS / ～ *into* action すぐに行動する. **2** 〈話題・状態などが〉飛躍する, 急に移り変わる, 〈数量などが〉はね上がる, 急増する; 〈アイディアが〉ひらめく 〈*into* one's mind〉. **3** 〈胸・心が〉おどる, 高鳴る, ときめく. ► *vt* [馬にはしばしば /lέp/ と発音] 跳び[おどり]越える; 跳ばせる, 跳越[飛越(ひえつ)]させる; 〈雄獣が〉…とつがう. ● **～ at**…に飛びつく, 飛びかかる; 〈好機・申し出などに〉飛びつく. **～ed up** ʺ《俗》おこって, 腹を立てて. **～ in** 《好機と見て》すぐに飛びつく. **～ on** [**upon**]… 〈提案など〉にすぐに乗る[飛びつく]. **～ up** 跳び上がる; 〈心が[を]〉ときめく[ときめかせる]; ʺ《俗》へつらう, おもねる. ► *n* **1** 跳び, 跳躍 (jump); ひと跳びの距離[高さ], 跳び越すもの[場所], 踏み切る所; 交尾; 〔鉱〕断脈; 〔楽〕SKIP[1]: take a sudden ～ 突然跳び上がる / with [at] a ～ 一足飛びに. **2** 《話題・状態・想像などの》飛躍, 急激な変化; 《数量の》はね上がり, 急増 〈*in*〉: a ～ in logic 論理の飛躍. ● **a ～ in the dark** 無謀な企て[行動]. **a ～ of faith** 決死のジャンプ; 大胆な企て[推論]. **by** [**in**] **～s and bounds** とんとん拍子に, うなぎ上りに. [OE *hlēapan*; cf G *laufen* to run]

léap dày 閏日 (＝*leap-year day*) 《2 月 29 日》.

léap·er *n* **1** 跳ぶ人, はねる動物[馬]. **2** 《俗》神経刺激剤 《アンフェタミン (amphetamine) など》, シャブ.

léap·fròg *n* 馬跳び 《前かがみにした人の背を代わるがわる跳び越す遊戯》. ► *vt, vi* (**-gg-**) 馬跳びをする[のように跳ぶ, 進む] 〈*over*〉; 次々と移動する; 〈互いに抜きつ抜かれつして進む, 〔軍〕《援護射撃と前進を交替で》〈二つの部隊を〉交互に前進させる; 〈障害を〉よけて通る, 跳び越す. ♦ **-fròg·ger** *n*

léap·ing héebies [the] *《俗》HEEBIE-JEEBIES.

Léaping Léna 《野球俗》テキサス[ポテン]ヒット.

léap sècond 《UTC 調整用に挿入する》閏秒.

leapt *v* LEAP の過去・過去分詞.

léap-tìck* 《俗》*n* 《サーカスのピエロや曲芸師がその上で跳びはねる》マット; 《コメディアンの詰め物をした》にせの太鼓腹.

léap yèar 閏年 (cf. COMMON YEAR): a ～ proposal 女性からの結婚申し込み 《閏年にだけ許される》.

Lear /líər/ **1** リア 《Britain 島の伝説の王; Shakespeare の悲劇 *King Lear* の主人公》. **2** リア (1) **Edward** ～ (1812–88) 《英国の風景画家・ナンセンス詩人; 五行戯詩 limerick にペン画を添えたナンセンス詩画集 *A Book of Nonsense* (1846) など》 (2) **Norman** (**Milton**) ～ (1922–) 《米国のテレビ番組制作者; 'All in the Family' (1971–79), 'Maude' (1972–78)》.

learn /lə́ːrn/ *v* (～**ed** /-d, -t; -t, -d/, **learnt** /lə́ːrnt/) *vt* **1** 《勉強・指導・経験により》…の知識[技能]を身につける, (習い)おぼえる; 〈せりふ・詩などを〉憶える, 暗記する 〈*off*〉; 〈人が…できる[する]〉ようになる 〈*to do*〉: ～ *from* study 勉強しておぼえる / Has he ～*ed* [*learnt*] (how) *to* skate? 彼はスケートをおぼえましたか / You will ～ *to* love it. 今に好きになるよ / One is [You are] never too old to ～. 《諺》いくつになっても学ぶことはあるものだ / ～ (off) by HEART [ROTE[2]] / You must ～ *to* be more patient. もっと辛抱強くならないといけない. **2** 知る, 聞く; 認識[理解]する: I *leared* it *from* [*of*] him that…ということを彼から聞いた. **3** 《古・非標準的》[*joc*] 教える (teach), わからせる: I'll ～ you. 《罰として》思い知らせてやるからな. ► *vi* 知識[技能]を身につける, おぼえる; 学ぶ 〈*from*〉; 聞く, 知る 〈*of, about*〉: ～ to one's cost 懲りる / He ～*s* fast. 物おぼえが速い / I am [have] yet to ～. 《通例不信の意を含んで》わたしはまだ知らない. ♦ **～·able** *a* 学びうる, 学べる. **～·abílity** *n* [OE *leornian* (ME 期 'teach' の意も); cf. LORE[1], G *lernen*]

learn·ed *a* **1** /lə́ːrnəd/ 学問[学識]のある, 博学な, 博識な; 学問上の, 学究的な; 学問の, 学識者の用いる〈ことば〉: a ～ man 学者 / the ～ professions 学問的職業 《本来は神学・法学・医学》 / a ～ society 学会. **2** /lə́ːrnd, -t/ 学習によって得た, 後天的な〈技能・反応など〉. ● **my ～** /lə́ːrnəd/ **friend** [**brother**] ʺ博学なる友 《下院・法廷などで弁護士の相手弁護士に対する敬称》. ♦ **～·ly** /-nəd-/ *adv* 学者らしく. **～·ness** /-nəd-/ *n*

léarned bórrowing 学識ある借入(語) 《古典語をわずかな音変化を加えて現代ロマンス語に直接借入すること, また その借入語》.

léarned hélplessness /lə́ːrnd-/ 〔心〕学習性無力感.

léarn·er *n* 学習者, 生徒, 弟子; 初学者; LEARNER-DRIVER: a quick [slow] ～ おぼえるのが早い[おそい]人.

léarn·er-dríverʺ *n* 仮免許運転者 《L 字のマークを表示して運転する》.

léarner's cháin 《NZ》《食肉冷凍工場の》見習い作業員チーム

léarner's pèrmit* 《自動車運転の》仮免許 (provisional licenceʺ).

léarn·ing *n* **1** 学問, 学識, 知識; 博学; 《習得した》技能: a man of ～ 学者 / A little ～ is a dangerous thing. 《諺》少しばかりの学問は危険なものだ, 生兵法はけがのもと 《Alexander Pope, *An Essay on Criticism*》. **2** 《知識・技能の》習得, 習熟; 〔心〕学習 《経験・訓練などによる生物の行動傾向の変化》.

léarning cùrve 〔心・教〕学習曲線, 学習過程; 工数低減曲線 《作業経験の増加に伴い生産性が上昇する関係を示す曲線》.

léarning dìfficultiesʺ *pl* 〔精神医〕学習困難, LEARNING DISABILITY.

léarning disabìlity 〔精神医〕学習不能(症), 学習障害 《読み書きや計算などの技術の習得の阻害; 神経組織の機能障害と関係づけられている; 略 LD》. ♦ **léarning-disàbled** *a*

learnt *v* LEARN の過去・過去分詞.

leary /líəri/ *a* LEERY.

lease[1] /líːs/ *n* **1** 借地[借家]契約, 賃貸借(契約), リース; 賃借権; 借用[賃貸借]期間; 賃借物件 《土地・建物などの》: by [on] ～ 賃貸

L

[賃借]で / put (out) to ～ 賃貸する / take a farm on ～＝take out a ～ on a farm《賃貸借契約で》農場を賃借する / ～ for three [four, etc.] lives "記名された 3[4…] 名の死ぬまで続く賃貸借. **2**《特に》人生の定められた[与えられた]期間: take [get, have] a new [fresh] ～ on* [of"] life《病気を克服して》寿命を延ばす; 元気[生きる望み]を取り戻す, 新たな気持で再出発する / give sb [sth] a new ～ of life 人[物]の寿命を延ばす; 新たなチャンスを与える. ► *vt*《賃貸借契約によって》〈土地・建物・機械などを〉賃貸する, 貸し出す〈*out*, *to*〉; 賃借する, リースで借りる[保有する]〈*from*〉: ～ sth (*out*) *to* sb 人に…を賃貸する / ～ sth *from* sb 人から…を賃借する. ► *vi*〈土地などが〉賃貸借の対象である;〈人が〉賃貸行為をする. ● **～ back**〈売却[購入]した不動産などを〉賃借する[売主に賃貸する]〈*from*, (*out*) *to*〉. ♦ **léas·able** *a*〈土地が〉賃貸[賃借]できる. **léas·er** *n* [AF *les* (*lesser* to let＜L *laxo* to loosen)]

lease[2] *n* 機(はた)の縦糸が交差する所; 綾 (leash).

lease[3] /líːz/ *n*《方》共有地, 共同放牧場. [OE *lǣs*]

léase·bàck /líːs-/ *n* 賃貸借契約付き売却 (＝*sale and leaseback*)《売手が新たな借手となって当該の売却資産を賃借する条件付きの売却》.

léase·hòld" /líːs-/ *n* (定期)不動産賃借権, 定期不動産権 (cf. FREEHOLD); 借地. ► *a*, *adv* 不動産賃貸借の[で], 賃貸[賃(貸)借]の[で]. ♦ **～·er** *n* 定期不動産賃借権者, 借地人.

léase-lénd /líːs-/ *n*, *vt* LEND-LEASE.

leash /líːʃ/ *n*《犬などをつなぐ》革ひも, 綱, 鎖 (lead");〔鷹狩〕《鷹の足をつないでおく》大緒(おお); 束縛; 統制, 統御;《革ひもでつながれた犬などの》3 頭一組,《一般に》3 個[人]一組;《機織りで》綾: on a [the] ～《犬を》革ひもにつないで. ● **hold** [**have**]…**in ～** …を革ひもでつないでおく; …を束縛[支配, 抑制]する. **on a short** [**tight**] **～** 行動を束縛されて; *《俗》(ひどい)ヤク中で: have [hold, keep] sb *on a tight* ～ 人の行動を束縛する, 人をきびしく管理する. **strain at the ～**〈猟犬が〉はやって革ひもを引っ張る; 自由を得たいとあせる, …したくてうずうずする〈*to do*〉. ► *vt* 革ひもでつなぐ; 抑えつける. [OF *lesse*; ⇨ LEASE[1]]

léash làw 革ひも法《飼い主の所有地外では犬はひもなどでつないでおくべしとする条例》.

leas·ing /líːzɪŋ, -sɪŋ; -sɪŋ/ *n*《古》うそ(をつくこと), 偽り.

least /líːst/ [LITTLE の最上級] *a* **1** 最も小さい[少ない], 最小[最少]の (opp. *most*);《重要性・価値・地位などの》最も小さい[低い];《動植物の》小型種の;《方》〈子供が〉最年少の (: ～ one). **2***《俗》最低の, くだらない, つまらない, 遅れている, お堅い. ● **not the ～** (1) 最小の…もない (no…at all): There is *not the* ～ wind this morning. 今朝はまったくの無風状態だ. (2) [nót と強く発音して] 少なからぬ, 相当の: There's *nót the* ～ danger. 少なからぬ危険がある. **the ～ bit** ほんの少し(も). ► *adv* 最も少なく: the ～ important… 重要性のいちばん低い… / *L*～ said, soonest mended.《諺》口数が少ないほど修復は早い. ● **～ of all** 最も…でない, とりわけ…ない: I like that ～ *of all*. わたしはそれがいちばん嫌い / No one can be trusted, ～ *of all* husbands. だれもたよりにならない, 特に亭主どもは. **not ～** 特に, とりわけ. **not the ～** (1) 少しの…もない (＝not in the ～): I am *not the* ～ afraid to die. 少しも死ぬのを恐れない. (2) [nót と発音して] 少なからず: I am *nót the* ～ afraid to die. 死ぬのを少なからず恐れる. ► *n* 最小; 最少(量); [the]*《俗》最悪(のもの), 最低: That's *the* ～ you can do. きみにもそれくらいのことはできるはずだ. ● **at ～** (他のことは)ともかくも, いずれにせよ, せめて; at the LEAST: You must *at* ～ talk to her. とにかく彼女に話しかけてみるべきだ. **at the** (**very**) **～** 少なくとも, 最少に見て (opp. *at* (*the*) *most*): It cost him *at* (*the very*) ～ a thousand dollars. 少なくとも 1000 ドルはした. **not** (**in**) **the ～** (**bit**) 少しも…しない[でない] (not at all). **to say the ～** (**of it**) 控えめに言っても. [OE *lǣst*, *lǣsest* (superl)＜LESS]

léast cómmon denóminator [the]〔数〕最小公分母 (lowest common denominator)《略 LCD》; [*fig*] 共通項.

léast cómmon múltiple [the]〔数〕最小公倍数 (＝*lowest common multiple*)《略 LCM》.

léast·est *n* [the]《俗》最小, 最少(量) (the least).

léast flýcatcher〔鳥〕チビメジロハエトリ, キオビメジロタイランチョウ (＝*chebec*)《北米産》.

léast signíficant bít〔電算〕最下位[桁]のビット《略 LSB》.

léast signíficant dígit 最下位数《最も右側の数字; 略 LSD》.

léast squáres *pl*〔統〕最小二乗法.

léast térn〔鳥〕アメリカコアジサシ《米国東部産, 西インド諸島・ブラジルで越冬する》.

léast úpper bóund〔数〕最小上界 (＝*supremum*)《略 lub》.

léast·wàys *adv*《口》LEASTWISE.

léast wéasel〔動〕アメリカイイズナ《イイズナの亜種; 北米で最小のイタチ科の動物》.

léast·wise *adv*《口》少なくとも (at least).

leat" /líːt/ *n*《水車などに水を引く》水路.

leath·er /léðər/ *n* **1** 革, なめし革;《口》《人の》皮膚 (skin); 犬の耳のたれさがり: a ～ dresser 革職人 / lose ～*s* 皮膚をすりむく. **2** 革製品; 革ひも, あぶみ革;《ものを磨いたりふいたりする》皮布《セーム革など》;《俗》財布, 紙入れ; [the]《俗》《野球・サッカーなどの》ボール; [the]《俗》《ボクシングの》グラブ; [the]《俗》パンチ, 一発; [the]《俗》蹴り; [the]《玉突きの》キューの先端, レザー; [*pl*] 革製半ズボン[すね当て],《オートバイ乗りの》革の服: ～ hunting 外野守備. **3***《俗》サド・マゾの服装[格好]; *《俗》サド[マゾ]行為; *《俗》マッチョタイプのゲイの行動[服装]. **4**〔菓子〕レザー《モモやアンズなどの乾燥果実をオーブンでゆっくり焼き上げ, 革ひものように切ったもの》. ● HELL(-BENT) **for ～**. **～ and** [**or**] **prunella** 取るに足りないもの, 無価値なもの, どうでもよいこと, 衣服の上だけの違い. (**There is**) **nothing like ～!** 手前みそ《市の防御には革が一番と革屋の言った諺から》. **throw ～***《俗》ボクシングをする. ► *a* 革の, 革製の; *《俗》《革の衣服などを好む》サディスト[マゾヒスト, ハードゲイ]の: ～ trade *《俗》サド[マゾ]の客《集合的》. ► *vt* なめし革にする, …に革をつける; 皮布で磨く[ふく];《口》《革ひもなどで》打つ (flog). ♦ **～·like** *a* [OE *lether*; cf. G *Leder*]

léather·bàck *n*〔動〕オサガメ, ヤサバ《海ガメの最大種》.

léather càrp〔魚〕皮鯉《鱗のない品種のコイ》.

léather·clòth *n* 革布, レザークロス《革に似せた布》.

leath·er·ette /lèðərét/ *n* 合成皮革.

léather·hèad *n*《口》ばか, まぬけ;《豪》〔鳥〕クロガオミツスイ (friarbird). ♦ **léather-héad·ed** *a*

léather·jàcket *n*〔魚〕カワハギ;〔魚〕熱帯アメリカのうろこが退化したアジ科オオクチアジ属の魚;〔昆〕ガガンボの幼虫.

léather·lèaf *n*〔植〕ヤチツツジ, ホロムイツツジ.

léather-lùnged *a*《口》大声の.

leath·ern /léðərn/ *a*《英では古》革の, 革製の, 革質の.

léather·nèck *n*《俗》(米)海兵隊員. [かつてのユニフォームの衿の革の裏当てから]

Leath·er·oid /léðərɔ̀ɪd/〔商標〕レザーロイド《紙製模造合成皮革》.

léather·wòod *n*〔植〕**a** カワノキ《北米産ジンチョウゲ科の低木》. **b** 米国南東部産のキリラ科の低木.

léath·ery *a* 革のような; 革色の; (革のように)堅い (tough). ♦ **léath·er·i·ness** *n*

leave[1] /líːv/ *v* (**left** /léft/) *vt* **1 a**〈場所を〉去る, 出る, 出発する; 通り過ぎる;〈乗物を〉降りる: People had to ～ their towns. / I ～ home *for* school at eight. / ～ the building on the right 建物を右手に見て通り過ぎる / ～ the train *at* York ヨークで下車する. **b**〈業務などを〉よす, 退会[脱会]する; …の習慣をやめる, 断つ;〈…するのを〉やめる (cease)〈*doing*〉;〈学校を〉卒業[退学]する;〈人〉と別れる,〈雇主〉から暇を取る: ～ one's job 仕事をやめる, 辞職する / ～ school 卒業[退学]する / His secretary has *left* him without notice. 秘書が予告なしにやめた. **2 a** 置いて行く;〈郵便集配人が〉配達する; 置き忘れる; 取り残す, 置き去りにする; 捨てる, 見捨てる: The postman *left* a letter *for* him. 郵便屋が彼に手紙を持って来た / Where did you ～ your umbrella?—I *left* it in the train. / *L*～ your things in a locker. 持物はロッカーに入れておきなさい / Don't ～ your work till tomorrow. 仕事をあすまで残しておくな / She was *left* at home. 彼女は家に取り残された / He *left* his wife (*for* another woman). 妻を捨てた[捨ててほかの女性に走った] / be *left for* dead [death] 見込みがない[死んだ]ものとして見捨てられる / LEAVE behind. **b** 残す: Two from four ～*s* two. 4 引く 2 は 2 / There is little coal *left*. 石炭はもう少ししか残っていない / *L*～ a bone *for* the dog. 犬に骨を残してやれ / The operation *left* a scar on my elbow. 手術でひじに傷が残った / ～ sth for another occasion またの機会のためにとっておく. **c**〈妻子・財産などを〉残して死ぬ: He *left* a widow and a son. 彼は妻と息子を残して死んだ / She was badly [well] *left*. 彼女は夫の死後生活に困った[困らなかった] / My father *left* me poor. 父が死んでわたしは貧乏になった / He *left* her everything.＝He *left* everything to her. 彼は彼女に全財産を残した / He *left* his wife 3 million dollars. 彼は妻に 300 万ドルを残して死んだ / She was *left* a big fortune by her husband. 彼女は亡夫から多額の財産を受け継いだ / He has *left* his estate *to* his son. 息子に地所を残している. **3**〈…の状態に〉しておく, 放置する;〈…に〉する: ～ a lever *up* [*down*] レバーを上げた[下げた]ままにしておく / You have *left* the door open. ドアが開けっぱなしですよ / The insult *left* me speechless. その侮辱にわたしはことばも出なかった / Never ～ children unattended in a car. 車の中に子供を放置しないこと / Better ～ it unsaid. 言わぬが花 / Somebody has *left* the water running. だれかが水を出しっぱなしにしている / *L*～ him in peace *to* his foolish dreams. 彼にはたわいのない夢をのんびり見させておくがよい / *L*～ things *as* they are. 現状のままにしておけ. **4**〈人にことを〉任せる, ゆだねる, 託す, 預ける, 頼む〈*to do*〉;《方・俗》…させてやる (let): I'll ～ the decision (*up*) *to* him [～ him *to* decide]. 決定は彼に任せよう[任せて決定してもらおう] / I was *left* no choice.＝No choice was *left* (*to*) me. わたしには選択の余地はなかった / Let's ～ her *to* solve the problem. 彼女に任せてその問題を解かせよう / I('ll) ～ it [that] *to* you, sir. お勘定はおぼしめしにお任せします《sir を取れば,「そのことはお任せします」の意にもなる》/ *L*～ it *to* me. それはわたしに任せてください / ～ sb *to* it《口》《事を》ひとりでやらせる, 人に任せる / ～ Tom to him*self* トムにしたいようにさせる / Please ～ your message *with* my wife. おことづては妻に言っておいてください / *L*～ me do it. わたしにやらせてください. ► *vi* 去る (go away); 立つ, 出発する (depart), 〈汽車・船などが〉出る; 卒業する: It's time for us to ~. もう帰らなければならない時間です / (Are you) *leaving* so soon? 《先に帰る客に》もうお帰りですか / I'm *leaving for* London tomorrow.

● **be left with**…をあとに残される; 〈感情・考えなどを〉いだく(に至る), 持ち続ける, …に煩わされる. **be nicely left** まんまと一杯食わされる. **get left** 《口》見捨てられる; 遅れをとる, 負ける; 好機を逸する. **~ sth about [around]**(…に)物を散らかしておく. **~ ALONE.** **~ aside** (別に)取っておく, 残しておく; 〈問題・費用などを〉考慮しない, 別にする. **~…be** 《口》…をそっとして[かまわないで]おく: *L~ me be.* 私のことはほっといて. **~ behind** 置き忘れる, 忘れてくる; 置き去りにする; 〈影響・痕跡などを〉あとに残す; 〈場所などを〉あとにする, (通り)去る; 〈過去などを〉忘れる; 引き離す, …にまさる. **~ sb COLD [COOL].** **~ sb for dead** 〈人を〉はるかにしのぐ, 打ち勝つ, 引き離す (cf. *vt* 2a 用例). **~ go** "手を放す; 見のがす, 気にしない. **~ go** "**[hold] of**… 《口》…から手を放す. **~ in** 入れた[その]ままにしておく; 味方の切り札宣言をそのまま通す. **L~ it at that.** 《口》そのくらいにしておけ《批評・行為などにいう》. **L~ it out!** "《口》やめろ, いいかげんにしろ! **~ much [nothing] to be DESIRED.** **~ off** (1) "《口》やめる (cease), よす; 〈電灯などを〉消したままにしておく; 〈服などを〉着ない, 身に着けない(でおく); 〈薬〉の服用をやめる; 〈雨などが〉やむ; 〈話が〉終わる: ~ *off* work / ~ *off* quarrel*ing* けんかをやめる / [〈*vi*〉] Let's pick up where we *left off* last time. 前回の続きをやりましょう. (2) 《乗物から》〈人・荷物を〉降ろす. (3) [off は前置詞] …に入れずにおく, …からはずしておく: ~ sb [sb's name] *off* the list リストに人[名前]を入れ忘れる[入れずにおく]. **~ on** 着た[置いた, 掛けた, 点(つ)けた]ままにしておく. **~ out** (*vt*) 出しっぱなしにしておく; 省く, 除外する 〈*of*〉; 無視する; 忘れる. (*vi*) 去る; 〈その日の授業などが〉終わる. **~ over** [ᵘ*pass*] "残す, 余す 〈*from*〉; 繰り延べる, 延期する, あとまわしにする. **~…standing** 《口》…を(大きく)引き離す, …に大差をつける, …よりもずっとすぐれている.

► *n* 〖玉突〗突き終わったあとの球の位置, 〖ボウル〗第一投のあとに残ったピン.

[OE *lǣfan* < Gmc = to remain; cf. G *bleiben*, OE *belīfan* to be left over]

leave² *n* 許し, 許可 (permission); 休暇(期間), 休職 (cf. LIBERTY); 賜暇(しか); いとまごい (farewell): ask ~ of (the) court to do… する許可を裁判所に求める / Give me ~ to go. わたしを行かせてください / You have my ~ to act as you like. わたしが許すから勝手にやりなさい / I beg ~ to inform you of it. ご通知申し上げます / I take ~ to consider the matter settled. 勝手ながら本件は落着したものとみなします / take ~ to doubt it あえて疑う / without ~ 無断で / ~ off 休養許可 / ~ out 外出[退出]許可 / FRENCH LEAVE / ask for ~ 休暇を願い出る / a six months' ~ (of absence) 6 か月の休暇 / We have two ~*s* in a year. 年に 2 回の休暇がある / have [go on] ~ 休暇を取る / MATERNITY LEAVE. ● **by [with] your ~** 失礼ですが, 御免こうむって: without (so much as) a *by your* ~ 無断で, 許可もなく. **on ~** 賜暇で, 休暇で. **take ~ of** 〈話題など〉から離れる. **take ~ of one's SENSES.** **take one's ~** 《別れを告げて》出かける, 立ち去る. **take (one's) ~ of**…にさようならを言う, 別れを告げる, いとまごいをする. [OE *lēaf*; cf. LIEF, LOVE, G *Urlaub* permission, *erlauben* to permit]

leave³ *vi* 〈植物が〉葉を出す, 葉が出る (leaf) 〈*out*〉. [LEAF]

leaved /líːvd/ *a* 葉のついた; [*compd*] …な葉のある, 葉が…枚の, 〈扉などが〉…枚付きの: a two-~ door 2 枚戸.

léave·lòok·er" *n* 《市の》市場監視員.

leav·en /lév(ə)n/ *n* **1** 酵母, パン種; 《次のパン種として使う》発酵したパン生地; ふくらし粉, 膨張剤《ベーキングパウダーなど》. **2** 《文》感化[影響, 活気, 刺激]を与えるもの, 気味, 色合い 〈*of*〉: the ~ *of* reform 改革の気運 / the old ~ 〖聖〗改められない古い習慣《*1 Cor* 5: 6, 7》. ► *vt* パン種[ふくらし粉]を加える, 発酵させる, ふくらませる; 《文》…に影響[潜勢力]を及ぼす, (…を加えて)変容させる, 活気づける, 色[味]を添える 〈*with, by*〉. ● **~ the (whole) lump** 社会[事態]を改革[変革]する《*1 Cor* 5: 6 の a little leaven leavens the whole lump より》. ♦ **~·less** *a* [OF < L *levamen* relief (*levo* to raise)]

léaven·ing *n* パン種, ふくらし粉 (leaven); [*fig*] 感化[影響]を与えるもの.

Leav·en·worth /lév(ə)nwə̀ːrθ/ レヴェンワース《Kansas 州北東部の Missouri 川に臨む市; 近くに連邦刑務所・軍刑務所がある》.

léave of ábsence 休暇の許可, 賜暇; 休暇, 休職.

leav·er /líːvər/ *n* 去る[捨てる]人: SCHOOL-LEAVER.

leaves¹ *n* LEAF の複数形.

leaves² *n pl* *《俗》ブルージーンズ, ジーパン. [*Levi's*]

Léaves of Gráss 『草の葉』《Walt Whitman の詩集 (初版 1855, 第 9 版 1891–92)》

léave-tàking *n* いとまごい, 告別.

leav·ing /líːvɪŋ/ *n* 残ったもの, 残り; [*pl*] 残り物, くず, かす.

Lea·vis /líːvəs/ リーヴィス **F(rank) R(aymond)** ~ (1895–1978) 《英国の文芸批評家; 文芸評論誌 *Scrutiny* (1932–53) を編集》. ♦ **~·ite** *n, a* **Lea·vis·ian** /lɪvíʒ(i)ən/ *a*

leavy /líːvi/ *a* 《古》LEAFY.

Leb. Lebanese ♦ Lebanon.

Leb·a·nese /lèbəníːz, *-s/ *a* レバノン(人)の. ► *n* (*pl* ~) レバノン人.

Leb·a·non /lébənən, -nàn/ [ˢthe] レバノン《地中海東岸の国; 公式名 Republic of ~ (レバノン共和国); ☆Beirut》.

Lébanon cédar CEDAR OF LEBANON.

Lébanon Móuntains *pl* [the] レバノン山脈《レバノンのベカー (Bekaa) 高原の西, 地中海岸に並行して走る山脈; 古代名 Libanus》.

leb·en /lébən/ *n* レーベン《レヴァント (Levant) および北アフリカのヨーグルトに似た発酵乳》. [Arab]

Le·bens·raum /léɪbənsràum/ *n* 《ナチスの理念だった》生活圏; [l-] 《一般に》生活圏. [G = living space]

Le·bens·welt /léɪbənsvèlt/ *n* 《Husserl 哲学における》生活世界. [G = life world]

Le·besgue /*F* ləbɛg/ ルベーグ **Henri-Léon** ~ (1875–1941) 《フランスの数学者; ルベーグ積分を創始》.

Le·be·wohl /*G* léːbəvoːl/ *n* 別れの挨拶; [〈*int*〉] さよなら!

leb·ku·chen /léɪbkùːkən; *G* léːpkuːxn/ *n* (*pl* ~) [ᴼL-] レープクーヘン《蜂蜜・香料・アーモンド・クルミなどで作るクリスマス用クッキー》. [G = loaf cake]

Le·blanc /*F* ləblɑ̃/ ルブラン (1) **Maurice** ~ (1864–1941) 《フランスの推理小説家; Arsène LUPIN を創出した》 (2) **Nicolas** ~ (1742?–1806) 《フランスの化学者; 食塩からソーダを製する方法を発明》.

Le·blang /ləblǽŋ/ *《俗》 *vi, vt* (劇場入場券を)割り引いて売る; (ショーの)入場料を割り引く. [Joe *Leblang* 入場券の手配師]

Le Bour·get /lə bùərʒéɪ/ ル・ブールジェ《Paris 市北東郊外の町; 国際空港のあったところ》.

Le·bowa /ləbóuə/ レボワ《南アフリカ共和国 旧 Transvaal 州北部の一群の飛び地からなっていた Bantustan》.

Le·boy·er /ləbɔ́ɪər; *F* ləbwaje/ *a* 〖産科〗ルボワイエ法の《胎児苦痛を極力軽減させるように配慮した分娩法》. [Frédérick *Leboyer* (1918–) フランスの産科医]

Le·brun /*F* ləbrœ̃/ ルブラン (1) **Albert** ~ (1871–1950) 《フランスの政治家; 第三共和政最後の大統領 (1932–40)》 (2) [*or* Le Brun] **Charles** ~ (1619–90) 《フランスの画家・室内装飾家; Louis 14 世の宮廷画家》 (3) **Élizabeth Vigée-~** ⇨ VIGÉE-LEBRUN.

LEC /lék/ 〖英〗LEC, レック《スコットランドにおけるイングランド・ウェールズの TEC に対応する団体》. [*L*ocal *E*nterprise *C*ompany]

Le Car·ré /lə kɑːréɪ; -kǽreɪ/ ル・カレ **John** ~ (1931–) 《英国のスパイ小説作家; 本名 David John Moore Cornwell; *The Spy Who Came in from the Cold* (1963)》.

Lec·ce /léɪʧi, lé-, -ʧeɪ/ レッチェ《イタリア南東部 Apulia 州の市; ギリシア・ローマの遺跡がある》.

lec·cer /lékər/ "《俗》 *n* 講義; 講演 (lecture).

Lec·co /léɪkou, lékou/ レッコ《イタリア北部 Lombardy 州の町; Como 湖が南東に分岐したレッコ湖 (**Láke ~**) 南端に臨む》.

lec·cy /léki/ *n* "《口》電気 (electricity).

lech /léʧ/ 《口》 *n* 渇望 〈*for*〉, 《特に》色欲 〈*after*〉; 好色漢, 助平 (lecher): have a ~ *for*…に飢えている. ► *vi* いやらしい[助平な]ふるまいをする, 色目をつかう 〈*after, over, for, on*〉. [逆成 < *lecher*]

Lech /lék; *G* lɛç/ [the] レヒ川《オーストリア西部から北流してドイツ南部で Danube 川に合流する》.

Le Châ·te·lier's principle [law] /lə ʃáːtəljèɪz ―/ 〖理・化〗ルシャトリエの原理《平衡状態にある系にそれを乱す影響を与えるとその効果を弱める方向に系の状態が変化するというもの》. [H. L. *Le Châtelier* (1850–1936) フランスの化学者]

lechayim ⇨ LEHAYIM.

lech·er /léʧər/ *n* みだらな男, 好色漢, 好色家, 助平. [OF (*lechier* to lick < Gmc; ⇨ LICK)]

lécher·ous *a* 好色な, みだらな; 色欲を挑発する. ♦ **~·ly** *adv* **~·ness** *n*

lech·ery /léʧ(ə)ri/ *n* 好色; 色欲 (lust).

léch·ing *a* 自堕落な, 放埒な.

le·chwe /líːʧwi/ *n* (*pl* ~, **~s**) 〖動〗 **a** リーチュエ《南アフリカの氾濫原にすむウォーターバック属のレイヨウ; ウォーターバック (waterbuck) と近縁; 絶滅の危険がある》. **b** ナイルリーチュエ《スーダン・エチオピアの Nile 川流域にすむ》. [Bantu]

lec·i·thal /lésəθəl/ *a* [ᴼ*compd*] 〖発生〗卵黄のある.

lec·i·thin /lésəθən/ *n* 〖生化〗レシチン (= *phosphatidylcholine*) 《脳・神経・血球・卵黄・大豆などに含まれるリン脂質; 食品・化粧品などに乳化剤として用いる》; レシチン含有物. [Gk *lekithos* egg-yolk, *-in²*]

le·cith·in·ase /lésəθənèɪs, -z, "ləsíθ-/ *n* 〖生化〗レシチナーゼ (phospholipase).

leck·er /lékər/ *n* "《俗》LECCER.

Lecky /léki/ レッキー **William Edward Hartpole** ~ (1838–1903) 《アイルランドの歴史家; *The History of England in the 18th Century* (1878–90)》.

Le·clan·ché cell /ləklɑ́ːʃeɪ ―/ ルクランシェ電池《陰極に亜鉛,

L

陽極の活物質に二酸化マンガン, 電解液に塩化アンモニウムの水溶液を用いる電池). [Georges *Leclanché* (1839–82) フランスの科学者]

Le Clé·zio /lə kleɪzjóʊ/ ル・クレジオ **Jean-Marie(-Gustave)** ~ (1940–)《フランスの作家; ノーベル文学賞 (2008)》.

le cœur a ses rai·sons que la rai·son ne con·naît point /*F* lə kœːr a se rɛzɔ̃ kə la rɛzɔ̃ nə kɔnɛ pwɛ̃/ 心情は理性の知らないそれ独自の理由をもつ《Pascal のことば》.

Le·conte de Lisle /*F* ləkɔ̃t də lil/ ルコント・ド・リール **Charles-Marie-René** ~ (1818–94)《フランスの高踏派 (Parnassian) の詩人》.

Le Cor·bu·sier /*F* lə kɔrbyzje/ ル・コルビュジエ (1887–1965)《スイス生まれのフランスの建築家・都市計画家; 本名 Charles-Édouard Jeanneret》.

lec·tern /léktərn/ *n* 《教会の》聖書台; 《聖歌隊席の》楽譜台; 講台. [OF < L (*lect- lego* to read)]

lec·tin /léktən/ *n* 〘生化〙レクチン《特に植物に広く分布するタンパク質で, 抗体ではないが, 凝集・沈降反応その他特異抗体反応に類似した現象をひき起こすもの》. [L *lectus* selected, *-in*²]

lec·tion /lékʃ(ə)n/ *n* 《ある章句の特定の版本での》異文; 〘教会〙《礼拝式で読む》聖句, 日課 (lesson).

lec·tion·ary /lékʃənèri; -ʃ(ə)n(ə)ri/ *n* 〘教会〙日課表, 聖句集.

lec·tor /léktɔ̀ːr, -tər/ *n* 〘教会〙聖句を読む人, 読師; 《主にヨーロッパの大学の》講師 (lecturer), 《特に外国人の》外国語教師. ♦ **~·ship** *n* **lec·trice** /lɛktríːs/ *n fem*

léc·to·tỳpe /léktə-/ *n* 〘生〙選定基準標本, 後模式標本.

lec·ture /lékʧər/ *n* 講義, 講演, 講話 ‹*on, about*›; 講義[講演]の原稿; お説教, 説諭, 小言: deliver a ~ 講義[講演]をする / get a ~ from…から説教される. ● **give [read] sb a ~** 人に説教する. ► *vi* 講義[講演]をする ‹*on* [*about*] chemistry, *to* a class›; ‹…に›小言を言う, 説教する ‹*at* sb *about* [*on*] sth›. ► *vt* …に講義する ‹*on*›; …に説教する, 訓戒する, しかる ‹*on, about*; sb *for* being late›. [OF or L; ⇨ LECTERN]

lécture hàll 講義室, 大教室.

léc·tur·er *n* 講演者; 訓戒者; 《大学などの》講師 (cf. INSTRUCTOR): a ~ *in* English *at*…University …大学英語講師. ★ 英国の大学では通例 assistant lecturer から始まって senior lecturer [または reader], professor へと昇進する.

lécturer·shìp *n* 〘オックスフォード大学〙 LECTURESHIP.

lécture·shìp *n* 講師 (lecturer) の職[地位]; 講座(を維持するための基金).

lécture thèater 階段教室.

lécture tòur 講演旅行; 解説付きの観光旅行: on a ~ in China 中国各地を講演中で.

léc·y·this fàmily /lésəθəs-/ 〘植〙サガリバナ科 (Lecythidaceae)《多くはアメリカ熱帯産》. [*lecythus*]

lec·y·thus /lésəθəs/ *n* (*pl* **-thi** /-θàɪ/) 〘古ギ〙レキュトス《細首の壺》. [L and Gk]

led /léd/ *v* LEAD¹ の過去・過去分詞. ► *a* 指導[支配]される, 引かれる.

LED /èlìːdíː, léd/ *n* 〘電子工〙発光ダイオード (light-emitting diode).

Le·da /líːdə/ **1** 〘ギ神〙レーダー《Tyndareus の妻; Zeus が白鳥の姿で交わり, Clytemnestra, Castor, Pollux, Helen が生まれたが, 前 2 者は Tyndareus の子という》. **2** 〘天〙レーダー《木星の第 13 衛星》.

Led·bet·ter /lédbètər/ レッドベター **Huddie William** ~ (LEADBELLY の本名).

léd càptain 取巻き, おべっか使い.

Le·der·berg /léɪdərbə̀ːrg/ レーダーバーグ **Joshua** ~ (1925–2008)《米国の遺伝学者; 大腸菌における遺伝子組換えを発見; ノーベル生理学医学賞 (1958)》.

le·der·ho·sen /léɪdərhòuz(ə)n/ *n pl* 《Bavaria などの》ひざまでの革ズボン. [G=leather trousers]

Le·der·man /léɪdərmən/ レーダーマン **Leon Max** ~ (1922–)《米国の物理学者; ニュートリノの発見・研究でノーベル物理学賞 (1988)》.

ledge /léʤ/ *n* 《壁から突き出た》棚; 岩棚; 基岩; 岩礁; 鉱脈, 鏈(ぴ) (lode); 〘建〙(太い)横桟; 《船の》副梁(ばり)材. ♦ **~d** *a* 棚のある. [? ME *legge* to lay¹]

ledg·er /léʤər/ *n* 〘会計〙原簿, 元帳, 台帳; 宿帳; 〘建〙《足場の》布(ぬの)丸太; 《墓の》平石, 台石; LEDGER BAIT; LEDGER LINE; LEDGER TACKLE: ~ balance 元帳残高. ► *vi* 〘釣〙ぶっ込み(仕掛け)で釣る. [ME *legger* book retained in a specific place < ? Du (*leggen* to LAY¹)]

lédger bàit 〘釣〙底餌(えさ).

lédger bòard 柵の上に打った平らな横木, 《階段の》手すり板, 《足場の》床板; 〘木工〙根太(ねだ)掛け (ribbon).

lédger lìne 底餌をつけた釣糸; 〘楽〙《譜表の》加線.

lédger tàckle 〘釣〙ぶっ込み(釣り)仕掛け.

ledgy /léʤi/ *a* 棚 (ledge) のある, 出っ張りの多い.

léd hòrse 《馬丁などに引かれる》予備の馬.

Le·do /líːdoʊ, léɪ-/ レド《インド北東部 Arunachal Pradesh にある町; 第二次大戦中に Burma Road につなぐ目的で建設された Ledo Road (現在の Stilwell Road) の起点》.

Le Duc Tho /léɪ dʌ́k tóʊ/ レ・ドク・ト (1911–90)《ヴェトナムの政治家; ノーベル平和賞 (1973, 辞退)》.

Léd Zéppelin レッドツェッペリン《英国のロックグループ (1968–80); heavy metal rock の元祖的な存在》.

lee /líː/ *n, a* 〘海〙風下(の) (=*leeward*) (opp. *weather*); 風のあたらない側[所], 物陰(の); 〘地質〙氷河の流れていく方に向いた (cf. STOSS): the ~ side 風下. ● **by the ~** 〘海〙帆を張った方向と逆の側に風をうけて. **~ ho** 〘海〙上手回し用意! **under [on] the ~** 〘海〙風下に. **under the ~ of**…の陰に, …に隠れて. [OE *hlēo*; cf. G *Lee*]

Lee¹ **1** リー《男子名; 女子名》. **2** リー (**1**) **Ann** ~ (1736–84)《米国の宗教家; 通称 'Mother Ann'; イングランド出身; 米国で初めて Shakers のコロニーをつくった》 (**2**) **Bruce** ~ (1940–73)《米国生まれの香港系の俳優; 中国名 李小龍; *Enter the Dragon* (燃えよドラゴン, 1973) で世界的カンフーブームを巻き起こした》 (**3**) Sir **Christopher** ~ (1922–)《英国の映画俳優; Dracula の役で知られる》 (**4**) **David M(orris)** ~ (1931–)《米国の物理学者; ヘリウム 3 の超流動の発見でノーベル物理学賞 (1996)》 (**5**) **Francis Lightfoot** ~ (1734–97)《米国の政治家; 大陸会議に参加 (1775–79), 独立宣言に署名した一人》 (**6**) **Gypsy Rose** ~ (1914–70)《米国のストリッパー; 本名 Rose Louise Ho·vick /hóʊvɪk/》 (**7**) **Henry** ~ (1756–1818)《米国の軍人・政治家; Robert E. ~ の父, あだ名 'Light-Horse Harry' ~; 独立戦争で活躍したのち Virginia 州知事, 連邦下院議員》 (**8**) **Laurie** ~ (1914–97)《英国の作家・詩人; Cotswold の田舎での少年時代を描いた自伝 *Cider with Rosie* (1959)》 (**9**) **Richard Henry** ~ (1732–94)《米国の独立戦争時の政治家; 独立決議案を提出》 (**10**) **Robert E(dward)** ~ (1807–70)《米国の軍人・将軍; 南北戦争時の南軍の総指揮官》 (**11**) Sir **Sidney** ~ (1859–1926)《英国の編集者・伝記作家; *Dictionary of National Biography* の編集主任 (1891–1917)》 (**12**) **Yuan T(seh)** ~ (1936–)《米国の化学者; 台湾出身; 中国名 李遠哲; 化学反応の動力学的研究に貢献; ノーベル化学賞 (1986)》. [OE=(dweller at) the meadow]

Lee² [the] リー川《アイルランド南西部の川》.

lée·bòard *n* 〘海〙リーボード, せかせ《帆船中央部両舷に取り付けた板; 風に流されないように風下側の板を水中に降ろす》.

leech¹ /líːʧ/ *n* 〘動〙ヒル; 吸血鬼, 高利貸し, 寄生虫のような人間; 《古・詩》医者. ● **stick [cling] like a ~** 吸いついて離れない, まとわりつく. ► *vt* **1** …にヒルをつけて血を採る; 治療する. **2** 食い物にする, 踏み倒すつもりで借りる. ► *vi* まとわりつく ‹*on* (*to*)›; [*derog*] たよる, 利用する ‹*on*›, 金品などまきあげる ‹*off*›. ♦ **~·lìke** *a* ヒル[吸血鬼]のような. [OE *lǣce* physician; 「ヒル」(OE *lǣce*) とは別語, 治療にヒルを用いたことから同化]

leech², **leach** *n* 〘海〙リーチ《縦帆の後縁(ち)または横帆の縦縁》. [? Gmc (MLG *līk* boltrope)]

léech·cràft *n* 《古》医術.

Leeds /líːdz/ **1** リーズ《イングランド北部 West Yorkshire の市》. **2** リーズ **Thomas Osborne,** 1st Earl of Danby, Marquis of Carmarthen, Duke of ~ (1632–1712)《イングランドの政治家; Charles 2 世の筆頭顧問をつとめたが, のちには William 3 世招請のために尽くした》. **3** リーズウェア (=**~ wàre**)《18 世紀後半から 19 世紀末にかけて Leeds で作られた, 主にクリーム色の陶器》. **4** [the] リーズ《Leeds Permanent Building Society の略; 英国各地に支店をもつ住宅金融共済組合》.

Léeds Uníted リーズ・ユナイテッド《イングランド北部の Leeds に本拠を置くプロサッカーチーム; 1904 年創立》.

Lée-Énfield (rìfle) 〘英軍〙リー-エンフィールド銃《1900 年より使用の 3 弾倉式銃剣付きライフル銃》. [James P. *Lee* (1831–1904) 米国の発明家, ENFIELD]

lée gàuge 〘海〙《他船に対し》風下の位置. ● **have the lee** GAUGE **of.**

lée hèlm 〘海〙下手舵(だ), リーヘルム《風に流されないように舵柄を風下にすなわち船首を風上に向けるあて舵》.

leek /líːk/ *n* 〘植〙ニラネギ, リーキ《ウェールズの国章》; 《広く》ネギ; 灰色がかった緑, 《または》穏やかな黄緑 (=**~ gréen**): ~ porridge ネギがゆ《ウェールズ料理》. ● **eat the ~** 屈辱を忍ぶ. **not worth a ~** まるっきり値打がない. [OE *lēac*; cf. G *Lauch*]

Lee Kuan Yew /líː kwáːn júː/ リー・クアンユー, 李光耀 (1923–)《シンガポールの政治家; 首相 (1959–90)》.

léeky stòre /líːki-/ *《黒人俗》酒屋 (liquor store).

Lee Myung Bak /líː mjʌ́ŋ báːk/ 李明博(イミョンバク) (1941–)《韓国の実業家・政治家; 大阪生まれ; 大統領 (2008–)》.

leer¹ /líər/ *vi* 横目で見る, 流し目[色目]で見る ‹*at, upon*›. ► *n* 横目, 流し目, 色目, 意地の悪い目. ♦ **~·ing·ly** *adv* 横目をつかって. [? *leer* (obs) cheek < OE *hlēor*; 'to glance over one's cheek' の意か]

leer² ⇨ LEHR.

leer·ics /líərɪks/ *n pl* *《俗》性的にきわどい歌詞. [*leer*¹+*lyrics*]

leery /líəri/ *a* 《口》疑って, 用心[警戒]して ‹*of*›; *《俗》騒々しい; 《古・方》狡猾な, 抜け目のない; 《方》空(から), 空腹の, 飢えた. ♦ **léer-**

i·ly *adv* **-i·ness** *n* ［? *lere*ᴵᴵ《方》learning, knowledge］
lees /líːz/ *n pl* 《ぶどう酒などの》おり, かす; 残り物, 残り(かす), くず: the ～ of life つまらない余生. ● **drink** [**drain**] **to the** ～ 飲みほす; [*fig*] 辛酸をなめ尽くす. ［(pl)＜OF *lie*＜L］
Lée's Bírthday 〖米〗リー将軍 (Robert E. Lee) 誕生記念日《1月19日; 今日南部のいくつかの州では Martin Luther King's Birthday と同日である1月の第3月曜日に祝う》.
lée shòre 本船の風下側の海岸《あらしの際に危険》; 苦境.
leet[1] /líːt/ *n* 〖英法史〗領主裁判所 (＝court ～); 領主裁判所の管轄区[開廷日]. ［AF or L *leta*］
leet[2] *n* 《スコ》官職候補者選抜表. ［ME *lite*］
Lee Teng-hui, Li Deng·hui /líː dáŋhwíː/ 李登輝(りとうき)(リー トンホイ) (1923–)《台湾の政治家; 総統・国民党首席 (1988–2000)》.
lée tìde LEEWARD TIDE.
léet·spèak /líːt-/ *n* 《電算俗》リートスピーク, リート語《X → ＞＜, e → 3 のように文字を形の似た他の数字や記号に置き換えるネットやメール上の隠語表記; leet は elite (専門家, くろうと)の変形》.
Lee Tsung-Dao /líː dzúŋdáu/ 李政道(りせいどう)(リー チョンタオ) (1926–)《中国生まれの米国の物理学者; パリティ対称性の破れを発見, ノーベル物理学賞 (1957)》.
Leeu·war·den /léɪvàːrd(ə)n/ レーワルデン《オランダ北部 Friesland 州の州都》.
Leeu·wen·hoek /léɪvənhùk/ レーウェンフック **Antonie van** ～ (1632–1723)《オランダの博物学者; 顕微鏡を制作し, 赤血球・細菌などを発見した》.
lée·ward /, (海) lúːərd/ *adv* 風下に[へ]. ► *a* 風下の. ► *n* 風下(側) (opp. *windward*): on the ～ of…の風下の側に / to ～ 風下に向かって.
Léeward Íslands *pl* [the] リーワード諸島《1) 西インド諸島の小アンティル諸島北部の島群; 北は Virgin 諸島から南は Guadeloupe 島まで 2) リーワード諸島の Antigua, St. Kitts-Nevis, Montserrat を含む英領西インド諸島の旧植民地 3) 南太平洋, フランス領 Polynesia の Society 諸島西部の島群; フランス語名 Îles sous le Vent》.
lée·ward·ly *a* 〖海〗〈船が〉風下に流される傾向のある.
léeward tíde 順風潮《風と同じ方向に流れる潮流》.
lée wàve 〖気〗風下波.
lée·wày *n* **1** 〖海〗風圧; 風圧差[角], リーウェイ《船の方向と航路とのなす角度》; 〖空〗偏流差[角]《航空機の前後軸と飛行方向とのなす角度》. **2** 基準[目標, 計画]に対する実態[実際]の遅れ[開き]; 《口》《空間・時間・金などの》余地, 余裕, 自在幅, 許容差, 公差, 耐性.
● **have** ～ 風下が広い; 活動の余地がある. **make up** (**the**) ～ 遅れを取り返す; 苦境を脱しようとする.
Le Fa·nu /léfən(j)u, lə fáːn(j)u/ レ・ファニュ (**Joseph**) **Sheridan** ～ (1814–73)《アイルランドの作家; サスペンススリラーの長篇 *Uncle Silas* (1864) など》.
Le·feb·vre /*F* ləfɛːvr/ ルフェーヴル (**Pierre-**)**François-Joseph** ～, Duc de Dantzig (1755–1820)《フランスの軍人; 第一帝政下に元帥に任ぜられ (1804), プロイセン・ポーランド・ロシアに遠征して指揮した》.
Lef·ko·sia /lèfkousíːə/ レフコシア《NICOSIA の別称》.
left[1] /léft/ (opp. *right*) *a* **1** 左の, 左方[側]の; 見ている人の左手側の, 向かって左(手)の, 左翼の: the ～ hand 左手; 左側, 左方 / the ～ bank of a river 川の左岸《川下に向かって》/ at [on] the ～ hand of …の左方に. **2** [°L-]《政治的・思想的に》左派の, 革新的な.
● **have two** ～ **feet** [*joc*] ぎこちなく[ぎくしゃく]歩く[踊る], 踊りがへただ. **marry with the** ～ **hand** 身分の低い女性と結婚する. **over the** ～ **shoulder**＝over the LEFT.
► *adv* 左に, 左方[左側]に[へ]: move ～ 左方へ動く / turn ～ 左に向く. ● ～ **and right**＝RIGHT and ～. ～**, right, and** CENTER. **L**～ **turn!** 左向け左! **L**～ WHEEL!
► *n* **1** 左, 左側, 左方 (SINISTER, SINISTRAL *a*); 左手 (left hand); 左(側)にあるもの; 左折; 〖劇〗LEFT STAGE; 〖軍〗左翼《向かって左》; 〖野〗左翼(手), レフト; 〖ボク〗左手のパンチ, 左, レフト; 《ダンス・行進などでの》左足: turn *to* the ～ 左方に曲がる / sit *on* sb's ～ 人の左側にすわる / Keep (to the) ～. 左側通行 / on the ～ of…の左(側)に. **2** [°the L-] 〖政〗《議長からみて》議場の左側, 左翼《欧州大陸諸国で急進派が占める》; [ᵁthe L-] 〖政〗左派(勢力), 革新派, 左翼政党(議員) (cf. *the* RIGHT, *the* CENTER). ● **make** [**take**, 《俗》**hang**] **a** ～ 左折する. **over the** ～ [先行するせりふを否定するわきぜりふとして用いて] それはとんでもない大うそだよ, 実はその正反対さ (not at all). **to the** ～ 《方法・主義において》急進的な. **to the** ～ **of**…の左の方向に(当たって).
［OE **lyft* weak, worthless; cf. Du, LG *lucht*］
left[2] *v* LEAVE[1] の過去・過去分詞.
léft báck 〖サッカー・ホッケーなど〗レフトバック《レフトのフルバック》.
Léft Bánk [the]《Paris の Seine 川の》左岸, リーヴゴーシュ《芸術家・学生が多い南岸》.
léft bráin 左脳《大脳の左半球は身体の右半分と論理的・分析的思考を支配する》. ♦ **léft-bráin(ed)** *a* 左脳(型)の.
léft-clìck *vi, vt* 〖電算〗左クリックする.
Léft Cóast [the] *《俗》《米国の》太平洋岸, 西海岸.
léft fáce 〖軍〗左向け左《号令または動作; cf. ABOUT-FACE, RIGHT FACE》.
léft-fíeld *a* 主流からはずれた, 風変わりな; 〈芸術・音楽などが〉型破りな, ジャンルを超えた.
léft fíeld 〖野〗左翼, レフト《左翼手またはその守備位置》; *《口》主流[大勢]からかけ離れたところ, 思いがけない[不合理と思える]ところ.
● **out in** ～ 《口》事情がわかっていなくて, トンチンカンで, まるきり間違って, 頭がおかしい. **out of** ～＝**from** ～ 《口》思いがけないところから, 突拍子もない. ♦ **léft fíelder** 〖野〗左翼手, レフト.
léft·fóot *n, a* *《俗》プロテスタント(の).
léft-fóot·ed *a* 左足が利き足の; 不器用な, ぶざまな, まずい.
léft-fóot·er *n* 〖サッカー〗左足のシュート; 《アイル俗》ローマカトリック教徒.
léft hálf 〖サッカー・ホッケーなど〗レフトハーフ《ハーフバックのレフト》.
léft-hánd /, léftænd/ *a* 左の, 左手の, 左側の; LEFT-HANDED: ～ traffic 左側通行 / (a) ～ drive 左ハンドル(の車)《右側通行に適する》.
léft-hánd·ed /, léftǽn-/ *a* **1** 左利きの; 左手での, 左手用の; 左回りの, 左旋(性)の, 左巻きの; 〖化〗L 型の分子構造をもつ; 右撚(よ)りの, S 撚りの〈ロープなど〉《垂直に保持すると縞(こ)は左上がり》: a ～ pitcher 左腕投手, サウスポー / a ～ batter 左打ちの打者 / a ～ punch 左(手)のパンチ. **2 a** 不器用な, まずい. **b** 身分違いの〈結婚〉; 内縁の, 正式でない〈妻・関係〉; 《口》同性愛の, ホモ[レズ]の; *《俗》〈船が〉好ましくない, 具合の悪い; 《古》不吉な. **c** 誠意の疑わしい, 裏の意味がある, 額面どおりに受け取れない〈世辞・好意・人など〉: pay sb a ～ compliment 人にうわべだけの[いやみともとれる]お世辞を言う. ► *adv* 左手で〈書く〉; 左手に. ♦ ～**·ly** *adv* ～**·ness** *n*
léft-hánded mónkey wrènch *《口》左利き用のモンキースパナ《実在しない道具; 新米の職工をからかうときなどに用いる》.
léft-hánd·er /, léftǽn-/ *n* 左利きの人, 左腕投手; 左(手)のパンチ; 不意討ち; LEFT-HANDED compliment.
léft-hànd rúle [the] 〖理〗《フレミングの》左手の法則《磁場が電流に及ぼす力の向きを与える》.
léft héart 〖解〗左心《心臓の左半分: 左心房と左心室》.
léft·ie *n, a* 《口》LEFTY.
léft·ish *a* 左翼的傾向の, 左がかった.
léft·ist *a, n* [°L-] 左派の(人), 左翼の(人), 革新派の(人), 急進主義的な(人) (opp. *rightist*); *《口》左利きの人, ぎっちょ. ♦ **léft·ism** *n* 左翼主義(の思想[運動]).
léft-lèan·ing *a* 《政治的に》左傾の.
léft lúggageᴵᴵ 預けた手荷物.
léft-lúggage ófficeᴵᴵ 手荷物一時預かり所 (checkroom*).
léft·mòst *a* 最も左(側)の.
léft-of-cénter *a* 革新派の, 左寄りの, 中道左派の.
léft·òver *a* 残りの; 食べ[使い, 売れ]残りの. ► *n* [°*pl*] 残り(もの), 《特に》食べ残し, 残飯; 《古いものの》痕跡, 遺物, 生き残り.
léft shóulder árms 〖軍〗左肩担(にな)え銃(つつ)《号令または姿勢》.
léft stáge 〖劇〗《客席に向かって》舞台の左手[左半分], 上手(かみて).
léft·ward *a, adv* 左の方向の[に]. ♦ **léft·wards** *adv*
léft wíng 《軍の》左翼; 《サッカーなどの》左翼, 左[レフト]ウイング; 《一つの政党・思想団体などの中の》左派; 左翼政党, 左派. ♦ **léft-wíng** *a* **léft-wíng·er** *n*
léfty 《口》*n* *左利き(の人), 左腕投手; [°*derog*] 左派の人, 左翼; *左足[左手]の靴[手袋], 左利き用の道具. ► *a* 左手の; 左派の, 左翼の. ► *adv* 左手で; 左打ちで.
leg /lég, *léɪg/ *n* **1 a** 脚, 下肢; 《腿 (thigh) に対して》ひざがしらから足首まで; 《動物・昆虫などの》脚部; 《衣服・ストッキングの・長靴の》脚部: He was shot in the ～. 脚を撃たれた / Stretch your ～*s* according to your coverlet. 《諺》掛けぶとんの長さに合わせて脚を伸ばせ《分相応に慎重であれ; 足を冷やすな》/ the ～*s* of a spider クモの脚 / a ～ of mutton 羊の脚肉 / an artificial ～ 義足 / the ～*s* of trousers. **b** 《機能・形が》脚に似たもの; 《椅子・机・コンパスなどの》脚; 〖数〗三角形の底辺[直角三角形の斜辺]以外の辺; 《機械などの》支持部, 支柱, 脚. **2 a** 〖海〗《帆船の》ひと間切りの区間[距離]; 《全行程中の》ひと区切り, 《長距離飛行の》一行程, ひと飛び (stage). **b** 〖スポ〗《リレー競技・ヨットレースなどの》一区間, レグ; 《ある種の競技の》ひと区切り, 予戦, …回戦, レグ《サッカーで2試合の同一カードの1試合; 初戦を **first** ～, 第2戦を **sécond** ～ という》. **c** 〖証券〗《値動きの》一期間, 段階, 局面, 傾向.. **3** 〖クリケット〗レッグ(サイド) (＝～ **side**)《右打者の場合は左後方, 左打者の場合は右後方; cf. OFF》, レッグを守る野手: LEG BEFORE WICKET. **4** [*pl*] 脚《ワインのテースティングで, ワインを渦を巻くように回転させたあと, グラスの内側をゆっくり伝わり落ちてくるしずくのあと; 濃厚なワインであることを示す》. **5** *《軍俗》[*joc/derog*] 歩兵; ᴵᴵ《俗》詐欺師 (blackleg); *《俗》女, 性的にルーズな女. **6** [*pl*] *《俗》《興行・映画・歌・タレントなどの》観客動員力, 視聴者をひきつける力, 人気の持続力, 息の長さ: have ～*s* [no ～*s*] 人気が続く[続かない], 話題を呼ぶ[呼ばない].
● **be all** ～**s** 背ばかり(ひょろひょろ)伸びている. **break a** ～ [ᵁ*impv*]《俳優に向かって》成功を祈る. **fall on one's** ～**s**＝**land** [**fall**] **on one's feet** ⇨ FOOT. **find one's** ～**s**＝FEEL **one's** ～**s**. **get a** ～ **in**… 《俗》…の信用を得る, …に取り入る. **get a** [**one's**] ～ **over** ᴵᴵ《俗》〈男が〉性交する, 乗る. **get a** ～ **up** 《人に》馬[乗物]に乗

せてもらう; 支援を受ける (cf. LEG UP). **get** sb **back on** his **~s** 人を健康に復させる; 人を(経済的に)独立させる. **get** [**be**] (**up**) **on** one's **~s** (長時間)立っている[歩きまわる]; 立って演説をする; (回復して)歩けるようになる; 独立する; 繁盛する. **give** sb **a** LEG UP. **give** sb **a little ~***《俗》人をだます, 人にうそをつく. **hang a ~** ぐずぐずする, しりごみする. **have a** LEG UP **on**…. **have ~s** 〈船・馬・競走者が〉快速だ(との評がある); *《口》〈映画・ニュースなどが〉話題性[人気]を保持している; 忍耐強い (⇨ 6). **have no ~s** 《口》《ゴルフなどで》〈ボールの〉球足が伸びない (⇨ 6). **have the ~s of**…より速く走る[走れる]. **keep** one's **~s** 倒れずにいる, 立ち続ける. **kick up** one's **~s** はめをはずす, ふざけまわる. **lift** its [his] **~** 〈雄犬が〉小便する. **make a ~** 《古》(右足を後ろへ引き左足を曲げて)お辞儀する. **not have a** [**have no**] **~ to stand on** 《口》よって立つべき基礎を欠く, 〈議論が〉成り立たない, 論拠を欠く; 無一物である. **on** one's **last ~s** 死に[つぶれ]かかって, 疲れ[困り]はてて: Our car is *on its last ~s*. 車はぽんこつ寸前だ. **on** one's **~s** 立って, 演説して; 達者に動きまわって; 栄えて: fall *on* one's LEGS / set sb *on* his [her] *~s* 立ち上がらせる, 健康に復させる, 独立させる / LIGHT[3] *on* one's / *on* one's HIND[1] *~s*. **pull** sb's **~** 人をからかう; 《いたずら・冗談で》人をかつぐ[だます], 一杯食わせる. PULL **the other ~**. **put** one's **best ~ forward** [**foremost**] ⇨ FOOT. RUN [**rush**] sb (**clean**) **off** his **~s**. **shake a ~** [°*impv*] 《口》急ぐ, さっさと始める; 《口》踊る (⇨ shake a wicked CALF[1]). **show a ~** 《口》(ベッドから)起きる, 起き出す; 《口》急いでやる (shake a leg). **stand on** one's **own** (**two**) **~s** ⇨ FOOT. **straight as** [**like**] **a dog's back** [**hind**] **~** 《俗》ひん曲がっている. **stretch** one's **~s** 足を伸ばす; 《長くすわったあと》ちょっと歩いて足をほぐす[散歩する]. **take to** one's **~s** 逃げ出す (run away). TALK sb's **~ off**. TALK **the hind ~**(**s**) **off a donkey** [**mule**]. **tie by the ~** 足かせをはめる, 束縛する. **try it on the other ~** 《俗》奥の手を出す. WALK sb **off** his **~s**. **with ~s** 足が生えた[飛ぶ]ように〈売れる〉. **without a ~ to stand on** よって立つべき基礎を欠いて (⇨ not have a LEG to stand on).

► *v* (**-gg-**) 《口》*vi* [°~ it] 歩く, 走る, 逃げる; 奮起する, 立ち上がる 〈*for*〉; 取材してまわる, 足で取材する[かせぐ]. ► *vt* 《古》足で〈舟を〉進めて運河のトンネルをくぐり抜ける〈*through*〉. ● **~ out** 〖野〗〈ヒットを〉足でかせぐ. **~ up** 〈人を〉助けて馬に乗せる; 〈運動選手〉の体調が試合時に最高になるように指導調整する.
[ME<ON *leggr* leg, bone]

leg. legal ♦ legato ♦ legislation ♦ legislative ♦ legislature.

leg·a·cy /légəsi/ *n* 遺産, (動産)遺贈, 遺贈(財産); 《先人・過去から》受け継いだ[あとに残された]もの, 「遺産」; *《先輩会員に血縁者をもつ, fraternity の》特別会員(候補); [°<*a*>] 〖電算〗旧世代の〈システムなど〉《最新版に移行せず使い続けられている OS など》: a ~ of hatred [ill will] 祖先伝来の恨み / a ~ hunter 遺産目当てのおべっか使い / the ~ of the war 戦争の爪あと / ~ admission [preferences] *《大学が同窓生の子弟に与える》優先入学(権). [OF<L; ⇨ LEGATE[2]]

le·gal /lí:g(ə)l/ *a* (opp. *illegal*) **1 a** 法律(上)の, 法(律)に関する, 法的な; 法(律)[規則]で定められた, 法的に[ルール上]認められた, 法定の, 適法な, 適格な, 合法の; 法律上推定[擬制]される; 法曹の, 弁護士の: ~ advice 法的助言 / the Japanese ~ system 日本の法制 / LEGAL PERSON / the ~ profession 法専門職; 法曹. **b** 《エクイティと区別して》コモンロー上の (cf. EQUITABLE). **2** 〖神学〗 **a** モーセの律法の. **b** 善行による救済(説)の. ► *n* 合法的に[法的権限をもって]行動する人; 合法的入国者; 身分が法によって保護されている人; 合法的なもの, 法律要件; [*pl*] LEGAL LIST; ‖《俗》《タクシーの》チップなしの料金, メーター料金だけ(を払う客). ♦ **~·ly** *adv* 法的に, 法律上; 適法に, 合法的に. [OF or L (*leg- lex* law)]

légal áge 法定年齢, 成年 (lawful age).

légal áid 法律扶助《特に無資力者に対して弁護士が無料または低額料金で相談に乗ったり弁護したりする社会的制度》.

légal béagle 《口》やり手の弁護士, 辣腕弁護士 (legal eagle); 証拠をあさり歩く人.

légal cáp* 法律用紙《2 枚折りの縦長の罫紙: 8¹/₂×13–14 インチ》.

légal céiling*《連邦政府の》債務上限 (debt ceiling).

légal éagle 《口》弁護士, 《特に》すご腕[やり手]の弁護士.

le·gal·ese /lì:gəlí:z, *-s/ *n* 《口》(難解な)法律用語[表現法].

légal exécutive 《法律事務所の》法律専務職員《solicitor の下で務める弁護士資格を持たない法律専門職員》.

légal fíction 法律上の擬制, 法的擬制《会社を人格化して法人とするなど》.

légal hígh‖ [°*pl*] 合法麻薬[ドラッグ].

légal hóliday* 法定休日 (bank holiday‖).

légal·ìsm *n* **1** 〖神学〗律法主義; 法律の字義にこだわる傾向, 法律至上主義; お役所的形式主義 (red-tapism); 《しばしば空疎な》法律(用語). **2** [L-] 《古代中国の》法家の説《厳格な法治主義と絶対君主制を提唱する》. ♦ **-ist** *n* **lè·gal·ís·tic** *a* **-ti·cal·ly** *adv*

le·gal·i·ty /lɪgǽləti/ *n* 適法(性), 合法(性), 正当; LEGALISM; [*pl*] 法律上の義務; [*pl*] 法的見地[局面].

légal·ìze *vt* 適法と認める, 公認する; 適法にする, 合法化する. ♦ **lègal·izátion** *n* **-ìz·er** *n*

Le Gal·lienne /lə gǽljən, -gæljén/ ルガリエン (**1**) **Eva ~** (1899–1991)《英国生まれの米国の女優・演出家; Richard の子》 (**2**) **Richard ~** (1866–1947)《英国の批評家・詩人》.

légal líst 法定投資銘柄(リスト)《貯蓄銀行・信託基金などが法的に投資を認められている有価証券など(のリスト)》.

légal mán 〖法〗適法な人, 法にかなった人.

légal médicine 法医学 (forensic medicine).

légal mémory 〖法〗法的記憶《慣習法・取得時効などの成立に関連して, 人間の記憶の及ぶ範囲; コモンロー上その限界は 1189 年の Richard 1 世即位時とされた; cf. TIME IMMEMORIAL》.

légal pád 〖紙〗法律用箋, リーガルパッド《8¹/₂×14 インチ大の黄色罫紙綴り》.

légal pérson 〖法〗法人 (juristic person).

légal procéedings *pl* 法的手続き, 裁判手続き.

légal represéntative 法律上の代表者《第一義的には遺言執行者および遺産管理人を意味するが, 広義には後見人, 弁護士など他人の特に財産につきその利益を代表するすべての人を意味する; また, 法定相続人, 最近親, 受遺者, 譲受人, 財産保全管理人などをも意味する》.

légal resérve 《銀行・保険会社の》法定準備金.

légal separátion 法的別居 (JUDICIAL SEPARATION).

légal sérvices làwyer 法律扶助提供弁護士 (POVERTY LAWYER).

légal-sìze(d) *a* 法定の大きさの; 〈紙が〉法律文書サイズの《8¹/₂×14 インチ, 22×36cm》; 〈事務用品が〉法律文書サイズ紙用の.

légal ténder 法貨.

lég àrt*《俗》脚線美の女性の写真 (cheesecake).

Le·gas·pi /ləgǽspi/ レガスピ《フィリピンの Luzon 島南東部の市・港町》.

leg·ate[1] /légət/ *n* ローマ教皇の遣外使節, 教皇特使; 公式使節《大使・公使など》; 〖ローマ史〗将軍の補佐官, 副官; 〖ローマ史〗地方総督の補佐官, 《紀元前 31 年以後は》地方総督. ♦ **~·shìp** *n* [OF<L *legat- lego* to depute]

le·gate[2] /lɪgéɪt/ *vt* 遺贈する (bequeath). [L *legat- lego* to bequeath, commit]

légate a lá·te·re /-ɑ: lá:tərèɪ/ 教皇全権特使. [L]

leg·a·tee /lègətí:/ *n* 〖法〗(動産の)受遺者. [LEGATE[2]]

leg·a·tine /légətàɪn, -tì:n, -tən/ *a* LEGATE[1] の, 教皇特使の率いる[定める].

le·ga·tion /lɪgéɪʃ(ə)n/ *n* 使節の派遣[任務]; 使節団; 公使館 (cf. EMBASSY); 公使館員《集合的》; LEGATESHIP. [F or L; ⇨ LEGATE[1]]

le·ga·to /lɪgá:toʊ/ 〖楽〗*adv*, *a* 《音を切らずに》なめらかに続けて[た], レガートで[の] (opp. *staccato*) 《略 leg.》. ► *n* (*pl* **~s**) レガート奏法; レガートの楽節. [It (pp)=bound (L *ligat- ligo* to bind)]

le·ga·tor /lɪgéɪtər/ *n* (動産の)遺贈者.

lég bàil 《口》逃走, 脱走. ● **give** [**take**] **~** 脱走する, 脱獄する (decamp).

lég befòre wícket 〖クリケット〗打者が脚で球を受け止めること (=**lég befòre**) 《反則; 略 lbw》.

lég-bìter *n**《俗》赤んぼ, 幼児, チビ.

lég-brèak *n* 〖クリケット〗レッグブレーク《内角から外角へと切れる投球》.

lég bỳe 〖クリケット〗球が打者の(手以外の)体にあたった場合の得点.

lég-cùtter *n* 〖クリケット〗速球のレッグブレーク (leg-break).

leg·end /léʤənd/ *n* **1** 伝説, 言い伝え; 伝説的人物[事物], 語り草; 《一国・一民族の》伝説文学; 〖史〗聖人伝(集), [the (Golden) L-] 聖人伝集: the *~s* of King Arthur and his knights アーサー王とその騎士たちの伝説 / a ~ in one's own lifetime=LIVING LEGEND / ~ has it (that…) 伝説によれば(…). **2** 《メダル・硬貨・碑・ドアなどにしるされた》銘 (inscription), 《タイプライターのキーなどにしるされた》記号. **3** 《地図・図表などの》凡例《使用符号の説明》; 《さしえ・諷刺漫画・写真などの》説明(文) (caption). ► *a* 非常によく知られた, 伝説的な. [OF<L ↓]

le·gen·da /ləʤéndə/ *n pl* 《教化・啓発のために読まれるべき受難記などからの》説話. [L=things to be read (gerundive)<*lego* to read]

légend·àry /; -(ə)ri/ *a* 伝説(上)の; 伝説的な, 有名な. ► *n* 伝説集, 《特に》聖徒伝; 伝説[聖徒伝]の作者[書き手]. ♦ **lèg·en·dár·i·ly** /, léʤənd(ə)rəli/ *adv*

légend·ìze *vt* …の伝説を作り上げる; 伝説化する.

Le·gen·dre /*F* ləʒɑ̃dr/ ルジャンドル **Adrien-Marie ~** (1752–1833)《フランスの数学者》.

légend·ry *n* 伝説, 古伝 (legends) 《集合的》.

leg·er /léʤər/ *n* LEDGER.

Lé·ger /*F* leʒe/ レジェ (**1**) **Fernand ~** (1881–1955)《フランスの立体派の画家》 (**2**) (**Marie-René-Auguste-**)**Alexis Saint-Léger ~** ⇨ SAINT-JOHN PERSE.

leg·er·de·main /lèʤərdəméɪn/ *n* 手品; 手品の早わざ (sleight of hand); ごまかし, ペテン; 虚偽; こじつけ. [F=light of hand]

leg·er·i·ty /ləʤérəti, lɛ-/ *n* 俊敏, 敏活, 機敏.

léger lìne 〘楽〙加線 (ledger line).

leges *n* LEX の複数形.

leg·ged /légəd, *léɪɡ-, ˈlégd/ *a* [*compd*] 脚のある, 脚の…な: four-*legged* 四つ脚の / bow*legged* O 脚の.

leg·ger /légər/ *n* 運河のトンネルをくぐり抜けるのに足で舟を進める人; LEGMAN; *《口》密売人, 闇屋 (bootlegger).

Leg·gett /légət/ レゲット Sir **Anthony** (**James**) ~ (1938–) 《英国・米国の国籍をもつ物理学者; 超伝導と超流動の理論に対する先駆的な貢献によりノーベル物理学賞 (2003)》.

leg·gie·ro /lədʒérou, -dʒí-/ *adv*, *a* 〘楽〙軽やかに[な], 優雅に[な], レジェーロで[の]. [It＜OF (*legier* light in weight)]

leg·gings /légɪŋz, *léɪɡ-/, **leg·gins** /légɪnz, *léɪɡ-/ *n pl* レギンス《足先のないタイツ状のレッグウェア》; ゲートル.

lég guàrd 〘球技〙すね当て, レガーズ.

lég·gy *a* 〈男の子・子馬・子犬などが〉脚のひょろ長い; 〈特に女性が〉脚のすらりとした, 脚線美の; 〘植〙茎[軸, 幹]のひょろ長い. ♦ **lég·gi·ness** *n*

lég·hémoglobin /lég-/ *n* 〘植〙レグヘモグロビン, 根粒ヘモグロビン《マメ科植物の根粒に存在するヘモグロビン; 窒素固定に関与する》. [*leg*ume＋*hemoglobin*]

lég·hòld tràp 足かせわな《動物の脚をはさむ金属製のわな》.

Leg·horn *n* **1** /lég(h)ɔ̀ːrn, ⌐⌐/ リヴォルノ (It **Li·vor·no** /livɔ́ːrnou/)《イタリア中部 Tuscany 州の Tyrrhenian 海に臨む市・港町》. **2** /lég(h)ɔ̀ːrn, -gərn; legɔ́ːn, ⌐⌐/ レグホン種(の鶏). **3** /lég(h)ɔ̀ːrn, -gərn; léghɔːn, legɔ́ːn/ [l-] イタリア産麦わらの編みひも(で作ったつばの広い麦わら帽).

leg·i·ble /lédʒəb(ə)l/ *a* 〈筆跡・印刷が〉読みやすい, 読んでわかる (cf. READABLE); 〈心理などが〉読み取れる, 看取される. ♦ **-bly** *adv* 読みやすく. **lèg·i·bíl·i·ty** *n* [L (*lego* to read)]

le·gion /líːdʒən/ *n* **1 a** 軍隊, 軍勢; 〘古ロ〙レギオン, 軍団《少数の騎兵を含み 3000–6000 の兵員からなる歩兵隊》. **b** 《退役軍人の》在郷軍人会(全国連盟). **c** [the L-] FOREIGN LEGION. **2** 多数, 多勢 (multitude): a ~ [~*s*] of participants 大勢の参加者 / They are ~.＝Their name is *L*~. 彼らは多勢[無数]だ (cf. *Mark* 5: 9). ► *pred a* 多数で: His followers are ~. 彼に従う者は実に多い. [OF＜L *legion- legio* (*lego* to gather)]

légion·àry /; -(ə)ri/ *a* 古代ローマ軍団の, 軍団からなる; 《文》多数の, 無数の. ► *n* LEGIONNAIRE. [L (↑)]

légionary ànt 〘昆〙軍隊アリ (ARMY ANT)《特に 熱帯アメリカのグンタイアリ属の食肉アリ》.

lé·gioned *a* 軍団になった, 隊を組んだ.

Le·gion·el·la /lìːdʒənélə/ *n* 〘医〙レジオネラ属《グラム陰性の好気性球菌または桿菌の一属》; [l-] レジオネラ菌《特に 在郷軍人病 (Legionnaires' disease) をひき起こす種》. [*legion*, *-ella*]

le·gion·naire /lìːdʒənéər/ *n* 《古代ローマの》軍団兵; 米国[英国]在郷軍人会員; フランス外人部隊の隊員.

Legionnáires' [Legionnáire's] disèase 〘医〙在郷軍人病《レジオネラ菌による重度の大葉性肺炎》. [1976 年の米在郷軍人会大会での発生が最初に確認されたものであることから]

Légion of Hónor [the] レジオン・ドヌール勲位[勲章] (*F* Légion d'honneur)《1802 年 Napoleon が制定したフランスの最高の勲位[勲章]》.

Légion of Mérit [the]《米国で軍人に与えられる》殊勲章《略 LM》.

lég·ìron *n* 足かせ (shackle).

legis. legislation ♦ legislative ♦ legislature.

leg·is·late /lédʒəslèɪt/ *vi* 法律を制定する; 〈…に〉必要な法的規定を設ける 〈*for*〉; 《法的に》禁止する, 抑える 〈*against*〉: ~ *against* child labor 法律で児童労働を禁止する. ► *vt* 法律によってつくり出す[動かす]: Morality cannot be ~*d*. 道徳は法律ではつくれない / ~ sb *into* [*out of*] office 法律によって人を任官[退官]させる. [逆成く↓]

leg·is·la·tion /lèdʒəsléɪʃ(ə)n/ *n* 法律制定, 立法; 法律, 制定法, 立法措置《集合的》; 法案, 議案. [L LEX, *latus* (pp)＜*fero* to carry]

leg·is·la·tive /lédʒəslèɪtɪv; -lə-/ *a* 法律を制定する, 立法上の; 法律で定められた; 立法部の[による, のための]: a ~ bill 法律案 / the ~ body [branch] 立法府[部]《議会・国会》. ► *n* 立法府[部]. ♦ **~·ly** *adv*

législative assémbly [ºL- A-]《**1**) 米国のいくつかの州の二院制の **2**) カナダのほとんどの州の一院制の》立法府; [ºL- A-] 下院; [L-A-]〘フランス史〙《1791–92 年の》立法議会.

législative cóuncil [ºL- C-]《英国・英植民地・英連邦諸国の二院制議会の》上院; 《英植民地の一院制の》立法府; 《米国の州の》立法審議会《上下両院議員からなり, 休会中に州の諸問題の検討と立法措置立案を行なう常任委員会》.

législative véto 〘米〙議会拒否権.

lég·is·là·tor *n* 法律制定者, 立法者; 立法府議員. ♦ **~·shìp** *n* [L (LEX, *lator* proposer)]

leg·is·la·to·ri·al /lèdʒəslətɔ́ːriəl/ *a* LEGISLATIVE.

leg·is·la·tress /lédʒəslèɪtrəs/, **-la·trix** /lédʒəslèɪtrɪks/ *n* 婦人立法者, 婦人[女性]議員.

leg·is·la·ture /lédʒəslèɪtʃər, ˈ-lətʃ-/ *n* 立法部, 立法府, 議会 (cf. EXECUTIVE, JUDICIARY): a two-house ~ (上下)二院制の立法部.

le·gist /líːdʒɪst/ *n* 法律に通じた人, 《特に》ローマ法専門家, 民法学者.

le·git /lɪdʒít/ 《口》*a* 合法の, 本物の, まともな; 正直な, 誠実な; 正劇の; 舞台劇の. ► *adv* 合法的に, 正式に, まともに, ちゃんと. ► *n* 合法的なもの, 本式のもの; 正劇 (legitimate drama). ● **on the ~** 合法的な, ちゃんとした, まっとうな. [*legit*imate]

le·git·i·ma·cy /lɪdʒítəməsi/ *n* 合法性, 適法性, 正当性; 嫡出(性), 正統性.

le·git·i·mate *a* /lɪdʒítəmət/ **1** 合法の, 適法の, 正当な (lawful); 嫡出の: a ~ son 嫡出子. **2** 合理的な (reasonable), 論理的な〈帰結など〉, 妥当な; 本格的な, 正統の; 正劇 (legitimate drama) の; 本物の, 真の. ► *vt* /-mèɪt/ 合法と認める; 合法[正当]化する; 〈庶子を〉嫡出と認める; お墨付きを与える. ♦ **~·ly** /-mətli/ *adv* 合法的に, 正当に. **-mà·tor** *n* **le·gìt·i·má·tion** *n* [L (pp)＜*legitimo* to legitimize; ⇨ LEX]

legítimate dráma [théater] 正劇《revue, burlesque, farce, musical comedy などに対していう》; 舞台劇《テレビ・映画などに対して》.

le·git·i·ma·tize /lɪdʒítəmətàɪz/ *vt* LEGITIMATE.

le·git·i·mist /lɪdʒítəmɪst/ *n* [ºL-] 正統主義者《特に フランスでブルボン王家を擁護した人》. ► *a* 正統主義の, 正統王朝派の. ♦ **le·gít·i·mìsm** *n* **le·gìt·i·mís·tic** *a*

le·git·i·mize /lɪdʒítəmàɪz/ *vt* LEGITIMATE. ♦ **-mìz·er** *n* **le·gìt·i·mi·zá·tion** *n*

lég·less *a* 脚のない, 脚をもたない; ˈ《口》《足元もおぼつかないほど》酔っぱらった, へべれけの.

lég·màn /, -mən/ *n* (*pl* **-men** /-mèn, -mən/) 〘新聞〙取材[探訪]記者《取材はするが記事は書かないこともある》; 《一般に》取材係, 《調査のための》情報収集者, 外回り[外勤]の助手[下働き], 使い走り; 《俗》足フェチの男.

Leg·ni·ca /legníːtsə/ レグニツァ (*G* Liegnitz)《ポーランド南西部の市》.

Lego /légou/ 〘商標〙レゴ《デンマーク Lego 社製のプラスチック製組立てブロック玩具》. [Dan *Leg godt* Play well より]

lég-of-mútton, -o'- /-ə-/ *a* 羊の脚形の, 三角形の〈帆・袖など〉: a ~ sleeve レッグオブマトン・スリーブ《上腕部をふくらませ, ひじから手首までを細くした袖》.

le·gong /léɪɡɔ̀ŋ/ *n* レゴン《少女が 2 人で踊る Bali 島の伝統的踊り》. [Balinese]

lég·òver *n* ˈ《俗》性交, セックス.

lég·pùll *n* ˈ《口》悪ふざけ, からかい, かつぐ[一杯食わせる]こと. ♦ **~·er** *n* **~·ing** *n*

Legree ⇨ SIMON LEGREE.

lég·rèst *n* 《すわっている病人用の》足掛け.

lég·ròom *n* 《劇場・自動車などの座席の》足もとのスペース, レッグルーム.

lég ròpe 《豪》《家畜の後ろ足に結んでつなぎとめておく》脚ロープ, レッグロープ.

lég shòw レッグショー《脚線美などを見せるレビュー》.

leg side ⇨ LEG.

lég slìp 〘クリケット〙レッグスリップ《打者のすぐ後ろのレッグサイドの守備位置; そこを守る野手》.

lég spìn 〘クリケット〙LEG-BREAK (のスピン). ♦ **lég-spìnner** *n*

lég stúmp 〘クリケット〙レッグスタンプ《ウィケットの打者に近い柱》.

lég thèory 〘クリケット〙レッグセオリー《LEG 側に野手を集め leg stump をねらって投球し, 同じ側に打たせる戦法》.

lég tràp 〘クリケット〙レッグトラップ《ウィケットの LEG 側に集まった守備側野手》.

le·guan, -guaan /ləgwáːn/ *n* 〘動〙大トカゲ, 《特に》イグアナ (iguana). [F *l'igane* the iguana]

Le·guía y Sal·ce·do /ləgíːə ìː sɑːlséɪdou, -ðou/ レギア(・イ・サルセド) **Augusto Bernardino** ~ (1863–1932)《ペルーの政治家; 大統領 (1908–12, 19–30); ボリビア・ブラジルとの国境紛争を終結》.

leg·ume /légjùːm, lɪgjúːm/ *n* マメ科植物(の豆[さや]); 〘植〙豆果(とうか), 莢果(きょうか); 《料理としての》野菜. [F＜L＝pulse, bean (*lego* to pick, gather); 手で摘むところから]

légume fàmily [the] 〘植〙マメ科 (Leguminosae).

le·gu·men /lɪgjúːmən, le-/ *n* LEGUME.

le·gu·min(e) /lɪgjúːmən, le-/ *n* 〘生化〙レグミン《マメ科植物の種子中のタンパク質》.

le·gu·mi·nous /lɪgjúːmənəs, le-/ *a* 豆の(ような); 〘植〙マメ科 (Leguminosae) の.

lég ùp, lég·ùp 《馬などに乗ったり, 障害物を越えたりするときに》脚を持って人を上げてやること; 《口》《仕事上の》支援, 手助け, 援助; *《口》一歩先んじた[さい先のよい]スタート (head start), 利 (advantage): give sb a ~ 脚を支えて人を持ち上げてやる; 人を支援する; 人を有利にする / have [get] a ~ 先行する, さい先のよいスタートをきる, (…より)有利になる 〈*on*〉.

L

lég wàrmer レッグウォーマー.

lég·wòrk *n* 《口》 足を使う仕事, 取材活動, 資料[情報]収集.

Leh /léɪ/ レー《インド北部 Jammu and Kashmir 州東部の市場町で, Ladakh 地方の行政の中心地; Srinagar の東方, Indus 川北岸, 標高 3520 m の地点にある》.

Le·hár /léɪhɑ̀ːr/ レハール **Franz** ～ (1870–1948)《ハンガリーのオペレッタ作曲家; *The Merry Widow* (1905)》.

Le Ha·vre /lə hɑ́ːvr(ə)/; *F* lə ɑːvr/ ル・アーヴル《フランス北西部 Seine 川河口の北側, イギリス海峡に臨む市・港町; 旧称 **Le Havre-de-Grâce** /*F* -dəgras/》.

le·ha·yim, -cha·yim /ləxɑ́ːjɪm/ *n* 乾杯. [Heb]

Léh·man Bròthers /líːmən-/ リーマン・ブラザーズ《New York 市に本拠を置く投資銀行; 1850 年創立; 2008 年倒産申請し, 世界金融危機, いわゆる **Léhman shóck** をひき起こした》.

Leh·mann /léɪmən; *G* léːman/ レーマン **Lotte** ～ (1888–1976)《ドイツ生まれの米国のソプラノ》.

Lehn /léɪn/ レーン **Jean-Marie** ～ (1939–)《フランスの化学者; 超分子化学を提唱; ノーベル化学賞 (1987)》.

lehnga ⇨ LENGHA.

lehr, leer /líər, léər/ *n* ガラス焼きなまし炉. [G]

le·hua /leɪhúːə/ *n* 〖植〗 レフア (=*ohia, ohia lehua*)《太平洋諸島に多いフトモモ科の植物; Hawaii 州の州花》. [Haw]

lei[1] /léɪ, léɪiː/ *n* レイ《Hawaii 諸島で頭や首に掛ける花輪》. [Haw]

lei[2] *n* LEU の複数形.

Leib·ni(t)z /láɪbnəts; *G* láɪbnɪts/ ライプニッツ **Gottfried Wilhelm von** ～ (1646–1716)《ドイツの哲学者・数学者; 形而上学・論理学の業績を残したほか, 微分法・積分法を発見した》.

Leib·ni(t)z·ian /laɪbnítsiən/ *a* ライプニッツ(哲学)の. ► *n* ライプニッツ学派の人[研究者]. ♦ **～·ism** *n*

Lei·bo·vitz /líːbouvɪts/ リーボヴィッツ **Annie** ～ (1949–)《米国の写真家; 著名人のポートレートを手掛ける; *Rolling Stone* 誌の表紙になった John Lennon の写真が有名》.

Lei·ca /láɪkə/ 〖商標〗 ライカ《ドイツ製カメラ》.

Leices·ter /léstər/ **1 a** レスター《イングランド中部の工業都市, 一元的自治体で, Leicestershire の行政の中心》. **b** LEICESTERSHIRE. **2** [Earl of ～] レスター伯 (1) **Robert Dudley** (1532 or 33–88)《イングランドの廷臣; Elizabeth 1 世の寵臣》 (2) ⇨ de MONTFORT. **3** レスター種(の羊)《イングランドで作出された長毛種》; (レッド)レスター (=**Réd ～**)《チェダーチーズに似たオレンジ色の硬質チーズ》.

Leices·ter·shire /léstərʃɪər, -ʃər/ レスターシャー《イングランド中部の州; ☆Leicester; 略 Leics.》.

Léicester Squáre レスタースクエア《London 中央部 Soho にある広場; 劇場・映画館・レストランが多い》.

Leich·hardt /láɪk(h)ɑ̀ːrt; *G* láɪçart/ ライヒャルト (**Friedrich Wilhelm**) **Ludwig** ～ (1813–48)《プロイセンの探検家; オーストラリア大陸を Moreton 湾 (Queensland) から Port Essington (Northern Territory) へ横断 (1844–45); 1848 年東西横断を試みたが消息を断った》.

Léi·chóu Península /léɪʤóu-/ [the] 雷州(らいしゅう)(レイチョウ)半島 (Leizhou Bandao).

Leics. Leicestershire.

Léi Dày レイデー《Hawaii の May Day; この日レイ (lei) を着用し, 最も美しいレイを競うコンテストが開催される》.

Lei·den, Ley- /láɪdn, léɪdə/ ライデン, レイデン《オランダ西部 South Holland 州の市; Rhine 川の分流に臨む》. ■ **the Univérsity of ～** ライデン大学《1575 年創立》.

Léi·den·frost phenòmenon /láɪdənfrɔ̀ːst-/ [the] 〖理〗 ライデンフロスト現象《(1) 高温固体表面上の液体が蒸気層を生成し固体表面から絶縁される現象 2) 物質と反物質の境界に生ずるとされる同様の仮説的現象》. [Johann G. *Leidenfrost* (1715–94) ドイツの物理学者]

Leie /léɪə, láɪə/ [the] レイエ川《LYS 川のフラマン語名》.

Leif /líːf, léɪf, léɪv/ リーフ, レイフ, レイヴ《男子名》.

Léif Ériks·son /-érɪks(ə)n/ レイヴ・エリクソン《1000 年ころ活躍したノルウェーの探検家; あだ名 ～ the Lucky [幸運児]; Erik the Red の子; ヨーロッパ人として最初に北米海岸に到達したといわれる; **Leif Eric(s)·son** ともつづる》.

Leigh /líː/ **1** リー《男子名; 女子名》. **2** リー (1) **Janet** ～ (1927–2004)《米国の映画女優; *Psycho* (サイコ, 1960)》 (2) **'Mike'** ～ [**Michael** ～] (1943–)《英国の劇作家, 舞台・映画監督》 (3) **Vivien** ～ (1913–67)《英国の映画女優; 本名 Vivian Mary Hartley; *Gone with the Wind* (風と共に去りぬ, 1939) のヒロイン Scarlett O'Hara 役, *A Streetcar Named Desire* (欲望という名の電車, 1951) の Blanche DuBois 役で不動の名声を得た》. [⇨ LEE]

Leigh·ton /léɪtn/ レイトン **Frederick** ～, Baron ～ of Stret·ton /strétn/ (1830–96)《英国の画家; 19 世紀英国古典主義の代表的画家で, 歴史画・肖像画を描いた》.

Lei·la(h) /líːlə, léɪ-/ リーラ, レイラ《女子名》. [Pers=(dark as) night]

Lei·ne /láɪnə/ [the] ライネ川《ドイツ中部の川》.

Lein·ster /lénstər/ レンスター《アイルランド共和国東部の地方, Carlow, Dublin, Kildare, Kilkenny, Laois, Longford, Louth, Meath, Offaly, Westmeath, Wexford, Wicklow の諸県からなり, かつては 2 つのケルト王国 North ～ と South ～ があった; cf. CONNACHT, MUNSTER[1], ULSTER》.

lèio·myóma *n* 〖医〗 平滑筋腫. ♦ **-myómatous** *a*

lei·poa /laɪpóuə/ *n* 〖鳥〗 クサムラツカツクリ《豪州産》.

Leip·zig /láɪpsɪg, -k; *G* láɪptsɪç/ ライプツィヒ《ドイツ中東部 Saxony 州の市》. ■ **the Báttle of ～** ライプツィヒの戦い (=*the Battle of Nations*)《1813 年 10 月 16 日–19 日 Leipzig でプロイセン・オーストリア・ロシア・スウェーデンの連合軍が Napoleon 軍を破った戦い; Napoleon のロシア遠征失敗とともに起った解放戦争の帰趨を決した》. **the Univérsity of ～** ライプツィヒ大学《1409 年創立》.

Léish·man-Dón·o·van bòdy /líːʃməndánəvən-/ 〖医〗 リーシュマン-ドノバン体《リーシュマニア症, 特に カラ・アザール (kala azar) にかかった患者の脾や肝にみられる球形・卵形の小体で, リーシュマニアの無鞭毛期の形態》. [Sir W. B. *Leishman* (1865–1926) 英国の軍医, Charles *Donovan* (1863–1951) アイルランドの医師]

leish·man·ia /liːʃmǽniə, -méɪniə/ 〖動〗 リーシュマニア《(1) トリパノソーマ科リーシュマニア属 (*L-*) の鞭毛虫 2) トリパノソーマ科のこれに似た原生動物》. ♦ **leish·mán·ial** *a* [↑]

leish·man·i·a·sis /lìːʃmənáɪəsəs/, **-man·i·o·sis** /lìːʃməniόusəs/ *n* (*pl* **-a·ses** /-əsìːz/, **-o·ses** /-óusìːz/) 〖医〗 リーシュマニア症《leishmanias による疾患》.

leis·ter /líːstər/ *n* 《魚を突く》やす. ► *vt* やすで突く.

lei·sure /líːʒər, léʒ-, léɪ-; léʒ-/ *n* 暇, ひまな時間; 安逸, 気楽: I have no ～ *for* reading [*to* read]. ゆっくり読書する暇がない / wait sb's ～ 人の都合がつくまで待つ / a lady [man, gentleman] of ～ [*joc*] 《決まった仕事をもたない》有閑婦人[人士] / Idle folks [people] have the least ～. 《諺》 なまけ者に余暇なし. ● **at ～** ひまで; のんびりして; 手があいて; 仕事[職]を離れて, 失業して; ゆっくりと, 急がずに, のんびりと. **at one's ～** ひまな時に, 都合のよい折に. ► *attrib a* ひまな, 手すきの, 用事のない; くつろぎ着に適した〈衣服〉; 余暇の(ための): ～ time 余暇 / the ～ industry レジャー産業 / ～ activities 余暇活動 / ～ facilities レジャー施設. ♦ **～·less** *a* 暇のない, 多忙な. **～·ness** *n* LEISURELINESS. [AF *leisour*<OF *leisir* (L *licet* it is allowed)]

léisure cèntre" レジャーセンター《さまざまな娯楽・スポーツ施設やレストランなどを備えた場所; 通例 地方自治体が経営》.

léi·sured *a* (十分に)暇のある, 用事のない, 有閑の; ゆっくりした, 悠長な: (the) ～ class(es) 有閑階級.

léisure·ly *a* ゆっくりした, ゆったりした, のんびりした, 時間をかけた. ► *adv* ゆっくりと, のんびりと. ♦ **-li·ness** *n*

léisure sùit レジャースーツ《シャツジャケットとスラックスからなるカジュアルなスーツ》.

léisure-tíme *a* 仕事をしてない時の, 余暇の.

léisure·wèar *n* 遊び着, レジャーウェア.

Leith /líːθ/ リース《スコットランド Edinburgh の Forth 湾に臨む海港湾地区》.

Lei·tha /láɪtɑː/ [the] ライタ川《オーストリア東部から東に流れ, ハンガリー北西部で Rába 川に合流する川》.

leit·mo·tiv, -tif /láɪtmoutìːf/ *n* 〖楽〗 示導[指導]動機, ライトモチーフ; 《芸術作品・時代・人間の行動などに一貫して[繰り返し]現われる》主題, 中心思想. [G=leading motive; ⇨ LEAD[1], MOTIVE]

Lei·trim /líːtrəm/ リートリム《アイルランド北西部 Connacht 地方の県; ☆Carrick-on-Shannon》.

Leix ⇨ LAOIS.

Lei·xõ·es /leɪʃɔ́ːɪʃ/ レーションエシュ《ポルトガル北西部の海港; Porto の外港として建設された》.

Lei·zhou Ban·dao /leɪʤóu bɑ́ːndáu/ 雷州(らいしゅう)(レイチョウ)半島 (the **Lui·chow Peninsula** /leɪʤóu ―́―; lúːʧáu-/)《中国広東省南西部の半島》.

lek[1] /lék/ *n* (*pl* **～s, le·ke** /lékə/, **～, le·ku** /léku/) レク《アルバニアの通貨単位: =100 qindarka; 記号 L》. [Alb]

lek[2] *n* レック《クロライチョウなどの鳥が集まって求愛行動をする場所》. ► *vi* (**-kk-**) 〈鳥が〉レックに集まる. [Swed]

Lek [the] レク川《オランダ中央部を西に流れ, 大西洋に注ぐ川; Rhine 川下流の北に分岐した流れ》.

lekin ⇨ LIKIN.

lek·ker /lékər/ 《南ア口》 *a* よい, すてきな, 楽しい. ► *adv* よく, うまく; きわめて. [Afrik]

lek·var /lékvɑ̀ːr/ *n* レクヴァール《パイに入れるプルーンのフィリング》. [Hung]

Le·land /líːlənd/ リーランド **John** ～ (1506?–52)《イングランドの好古家; Henry 8 世の宮廷付き司祭, 司書》.

Le·ly /líːli/ リーリー, レリ Sir **Peter** ～ (1618–80)《オランダからイングランドに渡った画家; 旧名 Pieter van der Faes; Van Dyck ふうの肖像画が貴族にもてはやされた》.

Le·ly·stad /lélistɑ̀ːt/ レリスタット《オランダ中部 Flevoland 州の州都》.

Lem /lém/ レム《男子名》. [cf. LEMUEL]

LEM /lém/ *n* LUNAR EXCURSION MODULE.

Le Maine /lə méɪn, -mɛ́n/ ⇨ MAINE.
Le·maî·tre /ləmɛ́tr(ə)/ ルメートル (**1**) (**François-Élie**) **Jules** ～ (1853–1914)《フランスの劇作家・批評家》 (**2**) Abbé **Georges** (**Edouard**) ～ (1894–1966)《ベルギーの天体物理学者・聖職者; 膨張宇宙を提唱》.
lem·an /lémən, lí:-/ *n*《古》恋人, 愛人, 情婦. [LIEF＋man]
Le·man /lí:mən, lém-, ləmǽn/ [Lake] レマン湖 (F **Lac Lé·man** /F lak lemɑ̃/)《Lake GENEVA の別称》.
Le Mans /lə mɑ́:n; -mɔ́n/; *F* lə mɑ̃/ ル・マン《フランス北西部 Sarthe 県の Sarthe 川に臨む市・県都; 毎年 6 月に自動車の 24 時間耐久レースが行なわれる》.
Le Máns stàrt ル・マン式スタート《自動車レースのスタート方式の一つ; レーサーは車から離れて並び, 合図とともに車に駆け寄り乗車, エンジンを始動して発進する》.
Le Marche ⇨ MARCH[2].
Lem·berg /*G* lémbɛrk/ レンベルク《Lviv のドイツ語名》.
lem·ma[1] /lémə/ *n* (*pl* ～**s**, **-ma·ta** /-tə/) 補助定理, 補題, 副命題;《文章の表題として付した》テーマ, 主題;《注解などの》題句; 画賛;《語彙集などの》見出し語 (headword). [L＜Gk＝thing assumed (*lambanō* to take)]
lemma[2] *n* (*pl* ～**s**, **-ma·ta** /-tə/)〘植〙《イネ科の小穂の》外花穎(ﾆ). [Gk＝rind, husk]
lem·ma·tize /lémətàɪz/ *vt*〘言〙《見出し語となる語の異形・変化形をひとまとめにするために》〈コーパス中の語を〉分類する, 並べ換える. ♦ **lèm·ma·ti·zá·tion** *n*
lem·me /lémi/《発音つづり》《口》let me.
lem·ming /lémɪŋ/ *n*〘動〙レミング, タビネズミ《ユーラシア・北米に分布するレミング属, クビワレミング属などの小型で尾が短い齧歯(ｹﾞｯｼ)動物; 繁殖が極に達したとき海に向かって大移動し溺死する, ヨーロッパ産のノルウェーレミングによる '集団自殺' で知られる》; 群集心理で行動する人: like ～*s* 群集心理で[に駆られて]. ♦ **～·like** *a* [Norw]
lem·nis·cate /lemnískət/ *n*〘数〙連珠形, レムニスケート.
lem·nis·cus /lemnískəs/ *n* (*pl* **-nis·ci** /-nís(k)àɪ, -nískì:/)〘解〙毛帯. ♦ **lem·nís·cal** *a* [L＝*ribbon*]
Lem·nos /lémnɑ̀s, -nəs/ レムノス, リムノス (ModGk **Lím·nos** /lí:mnɔ:s/)《エーゲ海にあるギリシア領の島; Chalcidice 半島の東南東に位置; かつて医用収斂剤の原料となったレムノス(粘)土 (**Lémnian bóle** [**éarth**]) の産出で有名であった》. ♦ **Lém·ni·an** *a, n*
lemo /lémoʊ/*《俗》*n* (*pl* **lém·os**) レモネード (lemonade);《酒代わりに飲む》レモンエキス.
lem·on[1] /lémən/ *n* **1** レモン, レモンの木; レモンの風味[香料]; レモン飲料; レモン色, 淡黄色: I like tea with ～. 紅茶にはレモンを入れたのが好きだ. **2** *《黒人俗》明るい膚の色の魅力的な黒人女性, MULATTO;《口》がっくりさせる[だめな, いやになる]こと[もの, 人]《スロットマシンでレモンが出ると当たりはないことから》, 不良品, 欠陥品,《特に》欠陥車;《俗》女性的魅力のない(いやな)女[娘]; [[u]*pl*]《俗》(小さな)胸, 乳房; *《俗》まぜ物入りの[にせの]麻薬: The answer is a ～. [u]《俗》(そんな愚問に)返事はまっぴら, だめだよ. ● **hand** sb **a** ～《口》(取引で)だます, 人にいやなことをする[いやなものをつかませる]. ► *a* レモン入りの; レモン風味の; レモン色の; 淡黄色の: ～ tea. ► *vi* *《俗》《ビリヤードで》しろうと並みのプレーをする. [OF *limon*＜Arab; cf. LIME[2]]
lemon[2] *n*〘魚〙LEMON SOLE.
lemon[3] *n* *《俗》QUAALUDE《鎮静・催眠剤》. [*Lemmon* 製薬会社]
lem·on·ade /lèmənéɪd/ *n* レモン水, レモネード《レモン果汁に砂糖[甘味料]と水で作る飲料》; [u]《レモン風味で無色の》レモンソーダ; *《俗》まぜ物入り[にせ]の麻薬 (lemon).
lémon bàlm〘植〙レモンバーム, セイヨウヤマハッカ, コウスイハッカ, メリッサソウ (＝*bee balm, garden balm*)《シソ科; 欧州南部原産; 葉にレモンに似た香りがある》.
lémon bùtter レモンバター《レモンの香りをつけたバター(ソース)》.
lémon chèese [**cùrd**] レモンチーズ[カード]《レモンにバター・砂糖・卵などを加えて熱しジャム状にしたもの; パンに塗ったりパイに入れたりする》.
lémon-còlored *a* 淡黄色の, レモン色の.
lémon dròp レモンドロップ《レモンの香りをつけた糖果》.
lémon-gàme *n* *《俗》レモンゲーム《pool の試合で, カモからうまいこと金をだまし取る手口》.
lémon gerànium〘植〙レモンゼラニウム《葉にレモンの香りがある》.
lémon·gràss *n*〘植〙**a** レモングラス《イネ科オガルカヤ属の多年草; シトラールを含む精油を採る》. **b** コウスイガヤ (CITRONELLA).
lémon káli [u]/-kǽli, -kéɪ-/ レモンカリ水, ラムネ.
lémon làw *《口》レモン法《商品[特に 自動車]に欠陥があった場合, 新品との交換, 修理もしくは返金を業者に義務づけた法律》.
lémon lìme *レモンライム《炭酸飲料》.
lémon plànt〘植〙LEMON VERBENA.
lémon pùdding レモンの香りをつけたプディング.
lémon shàrk〘魚〙ニシレモンザメ《大西洋の暖海沿岸に生息するメジロザメ科のサメ; 体色は黄色みをおびる》.
lémon sòda *レモンソーダ《レモン味の炭酸飲料》.
lémon sóle〘魚〙**a** レモンガレイ《ババガレイ属の一種; 大西洋北東部産; 重要な食用魚》. **b** WINTER FLOUNDER. [F *limande*]
lémon squàsh [u] レモンスカッシュ (⇨ SQUASH[1]).
lémon squèezer レモンしぼり器.
lémon thỳme〘植〙レモンタイム《全株レモンに似た香りがある》.
lémon verbéna〘植〙コウスイボク, ボウシュウボク《南米原産クマツヅラ科の落葉低木; 葉はレモンの香りがする》.
lémon vìne〘植〙モクキリン (⇨ BARBADOS GOOSEBERRY).
lém·ony *a* レモンの味[香り]のする;《豪俗》腹を立てた, おこった: go ～ at sb 人に腹を立てる.
lémon yéllow レモン色, 淡黄色.
Le Moyne /lə mwan/ ルモアーヌ **Pierre** ～ ⇨ Sieur d'IBERVILLE.
lem·pi·ra /lempírə/ *n* レンピラ《ホンジュラスの通貨単位: ＝100 centavos; 記号 L》. [AmSp *Lempira* 16 世紀の南米インディアンの族長]
Lem·sip /lémsɪp/〘商標〙レムシップ《熱湯に溶かして服用する粉末のかぜ薬》.
Lem·u·el /lémjuəl, lémjəl/ レミュエル《男子名》. [Heb＝devoted to God]
le·mur /lí:mər/ *n*〘動〙キツネザル《マダガスカル島産キツネザル科のサルの総称》. [NL (*lemures*)]
lem·u·res /lémjərì:z, lémərèɪs/ *n pl* レムレース《ローマの民間で敵意をもつとされていた幽霊; cf. MANES》; 悪霊. [L]
Le·mu·ria /ləmjúəriə/ レムーリア《キツネザル (lemur) の分布からインド洋に存在したと仮定された古代陸地》.
lem·u·rine /lémjəràɪn, -rən/ *a* LEMUROID.
lem·u·roid /lémjərɔ̀ɪd/ *a, n* キツネザル(のような);〘動〙狐猿亜目の(動物).
Len /lén/ レン《男子名; Leonard の愛称》.
Le·na /lí:nə/ **1** リーナ《女子名; Helena, Magdalena の愛称》. **2** /, léɪnə/ [the] レナ川《シベリア中東部の川; Baikal 湖の西の山中に発し, 北に流れ, 広大な三角洲を通って Laptev 海に注ぐ》.
Le·na·pe /lənɑ́:pi, lénəpi/ *n* **a** (*pl* ～, ～**s**) レナペ, ルナーペ《Delaware 族の自称》. **b** レナペ[ルナーペ]語.
Le·nard /léɪnɑ̀:r/ レーナルト **Philipp** (**Eduard Anton**) ～ (1862–1947)《ドイツの物理学者; 陰極線研究によってノーベル物理学賞 (1905)》.
Len·clos /lɑ:nklóʊ; *F* lɑ̃klo/ ランクロ **'Ninon' de** ～ (1620–1705)《フランスの美貌の貴婦人; 本名 Anne de ～; サロンに Boileau, Racine, Molière などを集め, La Fayette 夫人, Maintenon 夫人とも交際した》.
lend /lénd/ *v* (**lent** /lént/) *vt* **1** 貸す (opp. *borrow*); 貸し付ける: He *lent* me his bicycle [his bicycle (*out*) *to* me]. / Banks ～ money and charge interest. 銀行は金を貸して利子を取る. **2**〈援助などを〉与える, 〈手を〉貸す; 〈…に〉添える, 加える 〈*to*〉: ～ a (helping) hand *in* [*at, with*]…を手伝う / ～ an ear [one's ear(s)] *to*…に耳をかす, 傾聴する / This fact ～*s* probability *to* the story. この事実からみるとその話はありそうだ / ～ enchantment [dignity] *to*…に魅力[気品]を添える. ► *vi* 金を貸す, 融資をする, 貸金業を営む: When I *lent* I had a friend; when I asked he was unkind.《諺》貸した時は友だち, 借りようとしたら他人 / He neither ～*s* nor borrows. 彼は貸しも借りもしない. ● ～ **itself to**…に適している, 向いている, かなう;〈悪用など〉に弱い, もろい. ～ **out**〈書物などを〉貸し出す. ～ **oneself to**…に役立つ; …に力を尽くす, 身を入れる. ► *n*《口》貸すこと, 貸与 (loan). ● **have a** ～ **of** sb《豪俗》人をだます, はめる. ♦ **～·able** *a* **～·er** *n* 貸す人, 貸主, 貸方; 金貸し, 高利貸し. [ME *lēne(n)*＜OE *lǣnan* (⇨ LOAN[1]); 現在の語形は ME の過去形より]
lénd·ing *n* 貸すこと; 貸与されたもの; [*pl*] 貸し衣裳.
lénding lìbrary 貸出し図書館,《特に》RENTAL LIBRARY; [u]《館外貸出しを行なう》公共図書館.
lénding ràte 貸出し金利.
Len·dl /léndl/ レンドル **Ivan** ～ (1960–)《米国のテニスプレーヤー; チェコ出身》.
lénd-léase *n*《第二次大戦の時の連合国間の》軍事物資などの貸与. ► *vt* 武器貸与法によって貸与する.
Lénd-Léase Àct [the]〘米〙武器貸与法《1941 年制定; その国の防衛が米国の安全に重要な諸国に対して, 大統領は物資の貸与をなしうる》.
lenes *n* LENIS の複数形.
L'En·fant /lɑ́:nfɑ̀:nt; *F* lɑ̃fɑ̃/ ランファン **Pierre-Charles** ～ (1754–1825)《フランス生まれの技術者; George Washington に招かれて Potomac 河畔に建設予定であった首都の都市計画を作成した》.
len·gha, lehn·ga /léŋgə/ *n*《インド》レンガ, レヘンガ《晴れ着などのゆったりしたロングスカート》.
Leng·len /*F* lɑ̃glɑ̃/ ラングラン **Suzanne** ～ (1899–1938)《フランスの女子テニス選手; Wimbledon で優勝 (1919–23, 25)》.
length /léŋ(k)θ/ *n* **1**《幅に対して》長さ, 長短, 丈;《横に対して》縦;《特定なものの》長さ, 全長 〈*of*〉;〘クリケット〙打者[ウィケット]とボールの落下点との(適切な)距離;〘弓〙射程;《泳いだ距離の単位としてのプールの》縦の長さ;《ボートの》艇身,《競馬の》馬身; 身の丈;《衣服の》丈, 着丈; 一定の長さ(の物): win by a ～ 一艇身[一馬身]の差で勝つ / swim 20 ～s of the pool プールを 10 往復泳ぐ / a ～ of rope [pipe] 1 本の縄[パイプ] / (good-)～ ball 〘クリケット〙 打者[ウィケット]から適当な距離に落下するボール. **2** 《時間の》 長さ, 期間; 《音・話などの》 長さ; 〘音・韻〙 母音[音節]の長さ: the ～ of a visit [a journey] 訪問[旅行]の長さ / a speech [a stay] of some ～ 相当長い演説[滞留] / the ～ of a vowel 母音の長さ / I sat up for a ～ of time after dinner. 夕食後しばらくの間起きていた. **3** 長いこと (opp. *shortness*): I was tired by the ～ of the ceremony. 式典の長いのにくたびれた. **4** 〘トランプ〙 手に特定の組の札を格別多く持つこと 《たとえばブリッジで 4 枚以上》. **5** [°*pl*] 《行動などの》 限度, 範囲, 度. ● **along the ～ of**…の端から端まで(ずっと); …(沿い)の至る所で: *along the* ～ *of* Pakistan パキスタンの至る所で. **at arm's ～** 腕を伸ばした距離に; 少し離れて; 《取引や交渉で》 当事者がそれぞれ独立を保って: keep [put] sb *at arm's* ～ 人を近づけない, 遠ざける / hold (out) sb [sth] *at arm's* ～ 人[もの]を手を差し伸べて支える[保持する]. **at full ～** 全身[手足]を伸ばして, 長々と, 大の字に〈横たわる〉; 短縮せずに, 詳細に. **at ～** (1) ついに, ようやく, やっと (at last). (2) 長い間. (3) 十分に, 詳細に, くどくどと: *at* great ～ 長々と, くだくだしく / *at* some ～ 相当詳しく[長く]. **find [get, have, know, take] the ～ of** sb**'s** FOOT. **go the whole ～** 存分に…する[言う]. **go (to) all [absurd] ～s**＝**go (to) great [any] ～(s)** (*to* do) (…するためには)どんな事でもする, 徹底的にやる. **go (to) the ～ of** doing…するほど極端に走る, …までもする (go so far as to do). **in ～ of time** 時が経つにつれて. **measure** one**'s (own) ～ (on the ground)** ″《古風》 大の字に倒れる. **(over [through]) the ～ and breadth of**…の全体にわたって, …を残る隈(くま)なく. one**'s ～ of days**＝**the ～ of** one**'s days** 長命. [OE *lengthu*; ⇨ LONG]

-length /lὲŋ(k)θ/ *a comb form* 「…まで届く長さの」: floor-*length*. [↑]

length·en /léŋ(k)θ(ə)n/ *vt, vi* 長くする[なる], 延ばす[延びる]; 延びて〈…に〉なる 〈*into*〉: have one's stay ～*ed* to two nights 宿泊を 2 晩に延ばしてもらう / The days ～ in spring. 春には日脚が延びる / His face ～*ed*. 彼は浮かぬ顔をした (cf. LONG FACE) / The shadows ～. 夕闇が迫る; だんだん年老いてくる; 死期が近づく. ● **～ out** ひどく延ばす; だんだん長くなる. ♦ **～·er** *n*

léngth·màn ″*n* 《一定区間の線路[道路]を受け持つ》 補修員, 整備員.

léngth·wàys *adv* LENGTHWISE.

léngth·wìse *a, adv* 縦の[に]; 長い[長く].

léngthy *a* 長たらしい, 冗長な, くだくだしい; 長すぎる, 時間がかかりすぎる. ♦ **léngth·i·ly** *adv* **-i·ness** *n*

le·ni·ent /líːniənt/ *a* 寛大な, ゆるやかな, 優しい, 情け深い, 甘い 〈*with*〉; 〈刑罰などが〉きびしくない, 手加減した, 軽い; 《古》 和らげる, 慰める. ♦ **lé·ni·ence, -cy** *n* 寛大さ, 寛仁; あわれみ, 慈悲(深さ). **～·ly** *adv* [L (*lenis* mild)]

Léni-Lenápe, Lén·ni-Lenápe /léni-, -lénəpi/ *n* レニ-レナペ, レニ-ルナーペ 《Delaware 族の自称》.

Len·in /lénən/ レーニン **Vladimir Ilich ～** (1870–1924) 《ロシアの革命家; 本来の姓は Ulyanov; ボリシェヴィキ革命を指揮, ソ連邦を建国》. ♦ **～·ism** *n* レーニン主義. **～·ist, ～·ìte** *n, a*

Le·ni·na·bad /lénənəbὰːd, léɪ-/ レニナバード 《KHUJAND の旧称》.

Le·ni·na·kan /lènənɑkáːn, lèɪ-/ レニナカン 《GYUMRI の旧称》.

Len·in·grad /lénəngræ̀d, -grὰːd/ レニングラード 《ST. PETERSBURG の旧称 (1924–91)》. ♦ **～·er** *n*

Lénin Péak レーニン峰 《キルギスとタジキスタンの国境にある山; Trans Alay 山脈の最高峰 (7134 m)》.

Lénin Príze [the] レーニン賞 《ソ連の学術・技術・文学・芸術上の業績に対する最高の賞; 1925 年制定, 一時中断して 56 年復活, 1990 年まで続いた》.

le·nis /líːnəs, léɪ-/ 〘音〙 *n* (*pl* **le·nes** /líːniz, léɪneɪs/) 軟音 (/b, d, g/ など; cf. FORTIS); SMOOTH BREATHING. ► *a* 軟音の. [L＝mild]

le·nit·ic /lɪnítɪk/ *a* 〘生態〙 LENTIC.

le·ni·tion /lənɪ́ʃ(ə)n/ 〘音〙 *n* 軟音化; 《ケルト語における》 軟音化 《破裂音 /t/ /k/ /p/ が摩擦音 /θ/ /x/ /f/ に変化すること》. [G (L *lenit-lenio* to soften)]

len·i·tive /lénətɪv/ *a* 鎮静(性)の (soothing), 緩和する. ► *n* 〘医〙 鎮静剤, 緩和剤; 《悲しみなどを》 和らげるもの, 慰めるもの. ♦ **～·ly** *adv*

len·i·ty /lénəti/ *n* 《過分の》 思いやり[寛大さ]; 寛大な処置.

Lenni-Lenape ⇨ LENI-LENAPE.

Len·non /lénən/ レノン **John (Winston) ～** (1940–80) 《英国のロックシンガー・ソングライター・ギタリスト; Beatles の中心メンバー; 精神を病んだファンによって射殺された》.

Len·ny /léni/ レニー 《男子名; Leonard の愛称》.

le·no /líːnoʊ/ *n* (*pl* **～s**) 〘織〙 レノ 《からみ組織の目の粗い軽量織物で, 一種のガーゼ織物》. [F *linon* (*lin* flax＜L)]

Le·nore /lənɔ́ːr/, **Le·no·ra** /lənɔ́ːrə/ レノア, レノーラ 《女子名; Eleanor, Leonora の異形》.

Le Nô·tre /lə nóʊtr(ə)/ ル・ノートル **André ～** (1613–1700) 《フランスの建築家・造園家; 代表作は Versailles 宮殿の庭園》.

lens /lénz/ *n* レンズ; 《カメラの》 複合レンズ; 両凸レンズ形のもの; マイクロ波・音波・電子線などを集束[発散]する装置, レンズ; CONTACT LENS; 〘解〙 《眼球の》 水晶体, レンズ; 〘動〙 《複眼を構成する》 個眼; [*fig*] 認識[判断]の目, '眼鏡'; GRAVITATIONAL LENS. ► *vt* 映画に撮る. ♦ **～ed** *a* **～·less** *a* [L *lent- lens* lentil; 形の類似から]

Lens /*F* lɑ̃s/ ランス 《フランス北部 Pas-de-Calais 県の町; 炭鉱の町として発達した》.

lense /lénz/ *n* LENS.

léns hòod 〘写〙 レンズフード.

léns·man /-mən/ *n* 《口》 写真家 (photographer).

lent *v* LEND の過去・過去分詞.

Lent /lént/ *n* **1** 大斎節, 四旬節, 受難節, レント 《Ash Wednesday から Easter Eve までの日曜日(主日)を除く 40 日間; 荒野のキリストを記念するために断食や懺悔を行なう; cf. MID-LENT SUNDAY, LENT TERM》. **2** 《中世において》 Martinmas (11 月 11 日) から Christmas までの期間; [*pl*] 〘英〙 レント 《Cambridge 大学春季ボートレース; cf. TORPIDS》. [*Lenten*]

len·ta·men·te /lèntəméntèɪ, -ti/ *adv, a* 〘楽〙 おそく[おそい], レンタメンテで[の]. [It]

len·tan·do /lentáːndoʊ/ *adv, a* 〘楽〙 次第におそく[おそい], レンタンドで[の] (becoming slower). [It]

lent·en /lént(ə)n/ *a* [°L-] 四旬節の; 肉抜きの〈食事〉; 質素な, つましい; 悲しげな, 陰気な〈顔〉: ～ fare 精進料理. [OE *lencten* springtime (? WGmc **lang-* LONG); 日の長くなることからか]

Lénten róse 〘植〙 レンテンローズ, 春咲きクリスマスローズ.

len·tic /léntɪk/ *a* 〘生態〙 静水の[にすむ], 静水性の (opp. *lotic*). [L *lentus* slow, immovable]

len·ti·cel /léntəsèl/ *n* 〘植〙 皮目(ひもく) 《樹皮面にあるレンズ状の斑点; 気孔の役をする》.

len·ti·cel·late /lèntəsélət/ *a* 〘植〙 皮目 (lenticel) を有する[生じる].

len·ti·cle /léntɪk(ə)l/ *n* 〘地質〙 レンティクル 《レンズ状の層・岩石・岩体》.

len·tic·u·lar /lentíkjələr/ *a* (両凸)レンズ状の; 《眼球の》 水晶体の; レンズの; 〈フィルム・映写幕など〉 LENTICULE のある: ～ nucleus＝LENTIFORM NUCLEUS. ♦ **～·ly** *adv* [L; ⇨ LENS]

len·tic·u·late /lentíkjəlèɪt/ *vt* 〘写〙 〈フィルムなど〉に波打ちを加える. ♦ **len·tic·u·lá·tion** *n*

len·ti·cule /léntəkjùːl/ *n* フィルムの支持体面に付加される微細な凸型レンズ; 映写スクリーン上の波形模様.

lén·ti·fòrm /léntə-/ *a* LENTICULAR.

léntiform núcleus 〘解〙 レンズ核 《大脳半球の深部で視床の外側に存在する大きな灰白質》.

len·tig·i·nous /lentíʤənəs/, **-nose** /-nòʊs/ *a* LENTIGO の; FRECKLED.

len·ti·go /lentáɪgoʊ/ *n* (*pl* **len·tig·i·nes** /-tíʤəniːz/) 〘医〙 (小さい)ほくろ; FRECKLE.

len·til /lént(ə)l/ *n* 〘植〙 ヒラマメ, レンズマメ 《食料・飼料》. [OF＜L; cf. LENS]

len·tisc, -tisk /léntɪsk/ *n* 〘植〙 MASTIC TREE.

len·tis·si·mo /lentísəmòʊ/ *adv, a* 〘楽〙 きわめておそく[おそい], レンティッシモで[の] (very slow(ly)). [It]

lèn·ti·vírus /léntə-, ╌╌╌/ *n* レンチウイルス 《レトロウイルス科 *L*～ 属のウイルスの総称; 羊などの脳に遅発性の炎症性病変を起こす》. [*lenticular*+*virus*]

Lént líly 〘植〙 **a** ″ラッパズイセン (daffodil). **b** ニワシロユリ (Madonna lily).

len·to /léntoʊ/ 〘楽〙 *adv, a* おそく, おそい, レントで[の]. ► *n* (*pl* **～s**) レントの楽章[楽句]. [It]

len·toid /léntɔɪd/ *a, n* 両凸レンズ形の(個体).

Lént róse LENT LILY.

Lént tèrm 〘英〙 春学期 《クリスマス休暇後に始まり復活祭ごろに終わる》.

Len·ya /lénjə/ レーニャ **Lotte ～** (1898–1981) 《オーストリアの歌手・女優; 本名 Karoline Blamauer; 夫 Kurt Weill の歌を世に広め, Weill と Brecht による音楽劇に出演した》.

Lénz's láw /léntsəz-, lénzəz-/ 〘理〙 レンツの法則 《電磁誘導は電磁気的状態の変化を妨げるように起こる》. [H. F. E. *Lenz* (1804–65) ドイツの物理学者]

Leo /líːoʊ/ **1 a** レオ 《男子名》. **b** レオ 《童話・寓話などに出るライオンの名》. **2** 《ローマ教皇》 レオ 《LEONINE *a*》 (1) Saint ～ **I** (c. 400–461) 《在位 440–461; ローマ司教座の他の教会に対する首位権を唱えた; 祝日 11 月 10 日 (もと 4 月 11 日)》 (2) Saint ～ **III** (d. 816) 《在位 795–816; 祝日 6 月 12 日》 (3) Saint ～ **IX** (1002–54) 《在位 1049–54; 俗名 Bruno of Egisheim》 (4) ～ **X** (1475–1521) 《在位 1513–21; 俗名 Giovanni de' Medici》 (5) ～ **XIII** (1810–1903) 《在位 1878–1903; 俗名 Vincenzo Gioacchino Pecci》. **3 a** 〘天〙 しし座 (獅子座) (Lion) 《星座》, 《十二宮の》 獅子宮 (⇨ ZODIAC). **b** しし座生まれの人. [OE＜L; ⇨ LION]

Le·o·fric /léɪəfrɪk, *leɪáf-/ レオフリック 《Lady GODIVA の夫》.

Léo Mínor 〔天〕こじし座(小獅子座)《星座》. [L=smaller lion]
Le·on /líːɑ̀n, -ən/ レオン《男子名》. [Sp; ⇨ LEO]
Lé·on /leɪɔ́ːŋ; léɪɒn; *F* leɔ̃/ レオン《男子名》. [F; ⇨ LEO]
Le·ón /leɪóʊn/ レオン《(1) スペイン北西部の Old Castile の西に位置する地方・古代王国 2) スペイン北西部 Castile and Leon 自治州の県 3) その県都; 10 世紀レオン王国の首都 4) メキシコ中部 Guanajuato 州西部の市; 公式名 **～ de lòs Al·dá·mas** /-də lɔ̀ːs ɑːldɑ́ːmɑːs, -ɑ́ː-/ 5) ニカラグア西部の市; 中米最古の町の一つ》.
Le·o·na /lióʊnə/ **1** レオーナ《女子名》. **2***《俗》堅苦しい[口うるさい]女. [(fem); ⇨ LEON]
Leon·ard /lénərd/ **1** レナード《男子名; 愛称 Len, Lenny》. **2** レナード **'Sugar Ray' ～** [**Ray Charles ～**] (1956–)《米国のボクサー》. [Gmc=brave as a lion (lion+hardy)]
Le·o·nar·desque /lìːənɑ̀ːrdésk, lèɪ-/ *a* レオナルド風の. [LEONARDO DA VINCI]
Le·o·nar·do /lìːənɑ́ːrdoʊ/ レオナード《男子名》. [It; ⇨ LEONARD]
Leonárdo da Vín·ci /-də víntʃi, lèɪ-, -víːn-/ レオナルド・ダ・ヴィンチ (1452–1519)《イタリアの画家・彫刻家・建築家・技術者・科学者》.
Le·on·berg /líːənbə̀ːrg/, **-berg·er** /-bə̀ːrgər/ *n* 〔犬〕レオンバーグ《Saint Bernard と Newfoundland との交配種; 大型で多毛》.
Le·on·ca·val·lo /lèɪòʊnkəvɑ́ːloʊ/ レオンカヴァロ **Ruggiero ～** (1858–1919)《イタリアのオペラ作曲家; *Pagliacci* (パリアッチ[道化師], 1892)》.
le·one /lióʊn/ *n* (*pl* ～, ～**s**) レオネ《シエラレオネの通貨単位: =100 cents; 記号 Le》.
Le·o·ne /leɪóʊni/ [**Mon·te** /móʊnti/ ～] レオーネ山《スイスとイタリアの間にある Lepontine Alps の最高峰 (3553 m); Simplon 峠の南西側に位置する》.
Le·o·ni·an /lióʊniən/ *n* しし座生まれの人 (Leo).
Le·o·nid /líːənəd/ **1** レオニード《男子名》. **2** (*pl* ～**s**, **Le·on·i·des** /liɑ́nədìːz/) 〔天〕しし座流星《しし座流星群は毎年 11 月 17–18 日ごろをピークに出現する》. [Russ; ⇨ LEON]
Le·on·i·das /liɑ́nədəs, -dæ̀s/ **1** レオニダス《男子名》. **2** レオニダス (d. 480 B.C.)《スパルタ王 (490?–480); Thermopylae の戦いで, 最後に精鋭 300 人とペルシア軍を迎え撃つが戦死》. [Gk=lionlike]
le·o·nine /líːənàɪn/ *a* 《文》ライオン[獅子]の[に関する]; ライオンのような[を思わせる], 堂々たる, 勇猛な. [OF or L; ⇨ LION]
Leonine *a* ローマ教皇 Leo の(作った). ▶ *n* [*pl*] LEONINE VERSE.
Léonine Cíty [the] レオの街《イスラムの侵入に抗してローマ教皇 Leo 4 世によって St. Peter's のまわりに城壁をめぐらして造られた (849) 砦; 現在の Vatican City の一部》.
Léonine vérse 〔韻〕レオ詩体詩, レオニウス風詩《行中と行末が押韻する; 中世ラテン詩では 6 詩脚または 6, 5 詩脚でこの形式のもの》. [*Léon*, L *Leoninus* 12 世紀のフランスの修道士で創始者]
Le·o·no·ra /lìːənɔ́ːrə/ **1** レオノーラ《女子名; 愛称 Nora》. **2** レオノーラ《Beethoven の歌劇 *Fidelio* の主人公; 男装して Fidelio と称し, 夫を政敵の謀略から救う》. [⇨ ELEANOR]
Le·o·nore /líːənɔ̀ːr/ レオノア《女子名》. [G; ↑]
Le·ont·ief /liɔ́(ː)ntjəf, -ɑ́n-/ レオンチェフ **Wassily ～** (1906–99)《ロシア生まれの米国の経済学者; 投入産出分析の創始者; ノーベル経済学賞 (1973)》.
le·on·to·po·di·um /liɑ̀ntəpóʊdiəm/ *n* 〔植〕キク科ウスユキソウ属 (*L-*) の各種草本, 《特に》EDELWEISS.
leop·ard /lépərd/ *n* **1** 〔動〕**a** ヒョウ (=*panther*); ヒョウの毛皮: Can the ～ change his spots? 〔聖〕ヒョウは斑点を変えられぬ, 性格[品性]は直らない (*Jer* 13:23). **b** ヒョウに似たネコ科の肉食動物《American leopard, snow leopard など》. **2 a** 〔紋〕顔を正面に向け右前足を上げている横向きの獅子《イングランドの紋章》. **b** レパード《Edward 3 世発行の金貨; Henry 5 世発行の銀貨》. **3** [〈*a*〉] ヒョウのような斑点のある. ♦ **～·ess** *n* 雌ヒョウ. [OF,＜Gk; ⇨ LION, PARD[1]]
léopard càt 〔動〕**a** ベンガルヤマネコ《東南アジア・東アジア産》. **b** オセロット (ocelot).
léopard fròg 〔動〕ヒョウガエル《体色が明るい緑で背に白縁の黒斑がある北米産のアカガエル属のカエル》.
Le·o·par·di /lèɪəpɑ́ːrdi/ レオパルディ **Giacomo ～** (1798–1837)《イタリアの詩人・哲学者》.
léopard lìly 〔植〕橙赤色に斑点のある花が咲くユリ (=*panther lily*)《California 産》.
léopard mòth 〔昆〕ヒョウマダラボクトウ《欧州原産ボクトウガ科の一種; 白に黒い斑点のある翅をもつ蛾で, 幼虫が樹幹に食い入る害虫》.
léopard's-bàne *n* 〔植〕**a** ユーラシア原産の黄色の花をつけるキク科ドロニクム属の多年草《総称》. **b** HERB PARIS.
léopard sèal 〔動〕ヒョウアザラシ《南氷洋産》.
léopard-skìn céase-fìre 双方が占領地域を維持した状態での停戦.
léopard spòt 《特に停戦時の》散在する軍の占領地域.
Le·o·pold /líːəpòʊld/ **1** レオポルド《男子名》. **2 a** レオポルト (1) ～ I (1640–1705)《神聖ローマ皇帝 (1658–1705)》 (2) ～ II (1747–92)《神聖ローマ皇帝 (1790–92); 啓蒙専制君主》. **b** レオポルド (1) ～ I (1790–1865)《ベルギー初代の王 (1831–65)》 (2) ～ II (1835–1909)《ベルギー王 (1865–1909); 1 世の子》 (3) ～ III (1901–83)《ベルギー王 (1934–51); Albert 1 世の子》. [Gmc=people+bold]
Le·o·pold II /—— ðə sékənd, léɪ-/ [Lake] レオポルド 2 世湖《MAI-NDOMBE 湖の旧称》.
Lé·o·pold·ville /líːəpòʊldvìl, léɪ-/ レオポルドヴィル《KINSHASA の旧称》.
leop·on /lépən/ *n* 〔動〕レオポン《雄ヒョウと雌ライオンの間の一代雑種》. [*leopard*+*lion*]
le·o·tard /líːətɑ̀ːrd/ *n* [°*pl*] レオタード; [°*pl*] TIGHTS. [Jules *Léotard* (1830–70) フランスの軽業師]
LEP limited English proficiency [proficient].
Le·pan·to /lépəntòʊ, lɪpǽntoʊ/ レパント《ギリシア西部 Corinth 湾と Patras 湾の間の海峡北岸にある港町 Návpaktos のイタリア語名; 1571 年神聖同盟艦隊がトルコ艦隊を破った地》. ■ the **Gúlf of ～** レパント湾《CORINTH 湾の別称》.
Lep·cha /léptʃə/ *n* (*pl* ～, ～**s**) **a** レプチャ族《ネパール東部からインド Sikkim 州, West Bengal 州 Darjeeling 地区, ブータン西部に居住するモンゴロイド系民族》. **b** レプチャ語《チベット-ビルマ語派》.
Le·pen·ski Vir /lépənski víːər/ 〔考古〕レペンスキヴィル《セルビア北東部の Danube 河畔の遺跡; 中石器時代に漁撈文化が発達した; 扇状をなす建物跡および神や神の頭部を表わした石像が特徴》.
lep·er /lépər/ *n* 癩(病)患者; 世間からつまはじきされる者. [OF *lepre* leprosy＜Gk (*lepros* scaly)]
léper còlony ハンセン病患者コロニー, 癩療養所.
léper hòuse ハンセン病[癩](隔離)病院, ハンセン病療養所 (leprosarium).
lep·id- /lépəd/, **lep·i·do-** /-doʊ, -də/ *comb form*「うろこ」[Gk *lepid- lepis* scale]
le·pid·o·lite /lɪpíd(ə)làɪt, lépə-/ *n* 〔鉱〕リシア雲母.
lep·i·dop·te·ran /lèpədɑ́pt(ə)rən/ 〔昆〕*a* 鱗翅(ʃ)目 (Lepidoptera) の, 鱗翅をもった. ▶ *n* (*pl* ～**s**, **-tera** /-t(ə)rə/) 鱗翅目の昆虫, 鱗翅類《チョウ・ガ》. ♦ **lèp·i·dóp·te·ral** /-t(ə)rəl/ *a* **-te·rid** /-t(ə)rəd/ *n* **-ter·ous** /-t(ə)rəs/ *a* [NL (*lepid-*, Gk *pteron* wing)]
lep·i·dop·ter·ist /lèpədɑ́ptərɪst/ *n* 鱗翅類研究家[学者]. ♦ **-tery** /-təri/ *n* 鱗翅類研究[採集].
lep·i·dop·ter·ol·o·gy /lèpədɑ̀ptərɑ́lədʒi/ *n* 〔昆〕鱗翅類学. ♦ **-gist** *n* **-te·ro·log·i·cal** /-tərəlɑ́dʒɪk(ə)l/ *a*
lep·i·dop·te·ron /lèpədɑ́pt(ə)rən, -rɑ̀n/ *n* (*pl* **-tera** /-t(ə)rə/, ～**s**) 〔昆〕LEPIDOPTERAN.
lep·i·do·si·ren /lèpədoʊsáɪərən/ *n* 〔魚〕レピドシレン《南米の Amazon 川や Le Plata 川上流の沼沢地に産する *L-* 属のウナギ様の肺魚》.
lep·i·do·sis /lèpədóʊsəs/ *n* (*pl* **-ses** /-sìːz/) 《ヘビなどの》うろこの配列[特徴] (=*scalation*).
lep·i·dote /lépədòʊt/ *a* 〔植〕ふけ状鱗片でおおわれた.
Lep·i·dus /lépədəs/ レピドゥス **Marcus Aemilius ～** (d. 13 or 12 B.C.)《ローマの政治家; Octavian, Mark Antony と第 2 回三頭政治を成立させた》.
Le·pón·tine Álps /lɪpɑ́ntàɪn-, lépən-/ *pl* [the] レポンティーネアルプス《スイスとイタリアの国境にまたがる中部アルプスの一部; 最高峰 Monte Leone》.
lep·o·rid /lépərəd/ *a*, *n* 〔動〕ウサギ科 (Leporidae) の(動物). [L *lepor- lepus* hare]
lep·o·rine /lépəràɪn/ *a* ウサギ (hare) の(ような).
lep·per /lépər/ *n* 《方・俗》障害馬 (steeplechaser). [LEAPER]
lep·py /lépi/ *n**《西部》焼き印のない子牛, 母牛のいない子牛 (maverick). [?]
lep·ra /léprə/ *n* LEPROSY.
LEPRA 〔英〕Leprosy Relief Association 救癩協会.
lep·re·chaun /léprəkɔ̀ːn, -kɑ̀n/ *n* 〔アイル伝説〕《つかまえると宝の隠し場所を教えるといういたずら好きの》小妖精, レプレホーン. ♦ **～·ish** *a* [OIr (*lu* small, *corp* body)]
lep·ro·ma /lepróʊmə/ *n* (*pl* ～**s**, **-ma·ta** /-tə/) 〔医〕癩腫, 癩結節《癩菌が豊富に存在する表在性の肉芽腫性結節》.
le·pro·ma·tous /leprɑ́mətəs, -próʊ-/ *a* 〔医〕癩腫 (leproma) の(みられる).
lep·ro·sar·i·um /lèprəséəriəm/ *n* (*pl* ～**s**, **-ia** /-iə/) 癩(隔離)病院, 癩療養所.
lep·rose /lépròʊs/ *a* 〔生〕ふけのような, うろこ状の.
lep·ro·sy /léprəsi/ *n* ハンセン病, 癩, レプラ; 腐敗[悪影響](のもと) (contagion): moral ～《人に影響を及ぼしやすい》道徳的腐敗, 堕落. ♦ **lep·rot·ic** /leprɑ́tɪk/ *n* [*leprous*, *-y*[1]]
lep·rous /léprəs/ *a* ハンセン病の(ような), ハンセン病性の; ハンセン病にかかった; LEPROSE. ♦ **～·ly** *adv* **～·ness** *n* [OF＜L; ⇨ LEPER]
-lep·sy /lèpsi/ *n comb form*「発作」: cata*lepsy*, epi*lepsy*, nympho*lepsy*. [Gk=seizure]

lept /lέpt/ *v* LEAP の過去・過去分詞.

lept- /lέpt/, **lep·to-** /lέptou, -tə/ *comb form*「小さい」「細かい」「薄い」など《主に動植物学用語》. [Gk; ⇨ LEPTON[1]]

lepta *n* LEPTON[1] の複数形.

lep·tin /lέptən/〘生化〙レプチン《脂肪組織で合成され, 食欲を抑制し, エネルギー消費を増加させるペプチドホルモン》.

Lep·tis Mag·na /lέptəs mǽgnə/ レプティス・マグナ《ローマ時代に現在のリビアの Homs の郊外にあった港湾都市》.

lèpto·céphalous, -cephálic *a*〘魚〙レプトセファルスの; 頭の異常に細い, 狭い頭蓋の.

lèpto·céph·a·lus /-séfələs/ *n* (*pl* **-li** /-lài, -lì:/)〘魚〙レプトセファルス, 葉形(ようけい)幼生《ウナギなどの幼形; 扁平透明で頭部が細い》.

lèpto·dác·tyl /-dǽkt(ə)l/ *a, n* 趾の細長い(鳥).

lèpto·dáctylous *a* 趾の細長い〈鳥〉.

lèpto·kúr·tic /-kə́:rtɪk/ *a*〘統〙急尖的な《正規分布に比べて平均値付近により集中している度数分布をいう; cf. MESOKURTIC, PLATYKURTIC》. [Gk *kurtos* curved]

lep·ton[1] /lεptán/ *n* (*pl* **-ta** /-tá:/) レプトン《(1) 古代ギリシアの小銭 2) 現代ギリシアの通貨単位: =1/100 drachma》. [Gk (neut)＜*leptos* small, thin]

lep·ton[2] /lέptàn/ *n*〘理〙軽粒子, レプトン《電子・ニュートリノなど》. ◆ **lep·tón·ic** *a* [*lept-*, *-on*]

lépton nùmber〘理〙軽粒子数, レプトン数《存在する軽粒子の数から反軽粒子の数を減じて得た数》.

lèpto·phýllous *a*〘植〙細長い葉のある, 狭葉の.

lep·tor·rhine /lέptəràɪn, -rən/ *a*〘人〙狭鼻の.

lépto·sòme *a*〘心〙やせ型の; ECTOMORPHIC. ► *n* やせ型の人.

lep·to·spire /lέptəspàɪər/ *n*〘菌〙レプトスピラ菌《好気性のスピロヘータ菌》. ◆ **lep·to·spi·ral** /lèptəspáɪərəl/ *a*

lep·to·spi·ro·sis /lèptəspaɪəróusəs/ *n* (*pl* **-ses** /-sì:z/)〘医・獣医〙レプトスピラ症.

lep·to·spo·ran·gi·ate /lèptouspərǽnʤiət, -ʤièɪt/ *a*〘植〙〈シダ植物が〉薄嚢胞子嚢をもつ, 薄嚢性の.

lep·to·tene /lέptətì:n/ *n, a*〘生〙細糸期(の), レプトテン期(の)《減数分裂の第一分裂前期における最初期》.

Le·pus /lí:pəs, lέpəs/〘天〙うさぎ座(兎座) (Hare). [L]

Le Puy-en-Ve·ley /*F* lə pɥɑ̃vəlɛ/ ル・ピュイ・アン・ヴレー《フランス中南部 Haute-Loire 県の県都》.

le·quear /ləkwíər/ *n*〘建〙格(ごう)天井 (lacunar).

Lérida ⇨ LLEIDA.

Ler·mon·tov /lέərməntɔ̀(:)f, -v/ レールモントフ **Mikhail (Yuryevich)** ～ (1814–41)《ロシアの詩人・作家; 小説『現代の英雄』(1840)》.

Ler·ner /lə́:rnər/ ラーナー **Alan J(ay)** ～ (1918–86)《米国の劇作家・脚本家; 作曲家 Frederick Loewe と共同でミュージカル *Brigadoon* (1947), *Paint Your Wagon* (1951), *My Fair Lady* (1956), *Camelot* (1960) などをヒットさせた》.

le roi est mort, vive le roi /*F* lə rwa ɛ mɔ:r vi:v lə rwa/ 国王はお亡くなりになった, 新国王万歳《フランスで新国王即位を告げる布告官のことば》.

le roi le veut /*F* lə rwa lə vø/ 王がそれをお望みだ《フランス王が裁可を下す時の形式文句》. ◆ **la reine le veut** /*F* la rɛn-/ *fem* [F＝the King wills it]

le roi s'avi·se·ra /*F* lə rwa savizəra/ 王はそれを考慮なさるだろう《フランス王が議案の裁可を拒むときの形式文句》. ◆ **la reine s'av·ise·ra** /*F* la rɛn-/ *fem* [F＝the King will consider]

le·rot /leɪróu/ *n*〘動〙メガネヤマネ《南欧・アフリカ北部産》.

Le·roy /lərɔ́ɪ, lí:rɔɪ/ ルロイ《男子名》. [OF＝the king]

Ler·wick /lə́:rwɪk, *lέr-/ ラーウィック《スコットランド北部, Shetland 諸島の Mainland 島にある町で行政の中心地》.

les /lέz/ *n, a* [°L-]《俗》レズ(の) (lesbian).

Le·sage, Le Sage /ləsá:ʒ/ ルサージュ **Alain-René** ～ (1668–1747)《フランスの小説家・劇作家; ピカレスク小説 *L'Histoire de Gil Blas de Santillane* (1715–35)》.

Les·bi·an /lέzbiən/ *a* **1** LESBOS 島の. **2** [°l-] 女性間の同性愛の, レスビアンの;《まれ》煽情的な: *l*～ love 女性間の同性愛. ► *n* Lesbos 島民[人];《古代ギリシア語の》レスボス方言; [°l-] 女性の同性愛者, レスビアン. ◆ **～·ìsm** *n* 女性の同性愛 (sapphism). [L＜Gk; ⇨ LESBOS]

les·bine /lέzbàɪn/ *n**《俗》LESBO.

les·bo /lέzbou/ *n* (*pl* **～s**)《俗》[*derog*] 女性同性愛者, レズ (lesbian).

Les·bos /lέzbàs, -bəs/ レスボス (ModGk **Lés·vos** /lέzvɔ̀:s/)《エーゲ海北東部のギリシアの島; 前 6 世紀の詩人 Sappho の生地; 別称 Mytilene》.

Les Cayes ⇨ CAYES.

Le·sche·tiz·ky /lὲʃətítski/ レシェティツキ **Theodor** ～ (1830–1915)《ポーランドのピアニスト当時 Liszt と共に最も影響力のあったピアノ教師で, 教え子に Paderewski, Schnabel など》.

Lésch-Ný·han sỳndrome /lέʃnáɪ(h)ən-/〘医〙レッシュ-ナイハン症候群《精神薄弱・舞踏病的運動などを特徴とする男児の遺伝性疾患》. [M. *Lesch* (1939–2008), W. L. *Nyhan* (1926–) 共に米国の小児科医]

lése [léze] májesty /lí:z-/, **lèse-ma·jes·té** /léɪz mǽʤəsti; lέz-, lí:z-; *F* lɛz maʒɛste/〘法〙不敬罪, 大逆罪 (high treason); 冒瀆, 侮辱. [F＜L＝injured sovereignty]

Les Ey·zies /*F* lezɛzi/ レゼジー《フランス南西部 Dordogne 県, Périgueux の南東にある村; Cro-Magnon, Font-de-Gaume, Combarelles など先史時代の遺跡が多い》.

le·sion /lí:ʒ(ə)n/ *n*〘医〙《組織・機能の》障害; 病変; 外傷, 損傷 (injury); 精神的傷害;《一般に》損害. ► *vt* …に障害を起こさせる. ◆ **～ed** *a* [OF＜L (*laes-* *laedo* to injure)]

Les·ley /lέsli; lέz-/ レスリー, レズリー《男子名; 女子名》. [(fem); LESLIE]

Les·lie /lέsli; lέz-/ レスリー, レズリー《男子名; 女子名》. [Sc＝garden of hollies]

Le·so·tho /ləsóutou, -sú:tu/ レソト《南アフリカ共和国に囲まれた内陸国; 公式名 Kingdom of ～ (レソト王国); ☆Maseru; 旧称 Basutoland》.

les·pe·de·za /lὲspədí:zə/ *n*〘植〙ハギ属 (*L-*) の各種低木《マメ科》.

less /lέs/ *a* [LITTLE の比較級] **1** [量] …より少ない, いっそう少ない, …を下回る, 未満の (opp. *more*); [大きさ] …より小さい, いっそう小さい (opp. *greater*): Eat ～ meat and more vegetables. 肉の量を減らし野菜の量を増やしなさい / *L*～ noise, please! もう少し静かにしてください / May your shadow never grow [be] ～! ますますご繁盛を祈る; どうぞおやせにならないように. ★ 数の場合 fewer を用いる《*less* people より *fewer* people が普通》. **2** 劣っている, さほど重要でない; 身分の低い. ★ 成句 no ～…than… の構文以外では《古》.

► *n* より[もっと]少数[少量, 少額]: Some had more, others ～. もっとたくさんもっている人もいれば, もっと少ない人もいた / *L*～ than 20 of them remain. その中で残っているものは 20 人もいない[個もない] / 20 or ～ 20 以下 / He won't take ～. まからないと言う.

► *adv* [LITTLE の比較級] **1** [形容詞・副詞を修飾して] …より少なく, もっと少なく, …ほどでなく: Try to be ～ exact. そんなにきびしくしないようにしなさい《口語では Try not to be so exact. というほうが普通》. **2** [動詞を修飾して] 少なく: He was ～ scared *than* surprised. おびえたというよりはむしろ驚いた (＝not so much scared as surprised).

● **in ～ than no** TIME. **～ and ～** だんだん少なく. **～ of**… (さほど[よりも])…でなく[ない]: He was ～ *of* a fool than I had expected. 彼はわたしが思っていたほど愚かではなかった. **L～ of**…はほどほどにしろ: *L*～ *of* your nonsense! ばかを言うのもいいかげんにしろ. **～ than** [〈*adv*〉] 決して…でない (not at all) (opp. *more than*): She is ～ *than* pleased. ちっとも喜んではない / ～ *than* honest 正直とは言えない. **little ～ than** ほとんど同じだけの[同様の, 同然で]. MORE **or ～**. **much [still, even] ～** [否定的語句のあと] いわんや[なおさら]…でない: I do *not* suspect him of equivocation, *still* ～ of lying. 彼がことばじりを濁しているとは思われない, ましてうそをつくなどとは. **no ～** (1) (…)より少なくない(こと), 同じような(こと), それぐらいの(こと): We expected *no* ～. それぐらいは覚悟していた. (2) [付加的に用いて] 実に, 確かに: He earned $1.25 million, *no* ～. 実に 125 万ドルを稼いだ / The Queen, *no* ～, has her own Twitter page. なんと女王ご自身にツイッターページがある. (3) ⇨ none the LESS. **no ～ than**…に劣らず (even), …と同様に: He gave me *no* ～ *than* (＝as much as) $500. 500 ドルもくれた《cf. no more than (＝only) $10 10 ドルしかない》. **no ～…than…** (1) …に劣らず…, …と同様に…: She is *no* ～ beautiful *than* her sister. 姉に劣らず美しい. (2) …にほかならない: He was *no* ～ a person *than* the king. 彼はだれあろう王その人であった. **none the ～＝not the ～＝no ～** それでもなお, やはり. **not…any (the) ～**《だからといって》少しも…ない: I do*n't* think *any* ～ of him for [because of] his faults. 欠点があるからといって少しも彼のことを軽んじたりはしない. **nothing ～ than…** (1) ちょうど…だけ, 少なくとも…以上: We expected *nothing* ～ *than* (＝the same thing as) an attack. 少なくとも攻撃ぐらいのことは予期していた. (2) …にほかならない, …ほどの: It is *nothing* [*little*] ～ *than* fraud. 詐欺も同然だ. (3)《まれ》全然…しない: We expected *nothing* ～ *than* (＝anything rather than) an attack. 攻撃ほど予期しないものはなかった, よもや攻撃があるとは思わなかった. **not ～ than**…以上; …にまさるとも劣らない (as…as). **think ～ of** …をより低く見る.

► *prep* …を減じた (minus); …を除いて (excluding): a year ～ three days 1 年に 3 日足りない日数.

[OE *lǣssa* (a), *lǣs* (adv, n)＜Gmc (compar)＜**laisa*]

-less /ləs/ *suf* (1) [名詞に自由に付けて形容詞をつくる] …のない, …を欠く, …を免れた: cloud*less* 雲のない / stain*less*. (2) [動詞に付けて形容詞をつくる] …しえない, …しがたい: count*less* 数えきれない. (3) [まれに副詞をつくる] …なく: doubt*less*. ◆ **～·ly** *adv suf* **～·ness** *n suf* [OE *-lēas* (*lēas* devoid of)]

less developed country ⇨ LDC.

les·see /lεsí:/ *n*〘法〙《土地・家屋の》賃借人, 借主, 借地人, 借家人 (opp. *lessor*).

léss·en *vt* 少なくする, 小さくする, 減らす (diminish); 降格する, …

の威厳を落とす; «古» 軽んずる, けなす. ► *vi* 少なくなる, 小さくなる, 減る.

Les·seps /lésəps, leɪséps; *F* lesɛps/ レセップス **Ferdinand (Marie) de** ～, Vicomte de ～ (1805–94)《フランスの外交官; Suez 運河を建設した (1859–69)》.

less·er /lésər/ *a* [LITTLE の二重比較級で名詞の前に置く] 小さい[少ない]ほうの; より劣る, つまらない: Choose the ～ of two evils. 二つの災いのうち軽いほうを選べ. ► *adv* [ᵁ*compd*] より少なく: ～ known あまり有名でない.

Lésser Antílles *pl* [the] 小アンティル諸島 (=*Caribbees*)《西インド諸島の Greater Antilles 諸島の東端からベネズエラ北岸沖にかけて連なる Virgin, Leeward, Windward の各諸島とバルバドスおよびトリニダード-トバゴの各島そのほかの島々からなる》.

lésser ápe 〘動〙小型類人猿《テナガザル科 (Hylobatidae) の類人猿; テナガザル (gibbon) と フクロテナガザル (siamang)》.

Lésser Arménia レッサーアルメニア《トルコ南部 Taurus 山脈と地中海の間の地域; 古代 Cilicia があった》.

Lésser Bairám 〘イスラム〙小バイラム ('ĪD AL-FIṬR).

Lésser Béar [the] 〘天〙こぐま座(小熊座) (Ursa Minor).

lésser bláck-bàcked gúll 〘鳥〙ニシセグロカモメ《欧州主産》.

lésser célandine 〘植〙ヒメリュウキンカ《キンポウゲ属の草本; ユーラシア原産, 北米に帰化》.

lésser cívet 〘動〙ジャコウネコ (rasse).

lésser córnstalk bòrer 〘昆〙モロコシマダラメイガ《幼虫がトウモロコシの茎を害するマダラメイガ》.

Lésser Dóg [the] 〘天〙こいぬ座(小犬座) (Canis Minor).

Lésser Khingán Ránge [the] 小興安嶺(しょうこうあんれい)(シャオシンアンリン)《中国黒竜江省北部の山脈》.

lésser kúdu 〘動〙レッサークーズー (⇨ KUDU).

lésser líght より輝かしくない人, さほど偉くない者《cf. *Gen* 1:16》.

lésser oméntum 〘解〙小網《胃の小彎と十二指腸の起始部をつないでいる腹膜のひだ; cf. GREATER OMENTUM》.

lésser pánda 〘動〙ショウパンダ, レッサーパンダ (=*bearcat, cat bear, red panda*)《ヒマラヤ・中国・ミャンマー産; アライグマ科》.

lésser péach trèe bòrer 〘昆〙スカシバガ科の一種《幼虫がモモの木を害する》.

Lésser Sanhédrin 〘ユダヤ史〙小サンヘドリン (⇨ SANHEDRIN).

lésser scáup (dùck) 〘鳥〙コスズガモ《北米産の潜水ガモ》.

Lésser Súnda Íslands *pl* [the] 小スンダ列島 (⇨ SUNDA ISLANDS).

lésser yéllowlegs (*pl* ～) 〘鳥〙コキアシシギ《北米産; cf. GREATER YELLOWLEGS》.

Les·sing /lésɪŋ/ レッシング (1) **Doris (May)** ～ (1919–　)《ローデシア出身の英国の作家; 5 部からなる連作 *Children of Violence* (1952–69), *The Golden Notebook* (1962) など; ノーベル文学賞 (2007)》 (2) **Gotthold Ephraim** ～ (1729–81)《ドイツの劇作家・批評家; ドイツ啓蒙思想の代表的存在; 詩劇 *Nathan der Weise* (1779), 芸術論 *Laokoon* (1766) など》.

les·son /lés(ə)n/ *n* **1 a** 学課, 課業; 授業, 稽古; 授業時間; [*pl*] 《一連の系統だった》教授, 課程: give ～*s in* music 音楽を教える / hear sb his ～ 人の学課の復習を聞いて[手伝って]やる / take [have] ～*s in* Latin ラテン語を習う. **b** 《一回に》教える[習う]こと[量], 《教科書中の》課; 〘教会〙日課《朝夕の祈りのとき読む聖書中の一部分》: *L*～ 2 第 2 課 / first ～ 第一日課《旧約聖書中の一部》/ second ～ 第二日課《新約聖書中の一部》. **2** 教訓; 見せしめ; 訓戒, 叱責: Let this be a ～ to you. 今度のことを教訓としなさい. ● **learn one's ～=learn a** (painful [sharp, etc.]) ～ 経験で教えられる. **teach [give]** sb **a ～** 人を懲らしめる, ひとつ教えて[思い知らせて]やる, 焼きを入れる. ► *vt* …に訓戒する, 譴責する; 〈人〉に教える[授業する]. [OF *leçon*<L (*lect- lego* to read)]

les·sor /lésɔ̀ːr, -ˊ-/ *n* 〘法〙《土地・家屋の》賃貸人, 貸主, 地主, 家主 (opp. *lessee*). [AF; ⇨ LEASE]

lèss-than-cár·lòad *a* 〈貨物の重量が〉CARLOAD に満たないため CARLOAD RATE を適用できない《略 LCL》.

lest /lest, lèst, lést/ *conj* «文» **1** …しないように, …するといけないから (for fear that…): Hide it ～ he see [should seeᴵᴵ] it. 彼に見られるといけないから隠せ. **2** [fear, be afraid などに続くとき] …しはすまいかと (that…): I *was afraid* ～ I was [(*should*ᴵᴵ) be] too late. おそすぎはしないかと心配した. [ME *lest(e)*<*the læste*<OE *þȳ lǣs the* whereby less that]

Les·ter /léstər/ レスター《男子名》. [⇨ LEICESTER]

Le·strade /lɛstréɪd, -strɑ́ːd/ レストレード警部《いつも SHERLOCK HOLMES にしてやられるロンドン警視庁の inspector》.

L'Es·trange /ləstréɪnʤ/ レストレーンジ Sir **Roger** ～ (1616–1704)《イングランドのジャーナリスト・パンフレット作者; 熱烈な王党派; 印刷業検察官および出版物検閲官として力をふるった》.

le style, c'est l'homme /*F* lə stil sɛ lɔm/ 文は人なり. [F =the style, it is the man]

Lésvos ⇨ LESBOS.

let¹ /lét/ *v* (～; **lét·ting**) *vt* **1 a** …させる (allow to): He won't ～ anyone enter the house. だれひとりその家に入れようとしない / Please ～ me know when the class will begin. 授業がいつ始まるかをお知らせください. **b** [命令法に用いて勧誘・命令・許可・仮定などを表わす]: *L*～ us [*L*～'s] go at once, shall we? すぐ行きましょうよ / *L*～'s not start yet! =Don't ～'s start yet! =**L*～'s don't start yet! まだ出発しないでいよう《★ 勧誘の意では口語ではよく Let's となる. 発音は強勢がなく /lets/ が普通》/ *L*～ me hear you sing. 歌って聞かせてください / *L*～ her come at once. 彼女をすぐよこしてください / *L*～ him do what he will. 彼のしたいことをさせなさい / *L*～ the two lines be parallel. 2 本の線が平行であると仮定せよ. **2** [副詞(句)を伴って] 行かせる, 来させる, 通す, 動かす; 〈ある状態に〉させる, しておく: *L*～ the blinds *down!* ブラインドを下ろしてくれ / He ～ me *into* his study. わたしを書斎に通した / Don't ～ that dog loose. その犬を放すな / *L*～ my things alone. わたしの物はほっておいてくれ. **3**ᴵᴵ 貸す, 賃貸する (rent): This house is to ～ [to be ～]. この家は貸家です / House [Room] to ～. «掲示» 貸家[貸間]あり. **4** 〈仕事を〉請け負わせる, 出す: ～ a contract 請け負わせる / ～ some work *to* a carpenter 大工に仕事を請け負わせる. **5** 〈液体・気体を〉出させる, 漏らす: ～ a sigh 嘆声を漏らす / ～ (sb) blood (人の)血を採る, 放血する / He was ～ blood. 彼は血を採られた. ► *vi* 貸される, 借手がある (be rented); 落札する: The room ～*s well*. あの部屋は高く貸せる[借り手に困らない] / The house ～*s for* 200 dollars a month. この家の家賃は月 200 ドルだ.

● ～ ALONE. **～ sb at…** 人に…を攻撃させる. **～…be** …をかまわないで[ほうって]おく: *L*～ me [it] *be*. ぼくを[それは]かまわないでください. **～…by** …を通す, 見のがす. **～ down** (1) 低くする, 降ろす (⇨ 2); 《着陸のため》高度を下げる; 《裾を縫いなおして》〈衣服〉の丈を延ばす. (2) 気をゆるめる, 力を抜く; ᴵᴵ〈タイヤなど〉の空気を抜く; 〈結い上げた髪を〉解く. (3) 〈人〉の期待を裏切る, 失望させる; 見捨てる, 裏切る; 〈…の威信などを〉はずかしめる; …の評価[効率]を下げる: ～ sb *down* easily [easy, gently] (屈辱を感じさせないよう)穏やかに伝える[さとす]. **～ sb get by** 人を通す; 人の〈悪事などを〉罰することなく見のがす 〈*with* sth〉. **～ go** 解放[放免]する, 許す; 〈つかんだ物・持った物を〉放す; 手放す; 処分する, 売り渡す; 〈銃〉を発射する; 思い切りやる 〈*with*〉; 〈毒舌を〉放つ 〈*with*〉; 〈叫び声を〉あげる 〈*with*〉; 《圧力で》こわれる; 大目に見る, 見のがす; 〈身なりなどを〉かまわない; LET oneself go; 念頭から消す, 忘れる; 解雇する; 射る, 放つ: *L*～ us *go*. 行かせて[放して]くれ / ～ *go (of)*…を手放す. **～ in** 入れる (admit), 〈空気・光などを〉通す; はめ込む; 〈人〉に悩み[気持]を打ち明ける; だます; «口» 〈損失・困難などに〉陥れる, 巻き込む 〈*for*〉: I ～ my*self in for* the unpaid work. 無報酬の仕事をやるはめになった. **～ sb in on…** 〈秘密など〉を人に漏らす[教える]; 〈企てなど〉に人も参加させる. **～ into…** (*vt*) …へ入れる, 通す, …にはめ込む, 挿入する; 〈人〉に〈秘密など〉を知らせる. (*vi*) «俗» …を攻撃する, なぐる, ののしる. **～ it go (at that)** (それについては)もう何も言わない[考えない]ことにする. ～ LOOSE. **L～ me [us] see.** えーと, そうねえ. **～ off (…)** (1) 〈人を〉〈刑罰・仕事など〉から免除する: ～ sb *off* the HOOK / ～ sb *off* (do*ing*) his homework 宿題を免除してやる. (2) 〈乗物〉から降ろす. (3) 〈銃などを〉撃つ, 放つ, 〈爆薬などを〉爆発させる; 〈冗談などを〉言い放つ. (4) 放免する, 〈軽い罰で〉許す 〈*with*〉; 《一時》解雇する: He was ～ *off* lightly [*with* a fine]. 軽い罰[罰金]だけで釈放された[許された]. (5) 乗物から降ろす. (6) 〈液体・蒸気などを〉放出する, 逃がす, 漏らす; «卑» 屁をひる, おならをする: ～ *off* STEAM. (7)ᴵᴵ〈家などを〉分割して[部分的に]貸す (let). **～ on** «口» (1) 口外する, 漏らす 〈(*to* sb) *about*; *that*〉. (2) 認める (admit). (3) 装う, ふりをする 〈*that*〉. **～ out** (*vt*) 流出させる, こぼす; 〈声を〉漏らす, あげる 〈(*with*) a scream〉; 〈秘密を〉漏らす, 口外する; 外へ出ることを許す 〈*of*〉; 解放[放免, 免除]する; 〈空気などを〉逃がす, 抜く 〈*of*〉; «口» 〈馬などを〉《手綱をゆるめて》行かせる; 〈衣服を〉広げる, ゆるめる, 伸ばす (cf. TAKE *in*), 〈釣糸などを〉繰り出す; 〈毛皮を〉帯状に切る; ᴵᴵ〈部屋・馬などを〉貸し出す, 賃貸しする 〈*to* sb〉; 下請け[外注]に出す; *«口» 解雇する, 首にする; *〈学校などを〉休暇にする. (*vi*) 激しく打ってかかる, ひどくののしる 〈*at* sb〉; *休暇になる, 解散する, 終わる. **～…past**=LET…by. **～ oneself go** 《抑制を解いて》自然[自由, 勝手]にふるまう, 熱中[熱狂]する; はめをはずす; 身なりをかまわない, 不摂生な生活をする. **～ through(…)** 〈人・物を〉(…を)通す, 通過させる; 見のがす, 見過ごす. **～ up** ゆるむ, 弱まる, 和らぐ; 力[気]を抜く, やめる; 〈雨・あらしなどが〉やむ, 静まる; ゆるめる (ease up) 〈*on*〉; 〘野〙チェンジアップを投げる 〈*on*〉. **～ up on…** に対してもっと寛大にする, 大目に見る, 手加減する. **～ well enough** ALONE.

► *n*ᴵᴵ 貸すこと, 貸付け, 賃貸 (lease): get a ～ for the rooms 部屋の借り手が見つかる.

[OE *lǣtan*; cf. LATE, G *lassen*]

let² *vt* (～, **lét·ted; lét·ting**) «古» 妨害する: ～ and hinder 妨害する. ► *n* 〘テニスなど〙レット《ネットインサーブ; 再プレーとなる》; «古» 妨害, 障害. ● **play a ～** 《レットの場合》再プレーする. **without ～ or hindrance** 〘法〙なんらの障害もなく. [OE *lettan* (*læt* LATE); cf. Icel *letja* to hinder]

-let /lət/ *n suf* 「小さいもの」「身に着けるもの」: ring*let*, stream*let*; wrist*let*. [OF *-elet*]

Le·ta /líːtə/ リータ《女子名; Latona の愛称》.

l'état, c'est moi /*F* leta sɛ mwa/ 国家とはわれなり, われは国家なり《Louis 14 世のことば; 神権的絶対君主の権力を示すことば》.

letch /létʃ/ *n, vi* 《口》 LECH.
Letch·worth /létʃwə:rθ/ レッチワース《イングランド南東部 London の北, Hertfordshire にある英国最初の田園都市 (garden city)》.
lét·dòwn *n* 《力の》ゆるみ, たるみ, 虚脱, スランプ; 減少, 低下; 《着陸のための》降下; 失望, 幻滅; 乳汁下降[流下]《哺乳動物で, 搾乳刺激や吸乳によって乳腺の内部圧が上昇し, 乳汁が乳腺から押し出されること》.
le·thal /lí:θ(ə)l/ *a* 死の; 致死の, 致命的な (fatal); [ˢ*joc*] 《口》 危険きわまる; 〈攻撃などが〉破壊的な; 威力のある, 強力な; 強い〈酒など〉: ~ ash 死の灰 / a ~ combination 危険な組合わせ / LETHAL DOSE / a ~ injection 致死注射《安楽死・死刑用》/ a ~ place 危険な[あぶない]場所 / ~ weapons 凶器. ► *n* 致死遺伝子症; LETHAL GENE. ♦ **~·ly** *adv* **le·thal·i·ty** /liθǽləti/ *n* 致死性, 致死[致命, 死亡]率. [L (*letum* death)]
léthal chàmber 《処刑用の》ガス室; 《動物用の》(無痛)ガス屠殺室.
léthal dóse 致死(薬)量 〈*of*〉 (⇨ LD).
léthal fàctor 〔発生〕 致死因子 (lethal gene).
léthal géne 〔発生〕 致死遺伝子.
léthal mútant 〔発生〕 致死突然変異体.
léthal mutátion 〔発生〕 致死突然変異.
léthal yéllowing 〔植〕 枯死性黄化病《初めジャマイカで発見されたウィルス様微生物によるシュロの伝染病》.
le·thar·gic /ləθá:rdʒɪk, lɛ-/ *a* 嗜眠性[症]の; 嗜眠(状態)の; 無気力の, 不活発な, のろい; 反応が鈍い: a ~ stupor 嗜眠性昏迷. ♦ **le·thár·gi·cal** *a* **-gi·cal·ly** *adv*
lethárgic encephalítis 〔医〕 ENCEPHALITIS LETHARGICA.
leth·ar·gize /léθərdʒàɪz/ *vt* 嗜眠状態[無気力]にする, 眠けを誘う.
leth·ar·gy /léθərdʒi/ *n* 〔医〕 嗜眠; 無気力, 倦怠, 脱力感. [OF, <Gk *lēthargia* drowsiness]
Leth·bridge /léθbrɪdʒ/ レスブリッジ《カナダ Alberta 州南部の市》.
Le·the /lí:θi/ **1** 〔ギ神・ロ神〕 レーテー《Hades にある, その水を飲むと生前の一切を忘れるという忘却の川》. **2** [l-] 忘却.
Le·the·an /lɪθí:ən, lí:θiən/ *a* レーテー (Lethe) の; [ᵒl-] 過去を忘却させる.
le·thif·er·ous /lɪθíf(ə)rəs/ *a* 《古》 LETHAL.
Le·ti·cia /lətí:siə/ レティシア《コロンビア南東部 Amazon 川沿いの町》.
lét-ìn nóte 〔印〕 割注《本文中に小字で挿入する注釈》.
Le·ti·tia /lɪtíʃ(i)ə/ レティシア《女子名; 愛称 Lettice, Letty》. [L =gladness]
Le·to /lí:toʊ/ 〔ギ神〕 レートー《Titan 神族の女; Zeus との間に Apollo と Artemis を生んだ; ローマ名 Latona》.
lét-òff *n* いやなこと[当然うけるべき罰]を免れること, 放免; 〔クリケット〕 うまく捕球されずに済むこと; 《口》 あふれ出る元気.
l'étoile du nord /*F* letwal dy nɔ:r/ 北の星《Minnesota 州の標語》.
lét-òut *n* ᴵᴵ《困難・義務などからの》抜け穴, 逃げ道, 出口; *《俗》 解雇.
Let·ra·set /létrəsèt/ 〔商標〕 レトラセット《英国製の, 文字などの圧着転写デザイン素材》. [*letterer*+*set*]
let's /lèts, lès/ let us の短縮形《勧誘の意のとき》.
Lett /lét/ *n* **a** レット人《主にラトヴィアに居住する》. **b** レット語 (Latvian). [G *Lette*<Lettish *Latvi*]
lét·ta·ble *a* 貸すことのできる, 貸すに適した.
let·ter[1] /létər/ *n* **1 a** 手紙, 書簡, 書状; 近況報告, …通信: by ~ 手紙で, 書面で / a ~ of business 〔英〕《国王の発する》僧官会議召集状. **b** [ᵘ*pl*] 証書, 免状, …証[状]: ~*s* of orders 〔教会〕 聖職就任証. **2 a** 字, 文字; 字体; 〔印〕 活字 (type); [*pl*] 《略語で示される個人の》称号, 肩書: the 26 ~*s* of the English alphabet 英語アルファベットの 26 文字. **b** *学校名のイニシャル《布製の大きなイニシャルで, 特に運動チームの優秀選手に与えられ, ジャケットなどに縫いつける》: earn one's ~ in tennis. **c** [the] 《内容・精神に対して》文字どおりの意味(解釈), 字義, 字句: *the* ~ of the law 法の文面 / Keep to [follow] *the* ~ of the law [an agreement] 《真意・精神を無視して》法文[契約]の条件を字義どおりに履行する / in ~ and in spirit 形式精神ともに. **3** [~s, 〈*sg/pl*〉] 読み書き; 教養, 学問; 文学, 文筆業: be slow at one's ~*s* (学問の)おぼえが悪い / teach a child his ~*s* 子供に読み書きを教える / art and ~*s* 文芸 / MAN [WOMAN] OF LETTERS / a doctor of ~*s* 文学博士 / the profession of ~*s* 著述業 / the republic [commonwealth, world] of ~*s* 文学界, 文壇. **4** 《俗》 FRENCH LETTER. ● **not know one's ~s** 文盲である: He *scarcely knows his ~s*. ほとんど読み書きもできない. **to the ~** 文字どおりに, 厳密に: carry out [follow] instructions *to the* ~ 指図を厳守[忠実に実行]する. ► *vt* 文字で書く; …に文字を印する[入れる]; …に標題を入れる; 印刷する; 文字で分類する. ► *vi* 文字を入れる; *《口》《優秀選手として》学校名のイニシャルをもらう. [OF <L *littera* アルファベットの文字]
letter[2] *n* 《不動産の》貸主, 賃貸人. [*let*[1]]
létter bàlance 手紙秤(ばかり).
létter bòard 〔印〕 置き[取り]ゲラ, 箱ゲラ《組版を保存するための》.
létter bòmb 手紙爆弾.
létter bòok 信書控え帳.
létter-bòund *a* 《法律などの》字句にとらわれた.
létter bòx **1** ᴵᴵ《個人の》郵便受 (mailbox*); 郵便ポスト; 《差出し手紙を入れておく》手文庫. **2** [letterbox] 《ビデオ録画の》レターボックスフォーマット《劇場用ワイドスクリーンと同じ縦横比》. ► *vt* [letterbox] レターボックスフォーマット[サイズ]で録画する.
lét·ter·bòxed *a* 〈映像が〉レターボックスサイズの.
létter·càrd *n* 郵便書簡, 封緘(ふうかん)はがき《書信を内側に書き二つ折りにして封をする》.
létter càrrier* 郵便配達員[集配員] (postmanᴵᴵ, mail carrier*).
létter càse 《携帯用の》書簡入れ.
létter còntract 〔法〕 文書契約《契約当事者が履行するのに十分な規定を備えた文書による契約》.
létter dròp 郵便差入れ口.
lét·tered *a* 文字入りの; 読み書きのできる; 学問[教養, 文学の素養]のある.
léttered díal 文字入りダイアル《欧米の電話にみられる》.
létter·er *n* 文字を印する[入れる]人.
létter fìle 書状ばさみ, レターファイル.
létter·fòrm *n* 《デザイン上・アルファベット発達史上からみた》文字の形, 字形; 便箋.
létter·gràm *n* 書信電報《低料金だが普通電報よりあとまわしになる(特に 昔の)電報; day letter と night letter がある》. [*letter*+tele*gram*]
létter·hèad *n* レターヘッド《**1**) 書簡紙上部に印刷した社名[団体名]・所在地・電話番号・電信略号など **2**) それを刷り込んだ書簡紙; cf. NOTEHEAD(ING)》.
létter·hèad·ing *n* LETTERHEAD.
létter-hígh *a, adv* 〔印〕 TYPE-HIGH.
létter·ing *n* 文字を書く[刻む]こと, レタリング; 書いた[刻した]文字, 銘 〈*on*〉; 文字の配置[体裁]; 手紙書き.
léttering pèn レタリング用ペン先.
létter·less *a* 無教育の, 文字の読めない; 文字の書いてない; 手紙の来ない.
létter lòck 文字合わせ錠.
létter·mànᴵᴵ / , -mən/ *n* 大学[学校]対抗試合で優秀選手として母校の略字マーク (letter) 着用権を得た者.
létter míssive (*pl* **létters míssive**) 《上位者から発せられる》命令[勧告, 許可]書; 《国王から教会に発する》監督候補者指名書.
létter of advíce 《積荷・出荷日や為替手形振出しなどの》通知状, 通知書.
létter of agréement 〔経〕 契約書, 合意書, 協定書, 約定書.
létter of attórney (代理)委任状 (power of attorney).
létter of cómfort COMFORT LETTER.
létter [létters] of crédence [the] 《大使・公使など政府代表の外交使節に与える》信任状 (cf. RECREDENTIAL).
létter of crédit 〔商〕 《特に 銀行が発行する》信用状《略 LC, L/C》.
létter of intént 〔法〕 契約意図表明状, 《売買などの》同意書, 仮取決め.
létter of introdúction 紹介状.
létter of lícense 〔法〕 支払い期日延期契約書, 債務履行猶予契約書.
létter of marque ⇨ LETTERS OF MARQUE.
létter òpener 開封刀, 開封機, レターオープナー, ペーパーナイフ.
létter pàd はぎ取り式便箋.
létter pàper 便箋.
létter-pérfect *a* 自分のせりふ[学科]をよく憶えている; 〈文書・校正など〉完全な; 文字どおりの, 逐語的な (verbatim).
létter pòstᴵᴵ 第一種郵便 (first-class matter*).
létter·prèss *n* 〔印〕 活版[凸版]印刷(法) (=*relief* [*surface*] *printing*); 活版[凸版]印刷機; 活版印刷した字句; COPYING PRESS; ᴵᴵ《さしえに対し》文字印刷面, 本文.
létter pùnch 文字打印器, レターパンチ.
létter-quàlity *a* 〈プリンター(の印字)が〉書簡品質[高品質]の, きれいで読みやすい.
létter scàle LETTER BALANCE.
létters clóse *pl* 〔法〕 封緘(ふうかん)勅許状 (opp. *letters patent*).
létters credéntial *pl* LETTER OF CREDENCE.
létter·sèt *n* 〔印〕 レターセット印刷(法), ドライオフセット (DRY OFFSET). [*letter*press+off*set*]
létter shèet 郵便書簡用箋《折って封をする封筒兼用便箋》.
létter-size *a* 〈紙が〉便箋[レター]サイズの《$8^1/_2$×11 インチ, 22×28 cm》; 〈事務用品が〉レターサイズ紙用の.
létters of administrátion 〔法〕 遺産管理状《遺言者が遺言執行人を指定していなかった場合に, 裁判所がある個人を遺産管理人として任命して, 遺産の管理処分の資格・権限を付与する文書》.
létters [létter] of márque (and reprísal) 他国[敵国]船拿捕(だほ)免許状, 捕獲免許状《国家が市民一個人に与えた免許状で他国の商艦の拿捕・押収を認めた》.

létter·spàce *vt* 〖印〗《欧文組版で》〈語〉の字間にスペースを用いる《字間調整》. ♦ **-spàc·ing** *n*
létters pátent *pl* 〖法〗開封勅許[特許]状 (opp. *letters close*).
létters rógatory *pl* 〖法〗嘱託書《他裁判所に対する証人調査依頼状, 外国裁判所に対する証拠調査依頼状》.
létters testaméntary *pl* 〖法〗遺言執行状.
létter stòck 〖米証券〗投資目的確認書付き株式, 私募[非登録]株式, レターストック《証券取引委員会 (SEC) に登録届け出をしないで私募発行された株式》.
létter télegram 書信電報《略 LT》.
létter·wèight *n* PAPERWEIGHT; LETTER BALANCE.
létter wrìter 手紙を書く人,《特に》手紙代筆屋; 手紙文例集, 書簡文範.
Let·tic /létɪk/ *a*, *n* LETTISH; レット語派(の).
Let·tice /létəs/ レティス《女子名; L(a)etitia の愛称》.
lét·tingᴵᴵ *n* 賃貸し; 貸し家, 貸しアパート.
Létt·ish *a* レット (Lett) 人[語]の. ► *n* レット語 (Latvian).
let·tre de ca·chet /*F* lɛtr də kaʃɛ/ (*pl* **let·tres de cachet** /—/) 〖史〗拘禁令状, 逮捕状《昔フランス王が捕縛するときに出した令状》. [F=sealed letter]
lettre de cré·ance /*F* -kreɑ̃:s/ (*pl* **lettres de créance** /—/) LETTER OF CREDENCE.
let·trism /létrìz(ə)m/ *n* 〖文学〗文字主義, レトリスム《1940 年代後半のフランスの文学運動; 語の意味よりも文字の集まりの音効果を重視する》.
let·tuce /létəs/ *n* **1** 〖野菜〗チシャ, レタス; 〖植〗LAMB'S LETTUCE. **2** 《俗》紙幣, 現ナマ, ぜに, カネ, (ドル)札 (greenbacks). [OF<L *lactuca* (*lact- lac* milk); その液より]
Let·ty /léti/ レティー《女子名; L(a)etitia の愛称》.
lét·ùp *n* 《特に不快なことの》減少, 停止, 中絶, 休止; 《口》《努力などの》ゆるみ: without a ～ 絶え間なく.
Letz·e·bu(e)rg·esch /lèts(ə)bərgéʃ, ⌐— bə̀:rgɪʃ/ *n* レッツェブルギッシュ《LUXEMBURGISH の現地名》.
leu /léʊ, léru/ *n* (*pl* **lei** /léɪ/) レウ《ルーマニア・モルドヴァの通貨単位: =100 bani; 記号 L》. [Romanian=lion]
leuc- /lú:k/, **leu·co-** /lú:koʊ, -kə/, **leuk-** /lú:k/, **leu·ko-** /lú:koʊ, -kə/ *comb form*「白, 無色」「白血球」「白質」 [Gk *leukos* white]
Leu·cas, -kas /lú:kəs/ レフカス (ModGk **Lev·kás** /lɛfkɑ́:s/)《イオニア諸島にあるギリシア領の島》.
leu·ce·mia /lusí:miə/ *n* LEUKEMIA. ♦ **-mic** *a*, *n*
leu·cine /lú:sì:n, -sən/, **-cin** /-sən/ *n* 〖化〗ロイシン《α-アミノ酸の一種; 白色結晶》.
leu·cite /lú:sàɪt/ *n* 白榴(はくりゅう)石. ♦ **leu·cít·ic** /-sít-/ *a*
léu·co bàse /lú:koʊ-/ 〖化〗ロイコ塩基《染料を還元して水溶性にした無色[淡色]の化合物; 酸化によって原染料が再生できる》.
leucoblast ⇨ LEUKOBLAST.
leu·co·ci·din, -ko- /lù:kəsáɪdn, ⌐—⌐—/ *n* 〖菌〗ロイコシジン, 白血球毒.
lèuco·crátic *a* 〖地質〗〈火成岩が〉優白質の (cf. MELANOCRATIC, MESOCRATIC).
leucocyte etc. ⇨ LEUKOCYTE etc.
lèuco·cy·thé·mia, -tháe- /-saɪθí:miə/ *n* 〖医〗LEUKEMIA.
lèuco·índigo *n* INDIGO WHITE.
leu·co·ma, -ko- /lukóʊmə/ *n* 〖医〗白斑; 角膜白斑.
leu·co·maine /lú:kəmèɪn/ *n* 〖生化〗ロイコマイン《動物体でタンパク質の代謝によって産生される塩基性物質; cf. PTOMAINE》.
leu·con /lú:kàn; l(j)ú:-/ *n* 〖動〗リューコン型, ロイコン型《海綿動物の溝系の型で, 厚い体壁の間を多数の複雑な管が通って外界と胃腔を連絡している; cf. ASCON, SYCON》. ♦ **léu·co·noid** /-kənɔ̀ɪd/ *a* [Gk (neut)<*leukos* white]
leucopenia etc. ⇨ LEUKOPENIA etc.
léuco·plàst, -plas·tid /lù:kəplǽstəd/ *n* 〖植〗無色体, 白色体.
Leu·coth·ea /lukɑ́θiə/ 〖ギ神〗レウコテアー《Ino が海に身を投げて海の女神とされてからの名》.
léuco·tòme *n* 〖医〗白質切断用メス.
leu·cot·o·my, -kot- /lukɑ́təmi/ *n* 〖医〗白質切断(術) (lobotomy).
Leuc·tra /lú:ktrə/ レウクトラ《古代ギリシア Boeotia のテーバイ (Thebes) の南西にあった町; 紀元前 371 年にテーバイがスパルタを破り, 後者の軍事的優位を終わらせた地》.
lèu·enképhalin /lù:-/ *n* 〖生化〗ロイエンケファリン《脳でつくられるロイシンを末端にもつペプチド鎖; 鎮痛作用がある》.
leuk- /lú:k/, **leuko-** /lú:koʊ, -kə/ ⇨ LEUC-.
leu·ka·phe·re·sis /lù:kəfərí:səs/ *n* 〖医〗白血球除去血輸血.
Leukas ⇨ LEUCAS.
leu·ke·mia | **-kae-** /lukí:miə/ *n* 〖医〗白血病. ♦ **-mic** *a*, *n* 白血病の(患者). [G (Gk *leukos* white, *haima* blood)]
leu·ke·mo·génesis | **-kae-** /lukì:mə-/ *n* 〖医〗白血病誘発[発生]. ♦ **-génic** *a*
leu·ke·moid | **-kae-** /lukí:mɔ̀ɪd/ *a* 類白血病(性)の.
léuko·blàst, -co- *n* 〖解〗白芽細胞《白血球の芽細胞》.
leu·ko·cyt- /lù:kəsáɪt/, **leu·ko·cy·to-** /-sáɪtoʊ, -tə/, **leu·co·cy·t(o)-** /-sáɪt(oʊ), -t(ə)/ *comb form*「白血球」 [↓]
léuko·cỳte, -co- *n* 〖解〗白血球. ♦ **lèu·ko·cýt·ic** /-sít-/ *a* **lèu·ko·cýt·òid** /-sáɪtɔ̀ɪd/ *a* [*leuko-*, *-cyte*]
lèuko·cýto·blàst, -co- *n* 〖解〗白血球芽細胞. ♦ **-cỳto·blástic** *a*
lèuko·cy·tó·sis, -co- /-saɪtóʊsəs/ *n* 〖医〗白血球増加(症) (cf. LEUKOPENIA). ♦ **-cy·tót·ic** /-tɑ́t-/ *a*
lèuko·dérma, -co- *n* 〖医〗白斑.
lèuko·dýstrophy *n* 〖医〗(進行性遺伝性)大脳白質萎縮症.
leukoma ⇨ LEUCOMA.
leu·kon /lú:kàn/ *n* 〖生理〗ロイコン《白血球とその起源細胞》. [NL<Gk (neut)<*leukos* white]
leu·ko·pe·nia, -co- /lù:kəpí:niə/ *n* 〖医〗白血球減少(症) (cf. LEUKOCYTOSIS). ♦ **-pé·nic** *a*
leu·ko·pla·kia /lù:koʊpléɪkiə/ *n* 〖医〗白斑症, ロイコプラキー《粘膜の角化障害》. ♦ **-plá·kic** *a*
lèuko·poiésis, -co- *n* 〖生理〗白血球生成. ♦ **-poiétic** *a*
leu·kor·rhea, -cor- /lù:kəríːə/ *n* 〖医〗白帯下(はくたいげ), 帯下(たいげ), こしけ. ♦ **-rhé·al** *a*
leu·ko·sis, -co- /lukóʊsəs/ *n* (*pl* **-ses** /-sì:z/) LEUKEMIA; 《特に》鶏(にわとり)白血病. ♦ **leu·kot·ic** /-kɑ́t-/ *a*
leukotomy ⇨ LEUCOTOMY.
leu·ko·tri·ene /lù:koʊtráɪì:n/ *n* 〖生化〗ロイコトリエン《喘息(ぜんそく)における気管支の収縮などのアレルギー反応に関与する一群のエイコサノイド (eicosanoid) の総称》.
Leu·ven /lɜ́:v(ə)n; *Flem* lø:-/ ルーヴェン《ベルギー中部 Flemish Brabant 州の州都; フランス語名 Louvain; Brussels の東に位置; Brabant 公国の首都 (11–15 世紀)》. ■ the **Cátholic Univérsi·ty of** ～ レーヴェン[ルーヴァン]カトリック大学《Leuven にあるオランダ語が使われる大学と近郊にあるフランス語が使われる大学 2 つの大学総称; もとは 1425 年創立の名門だが, 1970 年分裂した》.
lev /léf/ *n* (*pl* **le·va** /lévə/) レフ《ブルガリアの通貨単位: =100 stotinki; 記号 Lv》. [Bulgarian=lion]
Lev レフ《男子名》. [Russ]
lev- /lí:v/, **le·vo-** /-voʊ, -və/ | **laev-** /lí:v/, **lae·vo-** /lí:voʊ, -və/ *comb form*「左(側)の」「〖化〗左旋性の」 [L]
Lev. 〖聖〗Leviticus.
Le·val·loi·si·an /lèvəlɔ́ɪziən, ləvæ̀lwɑ́:zi-/, **Le·val·lois** /ləvǽlwɑ:/ *a* 〖考古〗ルヴァロワ文化(期)の《欧州の旧石器時代中期から後期にかけての剝片石器系の文化》. [*Levallois*-Perret]
Le·val·lois-Per·ret /ləvà:lwɑ́:pəréɪ/ ルヴァロワ-ペレ《フランス中北部 Hauts-de-Seine 県の Seine 川に臨む町; Paris 北西の郊外にある》.
lev·al·lor·phan /lèvəlɔ́:rfæn, -fən/ *n* 〖薬〗レバロルファン《モルヒネの拮抗薬》.
le·vam·i·sole /ləvǽməsòʊl/ *n* 〖薬〗レバミソール《駆虫剤; 細胞媒介性免疫を高める作用のあることから癌や感染症の治療効果が期待されている》.
lev·an /lévæn, ᴵᴵlí:-/ *n* 〖生化〗レバン《イネ科の葉や茎にある物質で, D-フルクトースよりなる多糖》. [*lev-*, *-an*²]
le·vantᴵᴵ /ləvǽnt/ *vi* (賭けで負けた金・借金を払わないで)逃亡する, 姿を消す (abscond). ♦ **～·er**¹ *n* [↓; 一説に F *faire voile en Levant* to set sail for the Levant]
Levant [the] レヴァント《東部地中海およびその沿岸諸国》; [ᵒl-] LEVANT MOROCCO; [l-] LEVANTER². [F=point of sunrise, east (pres p)<*lever* to rise<L; ⇨ LEVY]
Levánt dóllar レヴァントドル《昔オーストリアで東方諸国貿易用に造った銀貨》.
levánt·er² *n* 地中海西部のあらしを伴う強い東風; 地中海東部の強い東風; [L-] レヴァント (Levant) 人.
Lev·an·tine /lév(ə)ntàɪn, -tì:n, *ləvǽn-/ *a* レヴァント (Levant) の; 〈船が〉レヴァント交易の. ► *n* レヴァント人; [l-] レヴァンティン《丈夫な綾織りの絹布》.
Levánt morócco レヴァントモロッコ《もとレヴァント地方に産したヤギ・羊・アザラシなどの上等な革; 製本用》.
Levánt stórax 蘇合香(そごう) (STORAX).
Levánt wórmseed 〖植〗シナヨモギ; シナヨモギの頭花《駆虫薬》.
lev·ar·ter·e·nol /lèvɑ:rtírənɔ̀(:)l, -tér-, -nàl, -nòʊl/ *n* 〖生化〗レバルテレノール《左旋性のノルエピネフリン; 副腎髄質・交感神経節後繊維に含まれ, 血管収縮薬に用いる》. [*lev-*]
le·va·tor /lɪvéɪtər/ *n* (*pl* **lev·a·to·res** /lèvətɔ́:riz/, ～**s**) 〖解〗挙筋 (=～ muscle); 〖医〗起子《頭蓋骨折の陥没部を持ち上げる外科用器具》. [L=one who lifts]
le·vee¹ /lévi, ləví:, ləvéɪ/ *n* 〖英〗《君主またはその代理者が午後の早い時刻に男子だけに行なう》接見; *大統領の接見会; 《表敬のためなどの》レセプション, 集まり; 〖史〗起床直後の君主・高官による接見. [F *levé*<*lever* rising (↓)]
lev·ee² /lévi/ *n* 《川の》堤防, 土手, 《水田の》あぜ; 〖地理〗沖積堤; 川

の船着場, 波止場; *《特に Chicago の》赤線地区. ► *vt* …の堤防を築く. ［F *levée* (pp)〈*lever* to raise; ⇨ LEVY］

lev·el /lév(ə)l/ *n* **1** 水平; 一様, 単調; 水平面, 水平線, 平面; 平地, 平原; 〘鉱〙水平坑道; 〘地質〙堆積層: the ～ of the sea 海面 / dead ～ 平坦地 / out of ～ 平らでない / Water finds [seeks] its ～. 水は低きにつく. **2**《液面などの》高さ; 同一水準[水平]; 高度 (altitude): at the ～ of one's eyes 目の高さに / on a ～ with…と同一水準で, …と同等で. **3**《地位・階級・品質・能力などの》標準 (standard), 水準, 程度, レベル; 《体液中の物質の》濃度; 《基準に対する》比強度, 〘理〙準位: a conference at cabinet (minister) ～ 閣僚級[レベル]の会議 / alert ～《伝染病の流行・テロの危険度などに関する》警戒の程度 / pandemic ～《伝染病について》世界的流行が懸念されるレベル. **4** 水準儀[器], レベル; 〘測〙レベル水準測定. ● **at the highest ～** 上層部(の人間)によって. **find [seek] one's (own) ～** それ相応の地位を得る, それ相応の所に落ちつく. **on the (dead) ～**《口》公明正大に[な], 正直に[な], 率直に[な]. **sink [stoop, descend] to sb's [one's] ～** 人と同じところまで[地を出して](品位を)落とす.

► *a* **1** 水平の; 平らな, 平坦な (even); 坦々とした; 〘楽・音〙平調の: two ～ tablespoonfuls of sugar 茶さじですりきり 2 杯分の砂糖. **2** 同じ水準[高さ]の, 同等の, 同一程度の〈*with, to*〉; 〘理〙等位の (equipotential); 均一分割払いの: a ～ race 互角の競走. **3** ゆるぎない, しっかりした; 冷静な, 落ちついた; 公平な, 妥当な; 均一の, むらのない; *《俗》率直な, 正直な; *《俗》本当の. ● **a ～** PLAYING FIELD. **sb's ～ best** 人ができる最善: do one's ～ *best* 全力を尽くす.

► *adv* **1** 水平に, 平らに; まっすぐに, 一直線に. **2**〈…と〉水平に[同じ高さに]〈*with*〉; 互角に〈*with*〉. ● **draw ～ (with**…と) 対等になる; 《競走で》追いつく.

► *v* (**-l-** | **-ll-**) *vt* **1 a** 平らにする; ならす; 水平に置く: ～ *down* [*up*] 引き下げて[引き上げて](他と)同じ高さにする. **b** 平均にする; 一様[平等]にする; 〈差・区別を〉除く, 廃する〈*out*〉: Death ～*s* all men. 死は万人を平等にする. **2** 倒す, 倒壊させる; なぐり倒す, のす (knock down): ～ in the dust＝～ to [with] the ground〈建物などを〉(なぎ)倒す. **3**〈鉄砲などを〉構える (aim)〈*at*〉; 〈非難などを〉向ける, 浴びせる (direct)〈*at, against*〉: ～ an accusation 非難を浴びせる〈*against*〉. **4**〈土地〉の高低差を水準儀で測量する. ► *vi* **1** 水平になる; 同一水準にする. **2 a** ねらいをつける, 照準する〈*at*〉. **b** 水準儀で土地の高低を測量する. **3**《口》正直[本気]である; 《口》腹蔵なく[ありのままに]話す, 打ち明ける〈*with*〉: Let me ～ *with* you. ありのまま[本当のことを]話そう. ● **～ off** 平らにする[なる]; 〘空〙水平飛行に移す[移る]; 《増加・減少から》安定に達する, 横ばい状態になる. **～ out** ＝LEVEL off; (差を除き)同レベル[一様に]する. **～ up**《他と》一様になるように〈水準・量などを〉上げる[増やす] (cf. *vt* 1a).

♦ **～·ly** *adv* **～·ness** *n*

［OF (L *libella* plummet line (dim)〈*libra* balance)］

lével cróssingᴵᴵ 平面交差 (grade crossing*).

lév·el·er | **-el·ler** *n* **1** 平等をもたらすもの, 差別をなくすもの; 平等主義者, 平等論者; [L-]〘英史〙水平派, 平等派, レベラー《ピューリタン革命期の急進派平等主義者》: Death is a great ～. 死は万人を平等にする. **2** 水準測量手; 高低をならす機具, 地ならし機.

lével-héad·ed *a* 穏健な, 常識[分別]のある, ものわかりのよい (sensible); 冷静な, 落ちついた. ♦ **～·ly** *adv* **～·ness** *n*

lév·el·ing | **-el·ling** *n* 平らにすること, 地ならし, 整地; 均一化, 平等化, 平準化; 水準[高低]測量, 〘建〙水盛り; 〘言〙《語形変化の》単純化, 水平化: a ～ instrument 〘測〙水準儀.

léveling ròd [stàff] 〘測〙水準測桿, 準尺, 標尺.

léveling scrèw 《器械の》水平調節ねじ, 整準ねじ.

lével of attáinment 〘英教育〙《10 段階の》到達水準.

lével-óff *n* 〘空〙《巡航高度に達し》水平飛行に移行する操作, レベルオフ.

lével of signíficance 〘統〙《仮説検定での》有意水準, 危険率《第一種の過誤を犯す確率》.

lével pég·gingᴵᴵ *n, a* 同スコア(で), 互角(に争っている). ♦ **lév·el-pég** *vi*

lével stréss 〘音〙平板強勢.

Le·ven /líːv(ə)n/ **1** [Loch] リーヴェン湖《スコットランド中東部, Perth の南東にある湖; 湖上の島の一つにスコットランド女王 Mary が幽閉された (1567–68)》. **2** リーヴェン湾《スコットランド西部 Linnhe 湾の東に延びる入江》.

lev·er /lévər, líː-; líːvər/ *n* てこ; 《機械類を操作するための》レバー; 《目的達成のための》手段, てこ〈*for, to do*〉: a ～ of the first [second, third] order 一[二, 三]元てこ《それぞれ支点・作用点・力点がこの順に他 2 点の間にある》/ a control ～〘空〙操縦桿 / a gearshift ～《車などの》変速レバー. ► *vt, vi* こじあける, てこ[レバー]を使う[で動かす]〈*along, away, out, over, up*, etc.〉; てことして使う. ● **～ oneself up** 何かにすがって[やっとのことで]立ち[起き]上がる. **～ sb out** 人を追い出す, 解任する. ［AF (L *levo* to raise; ⇨ LEVY)］

Le·ver /líːvər/ リーヴァー **Charles (James)** ～ (1806–72)《アイルランドの小説家》.

lever·age /lév(ə)rɪʤ, líː-; líːv-/ *n* **1** てこの作用; てこ装置; てこの力, てこ比. **2 a** 目的遂行の手段; 《行使できる》力, 影響力. **b** 借入資本利用(の効果); 財務てこ率, レバレッジ. ► *vt, vi* 〈会社〉にレバレッジを導入する; 借入資本によって投機[買収]を行なう[行なわせる]; 強化[てこ入れ, 推進]する, 高める, …に影響力[勢力]を及ぼす.

léver·aged *a* 自己資本[株主資本]に比べて高い割合の借入金がある.

léveraged búyout 借入金をてこにした買収, レバレッジドバイアウト《巨額の外部資金により行なわれる企業買収; 被買収企業の資産を担保にした銀行借入 または ジャンクボンド (junk bond) 発行によることが多い; 略 LBO》.

léver escàpement 《時計の》レバー式脱進機.

lev·er·et /lév(ə)rət/ *n* 子ウサギ, 当歳のウサギ. ［AF (dim)〈*levre* (L *lepor- lepus* hare)］

Le·ver·ku·sen /léɪvərkuːz(ə)n/ レーヴァークーゼン《ドイツ西部 North Rhine-Westphalia 州の Rhine 川に臨む市》.

Le Ver·ri·er /lə vɛrjéɪ; -vériə/ ル・ヴェリエ **Urbain-Jean-Joseph** ～ (1811–77)《フランスの天文学者》.

léver wàtch レバー式脱進機を用いた時計.

Le·vi[1] /líːvaɪ/ **1** リーヴァイ《男子名》. **2**〘聖〙**a** レビ《Jacob と Leah の息子で Levi 族の祖; *Gen* 29: 34》. **b** レビ族《イスラエル十二部族の一つ》; LEVITE. **c**《アルパヨの子》レビ《イエスに従った取税人; 使徒 Matthew と同一視する説がある; *Mark* 2: 14》. ［Heb＝a joining］

Le·vi[2] /lévi/ レーヴィ (1) **Carlo** ～ (1902–75)《イタリアの医師・画家・小説家; 小説『キリストはエボリにとどまりぬ』(1945)》 (2) **Primo** ～ (1919–87)《イタリアの作家; 強制収容所から生還, その体験を描いた作品『これが人間である以上』(1947, 邦訳『アウシュヴィッツは終わらない』) がある》.

levi·able /léviəb(ə)l/ *a* 〈税など〉賦課できる; 〈貨物など〉課税すべき, 課税対象となる. ［LEVY］

le·vi·a·than /lɪváɪəθən/ *n* **1 a** [ᵒL-]〘聖〙レビヤタン《巨大な海獣で悪の象徴; *Job* 41: 1, *Ps* 74: 14》. **b** 巨大海獣《特に クジラ》. **2 a** [L-]《全体主義的な》国家《Thomas Hobbes の国家論 *Leviathan* (1651) から》. **b** 巨大なもの, 《特に》巨船. ► *a* 巨大な. ［L＜Heb］

levi·er /léviər/ *n* LEVY する人.

lev·i·gate /lévəgèɪt/ *vt* すりつぶす; 糊[微粒子]状にする; 〈細かな粒子を〉粗い粒子から液体中で選別する, 水簸(すいひ)する; 研和する; 《古》磨く (polish), なめらかにする. ► *a*〘植〙GLABROUS. ♦ **-gà·tor** *n* **lèv·i·gá·tion** *n*

Le·vi-Mon·tal·ci·ni /léɪvimòʊntɑːltʃíːni/ レヴィ・モンタルチーニ **Rita** ～ (1909–2012)《イタリア生まれの米国の神経学者; 神経成長因子の発見でノーベル生理学医学賞 (1986)》.

lev·in /lévən/ *n* 《古・詩》電光 (flash of lightning).

Le·vine /ləváɪn/ レヴァイン **James** ～ (1943–　)《米国の指揮者》.

lev·i·rate /lévərət, líː-, -rèɪt/ *n* [ᵘthe] レビレート《死者の兄弟がその未亡人と結婚する慣習》. ♦ **lèv·i·rát·ic, -i·cal** /-rǽt-/ *a* ［L *levir* brother-in-law］

Le·vi's /líːvàɪz/ *pl*〘商標〙リーバイス《米国 Levi Strauss 製のジーンズ》.

Lé·vi-Strauss /lévistráus, léɪ-; *F* levistroːs/ レヴィ・ストロース **Claude** ～ (1908–2009)《フランスの社会人類学者; 構造主義の代表的論客》. ♦ **～·ian** *a*

Levit. 〘聖〙Leviticus.

lev·i·tate /lévətèɪt/ *vi, vt* 《マジックなどで》空中浮揚する[させる]; 〘医〙〈熱傷患者を〉《空気を圧送して》浮揚させる. ♦ **lév·i·tà·tor** *n* ［L *levis* light; *gravitate* にならったもの］

lèv·i·tá·tion *n* 《特に 心霊術による, また熱傷患者の》空中浮揚. ♦ **～·al** *a*

Le·vite /líːvàɪt/ *n* 〘ユダヤ史〙レビ (Levi) 族の人, レビ人《特にユダヤの神殿で祭司を補佐した者》. ［L＜Gk＜Heb］

Le·vit·ic /lɪvítɪk/ *a* LEVITICAL.

Le·vít·i·cal *a* レビ人[族] (Levite) の; レビ人の祭式の; 〘聖〙レビ記中の律法の[に定められた].

Le·vit·i·cus /lɪvítɪkəs/〘聖〙レビ記《旧約聖書の The Third Book of Moses, called ～; 略 Lev., Levit.》.

Lev·it·town /lévəttàun/ レヴィットタウン《New York 州南東部 Long Island の町; 第二次大戦後, ベッドタウンとして開発された》.

lev·i·ty /lévəti/ *n* 軽薄, 軽率, 不謹慎; 一貫性の欠如, 気まぐれ; 軽み, おもしろ味; 《英では古》《重量の》軽さ. ［L (*levis* light)］

Levkás ⇨ LEUCAS.

le·vo, lae·vo /líːvou/ *a* LEVOROTATORY.

levo- /líːvou, -və/ ⇨ LEV-.

lèvo·dópa *n*〘薬〙L-DOPA.

lèvo·glúcose *n*〘生化〙左旋性グルコース, L 形グルコース.

le·vo·gy·rate /lìːvouʤáɪrèɪt/, **-gy·rous** /-rəs/, **-gyre** /líːvouʤàɪər/ *a* LEVOROTATORY.

lèvo·norgéstrel *n*〘薬〙レボノルゲストレル《ノルゲストレルの左旋型で, 経口避妊薬・埋め込み式避妊薬として用いる》.

lèvo·rotátion *n*〘光・化〙左旋.

lèvo·rótatory, -rótary *a*〘光・化〙左旋性の.

lèvo·tartáric ácid〘化〙左旋性酒石酸.

lev·u·lin /lévjələn/ *n*〘化〙レブリン《植物に含まれる多糖類の一種; 加水分解によって左旋糖を生ずる》.

lev·u·lín·ic ácid /lèvjəlínɪk-/ 〘化〙レブリン酸《ナイロン・プラスチックの有機合成に用いる》.

lev·u·lose | laev- /lévjəlòus, -z/ *n* 〘化〙左旋糖, レブロース, 果糖 (fructose).

levy /lévi/ *vt* **1** 課する, 賦課する, 徴収する, 取り立てる; 召集する, 徴募[徴集]する, 徴用する; 〘法〙差し押える (seize): ～ taxes *on* people 人に税を課する. **2** 〈戦争を〉する: ～ war *upon* [*against*]…に対して兵を挙げる, …と戦争する. ► *vi* 徴税[課税]する; 財産を押収する. ► *n* 賦課, 徴税; 課徴金, 賦課金, 徴収(額); 〘法〙押収, 差し押え; 〘軍〙召集, 徴用; 召集人員, 徴募兵数; [the levies] 召集軍隊. [OF *levée* (pp)＜*lever* to raise＜L *levo* (*levis* light)]

lévy en [in] másse (*pl* **lévies en [in] másse**) 〘国際法〙《他国の侵入に対し自衛のため臨機に行なう》国民軍召集, 充員召集. [F *levée en masse*]

Lew /lúː/ ルー《男子名; Lewis, Louis の愛称》.

lewd /lúːd/ *a* 色好みの; みだらな, わいせつな; 《廃》卑俗[下劣, 邪悪, 無知, 無節操]な. ♦ **～·ly** *adv* **～·ness** *n* [OE *lǣwede* lay, vulgar, ill-mannered, base＜?]

Lew·es /lúːəs/ **1** ルイス《イングランド南部 East Sussex 州の町・州都; London の南, Ouse 川に臨む》. **2** ルイス **George Henry** ～ (1817–78)《英国の哲学者・俳優・科学者; George Eliot (本名 Mary Ann Evans) との生涯に及ぶ関係でも知られる》. ■ the **Míse of** ～ 〘英史〙ルイス協定《1264 年 5 月, 貴族戦争 (Barons' War) 中のルイスの戦い (Battle of ～) のあと, Simon de Montfort 率いる反乱貴族たちが Henry 3 世に認めさせた協定》.

lew·is /lúːəs/ *n* 〘石工〙《先が鳩尾状に広がった》つりくさび.

Lewis 1 ルイス《男子名; 愛称 Lew》. **2** ルイス (1) **Carl** ～ (1961–)《米国の陸上競技の選手; 本名 Frederick Carlton ～; オリンピックで通算 9 個の金メダルを獲得》 (2) **Cecil Day** ～ ⇨ DAY-LEWIS (3) **C(live) S(taples)** ～ (1898–1963)《英国の小説家・批評家; *The Allegory of Love* (1936), *The Screwtape Letters* (1942) のほか, ファンタジーのシリーズ *Chronicles of Narnia* など》 (4) **Edward B.** ～ (1918–2004)《米国の発生遺伝学者; 初期発生の仕組みを解明, ノーベル生理学医学賞 (1995)》 (5) **(Harry) Sinclair** ～ (1885–1951)《米国の小説家; *Main Street* (1920), *Babbitt* (1922); ノーベル文学賞 (1930)》 (6) **Jerry** ～ (1926–2017)《米国の喜劇俳優; Dean Martin と共に一連のドタバタ映画に出演した》 (7) **John Llewellyn** ～ (1880–1969)《米国の労働運動指導者; United Mine Workers of America 議長 (1920–60), CIO 議長 (1935–40)》 (8) **Matthew Gregory** ～; 通称 'Monk ～' (1775–1818)《英国のゴシックノヴェル作家・劇作家; *The Monk* (1796)》 (9) **Meriwether** ～ (1774–1809)《米国の探検家; William Clark と共に陸路によって初めて太平洋岸北西地区に至る探検を行なった (1804–06)》 (10) **(Percy) Wyndham** ～ (1882–1957)《英国の画家・小説家・批評家; 渦巻派 (vorticism) の運動を始めた》 (11) Sir **(William) Arthur** ～ (1915–91)《英国の経済学者; セントルシア出身; 経済発展, 植民地貿易を研究, ノーベル経済学賞 (1979)》. **3** LEWIS GUN. **4** ルイス《LEWIS AND HARRIS の北部地区》. [Gmc＝loud, famous＋fight, warrior]

Léwis ácid 〘化〙ルイス酸《電子対を受け取って共有結合をつくるという意味での酸》. [G. N. *Lewis* (1875–1946) 米国の化学者]

Léwis and [with] Hárris ルイス・ウィズ・ハリス, ルイス・アンド・ハリス《スコットランドの北西にある Outer Hebrides 諸島最北・最大の島; 北の Lewis と南の Harris に分かれる; ☆Stornoway (Lewis にある)》.

Léwis and Shórt *pl* ルイス・ショート《(1) *A Latin Dictionary* (1879, OUP) の共編者 Charlton T. Lewis と Charles Short (2) 同辞典の通称》.

Léwis báse 〘化〙ルイス塩基《電子対を与えて共有結合をつくるという意味での塩基》. [G. N. *Lewis* (⇨ LEWIS ACID)]

Léwis gùn ルイス式軽機関銃 (＝**Léwis machíne gùn, Léwis automátic (rìfle)**). [Isaac N. *Lewis* (1858–1931) 米国の軍人・発明家]

Lew·i·sham /lúːəʃəm/ ルイシャム《Thames 川南岸の London boroughs の一つ; 中流住宅地》.

Lew·is·i·an /luísiən/ *a* 〘地質〙ルイス系の《スコットランドの先カンブリア基盤岩類についていう》.

lew·is·ite /lúːəsàɪt/ *n* 〘化〙ルイサイト《糜爛(びらん)性毒ガス; 第一次世界大戦で使用された》. [Winford L. *Lewis* (1878–1943) 米国の化学者]

lew·is·son /lúːəs(ə)n/ *n* LEWIS.

Léwis's wóodpecker 〘鳥〙ルイスキツツキ《北米西部産のズアカキツツキ属の鳥》. [Meriwether *Lewis*]

lex /léks/ *n* (*pl* **le·ges** /líːʤiz, léɪgeɪs/) 法律, 法 (law). [L *leg- lex*]

Lex·an /léksæ̀n/ 〘商標〙レキサン《固くて割れにくく透明度の高いポリカーボネート樹脂》.

lex·eme /léksìːm/ *n* 〘言〙語彙項目, 語彙素. ♦ **lex·ém·ic** *a* [*lexicon, -eme*]

léx fó·ri /-fɔ́ːràɪ/ 〘法〙法廷地法, 訴訟地法《訴訟の係属している土地の法》. [L＝law of the forum]

lex·i·cal /léksɪk(ə)l/ *a* 《一言語・一個人・特定分野などの》語彙の; 辞書(編集)の. ♦ **～·ly** *adv* 辞書的[風]に. **lèx·i·cál·i·ty** /-kǽl-/ *n* [LEXICON]

léxical insértion 〘生成文法〙語彙挿入《文の派生において句構造標識に実際の形態素を挿入すること》.

léxical·ist *a* 〘生成文法〙《特に派生名詞構造の仮説が》語彙論的な.

léxical·ìze 〘言〙*vt* 〈接辞・フレーズなどを〉語彙項目に変える, 語彙化する《たとえば -ism という接尾辞を ism という名詞として用いるなど》; 〈一組の意味特徴を〉語彙項目によって表わす. ♦ **lèxical·izátion** *n*

léxical méaning 〘言〙辞書的意味《文法的形式や変化にかかわりない語そのものの本質的意味: たとえば go, goes, went, gone, going に共通な基本的意味; cf. GRAMMATICAL MEANING》.

lex·i·cog·ra·phy /lèksəkágrəfi/ *n* 辞書編集; 辞書学. ♦ **-pher, -phist** *n* 辞書編集者. **lex·i·co·gráph·ic, -i·cal** /lèksɪkou-/ *a* 辞書編集上の. **-i·cal·ly** *adv*

lex·i·col·o·gy /lèksəkáləʤi/ *n* 語彙論. ♦ **-gist** *n* **lex·i·co·lóg·i·cal** /lèksɪkou-/ *a* **-i·cal·ly** *adv*

lex·i·con /léksəkàn; -sɪkən/ *n* (*pl* **-ca** /-sɪkə/, ～**s**) 《特に ギリシア語・ヘブライ語・アラビア語などの》辞書; 《特定の言語・個人・作家・作品・分野・集団などの》語彙; 〘言〙語彙目録; 目録. [NL＜Gk; ⇨ LEXIS]

lèx·i·co·statístics /lèksɪkou-/ *n* 〘言〙語彙統計学.

léxi·gràm /léksə-/ *n* 単語文字《単一の語[語義]を表わす図形[記号]》.

lex·ig·ra·phy /leksígrəfi/ *n* 《漢字のような》一字一語法.

Lex·ing·ton /léksɪŋtən/ レキシントン《(1) Kentucky 州中東部の市; 馬飼育が盛ん; Lexington-Fayette ともいう (2) Massachusetts 州北東部 Boston の北西郊外にある町; 1775 年 4 月 19 日当地および近隣の Concord でアメリカ民兵軍と英軍との間に小競り合いが起こり, それが独立戦争の端緒となった; cf. PATRIOTS' DAY, Paul REVERE》.

lex·is /léksəs/ *n* (*pl* **lex·es** /léksìːz/) 〘言〙《一言語・個人・分野などの》全語彙(項目); 語彙. [Gk＝speech, word (*legō* to speak)]

lex lo·ci /léks lóusàɪ/ 〘法〙《できごとのあった》場所の法. [L＝law of the place]

lex non scrip·ta /léks nàn skríptə/ 不文法. [L＝unwritten law]

lex scrip·ta /léks skríptə/ 成文法. [L＝written law]

lex ta·li·o·nis /léks tæ̀lióunəs/ 《被害者が受けたのと同じ危害を加害者に加えて罰する》同害報復法, 同害刑法 (＝*talion*). [L]

ley[1] /léɪ, *líː/ *n* 転換[短期]牧草地, 牧草地 (lea).

ley[2] /léɪ, líː/ *n* 先史時代の遺跡などをつなぐ想像上の直線 (＝～ **lìne**)《敏感な先史人は特別なエネルギーのはたらく線に沿って聖なる場所を設けたとする理論がある》.

ley[3] /léɪ/ *n* LEU.

Ley /láɪ/ ライ **Robert** ～ (1890–1945)《ナチスの最高指導者の一人; '労働戦線' の指揮者として労働者を統制; 戦犯裁判時に自殺》.

Ley·den /láɪdn/ **1** ⇨ LEIDEN. **2** LUCAS VAN LEYDEN.

léyden blúe [°L-] COBALT BLUE.

Léyden jàr [vìal] ライデン瓶《初期の蓄電器》.

Léy·dig cèll /láɪdɪg-/ ライディッヒ細胞《精巣内にあり, 精子形成を促進する》. [Franz von *Leydig* (1821–1908) ドイツの生物学者]

léy fàrming 穀草式輪作農法《穀草などと牧草を交互に栽培する》.

Léy·land cýpress /léɪlənd-/ 〘植〙レイランドヒノキ《生長の速い交配種のヒノキ; 生垣・公園樹とする》. [Christopher J. *Leyland* (1849–26) 英国の園芸家]

ley·lan·dii /leɪlǽndiàɪ/ *n* (*pl* ～) LEYLAND CYPRESS.

Léys Schóol /líːz-/ リーズ校《イングランドの Cambridge にある男子パブリックスクール》.

Ley·te /léɪti/ レイテ《フィリピン中部 Visayan 諸島の島》.

Léyte Gúlf レイテ湾《レイテ島の東, Samar 島の南の湾; 太平洋戦争で日米海軍の決戦場 (1944)》.

Ley·ton /léɪtn/ レイトン《イングランド南東部 Essex 州にあった municipal borough; 1965 年以降は Waltham Forest の一部》.

lez, lezz /léz/, **lez·zie, lez·zy** /lézi/ *n* 《俗》女性同性愛者, レズ (lesbian).

lez·bo /lézbou/ *n* (*pl* ～**s**)*《俗》[*derog*] レズ (lesbian).

leze majesty ⇨ LESE MAJESTY.

lf., l.f., lf 〘印〙lightface. **LF, lf** 〘通信〙°low frequency.

LF 〘野〙°left field, °left fielder ♦ °line feed.

LFC, lfc 〘電〙low-frequency current 低周波電流.

L-form /él―/ *n* 〘菌〙L 型. [*Lister Institute, London*]

lg. large ♦ long. **LG** °Life Guards ♦ °Low German.

LGBT lesbian, gay, bisexual, and transgender《性的マイノリティー》: ～ equality 性的少数者の平等[機会均等]. **LGer** °Low German. **LGk** °Late Greek. **LGM** °little green man. **LGP** °liquefied petroleum gas. **LGr** °Late Greek, Low Greek. **lgtn** °long ton. **LGV** "large goods vehicle 大型貨物自動車 ♦ °lymphogranuloma venereum. **LH** °Legion of Honor ♦〖生化〗°luteinizing hormone. **LH, l.h.** 〖楽など〗 left hand. **LHA** 〖英〗°Lord High Admiral.

Lha·sa /lɑ́ːsə, lǽsə/ **1** ラサ(拉薩)《中国チベット自治区の区都; チベット仏教の聖都》. **2** LHASA APSO.

Lha·sa ap·so /lɑ́ːsə ɑ́ːpsoʊ, -ǽp-/ (*pl* ~**s**) [°L- A-] 〖犬〗 ラサアプソ《チベット産の小型の犬種のイヌ; 被毛は長くかたい直毛, 冠毛が目をおおうようにたれさがり, ひげも多く, 毛でおおわれた尾を背の上に巻いている》.

Lhása térrier 〖犬〗 ラサテリア (LHASA APSO).

LHC 〖英〗°Lord High Chancellor ♦ large hadron collider《CERN が建設した》大型ハドロン衝突型加速器. **l.h.d., LHD** LEFT-HAND drive. **LHD** [L *Litterarum Humaniorum Doctor*] Doctor of Humane Letters [Humanities]《名誉学位》.

L-head /él—/ *a* 〈エンジンが〉吸気と排気の両弁をシリンダーの片側に配した, エルヘッド型の, L 型の.

L'Ho·pi·tál's [L'Hos·pi·tál's] rúle /lòupitɑ́ːlz-/ 〖数〗 ロピタルの法則《$f(x)$ も $g(x)$ も 0 (あるいは∞) に近づく時, $f(x)/g(x)$ の極限は $f'(x)/g'(x)$ の極限に等しいという法則》. [Guillaume de *l'Hopital* (1661–1704) フランスの数学者]

Lho·tse /(h)lóutséɪ/ ローツェ《ネパール・チベット国境のヒマラヤ山脈中央, Everest 山のすぐ南に位置する世界第 4 位の高峰 (8511 m); チベット語で「南峰」の意; 別称 E¹》.

LHRF 〖生化〗°luteinizing hormone-releasing factor.

LHRH 〖生化〗°luteinizing hormone-releasing hormone.

LHT 〖英〗°Lord High Treasurer.

li /líː/ *n* (*pl* **li, lis** /líːz/) 〖中国〗 里《約 600 m》.

Li 〖化〗 lithium.

LI °Leeward Islands ♦ °Light Infantry ♦ °Long Island.

li·a·bil·i·ty /làɪəbíləti/ *n* **1** 責任のあること; 責任, 負担, 義務; [*pl*] 負債, 債務 (debts) (opp. *assets*): ~ *for* military service 兵役の義務 / LIMITED [UNLIMITED] LIABILITY / ~ *to* a tax 納税の義務. **2** 〈…の〉傾向があること, 〈…に〉かかり[陥り]やすいこと 〈*to*〉: ~ *to* error 間違いやすいこと / ~ *to* colds かぜにかかりやすいこと. **3** 不都合なこと[もの, 人], 足手まとい, お荷物: be more of a ~ than an asset 役に立つどころかかえってじゃまになる.

liabílity insùrance 責任保険《被保険者が人に対し損害賠償の義務を負ったときにその損害額を補塡する保険》.

li·a·ble /láɪəb(ə)l/ *a* **1** (法律上)責を負うべき, 責任ある; 差し押え[収用]の対象となる; 〈…に〉処せらるべき, 服すべき, 〈…を〉受けるべき, 〈…を〉免れない: You are legally ~ *for* damage caused by your dogs. あなたの犬によってひき起こされた損害に対してあなたは法的に責任があります / We are ~ *to* taxes [diseases]. 納税義務がある[病気を免れない]. **2** /, *láɪb(ə)l/ …しがちな, とかく…しやすい, …するのがおちだ (subject) 〈*to* do〉《likely と同義であるが概してよくないことに用いる》; …しそうで 〈*to* do〉《多くは likely を用いる》: Nylon is ~ *to* catch fire easily. ナイロンはすぐに燃えやすい / He is ~ *to* lose his temper. かんしゃく持ちだ. ♦ ~·**ness** *n* [AF＜OF＜L (*ligo* to bind)]

li·aise /liéɪz/ *vi* 連絡をつける, 接触を保つ, 連携する 〈*with, between*〉; 連絡将校をつとめる. [逆成く↓]

li·ai·son /líːəzɑ̀n, liéɪzɑ̀n; liéɪz(ə)n, -zɑ̀n, -zɑ́/ *n* **1 a** 〖軍〗 連絡, 接触; 連携; 《一般に組織内外・部門間の》連絡 〈*with, between*〉; 連絡係[担当者] 〈*to, with*〉: a ~ officer 連絡将校, 連絡担当職員 / a political ~ 政治問題渉外担当官 / in (close) ~ *with*…と(緊密に)連絡した. **b** 性関係, 密通 〈*with*〉, 不倫. **2** 〖音〗 連声, リエゾン《特にフランス語で前の語尾の子音と次の語の頭母音とを続ける発音, また 英語で r 音を次の語の頭母音と続ける発音》. **3** 〖料理〗 とろみ材, つなぎ. ► *vi* 接触する, 関係する (liaise). [F (*lier* to bind＜L; ⇨ LIABLE)]

li·a·na /liɑ́ːnə, liǽnə/, **li·ane** /liɑ́ːn/ *n* 〖植〗 つる植物, 蔓性植物, 藤本(とうほん), リアナ. ♦ **li·á·noid** *a* [F (*lier* to bind)]

liang /liɑ́ːŋ, liǽŋ/ *n* (*pl* ~) 両《中国の重量単位でカティー (catty) の 1/16》. [Chin]

Liang 梁(りょう)《**1**) 南北朝時代の南朝の一つ (502–557) **2**) 五代 (Five Dynasties) の最初の王朝 (907–923); 唐を倒した朱全忠を建国者とするもので, 後梁 (Later Liang) ともいう》.

Lian·yun·gang /liénjúngɑ́ːŋ, liɑ́ːŋ-/, **Lien·yün·kang** /; ljénjúnkǽŋ/ 連雲港(れんうんこう)(リエンユンカン)《中国江蘇省北部の港湾都市; 旧称 新海連 (Xinhailian), 東海 (Donghai)》.

Liao /liáu/ **1** [the] 遼(河)《中国北東部を流れ, 遼東湾に注ぐ》. **2** 遼《中国王朝 (916–1125)》.

Liao·dong /liáʊdúŋ/, **-tung** /; ljáutúŋ/ 遼東(りょうとう)(リヤオトン)《中国遼寧省の半島; 西に遼東湾 (**Liáodóng Wán** /—— wɑ́ːn/) (the **Gúlf of Liáotúng**) がある》.

Liao·ning /liáuníŋ; ljáuníŋ/ 遼寧(りょうねい)(リヤオニン)《中国北東部の省; ☆瀋陽 (Shenyang); 旧称 奉天 (Fengtien)》.

Liao·yang /liáujɑ́ːŋ; ljáujǽŋ/ 遼陽(りょうよう)(リヤオヤン)《中国遼寧省中部の市》.

Liao·yuan /liáujuɑ́ːn/ 遼源(りょうげん)(リヤオユエン)《中国吉林省南西部の工業都市; 同省最大の石炭生産基地》.

li·ar /láɪər/ *n* うそつき: A ~ is not believed when he tells the truth. 《諺》 うそつきは本当のことを言っても信じてもらえない / A ~ should have a good memory. 《諺》 うそつきは物おぼえがよくなくてはならない《先のうそと矛盾させないために》. [OE *lēogere* (LIE¹)]

li·ard /liɑ́ːr(d)/ *n* リヤール《15–18 世紀のフランスの旧銀貨》. [G. *Liard* 鋳造した 15 世紀のフランス人]

Li·ard /líːərd/ [the] リアード川《カナダ西部を流れる Mackenzie 川の支流》.

líar [líar's] dìce ポーカーダイス (poker dice) の一種《相手にさいころを見せないで投げる》.

líar pàradox うそつきの逆説[パラドックス]《「この陳述は虚偽である」というような陳述; もしこの陳述が真実であれば, それは虚偽ということになり, もし虚偽であれば, それは真実ということになる》.

li·as /láɪəs/ *n* **1** 〖岩石〗 青色石灰岩 (=**blúe ~**)《イングランド南西部産》. **2** [the L-] 〖地質〗 ライアス世[統]《ヨーロッパのジュラ紀の前期》. ► *a* [L-] ライアス世[統]の. [OF *liois*＜? Gmc]

Li·as·sic /laɪǽsɪk/ *a* LIAS.

li·atris /laɪǽtrəs, láɪət-/ *n* 〖植〗 リアトリス《北米原産キク科リアトリス属 (*L-*) の多年草の総称》.

lib /líb/ *n, a* 《口》《女性などの》解放(運動)(の), リブ(の). [*libe*ration]

lib. liberal ♦ librarian ♦ library. **Lib.** Liberal.

Li Bai /líː báɪ/, **Li Pai** /líː bɑ́ɪ -páɪ; -páɪ/, **Li Bo** /líː bóʊ/, **Li Po** /líː bóʊ, -póʊ; -póʊ/ 李白(りはく)(リーバイ) (701–762)《中国唐代の詩人; 字は太白 (Taibai); 杜甫 (Du Fu) と共に李杜と併称される》.

Lib·a·nus /líbənəs/ リバヌス《LEBANON MOUNTAINS の古代名》.

li·ba·tion /laɪbéɪʃ(ə)n/ *n* ぶどう酒・油などを地[いけにえ]に注ぐ神事, 献酒; 神に捧げる液体, 神酒(みき); [*joc*] 飲酒, 祝い酒を飲むこと; [*joc*] 酒, おみき. ♦ ~·**àry** /; -(ə)ri/ *a* [L (*libo* to pour as offering)]

Li·bau /líːbàʊ/ リーバウ《LIEPĀJA のドイツ語名》.

Li·ba·va /lɪbɑ́ːvə/ リバヴァ《LIEPĀJA のロシア語名》.

líb·ber *n* 《口》 (女性)解放運動活動家, リブ活動家.

líb·bie *n**《口》 LIBBER.

Lib·by /líbi/ **1** リビー《女子名; Elizabeth の愛称》. **2** リビー **Willard Frank ~** (1908–80)《米国の化学者; 炭素 14 年代決定法を開発, ノーベル化学賞 (1960)》.

lib. cat. library catalogue 蔵書目録.

Líb Dém ‖《口》 自民党員 (Liberal Democrat).

li·bec·cio /lɪbétʃiòʊ/, **-bec·chio** /-bék-/ *n* (*pl* -**c(h)i·òs**)《イタリアに吹く》南西の風. [It]

li·bel /láɪb(ə)l/ *n* **1** 〖法〗 **a** 文書誹毀(ひき)(罪), 文書による名誉毀損 (cf. SLANDER); 誹毀文書: a ~ action＝an action *for* ~ 文書誹毀訴訟. **b** 申立書《イングランドのローマ法系の海事裁判所・教会裁判所などの裁判所において原告が請求原因を記す正式書面》. **2** 《一般に》中傷(文), 侮辱[不名誉]となるもの, 侮辱: This photograph is a ~ *on* him. この写真では本人が泣く. ► *v* (-l- | -ll-) *vi* 誹毀[中傷]する 〈*against, on*〉. ► *vt* 〈人〉の誹毀文書を公けにする; 〈人を〉中傷する; 〈人〉の品性・容貌などを十分に表現していない; 《ローマ法系の海事裁判所・教会裁判所へ》申立書で訴える. ♦ **-bel·(l)er, -bel·(l)ist** *n* 中傷者, 誹毀者. [OF＜L (dim)〈LIBER²]

li·bel·ant | -bel·lant /láɪb(ə)lənt/ *n* 〖法〗《ローマ法系の海事裁判所・教会裁判所における》申立人, 原告; 中傷[誹毀]者 (libeler).

li·bel·ee | -bel·lee /làɪb(ə)líː/ *n* 〖法〗《ローマ法系の海事裁判所・教会裁判所での》被申立人, 被告.

lí·bel·ous | -bel·lous *a* 誹毀の, 中傷する. ♦ ~·**ly** *adv*

li·ber¹ /láɪbər/ *n* 〖植〗 篩管(しかん)部 (phloem). [L＝bark]

liber² *n* (*pl* **li·bri** /láɪbràɪ, -bri/, ~**s**) 書物, 《特に 不動産証書・出生証明書などの》公文書綴り. [L＝book]

Li·be·ra /líːbərɑ̀ː, líːbrə/ *n* 〖カト〗 リベラ《死者のための祈りの答誦》. [L (impv)〈*libero* to set free; 冒頭の語]

Lib·er·a·ce /lìbərɑ́ːtʃi/ リベラーチェ **Wladziu Valentino ~** (1919–87)《米国のピアニスト・エンターテイナー》.

lib·er·al /líb(ə)rəl/ *a* **1 a** 寛大な, 度量の大きい, 開放的な, 偏見のない 〈*to, in*〉; 字義にとらわれない, 自由な, おおまかな: a ~ translation 自由訳, 意訳. **b** 〖政〗 自由[改進]主義の; [L-] 《英国・カナダなどの》自由党の. ★《米》では, しばしば '左翼的な, 社会主義的な' の意で用い, マイナスのイメージがある. **2 a** 気前のよい (generous); 物惜しみしない 〈*with*〉; 《廃》 放埒な: He is ~ *with* his money. 気前よく金を出す. **b** たっぷりの, 豊富な (plentiful): a ~ table ごちそうの多い食卓. **3** 教養[考え方]を広くするための, 一般教養の; 《古》 自由人の, 自由人にふさわしい. **4** 慎みのない, 放縦な. ► *n* liberal な人; 自由主義者, リベラリスト; [L-] 自由党員, 自由党支持者. ♦ ~·**ness** *n* [ME＝suitable for a free man＜OF＜L (*liber* free (man))]

líberal árts *pl* 自由科《中世では文法・論理・修辞・算術・幾何・音楽・天文の自由 7 科 (the seven ~)》, 《現代の大学の》一般教養科目《専門科目に対して, 一般的知識を与え, 知力の発展を目的とした語学・文学・自然科学・哲学・歴史などをいう》. [L *artes liberales* (自由人にふさわしい教養) の訳]

Líberal Démocrats *pl* [the] 〖英〗 自由民主党《1989 年, 前年に結成された社会自由民主党 (Social and Liberal Democrats) を改称したもの》. ♦ **Líberal Démocrat** 自由民主党員.

líberal educátion 一般教育, 教養教育.

líberal·ìsm *n* **1** 寛大さ, おうよう. **2**《政治・経済上の》自由主義, リベラリズム; [°L-]《近代プロテスタンティズムにおける》自由主義; [L-] 自由党の政策. ♦ **-ist** *n, a* **lìb·er·al·ís·tic** *a*

lib·er·al·i·ty /lìbərǽləti/ *n* 気前のよさ, 物惜しみしないこと; 寛大, おうようさ; 公平無私; [*pl*]《まれ》施し(もの), 贈り物.

líberal·ize *vt* …の制約を解く, 自由化する; 自由主義化する; 〈心を〉広くする, 寛大にする. ► *vi* LIBERAL になる, 開放的[寛大]になる. ♦ **-lìz·er** *n* **lìberal·izátion** *n*

Líberal Júdaism REFORM JUDAISM.

líberal·ly *adv* 自由に; 気前よく; 寛大に; したたか, たくさん; 開放的に; 偏見なく; 《口》ざっと, おおまかに言って.

líberal-mínd·ed *a* 心の大きい, 寛大[寛容]な.

Líberal Párty [the] 自由党 ⦅**1**⦆〘英〙1830 年ごろに Whig 党と Radicals とが融合して結成され, 19 世紀から 20 世紀初頭まで選挙法改正や労働者階級の生活改善で多くの支持を得た; 1988 年 Social Democratic Party と合同 **2)**〘豪〙Labor Party と共に同国二大政党の一つ⦆; 《一般に》自由主義政党, 自由党.

líberal stúdies" *pl* 《科学・技術などを専攻する学生のための》一般教養課程.

Líberal Únionist〘英〙自由統一党員《Gladstone のアイルランド自治法案 (1886) に反対して自由党を脱退し分派を形成した》.

lib·er·ate /líbərèɪt/ *vt* **1** 自由にする; 解放[釈放, 放免]する; 〈国を〉外国による支配から解放する; 《性別に基づく》社会的慣習[因襲]から解放する: ～ a man *from* bondage 人を解放する. **2**〘化〙遊離させる 〈*from*〉; 〘理〙〈エネルギーを〉解放する. **3**《口》[°*joc*] 盗む, 略奪する; *《俗》《(占領地の)女》と性交する. [L (*liber* free)]

líb·er·àt·ed *a* 《伝統的な社会的・性的態度[役割]などから》解放された: a ～ woman 解放された女性.

líb·er·àt·ing *a* 人を自由にする, 解放[遊離]を促進する; 解放感を与える; 自由な, 解放的な.

lib·er·a·tion /lìbəréɪʃ(ə)n/ *n* 解放, 釈放; 《権利・地位の》平等化; 〘化〙遊離: WOMEN'S LIBERATION.

liberátion·ìsm *n*〘英〙国教廃止論.

liberátion·ist *n, a*〘英〙国教廃止論者(の); 解放運動《特に》ウーマンリブ]の(活動家[支持者]).

liberátion theòlogy 解放の神学《特に ラテンアメリカのカトリック聖職者の間にみられる思潮; マルクス主義を援用して, 歴史的に神は社会的・政治的圧迫から人類を解放するはたらきをしてきたと説く》. ♦ **liberátion theològian** *n*

líb·er·à·tor *n* 解放者《特に 被圧迫民族などの》.

Li·be·rec /líbərɛ̀ts/ リベレツ《チェコ北部のポーランド・ドイツとの国境に近い市》.

Li·ber Ex·tra /láɪbərékstrə/〘カト〙教皇教令集《Gregory 9 世が編纂したもの (1234)》.

Li·be·ria /laɪbíəriə/ リベリア《西アフリカの国; 公式名 Republic of ～ (リベリア共和国); ☆Monrovia; 1822 年アメリカの黒人解放奴隷の Monrovia 移住に始まり, 1847 年共和国として独立》. ♦ **Li·bé·ri·an** *a, n* [? L *liber* free]

Li·ber·man·ism /líːbərmənɪ̀z(ə)m/ *n*〘経〙リーベルマン主義《経済管理の分権化・利潤率指標の重視などを内容とする社会主義経済理論》. [Yevsey Grigoryevich *Liberman* (1897–1983) ソ連の経済学者]

li·be·ro /líːbəròu/ *n* (*pl* **～s**)〘サッカー〙リベロ (sweeper); 〘バレー〙リベロ《事前に登録された攻撃に参加しない守備専門の選手》. [It]

lib·er·tar·i·an /lìbərtéəriən/ *a* 自由意志論を主張する (cf. NECESSITARIAN); 《特に 思想・行動の》自由を主張する, 自由論の; 自由(意志)論者の. ► *n* 自由意志論者; 自由論者; [L-]*自由党員《絶対的・無制限の自由を主張する政党の党員》. ♦ **～·ìsm** *n* 自由意志論; 自由論, リバータリアニズム.

li·ber·té, é·ga·li·té, fra·ter·ni·té /*F* libɛrte egalite fratɛrnite/ 自由・平等・友愛《フランス革命のモットー》.

li·ber·ti·cide /ləbə́ːrtəsàɪd/ *n* 自由破壊者; 《まれ》自由破壊. ► *a* 自由を破壊する. ♦ **li·bèr·ti·cíd·al** *a*

lib·er·tin·age /líbərtiːnɪʤ, -tə-; -tɪ-/ *n* LIBERTINISM.

lib·er·tine /líbərtìːn, "-tàɪn/ *n* 放蕩者, 道楽者; 《古代ローマで》奴隷から解放された者; [ᵁ*derog*]《宗教上の》自由思想家 (free-thinker). ► *a* 放蕩な, 放埒な; [ᵁ*derog*] 自由思想の, 道徳律蔑棄論の; 《古》制約のない. [L=freedman; ⇨ LIBERTY]

lib·er·tin·ism /líbərtìːnɪ̀z(ə)m, -tə:-; -tɪ-/ *n* 放蕩, 放埒; 《宗教上の》自由思想; 《性道徳上の》自由主義.

lib·er·ty /líbərti/ *n* **1 a** 自由, 随意; 《拘束・幽閉などからの》自由, 解放, 釈放, 放免; 《専制的支配などからの》自由《社会・政治・経済における》自由; 〘哲〙選択[意志]の自由: religious ～ 信教の自由 / natural ～ 天賦の自由《自然律にのみ服する状態》/ LIBERTY OF CONSCIENCE etc. **b**《出入りの》自由, 権利, 許可. **c**〘海〙《短期の》上陸許可《通例 48 時間以内; 長期のものは leave という》; *《俗》休日, 短期休暇: a ～ day 上陸(許可)日 / a ～ man 上陸を許可された船員. **2**《過度の》自由, 勝手, 気まま; [°*pl*] 勝手[野放図]なふるまい: be guilty of a ～ 勝手[無礼]なことをする / take *liberties* 勝手なことをする / take *liberties* with… 〈女性〉になれなれしくする; 〈文章・法規など〉を勝手に変える, 〈事実を〉歪曲する; …に無謀なことをする / take the ～ of doing [to do] 失礼をも顧みず[勝手に]…する / if you'll pardon [excuse] the ～ 勝手なことをさせて[言わせて]もらえば / What a ～! 《口》何と失礼[無礼, 勝手]な! **3 a** 権利; [*pl*]《勅許・時効で得た》特権 (privileges)《自治権・選挙権・参政権など》. **b**〘英史〙特権を有する区域, 《特権を認められた市外の》特別行政区, 《囚人が住むことを許された獄外の》特別自由区. **4** [L-]〘英〙リバティー《一般市民の自由と権利の擁護・拡大をはかり, 差別や権力の濫用と闘うことを目的とした団体; 1934 年設立の National Council for Civil Liberties が 89 年に改名したもの》. ● **at ～** 自由(の身)で; 勝手に…できる 〈*to* do〉; 暇で; 〈物が空いて(いる)〉; *[*euph*] 失業して: set…*at* ～ …を自由にしてやる, 放免する. SONS OF LIBERTY. [OF＜L (*liber* free)]

Liberty LIBERTY'S.

Líberty Bèll [the]〘米〙自由の鐘《米国の自由・独立の象徴となっている大きな鐘; 1776 年 7 月 8 日独立宣言の布告の時に鳴らされた; 建国 200 年の 1976 年, Philadelphia の Independence Hall から近くの展示館へ移された》.

líberty bòat"〘海〙上陸を許可された船員を運ぶボート.

líberty bòdice 《かつて幼児などに着せた》厚地の綿の袖無し肌着.

Líberty bònd 自由[リバティー]国債 (⇨ LIBERTY LOAN).

líberty càp 1 自由の帽子《解放奴隷に与えられた三角ずきん; それをかたどった帽子で, フランス革命当時の革命家や, 1800 年以前のアメリカ人が自由の象徴としてかぶった》. **2**〘菌〙ヨーロッパ産のシビレタケ属の毒キノコ《幻覚剤 psilocybin が含まれている; マジックマッシュルームの一つ》.

líberty hàll [°L- H-]《口》やりたいように行動できる場所[状況], 《特に》客が勝手にふるまえる家, 無礼講の家.

líberty hòrse 《サーカスの》乗り手なしで芸をする馬.

Líberty Ìsland リバティー島《Upper New York 湾の小島; 自由の女神の像がある; 旧称 Bedloe's Island》.

Líberty lòan〘米史〙自由[リバティー]国債《第一次大戦の戦費をまかなうために 1917–19 年に 5 度行なった国債発行; 個々の国債は Liberty bond という》.

líberty of cónscience FREEDOM OF CONSCIENCE.

líberty of spéech FREEDOM OF SPEECH.

líberty of the préss FREEDOM OF THE PRESS.

líberty of the súbject 臣民の自由《法律の範囲内での自由》.

Líberty pàrty〘米〙リバティー党, 自由党《1839 年に組織された米国最初の反奴隷制政党; 1848 年自由土地党 (Free-Soil party) と合併》.

líberty pòle 自由の柱, 自由の木《通例 村の草地や市の立つ広場にある, しばしば 先端に liberty cap や旗を付けた柱[木]; 植民地時代に '自由の子' (Sons of Liberty) が英国支配に反対する抗議の象徴とし, そのまわりで反英集会を開いた》.

Lib·er·ty's /líbərtiz/ リバティー百貨店《London の Regent Street にある高級デパート; 1875 年創業》.

Líberty shìp リバティー船《第二次大戦中に米国で建造された約 1 万トンの規格輸送船》.

Li·bia /líːbjɑː/ リビア (LIBYA のイタリア語名).

li·bid·i·nal /ləbídnəl, -bídənl/ *a* リビドー (libido) の, 本能的な. ♦ **～·ly** *adv*

li·bid·i·nize /ləbíd(ə)nàɪz/ *vt* 性的満足の因とみなす, リビドー化する.

li·bid·i·nous /ləbíd(ə)nəs/ *a* 好色の, 肉欲的な (lustful); 煽情的な; LIBIDINAL. ♦ **～·ly** *adv* **～·ness** *n* [L (↓)]

li·bi·do /ləbíːdou/ *n* (*pl* **～s**) 愛欲, 性的衝動; 〘精神分析〙リビドー《性本能のエネルギー》. [L *libidin- libido* lust]

Lib-Lab /líblæb/ *a, n* 自由-労働派の(自由党員)《19 世紀末の英国で労働組合運動を支持した》; [°lib-lab]《英国で》自由党と労働党の提携(派)の. ♦ **Líb-Láb·bery** *n*

Li Bo 李白 (⇨ LI BAI).

LIBOR /láɪbɔːr/ London Inter-Bank Offered Rate ロンドン銀行間出し手金利, ライボー, リボレート《ロンドン市場の銀行間取引で出し手銀行が示すレート; 国際金融市場の重要な指標金利》.

li·bra /líːbrə, láɪbrə/ *n* (*pl* **-brae** /líːbràɪ, láɪbriː/) **1** 重量ポンド《略 lb., lb; 古代ローマの重量単位: 327.45 g; /líːbrə, -vrə/ スペイン・ポルトガル・メキシコ・コロンビア・ベネズエラの重量単位》: 5 *lb*(*s*) 5 ポンド《重量》. **2 a** /líːbrə/ 英国の通貨ポンドの記号 (£): £5 5 ポンド《金額》. **b** ペルーの古い金貨. **3** [L-]〘天〙てんびん座(天秤座)〘星座〙(Scales [Balance]), 《十二宮の》天秤宮 (⇨ ZODIAC); てんびん座生まれの人. [L=pound weight, balance]

Li·bran /líːbrən, láɪ-/ *n, a* てんびん座生まれの(人).

li·brar·i·an /laɪbréəriən/ *n* 司書, 図書館員. ♦ **～·shìp** *n* 図書館員の地位[職務]; "LIBRARY SCIENCE.

li·brary /láɪbrèri, -brəri, -bri; -br(ə)ri/ *n* **1 a** 図書館, 図書室; 蔵書; 《レコード・フィルムなどの》ライブラリー《収集物 または 施設》; *貸本屋 (rental library); 《新聞社などの》資料室 (morgue); 〘電算〙ライブラリー《いろいろなプログラム・サブルーチンを集めたもの》: a walking ～ 生き字引, 物知り. **b**《個人の》文庫, 書庫; 書斎, 読書室. **2** 読書クラブ, 回読会. **3**《通例 出版社が装丁・定価などをそろえて出す》双書, シリーズ. **4**〘遺〙ライブラリー《適当な細胞中などに維持されている

DNA, 特に組換えDNAのコレクション; 特定生物·組織の遺伝物質を表わす). 5*《俗》便所, トイレ. [OF<L (*liber* book)]

líbrary bìnding 図書館製本《体裁より堅牢性を重視する; cf. EDITION BINDING》.

líbrary càrd 〖図書館〗図書館[貸出し]カード.

líbrary edìtion 図書館版《大型で堅牢; cf. TEXT EDITION, TRADE EDITION》; 《装丁·判型をそろえた, 一著者の》全集版.

Líbrary of Cóngress [the] 議会図書館《Washington, D.C. にある米国議会の付属図書館; 世界最大規模を誇る》.

Líbrary of Cóngress classificàtion 〖図書〗議会図書館分類法 (=*LC classification*)《米議会図書館で開発された文字と数字の組合わせによる図書分類法》.

líbrary pàste 図書館用糊《白色で濃く接着力が強い》.

líbrary pìctures" *pl* 〖放送〗資料映像, LIBRARY SHOT.

líbrary schòol 図書館学校《図書館学を専門に教授し, 司書·図書館員を養成する》.

líbrary scíence 図書館学 (librarianship").

líbrary shòt 〖放送〗資料映像, ライブラリーショット《必要時に備えてファイルしておく, 海洋·建造物など一般的テーマを撮影したフィルム》.

li·brate /láɪbrèɪt/ *vi* 振れ動く, 振動する, 震える; 釣り合う. ► *vt* 《古》釣り合わせる, …の重さを計る. [L; ⇨ LIBRA]

li·bra·tion /laɪbréɪʃ(ə)n/ *n* 振動; 均衡, 釣合い; 《月などの》秤動(ひょうどう). ♦ **~·al** *a*

librátion pòint 〖天〗秤動点 (LAGRANGIAN POINT).

li·bra·to·ry /láɪbrətɔ̀:ri; -t(ə)ri/ *a* 〖理〗振動する (oscillatory); (天秤のように)釣り合う.

li·bret·tist /ləbrétɪst/ *n* 《劇場音楽の》台本作家.

li·bret·to /ləbrétoʊ/ *n* (*pl* **~s, -bret·ti** /-bréti/) リブレット《歌劇など劇場音楽の歌詞·台本》. [It (dim)‹*libro* book<L *liber*]

Li·bre·ville /lí:brəvìl, -vì:l/ リーブルヴィル《ガボンの首都; ガボン川河口の港町, 1843年フランスの貿易拠点として建設》.

libri *n* LIBER[2] の複数形.

lí·bri·fòrm /láɪbrə-/ *a* 〖植〗靭皮(じんぴ)状の.

Lib·ri·um /líbriəm/ 〖商標〗リブリウム《chlordiazepoxide 製剤》.

Lib·ya /líbiə/ **1** リビア《北アフリカの国; ☆Tripoli》. **2** リビア《エジプトの西のアフリカ北部地方の古代名; 特に Sidra 湾 (Syrtis Major) 以東の Cyrenaica などのあった地域》.

Líb·y·an *n, a* リビア人(の), リビアのベルベル人[語](の); 《詩》NORTH AFRICAN.

Líbyan Désert [the] リビア砂漠《Nile 川の西, リビア·エジプト·スーダンにまたがって広がる砂漠》.

lic. license ♦ licensed.

lice *n* LOUSE の複数形.

li·ce·i·ty /laɪsí:əti/ *n* 合法, 適法.

li·cense, li·cence /láɪs(ə)ns/ (*v* は米英とも license, *n* は英では -cence が普通) ► *n* **1** 承諾, 許諾, 許し ‹*to do*›; 認可, 免許 ‹*to* do, *for*›; 免許状, 認可書, 鑑札; 《特許権などの》実施許諾, 《商標権·知的財産権などの》使用許諾, ライセンス: under ~ 許可[鑑札]を受けて / DRIVER'S LICENSE, DRIVING LICENCE / a ~ *to* practice medicine 医師開業免状. **2** 《行きすぎた》自由, 放縦, 気まま; 放埒, 放蕩; 《文芸上の》破格: POETIC LICENSE. ● **a ~ to print money** [*derog*] ボロもうけの商売. ► *vt* 認可する; …に免許状を与える; ‹商標·特許製法など›の使用[実施]を(正式手続きによって)許諾する; 許す (allow): He has been ~*d* to practice medicine. 開業医としての免許を受けた. ♦ **lí·cens·able** *a* 許可[免許, 認可]できる. **~·less** *a* [OF<L (*licet* it is allowed)]

lícense agrèement 使用[実施]許諾契約(書), ライセンス契約(書).

lí·censed *a* 認可された, 免許を受けた, 鑑札を受けている, "酒類販売の免許を受けた; 世間の認める: a ~ hotel 酒類販売免許のホテル / a ~ jester 《君側にはべる》直言御免の道化.

lícensed práctical núrse 〖米〗《州などの正式免許をもった》有資格実地看護師, 准看護師《略 LPN》.

lícensed víctualler" 酒類販売免許の飲食店主.

lícensed vocátional núrse 〖米〗《California, Texas 州で》LICENSED PRACTICAL NURSE《略 LVN》.

li·cens·ee, -cenc·ee /làɪs(ə)nsí:/ *n* 免許[認可, 許諾]された人, 被許可者, 免許保有者, 《特許·商標などの》実施[使用]権者; 認可酒類[タバコ]販売人.

lícense fèe 免許[許可]手数料, 免許税; 《知的財産権などの》使用料, ライセンス料.

lícense nùmber 《自動車の》ナンバープレートの番号, ナンバー.

lícense plàte* 認可番号札; 《自動車の》ナンバープレート (number plate"); 《飼い犬の》鑑札.

lí·cens·ing hòurs" *pl* 事前許可営業時間《パブ (pub) が業務を行なうことが認められている時間》.

lícensing làws" *pl* [the] 事前許可制法《酒類販売の時間と場所を規制する法律》.

lí·cen·sor, -cens·er *n* 許可[認可, 許諾]者, 《特許·商標などの》実施[使用]許諾者, ライセンサー.

li·cen·sure* /láɪs(ə)nʃər, -ʃʊ̀ər/ *n* 《専門職などの》免許下付, 開業の認可[許可].

li·cen·te /lɪsénti/ *n pl* リセンテ《SENTE の複数形》.

li·cen·ti·ate /laɪsénʃiət, *-ʃièɪt/ *n* 免(許)状所有者, (開業)有資格者; /lɪsén-/ 《欧州の大学で》準博士号(保有者); 《特に長老教会の》未就任の有資格牧師. ♦ **~·ship** *n* [L; ⇨ LICENSE]

li·cen·tious /laɪsénʃəs/ *a* 放蕩な, みだらな; 気ままな, 放縦な; 《古風》規律[規範]を軽視している. ♦ **~·ly** *adv* **~·ness** *n* [L; ⇨ LICENSE]

li·cet /láɪsɛ̀t/ *a* 許可された, 合法の. [L]

lich /lítʃ/ *n* [[u]*compd*] "《方》死体. [OE *lic* corpse]

li·chee /lí:tʃi; laɪtʃí:, láɪtʃi, lí:-/ *n* LYCHEE.

li·chen /láɪkən/ *n* 地衣; 〖医〗苔癬(たいせん). ► *vt* 地衣[苔癬]でおおう. ♦ **~ed** *a* lichen におおわれた. **~·like** *a* [L<Gk]

li·chen·in /láɪkənən/ *n* 〖化〗リケニン《ある種の地衣類から得られる多糖類の一種》.

líchen·òid *a* lichen に似た, 苔癬様の: ~ eczema 苔癬様湿疹.

li·chen·ol·o·gy /làɪkənálədʒi/ *n* 地衣類学.

li·chen·om·e·try /làɪkənámətri/ *n* 〖地質〗地衣計測(法)《地衣類の直径を測ってその年齢やその生えている地域の年代を決定する》.

líchen·ous /-əs/, **-ose** /-òʊs/ *a* 地衣の(ような[多い]); 〖医〗苔癬(性)の.

Lich·field /lítʃfi:ld/ リッチフィールド《イングランド中西部 Staffordshire の市; Samuel Johnson の生地》.

lich-gate ⇨ LYCH-GATE.

lích-hòuse *n* 死体仮置場, 霊安所.

lích òwl" SCREECH OWL《死の前兆とされる》.

lích stòne 墓地門 (lych-gate) の下の棺を置く石.

licht /líxt/ *a, n, v* 《スコ》LIGHT[1].

Lich·ten·stein /líktənstàɪn, -stì:n/ リクテンスタイン **Roy ~** (1923–97)《米国の画家; ポップアーティスト》.

Li·cin·i·us /ləsíniəs/ リキニウス **Valerius Licinianus ~** (d. 325)《ローマ皇帝 (308–324); Constantine 大帝と分割統治したが廃位·処刑された》.

lic·it /lísət/ *a* 合法の, 正当な (opp. *illicit*). ♦ **~·ly** *adv* **~·ness** *n* [L; ⇨ LICENSE]

lick /lík/ *vt* **1** なめる; ‹炎が›めらめらと走る; ‹波が›なめるように洗う: ~ the plate clean 皿をきれいになめる / ~ one's LIPS. **2** 《口》《罰として》なぐる, たたき出す[直す]. **3 a** 《口》打ち勝つ, 負かす, しのぐ: If you can't ~ 'em, join 'em. ⇨ BEAT (*vt* 2a). **b** ‹問題を›片づける, 解決する: have (got) sth ~*ed* 事をうまく処理する. **c** ‹人の›理解を超えている: This ~*s* me. これには参った《何だかさっぱりわからない》. ► *vi* なめる ‹*at*›; ‹火炎·波などが›なめるように勢いよく動く; 《口》急ぐ, とばす (hasten); 《口》勝つ: as hard as one can ~ 一目散に, 全速力で. ● **~ everything** ⇨ lick (all) CREATION. **~ into shape** (一人前に)仕上げる, ものにする, 目鼻をつける《熊は産んだ子をなめてその形をつくるという伝説から》. **~ off** なめて取る. **~ one's chops** ⇨ CHOP[3]. **~ sb's shoes [boots,** 《俗》**spittle,** 《卑》**ass]** 人にこびる, おべっかを使う, へいこらする: make sb ~ one's *boots* 人をぺしゃんこにする. **~ one's wounds** 《敗北·処罰などの後に》痛手から立ち直ろうとする. **~ the** DUST. **~ up [away]** ‹液体などを›なめつくす. ► *n* **1 a** なめること, ひとなめ; 《ペンキなどの》ひと塗り(分); [a ~ of...] 少量, [not a ~]* 少し(も…ない): *a ~ of* paint 《部屋などの見ばえをよくする》少量のペンキ / He does*n't* care *a ~* about me. わたしのことなど気にもかけない. **b** 動物が塩をなめに行く所 (salt lick); 家畜などになめさせる塩や薬品の塊. **2** 《口》強打, 殴打; *《俗》試み, 試すこと; 《口》リック, フレーズ《ジャズなどの, 即興的な挿入[装飾]楽節》; [[o]*pl*] *《口》機会, 転機; *《黒人俗》計画, 考え; きついことば, 皮肉: hit it a ~ 強打する, 思いきりひっぱたく / LAST LICKS. **3** 《口》速力, 速さ: at a great [tremendous] ~ =(at) full [quite a] ~ 全速力で, 大急ぎで. ● **a ~ and a promise (of better)** 《口》やっつけ仕事, "ぞんざいな洗濯[掃除]: give sth *a ~ and a promise*. **get [put] in one's (best [biggest]) ~s** *《口》大いに働く[努力する]. [OE *liccian*; cf. G *lecken*]

líck-alìke *a* 《アイル口》そっくりの.

lick·er·ish /lík(ə)rɪʃ/ *a* 美食を好む; 好き嫌いの多い, えり好みする; むさぼり食う, がつがつした; 好色な (lustful); 《廃》食欲をそそる. ♦ **~·ly** *adv* **~·ness** *n* [AF *likerous*, OF LECHEROUS]

lick·e·ty-splìt, -cút /líkəti-/ *adv, a**《口》全速力で[の], 猛然と(した), 大急ぎで[の]. [? LICK (cf. at full *lick*), SPLIT]

lick·ing *n* **1** なめること, ひとなめ. **2** 《口》なぐること, むち打ち; 《口》負かすこと; 《口》退歩, 逆転: give [get, take] a good ~ したたか打つ[打たれる]. ► *adv* 《方》非常に, えらく (exceedingly).

Líck Obsérvatory リック天文台《San Francisco の南東約 300 km の Hamilton 山にある California 大学付属の天文台; 1888年完成》. [James *Lick* (1796–1876) 米国の実業家で 36 インチ鏡の寄贈者]

líck·spittle, -spit *n* おべっか使い, 腰ぎんちゃく; おべっか, へつらい. ► *vt, vi* (…に)おべっかを使う, へつらう.

lic·o·rice | li·quo- /lík(ə)rɪʃ, -k(ə)rəs/ *n* 〖植〗カンゾウ (=*sweetroot*)《マメ科; 地中海沿岸地域から中央アジアにかけて分布し, ロシア·スペイン·中東で栽培される》; 甘草(かんぞう)《カンゾウの根から製したエキスで

製薬·醸造·製菓などに使用)); 甘草入りのキャンディー. [AF<L<Gk (*glukus* sweet, *rhiza* root)]

lícorice stìck *《俗》クラリネット (clarinet).

lic·or·ous /lík(ə)rəs/ *a* LICKERISH.

lic·tor /líktər/ *n* 〖古ロ〗リクトル《束桿 (fasces) を携えて執政官の先駆となり犯人の捕縛などに当たった官吏》. ♦ **lic·to·ri·an** /lɪktɔ́:riən/ *a* [L; cf. L *ligo* to bind]

lid /líd/ *n* **1** ふた; まぶた (eyelid); 《俗》帽子; 《方》《書物の》表紙; 〖植·貝〗ふた状のもの, へた; 《パイの》最上部の皮, ふた. **2** 規制, 抑制, 取締まり. **3** *《俗》1 オンスのマリファナ(の包み); *《俗》電鍵操作のへたな通信士. ● **blow one's ～**＝BLOW[1] one's top. **blow** [**take**] **the ～ off**…＝**lift the ～ off** [**on**]…〈醜聞·不法行為などを〉世間に暴露する, ばらす, すっぱぬく. **dip one's ～** 《豪口》《挨拶に》帽子を上げる. FLIP[1] **one's ～**. **keep a** [**the**] **～ on**…を秘密にしておく, 隠しておく; …を抑えておく. **put a** [**the**] **～ on**…を抑える, 取り締まる; *《俗》…を言うのをやめる. **put the** (**tin**) **～ on** (…) "《口》(計画·行動などを)終わらせる, だめにする; "《口》(一連のいやな事の)最終で最悪の事態となる《そのためついに耐えられなくなる》: That *puts the ～ on* it. それでとどめを刺された, もうたくさんだ. **with the ～ off** 恐ろしいもののありったけを目に見せて. ► *vt* (**-dd-**) ふたをする, おおう. ♦ **líd·ded** *a* ふた[おおい]のある; まぶたが…の: heavy-*lidded*. [OE *hlid*<Gmc (**hlidh-* to cover; G *Lid*)]

li·dar /láɪdɑ̀:r/ *n* ライダー《マイクロ波の代わりにパルスレーザー光を出すレーダーに似た装置》. [*light*＋*radar*]

Líd·dell Hárt /lídl-/ リデルハート Sir **Basil Henry** ～ (1895–1970)《英国の軍事科学者; 早くから空軍力の重要性と機甲化戦車戦を主張した》.

Li Denghui 李登輝 (⇨ LEE TENG-HUI).

líd grìp 《瓶などのふたにかぶせて開けやすくする》板状ゴム.

Li·di·ce /lídə(t)si, -tsèɪ/ リディツェ《チェコの Bohemia 中西部の村; 1942 年 Hitler の腹心 Reinhard Heydrich の暗殺に対する報復として全村がナチスに抹殺された》.

líd·less *a* ふた[まぶた]のない; 《古·詩》一瞬も目を閉じることのない, 警戒を怠らない (vigilant).

Li·do /lí:doʊ/ **1** リド《イタリア北部, アドリア海の奥にある Venice 湾と Lagoon of Venice を隔てる島; 海浜保養地》. **2** [l-] (*pl* **lí·dos**) **a** 《上流人士の集まる》一流の海浜保養地 (resort). **b** 屋外水泳プール《特に 遠洋定期航路の客船の》. [L *litus* shore]

li·do·caine /láɪdəkèɪn/ *n* 〖化〗リドカイン《塩酸塩を局部麻酔薬·抗不整脈薬として用いる》.

líd·pòpper, líd·pròpper *n* *《俗》アンフェタミン剤[カプセル].

lie[1] /láɪ/ *n* うそ, 虚言 (MENDACIOUS *a*); 偽り, 詐欺; うそをついたという非難; 迷った信念; 間違ったしきたり; *《黒人俗》作り話, ほら話, 逸話: tell a ～ うそを言う[つく] (opp. *tell the truth*) / act a ～ 《行為で》人を欺く / WHITE LIE / a ～ with a latchet＝a ～ (made) out of (the) whole cloth まっかなうそ / Give a ～ twenty-four hours' start, and you can never overtake it. 《諺》広がったうそは取り消せない《うそは広めさせるな》/ One ～ makes many. 《諺》ひとつのうそは多くのうそを生む / ～ and story *《黒人俗》うわさ話, ゴシップ. ● **give the** (**direct**) **～ to**…の偽りを立証する, …と矛盾する; うそをついたと言って〈人を〉責める. **give sb the ～** (**in his throat**) 〈人を〉(ひどい)うそつきだと責める, うその皮をひんむく. (**I**) **tell a ～**. "《口》違った, 今のは間違い《話者が言い間違いを訂正するときの句》: Yesterday—no, *I tell a* ～—it was two days ago. 昨日—いや違う—2 日前だ. **live a ～** 自分を偽って生きる, うそをつき続ける. **No ～!** 《口》うそじゃないよ, ほんとうだったら. **without a word of** (**a**) **～** "《俗》うそ偽りなく, 本当に. ► *vi*, *vt* (**～d**; **lý·ing**) うそをつく 〈*about*〉; うそを言って[欺いて]…(の状態)にする; 〈ものが〉人を欺く, 惑わす: ～ *away* a reputation うそをついて評判を落とす / ～ sb *into* [*out of*]… 人を欺いて…に陥れる[を奪う] / ～ *oneself* [one's way] *out of* trouble うそをついて難をのがれる[脱する]. ● **～ in one's teeth** [**through one's teeth, in one's throat**] まっかな[とんでもない]うそをつく. [OE (n) *lyge*, (v) *leogan*; cf. G *Lüge*, *lügen*]

lie[2] *vi* (**lay** /léɪ/; **lain** /léɪn/, 《古》**lien** /láɪ(ə)n/; **lý·ing**) **1 a** 横たわる, 横になっている; 横になる (cf. LAY[1]); 〈船が〉停泊する; 〈猟鳥が〉警戒してじっとしている; 《古》〈軍隊が〉野営する, 宿営する; 《古》一時留まる, 泊まる; 《古》…と寝る, 性交する 〈*with*〉: ～ asleep 横になって眠っている / ～ ill (in bed) 病気で寝ている / ～ dead 死んでいる / Let sleeping dogs ～. やぶへびの愚を犯すな. **b** 無力な状態にある; 葬ってある, 地下に眠る 〈*at*, *in*〉; [*fig*] 〈ものが〉眠って[遊んで]いる: ～ in prison 刑務所につながれている / money *lying* at the bank 銀行に眠っている金. **2** 位置する (be situated); 広がっている (stretch); 〈道が〉通じている 〈*through*, *by*, *along*, *among*, etc.〉: Windsor ～*s* west of London. ウィンザーはロンドンの西方にある / The village *lay* across the river. 村は川の向こう側にあった. **3 a** 《平らな状態で》ある, 存在する; 〈…の〉関係にある: Fallen leaves ～ on the ground. 落葉が地面に積もっている / There ～*s* the difficulty. そこがむずかしいところだ / The choice ～*s* between death and dishonor. 死か恥か二つに一つを選ばねばならない / as far as in me ～*s* わたしの力の及ぶかぎり. **b** 《そのままの状態で[放置されて]》ある (remain): Let it [things] ～! ほっておけ, かまうな. **c** 〖法〗〈控訴などが〉理由が立つ, 支持される 〈*to*〉. ● **～ around** [**about**] 乱雑におかれている, 散らかっている; 無為に[ぶらぶらと]過ごす. **～ ahead** (**of**…) [**before**(…)] (…の)前途に待ち受けている: Great difficulties still ～ *ahead*. 大きな困難が依然前途に横たわっている / Life ～*s before* you. 諸君の人生はこれからだ. **～ along** 大の字になる; 〖海〗横風をうけて傾く. **～ back** あおむけに休む, (椅子などの)後ろにもたれる 〈*in*, *on*〉; 休む, ゆっくりする. **～ behind**(…の)後ろに位置する; (…の)過去に経験としてある[起こる]; …の原因[背景]としてある. **～ beyond**…の向こうにある; …(の能力)を超えている, …の及ばないところにある. **～ by**(…に)保管されている; じっとして[引きこもって]いる; 使われずにある, 取りのけてある; 〖海〗LIE to. **～ close** 隠れている; 寄り固まる. **～ down** (一時)横になる, 休む 〈*on* the bed〉; 屈服する: take an insult [it] *lying down* 甘んじて侮辱をうける / ～ *down* under…〈圧制·侮辱など〉を甘んじてうける. **～ down on the** JOB[1]. **～ in** "《口》いつもよりおそくまで寝床にいる; 《古風》お産の床につく. **～ in**…〈事実·理由·美点などが〉…にある. **～ in** STATE. **～ off** しばらく仕事を休む; 休息する; 〖海〗〈陸地または他船から〉少し離れている; 《競馬などで》レースの初めのうち力を抑制する. **～ on**…の義務[責任]である, …の双肩にかかる; …による; …に重荷となる. **～ out** 〈土地が〉未耕作状態にある. **～ over** 延期になる; 〈期限が過ぎても手形などが〉支払われずにいる; 処理されないまま[目に触れずに]残っている; *旅を途中で止める, 逗留する. **～ to** (…) 〖海〗《風に向かって》(ほとんど)停船する, 漂蹰(ひょうちゅう)する; …に全力を尽くす: ～ *to* the oars 必死にこぐ. **～ under**…〈疑いなど〉をうける, …のめにあう. **～ up** 隠退する, 《部屋·穴などに》引きこもる, 《病気で》休む, 寝込んでいる; 〖海〗〈船が〉ドックに入る, 係船してある. **～ with**… ⇨ *vi*; …の役目[義務, 罪]である.
► *n* **1** 方向, 位置, 向き; 状態, 形勢 (cf. LAY[1] *n*); 〖ゴルフ〗ライ《(1) ボールの位置 (2) クラブヘッドのシャフトへの取付け角度》: His ball landed in a bad ～. 彼の打った球は打ちにくい場所に止まった / LIE OF THE LAND. **2** 《動物の》すみか, 巣, 穴. **3** "《ベッドなどで》(ゆっくり)横になる[休息する]こと.
[OE *licgan*; cf. G *liegen*]

Lie /lí:/ リー (**1**) **Jonas** (**Lauritz Idemil**) ～ (1833–1908)《ノルウェーの小説家》(**2**) (**Marius**) **Sophus** ～ (1842–99)《ノルウェーの数学者; 連続群論を創始》(**3**) **Trygve** (**Halvdan**) ～ (1896–1968)《ノルウェーの政治家; 初代国連事務総長 (1946–53)》.

líe-abèd *n* 《口》朝寝坊.

Líe álgebra 〖数〗リー代数, リー環. [M. S. *Lie*]

Lieb·frau·milch /lí:pfràʊmìlk, lí:b-; *G* lí:pfraumɪlç/ *n* リープフラウミルヒ《ドイツ Rhine 地方産の白ワイン》. [G (*Liebfrauenstift* Worms にある修道院＋*milch* milk)]

Lie·big /lí:bɪg; *G* lí:bɪç/ リービヒ **Justus von** ～, Baron von ～ (1803–73)《ドイツの化学者》.

Líebig condénser 〖化〗リービヒ冷却器《蒸留した蒸気を内管に通し, その外側に冷却水を流す簡単な冷却器》. [↑]

Lieb·knecht /lí:pknɛ̀xt; -knɛ̀kt; lí:b-; *G* lí:pknɛçt/ リープクネヒト (**1**) **Karl** ～ (1871–1919)《ドイツの社会主義者; 社会民主党最左翼で, 第一次大戦中 Spartacus 団, 戦後共産党を組織したが虐殺された》(**2**) **Wilhelm** ～ (1826–1900)《ドイツの社会主義者; 社会民主労働党を設立; Karl の父》.

líe-bỳ "*n* 《鉄道の》側線, 待避線.

Liech·ten·stein /líkt(ə)nstàɪn, -ʃtàɪn/ リヒテンシュタイン《オーストリアとスイスとの間にある国; 公式名 Principality of ～ (リヒテンシュタイン公国); ☆Vaduz》. ♦ **～·er** *n*

lied /lí:d; *G* lí:t/ *n* (*pl* **lie·der** /lí:dər/) 〖楽〗ドイツ歌曲, リート. [G＝song]

Lie·der·kranz /*G* lí:dərkrants/ *n* **1** 歌曲集; *(男声)合唱団. **2** 〖商標〗リーダークランツ《香気の強いチーズ》. [G＝wreath of songs]

líe detèctor うそ発見器: give sb a ～ test 人をうそ発見器にかける.

líe-dòwn *n* "横になること, うたた寝, まどろみ; ライダウン (＝*lie-in*) 《道路や公共の場所などで集団で横たわることによって抗議などを表わす示威行動》.

lief /lí:f, lí:v/ *adv* (**～·er**) 喜んで, 快く (willingly). ★ 通例 以下の構文だけに用いる: I would [《文》had] as ～ go as not. 行かないより行ったほうがましだ / I would [《文》had] ～*er* (＝rather) cut my throat than do it. それをするくらいならいっそのどを切って死んだほうがましだ. ► *a* 《古》喜ぶ, 好む (glad, willing); 愛する, いとしい (dear). [OE *lēof* dear, pleasant; cf. LEAVE, LOVE, G *lieb*]

liege /lí:ʤ/ *n* 君主, 王侯; 家臣, 忠臣: My ～! [*voc*] わが君, 殿(との) / His Majesty's ～*s* 陛下の臣下 / the ～*s* 臣下. ► *a* 君主の, 至上の; 臣下の, 臣従の; 忠実な: a ～ lord 領主 / ～ homage 臣下としての礼. [OF<L<? Gmc]

Li·ège /liéɪʒ, -éʒ; *F* ljɛ:ʒ/ リエージュ (*Flem* Luik)《(1) ベルギー東部の州 (2) リエージュ州の市·州都》.

líege màn, líege·man /, -mən/ 忠節を誓った臣下[従者, 部下], 忠実な信奉者.

Lieg·nitz /lí:gnɪts/ リーグニッツ《Legnica のドイツ語名》.

Líe gròup /lí:-/ 〖数〗リー群. [M. S. *Lie*]

líe-ìn *n* "朝寝坊; LIE-DOWN.

lien[1] /lí:(ə)n/ *n* 〖法〗リーエン, 先取特権, 留置権, 優先弁済権 〈*on*〉;

担保権. ［OF＜L (*ligo* to bind)］

li·en[2] /láɪən, -èn/ *n* 〘解〙 脾臓, 脾 (spleen). ［L］

lien[3] *vi* LIE[2] の過去分詞.

li·e·nal /laɪíːn(ə)l, láɪən(ə)l/ *a* 脾臓の (splenic).

lien·or /líːnər, lìːnɔ́ːr/ *n* 〘法〙 リーエン権者.

li·en·ter·ic /làɪəntérɪk/ *a* 不消化物を含む[排出する].

li·en·tery /láɪəntèri; -t(ə)ri/ *n* 〘医〙 不消化下痢.

Lienyünkang ⇨ LIANYUNGANG.

líe of the lánd" [the] LAY OF THE LAND.

Lie·pā·ja /liέpəjə, -έpàːjɑː/ リエパヤ (*G* Libau, *Russ* Libava) 《ラトヴィア西部のバルト海に臨む市・港町》.

li·er /láɪər/ *n* 横たわる人. ［*lie*[2]］

li·erne /liə́ːrn/ *n* 〘建〙《丸天井の》つなぎ骨, 枝肋, 枝リブ.

Lies·tal /*G* líːstaːl/ リースタール《スイス北西部 Basel 州の Basel-Land 準州の町・準州の州都》.

Lietuva ⇨ LITHUANIA.

lieu /lúː/ *n* [次の成句で] 所 (place). ● **in ～** (**of**…の)代わりに (instead of). ［OF＜L *locus* place］

lieut[1] ⇨ LOOT[1].

lieut[2] /lúːt/ *n* *《俗》 LIEUTENANT.

Lieut Lieutenant.

lieu·ten·ant /lutέnənt; lɛftέn-/ *n* 《略 Lieut, 複合語の場合は Lt》 **1** 〘米陸軍・空軍・海兵隊〙 中尉 (first lieutenant), 少尉 (second lieutenant); 〘英陸軍〙 中尉; 〘海軍・米沿岸警備隊〙 大尉 (⇨ ARMY, AIR FORCE, NAVY, MARINE CORPS). **2** 上官代理, 副官, 補佐役; 〘米〙 警部補, 分署次長, 署長補佐《警察・消防署で captain の下の階級; ⇨ POLICE》. ♦ **lieu·tén·an·cy** *n* LIEUTENANT の職 [地位, 任期, 権限]; [集合的] (全) lieutenant たち. ［OF (LIEU, TENANT＝holder)］

lieuténant cólonel 〘陸軍・空軍・海兵隊〙 中佐 (⇨ ARMY, AIR FORCE, MARINE CORPS).

lieuténant commánder 〘海軍・米沿岸警備隊〙 少佐 (⇨ NAVY).

lieuténant géneral 〘陸軍・空軍・海兵隊〙 中将 (⇨ ARMY, AIR FORCE, MARINE CORPS).

lieuténant góvernor GOVERNOR 代理, 副 governor; 《英植民地・カナダ各州の》 副総督, 総督代理; 〘米〙《州の》副知事. ♦ **lieuténant góvernor·ship** *n*

lieuténant júnior gráde (*pl* **lieuténants júnior gráde**) 〘米海軍・米沿岸警備隊〙 中尉 (⇨ NAVY).

Lieuténant of the Tówer 〘英〙 ロンドン塔 (Tower of London) の副長官.

lieve /líːv/ *adv, a* 《方》 LIEF.

Li·far /líːfɑːr, lifáːr/ リファール **Serge ～** (1905–86) 《ロシア出身のフランスの舞踊家・振付家》.

life /láɪf/ *n* (*pl* **lives** /láɪvz/) **1 a** 生命, 命 (ANIMATE *a*); 生存, 存命, 生(せい): the origin of ～ 生命の起源 / human ～ 人命 / at great sacrifice of ～ 多大の人命を犠牲にして / lose one's ～ 《戦争・災害などで》命を失う / *L*～ is cheap here. ここでは人命は二の次だ. **b** 《肉体の死を超越した》魂, 生命; 〘宗〙 救い, 新生, 再生; [L-] 〘クリスチャンサイエンス〙 生命 (God): the eternal [everlasting, immortal] ～ 永遠の生命. **c** [呼びかけ] 《古》 いとしい人; 最も大切な[貴重な]もの: My ～! [*voc*] わがいとしい人よ / Baseball is his (whole) ～. 野球は彼の生命だ. **2 a** 《個人の》命, 寿命, 生涯, 人生; 《無生物の》耐用期間, 寿命, 〘理〙《素粒子などの》(平均)寿命; 終身刑(の宣告) (life sentence): a long [short] ～ 長命[短命] / a short ～ and a merry (one) 短いが楽しい人生 / Many *lives* were lost. 死者は多数だった / all one's ～ (through)＝through ～ 終生 / in (all) one's ～ 一生で, 生まれてから(このかた), (これから)死ぬまで / the…of one's ～ ⇨ of one's LIFE / *L*～ is too short for… [to do…]. …に時間を使って人生をむだにするわけにはいかない / Where have you been all my ～? 今までどうして出会えなかったんだろう, とうとう君[あなた]って人に会えたんだね / While there is ～, there is hope. 《諺》 命のある間は希望がある / *L*～ is short and time is swift. 《諺》 人生は短く時は過ぎやすし《楽しめる時に楽しめ》 / a machine's ～ 機械の寿命 / get [be given] ～ 終身刑を宣告される / do ～ 終身刑に服する ‹*for*›. **b** 〘保〙 被保険者: a good [bad] ～ 平均余命に達する見込みのある[ない]人 / a ～ policy 生命保険証書. **c** 〘球技〙 命拾い; 〘玉突・ゲームなど〙 やりなおしの機会, (プレーできる)チャンス(の数). **3 a** 生活(状態), 暮らし; 人生, 人事; 世間, この世; 実(社会の)生活, 社会活動; [the, °the L-] *《俗》 売春; [the, °the L-] *《俗》 ゲイの暮らし: city ～ 都会生活 / married [single] ～ 結婚[独身]生活 / have a hard ～ つらい生活をする / in *the* ～ 売春をして; ゲイの暮らしをして / the man [woman] in one's ～ [°*joc*] いい人, 恋人, 愛人; 夫, 妻 / live a happy ～ 幸福な生活を送る / live one's (own) ～ 自分(だけ)の考えにしたがって生きる / live two *lives* 二重生活をする / this ～ この世, 現世 / the other [future, next] ～＝～ after death＝the ～ to come あの世, 来世 / Such is ～.＝That's ～.＝*L*～'s like that. これが人生だ, (どうあろうと)しかたがない / *L*～ is sweet. 《諺》 この世は楽し / *L*～ begins at forty. 《諺》 人生は 40 から / This is the ～. 《本意を表わして》 人生はこうでなくちゃ / What a ～! 《通例 不満を示し》 なんという(つまらぬ)人生だ, やれやれ / How's ～ (treating you)? 暮らしはどうだい? / *L*～ goes on. 人生はこれで終わりではない, 人生はこれからだ《失望・落胆している人への励まし》. **b** 伝記(映画), 言行録: *The L～ of Samuel Johnson*『サミュエル・ジョンソン伝』. **4** 元気, 精力, 活気, 生気; 活気[生気]を与えるもの, 原動力, 'いのち'; 新鮮さ; 《食品の》鮮度, 生き; しなやかさ, 弾力性; 《ワインなどの》発泡性, 気: full of ～ 元気いっぱいで; ‹町などに›にぎやかで / with ～ 元気よく / breathe (new) ～ into… を活気づける / the ～ (and soul) of the party 一座[催し]の花形的存在[スター] / Put some ～ into your study. 勉強にもう少し気を入れなさい / There's ～ in the old dog yet. 老いてなお盛んである / The streets are showing signs of ～. 通りは活気を見せている. **5** 生き物, 生物《集合的》: animal [vegetable] ～ 動物[植物]. **6** 実物, 本物; 《写真などでない》本物の(ヌード)モデル; 実物大(の形): a picture taken from (the) ～ 実物を写生した絵 / paint…from ～ 実物を写生する / true to ～ 実物[実際]どおりで / larger than ～ 実物[等身大]より大きい, 拡大した, 誇大な; 並はずれた (⇨ LARGER-THAN-LIFE) / STILL LIFE. **7** [L-] ライフ《妊娠中絶に反対する英国の市民団体》; [L-]『ライフ』《米国のグラフ誌; 1936 年週刊で創刊, 休刊, 月刊で復刊を経て, 2000 年廃刊》.

● **(as) big [large] as ～** (1) 実物大で, 等身大で. (2) 《驚いたことに》 本人自身で, その物自体で‹来るなど›: I saw him there *as large as* ～. (3) まがうことなく, 本当に, 実際に. **(as) big as ～ and twice as natural** [《俗》 **ugly**] [°*joc*] 紛れもなく本人で[その物自体で]. **as if [though]** one**'s ～ depended on it** 全力をあげて, 一意専心, 没頭して. **as I have ～** 確かに. It is **as much as** one**'s ～ is worth** to do…すれば命があぶない. **begin ～** 実社会に出る; ‹制度などが›始まる, 第一歩を踏み出す. BET one**'s ～**. **bring…to ～** 生き返らせる; …に生命を吹き込む, 活気を与える; 活写する. CHANGE OF LIFE. **come to ～** (1) 意識を取り戻す, 正気づく. (2) 活気をおびる, 動き出す, 活動を始める. (3) 真に迫る. **depart this ～** [特に過去形で墓碑銘に用いて] この世を去る, 死ぬ. **for ～** 死ぬまで, 一生の間; 終身の, 無期の; 一所懸命, 命がけで: an official appointed *for* ～ 終身官. **for** one**'s ～**＝**for dear [very] ～** 命がけで, 必死になって. **for the ～ of** one [°*neg*] どうしても: I could *not* understand it *for the* ～ *of me*. どうしてもそれを理解できなかった. **frighten [scare,** etc.**]** sb **out of** his **～** 震え[縮み]あがらせる. **Get a ～!** *《口》 しっかりしなよ, もっと楽しく生きようよ. **get the fright [shock,** etc.**] of** one**'s ～** 《口》《これまでにない》大変な恐怖に襲われる[ショックをうける], 肝をつぶす. **give [yield] up the ～**＝give up the GHOST. **go for your ～** [*impv*] 《豪口》 (どんどん)おやりなさい. **have the time of** one**'s ～** 《口》 今までにないほどおもしろく過ごす, 一生の思い出になるような経験をする. **if** one **values** one**'s ～** もし命を大切に思うのなら, 生きていたけりゃ, 面倒を避けたいのなら. **in ～** (1) 存命中, この世で: late *in* ～ 晩年に. (2) [強意]: with all the pleasure *in* ～ 大喜びで / nothing *in* ～ 皆無 / Nothing *in* ～ will induce me to do so. どんな事があったってそうする気にはなれない. **large as ～** ⇨ as big as LIFE. **～ and [or] limb** 生命と身体, 五体: risk ～ *and limb* 命を賭ける / escape with ～ *and limb* たいしたけがもなくのがれる. **make ～ difficult [easy]** 生活を困難に[楽に]する; 問題[情況]を複雑に[楽に]する. **Not on your ～!** 《口》《相手の提言・要請を拒否して》 ありえない; とんでもない. **of ～ and [or] death** 生死にかかわる, 死活の (cf. LIFE-AND-DEATH): a matter [case, question] *of* ～ *and* [*or*] *death* 死活問題 / the power [right] *of* ～ *and* [*or*] *death* 生殺与奪の権. **of** one**'s ～** 人生で[これまでで]最高の: the performance *of his* ～ 一世一代の演奏[演技, プレー] / get the fright [have the time] of one's LIFE. **see [learn] ～** 世間を見る[知る]: He has *seen* nothing of ～. まるで世間知らずだ. **see ～ (steadily and see it) whole** 世の中全体を見る, 世の中を均衡のとれた見方で判断する. **start ～** この世に生をうける, 生まれる; begin LIFE. **take** sb**'s ～** 殺す: *take* one's (own) ～ 自殺する. **take** one**'s ～ in** one**'s** HANDS. **take** one**'s ～ upon**…に命を捨ててかかる. **to save** (one's) **～** [can [will] not と共に用いて] 《口》 どうしても…できない[したくない]. **to the ～** 実物どおりに, 生き写しに. **upon my ～** 命にかけて, 誓って; これは驚いた! **a [**sb**'s] way of ～** (人の)生き方, 生活様式. **You've saved my ～.** 《俗》 ありがとう.

► *a* **1** 生命の; 一生の, 生涯の, 終身の. **2** 実物をモデルにしている. **3** 生命保険の (cf. *n* 2 b); 緊急救済のための‹財政措置›, 救急優先の. ［OE *līf*; cf. LIVE[1], G *Leib* body］

lífe-affírm·ing *a* 人生に肯定的[前向き]な, 元気の出る[励ましになる]ような.

lífe-and-déath *a* 死活にかかわる, のるかそるかの.

lífe annùity 終身年金.

lífe assùrance" 生命保険 (life insurance).

lífe bèlt "LIFE BUOY; *《海難防止用の》 安全ベルト (safety belt).

lífe·blòod *n* 《文》 生き血, 血; 生命[活力]のもと; 瞼[まぶた]の痙攣(けいれん).

lífe·bòat *n* 救助艇, 救難船; 救命艇[ボート]; 《金融上の困難に陥った個人・企業のための》 救済基金; *《俗》 恩赦, 特赦, 減刑, 再審. ♦ **～·man** *n* 救命艇乗員.

lífeboat èthic(s) 救命ボートの倫理《危急時に人道主義よりも

緊急性・便宜性を重んずる考え方)).

lífe brèath 命を支える呼吸; 霊感を与える力, 精神の糧.

lífe bùoy 救命ブイ[浮標], 浮輪.

Life·buoy /láɪfbɔ̀ɪ, *-bù:i/ 〘商標〙 ライフブイ《石鹸》.

lífe càr 〘海〙 救命水密コンテナ.

lífe-càre *a* 〈マンションが〉ライフケアの《老齢居住者に対して生涯にわたり保健ほかのさまざまなサービスを提供する》.

lífe clàss 実際の(ヌード)モデルを使う絵画教室.

lífe còach 人生アドバイザー.

lífe cýcle 〘生〙 生活環《個体が特定段階から成長して子を産み次代の同一段階に至るまでの形態変化》; 〘生〙 生活史 (life history); ライフサイクル《個人の一生, 文化の継続期間, 製品の製造から廃棄までなどにおける一連の変化過程》.

lífe dràwing 実物写生.

lífe estàte 〘法〙 生涯不動産権.

lífe expèctancy 期待寿命[余命], 平均余命 (=*expectation of life*); 耐用年数, 存続期間.

lífe-fòrce *n* ÉLAN VITAL.

lífe fòrm *n* 〘生態〙 生活形《成熟した生物の種の特徴を示す形態》; 生き物, 生物.

lífe·ful 《古》 *a* 生命力に満ちた, 活気のある; LIFE-GIVING.

lífe·gìving *a* 生命[生気]を与える; 活気づける.

lífe·guàrd *n* ライフガード《プールやビーチの水難救助員》; 《機関車前面の》排障器; 護衛(兵). ► *vt* 〈人〉の生命を守る. ► *vi* lifeguard として勤める.

Lífe Guàrds *pl* [the] 〘英〙 近衛騎兵連隊《Blues and Royals と共に Household Cavalry を構成する》. ♦ **Lífe Guàrdsman** 〘英〙 近衛騎兵.

lífe hístory 〘生〙 生活史《発生から死に至るまでの生活過程・変化》; LIFE CYCLE; 《人の》一代記, 伝記.

lífe ìnstinct 〘精神分析〙 生の本能 (EROS).

lífe insùrance 生命保険.

lífe ìnterest 〘法〙 生涯権《ある人の生涯の間存続する権利》.

lífe jàcket 救命胴衣, ライフジャケット (=*life vest*).

lífe·less *a* **1** 生命のない, 死んだ; 気絶した; 生物のすんでいない: fall ～ 気絶する. **2** 活気のない, 気の抜けた (dull). ♦ **～·ly** *adv* **～·ness** *n* [OE *līflēas*]

lífe·lìke *a* 生きているような, 真に迫った, 生き写しの. ♦ **lífe·lìke·ness** *n*

lífe·lìne *n* **1 a** 救命索; 《潜水夫・宇宙飛行士などの》命綱; ライフライン《ヨット・船の甲板の縁に支柱を立てて張りめぐらせた安全用ワイヤーロープ》. **b** 《死活にかかわる》生命線, 物資補給路, 通信手段; [*fig*] 唯一のたより, 頼みの綱《人についてもいう》: throw a ～ 救助の手をさしのべる 〈*to* sb〉. **2** [ᵁL-] 〘手相〙 生命線 (line of Life).

lífe lìst ライフリスト《(1) [one's ～] 生涯でやっておきたいことの一覧 2) バードウォッチャーによる野鳥観察記録》.

lífe·lòng *a* 一生の, 終生の; 長年の (long-standing): a ～ friend 終生の友 / ～ education [learning] 生涯教育[学習].

lífe·man·shìp /-mən-/ *n* 生活[職業, 人間関係など]で人より優位に立つ術, はったり. ♦ **lífe·man** *n* [英国の作家 Stephen Potter (1900–69) の造語: *life, -manship*]

lífe màsk ライフマスク《生きている人の顔から石膏にとった面型; cf. DEATH MASK》.

lífe mémber 終身会員.

lífe mémbership 終身会員の身分; 終身会員数; 全終身会員.

lífe nèt 《高所より飛び降りる人を受け留める》救命網.

lífe òfficeᴴ 生命保険会社[事務所]; 終身職.

lífe of Rí·ley [Réil·ly] /-ráɪli/ [the, a ～] 《口》 気楽でぜいたくな生活. [C20<?]

lífe-or-déath *a* LIFE-AND-DEATH.

lífe pártner 生涯のパートナー[伴侶].

lífe péer 《英国の》一代貴族[華族] (cf. HEREDITARY PEER). ♦ **lífe péerage** 一代貴族[華族]の爵位. **lífe péeress** *fem*

lífe plànt 〘植〙 着生植物 (epiphyte); 〘植〙 セイロンベンケイ《葉から出た新芽が落ちて繁殖する》.

lífe presèrver *救命具; ᴴ護身用ステッキ《頭部に鉛が詰めてある》.

lífe prèsident [ᴼL- P-] 《アフリカの国などで》終身[生涯]大統領.

líf·er /láɪfər/ 《口》 *n* 終身刑囚; 終身刑の宣告; 職業軍人; その道に一生を賭けた人.

lífe ràft 《ゴム製の》救命ボート, 救命いかだ.

lífe rìng LIFE BUOY.

lífe ròcket 〘海〙 救難ロケット, 救命用火箭(かせん).

lífe·sàver *n* 人命救助者; 命の恩人; 水難救助(隊)員, ライフセーバー; 水泳場の看視員; 《口》 苦境を救ってくれる人[もの], 救いの手; 救命具.

Lífe Sàvers 〘商標〙 ライフセイヴァーズ《米国製の浮袋形のハッカ菓子・ドロップ》.

lífe·sàving *a* 救命の; *水難救助の: *L*～ Service 水難救助隊. ► *n* 人命救助(法), 《特に》水難救助(法): a course in ～ 水難救助講座.

lífe scíence [ᵁ*pl*] ライフサイエンス, 生命科学《physical science に対して生物学・医学・人類学・社会学など》. ♦ **lífe scíentist** *n*

lífe séntence 終身刑, 無期(懲役[禁固])刑《通例 10–30 年が経過すると仮釈放がありうる》.

lífe-síze(d) *a* 実物[等身]大の.

lífe spàce 〘心〙 生活空間.

lífe spàn 《生物体・機器などの》寿命.

lífe·sprìng *n* 命の泉, 生命の源泉.

lífe stòry 人生談, 一代記.

lífe strìngs *pl* 命の綱, 玉の緒.

lífe·stỳle *n* 《個人・集団の》生き方, 生活様式, ライフスタイル.

lífestyle drùg 生活改善薬, ライフスタイルドラッグ《生命にかかわるような病気ではなく生活の質を改善するために用いる医薬品; 育毛剤, 勃起不全・肥満の治療薬など》.

lífe-suppòrt *a* 生命維持の(ための); 《環境などの》(野生)生命を養う能力に関する.

lífe suppòrt 生命維持装置; 延命処置: on ～ 生命維持装置をつけて[に頼って].

lífe-suppòrt sỳstem **1** 《宇宙船内・水中・坑内などの》生命維持装置, 環境保全装置; 《酸素吸入装置など病人・けが人のための》生命維持装置 (=**lífe-sùpport machìne**). **2** 生物圏 (biosphere) 《地球上の生物がすんでいる範囲》.

lífe's wórk LIFEWORK.

lífe tàble 生命表 (MORTALITY TABLE).

lífe tènant 〘法〙 生涯不動産権者.

lífe-thrèaten·ing *a* 生命を脅かす, 命にかかわる.

lífe·tìme *n, a* 生涯(の), 終生(の); 《生物の》寿命; 《無生物の》存在[継続, 有効]期間, 寿命, 〘理〙 《素粒子などの》(平均)寿命; 《口》 実に長い時間: a ～ work 生涯の仕事 / a ～ of friendship 生涯にわたる友情 / ONCE-IN-A-LIFETIME. ● **all in a [one's] ～** 何事も運命だ. **the…of a ～** (生涯で)最良の….

lífe vèst 救命胴衣 (life jacket).

lífe·wày *n* 生き方, 生活様式.

lífe·wórk *n* 一生の仕事, 畢生(ひっせい)の事業, ライフワーク.

lífe·wòrld 生活世界《科学的認識の基盤としての, 人間が生きている自然世界; Husserl の Lebenswelt の英訳》.

lífe zòne 生物分布帯, 生活帯, 生物地理帯.

Lif·fey /lífi/ [the] リフィー川《アイルランド東部の川; Wicklow 山脈に発し, Dublin を通って Dublin 湾に注ぐ》.

Lif·ford /lífərd/ リフォード《アイルランド北西部 Ulster 地方の町; Donegal 県の県都》.

LIFO /láɪfou/ last in, first out **1** 後入れ先出し(法) 《(1) 〘会計〙 在庫品払いまたは売却出しには最終庫入品の仕入価格を, 在庫評価には最初の庫入品の仕入価格を適用する評価法. 2) 〘電算〙 最後に入れたデータが最初に取り出される方式のデータの格納法; cf. STACK》. **2** 最新の者を最初に《人員整理政策で, 最新の採用者を最初の整理対象とする》.

lift[1] /líft/ *vt* **1 a** 持ち上げる, 揚げる, 挙げる, 掲げる 〈*up, off, out*〉; 《車などに》同乗させる; 抱き上げる; 《時に》LIFT down; 〈作物などを〉掘り出す, 掘り起こす; 〘ゴルフ〙 〈アンプレーアブルの位置のボールを〉拾い上げる; 〘クリケット〙 〈球を〉打ち上げる: ～ a [one's] HAND / ～ up one's heel against…に蹴りかかる; いじめる. **b** 〈目・顔などを〉上げる; 〈山頂などを〉(空中)高く掲げて[見せて]いる, そびえさせる: ～ up one's eyes 見上げる, 仰ぎ見る. **c** 昇格させる, 高める, 向上させる, 高揚させる. **2** *〈税率・価格などを〉上げる (raise); 〈声を〉あげる: ～ up one's voice 声の調子をあげる / ～ (up) one's voice [a shout, a cry] 大声で叫ぶ / ～ (up) one's voice against…に抗議する. **3** 輸送する, 《特に》空輸する. **4 a** 〈テントなどを〉取り払う[はずす]; 〈包囲・禁止などを〉解く, 撤廃する, 解除する; 〘軍〙 〈砲撃〉の方向を変える, 〈砲撃〉の目標地点を(遠くに)変更する, 〈砲撃を〉やめる. **b** 〈顔などを〉しわ取り整形する (face-lift): have one's face ～*ed* 美顔整形をうける. **c** *〈負債などを〉皆済[完済]する (pay off): ～ a mortgage. **d** 切り離す; 〈指紋を〉取る. **e** 〈賞・賞杯などを〉獲得する. **f** *《俗》 〈免許などを〉取り上げる, 奪う. **g** ᴴ《俗》 逮捕する, アゲる (arrest). **5** 《口》 盗む, 万引きする; 〈他人の文章を〉盗む, 剽窃(ひょうせつ)する; 〈ことばを〉《文脈などから》抜き取る. ► *vi* 高まる, 上がる, 開く 〈*up*〉; 〈気分が〉高揚する; 〈雲・霧・雨・闇などが〉晴れる, あがる; 〈船が〉波に乗る; 〈床・敷物などが〉ふくれあがる[盛り上がる]; 〈声が〉大きくなる 〈*up*〉; そびえる, 見えてくる, 映える, 目立つ. ● **～ at** 〈重い物を〉持ち上げようとする. **～ down** 〈上にある物・人を〉持ち[抱き]上げて降ろす. **～ off** 〈ロケットが〉離昇する; 〈航空機が〉離陸する. **～ up** 〈会衆・聴衆を〉精神的に高揚させる.

► *n* **1 a** 持ち上げること, 揚げること; 《一回で持ち上げる[上がる]》重量(物), 荷, (1 回の)採掘量; 持ち上げる[上がる]距離[範囲], 昇程, 揚程; 物を持ち上げる(のに要する)力; 〘空〙 揚力; 〘バレエなど〙 リフト, アンレヴマン: give a stone a ～ 石を持ち上げる. **b** 〈人を〉車[乗物]に乗せてやること, 便乗; 輸送, 《特に》空輸(力) (airlift); 手助け, 手伝い: give sb a ～ 人を同乗させる; 援助の手を差し伸べる / Could I have [How about] a ～? 同乗させてもらえますか. **c** 《首・頭などの》高くした[持ち上げた]姿勢: the proud ～ of her head 彼女の高慢な顔の上げよう. **2 a** ᴴ昇降機, エレベーター (elevator*); 《小型の》貨物エレベーター; 《自動車修理用の》リフト; 《スキーヤーなどを運ぶ》リフト (ski [chair] lift); 起重機;《鉱山の》ポンプ装置;〖海〗帆桁の吊り綱; 持ち上げ用の用具[取っ手 など]. **b**《靴の》かかと革の一枚; [ᵘ*pl*] *《俗》かかとを高くした紳士靴 (lifties). **3** 上へ出ること, 上向き 〈*of* a branch〉; 土地の隆起;《水門を閉めた際の》増水量. **4** 昇進, 昇級, (立身)出世 (rise) 〈*in* one's career〉. **5**《精神の》高揚感, たかぶり, 活力: give sb a ～ 人を愉快な気分にする. **6**《口》窃盗, 万引き. **7** *《俗》《酒の》アルコール強度; *《麻薬俗》快感, 恍惚 (rush). **8** *《俗》顔の若返り手術, 美容整形 (face-lift); *《俗》美容リフト《face-lift に似た効力をもつ装具で, 髪に隠してこめかみのところに付ける》. ● **on the ～**ᴵᴵ《方》病床に就いて, 死にかかって.

◆ **～·able** *a* [ON *lypta*＜Gmc (**luftuz* air); *lift²* と同語源; cf. LOFT]

lift² *n*《スコ》空, 天空. [OE *lyft* air, sky]

líft·bàck *n*〖車〗リフトバック, ハッチバック《強く傾斜した後部屋根が開閉できる車》.

líft·bòyᴵᴵ *n* エレベーターボーイ.

lift bridge 昇開橋(しょうかいきょう), 開閉橋.

líft-drág ràtio〖空〗揚抗比《揚力と抗力の比率》.

líft·er *n* 持ち上げるもの[人],《口》WEIGHT LIFTER;《口》泥棒, 万引 (shoplifter).

Líft Èvery Vóice and Síng「すべての声をあげ歌え」《米国の黒人の国歌ともいわれる歌; その冒頭の句; James Weldon Johnson の詩 (1900) に弟が作曲》.

líft gàte〖車〗リフトゲート《ワゴン車やトラックの後部の昇降式扉》.

líft·gìrlᴵᴵ *n* エレベーターガール.

lift·ies /líftiz/ *n pl* *《俗》《背を高く見せる》上げ底の靴.

líft·ing bòdy〖空·宇〗揚力物体《大気中では揚力を発生する形状のロケット推進の無翼機; 宇宙空間·大気圏飛行用》.

líft·mànᴵᴵ *n* エレベーター操作員.

líft·òff *n*《ロケット·ヘリコプターなどの》離昇(の瞬間). ► *a* 持ち上げるだけで取りはずせる〈ふたなど〉.

líft pùmp SUCTION PUMP.

líft-slàb *a*〖建〗リフトスラブ工法の, ジャッキ工法の《床·屋根などのコンクリートスラブを平地で作り, それを所定の位置に上げる》.

líft trùck リフトトラック《貨物駅などで用いるフォークリフト·昇降台付きの小型運搬車》.

líft-ùp *n* *《俗》《麻薬による》高揚, 恍惚感 (lift).

lift valve〖機〗持ち上げ弁 (＝*poppet valve*).

lig /líg/ᴵᴵ《口》*vi* ぶらぶら過ごす;《特に 芸能関係の催しなどで》ただで飲み食いする[楽しむ], たかる. ◆ **líg·ger** *n* [*lie²*]

lig·a·ment /lígəmənt/ *n*〖解〗靭帯(じんたい), 索; きずな (tie);《古》ひも, 帯. ◆ **lìg·a·mén·tal** /-méntl/, **-mén·ta·ry** /-t(ə)ri/, **-mén·tous** /-təs/ *a* [L＝bond; ⇨ LIGATE]

li·gan, li·gen /láɪgən, líg-/ *n* LAGAN

li·gand /lígənd, láɪ-/ *n*〖化〗配位子, リガンド.

li·gase /láɪgèɪs, -z, lígèɪs/ *n*〖生化〗合成酵素, リガーゼ (SYNTHETASE).

li·gate /láɪgèɪt, ─ ́/ *vt*〖医〗〈出血する動脈などを〉縛る, くくる, 結紮(けっさつ)する;〈DNA·タンパク鎖を〉連結する. [L *ligo* to bind]

li·ga·tion /laɪgéɪʃ(ə)n/ *n*〖医〗《動脈などの》結紮(法);〖生化〗《リン酸ジエステル結合を生じる, 核酸などの》連結反応, ライゲーション; 縛る[連結する]こと[もの]. ◆ **lig·a·tive** /lígətɪv/ *a*

lig·a·ture /lígəʧər, -ʧùər/ *n* くくる[縛る]こと; ひも, 帯; きずな;〖医〗結紮(糸);〖楽〗スラー[タイ](で結ばれた音符),《定量記譜法の》リガトゥーラ;〖印〗合字 (＝*double letter*)《œ, fi, ffi など 2 字以上を 1 本に鋳造した活字; cf. LOGOTYPE》, 合字を示す弧線. ► *vt* 縛る, くくる. [L; ⇨ LIGATE]

li·ger /láɪgər/ *n* ライガー《ライオンの雄とトラの雌との交配による合いの子; cf. TIGON》. [*lion*＋*tiger*]

Li·ge·ti /lígəti/ リゲティ **György** (**sándor**) ～ (1923–2006)《ハンガリー生まれのオーストリアの作曲家》.

light¹ /láɪt/ *n* **1 a** 光, 光線; 日光; 昼, 白昼; 夜明け: in ～ 光をうけて / (by) the ～ of a full moon 満月の光(で) / There is poor ～ in the kitchen. 台所は薄暗い / the ～ of day ⇨ 成句 / before (first) ～ 夜の明けないうちに / before the ～ fails 日の暮れないうちに / *L*～ is breaking 夜が明け始めている. **b** 明るさ, 光明, 光輝, 輝き (opp. *darkness*); 明白, 明るみ, 露顕 (exposure): bring…to ～ …を明るみに出す, 暴露する / come to ～ 明るみに出る, 現われる, ばれる. **c**《顔の》明るさ,《目の》輝き, 表情; 髪の輝き;〖画〗明るい部分 (cf. SHADE): The ～ of his eyes died. 目の輝きがうせた, 活気がなくなった / in the ～ of sb's COUNTENANCE. **d**《俗》目 (eye). **2 a** 発光体, 光源; 天体; 灯火, 灯(ひ), 明かり, ろうそく, 電灯; 灯台;《車などの》ヘッドライト; [*pl*]《舞台の》脚光; [ᵘ*pl*] 交通信号 (traffic light); *《俗》パトカー: put out the ～ 灯を消す / hide one's ～ under a BUSHEL¹ / before the ～*s* 脚光を浴びて, 舞台に出て, 出演して / The ～*s* are on but nobody's home.《口》[*joc*] 電気はついてるけどだれもいない《「頭がおかしい」「うわのそらだ」といった意味で使う》. **b**《採光》窓口, 明かり採り;《縦仕切り (mullion) によって分割された》窓のひと区切り,《温室の》ガラス屋根[壁],《乗物の》窓 (window);〖法〗採光権. **3**《発火を助ける》火花, 炎; 点火物;《タバコの》火, 点火: a box of ～*s* 一箱のマッチ / get a ～ 火をもらう / put a ～ to…に火をつける, たきつける / set ～ to…に火をつける / Will you give me a ～? (タバコの)火を貸してくれませんか. **4** 輝かしい存在; 指導的な人物, 大家, 権威者: a leading [shining] ～ in genetics 遺伝学の大家. **5 a** [*pl*] 精神的能力, 才能; [*pl*] 知識, 見識, 規範;《古·詩》視力: according to [by] one's (own) ～*s* 各自の知能[知識, 見識]に応じて[従って] / by the ～ of nature 直感で, 自然に. **b**《問題の説明に》手掛かりとなる事実[発見] 〈*upon* a subject〉; 見方, 考え方, 見解; 様相 (aspect);《クロスワードパズルで》ヒントから判明する語[答]: He sees it in a favorable [good] ～. それを好意的に解している[見ている] / see a problem in a new ～ 問題を新鮮な目で見る. **6** 精神的光; 啓蒙; 真実;〖宗〗天光, 霊光, ひかり 〈*of* the Gospel〉.

● **catch the ～** 光に当たって輝く[光る]. **come to ～ with**…《豪口》〈金などを〉出して見せる, 提出する. **get out of the ～**《俗》じゃましないようにする. **in a good [bad] ～** よく見える[見えない]ところに〈絵を掲げるなど〉; 有利[不利](な状態)に. **in the cold ～ of day [dawn, reason]** 現実に立ち返って[さめた目で]見ると. **in (the**ᴵᴵ**) ～ of**…に照らして, …にかんがみて, …を考えて; …の観点[見地]から; …として, …のように〈見る, 見える〉: *in* (*the*) ～ *of* a new situation 新事態にかんがみて. **in** its [his] **true ～** ありのままに, 現実の姿で〈見せるなど〉. **knock sb's ～ out**《俗》ぶんなぐる, ぶちのめす;《俗》強烈な印象を与える, 圧倒する. **～ and shade** 明暗; 天と地ほどの差, 雲泥の差. **(The) ～ dawns** 事情がわかる 〈*on* sb〉: (*The*) ～ *dawned on* me. ようやくわたしにもわかり始めた. **out like a ～**《口》すっかり気を失って[眠り込んで];《俗》ひどく酒に酔って, へべれけで: be [go] *out like a* ～. **punch [put] sb's ～s out**《俗》人をなぐって気絶させる. **see the ～** (**1**)《文》生まれ出る, 世に出る[知られる], 日の目を見る (＝**see the ～ of day**). (**2**)《突然》要点がわかる, 納得がいく; 入信する. (**3**) 解決策を見つける; ようやく暇になる, 先が見えてくる (＝see the ～ of day). **(see the) ～ at the end of the tunnel [on the horizon]** 辛苦の後の光明(を見いだす). **shoot the ～s**ᴵᴵ《俗》《特に 黄信号のときに》信号を突っ切る[無視する]. **shoot the ～s out** *《俗》バツグンである, みごとにやってのける. **stand [get] in sb's ～** 人の明かり先に立つ; 人の出世[幸福]を妨げる: *stand in* one's own ～ 自分で自分のじゃまをする. **strike a ～**《マッチで》火をすり[打ち]出す; ⇨ STRIKE a ～! **the** BRIGHT LIGHTS. **the ～ of day** 日中の光, 昼光; 白日: bring…into *the* ～ *of day* 白日の下にさらす, 明らかにする. **the ～ of sb's eyes [life]** 大切なもの, 最愛の人. **throw [shed, cast] ～ on**…の解明に役立つ, …(のなぞ)を解明する, …に(解決の)光明を投ずる.

► *a* 明るい (bright) (opp. *dark*); 淡い, 薄い (pale); 色白の; クリーム[ミルク]入りの〈コーヒー〉;〖音〗〈l 音が〉前母音に音色が似た (opp. *dark*): a ～ room 明るい部屋 / ～ brown 淡褐色, 薄茶色.

► *v* (**lit** /lít/, **～·ed**) ★《英》では過去形に lit, 過去分詞·形容詞には lighted,《米》では過去形にも lighted を用いることが多い. ► *vt* **1 a** …に火をつける, 点火する, ともす 〈*up*〉;〈火を〉たきつける, 燃やす (kindle);〈部屋·通りなど〉に灯をつける, 照らす, 明るくする, ライトアップする 〈*up*〉: ～ a lamp [a cigarette, etc.] / ～ a fire 火をたきつける / The room is ～*ed* by four windows. 部屋は 4 つの窓で明かりが採ってある / The town was brightly *lit up*. 町にはこうこうと電灯がついていた. **b**〈人を〉灯火をつけて道案内する, …のあたりを明るくしてやる: *L*～ the ladies downstairs. 明かりをもってご婦人がたを階下へご案内しなさい. **2** 輝かせる; 晴ればれさせる, 活気づかせる: His face was ～*ed* by a smile.＝A smile *lit up* his face. 彼の顔は微笑で晴れやかであった. ► *vi* **1 a** 火がつく, ともる, 点灯する 〈*up*〉; 明るくなる, 輝く, 照る: The room brightly *lit up*. **b** 灯火をつける;《口》タバコに火をつける, 葉巻(など)を吸い始める 〈*up*〉. **2**〈顔·目が〉輝く, 晴ればれする 〈*up*〉.

[OE *lēoht*, *liht*; cf. G *Licht*, L *lux* light, Gk *leukos* white]

light² *a* **1 a** 軽い (opp. *heavy*);《比重·密度などの》小さい, 軽い, ふんわりした;〈貨幣·分銅など〉法定重量に足りない;〖理〗〈同位元素など〉普通より原子量の小さい, 軽い同位元素を含む: (as) ～ as air [a feather] きわめて軽い, うきうきした, 楽しげな, 屈託ない / LIGHT METAL / ～ weight 目方不足 / give ～ weight 目方をごまかす. **b** 軽装(備)の; 軽便な, 軽…; 積荷の軽い, 空(から)荷の〈船〉;〈機関車が〉単行の; 小積載量の; *《俗》腹ぺこの: LIGHT INDUSTRY / ～ cavalry 軽騎兵《集合的》/ LIGHT BOMBER / LIGHT RAILWAY. **2 a** 少量の, わずかな;〈交通(量)〉がすいている, 多くない;〈商売など〉ひまな: a ～ rain 小雨 / a ～ meal 軽食 / a ～ eater 少食家. **b**《口》不十分な, 人手[金]がない, 借金している;〖トランプ〗場 (pot) に賭金[チップ]の借りがある;〖ブリッジ〗〈ビッドが〉ディクレアラーになるには不十分な,〈プレーヤーが〉コントラクトを達成しそこなった. **c**〈眠りが〉浅い, 寝ざめがちな: a ～ sleeper. **3 a**〈食べ物が〉消化のよい, あっさりした;〈飲料が〉香りのマイルドな;〈食物が〉低カロリーの, 塩分[脂肪分, アルコール分 など]の少ない;〈パン·ケーキなどが〉ふっくらした, ふわふわの: ～ beer ライトビール. **b** 肩の凝らない, 娯楽的な;〈仕事などが〉容易な;〈罰などが〉きびしくない, ゆるやかな;〈病気·誤り·罪などが〉軽微な, 些細な: ～ literature 軽い文学 / ～ entertainment 軽い[気軽に楽しめる]娯楽(物) / the ～*er* side of life 人生の楽しい[享楽的な]面 / ～ work 楽な仕事 / a ～ offense 微罪. **c** 浅薄な, 瑣末な, つまらない, 重要でない. **4 a** 軽快[敏活]な, すばしこい, 軽やかな; 快活な; 楽しげな, 屈託のなさそうな; *《俗》新しいジャズなどがわかる, 進んでる: ～ steps 軽快な足取り / ～ of foot＝～

on one's feet 足が軽い[速い] / ～ of fingers 手癖が悪い / in a ～ mood 心も浮きうきと. **b** 軽率な, うわついている; 移り気の; 浮気な, ふしだらな: ～ conducts 軽率な行為 / ～ of ear 信じやすい / a ～ woman 浮気女. **c** 〈頭が〉ふらふらして, めまいがして; *《俗》酒に酔って. **5** 軽妙な; 気のきいた; 〈建物などが〉すっきりして趣きのある; 〈模様などが〉繊細で優雅な; 〈声が〉澄んで静かな. **6** 〈色・印刷が〉うすい; 〈音・接触が〉かすかな; 〘音〙〈音節が〉強勢[アクセント]のない; 〈土など〉もろい, くだけやすい. ● **have a ～ hand [touch]** 手先が器用である, 手際がよい; 手腕がある. **～ in the head** めまいがする, 気が変な; ばかな. **～ on...** 《豪口》...が十分でなく, 不足して. **make ～ of...** をたいしたことはないと言う[ように見せる], ...を軽んずる, さげすむ. **with a ～ heart** 快活に; 軽率に.

► *adv* 軽く; 軽装で, 軽快に; 覚めやすく; やすやすと, 簡単に: *L*～ [Lightly] come, ～ go. 《諺》得やすきは失いやすし, 悪銭身につかず / travel ～ 軽装で旅行する.

[OE *lēoht*, *līht*; cf. G *leicht*, L *levis* light[2]]

light[3] *vi* (**lit** /lít/, **～·ed**) 降りる, くだる 〈*down*〉; 〈馬・乗物などから〉降り立つ, 〈鳥が〉舞い降りる, 止まる 〈*on*〉; ふと見つける[思いつく], 目を留める 〈*on*〉; 〈災厄・幸運などが〉不意に降りかかる[訪れる] 〈*on*〉; 《口》急いで立ち去る (light out). ● **～ into...** *《口》...を激しく攻撃する; しかる. **～ on one's feet [legs]** (落ちて)両足で立つ; 幸運である, 成功する. **～ out** *《口》全速で走る; 《口》急いで〈...から〉立ち去る 〈*of*〉, 〈...へ向けて〉出発する, 逃げ出す 〈*for*〉. [OE *lihtan*<Gmc (**linht*- LIGHT[2]; 積荷を'軽くする' の意)]

líght adaptàtion 明順応《暗所から明所に出たときの眼の順応; cf. DARK ADAPTATION》. ♦ **líght-adàpt·ed** *a* 〈眼が〉明順応した.

líght áir 〘海・気〙至軽風《時速 1-3 マイル, 1-5 km; ⇨ BEAUFORT SCALE》.

líght áircraft [áirplane] LIGHTPLANE.

líght ále ライトエール (＝*pale ale*)《英国の色の淡いビールで, 日本のビールよりややアルコール分が高い》.

líght álloy 〘冶〙軽合金.

líght-ármed *a* 〘軍〙軽装備の.

líght artíllery 軽砲《米軍では口径 105 mm 以下》.

líght blúe 淡青色, 明るい青 (Cambridge blue).

líght blúes *pl* 〘英〙Cambridge 大学の選手[応援団] (cf. DARK BLUES).

líght bòat LIGHTSHIP.

líght bómber 軽爆撃機.

líght bòx ライトボックス《内部に電灯を入れ, 外側にすりガラスなどを用いて均一な光が得られるようにした箱型器具》.

líght brèad *《南部・中部》ライトブレッド《小麦粉を材料にイーストで発酵させてつくったローフ状のパン》.

líght bréeze 〘海・気〙軽風《時速 4-7 マイル, 6-11 km; ⇨ BEAUFORT SCALE》.

líght·bùlb *n* **1** 白熱電球 (incandescent lamp); 蛍光灯 (fluorescent lamp); 《アイディアなどの》ひらめき. **2** *《俗》妊娠した女.

líght cháin 《免疫グロブリンの》軽鎖, L 鎖 (cf. HEAVY CHAIN).

líght cólonel *《俗》LIEUTENANT COLONEL.

líght créam ライトクリーム《乳脂分が少ないクリーム》.

líght crúiser 〘海軍〙軽巡洋艦《主砲が 6 インチ砲》.

líght cùrve 〘天〙光度曲線《明るさの時間変化を示す》.

líght-dày *n* 〘天〙光日 (cf. LIGHT-YEAR).

líght dùe [dùty] 《船に課せられる》灯台(利用)税[料].

líght-emitting díode 〘電子工〙発光ダイオード《略 LED》.

líght·en[1] /láɪtn/ *vt* **1** 明るくする, 照らす 〈*up*〉; 点火する; 〈色を〉薄く[淡く]する; 〈憂うつを〉晴らす; 〈顔を〉晴れやかにする, 〈目を〉輝かせる; 稲妻のように放つ. **2** 明白にする, 明らかにする, わかりやすくする; 《古》ENLIGHTEN. ► *vi* 〈空などが〉明るくなる 〈*up*〉; 〈目・顔などが〉(パッと)明るくなる, 輝く, 晴れる; 稲妻が光る (flash); 《古》〈灯火などが〉光る, 輝く. ♦ **～·er**[1] *n*

lighten[2] *vt* 軽くする, 〈船など〉の荷を軽くする; 緩和[軽減]する; 〈雰囲気などを〉和らげる, 深刻でなくする 〈*up*〉; 元気づける, 喜ばせる: ～ a ship 船を軽くする / ～ (sb *of*) sb's workload 人の仕事量を軽減する. ► *vi* 〈船・心などが〉軽くなる; 〈気が〉楽になる, 和らぐ. ● **～ up (on ...)** 《口》(...に対して)態度を和らげる, (行動を)やめる; 前向きにいく, 元気を出す. ♦ **～·er**[2] *n*

líght éngine 〘鉄道〙《車両を牽引していない》単行機関車, 単機.

lighten·ing *n* 〘医〙下降感, 軽減感《分娩に先立って胎児が骨盤腔に下降するとき, 妊婦が感じる腹部膨脹感の軽減》.

líght·er[1] *n* 灯をつける人[もの]; 点灯夫; 点灯[点火]器, ライター; たきつけ, 付け木. [*light*[1]]

lighter[2] 〘海〙*n* はしけ. ► *vt* はしけで運搬する. [MDu (LIGHT[3] ＝to unload)]

líghter·age *n* はしけの使用[による運搬], はしけ荷役; はしけ料, はしけ賃; はしけ《集合的》.

líghter·man *n* はしけ船頭[乗組員]; はしけ (lighter).

líght·er-than-áir *a* 〘空〙(機体の)排除する空気の重さよりも軽い: a ～ craft 軽航空機.

líght·fàce *n, a* 〘印〙肉細活字(の) (opp. *boldface*); 肉細活字による印刷. ♦ **～d** *a*

líght·fàst *a* 耐光性の, 光で色のさめない. ♦ **～·ness** *n*

líght-fíngered *a* 手癖の悪い; 手先の器用な, すばやい: a ～ gentleman スリ. ♦ **～·ness** *n*

líght fíngers *pl* 癖の悪い手: have ～ 手癖が悪い.

líght flýweight ライトフライ級のボクシング選手《アマチュアの 48 kg 以下; プロは制限体重 108 ポンド [48.988 kg]; ⇨ BOXING WEIGHTS》; [〈*a*〉] ライトフライ級の.

líght-fòot *a* 《詩》LIGHT-FOOTED.

líght-fóot·ed *a* 足の速い; 足取りの軽い; 敏速な (nimble); 軽快な; *《俗》同性愛(者)の. ♦ **～·ly** *adv* **～·ness** *n*

líght guìde 光(ひかり)導波路, 光ガイド (＝*light pipe*)《低損失で光を伝送するガラス繊維(束)など》.

líght gùn 〘電算〙ライトガン, ガンコントローラー, ガンコン《シューティングゲームなどで画面を撃つ銃型の入力装置》.

líght-hánd·ed *a* 手先の器用な, 手際のよい, 軽妙な; 手不足な (shorthanded); 手荷物の少ない. ♦ **～·ness** *n*

líght·hèad *n* 考えのない人; 頭のもうろうとした人.

líght·héad·ed *a* 《酒・高熱などで》頭のくらくら[ふらふら]する, もうろうとした; 気の変わりやすい; 軽率な, 考えのない. ♦ **～·ly** *adv* **～·ness** *n*

líght·héart·ed *a* 機嫌のいい, 元気のいい, 快活な; 気楽な, 楽天的な, のんきな. ♦ **～·ly** *adv* **～·ness** *n*

líght héavyweight ライトヘビー級のボクサー[ボクシング選手] (＝**líght héavy**) (⇨ BOXING WEIGHTS); [〈*a*〉] ライトヘビー級の.

líght hórse 軽騎兵隊.

líght-hòrseman *n* 軽騎兵.

líght-hòur *n* 〘天〙光時 (cf. LIGHT-YEAR).

líght·hòuse *n* 灯台; [*fig*] 指針となるもの[人]: a ～ keeper 灯台守, 灯台員.

líght hóusekeeping 簡単な家事; 調理施設の乏しい場所での家事; 《俗》《男女の》同棲.

líghthouse tùbe 〘電子工〙灯台管 (＝*megatron*)《灯台形の真空管》.

líght índustry 軽工業.

líght ínfantry 〘軍〙軽(装)歩兵隊《略 LI》.

líght·ing *n* 採光; 照明(法), ライティング; 舞台照明; 照明設備; 火をつけること, 点火; 《絵などの》光のあたりぐあい: ～ fixtures 照明器具.

líght·ing-úp tìme 点灯時刻[時間], ‖《特に 車の》法定点灯時刻.

líght·ish[1] *a* 〈色が〉やや明るい, いくぶん明るい.

lightish[2] *a* やや重量不足の; やや積載貨物の少ない.

líght·less *a* 光[明かり]のない, 暗い; 光を出さない: ～ light 〘理〙黒光 (black light). ♦ **～·ness** *n* 暗闇.

líght·ly *adv* **1** 軽く, そっと; 少しばかり; 静かに; 柔らかに, 温和に; 平気に. **2** 敏捷に, すばしこく; 手軽に; たやすく, 楽々と; あっさり: *L*～ come, LIGHT[2] go. **3 a** 陽気に, 快活に, 浮かれて. **b** 軽率に, 無頓着に, 軽々しく, わけもなく; 軽んじて, 軽視して.

líght machíne gùn 《口径 0.3 インチ以下の空冷式の》軽機関銃.

líght mèat 白肉 (white meat).

líght métal 〘化〙軽金属《通例 比重 4.0 以下; cf. HEAVY METAL》.

líght mèter 照度計《携帯用》; 〘写〙露出計 (exposure meter).

líght míddleweight ライトミドル級のボクシング選手《アマチュアの 67 kg を超え 71 kg 以下; ⇨ BOXING WEIGHTS》; [〈*a*〉] ライトミドル級の.

líght-mínd·ed *a* 軽率な, 軽薄な, 無責任な. ♦ **～·ly** *adv* ふまじめに. **～·ness** *n*

líght-mìnute *n* 〘天〙光分 (cf. LIGHT-YEAR).

líght-mònth *n* 〘天〙光月 (cf. LIGHT-YEAR).

líght músic 軽音楽.

líght·ness[1] *n* 明るいこと, 明るさ; (色の)うすい[淡い]こと, 薄白さ; 〘色彩〙明度.

lightness[2] *n* 軽いこと, 軽さ; 敏速, 機敏; 手際のよさ; 軽率, ふまじめ; 快活さ, 陽気さ, 屈託のなさ; 優雅さ; 《廃》浮気, 不身持ち.

light·ning /láɪtnɪŋ/ *n* 電光, 稲妻, 稲光; 思いがけない好運; *《口》質の悪いウイスキー: forked [chain(ed)] ～ 叉状[鎖状]電光 / like (greased) ～＝《口》like a streak of ～ 電光石火のごとく / *L*～ never strikes twice (in the same place). 《諺》ひどい災難は同じ人[場所]に二度降りかかることはない, 同じ不幸は二度起きない. ● **ride the ～** *《俗》電気椅子にのる. ► *a* 稲妻のような, 非常に速い, 電光石火の: at [with] ～ speed たちまち / a ～ visit あわただしい訪問. ► *vi* 電光を発する, 稲光りする. [*lighten*[1]]

líghtning arrèster 《電気器具などを守る》避雷器.

líghtning bàll SAINT ELMO'S FIRE.

líghtning bùg [bèetle] *〘昆〙ホタル (firefly).

líghtning chéss 早指しチェス(ゲーム) (RAPID TRANSIT).

líghtning condùctor ‖《避雷針設備の》避雷導線; 避雷針 (lightning rod*).

líghtning operàtion 電撃作戦.

líghtning ròd* 避雷針; 攻撃をそらす役割をする人[もの]; 代わりに攻撃の矢面に立たされる人[もの] 〈*for* sth [sb]〉; 《俗》ジェット戦闘機.
líghtning strìke 雷撃, 落雷; 電撃的攻撃; ‖電撃スト.
líghtning wàr 電撃戦.
líght óil 軽油; 軽質原油.
líght-o'-lóve, líght-of-lóve *n* (*pl* **líght-o'-lóves, líghts-of-lóve**) 浮気女; 売春婦; 恋人, 情人.
líght ópera オペレッタ (operetta), 軽歌劇.
líght pèn 〔電算〕ライトペン (＝**líght pèncil**)《**1**) 画面上へのペン型入力装置 **2**) これに似たバーコードリーダー[スキャナー]》.
líght píece 《通例 25 セントの》銀貨, 小額の金.
líght pìpe LIGHT GUIDE.
líght·plàne *n* 《特に自家用の》軽飛行機 (＝*light airplane*).
líght pollùtion 光害《天体観測などに支障をきたす, 都市などの夜光》.
líght·pròof *a* 光を通さない.
líght quántum 〔理〕光量子, 光子 (photon).
líght-ráil *a* 軽量軌道の, ライトレールの (cf. HEAVY-RAIL): a ～ train 軽量軌道電車, ライトレール《1, 2 両からなる市街電車》. ►/ˈ—ˈ—/ *n* ライトレール(システム)《ライトレールによる市街電車網》.
líght ráilway‖ LIGHT-RAIL; 軽便鉄道.
líght reàction 〔生化〕明反応《光合成の第 1 段階; cf. DARK REACTION》; 〔動〕《光に対する》照射反応.
líght réd 薄赤[橙赤]色の顔料《特に焙焼した黄土》.
lights /láɪts/ *n pl* 《羊・豚などの》肺臓《犬・猫などの食料》.
● **punch [put] sb's ～s out** ⇨ LIGHT[1] 成句. [LIGHT[2]; cf. LUNG]
líght-scùlpture *n* 光の彫刻《透明素材に電気照明を組み合わせた彫刻的作品》.
líght-sècond *n* 〔天〕光秒 (cf. LIGHT-YEAR).
líght-sénsitive *a* 〔理〕光電性の, 光感応性の.
líght·shìp *n* 〔海〕灯船, 灯台船.
líght shòw ライトショー《多彩な光を用いる光のショー》.
líght·some[1] 《古・詩》*a* 敏速な, 活発な; 上品な, 優美な; 快活な, 陽気な, 楽しい; 軽薄な, 移り気な. ♦ **～·ly** *adv* **～·ness** *n* [*light*[2]]
lightsome[2] *a* 光る; 明るく照明された, 明るい. [*light*[1]]
líghts-óut *n* 〔軍〕消灯命令[信号, らっぱ]; 消灯時間; 停電; *《俗》死; *《俗》敗北.
líghts-óut fàctory *《俗》消灯工場《技術の進歩によって人手が不要となり暗闇で操業できる未来の工場》.
líght stìck *n* GLOWSTICK.
líght-strùck *a* 〔写〕《必要以外の》光が入ってだめになった, 光線を引いた〈フィルムなど〉.
líght stúff *《口》アルコール度の弱い酒, 軽いやつ; *《俗》中毒性のない薬(ヤク), マリファナ (opp. *heavy stuff* [*drugs*]).
líght tàble ライトテーブル《半透明な上板を下から均一に照明して用いるテーブル; スライド検査用・透写用》.
líght thèrapy [trèatment] 光線療法 (＝*phototherapy*)《制御された光線による医療, 精神障害の治療》.
líght·tìght *a* 光を通さない (lightproof).
líght tràp 誘蛾灯, 誘虫灯; 〔写〕遮光装置, 《暗室に通ずる》遮光した通路.
líght vérse 軽妙でユーモラスな詩, ライトヴァース.
líght vèssel 〔海〕LIGHTSHIP.
líght wáter **1** 〔化〕軽水《重水 (heavy water) に対する普通の水》. **2** 《特に油火災用の》泡消火薬剤. ♦ **líght-wáter** *a*
líght·wàve *a* 光ファイバー利用の〈通信・機器〉.
líght-wèek *n* 〔天〕光週 (cf. LIGHT-YEAR).
líght·wèight *n* 標準重量以下の人[動物, 衣服など]; ライト級のボクサー[ボクシング選手] (⇨ BOXING WEIGHTS); 《口》取るに足らない人, つまらないやつ; *《口》酒の飲めないやつ, 下戸. ► *a* 目方の軽い, 標準重量以下の; ライト級の; 真剣さに欠ける; 取るに足らない.
líght wèll 〔建〕《建物内[間]に光を導く》光井(こうせい), 光庭(こうてい), ライトウェル.
líght wélterweight ライトウエルター級のボクサー《アマチュアの 60 kg を超え 63.5 kg 以下》; [〈*a*〉] ライトウエルター級の.
líght whískey ライトウイスキー《樽で 4 年以上熟成させた, 色のうすいマイルドな米国のウイスキー》.
Líght Withín INNER LIGHT.
líght·wòod[1] *n* *《南部》たきつけ用の木, 《特に》やにの多い松材; 〔植〕ブラックウッド, メラノキシロンアカシア (＝*blackwood*)《豪州産; 黒褐色の良材となる》.
lightwood[2] *n* 軽い材質の木, 軟質材; 材の色が明るい木.
líght-yèar, líght yèar *n* 〔天〕光年《距離の単位で, 1 年間に光が真空中を走る距離: ＝9.46×10^{15} m》; [°*pl*] はるかな距離[年月, 程度].
lign- /lígn/, **lig·ni-** /lígnə/, **lig·no-** /lígnoʊ, -nə/ *comb form* 「木」「リグニン」 [L (*lignum* wood)]
lign·al·oe(s) /laɪnǽloʊ(z), lɪg-/ *n* 蘆薈(ろかい)汁 (aloes); AGALLOCH; 〔植〕メキシコ産カンラン科ブルセラ属の樹木の芳香のある材.
lig·nan /lígnæn/ *n* 〔生化〕リグナン《多くは植物体内にみられ, 抗酸化およびエストロゲン様活性をもつフェニルプロパノイドの二量体》.
lig·ne·ous /lígniəs/ *a* 〈草が〉木様の, 木質の (woody). [L *lignum* wood]
lig·nic·o·lous /lɪgníkələs/ *a* 〈菌類など〉木に生える, 木生の; 〈フナクイムシなど〉木質棲の.
lígni·fòrm *a* 木材に似た[の形をした]《ある種の石綿など》.
lig·ni·fy /lígnəfàɪ/ *vt, vi* 〔植〕木(もく)(質)化する. ♦ **lìg·ni·fi·cá·tion** *n* 木化.
lig·nin /lígnən/ *n* 〔植〕リグニン, 木質素.
lig·nite /lígnàɪt/ *n* 褐炭, 亜炭, 樹炭 (＝*brown coal, wood coal*). ♦ **lig·nít·ic** /-nít-/ *a* [F]
lígnite wàx 亜炭ワックス (MONTAN WAX).
lig·ni·tif·er·ous /lìgnətíf(ə)rəs/ *a* 褐炭を含む.
lig·niv·o·rous /lɪgnív(ə)rəs/ *a* 〈昆虫の幼虫が〉木食性の.
lígno·càine‖ /-kèɪn/ *n* 〔化〕リグノカイン (LIDOCAINE).
lìgno·céllulose *n* 〔化〕リグノセルロース《木質組織の主要素》. ♦ **lìgno·cellulósic** *a*
lìgno·súlfonate *n* 〔化〕リグノスルホン酸塩.
lígno·tùber *n* 〔植〕木瘤《ユーカリ類などの樹幹の地下または地表部にある木質のこぶ; 休眠芽や養分を含み, 火災などで上部が失なわれると, そこから発芽する》.
lig·num /lígnəm/ *n* 《豪》タデ科植物《叢林地で用いられる語》. [*polygonum* の縮約形]
lig·num vi·tae /lígnəm váɪti/ (*pl* **～s**) 〔植〕ユソウボク, グアヤク (guaiacum)《熱帯(アメリカ)原産の堅木》; 癒瘡木, グアヤク材. [L ＝wood of life]
lig·ro·in(e) /lígroʊən/ *n* 〔化〕リグロイン《石油エーテルの一種で, 主に溶剤として用いる》.
lig·u·la /lígjələ/ *n* (*pl* **-lae** /-lìː, -làɪ/, **～s**) 〔植〕LIGULE; 〔昆〕唇舌《下唇末端部》.
lig·u·late /lígjələt, -lèɪt/ *a* 〔植〕舌状の (tonguelike), 小舌[舌状花冠]を有する: the ～ corolla 舌状花冠.
lig·ule /lígjuːl/ *n* 〔植〕小舌, 葉舌《イネ科植物の葉身の基部になる小片》; 《キク科植物の》舌状花冠. [L＝strap]
lig·ure /lígjʊər, -gjər/ *n* 〔聖〕黄水晶, リギュール《ユダヤ祭司長の胸当て (breastplate) を飾る十二宝石の一つで, 風信子石 (jacinth) とされる; *Exod* 28: 19》. [L]
Li·gu·ria /lɪgjʊ́əriə/ リグリア《**1**) イタリア北西部, リグリア海に臨む州; ☆Genoa **2**) 古代ヨーロッパ南西部の地域》. ♦ **-ri·an** *a, n*
Ligúrian Séa [the] リグリア海《地中海北部の Corsica 島北方の海域》.
li·gus·trum /lɪgʌ́strəm/ *n* 〔植〕イボタノキ属 (*L*-) の各種の木 (privet).
Li Hong·zhang, Li Hung-chang /líː hʊ́ŋʤɑ́ːŋ/ 李鴻章 (1823–1901)《中国清朝末の政治家》.
Lí-ìon bàttery /líːàɪən-/ 〔電〕LITHIUM-ION BATTERY.
lík·able, líke- *a* 好まれる, 好ましい, 好感のもてる, 人好きのする. ♦ **-ably** *adv* **lìk·abíl·i·ty, ～·ness** *n*
Li·ka·si /lɪkɑ́ːsi/ リカシ《コンゴ民主共和国南東部の市; 旧称 Jadotville》.
like[1] /láɪk/ *vt* **1 a** 好む, …が気に入る (be fond of); 望む, 欲する; …したい 〈*to* do〉; [形容詞・過去分詞・不定詞などの補語を伴って] …が…であるのを好む: Do you ～ tea? 紅茶はお好きですか / He was the best ～*d* boy. 一番好かれる少年だった / I ～ your impudence. [*iron*] なにを生意気な/ (Well,) I ～ that! 《口》[*iron*] けっこうですね《ごめんだ》/ I don't ～ *to* be poor. 貧乏になりたくない / I ～ my tea hot. 紅茶は熱いのが好きだ / I ～ the eggs boiled. 卵はゆでてもらいたい / I ～ boys to be lively. 男の子は元気なのが好きだ. **b** [how と共に用いて] (どう)思う (regard): *How* do you ～ school? 学校はどう? / *How* do you ～ your coffee? 《すでにいれた》コーヒーの味はいかがですか; 《これからいれる》コーヒーのお好みは? 《ブラックで, それとも…》/ *How* do you ～ that? これでどうだ《人をたたいたりして罰するときの表現》; なんてこった, まいったね. **2** 〈植物・機器などが〉〈自然環境〉に耐える; 《方》…に適する, 合う (suit): The plant ～*s* heat. その植物は暑さに強い / I like it, but it does not ～ me. 好きだが体に合わない. **3** 《古・方》/[*joc*] [非人称構文] …の好みに適する, 喜ばせる: It ～*s* me not. それは気に入らない (I do not ～ it). **4** *《俗》…が勝つと予想する, …に賭ける. ► *vi* 好む, 気に入る, 気が向く (be pleased); 《方》是認する (approve): You may do as you ～. 好きなようにしてよろしい.
● **and ～ it** [命令などに添えて] 四の五の[つべこべ]言わずに, さっさと. **(as)…as you ～** とても, すごく (as…as anything). **if you ～** よろしかったら; そう言いたければ, とも言えよう; [líke と強調して] ‖《口》まったく, 本当に《断言の強調》: I am shy *if you* ～. [shý と強調すれば] わたしが内気だとおっしゃるならそう言われてもよい, 内気といったところですね; [Í と強調すれば] わたしなら内気だと言われてもよいが(そうでないのがそこらにいる) / That's a tall story, *if you* ～. あれは大ぶろしきだね, 本当のところ. **～ it or not [no]** 好むと好まざるとにかかわらず. **I [We] should [would, 'd] ～** *or* You [He, She, They] **would ['d] ～**…したいものだ, …が欲しい《一人称に用いる would は主に米, ただし口語では英でも用いられる》: I'*d* ～ to come. 行きたいものです /

Would you ～ another cup of tea? 紅茶のお代わりはいかがですか / I *should* ～ to know [see]. [°*iron*] (できなかろうが)教えて[見せて]もらいたいものだ / I'*d* ～ (for) you to meet…に会ってもらいたいんですが，…をご紹介します，こちらが…さんです.

► *n* [ᵘ*pl*] 好み，嗜好; [ᵘ*pl*] 好きなもの[こと]，好ましいもの[こと]: ～*s* and dislikes /díslàɪks/ 好きなものと嫌いなもの; 好き嫌い.

♦ **lík·er** *n* [OE *līcian*; ↓と同語源]

like[2] *a* (**more ～, most ～**; 時に **lík·er, -est**) ★しばしば目的語を伴う; この場合は前置詞ともみられる (⇨ *prep*). **1** 同様な，類似の (similar); 等しい (equal); …に似て，…のような (resembling); ᵘ〈肖像画などが〉実物によく似ている: a ～ sum 同額 / a ～ sign 〖数〗等号 《=》/ ～ charges [signs] 〖数〗同符号 / ～ quantities 〖数〗同類項 《文字が共通な項》/ in ～ manner [wise] 同様に / The brothers are very ～. 兄弟はよく似ている / (as) ～ as two peas 実によく似て，うりふたつで / What is your father ～? きみのお父さんはどんな人ですか 《風采・人柄が》/ *L*～ master, ～ man. 《諺》似たもの主従，主人が主人なら家来も家来 / *L*～ FATHER, ～ son. / of ～ MIND / men of ～ passions *with* us 《古》わたしたちと同じ情をもった人間 / An old Greek is ～ *to* an Englishman. 《古》古代ギリシア人は英国人に似ている. **2** …の特徴を表わしている，…にふさわしい: Such behavior is just ～ him. こんなふるまいはいかにも彼らしい. **3** [*pred*] **a** たぶん…しそうで: It looks ～ rain(ing). 雨になりそうだ. **b** 《口・方》ありそうな，…らしい (likely) 〈(*that*), *to* do〉: It is ～ we shall see him no more. おそらく彼にはもう会えないだろう / We're ～ *to* meet no more. 再び会うことはないだろう. **c** 《口・方》ほとんど…しそうで，あやうく…しかけて (about) 〈*to* do〉 (⇨ *vi*): I had [was] ～ *to* have been killed. すんでのことで死ぬところだった. ● **be ～…** [発話を導入して] *《口》(…と)言う，言っている: And he's ～, "Shut up!" そしたらあいつ「うるせえ!」って言うんだよ. FEEL **～**. MAKE **～**.

► *adv* ★形容詞の場合同様，目的格の語を伴うときは前置詞とも考えられる (⇨ *prep*). **1** …らしく，…同様に; 《古》同じよう[程度]に (equally). **2 a** [～ enough, very ～ の形で挿入句的に] 《古風》たぶん，おそらく. **b** 《口》ほぼ，だいたい…くらい，…近く; ある程度. **3** 《口》 **a** [先行する語句の意味を弱めて] まるで，なんだか: He looked angry ～. なんだかおこってるみたいだった. **b** [ほとんど無意味のつなぎのことばとして] えーと，なんというか，たとえば，まあ(その)，なんとなく，…みたい，…ってわけ: It's ～ cold. (なんか)寒いじゃん. ● **(as) ～ as not** 《口》おそらくは，たぶん. **～ as [to]** 《古》まさに…のように (just as). **～ so** 《口》この[その]ように.

► /⌐, ⌐/ *prep* 《⇨ *a, adv*》…のように，…と同様に; …らしく; たとえば…のような (such as): ～ NOTHING on earth / ～ THAT / Do it ～ this. こんなふうにやりなさい / fruit, ～ apples and oranges リンゴやオレンジなどの果物 / I'm ～ you. わたしもあなたと同じような考え[意見]です / Him dying ～ that. 彼があんな死に方をするなんて / It is ～ her to *do*…するのはいかにも彼女らしい / ～ a BOOK / ～ a GOOD boy [girl, fellow, one]. ● **～ anything [everything]** 《口》激しく，どしどし，猛烈に，盛んに，急速に，非常に: He praised me ～ *anything*. 彼はひどくわたしをほめた. **～ what** [〈*conj*〉] 《俗》…みたいに: ～ *what* (=as) I said before 前に言ったように. **L～ what?** たとえば(どんな)? **more ～…** むしろ…に近い[と言ったほうがいい]. **more ～ (it)** 《口》考えて[願って]いることに(ずっと)近い，…ならばもっといい: That's *more* ～ *it*. そのほうがずっといい，(そう)その調子，そうこなくちゃ. **nothing [none, not anything] ～…** (**1**) …に及ぶものはない: There is *nothing* ～ walking as a means of keeping fit. 健康維持の手段としては散歩に及ぶものはない (cf. NOTHING (*adv*) ～). (**2**) …らしくもない: The place was *nothing* ～ home. 少しも家庭らしいところがなかった. **something ～** (**1**) やや…のようなもの，…らしいもの; ᵘ《口》…ばかり，…ほど (about): We walked *something* ～ five miles. 5 マイルほど歩いた. (**2**) [like に /láɪk/ と強勢をおいて] 《口》すばらしいもの: *something líke* a (=a great) party けっこうな会，盛会 (=some /sʌ́m/ party*) / This is *something líke* (=is splendid)! これはすばらしい!

► /⌐, ⌐/ *conj* 《口》…の(する)ように (as); *あたかも (as if); たとえば…のような: I cannot sing ～ you do. きみのするようには歌えない / It looks [sounds] ～ he means to go. 見たところ[話しぶりでは]彼は行くつもりらしい (⇨ *a* 3) / He acted ～ he felt sick. 気分でも悪そうな様子をした / ～ I say [said] 《口》私の言う[言った]ように / latex gloves ～ a doctor uses 医者が使うようなゴム手袋. ● **tell [say] it ～ it is** ありのままに[率直に]話す.

► *n* 似た人[もの]; 同様な人[もの]; 同類，同輩 (equal); 符合するもの; 匹敵，比類; [*pl*] 同種類のもの; [the] 〖ゴルフ〗《それを打つと》相手と同じ打数になる一打: We shall never see his ～ again. あのような人はまたと見られまい / *L*～ cures ～. 《諺》毒をもって毒を制する (cf. SIMILIA SIMILIBUS CURANTUR) / *L*～ for ～. 《諺》恩には恩，恨みには恨み / *L*～ attracts ～. 《諺》類は友を呼ぶ，同気相求む / compare ～ with ～ 同種[同範疇]のものを比較する. ● **and the ～** その他同種類のもの，等，など 《etc. よりも形式ばったいい方》. **or the ～** またはその種の他のもの，など. **the ～(s) of**…のような者[もの]: Did you ever hear *the* ～ *of* it? きみはそのようなことを聞いたことがあるか / *the* ～*s of* this このようなもの / *the* ～*s of* me わたしのような(卑しい)者たち，わたしらふぜい / *the* ～*s of* you あなたのような(偉い)方々.

► *vi* [しばしば無変化で ～(d) to (have)＋*pp* または ～(d) to＋過去形] 《方・非標準》あやうく…するところだった (⇨ *a* 3c): The ball ～ *to* (*have*) *hit* him in the eye. ボールがあやうく彼の目にあたるところだった.

[OE *gelīc*; '同じ体・形 (LICH)' の意; cf. G *gleich*]

-like /laɪk/ *suf* [名詞に自由に付けて形容詞または副詞をつくる] …のような，…らしい: child*like*, gold*like*; ball-*like*. [*like*[2]]

likeable ⇨ LIKABLE.

like·li·hood /láɪklihùd/ *n* ありそうなこと，見込み (probability) 〈*of*; *that*〉: There is no ～ *of* his succeeding=There is no ～ *that* he will succeed. 彼が成功する見込みは全くない. ● **in all ～** たぶん，十中八九.

like·li·ness /láɪklinəs/ *n* LIKELIHOOD.

like·ly /láɪkli/ *a* (**more ～, líke·li·er; most ～, líke·li·est**) **1 a** ありそうな (probable); 本当らしい，もっともらしい: a ～ result 起こりそうな結果 / A ～ story! [°*iron*] いかにもって話ね，まさか. **b** …しそうな，…らしい 〈*to* do〉: It is ～ *to* rain. 雨になるらしい / It is ～ *to* be hot tomorrow. あすは暑くなりそうだ / He is not ～ *to* come.=It is not ～ (that) he will come. 彼は来そうもない，まさか来はすまい. **2** 適当な (suitable)，あつらえ向きの 〈*for*, *to* do〉: I called at every ～ house. 心当たりの家はみな訪ねた / a ～ place *for* mushrooms [*to* fish] キノコのありそうな[魚の釣れそうな]場所. **3** 見込みのある，有望な (promising); 《英では方》魅力的な，あいきょうのある: a ～ young man 頼もしい青年. ● **not ～** ᵘ《口》まさか，とんでもない 《強い反発・否定》: *Not* bloody ～! まさか，ばか言え，冗談じゃない. ► *adv* [しばしば very, most を前置して] たぶん，おそらく (probably): She has *most* ～ lost her way. 彼女はどうも道に迷ったらしい / ～ enough おそらく(そうだろう). ● **(as) ～ as not** あるいは…かもしれない，おそらくは. **more ～ than not** どちらかと言えば，おそらく. **more than ～** 十中八九は，たぶん. [ON; ⇨ LIKE[2]]

líke-mínd·ed *a* 同じ心[意見，趣味，目的]の，〈…と〉うまの合う 〈*with*〉: He is ～ *with* Tom. トムとうまが合う. ♦ **～·ly** *adv* **～·ness** *n*

lik·en[1] /láɪkən/ *vt* 〈…に〉たとえる，なぞらえる，擬する 〈*to*〉: ～ virtue *to* gold 徳を黄金に比する. [LIKE[2]]

liken[2] ⇨ LIKIN.

líke·ness *n* **1 a** 似寄り，類似 〈*between, to*〉; 酷似した人[もの]: a family ～ 親子兄弟の似寄り / bear a ～ *to*…によく似ている. **b** 肖像，画像，似顔，写真: a good [bad, flattering] ～ of my uncle 私のおじによく似た[似ていない，実物よりよい]写真[肖像] / take sb's ～ 人の肖像を描く / a living ～ 生き写し. **2** 外観，見せかけ: an enemy in the ～ of a friend 味方を装った敵.

líke·wìse *adv* 同じく，同様に; また (also)，なおそのうえ; [相手の陳述に対する同意を表わして] 《口》わたしも同様です: Pleased to meet you.—*L*～, I'm sure.

li·kin, le·kin, li·ken /líːkíːn/ *n* 釐金(りきん)税 《清朝の国内運搬税》. [Chin]

lik·ing /láɪkɪŋ/ *n* 〈…が〉好きである[気に入っている]こと 〈*for, to*〉; 好み，趣味 (taste): have a ～ *for*…を好む，…に趣味をもつ / on ～ (試したうえで)お互いに気に入ったらとの条件で / take a ～ *for* [*to*]…が気に入る. ● **to one's ～** 気に入って，趣味に合って(いる): Is it *to your* ～?

Li·kud /lɪkúːd/ リクード 《イスラエルの右派政党》. [Heb=alliance]

Lil /lɪ́l/ リル 《女子名; Lil(l)ian の愛称》.

Li·la /láɪlə/ ライラ 《女子名》. [⇨ LEILA]

Li'l Ab·ner /lɪ́l ǽbnər/ リル・アブナー 《Al Capp (1909-79) の同名の漫画 (1934-77) の登場人物; アパラチア山脈の Dogpatch に住み，妻は Daisy Mae; cf. SADIE HAWKINS, SHMOO》.

li·lac /láɪlək, -læk, -lὰːk/ *n* 〖植〗ハシドイ属の各種の木 《モクセイ科》，《特に》ムラサキハシドイ，ライラック，リラ; 紅藤色，ライラック色 《赤みがかった藤色》. ► *a* ライラック色の. [F＜Sp＜Arab＜Pers (*nīlak* bluish)]

li·la·ceous /laɪléɪʃəs/ *a* ライラック[薄紫]色の[に近い].

li·lan·ge·ni /lìlɑŋgéni/ *n* (*pl* **ema·lan·ge·ni** /èməlɑŋgéni/) リランジェニ 《スワジランドの通貨単位: =100 cents》. [(Swaziland)]

lil·i·a·ceous /lɪ̀liéɪʃəs/ *a* ユリの(ような); 〖植〗ユリ科 (Liliaceae) の.

Lil·i·an /lɪ́liən/ リリアン 《女子名; 愛称 Lil, Lilli(e), Lil(l)y》. [⇨ LILLIAN]

lil·ied /lɪ́lid/ *a* ユリの多い; 《古》ユリのよう[に白い].

Li·lien·thal /lɪ́ljənθɔ̀ːl; G líːlintaːl/ リリエンタール **Otto ～** (1848-96) 《ドイツの航空技術者; 滑空機の試験で墜落死》.

Lil·ith /lɪ́ləθ/ **1** リリス 《女子名》. **2** リリス 《**1**) 〖セム神話〗夜の魔女; 寂しい所を歩きまわって子供を襲う女の悪霊 **2**) 〖ユダヤ伝説〗Eve のつくられる以前の Adam の最初の妻; 魔物の母といわれる **3**) 中世ヨーロッパの有名な魔女》. [Heb=from the night]

Li·li·u·o·ka·la·ni /lɪlìːuoukəlάːni/ リリウオカラニ (1838-1917) 《ハワイ王国の女王 (1891-93); Lydia Paki Liliuokalani, Liliu Kamakaeha ともいわれた; ハワイを統治した最後のハワイ人元首; 歌 'Aloha Oe' を書いた》.

Lille /líːl/ リール《フランス北部 Nord 県の県都; 旧称 Lisle; 中世 Flanders の首都》.
Lil·le Bælt /lílə bέld/ 小ベルト《LITTLE BELT のデンマーク語名》.
Lil·lee /líli/ リリー **Dennis (Keith)** ～ (1949–)《オーストラリアのクリケット選手; 速球投手》.
Lil·le·ham·mer /líləhɑ̀ːmər/ リレハンメル《ノルウェー中南部 Oslo の北方にある町; 冬季オリンピック開催地 (1994)》.
Lil·li /líli/ リリー《女子名; Lil(l)ian の愛称》.
Lil·li·an /líliən/ リリアン《女子名; 愛称 Lil, Lilli(e), Lil(l)y》. [? (dim); ⇨ ELIZABETH]
Lil·li·bul·le·ro /lìlɪbəlíːroʊ, -lέər-/, **Lil·li·bur·le·ro** /lìlɪbərlíːroʊ, -lέər-/「リリバレロ」(1) 名誉革命当時のはやり歌で, James 2 世を支持したアイルランドのカトリック教徒をあざけったもの 2) その曲).
Lil·li·put /lílɪpət/ リリパット《Swift, *Gulliver's Travels* の中に出る小人国》; [°l-] LILLIPUTIAN.
Lil·li·pu·tian /lìləpjúːʃ(i)ən/ *a* LILLIPUT (人)の; [°l-] 非常に小さな; [°l-] 偏狭な. ► *n* リリパット人; [°l-] こびと; [°l-] 狭量な人, 小人(しょうじん).
Lil·lo /líloʊ/ リロー **George** ～ (1693–1739)《英国の劇作家; いわゆる '家庭悲劇' の作者; *The London Merchant, or the History of George Barnwell* (1731)》.
Lil·ly /líli/ リリー《女子名; Lil(l)ian の愛称》. ● **hang a ～ [l～]** *《俗》左にターンする.
lil·ly·pil·ly /lílipìli/ *n* 〔植〕豪州産フトモモ属の木《材は堅く実は食用になる》. [C19<?]
Lílly·white's リリーホワイツ《London の Piccadilly Circus にあるスポーツ用品専門店》.
Li-Lo /láɪlòʊ/ 〔商標〕ライロー《ゴム製エアマット・エアベッド》. [*lie*＋*low*]
LILO last in, last out.
Li·long·we /lɪlɔ́ːŋweɪ/ リロングウェ《マラウィ中南部の市・首都》.
lilt /lílt/ *n* 《話しことばや音楽の》ここちよい抑揚; 陽気で快活な調子[歌曲]; 軽快な動作[足取り]. ► *vt, vi* 調子よく歌う, 陽気[快活]に歌う[話す]; 軽快に動く. [ME<?; cf. Du *lul* pipe, *lullen* to lull]
lílt·ing *a* ここちよい抑揚がある; 軽快な; 陽気[快活]な. ♦ **～·ly** *adv* **～·ness** *n*
lily /líli/ *n* **1** 〔植〕ユリ; ユリの花; ユリに似た花《アネモネ・スイレン・カラーなど》; [*pl*] ユリの紋 (fleur-de-lis)《フランス王家の紋》: PAINT [GILD¹] the ～. **2** 純潔な人, 純白なもの; 《俗》めめしい男, ホモ; *《俗》LULU. ● **Consider the lilies.** 野の百合を思え《思いわずらうな; cf. *Matt* 6:28》. **the lilies and roses** [*fig*] 容色, 美貌. ► *a* ユリの; (白くて純潔な)ユリの花のような〈少女・手〉; 青白い (pallid). [OE<L *lilium*]
Lily リリー《女子名》. [⇨ LIL(L)IAN; のちに ↑ の連想]
Lil·yan /líljən/ リリヤン《女子名》. [⇨ LILLIAN]
líly fàmily 〔植〕ユリ科 (Liliaceae).
líly ìron 穂先が取りはずしできる一種のやす.
líly lèek 〔植〕キバナノギョウジャニンニク (＝*moly*).
líly-lívered *a* 臆病な (cowardly).
líly of the válley 〔植〕ドイツスズラン (＝*May lily*).
líly pàd 水に浮かんだ大きなスイレンの葉.
líly-tròtter *n* 〔鳥〕レンカク《同科の鳥の総称》.
líly-whíte *a* **1** ユリのように白い, 純白の; 欠点のない, 無実の, 純粋な; きまじめな, 真正直な. **2** 黒人の参政反対の (opp. *black-and-tan*), 人種差別支持の; 《口》白人だけの: the '～' movement《黒人排斥の》全白人運動. ► *n* **1** *黒人参政反対運動組織の一員, 《特に 共和党内の》白ユリ派の一員. **2** [*pl*] *《俗》シーツ; [*pl*] *《俗》貴婦人の手, 《一般に》手: slip between the ～*s* 寝床にはいる.
LIM °linear induction motor.
Li·ma /líːmə/ **1** リマ《ペルーの首都; Rímac 川に臨む》. **2** リマ《文字 l を表わす通信用語; ⇨ COMMUNICATIONS CODE WORD》.
lí·ma bèan /láɪmə-/ 〔植〕ライマメ, ライマビーン; SIEVA BEAN《熱帯アメリカ原産; 食用として広く栽培される》. [*Lima*]
lim·a·cine /líməsàɪn, -sən, láɪmə-/, **li·mác·i·fòrm** /laɪmǽsə-, -méɪ-/ *a* ナメクジの(ような). [L ↓]
li·ma·çon /lìːməsɔ́ːŋ, líməsɑ̀n/ *n* 〔数〕リマソン, 蝸牛形《与えられた点から与えられた円の接線に下ろした垂線の足の軌跡として得られる曲線》. [F＝snail<L *limac- limax* slug]
li·man /lɪmáːn, -mǽn/ *n* おぼれ谷《陸上の谷が海面下に沈んだ河口付近の浅瀬》, 潟 (lagoon). [Russ]
Li·mas·sol /lìːmɑːsɔ́ːl; líməsɔ̀l/ リマソル《キプロス南部の港町》.
Lim·a·vady /lìməvǽdi/ リマヴァディ《北アイルランド北部の行政区; その中心となっている町》.
Li·may /limáɪ/ [the] リマイ川《アルゼンチン中西部の川; アンデス山脈にある Nahuel Huapí 湖を水源とし, Neuquén 川と合流して Negro 川を形成する》.
limb¹ /lím/ *n* **1** 《四肢の》肢, 手足; 翼 (wing); [*pl*] *《口》かっこうのいい女の脚. **2** 大枝 (bough); 枝状の突出[延長]部分《十字架の腕など》; 《文章の》句, 節 (clause); 《弓の》リム《握りから上下それぞれの弓先までの部分》: a ～ of the sea 入江. **3** 《口》《他人の》手足, 手先, 子分; 《口》わんぱく小僧: a ～ of the devil [of Satan] 悪魔の手先《いたずらっ子・わんぱく小僧など》/ a ～ of the law [the bar] 法律の手先《警官・法律家・裁判官》. ● LIFE **and** ～. **～ from ～** ばらばらに〈引き裂くなど〉: tear sb ～ *from* ～ 人を八つ裂きにする; さんざんやっつける. **out on a ～** 《口》のっぴきならない危険な立場[はめ]に, 孤立無援の[非難攻撃される]状態に: go *out on a* ～ 引っ込みがつかないことをする. ► *vt* …の手足を断つ; 〈切り倒した木〉の枝を切る.
♦ **～·less** *a* **límby** *a* [OE *lim*; -*b* は ↓ の影響で 16 世紀より]
limb² *n* 〔天〕《円板状に見える太陽・月などの》周縁部; 《四分儀などの》目盛りぶち, 分度圏; 〔植〕《花びらの》拡大部, 葉身, へり. [F or L; ⇨ LIMBUS, LIMBO¹]
lim·ba /límbə/ *n* 〔植〕リンバ《モモタマナの類の西アフリカの広葉高木; シクンシ科; 幹が白い》; リンバ材. [(WAfr)]
lim·bate /límbèɪt/ *a* 〔動・植〕(別の色の)へりのある, 辺縁のある.
lim·bec(k) /límbèk/ *n* ALEMBIC.
limbed /límd/ *a* [ᵘ*compd*] (…の)肢[枝]のある: crooked-～ 枝の曲がった.
lim·ber¹ /límbər/ *a* しなやか[柔軟]な; 軽快な. ► *vt, vi* しなやかにする[なる] 〈*up*〉; 〔スポ〕柔軟体操をする, ウォーミングアップする.
♦ **～·ly** *adv* **～·ness** *n* [? *limber*²; その shaft の動きからか]
limber² *n* 〔軍〕前車《野戦砲を牽引する座席を兼ねた弾薬箱を備える二輪車》. ► *vt, vi* 〈砲架〉に前車をつなぐ, 〈砲と前車を〉つなぐ 〈*up*〉. [? L (*limon- limo* shaft); -*b*- は cf. SLUMBER]
limber³ *n* [°*pl*] 〔海〕《船底の》汚水路. [変形<F *lumière* light¹, hole<L *luminare* lamp]
límber·nèck *n* 〔獣医〕軟頸症, リンバーネック《ボツリヌス菌で汚染された食物によるニワトリ・アヒルなどの致命率の高い病気; 弛緩性麻痺のために首の筋肉が弱り餌が食えなくなる》.
límber pìne 〔植〕フレキシマツ, リンバーマツ, ロッキーマツ《北米 Rocky 山脈の高地原産》.
lim·bic /límbɪk/ *a* 〔解〕(大脳)辺縁系の.
límbic sỳstem 〔解〕(大脳)辺縁系《情動をつかさどる部分》.
lim·bo¹ /límboʊ/ *n* (*pl* ～**s**) **1 a** [°L-] 〔カト〕リンボ, 地獄の辺土《地獄と天国との間にあり, キリスト教に接する機会のなかった善人または洗礼を受けなかった小児などの霊魂がとどまる所》. **b** 忘れられた[不要な]ものの行き着く場所, 忘却の淵; 中間の地域[状態]; 不確実な状態. **2** 拘留所, 刑務所; 監禁, 拘留. ● **in ～** 忘れられて; どっちつかずで; 身動きとれなくて. [L (*in*) *limbo*; ⇨ LIMBUS]
limbo² *n* (*pl* ～**s**) [the] リンボー(ダンス)《西インド諸島起源のダンス; 体をそらせてすり足で横棒の下をくぐる》. ► *vi* リンボーを踊る. [(W Ind)? ＝limber¹]
limbo³ *n* *《俗》コロンビア産マリファナ (lumbo).
Lim·bourg **1** /*F* lɛ̃buːr/ ランブール《ベルギーの LIMBURG 州のフランス語名》. **2** /límbʊ̀ərk/ ランブール, リンブルク《フランドルの画家 LIMBURG の異つづり》.
Lim·burg **1** /límbɜːrg/ リンブルフ (1) ヨーロッパの西部 Meuse 川の東, 今日のオランダ・ベルギーのリンブルフ州を含む地域 2) オランダ南東部の州; ☆Maastricht 3) ベルギー北東部の州 (*F* Limbourg); ☆Hasselt). **2** /límbʊ̀ərk/ ランブール, リンブルク **Pol de ～, Herman de ～, Jehanequin de ～** (3 人とも after 1385–by 1416)《フランドルの装飾画家兄弟; Berry 公に仕え, 祈禱書 *Très riches heures du duc de Berry* (ベリー公のいとも豪華なる時禱書) を制作; 宮廷生活や風景を緻密な筆致と華麗な色彩で描いた》.
Lim·burg·er /límbɜːrgər/ *n* リンブルガーチーズ (＝**～ chèese, Límburg chèese**)《ベルギーの Limburg 産の香りと味の強い半硬質の表面熟成チーズ》.
lim·bus /límbəs/ *n* (*pl* ～**·es, -bi** /-bàɪ/) 〔動・植〕《他の部分と色または構造の異なった》へり, 縁, 辺, 周辺, 辺縁, 縁郭; 〔眼〕角膜縁; リンボ, 地獄の辺土 (limbo). [L＝hem, border]
lime¹ /láɪm/ *n* **1** 石灰, 《特に》生石灰 (＝burnt [caustic] ～) (＝*quicklime*) (cf. HYDRATED LIME); カルシウム, 《土地改良用の》カルシウム化合物: fat [rich] ～ 富石灰 / ～ and water 石灰水. **2** 鳥もち (birdlime). ► *vt* **1** …に石灰をまく, 石灰で消毒する; 石灰水に浸す; 〈壁・天井など〉に石灰塗料[のろ]を塗る (whitewash); 接合する. **2** …に鳥もちを塗る; 鳥もちで捕える; わなにかける. ► *a* 石灰(岩)の[からなる]. [OE *līm*; cf. LOAM, G *Leim*]
lime² *n* 〔植〕ライム《ユズ・レモンの類の熱帯産低木; その果実》; LIME GREEN; LIMEADE¹¹. [F<Arab; cf. LEMON¹]
lime³¹¹ *n* LIME TREE.
lime⁴ *vi* 《カリブ》うろつく, ほっつき歩く, たむろする. [C20<?; cf. LIMER].
lime·ade /laɪméɪd/ *n* ライムエード《ライム果汁に砂糖と水を混ぜた飲料》. [C19]
líme·bùrn·er *n* 石灰焼成[製造]者.
líme glàss 石灰ガラス.
líme gréen ライムグリーン, 黄緑色. ♦ **líme-gréen** *a*
Lime·house /láɪmhàʊs/ ライムハウス《London 東部 East End の Thames 川北岸の地区; アヘン窟が多い悪いところとして知られた》.
líme hỳdrate 消石灰 (slaked lime).
líme jùice ライムジュース《かつて長い船旅の際に, 壊血病予防剤としてこれを飲んだ》.

líme-jùicer «俗» [*derog*] *n* *英国船; *英国人水兵, 英国人; «豪» 新来の英国人. ［壊血病の予防に英国船でライム果汁を飲ませたことから］
líme·kìln *n* 石灰がま《生石灰をつくる》.
líme·lìght *n* **1 a** 石灰光[ライムライト](の照明装置)《石灰製の棒または球を酸水素炎にあてて生ずる強烈な白光; 以前舞台のスポットライトに用いた》. **b** ‖SPOTLIGHT. **2** [the] 注目の的, 人目につく立場: be fond of *the* ～ 人前に出ることを好む / steal the ～ from…に代わって脚光を浴びる. ● **in the ～** 脚光を浴びて, 注目の的になって. **out of the ～** 人目につかずに, 注目されることなく ► *vt* …にスポットライトをあてる, …に脚光[注目]を浴びさせる. ♦ **～·er** *n* 注目の的になっている[なりたがる]人, 脚光を浴びている人, 目立ちたがり屋.
líme lìniment 〘薬〙石灰擦剤 (carron oil).
líme mòrtar 〘建〙石灰モルタル.
li·men /láɪmən; -mɛ̀n/ *n* (*pl* ～s, **lim·i·na** /límənə/) 〘心〙閾(いき) (threshold). ［L］
líme pìt 《獣皮を浸して毛を除去するための》石灰漬槽; 石灰(焼き)がま; 《採掘場の》石灰坑.
lim·er /láɪmər/ *n* «カリブ» 街路をうろつく[にたむろする]者. ［C20 ＜?; cf. LIME[4]］
lim·er·ick /lím(ə)rɪk/ *n* 〘韻〙五行戯詩, リメリック《以前アイルランドで流行した弱弱強格 5 行の戯詩; 3 脚の 1, 2, 5 行と 2 脚の 3, 4 行がそれぞれ押韻する》. ［'Will you come up to *Limerick*?' という歌のリフレーンから］
Limerick リメリック (**1**) アイルランド南西部 Munster 地方の県 **2**) 同県の県都; Shannon 川に臨む港町》.
li·mes /láɪmiːz/ *n* (*pl* **lim·i·tes** /límətiːz/) 境界, 国境防衛線; 《ゲルマン人の侵入を防ぐために造られたローマ帝国の》国境の城壁; [L-] SIEGFRIED LINE. ［L LIMIT］
líme·scàle *n* ‖垢(あか), 水あか, 湯あか《水に含まれ水道管やポットの内部に白く付着する不純物》.
líme·stòne *n* 〘岩石〙石灰岩[石].
límestone càve [càvern] 鍾乳洞.
límestone pàvement 石灰岩舗石《石灰岩の裸出した台地などで, 広がった節理が表面を方形に区切っている地形》.
líme sùlfur 〘化〙石灰硫黄合剤《殺菌·殺虫剤》.
líme trèe ‖〘植〙リンデン (linden*), 《特に》セイヨウシナノキ, セイヨウボダイジュ. ［変形＜*line*＝*lind* LINDEN］
líme-twìg *n* 鳥もちを塗った枝; わな.
líme·wàsh *n* 《壁塗り用の》石灰塗料, のろ. ► *vt* …に石灰塗料を塗る.
líme·wàter *n* 石灰水; 炭酸カルシウム[硫酸カルシウム]を多量に含む自然水.
líme·wòod *n* シナノキ[リンデン] (linden) 材.
líme wòrt ‖〘植〙クワガタソウ (brooklime).
limey[1] /láɪmi/ [°L-] «俗» [*derog*] *n* *英国水兵《時に 陸軍兵士も指す》, 英国人; «俗» 英国船; «豪·南ア» 英国人移民. ► *a* *英国(人)の. ［*lime*-juicer, *-y*[3]］
limey[2] *a* LIMY[1].
li·mic·o·line /laɪmíkəlàɪn, -lən/ *a* 水辺[海辺, 湖沼畔, 川原]に生息する, 泥地生の. ［L *limus* mud］
li·mic·o·lous /laɪmíkələs, lɪ-/ *a* 泥の中にすむ.
limina *n* LIMEN の複数形.
lim·in·al /límənl/ *a* 〘心〙閾(いき) (limen) の (cf. SUBLIMINAL, SUPRALIMINAL); かろうじて知覚できる; わずかな; 境界上の, 中間的な.
lim·it /límət/ *n* **1** [°*pl*] 極限, 限度, 限界(線); [°*pl*] 境界 (boundary); [*pl*] 範囲, 区域 (cf. OFF-LIMITS, ON-LIMITS); 〘論〙他と区別する性質; 制限, 規制; [the] «口» 《特に 我慢の》限度[極限](を超えているもの[人]): the inferior [superior] ～ 最小[最大]限 / the upper [lower] ～ 上限[下限] / reach the ～ of moderation 適度の限界に達する / The invention has no ～*s* in applicability. この発明は無限に応用できる / There is a ～ [There are ～*s*] to [on] everything. ものには程度というものがある / go to any ～ どんなことでもする / beyond the ～ 限度[限界]を超えて / out of all ～*s* 法外に / set [put, place, impose] ～*s* [a ～] to [on]…を制限する / to the ～ *十分に, 極端に / to the utmost ～ 極限まで / within the ～ of…の範囲内で / That's [He's] *the* ～. それ[やつ]には我慢がならない[あきれる]. **2** 〘商〙指値(さしね); 《賭けの》最大額; 〘数〙極限(値); 〘数〙《定積分の区間の》端(たん): at your ～*s* 指値で / within your ～*s* 指値以内で. ● **go the ～** «口» 徹底してやる, 行くところまで行く, 〈女性[男女]が〉最後の一線を越える, 〈ボクサーが〉フルラウンド戦う. **over the ～** (血中アルコール度が)規制値を超えて, 飲酒運転をして. **The** SKY **is the ～.** **within ～s** 限度内で, ほどほどに適度に. **without ～** 限り[際限]なく. ► *vt* 限る, 限定する; 〈ある数量などに〉制限する 〈*to*〉; 〘法〙定める, 特定する, 限定する. ♦ **～·able** *a* 限度を設けられる, 制限できる. **～·able·ness** *n* ［L *limit- limes* boundary, frontier］
lim·i·tar·i·an /lɪ̀mətɛ́əriən/ *n* 制限する人; 〘神学〙《選ばれた人びとのみ救われると説く》制限説論者 (opp. *universalist*). ► *a* 制限説の.
lim·i·tary /límətèri; -t(ə)ri/ «古» *a* 制限する, 制限的な (restrictive); 境界(上)の; 限られた, 有限の (limited).
lim·i·ta·tion /lɪ̀mətéɪʃ(ə)n/ *n* 限定, 制限, 極限; 《知力·能力などの》限り, 限界; 制限するもの, 制約; 〘法〙出訴期限 〈*of* actions〉 (: STATUTE OF LIMITATIONS), 《財産·法律の》有効期限: Everyone has his ～*s*. だれにも限界[向き不向き]はある / know one's ～*s* 自分の限界を知っている. ♦ **～·al** *a*
lim·i·ta·tive /límətèɪtɪv/ *a* 制限的な.
límit·ed *a* 限られた, 有限の (restricted); 《権力などを》制限された; *〈列車などが〉乗客数と停車駅を制限した, 特別急行の; ‖〈会社が〉有限責任の《略 Ltd(.); cf. INCORPORATED》; 偏狭な, 創意に欠ける: a person of ～ means 資力の乏しい人 / a ～ nuclear war 限定核戦争 / a ～ express [train] *特急(列車). ► *n* *特別急行列車[バス]; ‖有限(責任)会社 (limited company). ♦ **～·ly** *adv* **～·ness** *n*
límited-áccess *a* アクセスが限定された《進入路が限定されている高速道路や利用者[利用場所]が限定されているサービス·施設·データなどについていう》.
Límited Bránds リミティッド·ブランズ《米国の女性用衣料品·小物の小売りチェーン; 1963 年創立》.
límited cómpany ‖有限(責任)会社 (＝**límited liabílity còmpany**) 《株主の責任が所有株式の額面金額に限られる会社で, 株式が公開されている public limited company (略 plc) と非公開の private limited company がある; 後者は社名のあとに Limited または略字 Ltd(.) を付記する》.
límited edítion 限定版.
límited liabílity 《株主·船主などの》有限責任.
límited liabílity cómpany ⇨ LIMITED COMPANY.
límited liabílity pàrtnership 有限責任組合, 有限責任事業[企業]組合《国によって異なるが通例 limited partner からなる; 略 LLP》.
límited mónarchy 制限君主政体; 制限君主国 (＝*constitutional monarchy*).
límit·ed-òvers crícket 投球数限定クリケット (one-day cricket).
límited pártner 有限責任組合員.
límited pártnership 有限責任組合, 合資会社《limited partner と general partner の双方からなる; cf. GENERAL PARTNERSHIP》.
límited wár 《戦争目的や戦闘手段を一定範囲に限定した》限定戦争; 《戦闘地域の限られた》局地戦.
límit·er *n* 制限する人[もの]; 〘電〙リミッター《振幅制限回路》, CLIPPER.
limites *n* LIMES の複数形.
límit gàge 〘工〙限界ゲージ.
límit·ing *a* 制限する, 限定的な; 〘文法〙制限的な《被修飾語の性質·種類·状態に言及することなく適用範囲を制限するだけの, あるいは制限がないことを表わす形容詞についていう; this, some, any など; cf. DESCRIPTIVE》. ♦ **～·ly** *adv*
límiting fàctor 《生物の生長や人口規模などを制約する》制限因子; 制約的要因 〈*for, to, in doing*〉.
límiting nùtrient 〘生態〙制限的栄養物質《湖水の富栄養化を遅らせる物質》.
límit·less *a* 限りない, 無限の; 無期限の; 広々とした, 渺茫(びょうぼう)たる, 茫洋たる. ♦ **～·ly** *adv* **～·ness** *n*
límit màn 《ハンディキャップ付き競走で》最大のハンディキャップの付く競走者 (opp. *scratch man*).
límit pòint 〘数〙《集合の》集積点 (＝*point of accumulation, accumulation point*).
lim·i·trophe /límətròʊf, -trɔ̀(ː)f/ *a* 国境[辺境]にある, 隣接した 〈*to*〉.
li·miv·o·rous /laɪmív(ə)rəs/ *a* 〘動〙《土中の有機物摂取のために》土を食う, 土食[泥食]性の《ミミズなど》.
lim·mer /límər/ «スコ» *n* ならず者; 売春婦. ［ME (Sc)］
lim·my /límі/ *n* *«俗» 押込み強盗用具(一式).
limn /lím/ *vt* 〈絵を〉描く, 絵に描く; くっきりと輪郭を描く; «古·文» 描写する 〈*in* words〉; «廃» 〈手紙·写本などを〉装飾する (illuminate). ［ME *lumine* to illuminate＜OF＜L *lumino* to ILLUMINATE］
lim·ner /lím(n)ər/ *n* 画工, 絵師 (painter).
lim·net·ic /lɪmnétɪk/, **lim·nic** /límnɪk/ *a* 淡水湖沼の, 沖帯域の[にすむ].
lim·nol·o·gy /lɪmnáləʤi/ *n* 湖沼学, 陸水学. ♦ **-gist** *n* **lìm·no·lóg·i·cal, -ic** *a* **-i·cal·ly** *adv* ［Gk *limnē* lake］
lim·noph·i·lous /lɪmnáfələs/ *a* 〘動〙湖沼に生息する, 好停水性の.
Límnos ⇨ LEMNOS.
limo /límoʊ/ *n* (*pl* **lím·os**) «口» LIMOUSINE.
Li·moges /limóʊʒ; *F* limoːʒ/ **1** リモージュ《フランス中西部 Haute-Vienne 県の県都》. **2** リモージュ《Limoges で製造されたエナメル細工·磁器》.
Li·món /lɪmóʊn/ リモン《コスタリカ中東部の市; 別名 Puerto ～; 同国一の港町》.
lim·o·nene /límənìːn/ *n* 〘化〙リモネン《種々の精油中に含まれるテ

ルペンの一種; レモン香がある).

li·mo·nite /láɪmənàɪt/ *n* 〔鉱〕褐鉄鉱 (=*brown hematite*)《主に針鉄鉱 (goethite) からなる》. ◆ **lì·mo·nít·ic** /-nít-/ *a*

Li·mou·sin /*F* limuzɛ̃/ **1** リムーザン《(1) フランス中部 Auvergne の西の地方·旧州; ☆Limoges (2) フランス中部の地域圏; Corrèze, Creuse, Haute-Vienne の 3 県からなる》. **2 a** リムーザンの住民[出身者], リムーザン人. **b**《フランス語の》リムーザン方言. **3**〔畜〕リムザン種(の牛)《フランスで作出された頑健な肉用牛》.

lim·ou·sine /líməzì:n, ⌐—⌐/ *n* リムジン《(1) 運転席と客席の間に(可動の)ガラス仕切りのある自動車 (2)*空港や駅の送迎用などの小型バス (3)(お抱え運転手付きの)大型高級セダン》. [F (↑); Limousin 地方の人が車中で着たフード付きコートから]

límousine líberal* 金持ちのリベラリスト.

limp[1] /límp/ *vi* 足をひきずって歩く;〈船·飛行機などが〉(故障で)のろのろ[よたよた]進む; もたつく,〈詩歌が〉韻律[抑揚]を乱す. ► *n* 足をひきずること: walk with a ~. ◆ **~·er** *n* **~·ing·ly** *adv* [? *limphalt* (HALT[2]) (obs) lame]

limp[2] *a* **1** 柔軟な, しなやかな (flexible); ぐにゃぐにゃした;〔製本〕板紙抜きの〈表紙など〉. **2** 弱々しい, 元気のない (spiritless); 気の抜けた; 疲れた;*《俗》酔っぱらった: (as) ~ as a doll [rag] くたくたに疲れて. ◆ **~·ly** *adv* **~·ness** *n* [C18<? LIMP[1] hanging loose; cf. Icel *limpa* looseness]

lim·pa /límpə/ *n* リンパ《糖蜜または赤砂糖入りのライ麦パンの一種》. [Swed]

límp-dìck *n*, *a**《俗》いくじなし(の), インポ野郎.

límp díshrag*《俗》いくじなし, どうしようもないやつ.

límp·en *vi* びっこになる.

lim·pet /límpət/ *n* 〔貝〕カサガイ(の類の貝); くっついて離れない人; 吸着機雷 (=~ **bòmb**, ~ **mìne**)《船底に吸着する》. [OE *lempedu* <L; *lamprey* と同語源]

lim·pid /límpəd/ *a* 清い, 澄んだ (clear), 透明な;〈文章など〉明快な; 静穏な. ◆ **~·ly** *adv* **~·ness** *n* [F or L; cf. LYMPH]

lim·pid·i·ty /lɪmpídəti/ *n* 透明; 明快; 静穏.

limp·kin /lím(p)kən/ *n* 〔鳥〕ツルモドキ (=*crying bird*)《米国南東部·中南米産》.

Lim·po·po /lɪmpóupou/ **1** リンポポ《南アフリカ共和国北東部の州; ☆Polokwane; 旧称 Northern (Transvaal)》. **2** [the] リンポポ川《南アフリカ共和国 Johannesburg の近くに発し, ボツワナ·ジンバブウェとの国境沿いにモザンビークにはいってインド洋に注ぐ; 別称 Crocodile》.

límp sóck*《俗》興をそぐやつ, 嫌われ者.

limp·sy, -sey /lím(p)si/, **lim·sy** /límsi/ *a**《方》かよわい, ひよわな (weak).

límp·wòrt[‖] *n* 〔植〕BROOKLIME.

límp wríst めめしい男, ゲイ. ◆ **límp-wríst(·ed)** *a* めめしい, ホモの; 弱腰の, 柔弱な.

lim·u·loid /límjəlɔ̀ɪd/〔動〕*a* カブトガニの, カブトガニに似た. ► *n* カブトガニ (king crab).

lim·u·lus /límjələs/〔動〕*n* (*pl* **-li** /-làɪ, -lì:/) カブトガニ (horseshoe crab). [(dim)<L *limus* askew]

limy[1] /láɪmi/ *a* 石灰質の; 石灰でおおわれた; 石灰を含んだ; 鳥もちを塗った; ねばねばする. ◆ **lím·i·ness** *n* [*lime*[1]]

limy[2] *a* ライムの(風味がある). [*lime*[2]]

limy[3] *n**《俗》[*derog*] LIMEY[1].

lin /lín/ *n* LINN

Lin /lín/ **Maya** (**Ying**) ~ (1959–)《米国の造形作家·建築家; 中国系》.

lin. lineal ◆ linear.

lin·able[1], **line·able** /láɪnəb(ə)l/ *a* 一線に並べられる.

linable[2] *a* 裏(地)が付けられる. [*line*[2]]

lin·ac /línæk/ *n* 〔理〕LINEAR ACCELERATOR.

Lin·a·cre /línɪkər/ リナカー **Thomas** ~ (c. 1460–1524)《イングランドの医学者·人文学者; Henry 8 世の侍医》.

Línacre Cóllege リナカーカレッジ《Oxford 大学の学寮の一つ; 1962 年創設》.

lin·age, line·age /láɪnɪʤ/ *n* 一列整列[整頓], 一直線;《印刷物の》行数;《原稿料の》行数払い. [*line*[1]]

lin·al·o·ol /lənǽlouɔ̀(:)l, -òul, -àl/, **lin·a·lol** /línəlɔ̀(:)l, -lòul, -làl/ *n* 〔化〕リナロール《スズランに似た香気を有する無色の液体アルコール; 香料用》. [MexSp]

li·nar /láɪnà:r/ *n* 〔天〕ライナー《数種の化合物に特有な線スペクトルの波長の電磁波のみを放射する点状の電波源》. [*line*+*star*]

Li·na·res /lɪná:rəs/ リナレス《スペイン南部の Jaén の北にある市; Scipio Africanus がカルタゴ軍を破った地 (208 B.C.)》.

Lin Biao /lín biáu/, **Lin Piao** /lín piáu; -pjáu/ 林彪(りんぴょう)(リンピアオ) (1908–71)《中国の軍人·政治家; 毛沢東の後継者とされたが, 反毛クーデターに失敗し, 逃亡中航空事故で死亡したと伝えられる》.

linch·pin /línʧpìn/ *n* 《車輪がはずれぬよう車軸の端に通す》輪止めくさび[ピン];《ものの》かなめ, 中心, 最も大切な人[もの, こと]. [OE *lynis* axletree]

Lin·coln /líŋkən/ **1** リンカン《男子名; 愛称 Lynn》. **2** リンカン **Abraham** ~ (1809–65)《米国第 16 代大統領 (1861–65); 共和党》. **3 a** リンカン《(1) イングランド東部 Lincolnshire の市·州都 (2) Nebraska 州南東部の市·州都》. **b** LINCOLNSHIRE. **4**〔畜〕リンカン種(の羊) (=~ **lòngwool**)《イングランド原産の羊の長毛·肉用種》. **5** リンカーン《米国製の大型高級乗用車; 現在は Ford Mortor 社の一部門が作る》. [OE<L=lake colony]

Líncoln Cènter リンカンセンター《New York 市 Manhattan 島の West Side に建設された舞台·演奏芸術の総合センター; 公式名 Lincoln Center for the Performing Arts; Metropolitan Opera House, Juilliard School, Avery Fisher Hall, New York 州立劇場などがある》.

Lìncoln·ésque *a* リンカン (Abraham Lincoln) のような, リンカン風(ふう)の.

Líncoln gréen リンカングリーン《昔イングランドの Lincoln で織った明るい黄緑色のラシャ; Robin Hood の一党がこれを着た》; 黄緑色.

Lin·coln·ian /lɪŋkóuniən/ *a* LINCOLNESQUE.

Lin·coln·iana /lɪŋkòuniǽnə, -á:nə, -éɪnə/ *n pl* リンカン (Abraham Lincoln) に関する資料(のコレクション)《遺品·著作·書簡·語録·逸話·文献資料など》.

Líncoln Memórial [the] リンカンメモリアル《Washington, D.C. の Mall の一端にある Abraham Lincoln にささげられた大理石の記念堂; 1922 年建立; 大ホールには巨大な Lincoln 坐像があり, その左右に Gettysburg 演説と 2 期目の大統領就任演説が刻まれている》.

Líncoln's Bírthday〔米〕リンカン誕生記念日《2 月 12 日; 今日多くの州では Washington's Birthday と合わせて 2 月の第 3 月曜日を Presidents' Day と呼び法定休日とする; かつては 2 月の第 1 月曜日と定めた州もあった》.

Lin·coln·shire /líŋkənʃɪər, -ʃər/ リンカンシャー《イングランド東部の北海に臨む州; ☆Lincoln; 略 Lincs.》.

Líncoln's Ínn リンカンズイン(法学院) (⇨ INNS OF COURT).

Líncoln Túnnel [the] リンカントンネル《New York 市 Manhattan 島から Hudson 川をくぐりぬけ New Jersey 州 Weehawken に通じる全長 2504 m のトンネル道路》.

lin·co·mýcin /lɪ̀ŋkə-/ *n* 〔薬〕リンコマイシン《放線菌 *Streptomyces lincolnensis* から得られる抗生物質; 特にグラム陽性菌に有効》.

lin·crus·ta /lɪnkrʌ́stə/ *n* リンクラスタ《装飾図柄をプリントした厚手の壁紙》. [商標 *Lincrusta* Walton]

Lincs. Lincolnshire.

linc·tus /líŋktəs/ *n*[‖] リンクタス剤, 舐剤《のどの痛み止めのシロップ; 咳止め水薬》. [L (*lingo* to lick)]

Lind /línd/ リンド **Jenny** ~ (1820–87)《スウェーデンのソプラノ; 本名 Johanna Maria ~, 異名 the Swedish Nightingale》.

Lin·da /líndə/ リンダ《(1) 女子名; 愛称 Lind(e)y, Lindie (2) 女子名; Belinda, Rosalind など -lind(a) の語尾をもつ名の愛称》.

lin·dane /líndeɪn/ *n* 〔化〕リンデン《主に BHC の γ-異性体からなる殺虫剤; 難分解性》. [T. van der *Linden* 20 世紀オランダの化学者]

Lind·bergh /lín(d)bə̀:rg/ リンドバーグ (1) **Anne Spencer** ~ (1906–2001)《米国の作家; 旧姓 Morrow, Charles A. ~ 夫人; *North to the Orient* (1935), *Gift from the Sea* (1955)》 (2) **Charles A**(**ugustus**) ~ (1902–74)《米国の飛行家; 1927 年 5 月 20–21 日, 初めて大西洋単独無着陸横断飛行に成功した》.

Líndbergh Àct [the]〔米法〕リンドバーク法《州外誘拐者処罰法; Charles A. Lindbergh の息子の誘拐殺害事件 (1932) をきっかけとして制定された》.

lin·den /líndən/ *n**〔植〕シナノキ, リンデン (lime tree[‖])《シナノキ属の木の総称》; リンデン材. [OE *lind(e)*; cf. LIME[3]]

línden fàmily〔植〕シナノキ科 (Tiliaceae).

Lin·des·nes /líndəsnèɪs, -nès/ リンデスネス《ノルウェー南端の北海に臨む岬; 別称 (the) Naze》.

Lin·die, Lin·d(e)y /líndi/ リンディー《女子名; LINDA の愛称》.

Lin·dis·farne /líndəsfɑ̀:rn/ リンディスファーン《HOLY ISLAND の別称》.

Líndisfarne Góspels *pl* [the] リンディスファーン福音書《7 世紀末成立のラテン語福音書の装飾写本; Lindisfarne 司教 (698–721) Eadfrith のために作成されたと考えられている; 行間に 10 世紀の OE のノーサンブリア方言による語釈がある》.

Lind·ley /lín(d)li/ リンドリー **John** ~ (1799–1865)《英国の植物学者》. ◆ **~·an** *a*

Lín·dow màn /líndou-/〔考古〕リンドー人《1984 年イングランド北西部 Cheshire の湿地 Lindow Moss で発掘された, 約 2500 年前の鉄器時代の古代人》.

Lind·say /lín(d)zi/ **1** リンジー《男子名; 女子名》. **2** リンジー (1) (**Nicholas**) **Vachel** ~ (1879–1931)《米国の詩人; *The Congo* (1914)》 (2) **Norman** (**Alfred William**) ~ (1879–1969)《オーストラリアの画家·作家》.

Lind·sey /lín(d)si/ リンジー《男子名; 女子名》. ■ **the Párts of** ~ リンジー《イングランド東部 Lincolnshire 北部の旧行政区分; ☆Lincoln》.

lín·dy (**hòp**) /líndi(-)/ [°L- (H-)] リンディー《もと米国の Harlem

に発した動きの激しいジルバダンス; 1930 年代の初めに流行》.
［*Lindy*: Charles A. Lindbergh のあだ名］

line[1] /láɪn/ *n* **1 a** 綱, ひも, 縄, 索, ロープ; 釣糸, ライン; 物干し綱; [*pl*] *手綱: wet one's ～ 釣糸をたれる / ROD and ～ / throw a good ～ 釣りがうまい. **b** 測線; 〘電〙 電線, 通信線, (電)線路; 電線[通信線]網, (電話)回線; 電話サービス; 管, 配管網; 点滴ライン[チューブ]: PLUMB LINE / HELPLINE / *L*～('s) busy. *〘電話〙お話し中です (Number's engaged.‖) / Hold the ～, please. 切らずにお待ちください / Who's on the ～? だれからの電話ですか. **2 a** 線, 条(じょう), ライン; 描線, 運筆; 〘数〙 線《点の軌跡》, 直線, 曲線; 〘スポ〙 ライン, GOAL LINE (cf. 7c); 〘電子工〙 掃引線, 走査線; 〘理〙《スペクトルの》線; [the] 並び線《c, x など欧文小文字の下の仮想線》; 〘ブリッジ〙 得点用紙中央の横線 (cf. *above* [*below*] *the* LINE); 《色などの》縞(しま), すじ; 縫い目 (seam); 《顔などの》しわ (wrinkle); てのひらの線, すじ; 《畑のあぜ・丘陵など》細長く続くもの: ～ and color 線と色《絵画の 2 要素》/ She has deep ～*s* in her face. 顔に深いしわがある. **b** [the] 赤道; 経線, 緯線; 境界線; 境界 (border); 限界: cross *the* ～ 赤道を通過する / a fine [thin, narrow] ～ 微妙な境界[差異] ‹*between* A and B› / racial [religious] ～*s* 人種[宗教]の境界. **c** [*pl*] 設計図, 〘造船〙 線図; 〘楽〙《五線紙の》線, 一連の音(符), メロディー, *《俗》装飾楽節 (lick). **d** [°*pl*] 輪郭 (outline); 顔だち; 《流行婦人服などの》型, ライン: He has good ～*s* in his face. 顔の輪郭が整っている. **e** 〘フェン〙 ライン《剣士の体を上下左右の 4 つに分けた攻撃の目標部位》. **3 a** 《文字の》行; ひとくだり, 一筆, 短信 (note); 情報, 消息 ‹*on*›; 〘電算〙 プログラムの行: drop [send] sb a ～ 人に一報する. **b** 《詩の》一行, 詩句 (verse); [*pl*] 短詩 ‹*upon* a subject, *to* sb›. **c** [*pl*] 罰課《生徒に繰り返し筆写[暗唱]させる, ある行数のラテン語の詩や反省文など》: get 100 ～*s*. **d** [*pl*] せりふ; (口先だけの)弁舌さわやかな話しぶり, 大げさな話し方, 能書き; [ᵘthat (old) ～] でまかせ, 逃げ口上; お定まりの話[冗談], おはこ; [*pl*] *《俗》ことば, 話: give [shoot] a ～ ⇨ 成句 / Don't give me *that* (*old*) ～! いつもの言いわけはやめて. **e** [*pl*] 結婚証明書 (marriage lines). **4** 系列, 系統; 縁者たち, 《同時代の》同族; 系統, 家系; 《動物の》血統; 《菌・培養細胞などの》株: the male ～ 男系 / come of a good ～ 家柄がよい / in a direct ～ 直系の[で] / third in ～ for the throne 王位継承権第三位で / He comes from a long ～ of teachers. 代々教師の家系の出身である. **5 a** 道筋, 進路, 道 (course, route); 線路, 軌道(敷); 《鉄道・バスなどの》路線; (定期)航路; 運輸会社; 猟犬を連れて馬でキツネを追う道筋, 《キツネの》臭跡; 〘野〙《打球の》ライナー (line drive); 〘ゴルフ〙 ライン《ホールに向かって打ち進める(べき)球筋》: a main ～ 本線 / the up [down] ～ 上り[下り]線 / You'll find a bus stop across the ～. 線路[道]の向こうにバスの停留所があります / AIR LINE. **b** 《流れ作業などの生産工程の》配列, 手順, ライン, 工程線 (＝production ～). **6 a** [°*pl*] 方針, 主義; 傾向, 方向, 路線, 手法, 筋道: on economical ～*s* 経済的な手段で / go on wrong ～*s* 方針を誤る / along [on] the same ～*s* 同じ線[路線]で, 同様に / keep to one's own ～ 自分の方針を守る, わが道を行く / take a strong ～ 強硬な処置をとる / HARD [SOFT] LINE. **b** 方面, 分野; 商売, 職業 (trade, profession); 好み, 趣味, 得手; 専門: in the banking ～ 銀行家として / What ～ (of business) are you in? ご商売は何ですか / be all the way up and down the ～ 仕事をいっぱいかかえている / in [out of] one's ～ 得手[不得手]とするところで, 好みに合って[合わないで] / It is not in my ～ to interfere. 干渉するのはわたしの柄ではない. **c** 〘商〙 口(くち), 手; 在庫品, 仕入れ(品), 品ぞろえ; *《俗》値段: a cheap ～ in hats 安手の帽子 / the spring ～*s* from D&G D&G の春物. **d** 〘保〙《保険の》種類, 種目; 《単一物件に対する》引受額. **7 a** 列, 並び (row), ひと続き, 連なり; *《順番を待つ》人の列 (queue‖); 〘軍〙 (前後の二列)横隊; 〘軍〙 戦線, 防御線, 戦列, 布陣(された軍艦[兵員]) (＝～ of battle); 塹壕(ざんごう)線; [*pl*] 野堡(やほう), ‖野営のテント[仮兵舎]の列: in a ～ 一列に, 一並びに, 整列して / BREADLINE / stand in ～ 列に並ぶ / form into ～ 整列する / form ～ 横隊をつくる / draw up in ～ 横隊になる / enemy ～ 敵の布陣 / ～ abreast [ahead, astern] 〘海〙 横[縦]一列(の艦) / go into the front ～(*s*) 前線に出る / go up the ～ 基地から前線に出る / inspect the ～*s* 野堡を視察する. **b** [the] ‖戦列歩兵, 常備兵《近衛兵と砲兵・騎兵・工兵以外の全部》; *戦闘部隊全部, 艦隊, 正規軍, 前戦将校; ライン《企業での生産・販売など組織の基本目的を直接執行する部門》(cf. STAFF[1]). **c** 〘アメフト〙 スクリメージライン (line of scrimmage) (に並ぶ攻撃[守備]側の選手たち); 〘ホッケー〙 ライン《3 人のフォワード》; [the] コーラスガールの列; [the] *《俗》コーラスガール, ラインダンスの踊り子《集合的》. **d** 〘ボウル〙 1 ゲーム (＝*string*) 《10 フレーム》. **8** [*pl*] 《米では古》境遇, 運, 運命《*Ps* 16: 6》: HARD LINES. **9** 〘印〙 **a** AGATE LINE. **b** ‖《活字の大きさの》12 ポイント《例: 24-line type は 288 ポイント活字》. **c** 《網版による》中間調の細密度の単位《1 インチ中の線の数で示す》. **10** ライン《(1)〘理〙 磁束の単位: ＝1 maxwell 2)〘植〙 長さの単位: ＝1/12 インチ》. **11** *《競走以外の競技, 特にフットボール賭博の》賭け率. **12** 《俗》《鼻から吸い込めるように》線状に盛った一服分のコカイン: snort a ～ 粉末コカインを吸う.

● **above the ～** 〘ブリッジ〙 得点用紙の上欄の[に], 勝負の成立に直接関係しない; 〘会計〙 経常支出の. **all (the way) along the ～＝all down the ～** 《勝利など》全線にわたって, 全面的に; 至るところで, ことごとく, 完全に; 最後まで; あらゆる時点[段階]で. **along the ～s of**…＝on the LINES of…. **be (in) one's ～ (of country)** 《口》得意なことである. **below the ～** 〘ブリッジ〙 得点用紙の下欄の[に], 勝負の成立に直接関係する; 〘会計〙 特別損益の. **between the ～s** 暗に, 間接的に; 推論によって: read *between the* LINES. **bring…into ～** …を整列させる, 一列にする; 一致[協力]させる ‹*with*›. **by (rule and) ～** 正確に. **clear one's ～s** 〘ラグビー〙 ボールを自陣ゴールライン近くから相手方へ深くキックする. **come down to the ～** ‹レースが›最後まで競り合う. **come into ～** 一列に並ぶ; 同意[協力]する ‹*with*›; 正しい行動をする. **cross a ～** 一線を越える; ルール違反を犯す; さし出がましいふるまいをする, 裏切る. CROSS **～s**. **cut in ～** 列に割り込む. **do a ～ with…** 《豪口》‹女›を口説く, …と関係をもつ. **down the ～** 町の中心地へ; 通りを進んで, まっすぐ行って; all the way along the LINE; 段階[過程など]を進んで[たどって]; いずれ, そのうち, 将来: work *down the* ～ (to…) 順に(…まで)事を進める[処理する] / further *down the* ～ ずっと先に[あとで] / somewhere *down the* ～ この先どこかで[に], このあとどこかの時点で / go *down the* LINE. **draw the [a] ～** 境界をつける, 線を引く, 差別を立てる, 一線を画する; 《口》断わる: One must *draw the* ～ somewhere. 物事には[我慢にも]限度がある / know when [where] to *draw the* ～ 身のほどを知っている / *draw the* ～ at…に限度をおく, …まではしない / *draw a* [*the*] ～ between…を区別する / *draw a* [*the*] ～ in the sand (協力[手助け]の)限度を明示[明言]する. **fall in ～** 《軍俗》規定[しきたり]に従う, 協調する. **fall into ～** 列につく; ‹他と›行動を共にする ‹*with*›; きちんとする, まとまる. **fire a ～** *《俗》粉末コカインを吸う. **get a ～ on…** *《口》…について情報を得る[つかむ], 調べる, 突きとめる. **get into ～** 協力する ‹*with*›. **give [feed, hand] a ～** 《俗》弁解する, 言いわけを言う; shoot a LINE. **give a ～ on…** *《口》…に関する情報を与える. **give** sb **～ enough** [*fig*] 人を(しばらく)泳がせておく, 自由にさせておく. **go down the ～** 列の人[物]に順次あたっていく; ‹…を›全面的に支持する ‹*for*›; *《俗》次善[三善]の策を取る; *《俗》粉末コカインを吸う. **go up in one's ～s** *《口》‹俳優が›せりふを忘れる[間違える], とちる. **have a ～ on**…の知識がある. **hit the ～** 〘アメフト〙 ボールを持って敵側ラインの通り抜けを試みる; しっかりと[勇敢に]事を試みる. **hold the ～** ⇨ 1b; 〘アメフトなど〙 ボールの前進をはばむ; ‹兵士が›《砲下で》陣形を維持する; しっかり踏みとどまる; 限度を保つ, 制限する ‹*at*›; 現状を維持する. **in ～** 整列して; 準備が整って ‹*for*›, 勝算がある ‹*for*›, ‹…を›得る[受ける]立場に(ある) ‹*for*›, …しそうで ‹*to* do›; 調和して ‹*with*›; ‹党則に›従って, ‹党員などと›一致協力して ‹*with*›; 統制がとれて, 制御して, おとなしくして; 適正規模[範囲内]に; *《俗》《値段・品質などが》通り相場で: be first [second] *in* ～ *for*…に一番[二番目]に有望である. **in the** LINE OF DUTY [FIRE]. **keep in ～** 整列している[させておく]; (…に)規則[慣行]を守る[守らせる]. **lay [put, place] it on the ～** すべてを提示[公開]する; 《言いにくいことを》はっきり[きっぱり]言う, 打ち明ける; 皆済する, 金を支払う; 危険にさらす, 賭ける. **lay [put] some sweet ～s on** sb *《俗》人に優しく話す, お世辞を言う, おだてる, ヨイショする. **～ and sinker**＝HOOK, ～, and sinker. **～ upon ～** 〘聖〙 着々と; 《口》休業して, 運転を停止して. **off ～** 進路[コース]をはずれて; 〘電算〙 オフラインで; ‹機械が›運転[作動]を停止して; 不具合で. **on a ～** 平均して, 同じ高さで; 対等に. **on ～** 測量線上に; 《ニューヨーク》整列して (in line); 就業して; 稼働して; コンピューター化されて, オンラインで, インターネットに接続中で; すぐ使える状態で: go [come] *on* ～ 稼働し始める / bring…*on* ～ 稼働させる. **on the ～** (**1**) 境界線上で, どっちつかずで; 危険な状況で: His future is *on the* ～. 彼の将来はあやうい / lay it on the LINE (⇨ 成句) (**2**) 電話に出て: John, Liza is *on the* ～. ジョン, ライザから電話だよ / get *on the* ～ 電話する ‹*to*› (**3**) 直ちに: pay *on the* ～ 即金で払う (**4**) 《見る人の》目の高さに; 厚遇されて: hung *on the* ～ ‹絵など›見やすい[よい]位置にかけられて. **on the ～s of**…のような, …に(よく)似た, …にならって. **on the right ～s** ‖おおむね正しい, うまくいきそうで. **on top ～** 最良の(稼働)状態に: stay [keep …] *on top* ～. **out of ～** 一線でない, 列を乱して ‹*with*›; 一致[調和]していない ‹*with*›; 慣行[社会通念]に合わない ‹*with*›; 生意気な, 言うことを聞かない; *《俗》《値段・品質などが》並はずれて. **read between the ～s** 行間を読む, 言外の意味を汲み取る. **right along [down] the ～**＝all the way along the LINE. **shoot [spin] a ～** 《口》自慢する, ほらを吹く; 《口》《うまいことを言って》丸め込む, 言いくるめる. **somewhere along the ～** 《成長・発展・製造などの》ある時点で[時期に]; いつの間にか. **step on** sb's **～s** 〘劇〙 ‹役者が›間違った時にせりふを言って共演者のじゃまをする. **the** END[1] **of the ～**. **the ～ of least** RESISTANCE. **through the ～** *〘競馬〙 across the BOARD. TOE **the ～**.

► *vt* **1 a** …に線[罫(けい)]を引く; ‹目›にアイラインを入れる; [ᵘ*pp*] …にしわを寄せる; 〘野〙 ‹ボール・投球を›打ってライナーにする: ～ through [across] …に線を引いて消す / a face ～*d* by [with] age 老いてしわの寄った顔. **b** 線で区画する ‹*in, off, out*›; …の概略を描く[述べる]. **2** [°～ up] 一列に並べる; 一本化[統一]する; ‹壁・街路など›に沿って並べる; ‹兵・車などが›…に沿って並ぶ; 割り当てる (assign) ‹*to*›: be ～*d with* people 人垣ができる / a street ～*d with* trees＝a tree-～*d* street 並木路. **3** ‹賛美歌などを›行を追って読む. **4** 綱[ひも]で測る[調べる]. **5** 《俗》粉末コカイン (line) を吸う ‹*up, out*›. ► *vi* **1** (正しく)並ぶ〈*up*〉. **2**〖野〗ライナーを打つ[打ってアウトになる].
● **～ one**〖野〗ライナーを打つ. **～ out**〈設計図・絵などの大体を写す; (削除したりするために)…に線を入れる, 線でしるす;〖野〗ライナーを打ってアウトになる;〈苗を〉定植する; 一列に並べる;〈賛美歌を〉(あとについて歌わせるため)行を追って読む; 演ずる; 力強く歌う; 急いで行く[向かう]〈*for*〉. **～ up** 行列する〈*for* food〉; 一列に並ぶ, 位置につく (cf. *vt* 2, LINEUP);〈人・物を〉〈…に沿って[…に合わせて]〉並べる, 正しく置く〈*with*〉; (配置を)調整する;〈銃などを〉〈標的に〉まっすぐに向ける〈*on*〉;〖球技〗勢ぞろいする;〈多くが〉《ある目的で》集まる; …したがる〈*to* do〉;〈公演者・支持(者)などを〉集める, そろえる; 巧みに組織する, 確保する, 手配[計画, 予定]する〈*for*; *to* do〉. **～ up alongside** [**with**]… 《口》…の同盟者[仲間]になる. **～ up behind**…の後に並ぶ; 《口》〈政党などが[に]〉…を支持する[させる], 指導者とする.
► *a* 線の, 線からなる.
♦ **～d** *a* 線[罫]を引いた〈紙〉; しわの寄った〈顔〉.
[OE *līne* rope, row or F *ligne*<L *linea* (*linum* flax)]

line[2] *vt* …に裏を付ける, 裏打ちする, …の内側をおおう; …の裏地[内側のおおい, 内表面]となる; [*fig*]〈ふところ・胃袋などを〉満たす, …に詰め込む〈*with*〉; 《廃》補強する;〈本〉に backlining をする: ～ a garment *with* fur 服に毛皮の裏を付ける / The sinuses are *～d with* a mucous membrane. 副鼻洞は粘膜でおおわれている / a room *～d with* thick curtains 厚いカーテンのついた部屋. ● **～ one's** POCKETS [**purse**]. ♦ **～d** *a* 裏のついた, 裏打ちした. [裏打ちに LINE[4] を用いたことから]

line[3] *vt* 〈雄が雌と〉交尾する. [OF *ligner*; cf. ALIGN]

line[4] *n* 《古》亜麻; リンネル; 亜麻[リンネル]糸. [LINEN]

lineable ⇨ LINABLE[1].

lin·eage[1] /líniɪʤ/ *n* 血統, 系統; 由来, 出処; 系族, リネッジ, 一族, 親族: a man of good ～ 家柄のよい人 / of colored ～ 有色[黒人]の系統で. [OF; ⇨ LINE[1]]

lineage[2] ⇨ LINAGE.

lin·eal /líniəl/ *a* **1** 直系の, 正統の (opp. *collateral*); 先祖からの; 同族の: a ～ ascendant [descendant] 直系尊属[卑属] / ～ promotion 《官吏の》先任順昇進. **2** 線(状)の (linear). ► *n* 直系卑属. ♦ **～·ly** *adv* **lin·eal·i·ty** /lìniǽləti/ *n* [OF; ⇨ LINE[1]]

lin·ea·ment /líniəmənt/ *n* [[u]*pl*] 顔だち, 目鼻だち, 人相; 外形, 輪郭; [[u]*pl*] 特徴;〖地質〗リニアメント《地球・惑星などの地形において, 断層や地下の構造などを反映している線状の特徴》: He shows the *～s* of a Mongol face. モンゴル人の顔だちである. ♦ **-men·tal** /lìniəméntl/ *a* **lìn·ea·men·tá·tion** *n* [L; ⇨ LINE[1]]

lin·ear /líniər/ *a* **1 a** 線の, 直線の; 長さの; 線を使った〈絵〉; 線からなる〈文字〉; 一次元の;〖数〗一次の, 線形の. **b** 線状の, 細く長い;〖植・動〗糸状の. **2 a** 直線上に並んだ, 一列の; 鎖状の〈分子〉. **b** 連続的な, 順次の, 段階的な. **c** 相接した, 直接的な; 直線的な; 単純な展開の〈物語など〉: ～ thinking 単線的思考. ♦ **～·ly** *adv* **lin·ear·i·ty** /lìniǽrəti/ *n* [LINE[1]]

Linear A /— éɪ/ 線文字 A《紀元前 18–15 世紀ごろクレタ (Crete) 島で使用されていた文字; 未解読》.

línear accélerator〖理〗線形加速器.

línear álgebra〖数〗**1** 線形代数(学). **2** 多元環.

línear álkylate súlfonate〖化〗鎖状アルキルスルホン酸エステル《生物分解性洗剤用の界面活性剤》.

Linear B /— bíː/ 線文字 B《紀元前 15–12 世紀ごろクレタ (Crete) 島とギリシア本土で用いられていたギリシア語を表記する音節文字; 1952 年 Michael Ventris が解読》.

línear combinátion〖数〗一次[線形]結合.

línear depéndence〖数〗一次[線形]従属性. ♦ **línearly depéndent** *a*

línear differéntial equátion〖数〗線形常微分方程式.

línear equátion〖数〗一次[線形]方程式.

línear fúnction〖数〗一次[線形]関数; LINEAR TRANSFORMATION.

línear indepéndence〖数〗一次[線形]独立性. ♦ **línearly indepéndent** *a*

línear indúction mòtor〖電〗LINEAR MOTOR.

línear interpolátion〖数〗線形補間, 一次補間《既知量の間の関数値を, その関数の形を直線とみなして求める方法》.

línear·ìze *vt* 線[線状, 線形]にする. ♦ **-ìz·able** *a* **-ìz·er** *n* **lìnear·izátion** *n*

línear méasure 長さ; 長さの単位, 尺度; 尺度法.

línear mótor〖電〗リニアモーター《推力を直線に生ずる電動機》.

línear perspéctive〖画〗線遠近法 (cf. AERIAL PERSPECTIVE).

línear prógramming〖数〗線形計画法.

línear regréssion〖統〗線形回帰《与えられた離散データに適合する直線近似を求める操作》.

línear spáce〖数〗線形空間 (vector space).

líne àrt 線画《まっ黒とまっ白の部分からなり, 再現に網がけの必要のない図・画》.

línear transformátion〖数〗一次[線形]変換.

lin·eate /líniət, -ièɪt/ *a* (多く平行した)線条のある.

lin·eat·ed /línièɪtəd/ *a* LINEATE.

lin·ea·tion /lìniéɪʃ(ə)n/ *n* 直線を引くこと, 線で区切ること; 輪郭 (outline);《詩行などの》線状配列; 線の配列;《岩石構造の》(平行)線構造, リニエーション.

líne·bàck·er *n*〖アメフト〗ラインバッカー《防御ラインの直後を守る選手; そのポジション》.

líne bàcking〖アメフト〗ラインバッカーの役割[技術].

líne bàll〖テニス・スカッシュなど〗ライン上でバウンドしたボール.

líne blòck〖印〗LINECUT.

líne·brèd *a*〖畜〗系統繁殖で生産された.

líne·brèed·ing *n*〖畜〗系統繁殖[交配]. ♦ **líne·bréed** *vt*

líne càll ラインコール《テニスの線審などによる, ボールがラインの内側に落ちたか外側に落ちたかの判定》.

líne·càst·er *n*〖印〗《1 行分の活字をまとめて鋳造する》行鋳機《Linotype など》. ♦ **líne·càst·ing** *n*

líne chìef〖空軍〗整備班長《整備・維持を監督する下士官》.

líne·cùt *n*〖印〗《線画の写真製版による》線画凸版.

líne dànce 1 ラインダンス《**1**) 踊り手が横一列になって踊るダンス **2**) 数列に並んだ踊り手たちが, 音楽に合わせて振り付けられたステップのパターンに従って一斉に踊るもの》. **2** 対舞, コントルダンス (contredanse). ♦ **líne-dànce** *vi* **líne dàncer** *n* **líne dàncing** *n*

líne dràwing《ペン・鉛筆などによる》線画.

líne drìve〖野〗ライナー, ラインドライブ (＝*liner*).

líne engràving〖美〗線彫(ほり); 線彫画;〖印〗LINECUT.
♦ **líne engràver** *n*

líne fèed〖電算〗ラインフィード, 行送り, 改行(コード); 行送り, 行ピッチ《行の幅と行間の空白を足した送り幅》.

líne fìlling 写本行末の余白の装飾模様.

líne fìshing《漁網に対して釣糸による》釣り漁法.

líne gàle 彼岸あらし (equinoctial storm).

líne gàuge〖印〗倍数尺.

líne gràph 折れ線グラフ.

líne-hàul *n*《積み込み・配達などに対して, ターミナル間の》貨物[人]の輸送.

líne-ìn *n* ライン入力端子, ラインイン端子: a ～ jack.

Líne Íslands *pl* [the] ライン諸島《太平洋中部 Hawaii の南方, キリバスに属するサンゴ礁島群; Kingman 礁, Palmyra 島と Jarvis 島は米国領》.

líne ìtem〖簿〗《予算・簿記元帳・財務諸表などの》項目, 細目, 勘定科目. ♦ **líne-ìtem** *a*

líne-ìtem véto ITEM VETO.

líne jùdge〖アメフト〗ラインジャッジ《スクリメージライン付近でのオフサイドやクォーターバックのパスプレーを監視し, また 計時係を補佐する》.

Lin·e·ker /línɪkər/ リネカー **Gary** (**Winston**) ～ (1960–)《英国のサッカー選手》.

líne·man /-mən/ *n* (*pl* **-men** /-mən/) *《電信[電話, 送電]線の》架線作業員 (＝*linesman*); *《鉄道の》保線員;〖測〗測量助手;〖アメフト〗ラインマン《center, guard, tackle, end いずれかの一選手》; 《豪》《水難救助チームの》救命索操作係.

líne mànagement[u]《生産・販売など企業の基本的活動を担当する》ライン管理(部門), ライン管理職.

líne mànager[u]《企業の》ライン管理者; [one's]《自分の》直属の上司.

líne màrk ラインマーク《ある特定の生産ラインのすべての品目を包含する商標; cf. HOUSE MARK, PRODUCT MARK》.

línemen's clìmber《架線作業員が靴などに付ける》スパイク具.

lin·en /línən/ *n* 亜麻布, リネン, リンネル; 亜麻糸; リネン[キャラコ]製品《シャツ・カラー・シーツ・テーブルクロスなど; 集合的》; [[o]*pl*] リネンの衣類;《特に 白の》肌着類; BED LINEN, TABLE LINEN; LINEN PAPER.
● **shoot one's ～**＝shoot one's CUFF[1]. **wash one's** DIRTY LINEN **at home. wash** [**air**] **one's** DIRTY LINEN **in public.**
► *a* リネン(製)の; リネンのように白い: a ～ handkerchief 麻のハンカチ. [OE *līnen*; cf. LINE[1], G *Leinen*]

línen bàsket[u] よごれたリネン類を入れるかご, 洗濯かご (laundry basket).

línen clòset リネン収納室[収納庫].

línen cùpboard[u] リネン収納戸棚.

línen dràper[u] リネン[キャラコ]類の服地商(人).

línen·fòld *n*〖建〗リネンフォールド《ナプキンの折り目のようなひだ模様彫り; 腰羽目などの装飾用》.

línen pàper リネン紙.

línen wédding 亜麻婚式《結婚 12 周年記念; ⇨ WEDDING》.

líne of áction〖理〗作用線;〖機〗《歯車の歯の》接点軌跡.

líne of báttle《軍隊・艦隊の》戦列.

líne-of-báttle shìp SHIP OF THE LINE.

líne of béauty〖美〗美の線《William Hogarth が美の基本だと考えた S 字状曲線》.

líne of communicátions〖軍〗《作戦基地と戦線との》後方連絡線, 兵站線.

líne of crédit 与信限度(額), 信用供与枠.

líne of Déstiny LINE OF FATE.

líne of dúty 職務: in (the) ～ 職務の一環として, 職務上当然のことで; 服務中に[の].
líne of Fáte 〖手相〗 運命線 (=*line of Destiny* [*Saturn*]).
líne òfficer 〖軍〗《戦闘部隊指揮の》兵科[戦列]将校《大尉・中尉; cf. STAFF OFFICER》.
líne of fíre 射線《弾丸の発射準備時の火身軸の延線》; 攻撃[砲火]にさらされる場所: in the ～ 対立する二者間にはさまれて, 矢面に立って.
líne of flów 流線.
líne of fórce 〖理〗《電場・磁場などの》力線(りきせん) (=*field line*).
líne of fórtune LINE OF THE SUN.
líne of Lífe 〖手相〗 生命線 (=*lifeline*).
líne of posítion 〖海・空〗 位置線《船舶[航空機]がそれに沿って航行する線; 2 線の交点が航行地点になる》.
líne of Sáturn LINE OF FATE.
líne of scrímmage 〖アメフト〗 スクリメージライン《置かれたボールの両先端を通る, ゴールラインと並行なライン; 攻撃側・守備側にあり, その間がニュートラルゾーン; 両チームともスナップされるまで自軍ラインを越えてはならない》.
líne of síght 《射撃・測量などにおける》照準線 (=**líne of síghting**); 〖天〗 視線《観察者と天体を結ぶ直線》; 〖眼〗 LINE OF VISION; SIGHT LINE; 〖放送〗 見通し線《地平線にさえぎられずに送信アンテナと受信アンテナを結ぶ直線》.
líne of (the) Sún 〖手相〗 成功線 (=*line of fortune*).
líne of vísion 〖眼〗 視線 (=*line of sight*)《着目する物体と目の黄斑とを結ぶ直線》.
lin·eo·late /líniəlèɪt/, **-lat·ed** /-lèɪtəd/ *a* 〖動・植〗 細い線条のある (lineate).
líne-òut *n* **1** 〖ラグビー〗 ラインアウト. **2** ライン出力端子, ラインアウト端子: a ～ jack.
líne prìnter 〖電算など〗 行印字機, ラインプリンター《1 行ずつまとめて印字する高速度印字機》. ♦ **líne prìnting** 行印字.
lin·er[1] /láɪnər/ *n* **1** 定期船《特に 大洋航海の大型快速船 (ocean liner); cf. TRAMP》, 定期航空機[列車]; 戦列艦; 《line fishing をする》釣り船, 漁船 (cf. LONG-LINER). **2** 線を引く人[もの], 《メークアップ用の》アイライナー; 〖野〗 ライナー (line drive). **3** [ᵘ*compd*] …行の広告[せりふ]. [*line*[1]]
liner[2] *n* 裏を付ける人; 裏当て, 《摩滅止め》かぶせ金, 敷きがね, 《コートなどの》付け裏, ライナー; 《おむつの》ライナー《内側にあてる使い捨てのシート》; 《レコードの》ジャケット (jacket): trash can ～*=(dust)bin ～ⁿ ごみ箱の中敷きにするごみ袋, ごみ用ポリ袋. [*line*[2]]
líner·bòard *n* 外装用ライナー, 段ボール原紙《段ボールの表裏などに用いる板紙》.
líner nòtes *pl* 《レコード・CD などの》ライナーノート (sleeve noteⁿ).
líner pòol 地面に掘った穴の内側をビニールでおおった家庭用プール.
líner tràinⁿ《コンテナ輸送用の》快速貨物列車.
líne scòre 〖野〗 ラインスコア《得点・安打・エラーを記した試合結果表; cf. BOX SCORE》.
líne-shòot 《口》 *vt* 自慢話をする. ► *n* 自慢, 大言. ♦ **líne-shòot·er** *n* 《口》 自慢家.
línes·man /-mən/ *n* (*pl* **-men** /-mən/) ⁿ《電信[電話, 送電]線の》架線作業員, 《鉄道の》保線員 (lineman); 〖球技〗 線審, ラインズマン; 〖軍〗 戦列歩兵.
líne spàce lèver 〖タイプライター〗 行間レバー (=*carriage return*).
líne spèctrum 〖理〗 線スペクトル.
línes plàn 〖造船〗 線図(せんず).
líne squàll 〖気〗 ラインスコール《寒冷前線沿いに起こるスコール; cf. SQUALL LINE》.
líne stòrm 彼岸あらし (equinoctial storm).
Li·net·ta /lɪnétə/ リネッタ《女子名》. [Welsh *Eluned*]
líne·ùp *n* **1** 人[物]の列; 《選手の》陣容(を記した表), ラインナップ; 《一般に》顔ぶれ, 構成; 在庫品; 予定表, テレビ番組編成表. **2** *《容疑者などの》面(めん)通しのための整列 (identity paradeⁿ); 〖球技〗《試合開始の際の》整列.
líne-wòrk *n* 《ペン・鉛筆による作品としての》線画 (cf. LINE DRAWING).
liney ⇨ LINY.
ling[1] /líŋ/ *n* 〖植〗 ギョリュウモドキ (heather); ギョリュウモドキの茂み. [ON *lyng*]
ling[2] *n* 〖魚〗 **a** タラ科の各種の魚. **b** LINGCOD. [? MDu; LONG[1] と同語源]
-ling[1] /lɪŋ/ *n suf* (1) [名詞に付ける指小辞で, しばしば軽蔑的な意味を伴う]: duck*ling*, prince*ling*. (2) [名詞・形容詞・副詞に付けて]「…に属する[関係ある]人[もの]」: nurs*ling*; dar*ling*; under*ling*. [OE; ⇨ -LE, -ING[2]]
-ling[2] /lɪŋ/, **-lings** /lɪŋz/ *adv suf* 「方向」「状態」: side*ling*, dark*ling*, flat*ling*. [OE]
Lin·ga·la /lɪŋgá:lə/ *n* リンガラ語《コンゴ川流域で商用語・公用語として広く使われている Bantu 系の言語》.
lin·gam /líŋgəm/, **-ga** /-gə/ *n* 〖ヒンドゥー教〗 リンガ《インドで Siva 神の表象として礼拝する男根像; cf. YONI》; 〖サンスクリット文法〗 男性 (masculine gender). [Skt=mark, characteristic]
Lin·ga·yat /lɪŋgá:jət/ *n* 〖ヒンドゥー教〗 リンガヤット派 (Lingayata) の信者.
Lin·ga·ya·ta /lɪŋgá:jətə/ *n* 〖ヒンドゥー教〗 リンガヤット派 (=*Vira Saiva*)《小さな lingam を首にかけ, それをカーストを否認する Siva 崇拝の対象とする一派》.
Lin·ga·yén Gúlf /lìŋgəjén-/ リンガエン湾《フィリピンの Luzon 島北西岸にある南シナ海の入江》.
líng·còd *n* 〖魚〗 北米太平洋沿岸のアイナメ科の大型魚.
lin·ger /líŋgər/ *vi* **1 a** 長居する, 居残る 〈*on*〉; 徘徊する, 彷徨する 〈*around* [*about*] a place〉; のろのろ行く: ～ on the way 道草を食う. **b** 手間取る, 時間をかける 〈*over* [*upon*] a subject, do*ing*〉: She ～*ed over* her decision. 決心に手間取った. **2** 〈冬・雪・疑念・習慣などが〉なかなか去らない[消えない, すたれない], いつまでも残る 〈*on*〉; 〈病人などが〉持ちこたえて[死なずに]いる 〈*on*〉: a ～*ing* disease 長わずらい / a ～*ing* look (なごり)惜しそうな顔つき / ～*ing* snow 残雪. ► *vt* 〈時を〉だらだらと[ぐずぐずと]過ごす 〈*away, out*〉; 《古》 長引かせる.
♦ **～·er** *n* **～·ing·ly** *adv* ぐずついて, ためらいながら, なごり惜しそうに, 未練げに. [ME=to dwell (freq) ‹ *leng* to prolong ＜OE *lengan* to lengthen; ⇨ LONG[1]]
lin·ge·rie /là:nʤəréɪ, lǽn-, -rí:; lǽnʒ(ə)ri; *F* lɛ̃ʒri/ *n* 《主に女性用の》肌着類, ランジェリー; 《古》 リンネル製品. [F (*linge* linen)]
lin·go /líŋgou/ *n* (*pl* **～s, ～es**) わけのわからない[耳慣れない]ことば; 外国語, 方言; 特殊[専門, 学術, 業界]用語; 個人特有の言いまわし. [? Port *lingoa*; ⇨ LINGUA]
ling·on·ber·ry /líŋənbèri; -b(ə)ri/ *n* コケモモ《果実》; 〖植〗 コケモモ (mountain cranberry).
-lings ⇨ -LING[2].
lingu- /líŋgw/, **lin·gui-** /líŋgwə/, **lin·guo-** /líŋgwou, -gwə/ *comb form* 「言語」「舌」 [L (↓)]
lin·gua /líŋgwə/ *n* (*pl* **-guae** /-gwì:, -gwàɪ/) 舌, 舌状の器官, 〖昆〗 中舌; 言語 (language). [L=tongue, language]
língua frán·ca /-frǽŋkə/ (*pl* **～s, línguae frán·cae** /-frǽŋki/) [ᵒL- F-] 〖言〗 リングア・フランカ《東地中海に行なわれるイタリア語・フランス語・ギリシア語・スペイン語などの混成語》; 《一般に》《異民族間の》(混成)共通語, 仲介語; 意思伝達のかけはし. [It=Frankish tongue]
língua ge·rál /-ʒərá:l/ リングア・ジェラール《トゥピ語 (Tupi) に基づく混成語; ブラジル内陸部で商用語として用いられる》. [Port=general language]
lin·gual /líŋgwəl/ *a* 舌の, 舌状の; 舌側の; 〖音〗 舌音の; ことばの, 言語の (linguistic). ► *n* 〖音〗 舌音 (/t, d, s, n, l, r/), 舌音字 (/t, d, th, s, n, l, r/). ♦ **～·ly** *adv* 舌音で; 言語として. [L; ⇨ LINGUA]
Lin·gua·phone /líŋgwəfòun/ 〖商標〗 リンガフォン《語学の録音教材》.
Lin·guet·ta /lɪŋgwétə/ [Cape] リングエッタ岬《Cape GJUHËZËS の旧称》.
lín·gui·fòrm /líŋgwə-/ *a* 舌状の.
lin·gui·ne, -ni /lɪŋgwí:ni/ *n pl* リングイーネ《平打ちのパスタ; それを用いたイタリア料理》. [It=little tongues (dim) ‹ LINGUA]
lin·guist /líŋgwɪst/ *n* (言)語学者; ことばの達人; 諸外国語に通じた人; 《西アフリカ, 特に ガーナで》部族の首長の代弁者: a good [bad] ～ 語学の達者[不得手]な人. ♦ **～·er** *n* 通訳.
lin·guis·tic /lɪŋgwístɪk/, **-ti·cal** *a* ことばの, 言語の; (言)語学(上)の. ♦ **-ti·cal·ly** *adv* 言語(学)的に.
linguístic análysis PHILOSOPHICAL ANALYSIS.
linguístic átlas 〖言〗 言語地図 (=*dialect atlas*).
linguístic bórrowing 〖言〗 LOANWORD.
linguístic fórm 〖言〗 言語形式 (=*speech form*)《意味をもつ構造上の単位; 文・句・語など》.
linguístic geógraphy 〖言〗 言語地理学 (=*dialect geography*). ♦ **linguístic geógrapher** *n*
lin·guis·ti·cian /lìŋgwəstíʃ(ə)n/ *n* 《まれ》 言語学者 (linguist).
linguístic philósophy 言語哲学.
lin·guís·tics *n* 言語学.
linguístic stóck 〖言〗 語系《一つの祖語とそれから派生した全言語[方言]》; ある語系の言語[方言]を話す民族.
linguístic univérsal 〖言〗 LANGUAGE UNIVERSAL.
lin·gu·la /líŋgjələ/ *n* (*pl* **-lae** /-lì:/) 〖解〗 小舌《舌状器官組織・突起》. ♦ **lín·gu·lar** *a* [L (dim) ‹ LINGUA]
lin·gu·late /líŋgjələt, -lèɪt/, **-lat·ed** /-lèɪtəd/ *a* 舌状の (tongue-shaped); 〖動〗 無関節綱[舌殻綱]の〈腕足動物〉《シャミセンガイのように殻に蝶番がないもの》.
língy *a* ギョリュウモドキ (ling) に似た[の茂った].
lin·hay, lin·ney /líni/ *n* ⁿ《方》《前の開いた》農場小屋, 《通例 差掛け屋根の》納屋. [C17＜?; *lean*[1] か]
lin·i·ment /línəmənt/ *n* リニメント剤, 塗布剤, 擦剤《液状・泥状の外用剤; 誘導刺激薬・鎮痛薬》. [L (*linio* to smear)]
li·nin /láɪnən/ *n* 〖化〗 リニン《欧州産のアマの一種に存在する結晶質の

苦味質; 下剤となる)); 〖生〗 核糸 ((細胞核内で染色粒を結合している)).

lin·ing[1] /láɪnɪŋ/ *n* **1** 裏付け, 裏張り, 裏打ち; 裏, 裏地; 内層, 内面, 内側; ((本の)) 背貼り材; 効き紙, 見返し; 〖機〗 ((気筒の)) ライニング; 〖海〗 帆の当て布; 〖建〗 羽目; [*pl*] ((方)) 下着, ((特に)) ズボン下 (drawers): Every CLOUD has a silver ～. **2** ((財布・ポケット・胃などの)) 中身, 内容. [*line*[2]]

lining[2] *n* 線を引くこと; 線でしるし[装飾]をつけること; 線模様, 線装飾. [*line*[1]]

link[1] /líŋk/ *n* **1 a** ((鎖の)) 環(かん), 輪. **b** [[U]*pl*] カフスリンク (cuff links); ((編物の)) 目, ひも穴; ((鎖状ソーセージなどの)) 一節; [*pl*] 鎖状につながったソーセージ (＝～ sausage); 〖機〗 リンク, 連接環[棒], 連動装置; 〖電〗 ヒューズリンク ((可溶部分)): the weak(est) ～ (in the chain) ((グループ・チーム・計画などの)) (最)弱点, 命取り ((人・こと)). **2** 結合させる人[もの], つなぎ; LINKMAN[1]; ((幹線道路などをつなぐ)) 連絡道路; きずな; 〖通信〗 接続路, リンク; ((系の中の同類要素を示す標識となる)) 連結子; 〖電算〗 リンク (＝*return address*) ((サブルーチンから主プログラムへの分岐命令; そのアドレス部)); 〖電算〗 関連づけ, リンク; 〖電算〗 HYPERLINK, HOT LINK: Clicking on a ～ item calls up a related page. **3** 連結; 関連; 〖化〗 結合 (bond). **4** 〖測〗 リンク ((1/100 chain)). **5** [L-] 〖英〗 リンク ((プラスチックカード (Link card) を引出し機に入れて銀行預金を引き出せるシステム)). ► *vt* [[U]*pass*] 連結[接続]する, つなぐ ‹*up*; *to*, *with*›; 関連づける, 結びつける, 結びつけて考える ‹*to*, *with*; *together*›; ‹手を›つなぐ (clasp); ‹腕を›組み合わせる (hook); 〖電算〗 関連づける, リンクさせる ((ファイル中の別の場所を, あるいは別のファイルを呼び出して使えるようにする)): He ～*ed* his arm *in* [*through*] hers. ＝He and she ～*ed* arms. 彼女と腕を組んだ. ► *vi* 連結[連合]する, つながる ‹*up*›: ～ *up with*…と連結[同盟]する, 仲間になる; …と会う, いっしょになる / ～ *up* to… ‹コンピューターなど›とつながる. [ON ＝chain; cf. LANK]

link[2] *n* ((特に 麻くずと松やにで作った)) たいまつ ((昔の夜道のあかり用)); LINKBOY. [? L *li(n)chinus* wick, candle＜Gk *lukhnos* light]

link[3] *vi* ((スコ)) 軽快に動く, 活発に動きまわる. [C18＜?; cf. Norw *linka* to give a toss, fling]

línk·age *n* **1 a** 結合, 連鎖, つながり; 〖化〗 ((原子の)) 結合(の仕方); 〖遺〗 ((同一染色体上の遺伝子の)) 連鎖, 連関, リンケージ; 〖電〗 鎖交, 磁束. **b** 〖機〗 リンク[連動]装置[機構]. **2** 関連, 連繫(れんけい); ((外交交渉などで)) リンケージ ((諸要因を包括的に結びつけて妥協に導く交渉戦略)). [*link*[1]]

línkage gròup 〖遺〗 連鎖群 ((同一染色体上にあり, まとまった 1 単位として遺伝される一群の遺伝子)).

línkage màp 〖遺〗 連鎖地図 (genetic map).

línk·bòy *n* ((昔 夜道に雇った)) たいまつ持ち.

linked /líŋkt/ *a* 結合された, ((特に)) 〖遺〗 ‹遺伝子が連関した, リンクした; 〖電算〗 LINK[1] された.

línked rhýme 〖韻〗 連鎖韻 ((行末と次行冒頭音の連鎖が他の行末と押韻する)).

línked vérse ((日本の)) 連歌(れんが).

línk·er *n* **1** LINK[1] する人, 連結係, 接続係. **2** 〖電算〗 リンカー ((別々にコンパイルされたオブジェクト (モジュール) を結合し, また シンボリックアドレスを実アドレスに変換して実行形式のプログラムを作るプログラム)).

línk·ing *a* 連結[結合]する, つなぐ: LINKING VERB / a ～ word つなぎ語 ((文(要素)と文(要素)をつなぐ接続詞・副詞(句))) / ～ r /ɑːr/ 〖音〗 連結[つなぎ]の r ((イギリス英語などにおいて, 母音の連続が生じる場合に挿入される r 音 (例 far away /fáːrəwéɪ/), あるいは嵌入の r (INTRUSIVE r))).

línking vèrb 〖文法〗 連結動詞 (＝*copula*) ((主語と主格補語とを結ぶ be, seem, appear など)).

Link·la·ter /líŋklèɪtər, -lə-/ リンクレーター **Eric** (**Robert Russell**) ～ (1899–1974) ((スコットランドの小説家・詩人)).

línk·man[1] /-mən/ *n* (*pl* **-men** /-mən/) 〖サッカー・ラグビー・ホッケー〗 リンクマン ((フォワードとバックスの中間に位置する選手)); 〖放送〗 ((一つの番組の)) 総合司会者; 仲介者, 取持ち.

linkman[2] *n* LINKBOY.

línk mòtion 〖機〗 リンク装置 ((蒸気機関を前進・逆転させる弁伝動装置)).

Lin·kö·ping /línʃə̀ːpɪŋ/ リンチェピング ((スウェーデン南東部の市)).

línk ròt 〖電算〗 リンク切れ.

links /líŋ(k)s/ *n pl* [‹*sg*/*pl*›] ゴルフ場[コース] (golf links); ((スコ)) 海岸の(起伏のある)砂地. [*link* rising ground＜OE *hlinc* ridge]

línks·lànd /, -lənd/ *n* ((ゴルフコースに適したスコットランドの)) 海岸の砂丘地帯.

línks·man /-mən/ *n* GOLFER.

Línk tráiner 〖商標〗 リンクトレーナー ((**1**) 計器飛行の地上での練習装置 **2**) 自動車運転の模擬練習装置)). [Edward *Link* 米国人で, その考案者]

línk·ùp *n* 連結, 接合; 結合, つながり, 結びつき; ((企業の)) 提携; 結合物[要因]; 要素が結合してひとつの機能を果たすもの.

línk vèrb 〖文法〗 LINKING VERB.

línk·wòrk *n* LINK[1] を集めて作ったもの, 鎖細工; 〖機〗 LINKAGE.

Lin·lith·gow /lɪnlíθgoʊ/ **1** リンリスゴウ ((**1**) スコットランドの旧州 WEST LOTHIAN の初期の名称 **2**) スコットランド南東部 Edinburgh の西の町; スコットランド王宮跡がある)). **2** [Marquis of ～] リンリスゴウ侯爵 (⇨ HOPE).

Línlithgow·shire /-ʃɪər, -ʃər/ リンリスゴウシャー ((LINLITHGOW 州の別称)).

linn /lín/ ((スコ)) *n* 滝; 滝壺; 絶壁, (浸食)峡谷. [Gael]

Lin·nae·an, -ne- /ləníːən, -néɪ-, líni-/ *a* リンネ (Linnaeus) の, リンネ式動植物分類法の, リンネ式二名法の: the ～ system リンネ式分類体系.

Lin·nae·us /ləníːəs, -néɪ-/ リンネ **Carolus** ～ (1707–78) ((スウェーデンの植物学者; 本名 Carl von Linné; 生物を属名と種名で表わす二名法を創始した)).

Linnéan Socíety リンネ協会 ((博物学関係の雑誌出版などを行なっている英国の協会; 1788 年創立)). [↑]

lin·net /línət/ *n* 〖鳥〗 ムネアカヒワ (＝*lintwhite*). [OF (*lin* flax); その実を食べることから]

linney ⇨ LINHAY.

Linn·he /líni/ [Loch] リニー湾 ((スコットランド西岸 Lorn 湾奥からさらに北東に延びる大西洋の入江)).

li·no /láɪnoʊ/ *n* (*pl* ～**s**) LINOLEUM; LINOTYPE; LINOTYPER.

li·no·cut /láɪnoʊkʌ̀t/ *n* リノリウム(印刻)版; リノリウム版画. ♦ **lí·no·cùt·ting** *n*

li·no·le·ate /lənóʊlièɪt/ *n* 〖化〗 リノール酸塩[エステル].

lin·o·lé·ic ácid /lìnəlíːɪk-, -léɪ-, lɪnóʊli-/ 〖化〗 リノール酸 ((サフラワー油・綿実(めんじつ)油・トウモロコシ油など半乾性油・乾性油に多い不飽和脂肪酸)).

lin·ole·nate /lìnəlíːnèɪt, -léɪ-/ *n* 〖化〗 リノレン酸塩[エステル].

lin·olé·nic ácid /lìnəlíːnɪk-, -léɪ-/ 〖化〗 リノレン酸 ((亜麻仁油などの乾性油に多い不飽和脂肪酸)).

li·no·le·um /lənóʊliəm, -ljəm/ *n* リノリウム ((**1**) 麻布にゴム状物質を圧着した床敷材料 **2**) これに似た床敷材料)). ♦ **～ed** *a* [L *linum* flax, *oleum* oil]

linóleum blòck ((凸版印刷用の)) リノリウム材.

li·nó·lic ácid /lənóʊlɪk-/ LINOLEIC ACID.

líno tìle リノリウムタイル ((床敷材料)).

Li·no·type /láɪnətàɪp/ *n* 〖商標〗 ライノタイプ ((行単位で植鋳する鋳造植字機)); [[o]l-] ライノタイプ印刷物. ► *vt*, *vi* [l-] ライノタイプで植字する. ♦ **lí·no·tỳp·er, -ist** *n* [*line of type*]

Lin Piao 林彪 (⇨ LIN BIAO).

lin·sang /línsæ̀ŋ/ *n* 〖動〗 **a** ブチリンサン, オビリンサン ((ともにジャコウネコ科の夜行性の動物; アジア産)). **b** アフリカリンサン. [Malay]

lin·seed /línsiːd/ *n* 亜麻仁(あまに) (flaxseed). [OE *lin sǣd* (LINE[4], SEED)]

línseed càke 亜麻仁かす ((家畜の飼料)).

línseed mèal 亜麻仁(かす)粉.

línseed òil 亜麻仁油(ゆ).

lin·sey(-wool·sey) /línzi(wʊ́lzi)/ *n* 綿[麻]毛交織織物; [*fig*] 低級[奇妙]なまぜ物, 混乱した話[行動]. [*linsey* coarse linen＜?*Lindsey*[2], WOOL; 語尾はごろ合わせ]

lin·stock /línstɑ̀k/ *n* ((大砲の点火に用いた)) 道火桿(どうかかん). [C16 *lintstock*＜Du (*lont* match)]

lint /línt/ *n* リント布 ((包帯用メリヤス布)); ((主に米)) けば, 糸くず; *綿花の長繊維, 繰り綿, リント (ginned cotton); ((スコ)) ((植物・繊維としての)) 亜麻 (flax). ♦ **～·less** *a* [? OF *linette* (*lin* flax)]

lin·tel /líntl/ *n* 〖建〗 楣(まぐさ) ((入口・窓などの上の横木)); まぐさ石; 〖印〗 リンテル. ♦ **lín·tel(l)ed** *a* まぐさ(石)のある. [OF＝threshold (cf. LIMIT); L *limen* threshold と混同]

línt·er *n* 綿くず採取機; [*pl*] ((綿繰り機で長い繊維を採ったあとの種子に残っている)) 短繊維の綿毛, リンター.

lin·tie /línti/ *n* ((スコ)) ムネアカヒワ (linnet).

lint·white /línt(h)wàɪt/ *n* ((米・スコ)) LINNET.

línt-white *a* 亜麻色の, 淡黄色の.

línty *a* けば[繰り綿, 糸くず] (lint) でいっぱいの, けば立った; けば[繰り綿]のような.

li·num /láɪnəm/ *n* 〖植〗 アマ属 (*L-*) の各種, アマ.

lin·u·ron /línjərɑ̀n/ *n* リヌロン ((大豆・ニンジン用の除草剤)).

Li·nus /láɪnəs/ **1** 〖ギ神〗 リノス ((音楽家・詩人で, 旋律・リズムの創始者)). **2** [[o]l-] ((古代ギリシアの)) 挽歌, 哀歌. **3** ライナス ((男子名)). **4** ライナス ((漫画 *Peanuts* に登場する Lucy の弟; いつも安心毛布 (security blanket) を持ち歩くインテリ少年)). [Gk＝flaxen (hair)]

Li·nux /línəks, láɪ-/ *n* 〖電算〗 リナックス ((パソコン用などの Unix 系 OS)). [*Linus* B. Torvalds フィンランド人の開発者]

liny, liney /láɪni/ *a* 線を引いた; 線[しわ]の多い; 〖美〗 線を使いすぎた; 線に似た.

Lin Yü·t'ang, Lin Yu·tang /lín júːtáːŋ/ 林語堂 (1895–1976) ((中国の学者・文筆家; 長く米国に住み中国紹介につとめた)).

Linz /líntz/ リンツ ((オーストリア中北部 Upper Austria 州 Danube 河畔の市・州都)).

Lín·zer tòrte /línzər-/ リンツァートルテ ((アーモンドパウダー・バター・小麦粉・ココア・砂糖・卵・スパイスで作った生地にジャムを入れ, 上部に格子掛けをして焼いたオーストリアの銘菓)). [G＝Linz torte]

li·on /láɪən/ *n* **1** 〖動〗 **a** (*pl* ～**s**, ～) ライオン ((the king of beasts

(百獣の王) と呼ばれる; LEONINE *a*): (as) brave as a ～ / like a ～ 勇猛に / A ～ may come to be beholden to a mouse. 《諺》 ライオンもネズミに恩を受けることがある《取るに足らぬような者にも親切にしておくものだ》/ Wake not a sleeping ～. 《諺》 眠っているライオンを(わざわざ)起こすな《厄介なことになりそうなことにわざわざ手を出すことはない》/ The ～ lies down with the lamb. 《諺》 平和が訪れる, 大敵が和解する[友好的になる] (cf. *Isa* 11: 6). **b** クーガー (cougar). **2 a** 勇猛な人; 《特定分野の》大物, 名士, 流行児: the ～ of the day 当時の花形[人気者] / make a ～ of sb 人をもてはやす / a literary ～ 文壇の大御所, 有名[人気]作家. **b** [*pl*] ″《都会などの》名所, 名物, 呼び物《ロンドン見物の人びとにまずロンドン塔のライオンを見せたことから》: see [show] the ～*s* 名所を見物[案内]する. **3** [the L-] 〔天〕 しし座(獅子座), 獅子宮 (Leo); 《英国の象徴[国章]としての》獅子; 〔紋〕獅子印[紋]; 《表にライオンの模様のある》硬貨; [L-] ライオンズクラブ (Lions Club) の会員; [the L-s] BRITISH LIONS: the ～ and unicorn ライオンと一角獣《英国王室の紋章を捧持する動物》/ the British *L*～ 英国(民). ● **a ～ in the way** [**path**] 前途に横たわる難関《特に想像上の; *Prov* 26: 13》. BEARD **the ～ in his den.** **～'s skin** 空(から)元気《イソップ物語から》. **put** [**place, run**] **one's** HEAD **into the ～'s mouth** (cf. LION'S MOUTH). **throw** [**feed, toss**] sb **to the ～s** 人を見殺しにする《ローマ時代に罪人・囚人などをライオンの餌食にしたことから》. **twist the ～'s tail** 《特に 米国人記者が》英国の悪口を言う[書く]; 英国をおこらせる[困らせる]. ♦ **～·ly** *a* 《古》 LIONLIKE. **～·ess** *n* 雌ライオン. **～·lìke** *a* ライオンのような, ライオンに似た. **～·hòod, ～·shìp** *n* 名物男[流行児]であること. [AF＜L *leon- leo*＜Gk]

Lion ⇨ LIONS.

li·on·cel /láɪənsèl/ *n* 〔紋〕若いライオン. [F (dim)]

Li·o·nel /láɪən(ə)l, -nèl/ ライオネル《男子名》. [OF＜L＝young lion; ⇨ LEON]

lìon·ésque *a* ライオンのような.

li·on·et /láɪənèt/ *n* 子ライオン; 小さなライオン.

líon·fish *n* 〔魚〕**a** ミノカサゴ. **b** STONEFISH.

líon·hèart *n* 勇猛[豪胆]な人; [the Lion-Heart] 獅子心王《イングランド王 Richard 1 世のあだ名》.

líon·hèart·ed *a* (心が広く)勇猛な, 豪胆な. ♦ **～·ly** *adv* **～·ness** *n*

líon·hùnt·er *n* ライオン狩り人; 名士と交際したがる人, 《客に誇示するため》著名人を招きたがる主催者.

líon·ìsm *n* 花形や流行児をもてはやすこと.

líon·ìze *vt* もてはやす, かつぎ上げる, 名士扱いする; ″…の名所見物をする, 〈人〉に名所を案内する. ► *vi* 名士と交際したがる; ″名所見物をする. ♦ **-ìz·er** *n* **lìon·izátion** *n*

Li·ons /láɪənz/, **Li·on** /-ən/ ■ the **Gúlf of ～** リオン湾 (*F* Golfe du Lion)《フランス南岸の, 地中海の湾》.

Líons Clùb ライオンズクラブ《Lions Clubs International を構成する各地の支部》.

Líons Clùbs Internátional ライオンズクラブ国際協会《1917 年 Chicago で発足した国際的社会奉仕団体; 正式名 International Association of Lions Clubs》. [*L*iberty, *I*ntelligence, *O*ur *N*ation's *S*afety (同協会のスローガン)]

líon's dén 手強い相手のいるところ, '虎の穴' (cf. BEARD the lion in his den).

líon's móuth [the] 危険きわまる場所.

líon's províder [the] ジャッカル (JACKAL); [*fig*] おべっか使い, 人の手先となる者, 走狗.

líon's shàre [the] いちばん良い[大きい]分け前, うまい汁《イソップ物語から; 動物たちが獲物を分けるときに, ライオンが分け前として 3/4 を要求したところ, ほかの動物が怒りを恐れて残りも差し出したという》.

líon's-tòoth *n* (*pl* **～s, -tèeth**) 〔植〕 DANDELION.

líon tàmarin 〔動〕ライオンタマリン《ライオンに似たたてがみをもつブラジル固有種のタマリン; golden lion tamarin など 4 種》.

Li·o·tard /lì:outá:r/ リオタール **Jean-Étienne ～** (1702–89)《スイスの画家》.

lip /líp/ *n* **1** くちびる, 唇, 口唇《広く唇の周辺部も含む; LABIAL *a*》; [*pl*] 口もと, 《発音器官としての》口; 《口》でしゃばり, 生意気な口, 口答え; *《俗》《特に 刑事専門の》弁護士; ″《口》こわい顔, ふくれっつら: one's upper [lower] ～ 上唇[下唇] / the hair on the upper ～ 鼻の下の毛, 口ひげ / make (up) a ～ 口をとがらす《不平・侮辱の表情》/ put [lay] a [one's] finger to one's ～*s* 唇に指を当てる《沈黙を求める合図》/ shoot out the ～ 〔聖〕唇をとがらす《軽蔑して》/ give sb ～ 人に生意気を言う / None of your ～! 生意気言うな! / *Loose* ～*s* sink ships. 口は災いのもと《第二次大戦中の防諜スローガン; 「口をすべらせると(スパイされて)味方の船が攻撃されて沈む」の意》. **2** 唇状のもの; 《杯・碗・穴・くぼみ・火口などの》へり; 縁, 《水差しの》注ぎ口, 傷口; 〔解〕陰唇; 〔植〕唇弁(の先端); 〔動〕《巻貝の》くちびる; 《工具の》刃. **3** 〔楽〕《オルガンのフルーパイプの》歌口の上端; 《管楽器の》歌口; 《管楽器の演奏での》唇の位置[使い方]. ● **bat** [**beat, bump, flap**] **one's ～** ⇨ CHOP[3]. **bite one's ～(s)** 怒り[苦悩, 笑いなど]を抑える. BUTTON **one's ～.** **carry** [**have, keep**] **a** STIFF UPPER LIP. **curl one's ～** 《軽蔑・不満を示して》口をゆがめる. **escape sb's ～s** 〈ことばが〉口から漏れる. **flip one's ～** 《俗》しゃべる (talk). **get ～** *《俗》キスをする, ネッキングをする. **hang on sb's ～s＝hang on the ～s of sb** 人の弁舌に魅せられる, 人の話を傾聴する. **hang one's ～** べそをかく. **lick one's ～s** 《ごちそうに, また 待望して》舌なめずりする. **on everyone's ～s** 人びとのうわさになって. **pass one's ～s** 口にはいる, 食べられる, 飲まれる; 語られる. **purse one's ～s** 口をすぼめる《不平・疑念・集中した思考などを表わす表情》. **one's ～s are sealed** 口止めされている: *My* ～*s are sealed*. わたしの口からは何も言えない, 話すつもりはない. **smack one's ～s** 舌鼓を打つ 〈*over* a dainty dish〉; 《待望・回想して》舌なめずりする. **steeped to the ～s in**… 〈悪徳・罪など〉がすっかり身に染み込んで. **Watch** [**Read**] **my ～s!** *《俗》わたしの言うことをよく注意して聞きなさい; *《俗》口もとをよく見てろ, くちびるから読み取れ《声には出さないが, おまえにひどい[卑猥な]ことを言うからな》. WIPE **one's ～s of**…. ZIP[2] **one's ～.** ► *a* **1** 唇の. **2** ことばだけの, 口先だけの: ～ devotion 口先だけの信心 / LIP SERVICE. **3** 〔音〕唇の, 唇音の (labial). ► *v* (**-pp-**) *vt* **1** …に唇を当てる; 《詩》接吻する; ささやく; 〈水・波が岸を〉ピチャピチャ洗う (lap). **2** …にへりをつくる, …のへりとなる; 〔ゴルフ〕ボールを打って〈ホール〉の縁に当てる, 〈ボールがホール〉の縁に達する. ► *vi* **1** 《管楽器の演奏に》唇を使う 〈*up*〉; 接吻する 〈*at*〉. **2** 〈水が〉ピチャピチャ音をたてる; 器からあふれる 〈*over*〉. ● **～ out** 〔ゴルフ〕〈パットを〉カップに蹴られる; 〈パットが〉カップに蹴られる[嫌われる], カップをなめる. ♦ **～·like** *a* 唇のような. **～·less** *a* 唇のない; 《器に》注ぎ口[縁]のない. [OE *lippa*; cf. G *Lippe*; IE 語で labium と同語源]

lip- /líp, láɪp/, **lipo-** /lípou, -pə, láɪ-/ *comb form* 「脂肪」 [Gk (*lipos* fat)]

li·pa /lí:pə/ *n* (*pl* ～, ～**s**) リパ《クロアチアの通貨単位: ＝1/100 kuna》.

lipaemia ⇨ LIPEMIA.

Li Pai 李白 (⇨ LI BAI).

Lip·a·ri /lípəri/ リパリ《LIPARI 諸島の主島; 古代名 **Lip·a·ra** /lípərə/》.

Lípari Íslands *pl* [the] リパリ諸島《Sicily 島北岸沖の Tyrrhenian 海にある火山島群; 別称 Aeolian Islands, イタリア語名 Isole Eolie》.

li·pase /láɪpèɪs, líp-, -z/ *n* 〔生化〕リパーゼ《膵液やある種の種子中にある脂肪分解酵素》. [Gk *lipos* fat]

líp bàlm リップクリーム.

líp·brùsh *n* 《口紅をつけるための》紅筆.

líp cèll 〔植〕シダ類の胞子嚢の細胞壁の薄い細胞《ここで裂開が行なわれる》.

Lip·chitz /lípʃɪts/ リプシッツ **Jacques ～** (1891–1973)《リトアニア生まれのフランスの彫刻家》.

líp-déep *a* うわべの, 口先だけの.

li·pec·to·my /lɪpéktəmi/ *n* 〔医〕《肥満などの》脂肪組織切除(術), 脂肪除去(術).

li·pe·mia | **-pae-** /ləpí:miə/ *n* 〔医〕(高)脂肪血(症).

Li Peng /lí: pʌ́ŋ, -péŋ/ 李鵬(りほう)(リーポン) (1928–2019)《中国の政治家; 周恩来の養子; 首相 (1988–98)》.

Li·petsk /lí:pètsk/ リペツク《ヨーロッパロシア中南西部 Voronezh の北方にある市》.

líp fùzz *《俗》口ひげ (mustache).

líp glòss リップグロス《唇につやを与える化粧品》; *《俗》うそ, ペテン, ほら話.

li·pid /lípəd/, **li·pide** /lípàɪd/ *n* 〔生化〕脂質, リピド. ♦ **li·pid·ic** /lɪpídɪk/ *a*

lípid bílayer 〔生〕脂質二重層 (PHOSPHOLIPID BILAYER).

lip·i·do·sis /lìpədóusəs/ *n* (*pl* **-ses** /-sì:z/) 〔医〕脂質(蓄積)症, リピドーシス《細胞の先天的脂質代謝障害による組織の過剰な脂質蓄積》.

lip·in /lípən/ *n* 〔生化〕LIPID.

Lip·i·tor /lípətɔ̀:r/ 〔商標〕リピトール《アトルバスタチン製剤; 抗高脂血症薬》.

Lip·iz·zan·er /lìpətsá:nər/, **Lip·iz·zan** /lìpətsá:n/ *n* LIPPIZANER.

líp lànguage 読唇言語《聾唖者が唇の運動によって行なう通話》.

líp·lìne *n* 唇の輪郭, リップライン.

líp lìner リップライナー《唇の輪郭をかくペンシル型の口紅》.

líp-lòck *《俗》*n* 濃厚なキス; フェラチオ.

líp-lòck·ing *n* 《俗》キス.

líp mìcrophone 《街頭録音などで雑音混入防止のため》話し手の口もと近くに突き出すマイクロホン.

líp mòlding 〔家具〕舌縁形(ぜつえんがた)《ひきだしの前板の周囲の玉縁》.

líp mòver *《俗》ぼんくら, ノータリン. [黙読の時, 口をモグモグさせることから]

Li Po 李白 (⇨ LI BAI).

lipo- /lípou, -pə, láɪ-/ ⇨ LIP-.

lípo·chròme *n* 〔生化〕脂肪色素, リポクローム《動植物に含まれる脂溶性色素; cf. CAROTENOID》.

lípo·cỳte *n* 〔解〕脂肪細胞 (fat cell).

lípo·fìll·ing *n* 〔美容外科〕脂肪充填術《脂肪細胞の顔などへの自

家移植; 形を整えたり, 皮膚のしわを伸ばしたりする形成術).
lìpo·fús·cin /-fʌ́s(ə)n, -fjúːs(ə)n/ *n* 〘生化〙脂褐素, リポフスシン《疲労時などに心臓のまわりなどにみられる褐色色素》.
lìpo·génesis *n* 〘生理〙脂質生成. ◆ **-génic** *a*
líp·o·gràm /lípə-, láɪ-/ *n* 字忌み[文字落とし]文, リポグラム《特定の文字(たとえば e)を含む語をわざと全く用いないで書く戯文・作品》. ◆ **lìpo·gram·mát·ic** *a*
li·pog·ra·phy /lɪpágrəfi, laɪ-/ *n* (不注意による)文字[音節]の脱漏, 脱字.
li·pó·ic ácid /lɪpóuɪk-, laɪ-/ 〘生化〙リポ酸.
lip·oid /lípɔ̀ɪd, láɪ-/ 〘生化〙 *a* 脂肪類似の, 類脂質の. ► *n* 類脂質, リポイド《lipid の旧称》. ◆ **li·pói·dal** *a*
lip·oid·osis /lìpɔ̀ɪdóusəs, làɪ-/ *n* (*pl* **-oses** /-sìːz/) 〘医〙類脂症, リポイド蓄積症 (LIPIDOSIS).
li·pol·y·sis /lɪpáləsəs, laɪ-/ *n* 〘化〙脂肪[脂質]分解, リポリシス. ◆ **lip·o·lyt·ic** /lìpəlítɪk, làɪ-/ *a*
li·po·ma /lɪpóumə, laɪ-/ *n* (*pl* **-ma·ta** /-tə/, ~**s**) 〘医〙脂肪腫. ◆ **li·po·ma·tous** /-póumətəs/ *a*
lìpo·phílic, lípo·phìle *a* 〘化〙脂肪親和(性)の.
lì·po·pòly·sáccharide *n* 〘生化〙リポ多糖類[体].
lìpo·prótein *n* 〘生化〙脂タンパク質, リポタンパク(質).
lípo·scùlpture *n* 〘美容外科〙脂肪彫刻《脂肪吸引による理想的な肉体造り, 特に lipofilling などを併用して筋肉やバストを魅力的な形に仕上げる造形術》.
lípo·sòme *n* 〘化〙リポソーム《リン脂質の懸濁液に超音波振動を加えてできる微細な被膜粒子》. ◆ **lì·po·sóm·al** *a*
lípo·sùction *n* 〘美容外科〙脂肪吸引《強力な真空吸引器による皮下脂肪の除去》.
lìpo·trópic *a* 〘化・生化〙抗脂肝性の, 脂肪親和(性)の, 脂(肪)向性の: ~ factor 抗脂肝因子. ◆ **li·pot·ro·pism** /lɪpátrəpìz(ə)m, laɪ-/ *n*
li·po·trop·in /lìpətróupən, làɪ-/ *n* 〘生化〙リポトロピン《下垂体前葉に含まれるホルモン様タンパク質; 脂肪の分解活性を高める》,《特に》BETA-LIPOTROPIN.
li·pox·i·dase /lɪpáksədèɪs, -z/ *n* 〘生化〙リポキシダーゼ (LIPOXYGENASE).
li·pox·y·gen·ase /lɪpáksəʤənèɪs, laɪ-, -z/ *n* 〘生化〙リポキシゲナーゼ《不飽和脂肪酸または不飽和脂肪の分子酸素による酸化の触媒となり, また カロチノイドの無色物質への酸化の触媒となる酵素; 大豆や穀類に存在する》.
Lip·pe /lípə/ リッペ《ドイツ北西部の旧領邦; 現在の North Rhine-Westphalia 州北東部 Detmold の一帯》; [the] リッペ川《同地に発し州北部を流れる Rhine 川の支流》.
lipped /lípt/ *a* 唇[注ぎ口]のある; 唇が…な; 唇状の, 唇形の (labiate): a ~ jug / red-~.
lip·pen /lípən/《スコ》*vt* 〈人を〉信用する; 人に託する. ► *vi* 信頼する, たよる 〈*to*〉. [ME *lipnien*]
lip·per /lípər/ *n* 〘海〙海面の小さい立波.
Lip·pes lòop /lípəs-, -pɪz-/ リッペスリング《二重 S 字形プラスチック製避妊リング》. [J. *Lippes* (1924–) 米国の医師]
Lip·pi /lípi/ リッピ (1) **Filippino** ~ (c. 1457–1504)《イタリアの初期ルネサンスの画家》(2) **Fra Filippo** ~ (c. 1406–69)《イタリアの初期ルネサンスの画家; 前者の父》.
lip·pie /lípi/ *n*"《口》LIPPY[2].
líp·ping *n* 〘医〙骨辺縁《退行性関節炎などで関節周辺にできる唇状の骨のこぶ》; 洋弓のひび割れ部に詰めた木片; 管楽器の歌口への唇のあて方.
Lip·pi·zan·er, -piz·zan- /lìpətsáːnər/, **Lip·pi·zan** /lìpətsáːn/ *n* リピツァーナ系統の馬《小柄で形の整った灰[白]色の馬》. [G (*Lippiza* Trieste の近くの旧オーストリア帝室馬匹院)]
Lipp·mann /lípmən; *F* lipman/ リップマン (1) **Gabriel** ~ (1845–1921)《フランスの物理学者; 独自のカラー写真法を発明, ノーベル物理学賞 (1908)》(2) **Walter** ~ (1889–1974)《米国のジャーナリスト》.
líp prìnt 《物の表面についた》唇の跡, 唇紋.
líp·py[1] *a* 唇の大きい;《口》生意気な, こしゃくな(口をきく), おしゃべりな.
lippy[2] *n*"《口》LIPSTICK.
líp-rèad /-rìːd/ *vt, vi* 読唇術で解する. ◆ **~·er** *n*
líp·rèad·ing *n* 《聾唖者の》読唇術, 視話.
líp·sàlve *n*"口唇用軟膏, リップクリーム; おべっか (flattery).
líp sèrver 口先だけの忠義者[親切者, 信心者].
líp sèrvice 口先だけの厚意[賛意, 敬意], リップサービス; 口だけの信心: pay [give] ~ *to*…に口先だけで同意する[敬意を払う].
líp·slip·per *n**《俗》《ジャズの》管楽器奏者.
líp spèaking 唇話(術)《唇の動きで話を伝えること》.
líp·stìck *n* 《棒状の》口紅, 棒紅, リップスティック; *《俗》《本格的モデルチェンジと錯覚させる》新型車に施された表面的変更. ► *vt, vi* 口紅をつける. ◆ **~ed** *a* 口紅をつけた.
lip-sync, -synch /lípsìŋk/ *vt, vi* 〈録音した音〉に合わせて口を動かす, 口パクをする. ◆ **líp sỳnc** *n* 口パク. **líp-sỳnc·er, -synch·er** *n* [*lip synch*ronization]
Lip·tau·er /líptàuər/ *n* リプトア (**1**) ハンガリーの軟質チーズ **2**) それに香味料を加えたチーズスプレッド; クリームチーズなどでつくるその類似品). [*Liptau* ハンガリーの地名]
Lip·ton /lípt(ə)n/ リプトン Sir **Thomas Johnstone** ~, 1st Baronet (1850–1931)《英国の実業家; 紅茶商; ヨットマンとしても知られた》.
li·pu·ria /lɪp(j)úəriə/ *n* 〘医〙脂肪尿.
LIQ /ɛ́làɪkjúː/ *n**《黒人俗》酒屋. [*liq*uor store]
liq. liquid ◆ liquor.
li·quate /láɪkwèɪt/ *vt* 〘冶〙〈金属を〉溶解分離する, 溶離する. ◆ **li·quá·tion** *n* 溶離.
liq·ue·fa·cient /lìkwəféɪʃ(ə)nt/ *n* 液解を助長する物質,《特に》〘医〙液化[融解]剤《水銀・ヨードなど》. ► *a* 液解を助長する.
liq·ue·fac·tion /lìkwəfǽkʃ(ə)n/ *n* 液化, 融解;《地震などによる, 埋立て地などの》液状化(現象); 液性: ~ of coal 石炭液化. ◆ **lìq·ue·fác·tive** *a* 液化の; 融解させる.
liq·ue·fied /líkwəfàɪd/ *a**《俗》酒に酔った.
líquefied nátural gás 液化天然ガス《略 LNG》.
líquefied petróleum gàs 液化石油ガス (=*LP-gas*)《略 LPG, LGP》.
liq·ue·fy /líkwəfàɪ/ *vt, vi* 溶かす, 溶ける, 融解させる[する], 液化する;《地震などによって》〈土地が〉液状化する. ◆ **líq·ue·fì·able** *a* 液化[融解]できる. **-fì·er** *n* **liq·ue·fì·abíl·i·ty** *n* [OF<L; ⇨ LIQUID]
li·quesce /lɪkwés/ *vt, vi* LIQUEFY.
li·ques·cent /lɪkwés(ə)nt/ *a* 液化しやすい, 液化性の. ◆ **li·qués·cence, -cen·cy** *n*
li·queur /lɪkɔ́ːr, -k(j)úr; -kjúər/ *n* リキュール《香料・甘味入りの強い混成酒; 主に食後に, 時には食前に小さなグラスで飲む》;《風味を加える[二次発酵させる]ためのシャンペン醸造用の》ワイン[アルコール]と砂糖の混合液; LIQUEUR GLASS; リキュール入りチョコレート (=**~ chòcolate**). ► *vt* …にリキュールで味をつける; …にリキュールを混ぜる. [OF=LIQUOR]
liquéur bràndy" リキュールとして飲むブランデー.
liquéur glàss リキュールグラス《リキュール用のごく小さいグラス》.
liq·uid /líkwəd/ *n* **1** 液体 (cf. GAS, SOLID); 流体 (fluid). **2** 〘音〙流音, 流音字 (/l, r/, 時に /m, n, ŋ/ なども含める). ► *a* **1 a** 液状の; 流動体の: ~ food 流動食 / ~ milk 液乳《粉乳に対して普通の牛乳》. **b** 流動性の, 動きやすい, 不安定な (unstable);〈財産・担保など〉現金に換えやすい; 現金をもつ, 換金性の高い資産を有する: ~ assets [capital] 当座資産[資本]. **2**〈空・目などが〉透明な, 澄んだ;〈目が〉涙ぐんだ;〈音・詩などが〉流麗な, 澄んで流れるような; 〘音〙流音の. ◆ **~·ly** *adv* **~·ness** *n* [L (*liqueo* to be fluid)]
líquid áir 液体空気.
liq·uid·am·bar /lìkwədǽmbər, ⸗⸗⸗⸗/ *n* **1** 〘植〙フウ属 (*L-*) の各種の木,《特に》モミジバフウ《マンサク科; 北米・中米原産》. **2** 楓香(ふう)脂《香料・薬用》.
liq·ui·date /líkwədèɪt/ *vt* **1**〈負債などを〉清算する, 弁済する;〈負債・損害〉の額を法的に決定する;〈会社を〉負債などを整理して解散する. **2** 除く, 廃止[一掃]する;《口》[*euph*] 消す (kill), 片付ける. **3**〈証券などを〉現金化する, 換金する. **4**《古》明らかにする. ► *vi* 整理する, 清算する. ◆ **-dà·tor** *n* 清算人. **lìq·ui·dá·tion** *n* 債務返済; 清算, 整理; 換金; 一掃, 打破; 除去, 殺害, 根絶: go into *liquidation* 清算[破産]する. [L=to make clear, melt; ⇨ LIQUID]
líquid chromatógraphy 〘化〙液体クロマトグラフィー《液体を移動相とする》.
líquid cómpass 〘海〙液浸羅針盤[コンパス].
líquid córk《俗》下痢止め(薬).
líquid cóurage*《酒に酔った勢いでの》空(から)元気 (Dutch courage").
líquid cráck*《俗》液体クラック《40 オンス瓶で販売される麦芽酒; ビールに似ているがアルコール度が高い》.
líquid crýstal 〘理〙液晶.
líquid crýstal displày 〘電子工〙液晶表示装置[ディスプレー]《略 LCD》.
líquid díet 流動食.
líquid éxtract 〘薬〙流エキス剤 (fluidextract).
líquid fíre 〘軍〙液火《火炎放射器用の液体》.
líquid gláss 水ガラス《ケイ酸ナトリウムの濃水溶液》.
li·quid·i·ty /lɪkwídəti/ *n* 流動性; 流麗, 清澄; 流動資産(の保有).
liquídity prèference 〘経〙流動性選好《資産を証券などでなく現金・当座預金などで保有(しようと)すること》.
liquídity ràtio 流動性比率《銀行の流動資産の総預金額に占める比率》.
líquid·ìze *vt* 液化する;〈食品を〉ミキサーにかける.
líq·uid·ìz·er" *n* 《料理用の》ミキサー (blender*).
líquid láugh《俗》嘔吐, ゲロゲロ.
líquid lúnch [*joc*] 昼食代わりの酒, 流動食ランチ.

líquid méasure 液量(単位) (cf. DRY MEASURE).
líquid mémbrane 〔薬〕液状膜.
líquid óxygen 液体酸素.
líquid petrolátum [páraffin‖] 〔化〕流動パラフィン (mineral oil*, white mineral oil*)《無色・無味・無臭に精製した石油; 医薬用・下剤》.
líquid propéllant 〔ロケット〕液体推薬.
líquid prótein 液体タンパク《濃縮タンパク質調剤; 減量用食餌として用いられたが現在では危険とされる》.
líquid stórax 蘇合香(そごう)《芳香のある蜂蜜状樹脂》.
liq·ui·dus /líkwədəs/ *n* 〔化〕液相線 (=∼ **cùrve**)《2 成分系の種々の温度・成分比での液相領域の限界を示す; cf. SOLIDUS》. [L LIQUID]
liq·ui·fy /líkwəfàɪ/ *vt, vi* LIQUEFY.
li·quor /líkər/ *n* **1** アルコール飲料, 酒(類), *《特に》蒸留酒, スピリッツ《ウイスキー・ブランデー・ジンなど》: intoxicating ∼ 酒 / MALT LIQUOR / be in ∼=be (the) worse for ∼ 酒に酔っている / take [have] a ∼ (up)《口》一杯やる / What's your ∼?《口》何にしますか《飲み物を勧めて》. **2** 分泌液; 液汁; 煎じ汁; 〔料理〕汁《煮汁・漬汁など》; 醸造水《麦芽に加える温水》; (溶)液, 溶剤; 染料[媒染]液; /, líkwɔːr, ‖láɪkwɔː/ 〔薬〕水薬: ∼ ammoniac アンモニア水. ► *vt* **1**〈麦芽・薬草などを〉溶液に浸す;〈皮革など〉に油を塗る. **2**《口》〈人〉に強い酒を飲ませる, 酔わせる 〈*up*〉: be [get] ∼*ed up*《口》酔っぱらう. ► *vi*《口》強い酒をたくさん飲む, 酔う〈*up, out*〉. [OF<L=a LIQUID]
liquorice ⇨ LICORICE.
líquor·ish *a* LICKERISH; 酒好きな; 酒の欲しそうな; アルコール性の. ► *n* ‖LICORICE. ♦ **∼·ly** *adv* **∼·ness** *n*
líquor stòre* PACKAGE STORE.
li·ra /líərə, *líːrə/ *n* (*pl* **li·re** /-reɪ, ‖-ri/, **∼s**) リラ《**1)** イタリア・サンマリノ・ヴァチカンの旧通貨単位: =100 centesimi; 記号 L **2)** トルコの通貨単位 (=*Turkish pound*): =100 kurus **3)** マルタの旧通貨単位: =100 cents》. [It<Prov<L *libra* pound]
Li·ri /líri/ [the] リーリ川《イタリア中部 Gaeta 湾に注ぐ川》.
lir·i·o·den·dron /lìriədéndrən/ *n* (*pl* **∼s, -dra** /-drə/) 〔植〕ユリノキ《ユリノキ属 (*L-*) の木の総称; モクレン科》.
li·ri·o·pe /ləráɪəpi/ *n* 〔植〕アジア産ユリ科ヤブラン属 (*L-*) の多年草の総称《淡紫色または白色の小さい花が集まってつく》. [ローマ神話のニンフの名]
lir·i·pipe /lírəpàɪp/, **-poop** /-pùːp/ *n* 〔史〕《中世の宗教家・学者などの》フードに付いた長い布片; 肩掛け; フード. [C16; L *liripipium*<?]
lis[1] *n* LI の複数形.
lis[2] /lís/ *n* 〔法〕訴訟, 係争事件: LIS PENDENS. [L]
Li·sa /líːsə, -zə, láɪzə/ リーサ, リーザ, ライザ《女子名; Elizabeth の愛称》.
Lis·bon /lízbən/ リスボン (Port **Lis·boa** /liʒvóuə/)《ポルトガルの首都; Tagus 川三角江に臨む港町》. ■ the **Tréaty of ∼** リスボン条約《欧州連合の基本法を定めた条約; 2007 年 Lisbon で締結され, 09 年 12 月発効》. ♦ **Lis·bo·an** /lɪzbóuən/ *n*
Lis·burn /lízbərn/ リズバーン《**1)** 北アイルランド東部の行政区 **2)** その中心となる町; Belfast の南西に位置》.
Li·se /líːsə, -zə/, **Li·sette** /lɪzét/ リーサ, リーザ, リゼット《女子名; Elizabeth の愛称》.
li·sen·te /lɪsénti/ *n pl* リセンテ《SENTE の複数形》.
Li Shih-min /líː ʃíːmín/ 李世民(りせいみん)(リシーミン) (⇨ TAI ZONG).
Li·sieux /lizjə́ː; *F* lizjø/ リジュー《フランス北西部 Calvados 県の市; St. Thérèse が住んでいた関係で巡礼客が多い》.
Lisle 1 /líːl, láɪl/ リール《LILLE の旧称》. **2** /láɪl/ [l-] ライル糸(の織物[靴下, 手袋など]).
lísle thrèad ライル糸, レース糸《堅撚(よ)りの木綿糸》.
lisp /lísp/ *vi, vt* 舌もつれで発音する《/s, z/ を /θ, ð/ のように》; まわらぬ舌で話す〈*out*〉. ► *n* 舌もつれ(による音);《木の葉・波などの》サラサラいう音. ♦ **∼·er** *n* **∼·ing·ly** *adv* [OE *āwlispian* (*wlisp* lisping (a)<(imit))]
LISP *n* 〔電算〕リスプ, LISP《記号ストリング操作用の高水準言語; 人工知能の研究に重視されている》. [*list processor* [*processing*]]
lis pen·dens /lís péndènz/ 〔法〕係争中の訴訟;《裁判所による》係争物の管理; 訴訟係属の公示. [L]
Lís·sa·jous fìgure /líːsəʒùː-, ∸∸∸-/ 〔理〕リサジュー図形《互いに垂直な方向に振動する 2 つの単振動を合成して得られる運動の軌跡; オシロスコープ上で見られる》. [Jules A. *Lissajous* (1822–80) フランスの物理学者]
lis·som(e) /lísəm/ *a* ほっそりした, 優美な, しなやかな; 軽やかな, 敏捷な (nimble). ► *adv* 柔軟に; 軽快に. ♦ **∼·ly** *adv* **∼·ness** *n* [C19 *lithesom* (LITHE, *-some*[1])]
list[1] /líst/ *n* 表, 一覧表, リスト; 名簿; 目録, 索引, カタログ; すべての項目[課題]〈*of*〉; 明細書, 価格表 (price list); LIST PRICE; 上場株の一覧表, 全上場株: a ∼ of members 会員名簿 / close the ∼《定員に達して》募集を締め切る; 〔電算〕表の画面を閉じる / lead [head] the ∼ 首位にある / make a ∼ of…をリストにする / on the active [reserve, retired] ∼ 現役[予備役, 退役]で / pass first [last] on the ∼ 一番[びり]で及第する / his ∼ of 'things to do' 彼がなすべきことのすべて / be top [bottom] of the ∼=be high on the ∼ 最重要(課題)である[最も重要度が低い(課題である)] / a rich ∼ 富豪一覧, 長者番付. ● **go down the ∼**《口》一つ一つ挙げる, 列挙[列記]する. **on the** DANGER LIST. **on the sick ∼** 〔もと軍〕病気で. ► *vt* **1** [°*pass*] …のリスト[一覧表, 目録]を作る, 列挙する; [ᵘ*pass*] リスト[目録, 名簿]に載せる, 記載する;〈株・証券を〉上場する;《古》RECRUIT. **2** [°∼ *-self*]《表などで》含める, (…と)みなす[認定する, 考える], 位置づける〈*among, as*〉. ► *vi*〈商品が〉値段表に記載される, カタログに〈価格で〉出ている〈*at, for*〉;《古》ENLIST: This car ∼*s* at $10,000. この車は 1 万ドルで売られて[の値がついて]いる. ● **∼ off** 次々に…(のリスト)を読み上げる. ♦ **∼·able** *a* [F<It<Gmc; cf. G *Liste*]
list[2] *n* 織り縁, 織りべり; へり地;《馬などの》色縞(しま);《板から切り取られる》細長い辺材; 畝(うね); 〔建〕LISTEL; [∼s] ⇨ LISTS;《廃》境界. ► *vt*〈板など〉の端を細長く切り取る;〈畑地〉に LISTER[2] で畝を立てる[種をまく];《古》…に縁地を付ける. [OE *līste*; cf. G *Leiste* ridge]
list[3] *vi*《荷くずれや浸水のために》〈船などが〉傾く, かしぐ〈*to*〉(cf. HEEL[2]). ► *vt* 傾かせる. ► *n* 傾き, 傾斜〈*to*〉; 斜度. [C17<?]
list[4] *v* (**∼·ed,** (古) **∼; ∼·ed;** [三人称単数現在] **∼, ∼·eth**)《古》*vt* …の気に入る. ► *vi* 望む, 欲する: The wind bloweth where it ∼*eth*. 〔聖〕風は欲するままに吹く《*John* 3:8》. ► *n*《古》望み, 好み. [OE *lystan* (⇨ LUST); cf. G *lüsten*]
list[5] *vt, vi*《古》聞く, 傾聴する. [OE *hlystan* (*hlyst* hearing); cf. LISTEN]
líst bòx 〔電算〕リストボックス《GUI 環境で, テキストボックスからプルダウン式に表示される入力候補リスト》.
List D school /–́– díː ∸–/ 〔スコ〕リスト D 校《COMMUNITY HOME の 1969 年以降の称》.
líst·ed *a* (一覧)表[名簿, リスト]に記載された; ‖〈建物が〉文化財に指定された; 〔証券〕上場された: ∼ stock 上場株 / ∼ securities 上場証券. [*list*[1]]
lísted búilding 〔英〕《文化財としての》指定[登録]建造物.
list·ee /lɪstíː/ *n* リスト (list) に載っている人[用件など].
lis·tel /líst(ə)l/ *n* 〔建〕平縁, 平条(ひらすじ) (fillet).
lis·ten /lís(ə)n/ *vi* **1** 聞く, 傾聴する〈*to*〉; 注意する; 耳をかす, 従う (yield)〈*to*〉: ∼ *to* the band playing 楽隊が演奏するのを聞く / ∼ *to* the radio ラジオを聞く / ∼ (*out*) *for*…を予期して聞き耳を立てる, …が聞こえるかどうか耳をすます, 〔電算〕〈信号〉を待って傾聴する,〈信号〉がこないかどうか監視する / *L*∼ (here)!《相手に注意を促して》ねえ, いいですか. **2***《口》(…のように[正当に, 確かだと])聞こえる (sound): It doesn't ∼ reasonable to me. それはわたしにはもっともだとは思えない. ► *vt*《古》真剣に聴く. ● **I'm ∼ing.**《口》話を続けて(ください), さあ説明して. **∼ in**〈登録者以外の人などが〉いっしょに聞く, 聴講する〈*on*〉; (ラジオを)聴取する,〈ニュースなどを〉ラジオで聞く〈*to*〉《★ この意味はやや古風》;〈他人の会話を〉黙って聞く; 盗聴する, 盗み聞きする〈*on, to*〉. **∼ up** [ᵘ*impv*]*《口》よく注意して聞く. ► *n*《口》聞くこと: Have a ∼ to this CD. この CD を聴いてごらん. [OE *hlysnan*; *-t-* は LIST[5] より]
lísten·able *a* 聞きやすい, 耳に快い. ♦ **lìsten·abílity** *n*
lísten·er *n* **1** 聞き手; 聴取者, リスナー;《大学の》聴講生 (auditor); *《俗》耳: a good ∼ 熱心に話を聞く人, 聴きじょうず. **2** [The L-]『リスナー』《英国 BBC の週刊誌 (1929–91); テレビ・ラジオ番組の紹介のほか書評・詩・芸術批評も掲載していた》.
lísten·er-ín *n* (*pl* **-ers-ín**) ラジオ聴取者; 盗み[立ち]聞きする人, 盗聴者; 盗聴機.
lísten·er·ship *n*《ラジオ番組の》聴取者(層[数]),《レコードアルバムの》鑑賞者(層[数])《集合的》.
lísten-in *n*《ラジオなどの》聴取; 盗聴, 盗み聞き.
lísten·ing devìce 盗聴器.
lístening pòst 〔軍〕聴音哨《略 LP》;《政治・経済上の》秘密情報収集拠点;《CD ショップなどの》試聴室[コーナー];《インターネット上の》ミュージックサイト.
líst·er[1] *n* リスト[カタログ]を作る人; 税額査定者. [*list*[1]]
lister[2*] *n* 〔農〕動力耕耘機, 培土[溝掘り]プラウ (=*middle breaker, middle-burster, middlebuster, middlesplitter*) (=∼ **plòw**); 自動種まき装置付き耕耘機 (=∼ **plànter,** ∼ **drìll**). [*list*[2]]
Lis·ter /lístər/ リスター《**(1) Joseph ∼**, 1st Baron of Lyme Regis (1827–1912)《英国の外科医; 石炭酸消毒法を創始, 予防医学の先駆》 **(2) Samuel (Cunliffe) ∼**, 1st Baron Masham (1815–1906)《英国の発明家; 鉄道用として圧搾空気利用のブレーキを考案 (1848)》》.
lis·te·ri·a /lɪstíəriə/ *n* 〔菌〕リステリア《リステリア属 (*L-*) のグラム陽性小桿菌の総称; 連鎖をつくる傾向があり, 標準種 *L. monocytogenes* はヒト・哺乳類・鳥類にリステリア症 (listeriosis) を起こす》. [Joseph *Lister*]
Lis·ter·ine /lístərìːn/ 〔商標〕リステリン《口腔洗浄液》. [↑]
lis·te·ri·o·sis /lɪstìərióusəs/ *n* (*pl* **-o·ses** /-sìːz/) 〔獣医・医〕リステリア症《リステリア属の小桿菌の一種によって野生の哺乳類・家畜・鳥類, 時にヒトに起こる危険な病気; 髄膜炎を主な症状とする》. [↑]

lis·ter·ism /lístərìz(ə)m/ *n* [°L-] リスター消毒法《石炭酸による》. ♦ **lis·ter·ize** /lístəràɪz/ *vt* …にリスター消毒を施す. **-iz·er** *n* [↑]

líst·ing[1] *n* 表[リスト]に載せること, 列記; 表の作成; 表の記載事項[項目]; 一覧表, 目録; 〔電算〕リスティング, リスト《プログラムのソースコードなどのプリントアウト》; 〔法〕不動産仲介(契約); 不動産仲介物件リスト; 《取引所への》上場: TV ～ 《新聞などの》テレビ欄, 番組表 / a ～*s* magazine 《催しなどの》情報誌 / Do you have a ～ *for*…? …さんの電話番号は控えてあるの? [*list*[1]]

listing[2] *n* 織り縁[へり]; LISTER[2] による畝立て[畦(あぜ)作り, 播種]. [*list*[2]]

líst·less *a* 気[熱意]のない, 力ない, 無関心な; ものうげな, 大儀そうな. ♦ **～·ly** *adv* **～·ness** *n* 無気力, 倦怠. [ME (*list* (obs) inclination〈LIST[4])]

Lis·ton /lístən/ リストン **'Sonny'** ～ [**Charles** ～] (1917?–70 or 71)《米国のプロボクサー; 世界ヘビー級チャンピオン (1962–64)》.

líst prìce カタログ記載価格, 表示価格, 定価.

líst rènting 名簿の貸出し.

lists /lísts/ *n* [〈*sg*/*pl*〉]《中世の》馬上槍試合の試合場(を囲む柵), 《一般に》戦いの場. ● **enter the ～** 戦い[競争]に加わる〈*against*〉. [*list*[2]]

LISTSERV /lístsə̀ːrv/ 〔商標〕LISTSERV《MAILING LIST MANAGER の一つ; 元来 BITNET 用》.

líst sèrver 〔電算〕MAILING LIST MANAGER.

líst sỳstem 《比例代表制選挙の》名簿式.

Liszt /líst/ リスト **Franz** ～ (1811–86)《ハンガリーの作曲家・ピアニスト》. ♦ **～·ian** *a*

lit[1] /lít/ *vt, vi* LIGHT[1] の過去・過去分詞. ► *a* 《俗》酔っぱらって (drunk): LIT UP.

lit[2] *vi* LIGHT[3] の過去・過去分詞.

lit[3] *n* LITAS.

lit[4] 《口》*n* 文学 (literature). ► *a* 文学の (literary): a ～ course [student].

lit. liter(s) ♦ literal(ly).

litai *n* LITAS の複数形.

Li Tai·bai /líː táɪbáɪ/ 李太白 (LI BAI).

Li·ta·ni /lɪtáːni/ [the] リタニ川《レバノン南部を流れて地中海に注ぐ川》.

lit·a·ny /lít(ə)ni/ *n* 〔教会〕連禱《司祭の唱える祈りに会衆が唱和する形式》; [the L-] 祈禱書中の連禱; 一斉に響かせる[繰り返す]声; くどい話, 枚挙; かなりの数〈*of*〉: a ～ *of* complaints 不平不満の数々. [OF＜L *litania*＜Gk＝prayer]

lítany dèsk [stòol]* 〔教会〕連禱台.

li·tas /líːtàːs/ *n* (*pl* ～, **li·tai** /-tèɪ, -tàɪ/) リタス《リトアニアの euro になる前の通貨単位: ＝100 centai》. [Lith]

LitB LITTB.

litchi ⇨ LYCHEE.

lít crìt 文学批評, 文芸評論 (literary criticism); 文芸評論家.

LitD LITTD.

lite /láɪt/ *a* [しばしば後置]《口》低カロリーの, 低アルコール[糖, 脂肪]の (light); 軽装(版)の; *《口》軽い, マイナーな, 亜流の; お手軽な: ～ beer ライトビール / Collins *L*～ コリンズライト《コリンズ辞典ライト版》/ Kurosawa *L*～ 黒澤の亜流; 黒澤(自身)のマイナーな作品.

-lite, -lyte /làɪt/ *n comb form* 「石」「鉱物」「化石」(cf. -LITH): chryso*lite*, ichno*lite*. [Gk; ⇨ -LITH]

Li·tek /láɪtɛ̀k/ 〔商標〕ライテック《長寿命・省電力型の蛍光灯》. [*Li*ght *Tek*nology Corp.]

li·ter | li·tre /líːtər/ *n* リットル《＝1000 cc; 略 l, L, lit.》. [F, ＜Gk *litra*]

lit·er·a·cy /lít(ə)rəsi/ *n* 読み書きの能力 (opp. *illiteracy*); 《特にことばに》堪能であること; 知識[能力]があること: COMPUTER LITERACY.

líteracy tèst 読み書き能力テスト.

lit·er·ae hu·ma·ni·o·res, lit·ter- /lítəràɪ humàːnióːrèɪs, -rìː hjumæ̀nióːriːz/ *pl* 人文学 (humanities)《特に Oxford 大学の古典研究, または その BA の称号を得るための試験; Lit. Hum. と略し /lít hʌ́m/ とも読む》. [L＝the more humane studies]

lit·er·age /lítərɪʤ/ *n* (容積)リットル数, (総)リットル数.

lit·er·al /lít(ə)rəl/ *a* **1** 原典の字句に忠実な; 文字どおりの; (文字どおりに)正確な, ありのままの, そのままの, 誇張なしの; 文飾のない, 平明な; 《口》[誇張して] 全くの, 文字どおりの: in the ～ sense of the word その語の字義どおりの意味で / the ～ truth 正真正銘の事実 / a ～ flood of letters まさに手紙の洪水. **2 a** 字義[字句]にこだわる (opp. *free*); 逐語的な: a ～ translation 直訳, 逐語訳. **b** 散文的な, 想像力の欠けた (literal-minded); 平凡な, 味のない. **3** 文字(上)の: a ～ error 誤字, 誤植 (misprint) / a ～ coefficient 〔数〕文字係数. ► *n*" 誤字, 誤植; 〔電算〕直定数, リテラル《変数ではなく文字列そのものを表わす》. ♦ **lit·er·al·i·ty** /lìtərǽləti/ *n* 字義どおりであること; 字句どおりの解釈[意味]. **～·ness** *n* [OF or L; ⇨ LETTER[1]]

líteral·ìsm *n* 文字どおりに解すること; 直解[直訳]主義; 〔美・文芸〕直写主義. ♦ **-ist** *n* **lìt·er·al·ís·tic** *a* 直解[直訳]主義の; 直写主義の. **-ti·cal·ly** *adv*

líteral·ìze *vt* LITERAL にする; 文字どおりに解釈する. ♦ **lìteral·izátion** *n*

líteral·ly *adv* **1** 事実上; 本当に (exactly); [誇張して] 全く, 文字どおり: The fortress was ～ destroyed. とりでは完全に破壊された. **2** 字義どおりに; 逐語的に; 文字にこだわって: translate ～ 逐語訳する, 直訳する / take sb too ～ 人のことばを文字どおりにとりすぎる.

líteral-mìnd·ed *a* 散文的な頭の, 想像力の欠けた; 現実的な考えの.

lit·er·ar·ism /lít(ə)rərìz(ə)m/ *n* LITERARYISM; 文学[人文学]本位.

lit·er·ary /lítərèri; lít(ə)r(ə)ri/ *a* **1** 文学の, 文学的な, 文筆の, 文芸の; 文学に通じた, 文筆のたしなみ深い; 著述を業とする; 書籍の; 学問(上)の: a ～ work 文学[文芸]作品; 〔法〕言語著作物 / a ～ history 文学史 / ～ property 〔法〕文書的財産(権) / a ～ man 文学者, 学者, 著作家. **2** 文語の (opp. *colloquial*): ～ style 文語体. ♦ **lìt·er·ár·i·ly** /; lít(ə)r(ə)rɪli/ *adv* **lít·er·àr·i·ness** /; lít(ə)r(ə)-/ *n* [L; ⇨ LETTER[1]]

líterary àgent 著作権代理人[業者]. ♦ **líterary àgency** 著作権代理業.

líterary exécutor 〔法〕遺著管理遺言執行者.

líterary·ìsm *n* 文語趣味[主義].

lit·er·ate /lít(ə)rət/ *a* 読み書きできる; 学問[教養]のある (opp. *illiterate*); 文学に通じた; 明快な, 洗練された; 《特定分野の》知識[能力]のある; 《数字よりも》ことばに慣れている; 文字をもつ〈言語〉: financially ～ 金融に詳しい / COMPUTER-LITERATE. ► *n* 読み書きのできる人; 教養[知識]のある人; 〔英国教〕学位なしで聖職就任を許された人. ♦ **～·ly** *adv* **～·ness** *n* [L *litteratus* learned; ⇨ LETTER[1]]

lit·e·ra·ti /lìtəráːti/ *n pl* (*sg* LITERATUS) 知識階級; 文学者たち. [L (pl)〈↑]

lit·e·ra·tim /lìtəráːtəm, -réɪ-/ *adv, a* 逐字的に[な], 文字どおりに[の] (letter for letter). [L]

lit·er·a·tion /lìtəréɪʃ(ə)n/ *n* 《音声・ことばの》文字表記, 文字化.

lit·er·a·tor /lítərèɪtər, lìtəráːtɔːr/ *n* 文士, 文学者, 著作家, 著述家.

lit·er·a·ture /lít(ə)rəʧər, *-ʧʊ̀r, *lítə(r)ʧʊ̀r/ *n* **1 a** 文学, 文芸; 《集合的》文学作品: American [Elizabethan] ～ アメリカ[エリザベス朝]文学 / light ～ 軽[軟]文学 / polite ～ 純文学. **b** 〔楽〕《特定のジャンルの》全作品. **2** 文学研究; 著述, 文筆業; 文学[文筆]界: follow ～ 文筆を業とする. **3 a** 調査[研究]報告書, 論文; 文献: travel ～ 旅行文献 / the ～ of chemistry 化学文献[論文] / the ～ *on* Japan in English 日本に関する英語の文献. **b** 《口》印刷物《広告・ちらしなど》. **4** 《古》学問, 学識. [ME＝literary culture＜L; ⇨ LITERATE]

lit·er·a·tus /lìtəráːtəs/ *n* (*pl* LITERATI) 文学者, 知識人.

lith- /lɪθ/, **litho-** /líθoʊ, -θə/ *comb form* 「石」「リチウム」 [Gk *lithos* stone]

-lith /lɪθ/ *n comb form* 「石で作ったもの」「結石」「石」(cf. -LITE): mega*lith*, gastro*lith*, aero*lith*. [Gk]

lith. lithograph ♦ lithographic ♦ lithography.

lith·arge /líθàːrʤ, *–⌐/ *n* 〔化〕リサージ, 密陀僧(みつだそう)《一酸化鉛の別称; 黄色または黄褐色の粉末》.

lithe /láɪð, -θ/ *a* しなやかな, 柔軟な; 〈腰など〉ほっそりした. ♦ **～·ly** *adv* **～·ness** *n* [OE *līthe*; cf. G *lind* mild]

li·the·mia /lɪθíːmiə/ *n* 〔医〕尿酸血[尿酸塩血](症).

líthe·some *a* しなやかな, LITHE, LISSOM.

lith·ia /líθiə/ *n* 〔化〕酸化リチウム, リチア.

li·thi·a·sis /lɪθáɪəsəs/ *n* (*pl* **-ses** /-sìːz/) 〔医〕結石症.

líthia wáter リチウム塩水《リチウム塩を含む鉱水; 痛風薬・躁鬱病薬》.

lith·ic /líθɪk/ *a* 石の, 石質の, 石製の; 石器の; 〔医〕結石の; 〔化〕リチウムの. ♦ **-i·cal·ly** *adv* [Gk *lithos* stone]

-lith·ic /líθɪk/ *a comb form* 〔考古〕「…石器文化の」: Paleo*lithic*, Neo*lithic*. [↑]

lith·i·fi·ca·tion /lìθəfəkéɪʃ(ə)n/ *n* 〔地質〕石化作用 (＝*induration*)《堆積物や石炭の組成が岩石に変化すること》.

lith·i·fy /líθəfàɪ/ *vt, vi* 石化する. [*lith-*, *-ify*]

lith·i·um /líθiəm/ *n* 〔化〕リチウム《金属元素中で最も軽い; 記号 Li, 原子番号 3》; 〔医〕リチウム塩(剤)《炭酸リチウム (lithium carbonate) など》. [*litia*, *-ium*]

líthium cárbonate 〔化〕炭酸リチウム《ガラス・セラミック製造用, また抗躁薬として使われる》.

líthium chlóride 〔化〕塩化リチウム.

líthium flúoride 〔化〕フッ化リチウム.

líthium-ìon bàttery 〔電〕リチウムイオン電池 (＝*Li-ion battery*)《ニッカド電池のような劣化・毒性がなく携帯機器などでよく用いられる》.

líthium níobate 〔化〕ニオブ酸リチウム.

líthium óxide 〔化〕酸化リチウム.

litho /líθoʊ/ 《口》*n* (*pl* **líth·os**) リト, リソ (LITHOGRAPH, LI-

THOGRAPHY). ► *a* LITHOGRAPHIC. ► *vt* LITHOGRAPH.
litho- /líθoʊ/ ⇨ LITH-.
li·thog·e·nous /lɪθáʤənəs/ *a* 〈サンゴ虫が〉岩石を造る; 岩石起源の.
lítho·gràph *n* 石版画, リト(グラフ). ► *vt* 石版で印刷する; 石に彫る[記す]. ♦ **li·thog·ra·pher** /lɪθágrəfər/ *n* 石版工[師]. [逆成く↓]
li·thog·ra·phy /lɪθágrəfi/ *n* 石版術[印刷]《石板[金属板]の表面に絵や図を描いて, そのまま印刷される平板印刷》;《一般に》平板(へいはん)印刷 (planography);〘電子工〙リソグラフィー (PHOTOLITHOGRAPHY). ♦ **lìth·o·gráph·ic, -i·cal** *a* 石版(印刷)の. **-i·cal·ly** *adv* [G]
lith·oid /líθɔ̀ɪd/, **li·thoi·dal** /lɪθɔ́ɪdl/ *a* 石状の, 石質の.
lith·ol·a·paxy /lɪθáləpæ̀ksi, líθə-/ *n* 〘医〙抽石(術) (lithotripsy).
li·thol·o·gy /lɪθáləʤi/ *n* 岩石学 (cf. PETROGRAPHY); 岩質;〘医〙結石学. ♦ **lìth·o·lóg·ic, -i·cal** *a* **-i·cal·ly** *adv*
lith·o·marge /líθəmɑ̀:rʤ/ *n* 石髄《玄武岩が分解してできる赤色の柔らかい土》. [L *marga* marl]
lìtho·méteor *n* 〘気〙大気塵象.
lith·on·trip·tic /lìθəntríptɪk/ 〘医〙*a* 結石溶解性の. ► *n* 結石溶解剤.
lítho·phane /-fèɪn/ *n* 透かし彫刻磁器《光をあてると透けて見えるように彫刻を施した磁器》.
lítho·phỳte *n* 〘生態〙岩生植物《地衣類・コケ類》; 樹状生物《サンゴ類など》. ♦ **lìtho·phýt·ic** /-fít-/ *a*
lítho·pone /-pòʊn/ *n* 〘化〙リトポン《硫化亜鉛と硫酸バリウムからなる白色顔料》.
lítho·prìnt *vt* 石版で印刷する. ► *n* 石版印刷物. ♦ **~·er** *n*
lith·ops /líθɑ̀ps/ *n* (*pl* ~)〘植〙リトープス (=*living stone*)《アフリカ南部原産ツルナ科リトープス属 (*L-*) の多肉植物の総称; 外観が小石に似る》.
lítho·sol /-sɔ̀(:)l, -sòʊl, -sɑ̀l/ *n* 〘土壌〙固結岩屑(がんせつ)土.
lítho·sphère *n* 《地球などの》(上部)岩石圏, 岩圏, リソスフェア (opp. *hydrosphere*); 地殻. ♦ **lìtho·sphéric** *a*
li·thot·o·my /lɪθátəmi/ *n* 〘医〙《膀胱結石の》切石[砕石]術. ♦ **li·thót·o·mist** *n* 切石手術者. **li·thót·o·mìze** *vt* **lith·o·tom·ic** /lìθətámɪk/ *a*
lithótomy stìrrups *pl* 〘医〙あぶみ (stirrups).
litho·trip·sy /líθətrìpsi/ *n* 〘医〙砕石術, 切石術《泌尿器系の結石を衝撃波あるいは機械的手段で粉砕すること》. ♦ **lìtho·tríp·tic** *a* [Gk *tripsis* rubbing]
litho·trip·ter, -tor /líθətrìptər/ *n* 〘医〙《特に 衝撃波による》砕石器, 切石器.
lith·o·trite /líθətràɪt/ *n* 〘医〙砕石器.
li·thot·ri·tist /lɪθátrətɪst/ *n* 〘医〙結石破砕医, 砕石医.
li·thot·ri·ty /lɪθátrəti/ *n* 〘医〙(膀胱)結石破砕(術) (lithotripsy). ♦ **li·thót·ri·tìze** *vt*
Lith·u·a·nia /lìθ(j)uéɪniə, -njə/ リトアニア (Lith **Lie·tu·va** /lìətʊvá:/)《バルト海沿岸の国; 公式名 Republic of ~ (リトアニア共和国); 中世にはバルト海から黒海に及ぶ大公国として繁栄; 1918–40 年独立共和国, 40–91 年ソ連邦構成共和国 (the Lithuanian SSR); ☆Vilnius》.
Lìth·u·á·ni·an *a* リトアニアの; リトアニア人[語]の. ► *n* リトアニア人; リトアニア語《印欧語族 Baltic 語派の一つ》.
Lith·u·an·ic /lìθ(j)uǽnɪk/ *a* LITHUANIAN.
Lit. Hum. °literae humaniores.
lit·i·gant /lítɪgənt/ *a* 訴訟に関係のある: the parties ~ 訴訟当事者. ► *n* 訴訟当事者《原告または被告》.
lit·i·gate /lítəgèɪt/ *vi* 訴訟を起こす[行なう]. ► *vt* 法廷で争う;《古》論争する (dispute): ~ a constitutional issue 憲法上の争点を法廷で争う. ♦ **-gà·tor** *n* 事実審弁護士;《古》訴訟当事者. **lit·i·ga·ble** /lítɪgəb(ə)l/ *a* 裁判で争える; 訴訟の対象となりうる. **lit·i·gá·tion** *n* 訴訟;《古》論争. [L (*lit- lis* lawsuit)]
li·ti·gious /lətíʤəs, lɪ-/ *a* 訴訟好きな; 論争好きな; 訴訟できる[すべき]; 訴訟(上)の. ♦ **~·ly** *adv* **~·ness** *n* [OF or L (*litigium* dispute く↑)]
lit·mus /lítməs/ *n* 〘化〙リトマス《青色染料》; LITMUS TEST;《litmus test で》試される資質[要素]. [ON=dye moss]
lítmus·less *a* 肯定も否定もない, 中立的な.
lítmus pàper 〘化〙リトマス試験紙.
lítmus tèst 〘化〙リトマス試験; [*fig*] 真価[真意]を問うもの, 試金石: a ~ for his integrity 彼の品格の試金石.
lit·o·ral /lítər(ə)l/ *a* LITTORAL.
li·to·tes /láɪtətì:z, laɪtóʊ-, *lít-/ *n* (*pl* ~)〘修〙緩叙法(による表現)《控えめに言ってかえって効果を強める表現法: not bad (=pretty good), not a few (=a great many) など》. [L<Gk (*litos* plain, meager)]
litre ⇨ LITER.
li·tre·age" /lí:t(ə)rɪʤ/ LITERAGE.
LittB [L *Litterarum Baccalaureus*] Bachelor of Letters [Literature].
LittD [L *Litterarum Doctor*] Doctor of Letters [Literature].
lit·ten /lítn/ *a* 《古》明かりをともした (lighted).
lit·ter /lítər/ *n* **1 a** 散らかしもの, ごみ, がらくた, 残物, くず; 乱雑に積まれた物: No *L*~.《掲示》ごみ捨て無用. **b** 乱雑, 混乱: The room was in a (state of) ~. 部屋は取り散らされていた. **2**《動物の》寝わら;《ペットのトイレ (**~ bòx**) に敷く》砂《細かい石, 小球状の紙など》(: cat ~); 厩肥(きゅうひ);《木の根元の》敷きわら;《森林の地表をおおう》落葉落枝(層), 葉積(層) (=**léaf ~**). **3**《動物の》同腹子, 一腹子(ひとはら): a ~ of puppies 一腹の子犬たち / nine little pigs at a ~ 一度に生まれた 9 匹の子豚 / in ~ 〈犬・豚などが〉子をはらんで(いる). **4** 輿(こし), 輦台(れんだい); 担架 (stretcher). ► *vt* **1** 〈紙くずなどを〉散らかす 〈*about, around*〉,〈部屋などを〉取り散らかす,〈部屋など〉に散らかる〈*up*〉; [*pass*]〈文書・歴史などを〉(…で)満たす, 汚す〈*with*〉: ~ the room *with* toys / a story ~*ed with* lies うそだらけの話. **2** 〈動物が子を〉産む. **3** 〈馬屋・床などに〉わらを敷く〈*down*〉;〈動物〉に寝わらを与える〈*down*〉. ► *vi* **1** 〈動物が〉子を産む, 《俗》子を産む. **2** ごみ[くず]を散らかす: No ~*ing*=Don't ~. ゴミを捨てるな. [AF<L (*lectus* bed)]
litterae humaniores ⇨ LITERAE HUMANIORES.
lit·tera scrip·ta ma·net /lítɛrà: skríptɑ: má:nɛt/ 書かれた文字は残る. [L]
lit·ter·a·teur, -tér- /lìt(ə)rətə́:r, *-tʊ́r/ *n* 文学者, 文士, 文人. [F<L=(inferior) grammarian]
lítter·bàg *n* 《自動車の中などで使う》ごみ袋.
lítter bìn, lítter bàsket" 《路上の》くず物容器, くずかご (garbage can*, trash can*).
lítter·bùg *n* 《口》《街路・公園などに》ごみを散らかす者. [*jitterbug* にならったもの]
lítter·er *n* LITTERBUG.
lítter lòut "《口》LITTERBUG.
lítter·màte *n* 《動物の》同腹子.
lítter trày トイレトレー《猫などのペットの排便用トレー; ふつう砂 (cat litter) を敷き詰めておく》.
lít·tery *a* 乱雑な, 取り散らかした; 寝わらの, 敷きわらだらけの; むさくるしい.
lit·tle /lítl/ *a, adv, n* ► *a* **A** (ˢ**lít·tler; lít·tlest**) ★ 普通名詞に付けて「小さい, かわいい, 狭い, けちな, つまらない」などの意. 量を示す普通名詞を伴えば物質・抽象名詞にも用いる: a ~ drop [glass] of whisky (ほんの一滴[一杯]のウイスキー). 比較級・最上級には smaller, smallest を代用することがある (cf. LESSER). **1 a** (opp. *big, large*)《形・背丈・規模・数などが》小さい, 少しの, ささやかな; 若い, 年少の;《時間的・距離的に》短い: ~ birds 小鳥 / a ~ man 小男 / a ~ group of artists 芸術家の小団体 / a ~ voice 小さい声 / a ~ farmer 小農 / a ~ brother [sister] 弟[妹] / (my) ~ man [woman] [*voc*] 坊や[お嬢ちゃん] / our ~ ones [people] わが家の子供たち / the ~ Smiths スミス(家)の子供たち (the Smith children) / our ~ life われらの短い命 / a ~ time [while] ago 少し前 / I will go a ~ way with you. 少しお供をいたしましょう. **b** [同類の他との区別を示す修飾語として] 小さい(ほうの), 最小の: LITTLE FINGER / ~ Switzerland 小スイス《スイスをしのばせる土地》. **2** [「小」に特別な感情をこめて] **a** いとしい, かわいい, 愛らしい; 好ましい《しばしば nice, pretty, cute, sweet, lovely などの形容詞の後に用いる》: a *cute* ~ baby / a *nice* ~ camera. **b** 子供じみた; 些細な, けちな; 卑劣な, ずるい (opp. *great*)《しばしば nasty, cheeky, stupid などの形容詞の後に用いる》; [quite the ~…] [*iron*]《口》たいした…, ごりっぱな…: his ~ game 彼の子供じみた策略 / Silly ~ boy! ばかな小僧だ / a funny ~ way of laughing おかしな笑い方 / It's only a ~ one.《卑下したり相手をなだめたりして》全然たいしたもの[こと]じゃありません / *L*~ things please [amuse] ~ minds.《諺》小人(しょうじん)は小事に興ずる / We know his ~ ways. 彼のけちなやり口はわかっている / *Quite the* ~ gentleman, isn't he? たいした紳士じゃないか.
B (**less; least**) ★ 物質・抽象名詞に付けて「少量の」の意 (cf. FEW[1]). **1** (opp. *much*) [a を付けずに] ほとんどない (not much): There is ~ hope. 希望はまずない / We had ~ snow last year. 去年は雪が少なかった / Office jobs require ~ physical effort. 事務所勤めには肉体的労力はほとんど要らない / I have *but* ~ money. お金が少ししかない / I have ~ hope, *if any*.=I have ~ *or no* hope. 見込みはまずない. **2** [a ~] 少しは(ある), わずかながら(ある) (opp. *no*): There is *a* ~ hope. 希望が少しある. ★ (1) a little と little との相違は気持の問題で, 前者は「有」, 後者は「無」の観念を強調する. (2) 時に 儀礼の形式として some の代用: Let me give you *a* ~ mutton. 羊肉を(少し)差し上げましょう / May I have *a* ~ money? お金をいただけませんか. **3** [the *or* what ~] なけなしの: I gave him *the* ~ money (that) I had.=I gave him *what* (~) money I had. なけなしの金を全部やった.
● **make ~ ones out of big ones** *《俗》刑務所の作業場で岩を砕く, 懲役刑に服する. **no ~** 少なからぬ, 多くの (very much): a matter of *no* ~ importance とても重要なことがら. **not a ~** 少なからぬ, ちょっとした; 少なからず, かなり: I have *not a* ~ hope [money]. 見込み[金]は大いにある. **only a ~** ごく少しの…: There is *only a* ~ wine. 酒はごく少量しかない. **very ~** 実に少ない; 全くない (none at all): He has *very* ~ sense. とても非常識な男だ.

► *adv* (**less; least**) **1 a** ほとんど…しない: a ～ known fact ほとんど知られていない事実 / They see each other *very* ～. 彼らはめったに会うことがない / It costs ～ *more* than a dollar. 値段は1ドルそこそこだ / It is ～ *less* [*better*] than robbery. 泥棒も同然だ. **b** [care, dream, guess, imagine, know, suspect, realize, think などの動詞の前に置いて] 全く…しない (not at all): I ～ *knew*. 夢にも知らなかった / *L*～ did she *imagine* that…とは夢想もしなかった. **2** [a ～] 少し, 少しは: He is *a* ～ afraid. 少しこわがっている. ★ 比較級の形容詞・副詞を伴うことが多い: He is *a* ～ *better*. 少しはよい / Wait *a* ～ *longer*. 少し待て / *A* ～ *more* [*less*] sugar, please. 砂糖を少し増やして[減らして]ください.

► *n* (**less; least**) **1** [a を付けずに] 少し, 少量, わずか, わずかな時間[距離]: He has seen ～ of life. 彼は世間知らずだ / *L*～ remains to be said. 言い残したことはもうほとんどない / There is ～ to choose between them. どちらも似たり寄ったりだ / I got *but* [*very, rather*] ～ out of him. 彼からほとんど得るところがなかった / Every ～ helps. 《諺》ごく少しずつが力[助け]になる. **2** [a ～] 少し, ちょっと, しばらく: He drank *a* ～ of the water. その水を少し飲んだ / after *a* ～ しばらくして / for *a* ～ しばらく. **3** [the] なけなしのもの (⇨ *a* B 3); 重要でない人たち: He did *the* ～ that [*what* (～)] he could. 微力ながら全力を尽くした. ● **by ～ and ～**＝LITTLE **by ～.** **get a ～** 《俗》(女と)セックスする: *get a* ～ on the side 浮気する. **in ～** 小規模に[の], 縮写した (cf. in LARGE). **～ by ～** 少しずつ. **～ or nothing** ＝**～ if anything** ほとんど…しない. **make ～ of**…を軽んずる, ものとも思わない; ほとんど理解しない. **more than a ～** かなり, 相当に. **not a ～** 少なからず, 大いに (greatly): I was *not a* ～ surprised. 少なからず驚いた. **quite a ～** 《口》多量, たくさん, 豊富, かなり多くの; かなり, 相当に. **think ～ of**…を軽んずる.
[OE *lȳtel* (*lȳt* few, *-el*); cf. OHG *luzzil*]

Little Abaco ⇨ ABACO.
Líttle América リトルアメリカ《**1**) London の Grosvenor Square およびその周辺; 第二次大戦中 Eisenhower 元帥の司令部があった場所で, 米国大使館や Franklin D. Roosevelt 大統領の像などがある **2**) 南極, Ross 氷棚にあった Whales 湾岸に Richard E. Byrd が設置 (1928) した米国の探検基地; その後増設しつつ数次の探検に使用》.
líttle ánteater 〘動〙ヒメアリクイ (silky anteater).
Líttle Assémbly [the] 《口》(国連)小総会.
líttle áuk 〘鳥〙ヒメウミスズメ (dovekie).
Líttle Béar [the] 〘天〙こぐま座(小熊座) (Ursa Minor).
Líttle Bélt [the] 小ベルト海峡《デンマークの Jutland 半島と Fyn 島の間の海域》.
Líttle Bíghorn [the] リトルビッグホーン川《Wyoming 州北部と Montana 州南部を北流して Bighorn 川に合流する》. ■ **the Báttle of the Líttle Bíghorn** 〘米史〙リトルビッグホーンの戦い《1876 年 Little Bighorn 川の流域で Custer 中佐率いる部隊が Sioux 族, Cheyenne 族連合軍に包囲され, 全滅した戦い; cf. SITTING BULL, CRAZY HORSE》.
líttle bítsy *a* 《口》ちびっこい, ちっちゃい.
líttle bíttern 〘鳥〙ヨシゴイ《サギ科》.
líttle bítty *a* 《口》ちっちゃい (small, tiny).
líttle bláck ánt 〘昆〙イエヒメアリに近縁の一種《北米に広く分布し, 家の中で普通にみられる小さな黒いアリで, 甘いものなどにたかる》.
líttle bláck bòok 《口》女友だちの住所録 (black book).
líttle bláck drèss 《口》リトル・ブラック・ドレス《装飾を極力おさえた, 丈がやや短めのシンプルなラインの黒いワンピース; 略 LBD》.
líttle blúe héron 〘鳥〙ヒメアカクロサギ《アメリカ産》.
líttle blúestem 〘植〙メリケンカルカヤ属の草本の一種《北米東部・中部産; イネ科; 飼料用》.
líttle Bo-péep リトル・ボーピープ (⇨ BO-PEEP).
líttle bóy 《俗》ちんぼこ, 息子; [L- B-] リトルボーイ《広島に投下された原子爆弾のコード名》.
Líttle Bòy Blúe 1 リトル・ボーイ・ブルー《青い上着を着た伝承童謡の主人公; 乾草のそばで眠っている羊番の少年》. **2** [l- b- b-] *《俗》警官, ポリ公, サツ.
líttle bóys' ròom 《俗》[*euph*/*joc*] 男子便所.
líttle bróther 〘海〙副熱帯低気圧, 副旋風.
líttle brówn bát 〘動〙トビイロホオヒゲコウモリ《北米に広く分布する》.
líttle brówn cráne 〘鳥〙カナダヅル (sandhill crane).
líttle bústard 〘鳥〙ヒメノガン《地中海周辺産》.
líttle chéese *《俗》取るに足らない人物, 小物.
Líttle Chéf リトルシェフ《英国のファーストフードレストランのチェーン店》.
Líttle Colorádo [the] リトルコロラド川《Arizona 州北東部の川; Grand Canyon 国立公園東端で Colorado 川に流れ込む》.
Líttle Córporal [the] 小伍長《Napoleon 1 世のあだ名》.
líttle déath 《眠って》意識が遠のくこと, 《オルガスムなどによる》失神, 昇天.
Líttle Díomede 小ダイオミード島 (⇨ DIOMEDE ISLANDS).
Líttle Dípper *[the] 〘天〙小北斗星 (⇨ DIPPER).
Líttle Dóg [the] 〘天〙こいぬ座(小犬座) (Canis Minor).
Líttle Dór·rit /-dɔ́(ː)rət, -dɑ́r-/『リトル・ドリット』《Dickens の社会諷刺小説 (1855–57); 長く Marshalsea 刑務所に入っていた William Dorrit が出獄後富を得て一家が傲慢になる中で, 末娘の Amy ('Little Dorrit') のみが純真さを保つ》.
líttle-èase *n* 〘史〙《体を伸ばしていられないように狭く作った》監房.
líttle égret 〘鳥〙コサギ.
líttle énd ‖〘機〙SMALL END.
Líttle-énd·ian *n* **1** リトルエンディアン《Swift, *Gulliver's Travels* 中 Lilliput の正統派で, 卵は小さい方の端から割るべきとする; opp. *Big-endian*》. **2** 些末な問題で争う者.
Líttle Énglander 小英国主義者《英本国の利益は英帝国の領土的発展に待つよりも本国自身に努力を集中すべきだと主張する一派》. ♦ **Líttle Éngland·ism** *n*
líttle féver *《俗》LITTLE PHOEBE.
líttle fínger 《手の》小指. ● **crook one's little** FINGER. **have more goodness** [**courage,** etc.] **in one's ～ than** sb 人よりずっと善良[勇敢など]である. **twist** [**turn, wind, wrap**] sb **around one's little** FINGER.
líttle fòlk *pl* LITTLE PEOPLE.
Líttle Fóx [the] 〘天〙こぎつね座(小狐座) (Vulpecula).
Líttle Gém リトルジェム《小型のロメイン[コス]レタス (cos lettuce) の一種》.
líttle gírls' ròom 《俗》[*euph*/*joc*] 女子便所.
líttle gò ‖《古》〘ケンブリッジ・オックスフォード大学〙第一次試験《BA 学位を取るための予備試験; cf. GREAT GO》; *《俗》どうでもいい[さえない, 中途半端な]仕事[努力].
líttle gráy cèlls *pl* *《俗》《人間の》灰色の脳細胞, 脳.
líttle grébe 〘鳥〙カイツブリ.
líttle gréen mán 小さな緑色人, 宇宙人, 異星人; 変な格好をした人.
líttle gúll 〘鳥〙ヒメカモメ《カモメ類中最小》.
líttle gúy 《口》平凡な[普通の]男 (little man).
Líttle Hórse [the] 〘天〙こうま座(小馬座) (Equuleus).
líttle hóurs *pl* [ºL- H-] 〘カト〙小時課《通例 prime, terce, sext および none をいう; ⇨ CANONICAL HOURS》.
Líttle Íce Àge 〘気〙小氷期《17–18 世紀を頂点として氷河が最も拡大した寒冷期》.
Little Inagua ⇨ INAGUA.
Líttle Jàck Hórner リトル・ジャック・ホーナー (⇨ JACK HORNER).
Líttle Jóe 《クラップス (craps) で》4 の目.
Líttle Jóhn リトル・ジョン《Robin Hood 配下の精悍な大男で弓の名人; Scott の *Ivanhoe* に描かれている》.
Líttle Kabýlia 小カビリア (⇨ KABYLIA).
Líttle Ka(r)róo [the] 小カルー (⇨ KAROO).
Líttle Kíng [the] 小さな王様《米国の漫画家 Otto Soglow (1900–75) のパントマイム漫画 (1934) の主人公》.
líttle léaf, líttle-léaf disèase 〘植〙萎葉病, 縮葉病《**1**) ブドウ・リンゴ・桃などの亜鉛欠乏症 **2**) 真菌による同様の松の病気で葉が縮み変色する》.
Líttle Lèague 〘野〙リトルリーグ《通例 8–12 歳の児童からなる少年・少女野球リーグ》. ♦ **Líttle Léaguer** *n*
líttle mágazine 《判型の小さい》同人雑誌.
líttle màn 取るに足らない男, けちな野郎; ‖細々とやっている商人[職人など]; 平凡な[普通の]男; 男の子.
Líttle Máry ‖《口》おなか (stomach).
Líttle Másters *pl* 〘英〙クラインマイスター《小さい木版[銅版]画で知られる 16 世紀ドイツの版画家たち》.
Líttle Mérmaid [The]『人魚姫』《Hans Christian Andersen 作の童話; 人間の王子に恋をした人魚の話》.
líttle Míchael [**Míckey, Míke**] *《俗》MICKEY FINN.
Little Minch ⇨ MINCH.
Líttle Mìss Múf·fet /-mʌ́fət/ リトル・ミス・マフェット (⇨ MUFFET).
líttle móther 《妹・弟の世話をする》母親代わりの娘.
Líttle Namáqualand 小ナマクアランド (⇨ NAMAQUALAND).
líttle·nèck (**clám**) 〘貝〙QUAHOG の稚貝《生食用》.
Líttle Néll リトル・ネル《Dickens, *The Old Curiosity Shop* の主人公; 悪党 Quilp に借金のある博打好きの祖父に従って放浪生活を続け, ついに死に至る可憐な少女》.
líttle·ness *n* 小さいこと; 少し, 僅少; 狭量, あさましさ.
líttle óffice [ºL- O-] 〘カト〙《聖母マリアの》小聖務日課.
Líttle Órphan Ánnie 孤児アニー《**1**) 米国の漫画家 Harold Gray (1894–1968) の新聞漫画 (1924 年開始); 孤児の Annie が億万長者 Daddy Warbucks の後見のもとにさまざまな悪と戦う冒険物語 **2**) その主人公の女の子》.
líttle ówl 〘鳥〙コキンメフクロウ《旧北区産》.
líttle pénguin 〘鳥〙コガタ[コビト]ペンギン (＝*blue penguin, fairy penguin*)《豪州南部の海岸, ニュージーランドにすむ背面が鋼青色の最小のペンギン (頭高 40 cm ほど)》.

líttle pèople *pl* [the] 小仙女[小妖精]たち (fairies); 子供たち; こびとたち; 一般庶民.
líttle Phóebe *《俗》《craps で》5, 5 点 (Phoebe).
líttle pínkie [pínky] *《幼児・口》小指.
líttle réd bóok [the, °the L- R- B-]『毛沢東語録』《『毛主席語録』(THOUGHTS OF CHAIRMAN MAO) のこと; 赤い表紙の小型本の体裁で全中国に普及したことによる通称》.
Líttle Réd Hén [The]「小さな赤いめんどり」《ロシア発祥とされる民間伝承・童話; 勤勉な赤いめんどりは, 動物たちが手伝おうとしないので独力で小麦をまいて収穫し, パンを焼き, 虫のいい動物たちが欲しがるのをはねつけて全部自分で食べてしまう》.
Líttle Réd Ríding Hòod [Ríding·hòod] 赤頭巾ちゃん《Perrault および Grimm の童話の主人公の少女》.
líttle revíew 《特に 批評・紹介などが中心の》LITTLE MAGAZINE.
Líttle Rhódy /-róudi/ [the] リトルローディ《Rhode Island 州の俗称》.
Líttle Ròck リトルロック《Arkansas 州の州都; Arkansas 川に臨む》.
Líttle Rússia 小ロシア《主にウクライナ地方》.
Líttle Rússian 小ロシア人《(1) UKRAINIAN (2) RUTHENIAN; cf. GREAT RUSSIAN》.
Líttle Sàint Bernárd [the] プチ[小]サンベルナール峠《アルプス山脈西部 Mont Blanc の南方のフランス・イタリア国境にある峠; 標高 2188 m》.
líttle schóol *《俗》《少年・女性の》感化院, 教護院.
líttle sháver *《口》男の子.
Líttle Sísters of the Póor [the]《カト》貧民救護修道女会《1840 年ごろに創立された, 特に 老人に奉仕する女子修道会》.
líttle slám 《ブリッジ》リトルスラム《1 回を除いて他の全部のトリックに勝つこと; cf. GRAND SLAM》.
Líttle Snáke [the]《天》みずへび座(水蛇座) (Hydrus).
líttle spótted skúnk 《動》マダラスカンク《北米・中米産》.
líttle stínt 《鳥》ニシトウネン, ヨーロッパトウネン《オバシギ属》.
líttle stránger 《俗》新生児, 出産予定児.
líttle térn 《鳥》コアジサシ.
líttle théater 小劇場; *小劇場用演劇, しろうと芝居.
líttle tóe 《足の》小指.
Lit·tle·ton /lítltən/ リトルトン Sir **Thomas** ~ (1422–81)《イングランドの法律家; Lyttelton, Luttelton とも; law French で書かれた土地法論 *Tenures* は, ローマ法によらず, ラテン語以外で書かれた最初の重要な書》.
Líttle Waláchia 小ワラキア《OLTENIA の別称》.
líttle Wíllie 《俗》[*derog*] 人, やつ; 《俗》武器, 火器; 《俗》ちんぽ, おちんちん.
líttle wóman [°the]《口》女房, かみさん, 細君, うちのやつ.
Líttle Wómen 『若草物語』《Louisa May Alcott 作の少女小説 (1868–69); 19 世紀半ばのニューイングランドの小さな町を舞台に, 独立心のある作家志望の娘 Jo を中心とした March 家の 4 姉妹の成長を物語る》.
Líttle·wòods リトルウッズ(社) (The ~ Organisation PLC)《英国のデパート経営・通信販売の会社》.
Líttlewoods Póols *pl* リトルウッズ・トトカルチョ《英国で Littlewoods 社が運営するサッカーくじ》.
lit·tlish /lítlɪʃ/ *a* 小さめの, やや少ない.
lit·to·ral /lítərəl, *lìtərǽl, *-rά:l/ *a* 沿岸[沿海]の; 《生態》沿岸にすむ, 沿岸性の. ► *n* 沿海地方; 《生態》沿岸帯, 《特に》潮間帯. [L (*litor- litus* shore)]
líttoral cúrrent 《海洋》沿岸流.
Lit·to·ria /lɪtɔ́:riə/ リットリア《LATINA[1] の旧称》.
Lit·tré /lɪtréɪ/ リトレ (**Maximilien-)Paul-Émile** ~ (1801–81)《フランスの辞書編纂家・哲学者; *Dictionnaire de la langue française* (4 vols, 1863–73)》.
litu *n* LITAS の複数形.
lít úp 《俗》*a* 《酒・麻薬に》酔って (drunk); 飾りたてて: get ~ 酔う / ~ like a church [a Christmas tree, Broadway, Main Street, a store window, etc.] 酔っぱらって, ぐでんぐでんになって.
li·tur·gic /lətə́:rʤɪk, lɪ-/ *a* LITURGICAL.
li·tur·gi·cal /lətə́:rʤɪk(ə)l, lɪ-/ *a* 典礼の; 典礼規程に準拠する; 聖餐式の. ♦ **~·ly** *adv*
li·túr·gics *n* 典礼学[論], 礼拝学.
li·tur·gi·ol·o·gy /lətə̀:rʤiάləʤi, lɪ-/ *n* LITURGICS; 典礼論《論文》. ♦ **-gist** *n*
lit·ur·gist /lítərʤɪst/ *n* 典礼学者; 典礼式文編集者[作者]; 典礼形式厳守者; 礼拝式司祭[司会牧師].
lit·ur·gy /lítərʤi/ *n* **1** 典礼; 典礼式文; [the] 祈禱書; [the, °the L-] 聖餐式, 《特に》《東方正教会》聖体礼儀, 奉神礼 (Divine Liturgy) (cf. MASS[2]). **2**《古ギ》《アテナイの富裕な市民に課せられた》公共奉仕, '市民の務め'. [F or L＜Gk＝public worship]
Lit·vak /lítvὰ:k, -vək/ *n* **1** リトアニア系ユダヤ人. **2** [°l-] *《俗》[*derog*] 抜け目ないやつ, こすっからいやつ. [Yid＜Pol]
Lit·vi·nov /lɪtví:nɔ̀:f, -nɔ̀:v, -nəf/ リトヴィーノフ **Maksim Maksimovich** ~ (1876–1951)《ソ連の外交官; 本名 Meir Walach; 外務人民委員 (1930–39) としてファシズムに対する集団安全保障を提唱; 駐米大使 (1941–43)》.
Liu·chou, -chow 柳州 (⇨ LIUZHOU).
Liu Shao·qi /ljú: ʃáuʧí:/, **Liu Shao-ch'i** /; ljú:-/ 劉少奇 (1898–1969)《中国の政治家; 国家主席 (1959–68); 文化大革命で失脚》.
Liu Xiao·bo /ljú: ʃiáubóu/ 劉暁波(りゅうぎょうは)(リウシアオボー) (1955–2017)《中国の人権活動家; ノーベル平和賞 (2010)》.
Liu·zhou, Liu-chou, -chow /ljú:ʤóu/ 柳州(りゅうしゅう)(リウチョウ)《中国広西壮(チワン)族自治区中部の工業都市》.
Liv. Livy.
liv·abil·i·ty, live- /lìvəbíləti/ *n* 《特に 家畜・家禽の》生存率; 《人の》住みやすさ, 居住適性.
liv·able, live- /lívəb(ə)l/ *a* 〈人生が〉生きるに値する, 生きていける, 耐えられる; 〈家・町などが〉住むに適する, 住みよい; *(まともに)生活できる〈賃金など〉; いっしょにやっていける, つきあいやすい. ● **~ with** 〈人が〉生活を共にできる; 〈不快な行為などが〉我慢できる. ♦ **~·ness** *n*
live[1] /lív/ *vi* **1** 住んでいる, 住む (dwell): Where do you ~? / I am now *living* in an apartment. **2 a** 生きる, 生存する; 生きながらえる; 《死後も》永遠に生きる: ~ to the ripe old age of ninety《口》90 歳の高齢まで長生きする / *L*~ and let ~.《諺》自分は自分人は人, 人にはそれぞれの生き方がある / He ~*d* to see his children's children. 彼は長生きして孫の顔も見た / *L*~ and learn!《諺》生きて学べ, 生きていればあれこれ学ぶものだ, まあ何事も経験だ, 《驚いて》(へえ)初めて聞いた, 長生きはするもんだね / We only ~ once.《諺》人生は一度しかない. **b** 〈動植物が〉生きている《★ 人についていう場合は通例 be alive または be living》: How are fish able to ~ in the water? **3 a** 生活する, 暮らす; 昼間[日中]の生活を送る: ~ honestly 正直に暮らす / ~ hard 苦難に耐える; 放埒な生活をする / ~ FAST[1] (*adv* 1c) / ~ HIGH / ~ ROUGH / ~ well 裕福に暮らす; 正しく生きる / ~ in ease 安楽に[左うちわで]暮らす / Most people ~ by working. 大抵の人は働いて暮らしている / ~ by one's hands [fingers' ends] 手仕事で[手先の仕事で]食っていく / ~ carefully [close, in a small way] つましく暮らす / ~ in [within] oneself 孤独に生きる / ~ in the past [present] 昔のことばかり考えて[現状に合わせて]暮らす, 過去(の思い出)[現在]に生きる, 考えが古い[新しい] / ~ together いっしょに住む, 同棲する / ~ single 独身生活をする / ~ under the same ROOF (as sb) / ~ free from care 気苦労のない生活をする / The prince and the princess ~*d* happily ever after. 王子さまとお姫さまはその後ずっとしあわせに暮らしました / He ~*d* and died a bachelor. 彼は生涯独身で通した / We ~ in this room and sleep in that room. / Two can ~ as cheaply as one.《諺》二人で暮らせば一人分の生活費ですむ, 二人口は過ごせるが一人口は過ごせぬ. **b** 人生を楽しむ, おもしろく暮らす: Let us ~ while we may. 命のあるうち楽しくやろうよ / You haven't ~*d* until...してこそ(醍醐味のある)人生だ, (ぜひ)...しなくちゃ(生きるかいがない) / You haven't ~*d*.《口》まあやってみな, 試してみな《強く勧めるとき》. **4 a** 〈無生物が〉(もとのまま)残る, 存続する (survive), (人の記憶[記録]に)残っている; 〈船などが〉こわれずにいる: His memory ~*s*. 彼のことは今も記憶されている / The boat ~*d* in the rough sea. その小舟は荒海を切り抜けた. **b** 《口》〈ものが〉(ふだん)しまってある, 置いてある: Where do these cups ~? これらのカップはふだんどこにしまってあるの.
► *vt* **1** [同族目的語を伴って] ...な生活をする, 送る (pass): ~ a happy [a simple, an idle] *life* 幸福な[簡素な, 怠惰な]生活を送る / ~ a DOUBLE LIFE / He ~*d* a rich and comfortable *life* in Florida. 彼はフロリダで裕福で快適な生活を送った. **2** (生活の中に)示す, 実行する 〈*out*〉: ~ a LIE[1] / ~ out one's fantasies 夢想を実現する / What other people preached he ~*d*. ほかの人が説いたことを彼は実践した. **3** ...に懸命である, 身を入れる: ~ life to the fullest 精いっぱい生きる / ~ one's work 仕事に専念する. **4** 〈...の役〉になりきって演ずる.
● **As I ~ and breathe!** 《口》これはまた(お久しぶり)!; [強調] 絶対に, 金輪際! **(as sure) as I ~** きわめて確かに. **How ya living?** *《俗》調子はどう?《Living large. と応答する》. **I'll ~.** 《口》(何があっても)わたしは平気だ. **~ and breathe**...に熱中している[夢中だ], ...三昧だ. **~ apart** 〈夫婦が〉別居する; 〈妻[夫]と〉別居する 〈*from*〉. **~ by**...を生活[行動]の指針とする. **~ down** [°*neg*] 〈過去の不名誉・罪過などを〉償う, そそぐ; 〈悲しみなどを〉時の経つうちに忘れる; 〈受けた恥辱を人びとに〉忘れさせる. **~ down to**...《悪く予期したとおり》...になる. **~ for**...を主要目的として生きる, 生きがいとする: ~ *for* the moment 刹那的に生きる / ~ *for* nothing but pleasure ただ快楽のために生きる. **~ in** 〈使用人が〉住込みで勤める 〈*with*〉, 〈学生が〉寮に住む (cf. LIVE *out*). **~ it** 〈競走で相手に〉ついて行く 〈*with*〉. **~ it up** 《口》《飲めや歌えで》楽しく[ぜいたくに]遊び暮らす, 大いに騒ぐ; *《俗》祝う. **~ off** (《口》**of**)...の厄介になる, ...に寄食する, ...を食い物にする; ...を食べて生きる: ~ *off* the FAT of the land. **~ off the land [the country]** その土地のものを食べてやっていく, 道すがら食べ物を得る. **~ on** (...) (**1**) ...(だけ)を食べて生きる; ...によって暮らす: ~ *on* rice [grass] 米[草]を常食とする / ~ *on* air かすみを食って生きている, 何も食わずにいる / ~ *on* a small income わずか

L

な収入で暮らす / ～ *on* one's relatives 親類の厄介になって暮らす / ～ *on* one's name [reputation] 名声[評判]にものを言わせて生きていく. (2) [on は *adv*] 生き続ける, 〈名声などが〉残る 〈*after*〉. **～ out** 〈使用人が〉通いで勤める, 〈学生が〉学外に住む (cf. LIVE *in*); *《方》奉公に出る; 〈決まった時期を〉過ごす, 生き延びる; 〈ある種の運命などを〉実際に生きる, 〈夢・理想などを〉実現する: ～ *out* one's days [life] 余生を送る, 生涯を過ごす / ～ *out* the night その夜を無事に切り抜ける. **～ out of a suitcase** [**trunk, box,** etc.] 旅行かばんの中の身のまわり品で生活する; 居場所を定めずに暮らす. **～ out of cans** [**tins**] 《口》かんづめばかり食べて暮らす. **～ over again** 〈人生を〉再び生きる, 繰り返す, 〈過去の事を〉《思い起こして》もう一度経験する. **～ through** …を生き抜く, 切り抜ける. **～ to oneself** 孤独に暮らす; 利己的生活をする. **～ to tell the** TALE. **～ under**…の支配の下に生きる, …の店子(たなこ)[小作人]である. **～ up to**… 〈主義など〉に従って[恥じない]行動をする; 〈評判・期待〉に(十分)こたえる[を裏切らない], 〈約束〉をちゃんと果たす[守る]; 〈収入〉を全部使う: ～ *up to* sb's expectation 人の期待にこたえる. **～ with**…といっしょに暮らす, 同棲する; …と同居する, …に下宿する; 〈現状など〉を受け入れる, 我慢する, …に耐える; 〈人〉の心に残る: I can ～ *with* that. 《提案などに対し》まあいいでしょう. **～ with oneself** [°*neg*] 《ある行為のあとも》自分を許す. **where sb ～s** *《口》(痛切に)こたえるところ, 本質的なところ, 急所: hit sb *where* sb ～*s* 人の痛いところをつく / The word goes right *where* I ～. ぼくの急所をつく[胸にぐさっとくる]ことばだ.
◆ **～·able** ⇨ LIVABLE. ［OE *libban, lifian*<Gmc **libh-* to remain (G *leben*); cf. LIFE］

live[2] /láɪv/ *a* **1** 生きている (living); [*joc*] 本物の, 生きた(ままの): a ～ bait 《釣りの》生き餌 / ～ yogurt 生きた(乳酸菌入りの)ヨーグルト / a real ～ burglar 本物の強盗. **2** 〈火などが〉おこっている, 燃えている, 現に活動中の〈火山〉(active); 運転中の, 動力[運動]を伝える, 運転する; 電流の通じた; 〘野・アメフト〙プレー続行中の, インプレーの〈ボール〉; 〘印〙印刷[使用]中[予定]の〈活字〉, まだ組まれていない〈原稿〉: LIVE WIRE. **3 a** 活気のある, にぎやかな; 白熱した〈議論〉; 盛んに論議中の, 目下流行の; 〈人が〉活動的な, 威勢のよい: a ～ issue 当面の問題 / ～ ideas 最新の思想. **b** 弾力のある〈テニスボールなど〉. **4** よごれてない, 新鮮な〈空気〉; 〈色が〉あざやかな, 生きいきした; 色あざやかな; 抜きたての〈羽など〉. **5** 有効な, はたらく; 未使用の; 炸薬のはいった; まだ爆発しない〈爆弾〉; まだすらない〈マッチ〉; 核分裂物質のはいった; 〈鉱物が〉まだ掘り出さない, 未採掘の; 地に生えた〈岩など〉: a ～ cartridge 実包 / a ～ shell 実弾; 不発弾 / ～-fire exercises 実弾演習. **6** 〈放送・演奏などが〉生の, ライブの, 実演の; 実際の, 目の前の〈観衆・聴衆〉: a ～ program 生放送番組 / ～ coverage 生中継. ● **be all the way ～** *《俗》刺激的である, わくわくする. ► *adv* 生中継で, 実況で, ライブで. ● **go ～** 〘電算〙〈システムが〉立ち上がる; 〈制度・業務・企画が〉始まる. ［*alive*］

líve-áction /láɪv-/ *a* 〈映画が〉《アニメ・CG ではなく》実演の, 実写の.

Líve Àid /láɪv-/ ライヴエイド《1985 年 7 月 13 日 London と Philadelphia で催されたチャリティーコンサート; 歌手 Bob Geldof がエチオピアで餓死する人びとを救おうと企画》.

líve áxle /láɪv-/ 〘機〙活軸.

líve·bàg /láɪv-/ *n* ふらし, すかり《釣った魚を水中で生かしておくための網びく》.

líve-bèar·er /láɪv-/ *n* 胎生魚.

líve-bèar·ing /láɪv-/ *a* 〘動〙胎生の (viviparous).

live bírth /láɪv-/ 生児出生, 生産(せいさん); 生産児 (cf. STILLBIRTH).

líve-bórn /láɪv-/ *a* 生きて生まれた, 生産(せいさん)の (cf. STILLBORN).

líve-bòx /láɪv-/ *n* 《水生動物用の》水中飼育箱[おり], 生簀(いけす).

live cènter /láɪv-/ 〘機〙《旋盤の主軸の》回り[活]センター (cf. DEAD CENTER).

-lived /lívd, láɪvd/ *a comb form* 「生命の…な」: long-[short-]*lived* 長命[短命]の / nine-*lived* /-láɪvd/ 九つの命のある / tough-*lived* 強い生命力のある.

lived-ìn *a* 〈家・部屋が〉人が住んでいる(ような), 住み慣らされた(風情のある), (なじんで)住み心地[着心地]のよさそうな; 人生が刻まれた, 風格のある〈顔・声など〉.

li·ve·do /lɪví:doʊ/ *n* 〘医〙青色皮斑.

live-forèver /lív-/ *n* 〘植〙マンネングサ (sedum).

líve-ìn /lív-/ *a* 〈使用人・仕事が〉住込みの (cf. LIVE-OUT); 〈愛人・関係が〉同棲(中)の; 《特定の場所への》居住に関する[して行なう]. ► *n* 《抗議行動としての職場などへの》住込み; 同棲相手; *《口》住込みの使用人.

live·li·hood[1] /láɪvlihʊ̀d/ *n* 暮らし, 生計: earn [gain, get, make] a ～ by writing 文筆で生計を立てる / pick up a scanty ～ 苦しい生活をする. ［OE *līflād*; ⇨ LOAD］

livelihood[2] *n* 《廃》元気, 活気, 生気.

live lóad /láɪv-/ 〘土木・建〙《橋・床などの》活荷重, 積載荷重 (opp. *dead load*).

líve·lòng[1] /lív-/ *a* 《詩》久しい, 長い; まる…, 全…, …中 (whole): (all) the ～ day 終日. ［ME＝dear long (⇨ LIEF, LONG); 語形は *live*[1] に同化したもの］

livelong[2] *n* 〘植〙ORPINE.

live·ly /láɪvli/ *a* **1 a** 元気のよい, 活発な, 動きの軽快な; 〈曲などが〉陽気な, にぎやかな; 〈町などが〉活気のある: (as) ～ as a CRICKET[1]. **b** 〈球が〉よくはずむ, スピードのある; 〘海〙〈船が〉軽く波の上におどる, 舵に敏感な. **2 a** 鋭敏な (acute); 〈感情などが〉強い, 激しい; 〈色彩などが〉あざやかな, 強烈な; 〈描写などが〉真に迫った, 生きいきした; 活気を与える, 刺激のある, 〈酒が〉泡立つ: a ～ sense of gratitude 強い感謝の念. **b** 〈風などが〉さわやかな. **3** [*joc*] はらはらさせる, 厄介な, あぶない. **4** 《廃》生きている. ● **have a ～ time** (**of it**) はらはら[きりきり舞い]するような経験をする, 大活躍する. **Look ～!** (もっと)きびきびと動け, てきぱき働け. **make things** [**it**] **～ for** sb 人をはらはら[やきもき]させる. ► *adv* 元気よく; 生きいきと: walk ～ 元気よく歩く. ◆ **líve·li·ly** *adv* 元気よく, 勢いよく; 陽気に, にぎやかに; 生きているように, 生きいきと; あざやかに. **líve·li·ness** *n*

Lively ライヴリー **Penelope** (**Margaret**) ～ (1933–　)《英国の作家; Cairo 生まれ》.

liv·en /láɪv(ə)n/ *vt, vi* 陽気[快活, 元気]にする[なる] 〈*up*〉; 〈部屋などを〉際立たせる 〈*up*〉. ◆ **～·er** *n*

líve óak /láɪv-/ 〘植〙北米南東部産のコナラ属の常緑高木.

líve òne /láɪv-/ *《俗》活気のある[おもしろい]場所[人]; 変人, 変わり者; *《俗》金離れのよい人; *《俗》つけこまれやすい[カモにされやすい]人.

líve-òut /lív-/ *a* 〈使用人が〉通いの (cf. LIVE-IN).

líve párking /láɪv-/ 運転手付き駐車.

liv·er[1] /lívər/ *n* **1** 〘解〙肝臓, 肝 (HEPATIC *a*); 《子牛・豚・鶏などの》肝臓, レバー; 《エビ・カニなどの》脂 (fat) (cf. TOMALLEY); 肝臓病, 胆汁症: a ～ complaint 肝臓の病気 / a cold ～ 冷淡 / a hot ～ 熱情, 多情 / white [lily] ～ 臆病. **2** 肝臓色, 茶褐色 (＝**～ brówn** [**cólor, maròon**]). ★ かつて肝臓は愛・勇気などの感情の源と考えられた. ◆ **～·less** *a* ［OE *lifer*; cf. G *Leber*］

liver[2] *n* 住人, 居住者; …の生活をする人: a ～ in a town 都市生活者 / a fast ～ 放蕩[道楽]者 / a good ～ 有徳者; 美食家 / a hearty ～ 大食家. ［*live*[1]］

li·ver[3] /láɪvər/ *n* ライヴァー《イングランド Liverpool 市の紋章になっている鳥》.

líver càncer 〘医〙肝(臓)癌.

líver chéstnut /lívər-/ 栃栗毛の馬《黒っぽい栗毛》.

-lív·ered *a comb form* 「…な肝臓[気質]をもつ」: white-*livered*.

líver èxtract 肝エキス《貧血症の薬》.

líver flùke 〘動〙肝吸虫《肝臓ジストマ・肝蛭(かんてつ)など》.

liv·er·ied /lív(ə)rid/ *a* 仕着せ (livery) を着た〈召使など〉.

liv·er·ish /lív(ə)rɪʃ/ *a* 肝機能障害みたいな; ちょっと具合が悪い; 気むずかしい (peevish); 肝臓のような(色をした). ◆ **～·ly** *adv* **～·ness** *n*

líver·lèaf *n* 〘植〙スハマソウ (hepatica).

liv·er·mo·ri·um /lìvərmɔ́:riəm/ *n* 〘化〙リバモリウム《人工放射性元素; 記号 Lv, 原子番号 116》. ［*Livermore* 米国の研究施設 Lawrence Livermore National Laboratory の所在地］

líver of súlfur 〘薬〙硫肝 (SULFURATED POTASH).

líver òil 肝油.

líver òpal リバーオパール (menilite).

Liv·er·pol·i·tan /lìvərpálət(ə)n/ *n* リヴァプール (Liverpool) 市民[子]. ► *a* リヴァプールの.

Liv·er·pool /lívərpù:l/ *n* **1** リヴァプール《イングランド北西部 Merseyside 州の市; Mersey 川河口にあり, 英国第 2 の海港をもつ; LIVERPUDLIAN *a*》. **2** リヴァプール **Robert Banks Jenkinson,** 2nd Earl of ～ (1770–1828)《英国の政治家; 首相 (1812–27); Tory 党》. ► *a* リヴァプール(市)の; リヴァプール風の; 《18 世紀初期に始まる》リヴァプール製陶磁器の.

Líverpool kìss *《海俗》口への一撃.

Líverpool sòund [the] リヴァプールサウンド (＝*Mersey sound*) 《Beatles など 1960 年代に Liverpool を中心に結成されたポップグループの音楽》.

Líverpool Strèet Státion リヴァプールストリート駅《London の主要駅の一つ; 地下鉄 Circle 線, Central 線, Metropolitan 線と接続; Cambridge, King's Lynn, Norwich 方面, Harwich 経由で大陸方面へ運行》.

Líverpool wàsh *《海俗》上半身だけ体を洗うこと.

Liv·er·pud·li·an /lìvərpʌ́dliən/ *a* Liverpool の. ► *n* リヴァプール市民, リヴァプール子; リヴァプール方言[なまり].

líver sàlts ″*pl* 胃弱・胆汁症用のミネラル塩剤.

líver sàusage [**pùdding**]″ レバーソーセージ.

líver spòts *pl* 肝斑, しみ (age spots). ◆ **líver-spótted** *a*

líver wìng 《やや古》[*joc*] 右腕.

líver·wòrt *n* 〘植〙**a** 苔(たい)類《苔綱 (Hepaticae) の各種のコケ》. **b** スハマソウ (hepatica).

liv·er·wurst* /lívərwə̀:rst, *-wʊ̀rst, *-wʊ̀ʃt/ *n* LIVER SAUSAGE. ［G *Leberwurst* の部分訳］

liv·ery[1] /lív(ə)ri/ *n* **1 a** 《王家や貴族の従僕が着た》仕着せ, そろいの服, 記章; 《London の制服特権組合員の》制服, 定服; 《男の使用人の》そろいの服: in ～ 仕着せ[制服]を着て / out of ～ 平服を着て. **b** 《特徴的な》装い; ″《企業などの》エンブレム, シンボルマーク[カラー]: the ～ of grief [woe] 喪服 / the green ～ of summer 夏の(木々の)緑の装い. **c**《古》仕着せを着た従僕《集合的にも》. **2**《London の》制服特権組合 (livery company); 制服特権組合員《集合的》; 制服特権組合員の資格: take up one's ～ 制服特権組合員になる. **3** 馬の飼養業; 貸し馬[馬車]業; *LIVERY STABLE; 貸しボート[自転車, 自動車]業者; 《廃》《特に》馬の定食糧: at ～ 〈馬が〉飼養料を払って飼養されて. **4**〘法〙《土地などの新所有者への》引渡し, 占有引渡し; 〘英法〙《裁判所に委託されている財産[土地]の》引渡し(認可証): ～ of seisin〘英史〙《所定の儀式による, 土地の》占有引渡し. **5**《古》《家臣などへの》糧食[衣服]の支給; 支給糧食[衣服]. ● **change ～**《スポ俗》所属チームを変える, 移籍する. [AF *liveré*, OF *livrée* (pp)＜*livrer* to DELIVER]

livery² *a*《色・硬さなど》肝臓に似た; 肝臓病を思わせる, 少し具合が悪い; 気むずかしい; 〈土が〉粘着性のある. [*liver¹*]

lívery còmpany 制服特権組合《シティー (City of London) の職業別同業組合; 中世のギルドの後身; 一部組合員は特別な制服 (livery) の着用を許される》.

lívery cùpboard (装飾的)食器戸棚; 《古》糧食を入れておく戸棚.

lívery fìne《London の》制服特権組合入会金.

lívery·man /-mən/ *n* 貸し馬[馬車]屋(の従業員); 《London の》制服特権組合員; 《古》(仕着せを着た)従僕.

lívery sèrvant そろいの服を着た使用人.

lívery stàble [bàrn, yàrd] 貸し馬[馬車]屋, 飼養料を取る馬預かり所.

lives *n* LIFE の複数形.

líve stéam /láɪv-/ 《ボイラーから出たばかりの高圧の》生(なま)蒸気.

líve·stòck /láɪv-/ *n* 家畜《集合的; cf. DEAD STOCK》: ～ farming 牧畜, 畜産.

líve·tràp /láɪv-/ *vt* 生け捕り用のわなで捕える.

líve tràp /láɪv-/ 生け捕り用のわな.

líve·wàre /láɪv-/ *n*〘電算〙ライブウェア《コンピューターに関係する人員; cf. HARDWARE, SOFTWARE》.

líve·wèight /láɪv-/ *n* 生体重《屠殺前の家畜の体重》.

líve wíre /láɪv-/ 電気の通じた導線[電線], 活線; 《口》精力的な人, やり手; *《俗》金づかいの荒い人. ♦ **líve-wíre** *a*

liveyere ⇨ LIVYER.

liv·id /lívəd/ *a* 鉛色の, 土色の 〈*with* anger, cold〉; (あざのように)青黒い; 蒼白の, 青ざめた, 青白い; 赤みがかった; 激怒した; 無気味な (lurid). ♦ **～·ly** *adv* **～·ness** *n* **li·vid·i·ty** /lɪvídəti/ *n* 土色, 鉛色. [F or L (*liveo* to be black and blue)]

liv·ing /lívɪŋ/ *n* **1 a** 生存, 生活(方法); [ᵁ⟨*sg*⟩] 生計, 暮らし (livelihood); 暮らし方, 暮らし向き: good ～ ぜいたくな食生活 / plain ～ and high thinking 生活は簡素に思考は高遠に / the art [standard] of ～ 生活技術[水準] / earn [gain, get, make, obtain] a ～ as an artist 画家として生計を立てる / Most of them make their ～ by trade. 大部分は商売をして暮らしている / It's a ～. [*joc*] それ[仕事]も生活のためさ. **b** [⟨*a*⟩] 生活の; 生活するのに十分な: ～ expenses 生活費 / ～ quarters 居所, 宿所. **2**〘英国教〙聖職禄, 寺禄 (benefice); 《古》財産. ● think [consider] **the world owes** one **a ～** 社会から援助をしてもらって当然だと考える. ► *a* **1 a** 生きている (opp. *dead*); 生命の特徴をそなえた, 生体の; [the, ⟨*n pl*⟩] 生者, 現存者: a ～ model 生きた手本 / be (the) ～ proof that [of]... 人の生きざまなどが…を証明している / all ～ things 生きとし生けるもの / a ～ corpse 生ける屍(しかばね) / in the land of *the* ～ 生きて, 現存して. **b** 現存の, 現代の; 〈動植物が〉現生している: within [in] ～ MEMORY (成句) / ～ English 現用英語 / a ～ language 現用言語. **2** 〈肖像などが〉生き写しの, 真に迫った; 実演の, 生の: the ～ image of his father 父に生き写しの息子. **3** 活発な, 活気のある (lively), 新鮮な; 強い; 生命[活気]を与える; 〈水などが〉流れてやまない, 〈炭などが〉燃えている. **4** 〈岩などが〉自然のままの, 〈鉱物などが〉まだ掘り出さない, 未採掘の (live): a passage cut out of the ～ rock 岩を掘り抜いた通路. **5** [強意] ほかならぬ, 全くの (very): the ～ end《俗》最高のもの[人] (⇨ END¹ *n* 3b). ♦ **～·ly** *adv* **～·ness** *n*

líving déath 生ける屍(しかばね)の[全く喜びのない]生活, きわめて悲惨な暮らし.

líving dóll *《俗》とてもいい[気持のいい, 助けになる]人.

líving fóssil 生きた化石《カブトガニ・シーラカンス・メタセコイアなど地質時代の祖先からあまり変化していない生物種》.

líving-ín *a* 住込みの (live-in).

líving légend 生きながらにして伝説的な人物[存在], 生ける伝説.

líving-óut *a* 通いの (live-out).

líving pícture 活人画 (tableau vivant); 映画.

líving ròom 居間 (sitting room); LIVING SPACE.

líving-ròom gìg *《俗》《ジャズ奏者などの》テレビ出演.

líving spàce 一国の生活維持に必要な領土, LEBENSRAUM.

líving stàndard 生活水準 (standard of living).

Liv·ing·ston /lívɪŋstən/ リヴィングストン **Robert R. ～** (1746–1813)《米国の政治家; 大陸会議外務長官 (1781–83) として独立戦争の講和に尽力》.

líving stóne〘植〙リトープス (lithops).

Liv·ing·stone /lívɪŋstən/ **1** リヴィングストン **David ～** (1813–73)《スコットランド生まれの宣教師・アフリカ探検家》. **2** リヴィングストン《ザンビア南部 Zambezi 川にかかる Victoria 滝の近くにある町; Northern Rhodesia の首都 (1907–35); 探検家 Livingstone にちなんでつけられた名称》.

Lívingstone dáisy〘植〙リヴィングストンデージー《南アフリカ Cape 地方原産; 花色が豊富で花壇用に栽培される》.

Lívingstone Fálls [the] リヴィングストン滝《アフリカ西部, Matadi と Kinshasa の間の Congo 川下流に位置する 32 の急流群; 全長 352 km, 落差約 273 m; 1877 年滝下りに成功した探検家 Stanley が, 探検家 Livingstone にちなんでつけた名称》.

líving théater [the]《映画・テレビなどに対して》舞台演劇.

líving trúst〘法〙生存者間信託, 生前信託 (＝*inter vivos trust*)《設定者の生存中に設定され発効する信託》.

líving únit 単一家族用アパート[住宅].

líving wáge《ぎりぎり[そこそこ]の生活を可能にする》生活賃金.

líving wíll 尊厳死遺言, リビングウィル《末期状態になった際には延命治療をすることなく尊厳死を希望する旨を表明した文書》.

Li·vo·nia /ləvóuniə, -njə/ **1** リヴォニア《ラトヴィア・エストニアのバルト海東岸に面した地方》. **2** リヴォニア《Michigan 州南東部 Detroit の西方の市》.

Li·vó·ni·an *n* リーヴ人, リヴォニア人; リーヴ語, リヴォニア語《フィン・ウゴル語派に属する》. ► *a* Livonia の; リーヴ人の, リヴォニア人の; リーヴ語の, リヴォニア語の.

Livorno ⇨ LEGHORN.

li·vrai·son /*F* livrɛzɔ̃/ *n*《分割して刊行される書物の》分冊. [F ＝delivery]

li·vre /líːvər, -vrə/ *n* リーヴル《昔のフランスの通貨単位: ＝20 sols》; リーヴル金貨[銀貨, 銅貨]; レバノンポンド. [F; ⇨ LIBRA]

Livy /lívi/ リウィウス (*L* Titus Livius) (59 B.C.–A.D. 17)《ローマの歴史家》.

liv·yer /lívjər/, **liv(e)·yere** /lɪvjέər, ⌐⌐/ *n*《カナダ北東部で, 漁期にだけやって来る漁師に対して》定住者. [*live here*]

lix·iv·i·al /lɪksíviəl/ *a*《古》ALKALINE.

lix·iv·i·ate /lɪksívièɪt/ *vt*〘化〙〈混合物〉から可溶物質を溶液として分離する, 浸出する. ♦ **lix·ìv·i·á·tion** *n* 浸出.

lix·iv·i·um /lɪksíviəm/ *n* (*pl* **～s, -ia** /-iə/) 灰汁, あく; 浸出液. [L＝lye]

Liz /líz/, **Li·za** /láɪzə/ リズ, ライザ《女子名; Elizabeth の愛称》.

liz·ard /lízərd/ *n* **1 a**〘動〙トカゲ《トカゲ亜目の総称》; 《広く》トカゲに似た動物《ワニ, サンショウウオなど》. **b** トカゲの皮; *《俗》財布, 札入れ; *《俗》ドル (dollar). **c** [the L-]〘天〙とかげ座(蜥蜴座) (Lacerta). **2** LOUNGE LIZARD; [*compd*] *《俗》(…を)あさるやつ, (…に)夢中なやつ; *《俗》(だめな)競走馬. [OF *lesard*＜L *lacertus*]

Lizard [The] リザード半島《イングランド南西部, Cornwall 州南部のイギリス海峡に突き出た半島》.

lízard fìsh〘魚〙トカゲに似たエソ科の魚.

Lízard Héad [Póint] リザード岬《Lizard 半島南端のトカゲの形をした岬で, Great Britain 島の最南端 (49°57′30″N); cf. JOHN O'GROAT'S, LAND'S END》.

lízard òrchid〘植〙ヒマントグロッスム属のラン《唇弁の先が長く伸びてねじれ, トカゲのように見える》.

lízard's tàil〘植〙アメリカハンゲショウ《ドクダミ科》.

Liz·zie, Liz·zy /lízi/ **1** リジー《女子名; Elizabeth の愛称》. **2** [ºl-]《俗》**a** 女の同性愛者, レズ; 腰抜け, いくじなし, にやけた野郎. **b** (安物の)車, ぽんこつ車, 《特に》フォードの初期型 (Tin Lizzie).

LJ (*pl* **LJJ**) ºLord Justice.

Lju·blja·na /liù:bliáːnə/ リュブリャナ《スロヴェニア中部の市・首都》.

Lk.〘聖〙Luke.

'll /l/ will; shall: I'*ll*, he'*ll*, that'*ll*.

ll. lines (: p. 4 *ll*. 60–63). **LL** ºLate Latin ♦ ºlaw Latin ♦ ºlending library ♦ ºlimited liability ♦ ºLord Lieutenant ♦ lower left ♦ ºLow Latin.

lla·ma /láːmə/ *n* (*pl* **～s, ～**)〘動〙ラマ, リャマ《ラクダ科ラマ属 (*Lama*)》; ラマの毛(で作った生地). [Sp＜? Quechua]

Llan·ber·is /(h)lænbέrəs/ ランベリス《ウェールズ北西部 Gwynedd 州, Snowdon 山の近くにある村; 岩の多い隘路 **Páss of Llanbéris** (354 m) への入口にあたる》.

Llan·drín·dod Wélls /(h)lændríndɔ̀:d-/ ランドリンドッドウェルズ《ウェールズ東部 Powys 州の町・州都》.

Llan·dud·no /(h)lændídnou, -dʌ́d-/ ランディドノ《ウェールズ北西部 Irish 海に臨む町・保養地》.

Lla·nel·li, -ly /hlænéhli, (h)lænéli/ ラネリー《ウェールズ南部の町・海港》.

lla·ne·ro /laːnéərou/ *n* (*pl* **～s**) LLANO の住民.

Llan·fair(·pwll·gwyn·gyll) /(h)lǽnvàɪər(pu(h)lgwíngɪhl)/, **Llan·fair P.G.** /(h)lǽnfɛ̀ər pìːʤíː/ ランヴァイルプルグウィンギル《ウェールズ北西部 Anglesey 島南東部の村; 省略しない場合, 英国で最も長い地名とされる; 全名 Llanfairpwllgwyngyllgogerychwyrndrobwllllantysiliogogogoch (＝St. Mary's church in the hollow of the white hazel near to the rapid whirlpool of St. Tysillio's church, by the red cave)》.

Llan·gef·ni /(h)læŋgévni/ ランゲヴニ《ウェールズ北西部 Anglesey 島中部の町》.

lla·no /lá:nou, lǽn-, já:-/ *n* (*pl* **~s**) リャノ《南米 Amazon 川以北および北米南西部の樹木のない大草原》. [Sp=plain]

Lla·no Es·ta·ca·do /lǽnou èstəká:dou, lá:-, já:-/ [the] ラノエスタカード《Great Plains の南部, Texas 州西部と New Mexico 州東部に広がる高原地域; 石油・天然ガス資源が豊富; 別称 **Stáked Pláin**》.

LLB [L *Legum Baccalaureus*] Bachelor of Laws. **LLC** °limited liability company ♦〖電算〗logical link control 論理リンク制御. **LLD** [L *Legum Doctor*] Doctor of Laws.

Llei·da /ljéiðə/, (Sp) **Lé·ri·da** /lέrɪdə, léɪrɪðà:/ リェイダ, レリダ《(1) スペイン北東部 Catalonia 自治州北西部の県 2) その県都》.

Llew·el·lyn /ləwέlən/ ルウェリン《男子名》. [Welsh=lionlike]

LLM [L *Legum Magister*] Master of Laws.

Lloyd /lɔ́ɪd/ **1** ロイド《男子名》. **2** (1) **Harold** (**Clayton**) ~ (1893–1971)《米国の喜劇映画俳優; サイレント時代の人気コメディアン; 丸い眼鏡をかけた貧相な小男が持ち役》 (2) **Marie** ~ (1870–1922)《英国のミュージックホールの喜劇女優; 本名 Matilda Alice Victoria Wood》. [Welsh=gray]

Llóyd Geórge ロイドジョージ **David** ~, 1st Earl of Dwy·for /dú:ivɔ̀:r/ (1863–1945)《英国自由党の政治家; 首相 (1916–22); 愛称 'The Welsh Wizard'; 第一次大戦後半の時期に首相として指導力を発揮した》. ♦ **Llóyd-Geór·gian** *a*, *n*

Lloyd's /lɔ́ɪdz/ **1** ロイズ (The Corporation of ~)《特に 船舶・航空機関連の保険引受業者たちの集団で, 私益法人; 通称 ~ of London》: a ~ agent ロイズ代理店《海事情報の収集・速報や損害査定などに当たる》. **2** LLOYD'S REGISTER.

Llóyd's Líst 「ロイズリスト」《The Corporation of Lloyd's が発行する海事日報》.

Llóyd's Régister ロイド[ロイズ]船級協会 (~ of Shipping)《世界の海上航行船に等級をつけて発表する組織; 公益法人; 1760 年設立; 単に Lloyd's ともいう》; ロイズ船名録.

Llóyd's únderwriter ロイズ保険者.

Lloyd Web·ber /lɔ́ɪd wébər/ ロイド・ウェバー **Andrew** ~, Baron ~ of Sydmonton (1948–)《英国の作曲家; Tim Rice の作詞によるミュージカル *Jesus Christ Superstar* (1970), *Evita* (1978), *Cats* (1981), *The Phantom of the Opera* (1986) など》.

LLP °limited liability partnership.

Llull /ljú:lʲ/ ルル(ス) **Ramon** ~ (c. 1232–c. 1315)《カタルーニャの神秘家・哲学者・詩人・宣教師; 英語名 Raymond Lully》.

Llu·llai·lla·co /jù:jàɪjá:kou/ ユーヤイヤコ《チリ・アルゼンチン国境の北部にある, アンデス山脈の火山 (6723 m)》.

lm〖光〗lumen(s). **LM** °Legion of Merit ♦ °long meter ♦ °Lord Mayor ♦ °lunar module. **LMG** °light machine gun.

LMH °Lady Margaret Hall. **LMS**〖英〗local management of schools 学校自主管理《公立学校の財政および行政上の管理を各学校に委ねるもの》♦ London, Midland and Scottish Railway.

LMT local mean time 地方平均時. **ln** lane ♦〖数〗°natural logarithm. **LNB** low noise block (downconverter)《衛星放送用パラボラアンテナの突起部にある》低騒音ブロック(ダウンコンバーター). **lndg** landing. **LNER**〖英〗London and North-Eastern Railway《国有化 (1948) 前の》.

LNG °liquefied natural gas.

lo[1] /lóu/ *int* 見よ, そら, それ. ● **~ and behold** [°*joc*] 驚くなかれ, なんと, いやはや. [OE *lā* (int) and ME *lō*=*lōke* look]

lo[2] *a* «口» LOW[1] の略式つづり《特に 商標や商品広告で用いる》: ~ calorie.

LO Liaison Officer 連絡将校.

loa /lóuə/ *n* (*pl* ~, **~s**) ロア《ハイチの voodoo 教で崇拝される神々ないし霊》.

LOA length overall 全長.

loach /lóutʃ/ *n*〖魚〗ドジョウ. [OF<?]

load /lóud/ *n* **1 a** 荷, 積荷 (burden); 重責;《精神上の》負担, 重荷; *«俗» 太っちょ, でぶ: bear a ~ on one's shoulders 荷をになう / a heavy ~ to carry [bear] 大変な重責[重圧] / a ~ of care [debt] のしかかる苦労[借金] / have a ~ on one's mind [conscience] 気にかかる[気のとがめる]ことがある. **b** 一荷, 一駄, 一車, ひとかつぎ; [°*compd*] 積載量: a ship*load* of coal 船一隻分の石炭. **c** 仕事の量, 分担量: a teaching ~ 担当授業時間数. **d** *«俗» 十分に酔う程度の酒の量 (jag); *«俗» 酒の一杯[ひと飲み]; *«俗» 水ギセル一服分の麻薬; *«俗» 薬(ヤク)の注射; *«俗» 自分用の薬(ヤク) (stash); *«俗» 大量のヘロインの買物; «俗» 精液: have [get] a ~ on=carry a heavy ~ 酔っている. **e** «俗» 車 (car). **2**《物にかかる》重さ;〖理・機・電〗負荷, 荷重, 容量;〖医〗負荷量 (BURDEN[1]); 体内に存在する有害微生物などの量;〖遺〗荷重《有害遺伝子の存在による生存能力の低下》: DEAD [LIVE] LOAD / moving [rolling] ~ 移動荷重 / static ~ 静荷重 / working ~ 使用荷重. **3**〖商〗付加料 (=*loading*)《配達料・出張料など》. **4**《火薬・フィルムなどの》装填, 装薬, 装弾, 装填量. **5** [°*pl*] «口» どっさり (plenty) ‹*of*›; [*pl*, ‹*adv*›] «口» 大いに, ひどく, とても: ~*s* [a ~] *of* people [money] たくさんの人[金] / a ~ *of* (old) nonsense 全くのたわごと / have ~*s* (of things) to do やるべきことが山ほどある. ● **carry the ~**《集団活動で》いちばん責任を果たして[勤勉にやって]いる. **drop** one's **~** «卑» 射精する; «俗» 糞をする. **dump** one's **~** «俗» 吐く, もどす; *«俗» 脱糞する. **get a ~ of**... [°*impv*] «口» (注意して)…を見る[聞く], …が目にとまる[聞こえる]. **get a ~ off** one's **chest** 打ち明けて心の重荷を降ろす. **a ~ [weight] off** sb's **mind** 人をほっとさせること: It was [took] *a* ~ [*weight*] *off* my *mind* to know he was alive. 生存を知ってほっとした[肩の荷が降りた]. **a ~ of hay** *«俗» 長髪の頭; *«俗» 無料の[チップをくれない]団体客. **a ~ of postholes [VW radiators]** «CB 無線俗» 空荷(カラ)のトラック《VW radiators は Volkswagen にラジエーターがないことから「ゼロ, 皆無」の意味》. **a ~ of rocks** «CB 無線俗» 煉瓦を積んだトラック. **a ~ of sticks** «CB 無線俗» 材木を運んでいるトラック. **a ~ of wind** *«俗» 空荷(カラ)(のトラック); おしゃべりな人 (windbag). **shoot** one's **~** *«俗» 思っていることをみんなしゃべる; «卑» 射精する. **take [get] a ~ off** (**one's feet**) «口» 腰かける, 横になる, くつろぐ. **(What) a ~ of (old) cobblers [cock]!** ¹¹«俗» くだらん, たわごとはよしてくれ!

► *vt* **1 a** …に荷を積む; ‹荷を›積む, 載せる; ‹テーブルなど›にどっさり載せる; 詰め込む;〖野〗‹塁を›満塁にする: ~ a van バンに荷を載せる / ~ a ship *with* cars=~ cars *onto* [*into*] a ship 船に自動車を積み込む / a tree ~*ed with* fruit たわわに実った木 / The bases are ~*ed*. 満塁である. **b**〖機・電〗…に荷重[負荷]をかける;〖電子工〗‹回路›の出力を増加させる. **c**〖生保〗‹純保険料›に諸費用を付加する. **2** …に装填する, 弾丸を込める (charge), ‹カメラ・プレーヤー›にフィルム[ディスク]を入れる; …に loading coil を装荷する; ‹フィルム・ディスクなどを›入れる;〖電算〗‹プログラム・データを›取り込む, ロードする: Are you ~*ed?* 弾は込めてあるか. **3** …に重荷を負わせる, 悩ます ‹*with* sth, *on* sb›; むやみに与える: ~ sb *with* compliments 人にお世辞を浴びせる. **4** ‹人›に偏見をもたせる; ‹語句›に(余計な)感情[感傷]的意味合いを加える;《都合のいい答を誘導するため》‹質問›の表現を操作[手加減]する. **5 a** ‹さいころ・ステッキなど›に鉛などを詰める[仕込む]; …に増量剤を加える;《腰を強くするために》‹紙・繊維など›に添加剤を加える, …に‹添加剤を›添加する; ‹コンクリート›に原子番号の大きい物質を加える《放射線遮蔽能力を高めるために》. **b** ‹酒など›にまぜ物をする; ‹価格などを›水増し[上乗せ]する. ► *vi* 装填する; 装填される; 荷を積み入れる; 荷をかつぐ, 荷を積む, 人[物]を乗せる[載せる]; 乗り込む ‹*into, onto*›; «俗» うんと詰め込む;〖電算〗‹プログラムなどが›取り込まれる. ● **~ down** (**with**...) ‹車など›に(…を)どっさり積み込む; [ᵘ*pass*] ‹人›にたくさん(重荷・責任などを)負わせる, (…で)苦しめる. **~ the** DICE. **~ up** (*vt*) …に‹荷物を›満載する ‹*with*›. (*vi*) 《いっぱいに》‹荷を›積み込む; ため込む, 買い込む ‹*with*›; うんと詰め込む[飲食する] ‹*on*›; 大量に入手する ‹*on*›: ~ sb *up with* things 人に荷物をどっさり持たせる / Time to ~ *up!* さあ,《車に乗り込むために》荷物をもって出る時間だ.
[OE *lād* course, journey, carrying; cf. LEAD[1], LODE, G *Leite*; 意味は *lade* の影響]

lóad displàcement〖海〗満載排水量[トン数].

lóad dràft〖海〗満載喫水.

lóad·ed *a* **1** 荷を積んだ[載せた, 負った]; 弾丸を込めた, 装填した ‹銃・カメラなど›; *«口» さまざまな装備[特典など]のついた ‹*with*›; ‹チームが›豪華メンバーをそろえた; «俗» 裕福で, 金持ちで, 金をたっぷり用意して; «俗»《酒・麻薬に》酔って, ハイで, *«俗» 酒を含んだ, アルコールのはいった; *«俗» 危険をはらんだ: a ~ suitcase いっぱいに詰めたスーツケース / snacks ~ *with* fat 高脂肪のスナック / a table ~ *with* food ごちそうを山盛りした食卓 / a fully ~ car フル装備車 / return home ~ *with* honors 故郷に錦を飾る. **2**《鉛などを》詰めた; ‹酒など›まぜ物をした, ウイスキーを混ぜた; ‹質問・議論など›含むところのある; 仕組まれた, 誘導的な, 偏った: a ~ cane 仕込み杖《鉛を詰めた武器》/ ~ dice《鉛を詰めた》いかさまさいころ / a ~ question 誘導尋問 / ~ *against* [*in favor of*] sb 人に不利[有利]になるよう仕組まれて[実施されて]. ● **~ for bear** *«俗» (1) おこって, けんか腰で《熊撃ちには強力な弾丸を込めることから》;《難関・非難・攻撃に対して》てぐすねひいて. (2) 酔っぱらって.

lóad·er *n* 荷を積む人; 積み込み機, 載貨機, ローダー;〖電算〗ローダー《外部媒体からプログラムなどを主記憶にロードするための(常駐の)ルーチン》; 装填器; 装填者[係]; [*compd*] …装銃[砲], …積載機[トラック]: BREECHLOADER, MUZZLE-LOADER, BACKHOE LOADER, etc.

lóad fàctor〖電〗負荷率《ピーク負荷に対する平均負荷の比》;〖空など〗荷重倍数《機体重量に対する外力の割合》;《荷物の》積載率,《座席数に対する》乗客数の割合, 搭乗率.

lóad fùnd ロードファンド《販売手数料込みの価格で売られるオープンエンド型投資信託; cf. NO-LOAD》.

load·ie /lóudi/ *«俗» *n* 麻薬[酒]をやる者; 酒飲み, アル中.

lóad·ing *n* **1 a** 荷積み, 積み込み; 船積み; 荷役; 装填, 填充. **b** 船荷; 装薬; 増量[添加]剤, 充填材, 詰め物. **2** 荷重,《特に》〖空〗翼面荷重 (wing loading);〖電〗装荷;〖心〗因子負荷. **3**〖商〗LOAD,《特に》〖保〗付加保険料; «豪»《特殊技能・超過勤務などに対する》特別手当.

lóading bày [dòck]《倉庫や一般のビルに設けられた》荷物の積み降ろし場[口], 搬入口.

lóading bridge 搭乗橋, ローディングブリッジ《空港のターミナルビルから航空機までをつなぐ被覆されたブリッジ》.

lóading còil 〘電子工〙装荷コイル.

lóading gàuge 《貨車の》貨物積載限界[ゲージ].

lóading prògram [ròutine] 〘電算〙ローディングプログラム[ルーチン] (loader).

lóad lìne 〘海〙載貨[満載]喫水線 (=**lóad wàterline**); 載貨[満載]喫水線標 (=**lóad-line màrk**).

lóad·màster *n* 〘空〙機上輸送係, ロードマスター.

loadsa /lóudzə/ *a* ″《口》たくさんの, 大量の (loads of).

lóad shèdding 〘電〙《過大なピーク電力需要による停電を避けるための》負荷切り離し.

loadstar, loadstone ⇨ LODESTAR, LODESTONE.

loady /lóudi/ *n**《俗》LOADIE.

loaf[1] /lóuf/ *n* (*pl* **loaves** /lóuvz/) **1** パンの一塊り, ローフ (cf. BREAD, ROLL); パン形に焼いた料理《MEAT LOAF など》; SUGARLOAF: a brown [white] ～ 黒[白]パン一個 / Half a ～ is better than no bread [none]. 《諺》半分でもないよりはまし. **2** ″《キャベツなどの》玉; 《俗》頭, 脳, おつむ. ● **half a ～** 《口》《望みのものなどの》半分. LOAVES AND FISHES. **use one's ～ (of bread)** ″《俗》頭をつかう, 常識をはたらかせる. [OE *hlāf*; cf. G *Laib*]

loaf[2] *vi* のらくらする, ぶらぶら遊び暮らす; ぶらつく, ごろつく ‹*about, around*›. ► *vt* ‹時を›遊んで過ごす ‹*away*›. ► *n* 遊び暮らすこと; ぶらつき: on the ～ ぶらついて. [逆成‹? *loafer*]

lóaf càke* 棒ケーキ, ローフケーキ《パウンドケーキなど》.

lóaf·er *n* **1** のらくら者, なまけ者 (idler); 浮浪人 (tramp). **2** ローファー《モカシン (moccasin) に似た, かかとが低くひものない靴》. [? G *Landläufer* land runner, tramp]

lóaf súgar 棒砂糖 (cf. SUGARLOAF).

loam /lóum, *lú:m/ *n* 〘地質〙壌土 (soil), 《特に 粘土・シルト・砂からなる砕けやすい》ローム; 《一般に》肥沃な黒土; 《壁などを塗る》へな土, 《鋳型用の》真土(まね), ローム. ► *vt* ロームでおおう, …にロームを詰める. ♦ **lóamy** *a* ローム(質)の. **lóam·i·ness** *n* [OE *lām*＜WGmc (**lai-* to be sticky); cf. LIME[1]]

loan[1] /lóun/ *n* **1** 貸付け, 融資, ローン, 貸出し, 借用; 貸借物, 貸付[融資]金; 公債, 借款: ask for [take (out)] a ～ 借金を頼む[借金をする] / have the ～ of…を借用する / domestic and foreign ～*s* 内国債と外国債 / a public [government] ～ 公債 / raise a ～ 公債を募集する. **2** 一時的義務[勤務], 出向; 外来の風習《など》; 〘言〙《語の》借用; LOANWORD. ● **on ～** 貸し付けて; 借り入れて; 出向で: have…*on* ～ …を借り入れる / go *on* ～ 出向する, ‹サッカー選手などが›レンタル移籍する ‹*to*›. ► *vt, vi* 貸し付ける, 貸す ‹*out*›. ★「手続きを踏んで長期間貸し出す」などの意味以外では《英》では lend が普通. ♦ **～·able** *a* 貸し付けできる, 貸される. [ON *lán*; cf. LEND, OE *lǣn*, G *leihen*]

loan[2] *n* 《スコ》LOANING.

lóan·bàck *n* 〘生保〙《個人年金積立金からの》融資制度, 年金貸付制度.

lóan càpital 借入資本.

lóan collèction 《展覧目的の》借用美術品.

lóan còmpany 《個人向け融資をする》金融会社.

Loanda ⇨ LUANDA.

loan·ee /louní:/ *n* 借受人, 借受側.

lóan·er *n* 貸付者, 貸与者; 《修理期間中客に貸し出す》代替品《代車など》.

Lo·an·ge /louǽŋgə/ [the] ロアンゲ川 (*Port* Luangue)《アンゴラ北東部からコンゴ民主共和国南西部へ流れ, Kasai 川に合流する》.

lóan hòlder 公債[社債]証書保有者, 債権者, 抵当権者.

lóan·ing 《スコ・北イング》*n* 小道 (lane); 乳しぼり場.

lóan òffice 金融事務所; 質屋; 国債応募取扱所.

lóan-òut *n**《俗》《契約映画俳優の他社への》貸出し.

lóan shàrk 《口》高利貸し, サラ金業者 (usurer).

lóan-shàrk·ing *n* 《口》高利貸し業.

lóan·shìft *n* 〘言〙借用代用(語)《外国語の影響による意味変化(をうけた語)》.

lóan translàtion 〘言〙翻訳借用(語句)《外国語を文字どおりに翻訳すること[したもの]: 英語 'dumbbell' の日本語訳の「唖鈴」など; cf. CALQUE》.

lóan·wòrd *n* 〘言〙借用語, 借入語, 外来語.

loath /lóuθ, *lóuð/ *pred a* いやで, 大嫌いで ‹*to* do›. ● **nothing ～** いやどころか, 喜んで: When he suggested a walk, I was *nothing* ～. 彼が散歩しようと言い出したとき, わたしはいやどころではなかった. ♦ **～·ness** *n* [OE *lāth* hostile; cf. G *leid* sorry]

loathe[1] /lóuð/ *vt* ひどく嫌う, 嫌悪する; 《口》好かない, …がいやだ. ★ dislike, hate, abhor よりも意味の強い語. ♦ **lóath·er** *n* [OE *lāthian* (↑)]

loathe[2] /lóuð, lóuθ/ *pred a* LOATH.

loath·ful /lóuðfəl/ *a* 《スコ》嫌いで, いやで (reluctant); 《まれ》LOATHSOME.

loath·ing /lóuðiŋ/ *n* 大嫌い, 嫌悪: be filled with ～ いやでたまらない. ► *a* 憎しみをこめた. ♦ **～·ly** *adv*

loath·ly[1] /lóuðli, lóuθ-/ *a* LOATHSOME. ♦ **-li·ness** *n*

loath·ly[2] /lóuθli, lóuð-/ *adv* いやいやながら, 不承不承.

loath·some /lóuðsəm, *lóuθ-/ *a* いやな (disgusting); いやでたまらない, 忌まわしい; 胸の悪くなるような, むかつく, むっとする. ♦ **～·ly** *adv* **～·ness** *n*

lóath-to-depárt *n* 《古》別れの曲.

loaves *n* LOAF[1] の複数形.

lóaves and físhes *pl* パンと魚 (**1**) 〘聖〙イエスが行なった奇跡の一つ (*Matt* 14: 15–21) **2**) 転じて, 人を聖職や公務に向かわせる動機としての金銭的報酬; cf. *John* 6: 26).

lob[1] /láb/ *n* **1 a** 〘スポ〙ロブ (**1**) 〘テニスなど〙エンドライン際に落ちる高くゆるい打球 **2**) 〘クリケット〙アンダーハンドのスローボール **3**) 〘野など〙スローボール **4**) 〘サッカー〙ふわりと浮かせたパス). **b** 〘野〙高いフライ; *《俗》そっと投げること. **2 a** ″《方》鈍(どん)なやつ, 無骨者, 野暮天, イモ; *《俗》ぐず, まぬけ. **b** 《俗》いやに勤勉な囚人[雇い人]. ► *v* (**-bb-**) *vt* ‹ボールを›ロブで送る[打つ]; 高く弧を描くように投げる[発射する]; 《口》投げる ‹*at*›; ‹質問を›向ける ‹*at, to*›. ► *vi* **1** 〘テニスなど〙ロブを上げる; 高く弧を描く. **2** ゆっくり重そうに[大儀そうに, 不器用に]歩く[走る, 動く] ‹*along*›; 《豪俗》到着する ‹*in*›. ♦ **lób·ber** *n* [? LDu;「ぶらさがったもの」の意か]

lob[2] *n* LOBWORM.

lob- /lóub/, **lo·bo-** /-bou, -bə/ *comb form* LOBE の意.

LOB 〘野〙left on bases 残塁.

Lo·ba·chev·sky /lòubətʃéfski, làb-, -tʃév-/ ロバチェフスキー **Nikolay Ivanovich** ～ (1792–1856)《ロシアの数学者; 非ユークリッド幾何学を創始した》.

lo·bar /lóubər, -bà:r/ *a* LOBE の.

lo·bate /lóubèɪt/, **-bat·ed** /-bèɪtəd/ *a* LOBE のある[に似た, の形をした]; 〘鳥〙弁足の. ♦ **-bate·ly** *adv*

lo·ba·tion /loubéɪʃ(ə)n/ *n* LOBE のあること; 〘生〙分裂形成; 〘植〙《葉の》切れ込み; LOBE; LOBULE.

lob·by /lábi/ *n* **1** 《ホテル・劇場など公共建物の》玄関の間, 広間, ホール, ロビー《休憩室・応接間などに用いる》. **2 a** 院内の控室, ロビー《議員の院外者との会見用》; 〘英議会〙投票[採決]ロビー (=*division lobby*)《下院議場をはさんで賛成者側 (Aye) と反対者側 (No) の 2 つがあり, そこでそれぞれのグループが投票する》. **b** ロビーでの請願[陳情]運動を行なう人びと, 院外団, 圧力団体. ► *vi* 《議会の lobby で》陳情運動をする, 議案通過[政策決定]に圧力をかける ‹*for, against*; *to* do›. ► *vt* ‹法案・計画›の請願[陳情]をする; ‹議員›に陳情する, 圧力をかける: ～ Congress *to* pass the bill＝～ the bill through Congress 法案を通すべく議会に圧力をかける. ♦ **～·er** *n* [L *lobia* LODGE]

lóbby correspòndent ″議会詰め記者, 政治記者.

lóbby-fòdder ″ *n* 《利益集団に奉仕する》癒着議員(連).

lob·by·gow /lábigàu/ *《俗》*n* 使い走り (errand boy); 《アヘン窟・中華街などをうろつく》浮浪者. [C20＜?]

lóbby·ìsm *n* 《院外からの》議案通過[否決]運動, 院外活動, ロビー活動, 陳情運動, 圧力行使. ♦ **-ist** *n* 院外活動をする人, 《特に》報酬を得て院外運動を代行する人, ロビイスト.

lobe /lóub/ *n* 丸い突出部; 耳たぶ; 〘解〙葉(よう)《肺葉・肝葉など》; 〘植〙裂片; 〘機〙《カム輪などの》ローブ, 突出部; 〘空〙《ソーセージ形係留気球などの安定用の》空気袋; 〘電〙ローブ《アンテナの指向性の強い方位を表わす輪形》. ♦ **～·less** *a* [L＜Gk *lobos* lobe, pod]

lo·bec·to·my /loubéktəmi/ *n* 〘医〙肺葉切除(術), 肺切, 葉切.

lobed /lóubd/ *a* 〘植〙LOBE のある, ‹葉が›葉縁 (margin) の切れ込みが浅い, 浅裂の. ★ 浅裂の形状には次のようなものがある: serrate (刻み, 鋸歯), dentate (歯状), crenate (円鋸歯), undulate (波形), repand (うねり形).

lóbe-fìn, lóbe-fìnned físh *n* 〘魚〙総鰭(そうき)類の各種の魚 (crossopterygian).

lo·be·lia /loubí:ljə, -liə/ *n* 〘植〙ロベリア《キキョウ科ミゾカクシ属 (*L*-) の草花の総称》; インドタバコの葉. [M. de *Lobel* (1538–1616) フランドルの植物学者]

lobélia fàmily 〘植〙ミゾカクシ科 (Lobeliaceae)《キキョウ目》.

lo·be·line /lóubəli:n/ *n* 〘薬〙ロベリン《呼吸促進剤・禁煙用薬に用いる》. [*lobelia*, *-ine*[2]]

Lo·ben·gu·la /lòubeŋg(j)ú:lə/ ローベングラ (1836?–94)《南アフリカにあった Ndebele (別名 Matabele) 族の王国の 2 代目で最後の王 (1870–93)》.

Lo·bi·to /loubí:tou/ ロビト《アンゴラ西部の市・港町》.

lob·lol·ly /láblàli/ *n* 《方》〘海〙濃いかゆ; *《方》ぬかるみ; 〘植〙LOBLOLLY PINE; *《方》LOUT[1]. [*lolly* (dial) soup]

lóblolly báy 〘植〙米国南東部原産ツバキ科タイワンツバキ属の常緑樹.

lóblolly bòy [màn] 《米では古》船医助手, 看護手.

lóblolly píne 〘植〙テーダマツ《米国南部原産》.

lo·bo /lóubou/ *n* (*pl* **～s**) 〘動〙シンリンオオカミ (timber wolf); *《俗》ごろつき, 暴漢. [Sp＜L LUPUS]

lo·bo·la, -lo /lóubələ; ləbóulə/ *n* (*pl* **～s**) 《アフリカ南部の Bantu 語族諸集団で行なわれる》婚資 (bride price).

lo·bo·pod /lóuboupàd, -bə-/ 〘動〙*n* 有爪動物の LOBOPODIUM; 有爪動物 (peripatus).

lo·bo·po·di·um /lòuboupóudiəm, -bə-/ *n* (*pl* **-dia** /-diə/) 〔動〕《有爪(ゆうそう)動物 (peripatus) の, 疣足(いぼあし)状で先端に鉤爪のある》脚, 爪脚,《古生物も含めた葉足動物の》葉状肢, 葉脚;《アメーバの》葉状仮足, 葉足.

lo·bot·o·mize /loubátəmàɪz/ *vt* 〔医〕…にロボトミーを施す; [*fig*] …の感性[思考力, 活力]を奪う. ♦ **~d** *a* ⁺無気力な, うつろな, 生気のない. **lo·bòt·o·mi·zá·tion** *n*

lo·bot·o·my /loubátəmi/ *n* 〔医〕《大脳の》白質切除(術), 葉切断, ロボトミー. [*lobe, -o-, -tomy*]

lob·scouse /lábskàus/ *n* ロブスカウス《肉・野菜・堅パンなどの煮込み; 船員の食べ物; cf. SCOUSE》. [C18＜? *lob* (dial) to boil, *scouse* broth]

lob·ster /lábstər/ *n* **1**〔動〕ウミザリガニ, ロブスター《青黒いが煮ると赤くなる; 米国ではニューイングランド, 特に Maine 州の特産; cf. SHRIMP, PRAWN》; SPINY LOBSTER; ロブスターの肉[身]: (as) red as a ~ まっ赤な〈顔など〉. **2**《古》[*derog*] 英国兵《赤い軍服から》; 赤ら顔の人; *《俗》いやなやつ, 役立たず; *《俗》まぬけ. ► *vi* ロブスターを捕る. ♦ **~·ing** *n* ロブスター漁. **~·lìke** *a* [OE *lopustre*＜L *locusta* lobster, LOCUST]

lóbster jòint 《パイプなどの》自在接合部.

lóbster·man /-mən/ *n* ロブスター捕獲業者[漁師].

lóbster mòth 〔昆〕シャチホコガ.

lóbster Néwburg [Néwburgh] 〔料理〕ニューバーグ風ロブスター (＝lobster à la Newburg [Newburgh])《ロブスターの肉をクリーム・卵黄・シェリーのソースにつけて煮込んだもの》.

lóbster pòt ロブスター捕りのわなかご, 筌(うえ).

lóbster shìft [trìck] *《口》《新聞社などの》深夜勤務.

lóbster tàil ロブスターの尾(の肉).

lóbster thér·mi·dor /-θə́:rmədɔ̀:r/ 〔料理〕ロブスターテルミドール《ロブスターの肉・マッシュルームなどをクリームソースであえてその殻に戻し, チーズをかけて焼き目をつけた料理》.

lóbster tràp LOBSTER POT.

lob·u·lar /lábjələr/ *a* 小裂片の, 小葉の(ような). ♦ **~·ly** *adv* [LOBULE]

lob·u·late /lábjələt, -lèɪt/, **-lat·ed** /-lèɪtəd/ *a* LOBULE からなる[のある]. ♦ **lòb·u·lá·tion** *n*

lob·ule /lábjul/ *n* 小裂片, 〔解〕小葉; 耳たぶ. ♦ **lob·u·lose** /lábjəlòus/ *a* [*lobe, -ule*]

lób·wòrm *n* 〔動〕タマシキゴカイ (lugworm); 《釣餌に使う》土中の虫《ミミズなど》. [LOB²＝pendulous object]

loca *n* LOCUS の複数形.

lo·cal¹ /lóuk(ə)l/ *a* **1** 場所の, 土地の: a ~ adverb 〔文法〕場所の副詞《here など》/ a ~ habitation 物の具体的に存在している場所[空間]《Shak., *Mids N D* 5.1.17》/ a ~ surname 地名に由来する姓. **2** その土地(だけ)の, 一地方特有の, 地場の, 地元の (cf. PROVINCIAL): the ~ press [doctor] 土地の新聞[医者]. **3 a** 狭い地域に限られる; 偏狭な; 〔医〕局所の: a ~ pain 局所的な痛み. **b** 〈電話が〉近距離の, 市内の; 同一区内の, 「市内配達」《封筒に書く注意書》; 〔電算〕ローカルな《外部ではなく自分のシステム内にある; opp. *remote*》. **c** 〈列車・バスなどが〉各駅停車の, 普通[鈍行]の, 〈エレベーターが〉各階止まりの (cf. EXPRESS): a ~ train [bus] 各駅停車の列車[バス] / a ~ express *準急(列車). **4**〔数〕軌跡 (locus) の. ► *n* **1** 各駅停車の列車[バスなど], 各階止まりのエレベーター. **2 a** [ᵘ*pl*] 土地の人, 地元民; 地元開業医[弁護士]; LOCAL PREACHER; 《証券俗》FLOOR TRADER. **b** 《新聞の》市内雑報, 地方記事; 〔ラジオ・テレビ〕ローカル番組; ローカル郵便切手《一地方のみに通用》. **c** *《労働組合・友愛組合などの》支部; [ᵘ*pl*] 地元球団[チーム]; [the] "《口》近所の居酒屋[映画館]. **d** [*pl*] "LOCAL EXAMINATIONS. **3** 〔医〕LOCAL ANESTHESIA, LOCAL ANESTHETIC. ♦ **~·ness** *n* [OF＜L (LOCUS)]

lo·cal² /loukǽl; -kɑ́:l/ *n* 《廃》LOCALE.

lócal áction 〔法〕属地的訴訟《特定地域に関連する原因による訴訟; 土地の侵害に関する訴訟など; cf. TRANSITORY ACTION》.

lócal anesthésia 〔医〕局所麻酔法, 局麻.

lócal anesthétic 〔医〕局所麻酔薬, 局麻薬.

lócal área nétwork 〔電算〕構内ネットワーク, ローカルエリアネットワーク《一建物内や一ブロック内など比較的狭い地域に限定されたコンピューターネットワーク; 略 LAN》.

lócal área wíreless nètwork 〔電算〕無線ローカルエリアネットワーク (wireless local area network)《略 LAWN》.

lócal authórity" 地方当局.

lócal bús 〔電算〕ローカルバス《汎用バスを介さずに CPU と直結した高速データ線路》.

lócal cáll 〔電話〕市内通話.

lócal cólor 《小説その他の文章に表出された》地方色; 〔画〕固有色《白日光のもとで物体の示す色彩》.

lócal-cóntent *a* 部品現地調達数[率]に関する《自動車などの部品のうち, 特定国で製造されるものについていう》.

lócal déath 〔医〕局所死, 局所壊死(えし)《体・組織の一部の死; opp. *somatic death*》.

lócal dérby ダービー(マッチ)《同地区のチーム同士の試合》.

lo·cale /loukǽl; -kɑ́:l/ *n* 場所, 現場 〈*of*〉; 《小説・映画などの》舞台. [F; ⇨ LOCAL¹; cf. MORALE]

Lócal Educátion Authòrity [the]〔英〕地方教育局《略 LEA》.

lócal examinátions *pl* 〔英〕地方施行試験《大学監督のもとに各地で行ない学生に証書を与える》.

lócal góvernment 地方行政[統治]; 地方政府; 地方公共団体; 地方自治体.

lócal gróup [ᵒthe L- G-] 〔天〕局部銀河群《われわれの銀河系を含む約 20 個の銀河からなる》.

lócal·ìsm *n* 郷土偏愛, 地方[郷党]主義; 偏狭性; 一地方的であること; 地方風[なまり], 国ことば. ♦ **-ist** *n* **lò·cal·ís·tic** *a*

lócal·ìte *n* (その)土地の人[住民].

lo·cal·i·ty /loukǽləti/ *n* **1** (ある)場所; 産地; 土地, 地方, 現場; 付近: have a good sense [《口》bump] of ~ 土地勘がよい. **2** 《ある場所に》いる[ある]こと; 場所の感覚.

lòcal·izátion *n* 局部限定, 局限, 局在性; 局地解決; 位置測定[推定]; 〔理〕局在化.

lócal·ìze *vt* **1** …に地方的特色を与える. **2** 一地方[局部]に制限する; …の起源を突きとめる, …の場所を突きとめる; 〔理〕局在化させる; 〈注意を〉集中する 〈*upon*〉: ~ a disturbance 動乱を一局部で食い止める. **3** 配置する, 置く. ► *vi* 特定の地域に集まる. ♦ **-ìz·able** *a* **lò·cal·ìz·abíl·i·ty** *n*

ló·cal·ìzed *a* 局所[局部]的な.

ló·cal·ìz·er *n* 〔空〕ローカライザー《計器着陸用誘導電波発信器; 滑走路からの横方向のずれを指示する》.

lócalizer bèacon 〔空〕APPROACH BEACON.

lócal líne 〔鉄道〕地方路線, ローカル線 (opp. *main line*).

lócal·ly *adv* 場所[土地]の上から, 位置的に; この[その]土地に[で]; 近くに[で]; 地元で, 産地で; 地方[局部]的に; 地方主義で.

lócal metamórphism 〔地質〕局所変成作用 (＝*contact metamorphism*).

lócal óption 《酒類販売など賛否の対立する問題の法制化についての住民投票による》地方選択権.

lócal óscillator 〔電子工〕局部発振器《受信器内にある》.

lócal páper 地方新聞, 地方紙.

lócal préacher 地方説教師《メソジスト教会で特定の地方に限り説教を許された平信徒》.

lócal rádio 《ラジオの》地方放送, ローカル放送.

lócal rág"《口》地方紙 (local paper).

lócal sélf-góvernment 地方自治 (local government).

lócal sígn 〔生理〕局所特徴.

lócal tálent [the]《口》地元[地方]の若い者《話し相手[ダンスの相手]になるような土地の若者》.

lócal tìme 〔天〕地方時《STANDARD TIME または GREENWICH TIME に対する》, 現地時間.

lócal véto 《酒類販売などについての住民投票による》地方拒否権.

lócal·vòre *n* LOCAVORE.

lócal yókel 《CB 無線俗》市警察官《州警察官・ハイウェーパトロールに対して》; *《俗》田舎(町)の人[地元民], 田舎者.

Lo·car·no /loukɑ́:rnou/ ロカルノ《スイス南部の町》. ■ **the spírit of ~** ロカルノ精神《特にドイツ・フランス間の宿怨放棄を意味する; cf. LOCARNO PACT》.

Locárno Páct [Tréaty] [the] ロカルノ条約 (＝the **Páct of Locárno**)《1925 年英国・イタリア・ドイツ・フランス・ベルギーなどの間に締結された一連の中部ヨーロッパの安全保障条約》.

lo·cate /lóukèɪt, ─́─; ─́─/ *vt* **1** …の位置[場所]を捜し当てる[突きとめる], …の所在を探り出す, …の場所を見つけて示す[確認する]; …の範囲[領域]を定める. **2** 配属[配置]する; 〈官庁・工場などを〉(…に)設置する, *〈店・住居を〉(…に)構える; [*pass*/~ *-self*] 位置する, …にある (be situated): The office *is* ~*d* on the first floor. 事務所は一階にある / ~ one*self* by the door 戸口のわきに位置する. **3** *〈土地・鉱区〉の所有権を(測量して)主張する; *〈土地を〉占有する. ► *vi* *(居[店]を構えて)住みつく, 《ある場所で》商売[営業]を始める 〈*in, at*〉. ♦ **ló·càt·able** /, ─́──; ─́───/ *a* [L; ⇨ LOCUS]

locater ⇨ LOCATOR.

lo·ca·tion /loukéɪʃ(ə)n/ *n* **1** 置くこと, 位置選定; ありか[場所]の特定, 位置特定, 位置発見; *《道路の》路線選定; *定住. **2** 場所, 敷地, 位置, 所在, 立地; 選定地, 設定地; 〔映〕スタジオ外の撮影地, ロケ(ーション); 〔電算〕記憶位置; 《豪》牧場, 農場; 《南ア》黒人[カラード]居住区 (township): on ~ ロケーション撮影で, ロケで. **3**〔法〕《土地・家屋などの》賃貸し. **4**〔野〕《投手の》配球; コントロール. ♦ **~·al** *a* **~·al·ly** *adv*

loc·a·tive /lákətɪv/ 〔文法〕*a* 位置を示す, 所格の. ► *n* 所格[位置格](の語). [*vocative* にならって *locate* より]

lo·ca·tor, -cat·er /lóukèɪtər, ─́──; ləukéɪtər/ *n* *土地[鉱区]境界設定者; 位置探査装置, 聴音機, レーダー (radiolocator).

lo·ca·vore* /lóukəvɔ̀:r/ *n* 地産食人間, ローカルフード派, 地産地消主義者《なるべく地元で生産されたものを食べようとする人》. [*local, -vore*]

loc. cit. /lák sít/ ᵒloco citato.

loch /lák, láx/ 《スコ》*n* 湖; (細い)入江. [Gael]

loch·an /láxən/ *n* 《スコ》小湖, 池.

Loch·gilp·head /lakgílphɛ̀d, lax-/ ロホギルプヘッド《スコットランド西部, Clyde 湾の分岐した入江 Loch Fyne に臨む町; 古くからニシン漁業が盛ん》.

lo·chia /lóukiə, lák-/ *n* (*pl* 〜)〘医〙悪露(おろ)《産褥(さんじょく)排泄物》. ♦ **ló·chi·al** *a*

Loch·in·var /làkənvá:r, làx-/ **1** ロキンヴァー《Sir Walter Scott の物語詩 *Marmion* で, Lady Heron の歌うバラッドに登場するさっそうとした騎士; 愛する女の婚礼の宴で花嫁に最後のダンスを願い, そのまま女をさらって行ってしまう》. **2** ロマンティックな求婚者.

Lóch Nèss mónster [the] ネス湖の怪獣, ネッシー (Nessie)《スコットランド Ness 湖にすむといわれる》.

loci *n* LOCUS の複数形.

lock[1] /lák/ *n* **1 a** 錠, 締まり金物: on [off] the 〜 錠をかけて[かけずに]. **b**《車・機器の》固定装置, ロック, 輪止め;《銃の》発射機構; SAFETY LOCK; 閘門(こうもん)《運河で水門にはさまれ水位を上下させることができる部分》;〘機〙AIR LOCK;〘電算〙《コンピューターの》ロック(状態);〘ラグビー〙ロックフォワード (=*lock forward*). **2 a** 固定[停止]状態; からみ合い, 組みつき; (交通)渋滞. **b**〘レス〙ロック, 固め (cf. HEADLOCK etc.); 完全な支配[掌握]; *《俗》MORTAL LOCK: have a 〜 on 完全に支配[掌握]する; 確実(なもの)にする. **c**〘車〙走行時の前輪[ハンドル]の転向[回転] (限度): the full 〜 (フル)ロック《前輪[ハンドル]を最大限に転じること; その状態[角度]》/ on full 〜《ハンドルを》最大にきって. **3** 拘留所, 留置場; "性病院 (lock hospital). ● **〜, stock, and barrel** なにもかも含めて, 全部, 一切合財, すっかり《「銃の各部みな」の意から》. **under 〜 and key** (錠をおろして)安全[厳重]に〈保管する〉; 投獄されて.

► *vt* **1 a** …に錠をおろす; 締める, 閉じる (shut);〘電算〙〈ファイルを〉ロックする,〈アクセスを〉阻止する: 〜 a door ドアに錠をおろす / It is too late to 〜 the stable door after the horse has bolted [been stolen].《諺》馬が逃げ出して[盗まれて]から馬小屋の戸に錠をおろしても手遅れである, 'あとの祭り'. **b**〈物を〉しまい込む〈*away, up*〉, 閉じ込める〈*up, away, in, into*〉; 拘束[束縛]する〈*in to*〉; [°*pass*] 囲む, 取り巻く (enclose); [°*pass*]〈論争・仕組みに〉巻き込む, 縛る〈*in, into*〉: 〜 oneself *away* 閉じこもる / The ship *was* 〜*ed* in ice. 氷に閉ざされた / The land *is* 〜*ed* with hills. その地は小高い山に取り囲まれている / *be* 〜*ed in* a battle《両者譲らずに》激しい[泥沼の]争いを繰り広げる. **2** 固着させる, 固定する;〘印〙〈組版を〉くさびで締める[固定する]; 輪止めする;〈資本を〉固定させる: 〜 the price *in* 価格を凍結する / 〜*ed-up* capital 固定資本. **3** 組み合わせる, 組み合わせて動けなくする; …に組みつく; つかむ, 捕える; 抱きしめる. **4** …に閘門[せき]を設ける;〈船を〉閘門を操作して通過させる〈a boat *up* [*down*]〉. ► *vi* **1** 錠がかかる, 閉ざされる; 鍵をかけられる; 締まる, はまり込む, からみ合う〈*into* each other, *together*〉;〈…と〉つながる,〈…を〉つかまえる,〈…に〉注目する〈*on, onto*〉; 動かなくなる;〈車輪が〉回転を止める, ロックする; *《俗》監房に入っている, 収容されている. **2**〘車〙〈前輪が〉転舵[旋回操作]できる. **3** 閘門を設ける; 閘門を通過する.

● **〜 down** *《緊急事態に際して》〈地域・建物などを〉封鎖する, 厳重に取り締まる; *《俗》〈刑務所の〉囚人をすべて監房に閉じ込める (⇨ LOCKDOWN);〘電算〙《盗まれないよう》〈コンピューターを〉固定する, つなぎ止める;〘電算〙《侵入されないよう》〈システム〉の防護を固める. **〜 HORNS. 〜 in**〈利益などを〉確保する (cf. *vt* 2). **〜 in on**…を追尾する. **〜 on [onto]**…を自動的に追跡[追尾]する;〈ミサイルなど〉に…を追尾させる. **〜 out**《故意に[うっかり]錠をかけて》〈…から〉締め出す〈*of*〉;〈工場を〉閉鎖する;〈労務者〉の労務提供を一時的に拒否する: He 〜*ed himself out* (*of* the house).《鍵を忘れたままで錠をかけて》(家に)入れなくなった. **〜 the wheels [brakes]**《ブレーキを強くかけて》車輪の回転を止める, 車輪[ブレーキ]をロックさせる. **〜 up**〈建物〉のドア[窓など]に錠をおろす, 戸締まりする;〈金銭・秘密などを〉しまい込む; 監禁する, 刑務所に入れる;〘印〙〈組版を〉くさびで締めつける;〈資本などを〉(長期ものに投資したりして)固定する; *《ロ》…の成功[獲得]を確実にする.

♦ **〜·able** *a* **〜ed**[1*] *a* LOCKED-IN. **〜·less** *a* [OE *loc*; cf. G *Loch* hole]

lock[2] *n*《髪の》ふさ, 巻き毛; *《黒人俗》DREADLOCK;《羊毛・綿花の》ふさ;《羊毛・木綿・乾草などの》小量, ひと握り; [*pl*]《文》頭髪. ♦ **〜ed**[2] *a* [OE *locc*; cf. G *Locke*, Du *lok* curl]

lóck·age *n* 閘門設備; 閘門の構築[使用, 開閉, 閘程(こうてい)]; 閘門の通過[通過税].

lóck-awày" *n* 長期証券.

lóck·bòx *n*《金庫・私書箱など》錠のかかる箱;〘テレビ〙ロックボックス (=*lockout box*)《通例 鍵のかかる箱で, 加入者だけがケーブルテレビを受像できる装置が入っている; 子供が露骨な内容の番組を見るのを防止するのに用いられる》.

lóck·dòwn* *n*《警備の厳重な》刑務所; ロックダウン《**1**) 公共施設などで, 外部からの闖入者に対し, 内部の人間の安全確保のため建物を封鎖すること **2**) 犯罪捜査などのため人びとを拘留・禁足すること **3**) 拘禁施設において房外活動を全面的に禁止し, 監房内へ監禁すること》.

Locke /lák/ ロック **John 〜** (1632–1704)《イングランドの哲学者; イギリス経験論の創始者; *An Essay Concerning Human Understanding* (1690)》. ♦ **Lock·e·an, -i·an** /lákiən/ *a, n*

lócked-ín *a* 固定した, 変更しえない; 閉じ込め[封じ込め]られた; 引っ込みのつかない; 心を閉ざした, かたくなな;《資本利得を生じれば課税されるため》投資金を動かせない[動かす気がない].

lócked jáw LOCKJAW.

lóck·er *n* 錠をおろす人[もの], 施錠者;《錠前付きの》食器棚, 仕切り小戸棚;《個人用》ロッカー;《船上の》収納戸棚[箱], 格納所, *《LOCKER PLANT の》仕切り冷凍貯蔵庫. ● **not have a shot (left) in one's [the] 〜** もはや金[策など]が尽きている.

Lock·er·bie /lákərbi/ ロッカビー《スコットランド南西部の町; 1988 年 12 月爆破された Pan Am 機が当地に墜落, 270 人の死者を出した》.

lócker pàper ロッカー用紙《冷凍する食品を包装する柔軟性のある紙》.

lócker plànt 食品急速冷凍貯蔵所《委託保管も行ない, 一般家庭にも賃貸する》.

lócker-ròom *a*《更衣室で交わされるような》卑猥[下品]なくことば・冗談〉.

lócker ròom ロッカールーム, 更衣室;《LOCKER PLANT の》冷凍貯蔵室. ● **send sb to the 〜** 選手を引っ込める.

lock·et /lákət/ *n* ロケット《小型写真・毛髪・形見の品などを入れて時計鎖や首飾りに付ける》;《刀剣のさやの》ベルト留め受け. [OF (dim) ‹ *loc* latch; cf. LOCK[1]]

lóck·fàst *a*《スコ》厳重に錠をおろした, 堅く締めた.

lóck fórward〘ラグビー〙ロックフォワード《スクラム第 2 列目の選手[位置]》.

lóck gàte ロックゲート《閘門 (lock) 両端の扉》.

Lock·hart /lákərt, lák(h)à:rt/ ロックハート **John Gibson 〜** (1794–1854)《スコットランドの文芸批評家・小説家・伝記作家》.

Lóck·heed Mártin /lákhì:d-/ ロッキード・マーティン(社) (〜 Corp.)《航空関連を主力とする米国の軍需メーカー; 航空機メーカー同士だった Lockheed 社と Martin Marietta 社との合併 (1995) で成立》.

lóck hòspital" 性病院.

Lockian ⇨ LOCKEAN.

lóck-ìn *n* **1** 変更不能になる[動かなくなる]こと;《金利・返済条件などの》固定化, 固定金利;《商取引・契約などにおける》束縛, 拘束. **2** ロックイン《建物などにたてこもる抗議行動》; "ロックイン《バーやパブが閉店時間後も特定の客にサービスを続けること》.

lócking plìers [‹*sg/pl*›] ロッキングプライヤー《握り後部のねじで, ボルトやナットの口径に合わせて口の大きさを調節することのできるペンチ》.

Lock·it /lákət/ ロキット《John Gay, *The Beggar's Opera* に出る Newgate の牢番; その娘 Lucy はそこに投獄された主人公 Macheath と恋におち, 彼の脱獄を助ける》.

lóck·jàw *n*〘医〙《破傷風の初期の》開口障害, 牙関緊急 (trismus);《広く》破傷風 (tetanus).

lóck·kèep·er *n* 閘門[水門]管理人.

lóck·màker *n* 錠前師[屋] (locksmith). ♦ **lóck·màking** *n*

lóck·man /-mən/ *n* LOCKKEEPER.

lóck·màster *n* LOCKKEEPER.

lóck-knìt *a*〈織物が〉両面編みの, ロックニットの.

lóck·nùt /, ⌐⌐/ *n*〘機〙止めナット, ロックナット, 回り止め付きナット《**1**) 他のナットに重ねる補助ナット **2**) lock washer や内側のファイバー層など強く締めると自動的にはたらくゆるみ防止構造のあるナット》.

lóck-òn *n*《レーダーなどによる》自動追跡.

lóck·òut *n*《雇用者による》ロックアウト, 事業所[工場]閉鎖;《一般に》締め出し;《水中施設の》空気圧により水の侵入を防いだ開口部.

lóckout bòx〘テレビ〙LOCKBOX.

lock·ram /lákrəm/ *n*《かつて英国で使用された》きめの粗い平織りの亜麻布. [ME; *Locronan* ブルターニュの町で, かつての生産地; -n › -m は cf. *buckram*]

lócks·man /-mən/ *n* LOCKKEEPER.

lóck·smìth *n* 錠前師[屋]: Love laughs at 〜*s*.《諺》恋には錠前も勝てない.

lóck·smìth·ing *n* 錠前作り.

lóck·stèp *n*《兵士が前後の間隔をつめ歩調を合わせて進む》密集行進(法); 決まりきった[融通のきかない]やり方. ● **in 〜** (ぴったり)歩調を合わせて〈歩く, 行進する〉; 同調して〈*on*〉; 同時に〈*with*〉. ► *a* 堅苦しい, 融通のきかない.

lóck·stìtch *n, vt, vi*《ミシンの上下 2 本糸による》本縫い[ロックステッチ](にする).

lóck·ùp *n* **1 a** 錠をおろすこと, 閉鎖; 門限; 留置, 拘置; 留置場[室], 拘留所[室]; "《夜間きちんと戸締まりできる》(貸し)店舗, 貸しロッカー[車庫など]. **b** [‹*a*›] "きちんと鍵のかかる. **2**〘印〙組版の固定, 締めつけ(した組版);《資本の》固定; 固定資本(高); *《俗》確実(なもの) (=mortal 〜).

lóck wàsher〘機〙ばね[止め]座金;〘生〙《転位によりタンパク質分子に生ずる》らせん構造.

Lock·yer /lákjər/ ロッキャー Sir **Joseph Norman 〜** (1836–1920)《英国の天文学者; 太陽大気中にヘリウムを発見 (1868); 科学誌 *Nature* を創刊 (1869)》.

lo·co[1] /lóukou/ *n* (*pl* **〜s, 〜es**)〘植〙LOCOWEED;〘獣医〙LOCO-

ISM; «俗» 狂人. ► *vt* ロコ草で中毒させる; «俗» …の気を狂わせる. ► *a* 〈家畜が〉ロコ病にかかった; «俗» 狂った (crazy): go ～ over…に狂う, 夢中になる. [Sp=insane, crazy]

loco[2] *n*, *a* (*pl* **～s**) «口» 機関車 (locomotive) (の).

loco[3] *a*, *adv* 〔楽〕指定どおりの音域の[で]. [It]

loco[4] *a* 〔商〕現場渡しの. [L]

lo·co- /lóukou, -kə/ *comb form*「移動」 [L=in the place; ⇨ LOCUS]

lo·co ci·ta·to /lóukou saɪtéɪtou, -sətá:-/ *adv* 引用せる文中に, 上記引用文中に《略 l.c., loc. cit.》. [L=in the place cited]

lóco disèase 〔獣医〕ロコ病 (LOCOISM).

lo·coed /lóukoud/ *a**«俗» 気の狂った. [*loco*[1]]

Lo·co·fo·co /lòukəfóukou/ *n* (*pl* **～s**) [l-] 《昔の》こすると簡単に点火するマッチ[葉巻]; 〔米史〕《1835 年ごろの》民主党急進派の人《ある集会で非常灯としてこのマッチを用いたことから》; «古»《一般に》民主党員. ♦ **～·ism** *n*

lóco·ìsm *n* 〔獣医〕ロコ病 (=*loco*, *loco disease*, *loco poisoning*)《家畜がロコ草を食べてかかる神経病》.

lóco·man /-mən/ *n*″«口» 鉄道員, 《特に》機関士.

lo·co·mo·bile /lòukəmóubəl, *-bil/ *n* 自動推進車[機関]. ► *a* 自動推進式の; 移動できる: a ～ crane 移動クレーン.

lo·co·mote /lóukəmòut/ *vi* 動きまわる. [逆成く↓]

lo·co·mo·tion /lòukəmóuʃ(ə)n/ *n* 移動, 運動, 移動(力), 移行, 運転(力); 交通手段; 旅行. [L *loco* (< LOCUS), *motion*]

lo·co·mo·tive /lòukəmóutɪv/ *n* 機関車; «古» LOCOMOBILE; [*pl*]″«俗» 脚 (legs); *«俗» 原動力; *《ゆるく弱く始めて次第に速く強めてゆく》機関車式声援法: Use your ～*s!* 歩け. ► *a* **1** 運動の, 移動する; 自動推進式の; 運動[移動]性の; [*joc*] 旅行の, 旅行好きな: a ～ engine [tender] 機関車[炭水車] / ～ power 移動力 / ～ organs 移動器官《足など》. **2** 経済成長を促す, 景気刺激的な. ♦ **～·ly** *adv* **～·ness** *n*

locomótive engineèr* ENGINE DRIVER.

lo·co·mo·tor /lòukəmóutər/ *n* 運動[運転]力ある者; 移動発動機; 移動物, 機関車. ► *a* /, ⸗⸗⸗/ LOCOMOTORY.

locomótor atáxia 〔医〕歩行性運動失調(症) (tabes dorsalis).

lo·co·mo·to·ry /lòukəmóutəri/ *a* 運動[移動]する[に関する]; 《体の》運動器官の; 自由に動き回れる.

loco parentis ⇨ IN LOCO PARENTIS.

lóco pòisoning 〔獣医〕ロコ病 (LOCOISM).

lóco·wèed *n* 〔植〕ロコ草 (=*crazyweed*)《米国南西部に多い家畜に有毒なマメ科ゲンゲ属, オヤマノエンドウ属の数種の植物; cf. LOCOISM》; *«俗» 大麻, マリファナ.

Ló·cri·an móde /lóukriən-/ 〔楽〕ロクリア旋法《教会旋法の一つ; ピアノの白鍵でローロの上行音列》.

Lo·cris, -kris /lóukrəs, lák-/ ロクリス《古代ギリシア中部 Corinth 湾の北の地方》. ♦ **Ló·cri·an, -kri-** *a*, *n*

loc·u·lar /lákjələr/ 〔生·解〕*a* 室[房] (loculus) の; [°*compd*] (…の)室[房]のある: bi*locular*, multi*locular*.

loc·u·late /lákjəlèɪt, -lət/, **-lat·ed** /-lèɪtəd/ *a* 〔生·解〕房室[小房]のある. ♦ **lòc·u·lá·tion** *n*

loc·ule /lákjul/ *n* 〔生·解〕LOCULUS, 《特に》〔植〕《子房·葯の》室. ♦ **lóc·uled** *a*

loc·u·li·ci·dal /làkjələsáɪdl/ *a* 〔植〕〈被子植物の果実が〉胞背裂開の. ♦ **～·ly** *adv*

loc·u·lus /lákjələs/ *n* (*pl* **-li** /-làɪ, -lì:/) 〔生·解〕室, 房, 小室, 小腔; 《昔の》墳墓内の死体[骨壺安置]室. [L]

lo·cum /lóukəm/ *n*″LOCUM TENENS.

lócum té·nens /-tí:nènz, -té-, -nənz/ (*pl* **lócum te·nén·tes** /-tɪnéntì:z/) 臨時代理人; 代理牧師; 代診. ♦ **lócum-té·nen·cy** /-tí:nənsi, -tén-/ *n* 代理としての職務, 代理資格. [L=(person) holding place]

lo·cus /lóukəs/ *n* (*pl* **lo·ci** /lóusàɪ, -kàɪ, -kì:/, **lo·ca** /lóukə/) 〔法〕場所, 位置, 現場, 所在地; 中心(地); 〔数〕軌跡; 〔遺〕《染色体中で, ある遺伝子が占める》座. [L=place]

lócus clás·si·cus /-klǽsɪkəs/ (*pl* **ló·ci clás·si·ci** /-klǽsəsàɪ, -kàɪ, -kì:/) 標準句, 典拠のある句. [L]

lócus coe·rú·le·us, -ce- /-kə(s) sɪrú:liəs/ 〔解〕《脳の》青斑. [L]

lo·cus in quo /ló:kəs ɪn kwóu/ その場所《事件が起きた場所, 議論·訴訟の対象となっている場所など》. [L]

lócus poe·ni·tén·ti·ae /-pènəténʃiì:/ (*pl* **lóci poeniténtiae**) 〔法〕思いとどまる機会, 翻意の機会. [L]

lócus si·gíl·li /-sədʒílàɪ/ (*pl* **lóci sigílli**) 《文書の》捺印場所[位置]《略 l.s., LS》. [L]

lócus stán·di /-stǽndi, -dàɪ/ (*pl* **lóci stándi**) 認められた立場; 〔法〕提訴権, 当事者適格. [L]

lo·cust /lóukəst/ *n* **1** 〔昆〕**a** (ワタリ)バッタ, イナゴ; むさぼり食う人, 破壊的な人物. **b***セミ (cicada) **2** 〔植〕LOCUST BEAN; イナゴマメ (carob) (=**～ trèe**)《木》. **3** 〔植〕ハリエンジュ, ニセアカシア (black locust); アメリカサイカチ (honey locust) (=**～ trèe**). ♦ **～·lìke** *a* [OF<L (*locusta* locust, LOBSTER)]

lo·cus·ta /loukʌ́stə/ *n* (*pl* **-tae** /-ti/) 〔植〕《草本の》小穂(しょうすい).

lócust bèan 〔植〕イナゴマメ(のさや) (carob).

lócust bìrd 〔鳥〕**a** 《インドで》バライロムクドリ (rosecolored starling). **b** 《アフリカで》GRACKLE, コウノトリ (white stork), ツバメチドリ.

lócust èater LOCUST BIRD.

lócust plànt 〔植〕野生のセンナの一種《米国東部産》.

lócust yèars *pl* 欠乏と苦難の年, 窮乏の歳月 (*Joel* 2: 25).

lo·cu·tion /loukjú:ʃ(ə)n/ *n* 話しぶり, 言い方; 《特定の集団·分野·地域の》用語, ことば, 表現; 〔哲·言〕《効果·意図と切り離した文字どおりの》発話, 発言(そのもの) (⇨ ILLOCUTION, PERLOCUTION, SPEECH ACT). ♦ **～·àry** /; -(ə)ri/ *a* [OF or L (*locut- loquor* to speak)]

loc·u·to·ry /lákjətɔ̀:ri; -t(ə)ri/ *n* 《修道院などの》談話室; 《修道院の訪問者との》面会用格子窓.

Lod /lóud/, **Lyd·da** /lídə/ ロド《イスラエル中部の市; Tel Aviv の南東にあり, 北に David Ben-Gurion 国際空港がある》.

lode /lóud/ *n* 《岩石の割れ目を満たす》鉱脈, 鏈(ᵑ), ロード; 豊かな源泉, 宝庫; LODESTONE; ″«方» 水路, 水道 (watercourse). [LOAD]

lo·den /lóudn/ *n* ローデン《外套用の厚手の防水純毛地》; 暗緑色.

lode·star, load- /lóudstà:r/ *n* 道しるべとなる星; [the] 北極星; 指導原理, 指針; 模範となる人, あこがれの的.

lóde·stòne, lóad- *n* 天然磁石; ひきつけるもの.

lodge /lάdʒ/ *vi* **1** 宿る, 泊まる, 投宿する; 下宿[寄宿]する: He is *lodging at* Mrs. Johnson's [*with* Mr. and Mrs. Johnson]. ジョンソン夫人[ジョンソン夫妻]宅に下宿している. **2 a** 〈弾丸などが〉撃ち込まれる; 〈魚の骨·凧などが〉〈…に〉つかえる, ひっかかる, 〈矢などが〉突き立つ, 刺さる 〈*in*〉. **b** «古» 存する, ある 〈*in*〉. **3** 〈作物が〉倒伏する, 寝る. ► *vt* **1 a** …に宿を提供する, 泊める; 寄宿[同居]させる; [～ *-self*] 留まる, 逗留する. **b** [well, ill などの副詞を伴って, *pp* で] 〈宿·下宿など〉設備がよい[悪い など]: The hotel is *well* ～*d*. そのホテルは設備がよい. **2** 収容する, …の入れ物[容器]となる, …を入れる; [*pass*] 〈…に〉はいっている 〈*in*〉. **3 a** 〈弾丸などを〉撃ち込む; 〈矢を〉(突き)立てる, 〈魚の骨などを〉つかえさせる; 〈泥などを〉流し込む; 寄せかける, 立てかける 〈*against*〉. **b** 〈鹿を〉ねぐら[巣穴]まで追跡する[に追い込む]. **4 a** 預ける (deposit): ～ one's money *in* a bank [*with* sb] 金を銀行[人]に預ける. **b** 〈訴状·申告書などを〉提出する, 差し出す; 〈反対·苦情などを〉申し立てる; 〈権能などを〉ゆだねる: ～ a complaint *against* sb *with* the police 人を相手取って訴状を警察に提出する. **5** 〈風·雨が作物などを〉倒伏させる.

► *n* **1 a** 《スキー·狩猟用などの》山荘, ロッジ; 《リゾート地などの》中心施設; [L-] 《ホテル·宿の名称の一部として》ロッジ. **b** 《大邸宅の園丁などの住む》番小屋, 《公園の》(住宅兼)門衛詰所, 《大学·工場·アパートなどの》守衛室; 〔ケンブリッジ大学〕学寮長公舎. **c** [the L-] 《Canberra にある》オーストラリアの首相公邸. **2** 小屋, 小舎; 《北米先住民の》テント小屋, テント小屋に住む一家[族]; 《ビーバーなどの》巣; 〔鉱〕選鉱場. **3** 《共済組合·秘密結社などの》支部(集会所), 支部会員《集合的》; ″《労働組合の》支部. [OF *loge* arbor[2]<L *lobia*<Gmc (⇨ LEAF); cf. LOBBY と二重語]

Lodge ロッジ (**1**) **David** (**John**) ～ (1935–)《英国の小説家·批評家; 小説 *Changing Places* (1975), *Small World* (1984) など》 (**2**) Sir **Oliver** (**Joseph**) ～ (1851–1940)《英国の物理学者; 電磁波を研究, コヒーラー (coherer) を発明した》 (**3**) **Thomas** ～ (1558?–1625)《イングランドの作家; ロマンス *Rosalynde* (1590)》.

lódge·pòle píne 〔植〕**a** ヨレハマツ, コントルタマツ, ロッジポールマツ《北米西部原産; 葉は二葉でよじれる》. **b** ヒロヨレハマツ (a の変種).

lodg·er″ /lάdʒər/ *n* 宿泊人, 下宿人, 同居人, 間借り人: take in ～*s* 下宿人をおく.

lodg·ing /lάdʒɪŋ/ *n* **1** 住居, 住まい; 落ちつくところ, 拠点. **2** 下宿, 間借り; 宿泊, 投宿: BOARD and ～ / dry ～ 賄いなしの下宿 / ask for a night's ～ 一夜の宿を頼む. **3** 《一時的な》泊まり場所, 宿所; [*pl*] 貸間, 下宿の部屋; [°*pl*] 〔オックスフォード大学〕学寮長公舎: live in ～*s* 間借りしている / make [take (up)] one's ～*s* 下宿する.

lódging hòuse ″«古風» (しろうと)下宿屋《通例 食事は付かない》: COMMON LODGING HOUSE.

lódging tùrn 《鉄道員などの》外泊勤務.

lodg·ment | lodge- /lάdʒmənt/ *n* **1** 《抗議などの》申し入れ; 〔法〕《担保などの》供託; 預金. **2 a** 宿泊; 宿舎; 〔軍〕占領, 占拠, 占領後の応急防御工事. **b** 拠点, 足場; 安定した地位: effect [make] a ～ 拠点を築く. **3** 堆積, 沈積.

Lo·di /ló:di/ ロディ《イタリア北部 Lombardy 州 Milan の南東にある町; オーストリア軍が Napoleon を司令官とするフランス軍に敗れた地 (1796)》.

lod·i·cule /lάdɪkjù:l/ *n* 〔植〕鱗被(りんぴ)《イネ科植物の花の子房の基部に通常 2 個ある鱗片様の花器の一つ》.

Łódź /lú:dʒ, lάdz, wú:dʒ/ ウッチ, ウッジ, ウージ《ポーランド中部 Warsaw の西南西, Warsaw に次ぐ同国第 2 の大都市; 繊維産業の中心》.

Loeb /lóub; lá:b, lə́ub/ ローブ (**1**) **Jacques** ～ (1859–1924)《ドイツ生まれの米国の生物学者; 人工単為生殖を研究》 (**2**) **James** ～ (1867–1933)《米国の銀行家·古典学者·慈善家; ギリシア·ラテンの古典対訳文庫 Loeb Classical Library の出版を企画·援助した》.

lo·ess /lέs, lǿs; lóuὲs, lɔ̀:s/ *n* 〘地質〙黄土, レス《北米・ヨーロッパ・アジアなどの》. ♦ **~·ial** /lέsiəl, lʌ́s-; louέs-, lɔ́:s-/, **~·ic** *a* ［Swiss G=loose］

Loewe /lóu/ **1** ロウ **Frederick** ~ (1901-88)《オーストリア生まれの米国の作曲家; 脚本家 Alan Jay Lerner と組んで書いたミュージカル *My Fair Lady* (1956) などをヒットさせた; 映画では *Gigi* (恋の手ほどき, 1958) など》. **2** /*G* lǿ:və/ レーヴェ **Carl** ~ (1796-1869)《ドイツの作曲家・歌手》.

Loewi /lóui; *G* lǿ:vi/ ローイ, レーヴィ **Otto** ~ (1873-1961)《ドイツ生まれの米国の薬理学者; 神経刺激の化学的伝達に関する発見でノーベル生理学医学賞 (1936)》.

Löff·ler /lέflər/ レフラー **Friedrich August Johannes** ~ (1852-1915)《ドイツの細菌学者》.

lo-fi /lóufáɪ/ «口» *a, n* 低忠実度の, ローファイの; ローファイの音[録音, 装置 など]. ［*low-fi*delity］

Lo·fo·ten /lóufòutn, ˈˈlə(ʊ)fə́ʊ-/ ローフォテン《ノルウェー北西方沖に並ぶ島群; 漁場》.

loft /lɔ́(:)ft, lάft/ *n* **1 a** 屋根裏, ロフト (attic);《納屋・馬屋の》二階《乾草などをたくわえる》;《教会・会館・講堂などの》上階, さじき (gallery); *《商業ビル・工場・倉庫などの》間仕切りのない上階, ロフト《時に居住・アトリエなどとして使う》; *《会館・教会などの》最上階. **b** 鳩小屋 (pigeon house); ハトの群れ《集合的》. **2**〘ゴルフ〙ロフト《クラブフェースの傾斜》;（ボールの）上げ打ち;〘ボウル〙ロフト《レーンにころがらず, 空中に投げてファウルラインを越えてレーンに強く落ちる投球》;《スケートボードで跳んで》空中にいる時間. **3**《衣類に詰める断熱材や織物の》厚み, かさばり, ふくらみ. ► *vt* **1** 屋根裏にたくわえる; 鳩小屋に入れる, 飼う. **2 a**〘球技〙〈ボールを〉高く打ち[投げ, 蹴り]上げる;〘球技〙(ボールを高く上げて)〈障害物を〉かわす, 飛び越える;〘ボウル〙ファウルラインを越えてドシンとレーンに落ちるように投げる;〈衛星などを〉打ち上げる. **b**〘ゴルフ〙〈クラブフェース〉に傾斜をつける. **3**〈船体など〉の現図を描く. ► *vi* ボールを高く上げる; そびえ立つ. ♦ **~·less** *a* ［OE<ON=air, upper room; ⇨ LIFT[1,2]］

LOFT /lɔ́(:)ft, lάft/ *n*〘天〙低周波電波望遠鏡(0.5-1 MHz の周波帯の電波観測をする). ［*low-f*requency radio *t*elescope］

lóft bómbing〘空軍〙ロフト爆撃法 (=*over-the-shoulder bombing*)《低空で目標に接近し急上昇に移ってから爆弾を投下して爆弾投下機の安全をはかる爆撃法》.

lóft convèrsion 屋根裏部屋の居住用への改造.

lóft·er *n*〘ゴルフ〙ロフター (=**lóft·ing ìron**)《打上げ用のアイアンクラブ》.

Loft·ing /lɔ́(:)ftɪŋ, lάf-/ ロフティング **Hugh** (**John**) ~ (1886-1947)《英国生まれの米国の児童文学者; *The Story of Doctor Dolittle* (1920) 以下多数の Doctor Dolittle もので有名》.

lóft jàzz ロフトジャズ《ロフトなどで行なわれる革新的ジャズ》.

lofts·man /lɔ́(:)ftsmən, lάft-/ *n* (*pl* **-men**)〘造船〙現図工《現図場で現図を描く人》.

lófty *a* 非常に高い, そびえ立つ〈塔・山など〉; 非実用的な, 難解な; 高尚な, 高遠な; 高位の, 上流の; 高慢な;〘海〙〈帆船が〉特別高いマストをもった; かさ[弾力]のある, ふんわりした〈ウールなど〉; [L-, 〈*n*〉]ˈˈのっぽ, [*iron*] ちび《ともにあだ名》: ~ contempt [disdain] 人を人とも思わぬ傲慢, 尻目にかけること. ♦ **lóft·i·ly** *adv* **-i·ness** *n*

log[1] /lɔ́(:)g, lάg/ *n* **1** 丸太,《製材用の》素材; 薪(まき); [*fig*] 鈍重な人: in the ~ 丸太のままで / Roll my ~ and I'll roll yours. きみが助けてくれたらぼくも助けてあげよう / roll ~*s* for sb 仲間ぼめをする / (as) easy [simple] as falling [rolling] off («口» of) a ~ きわめて容易な, いとも簡単で / KING LOG. **2**〘海・空〙航海[航空]日誌;《トラックなどの》運行[業務]日誌, 運行[業務]記録; 旅行日記;《ラジオ・テレビの詳細な》番組進行表;《仕立屋・日雇い職人の》労働時間表; 工程日誌;〘電算〙ログ《データの変更などコンピューターの使用に関するさまざまな記録》. **3**〘海〙《船の速力を測る》測程器[儀]: heave [throw] the ~ 測程器で船の速度を測る. **4**«豪»《労働組合の》要求. ● **flog** [**beat, pound**] **one's ~** «卑» せんずりをこく, シコシコやる. **like a ~** どうすることもできず, 気絶[呆然と]して. **saw ~s***«口» 大きないびきをかく, グーグー寝る. SLEEP **like a ~**.

► *v* (**-gg-**) *vt* **1** 丸太用に伐採する; 丸太に切る;〈土地〉から丸太を伐り出す, 伐出する〈*off*〉. **2**〘海〙…の航程を記入する;〈距離・過失船員名などを〉航海日誌に記入する;〈過失船員〉に罰金をかける;〈事実・出入り・事件などを〉日誌[日記]に記す, 記録する[に残す];〈人を〉予定する〈*for* duty, service〉. **3**〈船・飛行機で予定のスピードを〉出す,〈距離を〉進む,〈ある時間・距離〉の航行[飛行, 走行]を(記録)する〈*up*〉;〈距離・速度など〉の記録を達成する. ► *vi* 丸太を伐り出し搬出する, 伐出する. ● **~ in**〘電算〙LOG on; (…の)到着[出社など]を記録する. **~ on**〘電算〙〈人が〉《パスワードなどによる認証を行なって》システムの使用を開始する, ログイン[ログオン, アクセス]する (=*log in*) (opp. *log out, log off*);〈人を〉ログインさせる〈*to*〉: ~ *on to* one's personal page on the Internet. **~ out** [**off**]〘電算〙〈人が〉《一定の操作を行なって》システムの使用を終了する, ログアウト[ログオフ]する (opp. *log in, log on*);〈人を〉ログアウトさせる; (…の)退出を記録する.

［ME<? Scand (ON *lāg* fallen tree); n 2, v 2 の意は「木製の四分儀」を読んで記録したことから］

log[2] *n* LOGARITHM.

log- /lɔ́(:)g, lάg/, **logo-** /lɔ́(:)gou, lάg-, -gə/ *comb form*「ことば」「話」「思考」「談話」 ［Gk (LOGOS)］

-log /lɔ̀(:)g, lὰg/ ⇨ -LOGUE.

log logic.

log·a·graph·ia /lὰgəgrǽfiə/ *n*〘医〙失書(症).

lo·gan /lóugən/ *n* «カナダ» POKELOGAN.

Logan [Mount] ローガン山《カナダ北西部 Yukon 準州南西端にある山; St. Elias 山脈, Coast 山脈およびカナダの最高峰, また 北米第2の高峰 (6050 m)》.

lo·gan·ber·ry /lóugənbὲri; -b(ə)ri/ *n*〘植〙ローガンベリー《キイチゴ属の一品種; その果実》. ［James H. *Logan* (1841-1928) 米国の裁判官・園芸家］

lo·ga·nia /lougéɪniə/ *n*〘植〙ロガニア属 (*L-*) の各種低木[多年草]《マチン科; 豪州主産》. ［James *Logan* (1674-1751) アイルランドの植物学者］

lo·ga·ni·a·ceous /lougèɪniéɪʃəs/ *a*〘植〙マチン科 (Loganiaceae) の.

logánia fàmily〘植〙マチン科 (Loganiaceae).

lo·ga·nin /lóugənən/ *n*〘化〙ロガニン《マチン (nux vomica) などから得られる苦味配糖体》.

lóg·an [**lóg·gan**] (**stòne**) /lάgən(-)/〘地質〙揺岩(ようがん), 揺るぎ岩 (rocking stone). ［*logan*=(dial) *logging* rocking］

log·a·oe·dic /lɔ̀(:)gəí:dɪk, lὰg-/ *a*〘韻〙《dactyl と trochee, または anapest と iamb からなる》散文詩体の. ► *n* 散文詩体の詩. ［L<Gk (*aoidē* song)］

log·a·rithm /lɔ́(:)gərɪ̀ð(ə)m, lάg-/ *n*〘数〙対数: a table of ~*s* 対数表. ♦ **lòg·a·ríth·mic, -mi·cal** *a* **-mi·cal·ly** *adv* ［NL (Gk *logos* reckoning, *arithmos* number); 1614 年 J. Napier の造語］

logaríthmic fúnction〘数〙対数関数.

logaríthmic páper 対数方眼紙.

logaríthmic scále 対数尺; 対数目盛.

lóg·bòok *n* 航海[航空]日誌, 業務日誌 (log); ˈˈREGISTRATION BOOK.

lóg cábin 丸太小屋, 掘っ建て小屋. ● **from ~ to White House** 貧しい生まれから権力の座へ《元来は合衆国大統領 James Garfield の伝記のタイトル》.

lóg chìp〘海〙測程板.

loge /lóuʒ/ *n*《劇場の》ます席, 仕切り席, 特別席, ボックス (box, stall),《特に バルコニーの》前列席, 桟敷;《競技場の》ボックスシート; 間仕切りしたスペース[場所]. ［F; cf. LODGE］

loggan stone ⇨ LOGAN STONE.

loggats ⇨ LOGGETS.

logged /lɔ́(:)gd, lάgd/ *a* 重くなった, 動かない;〈材木・衣服などが〉水に浸って[水が染み込んで]重くなった (waterlogged);〈土地が〉じめじめした.

lóg·ger *n* 伐木作業者, きこり; 丸太を積み込む機械; 丸太運搬トラクター;《温度・圧力などの》自記計測器, ロガー.

lógger·hèad *n*〘動〙ウミガメ,《特に》アカウミガメ,《米国淡水産の》ワニガメ (alligator snapper) (=~ **túrtle**);〘鳥〙アメリカオオモズ (=~ **shríke**)《北米南東部産》;《ボートの》綱掛け柱; 鉄球棒《熱してタールなどを溶かす》; «古・方» でくのぼう, のろま; «方» (ばかでかい)頭, 福助頭. ● **at** [«古» **to**] **~s** 仲たがいして, 対立して〈*with*〉. ［? *logger* (dial) wooden block］

log·gets, log·gats /lɔ́(:)gəts, lάg-/ *n* [〈*sg/pl*〉] 棒投げ, ロゲッツ《地面に立てた杭をめがけて棒を投げる英国の昔のゲーム; 杭に一番近く棒を投げた者が勝ちとなる》. ［*log*[1], *-et*］

log·gia /lóuʤiə, lάʤə, *lɔ́:ʤɑ:/ *n* (*pl* **~s, -gie** /-ʤeɪ/)〘建〙ロッジア《建物の正面や側面にあって, 庭などを見おろす柱廊》. ［It=LODGE］

lóg·ging *n*《樹木の》伐採搬出(業), 運材(業).

loggy ⇨ LOGY.

logia *n* LOGION の複数形.

log·ic /lάʤɪk/ *n* **1 a** 論理学; SYNTACTICS; 論理学書: deductive [inductive] ~ 演繹[帰納]論理学. **b** 論理, 論法, ロジック; 正しい論理, 条理; 理詰め; 有無を言わせぬ力[圧迫], 強制: bad ~ 誤った論法 / That's the ~ of it. そういう理屈だ / That's not ~. それは筋が通らない / by the irresistible ~ of facts [necessity] 事実[必要]に迫られやむなく. **2**〘電算〙論理《計算用回路接続などの基本原則, 回路素子の配列》; LOGIC CIRCUIT. ● CHOP[2] **~**. ［OF, <Gk= pertaining to reason (LOGOS)］

lóg·i·cal *a* 論理学(上)の, 論理(上)の; 論理的な, 理にかなった, 筋の通った; 分析的な, 演繹的な; (論理上)必然の;〘電算〙論理(回路)の: a ~ conclusion 論理的な帰結, 当然の結果. ♦ **~·ly** *adv* 論理(学)上; 論理的に; 必然的に. **~·ness** *n* **log·i·cal·i·ty** /lὰʤəkǽləti/ *n* 論理にかなっていること, 論理性. ［L (LOGIC)］

lógical átomism〘哲〙論理的原子論《すべての命題は独立した単一の要素に分析できるとする》.

lógical cónstant〘論〙論理(的)定数, 論理定項.

lógical dríve〘電算〙論理ドライブ《ハードディスクなどをいくつかの独立のドライブとして使用するときの各ドライブ》.

lógical empíricism 〘哲〙LOGICAL POSITIVISM.
lógical fórm 〘論〙論理形式.
lógical fórmat 〘電算〙論理フォーマット (HIGH-LEVEL FORMAT).
lógical nétwork 〘電算〙論理ネットワーク《物理的な接続・経由状況とはかかわりなく, ユーザー側からみた接続によるネットワーク》.
lógical operátion 〘電算〙論理演算.
lógical pósitivism 〘哲〙論理実証主義, 論理計算的新実証論, 論理的経験論 (=*logical empiricism*). ♦ **lógical pósitivist** *n*
lógical súm 〘論〙論理和, 選言 (disjunction); 〘数〙和集合, 合併集合 (union).
lógic arrày 〘電算・電子工〙GATE ARRAY.
lógic bòmb 〘電算〙論理爆弾, ロジックボム《一定の条件が満たされたときに実行されるように仕掛けられた, 通例 コンピューターシステムに破壊的な結果をもたらすプログラム》.
lógic-chòpping *n* 理屈をこねること. ♦ **-chòpper** *n*
lógic cìrcuit 〘電算〙論理回路.
lo·gi·cian /loudʒíʃ(ə)n, ˈlə-/ *n* 論理学者, 論法家.
log·i·cism /ládʒəsìz(ə)m/ *n* 〘数〙論理主義《数学は論理学に還元できるとする》.
lógic lèvel 〘電子工〙論理レベル《0, 1 に対応する電圧レベル》.
log·i·co- /ládʒɪkou, -kə/ *comb form*「論理(学)」: *logico*mathematical.
lógic prògramming 〘電算〙論理型プログラミング.
lóg·ìn *n* 〘電算〙ログイン (=*logon*)《LOG[1] in すること》; LOGIN ID.
lóg·in ID /ˊ— àɪdìː/ 〘電算〙ログイン ID (LOGIN NAME).
lóg·in nàme 〘電算〙ログイン名 (=*login ID*, *username*)《システムへのログイン時に個人識別のため入力する登録名》.
lóg·in script 〘電算〙ログインスクリプト《ログイン時に入力するユーザー名などの事項をまとめて記した自動実行用ファイル》.
lo·gi·on /lóugiàn; lɔ́g-/ *n* (*pl* **lo·gia** /-giə/, ~**s**)《聖書に採録されていない》イエス[聖者]の言; [*pl*]《福音書の資料とされる》イエスの語録, ロギア. [Gk (dim)‹LOGOS]
-lo·gist /ˊ—lədʒɪst/ *n suf*「…学者」「…研究者」: philology＞phil*ologist*. [*-logy*, *-ist*]
lo·gis·tic[1] /loudʒístɪk, ˈlə-/, **-ti·cal**[1] /-tɪk(ə)l/ *a* 記号論理学の; 〘数〙論理主義の; 〘数〙‹曲線が›ロジスティックな, ロジスティック曲線の; «まれ» 計算の. ► [-tic] *n* 記号論理学; 〘数〙LOGISTIC CURVE; «まれ» 計算法, 算術. ♦ **-ti·cal·ly**[1] *adv* [逆成‹*logistics*]
logístic cúrve 〘数〙ロジスティック曲線《人口増加などの数学的モデルに用いる》.
lo·gis·tics /loudʒístɪks, ˈlə-/ *n* [‹*sg/pl*›] **1** 兵站(へいたん)学《輸送・宿営・糧食・武器・人馬の補給管理・傷病者の処置などに関する軍事科学の一分野》; 兵站業務; 事業の詳細の計画・実行, 段取り; 〘経営〙ロジスティックス《企業による物資の総合管理のための研究・手法・戦略・システムなどをいう》. **2** 記号論理学; 計算法, 算術 (logistic). ♦ **lo·gís·tic**[2], **-ti·cal**[2] *a* **-ti·cal·ly**[2] *adv* 物流[物資補給, 輸送]面で, ロジスティックス的に見て, 組織[効率, 戦略]的に. **-ti·cian** /lòudʒɪstíʃ(ə)n, ˈlə-/ *n* [F (*loger* to lodge)]
lóg·jàm* *n* 流れに停滞した丸太群; 行き悩み, 行き詰まり (deadlock), 仕事の滞り; 中断, 阻害; 人込み.
lóg lìne 〘海〙測程線[綱].
lóg-lóg *n*, *a* 〘数〙対数の対数(で表わされる). [*log*[2]]
log·nórmal /lɔ̀(ː)g-, làg-/ *a* 〘数〙対数正規(型)の《変数の対数が正規分布する》. ♦ ~**·ly** *adv* **lòg·normálity** *n* [*log*arithm]
logo /lóugou/ *n* (*pl* **lóg·os**) シンボルマーク[標識, 意匠, 商標](の連字活字), 意匠文字, ロゴ (logotype); モットー, 合いことば. ♦ ~**ed** *a* ロゴ(マーク)入りの. [*logo*type]
LOGO, Logo /lóugou/ *n* 〘電算〙ロゴ《turtle を使用するグラフィックスや再帰命令の使用などを特徴とするプログラミング言語; 主に 教育・人工知能研究用》. [Gk *logos* word]
logo- /lɔ́(ː)gou, lág-, -gə/ ⇨ LOG-.
lògo·céntric *a* 〘哲〙ロゴス[言語]中心主義の《特に従来の主流派西洋思想を批判的に形容する語》. ♦ **-céntrism** *n*
lóg·òff *n* 〘電算〙ログオフ (LOGOUT).
lógo·gràm *n* 表語文字[記号], 語標《dollar を示す $ などや速記用の》. ♦ **lògo·gram·mát·ic** *a* **-i·cal·ly** *adv*
lógo·gràph *n* LOGOGRAM; 〘印〙LOGOTYPE. ♦ **lògo·gráph·ic** *a* **-i·cal·ly** *adv*
lo·gog·ra·pher /lougágrəfər, ˈlə-/ *n* 《Herodotus 以前のギリシアの》散文史家; 〘古ギ〙法廷用演説の職業的起草家.
lo·gog·ra·phy /lougágrəfi, ˈlə-/ *n* 〘印〙LOGOTYPE の使用[による印刷]; LOGOGRAM の使用による書き方; 《速記によらない》分担速続筆記法.
logo·griph /lɔ́(ː)gəgrɪ̀f, lág-/ *n* 文字なぞ《ANAGRAM など》.
lo·gom·a·chy /lougáməki, ˈlə-/ *n* ことばに関する(だけの)論争; 口げんか; 文字の組合わせ遊戯.
lògo·mánia *n* LOGORRHEA.
lóg·òn *n* 〘電算〙ログオン (LOGIN).
logo·pe·dics /lɔ̀(ː)gəpíːdɪks, làg-/ *n* [‹*sg/pl*›] 言語医学. ♦ **-pé·dic** *a* [*logo*-, ortho*pedics*]
lògo·phìle *n* ことば[語]を愛する人, 単語の虫.
lògo·phóbia *n* 言語恐怖[不信].
log·or·rhea | -rhoea /lɔ̀(ː)gəríːə, làg-/ *n* 〘医〙ことばもれ, 語漏《過度でしばしば支離滅裂な病的饒舌》. ♦ **lòg·or·rhé·ic** *a*
lo·gos /lóugàs, -gòus; lɔ́gɔs/ *n* (*pl* **lo·goi** /-gɔ̀ɪ/) [L-] 〘聖〙《神の》ことば (the Word (of God))《*John* 1:1》; 《三位一体の第二位である》キリスト (Christ)《*John* 1:14》; [ᵒL-] 〘ストア哲学・ユング心理学など〙《万物を統べる》理法, 理性, ロゴス. [Gk＝reason, discourse, word (*lego* to speak, choose)]
lògo·thérapy *n* 〘精神医〙ロゴテラピー《実存分析的精神療法》.
logo·type /lɔ́(ː)gətàɪp, lág-/ *n* 連字活字《in, an など 1 語または 1 音節を一つに鋳造した活字; cf. LIGATURE》; 《会社の》社章, 《商標などの》シンボルマーク, ロゴ. [Gk *logos* word, TYPE]
lóg·òut *n* 〘電算〙ログアウト (=*logoff*)《LOG[1] out すること》.
lóg rèel 〘海〙測程線の糸巻車.
lóg·ròll* *vi* LOGROLLING に参加[加担]する. ► *vt* ‹議案を› logrolling によって通過させる. ► *n**«俗» 患者をころがすようにして寝台車からベッドへ移すこと. ♦ ~**·er** *n* [逆成く↓]
lóg·ròll·ing *n* **1**《開拓地で伐った丸太を処分するため協力して一か所に集める》丸太ころがし; 丸太乗り(競技). **2** 議員相互のなれあい投票; 《一般に》相互援助[協力], 仲間ぼめ.
Lo·gro·ño /ləgróunjou/ ログローニョ《スペイン北部 La Rioja 自治州の州都; Ebro 川に臨む; ワインの産地》.
lóg rùnner 〘鳥〙ハシリチメドリ《チメドリ族; 豪州産》.
-logue, -log /lɔ̀(ː)g, làg/ *n suf*「話」「編纂」「演奏」「研究学徒」: mono*logue*; cata*logue*; piano*logue*; Sino*logue*. [F; ⇨ LOGOS]
lóg·wày *n*《丸太を水面から製材所まで運ぶ》斜面路 (gangway).
lóg·wòod *n* 〘植〙ロッグウッド, アカミノキ《メキシコ・西インド諸島産のマメ科の小高木; 丸太のまま欧州に輸出された》; ロッグウッド材《赤褐色の堅材》; 《その芯材から採る》ロッグウッド染料, 《特に》HEMATOXYLIN.
lo·gy* /lóugi/, **log·gy** /, lɔ́(ː)gi, *lági/ *a* ‹動作・頭が›のろい, 鈍い (dull), 活気のない, だるい; 弾性のない. [? Du *log* heavy]
-lo·gy /ˊ—lədʒi/ *n suf*「ことば」「話」「論」「学問」: eu*logy*, geo*logy*, philo*logy*. [F or L or Gk *-logia*; ⇨ LOGOS]
lo·han /lóuháːn/ *n* [ᵒL-] 〘仏教〙羅漢, 阿羅漢 (arhat). [Chin]
LOHAS /lóuhæs/ ロハス《健康と環境に配慮した持続可能なライフスタイル》. [*l*ifestyles *o*f *h*ealth *a*nd *s*ustainability]
Lo·hen·grin /lóuəngrìn/ 〘ゲルマン伝説〙ローエングリン《Parzival の息子で聖杯の騎士; Brabant の王女を救い, 名を尋ねることを禁じて結婚するが, 背かれて去る》.
loi-ca·dre /*F* lwakɑːdr/ *n* 〘フランス法〙基本法《大綱のみを定めた法律; 特に フランス共同体内の植民地・保護領などが漸次自治に移行することを可能にするもの》.
loid /lɔ́ɪd/ «俗» *n*《夜盗がドアの端に差し込んでばね錠をあける》セルロイド[プラスチック]の薄片. ► *vt* ‹ドア›の錠を loid であける; …に盗みにはいる. [cellu*loid*]
loin /lɔ́ɪn/ *n* [*pl*] 腰, 腰部《LUMBAR *a*》; 《獣の》腰肉, ロイン; [*pl*] 陰部, 生殖器, 性器, «詩» 子宮: ~ of mutton 羊の腰肉. ● **be sprung from** sb's ~**s** 人の子として生まれる. **gird** (**up**) one's ~**s** 〘聖〙緊褌(きんこん)一番する, 褌(ふんどし)を締めてかかる, 試練に対して身構える《cf. *Job* 38:3, *Prov* 31:17》. **the child of** the ~**s**＝the FRUIT of the ~*s*. [OF (L *lumbus*)]
lóin·clòth *n* 下帯, ふんどし, 腰巻, 腰布 (breechcloth).
loir /lɔ́ɪər, lwáːr/ *n* 〘動〙オオヤマネ《欧州産》. [F＜L]
Loire /lwáːr/ **1** ロアール《フランス中東部 Rhône-Alpes 地域圏の県; ☆Saint-Étienne》. **2** [the] ロアール川《フランス中部を流れる同国最長の川; Massif Central から北西・西に流れて Biscay 湾に注ぐ》.
Loire-At·lan·tique /*F* lwaːratlɑ̃tik/ ロアール-アトランティク《フランス西部 Pays de la Loire 地域圏の県; ☆Nantes》.
Loi·ret /*F* lwarɛ/ ロアレ《フランス中北部 Centre 地域圏の県; ☆Orléans》.
Loir-et-Cher /*F* lwareʃɛːr/ ロアール-エ-シェール《フランス中北部 Centre 地域圏の県; ☆Blois》.
Lo·is /lóuəs/ **1** ロイス《女子名》. **2** 〘聖〙ロイス《Timothy の祖母; *2 Tim* 1:5》. [Gk]
loi·ter /lɔ́ɪtər/ *vi* 道草を食う, ぶらぶら歩く, ぶらつく (loaf) ‹*around*, *about*›; 《ある場所を》立ち去らない; ひまどる, 油を売る, ぐずぐずやる ‹*over* one's work›: ~ with intent ˈ犯行[売春]を意図してうろつく[立ち去らない]. ► *vt* ぶらぶら暮らす: ~ *away* one's time のらくら時間を過ごす. ♦ ~**·ing·ly** *adv* ぶらぶら[ぐずぐず]して. ~**·er** *n* [MDu *loteren* to wag about]
Lo·ki /lóuki/ 〘北欧神話〙ロキ《Odin とは兄弟となった, 不和と悪事をたくらむ火の神; Heimdall と闘い相討ちで死ぬ》.
Lokris ⇨ LOCRIS.
Lok Sa·bha /lóuk səbáː, -sʌ́b(h)ɑː/ 《インド国会の》下院 (=*the House of the People*) (cf. RAJYA SABHA).
LOL 《E メールなどで》laugh(ing) out loud 大笑い, 爆笑 ♦ lots of love《親しい人へ》ではまた.
Lo·la /lóulə/ ローラ《女子名; Charlotte, Dolores の愛称》. [Sp]

Lo·le·ta /loulíːtə/ ロリータ《女子名; Lolita の異形》.
lol·i·gin·id /làlədʒínəd/ *a* 〘動〙ジンドウイカ科[ヤリイカ科] (Loliginidae) の. [L *loligo* cuttlefish]
Lo·li·ta /loulíːtə/ **1** ロリータ《女子名; Charlotte, Dolores の愛称》. **2** ロリータ《Nabokov の同名の小説 (1955) から, **1)** 性的に早熟な少女 **2)** 中年男性のアイドルとしての少女》. [⇨ LOLA]
loll /lál/ *vi* 〈舌·頭などが〉だらりとたれる〈*out, back*〉; だらりと寄り掛かる[横たわる]〈*around, about, in* a chair, *on* a sofa, *against* a wall〉; だらしなくふるまう[動く], ぶらつく. ► *vt* 〈舌を〉だらりとたらす〈*out*〉; 〈頭·手足などを〉だらりともたれさせる. ►《古》 *n* だらりと寄り掛かること; のらくらすること; 《動物が》舌をだらりとたらすこと.
♦ **~·er** *n* [ME<? imit; cf. MDu *lollen* to doze]
Lol·land /lálənd/, **Laa·land** /lɔ́ːlàːn/ ロラン《バルト海の Sjælland 島の南にあるデンマーク領の島》.
lol·la·pa·loo·za, -sa /làləpəlúːzə/ *《俗》 *n* ずばぬけてすぐれた[奇抜な]もの[人], どえらいこと; とんでもないうそ, 大ぼら.
Lol·lard /lálərd/ *n* ロラード派の人《14-15 世紀における Wycliffe 派; 宗教改革の先駆となった》. ♦ **~·ism, ~·ry, ~y** *n* ロラード主義. [MDu=mumbler (*lollen* to mumble)]
lól·ling·ly *adv* だらりと; くつろいで, ぶらぶらと.
lol·li·pop, -ly- /lálipàp/ *n* ペロペロキャンディー; ″アイスキャンディー (ice lolly); 子供だましの演技[出し物], 《アンコールなどの》クラシックの小品, (おまけの)軽い曲; ″《lollipop man などが持つ》「止まれ」の標識円板の付いた棒; ″《俗》 SUGAR DADDY. [? *lolly* (dial) tongue, POP¹]
lóllipop màn [làdy, wòman] ″《口》 ロリポップおじさん[おばさん]《lollipop を持って通学路で学童の横断を誘導する》.
lol·lop /láləp/ 《口》 *vi* ぶらつく, だらだら[よたよた]歩く[走る]; はずみながら進む. ► *《俗》 *n* 強打; 《スプーンでよそうような食べ物の》大盛り (jollop).
[? *loll, -op* (gallop, trollop などの語尾)]
lol·lo ros·so /lálou rásou/ ロロロッソ《イタリア原産のレタスの一種; やや苦味があり, 葉の先は赤い》.
lol·los /lóulouz/ *n pl* ″《俗》 形のよい乳房, 美乳. [Gina *Lollobrigida* (1927-) イタリアの映画女優]
lol·ly /láli/ *n* ″《口》 ペロペロキャンディー, アイスキャンディー (lollipop); 《豪口》 甘い菓子, あめ, キャンディー; 《英俗·豪俗》 金 (money). ● **do the [one's] ~** 《豪口》 かんしゃくを起こす.
Lolly ロリー《女子名; Laura の愛称》.
lol·ly·gag /láligæ̀g/, **lally-** /láːli-; læ̀li-/ *vi, n* (**-gg-**) *《口》 ぶらぶら[だらだら]する(こと); *《俗》 抱き合って愛撫する.
lollypop ⇨ LOLLIPOP.
lólly wàter 《豪口》(着色)清涼飲料, ソフトドリンク.
Lo·ma·mi /loumáːmi/ [the] ロマミ川《コンゴ民主共和国中北部の川; Kisangani の西で Congo 川に合流する》.
Lo·mas /lóumàːs/, **Ló·mas de Zamóra** /lóumàːz də-/ ロマス(·デ·サモラ)《アルゼンチン東部 Buenos Aires の南西にある市; Greater Buenos Aires の一部》.
Lo·max /lóumæ̀ks/ ローマックス **John Avery ~** (1867-1948), **Alan ~** (1915-2002)《米国の民族音楽学者父子; 共にバラッド·フォークソングの蒐集を行なった》.
Lom·bard¹ /lámbərd, -bàːrd, lʌ́m-/ *n* **1 a** ランゴバルド族《6 世紀にイタリアを征服したゲルマン民族の一族》. **b**《イタリア北部の》ロンバルディア (Lombardy) の住人, ロンバルディア人; ロンバルディア方言. **2** 金貸し, 銀行家 (cf. LOMBARD STREET). ► *a* LOMBARDIC.
♦ **Lom·bar·di·an** /lambáːr-, lʌm-/ *a*
[MDu or OF<It<L<Gmc]
Lombard² ⇨ PETER LOMBARD.
Lom·bar·di /ləmbáːrdi/ ロンバーディ **'Vince' ~ [Vincent Thomas ~]** (1913-70)《アメリカンフットボールのコーチ; 1966, 67 年第 1, 2 回 Super Bowl 優勝の偉業を達成》.
Lom·bar·dic /lambáːrdik, ləm-/ *a* ランゴバルド族の; ロンバルディア (Lombardy) の; 〈建築·絵画が〉ロンバルディア風の; 〈文字が〉ロンバルディア体の《ローマの草書体 (cursive) から発展した中世イタリアの書体》.
Lómbard Strèet ロンバード街《London の銀行街; cf. WALL [THROGMORTON] STREET》; ロンドンの金融界; 《一般的に》金融界[市場]. ● **(It's all) ~ to a China orange.** 確実なこと, 十中八九間違いないこと. [イタリア Lombardy 出身者が中世に銀行業を営んでいたところ]
Lom·bar·dy /lámbərdi, -bàːr-, lʌ́m-/ ロンバルディア (It **Lombar·dia** /làmbərdíːə, lòum-/)《イタリア北部, 主に Po 川の北の州; ☆Milan》.
Lómbardy póplar 〘植〙セイヨウハコヤナギ.
Lom·blen /lamblέn/ ロンブレン《インドネシア中南部 Lesser Sunda 列島の島; Flores 島の東に位置》.
Lom·bok /lámbàk/ ロンボク《インドネシア Lesser Sunda 列島にある島; 西の Bali 島との間がロンボク海峡 (**~ Stráit**) で, アジアとオーストラリアの動植物相の境界線が走る》.
Lom·bro·so /lə(ː)mbróusou, lam-/ ロンブローゾ **Cesare ~** (1836-1909)《イタリアの法医学者; 犯罪学に科学的方法を導入, 生来性犯罪者の存在を主張した》. ♦ **Lom·bro·sian** /lambróuʒən, -ziən/ *a*
Lo·mé /louméi/ ロメ《トーゴの首都; 港湾都市》.
Lomé Convention /–́ –́–/ [the] ロメ協定《1975 年 Lomé で締結された EEC と ACP 諸国との間の経済発展援助協定; EEC の ACP 産品に対する優遇措置を骨子とする》.
lo mein /lóu méin/ 〘中国料理〙 撈麵(ローミン)《ゆでてすくい上げた麵に調味料, 肉·野菜などの具をかけたもの》. [Chin (Cantonese)]
lo·ment /lóumɛ̀nt, -mənt/ *n* 〘植〙 節莢(ふしさや)(果)《マメ科植物の果実で, 種と種との間に関節のあるもの》. ♦ **~·like** *a* **lo·men·ta·ceous** /lòuməntéiʃəs/ *a* [↓]
lo·men·tum /louméntəm/ *n* (*pl* **~s, -ta** /-tə/) 〘植〙 LOMENT. [L=bean meal]
lom·mix /láməks, -iks/ *n* 《口》 LUMMOX.
Lo·mond /lóumənd/ [Loch] ローモンド湖《スコットランド西部 Clyde 川河口の北方にある湖; Great Britain 島最大の湖》; BEN LOMOND.
Lo·mo·no·sov /làmənɔ́ːsɔ(ː)f, -sàf/ ロモノーソフ **Mikhail Vasilyevich ~** (1711-65)《ロシアの詩人·科学者·文法家》.
Lom·o·til /lóumətìl, loumóut(ə)l/ 〘商標〙 ロモチル《ジフェノキシラート (diphenoxylate) 製剤》.
Lond. London.
Lon·din·i·um /landíniəm, lʌ̀n-/ ロンディニウム《LONDON¹ の古代名》.
Lon·don¹ /lʌ́ndən/ ロンドン《**1)** イングランド南東部 Thames 河畔にある, イングランドおよび英国の首都; City of ~ (古代名 Londinium, 通称 'the CITY') と 32 の boroughs からなる (GREATER LONDON) **2)** カナダ Ontario 州南東部 Thames 川に臨む市》. ■ **the University of ~** ロンドン大学《1836 年学位授与大学として創設, 1900 年教授をも行なう大学となり, 現在は 50 余の教育·研究機関からなる》.
♦ **~·er** *n* **~·ize** *vt*
London² ロンドン **Jack ~** (1876-1916)《米国の小説家; 本名 John Griffith Chaney; *The Call of the Wild* (1903), *White Fang* (1906)》.
Lóndon Áirport ロンドン空港《HEATHROW AIRPORT の通称; cf. LONDON CITY AIRPORT》.
Lóndon Blítz [the] ロンドン大空襲《第二次大戦中のドイツ軍による London に対する激しい空襲; 特に 1940 年のものをいう》.
Lóndon bóroughs *pl* [the] ロンドン自治区, ロンドンバラ《13 の Inner London boroughs (Camden, Hackney, Hammersmith and Fulham, Greenwich, Islington, Kensington and Chelsea, Lambeth, Lewisham, Newham, Southwark, Tower Hamlets, Wandsworth, the City of Westminster) と 19 の Outer London boroughs (Barking and Dagenham, Barnet, Bexley, Brent, Bromley, Croydon, Ealing, Enfield, Haringey, Harrow, Havering, Hillingdon, Hounslow, Kingston upon Thames, Merton, Redbridge, Richmond upon Thames, Sutton, Waltham Forest) からなる; cf. METROPOLITAN BOROUGHS》.
Lóndon Brídge ロンドンブリッジ《the City (of London) と Thames 川南岸の地区を結ぶ橋; 1973 年にかけなおされ, もとの橋は Arizona 州 Lake Hav·a·su City /-hǽvəsùː-/ に移転; 伝承童謡でも知られる》.
Lóndon bróil 〘料理〙 ロンドンブロイル《牛の脇腹肉を焼いたステーキ; 斜めに薄く切って供する》.
Lóndon Cìty Áirport ロンドンシティ空港《ロンドン市東部にある小規模の国際空港; cf. LONDON AIRPORT》.
Lóndon cláy 〘地質〙 ロンドン粘土(層)《イングランド南東部の始新世初期の広大な海成層》.
Lóndon Coliséum [the] ロンドンコリシアム《London の都心部にある大劇場; 1904 年建設; English National Opera の本拠地》.
Lon·don·der·ry /lʌ́ndəndèri, –́–́–/ ロンドンデリー《**1)** 北アイルランド北西部の行政区 **2)** その中心の町で港町; もと Derry だったが, London からの植民を迎えるため 1613 年この地が London 市に委譲されたのでこの名がある; 現在の公式名 Derry **3)** 北アイルランド北部の旧州》.
Lóndon Éye [the] ロンドンアイ《西暦 2000 年を記念して London の Thames 河畔, 国会議事堂の対岸に完成した巨大観覧車; 別名 Millennium Wheel; 高さ 135 m, 32 個のカプセルがあり, 30 分で一回りする》.
Lóndon Gazétte [The] ロンドンガゼット《英国政府官報; 週 5 回刊; 略 LG; 1665 年創刊, 当初は Oxford Gazette といった》.
Lóndon gín ロンドンジン《辛口のジン》.
Lóndon·ism *n* ロンドン風[なまり, 口調].
Lóndon ívy 《かつての》ロンドンの濃霧[煙].
Lóndon Nával Cónference [the] ロンドン軍縮会議《**1)** 1930 年 1 月-4 月, London で米·英·日·仏·伊が参加(仏·伊は途中脱会)して行なわれた海軍軍備制限交渉; 米·英·日それぞれの艦艇保有比率を決定 **2)** 前記決定期限後の新条約協議のため 1935 年 12 月-36 年 1 月に行なわれた会議; 伊の不参加, 日本と米·英との対立のため失敗》.
Lóndon Palládium [the] ロンドンパラディウム《London にある

劇場; ミュージカルの上演が多い; 1910 年開設).
Lóndon partícular 《かつての》ロンドン名物《濃霧》.
Lóndon Philharmónic Órchestra [the] ロンドン・フィルハーモニー管弦楽団《英国の代表的なオーケストラ; 1932 年 Sir Thomas Beecham が設立; Royal Festival Hall を本拠地とする; 略称 LPO》.
Lóndon pláne (trèe) 〖植〗モミジバスズカケノキ, カエデバスズカケノキ《生長が速く煙害に強い; 街路樹にする》.
Lóndon príde 〖植〗ヒカゲユキノシタ《栽培される交雑種》.
Lóndon Schóol of Económics [the] ロンドンスクール・オヴ・エコノミックス《London 大学のカレッジの一つ; 正式名称 ～ and Political Science; 経済学および政治学でトップレベルの研究を行なっている国際的な研究・教育機関; 1895 年設立; 略称 LSE》.
Lóndon Séason [the] ロンドンシーズン《London 近辺で初夏に毎年催される一連の社交界の行事; Ascot の競馬や Henley Regatta など》.
lóndon smóke [°L-] にぶい黒灰色.
Lóndon Sýmphony Órchestra [the] ロンドン交響楽団《英国の代表的オーケストラ; 1904 年設立, 現存のオーケストラとしては London で最も歴史がある; Barbican に本拠地をもつ; 略称 LSO》.
Lóndon Univérsity ⇨ the University of LONDON.
Lóndon wéighting ロンドン手当《住宅・交通費などの高いロンドンで勤務する人の給与に上積みされる手当》.
lone /lóun/ 《文》 *attrib a* **1 a** 孤独の, 連れのない; 独身の, 未亡人の〈女〉; 孤独を愛する: a ～ flight 単独飛行. **b** ただ一つの; 《他から離れて》一つぽつんと立った, 孤立した: a ～ house in the wood 森の中の一軒家. **2** 寂しい, 心細い; 人跡まれな. ★ lonely よりもいっそう詩的な語. ► *n* [次の成句で]: **(on [by]) one's ～** 一人だけ(で), 単独(に). ♦ **～·ness** *n* [*alone*]
lóne hánd 〖トランプ〗味方の助けなしで戦える有利な持ち札(をもつ人); 単独行動(をとる人): play a ～ 単独行動をとる.
lóne·ly *a* 孤独の, 連れのない, 孤立した; 寂しい; 人里離れた, うらさびれた; もの悲しい: feel ～ 心寂しい. ♦ **lóne·li·ly** *adv* 寂しく. **-li·ness** *n* 孤立; 孤独, 寂しさ.
lónely héarts *n pl, a* 《友だち[つれあい]を求める》孤独な人たち(の), 恋人募集の〈広告〉. ⇨ MISS LONELYHEARTS.
lónely páy*《俗》《自動化による労働時間の減少がもたらす》減収を補うための賃上げ.
L **Lónely Planet** ロンリープラネット《旅行ガイドブックシリーズ; オーストラリアに本拠を置くその出版社》.
lóne páir 〖化〗孤立電子対, 非共有電子対.
lóne párent SINGLE PARENT.
lon·er /lóunər/ *n* 孤独を好む[個で行動する]人[動物]; 一匹狼; 《独立した》1 個, 1 人.
Lóne Ránger 1 [the] ローンレーンジャー《米国西部の治安のために活躍するラジオ・漫画・テレビ・映画の主人公; 目のまわりにマスクをつけ, 白馬 Silver に乗り, インディアンの相棒 Tonto を連れている; 愛馬への掛け声は 'Hi-yo Silver, away!', Tonto には 'Kemo Sabe' (＝faithful friend) と呼ばれる》. **2** [°l- r-] 単独行動者, 一匹狼.
lóne scóut 団組織のない地方のボーイ[ガール]スカウト団員.
lóne·some* *a* 寂しい, 心細い, 孤独の; もの悲しい; 人里離れた, 人跡まれな; 孤立した, ぽつんとある. ★ lonely よりも意味が強い. ► *n* [次の成句で]: **by [on] one's ～** 《口》ひとりで (alone). HIGH LONESOME. ♦ **～·ly** *adv* **～·ness** *n*
Lóne Stár Stàte [the] 一つ星州《Texas 州の俗称》. [州旗の一つ星から]
lóne wólf 単独行動をする[好む]人, 一匹狼. ♦ **lóne-wólf** *a*
long[1] /lɔ́(:)ŋ, láŋ/ *a* (～·er /-ŋg-/; ～·est /-ŋg-/) **1 a** 〈長さ・距離・時間などが〉長い (opp. *short*); 〖クリケット〗投手[打者]から遠い; 〖音・韻〗〈母音・音節が〉長音の, 長母音の《mate, meet, mite, mote の母音など》; 《俗に》強音の, 長音節の: a ～ line [distance, journey] 長い線[距離, 旅行] / a ～ hit [fly] 〖野〗長打[大飛球] / a ～ run 長期興行 / the ～*est* time もっとも長い間, 最長期間; *非常に長い期間, 長時間 / ～ years 多年 / a ～ note 長期手形 / LONG BILL / Don't be ～! ぐずぐずするな / I won't be ～. すぐ済みます, すぐ戻ります / It won't be ～ before we know the truth. 真相は間もなくわかるだろう / make a ～ neck 首を伸ばす / It is a ～ lane [road] that has [knows] no turning. 《諺》曲がることのない道は長いものだ, いつまでも同じ(よくない)状態が続くことはない, '待てば海路のひよりあり'. **b** 〈視力・聴力などが〉遠方に(まで)及ぶ: LONG VIEW / a ～ memory 《いつまでも忘れない》よい記憶力. **2** [長さを表わす語のあとで] 長さ…の, …の長さで: It is three feet [minutes] ～. 3 フィート[3 分]の長さである. **3 a** 《幅[横など]に対し》長さ[縦]の; (長さの)長い方の[最も長い]〈辺など〉. **b** [名の前に付けて] 《口》丈の高い, のっぽの; 〈形が〉長めの, 細長い; 深いグラスについで出す, 〈酒が〉割ってある: LONG DRINK. **4 a** 長々しい, 長たらしい; たっぷり…; 基準[標準]より多い: two ～ hours 2 時間もの長い間 / work LONG HOURS / LONG DOZEN. **b** 項目の多い; たくさんの: a ～ list 長いリスト (⇨ LONGLIST) / a ～ family 子供の多い家族 / a ～ figure [price] 《俗》高価, 多額 / LONG PULL. **c** …を多く有する, …が豊かな 〈*on*〉: ～ *on* excuses 言いのがれのうまい / ～ *on* common sense 常識が豊かな / ～ *on* talent but short *on* experience 才能は十分だが経験不足だ. **5** 〖商〗《買い気・騰貴を見込んで》強気の (bullish) 〈*on*〉; 賭け高の差が大きい; 賭け高の大きな方の; 見込み薄の, 危険な〈可能性〉: take a ～ chance 危険を承知で[いちかばちか]やってみる. ● **be ～ [a ～ time] (in) doing**…するのに長い時間がかかる: Spring *is a ～ time (in)* com*ing.* なかなか春が来ない / The chance *was* not ～ *in* com*ing.* 機会はすぐに来た. ★ a long time は肯定文に, long は否定文・疑問文・条件節で用いる. LONG *n* 1 の例文および成句 for LONG の例文も参照. **by a** LONG SHOT. **How ～ is a piece of string?** "《口》《質問に対して》それがわかりゃ苦労はしないよ, さあね(おれに聞くな). **～ in the** TOOTH. LONG TIME **no see.**
► *adv* **1** 長く, 久しく; (ある時点)からずっと(前または後に); 《球技で, ボールを》遠く(に): LONG DEAD / all one's life ～ 一生涯ずっと / *L～* live the king. 国王よ永遠なれ, 国王万歳 / throw a ball ～ 遠投[ロングパス]をする. **2** 〖商〗強気に: go ～ 〖商〗強気に出る《買いに出る》. ● **any ～er** [疑問・否定・条件節で] もはや, これ以上. **as [so] ～ as**…する間は[限りは]; …さえすれば; せっかく…したんだから: Stay here *so* ～ *as* you want. いたいだけここに居てください. **at (the) ～est** 長くて(も), せいぜい: He will stay three days *at the ～est.* 滞留はせいぜい 3 日だろう. **no ～er＝not…any ～er** もはや…しない[ではない]. **so ～** 《口》ではさようなら (good-bye). **so ～ as**… ⇨ *as* LONG *as*….
► *n* **1** 長い間; [the] "《俗》夏期休暇; 長いもの《電信符号の「ツー」など》; 長たらしい話; [*pl*] 長期債券; 〖音・韻〗長母音, 長音節; MACRON; 〖楽〗ロンガ《短音符の 2 倍[3 倍]の音符》: How ～ will it take, take very ～? どれくらい時間かかるでしょう, 長くかかりますか.—Well, it won't take ～. 長くはかからないでしょう. **2** 《衣類の》長身用サイズ, L サイズ; [*pl*] 《口》長ズボン. **3** 〖商〗強気筋. ● **before ～** 遠からず, まもなく (soon): I'll call on you *before* ～. 遠からず伺います. **for ～** [疑問・否定・条件節で] 久しく: Will he be away *for* ～? 彼は長く留守しますか (cf. He'll be away *for a long time.* 長いこと留守にするでしょう). **The ～ and (the) short of it is that** …. 一部始終をかいつまんで言えば…だ, 要点は[つまり]…ということだ.
♦ **～·ness** *n* [OE *long, lang*; cf. G *lang*]
long[2] *vi* 思いこがれる, あこがれる; 熱望[切望]する: ～ *for* peace 平和を待ちこがれる / ～ *to* do…するのを熱望する / He ～*ed for* you *to* write him a letter. あなたが手紙を彼に出すことを待ち望んでいた.
♦ **～·er** /lɔ́(:)ŋər, láŋ-/ *n* [OE *langian* seem LONG[1] to]
long[3] 《古・詩》 *vi* 適切である, ふさわしい; 属する (belong). [OE *langian* to belong (*gelang* at hand, belonging to); cf. ALONG]
Long ロング (**1**) **Crawford Williamson ～** (1815–78) 《米国の外科医; 手術中の痛み止めに初めてエーテルを用いたといわれる》 (**2**) **Huey Pierce ～** (1893–1935) 《米国の政治家; Louisiana 州知事 (1928–31); 暗殺された》.
long. longitude.
lóng-áct·ing *a* 〖化・薬〗長時間[持続的]作用性の (SUSTAINED-RELEASE).
longaeval ⇨ LONGEVAL.
lóng-agó *a* 昔の: in the ～ days 昔に.
lóng agó *n* [the] 遠い昔. ► *adv* 昔.
lon·gan /láŋ(g)ən/ *n* 〖植〗リュウガン《中国原産ムクロジ科の常緑高木》; 竜眼《その果実》. [Chin]
lóng-and-shórt wòrk 〖建〗《粗石積みの隅をきめる》長短積み.
lon·ga·nim·i·ty /lɔ̀(:)ŋgənímәti, *làŋ-/ *n* 《英ではまれ》我慢強さ. [L (*longanimis* long suffering)]
lóng-àrm *a* 長い補助棒の付いた. ► *vi, vt* *《俗》ヒッチハイクをする[で行く].
lóng àrm 《手の届かない所にペンキを塗るときなどに用いる》長い補助棒; 遠くまで及ぶ力; [the]*《俗》警官, おまわり, サツ, マッポ: have a ～ 権力が遠くまで及ぶ / make a ～ for…を取ろうと腕を伸ばす.
● **the ～ of coincidence** 大きな偶然の一致. **the ～ of the law** 法の遠くまで及ぶ力, 《犯人をどこまでも追いかける》警察(の手) (cf. LAW[1] *n* 1a).
lóng-árm inspèction*《軍俗》勃起した男性性器の検診, M 検《性病検査》.
lóng-awáit·ed *a* 長らく待っていた, 待ちに待った, 待望の.
lóng báll 〖野〗ホームラン; 〖サッカー〗長いパス. ● **go for the ～** *《俗》大きな利益のため大きな危険を冒す, 大ばくちを打つ.
lóng bárrow 〖考古〗長形墳《死者を葬った石室の上に築いた新石器時代の細長い土塚》.
Lóng Bèach ロングビーチ《California 州南西部 Los Angeles の南東の市; 港湾都市・海浜リゾート》.
lóng·bìll *n* 〖鳥〗**a** くちばしの長い鳥, 《特に》シギ. **b** ハシナガムシクイ《同属の数種; アフリカ産》.
lóng bíll 〖商〗《30 日以上の》長期手形; 細かくつけてある(法外な)請求書.
lóng blóck*《俗》ロングブロック《オイルポンプと油受けを除いたエンジン本体》.
lóng·bòard *n* 〖サーフィン〗《通常より長い》ロングボード.
lóng·bòat *n* 〖海〗ロングボート《帆船積載のボートでいちばん大きいもの》; LONGSHIP.

lóng-bódied *a* 〘印〙《フェース[字面(じめん)]に比べて》ボディーの大きい〈活字〉《インテルが不要》.
lóng bòne 〘解〙長骨, 管状骨.
lóng·bòw /-bòu/ *n* 長弓, ロングボウ《垂直に持ち, 手で引きしぼるタイプの木製の弓; 14 世紀から火器導入までイングランド軍の主要な武器であった》. ● **draw [pull] the ～** ほらを吹く, 作り事を言う.
lóng bówls [〈*sg*〉] ロングボウルズ《目的の球に球をあてて地面の一定距離をころがす球技》.
lóng·bów·man /-mən/ *n* 大弓[長弓]の射手.
lóng bréad*《俗》現ナマ, 大金.
lóng-càse (clòck) GRANDFATHER CLOCK.
lóng-chàin *a* 〘理〙長い(炭素)原子連鎖を含む〈分子〉.
Long·champ /*F* lɔ̃ʃɑ̃/ ロンシャン《Paris 市西部 Boulogne の森にある平馬場の競馬場; Grand Prix の開催場》.
lóng cláy 長いクレーパイプ《喫煙具》.
lóng·clòth *n* ロングクロス《薄くて軽い上質綿布; 主に乳児用衣類・下着・枕カバー用》.
lóng clóthes‖*pl* うぶ着: in ～ うぶ着を着て, まだ赤んぼで.
lóng còats *pl*‖《古》LONG CLOTHES.
lóng dáte 〘商〙長期の支払い[償還]期日.
lóng-dáted *a* 〘商〙〈手形などが〉長期の; 〘英〙〈金縁証券 (gilt-edged security) が〉償還期限 15 年以上の.
lóng-dáy *a* 〘植〙長日性の《長日の状態で花芽を形成する》(cf. SHORT-DAY, DAY-NEUTRAL): a ～ plant 長日植物.
lóng déad *a* はるか昔[ずっと以前]に死んだ, 死んで[滅亡して]久しい: My brother is ～. 兄はとうの昔に死んだ / a ～ civilization はるか昔に滅亡した文明.
lóng-dístance *a* 長距離(電話)の; *遠くの; 遠方まで及ぶ; ‖長期の〈天気予報〉: a ～ call 長距離電話 / a ～ cruise 遠洋航海 / a ～ flight 長距離飛行 / a ～ runner 長距離走者. ► *adv* 長距離電話で; 遠くまで[から]: talk ～ with…と長距離で話す. ► *vt* …に長距離電話をかける.
lóng dístance 長距離電話《通話》; 長距離電話交換手[交換局].
lóng divísion 〘数〙長除法.
lóng dózen 大ダース《13》.
lóng-dràwn-óut, -dráwn *a* 長引いた, 長く続く.
lóng drínk 《深いグラスで飲む》アルコールを(ほとんど)含まない軽い飲み物《清涼飲料・カクテルなど; cf. SHORT DRINK》. ● **have [take] a ～ of**…をごくごく飲む, 一気にグーッと飲む.
lóng drínk of wáter 《口》(興ざめな)のっぽ野郎, 電信柱.
longe /lʌ́nʤ, lɑ́nʤ/, **lunge** /lʌ́nʤ/ *n* 調馬索; 円形調馬場. ► *vt* 調馬索[円形調馬場]で調教する. [F]
lóng-éared *a* 長い耳をもった; ロバのような; ばかな.
lóng-èared bát 〘動〙ウサギコウモリ.
lóng-èared fóx 〘動〙オオミミギツネ (=*big-eared fox*)《アフリカ南部産》.
lóng-èared ówl 〘鳥〙トラフズク《全北区に分布》.
lóng éars *pl* 大きな耳, [*fig*] 早耳 (cf. PITCHER²); ロバ; ばか者, まぬけ.
lónged-fòr *a* 待ち望んだ, 待望の.
lon·ge·ron /lɑ́nʤərən, -rɑ̀n/ *n* 〘空〙《飛行機胴体の》縦通(じゅうつう)材. [F=girder]
long ess ⇨ LONG S.
lon·geur /lɔ:ŋgə́:r/ *n* LONGUEUR.
lon·ge·val, -gae- /lɑnʤí:v(ə)l/ *a* 《古》長命の.
lon·gev·i·ty /lɔ(:)nʤévəti, *lɑn-/ *n* 長生き, 長命, 長生; 寿命; 長年勤続: ～ pay 〘米軍〙年功加俸. [L (*longus* long, *aevum* age)]
lon·ge·vous /lɑnʤí:vəs/ *a* 長命の, 長寿の.
lóng fáce 浮かぬ[さえない]顔: pull [make, wear, have] a ～ 浮かぬ[憂鬱な]顔をする[している].
lóng-fáced *a* 浮かぬ顔の, いかにも憂鬱そうな; 顔の長い.
Lóng·fèllow ロングフェロー **Henry Wadsworth** ～ (1807–82)《米国の詩人; *Evangeline* (1847), *The Song of Hiawatha* (1855)》.
lóng fíeld 〘クリケット〙打者から最も遠い外野; LONG OFF, LONG ON.
lóng fínger 中指, [*pl*] 人差し指と中指と薬指. ● **put…on the ～** 《アイル》長らく先延ばしにする.
lóng fírm‖《品物を受け取り代金を支払わない》詐欺[いんちき]会社.
Long·ford /lɔ́(:)ŋfərd, lɑ́ŋ-/ ロングフォード《**1**) アイルランド中東部 Leinster 地方の県 **2**) その町・県都》.
lóng gàllery 《Elizabeth 1 世および James 1 世時代の》領主の邸宅の最上階の画廊.
lóng gàme 〘ゴルフ〙ロングゲーム《飛距離で争う場面; cf. SHORT GAME》.
lóng gréen 《俗》お札, 現ナマ; 《方》自家製タバコ.
lóng-hàir 《口》*n* **1** 髪を長くした人, 《特に》男のヒッピー; (世俗に疎い)知識人, インテリ. **2** 芸術愛好家, 《特に》クラシック音楽愛好[作曲, 演奏]家; クラシック音楽. **3** 長毛種の飼い猫. ► *a* LONGHAIRED; クラシック音楽の.
lóng·hàired *a* **1** 髪を長く伸ばした, 長髪の; 長毛の. **2**《口》象牙の塔にこもった; 知識階級の, 知識人特有の, インテリうけする; クラシック音楽を愛好する.
lóng·hànd *n* 《速記・タイプなどに対して》筆記体; 手書き文字 (cf. SHORTHAND).
lóng hándle [the] 〘クリケット〙存分に打棒をふるうこと.
lóng-hàndle(d) únderwear* LONG HANDLES.
lóng hàndles *pl**《手首・足首までの》長下着 (long johns).
lóng hául 長い距離; 《貨物の》長距離輸送; 長距離飛行[旅行]; 長期間; 長期にわたる困難[仕事], 長丁場. ● **be in…for the ～** *〈ことを〉なんとしてもなし遂げるつもりでいる. **for [over*, in] the ～** 長期間, 長期にわたって; 長い目でみれば, 結局は (in the long run). ♦ **lóng-hául** *a*
lóng·hèad *n* 長頭の人 (dolichocephalic person); 長頭; 先見: have a ～ 先見の明がある.
lóng·héad·ed *a* 《古風》先見の明のある, 賢明な, 鋭い; 長頭の (dolichocephalic). ♦ **～·ly** *adv* **～·ness** *n*
lóng hítter 長打者, 大物打ち; 《ゴルフの》ロングヒッター, 飛ばし屋; 有力者, 大物; *《俗》大酒飲み.
lóng hóme [one's] 墓《*Eccl* 12: 5》: send sb to *his* ～ / go to one's ～.
lóng hóp 〘クリケット〙はね返って遠く飛ぶボール.
lóng·hòrn *n* **1 a** 〘畜〙ロングホーン《長大な角をもつ畜牛: **1**) 英国で作出された役肉用種で, 角は長くそり返っている **2**) スペイン原産でかつて米国南西部・メキシコに普通にいた品種 **3**) TEXAS LONGHORN》. **b** *《俗》テキサス人 (Texan). **c** 〘昆〙LONG-HORNED BEETLE. **2** ロングホーン (=**～ chèese**)《チェダーチーズの一種》.
lóng-hòrned [lónghorn] béetle 〘昆〙カミキリムシ.
lóng-hòrned grásshopper 〘昆〙キリギリス.
lóng hòrse 〘体操〙跳馬 (=*vaulting horse*)《器具および競技》.
lóng hóurs *pl* 長時間, 長たらしい時間; [the] 夜中の 11 時・12 時など《時計が長く打つ時間; cf. SMALL HOURS》: work ～ 長時間労働する, 時間外労働をする.
lóng·hòuse *n* 《特に Iroquois 族などの》共同住宅; [L- H-] Iroquois 族の同盟.
lóng húndredweight 〘英〙ロングハンドレッドウェイト《=112 lb》.
lon·gi- /lɑ́nʤı, -ʤə/ *comb form*「長い」 [L (*longus* long)]
lon·gi·corn /lɑ́nʤəkɔ̀:rn/ 〘昆〙*a* 触角の長い, 長角の; カミキリムシ科の. ► *n* カミキリムシ (long-horned beetle).
long·ies /lɔ́(:)ŋiz, lɑ́ŋ-/ *n pl* 《口》LONG JOHNS.
lóng·ing *n* 切望, 熱望, あこがれ〈*for*〉. ► *a* 切望する: a ～ look あこがれのまなざし. ♦ **～·ly** *adv* [*long²*]
Lon·gi·nus /lɑnʤáınəs/ ロンギノス **Dionysius** ～《ギリシアの文芸批評についての書 *On the Sublime* (崇高について) の著者とされる 1 世紀初めの修辞学者・批評家》. ♦ **Lon·gin·e·an** /lɑnʤíniən/ *a*
lon·gi·pen·nate /lɑ̀nʤəpéneıt/ *a* 〈鳥が〉羽[翼]の長い.
lon·gi·ros·tral /lɑ̀nʤərɑ́strəl/ *a* 〈鳥が〉くちばしの長い.
lóng·ish *a* やや長い, 長めの, 長手の.
Lòng Ísland ロングアイランド《New York 州南東部の島; Connecticut 州南岸沖に位置》. ■ the **Báttle of Lòng Ísland** ロングアイランドの戦い《1776 年 8 月に行なわれた米国独立戦争初期の会戦; 英軍が Long Island に上陸し, 大陸軍を敗走させた》. ♦ **Lòng Ís·land·er** *n*
Lòng Ísland Sóund ロングアイランド海峡《Connecticut 州と Long Island の間の大西洋の入江》.
lon·gi·tude /lɑ́nʤət(j)ù:d; lɔ́nʤıtju:d, lɔ́ŋgı-/ *n* 経度, 経線《略 long.; cf. LATITUDE》; 〘天〙黄経; [*joc*] 縦, 長さ; 《古》長期間. [L *longitudo* length (*longus* long)]
lon·gi·tu·di·nal /lɑ̀nʤət(j)ú:dnəl; lɔ̀nʤıtjú:dınl, lɔ̀ŋgı-/ *a* 経度の, 経線の; 縦の; 長さの; 長手方向の; 成長[変化など]を長期的に追った〈研究・データなど〉: a ～ axis 〘空〙《機体の》前後軸, *x* 軸; 長手(方向)軸. ► *n* 《船体などの》縦通材, 縦材. ♦ **～·ly** *adv* 縦に; 経度からいって[みて], 経度的に; 長さは.
longitúdinal wáve 〘理〙縦波(たてなみ), 疎密波 (=*compressional wave*) (cf. TRANSVERSE WAVE).
lóng jénny 〘玉突〙ロングジェニー (⇨ JENNY).
Long·jiang /lʊ́ŋʤiá:ŋ/, **Lung·kiang** /; -kjǽŋ/ 竜江(りゅうこう)(ロンチアン)《斉斉哈爾 (Qiqihar) の旧称》.
Lóng Jóhn*《俗》のっぽ.
lóng jòhns *pl* 《手首・足首[ひざ]までおおう》長下着, 長いズボン下; ロングジョン《上下一体型のスウェットスーツ》.
Long John Silver ⇨ SILVER.
lóng jùmp [the] 幅跳び: *the* standing [running] ～ 立ち[走り]幅跳び. ♦ **lóng-jùmp** *vt* 〈距離を〉幅跳びで跳ぶ. **lóng jùmper** *n*
lóng knífe 《武器用の》長ナイフ; *《俗》暗殺者, 殺し屋; *《俗》《ボスに代わっていやな仕事をする》子分, 手先, 下っぱ. ■ the NIGHT OF THE LONG KNIVES.
lóng-lást·ing *a* 長期にわたる, 長持ちする, 長時間[長期間]効果のある.

lóng·lèaf (píne), lóng-lèaved píne 〔植〕ダイオウショウ[マツ]《米国南東部原産》; 大王松材.

Lóng·leat Hòuse /lɔ́(ː)ŋlìːt-, láŋ-/ ロングリート館《イングランド Wiltshire にあるチューダー朝様式の館; 庭園は Capability Brown の手になるものだが, 現在はサファリパークができている》.

lóng lég 〔クリケット〕ロングレッグ《ウィケットから遠い野手(の守備位置); cf. SHORT LEG》.

lóng-légged *a* 脚の長い; [*fig*] 速い.

lóng·lègs *n* (*pl* ～) 脚の長い人[動物]; 〔昆〕DADDY LONGLEGS; 〔鳥〕STILT.

lóng léns 〔光〕長焦点(距離)レンズ.

lóng létter 〔印〕長母音字《ā, ē など》.

lóng-life" *a* 〈牛乳・電池などが〉長期保存可能な, 長時間使用可能な, 長持ちする, 寿命の長い.

lóng·lìne /, ─́ ─̀ / *n* 〔漁業〕延縄(はえなわ).

lóng-lìner *n* 延縄漁師, 延縄漁船.

lóng·lìning *n* 延縄漁業, 縄釣り.

lóng·lìst" *n, vt* 《SHORT LIST[1] に対し》一次[下位]審査名簿(に載せる), 一次選考候補一覧(に出す).

lóng-líved /-lívd, -láɪvd/ *a* 長命の, 長生きする; 長持ちする. ♦ **～·ness** *n*

lóng-lòst *a* 長らく行方[所在, 消息]不明だった; 絶えて久しい, はるか昔の.

Lóng Márch [the] 長征《1934 年中国共産党が江西省瑞金(ずいきん)の根拠地を放棄してから翌年陝西省延安に至るまでの 9600 km にわたる大行軍》. ♦ **Lóng Márcher** 長征参加者; 長征時代以来の中国共産党の長老幹部.

lóng márk MACRON.

lóng méasure LINEAR MEASURE; 〔韻〕LONG METER.

lóng méter 〔韻〕長律《弱強格 4 脚 4 行連句; 奇数行と偶数行が各押韻》; 8 音節 4 行の賛美歌調スタンザ.

lóng móss 〔植〕サルオガセモドキ (Spanish moss).

lóng·nèck *n**《口》首の長いビール瓶; 《その》瓶ビール.

Lon·go·bard /lɔ́(ː)ŋgəbɑ̀ːrd, láŋ-/ *n* (*pl* **～s, -bar·di** /lɔ̀(ː)ŋgəbɑ́ːrdi, lɑ̀ŋ-, -dàɪ/) LOMBARD[1]. ♦ **Lòn·go·bár·dic** *a*

lóng ódds *pl* ひどく不釣合いな[差の大きい]賭け金[賭け率]. ● **by long** ODDS.

lóng óff 〔クリケット〕ロングオフ《投手の左後方の野手(の守備位置)》.

lóng ón 〔クリケット〕ロングオン《投手の右後方の野手(の守備位置)》.

lóng ònes *pl**《俗》長下着 (long johns).

lóng páddock 《豪》牧場代わりにする道.

Lóng Párliament [the] 〔英史〕長期議会《1640 年 11 月 3 日 Charles 1 世が召集し 60 年 3 月 16 日まで続いたピューリタン革命期の議会; Thomas Pride による長老派議員の追放 (1648 年 12 月) 以後は Rump Parliament と呼ばれる; 53 年 Cromwell により一旦解散させられるが 59 年に復活; cf. SHORT PARLIAMENT》.

lóng-pàted *a* [*joc*] 賢い, 抜け目のない.

lóng-périod *a* 長期の; 長周期の.

lóng píg 《食人種の食用としての》人肉.

lóng-plày *a* LONG-PLAYING.

lóng-pláy·ing *a* LP [長時間演奏]の〈レコード〉《毎分 33[1]/[3] 回転》. ♦ **lóng-pláy·er** *n* LP (レコード).

lóng prímer 〔印〕ロングプリマー《10 ポイント活字; ⇨ TYPE》.

lóng púll 長期(にわたる仕事[試練]); 長距離(旅行); 《居酒屋が客をひくため》量りをよくすること, 一杯のおまけ.

lóng púrse 《口》多額の金(の入った財布).

lóng-ránge *a* 長距離の[に達する]; 遠大な, 長期の: a ～ gun [flight] 長距離砲[飛行] / ～ plans 長期計画.

lóng rífle KENTUCKY RIFLE.

lóng róbe [the] 長衣《聖職者・法官の服; cf. SHORT ROBE》; 聖職者, 法律家《集合的》: gentlemen of *the* ～ 弁護士連, 裁判官連.

lóng ród*《俗》ライフル銃, 小銃.

lóng rún かなり長い期間; 〔劇〕長期公演, ロングラン. ● **in [over] the long** RUN. ♦ **lóng-rún** *a* 長期(間)の[にわたる] (long-term); 長い目でみた. **lóng-rún·ning** *a* 長期にわたる.

long s [ess] /─ ɛ́s/ 〔印〕長い s (ſ, *ſ*).

lóngs and shórts *pl* 〔韻〕音節の長・短でリズムを作っている詩; 〔建〕LONG-AND-SHORT WORK.

lóng sérvice 長期にわたる勤務[兵役].

Long·shan /lɔ̀ːŋʃɑ́ːn; lɔ̀ŋʃǽn/ [[U]⟨*a*⟩] 〔考古〕竜山(りゅうざん)(ロンシャオ)《前 2500–前 1700 年ころに中国の黄河流域に仰韶 (Yangshao) 文化について興った新石器時代の文化; 特に山東省の竜山文化は黒陶を特徴とする》.

lóng·shànks *n* (*pl* ～) 〔鳥〕STILTBIRD; [L-] 長脛(ながすね)王《Edward 1 世のあだ名》.

lóng·shìp *n* 《北欧で用いた》ガレーに似た船, ヴァイキング船.

lóng·shòe *n**《俗》自信たっぷりで都会風に洗練された人.

lóng·shòre *a* 沿岸の, 海岸で働く; 海港[港湾]の: ～ fishery 沿岸漁業. ► *adv* 沿岸で.

lóngshore cúrrent LITTORAL CURRENT.

lóngshore drìft 〔地質〕沿岸漂移[漂流]《波が海岸に斜めに作用するときの, 堆積物の海岸線に沿った移動》.

lóngshore·man *n**船荷荷役作業員, 港湾労働者 (docker); 近海漁夫. ♦ **-wòman** *n fem*

lóng·shòring *n* 港湾労働.

lóng-shórt stòry 普通より長い短篇小説, 中篇小説.

lóng shòt **1** 〔映〕遠写し, ロングショット (cf. CLOSE-UP). **2** いちかばちかの大ばくち, 大胆な[望みの薄い, 困難な]企て, (全くの)当て推量; 勝ち目のない選手[馬]. ● **by a ～** 大いに, はるかに: John was the best runner in the race, *by a* ～. ジョンがダントツのランナーだった. **not...by a ～** 全然…ない.

lóng síght 遠視 (hyperopia); 先見(の明): have ～ 遠目がきく; 先見の明がある.

lóng·síght·ed *a*"遠視の (far-sighted); 遠目のきく; 先見の明ある, 卓見のある, 賢明な. ♦ **～·ly** *adv* **～·ness** *n*

lóng sléeve 長袖. ♦ **lóng-sléeved** *a* 長袖の.

lóng-sléev·er 《豪俗》*n* 長いグラス; TALL DRINK.

lóng·some *a* 長ったらしい. ♦ **～·ly** *adv* **～·ness** *n*

Lóngs Péak ロングズピーク《Colorado 州北部 Front 山脈の山; Rocky 山脈国立公園の最高峰 (4345 m)》.

lóng splíce 《ロープの》長より継ぎ《継ぎ目がふくらまないようにしたロープ接合法》.

lóng·spùr *n* 〔鳥〕ツメナガホオジロ《同属の数種; 全北区北部に分布する》.

lóng-stánd·ing *a* 積年の, 長年にわたる: a ～ feud.

lóng-stày *a* 長期滞在(者)の, 長期入院(患者)の; 〈駐車場が〉長期間車を置ける.

lóng stòp 〔クリケット〕ロングストップ《wicketkeeper のすぐ後方に位置してその逸球を捕える野手; その守備位置》; 《好ましくないものを》最後で阻止[抑止]する人[もの], 奥の手.

lóng-súffer·ing *a, n* 辛抱強い(こと), 忍苦(の). ♦ **～·ly** *adv* 辛抱強く. **lóng-súffer·ance** *n*

lóng súit 〔トランプ〕ロングスーツ《通例 4 枚以上の同一組の持ち札, その組 (suit); cf. SHORT SUIT》; 《口》長所, 得手, 専門, おはこ.

lóng swéetening*《南部・中部》液体甘味料《メープルシロップ・糖蜜など》.

lóng·tàil *n* 〔鳥〕ネッタイチョウ (tropic bird).

lóng-tàiled cúckoo 〔鳥〕オニカッコウ (KOEL).

lóng-tàiled dúck 〔鳥〕コオリガモ (OLD-SQUAW).

lóng-tàiled páca 〔動〕パカラナ (FALSE PACA).

lóng-tàiled pángolin 〔動〕オナガセンザンコウ《アフリカ産》.

lóng-tàiled tít 〔鳥〕エナガ《欧州・アジア北部産》.

lóng-tàiled wídow bìrd 〔鳥〕コクホウジャク (=*sakabula*)《アフリカ南部産ハタオリドリ亜科の, 黄・赤・黒のあざやかな羽色の鳥》.

lóng táll Sálly*《俗》背の高い女(の子), 背高のっぽ.

lóng-tèrm *a* 長期(間)の; 〔金融〕長期の.

lóng-tèrm mémory 〔心〕長期(間)記憶.

lóng-tèrm potentiátion 〔神経科学〕長期増強《シナプスを介する高頻度刺激によって起こるシナプス後ニューロンの応答の長期的な増強; 長期記憶学習に関連すると考えられている; 略 LTP》.

lóng·time *a* 長い間の, 積年の (long-standing), 長期の.

lóng tíme *adv* 《古》長く (for a long time). ● **L～ no see.** 《口》[*joc*] お久しぶり, やあ, しばらく《中国語「好久不見」の直訳》.

lóng·tímer *n* 古参者 (old-timer).

lóng tín" 丈が高く長い食パン, イギリスパン.

lóng tóm 《砂金をふるうための》長かけひ; [[U]L- T-]《かつて海戦で用いられた》長距離砲; 《俗》《一般に》(大)砲; [[0]L- T-]《俗》超望遠レンズ; 〔鳥〕エナガ (long-tailed tit).

lóng tón 英トン《=2240 pounds; 略 l.t.; ⇨ TON[1]》.

lóng tóngue おしゃべり: have a ～ おしゃべりだ. ♦ **lóng-tóngued** *a* おしゃべりの (gossipy).

Lóng·ton Háll /lɔ́(ː)ŋtən-, láŋ-/ ロングトンホール《**1**) イングランド Staffordshire で 18 世紀中ごろ操業した磁器工場 **2**) そこで作られた軟磁器; 品質は良くないが現在では高価》.

lóng tróusers *pl* 《半ズボンに対して》長ズボン.

lon·guette /lɔ(ː)ŋgɛ́t, lɑŋ-; *F* lɔ̃gɛt/ *n* ふくらはぎまで届く[ミディの]スカート[ドレス] (midi). [F=somewhat long]

Lon·gueuil /lɔ(ː)ŋgéɪl, lɑŋ-/ ロンゲール《カナダ Quebec 州南部 Montreal の東郊外にある市》.

lon·gueur /lɔːŋ(g)ə́ːr; *F* lɔ̃gœːr/ *n* (*pl* **～s** /-(z)/) [[U]*pl*]《本・劇・音楽作品などの》長ったらしく退屈な個所[一節]. [F=length]

Lon·gus /lɑ́ŋgəs/ ロンゴス《2–3 世紀のギリシアの作家; 牧歌的恋愛小説 *Daphnis and Chloe* の作者》.

lóng vác"《口》LONG VACATION.

lóng vacátion"《裁判所・大学の》夏期休暇.

lóng víew 将来を見すえた目, 長期的展望: take a ～.

lóng wáist 《衣服の》低いウエスト(ライン).

lóng-wáist·ed *a* 胴の長い; 〈衣服など〉ウエストラインを低くした.

lóng wàve 〔通信〕長波《波長 545 [600] m または 1000 m 以上; 略 LW》.

lóng·wàys *a, adv* LENGTHWISE.

lóng·wéar·ing* *a* HARDWEARING.

lóng wéekend /; ─́ ─̀ ─́, ─́ ─̀ ─̀/ 長い週末《3 連休など普通より長い週末の休日》; [*fig*]《両大戦の》戦間期.
lóng wínd /-wínd/ 長く続く息; [*fig*] 冗文, 冗弁: have a ～ 息が長く続く, 息切れしない.
lóng-wínd·ed /-wínd-/ *a* 息の長く続く, 息切れしない; 長たらしい, 冗長な, くどい. ♦ **～·ly** *adv* **～·ness** *n*
lóng-wíre antènna [àerial]〖通信〗長導波アンテナ[空中線]《波長の数倍の長さを有する》.
lóng·wise *a, adv* LENGTHWISE.
lóng·wòol *n* 毛が長くて粗い羊.
Long·xi /lúŋʃí:/, **Lung·ki** /lúŋkí:/ 竜渓(りゅうけい)(ロンシー)《漳州 (Zhangzhou) の旧称》.
Long Xuy·en /lauŋ swí:ən/ ロンスエン《ヴェトナム南西端 Mekong デルタの南側にある市》.
Long·year·by·en /lɔ́(:)ŋjìərbù:ən/ ロングイールビュアン《北極海のノルウェー領 Spitsbergen 島の村; Svalbard 諸島の中心》.
lo·nic·era /lounísərə, lɑ̀nəsíərə/ *n*〖植〗スイカズラ, ニンドウ《スイカズラ属 (*L-*) の総称》. [Adam *Lonicerus* (＝Lonitzer) (1528–86) ドイツの植物学者]
Lönn·rot /lǿenrù:t/ リョンロート **Elias** ～ (1802–84)《フィンランドの民俗学者・文学者; *Kalevala* の採録・編集者》.
Lons·dale /lɑ́nzdèɪl/ ロンズデール **Frederick** ～ (1881–1954)《英国の劇作家》.
Lónsdale bélt [the] ロンズデールベルト《英国のボクシングのチャンピオンベルト; 1909 年創設; 同一階級で 3 回これを受けると自分のものになる》. [Earl of *Lonsdale* (1857–1944) 当時の全英スポーツクラブの会長]
Lons-le-Sau·nier /*F* lɔ̃ləsonje/ ロンルソニエ《フランス東部 Jura 県の温泉町・県都; 発泡ワインの産地》.
loo[1] /lú:/ *n* (*pl* **～s**)〖トランプ〗ルー《罰金が賭け金にプールされるゲーム》; ルーの賭け金[罰金]. ► *vt*《ルーで》〈負けた者〉に罰金を払わせる. [*lanterloo*<F *lantur(e)lu*; 17 世紀の流行歌のリフレイン]
loo[2] *n* (*pl* **～s**)"《口》トイレ, 便所. [C20<?]
loo[3] *n, vt, vi*《スコ》LOVE.
loo·by /lú:bi/ *n* とんま, まぬけ. [ME; ⇨ LOB[1]]
loo·ey, loo·ie /lú:i/ *n**《軍俗》LIEUTENANT.
loof /lú:f/ *n*《スコ》てのひら (palm).
loo·fa(h) /lú:fə/ *n* LUFFA.
loo·gan /lú:gən/*《俗》*n* とんま, まぬけ; プロボクサー; チンピラ, ごろつき; ビール.
loo·gie /lú:gi/ *n**《俗》《吐いた》痰, つば: hock a ～ 痰(たん)を吐く.
look /lúk/ *vi* **1 a** 目を向ける, 見る, 眺める, 注視する, 熟視する;《口》(驚いて)目をみはる〈*at*〉; [ᵁ～ing]〖野〗ボールを見送る: He ～*ed* up *at* the sky and saw a plane flying. 空に目を向けると飛行機の飛んでいるのが目に入った / *L*～ *at* the dog jump [jumping]. 犬がはねる[ている]のをごらん / ～ the other way 顔をそむける; そっぽを向く, 無視する / I'm only [just] ～*ing*. ちょっと見ているだけです《店員の May I help you? に対する応答》/ don't ～ now, but…(気づかれるから)今見ないほうがいいけど《会うとまずい人がいる》/ *L*～ before you LEAP / Ryan struck out, ～*ing*. ライアンは見送りの三振を喫した. **b** 気をつける, 調べてみる〈*at, to*〉. **2** [補語または副詞句[節]を伴って] 顔つき[様子]が…だ, 〈…に〉見える, …らしい, 〈…と〉思われる (appear); [ᵁ*impv*] …の顔つき[表情]をする: He ～*s* very ill. よほど悪い様子だ / ～ glum しぶい顔をしている / ～ tired [worried, happy] 疲れた[悩んでいる, 幸福な]様子だ / ～ one's age 年齢相応に見える / She ～*ed* (to be) in good health 健康そうだった / He ～*s* (like) a good man. 彼はいい人らしい / It ～*s* like a storm [as if it may storm]. あらしでも来そうな様子だ / Don't ～ so sad. そんな悲しそうな顔はするな. **3**〈家などが〉…向きである, 〈…に〉面する (face), 〈…を〉望む〈*upon, onto, into, over, down, toward*〉;〈事実・情勢などが〉〈…に〉傾く, 向く (tend): The house ～*s* (*to* the) south [*upon* the park]. 家は南向きだ[公園に面している] / Conditions ～ *toward* war. 戦争になりそうな情勢だ.
► *vt* **1 a** 熟視する, 調べてみる, 確かめる;《古》捜す: ～ sb in the eye(s) [face] 人の目[顔]を直視する / ～ death in the face 死と直面する / ～ sb through and through 人をじろじろと見る. **b** [if, how, who などを伴って; ᵁ*impv*] 見て確かめる, 調べてみる, 気をつける, よく見る; [that 節を伴って; ᵁ*impv*]《古》(…であるように)取り計らう, 注意する: Do ～ *what* you are doing!《非難・驚きを表わし》自分が何をしているかわかってるのか, いったい何のつもり[まね]だ / *L*～ who's here! だれかと思ったらきみじゃないか / *L*～ who's TALKing! **2** …の目つき[顔つき]をする; 目つき[顔つき]で示す[表わす]: ～ death 殺すぞと威嚇的な表情をする / She ～*ed* thanks [consent]. 感謝[承諾]の意を目で示した. **3**《古》見つめて[にらんで]…させる: I ～*ed* him *to* shame. 彼をにらみつけて恥じ入らせた / The policeman ～*ed* him *into* silence. 警官は彼をじろりと見て黙らせた. **4** [to 不定詞を伴って]《口》…するつもりでいる, 期待する: What are you ～*ing to* do next? 次は何をするつもりですか / I ～ *to* hear from you again. またお手紙をお待ちします / I did not ～ *to* meet you here. ここできみに会うとは思わなかった.
● **as soon as ～ at** sb《口》直ちに[迷うことなく]《よからぬことをする》: They'd stab you *as soon as* ～ *at* you. やつらはあんたを見かけたらすぐに刺しにかかるだろうよ. **HERE's ～ing at you. L～!**《注意を促して》そら, ねえ, いいこと, いいか, なあ, それ(ごらん); LOOK here! **～ about**＝LOOK around; 見張る, 警戒する; 情勢[立場]を考える. **～ about** one 自分のまわりを見まわす, 周囲に気をつける; 情況[立場]を考える; (周囲の事情などを考え)慎重に計画する. **～ after**…のあとを見送る; …に気をつける, …の世話[管理]をする; …を求める: (be able to) ～ *after* oneself 自分のことは自分でする(ことができる) / *L*～ *after* yourself! "《口》気をつけて《別れの挨拶》. **～ ahead** 先を見越す〈*to*〉; 前方を見る;〈ボートのこぎ手が進行方向を〉振り返る. **～ around** (…のあたりを)見まわす; 振り向く; (…を)見て[調べて]まわる;《見まわして》捜す〈*for*〉; いろいろ考えてみる: ～ *around* (the town) (町を)見物してまわる. **～ at**… (1) …を見る, 眺める, 熟視する: *L*～ *at* you. 何だその顔[態度]は, みっともないよ; どうしたの, そのかっこうは. (2) 考察[検討]する, 調べる; 読む; 顧みる; [ᵁ*impv*] …の場合を考えてみる. (3) 考慮する; [won't, wouldn't に伴って] …を相手にしない: He *wouldn't* ～ (*twice*) *at* my suggestion. わたしの提案に目をくれようともしなかった. (4)〈問題など〉に直面する. **～ away** 目をそらす〈*from*〉. **～ back** 振り返って見る〈*at, on*〉; 回顧する〈*upon, to*〉; [ᵁ*neg*]《口》うまくいかなくなる, 落ちめになる, しりごみする; "訪ねなおす, また来る: never ～ *back* とんとん拍子にいく. **～ beyond**…を越えて未来を想い描く. **～ DAGGERs at. ～ down** うつむく; 見おろす; 見くだす;〈物価など〉下向きになる. **～ down on [at]**…を見おろす; …を見くだす, 軽蔑する; …に冷淡だ. **～ down** one's NOSE **at**…. **～ for**… (1) [通例 進行形で] …を捜す: ～ *for* a job 仕事を捜す / ～ *for* trouble 求めて災いを招くようにふるまう, (よせばいいのに)むちゃをする. (2) 待ちうける, 期待する: I'll ～ *for* you about two o'clock. 2 時ごろお待ちしています. **～ forward** 前方を見る; 将来を考える. **～ forward to**…を期待する, 《普通は楽しみ[あて]にして》待つ, …が待ち遠しい: I ～ *forward to* hear*ing* from you. お便りをお待ちします. **L～ here!** なあ, おい, いいかい, あのね!《注意を促す; 特に 相手にいらだって何かを言い聞かせる時などの前置き》. **～ in** 中を(のぞいて)見る〈*at*〉; 立ち寄る, 訪問する〈*on* sb〉; 調べる〈*on*〉; テレビを見る. **～ into**…をのぞき込む; …に立ち寄る, …をのぞいてみる;〈本など〉にざっと目を通す; …を調べる; …を研究する. **～ it** それらしく見える: He's a king [shrewd], but he doesn't ～ *it*. **～ like**…に(形が)似ている; …であるように見える[思える], …になりそうである: What does it ～ *like?* どんな格好のものか / She ～*ed* nothing *like* her photo. 写真とまるで別人だった / It ～*s like* rain(ing). 雨になりそうだ / Don't even ～ *like*…みたいなそぶりを見せるなよ. **～ like a** MILLION **dollars. ～ (like)** one**self** いつものように元気そうである: ～ one*self* again 回復[再起]したように見える. **～ on** (1) 傍観[観察]する. (2) いっしょに見る[読む]: May I ～ *on* with you? (3) …とみなす, …と考える〈*as*〉: We ～ *on* him *as* an impostor. われわれは彼を詐欺師と考えている. (4)〈…な気持で〉見る〈*with*〉: ～ *on* sb *with* distrust 人を不信の眼で見る. (5) 立ち寄る. **～ out** (1) 外を見る, 注意をそらす: ～ *out* (*of*) the window 窓から外を見る《of を省くのは米》. (2) 注意して捜す, 見張っている, 用心する〈*for*〉;〈…の〉世話をする, 面倒を見る〈*for*〉: *L*～ *out!* 気をつけろ, あぶない! / ～ *out for oneself* [number one] 自分のことだけ考える. (3)〈家などが…に〉面する, 〈…を〉望む〈*on, over, etc.*〉. (4)" 調べて選び出す. **～ over(…)** (1) …に(ざっと)目を通す, 調査する; (…を)視察[点検]する. (2)〈過失など〉を大目に見る《★ この意では overlook がよい》. **～ round**＝LOOK around. **～ see***《俗》見る, 検分する. **L～ sharp [smart]!** 急げ, 早くしろ, 油断[ぼやぼや, ちんたら]するな! **～ through**…を通して見る[見える]; 探るように[じろじろと]見る, …を十分に調べる; 見破る, 見抜く;〈書類など〉を通して(ざっと)読む[見る];〈眼前の人〉を(目に入らぬかのように)無視する: ～ *through* one's eye〈心などが〉目に現われる / He ～*ed* straight [right] *through* me. わたしを全く無視した. **～ to**…に顔[目]を向ける; 監視する, 見張る; …に注意する, 意を配る, 気をつける; …の面倒を見る; …にたよる, 期待する, あてにする; 待望する; *…に傾く, 目指す: I ～ *to* him *for* help [*to* sing to us]. 彼の援助を[彼が歌ってくれるのを]期待しています / ～ *to* it that…するよう注意する, 取り計らう. **～ toward**…《口》…のために祝杯をあげる, …の健康を祝する; *…に傾く, …の方を向く (cf. *vi* 3);〈家などが〉…に面する; …に期待する. **～ up** (*vt*) 調べる;《口》《居所を捜して》〈人を〉(ちょっと)訪れる, 立ち寄る: *L*～ *up* the word in your dictionary. その語を辞書で調べてごらん / I'll ～ you *up* when I'm in town. 町に出たときに寄ります. (*vi*) 見上げる, 目を上げる; 元気を出す; 大望をいだく;〈景気などが〉上向く, よくなる: Things are ～*ing up*. 事態は好転している. **～ up and down** くまなく捜す〈*for*〉;〈人を〉(軽蔑したように[いやらしい目で])頭のてっぺんからつまさきまで[じろじろと]眺める, 《吟味・検査のため》〈物を〉仔細に[つくづくと]眺める. **～ upon**＝LOOK on. **～ up to**…を見上げる, 尊敬する. **L～ what the** CAT[1] **brought in! L～ you!** おいきみ, いいかい (Mind (you)!). **not know where [which way] to ～**《口》ばつの悪い思いをする. **to ～ at(…)** 見た目には; 見た様子から判断すると: fair *to* ～ *at* 見たところ[外見は]美しい / not much *to* ～ *at*《口》不器量な, あまり魅力的でない / *To* ～ *at* her, you'd never guess that she was an actress. 彼女を見ただけでは女優だったとはとても想像できないだろう.
► *n* **1** 見ること, 一見 (glance)〈*at*〉; 調べること: have a ～ around

[round''] (…を)見てまわる / have a ～ for…を捜す / have [take, give] a ～ at…をちょっと見る[調べる] / take a hard ～ at…を目を凝らして見る / exchange ～s 顔を見合わせる. **2** 目つき, 目色, 顔つき; 顔色; [*pl*] 容貌, 《口》美貌: give a hard ～ こわい目つきをする / good ～s 美貌 / lose [keep] one's ～s 容色[美貌]が衰える[を保つ]. **3** 様子, 外観; 《ファッションの》型, 装い, ルック: the ～ of the sky 空模様 / a ～ of age 古色, (時代の)さび / I don't like the ～ of him. あの人の様子が気に食わない / have a ～ of…にぼんやり似ている, 様子が…のようだ / take on an ugly ～〈事態が〉険悪になる / a safari ～ サファリルック. ● **a black** [《口》**dirty**] **～** 怒った顔: give [get] *a black* ～ いやな顔をする[される]. **by** [**from**] **the ～ of** sb [sth] 人[物]の顔つき[様子]から判断すると.
[OE *lōcian*; cf. G *lugen* to look out]

lóok-ahèad *n, a* 〘電算〙先取り(の), ルックアヘッド(の)《複数の可能性などについてあらかじめ演算を行なうこと[能力]》.

lóok-alìke* *n* 《口》そっくりな人[もの]; *《口》互換性のあるコンピューター, コンパチ機: a Michael ～ マイケルのそっくりさん. ► *a* そっくりな.

lóok and féel 〘電算〙ルックアンドフィール《OS やアプリケーションのデザインや操作感》.

lóok-and-sáy mèthod 一目(ひと)読み方式《音とつづりの結びつきよりもむしろ語全体を視覚的に認識させようとする読み方教授法; cf. PHONICS》.

Lóok Báck in Ánger 『怒りをこめて振り返れ』《John Osborne の戯曲 (1956); 労働者階級出身の大学出で既成社会に入り込めない若者 Jimmy Porter の不満と焦燥を, 妻 Alison との結婚生活における葛藤と一種の和解を中心に描く; 1950 年代の Angry Young Men を代表する作品》.

lóok·bòok *n* ルックブック《ファッションブランドの最新コレクションやコーディネートを掲載したカタログ》.

lóok·dòwn *n* 〘魚〙シロガネアジ《大西洋産の銀色をしたアジ; 体が扁平で, 口が眼よりずっと下位についている》.

lóok-dòwn rádar 〘軍〙《機載の》見おろし型[下方探査, ルックダウン]レーダー《低空の移動物標を探査する》.

lóok·er *n* **1 a** 見る人; 世話をする人; ''検査をする人. **b***《俗》商品を見て歩いている買物客, ひやかしの客. **2** …な風采の人; 《口》顔のいい人, 《特に》(すごい)美人 (good-looker).

lòok·er-ón *n* (*pl* **lòok·ers-ón**) 傍観者, 見物人 (on-looker, spectator): *Lookers-on* see most of the game. 《諺》'岡目八目'.

lóok·ie-lóo *n**《俗》見物人, やじ馬.

lóok-ìn *n* ちらっと(のぞいて)見ること, 一瞥(いちべつ); 短い訪問, ちょっと立ち寄ること; 調査; ''《口》参加すること[機会], 成功[勝利]の見込み, 勝算; 〘アメフト〙ルックイン《フィールドの中央へ斜めに走る味方へのすばやいパス》: have [get] a ～ ちょっとのぞいてみる; [°*neg*]《口》チャンスを得る, 勝ち目がある.

lóok·ing *a* [*compd*] …に見える: angry-～ 怒ったような顔つきの / a disagreeable-～ man つきあいにくそうな人.

lóok·ing-glàss *a* 《口》さかさま[ひっくり返し, あべこべ]の.
[*Through the Looking-Glass*]

lóoking glàss 鏡, 姿見 (mirror); 鏡ガラス.

lóok·ism *n* 外見による差別, 見た目への偏見. ♦ **-ist** *n, a*

lóok·it*《口》*vt* [*impv*] 見ろ, 見ろよ (look at). ► *int* 聞きなさい, 聞いてくれ!

lóok·òut *n* **1 a** 見張り, 用心, 警戒 (watch); ''《口》任務, 仕事; 《口》心配事: keep a sharp ～ 油断なく見張りする, 特別の注意を払う〈*for*〉/ on the ～ 見張りして, 警戒して, 捜して〈*for*〉/ That is my ～. それは自分で始末するよ《お世話無用》/ It's your own ～. それはきみ(自身)の責任だ. **b** 見張り人; 〘海〙/lúkaut/ 見張り番[船]. **c** 見張り所, 望楼. **2** 眺望, 見晴らし; ''見込み, 前途 (prospect): It's a bad ～ for him. 彼の前途が心配だ, 先が案じられる.

Lóokout Móuntain ルックアウトマウンテン《米国東部, Tennessee 州南東部から Georgia 州北西部, Alabama 州北東部にまたがる山嶺 (648 m); Tennessee 州 Chattanooga に近い南北戦争の古戦場 (1863)》.

lóok-òver *n* (ざっと)調べること, 吟味, 点検: give sth a ～ 検査する.

lóok-sáy mèthod LOOK-AND-SAY METHOD.

lóok-sèe *n* **1***《口》ざっと見あらためること, 検査, 調査; 視察旅行, 見まわり: take [have] a ～ ざっと目を通す[調べる]. **2***《俗》《大道医師などの携帯する》医師免許証, 銃砲所持許可証, 《兵士の》通行証, 《一般に》許可[免許]証, 鑑札.

lóok·ùp *n* 調べること, 検索; 〘電算〙《計算結果などを収めた表の》索表, ルックアップ; 《テキスト中の単語の登録データとの》自動照合, ルックアップ.

loom[1] /lúːm/ *n* **1** 織機, 機(はた); 機織りの技術. **2** ルーム《オールの柄の船内にある部分; オールの水かき (blade) と取っ手 (handle) の間の部分》. ► *vt* 機で織る. [OE *gelōma* tool; cf. HEIRLOOM]

loom[2] *vi* ぼんやりと現われる, ぼうっと見える〈*out of*〉; [°～ large]〈危険・心配など〉気味悪く迫る, のしかかるように[大きく]現われる. ● **～ ahead** 前途に待ち受ける[立ちはだかる]. **～ up** 不意に立ちはだかる. ► *n* ぼんやりと(不気味に大きく)現われること; 《霧の中などに》ぼんやり[おぼろげに]見える姿[形]. [C16<? East Frisian *lōmen* to move slowly]

loom[3] *n* 〘鳥〙**a** アビ (loon). **b** ウミガラス, ウミバト (guillemot), ウミスズメ (auk). [ON (Swed *lom*)]

LOOM 〘米〙Loyal Order of Moose《1888 年 Kentucky 州に設立された友愛組合; 現在は MOOSE, International》.

lóo màsk 《18 世紀に仮面舞踏会などで着けた》顔の上半をおおうマスク. [LOUP[2]]

lóom·er *n**《サーフィン俗》《ゆっくりと近づくにつれて》すごく大きくなってくる波.

lóom·ing *a* ぼうっと見える; 差し迫った〈危機・問題など〉, 不気味な. ► *n* 〘気〙浮上《地平線下の物体が浮き上がって見える現象》.

lóom-stàte *a* 〈綿織物が〉機おろしのままの, 未捺染の.

loon[1] /lúːn/ *n* 〘鳥〙アビ《アビ属の鳥の総称》; 《カナダ》LOONIE: (as) crazy as a ～ ひどく気違いじみて《アビの危険をのがれる際の動作と大きな笑い声のような奇妙な鳴き声から》. [*loom*[3]]

loon[2] *n* 《口》なまけ者, やくざ者; 狂人; 無骨者, ばか者; 《スコ》男の子, 若者 (lad); 《スコ》売女(ばいた); 《古》卑しい身分の者: lord and ～ 《古》貴賤. ► *a* 《俗》LOONY. [ME<?]

loon[3''] *vi* はしゃぐ, ふざける, ばかをやる〈*about, out*〉. [↑]

lóon·bàll *n**《俗》頭の変なやつ, 気違い. [*loon*[2]]

lóoner-tùne(s) *n* 《俗》LOONY-TUNE(S).

loo·nie /lúːni/ *n* 《カナダ口》ルーニー《1 カナダドル硬貨; 裏にアビ (loon) が描かれている》.

lóon pànts [tròusers] ''《口》*pl* ひざから下が広がったぴっちりしたふだん用ズボン (＝**loons** /lúːnz/). [panta*loon*]

loo·ny, loo·ney, loo·nie /lúːni/ 《口》*a* 狂った, いかれた; まぬけの, ばかな; 《政治的に》過激な; 酔っぱらって. ► *n* 頭の変なやつ, 狂人 (lunatic). ♦ **lóo·ni·ness** *n* [*lunatic*]

lóony bìn 《口》[*derog*] 精神病院, 《病院の》精神科病棟.

lóony túnes *n, a* 《俗》狂った(やつ), 変わった(やつ), 気違い. [*Looney Tunes* 米国のアニメシリーズの名前].

loop[1] /lúːp/ *n* **1 a** 環, 輪, 輪穴《糸・ひもなどでつくる》; 《織物の》耳; 輪飾り; 《旗ざおを通す》乳(ち); 環[弧]状の取っ手[留金]; [the] 避妊リング (IUD). **b** 〘鉄道・電信〙環状線, ループ線 (＝～ line)《本線と分かれてまた先でつながる線路》; 〘電子工〙閉[環状]回路; 〘通信〙LOOP ANTENNA; ループ《両端をつないで環状にした反復映写用フィルム[再生用テープ]》. **2 a** 湾曲線, 湾曲; 〘数〙自閉線; 〘指紋〙蹄状紋 (cf. ARCH[1], WHORL); 〘解〙係蹄(けいてい)《管状構造の屈曲部》; 〘理〙《定常振動[定常波]における》節 (node) と節の間の部分; 〘理〙腹《その振幅が極大になる所》. **b** 〘スケート〙結び目型, ループ; 〘空〙宙返り(飛行) (loop-the-loop). **3** [the L-] ループ《Chicago 市の高架鉄道環状線に囲まれた中心商業地区》; 《一般に都市の》中心地区, 都心. **4***《俗》〘スポ〙連盟, リーグ, 連盟加盟チームが本拠を置く諸都市; *《俗》〘スポ〙《野球・ボクシングなどの》回, 《ゴルフの》ホール《ティーからカップまでの試合の単位としての》. **5** 〘電算〙ループ《プログラム中の反復使用される一連の命令; その命令の反復使用》. ● **in the ～** 《口》中枢にいて, 内情[内幕]に通じて; *《口》回覧中で, 進行中で. **knock** [**throw**]**…for a ～***《口》〈人を〉ぶんなぐる, ぶちのめす (knock out); *《口》〈酒が〉〈人〉に強烈に効く, 泥酔させる; *《口》〈人を〉どぎまぎ[あたふた]させる; *《口》〈人を〉驚喜させる, たまげさせる; *《口》〈物事を〉うまくやってのける. **out of the ～** 《口》中枢部からはずれて, 事情に疎くて.
► *vt* 輪にする, 輪で囲む; (輪で)くくる〈*up, back*〉; 〈ロープなどを〉巻く, 巻きつける〈*around*〉; 輪で結ぶ〈*together*〉; 弧を描くよう動かす; …に耳をつける; 〘電子工〙〈導体を〉接続して閉[環状]回路にする; 〈音楽・CD などを〉エンドレスで流す. ► *vi* 輪をつくる, 輪になる; 輪[弧]を描いて動く, シャクトリムシのように進む, 〘空〙宙返りをする; 〘電算〙ループを実行する. ● **～ the ～** 〈飛行機・凧が〉宙返りをする; ループザループで宙に縦の環を描く (cf. LOOP-THE-LOOP).
[ME<?; cf. Gael *lub* loop]

loop[2] *n* 《古》LOOPHOLE.

loop[3] *n* 〘金工〙鍛造[圧延]用に加熱された柔らかい塊鉄. [OF *loup* wen[1], knob<Gmc]

lóop antènna [àerial] 〘通信〙ループアンテナ.

lóop diurètic 〘薬〙係蹄(けいてい)[ループ]利尿薬《ヘンレ係蹄 (loop of Henle) のナトリウム再吸収を抑制する作用をもつ利尿薬》.

looped /lúːpt/ *a* 輪になった, 環のついた; *《俗》酔った.

lóop·er *n* 輪[環]をつくる[つける]人[もの]; 〘昆〙シャクトリムシ (＝*inchworm, measuring worm, spanworm*); 〘機〙《ミシンなどの》糸の環をつくる装置, メリヤス編み継ぎ機; 〘野〙《大きく・高く》弧を描くボール《投球・打球》; *《俗》《ゴルフの》キャディー.

lóop·hòle *n* 銃眼, 狭間(はざま); 空気抜き; 逃げ道, 抜け穴: close a ～ 抜け穴をふさぐ〈*in*〉/ Every law has a ～. 《諺》いかなる法にも抜け穴がある. ► *vt* 《壁など》に狭間[銃眼]をつくる. [LOOP[2], HOLE]

lóop·ing *a**《俗》酔った (looped).

lóop knòt ループ結び.

lóop-lègged *a* 《俗》酔っぱらった, よろよろする, 千鳥足の.

lóop line 〘鉄道・電信〙LOOP[1].

lóop of Hén·le /-hénli/ 〘解〙ヘンレ係蹄(けいてい) (＝*Henle's loop*)《腎細管の髄質部にある U 字形の屈曲》. [F. G. J. *Henle* (1809–85) ドイツの病理学者]

lóop stìtch ループステッチ《ループをつくるステッチ[かぎ針編み]》.
 ♦ **lóop stitch·ing** *n*
lóop-the-lóop *n* 〘空〙宙返り; 宙返りジェットコースター, ループザループ (cf. LOOP[1] *the loop*).
lóop window 〘建〙細長窓.
lóop·wòrm *n* 〘昆〙シャクトリムシ (looper).
lóopy *a* 輪 (loop) の多い; «口» 頭のおかしい, 変わった, いかれた, ばかな; «口» 酔った; «スコ» ずるい: go ～ 気が変になる; ‖激怒する.
 ♦ **lóop·i·ly** *adv* **-i·ness** *n*
Loos /lóʊs/ ロース **Adolf** ～ (1870–1933)《オーストリアの建築家; Moravia 生まれ; 装飾を罪悪とみなし, 主に私邸の設計で ヨーロッパのモダニスト建築家に影響を与えた; Vienna の Steiner 邸など》.
loose /lú:s/ *a* **1 a** 解き放たれた, 自由な (free); 〈時間·資金など〉使途の定まっていない; 〘化〙遊離した; 〘文法〙意味的関連が薄い, 結合が弱い: a ～ dog [criminal] / shake one*self* ～ 身を振り放す / ～ funds. **b** «口» 落ちついた, くつろいだ, 余裕のある; おおらかな, 金離れのよい. **c** *«俗» 酔っぱらって. **2 a** 結んでない, 離れている; 束ねて[綴じて]ない, 包装してない, ばらの, ばら売りの; 〈お金が〉小額単位の, 《紙幣でなく》硬貨の: LOOSE END / ～ cash [change] ばら銭, 小銭 (⇨ LOOSE CHANGE) / a ～ leaf 綴じてない[抜き差し自由の]紙, ルーズリーフ (cf. LOOSE-LEAF) / ～ milk 《瓶詰めでなく》量り売りの牛乳. **b** 〈戸·歯·機械の部分などが〉がたがたの, ぐらぐらの, ゆるい, あまい (opp. *fast*): a SCREW ～ / have a TILE ～. **c** 〈染料·染色物など〉堅牢でない, (色の)落ちやすい. **3 a** 〈服が〉ゆるい, ゆとりのある; ゆるめた, ぴんと張っていない; 〈体などが〉締まりのない, だぶだぶの; ぐにゃぐにゃの; 〈土などが〉ぼろぼろの, もろい; 下痢ぎみの: have a ～ hold 監督が不十分である / with a ～ rein 手綱をゆるめて; 自由にさせて, 甘やかして / a ～ frame [build, make] 締まりのない体格 / ～ bowels 下り腹 / a ～ cough 痰を伴う咳 (opp. *dry cough*). **b** *«俗» 金がない, ピーピーしている, からっけつの. **4 a** 〈心が〉締まりのない, 不正確な, あいまいな, 〈訳が〉字義どおりでない, 〈論理など〉厳密さを欠く, 〈文体が〉散漫な; «古» ばらばらの, 雑多な〈情報など〉: in a ～ sense おおまかな意味で / ～ talk 散漫な話, まとまりのない談話 / have a ～ TONGUE. **b** ずぼらな, いいかげんな; 信頼できない; «古風» 身持ちの悪い, 《話·ふるまいが》みだらな (opp. *strict*); *«俗» 妙な, いかれた; *«俗» 無謀な, むちゃな: lead a ～ life だらしのない生活をする / a ～ fish 道楽[放蕩]者 / ～ morals 不品行 / a ～ woman ふしだらな女. **5** 目の粗い〈織物〉; 〈隊形などが〉散開した, 〘アメフト〙〈フォーメーションが〉隙間の多い, ルースの (cf. TIGHT); 〘ラグビー·ホッケー〙(だれにも)拾われて[キープされて]いない〈ボール·パック〉; 〘クリケット〙〈投球が〉不正確な, あまい, 〈守備が〉隙のある, もたもたした: in ～ order 〘軍〙散開[疎開]隊形で / the ～ play [game]. ● **break ～** 脱出する, 束縛を脱する. **cast ～** 解き放す, (自分で)放れる. **come ～** ゆるむ, 解ける. CUT ～. **get ～** 逃げる. **hang [stay, keep] ～** *«口» 落ちつきを保つ, 平静でいる, リラックスしている, ゆったり構える. **let ～** 逃がす, (解き)放す; 勝手にさせる; «口» 放つ, 発射する; «口» どなる, 叫ぶ; «口» 思いどおりにする, 羽を伸ばす: *let oneself* ～ «口» 遠慮なく[勝手に]言う[やる]. **let ～ of**…を放す; …から独立する, 自由になる. **let ～ with**… 〈叱責のことばなど〉を言い放つ; 〈叫び声〉を上げる. **～ as a goose** *«俗» とても落ちついた, くつろいだ (loose). **～ in the bean [the upper story]** *«俗» 気が狂って, いかれて. **set ～** (解き)放す. **tear ～** *«俗» 逃げる, ずらかる 〈*from*〉. **turn ～** 放つ, 解放する; 発砲する; 攻撃する; くどくど話す. **work ～** 〈ねじなどが〉ゆるむ, がたがたになる.
 ► *adv* [ᵘ*compd*] ゆるく (loosely): *loose*-fitting. ● **play** FAST[1] **and ～**. **sit ～ to**…にとらわれない, あまり影響をうけない.
 ► *n* [the] 〘ラグビー〙《フォワードの》ルース(プレー); 放任, 放縦, 解放; 発射, 矢離れ. ● **give (a) ～ to**… ‖〈人〉を自由にさせる, 〈感情·空想〉のおもむくにまかせる. **on the ～** 〈脱走した囚人·動物など〉自由で, 束縛されないで, 逃亡中で, 野放しで; 浮かれ騒いで.
 ► *vt* 〈結び目などを〉解く, ほどく; 〈矢·弾丸·ミサイルなどを〉放つ, 発射する, ぶっ放す 〈*off, out*〉; 〈船〉のもやい綱を解く, はずす; 〈緊張·規則などを〉ゆるめる; 《束縛·義務·罰などから》〈人·動物などを〉放免する, 自由にする: ～ one's hold 手をゆるめる 〈*of*〉. ► *vi* 鉄砲を撃つ, 矢を放つ 〈*off, at*〉; «方» 〈授業が〉終わる; 出帆する; «古» ゆるむ. ● **～ sth on [upon]**… 〈破壊力·危険な物事を〉〈人·物〉に放つ, さらす.
 ♦ **～·ly** *adv* ゆるく, だらりと; ばらばらに; 粗く, 不正確に; 締まりなく; 不身持ちに; 漠然と. **～·ness** *n* ゆるみ, たるみ, 散漫; 粗雑; 不身持ち, 放蕩; ずぼら; 下痢. **lóos·ish** *a*
 [ON *lauss*; cf. OE *lēas* untrue, G *los* loose]
lóose-bódied *a* 〈衣服が〉ゆるい, だぶだぶした.
lóose·bòx ‖*n* BOX STALL.
lóose cánnon *«口» 《勝手なことを言ったりしたりして》周囲に混乱を起こす者, 何を言い出すか[しでかすか]わからんやつ, あぶないやつ, 手に負えない問題児, やっかいなもの; *«俗» 偉そうに大口をたたくやつ, ほら吹き (braggart).
lóose chánge 小銭, 自由になる持ち金.
lóose cóupling 〘電〙《2 つのコイル間の》疎結合.
lóose cóver ‖《椅子などの》おおい(布), カバー (slipcover*).
lóose énd 《ひも·縄の》くくりつけてない端; [ᵘ*pl*] やり残しの部分, 未解決事項: tie [clear] up (the) ～*s* 締めくくりをつける, 仕上げる. ● **at a ～**＝***at ～s** 未解決のままで; 混乱して; (定職がなく)ぶらぶらして, 将来のあてもなくて, (することがなくて)みずからをもてあまして.
lóose-fítting *a* ゆるい, ゆったりした〈衣服〉(opp. *close-fitting*).
lóose fórward 〘ラグビー〙ルースフォワード《スクラムの後部のフォワード》.
lóose héad 〘ラグビー〙ルースヘッド《スクラム最前列のフッカー (hooker) の左側のプロップ (prop); cf. TIGHT HEAD》.
lóose-jóint·ed *a* 関節のゆるい; 自由に動く; 全体に締まりのない, 組立ての雑な. ♦ **～·ness** *n*
lóose-knít *a* ゆるやかな[弱い]まとまりの, 寄り合い所帯の〈連合など〉.
lóose knòt 〘木工〙抜け節(ぶし).
lóose-lèaf *a* ルーズリーフ式の〈本·ノート·用紙など〉. ► *n* 加除式出版物.
lóose-límbed *a* 四肢[手足]の柔軟な〈運動選手など〉.
loos·en /lú:s(ə)n/ *vt* ゆるめる 〈*up*〉; 解く, 放す, 放つ, ばらばらにする; 〈腸〉に通じをつける; 〈咳を〉緩和する; 〈規制などを〉ゆるやかにする 〈*up*〉: ～ one's grip [hold] つかんだ手をゆるめる, 支配の手[統制]をゆるめる 〈*on*〉/ ～ sb's tongue 人の口を軽くする, ペラペラしゃべらせる.
 ► *vi* ゆるむ, たるむ; ばらばらになる, ほぐれる. ● **～ up** ⇨ *vt*; *«口» 財布のひもをゆるめる; (〈筋肉[体]を〉)ほぐす, 準備運動をする; くつろぐ, うちとけて話す; 気楽にさせる, うちとけさせる; ゆとりをもたらす 〈*into*〉.
 ♦ **～·er** *n*
lóose scrúm [scrúmmage] 〘ラグビー〙ルーススクラム《レフェリーの指示によるのではなく, 競技中にボールのまわりに形成されるスクラム; モール (maul) または ラック (ruck)》.
lóose séntence 〘修〙散列文《文尾に至らないうちに文意が完成する文句を連ねた文章で, 談話体に多い; opp. *periodic sentence*》.
lóose smút 〘植〙《麦類の》裸黒穂(はだかくろほ)病 (cf. COVERED SMUT).
lóose·strìfe *n* 〘植〙 **a** オカトラノオ属の草本, 《特に》ヒロハクサレダマ《サクラソウ科; マメ科の低木レダマに似る》. **b** ミソハギ, 《特に》エゾミソハギ属の草本.
lóosestrife fàmily 〘植〙ミソハギ科 (Lythraceae).
lóose-tóngued *a* 口の軽い, おしゃべりな.
lóose wíg *«俗» 陶酔したミュージシャン. [wig をとばしたりすることから]
loos·ey-goos·ey /lú:sigú:si/ *a* *«俗» とても落ちついた, くつろいだ, ゆったりした (cf. LOOSE *as a goose*).
loos·ing, low·sening /lú:sɪŋ, -zɪŋ, lóʊ-/ *n* «ヨークシャー» 21 回目の誕生日の祝い.
loosish ⇨ LOOSE.
loot[1], **lieut** /lú:t/ *n* 戦利品; 略奪品; 略奪(行為); 《王墓などの》盗掘; 《官吏などの》不正利得; «口» 《大量の》贈り物, 買い物; «口» カネ (money), 金目のもの. ► *vt, vi* 《戦乱·暴動などに乗じて》略奪する, 〈家·都市などから〉略奪する; 不正利得を得る. ♦ **～·er** *n* 略奪者; 盗掘者; 不正利得者. **～·ing** *n* [Hindi]
loot[2] *n* *«俗» LIEUTENANT.
lóo tàble ルーテーブル《ルー用の円卓》.
lop[1] /láp/ *vt, vi* (-pp-) **1** 〈枝を〉切る 〈*off, away*〉; 〈木〉の枝をおろす, 刈り込む (trim); 《手足をはねるように》切りつける 〈*at*〉; 〈首·手足などを〉切る, はねる 〈*off, away*〉; «古» 〈人〉の手足[首]を切る. **2** (余分なものとして)削除[削減]する, 除外する 〈*off*〉. ► *n* 枝おろし, 刈り込み; 切り枝, 小枝: ～ and top [crop] 《商品価値がなく》切り取られた小枝と末木. ♦ **lóp·per** *n* 《木の》刈り込みをする人; 刈り込みばさみ. **lóp·pings** *n pl* 切り枝. [ME＝branches cut off＜OE **loppian*; cf. LOBE, *lip* (obs) to prune]
lop[2] *vi, vt* (-pp-) (だらりと)たれる[たらす], ぶらさがる; のらくら[ぶらぶら]する 〈*about*〉; 〈ウサギなどが〉ぴょんぴょん跳んで行く. ► *a* たれさがる: ～ ears たれ耳. ► *n* [ᴼL-] ロップ種(のウサギ)《たれ耳のウサギ》. [C16 ? imit; cf. ↑, LOB]
lop[3] *n* «北イング» ノミ (flea). [? ON (*hlaupa* to LEAP)]
lope /lóʊp/ *vi* 〈鹿·馬などが〉(はずむように)軽やかに跳んで[駆けて]行く, 〈人が〉軽く大きな足取りで進む[走る] 〈*along*〉. ► *vt* lope させる.
 ► *n* 《馬の》ゆる駆け (cf. CANTER[1]); 大またの軽やかな駆け足.
 ♦ **lóp·er** *n* [ON; ⇨ LEAP]
lóp-èar *n* LOP[2].
lóp-èared *a* 〈ウサギなど〉たれ耳の.
Lope de Vega ⇨ VEGA[2].
lo·per·a·mide /loʊpérəmàɪd/ *n* 〘薬〙ロペラミド《止瀉薬》.
Ló·pez /lóʊpèz, -pèɪθ, -pèɪs/ **1** ロペス《男子名》. **2** ロペス (1) **Carlos Antonio** ～ (1790–1862)《パラグアイの独裁者; 大統領 (1844–62)》 (2) **Francisco Solano** ～ (1827–70)《パラグアイの独裁者; Carlos Antonio の子; 父のあとを継いで大統領 (1862–70); ブラジル·アルゼンチン·ウルグアイと交戦 (パラグアイ戦争), 国土は荒廃, みずからも戦死》. [Sp]
López Ma·te·os /—— mətéɪəs, -oʊs/ ロペス·マテオス **Adolfo** ～ (1910–69)《メキシコの政治家; 大統領 (1958–64); 工業化を推進, 農業改革を拡大した》.
López Por·til·lo /—— pɔ:rtí:joʊ/ ロペス·ポルティーヨ(·イ·パチェコ) **José ～ (y Pacheco)** (1920–2004)《メキシコの法律家·政治家; 大統領 (1976–82)》.
loph- /láf, lóʊf/, **lopho-** /láfoʊ, lóʊ-, -fə/ *comb form* 「冠 (crest)」「ふさ (tuft)」 [Gk *lophos* crest]

lópho·brànch /-bræ̀ŋk/ *n, a* LOPHOBRANCHIATE.
lòpho·bránchiate 〘魚〙 *n* 総鰓(そうさい)類の魚《タツノオトシゴなど》. ► *a* 総鰓類の.
lóph·odònt *a, n* 〘動〙 横堤歯をもつ(動物)《臼歯の咬合面にうね状の隆起がある》.
lópho·phòre *n* 〘動〙《コケムシ・ホウキムシ・腕足類の口の周囲の》ふさかつぎ, 触手冠. ♦ **lòpho·phór·ate** /-fɔ́:rət/ *a, n* ふさかつぎ[触手冠]の; 触手冠動物.
Lop Nor /lɑ́p nɔ́:r/, **Lop Nur** /-núər/ [Lake] ロプノール湖《中国新疆(しんきょう)ウイグル自治区 Tarim 盆地にある塩湖》.
lop·o·lith /lɑ́pəlìθ/ *n* 〘地質〙 盆盤, 盆状岩体, ロポリス《中央部がくぼんだ貫入岩体》. [Gk *lopos* basin, *-lith*]
lóp·py[1] *a* たれている, だらりとした. [*lop*[2]]
loppy[2] *n* 《豪俗》《牧場の》雑役係, 何でも屋. [? *lop*[3]]
lóp·síded /, ─ ─ ─/ *a* 一方に傾いた; 〈試合・勝利などが〉不均衡の, 偏った, 一方的な: give a ~ grin 口もとをゆがめてニヤッと笑う / ~ trade 片貿易. ♦ **~·ly** *adv* **~·ness** *n*
loq. loquitur.
lo·qua·cious /loʊkwéɪʃəs, ˈlɔ-/ *a* 冗舌な, 多弁の; 騒々しい〈小鳥・水など〉. ♦ **~·ly** *adv* **~·ness** *n* [L (*loquor* to speak)]
lo·quac·i·ty /loʊkwǽsəti, ˈlɔ-/ *n* 冗舌, 多弁.
lo·quat /lóʊkwɑ̀t/ *n* 〘植〙 ビワ (枇杷) (=*Japanese medlar* [*plum*]). [Chin (Cantonese) 櫨橘]
lo·qui·tur /lɑ́kwətər/ *vi* 〈だれそれ〉話す, 言う《役者名のあとにつける舞台指示語; 略 loq.》. [L=he [she] speaks]
lor, lor' /lɔ́:r/ *int* ˈ《口》 おや, ゲッ! [*Lord*]
Lo·ra /lɔ́:rə/ ローラ《女子名》. [⇨ LAURA]
lo·ral /lɔ́:rəl/ *a* 〘動〙 目先 (lore) の.
lo·ran /lɔ́:ræ̀n; -rən/ *n* 〘海・空〙 ロラン《船・航空機が 2 無線局から受ける電波の到着時間を測定して自分の位置を割り出す装置; cf. SHORAN》. [*long-range navigation*]
lor·az·e·pam /lɔ:rǽzəpæ̀m, -réɪ-/ *n* 〘薬〙 ロラゼパム《ベンゾジアゼピン系抗不安薬》. [*chlor-*, *diazepam*]
Lor·ca /lɔ́:rkə/ ロルカ **Federico García ~** ⇨ GARCÍA LORCA.
lor·cha /lɔ́:rʧə/ *n* 西洋式船体の中国船. [Port]
lord /lɔ́:rd/ *n* **1 a** 支配者, 首長, 主人; 君, 君主《国王の尊称》; 《土地・家などの》所有者, 主 (owner); 〘史〙 領主: our sovereign ~ the King 今上[国王]陛下 / the ~*s* of (the) creation 万物の霊長《人間》; [*joc*] 男 / FIRST LORD. **b** 大立者, …王: a steel ~ 鉄鋼王. **c** 《詩》/[*joc*] 夫, 背の君; 《廃》 家長; [*joc*] 詩人: one's ~ and master [*joc*] ボス, 親分; [*joc*] ご亭主, ご主人様. **2** [ᵘthe L-] 主(しゅ), 神 (God); [ᵘour L-] (わが)主 (Savior), キリスト: *L~* (above)! = O(h) *L~*! = *L~* God! = Good *L~*! = *L~* bless me [us, you, my soul]! = *L~* knows! = *L~* have mercy! ああ, おお! 《驚きの発声》/ *L~* KNOWS that [what, etc.] / in the year of *our L~* 1969 主の年(=西暦) 1969 年に《形式ばった表現》(cf. ANNO DOMINI) / *The L~* is my shepherd 主はわが牧者なり《「詩篇」第 23 篇の冒頭の句》. **3** 〘英〙 貴族, 華族 (peer), 上院議員; 卿《侯[伯, 子, 男]爵, および 公[侯]爵の子息, 伯爵の長子, 上院議員である archbishop, bishop の尊称; ⇨ SIR》; [*voc*] my LORD; [the L-s] 《英国議会の》上院議員たち《Lords Spiritual および Lords Temporal》, 上院 (the House of Lords); [L-s] LORDS COMMISSIONERS: Englishman loves a ~. 《諺》 イギリス人は貴族を尊敬する. **4** 祝宴の司会者. **5** 〘占星〙 司星 (dominant planet). ● **be ~ of**…を領有する. **live like a ~** ぜいたくに暮らす. **my L~** [~] /mɪ̀lɔ́:rd, mɪlɔ́:rd, °(裁判官に対する発音) mɪlʌ́d/ 閣下! ★ 侯爵以下の貴族, Bishop, Lord Mayor, 高等法院判事の敬称. 今は Bishop, Lord Mayor, Lord Provost および法廷で高等法院判事に対するほかは儀式ばった場合にだけ用いる. **swear like a ~** 《By God!, Damn it! などの》口ぎたないことばを盛んに[やたら]口にする. **The L~ FORBID! treat like a ~** 殿さま扱いにする; 丁寧[豪勢]にもてなす.
► *vi* えらぶる, いばりちらす 〈*over*〉. ► *vt* 《まれ》 貴族にする (ennoble), …に Lord 称号を授ける. ● **~ it** いばる, 君臨する 〈*over*〉 (cf. KING [QUEEN] *it*): He *~ed it over* his household. 家では亭主関白ぶりを発揮した.
♦ **~·less** *a* 主君[主人, 支配者]のない, 無主の.
[OE *hlāford*＜*hlāfweard* loaf keeper; ⇨ LOAF[1], WARD]
Lòrd Ádmiral LORD HIGH ADMIRAL.
Lòrd Ádvocate [the] 〘スコ〙 検事総長, 法務長官《イングランドの Attorney General に相当する》.
Lòrd Bíshop 主教《公式の呼び方》.
Lòrd Chámberlain (of the Hóusehold) [the] 〘英〙 宮内長官.
Lòrd Cháncellor [the] 〘英〙 大法官 (=*Lord High Chancellor, Chancellor of England*) 《閣僚の一人で, 歴史的には司法部の頂点, 議会会期中は上院議長でもあった; 起源的には国王の国璽保管者で秘書的機能を果たしていた; 略 LC, LHC》.
Lórd Chìef Jústice (of Éngland) [the] 〘英〙 首席裁判官《高等法院 (High Court) の王座部の長官; 略 LCJ》.
Lòrd Clérk Régister [the] 〘スコ〙 公文書保管人.
Lòrd Commíssioner (*pl* **Lòrds Commíssioners**) 〘英〙 《海軍省・財務省などの》最高執行委員; 《スコットランド教会総会での》国王代理.
Lòrd Commíssioner of Ádmiralty [the] 〘英〙 海軍本部委員《1964 年廃止》.
Lórd Commíssioner of the Tréasury [the] 〘英〙 国家財政委員会委員《Treasury Board のメンバーである下院議員》.
Lórd Grèat Chámberlain (of Éngland) [the] 〘英〙 式部長官《主な任務は議会開会式での国王[女王]の供奉; 世襲職》.
Lòrd Háw-Hàw /-hɔ́:hɔ̀:/ ホーホー卿《第二次大戦中ドイツから英国に向けて宣伝放送をした William Joyce のあだ名》.
Lórd Hìgh Ádmiral 〘英史〙 海軍卿.
Lórd Hìgh Cháncellor [the] 〘英〙 大法官 (LORD CHANCELLOR).
Lord High Commissioner LORD COMMISSIONER.
Lord High Constable (of England) ⇨ CONSTABLE OF ENGLAND.
Lórd Hìgh Stéward [the] 〘英〙 王室執事長《現在は国王戴冠式や貴族の裁判などの際にのみ任命される》.
Lórd Hìgh Tréasurer (of Éngland) [the] 〘英史〙 大蔵卿 (=*Lord Treasurer, Treasurer*).
Lòrd Hówe Ísland /-háʊ-/ ロードハウ島《オーストラリア Sydney の東北東, Tasman 海にある火山島》.
lórd·ing *n* [ᵘ*pl*, ᵘ*voc*] 《古》 LORD; 《廃》 LORDLING.
lórd-in-wáit·ing *n* 〘英〙《王家・皇太子家の》侍従《貴族出身の男子; cf. LADY-IN-WAITING》.
Lòrd Jím ロード・ジム《Joseph Conrad の同名の小説 (1900) の主人公であるもと船員; 難破の際に船客を見捨てた償いにマレーの未開地で先住民のために献身するが, 男に裏切られて現地リーダーの息子を死なせ, 自身の死をもまねく》.
Lòrd Jústice Clérk 〘スコ〙 最高法院次長.
Lòrd Jústice Géneral 〘スコ〙 最高法院長.
Lòrd Jústice (of Appéal) 〘英〙 控訴院裁判官.
Lòrd Kéeper (of the Gréat Séal) [the] 〘英〙 国璽尚書(こくじしょうしょ).
Lòrd Lieuténant (*pl* **Lòrds Lieuténant**) [the] 〘英〙 統監《州における王権の首席代表; 現在ではほとんど名誉職》; [the] アイルランド総督《1922 年まで》. ♦ **Lòrd Lieuténancy** *n*
lórd·ling *n* [*derog*] 小君主; 小貴族.
lórd·ly *a* 君主[貴族]にふさわしい, 威厳のある, 堂々たる, りっぱな; 尊大な, 横柄な. ► *adv* 君主[貴族]らしく; 堂々と; 横柄に ♦ **lórd·li·ly** *adv* **-li·ness** *n* 君主[貴族]然とした態度, 威厳; 尊大.
Lòrd Lýon (Kíng of Árms) ⇨ LYON[1].
Lòrd Máyor [the] 〘英〙《London, York など大都市の》市長: *the* ~ of London ロンドン市長《City of London の長》.
Lórd Màyor's Bánquet [the] ロンドン市長晩餐会《London の Guildhall で毎年新市長の選出後行なわれる晩餐会; 首相が演説するならわしがある》.
Lórd Máyor's Dày ロンドン市長就任日《11 月の第 2 土曜日 [もと 9 日]》.
Lòrd Máyor's Shòw [the] ロンドン市長就任披露パレード《Lord Mayor's Day に新市長が金色の馬車に乗って London 市内で行なうパレード》. ♦ **after the ~ (comes the muck-[shit-] cart)** ˈ《俗》 竜頭蛇尾.
Lòrd Múck ˈ《口》 殿様然としたやつ, 偉そうにした旦那《気取り屋で, 身分の低い者をやたらに軽蔑する人物; cf. LADY MUCK》.
Lórd of Appéal (in Órdinary) [the] 〘英〙 常任上訴裁判官 (⇨ LAW LORD).
Lórd of hósts [the] 万軍の主, エホバ (Jehovah), 神.
Lórd of Misrúle [the] 無礼講の主 (=*Abbot* [*King, Master*] *of Misrule, Abbot of Unreason*) 《15–16 世紀イングランドの宮廷や貴族邸で開いたクリスマスの宴の司会者》.
Lórd of Séssion [the] 〘スコ〙 控訴裁判所裁判官 (=*senator*).
lórd of the bédchamber 〘英〙 LORD-IN-WAITING.
Lórd of the Flíes **1** 蝿の王《BEELZEBUB の異名》. **2** 『蝿の王』《William Golding の小説 (1954); 飛行機事故で無人島に生きることになった少年たちが, 秩序ある社会をつくろうとする試みもむなしく原始的野蛮に支配されていく》.
Lórd of the Mánor ˈ《韻俗》 6 ペンス (tanner); [°l- of the m-] ˈ《上流韻俗》 スパナ (spanner).
Lórd of the Ríngs [The] 『指輪物語』《J. R. R. Tolkien 作の長篇ファンタジー (三部作, 1954–55); 架空の世界 Middle-earth を舞台に冥界の王 Sauron に対する Hobbit 族の Frodo Baggins とその仲間たちの戦いを描く》.
Lórd of the Tréasury [the] 〘英〙 大蔵卿(きょう).
lord·ol·a·try /lɔ:rdɑ́lətri/ *n* 貴族崇拝.
Lòrd Órdinary 〘スコ〙 スコットランド民事控訴院 (Court of Session) 裁判官《特に Outer House で審理する第一審担当裁判官を指す》.
lor·do·sis /lɔ:rdóʊsəs/ *n* (*pl* **-ses** /-sì:z/) 〘医〙 (脊柱)前湾(症) (cf. KYPHOSIS, SCOLIOSIS); 《哺乳類の雌の交尾時における》前湾姿勢. ♦ **lor·dót·ic** /-dɑ́t-/ *a*

Lòrd Péter ピーター(ウィムジー)卿 ～ **Wimsey**《Dorothy L. Sayers の推理小説に登場する貴族探偵で, 典型的英国紳士》.
Lòrd Président LORD PRESIDENT OF THE COUNCIL;〘スコ〙控訴裁判所長官.
Lòrd Président of the Cóuncil [the]〘英〙枢密院議長《Privy Council の議長で, 閣僚の一人; 近年は Leader of the House of Commons [Lords] が兼任することが多い; 略 LPC》.
Lórd Prívy Séal [the]〘英〙王璽尚書(おうじしょうしょ)《閣僚のひとり; 無任所相; 略 LPS》.
Lórd Protéctor (of the Cómmonwealth) [the]〘英史〙保護者卿, 護国卿《共和政治時代の Oliver Cromwell とその子 Richard の称号》.
Lòrd Próvost [the]《スコットランドの大都市の》市長.
Lòrd Réctor《スコットランドの大学で》学生の選挙による理事, 名誉総長.
Lord's /lɔ́:rdz/ ローズ《London 北部にあるクリケット競技場; 世界のクリケットのメッカと呼ばれる; Marylebone Cricket Club の本部》.［Thomas *Lord* (1755–1832) 創設者］
lórds-and-ládies *n* (*pl* ～)〘植〙**a** CUCKOOPINT. **b** JACK-IN-THE-PULPIT.
Lórd's dày [the, °the L- D-] 主の日, 主日 (Sunday).
Lórd's Dày Obsérvance Socìety [the]〘英〙主日遵守協会《キリスト教の安息日である日曜日を安息および宗教的行為に当てる日として厳格に守ろうという運動を行なう目的で 1831 年に設立された組織; 日曜日に商売やスポーツをすることに反対する; 略 LDOS》.
lórd·shìp *n* **1** 君主[貴族]たること; 統治権, 領主の権力 ‹*over*›;《一般に》支配 ‹*over*›, 領有 ‹*of*›; 領地. **2** [°L-]〘英〙閣下《公爵を除く貴族・主教 (bishop)・裁判官の尊称; ⇨ LORD》: his ～ (＝he) [your ～ (＝you)] 閣下《lord に対して, またはふざけて[皮肉を込めて]普通の人にもいう; ⇨ MAJESTY》.
Lòrds Ordáiners *pl*〘英史〙王室取締令発布委員《1310 年 Edward 2 世が反対派貴族の圧力を受けて任命した 21 名の貴族・聖職者からなる委員会》.
Lòrd Spíritual (*pl* **Lòrds Spíritual**) [the]〘英〙《上院の》聖職貴族《archbishop または bishop》.
Lórd's Práyer [the] 主の祈り, 主禱文《イエスが弟子たちに教えた祈り; 'Our Father which art in heaven…' で始まるもの; *Matt* 6: 9–13, *Luke* 11: 2–4》.
Lórd's Súpper [the] 主の晩餐, 最後の晩餐 (Last Supper); [the] 聖餐 (communion).
Lórd's táble [the, °the L- T-] 主の食卓, 聖餐台, 祭壇 (altar)《*1 Cor* 10: 21》; 聖餐式.
Lòrd Stéward of the Hóusehold [the]〘英〙(宮廷)執事卿.
Lórds·town sỳndrome* /lɔ́:rdztàun-/ ローズタウン症候群《自動組立てラインで働く労働者の欲求不満症状》.［*Lordstown*: Ohio 州の町で, GM の完全自動化組立て工場がある］
Lòrd Témporal (*pl* **Lòrds Témporal**) [the]〘英〙《上院の》世俗貴族《歴代貴族の当主または一代貴族》.
Lòrd Tréasurer [the]〘英史〙LORD HIGH TREASURER (OF ENGLAND).
Lòrd Wárden〘英〙CINQUE PORTS 総督.
lórdy *int* ああ, おお!《驚き・狼狽などを表わす》: *L*～ me!
lore[1] /lɔ́:r/ *n* 習得知識; 体験知; 口碑, 民間伝承, 言い伝え;《特定分野についての》科学的知識;《特定の個人・集団・土地に関する》伝説;《古》教え: ⇨ FOLKLORE, BIRDLORE.［OE *lār* learning (⇨ LEARN); cf. G *Lehre*］
lore[2] *n*〘動〙目先《鳥の目と上くちばしの間や蛇・魚の目と鼻孔の間》. ♦ **lo·re·al** /lɔ́:riəl/ *a*［L＝strap］
Lo·re·lei /lɔ́(:)rəlàɪ, lɑ́r-/ **1** ローレライ《**1**) ドイツ西部 Koblenz と Bingen の間の Rhine 川中流右岸にそびえる岩 **2**) 同所に出没し, 美しい歌声で船人を誘惑して難破させたという魔女》. **2***《俗》ごたまぜ(の料理).
Lor·en /lɔ́:rən/ **1** ローレン《男子名》. **2** ローレン **Sophia** ～ (1934–)《イタリアの映画女優; *La Ciociara* (ふたりの女, 1961)》.［⇨ LORENZO］
Lo·rentz /lɔ́:rènts/ ローレンツ **Hendrik Antoon** ～ (1853–1928)《オランダの物理学者; 電磁放射理論の業績でノーベル物理学賞 (1902)》. ♦ **Lo·réntz·ian** *a*
Lórentz(-FitzGérald) contràction〘理〙ローレンツ(-フィッツジェラルド)収縮 (＝*FitzGerald(-Lorentz) contraction*)《速度 *v* で動く物体が, 光速度を *c* として, その運動方向に $(1-v^2/c^2)^{1/2}$ の割合に縮んで見える現象》.［Hendrik *Lorentz*, George F. *FitzGerald*］
Lórentz fòrce〘理〙ローレンツ力《磁場中を運動する荷電粒子に作用する力》.［H. A. *Lorentz*］
Loréntzian métric〘数〙ローレンツ計量《空間次元のほかに時間 1 次元を含むような不定符号の計量; cf. RIEMANNIAN METRIC》.
Lórentz transformàtion〘理〙ローレンツ変換《特殊相対性理論において用いられる慣性座標系の間の座標変換》.［H. A. *Lorentz*］
Lo·renz /*G* lɔ́:rɛnts/ ローレンツ **Konrad Zacharias** ～ (1903–89)《オーストリアの動物学者; 動物行動学 (ethology) を確立; ノーベル生理学医学賞 (1973)》.
Lo·ren·zo /lɔ:rénzou/ **1** ロレンゾ《男子名》. **2** ～ **de' Medici**＝～ **the Magnificent** ⇨ MEDICI.［⇨ LAURENCE］
lo-res /lóurέz/《口》*a* 低解像度の (low-resolution); LOW-RES.
Lorestān ⇨ LURISTAN.
Lo·re·to /ləréɪtou, -rέt-/ ロレート《イタリア中部 Marches 州, Ancona の南にある町; 聖母マリアの家 Santa Casa (＝Holy House) への巡礼で有名》.
Lo·ret·ta /lərέtə/ ロレッタ《女子名》.［⇨ LAURETTA］
Lo·rét·to Schòol /lərέtou-, lɔ:-/ ロレット校《スコットランド Edinburgh の東 Musselburgh の近くにある男子パブリックスクール》.
lorg /lɔ́:rg/ *n**《俗》どあほう, とんちんかん, ばか.
lor·gnette /lɔ:rnjέt/, **lor·gnettes** /-ts/ *n* 柄付き眼鏡[オペラグラス], ロルネット.［F (*lorgner* to squint)］
lor·gnon /*F* lɔrɲɔ̃/ *n* 眼鏡,《特に》片眼鏡, 鼻眼鏡; LORGNETTE.［↑］
Lo·ri /lɔ́:ri/ ローリ《女子名; Laura の異形》.
lo·ri·ca /ləráɪkə, lɑ-/ *n* (*pl* **-cae** /-ki, -sì:/)〘史〙胸当て (cuirass);〘動〙被甲, 被殻, ロリカ.［L］
lor·i·cate /lɔ́(:)rəkèɪt, lɑ́r-, -kət/〘動〙*a* 被甲 (lorica) をもつ. ► *n* 被甲をもつ動物《輪虫類・ワニ類など》.
lór·i·càt·ed /-kèɪtəd/ *a* LORICATE.
Lo·ri·ent /*F* lɔrjɑ̃/ ロリアン《フランス北西部 Morbihan 県の, Biscay 湾に臨む町・海港》.
lor·i·keet /lɔ́(:)rəkì:t, lɑ́r-, ⏑⏑⏑ ⏑⏑/ *n*〘鳥〙インコ科の小型のインコ《主にニューギニア原産; セイガイインコ属, イロドリインコ属など》.［*lory*, *-keet*; *parakeet* などの類推］
lor·i·mer /lɔ́(:)rəmər, lɑ́r-/, **-i·ner** /-nər/ *n*〘史〙《はみ・拍車などの》馬具金物師.［L (*lorum* reins)］
Lo·rin·da /lərɪ́ndə/ ローリンダ《女子名; Laura の異形》.
lo·ris /lɔ́:rəs/ *n*〘動〙ロリス, ノロマザル《ロリス科 (Lorisidae) の数種の霊長類; 夜行性で, 動作が鈍い》,《特に》: **a** ホソロリス, ホソナマケザル, スレンダーロリス (＝slender ～)《インド・スリランカ産》. **b** ナマケザル, スローロリス (＝slow ～)《東南アジア産》.［F＜? Du (obs) *loeris* clown］
lo·rís·ifòrm /lə(:)rísə-, lə-/ *a* LORIS に似た.
lorn /lɔ́:rn/ *a*《詩》孤独な; 見捨てられた;《廃》だめになった, 破滅した. ♦ **～·ness** *n*［(pp) ‹ *leese* (obs) to LOSE］
Lorn, Lorne /lɔ́:rn/ ■ **the Fírth of** ～ ローン湾《スコットランド西部, Mull 島と本土との間にある大西洋の入江》.
Lor·na /lɔ́:rnə/ ローナ《女子名》.
Lorrain ⇨ CLAUDE LORRAIN.
Lor·raine /ləréɪn, lɔ(:)-, lɑ-/ **1** ロレイン《女子名; 愛称 Lorrie》. **2** ロレーヌ《GUISE 公の姓》. **3** ロレーヌ (G Lothringen)《**1**) フランス北東部の地方・旧州; 鉄鉱石を産出; ⇨ ALSACE-LORRAINE **2**) Meuse, Moselle, Rhine 川の流域にあった中世初期の王国; 別名 Lotharingia **3**) フランス東部の旧公国; もとロレーヌ王国の南半分 (Upper ～) を占めた **4**) フランス北東部の地域圏; Meurthe-et-Moselle, Meuse, Moselle, Vosges の 4 県からなる》.
Lorráine cróss CROSS OF LORRAINE.
Lor·rie /lɔ́:ri/ ローリー《女子名; Lorraine の愛称》.
Lor·ris /*F* lɔris/ ⇨ GUILLAUME DE LORRIS.
lor·ry /lɔ́(:)ri, lɑ́ri/ *n*″貨物自動車, トラック (＝motor-～″, motortruck*);《鉱山などの》貨車, トロッコ, LARRY[2];《車体が低く長い》四輪馬車. ● **fall off (the back of) a** ～ [通例 過去形・完了形で]《口》[°*joc*] 盗まれる.［C19＜?; 人名 LAURIE か］
lórry-hòp *vi*″《口》トラック便乗[ただ乗り]旅行をする (cf. HITCHHIKE).
lórry·lòad *n* LORRY 1 台の満載[積載]量.
lo·ry /lɔ́:ri/ *n*〘鳥〙ヒインコの類《豪州・ニューギニア産》.［Malay］
LOS °line of scrimmage♦°line of sight.
los·able /lú:zəb(ə)l/ *a* 失い[失われ]やすい. ♦ **～·ness** *n*
Los Al·a·mos /lɔ(:)s ǽləmòus, lɑs-/ ロスアラモス《New Mexico 州北部の町; 世界で最初の原子爆弾を製造した原子力研究所がある》.
Los Angeléno, Los An·ge·le·an /lɔ(:)s æ̀nʤəlí:ən, lɑs-/ ロサンジェルス出身[在住]の人 (Angeleno).
Los An·ge·les /lɔ(:)s ǽnʤələs, -lì:z, lɑs-; -lì:z/ ロサンジェルス《California 州南西部の大都市; 略 LA》.
Los Ángeles Tímes [the]『ロサンジェルス・タイムズ』《Los Angeles で発行されている朝刊紙; 1880 年創刊; 略 LAT》.
Los An·ge·li·za·tion /lɔ(:)s æ̀nʤələzéɪʃ(ə)n, lɑs-; -laɪ-/《俗》ロサンジェルス化《都市において人口・交通混雑・犯罪などの問題が抑制されないままに悪化すること》.
Ló·schmidt's nùmber /lóuʃmɪts-/〘化〙ローシュミット数《0°C で 1 気圧の気体 1 cm^3 に含まれる分子数 2.687×10^{19} をいう; cf. AVOGADRO NUMBER》.［Joseph *Loschmidt* (1821–95) これを計算したオーストリアの化学者］
lose /lú:z/ *v* (**lost** /lɔ́(:)st, lɑ́st/) *vt* **1 a** 失う; 置き忘れる, 遺失す

る: He *lost* a large sum of money *on* the deal. その取引で大金をすった / I *lost* all sense of direction. 方角がまるでわからなくなった / You have [You've got] nothing to ～.＝What have you got to ～? 失うものはなにもない. **b**〈職などを〉失う; 〈賭け金・権利などを〉喪失する, 没収される; 〈親族などを〉失う, …と死別する; 〈医師が〉〈患者を〉助けそこなう, 死なせる; 〈女性が〉〈赤ん坊を〉死産する, 流産する: ～ one's son *to* cancer 息子を癌で亡くす. **c**〈物・目的などを〉見失う; 〈道〉に迷う; 〈健康・バランス・興味・信用などを〉保てなくなる, 失う; 《自動車レース俗》〈車〉のコントロールを失う. **2 a** 見[聞き]そこなう; 《口》混乱させる, 話についていけなくする; 〈汽車・バスなど〉に乗り遅れる; 〈犯人・好機・賞金などを〉のがす: I'm afraid you've *lost* me there. そこのところがわたしにはわからないのですが. **b**〈勝負・戦いなど〉に負ける, 敗れる (opp. *win, gain*); 〈動議を〉否決される: The Cubs *lost* the game *to* the Mets. カブスはメッツに敗れた. **c**〈時計が〉〈…分〉遅れる (opp. *gain*): This watch ～*s* only a few seconds in a month. この時計は 1 月で数秒しか遅れない. **3** [ᵘ*pass*/～ *-self*; ⇨ LOST] **a**《雑踏などで》迷う 〈*in*〉. **b**〈我を〉忘れる, 没頭する 〈*in*〉. **c** 見えなくなる, 姿をくらます 〈*in*〉. **4 a** [ᵘ*pass*] 滅ぼす, 破壊する, 死なせる: The ship and its crew *were lost* at sea. 船も乗組員も海のもくずと消えた / We *are lost*. (われわれは)もうだめだ, 万事休す. **b** 浪費する (waste): There is no time [not a moment] to ～ (＝to be *lost*). 一刻も猶予はならない. **5** [二重目的語を伴って] 失わせる (cost): This *lost* them the victory. このため彼らは勝利を逸した / His impudence *lost* him her favor. 彼は生意気だったので彼女に嫌われた. **6 a**〈相手を〉引き離す, 〈追っ手などを〉まく. **b** *〈余分なもの・不快なものを〉取り除く, 追い払う; 〈病気・恐怖を〉のがれる: I have *lost* my cold. かぜが治った / ～ one's fear こわくなくなる. **c**〈体重を〉減らす, 落とす: She has *lost* 10 pounds. 10 ポンドやせた[減量した]. **7**《俗》〈食事など〉もどす, 吐く. ► *vi* **1** 失敗する (fail); 負ける. **2** 損害をうける, 損をする 〈*by*〉; (ある)価値を失う, 衰える, 弱る; 〈時計が〉遅れる: He *lost* heavily on the deal. その取引で大金をすった / A TALE never ～*s* in the telling. / You can't ～. 《口》やって損はない; きっと勝つ[うまくいく] / ～ in speed スピードが落ちる. ● **～ it**《口》自制をなくす, かっとなる, 気が狂う, キレる, 《笑い・涙など》こらえきれなくなる, 止まらなくなる; *《口》吐く, もどす (vomit). **～ out**《口》競争に負ける, 敗退する 〈*to*〉; 失敗する, (大きな)損[不利益]を被る 〈*in, on*〉; 取り[もらい]そこなう 〈*in, on*〉. **～ to…**《口》…に負ける, …に水をあけられる: England *lost* to Spain. ♦ **lós·able** **lós·able·ness** *n* [OE *losian* to perish (*los* loss); OE *lēosan* to lose の影響もある]

lo·sel /lóʊz(ə)l, *lúː-, *láz-/《古・方》*n* ろくでなし, 放蕩者. ► *a* 役立たずの. [ME (? *leese*; ⇨ LORN)]

lóse-lóse *a* 両者にとって不都合な[不利な, マイナスの].

los·er /lúːzər/ *n* **1** 失敗者, 損失者, 遺失者; 《競技で》敗者 (opp. *gainer*), 《競馬で》負け馬; 《口》損な役回り, 負け癖のついた人, 負ける[失敗]と決まった人[もの]; *《俗》だめなやつ, 負け犬; *《口》前科者, マエ持ち: You shall not be the ～ by it. そのためにきみに損はかけない / a good [bad, poor] ～ いさぎよい[未練がましい]敗者, 往生際のいい[悪い]やつ / a born ～ 生来負けてばかりいる人, 負け犬 / *L～s* are always in the wrong. 《諺》負けた者はいつも悪者にされる, '勝てば官軍負ければ賊軍' / a two-time ～ 前科 2 犯の者. **2**ᴵᴵ〘玉突〙HAZARD; 〘ブリッジ〙トリック (trick) を取れそうにない札. ● **be on [on to] a ～**《口》間違いなく失敗するものにかかわりあっている.

los·ing /lúːzɪŋ/ *a* 負けそうな; 負けの, 損をする: a ～ game 勝ち目のないゲーム, 負け勝負; 故意に相手に勝たせて技量を試す試合 / a ～ pitcher 敗戦投手. ► *n* 失敗; [*pl*]《特に 投機などの》損失. ♦ **～·ly** *adv*

lósing báttle 勝ち目[見込み]のない戦い, 負け戦, 無駄な努力: fight a ～.

lósing házard〘玉突〙負けハザード (⇨ HAZARD).

lósing strèak〘スポ〙連敗: a six-game ～ 6 連敗.

loss /lɔ́(ː)s, lás/ *n* **1 a** 喪失, 紛失, 遺失, 忘失, 失墜; 失敗, 敗北; 損失, 減損, めり; 〘電・工〙《エネルギーの》損失, …損; 〈量・大きさ・程度などの〉減少, 低下: ～ of face 面目を失うこと / suffer a ～ of sight 失明する / weight ～ 体重の減少, 減量, 目減り / ～ of blood 失血 / Democrat ～*es*《選挙での》民主党の敗北[落選者数] / One man's ～ is another's gain. 《諺》甲の損は乙の得. **b** 浪費: without (any) ～ of time 時を移さず, 直ちに. **2** 亡くなった人, 失われたもの, 損失物; 損失額[量], 赤字; 〘軍〙《人的・物的な》損害, [ᵘ*pl*] 損害数, 死傷者数; 〘保〙《保険金支払いのもとになる》死亡[傷害, 損害など], 《それに基づいて保険会社の支払う》保険金額: accumulated ～*es* 累積赤字 / It would be a great ～ *to* our town. 町にとって大きな損失[痛手]となるだろう / sell sth at a ～ (of $10) (10 ドルの)損をして売る / TOTAL LOSS / make a ～ 損をする / suffer great [heavy] ～*es* 大損害をこうむる. **3** 破壊; 破滅. ● **at a ～** 当惑して, 途方に暮れて 〈*for* words, *to* discover〉; 〈猟犬が〉臭跡を失って(いる); 損をして《売るなど》: I am *at a* ～ (*to* know) what to do. どうしてよいか困っている. **cut one's ～es**《早めに手を引いて》損失を食い止める. **for a ～** 憂鬱で, 疲れはてて; 困った状態に: throw sb *for a* ～ 人をがっくりさせる, 落胆させる, わけがわからなくする; 〘アメフト〙ボールを後退させる位置で相手をタックルしてつぶす. [ME *los* 逆成 ＜ *lost* (pp) ＜ LOSE]

löss /lɛ́s, lʌ́s/ *n* LOESS.

lóss adjùsterᴵᴵ〘保〙損害査定人 (adjuster*).

lóss lèader〘商〙《客寄せのため損をして売る》目玉商品, 特売品. ♦ **lóss-lèad·er** *a*

lóss·less *a*〘電〙無損失の《電気[電磁]エネルギーを散逸させない》; 〘電算〙〈画像[音声データ]の圧縮が〉損失のない, 可逆な (opp. *lossy*).

lóss·màkerᴵᴵ *n* 赤字企業[産業]. ♦ **-màking**ᴵᴵ *a* 絶えず赤字の.

lóss ràtio〘保〙損害率《支払保険金の収入保険料に対する比》.

lóssy *a*〘電〙損失のある〈導線・誘電体など〉; 〘電算〙〈画像[音声データ]の圧縮が〉損失のある, 不可逆な《人間の視覚・聴覚特性上目立たない情報を捨てることで圧縮率を上げる; opp. *lossless*》.

lost /lɔ́(ː)st, lást/ *v* LOSE の過去・過去分詞. ► *a* **1** 失った, 遺失した, 見当たらない; 忘れられた; もはや聞くことのない, 行方不明の (missing); 負けた, 取りそこなった; 浪費された; 死んだ; 破損した: ～ territory 失地 / be ～ and gone forever 永久に失われた / (the) ～ and found 遺失物取扱所 / a ～ battle 敗戦 / ～ labor《古》むだ骨, 徒労 / give up *for* ～ 死んだものとあきらめる / MAKEᴵ up for ～ time / count [think] the world well ～ (for her) (彼女のためなら)すべてを失っても惜しくない. **2** 道に迷った; これわた; 堕落した; 当惑した, 混乱した, わけがわからなくなった; 自信を失った; 夢中になった 〈*in*〉: a ～ soul 地獄に落ちた魂; [ᵒ*joc*] 途方に暮れた人 / a ～ child 迷い子 / ～ sheep 迷える羊《罪びと》/ He'd be ～ *without* his camera. カメラがなければ困るだろう / be ～ *for* words ことばに詰まる[を失う] / He seems ～ *in* thought. 深く物思いにふけっている様子だ. ● **all is not ～** 望みなきにしもあらず. **be ～ in…** (**1**) (我を忘れて)…に夢中になる[没頭する]. (**2**) …に紛れた, …にのまれて見え[聞こえ]なくなった. **be ～ on…**…にわかってもらえない, 効かない, 無意味である: My hints *were* ～ *on* [*upon*] him. 彼に与えたヒントもむだだった. **be ～ to…** (**1**) (もはや)…のものではない: His daughter *was* ～ *to* him. 娘はもう彼の掌中にはなかった. (**2**) (もはや)…にとって起こりえない: The opportunity *was* ～ *to* her. 彼女には好機は再び来なかった. (**3**) もう…の影響もうけない, …を感じない: *be* ～ *to* sight 見えなくなる / He *is* ～ *to* pity [shame]. 彼は情け[恥]知らずだ / He *is* ～ *to* the world. あたりを忘れて夢中になっている. **get ～** 道に迷う, 迷い子になる; 途方に暮れる; なくなる; [ᵘ*impv*]《口》出て行け, うせろ; [*impv*]《口》黙れ, ほっといてくれ, くそくらえ! ♦ **～·ness** *n*

lóst-and-fóund bádge*《俗》遺失物バッジ《軍人の認識票》.

lóst cáuse 見込みのない[むだ骨に終わった]運動[主張]; *《口》見込みのないもの[者], だめなもの[人].

lóst clúster 失われたクラスター《空き領域でないのに FAT でファイルと関連づけられていない異状クラスター》.

Lóst Generátion [the] 失われた世代《**1**) 英国で第一次大戦に出征してその多くが戦死した世代 **2**) 一般に, よりどころとする価値観を喪失した世代; 特に 第一次大戦を経て伝統的文化価値に幻滅し, Paris に在住して 1920 年代のモダニズムの洗礼を受けた Hemingway, Fitzgerald, Dos Passos などの作家たちをいう》.

lóst mótion《機械の》空(から)動き《駆動部と被駆動部のゆるみなどによる動きのずれ》; 時間[エネルギー]の浪費.

Lóst Pléiad〘ギ神〙消えたプレイアス《Atlas の 7 人娘の一人; すばるの中の最も暗い星になった; ⇨ PLEIADES》.

lóst próperty 遺失物: a ～ office 遺失物取扱所.

lóst ríver 末無(すえなし)川《海や湖などに注ぐことなく途中で消失し, 時に他所で再出現する, 乾燥地帯にみられる川》.

lóst tríbes (of Ísrael) [the]〘聖〙《紀元前 722 年ごろアッシリアのとりことなった》イスラエルの失われた 10 支族 (*2 Kings* 17: 6).

lóst wáx〘冶〙蠟型(ろうがた)法, ロストワックス法《蠟で原型を造り, これに耐火物をかぶせ, 耐火物が固まった時に蠟を溶出させ代わりに溶融金属を流し込む精密鋳造法》.

Lóst Wéekend [The]『失われた週末』《米国映画 (1945); Billy Wilder 監督作品; アルコール中毒に苦しむ中年男の苦渋に満ちた生き方, 人間の自己喪失状況を冷静な目でとらえて描いた異色作》; [l- w-] 自堕落に過ごした週末.

lot /lát/ *n* **1** [a ～; ᵒ～s]《口》たくさん (a great many, a great deal)《数にも量にもいう》; [the (whole) ～] 全部(のもの): ～*s* [*a* ～] of books 本をどっさり / We have (quite) *a* ～ of rain in June. 6 月は(かなり)雨が多い / I've got *a* ～ on. とても忙しい / That's *the* ～. 《口》それで全部だ. ★ 副詞的にも用いる (cf. LOTS *adv*): I want *a* ～ [～*s*] more. まだどっさりいる / You've changed ～*s* [*a* ～]. きみもずいぶん変わったね / Thanks *a* ～. ほんとにありがとう / *A* (fat) ～ [you, etc.] care! 《口》[*iron*] 少しもかまわない[気にかけない]. **2 a**《商品・競売品の》一組, 一山, 一口; 《人・物の》群れ, 組, ロット: auction of the furniture in ten ～*s* 家具を 10 組に分けての競売 / a tough ～ of people 不届きな者ども / What shall we do with this ～ of recruits? この新兵連中をどうするか. **b**《口》やつ, 代物 (sort): BAD LOT. **3** 地所, 地区, 敷地; *《土地の》一区画, 画地, 一筆; *《駐車場など特定用途にあてられる》土地, …場; *映画撮影場, スタジオ; *《俗》《野球の》ダイヤモンド; *《俗》サーカス[カーニバル]用地: a building ～ 建築敷地 / a parking ～ *駐車場 / one's house and ～ *家屋敷. **4 a** くじ; くじ引き, 抽選; [the] 当たりくじ: choose [divide] by ～ くじで選ぶ[分配する] / *The* ～ fell upon me. くじが当たった. **b** くじに当たって得たもの, 分け前 (share): receive one's ～ of an inheritance 遺産の分け前を受け取る. **5**《割り当てられた》運, 運命,

めぐり合わせ (destiny): a hard ～ つらい運命 / It has fallen to my ～ [to me as my ～] to save his life. ぼくが彼の命を救うめぐり合わせとなった / A policeman's ～ is not a happy one. 警官稼業も楽じゃない / No man is content with his ～. «諺» 境遇に満足している者はいないものだ. **6** ″課税. ● **across ～s** *特定用途の土地[牧草地など]を突っ切って, 近道をして. **all over the ～** *«口» 焦点がぼけて, めちゃくちゃで, 混乱して. **cast [draw] ～s** くじを引く. **take a ～ off** («口» **of**) **sb's mind** 人をほっとさせる. **throw [cast] in one's ～ with**…と運命を共にする.
► *v* (**-tt-**) *vt* 〈土地などを〉区分する; 割り当てる; 組に分ける, 山分けする 〈*out*〉. ► *vi* くじを引く. ● **～ on**… «方» …をあてにする. [OE *hlot* portion, choice; cf. G *Los*]

Lot[1] **1** ロット《男子名》. **2**〖聖〗ロト《Abraham の甥; Sodom 滅亡のとき, 彼と家族だけは助かることになったが, 逃げる途中神の言いつけに背いて後ろを振り返った Lot の妻は塩の柱となった; *Gen* 13: 1–12, 19: 1–26》. [Heb=?]

Lot[2] /*F* lɔt/ ロト《フランス中南部 Midi-Pyrénées 地域圏の県; ☆Cahors》; [the] ロト川《フランス南部を西に流れて Garonne 川に合流する》.

lo·ta(h) /lóutə/ *n* «インド»《真鍮の》球形水壺. [Hindi]

ló-téch /lóu-/ *a* LOW-TECH.

Lot-et-Ga·ronne /*F* lɔtegarɔn/ ロト-エ-ガロンヌ《フランス南西部 Aquitaine 地域圏の県; ☆Agen》.

loth /lóuθ, -ð/ *pred a* LOATH. ♦ **～·some** *a* LOATHSOME.

Lo·thair /louθέər, *-tér, *-ーー/ ロタール (**1**) ～ **I** (795–855)《西ローマ皇帝 (840–855); 全王国を単独で支配しようとするが, 弟たちと戦って敗れ, その結果 Verdun 条約 (843) でフランク王国は 3 分割された》 (**2**) ～ **II** (1075–1137)《ドイツ王 (1125–37), 神聖ローマ皇帝 (1133–37); 通称 'the Saxon'; 王位の数え方によっては 3 世》. [⇨ LUTHER]

Lo·tha·rin·gia /lòuθəríndʒ(i)ə/ ロタリンギア《中世の LORRAINE 王国》.

Lo·thar·io /louθέəriòu, -θá:ri-/ *n* (*pl* **～s**) [°l-] 女たらし, 蕩児: a gay ～ 色事師. [Nicholas Rowe, *The Fair Penitent* 中の人物]

Lo·thi·an /lóuðiən/ ロジアン《スコットランド南部 Forth 湾を臨む位置にあった州 (region); ☆Edinburgh; 現在は East Lothian, West Lothian, Midlothian (合わせて the Lothians) に分かれる》.

lót hòpper *«俗»《映画の》エキストラ.

Loth·ring·en /*G* ló:trɪŋən/ ロートリンゲン《LORRAINE のドイツ語名》.

lo·ti /lóuti/ *n* (*pl* **ma·lo·ti** /məlóuti/) ロティ《レソトの通貨単位: = 100 licente》. [Sesotho]

Lo·ti /loutí:, lɔ:-; *F* lɔti/ ロティ **Pierre** ～ (1850–1923)《フランスの小説家・海軍士官; 本名 Julien Viaud》.

lo·tic /lóutɪk/ *a*〖生態〗動く水[流水]の[に住む], 動水性の (opp. *lentic*). [L *lotus* washing (↓)]

lo·tion /lóuʃ(ə)n/ *n*〖薬〗外用水薬, 洗浄剤[液], ローション(剤); 化粧水, ローション. [OF or L (*lot- lavo* to wash)]

lót-lòuse *n**«俗» サーカスの設営を見物しているやつ,《有料のショーは見ない》サーカスのひやかし客.

lo·tong /lóutɔ̀(:)ŋ, -tàŋ/, **lu-** /lú:-/ *n*〖動〗ルトン《マレー産の大型のサル》. [Malay]

lotos ⇨ LOTUS.

lots /láts/ *adv* «口» 非常に, [比較級と共に] ずっと (much). ► *n* ⇨ LOT.

lot·ta /látə/ *a* [a ～] «俗» たくさんの: a ～ people / *Whole L～ Love*『胸いっぱいの愛を』《Led Zeppelin の歌》. [<*lot of*]

Lotta, Lot·te /látə/ ロッタ, ロッテ《女子名; Charlotte の愛称》.

lotte /lát/ *n*〖魚〗アンコウ (angler). [F]

lot·tery /lát(ə)ri/ *n* 宝くじ, 富くじ, 福引; 抽選, くじ引き; 運, めぐり合わせ: a ～ ticket 宝くじの券. [? Du; ⇨ LOT]

lóttery whèel《太鼓形の》回転式抽選器.

Lot·tie, Lot·ty /láti/ ロッティー《女子名; Charlotte の愛称》.

lot·to /látou/ *n* (*pl* **～s**) ロット《賭けゲームの一種; 読み上げ係 (caller) の読み上げる数と自分のカードの数字と合った数字がカード上の一列に 5 個並べばあがり》; *宝くじ, ロト (lottery). [It<Gmc]

lo·tus, lo·tos /lóutəs/ *n* **1 a**〖ギ神〗ロートス《食べると家や故郷のことを忘れ, 夢見ごこちになるという果実》. **b**〖植〗ナツメの一種《ロートスの木と考えられた》. **2**〖植〗ハス (=Indian ～), スイレン (=Egyptian ～);〖建〗蓮華(れんげ)模様. **3**〖植〗ミヤコグサ属 (*L-*) の多年草[低木], ミヤコグサ《マメ科》. [L<Gk; cf. Heb *lōt* myrrh]

Lotus ロータス《英国 Lotus Cars 社製のスポーツカー》.

lótus-èat·er *n*《*Odyssey* で》LOTUS の実を食べて暮らしていた民族の一人, ロートパゴス人;《一般に》安逸をむさぼる人. ♦ **-èat·ing** *a*

lótus·lànd *n* 逸楽の国; 逸楽.

lótus posìtion [pòsture]〖ヨガ〗蓮華坐《両足先を各反対側のひざに載せてすわる姿勢》,〖禅〗結跏趺坐(けっかふざ).

Lou /lú:/ ルー《(**1**) 男子名; Louis の愛称 **2**) 女子名; Louisa, Louise の愛称》.

Louangphrabang ⇨ LUANG PRABANG.

Lou·bet /*F* lubɛ/ ルーベ **Émile(-François)** ～ (1838–1929)《フランスの政治家; 大統領 (1899–1906)》.

louche /lú:ʃ/ *a* いかがわしい, うさんくさい. [F]

loud /láud/ *a* **1 a**〈声・音が〉大きい, 声高い, 大声の, 音が高い (opp. *low*); 大きな音を出す; やかましい, 騒々しい: ～ talking 大声の話 / in a ～ voice 高い声で / with a ～ noise 大きな音をたてて. **b** 熱心な; うるさい: be ～ *in* demands 要求が激しい / be ～ *in doing*… うるさく…する. **2** «口»〈服装・色彩などが〉いやに派手な, けばけばしい (showy) (opp. *quiet*); 下卑た (vulgar), いやに目立つ; «方» いやな, 不快な〈臭気など〉: a ～ necktie 派手なネクタイ / ～ colors けばけばしい色 / a ～ lie まっかなうそ. ► *adv* 声高く, 大声で (opp. *low*): laugh ～ and long 大いに笑う / *Louder!* *もっと大声で言え! ● **～ and clear** はっきりと, 明瞭に. **out ～** (はっきりと)声に出して. ♦ **～·ly** *adv* 声高に, 大声で; 騒々しく; 派手に, けばけばしく: ～*ly* dressed 派手な服装をして. **～·ness** *n* 音の強さ[大きさ], 音量; 大声; 騒々しさ; けばけばしさ. [OE *hlūd*; cf. G *laut*; IE で 'hear' の意]

lóud·en *vi, vt* 声高くなる[する], 騒々しくなる[する].

lóud·hàil·er″ *n* BULLHORN.

lóud·ish *a* やや声の高い[騒々しい, けばけばしい].

lóud·mòuth *n* «口» 騒がしくおしゃべりをするやつ, 偉そうに大口をたたくやつ.

lóud·mòuthed /-ðd, -θt/ *a* «口» 大声でしゃべる, 口数の多い, うるさい.

lóud pèdal DAMPER PEDAL.

lóud·spèak·er *n* 拡声器, (ラウド)スピーカー.

lóudspeaker vàn″《拡声器を備えた》宣伝カー, 広報車 (sound truck*).

lóud-tàlk* «俗» *vt* 〈仲間〉の規律違反について監督者に聞こえる所で大声で話す; …におべっかを使う.

Lou·el·la /luélə/ ルーエラ《女子名》. [⇨ LUELLA]

Lóu Géhrig's disèase〖医〗ルー・ゲーリッグ病, 筋萎縮性側索硬化(症) (amyotrophic lateral sclerosis). [*Lou Gehrig* がこの病気で死んだことから]

lough /lák, láx/ *n* «アイル» 湖, (細い)入江. [Ir; ⇨ LOCH]

Lough·bor·ough /láfbə̀:rə, -bʌ̀rə, -b(ə)rə; -b(ə)rə/ ラフバラ《イングランド中部 Leicestershire 北部の町》.

lou·ie, lou·ey /lú:i/ *n**«軍俗» LOOEY.

Louie ルイ《(**1**) 男子名; Louis の愛称 **2**) 女子名; Louisa, Louise の愛称》. ● **hang a ～ [l～]** *«俗» 左折する (hang a Lilly).

Lou·is /lú:i, lú:əs; *F* lwi/ **1** ルイ, ルイス《男子名; 愛称 Lew, Lou, Louie, Lu》. **2 a**《フランス王》ルイ (**1**) ～ **V** (967–987)《在位 986–987; 通称 'le Fainéant' (無為王); カロリング朝最後の王》 (**2**) ～ **VII** (c. 1120–80)《在位 1137–80; 通称 'the Young' (若年王)》 (**3**) ～ **VIII** (1187–1226)《在位 1223–26; 通称 'the Lion(-Heart)' (獅子(心)王)》 (**4**) ～ **IX** (1214–70)《在位 1226–70; 通称 'Saint' (聖王); 第 7 回十字軍を率いた (1248–50), 死後列聖》 (**5**) ～ **XI** (1423–83)《在位 1461–83; 百年戦争後の国力の増強と国内の統一に力を注いだ》 (**6**) ～ **XII** (1462–1515)《在位 1498–1515; 対イタリア政策に失敗するが国内では人望を集めた》 (**7**) ～ **XIII** (1601–43)《在位 1610–43; 宰相に Richelieu を登用, 絶対王制の基礎を固めた》 (**8**) ～ **XIV** (1638–1715)《在位 1643–1715; 通称 '～ the Great', 'the Sun King' (太陽王); 絶対王制を象徴する存在》 (**9**) ～ **XV** (1710–74)《在位 1715–74》 (**10**) ～ **XVI** (1754–93)《在位 1774–92; 治世下で革命が起き, 処刑された》 (**11**) ～ **XVII** (1785–95)《在位 1793–95》 (**12**) ～ **XVIII** (1755–1824)《在位 1814–24》. **b** [l-] /lú:i/ (*pl* ～ /lú:iz/) ルイ金貨 (LOUIS D'OR). **3** ルートヴィヒ (*G* Ludwig) (**1**) ～ **I** (778–840)《フランク王・西ローマ皇帝 (814–840); 通称 'the Pious' (敬虔王), 'the Debonair' (善人王)》 (**2**) ～ **II** (c. 804–876)《東フランク王 (843–876); 通称 'the German' (ドイツ人王); Louis 1 世の子》 (**3**) ～ **II** (1845–86)《バイエルン王 (1864–86); Wagner のパトロン; 各地に城・離宮・劇場を建造; 精神を病み, 溺死した》 (**4**) ～ **IV** (1283?–1347)《ドイツ王 (1314–47), 神聖ローマ皇帝 (1328–47); 通称 'the Bavarian' (バイエルン人王)》. **4** /lú:əs/ ルイス **Joe** ～ (1914–81)《米国のボクサー; 本名 Joseph Louis Barrow; 世界ヘビー級チャンピオン (1937–49)》. **5** /, *F* lwi/ ルイ ～ **II de Bourbon** ⇨ CONDÉ. [F; ⇨ LEWIS]

Lou·i·sa /luí:zə/, **Lou·ise** /luí:z/ ルイザ, ルイーズ《女子名; 愛称 Lou, Lu, Louie, Lulu》. [F (fem)<↑]

Lou·is·bourg, -burg /lú:ɪsbə̀:rg/ ルイスバーグ《カナダ Nova Scotia 州 Cape Breton 島南東部の要塞; フランス人が建設, 1758 年英軍に破壊された; 近年史跡として再建》.

lou·is d'or /lú:i dɔ́:r/ (*pl* ～) ルイドール, ルイ金貨《(**1**) フランス革命まで通用したフランス金貨 **2**) 革命後に発行された 20 フラン金貨》. ★ 単に louis ともいう. [F (*Louis* XIII, *d'or* of gold)]

Lóuis héel まくり[ルイ]ヒール《付け根が太く中ほどがくびれた曲線型の婦人靴ヒール; Louis 15 世時代にはやった》.

Lou·i·si·áde Archipélago /lùːziá:d-, -ǽd-/ [the] ルイジアード諸島《ニューギニア島東端の南東沖 Solomon 海にある島群; パプアニューギニアに属する》.

Lou·i·si·ana /luì:ziǽnə, lù:(ə)zi-, ″-á:-/ ルイジアナ《米国南部の州; ☆Baton Rouge; 略 La., LA》. ♦ **Lou·i·si·án·an, -an·i·an**

/-ǽniən, -ǽnjən/ *a, n* ルイジアナ州(人)の; ルイジアナ州人.

Louisiána Frénch ルイジアナフランス語.

Louisiána héron 〘鳥〙サンショクサギ《北米産》.

Louisiána Púrchase [the]〘米史〙ルイジアナ購入地《1803 年米国がフランスから 1500 万ドルで購入した Mississippi 川と Rocky 山脈の間の広大な地域 (約 214 万 km²)》.

Louis-Napoléon /*F* lwinapɔleɔ̃/ ルイ・ナポレオン《NAPOLEON III の通称》.

Lou·is Phi·lippe /lúːi fɪlíːp/ ルイ・フィリップ (1773–1850)《フランス王 (1830–48); 通称 'the Citizen King'; 七月革命後即位, 上層中産階級の支持をうけたが, 成長した産業労働者の支持を得られず, 二月革命をまねいた》.

Lou·is Qua·torze /─́─ katɔ́ːrz/ *a* Louis 14 世時代 (1643–1715) の; ルイ 14 世時代風の〈建築・装飾様式など〉《建築は前時代よりもいっそう古典的で豪華であり, 装飾芸術では曲線や象眼を用い華麗な傾向が著しい》.

Louis Quinze /─́─ kǽnz/ *a* Louis 15 世時代 (1715–74) の; ルイ 15 世時代風の, ロココ風の.

Louis Seize /─́─ séɪz, -séz/ *a* Louis 16 世時代 (1774–92) の; ルイ 16 世時代風の《ロココ様式の反動として直線的な古典主義への過渡期を示す》.

Louis Treize /─́─ tréɪz, -tréz/ *a* Louis 13 世時代 (1610–43) の; ルイ 13 世時代風の《建築はルネサンス初期のものより重厚で気品があり, 家具・室内装飾にはしばしば幾何学的意匠を用いた》.

Lou·is·ville /lúːɪvɪl, -vəl/ ルイヴィル《Kentucky 州北部 Ohio 川に臨む市; Kentucky Derby の開催地》.

lou·ma /lúːmɑː/ *n* LUMA.

lounge /láʊndʒ/ *vi* ぶらぶら歩く, のんびり過ごす 〈*around, about*〉; もたれ掛かる 〈*in* a chair〉, ゆったり横になる 〈*on* a sofa〉. ► *vt* 〈時日を〉のらくらと[くつろいで]過ごす 〈*away*〉. ► *n* **1 a** 《ホテル・クラブなどの》社交室, 談話室, ロビー, ラウンジ; ″居間; COCKTAIL LOUNGE; ″LOUNGE BAR. **b** 寝椅子, 長い安楽椅子. **2** ぶらぶら歩き, 漫歩. ♦ **lóung·ing·ly** *adv* ぶらぶらして; くつろいで. [C16<?; *lungis* (obs) lout² か]

lóunge bàr″《パブ・ホテル内の》高級バー.

lóunge càr*〘鉄道〙《休憩用》特別客車 (=*bar car, club car*)《安楽椅子・バーなどがある》.

lóunge chàir ラウンジチェア, 安楽椅子 (easy chair).

lóunge lìzard 《口》《バーやホテルのラウンジなどをぶらつく》女たらし, プレーボーイ; 《口》しゃれ者; 《口》ろくでなし, ごくつぶし.

loung·er /láʊndʒər/ *n* ぶらぶら歩きをする人; のらくら者; LOUNGEWEAR; LOUNGE CHAIR, SUNLOUNGER.

lóunge sùit″ 背広 (business suit*).

lóunge·wèar *n* 家着, ラウンジウェア.

loungy /láʊndʒi/ *a* ぶらぶらするのに適した; のんびりした.

loup¹ /láʊp, lóʊp/ 《スコ》*vi* 跳ぶ; 走る, 逃げる. ► *n* 跳躍, 跳びはねること. [ME; ⇨ LOPE]

loup² /lúː/ *n* LOO MASK. [F=wolf]

loupe /lúːp/ *n* ルーペ《宝石細工・時計職用の拡大鏡》.

loup-ga·rou /lùːgərúː/ *n* (*pl* **loups-ga·rous** /-(z)/) WEREWOLF. [F]

lóup·ing íll /láʊpɪŋ-/〘獣医〙《緬羊の》跳躍病.

lour, loury, etc. ⇨ LOWER², LOWERY, etc.

Lourdes /lúərd(z); *F* lurd/ ルルド《フランス南西部 Hautes-Pyrénées 県中西部の町; 1858 年 Pyrenees 山麓のこの地で 14 歳の少女 Marie-Bernarde Soubirous に聖母マリアが現われて以来聖地となり, また 同時に諸病をいやす泉がわき出て巡礼者を集めている》.

Lou·ren·ço Mar·ques /ləréнsoʊ màːrkés, -máːrkəs, -máːrk(s)/ ロレンソマルケス《MAPUTO の旧称》.

lou·rie /lúːri/ *n*〘鳥〙エボシドリ, ムジハイイロエボシドリ《アフリカ産》. [Afrik]

louse *n* /láʊs/ **1** (*pl* **lice** /láɪs/)〘昆〙シラミ《ヒトジラミ (body louse), ケジラミ (crab louse), アタマジラミ (head louse) など》; [ᵁ*compd*]《鳥・魚・植物などの》寄生虫《サカナジラミ (fish louse), アリマキ (plant louse) など》; [ᵁ*compd*] シラミに似た虫《チャタテムシ (book louse), ワラジムシ (wood louse) など》. **2** (*pl* **lóus·es**)《口》見下げはてた[いやったらしい]やつ, 人間のくず, 'ダニ'. ► *vt* /láʊs, -z; -z/ …からシラミを駆除する. ● **～ up** 《俗》だめ[だいなし, めちゃめちゃ]にする[なる]; *《俗》へまをやる. [OE *lūs*, (pl) *lȳs*; cf. G *Laus*]

lóuse flỳ〘昆〙シラミバエ《生涯の大部分を同一の宿主の体で過ごすシラミバエ科の扁平な吸血バエ; 翅は退化している》.

lous·er /láʊzər/ *n* 《アイル俗》いけすかないやつ, シラミ野郎.

lóuse·wòrt *n*〘植〙シオガマギク属の各種草本《ゴマノハグサ科》.

lousy /láʊzi/ *a* **1** 《口》卑劣な, どうにもいやな, けがらわしい; 《口》お粗末な, まずい, ひどい, ちゃちな; 《口》へたな, できない 〈*at* [*in*] math〉; 《口》気分のさえない, みじめな; [強意語] たったの, さえも: ～ weather いやな天気 / I felt ～. 気分が悪かった, 気持悪かった / All I have is one ～ dollar. たった 1 ドルしかない. **2** シラミがたかった, シラミだらけの; *《俗》〈場所が〉…のうじゃうじゃいる, …だらけの 〈*with*〉, 〈人が〉しこたまもった 〈*with* money etc.〉; 〈絹が〉斑点だらけの. ♦ **lóus·i·ly** *adv* **-i·ness** *n*

lout¹ /láʊt/ *n* 無作法な[乱暴な]男《特に若者》: LAGER LOUT / LITTER LOUT. ► *vt* 無骨者扱いする, さげすむ, 卑しむ. [? LOUT²]

lout² 《古》*vi* お辞儀をする, 腰をかがめる; 屈服する. [OE *lūtan* to bend, stoop]

Louth /láʊð, ″láʊθ/ ラウス《アイルランド東部 Leinster 地方の Irish 海に臨む県; ☆Dundalk》.

lóut·ish *a* 礼儀知らずの, 乱暴な. ♦ **～·ly** *adv* **～·ness** *n*

Lou·vain /*F* luvɛ̃/ ルーヴァン《LEUVEN のフランス語名》.

lou·var /lúːvàːr/ *n*〘魚〙アマシイラ《暖海産のアマシイラ科の大魚; サバ亜目》. [It]

lou·ver, -vre /lúːvər/ *n* 《排煙・採光などのための》屋根窓; しころ張り; 《自動車などの》放熱孔;〘建〙よろい張り; よろい窓, 羽板, ルーバー (=～ **bòard**). ♦ **lóu·vered** *a* よろい張りのある. [OF *lover* skylight<? Gmc]

lóuver fènce 羽板[ルーバー]垣, しころ塀.

L'Ouverture ⇨ TOUSSAINT-LOUVERTURE.

Lou·vre /lúːvr/ [the] ルーヴル美術館《Paris の同名の宮殿内にあるフランス国立美術館》.

Lou·ÿs /lwíː; *F* lwis/ ルイス **Pierre ～** (1870–1925)《フランスの詩人・小説家; 本名 Pierre Louis; 異教的逸楽を技巧的に表現した》.

lov·able, love- /lʌ́vəb(ə)l/ *a* 愛らしい, 愛すべき, かわいい. ♦ **-ably** *adv* **～·ness** *n* **lov·a·bil·i·ty** /lʌ̀vəbíləti/ *n*

lov·age /lʌ́vɪdʒ/ *n*〘植〙セリ科の芳香をもつ数種の多年草: **a** ラビッジ《欧州産レビスチカム属の一種; 薬草・香味料として栽培もされる》. **b** マルバトウキ属の一種《欧州北西部・北米東部の海岸に産する》. [ME *loveache*<OF]

lov·a·sta·tin /lóʊvəstæ̀tən, lʌ́v-, ─́─́─/ *n*〘薬〙ロバスタチン《抗コレステロール薬; 肝臓でコレステロールが生成される際に必要な酵素のはたらきを阻害する》.

lov·at /lʌ́vət/ *n* 《ツイードの生地などの》くすんだ緑色. [*Lovat* スコットランドの地名]

love /lʌ́v/ *n* **1 a** 愛, 愛情; 好き (liking), 好意; 愛好, 愛着; 《…によろしくとの》挨拶: ～ *of* [*for*] one's country 愛国心 / ～ for one's friend 友だちへの愛情, 友を愛する心 / have a ～ of…を好む / Give [Send] my ～ to…によろしく(お伝えください) / All my ～, Lots of ～, With ～, etc. 《いずれも, 親しい人への手紙の末尾で》では(また) / *L*～ makes the world go round. 《諺》愛がこの世を動かす. **b** 《神の》愛, 慈悲; 同志[同胞]愛; 《神への》敬愛, 崇敬 〈*of* God〉; [L-]〘クリスチャンサイエンス〙愛 (God). **2 a** 恋, 恋愛 〈*of, for, to, toward* sb〉; 性欲, 色情; 色恋, 情事; 性交: free ～ 自由恋愛(論) / in ～ 恋して, 愛して, 大好きで 〈*with*〉 / The course of true ～ never did run smooth. 真実の恋はすんなりとはいかぬものだ《Shak., *Mids N D* 中の Lysander のことば》 / *L*～ is blind. 《諺》恋は盲目, 'あばたもえくぼ' / *L*～ will find a way. 《諺》恋には道が見つかるもの《いかなる困難も排除する》. **b** [L-] 恋愛の神, キューピッド (Cupid), 《まれ》ウェヌス, ビーナス (Venus). **3 a** 好きなもの, 愛(好)するもの[こと]; 愛人, 恋人《ふつうは女性 (sweetheart); cf. LOVER》; 《口》愉快な人, きれいなもの[人]; [*pl*] 子供たち: the ～ of one's life 最愛の人 / What a ～ of a dog [child]! まあなんとかわいい犬[子供]だろう! **b** [*voc*] [my ～]《夫婦[恋人]間で, また 子供に対して》あなた, おまえ, 坊や; [～(s)]《広く親愛の情を表わして女性・子供に対して, また 女性が用いて》あなた(たち), きみ(たち): Hello ～! やあ, きみ. **4**〘テニス〙0 点, 無得点, ラブ: ～ all ラブオール《0 対 0》. ● **at ～**〘テニス〙相手に得点を与えないで: win a game *at* ～ ラブゲームで勝つ. **be a ～ and**…=…**there's a ～.** ″《口》《子供や家族に向かって》お願い, どうか (please). **for ～** 好きで; 賭けないで; 無料で, ただで. **for ～ or** [**nor**] **money** [*neg*] どうしても(…ない). **for the ～ of**…のために, …の故に: *for the* ～ *of* Heaven [Christ, God, Mike, Pete, your children, etc.] 後生だから; 一体全体, まったく. **in ～ with**… 〈人・思想・仕事など〉にほれて; …を好んで: fall *in* ～ *with*…が好きになる, …にほれる. **make ～** 性交する, 〈…と〉寝る 〈*to, with*〉; 《古風》口説く, 言い寄る 〈*to*〉. **out of ～** 愛の心から, 好きだから; 〈…が〉嫌いになって, 〈…への〉愛もさめて 〈*with*〉: fall *out of* ～ *with*…が好きでなくなる. **…there's a ～** ⇨ be a LOVE and…. **There is no ～ lost between them.** 彼らは互いになんの愛情もない, 憎み合っている《古くは, 愛し合っているの意にも用いた》.

► *vt* **1 a** 愛する, かわいがる, 大事にする; 恋する, …にほれている: ～ sb and leave sb 人と束(つか)の間の恋をする / ～ not wisely but too well 賢明にではないがあまりにも深く愛する《Shak., *Othello* 5.2.344》 / Those whom the gods ～ die young. 《諺》神々が愛したもう者は若死にする / *L*～ me, ～ my DOG. / *L*～ me little, ～ me long. 《諺》細く長くわれを愛せ《一時に燃え尽きさせず長続きさせよ》. **b** 愛撫する, 性戯にふける 〈*up*〉; 性交する. **2** …が大好き, 喜ぶ (delight in); 賛美[嘆賞]する: Most children ～ ice cream. 子供はたいていアイスクリームが大好きだ / Will you join us?—I'd ～ to. ごいっしょしませんか—喜んで / She ～*s* being admired. 人びとの賞賛の的になるのが好きだ / You're going to ～ it. [ˢ*iron*] おもしろい話を聞かせようか, きっと喜ぶと思うよ. **3** 〈動植物が〉…の場所を好む, …の中でよく育つ.

► *vi* 愛する. ● **be loving it***《俗》絶好調である. **Don't you just ～ it?** [ˢ*iron*] いいだろう, おもしろいだろう? **I ～ it!=L～ it!** 《口》[ˢ*iron*] (それは)すばらしい, 気に入った, すてき, おみごと! **I ～ my**

love with an A [**a B**, etc.] **because** she **is a—** [**b—**, etc]**!** 僕は彼女が大好きさ, それは彼女の "A [B, etc.]" なとこ, だって彼女は a— [b—, etc.] だから《初めに言ったアルファベットで始まる単語を because 節中に入れて前とのつじつまを合わせる; たとえば, 'with a B' と言ったら beautiful で受けるなど; 動詞は hate, she は he のこともある; forfeits という遊びで使う文句》. **I must ~ you and leave you.** 《口》もうおいとましなくては(なりません). **Lord ~ you** [**me, a duck**, etc.]**!** ありゃ, おや, ええっ, まったく, ほんとに《驚き・強調など》. **L~ you!** 《口》(あなたって)すてき《ほとんど意味なく使う早口のことば》. **Somebody up there ~s me.** 《俗》運がいい, ついてるぞ. [OE (v) *lufian*, (n) *lufu*; cf. LIEF, G *Liebe*]

loveable ⇨ LOVABLE.

lóve affàir 恋愛関係, 情事; 熱狂, 夢中になること.

lóve àpple 《古風》トマト (tomato). [cf. F *pomme d'amour*]

lóve àrrows *pl* 網状金紅石, 針入り水晶, ラヴアロー《針状の金紅石が透明の水晶中にあるもの》.

lóve bèads *pl* 《愛と平和を象徴する》首飾り, 珠数.

lóve-begótten *a* 非嫡出の, 庶子の.

lóve·bird *n* **1**〘鳥〙つがいの仲のいい各種のインコ: **a** ボタンインコ《アフリカ原産》. **b** サトウチョウ《南アジア原産》. **c** セキセイインコ《豪州原産》. **2** [*pl*] 《口》仲むつまじい[人前をはばからない]カップル.

love bìte[II] 《特に首筋の》愛咬のあと, キスマーク (hickey*).

lóve-bòmb·ing* *n* 《カルトの入信者獲得のための》愛情攻勢.

lóve bòmbs *pl**《俗》愛情の確認[表明], 愛情爆弾[攻勢]: drop ~*s* on sb (わざとらしく)人になれなれしくする.

lóve·bùg *n*〘昆〙ケバエ科トゲナシケバエ属の一種《米国のメキシコ湾岸諸州にみられる黒色の小昆虫; 交尾期(春)には群翔し自動車交通の障害となる》.

Lóve Canál ラブカナル《New York 州西部 Niagara Falls 市の一地域; 1978 年に産業廃棄物による環境汚染のため住民が退去する事件が起きた》.

lóve chìld 私生児.

lóved òne 最愛の人, 恋人; [*pl*] 家族, 親類; [°L- O-] 亡くなった家族[親類]の者, 故人, '仏'(ほとけ).

lóve drùg*《俗》催淫剤《methaqualone など》.

lóved-úp 《口》*a* エクスタシー (ecstasy) でハイになった; ほれ込んだ, 熱愛中の.

lóve fèast 愛餐, アガペー (AGAPE[2]); 《メソジスト派などのこれを模した》愛餐会; 友情の酒宴.

lóve·fèst *n* 《俗》野合《利害が一致した対立党派どうしの協力》.

lóve gàme〘テニス〙ラブゲーム《敗者が 1 ポイントも取れなかったゲーム》.

lóve gràss〘植〙イネ科スズメガヤ属の植物《スズメガヤやカゼクサの類; 土手の芝生代用・まぐさなどに栽培》.

lóve hàndles *pl* 《口》お腹のまわりの贅肉《セックスのときにつかむことができることから; cf. SPARE TIRE》.

lóve-háte *n*, *a* 《同一対象に対する》愛憎(の), 愛憎(相)半ばする.

lóve-in *n* 《俗》ラブイン《ヒッピーなどの愛の集会》.

lóve-in-a-mìst *n*〘植〙クロタネソウ, ニゲラ (=*devil-in-a-bush*) 《ヨーロッパ・アフリカ産キンポウゲ科の一年草》.

lóve-in-ídle·ness *n*〘植〙WILD PANSY.

lóve ìnterest 《映画などで, 主人公の》恋人役, 恋のお相手; 恋愛(関係), 恋物語.

lóve jùice 媚薬 (love-potion); 愛液; 精液.

lóve knòt 恋結び《愛のしるしに用いられる, リボンなどの飾り結び》.

Love·lace /lʌ́vlèɪs/ ラヴレース **Richard ~** (1618–57)《イングランドの王党派詩人 (Cavalier poet)》.

lóve·less *a* 愛のない; つれない; 愛されない; 人好きのしない, かわいげのない. ♦ **~·ly** *adv* **~·ness** *n*

lóve lètter 恋文, ラブレター; 《マレーシアで》卵と米の粉のビスケット《折り重ねた形をしている》.

lóve-lìes-bléed·ing /-làɪz-/ *n*〘植〙ヒモゲイトウ.

lóve lìfe 《口》愛の生活[人生], 性生活, 異性関係.

Lov·ell /lʌ́vəl/ ラヴェル Sir (**Alfred Charles**) **Bernard ~** (1913–　)《英国の天文学者; Jodrell Bank を創設, 76 m のパラボラ電波望遠鏡を完成 (1957)》.

lóve·lòck *n* 《女性の》愛敬毛; 垂れ髪《17–18 世紀に上流男子が耳のところで結んで下げた頭髪》.

lóve·lòrn *a* 失恋した, 恋やつれした. ♦ **~·ness** *n*

lóve·ly *a* **1** 美しい, かわいらしい, 愛らしい; 親しみのもてる, 感じのいい; 優しい; 《廃》LOVABLE. **2** 《口》うれしい, すばらしい, すてきな, 愉快な (delightful)《この意味では主に女性が使う》; [II][*iron*] ひどい, みごとな: ~ weather とてもいい天気 / I had a ~ time. とても楽しかったです《客がホストに礼を言うときの表現》/ Put it there, that's ~. そこに置いて, すてきね / Oh, ~! What a mess in here! まあ, ひどい! こんなにちらかして! ● **~ and...** [II]《口》ここちよいほど...な《主に女性が使う表現》: It was ~ *and* (=delightfully) warm in there. 中は暖かくてとっても気持がよかった. ► *adv* 《口》みごとに, すばらしく. ► *n* 《口》《特にショーなどに出演する》(魅力的な容姿の)美女; 美しいもの. ♦ **lóve·li·ly** *adv* **-li·ness** *n* 愛らしさ; 美しさ; 魅力, すばらしさ.

lóve·màking *n* 愛の行為, 性愛行為, 性交; 《古風》口説き, 言い寄り, 求愛. ♦ **lóve·màker** *n*

lóve màtch 恋愛結婚.

lóve mùscle 《俗》[*euph*] ペニス.

lóve nèst 愛の巣《男女の密会の場所》.

lóve plày 《男女の》ふざけ合い, 《特に》前戯.

lóve-pòtion, -philter *n* ほれ薬, 媚薬 (philter).

lov·er /lʌ́vər/ *n* **1** 恋人《単数のときは通例 男; cf. SWEETHEART, LOVE》, 求婚者; [*pl*] 恋人どうし; 情夫, 愛人; セックスの相手; *《俗》ひも (pimp): a pair of ~*s*=two ~*s* 恋仲の二人 / a great [lousy, poor] ~ セックスのじょうずな[へたな]人. **2** 愛好者, 愛好家, 献身者 〈*of*〉. ♦ **~·less** *a* **~·ly** *a*, *adv* 恋人のような[ように].

Lover ラヴァー **Samuel ~** (1797–1868)《アイルランドの歌謡作者・画家・小説家》.

lóver bòy [**màn**] 《俗》男の恋人, ボーイフレンド; 《俗》[*joc*/*iron*] いい男, 色男, 女たらし, プレーボーイ.

lóver's knòt LOVE KNOT.

lóvers' láne 《公園などの》恋人たちが二人だけになれる道.

lóver's [**lóvers'**] **quárrel** 痴話げんか.

lóve sèat ラブシート《(1)*二人掛けの椅子[ソファー] (2) 二人が向かい合ってすわれる S 字型の椅子》.

lóve sèt〘テニス〙ラブセット《そのセットの敗者が 1 ゲームも取れなかったセット》.

lóve·sìck *a* 恋に悩む[やつれた]; 恋人を慕う. ♦ **~·ness** *n* 恋わずらい.

Lóve's Làbour's Lóst『恋の骨折り損』《Shakespeare の喜劇 (1595 年以前, 出版 1598); 若い Navarre 王 Ferdinand は 3 人の青年貴族と向こう 3 年間いっさい女性を近づけない誓約を立てるが, 3 人の侍女を連れたフランス王女の来訪でたちまち恋に陥って求婚するはめになり, これも王女の帰国ですべてむだになる》.

lóve·some 《文》*a* 愛らしい, かわいらしい, 美しい; 優しい; なまめかしい.

lóve sòng 愛の歌, 恋歌, ラブソング; 《鳥の》求愛歌.

lóve·strùck *a* 恋にのぼせた[冒された].

lóve-tòken *n* 愛のしるし(としての贈り物).

lóve trìangle 三角関係.

lóve vìne〘植〙ネナシカズラ (dodder).

Lóve wàve〘地震〙ラブ波《水平面内で振動する横波の表面波》. [A. E. H. *Love* (1863–1940) 英国の数学者]

lóve·wòrthy *a* 愛するに足る.

lovey /lʌ́vi/ *n* [*[U]*voc*][II]《口》[[s]*derog*] ダーリン, おまえ, あなた (darling); いとしい人, かわいい子.

lovey-dovey /lʌ́vidʌ́vi/ 《口》*a* 恋にのぼせあがった, あつあつの, ラブラブの; 感傷的すぎる, 甘ったるい. ► *n* おまえ, あなた (lovey); 友愛. ♦ **~·ness** *n*

lov·ing /lʌ́vɪŋ/ *a* 愛情のある, 愛に満ちた; 心のこもった, (注意の)行き届いた; 忠実な, 忠誠の: My ~ husband (私を愛してくれる)優しい夫 / Your ~ friend おん身の親友より《友人間の手紙の結語》. ♦ **~·ly** *adv* 愛情をこめて, かわいがって; 親切に. **~·ness** *n*

lóving cùp 親愛の杯《通例 数個の取っ手の付いた銀の大杯; もと宴の終わりに飲み回した; 今は優勝杯》.

lov·ing·est /lʌ́vɪŋəst/ *a* とても愛情の深い[優しい].

lóving-kínd·ness *n* 親愛, 情け, 《特に 神の》慈愛.

low[1] /lóu/ *a* **1 a** 《背・丈の》低い; 低い〈土地・緯度など〉; 〈水が〉減じている, 水位が低い; 干潮の; 〈月・太陽など〉水平[地平]線に近い; 〘音〙舌の位置が低い, 低舌の: ~ vowels 低母音 (open vowels) / LOW TIDE. **b** 襟ぐりの深い, デコルテの; 〈靴など〉浅い. **2 a** 〈音・声が〉低い, 小さい, 低調[低音]の (opp. *loud*); 〈温度が〉低い; 〈熱・圧力などが〉弱い, 低い; 〈スピードが〉おそい; 〘車など〙(最)低速の, ロー〈ギア〉: speak in a ~ voice [whisper] 低い声[小声]で話す. **b** 〈体が〉弱い; 意気消沈した, 元気のない, 落ち込んだ: ~ spirits 無気力, 意気消沈. **c** [*pred*] 《まれ》死んだ, 隠れた. **3 a** 値段が安い (cheap); 〈数量が〉少ない; 〈評価などが〉低い; 平均[普通]以下の; 不十分な; 粗末な; 〘トランプ〙小さい数の, 低位の〈札〉: have a ~ opinion of...を低く見る, 問題にしない / a ~ grade of rice 米の劣等種. **b** 〈金銭・物資が〉乏しい, 不足した, 底をつきそうな〈*in*, *on*〉: be ~ *in* one's pocket=be ~ *on* fund 《口》ふところがさびしい. **4 a** 〈階級・位置などの〉低い, 卑しい〈*in* one's class〉; 最低水準の, どん底の: of ~ birth 生まれの卑しい / ~ life 下層生活 / the ~*est* of the LOW (⇨ *n*). **b** (頭をいっぱいに下げた)低い〈お辞儀〉; 《まれ》腰の低い, 謙遜な. **c** 未発達の, 単純な, 未開の: ~ organisms 下等生物. **5** 育ちの悪い, 粗野な; 卑劣な; 下品な; 低級な; 猥褻な. **6** 形式ばらない, さばけた; [L-] 低教会の (⇨ LOW CHURCH). **7** [主に比較級で] 最近の (recent): of a ~*er* date もっと近年の. ● **at** (**the**) **~est** 《数・量などが》最低でも, 少なくとも. ► *adv* 低く; 声をひそめて, 低い調子で, 小声で (opp. *loud*); 消沈して; 安く (cheaply); 少額の賭け金で; 粗食で; 卑しく, 卑劣に; 現代に近く: speak ~. ● **bring ~** [°*pass*] 《富・健康・位置などを》減ずる, 衰えさせる, おちぶれさせる. **fall ~** 堕落する. **lay ~** 滅ぼす, 殺す; 埋める, 葬る; 打ち倒す, 打ちのめす; 痛手を与える, 零落させる; 病床に伏させる; *《非標準》(一時)鳴りをひそめている (lie low). **lie ~** うずくまる; へたばっている, 死んでいる; おちぶれている, 身を卑しめる; (好機を待って)じっとしている, 雌伏する. **~ down** ずっと下に; 卑しめて, 冷遇して. **play ~** はした金で賭けをする, 〘トランプ〙低位の札を切る[出す]. **run [get]** ～〈資源などが〉尽きる, 〈人が〉〈…が〉欠乏する〈*on* gas, milk, etc.〉; 〘ラグビー〙 TACKLE ～. SINK ～.
► *n* 低いもの; 〘車など〙 低速[第一速, ロー](ギア)(＝*low gear*); 〘証券〙 低値 (opp. *high*); 〘トランプ〙 最低位の切り札; 最低の得点; *最低水準[記録, 数字], 最低価格; 〘気〙 低気圧; *《俗》 麻薬の不快な作用: go into ～ 低速ギアに切り換える / an all-time ～ これまでの最低 / the ～*est* of the ～ 《ロ》 最低の[卑劣きわまる]人たち; [ᵒ*joc*] 最下層の人びと.
♦ **～·ness** *n* **～·ish** *a* [ME *lowe*, *lāh*＜ON *lagr*]

low[2] *vi, vt* 〈牛が〉モーと鳴く (moo); うなるように言う〈*forth*〉. ► *n* 《牛の》モーという鳴き声. [OE *hlōwan*]

low[3], **lowe** /lóu/ 《スコ》 *n* 炎. ► *vt* 燃える. [ON; OE *lēoht* LIGHT[1] と同語源]

Low ロウ Sir **David** (**Alexander Cecil**) ～ (1891–1963) 《ニュージーランド生まれの英国の政治漫画家; cf. COLONEL BLIMP》.

low·an /lóuwən/ *n* 《豪》 〘鳥〙 MALLEE BIRD.

Lów Archipélago [the] ロウ諸島 《TUAMOTU ARCHIPELAGO の別称》.

lów·bàll* *vt* 〈顧客〉に故意に安い価格[見積もり]を示す, 〈見積もりを〉故意に低くする[安く示す]. ► *n* 故意に安い価格[見積もり](の提示); [〈*a*〉] 安い; 〘野〙 低いボール球(だま).

lów béam 《自動車のヘッドライトの》 下向き近距離用光線, ロービーム (cf. HIGH BEAM).

lów blóod prèssure 〘医〙 低血圧 (hypotension).

lów blów 〘ボク〙 ローブロー 《ベルトより下を打つ反則》; 卑劣な攻撃, きたないやり方.

lów·bórn *a* 生まれ[素姓]の卑しい.

lów·bòy* *n* 脚の低い化粧台[サイドテーブル], ローボーイ; ローボーイ (＝～ **tràiler**) 《大型貨物運搬用の荷代が低いトレーラートラック》.

lów·bréd *a* 育ち[しつけ]の悪い, 野卑な, 粗野な.

lów·bròw 《ロ》 *n* 教養[知性]の低い人, 低級な人 (opp. *high-brow*). ► *a* 教養の低い(人に向いた), 低級な, 低俗な.

lów-bróWed *a* 〈人が〉額の狭い; 《ロ》 LOWBROW; 〈岩が〉突き出た, 張り出した; 〈建物などが〉入口の低い, (うす)暗い.

lów-búdget *a* 低予算の, 安上がりの: a ～ menu.

lów-cál /-kǽl/ *a* 低カロリーの〈食事〉. [*calorie*]

lów cámp 露骨で卑俗な演芸[作品].

lów-cárb *a* 〈食品・飲料などが〉低炭水化物の (low in carbohydrates).

lów-cárbon ecònomy 低炭素経済 《温室ガスの排出量の少ない経済体制・社会》.

lów-cárbon stèel 〘冶〙 低炭素鋼.

Lów Chúrch [the] 低教会(派) 《英国教(系教会)において, 聖職位やサクラメント (sacraments) をさほど重視せず福音を強調する一派; cf. HIGH CHURCH》. ♦ **Lów Chúrch·man** /-mən/ 低教会派の人.

lów-cláss *a* LOWER-CLASS; 品質の劣る, 低級な, 低水準の.

lów cómedy 茶番, 低喜劇, ドタバタ喜劇 (cf. HIGH COMEDY).
♦ **lów comédian** *n*

lów-cóst *a* 安価な, 低価格の, 格安の, 費用のかからない: a ～ carrier 格安航空会社.

Lów Còuntries *pl* [the] 《北海沿岸の》 低地帯, ネーデルラント 《今のベルギー・オランダ・ルクセンブルクの占める地域》.

lów còuntry [ᵒL- C-] 低地地方 《特に 米国南部の州の一部で, 海岸から滝・急流の形成する瀑布線まで》. ♦ **lów-còuntry** *a* [ᵒLow-Country] 低地地方の.

lów-cút *a* 〈ネックラインが〉深くくった, 〈服が〉襟ぐりの深い, 〈靴が〉浅い.

lów-dénsity lipoprótein 〘生化〙 低密度リポタンパク質 (＝*bad cholesterol*) 《タンパク質の割合が少なめで, トリグリセリドの含量が少なく, コレステロールの量が多い血漿リポタンパク質; 動脈硬化症との関連で '悪玉' とされる; 略 LDL; cf. HIGH-DENSITY LIPOPROTEIN》.

lów-dénsity polyéthylene 〘化〙 低密度ポリエチレン 《結晶度と融点が低く分枝が多い, 密度 0.91–0.94 のポリエチレン; 裏打ち被覆材・フィルム・包装材として用いる; 略 LDPE; cf. HIGH-DENSITY POLYETHYLENE》.

lów·dòwn *n* [the] 《ロ》 真相, 内幕: get [give] *the* ～ on…の内幕を知る[知らせる].

lów-dòwn 《ロ》 *a* きわめて低い; 下劣[卑劣]な, 下賤な; 堕落した; 〘ジャズ〙 ひどく感情的な, 低音で感覚的な.

Lów Dútch LOW GERMAN.

lowe ⇨ LOW[3].

lów éarth òrbit 〘宇〙 低地球軌道 《通常 地上 90 マイルから 600 マイル (144–960 km) の円軌道》.

Low·ell /lóuəl/ **1** ローウェル 《男子名》. **2** ローウェル (**1**) **Amy** (**Lawrence**) ～ (1874–1925) 《米国の詩人・批評家; imagism 運動・自由詩運動の先鋒だった》 (**2**) **James Russell** ～ (1819–91) 《米国の詩人・評論家・外交官》 (**3**) **Percival** ～ (1855–1916) 《米国の天文学者; Amy Lowell の兄; 海王星以遠の惑星の存在を予測した》 (**4**) **Robert** (**Traill Spence**) ～, **Jr.** (1917–77) 《米国の詩人; Amy のいとこ; 詩集 *Lord Weary's Castle* (1946), *Life Studies* (1959)》. [F＜Gmc＝little wolf]

Lö·wen·bräu /*G* lø:vnbrɔy/ 〘商標〙 レーヴェンブロイ 《ドイツ Löwenbräu AG 製のドラフトビール》.

lów-ènd *a* 低価格帯の, 割安の; 《ロ》 低所得者(向け)の.

lów-énergy *a* 低エネルギーの.

low·er[1] /lóuər/ *vt* **1 a** 低くする, 下げる, 低下させる (opp. *heighten*); 〈ボートなどを〉降ろす; 〈眼を〉落とす, 〈鉄砲などの〉射角を下げる; 〘音〙 〈舌・母音を〉下げる. **b** 〈食べ物を〉呑み下す (swallow). **2** …の力[体力]を減ずる[弱める]; 安くする, 下げる; 〘楽〙 …の調子を下げる. **3** 〈品位などを〉落とす (degrade); 抑える, くじく, へこます (humble): ～ one's dignity 品を下げる / ～ one*self* かがむ; [ᵁ*neg*] みずから品位を落とす, 恥をさらす〈*to* do〉. ► *vi* **1** 下がる, 低くなる; 下降する; 減る; 〈価などが〉下落する; 調子が下がる. **2** 〘海〙 ボート[帆, 帆桁]を降ろす.
► *a* [LOW[1] の比較級] **1 a** 低い[下の]方の; 下部の; 南部の; [L-] 〘地質〙 低い層[古いほう]の, 前期の: the *L*～ Cambrian 前期カンブリア紀. **b** 下流の, 河口に近い, 川下の; より現在に近い (more recent). **2 a** 下級の; 劣等の, 下等の; 下層の; 下院の: ～ animals [mammals, plants] 下等動物[哺乳類, 植物] / a ～ boy" 《public school の》 下級生. **b** 〈値段が〉より安い, さらに安い. ► *adv* LOW[1] の比較級. ► *n* 下顎用の義歯; 《船・列車などの》 下段ベッド. ♦ **～·able** *a* [*low*[1]]

low·er[2], **lour** /láuər/ *vi* 顔をしかめる (frown)〈*at, on*〉; 〈空などが〉険悪になる, 〈雷・雨などが〉来そうである. ► *n* しかめつら, しぶい顔 (scowl); 険悪(な空模様). [ME *louren* to scowl; cf. G *lauern* to lurk]

lówer ápsis 《天体・(人工)惑星の》 近日点, 《月・人工衛星の》 近地点.

Lówer Áustria ニーダーエスターライヒ (*G* Niederösterreich) 《オーストリア北東部の州; ☆Sankt Pölten》.

lówer bóund 〘数〙 下界(かい) 《ある集合のいかなる元よりも小さいか等しい元》.

Lówer Búrma 下ビルマ 《ビルマの海岸地方》.

Lówer Califórnia ロワーカリフォルニア (BAJA CALIFORNIA の英語名).

Lówer Cánada ロワーカナダ 《英領カナダの一州 (1791–1841) で, 今の QUEBEC 州》.

lówer·cáse (略 l.c.) *a* 〘印〙 小文字の, 小文字で印刷した[組んだ, 書いた]. ► *vt* 小文字で印刷する[組む]; 〘校正〙 〈大文字を〉小文字に換える. ► *n* 小文字(活字).

lówer cáse 〘印〙 ロアーケース 《小文字および数字・句読点・スペース・クワタを入れる活字箱; opp. *upper case*》.

lówer chámber [the] 下院 (lower house).

Lówer Chinóok 下流チヌーク語 《米国の Columbia 川河口の両岸で話された Chinook 語; 現在は死語》.

lówer-cláss *a* 下層階級の; *《大学・高校の》 下級の; 質の劣った, 低級な.

lówer cláss [the ～(es)] 下層階級(の人びと), 労働者階級.

lòwer·cláss·man* /-mən/ *n* UNDERCLASSMAN.

lówer cóurt 下位裁判所, 原審裁判所.

lówer críticism [the] 下層批評 《聖書諸写本を対象とした本文(ほんもん)批評 (textual criticism); cf. HIGHER CRITICISM》.

lówer déck 下甲板; "水兵部屋; [the]" 水兵たち; 〘新聞〙 《トップの次の》 副見出し.

Lówer Éast Sìde [the] ロワーイーストサイド 《New York 市 Manhattan の南端地域の東半分; 移民たちのアパートのひしめくスラム街として有名であった; もはや移民であふれてはいないが, 荒廃したままとなっている》.

Lówer Égypt 下エジプト 《エジプトの 2 主要行政区分の一つ; Nile デルタ地区》.

Lówer Émpire [the] 東ローマ帝国.

Lówer 48 [**Fòrty-éight**]* 《主に Alaska で, また 時に気象予報官などが用いて》 Alaska 州を除く米国の大陸 48 州.

lówer fúngus 〘菌〙 《菌糸が発達せず隔膜がない》 下等菌 (opp. *higher fungus*).

lówer gróund flóor" 地下(室), 地階; 地下作業場.

lówer hóuse [the, ᵒthe L- H-] 下院 (opp. *upper house*); [the L- H-] 〘英国教〙 《聖職者会議 (Convocation) の》 下院.

Lówer Hútt /-hʌ́t/ ロワーハット 《ニュージーランド 北島の南部 Wellington の郊外都市》.

low·er·ing[1] /lóuərɪŋ/ *a* 低下[堕落]させる; 体力を弱める. ► *n* 低下, 低減. [*lower*[1]]

low·er·ing[2] /láuərɪŋ/ *a* 空模様が険悪な, 今にも降りそうな; 不機嫌な (frowning). ♦ **～·ly** *adv* [*lower*[2]]

Lówer Kar(r)óo *a, n* 〘地質〙 下部カルー紀[系](の) 《南アフリカにおける古生代[界]上部の年代[地層]で, ほぼ石炭紀と二畳紀に相当する; cf. UPPER KAROO》.

Lówer Lákes *pl* 《カナダ》 Erie 湖および Ontario 湖.

lówer mást 〘海〙 下檣(かしょう), ロワーマスト.

Lówer Míchigan LOWER PENINSULA.

lówer mórdent 〘楽〙 MORDENT.

lówer·mòst / , "-məst/ *a* 最低の, どん底の.

lówer órders *pl* [the] [u]《古風》LOWER CLASSES.
Lówer Palátinate RHINE PALATINATE.
Lówer Paleolíthic *n, a* 〔考古〕前期[下部]旧石器時代(の)《約 300 万年前から 7 万年前まで》.
Lówer Península [the] 下部半島《Michigan, Huron 両湖の間の半島で, Michigan 州の南部をなす》.
lówer régions *pl* 下部, 下層部, 低域; [[u]the]《古風》地獄 (hell); [[o]*joc*] 地階, 召使部屋.
Lówer Sáxony ニーダーザクセン (*G* Niedersachsen)《ドイツ北西部の州; ☆Hannover》.
lówer schòol 〔英〕《中等学校の》低学年《5 年級より下の学級》; 〔米〕《上級学校への前段階としての》下級学校.
Lówer Silúrian *a, n* 〔地質〕下部シルル紀[系](の) (ORDOVICIAN).
lówer síxth 〔英〕下級第 6 学年《sixth form の前期 1 年》.
Lówer Tungúska [the] 下[ニジニャヤ]トゥングースカ川《シベリアを流れる Yenisey 川の支流; Irkutsk 地方に発し, 北・西に流れて本流に合流する》.
lówer wórld [the] 死者の国, 冥土, よみの国;《天空・天体に対して》この世, 下界, 現世.
low·ery, lou·ry /láuəri/ *a* 荒れ模様の, 陰気な.
lówest cómmon denóminator **1** [the]〔数〕最小公分母 (least common denominator)《略 LCD》. **2** 最低レベル(の集団), 一般大衆; 低俗な作品[番組].
lówest cómmon múltiple [the]〔数〕最小公倍数 (least common multiple)《略 LCM》.
Lowes·toft /lóustɔ̀(:)ft, -tɑ̀ft, -təf(t)/ **1** ローストフト《イングランド東部 Suffolk 州北東部の, 北海に臨む漁港・保養地》. **2** LOWESTOFT WARE.
Lówestoft wàre ローストフトウェア《(**1**) 1757–1802 年に Lowestoft で作られた軟質磁器 **2**) 英国への輸出用に紋章などの装飾を付した中国磁器》.
lówest térms *pl* 〔数〕既約分母分子, 既約分数: reduce a fraction to ～.
lów explósive 弱火薬.
lów-fát *a* 〈食品・料理法が〉低脂肪の.
lów-fí /-fáɪ/ *n* 《口》LO-FI.
lów fíve*《俗》ローファイヴ《ウエストの高さで互いに手を打ち合わせる一種の挨拶[歓迎]の動作; cf. HIGH FIVE》.
lów fréquency 〔通信〕低周波, 長波, キロメートル波《普通は 30–300 kHz; 略 LF》.
lów géar 低速[第一速]ギア, ローギア (=*first gear*); 低調, 不振: in ～ 低速で, ゆっくり; 低調で.
Lów Gérman 低地ドイツ語《ドイツ北部低地方のオランダ語近似の方言で, 歴史的には High German 以外の West Germanic 諸語を指す; cf. HIGH GERMAN》.
lów-gráde *a* 低級な, 下等な, 低品位の; 〈病気が〉軽い, 軽度の.
lów-hàng·ing frúit 《簡単に取れる》低い所[枝]にある果実, [*fig*]《すぐ実現できる》簡単な目標[方策], 手っ取り早い近道.
lów húrdles [the, 〈*sg/pl*〉]〔競技〕200 m [220 ヤード]ハードル, ローハードル《ハードルの高さは 76.2 cm》.
lów-ímpact *a* 《体・環境などに》負担をかけない, 影響の少ない, ローインパクトの.
lów-íncome *a* 低収入の, 低所得の.
lów·ing *a* モーと鳴く. ► *n* 牛の鳴き声.
lów-kéy, lów-kéyed *a* 控えめの, (強さを)抑えた, おとなしい, 感情を表に出さない; 〔写〕〈画面が〉暗く軟調の, ローキーの.
low·land /lóulənd, -lǽnd/ *n* 低地 (opp. *highland*); [the L-s] スコットランド中部・東部低地地方《Highlands と Southern Uplands にはさまれる》. ► *a* 低地の; [L-] スコットランド低地(方言)の.
lówland·er *n* 低地人; [L-] スコットランド低地人.
lówland gorílla 〔動〕ローランドゴリラ《アフリカの低地雨林地帯にすむゴリラ》.
Lówland Scóts [Scótch] 《英語の》スコットランド低地方言.
Lów Látin 低ラテン語 (⇨ LATIN).
lów-lével *a* 低い位置での[にある], 低地の; 低いレベルの, 地位の低い; 放射性の低い.
lów-lèvel fórmat 〔電算〕《ハードディスクの》低レベルフォーマット《特定のコントローラーに適応させるためのフォーマット; インターリーブなどを決定する》.
lów-lèvel lánguage 〔電算〕低水準[低級]言語《人間の言語よりも機械語に近いプログラム言語》.
lów-lèvel wáste 低レベル(放射性)廃棄物.
lów·lìfe *n* (*pl* [u]～s, -lìves)《口》闇社会(の人間); 卑劣なやつ, 堕落した人間, げす. ♦ **lów·lif·er** *n*
lów-lífe *a* 下層の; 卑劣な, 自堕落な.
lów·lìght *n* [[u]*pl*]《明るい色の髪の中の》暗い色すじ, 濃く染めた部分; さえない [不快な]できごと[部分] (opp *highlight*).
low·li·head /lóulihèd/ *n* 《古》低い[卑しい, 謙遜する]こと (lowliness). [*lowly, -head*]
lów-líved /-lívd, -láɪvd/ *a* 卑しい生活をする; 卑しい, 下賤の.
lów-lòad·er *n* 低荷台トラック《荷物の積み込みが容易》.
lów·ly *a* 地位の低い, 身分の卑しい; 謙遜な; 簡素な, つつましい; 低級な; 〈生物などが〉(相対的に)未進化の; 平凡な, つまらない. ► *adv* 謙遜して; 小声[低い声]で; 安い値で; 低い度合いに. ♦ **lów·li·ly** *adv* **-li·ness** *n* 身分の低いこと; 卑しさ, さもしさ; 腰の低いこと, 謙遜.
lów-lýing *a* 《高さの》低い; 低いところにある.
lów-máintenance *a* 維持管理費用が安い, 手間のかからない, ローメンテナンスの; 〈人が〉あまり世話をやかなくてよい, 扱いやすい.
lów máss [[o]L- M-]〔カト〕《奏楽のない》読唱ミサ (cf. HIGH MASS).
lów-mínd·ed *a* 心のきたない, あさましい, 下劣な, 卑しい (mean). ♦ **～·ly** *adv* **～·ness** *n*
lown /láun, lúːn/ *a* 《方》静かな, 穏やかな.
Lowndes /láundz/ ラウンズ **William Thomas** ～ (1798–1843)《英国の書誌学者》.
lów-néck(ed) *a* 〈婦人服が〉襟ぐりの深い, ローネックの.
lów-númbered *a* 若い番号の.
lowp /láup, lóup/ *vi, n* 《スコ》LOUP[1].
lów-páid *a* 〈労働者・仕事などが〉低賃金の: the ～ 低賃金労働者《集合的》.
lów-pàss fílter 〔電子工〕低域(通過)濾波器[フィルター].
lów-perfórm·ing *a* 成績の低い, 業績不振の.
lów-pítched *a* 低音域の; 調子の低い; 〈屋根・天井などが〉傾斜のゆるやかな.
lów póint 最低[最悪]の時.
lów póst 〔バスケ〕ローポスト《ゴール下のエリア》: a ～ player ローポストプレーヤー《ローポストにいる攻撃側の選手》.
lów pósture 目立たない態度[やり方] (low profile).
lów-pówer *a* 〈放送局が〉低出力の《半径 10–15 マイル [16–24 km] 内の地域にだけ放送できる》.
lów-pówered *a* 低出力の, 馬力のない.
lów-préssure *a* 低圧の; 低気圧の; のんきな, 悠長な, 肩の張らない; 穏やかで説得力のある, ソフトムードの.
lów-príced *a* 安い, 安価な.
lów-prófile *a* 高さの低い, 扁平な; 目立たない: a ～ tire 〔車〕扁平タイヤ《高さに比して幅が大》.
lów prófile 目立たない[人目につかない]態度[やり方](を採る人), 低姿勢(の人): keep [maintain] a ～ 人目につかないよう心がける, つとめて低姿勢を保つ.
lów-próof *a* アルコールの度が低い[弱い].
lów relíef BAS-RELIEF.
lów-rént *a* 賃借料[家賃]が安い; *《口》安手の, 低級な, 下等な; 〈地域などが〉みすぼらしい, さびれた.
lów rént*《俗》卑しいやつ, ダサいやつ, イモ.
low-res /—réz/ *a* 《口》パッとしない, さえない (opp. *high-res*); 〔電算〕低解像度の (lo-res). [*low-resolution*]
lów-resolútion *a* 〔電算〕〈ディスプレー・プリンターなどが〉低解像度の; 〈画像・写真などが〉細部が鮮明でない.
lów ríde *a**《俗》《特に California 州南部で》下層階級の, 底辺の.
lów·rìder* *n* **1** 車高を低くした車, 'シャコタン'; シャコタン車を運転する人; ハンドルを高くしたオートバイを運転する人. **2** 《俗》黒人スラム街の(乱暴な)若者; 《俗》《囚人仲間から金をおどし取る》刑務所内のごろつき.
lów·rìding* *n* 車高を極端に低くした車を乗りまわすこと.
lów-ríse *a, n* 《1–2 階建ての》《エレベーターのない》低層の(建物); 股上が浅くぴったりした, ローライズの〈ズボン〉.
Low·ry /láuri/ **1** ラウリー (**1**) (**Clarence**) **Malcolm** ～ (1909–57)《英国の作家; 半自伝的小説 *Under the Volcano* (1947)》 (**2**) **L**(**aurence**) **S**(**tephen**) ～ (1887–1976)《英国の画家; 荒涼たる北部工業都市の風景を描いた》. **2** ラウリー《男子名; Lawrence の愛称》.
lów séason [u] [the]《行楽などの》閑散期, シーズンオフ (off-season).
lowsening ⇨ LOOSING.
lów silhouétte LOW PROFILE.
lów-slúng *a* 低めの[に作られた], 地面[床面など]に比較的近い, 車台の低い〈車〉, 股上の浅い〈ズボン〉: a ～ moon.
lów-spírit·ed *a* 元気のない, 憂鬱な, 意気消沈した. ♦ **～·ly** *adv* **～·ness** *n*
lów-súlfur *a* 低硫黄の〈石炭・石油など〉.
Lów Súnday 白衣の主日《復活祭後の第 1 日曜日》.
lów tèa* PLAIN TEA.
lów-téch *a* ローテクの《低度技術に関する》.
lów technólogy 低度技術《比較的高度でない技術; cf. HIGH TECHNOLOGY》.
♦ **lów-technólogy** *a*
lów-témperature *a* 低温の.
lów-ténsion *a* 〔電〕低圧[低電圧](用)の.
lów ténsion 〔電〕低電圧《略 LT》.
lów-tést *a* 〈ガソリンが〉沸点の高い, 揮発度の低い.
lów-tícket *a* 低価格の.

lów tíde 低潮, 干潮; 干潮時刻; 干潮時の水位; [*fig*] 最低点, どん底.

low·veld /lóufɛ̀lt, -vɛ̀lt/ *n* [°L-]《アフリカ南部の》低地の草原地帯,《特に》Transvaal 地方東部・スワジランドの低地. [Afrik *laeveld*]

lów-velócity làyer [zòne]〘地質〙低速度層《地震波の速さがその上下と比べて遅くなっている層》.

lów-vóltage *a* 低電圧(用)の.

lów vóltage 低電圧《特に家庭用 120 V 以下の電圧, または不十分な電圧》.

lów wáter 低潮, 干潮;《川・湖などの》低水位《略 LW》; 最低時, 不振状態. ● **in (dead) ～** 金に困って, 意気消沈して.

lów-wáter màrk 干潮標[線]; 最低線, 最低値, 最悪状態, どん底.

Lów Wéek 復活祭の週の次の週.

lox[1] /lάks/ *n* 液体酸素 (cf. GOX). ► *vt* 〈ロケット〉に液体酸素を供給する. [*l*iquid *ox*ygen]

lox[2] *n* (*pl* ～, ～**·es**)* サケの燻製 (smoked salmon). [Yid]

lóxo·dròme /lάksə-/ *n*〘海〙航程線 (RHUMB LINE).

loxo·drom·ic /lὰksədrάmɪk/, **-i·cal** *a*〘海〙航程線の, 斜航法の;〘数〙斜航の;〘地図〙漸長[メルカトル]図法の. ♦ **-i·cal·ly** *adv* **-dróm·ics, lox·od·ro·my** /lὰksάdrəmi/ *n*〘海〙斜航法. [Gk *loxos* oblique]

loya jir·ga /lɔ́ɪjə ʤíərgə/《アフガニスタンで》国民大会議, ロヤジルガ《名士・部族長・宗教指導者などによる国民議会》.

loy·al /lɔ́ɪ(ə)l/ *a* 忠義な; 忠実な, 誠実な〈*to*〉, 義理堅い; 高潔な;《廃》法の認める: a ～ customer 常連客 / the ～ toast《国王などへの》忠節を誓う乾杯. ► *n* [ᵘ*pl*] 忠臣, 愛国者. ♦ **～·ly** *adv* [OF＜L; ⇨ LEGAL]

lóyal·ìsm *n* 忠義;《特に反乱時の》勤王主義.

lóyal·ist *n* **1** 忠臣, 勤王家; [L-]〘英史〙王党員, 保守党員 (Tory). **2 a** [ˢL-]〘米史〙《独立戦争の際の》国王派, 忠誠派 (＝*Tory*). **b**〘米史〙《南北戦争当時の》(南部の)アメリカ連邦主義者. **c** [L-]《スペイン内乱 (1936–39) の際の》政府支持者, 反フランコ将軍派. **d** [L-] ロイヤリスト《北アイルランドでイギリス本国との分離に反対するプロテスタント系住民》.

Lóyal Órder of Móose ムース友愛組合《1888 年 Kentucky 州 Louisville に創設された慈善的な友愛組合; 略 LOOM; 1991 年 Moose, International と改称》.

lóyal·ty *n* 忠義, 忠誠; 忠実さ, 誠実さ, 真心; [ᵒ*pl*] 忠誠心, 忠誠の義務, 義理: divided [mixed] *loyalties* 引き裂かれた忠誠心《相対立する二者への忠誠心》. [OF]

lóyalty càrd《英・加・豪》ご愛顧カード, ポイントカード.

Lóyalty Íslands *pl* [the] ロイヤルティ諸島《太平洋南西部フランスの海外領土 New Caledonia の東部に位置するサンゴ礁島群》.

lóyalty òath*《公職に就く者などに求められる反体制活動をしない旨の》忠誠宣誓.

Loyang 洛陽 (⇨ LUOYANG).

Loyola ⇨ IGNATIUS of Loyola.

loz·enge /lάz(ə)nʤ/ *n* **1** 菱形;〘紋〙菱形紋,《婦人用の》菱形紋地;《宝石の》菱形面; 菱形の窓ガラス. **2**《もと菱形に作られた》飴(あめ), 錠剤, トローチ剤《咳止めドロップなど》. ♦ **～d** *a* 菱形の; 交互に違う色の菱形を配した; 菱形にガラスをはめた. **lózenge-shàped** *a* [OF＜? Gaulish]

lo·zengy /lάz(ə)nʤi/ *a*〘紋〙〈盾が〉菱形に等分割された.

Lo·zère /*F* lɔzɛːr/ ロゼール《フランス南部 Languedoc-Roussillon 地域圏の県; ☆Mende》.

Lo·zi /lóuzi/ *n* **a** (*pl* ～, ～**s**) ロジ族 (＝*Barotse*)《ザンビアに住む Bantu 族の一族》. **b** ロジ語.

LP /ɛ̀lpíː/ *n* エルピー盤[レコード]《1 分間に $33\frac{1}{3}$ 回転するレコード》. [*l*ong-*p*laying]

l.p.〘印〙°long primer. **LP, l.p.** low pressure. **LP** °Labor Party ♦ °listening post ♦〘英〙°Lord Provost.

l-PAM /ɛ́lpæ̀m/ *n*〘化〙*l*-フェニルアラニンマスタード (MELPHALAN). [*l*-*p*henyl*a*lanine *m*ustard]

LPC〘英〙°Lord President of the Council. **LPG** °liquefied petroleum gas. **LPGA** Ladies Professional Golf Association 女子プロゴルフ協会.

LP gas /ɛ̀lpíː —/ 液化石油ガス, LP ガス, LPG.

lpi lines per inch《スクリーン線数[印刷精度]の単位》.

L-plateᴴ /ɛ́l—/ *n*《仮免許運転者の車に表示する》L 字のプレート. [*l*earner *p*late]

L-plat·erᴴ /ɛ́lplèɪtər/ *n* 仮免許運転者.

LPM, lpm〘電算〙lines per minute 行/分. **LPN** °licensed practical nurse. **LPO** °London Philharmonic Orchestra.

L'poolᴴ Liverpool. **LPS**〘英〙°Lord Privy Seal. **Lr**〘化〙lawrencium. **LR** °living room ♦ °Lloyd's Register ♦ lower right. **LRF**〘生化〙°luteinizing hormone-releasing factor.

L-riderᴴ /ɛ́l—/ *n* オートバイの仮免許運転者.

LRINF long-range intermediate nuclear forces 長射程中距離核戦力《射程 1000–5500 km の核戦力; もと単に INF と呼ばれたもの; cf. SRINF, STRATEGIC NUCLEAR FORCES》. **LRT** light-rail transit. **LRV** light-rail vehicle 軽快路面電車 ♦ °lunar roving vehicle. **l.s.** left side ♦ letter signed ♦〘法〙°locus sigilli.

LS〘英〙°leading seaman ♦ Lesotho ♦ °library science ♦ °Linnean Society ♦〘法〙°locus sigilli ♦〘映〙°long shot. **LSAT**〘米〙Law School Admission Test. **LSB** °least significant bit.

LSC〘英〙Learning and Skills Council 学習技能委員会《2001–10; 現在は SFA と YPLA に引き継がれている》.

£.s.d., l.s.d., L.S.D. /ɛ̀lɛ̀sdíː/ *n* **1**《旧英国貨幣制度の》ポンド・シリング・ペンス《★ 通常の句読点は £5 6s. 5d.》. **2**ᴴ《古風口》金銭, 富: a matter of ～ 金銭の問題, 金さえあればかなうこと / a worshiper of ～ 金銭の奴隷. [L *librae, solidi, denarii*: pounds, shillings, pence の頭字]

LSD[1] /ɛ̀lɛ̀sdíː/ *n*〘薬〙LSD (＝～ **25** /—— twɛ̀ntifáɪv/)《麦角から得られる精神異常発現物質; 幻覚・感情変化などをもたらす》. [*ly*ser*g*ic acid *d*iethylamide]

LSD[2] *n*〘米海軍〙ドック型揚陸艦. [*l*anding *s*hip, *d*ock]

LSD °least significant digit.

L.S.De·ism /ɛ́lɛ̀sdíːɪz(ə)m/ *n* 拝金主義 (⇨ £.s.d.).

LSE °London School of Economics ♦ London Stock Exchange ロンドン証券取引所.

L7 /ɛ́l sɛ́v(ə)n/*《俗》堅物, 野暮天 (square). [指で L 字と 7 の数字をつくって組み合わせると四角ができることから]

LSI /ɛ̀lɛ̀sáɪ/〘電子工〙*n* 大規模集積 (large-scale integration); 大規模集積回路 (large-scale integrated circuit).

LSM letter-sorting machine ♦〘電〙linear synchronous motor リニア同期機. **LSO** °landing signal officer ♦ °London Symphony Orchestra.

L square /ɛ́l —/《大工の》L 字形定規.

LSS* Lifesaving Service ♦ lifesaving station ♦ °life-support system. **LST** landing ship, tank 戦車揚陸艦 ♦〘天〙local sidereal time 地方恒星時. **lt.** light. **l.t.** landed terms 陸揚げ渡し条件 ♦ °local time ♦ °long ton. **Lt** Lieutenant ♦〘軍〙light.

LT °legal tender ♦ °letter telegram ♦ °local time ♦ °long ton ♦〘電〙°low tension. **LTA** Lawn Tennis Association. **LTC** long-term care. **Lt Col, LTC** °Lieutenant Colonel.

Lt Comdr, Lt Cdr °Lieutenant Commander.

Ltd(.), ltd(.) /límətəd/ limited.

Lt Gen, LTG °Lieutenant General. **Lt Gov** °Lieutenant Governor. **LTh** Licentiate in Theology. **LTH** °luteotropic hormone. **Lt Inf**〘軍〙light infantry. **LTJG** °Lieutenant Junior Grade. **LTL***〘商〙less than truckload.

LTP °long-term potentiation. **ltr** letter ♦ lighter. **LTR** long-term relationship. **LTS** launch telemetry station ♦ launch tracking system. **LTTE** Liberation Tigers of Tamil Eelam タミル・イーラム解放のトラ (⇨ TAMIL TIGERS).

Lu /lúː/ ルー《**1**) 女子名; Louisa, Louise の愛称 **2**) 男子名; Louis の愛称》.

Lu〘化〙lutetium.

Lu·a·la·ba /lùːəlάːbə/ [the] ルアラバ川《コンゴ民主共和国南東部を北に流れ, Luapula 川と合流して Congo 川となる》.

Lu·an·da /luάːndə, -ǽn-; -ǽn-/, **Lo-** /lou-/ ルアンダ《アンゴラの市・首都・海港》.

Luang Pra·bang, Louang·phra·bang /luάːŋ prəbάːŋ/ ルアンプラバン《ラオス北西部 Vientiane の北北西, Mekong 川に臨む町; 旧王宮がある》.

Lu·an·gue /luǽŋgə/ [the] ルアンゲ川《LOANGE 川のポルトガル語名》.

Lu·an·shya /luάːnʃɑː/ ルアンシャ《ザンビア中部の鉱業の町; 銅山がある》.

Lu·a·pu·la /lùːəpúːlə/ [the] ルアプラ川《ザンビア北東部の Bangweulu 湖から流出し, コンゴ民主共和国との国境を北に流れて Mweru 湖を通ったあと Lualaba 川に合流して Congo 川となる》.

lu·au /luáu, lúː—/ *n* ルーアウ《しばしば余興の伴うハワイ料理の宴会; ココヤシのクリームと鶏肉またはタコと煮込んだタロイモの葉の料理》. [Haw]

Lu·ba /lúːbə/ *n* **a** (*pl* ～, ～**s**) ルバ族《コンゴ民主共和国南東部に居住する黒人族》. **b** ルバ語《Bantu 語の一つ, 特に TSHILUBA》.

Lu·ba·vitch·er /lúːbəvɪʧər, lubάː-/ *n, a*〘ユダヤ教〙ルバヴィッチ派の(人)《18 世紀末に起こったハシディズムのユダヤ人の一派》. [Yid (*Lubavitch* city of love ロシアのユダヤ人の町)]

lub·ber /lʌ́bər/ *n* なりの大きいぐずな[とろい]やつ, うどの大木; 不器用な水夫. ♦ **～·lìke** *a* **～·ly** *a, adv* 無骨な[に], ぶざまな[に], 不器用な[に]. **-li·ness** *n* [? OF *lobeor* swindler (*lober* to deceive); cf. LOB[1]]

lúbber gràsshopper〘昆〙大型で動きがのろく飛べないバッタ《米国南部産の 2 種》.

lúbber's hòle〘海〙檣楼(しょうろう)昇降口.

lúbber('s) line [màrk]〘海・空〙方位基線.

Lub·bock /lʌ́bək/ **1** ラボック《Texas 州北西部の市; 綿の市場がある》. **2** ラボック (**1**) Sir **John** ～, 1st Baron Avebury (1834–1913)

《英国の銀行家・自由党政治家・自然史研究家; Sir John William の子》 (2) Sir **John William** ～ (1803–65)《英国の天文学者・数学者; 本業は銀行家》.

lube /lúːb/ «口» *n* 《石油から製した》潤滑油 (=～ òil); バター (butter); LUBRICATION. ► *vt* LUBRICATE. [*lubricating oil*]

Lü·beck /lúːbɛ̀k; *G* lýːbɛk/ リューベック《ドイツ北部 Schleswig-Holstein 州のバルト海に臨む港湾・商工業都市; 中世の重要なハンザ都市》.

Lu·bitsch /lúːbɪtʃ/ ルビッチ **Ernst** ～ (1892–1947)《ドイツ生まれの米国の映画監督; しゃれた風俗喜劇を得意とした; *Ninotchka* (ニノチカ, 1939)》.

Lu·blin /lúːblən, -blìːn/ ルブリン (*Russ* Lyublin)《ポーランド東部 Warsaw の南東にある工業都市》.

lu·bra /lúːbrə/ «豪» *n* 先住民の女; «俗»《一般に》女.

lu·bric /lúːbrɪk/, **-bri·cal** /-brɪk(ə)l/ *a* «古» LUBRICIOUS.

lu·bri·cant /lúːbrɪkənt/ *a* なめらかにする. ► *n* なめらか[円滑]にするもの; 潤滑油, 機械油, 潤滑剤, 滑剤.

lu·bri·cate /lúːbrəkèɪt/ *vt* **1** …に油[(潤)滑剤]を差す[塗る];〖写〗光沢料[つや出し]を塗る; なめらかに[つるつるに]する. **2** «口»〈人間関係・仕事などを〉円滑にする, スムーズに進行させる;〈酒などが〉〈人を〉饒舌にする;〈人を〉買収する; [ᵘ*pass*] «口»〈人〉に酒を飲ませる, 酒で酔わせる. ► *vi* (潤)滑剤の用をする; (潤)滑剤を差す[入れる]; «口» 酔う: *lubricating* oil 潤滑油. ♦ **lù·bri·cá·tion** *n* なめらかにすること, 催滑; 潤滑; 油差し(法), 注油; «俗» 酒. **lú·bri·cà·tive** *a* なめらかにする, 催滑性の. [L (*lubricus* slippery)]

lú·bri·cà·tor *n* なめらかにする人[もの]; 潤滑装置; 注油器, 油差し;〖写〗つや出し.

lu·bri·cious /lubríʃəs/ *a* **1** みだらな, 挑発的な. **2** つるつる[ぬるぬる]した; 定まらない, あてにならない, とらえどころのない. ♦ **～·ly** *adv*

lu·bric·i·ty /lubrísəti/ *n* みだら; なめらかさ, 平滑潤滑性[能力]; とらえがたいこと; (精神的)不安定, 動揺; とらえどころのなさ, ずるさ.

lu·bri·cous /lúːbrɪkəs/ *a* LUBRICIOUS.

lu·bri·to·ri·um* /lùːbrətɔ́ːriəm/ *n* 《給油所内の》潤滑油交換場; 給油所, ガソリンスタンド. [*-orium*]

Lu·bum·ba·shi /lùːbumbáːʃi; lùːbumbǽʃi/ ルブンバシ《コンゴ民主共和国南東部にある同国第 2 の都市; 旧称 Elisabethville》.

Lu·can[1] /lúːkən/ ルカヌス (*L* Marcus Annaeus Lucanus) (A.D. 39–65)《ローマの詩人; *Pharsalia*》.

Lu·can[2], **-kan** /lúːkən/ *a* ルカ (LUKE) の; ルカによる福音書の.

Lu·ca·nia /lukéɪnjə, -káː-/ ルカニア《BASILICATA のラテン語名》.

lu·carne /lukáːrn/ *n*〖建〗DORMER WINDOW.

Lu·cas /lúːkəs/ **1** ルーカス《男子名》. **2** ルーカス (1) **George** ～ (1944–)《米国の映画監督; *American Graffiti* (アメリカン・グラフィティ, 1973), *Star Wars* (スター・ウォーズ, 1977)》 (2) **Robert E(merson)** ～**, Jr.** (1937–)《米国の経済学者; 合理的期待仮説を発展させ, 応用した業績でノーベル経済学賞 (1995)》. [⇨ LUKE]

Lu·cas·ta /lukǽstə/ ルカスタ《女子名》. [Richard Lovelace の造語; その詩 'To Lucasta' より]

Lu·cas van Ley·den /lúːkɑ̀ːs vɑːn láɪd(ə)n/ ルーカス・ファン・レイデン (1489 or 94–1553)《オランダの画家・版画家》.

Lu·ca·yo /lukáɪoʊ/ *n* **a** (*pl* ～, ～**s**) ルカヨ族《バハマ諸島のアラワク族の絶滅種族》. **b** ルカヨ語.

Luc·ca /lúːkə/ ルッカ《イタリア中部 Tuscany 州 Florence の北西にある市》.

luce /lúːs/ *n*〖魚〗カワカマス (pike) (の成魚);〖紋〗カワカマスの図. [OF]

Lu·celle /lusέl/ ルセル《女子名》. [⇨ LUCIL(L)E]

lu·cent /lúːs(ə)nt/ *a* 光る, 輝く (bright); (半)透明の, 澄んだ. ♦ **lú·cen·cy** *n* **～·ly** *adv* [L; ⇨ LUCID]

lu·cern[1] /lusə́ːrn/ *n* «廃» LYNX.

lu·cerne, lu·cern[2]" /lusə́ːrn/ *n*〖植〗ALFALFA. [F<Prov=glowworm; その輝く種子より]

Lu·cerne /lusə́ːrn; *F* lysɛrn/ ルツェルン (*G* Luzern) (1) スイス中部の州 2) Lucerne 湖に臨むその州都・リゾート地》. ■ the **Láke of** ～ ルツェルン湖《スイス中部の湖; 別称 Vierwaldstätter See》.

luces *n* LUX の複数形.

Lu·chou, Lu·chow /lúːdʒóu/ 廬州(ろしゅう)(ルーチョウ)《合肥 (Hefei) の旧称》.

Lu·cia /lúːʃ(i)ə, -siə/ ルシア《女子名》. [(fem)<LUCIUS]

Lu·cian /lúːʃ(ə)n; -siən, -ʃiən, -ʃ(ə)n/ **1** ルシアン《男子名》. **2** ルキアノス《2 世紀のギリシアの諷刺作家》. ♦ **Lu·ci·an·ic** /lùːʃiǽnɪk; -si-, -ʃi-/ *a* ルキアノス(風)の, 揶揄の効いた. [Gk=?; LUCIUS と連想]

lu·cid /lúːsəd/ *a* **1** 輝く, 明るい; 澄んだ, 透明な (clear);〖天〗肉眼で見える;〖昆・植〗表面が平らで光沢のある, 鏡面様の. **2** 明快な, わかりやすい; 頭脳明晰な;〖医〗《精神病などで患者が一時的に》平静な, 意識清明な〈時間〉: a few ～ moments 時おり訪れる意識清明の時. ♦ **～·ly** *adv* **lu·cid·i·ty** /lusídəti/, **～·ness** *n* [F or It<L=bright (*luceo* to shine); ⇨ LUX]

lúcid dréam〖心〗明晰夢《夢見ていることを自覚しながら見る夢》.

lúcid ínterval〖医〗意識清明期《精神病の寛解期》;《混乱の間の》平穏期.

Lu·ci·fer /lúːsəfər/ **1** ルシフェル《堕落した大天使で, Satan と同一視される; *Isa* 14: 12 の誤解から》: (as) proud as ～ 魔王のように傲慢な. **2 a**〖ロ神〗ルーキフェル《ギリシアの Phosphor に当たる》. **b** (明けの)明星 (Venus). **3** [l-] 黄燐マッチ,《広く》摩擦マッチ (friction match) (=l～ màtch). ♦ **Lu·ci·fe·ri·an** /lùːsəfíəriən/ *a* Lucifer の, 魔王のような, 傲慢な. [OE<L=light bringing, morning star (LUX, L *fero* to bring)]

lu·cif·er·ase /luːsífərèɪs, -z/ *n*〖生化〗発光酵素, ルシフェラーゼ.

lu·cif·er·in /lusíf(ə)rən/ *n*〖生化〗ルシフェリン《ルシフェラーゼの基質となりホタルの発光にはたらく物質の総称》.

lu·cif·er·ous /lusíf(ə)rəs/ *a* 明るくする; 光を発する (illuminating); [*fig*] 啓発する.

lu·cif·u·gous /lusífjəgəs/, **-gal** /-gəl/ *a*〖生〗日光を避ける, 背日性の. [L *fugio* to flee]

Lu·cil(l)e /lusíːl/ ルシール《女子名; 愛称 Lucy》. [L ? (dim); ⇨ LUCIA]

Lu·ci·na /lusáɪnə/〖ロ神〗ルーキーナ《誕生の女神; Juno, 時に Diana と同一視される》; «古» 産婆 (midwife).

Lu·cin·da /lusíndə/ ルシンダ《女子名; 愛称 Lucy》. [L; ⇨ LUCY]

Lu·cite /lúːsàɪt/〖商標〗ルーサイト《(半)透明合成樹脂; 蛍光を発し反射鏡・飛行機の窓などに用いる》.

Lu·ci·us /lúːʃ(i)əs; -siəs, -ʃ(i)əs/ ルシアス《男子名》. [L=light]

luck /lʌ́k/ *n* 運 (chance), 運勢, めぐり合わせ; 幸運; 縁起のよいもの: My ～'s in [out]. «口» わたしは運がよい[悪い] / bad [tough, hard, ill] ～ 不運, ついてないこと / Bad ～ *to* you [him]! この[あの]ばちあたりめ! / by good [bad] ～ 幸運にも[あいにく] / Good ～ (to you)! = (The) best of ～ (to you)! 幸運を祈ります, がんばってね, どうかお元気で, ご機嫌よう! / good ～ to sb 人のことなんかどうでもいい, 好きなようにしたら(いい) / Lots of ～! «口» ご成功を, がんばって; «口» [*iron*]《見込みはないけれど》せいぜいがんばって / Better ～ next time. この次はがんばってね / try one's ～ 運を試す, いちかばちか[のるかそるか]やってみる〈*at*〉/ have no ～ 運が悪い / I had the ～ to see her there. 幸いそこで彼女に会えた / be in ～'s way 運が向いている / Some people have all the ～! 幸運な人もいるもんだ / You never know your ～. 運がどうなるかは[先のことは]わからないものだ / more by good ～ than (by) good management [judgment] 対処[判断]がよかったというより運がよかったために / Our ～ ran out. 運も尽きた / The worse ～ now, the better another time. «諺» 今は運が悪くてもいずれは運が向いてくる / with (any [a bit of]) ～ 運がよければ, うまくいけば.

● **as ～ would have it** 運よく[悪く]《★ luck の前に good, ill を用いることもある》. **Bad ～!** «口» 運が悪かったね, 残念だったね, お気の毒に《同情を表わす》. BREAK[1] ～. CHANCE one**'s** ～. **down on** one**'s** ～ 運が傾いて, 不運で, 貧窮して. **for** ～ 幸運を呼ぶために, 縁起をかついで. **have (got) the ～ of the devil [the devil's own ～, the ～ of the Irish]** «口» ひどく[めっぽう]運がよい. **in** ～ 運がよい, ついている: We're *in* ～. **just sb's** ～ いつものめぐり合わせ[つきのなさ]《ものごとがうまくいかなかったときにあきらめの気持を表わす》. **the ～ of the draw** くじ引きの運(のような全くの偶然). **the ～ of the game**《試合・活動などでの》運(のよさ)《技量・技術に対する》. **no such** ～ 運悪く…でない: We wanted good weather, but (we had) *no such* ～. 天気になればいいと思っていたが, そうはうまいこといかなかった. **out of** ～ 運が悪い, ついていない. **push [press, crowd] one's** ～ «口» 運を利用しすぎる, あつかましくやる, つけこむ, 図に乗る, 調子に乗って無理をする. **ride one's** ～ 幸運に逆らわない. **Tough ～!** "運がなかったね, お気の毒に (Bad luck!); [*iron*] それはお気の毒, おあいにくさま. **worse** ～ [挿入句として] «口» あいにく, 運悪く (unfortunately).

► *int* «口» 幸運を祈る.

► «口» *vi**運よくうまくいく[成功する]〈*out*〉; *[*iron*] 全く運が悪い,《特に 戦場などで》死ぬ〈*out*〉; 運よく出くわす[行き当たる]〈*out, on, onto, into*〉; 運よくのがれる〈*out* (*of*)〉.

[ME<MDu *luc*<?; cf. G *Glück*]

lúck bòy* «俗» サーカスなどで賭博場をやっている男.

lúck·i·ly *adv* [文を修飾して] しあわせにも, 幸いなことに; «まれ» 運にめぐまれて, 首尾よく: *L*～ (for me,) she was at home. 幸い彼女は在宅だった.

lúck·less *a* 不幸な, 不運な. ♦ **～·ly** *adv* **～·ness** *n*

lúck mòney" LUCKPENNY.

Luck·now /lʌ́knàu/ ラクナウ《インド北部 Uttar Pradesh の州都; Delhi の東南東に位置》.

lúck·pènny" *n* 縁起銭《福招きのため所持している硬貨, または 売買取引成立の際に売手が買手に返す金》.

lúck-ùp *vi** «俗» つきが回ってくる.

lúcky /lʌ́ki/ *a* 運のよい, 幸運の; まぐれの; 幸運をもたらす, 縁起物の: get ～ 運にめぐまれる, ついている, うまくやる / be ～ with…にめぐまれる / I was ～ (enough) *to* meet him there. = I was ～ *that* I met him there. 運よくそこで彼に会った / a ～ beggar 果報者, しあわせ者 / a ～ guess [hit, shot] まぐれあたり / You're a ～ dog. きみは果報者だ《婚約のできた人によく言う》/ You'll be ～ to get a B in his course. 彼の授業は B を取るのも容易でない / That was his ～ day. その日彼はついていた / the ～ seventh《野》ラッキーセブン / *L*～ devil [you, her, etc.]! なんて運がいいやつ[人]! うらやましい! / *L*～ me! ありがたい, よかった, しめた! / It's ～ for you that…とは運がいいね / *L*～ at cards, unlucky in love. 《諺》トランプでついていると恋はだめ《トランプ遊びのときに言う冗談》. ● You [He, etc.] **should be so ～!** 《口》[*iron*] おあいにくさま, おめでたいね. **You'll be ～!** 《口》[*iron*] 成功[幸運]を祈るよ《だめだとは思うが》. ► *n* 幸運なもの; 幸運をもたらすもの; ″《俗》逃亡; 《スコ》おばあちゃん: touch ～ 《口》幸運にめぐりあう. ● **cut** [**make**] **one's ～** ″《俗》逃亡する. ♦ **lúck·i·ness** *n*

lúcky bág ″GRAB BAG; 《海》《艦内の》遺失物入れ.

lúcky bèan 《植》トウアズキ (ROSARY PEA).

Lúcky Cóuntry [the] 《豪》幸せの国《1960–70 年代のオーストラリアを指す》. [オーストラリアのジャーナリスト Donald Horne (1921–2005) の著書 (1964) のタイトル]

lúcky díp ″GRAB BAG, 幸運の樽(遊び)《おがくずなどの中に手を入れて品物を取り出す》; [*fig*] 当たりはずれのあるもの, やってみなければわからないこと.

Lúcky Jím『ラッキー・ジム』《Kingsley Amis のベストセラー小説 (1954); 中流の下の階級出身の若い反体制的大学講師 Jim Dixon の不運を物語った作品で, Angry Young Men の代表作の一つ》.

lúcky stár 幸運の星: be born under a ～ 幸運の星のもとに生まれる. ● **thank one's lucky** STARS.

lúcky túb ″LUCKY DIP.

Lu·co·zade /lúːkəzèɪd/《商標》ルコゼード《ブドウ糖入り強壮炭酸飲料》. [*glucose*, lemon*ade*]

lu·cra·tive /lúːkrətɪv/ *a* 利益[富]をもたらす, もうかる (profitable). ♦ **～·ly** *adv* **～·ness** *n* [L (↓)]

lu·cre /lúːkər/ *n* 《金銭的な》利益; [ᵘ*derog*] 金銭: FILTHY LUCRE. [F or L (*lucrum* gain)]

Lu·crece /lukríːs/ ルクリース《LUCRETIA の英語名》.

Lu·cre·tia /lukríːʃ(i)ə/ **1** ルクリーシア《女子名》. **2 a** ルクレーティア《古代ローマ伝説中の貞婦; ローマ王 Lucius Tarquinius Superbus (Tarquin) の息子によって陵辱され自殺する》. **b** 貞節のかがみ. [L (fem); ↓]

Lu·cre·tius /lukríːʃ(i)əs/ **1** ルクリーシアス《男子名》. **2** ルクレティウス (*L* Titus ～ Carus) (c. 96–c. 55 B.C.)《ローマの詩人・哲学者; 長詩『物の本質について』》. ♦ **Lu·cré·tian** *a* [L＝? gain, LUCRE]

Lu·cre·zia /lukrétsiə, -kríːʃə/ ルクレツィア《女子名》. [It; ⇨ LUCRETIA]

lu·cu·brate /lúːk(j)əbrèɪt/ *vi* 《特に夜に灯下で》苦心して書く[精を出す, 勉強する]; じっくりと考えてきたことを論述する; 労作を生む. ♦ **-brà·tor** *n* 灯下で勉学[著作]する人; 刻苦して著作する人. [L＝to work by lamplight (LUX)]

lù·cu·brá·tion *n* 《灯下の》研鑽, 黙想; 灯下の著作, 労作; 苦心の[もったいぶった]表現; [ᵘ*pl*] 仰々しく[入念に]考えを述べたもの[著作など].

lu·cu·lent /lúːkjələnt/ *a* 明快な, よくわかる; 《まれ》明るい, 輝く. ♦ **～·ly** *adv*

Lu·cul·lan /lukʌ́lən/, **Lu·cul·li·an** /lukʌ́liən/ *a* 〈食べ物が〉豪勢な, ぜいたくな. [*Lucullus* が余生をぜいたくに過ごしたことから]

Lu·cul·lus /lukʌ́ləs/ ルクルス **Lucius Licinius ～** (c. 117–58 or 56 B.C.)《ローマの将軍; ポントス王 Mithradates と戦った》.

lu·cus a non lu·cen·do /lúːkəs èɪ nɑ́n lusɛ́ndòʊ/ 逆説的な[矛盾した言説による](語源)説明; 結果を(一見)相矛盾する原因によるとすること; 名称と反対の実質をもっているもの. [L]

Lu·cy /lúːsi/ **1** ルーシー《女子名; Lucil(l)e, Lucinda の愛称》. **2** [Saint] 聖ルチア (d. 304)《キリスト教徒の殉教者; Syracuse で Diocletian の迫害により殉教した聖女; 祝日 12 月 13 日》. **3** ルーシー《1974 年にエチオピアで発見された約 320 万年前の不完全ながら女性原人 1 個体分の骨の化石; *Australopithecus afarensis* と分類される》. [⇨ LUCIA]

Lúcy Lóckit ルーシー・ロキット (⇨ LOCKIT).

Lúcy Stón·er /-stóʊnər/ 女性の女権擁護論者, 《特に》女性が結婚後も以前の姓を使用することを主張する人. [*Lucy Stone* (1818–93) 米国の婦選論者]

lud ″/lʌ́d/ *n* [my ～, m'～ /məlʌ́d/; *voc*] 《発音つづり》LORD《弁護士の裁判官に対する呼びかけ》. ► *int* 《古》ああ!《落胆・驚きを表わす》.

Lü·da /lúːdɑ́ː/, **Lü·ta** /; lúːtɑ́ː/ 旅大(りょだい)(リューダー)《大連 (Dalian) の旧称》.

Ludd·ite /lʌ́dàɪt/ *n, a* ラッダイト(の)《19 世紀英国の産業革命期に機械破壊の暴動を起こした職工団員》; 機械化[合理化]反対者(の). ♦ **Lúdd·ìsm, Ludd·it·ism** /lʌ́dàɪtìz(ə)m/ *n* [? Ned *Ludd* 1779 年ごろ活動したその前駆的人物]

lude /lúːd/ *n*＊《俗》QUAALUDE, 鎮静剤.

lud·ed /lúːdəd/ *a* [次の成句で]: **～ out** ＊《俗》鎮静[催眠]剤 (Quaalude) に酔って.

Lu·den·dorff /lúːdndɔ̀ːrf/ ルーデンドルフ **Erich Friedrich Wilhelm von ～** (1865–1937)《ドイツの将軍; 第一次大戦後期のドイツの軍事政策・戦略を主導した》.

Lü·den·scheid /*G* lýːdnʃaɪt/ リューデンシャイト《ドイツ西部 North Rhine-Westphalia 州の市》.

lu·der·ick /lúːd(ə)rɪk/ *n* 《魚》シマメジナ《オーストラリアの河口や岩礁にすむメジナ属の海産食用魚》. [(Gippsland, Austral)]

Lü·de·ritz /lúːdərɪts/ リューデリッツ《ナミビア南西部の港町》.

Lu·dhi·a·na /lùːdiɑ́ːnə/ ルディアナ《インド北西部 Punjab 州中部の市》.

lu·dic /lúːdɪk/ *a* 遊び(心)の, 戯れの. [F]

lu·di·crous /lúːdəkrəs/ *a* 《奇抜・不条理・誇張などのために》笑いを誘う, 滑稽な, おかしな; 冷笑に値する, 笑うべき, ばかばかしい. ♦ **～·ly** *adv* **～·ness** *n* [L＝done in sport (*ludicrum* stage play)]

Lúd·lam's dóg /lʌ́dləmz-/ ラドラムの犬《「なまけ者」の意; Ludlam は Surrey 州 Farn·ham /fɑ́ːrnəm/ 近くの洞窟にいたという魔法使い》: (as) lazy as ～ that leaned his head against a wall to bark ひどいなまけ者で.

Lud·low /lʌ́dlòʊ/《商標》ラドロー《特殊ステッキに手組された母型を用いる植鋳機》.

lu·do ″/lúːdoʊ/ *n* (*pl* **～s**) ルードー《数取りと盤を用いる, 主に英国のすごろく遊び》. [L＝I play]

Lu·dolf /lúːdɔ̀(ː)lf, -dʌ̀lf/ ルドルフ《男子名》.

Lud·wig /lʌ́dwɪɡ, lúd-; lúdvɪɡ; *G* lúːtvɪç/ ラドウィグ, ルードウィグ, ルートヴィヒ《男子名》. [G; ⇨ LOUIS]

Lud·wigs·burg /lúːdvɪɡzbə̀ːrɡ; *G* lúːtvɪçsbʊrk/ ルートヴィヒスブルク《ドイツ南西部 Baden-Württemberg 州の Stuttgart の北にある市》.

Lud·wigs·ha·fen /lùːdvɪɡzhɑ́ːfən; *G* lúːtvɪçshaːfn/ ルートヴィヒスハーフェン《ドイツ南西部 Rhineland-Palatinate 州の Rhine 川に臨む市; Mannheim の対岸に位置する》.

lu·es /lúːiz/ *n* (*pl* ～)《医》梅毒 (syphilis) (＝**～ ve·né·rea** /-vɪníəriə/); 疫病, ペスト. ♦ **lu·et·ic** /luɛ́tɪk/ *a* [L]

luff /lʌ́f/ *vi* 船首を風上に向ける, ラフする; 〈帆が〉両側から風をうけてはためく, シバーする《推力を失う》; クレーンの腕 (jib) を上げ下げする. ► *vt* 《海》〈船を〉風上に向ける, 〈舵を〉船道が風上に向くように取る; 《ヨット》〈相手〉の風上に出る, ラフする; 〈クレーンの腕を〉上げ下げする: ～ the helm 船首を風上に向ける. ►《海》*n* 詰め開き《船を風上にやること》; 縦帆の前縁, ラフ; ″船首の湾曲部: spring the [her] ～ 舵をゆるめて船を風上へやる. [OF＜? LG]

luf·fa, -fah /lʌ́fə/ *n* 《植》ヘチマ《ウリ科ヘチマ属 (*Luffa*)》; ヘチマの実 (dishcloth gourd); へちま (＝*vegetable sponge*)《ヘチマの果実の網状繊維》. [Arab]

lúff tàckle 《海》ラフテークル《1 個の 2 輪滑車と 1 個の単滑車を組み合わせた複滑車装置》.

Lúft·han·sa Áirlines /lúfthænzə-/ ルフトハンザ航空《ドイツの航空会社; 本社 Cologne》.

luft·mensch /lúftmɛ̀nʃ/ *n* (*pl* **-mensch·en** /-ən/)《定職・定収のない》夢想家. [Yid (G *Luft* air, *Mensch* person)]

Luft·waf·fe /lúftvɑ̀ːfə; -wæ̀fə/《ナチスの》ドイツ空軍. [G (*Waffe* weapon)]

lug[1] /lʌ́ɡ/ *v* (**-gg-**) *vt* 〈重い物を〉苦労して運ぶ; ひきずる; 無理に連れ去る〈*about, along*〉; 〈無関係の話などを〉だしぬけに[無理に]持ち出す〈*in, into*〉; 〈帆船が〉帆を〉危険なほど余分に張る; ＊《俗》…に金を貸してくれと頼む, 借りる. ► *vi* ぐいと引く〈*at*〉; 重そうに動く. ● **～ in** [**out**] 《競馬》〈馬が〉(コースの)内にささる[外にふくれる]. ► *n* **1 a** 《古》強く[乱暴に]引くこと. **b** 《古》引かれるもの; 《果物・野菜輸送用の》浅い箱; ＊《口》重いもの; 《海》LUGSAIL; ＊《俗》献金[目こぼし料](の要求). **2** [～s] ＊《俗》もったいぶり: put on ～s 気取る, もったいぶる. ● **put** [**drop**] **the ～ on** sb ＊《俗》人に金をせびる. ♦ **lúg·gable** *a* 移動[運搬]可能な. [? Scand; cf. Swed *lugga* to pull one's hair]

lug[2] *n* **1 a** 《工》突起, 突出部, 出張り, 耳, 取っ手, 柄, つまみ; 《馬具の》ながえ通し; 《車輪を車軸に固定するための》ナット: a ～ bolt 耳付きボルト. **b** 《英口・スコ》耳, 耳たぶ. **c** [*pl*] 《タバコの》土葉(どは)《茎の下部から採る下級品》. **2** 《俗》《ありきたりの》男, やつ, [ᵒbig ～]《特に》ずうたいの大きなまぬけ, でくのぼう, 野暮天《ときに親しい男性への呼びかけとして》; ＊《ボク俗》顔, あご. [ME＝(dial) ear＜? Scand; cf. ↑]

lug[3] *n* LUGWORM.

Lu·gan·da /luɡǽndə, -ɡɑ́ːn-/ *n* ルガンダ語 (＝*Ganda*)《Bantu 諸語の一つ》.

Lu·ga·no /luɡɑ́ːnoʊ/ ルガノ《スイス中南東部 Ticino 州, Lugano 湖北岸にある町; 観光・保養地》; [Lake] ルガノ湖《スイス南部・イタリア北部にまたがる湖; Maggiore 湖と Como 湖にはさまれる》.

Lugansk ⇨ LUHANSK.

Lug·du·num /luɡdúːnəm, lʌ́ɡ-/ ルグドゥヌム《LYON[3] の古代名》.

luge /lúːʒ/ *n* リュージュ《1) あおむけに乗る一人または二人乗りのそり 2) それに乗って氷で固めたコースを滑降する競技》. ► *vi* リュージュですべる. ♦ **lúg·er** *n* [SwissF]

Lu·ger /lúːɡər/《商標》ルガー《ドイツ製の半自動拳銃》. [George *Luger* (1849–1923) ドイツの技術者]

lug·gage /lʌ́ɡɪʤ/ *n* 旅行用携行品; 《携行品を詰める》小型旅行かばん, スーツケース, 手荷物 (⇨ BAGGAGE); 《商品としての》旅行用かばん類. [*lug*[1]]

lúggage lòcker 《駅・空港などの》手荷物用ロッカー.

lúggage ràck 《列車などの》携行品置き棚, 網棚, 荷台; ROOF

RACK.
lúggage vànǁ BAGGAGE CAR.
lug·ger[1] /lʌ́gər/ *n* 〘海〙 ラガー《LUGSAIL を有する小帆船》.
lugger[2] 〘競馬〙 *n* 《コースの》 内にささる馬, 《まれ》 外にふくれる馬. [*lug*[1]]
lugger[3] *n**《俗》 重いものを扱う力持ちの泥棒. [*lug*[1]]
lug·gie /lʌ́gi/ *n* 《スコ》 柄付きの木製手桶[木皿]. [*lug*[2]]
lúg·hèad *n**《俗》 まぬけ, ばか.
lúg·hòle /, lʌ́gòʊl/ *n*ǁ《口》 耳の穴; [lug hole] 《車輪の》 lug 用取付け穴[ボルト穴]. [LUG[2]]
lúg nùt 《自動車の車輪取付け用などの》 大型ナット.
Lu·go /lú:goʊ/ ルゴ 《(1) スペイン北西部 Galicia 自治州北東部の Biscay 湾に臨む県 2) その県都》.
lúg-rígged *a* 〘海〙 ラガー (lugger) 式帆装の.
lúg·sàil /, (海) -səl/ *n* 〘海〙 ラグスル 《上端より下端の方が長い四角な縦帆で, マストに斜めにつるされる》.
lúg scrèw 小型の無頭ねじ.
lu·gu·bri·ous /lug(j)ú:briəs/ *a* 《大げさで滑稽なほど》 悲しげな, 哀れな, 痛ましい; 憂鬱な, 荒涼とした. ♦ **~·ly** *adv* **~·ness** *n* [L (*lugeo* to mourn)]
Lu·gu·val·li·um /lù:gjʊvǽliəm/, **-lum** /-ləm/ ルグワリウム 《CARLISLE のラテン語名》.
lúg·wòrm *n* 〘動〙 タマシキゴカイ (=*lobworm*) 《釣りの餌》.
lúg wrènch ラグレンチ[スパナ] 《lug nut 用》.
Lu·hansk /luhá:nsk/, **-gansk** /-gá:nsk/ ルハンスク, ルガンスク 《ウクライナ東部 Donets 盆地にある市; 旧称 Voroshilovgrad (1935–58, 70–89)》.
Lu Hsün 魯迅 (⇨ LU XUN).
Luichow Peninsula 雷州半島 (⇨ LEIZHOU BANDAO).
Lu·i·gi /luí:ʤi/ ルイジ 《男子名》. [It]
Luigi Ame·deo /-à:mədéɪoʊ/ ルイージ・アメデオ (⇨ Duke of the ABRUZZI).
Luik /láɪk/ ロイク 《LIÈGE のフラマン語名》.
Luing /lú:ɪŋ; líŋ/ *n* 〘牛〙 リン種(の牛) 《スコットランド西岸 Luing 島で作出された肉牛》.
Lu·kács /lú:kà:ʧ/ ルカーチ **György** ~ (1885–1971) 《ハンガリーのマルクス主義哲学者・文芸批評家》.
Lukan ⇨ LUCAN[2].
Luke /lú:k/ **1** ルーク 《男子名》. **2 a** [°Saint] ルカ 《使徒 Paul の友人で医者; 四福音書記者の一人で新約第三の福音書と使徒行伝の著者とされる》. **b** 〘聖〙 ルカによる福音書, ルカ伝 《新約聖書四福音書の一 The Gospel according to St. ~》. [L<Gk=(man) of Lucania]
Lúke Ský·wàlk·er ルーク・スカイウォーカー 《映画 *Star Wars* の主人公; 帝国側の Darth Vader と戦い, これを破る》.
luke·warm /lú:kwɔ́:rm; ⏑́⏑́/ *a* なまぬるい, 微温的な; 気乗りしない, 不熱心な, いいかげんな: because thou art ~, and neither cold nor hot, I will spew thee out of my mouth なんじ熱きにもあらず冷やかにもあらず, ただぬるきがゆえに我なんじを我が口から吐き出ださん 《*Rev* 3: 16 で, LAODICEA の教会に向けたことば》. ♦ **~·ly** *adv* **~·ness** *n* [*luke* (dial) warm <? OE *hlēow* warm]
Lu·ki·ko /lukí:koʊ/ *n* ルキコ 《Buganda の先住民の立法・司法機構》.
Lu·kou·ch'iao /lú:góʊʧiáʊ; -kóʊ-/ 盧溝橋(ろこうきょう)(ルーコウチァオ) 《北京市南西郊外の橋》.
Lu·leå /lú:leɪòʊ/ ルレオ 《スウェーデン北部 Bothnia 湾に臨む市・港町》.
Lu·le·bur·gaz /lù:ləbʊərgá:z/ リュレブルガズ 《トルコ Istanbul の西北西にある市; 第一次 Balkan 戦争の戦場 (1912 年 10 月); トルコ軍は敗北し, Istanbul への撤退を余儀なくされた》.
lull /lʌ́l/ *vt* 〈赤んぼを〉なだめる, すかす; 寝つかせる; 〈人を〉うまくなだめて 〈…の〉状態にする 〈*into* security etc.〉; [ᵘ*pass*] 〈波・暴風雨などを〉鎮める, 和らげる: ~ sb to sleep 乗物[母親など]がゆすって人を寝つかせる / ~ sb into a false sense of security 人に安全だと思わせる / The wind [sea] *was ~ed*. 風[海]はないでいた. ► *vi* 弱まる; なぐ. ► *n* なぎ; 小やみ, 小康(状態), 中休み; 《景気の》 一時的落ち込み; 《古》 子守歌: a ~ *in* the wind なぎ / a ~ in the talk 話の切れ間. [ME (imit)]
lull·a·by /lʌ́ləbàɪ/ *n* 子守歌 (cradlesong). ► *vt* 子守歌を歌って寝つかせる; 《一般に》 なだめる. [*lulla* (LULL), *-by* (cf. BYE-BYE)]
Lul·ly **1** /lulí:; lúli/ リュリ **Jean-Baptiste** ~ (1632–87) 《イタリア生まれのフランスの作曲家; Louis 14 世の宮廷音楽家》. **2** /lúli/ ルル **Raymond** ~ (⇨ LLULL).
lu·lu /lú:lu/ 《俗》 *n* 目立つもの[人], たいしたもの, 抜群のもの, 超美人 《称賛・軽蔑いずれにも用いる》; *《議員の》 特別手当. [C19<?; 一説に ↓; '特別手当' は *in lieu* (=in the place, instead) of '基本給' からか]
Lulu ルル 《女子名; Louisa, Louise の愛称》.
LULU locally unwanted land use 《ごみ処理場・刑務所・道路など》.
Lu·lua·bourg /lulú:əbʊ̀ər(g)/ ルルアブール, ルルアブルグ 《KANANGA の旧称》.
lum[1] /lʌ́m/ *n* 《スコ》 煙突. [C17<?]
lum[2] *n* [°~s]*《俗》 コロンビア産大麻 《Colombia の誤ったつづり Co*lum*bia から》.
lu·ma /lú:mɑ:/ *n* (*pl* ~, ~**s**) ルーマ 《アルメニアの通貨単位: =1/100 dram》.
lumb- /lʌ́mb/, **lum·bo-** /lʌ́mboʊ, -bə/ *comb form* 「腰椎」 [L (*lumbus* loin)]
lum·ba·go /lʌ̀mbéɪgoʊ/ *n* (*pl* ~**s**) 〘医〙 腰痛(症). [L]
lum·bar /lʌ́mbər, -bà:r/ 〘解〙 *a* 腰の, 腰部の: the ~ vertebra 腰椎. ► *n* 腰動脈[静脈]; 腰神経; 腰椎. ♦ **~·less** *a* [L; ⇨ LUMB-]
lúmbar púncture 〘医〙 腰椎穿刺.
lum·ber[1] /lʌ́mbər/ *n* **1** *挽材(ひきざい), 材木 (timberǁ), 建材; 《野球俗》 バット. **2** ǁ《不用家具など大型の》 がらくた, 不用品, 厄介物[者]; 《特に 馬の》 余分の脂肪. **3** 《俗》 家, 部屋, 《特に》 盗品の隠し場所, 《犯罪者の》 隠れ家. ● **in** ~ 《俗》 投獄されて. **in** [**into**] (**dead**) ~ 《口》 困った立場に. ► *vt* *〈土地・地域の木を伐採する; 伐り出して材木にする; 〈部屋・場所などを〉ふさぐ, じゃまする 〈*up, over*〉; 〈部屋〉にがらくたを詰め込む; 〈不用物を〉乱雑に積み重ねる; ǁ[ᵘ*pass*] 〈人〉に〈面倒・厄介物などを〉押しつける 〈*with*〉: I was [got] ~*ed with* house-sitting. 留守番を押しつけられた. ► *vi* *木を伐り出す, 伐木[伐採]する; *製材する; がらくたで場所をふさぐ. ► *a* 材木でできた; 材木を商う; 製材用の. ♦ **~·er** *n* 製材業者. **~·ing**[1] *n* 製材(業). [? LUMBER[2] or *Lombard*; 'ロンバルディア人(の質屋)' の意]
lumber[2] *vi* のしのしと[たどたどしく]歩く, 重々しく動く[進む] 〈*along, by, off, past*, etc.〉; ゴロゴロ音をたてて動く (rumble); 〈会社などが〉なんとか営業を続ける[もちこたえる] 〈*along, through*〉. ♦ **~·ing**[2] *a* のしのしと[重そうに]進む; 鈍重な, 鈍感な. **~·ing·ly** *adv* [ME<? imit; cf. *lome* LAME[1]]
lumber[3] 《スコ口》 *vi, vt* 口説く, 言い寄る, ひっかける. ► *n* 口説く相手.
lúmber·jàck *n* 伐木作業者, 伐採人, きこり; LUMBER JACKET.
lúmber jàcket ランバージャケット 《伐木作業者の作業着をまねた腰丈の上着》.
lúmberjack shìrt きこりシャツ 《厚手でチェック柄の綿[ネル]シャツ》.
lúmber·man /-mən/ *n* (*pl* **-men** /-mən/) 材木伐り出し人[監督]; 製材業者; *《俗》 杖をついた乞食.
lúmber·mìll *n* 製材所 (sawmill).
lúmber ròomǁ《不用家具・機器などの》 物置(部屋), 納戸.
lúmber·some *a* CUMBERSOME.
lúmber·yàrd* *n* 《貯蔵・販売用の》 材木置場, 貯木場 (timber-yardǁ).
lum·bo /lʌ́mboʊ/ *n**《俗》 コロンビア産マリファナ. [? Co*lumb*ia, *-o*]
lum·bo·sa·cral /lʌ̀mboʊsǽkrəl, -séɪ-/ *a* 〘解〙 腰椎と仙椎部の, 腰仙の.
lum·bri·cal /lʌ́mbrɪk(ə)l/ *n, a* 〘解〙 虫様筋 (lumbricalis) (=~ **múscle**) (の).
lum·bri·ca·lis /lʌ̀mbrəkéɪləs/ *n* (*pl* **-ca·les** /-lì:z/) 〘解〙 虫様筋 《てのひらや足裏に 4 つある》. [L]
lum·bri·coid /lʌ́mbrəkɔ̀ɪd/ *a, n* ミミズ状の(生物).
lu·men /lú:mən/ *n* (*pl* **-mi·na** /-mənə/, ~**s**) **1** 〘光〙 ルーメン 《光束の単位; 略 lm》. **2** 〘解〙 《血管などの管状器官内の》 管腔; 〘植〙 《細胞壁で囲まれた》 内腔; 《中空の針・導尿管などの》 内腔. ♦ **lú·mi·nal, ~·al** *a* [L *lumin- lumen* light, opening]
Lu·mière /*F* lymjɛ:r/ リュミエール **Auguste(-Marie-Louis-Nicolas)** ~ (1862–1954), **Louis(-Jean)** ~ (1864–1948) 《フランスの化学者兄弟; 映画の先駆者; 映画撮影機・映写機を発明し, それをシネマトグラフ (Cinématographe) と呼んだ (1895)》.
lu·min- /lú:mən/, **lu·mi·ni-** /-mənə/, **lu·mi·no-** /-mənoʊ, -nə/ *comb form* 「光」 [L LUMEN]
lu·mi·naire /lù:mənέər/ *n* 《電灯・傘・ソケットなどの一式になった》 照明器具. [F; ⇨ LUMEN]
Lu·mi·nal /lú:mənæ̀l, -nɔ̀:l, -nl/ 〘商標〙 ルミナール 《フェノバルビタール (phenobarbital) 製剤》.
lúminal árt 彩色電光による視覚芸術. ♦ **lúminal ártist** *n*
lu·mi·nance /lú:mənəns/ *n* 輝き; 輝度 《(1) 〘光〙 単位面積を垂直方向から見た明るさ 2) 〘電算〙 色を度外視したピクセルの明るさ》.
lu·mi·nar·ia /lù:mənέəriə/ *n* ルミナリア 《砂を入れてろうそくを差した紙袋で, メキシコの伝統的なクリスマス飾り》.
lu·mi·nar·ist /lú:mənərɪst/ *n* 光を巧みに用いる画家.
lu·mi·nary /lú:mənèri; lú:mɪnəri/ *n* **1** 発光体 《特に 太陽または月》; 《人工の》 照明灯. **2** 《知的・精神的》 指導者; 有名人, 権威. ► *a* 光明の, 発光する. [OF or L; ⇨ LUMEN]
lu·mine /lú:mən/ *vt* 《廃》 ILLUMINE.
lu·mi·nesce /lù:mənés/ *vi* ルミネセンスを示す.
lù·mi·nés·cence *n* 冷光, ルミネセンス 《(1) 物質が得たエネルギーを高熱を伴わずに光として放出する現象 2) その光》.
lù·mi·nés·cent *a* ルミネセンスの, 冷光を発する, 発光用の: ~ creatures 発光生物.

L

lu·mi·nif·er·ous /lù:mənífərəs/ *a* 光を発する, 発光性の.

lu·mi·nism /lú:mənìz(ə)m/ *n* [°L-] ルミニズム《19 世紀半ばに米国で発展した写実的風景画の様式; 光と大気の効果を追究・表現した》; [°L-] リュミニスム《19 世紀後半にフランスで活動した印象派の一派; 光の効果とその表現上の技術的問題を考察した》.

lu·mi·nist /lú:mənɪst/ *n* LUMINARIST; [°L-] ルミニズム (luminism) の信奉者; [°L-]リュミニスム (luminism) の信奉者; LUMINAL ARTIST.

lu·mi·nos·i·ty /lù:mənásəti/ *n* 光輝, 光明; 発光物[体], 輝かしいもの;《天体の》光度;《放射エネルギーの》発光効率;〔理〕《物体・色彩の》明度;〔理〕《加速器の》ルミノシティー, 衝突強度.

lu·mi·nous /lú:mənəs/ *a* **1 a** 光を発する[浴びた], 光る, 輝く; 明るい;〔理〕光[光束]の《光を感覚によって評価する場合》: a ~ body 発光体 / LUMINOUS PAINT. **b** 輝かしい, すばらしい. **2** 聡明な, 啓発的な; 明快な, わかりやすい. ♦ **~·ly** *adv* **~·ness** *n* [L; ⇨ LUMEN]

lúminous éfficacy 〔光〕視感度《放射束 (radiant flux) に対する光束の比; 記号 K; 単位 lm/W》;〔電〕《光源の》発光効率《消費電力に対する全光束の比; 記号 η_v; 単位 lm/W》.

lúminous effíciency 〔電〕発光効率 (luminous efficacy);〔光〕視感度《放射束が肉眼に生じる明るさの感覚を生じる効率を表わす無次元量; 記号 V; cf. SPECTRAL LUMINOUS EFFICIENCY》.

lúminous énergy 〔光〕視感エネルギー《可視光として放射されるエネルギー; 記号 Q_v》.

lúminous éxitance 〔光〕光束発散度《面積光源(反射[透過]光を含む)に関する測光量の一つ; 次元は lm/m²; 記号 M_v》.

lúminous flúx 〔光〕光束《SI 単位は lumen; 記号 Φ_v》.

lúminous inténsity 〔光〕光度《SI 単位は candela; 記号 I_v》.

lúminous páint 発光[夜光]塗料.

lú·mi·sòme /lú:mə-/ *n* 〔生〕ルミゾーム《発光生物の細胞中の発光顆粒》.

lu·mis·ter·ol /lumístərɔ̀(:)l, -ròul, -ràl/ *n* 〔生化〕ルミステロール《紫外線によるビタミン D_2 生成の過程で得られる結晶化合物の一つ》. [*lumin-*]

lum·me, lum·my /lʌ́mi/ *int* ᴴ《古風口》おや, ああ, おお《語勢を強める, または驚きを表わす発声》. [(Lord) *love me*]

lum·mix /lʌ́məks, -ɪks/ *n**《北部・中北部》LUMMOX.

lum·mox, lum·mux /lʌ́məks, -ɪks/ *n* 《口》《大柄な》でくのぼう, のろま. [C19 (US and dial)<?]

L

lump[1] /lʌ́mp/ *n* **1 a** 塊り; ひとまとめ; 角砂糖 1 個; *《俗》《乞食にやる》食べ物の包み, サンドイッチ: a ~ of sugar 角砂糖(1 個) / How many ~*s* in your coffee, Tom? / He is a ~ of selfishness. 彼は欲の塊り(のような男)だ / a ~ of clay ひと塊りの粘土;〔聖〕人間 / in a [one] ~ 同時に / in [by] the ~ ひっくるめて, 全体で. **b** [ˢ*pl*]《俗》たくさん, どっさり; 大部分, 大半. **2 a** こぶ, はれもの, しこり 〈*on* the forehead, *in* her left breast〉; [*pl*]《俗》乳房, おっぱい. **b** [*pl*] *《口》打つ[たたく]こと, 当然の報い, 手荒な扱い, 罰, 手きびしい批判; [*pl*]*《俗》敗北; *《俗》なぐられて死ぬこと. **3** 《口》鈍重なやつ, でくのぼう;《口》ずんぐりしたやつ《特に子供》; [the] ᴴ《口》《一括即金払いで雇われる》臨時(建設)労働者《集合的》. **4** [ᴴ"the"] ᴴ《俗》救貧院 (workhouse). ● **all of a ~** ひっくるめて, ひと塊りになって; 一面にはれあがって. **blow [toss] one's ~** *《俗》射精する, いく,《薬物で》ハイになる. **feel [have, get] a ~ in the [one's] throat** 《感激や悲しみで》胸がいっぱいになる. **get one's ~s** *《口》えらくたたかれる, 報いを受ける, 思い知らされる. **give sb his ~s** *《口》ひどく懲らしめる. **take one's ~s** *《口》罰を受け入れる, 批判に耐える. ► *a* 塊りの; ひとまとめの: ~ sugar 角砂糖 / ~ work ひとまとめにした請負い仕事. ► *vt* **1** 塊りにする; …に塊り[こぶ]をつくる; ひとまとめにする;《差異を無視して》いっしょくたに扱う, ひとまとめに述べる, 十把ひとからげにする 〈*together, with, in with, under* a title, etc.〉;〈金を〉全部賭ける〈*on* a horse〉. **2** 音をたててぎこちなく動かす. ► *vi* **1** ひと塊り[一団]になる, ふくれて塊りになる. **2** 重たげに音をたてて動く, ズシンズシンと行く 〈*along*〉, ドシンと腰を降ろす〈*down*〉. [ME<? Scand; cf. Dan *lump(e)* lump]

lump[2] *vt* 《口》我慢する: If you don't like it, you may [can] ~ it. いやでも我慢するさ. ● **like it or ~ it** 《口》好むと好まざるとにかかわらず. **L~ it!** 《口》我慢しろ, こらえて, おとなしく[静かに]しろ, うせろ! [C16 'to look sulky'<? imit; cf. GRUMP]

lump[3] *n* LUMPFISH. [MLG, MDu; cf. LUMP[1]]

lump·ec·to·my /lʌ̀mpéktəmi/ *n* 〔医〕乳腺腫瘤摘出(術)《腫瘍と周囲の組織を限定的に切除する手術》.

lum·pen /lʌ́mpən, lúm-/ *a* **1** 社会から疎外された, 最下層の; 無知蒙昧(もうまい)な, 粗野な. **2** ずんぐりした, でっぷりした. ► *n* (*pl* ~, ~s) lumpenproletariat に属する者;《社会の》最下層民. [G]

lúmpen·prol(e) /-pròul/ *n* LUMPEN.

lúmpen·proletáriat *n* ルンペンプロレタリアート《階級意識に乏しく革命勢力たりえない浮浪(労働者)層》. [G; Marx の造語]

lúmp·er *n* **1** *沖仲仕; ᴴ小請負人, 仲次人; *《俗》《トラックの》荷物積み降ろし作業員. **2** 《生物分類上の》併合派の分類学者《分類群を少数にまとめようとする; opp. *splitter*》.

lúmp·fìsh *n* 〔魚〕ダンゴウオ科の魚《北大西洋産》.

lúmp·ing·ly *adv* のそりのそりと.

lúmp·ish *a* 塊りだらけの (lumpy), ごつごつした; 塊りのような, ずんぐりした; 鈍重な; 退屈な; 生硬な;《廃》意気消沈した. ♦ **~·ly** *adv* **~·ness** *n*

lúmp·òff *n**《俗》ぼんくら, でくのぼう.

lúmp·sùck·er *n* 〔魚〕ダンゴウオ (=*hen fish*)《同科の魚の総称》.

lúmp súm 《一括して払われる》総額, 一括[一時]払い(の金額). ♦ **lúmp-súm** *a*

lum·pus /lʌ́mpəs/ *n**《口》ばか, あほう. [cf. LUMP[1]]

lúmpy *a* **1** 塊り[こぶ]だらけの, 塊りでおおわれた; 風で波立った, 荒れた. **2** ずんぐりした, 鈍重な;〈文体などが〉ごつごつした, 生硬な; *《俗》不満足な, だめな, へたくそな. ♦ **lúmp·i·ly** *adv* **-i·ness** *n*

lúmpy jáw 〔獣医・医〕(顎)放線菌症 (actinomycosis).

Lu·mum·ba /ləmúmbə/ ルムンバ **Patrice (Hemery)** ~ (1925–61)《コンゴ民主共和国の初代首相 (1960); 暗殺された》.

Lu·na[1] /lú:nə/ **1** 〔ロ神〕ルーナ《月の女神; ギリシアの Selene に当たる; DIANA に吸収されたため神話はない》;《擬人化された》月. **2** [°l-]〔錬金術〕銀 (silver). **3** [l-]〔昆〕LUNA MOTH. [L=moon]

Luna[2] ルナ《ソ連の無人月探査機; 1959–76 年 24 号まで打ち上げ; ⇨ LUNIK》. [Russ=moon]

lúna·bàse *n, a* 〔天〕月の海の部分[平坦部](の), ルーナベース(の) (opp. *lunarite*).

lu·na·cy /lú:nəsi/ *n* 精神異常;《月の満ち欠けに関係するとかつて考えられた》狂気; 異常なふるまい, 愚行, 気違いざた;〔法〕心神喪失. [LUNATIC]

lúna mòth 〔昆〕アメリカオオミズアオ《アメリカ産の大型のヤママユガ》.

luna·naut /lú:nənɔ̀:t, *-nɑ̀t/ *n* LUNARNAUT.

Lúna Párk ルナパーク《New York 市の Coney Island にある遊園地》;《一般に》遊園地.

lu·nar /lú:nər/ *a* **1** 月の, 月に似た, 月状の; 三日月形の; 月面用の; 太陰の (cf. SOLAR); 月の作用による〈潮の干満〉. **2** 〈光などの〉青ざめた, 薄い;〔錬金術・医〕銀の, 銀を含む. ► *n* 《口》見ること: take a ~. [L; ⇨ LUNA[1]]

lúnar bóne 〔解〕LUNATE BONE.

lúnar cálendar 太陰暦.

lúnar cáustic 〔医・化〕《棒状の》溶性硝酸銀.

lúnar cýcle 〔天〕太陰周期 (METONIC CYCLE).

lúnar dáy 太陰日(び)《約 24 時間 50 分》.

lúnar dístance 〔海〕月距《月と太陽[星]との角距離》.

lúnar eclípse 〔天〕月食.

lúnar excúrsion mòdule 月着陸船《略 LEM; cf. COMMAND MODULE》.

lu·nar·ia /lunéəriə/ *n* 〔植〕アブラナ科ゴウダソウ属 (*L-*) の草花の総称《楕円形の扁平な実をつける》(=*honesty, satinpod*)《欧州産》,《特に》ゴウダソウ, ルナリア, ギンセンソウ.

lu·nar·i·an /lunéəriən/ *n* 《想像上の》月の住人; 月の専門家, 月理学者.

lu·na·rite /lú:nəràɪt/ *n, a* 〔天〕月の高地部分(の), ルーナライト(の) (opp. *lunabase*).

lúnar máss 〔天〕月の質量《主に惑星の衛星の質量測定の単位として用いる: $=7.35\times10^{25}$ g》.

lúnar módule LUNAR EXCURSION MODULE《略 LM》.

lúnar mónth 太陰月《通例 朔望月 (synodic month), 時に 恒星月 (sidereal month); 通俗には 4 週間》.

lúnar·naut /-nɔ̀:t, *-nɑ̀t/ *n* 月(探査)飛行士.

lúnar nóde 〔天〕(月の)交点《黄道と白道の交点》.

lúnar observátion 〔海〕月(げつ)距離法《月距 (lunar distance) を観測して行なう航法》.

lúnar órbit 〔天〕月の公転軌道;《月探査機の》月周回軌道.

Lúnar Órbiter 月周回機, ルナオービター《Apollo 計画の準備として 1966–67 年に打ち上げた米国の一連の月探測機》.

lúnar pólitics 架空的な問題; 非現実的な事.

lúnar próbe 月探査(機) (=*moon probe*).

lúnar ráinbow 〔気〕MOONBOW.

lúnar róver, lúnar róving vèhicle 月面車.

lúnar·scàpe *n* MOONSCAPE.

lúnar yéar 太陰年《LUNAR MONTH による 12 か月; SOLAR YEAR より約 11 日短い》.

lu·nate /lú:nèɪt/ *a* 三日月形の (=**lú·nàt·ed**). ► *n* 〔考古〕リュナート《三日月細石器》;〔解〕LUNATE BONE. ♦ **~·ly** *adv* [L; ⇨ LUNA[1]]

lúnate bóne 〔解〕月状骨《手根の》.

lu·na·tic /lú:nətɪk/ *a* 頭のおかしい, 狂気の (insane);《古風》精神異常者のための; ひどくばかげた (frantic, mad). ► *n* [ˢ*joc*] 頭のおかしい[クレージーな, あぶない]やつ; [*derog*]《古風》狂人, 精神異常者. ♦ **lu·nát·i·cal** *a* [OF<L; LUNA[1] (月) の満ちかけに影響されると考えられた]

lúnatic asỳlum 《古風》精神病院. ★ 今は通例 mental hospital [home, institution] という.

lúnatic fringe [the]《政治運動などの》少数過激派,《一部の》狂信的異端分子.

lu·na·tion /lunéɪʃ(ə)n/ *n* 月期《新月から次の新月までの期間; 平均 29 日 12 時 44 分》. [L; ⇨ LUNA[1]]

lunch /lʌ́ntʃ/ *n* 《夕食を dinner とするときの》昼食, ランチ; 軽食《特に 英では朝食と昼食 (dinner) の間に取るものを指すことがある》: Let's do ~ (sometime). *《口》いつかいっしょに食事しよう / FREE LUNCH / LUNCHROOM. ● **blow** [**launch, lose, shoot, toss**] (**one's**) ~ *《俗》吐く, もどす. **eat sb's** [**sth's**] ~ *《口》…をこてんぱんにやっつける, …に圧勝する. **out to** ~ 昼食で外出中で (=out for ~); 《口》ぼけっとした, 時流に遅れた, 頭のいかれた; "《俗》酩酊した. ► 《俗》*a* とんまな, 無能な, 足りない; 流行[時代]遅れの. ► *vi, vt* lunch を食べる; …にランチを供する; 《俗》ぼけっとする, うわのそらである. ● ~ **in** 自宅[オフィスなど]昼食を取る. ~ **off**…を昼食とする. ~ **out** レストランで[戸外で]昼食を取る (cf. LUNCH in). ~ **up on** …*《俗》…でもうける, …を利用する. ♦ ~·**er** *n* [*luncheon*]

lúnch bòx 弁当(箱), ランチボックス; 小型ノートパソコン; "《俗》《ぴったりしたズボンなどをはいた時の》股間のもっこり[一物].

lúnch brèak 昼休み.

lúnch·bùcket *n* LUNCH BOX.

lúnch-bùcket *a* *《俗》労働者階級の, ブルーカラーの.

lúnch còunter *簡易食堂の食卓; 《料理店などの》ランチ用の台; 簡易食堂.

lunch·eon /lʌ́ntʃən/ *n* 昼食 (lunch), 《特に 集まりでの正式の》昼食(会), 午餐(会); *軽食《時刻を問わない》. ► *vi* 昼食を取る. ♦ ~·**less** *a* [C17<? NUNCHEON]

lúncheon bàr" SNACK BAR.

lúncheon clùb 定期的に昼食会をもつグループ; 〖英福祉〗《day center などにおける》高齢者への昼食サービス(組織).

lun·cheon·ette* /lʌ̀ntʃənét/ *n* 軽食堂, 簡易食堂, スナック; 《学校・工場などの》食堂.

lúncheon mèat ランチョンミート《肉と穀類などを挽き混ぜて調理した(かんづめ)食品》.

lúncheon vòucher" 昼食(補助)券《雇用主が支給し, 特定の食堂で使える》.

lúnch-hòoks *n pl* *《俗》手 (hands), 指 (fingers).

lúnch hòur 昼食(休憩)時間.

lúnch·ie, lúnchy *a* *《俗》とんまな, 無能な, 足りない.

lúnch làdy* DINNER LADY.

lúnch-pàil *a* *《俗》LUNCH-BUCKET.

lúnch pàil 弁当(箱) (lunch box).

lúnch·ròom *n* 軽食堂, 簡易食堂; 学生食堂, 学食.

lúnch·tìme *n* 昼食時, ランチタイム.

lúnchtime abòrtion 《口》吸引法による中絶[堕胎]. [短時間に完了することから]

lunchy[1] /lʌ́ntʃi/ *a* *《俗》LUNCH.

lunchy[2] ⇨ LUNCHIE.

Lund /lʌ́nd, lʌ́nd/ ルンド《スウェーデン南部 Malmö の北東にある市; デーン人の王 Canute が建設; 中世には大司教区所在地; 大学 (1668)》.

Lun·da /lúːndə, lʊ́n-/ *n* **a** (*pl* ~, ~**s**) ルンダ族《コンゴ民主共和国南東部, アンゴラ東部, ザンビア北部に居住する Bantu 系民族》. **b** ルンダ語. ► *a* ルンダの《17–19 世紀に現在のアンゴラ北東部, コンゴ民主共和国西部の Kasai 川上流地域にあった王国・その王朝についていう》.

Lun·dy /lʌ́ndi/ ランディ《イングランド南西部 Devonshire 北西海岸沖, Bristol 海峡の中に位置する島; 野鳥保護地域》.

Lúndy's Láne ランディーズレーン《カナダ Ontario 州の Niagara 瀑布に近いところを走る道; 1812 年戦争の激戦地 (1814 年 7 月)》.

lune[1] /lúːn/ *n* 〖数〗月形《平面上で 2 つの円弧または球面上で 2 つの大円に囲まれた部分》; 半月形のもの; 〖カト〗LUNETTE; [*pl*] 《まれ》狂気の発作. [F; ⇨ LUNA[1]]

lune[2] *n* 〖鷹狩〗鷹をつなぐひも. [ME *loigne*<OF<L; ⇨ LONG[1]]

Lü·ne·burg /*G* lýːnəbʊrk/ リューネブルク《ドイツ北部 Lower Saxony 州の市; Hamburg の南東に位置, 南西には Lüneburger Heide がある; 中世のハンザ都市》.

Lü·ne·burg·er Hei·de /*G* lýːnəburgər háɪdə/ リューネブルク原野 (E **Lüneburg Heath** /ˊ—ˋ— ˊ—/)《ドイツ北部 Elbe 川と Aller 川 (Weser 川の支流) の間にある原野地帯》.

Lü·nen /*G* lýːnən/ リューネン《ドイツ西部 North Rhine-Westphalia 州中北部, Münster の南, Lippe 川に臨む工業都市》.

lu·nette /lunét/ *n* **1 a** 三日月[半月]形(のもの); 半蹄鉄; 断頭台の首穴; 尾環《砲車などの架尾の牽引車接続用リング》. **b** 《時計の》ガラスぶた; 〖カト〗三日月形聖体納器. **2** 〖建〗弓形明かり採り(窓); ルネット《丸天井が壁に接する部分の半円形の壁間》; 〖軍〗眼鏡堡《尖頭アーチ形の堡塁》; 〖自然地理〗ルネット《オーストラリアの乾燥地帯などに見られる半円形の低い砂丘》. [F (dim)<LUNE[1]]

Lu·né·ville /*F* lynevil/ リュネヴィル《フランス北東部の Meurthe-et-Moselle 県の市; フランス・オーストリア間の条約 (Peace of Lunéville) (1801) の締結地》.

lung /lʌ́ŋ/ *n* **1** 〖解〗肺《PULMONARY *a*》; 〖動〗肺嚢; 人工呼吸器 (cf. IRON LUNG); [*pl*] 《俗》《女性の》胸, 乳房. **2** 新鮮な空気を与えるもの; "《大都会の内外の》空気の新鮮な空き地, 公園: the ~*s* of London ロンドンの肺臓《市内または付近の空き地・広場・公園》. **3** 《潜水艦の》脱出装置; *《俗》《車両連結用の》牽引棒. ● **at the top of one's ~s** 声を限りに. **have good ~s** 声が大きい. **~s of oak** =LUNGWORT. **try one's ~s** 声をいっぱいに張りあげる. ♦ ~·**less** *a* [OE *lungen*; '軽い臓器' の意か; cf. LIGHT[2], LIGHTS, G *Lunge*]

lun·gan /lʌ́ŋgən, lʊ́ŋ-/ *n* LONGAN.

lunge[1] /lʌ́ndʒ/ *n* 《刀剣での》突き, 〖フェンシング〗ファーント (thrust); 突出; 突っ込み, 突進; 〖体操・舞踊〗腰を落としてひざを折った状態から片方の足をいっぱいに突き出すこと. ► *vi* 突く ⟨*at*⟩; 突進する ⟨*at, for*⟩; ⟨車などが⟩飛び出す; 〖ボク〗ストレートを出す. ► *vt* ⟨武器を⟩突き出す; 《古》蹴る ⟨*out*⟩. ♦ **lúng·er**[1] *n* [C17 *allonge*<F=to lengthen (*long* LONG[1])]

lunge[2] ⇨ LONGE.

lunge[3] *n* 《口》〖魚〗MUSKELLUNGE.

lunged /lʌ́ŋd/ *a* 肺がある; [*compd*] 肺が…な: weak-~ 肺が弱い.

lung·er[2] /lʌ́ŋər/ *n* *《口》肺病[結核]患者; 《俗》口いっぱいのつば[唾液], 《吐き出した》痰の塊り.

lúng·fìsh *n* 〖魚〗肺魚.

lung·ful /lʌ́ŋfʊ̀l/ *n* (*pl* ~**s**, **lúngs·fùl**) 肺[胸]一杯.

lúng-hàmmock *n* *《俗》ブラジャー.

lun·gi, lun·gyi, lung·ee /lʊ́ŋgi/ *n* 《インド》腰布, 腰巻. [Hindi and Pers]

Lungki 竜渓 (⇨ LONGXI).

Lungkiang 竜江 (⇨ LONGJIANG).

lúng-pòwer *n* 《発声からみた》肺力.

lúng·wòrm *n* 〖動〗《哺乳類の》肺[気道]を冒す線虫, 肺線虫.

lúng·wòrt *n* 〖植〗肺の病気に効くといわれた各種草本[地衣の一種], 《特に》ヒメムラサキ.

lungyi ⇨ LUNGI.

lu·ni- /lúːnɪ/ *comb form* 「月」 [L LUNA[1]]

Lu·nik /lúːnɪk/ ルーニク《ソ連の月探査機; 第 1 号は 1959 年打上げ, 4 号以降は Luna と改称》.

lu·ni·log·i·cal /lùːnəlάdʒɪk(ə)l/ *a* 月研究の, 《特に》月の地質研究の.

l'u·nion fait la force /*F* lynjɔ̃ fɛ la fɔrs/ 団結は力なり《ベルギーの標語》.

lùni·sólar *a* 月と日の, 月と太陽の.

lunisólar périod 〖天〗太陰太陽周期《曜日も含めて太陰暦と太陽暦が循環して一致する周期: 532 年》.

lunisólar precéssion 〖天〗日月歳差.

lunisólar yéar 〖天〗太陰太陽年《太陰太陽暦による 1 年》.

lùni·tídal *a* 月による潮の動きの[に関する], 月潮の.

lunitídal ínterval 〖天〗月潮間隔《ある地点で月が子午線を通過してから次の高潮までの時間》.

lunk /lʌ́ŋk/ *n* 《口》ばか, うすのろ (lunkhead).

lun·ker* /lʌ́ŋkər/ *n* 《口》大きなもの, 《特に 釣り魚の》大物; 《俗》ぽんこつ車. [?; cf. *lunk*]

lúnk·hèad *n* 《口》ばか, うすのろ, 鈍物. ♦ ~·**ed** *a*

Lu·no·khod /lùːnəxɔ́ːt/ ルノホート《ソ連の自走式無人月面探査機》. [Russ=moon walker; ⇨ LUNA[1,2]]

lunt /lʌ́nt, lúːnt/ 《スコ》*n* 燃えのおそいマッチ; たいまつ; 煙; 熱い湯気. ► *vi, vt* 点火する; 煙る, 煙らせる. [Du]

Lunt /lʌ́nt/ ラント **Alfred** ~ (1892–1977)《米国の俳優; Lynn Fontanne と結婚し, 夫婦で活躍》.

lu·nu·la /lúːnjələ/ *n* (*pl* **-lae** /-lìː, -làɪ/) 三日月形のもの[模様], (爪)半月; 〖考古〗《アイルランドや英国の青銅器時代に造られた》三日月形の装身具[首飾り]. ♦ **lú·nu·lar** *a* 三日月形の. [(dim)<*luna*[1]]

lu·nu·late /lúːnjəlèɪt/, **-lat·ed** /-lèɪtəd/ *a* 三日月形の斑紋のある; 三日月形の.

lu·nule /lúːnjul/ *n* LUNULA.

lu·ny /lúːni/ *a, n* 《口》LOONY.

Luo, Lu·oh /luóu/ *n* **a** (*pl* ~, ~**s**) ルオ族《ケニア西部 Victoria 湖東岸の飼畜民族》. **b** ルオ語 (Nilotic 語群の一つ).

Luo·yang /lʊwóujáːŋ/, **Lo·yang** /lóujáːŋ; -jǽŋ/ 洛陽(らくよう)(ルオヤン)《中国河南省北部の市・古都》.

lu·pa·nar /lupéɪnər, -pάː-/ *n* 売春宿 (brothel). [L]

lu·pa·ra /lupάːrə/ *n* ルパラ《短身の散弾銃》.

Lu·per·ca·lia /lùːpərkéɪliə, -ljə/, **Lú·per·càl** /-kæ̀l/ *n* 〖古ロ〗ルペルカーリア祭《牧神 Lupercus のために毎年 2 月 15 日に行なわれた祭典》. ♦ **-cá·li·an** *a*

Lu·per·cus /lupə́ːrkəs/ 〖ロ神〗ルペルクス《Faunus と同一視される豊穣の神》.

lú·pi·fòrm /lúːpə-/ *a* 〖医〗狼瘡 (lupus) 様の.

Lu·pin /*F* lypɛ̃/ リュパン **Ar·sène** /*F* arsɛn/ ~《Maurice Leblanc の小説に登場する怪盗で名探偵》.

lu·pine[1] | **-pin** /lúːpən/ *n* 〖植〗ハウチワマメ, ルピナス; [*pl*] ルピナスの種子《食用》. [ME (↓)]

lu·pine[2] /lúːpàɪn/ *a* オオカミの(ような) (wolfish); (オオカミのように) 猛烈な, がつがつした. [L; ⇨ LUPUS]

lu·poid /lúːpɔ̀ɪd/ *a* LUPIFORM.
lu·pous /lúːpəs/ *a* 〖医〗狼瘡 (lupus) の.
lu·pu·lin /lúːpjələn/ *n* ルプリン《ホップの球花についている黄色の顆粒; 苦味質》. [L *lupulus* hop plant]
lu·pus /lúːpəs/ *n* 〖医〗狼瘡(ろうそう)《皮膚結核》; [L-]〖天〗おおかみ座(狼座) (Wolf). [L=wolf]
lúpus er·y·the·ma·tó·sus /-ɛ̀rəθìːmətóusəs/〖医〗紅斑性狼瘡, エリテマトーデス《赤い鱗状斑のできる慢性皮膚病; 略 LE》. [L]
lúpus vul·gá·ris /-vʌ̀lgέərəs/〖医〗尋常性狼瘡《欧州の代表的皮膚結核》. [L]
lur /lúər/ *n* (*pl* **lur·er** /lúərər/, ~**s**)〖楽〗ルール《スカンディナヴィアで発見されている青銅器時代のホルン》.
lurch[1] /lə́ːrtʃ/ *n* 《船体の》突然の傾斜; 突然の揺れ; よろめき, 千鳥足; 急激な変化; *傾向, 癖: with a ~ がくんと, よろよろっと. ► *vi* 突然傾く[揺れる]; よろめく; 動揺する; 迷走する ‹*from* A *to* B›: one's heart [stomach] ~*es* ドキッとする, ショックを受ける. [*lee-lurch* (変形)‹*lee-latch* drifting to LEEward‹?]
lurch[2] *n* 窮状, 窮地; 大敗, 《特に》〖トランプ〗ラーチ《cribbage で規定点の半分にも達しないで負けること》. ● **leave sb in the ~** 人を窮地に捨てておく, 見殺しにする. ► *vt* 《cribbage などで》‹相手を›ラーチで破る; 《古》窮地に陥れる. [F (obs) *lourche* backgammon に似たゲーム(での大敗)]
lurch[3] *vi*ˈ《方》こそこそうろつく, 潜む. ► *vt* 《古》出し抜く, だます; 《廃》盗む. ► *n* 《廃》lurch すること. ● **lie at (on) the ~** 《古》待伏せする. [ME ?LURK]
lúrch·er *n* 《古》こそ泥, 詐欺師; 《古》こそこそしている人, スパイ; ˈラーチャー《密猟用に仕込んだ雑種犬; 特にコリーとグレーハウンドとの交配種》. [↑]
lur·dan, -dane /lə́ːrdn/ *a*, *n* 《古》愚かな(人), 怠惰な(人).
lure[1] /lúər/ *n* 誘惑物; 魅惑, 魅力; おとり (decoy)《鷹匠が鷹を呼び戻すのに用いる鳥形の造り物》; 〖釣〗擬似餌(ぎじ), ルアー; 《魚の》誘惑装置《アンコウの頭の触手状突起など》: the ~ of the sea 海の魅力. ► *vt* ‹鷹を›呼び戻す; 誘惑する, おびき寄せる, 誘い出す ‹*away*, *into*, *on*›. ♦ **lúr·er** *n* [OF‹Gmc; cf. OE *lathian* to invite]
lure[2] /, lúərə/ *n* LUR.
lurer *n* LUR の複数形.
Lur·ex /lúərèks/〖商標〗ルレックス《プラスチックにアルミ被覆をした繊維; 衣服・家具用》.
lur·gy, -giˈ /lə́ːrgi/ *n* [ˈthe dreaded ~] [*joc*] 病気. [英国のラジオコメディー *The Goon Show* で作られ流行語となった架空の伝染病]
Lu·ria /lúəriə/ ルリア (1) **Aleksandr Romanovich ~** (1902–77)《ソ連の神経心理学者》(2) **Salvador (Edward) ~** (1912–91)《イタリア生まれの米国の分子生物学者; バクテリオファージの研究によってノーベル生理学医学賞 (1969)》.
lu·rid /lúərəd/ *a* **1** ‹空・風景・電光・雲など›毒々しい赤みをおびて輝く; ‹植物が›すすけたきつね色の; 青ざめた (wan). **2** 無気味な, 恐ろしい, 忌まわしい; 毒々しい, けばけばしい, どぎつい: a ~ story ぞっとするような話 / cast a ~ light on facts [character] 事実[性格]をどぎつく見せる. ♦ **~·ly** *adv* **~·ness** *n* [L=pale yellow]
Lu·ri·stan /lúrəstæ̀n, -stɑ̀ːn/, **Lo·re·stān** /lɔ̀ːrəstɑ́ːn, lɔ́ːrəstæ̀n/ ルリスタン, ロレスターン《イラン西部の山岳地域の州; Zagros 山脈北部を含む; ☆Khorramābād; 古代ルリスタン美術で知られる》.
lurk /lə́ːrk/ *vi* ‹人・危険・偏見などが›潜む, 潜在する ‹*about*, *in*, *under*›; 待伏せする, 潜伏する; 忍んで行く, こそこそ歩く ‹*about*, *around*, *away*›; 〖電算〗《チャットルームなどで》読むだけで発言せずにいる: a ~*ing* place 潜伏所 / a ~ *ing* sympathy 胸中に秘めた共感. ► *n* **1** ˈ密行, おしのび; ˈ《俗》隠れ家, 住みか. **2** ˈペテン; 《豪俗》《うまくやるための》作戦, 工夫, 計略; 《豪俗》仕事. ● **on the ~** ˈこそこそねらって (spying). ♦ **lúrk·ing·ly** *adv* 潜んで, こっそりと. [ME ?LOUR, -*k* (freq); cf. TALK]
lurked /lə́ːrkt/ *a*ˈ《俗》《賭けで》負けた.
lúrk·er *n* 潜んでいる人, こそこそした人; *《俗》コンピューターシステムへの侵入者, 《チャットルームなどで》読むだけで発言しない人.
Lu·sa·ka /lusɑ́ːkə/ ルサカ《ザンビアの首都》.
Lu·sa·tia /luséɪʃ(i)ə/ ラウジッツ (*G* Lausitz)《Elbe 川上流と Oder 川上流の間の地域; ドイツ東部とポーランド南西部にわたる; Sorb 人が多い》.
Lu·sa·tian /luséɪʃən/ *n* ラウジッツ人 (⇨ LUSATIA); ラウジッツ語 (Wendish). ► *a* ラウジッツ語の; ラウジッツ人の.
lus·cious /lʌ́ʃəs/ *a* (甘くて)非常に風味[香り]のよい; とても感じのよい, 甘美な, うっとりする; 官能[肉感, 魅惑]的な; 絢爛豪華な, きらびやかな; けばけばしい; 《古》甘ったるい, しつこい. ♦ **~·ly** *adv* **~·ness** *n* [? *licious*‹DELICIOUS]
lush[1] /lʌ́ʃ/ *a* **1 a** ‹植物が›青々とした, 生い茂った; ‹土地・時季などが›緑豊かな, 肥沃な. **b** 豊富な, 潤沢な; 繁盛する, 景気のよい, もうかる. **c** ‹建物・家具などが›豪華な, ぜいたくな; ‹意匠・文章などが›凝った; ‹女性が›官能的な, セクシーな. **2** 活気ある, 清新な; ‹果物などが›みずみずしい, 味のよい; ‹音楽などが›ここちよい; 《口》魅力的な, かっこいい, すてきな. ♦ **~·ly** *adv* **~·ness** *n* [? *lash* (dial) soft; ⇨ LACHES]
lush[2] 《俗》*n* 酔っぱらい, のんべえ, アル中; 酒. ► *vt* …に酒を飲ませる; ‹酒を›飲む. ► *vi* 酒を飲む, 深酒する ‹*up*›. [C18; *lush*[1] の戯言的用法か]
lushed /lʌ́ʃt/ *a* [°~ up]《俗》酔っぱらって.
lúsh ròller 《俗》酔っぱらいから盗む泥棒[スリ].
Lü·shun /lúːʃún/ 旅順(りょじゅん)(リュイシュン)《中国の遼東半島南端の市・港町; 現在大連 (Dalian) 市の一区; 旧称 Port Arthur》.
lúsh·wèll *n**《俗》酒飲み, のんべえ (lush).
lúsh wòrker*《俗》酔っぱらいをねらう[スリ] (lush roller).
Lu·si·ta·nia /lùːsətéɪnjə/ **1** ルシタニア《イベリア半島の古代ローマの一州; 今のポルトガルとスペインの一部; ポルトガルの古名とされた》. **2** [the] ルシタニア号《1915 年 5 月 7 日, ドイツの潜水艦に沈められた英国の客船; 1198 人の死者のうち 128 人の米国人がいて, 米国を第一次大戦に参戦させる (1917) 要因となった》. ♦ **-ni·an** *a*, *n* ルシタニアの; ポルトガルの; ルシタニア人; ポルトガル人.
Lu·so- /lúːsou/ *comb form*「ポルトガル」 [Port (↑)]
lúso·phòne *a* ポルトガル語を話す.
lust /lʌ́st/ *n* 《抑えがたい》強い欲望, 熱望, 渇望 ‹*of*, *for*›; 熱意, 意欲; 性欲, 肉欲; 煩悩; 《廃》喜び, 好み: a ~ *for* gold 金銭欲 / the ~ *of* conquest 征服欲 / a ~ *for* life 生への意志[執着] / the ~*s of* the flesh 肉欲. ► *vi* ‹名声・富などを›熱望[渇望]する ‹*after*, *for*›; 欲情を催す ‹*after* [*for*] a woman›. [OE; cf. LIST[4], G *Lust* pleasure, desire]
lúst·er[1] *n* 渇望者; 好色者.
lus·ter[2] | **lus·tre**[1] /lʌ́stər/ *n* **1** 光沢, つや; 光り; 輝き, 光彩; 見た目の魅力, 見かけのよさ: shed ~ on…に輝きを与える, 輝しいものにする / add ~ to the occasion 祝い事に彩りを添える. **2** つやつけ材料, 光沢剤; ˈラスター《綿と毛の光沢のある織物》; シャンデリア(のたれ飾り), 枝付き燭台; LUSTERWARE (特有の光沢面). ► *vt* ‹布・陶器などに›光沢をつける; …に栄誉[光輝]を与える[添える]. ► *vi* 輝く. ♦ **lús·tered** *a* 光沢のある. **~·less** *a* [F‹It (L *lustro* to illuminate)]
lus·ter[3] | **lus·tre**[2] *n* 5 年間. [LUSTRUM]
lúster·wàre *n*〖窯〗ラスター (=**lúster pòttery**)《真珠光沢を有する一種の陶磁器類》.
lúst·ful *a* 好色の (lewd); 《古》元気な, 強壮な. ♦ **~·ly** *adv* **~·ness** *n*
lúst·i·hòod *n* 《心身の》活力; 性的能力.
lustra *n* LUSTRUM の複数形.
lus·tral /lʌ́strəl/ *a* 清めの, 祓(はら)いの; 5 年ごとの.
lus·trate /lʌ́strèɪt/ *vt* 祓い清める. ♦ **lùs·trá·tion** *n* 浄化, 祓い.
lustre ⇨ LUSTER[2, 3].
lus·trine /lʌ́strən/, **lus·tring**[1] /-trɪŋ/ *n* LUTESTRING.
lustring[2] *n* ラストリング《糸・布などのつや出し最終工程》.
lus·trous /lʌ́strəs/ *a* 光沢のある, ピカピカする; 輝かしい; 著名な. ♦ **~·ly** *adv* **~·ness** *n*
lus·trum /lʌ́strəm/ *n* (*pl* **-tra** /-trə/, ~**s**)《古代ローマで 5 年ごとに行なった》清め(式), 《古代ローマの》人口調査; 5 年間. [L]
lusty /lʌ́sti/ *a* 強壮な; 元気な, 活発な; 強力な, 力強い; 熱のこもった; 滋養ゆたかな; 大柄の, 太った; 好色な, 色欲盛んな; 《古》楽しい, 愉快な. ♦ **lúst·i·ly** *adv* 元気よく, 盛んに, 活発に; 心から. **lúst·i·ness** *n* 強壮, 元気旺盛. [LUST]
lu·sus (na·tu·rae) /lúːsus (nɑːtúri, -túəràɪ)/ 自然の気まぐれ, 造化の戯れ (freak of nature); 奇形児, 〖生〗異形, 奇形物. [L]
Lü·ta 旅大 (⇨ LÜDA).
lutanist ⇨ LUTENIST.
lute[1] /lúːt/ *n*〖楽〗リュート《guitar に似た弦楽器》. ► *vi* リュートを奏する[弾く]; 《詩》リュートの音のように響く. ► *vt* ‹曲を›リュートで弾く; 《詩》リュートの調べにのせて表わす. [F‹Arab]
lute[2] *n* 封泥(ふうでい)《粘土または粘性物質で作り空気の漏出を防ぐ》, 目塗り; 《瓶詰めなどの密封用の》(ゴム)パッキン. ► *vt* …に封泥を塗る, パッキンを用いて密封する. [OF or L *lutum* mud]
lute[3] *n**《軍俗》LIEUTENANT.
lu·te- /lúːtɪ/, **lu·teo-** /lúːtiou, -tiə/ *comb form*「《卵巣の》黄体」「黄色がかった」 [L (*lutum* weld[2])]
lu·te·al /lúːtiəl/ *a*〖解〗黄体の: ~ hormone.
lutecium ⇨ LUTETIUM.
lute·fisk /lúːtəfisk/ *n* ルーテフィスク《灰汁(あく)に漬けた魚, 特にタラを煮たノルウェーのクリスマス料理》. [Norw (*lute* to wash in lye solution, *fisk* fish)]
lu·te·in /lúːtiən, -tiːn/ *n*〖生化〗ルテイン (=*xanthophyll*)《黄体などに存する赤橙色柱状晶の色素》. [L *luteum* egg yolk]
lútein·ìze〖生化〗*vt* …に黄体を形成させる. ► *vi* 黄体形成する. ♦ **lùtein·izátion** *n* 黄体形成.
lú·te·in·ìz·ing hòrmone〖生化〗黄体形成[黄体化]ホルモン (=*interstitial-cell-stimulating hormone*)《略 LH》.
lúteinizing hòrmone-reléasing hòrmone [fàctor]〖生化〗黄体形成[黄体化]ホルモン放出ホルモン[因子], LH 放出ホルモン[因子]《略 LHRH, L(H)RF》.
lu·te·nist, -ta- /lúːt(ə)nɪst/ *n* リュート奏者.
luteo- /lúːtiou, -tiə/ ⇨ LUTE-.

lùteo·fúlvous *a* (灰色がかった)橙黄色の.
lu·te·o·lin /lúːtiələn/ *n* 〘化〙ルテオリン《モクセイソウの類の雑草から採る黄色色素》.
lùteo·lýsin *n* 〘生化〙黄体融解素, ルテオリジン.
lùteo·trópic, -tróphic *a* 黄体刺激(性)の.
luteotrópic [luteotróphic] hórmone 〘生化〙黄体刺激ホルモン (prolactin)《略 LTH》.
lùteo·tró·pin /-tróupən/, **-tró·phin** /-fən/ *n* 〘生化〙ルテオトロピン (prolactin).
lu·te·ous /lúːtiəs/ *a* 緑[茶色]がかった黄色の.
lute·string /lúːtstrɪŋ/ *n* ラストリン《甲斐絹の類の光沢ある絹地》.
Lu·te·tia /lutíːʃ(i)ə/ ルテティア (=～ **Pa·ris·i·ó·rum** /-pərìzi-óurəm/)《PARIS の古代名》. ♦ **Lu·té·tian** *a*
lu·te·ti·um, -ci·um /lutíːʃ(i)əm/ *n* 〘化〙ルテチウム《希土類元素の一つ; 記号 Lu, 原子番号 71》. [F (↑)]
Lu·ther /lúːθər/ **1** ルーサー《男子名》. **2** ルター, ルーテル **Martin** ～ (1483–1546)《ドイツの宗教改革者》. ♦ **～·ìsm** *n* LUTHERANISM. [Gmc=famous warrior]
Lúther·an *a* LUTHER の, ルター派の. ► *n* ルター信奉者, ルター派信徒. ♦ **～·ism** *n* ルター主義, ルター派の教義. **～·ize** *vi, vt*
Lútheran Chúrch ルター派教会.
lu·thern /lúːθərn/ *n* DORMER WINDOW.
lu·thi·er /lúːtiər, -θiər/ *n* 弦楽器[リュート]製作者.
Lu·thu·li /lutúːli, -θúː-/ ルトゥーリ **Albert John** (**Mvumbi**) ～ (1898–1967)《南アフリカ共和国の黒人解放運動の指導者; アフリカ民族会議 [ANC] 議長; ノーベル平和賞 (1960)》.
Lu·tíne béll /lutíːn-/ [the] ルーティーン号の鐘《1799 年に沈没した英国のフリゲート艦 Lutine 号から引き揚げられた鐘; Lloyd's of London にあって, 難船の場合は 1 回, 遅延船の到着の場合は 2 回, その発表に先立って打鐘される》.
lut·ing /lúːtɪŋ/ *n* 封泥 (lute) (で封ずること); ルーティング (=～ **pàste**)《パイなどの縁を閉じるひも状の素地(きじ)》.
lu·ti·no /lutíːnou/ *n* (*pl* ～**s**) 黄化個体, ルチノー《セキセイインコなどで羽毛の黄色部が標準よりも多いもの》.
lut·ist /lúːtɪst/ *n* LUTENIST; リュート製作者.
lu·tite /lúːtàɪt/ *n* 〘地質〙泥質岩, リュータイト (pelite).
Lu·ton /lúːtn/ ルートン《イングランド中南東部, 地理的・歴史的 Bedfordshire にある町・一元的自治体; London の北北西に位置; 国際空港がある》.
lutong ⇨ LOTONG.
Lu·to·sław·ski /lùːtəsláːvski/ ルトスワフスキ **Witold** ～ (1913–94)《ポーランドの作曲家》.
Lut·tel·ton /lÁtltən/ ラトルトン Sir **Thomas** ～ ⇨ LITTLETON.
Lu·tu·am·i·an /lùːtuǽmiən/ *n* **a** (*pl* ～, ～**s**) ルトゥアミ族《Oregon 州などのインディアン》. **b** ルトゥアミ語.
lutz /lÁts, lúts/ *n* 〘フィギュア〙ルッツ《一方のスケートのアウターエッジから跳び上がり空中で 1 回転して他方のスケートのアウターエッジで着氷する》. [? Gustave *Lussi* (1898–1993) スイスのスケーターで, 案出者]
Lüt·zen /*G* lýtsn/ リュッツェン《ドイツ中東部 Saxony-Anhalt 州東南部の町; Leipzig から州境を越えて南西にある; 三十年戦争で Wallenstein 率いる皇帝軍が Gustavus Adolphus 率いるスウェーデン軍に敗れた地 (1632); 後者は戦死》.
Lüt·zow-Holm Bay /lýtsɔ̀ːfhòulm ⌐—/ リュツォーホルム湾《南極大陸 Enderby Land の西にあるインド洋の入江》.
luv″ /lÁv/ *n* 《発音つづり》[*voc*] おまえ, あなた (love).
luv·vie, luv·vy /lÁvi/ ″《口》*n* LOVEY; [°*derog*]《特に 演技過剰の[気取った]》俳優, 芸能人. ♦ **～·dom** *n*
Lu·wi·an /lúːiən/, **Lu·vi·an** /lúːviən/ *n, a* ルヴィ語(の)《Anatolian 系の死語; Hittite 語と近縁》. [*Luwi* 小アジア南岸に住んだ古代民族]
lux /lÁks/ *n* (*pl* ～, ～·**es**) 〘光〙ルクス《照度の国際単位: 1 lumen の光束が 1m² の面に一様に入射したときの照度; 略 lx》. [L *luc- lux* light]
lux·ate /lÁksèɪt/ *vt* 〘医〙〈関節などを〉はずす, 脱臼させる. ♦ **lux·á·tion** *n* 脱臼. [L *luxo* to dislocate]
luxe /lúks, lÁks, lúːks/ *n, a* 華美(な), ぜいたく(な) (cf. DELUXE). [F<L *luxus* excess]
Lux·em·bourg[1], **-burg**[1] /lÁks(ə)mbɜ̀ːrg, *lúksəmbʊ̀rg/ **1** ルクセンブルク《⑴ ベルギー・フランス・ドイツに囲まれた内陸国; 公式名 Grand Duchy of ～ (ルクセンブルク大公国) ⑵ その首都》. **2** リュクサンブール《ベルギー南東部の州; ☆Arlon》. ♦ **～·er** *n* ルクセンブルク人. **～·ian** /lÀks(ə)mbɜ́ːrgiən, *lùksəmbúr-/ *a*
Lux·em·bourg[2] /*F* lyksɑ̃buːr/ リュクサンブール《Paris の Seine 川左岸にある宮殿・庭園》.
Lux·em·burg[2] /lÁksəmbɜ̀ːrg; *G* lúksmburk/ ルクセンブルク **Rosa** ～ (1871–1919)《ドイツの社会主義者; 第一次大戦中 Spartacus 団を組織, 戦後共産党を創立したが虐殺された》.
Lux·em·burg·ish /lÁksəmbɜ̀ːrgɪʃ/ *n* ルクセンブルク語, レッツェブルギッシュ (=*Letzebuergesch*)《ルクセンブルクなどで用いるドイツ語の中部方言; フランス語・(標準)ドイツ語とともにルクセンブルクの公用語》.
luxo /lÁksou/ *a**《俗》豪華な (luxurious).
lux·on /lÚksɑ̀n/ *n* 〘理〙ラクソン《質量が 0 でかつ光速度で運動する粒子の総称》. [*lux*, *-on*[2]]
Lux·or /lÁksɔ̀ːr, lúk-/ ルクソル (*Arab* Al-Uqsor)《エジプト南部の Nile 川に臨む市; 古代 Thebes の南部にあたり, Amenhotep 3 世の建設した神殿がある》.
lux·ul·(l)ia·nite /ləksúːljənàɪt/ *n* 電気石花崗岩. [*Luxulyan* 発見地に近いイングランド Cornwall 州の村]
Lu Xun, Lu Hsün /lúː ʃúːn/ 魯迅(ろじん)(ルーシュン) (1881–1936)《中国の文学者; 本名は周樹人 (Chou Shu-jen); 小説『狂人日記』『阿Q正伝』》.
lux·u·ri·ant /ləgʒúəriənt, ləkʃúər-/ *a* **1** 多産の, 肥沃(ひよく)な; 鬱蒼と繁った, 繁茂した; 〈髪・ひげなどが〉豊かな, ふさふさした; 〈想像力などが〉豊富な, たくましい. **2** 〈文体・装飾などが〉華麗な, はなやかな, 流麗な: ～ prose 文飾[比喩]に富む散文. ♦ **lux·ú·ri·ance,** 《古》 **-an·cy** *n* 繁茂; 豊富; 《文体の》華麗. **～·ly** *adv* [L; ⇨ LUXURY]
lux·u·ri·ate /ləgʒúərièɪt, ləkʃúər-/ *vi* 繁茂する, はびこる; 栄える; ぜいたくに暮らす, おごる; ふける, 楽しむ 〈*in, on, over*〉. ♦ **lux·ù·ri·á·tion** *n*
lux·u·ri·ous /ləgʒúəriəs, ləkʃúər-/ *a* 豪華な, 豪勢な, 豪奢な, ぜいたくな; 飾りたてた, 華美な; 最高級の; 享楽的な; みだらな; 豊かな, 豊富な. ♦ **～·ly** *adv* **～·ness** *n* [OF<L]
lux·u·ry /lÁkʃ(ə)ri, *lÁgʒ(ə)-/ *n* ぜいたく, おごり; 快楽, 享楽, 満足(感), 喜び; 快適さ; ぜいたく品, 奢侈品; 《古》色欲: live in ～ ぜいたくに暮らす. ► *a* ぜいたくな; 高級…: ～ food 高級食品 / a ～ hotel 豪華なホテル. ● **afford [have, enjoy] the ～ of…**を享受する; 心ゆくまで楽しむ; 十分に所有する. [OF<L; ⇨ LUXE]
lúxury tàx 奢侈税.
Lu·zern /*G* lutsérn/ ルツェルン《LUCERNE のドイツ語名》.
Lu·zon /luzɑ́n/ ルソン《フィリピン北部, フィリピン諸島中最大の島》.
lv. leave(s). **Lv** livermorium. **LV** °luncheon voucher.
LVAD /ɛ́lvæ̀d/ 〘医〙left ventricular assist device 左心補助装置, 左心補助心(臓).
Lviv /ləvíːf/ リヴィフ (*Pol* Lwów, *G* Lemberg)《ウクライナ西部の市; 旧称 Lvov》.
LVN °licensed vocational nurse.
LVO Lieutenant of the Royal Victorian Order.
Lvov /ləvɔ́ːf, -v/ リヴォフ《LVIV の旧称》.
LVT landing vehicle, tracked.
LW °long wave ♦ °low water.
LWB long wheel base《通常より車輪間距離・車体が長いもの》.
lwei /ləwéɪ/ *n* (*pl* ～, ～**s**) ルウェイ《アンゴラの通貨単位: =1/100 kwanza》.
LWM, lwm °low-water mark.
L-word /él ⌐—/ *n* 《口》[*euph*] L ワード《liberal という語; 政治的文脈で否定的意味あいをもって使われる liberal の婉曲語; cf. F-WORD》.
Lwów /ləvúːf, -v/ ルヴーフ《LVIV のポーランド語名》.
LWV °League of Women Voters. **lx** 〘光〙lux.
LXX Septuagint.
ly- /láɪ/, **lyo-** /láɪou, -ə/ *comb form*「低下」「減少」;〘化〙「分散」: *lyo*philic. [Gk *luō* to dissolve]
-ly[1] /li, (1 で終わる語では) i/ *adv suf* [形容詞・名詞に付けて]: bold*ly*; part*ly*. [OE *-līce* (↓)]
-ly[2] *a suf* [名詞に自由に付けて] (1)「…らしい」「…の性質を有する」: king*ly*, man*ly*. (2)「繰り返し起こる」: dai*ly*. [OE *-lic*<Gmc *likam* form; ⇨ LIKE[2], LICH]
Ly·all·pur /liɑ̀ːlpúər, làɪ(ə)l-/ リャルプル《FAISALABAD の旧称》.
lý·am-hòund /láɪəm-/, **lýme-** /láɪm-/ *n* 《古》BLOODHOUND.
ly·art /láɪərt/ 《スコ・古》*a* 白髪まじりの, ごま塩の; 〈馬が〉灰色の.
ly·ase /láɪèɪs, -z/ *n* 〘生化〙脱離酵素, リアーゼ《脱炭酸酵素 (decarboxylase) など, 基質から基を脱離して 2 つの化合物をつくる酵素》.
Lyau·tey /liòutéɪ/ リヨテ **Louis-Hubert-Gonzalve** ～ (1854–1934)《フランスの政治家・軍人; 元帥; モロッコ植民地の経営に実績をあげた》.
Lyc·a·bet·tus /lìkəbétəs, làɪ-/ リュカベットス (Gk **Ly·ka·bet·tos** /lìkəbétəs, làɪ-/)《ギリシア Athens の北東部にある丘 (277 m); Acropolis や Athens の街を一望できる》.
ly·can·thrope /láɪkənθròup, laɪkǽnθròup/ *n* 〘医〙狼憑(つ)き《オオカミになったと信じている狂人》; 狼になった人. [Gk (*lukos* wolf, *anthropos* man)]
ly·can·thro·py /laɪkǽnθrəpi/ *n* 《伝説・物語上の》人間が魔法によりオオカミに変身すること[能力] (cf. WEREWOLF); 狼憑き, 狼狂(ろうきょう), 狼化妄想《自分がオオカミなどの野獣だと信ずる精神病》. ♦ **-throp·ic** /làɪkənθrɑ́pɪk/ *a*
Ly·ca·on /laɪkéɪɑ̀n, -ən/ 〘ギ神〙リュカオーン《Arcadia の王; Zeus の全知を試すため人肉を供するが見破られてオオカミの姿に変えられる》.
Ly·ca·o·nia /lìkeɪóuniə, làɪ-, -njə/ リュカオニア《古代小アジア中南東部 Taurus 山脈の北の地方・ローマの州》.
ly·cée /liséɪ; líːsèɪ; *F* lise/ *n* 《欧州大陸諸国, 特に フランスの大学予備教育を行なう》国立高等中学校, リセ.
ly·ce·um /laɪsíːəm, láɪsiəm/ *n* **1** 講堂, 公会堂; 文化会館. **2**

LYCÉE; *ライシーアム《講演・公開討論・音楽会などで文化向上の推進をはかる機関》; [the L-] リュケイオン《Aristotle が哲学を教えたアテナイの園》; [the L-] アリストテレス学派 (cf. ACADEMY). [L<Gk (*Lukeios* epithet of Apollo)]

Lycéum Théatre [the] ライシーアム劇場《London の Strand のはずれにあった劇場; 1771 年建設, のち再建され, 1878–1902 年の間名優 Sir Henry Irving が経営に当たり, Shakespeare 劇などで有名であった; 1904 年改築, 45 年ダンスホールとなった》.

lych /lítʃ/ *n* ‖《古》LICH.

ly·chee, li·tchi /líːtʃiː; láɪtʃiː, lítʃi/ *n* 〘植〙レイシ《中国南部原産; ムクロジ科》; レイシの果実, ライチ. [Chin 荔枝].

lých-gàte, lích- /lítʃ-/ *n* 《教会墓地の入口の》屋根付き門. [*lich*<OE *līc* corpse, GATE]

lych·nis /líknəs/ *n* (*pl* ～**·es**) 〘植〙センノウ《ナデシコ科センノウ属 (*L-*) の草本の総称》.

Ly·cia /líʃ(i)ə; -siə/ リュキア《古代小アジアの南西部, 地中海に面した地方・ローマの州》.

Lý·ci·an *a* リュキア(人)の. ► *n* リュキア人; リュキア語.

ly·co·pene /láɪkəpiːn/ *n* 〘生化〙リコピン《トマトの赤色などのカロチノイド色素》.

ly·co·pod /láɪkəpàd/ *n* 〘植〙 **a** ヒカゲノカズラ属の草本 (lycopodium). **b** ヒカゲノカズラ目の小葉植物 (club moss).

ly·co·po·di·um /làɪkəpóudiəm/ *n* 〘植〙ヒカゲノカズラ属 (*L-*) の草本《総称》; 石松子(せきしょう) (＝～ **pòwder**)《ヒカゲノカズラの胞子嚢から採れる可燃性の粉末; 医薬・花火などに使用する》.

Ly·cop·o·lis /laɪkápələs/ リコポリス《ASYŪṬ の古代ギリシア語名》.

Ly·cra /láɪkrə/ 〘商標〙ライクラ《スパンデックス (spandex) 繊維[生地]; 下着・水着・アスレチックウェアの素材》.

Ly·cur·gus /laɪkə́ːrgəs/ リュクルゴス《スパルタの立法者; スパルタの国制を定めたと伝えられる》.

Lydda ⇨ LOD.

lydd·ite /lídàɪt/ *n* リダイト《高性能爆薬》. [*Lydd* 英国 Kent 州の町で, 実験地]

Lyd·gate /lídgèɪt, -gət/ リドゲート **John** ～ (c. 1370–c. 1450)《イングランドの詩人・修道士; 長詩 *Troy Book* (1412–20; 出版 1513) など》.

Lyd·ia /lídiə/ **1** リディア《女子名》. **2** リュディア《古代小アジア西部, エーゲ海に面した国家; ☆Sardis》. [Gk＝(woman) of Lydia]

Lýd·i·an *a* **1** LYDIA の; リュディア人[語]の. **2**〈音楽が〉優しい, 哀調をおびた, 甘美な; なまめかしい, 肉感的な (sensuous); 享楽的な (sensual). ► *n* リュディア人[語].

Lýdian móde 〘楽〙リディア旋法《**1**) ギリシア旋法の一つ; ピアノの白鍵で ハ–ハ の下行音列 **2**) 教会旋法の一つ; ピアノの白鍵で ヘ–ヘの上行音列》.

Lýdian stóne 試金石, リディア石 (touchstone).

lye /láɪ/ *n* 灰汁, あく; アルカリ液《洗濯用》; 《一般に》(合成)洗剤, クレンザー. [OE *lēag*; cf. ON *laug* hot bath, G *Lauge*]

Ly·ell /láɪəl/ ライエル Sir **Charles** ～ (1797–1875)《スコットランドの地質学者; 斉一説 (uniformitarianism) を一般に普及させた》.

lý·gus bùg /láɪgəs-/ 〘昆〙メクラカメムシ科リグス属 (*Lygus*) の昆虫の総称《植物, 特に alfalfa の害虫》.

ly·ing[1] /láɪɪŋ/ *v* LIE[1] の現在分詞. ► *a* うそをつく; うその, 偽りの: a ～ rumor 根も葉もないうわさ. ► *n* うそをつくこと. ♦ ～**·ly** *adv*

lying[2] *v* LIE[2] の現在分詞. ► *a* 横たわっている: low-～ land 低地. ► *n* 横たわること; [修飾語を伴って] 横たわる場所, 寝所: a dry ～.

lýing-ín *n* (*pl* **lýings-ín**, ～**s**) 《古風》産の床[産褥]につくこと. ► *a* 産(科)の: a ～ hospital 産科病院.

lýing-in-státe 《公的人物の埋葬前の》遺体の正装安置.

Lykabettos ⇨ LYCABETTUS.

lyke·wake ‖/láɪkwèɪk/ *n* 通夜.

Lyle /láɪl/ **1** ライル《男子名》. **2** ライル **'Sandy'** ～ [**Alexander Walter Barr** ～] (1958–)《英国のゴルファー; 全英オープン (1985), Masters (1988) に優勝》. [ME<OF＝(man of) the island]

Lyly /líli/ リリー **John** ～ (1554?–1606)《イングランドの小説家・劇作家; 散文物語 *Euphues: or the Anatomy of Wit* (1579), *Euphues and his England* (1580)》.

Ly·man /láɪmən/ ライマン《男子名》. [OE＝homestead by wood; snow birth]

Lýman-álpha lìne 〘理〙ライマンアルファ線《波長 1216 Å の水素のスペクトル線》. [Theodore *Lyman* (1874–1954) 米国の物理学者]

Lýme disèase [arthrìtis] /láɪm-/ 〘医〙ライム病[関節炎]《スピロヘータの一種による炎症性疾患で, マダニ属のダニによって媒介される; 初め遊走性紅斑・発熱・悪寒の症状を呈し, のち関節痛・関節炎, 心臓・神経系の障害に至る》. [*Lyme* この病気が初めて報告された Connecticut 州の町]

lýme gràss 〘植〙ハマニンニク《イネ科》.

lyme-hound ⇨ LYAM-HOUND.

Lỳme Régis ライム・リージス《イングランド南部 Dorset 州西部のイギリス海峡に臨む町; リゾート地》.

Lymes·wold /láɪmzwòuld/ 〘商標〙ライムズウォルド《英国産の軟らかくマイルドなブルーチーズ》.

lymph /lím(p)f/ *n* 〘生理〙リンパ(液); 《傷口などからにじみ出る》体液; 〘医〙痘苗 (vaccine lymph); 《古》《小川・泉の》清水; 《古》樹液. ♦ ～**·ous** *a* [F or L *lympha* water]

lymph- /lím(p)f/, **lym·pho-** /lím(p)fou, -fə/ *comb form*「リンパ(組織)」 [↑]

lymph·ad·e·ni·tis /lìmfæd(ə)náɪtəs/ *n* 〘医〙リンパ節炎.

lymph·ade·nop·a·thy /lìmfæd(ə)nápəθi/ *n* 〘医〙リンパ節障害[疾患], リンパ節症.

lymphadenópathy-assòciated vírus リンパ節腫関連ウイルス《HIV-1 の別称; 略 LAV》.

lym·phan·gi- /lɪmfǽndʒɪ/, **-gio-** /-dʒiou, -dʒiə/ *comb form*「リンパ管の」 [NL *lymphangion*]

lym·phan·gi·al /lɪmfǽndʒiəl/ *a* 〘解〙リンパ管の.

lymphángio·gràm *n* 〘医〙リンパ管造影[撮影]図.

lym·phan·gi·og·ra·phy /lìmfændʒiágrəfi/ *n* 〘医〙リンパ管造影[撮影](法) (＝*lymphography*). ♦ **lỳm·phàn·gio·gráph·ic** *a*

lymph·an·gi·o·ma /lìmfændʒióumə/ *n* (*pl* ～**s**, **-ma·ta** /-tə/) 〘医〙リンパ管腫《リンパ腔および管腔を新しく形成する良性腫瘍》. ♦ **lym·phan·gi·om·a·tous** /lìmfændʒiámətəs, -óu-/ *a* [*angioma*]

lym·phan·gi·tis /lìmfændʒáɪtəs/ *n* 〘医〙リンパ管炎.

lym·phat·ic /lɪmfǽtɪk/ *a* **1** 〘生理〙リンパ(液)の; リンパを通ずる[分泌する]: ～ tissue リンパ組織. **2**〈人が〉リンパ質[体質]の《腺病質で皮膚が青白い》; 不活発な, 無気力な. ► *n* リンパ管. ♦ **-i·cal·ly** *adv*

lymphátic glánd LYMPH GLAND.

lymphátic leukémia 〘医〙リンパ性白血病 (LYMPHOCYTIC LEUKEMIA).

lymphátic sỳstem 〘解〙リンパ系.

lymphátic véssel 〘解〙リンパ管 (lymphatic).

lýmph cèll [còrpuscle] 〘解〙リンパ細胞, 《特に》LYMPHOCYTE.

lymph·ede·ma /lìmfɪdíːmə/ *n* 〘医〙リンパ水腫[浮腫].

lýmph fòllicle 〘解〙リンパ濾胞《リンパ節 (lymph node), 特にリンパ小節 (lymph nodule)》.

lýmph nòde [glànd] 〘解〙リンパ節[腺].

lýmph nòdule 〘解〙リンパ小節.

lympho- /lím(p)fou, -fə/ ⇨ LYMPH-.

lỳmpho·adenóma *n* 〘医〙リンパ腺腫.

lýmpho·blàst *n* 〘解〙リンパ芽球《リンパ球に発育する母細胞》. ♦ **lỳmpho·blástic** *a*

lym·pho·blas·toid /lìm(p)fəblǽstɔ̀ɪd/ *a* 〘解〙リンパ芽球状の.

lýmpho·cỳte *n* 〘解〙リンパ球《白血球の一種; リンパ液中の細胞のほぼ 100% を占める》. ♦ **lỳm·pho·cýt·ic** /-sít-/ *a*

lymphocýtic cho·rio·meningítis /-kɔ̀ːriou-/ 〘医〙リンパ球性脈絡髄膜炎《略 LCM》.

lymphocýtic leukémia 〘医〙リンパ球性白血病 (＝*lymphatic leukemia*)《骨髄・リンパ組織・循環血液中などにおけるリンパ球などの白血球の異常増加を示す白血病で, 急性型と慢性型に分けられる》.

lym·pho·cy·to·pe·nia /lìm(p)fousàɪtəpíːniə/ *n* 〘医〙リンパ球減少(症) (lymphopenia).

lỳmpho·cy·tó·sis /-saɪtóusəs/ *n* 〘医〙リンパ球増加(症). ♦ **-cy·tót·ic** /-tát-/ *a*

lýmpho·gràm *n* 〘医〙リンパ管造影[撮影]図.

lỳmpho·granulóma *n* (*pl* ～**s**, **-mata**) 〘医〙リンパ肉芽腫; LYMPHOGRANULOMA VENEREUM. ♦ **-granulómatous** *a*

lymphogranulóma in·gui·ná·le /-ìŋgwənáːli, -néɪli/ 〘医〙鼠蹊リンパ肉芽腫 (lymphogranuloma venereum).

lym·pho·gran·u·lo·ma·to·sis /lìm(p)fougrænjəlòumətóusəs/ *n* (*pl* **-ses** /-sìːz/) 〘医〙リンパ肉芽腫症.

lymphogranulóma ve·né·re·um /-vəníəriəm/ 〘医〙鼠蹊[性病性]リンパ肉芽腫《第四性病; 略 LGV》.

lym·phog·ra·phy /lɪmfágrəfi/ *n* 〘医〙リンパ管造影[撮影](法). ♦ **lỳm·pho·gráph·ic** *a*

lymph·oid /límfɔɪd/ *a* リンパ(性)の; リンパ(球)様の.

lym·pho·kine /lím(p)fəkàɪn/ *n* 〘免疫〙リンフォカイン《抗原により感作されたリンパ球 (T 細胞) が放出する可溶性タンパク伝達物質の総称; 細胞媒介免疫などに関与する》.

lýmphokine-àctivated kíller cèll 〘免疫〙LAK CELL.

lym·pho·ma /lɪmfóumə/ *n* (*pl* ～**s**, **-ma·ta** /-tə/) 〘医〙リンパ腫. ♦ **-phó·ma·tòid** *a* **-phó·ma·tous** *a* [*-oma*]

lym·pho·ma·to·sis /lɪmfòumətóusəs/ *n* (*pl* **-ses** /-sìːz/) 〘医〙リンパ腫症.

lym·pho·pe·nia /lìm(p)fəpíːniə/ *n* 〘医・獣医〙リンパ球減少(症)《血中リンパ球数の比率減少》. [*-penia*]

lym·pho·poi·e·sis /lìm(p)fəpɔɪíːsəs/ *n* (*pl* **-e·ses** /-sìːz/) 〘医〙リンパ球生成[新生]. ♦ **-ét·ic** /-ét-/ *a*

lỳmpho·retícular *a* 〘解〙リンパ網内性の (reticuloendothelial).

lỳmpho·sarcóma *n* (*pl* ~**s**, **-sarcómata**)〖医〗リンパ肉腫. ◆ **-sarcómatous** *a*

lỳmpho·tóxin *n*〖免疫〗リンフォトキシン《ウイルス性抗原により感作されたリンパ球が放出する感染細胞・非感染細胞を破壊する化学的伝達物質》.

lýmph vèssel〖解〗リンパ管 (lymphatic).

Ly·nam /láɪnəm/ ライナム **Desmond** (**Michael**) ~ (1942–)《英国ラジオ・テレビのスポーツ番組のキャスター》.

lyn·ce·an /lɪnsíːən, ⌐⌐/ *a* LYNX の; 眼光の鋭い.

lynch[1] /líntʃ/ *vt*《暴民などが》私的制裁により殺す《特に 絞首刑》; *《俗》《方法を問わず》殺す. ◆ ~**·er** *n* [*lynch law*]

lyn·chet[11] /líntʃət/, **lynch**[2] *n*《有史前の耕作の跡である丘陵地の》段地. [OE *hlinc* ridge, hill]

lýnch làw 私刑, リンチ刑《死刑》. [*Lynch's law*; Captain W. *Lynch* (1742–1820) Virginia 州の治安判事]

lýnch mòb 私刑暴徒《私的処刑をしようとする無秩序集団》.

lynch·pin /líntʃpɪn/ *n* LINCHPIN.

Lynd /línd/ リンド (1) **Robert** ~ (1879–1949)《アイルランド生まれの英国の随筆家・批評家》 (2) **Robert Staughton** ~ (1892–1970)《米国の社会学者; 妻 **Helen Merrell** (1896–1982) と共に中西部の都市の社会学的研究を行ない, *Middletown: A Study in Contemporary American Culture* (1929), *Middletown in Transition* (1937) にまとめた》.

Lýndon B. Jóhnson Spáce Cènter /-bíː-/《NASA の》ジョンソン宇宙センター《Texas 州 Houston にある; 1961 年開設》.

Lynn[1] /lín/ **1** リン《(1) 男子名; Lincoln の愛称 2) 女子名; Caroline, Carolyn の愛称》. **2** リン (1) **Loretta** ~ (1935–)《米国のカントリーシンガー・ソングライター; 本名 Loretta Webb》 (2) Dame **Vera** ~ (1917–)《英国の歌手;第二次大戦中, 英国兵士の間で絶大な人気を誇り, 'The White Cliffs of Dover' や 'We'll Meet Again' などの曲で 'Forces' Sweetheart' といわれた》. [OE, Welsh =pool or lake]

Lynn[2] リン, リンリージス (=~ **Ré·gis** /-ríːdʒəs/) (KING'S LYNN の別称).

lynx /líŋks/ *n* (*pl* ~, ~**·es**) **1**〖動〗オオヤマネコ属 (*L*-) の数種のヤマネコ: **a** ユーラシアオオヤマネコ《ヨーロッパ・アジア産》. **b** アカオオヤマネコ (bobcat). **c** カナダオオヤマネコ (=*Canadian* [*Canada*] *lynx*). **2** オオヤマネコの毛皮. **3** [(the) L-]〖天〗やまねこ座(山猫座). [L<Gk]

lýnx-èyed *a* 目の鋭い.

lyo- /láɪou, -ə/ ⇨ LY-.

ly·o·cell /láɪəsèl/ *n*〖商標〗リヨセル (TENCEL).

ly·ol·y·sis /làɪáləsəs/ *n*〖化〗SOLVOLYSIS. ◆ **lyo·lyt·ic** /làɪəlítɪk/ *a*

Ly·on[1] /láɪən/ *n* ライアン紋章官 (=~ **King of Árms**)《スコットランド紋章院長官; イングランドの Garter King of Arms に相当する》.

Lyon[2] ライアン **Mary** (**Mason**) ~ (1797–1849)《米国における女子高等教育の先駆者; Mount Holyoke 女子専門学校 [Mount Holyoke College の前身] を創立》.

Lyon[3] /*F* ljɔ̃/, **Ly·ons** /láɪənz, liɔ̃/ リヨン《フランス中東部 Rhône 県の県都; 古代名 Lugdunum》.

Lýon Còurt スコットランド紋章院.

Lyon·nais, Ly·o·nais /*F* ljɔnɛ/ リヨネ《フランス中南東部の旧州; ☆Lyon》.

ly·on·naise /làɪənéɪz/ *a*〖料理〗〈特に ジャガイモが〉タマネギといっしょに炒めた, リヨン風の. [F (*à la*) *lyonnaise* (in the manner) of Lyons]

Ly·on·nesse /làɪənés/〖アーサー王伝説〗リオネス《Tristram が生まれたという Cornwall 近くの地方の名で, 今は海中に没したという》.

Lyons[1] ⇨ LYON[3].

Lyons[2] ライオンズ **Joseph Aloysius** ~ (1879–1939)《オーストラリアの政治家; 首相 (1931–39)》.

lýo·phìle *a*〖化〗LYOPHILIC; 凍結乾燥の; 凍結乾燥によって得られる (=**lýo·phìled**).

lỳo·phílic *a*〖化〗親液性の《膠質と液体との親和性の強い》: ~ colloid 親液コロイド.

ly·oph·i·lize /laɪáfəlàɪz/ *vt* 凍結乾燥する (freeze-dry). ◆ **-lìz·er** *n* 凍結乾燥機[装置]. **ly·òph·i·li·zá·tion** *n*

lỳo·phóbic *a*〖化〗疎液性の《膠質と液体との親和性を欠いた》: ~ colloid 疎液コロイド.

Ly·ra /láɪərə/〖天〗こと座(琴座) (Lyre). [L LYRE]

ly·rate /láɪərèɪt, -rət/, **ly·rat·ed** /láɪərèɪtəd/ *a*〖生〗竪琴形の. ◆ **-rate·ly** *adv*

lýra vìol〖楽〗ヴィオラバスタルダ《小型のバスヴィオル》.

lyre /láɪər/ *n* **1** リラ《古代ギリシアの 4–11 弦の竪琴; 歌の伴奏として奏でた》;〖楽〗MUSIC LYRE; [the L-]〖天〗こと座(琴座) (Lyra). **2** [the] 抒情詩. [OF<L *lyra*<Gk]

lýre·bìrd *n*〖鳥〗コトドリ (=*buln-buln*)《豪州産; 鳴き声が美しく雄は竪琴状に尾羽を広げる》.

lýre·flòwer *n*〖植〗ケマンソウ (bleeding heart).

lyr·ic /lírɪk/ *a* **1** 抒情的な; 抒情詩の; LYRICAL; 音楽的な, オペラ風の;〖楽〗〈オペラ歌手の声種が〉抒情的な, リリコの《軽くやわらかい感じの; cf. DRAMATIC》: a ~ poet 抒情詩人 / ~ poetry 抒情詩. **2** 竪琴の; 竪琴に合わせて歌うにふさわしい. ► *n* 抒情詩 (cf. EPIC); [*pl*] 抒情詩体; [°*pl*] 歌詞. [F or L<Gk; ⇨ LYRE]

lýr·i·cal *a* LYRIC; 抒情詩調の;《口》《賞賛などして》すっかり夢中の, 高揚した: wax ~ 熱く語る, 激賞する〈*about*〉. ◆ ~**·ly** *adv* ~**·ness** *n*

lýric dráma [the] 歌劇.

lyr·i·cism /lírəsìz(ə)m/ *n* 抒情詩体[調, 風]; 高調した感情, 抒情, 詩情, リリシズム.

lyr·i·cist /lírəsɪst/ *n* 作詞家; 抒情詩人.

lyr·i·cize /lírəsàɪz/ *vi* 抒情詩を書く; 抒情詩を歌う; 抒情的に書く. ► *vt* 抒情詩の形にする, 抒情的に扱う[表現する]. ◆ **lỳr·i·ci·zá·tion** *n*

Lyr·i·con /lírəkàn/〖商標〗リリコン《クラリネットに似たシンセサイザーコンソール付きの電子楽器》. [*lyri*cal+*con*sole[2]]

lýric ténor〖楽〗リリックテナー《抒情的で繊細な表現に適するやわらかな声質のテノール》.

lý·ri·fòrm /láɪrə-/ *a* 竪琴の形をした.

lyr·ism *n* /líriz(ə)m/ LYRICISM; /láɪərìz(ə)m/ LYRE をかなでること.

lyr·ist *n* /lírɪst/ LYRICIST; /láɪərɪst/ LYRE 奏者.

Lys /*F* liːs/ [the] リース川 (*Flem* Leie)《フランス・ベルギーを流れる川; 両国の国境の一部となり, Gent で Scheldt 川に合流する》.

lys- /láɪs/, **ly·si-** /láɪsə/, **ly·so-** /láɪsou, -sə/ *comb form* LYSIS の意. [Gk]

Lys〖生化〗lysine.

Ly·san·der /laɪsǽndər/ リュサンドロス (d. 395 B.C.)《スパルタの将軍; ペロポンネソス戦争でアテナイ艦隊を撃破》.

ly·sate /láɪsèɪt/ *n*〖生化〗《細胞などの》溶解[分離]物.

lyse /láɪs, -z/ *vi, vt*〖免疫・生化〗溶解[分離]する[させる]. [逆成く *lysis*]

-lyse ⇨ -LYZE.

Ly·sen·ko /ləséŋkou/ ルイセンコ **Trofim Denisovich** ~ (1898–1976)《ソ連の生物学者・農学者; 生物の遺伝性は環境との関連で存在するとしてメンデリズムを批判, Lysenkoism を展開して政界をも巻き込んだ論争をひき起こした》.

Lysénko·ism *n* ルイセンコ学説《T. D. Lysenko の唱えた説: 環境の影響による体細胞変化が次代に遺伝する》.

ly·sér·gic ácid /ləsə́ːrdʒɪk-, laɪ-/〖化〗リセルグ酸 (⇨ LSD). [hydro*lysis*, *erg*ot, *-ic*]

lysérgic àcid di·eth·yl·ámide /-dàɪɛ̀θəlǽmàɪd, -ɛ́θələmàɪd/〖化〗リセルグ酸ジエチルアミド (⇨ LSD).

-lyses *n comb form* -LYSIS の複数形.

Lys·i·as /lísiəs, -æ̀s/ リュシアス (c. 445–after 380 B.C.)《アテナイの演説作者; 平明な文体はアッティカ散文の典型とされた》.

Ly·sim·a·chus /laɪsíməkəs/ リュシマコス (c. 355–281 B.C.)《マケドニアの将軍; Alexander 大王の死後トラキア (Thrace) 総督》.

ly·sim·e·ter /laɪsímətər/ *n* ライシメーター, 浸漏計《土壌中に水を浸透させて水溶性物質の量を測定する》. ◆ **ly·si·met·ric** /làɪsəmétrɪk/ *a*

ly·sin /láɪsən/ *n*〖免疫・生化〗溶解素《赤血球や細菌を溶解する抗体》.

ly·sine /láɪsìːn/ *n*〖生化〗リシン, リジン《必須アミノ酸の一; L-リシンはほとんどすべてのタンパク質の構成成分》.

Ly·sip·pus /laɪsípəs/ リュシッポス《前 4 世紀のギリシアの彫刻家; ほっそりとした自然に近い人体像で知られた》.

ly·sis /láɪsəs/ *n* (*pl* **-ses** /-sìːz/)〖医〗《熱や疾患の》消散, 渙散(かんさん), リーシス;〖免疫・生化〗《細菌・細胞の》溶解, 溶菌, リーシス. [NL<Gk *lusis* dissolution]

-l·y·sis /⌐ləsəs, láɪsəs/ *n comb form* (*pl* **-l·y·ses** /⌐ləsìːz/)「分解」: hydro*lysis*. [↑]

Ly·sith·ea /laɪsíθiə/〖天〗リュシテア《木星の第 10 衛星》.

lyso- /láɪsou, -sə/ ⇨ LYS-.

lýso·clìne *n*〖生態〗溶解層《その層より深所では水圧によりある種の化学物質が溶解を起こす深海の層》.

ly·so·gen /láɪsədʒən/〖生〗*n* 溶原, リソゲン; 溶原菌[株].

lýso·génic〖生〗*a* 〈ウイルスが〉溶原性の (temperate);〈細菌が〉プロファージ (prophage) を保有する, 溶原性の: ~ strain 溶原株. ◆ **-ge·nic·i·ty** /-dʒənísəti/ *n*

ly·sog·e·nize /laɪsádʒənàɪz/ *vt*〖生〗溶原化する. ◆ **ly·sòg·e·ni·zá·tion** *n*

ly·sog·e·ny /laɪsádʒəni/ *n*〖生〗溶原性.

Ly·sol /láɪsɔ̀(ː)l, -sòul, -sàl/〖商標〗ライソール《クレゾール石鹸液; 殺菌消毒薬》. [*lysis*, *-ol*]

ly·so·lec·i·thin /làɪsəlésəθən/ *n*〖生化〗リゾレシチン《レシチンから脂肪酸 1 個がとれたもの; 蛇毒などにより生成し, 強い溶血作用をもつ》.

lýso·sòme *n*〖生化〗リソソーム《細胞質内にある顆粒で, 多くの加水分解酵素を含む》. ◆ **lỳ·so·sóm·al** *a* **-sóm·al·ly** *adv*

ly·so·staph·in /làɪsəstǽfən/ *n*〖生〗リゾスタフィン《ブドウ状球菌から得られる抗菌性酵素; 異株のブドウ状球菌の細胞壁を破壊する》.

lýso·zỳme *n* 〘生化〙リゾチーム《卵白・鼻粘液・涙液などに存在する酵素で, 細菌の細胞壁に作用して溶菌をひき起こす》.

lys·sa /lísə/ *n* 〘医〙狂犬病 (rabies). ［Gk］

lys·tro·sáurus /lìstrə-/ *n* (*pl* **-ri**) 〘古生〙リストロサウルス《三畳紀の小型草食爬虫類》.

lyte /láɪt/ *a* 《口》カロリー[脂肪分など]の少ない (light).

-lyte[1] /làɪt/ *n comb form*「分解を生ずるもの」: electro*lyte*. ［Gk=soluble; ⇨ LY-］

-lyte[2] ⇨ -LITE.

lythe /láɪð/ *n* 《スコ》〘魚〙POLLACK.

lyth·ra·ceous /laɪθréɪʃəs/ *a* 〘植〙ミソハギ科 (Lythraceae) の.

lyt·ic /lítɪk/ *a* 細胞を溶解する; LYSIN の; LYSIS の. ◆ **-i·cal·ly** *adv*

-lyt·ic /lítɪk/ *a suf*「分解の」「分解する」: hydro*lytic*. ［Gk=able to loose; ⇨ LY-］

lyt·ta /lítə/ *n* (*pl* **-tae** /-ti/, **~s**) 《イヌなど肉食獣の舌裏面の》縦行筋繊維 (=*worm*). ［L<Gk=rabies］

Lyt·tel·ton /lítltən/ **1** リトルトン Sir **Thomas ~** ⇨ LITTLETON. **2** リトルトン《ニュージーランド南島東部の町; Christchurch の外港》.

Lyt·ton /lítn/ リットン (**1**) **Edward George Earle Bulwer-~**, 1st Baron ~ of Kneb·worth /nébwərθ/ (1803–73)《英国の小説家・劇作家・政治家; Sir Henry Bulwer の弟; 小説 *The Last Days of Pompeii* (1834)》 (**2**) (**Edward**) **Robert Bulwer-~**, 1st Earl of ~ (1831–91)《前者の子, 外交官・詩人; 筆名 Owen Meredith; インド副王 (1876–80)》.

Lýtton Commìssion リットン調査団《1932 年英国の 2nd Earl of Lytton (1876–1947) を委員長として国際連盟が派遣した満洲事変調査団; 日本は, 日本の侵略と満洲における優先的権益を同時に認めたその報告 (**Lýtton repòrt**) に反発, 国際連盟を脱退した (1933)》.

Lyu·blin /ljúːblən/ リュブリン《LUBLIN のロシア語名》.

-lyze, -lyse /⌐⌐ làɪz/ *v comb form* [-LYSIS に対応する他動詞をつくる]: hydro*lyze*.

LZ 〘軍〙landing zone 着陸ゾーン.

M

M, m /ém/ *n* (**M's, Ms, m's, ms** /-z/) エム《英語アルファベットの第13字; ⇨ J》; M の表わす音; M 字形(のもの); 13 番目(のもの); 〘ローマ数字〙1000; 〘印〙EM[1], PICA[1]: MCMLXXX＝1980.
m' ‖/m/ MY: *m'*LUD / *m'*tutor.
'm[1] /m/ 《口》AM.
'm[2] /(ə)m/ 《口》MA'AM: Yes'*m*. はい奥さま / No'*m*. いいえ奥さま.
'm[3] /ɪm, əm/ 《口》HIM.
m- /ém/ *comb form*「携帯端末を利用した」: *m*-commerce. [*mo*bile]
m- meta-.
M'- /mək, mæk, (/k, g/ の前で) mə, mæ/ *pref* MAC-: *M'*Carthy, *M'*Taggart.
m 〘理〙mass ♦ meter(s) ♦ [L *mille*] thousand ♦ milli- ♦ molal ♦ molality ♦ mole ♦ muscle. **m.** 〘クリケット〙maiden over(s) ♦ male ♦ manual ♦ mare ♦ married ♦ martyr ♦ masculine ♦ 〘楽〙measure ♦ meridian ♦ middle ♦ midnight ♦ mile(s) ♦ minute(s) ♦ ‖month ♦ moon ♦ morning. **M** 〘理〙Mach ♦ magnitude ♦ Malta ♦ 《俗》marijuana ♦ medium ♦ mega- ♦ 〘天〙°Messier catalogue メシエカタログ《例: M 1 カニ星雲》♦ 〘論〙°middle term ♦ 〘化〙molar ♦ molarity ♦ °money supply ♦ 《俗》morphine ♦ ‖motorway (: M1, M25) ♦ 〘電〙°mutual inductance. **M, M., m, m.** 〘通貨〙mark(s) ♦ [L *meridies*] noon ♦ million(s).
M., M Majesty ♦ March ♦ Marquis ♦ Marshal ♦ Master ♦ May ♦ Member ♦ °molecular weight ♦ Monday ♦ (*pl* **MM, MM.**) Monsieur ♦ ‖Mountain.
ma /má:, mɔ́:/ 《口》*n* (お)かあちゃん, ママ (cf. PA[1]); [M-] おばさん (Mrs.); [M-] 《豪俗》MA STATE: (old) *Ma* Parker パーカーおばさん. [*mamma*[1]]
Ma /má:/ マ **Yo-Yo** ～ (1955–)《米国の中国系チェロ奏者》.
mA 〘電〙milliampere(s). **Ma** million years ago.
MA [L *Magister Artium*] °Master of Arts (cf. AM) ♦ [F *Maroc*] Morocco ♦ Massachusetts ♦ 〘心〙°mental age ♦ °Middle Ages ♦ °Military Academy.
maa /mǽ, má:; má:/ *n, vi* BAA.
MAA Master of Applied Arts.
ma'am *n* **1** /mǽm, má:m/ ‖女王さま, 奥方さま《女王・王族夫人に対する尊称》. **2** /məm, m/ *《口》奥さん, お客さん《召使が女主人に, 店員が女性客に用いる呼びかけ》: Yes, ～ /jésm/. はい, 奥さん[お客さん]. [MADAM]
Ma'an /mɑá:n/ マアーン《ヨルダン南西部の町》.
má-and-pá *a* MOM-AND-POP.
maar /má:r/ *n* (*pl* ～**s, maare** /má:rə/)《火山頂の》マール《一回の爆発でできた平底円形の(水をたたえた)火口》. [G]
Maa·ri·an·ha·mi·na /má:rja:nhà:mənà:/ マーリアンハミナ《MARIEHAMN のフィンランド語名》.
maa·riv, -rib /má:rɪv, má:ə-, máɪ-/ *n* (*pl* **maa·ri·vim** /má:ərivì:m, ⌒⌒⌒⌒/) 〘ユダヤ教〙《日々の》夕べの祈り[礼拝], 夕拝. [Heb＝bringing evenings to pass]
maas /má:s/ *n* 《南ア》マース《先住民が強壮剤として飲む濃い凝乳》. [Zulu]
Maas [the] マース川《MEUSE 川のオランダ語名》.
Maasai ⇨ MASAI.
maas·ban·ker /mɑ:sbǽŋkər/ *n* 《南ア》〘魚〙ニシマアジ (horse mackerel). [Afrik]
Maas·tricht, Maes- /má:strìkt, -strìxt, ⌒⌒/ マーストリヒト《オランダ南東部 Limburg 州の州都; Maas 河畔に位置》.
Máastricht Tréaty [the] マーストリヒト条約《Treaty on EUROPEAN UNION の通称》.
Maa·thai /mɑ:táɪ/ マータイ **Wan·ga·ri** /wəŋgá:ri/ ～ (1940–2011)《ケニアの生物学者・環境活動家; 持続可能な開発・民主主義・平和への貢献が評価され, アフリカの女性として初めてノーベル平和賞を受賞 (2004)》.
Maa·zel /mɑ:zél/ マゼール **Lorin** (**Varencove**) ～ (1930–)《米国の指揮者》.
Mab /mǽb/ **1** マブ《女子名; Amabel, Mabel の愛称》. **2** QUEEN MAB.
Ma·bel /méɪb(ə)l/ メイベル《女子名; 愛称 Mab》. [L＝lovable; ⇨ AMABEL]
ma·bela /mɑ:bélə/ *n* 《南ア》モロコシ (kafir corn) (の粉[かゆ]). [Zulu]
Ma Bell */má: bél/ マーベル《(1) American Telephone & Telegraph Company (現 AT&T) のあだ名 (2)《一般に》電話会社》.
mábe (**pèarl**) /méɪb(-)/ マベ(真珠)《マベガイを母貝として養殖される半円真珠》.
Mab·i·no·gi·on /mæ̀bənóugiən; -nɔ́giən/ [The] マビノギオン《ウェールズの中世騎士物語集》.
Ma·bo /má:bou/ *n* マボ判決 (＝～ **decision** [**júdgment**]《オーストラリアで, 先住民の伝統的な土地所有権を初めて認めた 1992 年の最高裁判決》. [Eddie *Mabo* (1906–92) ヨーロッパ人入植地に対する先住民の権利を争う訴訟の代表者]
Ma·buse /*F* maby:z/ マビューズ **Jan** ～ (c. 1478–c. 1532)《フランドルの画家; 本名 Jan Gossaert》.
mac[1], **mack** /mǽk/ 《口》*n* ‖MACKINTOSH; *MACKINAW.
mac[2] *vi* *《俗》食事する《McDonald's から》. ● ～ **out** [**on**] *《俗》《ファーストフードを》腹いっぱい食べる, たらふく食う.
Mac[1] **1** マック《男子名》. **2** 《口》**a** スコットランド人, アイルランド人. **b** *きみ, だんな, あんた《名前を知らない男性に対する呼びかけに用いる》. [Gael＝son]
Mac[2] 〘商標〙マック (MACINTOSH).
MAC /mǽk/ 自治体援助公社 (Municipal Assistance Corporation), マック (＝*Big Mac*)《1975 年 New York 市の財政危機緩和のために設けられた市債発行機関》.
Mac- /mək, mæk, (/k, g/ の前で) mə, mæ/ *pref*「…の息子」《スコットランド系またはアイルランド系の姓に冠する; 略 Mc, M^c, M'; cf. FITZ-, O', MC-》: *Mac*Donald, *Mac*kenzie. [MAC]
Mac. Maccabees, Machabees.
MAC 〘電算〙medium access control 媒体アクセス制御 ♦ 〘電算〙message authentication code メッセージ認証コード ♦ Military Airlift Command.
ma·ca·bre /məká:br(ə), -bər/, **-ber** /-bər/ *a* 背筋の凍るような, 気味の悪い; 猟奇[ホラー]趣味の; 死を主題とする; DANSE MACABRE の[を連想させる]. [F < ? *Macabé* Maccabee; MACCABEES 殺戮を扱った中世の miracle play からか]
ma·ca·co /məká:kou/ *n* (*pl* ～**s**) 〘動〙**a** キツネザル (lemur). **b** MACAQUE (の類のサル). [Port < (Afr)]
mac·ad·am /məkǽdəm/ *n* 〘土木〙マカダム《ローラーで固める道路用の砕石》; マカダム舗装(の道路). ♦ ～**ed** *a* マカダムを敷いた, マカダム舗装の. [John L. *McAdam* (1756–1836) この工法を発明したスコットランドの技師]
mac·a·da·mia /mæ̀kədéɪmiə/ 〘植〙マカダミア《豪州原産ヤマモガシ科マカダミア属 (*M*～) の各種の木; ハワイで広く栽培されている》; マカダミアナッツ (＝～ **nùt**)《マカダミアの実》. [John *Macadam* (1825–65) スコットランド生まれのオーストラリアの化学者]
macádam·ize *vt* 〈道路を〉マカダム工法によって舗装する. ♦ **macàdam·izátion** *n* マカダム工法[舗装]. ～**d** *a*
Mac·a·nese /mæ̀kəní:z, *-s/ *n* **a** マカオの住民[出身者]《特に中国人とポルトガル人の混血の人》. **b** マカオ語《マカオで使われたポルトガル語クレオール》. ► *a* マカオの; マカオの住民[出身者]の.
Ma·cao, Ma·cau /məkáu/ マカオ《中国広東省の珠江河口西岸, Hong Kong の対岸にある半島; 1887 年より近くの 2 つの島 (Taipa 島と Colôane 島) と共にポルトガルの海外領土; 1999 年中国に返還後は特別行政区; 中国語名 澳門 (Aomen)》.
Ma·ca·pá /mɑ̀:kəpá:/ マカパ《ブラジル北部 Amapá 州の州都; Amazon デルタの北側に位置》.
Ma·ca·pa·gal-Ar·ro·yo /mɑ̀:kəpəgá:lərɔ́ɪou/ マカパガル・アロヨ **Gloria** ～ (1947–)《フィリピンの政治家; 大統領 (2001–10); 元大統領 Diosdado Macapagal (1910–97)の娘》.
ma·caque /məká:k, *-kǽk/ *n* 〘動〙マカック(ザル)《アジア・北アフリカ産の短尾のサル: アカゲザル・クロザル・ニホンザルなど》. [F < Port]
ma·ca·re·na /mɑ̀:kəréɪnə, -rénə/ *n* [°M-] マカレナ《スペイン語の歌に合わせて手・腰をリズミカルに動かして踊るダンス》.
mac·a·ro·ni, mac·ca- /mæ̀kəróuni/ *n* **1** マカロニ; *《俗》マカロニに似た細長いもの《ラジオのアンテナ・チューブなど》. **2** (*pl* ～**s**, ～**es**)《18 世紀の英国で》大陸帰りのハイカラ; MACARONI PENGUIN; 《古》《一般に》だて男, しゃれ者 (fop). **3** 《俗》イタリア人. [It < Gk＝barley food]
mac·a·ron·ic /mæ̀kərɑ́nɪk/ *a, n* 《現代語にラテン語(の語尾)を加えた》雅俗混交(体)の(狂詩); 二種類の言語が混ざり合っている(文章[ことば]); 《古》ごたまぜの (mixed). ♦ **-i·cal·ly** *adv*
macaróni chéese ‖〘料理〙マカロニチーズ《マカロニをチーズ・バター・牛乳・小麦粉などに混ぜて焼いたもの》.
macaróni mìll *《俗》製材所 (sawmill).

macaróni péngain マカロニペンギン《額からオレンジ色の冠羽が伸びる小型のペンギン; 亜南極圏の島で繁殖する》.［「気取った髪型」から macaroni (だて男) の名になったといわれる］

mac·a·roon /mækərúːn/ *n* 〘菓子〙マカロン《卵白・砂糖・すりつぶしたアーモンドやココナッツなどで作ったクッキー》.［F＜It; ⇨ MACARONI］

Mac·ar·thur /məkáːrθər/ マッカーサー **John ～** (1767–1834)《オーストラリアの牧羊家; 羊毛の国オーストラリアの基礎をつくった》.

Mac·Ar·thur /məkáːrθər/ マッカーサー **Douglas ～** (1880–1964)《米国の陸軍元帥; 日本占領連合国軍最高司令官 (1945–51)》.

M'·Car·thy /məkáːrθi/ マッカーシー **Justin ～** (1830–1912)《アイルランドの政治家・小説家》.

Ma·cart·ney /məkáːrtni/ *n* 〘鳥〙コシアカキジ (fireback);〘植〙MACARTNEY ROSE.［George, 1st Earl *Macartney* (1737–1806) 英国の外交官］

Macártney róse 〘植〙カカヤンバラ《中国原産》.［↑］

Ma·cas·sar /məkǽsər/ **1** マカッサル (MAKASSAR). **2** MACASSAR OIL. ◆ **Ma·càs·sa·rése** *n*

macássar òil [ºM-] マカッサル油《調髪用; 19 世紀によく用いた》; マカッサル油に似た髪油.

Macau ⇨ MACAO.

Ma·cau·lay /məkɔ́ːli/ マコーリー (1) Dame (**Emilie**) **Rose ～** (1881–1958)《英国の小説家; *Dangerous Ages* (1921)》 (2) **Thomas Babington ～**, 1st Baron ～ (1800–59)《英国の歴史家・政治家; *History of England from the Accession of James the Second* (1848–61) は Whig の立場からの歴史解釈の古典》.

ma·caw /məkɔ́ː/ *n* 〘鳥〙コンゴウインコ《南米・中米産》;〘植〙MACAW PALM.［Port *macao*＜?］

macáw pàlm [trèe] 〘植〙オニトゲココヤシ《南米産》.

Mc·Bain /məkbéɪn/ マクベイン **Ed ～** (1926–2005)《米国のミステリー作家; 本名 Evan Hunter; Hunter 名による *The Blackboard Jungle* (1954) や McBain 名による 87 分署シリーズ (1956 以降) をヒットさせた》.

Mac·beth /məkbéθ, mæk-/ **1** マクベス (d. 1057)《スコットランド王 (1040–57); Duncan 1 世を殺して王位についた》. **2** マクベス《Shakespeare の四大悲劇の一つ; その主人公; cf. LADY MACBETH》.

Mac·Bride /məkbráɪd/ マクブライド **Seán ～** (1904–88)《アイルランドの政治家; ノーベル平和賞 (1974)》.

Macc. Maccabees.

Mac·ca·bae·us, -be- /mæ̀kəbíːəs/ マカバイオス **Judas [Judah]** ～ (d. 160 B.C.)《ユダヤの愛国者; Maccabees の指導者; シリア治下におけるユダヤ人の反乱を率いた》.

M

Màc·ca·bé·an, -báe·an *a* マカバイオス (Judas Maccabaeus) の; マカベア[マカバイ]家 (Maccabees) の.

Mac·ca·bees /mǽkəbiz/ *n pl* **1 a** [the] マカベア家, マカバイ家《ユダヤの祭司一家; 前 168 年ヘレニズム化とシリアの支配に対する反乱を指導, 前 142–63 年王として Palestine を統治; Judas のあだ名 Maccabaeus に由来する名称》. **b** マカベア **Judas [Judah]** ～＝Judas MACCABAEUS. **2** [⟨*sg*⟩] 〘聖〙マカベア書, マカバイ書《少なくとも 4 書あり, The First [Second] Book of ～ (マカベア第一[第二]書) はカトリックでは正典, プロテスタントでは外典, 第三と第四は偽典; 略 Mac., Macc.》.

Maccabeus ⇨ MACCABAEUS.

mac·ca·boy, -co- /mǽkəbɔ̀ɪ/, **-baw** /-bɔ̀ː/, **ma·cou·ba** /məkúːbə/ *n* マコーバ《西インド諸島 Martinique 島の Macouba 産のかぎタバコ》.［F］

maccaroni ⇨ MACARONI.

Mc·Car·thy /məkáːrθi/ マッカーシー (1) **Cormac ～** (1933–)《米国の作家; 南部・西部を背景にしたゴシック風小説などで知られる; *All the Pretty Horses* (1992)》 (2) **Eugene J(oseph)** ～ (1916–2005)《米国の政治家; 民主党上院議員 (1959–70); ヴェトナム戦争に反対して 1968 年の大統領選に出馬, Johnson 大統領を再選断念に追い込んだ》 (3) **John ～** (1927–2011)《米国の数学者・計算機科学者; 人工知能向きのプログラミング言語 LISP を開発 (1958)》 (4) **Joseph R(aymond)** ～ (1908–57)《米国の政治家; 共和党上院議員 (1946–57); '赤狩り' によって米政界を混乱に陥れた》 (5) **Mary (Therese)** ～ (1912–89)《米国の小説家・批評家》.

McCárthy·ìsm *n* マッカーシズム《1) 極端な反共運動 2) 不公平な捜査手段 3) 政府内の反体制要素の執拗な捜査・摘発》. ◆ **-ist** *n, a* **-ite** *n, a*［Joseph R. *McCarthy*］

Mc·Cart·ney /məkáːrtni/ マッカートニー Sir (**James**) **Paul ～** (1942–)《英国のロックシンガー・ソングライター・ベースギタリスト; もと Beatles のメンバー》.

mac·chi·a·to /mɑ̀ːkiáːtoʊ; mæ̀k-/ *n* (*pl* ～s) マキアート (＝*caffè* ～)《蒸気で泡立てたミルクを加えたエスプレッソコーヒー》.［It］

mac·chi·net·ta /mɑ̀ːkənétə/ *n* ドリップコーヒー沸かし器 (＝～ del caffè).［It＝small machine］

Mc·Clel·lan /məklélən/ マクレラン **George B(rinton)** ～ (1826–85)《米国の軍人; 北軍総司令官 (1861–62)》.

Mac·cles·field /mǽk(ə)lzfìːld/ **1** マックルズフィールド《イングランド北西部 Cheshire の町》. **2** マックルズフィールド(シルク)《細かいサラサ模様のある, ネクタイ用の絹地; もと Macclesfield 産》.

Mc·Clin·tock /məklíntək/ マクリントック **Barbara ～** (1902–92)《米国の遺伝学者・植物学者; 遺伝子には染色体内部の 1 か所にとどまらず移動するもののあることを発見, ノーベル生理学医学賞 (1983)》.

Mc·Cor·mack /məkɔ́ːrmək, -mɪk/ マコーマック **John ～** (1884–1945)《アイルランド生まれの米国のテノール》.

Mc·Cor·mick /məkɔ́ːrmɪk/ マコーミック **Cyrus Hall ～** (1809–84)《米国の発明家・実業家; 刈取り機を発明, 企業化して生産した》.

Mc·Coy /məkɔ́ɪ/ *n* [the (real) ～]《口》確かな人[もの], 本人, 本物; [the (real) ～]《口》逸品. ►《俗》*a* 本物の; きちんとした.［Kid *McCoy* (米国のプロボクサー Norman Selby (1873–1940) のリング名); 同姓の無名選手と区別するため］

Mc·Crae /məkréɪ/ マクレー **John ～** (1872–1918)《カナダの医師・詩人; 第一次大戦で戦死; 戦火の下で書いた抒情詩 'In Flanders Fields' (1915) によって有名》.

Mc·Cul·lers /məkʌ́lərz/ マッカラーズ **Carson ～** (1917–67)《米国の作家; 旧姓 Smith; *The Heart Is a Lonely Hunter* (1940)》.

Mac·Diar·mid /məkdɜ́ːrməd/ マクダーミッド (1) **Alan G(raham)** ～ (1927–2007)《ニュージーランド生まれの米国の化学者; ノーベル化学賞 (2000)》 (2) **Hugh ～** (1892–1978)《スコットランドの詩人; 本名 Christopher Murray Grieve》.

Mc·Doc·tor(s) /məkdáktər(z)/, **Mc·Doc(s)** /məkdák(s)/ *n* [⟨*sg*⟩]*《俗》[*joc*]《ショッピングセンターなどにある》救急診療所 (cf. DOCS-IN-A-BOX).

Mac·don·ald /məkdán(ə)ld/ マクドナルド (1) **Flora ～** (1722–90)《スコットランドのジャコバイト; Culloden で敗れた Charles Edward Stuart の逃亡をたすけ (1746), ジャコバイト派のバラッド・伝説で語り継がれた》 (2) Sir **John (Alexander)** ～ (1815–91)《カナダの政治家; カナダ自治連邦の初代首相 (1867–73, 78–91)》 (3) **(John) Ross ～** (1915–83)《米国の作家; 本名 Kenneth Millar; California の私立探偵 Lew Archer の登場するミステリーで知られる》.

Mac·Don·ald /məkdán(ə)ld/ マクドナルド (1) **George ～** (1824–1905)《スコットランドの小説家・詩人》 (2) **(James) Ramsay** ～ (1866–1937)《英国の政治家; 初の労働党内閣の首相 (1924, 29–31), 大恐慌下で挙国内閣を組織 (1931–35)》.

Mc·Don·ald's /məkdán(ə)ldz/ マクドナルド《米国 McDonald's Corp. 系列のハンバーガーチェーン店》.

Mac·dón·nell Ránges /məkdánl-/ *pl* [the] マクドネル山脈《オーストラリア中部 Northern Territory 中南部にある山脈; 最高峰 Mt Ziel (1510 m)》.

Mc·Dou·galls /məkdúːg(ə)lz/ 〘商標〙マクドゥーガルズ《小麦粉製品》.

Mac·Dow·ell /məkdáʊ(ə)l/ マクダウェル **Edward (Alexander)** ～ (1860–1908)《米国の作曲家》.

Mc·D's /məkdíːz/, **Mc·Duck's** /məkdʌ́ks/ *n**《俗》マクドナルドの店 (McDonald's).［*Duck* は *Donald Duck* から］

Mac·duff /məkdʌ́f, mæk-/ マクダフ《Shakespeare, *Macbeth* の登場人物で, Macbeth を討つ貴族》. ● **lead on, ～** 案内してくれ ('Lay on, ～' (*Macbeth* 5.8.33) を誤って引用したもの).

mace[1] /méɪs/ *n* **1 a**《先端にかぎくぎ・突起がある》棍棒《よろいかぶとを打ち砕くのに用いた中世の武器》. **b** 重い警棒. **2 a** 棍棒状の権標, 職杖(しょくじょう)《英国の大法官・下院議長・市長・大学総長などの職権の象徴》. **b** MACE-BEARER. **3**〘玉突〙《昔 bagatelle で cue の代わりに用いた》平頭の球突き棒. **4** [M-]〘米〙メース《地対地ジェット推進核弾頭誘導ミサイル》.［OF＜Romanic＝club］

mace[2] *n* メース《nutmeg の仮種皮を乾かしたもの; 香味料用・薬用》.［OF＜L *macir* oriental spice; *macir* を *macis* と読み誤って, さらにそれを pl 語尾と誤ったもの］

mace[3] 《俗》*n* 詐欺, ペテン; 詐欺師. ► *vt* ペテンにかける, だます; 強要する, ゆする.［C18＜?］

Mace *n* 〘商標〙メース《催涙ガス(のスプレー)に使う神経麻痺剤; 正式には Chemical Mace》. ► *vt* [ºm-]〈暴徒などを〉メースで攻撃[鎮圧]する.

máce-bèar·er *n* 権標捧持者.

ma·cé·doine /mæ̀sədwáːn/ *n* マセドワーヌ《刻んだ野菜・果物の混ぜ合わせたもの; サラダ・カクテル・付け合わせなどにする》; 寄せ集め, ごたまぜ.［F］

Mac·e·do·nia /mæ̀sədóʊniə, -njə/ **1** マケドニア (＝**Mac·e·don** /mǽsədàn/)《古代の王国; Balkan 半島南部, 今のギリシア・ブルガリア・マケドニア共和国の地域にまたがっていて, 前 4 世紀 特に Philip 2 世とその子 Alexander 大王の時に最盛期を迎えた; ☆Pella》. **2** マケドニア《バルカン半島中南部にある内陸国; 公式名 (Former Yugoslav) Republic of ～ (マケドニア(旧ユーゴスラヴィア)共和国; 略 FYROM); ☆Skopje; 1946–92 年ユーゴスラヴィア連邦の構成共和国》. **3** マケドニア《1) (ModGk **Ma·ce·dho·nía** /mɑ̀ːkeðouníːɑː/) ギリシア北東部の地方 2) ブルガリア南西部の地方》.

Màc·e·dó·ni·an *a* マケドニア(人)の; マケドニア語の. ► *n* マケドニア人[語].

Ma·ceió /mæ̀seɪóʊ/ マセイオ《ブラジル北東部 Alagoas 州の州都》.

Mc·En·roe /mǽk(ə)nròʊ/ マッケンロー **John (Patrick) ～, Jr.**

(1959–)《米国のテニス選手; Wimbledon で優勝 (1981, 83, 84)》.
mac·er /méɪsər/ *n* MACE-BEARER; 《スコ》法廷の役人.
mac·er·al /mǽs(ə)r(ə)l/ *n* 〔地質〕マセラル《石炭の微細な構成単位体》.
mac·er·ate /mǽsərèɪt/ *vt, vi* **1** 液体に浸して(熱して)柔らかくする[なる], ふやかす[ふやける], 浸軟する; 液体に浸してほぐす[ほぐれる], 〔生〕〈組織が〉解離する; 消化器でこなす[こなれる]; 細かく砕く[裂く, 切る]. **2**《断食で》やせ衰えさせる[衰える]: be ~*d* with care 苦労でやせる[やつれはてる]. ♦ **mác·er·à·tor, mác·er·àt·er** *n* ⁺パルプ製造機. **màc·er·á·tion** *n* [L *macero* to soften, soak]
Mc·Ew·an /məkjúːən/ マキューアン **Ian** (**Russell**) ~ (1948–)《英国の小説家; *Amsterdam* (1998)》.
Mc·Ew·an's /məkjúːənz/ 〔商標〕マキューアンズ《スコットランド製のビール; ~ **Éxport** (エール) など》.
Mc·Fad·den /məkfǽdn/ マクファデン **Daniel L**(**ittle**) ~ (1937–)《米国の経済学者; 個人や家計の動向を定性的に分析する理論と手法を開発し, ノーベル経済学賞 (2000)》.
mac·far·lane /məkfáːrlən/ *n* [ᴼMacfarlane, MacFarlane] マクファーレン《ケープが付き, 前部のウエストのあたりに 2 つスリットがあるコート》. [人名か]
Mc·fly /məkfláɪ/ *n, a* 《俗》まぬけ(な), 野暮天(の).
Mac·gíl·li·cud·dy's Réeks /məgíləkʌ̀diz-/ *pl* [ᵁthe] マギリカディーズ・リークス《アイルランド南西部 Kerry 県にある山地; 同国の最高峰 Carrantuohill (1041 m) を擁する; Reek はアイルランド英語で「山」の意》.
Mc·Gíll Univérsity /məgíl-/ マギル大学《カナダ Montreal にある公立大学; 1821 年実業家 James McGill (1744–1813) の遺産をもとに設立》.
Mc·Gov·ern /məgʌ́vərn/ マクガヴァン **George S**(**tanley**) ~ (1922–)《米国の政治家; 民主党連邦上院議員 (1963–81); 1972 年大統領選に出馬, Nixon に完敗》.
Mc·Guf·fey /məgʌ́fi/ マガフィー **William Holmes** ~ (1800–73)《米国の教育家; 小学校で広く使われた 6 冊の読本 *Eclectic Readers* (1836–57) の編者》.
Mc·Guf·fin, Mac- /məgʌ́fən/ *n* マ(ク)ガフィン《映画や小説などでプロットに真実味やスリルを与えるために取り入れた, それ自体はたいした意味のない(思わせぶりな)仕掛け・小道具・設定》. [Alfred Hitchcock の造語; この名前が出てくるスコットランドの小噺から]
Mc·Gwire /məgwáɪər/ マグワイア **Mark** (**David**) ~ (1963–)《米国のプロ野球選手; 1 シーズン 70 本の本塁打記録を達成 (1998); 引退後にステロイド使用を認めた》.
Mach /máːk, mǽk; *G* máx/ **1** マッハ **Ernst** ~ (1838–1916)《オーストリアの物理学者・哲学者》. **2**〔理〕マッハ(数)《速度と媒体中の音速の比率で, たとえば音速の 2 倍はマッハ 2; マッハ 1 は海面付近の空気中で時速約 1200 km》.
mach. machine ♦ machinery ♦ machinist.
Mach·a·bees /mǽkəbiz/ *n pl* MACCABEES.
Ma·cha·do de As·siz /məʃáːdu di əsíːs/ マシャド・デ・アシス **Joaquim Maria** ~ (1839–1908)《ブラジルの小説家》.
Ma·cha·do y Mo·ra·les /mɑːʧáːdou ìː məːráːləs/ マチャド・イ・モラレス **Gerardo** ~ (1871–1939)《キューバの政治家; 大統領 (1925–33)》.
mach·air, mach·ar /mǽxər/ *n* 《スコ》《海岸の》砂地, 草地. [ScGael]
ma·chan, -chaan /məʧáːn/ *n* 《インド》《トラ狩り用の》展望台, 監視台. [Hindi]
Ma·chaut, Ma·chault /mɑːʃóu/ マショー **Guillaume de** ~ (c. 1300–77)《フランスの詩人・作曲家; 14 世紀の ars nova の巨匠》.
mâche /máːʃ; *F* mɑːʃ/ *n* 〔料理〕ノヂシャ (corn salad).
Mac·heath /məkhíːθ/ [Captain] マックヒース《John Gay, *The Beggar's Opera* の主人公の追いはぎ》.
Ma·chel /məʃél/ マシェル **Samora** (**Moises**) ~ (1933–86)《モザンビークの政治家; 大統領 (1975–86)》.
mach·er* /mǽxər/ *n* [ᴼ*derog*] 大立者, 大将. [Yid]
ma chère /*F* ma ʃɛːr/ (ねえ)おまえ《女性に対する呼びかけ; cf. MON CHER》. [F=my dear]
ma·chete /məʃéti, -ʧéti/ *n* 《中南米先住民の》刀, なた《長さ 60–90 cm で, サトウキビを切ったり下生えを払うのに使用, 武器にもする》; 〔楽〕マチェーテ《ポルトガルの 4 弦の小型ギター》; 〔魚〕カライワシの一種. [Sp (*macho* club<L)]
Mach·i·a·vel /mǽkiəvèl, ⏑ー⏑ーー/ *n* 権謀術数家, 策謀家.
Mach·i·a·vel·li /mæ̀kiəvéli/ マキアヴェリ **Niccolò** (**di Bernardo**) ~ (1469–1527)《イタリア Florence の外交官・政治理論家;『君主論』(1513)》. ♦ **Màch·i·a·vél·lìsm** *n* MACHIAVELLIANISM.
Machiavélli·an *a* マキアヴェリ流の, 策謀政治の, 権謀術数の, 抜け目のない, ずる賢い. ► *n* 策謀家, 策士. ♦ **~·ìsm** *n* マキアヴェリズム《政治目的のためには手段を選ばない》. **~·ist** *n*
ma·chic·o·late /məʧíkəlèɪt/ *vt* 〔城〕…に石落とし[出し狭間] (machicolation) をつける. ♦ **-làt·ed** *a*
ma·chìc·o·lá·tion *n* **1**〔城〕石落とし, 出し狭間(ざま)《アーチ状の持送りで支えられた, 城壁[城門]最上部の突出部(の床の穴); ここから石・熱湯などを落として敵の入城などを防ぐ》. **2** マチコレーション《現代建築に使われる石落とし風の装飾》.
ma·chi·cou·lis /mɑ̀ːʃəkulíː, mæ̀ʃ-, -kúːliː/ *n* MACHICOLATION. [F]
Ma·chi·li·pat·nam /mʌ̀ʧələpʌ́tnəm/, **Ma·su·li·pat·nam** /mʌ̀sələpʌ́tnəm/ マチリパトナム, マスリパトナム《インド南東部 Andhra Pradesh 北東部にある市・港町; 別名 Bandar》.
ma·chín·able, ma·chíne·able *a* 機械加工[処理]がきく[に適した]. ♦ **ma·chìn(e)·abíl·i·ty** *n* ⁺〔機〕《金属の》可削性, 被削性.
mach·i·nate /mǽkənèɪt, ˟mǽʃ-/ *vi* 策謀する. ► *vt* 〈策を〉めぐらす, たくらむ (plot). ♦ **-nà·tor** *n* 策謀家, 策士. [L=to contrive; ⇨ MACHINE]
mach·i·na·tion /mæ̀kənéɪʃ(ə)n, ˟mæ̀ʃ-/ *n* [ᵁ*pl*] 策謀, 陰謀, たくらみ; 《まれ》策を弄すること.
ma·chine /məʃíːn/ *n* **1**《特に 自動の》機械, 器具, 装置, …機《ミシン・自転車・オートバイ・自動車・飛行機・タイプライター・コンピューター・ᴴ動力印刷機など》; BATHING [VENDING, WASHING, ANSWERING, CASH] MACHINE; SIMPLE MACHINE; 《古》兵器《攻城塔など》; [the, ~s] 機械類; 《古》構造(物). **2** 機械のような人[組織]; 《ある仕事・活動などに》うってつけの人, …機械. **3** 人体, 《動物の》体, 器官; 機関, 機構; 《政党などの》組織, 集票マシーン; 《政党などのボスを取り巻く》支配的集団, 派閥: the party ~ 党の機関[幹部連]. **4**《昔の劇場の舞台効果を高める》からくり; 《詩・劇の効果を高めるための》仕組み; 《詩・劇の》仕組みによって登場するもの《超自然の力・人物など》. **5** [〈*a*〉] 機械(用)の; 機械による; 精密な, 規格化された. ● **the god from the ~**=DEUS EX MACHINA. ► *vt* 機械で作る, 機械加工する; …にミシンをかける, 印刷機にかける; 機械化する; 精密に作る, 規格化する 〈*down*〉. ► vi 〈物が〉機械加工できる[がきく]. [F, <Gk= pulley]
machíne àge [the] 機械(の)時代.
machíne àrt 機械芸術, マシーンアート《機械工学・電子工学などの装置を用いた芸術》.
machíne bòlt 〔機〕マシンボルト, 押しボルト.
machíne còde MACHINE LANGUAGE.
machíne èlement 機械要素, 機素.
machíne fìnish 《紙の》マシン仕上げ《抄紙機に直結したカレンダー (calender) だけでつやをつける》.
machíne-gùn *vi* 機銃掃射する; 機関銃を発射する. ► *vt* 機関銃で撃つ[殺す]. ► *a* 機関銃の(ような); 速くて断続的な, たたみかけるような. ♦ **machíne gùnner** 機関銃(射)手.
machíne gùn 機関銃[砲], 機銃, マシンガン.
machíne hèad (機械)ねじ式糸巻き《金属製ギアを用いたギターなどの調弦部》.
machíne-hóur *n* 機械時《機械の一時間当たり作業量》.
machíne intèlligence ARTIFICIAL INTELLIGENCE.
machíne lànguage 〔電算〕機械語, 機械言語.
machíne lèarning 〔電算〕機械学習《過去の経験に基づき機能を制御改善していく人工知能のはたらき》.
machíne·lìke *a* 機械のような, 規則正しい, 定型化した, 機械的な.
machíne-máde *a* 機械製の (opp. *handmade*); 型にはまった, 紋切り型の.
machíne·man /-mən/ *n* (*pl* **-men** /-mən/) 機械工; ᴴ〔印〕印刷工 (pressman); 削岩機を扱う人.
machíne pìstol 機関拳銃, 自動拳銃 (=*burp gun*).
machíne pòlitics [*derog*] 組織[機関]政治《政治活動のためにつくられた組織の力で選挙戦の勝利や法案の成立をはかるもの》.
machíne-réad·able *a* 〔電算〕機械読取り可能の, 機械可読の.
machíne rìfle 自動小銃 (automatic rifle).
machíne ròomᴴ 印刷室 (pressroom*).
ma·chin·ery /məʃíːnəri/ *n* **1** 機械類 (machines); 《時計など機器の》可動[作動]部, 中枢装置. **2**《政治などの》組織, 機構 〈*for*〉. **3**《舞台効果を高める》からくり; 《小説・劇などで, ある効果をねらった素朴な》方法, 手《ハッピーエンドなど》.
machíne scrèw 〔機〕《機械部品を締めつける》小ねじ.
machíne scùlpture 機械彫刻, マシーンスカルプチャー《電子工学的装置などを用いた自壊性の彫刻; 展示は 1 回しかできない》.
machíne shòp 機械(で工作を行なう)工場.
machíne tìme 《電算機などの》総作動時(間), 作動延(ℯ)時間.
machíne tòol 工作機械《旋盤・フライス盤・押抜きプレスなど》. ♦ **machíne-tòoled** *a* 工作機械で作られた(ような), 機械仕上げの.
machíne translàtion 機械翻訳.
machíne tỳpe 〔印〕自動鋳植機に付属した欧文活字母型の書体 (cf. FOUNDRY TYPE).
machíne-wásh *vt* 洗濯機で洗う. ♦ **~·able** *a*
machíne wòrd 〔電算〕マシンワード, 機械語.
ma·chin·ist /məʃíːnɪst/ *n* 工作機械工, 機械工; 《一般に》機械運転者; ᴴミシン工; 機械製作[修理]工; 〔米海軍〕機関准尉; 《古》《劇場の》道具方.

ma·chis·ma /mɑːtʃízmə/ *n* 《俗》《女性の》男っぽさ, 男まさり, 男気取り. [↓]

ma·chis·mo /mɑːtʃíːzmoʊ, mə-, -tʃíz-; mətʃíz-, mæ-/ *n* 男っぽさ; 誇示された力[権力意識]. [MexSp (MACHO, *-ismo* -ism)]

Mách·mèter *n* 《音速に対する相対速度を計る》マッハ計.

Mách nùmber 〘理〙マッハ数 (MACH).

ma·cho /mɑ́ːtʃoʊ/ [°*iron, derog*] *n* (*pl* ~**s**) 男っぽい(のが自慢な)男, タフガイ(を気取る野郎), マッチョ (=~ **mán**); MACHISMO. ► *a* 男っぽい(のを売り物にした), タフガイ気取りの. [MexSp]

MACHO /mɑ́ːtʃoʊ, mǽtʃ-/ *n* 〘天〙マッチョ《暗黒物質の候補として銀河の halo にあるとされる太陽質量ほどの物質》. [*m*assive (*a*stro-physical) *c*ompact *h*alo *o*bject]

mácho·dràma *n**《俗》男っぽさ[男の優位]を強調した映画[劇].

ma·chree /məkríː/ *n* [後置]《アイル》愛する人 (my dear)《親愛の情を示す呼びかけ語; cf. MOTHER MACHREE》.

Mách's prìnciple 〘理〙マッハの原理《絶対空間の存在を否定し, 慣性系は宇宙全体の物質分布に準拠して定まるとする》. [Ernst *Mach*]

macht·po·li·tik /mɑ́ːktpòʊlɪtìːk, mɑ́ːxt-/ *n* [°M-] 武力政治, 強権政治 (cf. REALPOLITIK). [G=power politics]

Ma·chu Pic·chu /mɑ́ːtʃu píː(k)tʃu/ マチュピチュ《ペルー中南部のインカ都市遺跡; インカの首都だった Cuzco の北西の山中にある》.

Mách wàve 〘理〙マッハ波.

-ma·chy /‿məki/ *n comb form*「戦い」: logo*machy*. [Gk *makhos* fighting]

machzor ⇨ MAHZOR.

Ma·cí·as Ngue·ma Bi·yo·go /mɑ́ːsiəs əŋgwéɪmə bɪjóʊgoʊ/ マシアス・ングエマ・ビヨゴ《BIOKO 島の旧称》.

Mc·In·doe /mǽkəndòʊ/ マキンドー Sir **Archibald Hector** ~ (1900–60)《ニュージーランドの形成外科医; 第二次大戦中 英空軍パイロットの顔面外科手術で有名になった》.

mac·in·tosh /mǽkəntɑ̀ʃ/ *n* **1** MACKINTOSH. **2** [M-]〘商標〙マッキントッシュ《米国 Apple 社製のパーソナルコンピューター》.

Mc·In·tosh /mǽkəntɑ̀ʃ/ *n* 〘園〙旭(あさひ), マッキントッシュ (=~ **Réd**)《カナダ Ontario 州原産の濃紅色リンゴ》. [John *McIntosh* 18 世紀末のカナダの栽培者]

Mc·Job /məkdʒɑ́b/ *n* 《サービス業などの》単調で給料の安い仕事, しょうもない[将来性のない]仕事.

mack[1] ⇨ MAC[1].

mack[2] /mǽk/ *n* 《俗》ポン引き. [*mack*erel]

mack[3] *《俗》*vt* やっつける, 負かす. ► *n* 一番強い[偉い]やつ, 大将, アタマ.

Mack **1** マック《男子名》. **2**《口》おい, あんた《名前を知らない男性に対する呼びかけ》. [⇨ MAC[1]]

Mac·kay /məkáɪ/ **1** マッカイ《オーストラリア東部 Queensland 州東部の町; 人工の海港》. **2** [the (real) ~]《口》the real McCOY.

máck dàddy, Mác·Dàddy *《俗》**1** やり手のポン引き; 有力者, 顔役; 女たらし. **2** 最高のもの, 極上のもの.

Mc·Kel·len /məkélən/ マッケラン Sir **Ian** (**Murray**) ~ (1939–)《英国の俳優; Shakespeare 俳優》.

Mac·Kel·ler /məkélər/ マッケラー **Dorothea** ~ (1885–1968)《オーストラリアの詩人; 'My Country' (1908) がよく知られる》.

Mc·Ken·na /məkénə/ マッケナ **Sio·bhan** /ʃəvɔ́ːn/ ~ (1923?–86)《アイルランドの女優》.

Mack·en·sen /mɑ́ːkənzən; *G* mɑ́knzən/ マッケンゼン **August von** ~ (1849–1945)《ドイツの陸軍元帥; 第一次大戦におけるロシア軍 (1915), ルーマニア軍 (1916) との会戦で活躍》.

Mac·ken·zie /məkénzi/ **1** マッケンジー (1) Sir **Alexander** ~ (1755?–1820)《スコットランドの探検家; カナダのマッケンジー川に沿って踏査を行なった》 (2) **Alexander** ~ (1822–92)《カナダの政治家; スコットランド生まれ; 自由党初の首相 (1873–78)》 (3) Sir **Alexander Campbell** ~ (1847–1935)《スコットランド出身の作曲家・指揮者》 (4) Sir (**Edward Montague**) **Compton** ~ (1883–1972)《英国の作家; 小説 *Sinister Street* (1914), *Whisky Galore* (1947)》 (5) Sir **Thomas** ~ (1854–1930)《スコットランド生まれのニュージーランドの政治家; 首相 (1912)》 (6) **William Lyon** ~ (1795–1861)《スコットランド生まれのカナダの政治家・ジャーナリスト; 1837 年政府に反対し蜂起したが失敗》. **2** マッケンジー《カナダ Northwest Territories の中部・西部, マッケンジー川の流域地方を占めた旧行政区》. **3** [the] マッケンジー川《カナダ北西部 Great Slave 湖に発し, 北西に流れて北極海の Beaufort 海に注ぐ; 北米で 2 番目に長い》.

Mc·Ken·zie" /məkénzi/ *n* 〘法〙マッケンジー事件の友《代理人が付いていない訴訟当事者の法律家でない付添人》. [*McKenzie* v. *McKenzie* 裁判 (1970) で専門家でなくても代理人が付いていない訴訟当事者の付き添いができるとする先例ができたことから].

mac·ker /mǽkər/ *n**《サーフィン俗》大波.

mack·er·el /mǽk(ə)rəl/ *n* (*pl* ~**s**, ~)〘魚〙サバ; サバに似た魚《Spanish mackerel など》. ● HOLY ~! [AF<OF<MDu=go-between, broker]

máckerel brèeze [gàle] サバ風《海面を波立たせるやや強い風; サバの一本釣りによいといわれる》.

máckerel gùll 〘鳥〙アジサシ (tern).

máckerel shàrk 〘魚〙アオザメ,《特に》PORBEAGLE.

máckerel ský 〘気〙鯖(さば)雲《巻積雲または高積雲の列がサバの背を思わせるような空模様》.

Mack·e·son /mǽkəs(ə)n/ 〘商標〙マッケソン《英国 Whitbread 醸造のスタウト (stout)》.

Mack·i·nac /mǽkənɔ̀ː, -næ̀k/ マッキノー, マッキナク《Michigan 州北部, Huron 湖と Michigan 湖をつなぐマッキノー水道 (the **Stráits of ~**) にある島; 古代インディアンの墓地; 旧称 Michilimackinac》.

mack·i·naw* /mǽkənɔ̀ː/ *n* **1 a**《昔 五大湖地方で用いた》平底船 (=~ **bòat**). **b** MACKINAW TROUT. **2 a** マッキノー《厚い毛織地》. **b** マッキノーブランケット (=~ **blànket**)《厚地の毛布》. **c** マッキノーコート[ジャケット] (=~ **còat [jàcket]**)《厚ラシャ製でダブルの短いコート[ジャケット]》. [*Mackinaw* City は Michigan 州の町名]

Máckinaw tròut 〘魚〙LAKE TROUT.

Mac·kin·der /məkíndər/ マッキンダー Sir **Halford John** ~ (1861–1947)《英国の地理学者》.

Mc·Kin·ley /məkínli/ **1** [Mount] マッキンリー《Alaska 州中部, アラスカ山脈の主峰; 北米の最高峰 (6194 m); 別称 Denali; Denali 国立公園の一部; William ~ にちなむ名称》. **2** マッキンリー **William** ~ (1843–1901)《米国第 25 代大統領 (1897–1901); 共和党; 暗殺された》.

Mac·Kin·non /məkínən/ マキノン **Roderick** ~ (1956–)《米国の生物学者; 細胞膜内のチャンネルに関する発見によりノーベル化学賞 (2003)》.

mack·in·tosh, mac·in- /mǽkəntɑ̀ʃ/ *n* マッキントッシュ《ゴム引き防水布》; "《古風》レインコート, 防水外套 (=*mac*(*k*)). [Charles *Macintosh* (1766–1843) スコットランドの化学者で考案者]

Mack·in·tosh /mǽkəntɑ̀ʃ/ マッキントッシュ **Charles Rennie** ~ (1868–1928)《スコットランドの建築家; 大陸の art nouveau に呼応する活動で注目を浴びた》.

mack·le /mǽk(ə)l/〘印〙*n* 《紙じわ・活字ずれによる》二重刷り, 刷りそこない; しみ. ► *vt, vi* …にしみをつける[しみがつく], 刷りそこなう, 印刷がぼける. [*macle*]

máck·màn / , -mən/ *n* 《俗》ポン引き (mack).

Máck the Knífe ナイフのマック, どすのメッキー《Brecht の戯曲 *Die Dreigroschenoper* (三文オペラ, 1928) に登場する泥棒の親分 Macheath の通称; 原語では Mackie Messer》.

Máck trùck*《俗》《アメリカンフットボールの》がんじょうで強力なディフェンスプレーヤー. [大型トラック運送会社の商標名から]

Mc·Ku·en /məkjúːən/ マキューアン **Rod** ~ (1933–)《米国の詩人・シンガーソングライター》.

Mac·laine /məkléɪn/ マクレーン **James** ~ (1724–50)《London の紳士強盗》.

Mac·Laine /məkléɪn/ マクレーン **Shirley** ~ (1934–)《米国の映画女優》.

Mac·lar·en /məklǽrən/ マクラレン **Ian** ~《John WATSON の筆名》.

Mc·Lar·en /məklǽrən/ マクラレン《英国のレーシングカー・スポーツカー(メーカー); レーシングカーチーム; ドライバー Bruce McLaren (1937–70) が設立》.

Mac·láu·rin('s) sèries /məklɔ́ːrən(z)-/〘数〙マクローリン級数《テーラー級数の一つ》. [Colion *Maclaurin* (1698–1746) スコットランドの数学者]

ma·cle /mǽk(ə)l/ *n* 〘鉱〙CHIASTOLITE;〘鉱〙双晶; マクル《しばしば三角形をした扁平なダイヤモンド; 通例 双晶》;《鉱物の》しみ, 変色. ♦ **má·cled** *a* [F]

Mac·lean /məkléɪn, -klíːn/ マクレーン, マクリーン (1) **Donald** (**Duart**) ~ (1913–83)《英国の外交官, ソ連側のスパイ; 1951 年ソ連に逃亡》 (2) **James** ~=James MACLAINE.

Mac·Lean /məkléɪn, -klíːn/ マクレーン, マクリーン **Alistair** (**Stuart**) ~ (1922–87)《英国のサスペンス小説作家; *The Guns of Navarone* (1957), *Where Eagles Dare* (1967) など》.

Mac·Leish /məklíːʃ/ マクリーシュ **Archibald** ~ (1892–1982)《米国の詩人・行政官》.

Mac·Len·nan /məklénən/ マクレナン (**John**) **Hugh** ~ (1907–90)《カナダの小説家・エッセイスト》.

Mac·leod /məkláʊd/ **1** マクラウド《男子名》. **2** マクラウド **J**(**ohn**) **J**(**ames**) **R**(**ickard**) ~ (1876–1935)《スコットランドの生理学者; インスリンを発見した一人; ノーベル生理学医学賞 (1923)》.

Mcléod gàuge 〘理〙マクラウド真空計. [Herbert *McLeod* (1841–1923) 英国の化学者]

Mc·Lu·han /məklúːən/ マクルーハン (**Herbert**) **Marshall** ~ (1911–80)《カナダのコミュニケーション理論家》.

McLúhan·ism *n* マクルーハン理論《マスメディアと社会変化の関係を論じた》; マクルーハンの用語. ♦ **-ist** *n*

Mac-Ma·hon /*F* makmaɔ̃/ マクマオン **Marie-Edme-Patrice-Maurice de** ~, Comte **de** ~, Duc de Ma·gen·ta /*F* maʒɛ̃ta/ (1808–93)《フランスの軍人・政治家; 大統領 (1873–79)》.

Mc·Ma·hon /məkmɑ́ː(ə)n/ マクマホン (1) **Vince** (**Kennedy**) ~,

Jr. (1945–)《米国のプロレス興行主》 (2) Sir **William** ～ (1908–88)《オーストラリアの政治家・法律家; 首相 (1971–72)》.

Mac·mil·lan /məkmílən/ マクミラン (**Maurice**) **Harold** ～, 1st Earl of ～, Viscount ～ of Oven·den /ʌ́v(ə)ndən/ (1894–1986)《英国の政治家; 保守党; 首相 (1957–63)》.

Mc·Mil·lan /məkmílən/ マクミラン **Edwin Mattison** ～ (1907–91)《米国の原子物理学者; 超ウラン元素ネプツニウム (原子番号 93) を発見 (1940); ノーベル化学賞 (1951)》.

Mc·Múr·do Sóund /məkmə́:rdoʊ-/ マクマード入江《南極の Ross 海西岸の湾入部》.

Mc·Mur·try /məkmə́:rtri/ マクマートリー **Larry** (**Jeff**) ～ (1936–)《米国の小説家; フロンティアを舞台にした作品など》.

Mc·Nal·ly /məknǽli/ マクナリー **Terrence** ～ (1939–)《米国の劇作家; しばしば同性愛者としての視点から愛や性を主題とする》.

Mc·Nágh·ten [Mc·Náugh·ten, M'Nágh·ten] Rùles /məknɔ́:tn-/ *pl* [the]〘法〙マクノートン事件の準則《精神障害という理由で被告人を弁護するには, 犯行時に行為の性質を認識しなかったか, 当該行為に関して正邪の認識がなかったかのいずれかを被告人側が立証せねばならないとするもの; 1843 年殺人罪で裁判をうけた Daniel M'Naghten 事件での準則で, イングランドでは広く法として認められている》.

Mc·Na·mara /mæ̀knəmǽrə, ⏤⏤⏤; mæ̀knəmá:rə/ マクナマラ **Robert S**(**trange**) ～ (1916–2009)《米国の政治家・実業家; Kennedy, Johnson 両大統領のもとで国防長官 (1961–68); 世界銀行総裁 (1968–81)》.

Mac·Neice /məkní:s/ マクニース **Louis** ～ (1907–63)《北アイルランド生まれの英国の詩人・劇作家》.

ma·con /méɪkən/ *n* メーコン《第二次大戦中の, 羊肉のベーコン》. [*mutton*+*bacon*]

Macon メーコン《Georgia 州中部の市》.

Mâ·con /mækóʊ/; *F* mɑkɔ̃/ **1** マコン《フランス中東部 Saône-et-Loire 県の県都・港町》. **2** [or **Ma·con** /mækóʊ/] マコン《Mâcon 近郊産の赤・白のブルゴーニュワイン》.

Ma·con·o·chie /məkánəki/ ″《軍俗》 *n* かんづめのシチュー[食料]《かつて戦場の兵士に支給された》; 胃袋, 腹.

macouba ⇨ MACCABOY.

Mc·Pa·per /məkpéɪpər/ *n**《俗》大急ぎででっちあげたレポート, 即席レポート.

Mac·pher·son /məkfə́:rs(ə)n/ マクファーソン **James** ～ (1736–96)《スコットランドの詩人; ケルト人 Ossian の英訳と称して自作の詩を出版した》.

Mc·Pher·son /məkfə́:rs(ə)n/ マクファーソン **Aimee Semple** ～ (1890–1944)《米国のペンテコステ派の女性福音伝道者; 活動が物議をかもし, 富・支持者を集める一方, 数々の訴訟事件にも巻き込まれた》.

Mac·Phér·son strùt /məkfə́:rs(ə)n-, -fíər-/〘車〙マクファーソンストラット《ばねとショックアブソーバーからなるサスペンション部品》. [Earle S. *MacPherson* (1891–1960) 考案した米国の技術者]

Mac·quar·ie /məkwári/ **1** マクウォーリー **Lachlan** ～ (1761–1824)《英国の軍人・植民地行政官; オーストラリア New South Wales 初期の総督 (1809–21)》. **2** マクウォーリー《Tasmania の南東に位置する島; オーストラリア領; ロイヤルペンギン (royal penguin) の唯一の繁殖地》. **3** [the] マクウォーリー川《オーストラリア南東部 New South Wales 州中東部を北北西に流れ, Darling 川に合流する》.

Mc·Queen /məkwí:n/ マクイーン **Steve** ～ (1930–80)《米国の映画俳優; *The Great Escape* (大脱走, 1963)》.

macr- /mǽkr/, **mac·ro-** /mǽkroʊ, -rə/ *comb form*「(異常に)大きい」「長い」(opp. *micr-*). [Gk (*makros* long, large)]

mac·ra·mé, -me /mǽkrəmèɪ; məkrá:mi/ *n* マクラメ《粗目の節糸(ふしいと)レース; 家具の縁飾り用》; マクラメ編み. [Turk＜Arab＝bedspread]

mácrame knòt マクラメ結び.

Mac·rea·dy /məkrí:di/ マクリーディ **William Charles** ～ (1793–1873)《英国の俳優・劇場支配人》.

mac·ren·ceph·a·ly /mæ̀krənséfəli/, **-ce·pha·li·a** /-səféɪliə/ *n*〘医〙大脳(髄)症, 巨脳(髄)症.

mac·ro /mǽkroʊ/ *a* 大きい, 目立つ; 大量の, 大規模の; マクロ経済学 (macroeconomics) の; 顕微鏡を必要としない;〘写〙接写(用)の. ► *n* (*pl* ～**s**)〘写〙MACRO LENS;〘電算〙マクロ《(**1**) 一連の操作などを簡単な名前やキー操作で置き換えて表わすもの **2**) プログラム中の長い文字列につける略称; cf. MACROCODE》. [*macr-*]

màcro·ággregate *n* 大集塊《土・タンパク質などの比較的大きなもの》. ♦ **-ággregated** *a*

màcro·análysis *n*〘化〙常量分析, マクロ分析.

màcro·bénthos *n*〘生態〙大型底生生物. ♦ **màcro·bénthic** *a*

màcro·biósis *n* 長寿, 長命 (longevity).

màcro·biótic *a* マクロビオティックの《陰陽論に基づき, 玄米・雑穀などを主食とする食事法》;〘生態〙大型生物相 (**màcro·bióta**) の.

màc·ro·bi·ót·ics *n* マクロビオティック食事法.

mac·ro·car·pa /mæ̀krəká:rpə/ *n*〘植〙モントレーイトスギ, モントレーサイプレス (＝*Monterey cypress*)《California 州西部原産の常緑高木; 庭木・生垣・防風林として植えられる; 球果が大きい》. [*macro-*, L *karpos* fruit]

màcro·cephalous, -cephálic *a*〘人〙異常に大きな頭を有する, 大頭の;〈頭蓋骨が〉異常に大きい.

màcro·céph·a·lus /-séfələs/ *n* (*pl* **-li** /-làɪ/) 大頭; 大頭の人.

màcro·céphaly, -ce·phá·lia /-səféɪliə/ *n*〘人〙大頭;〘医〙大頭(蓋)症.

màcro·chémistry *n* 巨視的化学 (opp. *microchemistry*).

màcro·clímate *n*〘気〙大気候《国や大陸など広い地域の気候; cf. MICROCLIMATE》. ♦ **-climátic** *a*

mácro·còde *n*〘電算〙マクロコード《アセンブリー言語によるプログラムで, 各単位を単一の名前 (macro) で表わしたもの》.

mácro·consùmer *n*〘生態〙大型消費者《他の生物または粒状有機物を食う動物》.

mac·ro·cosm /mǽkrəkɑ̀z(ə)m/ *n* [the] 大宇宙 (opp. *microcosm*); 複合体, 総体;《ある体系と同様の構造をもつ》拡大モデル. ♦ **màc·ro·cós·mic** *a* **-mi·cal·ly** *adv*

mácro·cỳcle *n*〘化〙大員環, 大環式.

màcro·cýclic *a*〘化〙大環状の《通例 15 個以上の原子からなる大きな環構造をした》;〘植〙長世代型の.

mácro·cỳst *n*〘医〙《肉眼で見える》大嚢胞;〘生〙マクロシスト《変形菌類の変形体が接合後に小型変形体となり, それから被膜状態になったもの》.

mácro·cỳte *n*〘医〙大赤血球《貧血症に生じる》. ♦ **màc·ro·cýt·ic** /-sít-/ *a* 大赤血球性の; 大球性の.

macrocýtic anémia〘医〙大赤血球性貧血症.

mac·ro·cy·to·sis /mæ̀krəsaɪtóʊsəs, -sə-/ *n* (*pl* **-ses** /-sì:z/)〘医〙大赤血球症, 大球症.

mácro·dòme *n*〘晶〙長軸庇面(ひめん).

mac·ro·dont /mǽkrədɑ̀nt/ *a* (巨)大歯をもつ.

màcro·económics *n* マクロ[巨視的]経済学. ♦ **-económic** *a* **-ecónomist** *n*

màcro·ecónomy *n* マクロ経済.

màcro·engineér·ing *n* マクロエンジニアリング《巨大プロジェクトを扱う工学》.

màcro·evolútion *n*〘生〙大進化《種レベルよりはるかに大きな, 門の分化など》. ♦ **～·àry** /; -(ə)ri/ *a*

mácro·fòssil *n*〘古生〙《肉眼で観察できる》大型化石.

màcro·gámete /, -gəmí:t/ *n*〘生〙大配偶子, 雌性大配偶子.

mac·rog·lia /mækrágliə/ *n*〘解〙大(神経)膠細胞, 星状膠細胞, 大グリア細胞. [neur*oglia*]

màcro·glóbulin *n*〘生化〙マクログロブリン《分子量が約 90 万以上の免疫グロブリン》.

màcro·glòbulin·émia *n*〘医〙マクログロブリン血症. ♦ **-émic** *a*

mac·ro·gol /mǽkrəgɔ̀(:)l, -gòʊl, -gɑ̀l/ *n*〘薬〙マクロゴール《製薬基剤・緩下剤として用いるポリエチレングリコール (polyethylene glycol)》.

mácro·gràph *n* 拡大図, 肉眼図《現寸大以上の図・写真; cf. MICROGRAPH》.

mac·rog·ra·phy /məkrágrəfi/ *n* 肉眼検査; 異常大書《精神異常による》; 肉眼図製作法.

màcro·instrúction *n*〘電算〙マクロ命令 (macro).

màcro·invértebrate *n*〘生〙大型無脊椎動物《ザリガニ・カワゲラなど》.

mácro lèns〘写〙マクロレンズ《被写体を至近距離から接写できるカメラレンズ》.

màcro·lepidóptera *n pl*〘昆〙大型鱗翅類.

mac·ro·lide /mǽkrəlàɪd/ *n*〘生化〙マクロライド《*Streptomyces* 属の放線菌によって産生される, ラクトン環を含む数種の抗生物質》.

mácro·mère *n*〘発生〙大割球.

mac·rom·e·ter /məkrámətər/ *n*〘光〙《遠くの物体までの距離を測る》測距器.

màcro·mólecule, mácro·mòle〘化〙*n* 高分子; 巨大分子. ♦ **-molécular** *a*

màcro·mútant〘遺〙*a* 複合突然変異を起こしている; 複合突然変異による. ► *n* 複合突然変異によって生じた生物.

màcro·mutátion *n*〘遺〙複合突然変異.

ma·cron /méɪkrɑ̀n, mǽk-, -rən; mǽkrɔ̀n/ *n*〘音〙長音記号《母音の上に付ける; 例 ā, ō; cf. BREVE》;〘韻〙強[長]音節記号《—》. [Gk; ⇨ MACR-]

màcro·núcleus *n*〘動〙《繊毛虫の》大核《栄養核》. ♦ **-núclear** *a*

màcro·nútrient *n*〘植〙多量養素《植物の生長に多量に要する元素; 窒素・リン・カリウムなど》; 多量栄養素《食物中に多量に必要とされる栄養素; タンパク質・炭水化物など; cf. MICRONUTRIENT》.

màcro·órganism *n*〘生〙マクロ生物《microorganism に対して, 肉眼で見ることのできる生物》.

mácro·phàge *n*〘解〙大食細胞, 貪食細胞, 大食球, マクロファージ,《特に》組織球 (histiocyte). ♦ **màc·ro·phág·ic** /-fǽdʒ-/ *a*

mac·roph·a·gous /mækráfəgəs/ *a* 〔動〕食巨性の《比較的大きな餌を食べる》.
màcro·photógraphy *n* マクロ撮影(術), 接写撮影(術). ♦ **-photó·gràph** *n*
màcro·phýsics *n* 巨視的物理学.
mácro·phỳte *n* 〔生態〕大型水生植物. ♦ **màcro·phýtic** *a*
mácro·pòd *n* 〔動〕カンガルー類《カンガルー・ワラビーを含むカンガルー科 (Macropodidae) の有袋動物》.
mac·rop·sia /mækrápsiə/, **mac·rop·sy** /mǽkràpsi/ *n* 〔眼〕大視症《対象が実際よりも大きく見える視覚障害; cf. MICROPSIA》.
mac·rop·ter·ous /mækráptərəs/ *a* 〔動〕大翼の, 大びれの; 〔昆〕長翅(型)の. ♦ **-róp·tery** *n*
mácro·scàle *n* 大規模, 巨視的規模 (opp. *microscale*).
mac·ro·scop·ic /mækrəskápɪk/, **-i·cal** *a* 肉眼で見える, 肉眼的な (opp. *microscopic*); 巨視的な, 大規模な, 全般[総合]的な; 〔理・数〕巨視的な. ♦ **-i·cal·ly** *adv*
màcro·sociólogy *n* 巨視社会学.
màcro·sporángium *n* MEGASPORANGIUM.
mácro·spòre *n* MEGASPORE.
màcro·spóro·phỳl(l) *n* MEGASPOROPHYLL.
mácro·strùcture *n* マクロ構造[組織]《拡大なしで肉眼で見える金属・身体の一部など》. ♦ **màcro·strúctural** *a*
mac·ro·tous /mækróutəs/ *a* 〔動〕耳の大きな.
mácro vìrus 〔電算〕マクロウイルス《アプリケーションソフトのマクロを使ってつくられたウイルス》.
ma·cru·ran /məkrúərən/ *a, n* 〔動〕長尾類 (Macrura) の(甲殻動物)《エビ類》. ♦ **ma·crú·ral** *a* **ma·crú·rous** *a* **ma·crú·ròid** *a* [Gk *oura* tail]
Mac·tan /mɑːktáːn/ マクタン《フィリピン中南部 Cebu 島の東にある島; 1521 年 4 月 27 日 Ferdinand Magellan が首長 Lapulapu に殺された地》.
mac·u·la /mǽkjələ/ *n* (*pl* **-lae** /-lìː, -làɪ/, ~**s**) 〔解〕《皮膚の》あざ, 斑, 斑紋; 〔解〕MACULA LUTEA; 《太陽・月などの》黒点; 《鉱物の》きず (flaw). ♦ **mác·u·lar** *a* [L=spot, mesh]
mácula lú·tea /-lúːtiə/ (*pl* **máculae lú·te·ae** /-tiìː, -tiàɪ/) 〔解〕《網膜の》黄斑(おうはん) (=*yellow spot*).
mácular degenerátion 〔眼〕黄斑(部)変性.
mac·u·late /mǽkjələt/ *a* 斑点のある; 不潔な, よごれた. ► *vt* /-lèɪt/ 《古・文》…に斑点をつける; よごす, 不潔にする.
mác·u·làt·ed *a* MACULATE.
mac·u·la·tion /mækjəléɪʃ(ə)n/ *n* 《動植物の》斑点(模様); 汚点; 汚辱; 《古》斑点をつける[のある]こと.
mac·ule /mǽkjul/ *n* 〔解〕《皮膚の》斑 (macula); 〔印〕MACKLE. ► *vt, vi* MACKLE.
ma·cum·ba /məkúːmbə/ *n* マクンバ《ブラジルにおけるアフリカ色の濃い心霊主義的習合宗教》. [Port]
ma·cush·la /məkúʃlə/ *n* 《アイル》DEAR[1], DARLING. [Ir *mo cuisle* my pulse]
Mc·Vit·ie's /məkvítiz/ 〔商標〕マクヴィティーズ《ビスケット・クラッカー類》.
Ma·cy's /méɪsiz/ メーシーズ《米国の百貨店チェーン; New York 市 Broadway の Herald Square にある店舗は全米最大級の規模を誇る》.
mad /mǽd/ *a* (**mád·der; mád·dest**) **1** (気の)狂った (insane); ひどくばかげた [ばかばかしい]: a ~ man 気違い, 狂人 / drive [send] sb ~ 人を発狂させる / go [run] ~ 気が狂う (⇨ 成句) / (as) ~ as a HATTER / (as) ~ as a (March) HARE / He must be ~ *to* do that. あんなことをするなんてきっと頭がおかしいのだ. **2 a** 気の狂ったような, ひどく興奮した, 血迷った ‹*with*›; 気違いじみた, 無我夢中の (frantic); 《ジャズ俗》‹演奏者が›才気あふれる, 鬼才の: be ~ *with* jealousy [joy] 嫉妬に狂う[狂喜する] / a ~ dash for the fire escape 非常口への殺到. **b** ‹…に›熱狂して, 夢中になって, いかれている, のぼせあがった ‹*about, after, for, on, over*›; ‹…を›ひどく欲しがって ‹*for, after*›: be ~ *about* [*on*] football [football-~] フットボール狂である / go [run] ~ *after* [*over*]…に夢中になる / He was ~ *for* a new car. 新車がとても欲しかった. ★ 複合語としても用いられる: golf-~, sex-~. **c** 大浮かれの; 《俗》‹コメディー・冗談などが›変わっていて愉快な, 爆笑を誘う: have a ~ time どんちゃん騒ぎする. **3** 《口》ひどくおこって, いらいらして, 頭にきて ‹*at, about, with*›: (as) ~ as hell [heck] ひどくおこって / He was ~ *at* [*with*] us *for* staying out so late. おそくまで家に帰らなかったことで腹を立てた. **4** ‹動物が›狂暴な; 狂犬[恐水]病にかかった; ‹風などが›荒れ狂う, 激しい. **5** [‹*adv*›] ‖《俗》ばか[気違い]みたいに, ひどく: ~ keen ばかに熱心な ‹*on*›. ● **get ~** *《俗》本気を出す, 気合いを入れる. **go ~** 気が狂う, 頭がおかしくなる, 分別を失う, やけになる; 狂喜する; 激怒する. **like ~＝like a ~ thing** 《口》気違いのように, 猛烈に, むちゃくちゃに. ► *n* **1** *《口》腹立ち, 不機嫌: have a ~ *on* ふくれて[腹を立てて]いる / get one's ~ *up* [*out*] おこり出す, 腹を立てる. **2** [M-]『マッド』《米国のパロディー漫画誌; 1952 年創刊》. ► *v* (**-dd-**) *vt* *ひどくおこらせる; 《古》発狂させる. ► *vi* 《古》狂乱する. [OE *gemǣd(e)d* (pp) ‹**gemǣden* (*gemād* insane, silly); cf. OHG *gameit* foolish]

MAD /mǽd/ *n* MUTUAL [MUTUALLY] ASSURED DESTRUCTION.
ma·da·fu /mɑːdáːfuː/ *n* 《東アフリカ》ココヤシの果汁. [Swahili]
Mad·a·gas·car /mædəgǽskər, -kɑːr/ *n* マダガスカル《アフリカ南東沖, インド洋上の島国; 公式名 Republic of ~ (マダガスカル共和国); ☆Antananarivo; もとフランス領, 1960 年独立; 略 Madag.; 旧称 the Malagasy Republic》. ► *a* マダガスカルからの; マダガスカル風の; 〔生物地理〕MALAGASY. ♦ **Màd·a·gás·can** *a, n*
Madagáscar aquamaríne マダガスカルアクアマリン《マダガスカル産の強い二色性をもつ濃色アクアマリン》.
Madagáscar périwinkle 〔植〕ニチニチソウ (rosy periwinkle).
mad·am /mǽdəm/ *n* **1** (*pl* **mes·dames** /meɪdáːm, -dǽm; meɪdǽm, -dǽms, ⌐⌐/) **a** [°M-] 奥さま《呼びかけの敬称》. **b** [M-] [姓または職名などに付けて] 女性…, …夫人: *M~* Chairman 女性議長[座長] / *M~* President 大統領夫人. ★ (1) もとは身分のある女性に対する丁重な呼びかけであったが, 今は既婚未婚の別なく女性に対する呼びかけに用いる: May I HELP you, ~? (2) また Madam あるいは Dear Madam として(未知の)女性あての手紙の書き出しに「拝啓」などの意に用いる (cf. SIR). **2** (*pl* ~**s**) **a** [°the] 《口》主婦; [*euph*/ *derog*] マダム《売春宿のおかみ》: Is ~ at home? 奥さんはおいでですか. **b** ‖《口》でしゃばりな娘, 横柄な(若い)女: a proper (little) ~ こまっしゃくれた女の子. [↓]
ma·dame /mədǽm, -dáːm, mǽdəm, *mædǽm, *mædáːm/ *n* **1** (*pl* **mes·dames** /meɪdáːm, -dǽm; meɪdǽm, -dǽmz, ⌐⌐/) [°M-] 夫人, 奥さま《英米人でない夫人, 特に フランス夫人に対する呼びかけ, その姓名[姓]に冠する敬称; Mrs. に当たる; 時に 年長の未婚女性への敬称にもなる; 略 Mme, Mdme, (*pl*) Mmes》: *M~* Curie キュリー夫人. **2** (*pl* ~**s**) 《売春宿の》おかみ (madam). [OF *ma dame* my lady]
Mádame Bó·va·ry /-bóuvəri/ ボヴァリー夫人《Flaubert の同名の小説 (1857) の主人公 Emma; 田舎医者の妻で, 愚かな恋をし借金をして自殺する》.
Mádame Bútterfly 蝶々夫人《長崎を舞台とした Puccini の同名の歌劇 (1904) の主人公》.
Mádame Tus·sáud's /-tusóuz; -sɔ́ːdz, -sáudz/ 《London の》タッソー蠟人形館 (⇨ CHAMBER OF HORRORS, TUSSAUD).
mád àpple 〔植〕ナス (eggplant).
Ma·da·ria·ga y Ro·jo /mɑ̀ːdəriáːgə i róuhou/ マダリアガ・イ・ロホ **Salvador de** ~ (1886–1978)《スペインの著述家・外交官》.
mád·bàll *n* *《俗》《占い師の》水晶球.
mád-bráined *a* 激しやすい, むこうみずな.
mád·càp *n* 無鉄砲者, 《特に》むこうみずな娘, 尻軽娘; 変人, 奇人. ► *a* むこうみずな, 軽率な, 衝動的な, 血気にはやる; 変ちくりんな, 奇妙きてれつな.
mád ców disèase 《口》狂牛病 (BOVINE SPONGIFORM ENCEPHALOPATHY).
MADD /mǽd/ 〔米〕Mothers Against Drunk Driving 飲酒運転防止母の会.
mad·den /mǽdn/ *vt, vi* 発狂させる[する]; 激怒[逆上]させる[する]. [*mad*]
mádden·ing *a* 気を狂わせるような; 激怒させる; こしゃくな; 腹立たしい, 頭にくる; 荒れ狂う, 猛烈な. ♦ **~·ly** *adv*
mad·der /mǽdər/ *n* 〔植〕アカネ (茜), 《特に》セイヨウアカネ; アカネの根; 〔染〕あかね; 茜色. [OE]
mádder fàmily 〔植〕アカネ科 (Rubiaceae).
mádder láke 紫がかった濃い赤; マッダーレーキ《アカネの根から製する有機赤色顔料》.
mád·ding 《まれ》*a* 狂気の, 狂乱の; 気を狂わせるような: far from the ~ crowd 醜い争いに狂う俗世間を遠く離れて《Gray, *Elegy*》.
mád·dish *a* 気違いめいた, 狂気じみた.
mád-dòctor *n* 《古》精神病医.
mád-dóg *vt* *《俗》《おどすように》にらみつける, ガンをとばす.
mád dóg 狂暴なやつ, 気違いじみたやつ.
mád-dòg skúllcap 〔植〕北米原産のタツナミソウの一種《花は青または白, もと鎮痙薬に用いた》.
made /méɪd/ *v* MAKE[1] の過去・過去分詞. ► *a* **1 a** (特に)こしらえた; 人工の, 埋め立てた; でっちあげた: a ~ road 舗装道路 / ~ ground 埋立地 / a ~ excuse 作り事の言いわけ. **b** 特製の, いろいろ取り混ぜた‹料理など›. **2** [*compd*] …作りの, …製の; からだつきの…な: a well-~ chair よくできた椅子 / American-~ cars アメリカ製自動車 / READY-MADE / slightly-~ やせ型の. **3** 成功確実な; *《俗》成り上がった, 有名[金持]になった; *《俗》(正式に)マフィアの一員になった: a ~ man 成功(確実な)者; マフィアの一員: He'll be ~ for life. 彼は一生安楽に暮らせるだろう. ● **have (got) [get] it ~ (in the shade)** 《口》成功を確実にしている, うまくやる条件がそろっている, 楽々とやっていける. **~ for**…にぴったり似合った[うってつけの]: ~ *for* each other 似合いの《二人》/ He is ~ *for* adventure. 生まれつきの冒険好きだ / I am not ~ *for* running. 走るのは苦手だ. ► *n**《俗》《縮れ毛などを》まっすぐにした髪.
máde dísh 《肉・野菜その他種々の》取合わせ料理.
Ma·dei·ra /mədíərə, -déərə/ **1 a** マデイラ《アフリカ北西海岸沖

Canaries 諸島の北方にあるポルトガル領の島群および主島; ☆Funchal》. **b** マデイラ《(1) マデイラ島産の酒精強化ワイン 2) 同島以外で産するこれに似たワイン》. **2** [the] マデイラ川《ブラジル西部, ボリビア国境で Mamoré 川, Beni 川が合流して形成され, 北東に流れて Amazon 川に合流》. ◆ **Ma·déi·ran** *a, n*

Madéira càke" マデイラケーキ (pound cake).

Madéira tópaz 〘鉱〙マデイラトパーズ (CITRINE).

Madéira vìne 〘植〙アカザカズラ, マデイラカズラ《エクアドル原産ツルムラサキ科のつる草》.

mad·e·leine /mǽd(ə)lən, mæ̀d(ə)léɪn/ *n* **1** マドレーヌ《貝殻形の型に入れて焼いた小型のカステラ菓子》. **2** 記憶[郷愁]をよびさますもの, 回想の糸口[きっかけ]《Proust の小説 *A la recherche du temps perdu* でマドレーヌが呼び水となって語り手の記憶が喚起されることから》. [*Madeleine* Paulmier 19 世紀フランスの菓子職人]

Mad·e·leine, Mad·e·line /mǽd(ə)lən/ マデレン《女子名》. [F; ⇨ MAGDALEN(E)]

ma·de·moi·selle /mæ̀d(ə)m(w)əzél, mæmzél/ *n* (*pl* **~s** /-z/, **mes·de·moi·selles** /mèɪd(ə)m(w)əzél/) **1 a** [M-] …嬢, 令嬢《Miss に当たる; 略 Mlle, (*pl*) Mlles》. **b** 若いフランス人女性; フランス人女性(家庭)教師. **2** (*pl* **~, ~s**) 〘魚〙ニベ科の一種 (silver perch). [F (*ma* my, *demoiselle* DAMSEL)]

mad·er·iza·tion /mæ̀dərəzéɪʃ(ə)n; -ràɪ-/ *n* マデイラ化《白ワインがマデイラワインのような琥珀(こはく)色になり, カラメルのような香気を発するようになる一種の酸化》. [F *madérisation*]

Ma·de·ro /mədéərou/ マデロ **Francisco** (**Indalecio**) ~ (1873–1913)《メキシコの革命運動の指導者・政治家; 大統領 (1911–13) となったが反乱によって逮捕, 射殺された》.

máde-to-méasure *a* 〈衣服が〉寸法に合わせてつくられた, あつらえの.

máde-to-órder *a* 注文してつくらせた, 特注の (opp. *ready-made, ready-to-wear*); おあつらえむきの, もってこいの: a ~ suit 注文服.

máde-úp *a* **1** 作った, でっちあげた, 架空の (fabricated); 化粧した, 扮装した, メイクアップをした. **2** まとめられた, 完成した, 仕上がった; 舗装した; 〘印〙《棒組みに対して》本組みの (cf. GALLEY). **3** 決心した, 決意の固い.

Madge /mǽʤ/ マッジ《女子名; Margaret の愛称》.

Mád Hátter [the] 気違い帽子屋《Lewis Carroll, *Alice's Adventures in Wonderland* に登場する頭のおかしい帽子屋; March Hare らとお茶会を開く; 原文では単に the Hatter と呼ばれる》. [*mad* as a *hatter*]

Mád Hátter's disèase 水俣(みなまた)病.

mád·hòuse *n* 《昔の》精神病院; ごちゃごちゃと乱雑な[やかましい, 騒々しい]場所, 混乱の場面, しっちゃかめっちゃか.

Ma·dhya Bha·rat /máːdjə báːrət/ マディヤバーラト《インド中部の旧州; 1956 年 Madhya Pradesh の一部となる》.

Mádhya Pradésh マディヤ プラデーシュ《インド中部の州; ☆Bhopal; 略 MP》.

Ma·di·nah /mɑːdíːnɑː/ [Al- ~ /ɑːl-/] マディーナ《MEDINA のアラビア語名》.

Ma·di·nat ash Sha'b /mədíːnæ̀t æʃ ʃǽb/ マディーナトアッシャブ《イエメン南部 Aden の西にある市; 旧イエメン人民民主共和国の行政上の首都, 独立以前は Al-Ittiḥād といい, 南アラビア連邦の行政の中心地であった》.

Mad·i·son[1] /mǽdəs(ə)n/ **1** マディソン **James** ~ (1751–1836)《米国第 4 代大統領 (1809–17); リパブリカン党》. **2** マディソン《Wisconsin 州南部の市, 同州の州都》. ◆ **Màd·i·só·nian** /-sóu-/ *a*

Madison[2] *n* [the] マディソン(ダンス) (=~ **dànce**)《1960 年代に流行したグループダンス》. [?]

Mádison Ávenue **1** マディソン街《New York 市 Manhattan にある米国広告業の中心地》. **2** [°*iron*] (米国の)広告業界(のやり方[考え方]). **3** 《俗》マディソンアヴェニュー《Madison 街ではやった男性の髪型》.

Mádison Squáre マディソンスクエア《New York 市 Manhattan の Broadway が 5 番街と交わるところにある公園》.

Mádison Squàre Gárden マディソンスクエアガーデン《New York 市 Manhattan にある大規模な屋内スポーツ競技場; かつて Madison Square にあった》.

mád ítch 偽[仮性]狂犬病 (pseudorabies).

mád·ly *adv* 気違いのように, 半狂乱になって; 死物狂いで, 猛烈に; ばかみたいに, 無鉄砲に; 《口》ひどく, 極端に: be ~ in love そっこん参っている 〈*with*〉.

mád·màn /, -mən; -mən/ *n* 気違い《男》; 血迷った男: like a ~ 猛然と, 夢中で.

mád mòney 《口》デート相手とけんかして一人で帰る時のために女性が持つ交通費; 《口》女性が不時の出費[衝動買い]に備えてためる金, へそくり, 好きにつかえる金, おこづかい.

mád·ness *n* 狂気, 精神錯乱; 熱狂, 狂喜; 熱中; 愚行; 激怒; 狂犬病: love to ~ 熱愛する / sheer ~ 狂気のさた.

Mad·oc /mǽdək/ マドック《男子名》. [Welsh=fortunate]

Madoera ⇨ MADURA[1].

Ma·don·na /mədɑ́nə/ **1** [the] 聖母マリア; [m-] 聖母マリアの画像[彫像], マドンナ, 清純なおとめ: ~ and Child 幼児キリストを抱く聖母マリア像. **2** [m-] 《古》奥さま, お嬢さま《イタリアで使われた丁寧な呼びかけ; cf. SIGNORA》, 《廃》イタリア婦人. **3** マドンナ (1958–)《米国のポップシンガー・女優; 本名 Madonna Louise Veronica Ciccone》. [It=my lady]

Madónna lìly 〘植〙ニワシロユリ, フランスユリ.

Ma·dras **1** /mədrǽs, -drɑ́ːs/ マドラス《(1) インド TAMIL NADU 州の旧称 2) CHENNAI の旧称》. **2** /mǽdrəs, mədrǽs, -drɑ́ːs/ [°m-] **a** マドラス《(1) カレー料理の一種 2) 通例 縞(しま)模様の木綿[絹地] 3) 掛け布[カーテン]用の軽い木綿[レーヨン]地 (=~ **mùslin**)》. **b** あざやかな色の絹[木綿]製大型ハンカチ《ターバンによく使う》.

Madrás hémp 〘植〙SUNN.

Ma·drasi /mədrǽsi, -rɑ́ːsi/ *n* (*pl* **~, -drás·is**) マドラス (Madras) の人, マドラス人.

ma·dra(s)·sa, -sah /mədrǽsə/ *n* 〘イスラム〙《学者・指導者 (ulama) を養成するための》高等教育施設.

ma·dre /mɑ́ːdreɪ/ *n* 母 (mother). [Sp]

Ma·dre de Di·os /mɑ́ːdreɪ deɪ diόus/ [the] マドレ・デ・ディオス川《ペルー南東部に発し, 東流してボリビア北部で Beni 川に合流》.

mad·re·pore /mǽdrəpɔ̀ːr, ‖ ⌐⌐⌐/ *n* 〘動〙イシサンゴ《サンゴ礁を造る; 熱帯海洋産》. ◆ **màd·re·pó·ri·an** *n, a* **-pór·ic, -po·rít·ic** /-pərítɪk/ *a*

mad·re·por·ite /mǽdrəpɔ̀ːràɪt, mədrépəràɪt/ *n* 〘動〙《棘皮(きょくひ)動物の》多孔体[板], 穿孔体[板].

Ma·drid /mədríd/ マドリード《(1) スペインの中部の自治州・県 2) その中心都市ならびにスペインの首都》. ◆ **Mad·ri·le·ni·an** /mæ̀drəlíːniən, -drɪ-, -njən/ *a, n*

mad·ri·gal /mǽdrɪg(ə)l/ *n* **1** 抒情短詩, 小恋歌. **2 a** 〘楽〙マドリガル, マドリガーレ《(1) ポリフォニーによる無伴奏の世俗歌曲の一種; 16 世紀イタリアで発達, 17 世紀にかけて英国で広まった 2) 14 世紀イタリアの田園詩; そのポリフォニックな歌曲》. **b** 《一般に》(無伴奏)合唱曲; 歌曲. ◆ **~·ist** *n* マドリガル作曲者[歌手]. **mad·ri·gal·ian** /mæ̀drəgǽliən, -géɪ-/ *a* [It (*carmen*) *matricale* simple (song) <L=mother, simple; ⇨ MATRIX]

màdrigal·ésque *a* マドリガル (madrigal) の, マドリガル風の.

mad·ri·lene /mæ̀drəlén, -léɪn/ *n* マドリレーヌ《トマトを入れたマドリード風コンソメ》. [F (*consommé*) *madrilène* Madrid consommé]

Madrilenian ⇨ MADRID.

Mad·ri·le·ño /mɑ̀ːdrəléɪnjou, mæ̀d-, -drɪ-/ *n* (*pl* **~s**) マドリード生まれの人, マドリード市民 (Madrilenian). [Sp]

ma·dro·ña, -na /mədróunjə/, **-ño, -no** /-njou/, **-ne** /-nə/ *n* (*pl* **~s**) 〘植〙STRAWBERRY TREE. [AmSp]

mád scéne 《オペラの》狂乱の場.

mád scíentist 気違い科学者, マッドサイエンティスト《SF や怪奇もので科学を悪用する科学者》.

mád stággers [〈*sg/pl*〉] 〘獣医〙BLIND STAGGERS.

mád·tóm *n* 〘魚〙北米淡水産の毒針をもつナマズに近い魚.

Ma·du·ra[1], (Du) **Ma·doe·ra** /mədúərə/ マドゥラ《インドネシアの Java 島北東海岸沖の島》.

Ma·du·rai /mɑ̀ːdəráɪ/, **Mad·u·ra**[2] /mǽdʒərə/ マドゥライ, マドゥラ《インド南部 Tamil Nadu 州南部の市; 2000 年以上にわたりドラヴィダ文化の中心》.

Mad·u·rese /mæ̀dəríːz, mæ̀ʤə-, *-s/ *n* **a** (*pl* **~**) マドゥラ族《マドゥラ島および Java 島東部に住む》. **b** マドゥラ語《マドゥラ族が使用するオーストロネシア語》. ► *a* マドゥラ (Madura) 島の; マドゥラ族の; マドゥラ語の.

ma·du·ro /mədúərou/ *a, n* (*pl* **~s**) 濃褐色で味の強い(葉巻), マドゥーロ(の) (cf. CLARO, COLORADO). [Sp]

mád·wòman *n* 狂女; 血迷った女.

mád·wòrt *n* 〘植〙**a** イワナズナ属の草本[小低木] (alyssum)《昔 精神病に効くと信じられていた》. **b** アマナズナ (gold of pleasure). **c** トゲムラサキ《ユーラシア産ムラサキ科の青い花をつける一年草; 根がかつてアカネ (madder) の代用に使われた》.

madzoon ⇨ MATZOON.

mae /méɪ/ *a, adv, n* 《スコ》MORE.

Mae メイ《女子名; Mary の愛称》.

MAE Master of Arts in Education.

Mae·an·der /miǽndər/ [the] マエアンデル川《トルコ西部を流れる MENDERES 川の古代名》.

Mae·ce·nas /mɪsíːnəs; -næs/ **1** マエケナス **Gaius** (**Cilnius**) ~ (c. 70–8 B.C.)《ローマの政治家; 文学・芸術の保護者として Horace や Virgil を後援した》. **2** 《一般に》文学・芸術の保護者・後援者.

MAEd Master of Arts in Education.

mael·strom /méɪlstrəm, -strὰm/ *n* **1 a** [the M-] モスケンの大渦巻《ノルウェー北西岸沖 Lofoten 諸島の Moskenes 島と Mosken 島の間の大渦巻; Joules Verne や E. A. Poe によって誇張され, 船や人を呑み込むとされた》. **b** 〘海洋〙大渦巻. **2** 渦, あらし, 大混乱 〈*of*〉: a ~ of excitement / the ~ of the war. [Du (*malen* to grind, whirl, *stroom* stream)]

mae·nad, me- /mí:næ̀d/ *n* **1** [ºM-]〘ギ神〙マイナス, バッケー《酒神 Dionysus の供の女; 忘我・狂気の状態に陥り山野を狂いまわった》. **2** 狂乱した女, 狂女. ◆ **mae·nád·ic** *a* ［L<Gk (*mainomai* to be mad)］

Maes /má:s/ マース **Nicolaes** ～ (1634–93)《オランダの画家; Nicolas Maas とも呼ばれる》.

mae·sto·so /maɪstóʊsoʊ, -zoʊ/〘楽〙*a, adv* 荘厳な[に], マエストーソ (majestic). ► *n* (*pl* ～**s**) 荘厳な曲[楽章]. ［It=majestic; ⇨ MAJESTY］

mae·stra·le /maɪstrá:leɪ/ *n*〘気〙マエストラーレ《夏季にアドリア海に吹く穏やかな北西風》. ［It］

Maestricht ⇨ MAASTRICHT.

mae·stro /máɪstroʊ/ *n* (*pl* ～**s, -stri** /-strì:/) **1** 大音楽家[教師], 大作曲家, 名指揮者, マエストロ《M~…として敬称にも用いる》. **2**《芸術などの》巨匠, 大家. **3** [M-]〘商標〙マエストロ《サルーン型乗用車》. ［It=master］

máestro di cap·pél·la /-di kəpɛ́lə/ 聖歌隊指揮者;《バロック時代イタリアの王宮付きの》楽団指揮者 (cf. KAPELLMEISTER). ［It］

Mae·ter·linck /méɪtərlɪ̀ŋk, mɛ́t-, mǽt-/ マーテルランク, メーテルリンク Comte **Maurice** ～ (1862–1949)《ベルギーの詩人・劇作家・エッセイスト; *Pelléas et Mélisande* (1892), *L'Oiseau bleu* (1909); ノーベル文学賞 (1911)》. ◆ **Màe·ter·línck·ian** *a*

Mae West /méɪ wɛ́st/ [ºm- w-] 救命胴衣;《韻俗》乳房 (breast). ［*Mae West* 米国のグラマー女優］

Ma·é·wo /mɑ:éɪwoʊ, -voʊ/ マエウォ《太平洋南西部にあるヴァヌアツ領の島; 別称 Aurora》.

Maf·e·king /mǽfəkɪ̀ŋ/ マフェキング《MAFIKENG の旧称》.

MAFF〘英〙Ministry of Agriculture, Fisheries, and Food 農漁食糧省《2001 年合併により DEFRA となった》.

Maf·féi gálaxy /mɑ:féɪ-/〘天〙マッフェイ銀河《～ I, ～ II と 2 つある銀河の一つ》. ［Paolo *Maffei* (1926–2009) イタリアの天文学者］

maf·fick /mǽfɪk/ *vi, n* お祭騒ぎして喜び祝う(こと). ［逆成く*Mafeking*; 1900 年 5 月 *Mafikeng* 包囲戦からの解放を英国で狂喜して祝ったことから］

Ma·fia[1], **Maf·fia** /má:fiə, mǽf-/ *n* **1** [the] マフィア《**1**) 19 世紀に Sicily 島を根拠地としてできた反社会的秘密集団 **2**) イタリア・米国を中心とする国際的犯罪組織 **3**) 麻薬売買・賭博などにかかわる犯罪組織; (組織)暴力団 (cf. BLACK HAND, CAMORRA, COSA NOSTRA)》. **2** [ºm-]《ある分野内で目立っている》排他的グループ, 閥 (clique). **3** [m-]《犯罪行為となって現われる》法に対する反抗精神. ［It (dial)=bragging］

Mafia[2] マフィア《インド洋の Zanzibar 島の南にある島; タンザニア領》.

maf·ic /mǽfɪk/ *a*〘鉱〙苦鉄質(岩)の.

Maf·i·keng /mǽfəkɛ̀ŋ/ マフィケング《南アフリカ共和国 North-West 州北部の国境近くの町; ブール戦争でブール人に 217 日間包囲された (1899–1900)》.

Ma·fi·ol·o·gy /mɑ̀:fiálədʒi, mæ̀f-/ *n* マフィア(犯罪組織)研究.

ma·fi·o·so /mɑ̀:fióʊsoʊ, mæ̀f-, *-zoʊ/ *n* (*pl* **-o·si** /-si, *-zi/, ～**s**) マフィアの一員. ［It ⇨ MAFIA[1]］

ma foi /*F* ma fwa/ *int* そうだとも, 確かに; いや驚いた. ［F=my faith］

maf·tir /má:ftɪər, ─́─/ *n* PARASHAH の結末部. ［Heb］

mag[1] /mǽg/ *n*《口》雑誌 (magazine): a girlie ～ ヌードが売り物の雑誌.

mag[2] *n*ᴴ《俗》HALFPENNY. ［C18<?］

mag[3] *n, vi*《豪口・英方》おしゃべり(する) (chatter). ［*mag*pie］

mag[4] *n**《俗》MAG WHEEL.

mag[5] *n*《口》MAGNETO.

mag[6] *n*《口》MAGNITUDE.

Mag マグ《女子名; Margaret の愛称》.

mag. magazine ◆ magnesium ◆ magnetism ◆ magneto.

Maga /mǽgə/ *n*《口》雑誌,《特に》Blackwood's Magazine《英国総合雑誌 (1817–1980)》.

Ma·ga·dan /mɑ̀:gədǽn, -dá:n/ マガダン《ロシア東部, シベリア東部の市; Okhotsk 海の北岸にある港町》.

Ma·ga·dha /mágədə, má:-/ マガダ《Ganges 川中流域の南岸 (現 Bihar 州南部) にあった古代王国; ☆ Pa·ta·li·pu·tra /ptliptr/; 前 6 世紀から 1000 年以上にわたり北インドの政治・経済・文化の中心で, 前 3 世紀 Maurya 朝の Asoka 王の時代に最盛期を迎えた》.

Ma·ga·hi /mágəhi/ *n* マガヒー語《インド東部の Bihar 州と West Bengal 州で使用されている言語; ビハール語 (Bihari) の一方言》.

ma·ga·i·nin /məgéɪənən, -génən/ *n*〘生化〙マガイニン《特に ツメガエル属のカエルの皮膚から分離されるペプチド抗生物質》. ［Heb *māgēn* shield］

Ma·ga·lla·nes /mɑ̀:gəjá:nəs/ マガヤネス《PUNTA ARENAS の旧称》.

mag·a·log, -logue /mǽgəlɔ̀(:)g, -làg/ *n*《通信販売の》雑誌形式のカタログ, カタログ誌. ［*magazine*+*catalog*］

mag·a·zine /mǽgəzì:n; ─ ─ ─́/ *n* **1 a** 雑誌;《新聞の》日曜版. **b** *《俗》6 か月の禁固刑《book が 'long sentence' であることと比較して; cf. *throw the* BOOK *at*》. **c**〘ラジオ・テレビ〙マガジン《特集・レポート・インタビューなどをはさんだ時事ニュース番組》. **2 a** 倉庫(内の貯蔵物),《特に》弾薬[火薬]庫(内の弾薬[火薬]); 武器[軍需物資]貯蔵庫;《連発銃の》弾倉;《燃料自給暖炉の》燃料室;〘映・写〙フィルム巻取り枠, マガジン;〘写〙パトローネ (cartridge). **b** 資源地, 宝庫. ［F<It<Arab=storehouse］

mágazine-fèd / ; ─ ─ ─́ -/ *a*〈ライフル銃が〉弾倉(給弾)式の.

mágazine ràck / ; ─ ─ ─́ ─/ マガジンラック.

mag·a·zin·ist /mǽgəzì:nɪst; ─ ─ ─́ -/ *n* 雑誌寄稿者[編集者].

mag·con /mǽgkàn/ *n*〘天〙マグコン《月・惑星の地表における磁性物質の凝縮》. ［*mag*netic *con*centration］

Mag·da /mǽgdə/ マグダ《女子名; Magdalene の別形》.

Mag·da·la /mǽgdələ/ マグダラ《**1**) パレスティナ北部 Galilee 湖西岸の町; マグダラのマリア (Mary Magdalene) の生地とされる (*Luke* 8: 2) **2**) エチオピア中北部の町》.

Mag·da·len /mǽgdələn/, **-lene** /, -lì:n/ **1** マグダレン《女子名; 別形 Madeleine, Madeline, Magda》. **2** [the]〘聖〙マグダラの女 (⇨ MARY MAGDALEN). **3** [ºm-]《古》**a** 更生した売春婦. **b** 売春婦更生院. **4 a** [-len] /mɔ́:dlən/ モードリン《Oxford 大学の学寮の一つ; 1458 年創立》. **b** [-lene] /mɔ́:dlən/ モードリン《Cambridge 大学の学寮の一つ; 1542 年創立》. ［Heb=(woman) of MAGDALA］

Mag·da·le·na /mæ̀gdəléɪnə, -lí:-/ [the] マグダレナ川《コロンビアを北流してカリブ海に注ぐ川》.

Magdaléna Báy マグダレナ湾《Baja California 半島南西岸の太平洋の入江》.

Mag·da·le·ni·an /mæ̀gdəlí:niən/ *a, n*〘考古〙マドレーヌ文化(期)(の)《欧州の後期旧石器時代の最後の文化; 石器・骨角器が使用され, Lascaux, Altamira などの洞窟絵画が描かれた》.

Mag·de·burg /mǽgdəbə̀:rg, má:gdəbʊ̀rk; *G* mákdəbʊrk/ マクデブルク《ドイツ中北部 Saxony-Anhalt 州の州都; Elbe 川に臨む水運の要衝; ハンザ同盟 (Hanseatic League) の代表的都市; 中世都市法としてのマクデブルク法 (～ **Láws**) は多くの都市に踏襲された》.

Mágdeburg hémisphere〘理〙マグデブルク半球.

mage /méɪdʒ/《古》*n* 魔法使い (magician); 学者; MAGUS.

Ma·gel·lan /mədʒɛ́lən; -gɛ́l-/ **1** マジェラン, マゼラン **Ferdinand** ～ (*Port* Fernão de Magalhães) (c. 1480–1521)《ポルトガルの航海者; 史上最初に世界一周をした遠征隊の隊長で太平洋の命名者》. **2** *《俗》航空士. ■ the **Stráit of** ～ マジェラン海峡《南米の南端, 本土と Tierra del Fuego 群島との間にある》. ◆ **Ma·gel·lan·ic** /mæ̀dʒəlǽnɪk; -gɪ-/ *a*

Magellánic Clóud〘天〙マゼラン雲《南半球でみられる銀河系外星雲; 大小 2 つある》.

Magellánic pénguin〘鳥〙マゼランペンギン《南米南端および周辺の島に分布するペンギン; 目の上がピンクをおび, 首から胸に 2 本の黒い帯がある》.

Ma·gen Da·vid, Mo- /mɔ́:gən dɔ́:vɪd, -dáv-, móʊgən déɪ-/ ダビデの星[盾] (=*Star* [*Shield*] *of David*)《三角形を 2 つ組み合わせた星形 ✡; ユダヤ教の象徴とされ, イスラエル国旗にも用いられている》. ［Heb *māgen Dāwid* shield of David］

ma·gen·ta /mədʒɛ́ntə/ *n, a*〘化〙マゼンタ (FUCHSINE); 赤紫色(の), マゼンタ(の)(CMYK 色系の基本色). ［↓; 戦いの記憶がまだ新しい時に血を連想させるこの染料が発見されたことから］

Magenta マジェンタ《イタリア北部 Lombardy 州, Milan の西にある町; イタリア統一戦争中フランス・サルデーニャ連合軍がオーストリア軍を破った戦地 (1859)》.

Ma·ger·øya /má:gərɔ̀ɪjə/ マーゲル島《ノルウェー北岸沖, 北極海にある島; 北端が North 岬》.

mag·gid /má:gɪd/ *n* (*pl* **mag·gi·dim** /mɑ:gí:dɪm/)〘ユダヤ教〙巡回説教師.

mag·gie /mǽgi/ *n**《俗》自動拳銃;《豪俗》MAGPIE;《スコ》GUILLEMOT.

Maggie **1** マギー《女子名; Margaret の愛称》. **2** ᴴ《俗》1 ポンド硬貨.

Mággie's dràwers *pl**《軍俗》標的をはずれた射撃(に対して振られる赤旗); *《軍俗》へたな射撃.

Mag·gio·re /mədʒɔ́:ri/ [Lake] マジョーレ湖《イタリアとスイスの国境にある湖; Ticino 川が流入, 流出する》.

mag·got /mǽgət/ *n* 蛆(うじ), 蛆虫《釣餌として使う》;《古風》奇想, 気まぐれ, 妄執;《俗》軽蔑すべきやつ, げす, 蛆虫; *《俗》タバコ(の吸いさし). ● **enough to gag a** ～ *《俗》嫌悪[反感]をいだかせる, むかつくような, いとわしい, 気持の悪い, 最低の, 最悪の. **have a** ～ **in** one's **head** [**brain**]《口》気まぐれな考えをいだく. **when the** ～ **bites** 気の向く時に. ［? 変形く*maddock*<ON=worm］

mág·goty *a*〈特に 肉などが〉蛆だらけの; ᴴ気まぐれな;《口》酔っぱらった;《豪俗》おこった: go ～ かっとなる.

Magh /má:g/ *n*〘ヒンドゥー暦〙十一月, マーガ《グレゴリオ暦の 1–2 月; ⇨ HINDU CALENDAR》. ［Skt］

Magh·er·a·felt /mà:rəfɛ̀lt, mǽxərə-/ マヘラフェルト《北アイルランド中部の行政区》.

Ma·ghreb, Ma·ghrib /má:grəb/ [the] マグレブ, マグリブ《アフリ

カ北西部, Moor 人の支配した時代にはスペインも含めた; 今はモロッコ・アルジェリア・チュニジアと時にリビアを含む地方). ♦ **Ma·ghre·bi, Ma·ghri·bi** /mɑ́:grəbi/ *a, n* **Ma·ghreb·i·an** /məgrébiən/, **Ma·ghrib·i·an** /məgríbiən/ *a, n* [Arab＝the West]

Ma·gi /méɪʤàɪ/ *n pl* (*sg* MAGUS) **1** [the (three) ～]《キリスト降誕の際に礼拝に来た》東方の三博士《*Matt* 2:1》. **2** [the] マギ《古代メディアおよびペルシアの世襲的なゾロアスター教司祭階級》. **3** [m-] 魔術師たち. [L＜Gk＜OPers]

Ma·gi·an /méɪʤiən/ *a* MAGI の; [m-] 魔術の. ▶ *n* MAGUS. ♦ **～·ism** *n*《古代メディア・ペルシアの》マギ教 (Zoroastrianism).

mag·ic /mǽʤɪk/ *n* **1** 魔法, 魔術, 呪術 (cf. BLACK MAGIC, WHITE MAGIC); 奇術, 手品, マジック: natural ～ 奇術《神力によらぬもの》. **2** 不思議な力, 魔力; 魅力 〈*of*〉. ● **as (if) by ～＝like ～** たちどころに, 不思議に〈効くなど〉: work [weave] one's ～ 不思議な力を発揮する[効果を現わす] 〈*on*〉. ▶ *a* 魔法の(ような), 魔術に使う; 手品の, 奇術の; 不思議な; 魅力的な, すてきな; ″《口》すばらしい, 楽しい《★ 主に限定的; cf. MAGICAL》: ～ arts 魔法 / ～ words 呪文 / ～ formula 簡単な解決策, 秘訣, '妙薬' / a ～ TOUCH. ▶ *vt* (**-ick-**) 魔法にかける; ″魔法で[さっと]作り出す[変える] 〈*up*〉; 魔法で[さっと]消す 〈*away*〉. [OF, ＜Gk *magikos*; ⇨ MAGI]

mág·i·cal *a* 魔術的な, 不思議な, 魅力的な; 魔法の, 魔術の. ♦ **～·ly** *adv*

mágical réalism MAGIC REALISM.

mágic búllet 魔法の弾丸《バクテリア・ウイルス・癌細胞だけを破壊する薬剤》; *《俗》《問題解決の》特効薬, 妙案 (silver bullet).

mágic cárpet 《童話などの》《空飛ぶ》魔法のじゅうたん.

mágic círcle **1** 魔法の円《魔法使いが地面に描いた円で, その中では悪魔も魔力を失う》. **2** [the M- C-] マジックサークル《英国の奇術師・手品師の協会》. **3** 《内密情報の共有や意思決定にあずかる》中枢部の人びと.

Mágic Éye **1** 〖商標〗マジックアイ《ラジオなどの同調指示管》. **2** [m- e-] 光電セル (photoelectric cell).

ma·gi·cian /məʤíʃ(ə)n/ *n* 魔術師, 呪術師; マジシャン, 手品師, 奇術師; 魔術的な技量のある人: a ～ with words ことばの魔術師.

Magícian of the Nórth [the] 北方の魔術師《Sir Walter SCOTT の異称》.

mágic lántern 《旧式の》幻灯機《今は projector という》.

Mágic Márker 〖商標〗マジックマーカー《速乾性の油性インキのフェルトペン》.

mágic múshroom 《口》マジックマッシュルーム《催幻覚物質シロシビン (psilocybin) を含むシビレタケ属 (*Psilocybe*) などのキノコ》; PEYOTE BUTTON.

mágic númber **1** *決定的な[重要な]数, 《法案の可決などに》必要な数; 〖スポ〗《優勝決定までの》マジックナンバー. **2** 〖核物〗魔法数《比較的安定度の高い原子核中の陽子と中性子の数を表わす数: 2, 8, 20, 28, 50, 82, 126, ...》.

mágic réalism 魔術的リアリズム (＝*magical realism*)《超現実的・空想的な情景などを克明な写実主義でもって描いた絵画[文芸](の様式)》. ♦ **mágic réalist** *n, a* [G *magischer Realismus* の訳]

mágic spót 〖生化〗マジックスポット, MS《リボソーム RNA の合成を阻止するとされるグアノシン四リン酸の称》.

mágic squáre 魔方陣《横・縦・斜めに数えてもその和が常に等しい数字配列表》.

mag·i·cube /mǽʤəkjù:b/ *n* 〖写〗マジキューブ《電池不要の立方体フラッシュ; シャッター動作と連動して内蔵された雷管に衝撃が加わり, それにより閃光が発する》. [*magic*＋*cube*[1]]

magic wand ⇨ WAND.

magilp ⇨ MEGILP.

Ma·gi·not /mæ̀ʒənóu, mæ̀ʤ-, ←－⌐; *F* maʒino/ マジノ **André (-Louis-René)** ～ (1877–1932)《フランスの政治家; 陸軍大臣 (1922–24, 29–32)》.

Máginot Lìne [the] **1** マジノ線《対独防衛線として 1927–36 年にフランスが構築した国境要塞線; cf. SIEGFRIED LINE》. **2** [*fig*] 絶対的と盲信されている防衛線.

Máginot-mìnd·ed *a* 現状の防衛に熱心な.

mag·is·ter /mǽʤəstər, məʤístər/ *n* 《古》(...)先生, 師《特に中世の大学で, 学者への称号あるいは呼びかけ》. [L＝master]

mag·is·te·ri·al /mæ̀ʤəstíəriəl/ *a* **1** MAGISTRATE の. **2** 主人[教師]にふさわしい; 〈意見・文章などが〉権威ある, 重要な; 厳然とした, 高圧的な, 尊大な. **3** 修士(号)の. ♦ **～·ly** *adv* [L; ⇨ MASTER[1]]

mag·is·te·ri·um /mæ̀ʤəstíəriəm/ *n* 〖カト〗教導権[職]《教会が真理を教える権威》.

mag·is·tery /mǽʤəstèri; -st(ə)ri/ *n* 〖錬金術〗自然の変成力[治癒力], 賢者の石 (philosopher's stone).

mag·is·tra·cy /mǽʤəstrəsi/ *n* MAGISTRATE の職[権威]; [the] magistrate たち; magistrate の管轄区域.

mag·is·tral /mǽʤəstrəl, məʤístrəl/ *a* **1** 〖薬〗《薬局方によらない》特別処方の (opp. *officinal*). **2** 〖城〗主要な (⇨ MAGISTRAL LINE). **3** 《まれ》MAGISTERIAL: ～ staff 教職員. ▶ *n* 〖城〗MAGISTRAL LINE. ♦ **～·ly** *adv*

mágistral lìne 〖城〗主線《要塞設計図の作製上基準となる線》.

mag·is·trate /mǽʤəstrèɪt, -trət/ *n* **1** 《裁判権をもつ》政務官, 執政官, 行政(長)官, 為政者, 統治者《国王・大統領から治安判事までを含む》. **2** 治安判事, 下級判事, 下位裁判所裁判官《比較的軽微な犯罪を裁く, JUSTICE OF THE PEACE や POLICE COURT の裁判官のこと; cf. STIPENDIARY MAGISTRATE》. ♦ **～·ship** *n* MAGISTRATE の職[地位, 任期]. **mag·is·trat·i·cal** /mæ̀ʤəstrǽtɪk(ə)l/ *a* **-i·cally** *adv* [L; ⇨ MASTER[1]]

mágistrates' cóurt 《magistrate が比較的軽微な犯罪の裁判や予備審問・家事事件などを担当する》治安判事[下級判事]裁判所.

mag·is·tra·ture /mǽʤəstrèɪtʃər, -strəʧùr; -strətjùər/ *n* MAGISTRACY.

Mag·le·mo·si·an, -se·an /mæ̀gləmóusiən/ *a, n* 〖考古〗《北欧中石器時代前期の》マグレモーゼ文化(期)(の). [*Maglemose* 石器が発掘されたデンマークの地名]

mag·lev /mǽglèv/ *n* 磁気浮上; 磁気浮上列車, リニアモーターカー. [*magnetic levitation*]

mag·ma /mǽgmə/ *n* (*pl* **～s**, **-ma·ta** /-tə/)《鉱物・有機物質の》軟塊; 〖地質〗岩漿(がんしょう), マグマ; 〖化・薬〗マグマ(剤); 果汁のしぼりかす (pomace); 《古》おり, 沈澱物. ♦ **-mat·ic** /mægmǽtɪk/ *a* [L＜Gk＝unguent]

mágma chàmber マグマだまり《マグマがマントル上部から地表へ出る途中で一時的にたまっている所》.

magmátic stóping 〖地質〗STOPING.

mag·ma·tism /mǽgmətìzm/ *n* 〖地質〗火成活動《マグマの活動》.

magn- /mǽgn/, **mag·ni-** /mǽgnə/ *comb form*「大きい」[L; ⇨ MAGNUM]

Mag·na Car·ta [Char·ta] /mǽgnə kɑ́:rtə/ **1** 〖英史〗大憲章, マグナカルタ (＝*Great Charter*)《1215 年 国王 John が貴族たちに強制されて承認したもので, 国王権濫用の制限や封臣の権利と自由を保障した勅許状; 英国憲法の礎として高く評価されているが, 1216, 17, 25 年に修正再発行され, 英国最古の制定法として重視されているのは 1225 年のもの》. **2** 《一般に》権利・特権・自由を保障する基本的法. [L＝great charter]

mag·na cum lau·de* /mɑ́:gnə kum láudə, mǽgnə kʌ̀m lɔ́:di/ *adv, a* 第二位優等で[の]《卒業証書などに用いる句; cf. (SUMMA) CUM LAUDE》. [L＝with great praise]

mag·na est ve·ri·tas et prae·va·le·bit /mɑ́:gnɑ: ɛ̀st wéɪrɪtɑ̀:s ɛt prɑ̀ɪwɑ:léɪbɪt/ 真理は偉大であり, 勝つであろう. [L＝truth is mighty and will prevail]

Mag·na Grae·cia /mǽgnə grí:ʃ(i)ə/ マグナ・グラエキア《南部イタリアにあった古代ギリシアの植民市群; Tarentum, Sybaris, Crotona, Heraclea など》.

mag·na·li·um /mægnéɪliəm/ *n* 〖冶〗マグナリウム《マグネシウムとアルミニウム(およびその他)の合金》.

mag·na·nim·i·ty /mæ̀gnənímәti/ *n* 雅量(に富むこと), 肚の太いこと, 大度(たいど); [*pl*] 寛大な行為.

mag·nan·i·mous /mægnǽnəməs/ *a* 度量の大きな[ある], 雅量のある, 寛大な; 高潔な. ♦ **～·ly** *adv* **～·ness** *n* [L (*magnus* great, *animus* mind)]

mag·nate /mǽgnèɪt, -nət/ *n* 《実業界の》有力者, 大物, 富豪, ...王; 〖史〗貴族; 《昔のハンガリー・ポーランドの》上院議員: a media ～ メディア王. [L (*magnus* great)]

mag·ne·sia /mægní:ʃə, -ʒə/ *n* 〖化〗マグネシア《酸化マグネシウムの白色粉末[結晶]; cf. MILK OF MAGNESIA》; MAGNESIUM. ♦ **-sian** *a* [*Magnēsia* (*lithos* stone) of Magnesia ギリシア北部の産地]

Magnesia マグネシア《MANISA の古代名》.

magnésia álba 〖化〗マグネシアアルバ, 炭酸マグネシア (magnesium carbonate).

mag·ne·site /mǽgnəsàɪt/ *n* 〖鉱〗菱(りょう)苦土鉱, マグネサイト《耐火材・セメント用》.

mag·ne·si·um /mægní:ziəm, -ʒəm/ *n* 〖化〗マグネシウム《金属元素; 記号 Mg, 原子番号 12》. ♦ **mag·né·sic** /-sɪk/ *a* [MAGNESIA]

magnésium ársenate 〖化〗ヒ酸マグネシウム.

magnésium cárbonate 〖化〗炭酸マグネシウム.

magnésium chlóride 〖化〗塩化マグネシウム.

magnésium flàre MAGNESIUM LIGHT.

magnésium hydróxide 〖化〗水酸化マグネシウム.

magnésium lìght 〖写〗《夜間撮影用》マグネシウム光.

magnésium óxide 〖化〗酸化マグネシウム.

magnésium pémoline 〖化〗マグネシウムペモリン《水酸化マグネシウムとペモリンの化合物; 中枢神経刺激剤》.

magnésium súlfate 〖化〗硫酸マグネシウム.

magnésium tri·sílicate 〖化〗三ケイ酸マグネシウム.

mag·net /mǽgnət/ *n* **1** 磁石: BAR [FIELD, HORSESHOE, NATURAL, PERMANENT] MAGNET, ELECTROMAGNET. **2** 人をひきつける人[もの] 〈*for, to*〉. [L＜Gk *magnēt- magnēs* of MAGNESIA]

mag·net- /mægní:t, -nét/, **mag·ne·to-** /-tou, -tə/ *comb form*「磁力」「磁気, 磁性」「磁電気」「磁気圏」[↑]

mag·net·ic /mægnétɪk/ *a* **1** 磁石の; 磁気の; 磁気を帯びた, 磁性を帯びうる; 地磁気の; 磁気コンパスの. **2 a** 人をひきつける, 魅力のある: a ~ personality 魅力のある人柄. **b** 《古》 催眠術の. ► *n* 磁性物質. ♦ **-i·cal·ly** *adv*
mag·nét·i·cal *a* 《古》 MAGNETIC.
magnétic ámplifier 〔電子工〕 磁気増幅器.
magnétic anómaly 〔地物〕 《地球磁場の》 磁気異常.
magnétic áxis 〔地物〕 磁軸 《両磁極を結ぶ直線》.
magnétic béaring 〔海〕 磁針方位.
magnétic bóttle 〔理〕 《プラズマを閉じ込める》 磁気瓶.
magnétic búbble 〔電子工〕 磁気バブル 《ガーネット結晶などの磁性薄膜に発生する円筒磁区; cf. BUBBLE MEMORY》.
magnétic cháracter rèader 磁気(インク)文字読取り装置.
magnétic círcuit 〔理〕 磁気回路.
magnétic cómpass 〔海〕 磁気コンパス[羅針儀].
magnétic confínement 〔理〕 《プラズマの》 (磁気)閉じ込め (containment).
magnétic cónstant 〔理〕 磁気定数 《絶対透磁率; 記号 μ_0》.
magnétic córe 磁極鉄心, 磁心, 〔電算〕 磁気コア (CORE[1]).
magnétic-córe mémory 〔電算〕 磁気コア記憶装置, コアメモリー.
magnétic cóurse 《船舶・飛行機の》 磁針路 (cf. COMPASS [TRUE] COURSE).
magnétic declinátion [deviátion] 〔測〕(地)磁気偏角, 磁針偏差 (declination).
magnétic detéctor 磁針検波器.
magnétic díp 〔地物・測〕 (磁)伏角 (dip).
magnétic dípole móment 〔電〕 磁気双極子モーメント (magnetic moment).
magnétic dísk 〔電算〕 磁気ディスク (disk).
magnétic domáin 〔理〕 《強磁性体の》 磁区.
magnétic drúm 〔電子工〕 磁気ドラム.
magnétic élement 〔地物〕 《地球表面の》 磁気要素; 〔工〕 磁気素子.
magnétic époch 〔地質〕 《地磁気極性年代に対応する》 磁極期.
magnétic equátor 〔理〕 磁気赤道 (aclinic line).
magnétic evént 〔地物〕 《磁極の》 短期反転(期).
magnétic fíeld 〔理〕 磁場, 磁界.
magnétic fíeld strèngth 〔理〕 磁界強度 (magnetic intensity).
magnétic flúx 〔理〕 磁束; 磁場 (magnetic field).
magnétic flúx dènsity 〔電〕 磁束密度 (magnetic induction).
M
magnétic fórce 〔理〕 磁気力, 磁力.
magnétic héad 《テープレコーダーなどの》 磁気ヘッド.
magnétic héading 〔空・海〕 磁針向首方向.
magnétic hysterésis 〔理〕 磁気ヒステリシス.
magnétic inclinátion MAGNETIC DIP.
magnétic indúction 〔理〕 磁気誘導, 磁束密度 (=*magnetic flux density*).
magnétic ínk 磁気[磁性]インク 《人にも磁気読取り装置にも読める》.
magnétic ìnk cháracter recognìtion 磁気インク文字識別[認識] 《略 MICR》.
magnétic inténsity 〔理〕 磁界強度 (=*magnetic field strength*).
magnétic léns 〔理〕 磁気レンズ 《磁場によって荷電粒子ビームを集束させるもの》.
magnétic levitátion 磁気浮上 (maglev).
magnétic líne of fórce 〔理〕 磁力線.
magnétic média 磁気媒体 《データ記録用のテープ・ディスクなど》.
magnétic merídian 〔地物〕 《地球の》 磁気子午線 《地磁気の各地点の水平分力の方向を連ねた線》.
magnétic míne 〔海軍〕 磁気機雷 《海底に敷設》.
magnétic mírror 〔理〕 磁気鏡, ミラー 《磁気瓶中の磁場が急に強くなっている領域; 荷電粒子を反発させる》.
magnétic móment 〔電〕 磁気モーメント (=*magnetic dipole moment*).
magnétic mónopole 〔理〕 磁気単極子 (monopole).
magnétic néedle 《羅針盤の》 磁針.
magnétic nórth 磁北.
magnétic párticle inspèction 〔工〕 磁粉[磁粒](探傷)検査 《強磁性材のきずなどの欠陥を検査する》.
magnétic permeabílity 〔理〕 透磁率 (permeability).
magnétic píckup 磁気ピックアップ 《中・高級のレコードプレーヤーに用いられた; cf. CRYSTAL PICKUP》.
magnétic póle 〔理〕 磁極.
magnétic póle strèngth 〔理〕 磁極強度.
magnétic poténtial 〔電〕 磁位, 磁気スカラーポテンシャル (=*magnetic scalar potential*).
magnétic pyrítes 〔鉱〕 PYRRHOTITE.
magnétic quántum nùmber 〔理〕 磁気量子数.
magnétic recórder 磁気記録機[録音機, 録画機].
magnétic recórding 磁気記録[録音, 録画].
magnétic résonance 〔理〕 磁気共鳴.
magnétic résonance ìmaging 〔医〕 磁気共鳴画像法 (MRI).
magnétic résonance scànner 〔医〕 《MRI を用いる》 磁気共鳴断層撮影装置, MR スキャナー.
mag·nét·ics *n* 〔理〕 磁気学.
magnétic scálar poténtial MAGNETIC POTENTIAL.
magnétic stórm 磁気あらし 《地球磁場の急変》.
magnétic stríp 磁気ストリップ 《クレジットカードなどの磁気情報のはいった帯》.
magnétic susceptibílity 〔理〕 磁化率.
magnétic tápe 〔電子工〕 磁気テープ 《磁気記録用》.
magnétic tápe ùnit [drìve] 〔電算〕 磁気テープ装置 《略 MTU》.
magnétic variátion 〔地物〕 磁気偏差[偏角] (declination).
magnétic wíre 磁気鋼線, マグネティックワイヤー 《磁気録音用ワイヤー》.
mágnet·ìsm *n* **1** 磁気; 磁性; 磁力; 磁気学 (magnetics). **2** 人をひきつける力; 《知的・道徳的な》 魅力; ANIMAL MAGNETISM. ♦ **-ist** *n* 磁気学者.
mag·ne·tite /mǽgnətàɪt/ *n* 磁鉄鉱. ♦ **màg·ne·tít·ic** /-tít-/ *a*
mag·ne·ti·za·tion /mæ̀gnətəzéɪʃ(ə)n; -tàɪ-/ *n* 磁化; 磁性; 《聴衆などが》 魅了された状態, 熱中, 釘付け.
mag·ne·tize /mǽgnətàɪz/ *vt* …に磁気を与える, 磁化する; 〈人を〉ひきつける, 魅する; 《古》 …に催眠術をかける. ► *vi* 磁化する. ♦ **-tìz·er** *n* **mág·ne·tìz·able** *a*
mág·ne·tiz·ing fórce 〔理〕 磁化力, 磁界強度.
Mágnet Líbrary マグネット文庫 《英国の作家 Frank Richards (本名 Charles Hamilton) (1876–1961) が 1908–61 年の間書きつづけた少年向けの週刊読物》.
mag·ne·to /mæɡníːtoʊ/ *n* (*pl* ~**s**) 〔電〕 マグネト(発電機), 高圧磁石発電機. [*magneto*electric machine]
magneto- /mæɡníːtoʊ, -nétoʊ, -tə/ ⇨ MAGNET-.
magnèto·cárdio·gràm *n* 〔医〕 心磁図, MCG.
magnèto·cárdio·gràph *n* 〔医〕 磁気心電計. ♦ **-cardio·gráphic** *a* **-cardiógraphy** *n*
magnèto·chémistry *n* 磁気化学. ♦ **-chémical** *a*
magnéto·dìsk *n* 〔天〕 マグネトディスク 《土星や木星で高速自転により磁気圏の磁力線がディスク状に引き伸ばされた構造》.
magnèto·eléctric *a* 磁電気の. ♦ **-electrícity** *n*
magnetoeléctric génerator MAGNETO.
magnèto·encephalógraphy *n* 〔医〕 脳磁図記録法 《脳の電気的活動に伴って発生する磁界を測定して記録する非侵襲的な手法》.
magnèto·flùid·dynámics *n* 磁気[電磁]流体力学 (magnetohydrodynamics). ♦ **-dynámic** *a*
magnèto·flùid·mechánics *n* MAGNETOHYDRODYNAMICS. ♦ **-mechánic** *a*
magnèto·gàs·dynámics *n* 磁気[電磁]気体力学, (magnetohydrodynamics). ♦ **-dynámic** *a*
magnèto·génerator *n* MAGNETO.
magnéto·gràm *n* 磁力記録.
magnéto·gràph *n* 記録磁力計; MAGNETOGRAM. ♦ **mag·nè·to·gráph·ic** *a*
magnèto·hỳdro·dynámics *n* 磁気[電磁]流体力学 (=*hydromagnetics*) 《略 MHD》; 磁気流体力学発電, 電磁流体発電. ♦ **-dynámic** *a*
mag·ne·tom·e·ter /mæ̀gnətámətər/ *n* 磁気計, 磁力計. ♦ **-tóm·e·try** *n* 磁気[磁力]測定. **mag·nè·to·mét·ric** *a*
magnèto·mótive fórce 〔電〕 起磁力 《略 mmf》.
mag·ne·ton /mǽgnətàn/ *n* 〔理〕 磁子. [*magnetic, -on*[2]]
magnèto-óptics *n* 磁気光学. ♦ **-óptic, -ical** *a*
magnéto·pause *n* 磁気圏界面 《磁気圏の外側の境界》.
magnéto·phòne *n* マグネトホン 《マイクロホンの一種》.
magnèto·plàsma·dynámics *n* MAGNETOHYDRODYNAMICS. ♦ **-dynámic** *a*
magnèto·resíst·ance *n* 〔理〕 磁気抵抗. ♦ **-resístive** *a*
magnetoresístive héad 〔電算〕 磁気抵抗ヘッド (=*MR head*) 《コイルの電磁誘導の代わりに磁気抵抗効果を利用したヘッド; 記録密度を上げ, また高速化できる》.
magnéto·shèath *n* 〔地物〕 磁気鞘(しょう).
magnéto·sphère *n* 《地球などの》 磁気圏 《大気の最上層部》. ♦ **magnèto·sphéric** *a*
magnèto·státic *a* 静磁気の, 静磁場の.
magnèto·státics *n* 静磁気学.
magnèto·stríction *n* 〔理〕 磁気ひずみ, 磁歪(じわい). ♦ **-stríctive** *a* **-stríctive·ly** *adv*
magnèto·táctic *a* MAGNETOTAXIS の.

magnéto·tàil *n* 〘地物〙磁気圏尾《磁気圏のうち太陽風により太陽から遠ざかる方向に長く延びた部分》.
magnèto·táxis *n* 〘生〙磁気走性《磁場に反応して生物が示す運動》.
magnèto·tellúric *a* 地磁気地電流の《地磁気と地電流を同時に測定して地下の比抵抗分布を求める探査法についていう》.
mag·ne·tron /mǽgnətrὰn/ *n* 〘電子工〙磁電管, マグネトロン《プレート電流の制御に磁場を用いる真空管》. [*magnetic*＋*electron*]
mágnet schóol 〘米〙マグネットスクール《すぐれた教員・設備と広汎な教育課程を特徴とし, 人種の区別なく, また 既存の通学区域にとらわれずに通学が可能な公立学校》.
mágnet stèel 磁石鋼《永久磁石の製造用》.
magni- /mǽgnə/ ⇨ MAGN-.
mágni·cìde *n* 要人殺害.
mag·nif·ic /mægnífɪk/, **-i·cal** 《古》*a* 壮麗な, 堂々たる; 豪勢な; 大言壮語の, 誇大な. ♦ **-i·cal·ly** *adv*
Mag·nif·i·cat /mægnífɪkæ̀t, mɑːnjífɪkὰːt/ *n* 〘聖〙聖母マリアの賛歌《*Luke* 1: 46–55; Magnificat anima mea Dominum「わが心主をあがめ」で始まり, 晩課に唱える》; 〘楽〙マニフィカト《その賛歌に付けた楽曲》; [m-]《一般に》頌歌.
mag·ni·fi·ca·tion /mæ̀gnəfəkéɪʃ(ə)n, məgnɪ̀f-/ *n* 拡大; 拡大したもの, 拡大図[写真]; 〘光〙倍率 (＝*power*); 称賛, 賛美.
mag·nif·i·cence /mægnífəs(ə)ns/ *n* 壮大, 荘厳(な美しさ); りっぱさ; [M-] [敬称] 陛下, 殿下, 閣下: His [Your] ~ 殿下.
mag·níf·i·cent *a* **1** 壮大な, 堂々とした, 荘厳な; りっぱな, 〈考えなどが〉高尚な, 格調の高い; 気前のよい, 豪勢な. **2** 《口》すてきな, すばらしい. **3** [M-] [故人の称号として] 偉大な: LORENZO the *M~*. ♦ **~·ly** *adv* [F or L *magnificus* (*magnus* great)]
mag·nif·i·co /mægnífɪkòʊ/ *n* (*pl* **~es**, **~s**)《昔のヴェネツィア共和国の》貴族; 《一般に》貴人, 高官, 大立者; 《同種のうちで》一段すぐれたもの.
mág·ni·fi·er *n* 拡大[誇張]する人[もの]; 拡大レンズ, 拡大鏡, 虫めがね, ルーペ.
mag·ni·fy /mǽgnəfàɪ/ *vt* **1** 《レンズなどで》拡大する; 誇張する; 《実際に》大きくする, 強める. **2** 《古》〈神などを〉賛美する, 称賛する. ► *vi* 〈レンズなどが〉拡大して見せる力がある; 拡大される. ● **~ oneself** いばる; 〈...に対して〉尊大に構える 〈*against*〉. ♦ **mág·ni·fì·able** *a* [OF or L; ⇨ MAGNIFICENT]
mágnify·ing glàss 拡大鏡, 虫めがね, 天眼鏡.
mágnifying pòwer 〘光〙倍率.
mag·nil·o·quence /mægníləkwəns/ *n* 大言壮語, ほら, 豪語; 誇張したことば[文体].
mag·níl·o·quent *a* 〈ことば・人などが〉大言壮語の; 誇大な. ♦ **~·ly** *adv* [L (MAGN-, *-loquus* speaking)]
mag·ni no·mi·nis um·bra /mɑ́ːgni nóumɪnɪs úmbrɑː/ 偉大な名の影. [L]
Mag·ni·to·gorsk /mægníːtəgɔ̀ːrsk/ マグニトゴルスク《ロシア西部 Ural 山脈南部東麓の Ural 川に臨む市; 付近で鉄鉱石を産し, 鉄鋼業が盛ん》.
mag·ni·tude /mǽgnət(j)ùːd/ *n* 大きさ, 規模 〈*of*〉; 重大さ, 重要性 〈*of*〉; 〘天〙《恒星の明るさの》等級; 〘数〙大きさ; 〘地震〙マグニチュード, 規模等級: the ~ *of* disaster 災害の規模 / the ~ *of* the problem 問題の重要性 / a ~ five earthquake マグニチュード 5 の地震. ● **of the first ~** 光度第 1 の; 最も重要な, 第一級の: a star [disaster] *of the first* ~ 一等星[最大級の災害]. [L (*magnus* great)]
mag·no·lia /mægnóʊljə/ *n* **1 a** 〘植〙モクレン属 (*M-*) の各種の花木《モクレン・コブシ・タイサンボク・ホオノキなど; 花は Louisiana, Mississippi の州花》. **b** "ピンク[紫]がかった白, 淡いクリーム色. **2** 〘植〙ユリノキ (tulip tree). [Pierre *Magnol* (1638–1715) フランスの植物学者]
mag·no·li·a·ceous /mægnòʊliéɪʃəs/ *a* 〘植〙モクレン科 (Magnoliaceae) の.
magnólia fàmily 〘植〙モクレン科 (Magnoliaceae).
magnólia mètal マグノリアメタル《軸受用の鉛合金》.
Magnólia Stàte [the] モクレン州《Mississippi 州の俗称》.
magnólia wárbler 〘鳥〙シロオビキイロアメリカムシクイ.
mag·non /mǽgnὰn/ *n* 〘理〙マグノン《スピン波 (spin wave) を量子化した準粒子》. [*magnetic*, *-on*[2]]
mag·nox /mǽgnὰks/ *n* [[s]M-] マグノックス《英国で開発された原子炉燃料被覆材用のマグネシウム合金》: ~ reactor マグノックス炉. [*magnesium no oxidation*]
mag·num /mǽgnəm/ *n* (*pl* **~s**) **1** マグナム《普通の瓶のほぼ 2 本分の大型酒瓶; その量: 約 1.5 リットル》. **2** [[o]M-] マグナム弾薬筒《同一弾径の他の弾薬筒に比べて強力》, マグナム銃《マグナム弾薬筒を使う》. ► *a* [[o]M-] 〈弾薬筒が〉通常より強力な, マグナム型の, 〈火器が〉マグナム弾を用いる. [L (neut)〈 *magnus* great]
mágnum bó·num /-bóunəm/ 《ジャガイモ・プラムの》大型優良品種. [L]
mágnum ópus 《文学・芸術などの》大作, 傑作; 《個人の》最大傑作, 代表作. [L]
Mag·nus /mǽgnəs/ マグナス《男子名》. [Swed＜L＝great]
mágnus hìtch 〘海〙三重結び.
Magog ⇨ GOG AND MAGOG.
ma·goo /məgúː/ *《俗》*n* 《コメディアンなどが顔にぶつける》カスタードパイ; 重要人物, 偉い人; 役立たず, ばかなやつ.
ma·got /məgóʊ/ *n* 《中国・日本の》異形の像《大黒・布袋(ほてい)など》; 〘動〙BARBARY APE.
mag·pie /mǽgpàɪ/ *n* **1** 〘鳥〙カササギ《総称》; カササギに似た鳥《マツカケスの類・カササギフエガラス (Australian magpie) など》: (as) talkative as a ~. **2** おしゃべり《人》; がらくた収集家; こそ泥. **3** "《軍俗》《ライフル射撃の》標的の外から 2 番目の圏(への命中弾), その得点. ► *a* 雑多な, ごたまぜの, がらくたの; がらくたを集めたがる. [*Mag*〈*Margaret*, PIE[2]]
mágpie gòose 〘鳥〙カササギガン《豪州産》.
mágpie làrk 〘鳥〙ツチスドリ (＝*mudnest builder*, *peewee*)《豪州産》.
mágpie mànnikin 〘鳥〙オオシチホウ《アフリカ原産》.
mágpie mòth 〘昆〙スグリシロエダシャク.
mágpie ròbin 〘鳥〙シキチョウ《ヒタキ科; 南アジア産》.
mágpie shrìke 〘鳥〙カササギフウキンチョウ《南米産》.
mag·ret /mǽgreɪ/ *n* マグレ《カモの胸肉》. [F]
Ma·gritte /məgríːt/ マグリット **René(-François-Ghislain)** ~ (1898–1967)《ベルギーのシュールレアリスムの画家》.
Mag·say·say /mɑːgsáɪsàɪ, ─ ─́ ─/ マグサイサイ **Ramón** ~ (1907–57)《フィリピンの政治家; 大統領 (1953–57)》.
mags·man /mǽgzmən/ *n* "《俗》詐欺師, ペテン師.
mág tápe 《口》MAGNETIC TAPE.
ma·gua·ri /məgwáːri/ *n* 〘鳥〙シロエンビコウ《コウノトリ科; 南米産》. [Port＜Tupi]
mag·uey /məgéɪ, mǽgweɪ/ *n* 〘植〙マゲイ《多肉で大型のリュウゼツラン》; マゲイ繊維, 《特に》CANTALA; マゲイ綱[ロープ]. [Sp＜Taino]
Ma·gus /méɪgəs/ *n* (*pl* MAGI) MAGI の一人; [m-] ゾロアスター教の司祭, 《古代の》占星術師, 魔術師 (cf. SIMON (MAGUS)).
mág whèel *マグホイール《マグネシウム製の自動車用ホイール; 高価》.
Mag·yar /mǽgjὰːr, *mɑ́ːg-, *mɑ́ːʤɑːr/ *n* **1 a** (*pl* **~s**) マジャール人《ハンガリーの主要民族》. **b** マジャール語 (HUNGARIAN). **2** 〘服〙マジャールブラウス (＝**~ blóuse**)《マジャールスリーブのブラウス》. ► *a* マジャール人[語]の.
Ma·gyar·or·szág, -szag /mὰːʤɑːrɔ́ːrsὰːg/ マジャーロルサーグ《HUNGARY のハンガリー語名》.
Mágyar sléeve 〘服〙マジャールスリーブ《身ごろと一枚仕立ての袖》.
mah /máː/ *pron* *《南部》MY.
ma·ha /mʌ́hə/ *a* 《インド》とても大きな; 偉大な. [Hindi]
Ma·ha·bha·ra·ta /məhὰːbáːrətə/, **-tam, -tum** /-rətəm/ [the]『マハーバーラタ』(摩訶婆羅多)《古代インドの大叙事詩で, 文化・政治の根本聖典の一つ; cf. RAMAYANA》. [Skt]
Ma·ha·jan·ga /mʌ̀həʤʌ́ŋgə/, **Ma·jun·ga** /məʤʌ́ŋgə/ マハジャンガ, マジュンガ《マダガスカル北西部の市・港町》.
ma·ha·leb /máːhəlὲb/ *n* 〘園〙マハレブ (＝**~ chèrry**)《オウトウ (桜桃) の接ぎ木の台木とする》. [Arab]
Ma·hal·la el Ku·bra /məhǽlə ɛl kúːbrə/ [El] マハッラ・エル・クブラ《エジプト北部 Nile デルタにある市》.
ma·ha·lo /mɑːháːloʊ/ *n* 《ハワイ》ありがとう (thanks).
ma·hal·wa·ri /məháːlwəri/ *n* 〘インド史〙マハールワーリー《英国が実施した地税制度; 村落地 (mahal) を課税対象とし, 土地所有権を認められた構成員に連帯で納税責任を負わせるもの; cf. RYOTWARI, ZAMINDARI》. [Hindi]
Ma·ha·ma·ya /məhὰːmáːjə/ *n* 〘ヒンドゥー教〙マハーマーヤ《非真実・虚妄・無明(むみょう)を示す語》. [Skt]
Ma·ha·na·di /məháːnədi/ [the] マハナディ川《インド南東部を流れ, Orissa 州でいくつかの流れに分かれて Bengal 湾に注ぐ》.
ma·hant /məhʌ́nt/ *n* 〘ヒンドゥー教〙《寺院や僧院の》長, 長老, マハント. [Hindi]
ma·ha·ra·ja, -jah /mὰːhəráːʤə, -ʒə/ *n* 《インドの》大王, 《特に主要藩王国の》王, 藩王 (cf. RAJA(H)). [Hindi＝great rajah (*maha* great)]
ma·ha·ra·ni, -nee /mὰːhəráːni/ *n* MAHARAJA の妻; RANI より高位の王女, 《特に 主要藩王国の》女王. [Hindi＝great rani; ↑]
Ma·ha·rash·tra /mὰːhəráːʃtrə; -rǽʃ-, -ráːʃ-/ マハラシュトラ (**1**) インド中西部 Narmado 川の南の地域; もとは Maratha 族が居住した地 **2**) インド中西部の州; 旧 Bombay 州のうち Marathi 語地域からなる; ☆Mumbai》. ♦ **Mà·ha·rásh·tri·an** *n*, *a*
ma·ha·ri·shi /mὰːhəríːʃi, -hɑː-, -ríʃi/ *n* 《ヒンドゥー教の》導師. [Hindi]
Ma·ha·thir /məháːtɪər/ マハティール Datuk Seri ~ **bin Mohamad** (1925–)《マレーシアの政治家; 首相 (1981–2003)》.
ma·hat·ma /məháːtmə, -hǽt-/ *n* マハトマ《インドで崇高な人格者として尊敬されている人; また その名に添える敬称》; [the M-] Mahat-

ma GANDHI; 〘神智学〙《インドの》大聖; 《一般に》《…界の》巨匠. ◆ **～·ìsm** *n* ［Skt＝great soul］

Ma·ha·vi·ra /məhɑːvíːrə/ マハーヴィーラ《インドのジャイナ教 (Jainism) の開祖; 前 6 世紀(?)の人, 釈迦と同時代人; 「大雄」(great hero) の意で, 本名は Vardhamāna》.

Ma·ha·ya·na /mɑ̀ːhəjɑ́ːnə/ *n* 〘仏教〙大乗仏教 (＝**～ Búddhism**) (cf. HINAYANA). ◆ **-yá·nist** *n* **-ya·nís·tic** *a* ［Skt ＝great vehicle］

Mah·di /mɑ́ːdi/ *n* 〘イスラム〙《この世の終末の前に現われるという》救世主,'(神に)導かれた者', マフディー; マフディー自称者《特に Muḥammad Aḥmad》; 《シーア派の信仰で救世主として待ち望まれている》第 12 代イマーム (imam). ◆ **Mah·dism** /mɑ́ːdìz(ə)m/ *n* MAHDI 降臨の信仰. **-dist** *n*

Ma·hé /mɑːhéɪ; mɑ́ː(h)eɪ/ マエー, マヘ《**1**》インド洋にある Seychelles 諸島の主島 **2**》インド南西部 Calicut の北西にある町; インド西岸における唯一のフランス植民地であったが, 1954 年インドに復帰, Pondicherry 連邦直轄地の一部となった; 旧称 Mayyali》.

ma·hem /məhέm, mɑː-/ *n* (*pl* ～, ～**s**) 《南ア》ホオジロカンムリヅル. ［Zulu］

ma·he·wu /mɑːhéɪwu, -xέ(w)u/ *n* 《南ア》発酵させた粉トウモロコシがゆ, マヘウ. ［Xhosa］

Mah·fouz /mɑ́ːxfuz, mɑːfúːz/ マフフーズ **Naguib** ～ (1911–2006)《エジプトの作家; アラブ人初の ノーベル文学賞 (1988)》.

Ma·hi·can /məhíːkən/, **Mo-** /moʊ-, mə-/ *n* **a** (*pl* ～, ～**s**) マヒカン族《もと Hudson 川上流域に住んだ北米インディアン》. **b** マヒカン語《Algonquian 語族に属する》.

Ma·hi·lyow /məhilóʊ, mɑːhiljóʊ/, **Mo·gi·lyov, Mo·gi·lev** /məgɪljɔ́ːf/ マヒリョウ, モギリョフ《ベラルーシ東部の Dnieper 川に臨む市》.

ma·hi·ma·hi /mɑ̀ːhimɑ́ːhi/ *n* マヒマヒ《特に Hawaii で食用とするシイラの肉》.

mah-jongg, -jong /mɑ́ːʒɑ́ːŋ, -ʤɑ́ːŋ, -ʒɔ́ːŋ, -ʤɔ́ːŋ, ⏤⏤; mɑ́ːʤɔ́ŋ/ *n* 麻雀. ► *vi* 麻雀であがる[勝つ]. ［商標 *Mah-Jongg* ＜Chin］

Mah·ler /mɑ́ːlər/ マーラー **Gustav** ～ (1860–1911)《ボヘミア生まれのオーストリアの作曲家・指揮者》.

Mah·ler·ian /mɑːlíəriən, -lέər-/ *a* MAHLER の, マーラー風の. ► *n* マーラー音楽愛好家[支持者], マーラー演奏家.

Máhler·ish *a* マーラー (Mahler) 的な.

Máhler·ite *n* MAHLERIAN.

mahlstick ⇨ MAULSTICK.

Mah·mud /mɑːmúːd/ マフムト ～ **II** (1785–1839)《オスマントルコのスルタン (1808–39); 啓蒙的専制君主》.

ma·hoe /məhóʊ, mɑ́ːhòʊ/ *n* 〘植〙**a** オオハマボウ (majagua). **b** 西インド諸島産のジンチョウゲ科の木.

ma·hog·a·ny /məhɑ́gəni/ *n* 〘植〙マホガニー《センダン科の高木》; マホガニー材《良質の家具材》; マホガニー色《おだやかな赤褐色》; [〈*a*〉] マホガニー(色)の; [the] 《古》(マホガニー材の)食卓. ● **have one's knees under sb's ～** 人といっしょに食事する. **put** [**stretch**] **one's legs under sb's ～** 人のもてなしをうける. **with one's knees under the ～** 食卓に着いて. ［C17＜?］

mahógany fàmily 〘植〙センダン科 (Meliaceae).

mahógany flàt″《俗》ナンキンムシ (bedbug).

Ma·hom·et /məhɑ́mət/ MUHAMMAD. ◆ **Ma·hóm·e·tan** *a, n*

Ma·hón /məhóʊn, mɑːóʊn/ マオン (*E* Port Mahon)《スペイン領 Minorca 島の港町》.

ma·ho·nia /məhóʊniə/ *n* 〘植〙ヒイラギナンテン属 (*M-*) の各種低木[小高木]. ［Bernard Mc*Mahon* (c. 1775–1816) 米国の植物学者］

ma·hos·ka /məhɑ́skə/ *n**《俗》麻薬 (narcotics) (＝*hoska*) (cf. MOHASKY); 《俗》元気, 精力, 力 (moxie).

Ma·hound /məhúːnd, -háʊnd/ *n* 《古》MUHAMMAD; /-húːn/ 《スコ》悪魔.

ma·hout /məháʊt/ *n* 《インド・東インド諸島の》象使い. ［Hindi＜Skt＝of great measure, high official］

Mahratta ⇨ MARATHA.

Mahratti ⇨ MARATHI.

Mäh·ren /*G* mέːrən/ メーレン《MORAVIA[1] のドイツ語名》.

mah·seer /mɑ́ːsìər/ *n* 〘魚〙マハシア《インド産コイ科の大型淡水食用魚》. ［Hindi］

ma·hua, -hwa /mɑ́ː(h)wə/ *n* 〘植〙マーワ《インド・東南アジア産アカテツ科の樹木; 花は蜜が多く食用》; マーワの花の蜜から造る酒. ［Hindi］

ma·huang /mɑ́ːhwɑ́ːŋ/ *n* 〘植〙マオウ (麻黄), 《特に》シナマオウ《これから ephedrine を採る》. ［Chin］

mah·zor, mach- /mɑːxzɔ́ːr, mɑ́ːxzər/ *n* (*pl* **-zor·im** /mɑ̀ːxzɔːríːm/, ～**s**)《祝祭日用の》ユダヤ教祈禱書 (cf. SIDDUR). ［Heb］

mai /*F* mɛ/ *n* 五月 (May).

Ma·ia /méɪjə, mάɪ-/ 〘ギ神〙マイア《PLEIADES の最年長者; Zeus との間に Hermes を生んだ》; 〘天〙マイア《Pleiades 星団の最輝星》; 〘ロ神〙マイア《豊穣の女神; Faunus の娘で Vulcan の妻》.

maid /méɪd/ *n* **1** お手伝い, 女中, メイド《しばしば 複合語に用いる: bar ～, house ～, nurse ～》: LADY'S MAID, MAID OF HONOR. **2** 《文》娘, 少女; 《古》未婚の女, 処女, おとめ; [the M-] MAID OF ORLÉANS; 《まれ》OLD MAID. ● **a ～ of all work** 雑働きの女中, 雑役婦; [*fig*] いろいろな仕事をする人. ◆ **～·hòod** *n* **～·ish** *a* **～y** *n* ［*maiden*; cf. G *Magd*］

mai·dan /maɪdɑ́ːn/ 〘インド・パキスタンなど〙*n* 広場; 閲兵場. ［Arab］

Mai·da·nek /máɪd(ə)nὲk, maɪdɑ́ː-/ MAJDANEK.

maid·en /méɪdn/ *n* **1 a** 《古・詩》少女, おとめ, 処女. **b**″処女演説 (maiden speech); 1 年目の木本; 勝ったことのない競走馬[犬] (のレース); 〘クリケット〙MAIDEN OVER. **2** 《北イング》洗濯物掛け, 衣紋掛け; 《16–7 世紀スコットランドの》断頭台. ► *attrib a* **1** 処女の, 未婚の; 交尾した[子を産んだ]ことのない〈雌の動物〉: a ～ aunt 独身のおば. **2** おとめの, おとめらしい; 初めての; 未経験の, 初陣(ういじん)の〈騎士・兵士〉; 勝ったことのない, 未勝利の〈競走馬〉, 未勝利馬の〈レース〉; 実生の〈植物〉; 不落の〈城塞〉: a ～ battle 初陣 / a ～ flight 処女飛行 / ～ stakes 初出場馬への賭け金 / a ～ sword 新刀. ◆ **～·ish** *a* **～·like** *a* ［OE *mægden* (dim)＜*mægeþ*; cf. G *Mädchen*］

máiden assíze 〘史〙処女アサイズ(裁判)《もともとは死刑の有罪決定を一つもしなかったアサイズ[巡回]裁判; のちには審理案件のないアサイズ[巡回]裁判》.

máiden·hàir (fèrn) 〘植〙アジアンタム属の各種のシダ《ホウライシダ・クジャクデンダ・ハコネシダなど》.

máidenhair trèe 〘植〙イチョウ (ginkgo). ［葉が maidenhair fern の葉に似ていることから］

máiden·hèad *n* 処女膜 (hymen); 処女(性) (virginity); 《古》純潔, 新鮮さ.

Maidenhead メイデンヘッド《イングランド南部 Berkshire の町; London の西, Thames 川に臨む》.

máiden·hòod *n* 処女であること; 処女[娘]時代.

máiden lády 未婚女性, 老嬢.

máiden·ly *a* おとめ[処女]の; 娘[処女]らしい, 慎み深い, 内気な, 優しい. ► *adv* 《古》処女らしく, おとめにふさわしく. ◆ **-li·ness** *n*

máiden náme 《女性の》結婚前の姓, 旧姓.

máiden óver 〘クリケット〙無得点のオーバー.

máiden pìnk 〘植〙ヒメナデシコ《スコットランド原産》.

máiden spéech″《特に 議会での》処女演説.

máiden vóyage 〘海〙処女航海.

máid-in-wàit·ing *n* (*pl* **máids-in-wáit·ing**)《女王・王女の未婚の》侍女.

Máid Márian 五月姫《MORRIS DANCE で男が演じる女性役》; 修道女マリアン《Robin Hood の恋人》.

máid of hónor (*pl* **máids of hónor**) **1 a** 女官, 侍女《女王・王女に仕える未婚の貴族女性》. **b***《花嫁に付き添う》未婚付添い女性の長 (cf. BRIDESMAID, MATRON OF HONOR). **2**″カスタードパイの小さなもの.

Maid of Orléans /⏤ ⏤ ⏤/ [the] オルレアンの少女《JOAN OF ARC の異名》.

máid·sèrvant *n* お手伝い, 女中 (cf. MANSERVANT).

Maid·stone /méɪdstən, -stòʊn/ メイドストン《イングランド南東部 Kent 州の州都; Medway 川に臨む》.

Mai·du /máɪdu/ *n* **a** (*pl* ～, ～**s**) マイドゥー族《もとは California 州北部に居住していたインディアン》. **b** マイドゥー語《Penutian 語族に属する》.

Mai·du·gu·ri /maɪdúːgəri/ マイドゥグリ《ナイジェリア北東部 Borno 州の州都; 別称 Yerwa-Maiduguri》.

ma·ieu·tic /meɪjúːtɪk, maɪ-/, **-ti·cal** *a* 〘哲〙《Socrates の》産婆術の《人の心中の漠然とした考えを問答によって引き出し, それを明確に意識させる方法》. ［Gk］

ma·iéu·tics *n* 《特に Socrates の》産婆術.

mai·gre[1] /méɪgər/ *a* 〘カト〙〈食物・料理が〉肉類を含まない; 〘カト〙精進の〈日〉. ［F＝lean; cf. MEAGER］

mai·gre[2], **mai·ger** /méɪgər/ *n* 〘魚〙オオニベ《地中海・大西洋などに産するニベ科オオニベ属の大型食用魚》. ［F］

Maig·ret /*F* mɛgrɛ/ [Inspector ～] メグレ警部《Georges Simenon の探偵小説の主人公》.

maihem ⇨ MAYHEM.

Maikop ⇨ MAYKOP.

mail[1] /méɪl/ *n* **1 a** [°the ～s] 郵便制度, 郵便: by [through the] ～* 郵便で (by post″) / send by ～ 郵送する / first-[third-]class ～ 第一[第三]種郵便. **b** 郵便物, 《1 回の便で配達される》郵便物《英国では外国向け郵便物にだけ用い, 国内向けは post という》: Is there much ～ for me this morning? けさは郵便がたくさん来ていますか / up ～ 《郵便局用語で》配達の用意のできた郵便物. **c**″郵便物輸送列車[船, 飛行機], 郵便配達人. **d** 《古》郵便袋, 行嚢(こうのう) (mailbag); 《スコ》合切袋, (旅行)かばん. **e** 〘電算〙メール (E-MAIL). **2** [M-] …新聞: *The Daily M～*. ● **by** RETURN **of ～. carry** [**haul**] **the ～** *《俗》(厄介な)仕事を(一人で)こなす[引き受ける], 切りまわす; *《俗》猛スピードで走る[飛ばす], ダッシュする. **copy the ～** 《CB 無線俗》市民ラジオを聴くだけで自分ではほとんどしゃべらない. **in the ～** 郵便で;

郵送されて, 郵送中に; 郵便物の中に. **pack the ～***《俗》速く走る, 急いで旅行する. ► *vt* *郵便で出す, 郵送する 〈*off*〉; *投函する (post ‖); 〖電算〗メールで送る; …にメールを送る. ● **～ out** 〈ダイレクトメールなど郵便物を〉一度に発送する. ♦ **～·able*** *a* 郵送できる[の認可された]. **～·abílity** *n* 〔OF *male* wallet＜WGmc〕

mail[2] *n* 鎖かたびら, よろい; 《カメ・エビなどの》甲殻, 甲羅; 《タカの》胸羽毛. ► *vt* …によろいを着せる, 武装させる. 〔OF *maille*＜L MACULA〕

mail[3] *n* 《古・スコ》納付金, 税金, 年貢, 家賃《など》. 〔OE〕

máil·bàg* *n* 《郵便配達人のさげる》郵便袋[かばん] (postbag‖); 《輸送用の》郵袋(ゆうたい); *《報道機関や有名人に(1 日に)届く》手紙・投書の総量 (postbag‖).

máil·bòat *n* *郵便船, 郵船 (post boat‖).

máil bòmb *小包[郵便, 手紙]爆弾; メール爆弾《特定のアドレスに送りつけられ使用不能状態にする大量の E メール》. ► *vt* …に mail bomb を送りつける

máil·bòx *n* *郵便ポスト (postbox‖); *《個人用の》郵便受 (letter box‖); メールボックス《受信した E メールの格納場所》.

máil càll 《軍隊で隊員への》郵便物の配布.

máil càr* 《鉄道の》郵便車.

máil càrrier* 《郵便局相互間の》郵便物運搬人; 郵便集配員 (letter carrier); 郵便物輸送車.

máil-càrt‖ *n* 《手押しの》郵便車; 乳母車.

máil càtcher* MAIL CRANE につるされた郵袋(ゆうたい)を郵便車側で受け取る装置.

máil·chùte *n* メールシュート《ビルの各階の通路に設けた郵便物投入口; 一階のポストに通じている》.

máil·clàd *a* 鎖かたびらを着た.

máil clèrk* 郵便局事務員; 〖鉄道〗《郵便車の》郵便物区分係; 《一般に会社などの》郵便係.

máil còach 郵便車; 《古》郵便馬車.

máil còver 〖米〗《反逆罪などの疑いのある》個人・団体・企業あての郵便物の差出人の氏名・住所・発信地・日付などを記録する制度《現在はほとんど行なわれない》.

máil cràne 進行中の列車に郵袋を積み降ろしするための線路わきのかぎ状の装置.

máil dròp *郵便受; 郵便投入口; 《居所と別の》郵便専用住所; ‖郵便物の配達.

mai·le /máıli/ *n* 〖植〗太平洋諸島のキョウチクトウ科のつる植物《ハワイなどでレイに用いる》. 〔Haw〕

mailed /méıld/ *a* かたびら[よろい]を着けた.

máiled físt [the] 武力(による威嚇); 威圧.

máil·er *n* 郵便差出人; 郵便利用者; 《郵送のために宛名を書くなどの発送準備をする》郵送係; MAILING MACHINE; 郵送中の郵便物を保護するための容器; 《古》郵(便)船; 〖商〗通信文と共に送る宣伝リーフレット; 〖電算〗メーラー《E メールを扱うソフトウェア》.

Mái·ler メイラー **Norman** (**Kingsley**) ～ (1923–2007)《米国の作家; 小説 *The Naked and the Dead* (1948), *The American Dream* (1965)》.

máil flàg 〖海〗郵便旗, Y 旗.

máil form メールフォーム《ウェブ上にあるネット通販の購入申込書》.

Máil·gràm 〖米商標〗メールグラム《郵便局に送られた電報が郵便配達人によって届けられるもの》.

máil·ing[1] *n* 郵送; 郵便物; 《ダイレクトメールなどの郵便物の 1 回分の》発送(量). 〔*mail*[1]〕

mailing[2] 《スコ》 *n* 小作農地; 小作料. 〔*mail*[3]〕

máiling làbel 宛名記入用ラベル.

máiling lìst 郵送先名簿; 〖電算〗メーリングリスト《1) E メールの送り先のリスト 2) インターネットで, 登録したユーザーに E メールで随時情報を送るサービス; cf. NEWSGROUP》.

máiling lìst mànager 〖電算〗メーリングリストマネージャー《メーリングリストを管理・運営するソフトウェア》.

máiling machìne 郵便機械 (＝*mailer*)《郵便物発送時の手間を省く各種の郵便発送事務機》.

máiling tùbe 《新聞・雑誌の》郵送用円筒《厚紙製》.

Mail·lard reàction /məlá:rd-, -já:rd-/ 〖生化〗メイラード[マイヤール]反応《アミノ化合物(アミノ酸・ペプチド・タンパク質)と還元糖を混合加熱した際に褐色の物質が生まれる非酵素的反応》. 〔Louis-Camille *Maillard* (1878–1936) フランスの生化学者〕

Mail·lol /ma:jó:l, -jóul/ マイヨール **Aristide** ～ (1861–1944)《フランスの彫刻家》.

mail·lot /maıóu, ma:jóu/ *n* タイツ, マイヨ《舞踊家・軽業師・体操専門家などが用いるぴったりした胴着》; 《肩ひものないワンピースの》マイヨ型婦人水着; ジャージーのセーター[シャツ]. 〔F; cf. MAIL[2]〕

máil·màn* *n* 郵便配達人, 集配人 (postman). ★ 性差別的響きを嫌って mail carrier, letter carrier がしばしば使われる.

máil·mèrge *n* 〖電算〗メールマージ《文書中にシンボルで記入された宛名・住所などを別ファイルからの実際のデータと置換して文書を完成させる機能》.

Máil on Súnday [The]『メール・オン・サンデー』《英国の日曜大衆紙; 1982 年創刊》.

máil-òrder *a* 通信販売(会社)の, メールオーダーの. ► *vt* 郵便で注文する.

máil òrder 通信販売, メールオーダー: buy sth (by) ～.

máil-òrder bríde 《カナダ俗》《結婚斡旋所などを通して》文通で決まった花嫁.

máil-òrder hòuse [**fìrm**] 通信販売店[会社].

máil·pòuch* *n* 郵便かばん (mailbag).

máil·ròom *n* 《企業・官庁などの》郵便物集配室.

máil·sàck *n* 郵袋 (mailbag).

máil sèrver メールサーバー (＝*SMTP server*)《E メールの配送を管理するホストコンピューター》.

máil·shòt *n* ダイレクトメール(の郵送).

máil·ster *n* 郵便配達人の使う三輪スクーター.

máil tràin 郵便列車.

máil·vàn *n* 郵便運搬用トラック, 郵便車.

maim /méım/ *vt* …に傷害を与える; 肢体不自由者[障害者]にする (cripple); 傷つける, そこなう. ► 《廃》 *n* ひどいけが, 《手・足など》失うこと, 損傷; 欠損; 欠陥. ♦ **～·er** *n* 〔OF *mahaignier*＜?〕

mai mai /máı màı/ 《NZ》《カモ狩りの》隠れ場.

maimed /méımd/ *a* 不具の. ♦ **～·ness** *n*

Mai·mon·i·des /maımánədì:z/ マイモニデス (1135–1204)《スペイン生まれのユダヤ人哲学者・医師・律法学者》.

main[1] /méın/ *attrib a* **1** 主要部をなす; 主要な; 〖海〗大檣(たいしょう)[大帆]の; 〖文法〗主部の: a ～ event [《俗》go] 主要試合, メインイベント / the ～ body 〖軍〗主力, 本隊; 《書類の》本文; 〖海〗船体 (hull) / the ～ plot 《ドラマなどの》本筋 (cf. SUBPLOT) / the ～ point 《議論などの》要点 / the ～ road 本街道; 本線. **2** 十分な, 精いっぱいの; 広大な; ‖《方》著しい, かなりの; 《廃》強力な. **3***《俗》お気に入りの, いちばん好きな. ● **by ～** FORCE[1]. ► *n* **1** 《上下水道・ガス・電気などの》主管, 幹線 (cf. SERVICE PIPE); [the ～s] ‖《建物へ引き込む上下水道・ガス・電気などの》本管, 本線; 引込み口, 元栓; 《鉄道の》幹線路; [～s, 〈*a*〉] ‖本管からの, ‖本線からの(電力供給による), コンセントを使う: WATER MAIN / ～*s* water 水道水 / MAINS ELECTRICITY / ～*s* voltage 本線の電圧 / a ～*s* radio 《電池式でない》コンセント使用ラジオ. **2** [the] 《詩》大海原; 《まれ》本土; 〖海〗大檣, 大帆: the SPANISH MAIN / a ～ beam 《船の》全幅 / a ～ hatch 《mainmast 近くの》主艙口 / a ～ hold 中部船艙. **3** 主要部, 要点; (大きな)力: (with [by]) MIGHT[2] and ～. ● **for** [**in**] **the ～** 概して, 大部分は. **turn on the ～** [*joc*] ワッと泣き出す. ► *vt* 《俗》〈ヘロインなどを〉静脈にうつ (mainline). 〔OE *mægen* strength; cf. MAY[1]〕

main[2] *n* 唱え数《hazard でさいを振る前に予言する 5 から 9 までの任意の数》, さいころを振ること; 弓術[拳闘]試合; 闘鶏 (cockfighting). 〔? MAIN[1] chance〕

Main /méın; *G* máın/ [the] マイン川《ドイツ中南部の川; Bavaria 州北東部 Fichtelgebirge に発し, 西流して Mainz で Rhine 川に合流する》.

máin·bòard *n* 〖電算〗MOTHERBOARD.

máin bráce 〖海〗大檣転桁(てんこう)索. ● **splice the ～** 〖史〗船員に酒[ラム]を特配する; 《口》[*joc*]《困難などのあとで》愉快に酒を飲む.

máin chánce 絶好の機会; 自分の利益, 私利. ● **have** [**keep**] **an eye for** [**on, to**] **the ～** 自分の利益にさといい, 私利をはかる.

máin cláuse 〖文法〗主節 (opp. *subordinate clause*).

máin cóurse メインコース, 主要料理 (cf. ENTRÉE); 〖海〗《横帆船の》主帆.

máin·cròp *a* 出盛りの, 旬の: ～ potatoes.

máin cróp 〖農〗《早生や晩生と区別して》出盛りの時期にとれる作物[品種].

máin déck 〖海〗主甲板.

Mai-Ndom·be /máıɛndó:mbi/ [Lake] マイ-ヌドンベ湖《コンゴ民主共和国西部の湖; Fimi 川へ流出, 最終的に Congo 川に合流する; 浅くて形も定まらず, 雨期には 2–3 倍に広がる; 旧称 Lake Leopold II》.

máin drág*《口》大通り, 中心街 (cf. HIGH STREET); 《口》薬(ヤク)の売人や売春婦の立つ通り.

Maine /méın/ **1** メイン《ニューイングランドの州; ☆Augusta; 略 Me, ME》. **2** /; *F* mɛn/ メーヌ (＝**Le ～**)《フランス北西部 Normandy の南にある地方・旧州; ☆Le Mans》; [the] メーヌ川《フランス北西部, Mayenne 川と Sarthe 川とが合流してできた川で, 南流して Loire 川に注ぐ》. **3** メイン Sir **Henry** (**James Sumner**) ～ (1822–88)《英国の法学者; 歴史法学派の代表的学者》. **4** [the] メイン号《1898 年に Havana 港で爆沈させられた米国の戦艦; 米西戦争の引金となり 'Remember the ～.' が合いことばとなった》. ● **from ～ to California** 米国の端から端まで, 米国全土を通じて. ♦ **Máin·er** *n* メイン州人.

Máine cóon [**cát**] 〖猫〗メインクーン (＝*coon cat*)《アメリカ産の被毛がふさふさした, 尾の長いイエネコ》.

Maine-et-Loire /*F* mɛnelwa:r/ メーヌ-エ-ロアール《フランス西部 Pays de la Loire 地域圏の県; ☆Angers》.

máin fácet 〖宝石〗メーンファセット《ブリリアンカットで上下に 8 つずつある偏菱形の面》.

máin flóor* [the] 一階 (ground floor‖).

M

máin·frame *n*〘電算〙メインフレーム《周辺端末部に対してコンピューターの本体》; 大型コンピューター;〘電〙本配線盤.
máin gúy «俗» サーカスのテントの中央ポールを支える張り綱.
main·land /méɪnlæ̀nd, -lənd/ *n* [the] 本土, 大陸《付近の島や半島と区別して》;《豪》《Tasmania に対し》オーストラリア大陸: the Chinese ～＝～ China 中国本土. ♦ **～·er** *n* 本土人.
Mainland 1《日本の》本州. 2 メインランド《(1) スコットランド北岸沖 Shetland 諸島最大の島 2) スコットランド北岸沖 Orkney 諸島最大の島; 別称 Pomona》.
Máinland Stàte [the] 本土州《Alaska 州の俗称》.
máin·lìne *vt, vi* «俗»《麻薬を》静注する (cf. SKIN-POP); «俗» 大量に食べる[飲む]; 大量に供給する[もたらす]. ► *a* 幹線の[沿いの]; 中心的な位置を占める, 主要な; 主流の, 体制側の.
máin líne 1《鉄道·*道路·*定期航空·*バス路線などの》幹線, 本線 (opp. *local line*); 主流, 本流; «俗»《麻薬を注射しやすい手や足の》太い静脈; «俗» 麻薬の静脈注射; *«俗» テレビ放送局間の同軸ケーブル. 2*«俗» 金; [ˢM- L-] メインライン《Philadelphia の西郊外の高級住宅地区; Pennsylvania 鉄道の本線に沿った一帯》; [ˢM- L-] *上流社会, 高級住宅地; *«俗» 刑務所の食堂.
máin·lìner *n* 幹線を運行する乗物; «俗» 麻薬を静脈注射する者; *«俗» エリート.
máin·ly *adv* 主に, 主として; たいがいは; «廃» 強力に, 大いに.
máin mán *«口» 中心人物, 大黒柱, 親分, ボス; *«口» 好かれるやつ, 人気者; *«口» ボーイフレンド, 彼氏, 夫; *«口» 親友, ボン友.
máin márket《London 証券取引所の》上場株式市場.
máin·màst /, (海) -məst/ *n*〘海〙メインマスト, 大檣(たいしょう).
máin mémory〘電算〙主記憶(装置) (＝*main storage*).
máin plàne〘空〙主翼.
main·prise, -prize /méɪnpràɪz/ *n*〘古法〙出廷保証; 出廷保証令状. [AN, OF (*main* hand, *prendre* to take)]
máin quéen *«俗»《いつもきまってつきあう》ガールフレンド, 彼女; *«俗»《男にもてる》ホモの(若い)女役.
máin rìgging〘海〙大檣索具.
máin róyal〘海〙大檣のローヤル(帆).
mains /méɪnz/ *n*ᴴ《方》《荘園の》主要農地. [do*mains*]
máin·sàil /, (海) -s(ə)l/ *n*〘海〙メインスル, 大檣帆, 大帆, 主帆.
máins electrícity 商用電源, 系統電力《本線から家庭や企業に供給される電力; ⇨ MAIN¹ *n* 1》.
máin séquence〘天〙《ヘルツシュプルング-ラッセル図の》主系列.
máin-séquence stár 主系列星.
máin shàft〘機〙主軸 (cf. COUNTERSHAFT).
máin·shèet *n*〘海〙メインシート《メインスル (mainsail) の帆脚索(ほあしづな)》.
máin·sprìng *n*《時計などの》主ぜんまい; 主要動機, 主因, 原動力.
máin squéeze *«俗» トップ, 親玉, ボス, 上司; *«俗» かみさん, 女房; *«俗» (きまった)ガール[ボーイ]フレンド, 恋人, 愛人.
máin stàsh *«俗»《麻薬を置いてある》麻薬常用者の自宅, ヤサ.
máin·stày *n*〘海〙大檣支索;〘機〙主控条; 中心となるもの, 主要部, 頼みの綱, 大黒柱, かなめ ⟨*of*⟩.
máin stém 1〘植〙主茎, 幹. 2*«俗» 大通り (main drag); *«俗» 本線; *«俗» 本流.
máin stóre [stórage]〘電算〙主記憶装置 (memory).
máin·strèam *n*《地域·水系の》本流, 主流, 本川 (cf. TRIBUTARY); [the]《思想·運動などの》主流, 主潮,《社会の》大勢 ⟨*of*⟩. ► *attrib a* 主流の; 伝統的な; ⟨学校·学級が⟩普通の《特別支援を必要としない子供のための》;〘ジャズ〙メインストリームの《ニューオーリンズとモダンの中間にあるスウィングなど》. ► *vt, vi* *(障害児などを)普通クラスに参加させる; 主流[大勢]に組み入れる.
máinstream smóke 主流煙《タバコの中を通って口にはいる煙; cf. SIDESTREAM SMOKE》.
máin·strèet *vi* «米·カナダ» 中心街[メインストリート]で選挙運動をする. ♦ **～·ing** *n*
Máin Strèet *《小都市の》大通り, 目抜通り (cf. HIGH STREET); 小都市(部の人びと);《伝統的·保守的な》アメリカ中産階級; 小都市の平俗単調な実利主義的考え方[生活, 習慣]《Sinclair Lewis の小説 *Main Street* (1920) から》. ♦ **～·er** *n*
main·tain /meɪntéɪn, mən-/ *vt* 1 維持する, 続ける, 保つ, 持続[継続, 続行]する: ～ an open mind とらわれない心を持ちつづける / ～ an interest rate *at* 3% 金利を 3% に維持する. 2 ⟨車·家·道などを⟩維持(管理)する, 保守する; 扶養する, 養う: ～ the roads 道路の補修を怠らない / ～ a family 妻子を養う / ～ one*self* 自活する. 3 支持する, 後援[擁護]する;《反対·危険などに対して》守る, 支える, 持ちこたえる: ～ one's rights 権利を守る / ～ one's ground against…に対して自己の立場を守る. 4 ⟨…と⟩主張する (assert), 固執する ⟨*that*⟩; ⟨主張·論拠を⟩提出する, 申し立てる: He ～*s* his innocence [*that* he is innocent]. 身の潔白を[自分は潔白だと]主張している. ► *vi* *«口» 冷静に対処する[ふるまう]. ♦ **～·able** *a* **～·ability** *n* [OF＜L (*manus* hand, *teneo* to hold)]
maintáined schóol〘英〙公立学校.
maintáin·er *n* MAINTAIN する人; MAINTAINOR.
main·tain·or /meɪntéɪnər/ *n*〘法〙訴訟幇助者.
main·te·nance /méɪnt(ə)nəns/ *n* 1 **a** 維持, 持続; 保守, 補修, 整備, 維持(管理), メンテナンス: the ～ of peace 平和の維持 / the ～ of way〘鉄道〙保線. **b**〘会計〙《建物·設備などの》維持費 (＝～ **expènse [còst]**); 扶養(料); 生計(費);〘法〙ALIMONY: SEPARATE MAINTENANCE. 2 擁護; 主張. 3〘法〙訴訟幇助(ほうじょ). [OF; ⇨ MAINTAIN]
máintenance drùg 維持薬《麻薬中毒患者の禁断症状を防ぐために合法的に与えられる麻薬》.
máintenance màn《ビルなどの》用務員, 保守係;《機械の》補修員[工].
máintenance of mémbership 組合員資格の保持《労働組合員である被用者が組合員資格を失うと解雇されるという制度》.
máintenance òrder〘法〙《裁判所が扶養義務者に出す, 被扶養者への》扶助料支払命令.
maíntenance ròutine〘電算〙メンテナンスルーチン, 保守プログラム.
Mainte·non /*F* mɛ̃tnɔ̃/ マントノン **Françoise d'Aubigné,** Marquise **de** ～ (1635–1719)《フランス王 Louis 14 世の愛人, 第 2 妃》.
máin·tòp *n*〘海〙大檣(たいしょう)楼.
máin-topgállant *n* [ᵁ*compd*]〘海〙大檣の上檣: the ～ sail 大檣のトガンスル.
máin-topgállant màst〘海〙大檣の上檣.
màin-tóp·màst /, (海) -məst/ *n*〘海〙大檣の中檣.
màin-tóp·sàil /, (海) -s(ə)l/ *n*〘海〙大檣の中檣帆.
máin vérb〘文法〙本動詞 (cf. AUXILIARY (VERB)).
máin yàrd〘海〙大檣下桁(かこう).
Mainz /máɪnts/ マインツ (*F* Mayence)《ドイツ西部 Rhineland-Palatinate 州の州都; Rhine 川と Main 川の合流点に位置する; 大司教区所在地 (780–1801); 15 世紀 Johannes Gutenberg が印刷術の発展に尽力した地》.
maiolica ⇨ MAJOLICA.
mair /méər/ *a, adv, n, pron* «スコ» MORE.
mair·ie /mɛrí:/ *n*《フランスの》市[区]役所. [F]
Mai·sie /méɪzi/ メイジー《女子名》. [Sc (dim); ⇨ MARGARET]
mai·son de san·té /*F* mɛzɔ̃ də sɑ̃te/ 私立病院; 精神病院. [F＝house of health]
mai·son joie /*F* mɛzɔ̃ ʒwa/ *«俗» 売春宿.
mai·so(n)·nette /mèɪz(ə)nét, -s(ə)n-/ *n*ᴴ 小さい家; メゾネット《共同住宅の一住戸で, 特に各住戸が 2 層以上で構成されているもの》. [F (dim)＜*maison* house]
maist /méɪst/ *a, adv, pron* «スコ» MOST.
Mais·tre /méstr(ə)/ メーストル **Joseph(-Marie) de** ～, Comte **de** ～ (1753–1821)《フランスの著述家·外交官; 保守的立場からフランス革命を批判した》.
mai tai /máɪ táɪ/ マイタイ《ラム·キュラソー·オルジェー (orgeat)·ライム·果汁のカクテル; 氷を入れて飲む》. [Tahitian]
Mai·thi·li /máɪtɪli/ *n* マイティリー語《インド Bihar 州北部およびネパール南部で話されるビハール語 (Bihari) の方言; Devanagari 文字から派生した特有の文字体系をもつ》; マイティリー文字.
Mait·land /méɪtlənd/ メイトランド **Frederic William** ～ (1850–1906)《英国の法制史学者; イギリス法研究に史的·比較的方法を導入した》.
maî·tre /méɪtər, -trə, mét-; métrə/ *n* MASTER¹. [F]
maître d', mai·tre d' /— dí:/ (*pl* ～**s**) «口» MAÎTRE D'HÔTEL.
maître d'hô·tel /— doutél/ (*pl* **maî·tres d'hôtel** /-trə(z)-/) 1《ホテルの》支配人, 所有者;《大家の》家令, 執事長 (majordomo);《広く》給仕人頭, ボーイ長 (headwaiter). 2〘料理〙メートルドテルバター (＝**maître d'hôtel butter [sauce]** /— — —/)《バター·パセリ·レモン汁·塩·コショウなどで作るソース》. [F＝master of house]
maizeᴴ /méɪz/ *n*〘植〙トウモロコシ(の実), メイズ (corn); トウモロコシ色, うすい黄色. [F or Sp＜(Carib)]
máize·bird, máiz·er, máize thìef *n*〘鳥〙ハゴロモガラス (redwing blackbird).
máize òil CORN OIL.
Maj. Major.
ma·ja·gua, -ha- /məhá:gwə/ *n*〘植〙オオハマボウ《フヨウ属の木》. [AmSp]
Maj·da·nek /máɪd(ə)nèk, maɪdá:-/ マイダネク《ポーランド Lublin 市の南東郊外にあったナチスの強制収容所》.
ma·jes·tic /mədʒéstɪk/, **-ti·cal** *a* 威厳のある, 荘厳な, 堂々とした. ♦ **-ti·cal·ly** *adv*
maj·es·ty /mǽdʒəsti/ *n* 1 威厳 (dignity), 荘厳, 威風; 主権, 王権; 君主, 王(族);〘美〙天主[キリスト, 聖母]が栄光の座についている画像: in all one's [its] ～ 栄華の極みで, 全盛[壮麗, 雄大, 偉大]で. 2 [M-] 陛下: His [Her] (Imperial) *M*～ 皇帝[皇后]陛下《略 HIM, HM》/ His *M*～*'s* ship 帝国軍艦《略 HMS》/ Their (Imperial) *Majesties* 両陛下《略 TIM, TM》. ★ Your [His, Her] *M*～ として用いる. Your *M*～ は呼びかけ語 または you の代わりで,

動詞は三人称単数で呼応. His [Her] *M~* は he [she] の代わり. 複数形は Your [Their] *Majesties*; EXCELLENCY, GRACE, HIGHNESS, LORDSHIP など君主以外に対する敬称についても同様. ［OF＜L *majestas*; ⇨ MAJOR］

Maj Gen °Major General.

maj·lis, mej·lis, maj·les, mej·liss /mæʤlís, mɛʤ-/ *n* 《北アフリカ・西南アジアの》集会, 協議会, 法廷, 《特にイランの》国会. ［Pers］

ma·jol·i·ca /məʤɑ́lɪkə, -jɑ́l-/, **-iol-** /-jɑ́l-/ *n* マヨリカ《不透明のスズの釉(ゆう)が施され, 彩画された陶器; ルネサンス時代にイタリアで作られた; また, これに似た焼物》. ［It; *Majorca* 島の旧名］

ma·jor /méɪʤər/ (opp. *minor*) *a* **1** [ᵘ*attrib*] **a** 《大きさ・数量・程度・重要性・地位などが》大きいほうの, 過半の, 主な; 《規模の》大きな, 主要な, 重大な, 大事な; 《俗》すごい, すばらしい, すてきな, いかす (excellent): the ~ part of…の大部分, 過半数. **b** 《米・豪》《大学で》専攻の〈学科〉. **c** 重い〈病気〉, 生命の危険を伴う〈手術〉. **2** 成年の, 成人した; ᴴ《最》年長の《特に public school で, 兄弟など同姓の生徒のうち年長[入学が先]のほうの姓に付けて区別する; ただし 4 人の場合の順は maximus, major, minor, minimus》: Jones ~ 兄[長兄, 年上, 次兄]のジョーンズ. **3** 〖楽〗長調の, 長…; [後置]〖鳴鐘〗8 個の鐘で鳴らす: a ~ interval 長音程 / ~ third 長 3 度 / a sonata in F ~ ヘ長調ソナタ. **4** 〖論〗〈名辞・前提が〉大…: MAJOR TERM / MAJOR PREMISE. ► *n* **1** 〖軍〗《略 Maj》少佐 (⇨ ARMY, AIR FORCE, MARINE CORPS); 《軍俗》曹長 (sergeant major); 〖軍〗《特殊部門の》長 (cf. DRUM [PIPE, TRUMPET] MAJOR). **2** 《地位・重要性などで》上位者; 成年者, 成人《通例 米で 21 歳以上, 英で 18 歳以上の者》. **3** 《米・豪》《学位を取るための》専攻学科; 《米・豪》…専攻学生: History is my ~. 歴史学専攻です / a history ~ 歴史学専攻学生. **4** [ᵘthe ~s] 大手(企業), 《特に》メジャー《国際石油資本》, 《Hollywood の》大手映画会社; *[the ~s] MAJOR LEAGUES; 〖ゴルフ〗メジャー大会[トーナメント]. **5** 〖論〗MAJOR PREMISE [TERM]; 〖楽〗MAJOR KEY, MAJOR SCALE; 〖鳴鐘〗8 個の鐘による転調鳴鐘法 (⇨ CHANGE RINGING). **6** 〖豪式フット〗ゴール (goal). ► *vi* 《米・豪》専攻する (cf. MINOR): ~ *in* history 歴史を専攻する. ● **~ on…** ᴴ…を重視する. ♦ **~·ship** *n* ［L (compar) ＜ *magnus* great］

Major **1** メージャー《男子名》. **2** メージャー **John** (**Roy**) ~ (1943–) 《英国の保守党政治家; 首相 (1990–97)》. ［↑］

májor áxis 〖数〗《楕円の》長軸.

Ma·jor·ca /məʤɔ́ːrkə, -jɔ́ːr-, mɑː-/ マリョルカ, マジョルカ (Sp **Ma·llor·ca** /mɑːjɔ́ːrkɑː/) 《地中海西部にあるスペイン領バレアレス諸島 (Balearic Islands) 最大の島で, 避寒地; ☆Palma》. ♦ **Ma·jór·can** *a, n*

májor cánon 〖キ教〗有給の(大)聖堂参事会員, 大カノン (cf. MINOR CANON).

ma·jor·do·mo /mèɪʤərdóumou/ *n* (*pl* **~s**) **1** 《特に イタリア・スペインの王家・大貴族の》家令, 執事長; [*joc*] 召使頭 (butler), 執事 (steward); 世話役, 幹事. **2** *《南西部》《農場・牧場の》監督者, 灌漑係. **3** [M-] 〖電算〗Majordomo 《MAILING LIST MANAGER の一つ》. ［Sp, It］

ma·jor·ette* /mèɪʤərɛ́t/ *n* DRUM MAJORETTE.

májor gène 〖遺〗主働遺伝子.

májor géneral 〖軍〗少将 (⇨ ARMY, AIR FORCE, MARINE CORPS) 《略 Maj Gen》.

májor histocompatibílity còmplex 〖免疫〗主要組織適合遺伝子複合体《細胞表面にみられる組織適合抗原を決定する遺伝子群; 略 MHC》.

ma·jor·i·tar·i·an /məʤɔ̀(ː)rətέəriən, -ʤɑ̀r-/ *n, a* 多数決主義(者)(の); *声なき多数の一員 (silent majoritarian). ♦ **~·ism** *n* 多数決主義.

ma·jor·i·ty /məʤɔ́(ː)rəti, -ʤɑ́r-/ *n* (opp. *minority*) **1 a** [ᵘ〈*pl*〉, 量について用いるときは〈*sg*〉] 大多数, 大部分; 多数党, 多数派 (cf. SILENT MAJORITY); 過半数, 絶対多数 (absolute majority); *過半数得票と残りの総得票との得票差, ᴴ次点との得票差 (cf. PLURALITY, RELATIVE MAJORITY); 《廃》優勢(であること): the great [vast] ~ 大多数 / The ~ of people prefer peace to war. 大多数の人は戦争より平和を選ぶ / an overall ~ 絶対多数 / by a large ~ 大差をつけて / by a ~ of…の差で / be in the ~ (by…人[票]だけ)多数である. **b** [〈*a*〉] 大多数の[による]: a ~ decision 多数決. **2** [the (great) ~] 死者: join [go over to, pass over to] the (great [silent]) ~ 亡き人の数[鬼籍]に入る (die) (cf. SILENT MAJORITY). **3** 〖法〗成年 (=**áge of** ~) 《コモンロー上は 21 歳だが, 現在は通例 米で 21 歳, 英で 18 歳》: attain [reach] one's ~ 成年に達する. **4** 〖軍〗少佐の階級[職]. ［F＜L; ⇨ MAJOR］

majórity càrrier 《半導体内の》多数キャリアー.

majórity lèader 〖米〗《議会の》多数党の院内総務 (cf. MINORITY LEADER): the House [Senate] *M~ L~* 下院[上院]の多数党の院内総務.

majórity rùle 多数決原理.

majórity vèrdict 《陪審員の過半数による》多数評決; 〖英法〗圧倒的多数評決, ほぼ全員一致の評決.

májor kéy 〖楽〗長調.

májor léague 〖米〗メジャーリーグ, 大リーグ《二大プロ野球リーグ American League, National League の一つ; cf. MINOR LEAGUE》; 《各種プロスポーツ界の》メジャーリーグ; 最高水準. ♦ **májor-léague** *a* メジャーリーグの; メジャークラスの, 一流の, 大物の, 重要な. ► *adv**《俗》非常に, 全く, えらく. **májor léaguer** メジャーリーグの選手, 大リーガー; 大物.

májor·ly *adv* とても, すごく; もっぱら, 主に; 第一に.

májor-médical *n, a* 〖米〗高額医療費保険(の).

Májor Mítchell 〖鳥〗クルマサカオウム《赤みをおびた羽と大きく派手なとさかが特徴; 豪州原産》. ［*Major* Sir Thomas *Mitchell* (1792–1855) 英国のオーストラリア探検家］

májor móde 〖楽〗MAJOR SCALE, MAJOR KEY.

májor órder [ᵘ*pl*] 〖カト・東方正教会〗上級聖品[聖職]《司祭・助祭または副助祭; cf. MINOR ORDER》.

májor párty 《選挙で勝てば政権が取れ, 敗れても野党第一党になれるような》大政党.

májor pénalty 〖アイスホッケー〗メジャーペナルティー《反則選手の 5 分間退場罰》.

májor pìece 〖チェス〗大ゴマ《rook または queen》.

májor plánet 〖天〗大惑星《minor planet に対して太陽系の 8 惑星の一つ》.

májor prémise 〖論〗大前提.

májor próphets *pl* **1** [the] 〖聖〗大預言者《Isaiah, Jeremiah, Ezekiel の 3 人, または Daniel を加えて 4 人》. **2** [the M- P-] 大預言書《上記 3[4] 人の名をもつ旧約中の書; ⇨ LATTER PROPHETS》.

májor scále 〖楽〗長音階, メジャースケール.

májor séminary 〖カト〗大神学校《MAJOR ORDER になるための 6 年間の修業学校; cf. MINOR SEMINARY》.

májor séventh 〖楽〗長 7 度; 〖楽〗メジャーセブンス(コード), 長七の和音 (=~ **chòrd**).

májor súit 〖ブリッジ〗スペード[ハート]のそろい札《得点が大きい; cf. MINOR SUIT》.

májor térm 〖論〗大名辞.

Majunga ⇨ MAHAJANGA.

Ma·ju·ro /məʤúərou/ マジュロ《太平洋西部 Marshall 諸島南東部の環礁; マーシャル諸島共和国の首都》.

ma·jus·cule /mǽʤəskjùːl, *məʤʌ́skjùːl/ *n* 《古写本の》大文字(体)《頭文字または UNCIAL 文字; cf. MINUSCULE》. ► *a* 大きな〈文字〉; 大文字(体)の. ♦ **-cu·lar** /məʤʌ́skjələr/ *a* ［L *majuscula* (*lettera*)］

mak /mǽk/ *v* 《スコ》MAKE¹.

makable ⇨ MAKE¹.

Ma·kah /mɑ́ːkɑː/ *n* **a** (*pl* **~, ~s**) マカ族《Nootka 族の一派》. **b** マカ語.

Ma·ka·lu /mʌ́kəlùː/ マカルー《ネパール北東部, ヒマラヤ山脈にある世界第 5 の高峰 (8481 m)》.

mak·an /mǽkæn/ *n* 《マレーシア・シンガポール》食べ物. ［Malay＝to eat, food］

mak·ar /mɑ́ːkər, méɪ-/ *n* 《主にスコ》詩人 (poet).

Ma·kar·i·os /məkɑ́ːriòus, -kǽr-/ マカリオス ~ **III** (1913–77) 《キプロスの聖職者・政治家; 本名 Mikhail Khristodolou Mouskos; キプロス大主教 (1950–77); キプロス共和国初代大統領 (1960–74, 74–77)》.

Ma·kas·a·rese /məkæ̀səríːz/ *n* **a** (*pl* ~) マカッサル族《インドネシアの Celebes 島に住むイスラム教を信仰する部族》. **b** マカッサル語. ► *a* マカッサル族[語]の.

Ma·kas·sar, -kas·ar /məkǽsər/ マカッサル《UJUNG PANDANG の旧称》. ♦ **Ma·kàs·sa·rése** *n, a* 《古》MAKASARESE.

Makás(s)ar Stráit [the] マカッサル海峡《インドネシアの Borneo 島と Celebes 島の間の海峡》.

make¹ /méɪk/ *v* (**made** /méɪd/) *vt* **1 a** 作る, 製作[製造]する, 組み立てる, 建設[建造]する《大型のものには多く BUILD を用いる》: God *made* man. 神が人をつくった / Mother *made* her a new dress. 母が彼女に新しいドレスを作ってやった / Wine is *made from* grapes. ワインはブドウから造る / This house is *made* (*out*) *of* wood. この家は木造である / bags *made with* recycled plastic 再生プラスチックを使用した袋 / I am not *made* that way. わたしはそういうたちにできていない. **b** 創作する, 著わす; 〈計画などを〉案出する, 立案する; 〈遺言を〉作成する; 〈法律を〉制定する, 〈価格などを〉設ける; 〈税を〉課する: ~ verses 詩作する. **2 a** 作り上げる, 築き上げる, 発達させる; 成功させる, …の繁栄を確かなものにする, 申し分のないものにする: ~ one's own life 生活方針[一生の運]を決める / Her presence *made* my day. 彼女がいたために楽しい日になった (⇨ make sb's DAY (成句)). **b** 整える, 整備する; 準備する, 用意する; 〈トランプを〉切る (shuffle); 《古》〈戸などを〉閉める: ~ a bed ベッドを整える, 床をとる / ~ dinner 正餐の用意をする / ~ tea 茶をいれる. **c** 〖電〗〈回路を〉閉じる, スイッチを入れる, 〈電流を〉通じる (opp. *break*). **3** 生じる, 生じさせる, …の原因となる; 〈損害を〉こうむる: ~ a noise 音をたてる / ~ a fire 火をおこす / ~ trouble 騒ぎ[問題]を起こす / ~ a DUST / HASTE ~*s* waste. **4 a** 《発達して》(…にとって)…になる; *《口》〈官位などに〉達する: He will ~ an excellent scholar. 彼はりっぱな学者になるだろう / He was *made* to be a poet. 彼は詩人となるべく生まれた / She will ~ (him) a good wife. (彼にとって)よい奥さんになるだろう / ~ lieutenant general 中将になる. **b** 《総計が》…になる; 構成する; 集めて…を形づくる[…にする]: A hundred cents ~ a dollar. 100 セントで 1 ドルになる / Two and two ~(*s*) four. 2 足す 2 は 4 / Ten members ~ a quorum. 10 人で定数になる / One SWALLOW[2] does not ~ a summer. / ~ a HOUSE. **c** 《順序で》〈…番目〉になる; (…の一部[要素])である; …の本質をなす; …に十分である, …に役立つ: This ~*s* the fifth time. これで 5 度目だ / Clothes do not ~ the man. 服で人の価値はきまらない / This length of cloth will ~ you a suit. この長さの布地があればきみの服が一着できよう. **d** 《口》〈チーム〉の一員になる, 〈リスト・新聞など〉に(名[写真, 記事]が)載る: ~ the headlines 見出しに(名が)出る / ~ the baseball team 野球チームにはいる. **5 a** 得る, もうける; 〘競技〙〈…点〉あげる[とる]; 〈友人・敵などを〉つくる; 《俗》盗む, くすねる, 自分のものにする; 《俗》〈女を〉誘惑する, モノにする, …と寝る[やる]; [[u]*pass*] *《俗》だます, 利用する: ~ money *on* the deal [*in* the stock market] / ~ a fortune 身代を築く, 金持になる / ~ one's [a] living 生計を立てる / ~ a NAME for oneself. **b** 〘トランプ〙〈トリックを〉勝ち取る; 〈札を〉出して勝つ; 〈切り札〉の名を言う, 決める; 〘ブリッジ〙必要なトリック数を取って〈コントラクト〉を成立させる. **c** 〘ボウル〙〈スプリットを〉スペアにする. **6 a** 行く, 進む, 踏破する, 〈速度を〉出せる: Some airplanes can ~ 500 miles an hour. 飛行機によっては 1 時間に 500 マイル飛べる. **b** …に着く, 立ち寄る; 〈列車・時刻・会合など〉に間に合う, 追いつく, 出る; 〘海〙見つける, …の見える所に来る; *《俗》〈人〉に気づく, 見つける, 見る, 〈容疑者など〉…の正体を割り出す[見破る]: ~ (a) port 入港する / ~ Dublin on the trip 旅行でダブリンにも行く / ~ Monday 月曜に(都合をつけて)出席する. **7 a** 〈動作などを〉する, 行なう; 〈戦争などを〉起こす; 述べる; 締結する; 食べる (eat); 〈体の各部を〉動かす; [~ it] 《廃》ふるまう (behave, act): ~ an effort 努力する / ~ a speech 演説する / ~ arrangements 取決めをする / ~ sb an offer 人に提案をする[申し出る] / ~ a good dinner おいしく[腹いっぱい]食べる / ~ a BOW[1] [FACE, LEG, etc.]. **b** [目的語として動詞と同根の名詞を伴って]: ~ (*an*) *answer*=answer / ~ *a pause*=pause / ~ *progress*=progress / ~ *haste*=hasten / ~ *a* rude *reply*=reply rudely. **8 a** [補語を伴って] …を…と算定[測定]する, 見積もる; …を…と思う, みなす: What time do you ~ it? 何時だと思いますか / I ~ it 5 miles. 5 マイルだと思う. **b** 〈…を〉…とみなす[推断する], 判断する 〈(*out*) *of*〉(⇨ MAKE…of (成句) (3)); 〈疑問・ためらいなどを〉感じる 〈*of, about*〉: I could ~ nothing *of* his words. わたしは彼の言ったことがさっぱりわからなかった / What do you ~ *of* this? きみはこれをどう考えますか / ~ no DOUBT of…. **9** [補語を伴って] …を…にする; …を…に任命する; …を…に見せる; …を…させる, …を(人に)…してもらう; 《古》…を…に翻訳する: I will ~ him my servant. 彼を召使にしよう / ~ (it) clear 明らかにする 〈*that, whether*〉 / *M*~ your*self* comfortable [at home]. どうぞお楽に / Shall we ~ it Monday then? それでは月曜日にしましょうか / Flowers ~ our rooms cheerful. 花を置けば部屋が明るくなる / This portrait ~*s* him too old. この肖像では彼は老けすぎて見える / Too much wine ~*s* men drunk. 飲みすぎは人を酔わせる / I *made* my*self* understood in English. 英語で自分の意志を通じさせた. **10** [to なしの不定詞を伴って] 《強制的にも非強制的にも》…に…させる 《受動態のあとでは to 付き不定詞が用いられる》: Can you ~ the car go faster? 車をもっと速く走らせてくれませんか / He *made* me laugh. わたしを笑わせた / He was *made to* drink. 飲まされた (cf. They *made* him *drink*.) / *What* ~*s* you think so? なんでそう思うのか; そんなことはわかりきっているじゃないか.

► *vi* **1 a** 作る, こしらえる; 作られる, できる; 〈乾草が〉できる, 熟する. **b** 《古》詩を作る, 詩作する. **2 a** 《ある方向へ》進む, 向かっていく, 伸びる, 広がる, 向く 〈*for, toward(s)*, etc.〉; 指す. **b** …し始めそうにする[なる], …しようとする 〈*to* do sth〉: He *made to* speak when I stopped him. **3 a** 〈潮が〉差し始める, 〈引き潮が〉始まる; 深さ[体積など]を増す. **b** 進行中である. **4** 《有利・不利に》はたらく, 資する: MAKE against [for] (成句). **5** [形容詞を伴って] …に見えるようにする, …にふるまう; ある状態にする: ~ merry 浮かれ騒ぐ / ~ ready 用意する. **6** 《俗》うんち[おしっこ]をする.

● **as…as they ~ 'em** 《口》とても…で (cf. *as…as they* COME[1]): He's *as* clever *as they* ~ *'em*. とても利口な男だ. **~ after…** [u]《古風》…を追跡する, 追求する. **~ against**…の不利になる, …を妨げる. **~ as if [as though]**…のように[…らしく]ふるまう: He *made as if* [*as though*] to strike me. わたしを打とうとする身構えを見せた. **~ at**…に向かって進む; …に襲い[突き]かかる. **~ away** 急いで去る (make off). **~ away with**…を持ち[連れ]去る, かっぱらう; 滅ぼす, 破棄する; 殺す; 食べつくす; 〈金を〉使いはたす, 浪費する: ~ *away with* oneself 自殺する. **~ believe** ふりをする, 装う, …ごっこをする, …というつもりで遊ぶ (cf. MAKE-BELIEVE). **~** BOLD **with**…. **~ do** 間に合わせる: ~ *do* with… 〈代用品など〉で間に合わせる / ~ *do* without…なしで済ます / ~ it *do* 間に合わせる. **~ for…** (1) …の方向へ進む, …に向かう; …を襲う, 突く; *《俗》…を盗む. (2) …に役立つ, …を助長する, 〈見解〉を強める: ~ nothing *for*…に役立たない. (3) [*pass*] ⇨ MADE for. **~** GOOD. **~…into…** 《原料・物・人などに加工・影響して》…を…に作る, …を…にする. **~ it** ⇨ *vt* 8a, 9; 《口》《首尾よく》到着する, 間に合う, 行きおおせる, たどりつく, 〈会などに〉出る 〈*to*〉; 《口》《納得できるように》やっていく, うまくやり遂げる, 成功する, 出世する, (…まで)のし上がる 〈*to*〉; 急いで立ち去る, 《病気・事故のあとで》回復する, 助かる, 切り抜ける, 生き延びる, 〈仲間に〉受け入れられる 〈*with*〉; 《口》具合がいい, 満足できる; *《俗》セックスする, やる 〈*with*〉: ~ *it* up [down] 《階段・山などを》登る[下りる] / ~ *it to* the train [Paris] 列車に間に合う[パリにたどりつく] / ~ *it* in 《家などに》(帰り)つく / ~ *it* through college [the recession] 大学を卒業する[不況を乗り切る] / I *made it!* うまくいった, やったー, できたぞ! / ~ *it* do ⇨ MAKE do. **~ it good upon** sb 人に腕力で自分のことばを押し通す. **~ it out** 《口》逃げる. **~ it so** 〘海〙定刻の時鐘を打たせる. **~ it together** 《俗》肉体交渉をもつ. **~ it up** 《口》仲直りする 〈*with*〉; 〈…のことで人〉に償い[埋合わせ]をする 〈*to* sb *for* sth〉; 回復する; 首尾よく到着する. **~ like…** *《口》…をまねる, …のようにふるまう, ふりをする. **~…of…** (1) 〈原料〉で…を作る. (2) …を…にする: ~a teacher *of* [*out of*] one's son 息子を教師に仕上げる / ~ a garden *of* this land この土地を庭園にする. (3) …を…とみなす[理解する]: ⇨ *vt* 8b / ~ LITTLE [MUCH, NOTHING, SENSE[1], etc.] (out) *of*. (4) 《機会を利用して》…から…を得る (⇨ make SOMETHING of one's life). **~ off** 急いで去る, 逃亡する; 〘海〙《特に 風下側の》岸から離れて航行する. **~…off** (《口》 **of**)…で[から]〈金を〉もうける (cf. *vt* 5a). **~ off with**…を持ち逃げする, 連れ去る; むだにする[使う], だいなしにする. **~ on** 《口》装う, ふりをする (pretend). **~ or break**…を成功させるかだめにするかする, …の運命を左右する, …にとって(いちかばちかの)賭けである. **~ out** (1) [通例 can, could を伴って] 《なんとか》理解する, わかる, 判読する, 見[聞き]分ける. (2) 起草する, 作成する, …に記入する, 〈…に小切手を〉振り出す 〈*to*〉; 詳細に描く. (3) 信じさせる, 証明する, …だと主張する[言い立てる]; 《口》見せかける, ふりをする 〈*that*〉: He *made* me *out* (to be) a thief. 彼はわたしを泥棒呼ばわりした / How do you ~ that *out?* どうしてそういう結論になるのか[そう言えるのか]. (4) 《口》(うまく)やっていく, 成功する 〈*in, with*〉; 〈人と〉(うまく)やっていく 〈*with*〉; やりくりする: ~ *out* in business 商売がうまくいく. (5) 〈金を〉こしらえる; まとめ上げる. (6) *《俗》(女を)うまくモノにする, 誘惑する; *《俗》愛撫する, いちゃいちゃする, ネッキングする (neck), 性交する 〈*with*〉. **~ out after**…=MAKE after…. **~…out of**… ⇨ MAKE…of. **~ over** (1) 譲渡[移管]する 〈*to*〉; 〈…に小切手を〉裏書き譲渡する 〈*to*〉; 変更する, 改築する, 作り変える, 仕立てなおす 〈*into*〉; 《化粧や髪型で》〈人〉のイメージを一新する. (2) 《口》…に対して[ついて]感情をあからさまに示す; …について騒ぎたてる, 心配する; …を大騒ぎしてもてはやす, ちやほやかわいがる. **~ up** (1) 〈材料で[製品に]〉作る 〈*from; into*〉; 〈包み・弁当などを〉こしらえる; 取りまとめる, 包む; 〈人・金を〉集める, 〈列車などを〉編成する; 仕立てる, 縫い合わせる 〈*from; into*〉, (*vi*) 仕立てられる 〈*into*〉 (: The silk ~*s up* beautifully.); 調合する; 〘印〙〈欄またはページを〉組む: ~ *up* a box lunch *for* sb=~ sb *up* a box lunch 人に弁当を作ってやる. (2) 〈寝床を〉準備する, 整える, 整頓する; 〈道路を〉舗装する; 石炭(など)をくべて〈火・ストーブ〉の勢いを強くする. (3) [[o]*pass*] 《種々の要素から》構成[組成]する; 〈ある割合を〉占める: The Morse code *is made up of* dots and dashes. モールス式符号は点と線から成り立っている / The imports ~ *up* half of the market. 輸入品が市場の半分を占めている. (4) 〈新しいことを〉考え[作り, 言い]出す, 作り上げる; 作成[編集, 起草]する; 〈話を〉でっちあげる. (5) (*vt, vi*) 化粧する, メイクアップする; 〘劇〙扮装する (cf. MAKEUP): The actor *made* (him*self*) *up* for the part of Hamlet. その俳優はハムレット役のために扮装した. (6) 〈不足を〉埋め合わせる, (補って) 〈数量などを〉完全にする, 〈チームなどを〉つくり上げる; (*vi*) 〈…の埋合わせをする 〈*for*〉: ~ *up for* lost time 出遅れを取り戻す手立てをする. (7) 〈結婚などを〉取り決める, 〈紛争・けんかなどを〉まるく収める, 〈人と〉(…の)仲直りをする 〈*with*〉. (8) 〈勘定を〉精算する. (9) *《学生俗》《再[追]試験として》〈試験を〉受けなおす, 〈コースを〉取りなおす. (10) [u]《俗》昇進する(させる). (11) [*pass*] 《北イング・アイルロ》大いに喜ぶ. **~ up to**…に弁償する, 返済する; …に謝る; 〈人〉に取り入る, へつらう; …に言い寄る, いちゃつく. **~ with (the)**… *《俗》〈手足などを〉使う, 動かす; 〈飲食物・考えなどを〉持ち[作り]出す, 〈金などを〉(出して)やる, よこす, 見せて[教えて]やる, 〈食事などを〉作る, 〈仕事・行為などを〉する, 〈器械を〉動かす. **That ~s** TWO **of us. what** sb **is made of** 《口》その人の実力[真価]: see [show] *what* he *is made of*.

► *n* **1 a** 造り, …製, 製作[製造](法), 製作過程; 形, 型, 形状; 構造, 構成: home [foreign] ~ 自国[外国]製 / *of* Japanese [American] ~ 日本製[米国製]の / This is our own ~. これは当店製です / a new ~ of car 新型車. **b** 体格; 性格, 気質; 《卑》女: EASY MAKE. **2** 《工場などの》生産(高), 出来高; 《俗》盗んだ品物[金]. **3** 〘電〙《回路の》接続(箇所), 閉路 (opp. *break*). **4** 〘トランプ〙《ブリッジで》切り札の宣言(をした組札); トランプを切ること[番]. **5** 《俗》**a** 《犯人・容疑者などの》正体(の洗い出し), 身元の確認: get [run] a ~ *on* sb 人の身元を割り出す[調べる]. **b** 成功, ヒット. ● **on the ~** 《口》出世をねらって, 金もうけに熱心で; 《口》形成[成長, 増大, 進展]中で; 《俗》セックスの相手を求めて, セックスしたがって. **put the ~ on** sb *《俗》…を口説く, 性的な誘いをかける. ♦ **mák·able, máke-** *a* 作製可能な; うまくいきそうな, 達成できそうな. [OE *macian*<WGmc (**mak-* fit, suitable; G *machen*); MATCH[2] と同語源]

make² «古» *n* 釣り合うもの[人]; 友人; 配偶者. ［OE *gemaca* mate (↑)］
máke-and-bréak *a* 〘電〙開閉(式)の.
máke·bàte, -bàit *n* «古» けんか[口論]をあおる者.
máke-belìeve *n* 見せかけ, 偽り (cf. MAKE¹ *believe*), ⦅子供の遊びなどでの⦆まねごと, ごっこ; 〘心〙空想癖; ふりをする人. ► *a* 見せかけの, 偽りの; 架空の, 想像上の: ～ sleep たぬき寝入り.
Makedhonía ⇨ MACEDONIA.
máke-dò *a*, *n* (*pl* **～s**) 間に合わせ[一時しのぎ]の(もの).
máke·fàst *n* 〘海〙船をつなぐもの, 繫船(けいせん)具⦅柱・ブイ・環など⦆.
máke-or-bréak *a* 成否をかけての, いちかばちかの, のるかそるかの: a ～ decision [plan].
máke-òut àrtist *«俗» 女をモノにするテクニシャン, (女泣かせの)色男; *«俗» ⦅目上に⦆取り入るのがうまいやつ.
máke·òver *n* 改造, 改装, 模様替え, 刷新; ⦅プロのスタイリストによる⦆イメージチェンジ.
máke·pèace *n* **1** «まれ» PEACEMAKER. **2** [M-] メイクピース⦅男子名⦆.
mak·er /méɪkər/ *n* **1** 作る人, 製作者; 製造業者, メーカー (manufacturer); [the M-, one's M-] 造物主, 造り主, 神 (God); «古» 詩人. **2** ⦅ブリッジで⦆切り札を宣言する人, 札を切る人; 〘法〙作成者, 証書作成者; 〘商〙(約束手形)振出人. ● **go to [meet] one's M～** 主のもとに行く, 死ぬ.
máke·rèady *n* 〘印〙⦅印刷直前の⦆むら取り.
máker's màrk ⦅金銀細工師が作品に打つ[彫る]⦆製作者刻印, 製作者銘.
máker-úp *n* (*pl* **mákers-úp**) 〘印〙製版工; ᴵᴵ製品の組立て工[包装工]; ᴵᴵ衣服生産業者.
máke·shìft *n* 間に合わせ, 当座しのぎの手段, やりくり策, 弥縫(びほう)策. ► *a* 間に合わせの, 当座しのぎの, 一時的な.
máke·ùp *n* **1 a** 組立て, 組織, 構成, 構造, 仕上げ. **b** 体格; 体質, 性質, 気質, 性分 (nature, disposition): a man of nervous ～ 神経質な人. **2 a** 化粧, メイクアップ, ⦅俳優などの⦆扮装 (cf. MAKE¹ *up*); 扮装具, 化粧品: a ～ box 化粧箱 / put on ～ 化粧する / She wears no ～. 化粧していない, すっぴんだ. **b** 見せかけ; 作り話. **3** 〘印〙組み版, 製版, 大組み; 組み版物. **4** 補充物, 補給物; *再[追]試験 (=～ **tèst**), 補講.
mákeup àrtist メイクアップアーティスト⦅俳優・モデルなどのメイクを行なう技術者⦆.
máke·wèight *n* 目方の不足を補うために加えるもの, 目方の足し; 埋め草的な人[もの], 添え物; 平衡錘(すい), 釣合いをとるもの, 調節するもの.
máke-wòrk **n*, *a* ⦅労働者を遊ばせておくのを防ぐためにつくる⦆不必要な作業(の).
Makeyevka ⇨ MAKIYIVKA.
Ma·kga·di·kga·di /mɑːkɑ̀ːdikɑ́ːdi/ マカディカディ⦅ボツワナ北東部の塩性の盆地; 雨期には広く冠水する⦆.
Ma·khach·ka·la /mɑkɑ̀ːtʃkəlɑ́ː/ マハチカラ⦅ロシア, 北 Caucasus のカスピ海に臨む Dagestan 共和国の首都⦆.
ma·kha·ni /məkɑ́ːni/ *a* [後置] 〘インド料理〙マカニの⦅バター(またはギー)・タマネギ・トマト・クリームなどで作った濃厚なソースで煮込んだ⦆: chicken ～ チキンマカーニ, バターチキン. ［Hindi=with butter］
makh·zan, -zen /mǽxzən/ *n* ⦅モロッコの⦆中央政府; ⦅同国の⦆政府代表者, 特権階級, マフザン⦅集合的⦆. ［Arab］
ma·ki·mo·no /mɑ̀ːkɪmóʊnoʊ/ *n* 巻物, 絵巻物. ［Jpn］
Ma·kin /mɑ́ːkən, méɪ-/ マキン⦅太平洋中西部キリバスの北端にある環礁; 別称 Butaritari⦆.
mak·ing /méɪkɪŋ/ *n* **1 a** 作ること, 製造, 製造過程, 製造法: These troubles are all *of* your own ～. こういうトラブルはすべてきみ自身がつくった[まねいた]ことなのだ. **b** 製作(物), 生産; 1 回の製造高. **c** [*pl*] «口» 利益, もうけ. **2** 発展[発達]過程; [the] 成功の原因[手段] (cf. UNDOING): Long years of training were *the* ～ *of* him. 長年の訓練が彼の成功のもととなった. **3** 構造, 構成; [ᵒthe ～s] 要素, 素質: He has (in him) *the* ～*s of* a statesman. 彼には政治家の素質がある. **4** [ᵁ*pl*] 原料, 材料, 必要なもの; [*pl*] /ᵁméɪkənz/ «米・豪» 手巻きタバコの材料⦅紙とタバコ⦆. ● **in the ～** 製造[制作, 形成]中の, 発達[進行]中の, 修業中の; もたらされる, 用意がされて(いる): a politician *in the* ～ 政治家の卵. **of one's own ～** みずからまねいて[ひき起こして]. ［OE; ⇨ MAKE¹］
-mak·ing /mèɪkɪŋ/ *a comb form* «口»「気持を…にする」: sick-*making* 不快な, いやな感じの. ［*make*¹］
Ma·ki·yiv·ka /məkíːəvkə/, **Ma·ke·yev·ka** /məkéɪ(j)əfkə/ マキイフカ, マケエフカ⦅ウクライナ東部 Donetsk の東にある市; Donets 炭田地帯の工業の中心で, 大規模な鉄鋼工場がある⦆.
Mak·kah /mɑ́ːkə/ マッカ⦅MECCA のアラビア語名⦆.
ma·ko¹ /mɑ́ːkoʊ/ *n* (*pl* **～s**) 〘魚〙アオザメ (=～ **shàrk**). ［Maori］
ma·ko·ma·ko, ma·ko² /mɑ́ːkoʊ(mɑ̀ːkoʊ)/ *n* (*pl* **～s**) 〘植〙ニュージーランド原産ホルトノキ科アリストテーリア属の常緑樹. ［Maori］
Ma·kon·de /məkɑ́ndeɪ/ *n* **a** (*pl* **～, ～s**) マコンデ族⦅タンザニアとモザンビークの国境地帯に住む Bantu 系黒人; 大多数がイスラム教徒; 伝統的な木彫りの技術で知られる⦆. **b** マコンデ語.
Ma·kua, -kwa /məkwɑ́ː/ *n* **a** (*pl* **～, ～s**) マクワ族⦅モザンビークに住む Bantu 系黒人⦆. **b** マクワ語.
Ma·kur·di /məkə́ːrdi/ マクルディ⦅ナイジェリア中東部 Benue 州の州都⦆.
mal- /mæl/ *comb form*「悪」「不規則」「不良」「不全」「異常」［F *mal* badly＜L *male*］
Mal. 〘聖〙Malachi.
MAL Malaysia.
Mál·a·bar Cóast /mǽləbɑ̀ːr-/ [the] マラバル海岸⦅インド南西部, アラビア海に臨む海岸; Karnataka, Kerala 両州にまたがる⦆.
Málabar ràt 〘動〙BANDICOOT.
Ma·la·bo /mɑːlɑ́ːboʊ, mə-/ マラボ⦅赤道ギニアの首都; Bioko 島にある; 旧称 Santa Isabel⦆.
màl·absórption *n* ⦅栄養物の⦆吸収不良.
mal·ac- /mǽlək/, **mal·a·co-** /mǽləkoʊ, -kə/ *comb form*「柔軟」［Gk *malakos* soft］
Ma·lac·ca /məlǽkə, -lɑ́ː-/ *n* **1** マラッカ⦅MELAKA の別称⦆. **2** [ᵁm-] MALACCA CANE. ► *a* [m-] 籐(製)の. ■ **the Stráit of ～** マラッカ海峡⦅Malay 半島と Sumatra 島の間の海峡⦆. ♦ **Ma·lác·can** *a*
malácca cáne 籐の茎; 籐のステッキ, マラッカステッキ.
ma·la·ceous /məléɪʃəs/ *a* 〘植〙ナシ科 (Malaceae) の⦅バラ科 (Rosaceae) に含めるのが普通⦆.
Mal·a·chi /mǽləkàɪ/ **1** マラカイ⦅男子名⦆. **2** 〘聖〙マラキ書⦅旧約聖書の一書; 略 Mal.⦆; マラキ⦅マラキ書の著者といわれる紀元前 5 世紀のユダヤの預言者⦆. ［Heb=messenger of Yah］
Mal·a·chi·as /mæ̀ləkáɪəs/ MALACHI. ［L］
mal·a·chite /mǽləkàɪt/ *n* 〘鉱〙孔雀(くじゃく)石. ［OF, ＜Gk; ⇨ MALAC-］
Mal·a·chy /mǽləki/ [Saint] 聖マラキ (1094–1148)⦅アイルランドの聖職者; Armagh の大司教 (1132–36); 教会改革を推進, シトー修道会をアイルランドに紹介した⦆.
ma·la·cia /məléɪʃ(i)ə/ *n* **1** [ᵒ*compd*] 〘医〙軟化(症)⦅組織などの壊死(えし)や軟化⦆: chondro*malacia*. **2** 香辛料嗜癖. ［NL＜Gk=softness］
málaco·dèrm *n* 〘動〙イソギンチャク(目の腔腸動物).
mal·a·col·o·gy /mæ̀ləkɑ́lədʒi/ *n* 〘動〙軟体動物学. ♦ **-gist** *n* **màl·a·co·lóg·i·cal, -ic** *a*
mal·a·coph·i·lous /mæ̀ləkɑ́fələs/ *a* 〘植〙〈花が〉カタツムリ媒の (cf. ANEMOPHILOUS, ENTOMOPHILOUS). ♦ **màl·a·cóph·i·ly** *n* カタツムリ媒.
mal·a·co·phyl·lous /mæ̀ləkoʊfíləs/ *a* 〘植〙多汁の軟葉をもった.
mal·a·cop·te·ryg·i·an /mæ̀ləkɑ̀ptərídʒiən/ *a*, *n* 〘魚〙軟鰭(なんき)類の(魚)⦅サケ・ニシンなど⦆.
mal·a·cos·tra·can /mæ̀ləkɑ́strɪkən/ *a*, *n* 〘動〙軟甲類[亜綱] (Malacostraca) の(動物)⦅エビ・カニなど⦆. ♦ **màl·a·cós·tra·cous** *a*
màl·adápt *vt* 不適当なあてはめ方をする. ［逆成く *maladapted*］
màl·adáptive *a* 適応不良の, 不適応の. ♦ **màl·adaptátion** *n*
màl·adápt·ed *a* 順応[適応]しない, 不適合の〈*to*〉.
màl·addréss *n* 気のきかないこと, 不適応, 不器用.
ma·lade ima·gi·naire ᴵᴵ/*F* malad imaʒinɛːr/ 気で病む人.
màl·adépt *a* 十分な能力のない, 不適格な〈*to* do〉.
màl·adjúst·ed *a* 調節[調整]の悪い[不十分な]; 〘心〙環境に適応しえない, 不適応の: a ～ person.
màl·adjústive *a* 調節不良の; 不適応の.
màl·adjúst·ment *n* 調節[調整]不良; 〘心〙不適応; ⦅社会的・経済的な⦆不均衡⦅都市と田舎, 需要と供給の間などの⦆.
màl·admínister *vt* 〈公務などの〉処理を誤る; 〈政治・経営を〉やりそこなう, 誤る. ♦ **màl·administrátion** *n* 失政; 腐敗; ⦅公務などの⦆不手際.
màl·adróit *a* 不器用な, 不手際な; 気のきかない. ♦ **～·ly** *adv* **～·ness** *n* ［F］
mal·a·dy /mǽlədi/ *n* ⦅特に慢性的な⦆疾患, 疾病; [*fig*] 病弊, 弊害: a social ～ 社会の病弊. ［OF (*malade* sick)］
ma·la fi·de /mǽlə fáɪdi, -də/ *adv*, *a* 不誠実に[な], 悪意で[の] (opp. *bona fide*). ［L=in bad faith］
ma·la fi·des /mǽlə fáɪdìːz/ 不誠実, 悪意 (opp. *bona fides*). ［L=bad faith］
Mal·a·ga /mǽləgə/ *n* マラガ⦅1⦆ Málaga 産の甘口の酒精強化ワイン; また 他で造られるこれに似たワイン ⦅2⦆ Málaga 原産のマスカット種の白ブドウ⦆.
Mál·a·ga /mǽləgə, mɑ́ː-/ マラガ⦅1⦆ スペイン南部 Andalusia 自治州の県 ⦅2⦆ その県都; Gibraltar の北東にある港湾都市・保養地⦆.
ma·la·gas /mɑ́ːləgɑ̀ːs/ *n* (*pl* **～**) «南ア» 〘鳥〙ケープカツオドリ. ［Afrik］
Mal·a·gasy /mæ̀ləgǽsi/ *a* マダガスカル(人)の; マラガシ語の; 〘生物

地理》マラガシ亜区の. ► *n* (*pl* ～, **-gás·ies**) マダガスカル人; マラガシ語《オーストロネシア語族》.

Malagásy Repúblic [the] マラガシ共和国 (F **Ré·pu·blique Mal·gache** /*F* repyblik malgaʃ/)《MADAGASCAR の旧称》.

ma·la·gue·na /mæləgéɪnjə, mὰ:-/ *n* マラゲーニャ《(1) fandango に似たスペインの Málaga 地方の民謡 (2) fandango に似たスペインの舞踊》. [Sp (*Malaga*)]

mal·a·guet·ta, -gue·ta /mæləgétə/ *n* GRAINS OF PARADISE. [<?F]

mal·aise /mæléɪz, mə-/ *n* 不定愁訴; 不安, 不調, 倦怠(感); 《社会・組織の》沈滞. [OF (*mal-*, EASE)]

Ma·lai·ta /məléɪtə/ マライタ《南西太平洋の Solomon 諸島南東部, Guadalcanal 島の北東にある島》.

Malakula ⇨ MALEKULA.

malam ⇨ MALLAM.

Mal·a·mud /mǽləməd/ マラマッド **Bernard** ～ (1914–86)《米国の小説家; ユダヤ系; 小説 *The Fixer* (1966), 短篇集 *The Magic Barrel* (1958), *Dublin's Lives* (1979)》.

mal·a·mute, mal·e- /mǽləm(j)ù:t/ *n* エスキモー犬, 《特に》アラスカンマラミュート (Alaskan malamute)《そり犬》. [Alaska Eskimo の部族名]

Ma·lan /məlǽn, -lά:n/ マラン **Daniel F(rançois)** ～ (1874–1959)《南アフリカ連邦の政治家・編集者; 首相 (1948–54); アフリカーナーだけからなる初の政権を組織, 人種差別政策を推進した》.

mal·an·ders, mal·len-, mal·lan- /mǽləndərz/ *n* 〔獣医〕膝瘡(しっそう)《馬の前脚膝部の慢性湿疹》. [OF<L *malandria* (pl) neck pustules]

Ma·lang /məlά:ŋ/ マラン《インドネシア Java 島東部の市》.

ma·lan·ga /məlά:ŋgə/ *n* 〔植〕 **a** タロイモ (taro). **b** ヤウティア (yautia). [AmSp]

mal·a·pert /mǽləpə̀:rt, ⌣⌣⌐/ *a, n* ずうずうしい(人).

màl·appórtioned *a* 《立法府への》議員定数が不均衡の. ♦ **màl·appórtion·ment** *n*

mal·a·prop /mǽləprὰp/ *n* **1** [Mrs. M-] マラプロップ夫人《Sheridan の喜劇 *The Rivals* 中の, ことばの誤用で有名な老婦人》. **2** MALAPROPISM. ► *a* ことばを滑稽に誤用する, 見当違いの, おかしい. ♦ **màl·a·próp·ian** *a*

málaprop·ìsm *n* マラプロピズム《ことばの滑稽な誤用で, 気取りすぎ語法の一つ》; 滑稽に誤用されたことば. ♦ **-ist** *n*

mal·ap·ro·pos /mæ̀læprəpóʊ, ⌐⌣⌣⌐/ *a, adv* 時宜を得ない(て), 見当[場]違いな[に]. ► *n* 見当違いなもの. [F]

ma·lar /méɪlər, -lὰ:r/ 〔解〕 *a* ほおの; 頬部の; 頬骨の. ► *n* 頬骨 (zygomatic bone) (=～ **bòne**).

M

Mä·lar·en /méɪlὰ:rən/ メーラレン (E **Ma·lar** /méɪlὰ:r/)《スウェーデン南東部の湖; 東端は Stockholm でバルト海に通じている》.

ma·lar·ia /məléəriə/ *n* 〔医〕マラリア; 《古》《沼沢地の》毒気 (miasma). ♦ **ma·lár·i·al, -lár·i·an, -lár·i·ous** *a* マラリア(性)の, マラリアが多発する〈場所〉; 毒気の. [It=bad air]

malárial féver マラリア熱 (malaria); INFECTIOUS ANEMIA; TEXAS FEVER.

ma·lar·i·ol·o·gy /məlὲəriάləʤi/ *n* マラリア研究, マラリア学. ♦ **-gist** *n*

ma·lar·k(e)y /məlά:rki/ *n* 《口》ばかげた[でたらめな, 調子のいい]話, ほら. [C20<?]

màl·assimilátion *n* 〔医〕同化不良 (malabsorption).

mal·ate /mǽlèɪt, méɪ-/ *n* 〔化〕リンゴ酸塩[エステル]. [*malic*, *-ate*³]

Ma·la·tes·ta /mὰ:lα:téstα:/ マラテスタ《13–16 世紀にイタリア北部の Rimini を支配した一家; 同地方の Guelf 党を率いた》.

mal·a·thi·on /mæləθáɪən, -ὰn/ *n* マラチオン《低毒性の有機リン系殺虫剤》. [商標]

Ma·la·tya /mὰ:lα:tjά:, -lə-/ マラティヤ《トルコ中東部の市; 古代名 Melitene; 古代ヒッタイト王国の首都で, ローマ時代には重要な駐屯地だった》.

Ma·la·wi /məlά:wi, -lάʊi/ **1** マラウィ《アフリカ南東部の内陸国; 公式名 Republic of ～ (マラウィ共和国); ☆Lilongwe; もと英国保護領 Nyasaland, 1964 年独立し英連邦に加盟》. **2** [Lake] マラウィ湖《アフリカ南東部の大地溝帯南部にある湖; マラウィ・モザンビークおよびタンザニアにまたがる; 別称 Lake Nyasa》. **3** マラウィ人. ♦ **～·an** *a, n*

Ma·lay /məléɪ, ˈméɪleɪ/ *a* マレー人[語]の; マレー半島[地方]の; マレーシアの; 〔人〕 MALAYO-INDONESIAN. ► *n* マレー人; マレー[マライ]語《東インド諸島で広く用いられる; Malayo-Polynesian 語の一つ》; マレー種(の鶏). [Malay *malāyu*]

Ma·laya /məléɪə, ˈmeɪ-/ **1** MALAY PENINSULA. **2** BRITISH MALAYA. **3** マラヤ《MALAY STATES を中心とする Malay 半島南端の旧連邦 (the **Federátion of** ～) (1957–63); 現在のマレーシアの WEST MALAYSIA に当たる; ☆ Kuala Lumpur》.

Mal·a·ya·lam, -laam /mæ̀ləjά:ləm/ *n* マラヤーラム語《インド南西端 Malabar 地方のドラヴィダ語》; マラヤーラム文字.

Ma·lay·an /məléɪən, ˈmeɪ-, ˈméɪlèɪən/ *n* マレー人; マレー[マライ]語. ► *a* マレー人の; 〔生物地理〕マライ区の.

Maláyan [Maláy] béar 〔動〕マレーグマ (sun bear).

Maláyan crésted fíreback 〔鳥〕オジロコシアカキジ《Malay 半島, Sumatra 原産》.

Maláyan mónitor 〔動〕 KABARAGOYA.

Maláy Archipélago [the] マレー諸島《インドネシア・フィリピン, 時に New Guinea の島群を含む》.

Ma·layo- /məléɪoʊ, ˈmeɪ-, -ə/ *comb form* 「マレー人[語]」 [*Malay*]

Maláyo-Indonésian *a* 〔人〕マレー-インドネシア人の.

Maláyo-Polynésian *a* マレー-ポリネシア人の; 〔言〕マレー-ポリネシア語族の (Austronesian). ► *n* ポリネシアのマレー人; 〔言〕マレー-ポリネシア語族 (AUSTRONESIAN).

Maláy Península [the] マレー半島《北部はタイ, 南部はマレーシアに属する》.

Maláy Séa [the] マレー海《東南アジアの Malay 諸島を囲む海》.

Ma·lay·sia /məléɪʒ(i)ə, -ʃ(i)ə; -ziə/ **1** マレーシア《東南アジアの連邦制立憲君主国; WEST MALAYSIA と EAST MALAYSIA からなる; ☆Kuala Lumpur》. **2** MALAY ARCHIPELAGO.

Ma·lay·sian /məléɪʒ(ə)n, -ʃ(ə)n; -ziən/ *a* マレーシア[マレー諸島](の住民)の. ► *n* マレーシア[マレー諸島]の住民; インドネシア人, マレー人.

Maláy Státes *pl* [the] マレー諸(王)国[諸州], マラヤ土侯国[土侯州]《近代にはいるまで Malay 半島に割拠していた多数のイスラム土侯国[王国]; 英国の保護下で FEDERATED MALAY STATES と UNFEDERATED MALAY STATES に分かれるが, のち合同で Malaya 連邦を形成》.

Mal·bec /mάlbεk, mǽl-/ *n* マルベック《(1) フランス Bordeaux 地方産の黒ブドウの品種 (2) それで造る赤ワイン》. [F]

Mal·colm /mǽlkəm/ **1** マルコム《男子名》. **2** マルコム ～ **III Canmore** (c. 1031–93)《スコットランド王 (1058–93); Duncan 1 世の長男で, Macbeth を殺して王位についた》. [ScGael=servant of St Columba]

Malcolm X /⌐⌣ éks/ マルコム X (1925–65)《米国の黒人解放運動指導者; アフリカ系アメリカ人で本名は Malcolm Little; 宗教団体 Nation of Islam の代表的存在; 暗殺された》.

Mal·com /mǽlkəm/ マルコム《男子名》. [⇨ MALCOLM]

màl·conformátion *n* ぶかっこう, 不体裁.

màl·contént *a* 不平の, 不満な, 反抗的な. ► *n* 不平家; 反抗者, 反体制活動家, 《政府に対する》不平[不満]分子. [F]

màl·contént·ed *a* MALCONTENT. ♦ **～·ly** *adv* **～·ness** *n*

mal de mer /mæ̀l də méər/ 船酔い. [F=sickness of sea]

màl·distribútion *n* 不均衡配分[分布].

Mal·dives /mɔ́:ldì:vz, -dàɪvz/ *pl* [the] モルジヴ《インド洋中北部の環礁群モルジヴ諸島 (the **Máldive Íslands**) からなる国; 公式名 Republic of ～ (モルジヴ共和国); ☆Male; もと英国保護領, 1965 年独立, 英連邦に加盟》. ♦ **Mal·div·i·an** /mɔ:ldíviən, ˈmæl-/ *a, n*

Mal·don /mɔ́(:)ld(ə)n, mάl-/ モールドン《イングランド南東部 Essex 州の町; 10 世紀末デーン人の侵入に対し Essex 人が戦った地》.

mal du pays /*F* mal dy pei/ ホームシック, 懐郷病.

mal du siè·cle /*F* mal dy sjεkl/ 世紀病, 倦怠, 厭世.

male /méɪl/ (opp. *female*) *n* 男, 男性; 《動物の》雄; 〔植〕雄性植物, 雄株, 雄花. ► *a* 男の, 男性の; 男性的な, 男らしい; 雄の; 男性のみの; 〔植〕おしべのみをもつ, 雄性の; 〔機〕雄の〈ねじ・プラグ〉: a ～ (voice) choir 男声合唱団. ♦ **～·ness** *n* [OF<L *masculus* (*mas* a male)]

Ma·le /mά:li/ マーレ《モルジヴ諸島の主島; 共和国の首都の所在地》.

male- /mǽlə/ *comb form* 《特に ラテン語からの借用語で》 MAL-.

Ma·lea /məlí:ə/ [Cape] マレア岬《ギリシア南部 Peloponnesus 半島の東端の岬》.

mále álto 〔楽〕 COUNTERTENOR.

ma·le·ate /méɪlièɪt, -ət/ *n* 〔化〕マレイン酸塩[エステル], マレアート. [*maleic*, *-ate*³]

Ma·le·bo /mα:léɪbòʊ/ [Pool ～] プールマレボ (=～ **Póol**)《Congo 川がコンゴ共和国とコンゴ民主共和国の間で湖沼状になった区域; Brazzaville や Kinshasa はその岸にある; 旧称 Stanley Pool》.

mále bónding 男同士のきずな[仲間意識].

Male·branche /mæ̀l(ə)brǽ:ʃ, mὰ:l(ə)-/ マルブランシュ **Nicolas** ～ (1638–1715)《フランスの哲学者; 機会原因論の提唱者》.

mále cháuvinism 男性優越[男尊女卑]主義[思想]. ♦ **-ist** *n*

mále chàuvinist píg [*derog/joc*] 男性優越[男尊女卑]主義のブタ(野郎)《略 MCP》.

Mal·e·cite, Mal·i·seet /mǽləsì:t, ⌣⌣⌐/ *n* **a** (*pl* ～, ～**s**) マレシート族《カナダ南東部 New Brunswick 州および米国 Maine 州北東部のインディアン》. **b** マレシート語《Algonquian 語族に属する》.

male·dict /mǽlədìkt/ 《古・文》 *a* 呪われた. ► *vt* 呪う.

male·dic·tion /mæ̀lədíkʃ(ə)n/ *n* 呪詛, 呪い; 悪口, 中傷, 誹謗 (opp. *benediction*). ♦ **-díc·tive, -díc·to·ry** /-díkt(ə)ri/ *a* [L; ⇨ MALE-]

mále-dóminated *a* 男性が支配する, 男性中心[優位]の.
male·fac·tion /mæ̀ləfǽkʃ(ə)n/ *n* 悪事, 犯罪 (crime).
male·fac·tor /mǽləfæ̀ktər/ *n* (*fem* **-fàc·tress**) 悪人 (evildoer); 犯罪者, 重罪犯人. [L (*fact- facio* to do)]
mále férn 〖植〗オシダ《根茎は駆虫剤用》.
ma·lef·ic /məléfɪk/ *a* 〈魔術などが〉害をなす, 有害な; 悪意のある. [L (MALE-, *-ficus* doing)]
ma·lef·i·cence /məléfəs(ə)ns/ 《文》 *n* 有害; 悪事(をはたらくこと), 悪行.
ma·léf·i·cent 《文》 *a* 有害な, 悪い 〈*to*〉; 悪事をはたらく[行なう] (opp. *beneficent*).
ma·lé·ic ácid /məlíːɪk-, -léɪ-/ 〖化〗マレイン酸.
maléic anhýdride 〖化〗無水マレイン酸.
maléic hýdrazide 〖化〗マレインヒドラジド《植物の伸長阻止に用いる》.
Mal·e·ku·la, Mal·a- /mæ̀ləkúːlə/ マレクラ, マラクラ《太平洋南西部のヴァヌアツに属する島》.
mále ménopause 男性更年期 (andropause).
malemute ⇨ MALAMUTE.
Ma·len·kov /məléŋkɔ̀ːf, -kɔ̀ːv, -léŋkəf, mæ̀lənkɔ́ːf, -kɔ́ːv/ マレンコフ **Georgy Maksimilianovich** ～ (1902–88)《ソ連の政治家; Stalin の右腕として活動, その死後首相 (1953–55)》.
mal·en·ten·du /*F* malɑ̃tɑ̃dy/ *n, a* (*pl* **-dus** /—/) 誤解(された).
mále órchis 〖植〗ハクサンチドリ属の派手なピンクの花をつけるラン.
mále-pàttern báldness 〖医〗男性型脱毛症《前頭部から頭頂部にかけて軟毛化が起こり, やがて脱毛する変化; 遺伝的要素が強い》.
mále rhýme MASCULINE RHYME.
mále scréw 〖機〗おねじ (external screw).
mále-stérile *a* 〖生〗雄性不稔の; 〖生理〗男性不妊(症)の. ♦ **-sterílity** *n*
Ma·le·vich /məléɪvɪtʃ/ マレーヴィチ **Kazimir Severinovich** ～ (1878–1935)《ロシアの画家》.
ma·lev·o·lence /məlév(ə)ləns/ *n* 悪意, 敵意, 悪心; 悪意に満ちた行為; 《超自然的な》悪い力.
ma·lév·o·lent *a* 《文》悪意ある, 敵意をもった (opp. *benevolent*); 害悪を及ぼす, 有害な; 〖占星〗悪い力のある〈星など〉. ♦ **～·ly** *adv* [OF or L (*volo* to wish)]
mal·fea·sance /mæ̀lfíːz(ə)ns/ *n* **1** 〖法〗悪しき行為, 不正行為, 違法行為, 《特に 公務員の》悪しき行為 (cf. MISFEASANCE, NONFEASANCE). **2** 悪事. ♦ **-féa·sant** *a, n* 悪事をなす(者).
màl·formátion *n* 《特に 生体について》ぶかっこう(なもの); 〖生〗奇形, 形成異常.
màl·fórmed *a* ぶかっこうな; 奇形の: ～ flowers [fruits] 奇形花[果].
màl·fúnction *vi* 〈機械などが〉正常に作動[機能]しない. ► *n* 《機械・身体などの》不調, 機能不全.
mal·gré /mælgréɪ, ⌐⌐; *F* malgre/ *prep* …にもかかわらず (despite). [*maugre* と同じ]
mal·gré lui /*F* malgre lɥi/ *adv* 不本意ながら.
Mal·herbe /*F* malɛrb/ マレルブ **François de** ～ (1555–1628)《フランスの詩人・批評家》.
ma·li /máːli/ *n* 《インド》植木屋階級の者. [Hindi]
Mali マリ《西アフリカの内陸国; 公式名 Republic of ～ (マリ共和国); ☆Bamako; 旧 French Sudan, 1960 年独立》. ♦ **～·an** *a, n*
Ma·li·a·kós /mɑ̀ːljɑːkɔ́ːs/ ■ the **Gúlf of** ～ マリアコス湾《ギリシア東海岸にあるエーゲ海の入江》.
Mal·i·bu /mǽləbùː/ **1** マリブ《Los Angeles 西方の海浜地・高級住宅地; サーファーのメッカ》. **2** MALIBU BOARD.
Málibu bòard マリブボード《3 m ぐらいの軽量のサーフボード》. [*Malibu Beach* から]
mal·ic /mǽlɪk, méɪ-/ *a* リンゴの; 〖生化〗リンゴ酸の. [F (L *malum* apple)]
málic ácid 〖生化〗リンゴ酸.
mal·ice /mǽləs/ *n* 《積極的な》悪意, 敵意, 恨み; 〖法〗犯意, 害意: bear ～ (*to* [*toward, against*] sb *for* sth) (あることで人に)敵意[恨み]をいだく. [OF<L (*malus* bad)]
málice afórethought [prepénse] 〖法〗計画的犯意, 予謀, 殺意: with *malice aforethought*=of *malice prepense* 予謀して; 計画的犯意[殺意]をもって.
ma·li·cious /məlíʃəs/ *a* 悪意の, 意地の悪い; 〖法〗悪意[犯意, 害意]のある, 故意の; 不当な〈逮捕など〉. ♦ **～·ly** *adv* **～·ness** *n*
malícious míschief 〖法〗故意の[犯意ある]器物損壊.
ma·lign /məláɪn/ *a* 有害な; 悪意のある (opp. *benign*); 〖医〗悪性の. ► *vt* そしる, 悪く言う, 中傷する. ♦ **～·ly** *adv* 有害に; 悪意で. **～·er** *n* [OF or L (*malus* bad)]
ma·lig·nan·cy /məlígnənsi/, **-nance** *n* 強い悪意, 敵意, 激しい憎しみ; 有害(なもの); 〖医〗《病気の》悪性(度); 〖医〗悪性腫瘍.
ma·líg·nant *a* **1 a** 悪意のある, 敵意に満ちた, 悪質な. **b** 《廃》不満をいだいた, 神[政府]に反逆心をいだいた, ばちあたりな; 〖英史〗悪逆の, 不逞の (⇨ *n*). **2** 有害な; 〖医〗〈病気・腫瘍が〉悪性の (opp. *benign*). ► *n* 《古》悪意をいだく人; [M-] 〖英史〗悪逆の徒, 奸臣《Charles 1 世時代の王党派 (Cavalier) のこと; 議会派がつけた名称》. ♦ **～·ly** *adv* [L; ⇨ MALIGN]
malígnant melanóma 〖医〗悪性黒色腫.
malígnant pústule 〖医〗悪性膿疱.
ma·lig·ni·ty /məlígnəti/ *n* 悪意, 怨恨; [°*pl*] 悪意に満ちた行為[感情]; 《病気の》悪性, 不治.
ma·li·hi·ni /mɑ̀ːlɪhíːni/ *n* 《ハワイ》新参者, よそ者.
ma·lik /mɑ́ːlɪk/ *n* 《インド・中東》首長, 村長; 雇主. [Hindi<Arab]
Mal·i·ki[1] /mǽləki/ *n* 〖イスラム〗マーリク派《SUNNI 派の四学派の一つで, やや排他的; cf. HANAFI, HANBALI, SHAFI'I》.
Maliki[2] マリキ **Nouri (Kamel) al-～** (1950–)《イラクの政治家; 通称 Jawad al-Maliki; 首相 (2006–)》.
màl·imprínt·ed *a* 〖動・心〗〈動物・人が〉刷り込みに欠陥のある. ♦ **màl·imprínt·ing** *n*
ma·line /məlíːn/ *n* [ˢM-] MALINES.
ma·lines /məlíːn; mælíːn/ *n* (*pl* ～ /-líːn(z)/) [ˢM-] **1** マリーヌ (=*maline*)《ベルギーの Malines で作られる薄い絹地でベールや服地に用いる》. **2** メクリンレース (MECHLIN).
Ma·lines /*F* malin/ マリーヌ (MECHELEN のフランス語名).
ma·lin·ger /məlíŋgər/ *vi* 仮病をつかう, 詐病をする. ♦ **～·er** *n* [F *malingre* sickly]
Mál·in Héad /mǽlən-/ マリン岬《アイルランド共和国の Donegal 県の岬; アイルランド島の最北端》.
Ma·lin·ke /məlíŋki/ *n* **a** (*pl* ～, ～**s**) マリンケ族《アフリカ西部に住む Mandingo 族中の一つ》. **b** マリンケ語《Mande 諸語の一つ》.
Ma·li·nois /mæ̀lənwɑ́ː/ *n* 〖犬〗BELGIAN MALINOIS.
Ma·lin·ov·sky /mæ̀lənɔ́ːfski, mɑ̀ː-, -nɔ́ːv-/ マリノフスキー **Rodion Yakovlevich** ～ (1898–1967)《ソ連の軍人; 第二次大戦で活躍, 元帥 (1944); 国防相 (1957–67)》.
Ma·li·now·ski /mæ̀lənɔ́ːfski, mɑ̀ː-, -nɔ́ːv-/ マリノフスキー **Bronisław (Kasper)** ～ (1884–1942)《ポーランド生まれの英国の社会人類学者》.
ma·lis avi·bus /mɑ́ːlìːs ɑ́ːwɪbʊ̀s/ *adv* 悪い鳥をもって; 凶兆のもとに. [L]
Maliseet ⇨ MALECITE.
ma·lism /méɪlɪz(ə)m/ *n* 悪世説《この世は悪であるとする悲観主義; cf. BONISM》. [L *malus* bad]
mal·i·son /mǽləs(ə)n, -z(ə)n/ *n* 《古》呪い (opp. *benison*).
mal·kin /mɔ́ː(l)kən, mǽl-/ *n*"《方》 **1** 《パン屋のオーブン清掃用の》モップ; 《ぼろを着せた》かかし; だらしない女. **2** 猫 (cat) (cf. GRIMALKIN); 《スコ》ウサギ (hare).
mall[1] /mɔ́ːl, "mǽl, *mɑ́ːl/ *n* **1 a** 《木陰のある》遊歩道, 並木道, モール; 《米・豪》車両乗入禁止の商店街, (ショッピング)モール; MEDIAN STRIP. **b** /; mǽl/ [the M-] (ザ・)マル《London 中央部の St. James 公園の北側, Buckingham 宮殿に通じる樹木の多い街路》. **c** [the M-] (ザ・)モール《Washington, D.C. の中心部に広がる広大な公園》. **2** /; mǽl/ 〖史〗ペルメル (pall-mall) 球戯(場), ペルメル用の木槌. [もと pall-mall が行なわれた *the Mall* (<MAUL) より]
mall[2] ⇨ MAUL.
mal·lam, mal·am /mǽlæ̀m, -əm/ *n* 《西アフリカ》学者, 先生. [Hausa]
mallanders ⇨ MALANDERS.
mal·lard /mǽlərd/ *n* (*pl* ～, ～ **s**) 〖鳥〗マガモ (=*wild duck*); マガモの肉; 《古》マガモの雄 (greenhead). [OF]
Mal·lar·mé /mæ̀lɑ̀ːrméɪ; *F* malarme/ マラルメ **Stéphane** ～ (1842–98)《フランス象徴派の詩人》.
máll cràwler* 《俗》MALL RAT.
Malle /mɑ́ːl, mǽl/ マル **Louis** ～ (1932–95)《フランスの映画監督》.
mal·lea·bil·i·ty /mæ̀liəbíləti, -l(j)ə-/ *n* 〖冶〗可鍛性, 展性; 柔順性, 順応性.
mal·le·a·ble /mǽliəb(ə)l, mǽl(j)ə-/ *a* 〖冶〗鍛えられる, 打ち延べられる, 可鍛性の, 展性のある; 柔順な, 温順な, 人に影響されやすい; 順応性のある. ♦ **～·ness** *n* MALLEABILITY. **-a·bly** *adv* [OF<L; ⇨ MALLET]
málleable cást íron 〖冶〗可鍛鋳鉄.
málleable íron MALLEABLE CAST IRON; WROUGHT IRON.
mal·le·ate /mǽlièɪt/ *vt* 槌で打つ, 槌でたたいて形づくる.
mal·lee /mǽli/ *n* 〖植〗マリー《豪州の乾燥地帯に生育するユーカリ属の常緑低木》; マリーのやぶ, 《人のほとんど住んでいない》灌木地帯; MALLEE ROOT. [(Austral)]
mállee bìrd [fòwl, hèn] 〖鳥〗クサムラツカツクリ (leipoa)《豪州産》.
mállee ròot 《豪》マリー (mallee) の根茎《燃料用》.
mallei *n* MALLEUS の複数形.
mal·le·muck /mǽləmʌ̀k/ *n* 〖鳥〗フルマカモメ・ミズナギドリなど数種の大型海鳥.
mallenders ⇨ MALANDERS.
mal·le·o·lus /məlíːələs/ *n* (*pl* **-li** /-làɪ/) 〖解〗踝(か), くるぶし (cf. ANKLE). ♦ **mal·lé·o·lar** *a*

M

mal·let /mǽlət/ *n* **1** 槌(つち), 小槌《通例 木製》; 《polo や croquet などの》打球槌, マレット; 打楽器用小槌, マレット. **2***《機関を 2 つ備えた》強力な蒸気機関車. **3***《俗》警察, サツ, デカ. ［OF (dim)< *mail*<L MAUL］

Mallet マレット **David** ～ (1705?–65)《スコットランドの詩人・著述家; James Thomson と共同で仮面劇 *Alfred* (1740) を書いた; cf. RULE, BRITANNIA》.

mal·le·us /mǽliəs/ *n* (*pl* **mal·lei** /mǽliàɪ, -lìː/)〔解〕《中耳内の》槌骨(ついこつ), つち骨(こつ) (＝*hammer*) (cf. INCUS, STAPES).

mall·ie /mɔ́ːli/ *n**《俗》MALL RAT.

máll·ing *n* **1** モールぶら《ティーンエージャーなどが商店街に群がって来て, 仲間に会ったり食事をしたりウインドーショッピングをしたりして気晴らしをすること》. **2** モール化《ある地域のショッピングモールの数が増えて, 店の多様性が乏しくなったり扱われる品の質が下がったりすること》.

Mallorca ⇨ MAJORCA.

mal·low /mǽloʊ/ *n*〔植〕ゼニアオイ属の各種草本. ［OE<L *malva*］

mállow fàmily〔植〕アオイ科 (Malvaceae).

mállow róse ばら色の花をつけるフヨウ (rose mallow).

máll ràt*《俗》ショッピングセンターに入りびたる[をぶらつく]若いの, モールぶら族 (cf. MALLING).

máll wàlking《口》モールウォーキング《運動のためショッピングセンター内を速足で歩くこと》.

malm /mɑ́ːm, *mɑ́ːlm/ *n*〔地質〕マルム《柔らかい白亜岩》; 白亜土; 白亜煉瓦 (＝～ **brìck**).

Mal·mai·son /mæ̀lməzóʊ; mæ̀lméɪzɔ̃ː(ŋ)/ *n* **1**〔植〕マルメゾーン《温室栽培のカーネーションの一種》. **2** マルメゾーン《Paris の西方約 10 km にある城; Napoleon 1 世と妃 Josephine が居住した》.

Mal·mé·dy /mæ̀lmədíː/ マルメディー《ベルギー東部 Liège 州東部の町; 1919 年 Eupen と共にドイツから割譲された》.

Malmö /mǽlmoʊ, -mɜ̀ː/ マルメー《スウェーデン南部の市・港町; Øresund の海峡をはさんで Copenhagen と向き合う》.

malm·sey /mɑ́ːmzi, *mɑ́ːlm-/ *n* マルムジー《**1)** Madeira ワインの最も甘口のタイプ **2)**〔史〕ギリシア・地中海東部の島から輸入された強くて甘口の白ワイン》; MALVASIA. ［MDu, MLG<Gk *Monemvasia* ギリシアの産地］

màl·nóurished *a*〔医〕栄養不良[失調]の. ♦ **-nóurish·ment** *n*

màl·nutrítion *n*〔医〕栄養不良[失調, 障害].

màl·occlúsion *n*〔歯〕不正咬合(こうごう). ♦ **màl·oc·clúd·ed** *a*

màl·ódor *n* 悪臭.

màl·ódor·ant *a, n* 悪臭のある(もの), 臭気剤, 着臭剤.

M

màl·ódor·ous *a* 悪臭のある; 《法的・社会的に》認めがたい, 言語道断な. ♦ **～·ly** *adv* **～·ness** *n*

ma·lo·láctic /mæ̀loʊ-, mèɪ-/ *a*《ワインにおける》細菌によるリンゴ酸から乳酸への転化の[に関する].

Ma·lone /məlóʊn/ マローン **Edmond** ～ (1741–1812)《アイルランド生まれの文芸批評家で, Shakespeare 研究家》.

ma·ló·nic ácid /məlóʊnɪk-; -lɔ́n-/〔化〕マロン酸.

malónic éster〔化〕マロン酸エステル.

mal·o·nyl /mǽlənɪ̀l/ *n*〔化〕マロニル《2 価のアシル基》.

màlonyl·uréa *n*〔化〕マロニル尿素 (barbituric acid).

Mal·o·ry /mǽl(ə)ri/ マロリー Sir **Thomas** ～ (1400?–71)《イングランドの著述家; Arthur 王伝説を集大成した (1469); Caxton 版 (1485) タイトル *Le Morte Darthur*》.

maloti *n* LOTI の複数形.

mal·peque /mælpíːk, -pɛ́k, mǽlpɛ̀k/ *n*《カナダ》マルピークカキ《Prince Edward 島の Malpeque 湾で採れる牡蠣》.

Mal·pi·ghi /mælpíːgi, -pígi/ マルピーギ **Marcello** ～ (1628–94)《イタリアの解剖学者; 生物研究に顕微鏡を導入した》. ♦ **Mal·pí·ghi·an** *a*

mal·pigh·i·a·ceous /mælpɪ̀giéɪʃəs/ *a*〔植〕キントラノオ科 (Malpighiaceae) の.

Malpíghian córpuscle [bódy]〔解〕マルピーギ小体, 腎小体 (＝*kidney corpuscle*).

Malpíghian láyer〔解〕《表皮の》マルピーギ層.

Malpíghian túbule [túbe, véssel]〔動〕マルピーギ管《クモ・昆虫などの老廃物排出器官》.

màl·pósed *a* 位置の悪い, 位置異常の.

màl·posítion *n* 位置の悪いこと;〔医〕位置異常, 変位.

màl·práctice *n*《医師・弁護士など専門家の》業務過誤, 業務過失, 医療過誤 (＝medical ～), 弁護過誤 (＝legal ～); 《一般に》不正行為. ♦ **màl·practítioner** *n*

màl·presentátion *n*〔医〕《分娩時の胎児の》胎位異常.

Mal·raux /*F* malro/ マルロー **André(-Georges)** ～ (1901–76)《フランスの小説家・美術史家; *La Condition humaine* (1933), *L'Espoir* (1937), *Les Voix du silence* (1951)》.

MALS Master of Arts in Liberal Studies ♦ Master of Arts in Library Science.

malt /mɔ́ːlt/ *n* 麦芽, モルト; 《口》麦芽(醸造)酒 (malt liquor), ビール; (モルト)ウイスキー (malt whiskey); *《口》MALTED MILK; MALT EXTRACT. ► *vt, vi* 麦芽にする[なる]; 麦芽で処理する; 〈酒を〉麦芽[モルト]で造る; 麦芽をつくる. ［OE *m(e)alt*; cf. MELT[1], G *Malz*］

Mal·ta /mɔ́ːltə/ マルタ《地中海の Sicily 島南方にある島群 (the **Maltése Íslands**) からなる国; 公式名 Republic of ～ (マルタ共和国); ☆Valletta; 主島も Malta という; 古代名 Melita; もと英領, 1964 年独立》.

Málta féver〔医〕マルタ熱, 波状熱 (brucellosis).

malt·ase /mɔ́ːltèɪs, *-z/ *n*〔生化〕マルターゼ《マルトースをグルコース加水分解する酵素》. ［*-ase*］

málted *a* 麦芽(エキス)と混ぜた[で処理した]. ► *n* MALTED MILK.

málted mílk 麦芽乳 (＝*malt, malted*)《脱水したミルクと麦芽で製した溶解性の粉末》; 麦芽乳をミルクに溶かしてアイスクリームを加えた飲料.

Mal·tese /mɔːltíːz, *-s/ *a* マルタ(島)の; マルタ人の; マルタ語の; マルタ騎士団 (Knights of Malta) の. ► *n* (*pl* ～) **1** マルタ人; マルタ語《アラビア語を母体とし, 多くのロマンス系語彙を含む》. **2**〔犬〕マルチーズ (＝～ **dóg [térrier]**)《白く長い毛の愛玩犬》. ［MALTA］

Máltese cát マルタネコ《青灰色の短毛のイエネコ》.

Máltese cróss マルタ十字《**1)** 先端で広がった腕をもつ十字; ✠ **2)** 腕の先端が広がるが 2 つに分かれ, 中央が V 字形にくぼむ; ✠》;〔植〕アメリカセンノウ (＝*scarlet lychnis*).

Mal·te·sers /mɔːltíːzərz/ *pl*〔商標〕モルティーザーズ《球状のチョコレート菓子》.

mált èxtract 麦芽エキス, マルツエキス.

mal·tha /mǽlθə/ *n* 鉱物タール; マルサ《天然アスファルトの一種または地蠟など天然の炭化水素混合物》. ［Gk］

mált·hòuse *n* 麦芽製造所.

Mal·thus /mǽlθəs/ マルサス **Thomas Robert** ～ (1766–1834)《英国の経済学者; *Essay on the Principle of Population* (1798)》.

Mal·thu·sian /mælθ(j)úːʒən, *mɔːl-; -ziən/ *a* マルサス(主義)の《人口増加は幾何級数的で, 食糧増産は算術級数的であり, 戦争・飢饉・疫病などが人口を抑制するとする》. ► *n* マルサス主義者. ♦ **～·ìsm** *n* マルサス主義[学説]《特に その人口論》. ［↑］

mált·ing *n* 麦芽製造(法); MALTHOUSE.

mált lìquor 麦芽(醸造)酒《beer, stout など》.

mált lòaf 麦芽パン《麦芽エキスとシロップなどで作るパンで, 薄切りにしバターを添えて供する》.

mált·man /-mən/ *n* MALTSTER.

màl·to·déxtrin /mɔ̀ːltoʊ-/ *n*〔生化〕マルトデキストリン《麦芽糖を含んだデキストリン; 食品添加物》.

malt·ol /mɔ́ːltɔ̀(ː)l, -tòʊl, -tɑ̀l/ *n*〔化〕マルトール《マツの樹皮・松葉・麦芽などから採る結晶; 食品・ワインなどの香味増加に用いる》.

malt·ose /mɔ́ːltòʊs, -z/ *n*〔生化〕麦芽糖, マルトース《グルコースが 2 分子結合した二糖》.

màl·tréat *vt* 虐待する, 酷使する (abuse). ♦ **～·er** *n* **～·ment** *n* 虐待, 冷遇, 酷使. ［F］

mált shòp 麦芽乳 (malted milk) を扱うアイスクリーム店.

mált·ster *n* 麦芽製造人, 麦芽業者. ［*malt*］

mált sùgar 麦芽糖 (maltose).

mált whiskey モルトウイスキー.

mált·wòrm *n*《古》大酒飲み, 酒豪 (tippler).

málty *a* 麦芽の(ような), 麦芽を含んだ; 《口》麦芽酒好きの; 《俗》酔った. ♦ **mált·i·ness** *n*

Ma·lu·ku /məlúːku/ マルク《MOLUCCAS のインドネシア語名》.

màl·únion *n*〔医〕(骨折)変形治癒.

mal·va·ceous /mælvéɪʃəs/ *a*〔植〕アオイ科 (Malvaceae) の; ゼニアオイ属 (*Malva*) の. ［L; ⇨ MALLOW］

mal·va·sia /mæ̀lvəsíːə, -zíːə/ *n* [°M-]〔園〕マルヴァシアブドウ《malmsey を造る》; MALMSEY. ♦ **màl·va·sí·an** *a*

Mal·vern /mɔ́ːlvərn/ モルヴァン《イングランド西部 Hereford and Worcester 州, モルヴァン丘陵 (the ～ **Hílls**) の東斜面にある保養地; 鉱泉が湧出する; 毎年演劇・音楽祭が開催される》.

Mál·vern Híll /mǽlvərn-/ ■ the **Báttle of Málvern Híll** マルヴァンヒルの戦い《米国南北戦争中の 1862 年 Virginia 州 Richmond 近郊の Malvern Hill で行なわれた戦い; 北軍が南軍による攻撃を退けたが, 翌日退却した》.

mal·ver·sa·tion /mæ̀lvərséɪʃ(ə)n/ *n*〔法〕汚職行為; 《公金などの》不正運用 〈*of*〉; 腐敗行政[政治]. ［F (*mal-*, L *versor* to behave)］

Mal·vi·nas /mɑːlvíːnɑːs/ ■ the **Is·las** /íːzlɑːz/ ～ マルビナス諸島 (FALKLAND ISLANDS のスペイン語名).

mal·voi·sie /mǽlvɔ̀ɪzi, -və-/ *n* MALMSEY.

Mal·vo·lio /mælvóʊlioʊ/ マルヴォリオ《Shakespeare, *Twelfth Night* に登場する気取った執事》.

mal vu /*F* mal vy/ *adv* 悪く見られて, 是認されずに. ［F］

mal·wa /mɑ́ːlwɑː/ *n* キビ[雑穀] (millet) から醸造したウガンダの飲料. ［(Uganda)］

mal·ware /mǽlwɛ̀ər/ *n*〔電算〕マルウェア《システムやデータに害を与えたり情報を盗み出したりする目的で開発された悪意あるソフト》. ［*mal*icious＋soft*ware*］

mam /mǽm/ *n*"《口・方》かあちゃん (mother).

Mam /má:m/ *n* **a** (*pl* ～, ～**s**) マム族《グアテマラ北西部の高地に住む Maya 系インディオ》. **b** マム語.

ma·ma /má:mə, məmá:; məmá:/ *n* 《幼児・口》 MAMMA[1]; *《俗》 女, 色気たっぷりの女, 女房, かかあ; *《俗》 暴走族グループの女.

máma-and-pápa *a* MOM-AND-POP.

máma bèar *《俗》 婦人警官, メスマッポ, 赤ポリ.

ma·ma·guy /má:məgàɪ/ 《カリブ》 *vt, n* だます[からかう, おだてる](こと).

máma's bòy 母親っ子, マザコン坊や.

Máma Smókey 《CB 無線俗》 婦人警官.

mam·ba /má:mbə, mǽm-/ *n* 〘動〙 マンバ《南アフリカ産のコブラ科の大型毒ヘビ》; 《南アロ》 できる人, 切れ者, エキスパート; 《南ア俗》 マンバ《自家製の強い酒》. [Zulu *imamba*]

Mam·be·ra·mo /mæ̀mbərá:moʊ/ [the] マンベラモ川《ニューギニア西部を北西に流れ, 太平洋に注ぐ》.

mam·bo /má:mboʊ/ *n* (*pl* ～**s**) **1** マンボ《rumba に似たリズムのハイチが起源の舞踊; その曲》. **2** ヴードゥー教の巫女(ミコ). ► *vi* マンボを踊る. [AmSp＜?Haitian creole]

mamee ⇨ MAMMEE.

mam·e·lon /mǽmələn/ *n* 乳頭状のふくらみ[突起]; 円頂(溶岩)小丘.

ma·me·lu·co /mæ̀məlú:koʊ/ *n* (*pl* ～**s**) 《ブラジル》 父親が白人で母親がインディオの混血人. [Port]

Mameluk(e), Mamaluke ⇨ MAMLUK.

Mam·et /mǽmət/ マメット **David** (**Alan**) ～ (1947–) 《米国の劇作家》.

mamey, mamie ⇨ MAMMEE.

Ma·mie /méɪmi/ メイミー《女子名; Mary, Margaret の愛称》.

mamilla, -lary ⇨ MAMMILLA, -LARY.

mamillate, -lated ⇨ MAMMILLATE, -LATED.

Mam·luk /mǽmlù:k/, **Mam·e·luk(e)**, **Mam·a·luke** /mǽməlù:k/ *n* **1** 〘史〙 マムルーク朝人《エジプトおよびシリアを支配したトルコ系イスラム王朝 (1250–1517) の人; 君主が奴隷傭兵出身であるところからこの名がある; 1811 年まで実権を保持》. **2** [ᵒm-] 《イスラム教国における》 白人奴隷《トルコ人・モンゴル人・スラヴ人など》, 奴隷傭兵. [F＜Arab＝slave]

mam·ma[1] /má:mə, məmá:; məmá:/ *n* 《幼児》 おかあちゃん; *《俗》 女, 女房, かあちゃん (mama). [幼児の *ma, ma* (imit)]

mam·ma[2] /mǽmə/ *n* (*pl* **-mae** /mǽmi:, -màɪ/) 〘解〙 乳房《乳腺とその付属器官の総称》; [〈*pl*〉] 乳房(ちぶさ)雲. [OE＜L＝a breast]

mam·mal /mǽm(ə)l/ *n* 〘動〙 哺乳動物. [L (↑)]

mam·ma·li·an /məméɪliən, mæ-/ *a, n* 〘動〙 哺乳類[綱] (Mammalia) の(動物).

mam·ma·lif·er·ous /mæ̀məlíf(ə)rəs/ *a* 〘地質〙 〈地層が〉哺乳動物の化石を含む.

mam·mal·o·gy /məmǽləʤi, mæ-/ *n* 哺乳類[動物]学. ♦ **-gist** *n* **mam·ma·log·i·cal** /mæ̀məlɑ́ʤɪk(ə)l/ *a*

mámma·plàsty, mam·mo- /mǽmə-/ *n* 乳房形成(術).

mam·ma·ry /mǽməri/ *a* 〘解〙 乳房(にゅうぼう)(ちぶさ)の; 乳房状の: ～ cancer 乳癌 / ～ areola 乳輪. ► *n* [ᵘ*pl*] 《口》 乳房, おっぱい.

mámmary glànd 〘解〙 乳腺.

mam·mate /mǽmèɪt/ *a* MAMMIFEROUS.

mam·ma·to·cúmulus /məmèɪtoʊ-, mæ-/ *n* 〘気〙 乳房(ちぶさ)雲.

mam·mee, mam·ee, ma·mey, mam·ie, mam·mey /mɑ:méɪ, -mí:; mæmí:/ *n* 〘植〙 **a** マンメア, マミー (＝～ **àpple**) 《美味な実を結ぶ熱帯アメリカ原産の木; その果実》. **b** MARMALADE TREE.

mammée sapóte 〘植〙 MARMALADE TREE.

mam·mer /mǽmər/ 《方・廃》 *vi* どもる; ためらう.

mammet ⇨ MAUMET.

mam·mif·er·ous /məmíf(ə)rəs, mæ-/ *a* 乳房のある; 哺乳類の (mammalian).

mám·mi·fòrm /mǽmə-/ *a* 乳房[乳頭]状の.

mam·mil·la, ma·mil·la /məmílə, mæ-/ *n* (*pl* **-lae** /-lì:/) 〘解〙 乳頭, 乳首 (nipple); 乳頭様突起.

mam·(m)il·lary /mǽməlèri, mæmíləri; mǽmɪləri, mæmíləri/ *a* 〘解〙 乳頭(様)の; 〘鉱〙 乳房状の.

mam·(m)il·late /mǽməlèɪt/, **-lat·ed** /-lèɪtəd/ *a* 乳頭(様突起)のある; 〘鉱〙 MAM(M)ILLARY. ♦ **màm·(m)il·lá·tion** *n* 乳頭様突起(をもつこと).

mam·mock /mǽmək/ 《古・方》 *n* きれ, 小片, 断片, かけら. ► *vt* ずたずたに切る, 寸断する; 粉砕する.

mám·mo·gràm, -gràph /mǽmə-/ *n* 〘医〙 乳房 X 線写真, マンモグラフ.

mam·mog·ra·phy /mæmɑ́grəfi/ *n* 〘医〙 乳房 X 線撮影(法), マンモグラフィー. ♦ **màm·mo·gráph·ic** *a*

mam·mon /mǽmən/ *n* 富《卑しめていう》; [M-] 富の邪神, マモン《富・強欲の化身; *Matt* 6: 24, *Luke* 16: 9–13》: worshipers of *M*～ 拝金主義者たち / the *M*～ of unrighteousness 不正な富 / You cannot serve God and ～. 汝ら神と財宝とに兼ね仕うるあたわず (*Matt* 6: 24). ♦ ～**·ish** *a* 拝金主義の, 黄金万能主義の. ～**·ìsm** *n* 拝金主義. ～**·ist**, ～**·ite** *n* 拝金主義者. **màm·mon·ís·tic** *a* [L＜Gk＜Aram＝riches]

mammoplasty ⇨ MAMMAPLASTY.

mam·moth /mǽməθ/ *n* 〘古生〙 マンモス; 《同種のうちで》巨大なもの. ► *a* 巨大な, 膨大な, ばかでかい. [Russ＜Tartar (? *mamma* earth); 穴を掘ってすむと考えられたためか]

Mámmoth Cáve マンモスケーヴ《Kentucky 州中部の大鍾乳洞; **Mámmoth Cáve Nátional Párk** の一部》.

mam·my, mam·mie /mǽmi/ *n* ᴴ《幼児》 おかあちゃん; *《南部》 [ᵒ*derog*] 黒人のばあや《かつて白人の子供の世話[乳母]をした》. [MAMMA[1]]

mámmy bòy MOTHER'S BOY.

mámmy chàir 《海俗》 風波に見舞われて沖合に停泊した船につけたボートへ客を上げ降ろしするバスケット[椅子], リフト.

mámmy clòth 《アフリカ黒人が体に巻きつけて着用する》色あざやかな木綿布.

mámmy tràder 《西アフリカ》 市場の物売り女.

mámmy wàgon [**lòrry, bùs**] 《西アフリカ》 小型乗合いトラック《人・荷物を運ぶ両側開放の乗物》.

ma·mo /má:moʊ/ *n* (*pl* ～**s**) 〘鳥〙 マモ《絶滅したハワイミツスイ》.

Ma·mo·ré /mɑ̀:məréɪ/ [the] マモレ川《ボリビア中部を北流し, ブラジル国境で Beni 川と合流して Madeira 川を形成する》.

Ma·mou·dzou /*F* mamudzu/ マムズ《Comoro 諸島にあるフランスの海外県 Mayotte の県都》.

mam·pa·ra, mom- /mɑ:mpá:rə/ *n* 《南アロ》 無器用な黒人, 役立たず, ばか.

mam·poer /məmpʊ́ər/ *n* 《南ア》 《桃やヒラウチワサボテンの実などから造る》自家製ブランデー.

mam·zer, mom·zer, mom·ser /mámzər/ *n* (*pl* ～**s**, **-ze·rim** /-zərɪm/) **1** マムゼル《ユダヤ教で認められない結婚による子・私生児》. **2** *《俗》 いやなやつ, しょっちゅう借りてばかりいるやつ, 人にたかるやつ, いそうろう; やつ, 野郎. [Yid]

man[1] /mǽn/ *n* (*pl* **men** /mén/) **1 a** 《成人の》男, 男子 (opp. *woman*), 《男性の》大人 (opp. *boy*); [無冠詞; 〈*sg*〉] 男性(というもの) (opp. *woman*). **b** 一人前の男, 一個の男子; 男らしい男, 丈夫; ひとかどの人物, 重要[著名]な人; [the] 《古》 男らしさ, 雄々しさ: be a ～ ＝act like a ～ 男らしくする / be ～ enough to do 男らしく[勇敢にも]…する / He is ～ enough for the job. その仕事をりっぱにこなせる / a ～ among *men* 男の中の男 / MAN'S MAN / You('re) the ～! *《俗》 よくやった. **2 a** 《他の動物に対して》人, 人間; [ˢM-; 無冠詞で単数] 人, 人類 (mankind) 《集合的》: All *men* must die [*M*～ is mortal]. 人は死を免れない. **b** 〘人〙 ヒト《霊長目ヒト科 (Hominidae) の一員》; 《特定時代の》人間, 《先史時代の》(原)人: RENAISSANCE MAN / PEKING MAN. **3 a** [不定代名詞的に] 人, 者 (one): A ～ can only die once. 《諺》 人は一度しか死なない《いやなこともこれでおしまい》/ What can *a* ～ do in such a case? こんな場合どうすればよいのだろうか / any [no] ～ だれでも[だれも…ない]. **b** …する男, …(愛好)家, …派: a ～ of action 活動家 / a ～ of science 科学者 / a medical ～ 医学者 / a chocolate ice cream ～ チョコレートアイスクリーム大好き人間: ASS MAN / TIT MAN. **c** [the] あつらえむきの男; [one's] 人の望みをかなえてくれる[敵となる]相手(の男), 代理人, 外交使節, 諜報[特派, 連絡]員, 情報源: Tom is *your* ～. トムこそ(あなたの望みに)ぴったりの人です / *the* (very) ～ *for* the job その仕事にうってつけの男 / MISTAKE one's ～ / one's ～ of BUSINESS. **d** 〘大学〙 (男子の)在校生, 学生; 出身者: an Oxford [a Harvard, etc.] ～. **4** [ᵒone's] 夫 (husband); 《口》 恋人《男》, 彼氏; 親友, ダチ, 仲間 (⇨ 7a); [the] [*derog*] (いやな)やつ, きゃつ: ～ and wife 夫婦 (⇨ 成句) / OLD MAN / I can't stand the ～. あの野郎は許せない. **5 a** 《雇主・主人に対して》使用人, 召使; 労働者, 従業員, 雇人, 使用人, 部下; 《古》 家来, 家臣, 臣下: masters and *men* 主人と雇人 / Stanley's *men* got out of the boat. スタンリーの部下たちは舟から降りた. **b** [ᵘ*pl*] 兵, 兵士, 水兵, 下士官: officers and *men* 士官と兵, 将兵. **6 a** チームの一員, メンバー《男》. **b** 《チェス・チェッカーなどの》コマ (piece); 数取り (counter). **7** 《口》 **a** [男に対する呼びかけ; 俗語では年齢・男女を問わない呼びかけ] きみ, おい, こら《hippies などの間では男女双方に対して用いる》: My (good [dear]) ～! ᴴおい, ねえきみ《目下の者に》/ My ～! *やあ(こんにちは) / my LITTLE ～ / OLD MAN / Hurry up, ～ (alive)! それ[おい]急げ. **b** やあ, おお, へーッ, おやおや, うーん, やれやれ, チェッ, なんてこった《驚き・熱意・いらだち・軽蔑などの発声》: *M*～, what a game! 驚いたね, なんというゲームだろう. **8** *《俗》 [ᵒthe M-] **a** 《黒人からみた》権力者, 白人(社会); 体制 (the Establishment). **b** 警察(官), 刑事, サツ, デカ, (刑務所の)所長. **c** 雇主, ボス, お偉いさん; 《ジャズバンドなどの》リーダー: OLD MAN. **d** 麻薬の売人. **9** 〘クリスチャンサイエンス〙 無限の精霊, 精神の完全な表現, 神の影像. **10** [ᵘ*compd*] 船 (ship) (cf. -MAN): MAN-OF-WAR. **11** *《俗》 1 ドル.

● **all to a** ～＝to a MAN. **as a** ～ 一個の男子として. **as one** [**a**] ～ 一斉に, こぞって, 満場一致で (unanimously) 〈抗議するなど〉. **be** ～ **enough** 十分な度胸がある. **be one's own** ～. **be·tween** ～ **and** ～ 男同士の間で. **every…known to** ～ **or**

M

[and] beast 知られる[考えられる]かぎりすべての…. **every [each] ~ for himself (and the devil take the hindmost)** だれもが(人にたよらずに)自分の安全をはからなければならない(危険な状況), (人のことより)自分のことだけ懸命にやる(こと). **have to see a ~ about a dog [horse]** ちょっとそこまで《トイレに立つときなど, 席をはずす口実として》. IF **a ~**. **like a ~** 男らしく, 堂々と. **make…a ~=make a ~ (out) of**…をりっぱな男に仕立てる, 成功させる. **a ~ about town**=MAN-ABOUT-TOWN. **M~** ALIVE! **a ~ and a brother** はらから, 同胞. **~ and boy** [副詞句] 少年時代からずっと, 一生(の間). **~ and wife** ⇨ *n* 4; ‖《韻俗》ナイフ (knife). **~ for ~** 一対一で; 個人として[個々に]比べると. **a ~ of**…生まれの人; ⇨ *n* 3b. MAN OF GOD. MAN OF THE CLOTH. MAN OF THE HOUSE. MAN OF THE WORLD. **a ~ on** HORSEBACK. **~ to ~** 個人対個人として; 率直に (cf. MAN-TO-MAN): as ~ *to* ~ 率直に言えば. **separate [tell, sort out] the men from the boys** 《口》本当に力と勇気のある[有能な]者とそうでないものを区別する. SON OF MAN. **the ~ in the** MOON. **the ~ in [on*] the street** 世間一般の人, 平均的な人, 世論の代表者, 世論 (opp. *expert*; ⇨ MAN-ON-THE-STREET). **to a [the last] ~** 満場一致で; 最後の一人まで, 残らず. **your ~** 《アイル口》あの男, 例の男. ★ ここに示していない the man of…などの語は各項を参照.

► *vt* (-nn-) **1 a** 〈銃砲・部署など〉に人員を配置する《勤務や防御のため》, 〈船・人工衛星など〉に人を乗り組ませる; 〈地位・官職など〉に人を就ける. **b** 《任務として》…の位置につく[詰める], 受け持つ, 扱う: ~ the guns 砲につく. **2** 元気[勇気]づける: ~ one*self* 自分を励ます. **3** 〈鷹などを〉人に慣らす.

[OE *man(n)*, (pl) *menn*; cf. G *Mann*]

man² *v auxil* 《スコ》MAUN.

Man ■ the **Ísle of ~** マン島《Irish 海にある島で, 自治権をもつ英国王室保護領; 独自の議会・法律をもつ; ☆Douglas; cf. MANX, TYNWALD; 古代名 Monapia, Mona》.

-man /mən, mæn/ *n comb form* (*pl* **-men** /mən, mèn/) [職業・国籍を表わして]「…人」「…船」(cf. MAN¹ *n* 10): post*man*, clergy*man*, French*man*, merchant*man*, India*man*. ★ 日常語では /-mən/ が普通で, 慎重な発音・特別の意味では /-mæn/ とする傾向がある. /-mən/ と発音される語の複数形は /-mən/, /-mæn/ と発音される語の複数形は /-mèn/ と発音される. 従来は女性にも用いたが, 近年は男女の総称として -person などの語を用いる傾向がある.

man. manual.

Man. Manitoba.

ma·na /máːnə/ *n* **1** 〘人〙マナ《自然界に内在し, そこから発現して宇宙の秩序を維持する超自然力; 人間に具現して権威・魔力となる》. **2** 威信, 威光, 権力, 権威. [Polynesian]

mán-abòut-tówn *n* (*pl* **mén-**) 《高級ナイトクラブなどに出入りする》都会慣れした遊び人, 通人, プレイボーイ.

Man·a·bo·zho /mænəbóuʒou/ マナボジョ《中部 Algonquian 族のトリックスター[文化英雄]》.

man·a·cle /mǽnɪk(ə)l/ *n* [ᵘ*pl*] 手錠, 手かせ, 足かせ; 束縛, 拘束. ► *vt* …に手錠[足かせ]をかける; 固定する, 縛る; 束縛する, 制約する. [OF<L (dim)<*manus* hand]

Ma·na·do /mənáːdou/, **Me·na·do** /meɪ-/ マナド, メナド《インドネシアの Celebes 島北東部 Celebes 海に臨む港湾都市》.

man·age¹ /mǽnɪdʒ/ *vt* **1** 〈事業などを〉経営[運営]する, 管理する; 〈チームなど〉の監督をする; 〈芸能人など〉のマネージャーをする; 〈人を〉統御する, うまくあしらう[言いくるめる], 〈難題・ストレスなどを〉処理する; (手で)扱う, 〈馬などを〉御する, 調教する; 〈金・時間などを〉有効に使う, 管理する; 〈船などを〉操縦する; 〈通貨を〉統制する. **2 a** どうにかなし遂げる; [ᵒ*iron*] どうにか[なんとか]…する, うまく…する 〈*to* do〉: ~ a smile [*to* smile] どうにか笑顔をつくる / I ~*d to* get out at the right station. どうにか目的の駅で降りられた / He ~*d* (=was foolish enough) *to* make a mess of it. [*iron*] あいつめみごとに大失敗をやらかした. **b** [can, be able to に伴って] 《口》なんとかする, …に都合をつける《目的語の名詞との関係で「(問題を)片付ける, (金を)出す」「(物を)食べる」「(休暇などを)とる」「(荷物などを)運ぶ, 乗せる」など種々の意味になる》: How much will you give?—I *can* ~ 10 dollars. いくら出せますか—10 ドルならなんとかできます / *Can* you ~ next Friday? 次の金曜は都合がつきますか / *Can* you ~ a few more cherries? サクランボをもう少しどうですか. **3** 《古》大事に[控えめに]使う. ► *vi* 経営[運営]する, 管理する; 野球チームの監督をする; 対処する, なんとかする: I think I can ~ by my*self*. ひとりでなんとかできそうだ / I can't ~ *with* these poor tools [*on* my salary]. こんな貧弱な道具では[給料では]やっていけない / She won't be able to ~ *without* help. 彼女は手伝ってもらわなくてはやっていけまい. ► *n* 《馬の》調教; 調教場, 乗馬学校; 《古》《馬の》歩態, 歩調; 《廃》MANAGEMENT. [It *maneggiare* (L *manus* hand)]

manage² *n* 《古》MANÈGE.

mánage·able *a* 処理[管理]できる; 扱いやすい; 御しやすい; 従順な; 料理しやすい. ♦ **-ably** *adv* **~·ness** *n* **mànage·abílity** *n* 御しやすい[統制できる]こと; 従順さ.

mán·aged cáre 管理医療, マネージドケア《特に雇用主の医療費負担を抑制する目的で, ある患者集団の医療をある医師集団に請け負わせる健康管理方式; HEALTH MAINTENANCE ORGANIZATION などがその例》.

mánaged cúrrency 〘経〙統制貨幣, 管理通貨.

mánaged ecónomy 管理経済.

mánaged fúnd (管理)運用資金, マネージドファンド《保険会社などが投資家に代わって運用する投資資金》.

mánaged néws 《俗》《政府側に都合よく内容を調整した》政府側発表のニュース.

mánage·ment *n* **1 a** 取扱い, 統御, 操縦, 運用; 経営, 管理, 支配, 取締まり; 処理, やりくり; 術策, ごまかし. **b** 経営力, 支配力, 経営の手腕; 〘医〙治療技術 〈*of*〉. **2** 経営幹部, 経営陣, 経営者(側), 雇用者[使用者]側, 管理者: The ~ refused to come to terms. 経営者側は和解を拒絶した / a consultation between ~ and labor 労使間の協議 / A stronger ~ is needed. もっと強力な経営陣が必要だ. ♦ **màn·age·mén·tal** /-méntl/ *a*

mánagement accòunting 管理会計《経営管理に役立つ資料を提供するための会計, 特に COST ACCOUNTING》. ♦ **mánagement accòuntant** *n*

mánagement bùyout マネジメントバイアウト《経営陣が自社株を買い取り, 株式を非公開にすること; 略 MBO》.

mánagement còmpany 《投資信託の資産運用を行なう》管理会社.

mánagement consùltant 経営コンサルタント.

mánagement engineèring 経営[管理]工学.

mánagement informàtion sỳstem 《コンピューターを使った》経営[管理]情報システム《略 MIS》.

mánagement shàres ‖*pl* 役員株.

mánagement ùnion 管理職ユニオン《管理職が加入する労働組合》.

mán·ag·er *n* **1 a** 支配人, 管理者, 経営者, 幹事, 主事; 《芸能人・興行団体などの》マネージャー; 《プロスポーツチーム[選手]の》監督, 《学生チームの》マネージャー; 〘英法〙管財人; [*pl*] 〘英議会〙両院協議会委員. **b** 〘電算〙マネージャー《周辺装置・処理過程などを管理するプログラムやシステム》. **2** [通例 形容詞を伴って] 処理[やりくり]する人: a good [bad] ~ やりくりのじょうずな[へたな]人《特に 主婦》. ♦ **~·shìp** *n*

mánager·ess /; mæ̀nɪdʒərés, ⌐⌐⌐⌐/ *n* 女支配人, 女管理人, 女性マネージャー; 女幹事; 《劇場の》女座元 (⇨ -ESS¹).

man·a·ge·ri·al /mæ̀nədʒíəriəl/ *a* MANAGER の; 取扱い[操縦, 経営]の; 管理[支配]の, 管理(職)者としての; 取締まりの; 処理の: a ~ position 管理職. ♦ **~·ly** *adv*

managérial·ist *n* 管理政策信奉者, 統制主義者. ► *a* 管理政策信奉(者)の, 統制主義(者)の. ♦ **-ism** *n*

mán·ag·ing *a* **1 a** MANAGE¹ する; 首脳の; 経営[処理]のじょうずな. **b** 切りまわしたがる, おせっかいな: a very ~ woman とてもおせっかいな婦人. **2** 《古》倹約な, けちな.

mánaging diréctor 専務取締役, 《会長がいる会社の》社長.

mánaging éditor 編集長, 編集責任者.

mánaging pártner 業務執行社員 (cf. SLEEPING PARTNER).

Ma·na·gua /mənáːgwə; -nǽg-/ マナグア《ニカラグアの首都; マナグア湖に臨む》; [Lake] マナグア湖《ニカラグア西部の湖; 南岸から流出する川がニカラグア湖に流入する》.

man·a·kin /mǽnɪkən/ *n* **1** 〘鳥〙マイコドリ《明るく美しい羽色をした小鳥; 中南米産》. **2** MANIKIN 1, 2.

Ma·na·la /máːnələ/ TUONELA.

Ma·na·ma /mənǽmə; -náː-/ マナマ《バーレーンの首都》.

mán àmplifier 人力増幅器《体に装着して大きな力を発揮できるようにする装置》.

ma·ña·na /mənjáːnə/ *adv* 明日; いつか, そのうち. ► *n* 明日; 未来のある日[時]. ► *int* じゃあ(また明日), さよなら. [Sp]

Mán and Súperman 『人と超人』(G. B. Shaw の戯曲 (出版 1903, 初演 1905)).

Manáos ⇨ MANAUS.

mán àpe 類人猿 (great ape); 化石人類《原人・猿人など》.

Ma·nás·sa Máuler /mənǽsə-/ [the] マナッサのなぐり屋《Jack DEMPSEY のニックネーム; Colorado 州の町 Manassa で生まれたことから》.

Ma·nas·sas /mənǽsəs/ マナッサス《Virginia 州北東部の市; BULL RUN (別名 Manassas) の戦いがあった地》.

Ma·nas·seh /mənǽsə/ 〘聖〙 **a** マナセ《Joseph の長子で Manasseh 族の祖; *Gen* 41: 51》. **b** マナセ族《イスラエル十二部族の一つ》. **c** マナセ《紀元前 7 世紀ごろのユダ (Judah) の王; 多神教を確立しようとした》. [Heb=one who causes to forget]

Ma·nas·ses /mənǽsiz/ 〘ドゥエー聖書〙MANASSEH.

ma·nat /mǽnæt/ *n* (*pl* ~, ~**s**) マナト《**1)** アゼルバイジャンの通貨単位: =100 gopik **2)** トルクメニスタンの通貨単位: =100 tennesi》.

mán-at-árms *n* (*pl* **mén-**) 〘史〙兵士, 《特に 中世の》重騎兵. [cf. F *homme à armes*]

man·a·tee /mǽnətìː; ⌐⌐⌐/ *n* 〘動〙マナティー《アメリカ・アフリカ熱帯地方の大西洋岸海域の広く円い尾をしたカイギュウ》. [Sp<Carib]

M

ma·na·to·ka /mæ̀nətóʊkə/ *n* 〘植〙 アフリカ南部原産のハマジンチョウの一種. ［?］
Ma·naus, Ma·náos /mənáʊs/ マナウス《ブラジル北西部 Amazonas 州の州都》.
ma·nav·el·ins, -il- /mənǽvələnz/ *n pl* 《俗》《食べ物の》残り物, 残飯; 《海俗》《船具の》がらくた. ［C19＜?］
Mancha ⇨ La Mancha.
manche /máːnʧ/ *n* 〘紋〙 端にたれ飾りのついた袖の図柄.
Manche /*F* mɑ̃ʃ/ マンシュ《フランス北西部 Basse-Normandie 地域圏の県; ☆ Saint-Lô》; [La /*F* la/] ラマンシュ《English Channel のフランス語名》.
Man·che·gan /mænʧíːgən, mɑːnʧéɪ-/ *a* ラマンチャ (La Mancha) の. ► *n* ラマンチャ人.
Man·che·go /mənʧéɪgoʊ/ *n* マンチェゴ, 'ラマンチャのチーズ'《羊乳から造るスペインの代表的チーズ》. ［Sp］
Man·ches·ter /mǽnʧɛstər, -ʧəs-; -ʧɪs-/ **1** マンチェスター《(1) イングランド北西部, Greater Manchester 州の商工業都市; 紡績業の中心地; cf. Mancunian *a* (2) New Hampshire 州南東部 Concord の南にある同州最大の市》. **2** [ˢm-]《豪·南ア》綿製品, [ˢm-]ˈˈ綿製品売場 (=**∼ depàrtment**): **∼** goods ˈˈマンチェスターもの《綿布類》. ■ the **Univérsity of ∼** マンチェスター大学《イングランドの Manchester にある公立大学; 1851 年創立》. ♦ **∼·ism, ∼·dom** *n* 自由貿易主義.
Mánchester Schòol [the] 〘経済史〙 マンチェスター学派《1830 年代 Richard Cobden, John Bright などを中心に商業上の自由放任·自由貿易主義などを主張》.
Mánchester Shíp Canàl [the] マンチェスターシップ運河《イングランド Manchester 市から Mersey 川河口部に通じる運河; 内陸の工業都市マンチェスターに外航船がはいれるようにするために建設; 1894 年完成》.
Mánchester térrier 〘犬〙 マンチェスターテリア《イングランドで作出された, 小型で被毛が短く, 黒地に茶褐色の斑のある犬種の犬》.
Mánchester Uníted マンチェスター·ユナイテッド《Manchester を本拠地にするイングランドの代表的なサッカーチーム》.
man·chet /mǽnʧət/ *n* 《古》 最上質の小麦パン; ˈˈ《方》 紡錘型のパン, 白パン《1 個》.
mán-chìld *n* (*pl* **mén-chìldren**) 男の子 (boy), 息子 (son).
man·chi·neel /mæ̀nʧəníːl/ *n* 〘植〙 熱帯アメリカ産のトウダイグサ科の樹木 (=*death apple*)《乳状樹液·果実は有毒》. ［F＜Sp (dim)＜*manzana* apple］
Man·chu /mǽnʧu, -ʧúː/ *n* **a** (*pl* **∼, ∼s**) 満洲人. **b** 満洲語《Tungusic 諸語の一つ》. ► *a* 満洲の; 満洲人[語]の: the **∼** dynasty 満洲人王朝《清 (Qing) のこと》.
Man·chu·kuo, -chou- /mǽnʧúːkwóʊ, ⌐⌐⌐/ 満洲国《満洲と内モンゴル東部を占めた日本の傀儡(かいらい)国家 (1932–45); ☆新京(長春, Changchun)》.
Man·chu·ria /mænʧúəriə/ *n* 満洲. ► *a* 満洲(風)の. ♦ **Man·chú·ri·an** *a, n*
Man·ci·ni /mænsíːni/ マンシーニ **Henry ∼** (1924–94)《米国の作曲家·編曲者; 映画やテレビの音楽監督·作曲家として活躍; 'Moon River' (1961)》.
man·ci·ple /mǽnsəp(ə)l/ *n* 《古風》《大学·修道院などの》食料品仕入係, 賄い方 (steward). ［OF＜L *mancipium*］
Man·cu·ni·an /mænkjúːniən, -njən/ *a* Manchester (の住民[市民])の; マンチェスター·グラマースクール (Manchester Grammar School) の. ► *n* マンチェスター住民; マンチェスター·グラマースクールの学生[卒業生]. ［L *Mancunium* Manchester］
-man·cy /mæ̀nsi/ *n comb form* 「…占い」: chiro*mancy*, geo*mancy*, necro*mancy*. ♦ **-man·tic** /mǽntɪk/ *a comb form* ［OF＜Gk=oracle］
M&A mergers and acquisitions《企業の》合併·買収.
Man·dae·an, -de- /mændíːən/ *n* マンダ教徒《Tigris, Euphrates 川下流域のグノーシス主義の一派》; マンダ語《アラム語に属する》. ► *a* マンダ教(徒)の; マンダ語の.
man·da·la /mʌ́ndələ/ *n* マンダラ, 曼陀羅; 曼陀羅模様; 〘心〙《Jung 心理学で》マンダラ《夢の中での自己統一と完成への努力を象徴する》. ♦ **man·dal·ic** /mʌ̀ndǽlɪk/ *a* ［Skt=circle］
Man·da·lay /mæ̀nd(ə)léɪ, ⌐⌐⌐/ マンダレイ《ミャンマー中部 Irrawaddy 河畔の市》.
man·da·mus /mændéɪməs/ *n* 〘法〙 職務執行令状[命令]《下位裁判所·公的職務を負っている者[機関]がその職務を行なわないときに, 上位裁判所がその執行を命ずる大権令状または命令》. ► *vt* 《口》…に職務執行令状を送達する, 執行令状でおどす. ［L=we command］
Man·dan /mǽndæ̀n, -d(ə)n/ *n* **a** (*pl* **∼, ∼s**) マンダン族《北米インディアンの Sioux 族の一種族》. **b** マンダン語.
man·da·rin /mǽnd(ə)rən/ *n* **1 a**《中国の清朝の》上級官吏, マンダリン. **b** 陰の実力者と目される高官, 有力な官僚; 保守的官公吏; 《知識·文芸の世界の, 特に 反動的な》大立者, ボス. **2** [M-]《北京》官話《北京方言のこと》, 《北京方言に基づく》標準中国語《中国語では普通話 (Putonghua) という》. **3 a** 〘園〙 マンダリンミカン(の木) (=**∼ órange**). **b** みかん色, 黄味だいだい. **4**《通例 磁器製の》中国服姿の首振り人形; マンダリンチャイナ (=**∼ pórcelain**)《士大夫(したいふ)など中国風の人物像を絵付けした陶磁器; 特に 清代の五彩·粉彩など》. ► *a*《中国の昔の》高級官吏(風)の; 凝ったく文体〉. ♦ **màn·da·rín·ic** /-rín-/ *a* **mán·da·rin·ism** *n* ［Port＜Malay＜Hindi *mantri*＜Skt=counsellor; 'みかん' はその官衣の色からか］
man·da·rin·ate /mǽnd(ə)rənèɪt/ *n* 高級官僚の職[地位]; 高級官僚《集合的》; 高級官僚政治.
mándarin cóllar マンダリンカラー (=*Mao collar*)《通例 前開きの詰襟》.
mándarin dúck 〘鳥〙 オシドリ《東アジア産》.
man·da·rine /mǽnd(ə)rən/ *n* 〘園〙 マンダリンミカン (mandarin).
mándarin jácket マンダリンジャケット《マンダリンカラーのついたジャケット》.
mándarin sléeve マンダリンスリーブ《肘から開いた中国風の袖》.
man·da·tary /mǽndətèri; -t(ə)ri/ 〘法〙 *n* 命令を受けた人; 受任者[国]; 代理人[国]; 《国際連盟の》委任統治国; 聖職受任者.
man·date *n* /mǽndèɪt, ˈˈ-dət/ **1**《職権による正式の》命令(書), 指令, 勅令, 令状; 〘法〙《上級裁判所から下級裁判所への》命令; 《特に 聖職叙任(権)の》ローマ教皇の命令; 《詩》 命令. **2 a**《特に 選挙民から政府·議員へ委任された》権限, 信任, 支持, 負託, 委託(事項)〈*for*, *to* do〉; 《政治家の》任期. **b**《旧独植民地などの統治に関する国際連盟からの》委任; 委任統治領. **3** 〘法〙 (無償)サービス契約, 無償寄託; 委任(状), 《銀行などへの》支払委託. ► *vt* /mǽndèɪt/ **1 a**〈ある土地を〉委任統治領に指定する: a **∼***d* territory 委任統治領. **b** …に権限を委譲[委任, 委託]する. **2** *義務づける, 命令する; *指令する, 要求する. ♦ **mán·dà·tor** /, ⌐⌐⌐/ *n* 命令者; 委任者. ［L *mandat- mando* to command (? manus, *do* to give)］
man·da·to·ry /mǽndətɔ̀ːri; -t(ə)ri/ *a* **1** 命令の, 法[規則]で命じられた, 強制[義務]的な, 裁量の余地のない (cf. directory): a **∼** evacuation 強制退去 / Wearing seat belts was made **∼** for drivers. シートベルト着用が運転者に義務づけられた. **2**《国際連盟からの》委任 (mandate) の, 委任された: a **∼** power 委任統治国 / **∼** administration 委任統治. ► *n* 受任者, 委任統治国 (mandatary). ♦ **màn·da·tó·ri·ly** *adv* ［L (↑)］
mán-dáy *n* 〘経営〙 1 人 1 日の仕事量, 人日(にんにち), 人工(にんく) (cf. man-hour).
Man·de /máːndèɪ, ⌐⌐/ *n* **1** (*pl* **∼, ∼s**) Mandingo. **2** マンデ語派《Niger-Congo 語族に属し, マリ·ギニア·シエラレオネ·リベリアなど西アフリカで話される》.
Mandean ⇨ Mandaean.
Man·del 1 /mǽndl, mændɛ́l/ マンデル《男子名》. **2** /*F* mɑ̃dɛl/ マンデル **Georges ∼** (1885–1944)《フランスの政治家; 本名 Louis-Georges Roth·schild /*F* rɔtʃild/; ナチスドイツに敵対し, 保守派の親独政策に反対した》.
Man·dela /mændɛ́lə/ マンデラ **Nelson** (**Rolihlahla**) **∼** (1918–)《南アフリカの政治家; アパルトヘイト反対運動を指導, 服役 (1964–90); アフリカ民族会議 (ANC) 議長 (1991–97); 同国初の黒人大統領 (1994–99); ノーベル平和賞 (1993)》.
Mán·del·brot sét /mǽnd(ə)lbròʊt-, -brɑ̀t-/ 〘数〙 マンデルブロー集合《フラクタル図形の一つ》. ［Benoit B. *Mandelbrot* (1924–2010) ポーランド生まれの米国の数学者］
Man·del·stam /mǽnd(ə)lstæ̀m/ マンデリシタム **Osip Yemilyevich ∼** (1891–1938)《ロシアの詩人; 詩集『石』(1913),『憂鬱』(1922)》.
Man·de·ville /mǽndəvɪ̀l/ マンデヴィル (1) **Bernard** (**de**) **∼** (1670–1733)《オランダ生まれの英国の諷刺作家; *The Fable of the Bees* (1714)》 (2) Sir **John ∼** (d. 1372)《14 世紀にフランス語で書かれた東方諸国紀行 (c. 1356) を著わした人物; この本 (英訳 *Travels of Sir John Mandeville*) は諸書を巧みにつづり合わせたもの》.
man·di /mʌ́ndi/ *n* 大きなマーケット. ［Hindi］
man·di·ble /mǽndəb(ə)l/ *n* 〘解·動〙 下顎(骨); 《節足動物の》大顎[大腮](おおあご)(だいさい); 〘鳥〙 くちばし. ♦ **man·dib·u·lar** /mændíbjələr/ *a* ［OF or L (*mando* to chew)］
man·dib·u·late /mændíbjələt, -lèɪt/ *a* 〘動〙 大顎 (mandible) を有する; 〘昆〙 大顎類の. ► *n* 大顎類の昆虫.
Man·din·go /mændíŋgoʊ/, **Man·ding** /mǽndɪŋ/ *n* **a** (*pl* **∼, ∼es, ∼s**) マンディンゴ族《アフリカ西部 Niger 川上流域の黒人》. **b** マンディンゴ語.
Man·din·ka /mændíŋkə/ *n* (*pl* **∼, ∼s**) Malinke.
man·di·o·ca /mændióʊkə/ *n* 〘植〙 cassava.
man·dir /mʌ́ndɪər/ *n* 《インド》 寺院. ［Hindi］
M & M's /ɛ́m ən(d) ɛ́mz/ **1** 〘商標〙 M アンド M《小粒砂糖がけチョコレート》. **2** *《俗》 バルビツール剤 (barbiturate), Seconal.
man·do·la /mændóʊlə/ *n* 〘楽〙 マンドーラ《(1) 大型マンドリン (2) マンドリンの初期のタイプのリュート属の古楽器 (=**man·do·ra** /mændɔ́ːrə/)》. ［It; cf. bandore］
man·do·lin /mæ̀ndəlín, mǽnd(ə)lən/, **-line** /mæ̀ndəlíːn, *mǽnd(ə)lən/ *n* 〘楽〙 マンドリン; [ˈˈ-line] マンドリーヌ《材料を薄切り·千切りにする調理具》. ♦ **màn·do·lín·ist** *n* マンドリン奏者. ［F＜It (dim)＜↑］

M

man·dor·la /mɑ́ndɔ̀ːrlɑ̀ː/ *n* 〘美〙 マンドルラ《キリスト・聖母などの全身を包む光背, =VESICA PISCIS》. [It=almond; その形から]
man·drag·o·ra /mændrǽgərə/ *n* 〘植〙 マンドレーク (mandrake). [OE<L<Gk]
man·drake /mǽndrèɪk/ *n* 〘植〙 **a** マンドレーク《ナス科の草本; 二叉に分かれた人体に似た太根は有毒, かつて催眠剤・媚薬・麻薬・下剤・懐妊促進剤とされた》. **b** *MAYAPPLE. [↑]
Mándrake the Magícian 魔術師マンドレーク《米国の同名の漫画 (1934) の主人公; Lee Falk (1911–99) 作, Phil Davis (1906–64) 画》.
Mand·rax /mǽndræks/ 〘商標〙 マンドラックス《英国製の鎮静剤》.
man·drel, -dril /mǽndrəl/ *n* 〘機〙《旋盤の》心棒, 主軸, マンドレル; 《鋳造用の》心金(しんがね); ᴵᴵ《鉱夫の》つるはし (pick). [C16<? F *mandrin* lathe]
man·drill /mǽndrəl/ *n* 〘動〙 マンドリル《西アフリカ産; ヒヒに似ているが尾が短く大型で獰猛》. [? *man*[1]+*drill*[4]]
man·du·cate /mǽndʒəkèɪt; -djʊ-/ *vt* 《文》咀嚼(そしゃく)する, かむ, 食べる. ♦ **man·du·ca·to·ry** /mǽndʒəkətɔ̀ːri; -djʊkət(ə)ri, mændjʊkéɪt(ə)ri/ *a* 咀嚼の, 咀嚼用の, 咀嚼に適した. [L *manducat- manduco* to chew]
màn·du·cá·tion *n* 聖体拝領 (Communion); 《無脊椎動物の》咀嚼.
Man·dy /mǽndi/ マンディー《女子名; Amanda, Miranda の愛称》.
mane /méɪn/ *n* たてがみ; 《珍種の》鳩の後頭部の羽毛; 《たてがみのような》長い頭髪. ♦ **~d** *a* たてがみのある. **~·less** *a* [OE *manu*; cf. G *Mähne*]
mán·èat·er *n* **1** 人食い人 (cannibal); 人食い動物《トラ・ライオン・サメなど》; 〘魚〙 人食いザメ, アオザメ (mackerel shark), 《特に》ホオジロザメ (great white shark). **2** 《口》男を手玉に取って次々と捨てる女; 《俗》やたら男に迫る女; 《卑》フェラチオ男[女]. ♦ **mán·èat·ing** *a*
mán·èater shárk, mán·èat·ing shárk 〘魚〙 人食いザメ (⇨ MAN-EATER).
man·eb /mǽnèb/ *n* 〘農薬〙 マンネブ《殺菌剤》. [*man*ganese, *e*thylene, *b*is-]
máned shéep 〘動〙 バーバリシープ (aoudad).
máned wólf [dóg] 〘動〙 タテガミオオカミ《南米産》.
ma·nège, -nege /mænέʒ, mə-, -néɪʒ/ *n* 馬術, 調教術 (cf. DRESSAGE); 乗馬学校; 調教された馬の動作と歩調. [F<It; ⇨ MANAGE[1]]
ma·nent /mɑ́ːnènt/ *vi* 〘劇〙《ト書(がき)で》舞台に残る (cf. EXEUNT, EXIT[2], MANET). [L=they remain]
ma·nes /mɑ́ːnèɪs, méɪnìːz/ *n pl* **1** [°M-] マネス《ローマ人の信仰で死者の霊魂, 特に先祖の御霊(みたま)と冥界の神々; cf. LEMURES》. **2** [‹*sg*›]《崇拝[慰霊]の対象となる》死者の霊.
Ma·nes /méɪnìːz/ メイニーズ《MANI の英語名》.
ma·net /mɑ́ːnèt; mǽn-/ *vi* 〘劇〙《ト書(がき)で》舞台に残る (cf. EXEUNT, EXIT[2], MANENT). [L=he remains]
Ma·net /mænéɪ, mɑː-/ マネ **Édouard** ~ (1832–83)《フランスの印象派の画家》.
ma·neu·ver | ma·noeu·vre /mən(j)úːvər/ *n* **1 a** 作戦的行動, 機動作戦; [°*pl*] 大演習: mass of ~ 遊撃隊. **b** 技術を要する操作(方法); 〘医〙 用手分娩; ひらりと身をかわす動作; 〘空〙 運動, 機動《旋回・横転など》: ~ acrobatics 曲技飛行. **2** 巧妙な操作; 画策; 計略, 策略. ► *vi* 作戦的に行動する; 大演習を行なう; 策動する; 策略を用いる ‹*for*›; ‹政党などが›戦略的に政策[立場]などを転換する; 巧みに動く[位置を変える]. ► *vt* ‹軍隊を›作戦的に行動させる; 〘空〙《攻撃・回避のため》‹機を›《水平直進飛行以外の》機動的な飛行をさせる; ‹人・物を›巧みに誘導する[操作する, 動かす] ‹*into, out, away* (*from*)›; ‹人を›うまく[計略的に]導く ‹sb *into* [*out of*] (do*ing*)›; 巧みな方法で‹結果を›引き出す: ~ a piano *through* the door ピアノをドアからうまく入れる[出す]. ♦ **~·able** *a* 操作[操縦, 運転]しやすい. **~·abílity** *n* ⁺操作[操縦, 機動]性. **~·er** *n* [F<L *manu operor* to work with the hand]
manéuver·ing *n* 策動, 策謀.
mán-for-màn defénse MAN-TO-MAN DEFENSE.
Man·fred /mǽnfrèd, -frəd/ **1** マンフレッド《男子名》. **2** 『マンフレッド』《Byron の詩劇 (1817)》. [Gmc=peace among men]
mán Fríday [°M-] 忠僕, 忠実で有能な召使[部下, 側近, 腹心], 右腕 (⇨ FRIDAY; cf. GIRL FRIDAY).
mán·ful *a* 男らしい, 勇ましい, 果断な (resolute) (cf. MANLY). ♦ **~·ly** *adv* **~·ness** *n*
man·ga /mǽŋgə, *mɑ́ŋ-/ *n* 漫画(本). [Jpn]
man·ga·bey /mǽŋgəbèɪ/ *n* 〘動〙 マンガベー《西アフリカ産, オナガザル科》. [*Mangabey* Madagascar 島の地域名]
Man·ga·ia /mɑːŋ(g)áɪə/ マンガイア《南太平洋 Cook 諸島の南東部にある島; 中央に火山性の台地があって, それを湿地帯, さらに外側をサンゴ石灰崖が囲む特異な地形をしている》.
Man·ga·lore /mǽŋgəlɔ̀ːr/ マンガロール《インド南部 Karnataka 州南西部, Malabar 海岸に臨む市》.
man·gan- /mǽŋgən/, **man·ga·no-** /mǽŋgənoʊ, -nə/, **man·ga·ni-** /-nə/ *comb form* 〘化〙「マンガン (manganese)」
man·ga·nate /mǽŋgənèɪt/ 〘化〙 *n* マンガン酸塩; MANGANITE.
man·ga·nese /mǽŋgənìːz, -s, ⏤⏤⏤/ *n* 〘化〙 マンガン《金属元素; 記号 Mn, 原子番号 25》. ♦ **man·ga·ne·sian** /mæ̀ŋgəníːʒ(ə)n, -ʃ(ə)n/ *a* [F<It=MAGNESIA]
mánganese brónze 〘冶〙 マンガン青銅《銅・亜鉛・マンガンの合金; 機械用》.
mánganese dióxide [peróxide] 〘化〙 二酸化マンガン《酸化剤・染料製造用・乾電池・染色など広く用いる》.
mánganese épidote 〘鉱〙 PIEDMONTITE.
mánganese nódule 〘地質〙 マンガン団塊《水酸化第二鉄を伴う二酸化マンガンの団塊状沈澱物; 深海底に多く存在し, ニッケル・銅・コバルトなどを含む》.
mánganese spár 〘鉱〙 ばら輝石 (rhodonite); 菱(りょう)マンガン鉱 (rhodochrosite).
mánganese stéel 〘冶〙 マンガン鋼《構造用特殊鋼》.
man·gan·ic /mæŋgǽnɪk/ *a* 〘化〙 3[6] 価のマンガンの[を含む], マンガン(III)[(VI)]の (cf. MANGANOUS).
mangánic ácid 〘化〙 マンガン酸.
Man·ga·nin /mǽŋgənən/ 〘商標〙 マンガニン《銅・マンガン・ニッケルの合金; 電位差計などに用いられる》.
man·ga·nite /mǽŋgənàɪt/ *n* 〘鉱〙 水マンガン鉱; 〘化〙 亜マンガン酸塩.
man·ga·nous /mǽŋgənəs, mæŋgǽnəs/ *a* 〘化〙 2 価のマンガンの[を含んだ], マンガン (II) の (cf. MANGANIC).
Man·ga·re·va /mɑ̀ːŋ(g)əréɪvə/ マンガレヴァ《南太平洋に浮かぶ Gambier 諸島中最大の島》.
mange /méɪndʒ/ *n* 〘獣医〙《犬・猫・牛などの》疥癬(かいせん). [OF=itch (*mangier* to eat ‹ MANDUCATE)]
man·gel(-wur·zel) /mǽŋg(ə)l(wə̀ːrz(ə)l)/, **mán·gold(-)** /mǽŋg(ə)ld(-), -gòʊld(-)/ *n* 飼料用甜菜(てんさい), 飼料ビート《家畜の飼料; ⇨ BEET》. [G=beet(root)]
man·ger /méɪndʒər/ *n* かいば[まぐさ]桶, 飼槽; 〘海〙 錨鎖孔と船首水よけ板の間の区域. ● DOG IN THE MANGER. [OF<L; ⇨ MANDUCATE]
mánger bòard 〘海〙 船首水よけ板.
mange-tout ᴵᴵ/mɑ̀ːnʒtúː/ *n* 〘植〙 SNOW PEA.
mangey ⇨ MANGY.
man·gle[1] /mǽŋg(ə)l/ *vt* [°*pass*] めった切り[打ち]にする, 切りさいなむ, たたきつぶす; [*fig*] めちゃくちゃにする, ぶちこわす; 《誤記・誤植などで》‹引用・テキストなどを›だいなしにする, 《へたな発音で》‹ことばを›わからなくする. ♦ **mán·gler**[1] *n* ⁺肉刻み器. [AF *ma(ha)ngler* (freq) ‹ ? MAIM]
mangle[2] *n* 圧搾ローラー, つや出し機, マングル《洗濯物仕上げ用》; ᴵᴵ《かつての》洗濯物しぼり機, 《まれ》《洗濯機の》しぼり機. ► *vt* 圧搾ローラー[しぼり機]にかける. ♦ **mangler**[2] *n* [Du *mangel*]
man·go /mǽŋgoʊ/ *n* (*pl* **~s, ~es**) **1** 〘植〙 **a** マンゴー《東南アジア原産ウルシ科の熱帯性常緑高木; その果実》. **b** SWEET PEPPER. **2** 〘料理〙 ウリ類のピクルス. **3** 〘鳥〙 マンゴーハチドリ《熱帯アメリカ産の大型のハチドリ》. [Port]
mángo hùnter *《俗》空きビルに放火して物を盗む火事場荒し.
mán·gold flỳ /mǽŋg(ə)ld-/ 〘昆〙 BEETFLY.
mangold-wurzel ⇨ MANGEL-WURZEL.
mángo mèlon 〘植〙 マンゴーメロン, キート (=*vine peach*)《多数の小果をつけるメロン; 観賞用・ピクルス用》.
man·go·nel /mǽŋgənèl/ *n* 《中世の軍用の》大投石機.
man·go·steen /mǽŋgəstìːn/ *n* 〘植〙 マンゴスチン《**1**) Malay 諸島原産オトギリソウ科の小高木 **2**) その果実; '果実の女王' とされる **3**) その果皮; 収斂(しゅうれん)剤》. [Malay]
man·grove /mǽŋgròʊv, mǽŋ-/ *n* 〘植〙 **a** ヤエヤマヒルギ, マングローブ, 紅樹《熱帯海浜・河口に密生する常緑高木[低木]; 幹の下部から多数の気根をおろす》. **b** ヒルギダマシ《熱帯アジア原産》. [C17<? Port *mangue*<Taino; 語形は *grove* に同化]
mángrove fàmily 〘植〙 ヒルギ科 (Rhizophoraceae).
mangy, -gey /méɪndʒi/ *a* **1** 疥癬にかかった[だらけの]; 不潔な, きたならしい; みすぼらしい, 乏しい. **2** 《口》卑劣な, きたない. ● **~ with** ...*《俗》...だらけの, ...でおおわれた. ♦ **mán·gi·ly** *adv* **-gi·ness** *n* [MANGE]
mán·hàndle *vt* 人力で動かす; 手荒く扱う, 襲う.
mán·hàter *n* 人間嫌い; 男嫌い.
Man·hat·tan /mænhǽtn, mən-/ **1 a** マンハッタン島 (=~ **Ísland**)《New York 州南東部の, New York 湾に臨む島》. **b** マンハッタン《New York 市の自治区 (borough) で同市の中心をなす; マンハッタン島, 周辺の小島, および本土の一部からなる; 繁華街, 金融街, Central Park などがある》. **2** (*pl* **~, ~s**)《北米インディアンの》マンハッタン族. **3** [°m-] マンハッタン《ウイスキー・ベルモットのカクテル; ビターズを少量加えることもある》. ♦ **~·ite** *n*
Manháttan clám chòwder /; ⏤ ⏤ ⏤/ マンハッタンクラムチャウダー《クラム・塩漬けの豚肉・トマトその他の野菜入りの chow-

der; cf. NEW ENGLAND CLAM CHOWDER》.

Manháttan (Enginéer) Dístrict [the] マンハッタン(技術員)管区《第二次大戦中の米国陸軍の原子爆弾開発計画》.

Manháttan·ize *vt* 〈都市を〉高層化する. ◆ **Manhàttan-izátion** *n*

Manháttan Pròject [the]〘米〙マンハッタン計画《MANHATTAN ENGINEER DISTRICT の非公式の暗号名》.

mán·hòle *n* マンホール《掃除・修繕などの際に床下・暗渠(あんきょ)・汽罐(きかん)などに人がはいれるようにつくった穴》; くぐり穴;〘鉄道〙《トンネル内の》待避孔; «俗» 女性性器, 穴.

mánhole còver *«俗» マンホールの蓋(ふた)状のもの《ホットケーキ・大皿・レコード盤など》; «俗» 生理用ナプキン.

mán·hòod *n* **1** 成年男子であること;《男子の》丁年, 成人, 青壮年時代; 男らしさ, 勇ましさ; [*euph*] 男の性的能力; [one's] «俗» 男性器;《一国の》成年男子《集合的》: reach ～ 成人する / be in the prime of ～ 男盛りである. **2** 人間であること, 人間性.

mánhood súffrage 成年男子選挙権.

mán-hóur *n*〘経営〙1 人 1 時間の仕事量, 人時(にんじ), 工数 (cf. MAN-DAY).

mán·hùnt *n*《組織的な》犯人追跡[捜索];《一般に》人の集中的捜索.

Ma·ni /má:ni/ マニ (216–276 or 277)《ペルシアの預言者でマニ教の始祖; 英語名 Manes, ラテン語名 Manichaeus》.

ma·nia /méɪniə, -njə/ *n* **1**〘精神医〙躁病; 熱狂, …狂[熱]: a ～ *for* [the ～ *of*] speculation [dancing] 投機[ダンス]熱. **2** 熱狂を喚起するもの《懸賞競技・競馬・ドッグレースなど》. [L<Gk (*mainomai* to be mad); *mind* と同語源]

-ma·nia /méɪniə, -njə/ *n comb form*「…狂」「強迫観念[衝動]」「熱狂的性癖」「心酔」: biblio*mania*; klepto*mania*. [↑]

ma·ni·ac /méɪniæ̀k/ *a* 狂乱の, 狂気の; 気違いじみた. ► *n* 狂人; 無謀な人; 偏執狂的愛好家[熱愛家], マニア: a fishing [car] ～ 釣り[カー]マニア. [L<Gk; ⇨ MANIA]

-ma·ni·ac /méɪniæ̀k/ *n* & *a comb form*「…狂《人》」「…狂の」: pyro*maniac*; mono*maniac*. [↑]

ma·ni·a·cal /mənáɪək(ə)l/ *a* MANIAC. ◆ **～·ly** *adv*

man·ic /mǽnɪk, méɪnɪk/ *a*〘精神医〙躁病の; 躁病的な; 騒々しい, あわただしい; 異常な. ► *n* 躁病患者. ◆ **mán·i·cal·ly** *adv* [MANIA]

mánic depréssion 躁鬱病 (manic-depressive psychosis).

mánic-depréssive *a, n*〘精神医〙躁鬱病の(患者).

mánic-depréssive psychósis [íllness]〘精神医〙躁鬱病 (bipolar disorder).

Man·i·chae·an, -che- /mæ̀nəkí:ən/ *a* マニ教(徒)の; マニ教信仰の;〘哲〙二元論[二項対立]的な. ► *n* マニ教徒; マニ教的二元論の信奉者. ◆ **～·ism** *n* MANICHAEISM.

Man·i·ch(a)e·ism /mǽnəkì:ɪz(ə)m/ *n* マニ教《ペルシア人 Mani が 3 世紀ごろ唱えた二元論的宗教》;《カトリックで異端とされる》マニ教的二元論.

Man·i·ch(a)e·us /mæ̀nəkí:əs/ マニカエウス《MANI のラテン語名》.

Man·i·chee /mǽnəkì:/ *n* MANICHAEAN.

mani·cot·ti /mæ̀nəkáti/ *n* (*pl* ～)〘イタリア料理〙マニコッティ《ハムのぶつ切りと ricotta チーズを詰めた筒状のパスタで, トマトソースをかけて供する》. [It]

man·i·cure /mǽnəkjʊ̀ər/ *n* **1** マニキュア《美爪(びそう)術を含む手の美容術》; 美爪術. **2** MANICURIST. **3** *«俗»《不要物を取り除いた》上質のマリファナ. ► *vt* 〈手・爪・人〉にマニキュアを施す; *〈芝生・垣根などを〉刈り込む, 手入れする; *«俗» 〈マリファナ〉の茎・種を取り除く. [F (MANUS, L *cura* care)]

mán·i·cùred *a* 〈手・つめが〉手入れをした, マニキュアをした; 〈庭・芝などが〉手入れをした, 管理の行き届いた.

mán·i·cùr·ist *n* マニキュア師, 美爪術師.

man·i·fest /mǽnəfɛ̀st/ *a* 明白な, 判然とした, 一目瞭然の; 公知の;〘精神分析〙意識に表われた, 顕在的な. ► *vt* **1 a** 明らかにする, 明示する; 証明する;《行為などによって》〈感情などを〉表わす. **b** [～ *-self*] 〈幽霊・徴候・感情が〉現われる. **2** 乗客名簿に記載する;〘商〙積荷目録に記載する. ► *vi* 〈幽霊などが〉現われる. ► *n* **1 a**〘商〙積荷目録;《船・飛行機の》乗客名簿;《列車の》貨物輸送状. **b**〘鉄道〙《家畜・食品などの》急行貨物列車. **2** «まれ» MANIFESTATION; «まれ» MANIFESTO. ◆ **～·ly** *adv* はっきりと. **～·able** *a* **～·er** *n* [OF or L *manifestus* struck by the hand (*manus*)]

man·i·fes·tant /mæ̀nəfɛ́stənt/ *n* 示威運動参加者, 示威行為をする者.

man·i·fes·ta·tion /mæ̀nəfəstéɪʃ(ə)n, -fɛs-/ *n* **1 a** 表明, 明示; 政見発表; 示威行為, デモ. **b**《感情・信念・真実などを》明示するもの, 現われ 〈*of*〉. **2**〘心霊〙《霊魂の》顕示, 顕現;〘生〙《形質の》発現;〘医〙(症状)発現.

man·i·fes·ta·tive /mæ̀nəfɛ́stətɪv/ *a* 表明[明示]する.

mánifest déstiny **1** [ᵁM- D-]〘米史〙自明の運命(説)《アメリカ合衆国は北米全土を支配開発すべき運命を担っているという理論; 19 世紀中葉から後半に行なわれた》. **2**《一般に》領土拡張論[説].

mánifest fúnction〘社〙顕在的機能《制度その他の社会現象が果たしている計画的・意図的な機能; cf. LATENT FUNCTION》.

man·i·fes·to /mæ̀nəfɛ́stoʊ/ *n* (*pl* ～s, ～es)《政党などの》政策綱領, マニフェスト, 宣言書, 声明書: The COMMUNIST MANIFESTO. ► *vi* マニフェスト[宣言書, 声明書]を発表する. [It; ⇨ MANIFEST]

man·i·fold /mǽnəfòʊld/ *a* **1 a** 多種多様の, 種々の, 多方面の, 多岐にわたる; 多くの (many); 同時にいくつもの機能を果たす. **b** 同種のパーツからなる〈装置など〉. **2**《種々の理由で》そう言われるのももっともな〈悪党・うそつき〉. ► *adv* 数倍も, 大いに. ► *n* **1 a** 多様なもの(の集まり);〘数〙集合 (set);〘数〙多様体, 集合体. **b**〘機〙多岐管, マニホルド; [*pl*] ᴴ«方» 反芻動物の胃の第三室. **2**《複写機[紙]でとった》写し, コピー. ► *vt* 複写機[紙]で〈手紙など〉の多数の写しをとる; 倍加[倍増]する; 〈液体を〉多岐管で集配する. ► *vi* 複写方式で写しをつくる. ◆ **～·er** *n* ⁺複写機, 謄写機. **～·ly** *adv* **～·ness** *n* [OE; ⇨ MANY, FOLD[1]]

mánifold pàper 複写紙.

mán·i·fòrm /mǽnə-/ *a* 手の形をした.

Ma·ni·hi·ki /mà:nəhí:ki/ マニヒキ《Northern Cook 諸島の主島, 環礁》.

Manihíki Íslands *pl* [the] マニヒキ諸島《NORTHERN COOK ISLANDS の別称》.

man·i·kin /mǽnɪkən/ *n* **1** こびと (dwarf). **2** 人体模型, マニキン《医学・美術用》, 胎児模型《産科学用》; MANNEQUIN. **3**〘鳥〙マイコドリ (MANAKIN). [Du (dim)<MAN[1]]

Ma·nila /mənílə/ *n* **1** マニラ《フィリピンの Luzon 島西岸, マニラ湾に臨む市, 同国の首都; cf. QUEZON CITY》. **2 a** [ˢm-] MANILA HEMP; [m-] MANILA ROPE [PAPER]. **b** [m-] 淡黄褐色. **3** [ˢm-] マニラ葉巻 (=～ **cigár**)《フィリピン産の葉をつかう》. ► *a* [m-] マニラ紙でできた; マニラ麻でできた: a ～ envelope.

Manìla Báy マニラ湾《南シナ海の入江》. ■ the **Báttle of ～** マニラ湾海戦《米西戦争初期の 1898 年 5 月 1 日, マニラ湾で行なわれた海戦; 米海軍提督 George Dewey の小艦隊がスペイン艦隊を撃滅, 米国は周辺の制海権を確保, のちマニラを占領した》.

Maníla hémp [fíber] マニラ麻, アバカ (abaca).

Maníla páper マニラ紙《もとはマニラ麻で製造した淡黄色の丈夫な紙》.

Maníla rópe マニラロープ《マニラ麻製の強い綱》.

Ma·nil·i·us /məníliəs/ マニリウス **Gaius ～**《紀元前 1 世紀のローマの政治家》.

ma·nil·la /mənílə/ *n*《西部アフリカ先住民の》金属製の指輪[腕輪, 足輪], マニラ《貨幣として用いる》. [Sp]

Manilla *n, a* MANILA.

ma·nille /məníl/ *n*〘トランプ〙《ombre や quadrille で》二番目に強い切り札.

Ma·nin·ke /mənɪ́ŋkə/ *n* (*pl* ～, ～s) MALINKE.

Mán in the Íron Másk [the] 鉄仮面《Louis 14 世の治世の Paris の Bastille 監獄に監禁されていて 1703 年に死んだ正体不詳の囚人; 移送されるときはいつも黒ビロードの面をつけていた》.

mán-in-the-stréet *a* 平均的な人の, 一般人の: an ～ interview 街頭インタビュー.

man·i·oc /mǽniɑ̀k, *méɪ-/, **man·i·o·ca** /mæ̀nióʊkə/ *n*〘植〙マニオク (CASSAVA).

man·i·ple /mǽnəp(ə)l/ *n* 腕帛(わんぱく)《カトリックの司祭が左腕につける》;〘古ロ〙歩兵中隊《120 人または 60 人からなる》; «古» 手一杯のもの[量]. [OF or L=handful; ⇨ MANUS]

ma·nip·u·la·ble /mənípjələb(ə)l/ *a* 扱うことのできる, 操縦[操作]できる. ◆ **ma·nip·u·la·bíl·i·ty** *n*

ma·nip·u·lar /mənípjələr/ *a* **1**〘古ロ〙歩兵中隊 (maniple) の[に関する]. **2** MANIPULATIVE. ► *n*〘古ロ〙歩兵中隊隊員.

ma·nip·u·late /mənípjəlèɪt/ *vt, vi* 手で(巧みに)扱う, 操縦[操作]する, あやつる;〘医〙(手を用いて)処置する, 〈身体の部位を〉触診する, 〈骨折・脱臼などを〉徒手整復する; 巧みに扱う[処理する]; 〈市場・市価などを〉巧みに操作する; 〈帳簿などを〉ごまかす;〘電算〙〈データを〉操作する, 改竄(かいざん)する: ～ sb into do*ing* 人をあやつって…させる. ◆ **ma·níp·u·la·tò·ry** /; -t(ə)ri/ *a* 手先の; 巧みに扱う; ごまかしの; 触診の. **-làt·able** *a* [逆成く↓]

ma·nìp·u·lá·tion *n* 巧妙な取扱い, 操作;〘商〙市場[相場]操作, あやつり相場, あおり; ごまかし, 改竄,〘電算〙データ操作; あやつられること;〘医〙(手を用いて行なう)処置, 触診; 手技, (用手)操作, 徒手整復,《胎児の位置などの》操作. [F; ⇨ MANIPLE]

ma·níp·u·là·tive /, -lətɪv/ *a* 巧みにあやつる[誘導する]; 操作(上)の; 触診の; 手技の. ► *n* [ᵁ～s]《立体図形を教える教材としての》積み木. ◆ **～·ly** *adv* **～·ness** *n*.

ma·níp·u·là·tor *n* 手で巧みに扱う人; 操縦者; ごまかし屋;〘商〙相場あやつり師; マニピュレーター《放射性物質など危険物質を取り扱う機械装置》.

Man·i·pur /mʌ̀nəpʊ́ər, mæ̀n-/ **1** [the] マニプール川《インド北東部からミャンマー西部に流れ, Chindwin 川に合流する》. **2** マニプール《インド北東部 Assam 州とミャンマーの間にある州; ☆Imphal》.

Man·i·pu·ri /mʌ̀nəpʊ́əri, mæ̀n-/ *n* **a** (*pl* ～, ～s) マニプール州

人. **b** マニプール語《チベット-ビルマ語派の言語》.

Ma·ni(s)·sa /má:nəsà:/ マニサ《トルコ西部の市; 古代名 Magnesia》.

Man·i·to·ba /mæ̀nətóubə/ **1** マニトバ《カナダ中南部の州; ☆Winnipeg; 略 **Manit.**, M.》. **2** [Lake] マニトバ湖《マニトバ州南部にある湖》. ■ the **Univérsity of ～** マニトバ大学《カナダ Manitoba 州 Winnipeg にある公立大学; 1877 年創立》. ♦ **Màn·i·tó·ban** *a, n*

man·i·tou, -tu /mǽnətù:/, **-to** /-tòu/ *n* (*pl* **～s**) 《北米インディアンの》神(の像), マニトゥー; 霊, 魔, 超自然力. [Algonquian]

Man·i·tóu·lin Ísland /mæ̀nətú:lən-/ マニトゥリン島《Huron 湖北部にある島; カナダ Ontario 州に属し, 淡水湖の島としては世界最大のもの》.

Ma·ni·za·les /mæ̀nəzá:ləs, -zǽl-/ マニサレス《コロンビア西部, アンデス山中の市》.

mán jáck 《口》人《男; ⇨ JACK[1]》: every [no] ～.

mán-kìll·er *n* 人を殺すもの; 《俗》FEMME FATALE.

man·kind *n* [〈*sg/pl*〉] **1** /⌐ ⌐, *⌐ ⌐/ 人類, 人間 (human beings): The proper study of ～ is man. 《諺》人間のなすべき研究の対象は人間である《Pope のことば》. **2** /⌐ ⌐/ 《まれ》男性 (the male sex), 男子 (men).

man·ki·ni /mæŋkí:ni/ *n* マンキニ《男性用のワンピースのビキニパンツ; サスペンダー式に細布でパンツを吊るもので, 後ろは T バック》. [*man, bikini*]

manky, mank·ey /mǽŋki/ 《口》*a* だめな; きたない.

mán·less *a* 人のいない[不足した]; 男[夫]のいない〈女〉.

Man·ley /mǽnli/ マンリー **Michael** (**Norman**) ～ (1924–97) 《ジャマイカの政治家; 首相 (1972–80, 89–92)》.

mán·lìke *a* 男らしい; 〈動物が〉人のような; 〈女が〉男のような, 男まさりの.

mán lòck 《ケーソン工事の作業員のための》中間圧力室.

mán·ly *a* 男らしい, 雄々しい, 勇ましい (cf. MANFUL); 男性的な, 男性向きの〈スポーツなど〉; 〈女が〉男のような, 男まさりの. ► *adv* 《古》男らしく; 男まさりに. ♦ **-li·ness** *n*

mán-máde *a* 人造の, 人工の, 合成の: a ～ moon [satellite] 人工衛星 / ～ fibers 合成繊維 / ～ calamities 人災.

mán-mílliner *n* (*pl* **～s, mén-mílliners**) 婦人帽製造販売業の男; [*fig*] つまらない仕事にあくせくしている者.

mán-mónth *n* 〘経営〙1 人 1 か月間の仕事量, 人月(にんげつ) (cf. MAN-HOUR).

Mann /má:n, mǽn; mǽn/ **1** /mǽn/ マン **Horace** ～ (1796–1859)《米国の教育改革者; 公立学校の組織と教育法の改革に尽力した》. **2** マン (**1**) **Heinrich** ～ (1871–1950)《ドイツの作家; *Professor Unrat* (1905)》 (**2**) **Thomas** ～ (1875–1955)《ドイツの作家; Heinrich ～ の弟; *Die Buddenbrooks* (1900), *Der Zauberberg* (1924), *Doktor Faustus* (1947); ノーベル文学賞 (1929)》.

mann- /mǽn/, **man·no-** /mǽnou, -ə/ *comb form* 「マンナ (manna)」

man·na /mǽnə/ *n* **1 a** 〘聖〙マナ《昔 イスラエル人がアラビアの荒野で神から恵まれた食物; *Exod* 16: 14–36》. **b** 神与の食物, 霊の糧(かて). **c** マナに似たもの, 天来の恵み, 天与の糧, 予期せぬうれしいもの, 非常においしいもの. **2** マンナ (**1**) manna ash などの糖を含む分泌液; これから採った甘い緩下剤 **2**) ギョリュウ属の木につくタマカイガラムシの分泌物): ～ in sorts [tears] 下等[上等]のマンナ. **3** MANNA ASH. ● **～ from heaven** 地獄に仏. [OE＜L＜Gk＜Aram＜Heb]

mánna àsh 〘植〙マンナの木, マンナトネリコ《南欧・小アジア産; 甘い液を分泌する》.

Mánn Àct /mǽn-/ [the] マン法《売春などの目的で女性を一つの州から他の州へ移送することを禁じた 1910 年の法律; 別称 White-slave Act》. [James Robert *Mann* (1856–1922) 米国の下院議員]

mánna gràss 〘植〙ドジョウツナギ《イネ科》.

man·nan /mǽnæ̀n, -ən/ *n* 〘生化〙マンナン《マンノースを主成分とする多糖類; シュロ科植物・ラン科植物・紅藻・酵母などから採れる》.

Man·nar /mənɑ́:r/ ■ the **Gúlf of ～** マンナル湾《インドと Ceylon 島の間, Palk 海峡の南の湾》.

manned /mǽnd/ *a* 人間を乗せた, 有人の: a ～ spaceflight / a ～ space vehicle.

man·ne·quin /mǽnɪkən/ *n* マネキン《画家・洋服屋など用のモデル人形》; 《古風》マヌカン, ファッションモデル (model)《ファッションショー・デパートなどで衣裳を着て見せる女性》. [F＝MANIKIN]

man·ner /mǽnər/ *n* **1** 方法, 仕方; 《芸術などの》流儀, 様式, 手法; (型にはまった)作風, マンネリズム (mannerism): after the ～ of ...流[風]の[に], ...にならって / *in the* ～ *of*...のやり方[流儀]で / after this ～ このようにして / in like ～ 同様にまた / in this [what] ～ こう[どう]いうふうに / plays in the ～ of Shakespeare シェイクスピア流の劇 / develop a ～ of one's own 一家をなす, 一派を開く. **2** 態度, 様子, 挙動, そぶり (behavior); 洗練された物腰; [*pl*] 行儀, (よい)作法, マナー; [°*pl*] 風俗, 風習, 習慣: I liked her kind ～. 彼女の優しい態度が気に入った / He has no ～*s*. 行儀が悪い / *M～s* maketh man.＝*M～s* make the man. 《諺》礼節人をつくる《人は態度で判断される》/ Where are your ～*s*? 行儀が悪いね / Remember [Mind] your ～*s*. お行儀よくするのよ; ありがとう[ごめんなさい]と言うのよ / ～*s* and customs 風俗習慣 / Other times, other ～*s*. 《諺》時代が変われば風俗も変わる. **3** 《英では古》種類 (kind(s)): What ～ of man is he? どんな人か / There can be no ～ of doubt. なんの疑いもありっこない. **4** 《廃》性質, 性格; 型 (guise, fashion). ● **adverbs of ～** 〘文法〙様態の副詞《carefully, fast, so, how など》. **all ～ of**... あらゆる種類の... (all kinds of). (**as** [**as if**]) **to the ～** [**manor**] **born** (まるで)生来風習[高い身分]に慣らされている(かのように) 《Shak., *Hamlet* 1.4.15》; (まるで)生来適して[慣れて]いる(かのように): He is a poet *to the ～ born*. 彼は生まれながらの詩人だ. **by all** [**no, any**] **～ of means** ⇨ MEAN[3]. **in a ～** ある意味では; いくぶんか. **in a ～ of speaking** いわば, ある意味では, まあ. [AF＜L＝of the hand (MANUS)]

mán·nered *a* **1** [*compd*] 行儀が...な: well-[ill-]～. **2** 一風変わった, 気取った, もったいぶった, きざな; 〈芸術家・スタイルが〉マンネリズムに堕した, 型にはまった; 個性的な; 《古》〈絵画などが〉風俗(の特徴)を映し出した.

Man·ner·heim /má:nərhèɪm, mǽn-, -hàɪm/ マンネルヘイム Baron **Carl Gustaf Emil von** ～ (1867–1951)《フィンランドの軍人・政治家; 大統領 (1944–46)》.

mánner·ìsm *n* **1 a** マンネリズム《文学・芸術の表現手段が型にはまっていること》. **b** 《言行・身振りなどの》癖, 独特の(行動)様式, やり方, (演技の)型, 芸風, 作風. **2** [°M-] マニエリズモ, マニエリスム《尺度・遠近法などを誇張してゆがめる 16 世紀後期ヨーロッパの美術様式; たとえば El Greco の作品》.

mánner·ist *n* マンネリズム作家; [°M-] マニエリスムの芸術家; (特異な)癖のある人.

man·ner·is·tic /mæ̀nərístɪk/ *a* 癖のある; マンネリズムの, 習慣的な, 紋切り型の; マニエリスムの. ♦ **-ti·cal·ly** *adv*

mánner·less *a* 無作法な, 失礼な.

mánner·ly *a* 礼儀正しい, 丁寧な. ► *adv* 礼儀正しく, 丁寧に. ♦ **-li·ness** *n*

Mann·heim /mǽnhàɪm, *má:n-/ **1** マンハイム《ドイツ南西部 Baden-Württemberg 州の市; Rhine 川と Neckar 川の合流点にある河港都市》. **2** マンハイム **Karl** ～ (1893–1947)《ドイツの社会学者》. **3** [〈*a*〉] 〘楽〙マンハイム楽派 (Mannheim School) の.

Mánnheim Schòol [the] 〘楽〙マンハイム楽派《18 世紀中ごろ Mannheim を中心に活動した前古典派に属するドイツの楽派》.

man·ni·kin /mǽnɪkən/ *n* MANIKIN; 〘鳥〙キンパラ.

Man·ning /mǽnɪŋ/ マニング **Henry Edward** ～ (1808–92)《英国の神学者; 国教会の牧師だったが, カトリックに改宗 (1851), Westminster 大司教 (1865), 枢機卿 (1875) となる》.

mán·nish *a* 〈女・衣服が〉男のような, 女らしくない; 〈子供が〉おとなぶった; 男性向きの. ♦ **～·ly** *adv* **～·ness** *n*

man·ni·tol /mǽnətɔ̀(:)l, -tòul, -tɑ̀l/, **man·nite** /mǽnàɪt/ *n* 〘化〙マンニトール, マンニット《manna などの中の糖アルコール》. ♦ **man·nit·ic** /mænítɪk/ *a*

Mánn·li·cher (**rìfle**) /mǽnlɪkər(-); *G* mánlɪçər(-)/ マンリヒャー銃《狩猟用ライフル銃》. [Ferdinand Ritter von *Mannlicher* (1848–1904) 考案者のオーストリア人]

man·nose /mǽnòus, *-z/ *n* 〘生化〙マンノース《マンニトールを酸化して得られる発酵性単糖類》.

Mánn-Whítney tèst /mǽn(h)wítni-/ [the] 〘統〙マン-ホイットニーの検定《2 つの標本の母集団の同一性を検定する方法の一》. [Henry B. *Mann* (1905–2000) オーストリア生まれの米国の数学者, Donald R. *Whitney* (1915–2001) 米国の統計学者]

ma·no /má:nou/ *n* (*pl* **～s**) 〘人〙《手回しのひきうすの》上臼(うわうす) (cf. METATE). [Sp＝hand]

ma·no a ma·no */má:nou ə má:nou/ *n* (*pl* **má·nos a má·nos**) 対決, 争い. ► *adv, a* 対決して, 一対一で. [Sp]

ma·no des·tra /má:nou déstrə/ 〘楽〙右手 (＝*destra mano*)《略 MD》. [It]

manoeuvre ⇨ MANEUVER.

mán-of-áll-wòrk *n* (*pl* **mén-**) 《雇われて家庭の雑用をする》何でも屋, 雑役夫.

Mán of Déstiny [the] 運命の男《Napoleon 1 世のこと》.

mán of Gód 神の人《聖人 (saint); 預言者; 聖職者》.

mán of létters 学者; 文人, 文学者.

Mán of Sórrows [the] 〘聖〙悲しみの人《*Isa* 53: 3 にこの字句があり, 救世主つまりキリストとみなされている》.

mán of stráw (麦)わら人形, でく; 弱くてあてにならない男, つまらぬ人物; 黒幕[ボス]の手先, 《表向きだけの》あやつり人形, 'ロボット'; 架空の議論(の相手); 資金のない(まま財政的義務を負う)人, 架空の[無責任な]保証人.

mán of the clóth 聖職者.

mán of the hóuse [the] 家長, 世帯主.

mán of the wórld 世慣れた人, 世事に通じた人; 俗人, 俗物; 上流社会の人.

mán-of-wár *n* (*pl* **mén-**) 軍艦 (warship); 〘動〙PORTUGUESE MAN-OF-WAR; 〘鳥〙MAN-O'-WAR BIRD.

mán of wáx 弱くてあてにならない男.

Ma·no·le·te /mɑ̀:nouléɪteɪ/ マノレテ (1917–47)《スペインの闘牛

士; 本名 Manuel Laureano Rodríguez Sánchez; 牛に突かれて死亡した》.
ma·nom·e·ter /mənámətər/ *n* 〘機〙圧力計, 液柱計, マノメーター; 血圧計 (sphygmomanometer). ◆ **ma·nom·e·try** /mənámətri/ *n* 《気体·蒸気の》検圧法, マノメトリー. **mano·met·ric** /mæ̀nəmétrɪk/ *a* **-ri·cal·ly** *adv* [F (Gk *manos* thin)]
Ma·non Les·caut /*F* manɔ̃ lɛsko/ マノン·レスコー《フランスの作家 Abbé Prévost (1697–1763) の同名の小説 (1731) およびそれに基づく Massenet の歌劇 *Manon* (1884), Puccini の歌劇 *Manon Lescaut* (1893) の主人公; 本能のままに行動する妖婦》.
mán-on-mán* *adv, a* 《チーム競技で》マンツーマンで[の].
mán-on-the-stréet* *a* MAN-IN-THE-STREET.
ma non trop·po /mɑ: nán trápoʊ/ *adv* 〘楽〙マ·ノン·トロッポ《しかし過度にではなく》. [It]
man·or /mǽnər/ *n* **1** 《英国封建社会の》荘園, マナー; 《領地内の領主の》屋敷, 館(やかた), 邸宅; 《領主の》領地; 《一般に》所有地, 地所: lord of a ～ 荘園領主; 領地所有法人. **2** 《北米植民地の》永代借地; ‖《俗》警察の管轄区域; ‖《俗》領分, なわばり. ● **(as [as if]) to the ～ born** ⇨ MANNER. [AF (L *maneo* to remain)]
mán òrchid 〘植〙唇弁がヒトの形に似たチドリソウ連のラン《英国産》.
mánor hòuse [sèat] 《荘園内の》領主の邸宅.
ma·no·ri·al /mənɔ́:riəl/ *a* 領地の, 荘園の. ◆ **～·ìsm** *n* 荘園制(度).
manórial cóurt 荘園裁判所.
Mánor of Nórth·stead /-nɔ́:rθstɛ̀d/ ノースステッド荘園《イングランドの Yorkshire にある荘園; この地の代官職は名目上のもので, CHILTERN HUNDREDS の場合と同じ目的でつかわれる》.
ma·no si·ni·stra /mɑ́:noʊ sənǐ:strə/ 〘楽〙左手 (=*sinistra mano*) 《略 MS》. [It]
máno·stàt *n* マノスタット《圧力差を利用した定流量装置》.
mán-o'-wár /-nə-/ *n* MAN-OF-WAR.
mán-o'-wár bird [hàwk] 〘鳥〙グンカンドリ (frigate bird).
mán·pàck *a* 携帯用の〈ラジオなど〉.
mán-pórtable *a* 一人で携行できる.
mán·pòwer *n* 有効総人員; 人的資源; 《一国の》軍事動員可能総人員; 〘労〙(有効)労働力; MAN POWER.
mán pòwer 人力; 〘機〙人力《工率の単位: =1/10 馬力》, 人力による工率; MANPOWER.
man·qué /mɑ:ŋkéɪ/ *a* (*fem* **-quée** /—/) [後置] できそこないの, …になりそこねた(人); …志望の (would-be): a poet ～ 詩人のなりそこない; 詩人志望者. [F (pp) < *manquer* to lack]
mán-ràd *n* 1 人当たり 1 rad の放射線量, 人(にん)ラド《放射線照射量の単位: =100 ergs/gram》.
mán-ràte *vt* 〈ロケット·宇宙船など〉の有人飛行の安全性を保証する.
mán-rèm *n* 1 人当たり 1 rem の放射線量, 人(にん)レム《放射線照射量の単位: =1 roentgen》.
Man·re·sa /mɑ:nréɪsɑ:/ マンレサ《スペイン北東部 Barcelona の北西にある市; Ignatius of Loyola が隠棲した洞窟がある》.
mán·ròpe *n* 〘海〙手すり索, 握索, マンロープ.
man·sard /mǽnsɑ̀:rd, -sərd/ 〘建〙*n* マンサード屋根 (=～ **ròof**) 《勾配が下部が急で上部がゆるやかな二重勾配屋根》; (マンサードの)屋根裏部屋 (garret); ‖入り母屋屋根 (gambrel (roof)). ◆ **～·ed** *a* [François *Mansart*]
Man·sart /*F* mɑ̃sa:r/ マンサール (**1**) **François** ～ (1598–1666) 《フランスの建築家; フランス古典主義の建築様式を確立した》 (**2**) **Jules Hardouin-**～ (1646–1708) 《フランスの建築家; Versailles 宮殿を完成させた》.
manse /mǽns/ *n* 《特に スコットランド長老教会の》牧師館; 《まれ》大邸宅, 館(やかた) (mansion); 《古》土地所有者の住居. ● **a son [daughter] of the ～** 《特に》長老教会の牧師の息子[娘]; 貧乏だが教育のある人.
Man·sell /mǽns(ə)l/ マンセル **Nigel (Ernest James)** ～ (1953–) 《英国の F1 ドライバー; 世界チャンピオン (1992)》.
mán·sèrvant *n* (*pl* **mén·sèrvants, ～s**) しもべ, 従者 (valet) (cf. MAIDSERVANT).
Mans·field /mǽnsfi:ld, *mǽnz-/ **1** マンスフィールド (**1**) イングランド中部 Nottinghamshire の町 **2**) Ohio 州中北部の市》. **2** マンスフィールド (**1**) **Katherine** ～ (1888–1923) 《ニュージーランド生まれの英国の短篇作家; 本名 Kathleen Mansfield Beauchamp; *Bliss* (1920), *The Garden Party* (1922)》 (**2**) **Michael J(oseph)** ～ ['**Mike'** ～] (1903–2001) 《米国の政治家; 連邦上院民主党院内総務 (1961–77); 駐日大使 (1977–88)》 (**3**) Sir **Peter** ～ (1933–) 《英国の物理学者; 磁気共鳴画像法 (MRI) に関する発見によりノーベル生理学医学賞 (2003)》. **3** [Mount] マンスフィールド山《Vermont 州中北部にある同州および Green 山脈の最高峰 (1339 m)》.
mán·shìft *n* 集団的勤務交替; 《交替から交替までの》勤務時間, 《その間の》一人の仕事量.
-man·ship /mənʃɪp/ *n suf* 「技量」「手腕」: pen*manship*. [games*manship*]
Mans·holt /mɑ́:nshòʊlt/ マンスホルト **Sicco Leendert** ～ (1908–95) 《オランダの経済学者·政治家; EC 委員長 (1972–73); ヨーロッパ共同体の農業の統合を目指すマンスホルト計画を作成》.
Man·si /mɑ́:nsi/ *n* **a** (*pl* ～, ～**s**) マンシ族《西部シベリアの Ob 川諸支流流域に住む民族》. **b** マンシ語 (⇨ OB-UGRIC).
man·sion /mǽnʃ(ə)n/ *n* **1 a** 大邸宅, 館(やかた); 荘園領主の邸宅; 《古》住居: the governor's ～ *知事公邸. **b** [‖M-; *pl*] ‖マンション (apartment house*) 《同じ階に数室続きを一組として貸す高級アパート; 建物の名として用いる》. **2** 〘占星〙《十二宮の》宿, 宮 (house); 《東洋および中世占星術の 28 宿の》宿. **3** 《廃》滞在. [OF<L=a staying; ⇨ MANOR]
mánsion hòuse ‖《領主·地主の》邸宅 (mansion); *大きな家; [the M- H-] ロンドン[ダブリン]市長公邸, マンションハウス.
Mánsion Hòuse spéech [the] 市長公邸演説《ロンドン市長公邸のディナーで, 伝統的に財務相が行なうスピーチ; もとは AGADIR CRISIS に際して英国はフランスを支持する旨をドイツに警告した Lloyd George の演説 (1911)》.
mán-sìze(d) 《口》*a* 人の背丈[大きさ]の, 等身大の; 大きな, 大型の; おとな向きの; おとなの力[判断]を要する, むずかしい: ～ responsibilities.
mán·slàughter *n* 〘法〙故殺, 非謀殺《一時の激情によるなど計画的犯意 (malice aforethought) なく行なわれた違法な殺人; cf. MURDER, HOMICIDE》.
mán·slày·er *n* 殺人者, 人殺し. ◆ **mán·slày·ing** *a, n*
mán's mán 男らしい男, 男の中の男.
Man·son /mǽns(ə)n/ マンソン (**1**) **Charles** ～ (1934–) 《米国のカルト指導者·刑事犯; 1969 年, 信者を教唆して女優の Sharon Tate ほか 3 名を惨殺, その 2 日後にも同様の凶行を行なった》 (**2**) Sir **Patrick** ～ (1844–1922) 《英国の寄生虫学者; '熱帯病学の父' といわれる》.
Man spricht Deutsch /*G* mán ʃprɪ́çt dɔ́ʏtʃ/ ドイツ語が通じます.
Man·stein /mɑ́:nʃtaɪn/ マンシュタイン (**Fritz**) **Erich von** ～ (1887–1973) 《ドイツの陸軍元帥; Hitler の電撃作戦を主導, のちに東部戦線で活躍》.
man·sue·tude /mǽnswɪt(j)ù:d, *mænsú:ə-/ *n* 《古》柔和, 温順.
Man·ṣūr /mæ̀nsʊ́ər/ [al-～ /æ̀l-/] マンスール (between 709 and 714–775) 《アッバース朝第 2 代のカリフ (754–775); 王朝の基礎を築き, 都 Baghdad を建設した》.
Man·ṣū·rah /mænsʊ́rə/ [Al-～ /æ̀l-/] マンスーラ《エジプト北部 Nile デルタにある市; 1250 年に十字軍がマムルーク朝に敗れ, Louis 9 世が捕えられた地; 別名 **El-Man·su·ra** /ɛ̀lmænsʊ́ərə/》.
man·ta /mǽntə/ *n* **1 a** マンタ (**1**) スペイン·中南米·北米南西部などで外套·肩掛け·ずきんなどに用いる四角な布地; 馬·積荷の被覆用のキャンバス布 **2**) マンタ製の外套[肩掛けなど]》. **b** 〘軍〙MANTLET. **2** 〘魚〙マンタ, イトマキエイ (devilfish) (=～ **rày**). [AmSp]
mán·tàilored *a* 〈婦人服が〉男仕立ての.
man·teau /mæntóʊ, ⸗⸗/ *n* ゆるい外套, マント; 《古》MANTUA. [F MANTLE]
Man·te·gna /mɑ:ntéɪnjə/ マンテーニャ **Andrea** ～ (1431–1506) 《イタリアの画家·版画家》.
man·tel /mǽntl/ *n* 炉額(ろがく) 《暖炉の上の横木》; 炉棚 (mantelshelf); *MANTELPIECE. [OF<L=cloak]
man·tel·et /mǽntlɛ̀t, -t(ə)l-, mæ̀nt(ə)lɛ́t/ *n* 〘史〙《女性用の》短いマント; 〘軍〙防盾《携帯用弾丸よけの盾(たて)》; 〘軍〙《昔 城攻めの際に兵士が身を隠した》移動式の遮蔽物.
man·tel·let·ta /mæ̀nt(ə)létə/ *n* 〘カト〙マンテレッタ《枢機卿·司教·大修道院長などの袖なしでひざまでの上衣》.
mántel·pìece *n* マントルピース《炉 (fireplace) の前面周囲の装飾的構造全体》; 炉棚 (mantelshelf).
mántel·shèlf *n* 炉棚《マントルピースの上面; 置物や写真などを飾る》; 〘登山〙《岩壁上の》小さな岩棚; 〘登山〙マントルシェルフ《岩棚の端に両手をかけて上体を引き上げ, そこに足またはひざが届くようにして登る動作》. ► *vi* 〘登山〙マントルシェルフで登る.
mántel·trèe *n* 炉額 (mantel); 炉前迫持(せりもち).
mantes *n* MANTIS の複数形.
man·tic /mǽntɪk/ *a* 占いの; 預言的な, 預言力のある. ► *n* 卜占(ぼくせん)術. [Gk; ⇨ MANTIS]
man·ti·core /mǽntɪkɔ̀:r/ *n* マンティコウ, マンティコア《頭は人間, 胴体はライオン, 尾は竜またはサソリの怪物》.
man·tid /mǽntəd/ *n, a* 〘昆〙カマキリ (mantis) (の).
man·til·la /mæntílə, -tí:(j)ə/ *n* マンティーリャ, マンティラ (**1**) スペイン女性などがかぶる, 頭および肩をおおう大型ベール **2**) 小型マント, ケープ》. [Sp (dim) < *manta* MANTLE]
Man·ti·nea /mæ̀ntəní:ə/, **-neia** /-náɪə/ マンティネイア《古代ギリシア Arcadia 地方東部の都市》.
man·tis /mǽntəs/ *n* (*pl* ～**es, -tes** /-tì:z/) 〘昆〙カマキリ (=*mantid, praying mantis* [*mantid*]). [Gk=prophet]
mántis pràwn [cràb, shrìmp] 〘動〙SQUILLA.
man·tis·sa /mæntísə/ *n* 仮数 (**1**) 〘数〙常用対数の正の小数部分;

cf. CHARACTERISTIC 2)〘電算〙浮動小数点表現で指数部を除いた数値). [L=makeweight]

man·tle /mǽntl/ *n* **1 a**《英では古》《袖なしの》マント, 外套; おおい隠す[包み込む, 取り囲む]もの: a ~ of night 夜のとばり / under the ~ of snow 雪におおわれて[た]. **b** [*fig*]《引き継がれる》権威, 責任, 責務《預言者 Elijah の外套が Elisha に渡ったことにちなむ; *2 Kings* 2: 13》: take on [assume, inherit] the ~ of leadership 指導者としての責務を引き受ける / One's ~ falls on [descends to] another. 甲の責任が乙に引き継がれる, 甲の衣鉢が乙に伝わる. **2 a** 壁の外装; ガスマントル《網状の白熱発光体》;〘冶〙マントル《溶鉱炉の炉床の上の外壁で, 上の煉瓦を支えている梁(はり)》; MANTEL. **b**〘動・植〙《軟体動物などの》外套膜, 外套, 外被;〘解〙《大脳の》外套, 大脳皮質 (cerebral cortex);〘鳥〙翕(きゅう)《他の部分と色の異なる翼・肩羽・背面, 特に 3 者が同色の場合》, 襟羽. **c**〘地質〙マントル《惑星, 特に地球の核と地殻との中間にある層》; MANTLEROCK. ● **take the ~ (and the ring)** 〈未亡人が〉一生再婚せぬことを誓う. ► *vt* マントで包む; おおう, 包む; 隠す; 〈血がほおを〉紅潮させる. ► *vi*《古》〈液体が〉上皮を生じる, 泡立つ; 盛り上がる; 広がる; 〈血が〉ほおにのぼる; 〈顔が〉赤くなる; 〈鷹が〉伸ばした足の上に翼を広げる. [OF; ⇨ MANTEL]

Mantle マントル **Mickey** (**Charles**) ~ (1931–95)《米国大リーグの選手; New York Yankees の強打者; スイッチヒッターで, 通算 536 本塁打》.

mántle·pìece *n* MANTELPIECE.

mántle plùme〘地質〙マントルプルーム《マントル深部から生じるマグマの上昇流》.

mántle·ròck *n*〘地質〙《土壌体の》表土 (=*regolith*).

mántle·shèlf *n, vi* MANTELSHELF.

mant·let /mǽntlət/ *n*〘軍〙MANTELET.

mán·tling *n*〘紋〙《achievement のヘルメットの背後からヘルメット状に出ている》マント (=*lambrequin*).

mán-to-mán *a* 率直な, 肚を割った〈話し合い〉. ► *adv* ⇨ MAN[1] to man (成句). ► *n* MAN-TO-MAN DEFENSE.

mán-to-màn defénse〘スポ〙マンツーマンディフェンス《守備側の選手がそれぞれ攻撃側の特定の相手を定め, 一対一で防御する方法; cf. ZONE DEFENSE》.

Man·tóux tèst /mæ̀ntúː-, mɑ̃ː-, ⏑⏑-/〘医〙マントゥー反応[テスト], ツベルクリン(皮内)反応《結核検査の一種》. [Charles *Mantoux* (1877–1947) フランスの医師]

Man·to·va /mɑ́ːntəvə/ マントヴァ《MANTUA のイタリア語名》.

man·tra /mǽntrə, mɑ́ːn-/ *n*〘ヒンドゥー教〙マントラ, 真言(しんごん)《加持祈禱に唱える呪文, 特に Veda から引いた詠歌や経文》; スローガン, モットー. ♦ **mán·tric** *a* [Skt=speech, instrument of thought]

M

mán·tràp *n*《領内侵入者を捕えるための》人捕(と)りわな; 人命に危険な場所; 誘惑の場所《賭博場など》;《口》誘惑的な女;《口》未亡人;《俗》女性性器;《潜在的な》危険性.

man·tua /mǽntʃuə, -tuə; -t(j)uə/ *n*〘史〙《17–18 世紀流行の》ゆるい前開きの婦人用上衣; MANTLE. [MANTEAU]

Mantua マントヴァ《イタリア北部 Lombardy 州の市; 詩人 Vergil の生地》. ♦ **Mán·tu·an** *a, n*

mántua-màker *n* 婦人服洋裁師, ドレスメーカー.

Manu /mǽnu/〘ヒンドゥー神話〙マヌ《人類の始祖;「マヌの法典」の制定者とされる》.

man·u·al /mǽnjuəl/ *a* **1** 手の; 手でする, 手動の, 手細工の; 肉体[労力]を使う, 人力の: ~ exercises〘軍〙執銃教練 / a ~ fire engine 消火用手押しポンプ / ~ labor 手仕事, 肉体労働 / a ~ worker 肉体労働者. **2**〘法〙現有の, 手中にある. **3** 手引の, 便覧の. ► *n* **1** 小冊子; 便覧, 必携, 手引, マニュアル;《中世の教会で用いた》祈禱書, 定式書. **2 a**〘軍〙《小銃などの》操作(法). **b**〘楽〙《オルガンなどの》手鍵盤; 手動装置. **3** マニュアル車. ♦ **~·ly** *adv* 手で, 手先で; 手細工で. [OF<L (*manus* hand)]

mánual álphabet 手話法のアルファベット (deaf-and-dumb alphabet).

mánual·ìsm *n* 手話主義《聾児の教育方法の一つ; 主として手話によるもの; cf. ORALISM》.

mánual ràte〘保険〙料率書レート, 便覧料率, マニュアルレート (=*basic rate*)《料率書に記載してある保険料率》.

mánual tráining《小中学校で行なう》手工(科).

mánual transmission〘車〙手動式[マニュアル]変速, マニュアル変速機[装置].

ma·nu·bri·um /mən(j)úːbriəm/ *n* (*pl* **~s, -bria** /-briə/)〘解・動〙柄(へい), 柄状部;〘解・動〙胸骨柄;〘解・動〙《中耳の》槌骨柄(ついこつへい);〘動〙《クラゲの》口柄;〘植〙《車軸藻類の》把手細胞. ♦ ***ma·nú·bri·al*** *a* [L=handle]

man·u·code /mǽnjəkòud/ *n*〘鳥〙フウチョウ (bird of paradise),《特に》テリカラスフウチョウ. [F<Malay]

Man·u·el /mǽnjuəl, mænwél/ **1** マニュエル《男子名》. **2** /mənwél, mɑːn-/ マヌエル ~ **I** (1469–1521)《ポルトガル王 (1495–1521); 通称 'the Fortunate' (金持王)》. **3** /mɑːnwél/ マヌエル Don **Juan** ~ ⇨ JUAN MANUEL. [Sp; ⇨ EMMANUEL]

Man·u·el·ine /mænwélàin/ *a* マヌエル様式の《Manuel 1 世時代 (1495–1521) に発達した, ポルトガルのゴシック様式とルネサンス様式が融合した建築様式; 複雑な装飾を特徴とする》.

man·u·fac·to·ry /mæ̀n(j)əfǽkt(ə)ri/《古》*n* 製造所, 工場《今は factory を用いる》; 製造[加工](品).

man·u·fac·ture /mæ̀n(j)əfǽktʃər/ *n* **1 a**《大規模な》製造, 製作, マニュファクチュア;《特定の》製造工業: of home [foreign, Japanese] ~ 国内[外国, 日本]製の. **b**《一般に》作ること, 形成; [*derog*]《文芸作品などの》《機械的な》濫作. **2** [ᵘ*pl*] 製品, 製造品. ► *vt, vi*《機械を用いて大規模に》製造[製作]する; 〈材料を〉製品にする; プレハブ工法で作る;《一般に》作る; 〈人・身体器官が〉つくる, 分泌する; [*derog*] 〈文芸作品を〉濫作する; 〈話を〉捏造(ねつぞう)する, 〈口実などを〉でっちあげる: The liver ~*s* bile. 肝臓は胆汁をつくる. ♦ **màn·u·fác·tur·able** *a* **-tur·al** *a* 製造[加工](業)の. [F<It, and L *manu factum* made by hand (*manus*)]

màn·u·fác·tured gás《天然ガスに対して》製造ガス, 都市ガス.

màn·u·fác·tur·er *n*《大規模な》製造業者, 工場主; 製造会社, メーカー.

màn·u·fác·tur·ing *a* 製造(業)の; 製造業に従事する: a ~ industry 製造工業. ► *n* 製造[加工](工業).

ma·nu·ka /mənúːkə, mɑ́ːnəkə/ *n*〘植〙マヌカ, ギョリュウバイ (=*tea tree*)《ニュージーランドおよび Tasmania 原産のフトモモ科ギョリュウバイ属の常緑低木; 花は桃色でウメに似, 蜂蜜の蜜源, 葉は芳香があり, 時に茶として飲用にされる》. [Maori]

Ma·nu·kau /mɑ́ːnəkàu/ マヌカウ《ニュージーランド北島北西部の市》.

man·u·mis·sion /mæ̀njəmíʃ(ə)n/ *n*《奴隷・農奴の》(正式)解放, 奴隷[農奴]解放.

man·u·mit /mæ̀njəmít/ *vt* (-tt-) 〈奴隷・農奴を〉解放する. ♦ **màn·u·mít·ter** *n*

Mán Uníted《口》MANCHESTER UNITED.

ma·nure /mən(j)úər/ *n* (有機質)肥料, こやし;《特に》厩肥(きゅうひ), 堆肥 (cf. FERTILIZER): artificial ~ 人造肥料 / barnyard ~ 厩肥 / farmyard ~ 堆肥. ► *vt* 〈土地〉に肥料を施す;《古》〈土地を〉耕す;《古》〈人の心を〉啓発する. ♦ **ma·núr·er** *n* [AF *mainoverer* MANEUVER]

ma·nu·ri·al /mən(j)úəriəl/ *a* 肥料の; 肥料になる.

ma·nus /méɪnəs, *mɑ́ː-/ *n* (*pl* ~) **1**〘解〙《脊椎動物の》前肢末梢環節, 手. **2 a**〘ローマ法〙《家長の権力, 特に父権である》手権 (=*hand*); 父権. **b**〘英法〙宣誓; 雪冤宣誓者 (compurgator). [L=hand; ⇨ MANUAL]

Ma·nus /mɑ́ːnəs/ **1** マヌス《南西太平洋に浮かぶ Admiralty 諸島中, 最大の島》. **2** (*pl* ~) マヌス島人.

man·u·script /mǽnjəskrɪ̀pt/ *a* 手書きの, 筆写[タイプ]した, 写本の, 原稿の, 印刷してない. ► *n* 写本, 稿本, (手書き[タイプ])原稿《略 MS, *pl* MSS》;《印刷に対して》手書き; マニュスクリプト体《ブロック体の別名; 太さが一定でひげ飾りのない書体》(=**~ wrìting**): in ~《印刷されず》原稿で. [L *manuscriptus* written by hand (MANUS, SCRIBE)]

mánuscript pàper〘楽〙五線紙.

Ma·nu·tius /mən(j)úːʃ(i)əs/ マヌティウス **Aldus** ~ (c. 1450–1515)《イタリアの印刷業者・編集者・古典学者; イタリア語名 Aldo Ma·nu·zio /mɑnúːtsjou/; ⇨ ALDINE (EDITION)》.

mán·ward *adv*《まれ》人間に向かって (cf. GODWARD). ► *a* 人間に関係した[向かった], 対人間の.

mán-wèek *n*〘経営〙1 人 1 週間の仕事量, 人週(にんしゅう) (cf. MAN-HOUR).

mán·wìse *adv* 人間的に; 男がするように, 男性的に.

Manx /mǽŋks/ *a* マン島 (Isle of Man) の; マン島人の; マン島語の. ► *n* **a** マン島語, マンクス語《Celtic 諸語の一つ; 現在は衰滅して使用されていない》. **b** [the, 〈*pl*〉] マン島人 (cf. MANXMAN). **c** MANX CAT. [ON (OIr *Manu* Isle of Man)]

Mánx cát〘動〙マンクスネコ《尾の退化が著しい》.

Mánx·man /-mən/ *n* マン島人 (cf. MANX). ♦ **Mánx·wòman** *n fem*

Mánx shéarwater〘鳥〙マンクスコミズナギドリ《大西洋東北部産の小型のミズナギドリ》.

many /méni/ *a* (**more**; **most**) **1** 多数の (opp. *few*). ★「量」の MUCH に対応するのが「数」の many で, 複数名詞を伴う. 口語では多く否定・疑問文に用い, 肯定文では主語修飾のとき, または too, so, as, that, how に続くときに用いられ, ほかは a large NUMBER of...,《口》a LOT of...を用いるのが普通: Have you been there ~ times? / *M*~ people die of cancer. / There are *so* ~ books that I can't read them all. / I don't have *so* ~ books as he (does). / There are *too* ~ instances to enumerate. **2** [how, as, so など程度・度数を示す副詞に続いて] …だけの数の: *How* ~ students are there in your school? きみの学校は学生は何人ですか.

► *pron* 多数: *M*~ of us were tired. 多くは疲れていた.

► *n* 多数, あまた; [the] 大多数(の人びと); [the] 庶民, 大衆 (opp. *the few*): ~ are called but few are chosen 招かれる者は多いが選ばれる者は少ない (*Matt* 22:14).

● **a good ~** [〈*pl*〉] かなり多数(の), 相当な数(の) (cf. *a good* FEW[1]): There were *a good* ~ of them. そういうのはかなりたくさんあった. **a great ~** [〈*pl*〉] 非常に多数(の)《a good MANY より強意的》. **as ~**

同数の: I have *as* ~ books as he (has). 彼と同数の本をもっている / I have three times *as* ~ books as he. 本を彼の 3 倍もっている / There were ten accidents in *as* ~ days. 10 日に 10 件の事故があった. **as ~ as**…ほども; …だけ全部: You may take *as* ~ *as* you like. きみの欲しい(数)だけ取ってよい / I stayed there *as* ~ *as* ten days. そこに 10 日間も滞在した. **~ a [an]** [単数形の名詞·動詞を伴って] 多くの: ~ *a* one 多くの人びと / *M~ a* man has failed. 失敗した人も数多い / ~ (and ~) *a* time＝~ *a* time and often 何回も, しばしば / (for) ~ *a* long day 非常に長い間. **~ another** 多くの他の(もの): I, like ~ *another*, used to think so. わたしもほかの多くの人のようにそんな考えであった. **~'s [~ is] the** [単数名詞＋関係節を伴って] …した(ところの)…が多くある, しばしば…した: *M~'s the* man he has lent money to. 彼は多くの人に[しばしば]金を貸した / *M~'s the* time [day] (that)… 何度[何日]も…した / *M~'s the* time I've been mistaken. わたしはこれまで何度も間違った. **one too ~** 一つだけ多すぎる(もの), 余計[じゃま]な(もの), (調子に乗ってついに)限度を越えた[やりすぎた]; [単に too ~ とも] 〈…の〉手に余る 〈*for*〉: He's had *one too* ~. 少し飲みすぎて[酔って]いる / He is (*one*) *too* ~ *for* me. 彼はぼくの手に負えない, 彼にはかなわない. so[1] **~**. **the one and the ~** 〘哲〙 一と多, 単一と複数. [OE *manig*; cf. G *manch*]

ma·nyat·ta /mænjǽtə/ *a* マニャッタ《アフリカのマサイ族などの, 共有の柵内で一つの組をなす小屋群》. [Masai]

mán-yèar *n* 〘経営〙 1 人 1 年間の仕事量, 人年(にんねん) (cf. MAN-HOUR).

mány·fóld *adv, a* 何倍も(の).

mány-héad·ed *a* 多頭の: the ~ beast [monster] ヒュドラー (Hydra); [*derog*] 民衆.

mány·plìes *n* [ᵁ‹*sg*›] 〘動〙《反芻胃の》葉胃(ようい) (omasum).

mány-síded *a* 多方面の[にわたる], 多芸の, 多義の; 〘数〙 多辺の. ♦ **~·ness** *n*

mány-válued *a* 〘数〙 多価の〈関数〉; 多値の〈論理(学)〉.

Man·za·la /mænzɑ́ːlə/ [Lake] マンザラ湖《エジプト北東部 Nile 川デルタにある湖; 東端を Suez 運河が横切る》.

man·za·nil·la /mæ̀nzəníː(j)ə, -nílə/ *n* マンサニージャ, マンサニーリャ《スペイン産の辛口のシェリー》. [Sp＝chamomile]

Man·za·ni·llo /mæ̀nzəníːjou, mɑ̀ːnsə-/ マンサニヨ《(1) キューバ南東部にある市·港町 (2) メキシコ南西部 Colima 州の市·港町》.

man·za·ni·ta /mæ̀nzəníːtə/ *n* 〘植〙 北米西部産のウラシマツツジ属の低木の総称. [AmSp (dim)＜*manzana* apple]

Man·zhou·guo /mɑ́ːnʤóugwóu/ 満洲国 (MANCHUKUO).

Man·zo·ni /mɑːn(d)zóuni/ マンゾーニ **Alessandro (Francesco Tommaso Antonio)** ~ (1785–1873)《イタリアのロマン主義の小説家·詩人;『いいなずけ』(1825–27)》.

Mao /máu/ *a* 〈衣服が〉中国式[スタイル]の, 人民服の: a ~ cap [jacket, suit] 人民帽[服] / ~ collar マオカラー (MANDARIN COLLAR). [*Mao* Zedong]

MAO 〘生化〙 °monoamine oxidase.

Máo flú 香港かぜ (Hong Kong flu).

MAOI °monoamine oxidase inhibitor.

Mao·ism /máuìz(ə)m/ *n* 毛沢東主義[思想]. ♦ **-ist** *n, a*

Máo·ìze *vt* 毛沢東思想に従わせる.

Máo·ke Móuntains /máukeɪ-/ *pl* [the] マオケ山脈《インドネシア Papua州中部を東西に連なる山脈; New Guinea 中央高地の西の部分; Sudirman, Jayawijaya の 2 つの山脈に分かれる; 最高峰は Sudirman 山脈の Mt Jaya (5030 m); 別称 Snow Mountains》.

mao-mao /máumàu/ *vt**《俗》おどす (mau-mau).

Ma·o·ri /máuəri/ *a* マオリ人[語]の. ► *n* **a** (*pl* ~, ~**s**) マオリ族《ニュージーランドのポリネシア系先住民》. **b** マオリ語《オーストロネシア語族に属する》. [(New Zealand)]

Máori búg 〘昆〙 ニュージーランド産の大型無翅のゴキブリ.

Máori búnk 《NZ》高い寝棚(ねだな).

Máori chìef 〘魚〙 ミシマアンコウ《ニュージーランド沖で捕れるミシマオコゼに近い食用魚》.

Máori·dom *n* 《文化·社会·言語を含む》マオリ族の世界.

Máori hén 〘鳥〙 コバネクイナ (weka).

Máori·lànd マオリランド (New Zealand). ♦ **~·er** *n*

Máori óven 《NZ》《南太平洋諸島の》地炉(で蒸焼きにする食物).

Mao·ri·tanga /màuritɑ́ːŋə/ *n* マオリであること, マオリ文化. [Maori]

Máori Wárs *pl* [the] マオリ戦争《NEW ZEALAND WARS の旧称》.

mao-tai /máutáɪ, -dáɪ/ *n* 茅台(マオタイ)酒《小麦とコウリャンを原料とした強い蒸留酒; 中国貴州省産》.

Mao Ze·dong /máu zədúŋ/, **Mao Tse-tung** /máu zədúŋ, -tsə-; -tséɪtúŋ/ 毛沢東 (1893–1976)《中国の政治家·共産党指導者·思想家》.

map /mǽp/ *n* **1** 地図; 天体図; 地図式のもの (⇨ WEATHER MAP), 図解, 図式; 〘生〙 遺伝学的地図 (＝*genetic map*); [*pl*]*《俗》SHEET MUSIC; *《俗》(不渡り)手形. **2**《俗》顔, つら (face). **3** 〘数〙 関数 (function); 〘数〙 写像. ● **all over the ~***《口》(**1**) そこいらじゅうに, いたるところ, あっちでもこっちでも. (**2**) さまざま[多種多様, 千差万別]で; しょっちゅう変わって. (**3**) 混乱して; 乱れて, 乱雑で. **draw** sb **a ~** 人にはっきりものを言う, くどい説明をする. **off the ~**《口》〈場所が〉《都市·幹線道路から》遠く離れた, 行きにくい; すたれた, 忘れられた, 存在しない; 重要でない. **on the ~**《口》重要で, 有名で: put… *on the* ~ 〈都市·地域を〉有名にする. **throw a ~**《米俗·豪俗》へどを吐く. **wipe…off the ~** 〈都市·地域·競争相手を〉破壊[抹殺]する, 消し去る. ► *v* (**-pp-**) *vt* …の地図[天体図]を作る;《地図作成のため》〈地域を〉実地調査[測量]する; はっきり描く; 〘数·言〙 写像する, 対応づける 〈*onto*, (*in*)*to*〉; 〈遺伝子を〉染色体上に位置づける. ► *vi* 〈遺伝子が〉位置する. ● **~ onto [on]**… (*vt*) 〈…を〉…に関連づける, 結びつける. (*vi*) …に関連する, 結びつく. **~ out** 精密に計画する, 細かい点まで取り決める; 結びつく 〈*onto*〉. ♦ **~·less** *a* **~·lìke** *a* **máp·pa·ble** *a* **máp·per** *n* [L *mappa* cloth, napkin]

Map マップ **Walter** ~ (c. 1140–c. 1209)《ウェールズの諷刺作家; ラテン語名 Ma·pes /méɪpiz, méɪps/》.

MAP °modified American plan.

Ma·pam /mɑːpɑ́ːm/ マパーム《イスラエルの政党; シオニズムを支持する社会主義政党》.

máp bùtterfly 〘昆〙 翅に地図のような模様のあるタテハチョウ科のチョウ《アカマダラやイシガケチョウなど》.

map·e·pire /mǽpəpìər/ *n* [通例 修飾語を伴って]《カリブ》ヘビ (snake).

MAPI /èméɪpìːáɪ/ *n* 〘電算〙 MAPI《Microsoft 社による, E メール機能を実現するための API; cf. VIM》. [*M*essaging *A*pplication *P*rogram *I*nterface]

ma·ple /méɪp(ə)l/ *n* **1** 〘植〙 カエデ; かえで材, メープル《家具·床材に用いる》. **2 a** サトウカエデ (sugar maple) の樹液[糖蜜]の芳香. **b** 糖蜜色, 淡褐色. **3** [ᵁ*pl*]《俗》ボウリングのピン. ♦ **~·lìke** *a* [OE *mapeltrēow*]

máple fàmily 〘植〙 カエデ科 (Aceraceae).

máple lèaf カエデの葉《カナダの標章》; [M- L-] メープルリーフ《カナダ政府発行の金貨; 裏面にカエデの葉をあしらったもので投資·蒐集用》.

Máple Lèaf Foréver [the]「メープルリーフ·フォーエヴァー」《カナダの旧国歌》.

máple-léaved *a* カエデの葉のような葉をもった.

máple súgar 《かえで糖蜜を精製した》かえで糖, メープルシュガー.

máple sýrup 《ある種のカエデの樹液を煮詰めた》かえで糖蜜, メープルシロップ.

máp·màker *n* 地図作成[制作]者. ♦ **máp·màking** *n*

Map·pa Mun·di /mǽpə múndi/ マッパムンディ《イングランドの Hereford 大聖堂に保存されている 13 世紀の世界地図; Jerusalem を世界の中心に置き, 円形に描かれている》. [L＝sheet of the world]

máp·ping *n* 地図作成; 〘数〙 写像 (cf. INVERSE IMAGE), 関数, 対応付け, マッピング.

Map·ple·thorpe /méɪp(ə)lθɔ̀ːrp/ メイプルソープ **Robert** ~ (1946–89)《米国の写真家; 静物やポートレートでは高度な技術と実験的手法が評価されたが, 性意識解放やゲイ的美意識に立脚した男性ヌードなどでは物議をかもした》.

máp projèction 地図投影(法).

máp-rèad·er *n* 地図の読める人: a good [poor] ~ 地図をよく読み取れる[読み取れない]人.

máp rèference 地点表示《地図上の地点を特定するための数字と文字の組合わせ》.

Ma·pu·che /məpúːʧi/ *n* **a** (*pl* ~, ~**s**) マプチェ族《チリ中部および隣接するアルゼンチン西部に住むアラウカノ系 (Araucanian) のインディオ》. **b** マプチェ語《アラウカノ語の一つ》.

Ma·pu·to /mɑːpúːtou/ マプト《モザンビークの首都; インド洋の入江 Delagoa 湾に臨む港湾都市; 旧称 Lourenço Marques》.

ma·quette /mækɛ́t/ *n* 《彫像や建築の》準備ひな型[スケッチ]. [F ＜It (dim)＜*macchia* spot]

ma·qui /mɑ́ːki/ *n* 〘植〙 ホルトノキ科アリストテリア属の低木《チリ産; 樹皮の繊維は楽器の弦とし, 果実は薬用酒とする》.

ma·qui·la /məkíːlə/ *n* MAQUILADORA.

ma·qui·la·do·ra /məkìːlədɔ́ːrə, -ðɔ́ː-/ *n* マキラドーラ《安い労働力を利用して輸入部品を輸出用商品に組み立てるために外国企業がメキシコに設立した工場》. [AmSp (*maquila* (粉ひき料), *dora* gold)]

ma·quil·lage /mækijɑ́ːʒ/ *n* メイクアップ, 化粧(品). [F]

ma·quis /mɑːkíː, mækíː, ⌐⌐/ *n* (*pl* ~ /-(z)/) **1** マキー《地中海地方の低木の密生(地帯); しばしば ゲリラ·逃亡者などの隠れ場所》. **2** [ᵒM-] マキ《第二次大戦中のフランスの反独遊撃隊, また その隊員》; 地下運動組織(の一員). [F＝brushwood＜It＝thicket]

ma·qui·sard /mækizɑ́ːr(d)/ *n* [ᵒM-] MAQUIS の一員. [F]

mar /mɑ́ːr/ *vt* (**-rr-**) きずものにする; ひどく傷つける 〈*up*〉; そこなう, だいなしにする;《古》〈体を〉傷つける;《古》妨げる: That billboard ~*s* the view. 広告板で景色がだいなしだ / make [mend] or ~＝MAKE[1] or break. ► *n* きず, 欠点; 故障. [OE *merran* to obstruct, waste; cf. OHG *mierran* to obstruct]

mar. marine ♦ maritime ♦ married.

Mar. March.

ma·ra /mərɑ́:/ *n* 〘動〙 パンパノウサギ, マーラ (=*Patagonian cavy* [*hare*])《南米大草原に分布するテンジクネズミ科の齧歯動物》. [AmSp]

mar·a·bou, -bout[1] /mǽrəbù:/ *n* **1 a** 〘鳥〙 ハゲコウ (=〜 **stòrk**)《コウノトリ科; 熱帯アジア・アフリカ産》. **b** ハゲコウの羽毛《婦人帽などの装飾に用いる》. **2** マラボー《(1) 撚(よ)りをかけた絹クレープ糸 2) その織物服地; 柔らかくて美しい》. [F<Arab (↓); 神聖な鳥とされたことから]

mar·a·bout[2] /mǽrəbù:t/ *n* 〘イスラム〙 **1** [°M-]《特に 北アフリカで》修道士, 隠者, 聖者《超自然的力をもつと信じられている》. **2** 修道士の墓所[祠(ほこら)]. ◆ **〜·ìsm** *n* [F<Port<Arab=holy man]

ma·ra·bun·ta /mǽrəbʌ̀ntə/ 《カリブ》 *n* 〘昆〙 スズメバチの一種; 《俗》 短気な女. [Guyanan]

ma·raca /mərɑ́:kə, -rǽkə/ *n* **1** マラカス《振るとカシャカシャ鳴る楽器; 通例 一つずつ両手に持つので複数形で用いる》. **2** [*pl*] 《卑》《女の》胸, 乳房, おっぱい. [Port<? Tupi]

Mar·a·cai·bo /mæ̀rəkáɪbou/ **1** マラカイボ《ベネズエラ北西部, マラカイボ湖とベネズエラ湾を連絡する水道に臨む市》. **2** [Lake] マラカイボ湖《ベネズエラ北西部, ベネズエラ湾の南への湾入部; 同国の石油生産の中心》.

Mar·a·can·da /mæ̀rəkǽndə/ マラカンダ《SAMARQAND の古代名》.

Ma·ra·cay /mɑ̀:rəkáɪ/ マラカイ《ベネズエラ北部の市; Juan Vicente Gómez の独裁下で同国の中心として発展》.

Mar·a·dona /mæ̀rədɑ́nə/ マラドーナ **Diego** (**Armando**) 〜 (1960–)《アルゼンチンのサッカー選手; 1986 年母国チームを牽引して World Cup に優勝》.

ma·rae /mərɑ́ɪ/ *n* マラエ《(1) ポリネシア人が宗教儀式を行なう聖域の遺跡 2) Maori 族が家の前に作る庭または囲いのされた場所; 客を迎えたり儀式を行なったりする》. [Polynesian]

már·ag·ing stèel /mɑ́:rèɪʤɪŋ-/ 〘冶〙 マルエージング鋼《低炭素含有で, マルテンサイト組織の超強力鋼; 18–25% のニッケルを含有, 加熱すると硬化する》.

Ma·ra·jó /mɑ̀:rɑ:ʒóu/ マラジョ《ブラジル北部 Amazon 河口の島》.

mar·a·natha /mæ̀rənǽθə/ *n* マラナタ《「われらの主よきたりませ」の祈り; *1 Cor* 16: 22; cf. ANATHEMA》. [Gk<Aram]

Ma·ra·nhão /mæ̀rənjɑ́ũ/ マラニャン《ブラジル北東部の州; ☆São Luís》.

Ma·ra·ñón /mɑ̀:rənjóun/ [the] マラニョン川《ペルー北部を流れる Amazon 川の支流; Andes 山中に発し, Ucayali 川と合流して Amazon 川となる》.

ma·ran·ta /mərǽntə/ *n* 〘植〙 クズウコン, マランタ; クズウコンの澱粉[糊]. [Bartolomeo *Maranta* (1500–71) イタリアの医師・園芸家]

Mar·an·ta·ceous /mæ̀rəntéɪʃəs/ *a* 〘植〙 クズウコン科 (Marantaceae) の.

Ma·raş, -rash /mərɑ́:ʃ/ マラシュ《KAHRAMANMARAŞ の別称》.

ma·rás·ca (**chèrry**) /mərǽskə(-)/ 〘植〙 マラスカ《Dalmatia 産の野生サクランボ; マラスキーノの原料》. [It]

mar·a·schi·no /mæ̀rəskí:nou, -ʃí:-, *mɛ̀r-/ *n* (*pl* 〜**s**) マラスキーノ《サクランボから造るリキュール》; MARASCHINO CHERRY. [It]

maraschíno chérry マラスキーノ漬けのサクランボ《料理や菓子に添える》; 〘植〙 MARASCA.

ma·ras·mus /mərǽzməs/ *n* 〘医〙 消耗(症), 衰弱. ◆ **ma·rás·mic** *a* 衰弱性の, 消耗症の. **ma·rás·mòid** *a* 衰弱[消耗症]様の. [L<Gk (*marainō* to wither)]

Ma·rat /mərɑ́:/ マラー **Jean-Paul** 〜 (1743–93)《フランス革命期の政治家; 左翼山岳派の指導者, ジロンド派 (Girondin) の Charlotte Corday に刺殺された》.

Ma·ra·tha, Mah·rat·ta /mərɑ́:tə/ *n* (*pl* 〜, 〜**s**) マラーター族《インド中西部 Maharashtra 地方の人びと; 17 世紀中葉には独立王国を建ててインド最大の勢力となったが, 英国との戦争でしだいに衰え 1818 年に滅んだ》. [Hindi<Skt=great kingdom]

Marátha Conféderacy [the] 〘インド史〙 マラーター同盟《18 世紀マラーター王国の宰相政府を中心として形成された諸侯の連合》.

Ma·ra·thi, Mah·rat·ti /mərɑ́:ti/ *n* マラーティー語《マラーター族の言語; Indic 語派に属し, Maharashtra 州の公用語》. ► *a* Maharashtra の; マラーター族の; マラーティー語の.

mar·a·thon /mǽrəθɑ̀n; -θ(ə)n/ *n* **1 a** [ˢM-] マラソン競走[大会] (=〜 **ràce**)《標準距離は 42.195 km; アテナイの兵士が Marathon の戦いにおける味方の勝利を伝えるためにアテナイまで約 40 km を走破したのち倒れて死んだ故事にちなむ》,《一般に》長距離競走; 耐久競争, 持久戦; 長時間にわたる[根気のいる]企て[活動]: the Boston *M*〜 ボストンマラソン / complete a full 〜 フルマラソンを完走する / a swimming 〜 遠泳《競技》/ a dance 〜 ダンスの長時間競技. **b** [〈*a*〉] マラソンの, 長時間の: a 〜 runner [speech, effort]. **2** [M-] マラトン《(1) ギリシア東部 Attica 地方, Athens の北東, エーゲ海に臨む平野 2) 古代, 同平野にあった町; 紀元前 490 年 Miltiades らの率いるアテナイ軍がペルシアの大軍を破った地》. ◆ **〜·ing** *n*

már·a·thòn·er /; -θ(ə)n-/ *n* マラソン選手[走者].

márathon gròup 〘精神医〙 マラソングループ《集中的な出会いにより集団療法の効果を高めるため, 週 8 時間など, 長時間をいっしょに過ごす出会い集団 (encounter group)》.

ma·raud /mərɔ́:d/ *vi, vt* 《略奪のために》襲撃する〈*on*〉. ► *n* 《古》襲撃. ◆ **〜·er** *n* [F (*maraud* rogue)]

maráud·ing *a* 略奪を事とする; 攻撃的な習性の, 獰猛な: a 〜 band 略奪集団, 匪賊(ひぞく).

mar·a·ve·di /mæ̀rəvədí:, mæ̀rəvéɪdi/ *n* (*pl* 〜**s**) マラベーディ《(1) イスラム時代のスペイン・モロッコのディナール金貨 2) 中世スペインの通貨単位: =1/34 real; その銅貨》.

Mar·be·lla /mɑ:rbéɪə, -jə/ マルベリャ《スペイン南部 Andalusia 地方の Costa del Sol に臨む町; リゾート地》.

mar·ble /mɑ́:rb(ə)l/ *n* **1** 大理石; [*pl*] 大理石彫刻物 (cf. ELGIN MARBLES);《堅さ・冷たさ・なめらかさの点で》大理石を思わせるもの; 大理石模様 (marbling): a heart of 〜 冷たい心 / (as) hard [cold] as 〜 石のように堅い[冷たい]; 冷酷無情な. **2** ビー玉, ビー玉状のおはじき; [〜s, 〈*sg*〉] ビー玉《遊び》; 《俗》《スリップをひき起こす自動車レースコース上の》小石, 砂, 土; [*pl*] 《俗》 きんたま (testicles); [*pl*] 《俗》 賭け金, 資金. **3** [*pl*] 《俗》 知能, 分別, 正気: have all one's 〜*s* 頭がまともである / lose [miss] one's 〜*s* 頭がおかしくなる, 分別をなくす / have some [a few] 〜*s* missing 頭がおかしい, あぶない, キレてる. ● **go for all the 〜s** *《俗》 必死[死物狂い]でやる, いちかばちかの大勝負に出る. **have 〜s in one's mouth** ⇨ PLUM[1]. **make one's 〜 good** 《豪口》 うまくやる, 〈…に〉気に入られる〈*with*〉. **pass in one's 〜** 《豪口》 死ぬ. **pick up one's 〜s** 《口》 あきらめる, 投げ出す. ► *a* 大理石(製)の; 堅い, ひややかな, 無情な; なめらかな, 白い; MARBLED. ► *vt* 〈本の小口などを〉大理石模様にする; 〈肉を〉霜降りにする. ◆ **már·bler** *n* [OF *marbre*<L *marmor*<Gk=gleaming stone; 語形は r-r>r-l の異化]

Márble Árch [°the] マーブルアーチ《London の Hyde Park の北東角にある凱旋門》.

márble càke マーブルケーキ《色の違う 2 種のケーキ種を同じ型に流して焼く大理石模様のケーキ》.

Márble Cànyon [the] マーブルキャニオン《Arizona 州北部を流れる Colorado 川の峡谷; Grand Canyon へ続く》.

Márble Cìty *《俗》 墓地 (marble orchard).

már·bled *a* 大理石で仕上げた[おおった]; 大理石を多く用いた; 大理石模様の; 〈肉片が〉霜降りの.

márbled múrrelet 〘鳥〙 マダラウミスズメ《北太平洋主産》.

márble-dòme *n* *《俗》 まぬけ, ばか.

márbled whíte 〘昆〙 セイヨウ[ヨーロッパ]シロジャノメ.

márble-édged *a* 〘製本〙 小口マーブルの.

Márble·hèad マーブルヘッド《Massachusetts 州北東部 Boston の北東にある町; 港は大理石のような岩の Marblehead Neck と呼ばれる岬に守られ, 初期米国海軍史に名をとどめる》.

márble·héart·ed *a* 無情な, 冷酷な.

mar·ble·ize, -bel- /mɑ́:rb(ə)làɪz/ *vt* MARBLE.

márble òrchard *《俗》 墓地, 墓場 (cemetery).

márble tòwn *《俗》 墓地, 墓場 (marble orchard).

márble·wòod *n* 〘植〙 コクタンの一種.

már·bling *n* 大理石模様の着色[染め分け], マーブリング; 大理石模様, 墨流し; 〘製本〙 マーブル取り;《肉の》霜降り, さし.

már·bly *a* **1** 大理石の(ような), 大理石質の; 〈建築・装飾が〉大理石を多く用いた. **2** 堅い, 冷淡な, 冷静な.

Mar·burg /mɑ́:rbə̀:rg; *G* mɑ́:rbʊrk/ マールブルク《(1) ドイツ中西部 Hesse 州の市; Luther, Zwingli などドイツ・スイスの宗教改革の指導者による討論が行なわれた (1529); ヨーロッパ最古のプロテスタント系大学がある (1527 年創立) 2) MARIBOR のドイツ語名》.

Márburg fèver [**disèase**] 〘医〙 マールブルグ熱[病] (=*green monkey disease*)《Marburg virus による死亡率の高い出血熱; 1967 年ドイツ Marburg で西アフリカ産ミドリザルが媒介して 7 人が死亡した》.

Márburg vìrus マールブルグウイルス《マールブルグ熱の原因となる, アフリカに起源をもつ RNA アルボウイルス》.

marc /mɑ́:rk/ *n* 《ブドウなどの》しぼりかす; マール《ワインのしぼりかすから造るブランデー》; 〘薬〙《冷浸剤の》しぼりかす. [OF]

Marc **1** マーク《男子名; Marcus の愛称》. **2** マルク **Franz** 〜 (1880–1916)《ドイツの画家; Kandinski と表現主義の画家グループ Der Blaue Reiter を結成 (1911)》.

MARC /mɑ́:rk/ 〘図書〙 machine-readable cataloging 機械可読目録作業.

Mar·can /mɑ́:rkən/ *a* 聖マルコ (St Mark) の.

mar·can·do /mɑ:rkɑ́:ndou/ *a, adv* MARCATO. [It]

mar·ca·site /mɑ́:rkəsàɪt, -zàɪt, ˌ-ˌ-zí:t/ *n* 〘鉱〙 白鉄鉱, マーカサイト; (黄)鉄鉱の結晶体; 黄鉄鉱製の装身具. ◆ **màr·ca·sít·i·cal** /-sít-, -zít-/ *a* [L<Arab<Pers]

mar·ca·to /mɑ:rkɑ́:tou/ *a, adv* 〘楽〙 はっきりしたアクセントの[をつけて], マルカートの[で]. [It]

Mar·ceau /mɑ:rsóu/ マルソー **Marcel** 〜 (1923–2007)《フランスのパントマイム俳優》.

mar·cel /mɑ:rsél/ *n* マルセルウェーブ (=〜 **wàve**)《こてで頭髪につけた波形ウェーブ》. ► *vt* (**-ll-**) 〈頭髪〉にマルセルウェーブをつける. [*Marcel* Grateau (1852–1936) Paris の理髪師]

Marcel 1 マーセル《男子名》. 2 マルセル **Gabriel(-Honoré)** ~ (1889–1973)《フランスのキリスト教的実存主義哲学者・劇作家》. [F (dim); ⇨ MARCELLUS]

mar·cel·la /mɑːrsélə/ *n* マーセラ《一種の綾織り綿布[麻布]》. [*Marseilles* 最初の製造地]

Marcella マーセラ《女子名》. [It (fem dim)<↓]

Mar·cel·lus /mɑːrséləs/ 1 マーセラス《男子名》. 2 マルケルス **Marcus Claudius** ~ (268?–208 B.C.)《ローマの将軍・コンスル; 第 2 次ポエニ戦争で Syracuse を攻略した (212 B.C.)》. [L (dim); ⇨ MARCUS]

mar·ces·cent /mɑːrsés(ə)nt/ *a* 〖植〗〈植物のある部分が〉落ちないで枯れる[しおれる], 枯凋(こちょう)[凋萎]する. ♦ **mar·cés·cence** *n* 枯凋(性). [L (*marceo* to wither)]

march[1] /mɑ́ːrtʃ/ *vi* **1** 進む, 行進する, 練り歩く; 進軍[行軍]する; デモ行進する; しっかりした歩調で歩く, 堂々と歩く[歩いて行く]: ~ *by* [*off, away*] 行進して行く / ~ *against*…に反対してデモ行進する / ~ *on*…に向かって進撃[デモ行進]する / *M~ on!*＝Quick ~! 《号令》進め / ~ *past*《高官などの前を》分列行進する. **2**〈事件・調査・学問・時間などが〉進む, 進展する: time ~*es on* 時がどんどん経つ. **3** ずらっと並ぶ. ► *vt* **1 a** 進ませる, 進軍[行軍]させる; 繰り込む 〈*in, into*〉, 繰り出す 〈*out*〉. **b**〈ある距離を〉行進する,《行進して》〈行路を〉踏破する. **2** 追いたてる, 拘引する, 引っ張って行く: ~ sb *off* [*away*] to prison 人を引き立てて投獄する. ► *n* **1 a** 行進, 進軍, 行軍; デモ行進; 行程; 長くて苦しい歩行[旅]; 行進歩調: a line of ~ 行進路, 旅程, 道 / one day's [hour's] ~ 1 日[1 時間]の行程 / a forced ~ 強行軍 / a peace ~ 平和行進 / go on a ~ デモに参加する / the quick [slow] ~ 速歩[ゆるい歩調] / the double ~ 駆け足. **b**〖楽〗マーチ, 行進曲. **2** [the] 〈物事の〉進行, 進展, 発達 〈*of*〉: *the* ~ *of* time 時の進行 / *the* ~ *of* events 情勢の進展 / *the* ~ *of* intellect 知能の発達. ●**on the ~** 進軍[行進]中で; 進行[発展]中で. **steal a ~ on** …に忍び足で近づく; …をひそかに出し抜く. ♦ **~-like** *a* [OF *marcher* (L *marcus* hammer); cf. MARK[1]]

march[2] *n* **1 a** 国境, 境界; 辺境 (frontier); [ᵘ*pl*]《特に 紛争中の》境界地(域) (borderland). **b** [the M-es] イングランドとウェールズ[スコットランド]との境界地方: the Welsh *M~es* ウェールズ辺境地方. **c** [the M-es] マルケ (It **Le Mar·che** /leɪ mɑ́ːrkeɪ/)《イタリア中部, アドリア海に臨む州; ☆Ancona; 中世には教皇領》. **2**《行政官の》管轄区域. ●**riding the ~es**〖史〗《都市などの》境界検分. ► *vi* 隣接する 〈*upon, with*〉. [OF<L<Gmc **markō* MARK[1]]

March[1] *n* 三月《略 Mar.》: *March* winds and April showers bring forth May flowers. 《諺》三月の風と四月の雨は五月の花をもたらす / *March* comes in like a lion and goes out like a lamb. 《諺》三月は獅子のごとくあばれ来たり, 子羊のごとく過ぎ行く《英国の三月は特に寒風が吹く季節》/ (as) mad as a ~ HARE. ★ 英語の月名の由来するローマのユリウス暦以前の初期の暦法では一年は 10 か月; January, February はのちに加えられたものでもとは March から始まり, したがって September 以下は語源的な意味より 2 か月遅れている. [OF<L *Martius* (*mensis* month) of MARS]

March[2] /mɑ́ːrtʃ/ **1** マーチ 1st Earl of ~ ⇨ MORTIMER. **2** /*G* márç/ [the] マルヒ川《チェコの Moravia を流れる MORAVA 川のドイツ語名》.

Márch bròwn〖昆〗3 月ごろ出てくる褐色のタニガワカゲロウの一種《マスの好餌》.

Marche /*F* marʃ/ マルシュ《フランス中部の地方・旧州; Auvergne の北西にあたる》.

Mär·chen /méərxən/ *n* (*pl* ~) [ᵒm-] 話 (tale),《特に》童話, メルヘン; [ᵒm-] 民話, 伝説物語 (folktale).

márch·er[1] *n* (デモ)行進する人: anti-war ~*s* 反戦デモ参加者.

marcher[2] *n* 国境地帯の居住者, 辺境の住民;《イングランドの》国境管轄官, 辺境地の領主 (＝~ **lòrd**). [*march*[2]]

Marches ⇨ MARCH[2].

mar·che·sa /mɑːrkéɪzə/ *n* (*pl* **-se** /-zeɪ/)《イタリアの》女侯爵; MARCHIONESS. [It]

mar·che·se /mɑːrkéɪzeɪ/ *n* (*pl* **-si** /-zi/)《イタリアの》侯爵; MARQUESS. [It]

Mar·chesh·van /mɑːrxéʃvən/ *n* HESHVAN. [Heb]

Márch flỳ〖昆〗ケバエ.

márch fràcture〖医〗行軍骨折《疲労による下腿骨の骨折》.

Márch háre《さかりのついた》三月のウサギ; [the M- H-] 三月ウサギ《*Alice's Adventures in Wonderland* に登場する頭のおかしいウサギ; ⇨ MAD HATTER》: (as) mad as a March HARE.

márch·ing bànd マーチングバンド《演奏をしながら行進をする吹奏楽団》.

márching gìrl 女性軍楽隊長 (drum majorette).

márching òrder 行進の装備[隊形], 行軍装備.

márching òrders *pl* 出発[進撃]命令; 《口》作業進行命令; 《口》解雇命令[通知], 退場命令,《友人や恋人に対する》絶縁(通告) (walking papers*): get [be given] one's ~ 首になる.

márching sèason [the]〖北アイル〗行進の季節, マーチングシーズン《プロテスタントがカトリックに対する勝利を記念してパレードを行なう 7 月と 8 月の時期》.

mar·chio·ness /mɑ́ːrʃ(ə)nəs; mɑ̀ːʃənés/ *n* 侯爵夫人[未亡人] (cf. MARQUISE, MARQUESS); 女侯爵.

márch·lànd *n* 国境地帯, 辺境地方.

Márch Mádness*《口》3 月の熱狂, マーチマッドネス《毎年 3 月の NCAA 男子バスケットボール 1 部リーグトーナメント大会の通称; 全米の注目を浴びる》.

Márch of Dímes [the]〖米〗小児麻痺救済募金運動《1938 年発足》.

Márch on Róme [the] ローマ進軍《Mussolini がファシスト党を率いて行なったローマ市内の行進 (1922); Mussolini 政権誕生時の事件》.

march·pane /mɑ́ːrtʃpèɪn/ *n* 《古》MARZIPAN.

márch-pàst *n*《特に 軍隊の》(分列)行進, 閲兵分列.

Mar·cia /mɑ́ːrʃə/ マーシャ《女子名》. [L (fem); ⇨ MARCUS]

Mar·ci·ano /mɑ̀ːrsiǽnoʊ, -ɑ́ːnoʊ/ マルシアノ **Rocky** ~ (1923–69)《米国のヘビー級ボクサー; 本名 Rocco Francis Marchegiano; 世界チャンピオン (1952–56)》.

Mar·cion·ism /mɑ́ːrʃiənɪ̀z(ə)m, -siə-/ *n*〖キ教〗マルキオン主義《Marcion は 2 世紀のグノーシス主義的異端者で, また教会改革者》. ♦ **Már·cion·ìte** *n, a*

Mar·co /mɑ́ːrkoʊ/ マーコ《男子名》. [It; ⇨ MARCUS]

mar·co·ni /mɑːrkóʊni/ 《口》*n* MARCONIGRAM. ► *vt, vi* 無線で送信する. [MARCONI[2]]

Marconi[1] *a*〖海〗バミューダ艤装 (Bermuda rig) の.

Marconi[2] マルコーニ Marchese **Guglielmo** ~ (1874–1937)《イタリアの電気技術者; 無線電信を実用化した; ノーベル物理学賞 (1909)》.

marcóni·gràm *n* 《古》RADIOGRAM.

Marcóni rìg〖海〗BERMUDA RIG.

Márco Pó·lo /-póʊloʊ/ マルコ・ポーロ (⇨ POLO[1]).

Márco Pólo Brídge 盧溝橋 (Lukouch'iao).

Márco Pólo('s) shèep〖動〗パミールアルガリ《argali の一亜種》.

Mar·cos /mɑ́ːrkoʊs; -kɔs/ マルコス **Ferdinand** (**Edralin**) ~ (1917–89)《フィリピンの政治家; 大統領 (1965–86)》.

Mar·cus /mɑ́ːrkəs/ **1** マーカス《男子名; 愛称 Marc, Mark》. **2** マーカス **Rudolph Arthur** ~ (1923–)《カナダ生まれの米国の化学者; 化学系における電子移動反応理論への貢献によりノーベル化学賞 (1992)》. [L MARS[1]]

Márcus Au·ré·lius /-ɔːríːljəs, -liəs/ マルクス・アウレリウス (~ Antoninus) (A.D. 121–180)《ローマ皇帝 (161–180); 五賢帝の最後; Antoninus Pius の養子; 著書『自省録』にはストア哲学の思想が述べられている》.

Mar·cu·se /mɑːrkúːzə/ マルクーゼ **Herbert** ~ (1898–1979)《ドイツ生まれの米国の哲学者》.

Márcus Ísland マーカス島《南鳥島の別称》.

Mar del Pla·ta /mɑ́ːr dɛl plɑ́ːtə/ マル・デル・プラタ《アルゼンチン東部の港湾都市・観光地》.

Mar·di Gras /mɑ́ːrdi grɑ̀ː, ―́ ―́; ―́ ―̀/ **1** マルディグラ《1) 告解火曜日 (Shrove Tuesday); 謝肉祭の最終日. 2) 謝肉祭の期間; キリスト教国では仮装やパレードが行なわれる; 米国では New Orleans のものが有名》. **2** [ᵒm- g-] カーニバル, お祭り; 《豪》SYDNEY GAY (AND LESBIAN) MARDI GRAS. [F＝fat Tuesday]

Mar·duk /mɑ́ːrdʊ̀k/ マルドゥック《古代バビロニアの主神; もと 日の神》.

mardy /mɑ́ːrdi/ 《方》*a* 甘やかされた; すぐすねる; 強情な, いたずらな.

mare[1] /méər/ *n*《馬類の》成熟した雌,《特に》雌馬; Money makes the ~ (to) *go.* 《諺》地獄のさたも金しだい / The GRAY MARE is the better horse. / Whose ~'s dead? 《俗》どうしたんだ / ride [go] on SHANKS' MARE. [OE **mēre*; cf. OE *mearh*, G *Mähre* jade]

ma·re[2] /mɑ́ːreɪ, méəri/ *n* (*pl* **ma·ria** /mɑ́ːriə/, ~**s**) 海; [ᵁM-]〖天〗海《月・火星などの暗黒部; cf. TERRA》. [L＝sea]

mare[3] /méər/ *n* 《廃》夢魔, 悪夢 (nightmare). [OE *mare*; cf. G *Mahr*]

Mare ⇨ DE LA MARE.

Ma·re Ac·i·dal·i·um /mɑ́ːreɪ æsədǽliəm, méəri-/〖天〗《火星の北半球にある》アキダリアの海.

ma·re clau·sum /mɑ́ːreɪ kláusəm, -sʊ̀m, -klɔ́ː-, méəri-/〖国際法〗閉鎖海(論) (cf. MARE LIBERUM);《内海など外国船のはいれない, 狭義の》領海. [L＝closed sea]

Ma·re Fe·cun·di·ta·tis /mɑ́ːreɪ feɪkʊ̀ndɪtɑ́ːtɪs, méəri-/〖天〗《月面の》豊かの海 (＝*Sea of Fertility* [*Plenty*]). [NL]

Ma·re Fri·go·ris /mɑ́ːreɪ frɪgɔ́ːrɪs, méəri-/〖天〗《月面の》氷の海 (＝*Sea of Cold*). [NL]

Ma·re Im·bri·um /mɑ́ːreɪ ímbriəm, méəri-/〖天〗《月面の》雨の海 (＝*Sea of Showers* [*Rains*]). [NL]

Máre Ísland /méər-/ メア島《California 州西部 San Francisco 湾の北に延びた San Pablo 湾にある島; 米国海軍工廠の所在地》.

Már·ek's disèase /mǽrɪks-, mér-/〖養鶏〗マレック病, 鶏リンパ腫症. [Josef *Marek* (1868–1952) ハンガリーの獣医学者]

ma·re li·be·rum /mɑ́ːreɪ líːbərʊ̀m, méəri láɪbərəm/〖国際法〗

自由海, 海洋の自由 (FREEDOM OF THE SEAS) (cf. MARE CLAUSUM); 公海. ［L＝free sea］

ma·rem·ma /məréma/ *n* (*pl* **-rem·me** /-rέmi/) 《イタリアなどの》海岸湿地; [M-] マレンマ《イタリア中部 Tuscany 州南西部, ティレニア海沿岸の低地》; 湿地の毒気, 瘴気(しょうき). ［It］

ma·ren·go /mərέŋgou/ *a* [ºM-; 後置] 〘料理〙 マレンゴ風の《マッシュルーム・トマト・オリーブ・油・ワインで作ったソースをかけた》: chicken ～. ［↓の1］

Marengo **1** マレンゴ《イタリア北西部 Piedmont 州南東部の村; Napoleon 1 世がオーストリア軍にかろうじて勝利した地 (1800)》. **2** マレンゴ号《Napoleon 1 世の愛馬》. **3** マレンゴ《Napoleon 1 世発行のイタリアの金貨》.

ma·re nos·trum /máːreɪ nóustrəm, mέəri-/ 《二国[多国]間協定による, 広義の》領海; 〘古ロ〙 地中海. ［L＝our sea］

Ma·ren·zio /maːrέntsiòu/ マレンツィオ **Luca** ～ (1553–99) 《イタリアのマドリガル作曲家》.

mareograph ⇨ MARIGRAPH.

Mar·e·o·tis /mæ̀rióutəs/ [Lake] マレオティス湖《エジプト北部 Nile 川デルタにある湖; 同湖と地中海の間に Alexandria がある; アラビア語名 Maryūṭ》.

Ma·re Se·ren·i·ta·tis /máːreɪ sərὲnɪtáːtɪs, mέəri-/ 〘天〙 《月面の》晴れの海 (＝*Sea of Serenity*). ［NL］

máre's nèst (*pl* **～s, máres' nèsts**) **1** 見かけ倒しの事[もの], 幻の大発見; 存在しないもの. **2** 雑然と取り散らした場所[状態, 状況], 蜂の巣をつついたような状態, てんやわんや.

máres of Dioméдes *pl* [the] 〘ギ神〙 ディオメーデースの雌馬《Diomedes 王の 4 頭の雌馬; 王はこれに人肉を食させていた》.

máre's tàil (*pl* **～s, máres' tàils**) **1** [*pl*] 馬尾雲《細くたなびく巻雲 (cirrus) の通称》. **2** 〘植〙 **a** スギナモ. **b** トクサ (horsetail). **c** ヒメムカシヨモギ (horseweed).

Ma·reth /máːrəθ, mǽr-/ マレス《チュニジア南東部 Gabès の南南東にある町; フランスの防御線 Mareth Line の北の拠点で, 1942–43 年ドイツ軍が占領したが, 英軍に破られた》.

Ma·re Tran·quil·li·ta·tis /máːreɪ træŋkwɪ̀lɪtáːtɪs, mέəri-/ 〘天〙 《月面の》静かの海 (＝*Sea of Tranquillity*). ［NL］

Ma·ré·va injùnction /məríːvə-/ 〘法〙 マレヴァ型差し止め命令《裁判所の管轄内にある財産を裁判所管轄外に持ち出すことなどを禁止するもの》.

mar·fak /máːrfæ̀k/ *n** 《俗》 バター.

Már·fan('s) sỳndrome /máːfæn(z)-/ 〘医〙 マルファン症候群《四肢や手足の指の異状伸長を主特徴とし, しばしば眼球や心血管系の異状を伴う遺伝性先天的疾患》. ［Antonin B. J. *Marfan* (1858–1942) フランスの小児科医］

marg /máːrʤ/ *n* 《ロ》 マーガリン (margarine).

Mar·ga·ret /máːrg(ə)rət/ **1** マーガレット《女子名; 愛称 Madge, Mag, Maggie, Marge, Margery, Margie, Meg, Peg, Peggy》. **2** マーガレット Princess ～ (**Rose**), Countess of Snowdon (1930–2002)《英国王 George 6 世の第二王女; Elizabeth 2 世の妹》. **3** マルグレーテ (1353–1412)《デンマーク・ノルウェーおよびスウェーデンの女王; 外交・軍事面のすぐれた手腕によって北欧三国を統合した》. ［Gk ＝pearl］

Mar·ga·rete /màːrgəríːt; *G* margaréːtə/ **1** マーガリート《女子名》. **2** マルガレーテ (⇨ GRETCHEN). ［G; ↑］

Margaret of An·gou·lême /-́-́ ɑ̃ːgulέm, -lέm/ マルグリット・ダングレーム (1492–1549)《ナヴァール王 Henry 2 世の王妃; 別名 Margaret of Navarre; フランス王 Francis 1 世の姉; 人文主義者を保護; 短篇連作集 *Heptaméron* (1559) の著者》.

Márgaret of Ánjou マーガレット・オブ・アンジュー (1430–82)《イングランド王 Henry 6 世の妃; バラ戦争で Lancaster 派の首領》.

Márgaret of Valóis マルグリット・ド・ヴァロア (1553–1615)《ナヴァール王 Henry の妃; 別名 Margaret of France; フランス王 Henry 2 世と Catherine de Médicis の子; 不品行のため, Henry がフランス王 Henry 4 世として即位したのち離婚された; *Mémoires* (1628) がある》.

mar·gar·ic /maːrgǽrɪk/ *a* 真珠の(ような).

margáric ácid 〘化〙 マルガリン酸 (＝*heptadecanoic acid*).

mar·ga·rine /máːrʤ(ə)rən, -ʤərìːn; màːʤəríːn/, **-rin** /máːrʤ(ə)rən/ *n* マーガリン. ［F＜Gk *margaron* pearl; cf. MARGARIC］

mar·ga·ri·ta /màːrgəríːtə/ *n* マルガリータ《テキーラにライム[レモン]果汁とオレンジ風味のリキュールを加えたカクテル》. ［AmSp; 人名 *Margarita* Margaret か］

Margarita マルガリータ《ベネズエラ北東岸沖の島; Nueva Esparta 州の主島, 中心となる港町は Porlamar; 真珠を産する》.

mar·ga·rite /máːrgəràɪt/ *n* 〘鉱〙 真珠雲母; 〘地質〙《ガラス質火成岩の》鎖状晶子, マーガライト; 《古》 真珠.

mar·ga·rit·ic /màːrgərítɪk/ *a* MARGARIC.

mar·gate /máːrgət/ *n* 〘魚〙 大西洋西部の熱帯海域に生息するイサキ科の食用魚: **a** ホワイトマーゲイト《タイセイヨウイサキ属》. **b** アツクチイサキ (＝**bláck ～**)《アツクチイサキ属》.

Mar·gate /máːrgèɪt, -gət/ マーゲート《イングランド南東部 Kent 州東部の Thanet 島にある海岸保養地》.

Mar·gaux /*F* margo/ *n* マルゴー《Bordeaux の近く Margaux 村で生産された辛口の赤ワイン》.

mar·gay /máːrgèɪ, -́-́/ *n* 〘動〙 マーゲイ《オセロットに似た斑点のある小型のヤマネコ; Texas 州南部からアルゼンチンに分布》.

marge[1] /máːrʤ/ *n* 《古・詩》 縁, 端 (margin).

marge[2] *n*"《ロ》 マーガリン (margarine).

Marge **1** マージ《女子名; Margaret, Margery の愛称》. **2** 《俗》 レズの女役.

mar·gent /máːrʤənt/ *n* 《古・詩》 縁, 端 (margin).

Mar·gery /máːrʤ(ə)ri/ マージョリー《女子名; 愛称 Marge》. ［OF; ⇨ MARGARET］

Márgery Dáw /-dɔ́ː/ マージョリー・ドー《英国の伝承童謡の "See-Saw, Margery Daw" で歌われる女性》.

Mar·gie /máːrʤi/ マージー《女子名; Margaret の愛称》.

mar·gin /máːrʤən/ *n* **1 a** 縁, へり, 端; 端の部分, 外縁部, 縁水域, 岸(辺); 〘植〙 葉縁 (⇨ ENTIRE); 〘昆〙《翅の》縁《前縁または後縁》: sit on the ～ of a pool プールの縁に腰かける. **b** 《印刷[タイプ]したページなどの》欄外, 余白, マージン; マージンを示す線: notes written in [on] the ～ 余白に書き込んだ注. **2 a** [～s]《社会・組織・活動領域の》周辺(部), 隅, 非主流派 ‹*of*›. **b** 限界, ぎりぎりの線, 極限状態; 〘心〙 意識の周辺: the ～ of cultivation [endurance] 耕作[我慢]の限界 / go near the ～ 《道徳上》危うきに近寄る. **3** 《時間・経費などの》余裕, ゆとり, 《活動などの》余地; 《賛否投票などの》票差: a ～ of error 誤りの許される余地[幅], 誤差 / by a wide [narrow] ～ 大差[小差]で. **4 a** 〘商〙 粗(あら)利益, 利鞘(りざや), マージン; 〘経〙《経済活動を続けるための》限界収益点; 〘証券〙 証拠金, 委託保証金; 〘銀行〙 担保余力: buying on ～ 〘証券〙 マージン買付け, '信用買い'. **b** 《豪》 特別支給(額), 技能[職務]手当. ► *vt* **1** …に縁をつける; …の縁に並ぶ, 縁取る. **2** …の欄外に書く[注をつける]. **3** 〘証券〙 …に証拠金を追加する ‹*up*›; 証拠金としてつかう; …に証拠金を提供する; マージン取引で買う, 証拠金を入れて買う. ► *vi* 追加証拠金を支払う ‹*up*›. ♦ **～ed** *a* ［L *margin- margo* border; cf. MARK[1]］

márgin·al *a* **1 a** へり[縁, 端]の, 辺縁(部)の; 水際の, 水辺の‹植物など›; 欄外の[に書いた]: ～ notes 欄外に書いた注. **b** 辺境の, 境界地方に住む; 〘心〙 意識の周辺の‹感覚›; 〘数〙 周辺の; 〘社〙 二つの社会[文化]に属するがどちらにも十分には同化していない, 境界的な; 非主流の. **2 a** 限界の; ‹資格・能力・受容性などが›下限に近い, ぎりぎりの; ‹生活が›かつかつの. **b** かろうじて収支をつぐなう, 〘経〙 限界収益点の: ～ profits 限界収益, 差益金 / ～ land 生産力が低くて利益のほとんど上がらない土地. **c** ‹判断・判定などが›微妙な; "‹議席などが›僅差で争われる[獲得した], 激戦の: MARGINAL SEAT. **3** わずかな‹相違など›, 重要でない, 二義的な ‹*to*›. ► *n* **1** "MARGINAL SEAT. **2** 水辺に生える植物. ♦ **mar·gin·al·i·ty** /màːrʤənǽləti/ *n* ［L (↑)］

márginal constítuency" 激戦区 (marginal seat).

márginal cóst 〘経〙 限界費用.

mar·gi·na·lia /màːrʤənéɪliə/ *n pl* 欄外の書込み[注]; 周辺的[付帯的, 非本質的]な事柄. ［NL; ⇨ MARGINAL］

márgin·al·ize *vt* 主流からはずす, 遠ざける, 疎外[除外]する; 軽んじる. ♦ **màrgin·al·izátion** *n*

márgin·al·ly *adv* 縁[へり, 端]に; 欄外に, 余白に; 少しばかり, わずかに.

márginal mán 〘社〙 周辺人, 境界人, マージナルマン《性質が異なる二つの文化に属するが, どちらにも十分には同化していない人》.

márginal placentátion 〘植〙 周辺胎座.

márginal probabílity 〘統〙 周辺確率.

márginal séa [the] 沿岸海, 縁海《海岸線から $3^1/_2$ 法定マイル以内の海域》.

márginal séat" 僅差で争われる[獲得した]議席, 激戦区 (cf. SAFE SEAT).

márginal utílity 〘経〙 限界効用.

mar·gin·ate /máːrʤənèɪt/ *vt* …にへりをつける; 《古》 …の欄外に書く; …に証拠金を追加する; MARGINALIZE. ► *a* /-nət, -nèɪt/ (…な)縁[へり]のある; 〘動・植〙 色[形]の異なるへりをもつ. ♦ **màr·gin·átion** *n*

már·gin·àt·ed *a* MARGINATE.

márgin càll 〘証券〙 追い証[追加証拠金]の請求, マージンコール.

márgin relèase 《タイプライターの》マージンレリース.

Mar·got /máːrgou, *-gət/ マーゴ《女子名》. ［F (dim); ⇨ MARGARET］

mar·gra·vate /máːrgrəvèɪt/, **-vi·ate** /maːrgréɪviət, -vièɪt/ *n* MARGRAVE の領地.

mar·grave /máːrgrèɪv/ 〘史〙 *n* 《神聖ローマ帝国の》侯爵; 《ドイツの》辺境伯. ♦ **-gra·vine** /máːrgrəvìːn, -̀-́/ *n* 侯爵[辺境伯]夫人. **-gra·vi·al** /maːrgréɪviəl/ *a* ［MDu; ⇨ MARK[1]］

Mar·gre·the /maːrgréɪtə/ マルグレーテ ～ **II** (1940–)《デンマーク女王 (1972–)》.

mar·gue·rite /màːrg(j)əríːt/ *n* 〘植〙 モクシュンギク, マーガレット. ［F＜L *margarita* pearl; ⇨ MARGARET］

Marguerite マーガリート《女子名》. ［OF (↑)］

Mar·hesh·van /maːrhέʃvən, -xέʃ-/ *n* HESHVAN. ［Heb］

Ma·ri[1] /mǽri/ *n* *《俗》 マリファナ (marijuana).

Ma·ri[2] /mɑ́ːri/ *n* **a** (*pl* ~, ~**s**) マリ族《CHEREMIS 族の別称・自称》. **b** マリ語, チェレミス語.

Ma·ri[3] /mɑ́ːri/ マリ《シリア東部 Euphrates 川西岸に残る古代メソポタミア都市の遺跡; 多数の楔形文字記録文書のタブレットをはじめ紀元前 3100 年ごろから紀元 7 世紀に至る遺物が発掘されている》.

maria *n* MARE[2] の複数形.

Ma·ria /məríːə, -ráɪə/ マリア, マライア《女子名》. [Du, G, It, Sp; ⇨ MARY]

ma·ri·a·chi /mɑ̀ːriɑ́ːtʃi/ *n* マリアッチ《メキシコの町の楽隊(の一員); その音楽》. [MexSp]

Ma·ria de' Me·di·ci /mɑríːɑː deɪ médɪtʃi/ マリア・デ・メディチ《MARIE DE MÉDICIS のイタリア語名》.

mar·i·age blanc /*F* marjaːʒ blɑ̃/ (*pl* **mar·i·ages blancs** /*F* —/) 未完成な結婚, 性行為を伴わない結婚.

mariage de con·ve·nance /*F* -də kɔ̃vnɑ̃ːs/ (*pl* **mariages de convenance** /*F* —/) 政略結婚 (marriage of convenience).

ma·ri·a·lite /məríːəlàɪt, mǽriə-/ *n* 〖鉱〗 マリアライト, 曹柱石《ナトリウムに富みカルシウムを含まない柱石の一種》. [G (*Marie* Rose ドイツの鉱物学者 Gerhard vom Rath (1830–88) の妻)]

Mar·i·an /méəriən/ *a* 聖母マリアの; 《イングランドまたはスコットランドの》女王 Mary の. ► *n* **1 a** 聖母マリア信仰者. **b** 《イングランドまたはスコットランドの》女王 Mary の支持者. **2** /mǽriən, *mér-/ マリアン《女子名; Marianne の異形》.

Mar·i·ána Íslands /mèəriǽnə-, mæ̀r-/ *pl* [the] マリアナ諸島 (=*the Marianas*)《西太平洋 Micronesia 北西部の火山列島; Guam を除く北マリアナは米国自治領; 旧称 Ladrone Islands (1521–1668)》.

Ma·ri·a·nao /mɑ̀ːriənáʊ/ マリアナオ《キューバ北西部 Havana 西郊の市; 軍事基地》.

Mariána scrúb·fòwl 〖鳥〗 MICRONESIAN MEGAPODE.

Márian·ist *n* 〖カト〗 マリア修道会員《1817 年 Bordeaux に創立された修道会 Mary of Paris の会員》.

Mar·i·an·na /mèəriǽnə, mæ̀r-, "-ɑ́ːnə/ メアリアンナ, マリアンナ《女子名》.

Mar·i·anne /mèəriǽn, mæ̀r-/ **1** マリアン《女子名》. **2** マリアンヌ《フランス共和国の擬人化に用いる》. [F (dim); ⇨ MARY]

Márian Persecútion [the] 〖英史〗 Mary 1 世による迫害《プロテスタントの聖職者・信徒約 300 名を火刑に処した; cf. BLOODY MARY》.

Ma·ri·án·ské Láz·ně /mɑ́ːriɑ̀ːnskə lɑ́ːznə/ マリアンスケ・ラズネ (*G* Marienbad)《チェコ西部 Bohemia 北西部の町; 鉱泉が出る》.

Ma·ria The·re·sa /məríːə təréɪsə, -zə/ マリア・テレジア (1717–80)《オーストリア大公妃, ハンガリー・ボヘミア女王 (1740–80); 神聖ローマ皇帝 Francis 1 世の妃, Marie Antoinette の母》.

María Therésa dóllar [tháler] レヴァントドル (=*Levant dollar*)《昔のオーストリアの銀貨; 中東貿易に用いた》.

Ma·ri·bor /mɑ́ːrɪbɔ̀ːr/ マリボル (*G* Marburg)《スロヴェニア北東部の市》.

ma·ri com·plai·sant /*F* mari kɔ̃plɛzɑ̃/ 人のいい夫, 妻の不貞に目をつむる夫. [F=complaisant husband]

ma·ri·con /mɑ́ːrikɑ̀n, mǽr-, ⌐—kóʊn/ *n* [*derog*] *《俗》 ホモ. [Sp]

mári·cùlture /mǽrə-, *mérə-/ *n* 《自然環境を利用した》海洋[海中]牧場, 海中養殖[栽培]. ◆ **màri·cúlturist** *n*

Ma·rie /məríː, "mɑ́ːri, "mǽri/ **1** マリー《女子名》. **2** マリー ~ **Alexandra Victoria** (1875–1938)《ルーマニア王 Ferdinand 1 世の妃 (1914–27); Victoria 女王の孫; ドイツによる占領期間中 (1917–18), 赤十字と国民のために活躍し, 敬愛を集めた》. [F; ⇨ MARY]

Maríe An·toi·nétte /-æ̀nt(w)ənét, "mɑ́ːri-, "mǽri-/ マリー・アントワネット (1755–93)《フランス王 Louis 16 世の妃; Maria Theresa の娘; 革命裁判で処刑された》.

Maríe Býrd Lànd /, "mɑ́ːri-, "mǽri-/ マリー・バード・ランド (=*Byrd Land*)《南極大陸の Ross 氷棚および Ross 海の東の区域; 1929 年 Richard E. Byrd が発見, 妻の名をつけた》.

Maríe Celéste /, "mɑ́ːri-, "mǽri-/ [the] マリー・セレステ号《1872 年大西洋で, 乗員が消失した幽霊船の形で発見された米国の帆船》: like the ~ 人っ子ひとり見当たらず, 深閑として.

Ma·rie de France /*F* mari də frɑ̃ːs/ マリー・ド・フランス《12 世紀のフランスの詩人; 12 篇の物語詩 *Lais* (c. 1170), イソップ物語 *Ysopet* (1180)》.

Marie de Mé·di·cis /-— də médətʃiː, -mèɪdəsíː(s)/ マリー・ド・メディシス (1573–1642)《フランス王 Henry 4 世の 2 番目の妃; Louis 13 世の母・摂政; イタリア語名 Maria de' Medici》.

Ma·rie Ga·lante /mɑːríː gɑːlɑ́ːnt/ マリーガラント《西インド諸島東部 Leeward 諸島の島; フランスの海外県 Guadeloupe に属する》.

Ma·ri·e·hamn /mərìː(ə)hǽːmən/ マリーハムン (*Finn* Maarianhamina)《フィンランド南西部 Åland 諸島の中心の港町; 同諸島の住民はほとんどがスウェーデン系で, スウェーデン語が公用語になっている》.

Ma·ri El /mɑ́ːri él/ マリ・エル《ヨーロッパロシア中東部 Volga 川中流北域を占める共和国; ☆Yoshkar-Ola》.

Maríe-Louíse マリールイーズ (1791–1847)《Napoleon 1 世の 2 番目の妃; オーストリア皇帝 Francis 1 世の娘》.

Ma·ri·en·bad /məríːənbæ̀d, -bɑ̀ːt, méəriən-, mǽriən-/ マリエンバート《MARIÁNSKÉ LÁZNĚ のドイツ語名》.

Maríe Róse 〖料理〗 マリーローズ, オーロラソース《マヨネーズとトマトピューレで作る冷たいソース; エビなどの魚介料理に添える》.

Mar·i·et·ta /mèəriétə, mæ̀r-/ マリエッタ《女子名》. [It (dim); ⇨ MARY]

Mar·i·gold /mǽrəgòʊld, *mér-/ **1** マリゴールド《女子名》. **2** [m-] 〖植〗 **a** マンジュギク属の各種草花, マリゴールド. **b** キンセンカ (pot marigold). [*Mary* (? the Virgin), *gold* (dial) marigold]

mári·gràm /mǽrə-/ *n* 〖海洋〗 潮候曲線《自動検潮器 (marigraph) によって記録されるもの》.

mári·gràph, már·eo- /mǽriə-/ *n* 〖海洋〗 自動検潮器.

ma·ri·jua·na, -hua- /mærə(h)wɑ́ːnə, *mèrə-/ *n* 〖植〗 麻, タイマ(大麻) (hemp); 乾燥した麻の葉と花《麻(酔)薬をつくる》, マリファナ (cf. CANNABIS); 〖植〗 キダチタバコ. [AmSp]

Marilyn(ne) ⇨ MARYLYN(NE).

ma·rim·ba /mərímbə/ *n* マリンバ《シロホンに似た楽器》. ◆ **-rím·bist** *n* [(Congo)]

Mar·in /mǽrən/ マリン **John (Cheri)** ~ (1870–1953)《米国の水彩画家》.

ma·ri·na /məríːnə/ *n* マリーナ (**1**) モーターボート・ヨットなどのための設備のある波止場; cf. BOATEL **2**) 海岸プロムナード》. [It and Sp <L; ⇨ MARINE]

Marina マリーナ《女子名》. [L=of the sea]

mar·i·nade /mæ̀rənéɪd, *mèrə-/ *n* 〖料理〗 **1** マリナード, マリネ《酢・ワイン・油・香料などを混ぜ合わせた漬け汁; 魚や肉や野菜をこれに漬ける》. **2** マリナードに漬けた[マリネにした]魚[肉]. ► *vt, vi* MARINATE. [F<Sp (*marinar* to pickle in brine; ⇨ MARINE)]

ma·ri·na·ra /mɑ̀ːrənɑ́ːrə, mæ̀rənǽrə/ 《イタリア料理》 *n* マリナラ《トマト・タマネギ・ニンニク・香辛料で作るソース》. ► *a* マリナラを添えた[かけた]. [It *alla marinara* sailor-fashion]

mar·i·nate /mǽrənèɪt, *mèrə-/ *vt* 〈肉・魚を〉マリナード (marinade) に漬ける, マリネにする; 〈サラダ〉にフレンチドレッシングをかける. ► *vi* マリナード漬けになる. ◆ **màr·i·ná·tion** *n* [It or F; ⇨ MARINE]

Ma·rin·du·que /mɑ̀ːrəndúːkeɪ, mæ̀r-/ マリンドゥケ《フィリピン諸島中部 Mindoro 島の東, Sibuyan 海にある島; ☆Boac》.

ma·rine /məríːn/ *a* [[u]*attrib*] 海の, 海洋の; 海にすむ, 海産の; 〖気〗 海洋性の; 航海(用)の; 海事の, 海運業の; 船舶の, 海上貿易の; 海上勤務の; 海を描く〈画家〉; 海兵隊(員)の: a ~ laboratory 臨海実験所 / ~ products 海産物 / a ~ policy 海上保険証券 / ~ transportation 海運, 海上輸送. ► *n* **1** 《一国の》船舶, 海上勢力《集合的; 主に MERCHANT [MERCANTILE] MARINE として用いる》. **2 a** 海兵隊員, 海兵; "《俗》 無知でへまな船員: blue [red] ~*s* 軍艦乗組みの砲兵[歩兵]. **b** [the M-s] 海兵隊; 《欧州大陸諸国の》海軍省: ROYAL MARINES. **3** 〖画〗 海景, 海の絵, 船の絵; 《俗》《ウイスキー・ビールの》空き瓶 (dead marine). ● **Tell that [it] to the (horse) ~s!=That will do for the ~s!** 《口》 そんなことが信じられるものか, うそをつけ. [OF<L; ⇨ MARE[2]]

maríne archaeólogy 海洋考古学《海底に沈んだ遺跡や難破船などの調査・発掘などを行なう》.

maríne árchitect NAVAL ARCHITECT.

maríne árchitecture NAVAL ARCHITECTURE.

maríne bèlt [the] 領海 (territorial waters).

maríne bórer 海中にすむ穿孔動物 (borer)《キクイムシ (gribble), フナクイムシ (shipworm) など》.

Maríne Còrps [the] 〖米〗 海兵隊. ★ 海兵隊の階級は上から順に次のとおり: General (大将), Lieutenant General (中将), Major General (少将), Brigadier General (准将), Colonel (大佐), Lieutenant Colonel (中佐), Major (少佐), Captain (大尉), First Lieutenant (中尉), Second Lieutenant (少尉), Chief Warrant Officer (上級准尉), Warrant Officer (准尉), Sergeant Major *or* Master Gunnery Sergeant (上級曹長), First Sergeant *or* Master Sergeant (曹長), Gunnery Sergeant (一等軍曹), Staff Sergeant (二等軍曹), Sergeant (三等軍曹), Corporal (伍長), Lance Corporal (兵長), Private First Class (一等兵), Private (二等兵). ★ 英国海兵隊 (Royal Marines) の階級は, 〖米〗 の Brigadier General に相当するものが Brigadier であるほかは Captain 以上は同じ. Captain より下の階級は次のとおり: Lieutenant (中尉), Second Lieutenant (少尉), Warrant Officer First Class (一級准尉), Warrant Officer Second Class (二級准尉), Colour Sergeant (軍旗曹長), Sergeant (軍曹), Corporal (伍長), Lance Corporal (兵長), Marine (海兵).

maríne engineér 〖海〗 造機技師, 船舶機関士.

maríne engineéring 船舶工学.

maríne glùe マリングルー《木甲板のシームにコーティングした上に流す耐水接着剤》.

maríne iguána 〖動〗 ウミイグアナ《Galápagos 諸島産の大型のトカゲ; 海岸の岩礁にいて, 干潮時に海にもぐって海藻を食う》.

M

maríne insùrance 〘保〙海上保険.
maríne òfficer 《俗》《ビールなどの》空き瓶 (dead marine).
Maríne Óne マリーンワン《米国大統領専用ヘリコプター; cf. AIR FORCE ONE》.
mar·i·ner /mǽrənər, *mέr-/ *n* **1** 海員, 船員, 水夫 (sailor): MASTER MARINER / a ~'s card 海図 / a ~'s needle 羅針. **2** [M-] マリナー《米国の惑星探測用無人宇宙船》.
maríne ráilway 〘造船〙引揚げ船台.
maríne recrùit 《俗》《ビールなどの》空き瓶 (dead marine).
máriner's cómpass 〘海〙羅針儀.
maríne scíence 海洋科学《海洋とその環境を扱う》.
maríne snów 〘海洋〙海雪, マリンスノー《死んだプランクトンなどの細胞などからなる, 降雪に似た海中の降下物》.
maríne stóre 船舶用物資《船具・糧食など》; 《廃品として売却される》古船具; 古船具を売る店.
maríne tóad 〘動〙オオヒキガエル (CANE TOAD).
maríne trúmpet TROMBA MARINA.
Ma·ri·net·ti /mæ̀rənéti, mɑ̀:-/ マリネッティ (**Emilio**) **Filippo Tommaso** ~ (1876–1944)《イタリアの詩人; 未来派運動の中心人物》.
Ma·ri·nism /mərí:nìz(ə)m/ *n* 《17 世紀イタリアの詩人 Giambattista Marini (1569–1625) の文章のように》極端に技巧的な文体.
ma·rin·ize /mərí:nàɪz/ *vt* 海で使用できるように変える, 海用にする.
ma·ri·no·ra·ma /mərì:nərǽmə, -rɑ́:mə/ *n* マリノラマ《海洋を描いたパノラマ》.
Mar·i·ol·a·try /mὲəriɑ́lətri, mæ̀ri-/ *n* [*derog*]《極端な》聖母礼拝, マリア崇敬; 女性崇拝. ♦ **Mà·ri·ól·a·ter** *n* [*Maria, -olatory*]
Mar·i·ol·o·gy /mὲəriɑ́ləʤi, mæ̀r-/ *n* 〘キ教〙処女マリア信仰; (聖母)マリア論[学]. ♦ **-gist** *n* **Mà·ri·o·lóg·i·cal** *a*
Mar·i·on /mέəriən, mǽr-/ **1** マリオン《男子名; 女子名》. **2** マリオン **Francis** ~ (1732?–95)《独立戦争で活躍した米国の司令官; 通称 'Swamp Fox' は湿地へ逃げ込むのが巧みだったことに由来》. [(masc var) / (dim) ‹ MARY]
már·i·on·bèrry /, -b(ə)ri/ *n* 〘植〙マリオンベリー (**1**) blackberry の栽培変種 **2**) その木; 主として合衆国北西部で栽培).
mar·i·o·nette /mæ̀riənét, *mὲr-/ *n* **1** 糸あやつり人形 (=*puppet*), マリオネット. **2** [M-] マリオネット《女子名》. [F (dim) ‹ MARION]
Ma·ri·otte /mɑ:rjɔ́:t/ マリオット **Edme** ~ (c. 1620–84)《フランスの物理学者; 独自にいわゆる 'ボイルの法則' を発表》.
Mar·i·ótte's láw /mæ̀riɑ́ts-, mέriɑ̀ts-/ BOYLE'S LAW.
M **mar·i·pó·sa** (**lìly** [**tùlip**]) /mæ̀rəpóuzə(-), -sə(-)/ 〘植〙マリポーサチューリップ, チョウユリ.
Mar·is /mǽrəs/ マリス **Roger** (**Eugene**) ~ (1934–85)《米国のプロ野球選手; 1961 年 61 本のホームランを打ち, Babe Ruth の記録を破る新記録を達成》.
Mar·i·sat /mǽrəsæ̀t/ *n* マリサット《米国の海軍・民間共用の海事衛星》. [*maritime satellite*]
mar·ish /mǽrɪʃ/ *n, a* 《古》沼地 (marsh) (の).
Már·is Píper /mǽrɪs-/ 〘園〙マリスパイパー《英国で最もポピュラーなジャガイモの品種の 1 つ; フライドポテトやベークトポテトなどにする》.
Mar·ist /mέərɪst, mǽr-/ *n* 〘カト〙**1** マリスト会士《マリスト会は 1816 年ごろ Jean Claude Colin (1790–1875) たちによって Lyons 近辺に創立された, 外国伝道・少年教育を目的とするマリア修道会》. **2** マリスト(兄弟)会士《1817 年 Marcellin Champagnat (1789–1840) によりフランスに創立された, 少年教育を目的とするマリア修道会 (the Little Brothers of Mary) の修道士》. **3** 《NZ》マリスト会系学校の教師[生徒].
mar·i·tage /mǽrətɪʤ/ *n* 〘封建法〙婚姻権[料]《領主が有した下臣の婚姻決定権, また 婚姻権行使に伴う下臣からの上納金》.
Ma·ri·tain /*F* maritɛ̃/ マリタン **Jacques** ~ (1882–1973)《フランスのカトリック哲学者・外交官》.
mar·i·tal /mǽrətl/ *a* **1** 結婚の, 婚姻の, 夫婦の: ~ bliss 結婚の幸福 / ~ portion 嫁資(ㄎ), 嫁入り費用 / ~ status 婚姻関係の有無 / ~ vows 結婚の誓い. **2** 夫の. ♦ **~·ly** *adv* 夫[夫婦]として. [L (*maritus* husband)]
mar·i·time /mǽrətàɪm/ *a* **1** 海事の, 海運上の, 海上貿易の; 船員[船乗り]にふさわしい; 《古》海軍勤務の: ~ affairs 海事 / a ~ association 海事協会 / a ~ museum 海事博物館 / ~ power 制海権. **2** 海の, 海上の, 海辺の; 海岸近くに住む[棲息する]; 海に接した: a ~ nation 海国民. ► *n* **1** 〘気〙MARITIME AIR MASS (opp. *continental*). **2** [the M-s] 沿海州 (MARITIME PROVINCES). ♦ **Már·i·tìm·er** *n* 沿海州人. [L; ⇨ MARE[2]]
máritime áir màss 〘気〙海洋気団《海洋で発達し, 湿度の高い気団》.
Máritime Álps *pl* [the] マリティームアルプス《Alps 山脈西部, フランス・イタリア国境に沿って地中海に至るまでの部分; 最高点 Punta Argentera (3297m)》.
máritime clímate 《大陸気候に対して》海洋気候.
máritime insùrance MARINE INSURANCE.
máritime píne 〘植〙カイガンショウ (cluster pine).
Máritime Próvinces *pl* [the]《カナダの》沿海州 (=*the Maritimes*)《Nova Scotia, New Brunswick および Prince Edward Island の 3 州, 時に Newfoundland and Labrador も含めて考えられる; cf. ATLANTIC PROVINCES》.
Máritime Térritory [the] 沿海州《PRIMORSKY KRAY の英語名》.
Ma·ri·tsa /mərí:tsə/ [the] マリツァ川 (*ModGk* Évros, *Turk* Meriç)《ブルガリア南部 Rhodope 山脈西部に発し, トルコとギリシアの国境を流れてエーゲ海に注ぐ》.
Ma·ri·u·pol /mæ̀riú:pɔ̀:l/ マリウポリ《ウクライナ南東部 Azov 海に臨む市; 旧称 Zhdanov (1948–89)》.
Mar·i·us /mέəriəs, mǽr-/ マリウス **Gaius** ~ (c. 157?–86 B.C.)《ローマの将軍・政治家; 7 度コンスルになった (107, 104–100, 86 B.C.)》.
Ma·ri·vaux /*F* marivo/ マリヴォー **Pierre Carlet de Chamblain de** ~ (1688–1763)《フランスの劇作家・小説家; *Le Jeu de l'amour et du hasard* (1730)》.
mar·jo·ram /mɑ́:rʤ(ə)rəm/ *n* 〘植〙マヨラナ, マ(ー)ジョラム《シソ科ハナハッカ属の数種の芳香のある草本; 観賞用・薬用・料理用》. [OF ‹L‹?]
Mar·jo·rie, -ry /mɑ́:rʤ(ə)ri/ マージョリー《女子名; Margaret の異形》.
mark[1] /mɑ́:rk/ *n* **1 a** しるし, 跡, きずあと, 痕跡; しみ, 斑点; [*fig*] 影響(の跡), 感化: leave [make, stamp] one's ~ 名[影響]を残す ‹*on, in*›. **b** 《性質・感情などを示す》しるし, 徴候, 徴表, 証拠, 特色 ‹*of*›: ~*s of* old age 老齢の兆し / the ~ of mouth = MARK TOOTH / stand up and bow as a ~ *of* respect 敬意のしるしとして立ち上がってお辞儀する / with no distinguishing ~*s* 取り立てて特徴もなく. **c** [ᵘof ~] 著名, 重要; 注目: a man *of* ~ 有名な人 / begin to make a ~ 注目され始める. **2 a** 記号, マーク; 《所有者・製作者などの目印となる》符号; 〘電算〙標識, マーク; 記章; 刻印, 検印; 《郵便の》消印 (postmark); 《字の書けない人が署名の代わりに書く》×じるし; [*joc*] 署名, サイン: punctuation ~*s* 句読点 / a private ~ 符丁 / a ~ of rank 階級章 / make one's ~ 《署名代わりに》×じるしを書く. **b** 商標; [ᵒM-, 数字を伴って]《特定様式の武器・戦車・自動車・飛行機などにつける》型, マーク, 第…号 (cf. MARQUE[2]): an *M1* RIFLE / It was a great car—a Jag *M*~ II ジャガーマーク II のすばらしい車だった. **c** 〘ボウル〙スペア (spare), ストライク. **3** ᴴ《学業成績の》評点 (grade*); 評価, 評判; 到達点, (達成)記録; HANDICAP MARK: good [bad] ~*s* よい[悪い]点 / the halfway ~ 《レース・過程などの》中間地点[成績], 途中経過, 《目標の》半ば, '折り返し点' / get 80 [full] ~*s* in [for] English 英語で 80 点[満点]をとる (⇨ FULL MARKS) / give no ~*s* まるで評価しない. **4 a** 目印, ᴴ《ガスレンジなどの》目盛り, 《地点などの》標識; 《旅人などの》道しるべ, しおり; 〘競技〙出発点, スタートライン, 《時に》決勝点; 〘ラグビー〙マーク《Mark! と叫んで決めた fair catch; フリーキックが得られる》; 〘豪式フット〙マーク (**1**) 15 m 以上のキックボールの捕球 **2**) 捕球に続いてキックが行なわれる地点): On [Take] your ~(*s*), get set, go! 位置に着いて, 用意, スタート! / TOE the ~. **b** 〘海〙測標, マーク《測鉛索の目盛りの結び目など》, PLIMSOLL MARK. **c** 〘通信〙《モールス符号の》符号 (cf. SPACE). **5 a** 目標, 標的 (target), ねらい (aim); 《ローンボウリングの》的球 (jack); [the] 〘ボク〙みぞおち (pit of the stomach). **b** 《嘲笑の》的; 《口》《だまされる》相手, カモ, 獲物; *《俗》《食べ物・金をせしめるのに》楽な場所; *《俗》《香具師(ㄚ)などからみて》非同業者, 地元[土地]の人; [one's] 《俗》お気に入りのもの; *《俗》《盗んだ》お金, 銭: aim at the ~ 的をねらう / EASY MARK / take one's ~ amiss ねらいを誤る, しくじる / overstep the ~ ⇨ 成句. **6 a** 限界, 限界点 (limit); 標準, 水準: below [beneath] the ~ 標準に達せずに; 《体が》本調子でない / beyond the ~ 標準を超えて, 過度に / short of the ~ 標準に達しない / pass the million ~ 百万の大台に乗る[を突破する]. **b** 〘史〙境界線, 辺境地, 《中世英国・ドイツでの》共有地.
● **beside** [**wide of**] **the** ~ 的をはずれて; ‹予想など›大きくはずれて, 見当違いで, 要領を得ない. **get off the** ~ スタートをきる, 着手する. (**God** [**Heaven**]) **bless** [**save**] **the** ~**!** これは失礼; ありがたいものだ, よくもまあ《驚き・嘲笑・皮肉など》. **have a** ~ **on**…が好きである. **hit** [**miss**] **the** ~ 的中する[しない], 目的を達成する[逸する], 成功する[失敗する]; 正確である[でない]. **leave one's** [**a**] ~ あとあとまで影響力をもつ, (その)名を残す ‹*on*›. **make one's** ~ ⇨ 2a; 認められる, 成功[活躍]する, 名を揚げる; =leave one's MARK. **near** [**close to**] **the** ~ 真実に近い; ‹冗談などが›少し行きすぎて, きわどい. **off the** ~ 的をはずれて; 要領を得ないで; スタートをきって; さっさと. **on the** ~ (すばやく)位置に着いて[着手の用意をして]; 正確で, 的を射て, うってつけで. **overstep** [**overshoot**] **the** ~ 《口》限度を超える, やりすぎる, 策におぼれる, 言いすぎる. **over the** ~ 許容範囲を超えて: go *over the* ~ やりすぎる. **quick** [**slow**] **off the** ~ のみ込み[理解, 反応]が速い[おそい]; 始めるのが[出足が]速い[おそい]. **up the** ~ 《口》水準[目標]を高くする. **up to the** ~ ᴴ標準に達して, 申し分のない; 元気で, 健康で: keep sb *up to the* ~ 人がよく働く[動く]ようにする / not feel (quite) *up to the* ~ 《体が》本調子でない, 気分がすぐれない.
► *vt* **1** ‹表面など›に《汚れなどの》跡をつける, …に汚点[きずあと]などを残す. **2 a** …にしるしをつける《(*out*″) *as*》; …に印[スタンプ, 刻印など]をおす; …に名前[番号など]を記す; 〘商〙…に正札[下げ札]を付ける: ～ the sheep 羊に所有のマークをつける. **b** 《記号などで》示す, 指示する; 〈計器などが〉表示する; 〘ゴルフ〙〈ボールを〉マークする《グリーンでボールを拾い上げてその位置にコインあるいは毛糸などを置く》: ～ an accent アクセント記号をつける. **c** 〘軍〙〈嚮導・旋回軸などを〉示す. **3** ″〈得点などを〉記録する, 〈答案を〉採点する (grade*); [補語を伴って] …について…と記録する: ～ a test テストの採点をする / ～ a pupil late 生徒に遅刻と記す. **4 a** …の限界を定める, 区分する; 〈場所などを〉指定[選定]する; 《昇進などのために》選び出す 〈*for*〉: This year ～*s* our 30th anniversary. 今年は 30 周年記念である / MARK out (成句). **b** [″*pass*] 特色[特徴]づける《(*out*″) *as*》; …のしるし[徴候]である, 示す; …が〈…であると〉する, 断じる, みなす 〈*as*〉: A leopard is ～*ed with* black spots. ヒョウにははっきりした黒い斑点がある / ～ an occasion *with* a dinner あるできごとを記念して晩餐会を催す / be ～*ed as* a troublemaker トラブルメーカーのレッテルを貼られる. **5 a** …に注意を払う; 注目する; 書き留める; ″〘サッカーなど〙〈相手を〉マークする; *《俗》〈カモとなる人・場所を〉捜す, ねらいをつける: *M*～ me [my word(s)]. わたしの言うことを注意して聞きなさい. **b** 〘狩〙〈獲物〉の逃げた[隠れた]所にしるしを(して記憶)する, 《獲物として》ねらう 〈*down*〉. **6** 〘豪式フット〙〈10 m 以上のキックボールを〉捕球する. ► *vi* **1** しるしをつける; しるしがつけられる; 傷[よごれ]がつく; ″採点する; スコアを記録する. **2** 注意する, 考える. **3** *《俗》密告する, チクる, 言いつける.

● ～ **down** ⇨ *vt* 5b; 書き付ける; 《処罰・利用などの目的で》…に目をつける 〈*for*〉; ″〈人を…と〉考える, みなす 〈*as*〉; 〈価格を〉下げる; …に値下げの札を付ける; 〈生徒など〉の評点を下げる. ～ sb **for life** 〈人の心に〉一生残る傷をつける. ～ **in** 《地図などに》〈道路などを〉書き込む. ～ **off** (1) 区別[区画]する 〈*with*〉. (2) ″MARK out (2). (3) 《表などに》…の完了[終了]を記す; …(の名前)を線で消す. (4) 〈生徒など〉の評点を下げる 〈*for*〉. ～ **out** (1) 区画[設計, 計画]する. (2) 〈特質などが〉〈人を〉際立たせる, 区別する 〈*as*〉; 〈…のために選ぶ, 〈…となるよう〉予定する 〈*for*〉: He was ～*ed out for* promotion. 彼は昇進の候補に選ばれた. (3) …(の名前)を線で消す. ～ TIME. ～ **up** (ひどく)よごす[傷つける]; 書き加える[入れる], 〈点などを〉つける, 記す, (一面に)書き込む, 〈答案などを〉採点[添削]する, 手を入れる; 〈原稿〉に筆を入れて印刷に渡せるようにする; 〈定価・商品を〉値上げする; 〈生徒など〉の評点を上げる. ～ **with a** WHITE **stone**. ～ **you** ″いいかい, よく聞いて (mind you).

[OE (n) *mearc*, (v) *mearcian*＜Gmc **markō* boundary (G *Mark*); cf. MARCH²]

mark² *n* **1 a** マルク《ドイツの euro になる前の通貨単位; 記号 M; ⇨ DEUTSCHE MARK; cf. OSTMARK, REICHSMARK》. **b** 〘フィンランド〙 MARKKA. **c** マーク《昔のイングランド・スコットランドの通貨単位: ＝13s. 4d.》. **d** マルク《昔のスカンディナヴィア[ドイツ]の各種の通貨単位; 特に 16 世紀の 1/2 taler に当たる通貨単位またはその銀貨》. **2** マルク《昔のヨーロッパの金・銀の重量単位: 約 8 オンス》. [OE *marc*＜? Scand; cf. MHG *marke* (G *Mark*); MARK¹ との関係は表面の'刻み'か]

Mark **1** マーク《男子名》. **2** 〘聖〙 **a** [°Saint] マルコ《キリストの弟子の一人で「マルコ伝」の著者とされ, John ～ ともいう; MARCAN *a*》. **b** マルコによる福音書, マルコ伝《新約聖書四福音書の一つ The Gospel according to St. ～》. **3** [King] 〘アーサー王伝説〙マルク王《Cornwall の王; Tristram の伯父で Iseult の夫》. [⇨ MARCUS]

Mark Antony ⇨ ANTONY.

Mar·ká·ri·an gálaxy /mɑːrkáːriən-/ 〘天〙マルカリアン銀河《1968 年アルメニアの天文学者 Benjamin E. Markarian (1913–85) が発見した活動銀河》.

márk·dòwn *n* 〘商〙値下げ (opp. *markup*); 値下げ幅.

marked /mɑ́ːrkt/ *a* **1** しるし[記号]のある; 〈カードが〉《いかさまをするために》裏にしるしをつけた; 〘言〙有標の (opp. *unmarked*). **2** /, mɑ́ːrkəd/ 目立つ, 著しい, 顕著な: a ～ difference 顕著な差異. **3** 著名な; 目をつけられ[ねらわれ, にらまれ]ている: a ～ man 注意人物; 有望人物; 有名人物, 著名人. [OE (pp) ‹ MARK¹]

márk·ed·ly /-ədli/ *adv* 著しく, 顕著に, 際立って, 明らかに.

márk·ed·ness /-ədnəs/ *n* 顕著なこと; 特殊性.

márk·er *n* **1** しるし[マーク]をつける人[もの, 道具], ″マーカー(ペン); 数取り器; 標識; しるしとなるもの《しおり (bookmark), 墓標 (tombstone), 里程標 (milestone) など》; 特徴, 目印, 指標 〈*of*〉; 〘スポ〙《線・杭・旗などの》印; 〘スポ〙得点; 〘軍〙《地上・海上での》位置標識, マーカー; 〘英軍〙《空爆の目標をはっきりさせるための》照明弾 (flare); *《俗》《特に ばくちの》借用証 (IOU); 〘言〙標識; 〘医〙BIOMARKER; 〘遺〙標識 (genetic marker) (＝～ **gène**): a warning ～ 予兆; 警告[危険]の標識. **2** ″採点者; 出席調査係, 呼出し係; 〘狩〙猟鳥の落ちた[猟獣の逃げた]場所の監視者; 《ビリヤードなどの》得点記録係, スコアラー (scorer), ゲーム取り; 〘軍〙記点手, 監的手; 基準兵; ″〘スポ〙相手選手をマークする人. ● **call in one's [a]** ～**s** *《俗》見返りを要求する. **lay [put, set] down a** ～ ″水準を設定する, 到達目標を定める[明言する].

mar·ket /mɑ́ːrkət/ *n* 《略 mkt》 **1 a** 《特に 家畜・食料の》市(いち); 市場(いちば); 食品卸市場; 市に集まった人びと; 市日(いちび) (market day): The last ～ was on Thursday. この前の市は木曜日に立った / go to the ～ to buy food 市場に食物を買いに行く《単なる場所でなく売買を主に考えるときは無冠詞: My mother goes to ～ every afternoon. 毎日午後市場に(買物に)行きます》. **b** 〘法〙(公設)市場開設権. **2** 食料品店, マーケット; スーパーマーケット: a meat ～ 肉屋. **3 a** 《古》売買, 取引; [the] 《ある商品の》取引, …市場(しじょう); 購買者層 〈*for*〉; 売買の機会; 需要, 市場(しじょう), 販路, はけ口 〈*for*〉: STOCK MARKET / *the* grain ～ 穀物市場 / *the* foreign [home, domestic] ～ 海外[国内]市場 / come *into the* ～ 市場に参入する / come *onto the* ～ 〈商品が〉市場に出る, 発売になる / lose one's ～ 商機を逸する / find a ～ *for*…の買手がつく / make a ～ 〘証券〙人気をあおる / make a [one's] ～ of…を売り物にする, …で利益を得る / mar sb's [one's] ～ 人[自分]の商売をだいなしにする / MARKET FORCES / a growing ～ *for* rare earths 拡大するレアアース需要. **b** 市況; 市価, 相場 (market price): mend one's ～ 商売の景気を直す / raid the ～ 《口》相場を狂わせる / raise the ～ upon… 《口》…に高値をふっかける / rig the ～ 《俗》人為的に市価[相場]を変動させる. ● **at the** ～ 〘証券〙時価で, 成り行き(値)で, いちばんよい値段で. **be in the** ～ **for**…を買いたいと望んでいる, 〈人が〉…の買方である. **(be) on the** ～ 売りに出て(いる). **bring…to** ～＝**put [place]…on the** ～ …を市場に出す, 売り出す: *bring* one's eggs [hogs, goods] *to* a bad [the wrong] ～ 見込み違いをする. **go to** ～ 取引をする; 《口》事を企てる; 《豪口》ぷりぷりする, おこる. **play the (stock)** ～ 株の投機をする, 相場をやる; 自己の商売の利益のために積極的に[破廉恥に]行動する.

► *vi* 市場で商う, 売買する (deal); *《家庭用品などの》買物をする: go ～*ing* 買物に行く / ～ for Sunday dinner. ► *vt* 〈品物を〉市場で売る[売り出す]; 売る (sell); 売り込む, 宣伝する.

[ME＜AF＜L (*mercor* to trade); cf. MERCHANT]

márket·able *a* 市場向きの, 売れ口のある; 売買のできる; 市場性の高い; 売買の. ♦ **màrket·abílity** *n* 売り物になること, 市場性.

márket bàsket **1** 買物かご. **2** 〘経〙マーケットバスケット《消費者物価指数など物価の時系列統計作成のために選定された食品など生活用品の品目》.

márket bòat 魚を漁船団から市場に運ぶ船; 市場に商品を運ぶ船; 船に物資を補給する小船.

márket capitalizátion [cáp] 〘証券〙(株式)時価総額.

márket cróss 市場の十字架(形の家)《中世に市場に立てたもの; ここで公示・布告などが行なわれた》.

márket dày 《通例 週ごとの》市日(いちび).

márket-drìven *a* 〈経済が〉市場主導型の, 市場原理による, 〈商品などが〉需要先導の.

márket ecónomy 市場経済, 自由経済(体制).

mar·ke·teer /mɑ̀ːrkətíər/ *n* **1 a** 《特定商品・サービスの》業者; 《特定分野の》商売人; (特定の)経済方式の支持者; ″英国の欧州共同市場参加支持者 (＝*common marketeer*): a wine ～ ワイン販売業者 / BLACK MARKETEER / FREE-MARKETEER. **b** 市場の物売り. **2** マーケティングの専門家[担当者].

márket·er *n* 販売業者[会社]; マーケティング[拡販]担当者; 市場で売買する人; 市場へ出かける人.

márket fórces 市場要因[諸力]《市場経済において価格や賃金に影響を及ぼす需給関係》.

márket gàrden ″市場向け青果栽培園 (truck farm*). ♦ **márket gàrdener** ″*n* **márket gàrdening** ″市場園芸.

márket·ing *n* **1** (市場での)売買; 市場への出荷; 〘経〙マーケティング. **2** 市場での売り物[買物]; *《日用品などの》買物 (shopping): do one's [the] ～ 買物をする.

márketing fìrm 市場調査会社[企業].

márketing mìx 〘商〙マーケティングミックス《マーケティング目標を効果的に達成するための戦略ツールの組合わせ》.

márketing resèarch 〘経営〙市場調査, マーケティングリサーチ《market research のほかに広く市場の大きさなどを調査し, 商品のコストを他商品と比較して分析する》.

màrket·izátion *n* 自由経済市場への移行, 市場経済の導入. ♦ **márket·ìze** *vt*

márket lèader 〘商〙マーケットリーダー《(1) 特定製品分野や特定地域における市場占有率最大の企業 2) 特定製品分野で最も売れた製品》.

márket-lèd *a* MARKET-DRIVEN.

márket màker 〘証券〙マーケットメーカー《特定の銘柄の在庫をもち, 常にその銘柄について売り・買い双方の気配値を公表して取引単位 (round lot) の売買を自己勘定で行なう用意のある証券業者; 米国では主に店頭市場 (OTC market) で活動し, 取引所では specialist がこれに当たる》.

márket màmmy 《口》《西アフリカの》女商人, 女の売店店主.

márket òrder 《株などの》成り行き注文.

márket óvert 公開市場.

márket·plàce *n* 市場(いちば); 市場(しじょう); [the] 商売の世界, 日常世界; 《アイディアなどの競合する》(売込み)市場.

márket prìce 市価, 相場.

márket reséarch 〘経〙市場調査, マーケットリサーチ《商品・サービスに対する消費者の好みの調査》. ♦ ～**·er** *n*

márket-rìpe *a* まだ十分に熟していない《市場へ出る時ちょうど熟する程度》.
márket shàre 〔経〕市場占有率.
márket·spàce *n* 市場(いちば), マーケット; 《特に インターネットを介した》電子商取引.
márket tòwn "市場設置市, 市の立つ町, 市場町.
márket vàlue 市場価値 (opp. *book value*).
Mark·ham /mάːrkəm/ **1** マーカム **Beryl** ～ (1902-86)《英国の女性パイロット》. **2** [the] マーカム川《パプアニューギニアを南・南東に流れ, Solomon 海に注ぐ》. **3** [Mount] マーカム山《南極大陸 Victoria Land の山 (4351 m)》.
mar·khor /mάːrkɔ̀ːr/, **-khoor** /-kùər/ *n* (*pl* **～s**, ～) 〔動〕マーコール (=*serpent eater, snake-eater*)《カシミール・トルキスタンなどの山岳地方の野生ヤギ》. [Pers]
márk·ing *n* **1** MARK[1] すること; "採点, 採点すべき答案[宿題など]; 〔建〕墨打ち, 罫(け)(け)引き, マーキング. **2** しるし, 標識, マーク; 《航空機などの》シンボルマーク; 《郵便の》消印; 《鳥類などに付ける》標識; [ᵘ*pl*]《特に 鳥獣の皮・羽などの》斑紋, 模様.
márking gàuge 〔木工〕罫引(けびき)(けいびき).
márking ìnk 《布地などに名前を書くための》不褪色インク.
márking nùt 〔植〕スミウルシノキ《インド産》.
mark·ka /mάːrkὰː, -kə/ *n* (*pl* **-kaa** /-kὰː/, **～s**) マルッカ《フィンランドの euro になる前の通貨単位: =100 pennia; 記号 Mk》. [Finn; ⇨ MARK[2]]
Mark 1 Mod 1 /-— wʌ́n mάd wʌ́n/ 《俗》《武器などの》最初のモデル《たいていの場合失敗作》.
Mar·kov /mάːrkɔ̀ːf, -v/, **-koff** /-f/ *n* マルコフ **Andrey Andreyevich** ～ (1856-1922)《ロシアの数学者》. ► *a* MARKOVIAN.
Mar·ko·va /mɑːrkóuvə/ マーコーヴァ, マルコーヴァ Dame **Alicia** ～ (1910-2004)《英国のバレリーナ; 本名 Lilian Alicia Marks》.
Márkov [Márkoff] chàin 〔統〕マルコフ連鎖《時間・状態が離散的なマルコフ過程》.
Mar·kov·ian /mɑːrkóuviən, -kɔ́ː-/ *a* 〔数〕マルコフ過程[連鎖]の[に似た].
Márkov mòdel 〔統〕マルコフモデル《現象を Markov chain として数学的に扱うモデル》.
Mar·kóv·ni·kov rùle /mɑːrkɔ́ːvnəkɔ̀ːf-/ 〔化〕マルコフニコフの規則《炭素の二重結合にハロゲン化水素 HX が付加するときの通則》. [Vladimir V. *Markovnikov* (1838-1904) ロシアの化学者]
Márkov [Márkoff] pròcess 〔数〕マルコフ過程《次の状態が現在の状態によって確率的に決まり, 過去の履歴には依存しない過程》; MARKOV CHAIN.
Mar·ko·witz /mάːrkəwìts/ マーコウィッツ **Harry M(ax)** ～ (1927-)《米国の経済学者; 資産運用の組合わせに関する理論を確立; ノーベル経済学賞 (1990)》.
Márks and Spéncer マークス・アンド・スペンサー《英国の衣類・家庭用品・食品などの小売店チェーン; Marks, Marks and Sparks などとも呼ばれる; 略 M&S》.
márks·man /-mən/ *n* 射撃[弓]の名人; 狙撃兵, 射手; 〔米軍〕二等射手(の階級) (cf. EXPERT, SHARPSHOOTER); *《俗》点取り虫, ガリ勉. ♦ **～·shìp** *n* 射撃の技量; 射撃術, 弓術. **márks·wòman** *n fem*
márk-to-márket *a* 〔金融〕時価評価方式の《最も最近の市場価格をもとに資産を評価するシステムについていう》.
márk tòoth 馬の門歯《年齢を示すへこみがある》.
Márk Twáin マーク・トウェイン (1835-1910)《米国の作家; 本名 Samuel Langhorne Clemens; *Adventures of Tom Sawyer* (1876), *Adventures of Huckleberry Finn* (1884)》.
márk·ùp *n* **1** 〔商〕値上げ (opp. *markdown*); 値上げ幅; 利掛け《原価に上乗せされる, 売り値との差額分》; 利益(幅). **2** 〔電算〕マークアップ《段落・文字種などテキストの構造や体裁の指定》; マークアップタグ (=～ **tàg**). **3** 〔米〕《連邦議会委員会における》法案の最終的仕上げ, 法案仕上げの会.
márkup lànguage 〔電算〕マークアップ言語《テキストに段落やフォントなど文章の構造・体裁を指定するための記号体系; HTML, SGML, XML など》.
marl[1] /mάːrl/ *n* 〔地質〕泥灰土[岩], マール《肥料にする》; 泥灰煉瓦; 《詩》土, 地面 (earth). ● **the burning ～** 焦熱地獄の責め苦. ► *vt* …に泥灰土をまく, マールで肥やす. ♦ **márly** *a* [OE<L *margila*]
marl[2] *vt* 〔海〕MARLINE で巻く. [ME *marlyn* to tie]
marl[3] *n* 〔紡〕マール《多色の混紡糸; それから作った織維》. [*marbled*]
Marl マール《ドイツ西部 North Rhine-Westphalia 州, Ruhr 地方にある鉱工業都市》.
mar·la·ceous /mɑːrléɪʃəs/ *a* 泥灰[マール]質の.
marl·ber·ry /mάːrlbèri; -b(ə)ri/ *n* 〔植〕北米原産ヤブコウジ属の小低木《花は白く実は黒い》.
Marl·boro /mάːrlbɜ̀ːrə, mɔ́ːl-, -bʌ̀rə, -b(ə)rə; -b(ə)rə/ 〔商標〕マールボロ《米国製のフィルター付き紙巻きタバコ》.
Marl·bor·ough /mάːrlbɜ̀ːrə, mɔ́ːl-, -bʌ̀rə, -b(ə)rə; -b(ə)rə/ **1** モールバラ, マールバラ《イングランド南部 Wiltshire の町; 内乱で王党派が包囲 (1642); パブリックスクール Marlborough College (1843) がある》. **2** モールバラ **John Churchill**, 1st Duke of ～ (1650-1722)《英国の軍人; 同国史上最大の戦略家の一人; スペイン継承戦争でフランスの Louis 14 世と対戦, Blenheim (1704), Ramillies (1706), Oudenaarde (1708) などで勝利をあげた》. ♦ **Marl·bur·i·an** /mὰːrlbjúəriən, mɔ̀ːl-/ *a*, *n* Marlborough カレッジの(一員[卒業生]).
Márlborough Hóuse モールバラハウス《London にある英国王室の別邸; 1962 年以来 英連邦センターとなる》.
marled /mάːrld/ *a* 〈糸・織物など〉まだらの (mottled), 縞(しま)の (streaked). [*marl*[3]]
Mar·lene /mɑːrlíːn, -léɪnə/ マーリーン, マルレーネ《女子名》. [G (dim); ⇨ MAGDALENE]
Mar·ley /mάːrli/ **1** マーリー **'Bob'** ～ [**Robert Nesta** ～] (1945-81)《ジャマイカのレゲエ歌手・ギタリスト・ソングライター》. **2** 〔商標〕マーリー《英国の Marley Ltd. 製の建築用タイル》.
mar·lin[1] /mάːrlən/ *n* (*pl* ～, **～s**) 〔魚〕クロカジキ属・マカジキ属の数種の魚《スポーツフィッシュ》. [*marlin*spike]
mar·line, mar·lin[2] /mάːrlən/ *n* 〔海〕マーリン《二つ撚(よ)りの細い麻綱; cf. MARL[2]》. [Du (*marren* to bind, *line*[1])]
márlin(e)·spìke, márling- *n* **1** 〔海〕綱通し針, マーリンスパイク《綱をさばいたり, 細綱を他に通すのに用いる尖鉄》. **2** 〔鳥〕**a** TROPIC BIRD. **b** JAEGER.
marl·ite /mάːrlàɪt/ *n* 〔岩石〕マール岩《風化しない泥灰岩》. ♦ **mar·lit·ic** /mɑːrlítɪk/ *a*
Mar·lo·vi·an /mɑːrlóuviən, -vjən/ *a* マーロー (Christopher Marlowe) (の作品)の, マーロー特有の, マーロー的な. ► *n* マーロー研究家[愛好者].
Mar·low /mάːrlòu/ マーロー《Joseph Conrad の *Lord Jim*, *Heart of Darkness* などの語り手》.
Mar·lowe /mάːrlòu/ **1** マーロー **Christopher** ～ (1564-93)《イングランドの劇作家; 初めて blank verse を駆使した; *Tamburlaine the Great* (1590), *The Tragical History of Doctor Faustus* (1604)》. **2** マーロー **Philip** ～《Raymond Chandler の小説に登場する探偵; 1930 年代に現われたハードボイルドタイプの私立探偵》.
márl·stòne *n* 泥灰石. [*marl*[1]]
marm /mάːrm/ *n* [*voc*] 奥さま (madam).
Mar·ma·duke /mάːrməd(j)ùːk/ マーマデューク《男子名》. [Celt =? servant of Madoc; sea leader]
mar·ma·lade /mάːrməlèɪd/ *n* マーマレード; *《俗》MALARKEY. [F<Port (*marmelo* quince)]
mármalade bòx 〔植〕GENIPAP.
mármalade càt マーマレードキャット《被毛が, 赤みがかっただいだい色に暗赤色の縞のある猫》.
mármalade trèe [plùm] 〔植〕オオミアカテツ《中米原産アカテツ科の常緑高木; 材は堅材, 果樹として栽培される》.
Mar·ma·ra, -mo- /mάːrm(ə)rə/ ■ the **Séa of** ～ マルマラ海《トルコ北西部の内海; 東は Bosporus 海峡を経て黒海に, 西は Dardanelles 海峡を経てエーゲ海に通じる; 古代名 Propontis》.
mar·ma·tite /mάːrmətàɪt/ *n* 〔鉱〕鉄閃(せん)亜鉛鉱. [*Marmato* 南米コロンビアの地名]
Már·mes mán /mάːrməs-/ マーメス人《1965 年 Washington 州で化石が発見されたヒトの骨格; 11,000 年前のものとされる》. [Roland J. *Marmes* 発見地の所有者]
Mar·mion /mάːrmjən/ 『マーミオン』《Sir Walter Scott の物語詩 (1808)》.
mar·mite /mάːrmàɪt, mɑːrmíːt/ *n* **1 a** マルミット《金属製[陶製]のふた付きの大きな料理鍋または一人前を入れる小型の陶製焼鍋》. **b** マルミットに入れて出されるスープ. **2** [M-] /mάːrmàɪt/ 〔商標〕マーマイト《酵母エキスと野菜エキスから製したうま味のある黒いペースト; パンに塗ったりスープの味付けに用いたりする》. [F=cooking pot]
Mar·mo·la·da /mὰːrmәlάːdə/ マルモラーダ《イタリア北東部 Dolomites の最高峰 (3342 m)》.
mar·mo·lite /mάːrməlàɪt/ *n* 〔鉱〕マーモライト《葉片状の薄緑の蛇紋石》. [Gk *marmairō* to sparkle, *-lite*]
Mar·mont /mɑːrmɔ̃ː/ マルモン **Auguste-Frédéric-Louis Viesse de** ～, Duc de Raguse (1774-1852)《フランスの軍人; Napoleon の下で陸軍元帥 (1809)》.
Mar·mon·tel /mɑːrmɔ̃ːtél/ マルモンテル **Jean-François** ～ (1723-99)《フランスの劇作家・批評家; *Mémoires d'un père* (1804) は, 子供のために語る形式で革命の裏面などを描く》.
Marmora ⇨ MARMARA.
mar·mo·re·al /mɑːrmɔ́ːriəl/, **-re·an** /-riən/ 《詩》*a* 大理石の(ような); なめらかな, 白い, 冷たい. ♦ **～·ly** *adv* [L; ⇨ MARBLE]
mar·mo·set /mάːrməsèt, -zèt/ *n* 〔動〕キヌザル, マーモセット《中南米産》. [OF=grotesque figure (? *marmouser* to mumble (imit))]
mar·mot /mάːrmət/ *n* 〔動〕マーモット《woodchuck などの齧歯(げっ)類でモルモット (guinea pig) とは別のもの》. [OF (? L *mur- mus* mouse, *mons* mountain)]

Marne /mάːrn/ **1** [the] マルヌ川《フランス北東部を西流して Paris 付近で Seine 川と合流する; 第一次大戦の際にドイツ軍がフランス側の反撃にあって撤退させられた地 (1914, 18)》. **2** マルヌ《フランス北東部 Champagne-Ardenne 地域圏の県; ☆Châlons-sur-Marne》.

mar·o·cain /mǽrəkèɪn, ˌ⁻⁻ˊ/ *n* マロケーン《絹などの重いクレープ服地》; マロケーンで作った衣服. [F＝Moroccan]

Ma·ro·ni /məróʊni/ [the] マロニ川 (*Du* Marowijne)《スリナムとフランス領ギアナの国境を北流して大西洋に注ぐ》.

Mar·o·nite /mǽrənàɪt/ *n* 〖キ教〗マロン派教徒《主にレバノンに住み, アラム語のマロン典礼を用いる帰一教会一派; 1182 年よりローマカトリック教会と正式の交流関係にある》. [*Marōn* 5 世紀シリアの開祖]

ma·roon[1] /mərúːn/ *n* 栗色, えび茶, マルーン; 一種の花火《警報用など》. ► *a* 栗色[えび茶色]の. [F<It<Gk＝chestnut]

maroon[2] *n* **1** [ᵁM-] マルーン《西インド諸島の山中に住む黒人; もとは脱走奴隷》. **2** 《まれ》孤島に捨てられた人, 島流しの人. ► *vt* 島流しにする; [ᵁ*pass*] 〈洪水などが〉孤立させる, 置き去りにする. ► *vi* のらくらする; 奴隷状態からのがれる; *《南部》キャンプ旅行をする. [C17<F<Sp *cimarrón* dwelling on peaks, wild (*cima* peak)]

mar·o·quin /mæ̀rəkíːn, mǽrək(w)ən/ *n* MOROCCO LEATHER.

Maros ⇨ MUREŞ.

Ma·rot /mæróʊ/ マロ **Clément** ～ (1496?–1544)《フランスの詩人》.

Mar·o·wij·ne /mάːroʊvàɪnə/ [the] マロワイネ川《MARONI 川のオランダ語名》.

Mar·ple /mάːrp(ə)l/ [Miss] ミス マープル《Agatha Christie の推理小説に登場する老嬢のしろうと探偵 **Jane** ～; St. Mary Mead 村に住み, 編物・庭いじり・ゴシップが好き》.

már·plòt *n* おせっかいして計画をぶちこわす者.

Mar·pre·late /mάːrprələt/ マープレレット **Martin** ～《1588–89 年 英国教会攻撃の秘密パンフレットを次々に発表した人物の筆名》.

Mar·quand /mɑːrkwάnd/ マークワンド **J(ohn) P(hillips)** ～ (1893–1960)《米国の作家; 日本人探偵 Mr. Moto の活躍するミステリーのほか, *The Late George Apley* (1939) などニューイングランドの生活を諷刺した作品で知られる》.

marque[1] /mάːrk/ *n* LETTERS OF MARQUE; 《廃》報復(的略奪). [F (*marcar* to seize as pledge)<Gmc]

marque[2] *n* 《スポーツカーなどの》型, 車名, モデル; 《車名を示す》標識, プレート. [F＝MARK[1], brand]

marque de fa·brique /*F* mark də fabrik/ 商標 (trademark).

mar·quee /mɑːrkíː/ *n* **1** *《劇場・ホテルなどの》入口のひさし; ᴵᴵ《サーカス・園遊会などの》大テント; 観客動員力. **2** 〖電算〗マーキー《選択部分を示す囲み線; 点線が動いているような形で表示される》. ► *a* *主役(級)の, 一流の, 大衆うけする. [F; *marquise* の語尾を複数と誤ったもの]

mar·que·sa /mɑːrkéɪzə/ *a* 《スペインの》侯爵夫人, 女侯爵.

Mar·que·san /mɑːrkéɪz(ə)n, -s(ə)n/ *a* マルケサス諸島(人)の; マルケサス語の. ► *n* マルケサス諸島人; マルケサス語《オーストロネシア語族に属する》.

Mar·qué·sas Íslands /mɑːrkéɪzəz-, -səz-, -s-; -səs-, -zəs-, -sæs-, -zæs-/ *pl* [the] マルケサス諸島 (*F* Îles Marquises)《南太平洋のフランス領 Polynesia に属する火山島群; Tahiti 島の北東に位置する》.

mar·quess /mάːrkwəs/, **mar·quis** /mάːrkwəs, mɑːrkíː/ *n* (*pl* ～**·es** /-səz/, **mar·quis** /-kíː(z)/) 侯爵, …侯 (cf. MARCHIONESS; ⇨ PEER[1]). [OF; ⇨ MARCH[2]]

mar·quess·ate /mάːrkwəsət/ *n* 侯爵[女侯爵, 侯爵夫人, 侯爵未亡人, 辺境伯]の領地[身分, 爵位].

mar·que·try, -terie, -tery /mάːrkətri/ *n* 《木・象牙などの》象嵌, はめ込み細工《主に家具装飾用》. [F; ⇨ MARQUE[2]]

Mar·quette /mɑːrkét/ マルケット **Jacques** ～ (1637–75)《フランスのイエズス会宣教師; 通称 'Père ～'; Louis Jolliet (1645–1700) と Mississippi 川を探検》.

marquis ⇨ MARQUESS.

Mar·quis /mάːrkwəs/ マークウィス **Don(ald Robert Perry)** ～ (1878–1937)《米国のユーモア作家》.

mar·quis·ate /mάːrkwəzət, -sət/ *n* MARQUESSATE.

mar·quise /mɑːrkíːz/ *n* (*pl* ～**s** /-kíːz(əz)/) **1** ᴵᴵ《外国の》侯爵夫人[未亡人] (cf. MARCHIONESS); 女侯爵. **2** 水雷形, マーキーズ《先のとがった長円形の宝石, 特にダイヤモンド; その石をちりばめた指輪》. **3** マルキーズ《チョコレートムースに似た冷たいデザート》. **4** 《古》MARQUEE. [F (fem) < *marquis* MARQUESS]

mar·qui·sette /mὰːrk(w)əzét/ *n* マーキゼット《綿・絹・人絹・ナイロンなどの薄い透けた織物; 洋服・カーテン・かやなどを作る》. [F (dim) <↑]

Márquis of Quéensberry rùles *pl* QUEENSBERRY RULES.

már·quois scàle /mάːrkwɔ̀ɪz-/ 〖測〗マーコイズ計器《平行線を引く器具》.

Mar·ra·kech, -kesh /mæ̀rəkéʃ, ˌ⁻⁻ˊ, mərάːkɪʃ; mæ̀rəkéʃ, mərǽkeʃ/ マラケシュ《モロッコ中西部 Grand Atlas 山脈北麓の市》.

már·ram (gràss) /mǽrəm(-)/ 〖植〗BEACH GRASS. [ON＝sea haulm]

Mar·ra·no /mərάːnoʊ/ *n* (*pl* ～**s**) マラーノ《中世スペイン・ポルトガルで迫害をのがれるためにキリスト教徒化したユダヤ[ムーア]人》.

mar·ri /mǽri/ *n* 〖植〗オーストラリア西部産のユーカリノキ属の高木《red gum の一種; ピンクまたはクリーム色の美しい花をつけるので広く植栽される》; marri 材. [(Austral)]

mar·riage /mǽrɪʤ/ *n* **1** 結婚(すること), 婚姻 〈*to, with*〉; 結婚生活, 婚姻関係; 結婚式, 婚礼 (wedding): *M～* is a lottery. 《諺》結婚はくじ引きだ《あとにならなければ相手の当たりはずれはわからない》/ *M～s* are made in heaven. 《諺》結婚は天国で決められる《偶然に決まる》, 縁は異なもの (⇨ made in HEAVEN (成句)) / one's uncle *by* ～ 婚姻によるおじ《本人の妻[夫]のおじ》/ Scotch ～ スコットランド方式の婚姻 (GRETNA GREEN MARRIAGE) / give…in ～ (to…に)〈娘を〉嫁にやる / take…in ～ …と結婚する, 〈娘[息子]が〉婿[嫁]に迎える / religious ～ 宗教婚[結婚] / ～ at a REGISTRY / MIXED MARRIAGE. **2** 密接な結合, 合体, 融合 (union) 〈*of*〉: the ～ *of* art and industry. **3** 〖トランプ〗同記号の King と Queen のそろい. [OF (*marier* to MARRY[1])]

márriage·able *a* 〈特に 女性が〉結婚適齢期の, 年ごろの; 〈年齢が〉結婚に適した. ◆ **màrriage·abílity** *n*

márriage àrticles *pl* 〖法〗婚姻前約定《MARRIAGE SETTLEMENT 準備のため婚約者間で合意をみた条項》.

márriage bèd 新婚夫婦のちぎりの床; 夫婦のちぎり[交わり].

márriage bròker 《専門的な》結婚仲介人[業者].

márriage bùreau ᴵᴵ《古風》結婚斡旋[仲介]所, 結婚相談所.

márriage certìficate 婚姻証明書.

márriage còntract 《契約としての》婚姻; 婚姻前夫婦財産契約.

márriage cóunseling* [**guídance**ᴵᴵ] 結婚生活カウンセリング.

márriage encòunter 数組の夫婦からなるグループで夫婦間の問題を率直に語り合うこと《夫婦関係改善を目的とする感受性訓練の一形態》.

márriage lìcense 《教会などの》婚姻許可(状).

márriage lìnesᴵᴵ [〈*sg*〉] MARRIAGE CERTIFICATE.

márriage màrketᴵᴵ 結婚市場《結婚適齢期にある男女の需要と供給》.

márriage of convénience 地位・財産などが目当ての結婚, 政略結婚 (＝*mariage de convenance*); 打算的な連携, 合従.

márriage pòrtion 〖法〗《新婦の》持参財産, 結婚持参金, 嫁資(かし) (dowry).

márriage sèttlement 〖法〗婚姻継承財産設定(証書), 婚姻(前)継承的不動産処分(証書); 〖法〗夫婦間財産処理合意.

már·ried *a* **1** 既婚の, 配偶者のある (opp. *single*) (略 m); 結婚で結ばれた; 結婚(後)の, 夫婦の: a ～ couple 夫婦 / ～ life 結婚生活 / ～ love 夫婦愛 / a ～ woman 既婚女性, 妻. **2** 密接な関係にある, 献身的な, 没頭して, 夢中で 〈*to*〉; 《学生俗》きまった相手と 1 年以上つきあっている. **3** 結びついた, 共同の, 合同の. ► *n* (*pl* ～**s**, ～) [特に次の句で] 既婚者: young [newly] ～*s*.

márried náme 結婚後の姓[苗字] (cf. MAIDEN NAME).

márried prìntᴵᴵ マリッドプリント《サウンドトラックを使って画像と音声がいっしょになった映画フィルム》.

már·ri·er, -ry- *n* 結婚する人; 結婚式をつかさどる役人[牧師].

mar·ron[1] /*F* marɔ̃/ *n* 〖植〗ヨーロッパグリ (Spanish chestnut); [*pl*] MARRONS GLACÉS.

mar·ron[2] /mǽrən/ *n* 〖動〗西オーストラリアの淡水にすむ大型ザリガニ. [(western Austral)]

Marron *n* マルーン (MAROON[2]).

mar·rons gla·cés /*F* marɔ̃ glase/ *pl* 〖菓子〗マロングラッセ《栗の砂糖漬け》. [F＝iced chestnut; cf. GLACÉ]

mar·row[1] /mǽroʊ/ *n* **1** 〖解〗髄, 骨髄; 脊髄 (spinal marrow); [*fig*] 心髄, 精華, 粋, 核: the PITH and ～ of a speech. **2** 滋味に富む食物; 力, 活力; ᴵᴵ〖植〗VEGETABLE MARROW; 〖植〗MARROWFAT: the ～ of the land 国力. ● **to the ～ (of one's bones)** 骨の髄まで; 生粋の: chilled [frozen] *to the* ～ 凍えきって / chill sb *to the* ～ 人をぞっとさせる. ◆ **～·less** *a* [OE *mearg*; cf. G *Mark*]

marrow[2] 《北イング》*n* 相手, 同僚; つれあい, 配偶者; 愛人; 2 つ一組の片方. [ME *marwe* fellow worker<? Scand (Icel *margr* friendly)]

márrow bèan インゲンマメ《大粒の》.

márrow·bòne *n* **1** 髄入りの骨《料理用》; [*pl*] CROSSBONES. **2** [*pl*] [*joc*] ひざ (knees): Bring him to his ～*s*! 彼をやっつけてしまえ / get [go] down on one's ～*s* ひざまずく.

márrow·fàt *n* 〖植〗マローファット (＝～ **pèa**)《大粒エンドウの一種》.

márrow squàsh* 〖植〗VEGETABLE MARROW.

már·rowy *a* 髄のある; 内容のある; 簡潔で力強い.

mar·ry[1] /mǽri/ *vt* **1 a** …と結婚する, 夫[妻]として迎える: He *married* an actress. 彼は女優と結婚した. **b** 〈親[保護者]が〉〈子を〉結婚させる, 縁づける 〈*to*〉; 〈司祭などが〉…の結婚式を行なう. **c** [*pass*] 〈…と〉結婚している[する] 〈*to*〉: They have *been married* two years. 二人

M

は結婚して2年になる / They [He] *got married* in 1970. 二人[彼]は1970年に結婚した / She's happily *married*. 夫とうまくいっている. **d** 結婚して…を手に入れる: She *married* wealth. 彼女は結婚して財産を手に入れた, 資産家と結婚した / ～ MONEY. **2** 固く[密接に]結合させる; 〔海〕〈2本のロープ〉の端と端とを(その部分が太くならないように)つなぐ: ～ intellect *with* sensibility. ► *vi* **1** 結婚する, 嫁ぐ, 婿[嫁]をもらう: ～ for money 金目当ての結婚をする / *M*～ in haste, and repent at leisure. 《諺》 あわてて結婚するとゆっくり後悔するのがおち. **2** 結びつく, 融合する, 〈ワインなどが〉よく調和する. ● **be the ～ing kind** [*neg*] 結婚しそうな[に向いた]タイプである. **～ above [beneath, below] one(self) [one's station]** 自分より身分の上[下]の人と結婚する. **～ into…** 〈名家などに〉婿[嫁]入りする, 姻戚となって…(の地位)を得る: ～ *into* money [the purple] 玉の輿(こし)に乗る. **～ off** 〈親・後見人が〉結婚させる, 縁づける 〈*to* sb〉: She *married off* all her daughters. 娘を全部嫁にやった. **～ out of…** 宗教を異にする者と結婚して〈自分の宗教〉を離れる. **～ one's way out of…** 結婚して〈貧困など〉から抜け出す. **～ up** 夫婦[いいなずけ]にする; 結びつける, 結合する; 仲直りさせる. [OF＜L (*maritus* husband); ⇨ MARRIAGE]

marry[2] *int* 《古・方》 おや, まあ, まったく, なにくそ《同意・驚き・断言・怒りなどの発声》: *M*～ come up! まああきれた, なんだと, これはしたり! [(the Virgin) *Mary*]

Mar·ry·at /mǽriət/ マリアット **Frederick** ～ (1792–1848) 《英国の海軍軍人・海洋小説家》.

mars /*F* mars/ *n* 三月 (March).

Mars[1] /mɑ́ːrz/ **1 a** 〔ロ神〕 マールス《軍神; ギリシアの Ares に当たる; cf. BELLONA》. **b** [擬人化] 戦争. **2** 〔天〕 火星 (＝*Ares*). **3** 〔錬金術〕 《廃》 鉄 (iron). [L *Mart- Mars*]

Mars[2] 〔商標〕 マーズ《米国製のチョコレートバー》.

Mar·sa·la /mɑːrsɑ́ːlə/ **1** マルサラ《イタリア領の Sicily 島西岸にある市・港町; 1860年 Garibaldi が上陸, イタリア南部攻略の基地とした》. **2** マルサラ《同地産の酒精強化ワイン》.

Mar·sal·is /mɑːrsǽləs/ マルサリス **Wynton (Learson)** ～ (1961–) 《米国のジャズトランペット奏者・作曲家》.

Márs Bàr 《韻俗》 きずあと (scar). [MARS[2]]

marse /mɑ́ːrs/ *n* MASTER[1] 《主として米南部黒人の言い方を表わすときに用いる》.

Mar·seil·lais /mɑ̀ːrsəjéɪ(z), -léɪ(z)/ *n* (*pl* ～) マルセイユ (Marseille) 市民.

Mar·seil·laise /mɑ̀ːrsəléɪz; *F* marsɛjɛːz/ [ᵁLa] 「ラ・マルセイエーズ」《フランス国歌》. [F (fem a)＜↓]

M **Mar·seille** **1** /mɑːrséɪ; *F* marsɛj/ マルセイユ《フランス南東部, 地中海の Lions 湾に臨む港湾都市, Bouches-du-Rhône 県の県都; ラテン語名 Massilia》. **2** [m-] /mɑːrséɪl/ MARSEILLES.

Mar·seilles /mɑːrséɪlz/ **1** /, -séɪ/ MARSEILLE の英語名. **2** [m-] マルセイユ織り《丈夫な綿織物; 掛けぶとん用》.

Marséilles sòap マルセイユ[マルセル]石鹸《元来オリーブ油製》.

marsh /mɑ́ːrʃ/ *n* 沼, 沼沢(地), 湿地; *《方》 草地. [OE *mer(i)sc*; cf. MERE[2], G *Marsch*]

Marsh マーシュ (1) Dame (**Edith**) **Ngaio** /náɪoʊ/ ～ (1899–1982) 《ニュージーランドのミステリー作家・舞台監督》 (2) **Othniel Charles** ～ (1831–99) 《米国の古生物学者; 西部を調査し, 脊椎動物の化石を多数収集した》 (3) **Reginald** ～ (1898–1954) 《米国の画家・版画家》.

Mar·sha /mɑ́ːrʃə/ マーシャ《女子名》. [⇨ MARCIA]

mar·shal /mɑ́ːrʃ(ə)l/ *n* **1 a** 〔軍〕 陸軍元帥《米国では General of the Army, 英国では Field *M*～》. **b** 〔英〕 空軍元帥 (Marshal of the Royal Air Force). **c** 《各国の》 軍最高司令官; 憲兵司令官 (provost marshal). **2** 〔米〕 《連邦裁判所の》 執行官; 〔米〕 市警察[消防]署長; 〔米〕 警察官, 消防署員; 〔英〕 海事法廷執行官: a judge's ～ 巡回裁判官秘書. **3** 《会の》 接待係, 儀式係, 進行係, 《レースの》 係員; 式部官; 〔英〕 《現在は紋章院総裁を主たる職務とする宮廷役人である》 軍務伯 (＝*Earl Marshal*); 〔英史〕 KNIGHT MARSHAL. **4** 《オックスフォード大学で》 学生監の従僕; 《廃》 馬丁 (hostler). ► *v* (-l- | -ll-) *vt* **1 a** 〈群衆などを〉統率する, 集結させる; 〈兵隊などを〉整列させる 〈*together*〉; 〔紋〕 〈紋章を〉紋地に配列する. **b** 〈情報・議論などを〉整理する, 〈支持などを〉集める, 結集する; 〔法〕 …の優先[配分]順位を決める. **2** 《儀式ばって》 案内する, 先導する; 《空港で》 〈飛行機を〉地上誘導する: ～ sb *before* [*into* the presence of] the Queen 人を女王の面前に案内する. ► *vi* 〈考えなどが〉まとまる; 整列する. ♦ **～·cy, ～·ship** *n* marshal の職[地位]. [OF＜L＜Gmc (**marhaz* horse, MARE[1], **skalkaz* servant)]

márshal·er | márshal·ler *n* 〔空〕 マーシャラー, 地上誘導員《地上を自力移動する航空機を駐機場の所定の場所まで手信号で招き入れる係; しばしば両手に棒状またはラケット状の視認しやすい道具を持つ》.

márshal·ing yàrd 〔鉄道〕 MARSHALLING YARD.

mar·shall /mɑ́ːrʃ(ə)l/ *n, vt, vi* MARSHAL.

Marshall **1** マーシャル《男子名》. **2** マーシャル (1) **Alfred** ～ (1842–1924) 《英国の経済学者; *Principles of Economics* (1890)》 (2) **Barry (James)** ～ (1951–) 《オーストラリアの医学者; 人間の胃に *Helicobacter pylori* (⇨ HELICOBACTER) が生息することを発見した功績などにより, ノーベル生理学医学賞 (2005)》 (3) **George C(atlett)** ～ (1880–1959) 《米国の軍人・政治家; 第二次大戦中は参謀総長, 戦後 国務長官 (1947–49) として Marshall Plan を実施; ノーベル平和賞 (1953)》 (4) **John** ～ (1755–1835) 《米国の法律家; 第4代合衆国最高裁判所首席裁判官 (1801–35)》 (5) Sir **John (Ross)** ～ (1912–88) 《ニュージーランドの法律家・政治家; 首相 (1972)》 (6) **Thurgood** ～ (1908–93) 《米国の法律家; 黒人として初の合衆国最高裁判所裁判官 (1967–91); 一貫して少数者保護の立場をとった》. [*marshal* (obs) farrier]

Márshall Àid [the] MARSHALL PLAN に基づく米国の対欧州援助.

Mar·shall·ese /mɑ̀ːrʃ(ə)líːz, *-s/ *a* マーシャル諸島(人)の, マーシャル語の. ► *n* (*pl* ～) マーシャル諸島人; マーシャル語.

Márshall Fíeld('s) マーシャル・フィールズ《Chicago のデパート; 1881年創業》. [*Marshall* FIELD 創業者]

márshal·ling yardᴵᴵ 〔鉄道〕 《特に 貨車の》 操車場 (switchyard*).

Márshall Íslands *pl* [the] マーシャル諸島《太平洋中西部の環礁群および島群で, 一国をなす; 公式名 Republic of the Marshall Islands; ☆Majuro; 第二次大戦後は米国の信託統治領, 1986年独立して自由連合となる》. [John *Marshall* (1748–1819) 英国の海軍将校・探検家]

Márshall Plàn [the] マーシャルプラン (European Recovery Program) 《米国国務長官 George C. Marshall の提案になる欧州復興計画 (1948–52)》.

Márshal of the Róyal Áir Fòrce 英国空軍元帥.

Mar·shal·sea /mɑ́ːrʃ(ə)lsi/ 〔英史〕 **1** 王座部監獄, マーシャルシー監獄《London の Southwark にあった監獄; 王座部 (King's Bench) の管轄で, 債務不履行者収容所として有名; 1842年廃止》. **2** 宮廷裁判所《1849年廃止》. [*marshalcy*]

mársh andròmeda 〔植〕 ヒメシャクナゲ (bog rosemary).

Mársh Árab 《イラク南部の》 湿地帯の半遊牧アラブ人.

mársh·bùck *n* 〔動〕 SITATUNGA.

mársh èlder 〔植〕 **a** テマリカンボク (guelder rose). **b** 米国南東岸の塩沢に生えるキク科 *Iva* 属の低木.

mársh fèrn 〔植〕 ヒメシダ.

mársh fèver 沼地熱, マラリア (malaria).

mársh flèawort 〔植〕 欧州北部・西アジア産のサワギクの一種.

mársh gàs 沼気《主にメタンからなる燃焼性ガス》.

mársh gràss *《俗》 ホウレンソウ (spinach).

mársh hàrrier 〔鳥〕 **a** チュウヒ《欧州・アジア産》. **b*** ハイイロチュウヒ (northern harrier).

mársh hàwk 〔鳥〕 **a** ハイイロチュウヒ (northern harrier). **b** チュウヒ (marsh harrier).

mársh hèn 〔鳥〕 **a** クイナ. **b** バン (moorhen). **c** サンカノゴイ (bittern).

mársh·lànd *n* [ˢ～s] 湿地帯, 沼沢地.

marsh·mal·low /mɑ́ːrʃmèloʊ, -mæl-; -mǽl-/ *n* **1** 〔植〕 **a** ウスベニタチアオイ, ビロードアオイ. **b*** アメリカフヨウ (rose mallow). **2 a** マシュマロ《もと marshmallow の根から, 今は澱粉・シロップ・砂糖・ゼラチンなどで作る》. **b***《俗》 [*derog*] 白人; *《俗》 臆病なやつ. **c** [*pl*] *《俗》 おっぱい; きんたま; MARSHMALLOW SHOES. ♦ **mársh·màl·lowy** *a*

márshmallow crèam マシュマロクリーム《砂糖・コーンシロップ・ゼラチンを混ぜた食品; クラッカーなどに塗ったり, パイなどのトッピングにしたりする》.

márshmallow shòes *pl* *《俗》 マシュマロシューズ《女の子などの履く厚底で, かかとのない靴》.

mársh màrigold 〔植〕 リュウキンカ (＝*cowslip, kingcup, May blob*).

mársh òrchid 〔植〕 ハクサンチドリ属のラン, 湿地ラン, 斑点ラン.

mársh pùrslane 〔植〕 セイヨウミズユキノシタ (＝*water purslane*) 《アカバナ科チョウジタデ属[ミズユキノシタ属]の多年草》.

mársh ràbbit 〔動〕 **a** ヒメヌマチウサギ《米国南東部の海岸平原にすむワタオウサギ属のウサギ》. **b** SWAMP RABBIT.

mársh tìt [tìtmouse] 〔鳥〕 ハシブトガラ.

mársh trèfoil 〔植〕 ミツガシワ (buckbean).

mársh·wòrt *n* 〔植〕 オランダミツバ属の野草 (FOOL'S WATERCRESS など).

mársh wrèn 〔鳥〕 **a** ハシナガヌマミソサザイ (＝long-billed ～) 《北米産》. **b** コバシヌマミソサザイ (＝short-billed ～) 《南北アメリカ産》.

mársh·y *a* 沼地の, 沼のような; 湿地の(多い), 湿地をなす; 沼地に生じる. ♦ **mársh·i·ness** *n*

Mar·síl·i·us of Pádua /mɑːrsíliəs-/ マルシリオ・ダ・パドヴァ (c. 1280–c. 1343) 《イタリアの政治哲学者; 教会の国家への従属を説いた》.

mar·si·po·branch /mɑ́ːrsəpoʊbræ̀ŋk/ *a, n* CYCLOSTOME.

Márs Páthfinder マーズ・パスファインダー《1996年に打ち上げられた米国の火星探査機; 97年に着陸, 探査車 (rover) などによって探査を行なった》.

Márs·quàke *n* 火星地震.

Mar·ston /mάːrst(ə)n/ マーストン **John** ~ (1576?–1634)《イングランドの劇作家; *Antonio and Mellida* (作 1599), *The Malcontent* (1604)》.

Márston Móor マーストンムーア《イングランド北東部 York の西にある低地; 1644 年議会軍が王党軍を破った地》.

mar·su·pi·al /mɑːrsúːpiəl; -s(j)úː-/ 〔動〕 *a* 育児嚢(ﾉｳ)の[をもつ]; 有袋類の. ► *n* 有袋動物《カンガルー・ウォンバットなど有袋目 (Marsupialia) の哺乳動物》. [Gk *marsupion* pouch (dim) < *marsipos* purse]

marsúpial móle 〔動〕 フクロモグラ《豪州産》.

marsúpial móuse [rát] 〔動〕 ネズミに似たフクロネコ科の各種肉食有袋類 (=*pouched mouse*)《豪州産》.

marsúpial wólf 〔動〕 フクロオオカミ (Tasmanian wolf).

mar·su·pi·um /mɑːrsúːpiəm; -s(j)úː-/ *n* (*pl* **-pia** /-piə/) 〔動〕《有袋動物などの》育児嚢; 《甲殻類・魚類の》卵嚢. [NL; ⇨ MARSUPIAL]

mart /mάːrt/ *n* 市場 (market); *商店; 商業中心地; 競売室; 《古》定期市 (fair); 《廃》売買, 取引. ► *vt* 《古》商う. [Du; ⇨ MARKET]

Mart マート《女子名; Martha の愛称》.

Mar·ta·ban /mὰːrtəbǽn, -bάːn/ ■ the **Gúlf of** ~ マルタバン湾《ミャンマー南部 Andaman 海の湾》.

mar·ta·gon /mάːrtəgən/ *n* 〔植〕 マルタゴンリリー (=~ **lìly**) (Turk's-cap lily).

Martel ⇨ CHARLES MARTEL.

mar·tel·la·to /mὰːrt(ə)lάːtoʊ/, **-lan·do** /-lǽndoʊ/ 〔楽〕 *adv*, *a* 槌でたたくように[な]; マルテラート[マルテランド]で[の]《用弓楽器の奏法》. ► *n* (*pl* ~**s**) マルテラート[マルテランド]奏法. [It]

mar·tél·lo (tòwer) /mɑːrtéloʊ(-)/ [ºM-] マーテロー砲塔《円形砲塔, 特に ナポレオン戦争中, イングランド南東部やアイルランドの海岸に設置されたもの》. [1794 年英軍が Corsica 島の *Mortella* 岬を攻めたときてこずった砲塔をモデルにしたことから]

mar·ten /mάːrt(ə)n/ *n* (*pl* ~, ~**s**) 〔動〕 テン(貂) (=~ **càt**); 〔動〕 キエリテン (=yellow-throated ~); テンの毛皮. [MDu<OF<Gmc; cf. OE *mearth* marten]

Mar·tens /mάːrt(ə)ns/ マルテンス (1) **Fyodor Fyodorovich** ~ (1845–1909)《ロシアの国際法学者・外交官》(2) **Wilfried** ~ (1936–)《ベルギーの政治家; 首相 (1979–81, 81–92)》. ★ ⇨ DR MARTENS.

mar·tens·ite /mάːrt(ə)nzàɪt/ *n* 〔冶〕 マルテンサイト《焼入れ鋼の組織の一つ》. ♦ **màr·ten·sít·ic** /-zít-, -sít-/ *a* **-i·cal·ly** *adv* [Adolf *Martens* (1850–1914) ドイツの冶金学者]

Mar·tha /mάːrθə/ **1** マーサ《女子名; 愛称 Mart, Marty, Mat, Matty, Pat, Pattie, Patty》. **2** 〔聖〕 マルタ《Lazarus と Mary の姉で, 接待に心を配る女性; *Luke* 10: 38–42, *John* 11: 1–44》. [Aram=lady]

Mártha's Víneyard マーサズヴィニヤード《Massachusetts 州南東岸沖にある島; Vineyard 海峡によって Cape Cod から隔てられる; 避暑地; ⇨ VINEYARDER》.

mar·tial /mάːrʃ(ə)l/ *a* **1 a** 戦争の[に適する]; 武の, 軍事の; 軍の, 軍隊の: MARTIAL ART / ~ music 軍楽 / ~ rule 軍政. **b** 勇ましい, 好戦的な (warlike); 軍人らしい, 武勇の; [M-] 軍神マールスの. **2** [M-] 火星の (Martian); [M-] 〔占星〕 火星の悪影響をうけた. ♦ ~**·ly** *adv* ~**·ness** *n* [OF or L=of MARS]

Martial マルティアリス (*L* Marcus Valerius Martialis) (c. 40–c. 103)《ローマの諷刺詩人》.

mártial árt 《日本・中国などの》武道, 武術《空手・柔道・剣道など》. ♦ **mártial ártist** 武道家.

mártial èagle 〔鳥〕 ゴマバラワシ《家畜をも襲う大型ワシ; アフリカ産》.

mártial·ism *n* 尚武(ｼｮｳﾌﾞ)(の精神), 武勇. ♦ **-ist** *n*

mártial·ize *vt* 戦争に備えさせる; …の士気を鼓舞する.

mártial láw 戒厳(令); 軍政下の法; 《古》軍法 (military law).

Mar·tian /mάːrʃ(ə)n/ *n* 火星人. ► *a* 火星(人)の; 軍神 Mars の: ~ invasion 火星人の襲来. [MARS]

Mar·tian·ol·o·gist /mὰːrʃənάlədʒɪst/ *n* 火星学者.

mar·tin /mάːrt(ə)n/ *n* 〔鳥〕 **a** イワツバメ (house martin)《欧州産》. **b** "ショウドウツバメ (sand martin). **c** ムラサキツバメ (purple martin). [? St MARTIN]

Martin 1 マーティン《男子名》. **2** マルティヌス (1) /; *F* martɛ̃/ Saint ~ **of Tours** (c. 316–397)《フランスの聖職者; Tours 司教 (371); フランスの守護聖人; Gaul における修道院の普及に努めた; 祝日 11 月 11[12] 日》(2) ~ **V** (1368–1431)《ローマ教皇 (1417–31); 本名 Oddo Colonna》. **3** マーティン (1) **Agnes** ~ (1912–2004)《米国のハードエッジ (hard-edge) の画家》(2) **A**(**rcher**) **J**(**ohn**) **P**(**orter**) ~ (1910–2002)《英国の化学者; 分配クロマトグラフィー・ペーパークロマトグラフィーを開発; ノーベル化学賞 (1952)》(3) **Dean** ~ (1917–95)《米国の歌手・俳優; 本名 Dino Paul Crocetti》(4) Sir **George** (**Leonard**) ~ (1926–)《英国のレコードプロデューサー; Beatles のプロデューサー・編曲者; 'Yesterday', 'Eleanor Rigby' などの弦楽器やオーケストラの編曲を担当した》(5) **Glenn L**(**uther**) ~ (1886–1955)《米国の実業家; 米国で最も初期に飛行機工場を設立 (1909); 爆撃機や飛行艇を建造, 大西洋横断用のクリッパー旅客機を設計》(6) **Homer Dodge** ~ (1836–97)《米国の風景画家》(7) **Joseph William** ~, **Jr.** (1884–1968)《米国の政治家; 連邦議会共和党の指導者; 下院議長 (1947–49, 53–55)》(8) **Mary** (**Virginia**) ~ (1913–90)《米国の歌手・女優; Broadway ミュージカル *Peter Pan* (1954), *The Sound of Music* (1959) などに出演》(9) **Paul** (**Edgar Philippe**) ~ (, **Jr.**) (1938–)《カナダの政治家; 首相 (2003–06)》(10) **Steve** ~ (1945–)《米国のコメディアン・作家》. **4** マルタン **Frank** ~ (1890–1974)《スイスの作曲家》. [L=of Mars]

Mártin Chúz·zle·wit /-tʃʌ́z(ə)lwɪt/ 『マーティン・チャズルウィット』《Dickens の小説 (1843–44)》.

Mar·tin du Gard /*F* martɛ̃ dy gaːr/ マルタン・デュ・ガール **Roger** /*F* rɔʒe/ ~ (1881–1958)《フランスの小説家; *Les Thibault* (1922–40); ノーベル文学賞 (1937)》.

Mar·ti·neau /mάːrt(ə)nòʊ/ マーティノー (1) **Harriet** ~ (1802–76)《英国のジャーナリスト; 社会・経済・歴史に関する啓蒙書を書いた》(2) **James** ~ (1805–1900)《前者の弟; 英国のユニテリアン派神学者》.

mar·ti·net /mὰːrt(ə)nét, ⌐–⌐/ *n* 訓練のきびしい人[軍人]; 規律家, やかまし屋. ♦ ~**·(t)ish** *a* [Jean *Martinet* 17 世紀フランスの将校, 新方式の軍事訓練法を考案した]

mar·tin·gale /mάːrt(ə)ngèɪl, -tɪŋ-/ *n* **1** 〔馬具〕 むながい, また綱, マーチンゲール. **2** 〔海〕 マーチンゲールステー《第二斜檣(ｼｮｳ)下方支索》; MARTINGALE BOOM. **3** マーチンゲール《負けるたびに賭け金を 2 倍にする賭け》.

mártingale bòom 〔海〕 垂れ木 (dolphin striker).

mar·ti·ni /mɑːrtíːni/ *n* **1** [ˢM-] マティーニ (=~ **còcktail**)《ベルモットとジン[ウオツカ]のカクテル》: a ~ 1 杯のマティーニ. **2** [M-] 〔商標〕 マルティーニ《イタリアの Martini & Rossi 社製のベルモット》.

Martini マルティーニ **Simone** ~ (c. 1284–1344)《イタリアの画家; Siena 派の代表的存在》.

Mar·ti·nique /mὰːrt(ə)níːk/ マルティニク《西インド諸島南東部 Windward 諸島の島; フランスの海外県; ☆Fort-de-France》. ♦ **Màr·ti·ní·can, -ní·quan** *a, n* **Mar·ti·ni·quais** /-tìːnɪkéɪ/ *a*

Mar·tin·ist /mάːrtnɪst, mɑːrtǽn-/ *n* マルティニスト《フランスの哲学者・神秘家サンマルタン (Louis Claude de Saint-Martin, 1743–1803) の思想の信奉者》. ♦ **Mar·tin·ism** /mάːrtnɪz(ə)m, mɑːrtǽn-/ *n*

Mártin Lúther Kíng Dày 〔米〕 キング師記念日《連邦休日; Martin Luther King の誕生日は 1 月 15 日であるが, 同月の第 3 月曜を休日とし, 多くの州がこれに従う》.

Mar·tin·mas /mάːrt(ə)nməs, *-mæs/ *n* マルティヌス祭, 聖マルタン祭 (ST. MARTIN'S DAY).

Mar·tin·son /mάːrtɪnsɔ̀ːn/ マルティンソン, マッティンソン **Harry** (**Edmund**) ~ (1904–78)《スウェーデンの小説家・詩人; ノーベル文学賞 (1974)》.

Mar·ti·nů /mάːrtɪnùː/ マルティヌー **Bohuslav** ~ (1890–1959)《チェコの作曲家》.

Mar·ti·nus Scrib·le·rus /mɑːrtάɪnəs skrɪblíərəs/ マルティヌス・スクリブレルス《(1) 大部分を John Arbuthnot が書き Swift や Pope の加筆もあるとされる, 時の低俗趣味を諷刺罵倒した *Memoirs of Martinus Scriblerus* の筆者である架空のドイツ人尚古家; cf. SCRIBLERUS CLUB 2) Pope が用いた筆名の一つ》.

mart·let /mάːrtlət/ *n* 《古》〔鳥〕 イワツバメ (martin), アマツバメ (swift); 〔紋〕 無足の鳥《分家第 4 子の紋章》. [OF]

mar·too·ni /mɑːrtúːni/ *n**《俗》MARTINI《カクテル》.

Marty /mάːrti/ マーティ《女子名; Martha の愛称》.

mar·tyr /mάːrtər/ *n* **1** 殉教者; 殉難者, 犠牲者 ‹*to*›; 受難者ぶる人: die a ~ *to* one's principle 主義に殉じる / make a ~ of…を犠牲にする, 苦しめる / make a ~ of one*self* 受難する; 殉教者ぶる. **2** ‹病気・不運などに›絶えず悩む人 ‹*to*›: He's a ~ *to* rheumatism. リウマチで苦しんでいる. ► *vt* 主義[信仰]のために殺す; 迫害する, 苦しめる. ♦ ~**ed** *a* 殉教した; [*derog*] 殉教者然とした, 犠牲者ぶった ‹表情・話し方など›. [OE<L<Gk *martur* witness]

mártyr·dom *n* 殉教, 殉難; 殉死; 受難, 苦痛, 苦難.

mártyr·ize *vt* 殉教者として殺す, 犠牲にする; 苦しめる (torment). ► *vi* 殉教者となる; 殉教者のごとくふるまう. ♦ **màrtyr·izátion** *n*

mar·tyr·ol·a·try /mὰːrtərάlətri/ *n* 殉教者崇拝.

mar·tyr·ol·o·gy /mὰːrtərάlədʒi/ *n* 殉教史(学); 殉教者列伝; 殉教録. ♦ **-gist** *n* 殉教史学者; 殉教者列伝記者. **màr·tyr·o·lóg·i·cal** *a*

mar·tyry /mάːrtəri/ *n* 殉教者の墓所[礼拝堂].

ma·ru·la, -roo- /mərúːlə/ *n* 〔植〕 マルーラ《アフリカ中南部草原のウルシ科の木; 実は食用になり, 酒を造ることもある》. [(southern Afr)]

Ma·ruts /mάrʊts/ *pl* 〔ヴェーダ神話〕 マルト神群《あらしの神々で, Indra の仲間》.

MARV /mάːrv/ *n* 機動核弾頭(搭載ミサイル). [*Ma*neuverable *R*eentry *V*ehicle]

mar·vel /mɑ́:rv(ə)l/ *n* 驚嘆すべきこと, 驚異; 驚嘆すべき〈性質などをもった〉人[もの] 〈*of*〉; 《古》驚嘆: the ～*s* of technology 科学技術の驚異 / work [do] ～*s* 驚異[奇跡]的なこと[はたらき]をする / The ～ is that…. 不思議なのは…ということだ / He is a ～ *of* patience [a ～ *of* learning]. 驚くほどの忍耐のある人[驚くべき学者]だ. ► *v* (**-l-** | **-ll-**) *vi* 驚く, 驚嘆する 〈*at, over*〉: I can only ～ *at* his skill. 彼の技術に驚嘆するばかりです. ► *vt* 驚く 〈*that*〉; 不思議がる, いぶかる 〈*how, why, if*〉; [直接話法] …と驚いて言う: "It's beautiful", she ～ed. ♦ **már·vel·er** | **-vel·ler** *n* ［OF＜L (*miror* to wonder at)］

Mar·vell /mɑ́:rv(ə)l/ マーヴェル **Andrew** ～ (1621–78)《イングランドの詩人; 形而上派詩人の一人; 'To His Coy Mistress'》.

márvel-of-Perú *n* 〖植〗オシロイバナ (four o'clock).

mar·vel·ous, -vel·lous /mɑ́:rv(ə)ləs/ *a* **1** 驚くべき, 不思議な; 信じられない, この世ならぬ, 奇跡的な; [the, 〈*n*〉] 怪異, うそのようなできごと. **2** 《口》すばらしい, 最高の, すごい: a ～ vacation [party, weather] / Isn't it ～! [*iron*] そいつはすてきだ. ♦ **～·ly** *adv* **～·ness** *n*

mar·vie, -vy /mɑ́:rvi/ *int**《俗》すっごい (marvelous).

Mar·vin /mɑ́:rvən/ **1** マーヴィン《男子名》. **2** マーヴィン **Lee** ～ (1924–87)《米国の映画俳優》. ［Celt＝sea friend］

Mar·war /mɑ́:rwɑ̀:r/ マールワール《インド北西部の旧藩王国 JODHPUR の別名》.

Marx /mɑ́:rks/ マルクス **Karl** (**Heinrich**) ～ (1818–83)《ドイツの経済学者·政治哲学者·社会主義者; *Das Kapital* (1867)》.

Márx Bròthers *pl* [the] マルクス兄弟《米国のコメディアン·映画俳優一家: **'Chico'** [**Leonard**] ～ (1886–1961), **'Harpo'** [**Adolph Arthur**] ～ (1888–1964), **'Groucho'** [**Julius Henry**] ～ (1890–1977), **'Zeppo'** [**Herbet**] (1901–79) ほか》.

Márx·ian *a, n* マルクス(主義)の, マルクス主義者(の).

Márx·ìsm *n* マルクス主義, マルキシズム《Marx の歴史·経済·社会学説; 革命による資本主義の打倒と社会主義社会の実現を目標とする》. ♦ **-ist** *n, a*

Márx·ìsm-Lénin·ìsm *n* マルクス-レーニン主義. ♦ **Márx·ist-Lénin·ist** *n, a*

Mary /mɛ́əri, *méɪri/ **1** メアリー《女子名; 愛称 Mamie, May, Mollie, Molly, Polly》. **2 a** 聖母マリア《別名 Virgin ～, Saint ～, Our Lady》. **b** (ベタニアの)マリア《Martha の妹で Lazarus の姉; *Luke* 10: 38–42, *John* 11: 1–2》. **c** MARY MAGDALENE. **3** メアリー (**1**) ～ **I** (1516–58)《イングランド·アイルランド女王 (1553–58); 別名 ～ Tudor; Henry 8 世と Catherine of Aragon の娘; 旧教国スペインの王子 Philip [のちの 2 世]と結婚し, イングランドにカトリックを復活させようと多くのプロテスタントを処刑, Bloody Mary とあだ名された》 (**2**) ～ **II** (1662–94)《イングランド·スコットランド·アイルランド女王 (1689–94); 名誉革命により父 James 2 世が追放されたのち, 夫 William 3 世と共同統治》 (**3**) (1542–87)《スコットランド女王 (1542–67); 本名 ～ Stuart, 通称 ～, Queen of Scots; フランス王 Francis 2 世の妃 (1558–60); 従弟 Darnley と再婚, Darnley 爆殺後, 首謀者と疑われた Bothwell 伯と結婚, 反乱が起こって退位, イングランドに亡命; Elizabeth 1 世を退位させて, 彼女を即位させようとする陰謀にかかわったかどで斬首された》 (**4**) ～ **of Teck** (1867–1953)《英国王 George 5 世の妃》. **4** 《豪俗》先住民の女; *《俗》ホモの女役; *《俗》レズ. **5** 《俗》マリファナ (marijuana). ［Gk＜Heb＝wished-for child or bitterness; cf. MIRIAM］

Máry Ánn 《俗》マリファナ; 《俗》タクシーの料金メーター《運転手の用語》.

Máry Grégory メリー·グレゴリー《通例 子供の姿がはいった白エナメルの装飾模様がある彩色ガラス器の一種; 19 世紀末に米国で生産された》. ［Mary Gregory (1856–1908) Massachusetts 州 Sandwich にあった Boston and Sandwich Glass Co. の装飾担当者］

Máry Hàd a Líttle Lámb 「メリーさんの羊」《米国の Sarah Josepha Hale 夫人 (1788–1879) が 1830 年ころに書いた詩; 伝承童謡になっている》.

Mary J. /─ ʤéɪ/ 《俗》MARY JANE.

Máry·jáne *n* [ºm-] 《俗》MARY JANE.

Máry Jáne **1** 《俗》マリファナ (marijuana). **2** 〖商標〗メリー·ジェーン《ローヒールでストラップの付いたつまさきがまるい婦人靴》.

Mary·knoll·er /mɛ́ərinòʊlər, *méɪri-/ *n* メリノール会員《1911 年 New York 州 Maryknoll で Thomas F. Price (1860–1919) と James A. Walsh (1867–1936) が設立したカトリック海外伝道会 (Catholic Foreign Mission Society of America) の会員》.

Mary·land /mérələnd; mɛ́ərɪlæ̀nd, -lənd/ **1** メリーランド《米国東部大西洋岸の州; ☆Annapolis; 略 Md., MD》. **2** メリーランドタバコ (＝～ **tobàcco**). ♦ **～·er** /, -læ̀ndər/ *n*

Mary·le·bone /mérələbən, -bòʊn, mérɪbən, mɑ́:rləbən; mǽr-/ [St.] メリルボン《London 中西部の地区で, もと metropolitan borough; 1965 年以降 Westminster 区の一部》.

Márylebone Crícket Clùb [the] メリルボン·クリケットクラブ《英国クリケット連盟本部; 設立は 1787 年; London 北部の Lord's グラウンドにある; 略 MCC》.

Mar·y·lyn(ne), Mar·i- /mɛ́ərələn, mǽr-/ メアリリン, マリリン《女子名》. ［MARY, *-lyn(ne)*］

Máry Mágdalen(e) 〖聖〗マグダラのマリア《Mary of Magdala, また the Magdalen(e) ともいう; イエスにより悪霊を追い出して病気を癒してもらい (*Luke* 8:2), 復活後のイエスに出会う女性; 伝承では *Luke* 7:37 の「罪深い女」(sinner) と同一とされ, 絵画ではしばしば香油の壷を持つ姿で描かれる; 祝日 6 月 22 日》.

Máry, Máry, Quíte Con·tráry /-kəntréəri/ 「つむじまがりのメアリー」《英国の伝承童謡の一つ》.

Máry·màss *n* 聖母マリア受胎告知の祝日 (Lady Day)《3 月 25 日》.

Mar·y·ol·a·try /mɛ̀əriɑ́lətri, mæ̀r-/ *n* MARIOLATRY.

Mary·ol·o·gy /mɛ̀əriɑ́ləʤi, mæ̀ri-/ *n* MARIOLOGY.

Máry Póp·pins /-pɑ́pənz/ メアリー·ポピンズ《P. L. Travers の物語の主人公である魔法の力をもつ乳母》.

Máry Quánt 〖商標〗マリー·クワント《衣料品·化粧品などのブランド; 英国の服飾デザイナー Mary Quant (1934–) が創業》.

Máry, Quéen of Scóts スコットランド女王メアリー (⇨ MARY).

Máry Róse [The] メアリー·ローズ《Henry 8 世の時代に対仏戦で活躍したイングランドの軍艦; 1545 年フランス艦隊との戦いに向かう途中で転覆して Portsmouth の沖合に 700 人の乗組員と共に沈没; 1982 年に引き揚げられ, 現在同市の特別博物館に展示されている》.

Máry Stúart メアリー·スチュアート (⇨ MARY).

Mar·yūt /mərjú:t/ マリュート《MAREOTIS 湖のアラビア語名》.

Máry Wárner 《俗》マリファナ (marijuana).

mar·zi·pan /mɑ́:rtsəpɑ̀:n, -pæ̀n; mɑ́:zɪpæ̀n/ *n* マジパン (**1**) アーモンドと砂糖を混ぜた練り粉 **2**) それで作る菓子; 動物·果物などの形に作る》. ♦ **-pànned** *a* マジパンでおおった〈ケーキ〉. ［G＜It］

-mas /məs/ *n comb form* 「…祝(日)」: Christ*mas*. ［⇨ MASS²］

ma·sa /mɑ́:sə; mǽsə/ *n* マサ《メキシコ料理で使われる石灰水で処理したトウモロコシの練り粉; これからトルティーヤ (tortilla) やタマーレ (tamale) を作る》; MASA HARINA. ［Sp＝mash, dough］

Ma·sac·cio /məzɑ́:ʧiòʊ, -ʧoʊ/ マザッチオ (1401–28)《フィレンツェの画家; 本名 Tommaso di Giovanni di Simone Guidi; 初期ルネサンスを代表する画家》.

Ma·sa·da /məsɑ́:də/ マサダ《イスラエルの死海南西岸の近くにある岩山の城塞跡; ユダヤ人過激派が 2 年にわたりローマ軍の包囲に耐えた末, 陥落の際に降伏をいさぎよしとせず集団自殺をした地 (A.D. 73); ユダヤ人の英雄的愛国心の象徴となった》.

mása ha·rí·na /-ɑ:rí:nɑ; -nə/ マサアリナ《masa から作られるトウモロコシ粉》. ［MexSp］

Ma·sai, Maa·sai /mɑ:sáɪ, ─ ─/ *n* **a** (*pl* ～, **～s**) マサイ族《ケニア·タンザニアに分布する牧畜民》. **b** マサイ語《Nilotic 諸語の一つ》.

ma·sa·la /məsɑ́:lə/ *n* 〖インド〗**1** マサラ, マサーラー《粉状にした香辛料を混ぜ合わせたスパイスミックス》; マサラで味付けした料理: chicken ～ チキンマサラ. **2** 《口》**a** 味わい, 'スパイス'; 《話の》尾ひれ. **b** 混合[混成]物, 混ぜ合わせ, '複合体'. ［Urdu］

Ma·san /mɑ́:sɑ̀:n/ 馬山(ばさん)(マサン)《韓国南東部の旧市; 2010 年, 昌原 (Changwon) 市に編入された; 旧称 **Ma·sam·po** /mɑ́:sɑ̀:mpòʊ/ 馬山浦》.

Ma·sa·ryk /mǽsərɪk, mɑ́:-/ マサリク (**1**) **Jan** /jɑ́:n, jǽn/ (**Garrigue**) ～ (1886–1948)《チェコスロヴァキアの政治家; 外相 (1941–48)》 (**2**) **To·máš** /tɔ́:mɑ̀:ʃ, tɑ́məs/ (**Garrigue**) ～ (1850–1937)《チェコスロヴァキアの政治家·哲学者; Jan の父; 初代大統領 (1918–35)》.

Mas·ba·te /mɑ:sbɑ́:ti, mɑ:z-; mæs-/ マスバテ (**1**) フィリピン中部 Visayan 諸島にある島 **2**) その中心都市》.

masc. masculine.

Ma·sca·gni /mɑ:skɑ́:nji, mæ-/ マスカーニ **Pietro** ～ (1863–1945)《イタリアのオペラ作曲家; *Cavalleria rusticana* (1890)》.

mas·cara /mæskǽrə, -kérə; -kɑ́:-/ *n* マスカラ, まつげ染め(剤). ► *vt* …にマスカラをつける. ♦ **～ed** *a* ［It＝MASK］

Mas·ca·réne Íslands /mæ̀skərí:n-/ *pl* [the] マスカリン諸島《インド洋西部 Madagascar 島の東方, Mauritius, Réunion, Rodrigues の三火山島群》.

mas·car·po·ne /mæ̀skɑ:rpóʊneɪ/ *n* マスカルポーネ《イタリア産の軟らかいクリームチーズ; もとは Lombardy 地方で作られたもの》. ［It］

mas·cle /mǽsk(ə)l/ *n* 〖紋〗中抜きの菱形; 《13 世紀のよろいに用いた》菱形の小ざね. ［OF *macle*］

mas·con /mǽskɑ̀n/ *n* 〖天〗マスコン《月·惑星の地表下の非常に濃密な物質の凝縮》. ［*mass*＋*concentration*］

mas·cot /mǽskɑ̀t, -kət/ *n* マスコット. ［F＜Prov (dim)＜*masco* witch］

mas·cu·line /mǽskjələn/ *a* (opp. *feminine*) 男の, 男性の; 男らしい, 力強い, 勇ましい, 男性的な; 〈女が〉男のような, 男まさりの; 〖文法〗男性の《略 m., mas., masc.》; 《宇宙の》男性原理の[をなす]; 〖楽〗男性終止の; 〖韻〗男性行末の, 男性韻の. ► *n* 〖文法〗男性, 男性形, 男性名詞[代名詞など]; 男, 男性; [the] 《sex, gender の別としての》男性. ♦ **～·ly** *adv* **mas·cu·lin·i·ty** /mæ̀skjəlínəti/ *n* 男らしさ, 《動物の》雄相. ［OF＜L; ⇨ MALE］

másculine cádence 〖楽〗男性終止《最後の和音が強拍にくるもの》.

másculine caesúra 〘韻〙男性行中休止《強音節の直後にくるもの》.

másculine énding 〘韻〙男性行末《詩の行の終わりの音節にアクセントを置くもの; cf. FEMININE ENDING》.

másculine pélvis 〘解〙男型骨盤.

másculine rhýme 〘韻〙男性韻《詩の行末の音節に compláin, disdáin のようにアクセントがあるもの; cf. FEMININE [DOUBLE, SINGLE, TRIPLE] RHYME》.

más·cu·lin·ist /-lən-, -lìn-/ *n* 男権主義者. ► *a* 男権主義の. ♦ **-ism** *n* ［*feminist* にならったもの］

más·cu·lin·ìze *vt* 〘生〙〈雌または未熟な動物を〉雄性化する. ♦ **màs·cu·lin·i·zá·tion** *n*

mas·cu·list /mǽskjəlɪst/ *n, a* MASCULINIST.

mase /méɪz/ *vi* マイクロ波を増幅する, メーザーのはたらきをする. ［逆成〈*maser*］

Mase·field /méɪsfìːld/ メイスフィールド **John** ～ (1878–1967)《英国の詩人・劇作家・小説家; 桂冠詩人 (1930–67); 詩集 *Salt-Water Ballads* (1902), 物語詩 *The Everlasting Mercy* (1911), *Dauber* (1913)》.

ma·ser /méɪzər/ *n* 〘理〙メーザー《特殊なマイクロ波を放射する発振装置》. ［*m*icrowave *a*mplification by *s*timulated *e*mission of *r*adiation］

Ma·se·ra·ti /mɑ̀ːzərɑ́ːti; mæ̀z-/ 〘商標〙マセラーティ《イタリア Officine Alfieri Maserati 社製のスポーツカー・乗用車》. ［Alfieri *Maserati* (1887–1932) 同社の創業者］

Mas·e·ru /mǽsərùː, mǽz-; məsíərùː, -sέə-/ マセル《レソトの首都》.

mash[1] /mǽʃ/ *n* **1** どろどろ[ぐしゃぐしゃ]にすり[ひき]つぶしたもの; ふすま・ひき割りなどを湯で溶いた牛馬[家禽]の飼料, 粉餌; マッシュ《ビール・ウイスキーなどの原料》; ˈˈ《俗》マッシュポテト; 《北イング》《いれた》お茶. **2** どろどろの状態; [*fig*] ごたまぜ: (all) to (a) ～ ぐたぐたになるまで〈煮る〉. ► *vt* 〈ジャガイモなどを〉つきつぶす 〈*up*〉; つぶしながら〈…と〉混ぜる 〈*with*〉; 〈麦芽を〉湯に浸して混ぜる, (蒸煮して)糖化する《特にウイスキー醸造で》; (どろどろ[ぐしゃぐしゃ]に)つぶす; 《米・カリブ》強く押す; 《北イング》〈茶を〉いれる: ～*ed* potatoes マッシュポテト / ～ a finger 指をつぶす. ● **～ in** *《俗》《トラック・ホットロッドなどの》クラッチをぐっと踏み込む. **～ on**… *《南部》〈呼び鈴の押しボタンなど〉を押す. ［OE *māsc*; cf. G *Maisch* crushed grapes］

mash[2] 《俗》*vt, vi* (…に)言い寄る, 口説く; いちゃつく. ► *n* いちゃつき, 恋愛, べたぼれ; 恋人, いい人; ˈˈ色男, プレイボーイ (masher). ［逆成〈*masher*[2]］

MASH /mǽʃ/ mobile army surgical hospital (陸軍)移動外科病院, マッシュ.

M*A*S*H /mǽʃ/『マッシュ』《米国映画 (1970); 朝鮮戦争を題材に, 軍隊機構と戦争遂行の任務を罵倒したブラックコメディー; 1972–83 年 CBS テレビ化された》. ［*M*obile *A*rmy *S*urgical *H*ospital］

Mas·ham /mǽsəm/ *n* マサム《イングランド北部産の交配種の羊; 主に食肉用》.

Mash·ar·brum, -er- /mʌ́ʃərbrùm/ マッシャーブルム《Kashmir 北部 Karakoram 山脈の高峰 (7821 m)》.

mashed /mǽʃt/ *a* 《俗》〈…に〉ほれ込んで, のぼせて 〈*on*〉; 《俗》(酒に)酔って. ► *n* 《口》マッシュポテト (mashed potatoes).

másh·er[1] *n* MASH[1] する人[機械, 道具], 《ジャガイモなどをつぶす》マッシャー.

masher[2] *n* *《口》色男, プレイボーイ, 女たらし, 色事師, 軟派師; ˈˈ《古・俗》しゃれ者, だて男. ［? *mash*[1]］

Mash·had /məʃǽd, mæʃhǽd/, **Me·shed** /məʃέd/ マシュハド, メシェッド《イラン北東部の市; シーア派イスラム教徒の聖地》.

mash·ie, mashy /mǽʃi/ *n* 〘ゴルフ〙マシー (＝*number five iron*)《IRON の 5 番》.

máshie ìron 〘ゴルフ〙マシーアイアン (＝*number four iron*)《IRON の 4 番》.

máshie nìblick 〘ゴルフ〙マシーニブリック (＝*number six* [*seven*] *iron*)《IRON の 6[7] 番》.

mash·lum /mǽʃləm/ *n* ˈˈ《方》MASLIN.

másh nòte 《俗》短い恋文, (熱烈な)ラブレター.

Ma·sho·na /məʃóʊnə/ *n* (*pl* ～, ～**s**) SHONA.

másh tùn [tùb] もやし槽(醸造用), 糖化槽《麦芽汁を作る容器; cf. MASH[1]》.

másh-ùp *n* マッシュアップ《異種要素の混合[融合], 特に複数の曲を掛け合わせて一つの曲を作ること, またそうして録音した曲; 一方の曲から伴奏部分を, もう一方からヴォーカルを抽出したり, ロックの曲にラップをかぶせたりして, リミックスして曲を作ることなど》.

mashy ⇨ MASHIE.

Mas·i·nis·sa, Mas·si- /mæ̀sənísə/ マシニッサ (c. 240–148 B.C.)《アフリカ北部のヌミディア王; 第 2 次ポエニ戦争 (218–201 B.C.) の末期にローマと共に戦った》.

mas·jid, mus- /mʌ́sʤəd/ *n* マスジッド (MOSQUE). ［Arab］

mask /mǽsk; mɑ́ːsk/ *n* **1 a**《変装用の》仮面, 覆面; 《カーニバル・古代劇の》仮面, 《能の》面; 《野球・フェンシングなどの》マスク, 面; 防毒面 (gas mask); 酸素マスク; 《ガーゼなどの》マスク; *《俗》《交通警官などがする目のまわりをすっぽり包む》大型サングラス, マスク. **b** マスク《パック用の全顔シート》(face pack). **c**《石膏などで作った》顔型, デス[ライフ]マスク (death [life] mask); 〘建〙《かなめ石などに取り付けるグロテスクな》仮面飾り; 《狩りの記念の》キツネの首. **d**《動物の顔の》マスク《目のまわりなどの, 通例 黒っぽい部分》. **e** *《俗》顔, 面(つら). **2** [*fig*] 仮面, 口実, かこつけ (disguise); 《一般に》おおい隠すもの: assume [put on, wear] a ～ 仮面をかぶる; 正体を隠す / throw off one's ～ 仮面を脱ぐ; 正体をあらわす / under the ～ of…の仮面をかぶって, …にかこつけて, …を装って. **3 a** 仮面[仮装]舞踏会 (masquerade); 仮面劇; お祭り騒ぎ. **b**《古》仮面をつけた人, 仮装者. **4 a** 〘写〙《写真・映像の大きさ[光量など]を決める》マスク; 〘印〙不透明スクリーン; 〘電子工〙マスク《半導体表面にドープ金属などの膜をつけるとき, 特定の部位を遮蔽するための金属などの穴あき薄板》, PHOTOMASK. **b** 〘城〙《砲台の》遮蔽物, 遮蔽角面堡(ほう); 〘昆〙仮面《やごの下唇; 餌を捕える器官》. ► *vt* **1** 仮面でおおう, 変装する. **2 a** 隠す, おおう 〈*out*〉; 〘料理〙〈肉料理など〉に一面にソース[たれ]をかける. **b**〈匂い・音・味などを〉消す, 遮断する 〈*out*〉. **3 a** 〘写・画〙…にマスキングをする; 〘化〙遮蔽する, マスクする. **b** 〘軍〙遮蔽[掩蔽]する; 《一部の兵力で》〈敵の特定部隊〉の行動を封じる, 前方にいて〈友軍〉の砲火のじゃまになる. ► *vi*《仮面舞踏会などのために》仮面をつける 〈*as*〉; 本心を隠す. ♦ **～·able** *a* **～·like** *a* ［F＜It＜Arab＝buffoon］

mas·ka·longe /mǽskəlɑ̀nʤ/, **-nonge** /-nɑ̀nʤ/ *n* MUSKELLUNGE.

masked /mǽskt; mɑ́ːskt/ *a* 仮面をかぶった, 変装した; 隠れた; 〘軍〙遮蔽した; 〘医〙仮面の, 潜伏性の (latent); 〘植〙仮面状の; 〘動〙面形(めんがた)模様のある: ～ depression 仮面(性)鬱病.

másked báll 仮面舞踏会.

másked lóvebird 〘鳥〙キエリクロボタンインコ《アフリカ原産》.

Mas·kell /mǽsk(ə)l/ マスケル **Dan** ～ (1908–92)《英国のテニス選手・コーチ; ラジオ・テレビの解説者をつとめた》.

másk·er *n* 覆面者; 仮面舞踏会参加者; 仮面劇役者.

Mas·kin /mǽskən/ マスキン **Eric S(tark)** ～ (1950–)《米国の経済学者; ノーベル経済学賞 (2007)》.

másk·ing *n* **1** 覆面をする[仮面をかぶる]こと. **2** 遮蔽《2 音間に振動数の差があり, 強度が大きく違うとき, 弱い音が聞こえない現象》; 〘化〙遮蔽, マスキング《分析の妨げになる物質を試薬を加えて安定な錯体に変えたりすること》; 〘劇〙遮蔽物; 〘写・画〙マスキング.

másking tàpe マスキングテープ《塗装しない部分を保護するためなどに使う粘着テープ》.

mas·ki·nonge /mǽskənɑ̀nʤ/ *n* MUSKELLUNGE.

mas·lin /mǽzlən/ ˈˈ《方》*n* 小麦とライ麦を混ぜたもの, 《それで作った》マズリンパン; まぜ物, 寄せ集め.

mas·och·ism /mǽsəkɪz(ə)m, *mǽz-/ *n* **1** 〘精神医〙被虐(性)愛, マゾヒズム《相手から身体的・精神的苦痛をうけることによって性的満足を得る異常性欲; cf. SADISM》. **2** 自虐的性向; 《一般に》被虐好み. ♦ **-ist** *n* **màs·och·ís·tic** *a* **-ti·cal·ly** *adv* ［Leopold von Sacher-*Masoch* (1836–95) オーストリアの作家］

ma·son /méɪs(ə)n/ *n* 石工, 煉瓦[コンクリート]職人; 〘昆〙MASON BEE; [M-] FREEMASON. ► *vt* 石[煉瓦]で作る[強化する]. ［OF＜? Gmc; cf. MAKE[1]］

Mason **1** メイソン《男子名》. **2** メイソン (**1**) **Charles** ～ (1728–86)《英国の測量技師・天文学者; ⇨ MASON-DIXON LINE》(**2**) **George** ～ (1725–92)《アメリカの植民者, 独立革命期の政治家》(**3**) **James** (**Neville**) ～ (1909–84)《英国の俳優》. **3** メイスン **Perry** ～ ⇨ PERRY MASON. ［↑］

máson bèe 〘昆〙粘土・砂などで巣を作る蜂.

Máson-Díxon lìne [the] 〘米史〙メイソン-ディクソン線 (＝**Máson and Díxon('s) lìne**)《Maryland 州と Pennsylvania 州との境界線; 1763–67 年, 部分的に Charles Mason と Jeremiah Dixon が踏査した線で, 象徴的な意味をもつ南部と北部の境界》.

Ma·son·ic /məsɑ́nɪk/ *a* FREEMASON の(ような); [m-] 石工の; [m-] 石細工の. ► *n* FREEMASON の懇親会.

Ma·son·ite /méɪs(ə)nàɪt/ 〘商標〙メゾナイト《断熱用硬質繊維板》. ［William H. *Mason* (1877–c. 1947) 米国の工学者］

Máson jàr [°m-] メイソンジャー《食品貯蔵用の広口密閉式ジャー; 家庭用》. ［John L. *Mason* (1832–1902) 米国の特許権取得者］

máson·ry *n* 石工[煉瓦]職; 石工[煉瓦工]術, 石工技術, メーソンリー; 石[煉瓦]工事, 石造, 組積(工事), 石積み, 石工事; 石[煉瓦]造りのもの[部分, 建築], 石造建築; [M-] FREEMASONRY.

máson's màrk 石工の銘.

máson wàsp 〘昆〙固い粘土で巣を作る蜂.

máson·wòrk *n* MASONRY.

ma·soor /məsúər, -sɔ́ːr/ *n* 〘植〙マスール (＝～ **dáhl**)《小粒のオレンジ色の種類のレンズマメ》. ［Hindi］

Ma·so·ra, -rah, Mas·so·ra(h) /məsɔ́ːrə/ *n* [the] マソラ (**1**) ヘブライ語聖書の伝統的本文 **2**) その注解の集成》.

Mas·o·rete, Mas·so- /mǽsərìːt/, **Mas·o·rite** /-ràɪt/ *n* 《ユダヤの》マソラ学者; マソラ編集者. ♦ **Mas·o·ret·ic** /mæ̀sərέtɪk/ *a*

Masqaṭ ⇨ MUSCAT.

masque /mǽsk; mɑ́ːsk/ *n* 《神話・寓話に基づく, 16–17 世紀の英

国ではやった, 歌や踊りもはいる》仮面劇(の脚本); MASQUERADE; MASKER. ♦ **másqu·er** *n* MASKER. [C16 (変形) < *mask*]

mas·quer·ade /mæskəréɪd/ *n* **1** 仮面[仮装]舞踏会; *仮装パーティー; 仮装(用衣裳). **2** 見せかけ, ふり, 虚構; 見せかけ[変装]の生活; 隠蔽. ► *vi* 仮面[仮装]舞踏会に参加する; 変装する; ふりをする, 見せかける: ~ *as* a prince 王子を装う. ♦ **-ád·er** *n* 仮面舞踏会参加者. [Sp (↑)]

mass[1] /mǽs/ *n* **1 a** 塊り, 塊体; 密集, 集団, 集まり; [ˢ*pl*] 多数, 多量 〈*of*〉: a ~ of rock 岩の塊り / a ~ *of* letters 手紙の山 / ~*es* [a ~] *of* people 黒山の人だかり / MASS OF MANEUVER. **b** 〔薬〕練薬; 〔鉱〕鉱脈外の鉱床. **2** [the] 大部分, 主要部; [the ~(es)] 大衆, 庶民, 労働者階級 (opp. *the classes*): *the* (great) ~ 大部分, 大多数 〈*of*〉. **3** 大きさ, 量, かさ (bulk); 〔理〕質量; 〔美〕マッス《全体中で大きな分量を占める単一な色や光のまとまり; 立体的な形[量]》. ● **be a ~ of**… 〈間違い・傷・花など〉だらけだ. **in ~** 一団として. **in the ~** まとめて, 全体として. ► *a* 大量の, 大規模の; 多勢の; 集団的な; 大衆の; 全体的な: a ~ murder 大量殺人 / ~ education 多人数[大衆]教育. ► *vt, vi* ひと塊り[一団]にする[なる]; 集中する; 集合させる[する]; 集結する. ● **~ in** 〔美〕〈形・色彩を〉マッスとして描く. [OF < L *massa* < Gk = barley cake]

mass[2] /mǽs, ˈˈmɑ́:s/ *n* [ᴼM-] ミサ(聖祭)《カトリック教会などの聖餐式 (the Eucharist); cf. LITURGY》; ミサの儀式[書], ミサ曲: go to [attend] ~ ミサに参列する / read [say] *M~* ミサを執り行なう / a conventual ~ 修道院の守護聖人を祝うためのミサ / a ~ for the dead 死者のためのミサ / HIGH MASS, LOW MASS. [OE < L *missa* dismissal; ミサの終わりのことば L *Ite, missa est (ecclesia)* Go, (the congregation) is dismissed からか]

Mass. Massachusetts.

mas·sa /mǽsə/ *n* *《南部》 MASTER[1] (cf. MARSE).

Mas·sa·chu·set, -sett /mæ̀sətʃú:sət, -zət/ *n* **a** (*pl* **~s, ~**) マサチューセッツ族《現在の Massachusetts 州の海岸地方に居住していたアメリカインディアン》. **b** マサチューセッツ語《Algonquian 語族に属する; 今は絶滅》.

Mas·sa·chu·setts /mæ̀sətʃú:səts, -zəts/ **1** マサチューセッツ《ニューイングランドの州; ☆Boston; 略 Mass., MA》. **2** MASSACHUSET.

Massachúsetts Báy マサチューセッツ湾《Massachusetts 州東海岸の大西洋の入江》.

Massachúsetts Báy Còmpany [the] マサチューセッツ湾会社《1629 年イングランド王特許状によって設立された植民地株式会社; 神政政治体制となって本国政府との対立が深まり, 1691 年王領植民地となった》.

Massachúsetts Ínstitute of Technólogy [the] マサチューセッツ工科大学《Massachusetts 州 Cambridge 市にある私立大学; 1861 年創立; 略 MIT》.

mas·sa·cre /mǽsɪkər/ *n, vt* 大虐殺(する), 皆殺し(にする); めちゃめちゃ[だいなし](にする); 《口》《スポーツなどで》圧倒(する), 完敗(させる). ♦ **-crer** /-k(ə)rər/ *n* [OF < ?]

Mássacre of the Ínnocents **1** [the] 〔聖〕《Bethlehem における Herod 王による》幼児大虐殺 (*Matt* 2: 16–18). **2** [the m- of the i-] ˈˈ《議会俗》《閉会間際に時日がないために行なう》議案握りつぶし.

máss àction 〔化〕質量作用 (⇨ LAW OF MASS ACTION); 〔心〕《脳の機能の》量作用説; 〔社〕大衆行動; 〔心〕《胎児・新生児の》全体未分化運動.

mas·sage /məsɑ́:ʒ, -dʒ; mǽsɑ̀:ʒ, -dʒ/ *n* マッサージ. ► *vt* マッサージする, マッサージで治療する; 〈クリーム・ローションなどを〉塗り込む 〈*in, into*〉; おだてる, くすぐる; 〈データ・数値などを〉操作する, 改竄する; *《俗》ぶんなぐる: ~ sb's ego 人の自尊心をくすぐる, おだてる. ♦ **mas·ság·er** *n* マッサージ師; マッサージ機. [F (*masser* to rub)]

masságe pàrlor マッサージパーラー《客にマッサージを行なう店; 実態はたいていソープランドや性感マッサージの店》.

mas·sa·sau·ga /mæ̀səsɔ́:gə/ *n* 〔動〕ヒメガラガラヘビ, マサソーガ (=~ **ràttler**)《米国東南部の小型のガラガラヘビ》. [*Missisauga* カナダ Ontario 州の川]

Mas·sa·soit /mæ̀səsɔ́ɪt, ⸗⸗⸗/ マサソイト (c. 1580–1661)《Wampanoag インディアンの首長; Plymouth 植民地との友好関係を保った》.

Mas·sa·wa, -sa·ua /məsɑ́:wə, -sáuə/ マッサワ《エリトリアの市; 別名 Mits'iwa; 紅海の入江に臨む海港; イタリアの植民地時代のエリトリアの首都 (1885–1900)》.

máss bòok [ᴼM-] MISSAL.

máss càrd 《主催者が遺族などに送る》追悼ミサ案内状, ミサカード.

máss communicátion 《新聞・ラジオ・テレビなどによる》大量伝達, マスコミュニケーション, マスコミ.

máss·cult /-kʌ̀lt/ *n, a* 《口》大衆[マスコミ]文化(の). [*mass*[1] + *culture*]

máss dèfect 〔理〕質量欠損《原子核の質量と個々の核子の質量の総和との差》.

máss drìver マスドライバー《電磁誘導を利用したカタパルトのような射出装置; 月面上から宇宙空間への資材打上げ用などとして構想されている》.

mas·sé /mæséɪ; mǽsi/ *n* 〔玉突〕マッセ (=~ **shòt**)《大きくカーブさせるために, キューを垂直に立てて突くショット》. [F = hammered; ⇨ MACE[1]]

massed /mǽst/ *a* 密集した, 一団となった; 集中した, まとまった. ♦ **máss·ed·ly** /mǽsəd-, -st-/ *adv*

mássed práctice 〔心・教育〕集中学習[練習]《休憩をいれない; cf. DISTRIBUTED PRACTICE》.

Mas·sé·na /mæ̀seɪnɑ́:, məséɪnə; *F* masena/ *n* マセナ **André ~**, Duc de Rivoli, Prince d'Ess·ling /*F* ɛsliŋ/ (1758–1817)《フランスの軍人; 革命戦争, Napoleon 戦争で活躍した; 元帥》. ► *a* 〔料理〕アーティチョークの根株と骨髄を付け合わせた, マッセナ風の.

máss ènergy 〔理〕質量エネルギー.

máss-énergy equìvalence 〔理〕質量とエネルギーの等価性.

máss-énergy relàtion 〔理〕質量-エネルギーの関係式 (= *Einstein equation*) (: $E = mc^2$).

Mas·se·net /mæ̀s(ə)néɪ; *F* masnɛ/ マスネ **Jules(-Émile-Frédéric) ~** (1842–1912)《フランスのオペラ作曲家; *Manon* (1884), *Werther* (1892)》.

mas·se·ter /mæsí:tər, mə-/ *n* 〔解〕咬筋(こうきん), 咀嚼(そしゃく)筋. ♦ **mas·se·ter·ic** /mæ̀sətérɪk/ *a*

mas·seur /mæsɜ́:r, mə-/ *n masc* マッサージ師. ♦ **mas·seuse** /-sɜ́:rz, -sú:z/ *n fem* [F]

Mas·sey /mǽsi/ マッシー (**1**) (**Charles**) **Vincent ~** (1887–1967)《カナダの外交官; カナダ人初のカナダ総督 (1952–59)》 (**2**) **Raymond** (**Hart**) **~** (1896–1983)《米国の俳優・演出家; Vincent の弟, 米国に帰化》 (**3**) **William Ferguson ~** (1856–1925)《ニュージーランドの政治家; 首相 (1912–25)》.

máss gráve 共同墓所.

máss hystéria 集団ヒステリー.

mas·si·cot /mǽsəkɑ̀t, *-kòʊ(t)/ *n* 〔鉱〕金密陀, マシコット《一酸化鉛からなる黄色の鉱物; 顔料・乾燥剤用》. [F]

mas·sif /mæsí:f, mǽsɪf/ *n* マッシーフ《大山塊または断層地塊》. [F; ⇨ MASSIVE]

Mas·sif Cen·tral /*F* masif sɑ̃tral/ 中央山塊[山地], マシフサントラル《フランス中南部の山地・高原; 全土の 1/6 を占める; 最高峰 Puy de Sancy (1885 m)》.

Mas·si·lia /məsíliə/ マッシリア《フランスの都市 MARSEILLE のラテン語名》.

Mas·sine /mæsí:n, mɑ:-/ マシン **Léonide ~** (1896–1979)《ロシア生まれの米国の舞踊家・振付家; 本名 Leonid Fyodorovich Miassin》.

Mas·sin·ger /mǽs(ə)ndʒər/ マッシンジャー **Philip ~** (1583–1640)《イングランドの劇作家》.

Massinissa ⇨ MASINISSA.

mas·sive /mǽsɪv/ *a* **1 a** 大きく重い[固い], どっしりした; 中まで詰まった, 充実した, めっきでない〈金属〉; がっしりした, 巨大な〈頭など〉; 〔地質・鉱〕塊状の, 層理のない. **b** 大規模な, すごい, かなり[相当]の; 〈負担などが〉重い, 巨額の; 膨大な〈書物など〉; 〈投薬などの量が〉普通以上の, 定量以上の; 〔心〕容積感のある; 〔医〕〈病気が〉組織の広範囲に及ぶ, 重症の: ~ hemorrhage 大量出血. **2** 堂々とした, 強力な, しっかりした, すばらしい. **3** 〔理〕質量のある〈粒子〉. ► *n* [通例 地名を冠して] ˈˈ《俗》《若者の》グループ, 遊び仲間: the Tottenham ~ トッテナムグループ. ♦ **~·ness** *n* [OF < L; ⇨ MASS[1]]

mássive·ly *adv* どっしりと, がっしりと; 圧倒的に; 大幅に, 大きく; きわめて, ものすごく.

mássively párallel *a* 〔電算〕大規模並列(処理)の: the ~ system 大規模並列処理システム.

máss léave 《インドで抗議のために多数の従業員がとる》一斉休暇.

máss·less *a* 〈素粒子が〉質量のない, 質量ゼロの.

máss mán 《大衆社会 (mass society) を構成する》大衆化して個性を失った個人, 大衆的人間.

máss-márket *a* 大量市場の, マスマーケットの, 大量販売用[向き]の; 一般大衆向けの. ► *vt* 〈製品などを〉大量に市場に出す.

máss màrket 大量市場, 一般(消費者向け)市場, マスマーケット《大量生産された製品の市場》.

máss márketing 一般大衆向け[一般(消費者)向け]マーケティング, マスマーケティング.

máss-màrket páperback 新書判ペーパーバック《スタンドやスーパーでも売られる廉価版; cf. TRADE PAPERBACK》.

máss medicátion 《上水道に薬物を入れるなどして行なう》集団投薬.

máss médium (*pl* **máss média**) [ᵘ*pl*] マスコミ媒体, マスメディア《新聞・雑誌・ラジオ・テレビ・映画など》.

máss méeting 《社会問題を討論する》大衆集会.

máss móvement 集団移動; 〔社〕大衆運動.

máss nòun 〔文法〕質量名詞 (= *material noun*) (cf. COUNT NOUN).

máss nùmber 〔理〕質量数 (= *nuclear number*)《原子核内の陽子と中性子との総数; 記号 A》.

máss observátion[u]《個人的記録・書簡・個人面接などによる》世情調査, 世論調査《略 MO》.
máss of manéuver〔軍〕遊撃隊.
Máss of the Presánctified〔カト〕聖金曜日予備聖体ミサ, 既聖ミサ.
Máss of the Resurréction 死者のためのミサ《司式者は白衣を着ける》.
Mas·son /mǽs(ə)n/ マッソン **David** ~ (1822–1907)《スコットランド出身の文学史家; *Life of Milton* (1859–94)》.
Massora(h) ⇨ MASORA.
Massorete ⇨ MASORETE.
mas·so·thérapy /mæ̀souー/ *n* マッサージ療法.
máss prìest [°*derog*] カトリック司祭.
máss-prodúce *vt* 大量生産する, 量産する. ♦ **-prodúcer** *n*
máss-prodúced *a* 大量生産された, 量産の, マスプロの.
máss prodúction 大量生産, 量産, マスプロ.
máss psychólogy 群衆心理(学).
máss radiógraphy X 線集団検診[集検].
máss rátio〔宇〕質量比《**1**) 推進部を除くロケット本体に対する総重量の比率 **2**) 推薬充填率》.
máss socíety 大衆社会《工業化・都市化された現代社会; cf. MASS MAN》.
máss spéctrograph〔理〕質量分析器.
máss spectrómeter〔理〕質量分析計.
máss spectrómetry〔理〕質量分析. ♦ **-spectrométric** *a* **-métrically** *adv*
máss spéctroscope〔理〕質量分光[分析]器.
máss spectróscopy〔理〕質量分光[分析].
♦ **-spectroscópic** *a* **-scópically** *adv*
máss spéctrum〔理〕質量スペクトル.
máss tránsit 大量輸送交通機関《都市交通網, 特に バス・鉄道・電車・地下鉄などの大量輸送手段》.
máss tránsport 大量[公共]輸送(機関).
mássy *a*《古・文》MASSIVE. ♦ **máss·i·ness** *n*
Mas·sys /mɑ́:sàɪs/, **Mat·sys** /mɑ́:tsàɪs/, **Mes·sys** /mέsàɪs/, **Met·sys** /mέtsàɪs/ マセイス, マツェイス, メセイス, メツェイス **Quentin** ~ (1465 or 66–1530)《フランドルの画家》.
mast[1] /mǽst; mɑ́:st/ *n* **1**〔海〕帆柱, マスト; マスト状の柱, 旗竿,《起重機・アンテナなどの》支柱;《放送用の》鉄塔;《飛行船の》係留柱 (mooring mast): spend a ~ マストを失う[吹き飛ばされる]. **2**〔米海軍〕艦長が裁決する下士官兵の懲戒裁判 (captain's mast).
● **afore [before] the** ~ マストの前に; 平(ひら)水夫として: sail [serve] *before the* ~ 平水夫となる[をつとめる]. **at half** ~《口》《靴下が》ずりさがっている,《ズボンが》短かすぎる (cf. HALF-MAST): Sb's flag is *at half* ~.《俗》ズボンのジッパーが開いている. ► *vt* …にマストを立てる. ♦ **~·ed** *a* マストを備えた: a four-~*ed* ship. **~·less** *a* **~·like** *a* [OE *mæst*; cf. G *Mast*, L *malus* pole]
mast[2] *n* カシワ・ブナ・クリなどの実《特に 豚の飼料》. [OE *mæst*; cf. G *Mast*, MEAT]
mast- /mǽst/, **mas·to-** /mǽstou, -tə/ *comb form*「乳房」「乳頭」: *mast*itis. [Gk (*mastos* breast)]
mas·ta·ba(h) /mǽstəbə/ *n* マスタバ《**1**) 古代エジプトの石・煉瓦で造った墳墓 **2**) イスラム諸国の家屋に作り付けの石などのベンチ》. [Arab=stone bench]
Má Stàte《豪俗》かあちゃん州《New South Wales 州; 最初の植民地であったことから》. ♦ **Má Stàt·er** *n*
mást cèll〔生〕マスト細胞, 肥満細胞, 肥胖細胞.
mas·tec·to·my /mæstέktəmi/ *n*〔医〕乳房切除(術).
mas·ter[1] /mǽstər; mɑ́:s-/ *n* **1 a** 支配権をもつ人, かしら, 長; 主君; (商)船長 (master mariner); 使用者, 雇用者, 雇主, 主人 (opp. *servant*),《ギルド制の》親方, マイスター;《奴隷・家畜などの》所有主, 飼い主; 家長 (cf. MISTRESS);《方》夫; 校長: ~ and man 主人と召使 / No man can [You cannot] serve two ~*s*.《諺》二君に仕えることはできない. **b** 自由に駆使しうる人; 勝者 (victor), 征服者, 支配者 (cf. *be* MASTER *of*). **c**《俗》御主人様, 主人役《master-slave などのサド・マゾ関係において能動的に[優位に]ふるまったり, 相手に性的屈従を強いる者; cf. SLAVE》. **2**[u]《男の》教師, 先生; 師, 師匠, 宗匠; [the M-, our M-]〔聖〕主(しゅ), キリスト: the mathematics ~ 数学の先生. **3 a** 名匠, 達人, 名人, 大家, 巨匠 〈*at* (do*ing*) sth *of*〉;《チェス・ブリッジなどで, 国際的レベルの技能を証明した》名人, マスター; 修士(号)《DOCTOR と BACHELOR との中間の学位(の保有者); ⇨ MASTER OF ARTS [SCIENCE]》: PAST MASTER. **b** 名人の作品 (cf. OLD MASTERS). **4**《種々の役人の職名として》長, 主事, [°M-]《英国の大学の》学寮長;〔法〕裁判所主事, 補助裁判官: *M*~ of the Supreme Court〔英〕最高法院主事. **5** [M-] 坊っちゃん, 若さま, 若だんな, …君《召使が 14 歳までぐらいの少年に対して用いる敬称》; [°M-]《スコットランドの》子爵[男爵]の長子, 若殿; [M-]《古》《称号として》…殿, …師《今日の Mr. に当たる》: *M*~ Davy (Smith) デーヴィ・スミス坊っちゃま. **6 a** 母型 (matrix), 原版, 原本, オリジナル,《CD の》原盤,《テープの》マスターテープ. **b**《ほかの装置の動きをコントロールする》マスター, 親装置 (cf. SLAVE);〔通信〕主局. ● **be ~ in one's own house** 一家のあるじである, 他人の干渉をうけない. **be ~ of**…の所有主である; …を自由にできる; …に通じている: He *is* ~ *of* his money. 金が思うようにつかえる / You cannot *be the* ~ *of* your destiny. 自分の運命を自分で決めることはできない / She *is* ~ *of* three languages. 3 か国語に通じている / *be* ~ *of oneself* よく自制する, 克己心がある. **be one's own** ~ =be one's OWN man. **make oneself ~ of**…に熟達する, …を自由に使いこなす. PAST [PASSED] MASTER.
► *a* [*attrib*] **1 a** 主人の, かしらの, 親方の, 自営の; 支配者の, 支配的な. **b** 主要な;《機械などで》親…;《複製の》もとになる, 親の, マスター…. **2** 名人の, 熟練した, すぐれた; はなはだしい: a ~ mathematician すぐれた数学者 / a ~ thief 大泥棒.
► *vt* **1** …の主人となる, 支配する; 征服する;〈一芸・一道〉に熟達する, マスターする. **2**〈感情・情欲などを〉抑制する;〈動物を〉ならす (tame). **3** …のマスター CD [テープ]を作る.
♦ **~·hòod** *n* [OE *mægester*<L *magister*; 途中で OF *maistre* の影響あり; cf. MAGISTRATE]
mást·er[2] *n* [u*compd*] …本マストの船: a four-~ 4 本マストの船. [*mast*[1]]
máster áircrew〔英空軍〕准尉.
máster-at-árms *n* (*pl* **másters-**)〔海軍〕《艦上で警衛任務に当たる》警衛兵曹;《商船の》警備主任;《友愛会・軍人会などの》事務主任.
máster báth 主寝室に隣接する浴室.
máster bédroom 主寝室《家の中でいちばん大きい寝室; 夫婦用》.
máster buílder 建築請負師; (名)建築家, 棟梁; 名人, 達人.
máster cárd〔ブリッジ〕切り札; [*fig*] 決め手.
Máster·Càrd〔商標〕マスターカード《米国の代表的な国際的クレジットカードシステム》.
máster chíef pétty òfficer〔米海軍・海兵隊・米沿岸警備隊〕上級上等兵曹 (⇨ NAVY).
máster clàss《特に一流音楽家が指導する》上級音楽セミナー[教室], マスタークラス.
máster clóck《電子・電気時計の》親時計, マスタークロック.
máster cópy《すべてのコピーの元となる》原本, 訂正原本; 原本ステンシル, マスターコピー.
máster cýlinder〔機〕マスターシリンダー《ピストンと流体を包む容器; cf. SLAVE CYLINDER》.
máster·dom *n*《まれ》支配 (mastery).
máster·ful *a* 名人[名手]に恥じない; 手ぎわよい 〈*at*〉, 堂に入った, あざやかな; 主人風を吹かせる, 横柄な, 専横な; MASTERLY. ♦ **~·ly** *adv* **~·ness** *n*
máster glánd〔解〕脳下垂体 (pituitary gland).
Máster Gúnner《英国砲兵隊の》砲台監守.
Máster Gúnnery Sèrgeant〔米海兵隊〕上級曹長 (⇨ MARINE CORPS).
máster-hánd *n* 名工, 名人, 名匠 (expert); 名人芸: show a ~ 名人芸を示す.
Máster in Cháncery〔英史〕大法官府主事.
Máster in Lúnacy〔英史〕心神喪失問題主事《大法官の下で, 心神喪失の申し立てを審理し, 心神喪失者の財産管理の監督をした》.
máster kèy《種々の錠に合う》親鍵, マスターキー (=*passkey*);《難問などの》解決の鍵[てだて].
máster·less *a* 主人のいない;〈動物などが〉飼い主のない;《古》正業のない, 放浪の.
máster·ly *a* 名人[大家]にふさわしい, 名手の, 熟達した; 巧妙な, みごとな: a ~ speech 名演説 / a ~ stroke 巨匠の一筆[ひと彫り].
► *adv* 大家にふさわしく; 巧みに, みごとに. ♦ **-li·ness** *n*
máster máriner 商船長(の資格をもつ老練船員).
máster máson 熟練した石工; [M- M-] FREEMASONRY の第三級 (=*third degree*), 第三級のフリーメーソン.
máster mechánic 職工長, 監督技術者; 熟練工.
máster·mìnd /ˊ‿ˋ‿ˊ‿/ *n* 傑出した[高度の]知性(の持主); すぐれた指導者[立案者]; 首謀者, 黒幕. ► *vt*〈計画を〉立案して(陰から)指揮する, 首謀者として指揮する.
Máster of Árts 文学修士(号)《略 MA, AM》;《スコットランドのいくつかの大学で》文学士(号) (Bachelor of Arts).
máster of céremonies《公式の宴会・儀式, 娯楽番組などの》司会者, 進行係《略 MC》;《英国王室などの》式部官;〔カト〕司式者, 祭式係長.
máster of fóxhounds《狩猟隊の責任者となる》猟犬管理者《狐狩り会員の世話役で, これに選ばれるのは非常な名誉とされた; 略 MFH》.
máster of hóunds MASTER OF FOXHOUNDS.
Máster of Misrúle [the] LORD OF MISRULE.
Máster of Scíence 理学修士(号)《略 MS, MSc》.
Máster of the Hórse [the]〔英〕主馬頭(しゅめのかみ)《英国王室の第 3 位の官位》.
Máster of the Quéen's [Kíng's] Músic [the]《英王室の》楽団長《名誉称号》.

M

Máster of the Révels [the]《昔の英王室などの》祝宴(事務)局長.

Máster of the Rólls [the]〘英法〙記録長官《大法官を補佐した記録保管官; 現在は控訴院の最上位の裁判官で, その民事部の長》.

Máster of the Témple [the]《London の》テンプル教会付き牧師.

máster·pìece *n* 傑作, 名作, 代表作; 模範的な例, かっこうの例 〈*of*〉;《中世ギルドに提出された》親方にふさわしい作品.

máster plán 総合基本計画, 全体計画, マスタープラン. ♦ **máster-plàn** *vt* …のマスタープランを立てる.

máster pòint〘米〙マスターポイント《ブリッジの全国トーナメントで優秀な成績をおさめたプレーヤーに与えられる点数》.

máster pòlicy《団体保険の》親証券.

máster ràce 支配者民族《ナチス時代のドイツ人のようにみずからをすぐれた民族とみなし, 他民族を支配するのは正当と考える民族; ⇨ HERRENVOLK》.

Mas·ters[1] /mǽstərz; mɑ́ːstəz/ *n* [〈*sg*〉]《競技の》中高年クラス; [the] MASTERS TOURNAMENT. ► [ᵒm-] *a* 中高年クラス(の競技)の, マスターズの: a ～ sprinter マスターズのスプリンター.

Masters[2] マスターズ (1) **Edgar Lee** ～ (1869–1950)《米国の詩人; *Spoon River Anthology* (1915, 改訂 1916)》 (2) **William H(owell)** ～ (1915–2001)《米国の産婦人科医・性科学者; 心理学者 Virginia E. Johnson (1925–　) との共同研究 *Human Sexual Response* (1966) は, 人間の性行動の生理学的・解剖学的研究として初の本格的な業績》.

más·ter's *n* (*pl* ～) MASTER'S DEGREE.

máster's degrèe 修士(号).

máster sérgeant〘米陸軍・海兵隊〙曹長 (first sergeant) (⇨ ARMY, MARINE CORPS);〘米空軍〙一等軍曹 (⇨ AIR FORCE)《略 MSgt》.

máster·ship *n* **1** MASTER[1] の職[地位, 権威]; 支配(力), 統御. **2** 練達, 精通, 習熟.

máster·sìng·er *n* MEISTERSINGER.

máster-sláve manìpulator〘理〙マジックハンド, マスタースレーブマニピュレーター《放射性物質などの人体に危険な物体を扱う》.

Mas·ter·son /mǽstərs(ə)n; mɑ́ːs-/ マスターソン **'Bat'** ～ [**William Barclay** ～] (1853–1921)《米国西部開拓地の保安官; のちスポーツ記者として活動》.

Másters Tòurnament [the] マスターズトーナメント《ゴルフの世界 4 大トーナメントの一つ; 1934 年から毎年 Georgia 州の Augusta National Golf Club で開催》.

máster·stròke *n*《政治・外交などの》すばらしい腕前, みごとな措置, 大成功;〘美〙主線; 入神の筆致.

máster swítch〘電〙マスター[親]スイッチ.

máster tòuch 天才のひらめき, みごとな手腕.

máster·wòrk *n* MASTERPIECE.

máster wórkman 職工長; 熟練工; 名匠.

máster·wòrt *n*〘植〙**a** セリ科アストランティア属の多年草. **b** ハナウド (cow parsnip).

mas·tery /mǽst(ə)ri; mɑ́ːs-/ *n* 支配, 統御力, 把握; 精通, 熟練, 専門技術[知識]; 優越, 卓越; 勝利, 優勝: gain [get, obtain] the ～ 支配権[力]を得る; 勝つ; 精通する 〈*of, over*〉.

mást·hèad *n* **1**〘海〙マストの先, 檣頭(しょうとう), マストヘッド; マストの先の見張人: a ～ light (白色)檣灯. **2** 発行人欄 (=*flag*)《新聞・雑誌の名称・発行人・編集者などを印刷した欄》;《新聞などの第 1 ページの》題字. ► *vt* 〈水夫を〉罰としてマストの先に登らせる; 〈帆・旗などを〉マスト(の先)に掲げる.

mást hòuse〘海〙マストを囲む甲板室《デリックの台》.

mas·tic /mǽstɪk/ *n* **1 a** マスチック (=**mas·ti·che** /mǽstəkìː/, **mas·tix** /mǽstɪks/)《mastic tree から採る天然樹脂; 薫香料・ワニス用》. **b**〘植〙MASTIC TREE. **2** マスチック《速乾性の防水用・目地用しっくい》. **3** マスティカ《マスチック樹脂で香りをつけたトルコ・ギリシアの酒》. [OF, ＜Gk]

mas·ti·cate /mǽstəkèɪt/ *vt* かむ, かみこなす, かみ砕く, 咀嚼(そしゃく)する; 〈ゴムなどを〉どろどろにする. ► *vi* かむ, 咀嚼する. ♦ **mas·ti·ca·ble** /mǽstɪkəb(ə)l/ *a* 咀嚼できる. **màs·ti·cá·tion** *n* 咀嚼. [L＜Gk *mastikhaō* to gnash the teeth]

más·ti·cà·tor *n* 咀嚼する人[もの]; 粉砕機, 肉刻み機.

mas·ti·ca·to·ry /mǽstɪkətɔ̀ːri; -t(ə)ri/ *a* 咀嚼の[に適した]; 咀嚼器官[筋]の[に関する]. ► *n* 唾液を増すためにかむもの《チューインガム・タバコ》, 咀嚼剤.

mastiche ⇨ MASTIC.

mástic trèe〘植〙**a** マスティクス (=*lentisc*)《地中海沿岸地方産ウルシ科トネリバハゼノキ属の常緑小高木; 樹脂を香料にする》. **b** コショウボク (peppertree).

mas·tiff /mǽstəf/ *n* マスチフ《英国原産の大型の番犬》. [OF *mastin*＜L (*mansuetus* tame)]

mástiff bàt〘動〙オヒキコウモリ, ウオクイコウモリ.

mas·ti·goph·o·ran /mæ̀stəgɑ́fərən/ *a, n*〘動〙鞭毛虫類[綱] (Mastigophora) の(動物). ♦ **-góph·o·rous** *a*

más·ti·go·phòre /mǽstɪgə-/ *n* MASTIGOPHORAN.

mas·ti·tis /mæstáɪtəs/ *n* (*pl* **-tit·i·des** /-tɪ́tədìːz/)〘医〙乳腺炎;〘獣医〙乳房炎 (garget). ♦ **mas·tít·ic** /-tɪ́t-/ *a* [Gk *mastos* breast]

mastix ⇨ MASTIC.

masto- ⇨ MAST-.

mas·to·cy·to·ma /mæ̀stəsaɪtóʊmə/ *n* (*pl* ～**s, -ma·ta** /-tə/)〘医〙肥満細胞腫.

mas·to·don /mǽstədɑ̀n, -dən/ *n* **1**〘古生〙マストドン《臼歯に乳房状突起がある巨象》. **2** 非常に巨大なもの[人]. ♦ **màs·to·dón·ic** *a* [NL (Gk *mastos* breast, *odont- odous* tooth)]

mas·to·dont /mǽstədɑ̀nt/ *a* マストドンのような歯をもった; マストドンの. ► *n* MASTODON. ♦ **màs·to·dón·tic** *a*

mas·toid /mǽstɔ̀ɪd/ *a* 乳頭[乳嘴(にゅうし)]状の; 乳様突起(部)の: a ～ operation 乳様突起切除. ► *n* 乳様突起 (=～ **bóne**);《口》MASTOIDITIS. [F or NL＜Gk (*mastos* breast)]

mástoid céll〘解〙乳様(突起)蜂巣.

mas·toid·ec·to·my /mæ̀stɔɪdɛ́ktəmi/ *n*〘医〙乳様突起削開[開放](術).

mas·toid·itis /mæ̀stɔɪdáɪtəs/ *n*〘医〙乳様突起炎.

mástoid prócess〘解〙乳様突起 (=*mastoid*).

Mas·troi·an·ni /mɑ̀ːstrɔɪjɑ́ːni; mæ̀s-/ マストロヤンニ **Marcello** ～ (1924–96)《イタリアの映画俳優;『甘い生活』(1960),『イタリア式離婚狂想曲』(1961),『昨日・今日・明日』(1963)》.

mas·tur·bate /mǽstərbèɪt/ *vi, vt* (〈自分・他人〉に)手淫[マスターベーション]を行なう. ♦ **-bà·tor** *n* [L＜?]

màs·tur·bá·tion *n* 手淫, 自慰, オナニー, マスターベーション.

mas·tur·ba·to·ry /mǽstərbətɔ̀ːri; -bèɪt(ə)ri, -bət(ə)ri/ *a* マスターベーションの; 自己陶酔的な, ひとりよがりの.

Ma·'sū·dī /mæsudíː/ [al-～ /æl-/] マスウーディー (c. 896–956 or 957)《アラブの歴史家・旅行家; 'Herodotus of the Arabs' と呼ばれる》.

Ma·su·ria /məzʊ́riə, -sʊ́r-; -sjʊ́ər-/ マズーリ (G **Ma·su·ren** /G mazúːrən/)《ポーランド北東部の地方; 1945 年まで東プロイセンの一部, マズーリ湖沼地方 (the **Masúrian Lákes**) は第一次大戦でロシアがドイツに敗れた地》. ♦ **Ma·sú·ri·an** *a, n* マズーリ(人)(の).

ma·su·ri·um /məzʊ́riəm, -sʊ́r-; -sjʊ́ər-/ *n*〘化〙マスリウム《technetium の旧名; 記号 Ma》. [↑; その発見地]

mat[1] /mǽt/ *n* **1 a** マット, むしろ, ござ, 畳;《レスリング・体操用の》マット,《柔道の》畳. **b**《玄関前の》靴ふき, ドアマット (doormat),《ふろ場の》足ふき, バスマット (bath mat): leave sb on the ～ 人に門前払いを食わせる. **c**《花瓶・電気スタンド・皿などの, 装飾付き》下敷, 敷物, TABLE MAT. **d**《写真などの》台紙: MOUSE MAT. **d**〘建〙べた基礎 (=*raft*);〘海〙当てむしろ;《発破現場で破片の飛散を防ぐ》ロープ[針金]製の網. **e**ˣ《俗》《空母などの》甲板, デッキ. **2**《コーヒー・砂糖などを入れる》かます; かます 1 杯の量. **3** もつれ,《草木の》繁茂; レース編みの目の詰まった部分: a ～ of hair もじゃもじゃした髪. **4**《NZ》マオリ人の用いる外套; マオリ人の生活ぶり. **5**ˣ《俗》女; 女房. ● **be (put) on the** ～《口》《譴責・審問のために》召喚される, しかられる (cf. *on the* CARPET). **go to the** ～ レスリングの試合をする 〈*with*〉; (断固)戦う 〈*for* sb, *over* sth〉. **hit the** ～ˣ《俗》(1) 起床する. (2) ノックダウンされる, 倒れる, 伏せる. ► *vt, vi* (**-tt-**) **1** マット[むしろ]を敷く[でおおう], 敷物で飾る; マットに編む. **2** からませる; もつれる, もつれさせる; 固める, 固まる 〈*down*〉. **3**ᴴ《俗》こっぴどくしかる, 大目玉をくらわす. [OE *m(e)att(e)*＜WGmc＜L=matt of rushes]

mat[2] *n*《口》〘印〙紙型, MATRIX.

mat[3] ⇨ MATTE[1].

Mat マット《女子名; Martha, Matilda の愛称》.

Mat·a·be·le /mæ̀təbíːli/ *n* **a** (*pl* ～, ～**s**) マタベレ族《ジンバブウェ南西部の Ndebele 族》. **b** マタベレ語.

Matabéle·lànd マタベレランド《ジンバブウェ南西部の Limpopo 川と Zambezi 川にはさまれた地域; ☆Bulawayo》.

ma·ta·co /mətɑ́ːkoʊ/ *n* (*pl* ～**s**) APAR. [AmSp]

Ma·ta·di /mətɑ́ːdi/ マタディ《コンゴ民主共和国西部, コンゴ川に臨む港町》.

mat·a·dor /mǽtədɔ̀ːr/ *n* **1** マタドール《剣と大赤布カポーテを持ち, banderillero, picador の退場後に出場してとどめを刺す闘牛の主役》. **2**〘トランプ〙マタドール《ombre, quadrille などで切り札の一種》; マタドール《隣接する半区画の点の合計を 7 個にするドミノの一種》. **3** [M-]〘米〙マタドール《地対地戦術誘導弾》. [Sp (*matar* to kill; ⇨ MAT[3])]

mat·a·gou·ri /mæ̀təgúːri/, **-go·ry** /-gɔ́ːri/ *n*〘植〙TUMATAKURU.

Ma·ta Ha·ri /mɑ́ːtə hɑ́ːri/ **1** マタハリ (1876–1917)《オランダ生まれのダンサー; 本名 Margaretha Geertruida MacLeod, 旧姓 Zelle; Paris で多くの将校の愛人となり, ドイツ側のスパイとして活動したとみられる; フランス当局に逮捕され, 死刑になった》. **2** 女スパイ.

ma·tai /mɑ́ːtàɪ, mǽt-/ *n*〘植〙ニュージーランド・豪州産のマキ. [Maori]

ma·ta·ma·ta /mæ̀təmətɑ́ː/ *n*〘動〙マタマタ《ガイアナ・ブラジル北部産のヘビクビガメ》. [Port＜Tupi]

Mat·a·mo·ros /mæ̀təmɔ́ːrəs/ マタモロス《メキシコ北東部 Tamaulipas 州の Rio Grande に臨む河港都市; アメリカ・メキシコ戦争の激戦地).

Ma·tan·zas /mətǽnzəs/ マタンサス《キューバ西部の Florida 海峡に臨む市・港町; Havana の東方に位置する》.

Mat·a·pan /mæ̀təpǽn/ [Cape] マタパン岬《TAÍNARON 岬の英語名》.

mát bòard 台紙, マット《額縁の絵や見本の下の台にする厚紙》.

match[1] /mǽtʃ/ *n* **1** マッチ(1本), マッチ棒 (matchstick): a box of ～*es* マッチ1箱 / a book of ～*es* 紙マッチ1個 (cf. MATCHBOOK) / light [strike] a ～ マッチをする. **2**《昔 銃砲の発火に用いた》火縄, 導火線 (cf. MATCHLOCK). ●**put a ～ to**…に火をつける. [OF<? L *myxa* wick, lamp nozzle]

match[2] *n* **1** 試合, 競技, 対戦, 対決《baseball, cricket, golf, tennis などの試合; cf. GAME[1]》: play a ～ *against*…と試合をする / the man [woman] of the ～ 最優秀[最高殊勲]選手 / SLANGING MATCH. **2 a** 対戦相手, 好敵手 〈*for*〉; 《性質などで》匹敵する[同等の]人[もの]: He is more than a [is no] ～ *for* me. 彼はぼくよりうわてだ[ぼくの敵ではない]. **b** 対(つい)の一方, そっくりのもの, 写し; 釣り合った[調和した]もの[人, 状態] 〈*for*〉; 好一対の人[もの, 組合わせ]《2人[2つ]以上》; 〖電算〗《検索で》一致した文字列, マッチ: I lost the ～ *to* this stocking. この靴下の片方をなくした / The new tie is a good ～ *for* the shirt.＝The new tie and the shirt are a good ～. その新しいネクタイとシャツはよく合う. **3** 縁組み, 結婚; 結婚の相手[候補者]: make a ～ 仲人(なこうど)する / make a ～ of it 〈二人が〉結婚する / She made a good ～. 彼女は良縁を得た / She will make a good ～ *for* you. 彼女はきみのお嫁さんにいい人だ / a ～ made in HEAVEN (成句). ● **meet** [**find**] **one's ～** (1) 好敵手を得る: He never *met his* ～ in chess. チェスで負けたことがない. (2) 難局[難問]にぶつかる.
► *vt* **1 a** …に匹敵する, …の好敵手になる: Nobody can ～ him *at* skiing [*in* tennis]. スキー[テニス]ではだれも彼にかなわない / ～ the competition ライバルと互角に戦う. **b** 競争[対抗]させる 〈*against*, *with*〉; …に好敵手[匹敵するもの]を見つける; 比べる; *〈複数個の硬貨を〉投げて出た目を比べる《賭博または何か事を決定する場合に行なう》; 〈人〉と硬貨を投げ合って事を決める: *M*～ your strength *against* Tom's. トムと力比べしてごらん / be equally [evenly] ～*ed* いい勝負である / I can ～ your story. あなたの話に負けずによい[おもしろい]話ができる. **2 a** …と調和する, 似合う; …と合致[一致]する; 〈要求など〉に見合う, 合う, かなう: His tie doesn't ～ his shirt. ネクタイがシャツに合わない. **b** 調和[マッチ]させる, (組み)合わせる, (正しく)符合させる, 結びつける, そろえる, 合わせる 〈*to*, *with*〉; …に合うものを見つける; …に〈適合する人[もの]を〉見つける 〈*with*〉; …と突き合わせる, 照合する, 一致する(ものがある)かどうか調べる 〈*against*〉; 〖電子工〗《最大のエネルギー伝達を得るため》〈2つの交流回路〉のインピーダンスを等しくする: ～ A *to* B A が B と一致することを示す[証明する] / Please ～ (me) this silk. この絹に似合う品を見つけてください / ～ the room *with* some new furniture 部屋に合う新しい家具を見つける. **3**《古》縁組みさせる (marry): ～ A *with* B A と B を夫婦にする. **4** …に見合う金を出す[寄付する], …を補う資金を提供[負担]する. ► *vi* 調和する, 釣り合う (agree); 夫婦になる: The ribbon does not ～ *with* the hat. そのリボンは帽子に釣り合わない / Let beggars ～ *with* beggars. 《諺》乞食は乞食どうしいっしょになるのがよい, 'われ鍋にとじぶた'. ●**～ up** よく調和[一致]する, 合う, マッチする 〈*with*〉; うまく調和させる, (組み)合わせる, (正しく)符合させる, 結びつける, そろえる. **～ up to**…に匹敵する, 及ぶ; 〈期待など〉にかなう. **to ～** [後置]《前述のものに》似合った, そろいの; 《性質・数などで》一致する: a dress with (a) hat *to* ～ (＝with (a) ～*ing* hat) ドレスとそれに似合った帽子 / with everything *to* ～ 全部そろえて. **well** [**ill**] **～ed**《力・技量などで》よく釣り合った[釣り合わない]; 似合いの[不似合いの], 互角の[でない].
[OE *gemæcca* mate, companion (⇨ MAKE[1]); Gmc で 'fit, suitable' の意]

mátch·able *a* 匹敵する, 釣り合った, 似合う, 対等の.

mátch·bòard, mátched bóard *n* 〖木工〗さねはぎ板.
♦ **mátch·bòard·ing, mátched bóarding** *n* さねはぎ板張り[羽目].

mátch·bòok* *n* マッチブック《二つ折りはぎ取り式紙マッチ》.

mátch·bòx *n* マッチ箱; 《俗》小さな家. ► *a* とても小さな[狭い].

matched órder 〖証券〗なれあい売買《同一人が等量の同一銘柄に同時に売りと買いの注文を出し, 取引活発と見せかけて株価を吊り上げる行為》.

mátch·er *n* MATCH[2] (*v*) する人; さねはぎ板製材機.

match·et /mǽtʃət/ *n* 《中南米でサトウキビを切る》なた (machete).

mátch-fìt" *a* 《故障明けなどの選手が》試合に出られる[十分戦える]状態で.

mátch·ing *a* 《色や外観が》(釣り)合っている, そろった, 応分の; 対応する; 個人が集めたのと同額の補助[寄付]を企業などが行なう: ～ funds マッチングファンド《非営利事業のため従業員が集めた資金と同額の金を会社が寄付する制度[基金]》.

mátch·less *a* 無双の, 無比の, 無類の, 並ぶ者のない, たぐいまれな (peerless), ずぬけた. ♦ **～·ly** *adv* **～·ness** *n*

mátch·lòck *n* 火縄銃[マスケット銃] (の発火[撃発]装置) (cf. MATCH[1]).

mátch·màker[1] *n* 縁結びに努める人, 仲人(なこうど); 試合の対戦者の組合わせを決める人.

matchmaker[2] *n* マッチ製造業者.

mátch·màking[1] *n* 《積極的な》結婚の仲介, 縁結び; 《競技の》対戦組合わせを決めること.

matchmaking[2] *n* マッチ製造.

mátch·màrk *n* 《組立てに便利なように機械の部品などにつける》合印(あいじるし). ► *vt* …に合印をつける.

mátch plày 〖ゴルフ〗マッチプレー《ホールごとの勝負で勝ったホール数の多いほうを勝者とする; cf. MEDAL PLAY》. ♦ **～·er** *n*

mátch póint 〖競技〗マッチポイント《(1) 次に得点すれば一方の勝ちが決まる状態 2) 決勝の一点》; /ˊ—ˊ—/ 〖ブリッジ〗得点単位.

mátch·stìck *n* マッチ棒《特に 燃えさし》; 《マッチ棒のように》細(長)い[ひょろひょろの]もの, もろいもの, 《野菜などの》千切り, 細切り: ～ figure [man] 一本線だけで簡略に描いた人間の絵.

mátch·ùp *n* 組合わせ (match); 対戦, 対決; 比較.

mátch·wòod *n* マッチの軸木; 小木片, こっぱ; 軽くて質の悪い木材: make ～ of…＝reduce…to ～ …を粉砕する, こっぱみじんにする.

mate[1] /méɪt/ *n* **1**《日ごろの》仲間, 友だち (cf. CLASSMATE, ROOMMATE, etc.); 《労働者間の》仲間; "兄弟, 兄貴《労働者・水夫間の親しい呼びかけ》: go ～*s* with…の仲間になる / MATE'S RATES. **2 2** つ一組の片方《夫または妻, パートナー, つがいの鳥・手袋などの一方》; 《古》匹敵するもの[人], 同等のもの[人]: the ～ *to* a sock 靴下の片方. **3** 〖海〗《商船の》航海士; 〖海・海軍〗助手; 《職人の》助手; 〖米海軍〗兵曹: the chief [first] ～ 一等航海士《船長の次位》/ the second [third] ～ 二等[三等]航海士 / a boatswain's ～ 掌帆兵曹 / a gunner's ～ 掌砲兵曹 / a plumber's ～ 配管工助手. ► *vt* **1** 仲間にする; 連れ添わせる 〈*with*〉; 〈動物を〉つがわせる, かけ合わせる, 交配する 〈*up*〉. **2** 一致させる, 結び合わせる; 対比する: ～ one's faith *with* acts 信仰と行ないを一致させる. **3**《古》…に匹敵する. ► *vi* **1** 仲間[友だち]になる; 連れ添う, 結婚する 〈*with*〉; つがう, 交尾する 〈*with*〉; 《古》交際する. **2** 〈歯車などが〉かみ合う 〈*with*〉. ♦ **～·less** *a* [MLG<WGmc **gamato* messmate; ⇨ MEAT, OE *gemetta*]

mate[2] *n*, *vt*, *vi* 〖チェス〗王手詰め(にする[なる]): STALEMATE / forced ～＝SMOTHERED MATE / give (the) ～ (to…を)王手詰めにする. ► *int* 詰み, チェック! [F *eschec mat* CHECKMATE]

ma·té, ma·te[3] /máːteɪ, mǽteɪ/ *n* マテ茶 (＝～ **tèa**) (＝*Paraguay tea*, *yerba maté*); 〖植〗マテ茶の木, マテ《南米産; モチノキ科》; マテ茶を入れるひょうたん. [F<Sp＝vessel in which the herb is steeped]

ma·te·las·sé /máːtlɑːsèɪ, ˌ—ˌ—ˊ/ *n*, *a* マテラーセ織り(の)《浮模様のある一種の絹毛交ぜ織り》. [F]

mate·lot /mǽt(ə)lòu/ *n* "《俗》水夫, マドロス; 緑色がかった藍色. [F]

mat·e·lote /mǽt(ə)lòut, mæ̀t(ə)lóut, mætlóut/ *n* 〖料理〗マトロート《(1) ワイン・タマネギ・魚の煮汁で作ったソース 2) それで煮込んだ魚料理》. [F (*à la matelot* mariner-style)]

ma·ter /méɪtər/ *n* [ˢthe] "《俗》お母さん (mother) (cf. PATER); 〖解〗DURA [PIA] MATER. [L]

Máter Do·lo·ró·sa /-dòulərόusə/ 悲しみの聖母《絵画・彫刻などで十字架の下で悲しんでいる聖母マリアの像》. [L＝sorrowful mother]

ma·ter·fa·mil·i·as /mèɪtərfəmíliəs, mɑ̀ː-; -æs/ *n* 母親, 主婦 (cf. PATERFAMILIAS). [L＝mother of a family]

ma·te·ri·al /mətíəriəl/ *n* **1** 原料, 材料, 素材, 資材, マテリアル; 《洋服の》生地; 物質; [ˢ*pl*] 題材, 資料, データ; 《俳優などの》全演目, レパートリー: RAW MATERIAL / ～ *for* a dress＝dress ～*s* 婦人服地 / There is enough ～ *for* two suits. 2着分の生地が十分にある / radioactive ～ 放射性物質 / waste ～ 廃棄物 / publish obscene ～*s* 猥褻物を世に出す / gather ～ *for* history 歴史のデータを集める / ～ *for* thought 考えるための資料. **2** [*pl*] 用具, 器具; MATÉRIEL: teaching ～(*s*) 教材 / WRITING MATERIALS. **3** 人材, 〈…向きの〉人物 〈*for*〉《1人にも2人以上にも用いる》: She is not university ～. 大学向きの生徒ではない. ► *a* **1 a** (opp. *spiritual*) 物質(上)の, 物質的な (physical); 有形の, 具体的な (substantial): a ～ being 有形物 / ～ civilization 物質文明 / the ～ theory of heat 〖理〗熱の物質説 / the ～ world [universe] 物質界. **b** 〖哲・論〗質料的な, 実体上の; 唯物論の; 実体験に基づく. **2** 肉体上の[的な] (corporeal); 感覚的な, 官能的な (sensuous): ～ comforts 肉体的安楽をもたらすもの《食物・衣服など》/ ～ needs 肉体的要求(物) / ～ pleasure 官能的快楽. **3** 本質的な, 関連した, 重要な, 必須の 〈*to*〉; 〖法〗大きく影響する, 重大な, 実質的な: ～ evidence 重大な(関連性のある)証拠 / at the ～ time 重大な時期に / facts ～ *to* the interpretation その解釈にとって重要な事実 / a ～ witness 重要証人. ♦ **～·ness** *n* MATERIALITY. [OF<L; ⇨ MATTER]

matérial cáuse 〖哲〗質料因《Aristotle の運動の四原因の一つ; ⇨ FORMAL CAUSE》.

matérial implicátion 〖論・哲〗質料[実質]含意《「A ならば B」という形で表わされる論理学上の含意を日常的な時間・因果関係を表わす文と区別した呼び名》.

matérial·ìsm *n* **1 a** 〖哲〗唯物論[主義]《宇宙の本質は物質でこ

れだけが真の存在だとする説; opp. *idealism, spiritualism*). **b**〔倫〕実質主義《事物の宗教的・超自然的解釈を排する》. **c**〔美〕実物主義, 実質描写. **2** 実質[実利]主義, 物質主義. ♦ **-ist** *n, a* 唯物論者; 実利主義者; MATERIALISTIC. **ma·tè·ri·al·ís·tic** *a* 物質主義的な, 即物的な, 実利的な; 唯物論(者)的な. **-ti·cal·ly** *adv*

ma·te·ri·al·i·ty /mətìəriǽləti/ *n* 物質性, 有形, 実質性 (opp. *spirituality*); 有形物, 実体; 重要性; 重要なもの; 《廃》物質 (matter).

matèrial·izátion *n* 具体化, 体現; 〈霊魂などの〉出現 (apparition).

matérial·ize, 《英》**-ìse** *vt* **1** …に形体を与える, 実体化する; 〈霊を〉肉体的に表わす; 〈願望・計画などを〉現実のものとする, 具体化する, 実現する. **2** 物質[実利]的にする. ► *vi* 〈霊が〉肉体的に現われる; 〈願望・計画などが〉具体化する, 実現する, 現実のものとなる; どこからともなく[不意に]現われる; 《口》望みどおりに現われる. ♦ **-ìz·er** *n*

matérial·ly *adv* 大いに, 著しく (considerably); 〔哲〕質料的に, 実質的に; 物質[有形]的に; 実利的に: It didn't help ~. たいして足しにはならなかった.

matérial móde 〔哲〕質料的表現《言語記号が指し示している事物・事柄について語る語り方》.

matérial nóun 〔文法〕物質名詞《water, gas など》.

matérial(s) hàndling 〔経営〕運搬管理, マテリアルハンドリング《工場での資材の移動・保管など》.

matérials-inténsive *a* 材料集約的な, 原材料多量消費(型)の.

matérials scìence 材料科学《無機材料・金属材料・有機材料など材料一般の構造・性質と用法の研究》. ♦ **matérials scìentist** *n*

ma·te·ria med·i·ca /mətíəriə médɪkə/ 薬物学 (＝*pharmacognosy*); 薬物, 薬種 (drugs); 薬物学論文. ［L＝medical material］

ma·té·ri·el, -te- /mətìəriél/ *n* 《組織・団体・施設などの》物質的材料[設備] (cf. PERSONNEL); 軍需品. ［F］

ma·ter·nal /mətə́ːrn(ə)l/ *a* 母の, 母たる, 母性の, 母らしい (motherly) (opp. *paternal*); 母方の; 母から継いだ; 母系の; 妊(産)婦の; 〔言〕母語の: a ~ association 母の会 / ~ love 母性愛 / ~ instincts 母性本能 / a ~ uncle 母方のおじ / ~ traits 母から受けた(性格的[身体的])特徴. ♦ **~·ly** *adv* **~·ìsm** *n* 母性(愛); 溺愛. **ma·tèr·nal·ís·tic** *a* ［OF or L; ⇨ MATER］

ma·ter·ni·ty /mətə́ːrnəti/ *n* **1** 母であること (motherhood), 母性; 母性愛, 母親らしさ. **2 a** 妊娠, 母になること; [〈*a*〉] 妊産婦のための, 出産(用)の. **b** 産科病院, 産院 (＝~ **hòspital** [**hòme**]). **c** 妊婦服, マタニティー (＝~ **dréss** [**wéar**]). ［F<L; ⇨ MATER］

matérnity allòwance 〔英〕出産手当《maternity pay を受けられない出産予定の女性に国が給付する》.

matérnity bènefit 〔英〕出産給付金.

matérnity lèave 出産休暇, 産休, 《母親の》育児休暇.

matérnity nùrse 助産師.

matérnity pày 〔英〕産休手当《一定期間以上勤務したあと産休をとった女性に雇用者が支払う手当》.

matérnity wàrd 《病院の》産科病室[病棟].

Mates /méɪts/ 〔商標〕メイツ《英国製のコンドーム》.

máte·shìp *n* 仲間であること, 仲間としての連帯[親睦, 協力], 仲間意識, (男の)友情; 《豪》メイトシップ《人間としての平等と連帯を第一義とする行動規範》.

máte's ràtes *pl* 《NZ口》友だちに対する割引[サービス]料金, 友だち価格.

mat·ey, maty /méɪti/ ⁿ《口》*a* (**mát·i·er; -i·est**) 友だちの, 仲よしの, 親しい, 心安い 〈*with*〉. ► *n* [ᵘ*voc*] 仲間, 相棒, 同僚. ♦ **mát·i·ly** *adv* **~·ness, mát·i·ness** *n* ［MATE¹］

mát·gràss *n* 〔植〕マットグラス《欧州・アジアのやせた湿地に生えるイネ科の雑草》.

math¹ /mǽθ/ *n** 《口》MATHEMATICS: a ~ teacher / If my ~ is right, …. もしぼくの計算が正しければ, ….

math² ⁿ《方》*n* 草刈り; 刈り取った草, 刈り草. ［OE *mǣth* (*māwan* to MOW)］

math. mathematical ♦ mathematician ♦ *mathematics.

math·e·mat·ic /mæ̀θ(ə)mǽtɪk/ *a* MATHEMATICAL.

màth·e·mát·i·cal *a* **1 a** 数学(上)の, 数理的な; 数学(の公理)を用いた[に則した]: ~ instruments 製図器械 / have a ~ mind 数学[数字]に強い[明るい]. **b** 《統計的には》ありうるが起こりそうもない: only a ~ chance ごくわずかなチャンス. **2** 非常に正確な, 厳密な; 完全な; 明確な, 確かな: a ~ certainty 絶対確実なこと / with ~ precision 数学的正確さで, きわめて正確に. ♦ **~·ly** *adv* 数学的に, 数式を使って; 数字の上から[では]〈不可能な, 困難な など〉.

mathemátical bíology 数理生物学. ♦ **mathemátical bíologist** *n*

mathemátical expectátion EXPECTED VALUE.

mathemátical indúction 〔数〕数学的帰納法.

mathemátical lógic 数理論理学 (symbolic logic).

mathemátical probabílity 〔数〕数学的確率 (opp. *empirical probability*)《どの事象も重複せず, 同等に起こりうると仮定した場合の理論上の確率》.

mathemátical tábles *pl* 数表《対数表・三角関数表など》.

math·e·ma·ti·cian /mæ̀θ(ə)mətíʃ(ə)n/ *n* 数学者; 数字に強い人.

màth·e·mát·ics *n* **1** 数学: applied [mixed] ~ 応用数学 / *M*~ deals with number and magnitude. 数学は数と量を扱う. ★《米》では math, 《英》では maths と略す. **2** [〈*sg*/*pl*〉] 数学的計算[処理, 属性], 数学の利用[応用]: My ~ are weak. 数学(の計算)に弱い. ［F or L<Gk (*manthanō* to learn)］

math·e·ma·ti·za·tion /mæ̀θ(ə)mətəzéɪʃ(ə)n; -tàɪ-/ *n* 数式化. ♦ **máth·e·ma·tìze** *vi, vt*

Math·er /mǽðər, mǽθ-, ⁿméɪ-/ マザー (1) **Cotton** ~ (1663–1728)《アメリカの会衆派牧師; Increase の子》 (2) **Increase** ~ (1639–1723)《アメリカの会衆派牧師; Harvard 大学学長 (1685–1701)》 (3) **John C(romwell)** ~ (1946–)《米国の天体物理学者; 宇宙マイクロ波背景放射の黒体放射スペクトルと異方性の発見によりノーベル物理学賞 (2006)》.

Math·ew /mǽθju/ **1** マシュー《男子名; 愛称 Matt》. **2** マシュー《Ben Jonson, *Everyman in His Humour* 中のへぼ詩人》. ［⇨ MATTHEW］

Ma·thil·da /mətíldə/ マティルダ《女子名; MATILDA の異形》.

maths /mǽθs/ *n* ⁿ《口》MATHEMATICS: ~ exam 数学の試験 / If my ~ is [are] right, …. もしぼくの計算が正しければ, ….

Ma·thu·ra /mʌ́tərə/, **Mut·tra** /mʌ́trə/ マトゥラー, マトラー《インド北部 Uttar Pradesh 西部の市; Krishna 神誕生地としてヒンドゥー教の聖地》.

ma·ti·co /mətíːkoʊ/ *n* (*pl* **~s**) 〔植〕マチコ《熱帯アメリカ産コショウ属の草本; 葉は止血用》. ［*Mateo* Matthew: その薬効を発見したスペインの兵士の名か］

mat·ie /méɪti/ *n* MATEY.

ma·tière /*F* matjɛːr/ *n* 素材, 材料, 画材, マティエール.

Ma·til·da /mətíldə/ **1** マティルダ《女子名; 愛称 Mat, Matty, Maud, Maude, Pat, Pattie, Patty, Tilda, Tillie, Tilly》. **2** マティルダ (1102–67)《イングランド王 Henry 1 世のひとり娘; 通称 'Empress Maud'; 父の死 (1135) 以降 息子が Henry 2 世として即位 (1154) するまでイングランド王位をめぐって従兄 Stephen と争いを続けた》. **3** 《豪》《未開地の徒歩旅行者・放浪者・坑夫などの携える》手まわり品の包み (swag): walk [waltz] ~ 自分の包みを携帯して放浪する, 荷物一つで渡り歩く. ［Gmc＝might＋battle］

mat·íl·i·ja pòppy /mətílɪhàː-/ 〔植〕ケシ科ロムネヤ属の花木《中米原産》. ［*Matilija* Canyon: California 州の原産地名］

mat·in | mat·tin /mǽt(ə)n/ *a* MATINAL; [ᵒM-] MATINS の. ► *n* [ˢ*pl*] 《古・詩》鳥の朝のさえずり.

mátin·al *a* 朝の, 早朝の; MATINS の.

mat·i·nee, -née /mæ̀t(ə)néɪ; mǽtɪnèɪ/ *n* 《演劇・音楽会などの》昼興行, マチネー (cf. SOIREE); 《婦人の》朝のうちの部屋着. ［F＝what occupies a morning; ⇨ MATINS］

matinée coat [**jacket**] /ーーー/ マチネーコート《乳児用のウールなどの上着》.

matinée ìdol 《特に 1930–40 年代の》女性に人気のある二枚目俳優.

mat·ing /méɪtɪŋ/ *n* めあわすこと; 〔生〕交配[交尾](期): the ~ season 交尾期. ［*mate*¹］

mat·ins | mat·tins /mǽt(ə)nz/ *n pl* [ˢ〈*sg*〉, ᵒM-] **1 a** 〔カト〕朝課《真夜中または夜明けの祈り; ⇨ CANONICAL HOURS; 今は OFFICE OF READINGS という》, 〔東方正教会〕早課. **b** 〔英国教など〕早禱(そうとう), 朝禱 (Morning Prayer). **2** 《詩》《鳥の》朝の歌. ［OF<L (*matutinus* of the morning 〈*Matuta* goddess of dawn)］

Ma·tisse /mætíːs, mə-/ マティス **Henri(-Émile-Benoît)** ~ (1869–1954)《フランスの画家; フォーヴィスム運動の代表者》.

mát·jes hèrring /máːtjəs-/ ワインソースに漬けた赤身ニシンの切り身.

Mat·lock /mǽtlɑ̀k/ マトロック《イングランド北部 Derbyshire の州都》.

mat·lo(w) /mǽtlòʊ/ *n* (*pl* **~s**) ⁿ《俗》水夫 (matelot).

mát·man /-mən/ *n* 《俗》レスラー.

Ma·to Gros·so /mǽtə gróʊsoʊ, -su/ マト・グロッソ (旧称 **Matto Grosso** /—/) (1) ブラジル南西部の高原; Amazon 水系と Plata 水系の分水嶺 2) ブラジル南西部の州; 大半が Mato Grosso 高原にある; ☆Cuiabá).

Máto Grósso do Súl /-doʊ súːl, -dʊ-/ マト・グロッソ・ド・スル《ブラジル南西部の州; ☆Campo Grande》.

ma·to·ke /mɑːtákeɪ/ *n* マトケ《料理用バナナ (plantain) の果肉; それを蒸してつぶしたウガンダの料理》. ［Luganda］

Ma·tó·po Hílls /mɑːtóʊpoʊ-/, **Ma·tó·pos** *pl* [the] マトポ丘陵《ジンバブウェ南部 Bulawayo の南にある花崗岩の丘陵; Cecil Rhodes の墓がある》.

Má·to Tépee /máːtoʊ-/ マトティピ《DEVILS TOWER の別名》.

Ma·to·zi·nhos /mɑ̀ːtuzíːnjuʃ/ マトジニョス《ポルトガル北部 Oporto の北の港町》.

matr- /mǽtr, méɪtr/, **ma·tri-** /-trə/, **ma·tro-** /-roʊ, -rə/ *comb form*「母」(cf. PATR-). [L; ⇨ MATER]

mat·rass, -ras, mat·trass /mǽtrəs/ *n* マトラス (=*bolt head*)《長頸卵形のフラスコ; 化学処理で乾燥物を熱するのに用いる》.

ma·tri·arch /méɪtriɑ̀ːrk/ *n* 女家長[族長] (cf. PATRIARCH);《集団・運動などの》首領格の女性; 威厳のある老婦人. [MATER; *patriarch* の誤った分析・類推による]

mà·tri·ár·chal *a* 女家長[族長](制)の; 女性支配[中心]の, 女系の, 雌が支配する; 母方の; 年配女性の〈技能など〉 ♦ **~·ism** *n*

ma·tri·arch·ate /méɪtriɑ̀ːrkət, -ikèɪt/ *n* 女家長による支配, 母権; 女家長制[女性支配]の社会[領域];〘社〙女家長制《仮説的な原始社会形態》; 母系制 (matriarchy).

ma·tri·archy /méɪtriɑ̀ːrki/ *n* 母系家族制, 母系制; MATRIARCHATE. ♦ **mà·tri·ár·chic** *a*

ma·tric /mətrík/ *n*《口》MATRICULATION.

màtri·céntric *a* 母親中心の.

matrices *n* MATRIX の複数形.

mat·ri·cide /mǽtrəsàɪd, méɪ-/ *n* 母(親)殺し《犯罪, またその犯人; cf. PATRICIDE》. ♦ **màt·ri·cí·dal** *a* [L (MATER, *-cide*)]

màtri·clínous *a* MATROCLINOUS.

ma·tric·u·lant /mətríkjələnt/ *n* 大学入学(志願)者; 新規入会会員.

ma·tric·u·late /mətríkjəlèɪt/ *vt, vi* 大学に入学を許す[入学する]; 正規会員として入会を許す[入会する]; MATRICULATION を受ける[に合格する]. ► *n* /-lət/ 大学入学者. [L=to enroll; ⇨ MATRIX]

ma·tric·u·la·tion /mətrìkjəléɪʃ(ə)n/ *n* 大学入学[入会]許可, 入学式;〘英〙大学入学資格試験《現在は GCE に取って代わられた》.

màtri·fócal *a* 母親中心の (matricentric).

màtri·láteral *a* 母方の, 母側の.

màtri·líneal *a* 母系(制)の, 女系の. ♦ **~·ly** *adv*

màtri·lócal *a*〘人〙母方居住の《夫婦が妻の家族または親族と共にあるいはその近くに居住する; cf. PATRILOCAL》. ♦ **-locálity** *n*

mat·ri·mo·ni·al /mæ̀trəmóʊniəl/ *a* 結婚の (nuptial); 夫婦の: a ~ agency 結婚紹介所 / a ~ offence 婚姻上の犯罪. ♦ **~·ly** *adv* 結婚によって; 夫婦として.

mat·ri·mo·ny /mǽtrəmòʊni; -məni/ *n* **1** 結婚, 婚姻; 婚姻の SACRAMENT, 婚姻秘跡; 婚礼; 夫婦関係, 婚姻関係[状態], 結婚生活. **2**〘トランプ〙マトリモニー《(1) 特定の組合わせをつくるゲームの一種 2) そのゲームでのキングとクイーンの組合わせ》. [AF<L; ⇨ MATER]

mátrimony vìne〘植〙クコ (=*boxthorn*).

ma·tri·osh·ka /mæ̀triɑ́ʃkə/ *n* MATRYOSHKA.

màtri·potéstal *a*〘人〙母権(制)の (opp. *patripotestal*).

ma·trix /méɪtrɪks, mǽt-/ *n* (*pl* **-tri·ces** /méɪtrəsìːz, mǽt-/, **~·es**) **1 a**《ものを生み出す》母体, 基盤, 発生源;〘菌〙母体;《古》子宮. **b**〘生〙細胞間質, 基質, 礎質;〘解〙爪母基(そうぼき), 爪床;〘岩石〙基質, 石基; GANGUE; 素地, 母材;〘冶〙地(じ)《合金の主体となる金属》;〘冶〙《電気鋳造用の》成形陰極; 結合剤, 固着料, 基質《コンクリート中のセメントなど》. **2** 母型, 鋳型, 模型;《レコードの》原盤;《印刷機・打印機の》抜き型;〘印〙母型, 紙型;〘文法〙母型文 (MATRIX SENTENCE). **3** 鋼目[格子]状の組織[構造] (network);〘数〙マトリックス, 行列;〘電算〙マトリックス《入力導線と出力導線の回路網》; MATRIXING. ► *vt* 〈信号・チャンネルを〉マトリックス化する. [L *matric- matrix* womb, female animal used for breeding < MATER]

mátrix álgebra〘数〙行列代数.

mátrix·ing *n* マトリックス化《4 チャンネルの音を 2 チャンネルに録音する方法》.

mátrix sèntence〘言〙母型文《例 The student who shouted left. の the student left; 単に matrix ともいう》.

matro- ⇨ MATR-.

màtro·clínous, -clínal *a* 傾母遺伝の.

ma·tron /méɪtrən/ *n* **1**《品のある年長の》既婚女性[婦人], 夫人. **2**(看護)師長《英国では公式には senior nursing officer という》,《公共施設の》家政婦長,《女子従業員の》女監督, 寮母, 保母;*《刑務所で女囚を監督する》婦人看守 (=police ~). **3**《子を産ませるために飼っておく》雌の家畜. ♦ **~·al** *a* MATRONLY. **~·hòod** *n* **~·lìke** *a* **~·shìp** *n* [OF<L *matrona*; ⇨ MATER]

mátron·age *n* MATRON たること; 既婚婦人たち, (看護)師長[寮母, 保母]たち; matron による監視[保護, 世話].

mátron·ìze *vt* MATRON らしくさせる; matron として取り仕切る[監督する], 〈若い女性〉に付き添う (chaperon). ► *vi* matron になる[の務めを果たす].

mátron·ly *a* MATRON の; 既婚婦人らしい; 品のある, 落ちついた; 〈若い女性が〉太りすぎの. ♦ **-li·ness** *n*

mátron of hónor《結婚式の花嫁に付き添う》既婚付添い婦人の長 (cf. MAID OF HONOR, BRIDESMAID, BEST MAN); 女王[王妃, 王女]に付き添う既婚婦人.

mat·ro·nym·ic /mæ̀trənímɪk/ *a, n* 母親[母系祖先]の名から採った(名前) (cf. PATRONYMIC).

Ma·trûh /mətrúː/, **Mer·sa Matrûh** /mərsáː ―́―/ マトルーフ, メルサマトルーフ《エジプト北西部の町》.

ma·try·osh·ka /mæ̀triɑ́ʃkə/ *n* (*pl* **ma·try·osh·ki** /-ki/) マトリョーシカ (RUSSIAN DOLL).

Matsu ⇨ MAZU.

ma·tsu·ri /mətsúːri/ *n* (*pl* ~)《日本の》祭. [Jpn]

mat·su·ta·ke /mɑ̀ːtsutɑ́ːki, -keɪ/ *n* (*pl* ~, ~**s**)〘菌〙マツタケ;《マツタケに似た》北米北部産キシメジ科ナラタケ属の白っぽい色のキノコ. [Jpn]

Matsys ⇨ MASSYS.

matt ⇨ MATTE[1].

Matt /mǽt/ マット《男子名; Mathew, Matthew の愛称》.

Matt.〘聖〙Matthew.

mat·ta·more /mǽtəmɔ̀ːr/ *n* 地下住居[倉庫].

mat·tar /mʌ́tər/ *n*《インド》エンドウ (pea). [Hindi]

matte[1], **matt,**《米》**mat** /mǽt/ *a* **1** 〈色・つやなどが〉鈍い, 光らない, つや消しの, マットの. **2** [ᵘmatte]《表面が》粒状の〈細菌の集落〉. ► *n* **1**《金属などの》つや消し面[仕上げ]; つや消し器. **2**《絵・写真などのまわりを囲む白・金色の厚紙製の》飾り縁;〘映・写〙マスク, マット《映像合成など特殊撮影用のおおい》. ► *vt* (**-tt-**) **1** 〈金属面などを〉曇らせる; つや消しにする (frost). **2** 〈絵などに〉飾り縁をつける. ★《米》では matte,《英》では matt とつづることが多い. [F<Arab; ⇨ MATE[2]]

matte[2] /mǽt/ *n* **1**〘冶〙鈹(かわ), マット《銅やニッケルの硫化物を精錬するときに生じる半成品》. **2**〘映〙マット《背景や前景の一部をマスクしてプリント時に別の背景などと置き換えられるようにする技法》. [F]

mát·ted[1] *a* マット (mat) を敷いた[でおおわれた]; マット[編んだもの]で作った; もつれた〈髪など〉; 草木の茂みにおおわれた.

matted[2] *a*〘材料〙つや消しの, マットの. [*matte*[1]]

Mat·tel /mətél/ マテル(社) (~ Inc.)《米国の大手玩具メーカー; 1948 年設立; BARBIE 人形などを製造》.

Mat·te·ot·ti /mæ̀tióʊti, mɑ̀ː-, -ɔ́ː-/ マッテオッティ **Giacomo** ~ (1885–1924)《イタリアの政治家; 統一社会党書記; ファシスト党員に殺害された》.

mat·ter /mǽtər/ *n* **1 a** 問題, 事, 事柄 (subject); 原因(となる事), …のたね〈*of, for*〉;《廃》理由 (reason), 因 (cause): (as) a ~ of…の[にかかわる, がものを言う]問題(として), …の立場[理由](から) / It's a ~ of time now. もう時間の問題だ / a ~ of life and death 死活問題 / a ~ of OPINION / money ~*s* 金銭問題 / be a ~ *for*…の仕事[関与すべき問題]である / a ~ *of* [*for*] regret 残念な事, 後悔のもと / a ~ in hand 当面の問題 / a ~ *for* complaint 不平のたね / (It's) no ~ *for* jesting. 冗談事ではない / the FACT [truth] of the ~ / There's also [still] the little [small] ~ of…《ささいなことながら》…の件がまだ片付いていない, …の件もお忘れなく. **b** [*pl*]《漠然と》物事, 事態, 事情; [the] 問題, 故障 (trouble): take ~*s* easy [seriously] 物事を気楽[真剣]に考える / *M~s* are different in Japan. 日本では事情が違う / Explain to me how ~*s* stand. 状況を説明してください / What's *the* ~ (=wrong) with you? どう(か)したのか / Nothing is *the* ~ (with me).=There is nothing *the* ~. (わたしは)どうもしない, 何でもない / What is *the* ~ with…? *…は[で]かまわんじゃないか. **c**〘法〙《立証される》事項(となる陳述内容), 主要[基礎, 争点]事実, 実体; 事件: a ~ in controversy [dispute, question] 係争事項. **2** [通例 否定辞を伴って] 重要性;《廃》重大事: It is [makes] *no* ~. 何でもない, かまわない / *No* ~! 気にするな, かまうものか / What ~? かまうものか. **3 a** 物質, 物体 (opp. *spirit, mind*); 材料 (material); …質, …素, …体: animal [vegetable, mineral] ~ 動物[植物, 鉱物]質 / organic ~ 有機物[質] / solid [liquid, gaseous] ~ 固[液, 気]体 / coloring ~ 色素. **b** 印刷物, 筆記したもの; 郵便物: printed ~ 印刷物 / postal ~ 郵便物 / first-class ~ 第一種郵便物. **c**《生体からの》排出物,《特に》膿(うみ) (pus). **4 a**《書物などの》題材, 内容 (substance) (opp. *manner, style, form*);《さしえに対して》本文;〘印〙原稿, 組版: His speech contained very little ~. 内容がほとんどなかった. **b**〘論〙命題の本質;〘哲〙質料 (opp. *form*);〘クリスチャンサイエンス〙五感で感得される対象は物として実在するとする幻想. **5** [主に次の成句で] わずかな[およその]数量: a MATTER of…. ● **a ~ of…** (1) …の問題 (⇨ 1). (2) わずか[せいぜい]…; およそ[約]… (about): in *a ~ of* minutes (ものの)数分で / *a ~ of* $10 [3 miles] 約 10 ドル [3 マイル]. **for that ~**=《まれ》**for the ~ of that** そういうことなら, (それについて)さらに言えば; それに関するかぎりでは. **in the ~ of**…に関しては. **no ~ what [which, who, where, when, why, how]**… たとえ何[どれ, だれ, どこ, いつ, なぜ, いかに]…でも: *No ~ what* (=Whatever) he says, don't go. 彼が何と言おうとも行くではない / I won't consent to *no ~ what* condition. どんな条件にも応じない.

► *vi* **1** [多くは否定・疑問・条件文で] 重大[重要]である, 問題となる〈*to* sb〉: What does it ~? かまわんじゃないか / It does*n't* ~ if we are late. おそくなってもかまわない. **2** 〈傷が〉うむ. ► *vt* 重大[価値あり]とみなす.

[AF<L *materia* timber, substance]

Mat·ter·horn /mǽtərhɔ̀ːrn, mɑ́ː-/ [the] マッターホルン (*F* Mont Cervin)《イタリアとスイスの国境 Pennine Alps の高峰 (4478 m)》.

mátter-of-cóurse *a* 当然の, 予期される; 物事を当然のこととみる, あたりまえのような, 淡々[あっさり]とした, そっけない〈態度など〉. ♦ **~·ly** *adv*

M

mátter of cóurse [routíne] 当然のこと[結果], 通例: as a ～ 当然, もちろん, (通常の)手続き[習慣]として(…することになっていて), いつも(のように).

mátter-of-fáct *a* 事実だけを述べる[に関する], 《想像を加えず》事務的な〈説明など〉; 感情を交えない, 冷静な; 無味乾燥な, 平凡な. ♦ **～·ly** *adv* **～·ness** *n*

mátter of fáct 〖法〗事実問題 (cf. MATTER OF LAW); 事実, 実際, 現実: as a ～ 実を言えば, それどころか (in fact).

mátter of láw 〖法〗法律問題 (cf. MATTER OF FACT).

mátter of récord 〖法〗記録事項《法廷記録に残されていて, その提出により証明されるべき事実または陳述》; 記録された[明らかな]事実.

matter of routine ⇨ MATTER OF COURSE.

mátter wàve 〖理〗物質波 (de Broglie wave).

mát·tery *a* 膿(ぅ)でいっぱいの; 膿[膿状物]を出す.

Mat·thau /mǽθàʊ/ マッサウ, マッソー **Walter** ～ (1920–2000)《米国の俳優》.

Mat·the·an, -thae- /mæθíːən, mə-/ *a* MATTHEW [マタイ伝]に関する.

Mat·thew /mǽθjuː/ **1** マシュー《男子名; 愛称 Matt》. **2 a** [°Saint] マタイ《十二使徒の一人; ⇨ APOSTLE》. **b** 〖聖〗マタイによる福音書, マタイ伝《新約聖書四福音書の最初の書 The Gospel according to St. ～; 略 Matt.》. [Heb＝gift of Yahweh]

Matthew Paris ⇨ PARIS[1].

Máthew prìnciple マタイの原理《: 'unto every one that hath shall be given' 持っている人は与えられる; *Matt* 25: 29》.

Mat·thews /mǽθjuz/ マシューズ (**1**) (**James**) **Brander** ～ (1852–1929)《米国の教育者・演劇批評家》 (**2**) Sir **Stanley** ～ (1915–2000)《英国のサッカー選手》.

Mátthew Wálker 〖海〗取手結び, マシューウォーカー《stopper などに用いる結び目の一種》.

Mat·thi·as /məθáɪəs/ **1** マサイアス《男子名》. **2** [°Saint] マッテヤ, マティア《常に主 Jesus に従い主の復活を目撃した弟子の一人で, Judas に代わって十二使徒に加えられた; *Acts* 1: 23–26》. **3** マティアス (1557–1619)《神聖ローマ帝国皇帝 (1612–19)》. **4** マーチャーシュ ～ **I** (1443–90)《ハンガリー王 (1458–90); 異名 ～ Cor·vi·nus /kɔːrváɪnəs/; János Hunyadi の息子; 種々の改革を実施, 中部ヨーロッパ最強の帝国を築いた》. [L＜Gk MATTHEW]

Mat·thies·sen /mǽθəsən/ マシセン **Peter** ～ (1927–)《米国の小説家・自然誌家・ネイチャーライター》.

mat·ti·fy /mǽtəfàɪ/ *vt* 〈化粧品が〉〈顔面〉のてかり[皮脂]を抑える. [*matte*[1], *-ify*]

mattin ⇨ MATIN.

mát·ting[1] *n* 《粗織りの》マット材料; マット・たたみ・むしろ類; むしろ・ござ・たたみなどを編むこと. [*mat*[1]]

matting[2] *n* つや消し(面); 《絵の》飾り縁 (mat). [*mat*[3]]

mattins ⇨ MATINS.

mat·tock /mǽtək/ *n* 根掘り鍬, マタック《一方がとがって他方が平らまたは両方とも平らなつるはし》. [OF *mattuc*＜?; cf. L *mateola* club]

Matto Grosso ⇨ MATO GROSSO.

mat·toid /mǽtɔ̀ɪd/ *n* 《狂人に近い》精神異常者.

mattrass ⇨ MATRASS.

mat·tress /mǽtrəs/ *n* **1** 《寝台の》マットレス; AIR MATTRESS. **2** 〖土木〗《護岸工事の》そだ束, 《軟弱な地面に敷く》コンクリート層; 〖土木〗沈床(ちんしょう)(基礎) (blinding), 〖建〗べた基礎 (mat), 《鉄筋コンクリート用の》金網組. ●**hit the** ～ *《俗》隠れる, 潜伏する. **put one's money under one's** ～ タンス預金する. [OF＜It＜Arab＝place where something is thrown]

Mat·ty /mǽti/ マッティ《女子名; Martha, Matilda の愛称》.

ma·tun·gu·lu /máːtʊŋgʊlùː/ *n* 《南ア》NATAL PLUM.

mat·u·rate /mǽtʃərèɪt/ *vi, vt* 化膿する[させる]; 成熟する[させる]. ♦ **ma·tur·a·tive** /mətʃúərətɪv, *mǽtʃərèɪ-/ *a*

mat·u·ra·tion /mæ̀tʃəréɪʃ(ə)n/ *n* 成熟, 円熟; 《果実が》熟すること, 登熟; 〖生〗成熟; 熟成; 成熟[減数]分裂; 精子完成 (spermiogenesis); 化膿. ♦ **～·al** *a*

ma·ture /mət(j)ʊ́ər, -tʃʊ́ər/ *a* **1** 《心身が》成熟した, 大人の, 分別のある; 〈作品などが〉円熟した; 〈計画など〉熟慮した, 慎重な; 大人向きの〈内容など〉; [*euph*] 年配の: a person of ～ age 分別盛りの年の人. **2** 〈生物が〉完全に発達[分化]した; 生長[成長]しきった; 〈果物など〉熟した; 〈ワイン・チーズなど〉熟成した, 飲み[食べ]ごろの: a ～ cell. **3** 〖商〗〈手形など〉満期の (due); 〖地質〗《地形的に》壮年期の; 〖地質〗〈砕屑堆積物が〉熟成した; 〖医〗膿(う)みきった; 〖経〗成熟した, 低成長期に達した. ► *vt* 成熟させる (ripen); 熟成させる; 完成する, 仕上げる. ► *vi* 成熟[円熟]する; 熟成する; 一人前に成長する 〈*into*〉; 〖商〗満期になる. ♦ **～·ly** *adv* **～·ness** *n* [L *maturus* timely, mature]

matúre stúdent" 成人[社会人]学生《高校終了後 年を経てから大学や夜間クラスへ入学する学生; 普通 25 歳以上》.

Ma·tu·rín /mɑ̀ːtəríːn/ マトゥリン《ベネズエラ北東部の市》.

ma·tu·ri·ty /mət(j)ʊ́ərəti, -tʃʊ́ər-/ *n* **1** 成熟, 円熟, 完熟, 完成, 完全な発達[発育, 成長]: ～ of judgment 分別盛り / come to [reach] ～ 成熟する, 円熟する. **2** 〖商〗満期(日), 支払期日; 〖地質〗壮年期《地形輪廻のうち, 山形の最も険しい時期》.

matúrity-ónset diabétes 〖医〗成人期発症糖尿病. ♦ **matúrity-ónset diabétic** *a*

ma·tu·ti·nal /mæ̀tʃutáɪn(ə)l, mət(j)úːtn(ə)l, -t(ə)n-/ *a* 朝の, 早朝の. ♦ **～·ly** *adv* [L; ⇨ MATIN]

MATV master antenna television テレビ共同受信方式.

maty[1] /méɪti/ *n* 《インド》召使, 奉公人. [C19＜?]

maty[2] ⇨ MATEY.

mat·za(h) /mǽtsə/ *n* (*pl* ～**s**) MATZO.

mat·zo, -zoh /máːtsə, -tsou/ *n* (*pl* **-zoth** /-tsòʊt, -θ, -s/, **-zos, -zohs** /-tsəz, -tsəs, -tsòʊz/) 種なしパン, マツォー《パン種を入れずに焼いた平たいクラッカー; ユダヤ人は過越しの祝い (Passover) の間, 普通のパンの代わりにもっぱらこれを食べる》. [Yid]

mátzo bàll マツォーボール《matzo meal で作っただんご; チキンスープに入れる》.

mátzo mèal マツォーミール《粉状にした MATZO》.

mat·zoon /mɑːtsúːn/, **mad·zoon** /mɑːdzúːn/ *n* ヨーグルトに似た乳酸食品.

mau·by /mɔ́ːbi/ *n* モービー《東カリブ海でクロウメモドキ科ヤエヤマハマナツメ属の木の樹皮から採る苦甘い飲料》. [Carib *mabi* sweet potato]

Mauch·ly /mɔ́ːkli/ マークリー **John W(illiam)** ～ (1907–80)《米国の物理学者・技術者; 1946 年 John P. Eckert と共に最初の電子計算機 ENIAC を完成した》.

maud /mɔ́ːd/ *n* **1** モード《スコットランドの羊飼いが用いる灰色[黒色]格子縞の毛織りのショール; それに似た柄の旅行用ひざ掛け》. **2** *《俗》(蒸気)機関, エンジン. [C18＜?]

Maud(e) /mɔ́ːd/ **1** モード《女子名; Matilda の愛称》. **2** *《俗》女; "《俗》男娼, ゲイ.

maud·lin /mɔ́ːdlən/ *a* 涙もろい, 感傷的な, めそめそする; 酔って涙もろくなった. ► *n* 感傷. ♦ **～·ly** *adv* **～·ness** *n* [OF *Madeleine*＜L; ⇨ MAGDALENE]

máudlin·ìsm *n* 涙もろさ, 感傷.

Maugham /mɔ́ːm/ モーム (**William**) **Somerset** ～ (1874–1965)《英国の小説家・劇作家; *Of Human Bondage* (1915), *Cakes and Ale* (1930), *The Razor's Edge* (1944)》.

mau·gre, -ger /mɔ́ːgər/ *prep* 《古》…にもかかわらず (in spite of). [OF＝spite, ill will (*mal-*, GREE[2])]

Maui /máʊi/ マウイ《Hawaii 島の北西にある火山島》.

maul, mall, mawl /mɔ́ːl/ *n* **1** 大木槌, かけや; 《頭の一端がくさび型になった》大ハンマー; 《古》棍棒, 鎚矛 (mace): ～ and wedges. **2** 騒々しいけんか; 〖ラグビー〗モール《ゆるやかなスクラム》. ► *vt, vi* 打ちつぶす; 〈動物が〉…に裂傷を負わせる; 袋だたきにする, ひどいめにあわせる; 酷評する; 不器用に[手荒く]扱う; *〈木を〉かけやとくさびで打ち割る; 《俗》(抱き合って)べたつく, いちゃつく, 愛撫する, しつこくさわる; 〖ラグビー〗モールを組む. [OF＜L *malleus* hammer; cf. MALLET]

Mau·la·na /maʊláːnə/ *n* マウラーナー《深い学識をもつイスラムの学者; 称号ともなる》. [Arab]

mául·er *n* MAUL する人; 手 (hand), こぶし (fist); 《俗》ボクサー, レスラー.

Maul·main /mɔːlméɪn, -máɪn/ MOULMEIN.

maul·stick, mahl- /mɔ́ːlstɪk/ *n* 《画家の》腕杖, モールスティック《垂直の画面に細い線を引くときに左手に持って右手を支える棒》. [Du (*malen* to paint)]

máu-màu *vi, vt* *《俗》おどす.

Mau Mau /máʊ màʊ/ (*pl* ～**s**, ～) **1** [the] マウマウ団《暴力でケニアからヨーロッパ人を放逐しようとする Kikuyu 族を中心とした秘密結社; 1950 年代に活躍》; マウマウ団員; *《黒人俗》Black Muslims など戦闘的黒人組織の一員. **2** 《東アフリカ俗》《ウガンダの》オートバイに乗った交通巡査.

mau·met /mɔ́ːmət/, **mam·met** /mǽmət/ *n* "《方》人形, 異様な人像, かかし; 《廃》偶像, 邪神. [OF]

maun, man /mɔːn, mɑːn, mən/, **mun** /mən/ *v auxil* 《スコ》MUST[1].

Mau·na Kea /máʊnə kéɪə, mɔ́ːnə-/ マウナケア《Hawaii 島中北部の死火山 (4205 m)》.

mau·na·loa /máʊnəlóʊə/ *n* 〖植〗タカナタマメ《マメ科のつる植物; ハワイでレイによく使用される》. [Haw]

Máuna Lóa /-lóʊə/ マウナロア《Hawaii 島中南部の活火山 (4169 m); ⇨ KILAUEA》.

maund /mɔ́ːnd/ *n* マウンド《インド・中東諸国などの衡量単位; 通例 82.286 pounds, ≒37.3 kg》; 《インド》編みかご. [OE *mand*].

maun·der /mɔ́ːndər, *máːn-/ *vi* だらだら話す, とりとめのないことを言う 〈*on, about*〉; ぶらつく, ぼんやり歩きまわる 〈*along, about*〉; 《廃》ブツブツ不平を言う. ♦ **～·er** *n* [? C17＝(obs) to beg]

Máunder mínimum 〖天〗《1645–1715 年の》マウンダー極小期《太陽の黒点がほとんどみられなくなった》. [Edward W. *Maunder* (1851–1928) 英国の天文学者]

maun·dy /mɔ́ːndi, *máːn-/ *n* [°M-] 〖キ教〗洗足式《Maundy Thursday に貧民の足を洗う》; 〖英〗MAUNDY MONEY (の下賜). [OF *mandé*＜L; ⇨ MANDATE]

Máundy mòney 洗足日救済金《英国王室が Maundy Thursday に貧民・高齢者に施すために特に鋳造する 1, 2, 3, 4 ペニー銀貨》.
Máundy Thúrsday 〘キ教〙洗足木曜日, 聖木曜日 (=*Holy* [*Sheer*] *Thursday*)《Good Friday の前日; 最後の晩餐 (Last Supper) を記念する; *John* 13: 5, 34》.
Mau·nou·ry /mòʊnərí:; *F* monuri/ モーヌリー **Michel-Joseph** ~ (1847–1923)《フランスの軍人; Marne の海戦でフランス軍を勝利に導いた (1914)》.
Mau·pas·sant /*F* mopasɑ̃/ モーパッサン (**Henri-René-Albert-)Guy de** ~ (1850–93)《フランスの作家; 自然主義の代表作家; 短篇の名手》.
Mau·per·tuis /*F* mopertɥi/ モーペルチュイ **Pierre-Louis Moreau de** ~ (1698–1759)《フランスの数学者・天文学者; 最小作用の原理を導出した (1744)》.
Mau·reen /mɔːrí:n/ モーリーン《女子名; アイルランド人に多い》. [Ir (dim) ‹ *Maura*; ⇨ MARY]
Maures /*F* mɔ:r/ [Monts des /*F* mɔ̃ de/ ~] モール山地《フランス南東部 Riviera の西端にある山塊》.
Mau·resque /mɔ:résk, mə-/ *a, n* MORESQUE.
Mau·re·ta·nia /mɔ̀(:)rətéɪniə, mɑ̀r-, -njə/ マウレタニア《古代アフリカ北西部にあった王国; 現在のモロッコおよびアルジェリアの一部を含む; Mauritania ともつづる》. ♦ **-ni·an** *a, n*
Mau·riac /mɔ:rjɑ́:k, mɔ̀:riɑ́:k/ モーリヤック **François** ~ (1885–1970)《フランスの作家; 代表作 *Thérèse Desqueyroux* (1927); ノーベル文学賞 (1952)》.
Mau·rice /mɔ́(:)rəs, mɑ́r-, mɔ:rí:s/ **1** モーリス《男子名》. **2** モーリッツ (*G* Moritz) (1521–53)《ザクセン (Saxony) 公 (1541–53), ザクセン選帝侯 (1547–53)》. **3** マウリッツ (1567–1625)《オランダ共和国総督 (1585–1625); 通称 '~ of Nassau'; 父 William 1 世の暗殺後総督となり, 陸海軍を整備して共和国の基礎を築いた》. [F‹L= moorish or dark-skinned]
Mau·rist /mɔ́:rɪst/ *n* サンモール会士《フランス, ベネディクト会のサンモール修族 (Congrégation de St.-Maur) (1618–1818) の修道士》.
Mau·ri·ta·nia /mɔ̀(:)rətéɪniə, mɑ̀r-, -njə/ **1** モーリタニア (*F* **Mau·ri·ta·nie** /*F* mɔritani/)《西アフリカの大西洋に面する国; 公式名 Islamic Republic of ~ (モーリタニア-イスラム共和国); ☆Nouakchott》. **2** MAURETANIA. ♦ **-ni·an** *a, n*
Mau·ri·ti·us /mɔ:ríʃ(i)əs; məríʃəs/ モーリシャス《(1) インド洋南西部, Madagascar 島の東, Mascarene 諸島の島 2) 同島および周辺の島々からなる国; 公式名 Republic of ~ (モーリシャス共和国); ☆Port Louis; もと英領; 1968 年独立, 英連邦に属する》. ♦ **-tian** /-ʃən/ *a, n*
Mau·rois /mɔ:rwɑ́:/ モーロア **André** ~ (1885–1967)《フランスの小説家・伝記作家; 本名 Émile-Salomon-Wilhelm Her·zog /*F* ɛrzɔg/》.
Maur·ras /mɔ:rɑ́:s/ モーラス **Charles** ~ (1868–1952)《フランスの詩人・ジャーナリスト・評論家; 完全国家主義 (integral nationalism) を唱え, ファシズムの先駆者となった》.
Mau·ry /mɔ́(:)ri, mɑ́ri/ モーリー **Matthew Fontaine** ~ (1806–73)《米国の海軍軍人・海洋学者》.
Mau·rya /máuri(j)ə/ マウリヤ朝《インド亜大陸の大半を支配したインド最初の統一国家 (c. 321–c. 185 B.C.)》.
Mau·ser /máuzər/ 〘商標〙モーゼル《ドイツ Mauser 社製のピストル・ライフル・機関銃》. [Peter Paul von *Mauser* (1838–1914) ドイツの発明家]
mau·so·le·um /mɔ̀:səlí:əm, -zə-/ *n* (*pl* ~**s**, **-lea** /-lí:ə/) **1** 広大壮麗な墓(を収めた堂), みたまや, みささぎ; [the M-]《紀元前 4 世紀小アジアの Halicarnassus に造られた》マウソロスの霊廟, マウソレイオン (⇨ SEVEN WONDERS OF THE WORLD). **2** 《口》[*joc*] (飾りたててあるのに)気味の悪い大きな建物[部屋, 寝台 など]. ♦ **màu·so·lé·an** *a, n* [L‹Gk (*Mausōlos* Mausolus (d. ?353 B.C.) Caria の総督)]
mau·vaise honte /*F* movɛ:z ɔ̃:t/ 理由のないはにかみ, 遠慮. [F=ill shame]
mau·vais goût /*F* movɛ gu/ 悪趣味.
mau·vais pas /*F* movɛ pa/ 困難, 苦境.
mau·vais quart d'heure /*F* movɛ ka:r dœ:r/ いやな[つらい, 不愉快な]一刻. [F=bad quarter of an hour]
mauve /móuv, *mɔ́:v/ *n, a* モーブ, 藤紫《紫色のアニリン染料》; 藤(紫)色(の). ♦ **máuv·ish** *a* [F‹L; ⇨ MALLOW]
máuve décade 〘米〙藤色の十年《社会的・文化的に繁栄をみた 1890 年代をいう》.
ma·ven, ma·vin, may·vin /méɪvən/ *《俗》 *n* 熟練者, くろうと, 達人 (expert), 目利き, 通; マニア, ファン. [Yid]
mav·er·ick /mǽv(ə)rɪk/ *n* **1** ***a** 焼き印のない牧畜動物《特に 母牛を離れた子牛; 最初に焼き印を押した者の所有物と考えられた》. **b** 群れから離れた馬[牛]. **2** 《口》《集団の規制を拒む》独立独行の人, 《政党内の》一匹狼, 独自の路線を行く組織[政党]. ► *a* 焼き印のない, 群れから離れた; わが道を行く, 一匹狼の, 非主流の: a ~ politician. [Samuel A. *Maverick* (1803–70) 自分の牛に焼き印を押さなかった Texas の牧場主]
ma·vis /méɪvəs/ *n* **1** 〘鳥〙**a** ウタツグミ (song thrush)《欧州・アジア産》. **b** ヤドリギツグミ (mistle thrush)《欧州・アジア産》. **2** [M-] メイヴィス《女子名》. [OF=(obs) thrush]
ma·vour·neen, -nin /məvúərnì:n, -vɔ́:r-/ *n, int* 《アイル》いとしい人 (my darling)《普通 女性に対して用いる》. [Ir]
maw[1] /mɔ́:/ *n* **1** 反芻動物の第四胃; 〘鳥〙餌袋(ふくろ); [*joc*]《人間の》胃袋, 《がつがつした人の》口や胃, 口腹. **2** 《貪食な動物や魚類の》口, のど, 食道, あご; [*fig*] 底なし沼, 深淵, 《奈落の》口. ► *vi, vt* 《俗》べたべたする, いちゃつく (smooch). [OE *maga* stomach; cf. G *Magen*]
maw[2] *n* *《中南部》かあさん (ma, mother).
ma·wa·shi /məwɑ́:ʃi/ *n* 《相撲力士の》まわし. [Jpn]
maw·ger /mɔ́:gər/ *a* 《カリブ》‹人・動物が›やせている.
maw·kin /mɔ́:kən/ *n* MALKIN; "《方》だらしのない女; "《方》かかし (scarecrow).
mawk·ish /mɔ́:kɪʃ/ *a* **1** 少し吐き気を催すような, まずい; 気の抜けた. **2** めそめそした, 感傷的な, 涙もろい. ♦ **~·ly** *adv* **~·ness** *n* [*mawk* (obs) MAGGOT]
mawl ⇨ MAUL.
Maw·lā·nā /maulɑ́:nə/ マウラーナー《JALĀL AD-DĪN AR-RŪMĪ の尊称; 「われらの師」の意》.
maw·sie /mɔ́:zi/ *n* 《スコ方》ウールのセーター[カーディガン, チョッキ].
Maw·son /mɔ́:s(ə)n/ モーソン Sir **Douglas** ~ (1882–1958)《オーストラリアの南極探検家・地質学者》.
máw·wòrm *n* 〘動〙回虫; 《けっこうなことを言う》偽善者.
max /mǽks/ 《俗》*n* 満点, 大成功; 最大(限), 限度, ぎりぎり. ● **to the** ~ *完全に, 徹底的に, 最高に. ► *vt* *‹テストなど›で最高点[記録]をあげる, 大成功[勝利]する; *…の頂点[限界, 限度]に達する. ► *vi* *のんびり[リラックス]する, 羽を伸ばす. ● ~ **out** *限界[限度]に達する; *力[金]をつかいはたす, とことんやる, やり[食べ]すぎる, *目いっぱい使う; *大成功する: ~ *out* (all) one's credit card クレジットカードを限度額まで使う. ► *adv* 最高で, 最大限に, せいぜい. [*maximum*]
Max マックス《男子名; Maximilian, Maxwell の愛称》.
max. maximum.
maxed /mǽkst/ *a* 酔っぱらって. [*max*]
Máx Fáctor 〘商標〙マックスファクター《米国 Max Factor & Co. 製 (Procter & Gamble Co. 傘下) の化粧品》.
maxi /mǽksi/ *n* (*pl* **máx·is**) 《口》マキシ(丈)《くるぶしまでのスカートやコート》; 《口》ひどく大きなもの; 《口》マキシヨット[ボート] (=~ **yàcht** [**bòat**])《大型レーシングヨット》. ► *a* 《口》‹衣服が›くるぶしまで届く, マキシ(丈)の; 《口》《普通より》大型の, 一段長い; 《俗》MAXIMUM. ► *vi* *《俗》大成功する. [*maxi*mum; cf. MINI]
max·i- /mǽksɪ/ *comb form* 「並はずれて長い」「並はずれて大きい」: *maxi*coat / *maxi*order. [↑]
max·il·la /mæksílə/ *n* (*pl* **-lae** /-li, -làɪ/, ~**s**) あご, 顎 (jaw); 〘解・動〙上顎(じょうがく)(骨); 〘動〙《節足動物の》小顎[小腮](あご)(しょうがく), 《クモなどの》下顎, 顎葉, 《甲殻類の》(第二)顎脚. [L=jaw]
max·il·lary /mǽksəlèri; mæksíləri/ 〘解〙*a* MAXILLA の. ► *n* 上顎骨; 上顎神経, 顎動脈《など》.
max·il·li·ped /mæksíləpèd/, **-pede** /-pì:d/ *n* 〘動〙《甲殻類の》顎脚(がっきゃく).
max·il·lo- /mæksílou, mǽksəlou, -lə/ *comb form* 「顎骨」 [L; ⇨ MAXILLA]
maxìllo·fácial /, mæ̀ksəlou-/ *a* 〘医〙顎顔面の.
max·im /mǽksəm/ *n* 格言, 金言; 処世訓, 座右の銘; 法諺(ほうげん); 〘哲〙格率《主観的な実践原則》; 一般原則, 原理: a legal ~ 法格言, 法諺. [F or L (*maximus* greatest (superl) ‹ *magnus*)]
Maxim **1** マクシム《男子名》. **2** マクシム Sir **Hiram Stevens** ~ (1840–1916)《米国生まれの英国の発明家; 自動機関銃を発明》. **3** MAXIM GUN. [L *Maxim*us]
maxima *n* MAXIMUM の複数形.
max·i·mal /mǽksəm(ə)l/ *a* 最高の, 最大(限)の, 極大の (opp. *minimal*); 最も効果的な, 完全な. ♦ **~·ly** *adv*
máximal·ist *n* **1** [M-] **a** 最大限綱領主義者《テロ行為による政権奪取を唱えたロシア社会革命党のアナキスト的社会主義者; cf. MINIMALIST》. **b** BOLSHEVIK. **2** 《一般に》妥協を排して最大限の要求をする人, 過激主義者. ► *a* 過激主義の. ♦ **máximal·ism** *n*
Máxim gùn マキシム砲《旧式の速射機関銃》.
Max·i·mil·ian /mæ̀ksəmíljən/ **1** マクシミリアン《男子名; 愛称 Max》. **2** マクシミリアン (1) (1832–67)《オーストリア大公, メキシコ皇帝 (1864–67); オーストリア皇帝 Francis Joseph 1 世の弟; フランスのメキシコ占領に伴い皇帝となったが, 革命軍に銃殺された》(2) ~ **I** (1459–1519)《神聖ローマ帝国皇帝 (1493–1519)》(3) ~ **II** (1527–76)《神聖ローマ帝国皇帝 (1564–76)》. [Gmc‹L (*Maximus*+*Aemilianus*)]
Max·i·mil·ien /mæ̀ksəmíljən/ マクシミリアン《男子名》. [F ↑]
max·i·min /mǽksəmìn/ *n* **1** 〘数〙マクシミン《ある一組の極小値の中の最大値; cf. MINIMAX》. **2** 〘ゲームの理論〙マクシミン《一方が利得の最小値を最大にする手(を用いたときの利得の値); cf. THEORY OF GAMES》. [*maxi*mum+*mini*mum]
máxim·ite *n* マクシマイト《ピクリン酸を主とする強力爆薬》.

M

max·i·mize /mǽksəmàɪz/ *vt* **1** 極限まで増加[拡大, 強化]する (opp. *minimize*);〘数〙〈関数〉の最大値(を取る条件)を求める, 最大化する;〘電算〙〈ウィンドーを〉最大化する. **2** 最大限に活用[重要視]する. ▶ *vi* 《教義・責務などについて》最も広義の解釈をする. ◆ **-miz·er** *n* **màx·i·mi·zá·tion** *n*

Max·im's /mǽksɪmz/ マキシム(ズ)《Paris にある高級レストラン・ナイトクラブ》.

max·i·mum /mǽksəməm/ *n* (*pl* **-ma** /-mə/, **~s**) 最高点, 最大限, 最大量, 上限, 極限;〘数〙最大, 極大(点) (opp. *minimum*);〘天〙変光星の光度の極大時, そのときの光度. ▶ *a* 最高[最大](限度)の; 極大の[を示す]. ▶ *adv* 最大で, 最高で: a length of ten inches ~ 最大で 10 インチの長さ. [NL; ⇨ MAXIM]

máximum and mínimum thermómeter 〘理〙最高最低温度計.

máximum dóse 〘医〙《薬の》極量《安全に投与できる最大薬剤量》.

máximum líkelihood 〘統〙最大尤(ゆう)推定法, 最尤法 (=**máximum líkelihood estimàtion**).

máximum príce 《許容される》最高価格.

máximum sustáinable yíeld 最大持続生産量, 最大維持収穫量, 持続可能最大収量《個体群を減らすことなく永続的に採取[捕獲]することのできる最高の収量; 略 MSY》;〘生態〙最適収穫量《個体群の大きさが最大の増加生物量を生むような理論的な値》.

máximum thermómeter 〘理〙最高温度計.

max·i·mus /mǽksəməs/ *a* 最大の; "最年長の (⇨ MAJOR);〘鳴鐘〙12 個一組の鐘を用いる鳴鐘法の.

Max·ine /mæksíːn/ マクシーン《女子名》. [F (fem dim); ⇨ MAX]

máxi·sìngle *n* EP 盤, マキシシングル.

máxi·skìrt *n* マキシスカート (maxi).

ma·xixe /məʃíːʃ(ə)/ *n* (*pl* **ma·xi·xes** /-ʃəz/) マシーシュ《two-step に似たブラジル起源のダンス》. [Port]

max·well /mǽkswèl, -wəl/ *n* 〘理〙マクスウェル《強度 1 gauss の磁場 1 cm^2 を通過する磁束の単位; 略 Mx》. [James C. *Maxwell*]

Maxwell **1** マクスウェル《男子名; 愛称 Max》. **2** マクスウェル (**1**) **(Ian) Robert** ~ (1923–91)《チェコ出身の英国の出版人・実業家; 本名 Jan Lodvik Hoch, あだ名は 'Captain Bob'; *Daily Mirror* をはじめとする Mirror グループの会長; 死後 不正な経営が発覚して, グループは崩壊》 (**2**) **James Clerk** /kláːrk/ ~ (1831–79)《スコットランドの物理学者; 電磁気の理論を定式化した》. [OE＜L *Maccus* (*magnus* great)＋WELL[2]]

Máxwell-Bóltzmann distribùtion 〘理〙《古典力学に従う理想気体の》マクスウェル-ボルツマン分布. [James C. *Maxwell* and Ludwig *Boltzmann*]

Maxwell Davies ⇨ DAVIES.

Máxwell Hóuse 〘商標〙マクスウェルハウス《米国製のインスタントコーヒー》.

Max·wel·li·an /mækswélian/ *a* James C. MAXWELL の.

Máxwell's démon 〘理〙マクスウェルの魔物《熱力学第 2 法則に反する仮想上の存在; 隔壁の一方へ一定以上の速度の分子のみを通過させる番人の役をする超人的な仮想上の生物》.

Máxwell's equátion マクスウェル方程式《James C. Maxwell が提出した電磁場の時間的・空間的変化を記述する 4 つの基本的な方程式の一つ》.

may[1] /mèɪ, méɪ/ *v auxil* (*p* **might**) **1** /meɪ, mɛ, (弱) mə/ **a** [許可] …してもよろしい[さしつかえない]: I'd like to try if I ~. よろしければやってみたいと思います / If I ~ say so, you are mistaken. そう言っては何ですが, あなたは勘違いをしていると思う / Who are you, ~ I ask? [*iron*] どなたさまでしたかね. ★ (1) 否定は軽い禁止の意味で may not ということもあるが 通例は MUST[1] not という: *M~* I smoke here?—Yes, you ~ (smoke). ここでタバコを吸ってもいいですか—ええ, (吸って)いいですよ (cf. No, you *must not*. いいえ, だめです / You ~ *not* smoke here. ここでは吸わないことになっています). (2) 口語ではこの may の代わりに can を用いることがある. (3) 口語で *M~* I…? の代わりに Can I…? ということがある. **b** [認容] …と言ってもさしつかえない, …と言うのはもっともだ. ★ この意味の否定は cannot: You ~ call him a genius, but you *cannot* call him a man of character. 彼を天才だと言ってもよいが人格者だとは言えない. **c** 《古》[可能] できる (can): as best one ~ できるだけ, どうにかこうにか / Gather ye ROSEBUDS while ye ~. / He who runs ~ read. 走りながらでも読める(ほど明白) / Much ~ be said on both sides. 両方に言い分があろう. **2** [推量] **a** [可能性] (**1**) …かもしれない, …なこと[場合]がある: It ~ be (=Perhaps it is) true. 本当かもしれない / You ~ walk for miles without meeting anyone. 何マイルも歩いてだれにも会わない場合がある. ★ この意味の否定は may not (cf. CAN[1] 3): He ~ *not* succeed. 成功しないかもしれない / He ~ come, or he ~ *not*. 来るかもしれないし来ないかもしれない. (**2**) [可能性を表わす文中の名詞節において]: It is possible *that* he ~ come tomorrow. あるいは明日来るかもしれない. **b** [may＋have done, have been] …した[だった]かもしれない: He ~ *have said* so. 彼はあるいはそう言ったかもしれない. **c** [疑問文で不確実の意を強めてまたは丁寧さを表わして]〈いったいだれ[何, どうして]…〉だろう, かしら: Who ~ you be? どなたでしたかしら. ★ (1) 話し手の優越感を暗示することがある. (2) ask, think, wonder, doubt などの動詞に伴う間接疑問文にも用いられる. **3 a** [祈願・願望・呪い] 願わくは…ならんことを, …させたまえ: *M~* you succeed! ご成功を祈る / Long ~ he live! 彼の長寿を祈る / *M~* it please your honor! 恐れながら申し上げます. ★ (1) この用法では語順は常に「助動詞 may＋主語＋動詞」. (2) 口語では I hope you'll succeed! のような言い方が普通. **b** 《主に文語》[要求・希望などを表わす文にかかる名詞節において]: I hope he ~ (=will) succeed. 彼の成功を祈る / I wish it ~ not prove true. 本当のことになりませんように. **4** [副詞節において] **a** [目的] …するために: I work hard (*so*) *that* (=in order that) I ~ support my family. 家族を養うため一所懸命に働く. ★ 《米》では may の代わりに can, shall, will を用いることが多い. **b** [譲歩] たとえ…であろうとも: Whoever ~ say so [No matter who ~ say so], you need not believe him. だれがそう言おうと信ずるには及ばない《口語ではしばしばこの may を用いないで Whoever says so [No matter who says so], …のようにいう》/ COME[1] what ~. **5** 《法令などで》…するものとする (shall, must). ● **be that as it ~** いずれにせよ, それはとにかく (however that may be). **I ~ SAY[1]. ~ (just) as WELL[1] do. That is [That's] as (it) ~ be=That ~ well be** [時に but で始まる節が続く] そういうことかもしれないが(まだ決まったわけではない[別の見方もある]).
[OE *mæg* (一人称・三人称単数直説法現在)＜*magan* to be strong, be able; cf. MAIN[1], MIGHT[2], G *mögen*]

may[2] /méɪ/ *n* 《古》MAIDEN. [OE *mæg* kinsman, kinswoman; cf. ON *mær*]

May /méɪ/ *n* **1 a** 五月 (cf. MARCH[1]); 春(の前期); [ᵒm-] [*fig*] 人生の盛り, 青春. **b** MAY DAY: the Queen of (the) ~=MAY QUEEN. **c** [*pl*]《ケンブリッジ大学》(五月の)最終試験, MAY RACES. **2** [m-] May Day の飾りつけ用の(花のついた)枝; [m-]〘植〙(セイヨウ)サンザシ (hawthorn), サンザシの花[開花] (cf. MAYFLOWER); [m-]〘植〙《春咲きの》シモツケの類: when the *m~* is out サンザシの花咲くころ. **3** メイ《女子名;「五月」の意または Mary の愛称から》. **4** メイ Sir **Thomas Erskine** ~, 1st Baron Farnborough (1815–86)《英国の法律家》. ● **~ and December [January]** 若い女と年老いた男(の結婚). ▶ *vi* [ᵒm-] 五月祭[メーデー]に参加する; 五月[春]に花を摘む: go *~ing*. [OF＜L *Maius* (*mensis* month) of the goddess MAIA]

ma·ya /máːjaː, -jə, máɪə/ 〘ヒンドゥー教〙 *n* マーヤー《現象の世界を動かす原動力》; 幻影(としての現象の世界); [M-] マーヤー《maya を象徴する女神》. [Skt]

Ma·ya /máɪə/ *n* **a** (*pl* ~, **~s**) マヤ族《中米 Yucatan 地方, ベリーズ, グアテマラなどに居住し, マヤ語族に属する言語を用いる先住民》. **b** マヤ語. [(Guatemala and Mexico)]

May·a·gua·na /mèɪəgwáːnə/ マヤグアナ《バハマ諸島南東部の島》.

Ma·ya·güez /màɪəgwéz, -s/ マヤグエス《プエルトリコ西部の市・港町》.

Ma·ya·kov·sky /mɑːjəkɔ́ːfski, màɪə-, -kɔ́ːv-/ マヤコフスキー **Vladimir Vladimirovich** ~ (1893–1930)《ソ連の詩人》.

Ma·yan /máɪən/ *n* マヤ語系種族;《メキシコ・中米地方で用いられる》マヤ語族. ▶ *a* マヤ語系種族の; マヤ語族の.

Máyan·ist *n* マヤ学者, マヤ文明[歴史]の専門家.

Ma·ya·pán /màɪəpáːn/ マヤパン《メキシコ南東部 Yucatán 州西部のマヤ遺跡》.

máy·àpple *n* [ˢM-]〘植〙メギ科ポドフィルム属の草本,《特に》アメリカミヤオソウ, ポドフィルム (=*wild mandrake*)《5 月に黄色をおびた卵形の実を結ぶ》; ポドフィルムの果実.

Máy Báll 〘英〙メイボール《毎年 5–6 月の MAY WEEK や EIGHTS WEEK に Oxford と Cambridge の両大学で催される公式ダンスパーティー》.

may·be /méɪbi, *mébi/ *adv* もしかすると, ことによると, 場合によっては, あるいは (perhaps); [文代用] (あるいは)そうかもしれない, かもね: *M~* he will come here. ことによると彼はここへ来るかもしれない / *M~* someone could move that chair? どなたかその椅子を動かしてしただけないでしょうか / And I don't mean ~. *《口》しかも「ことによると」じゃないんだぞ, 本気だぞ《しばしばおどし文句》/ as SOON as ~. ▶ *n* 不確かな事柄, はっきりしないこと[事態]. [*it may be*]

Máy bèetle [bùg] 〘昆〙コフキコガネ (June beetle); ヨーロッパコフキコガネ (cockchafer).

Máy blòb [ᵒ*pl*]〘植〙リュウキンカ (marsh marigold).

máy·bùsh *n* 〘植〙(セイヨウ)サンザシ (hawthorn).

May·day /méɪdèɪ/ *n* 《航空機・船舶の, 無線電話による》国際遭難救助信号, メーデー. [F *m'aidez* help me]

Máy Dày 五月祭; メーデー《労働者の祭典; 5 月 1 日》.

Máy dèw 5 月 (1 日) の朝露《美顔・医薬的効果があるとされた》.

Ma·yence /*F* majɑ̃ːs/ マイヤンス《MAINZ のフランス語名》.

Ma·yenne /*F* majɛn/ **1** マイエンヌ《フランス北西部 Pays de la Loire 地域圏の県; ☆Laval》. **2** [the] マイエンヌ川《フランス北西部を南流, Sarthe 川と合流し Maine 川となる》.

May·er **1** /méɪər/ メイヤー **Louis B(urt)** ~ (1885–1957)《ロシア生まれの米国の映画制作者; MGM 創設者の一人》. **2** /máɪər/ マイ

ヤー, メイヤー **Maria Goeppert** ～ (1906–72)《ドイツ生まれの米国の物理学者; 原子核の殻模型を提案; ノーベル物理学賞 (1963)》.
may·est /méɪəst, meɪst/ *v auxil* 《古》 MAY[1] の直説法二人称単数現在形: thou ～＝you may.
May·fair /méɪfɛ̀ər/ メイフェア《London の都心部 Hyde Park の東の地区; かつて高級住宅地であったが, 現在はホテル・クラブ・専門店・オフィスビルなどが多い》.
máy·flòwer *n* **1** 五月に花咲く草木,《特に》"サンザシ (hawthorn) (cf. MAY), "キバナノクリンザクラ (cowslip), リュウキンカ (marsh marigold), *イワナシ (arbutus). **2** [the M-] メイフラワー号《1620 年 Pilgrim Fathers を乗せて英国から新大陸へ渡航した船の名》.
Máyflower Còmpact [the] メイフラワー契約《1620 年 11 月 11 日 Mayflower 号上で Pilgrim Fathers が署名した新政府建設に関する協約》.
máy·flỳ *n* [ᵒM-]〔昆〕カゲロウ (＝*dayfly, drake, ephemera*);〔釣〕カゲロウに似せた毛針.
May 4th Movement /— ðə fɔ́:rθ —/ [the]〔中国史〕五・四(ごし)運動《1919 年 5 月 4 日に北京で起こった愛国的民衆運動》.
may·hap /méɪhæ̀p, *— ⸗/ *adv* 《古》 PERHAPS. [*it may hap*]
may·hem, mai- /méɪhɛ̀m, *méɪəm/ *n* **1 a**〔法〕身体傷害《暴力をもって手・足・目・歯など防衛に必要な身体の部分に与える傷害》; 重傷害. **b** 意図的損傷, 暴力; 騒動, 大混乱: commit ～ in the flower beds 花壇を荒らす. **2**《批評・論説などにおける》必要以上の非難, 故意による名誉毀損, 中傷, 大荒れ. [AF *mahem*; ⇨ MAIM]
May·hew /méɪhjù:/ メイヒュー **Henry** ～ (1812–87)《英国のジャーナリスト・作家; *Punch* 誌の共同発起人で, 共同編集者; *London Labour and the London Poor* (1851)》.
máy·ing *n* [ᵒM-] 五月祭の祝い(に参加すること); 五月祭の花摘み.
May·kop, Mai- /maɪkɔ́:p/ マイコープ《ヨーロッパロシア南部 Adygea 共和国の首都》.
Máy lìly〔植〕ドイツスズラン (lily of the valley).
May·nard /méɪnərd/ メイナード《男子名》. [Gmc＝strong＋hardy]
May·nooth /meɪnú:θ/ メイヌース《アイルランド東部 Kildare 県の町》.
mayn't /méɪ(ə)nt/ 《口》 may not の短縮形.
ma·yo /méɪoʊ/ *n* 《口》 MAYONNAISE.
Mayo 1 /máɪoʊ/ [the] マヨ川《メキシコ北西部 Sonora 州を南西に流れて California 湾に注ぐ川》. **2** /méɪoʊ/ メイヨー《アイルランド北西部 Connacht 地方の県; ☆Castlebar》. **3** /méɪoʊ/ メイヨー《米国の医師一家; Mayo Clinic の基礎を築いた **William Worrall** ～ (1819–1911) と 2 人の息子 **William J(ames)** (1861–1939), **Charles (Horace)** (1865–1939) のほか Charles の息子 **Charles W(illiam)** (1898–1968) など》.
Máyo Clìnic [the] メイヨークリニック《Minnesota 州 Rochester にある世界最大級の医療センター; 20 世紀初頭に William Worrall Mayo 父子の病院から発展》.
Ma·yon /mɑ:jóʊn/ [Mount] マヨン山《フィリピンの Luzon 島南東部の活火山 (2421 m)》.
may·on·naise /méɪənèɪz, ⸗ — ⸗/ *n* マヨネーズ; マヨネーズをかけた料理. [F＜? (fem)＜*mahonnais* of Mahon (Minorca の港)]
may·or /méɪər, mέər, (特に 人名の前で) mɛər; mέər/ *n* 市長, 町長, 首長《city, town, borough の長》,《時に village の》村長: LORD MAYOR. ♦ **máyor·al** /, mɛɪɔ́:rəl/ *a* **máyor·shìp** *n* 市長[町長]の職[身分]. **máyor·al·ty** *n* 市長[町長]の職[任期]. [OF *maire*＜L MAJOR]
máyor-cóuncil *a*〔米〕首長-議会方式の, 市長-市会型の《立法機能と行政機能とが分離し, 選挙により選出された議会および首長がそれぞれの面で市政を執行する; cf. COUNCIL-MANAGER PLAN》.
máyor·ess *n* 女性市長[町長]; 市長[町長]夫人(代理): LADY MAYORESS.
máyor of the pálace [the]《もと》メロヴィング朝の大宰相,《一般に》実権を有する属官[部下].
máyor's còurt〔法〕市長裁判所《いくつかの市に認められた, 市長が主宰する下位裁判所; Mayor's Court of London が有名であった》.
Ma·yotte /*F* majɔt/ マヨット《Madagascar 島の北西 Comoro 諸島にある島; フランスの海外県; ☆Mamoudzou》.
máy·pòle *n* **1** [ᵒM-] メイポール《彩色して花・リボンなどで飾った柱; 五月祭にその頂部にくくられたテープを持って周囲を回りながら踊る》. **2** のっぽの男, 背高のっぽ.
may·pop /méɪpɑ̀p/ *n*〔植〕チャボトケイソウ(の果実).
Máy quèen 五月の女王, メイクイーン (Queen of (the) May)《五月祭の女王に選ばれた少女; 花の冠をかぶる》.
Mayr /máɪər/ マイヤー **Ernst Walter** ～ (1904–2005)《ドイツ生まれの米国の動物分類学者・進化生物学者; *Animal Species and Evolution* (1963), *The Growth of Biological Thought* (1982)》.
Máy ràces *pl*〔ケンブリッジ大学〕《5 月末か 6 月上旬の》五月競漕, 五月レース.
Mays /méɪz/ メイズ **Willie (Howard)** ～ (1931–　)《大リーグの強打者; 生涯本塁打 660 本》.
mayst /méɪst/ *v auxil* 《古・詩》 MAY[1] の直説法二人称単数現在形: thou ～＝you may.
Máy·thòrn *n*〔植〕(セイヨウ)サンザシ (hawthorn).
Máy·tìde, Máy·tìme *n* 五月(の季節).
Máy trèe "〔植〕(セイヨウ)サンザシ (hawthorn).
mayvin ⇨ MAVEN.
máy·wèed *n*〔植〕カミツレモドキ (＝*dog fennel, stinking chamomile*)《ヨーロッパ原産のキク科の雑草; 悪臭がある》.
Máy Wèek〔ケンブリッジ大学〕ボートレースの行なわれる週《5 月末または 6 月上旬; cf. MAY BALL》.
Máy wíne メイワイン《**1**) シャンパン・モーゼル[ライン]ワイン・クラレットを混ぜ, クルマバソウで香りをつけたパンチ **2**) クルマバソウで風味をつけた白ワイン; オレンジ[パイナップル]の薄片を入れる》.
May·ya·li /maɪjɑ́:li/ マイヤリ《MAHÉ の旧称》.
Maz·a·ca /mǽzəkə/ マザカ《KAYSERI の古代名》.
ma·zae·di·um /məzí:diəm, mæ̀zəí:-/ *n* (*pl* **-dia** /-diə/)〔植〕マザエディウム《ホネタケ類の子嚢胞子が粉塊状になったもの》,《マザエディウムの生じた》粉塊状子実体.
ma·za·gran /*F* mazagrɑ̃/ *n* マザグラン《グラスに入れて出すアイスコーヒー》.
mazal tov ⇨ MAZEL TOV.
ma·zar /məzɑ́:r/ *n*〔イスラム〕聖者の墓, 聖廟.
maz·ard[1], maz·zard /mǽzərd/ *n* 《古・方》 頭, 顔;《廃》 MAZER. [*mazer, -ard*]
mazard[2] ⇨ MAZZARD[1].
Ma·zār-e Sha·rīf /məzɑ́:ri ʃərí:f/ マザーリシャリーフ《アフガニスタン北部の市;「聖者の墓」の意; 15 世紀に Muhammad の娘婿であった第 4 代カリフ Ali の墓が発見されたといわれ, 墓廟が建てられて, 特にシーア派信者の参詣の対象となっている》.
Ma·za·rin /mæ̀zəræ̃́; *F* mazarɛ̃/ マザラン **Jules** ～ (1602–61)《フランスの枢機卿・政治家; Richelieu の跡をうけて宰相となり, フランスをヨーロッパの最強国とした》.
Mazarín Bíble [the] マザラン聖書《GUTENBERG BIBLE の異称》. [Jules *Mazarin* の蔵書中にあったことから]
maz·a·rine /mæ̀zərí:n, *⸗ — ⸗, *-rən/ *n, a* 濃い藍(あい)色(の), 桔梗(ききょう)色(の). ● **the ～ robe** ロンドン市参事会員の制服. [*Mazarin*]
Ma·za·tlán /mɑ̀:zətlɑ́:n, -sə-/ マサトラン《メキシコ西部 Sinaloa 州南部の太平洋に臨む市・港町》.
Maz·da /mǽzdə/ AHURA MAZDA.
Mázda·ism, Maz·de·ism /mǽzdəìz(ə)m/ *n* ZOROASTRIANISM.
Maz·dak /mǽzdək/ マズダク《5–6 世紀のペルシアの宗教・社会改革者; 財産・女性の共有や肉食の禁止などを説いた》.
maze /méɪz/ *n* 迷路, 迷宮, 迷路園;《紙の上で行なう》迷路遊び; 錯綜したもの ⟨*of*⟩; 混乱; 当惑: in a ～ 困って. ► *vt* [ᵘ*pp*] まごつかせる, 当惑させる;《方》⟨人⟩に目をまわさせる, ぼうっとさせる. ♦ **～·lìke** *a* [ME AMAZE]
ma·zel /mɑ́:z(ə)l; mǽz-/ *n**《俗》運, 好運. [Yid]
ma·zel [ma·zal] tov /mɑ́:z(ə)l tɔ́(:)v, -tɑ́v, -f; mǽz-/ *int* おめでとう (congratulations). [Heb]
Máze (Príson) /méɪz(-)/ [the] メイズ刑務所《北アイルランド Belfast の西 Lisburn にあった刑務所; 1971 年開設, 80 年代に IRA の受刑者のハンストや脱走で死者を出した; 2004 年閉鎖》.
ma·zer /méɪzər/ *n*《脚付き銀縁の木[金属]製の》大杯. [ME]
Ma·zo·la /məzóʊlə/〔商標〕マゾーラ《コーン油; コーン油を原料としたマーガリン》.
ma·zoo·ma /məzú:mə/, **-zoo(·la)** /-zú:(lə)/, **-zoo·my** /-zú:mi/ *n* 《俗》 MAZUMA.
Maz·o·wiec·ki /mɑ̀:zoʊvjétski/ マゾヴィエツキ **Tadeusz** ～ (1927–　)《ポーランドの政治家・ジャーナリスト; 首相 (1989–91)》.
Ma·zu /mɑ́:zú:/, **Ma·tsu** /mɑ́:tsú:, mǽtsu:/ 馬祖(ばそ)(マーツー)《中国南東部福州の東, 台湾海峡の島》.
ma·zu·ma, me- /məzú:mə/, **-zu(l)·la** /məzú:lə/ *n**《俗》金, 現ナマ. [Yid]
ma·zur·ka, -zour- /məzɔ́:rkə, -zúər-/ *n* マズルカ《**1**) ポーランドの 3 拍子の軽快な民族舞踊 **2**) その舞曲, またそのリズムによる 3/4 [3/8] 拍子の曲》. [F or G＜Pol＝(dance) of *Mazur* (Mazovia ポーランドの一地方)]
ma·zut /məzú:t/ *n* 燃料油 (fuel oil).
mazy /méɪzi/ *a* 迷路 (maze) のような, 曲がりくねった; 混乱した, 当惑した. ♦ **máz·i·ly** *adv* **-i·ness** *n*
maz·zard[1], maz·ard /mǽzərd/ *n*〔植〕セイヨウミザクラ (sweet cherry). [MAZAR]
mazzard[2] ⇨ MAZARD[1].
Maz·zi·ni /mɑ:tsí:ni, -dzí:-/ マッツィーニ **Giuseppe** ～ (1805–72)《イタリアの革命家; 青年イタリア党を結成; 統一運動を推進》.
mb millibar(s). **MB** Manitoba ♦ ᵒmaternity benefit ♦ [L *Medicinae Baccalaureus*] Bachelor of Medicine ♦ ᵒmunicipal borough. **MB, Mb**〔電算〕megabit(s) ♦ megabyte(s).
MBA Master of Business Administration 経営(管理)学修士.

Mba·bane /ɛ̀mbɑːbɑ́ːneɪ; (ə)m-/ ムババネ《スワジランドの首都》.

mba·lax /ɛmbǽlæks; (ə)m-/ *n* 〔楽〕ンバラ, ムバラ《セネガルのポピュラー音楽の一種; ウォロフ族の伝統的な太鼓演奏とキューバのポピュラー音楽が融合したもの》. [Wolof=rhythm]

Mban·da·ka /ɛ̀mbɑ̀ːndɑ́ːkə; (ə)m-/ ムバンダカ《コンゴ民主共和国西部 Congo 川中流左岸にある市; 旧称 Coquilhatville》.

mba·qan·ga /əmbɑːkɑ́ːŋgə, ʊ̀m-, -kǽŋ-/ *n* ムバカンガ《南アフリカ都市部のポピュラー音楽》.

mbd 〔石油〕million barrels per day.

MBD °minimal brain dysfunction.

MBE Member (of the ORDER) OF THE BRITISH EMPIRE.

Mbe·ki /ɛmbéki, əm-/ ムベキ **Thabo (Mvuyelwa)** ～ (1942–)《南アフリカ共和国の政治家; 大統領 (1999–2008)》.

Mbi·ni /ɛmbíːni/ ムビニ《RÍO MUNI の別称》.

mbi·ra /ɛmbíərə/ *n* 〔楽〕ムビラ, エンビラ《木・金属の細長い板を並べて一端を留め, 他端をはじいて鳴らすアフリカの楽器; cf. THUMB PIANO》. [Bantu]

MBO °management buyout ♦ management by objectives 目標(による)管理.

Mbomou ⇨ BOMU.

Mbps 〔電算〕megabits per second. **MBR** 〔宇〕°microwave background radiation. **MBS** 〔米〕Mutual Broadcasting System. **MBSc** Master of Business Science.

Mbu·ji-Ma·yi /ɛmbùːdʒimáɪjìː; (ə)mbúːdʒimàɪi/ ムブジマイ《コンゴ民主共和国南部の市; ダイヤモンド採掘の町; 旧称 Bakwanga》.

Mbun·du /ɛmbʊ́ndu; (ə)m-/ *n* **a** (*pl* ～, ～s) ムブンドゥ族 (=*Kimbundu*)《アンゴラ中北部に住むバントゥー系部族》. **b** ムブンドゥ語 (Kimbundu).

m-business /ɛ́m ─́─/ *n* M-COMMERCE.

Mbu·ti /ɛmbúːti; (ə)m-/ *n* (*pl* ～, ～s) ムブティ族《ウガンダ西部・コンゴ民主共和国の一部に住むピグミーの一部族》.

Mbyte 〔電算〕megabyte(s).

MC /ɛ̀msíː/ *n* MASTER OF CEREMONIES; 《ラップグループの》MC《リードヴォーカル》. ► *vi, vt* (**MC'd; MC'ing**) (…の)司会者 (MC) をつとめる (emcee), 《ラップグループで》MC をつとめる.

Mc- /mək, mæk/ *pref* (1) MAC-. (2)*《俗》MCDONALD'S のもじりで普通名詞に付けて「即席[できあい, ありきたり]の」「お手軽な」「安っぽい」などを意味する: *Mc*Doctor, *Mc*Job, *Mc*Paper. ★ 本辞典では Mc- の付く語は Mac- の語順で示すので, その項を参照.

mc millicurie(s). **mc, Mc** megacycle(s). **MC** Monaco ♦ music cassette. **M.C.** °Marine Corps ♦ 〔米〕Member of Congress ♦ 〔英〕°Military Cross. **MCA** 〔電算〕Micro Channel Architecture《IBM PS/2 の上級機種などで使われた IBM 社のバス規格 (1987); 普及せず PCI に移行》. **MCAT** *Medical College Admission Test. **MCB** miniature circuit breaker. **MCC** 〔英〕°Marylebone Cricket Club ♦ 〔宇〕mission control center ミッション管制センター. **mcg** microgram(s). **MCG** Melbourne Cricket Ground. **MCh, MChir** [L *Magister Chirurgiae*] Master of Surgery. **MChin** °Middle Chinese. **mCi** millicurie(s). **MCL** Marine Corps League.

MCom Master of Commerce.

m-commerce /ɛ́m─́─/ *n* M コマース, モバイルコマース《携帯端末を利用した電子商取引》.

MCP 《口》°male chauvinist pig. **MCPO** °Master Chief Petty Officer. **MCR** °middle common room.

Mc/s megacycles per second.

MD /ɛ̀mdíː/ *n**《俗》Dr. Pepper《清涼飲料; カウンターでの用語》.

Md 〔化〕mendelevium. **Md.** Maryland. **MD** °Managing Director ♦ 〔楽〕°mano destra ♦ Maryland ♦ Medical Department ♦ [L *Medicinae Doctor*] Doctor of Medicine ♦ °mental deficiency [defective] ♦ mentally deficient ♦ °Middle Dutch ♦ MiniDisc ミニディスク, MD《CD より小型のデジタル記録媒体; 録音・再生用の光磁気ディスクのほか再生専用の光ディスクもあった》♦ °missile defense ♦ °muscular dystrophy ♦ MUSICAL director.

m/d, M/D, MD 〔商〕months after date 日付後…か月.

M-day* /ɛ́m─́─/ *n* 動員日; 開戦日: the ～ plans 動員計画. [*mobilization day*]

MDC more developed country《developed country の言い換え》♦ Movement for Democratic Change 民主変革運動《ジンバブウェの政党》. **MDF** main distribution frame 主配線[配電]盤 ♦ medium density fiberboard 中密度[中質]繊維板《木材チップを成型した建材》. **MDiv** Master of Divinity. **MDMA** methylenedioxymethamphetamine メチレンジオキシメタンフェタミン《覚醒剤メタンフェタミンに似た構造の麻薬; 通称 ecstasy といい, 少量でも危険性が高い》. **MDS** Master of Dental Surgery.

mdse merchandise. **MDT** 〔米・カナダ〕°mountain daylight time. **MDu** °Middle Dutch.

me[1] /mìː, míː, mi/ *pron* [I の目的格] **1** わたしを[に]: They saw *me*. / Give *me* a book. / Give it to *me*. **2** /míː/《口》I: It's *me*. わたしです / You're as tall as [taller than] *me*. 背がわたしと同じ[より高い] / *Me* and him was late. 《非標準》ぼくとやつは遅れた. **3** [再帰的] MYSELF: I looked about *me*. あたりを見まわした / I'm going to get *me* a new bike. *《口》自転車を買うつもりです / I laid *me* down to sleep. 《古》横になって眠った. **4** [動名詞の主語]《口》MY: What do you think of *me* becoming a teacher? わたしが教師になるのをどう思いますか. **5** /míː/ [慣用的]: I want to go.—*Me*, too. わたしは行きたい—わたしも / Ah *me*! ああ! / Dear *me*! おやおや! ● **～ and mine** わたしとわたしの友人・家族. [OE (acc and dat) < *I*[1]]

me[2] /míː/ *n* 〔楽〕MI.

Me Maine ♦ Maître ♦ 〔化〕methyl. **ME** Maine ♦ °managing editor ♦ °Marine Engineer ♦ °marriage encounter ♦ Mechanical Engineer ♦ °Medical Examiner ♦ °Middle East ♦ °Middle English ♦ °Mining Engineer ♦ 〔医〕°myalgic encephalomyelitis ♦ 〔医〕myalgic encephalopathy 筋痛性脳症.

mea cul·pa /méɪə kúlpə, méɪɑː-, -pɑː/ *n* 謝罪(のことば). ► *int* [°*joc*] わが過失なり[により]; 悪かった, 申しわけない, ごめん(ね). [L= through my fault]

mead[1] /míːd/ *n* 《古・詩》MEADOW. [OE *mǣd* < Gmc (**mētwā* mowed land); ⇨ MOW[1]]

mead[2] *n* ミード《(1) かつて英国で飲用された蜂蜜酒; cf. HYDROMEL (2)*各種非アルコール飲料》. [OE *me(o)du*; cf. G *Met*, Gk=wine]

Mead **1** [Lake] ミード湖《Arizona 州と Nevada 州の境にある, Colorado 川に Hoover ダムを建設してできた世界最大級の人造湖》. **2** ミード **Margaret** ～ (1901–78)《米国の人類学者; *Coming of Age in Samoa* (1928), *Male and Female* (1949)》.

Meade /míːd/ ミード《(1) **George G(ordon)** ～ (1815–72)《米国の軍人; 南北戦争における北軍の司令官で, Gettysburg で南軍を破った (1863)》 (2) **James Edward** ～ (1907–95)《英国の経済学者; 国際貿易・国際資本移動に関する業績でノーベル経済学賞 (1977)》.

mead·ow /médoʊ/ *n* 草地, 採草地, (永年)牧草地, 草刈地; 《川辺などの》草の生えた低湿地, 湿草地: alpine ～ 高山草原 / a floating ～ 容易に水をかぶる(牧)草地. ♦ **～·less** *a* [OE *mǣdwe* < *mǣd* MEAD[1]]

méadow bèauty 〔植〕レキシア《北米産ノボタン科の多年草》.

méadow bìrd 〔鳥〕BOBOLINK.

méadow bròwn 〔昆〕《英国で普通の》褐色のジャノメチョウの一種.

méadow fèscue 〔植〕ヒロハノウシノケグサ, メドーフェスキュー《イネ科の牧草》.

méadow fòxtail 〔植〕オオスズメノテッポウ《牧草》.

méadow gràss 〔植〕湿潤地を好むイチゴツナギ属などの各種のイネ科植物, 《特に》KENTUCKY BLUEGRASS.

méadow hèn 〔鳥〕クイナ (rail).

méadow·lànd *n* 採草地, 牧草地.

méadow·làrk *n* 〔鳥〕マキバドリ《ムクドリモドキ科の鳴鳥; 北米産》.

méadow lìly 〔植〕オレンジ色[赤色]の花をつけるユリ (=*Canada lily*)《北米東部原産》.

méadow mòuse 〔動〕野ネズミ, 《特に》ハタネズミ.

méadow mùffin*《俗》牛の糞.

méadow mùshroom 〔菌〕ハラタケ (=*field mushroom*)《食用》.

méadow nèmatode 〔動〕ネグサレセンチュウ.

méadow pìpit 〔鳥〕マキバタヒバリ《欧州産》.

méadow rùe 〔植〕カラマツソウ.

méadow sàffron 〔植〕イヌサフラン (=*autumn crocus, naked lady [ladies, boys]*).

méadow spittlebug 〔昆〕ホソアワフキ.

méadow·swèet *n* 〔植〕**a** シモツケ (spirea). **b** シモツケソウ.

méadow vìolet 〔植〕北米東部湿地帯産のスミレ.

méadow vòle 〔動〕MEADOW MOUSE.

méad·owy *a* 草地性の, 牧草地の, 草地の多い.

mea·ger | -gre /míːgər/ *a* **1** 肉のついていない, やせた. **2** 貧弱な, 乏しい, 粗末な〈食事など〉; わずかな〈収入など〉; 豊かでない; 無味乾燥な. **3** 〔カト〕肉[肉汁]を用いない, 精進料理の (maigre). ► *n* 〔魚〕MAIGRE[2]. ♦ **～·ly** *adv* **～·ness** *n* [AF *megre* < L *macer* lean]

meal[1] /míːl/ *n* 食事(時)《PRANDIAL *a*》; 一食(分), 料理, 食べ物: at ～*s* 食事の時に / eat between ～*s* 間食する / have [take] a ～ 食事する. ● **make a ～ (out) of**…を(食物として)食べる; "《口》〈仕事など〉をごたいそうに扱う[考える, 言う], 〈どうでもいいこと〉で大騒ぎする, 手間どる. **not know where one's next ～ [penny] is coming from** (食うや食わずの)その日暮らしをする, ぎりぎりの生活をする. ♦ **～·less** *a* [OE *mǣl* appointed time, meal; cf. G *Mahl* meal, *Mal* time]

meal[2] *n* ふるいにかけない粗びき粉 (cf. FLOUR), ひき割り[つぶし]粉, *《特に》トウモロコシの(粗びき)粉; 粗びき粉に似たもの; 〔畜〕粉餌(ふんじ), ミール; 《スコ・アイル》OATMEAL. [OE *melu*; cf. G *Mehl*]

-meal /mìːl/ *adv comb form*《今はまれ》「一度に…ずつ」: inch*meal*, piece*meal*. [OE; ⇨ MEAL[1]]

méal bèetle 〔昆〕ゴミムシダマシ, 《特に》チャイロコメゴミムシダマシ.

M

meal·ie /míːli/ *n* [ᵘ*pl*]《南ア》トウモロコシ(の穂). [Afrik *milie*＜Port *milho* MILLET¹]
méalie mèal《南ア》ひき割りトウモロコシ.
méalie·pàp *n*《南ア》トウモロコシ粉のかゆ.
méalie rìce《南ア》ひき割りトウモロコシ《米の代用食; 特にかゆにして食べる》.
méal mòth〘昆〙幼虫が貯蔵穀物や乾燥食品を食害する数種の小型のガ,《特に》カシノシマメイガ.
méal òffering〘聖〙《イスラエル人の》穀物の供物, 素祭《小麦粉・塩に油や香料を加えたもの; cf. MEAT OFFERING》.
méal pàck* 加熱するだけで食べられるようにしたパック料理《トレイに載せて冷凍してある》.
méal plàn《食事の》献立(表);《大学の学生寮の》食費込みプラン[契約].
méals-on-whéels *n* [〈*sg*〉]《老人・障害者への》給食宅配サービス; *《俗》牛を積んだトラック.
méal tìcket 食券,《レストランなどが発行する》お食事券;《口》生計のよりどころ, 収入源, 飯のたね, お金になる人[もの, 技術など], 金づる.
méal·tìme *n* 食事時間.
méal·wòrm *n*〘昆〙ゴミムシダマシ[《特に》チャイロコメゴミムシダマシ]の幼虫 (＝yellow ～)《植物性食品の害虫》.
mealy /míːli/ *a* **1 a** 粉状の, 粉質の, ぼそぼそした; 粉で作った, 粉を含んだ. **b** 粉を振りかけた;〘生〙白粉でおおわれた;〈馬が〉斑点のある;〈顔色が〉青白い (pale). **2**〈果物・野菜が〉しなびた, ぱさぱさの. **3** MEALYMOUTHED. ◆ **méal·i·ness** *n* [*meal*²]
méaly Ámazon〘鳥〙ムジボウシインコ《南米原産の緑色の大型インコ》.
méaly·bùg *n*〘昆〙コナカイガラムシ, イボタムシ.
méaly·mòuthed /-màuðd, -θt/ *a* はっきりものを言わない, あたりさわりのない(言い方の), ことばを濁して〈*about*〉.
mean¹ /míːn/ *v* (**meant** /mént/) *vt* **1 a**〈ことば・事物が〉意味する, …の意味[こと]である: What does this word ～? この語はどういう意味ですか. **b** …の意味をもつ[重要性をもつ]〈*to* sb〉: ～ a great deal 意味深長[重要]である / do not ～ a thing《口》たいしたことではない / Money ～*s* everything [nothing] *to* him. 彼には金はなにより大事なものだ[金は何でもない] / Does this name ～ anything *to* you? この名前に何か心当たりは? **2**〈人が〉…のつもりで言う[する], …のことを言う, 本気で言う; あてつけて言う: What do you ～ (*by* that)? (それは)どういう意味[こと]だ (＝How do you ～?), どういうつもりだ, なんという言いぐさだ / You [Do you] ～ I'm fired? わたしは首っていうことですか / I ～ that you are a liar. おまえはうそつきだというのだ / (Well,) I ～ … つまり, その, だって, まあ(要するに);《言い直して》いや違った, (そう)じゃなくて… / I ～ what I say.＝I ～ it.《冗談ではなく》本気で言っているのです / I *meant* it *for* [*as*] a joke. 冗談のつもりで言ったのです / if you KNOW what I ～. **3 a** 志す, つもりである; 予定[計画]する, もくろむ: You don't ～ *to* say so! まさか! (ご冗談でしょう) / What do you ～ to do? どうするつもりですか / I ～ you to go. あなたに行ってもらうつもりです / ～ BUSINESS / ～ MISCHIEF / ～ (him) no harm〈彼に〉危害を加えるつもりはない. **b** [*pass*] 表わすつもりである,〈人・ものを〉ある用[運命]に定める, …にしようと思う〈*for*〉: He *was meant for* [*to* be] a physician. 彼は医者に(なるべく)生まれついた, 医者になるよう育てられた / *Is* this figure *meant* to be a 9 or a 7? この数字は 9 のつもりか 7 のつもりか / This *was* just *meant* to be. 最初からこうなる定めだったのだ / a gift *meant for* you きみにあげようと思った贈り物 / The bomb *was meant for* you. 爆弾はきみをねらったものだったのだ / *be meant for* each other〈カップルなどが〉まさにお似合いだ, 相性抜群だ. **4** …という結果を生じる; …ということになる: Friction ～*s* heat. 摩擦すると熱を生じる / Poor digestion ～*s* poor nutrition. 消化が悪いと栄養不良になる. ► *vi* [well, ill を伴って] 好意[悪意]をもつ, 悪気はない[がある]: She *meant well by* [*to, toward*(*s*)] you. 彼女はきみに好意をもっていた. ● **be meant to** do… "…しなければならない, …することになって[するのに向いて, すると言われて]いる, …するはずだ (⇨ 3b). **I ～ to** SAY¹. **～ well** 殊勝なことを言う[する]. ◆ **～·er** *n* [OE *mǣnan*; cf. MIND, G *meinen*]
mean² *a* **1 a** 卑劣な, 下品な, さもしい, あさましい; "けちな: He's ～ *over* money matters. 彼は金のことにきたない. **b**《口》たちの悪い, 意地の悪い; いやな, 不快な: Don't be so ～ to me. そんなつれないことはよしてくれ. **2 a**〈才能などが〉見劣りのする, 並みの, つまらない: a ～ scholar つまらない学者 / of ～ understanding 頭の悪い / no ～ feat 容易ならざること, りっぱな業績 / have a ～ opinion of one*self* 自分を卑下している. **b** 卑しい, みすぼらしい, うらぶれた, うすぎたない, みじめったらしい, 荒れはてた〈家・服など〉: ～ streets スラム街, 貧民街, 暗黒街 / of ～ birth 生まれの卑しい / MEAN WHITE. **3**《口》恥ずかしい;《口》気分[体の調子]がすぐれない: feel ～ 心中恥ずかしく思う. **4 a***《口》〈馬などが〉癖の悪い, 手に負えない, 凶暴[粗暴]な; *《俗》厄介な, いやな, 面倒くさい: a ～ street to cross 渡るのに骨の折れる道路. **b**《口》すばらしい, すごい (excellent): He pitches a ～ curve. すごいカーブを投げる ● **no ～** なかなかりっぱな, たいした: He is *no* ～ scholar. なかなかの学者だ. [OE (*ge*)*mǣne*; cf. G *gemein* common]
mean³ *a*《時間・距離・数量・程度などが》中間の; 中庸の; 中位の, 並みの (average);〘数〙平均の;《廃》仲介の: for the ～ time ⇨ MEANTIME (成句). ● **in the ～ time** [**while**]＝in the MEANTIME [MEANWHILE]. ► *n* **1** [～s] **a** [ᵒ〈*sg*〉] 方法, 手段 (way), 措置: a ～*s* to an end 目的に達する(単なる)手段 / a ～*s of cutting* costs コストを下げる方法 / by this [that] ～*s* この[その]ようにして / by what ～*s* どうして, どうやって (how). **b** [〈*pl*〉] 資力, 財産; 収入: a man of ～*s* 資産家 / according to one's ～*s* 資力[懐具合]に応じて. **2**《両端の》中央, 中間, 中位; 中等; 中庸 (cf. GOLDEN MEAN);〘数〙平均 (cf. ARITHMETIC [GEOMETRIC, HARMONIC] MEAN), 中項, 内項 (cf. EXTREME);〘統〙平均;〘論〙中名辞, 媒辞 (＝～ **térm**) (middle term);〘楽〙中音部《alto または tenor》. ● **by áll** (**manner of**) **～s** (1) 必ず, ぜひとも, 万難を排して. (2) [返答を強めて] よろしいとも, ぜひどうぞ (certainly): Shall I ask him?—*By all* ～*s*. 彼に頼みましょうか—ぜひどうぞ. **by any ～s**＝**by fair ～s or foul** 是が非でも, 手段を選ばずに, なにがなんでも. **by ～s of**…によって, …を使って: lift a stone *by* ～*s of* a lever てこで石を持ち上げる. **by nó** (**manner of**) **～s**＝**not by ány** (**manner of**) **～s** 決して…しない[でない]. **by sóme ～s or other** なんとかして. **live within** [**beyond, above**] **one's ～s** 分相応[不相応]に暮らす. **the ～s of grace**〘神学〙神の恩恵を与えられる方法《祈り・礼拝など》. WAYS AND MEANS. [AF＜L *medianus* MEDIAN]
méan béan*《俗》専門家, 熟練者 (maven).
méan cálorie 平均カロリー (⇨ CALORIE).
me·an·der /miǽndər/ *vi* **1** 曲がりくねって流れる, 曲流する, 蛇行する. **2** あてもなくさまよう〈*along, through, about*〉;〈話・映画などが〉とりとめなく続く, 迷走する〈*on, along*〉. ► *vt* 曲折[曲流]させる, くねらせる;〈流れなど〉のうねりに沿って行く;〈流れなど〉の迂曲状態を踏査する. ► *n* **1 a**《川の》曲がりくねり, 蛇行, 曲流, メアンダー; 曲がりくねった道, 迷路. **b**〘建〙曲折模様, 雷文(らいもん), メアンダー. **2** 漫歩, そぞろ歩き; [ᵘ*pl*] 回り道の旅. [L＜Gk (*Maiandros* MENDERES 蛇行で知られる川)]
meánder·ing *n* 曲折進路; そぞろ歩き; 漫談. ► *a* 曲がりくねって流れる; ふらつく; 漫談する. ◆ **～·ly** *adv* 曲がりくねって; あてどなく.
méan deviátion〘数〙平均偏差 (＝*average deviation*).
méan dístance [the]〘天〙平均距離《近日点距離と遠日点距離との平均》,《連星の》平均距離.
me·an·drine /miǽndràin, -drìːn, -drən/ *a*〈サンゴが〉表面が回旋状の.
me·an·drous /miǽndrəs/ *a* 曲がりくねった, 波形の.
mé-and-yóu *n*《韻俗》[*joc*] MENU.
méan free páth〘理〙《気体分子などの》平均自由行程.
méan gréen《俗》お金, 札(さつ).
mean·ie, meany /míːni/《口》*n* 卑しい[意地悪な]やつ, けちんぼ; 毒舌をふるう不公平な批評家;《芝居・小説などの》悪役. [*mean*²]
méan·ing *n* **1** 意味, 意義; わけ, 趣意; 考え, 目的, 底意 (purport);〘言・論〙意味《DENOTATION と CONNOTATION を合わせた概念》: a word with many ～*s* / a sentence without much ～ / Seasickness has no personal ～ for me. わたしは船酔い(ということ)を知らない[何とも思っていない] / Art? He doesn't know the ～ of the word. 芸術? あいつに芸術の何がわかる / What's the ～ of this? これはどういうこと[つもり]なんだ《おこって》. **2** 効力, 効能: a law with no ～ 規制力のない法律, ざる法. ► *a* [*attrib*] 意味深長な, 意味ありげな; …する考え[つもり]の (intending): a ～ look 意味ありげな目つき / well-[ill-]～ 善意[悪意]の. ◆ **～·ly** *adv* **～·ness** *n*
méan·ing·ful *a* 意味をもった, 意義のある, 有意義な, 重要な; 意味深長な;《言語的に》意味をなす, 有意味な. ◆ **～·ly** *adv* **～·ness** *n*
méan·ing·less *a* 意味をもたない, 重要でない;《言語的に》意味をなさない, 無意味な. ◆ **～·ly** *adv* **～·ness** *n*
méan léthal dóse MEDIAN LETHAL DOSE.
méan lífe AVERAGE LIFE.
méan·ly¹ *adv* 貧弱に, みすぼらしく; 下品に; 卑劣に; けちに. ● **think ～ of**…を軽蔑する. [*mean*²]
meanly² *adv*《廃》適度に, かなり. [*mean*³]
méan·ness *n* つまらなさ, 粗悪, 貧弱さ; 卑しさ, 野卑; 卑劣; けち; 卑劣な言行.
méan nóon〘天〙平均正午《mean sun の中心が子午線を横切る時刻》.
méan propórtional GEOMETRIC MEAN.
means ⇨ MEAN³ *n* 1.
méan séa lèvel 平均海面《海抜基準》.
méans of prodúction《マルクス経済学で》生産手段.
méan sólar dáy〘天〙平均太陽日.
méan sólar tìme〘天〙平均太陽時, 平均時間.
méan·spírit·ed *a* けちくさい, 狭量な; 卑劣な, さもしい. ◆ **～·ness** *n*
méan squáre〘数〙平均平方.
méan squáre deviàtion〘統〙平均二乗偏差.
méans tèst 資産調査《給付金・援助などの希望者の資産の調査; cf. NEEDS TEST》. ◆ **méans-tèst** *vt, vi*〈人・給付金〉に関して資産調査する. **-tèsted** *a* 資産調査に基づく〈給付など〉.

M

méan sún 〔天〕平均太陽《天球の赤道を平均的な一定の角速度で動く仮想太陽》.
meant *v* MEAN[1] の過去・過去分詞.
méan·tìme, méan·whìle *n* [the] 合間. ● **for the ～** 今のところ(は), さしあたり; その間は. **in the ～** [[u]-time] ⇨ *adv* 1. ► *adv* **1** [[u]-while] その間(に), とかく[そうこう]するうちに, それまで(は) (＝in the ～); 話変わって(一方), それに対し, (それ)なのに. **2** 同時に. ● **meanwhile, back at the ranch** 一方[ところ変わって]牧場では, ところが一方では[その間に]《話題・場面を転換する際のきまり文句; 無声西部劇映画の字幕から》.
méan tìme 〔天〕平均時《**1**) MEAN SOLAR TIME **2**) GREENWICH MEAN TIME》.
méan·tòne sỳstem 〔楽〕《有鍵楽器の》中全音律.
méan válue thèorem 〔数〕平均値の定理.
meanwhile ⇨ MEANTIME.
méan whíte POOR WHITE.
meany ⇨ MEANIE.
Mea·ny /mí:ni/ ミーニー (**William**) **George** ～ (1894–1980)《米国の労働運動指導者; AFL-CIO を結成し, 会長 (1955–79)》.
Mearns /mɑ́:rnz, méərnz, míərnz/ [the] メアンズ《KINCARDINESHIRE の別称》.
Méarns('s) quàil /mɑ́:rnz(əz)-/ 〔鳥〕シロタマウズラ《米国南西部・メキシコ産》. [Edgar A. *Mearns* (1856–1916) 米国の博物学者]
meas. measure.
mea·sle /mí:z(ə)l/ *n* 〔獣医〕嚢虫, 包虫《measles の原因となる条虫の幼虫》.
mea·sled /mí:z(ə)ld/ *a* はしかの[にかかった]; 〈豚・牛などが〉包虫症にかかった. ♦ **～·ness** *n*
mea·sles /mí:z(ə)lz/ *n* [〈*sg/pl*〉] **1** 〔医〕**a** 麻疹, はしか: catch (the) ～ はしか[麻疹]にかかる / *M*～ is generally a children's illness. **b** 風疹 (German measles). **2** 〔獣医〕《measle がひき起こす豚・牛・羊などの》嚢虫[包虫]症. [MLG and MDu *masel(e)* pustule; cf. MAZER]
mea·sly /mí:z(ə)li/ *a* **1 a** 〔医〕麻疹の, はしかの[にかかった]. **b** 〈豚・牛が〉包虫症にかかった; 旋毛虫症の. **2** «口» 不十分な, たったの, ちっぽけな, つまらない: A ～ $10! たったの 10 ドル.
méa·sur·able *a* **1 a** 計りうる, 測定可能な; 適度の, 中庸の, 無限に遠くはない, 見通しのきく: come within a ～ distance of…にかなり近づく. **b** 〈数が〉割り切れる. **2** 重要な, 無視できない: a ～ figure 重要な人物. ♦ **～·ness** *n* **mèa·sur·abíl·i·ty** *n*
méa·sur·ably *adv* 計れる程度に, はっきりと; 適度に (moderately); *ある程度まで, 多少.

M

mea·sure /méʒər, *méɪ-/ *vt* **1 a** 計る, 測定する, …の寸法をとる, 採寸する, 計量する 〈*up*〉: ～ a piece of ground 土地を測量する / *M*～ me for a new suit. 服を新調するので採寸してください / ～ the coat *against* sb コートを人にあてて寸法をみる. **b** …の測定単位である: The ounce ～*s* weight. オンスは重さの単位である. **2 a** 〈人物・価値などを〉測る, 評価する, 判断する, …に見当をつける; 〈とるべき行動・ことばなどを〉考量[吟味]する: ～ one's words ことばを吟味する, よく考えてものを言う. **b** 比較する, 競わせる: ～ strength 力比べする 〈*with*〉 / ～ one's strength [oneself] *with* [*against*] …と戦う, …に取り組む. **3** 釣り合わせる, 調整する, 適応させる 〈*to*〉. **4** «古・詩» 行く, 歩く, 遍歴する (traverse). ► *vi* **1** 測定する, 寸法をとる, 計量する; 〈物が〉測定できる: ～ easily 測りやすい. **2** [補語を伴って] …だけの長さ[幅, 高さ, 量など]がある: The rowing boat ～*s* 20 feet. そのボートは長さが 20 フィートある. ● **～ off** 測定する; 測って切る, 区画する. **～ out** 計る, 計量する, 計って出す, 《一定量を計って》分け与える, 割り当てる, 課する; ＝MEASURE off: ～ *out* two spoonfuls. **～ one's (own)** LENGTH. **～ one's wits** 知恵比べをする 〈*against*〉. **～ swords** 《決闘前に》剣の長さを調べる; 剣で戦う; 戦う, 競争する 〈*with*〉. **～ up** (**1**) ⇨ *vt* 1a. (**2**) 必要[満足]な資格[才能, 能力]がある, 基準に達する[を満たす], 合格である, 眼鏡にかなう, 人の気に入る, 力量を発揮する, 活躍する. **～ up to…** (**1**) 長さ[幅, 高さ]が…に及ぶ. (**2**) 〈希望・理想・標準などに〉かなう, 〈職務を〉果たせる, こなせる, …の域に達する, 見合う, 一致する. **～** sb **with one's eye** 人を頭から足の先まで(じろじろ)見る.
► *n* **1 a** 《物質の量的比較の》基準, 算定基準, 測定単位, 尺度; 計量法, 度量法, 度量衡: a ～ of mass [length] 質量[長さ]の測定単位[尺度] / DRY [LIQUID, LINEAR, LONG] MEASURE. **b** 測定, 測量, 計測 (measurement); 寸法, 升目, 量目; 《酒類のグラス一杯の》標準量: give full [short] ～ 量目を正しく計る[ごまかす] (⇨ FULL MEASURE); 《待遇などが》満足できる[物足りない] / by ～ 寸法をとって / make a suit to ～ 寸法に合わせてスーツを作る. **2** 度量測定器具《升・物差し・巻尺など》; [*fig*] 《精神・感情の質の》尺度, めやす, '物差し', 指標, 証拠 〈*of*〉: a ～ *of* his success 彼の成功のあかし. **3** 程度; 適度; 限度, 限界, 際限: have no ～ 限界を知らない, 際限がない / FULL MEASURE. **4** [[o]*pl*] 処置, 措置, 方法, 施策; 立法措置; 提案, 法案 (bill): HALF MEASURE / adopt [take] ～*s* 処置を講じる / a desperate ～ やけくその手段 / use hard [strong] ～*s* 虐待する. **5** 韻律 (meter), 詩脚 (foot); *〔楽〕小節 (bar); 拍子 (cf. METER[1]); «詩» 旋律, 調べ; 《特に スローの》舞踏: triple ～ 3 拍子 / keep ～(*s*) 拍子をとる / tread [trip] a ～ 踊る. **6** 〔数〕**a** 約数: (GREATEST) COMMON MEASURE. **b** 測度. **7** 〔印〕ページ[行, 段]幅; [*pl*] 〔地質〕地層, 層: COAL MEASURES.
● **above** [«古» **out of**] **～** 法外に, 非常に. **a ～ of…** 一定(量)[ある程度]の…: give sb *a* ～ *of* freedom 人にある程度の自由を与える. **beyond ～** 過度に[な], 非常に[な]; 無際限に[の]. **fill up the ～ of** 〈不正など〉をやり通す; 〈不幸など〉をなめつくす. **for good ～** 計りをたっぷりと, おまけとして, 余分に. **have sb's ～＝have the ～ of** sb 人の人物[力量]を見抜いている. **in (a) great [large] ～** 大いに, よほど. **in a [some] ～** ある程度, いくぶん. **in no small ～** 少なからず, 大いに. **keep ～(s)** ⇨ 5; 中庸を守る. **keep ～ with…** «廃» …に寛大にする. **made to ～** あつらえの〈服など〉; ぴったりの. **～ for ～** しっぺ返し. **set ～s to…**を制限する. **take [get] sb's [sth's] ～＝take [get] the ～ of** sb [sth] 人の寸法をとる, …の長さを計る; 人の人物[力量]を見る[測る], …の実態をつかむ. **take the ～ of sb's foot** 人の人物[力量]を見抜く. **within [without] ～** 適度[過度]に.
♦ **méa·sur·er** *n* 計る人, 測定者. [OF＜L (*mens- metior* to measure)]
méa·sured *a* **1** 正確に計った, 標準に基づいた; 均斉のとれた, ゆっくりした, ゆったりした, 《リズム・数などが》規則的な; 韻を踏んだ; 拍子のそろった: walk with a ～ tread ゆっくり歩調を整えて歩く. **2** 適度の; 考慮した, 慎重な; 落ちついた: speak in ～ terms 慎重[控えめ]に言う. ♦ **～·ly** *adv*
méasured dáywork 計測[測定]日給《基本賃金と定期的な生産能率評価に基づく付加賃率とからなる日給制》.
méasure·less *a* 無限の, 測り知れない; 莫大な, とてつもない. ♦ **～·ly** *adv*
méasure·ment *n* **1** 測量, 測定; 度量法: the metric system of ～ メートル法. **2** 測定値, 量, 寸法, 大きさ, 広さ, 長さ, 厚さ, 深さ; [*pl*] «口» 《胸囲・ウエスト・ヒップなどの》寸法, サイズ: inside [outside] ～ 内[外]のり / take [make] ～*s* 測定する, サイズを計る / take sb's ～*s* 《衣服を作るため》人の寸法をとる[計る].
méasurement càrgo [gòods, frèight] 容積(計算)貨物.
méasurement tòn 容積トン (⇨ TON[1]).
méa·sur·ing cùp* [**jùg**[u]] 計量カップ, メジャーカップ.
méasuring tàpe 巻尺, メジャー.
méasuring worm 〔昆〕シャクトリムシ (looper).
meat /mí:t/ *n* **1 a** 食用獣肉, 食肉, 肉; *《カニ・エビ・貝・卵・栗などの》肉, 身《食用部分》; «口» 《人の》肉付き, 体格: BUTCHER'S MEAT / DARK [LIGHT, WHITE] MEAT / inside ～ 臓物 / This book is as full of errors as an egg is of ～. この本はいたるところ間違いだらけだ / John doesn't have much ～ on him. あまり肉付きがよくない. **b** «やや古» 《飲み物に対して》食べ物 (food); «古» 食事 (meal). ★ 今は主に次の句に用いる: One man's ～ is another man's poison. «諺» 甲の薬は乙の毒 / before [after] ～ 食前[食後]に / ～ and drink 飲食物 / green ～ 青物 (vegetables) / SWEETMEAT. **2 a** 中身, 実質; 《問題・話の》要点, 主旨, 大意, 骨子: the ～ of an argument. **b** *«俗» タイヤの接地面の大きさ. **3 a** 心の糧(かて)[楽しみ]; *«俗» 好きな[得意な]もの, 得手, おはこ. **b** *«俗» ちょろいやつ, 楽な(競争)相手: EASY MEAT. **4 a** *«俗» 《運動部員タイプの》頭より体のほうが魅力的な男; *«ホモ俗» 魅力的な男. **b** «卑» 肉まん (vagina), 女(の体), 性交; «卑» 肉棒 (penis). ● **all (that) ～ and no potatoes** [〈*int*〉] *«俗» お肉がたっぷり《肉付きのいい[太った]人を見て言う》. **a piece of ～** *«口» 体だけ一人前のやつ, (ずうたいだけはりっぱな)でくのぼう, 役立たず. **beat [cuff, flog, pound] the [one's] ～＝flog ～ sausage** *«卑» 〈男が〉マス[せんずり]をかく. **be ～ and drink to** sb[u] 人にとって無上の楽しみ[快楽]である; 人にとっていつも[毎度]のことである. **jump on sb's ～** *«俗» …をひどくしかる[非難する]. ♦ **～·ed** *a* [OE *mete* food＜Gmc (**mat-* to measure; cf. METE[1])]
méat-and-potátoes *«口» *a* 基本的な, 基本重視の; ごく普通の, 地味な〈人〉; 簡素な〈食事〉, 味覚にうるさくない.
méat and potátoes [[u]the, 〈*sg/pl*〉] *«口» 中心部, 基礎, 基本, 根本, 大事な点, 要点, 肝腎かなめ; [sb's] 好きな[得意な]もの, 喜び.
méat·àx(e) *n* **1** 肉切り庖丁. **2** きびしい処置, 《特に》予算などの大幅な削減. ► *a* 大胆な, 苛酷な. ► *vt* …に大なたをふるう, 徹底的にたたく.
méat bàg *«俗» 胃袋.
méat·bàll *n* **1 a** 〔料理〕肉だんご, ミートボール. **b** *«海軍俗» 《武勲をたたえる》表彰ペナント; «俗» 《運動競技の》優勝ペナント. **c** 〔海軍〕ミートボール《空母の反射鏡式着艦目標の光源の橙色光点》. **2** *«俗» 退屈な[いやな, だめな]やつ, ばか, あほ. ► *vt* *«俗» なぐる. ♦ **～·ìsm** *n* *«俗» 反知性主義, 反主知傾向, 《社会・文化の》衆愚支配.
méat bỳ-product 食肉処理の副産物《肉以外の有用物》.
méat càrd *«俗» 食券 (meal ticket).
méat·èat·er *n* *«俗» 《贈賄を要求する》腐敗した警察官 (cf. GRASSEATER).
méat flỳ 〔昆〕ニクバエ (flesh fly).
méat grìnder [chòpper] *肉挽き器 (mincer[u]).

Meath /mí:ð, mí:θ/ ミーズ《アイルランド東部 Leinster 地方北東部の県; ☆Trim; 略 Mea.》.

méat·hèad *n* 《俗》ばか, 愚か者, あほう, 鈍物. ♦ **méat·head·ed** *a*

méat·hòok *n* **1**《解体した肉をつるす》肉つるし鉤(かぎ). **2** [ᵘ*pl*]《俗》《人の》手, 腕.

méat·less *a* 肉[食べる物]のない; 肉を食べない〈日〉; 肉の付かない[はいっていない]〈料理〉; 内容[中身]のない.

méat lòaf ミートローフ《挽肉・卵・野菜などを混ぜてパンの形に焼いた肉料理》.

méat·màn *n* 肉屋 (butcher).

méat màrket 1 肉の市場, 精肉市場. **2**《俗》人を物[商品]扱いするところ[業界], セックス市場[産業], 売春婦集団; 《俗》売春街, 売春宿, セックスの相手を求める人が集まるバー[ダンスホール, クラブ], 女[男]あさりの巣, 軟派スポット.

méat òffering〔聖〕供え物, 《特に》MEAL OFFERING《*Num* 7: 13》.

méat·pàck·ing*n*《屠殺から加工・卸売りまでを行なう》精肉業. ♦ **-pàck·er** *n*

méat ràck《俗》《相手を見つけるために》ホモが寄り集まる場所, ホモの発展場; 《俗》ボディービルのジム.

méat sàfeᴵᴵ ねずみ入らず, 蝿帳(はいちょう).

méat shòw*《俗》《キャバレーの》フロアショー.

méat tèaᴵᴵ 肉料理付きのティー (high tea).

méat tỳpe〔畜〕《豚の脂肪用種 (lard type) に対して》肉用種, ミートタイプ.

me·a·tus /miéɪtəs/ *n* (*pl* ~·**es**, ~ /, -tù:s/)〔解〕道《開口または通路》: AUDITORY MEATUS etc. [L=passage]

méat wàgon《俗》救急車; 《俗》死体運搬車, 霊柩車; 《俗》囚人護送車; *《ボク俗》二線級ボクサーの集団[を集めたジム].

méat·wàre *n**《俗》《人の》身体.

méat wàve*《俗》サーファーで満員の車.

meaty /mí:ti/ *a* 肉の(多い), こってりした〈料理〉; 果肉の詰まった; 筋肉たくましい, がっしりした, 肉付きのいい, 肉厚の; 内容の充実した[濃い], おもしろみ[こく, 意味, 威力]のある; 要領を得た〈演説など〉: a ~ role《演劇・映画で》やりがいのある[本格的な]役. ♦ **méat·i·ly** *adv* **méat·i·ness** *n*

Meaux /móu/ モー《フランス北部 Seine-et-Marne 県の町; Paris の東北東に位置》.

mec, mech /mék/ *n**《口》MECHANIC.

mec·a·myl·amine /mèkəmíləmì:n/ *n*〔薬〕メカミルアミン《血圧降下薬》.

Mec·ca /mékə/ **1** メッカ (*Arab* Makkah)《サウジアラビア Hejaz 地方の中心都市; Muhammad の生誕地でイスラム教徒の聖都; cf. MEDINA》. **2 a** [a ~, ᵒa m-]《活動・関心の》中心となる所, 多くの人が目指す所, あこがれの地[的], メッカ 〈*for*〉. **b** [the] 発祥地, 起源の地, '聖地'. ♦ **Méc·can** *a*, *n*

Mec·cano /məkǽnou, mɛ-, -ká:-/〔商標〕メカーノ《金属[プラスチック]片をボルト・ナットなどを使って, いろいろに組み立てて楽しむ子供用玩具》.

mech ⇨ MEC.

mech. mechanic(al) ♦ mechanics ♦ mechanism.

mech·an- /mékən/, **mech·a·no-** /mékənou, -nə/ *comb form*「機械(の)」[L<Gk (*mēkhanē* MACHINE)]

me·chan·ic /mɪkǽnɪk/ *n* 機械工, 修理工, 整備士; 《賭け事などの》策略師; ᴵᴵ《俗》殺し屋; 《古》《手仕事をする》職工, 職人; 《廃》下賤の者. ► *a*《まれ》手仕事の, 手の技の; 《古》機械的な, 単調な, 消極的な. [OF and L<Gk; ⇨ MACHINE]

me·chán·i·cal *a* **1 1 a** 機械(上)の; 工具の; 機械製の; 機械で操作する[動く]; 機械に強い[詳しい]〈人〉. **b** 機械学の, 力学の; 物理学的な; 摩擦による. **2 a** 機械的な, 無意識の, 自動的な; 惰性的な; 無表情の, 独創性に乏しい; 瑣末的な. **b**〔哲〕機械論的な (mechanistic), 唯物(論)的な. **3**《まれ》手仕事の, 手職の; 《古》職人[職工, 機械工]の. ► *n* **1 a** 機械的な部分[構造], 機構, メカニズム; [*pl*]《特に車の》機能的構造 (mechanics); MECHANICAL BANK. **b**《古》職工 (mechanic). **2**〔印〕《校了紙・挿画などを割付けした写真撮影用の》貼込み校了紙 (pasteup). ♦ ~·**ly** *adv* 機械(学)で[に関して]; 機械的に: ~*ly* minded 機械に強い[関心がある]. ~·**ness** *n*

mechánical advántage〔機〕機械的拡大率, メカニカルアドバンテージ《てこ・滑車・水圧器などの器機による力の拡大率》.

mechánical bánk 機械じかけの貯金箱《玩具》.

mechánical dráwing 機械製図; 用器画.

mechánical enginéer 機械工学者[技師].

mechánical enginéering 機械工学.

mechánical equívalent of héat〔理〕熱の仕事当量.

mechánical impédance〔理〕力学[機械]インピーダンス《機械振動などで正弦的に変化する外力とその点の速度とのベクトル比》.

mechánical ínstrument 自動演奏楽器.

mechánical péncil* シャープペンシル (propelling pencilᴵᴵ).

mechánical tíssue〔植〕機械組織《植物体を強固に保つため固い厚壁細胞からなる》.

mechánical tránsport〔英〕輜重(しちょう)隊の自動車班《略 MT》.

mech·a·ni·cian /mèkəníʃ(ə)n/ *n* 機械技師; 機械工.

me·chán·ics *n* **1** 力学; 機械学: applied ~ 応用力学. **2** [<*sg*/*pl*>] **a** 機械的な面[仕事], 操作方法, 手順; 技巧 (technique), 技術(的な面), 手工芸 (mechanic art). **b** 機能的構造, 機構, 仕組み: the ~ of the brain 脳の構造.

mechánic's líen 建物工事の先取特権.

mech·a·nism /mékənɪz(ə)m/ *n* **1 a** 機構, 仕組み, 機作(きさ), からくり, メカニズム; 機械作用; 機械; 機械装置. **b** 一定の手順[方法]; 〔芸〕技巧, 手法, テクニーク《style, expression に対して》; 〔心〕心理過程; 〔精神分析〕機制. **2**〔哲・生〕機械論[説].

mech·a·nist /mékənɪst/ *n*〔哲〕機械論者, 唯物論者; 《古》MECHANIC.

mech·a·nis·tic /mèkənístɪk/ *a* 機械論の; 機械論的な; 機械作用の; MECHANICAL. ♦ **-ti·cal·ly** *adv*

mech·a·nize /mékənàɪz/ *vt* **1** 機械化する; 〈工場などに〉機械設備を採り入れる; 〈部隊〉に戦車・トラックなどを装備する, 機動化する, 機甲化する: a ~*d* unit 機械化部隊. **2** 〈効果などを〉機械でつくり出す, 技巧[構成手法]にたよってつくり出す. **3** 単調にする, …の自然性を奪う. ► *vi* 機械化する. ♦ **-nìz·able** *a* **-nìz·er** *n* **mèch·a·ni·zá·tion** *n* 機械化.

mechano- /mékənou, -nə/ ⇨ MECHAN-.

mèchano·chémical cóupling〔生化〕メカノケミカルカプリング《筋肉収縮におけるように生体内で化学エネルギーを機械エネルギーに変換する現象》.

mèchano·chémistry *n* 機械化学《化学エネルギーの機械エネルギーへの変換を扱う》. ♦ **-chémical** *a*

mèchano·recéptor *n*〔生・生理〕物理的刺激の受容器, 機械[動き]受容器. ♦ **-recéption** *n* **-recéptive** *a*

mèchano·thérapy *n* 機械(的)療法《マッサージなど》.

mech·a·tron·ics /mèkətrɑ́nɪks/ *n* メカトロニクス《機械工学と電子工学の境界領域; 機械製品にエレクトロニクスを付け加えて性能が高く多くの機能をもつ省力機械の開発を目指す》. [*mecha*nical engineering, elec*tronics*]

Me·che·len /méxələ(n)/ メヘレン (*F* Malines, *Eng* Mechlin)《ベルギー北部 Antwerp 州の市; レース製造で知られた》. [Flem]

Mech·lin /méklən/ **1** メクリン《MECHELEN の英語名》. **2** メクリンレース (=~ **láce**)《元来 Mechelen で生産された模様入りのボビンレース》; MALINES.

mech·lor·eth·amine /mèklɔ̀:réθəmì:n, -mən/ *n*〔化・薬〕メクロレタミン《毒ガス・抗癌剤》.

meck /mék/ *n*《スコ北東部》小銭, 半ペニー貨.

Meck·len·burg /méklənbə̀:rg; *G* mé:klənbʊrk/ メクレンブルク《バルト海に臨むドイツ北東部の地方・旧領邦; 1348 年に公領となるが分裂を繰り返し, 1701 年 Mecklenburg-Schwerin と Mecklenburg-Strelitz の 2 公家に永続的に分割され, 1815 年ともに大公位を獲得, 第一次大戦後まで続いた》.

Mécklenburg-Wést Pomerània メクレンブルク-フォアポンメルン (*G* **Mécklenburg-Vór·pom·mern** /*G* -fó:rpɔmərn/)《ドイツ北東部の州; ☆Schwerin》.

mec·li·zine /mékləzì:n/ *n*〔薬〕メクリジン《塩酸塩を嘔吐・めまいの処置に用いる》.

MEcon Master of Economics.

me·cón·ic ácid /mɪkɑ́nɪk-/〔化〕メコン酸《アヘンから抽出する》.

me·co·ni·um /mɪkóuniəm/ *n*〔医〕《新生児の》胎便; 〔昆〕蛹便(ようべん); アヘン (opium).

mec·o·nop·sis /mèkənɑ́psəs, mì:-/ *n* (*pl* **-ses** /-sì:z/)〔植〕メコノプシス属 (*M-*) の各種の草本《主にヒマラヤ・中国の山岳地帯に分布するケシ科の大型の多年草または一年草; 青・赤・黄などの大輪の美しい花をつける》. [L (*mecon-* poppy, *-opsis*)]

me·cop·ter·an /mɪkɑ́ptərən/ *n*〔昆〕シリアゲムシ.

me·cop·ter·ous /mɪkɑ́ptərəs/ *a*〔昆〕シリアゲムシ類[長翅目] (Mecoptera) の.

med /méd/*《口》*a* 医学(専攻)の (medical). ► *n* 医学(部)生; [ᵘ*pl*] 薬 (medicine).

Med [the]ᴵᴵ《口》地中海(地方) (Mediterranean).

med. medieval ♦ medium. **MEd** Master of Education.

me·dail·lon /*F* medajɔ̃/ *n*〔料理〕メダイヨン (medallion).

me·da·ka /mədɑ́:kə/ *n*〔魚〕メダカ. [Jpn]

med·al /médl/ *n* メダル; 勲章; 記章; 〔キ教〕メダイユ, 聖牌(せいはい): award a ~ to sb / CONGRESSIONAL MEDAL OF HONOR / a prize ~ 賞牌 / Every ~ has two sides.《諺》メダルにはすべて表裏がある (cf. *the* REVERSE *of the* ~). ● **deserve a ~**《口》[ˢ*joc*] 賞賛に値する, 表彰ものだ 〈*for*〉. **~s showing**ᴵᴵ《俗》ズボンのボタン[ファスナー]がはずれて[開いて], '社会の窓' が開いて. ► *vi* (-l- | -ll-) メダルを獲得する 〈*in*〉. ► *vt* …にメダルを授与する. ♦ **méd·al(l)ed** *a* メダルを受けた, 記章を付けた. [F<It<L; ⇨ METAL]

med·al·et /méd(ə)lèt, ⌣⌣⌣/ *n* 小メダル.

Médal for Mérit〔米〕功労章《平時のすぐれた業績に対して文民に与えられる》.

med·al·ist | -al·list /médlɪst/ *n* メダル製作[意匠, 彫刻]家; メダル収集家; 賞牌受領者, メダリスト; 〔ゴルフ〕MEDAL PLAY の勝者, メダリスト.

me·dal·lic /mədǽlɪk/ *a* メダルの[に関する, に描かれた].

me·dal·lion /mədǽljən/ *n* **1** 大メダル, メダイヨン; 古代ギリシアの大型貨幣; メダルのペンダント[首飾り]; 〔米〕タクシーの営業許可メダル(をもった運転手). **2** 《肖像画などの》円形浮彫り; 《レース・じゅうたんなどの》円形飾り模様; 《切手・紙幣などの人物や金額を示す》円形模様; 《靴先の》穴模様. **3** 〔料理〕メダイヨン《肉などを円形に切ったもの》. [F＜It (aug)‹*medaglia* MEDAL]

Médal of Fréedom 〔米〕自由勲章《国家の保安に対する貢献およびその他のすぐれた功績に対して大統領より授けられる文民の最高勲章》.

Médal of Hónor [the] 〔米〕名誉勲章《戦闘員の犠牲的殊勲に対し, 議会の名において大統領が親授する最高勲章》.

médal plày 〔ゴルフ〕STROKE PLAY.

Me·dan /meɪdɑ́ːn; mέdɑ̀ːn/ メダン《インドネシア Sumatra 島北東部の市》.

Med·a·war /médəwər/ メダワー Sir **Peter B**(**rian**) ～ (1915–87)《英国の動物学者; 後天的免疫寛容の理論を証明; ノーベル生理学医学賞 (1960)》.

med·dle /médl/ *vi* 干渉[おせっかい]する, ちょっかいを出す ‹*in, with*›; いじくる, ひねくりまわす ‹*with*›: neither make nor ～ 《俗》いっさい関係[干渉]しない. ♦ **méd·dler** *n* 干渉者, おせっかい屋. [OF＜L; ⇨ MIX]

méddle·some *a* おせっかいな, 干渉したがる. ♦ **～·ly** *adv* **～·ness** *n*

Mede /míːd/ *n* メディアの住民, メディア人 (Median). ● **the law of the ～s and Persians** 〔聖〕変えがたい制度[慣習]《*Dan* 6: 8》.

Me·dea /mədíːə/ **1** 〔ギ神〕メーデイア《Jason の金の羊毛 (Golden Fleece) 獲得をたすけた女魔法使い》. **2** メディーア《女子名》. [Gk＝cunning]

mé dècade [the] ミーの十年《人びとが個人的幸福と満足の追求に取りつかれた 1970 年代》.

Me·dei·ros /mədérəs, -rous/ メデロス **Humberto Sousa** ～ (1915–83)《ポルトガル生まれの米国のカトリック司祭; 枢機卿 (1973–83)》.

Me·del·lín /mèd(ə)líːn, mèɪðeɪjíːn/ メデリン, メデジン《コロンビア北西部の市》.

me·den agan /meɪdén ɑ́ːgɑ̀ːn/ 何事も度を過ごすな. [Gk]

med·e·vac* /médəvæ̀k/ *n* 傷病者[医療]後送; 医療後送用ヘリコプター, 救急ヘリ. ► *vt* (**-vàck-**) 救急ヘリで輸送する. [*medical evac*uation]

méd·flỳ *n* [°M-] MEDITERRANEAN FRUIT FLY.

MedGr °Medieval Greek.

me·di- /míːdɪ/, **me·dio-** /-diou, -diə/ *comb form*「中間」[L; ⇨ MEDIA²]

media¹ *n* MEDIUM の複数形; [the, ‹*sg/pl*›] マスメディア (mass media); 広告媒体 (⇨ MEDIUM ★); [the, ‹*pl*›] メディア関係者《集合的》.

me·dia² /míːdiə/ *n* (*pl* **-di·ae** /-diìː, -diàɪ/) 〔解〕《血管・リンパ管の》中膜; 〔昆〕中脈; 〔言〕中音《古典ギリシア語文法や比較言語学で有声破裂子音》. [L (fem)‹*medius* middle]

Media メディア《古代アジア南西部, 現在のイラン北西部にあった王国, のちペルシアの属州》.

Média Atropaténe メディアアトロパテネ (ATROPATENE).

média cìrcus 《口》報道合戦.

me·di·a·cy /míːdiəsi/ *n* 介在, 媒介; 調停 (mediation).

me·di·ad /míːdiæ̀d/ *adv* 〔生〕中央の線[平面]に向かって, 正中方向へ.

mediaeval ⇨ MEDIEVAL.

média evènt メディアイベント《メディア報道をあてこんで仕組まれたイベント》.

mèdia·génic* *a* マスメディア[《特に》テレビ]向きの, マスコミうけする.

média hỳpe *《俗》《候補者・企業などの》集中的な宣伝[キャンペーン], メディア動員.

me·di·al /míːdiəl/ *a* 中間にある, 中央の; 〔音〕語[音節]中の; 〔音〕‹母音が›中舌の (central); 〔解・生〕中心軸[面]に近い, 内側の; 〔昆〕中脈の(付近にある); 〔数〕平均値の; 平均の; 並みの: a ～ consonant 〔音〕中間子音(字). ► *n* 〔言〕語中音[字], 語中字の形態; 〔言〕中音 (media); 〔昆〕《羽の》中脈. ♦ **～·ly** *adv* [L (*medius* middle)]

médial cóndyle 〔解〕内側顆.

média líteracy メディアリテラシー《さまざまな形態のメディア情報を, 批判的な主体性をもって読解できる能力》.

médial moráine 〔地質〕中堆石(ちゅうたいせき)《2 つの氷河の側面の氷堆石が合わさり合体する時に生じる氷堆石》.

média·man /-mən/ *n* MEDIAPERSON; 《広告代理店の》媒体調査員.

média mìx メディアミックス《広告その他のキャンペーンの目標を達成するために行なう各種媒体の組合わせ》.

mèdia·mórphosis *n* メディアによる事実のゆがみ[歪曲].

me·di·an /míːdiən/ *a* 中央の, 中間の; 正中の; 中位数の; 〔音〕舌の中線で発音される: the ～ artery [vein] 正中動脈[静脈]. ► *n* 〔解〕正中動脈[静脈]; 正中神経; 〔数〕中位数, 中央値, メジアン; 〔数〕中点, 中線; MEDIAN STRIP. ♦ **～·ly** *adv* [F or L; ⇨ MEDIUM]

Median *a* MEDIA (人)の; メディア語の. ► *n* メディアの住民, メディア人 (Mede); メディア語.

médian éminence 〔解〕《視床下部の》正中隆起.

médian léthal dóse 《微生物に対する薬物などの》半数[50%]致死量《略 MLD, LD_{50}》.

médian nérve 〔解〕正中神経.

médian placentátion 〔植〕中肋胎座.

médian pláne 《動物を左右対称に分ける》正中面.

médian póint [the] 《三角形または一般に平面上の》中点, 重心.

médian stríp* 《道路の》中央分離帯 (central reserve″).

me·di·ant /míːdiənt/ *n* 〔楽〕中音《音階の第 3 度の音》.

média·pèrson *n* 報道人, 通信員 (＝*mediaman*).

média·scàpe メディアスケープ《**1**) 特定の国・地域におけるさまざまなマスメディアを集合的にとらえた語 **2**) マスメディアが提供するさまざまなイメージ[音, 番組]》.

média-shỳ *a* マスコミ嫌いの, インタビュー嫌いの.

me·di·as·ti·num /mìːdiəstáɪnəm/ *n* (*pl* **-na** /-nə/) 〔解〕《両肺間などの》縦隔. ♦ **-tí·nal** *a* [L]

média stùdies [ᵘ*sg*]《学問分野・学科目としての》メディア研究.

me·di·ate /míːdièɪt/ *vt* 調停[仲介]する, 和解させる; 斡旋する, ‹贈り物・情報などを›取り次ぐ; 折り合いをつける; ‹ある結果›の媒介となる[をする], …に影響する, 左右する. ► *vi* 調停[仲介]する ‹*in, between*›; 介在[媒介]する. ► *a* /-diət/ 仲介の; 間接の (opp. *immediate*); 《まれ》中間にある. ♦ **～·ly** *adv* **mé·di·à·tive** /, -ət-; -ət-/ *a* 調停の, 仲介の. **me·di·a·to·ry** /míːdiətɔ̀ːri; -èɪt(ə)ri/ *a* 調停[仲介]の: *mediatory* efforts 仲介の労. [L＝to be in the middle; ⇨ MEDIUM]

me·di·a·tion /mìːdiéɪʃ(ə)n/ *n* 調停, 介入; 斡旋, 仲介, 取次ぎ, 媒介; 和解; 〔国際法〕《第三国による》仲介, 居中調停. ♦ **～·al** *a*

me·di·a·tize /míːdiətàɪz/ *vt* 〔史〕‹公国を›神聖ローマ帝国の直属から間接の属国の地位に落とす; 《小国の旧主権の一部を認めて》併合する. ♦ **mè·di·a·ti·zá·tion** *n*

mé·di·à·tor *n* 調停者, 仲介者, 媒介者; [the M-] 仲介者, 仲保者《神と人間との仲立ちとしてのキリスト》; 代願者; 〔生〕メディエーター, 媒介[伝達]物質: an official ～ 公的調停人. ♦ **me·di·a·to·ri·al** /mìːdiətɔ́ːriəl/ *a* 調停(人)の.

me·di·a·trix /mìːdiéɪtrɪks/, **-tress, -trice** /míːdièɪtrəs/ *n* MEDIATOR の女性形《特に 聖母マリア》.

med·ic¹ /médɪk/ *n* 〔植〕ウマゴヤシ属の各種多年草[牧草]. [L＜Gk＝Median grass]

medic² 《口》*n* ″医師, 医学生, インターン; *衛生兵. [L *medicus* physician (*medeor* to cure)]

Me·dic /míːdɪk/ *a, n* MEDIAN.

me·di·ca·ble /médɪkəb(ə)l/ *a* 治療できる; 薬効のある.

Med·ic·aid /médɪkèɪd/ *n* [°m-] 〔米〕メディケード《州と連邦政府が共同で行なう低所得者や身障者のための医療扶助(制度)》. [*medical*＋*aid*]

Médicaid míll* MEDICAID の下で過当診療や水増し請求をする診療所.

med·i·cal /médɪk(ə)l/ *a* **1** 医療の, 医学の, 医師[医者]の, 医用の: ～ attention [care] 医療 / ～ history 病歴 / a ～ checkup 健康診断, 健診 / ～ law 医事法 / a ～ man 医師, 開業医 / ～ science 医学 / a ～ student 医学(部)生 / a ～ college 医科大学 / ～ waste 医療(系)廃棄物 / ～ records カルテ / under ～ treatment 治療中. **2** 〔医〕内科の: a ～ case 内科の患者 / a ～ ward 内科の病棟. **3** 《古》MEDICINAL. ► 《口》*n* 医学(部)生; 医師; ″身体検査, 健康診断, 健診. ♦ **～·ly** *adv* 医学[医療]的に; 医学[医療, 医薬]によって; 医学[医療]上. [F or L; ⇨ MEDIC²]

médical atténdant 主治医.

médical certíficate 診断書, 医療証明書.

médical examinátion 健康検査[診断].

médical exáminer 〔米法〕検死官[医]《医師の資格をもち変死の原因などを調べる; cf. CORONER》; 《生命保険加入申込者などを診査する》健康診断医, 診査医; 医師免許資格審査官.

médical geógraphy 医療地理学《地形・自然環境と病気との関連を扱う》.

médical·ìze *vt* ‹医学外の問題›に(無理に)医学的方法を適用する, 医療[治療]対象とする[みなす]. ♦ **mèdical·izátion** *n*

médical jurisprúdence 法医学 (forensic medicine), 《広く》医事法学.

médical ófficer 保健所員[長], 診療所員, 保健[医療]責任者 (cf. MOH), 《会社などに置かれる》産業医, 嘱託医, 軍医《略 MO》.

médical órderly 病院の雑役係, 患者の付添人.

médical practítioner 医師, 医療従事者.

Médical Reséarch Cóuncil /, -ríːsəːrʧ-/ [the] 〔英〕医療

研究審議会, 医学研究会議《1920 年に設立された学術振興団体; 略 MRC》.
médical schòol 医科大学,《大学の》医学部.
médical tóurism 医療観光, メディカルツーリズム《検診や治療・手術のための海外渡航》.
me·dic·a·ment /mədíkəmənt, médɪ-/ *n* 薬, 薬剤, 薬物. ► *vt* 薬物で処理[治療]する. ♦ **med·i·ca·men·tous** /mèdɪkəméntəs/ *a* 薬物(療法)の.
Méd·i·càre /médɪ-/ *n* [°m-] メディケア《(1)《米》主に 65 歳以上の高齢者を対象とした, 政府の医療保障 2)《カナダ・豪》国民健康保険》. [*medical care*]
med·i·cas·ter /médəkæ̀stər/ *n* にせ医者.
med·i·cate /médəkèɪt/ *vt* 薬物で治療する, …に投薬する; …に薬物を添加する; 《古》…に有毒物を混ぜる. ♦ **méd·i·cà·tive** *a* MEDICINAL. [L *medicor* to heal; ⇨ MEDIC[2]]
méd·i·càt·ed *a* 薬物を添加した: a ~ bath 薬浴 / ~ soap 薬用石鹸.
med·i·ca·tion /mèdəkéɪʃ(ə)n/ *n* 薬物療法[適用], 投薬(法); 薬物, 薬剤: on ~ 薬物治療をうけて / put sb *on* ~ 人に薬物治療をうけさせる.
Med·i·ce·an /mèdəsíːən, -ʧíː-/ *a* メディチ家の.
méd·i·chàir /médə-/ *n* 《医》生理状態測定用センサーの付いた椅子. [*medical*＋*chair*]
Med·i·ci /médəʧi/ **1** [the] メディチ家《15–18 世紀にイタリア Florence 市, のち Tuscany を支配した名家; ルネサンスの学芸を保護した》. **2** メディチ (1) **Catherine de' ~** ⇨ CATHERINE DE MÉDICIS (2) **Cosimo de' ~** (＝*Cosimo the Elder*) (1389–1464)《銀行家》(3) **Cosimo I** (＝*Cosimo the Great*) (1519–74)《Florence 公 (1537–74), Tuscany 大公 (1569–74)》 (4) **Giovanni de' ~** ⇨ LEO X (5) **Giulio de' ~** ⇨ CLEMENT VII (6) **Lorenzo de' ~** (＝*Lorenzo the Magnificent*) (1449–92)《Florence の政治家・支配者・学芸の愛護者》 (7) **Maria de' ~** ⇨ MARIE DE MÉDICIS.
me·dic·i·na·ble /mədís(ə)nəb(ə)l, médsnə-/ *a* 《古》 MEDICINAL.
me·dic·i·nal /mədís(ə)n(ə)l/ *a* 医薬の; 薬効のある, 治療力のある (curative); 健康によい: a ~ herb 薬草 / ~ properties 薬効成分 / ~ substances 薬物. ► *n* 医薬, 薬物. ♦ **~·ly** *adv* 医薬として; 医薬で.
medícinal léech 《動》医用ヒル《放血に用いた》.
med·i·cine /médəsən; méds(ə)n/ *n* **1** 医学; 内科(治療): clinical [preventive] ~ 臨床[予防]医学 / practice ~ 〈医者が〉開業している / study ~ and surgery 内外科を研究する / domestic ~ 家庭療法. **2** 医薬品, 薬, 薬剤, 薬物,《特に》内服薬 〈*for*〉; [*fig*] ためになるもの[こと], '薬': PATENT MEDICINE / the virtue of ~ 薬の効能 / a good (kind of) ~ *for* a cough 咳止めの良薬 / take ~(*s*) 薬を飲む. **3**《北米先住民が信じた》魔力をもつ物, 呪術, 魔法; *《方》情報: bad ~ 敵意をこめた呪術; 《口》不吉な物[人]. ● **give sb [get] a dose [taste, little] of sb's [one's] own ~** 自分がされた[した]のと同じ手で報復する[される]. **take one's ~ (like a man)** 《口》罰を甘受する, 身から出たさびとしていやなことを忍ぶ. ► *vt* …に薬を投与する, 薬で治療する; …に薬効を及ぼす. [OF＜L *medicina*; ⇨ MEDIC[2]]
médicine bàll メディシンボール《大きな革のボールを順ぐりに送る運動競技; そのボール》.
médicine càbinet 洗面所の(薬入れ)戸棚.
médicine chèst 常備薬箱[戸棚], 薬箱, 救急箱.
médicine dànce 《北米先住民などの》病魔払いの踊り.
médicine dròpper 《目薬などの》点滴用器.
médicine lòdge 《北米先住民の》呪医小屋; [M- L-]《中央 Algonkian 族間で最も重要な》宗教結社.
médicine màn 《北米先住民の》呪医(じゅい); MEDICINE SHOW による薬売り商人.
médicine shòp 《マレーシアの》中国人経営の薬屋《漢方薬・現代薬ともに売るが処方薬は出さない》.
médicine shòw 《薬の行商人が芸人を使って客寄せする》医薬品宣伝販売ショー《特に 19 世紀米国で流行》.
médicine whèel メディスンホイール《(1) 北米先住民が山の上などに作った環状列石; 車輪と放射状の輻(や)の形に石を並べたもの; 天文・暦法・宗教などと関連があると考えられている 2) 1) をかたどった金属製の呪術具 3) 1) をデザインしたアクセサリー》.
med·ick /médɪk/ *n* MEDIC[1].
med·i·co /médɪkòʊ/ 《口》 *n* (*pl* ~**s**) 医者; 医学生. [It＜L; ⇨ MEDIC[2]]
med·i·co- /médɪkoʊ, -kə/ *comb form* 「医療の」「医学の」「医療と…」 [L; ⇨ MEDIC[2]]
mèdico·botánical *a* 薬用植物学の.
mèdico·chirúrgical *a* 《医》内外科(学)の.
mèdico·galvánic *a* 電気療法の.
mèdico·légal *a* 法医学の; 医事法(学)の.
me·di·e·val, -di·ae- /mìːdiíːv(ə)l, mèd-; mèd-/ *a* 中世(風)の, 中古の (cf. ANCIENT, MODERN); 《口》古臭い, 旧式の: ~ history 中世史 / a ~ view of women 中世の[時代遅れの]女性観. ► *n* 中世の人. ♦ **~·ly** *adv* [L *medium aevum* middle age(s)]
Mediéval Gréek 中世ギリシア語 (Middle Greek).
mediéval·ìsm *n* 中世趣味; 中世時代精神[思潮], 中世的慣習; 中世研究.
mediéval·ist *n* 中世研究家, 中世史学者; 《芸術・宗教などの》中世賛美者.
mediéval·ize *vt* 中世風にする. ► *vi* 中世の研究をする; 中世の理想[習慣など]にしたがう.
Mediéval Látin 中世ラテン語 (⇨ LATIN).
med·i·gap* /médəgæ̀p/ *n* [°‹*a*›] メディギャップ《Medicare または Medicaid で保障・補助されない医療費の不足分を補填する民間健康保険》.
medii *n* MEDIUS の複数形.
me·di·na /mədíːnə/ *n* [ˢM-]《北アフリカ諸都市の現地人が住む》旧市街, メディナ (cf. CASBAH, MELLAH).
Medina メディナ (*Arab* Al-Madinah)《サウジアラビア北西部の市; Muhammad の墓があってイスラム第 2 の聖地; cf. MECCA》.
Me·di·na-Si·do·nia /mədíːnəsədóʊnjə/ メディナ-シドニア **Alonso Pérez de Guzmán,** Duque de ~ (1550–1619)《スペインの海軍軍人; 無敵艦隊の司令官に任じられた (1588) が, イングランド海軍によって全滅させられた》.
me·di·oc·ra·cy /mìːdiɑ́krəsi/ *n* ミディオクラシー《凡庸な集団による支配, 凡俗政治; 支配的な凡人集団[階級]》.
me·di·o·cre /mìːdióʊkər/ *a* [°*derog*] 並の; 凡庸な, さえない, 期待はずれの. ♦ **~·ly** *adv* [F or L＝halfway up a mountain (*ocris* rugged mountain)]
me·di·oc·ri·tize /mìːdiɑ́krətàɪz/ *vt* 平凡[凡庸]にする, 並にする, つまらなくする.
me·di·oc·ri·ty /mìːdiɑ́krəti/ *n* 平凡, 並, 凡庸; 良くも悪くもない[平凡な]才能[できばえ]; 平凡人, 凡人.
me·di·og·ra·phy /mìːdiɑ́grəfi/ *n* 《特定の主題に関する》メディア資料一覧[目録].
Me·dio·la·num /mìːdioʊláːnəm, mèd-/ メディオラヌム《MILAN の古代名》.
me·dio tu·tis·si·mus ibis /médiòʊ tutísɪmʊs íːbɪs/ 中道を行くのが最も安全である. [L]
Medit. Mediterranean.
med·i·tate /médətèɪt/ *vi* 黙想[静思]する, 熟慮する 〈*on, upon*〉; 無心になる. ► *vt* **1** もくろむ, 企てる: ~ a journey to Paris パリへの旅行をもくろむ / ~ revenge 復讐を企てる. **2**《まれ》熟考[黙想]する: ~ the Muse 詩作にふける. ♦ **-tàt·ing·ly** *adv* [L *meditor* to reflect on; ⇨ METE[1]]
med·i·ta·tion /mèdətéɪʃ(ə)n/ *n* 沈思黙考, 黙想, (宗教的)瞑想, 無念無想; [ˢ*pl*] 瞑想録: deep in ~ 黙想にふけって / The *M~s* of Marcus Aurelius マルクス・アウレリウスの『自省録』.
méd·i·tà·tive /, -tətɪv/ *a* 瞑想的な; 瞑想にふける, 沈思する. ♦ **~·ly** *adv* **~·ness** *n*
méd·i·tà·tor *n* 黙想する人; 黙想家.
Med·i·ter·ra·ne·an /mèdətəréɪniən, -njən/ *a* **1** 地中海の; 地中海沿岸(特有)の, 地中海性気候の; 地中海人種型の. **2** [m-] 〈湖・海が陸に囲まれた[包まれた]; 《古》〈陸地が〉内陸(部)の. **3** 地中海式の《ルネサンス様式の家具にみられた太く厚い木, 重厚な線, 凝った彫刻をプラスチック成形などによって模した家具様式》. ► *n* **1** [the] MEDITERRANEAN SEA, 地中海沿岸地域[諸国]; [m-] 内海. **2** 地中海人種(型)の人《地中海沿岸に分布するコーカソイドの一種; 短小痩身・長頭で, 皮膚・毛髪・虹彩の色は濃い; cf. ALPINE》. [L＝inland (*medius* middle, TERRA)]
Mediterránean clímate 《気》地中海性気候《夏季に乾燥温暖で冬季に多雨の気候》.
Mediterránean féver 《医》地中海熱《地中海沿岸地方に発生する各種の熱病, 特に人の BRUCELLOSIS》.
Mediterránean flóur mòth 《昆》スジコナマダラメイガ《小麦粉などに産卵する》.
Mediterránean frúit flỳ 《昆》チチュウカイミバエ (＝*Medfly*)《幼虫は熟果を食い荒らす》.
Mediterránean Séa [the] 地中海.
me·di·um /míːdiəm/ *n* (*pl* ~**s, -dia** /-diə/) **1 a** 媒介物, 媒質, 媒体; 導体; 《理》《物質の存在・現象の》媒体; 《化》《反応の》媒質; 《天》星間物質 (＝interstellar ~)《星間空間に存在する星間ガスと宇宙塵》: Air is the ~ of sound. 空気は音の媒体である / by [through] the ~ of…の媒介で, …を通して. **b** 手段, 方便 (means), 《伝達・情報などの》媒体, (マス)メディア; 広告媒体《★ この意味では media を単数に medias を複数に用いることがある》; 記録[記憶]媒体《磁気ディスクなど》: Radio is a ~ of communication. ラジオは通信機関の一つだ / ~ of instruction 授業で用いる言語, 教育語. **c** 仲介者; (*pl* ~**s**) 巫女(みこ), 霊媒; 《論》媒辞. **d**《画》展色剤《えのぐを溶く油・水》, 媒材, メジウム; 画家の使う材料[技法], 制作用の材料. **e**《化》濾過物質《濾過紙など》; 《劇》《舞台に色光を投じるための》ライト用カラースクリーン. **2**《生息・生育の》環境, 生活条件; 《生》培養基[液] (culture medium), 培地; 《動植物標本の保存・展示用

M

の》保存液. **3 a** 中間 [M サイズ] のもの; 中位, 中ほど, 中等, 中間. **b**〘紙〙中判《標準サイズは 18×23 インチ＝457×584 mm》. **c**〘英〙中期債金縁証券. ● HAPPY MEDIUM. **in ～**〘映〙主役を中景に置いて. ► *a* 中位[中等, 中間, 中型]の;〈肉など〉焼き方が並の, ミディアムの (cf. RARE², WELL-DONE);〈レンジなど〉中火の;〘色彩〙《light (明るい)と dark (暗い)の》中間の;〈ワインなど〉半[中]辛口の. [L (neut)＜*medius* middle]

médium artíllery〘米軍〙中口径砲, 中砲.

médium bómber〘軍〙中型爆撃機.

médium bówler〘クリケット〙中位の球速の投手.

médium-dáted *a*〘英〙〈金縁証券が〉5–15 年償還の, 中期の.

médium drý〈ワイン・シェリーなどが〉ミディアム・ドライの, 辛口と甘口の中間の.

médium fréquency〘通信〙中波, ヘクトメートル波《普通は 300–3000 kilohertz の周波数(帯); 略 MF》.

médium·ism *n* 降霊術, 交霊.

me·di·um·is·tic /mìːdiəmístɪk/ *a* 巫女の, 霊媒の; 降霊術の.

médium of exchánge [circulátion] 交換媒介物, 流通貨幣.

médium páce〘クリケット〙中位の球速.

médium-ránge *a* 中距離用の.

médium-scàle integrátion〘電子工〙中規模集積《略 MSI》.

médium·shìp *n* 霊媒の能力[役割, 職].

médium shòt〘映・テレビ〙ミディアムショット《人物を半身から 7 分身ぐらいの大きさに映すこと》.

médium-sìzed *a* 中型の, 中判の.

médium-térm *a* 中期の《長期と短期の間》.

médium wáve〘通信〙中波《普通は波長 100–1000 m の電波; 周波数でいえば medium frequency に相当》.

me·di·us /míːdiəs/ *n* (*pl* **-dii** /-diàɪ/)〘解〙中指.

med·i·vac /médəvæ̀k/ *n*, *vt* (**-vàck-**) MEDEVAC.

med. jur. °medical jurisprudence.

med·lar /médlər/ *n*〘植〙セイヨウカリン《果実は生食用・ジャム・ゼリー用; cf. JAPANESE MEDLAR》. [OF *medler* (L＜Gk *mespilē*)]

med·ley /médli/ *n* 寄せ集め, ごったまぜ, ちゃんぽん; 雑多な人の寄り集まり;〘楽〙接続曲, メドレー; MEDLEY RELAY;《古》雑録;《古》乱戦: a ～ of furniture, Japanese and foreign 和洋雑多な家具類. ► *a*《古》寄せ集めの. ► *vt* (**～ed, med·leid**) ごったまぜにする, 混合する. [OF＜L; ⇨ MEDDLE]

médley rèlay [ràce]〘競技〙メドレー(リレー).

Mé·doc /meɪdɔ́(ː)k, -dák/ メドック《(1) フランス南西部 Bordeaux の北, Gironde 川左岸の地区 2) 同地区産の赤ワイン》. [F]

me·droxy·progésterone ácetate /mɛdràksi-/〘生化〙酢酸メドロキシプロゲステロン《黄体ホルモン薬; 続発性無月経・異常子宮出血の治療に経口的に, 子宮内膜癌・腎癌の緩和のために筋肉内にそれぞれ投与する》.

me·dre·se /mɛdréseɪ/ *n* MADRASA.

me·dul·la /mədʌ́lə/ *n* (*pl* **～s, -lae** /-li, -làɪ/) **1** (*pl* **-lae**)〘解〙骨髄 (marrow);〘解〙脊髄 (spinal marrow);〘解〙MEDULLA OBLONGATA;〘植〙髄 (pith). **2**〘解・動〙《皮質に対して》髄質;〘解・動〙毛髄質;〘解〙髄鞘 (myelin sheath);〘菌〙髄層. ♦ **med·ul·lary** /médəlèri, méʤə-; mɛdʌ́ləri/ *a* [L; ⇨ MEDIUM]

medúlla ob·lon·gá·ta /-àblɔ̀(ː)ŋgáːtə, -làŋ-/ (*pl* **～s, me·dúllae ob·lon·gá·tae** /-àblɔ̀(ː)ŋgáːti, -làŋ-, -tàɪ/)〘解〙《脳の》延髄. [L]

médullary ráy〘植〙(一次)放射組織, 髄線, 射出髄;〘解〙髄放線.

médullary shéath〘解〙髄鞘, ミエリン鞘 (myelin sheath);〘植〙髄冠《木髄の最外部》.

med·ul·lat·ed /méd(ə)lèɪtəd, *méʤə-, ″mɪdʌ́lèɪ-/ *a*〘解〙骨髄[延髄]のある, 有髄の; 髄鞘のある〈神経細胞〉;〘植〙髄[髄冠]のある.

me·dul·lin /mədʌ́lən, méd(ə)lən, méʤə-/ *n*〘生化〙メデュリン《腎臓にあるプロスタグランディン; 血圧降下作用がある》. [*medulla*, *-in*²]

me·dul·lo·blas·to·ma /mədʌ̀loublæstóumə/ *n* (*pl* **～s, -ma·ta** /-tə/)〘医〙髄芽(細胞)腫.

Me·du·sa /məd(j)úːsə, -zə/ **1**〘ギ神〙メドゥーサ《GORGONs の一人で Perseus に殺された》. **2** [m-] (*pl* **-sae** /-sìː, -zìː, -sàɪ, -zàɪ/, **～s**)〘動〙クラゲ (jellyfish). [L＜Gk *Medousa*]

me·dú·san *a* クラゲの(ような). ► *n* クラゲ (medusa).

me·dú·soid /-sɔ̀ɪd/ *a* クラゲのような. ► *n* クラゲ (jellyfish); ヒドロ虫のクラゲ形の芽体, クラゲ状体.

Med·ve·dev /mɪdvjédɪf/ メドヴェージェフ **Dmitry (Anatolyevich) ～** (1965–)《ロシアの法律家・政治家; 大統領 (2008–12), 首相 (2012–)》.

Med·way /médwèɪ/ [the] メドウェイ川《イングランド南東部 Kent 州を北東に流れ, **～ tówns** (Rochester, Chatham, Gillingham) を通って Thames 河口に注ぐ》.

mee /míː/ *n*《マレーシア》麺類. [Chin *mien*]

meed /míːd/《古・詩》*n* 報酬; 賞与; 当然受けるべきもの. [OE *mēd*; cf. G *Miete* rent, Gk *misthos* reward]

meek /míːk/ *a* おとなしい, 柔和な; 辛抱強い; 屈従的な, いくじのない, 言うままになる;《廃》親切な, 優しい;《古》〈天候・川の流れなど〉穏やかな, 静かな: ～ and mild おとなしい; いくじのない / (as) ～ as a lamb [a maid, Moses] きわめておとなしい[従順な] / Blessed are the ～ 幸いなるかな柔和なる者《*Matt* 5: 5》. ♦ **～·ly** *adv* **～·ness** *n* [ON＝gentle]

meel·bol /míːlbɔ̀ːl/ *n*《南ア》《幼児用の》トウモロコシがゆ.

mee·mies /míːmiz/ *n* [the, 〈*sg*〉]*《俗》ヒステリー(患者), 神経過敏 (screaming meemies). [C20＜?]

Meer /méər, míər/ メール **Jan van der ～ van Delft**《Jan VERMEER の別名》.

meer·kat, mier- /míərkæ̀t/ *n*〘動〙**a** ミーアキャット《マングース類の肉食小動物; 南アフリカ産》. **b** SURICATE. [Du＜MLG＝sea-cat]

meer·schaum /míərʃəm, *-ʃɔ̀ːm/ *n*〘鉱〙海泡(かいほう)石 (＝*sepiolite, sea-foam*)《主にトルコ産》; (火皿が)海泡石製のパイプ, ミアシャム. [G＝sea-foam]

Mee·rut /méɪərət, míərət/ メーラト《インド北部 Uttar Pradesh 北西部の市; 1857 年 'セポイの乱' の最初の反乱が起こった地》.

mees·tle /míːs(ə)l/ *n*《方・俗》犬.

meet¹ /míːt/ *v* (**met** /mét/) *vt* **1 a** …に会う, 行き会う, 出会う; …とすれ違う: I *met* her in [on] the street. **b** …と面会[面談]する; …と会合をもつ; …と知り合いになる: I know Mr. White by sight, but have never *met* him. ホワイト氏の顔は知っていますが, まだお目にかかったことがありません / Nice ～*ing* [to have *met*] you. お目にかかれてよかった[楽しかった]《★普通は別れの挨拶だが, nice ～*ing* の形と次例の nice to ～ の形は文脈によっては入れ替わることもある》/ I'm glad [(It's) nice] to ～ you. はじめまして, よろしく《初対面の挨拶; cf. I'm very glad to SEE¹ you. なお 英では How do you do? が普通》/ I want all of you to ～ my friend Anna Hill. *皆さまに友人のアンナ・ヒルを紹介させていただきます / Have you *met* John? ジョンとは初対面でしたっけ《人を引き合わせる前に》. ★ 1 の意味の meet は, 通例受動態では用いられない. **2 a** …と接する, ぶつかる,〈目・耳など〉に触れる;〈道・川などが〉…に合う, 合流する, …と交差する: ～ sb's nostrils〈臭気などが〉鼻につんとくる / ～ the EYE¹ [EAR¹]. **b** …に遭遇する, 経験する《この意味では meet with が普通》: ～ misfortune. / The treaty *met* strong opposition. その条約は強い反対にあった. **c**《カリブ》《ある状態にあることに》気づく, わかる (find): ～ the door open. **3** 出迎える: I'll ～ your train.＝I'll ～ you *off* the train. 列車までお迎えに参ります / You will be *met* at the station by my wife. 駅まで妻がお迎えに参ります. **4** 直視する; …に直面[対抗]する, 処理する (cope with); 弁明する; …と対戦する, …と会戦する: He *met* my glance with a smile. 彼はにこにこしながらわたしと視線を合わせた / ～ the situation 事態に対処する / ～ criticism head on 批判に正面からこたえる / Every preparation was being made to ～ the typhoon. **5 a** …に応じる[対処する], 満たす (satisfy),〈希望〉にかなう; 支払う (pay),〈手形などを〉決済する: ～ the case 十分である, 申し分ない / ～ sb's wishes 人の希望に応じる / ～ obligations [objections] 義務を果たす[異議にこたえる] / ～ a bill 勘定を払う. **b** …に同意する: We *met* him on the point.

► *vi* **1 a** 出会う; 落ち合う, 会合する, 集まる; 対戦する, 対決する: When shall we ～ again? 今度いつお会いしましょうか / Why not ～ *for* a drink in the pub? パブで一杯どう? **b** 知り合いになる: They *met* at the park. **2**〈集会が〉開かれる: Congress will ～ next month. 国会は来月開かれる. **3**〈車などが〉行き交う, ぶつかる;〈線・道路などが〉いっしょになる, 合わさる, 交わる;〈両端が〉いっしょになる; 相接する, 触れる: The two trains ～ at this city. 両方の列車はこの市ですれ違う / This belt won't ～ round my waist. このベルトは腰まわりに届かない / That waistcoat won't ～. チョッキは胴まわりが短すぎる / Their eyes *met*. 二人の視線が合った. **4**〈異なった性質などが〉共起する, 兼ねそなわる: His is a nature in which courage and caution ～.

● **～ up (with…に)** 追いつく; (…に)遭遇する,〈人〉に出会う, 会う, 待ち合わせる;〈道路などが〉(…と)交差する. **～ with…** (1) …を経験する, …をうける,〈不慮の事態・不幸など〉に遭遇する: The bill *met with* approval. その法案は承認された / She *met with* an accident. 《cf. ～ *with* criticism (受動的に)批判をうける (cf. *vt* 4)》. (2)〈人〉に偶然出会う;《計画して》〈人〉と会う《*vt* の meet と同義; 特に 米》. (3)〈物〉にぶつかる, 触れる. **well met**《古》ようこそ (welcome).

► *n* **1** 会, 競技会《英では通例 MEETING》;《ジャズ俗》演奏会 (jam session);《俗》《不正取引のための》会う約束, 密会: an air ～ 飛行大会 / a swimming ～ 水泳競技会. **2**《狐狩り出発前の猟師・猟犬の》勢ぞろい. **3** 会衆; 集会所, 集合場所, 密会場所. **4**〘数〙交わり, 交(こう);《反対方向に走る列車の》行き違い(地点);《単線区間の》列車交換待合わせ地点.

♦ **～·er** *n* [OE *mētan*＜Gmc (**mōtan* meeting; cf. MOOT)]

meet² *a*《まれ》適当な, ふさわしい (fit)〈*to do*, *for*〉. ♦ **～·ly** *adv* **～·ness** *n* [OE *gemǣte* (⇨ METE¹); cf. G *gemäss*]

méet and gréet ミートアンドグリート《(1) 大物スター・政治家などとファン・支持者・報道陣などとの交流の機会[イベント, レセプション] 2)

学校公開, 保護者参観(日) **3**) 空港での出迎えサービス》.

méet·ing *n* **1 a** 会合, 集合;《特殊な》会, 大会, 集会, 競馬[ドッグレース]大会, ᵘ競技会; [M-]《特にクエーカー教徒の》礼拝会: call a ~ 会を招集する / hold a ~ 会を催す / open a ~ 開会する, 開会の辞を述べる. **b** 会衆: address the ~ 会衆に挨拶する. **c** MEETINGHOUSE. **2** 面会; 遭遇, 出会い; 対決, 試合, 会戦, 決闘. **3** 交差, 合流, 一致; 合流[交差]点.

méeting gròund 出会いの場; 相互理解[共通認識]の場[機会]; 共通の知識[関心]の領域.

méet·ing·hòuse *n* 公会堂, 教会堂; [°*derog*]《非国教徒・クエーカー教徒などの》礼拝堂.

méeting of (the) mínds 合意, 意見の一致 (agreement, concord).

méeting plàce 会場, 集会所; 合流点; 待合わせ場所.

méeting pòint 《空港・駅などの》集合[待ち合わせ]場所; 合流点.

mef·e·nám·ic ácid /mɛ̀fənǽmɪk-/ 〔薬〕 メフェナム酸《消炎・鎮痛剤》.

mef·lo·quine /méfləkwàɪn/ *n* 〔薬〕 メフロキン《抗マラリア薬; キニーネに類似; 塩酸塩を熱帯熱マラリアの治療に用いる》. [*me*thyl+*fl*uoro+*quino*line]

meg /még/ *n* «口» メガ《megabyte, megohm などの短縮形》.

Meg メグ《女子名; Margaret の愛称》.

MEG 〔医〕 magnetoencephalography.

mega /mégə/ «口» *a* 巨大な, 特別大きい, たくさんの, すごい; 最高[最大](級)の, スーパースター(級)の. ► *adv* ものすごく, 超…: ~ rich [popular]. [↓の独立用法]

mega- /mégə/, **meg-** /még/ *comb form* (1)「(並はずれて)大きい」; «俗»「とんでもない」「ものすごい」 (2)〔単位〕 メガ《$=10^6$; 記号 M》 (3)〔電算〕 メガ《(ビット数などに関し) $2^{20}=1{,}048{,}576=1024$K; 略 M》. [Gk *megal- megas* great]

méga·bàr *n* 〔理〕 メガバール《$=10^6$ bars》.

méga·bìt *n* 〔電算〕 メガビット《**1**) $=10^6$ bits **2**) $=2^{20}$ bits》.

méga·bìtch *n**«俗» 最低の[超むかつく]女, くそあま.

méga·bùck «口» *n* 100 万ドル; [ᵖ*pl*] 巨額の金, 大金.

méga·bỳte *n* 〔電算〕 メガバイト《**1**) $=10^6$ bytes **2**) $=2^{20}$ bytes》.

mèga·cephálic, -céphalous *a* 巨大蓋の, 巨頭の《特に頭蓋容積が男子 1450 cc, 女子 1300 cc を超えるものにいう》;《広く》頭の大きな. ♦ **-céphaly** *n*

méga·chàracter *n* 《ロールプレイングゲームなどの》強大なキャラクター.

méga·chùrch* *n* メガチャーチ《数千人規模の信徒を有するプロテスタント系の巨大教会; しばしばカリスマ的指導者に率いられ, 既存の特定宗派には属さない》.

méga·cìty *n* 百万都市.

mèga·corporátion *n* 巨大企業《大会社の合併, あるいはさまざまな規模の多数の企業の合併でできた大企業》.

méga·cùrie /, *-kjʊ̀ri:/ *n* 〔理〕 メガキュリー《$=10^6$ curies; 記号 MCi》.

méga·cỳcle *n* 〔通信〕 メガサイクル《$=10^6$ cycles; MEGAHERTZ の旧称; 記号 mc》.

méga·dèal *n* 大口取引[契約], 大型商談.

méga·dèath *n* 100 万人の死, メガデス《核戦争について一つの単位として用いられる》; 大量死.

méga·dòrk *n**«俗» 大ばか者, どあほう.

méga·dòse *n* 《ビタミン・医薬などの》大量投与. ► *vt* 大量投与する.

Me·gae·ra /məʤíərə/ 〔ギ神〕 メガイラ《復讐の女神の一人; ⇨ FURIES》.

méga·fàuna *n* 〔生態〕《一地域の》大型動物相《肉眼で確認できる地上動物群》. ♦ **mèga·fáunal** *a*

méga·flòp *n* «俗» 大失敗, 大へま.

méga·flòps *n* 〔電算〕 メガフロップス (MFLOPS)《コンピューターの演算速度を表わす単位: 1 秒間に 100 万回の浮動小数点演算を行なう計算能力; cf. FLOPS》.

mèga·gámete /, -gəmí:t/ *n* MACROGAMETE.

mèga·gaméto·phỳte *n* 〔植〕 大配偶体.

méga·hèrtz *n* 〔理〕 メガヘルツ《$=10^6$ cycles/sec; 特に電波の周波数やプロセッサーの演算速度の単位; 記号 MHz》.

méga·hìt *n* 《映画などの》大ヒット作品, ブロックバスター.

méga·jèt *n* 〔空〕 メガジェット《JUMBO JET よりさらに大型で速い》.

mèga·kár·yo·cỳte /-kǽrioʊ-/ *n* 〔生〕 巨大核細胞, 巨核球. ♦ **-kàr·yo·cýt·ic** /-sít-/ *a*

meg·al- /mégəl/, **meg·a·lo-** /mégəloʊ, -lə/ *comb form*「大きい」「巨大な」「誇大な」 [MEGA-]

-megalia ⇨ -MEGALY.

méga·lìter *n* メガリットル《$=10^6$ liters; 略 Ml》.

méga·lìth *n* 〔考古〕《先史時代の遺物の》巨石, 巨石遺構, 巨石記念物《dolmen, menhir, monolith など》.

mèga·líth·ic *a* 巨石の, 巨石を使った; 巨石時代の.

megalíthic círcle STONE CIRCLE.

megalíthic tómb 〔考古〕 巨石墓《墓室を巨石で築いた墓》.

mégalo·blàst *n* 《悪性貧血にみられる》巨(大)赤芽球. ♦ **mèg·alo·blástic** *a*

megaloblástic anémia 〔医〕 巨(大)赤芽球性貧血《悪性貧血》.

mègalo·cárdia *n* 〔医〕 心(臓)肥大 (=*cardiomegaly*).

mègalo·cephálic *a* MEGACEPHALIC. ♦ **-céphaly** *n*

mègalo·mánia *n* 〔精神医〕 誇大妄想; 誇大な願望; 権力欲. ♦ **-mániac** *a*, *n* 誇大妄想の(患者). **-maníacal, -mánic** *a* **-níacal·ly** *adv*

meg·a·lop·o·lis /mɛ̀gəlápələs/ *n* **1** 超巨大都市(圏), 巨帯都市, メガロポリス《London から Liverpool に至るイングランド南部, Boston から Washington に至る東海岸, San Francisco から Los Angeles に至る西海岸, 日本の首都圏と近畿圏を含む東海道などの人口過密地帯》. **2** メガロポリスの生活様式. ♦ **mèg·a·lo·pól·i·tan** /-t(ə)n/ *a*, *n* メガロポリスの(住民). **megalopóli·tan·ism** *n*

meg·a·lops /mégəlɑ̀ps/ *n* (*pl* ~, **-lop·ses** /-lɑ̀psì:z/) 〔動〕 メガロパ《カニ類の幼生の一段階》. ♦ **mèg·a·lóp·ic** *a* [NL *megalopa* <Gk *megalōpos* large-eyed]

meg·a·lop·ter·an /mɛ̀gəlɑ́ptərən/ *n* 〔昆〕 広翅類の各種《ヘビトンボ・センブリなど》. ♦ **mèg·a·lóp·ter·ous** *a*

mègalo·sáurus, mégalo·sàur *n* 〔古生〕 メガロサウルス《*Megalosaurus* 属の肉食性恐竜》. ♦ **mèg·a·lo·sáu·ri·an** *a*, *n*

-meg·a·ly /mégəli/, **-me·ga·lia** /məgéɪljə/ *n comb form*「肥大」「巨大(症)」: acro*megaly*. [NL; ⇨ MEGA-]

méga·machìne *n* 《非人間的に機能する》テクノロジー支配の巨大な社会.

méga·mèrger *n* 大型[大規模]合併.

méga·mèter *n* 100 万メートル, 1000 キロメートル.

még·a·mòuth *n* 〔魚〕 メガマウス(ザメ) (=~ **shàrk**)《巨大な口と小さな歯をもつメガカスマ科の濾過食性のサメ; 1976 年ハワイ沖で初めて捕えられた珍種》.

Meg·an /mégən, *méɪ-, *mí:-/ メガン, ミーガン《女子名》.

Mégan's Làw 〔米法〕 メーガン法《性犯罪の前科をもち再犯のおそれのある人物の監視や住所などの公表を当局に義務づける法律の総称; New Jersey 州の少女 Megan Kanka 暴行・殺害事件 (1994) がきっかけで制定》.

Me·gan·thro·pus /mɪgǽnθrəpəs/ *n* 〔人〕 メガントロプス《下顎骨の巨大な化石人類》.

mèga·párseс *n* 〔天〕 メガパーセク《$=10^6$ parsecs》.

mega·phan·ero·phyte /mɛ̀gəfǽnəroʊfàɪt/ *n* 〔植〕 巨形地上植物《樹高 30 m 以上》.

méga·phòne *n* メガホン; 代弁者. ► *vt* メガホンで告げる[広める]; …にメガホンで話しかける[呼びかける]. ► *vi* メガホンを用いて話す. ♦ **mèga·phón·ic** /-fán-/ *a* [MEGA-, -PHONE]

méga·phỳll *n* 〔植〕 大(成)葉《microphyll 以外の, 比較的大型で茎の管束に葉隙を生じる葉》; 巨大葉《葉面積区分の最大級; 164,025 平方ミリメートルより大きいもの》.

méga·pìxel *n* 〔電算〕 100 万画素, メガピクセル《100 万画素または XGA の 1024×768 画素を表わす単位》: an 8 ~ digital camera 800 万画素のデジカメ / ~ resolution メガピクセル解像度.

méga·plèx /mégəplɛ̀ks/ *n* メガプレックス《巨大シネマコンプレックス; 普通 16 館以上がはいったもの》.

méga·pòd *n*, *a* 大足の; MEGAPODE.

mega·pode /mégəpòʊd/ *n* 〔鳥〕 ツカツクリ (=*mound bird, scrub fowl* [*hen*])《南洋・豪州産》.

me·gap·o·lis /məgǽpələs, mɛ-/ *n* MEGALOPOLIS. ♦ **meg·a·pol·i·tan** /mɛ̀gəpálət(ə)n/ *a*

méga·pròject *n* 巨大プロジェクト.

Meg·a·ra /mégərə/, (ModGk) **Mé·ga·ra** /méɪgɑːrɑː/ メガラ《ギリシア, Athens の西, Saronic 湾に臨む市・港町; 古代 Megaris の中心地; ドーリス人の都市国家で, Byzantium をはじめとする植民市を建設》.

méga·ràd *n* 〔理〕 メガラド《$=10^6$ rads》.

Me·gar·i·an /məgéəriən, mɛ-/ *a*, *n* MEGARA の(人);《ソクラテス哲学の》メガラ学派の(哲学者).

Me·gar·ic /məgǽrɪk, mɛ-/ *a*, *n* MEGARIAN.

Meg·a·ris /mégərəs/ メガリス《古代ギリシアの Corinth 湾と Saronic 湾の間の地域; ☆Megara》.

meg·a·ron /mégərɑ̀n/ *n* (*pl* **-ra** /-rə/) 〔建〕 メガロン《古代ギリシアの, ポーチ, 前室, 炉のある主室からなる形式》. [Gk; ⇨ MEGA-]

mèga·scópic *a* 拡大された; 肉眼に見える, 肉眼で観察した, 巨視的な. ♦ **-scóp·i·cal·ly** *adv*

mèga·sporángium *n* 〔植〕 大胞子嚢, 大芽胞嚢.

méga·spòre *n* 〔植〕 大胞子. ♦ **mèga·spór·ic** /-spɔ́:rɪk/ *a*

mèga·spòro·génesis *n* 〔植〕 大胞子形成[生成].

mèga·spóro·phỳll *n* 〔植〕 大胞子葉.

me·gass(e) /məgǽs/ *n* BAGASSE.

méga·stàr *n* «口» 超スーパースター, メガスター. ♦ **~·dom** *n*

méga·stòre *n* 巨大店舗, メガストア.

méga·strùcture *n* メガストラクチャー《巨大建築, 巨大な複合機能建築群》.

méga·tànker *n* 《20 万トンを超えるような》マンモスタンカー.
méga·tèchnics *n* 巨大(科学)技術.
mega·there /mégəθìər/ *n* 〔古生〕メガテリウム属 (*Megatherium*) の動物《ナマケモノに近縁の貧歯類の巨大な化石動物; 鮮新世・更新世のアメリカに生息》. ♦ **mèga·thé·ri·an** *a* ［Gk *mega thērion* great animal を仮想した NL］
mèga·thérium *n* (*pl* ～s, **-the·ria** /-θíəriə/) MEGATHERE.
méga·tòn *n* 100 万トン, メガトン; メガトン《TNT 100 万トンに相当する爆発力; 記号 MT》. ♦ **-tòn·nage** /-ɪʤ/ *n* メガトン数《メガトンを単位として測った核兵器の破壊力》.
mega·tron /mégətrɑ̀n/ *n* 〔電子工〕LIGHTHOUSE TUBE.
méga·ùnit *n* 100 万単位.
méga·vèrsity *n* マンモス大学.
méga·vìtamin *a* ビタミン大量投与の[による]: ～ therapy. ► *n* [*pl*] 大量のビタミン.
méga·vòlt *n* 〔電〕メガボルト, 100 万ボルト《記号 Mv, MV》.
méga·vòlt-ámpere *n* 〔電〕メガボルトアンペア《記号 MVA, Mva》.
méga·wàtt *n* 〔電〕メガワット, 100 万ワット, 1000 キロワット《記号 Mw, MW》.
méga·wàtt-hóur *n* 〔電〕メガワット時《記号 MWh, Mwhr》.
mé generàtion [the] ミージェネレーション《ME DECADE の世代》.
Meg·ger /mégər/ 〔商標〕メガー《メグオーム計 (megohmmeter) の商品名》.
Me·gha·la·ya /mèɪgəléɪə/ メガラヤ《インド北東部の州; ☆Shillong》.
Megh·na /mégnə/ [the] メグナ川《バングラデシュを流れる川; Surma 川の下流部分》.
Me·gid·do /mɪgídoʊ/ メギド《パレスティナ北部の都市遺跡; エジプトとメソポタミアを結ぶ要衝で, 古来たびたび戦場となった》.
me·gil·la(h) /məgílə/ *n* **1** (*pl* ～s, **-gil·loth** /məgilɔ́:t/) 〔聖〕メギラ《雅歌 (Song of Solomon), ルツ記 (Book of Ruth), 哀歌 (Lamentations of Jeremiah), 伝道の書 (Ecclesiastes) またはエステル記 (Book of Esther) のはいった巻物; 特にエステル記のもの; プリム祭 (Purim) のときユダヤ教会で読まれる》. **2** (*pl* ～s) [°the whole m-]*《俗》長広舌, くだくだしい[こんがらがった, ややこしい]話[こと]. ［Heb=scroll］
me·gilp, ma- /məgílp/ *n* メギルプ《油絵用の揮発性の溶き油》. ［C18＜?］
MEGO /mí:goʊ/ *int**《俗》こいつはまったく退屈だ. ［*my eyes glaze over*］
Még of Wéstminster のっぽ女: as long as ～.
MEGOGIGO /mí:goʊgáɪgoʊ/ *int**《俗》こいつにはまったくうんざりさせられる. ［MEGO, *garbage in garbage out*］
még·òhm *n* 〔電〕メグオーム《電気抵抗の単位: $=10^6$ ohms; 略 MΩ》.
még·òhm·mèter *n* 〔電〕メグオーム計, メガー.
me·grim[1] /mí:grəm/ *n* 空想, 気まぐれ; [*pl*] 憂鬱; [*pl*] 《馬・牛の》眩暈症 ((blind) staggers); 片頭痛 (migraine). ［OF MIGRAINE］
megrim[2] *n* 〔魚〕**a** 欧州産のヒラメの一種 (=*sail-fluke, whiff*). **b** SCALDFISH. ［C19＜?］
meh /mé/《俗》*int* フーン, ヘン, あっそ, 別に[どーでも]いーけど, やだよ, ケッ!, しょうもな! 《無関心・気乗りしないことなどを表わす》. ► *a* しょうもない, しょぼい, さむい, ヌルい; 乗り気でない, 無関心な. ［米国のテレビアニメ 'The Simpsons' でのせりふから］
Me·he·met Ali /mɛmét ɑ:lí:/ メフメト・アリ《MUḤAMMAD 'ALĪ のトルコ語名》.
mehendi ⇨ MEHNDI.
Me·het·a·bel /məhétəb(ə)l/, **-hit-** /-hít-/ メヘタベル, メヒタベル《女子名》. ［Heb=favored by God］
Meh·med /mɛmét/ メフメト ～ **II** (1432–81)《オスマントルコのスルタン (1451–81); あだ名 'Fa·tih' /fɑ:tí:x/ (征服者); Constantinople, Anatolia, Balkan 方面を征服した》.
mehn·di /méndi/, **me·hen·di** /məhéndi/ *n* 《インド》メヘンディ, ヘナタトゥー《(特に 結婚式を控えた男女の)手足などに henna 染料で細密文様を描くこと, またその文様》. ［Hindi＜Skt=henna (植物)］
Meh·ta /méɪtə/ メータ **Zubin** ～ (1936–　)《インド生まれの指揮者》.
mei·bó·mian cýst /maɪbóʊmiən-/ 〔眼〕CHALAZION. ［Heinrich *Meibom* (1638–1700) ドイツの医学者］
meibómian glánd 〔眼〕眼瞼板(がんけん)腺, マイボーム腺《まぶたの中の結膜の下にある小さな皮脂腺》. ［↑］
m8 /méɪt/ 《E メールで》MATE.
Mei·ji /méɪʤi/ *n, a* 明治時代 (1868–1912) (の); 明治天皇 (1852–1912) (=～ **Tén·no** /-ténoʊ/). ［Jpn］
mei·kle /mí:k(ə)l/ *a, adv, n* MICKLE.
Meil·hac /*F* mejak/ メヤック **Henri** ～ (1831–97)《フランスの劇作家》.
Mein Kampf /*G* màɪn kámpf/『わが闘争』《Adolf Hitler の主著 (1925–27)》.
meiny, mein·ie /méɪni/ 《古》*n* 従者たち, 随行員, 同僚, 家族; /, méni/ 《スコ》多数, 大勢. ［OF＜L; ⇨ MANSION; のちに *many* の影響あり］
méio·cỳte /máɪoʊ-/ *n* 〔植〕減数母細胞《減数分裂により 4 つの減数胞子に分かれる細胞》.
méio·fàuna *n* 〔生態〕中型底生動物. ♦ **mèio·fáunal** *a*
mei·o·sis /maɪóʊsəs/ *n* (*pl* **-ses** /-sì:z/) 〔生〕《細胞の》減数分裂; 〔修〕LITOTES; 《まれ》分裂, 分割. ♦ **mei·ót·ic** /-ɑ́t-/ *a* **-i·cal·ly** *adv* ［NL＜Gk (*meiōn* less)］
Me·ir /mɛíər/ メイア **Golda** ～ (1898–1978)《イスラエルの女性政治家; 首相 (1969–74)》.
mei·shi /méɪʃi/ *n* 名刺. ［Jpn］
mé·ism *n* 自己中心主義, ミーイズム.
Meis·sen /máɪs(ə)n/ **1** マイセン《ドイツ中東部 Saxony 州の市; Dresden の北西にあり磁器の生産で知られる》. **2** マイセン焼き (=～ **chìna** [**wàre**]) (DRESDEN).
Méiss·ner effèct /máɪsnər-/ 〔理〕マイスナー効果《超伝導状態の物質が外部の磁力線を(完全に)排除する現象》. ［Fritz W. *Meissner* (1882–1974) ドイツの物理学者］
Méissner's córpuscle 〔解〕マイスナー小体《指趾の真皮の乳頭にみられる神経終末小体》. ［Georg *Meissner* (1829–1905) ドイツの解剖学者］
Meis·so·nier /mèɪs(ə)njéɪ/ メソニエ (**Jean-Louis-**)**Ernest** ～ (1815–91)《フランスの画家》.
meis·ter /máɪstər/ *n* [°*compd*] [ˢ*joc*] 名人, 達人, 王者; [ˢ*derog*] 仕切り役, 主役: a web-～ ウェブの達人 / GABMEISTER / SCHLOCKMEISTER.
Mei·ster·sing·er /máɪstərsìŋər, -zìŋ-/ *n* (*pl* ～, ～s) 《14–16 世紀のドイツの》職匠歌人, マイスタージンガー. ［G=mastersinger］
Meit·ner /máɪtnər/ マイトナー **Lise** ～ (1878–1968)《オーストリア生まれのスウェーデンの核物理学者》.
meit·ne·ri·um /máɪtnəriəm/ *n* 〔化〕マイトネリウム《人工放射性元素; 第 6 番目の超アクチノイド元素で, 第 17 番目の超ウラン元素; 記号 Mt, 原子番号 109》. ［↑］
Méjico ⇨ MEXICO.
mejlis(s) ⇨ MAJLIS.
me ju·di·ce /meɪ jú:dɪkɛ/ わたしが判定者で; わたしの判断では. ［L］
MEK °methyl ethyl ketone.
Me·ke·le /méɪkəlèɪ/ メケレ《エチオピア北部 Tigray 州の州都》.
Mek·ka /mékə/ MECCA.
Mek·nès /mɛknés/ メクネス《モロッコ中北部の市; 同国の旧首都》.
Me·kong /méɪkɔ́(:)ŋ, -kɑ́ŋ; ˈˈmí:-, ⌐⌐/ [the] メコン川《中国青海省南部に発し, チベット東部と雲南省を南流して, ミャンマー・ラオス・タイ・カンボジアを通り, ヴェトナム南部で南シナ海に注ぐ東南アジア最大の川》.
mel /mél/ *n* 《特に 処方用の》蜂蜜. ［L］
me·la /méɪlə, mí:-/ *n* 《インド》縁日, 祭, 大集会. ［Skt=assembly］
mela- /mélə/, **mel-** /mél/, **melo-** /méloʊ, -ə/ *comb form*「黒い」［Gk (*melan- melas* black)］
Mel·aka /məlǽkə, -lɑ́:-/ メラカ《別称 Malacca; **1**) マレーシア, Malay 半島西岸の州 **2**) その州都》.
me·la·leu·ca /mèləlú:kə/ *n* 〔植〕コバノブラッシノキ《豪州周辺原産; フトモモ科》. ［NL (Gk *melas* black, *leukos* white)］
mel·a·mine /méləmì:n/ *n* 〔化〕メラミン《石灰窒素から製する白色結晶質化合物でメラミン樹脂の原料》; MELAMINE RESIN; メラミン樹脂から製するプラスチック. ［G (*melam* distillate of ammonium thiocyanate)］
mélamine rèsin メラミン樹脂.
me·lan- /məlǽn, mɛ-, mélən/, **me·lano-** /məlǽnoʊ, mɛ-, mélənoʊ, -nə/ *comb form*「黒い」「メラニン」［Gk; ⇨ MELA-］
mel·an·cho·lia /mèlənkóʊliə/ *n* メランコリー (MELANCHOLY); 《古》〔精神医〕鬱病.
mel·an·cho·li·ac /mèlənkóʊliæ̀k/ *n* 鬱病患者. ► *a* 鬱病にかかった.
mel·an·chol·ic /mèlənkɑ́lɪk/ *a* 鬱病(性)の; 憂鬱な, 陰気な, ものうげな, もの悲しい. ► *n* 鬱病患者; ふさぎこんだ人. ♦ **-i·cal·ly** *adv*
mel·an·choly /mélənkɑ̀li; -kəli/ *n* **1** 《習慣的・体質的な》憂鬱, ふさぎこみ, メランコリー; 沈思; 鬱病 (MELANCHOLIA). **2** 〔中世医学〕黒胆汁 (black bile); 黒胆汁質. ► *a* 憂鬱な, 陰気な, ふさいだ, もの悲しい; 物思いに沈んだ. ［OF＜L＜Gk (MELA-, *kholē* bile); cf. GALL[1]］
Me·lanch·thon /məlǽŋ(k)θən, -tən; *G* melánçtɔn/ メランヒトン **Philipp** ～ (1497–1560)《ドイツの人文主義者・宗教改革者; アウクスブルク信仰告白 (1530) 執筆》.
Mel·a·ne·sia /mèləní:ʒə, -ʃə; -ziə/ メラネシア《オーストラリア大陸の北東, Micronesia の南に広がる島々: Bismarck, Solomon 各諸島, Vanuatu, New Caledonia, Fiji など》.
Mèl·a·né·sian *a* メラネシア(人[語群])の. ► *n* メラネシア人; 〔言〕《オーストロネシア語族の》メラネシア語群[語派].

mé·lange /meɪlɑ́ːʒ, -lɑ́ːndʒ; -lɔ́ʒ, -lɑ́ːnʒ/ *n* 混合物, ごたまぜ; 雑録; メラーンジュ《綿・毛で織った織物》. [F (*mêler* to mix)]
me·la·ni·an /məléɪniən/ *a* 黒色の; [ᵁM-]〘人〙黒髪黒膚の, 黒色人種の. [Gk MELA-]
me·lan·ic /məlǽnɪk/ *a* MELANOTIC; MELANISTIC. ► *n* MELANIST.
Mel·a·nie /méləni/ メラニー《女子名》. [Gk=black]
mel·a·nin /mélənən/ *n*〘生化〙黒色素, メラニン.
mel·a·nism /mélənìz(ə)m/ *n*〘動〙黒化, 黒色素[メラニン]沈着[形成], メラニズム;〘人〙黒性;〘医〙MELANOSIS. ♦ **-nist** *n* 黒色人. **mèl·a·nís·tic** *a*
mel·a·nite /mélənàɪt/ *n*〘鉱〙黒ざくろ石, メラナイト. ♦ **mèl·a·nít·ic** /-nít-/ *a* [*-ite*]
mel·a·nize /mélənàɪz/ *vt* メラニン化[黒化]する, メラニン沈着させる; 黒くする. ♦ **mèl·a·ni·zá·tion** *n*
meláno·blàst /, mélənoʊ-/ *n*〘生〙黒色素[メラニン]芽細胞. ♦ **me·là·no·blás·tic** /, mèlənoʊ-/ *a*
me·la·no·blas·to·ma /məlæ̀nəblæstóʊmə, mèlənoʊ-/ *n* (*pl* ~**s, -ma·ta** /-tə/)〘医〙メラニン芽(細胞)腫.
mel·a·noch·roi /mèlənɑ́kroʊàɪ/ *n pl* [ˢM-]〘人〙薄黒白色人種《白色人種のうち白顔黒髪の種族》. ♦ **-no·chro·ic** /mèlənoʊkróʊɪk/ *a*
mèlano·crátic *a*〘地質〙〈火成岩が〉優黒質の (cf. LEUCOCRATIC, MESOCRATIC).
meláno·cỳte /, mélənoʊ-/ *n*〘動〙メラニン(形成[色素])細胞, メラノサイト《哺乳類・鳥類の黒色素胞》.
melánocyte-stìmulating hòrmone〘生化〙メラニン細胞刺激ホルモン《略 MSH》.
melàno·génesis /, mèlənoʊ-/ *n*〘動〙メラニン形成.
mel·a·noid /mélənɔ̀ɪd/ *a* 類黒色素の; MELANOSIS の. ► *n* メラニン様物質, メラノイド.
mel·a·no·ma /mèlənóʊmə/ *n* (*pl* ~**s, -ma·ta** /-tə/)〘医〙黒色腫, メラノーマ. [*-oma*]
meláno·phòre /, mélənoʊ-/ *n*〘動〙《特に魚類・両生類・爬虫類の》黒色素胞[細胞], メラノフォア.
melánophore-stìmulating hòrmone〘生化〙メラノフォア刺激ホルモン (melanocyte-stimulating hormone).
mel·a·no·sis /mèlənóʊsəs/ *n* (*pl* **-ses** /-sìːz/)〘医〙黒色症, 黒色素沈着症, メラノーシス.
meláno·sòme /, mélənoʊ-/ *n*〘生〙メラノソーム《メラノサイト・黒色素胞中のメラニン形成にかかわる細胞小器官》.
mel·a·not·ic /mèlənɑ́tɪk/ *a* 黒色の (=*melanic*).
mel·a·nous /mélənəs/ *a*〘人〙黒髪に黒ずんだ[浅黒い]皮膚をした.
mel·a·phyre /méləfàɪər/ *n* 黒玢岩(ひんがん), メラファイアー.
me·las·to·ma·ceous /məlæ̀stəméɪʃəs/ *a*〘植〙ノボタン科 (Melastomataceae) の.
mel·a·stome /méləstòʊm/ *n, a*〘植〙ノボタン(科の).
mel·a·to·nin /mèlətóʊnən/ *n*〘生化〙メラトニン《松果腺から分泌されるホルモンの一種》.
Mel·ba /mélbə/ メルバ Dame **Nellie** ~ (1861–1931)《オーストラリアのソプラノ; 本名 Helen Porter Mitchell》. ● **do a** ~《豪口》何回も 'さよなら公演' をする.
Mélba sàuce [ᵒm-] メルバソース《raspberry の砂糖煮; アイスクリームなどの上にかける》. [↑]
Mélba tòast [ᵒm-] カリカリに焼いた薄いトースト. [MELBA]
Mel·bourne /mélbərn/ **1** メルボルン《オーストラリア南東部 Port Phillip Bay に臨む港湾都市, Victoria 州の州都》. **2** メルバーン **William Lamb**, 2nd Viscount ~ (1779–1848)《英国の政治家; Whig 党の首相 (1834, 35–41); 若き Victoria 女王の政治顧問》. ■ the **Univérsity of** ~ メルボルン大学《オーストラリア Melbourne にある公立大学; 1853 年創立》. ♦ **Mel·bour·ni·an, -bur-** /melbɜ́ːrniən/ *a, n*
Mélbourne Cùp [the]〘豪〙メルボルン杯《毎年 11 月の第 1 火曜日に行なわれる競馬》.
Mel·chi·or /mélkiɔ̀ːr/ **1** メルキオル《キリストを礼拝に来た三博士の一人とされる; cf. BALTHAZAR, CASPAR》. **2** メルヒオル **Lau·ritz** /láʊrəts/ **Lebrecht Hommel** ~ (1890–1973)《デンマーク生まれの米国のテノール》.
Mel·chite, -kite /mélkàɪt/ *n*〘キ教〙メルキ(ト)教徒, メルキタイ《シリア・エジプトのキリスト教徒でキリスト単性論を排した皇帝派; 現在は Uniate の一派》. [NGk=royalists<Syriac]
Mel·chiz·e·dek /melkízədèk/ *n*〘聖〙メルキゼデク《Salem の王で祭司; *Gen* 14: 18; ドゥエー聖書では **Mel·chis·e·dech** /—/》. ► *a*〘モルモン教〙メルキゼデク神権の《高いほうの聖職者の階級》.
meld¹ /méld/〘トランプ〙*vt, vi*〈札を〉見せて得点を宣言する. ► *n* 手札を見せること, 得点の宣言; 得点になる札の組合わせ. [G *melden* to announce; cf. OE *meldian*]
meld² *vt, vi* 融合[混合]させる[する] (merge). ► *n* 混合[混成](物) (blend, mixture). [*melt*+*weld*]
me·le /méɪleɪ/ *n* メレ《ハワイの土着の歌[メロディー]》. [Haw]
Mel·e·a·ger /mèliéɪdʒər; -gər/〘ギ神〙メレアグロス《Artemis の遣わした野猪を退治した勇者で Argonauts の一人》.
me·lee, mê·lée /méɪlèɪ, ─́; méleɪ/ *n* 乱闘, 混戦; 押し合いへしあい, 雑踏: the rush-hour ~ ラッシュ時の大混雑. [F; ⇨ MEDLEY]
Me·le·ke·ok /məléɪkeɪòʊk/ マルキョク《パラオ共和国の首都; Babelthuap 島東海岸にある》.
me·le·na /məlíːnə/ *n*〘医〙黒色便, 下血, メレナ.
-me·lia /míːliə, mél-, -ljə/ *n comb form*「…(四)肢症」: phoco*melia*. [NL (Gk *melos* limb)]
me·li·a·ceous /mìːliéɪʃəs/ *a*〘植〙センダン科 (Meliaceae) の.
Me·li·ae /míːliìː/ *pl*〘ギ神〙メリアスたち《Cronos が切り取った Uranus の血から生まれたトネリコの精》.
Melian ⇨ MELOS.
mel·ic¹ /mélɪk/ *a* 歌の, 歌唱用の〈抒情詩〉《特に紀元前 7–5 世紀の伴奏を伴う精巧なギリシア抒情詩についていう》.
Mel·i·cent /méləs(ə)nt/ メリセント《女子名》. [⇨ MILLICENT]
mel·ick, mel·ic² /mélɪk/ *n*〘植〙コメガヤ, ミチシバ《イネ科コメガヤ属の草本の総称》.
Mé·liès /meɪljés/ メリエス **Georges** ~ (1861–1938)《フランスの映画監督; 映画制作のパイオニア》.
mel·i·lite /méləlàɪt/ *n*〘鉱〙黄(おう)長石, メリライト.
Me·li·lla /məlíːjə/ メリリャ《モロッコの北岸に位置するスペイン領の市・港町》.
mel·i·lot /méləlɑ̀t/ *n*〘植〙シナガワハギ属の各種 (sweet clover),《特に》セイヨウエビラハギ, メリロート.
mel·i·nite /mélənàɪt/ *n* メリナイト《強力爆薬》.
me·lio·rate /míːljərèɪt, -liə-/ *vt, vi* 良くする; 良くなる, 進化する. ♦ **mé·lio·rà·tor** *n* **mé·lio·rà·tive** /; -rə-/ *a* 改良に役立つ. [L (*melior* better)]
mèlio·rá·tion *n* 改良, 改善;〘言〙《歴史的変化による語義の》向上.
me·lio·rism /míːljərìz(ə)m, -liə-, mìːliɔ́(ː)r-, -liɑ́r-/ *n* 社会改良論, 世界改善論. ♦ **mé·lio·rist** *n, a* **mè·lio·rís·tic** *a*
me·lior·i·ty /miljɔ́(ː)rəti, -ljɑ́r-, mìːliɔ́(ː)r-, -liɑ́r-/ *n* 優越(性).
me·liph·a·gous /məlífəgəs/, **mel·liph-** *a*〘動〙蜜を餌とする, 吸蜜性の, 花蜜食性の.
me·lis·ma /mɪlízmə/ *n* (*pl* **-ma·ta** /-tə/)〘楽〙メリスマ《1 音節に多数の音符を当てる装飾的声楽様式》; 装飾的な旋律; CADENZA. ♦ **mel·is·mat·ic** /mèləzmǽtɪk/ *a* [Gk=song]
Me·lis·sa /məlísə/ メリッサ《女子名》. [Gk=bee]
Mel·i·ta /mélətə/ メリタ《MALTA 島の古代名》.
Mel·i·te·ne /mèlətíːni/ メリテネ《MALATYA の古代名》.
Me·li·to·pol /mèlətɔ́ːpəl/ メリトポリ《ウクライナ南東部の Azov 海に近い市》.
me·lit·tin /məlítən/ *n*〘生化〙メリチン《ミツバチの毒針の毒液の成分》.
Melk /mélk/ メルク《オーストリア北東部の Danube 川沿いの町; ベネディクト派修道院 (1089 年創立) がある》.
Melkite ⇨ MELCHITE.
mell¹ /mél/《古》*vt, vi* 混ぜ合わせる, 混合する (mix, mingle); 干渉する (meddle).
mell² *n* [次の成句で]: ~ **of a hess** /hés/ *《俗》ひどい混乱[窮地], くちゃめちゃ《hell of a mess の頭音転換》.
mel·lah /mélə/ *n*《北アフリカ諸都市の》ユダヤ人居住区 (cf. CASBAH, MEDINA).
mel·ler /mélər/ *n**《俗》MELODRAMA.
mel·lif·er·ous /məlíf(ə)rəs/ *a* 蜜を生じる; 甘美な.
mel·lif·lu·ence /məlífluəns/ *n* なめらかさ, 流暢.
mel·líf·lu·ent *a* MELLIFLUOUS. ♦ ~**·ly** *adv*
mel·lif·lu·ous /məlífluəs/ *a*〈声・音楽など〉なめらかで美しい, 甘美な, 流麗な;〈菓子などが〉蜜[甘味]のたっぷりはいった. ♦ ~**·ly** *adv* ~**·ness** *n* [OF or L (*mel* honey, *fluo* to flow)]
melliphagous ⇨ MELIPHAGOUS.
mel·liv·o·rous /məlívərəs, me-/ *a* MELIPHAGOUS.
Mel·lo /méloʊ/ メロー **Craig C**(**ameron**) ~ (1960–)《米国の遺伝学者; RNA 干渉 (RNA interference) の発見によりノーベル生理学医学賞 (2006)》.
Mel·lon /mélən/ メロン **Andrew W**(**illiam**) ~ (1855–1937)《米国の実業家・財政家; 財務長官 (1921–32)》.
mél·lo·phòne /mélə-/ *n*〘楽〙メロフォーン《簡単にしたフレンチホルン; ダンスバンドで使う》. [*mellow*+*phone*]
Mel·lors /mélərz/ メラーズ **Oliver** ~《CHATTERLEY 夫人の恋人である森番》.
mel·lo·tron /mélətrɑ̀n/ *n* メロトロン《シンセサイザーの一種》.
mel·low /méloʊ/ *a* **1**〈声・音・色・文体などが〉やわらかで美しい, 豊潤な, まろやかな;〈香り・酒が〉芳醇な;〈果物が〉熟している, やわらかな, 甘い;〈土地が〉やわらかくてよく肥えた. **2**〈人間が〉円熟した, 練れた, できた;《口》ほろ酔いの, いい気持になった; 感じのよい, ここちよい; 気分がほぐれた, くつろいだ; *《俗》親しい. **3** *《俗》すばらしい, すてきな, 魅力ある. ► *vt, vi* やわらかにする[なる], 熟させる[する]; 豊潤にする[なる]; 円熟させる[する];〈建物などが〉周囲になじむ, 溶け込む;《俗》MELLOW

M

out: Age has ～*ed* him. 年をとるとともに穏和になってきた. ● ～ **out** 《俗》《麻薬で》いい気持になる[する]; 《口》気分がほぐれる, ゆったり[のんびり]する[させる]; まるく[穏やかに]なる[する]. ▶ *n**《俗》お気に入りのボーイ[ガール]フレンド, 《同性・異性の》親友, ダチ. ♦ **～·ly** *adv* **～·ness** *n* [? OE *melw- melu* soft, MEAL[2]]

méllow-bàck *a**《俗》スマートに着こなした, かっこよくきめている.

méllow-yéllow*《俗》*n* LSD; 喫煙用に乾燥したバナナの皮.

melo /mélou/ *n* (*pl* **mél·os**)*《俗》MELODRAMA.

melo-[1] /mélou, -ə/ *comb form*「歌 (song)」 [Gk; ⇨ MELODY]

melo-[2] /mélou, -ə/ ⇨ MELA-.

me·lo·de·on /məlóudiən/ *n* メロディオン《アコーディオンの一種》; AMERICAN ORGAN; 《古》MUSIC HALL.

me·lo·dia /məlóudiə/ *n* 旋律, 歌唱; 〘楽〙メロディア《ホールフレーテの類のフルート》.

me·lod·ic /məlάdık/ *a* (主)旋律の; 旋律の美しい, 耳にここちよい (melodious). ♦ **-i·cal·ly** *adv*

me·lod·i·ca /məlάdıkə/ *n* メロディカ《ピアノ様鍵盤の付いたハーモニカに似た楽器》.

melódic ínterval 〘楽〙旋律的音程 (cf. HARMONIC INTERVAL).

melódic mínor (scále) 〘楽〙旋律的短音階.

me·lód·ics *n* 〘楽〙旋律法, 旋律学.

me·lo·di·on /məlóudiən/ 〘楽〙 *n* メロディオン《1806 年ドイツの楽器製作家 Johann Christian Dietz (1778–1845) が発明した鍵盤楽器》; AMERICAN ORGAN. [G]

me·lo·di·ous /məlóudiəs/ *a* 旋律的な, 旋律[響き]の美しい, 音楽的な; 旋律の[を奏でる]. ♦ **～·ly** *adv* **～·ness** *n*

mel·o·dist /mélədıst/ *n* 旋律の美しい作曲家[声楽家], メロディスト.

mel·o·dize /mélədàız/ *vt* …に旋律をつける; 甘い[美しい]旋律にする, …の調子[響き]を美しくする. ▶ *vi* 歌曲を奏する[歌う], 旋律[メロディー] (melody) を作る; 美しく溶け合う. ♦ **-diz·er** *n*

melo·dra·ma /mélədrὰ:mə, *-drǽmə/ *n* **1 a** メロドラマ《はらはら[わくわく, どっきり, じーんと]させて最後は普通めでたしめでたしで終わる通俗劇・映画・物語など》. **b** メロドラマ的事件, 芝居がかった言動: make a ～ out of…のことで大げさに騒ぎたてる. **2 a** 音楽を交えた通俗劇《17, 18 世紀から 19 世紀の初頭にかけて流行した》. **b** 音楽に合わせて語られる詩[劇, オペラのくだり]. ♦ **mèlo·drá·ma·tist** *n* メロドラマ作者. **mèlo·dra·mát·ic** /-drəmǽtık/, **-i·cal** *a* メロドラマ(風)の; 大げさな, 芝居がかった, センセーショナルな. **-i·cal·ly** *adv* [F (Gk MELOS)]

mèlo·dra·mát·ics *n* [⟨*sg/pl*⟩] メロドラマ的行為[作品].

mèlo·drá·ma·tize *vt* メロドラマ風[仕立て]にする. ♦ **-drà·ma·ti·zá·tion** *n*

mel·o·dy /mélədi/ *n* 〘楽〙メロディー, 旋律 (tune), 調べ; 主旋律; 歌曲 (song); 諧調; 美しい音楽; 歌うのに適した詩: old Irish *melodies* 古いアイルランド歌曲. ♦ **～·less** *a* [OF＜L＜Gk (MELOS, ODE)]

mel·oid /mélɔ̀ıd/ *a, n* 〘昆〙ツチハンミョウ科の(昆虫).

mel·o·lon·thid /mèləlάnθəd/ *n* 〘昆〙(ヨーロッパ)コフキコガネ《幼虫はジムシ》.

mèlo·mánia *n* 音楽狂.

mel·on /mélən/ *n* **1 a** メロン (muskmelon); スイカ (watermelon): a slice of ～ メロン一切れ. **b** メロン色《濃い黄色味をおびたピンク》. **2** メロン状のもの; 突き出た腹; [*pl*]《俗》乳房, 爆乳; 〘動〙メロン《ハクジラ類の頭部にある球形の鯨蠟の多い部分》. **3***《俗》《株主へ配当する》余剰利益, 《仲間うちで分ける》上がり, もうけ; *《俗》《成員が共有する政党などの》名声, 評判. ● **cut (up)** [**carve, split**] **a ～***《俗》利益[ぶんどり品]を分ける, 山分けする; 《株主に》特別配当をする. [OF, ＜Gk *mēlon* apple]

mélon bàller フルーツ用くりぬき器 (baller).

mélon sèed* 幅が広く喫水の浅い小船.

me·los /mí:lὰs, -lòus, mél-/ *n* 調べ, 旋律. [Gk＝song]

Me·los /mí:lὰs, -lɔ̀:s/ メロス (*ModGk* Mílos, *It* Milo)《ギリシア領の Cyclades 諸島南西部の島; 初期エーゲ文明の中心で, ミロのヴィーナスが発見された地》. ♦ **Me·li·an** /mí:liən/ *a, n*

Mel·ox·ine /məlάksì:n/ 〘商標〙メロキシン《メトキサレン (methoxsalen) 製剤》.

mel·pha·lan /mélfəlæ̀n/ *n* 〘医〙メルファラン (＝*l-PAM*)《抗腫瘍薬; nitrogen mustard の誘導体》.

Mel·pom·e·ne /məlpάmənì:/ 〘ギ神〙メルポメネー《仮面・ブドウの冠をつけ悲劇の靴を履き悲劇をつかさどる女神; ムーサたち (nine Muses) の一人》.

Mel·rose /mélròuz/ メルローズ《スコットランド南東部 Scottish Borders の町; シトー会の修道院 (1136) の跡が残る》.

melt[1] /mélt/ *v* (**～·ed; ～·ed, mol·ten** /móultn/) *vi* **1** 溶ける, 溶解[融解]する ⟨*away, down*⟩; 溶けそうに暑い, うだる: I'm simply ～*ing*. (暑くて)とろけそうだ. **2 a** しだいに変わる[混ざる], 溶け込む ⟨*into*⟩; 〈雲などが〉雨になる; 《古》染み込む, 吸い込まれる: In the rainbow, the green ～*s into* blue, the blue *into* violet. 虹は緑が青へ, 青がすみれ色へとしだいに移っていく. **b** しだいに消散する[なくなる, 薄くなる] ⟨*away*⟩; 《口》いつの間にかいなくなる ⟨*away*⟩: ～ into (thin) AIR[1]. **3** 〈心・感情など〉和らぐ, ほろりとする; 《古》〈勇気など〉弱る, 〈希望など〉くじける: Her heart ～*ed* at the sight. その光景に彼女の心も和らいだ / ～ into sb's embrace [arms] 人にうっとりと抱かれる. **4** 〈音がなめらかに響く. ▶ *vt* **1** 溶かす, 溶解する ⟨*away*⟩; 散らす, 薄くする, 溶け込ませる ⟨*away*⟩: ～ *down* 溶かす, 鋳つぶす / ～ *up** 溶かす. **2** 〈人の感情を〉和らげる; 感動させる. ★ molten は容易に溶けないものや高熱下ではじめて溶けるものについていう. ● **～ down** ⇨ *vt* 1; 〈原子炉が〉炉心溶融する, 崩壊する; *《俗》いかれる, メロメロになる. **～ in the** [**sb's**] **mouth** 〈肉などが〉とろけるようである, 特においしい. ▶ *n* 溶解; 溶解[溶融, 融解]物; 溶解量; 雪解け(期); 溶かしたチーズの料理[サンドイッチ]: TUNA MELT / the spring ～ 春の雪解け(期). ♦ **～·able** *a* **～·abíl·ity** *n* [OE *meltan*; MALT と同語源; Gmc で 'dissolve' の意]

melt[2] *n* 脾臓, 《特に》屠殺した動物の脾臓. [OE *milte* spleen]

mélt·age *n* 溶解; 溶解物; 溶解量.

mélt·dòwn *n* **1** 《原子炉の》炉心溶融, メルトダウン; 《金属の》溶融; 《アイスクリームなどが》溶けること. **2** 《組織・制度などの》崩壊, 瓦解, 《ネットワークなどの》機能不全; 《株・市場の》急落, 暴落; 錯乱状態.

Méltdown Mónday [the] メルトダウンマンデー (BLACK MONDAY).

mélt·ed *a* 溶けた, 溶かした; *《俗》ぐでんぐでん[メロメロ]に酔った. ● **～ out***《俗》すってんてんで, 一文無しで, 破産して.

mel·te·mi /mɛltéımi/ *n* メルテーミ《ギリシアで夏に吹く涼を呼ぶ北風》. [ModGk＜Turk]

mélt·er *n* 溶解装置[器具], 溶融室; 溶解を業とする人.

mélt·ing *a* 溶ける; 和らげる, ほろりとさせる; 〈顔・目つきが〉感傷的な; 〈音が〉哀愁をそそる; 〈声が〉やわらかな, 甘い; なごやかな: the ～ mood 涙ぐましい気持. ▶ *n* 溶融, 融解.

mélt·ing·ly *adv* 溶かすように; 和らげるように, 優しく.

mélting pòint 〘理〙融点《略 m.p.》.

mélting pòt 1 るつぼ (crucible); さまざまな人種[文化, 様式, 思想]の入りまじった状況[場所]《もとは米国を言った》; 人種・文化のるつぼの住民; 《活気・目新しさを生む》融合: go into the ～ 全く改造[改革]される / put [cast] into the ～ 作りなおす, 全くやりなおす / throw into the ～ 混乱に巻き込む. **2** 放棄, 忘却. ● **in the ～** "決まっていない, 変わりうる. ♦ **mélt·ing-pòt** *a*

mel·ton /mélt(ə)n/ *n* 〘織〙メルトン(ラシャ) (＝**～ clòth**)《コート・ジャケット用の》. [↓]

Mélton Mów·bray /-móubri, -breı/ 〘料理〙メルトンモーブレー《ミートパイの一種》. [Leicestershire の町の名]

melt. pt °melting point.

mélt·wàter *n* [[s]～s] 雪や氷[《特に》氷河]の溶けた水, 雪解け水, 雪消(げ)水, 融雪水.

Me·lun /*F* məlœ̃/ ムラン《フランス北部 Seine-et-Marne 県の県都》.

Me·lun·geon /məlʌ́nʤən/ *n* メランジェン族《Tennessee 州東部山岳地に住む膚の黒い小部族; インディアン・白人・黒人の混血人を祖先にもつ》.

Mel·ville /mélvìl/ メルヴィル **Herman ～** (1819–91)《米国の小説家; *Typee* (1846), *Moby-Dick* (1851), *Billy Budd* (1924)》.

Mélville Ísland メルヴィル島《(1) カナダ北部 Queen Victoria 諸島中の島; Victoria 島の北に位置 (2) オーストラリア Northern Territory 北西岸沖の島》.

Mélville Península [the] メルヴィル半島《カナダ Nunavut 準州東部の半島; Boothia 湾と Foxe 海盆との間にある》.

Mel·vin /mélvən/ **1** メルヴィン《男子名》. **2** [[°]m-]*《俗》**a** 退屈な[つまらない]やつ, いやーなやつ. **b** パンツ[ズボン]が尻に食い込むこと (wedgie): give sb a ～ 人のパンツを思いきり引っ張り上げる. [Celt＝chieftain]

mem[1] /mém/ *n* メーム《ヘブライ語アルファベットの第 13 字》. [Heb]

mem[2] *n* "《俗》MADAM.

mem. member ♦ memoir ♦ memorial.

mem·ber /mémbər/ *n* **1 a** 《団体・集合体の》一員, 構成員, 成員, メンバー; 会員, 社員, 部員, 団員; 教会員; *《黒人俗》黒人, 仲間; [⟨*a*⟩] 会員[メンバー]の: a ～ state《条約・連盟などの》加盟国. **b** 議員: a *M*～ of Congress〘米〙連邦議会議員, 《特に》下院議員《略 MC》/ a *M*～ of Parliament〘英・豪・カナダなど〙議会[国会]議員, 《特に》下院議員《略 MP》. **c**〘英〙最下級勲爵士, 《大英帝国勲位 (Order of the British Empire) の》第五級勲位受勲者. **2 a** 組織体の一部分; 政党支部; 部分, 各部. **b** 身体[動植物]の一部, 一部器官, 《特に》手足, 肢, 羽, 枝, 茎, 根; [*euph*] 男根 (penis) (＝male ～): the unruly ～《古》舌 (*James* 3: 5–8) / a ～ of Christ キリストの手足《キリスト教徒》. **c** 〘文法〙節, 句; 〘数〙項, 辺《等号の右[左]辺》; 〘数〙《集合の》要素; 〘建〙部材, 構材, 組子; 〘地質〙部層, 層員. ♦ **～·less** *a* [OF＜L *membrum* limb]

mémber bànk 〘米〙会員銀行《FEDERAL RESERVE SYSTEM 加盟の銀行》; 手形交換加盟銀行.

mém·bered *a* 複数の部分からなる[に分かれた]; [*compd*] …な members を有する, 〘化〙…員の: many-～ 多くの会員を有する.

mémber·shìp *n* **1** 会員[社員, 議員]であること, 会員[構成員]の地位[職, 資格], 会員権: a badge of ～ 会員バッジ. **2** 団体の構成員[会員]総数, 全会員: have a large ～ [a ～ of 2000] 多数の会員[2000 の会員]を有する. **3**〔数〕《元とその集合との間の》帰属関係.
mémbership càrd 会員証.
mem·bral /mɛ́mb(ə)rəl/ *a* 《組織の》成員の, 会員の.
mem·bra·na·ceous /mɛ̀mbrənéɪʃəs/ *a* MEMBRANOUS. ♦ **～·ly** *adv*
mem·bra·nal /mɛ́mbrənl/ *a* 細胞膜の[に特有の].
mem·brane /mɛ́mbrèɪn/ *n* 〔解〕膜; 膜組織; 〔生〕細胞膜, 生体膜; 薄い膜[皮]; 羊皮紙 (parchment). ♦ **mém·braned** *a* [L =skin, parchment; ⇨ MEMBER]
mémbrane bòne 〔解〕《結合組織内の》膜骨; 〔動〕皮骨《カメの甲・魚鱗など》.
mem·bra·ne·ous /mɛmbréɪniəs/ *a* MEMBRANOUS.
mémbrane trànsport 〔生〕膜輸送《物質が生体膜を通して運ばれること》.
mem·bra·nous /mɛ́mbrənəs/ *a* 膜(様)の, 膜質の, 膜性の, 薄く透き通った; 〔医〕異常な膜の形成を伴う: ～ croup 偽膜性喉頭炎. ♦ **～·ly** *adv*
mémbranous lábyrinth 〔解〕《内耳の》膜迷路.
mem·brum (vi·ri·le) /mɛ́mbrəm (vɪráɪli)/ 男根 (penis). [L; ⇨ MEMBER]
mem·con /mɛ́mkàn/ *n**《口》《会談などで書き留める》談話メモ. [*memo*+*con*versation]
meme /míːm/ *n* ミーム《1) 生物の遺伝子のような再現・模倣を繰り返して受け継がれていく社会習慣・文化 2) インターネット上で拡散する画像[動画など]》. ♦ **me·me·tic** /məmétɪk/ *a* ミームの, ミーム的な.
Me·mel /*G* méːməl/ メーメル《KLAIPEDA のドイツ語名》; [the] メーメル川《NEMAN 川の下流の名称》.
me·men·to /məméntou/ *n* (*pl* **～s, ～es**) **1 a** 記念の品, かたみ; 思い出の品, みやげ; [*joc*] 記憶, 思い出. **b** 警告(するもの). **2** [°M-]〔カト〕記憶, 記念唱《ミサ典文中 memento で始まる祈り》. [L (impv)‹ *memini* to remember]
meménto mó·ri /-móːri, -ràɪ/ (*pl* ～) メメント モリ, 死を[死ぬということを]忘れるな; 死の警告, 死の表徴, 《特に》しゃれこうべ (death's-head); 人間の欠陥やあやまちを思い出させるもの. [L=remember (that you have) to die]
Mem·ling /mɛ́mlɪŋ/, **Mem·linc** /-lɪŋk/ メムリンク **Hans** ～ (c. 1430 or 35–94)《フランドルの画家》.
Mem·non /mɛ́mnàn/ **1**〔ギ神〕メムノーン《トロイア戦争で Achilles に殺されたエチオピア王》. **2** メムノン《エジプト王 Amenhotep 3 世の巨像; 古代エジプトの Thebes 近くにあり, Memnon の声と考えられた音を出した》. ♦ **Mem·no·ni·an** /mɛmnóuniən/ *a*
memo /mɛ́mou/ *n* (*pl* **mém·os**)《口》MEMORANDUM.
mem·oir /mɛ́mwàːr, -wɔ̀ːr/ *n* **1**《故人の》言行録; [ᵘ*pl*] 思い出の記, 回顧録, 自叙伝; 伝記; MEMORANDUM. **2** 研究論文[報告]; [*pl*]《学会などで発行する》論文集, 紀要. ♦ **～·ist** *n* memoir の筆者. [F; ⇨ MEMORY]
mem·o·ra·bil·ia /mɛ̀m(ə)rəbíliə, -bíːliə, -ljə/ *n pl* 記憶[記録]すべきこと; 思い出の品; 重要記事. [L; ⇨ MEMORABLE]
mem·o·ra·bil·i·ty /mɛ̀m(ə)rəbíləti/ *n* 忘れられないこと[人], 印象的な[感銘を与える]こと[人].
mem·o·ra·ble /mɛ́m(ə)rəb(ə)l, *mɛ́mərbəl/ *a* 記憶すべき, 顕著な, 忘れられない; 憶えやすい: a ～ event. ► *n* [ᵘ*pl*]《古》忘れられない事[もの]. ♦ **-bly** *adv* **～·ness** *n* [L=worth mentioning; ⇨ MEMORY]
mem·o·ran·dum /mɛ̀mərǽndəm/ *n* (*pl* **～s, -da** /-də/) **1** 覚書, 備忘録, メモ; 《外交上の》覚書; 社内連絡メモ, 回覧; 連絡; 〔商〕覚書送り状, 委託販売品の送り状; 〔法〕《契約が実現するために必要とされる》覚書; 〔法〕メモランダム条項: ～ trade 覚書貿易. **2**《組合の》規約, 《会社の》定款 (=～ **of associátion**). [L (neut sg gerundive)‹ *memoro* to bring to mind]
me·mo·ri·al /məmɔ́ːriəl/ *a* 記念の, 《亡くなった人, 多くの死者を出したできごとなどを》記念する; 記憶の, 思い出の: a ～ service 〈*for* sb〉追悼礼拝[式]. ► *n* **1** 記念物, 記念館, 記念碑; 記念の行事[催し, 演説]; 思い出の品. **2**〔外交〕覚書; [ᵘ*pl*] 記録, 年代記; 〔法〕請願書, 建白書 (petition). ► *vt* MEMORIALIZE. ♦ **～·ly** *adv* [OF or L; ⇨ MEMORY]
memórial árch 〔建〕記念門, TRIUMPHAL ARCH.
Memórial Dày 〔米〕**1** 戦没将兵記念日 (=*Decoration Day*)《5 月の最終月曜日, もとは 30 日で, 大部分の州で公休日; 戦死者の墓を花で飾る》. **2** CONFEDERATE MEMORIAL DAY. **3**《一般に公式の》英霊追悼の日.
memórial·ist *n* 請願書起草者, 陳情書署名者; 言行録作者, 回顧録作者.
memórial·ìze *vt* **1** …のために記念式を行なう, 記念する (commemorate). **2** …に請願書を提出する, 建議する. ♦ **memòrial·izátion** *n*
memórial párk* メモリアルパーク (CEMETERY).
me·mo·ria tech·ni·ca /mɪmɔ́ːriə téknɪkə/ 記憶術[法] (mnemonics). [L=artificial memory]
mém·o·ried *a* [*compd*] 記憶のある; 思い出多い.
me·mo·ri·ter /məmɔ́ːrətər, -már-, -tər; mɪmɔ́rɪtər/ *a, adv* 記憶[暗記]による[よって]. [L]
mem·o·rize /mɛ́məràɪz/ *vt* 記憶する, 銘記する, 暗記する, 憶える. ► *vi* 暗記する. ♦ **-rìz·able** *a* **-rìz·er** *n* **mèm·o·ri·zá·tion** *n* 記銘, 記憶, 暗記.
mem·o·ry /mɛ́m(ə)ri/ *n* **1 a** 思い出す[憶えている]こと, 記憶, 物おぼえ; 《人の》記憶力; 記憶の(時間的)範囲; 〔修〕記憶《弁論をする際に表現を暗記する段階[部門]》: artificial ～ 記憶術 / AUTOBIOGRAPHICAL [PHOTOGRAPHIC] ～ / know one's part from ～ せりふを暗記している / speak from ～ 暗誦する, そらで[記憶をたよりに]言う / He has a good [bad, poor] ～ for names. 彼は名前の記憶がよい[悪い] / have a short [long] ～ 短い間しか憶えていない[長いこと憶えている], 物おぼえが悪い[いい] / if my ～ serves me (correctly)=to the best of my ～ 記憶に間違いがないとすれば / Keep your ～ alive. 物忘れしないようにせよ / beyond [within] the ～ of men [man] 有史以前[以後]の. **b** 記憶内容; 追憶, 思い出, 追慕の情; 残っている記憶(のすべて): my earliest *memories* 幼いころの記憶 / those who cherish his ～ 彼を追慕する人たち. **2 a** 過去のこと[事跡]; 死後の名声. **b** 記念 (cf. *in* MEMORY *of*). **3**〔電算〕記憶容量; 〔電算〕(内部)記憶装置[素子], メモリー, RAM. **4**〔動〕記憶《行動が経験によって不断に修正されること; cf. INSTINCT¹》. **5 a**《金属・プラスチックなどの》塑性(そせい)復原(力) (=plastic ～). **b**《一般に》《物・組織などの》復原作用, 復原力. ● **commit…to ～** …を記憶にとどめる, 暗記する, 記憶する. **down ～ lane** 昔日の, なつかしい: walk [take a trip] *down ～ lane* 懐旧の情に浸る / a walk *down ～ lane* 追憶. **in [within] living ～** 今でも人の記憶に残って. **in [to the] ～ of**…の記念に, …を追悼して: a monument *in ～ of* Columbus コロンブス記念碑 / erect a monument *to the ～ of* Columbus コロンブスの記念碑を建てる. **of blessed [happy, glorious, etc.] ～** 故…《死んだ王侯・聖人・名士などに対するおきまりの頌徳の詞》: King Charles *of blessed* ～. [OF‹L (*memor* remembering); MOURN と同語源]
mémory bànk 〔電算〕記憶装置, DATA BANK.
mémory bòok* スクラップブック.
mémory càrd 〔電算〕メモリーカード《デジタルカメラや携帯電話などで使われる, フラッシュメモリーを利用した切手大の記憶媒体》.
mémory cèll 記憶細胞《免疫遂行細胞の一部で, 免疫記憶を保持する細胞》.
mémory còre MAGNETIC CORE.
mémory drùm 〔心〕メモリードラム《学習すべき事項が周期的に呈示される回転式の装置》; MAGNETIC DRUM.
mémory effèct 〔電〕記憶効果[現象]《ニッケルカドミウム電池が, 充電を完全放電前に行なうと, のちに完全放電後に充電しても容量いっぱいまで充電されなくなる, 同電池の特性に起因する現象》.
mémory fòam メモリーフォーム《暖められるとやわらかくなるウレタンフォーム; 変形後の形状を長く保持するものもある》.
mémory màpping 〔電算〕メモリーマッピング《周辺装置を主記憶装置の一部であるかのようにアドレスを割り当てて呼び出す方式》. ♦ **mémory-màpped** /-mæ̀pt/ *a*
mémory spàn 〔心〕記憶範囲.
Mémory Stìck 〔商標〕メモリースティック《メモリーカードの一種》; [m- s-] USB メモリー.
mémory swìtch 〔電子工〕記憶スイッチ, 自己保持スイッチ.
mémory tràce 〔心〕記憶痕跡 (=*engram*)《学習の物質的基礎となる脳髄などが持続的に示す変化》.
Mem·phis /mɛ́mfəs/ メンフィス《1) 古代エジプト北部, 現在の Cairo の南方, Nile 川の流域にあった都市; 古王国時代の首都 2) Tennessee 州南西部 Mississippi 川に臨む市》. ♦ **Mém·phi·an** *n, a* メンフィス[エジプト]の(人). **Mem·phite** /mɛ́mfàɪt/ *n, a* メンフィスの(人).
Mem·phre·ma·gog /mɛ̀mfrɪméɪgàg/ [Lake] メンフレマゴグ湖《米国 Vermont 州とカナダ Quebec 州の境の長さ約 43 km の湖》.
MEMS MICROELECTROMECHANICAL systems.
mem·sa·hib /mɛ́msàː(h)ɪb, -sàːb/ *n*《インド》《かつての》社会的地位を有する白人女性, [*voc*] 奥さま《西洋人の既婚女性を呼ぶ敬称》. [*ma'am*+*sahib*]
men *n* MAN¹ の複数形.
men- /mɛ́n/, **meno-** /mɛ́nou, -ə/ *comb form*「月経(期間)」 [Gk *mēn*- *mēn* moon, month]
men·ace /mɛ́nəs/ *n* 脅迫, 威嚇, おどし, [*pl*]ᵁ〔法〕恐喝, おどしのことば[行動]; 脅威《THREAT より文語的》; 危険な人物[もの]; 厄介者, 困り者: a ～ *to* world peace 世界平和に対する脅威 / demand money with ～*s* ᵁ金を(出せと)恐喝する. ► *vt, vi* 威嚇する, おどす, おどかす; …にとって脅威となる, 危険にさらす: Floods ～*d* the village with destruction. 洪水が村を潰滅の脅威にさらした. ♦ **mén·ac·er** *n* [L *minax* threatening (*minor* to threaten)]
mén·a·cing *a* 脅迫するような, 威嚇的な; 威圧的な; 険悪な〈空など〉, 不穏な; 恐ろしい. ♦ **～·ly** *adv* おどすような調子で, 恐ろしげ[険悪]な様子で.
menad ⇨ MAENAD.

men·a·di·one /mènədáɪòʊn, -daɪóʊn/ *n* 〘生化〙メナジオン《ビタミンK₃》.
Menado ⇨ MANADO.
mé·nage /meɪnáːʒ/ *n* 家庭, 所帯; 家政. ［OF＝dwelling＜L; ⇨ MANSION］
mé·nage à qua·tre /*F* menaːʒ a katr/《特に 性的関係にある》四人家族[所帯].
ménage à trois /*F* -trwɑ/《夫婦と片方の愛人との》三人所帯, '三角関係'.
me·nag·er·ie /mənǽʤ(ə)ri, -nǽʒ-/ *n* **1 a**《サーカスなどが所有する》見世物用の動物. **b** 見世物用動物の飼ってある所, (巡回)動物園. **2** 異色の面々, 風変わりな人びと. ［F; ⇨ MÉNAGE］
Mén·ai Stráit /ménàɪ-/ [the] メナイ海峡《ウェールズ北部, Anglesey 島と本土の間の海峡; 1825 年にかけた吊橋と 1850 年にできた鉄道橋で有名; 後者は 1970 年火災にあった》.
Me·nam, Me Nam /meɪnáːm; minǽm/ [the] メナム川《CHAO PHRAYA 川の別称》.
Me·nan·der /mənǽndər/ メナンドロス (c. 342–c. 292 B.C.)《ギリシアの喜劇作家》.
Me·nap·i·an /mənǽpiən/ *a* 〘地質〙メナピ氷期の《北欧地域の中期更新世の氷期についていう; アルプスの Günz 氷期に相当》.
men·a·qui·none /mènəkwínòʊn/ *n* 〘生化〙メナキノン《ビタミンK₂》. ［*me*thyle＋*na*phthalene＋*quinone*］
men·ar·che /ménàːrki, mənáː-/ *n* 〘生理〙初経, 初潮, 月経開始. ♦ **men·ár·che·al, -chi-** *a* ［*men*-, Gk *arkhe* beginning］
me·nat /méɪnàːt/ *n*《古代エジプト人が身に着けた》護符, お守り. ［Egypt］
men·a·zon /ménəzàn/ *n* 〘薬〙メナゾン《哺乳類に低毒な殺虫剤》. ［*me*thyl, amino-, *azo*-, thi*on*ate］
MENCAP, Men·cap /ménkæ̀p/ 《英》メンキャップ《知的障害者を援助する慈善団体; 公式名は Royal Mencap Society》. ［*men*tally handi*cap*ped］
mench /ménʃ/ 《俗》*vt, n* MENTION.
men-children *n* MAN-CHILD の複数形.
Men·chú /mentʃúː/ メンチュ **Rigoberta ～ Tum** (1959–)《グアテマラの先住民族人権擁護活動家; ノーベル平和賞 (1992)》.
Men·ci·us /ménʃ(i)əs/ 孟子(もうし) (*Chin* Mengzi, Meng-tzu) (c. 371–c. 289 B.C.)《中国, 戦国時代の儒家》.
Menck·en /méŋkən, mén-/ メンケン **H**(enry) **L**(ouis) ～ (1880–1956)《米国の著述家・編集者; *Smart Set*, *American Mercury* の編集者; *The American Language* (初版 1919), *Happy Days* (1940)》. ♦ **Menck·e·nian** /meŋkíːniən, men-/ *a* メンケン的な, 因襲を鋭く批判する.
mend /ménd/ *vt* **1** 〈こわれたものなどを〉直す, 修理[修繕]する, 繕う; 〈骨折などを〉治す: ～ a coat 上着を繕う / ～ a quill pen 鵞ペンを切りなおす. **2** 〈行状などを〉改める (reform); 〈誤り・欠点・あやまちなどを〉改める, 直す, 改善[改良]する; 〈関係などを〉改善する: ～ one's ways [manners] 行ないを改める / ～ matters 事態を改善する, 関係を修復する / ～ one's FENCES. **3** [次の諺で] 償う: Least said, soonest ～*ed*. ⇨ LEAST. **4** 常態に戻す; 回復させる: ～ one's pace 歩調を改める / ～ the fire 消えそうな火をおこす, 炭[薪など]を加える. ► *vi* **1** 〈事態が〉好転する; 〈狂い・誤りなどが〉改まる; 〈病人が〉快方に向かう, 〈患部・傷が〉治癒する, 治る: UK economy is ～*ing*. 英国の景気は回復しつつある. **2** 改心する: It is never too late to ～. 《諺》あやまちて改むるにはばかることなかれ. ● **～ or end** 改善するかやめるか. **～ or mar** [**break**]＝MAKE[1] or break. ► *n* 修繕, 改良; 修繕した[繕った]部分[個所]. ●**be on the ～** 〈病気が〉快方に向かっている; 〈事態が〉好転している. **make do and ～** 《口》長持ちさせる, 直しながらいつまでも使う. ♦ **～·able** *a* ［AF; ⇨ AMEND］
men·da·cious /mendéɪʃəs/ *a* 虚言癖のある, うそつきの; 虚偽の, 偽りの. ♦ **～·ly** *adv* **～·ness** *n* MENDACITY. ［L *mendac*- *mendax*］
men·dac·i·ty /mendǽsəti/ *n* 虚言癖; うそ, 虚偽.
Men·de[1] /méndi, -deɪ/ *n* **a** (*pl* ～, ～**s**) メンデ族《シエラレオネやリベリアに居住している西アフリカ人の種族》. **b** メンデ語.
Mende[2] /*F* mɑ̃d/ マンド《フランス南部 Lozère 県の県都》.
Men·del /ménd(ə)l/ メンデル **Gregor** (**Johann**) ～ (1822–84)《オーストリアの植物学者; 遺伝学の祖》.
Men·de·lé·ev's [**Men·de·lé·ef's**] **láw** /mèndəléɪəfs-/ PERIODIC LAW.
men·de·le·vi·um /mèndəlíːviəm/ *n* 〘化〙メンデレビウム《放射性元素; 記号 Md, 原子番号 101》. ［↓］
Men·de·le·yev /mèndəléɪəf/ メンデレーエフ **Dmitry Ivanovich** ～ (1834–1907)《ロシアの化学者; 周期律を発見 (1869)》.
Men·de·li·an /mendíːliən, -ljən, -dél-/ *a* 〘生〙メンデル(の法則)の[にしたがった]. ► *n* メンデル学説支持者.
Mendélian fáctor [**únit**] 遺伝子 (gene).
Mendélian inhéritance メンデル遺伝 (particulate inheritance)《染色体遺伝子の伝達による遺伝》.
Mendélian·ìsm *n* MENDELISM. ♦ **-ist** *n*
Mendélian rátio 〘生〙メンデル比.
Mendélian spécies 〘生〙メンデル種, 形態種 (morphospecies).
Méndel·ìsm *n* 〘生〙メンデル説, メンデリズム《メンデルの法則を基礎として遺伝現象を説明しようとすること》. ♦ **-ist** *a, n*
Méndel's láw 〘遺〙メンデルの法則《**1**) LAW OF SEGREGATION **2**) LAW OF INDEPENDENT ASSORTMENT **3**) LAW OF DOMINANCE》.
Men·dels·sohn /ménd(ə)ls(ə)n; *G* méndlszoːn/ メンデルスゾーン (**1**) **Felix** ～ (1809–47)《ドイツの作曲家; 本名 Jakob Ludwig Felix Mendelssohn-Bar·thol·dy /bɑːrθóʊ(ː)ldi, -θál-; *G* bartóldi/》 (**2**) **Moses** ～ (1729–86)《ドイツのユダヤ人哲学者・博愛主義者; Felix の祖父》. ♦ **Mèn·dels·sóhn·ian** /-sóʊniən, -njən/ *a*
ménd·er *n* 直す人, 修繕者; 訂正者.
Men·de·res /mèndərés/ [the] メンデレス川《**1**) トルコ西部を西流してエーゲ海に注ぐ; 古代名 Maeander; cf. MEANDER **2**) トルコ北西部 Ida 山から流れ出て西流し, 古代トロイアのあった平原を通り Dardanelles 海峡に注ぐ; 古代名 Scamander》.
Men·dès-France /*F* mɑ̃dɛsfrɑ̃ːs/ マンデス-フランス **Pierre** ～ (1907–82)《フランスの政治家; 首相 (1954–55)》.
men·di·can·cy /méndɪkənsi/ *n* 乞食をすること; 乞食生活; 托鉢(たくはつ).
mén·di·cant *a* 物乞いをする, 乞食をする, 托鉢の: a ～ friar《カトリックの》托鉢修道士 / a ～ order 托鉢修道会. ► *n* 乞食, 物もらい; [ºM-] 托鉢修道士. ［L (*mendicus* beggar)］
men·dic·i·ty /mendísəti/ *n* 乞食(生活) (mendicancy). ［OF＜L (↑)］
ménd·ing *n* 修繕, 補修; 繕い物, 直し物, 破損品; 修繕箇所.
Mén·dip Híllls /méndɪp-, -dəp-/ *pl* [the] メンディップ丘陵《イングランド南西部 Somerset 州北東部の石灰岩からなる丘陵; 最高点 Black Down (326 m)》.
Men·do·za /mendóʊzə/ **1** メンドサ (**1**) **Antonio de** ～ (c. 1490–1552)《スペインの植民地行政官; ヌエバエスパーニャ (New Spain) の初代総督[副王] (1535–49), ペルー総督 (1551–52)》 (**2**) **Pedro de** ～ (1487–1537)《スペインの軍人・探検家; Buenos Aires を建設》. **2** メンドサ《アルゼンチン中西部 Andes 山脈の山麓の市》.
me·neer /mənɪ́ər/ *n* 《南ア》Mr. や sir に相当する敬称・呼びかけ (Mynheer). ［Afrik］
Men·e·la·us /mèn(ə)léɪəs/ 〘ギ神〙メネラーオス《スパルタ王; HELEN の夫, Agamemnon の弟》.
Men·e·lik /mén(ə)lɪk/ メネリク ～ **II** (1844–1913)《エチオピア皇帝 (1889–1913)》.
Men·em /ménèm, -nəm/ メネム **Carlos** (**Saúl**) ～ (1930–)《アルゼンチンの政治家; 大統領 (1989–99)》.
me·ne, me·ne, tek·el, uphar·sin /míːni míːni tékəl jufáːrsɪn/ 〘聖〙メネメネテケルウパルシン《Belshazzar 王の酒宴の席で, 壁に現われた手が書いた文字;「数えられ, 数えられ, 量られ, 分かたれた」の意で, Daniel はこれを王国滅亡の予言である, と解いた; *Dan* 5: 25–28》. ［Aram］
Me·nén·dez de A·vi·lés /mənéndəs deɪ àːvəléɪs/ メネンデス・デ・アビレス **Pedro** ～ (1519–74)《スペインの航海者; 1565 年フランス軍に勝利して Florida に St. Augustine を築き, 没年まで治めた》.
Me·nen·dez Pi·dal /meɪnéɪndeɪθ piðáːl/ メネンデス・ピダル **Ramon** ～ (1869–1968)《スペインの文学者・言語学者・歴史家》.
Me·nes /míːniz/ メネス (fl. c. 3100 B.C.)《古代エジプト最古の王; 南北エジプトを統一》.
mén·fòlk(s) *n pl* 男性;《一家・社会の》男たち.
MEng Master of Engineering.
Men·ge·le /méŋgələ/ メンゲレ **Josef** ～ (1911–79)《ナチスの医師; Auschwitz 強制収容所でガス室に送る囚人の選別を行なう一方, 人体実験を繰り返し, 死の天使 (Todesengel) として恐れられた》.
Men·gis·tu Hai·le Ma·ri·am /meŋgístu háɪli máːriəm/ メンギストゥ・ハイレ・マリアム (1937–)《エチオピアの軍人・政治家; 軍事評議会議長 (元首, 1977–87), 大統領 (1987–91)》.
mén·go·vìrus /méŋgoʊ-/ *n* メンゴウイルス《脳心筋炎を起こす》. ［*Mengo* ウガンダの一地方］
Mengs /méŋ(k)s/ メングス **Anton Raphael** ～ (1728–79)《ドイツの画家》.
Meng·zi /mʌ́ŋdzʌ́ː/, **Meng-tzu** /mʌ́ŋdzúː; méŋtsúː/ 孟子 (MENCIUS).
men·ha·den /menhéɪdn/ *n* (*pl* ～, ～**s**) 〘魚〙メンハーデン, メンヘーデン (＝*mossbunker*)《米国東海岸に多い大型ニシン; 肥料・餌または採油用》. ［Algonquian］
men·hir /ménhɪər/ *n* 〘考古〙立石(りっせき), メンヒル《1 本の柱状の巨石を地に立てたもの》. ［Breton (*men* stone, *hir* long)］
me·ni·al /míːniəl, -njəl/ *a* 卑しい; 卑屈な; つまらない; 召使の; 卑しい仕事をする. ► *n* 召使, 奉公人; 下郎. ♦ **～·ly** *adv* 召使として; 卑しく. ［AF *meinie* MEINY; ⇨ MANSION］
Mé·nière's syndrome [**disease**] /mənjéərz —, ménjərz-/ 〘医〙メニエール症候群, メニエール病《アレルギー性迷路水症; 聾(ろう)・めまい・耳鳴りなどを伴う》. ［Prosper *Ménière* (1799–1862) フランスの医師］

men·i·lite /mén(ə)làɪt/ *n* 〔鉱〕珪乳石, メニライト《特に 茶・灰色の縞目をもつオパール》.
me·ning- /mənɪ́ŋ, mɛ-/, **me·nin·gi-** /-nínʤə/, **me·nin·go-** /-níŋgoʊ, -gə, -ʤoʊ, -ʤə/ *comb form*「脳膜」「髄膜」 [MENINX]
me·nin·ge·al /mənínʤiəl, mènənʤí:əl/ *a* 髄膜の.
meninges *n* MENINX の複数形.
me·nin·gi·o·ma /mənìnʤióʊmə/ *n* (*pl* ~**s**, **-ma·ta** /-tə/)〔医〕髄膜腫《しばしば 脳を圧迫する》.
men·in·gi·tis /mènənʤáɪtəs/ *n* (*pl* **-git·i·des** /-ʤítədì:z/)〔医〕髄膜炎. ♦ **mèn·in·gít·ic** /-ʤít-/ *a*
menìngo·cèle *n*〔医〕髄膜瘤, 髄膜ヘルニア.
menìngo·cóccus *n* (*pl* **-cócci**)〔医〕髄膜炎菌. ♦ **-cóc·cal, -cóc·cic** /-kák(s)ɪk/ *a*
menìngo·encephalítis *n* (*pl* **-lítides**)〔医〕髄膜脳炎. ♦ **-encephalític** *a*
me·ninx /mí:nɪŋ(k)s, mén-/ *n* (*pl* **me·nin·ges** /mənínʤiz/) [ᵘ*pl*]〔解〕髄膜, 脳脊髄膜《arachnoid, dura mater, pia mater の 3 つをいう》. [Gk *mēnigx* membrane]
me·nis·cus /mənískəs/ *n* (*pl* **-ci** /-nís(k)àɪ, -kì:/, ~**·es**) 新月形(のもの); 新月; 〔理〕メニスカス《毛細管内の液体表面の凹凸》; メニスカスレンズ, 凹凸レンズ《一面が凸で, 裏面が凹》; 〔解〕《関節内の》半月, 関節間軟骨. [L<Gk=crescent (dim)<*mēnē* moon]
men·i·sper·ma·ceous /mènəspərméɪʃəs/ *a*〔植〕ツヅラフジ科 (Menispermaceae) の.
Men·ning·er /ménɪŋər/ メニンガー **Karl Augustus** ~ (1893–1990)《米国の精神分析医》.
Men·no·nite /ménənàɪt/ *n* メノー派信徒, メノナイト《16 世紀オランダの再洗礼派の流れを汲むプロテスタントの一派; 指導者 Menno Simons にちなむ名称で, 教会の自治, 兵役拒否などを特徴とする; cf. AMISH》.
Men·no Si·mons /ménoʊ sí:moʊns, -sáɪ-/ メノー・シモンズ (1469–1561)《オランダの宗教改革者; メノナイト派の指導者》.
me·no /méɪnoʊ/ *adv*〔楽〕より少なく, メーノ (less); MENO MOSSO. [It]
meno-¹ /ménoʊ, -ə/ ⇨ MEN-.
meno-² /ménoʊ, -ə/ *comb form*「保留」「定位」 [Gk *menein* to remain]
Mén of Hár·lech /-há:rlək, -ləx/「メン・オヴ・ハーレク」《ウェールズの古くからの行進曲; もともとは戦いに出る戦士の歌; 北西ウェールズの城下町 Harlech より》.
Mén of the Trées [the]〔英〕森林協会《世界各地における森林保全と植林奨励を目的とする; 1922 年設立, 93 年 International Tree Foundation と改称》.
me·nol·o·gy /mənáləʤi/ *n*《ギリシア正教会などの》聖人祭日暦; 暦順に並べた聖者の略伝集.
Me·nom·i·nee, -ni /mənámәni/ *n* **a** (*pl* ~, ~**s**) メノミニー族《Wisconsin 州と Michigan 州の上部半島の境界を流れる Menominee 川沿岸に居住していたインディアン》. **b** メノミニー語《Algonquian 語族に属する》.
me·no mos·so /méɪnoʊ mɔ́(:)(s)soʊ/ *adv, a*〔楽〕より少なく動いて[動く] (less rapid), メーノモッソ(で[の]). [It]
Men·on /ménən/ メノン **V**(**engalil**) **K**(**rishnan**) **Krishna** ~ (1897–1974)《インドの政治家; 反植民地主義・中立主義外交の立役者》.
meno·pause /ménəpɔ̀:z, mí:-/ *n* 月経閉止(期), 閉経(期), 更年期 (=*climacteric*) (cf. PERIMENOPAUSE); 《男性の》更年期; 更年期障害. ♦ **mèno·páu·sal** *a* [NL (*meno-*¹, PAUSE)]
me·no·rah /mənɔ́:rə/ *n*《ユダヤ教の祭式に用いる》7 本枝の大燭台, メノラー; 《Hanukkah の祭に用いる》8[9]本枝の大燭台. [Heb =candlestick]
Me·nor·ca /meɪnɔ́:rkə/ メノルカ《MINORCA のスペイン語名》.
men·or·rha·gia /mènəréɪʤ(i)ə, *-rá:-, *-ʒə/ *n*〔医〕月経過多(症). ♦ **-rhag·ic** /-rǽʤɪk/ *a*
men·or·rhea, -rhoea /mènərí:ə/〔医〕*n*《正常な》月経; MENORRHAGIA. [逆成<*amenorrhoea*]
mèno·táxis *n*〔生〕保留走性.
Me·not·ti /mənáti/ メノッティ **Gian Carlo** ~ (1911–2007)《イタリア生まれの米国の作曲家》.
men's, mens /ménz/ *n* 紳士用サイズ; 紳士用サイズの衣服, 紳士服; 紳士服売場.
men·sa /ménsə/ *n* (*pl* ~**s**, **-sae** /-seɪ/) **1**〔カト〕祭台 (=*altar slab*)《祭壇最上部の石板》. **2** [M-]〔天〕テーブルさん座 (テーブル山座), メンサ座 (Table, Table Mountain). **3** [M-] メンサ《知能テストで, 全人口の上位 2% にはいる人の(国際)社交組織》. [L=table]
men·sal¹ /méns(ə)l/ *a* 食卓(用)の. [L (↑)]
mensal² *a*《まれ》MONTHLY.
men·san /ménsən/ *n* メンサ (Mensa) の会員; 《口》頭のいいやつ, 秀才, インテリ.
mensch /ménʃ/ *n* (*pl* **men·schen** /-ʃən/, ~**es**)*《口》りっぱな人, 高潔な人, 一目置かれる人物. ♦ **mén·schy** *a* [Yid]
mense /méns/《スコ》*n* 礼儀正しい[作法にかなった]行為; 親切なもてなし; 思慮; 端麗, 端正. ► *vt* …に栄誉を与える. ♦ ~**·ful**《スコ》*a* 礼儀正しい, 丁重な, 思慮深い, 配慮の行き届いた; 端正な. ~**·less** *a* [ON *mennska* humanity]
menservants *n* MANSERVANT の複数形.
men·ses /ménsì:z/ *n* [<*sg*/*pl*>]〔生理〕月経, 月経期間, 生理 (menstruation); 月経分泌物. [L (pl)<*mensis* month]
mensh /ménʃ/ *vt, n*《俗》MENTION.
Men·she·vik /ménʃəvìk, -vì:k/ *n* (*pl* ~**s**, **-vi·ki** /mènʃəvíki, -ví:-/) メンシェヴィク《革命期のロシア社会民主労働党穏健派の一員; cf. BOLSHEVIK》.
Men·she·vism /ménʃəvìz(ə)m/ *n* メンシェヴィキの政策[思想]. ♦ **-vist** *n, a*
mén's jòhn*《口》男子便所.
mén's líb [**liberátion**] [ᵒM- L-] 男性解放運動(グループ), メンズリブ《伝統的に男性に課されてきた役割から解放しようとする》.
mén's mòvement* 男性解放運動《男性をその社会での伝統的見方から解放しようとする運動》.
mens rea /ménz rí:ə/〔法〕犯意, 故意; (犯罪の)主観的要素, 《刑法上の》故意過失. [L=guilty mind]
mén's ròom* 男子手洗所.
mens sa·na in cor·po·re sa·no /meɪns sá:nɑ: ɪn kɔ́:rpɔ:rɛ sá:noʊ/ 健全なる身体に健全な精神を《教育の理想》. [L =a sound mind in a sound body]
menstrua *n* MENSTRUUM の複数形.
men·stru·al /ménstruəl/ *a* 月経の; 《古》毎月の, 月々の (monthly); 《古》1 か月間続く. ♦ ~**·ly** *adv* [L (*menstruus* monthly)]
ménstrual cýcle 月経周期.
ménstrual extráction《妊娠初期の段階で行なう》子宮吸引による中絶法.
ménstrual périod 月経期.
men·stru·ate /ménstruèɪt, *-strèɪt/ *vi* 月経がある.
mèn·stru·á·tion *n* 月経, 月経期間.
men·stru·ous /ménstruəs/ *a* 月経の(ある).
men·stru·um /ménstruəm/ *n* (*pl* ~**s**, **-strua** /-struə/) 溶媒, 溶剤 (solvent); 〔生理〕月経, 生理 (menses). [L=menses; ⇨ MENSTRUAL]
men·su·ra·ble /méns(ə)rəb(ə)l, -ʃ(ə)-; -ʃ(ə)-/ *a* 測定できる; 〔楽〕MENSURAL. ♦ **mèn·su·ra·bíl·i·ty** *n* [F or L; ⇨ MEASURE]
men·su·ral /méns(ə)rəl, -ʃ(ə)-; -ʃ(ə)-/ *a* 度量に関する; 〔楽〕定量の.
ménsural músic 定量音楽《13–16 世紀の音の長短を厳格に規定した音楽》.
men·su·ra·tion /mènsəréɪʃ(ə)n, -ʃə-; -ʃ(ə)-/ *n* 測定, 計量; 測定法, 測量法, 求積(法). [L; ⇨ MENSURABLE]
men·su·ra·tive /méns(ə)rèɪtɪv; -ʃ(ə)rə-/ *a* 測定の, 計量の.
méns·wèar *n* 紳士服, 男性用服飾品, メンズウェア (=**mén's wèar**); (紳士)服地《特に毛織物》; 紳士服売場 (=~ **depártment**).
-ment /mənt/ *n suf* 動詞(まれに形容詞)から結果・状態・動作・手段などを表わす名詞をつくる: move*ment*, pay*ment*. [F<L *-mentum*]
menta *n* MENTUM の複数形.
men·tal¹ /méntl/ *a* **1 a** 精神の, 心の, 心的な (opp. *bodily*, *physical*): ~ effort(s) 精神的努力. **b** テレパシーの, 読心術の. **2 a** 知的な, 知力の《heart の「情」に対する》: ~ faculties / a ~ worker 頭脳労働者. **b** 心[頭]の中でする, そらでする: ~ arithmetic [calculation, computation] 暗算 / have a ~ picture [image] of...を心に思い描く[浮かべる] / ~ prayer〔キ教〕念禱 / make a ~ note 憶えておく ⟨*of*, *to* do⟩. **3** 精神障害の; 精神障害者の看護[治療]をする; 《口》気がふれた, 頭がおかしい, ばかな: MENTAL DISORDER / a ~ specialist 精神病専門医 / go ~ 頭がおかしくなる, 頭にくる. ► *n*《口》精神病者, 精神薄弱者; 《俗》気違い. [OF or L (*mentmens* mind)]
mental² *a*〔解〕あごの, おとがいの (genial). [F (MENTUM)]
méntal áge〔心〕精神年齢, 知能年齢《略 MA》.
méntal alienátion 精神錯乱.
méntal asýlum《古風》精神病院 (mental hospital).
méntal block〔心〕精神的ブロック《感情的要因に基づく思考・記憶の遮断》: get [have] a ~ 頭が急に混乱する, 頭の中がまっ白になる, まるでわからない[おぼえられない], ど忘れする.
méntal crúelty 精神的虐待《離婚の根拠として認められることがある》.
méntal deféctive 精神薄弱者.
méntal defíciency 精神薄弱 (mental retardation).
méntal disórder [**diséase, íllness**] 精神障害, 精神病.
méntal gíant*《俗》知の巨人, 頭のいいやつ, 天才 (genius); [*iron*] まぬけ, どじ, あほ.

M

méntal hándicap [°*derog*] 精神障害[薄弱], 知的障害《今日では learning difficulties を使うのが普通》.

méntal héaling 精神療法.

méntal héalth 精神的健康, 心の健康, メンタルヘルス.

méntal hòspital [hòme, institùtion] 精神病院.

méntal hýgiene 精神衛生(学).

méntal impáirment 〔医・法〕《異常行動をひき起こす》精神的欠陥, 精神[知的]障害.

méntal·ìsm *n* 〔哲〕唯心論; 〔心〕メンタリズム, 意識主義 (cf. BEHAVIORISM). ♦ **mèn·tal·ís·tic** *a* ⁺内観的な.

méntal·ist *n, a* 唯心論者(の); 読心術師 (mind reader) (の); ˈˈ《俗》奇人[変人](の).

men·ta·li·té /*F* mɑ̃talite/ *n* 精神構造, ものの見方, 考え方, 心性. [F]

men·tal·i·ty /mɛntǽləti/ *n* **1** 心的[精神的]状態[傾向, 態度], 精神構造, ものの見方, 心理, 心性: a childish ～ 子供っぽいものの考え方. **2** 知力, 思考力, 知性: a person of average ～ 普通の知性の人.

méntal jób *《俗》精神異常者.

méntal léxicon 〔言〕心的辞書, メンタルレキシコン《頭の中の語彙目録》.

méntal·ly *adv* 精神的に, 精神面で; 心の中で; 知力[知能]的に: ～ deficient [defective, handicapped] [°*derog*] 精神薄弱の (⇨ MENTAL HANDICAP).

méntal mídget *《俗》知能のこびと, ばか, まぬけ.

méntal pátient 精神病者.

méntal rátio 知能指数 (intelligence quotient).

méntal reservátion 〔法〕心裡留保《故意に真意に合わない表示をすること》; 〔キ教〕意中留保《真意を隠して故意に虚偽またはあいまいな発言をすること》.

méntal retardátion 精神遅滞.

méntal telépathy 精神感応, 読心術.

méntal tést 〔心〕知能検査[測定], メンタルテスト.

men·ta·tion /mɛntéɪʃ(ə)n/ *n* 精神作用[機能], 知的活動(性); 心意過程, 精神状態.

men·tee /mɛntí:/ *n* 《mentor の》弟子, 教え子.

men·tha·ceous /mɛnθéɪʃəs/ *a* 〔植〕ハッカ科 (Menthaceae) の.

menthe /*F* mɑ̃:t/ *n* ハッカ (mint).

men·thene /mɛ́nθì:n/ *n* 〔化〕メンテン《無色油状のテルペン炭化水素》.

men·thol /mɛ́nθɔ(:)l, -θòʊl, -θɑ̀l/ *n* 〔化・薬〕はっか脳, メントール (＝*mint camphor*)《医薬・香味料用》; 《口》メントールタバコ. ► *a* MENTHOLATED. [G (L MINT¹)]

M

men·tho·lat·ed /mɛ́nθəlèɪtəd/ *a* メントールで処理した; メントールを含んだ.

men·ti·cide /mɛ́ntəsàɪd/ *n* 頭脳殺滅《精神的・肉体的苦しみや思想訓練による正常な思想の破壊; cf. BRAINWASHING》.

men·tion /mɛ́nʃ(ə)n/ *vt* 話に出す, …に言及する, (…の名を)挙げる, ちょっと[ついでに]触れる; …に敬意[賞賛]の意を表する (acknowledge, honor): as ～*ed* below 後述するとおり[ように] / the novel ～*ed* above 前述[上述]の小説 / That is worth ～*ing*. それは特に言う価値がある / I ～*ed* your name *to* him. 彼にきみの名を言っておきました. ● **Don't ～ it.** 《お礼やおわびなどに対する丁寧な応答》それには及びません, どういたしまして. ★《米》ではお礼に対しては You're welcome. と言う. **not to ～…＝without ～ing…** は言うまでもなく[もちろん], …はさておき, しかも[おまけに]…. **now (that) you ～ it** そう言われてみると: *Now you ～ it*, his face is familiar to me. そう言えば彼の顔は見おぼえがある. ► *n* **1** 言及, 陳述, 記載; 〔論・哲・言〕《use に対して, 言語表現そのものを指示する場合の》言及: get a ～ 言及[記載]される, 話に出る / at the ～ of…の話が出ると, …のことを言えば / No ～ was made of his book. 彼の本の話は出なかった. **2** 表彰; 選外佳作 (honorable mention): receive an honorable [special] ～ 等外佳作に挙げられる; 褒状をもらう. ● **make ～ of…** 《文》…を挙げる, 取り立てて言う. ♦ **～·able** *a* 言及する[挙げる]ことができる, 言及するだけの価値のある. **～·er** *n* [OF＜L *mention-mentio* a calling to mind]

men·to /mɛ́ntoʊ/ *n* (*pl* **～s**) メント《2 拍子を基調とするジャマイカの民俗音楽; ska や reggae の基とされる》. [?]

Men·ton /*F* mɑ̃tɔ̃/ マントン (It **Men·to·ne** /mɛntóuni/)《フランス南東部の地中海に臨む保養地》.

mén·to·plàsty /mɛ́ntə-/ *n* 〔医〕顎部形成手術.

men·tor /mɛ́ntɔ̀:r, *-tər/ *n* **1** 良き指導[助言]者, 教育役[係], 良き師, (恩)師, メンター. **2** [M-]〔ギ神〕メントール《Odysseus が Telemachus の教育を託したすぐれた指導者》. ► *vt, vi* 助言[(個人)指導, 教育]する, 薫育する, 教授する. ♦ **men·tór·i·al** *a* **～·ship** *n* [F＜L＜Gk]

méntor·ing *n* メンタリング, メンター制度《職場などで先輩が後輩や新人に指導や助言を行なう体制》.

men·tum /mɛ́ntəm/ *n* (*pl* **-ta** /-tə/) 〔解〕おとがい, 下顎 (chin); 〔昆〕下唇基節, 基板, 《ダニの》顎体基部; 〔植〕メンタム《熱帯ランのあご状唇弁》. [L＝chin]

menu /mɛ́nju, *méɪ-/ *n* 献立(表), 品書, メニュー; 料理; 一覧表, プログラム, 計画[手順](表); 〔電算〕メニュー《機能・パラメーターなどの選択肢の一覧》: a light ～ 軽い料理[食事] / on the ～ メニューに載って; 計画[予定]にはいって. [F＜L; ⇨ MINUTE²]

ménu bàr 〔電算〕メニューバー《ウインドー上部のメニューを表示した領域》.

me·nu·do /mənú:doʊ, -ðoʊ/ *n* メヌード《トウガラシで味付けした牛の胃の煮込み; スペイン・メキシコなどの料理》.

ménu-drìven *a* 〔電算〕〈ソフトウェアなど〉メニュー選択方式の.

men·u·ese /mɛ̀njuí:z, *-s/ *n* *《俗》メニュー語《ごく普通の料理につけた長ったらしい大げさな名前》.

Me·nu·hin /mɛ́njuən/ メニューイン **Ye·hu·di** /jəhú:di/ ～, Baron ～ (1916–99)《米国生まれの英国のヴァイオリン奏者》.

me·nu·ra /mən(j)ʊ́ərə/ *n* 〔鳥〕コトドリ属 (*M-*) の各種の鳥 (lyrebird). [NL (Gk *mēnē* moon), *-ura* -urous]

Men·zél Bourguíba /mɛnzɛ́l-/ メンゼルブルギーバ《チュニジア北部 Bizerte 湖に臨む町; 同国の初代大統領にちなむ名称; 旧称 Ferryville》.

Men·zies /mɛ́nziz/ メンジーズ Sir **Robert Gordon** ～ (1894–1978)《オーストラリアの政治家; 首相 (1939–41, 49–66)》.

Meo /miáʊ, -óʊ/ *n* (*pl* **～, ～s**) メオ族[語] (MIAO).

me·ow /miáʊ/ *n* ニャオ, ニャー《猫の鳴き声》; 悪意に満ちた評言; CAT'S MEOW. ► *vi* 〈猫が〉ニャオと鳴く; 意地悪な評をする. ► *vt* 猫が鳴くように…を発する. [imit]

mep ⇨ MEPS.

MEP Member of the European Parliament.

mep·a·crine ˈˈ/mɛ́pəkrì:n, -krən/ *n* 〔薬〕QUINACRINE.

me·per·i·dine /məpɛ́rədì:n, -dən/ *n* 〔薬〕メペリジン《合成麻薬; 塩酸塩を鎮痛薬・鎮静薬・鎮痙薬とする》. [*methyl*＋*piperidine*]

me·phen·y·to·in /məfɛ́nɪtòʊən/ *n* 〔薬〕メフェニトイン《抗痙攣薬》.

Me·phis·to /məfístoʊ/ MEPHISTOPHELES.

Meph·is·toph·e·les /mɛ̀fəstɑ́fəlì:z/ **1** メフィストフェレス《Faust 伝説, Goethe の *Faust* 中の悪魔》. **2** 悪魔のような人, 陰険な人物. [G＜?]

Meph·is·to·phe·lian, -le- /mɛ̀fəstəfí:liən, məfis-/ *a* メフィストフェレス的な, 悪魔的な, 陰険な, 冷笑的な.

me·phit·ic /məfítɪk/, **-i·cal** *a* 悪臭[毒気]のある.

me·phi·tis /məfáɪtəs/ *n* **1** 《地中からの》毒気, 悪気; 悪臭. **2** [M-]〔ロ神〕メフィーティス《疫病の女神》. [L]

mep·ro·bam·ate /mɛ̀proʊbǽmèɪt, məpróʊbəmèɪt/ *n* 〔薬〕メプロバメート《精神安定薬》. [*methyl*＋*propyl*＋*carbamate*]

mep(s) /mɛ́p(s)/ *n* *《俗》メペリジン (meperidine).

mer-¹ /mə́:r/ *comb form*「海」[ME *mere* sea]

mer-² /mɛ́r/, **mero-** /mɛ́roʊ, -ə/ *comb form*「腿(もも)」[Gk (*mēros* thigh)]

mer-³ /mɛ́r/, **mero-** /mɛ́roʊ, -ə/ *comb form*「部分(的)」[Gk (*meros* part)]

-mer /mər/ *n comb form* 〔化〕「特定部類に属する化合体」(cf. -MERE): iso*mer*, meta*mer*, poly*mer*. [Gk (*meros* part)]

mer. meridian.

Me·rak /mí:ræk/ 〔天〕メラク《おおぐま座の β 星》.

Me·ra·no /mərɑ́:noʊ/, (G) **Me·ran** /*G* merá:n/ メラノ, メラン《イタリア北部 Trentino-Alto Adige 自治州の町; アルプス南麓の観光地》.

me·ran·ti /mərǽnti/ *n* メランチ材《インドネシア・マレーシア産のフタバガキ科サラノキ属などの種々の常緑高木から得られる比較的軽軟な良材》. [Malay]

mer·bau /mə́:rbaʊ/ *n* 〔植〕タシロマメ, タイヘイヨウテツボク《マレーシア・インドネシアなどに産するマメ科の高木》; 太平洋鉄木《その緻密で堅い材; 高級建築材・家具・枕木などに用いられる》.

mer·bro·min /mərbróʊmən/ *n* 〔薬〕メルブロミン《溶液を局所防腐薬・殺菌薬にする; cf. MERCUROCHROME》. [*mercuric*, *bromo*, *-in*²]

merc /mə́:rk/ *n* 《口》MERCENARY.

Merc¹ *n* ˈˈ《口》MERCEDES-BENZ.

Merc² *n* *《口》MERCURY《乗用車》.

Merc³ *n* [°the]《口》CHICAGO MERCANTILE EXCHANGE.

mer·ca·do /mə:rkɑ́:doʊ/ *n* (*pl* **～s**) 《スペイン語圏の》市場(いち) (market). [Sp]

Mer·cál·li scàle /mɛərkɑ́:li-, mər-/ 〔地震〕メルカリ震度階《特定地域での震度を表わす; ローマ数字で表示し, I が最小で XII が最大; cf. RICHTER SCALE》. [Giuseppe *Mercalli* (1850–1914) イタリアの地質学者]

mer·can·tile /mə́:rkəntì:l, -tàɪl; mə́:k(ə)ntàɪl/ *a* 商業の, 商人の; 〔経〕重商主義の; 利益目当ての, 商売好きな. [F＜It; ⇨ MERCHANT]

mércantile àgency 〔商〕商事代理; 商事信用調査機関, 商業興信所.

mércantile làw 〔法〕商事法, 商慣習法 (＝*law merchant*) (cf. COMMERCIAL LAW).

mércantile maríne MERCHANT MARINE.
mércantile pàper 〘商〙商業手形.
mércantile sỳstem 〘経〙重商主義.
mer·can·til·ism /mə́ːrkəntìːlìz(ə)m, -tàɪ-; -tɪ-, -tàɪ-/ *n* 〘経〙重商主義; 《一般に》商業本位[主義] (commercialism); 商人かたぎ. ♦ **-ist** *n*, *a* **mèr·can·til·ís·tic** *a*
mer·capt- /mərkǽpt/, **mer·cap·to-** /-kǽptou, -tə/ *comb form*「メルカプタン (mercaptan) の」
mer·cap·tan /mərkǽptæ̀n/ *n* 〘化〙メルカプタン (THIOL).
mer·cap·tide /mərkǽptàɪd/ *n* 〘化〙メルカプチド《メルカプタンの SH 基の水素原子を金属原子で置換した誘導体》.
mer·cap·to /mərkǽptou/ *a* 〘化〙1 価の SH 基を含む.
mercàpto·éthanol *n* 〘化〙メルカプトエタノール《タンパク質のジスルフィド基に作用する還元剤》.
mercápto gròup [ràdical] 〘化〙メルカプト基.
mercàpto·púrine *n* 〘薬〙メルカプトプリン《プリンの代謝阻害物質; 急性白血病に用いる》.
mer·cat /mə́ːrkət/ *n* 《廃·スコ》MARKET.
Mer·ca·tor /mərkéɪtər/ メルカトル **Gerardus** ～ (1512–94)《フランドルの地図学者; 本名 Gerhard Kremer》.
Mercátor('s) chàrt 〘地図〙メルカトル図.
Mercátor('s) projèction 〘地図〙メルカトル図法《赤道に沿って地球に接する円筒面に地図を投影したもので, 経線と緯線が直交する直線となる; 高緯度での歪みが大きい》.
Mer·ce·des /mərséɪdiz, mə́ːsədìːz/ **1** マーセデス《女子名》. **2** MERCEDES-BENZ. ［Sp＝(Our Lady of) Mercies］
Mercédes-Bénz 〘商標〙メルセデスベンツ《ドイツ Daimler 社製の乗用車》. ［*Mercedes* Daimler 社のオーストリア人パトロン Emil Jellinek (1853–1918) の娘の名］
mer·ce·nary /mə́ːrs(ə)nèri; -n(ə)ri/ *a* 金銭[欲得]ずくの, 報酬目当ての; 《外国軍隊に》金で雇われた. ► *n* 傭兵; 雇われ人, 《まれ》金のためなら何でもやる人. ♦ **mér·ce·nàr·i·ness** /; -n(ə)rɪ-/ *n* **mér·ce·nàr·ìsm** /; -n(ə)rìzm/ *n* 傭兵として働くこと. ［L (*merces* reward); ⇨ MERCY］
mer·cer" /mə́ːrsər/ *n* 織物商, 《特に》高級服地商. ［AF＜L (*merc- merx* merchandise, goods)］
Mercer マーサー **'Johnny'** ～ [**John Herndon** ～] (1909–76)《米国の作詞家·歌手·作曲家; 'Moon River' (1961), 'Days of Wine and Roses' (1962)》.
mércer·ìze *vt* 〘織維〙〈木綿類を〉苛性処理する, マーセル加工する《つや·染料吸着性·強度を増す処理》: ～*d* cotton つや出し木綿. ♦ **mèrcer·izátion** *n* マーセル法[加工], シルケット加工.
mer·cery" /mə́ːrs(ə)ri/ *n* 高級服地; 服地店; 服地取引.
merch /mə́ːrʧ/ *n* MERCHANDISE 1.
mer·chan·dise /mə́ːrʧ(ə)ndàɪz, -s/ *n* **1** 商品《集合的》; MERCHANDISING 2; *《俗》密輸品, 盗品, ブツ: general ～ 雑貨. **2** 《古》売買, 商取引. ► *v* /-z/ *vi* 《古》売買する. ► *vt* 商う; …の販売促進をはかる, 効果的に宣伝する, 売り込む. ♦ **-dìs·able** *a* **-dìs·er** *n* ［OF; ⇨ MERCHANT］
mérchandise plànning MERCHANDISING 1.
mér·chan·dìs·ing *n* **1** 〘商〙商品化計画, マーチャンダイジング《市場調査を中心とする合理的包括的な販売促進策》. **2** 《映画·イベントなどの》販促商品, 《宣伝用の》(キャラクター)グッズ.
mer·chan·dize /mə́ːrʧ(ə)ndàɪz/ *v* MERCHANDISE. ♦ **-dìz·er** *n*
mér·chan·dìz·ing *n* MERCHANDISING.
mer·chant /mə́ːrʧ(ə)nt/ *n* **1** 商人, 《特に》貿易商人; "《貿易関係の》卸売商; 《米·スコ》小売商人; 商店主. **2** 《古》やっこさん, やつ (fellow); 《口》[ᵘ*derog*] …狂[屋, 師]: a SPEED MERCHANT / a gossip ～ ゴシップ魔, 金棒(かなぼう)引き. ► *a* **1** 商業の; 商船の; 商人の, 商人的な: LAW MERCHANT. **2** 〈棒鋼·インゴットなどが〉標準規格[型]の; 〈工場などが〉標準規格[型]の地金を製作する. ► *vt* …を売買する, 商う. ► *vi* 《古》商いをする. ［OF＜L (*mercor* to trade); ⇨ MERCER］
Merchant マーチャント **Ismail** ～ (1936–2005)《インド生まれの映画制作者; James Ivory 監督と *A Room with a View* (眺めのいい部屋, 1985), *Howards End* (ハワーズ·エンド, 1922) などを残した》.
mérchant·able *a* 売り物になる, 売れる. ♦ **mèrchant·abílity** *n*
mérchant accòunt 〘商〙マーチャントアカウント《クレジットカード決済の代金を管理するための銀行口座》.
mérchant advénturer 〘史〙冒険商人《**1**) 外国に貿易拠点を設けて取引を行なった商人 **2**) 中世末期から近世初期にかけて毛織物輸出を独占していたイングランドの貿易会社に所属する商人; 同社は Antwerp, Hamburg など国際市場に拠点を設けていた》.
mérchant bánk 〘英〙マーチャントバンク《外国為替手形の引受けや証券発行業務を行なう金融機関》. ♦ **mérchant bánker** *n* **mérchant bánking** *n*
mérchant fléet MERCHANT MARINE.
mérchant·man /-mən/ *n* 商船 (＝*merchant ship* [*vessel*]); 《古》商人 (merchant).
mérchant maríne* 《一国の》商船《集合的》; *《一国の》商船員《集合的》.
mérchant návy" MERCHANT MARINE.
mérchant of déath 死の商人《戦争を商売にする軍需産業家》.
Mérchant of Vénice [The]『ヴェニスの商人』《Shakespeare の喜劇 (1596)》.
mérchant prínce 豪商.
mérchant séaman 商船隊員, 海員.
mérchant sérvice MERCHANT MARINE.
mérchant ship [vèssel] 商船 (merchantman).
mer·chet /mə́ːrʧət/ *n* 〘英史〙結婚承認料《封建時代のイングランドで借地人, 特に農奴が娘の婚姻許可を取るために領主に支払った承認料》. ［AF; ⇨ MARKET］
mer·ci /*F* mɛrsi/ *int* ありがとう (thank you).
Mer·cia /mə́ːrʃ(i)ə/ マーシア《イングランド中部にあったアングル族の古王国; ⇨ HEPTARCHY》.
Mér·cian /-ʃ(i)ən/ *a* マーシアの; マーシア人[方言]の. ► *n* マーシア人; 《古英語の》マーシア方言《Humber 川以南で用いられた》.
mer·ci beau·coup /*F* mɛrsi boku/ どうもありがとう (thank you very much).
Mer·cier /méərsièɪ; *F* mɛrsje/ メルシエ **Désiré-Joseph** ～ (1851–1926)《ベルギーのカトリック神学者·哲学者; 枢機卿 (1907)》.
mer·ci·ful /mə́ːrsɪf(ə)l/ *a* 慈悲深い, 情け深い 〈*to*〉; 恵まれた, 幸運な, (かえって)幸いな〈死など〉. ♦ **～·ly** *adv* 情け深く, 寛大に; 幸い, 幸いにも, 運よく, ありがたいことに. **～·ness** *n* ［MERCY］
mer·ci·less /mə́ːrsɪləs/ *a* 無慈悲な, 無情な, 残酷な, 冷酷な 〈*to*〉. ♦ **～·ly** *adv* 無慈悲に, 冷酷に. **～·ness** *n*
Merckx /mə́ːrks, méərks/ メルクス **'Eddy'** ～ [**Edouard Louis Joseph** ～], Baron ～ (1945–)《ベルギーの自転車レース選手; Tour de France に優勝 (1969–72, 74)》.
Mer·cou·ri /mərkúːri/ メルクーリ **Me·li·na** /məlíːnə/ ～ (1925–94)《ギリシアの女優·政治家》.
mer·cur- /mərkjúər, mə́ːrkjuər/, **mer·cu·ro-** /-rou, -rə/ *comb form*「水銀 (mercury)」
mer·cu·rate /mə́ːrkjərèɪt/ *vt* 水銀塩で処理する; 水銀と化合させる. ► *n* /-rət, -rèɪt/ 第二水銀塩類. ♦ **mèr·cu·rá·tion** *n* 水銀化.
mer·cu·ri·al /mərkjúəriəl/ *a* **1** 水銀(剤)の[を含んだ]. **2** 気まぐれな, むら気の, (気分[意見]が)コロコロ変わる; 変わりやすい〈天気〉; 敏活な, 機知に富む; 気軽な, 陽気な, 快活な; 商売じょうずの; 盗癖のある. **3** [M-] 水星の, 水星を守護星として生まれた; [M-] 〘ロ神〙メルクリウス (Mercury) の. ► *n* 〘薬〙水銀(製)剤. ♦ **～·ly** *adv* **～·ness** *n*
mercúrial barómeter MERCURY BAROMETER.
mercúrial gáuge 水銀圧力計.
mercúrial·ìsm *n* 〘医〙水銀中毒 (＝*hydrargyria, hydrargyrism*).
mer·cu·ri·al·i·ty /mərkjùəriǽləti/ *n* 敏活, 快活, 興奮性; 気まぐれ, 変わりやすさ; 機知に富むこと.
mercúrial·ìze *vt* **1** 〘医〙水銀剤で治療する; 〘写〙水銀蒸気に当てる. **2** 活発[敏捷, 快活]にする. ♦ **mercùrial·izátion** *n*
mercúrial óintment 水銀軟膏.
Mer·cu·ri·an /mərkjúəriən/ *a* 《古》MERCURIAL. ► *n* 〘占星〙水星を守護星として生まれた人; 〘手相〙小指の相がよい人, 水星運のよい人《活発で実業界·政界向き》.
mer·cu·ri·ate /mərkjúəriət, -èɪt/ *n* MERCURATE.
mer·cu·ric /mərkjúərɪk/ *a* 〘化〙水銀 (II) の, 第二水銀の (cf. MERCUROUS); 水銀の.
mercúric chlóride 〘化〙塩化水銀 (II), 塩化第二水銀, 昇汞(しょうこう).
mercúric óxide 〘化〙酸化水銀 (II), 酸化第二水銀《顔料製造·防腐剤用》: red [yellow] ～ 赤色[黄色]酸化水銀.
mercúric súlfide 〘化〙硫化水銀 (II), 硫化第二水銀: black [red] ～ 黒色[赤色]硫化水銀《赤色は立方晶, 黒色は等軸晶》.
mer·cu·rize /mə́ːrkjəràɪz/ *vt* MERCURATE.
mercuro- /mərkjúərou, -rə/ ⇨ MERCUR-.
Mer·cu·ro·chrome /mərkjúərəkròum/ 〘商標〙マーキュロクロム《merbromin 製剤》.
mer·cu·rous /mərkjúrəs, mə́ːrkjərəs; mə́ːkjurəs/ *a* 〘化〙水銀 (I) の, 第一水銀の (cf. MERCURIC); 水銀の.
mercúrous chlóride 塩化水銀 (I), 塩化第一水銀, 甘汞(かんこう) (calomel).
mer·cu·ry /mə́ːrkjəri/ *n* **1 a** 〘化〙水銀 (＝*quicksilver*)《金属元素; 記号 Hg, 原子番号 80》. **b** 〘薬〙水銀剤. **c** 水銀柱 (: INCH of ～); 晴雨計, 温度計: The ～ is rising. 温度が上がっている; 天気がよくなっている. **2 a** [M-] 〘ロ神〙メルクリウス《商売の神; 雄弁家·職人·商人·盗賊の守護神; 神々への使者; ギリシアの Hermes に当たる》. **b** [ᴼM-] 《古》使者; 《情事の》取持ち役; 案内人 (guide); [ᴼM-] 報知者《しばしば新聞雑誌の名称》. **3** [M-] 〘天〙水星. **4** 〘植〙ヤマアイ《トウダイグサ科の毒草》. **5** [M-] マーキュリー《米国製の乗用車; Ford 社の一部門が作る》. ［L *Mercurius* Roman messenger god; ⇨ MERCER］

mércury àrc 水銀アーク《水銀蒸気中のアーク放電》.

mércury barómeter 水銀気圧計 (cf. ANEROID BAROMETER).

mércury cèll 水銀電池.

mércury chlóride 〖化〗塩化水銀 (cf. MERCURIC [MERCUROUS] CHLORIDE).

mércury fúlminate 〖化〗雷酸水銀, 雷汞(らいこう) (=*fulminating mercury, fulminate of mercury*)《灰色の粉末; 起爆薬》.

Mércury pròject [the]〖米〗マーキュリー計画《1 人乗り宇宙船による米国最初の有人宇宙飛行計画 (1959–63)》.

mércury switch 〖電〗水銀スイッチ.

mércury(-vàpor) làmp 水銀(蒸気)灯, 水銀ランプ, 太陽灯.

Mer·cu·tio /mərkjú:ʃiou/ マーキューシオ《Shakespeare, *Romeo and Juliet* 中の Romeo の友人》.

mer·cy /mə́:rsi/ *n* **1 a** 慈悲, あわれみ, 情け, 慈愛;〖法〗《特に死刑に当たる罪についての》減刑(の勧告); 赦免; [〈*a*〉] 救援[救出, 人助け]のための, 人道的な〈出動・活動など〉: have ~ on [upon]…=show ~ to…に慈悲をたれる (cf. KYRIE ELEISON) / without ~ 無慈悲に / for ~'s SAKE[1] / the prerogative of ~ 恩赦大権 / a ~ dash 救助のための緊急出動, 緊急救命(活動). **b** [〈*int*〉]: (Have) ~ on us! = *M~* (me)! おや, まあ! **2** 神の恵み; «口・方» 幸運, ありがたいこと: That's a ~! それはありがたい[よかった] / What a ~ that…! …とはありがたい. **3** 《困っている人に対する》親切な行為. **4** [M-] マーシー《女子名》. ● **at the ~ of**…=**at sb's [sth's] ~** …のなすがままに, …の言いなりになって, …に左右されて. **be thankful [grateful] for small mercies** 不幸中の幸いだと思う, まだましなほうだと思う[あきらめる], (不満だが)現状でよしとする. **leave to the tender mercies [~] of**… [*iron*] …のなすがままに任せる, …の手でひどいめにあわせる. **throw [cast, fling] one*self* at [on] sb's ~** 人の慈悲[恩情]にすがる, 寛大な処置を求める. [OF<L *merces* reward, pity; ⇨ MERCER]

mércy flìght 救急[救援]飛行《遠隔地の重病人やけが人・避難者などを病院・安全地帯まで航空機で運ぶこと》.

mércy kìlling 慈悲殺《安楽死 (euthanasia) など慈悲的動機からの殺人行為》.

mércy mìssion 《紛争地帯・被災地などへの》救援活動(隊).

mércy sèat **1**〖聖〗贖罪(しょくざい)所, あがないの座, 恵みの座 (=*propitiatory*)《契約の箱 (Ark of the Covenant) の純金製のふた; *Exod* 25: 17–22》. **2**〖神学〗神の御座, 贖罪としてのキリスト.

mércy stròke 最後[とどめ]の一撃 (=*coup de grâce*).

merde /méərd/ «俗» *n* 排泄物, 糞; くだらんもの[こと]. ► *int* くそっ! [F<L *merda* dung]

mere[1] /míər/ *attrib a* ((強意) **mér·est**) **1** ほんの, 単なる, 全く…にすぎない: She's still a ~ child. まだほんの子供だ / *M~* words are not enough. ことばだけでは足りない / That is the *merest* folly. それこそ愚の骨頂だ / The ~ thought terrified me. 思ってみるだけでぞっとした / ~ nothing 何でもないこと. **2**〖法〗自発的な, 《裁判所の》職権での;〖法〗占有(権)を伴わない〈権利など〉: ~ jus=MERE RIGHT / ~ motion 《裁判所が》職権に基づいて行なう訴訟指揮. **3** «古» 純粋の, 生一本の; «廃» 完全な, 絶対の. [AF<L *merus* unmixed]

mere[2] *n* «古・詩» 湖, 池; «廃» 海, 入江. ★ 今日, 地名の一部として残っている. [OE; cf. G *Meer*, L *mare*]

mere[3] *n* «古・英方» 境界線. [OE (*ge*)*mǣre*]

mere[4] /méəri/ *n* 《マオリ族の, 特に 緑色岩 (greenstone) 製の》戦斧(せんぷ). [Maori]

mère /*F* mɛ:r/ *n* 母 (mother).

-mere /mìər/ *n comb form* (1)〖生〗「部分」「分節」: arthro*mere*, blasto*mere*. (2)〖化〗-MER. [mer-[3]]

Mer·e·dith /mérədəθ/ **1** メレディス《男子名; 女子名》. **2** メレディス (1) **George** ~ (1828–1909)《英国の詩人・小説家; *Beauchamp's Career* (1876), *The Egoist* (1879), 詩集 *Modern Love* (1862)》 (2) **Owen** ~《Bulwer-LYTTON の筆名》. [Welsh=? sea+lord]

mére·ly *adv* **1** 単に(…にすぎない)《only より形式的》: not ~… but also …のみならずまた. **2** «廃» 純粋に, 全く.

me·ren·gue /məréŋgei/ *n, vi* メレンゲ《ドミニカ・ハイチの踊り[リズム]》(を踊る). [AmSp<Haitian Creole]

me·re·ol·o·gy /mìriálədʒi/ *n* メレオロジー《部分と全体との関係の論理的特性を研究する学問》.

mére ríght〖法〗《占有(権)を伴わない》単なる権利.

mer·e·tri·cious /mèrətríʃəs/ *a* 〈装飾・文体などが〉俗悪な, けばけばしい; まやかしの, いんちきな, 見かけ倒しの; «やや古» 売春婦のような, みだらな. ♦ **~·ly** *adv* **~·ness** *n* [L (*meretric- meretrix* prostitute‹ *mereo* to earn money)]

mer·gan·ser /mərgǽnsər/ *n* (*pl* **~s, ~**)〖鳥〗アイサ属(など)の潜水ガモ《カワアイサ・ウミアイサなど》. [L *mergus* diver, *anser* goose]

merge /mə́:rdʒ/ *vt, vi* **1** 〈会社・集団・自治体など〉併合[合併]させる[する]; 結合する, 一つにまとめる〈*in, with*〉; *«俗» …と結婚する. **2** 溶け込ませる[込む], 合流する, 混入させる[する]〈*in, into*〉; いつしか…になる[変わる]〈*into*〉; «古» 深く浸す: ~ *into* the background こっそり姿を隠す, 人目につかないようにふるまう / Dawn ~*d into* day. あけぼのの薄明かりがしだいに昼の明るさに移っていった. ♦ **mér·gence** *n* 没入; 消失; 併合. [L *mers- mergo* to dip]

merg·ee /mə̀:rdʒí:/ *n* (吸収)合併の相手(会社).

Mer·gen·tha·ler /mə́:rgənθà:lər, *mérgəntà:-/ メルゲンターラー **Ottmar** ~ (1854–99)《ドイツ生まれの米国の発明家; Linotype を発明した》.

Mer·gent·heim /*G* mérgnthaɪm/ メルゲントハイム《BAD MERGENTHEIM の別称》.

merg·er /mə́:rdʒər/ *n* **1**〖法〗《会社などの》合併, 合同 (amalgamation); 《会社などの》吸収合併 (cf. CONSOLIDATION): ~*s* and acquisitions (企業の)合併・買収《略 M & A》. **2**〖法〗**a** 混同: ~ of estates. **b** 吸収: ~ of offenses. **c** 融合: ~ of law and equity.

mèrger·mánia *n* 企業合併に対する熱狂, 合併ブーム.

mer·guez /mərgéz/ *n* (*pl* ~) メルゲーズ (=**~ sáusage**)《赤トウガラシで色づけした牛肉・羊肉のピリ辛ソーセージ; 本来は北アフリカで作られた》. [F<Arab]

Mer·guí Archipélago /mə̀:rgwí:-/ [the] メルグイ諸島《ミャンマー南部海岸沖の Andaman 海にある島群》.

Me·riç /məríːtʃ/ [the] メリチ川《MARITSA のトルコ語名》.

méri·càrp *n*〖植〗《分離果の》分果.

mer·i·da /mérədə/ *n* 日焼け(色) (suntan).

Mé·ri·da /mérədə/ メリダ (**1**) メキシコ南東部 Yucatán 州の州都 **2**) ベネズエラ西部 Maracaibo 湖の南にある市 **3**) スペイン南西部 Extremadura 自治州の州都; Guadiana 川に臨む; 古代名 Augusta Emerita》.

me·rid·i·an /mərídiən/ *n* **1 a**〖地理〗子午線, 経線: PRIME MERIDIAN. **b** MAGNETIC MERIDIAN. **c**〖天〗(天球)子午線《天の両極と観測者の天頂・天底を通る大円》. **d**〖数〗子午線. **e**〖漢方で〗経絡《体内で生命エネルギーが通っていると考えられる箇所》. **2 a** «やや古» 《天空における太陽や星の》最高点. **b** 絶頂, 盛り; «古» 正午: the ~ of life 働き盛り, 壮年期. **3** «古» 《独特の》環境, 趣味, 能力: calculated for the ~ of…の趣味[習慣, 能力など]に適するように工夫された. ► *a* **1** 子午線の; 正午の, 真昼の; «まれ» 南の: the ~ sun 正午の太陽. **2** 絶頂の. [OF or L (*meridies* midday)]

merídian àltitude〖天〗子午線高度.

merídian círcle〖天〗子午環《天体観測用器械》.

me·rid·ic /mərídɪk/ *a*〖生化〗〈食餌などが〉化学的に明らかな成分をある程度含む (cf. HOLIDIC, OLIGIDIC).

mé·ri·di·enne /*F* meridjɛn/ *n* 《フランス帝政時代の》ソファー兼用寝台《両端の肘掛けの高さが異なる》.

me·rid·i·o·nal /mərídiənl/ *a* 子午線(沿い)の, 経線の; 南部(人)の, 南欧の, 《特に》南部フランス人の. ► *n* 南国の住民, 南欧人, [ˢM-] 《特に》南部フランス人. ♦ **~·ly** *adv*

Mé·ri·mée /mérəmèɪ, mèɪrəméɪ/ メリメ **Prosper** ~ (1803–70)《フランスの小説家・劇作家・短篇作家; *Colomba* (1840), *Carmen* (1847)》.

Me·rín /meɪrí:n/ メリン《MIRIM 湖のスペイン語名》.

mer·ing /míərɪŋ/ *n* «古・英方» 境界線, 境界標識 (mere).

me·ringue[1] /məræ̃ŋ/ *n* メレンゲ《卵白を泡立て砂糖などを混ぜて焼いたり, パイなどに載せて焼いたもの》; メレンゲ菓子. [F<?]

meringue[2] *n, vi* MERENGUE.

me·ri·no /mərí:nou/ *n* (*pl* **~s**) **1** メリノ種の羊 (=**~ shèep**)《スペイン原産, 豪州・ニュージーランドの優良種》. **2** メリノ毛織物《綿混紡のものもある》; メリノ毛糸. ⇨ PURE MERINO. [Sp<?; 品種改良のために輸入した羊を飼っていたムーア人部族名か]

Mer·i·on·eth(·shire) /mèriánəθ(ʃɪər, -ʃər)/ メリオネス(シャー)《ウェールズ北西部の旧州; ☆Dolgellau》.

mer·i·sis /mérəsəs/ *n* (*pl* **-ses** /-sì:z/)〖生〗《特に細胞分裂による》生長 (cf. AUXESIS).

-m·er·ism /məriz(ə)m/ *n comb form*〖化〗「化学構成単位の配列[関係]が…であること」「…からなること」: iso*merism*, poly*merism*. [*-mer*[3], *-ism*]

mer·i·stem /mérəstèm/ *n*〖植〗分裂組織 (cf. PERMANENT TISSUE). ♦ **-ste·mat·ic** /mèrɪstəmǽtɪk/ *a* **-i·cal·ly** *adv*

me·ris·tic /məríst ɪk/〖生〗*a* 体節の; 体節の数[配列]の変化による, 体節的な〈変異〉. ♦ **-ti·cal·ly** *adv*

mer·it /mérət/ *n* **1 a** 優秀さ, 価値, 美質, 徳; 長所, 取柄, 美点, メリット (opp. *demerit*): a work of artistic ~ 芸術的に価値ある作品 / He has the ~ of offending none. だれの気も害さないという取柄がある / His proposal is of some ~. 彼の提案にはよい点もある / the ~*s* and demerits /dí:mèrəts/ of capital punishment 死刑の是非. **b** [ᵘ*pl*] 真価, 功罪, 得失; [ᵘ*pl*] 手柄, 勲功, 功績; 《学校で罰点に対し》賞点, 成績;〖神学〗功徳《善行を積んで得られる霊的報酬》; «廃» 当然の報い (reward): make a ~ of…=take ~ to one*self* for…を手柄顔する[自慢する] / on one's (own) ~*s*=on ~ 実力で, (それぞれの)真価によって[基づいて], 是々非々で〈判断する〉. **2** [the ~*s*] 理非, 曲直; [the ~*s*]〖法〗本案, 《請求の》実体, 実体的事項: on *the* ~*s* of the case 事件の本案につき〈判判する〉. ● **the** ORDER OF MERIT. ► *vt* 〈賞・罰・感謝・非難など〉に値する (deserve); 功によって得る. ► *vi* 報いを得る;〖神学〗功徳を得る. ♦ **~·less** *a* [OF<L *meritum* value (pp)‹ *mereor* to deserve]

mérit·ed *a* 得る[与えられる]のが当然な, 正当な.
mérit gòods [°*pl*]〘経〙価値財, メリット財《教育など, 公金で賄うことが妥当とみなされている財・サービス》.
mer·i·toc·ra·cy /mɛ̀rətákrəsi/ *n* 能力主義, メリトクラシー; 実力者による支配, 能力主義社会, 実力社会;《能力に基づく》エリート階級, 実力者層. ♦ **mer·i·to·crat·ic** /mɛ̀rətəkrǽtɪk/ *a* [MERIT, *-o-*, *-cracy*]
mer·i·to·cratᴴ /mɛ́rətəkræ̀t/ *n* 能力によって高い地位に昇っていく者, 実力者.
mer·i·to·ri·ous /mɛ̀rətɔ́:riəs/ *a* 価値[功績, 勲功]のある, 称賛に値する, 奇特な; *〘法〙〈訴訟などが〉法的勝利に値する, 法的な価値のある. ♦ **~·ly** *adv* **~·ness** *n* [L; ⇨ MERIT]
mérit pày 能力給: a ~ system 能力給制度.
mérit sỳstem*《人事の》能力主義任用制 (cf. SPOILS SYSTEM).
merk /mɛ́ərk/ *n*《スコ》マーク (MARK²).
Mer·kel /mɛ́ərk(ə)l, mə́:r-/ メルケル **Angela** (**Dorothea**) ~ (1954–)《ドイツの政治家; 首相 (2005–)》.
mer·kin /mə́:rkən/ *n*《女の》陰毛(のかつら);《廃》《女の》陰部.
merle¹, **merl** /mə́:rl/ *n* **1**《古・スコ》クロウタドリ (blackbird). **2** [Merle] マール《男子名; 女子名》. [OF<L]
merle² *n* [°blue ~]《犬の被毛の》(黒ぶち)青灰色. [C20<?]
Mer·leau-Pon·ty /*F* mɛrlopɔ̃ti/ メルロー=ポンティ **Maurice** ~ (1908–61)《フランスの現象学者》.
mer·lin /mə́:rlən/ *n*〘鳥〙コチョウゲンボウ《全北区産の小型のハヤブサの一種; cf. PIGEON HAWK》. [AN<OF *esmirillan*]
Merlin 1 マーリン《男子名》. **2** マーリン《Arthur 王伝説に登場する魔法使い・予言者》. [Celt=sea+hill]
Mérlin chàir 昔の車椅子の一種. [John J. *Merlin* (1735–1803) 発明者]
mer·lon /mə́:rlən/ *n*〘城〙銃眼間の凸壁. [It (*merlo* battlement)]
mer·lot /mɛərlóu; mə́:lou/ *n* [°M-] メルロー《(**1**) Bordeaux 原産のブドウの品種 **2**) メルロー種のブドウを原料にした辛口赤ワイン》.
mer·maid /mə́:rmèɪd/ *n*《女の》人魚 (cf. MERMAN); 女子水泳選手. [MERE², MAID]
mérmaid's púrse SEA PURSE.
mérmaid's wíneglass〘植〙カサノリ属の緑藻の群体《細い茎の先に傘状の頂部をつける》.
Mérmaid Távern [the] 人魚亭《エリザベス朝の文人のたまり場となった London の Bread Street 付近にあった居酒屋》.
mer·man /mə́:rmæ̀n/ *n*《男の》人魚 (cf. MERMAID); 男子水泳選手.
Mer·man /mə́:rmən/ マーマン **Ethel** ~ (1908–84)《米国の歌手・女優; 朗々たる声で知られ, Broadway ミュージカル *Annie Get Your Gun* (1946) などに出演した》.
me·ro /méɪrou/ *n* (*pl* **~s**)〘魚〙地中海・西大西洋産の大型のハタ (grouper). [Sp]
mero- /mérou, -rə/ ⇨ MER-²·³.
méro·blàst *n*〘発生〙部分割卵, 部分割《卵割を完全に行なわない》.
mèro·blástic *a*〘発生〙〈卵が〉部分割の (opp. *holoblastic*). ♦ **-blás·ti·cal·ly** *adv*
mer·o·crine /mérəkrən, -kràɪn, -krì:n/ *a*〘生理〙部分分泌の (cf. HOLOCRINE).
Mer·oë /méroui/ メロエ《スーダン中北部 Nile 川の東岸にあった古代都市; 紀元前 6 世紀ごろから紀元 350 年ごろまで繁栄したメロエ王国の首都》. ♦ **Méro·ite** *n* **Mero·it·ic** /mɛ̀rouítɪk/ *a*
me·rog·o·ny /mərágəni/ *n*〘動・発生〙卵片発生, メロゴニー; 雄核発生 (androgenesis); 分裂小体産生, メロゴニー《merozoite が形成される schizogony》.
mèro·hédral *a*〈結晶が〉欠面(像)の.
mèro·mórphic *a*〘数〙有理型の《複素関数が極以外では解析的な》.
mèro·myósin *n*〘生化〙メロミオシン《ミオシンのトリプシン消化で得られる 2 種のポリペプチド》.
mer·o·nym /mérənɪ̀m/ *n*〘言〙部分語《wheel で car を表わすように部分で全体を表わすことば》. ♦ **me·ron·y·my** /məránəmi/ *n*
Mer·o·pe /mérəpi/ **1**〘ギ神〙メロペー《PLEIADES の一人; 一人だけ人間の Sisyphus と結婚したのを恥じて顔を隠した》. **2**〘天〙メローペ《Pleiades 星団のうち肉眼で見えない唯一の星》.
me·ro·pia /məróupiə/ *n*〘医〙部分盲, 不完全盲.
mèro·plánkton *n* 定期性[一時]浮遊生物, 一時性プランクトン (cf. HOLOPLANKTON).
-m·er·ous /⌐ mərəs/ *a comb form*〘植・昆〙「…に分かれた」「…の部分からなる」: penta*merous*. [*-mer*³, *-ous*]
Mer·o·vin·gi·an /mɛ̀rəvínʤ(i)ən/ *a*, *n*〘フランス史〙メロヴィング朝 (486–751) の(人[支持者]) (cf. CAPETIAN, CAROLINGIAN). [F<L *Merovingi* (*Meroveus* 伝説上の王)]
mero·zo·ite /mɛ̀rəzóuàɪt/ *n*〘動〙《胞子虫類などの》娘虫(じょうちゅう), メロゾイト, 分裂小体《母個体 trophozoite の娘個体》.
Merrie England ⇨ MERRY ENGLAND.
Mer·ri·field /mɛ́rɪfì:ld/ メリフィールド (**Robert**) **Bruce** ~ (1921–2006)《米国の生化学者; ペプチド合成のための固相法を開発, ノーベル化学賞 (1984)》.
Mer·ri·lin /mérələn/ メリリン《女子名》.
Mer·rill /mérəl/ メリル《男子名》.
Mérrill Lýnch /-línʧ/ メリルリンチ(社) (~ & Co., Inc.)《米国の大手総合金融サービス会社》.
Mer·ri·mack /mérəmæ̀k/〘米史〙メリマック号《1862 年南軍によって使われた最初の鋼鉄艦; cf. MONITOR》.
mer·ri·ment /mérɪmənt/ *n* 陽気なお祭り騒ぎ, おもしろがって笑うこと; 歓楽;《廃》笑いを誘うもの, 余興.
mer·ry¹ /méri/ *a* **1** 陽気な, 愉快な, おもしろい, 快活な; 浮かれる, 笑いさざめく, お祭り気分の; ᴴ《口》ほろ酔いきげんの: a ~ old man 陽気な老人 / I wish you a ~ Christmas.=A ~ Christmas to you! クリスマスおめでとう / (as) ~ as a grig [a lark] =(as) ~ as a CRICKET¹ / (as) ~ as the day is long とても楽しい. **2**《古》**a**〈物事が楽しい (pleasant), 気持のよい: MERRY ENGLAND. **b** 人を楽しませる;〈人が〉滑稽な. **c**〈風が〉うまい具合の (favorable). **3** すばやい, きびきびした〈足取りなど〉. ● (**catch** [**give, play**]) **~ HELL.** **go on one's** (**own**) **~ way** 好き勝手にする[生きていく]. **make ~**《文》浮かれる; ひやかす, からかう〈*over*〉. **The MORE, the merrier.** ♦ **mér·ri·ly** *adv* 陽気に; 浮かれて; 前後も考えずに, どんどん. **-ri·ness** *n* [OE *myr(i)ge* agreeable, pleasant; cf. MIRTH; (通説) OHG *murg* short と同語源で 'brief, transitory' の意か]
merry² *n*〘植〙GEAN. [OF *merise* (? *amer* bitter, *cerise* cherry); 複数語尾と誤ったもの]
Merry メリー《男子名; Meredith の愛称; または MERRY¹ から》.
mérry-ándrew *n* [°Merry-Andrew] おどけ者, 道化師; 大道薬売りの手下.
mérry·bèlls *n pl*〘植〙《ユリ科の》BELLWORT.
mérry dáncers *pl*《スコ》AURORA BOREALIS.
Mérry [**Mérrie**] **Éngland** /méri-/ 楽しきイングランド, メリーイングランド《昔からの呼称; 特に Elizabeth 1 世の時代についていわれる》.
mérry-go-ròund /-gou-, -gə-/ *n* 回転木馬, メリーゴーラウンド (=*carrousel*); 旋回, 急回転; めまぐるしさ, てんてこまい: be on a ~ *《俗》ひどく忙しい.
mérry hahá [the]《俗》滑稽, 笑い: give sb *the* ~ 人を笑わせる.
mérry·màker *n* 浮かれ騒ぐ人.
mérry·màking *n*, *a* 歓楽[酒盛り, お祭り騒ぎ](の).
mérry·man /-mən/ *n*《古》道化師.
mérry mén *pl* [*joc*] 手下, 部下; 無法者たち《特に ROBIN HOOD の仲間》.
Mérry Mónarch [the] 陽気な君主《イングランド王 Charles 2 世の愛称》.
mérry·thòughtᴴ *n* 叉骨 (wishbone).
Mérry Wídow 1 [The]『メリー・ウィドー』《Franz Lehár 作曲のオペレッタ (初演 Vienna, 1905)》. **2** [°m- w-] メリーウィドー《ストラップレスのコルセットまたはウエストまであるブラジャー; 普通ガーターが付いている》.
Mérry Wíves of Wíndsor [The]『ウィンザーの陽気な女房たち』《Shakespeare の喜劇 (c. 1600); Sir John Falstaff が, 共に財布のひもを握っていることで知られる人妻 Mistress Page と Mistress Ford ('merry wives of Windsor') の両方に求愛して金をせしめようとするが, 魂胆を見抜いた女房たちは求愛に応じるふりをして Falstaff をかつぐ》.
mer·sal·yl /mərsǽlɪl, -lì:l/ *n*〘薬〙マーサリル《有機水銀製剤; 利尿薬としてテオフィリンと組み合わせて注射する》. [*mercury*+*salicyl*]
Mersa Matrûh ⇨ MATRÛH.
merse /mə́:rs/ *n* **1**《スコ》水辺の(肥沃な)低地;《スコ》沼地, 湿地. **2** [the M-] ザ・マース《スコットランド南東部の, Tweed 川の北側に広がる肥沃な低地帯》.
Mer·sey /mə́:rzi/ [the] マージー川《イングランド北西部を西に流れて Irish 海に注ぐ; 河口部は広い三角江をなし, 右岸に Liverpool がある》.
Mérsey bèat [the] MERSEY SOUND.
Mer·sey·side /mə́:rzisàɪd/ マージーサイド《イングランド北西部の metropolitan county; Liverpool などが含まれる》.
Mérsey sòund [the] マージーサウンド (LIVERPOOL SOUND).
mersh /mə́:rʃ/ *a**《俗》商業[営利]的な (commercial).
Mer·sin /mɛərsí:n/ メルシン《トルコ南部の, 地中海に臨む市・港町; 別称 İçel》.
Mer·tén·si·an mímicry /mərténziən-/〘動〙マーテンス擬態《有害動物が無害の動物に酷似する擬態》. [Robert *Mertens* (1894–1975) ドイツの爬虫類学者]
Mer·thi·o·late /mərθáɪəlèɪt, -lət/〘商標〙メルチオレート《thimerosal 製剤》.
Mer·thyr Tyd·fil /mə́:rθər tídvɪ̀l/ マーサー ティドヴィル《ウェールズ南東部の町・特別市》.
Mer·ton /mə́:rtn/ **1** マートン《London boroughs の一つ》. **2** マートン (**1**) **Robert C.** ~ (1944–)《米国の経済学者; オプションの価

M

値評価の理論に貢献, ノーベル経済学賞 (1997)》 (2) **Robert K(ing)** ~ (1910–2003)《米国の社会学者》 (3) **Thomas** ~ (1915–68)《米国のトラピスト修道士・作家》.

Me·ru /méɪru/ [Mount] メール山《タンザニア北東部 Kilimanjaro の西に位置する火山 (4566 m)》.

merv /mə́ːrv/ *n**《俗》ガリ勉学生, ガリ勉屋.

mer·veille du jour /mɛərvéɪ d(j)u ʒúər/ *n* 〔昆〕ヤガ科のガの一種《ヨーロッパ産の灰緑色のガ; 地衣におおわれた樹皮の上では保護色の役を果たす》. [F=marvel of the day]

Mer·vin /mə́ːrvən/ マーヴィン《男子名》. [⇨ MARVIN]

mes- /méz, míːz, més, míːs/, **meso-** /mézoʊ, míː-, -soʊ, -zə, -sə/ *comb form*「中央」「中間」「中位」 [L<Gk (*mesos* middle)]

me·sa /méɪsə/ *n* 〔地理〕メサ《周囲が断崖で上が平らな岩石丘; 米国南西部乾燥地帯に多い; cf. BUTTE》; 段丘. [Sp=table<L]

mé·sal·liance /mèɪzəláɪəns; mɛzǽliəns; *F* mezaljɑ̃ːs/ *n* 身分の低い者との結婚 (cf. MISALLIANCE). [F (*més*- MIS-[1])]

Me·san·to·in /mɛsǽntoʊən/〔商標〕メサントイン《メフェニトイン (mephenytoin) 製剤》.

mes·arch /mézɑ̀ːrk, míːz-, més-, míːs-/ *a* **1**〔植〕中原型の《後生木部が四方へ発達する; cf. ENDARCH, EXARCH[2]》. **2**〔生態〕〈遷移が〉適潤状態の生育地で始まる.

me·sati- /məzǽtə/ *comb form*「中位 (medium)」 [Gk *mesatos* midmost]

mesàti·cephálic *a*〔人〕中頭の《頭指数が 75–80 の; cf. BRACHYCEPHALIC, DOLICHOCEPHALIC》.

Mésa Vér·de /-vɑ́ːrd(i)/ メサヴァード《Colorado 州南西部の高原; 崖縁に造られた多層の住宅をはじめ, 先史時代の Pueblo インディアンの住居跡が多く, 国立公園に指定されている》.

mesc /mésk/ *n**《俗》MESCALINE.

mes·cal /mɛskǽl, mə-/ *n* **1** メスカール《リュウゼツランの液を発酵させて造るメキシコの蒸留酒》;〔植〕リュウゼツラン (maguey)《葉からメスカール酒を造る》. **2**〔植〕メスカル(サボテン), メキシコテンニンショウ, ウバタマ. [Sp<Nahuatl]

mescál bùtton PEYOTE BUTTON.

Mes·ca·le·ro /mɛ̀skəlíəroʊ/ *n* (*pl* ~, ~**s**) メスカレロ族《Texas, New Mexico 両州の Apache インディアン》.

mes·ca·line /méskəlɪn, -lìːn/, **-lin** /-lən/ *n*〔薬〕メスカリン, メッカリン《ウバタマに含まれる幻覚性結晶アルカロイド》.

mesc·lun /mésklən/ *n* メスクラン《チコリー・タンポポなどの柔らかな若葉を使った南仏起源のグリーンサラダ》.

mesdames *n* MADAM, MADAME または MRS. の複数形《略 Mmes.》.

M

mesdemoiselles *n* MADEMOISELLE の複数形.

me·seems /mɪsíːmz/ *vi* (*p* **-séemed**)《古》けだし, 思うに…である (it seems to me).

me·self /məsélf/ *pron*《非標準》MYSELF.

me·sem·bry·an·the·mum, -bri- /məzɛ̀mbriǽnθəməm/ *n*〔植〕メセンブリアンテマ, メセン《マツバギクなど》. [NL (Gk *mesēmbria* noon, *anthemon* flower)]

mès·encéphalon *n*〔解〕中脳 (midbrain). ♦ **-encephálic** *a*

mes·en·chy·mal /məzéŋkəm(ə)l, -séŋ-/ *a*〔発生〕間充織(じゅう)の, 間葉性の.

mes·en·chym·a·tous /mɛ̀z(ə)nkímətəs, mìːz-, mìːs-, mɛ̀s-, -káɪmət-/ *a* MESENCHYMAL.

mes·en·chyme /méz(ə)nkàɪm, míːz-, míːs-, més-/ *n*〔発生〕間充織(じゅう), 間葉.

mes·en·ter·i·tis /mɛ̀z(ə)ntəráɪtəs, mɛ̀s-/ *n*〔医〕腸間膜炎.

mes·énteron *n* (*pl* **-éntera**)〔解〕中腸 (=*midgut*). ♦ **-èn·ter·ón·ic** *a*

mes·en·tery /méz(ə)ntèri, més-; -t(ə)ri/ *n*〔解・動〕腸間膜;《ポリプの胃腔を区切る》隔膜 (septum). ♦ **mès·en·tér·ic** *a*

Me·se·ta /məséɪtə/ メセタ《イベリア半島中央部, スペインの約半分を占める高原台地; スペイン語で「卓状地」の意》.

mesh /méʃ/ *n* **1 a** 網目,《ふるいなどの》目, メッシュ: a 60-~ screen《1 インチにつき》60 目のふるい. **b** [*pl*] 網糸, 網細工; 網, 金網; メッシュ《網目状の編地》. **2 a** 網目状の組織 (network);《大都会などの》複雑な機構;〔医〕メッシュ《網状組織》. **b** [ᵘ*pl*] わな, 法律の網: the ~*es* of the law 法網. **3**〔機〕《歯車の》かみ合い. **4**〔電算〕メッシュ《数値計算などで, 空間を網目状に分割したもの》;《電算俗》メッシュ, 網 (pigpen)《文字 # の呼び名の一つ》. ● **in** [**out of**] ~〈歯車がかみ合って[はずれて]. ► *vt*, *vi*〈魚など〉網の目にかける[かかる]; 網(目)状にする; 整合させる[する];〔機〕かみ合わせる[合う]〈*with*〉; (からみ)合う, 調和する〈*together*, *with*〉;〔電算〕メッシュによって表わす. [Du; cf. OE *max*, G *Masche*]

Me·shach /míːʃæk/〔聖〕メシャク《Daniel の 3 友人の一人; *Dan* 3; ⇨ SHADRACH》.

mésh connèction〔電〕環状[輪形]結線[接続].

Meshed ⇨ MASHHAD.

meshegoss ⇨ MISHEGOSS.

me·shig·ga(h) /məʃíːgə/ *a*《俗》MESHUGA.

mésh knot SHEET BEND.

me·shuga, -shug·ga, -shu(g)·gah, -shug·ge /məʃúgə/ *a*《口》気が狂った (crazy), ばかな. [Yid, Heb]

me·shu·ga·na /məʃúgənə/ *n*《俗》気違い. [Yid]

me·shug·gen·er /məʃúgənər/ *n*《俗》ばかなやつ, 気違い. [Yid]

mésh·wòrk *n* 網, 網状組織.

méshy *a* 網の目からなる; 網細工の.

me·sia /míːʒ(i)ə; -ziə/ *n*〔鳥〕ゴシキソウシチョウ (=*silver-eared mesia*)《東南アジア産ヒタキ科チメドリ亜科の鳥; 雄の羽色は赤と黄で, 頭部は黒と白》.

me·si·al /míːziəl, -si-/ *a* 中間の, 中位の; 正中の;〔解〕近心の (cf. DISTAL);〔歯〕近心の (cf. DISTAL, PROXIMAL): the ~ plane 正中面. ♦ ~**·ly** *adv*

mes·ic[1] /mézɪk, míːz-, míːs-, més-/ *a*〔生態〕〈生息地が〉中湿[適湿]性の, 中生の.

mesic[2] *a*〔理〕中間子の.

me·sio- /míːzioʊ, -si-, -ziə, -siə/ *comb form*「中間と…の」 [*mesi*al, *-o-*]

me·sit·y·lene /məsít(ə)lìːn, mésət(ə)lìːn/ *n*〔化〕メシチレン《油状の炭化水素; 溶剤》.

més·i·tyl óxide /mésətɪ̀l-, méz-/〔化〕メシチルオキシド《溶剤に用いる》.

Mes·mer /mézmər, *més-/ メスメル **Franz** [**Friedrich**] **Anton** ~ (1734–1815)《ドイツの医学者; その治療法 (mesmerism) は催眠療法の先駆をなす》.

mes·mer·ic /mɛzmérɪk, *mɛs-/ *a* MESMERISM の, 催眠術による; 抗しがたい, 魅力的な. ♦ **-i·cal·ly** *adv*

mes·mer·ism /mézmərɪ̀z(ə)m, *més-/ *n* **1 a** 催眠術 (hypnotism);〔心〕催眠(状態). **b** メスメリズム《F. A. Mesmer の動物磁気説による催眠術; cf. ANIMAL MAGNETISM》. **2** 抗しがたい魅惑. ♦ **-ist** *n*《かつて催眠術を見世物とした》催眠術師.

mes·mer·ize /mézmərὰɪz, *més-/ *vt*《特に Mesmer の方法で》…に催眠術をかける; [ᵘ*pp*] 魅惑する, うっとりさせる, 啞然とさせる. ♦ **-ìz·er** *n* **mès·mer·i·zá·tion** *n* 催眠術をかけること; 催眠状態.

més·mer·ìz·ing *a* 魅惑に満ちた,《見る人を》うっとりさせる. ♦ ~**·ly** *adv*

mes·nal·ty /míːn(ə)lti/ *n*〔史〕中間領主の領地[身分].

mesne /míːn/ *a*〔法〕中間の (intermediate). ► *n* MESNE LORD.

mésne lórd〔史〕中間領主.

mésne prócess〔法〕《訴訟の》中間令状.

mésne prófits *pl*〔法〕中間利得.

meso- /mézoʊ, míː-, -soʊ, -zə, -sə/ ⇨ MES-.

Mèso·américa〔考古・人〕メソアメリカ《現在のメキシコ中部からコスタリカ北西部に至る, Maya 族などの文明が栄えた文化領域》;《広く》CENTRAL AMERICA. ♦ **-américan** *a*

mèso·bénthos *n*〔生態〕中型底生生物《200–1000 m の海底にすむ動植物: ソコミジンコ・有孔虫など》.

méso·blàst *n*〔発生〕中胚葉母(ぼ)細胞;《広く》中胚葉 (mesoderm). ♦ **mèso·blástic** *a*

méso·càrp *n*〔植〕中果皮 (cf. EXOCARP, ENDOCARP). ♦ **mèso·cárpic** *a*

mèso·cephálic, mèso·céphalous *a*〔人〕中頭の (MESATICEPHALIC);〔解〕中脳の (mesencephalic). ♦ **mèso·céph·aly** *n*

meso·ceph·a·lon /mɛ̀zoʊséfəlɑ̀n, mìːz-/ *n* MESENCEPHALON

mèso·cránial, -crá·nic /-kréɪnɪk/ *a*〔人〕中頭の (MESATICEPHALIC). ♦ **-crá·ny** /-kréɪni/ *n*

mèso·crátic *a*〔地質〕〈火成岩が〉亜優黒質の (cf. LEUCOCRATIC, MELANOCRATIC).

mèso·cýclone *n*〔気〕メソサイクロン《大きな雷雨域の周辺に発生する直径 16 km に及ぶサイクロン》.

méso·dèrm *n*〔発生〕中胚葉. ♦ **mèso·dérmal, -dérmic** *a*

mèso·gás·ter /-gǽstər/ *n* MESOGASTRIUM.

mèso·gás·tri·um /-gǽstriəm/〔解〕*n* (*pl* **-gas·tria** /-triə/) 中腹部; 胃間膜. ♦ **-gástric** *a*

mèso·gléa, -glóea /-glíːə/ *n*〔動〕《海綿動物・腔腸動物の》間充ゲル, 中膠. ♦ **-glé·al, -glóe-** *a*

me·sog·na·thous /məzɑ́gnəθəs, -sɑ́g-/〔人〕*a* 口辺部中位突出の; 中顎の.

mèso·kúr·tic /-kə́ːrtɪk/ *a*〔統〕中尖の《正規分布に近似している; cf. LEPTOKURTIC, PLATYKURTIC》.

mèso·lím·ni·on /-límniɑ̀n/ *n* THERMOCLINE.

Mèso·líthic [ˢm-] *a*, *n*〔考古〕中石器時代(の) (cf. PALEOLITHIC, NEOLITHIC).

Me·so·lón·gi·on /mɛ̀soʊlɔ́ːŋgiɔ̀ːn/, **Mis·so·lon·ghi** /mìːsoʊlɔ́ːŋgi/ メソロンギオン, ミッソロンギ《ギリシア西部 Patras 湾の北岸にある町; ギリシア独立戦争に参加した Byron は熱病によって当地で没 (1824)》.

méso·mère *n*〔生〕中割球;《中胚葉の》中分節.

me·som·er·ism /məsámərìz(ə)m, -zám-/ *n* 〘理〙メソメリズム《量子化学的共鳴現象[状態]》. ♦ **mes·o·mer·ic** /mèsoumérɪk, mèz-/ *a* ［*meso-*; *tautomerism* にならったもの］

méso·mòrph *n* 〘植〙中生植物;〘心〙中胚葉型の人.

mèso·mórphic *a* **1**〘心〙中胚葉型の《筋骨型; cf. ECTOMORPHIC, ENDOMORPHIC》. **2**〘植〙中生植物的な. **3**〘化〙固体と液体の中間の状態の, 中間相の. ♦ **méso·mòrphy** *n*〘心〙中胚葉型;〘植〙中生植物的性質.

me·son /mézàn, méɪ-, míː-, -sàn/ *n*〘理〙中間子. ♦ **me·són·ic** *a* ［*mesotron*］

mèso·néph·ros /-néfrəs, -ràs/ *n* (*pl* **-roi** /-rɔ̀ɪ/, **-ra** /-rə/)〘発生〙中腎(ちゅうじん) (=*wolffian body*) (cf. PRONEPHROS, METANEPHROS). ♦ **-néph·ric** *a*

méson fàctory〘理〙中間子発生装置, 中間子工場.

méso·pàuse *n*〘気〙中間止面, メソポーズ《mesosphere と thermosphere の遷移帯; 地表から約 80–85 km》.

mèso·pelágic *a*〘生態〙中深海水層の《漂泳区の区分で, 水深 200–1000 m の層》.

méso·phàse *n*〘理〙《液体と結晶との》中間相 (mesomorphic phase)《液晶のこと》.

méso·phìle *n, a*〘生〙中温菌(の), MESOPHILIC.

mèso·phílic *a*〘生〙中等温度好性の, 中温性の.

méso·phỳll *n*〘植〙葉肉《通例 葉緑素を含む》;《葉面積区分の》中形葉. ♦ **mèso·phýl·lic** *a* **mèso·phýl·lous** /-fíləs/ *a*

méso·phỳte *n*〘生態〙適潤植物, 中生植物 (cf. HYDROPHYTE, XEROPHYTE). ♦ **mèso·phýt·ic** /-fít-/ *a*

Mes·o·po·ta·mia /mès(ə)pətéɪmiə, -mjə/ **1** メソポタミア《**1**) 小アジア東部の山岳地帯からペルシア湾に至る, Tigris, Euphrates 両河にはさまれた地域 **2**) Tigris, Euphrates 両河の流域全体》. **2** [m-] 二つの川にはさまれた地域. ［Gk=between rivers］

Mès·o·po·tá·mi·an *n* メソポタミアの住民. ► *a* メソポタミアの; [m-] 川にはさまれた地域の.

méso·sàur *n*〘古生〙メソサウルス《二畳紀の絶滅した小形の淡水性爬虫類; 細長い体と吻, 多数の歯をもつ》.

méso·scàle *a*〘気〙中規模の《水平方向に数十から数百キロメートルの気象現象についていう》.

meso·scaph, -scaphe /mésəskæ̀f, -skèɪf, míːsə-/ *n* 中深海潜水艇, メソスカーフ. ［フランスの深海探検家 Jacques Piccard (1922–2008) が発明・命名］

méso·sòma *n*〘動〙中体部 (⇨ PROSOMA).

méso·sòme *n*〘菌〙メソソーム《細胞膜に接続し, 細胞内部にはいり込んでいる膜構造》.

méso·sphère *n*〘気〙中間圏《成層圏の上の層で, 地表から約 48–80 km》. ♦ **mèso·sphéric** *a*

mèso·stérnum *n*〘解〙GLADIOLUS.

mèso·thel·i·ó·ma /-θìːlióumə/ *n* (*pl* **~s, -ma·ta** /-tə/)〘医〙中皮腫.

mèso·thé·li·um /-θíːliəm/ *n* (*pl* **-lia** /-liə/)〘解・発生〙体腔上覆[上皮], 中皮. ♦ **-thé·li·al** *a* ［epi*thelium*］

mèso·thérapy *n* メソセラピー, メソテラピー, 脂肪溶解術《脂肪やセルライト (cellulite) の溶解・除去を目的として薬剤・ビタミン剤の少量皮下注射を繰り返し行なう美容痩身術》.

mèso·thérmal *a*〘地質〙〈鉱脈・鉱床が〉中熱水(生成)の《中程度の深度で熱水溶液から中温・中圧条件のもとで生じた》; 中温植物の.

mèso·thórax *n*〘昆〙中胸. ♦ **-thorácic** *a*

mèso·thórium *n*〘化〙メソトリウム《thorium が radiothorium に崩壊する過程で現われる質量数 228 のラジウムおよびアクチニウムの同位体の旧称》.

méso·tròn *n*〘理〙メソトロン《MESON の旧称》. ♦ **mèso·trón·ic** *a*

mèso·tróphic *a*〘生態〙〈湖沼・河川が〉中栄養の (cf. EUTROPHIC, OLIGOTROPHIC).

Mèso·zóa *n pl*〘動〙中生動物. ♦ **-zó·an** *a*

Mèso·zóic〘地質〙*a* 中生代の (cf. CENOZOIC); 中生界の. ► *n* [the] 中生代《地質時代の区分の一つ; 古生代 (Paleozoic) に続く時代で, 2–3 億年前に始まり 7 千万年前に終わる; 時代順に三畳紀 (Triassic), ジュラ紀 (Jurassic), 白亜紀 (Cretaceous) に分けられる》; [the] 中生界《中生代の地層》.

Mes·pot /méspɑ̀t/《口》MESOPOTAMIA.

mes·quit(e) /məskíːt, mɛ-/ *n*〘植〙メスキート (=*algarroba*)《**1**) 米国南西部・メキシコ産のマメ科の低木 **2**) その豆果 (=**~ bèans**); 糖分に富み飼料となる **3**) その材; 肉などを焼くときに使う》. ［MexSp＜Nahuatl］

mesquit(e) gràss〘植〙米国南西部産のイネ科アゼガヤモドキ属の牧草.

mess /més/ *n* **1 a** 取り散らかし, 乱雑; 混乱, めちゃめちゃ; へま (blunder); 困った[収拾のつかない]状態: a ~ of papers 取り散らかした書類 / clear up the ~ あと片付けをする / make a ~ 散らかす; へまをする, 失敗する (⇨ 成句 make a MESS of...) / in a ~ 取り散らかして, 混乱して, 紛糾して; よごれて, 泥だらけで; 窮境に陥って / get into a ~ 困ったことになる, 混乱する, 紛糾する. **b** きたない人;《口》へまなどうしようもないやつ;《俗》ばか, まぬけ, ふぬけ, クズ; *《俗》いかれたやつ. **2**《主に 陸海軍での》食事仲間《集合的》;《その》食事; 会食堂;《士官・上級下士官の》クラブ;〘海軍〙営舎: be at ~ 会食中である / be absent from ~ 会食に出ない / go to ~ 会食する. **3 a** 食物《特に流動性のもの》;《食欲のわかない》ごたまぜの食べ物;《猟犬などに与える》混合食物;《英では方》一皿分の食物,《牛乳の》ひとしぼり;《古》《一回の食事で》食卓に置かれた食べ物. **b** きたないもの; こぼれた液;《家畜・幼児の》糞尿, うんち. **4** *[a ~ of...]《口》《特に 不愉快なものの》うんざりする量, 多数, 多量, (...の)山. **5** *《俗》すばらしいもの. ● **a ~ of pottage**〘聖〙一椀のあつもの《目先の利益; *Gen* 25: 29–34》: sell one's BIRTHRIGHT for *a ~ of pottage*. **lose the number of one's ~** 死ぬ, 殺される. **make a ~ of...**《口》...をだいなし[めちゃめちゃ]にする; ...をよごす: *make a ~ of* it へまをする.
► *《俗》*a* **1** 不道徳な, くずれた; 無知な. **2** すばらしい.
► *vt* **1** 乱雑にする, 散らかす, よごす 〈*up*〉;《口》混乱させる, めちゃめちゃにする 〈*up*〉; 〈身体の一部を〉痛める 〈*up*〉;《口》妨害する 〈*up*〉: ~ *up* sb's [one's] life 人の[みずからの]人生をだいなしにする. **2**《口》手荒く扱う, ぶちのめす, 痛めつける 〈*up*〉;《口》《精神的に》傷つける, だめにする 〈*up*〉. **3** 〈食物を〉分け与える; 炊事勤務につける. ► *vi* **1**《軍隊の食堂で》会食する 〈*with, together*〉; 食物を調理して会食者に食べさせる. **2**《口》**a** むちゃなことをする[言う]; [°*neg*/*impv*] 介入する, おせっかいをする, ちょっかいを出す, 手を出す, 立ち入ってじゃまをする 〈*in, with*〉; 言い争う, 事を起こす 〈*with*〉. **b** よごす, どろんこ遊びをする;《幼児・動物が》大便をする; いじくりまわす, めちゃめちゃにする; いいかげんに扱う, もてあそぶ, いちゃつく, つきあう 〈*with*〉:《口》~ *with* sb's head 人を困惑[混乱]させる. **3**《口》だいなしになる, 混乱状態に陥る, へまをする, ドジる 〈*up*〉. ● **~ around** [**about**¹¹]《口》ぶらぶらする, 無為に[のんびり]過ごす;《口》ぐずぐず[もたもた]する;《口》ふざける, 騒ぐ;《口》〈...に〉掛かり合う[首を突っ込む, 凝る], 〈人と〉いちゃつく 〈*with*〉,《性的に》だれかれとなくつきあう;《口》〈人を困らせる, いいかげん[不器用, 乱暴]に扱う, ひどいめにあわせる, もてあそぶ;《口》おせっかいをする, じゃまをする 〈*with*〉;《口》〈麻薬などに〉手を出す. **~ around with...**《口》...をいじりまわす;《口》...をあれこれ試す. **~ed up**《口》乱雑で, ごたごたで; 混乱して, 落ち込んで, *《俗》ヤクで酔って[ハイになって]. **M~ 'em up!** *《俗》さあがんばっていけ, うまくやれよ. **~ over** *《俗》〈人〉をひどいめにあわせる, 虐待する, ...の自由を侵害する. **no ~ing**《口》難なく, ちょろいもんだ;《口》本当のところ, マジで. ♦ **~·er** *n*《口》だいなしにする人, へまをするやつ. ［OF=dish of food＜L *missus* course of meal (↓)］

mes·sage /mésɪʤ/ *n* **1 a** 通信(文), 音信; 伝言, ことづけ; 書信, 電報;〘電算〙通信(文), メール: a congratulatory ~ 祝電, 祝辞 / an oral [a verbal] ~ 口上, ことづて / a telephone ~ 電話(の伝言) / wireless ~ 無線(の伝言) / send a ~ by mail [wire] 郵便[電報]で言ってやる / leave a ~ *with*...に伝言を頼んでおく / Could I take a ~? ご伝言を承りましょうか / TEXT MESSAGE. **b**《参集者への》挨拶(のことば);《大統領が議会に送る》メッセージ, 教書;《聖者・預言者が伝える》お告げ, 警告, 神託,〘キ教〙使信《kerygma などの宣教内容・教え》. **c** *《テレビ・ラジオの》「お知らせ」, コマーシャル. **2**《芸術作品などの》教訓, 趣意, 意味; 主張, 訴え;《政党などの》公式見解: bring [ram] home a ~ はっきりと主張する, 強く訴える 〈*that*〉 / on [off] ~ 党の公式見解に沿って[従わずに] / keep [stick] to the ~《横道にそれないで》基本方針[要点]だけを伝える. **3**《使者が託された》用向き, 便り, 使命, 使い (errand); [*pl*]《スコ・アイル》《特に日用品の》買物, 買ったもの: do [go on, run] a ~ 使いに行く, 使者に立つ / send sb on a ~ 人を使いにやる / go for the ~*s*《スコ・アイル》買物に行く. **4 a**〘電算〙メッセージ《プロセス間でやりとりされる情報》. **b**《脳が諸器官に伝える[から受け取る]》情報;〘生化〙伝達暗号, メッセージ《アミノ酸がタンパク質合成を行なう順序を指定する遺伝情報》. ● **get the ~**《口》《暗示・ほのめかしなどの》意味を了解する, のみ込む, わかる. ► *vt* message として送る, 信号などで伝える; ...に通信[伝言, メッセージ]を送る. ► *vi* 通信する. ［OF (L *miss- mitto* to send)］

méssage authenticàtion〘電算〙メッセージ認証《情報をやりとりする際に内容が改竄されていないことを確認すること》.

méssage bòard 伝言板;《ウェブサイト上の》メッセージボード, 掲示板.

méssage bòx〘電算〙メッセージボックス《エラーの発生などをユーザーに知らせるウインドー》.

méssage stìck《オーストラリア先住民が身分証明用に持ち歩く》表象の彫り刻んである棒.

méssage swìtching〘通信〙メッセージ交換《回線が使用中の場合は通信データが内部に保存されていて使用可能になったときに伝送される通信方式; PACKET SWITCHING》.

méssage ùnit〘米〙《電話料金計算の》通話単位.

més·sag·ing *n*〘電算〙《コンピューターや携帯電話などによる》通信, メッセージの送受信(システム).

Mes·sa·li·na /mèsəláɪnə, -líː-/ メッサリナ **Valeria ~** (c. A.D. 22–48)《ローマ皇帝 Claudius の 3 番目の妃; 不品行と陰謀好みで悪名高かった》.

mes·sa·line /mèsəlíːn, ⏤⏤́/ *n* メサリン《しゅす状の綾織り絹地》. ［F］

Mes·sa(l)·la Cor·vi·nus /məsáːlə kɔ̀ːrváɪnəs/ メッサラコル

ウィヌス **Marcus Valerius** ～ (c. 64 B.C.–A.D. 8)《ローマの軍人; 文芸の保護者》.
méss allòwance 〔軍〕食費補助[手当].
mes·san /més(ə)n/ *n* 《スコ》 LAPDOG.
Mes·sa·na /məsáːnə/ メッサナ《MESSINA の古代名》.
Mes·sa·pi·an /məséɪpiən/, **Mes·sa·pic** /məséɪpɪk, -sǽp-/ *n* メサピ語《古代 Calabria で話されていた言語でイリュリア語 (Illyrian) と関連があるという》.
méss·bòy *n* 《船の》食堂給仕.
méss·dèck[ǁ] *n* 〔海〕食堂《下甲板にある下級乗組員の居室兼食堂》.
messeigneurs *n* MONSEIGNEUR の複数形.
Mes·se·ne /məsíːni/ メッセネ (*ModGk* Messíni)《ギリシア南部 Peloponnesus 半島の古代都市; Messenia の中心都市》.
mes·sen·ger /més(ə)nʤər/ *n* **1** 通信伝達者, 使者, 伝令; 《電報・手紙などの》配達人; 《古》先駆者, 先触れ (forerunner): an Imperial ～ 勅使 / a King's [Queen's] ～ 〔英〕公文書送達吏 / send a letter by (a) ～ 使者に手紙を持たせてやる / CORBIE MESSENGER. **2 a** 〔生化〕伝達子, メッセンジャー《遺伝情報を運ぶ化学物質》; MESSENGER RNA. **b** 〔海〕補助索, 《チェーン・ロープ・ケーブルなどの》駆動索. ● **blame** [**kill, shoot**] **the ～** 《悪い知らせをもたらした人に》やつあたりする. ► *vt* *配達人を使って送る. [OF *messager* (⇨MESSAGE); *-n-* は *harbinger, passenger, scavenger* などと同じ挿入音]
messenger RNA /–́– àːrènéɪ/ 〔生化〕メッセンジャー[伝令] RNA《核中の DNA の遺伝情報を細胞質中のリボソームに運び, 合成されるべきタンパク質を指定する RNA; 略 mRNA》.
Mes·se·nia /məsíːniə, -njə/ メッセニア《ギリシア南部 Peloponnesus 半島南西部, イオニア海に臨む地域; 古代にはドーリス人の植民地》. ■ the **Gúlf of ～** メッセニア湾《Peloponnesus 半島南西端におけるイオニア海の湾入部》.
Mes·ser·schmitt /mésərʃmɪ̀t/ **1** メッサーシュミット **Willy** ～ (1898–1978)《ドイツの航空機設計者・製作者》. **2** メッサーシュミット《メッサーシュミット社が製造, 第二次大戦中ドイツ空軍が使用した戦闘機; 特に Bf-109 型》.
méss gèar MESS KIT.
méss hàll* 《軍隊・工場などの》食堂.
Mes·siaen /*F* mɛsjɑ̃/ メシアン **Olivier** ～ (1908–92)《フランスの作曲家・オルガン奏者》.
Mes·si·ah /məsáɪə/ *n* **1** [ᵘthe M-] 救世主, 救い主, 《ユダヤ人待望の》メシア, 《キリスト教では》キリスト (cf. MAHDI); [m-] 《被圧迫者などの》救済主, 解放者. **2** 『メサイア』《Handel 作のオラトリオ (1742)》. ♦ **～·shìp** *n* 救世主たる状態[地位, 身分, 使命]. [Heb=anointed]
mes·si·an·ic /mèsiǽnɪk/ *a* [ᴼM-] 救世主の, キリストの(救済による); 救世主的な, ユートピア的な, 理想時代[主義]の; 《救世的な》大変革の: ～ zeal [fervor] 大変革の情熱.
mes·si·a·nism /məsáɪənɪ̀z(ə)m, mɛ-, *mésiə-/ *n* [ᴼM-] メシア信仰《Messiah の存在を信じる》; 《主義・運動などの正しさに対する》絶対的傾斜[信念], (ユートピア的)理想主義.
Mes·si·as /mɪsáɪəs/ *n* MESSIAH.
Mes·si·dor /*F* mɛsidɔːr/ *n* 収穫月《フランス革命暦の第 10 月: 6 月 19 日–7 月 18 日; ⇨ FRENCH REVOLUTIONARY CALENDAR》. [F (L *messis* harvest, Gk *dōron* gift)]
Mes·sier /mésièɪ; *F* mesje/ メシエ **Charles** ～ (1730–1817)《フランスの天文学者; 初めて星雲・星団目録を作成》.
Méssier cátalogue [the] 〔天〕メシエ星表《Charles Messier が作成 (1774 から) し, のちに増補された星雲・星団・銀河の目録; 略 M》.
mes·sieurs /mésərz; *F* mesjø/ *n pl* (*sg* MONSIEUR) 諸君, 各位, …御中《略 MM, Messrs.》.
Mes·si·na /məsíːnə/ メッシーナ《イタリア領の Sicily 島北東部にある市・港町; 古代名 Zancle, Messana》. ■ the **Stráit of ～** メッシーナ海峡《イタリア本土と Sicily 島の間》.
Messína bròthers *pl* メッシーナ兄弟《1930 年代から 60 年代にかけて London, Belgium, Alexandria で売春業を営んでいたイタリア人の 5 人兄弟》.
méss·ing òfficer 〔軍〕会食補助士官.
méss jàcket メスジャケット (=*monkey* [*shell*] *jacket*)《軍隊で準儀礼的なときの, または 給仕・ボーイ用の短上着》.
méss kìt メスキット《兵士・キャンパー用の携帯炊事食器セット》; ǁ《mess jacket を含む》将校の会食(用制)服.
méss·man /-mən/ *n* 〔海軍〕食堂担当の下士官.
méss·màte *n* 《主に軍隊・船の》会食仲間; 《豪》樹皮の表面が粗いユーカリノキ, 《特に》Tasmania, オーストラリア南東部産の一種.
Mess·pot /méspɑ̀t/ 《口》MESPOT.
méss·ròom *n* 《船などの》食堂.
Messrs. /mèsərz, –́–/ *n* MESSIEURS《MR. の代用複数形; 複数の人名を含む会社名や列挙した男性名に冠して用いる》: ～ Brown, Jones and Thomas ブラウン・ジョーンズ・トマス三氏.
méss·tìn *n* 飯盒(はんごう), 携帯食器.
mes·suage /méswɪʤ/ *n* 〔法〕家屋敷《付属の建物や周辺の畑地などを含む》. [AF=dwelling ‹ MÉNAGE]
méss-ùp *n* 《口》だいなし, めちゃめちゃ, 失敗, へま, どじ.
méssy *a* (**méss·i·er; -i·est**) **1 a** 取り散らかした, むさくるしい‹部屋›, きたない; よごれる‹仕事›. **b** 《口》‹人が›だらしない, 変な; *《俗》不道徳な, ふしだらな. **2** 混乱した, めちゃくちゃな, いいかげんな; 厄介な, 面倒くさい‹問題›. ♦ **méss·i·ly** *adv* **-i·ness** *n*
méssy búcket *int* *《軍俗》ありがとう. [F MERCI BEAUCOUP]
Messys ⇨ MASSYS.
Mes·ta /mɛstáː/ [the] メスタ川 (*Gk* Néstos)《ブルガリア南西部, ギリシア北東部を南東に流れ, エーゲ海に注ぐ》.
mes·tee /mɛstíː/ *n* MUSTEE.
mes·ter /méstər/ 《南ヨークシャー方言》*n* 御主人《世帯主への呼びかけ語》; [子供に話すとき bad mester の形で] 悪魔.
mes·ter·o·lone /mɛstérəlòun/ *n* 〔薬〕メステロロン《男性不妊症の治療に用いる男性ホルモン》. [*methyl, sterol, -one*]
mes·ti·zo /mɛstíːzou/ *n* (*pl* ～**s**, ～**es**) 混血人, メスティーソ《特にスペイン人とアメリカインディアンとの, ヨーロッパ人とインド人・黒人・マレー人との, または フィリピン人と外国人との》. ♦ **mes·ti·za** /-zə/ *n fem* [Sp (L *mixtus* mixed)]
mes·tome /méstòum/, **-tom** /-tɑ̀m; -təm/ *n* 〔植〕《維管束植物の》管状[通道]組織 (cf. STEREOME).
mes·tra·nol /méstrənɔ̀(ː)l, -nòul, -nɑ̀l/ *n* 〔薬〕メストラノール《progesterone と併用する合成エストロゲンで, 経口避妊薬》. [*methyl, oestradiol, -n-, -ol*]
Meš·tro·vić /méʃtrəvɪ̀ʧ, més-/ メシュトロヴィチ **Ivan** ～ (1883–1962)《クロアチア生まれの米国の彫刻家》.
met[1] /mét/ 《口》*a* METEOROLOGICAL. ► *n* [the] 天気予報; [the M-] ǁMETEOROLOGICAL OFFICE.
met[2] *v* MEET[1] の過去・過去分詞.
Met [the] 《口》メト《METROPOLITAN MUSEUM OF ART; METROPOLITAN OPERA HOUSE》; [the] 《口》METROPOLITAN POLICE.
met. meteorological ♦ meteorology ♦ metropolitan.
Me·ta /méɪtə/ [the] メタ川《コロンビア北東部を流れ, ベネズエラとの国境で Orinoco 川に合流する》.
meta- /métə/, **met-** /mét/ *pref* 「後続」「後位」; 「変化」「変成」; 「超越」「一段と高い階層の」; 「…の異性体」; 「脱水によって得られた, 無水…の」; 〔化〕メタ《(1) 重合化合物 2) ベンゼン環を有する化合物で 1,3-位置換体 3) 加水度の少ない酸を示す》. [Gk (*meta* with, after)]
mèta-análysis *n* 〔統〕メタ分析, メタアナリシス, 分析の分析《特定の問題について統計的分析がなされた別々の調査[研究]を集め, さまざまな角度から比較検討したり統合したりする分析法》.
me·tab·a·sis /mətǽbəsəs/ *n* (*pl* **-ses** /-sìːz/) 〔医〕症変, 転移 (metastasis); 〔修〕主題転移.
met·a·bol·ic /mɛ̀təbɑ́lɪk/, **-i·cal** *a* 〔生・生理〕代謝の; 〔動〕変態しつつある, 変形する: have a low ～ rate 代謝率が低い / a ～ disorder 代謝異常[障害]. ♦ **-i·cal·ly** *adv*
metabólic páthway 〔生理〕代謝経路.
metabólic sýndrome 代謝(異常)症候群, メタボリックシンドローム (=*insulin resistance syndrome*)《肥満・高血糖・高脂血症・高血圧といった因子が重なった状態; 冠動脈心疾患, 2 型糖尿病と密接な関係がある》.
me·tab·o·lism /mətǽbəlɪ̀z(ə)m/ *n* **1** 〔生・生理〕代謝《物質代謝およびエネルギー代謝》; 《ある環境における》代謝総量: constructive ～=ANABOLISM / destructive ～=CATABOLISM. **2** [ᵘ*compd*] 〔動〕変態 (metamorphosis). [Gk *meta-*(*ballō* to throw)=to change]
me·tab·o·lite /mətǽbəlàɪt/ 〔生化〕*n* 代謝産物; 新陳代謝に必要な物質.
me·tab·o·lize /mətǽbəlàɪz/ *vt, vi* 新陳代謝させる[する]. ♦ **me·tàb·o·líz·able** *a* **me·táb·o·lìz·er** *n*
me·tab·o·lome /mətǽbəloum/ *n* 〔生化〕メタボローム《代謝産物の総体》. [*-ome*; cf. PROTEOME]
me·tab·o·ly /mətǽbəli/ *n* METAMORPHOSIS; 変形現象《ミドリムシにみられる細胞の膨張収縮運動》.
mèta·cárpal 〔解〕*a* 中手[掌部]の; 中手骨の. ► *n* 中手骨.
mèta·cárpus *n* 〔解〕中手, 掌部, 《特に》中手骨.
méta·cènter *n* 〔理〕《浮力の》傾心, メタセンター.
mèta·céntric *a* 〔理〕傾心の; 〔生〕中部動原体型の (cf. TELOCENTRIC). ► *n* 〔生〕中部動原体.
mèta·cer·cár·ia /-sərkéəriə/ *n* 〔生〕メタセルカリア, メタケルカリア, 被嚢幼虫, 幼ジストマ. ♦ **-cer·cár·i·al** *a*
mèta·chro·má·sia /-kroumérʒ(i)ə; -krə(u)méɪziə/, **-chro·ma·sy** /-króumәsi/ *n* メタクロマジー, 異染性, 異染色性.
mèta·chromátic *a* 異調染色性の, 異染性の《1) ‹被検組織・細胞が›色素とは異なる色調で染色される 2) ‹色素が›細胞[組織]中の異なる要素を異なる色調に染めうる》.
mèta·chrómatism *n* 異染性 (metachromasia).
mèta·chró·sis /-króusəs/ *n* 〔動〕《カメレオンなどの》体色変化, 変色能力.

mèta·cínnabar, -cínnabar·ìte *n* 〖鉱〗黒辰砂.

mèta·cognítion *n* 〖心〗メタ認知《自分自身の心理過程の認知・認識》.

Met·a·com /mètəkám/, **-com·et** /-kámət/ メタコム, メタコメット《King PHILIP のインディアン語名》.

mèta·cor·tán·dra·cin /-kɔːrtǽndrəsən/ *n* 〖薬〗PREDNISONE.

mèta·cor·tán·dra·lòne /-kɔːrtǽndrəlòʊn/ *n* 〖薬〗PREDNISOLONE.

méta·dàta *n* メタデータ《**1**) データの記述法に関するデータ **2**) 所有者・アクセス権など, データ本体に付随するデータ **3**) HTML の meta タグで囲まれたデータ》.

mèta·éthics *n* 道徳哲学, メタ倫理学《倫理学用語の意味, 倫理的判断の性質・正当性などについての論理的研究》. ♦ **-éthical** *a*

mèta·fémale *n* 〖遺〗超雌 (=*superfemale*)《X 染色体の数が通常より多い不妊雌性生物, 特にミバエ》.

mèta·fíction /, ⁻⁻⁻⁻/ *n* メタフィクション《伝統的な小説の枠組そのものが意識的に強調され, 主題となっているフィクション; たとえば登場人物自身が自分は架空の存在であると自覚しているようなものをいう》. ♦ **~·al** *a* **~·ist** *n*

méta·fìle *n* 〖電算〗メタファイル《画像をアプリケーションによらない描画命令などとして保存するファイル》.

mèta·gálaxy *n* 〖天〗全宇宙, メタギャラクシー《銀河系とすべての星雲を包含する宇宙全体》. ♦ **-galáctic** *a*

met·age /míːtɪʤ/ *n* 《公けの機関で行なう積荷の》検量, 計量; 検量税. [*mete*¹]

mèta·génesis *n* 〖生〗真正世代交代. ♦ **-genétic, -génic** *a* **-genétical·ly** *adv*

me·tag·na·thous /mətǽgnəθəs/ *a* 〖鳥〗《イスカなどのように》くちばしの先が食い違った; 〖昆〗二様口式類の. ♦ **me·tág·na·thìsm** *n*

méta kéy /métə-/ 〖電算〗メタキー《他のキーと同時に押して, 所定の機能を作動させるキー; ALT キーなど》.

met·al /mét(ə)l/ *n* **1 a** 金属, 金属元素; 合金: made of ~ 金属製の / BASE [NOBLE] METAL, HEAVY [LIGHT] METAL. **b** 活力, 気骨 (mettle); [*fig*] 地金, 気性, 本質: He is made of true ~. 根が正直だ. **2** 金属製品; 〖軍〗戦車, 装甲車; 〖海軍〗〈軍艦の〉総備砲数, 総砲威力; [*pl*]ᵁ軌条, レール; 〖印〗活字金属, 金属活字; 組版: a worker in ~*s* 金属細工師[職人] / leave [run off, jump] the ~*s* 〈列車が〉脱線する. **3 a** 溶解ガラス; 溶解鋳鉄. **b** [ᵁroad ~]ᵁ道路舗装材, 敷き砂利, 砕石. **4** 〖紋〗金色, 銀色. **5** HEAVY METAL《音楽》. ► *v* (-l- | -ll-) *vt* **1** …に金属をかぶせる. **2** 〈道路〉に砂利を敷く: a ~*ed* road. ► *vi** 《俗》HEAVY METAL を演奏する. [OF or L<Gk *metallon* mine]

méta·lànguage *n* 〖論・言〗メタ言語《(対象)言語について語るのに用いられる言語; cf. OBJECT LANGUAGE》.

met·al·de·hyde /mətǽldəhàɪd/ *n* 〖化〗メタアルデヒド《針状・板状晶; 農薬や携帯用ストーブなどの燃料とする》.

métal detèctor 金属探知機.

métal fatìgue 金属疲労.

métal-frèe phthalocýanine 〖化〗PHTHALOCYANINE《金属原子を含まないもの》.

métal·hèad *n* 《俗》ヘビーメタルファン, ヘビメタファン.

mèta·linguístic *a* METALANGUAGE の; METALINGUISTICS の.

mèta·linguístics *n* 〖言〗**1** メタ言語学[論]《METALANGUAGE を研究する分野》. **2** 後段言語学《言語と言語以外の文化面との関係を扱う》.

met·al·ist, -al·list /mét(ə)lɪst/ *n* **1** 金属細工師, 金属職人. **2** 〖経〗金属主義者《貨幣論で, 貴金属使用を主張》.

metalize ⇨ METALLIZE.

me·tall- /mətǽl/, **me·tal·lo-** /-loʊ, -lə/ *comb form*「金属 (metal)」「《分子中に》金属原子[イオン]を含む」

me·tal·li- /mətǽlɪ/ *comb form*「金属 (metal)」

me·tal·lic /mətǽlɪk/ *a* **1** 金属の; 金属性[質]の; 金属を含んだ[産する]; 〖化〗〈金属元素が〉遊離して存在する. **2** 金属特有[類似]の; 金(かな)臭い; 金属的な, メタリックな〈光沢・音〉, キンキンした〈声〉; 感情の伴わない〈笑い〉. ► *n* 金属繊維[糸](の織物). ♦ **-li·cal·ly** *adv*

metállic bónd 〖化〗金属結合.

metállic cúrrency 硬貨.

met·al·lic·i·ty /mèt(ə)lísəti/ *n* **1** 金属性. **2** 〖天〗重元素率《恒星などの水素・ヘリウム以外の元素の割合》.

metállic léns 〖電・通信〗金属レンズ《電磁波や音波の方向を定め集中させる装置》.

metállic róad* 舗装道路.

metállic sóap 金属石鹸《塗料乾燥剤・防水加工用》.

met·al·lide /mét(ə)làɪd/ *vt* 〈物〉の表面に合金の被膜をつくる, 表層硬化する.

met·al·lif·er·ous /mèt(ə)líf(ə)rəs/ *a* 金属を含む[産する]: ~ mines 鉱山. [L=yielding metal; ⇨ METAL]

met·al·line /mét(ə)lən, -làɪn/ *a* 金属の(ような) (metallic); 金属(塩)を含む[産する].

metallist ⇨ METALIST.

met·al·lize, -al·ize /mét(ə)làɪz/ *vt* 金属被覆する, 金属化する, 溶射する; 〈ゴムを〉硬化する. ♦ **mèt·al·li·zá·tion, mètal·izátion** *n*

metállo·cène *n* 〖化〗メタロセン《非電解質錯体でサンドイッチ構造の分子からなる》.

metállo·ènzyme *n* 〖生化〗金属酵素《金属と結合している, または金属イオンの存在下で活性をもつ酵素》.

metállo·gràph *n* 〖冶〗金属顕微鏡, メタログラフ《金属検査用》; 金属表面拡大図.

met·al·log·ra·phy /mèt(ə)lágrəfi/ *n* 金属組織学, 金相学; 金属板術. ♦ **-pher** *n* **-lo·graph·ic** /mətæ̀ləgrǽfɪk/, **-i·cal** *a* **-i·cal·ly** *adv*

met·al·loid /mét(ə)lɔ̀ɪd/ *a* 金属に似た, 〖化・鉱〗メタロイドの. ► *n* 〖化・鉱〗メタロイド, 半金属《ヒ素・ケイ素など金属と非金属の中間》; 《俗に》非金属. [*-oid*]

met·al·loi·dal /mèt(ə)lɔ́ɪdl/ *a* METALLOID.

metállo·phòne *n* 鉄琴.

metàllo·prótein *n* 〖生化〗金属タンパク質《補欠分子族が金属である複合タンパク質》.

metàllo·thérapy *n* 〖医〗金属療法.

metàllo·thí·o·nein /-θáɪənìːn/ *n* 〖生化〗メタロチオネイン《金属結合性タンパク質; 肝臓内に銅を貯蔵するはたらきをする》.

met·al·lur·gy /mét(ə)lɜ̀ːrʤi; metǽləʤi/ *n* 冶金, 冶金学; 金属学. ♦ **-gist** *n* 冶金家, 冶金学者. **mèt·al·lúr·gi·cal, -gic** *a* **-gi·cal·ly** *adv* [Gk *metallon* METAL, *-ourgia* working]

métal·màrk *n* 〖昆〗シジミタテハ《総称》.

métal móuth* 《口》歯に矯正器をはめたやつ, 金歯ちゃん.

métal-óxide semicondúctor 〖電〗金属酸化物半導体, MOS《半導体の表面に酸化物の絶縁層をかぶせ, その上に金属を付着させた構造》.

métal rúle 〖印〗線を印刷するための金属活字, 罫.

métal skí メタルスキー《軽合金製のスキー》.

métal·smìth *n* 金属細工師[職人].

métal spràỳing 金属溶射《金属の溶滴を表面に吹き付ける方法》.

métal tápe メタルテープ《表面に金属粒子磁性体のコーティングを施した高音質の録音テープ》.

métal·wàre *n* 金属製品《特に 台所用の》.

métal·wòrk *n* 金属細工(品); METALWORKING. ♦ **~·er** *n* 金属細工師[職工], 金工. **~·ing** *n* 金工(業).

mèta·mále *n* 〖遺〗超雄 (=*supermale*)《常染色体の数が通常より多い生殖力のない雄性生物, 特にミバエ》.

mèta·mathemátics *n* 〖数〗超数学《論理[数理]体系の原理・基本概念などを扱う》. ♦ **-mathemátical** *a* **-mathematícian** *n*

meta·mer /métəmər/ *n* 〖化〗(構造[同族])異性体; 〖光〗条件等色を示す色.

méta·mère *n* 〖動〗体節 (=*somite*).

meta·mer·ic /mètəmérɪk/ *a* 〖化〗構造[同族]異性の; 〖光〗条件等色の[を示す]; 〖動〗体節の[からなる], 体節制の. ♦ **-i·cal·ly** *adv*

me·tam·er·ism /mətǽmərɪz(ə)m/ *n* **1** 〖化〗構造[同族]異性, メタメリズム; 〖光〗条件等色《分光組成の異なる 2 つの色が同じ色に見える現象》. **2** 〖動〗体節形成[構造], 体節制.

méta·mèssage *n* メタメッセージ《非言語的に伝達されるメッセージ; 通例 真意を表わし, ことばで表明された内容と逆のことがある》.

meta·mict /métəmìkt/ *a* 〖鉱〗〈放射性鉱物が〉中に含んだ放射能によって結晶格子を破壊された, メタミクトの. [*meta-*, Gk *miktos* mixed]

mèta·mórphic, -mórphous *a* 変性の, 変態の; 〖地質〗変成の: a ~ rock 変成岩. ♦ **-mór·phi·cal·ly** *adv*

mèta·mórphism *n* 〖地質〗変成(作用); METAMORPHOSIS.

meta·mor·phose /mètəmɔ́ːrfòʊz, -s/ *vt* 変形[変身]させる 〈*to, into*〉; 〖地質〗変成させる. ► *vi* 変態[変形, 変成]する 〈*into*〉.

Meta·mor·pho·ses /mètəmɔ́ːrfəsìːz/『変形譚』『変身物語』《ローマの詩人 Ovid がギリシア・ローマの神話などを基にさまざまな変形・変身を物語った詩》.

meta·mor·pho·sis /mètəmɔ́ːrfəsəs/ *n* (*pl* **-ses** /-sìːz/) 〖動〗変態 (cf. EPIMORPHOSIS); 〖医〗変性, 変態; 《魔力・超自然力による》変形[変身](作用); 《一般に》変質, 変身, 大変貌. [L<Gk *meta-* (*morphoo*<*morphē* shape)=to transform]

mèt·análysis *n* 〖言〗異分析《例: ME *an ekename*>ModE *a nickname*》.

meta·neph·ros /mètənéfrəs, -ràs/ *n* (*pl* **-roi** /-rɔ̀ɪ/, **-ra** /-rə/) 〖発生〗後腎 (cf. MESONEPHROS, PRONEPHROS). ♦ **-néph·ric** *a*

meta·noia /mètənɔ́ɪə/ *n* 回心, 改宗. [Gk=repentance]

méta·phàse *n* 〖生〗《有糸分裂の》中期 (⇨ PROPHASE). ♦ **mèta·phás·ic** /-féɪzɪk/ *a*

métaphase plàte 〖生〗中期板 (EQUATORIAL PLATE).

met·a·phor /métəfɔ̀ːr, -fər/ *n* **1** 〖修〗隠喩, 暗喩, メタファー《例 All nature *smiled*.; cf. SIMILE》: mix one's ~*s* 《意図的に, または誤って》比喩を混用する, 混喩を使う (cf. MIXED METAPHOR). **2** 類

似した[象徴する]もの, 比喩, たとえ〈*for*〉. ◆ **met·a·phor·ic** /mètəfɔ́(ː)rɪk, -fár-/, **-i·cal** *a* 隠喩[比喩]的な, いわば…も同然の. **-i·cal·ly** *adv* [F or L<Gk *meta-*(*pherō* to bear)=to transfer]

mèta·phósphate *n* 〘化〙メタリン酸塩[エステル].

mèta·phosphóric ácid 〘化〙メタリン酸, 無水リン酸.

méta·phràse *n* 直訳, 逐語訳 (cf. PARAPHRASE). ► *vt* 逐語訳する; …の字句[ことばづかい]を変える.

meta·phrast /métəfræ̀st/ *n* 翻訳者,《特に 散文を韻文に変えたりする》転訳者. ◆ **mèta·phrás·tic, -ti·cal** *a* 直訳的な, 逐語訳的な. **-ti·cal·ly** *adv*

meta·phys·ic /mètəfízɪk/ *n* METAPHYSICS; 形而上学の体系[理論];《ある分野の》理論体系, 原理. ► *a* 《まれ》METAPHYSICAL.

mèta·phýs·i·cal *a* **1 a** 〘哲〙形而上学の; 純正哲学的な; 形而上の (opp. *physical*). **b** 《しばしば 悪い意味で》きわめて抽象的な, 難解きわまる; 理論的な; 《やや古》超自然的な, 空想的な. **2** [ºM-]《17世紀の》形而上派の〈詩人〉('学問的' の意). ► *n* [ºM-] 形而上派詩人 (=~ poet)《John Donne, George Herbert, Andrew Marvell など》. ◆ **~·ly** *adv*

mèta·physícian, -phýsicist *n* 形而上学者, 純正哲学者.

meta·phys·i·cize /mètəfízəsàɪz/ *vi, vt* 形而上学を研究する; 形而上学的に思考する[表現する].

mèta·phýs·ics *n* 形而上学, 純正哲学; 学問理論; 机上の空論, 抽象的論議. [OF, <Gk *ta meta ta phusika* the things after the 'Physics' of Aristotle]

mèta·plásia *n* 〘生·医〙化生, 変質形成.

meta·plasm /métəplæ̀z(ə)m/ *n* 〘文法〙語形変異; 〘生〙《原形質に対し》後形質. ◆ **mèta·plás·mic** /-plǽzmɪk/ *a*

mèta·plástic *a* METAPLASIA の; METAPLASM の.

mèta·pólitics *n* 政治哲学; [*derog*] 空論政治学. ◆ **-polítical** *a* **-politícian** *n*

mèta·prótein *n* 〘生化〙メタプロテイン《酸またはアルカリによる変性タンパク質》.

mèta·psýchic, -psýchical *a* 心霊研究の.

mèta·psychólogy *n* メタ心理学《Freud の心理学の理論的側面》. ◆ **-psychológical** *a*

mèta·rám·i·nol /-rǽmənɔ̀(ː)l, -nòʊl, -nàl/ *n* 〘薬〙メタラミノール《交感神経興奮薬; 血管収縮薬とする》.

mèta·rhodópsin *n* 〘生化〙メタロドプシン《ロドプシンが光の照射で退色する過程で生じる 2 種の中間生成物》.

mèta·sequóia *n* 〘植〙メタセコイア《化石植物とされていたが中国で自生種が発見された落葉針葉高木》.

mèta·sóma *n* 〘動〙後体部 (⇨ PROSOMA).

M

meta·so·ma·tism /mètəsóʊmətɪ̀z(ə)m/ *n* 〘地質〙《鉱物や鉱床の》交代作用. ◆ **-so·mat·ic** /-soʊmǽtɪk/ *a* **-i·cal·ly** *adv*

meta·so·ma·to·sis /mètəsòʊmətóʊsəs/ *n* (*pl* **-ses** /-sìːz/) METENSOMATOSIS; METASOMATISM.

mèta·stáble *a* 〘理·化·冶〙準安定の. ► *n* 準安定原子[分子, イオン, 原子核 など]. ◆ **-stábly** *adv* **-stabílity** *n* 準安定性[度].

Me·ta·sta·sio /mèɪtɑːstáːzjoʊ/ メタスタージオ **Pietro** ~ (1698–1782)《イタリアの詩人·劇作家; 本名 Pietro Trapassi》.

me·tas·ta·sis /mətǽstəsəs/ *n* (*pl* **-ses** /-sìːz/) 〘医〙《腫瘍などの》転移, 転移部; 〘理〙《電子·核子の》転移, 遷移; 〘修〙《話題の》急変転; 〘鉱〙PARAMORPHISM; 《まれ》新陳代謝 (metabolism); 《まれ》変形. ◆ **mèta·stát·ic** *a* **-ical·ly** *adv* [L<Gk=removal, transition]

me·tas·ta·size /mətǽstəsàɪz/ *vi* 〘医〙転移する; のさばる, はびこる; 変質[悪化]する, たちが悪くなる: ~ to the brain.

mèta·társal 〘解·動〙*a* METATARSUS の. ► *n* 中足骨, 蹠骨(せきこつ). ◆ **~·ly** *adv*

mèta·társus *n* 〘解·動〙中足,《特に》中足骨, 蹠骨; 〘昆〙基跗節,《クモの》蹠節; 〘鳥〙脛骨から趾骨に及ぶ部分. [L]

me·ta·te /mətáːti/ *n* メターテ《トウモロコシなどをひいたひきうすの下臼; cf. MANO》. [Sp<Nahuatl]

méta·thèory *n* メタ理論《哲学の本質および目的の批判的研究》.

meta·the·ri·an /mètəθíəriən/ *a, n* 〘動〙後獣下綱 (Metatheria) の(哺乳動物), 有袋類の(動物).

me·tath·e·sis /mətǽθəsəs/ *n* (*pl* **-ses** /-sìːz/) 〘文法〙字位[音位]転換《例 *ax*>*ask*》; 〘化〙複分解 (double decomposition). ◆ **met·a·thet·i·cal** /mètəθétɪk(ə)l/, **-thet·ic** *a* **-i·cal·ly** *adv*

me·tath·e·size /mətǽθəsàɪz/ *vt, vi* [L<Gk=transposition]

mèta·thórax *n* 〘昆〙後胸. ◆ **-thorácic** *a*

mèta·tolúidine *n* 〘化〙メタトルイジン《トルイジンのメタ異性体》.

Me·tau·ro /mətáʊəroʊ/ [the] メタウロ川《イタリア中東部を東流してアドリア海に注ぐ川; 古代名 **Me·tau·rus** /mətɔ́ːrəs/》.

méta·vèrse /-və̀ːrs/ *n* 〘電算〙メタヴァース《ユーザー同士が交流するための, コンピューターによって生み出された仮想現実空間》. [*meta-*, *universe*]

Me·tax·as /mɛtɑ̀ːksáːs/ メタクサス **Ioannis** ~ (1871–1941)《ギリシアの将軍·政治家; 首相 (1936–41)》.

mèta·xýlem *n* 〘植〙後生木部.

mé·ta·yage /mèteɪjáːʒ, mèɪ-; *F* metɛjaːʒ/ *n* 分益農法《地主から農具を借用し, 収穫を折半する制度》. [F (L *medietas* half)]

mé·ta·yer /mètəjéɪ, mèɪ-; *F* metɛje/ *n* 分益農夫. [F]

meta·zo·al /mètəzóʊəl/ *a* 〘動〙METAZOAN.

meta·zo·an /mètəzóʊən/ *a, n* 〘動〙後生動物(の).

Metch·ni·koff /métʃnɪkɔ̀ːf/ メチニコフ **Élie** ~ (1845–1916)《ロシア生まれのフランスの動物学者·細菌学者; ノーベル生理学医学賞 (1908)》.

mete[1] /míːt/ *vt* 《文》〈刑罰·報酬などを〉考量して与える, 分け与える, 割り当てる〈*out*〉;《文》〈物を〉計り分ける〈*out*〉;《古·詩·方》計る (measure): ~ *out* justice 賞罰を行なう; 量刑する. [OE *metan* to measure; ⇨ MEET[2]]

mete[2] *n* 境界(石). ★ METES AND BOUNDS で用いる以外は《まれ》. [OF<L *meta* boundary]

mèt·empírics, -empíricism *n* 超経験論, 先験哲学. ◆ **-empíricist** *n* **-empírical** *a*

me·tem·psy·cho·sis /mətèmsɪkóʊsəs, mètəmsàɪ-/ *n* (*pl* **-ses** /-sìːz/)《霊魂の》再生, 輪廻(りんね)転生《死後, 霊魂が他の人体または動物体に移ること; opp. *metensomatosis*》. ◆ **-sist** *n* [L<Gk (*meta-*, *en-* in, *psukhē* soul)]

mèt·encéphalon *n* 〘解〙後脳《菱脳の前部》;《狭義に》小脳. ◆ **-encephálic** *a*

mèt·enképhalin *n* 〘生化〙メトエンケファリン《脳でつくられる鎮痛性物質》.

met·en·so·ma·to·sis /mètènsoʊmətóʊsəs/ *n* (*pl* **-ses** /-sìːz/) 霊魂移入《異なる霊魂が同一身体に移入すること; opp. *metempsychosis*》.

me·te·or /míːtiər, -ɔ̀ːr/ *n* **1** 流星 (=*shooting [falling] star*); 流星体, 隕石; [*fig*] 一時的にはなばなしいもの. **2** 〘気〙大気現象, メテオール《虹·稲妻·雪など》. ◆ **~·lìke** *a* [Gk=something aloft (*meteōros* lofty)]

me·te·or- /míːtiər/, **me·teo·ro-** /míːtiəroʊ, -rə/ *comb form* METEOR の意.

me·te·or·ic /mìːtiɔ́(ː)rɪk, -ár-/ *a* **1** 流星の; 流星のような; (一時的)にはなばなしい, 急速な: a ~ rise 急上昇[成長], 突然の出世 / a ~ career はなばなしいキャリア / ~ iron [stone] 隕鉄[隕石]. **2** 大気の, 気象上の: ~ water 天水, 降水. ◆ **-i·cal·ly** *adv*

meteóric shówer 〘天〙METEOR SHOWER.

me·te·or·ism /míːtiərɪ̀z(ə)m/ *n* 〘医〙鼓腸 (tympanites).

méteor·ìte *n* 隕石; 流星体. ◆ **mè·te·or·ít·ic, -i·cal** /-rít-/ *a*

mè·te·or·ít·ics *n* 隕石[流星]学. ◆ **mè·te·or·ít·i·cist** *n* 隕石学者.

me·te·ór·o·gràph /mìːtiɔ́ːrə-; míːtiərə-/ *n* (高層)自記気象計. ◆ **mè·te·òr·o·gráph·ic** /; mìːtiərə-/ *a*

méteor·òid *n* 〘天〙隕星体, 流星体, メテオロイド. ◆ **mè·te·or·ói·dal** *a*

me·te·or·o·lite /mìːtiɔ́ːrəlàɪt; míːtiərə-/, **-lithe** /-lɪ̀θ/ *n* 石質隕石, メテオロライト, METEORITE.

me·te·o·ro·log·ic /mìːtiərəlɑ́dʒɪk/, **-i·cal** *a* 気象(学上)の: a *meteorological* balloon [observatory, station] 気象観測気球[気象台, 測候所]. ◆ **-i·cal·ly** *adv*

meteorológical élement 気象要素《気象観測の対象となる気温·気圧·風向·風力など》.

Meteorológical Óffice [the] 〘英〙気象庁 (=*the Met*)《英国国防省に所属》.

meteorológical sátellite 気象衛星.

meteorológical tíde 気象潮.

me·te·o·rol·o·gy /mìːtiərɑ́lədʒi/ *n* 気象学;《特定地方の》気象. ◆ **-gist** *n* 気象学者. [F or Gk; ⇨ METEOR]

méteor shòwer 〘天〙流星雨 (=*meteoric shower*)《一時的に多数の流星が見られるもの》.

me·te·pa /mətíːpə, mɛ-/ *n* 〘農薬〙メテパ《昆虫の化学不妊剤; tepa のメチル誘導体》. [*methyl*+*tepa*]

me·ter[1] | **me·tre** /míːtər/ *n* **1** 〘メートル法〙メートル《長さの国際標準単位: =100 cm; 記号 m》. **2** 〘楽〙拍子, 節 (cf. MEASURE); 韻律; 歩格. ★ 詩の meter は詩脚 (foot) のもつリズムの型と詩脚数により決定される. リズムは英詩では音の強弱に基づき, 古典詩では音の長短に基づく. リズムの型には iambic (英詩では弱強格, 古典詩では短長格), anapestic (弱弱強格, 短短長格), trochaic (強弱格, 長短格), dactylic (強弱弱格, 長短短格) などがあり, このリズム単位が詩行にいくつあるかによって詩行は monometer (一歩格), dimeter (二歩格), trimeter (三歩格), tetrameter (四歩格), pentameter (五歩格), hexameter (六歩格), heptameter (七歩格), octameter (八歩格) に分類される. 通例 両種の分類を組み合わせて iambic pentameter (弱強[短長]五歩格), dactylic hexameter (強弱弱[長短短]六歩格) のようにいう. ただし ギリシア古典詩では dipody を一詩脚と数えることがある. [OE and OF<L<Gk *metron* measure]

meter[2] *n* **1** (自動)計量器, 計器, メーター; 郵便料金メーター (postage meter); 郵便料金メーターの証印(のある封筒); PARKING METER; TAXIMETER: The ~ is running.《タクシーの》メーターがどんどん上がっている; コストがかさんでいる. **2** 測る人,《特に》計量担当官. **3** *《俗》25 セント. ► *vt* [°*pp*] 計器で測定[調節]する; 〈ガソリンなどを〉計量しながら供給する; 〈料金別納郵便・証紙など〉に郵便料金メーター[証印機]で証印をおす. ► *vi* 液体計量を行なう. [METE[1]]

-me·ter /⌐ mətər, mì:tər/ *n comb form*「…計(器)」「…メートル」「…歩格」: baro*meter*, gaso*meter*; kilo*meter*; penta*meter*. [Gk *metron* measure]

méter·age *n* 計量; メートルで計った量; メーター料金.

méter-càndle *n*〘光〙メートル燭 (LUX).

métered máil 料金別納郵便《料金メーターによる通常切手代用の証印のあるもの》.

méter-kílo·gràm-sécond-ámpere sỳstem〘理〙メートル-キログラム-秒-アンペア系, MKSA 単位系.

méter-kílo·gràm-sécond sỳstem〘理〙メートル-キログラム-秒系, MKS 単位系.

méter màid《特に駐車違反を取り締まる》女性交通監視員, メーター嬢.

méter-rèad·er *n**《俗》《航空機の》副操縦士.

méter·stìck *n* メートル尺《メートル尺にセンチメートル・ミリメートル目盛りをつけたもの》.

métes and bóunds *pl*〘法〙境界標と境界線による土地表示, 土地境界. [*mete*[2]]

met·es·trus /mètéstrəs, -tí:s-/ *n*〘動〙発情後期 (cf. PROESTRUS).

méte·wànd, méte·yàrd *n* [*fig*] 計量基準.

met·for·min /mɛtfɔ́:rmən/ *n*〘薬〙メトホルミン《塩酸塩を 2 型糖尿病の治療に用いる》.

meth /mɛ́θ/*《俗》 *n* メチルアルコール (methyl alcohol); METHEDRINE; METHAMPHETAMINE; METHADONE.

meth- /mɛ́θ/**, metho-** /mɛ́θoʊ, -ə/ *comb form*〘化〙「メチル (methyl)」: *meth*amphetamine, *metho*trexate.

mèth·ácrylate *n*〘化〙メタクリル酸塩[エステル]; メタクリル樹脂 (＝〜 **résin**).

mèth·acrýlic ácid〘化〙メタクリル酸.

meth·a·done /mɛ́θədòʊn/**, -don** /-dɑ̀n/ *n*〘薬〙メタドン (＝*amidone*)《モルヒネ・ヘロインに似た麻酔・鎮静薬》. [*meth-*, amino-, *di-*[1], *-one*]

méthadone màintenance〘医〙メタドン維持法《ヘロイン中毒などの治療中に代用麻薬としてメタドンを与える》.

mèth·amphétamine *n*〘薬〙メタンフェタミン《中枢神経系興奮薬; 日本の一商品名ヒロポン; 俗に (crystal) meth, speed ともいう》.

meth·a·nal /mɛ́θənæ̀l/ *n*〘化〙メタナール《formaldehyde の別称》.

metha·na·tion /mɛ̀θənéɪʃ(ə)n/ *n* メタン生成.

meth·ane /mɛ́θèɪn, ˈˈmí:-/ *n*〘化〙メタン《無味無臭無色の気体; 天然ガスの主成分》. [*meth-*, *-ane*]

méthane sèries〘化〙メタン列.

meth·an·o·gen /mɛθǽnəʤən/ *n*〘生〙《発生的にバクテリア・動植物細胞とは異なる》メタン生成(細)菌, メタン産生菌, メタン細菌.

meth·a·no·génesis /mɛ̀θənoʊ-/ *n*〘生〙メタン産生《特にメタン産生菌による生成》.

mèth·a·no·gén·ic *a* メタン産生性の.

meth·a·nó·ic ácid /mɛ̀θənóʊɪk-/〘化〙メタン酸 (formic acid).

meth·a·nol /mɛ́θənɔ̀(:)l, -nòʊl, -nɑ̀l/ *n*〘化〙メタノール (＝*methyl alcohol*, *wood alcohol*).

me·than·the·line /mɛθǽnθəlì:n, -lən/ *n*〘薬〙メタンテリン《胃潰瘍の治療薬》.

meth·a·pyr·i·lene /mɛ̀θəpírəlì:n, -páɪr-/ *n*〘薬〙メタピリレン《抗ヒスタミン; 鎮静作用があり, フマル塩酸・塩酸塩が睡眠薬の成分として使われる》.

meth·aqua·lone /mɛθǽkwəlòʊn/ *n*〘薬〙メタクアロン《非バルビツール酸系の鎮静・催眠薬; 濫用すると依存性となる; cf. LOVE DRUG》.

Meth·e·drine /mɛ́θədrì:n, -drən/〘商標〙メセドリン《methamphetamine の商品名》.

me·theg·lin /məθɛ́glən/ *n* メテグリン《香料[薬物]入りの蜂蜜酒》. [Welsh]

met·hémoglobin *n*〘生化〙メトヘモグロビン《3 価の鉄を含み, 可逆的に酸素と結合ができない血色素》.

met·he·mo·glo·bi·ne·mia /mɛ̀thì:məglòʊbəní:miə/ *n*〘医〙メトヘモグロビン血症.

me·the·na·mine /mɛθí:nəmì:n, -màɪn, -mən/ *n*〘薬〙メテナミン (hexamethylenetetramine)《尿路防腐薬》. [*methene* (methylene)＋*amine*]

méth hèad [frèak]*《俗》メセドリン常用者.

me·thi /méɪtɪ/ *n*《インド》〘植〙FENUGREEK. [Hindi]

meth·i·cil·lin /mɛ̀θəsílən/ *n*〘薬〙メチシリン《penicillinase を産生するブドウ球菌に効果のある半合成ペニシリン》.

me·thi·ma·zole /mɛθáɪməzòʊl, mə-/ *n*〘薬〙メチマゾール《甲状腺阻害薬》.

me·thinks /mɪθíŋ(k)s/ *vi* (*p* **me·thought** /-θɔ́:t/)《古・詩》/[*joc*] 思うに…である (it seems to me). [OE (ME[1], THINK[2])]

me·thi·o·nine /mɛθáɪənì:n, -nən/ *n*〘生化〙メチオニン《必須アミノ酸の一つ》.

méth mònster /mɛ́θ-/*《俗》メセドリン (Methedrine) [メタンフェタミン (methamphetamine)] 常用者.

metho /mɛ́θoʊ/ *n* (*pl* **méth·os**)《豪口》METHYLATED SPIRITS (の中毒者).

Metho *n* (*pl* **Méth·os, -oes**)《豪口》METHODIST.

meth·od /mɛ́θəd/ *n* **1 a** 方法,《特に》組織的方法, 方式, 手順; 手段; [°*pl*] 行動様式, 経営方法; 方法論: after the American 〜 米国流に / 〜*s* of payment 支払い方法《現金払い・小切手払い・分割払いなど》. **b**〘鳴鐘〙メソッド《伝統的な数組の転調鳴鐘法》;〘生〙分類法; [the M-]〘劇〙スタニスラフスキーシステム (＝*Stanislavsky method [system]*)《俳優が自己の感情・経験を活かしてその演じる役柄になりきろうとする演技手法》. **2** 秩序, (整然とした)順序; 規律正しさ, きちょうめん, 計画性: There is 〜 in his madness. [ᵁ*joc*] 気違いの割に筋道が立っている, 見かけほど無謀ではない (*Hamlet* 2.2.208).
♦ **〜·less** *a* [F or L＜Gk＝a going after, pursuit (of knowledge) (*meta-*, *hodos* way)]

méthod àcting〘劇〙the METHOD. ♦ **méthod àctor** *n*

méthode champenoise /*F* metɔd ʃɑ̃pənwa:z/ シャンパン法《発酵の最終段階を瓶内で行なわせるスパークリングワイン製造法》; シャンパン法で造られたワイン. [F＝champagne method]

me·thod·i·cal /məθɑ́dɪk/**, -ic** *a* **1** 秩序立った, 整然とした, 組織的な (systematic); 規律正しい, きちょうめんな (orderly); 入念な. **2** 方法の, 方法論的な. ♦ **-i·cal·ly** *adv* **-i·cal·ness** *n*

méthod·ìsm *n* **1** 規律正しいやり方;《まれ》一定の方法の実践;《まれ》方法[形式]の偏重. **2** [M-] メソジスト派の教義[礼拝]; [M-] メソジスト派.

méthod·ist *n* **1** [M-] メソジスト教徒《個人・社会の徳義を強調する; ⇨ WESLEY》. **2**〘生〙系統的分類家;《まれ》形式にこだわる人. ► *a* [M-] メソジスト派の. ♦ **Mèth·od·ís·tic, -ti·cal** *a*

Meth·o·di·us /mɪθóʊdiəs/ [Saint] 聖メトディオス (c. 825–884)《モラヴィア人に布教したギリシアの神学者; St Cyril の兄》.

méthod·ìze *vt* 方式化する, 順序立てる, 組織立てる; [°M-] メソジスト教徒にする. ► *vi* [°M-] メソジスト教徒らしい言動をする.
♦ **-ìz·er** *n*

méthod of flúxions DIFFERENTIAL CALCULUS.

meth·o·do·log·i·cal /mɛ̀θədəlɑ́ʤɪk(ə)l/ *a* 方法の, 方法論の.
♦ **-i·cal·ly** *adv*

meth·od·ol·o·gy /mɛ̀θədɑ́ləʤi/ *n* 方法(体系); 方法論.
♦ **-gist** *n* 方法論学者. [L; ⇨ METHOD]

meth·o·trex·ate /mɛ̀θətrékseɪt, mì:-/ *n*〘薬〙メトトレキサート (＝*amethopterin*)《抗悪性腫瘍薬》.

methought *vi* METHINKS の過去形.

me·thóx·amine /mɛθɑ́ksəmì:n, -mən/ *n*〘薬〙メトキサミン《交感神経興奮性アミン; 塩酸塩を昇圧薬として用いる》.

meth·óxide *n*〘化〙メトキシド《メチルアルコールの水酸基の水素を金属で置換した化合物》.

meth·ox·sal·en /mɛθɑ́ksələn/ *n*〘薬〙メトキサレン《これを服用して紫外線にあたるとメラニン色素が増加する; 白斑病の治療用, また日焼けに対する皮膚の抵抗力増強用》.

me·thoxy /məθɑ́ksi, mɛ-/ *a*〘化〙メトキシ基を含む.

me·thoxy- /məθɑ́ksi, mɛ-/ *comb form*「メトキシ基」 [*meth-*, *oxy-*]

me·thoxy·chlor /məθɑ́ksɪklɔ̀:r/ *n*〘化〙メトキシクロル《殺虫剤》.

me·thoxy·flu·rane /mɛθɑ̀ksiflʊ́ərèɪn/ *n*〘薬〙メトキシフルラン《強力な全身吸入麻酔薬》.

methóxy ràdical [gròup]〘化〙メトキシ基.

meths /mɛ́θs/ *n* [〈*sg*〉]ˈˈ《口》メタノール入りの酒. [*meth*ylated spirit*s*]

Meth·u·en /mɛ́θjuən/ メシュエン Sir **Algernon Methuen Marshall** 〜 (1856–1924)《英国の出版人》.

Me·thu·se·lah /məθ(j)ú:z(ə)lə/ **1 a**〘聖〙メトセラ, メトシェラ《ノアの洪水以前の族長で, 969 歳まで生きた長命者; *Gen* 5: 27》: (as) old as 〜 非常に長命[高齢]な. **b** [m-] [°*joc*]《一般に》(非常な)長命者, 時代遅れの人. **2** ワイン[シャンパン]の大瓶《208 オンス入り》. [Heb＝man of God]

meth·yl /mɛ́θ(ə)l, ˈˈ(化学者) mí:θàɪl/ *n*〘化〙メチル(基) (＝〜 **ràdical [gròup]**). [G or F (逆成)＜G *methylen*, F *méthylène* METHYLENE]

méthyl ácetate〘化〙酢酸メチル《溶剤》.

meth·yl·al /mɛ́θəlæ̀l, ⏑ ⏑ ⌐/ *n*〘化〙メチラール, ホルマール (＝*formal*)《揮発性・引火性の液体; エーテル様芳香があり溶剤・催眠剤・香水に用いる》.

méthyl álcohol〘化〙メチルアルコール (methanol).

mèthyl·amíne / , -lǽmən, məθíləmì:n/ *n*〘化〙メチルアミン《アンモニア臭の強い猛毒の可燃性ガス; 有機合成用》.

méthyl anthránilate〘化〙アントラニル酸メチル《芳香のある液体のエステル; 香料・香味料に用いる》.

meth·yl·ase /mɛ́θəlèɪs, -z/ *n*〘生化〙メチル化酵素, メチラーゼ

《RNA, DNA などのメチル化の触媒作用をする酵素》.

méth·yl·àte 〘化〙 *vt* [°*pp*] 〈アルコール〉にメタノールを混ぜる《飲用を不適にし, 課税を免れる目的で》; メチル化する. ► *n* METHOXIDE, メチラート. ♦ **méth·yl·àtor** *n* **mèth·yl·átion** *n* メチル化.

méth·yl·àt·ed spírit(s) メタノール変性アルコール《飲用不可; ランプ・ヒーター用》.

mèthyl·átropine *n* 〘薬〙 メチルアトロピン《神経節遮断活性があり, 抗コリン薬とする》.

mèthyl·bénzene *n* 〘化〙 メチルベンゼン (TOLUENE).

méthyl blúe [°M- B-] メチルブルー (methyl cotton blue).

méthyl brómide 〘化〙 臭化メチル《無色の有毒ガス; 玄米・小麦などの燻蒸剤・有機合成に用いる》.

mèthyl·cátechol *n* 〘化〙 メチルカテコール (guaiacol).

méthyl céllulose 〘化〙 メチルセルロース.

méthyl chlóride 〘化〙 塩化メチル《無色の気体; 冷媒・メチル化剤として用いる》.

méthyl chlóroform 〘化〙 メチルクロロホルム (trichloroethane).

mèthyl·cho·lán·threne /-kəlǽnθrìːn/ *n* 〘化〙 メチルコラントレン《有機合成による発癌性炭化水素》.

méthyl cótton blùe [°M- C- B-] メチルコットンブルー《青色の有機染料》.

méthyl cýanide 〘化〙 シアン化メチル (acetonitrile).

meth·yl·do·pa /mèθəldóupə/ *n* 〘薬〙 メチルドーパ《血圧降下薬》.

meth·yl·ene /méθəlìːn, -lən/ *n* [ᵘ〈*a*〉] 〘化〙 メチレン(基) (= ~ **rádical** [**gròup**]) 《2 価の基》. [F (Gk *methu* wine, *hulē* wood)]

méthylene blúe [ˢM- B-] 〘化〙 メチレンブルー《青色塩基染料の一種; シアン化物の解毒, バクテリアの着色に用いる》.

méthylene chlóride 〘化〙 塩化メチレン (dichloromethane).

méthyl éthyl kétone 〘化〙 メチルエチルケトン《アセトン様の芳香をもつ引火性が大きい無色液体; 溶剤・試薬》.

me·thyl·ic /məθílɪk/ *a* 〘化〙 メチルの, メチルを含有する.

méthyl isobútyl kétone 〘化〙 メチルイソブチルケトン (=*hexone*) 《溶剤・抽出剤・化学中間体》.

méthyl isocýanate 〘化〙 イソシアン酸メチル《猛毒無色の可燃性液体; 特に殺虫剤の生産に用いる; 略 MIC》.

méthyl·mèrcury *n* 〘化〙 メチル水銀《有毒; 殺虫剤用》.

méthyl methácrylate 〘化〙 メタクリル酸メチル《揮発性・引火性の液体; 重合して透明なプラスチックになる》.

mèthyl·méthane *n* 〘化〙 ETHANE.

mèthyl·náphthalene *n* 〘化〙 メチルナフタレン《セタン価測定用燃料として用いる, または有機合成用》.

méthyl órange 〘化〙 メチルオレンジ《酸性モノアゾ染料; 酸塩基指示薬》.

meth·yl·para·ben /mèθəlpǽrəbèn/ *n* 〘化〙 メチルパラベン《薬剤・化粧品の防腐剤》.

méthyl parathíon 〘薬〙 メチルパラチオン《パラチオンにまさる効果のある殺虫剤》.

mèthyl·phén·i·date /-fénədèɪt, -fíː-/ *n* 〘薬〙 メチルフェニデート《軽い中枢神経刺激剤; 塩酸塩をナルコレプシーや小児の注意欠陥多動障害 (ADHD) の治療に用いる》. [*phen-*, *-ide*, *-ate*³]

mèthyl·prednísolone *n* 〘生化〙 メチルプレドニゾロン《**1**) 糖質コルチコイド; プレドニゾロンの誘導体; 抗炎症薬として用いる **2**) 同様に用いられるその塩; 酢酸メチルプレドニゾロンなど》.

méthyl réd 〘化〙 メチルレッド《暗赤色の粉末または紫色の結晶; 指示薬》.

mèthyl·rosániline chlóride メチルローザニリンクロリド (CRYSTAL VIOLET).

méthyl salícylate 〘化〙 サリチル酸メチル《冬緑油 (wintergreen oil) の主成分; 香料・医薬用》.

mèthyl·testósterone *n* 〘薬〙 メチルテストステロン《合成男性ホルモン; 男性のテストステロン欠損症の治療に経口投与する》.

mèthyl·thíonine chlóride 〘化〙 メチルチオニン塩化物 (METHYLENE BLUE).

mèthyl·tránsferase *n* 〘生化〙 メチル基転移酵素.

méthyl víolet 〘化〙 メチルバイオレット (gentian violet).

mèthyl·xánthine *n* 〘化〙 メチルキサンチン《メチル化されたキサンチン誘導体; caffeine, theobromine, theophylline など》.

meth·y·pry·lon /mèθəpráɪlɑ̀n/ *n* 〘薬〙 メチプリロン《鎮静剤・催眠剤》.

meth·y·ser·gide /mèθəsə́ːrʤàɪd/ *n* 〘薬〙 メチセルジド《セロトニン拮抗薬; マレイン酸塩を片頭痛の予防に用いる》.

METI Ministry of Economy, Trade and Industry《日本の》経済産業省, 経産省.

met·ic /métɪk/ *n* 《古代ギリシアで市民としての多少の権利を認められていた》外国人居住者, メトイコス.

me·ti·cal /métɪk(ə)l, *mètɪkáːl, ᴵᴵ-kǽl/ *n* (*pl* **met·i·cais** /-kàɪ(z), mètɪkáɪʃ/, ~**s**) メティカル《モザンビークの通貨単位: =100 centavos; 記号 MT》. [Port < *miskal*]

me·tic·u·lous /mətíkjələs/ *a* 非常に注意深い, 細部まで精確な, 細心の(注意を払う), 丹念な, 周到な, きちょうめんな; 過度に細かい; 《廃》小心な, びくびくした: a ~ researcher / with ~ care / be ~ *about* one's appearance. ♦ **~·ly** *adv* **~·ness** *n* **me·tic·u·los·i·ty** /mətìkjəlɑ́səti/ *n* [L=full of fear (*metus* fear)]

mé·tier, me·tier /métjèɪ, ー ́/ *n* 職業, 《特に》適職; 専門(分野), 《個人の》得手; 専門技術. [F<L=service; ⇨ MINISTER]

me·tif /meɪtíːf/ *n* (*pl* ~**s** /-(s)/) [ˢM-] MÉTIS. [F]

mé·tis /meɪtíː(s)/ *n* (*pl* ~ /meɪtíː(s), -tíːz/; *fem* **-tisse** /meɪtíːs/) [ˢM-] 混血児《特に カナダのフランス人とインディアンの》; *OCTOROON; 雑種動物. [F]

Me·tis /míːtəs/ **1** 〘ギ神〙 メーティス《「知恵」の擬人化した女神; Zeus の最初の妻として Athena を産んだ》. **2** 〘天〙 メティス《木星の第 16 衛星》.

met·o·clo·pra·mide /mètəklóuprəmàɪd/ *n* 〘薬〙 メトクロプラミド《塩酸塩を鎮吐薬にする》.

met·oes·trus /metéstrəs, ᴵᴵ-tíːs-/ *n* METESTRUS.

Mét Office [the] METEOROLOGICAL OFFICE.

Me·tol /míːtɔ̀(ː)l, -tòul, -tɑ̀l/ 〘商標〙 メトール《写真現像主薬; メチルアミノフェノール硫酸塩》.

Me·tón·ic cycle /metɑ́nɪk-/ 〘天〙 メトン周期 (=*lunar cycle*) 《月が同じ位相を繰り返す 19 年の周期》. [Gk *Meton* 紀元前 5 世紀のアテナイの天文学者]

met·onym /métənɪ̀m/ *n* 〘修〙 換喩語. [逆成く ↓; *synonym* の類推]

me·ton·y·my /mətɑ́nəmi/ *n* 〘修〙 換喩《king の代わりに crown を用いるなど; cf. SYNECDOCHE》. ♦ **met·onym·ic** /mètənímɪk/, **-i·cal** *a* 換喩的な. **-i·cal·ly** *adv* [L<Gk (*meta-*, *onuma* name)]

mé-tóo 《口》 *a* 人まね的な, 追随的な, 便乗する; 類似品の《薬品など》. ► *vt* 〈人〉のまねをする, …に追随する. ♦ **~·er** *n* **~·ism** *n*

met·o·pe /métəpi, -tòup/ *n* 〘建〙 メトープ《ドーリス式で 2 個の TRIGLYPHS にはさまれた四角い壁面》; 〘解〙 前頭, 前額. [L<Gk]

Met·o·pe /métəpi/ 〘ギ神〙 メトーペー《Asopus 河神の妻; Thebe など多くの女神を生んだ》.

me·top·ic /metɑ́pɪk/ *a* 〘解〙 前頭[前額](部)の.

met·o·pon /métəpɑ̀n/ *n* 〘薬〙 メトポン《モルヒネから誘導される麻酔薬; 塩酸塩を鎮痛薬にする》.

met·o·pro·lol /metóuprəlɔ̀(ː)l, -lɑ̀l, -lòul/ *n* 〘薬〙 メトプロロール《ベータ受容体遮断薬; コハク酸塩および酒石酸塩を高血圧・心臓病の治療に用いる》.

metr- /métr/, **me·tro-** /míːtrou, mét-, -rə/ *comb form* 「子宮」「髄」「核心」 [Gk (*mētra* uterus)]

me·tral·gi·a /mətrǽlʤiə/ *n* 〘医〙 子宮痛, 子宮疼痛.

Met·ra·zol /métrəzɔ̀(ː)l, -zòul, -zɑ̀l/ 〘商標〙 メトラゾール《pentylenetetrazol 製剤》.

metre etc. ⇨ METER¹ etc.

met·ric /métrɪk/ *a* **1** メートル(法)の; メートル法を実施している〈人・国〉. **2** METRICAL. ● **go ~** メートル法を採用する. ► *n* [ˢ~s, 〈*sg*/*pl*〉] 測定規準[法]; METRIC SYSTEM; 〘数〙 距離, 計量; 指標 〈*of*〉; [~s, 〈*sg*/*pl*〉] 〘経営〙 メトリクス, 指標《成果を測る数字・統計》; 〘韻〙 韻律; [ᵘ~s, 〈*sg*/*pl*〉] 韻律論. [F; ⇨ METER¹]

-met·ric /métrɪk/, **-met·ri·cal** /métrɪk(ə)l/ *a comb form* 「計量器の[で計った]」「計量の」: baro*metric*(*al*), thermo*metric*(*al*). [↑]

mét·ri·cal *a* **1** 韻律の, 韻文の; 測量(用)の; 〘数〙 計量的な. **2** METRIC. ♦ **~·ly** *adv* メートル法で; 韻律的に; 測量的に; 〘数〙 計量的に.

métrical psálm 《賛美歌として歌う》韻文訳の詩篇.

met·ri·cateᴵᴵ /métrɪkèɪt/ *vt*, *vi* メートル法化する, メートル法に移行[で表示]する (metricize).

mèt·ri·cá·tion *n* メートル法化[移行, 表示].

métric céntner 〘力〙 メートルツェントネル《=100 kg》.

métric crówn 〘洋紙〙 メートル法でのクラウン判 (crown) 《384×504 mm が標準》.

métric hórsepower 〘力〙 メートル馬力.

métric húndredweight 50 キログラム《単位》.

me·tri·cian /mətríʃ(ə)n/, **met·ri·cist** /métrəsɪst/ *n* METRIST.

met·ri·cize /métrəsàɪz/ *vt* **1** 韻文にする, 韻律的にする. **2** メートル法に直す[で表わす]. ► *vi* メートル法に移行[を採用]する.

métric spáce 〘数〙 距離空間.

métric sýstem [the] メートル法《度量衡法で単位を meter, liter, gram とする; 十進法によって, ギリシア語系の deca-, hecto-, kilo- は 10 倍, 100 倍, 1000 倍を, ラテン語系の deci-, centi-, milli- は 1/10, 1/100, 1/1000 を表わす》.

métric tón [**tónne**] 〘力〙 メートルトン《=1000 kg; 記号 MT》.

met·ri·fi·ca·tion /mètrəfɪkéɪʃ(ə)n/ *n* METRICATION. ♦ **mét·ri·fi·càte** *vt*

met·ri·fy¹ /métrəfàɪ/ *vt* …に韻律を施す; 韻文に訳する; 韻文でつづる. ♦ **mét·ri·fì·er** *n*

metrify²ᴵᴵ *vt* METRICATE.

met·rist /métrɪst, míː-/ *n* 韻律学者; 韻文作家, 作詩家.

me·tri·tis /mətráɪtəs/ *n* 〘医〙 子宮(筋層)炎.

met·ro[1], **Met-** /métrou/ *n* (*pl* ~s) *中心[主要]都市, 大都市 (metropolis); *都市部[圏]の行政府; [the] *《俗》《大都市圏の》警察, 市警. ► *a* 大都市(圏)の (metropolitan); *都市部[圏]行政(府)の. [*metro*politan government]

metro[2] *n* (*pl* ~s) [the] 《Paris, Montreal や Washington, D.C. などの》地下鉄, メトロ. [F *métropolitain* METROPOLITAN]

met·ro-[1] /métrou, -rə/ *comb form* 「計測」 [Gk *metron* measure]

metro-[2] /míːtrou, mét-, -rə/ ⇨ METR-.

Métro-Góldwyn-Máyer メトロ-ゴールドウィン-メイヤー (MGM) 《米国の映画制作会社; トレードマークは吠えるライオン (愛称 'Leo'), モットーは 'Ars Gratia Artis'》.

métro·lànd *n* [°M-] 《London の》地下鉄区, メトロランド 《都心部》; メトロランドの住民. ♦ **~·er** *n*

Métro·lìner *n* 〘米〙 メトロライナー 《Amtrak の特急列車; Boston–New York–Washington, D.C. 間を結ぶもの; 2006 年廃止》.

me·trol·o·gy /mɛtrálədʒi/ *n* 度量衡学, 計測学; 度量衡. ♦ **-gist** *n* **mèt·ro·lóg·i·cal** /mètrə-/ *a*

met·ro·mánia /mètrou-/ *n* 作詩狂, 詩文狂い.

met·ro·ni·da·zole /mètrənáɪdəzòul/ *n* 〘薬〙 メトロニダゾール 《膣トリコモナス症の治療に用いる》.

met·ro·nome /métrənòum/ *n* 〘楽〙 メトロノーム. [Gk *metron* measure, *nomos* law]

met·ro·nom·ic /mètrənámɪk/, **-i·cal** *a* メトロノームの; 〈テンポが〉機械的に規則正しい. ♦ **-i·cal·ly** *adv*

me·tro·nym·ic /mìːtrənímɪk, mèt-/ *n* MATRONYMIC.

Met·ro·plex /métrəplèks/ *n* [ˢm-] 大都市圏.

me·tro·pole /métrəpòul/ *n* 《植民地の》本国, 内地. [OF; cf. METROPOLIS]

me·trop·o·lis /mətráp(ə)ləs/ *n* **1 a** 《国・州・地方などの》中心都市, 主要都市, 大都市. **b** 《国の》首都 (capital); [the, °the M-] ᴵᴵ《口》[*joc*] ロンドン (London). **c** 《活動の》中心都市. **2 a** 大本山所在地; 大司教[監督]管区. **b** 《古代ギリシアなどの植民地の》母都, 本国. **3** 〘生〙 種属中心地. [L<Gk (*metr- mētēr* mother, *polis* city)]

met·ro·pol·i·tan /mètrəpálət(ə)n/ *a* **1 a** 大都市の; 首都の, 首都圏の; [M-] ロンドンの. **b** 都会人風な, 超地域社会的な. **2 a** 大司教[大主教, 大監督]管区の; 本山の. **b** 《植民地に対し》母国の[である]; 母国産の. ► *n* **1** 大都会の市民, 都会人. **2 a** 〘教会〙 大司教, 大主教, (首都)大監督, 管長, 大教正, 〘カト〙 首都大司教, 〘東方正教会〙 府主教 (=~ **bíshop**). **b** 《古代ギリシアなどの植民地人に対して》母都民, 本国人. ♦ **~·àte** *n* [L<Gk (↑)]

metropólitan área (大)都市圏, メトロポリタンエリア.

metropólitan bóroughs *pl* **1** 首都自治区 《the county of London を構成していた 28 の BOROUGHS; 1965 年の改革でこの county は廃され大ロンドンの一部となり, LONDON BOROUGHS がこれらに代わるものとなった》. **2** 大都市圏自治区 (metropolitan districts) 《6 州で 36 ある》.

metropólitan cóunty 〘英〙 大都市圏州, 都市州 《イングランドの大都市を中心とした 6 つの州: Tyne and Wear, West Midlands, Merseyside, Greater Manchester, West Yorkshire, South Yorkshire; 1974 年行政単位として設立されたが, 大都市圏州議会は 86 年廃止》.

metropólitan dístrict 〘英〙 大都市圏地区 《metropolitan county の行政区; 現在はそれぞれ独立した行政単位で, 各地区議会が管轄》.

metropólitan·ìsm *n* 大都市[首都]であること, 大都市[首都]的性格.

metropólitan·ìze *vt* 大都市化する, 大都市圏に組み入れる. ♦ **metropòlitan·izátion** *n*

metropólitan mágistrate 〘英〙 《有給の》ロンドン市治安判事.

Metropólitan Muséum of Árt [The] メトロポリタン美術館 《New York 市 Manhattan の Central Park の東側にある大美術館; 1870 年創設》.

Metropólitan Ópera Hòuse [the] メトロポリタン歌劇場 《New York 市 Manhattan の Lincoln Center にある歌劇場; 1966 年 Broadway にあった旧歌劇場 'the Old Met' から移転》.

Metropólitan Políce [the] 〘英〙 ロンドン警視庁 《本部は New Scotland Yard; 1829 年 Sir Robert Peel によって設置された; 略 MP》.

métro·pòrt *n* 繁華街のヘリポート 《時にビルの屋上にある》.

me·tror·rha·gia /mìːtrəréɪdʒ(i)ə, *-ʒə, *-ráː-/ *n* 〘医〙 子宮出血, 不正子宮出血.

mètro·séxual *n*, *a* メトロセクシュアル(の) 《美容・身だしなみ・おしゃれなど (通例ホモの男性が関心を払うと思われている事柄) に多大な関心と金を注ぐ都会派の男についていう》. [*metro*politan+hetero*sexual*] ♦ **mètro·sexuálity** *n*

-m·e·try /ˊ-mətri/ *n comb form* 「測定法[学, 術]」: geo*metry*, chrono*metry*, odo*metry*. [Gk; ⇨ METER[1]]

Metsys ⇨ MASSYS.

Met·ter·nich /métərnɪk, -nɪx; *G* métərnɪç/ メッテルニヒ **Klemens** (**Wenzel Nepomuk Lothar**) **von** ~, Fürst **von** ~ (1773–1859) 《オーストリアの政治家; 外相 (1809–48); Vienna 会議議長 (1814–15); Napoleon 戦争後のヨーロッパにおける政治秩序の再建に腐心し, オーストリアの勢力を復活; 各地の革命・自由主義運動を弾圧, ウィーン反動体制の指導者と目された》. ♦ **Mèt·ter·ních·ian** *a*

met·teur en scène /*F* mɛtœːrɑ̃sɛn/ (*pl* **met·teurs en scène** /*F* —/) (舞台)監督, 演出家.

met·tle /métl/ *n* 気性, 気質 (cf. METAL); 熱情, 鋭気; 元気, 気概, 意気, 根性; 《機器などの》耐久性: try sb's ~ 人の土性骨を探る, 気概を試す / show [prove] one's ~ 気骨のあるところを示す, 根性[底力]を見せる. ● **on one's** ~ 発奮して, 奮起して, 意気込んで. **put** [**set**] sb **on** [**to**] his ~ 人を激励する[発奮させる]. [変形く METAL]

mét·tled *a* [*compd*] 元気の…な; 《古》 METTLESOME: high-~ 意気盛んな.

méttle·some *a* 《文》 元気のある, 威勢のよい, 血気盛んな (spirited).

me·tyr·a·pone /mətíərəpòun/ *n* 〘生化〙 メチラポン 《下垂体前葉機能測定の補助剤とする》.

Metz /méts; *F* mɛs/ メス 《フランス北東部の Moselle 川に臨む市》.

meu, mew /mjúː/ *n* 〘植〙 **a** BALDMONEY. **b** SPIGNEL.

me·um et tu·um /míːəm èt túːəm, méɪumèt túːum/ わたしのものとおまえのもの, 財産の区別 (=**méum and túum** /-ən-/). [L]

meu·nière /mənjέər/ *a* [通例 後置] 〘料理〙 ムニエルの 《小麦粉をまぶしてバターで焼いた》. [F=miller's wife]

Meur·sault /mərsóu; *F* mœrso/ *n* ムルソー 《フランス Burgundy 地方の Meursault で生産される辛口の白ワイン》.

Meurthe /mɔ́ːrt; *F* mœrt/ [the] ムルト川 《フランス北東部 Vosge 山脈から北西に流れ, Moselle 川に合流する》.

Meurthe-et-Mo·selle /*F* mœrtemozɛl/ ムルト-エ-モーゼル 《フランス北東部 Lorraine 地域圏の県; ☆Nancy》.

Meuse /mjúːz, mɔ́ːrz; *F* møːz/ **1** ムーズ 《フランス北東部 Lorraine 地域圏の県; ☆Bar-le-Duc》. **2** [the] ムーズ川 (*Du* Maas) 《フランス北部からベルギーを通り, オランダで北海に注ぐ》.

MeV mega-electronvolt(s) ♦ million electron volts.

me·val·o·nate /məvǽlənèɪt/ *n* 〘化〙 メバロン酸塩.

mev·a·lón·ic ácid /mèvəlánɪk-/ 〘化〙 メバロン酸, 火落(ひおち)酸.

me·vrou /məfróu/ *n* 《南ア》 MRS., MADAM.

mew[1] /mjúː/ *n* 猫の鳴き声, ニャオ (meow). ► *vi* 〈猫が〉ニャーニャー鳴く; 〈カモメが〉鳴く. ► *vt* 猫[カモメ]が鳴くように…を発する. [imit]

mew[2] *n* [ᵁsea ~] 〘鳥〙 カモメ. [OE *mǣw*; cf. G *Möwe*]

mew[3] *n* 鷹籠(たかご) 《羽毛の抜け替わる間入れる》; 《家禽を太らせるための》小屋; 隠れ場, 隠退所; MEWS. ► *vt* 〈鷹を〉籠に入れる; [*fig*] 閉じ込める 〈*up*〉. [OF (↓)]

mew[4] 《古》 *vt*, *vi* 〈鷹が〉〈羽毛を〉脱ぎ替える; 〈鹿が〉〈角を〉落とす; 〈衣服などを〉脱ぎ捨てる. [OF=to molt<L *muto* to change]

mew[5] ⇨ MEU.

Me·war /meɪwáːr/ メワール 《UDAIPUR 州の別称》.

méw gùll* 〘鳥〙 カモメ (common gull).

mewl /mjúːl/ *vi* 〈赤んぼなどが〉弱々しく[かぼそい声で]泣く 《~ and puke の形でよく用いる》; MEW[1]. ♦ **~·er** *n* **~·ing** *a* [imit]

mewsᴵᴵ /mjúːz/ *n* [〈*sg*〉] ミューズ 《路地に面してまたは中庭を囲んで並んだ馬屋; 今日ではたいてい住居やガレージに改造してある》; ミューズの路地[中庭]. [MEW[3]; もと, Charing Cross の王の鷹籠 (Mews) のあった跡地の馬屋]

Mex /méks/ *n*, *a* *《俗》 [ᵁ*derog*] メキシコ人[野郎](の), メキシコの; *《俗》 外国の金 《特に peso》.

Mex. Mexican ♦ Mexico. **MEX** Mexico.

Mex·i·cali /mèksɪkǽli, -káːli/ メヒカリ 《メキシコ北西部 Baja California 州の州都; California 州との境に臨む》.

Mexicáli revènge 《俗》 メキシコ旅行者がかかる下痢.

Mex·i·can /méksɪkən/ *a* メキシコ(人)の; メキシコ語の, 《特に》 Nahuatl 語の. ► *n* **a** メキシコ人; メキシコ系の人; *《南西部》 スペイン人と先住民の混血の人. **b** メキシコ語 《**1**) MEXICAN SPANISH **2**) NAHUATL》. **c** MEXICAN DOLLAR; *《俗》 MEXICAN RED. [Sp (*Mexitli* Aztec war god)]

Méxican áxolotl 〘動〙 メキシコアホロートル.

Méxican béan bèetle 〘昆〙 インゲンテントウ 《マダラテントウムシ属の一種; 豆類の葉を食う害虫》.

Méxican béer *《俗》 水.

Méxican bréakfast *《俗》 《二日酔い・過労・金欠病などで》タバコ一服と水[コーヒー]一杯の朝食.

Méxican brówn *《俗》 メキシカンブラウン 《**1**) メキシコ産の茶色っぽいマリファナ **2**) メキシコ産のヘロイン》.

Méxican búsh *《俗》 メキシカンブッシュ 《メキシコ産の質の悪いマリファナ》.

Méxican dóllar メキシコドル《メキシコペソ (peso); ペソ硬貨》.
Méxican dráw MEXICAN STANDOFF.
Méxican frúit flỳ 〔昆〕メキシコミバエ《幼虫が生果に寄生するミバエの一種》.
Méxican háirless 〔犬〕メキシカンヘアレス《メキシコ産の小型無毛犬》.
Méxican ínfantry*《俗》[*derog*] 軍情報部 (military intelligence).
Méxican júmping bèan JUMPING BEAN.
Méxican mílk*《俗》テキーラ (tequila).
Méxican múd*《俗》メキシカンマッド《メキシコ産の茶色っぽいヘロイン》.
Me·xi·ca·no /mèksɪká:noʊ, *mèhi-/《口》*n* メヒカーノ語《ナワトル語 (Nahuatl), 特に 現代メキシコで使われている口語》; メキシコ人 (Mexican). ► *a* メキシコの. [Sp]
Méxican óverdrive*《俗》《特に トラックが》ニュートラルギアで坂を下ること.
Méxican promótion [ráise]*《俗》《実質のない》名ばかりの昇進.
Méxican réd*《俗》メキシカンレッド《メキシコ産の強力な赤褐色のマリファナ》.
Méxican rúbber GUAYULE.
Méxican Spánish メキシコスペイン語.
Méxican stándoff 《試合の》行き詰まり, 膠着状態, にらみ合い; 引分け.
Méxican téa 〔植〕アリタソウ (wormseed).
Méxican Wár [the] メキシコ戦争《米国による Texas 併合 (1845) に起因する米国とメキシコの戦争 (1846-48); 米国が勝利し, California と New Mexico を 1500 万ドルで割譲させた》.
Méxican [México] wáve 人間の波, (メキシカン)ウェーブ, ウェービング (wave)《1986 年サッカーのワールドカップのメキシコ大会の試合が放映されて広まった》.
Mex·i·co /méksɪkòʊ/, (Sp) **Mé·ji·co,** (MexSp) **Mé·xi·co** /méhikoʊ/ **1** メキシコ, メヒコ《公式名 United Mexican States (メキシコ合衆国); ☆Mexico City》. **2** メキシコ《メキシコ中南部の州; ☆Toluca》. **3** MEXICO CITY. ■ the **Gúlf of México** メキシコ湾. the **Nátional Autónomous Univérsity of ～** メキシコ国立自治大学《Mexico City にある大学; 1551 年創立》.
México Cíty メキシコ市《メキシコ中南部にある同国の首都; 三方をメキシコ州に囲まれた連邦区を行政区とする》.
Mey·er·beer /máɪərbɪ̀ər; *G* máɪərbe:r/ マイヤーベーア **Giacomo ～** (1791-1864)《ドイツの作曲家; 本名 Jacob Liebmann Meyer Beer》.
Mey·er·hof /máɪərhòʊf/ マイヤーホーフ **Otto ～** (1884-1951)《ドイツの生理学者; 筋肉のエネルギー代謝の研究でノーベル生理学医学賞 (1922)》.
Mey·er·hold /máɪərhɔ̀:lt/ メイエルホリド **Vsevolod (Yemilyevich) ～** (1874-1940)《ロシア・ソ連の演出家・俳優》.
mez·cal /mɛskǽl/ *n* MESCAL.
mez·ca·line /mɛ́zkəlì:n, -lən/ *n* MESCALINE.
me·ze /mɛzéɪ, méɪzeɪ/ *n* メゼ《ギリシア・中近東地域で, 特にアペリチフをつけて出されるオードブル》. [Turk =snack]
Mé·zenc /meɪzǽŋk; *F* mezɛ̃:k/ [Mount] メザンク山《フランス南部にある Cévennes 山脈の最高峰 (1754 m)》.
me·ze·re·on /məzíəriən, -ɑ̀n/ *n* 〔植〕ヨウシュジンチョウゲ, セイヨウオニシバリ (=*spurge laurel*)《花には芳香がある》. [Arab]
mezéreon fàmily 〔植〕ジンチョウゲ科 (Thymelaeaceae).
me·ze·re·um /məzíəriəm/ *n* 〔植〕MEZEREON; ヨウシュジンチョウゲの乾燥樹皮《発疱薬に用いられた》.
Mézières ⇨ CHARLEVILLE-MÉZIÈRES.
me·zon·ny /məzɑ́ni/ *n**《俗》お金, 銭.
mezuma ⇨ MAZUMA.
me·zu·za(h) /məzúzə/ *n* (*pl* **-zu·zot** /-zòʊt/, **-zu·zoth** /-zòʊθ/, ～**s**) 〔ユダヤ教〕メーズーザー《申命記の数節を記した羊皮紙小片; ケースに収め戸口に掛けておく; *Deut* 6: 4-9, 11: 13-21》. [Heb= doorpost]
mezz[1] /mɛ́z/*《俗》*n* マリファナタバコ; MEZZANINE. [*Mezz* Mezzrow (1899-1972) 米国のクラリネット奏者で麻薬常用者]
mezz[2] *a**《俗》まともな, すぐれた.
mez·za·lu·na /mètsəlú:nə/ *n* メッツァルーナ, 半月庖丁《半円形の刃の両端に柄が付いた, 香草や野菜などのみじん切り用庖丁; 両手で使う》. [It=half moon]
mez·za·nine /méz(ə)nì:n, ⌐⌐⌐; méts(ə)-, méz(ə)-/ *n* 〔建〕中二階, メザニン《2 つの階の間の小さな階》; 〔劇〕*二階席《の最前数列》; 〔劇〕‖舞台下, 奈落. ► *a* 〔金融〕メザニン型の《大型企業買収の資金調達の一つの方法についていう; 劣後債 (subordinated debenture) など高金利の劣後条件債務により調達するもので債務返済順位が担保付債務と普通株との中間にくるもの》. [F<It (dim)< *mezzano* middle<L; ⇨ MEDIAN]
mez·za vo·ce /métsɑ: vóʊtʃeɪ, médzɑ:-/ *adv, a* 〔楽〕中位の声で[の], メザヴォーチェで[の]《略 mv》. [It]
mez·zo /métsoʊ, médzoʊ/ *adv* 〔楽〕中位に. ► *n* (*pl* ～**s**)《口》MEZZO-SOPRANO. [It<L *medius* middle]
mézzo fórte *a, adv* 〔楽〕中位に強い[強く], メゾフォルテの[で]《略 mf》. [It]
Mez·zo·gior·no /mètsoʊdʒɔ́:rnoʊ, mèdzoʊ-/ メッゾジョルノ《イタリア南部, おおよそ Rome より南の半島部を指す; 農工業の後進地帯で, 統一後いわゆる南部問題が生じた》.
mézzo piáno *a, adv* 〔楽〕中位に弱い[弱く], メゾピアノの[で]《略 mp》. [It]
mézzo-relíevo, -rilíevo *n* (*pl* ～**s**) 中浮彫り (=*demirelief, half relief*) (cf. ALTO-RELIEVO, BASSO-RELIEVO). [It]
mézzo-sopráno *n, a* 〔楽〕メゾソプラノ(の)《soprano と contralto との中間》; メゾソプラノ歌手(の); 次高音部(の). [It]
mézzo·tìnt *n* メゾチント彫法[版]《直刻法銅[鋼]凹版の一種》. ► *vt* メゾチント版に彫る. ♦ **～·er** *n* [It]
mf 〔楽〕°mezzo forte. **MF** °machine finish ♦ °medium frequency ♦ microfiche ♦ °Middle French. **MF, m.f.**《俗》motherfucker. **MFA** Master of Fine Arts.
mfd manufactured.
mfe·si /əmféɪzi/ *n*《南ア》RINKHALS. [Zulu]
mfg manufacturing. **MFH** 〔英〕°Master of Foxhounds.
M5 /ɛ́mfáɪv/ *n* 〔経〕M5《英国の通貨供給量の尺度で, M4 に金融市場証券保有額を加えたもの; 旧称 PSL2》.
MFl, MFlem °Middle Flemish.
MFN °most favored nation.
M4 /ɛ́mfɔ́:r/ *n* 〔経〕M4《英国の通貨供給量の尺度で, M1 に民間保有 (building society 保有分を除く) の定期性銀行預金高および building society の預金高を加えたもの; 旧称 PSL1; cf. M5》.
M14 /ɛ̀mfɔ:rtí:n/ *n* M14《口径 .30 インチの完全自動式のライフル銃; M1 の改良型》.
mfr. (*pl* **mfrs**) manufacture(r). **MFr** °Middle French.
Mfúm·bi·ro Móuntains /ɛmfú:mbəroʊ-/ *pl* [the] ムフンビロ山脈《VIRUNGA MOUNTAINS の別称》.
Mfume /əmfú:meɪ, ʊm-/ アムフーメ **Kwei·si** /kwɑ:í:si/ ～ (1948-)《生名 Frizzell Gerald Gray; 米国の市民権運動指導者・政治家; NAACP 会長 (1996-2004)》.
mg, mg. milligram(s). **mG** milligauss.
Mg 〔化〕magnesium.
MG /ɛ́mdʒí:/〔商標〕MG《英国製のスポーツカー》. [*M*orris *G*arages: Morris 社の自動車工場で作られたことから]
MG °machine gun ♦ °Major General ♦ °Military Government.
mgal, mGal milligal. **mgd** million gallons per day.
MGk °Medieval [Middle] Greek. **M. Glam** °Mid Glamorgan. **MGM** Metro-Goldwyn-Mayer. **mgmt** management. **mgr** manager. **Mgr** (*pl* **Mgrs**) Manager ♦ Monseigneur ♦ Monsignor. **MGr** °Medieval [Middle] Greek. **MGR** ‖merry-go-round. **mgt** management.
MGySgt °Master Gunnery Sergeant. **MH** °Marshall Islands ♦ °Master of Hounds ♦ °Medal of Honor ♦ °mental health ♦ °mobile home. **MHA** 〔カナダ・豪〕Member of the House of Assembly ♦ Mental Health America《旧称 NMHA》.
MHC °major histocompatibility complex. **MHD** magnetohydrodynamic(s) (: a ～ generator 磁気流体発電機).
MHG °Middle High German.
MHK Member of the House of Keys.
mho /móʊ/ *n* (*pl* ～**s**) 〔電〕モー《OHM の逆数を表わすコンダクタンス (conductance) の単位の旧称; 現在は SIEMENS とよぶ》. [*ohm* の逆つづり]
MHR 〔米・豪〕Member of the House of Representatives.
MHW mean high water. **MHz, Mhz** megahertz.
mi /mí:/ *n* 〔楽〕ミ《長音階の第 3 音》, ホ音 (⇨ SOL-FA). [L *mira*]
M.I. /ɛ̀mái/ *n**《俗》治療費を払えそうにない患者.
mi- /máɪ/, **mio-** /máɪoʊ, -ə/ *comb form*「より小さい[少ない]」「劣った」 [Gk (*meiōn* less)]
mi. mile(s) ♦ mill(s).
MI Michigan ♦ °Military Intelligence (cf. MI5, MI6); °myocardial infarction.
MIA 〔軍〕missing in action 戦闘中行方不明兵士.
Mi·ami /maɪǽmi, *-mə/ **1** マイアミ《Florida 州南東部の市・港町; 避寒地・観光地》. **2 a** (*pl* ～, ～**s**) マイアミ族《Indiana 州北部のインディアン》. **b** マイアミ語. ♦ **Mi·ámi·an** *n*
mia-mia /máɪəmàɪə/ *n* 《オーストラリア先住民の》仮小屋. [(Austral)]
Miámi Béach マイアミビーチ《Florida 州南東部の都市》.
Miao /miáʊ/ *n* **a** (*pl* ～, ～**s**) ミャオ(苗)族《中国南部およびヴェトナム・ラオス・タイの北部に居住; cf. HMONG》. **b** ミャオ語.
mi·aow, -aou /miáʊ/ *n, vi, vt* MEOW. [imit]
Miáo-Yáo *n* 〔言〕ミャオ-ヤオ(苗瑤)諸語《中国南部および東南アジアに分布する言語群》.
mi·as /máɪəs/ *n* ORANGUTAN.
mi·as·ma /maɪǽzmə, mi-/ *n* (*pl* **-ma·ta** /-tə/, ～**s**)《沼沢地から

発すると考えられた》毒気, 瘴気(しょうき); 悪影響, いやな雰囲気; かすんだ雰囲気[状態]; 妖気; 殺気. ♦ **mi·ás·mic, mi·ás·mal, -mat·ic** /màɪəzmǽtɪk, mì:əz-/ *a* **mi·ás·mi·cal·ly** *adv* [Gk=defilement]

mi·aul /miáʊl, miɔ́:l/ *vi* MEOW; CATERWAUL.

mib /míb/ *《方》 *n* ビー玉; [~s, 〈*sg*〉] ビー玉遊び.

mic /máɪk/ *n* 《口》 マイク (microphone).

Mic. 〔聖〕 Micah.

MIC °methyl isocyanate ♦ °military-industrial complex.

mi·ca /máɪkə/ *n* 〔鉱〕 雲母, 《絶縁材料として》マイカ. [L=crumb]

mi·ca·ceous /maɪkéɪʃəs/ *a* 雲母(状)の, 雲母を含んだ; きらめく (sparkling).

Mi·cah /máɪkə/ **1** マイカ《男子名》. **2**〔聖〕ミカ《紀元前 8 世紀のヘブライの預言者》; ミカ書《旧約聖書の一書; 略 Mic.》. [*Micaiah*; ⇨ MICHAEL]

Mic·a·nite /míkənàɪt/ 〔商標〕 ミカナイト《雲母を用いた絶縁体》.

míca schìst [slàte] 〔鉱〕 雲母片岩[粘板岩].

Mi·caw·ber /məkɔ́:bər/ [Mr.] ミコーバー **Wilkins** ~《Dickens, *David Copperfield* の登場人物で, そのうちにいい事があると待ち望んでいる楽天的な下宿の主人》. ♦ **~·ìsm** *n* 空想的楽天主義, 棚ぼた主義. **~·ish** *a*

Mic·co·su·kee /mìkəsú:ki/ *n* (*pl* **~, ~s**) MIKASUKI.

mice *n* MOUSE の複数形.

mi·cell(e) /məsél, maɪ-/, **-cel·la** /-sélə/ *n* 〔理·化·生〕 膠質(こうしつ)粒子, ミセル. ♦ **mi·cél·lar** *a* **-lar·ly** *adv*

mich ⇨ MITCH.

Mich. Michaelmas ♦ Michigan.

Mi·chael /máɪk(ə)l/ **1** マイケル《男子名; 愛称 Mick, Mickey, Mike》. **2**〔聖〕天使長ミカエル. **3** ミハエル ~ **VIII Pa·lae·ol·o·gus** /pèɪliáləgəs/ (1224?–82)《ビザンティン帝国の皇帝 (1259–82); パライオロゴス朝 (1259–1453) を開いた》. **4** ミハイル (1596–1645)《ロシアの Romanov 朝の初代皇帝 (1613–45); ロシア語では Mikhail Fyodorovich Romanov》. **5** ミハイ ~ **Hohenzollern** (1921–2017)《ルーマニア最後の王 (1927–30, 40–47); 退位後スイスへ亡命; ルーマニア語名 Mihai》. **6** *《俗》 MICKEY FINN. [Heb=who is like the Lord?]

Mi·cháe·lis cónstant /maɪkéɪləs-, mə-/ 〔生化〕 ミカエリス[ミハエリス]定数《酵素反応の速度と基質濃度との関係式の定数; 記号 Km》. [Leonor *Michaelis* (1875–1949) 米国の生化学者]

Mich·ael·mas /mík(ə)lməs/ *n* ミカエル祭(日) (=**~ Dày**)《9 月 29 日; 英国では QUARTER DAYS の一つ》: ~ goose ミカエル祭の日に食べるガチョウ.

Míchaelmas dáisy 〔植〕 シオン, アスター.

Míchaelmas tèrm 〔英法〕 ミクルマス開廷期《11 月 2 日から 25 日までの昔の上級裁判所の開廷期》; 〔英大学〕 秋学期《一般に 10 月初めからクリスマスまで》.

Mi·chal /máɪk(ə)l/ 〔聖〕 ミカル《Saul の娘で David の妻; *1 Sam* 14: 49, 18: 20–27》.

miche ⇨ MITCH.

Mi·che·as /máɪkiəs, maɪkí:əs/ 〔ドゥエー聖書〕 MICAH.

Mich·el /*G* míçl/ ミヘル **Hartmut** ~ (1948–)《ドイツの生化学者; 光合成反応の中心をなすタンパク質の構造を決定, ノーベル化学賞 (1988)》.

Mi·chel·an·ge·lo /màɪkəlǽndʒəlòʊ, mìk-, mì:kəlá:n-/ ミケランジェロ (1475–1564)《イタリアルネサンス期の彫刻家·画家·建築家·詩人; 全名 ~ di Lodovico Buonarroti Simoni》. ♦ **Mì·chel·àn·ge·lésque** *a*

Mi·che·let /mì:ʃ(ə)léɪ/ ミシュレ **Jules** ~ (1798–1874)《フランスの歴史家; *Histoire de France* (1833–67)》.

Miche·lin /míʃ(ə)lən, mítʃə-; *F* miʃlɛ̃/ **1** ミシュラン **André** ~ (1853–1931), **Édouard** ~ (1859–1940)《フランスの実業家·慈善家兄弟; ゴムタイヤメーカーを設立 (1888), 初めて空気タイヤを自動車に使用》. **2** MICHELIN GUIDE: a three-~ starred restaurant ミシュラン(ガイド)の三ツ星レストラン.

Míchelin Guìde ミシュランガイド《フランスのタイヤメーカー Michelin et Cie が発行しているガイドブック》.

Míchelin Màn ミシュランマン《ミシュランタイヤのキャラクター》: look like a ~ 着ぶくれている.

Mi·chel(l)e /mɪʃél/ ミシェル《女子名》. [F; ⇨ MICHAEL]

Mi·che·loz·zo /*It* mikelɔ́ttso/, **-zi** /-tsi/ ミケロッツォ, ミケロッツィ (1396–1472)《イタリアの建築家·彫刻家; 全名 ~ di Bartolommeo》.

Mi·chel·son /máɪk(ə)ls(ə)n/ マイケルソン **A(lbert) A(braham)** ~ (1852–1931)《ポーランド生まれの米国の物理学者; 光速を測定, 干渉計を考案, マイケルソン-モーリーの実験を行なった; ノーベル物理学賞 (1907)》.

Míchelson-Mórley expèriment [the] 〔光〕 マイケルソン-モーリーの実験《地球の運動は観測される光速に影響を及ぼさず, 地球の絶対的な運動は測定不可能であることを示した (1887)》. [A. A. *Michelson* and Edward W. *Morley*]

Mich·e·ner /mítʃ(ə)nər/ ミッチェナー **James A(lbert)** ~ (1907–97)《米国の作家》.

Mich·i·gan /míʃɪgən/ **1** ミシガン《米国北部, 五大湖地方にある州; 北西にある Upper Peninsula と南東の Lower Peninsula からなる; ☆Lansing; 略 Mich., MI》. **2** [Lake] ミシガン湖《米国中北部の湖; 五大湖の一つ》. **3** [ˢm-] *〔トランプ〕ミシガン (=*boodle, Chicago, stops*) (Newmarket[ll])《3–8 人でするストップ系のゲーム》. ■ the **Univérsity of ~** ミシガン大学《Michigan 州 Ann Arobor を本拠とする州立大学; 1817 年創立》. ♦ **Mich·i·ga·ni·an** /mìʃɪgéɪniən/, **~·ite** *a, n* **Mich·i·gan·der** /mìʃɪgǽndər/ *n*

Míchigan róll [bánkroll] *《俗》 一枚の高額紙幣でごまかした札束, あんこの札束《小額紙幣·にせ札をつかませるためのもの》.

Mich·i·li·mack·i·nac /mìʃəlimǽkənɔ̀:, -næ̀k/ ミシリマッキノー[マッキナク]《MACKINAC の旧称》.

Mi·cho·a·cán /mì:tʃoʊɑ:ká:n/ ミチョアカン《メキシコ南西部, 太平洋に面する州; ☆Morelia》.

micht[1] /mìxt, míxt/ *v auxil* 《スコ》 MIGHT[1].

micht[2] /míxt/ *n* 《スコ》 MIGHT[2].

Mi·chu·rin /mjɪtʃú:rjɪn/ ミチューリン **Ivan Vladimirovich** ~ (1855–1935)《ソ連の園芸家》.

Mi·cius /míʃ(i)əs/ 墨子《MOZI のラテン語名》.

mick[1] /mík/ *n* **1** [ºM-] [º*derog*] アイルランド(系)人, カトリック教徒: cheap shanty ~ *《俗》 [*derog*] (貧乏な)アイルランド人. **2** [M-] ミック《男子名: Michael の愛称》. ● **do a ~** ⇨ do a MICKEY. **take the ~** ⇨ take the MICKEY.

mick[2] *n* 《学生俗》 簡単に単位の取れる科目, ちょろい[楽勝]コース. [*Mickey Mouse*]

mick[3] *n* *《軍俗》 MINUTE[1].

mick[4] *n* 《海俗》 ハンモック.

mick·e·ry, -rie /míkəri/ 《豪》 *n* 《涸れた砂地の河床などの》水たまり, 井戸; 沼沢地.

mick·ey, micky /míki/ *n* **1 a** [M-] ミッキー《男子名; Michael の愛称; Michael は特にアイルランド人に多い》. **b** [ˢM-] 《俗》 [*derog*] アイルランド人, カトリック教徒. **2 a** [ºM-] 《俗》 MICKEY FINN: slip sb a ~ 〈人〉の飲み物にこっそり催眠剤[下剤など]を入れる, 一服盛る. **b** 《俗》《ウイスキーなどの》小瓶, HIP FLASK. **c** *《俗》 鎮静剤. **3** [ᵘmickies] ミッキー《野外で焼いたジャガイモ; 20 世紀前半には米国の街角の屋台で売られていた》. **4** 《豪》《野生または無印の》雄の若牛, ミッキー. ● **do a ~** 《俗》 ずらかる, うせる, とんずらする. **take the ~ (out of…)** [ll]《口》 (…を)からかう, おちょくる, いじめる, 侮辱する.

Mickey D's /—— dí:z/ *《俗》 マクドナルド (McDonald's) の店.

Míckey fínished *a* *《俗》 酔っぱらった《MICKEY FINN のもじり》.

Míckey Fínn [ºm- f-] 《俗》 ミッキーフィン (=*Mickey*) (**1**) 催眠薬[下剤など]を入れた酒 **2**) その薬》.

Míckey-Móuse /, ―́ ―́―/ [ˢmickey-mouse] 《俗》 *vi, vt* ぶらぶら[むだに]過ごす 〈*around*〉; 〈フィルム〉に画面に合わせた背景音楽をつける; 〈人を〉荒っぽく使う, ひどいめにあわせる.

Míckey Móuse /, ―́ ―́―/ [ˢm- m-] *n* **1** [M- M-] 〔商標〕 ミッキーマウス《Walt Disney の漫画·アニメなどに登場するネズミ; 女友だちは Minnie Mouse》. **2** *《口》 センチメンタルミュージック. **3** 《口》 **a** 不必要なこと, つまらないこと, むだ, カス, たわごと; ちゃちなもの, 細かい規則; 簡単な仕事, 《大学で》ちょろい[楽勝の]科目[講義]; 当選間違いなしの立候補者 (cf. HUMPTY-DUMPTY). **b** めちゃくちゃ, 混乱, ごたごた; へま, どじ. **4** 《俗》 ミッキーマウス《コンピューター操作を習得するまでハードウェア·ソフトウェア·システムなどをいじくって遊ぶこと》. **5** 《俗》《飛行機の》電気式爆弾投下装置. **6** *《黒人俗》 [*derog*] ばかなやつ, 白人, ポリ公. **7** *《俗》 性病予防の解説映画; 《軍隊での》接近戦の戦闘方法解説の映画. **8** *《俗》 女のあそこ, おまんちゃん. **9** *《俗》 ミッキーマウスが描いてあるLSD を染み込ませた紙. **10** 《韻俗》 劇場, 芝居小屋 (house); (小さな)家. ► *a* 《口》 **1** 〈ダンスバンド·音楽が〉安っぽい, センチメンタルな, 《楽器で動物の鳴き声をまねたりして》わざとらしい. **2** 簡単な, ちょろい; 重要でない, つまらない; 三流の, ちゃちな, くだらない, しょうもない, 子供だましの: ~ rules やたらと細かい(ばかげた)規則.

Míckey Móuse èars *pl* *《俗》《パトカーの屋根についた》回転灯, サイレン.

Míckey Móuse hàbit *《俗》 軽い薬中, ちょっとヤクをやってみること.

Míckey Róoney [ll]《俗》 マカロニ (macaroni). [Mickey Rooney (1920–) 米国の映画俳優]

míckey-tàking *n* [ll]《口》 からかう[おちょくる]こと, いじめ.

Mic·kie·wicz /mɪtskjévɪtʃ/ ミツキエヴィチ **Adam (Bernard)** ~ (1798–1855)《ポーランドの詩人》.

Míck Jágger 《スコ韻俗》 ラガー (lager).

mick·le /mík(ə)l/, **muck·le** /mʌ́k(ə)l/ 《古·スコ》 *a* 大きい; たくさんの. ► *adv* 大いに. ► *n* 多量: Many a little [pickle] makes a *mickle*.=Every little makes a *mickle*.=Many a *mickle* makes a *muckle*. 《諺》 ちりも積もれば山となる. [ON; cf. OE *micel* much]

Mic·mac, Mi'k·maq /míkmæ̀k/ *n* **a** (*pl* **~, ~s**) ミクマク族《カナダ東部のインディアン》. **b** ミクマク語《Algonquian 語族に属する》.

mi·con·a·zole /maɪkánəzòʊl/ *n* 〘薬〙ミコナゾール《抗真菌薬; 特に 硝酸塩の形で投与する》.

Mi·co·qui·an /mɪkóʊkiən/ *a* 〘考古〙《イングランド・南フランスのアシュール文化の》ミコック文化(期)の.

MICR 〘電算〙magnetic ink character reader 磁気インキ文字読取装置[機]◆〘電算〙°magnetic ink character recognition.

micra *n* MICRON の複数形.

mi·cri·fy /máɪkrəfàɪ/ *vt* 小さく[微小化]する.

mic·rite /míkràɪt, máɪ-/ *n* 〘地質〙ミクライト《**1**) ある種の石灰岩中に存在する微晶質方解石 (microcrystalline calcite) **2**) 主に 1) からなる石灰岩》.

mi·cro /máɪkroʊ/ *a* 極端に小さい, 顕微鏡でしか見えない (microscopic); 微小な量[変化]の; 超ミニの: a ～ issue ささいな問題. ► *n* (*pl* ～**s**) 超ミニのスカート[ドレスなど]; MICROCOMPUTER; MICROPROCESSOR; *«サーフィン俗» 小波.

mi·cro- /máɪkroʊ, -krə/, **micr-** /máɪkr/ *comb form* (1) (opp. *macro-*)「小…」「微…」「拡大の」「顕微鏡による[でしか見えない]」「小さな地域の」「微小写真の」 (2)〘単位〙マイクロ (＝10^{-6}; 記号 μ). [Gk (*mikros* small)]

mìcro·áero·phìle *n* 〘生〙微好気性菌《酸素濃度の低い環境下で育つ》.

mìcro·álgae *n pl* 〘植〙《肉眼では見えない》微小藻類.

mìcro·ámmeter *n* 〘電〙マイクロアンペア計.

mìcro·ámpere *n* 〘電〙マイクロアンペア《＝10^{-6} ampere; 記号 μA》.

mìcro·análysis *n* 〘化〙微量分析, ミクロ分析. ◆ **-ánalyst** *n* **-ánalyzer** *n* **-analýtic, -ical** *a*

mìcro·anátomy *n* 微細解剖学 (histology); 組織構造. ◆ **-anatómical** *a*

mìcro·angiópathy *n* 〘医〙細小[微小]血管障害. ◆ **-àn·gio·páth·ic** *a*

mìcro·ángstrom *n* 〘理〙マイクロオングストローム《＝10^{-6} angstrom; 記号 μÅ》.

mìcro·arráy *n* 〘生化・遺〙マイクロアレイ《ガラス・プラスチックの基板上に DNA やタンパク質などの分子や断片を多数配列したもの; 遺伝子配列などの解析に用いる》.

mìcro·bactérium *n* 〘菌〙マイクロバクテリア《*M*～ 属の抗熱性桿菌》.

mícro·bàlance *n* 微量天秤(てんびん).

mícro·bàr *n* 〘理〙マイクロバール《圧力の単位: ＝10^{-6} bar (＝1 dyn/cm^2)》.

mìcro·báro·gràph *n* 〘気〙自記微圧計.

mi·crobe /máɪkròʊb/ *n* 微生物, 細菌《便宜的な総称》: ～ bombs [warfare] 細菌弾[戦]. ◆ **mi·cró·bi·al, -bi·an, -bic** *a* 微生物[細菌]の[による]. [F (Gk *mikros* small, *bios* life)]

mícro·bèam *n* 〘電子工〙ミクロ電子放射線.

mi·cró·bi·cìde /maɪkróʊbə-/ *n* 殺菌剤. ◆ **mi·crò·bi·cíd·al** *a*

mìcro·biólogy *n* 微生物学. ◆ **-gist** *n* **-biológical, -ic** *a* **-ical·ly** *adv*

mìcro·bióta *n* 微生物相《特定の場所[地質学的時期]の微生物》.

mìcro·biótic séed 〘植〙短命種子.

mícro·blàde *n* 〘考古〙細石刃, マイクロブレード.

mícro·blòg *n* 〘電算〙《いつでも手軽に投稿できる TWITTER などの》ミニブログ. ◆ **-blògger** *n* **-blògging** *n*

mícro·bòdy *n* 〘生〙ミクロボディー (PEROXISOME).

mícro·bòok *n* 《拡大鏡で読む》極小本, 豆本, 芥子(けし)本, マイクロブック.

mícro·brèw *n* MICROBREWERY 製のビール, 小口醸造ビール, 地ビール. ◆ **～ed** *a* **～·er** *n* **～·ing** *n*

mìcro·bréwery *n* 小規模[小口]ビールメーカー, 地ビール醸造所[業者]《通例 地元だけの需要を賄う; しばしば brewpub の形をとる》.

mícro·bùrst *n* 〘気〙マイクロ[ミクロ]バースト《特に 4 km 以内の範囲に起こる小型の downburst》.

mícro·bùs *n* マイクロバス, 小型バス.

mícro·càlorie *n* 〘理〙マイクロカロリー《＝10^{-6} calorie》.

mìcro·calorímeter *n* マイクロ熱量計. ◆ **-calorímetry** *n* **-calorimétric** *a*

mícro·càmera *n* 顕微鏡写真用カメラ.

mícro·càpsule *n* 《薬などを包む》マイクロカプセル.

mícro·càr *n* マイクロカー《超小型で燃費のよい 1 人乗り自動車》.

Mi·cro·card /máɪkroʊkà:rd/ 〘商標〙マイクロカード《縮写写真カードの商品名; マイクロリーダーで読む》.

mìcro·cassétte *n* マイクロカセット《超小型のカセットテープ》; マイクロカセットテープレコーダー.

mìcro·céllular *a* 微小な細胞を含む[からなる].

mìcro·céphaly *n* 〘人〙小頭《頭蓋内容量が 1350 cc 未満》;〘医〙小頭(蓋)症, 矮小脳症. ◆ **-cephálic** *a, n* **-céphalous** *a*

mìcro·cháeta *n* 〘昆〙微刺毛.

Mícro Chànnel Bùs 〘商標〙マイクロチャンネルバス《MCA 仕様のバス》.

mícro·chèck *n* [ᵘ⟨*a*⟩] マイクロチェック《細かな格子縞》.

mìcro·chémistry *n* 微量化学, 顕微化学. ◆ **-chémical** *a*

mícro·chìp *n* 〘電子工〙マイクロチップ (chip)《特に LSI》, 極微薄片. ► *vt* (**-pp-**) ⟨家畜など⟩の皮下に個体識別用のマイクロチップを埋め込む, …にマイクロチップを装着する.

mìcro·chirópteran *n, a* 〘動〙小翼手亜目の(コウモリ)《フルーツコウモリ, オオコウモリを除くすべてのコウモリが含まれる》.

mìcro·chronómeter *n* マイクロクロノメーター《1/40 秒程度の間隔を表示できる, ぜんまい駆動の速動型時計》.

mícro·círcuit *n* 〘電子工〙超小型[ミクロ]回路, 集積回路 (integrated circuit). ◆ **～·ry** *n* 超小型[ミクロ]回路《集合的》.

mìcro·circulátion 〘生理〙*n* 微小循環《身体の細動脈・毛細血管・細静脈の血液循環》; 微小循環系. ◆ **mìcro·círculatory** *a*

mícro·clìmate 〘気〙*n* 小気候《一局地の気候》; 微気候《小気候よりさらに小さな地点の気候》;《広く》小範囲の(地域)環境, 局地的条件[状態]. ◆ **mìcro·climátic** *a* **-ical·ly** *adv*

mìcro·climatólogy *n* 小[微]気候学. ◆ **-gist** *n* **-climatológic, -ical** *a*

mícro·clìne *n* 〘鉱〙微斜長石《磁器に用いる》.

mìcro·cóccus *n* 〘菌〙ミクロコッカス, 小球菌《同属 (*M*-) のグラム陽性球菌》. ◆ **-cóccal** *a*

mícro·còde *n* 〘電算〙マイクロコード《microprogramming に伴うコード》.

mìcro·compúter *n* マイクロコンピューター《microprocessor 内蔵の小型・低コストの計算機》; MICROPROCESSOR.

mìcro·cóntinent *n* 〘地質〙《大陸移動によって大陸から離れたと考えられる》大陸型小岩盤.

mícro·contròller *n* 〘電算〙マイクロコントローラー《電子機器やシステムの制御を行なうマイクロプロセッサー》.

mícro·còpy *n* 縮小複写, マイクロコピー《書籍・印刷物を microfilm で縮写したもの》. ► *vt* 縮小複写で複写する. ► *vi* 縮小複写を作る.

micro-córneal léns 小角膜レンズ《角膜だけをおおうコンタクトレンズ; cf. HAPTIC LENS》.

mi·cro·cosm /máɪkrəkɑ̀z(ə)m/ *n* 小宇宙, 小世界, ミクロコスモス (opp. *macrocosm*);《宇宙の縮図たる》人間(社会); 縮図 ⟨*of*⟩;〘生態〙微小生態系, ミクロコスム. ● **in ～** 小規模に: A school is society *in* ～. 学校は社会の縮図だ. ◆ **mì·cro·cós·mic** *a* **-i·cal·ly** *adv* [F or L<Gk; ⇨ COSMOS]

microcósmic sált 〘化〙リン塩.

mìcro·cósmos *n* MICROCOSM.

mícro·cràck *n* 微小割れ《ガラス・クロームなど材料の顕微鏡的ひび割れ》. ► *vi, vt* (⟨材料⟩に)微小割れを生じる.

mícro·crèdit *n* マイクロクレジット《資金力のない起業家を対象に少額の資金を融資する制度》.

mìcro·crỳstal *n* 《顕微鏡でしか見えない》微結晶.

mìcro·crýstalline *a* 微晶質の《結晶が顕微鏡下でのみ見ることができる大きさの》. ◆ **-crystallínity** *n* 微小結晶度.

microcrýstalline wáx 微晶蠟, ミクロクリスタリンワックス.

mícro·cùlture *n* **1** 狭域文化, ミクロ文化《文化単位としての小集団の文化》. **2**《微生物・細胞の》顕微鏡観察用の培養, ミクロ培養. ◆ **mìcro·cúltural** *a*

mícro·cùrie *n* 〘理〙マイクロキュリー《＝10^{-6} curie; 記号 μCi》.

mícro·cỳte *n* 〘生〙微小細胞, 微小体;〘医〙小赤血球. ◆ **mì·cro·cýt·ic** /-sít-/ *a*

mìcro·decísion·màker *n* «俗» 投票者, 有権者.

mìcro·densitómeter *n* 〘化・写〙マイクロデンシトメーター《微小部分の光学濃度を測定する濃度計》. ◆ **-tómetry** *n* **-densitométric** *a*

mìcro·dermabrásion *n* マイクロダーマブレージョン, マイクロ皮膚剝離《スクラブ効果のある結晶を顔面に吹き付けて皮膚表面の古くなった細胞を除去する美容術》.

mìcro·detéctor *n* 微量[微動]測定器[装置].

mìcro·dissèction *n* 〘生〙顕微解剖.

mìcro·distribútion *n* 〘生態〙微小分布《生態系の一部分や微小生息域における生物の精確な分布》.

mi·cro·dont /máɪkrədɑ̀nt/ *a* (矮)小歯をもつ. ► *n* 小歯. ◆ **～·ìsm** *n* 小歯症. **mì·cro·dónt·ous** *a*

mícro·dòt *n* マイクロドット《文書を小点大に縮小したマイクロ写真; スパイ活動などに用いる》; «俗» LSD の小さなピル[カプセル].

mìcro·éarth·quàke *n* 微小地震《Richter scale でマグニチュード 3 未満》.

mìcro·ecólogy *n* 〘生態〙ミクロ[狭域]生態学. ◆ **-ecológical** *a*

mìcro·económics *n* ミクロ[微視的]経済学. ◆ **-económic** *a* **-ecónomist** *n*

mìcro·eléctrode *n* 微小電極.

mìcro·elèctro·mechánical *a* 微小電気機械の: ～ system 微小電気機械システム《ナノスケールの電子素子などを組み込んだ電子機械システム; 略 MEMS》.

mìcro·electrónics *n* 超小型電子技術, マイクロエレクトロニクス; マイクロエレクトロニクス製品. ♦ **-electrónic** *a* **-ical·ly** *adv*
mìcro·elèctro·phorésis *n* 〔化〕《顕微鏡を使って観察する》微小電気泳動, 顕微鏡電気泳動. ♦ **-phorétic** *a* **-ical·ly** *adv*
mícro·èlement *n* 〔生化〕微量元素[栄養素] (trace element).
mìcro·emúlsion *n* 〔化〕マイクロエマルジョン《水・油・界面活性物質でつくられる粒径が 50–500 オングストロームの微小液滴分散系》.
mìcro·encápsulate *vt* 〈薬などを〉マイクロカプセルに入れる. ♦ **-encapsulátion** *n*
mìcro·énterprise *n* 小規模[零細]企業, 《特に》MICROCREDIT の融資を受ける途上国の企業.
mìcro·envíronment *n* 〔生態〕微環境 (MICROHABITAT). ♦ **-environméntal** *a*
mìcro·evolútion *n* 〔生〕小進化《普通の遺伝子突然変異の累積による種内の分岐》. ♦ **~·àry** /; -(ə)ri/ *a*
mícro·fàrad *n* 〔電〕マイクロファラド《$=10^{-6}$ farad; 記号 μF》.
mìcro·fáuna *n* 〔生態〕微小動物相《非常に狭い区域の動物相》; 〔動〕微小動物類《特に肉眼では見えないもの》. ♦ **-fáunal** *a*
mícro·fìber *n* マイクロファイバー《直径数ミクロン程度の超極細合成繊維》.
mìcro·fíbril *n* 〔生〕微小[微細](原)繊維, ミクロフィブリル. ♦ **-fíbrillar** *a*
mícro·fiche /-fìːʃ, -fìʃ/ *n* (*pl* **~, ~s**) 〔図書〕マイクロフィッシュ《マイクロフィルムを何コマも収めた整理用シート》.
mìcro·fílament *n* 〔生〕《細胞質内の》微細繊維, マイクロフィラメント.
mìcro·filária *n* 〔動〕糸状虫仔虫, ミクロフィラリア《血液中に寄生するフィラリアの幼生》. ♦ **-filárial** *a*
mícro·fìlm *n* マイクロフィルム《書籍などの縮小複写用フィルム》; MICROPHOTOGRAPH. ► *vt* マイクロフィルムに撮る[写す]. ► *vi* マイクロフィルムを作る. ♦ **~·er** *n* **mìcro·fílm·able** *a*
mícrofilm plòtter 〔電算〕マイクロフィルムプロッター《出力を紙でなくフィルムにプロットする incremental plotter》.
mìcro·finánce *n* MICROCREDIT.
mícro·fìne tóner 《レーザープリンターなどの》ミクロファイントナー.
mícro·flòppy *n* 〔電算〕マイクロフロッピー (=～ **dìsk**)《直径 3.5 インチのフロッピーディスク; MINIFLOPPY より小さいことから》.
mìcro·flóra *n* 〔生態〕微小植物相《非常に狭い区域の植物相》; 〔植〕微小植物類. ♦ **-flóral** *a*
mìcro·fluorómetry *n* 微蛍光測定(法). ♦ **-fluorómeter** *n* **-fluorométric** *a*
mícro·fòrm *n* マイクロフォーム《**1**) microfiche や microfilm に縮刷する方法 **2**) その縮刷印刷物》; 縮小複写 (microcopy). ► *vt* マイクロフィルムで複写する.
mìcro·fóssil *n* 〔古生〕微(小)化石《有孔虫・放散虫・コッコリス・花粉など微小動植物の化石》.
mìcro·fúngus *n* 〔植〕極微菌, ミクロ菌. ♦ **-fúngal** *a*
mìcro·gámete /, -gəmíːt/ *n* 〔生〕小[雄性]配偶子.
mìcro·gamèto·cỳte *n* 〔生〕小配偶子母細胞.
mìcro·gamèto·phỳte *n* 〔生〕小配偶体.
mícro·gàuss *n* 〔理〕マイクロガウス《$=10^{-6}$ gauss》.
mícro·generàtion[11] *n* マイクロ発電《個人・小企業・共同体などによる低炭素型の小規模発電》.
mi·crog·lia /maɪkrɑ́gliə/ *n* 〔解〕小(神経)膠細胞.
mícro·gràm[1], 《英》**-gramme** *n* マイクログラム《$=10^{-6}$ gram; 記号 μg》.
microgram[2] *n* 顕微鏡写真 (micrograph).
mícro·grànite *n* 〔地質〕マイクロ花崗岩《顕微鏡下でのみ結晶質として識別できる花崗岩》.
mícro·gràph *n* 顕微鏡写真[図] (cf. MACROGRAPH); 細書き[細彫り]器; 微動描画器. ► *vt* micrograph に[で]とる.
mìcro·gráph·ia *n* 細書(術), 細写(術).
mìcro·gráphics *n* [⟨*sg*⟩] 《microform を用いた》微小縮刷(業). ♦ **-gráphic**[1] *a* **-ical·ly**[1] *adv*
mi·crog·ra·phy /maɪkrɑ́grəfi/ *n* 顕微鏡観察物の撮影[描写, 研究](法); 顕微鏡検査; 細書[細写]術; 〔医〕細字[小書]症. ♦ **mì·cro·gráph·ic**[2] *a* **-i·cal·ly**[2] *adv*
mìcro·grávity *n* 《宇宙空間などの》微小[無]重力状態.
mícro·grèen *n* マイクログリーン《セロリ・ルッコラなどサラダ野菜の若芽》.
mícro·gròove *n* マイクログルーブ《LP レコード用の狭い溝》.
mìcro·hábitat *n* 〔生態〕微小生息域, ミクロハビタット (=*micro-environment*)《草の茂み, 岩の間など微小な生物の生活の場として特有な環境条件をそなえた場所》.
mícro·hènry *n* 〔電〕マイクロヘンリー《$=10^{-6}$ henry; 記号 μH》.
mìcro·heterogenéity *n* 〔生化〕微小不均一性《タンパク質のアミノ酸配列などにおいて, 性質に大きな差を生じることのない化学構造上の変異》.
mi·crohm /máɪkròʊm/ *n* 〔電〕マイクロオーム《$=10^{-6}$ ohm; 記号 μW》. [*micr-, ohm*]
mìcro·ímage *n* 《マイクロフィルムなどの》縮小像[図].

mìcro·ínch *n* マイクロインチ《$=10^{-6}$ inch; 記号 μin》.
mìcro·injéction *n* 〔生〕《顕微鏡下で細胞などに行なう》顕微[微量]注射, ミクロ注入, マイクロインジェクション. ♦ **-injéct** *vt*
mìcro·instrúction *n* 〔電算〕マイクロ命令《microprogramming の命令》.
mìcro·kérnel *n* 〔電算〕マイクロカーネル《KERNEL の個々の基本機能を担うモジュール》.
mícro·lènd·ing *n* microcredit.
mícro·lèns *n* 〔写〕マイクロレンズ《微小画像記録用の高解像力のレンズ》.
mìcro·lepidóptera *n pl* 〔昆〕小鱗翅類《小型のチョウ・ガ》. ♦ **-lepidópterous** *a*
mícro·light, -lite[1] /-làɪt/ *n* 超軽量飛行機, マイクロライト (ultralight).
mícro·lìghtning *n* マイクロチップに損傷を与える静電気の放電.
mícro·lìte[2] *n* 〔晶〕微晶, マイクロライト; 〔鉱〕マイクロ石, マイクロライト《パイロクロア族のタンタル鉱物》.
mícro·lìter *n* マイクロリットル《$=10^{-6}$ liter; 記号 μL》.
mícro·lìth *n* 〔考古〕細石器; 〔医〕小結石.
mìcro·líthic *a* 〔考古〕細石器の(ような); 細石器文化の, 細石器時代人の.
mícro·lòan マイクロローン《途上国などで資金力のない起業家に行なう短期の少額融資》.
mi·crol·o·gy /maɪkrɑ́lədʒi/ *n* 微物学; 細かいせんさく.
mìcro·machíning *n* ミクロ機械加工《集積回路などの微小部品の機械加工》.
mìcro·mánage *vt, vi* 細かい点に至るまで管理[統制]する. ♦ **-mánage·ment** *n* **-mánager** *n*
mìcro·manipulátion *n* 〔生〕《顕微解剖・極微注射など顕微鏡下で行なう》極微操作.
mìcro·manípulator *n* 〔生〕極微操作装置, 微調整装置, マイクロマニピュレーター.
mìcro·mechánics *n* 〔力〕マイクロメカニックス《固体の微細構造欠陥の幾何学およびひずみ・応力を研究する》.
mícro·mère *n* 〔発生〕《不等割した卵の》小割球.
mícro·mèsh *a* 網目の非常に細かい, マイクロメッシュの〈ストッキング〉.
mìcro·metástasis *n* 〔医〕微小癌組織の転移.
mìcro·météorite 〔天〕*n* 微小隕石《非常に小さいので白熱化せずに地上に降ってくる》; 流星塵《通例 直径 10–100 ミクロン以下》. ♦ **-meteorític** *a*
mìcro·méteoroid *n* 〔天〕流星塵 (micrometeorite).
mìcro·meteorólogy *n* 〔気〕微気象学《ごく狭い地域における地表付近の気象を扱う》. ♦ **-gist** *n* **-meteorológical** *a*
mi·crom·e·ter[1] /maɪkrɑ́mətər/ *n* マイクロメーター《微小距離[角度]測定用の, 望遠鏡・顕微鏡の付属装置》; MICROMETER CALIPER. ♦ **micro·métrical** *a* [F]
mícro·mèter[2] *n* マイクロメートル (=*micron*)《$=10^{-6}$ m; 記号 μm》.
micrómeter cáliper 〔機〕測微カリパス.
micrómeter scréw 〔機〕測微ねじ, マイクロメーターねじ《ピッチの小さいねじに目盛環をつけて, ねじのリードを読み取る装置》.
mícro·mèthod *n* 〔理・化〕測微法《顕微鏡を用いたりする極微小量の計測法》.
mi·crom·e·try /maɪkrɑ́mətri/ *n* 測微法[術].
mícro·mhò *n* 〔電〕マイクロモー《$=10^{-6}$ mho; 記号 μ℧》.
mìcro·mìcro·cùrie *n* 〔理〕マイクロマイクロキュリー (picocurie)《記号 μμCi》.
mìcro·mìcro·fàrad *n* 〔電〕マイクロマイクロファラド (picofarad)《記号 μμF》.
mìcro·mìcron *n* マイクロミクロン《$=10^{-6}$ micron; 記号 μμ》.
mìcro·mìlli·mèter *n* マイクロミリメートル (=*millimicron, nanometer*).
mìcro·míni *a* 超小型の (microminiature). ► *n* 超小型のもの; 超ミニスカート, マイクロミニスカート.
mìcro·míniature *a* 超小型の; 超小型部品用の.
mìcro·míniaturize *vt* 超小型化する. ♦ **micro·miniaturizátion** *n*
mìcro·módule *n* 〔電子工〕マイクロモジュール《超小型電子回路の構成単位》.
mícro·mòle *n* 〔化〕マイクロモル《10^{-6} mole; 記号 μmol》. ♦ **micro·mólar** *a*
mìcro·morphólogy *n* 〔土壌〕微(細)[微小]構造 (microstructure); 《電子顕微鏡などにより明らかにされる》微細構造(の研究). ♦ **-morphológic, -ical** *a* **-ical·ly** *adv*
mi·cron /máɪkrɑ̀n/ *n* (*pl* **~s, mi·cra** /máɪkrə/) ミクロン《=MICROMETER[2]; 記号 μ》. [Gk (neut) < *mikros* small]
mícro·nèedle *n* 《顕微鏡下での操作で用いる》極微針, マイクロニードル.
Mi·cro·ne·sia /màɪkrəníːʒə, -ʃə; -ziə/ **1** ミクロネシア《太平洋西部フィリピン諸島の東方に広がる小島群; Mariana, Caroline, Mar-

M

shall, Gilbert などの諸島を含む). **2** ミクロネシア連邦 (=Federated States of ～)《Caroline 諸島の 607 の島々からなる国; YAP, TRUK, POHNPEI, KOSRAE の 4 地区からなる; ☆Palikir; もと米国の信託統治領で, のち同国と自由連合協定を結び 1991 年独立》.

Mì·cro·né·sian *a* ミクロネシアの; ミクロネシア人[語群]の. ► *n* ミクロネシア人;〖言〗《オーストロネシア語族の》ミクロネシア諸語.

Micronésian mégapode〖鳥〗マリアナツカツクリ《太平洋西部の島に分布; 国際保護鳥》.

mi·cron·ize /máɪkrənàɪz/ *vt* 《ミクロン程度の》微粉にする. ♦ **mì·cron·izátion** *n*

mìcro·núcleus *n*〖動〗《多核性原生動物, 特に 繊毛虫の》小核. ♦ **-núclear** *a*

mìcro·nútrient *n*〖生化〗微量元素 (trace element); 微量栄養素《ビタミンなど微量で足りる必要栄養》. ► *a* 微量元素[栄養素]の.

mìcro·órganism *n* 微生物《細菌·原生動物·酵母·ウイルス·藻類など顕微鏡によって観察される大きさの生物》.

mìcro·paleontólogy *n* 微古生物学《微化石を扱う》. ♦ **-gist** *n* **-paleontológical, -ic** *a*

mìcro·párasite *n* 小寄生生物[体], 寄生微生物. ♦ **-parasític** *a*

mìcro·párticle *n* 微粒子.

mìcro·páy·ment *n* 少額決済《クレジットカードなどのシステムを用いた支払手続きが引き合わないほど少額の支払い》.

mícro·phàge *n*〖解〗小食細胞, 小食球.

mi·croph·a·gous /maɪkráfəgəs/ *a*〖動〗食微性の, 微細食性の《体よりかなり小さな餌を食う》.

mìcro·phánerophyte *n*〖植〗小型地上植物《高さ 2–8 m の木》.

mícro·phòne *n* マイクロホン (=*mike*),《ラジオなどの》送話器. ♦ **mì·cro·phón·ic** /-fán-/ *a*

mì·cro·phón·ics *n* マイクロホン学;〖電子工〗《電子管·回路素子·システムの機械的振動による》マイクロホニック雑音.

mìcro·phóto·gràph *n* 《拡大器を使って見る》縮小写真; マイクロフィルムの[から複製した]写真, マイクロ写真; 顕微(鏡)写真 (photomicrograph). ► *vt* …のマイクロ写真を撮る. ♦ **-photo·gráphic** *a* **-photógrapher** *n* **-photógraphy** *n* 縮小[マイクロ]写真術; 顕微鏡写真術.

mìcro·photómeter *n*〖光〗マイクロフォトメーター《顕微鏡的規模の測光に用いる高精度の照度(変化)測定用の光度計》. ♦ **-photómetry** *n* 顕微測光(法). **-photométric** *a* **-rical·ly** *adv*

mícro·phỳll *n*〖植〗小葉, 小成葉《ヒカゲノカズラ類の葉のように小型で茎の管束に葉隙を生じないもの》. ♦ **mì·cro·phýl·lous** /-fíl-/ *a*

mìcro·phýsics *n* 微視的物理学《分子·原子·原子核などの研究》. ♦ **-phýsical** *a* **-ical·ly** *adv*

mícro·phỳte〖生態〗*n* 《顕微鏡によらなければ見えない》微細植物;《悪条件による》矮小植物. ♦ **mìcro·phýtic** *a*

mìcro·pipét(te) *n*〖化·生〗微量[ミクロ]ピペット.

mìcro·plánkton *n* 小型浮遊生物, 小型プランクトン.

mi·crop·o·lis /maɪkrápələs/ *n* 《大都市のもつ施設を備え, 人口 1–5 万の》小型都市, 小都市圏[域]. ♦ **mi·cro·pol·i·tan** /màɪkroupálət(ə)n/ *a*

mìcro·populátion〖生態〗*n* 《特定環境内の》微生物集団; 狭域生物集団.

mícro·pòre *n*〖化〗《触媒の》ミクロ細孔, マイクロ[ミクロ]ポア; 微視[微細]孔《表面技術の》;〖地質〗細孔[毛管孔]隙;〖冶〗微小空洞;〖動〗微小孔. ♦ **micro·pórous** *a* 微孔のある, 微孔性の. **mìcro·porósity** *n*

mícro·pòwer *n* 《自家発電·自家使用の》小規模電力: a ～ generator 小規模発電機.

mícro·prìnt *n, vt* 縮小写真印画(にとる). ♦ **～·ing** *n*

mícro·prìsm *n*〖写〗マイクロプリズム《焦点スクリーン上にある微小プリズム; 焦点が合っていないと像が大きくぼやけるようにして焦点合わせを助ける》.

mícro·pròbe *n*〖化〗マイクロプローブ《電子ビームによって試料の微量分析を行なう装置》.

mìcro·prócessor /, ⸗⸗⸗/ *n*〖電算〗マイクロ[超小型]処理装置, マイクロプロセッサー《半導体チップ上に集積回路として演算装置を作ったもの; 単一処理装置のパソコンでは中央処理装置 (CPU) に同じ》: ～ power《パソコンなどの》CPU パワー.

mìcro·prógram〖電算〗*n* マイクロプログラム《マイクロプログラミングで使うルーチン》. ► *vt* 〈コンピューター〉にマイクロプログラムを組み込む.

mìcro·prógramming *n*〖電算〗マイクロプログラミング《基本命令をさらに基本的動作に分析して基本命令をプログラムすること》.

mìcro·projéctor *n* 《顕微鏡の》マイクロプロジェクター, マイクロ映写機. ♦ **-projéction** *n*

mìcro·propagátion *n*〖植〗微細繁殖, マイクロプロパゲーション《植物を栄養繁殖させて大量のクローンをつくる技術》.

mi·crop·sia /maɪkrápsiə/, **mi·crop·sy** /máɪkràpsi/ *n*〖医〗小視症《対象が実際よりも小さく見える視覚障害; cf. MACROPSIA》.

mi·crop·ter·ous /maɪkrápt(ə)rəs/ *a*〖動〗小翅をもつ; 小さなひれをもつ. [*-pterous*]

mìcro·publicátion *n* MICROPUBLISHING; マイクロ出版物.

mìcro·públish·ing *n* 《microform を用いる》マイクロ出版, マイクロフォーム刊行. ♦ **mìcro·públish** *vt, vi* **-públish·er** *n*

mìcro·pulsátion *n*〖地物〗地磁気微脈動, 超短脈動《低周波自然電磁波の一; 周期は 1–500 秒》.

mícro·pùmp *n* マイクロポンプ《定時に薬品を注射するために皮下に埋め込まれる超小型ポンプ》.

mìcro·púncture *n*〖医〗微小穿刺(せん), マイクロパンクチャー.

mi·cro·pyle /máɪkrəpàɪl/ *n*〖動〗《卵膜の》卵門;〖植〗《胚珠先端の》珠孔. ♦ **mì·cro·pý·lar** *a*

mìcro·pyrómeter *n* 微温計《微小発光[発熱]体用》.

mícro·quàke *n* MICROEARTHQUAKE.

mìcro·rádio·gràph *n* 微大撮影 X 線写真, マイクロラジオグラフ. ♦ **-radiógraphy** *n* **-radiográphic** *a*

mícro·rèad·er *n* マイクロリーダー《マイクロフィルムの映像を拡大して読めるようにする装置》.

mìcro·relíef *n* 微起伏《地表面における比高 1–2 m 以下程度の微細な凹凸》.

mìcro·reprodúction *n* マイクロ(フィルム)複写.

mícro·sàmple *n* 顕微試料, 顕微標本.

mìcro·sátellite *n*〖遺〗マイクロサテライト《DNA 上で繰り返し並んでいる部分; 通常 2–5 のヌクレオチドの反復配列からなり, 生物の個体間で違いが生じやすい》.

mícro·scàle *n* 微小規模[尺] (opp. *macroscale*).

mícro·scòot·er *n* 小型の折りたたみ式キックスケーター.

mícro·scòpe *n* 顕微鏡; [the M-]〖天〗けんびきょう座 (顕微鏡座) (Microscopium): under [through] a ～ 顕微鏡(下)で[を使って]. ● **under the ～** 詳細に分析[調査]されて: come *under the* ～ 〈人·ものが〉精査の対象となる / put…*under the* ～ …を吟味する.

mi·cro·scop·ic /màɪkrəskápɪk/, **-i·cal** *a* **1 a** 顕微鏡の[による], 顕微鏡観察の: a ～ examination 顕微鏡検査 / ～ analysis 顕微(鏡)分析 / make a ～ study of…を顕微鏡で研究する. **b** 顕微鏡によらなければ見えない, 顕微…; 微細な, 微小な; ごく小さな[少量の], 《口》超ミニの〈スカート〉. **2** 微細にわたる, 微視的な, ミクロな; 細部にこだわる (opp. *macroscopic*). ♦ **-i·cal·ly** *adv*

Mi·cro·sco·pi·um /màɪkrəskóupiəm/〖天〗けんびきょう座 (顕微鏡座) (Microscope).

mi·cros·co·py /maɪkráskəpi/ *n* 顕微鏡使用(法), 顕微鏡法; 顕微鏡検査(法), 鏡検; 顕微鏡(作製)研究. ♦ **-pist** *n* 顕微鏡(熟練)使用者.

mícro·sècond *n* マイクロ秒, マイクロセカンド《=10^{-6} 秒; 記号 μs》.

mícro·sèction *n* 検鏡用薄切片, 顕微切片.

mícro·sèism *n*〖地物〗脈動《地震以外の原因による地殻の微弱な振動》. ♦ **micro·séismic** *a* **-seismícity** *n*

mìcro·seismómeter, -séismo·gràph *n*〖地物〗脈動計.

mìcro·seismómetry *n*〖地物〗脈動測定法.

mícro·sènsor *n* 微小センサー, マイクロセンサー.

mícro·sìemens *n*〖電〗マイクロジーメンス《=10^{-6} siemens; 記号 μS》.

mícro·skìrt *n* マイクロスカート《miniskirt よりさらに短い, ヒップが隠れる程度の》.

mícro·slèep *n*〖生理〗マイクロ睡眠《覚醒時における短時間の休眠》.

mícro·slìde *n* マイクロスライド《顕微鏡観察のため微小な被検体を載せるプレパラート》.

mi·cros·mat·ic /màɪkrɑ̀zmǽtɪk/ *a*〖生·医〗低度嗅覚性の《嗅覚器官の発達が小さい》, 嗅覚不全の. [*osmatic*]

Mícro·sòft マイクロソフト(社) (～ Corp.)《米国のソフトウェア会社; 1975 年創立》.

Mícrosoft Wíndows〖商標〗マイクロソフトウインドウズ (WINDOWS).

mícro·sòme *n*〖生〗ミクロソーム《細胞質内の微粒体》. ♦ **mì·cro·só·mal, -só·mic** *a*

mìcro·spèctro·photómeter *n* 顕微分光光度計[測光計]. ♦ **-photómetry** *n* 顕微分光測光(法). **-photométric, -rical** *a* **-rical·ly** *adv*

mìcro·spéctro·scòpe *n* 顕微分光器.

mícro·sphère *n*〖生化〗微小球, ミクロスフェア;〖生〗中心体. ♦ **mìcro·sphérical** *a*

mìcro·sporángium *n*〖植〗小胞子嚢. ♦ **-spo·rán·gi·ate** /-ət/ *a*

mícro·spòre *n*〖植〗小胞子. ♦ **mì·cro·spór·ic** /-spɔ́:rɪk/, **-spór·ous** *a*

mìcro·spo·ríd·i·an /-spərídiən/ *n, a*〖動〗微胞子虫(類の).

mìcro·spóro·cỳte *n*〖植〗小胞子母細胞.

mìcro·spòro·génesis *n*〖植〗小胞子生成.

mìcro·spóro·phỳll *n*〖植〗小胞子葉.

mícro·stàte *n* 極小[ミニ]国家《特にアジア·アフリカの新興小国》.

mi·cro·stoma·tous /màɪkrəstámətəs/, **mi·cros·to-**

mous /maɪkrástəməs/ *a*〘解・医〙小口(症)の.
mícro·strùcture *n* 微(細)[ミクロ]構造《顕微鏡を使わなければ見えない生物(組織)・金属・鉱物などの構造》. ♦ **mìcro·strúc·tural** *a*
mícro·stùdy *n* 狭い研究, 特殊研究, 瑣末な研究.
mícro·sùrgeon *n* 顕微外科医.
mìcro·súrgery *n* 顕微手術[外科], マイクロサージャリー《顕微鏡を使って行なう微細な手術[解剖]; 耳や目の外科的手術や細胞の実験的解剖》. ♦ **-súrgical** *a*
mícro·switch *n* マイクロスイッチ《自動制御装置の高感度スイッチ》.
mícro·tèach·ing *n*〘教育〙マイクロティーチング《実習生が数名の生徒を対象に 5–20 分の授業を実施するのを録画し, 批評・評価を行なう; 1963 年 Stanford 大学で開発》.
mìcro·techníque, -téchnic / , -tɛkníːk/ *n* 顕微鏡技術《光学・電子顕微鏡下で行なう観察・実験的操作》.
mìcro·technólogy *n* マイクロ工学《microelectronics など》.
mìcro·téktite *n*〘海洋〙マイクロテクタイト《海洋底沈澱物中にある微細な宇宙塵の一種》.
mícro·tèxt *n* マイクロテキスト《microform の形にしてあるテキスト》.
mícro·tèxture *n*《岩石・金属などの》微構造. ♦ **mìcro·téxtural** *a*
mícro·tìter *n* 微量分析による測定量; 微量定量.
mícro·tòme *n* ミクロトーム《生体組織などの検鏡用切片をつくる機器》.
mi·crot·o·my /maɪkrátəmi/ *n* 検鏡用切片作製法. ♦ **-mist** *n*
mícro·tòne *n*〘楽〙微分音. ♦ **mì·cro·tón·al** *a* **-tó·nal·ly** *adv* **-to·nál·i·ty** /-nǽl-/ *n*
mícro·transmìtter *n* マイクロ電子送信器《監視・追跡などに用いる》.
mìcro·túbule *n*〘生〙微小管《細胞の原形質にみられる微小な管》. ♦ **-túbular** *a*
mìcro·váscular *a*〘解〙微小血管の. ♦ **-vásculature** *n* 微小血管系.
mìcro·véssel *n*〘解〙微細血管.
mìcro·víllus *n*〘生〙微絨毛, 細絨毛, 絨毛様突起. ♦ **-víl·lar** /-víl-/ *a* **-víllous** *a*
mícro·vòlt *n*〘電〙マイクロボルト《$=10^{-6}$ volt; 記号 μV》.
mícro·wàtt *n*〘電〙マイクロワット《$=10^{-6}$ watt; 記号 μW》.
mícro·wàve *n*〘電〙マイクロ波《特に 波長 1 mm–30 cm [1 m] 程度の極超短波; かつては 10 m 以下のものをいった》; 電子レンジ (microwave oven). ► *a* 電子レンジ用の. ► *vt, vi* 電子レンジで調理[加熱]する[される]. ♦ **mìcro·wáv·able, -wáve·able** *a*
mícrowave báckground (radiátion)〘天〙マイクロ波背景放射 (BACKGROUND RADIATION)《略 MBR》.
mícrowave detèctor〘工〙マイクロ波検出器; マイクロ波を使う検知[探知, 測定]器《スピードガン・交通取締まり用レーダーなど》.
mícrowave òven 電子レンジ.
mícrowave sìckness〘医〙マイクロ波病《マイクロ波の放射を常時うけていることから生じる循環器系・中枢神経系などの障害》.
mícrowave spectróscopy マイクロ波分光(学). ♦ **mícrowave spèctroscope** マイクロ波分光器.
mícro·wòrld *n* 顕微鏡下で観察される自然界, 小宇宙, ミクロコスモス.
mícro·wrìter *n*《携帯用の》小型ワープロ[パソコン].
mi·crur·gy /máɪkrəːrʤi/ *n*《顕微鏡を用いて微細なものを扱う》顕微操作(法),〘生・医〙顕微解剖. [*metallurgy* にならって *micro-*, *-urgy* より]
mic·tu·rate /míkʧərèɪt, -tə-; -tjʊ-/ *vi* 排尿する (urinate).
mic·tu·ri·tion /mìkʧəríʃ(ə)n, -tə-; -tjʊ-/ *n* 排尿;《古》頻尿. [L (desiderative) < *mict- mingo* to make water]
mid[1] /míd/ *a* (最上級 MIDMOST) [°*compd*] 中央の, 中部の, 中間の, 中の;〘音〙《舌の高さが》中の〈母音〉;〘クリケット〙pitch と boundary の中間のフィールドの, ミッドの: the ~ finger 中指 / ~-October 10 月の中ごろ / in ~ summer 真夏に / ~ vowels 中母音《/ɛ/ /ə/ /o/ など》. ► *adv* 中央に, 中間に. ► *n*《古》MIDDLE. [OE **midd*; cf. G *mitte*, ON *midhr*]
mid[2], **'mid** /mɪd, mìd/ *prep*《詩》AMID.
mid. middle.
mìd·àfter·nóon *n* 午後の中ごろ《3–4 P.M. 前後》.
mìd·áir *n* 上空, 中空, 宙: ~ refueling 空中給油. ● **in ~** 空中で, 宙を飛んで, 宙ぶらりんの状態で: leave HANGing in ~.
Mi·das /máɪdəs/〘ギ神〙ミダース《手に触れる物をことごとく黄金と化した Phrygia の王》;《一般に》大金持.
Mídas tòuch [the] 何でも金(ꜩ)にしてしまう能力.
mìd-Atlántic *a* 中部大西洋(岸)の; 米英の特徴を共にそなえた, 米英混合の.
Mìd-Atlántic Rídge [the] 大西洋中央海嶺《アイスランドから南極にまで達する大西洋中部の大海底山脈》.
Mìd-Atlántic Státes *pl* [the] MIDDLE ATLANTIC STATES.
míd·bràin *n*〘解〙中脳 (=*mesencephalon*).
míd·còurse *n, a*〘軍〙ミッドコース(の)《ミサイルのロケット噴射が終わってから大気圏へ再突入するまでの飛行期間; この間に軌道修正を行なう》: a ~ correction [guidance] 中間軌道修正[誘導].
mid·cult /mídkʌlt/ *n* **1** [ᵁM-]《ロ》中流文化《高級文化と大衆文化の間》. [*mid*dlebrow+*cult*ure] **2** 中流社会文化. [*middle-*class *cult*ure]
mid·day /míddèɪ, ⏤⏤/ *n* 正午, 真昼;〘キ教〙六時課 (sext): a ~ meal 昼食 / a ~ nap 昼寝. [OE *middæg* (MID[1], DAY)]
Mid·del·burg /mídlbəːrg/ ミデルビュルフ《オランダ南西部 Zeeland 州の州都; Walcheren 島にあり, 中世にはハンザ同盟の一員》.
mid·del·man·ne·tjie /mídlmæ̀nəki, -ʧi/ *n*《南ア》《未舗装の道路の》わだちの間の隆起[盛り上がり].
mid·den /mídn/ *n* こやしの山; ごみの山; 貝塚 (kitchen midden);《ネズミなどが集めた》種子・葉などの山; ᴵᴵ《方》ごみ箱 (dustbin);《北イング》EARTH CLOSET. [Scand; cf. MUCK[1]]
mid·der /mídər/ *n* ᴵᴵ《俗》産婆術, お産(の手伝い). [*mid*wifery, *-er*[1]]
mid·dle /mídl/ *a* **1** まん中の, 中央の; 中間の; 中位の, 中等の, 中流の, 並みの: a ~ opinion 中間的な意見 / of ~ height 中背(ꜩ)の / of ~ size 並み型の / in one's ~ thirties 30 代半ばで / ~ child《兄弟姉妹の》まん中の子. **2** 中世の; [M-]〘地質〙中期の (cf. UPPER, LOWER); [M-]〘言〙中期の (cf. OLD, MODERN): the *M*~ Cambrian 中期カンブリア期. **3**〘論〙中名辞の;〘文法〙中間態の;〘音〙MEDIAL. ► *n* **1** [the] 中央, まん中, 中心; 中部; 中間, 中途, 半ば, 中ごろ; 最中 ⟨*of* (do*ing*) sth⟩; [the, one's]《人体の》胴, ウエスト;〘スポ〙《フォーメーションの》中央,〘野〙二遊間: MIDDLE OF THE ROAD. **2** 中間物; 媒介者, 仲裁者;〘論〙中名辞 (middle term);〘文法〙中間態 (middle voice); ᴵᴵMIDDLE ARTICLE. **3**〘農〙作物の列の間の地面, 列間空地. ● **be caught [stuck] in the ~** 板ばさみになる. **down the ~** ちょうどまん中で, 半々[まっぷたつ]に〈分かれる〉, 折半して: The opinions are divided [split] *down the* ~. 見解はまっぷたつに割れている / split the bill *down the* ~ 割り勘にする. **in the ~ of**…の途中で, …の最中に; …の中央に; 中ごろに: *in the* ~ *of* NOWHERE. **knock [send]** sb **into the ~ of the next** WEEK. ► *vt* **1** まん中[中央, 中間]に置く. **2**〘海〙〈ロープ・帆などを〉まん中で二つに折る. **3 a**〘サッカー〙〈ボールを〉ウイングから中央に返す, ミドリングする. **b**〘クリケット〙バットのまん中で〈ボールを〉打つ. [OE *middel* (MID[1], *-le*); cf. G *mittel*]
míddle áge 中年, 初老《youth と old age との間; だいたい 40–60 歳ぐらい》. ♦ **míddle-áged** *a* 中年の;〈態度・服装などが〉中年っぽい. **míddle-áger** *n*
míddle-àge(d) spréad《ロ》中年になって腰まわりが大きくなること, 中年太り.
Míddle Áges *pl* [the] 中世(紀)《西洋史でおよそ西ローマ帝国の滅亡(476 年)からイタリアルネサンスの興隆期の15 世紀まで, または Dark Ages を除いて1000 年ごろから 15 世紀まで》.
míddle-áisle *vt* [次の成句で]: **~ it** *《俗》結婚させる[する].
Míddle América **1 a** 中部アメリカ《メキシコ・中央アメリカ・西インド諸島》. **b** 米国中西部. **2** 米国の中産階級《特に中西部の保守的な層》. ♦ **Míddle Américan** *a, n*
míddle árticle ᴵᴵ《新聞・週刊誌などの》文学的随筆《社説と書評との中間に載せられる》.
Míddle (Atlántic) Státes *pl* [the] ミドルステーツ《大西洋側中部のNew York, New Jersey および Pennsylvania 州; Delaware と Maryland 州を含めることもある》.
míddle·brèak·er *n*〘農〙LISTER[2].
míddle·brow《ロ》*n, a* 知識や教養が中位の人(の), ある程度教養がある人(の) (cf. HIGHBROW, LOWBROW); [ˢ*derog*] 知的半可通(の). ♦ **míddle·bròwed** *a* **~·ìsm** *n*
Míd·dle·bury Cóllege /mídlbèri-, -b(ə)ri-/ ミドルベリーカレッジ《Vermont 州中西部の町 Middlebury にある私立のリベラルアーツカレッジ; 1800 年創立》.
míddle·bùst·er, -bùrst·er *n*〘農〙LISTER[2].
middle C /⏤ síː/〘楽〙中央ハ《1 点ハのこと; これを出すキー》.
Míddle Chinése 中期中国語《紀元 7–8 世紀の中国語; 略 MChin》.
míddle cláss [the] 中産[中間, 中流]階級《BUSINESSMAN や医師・弁護士など専門職従事者の層を指すことが多い》. ♦ **míddle-cláss** *a* **míddle-cláss·ness** *n*
míddle cómmon ròom《Oxford 大学などの, 特別研究員 (fellows) 以外の研究員・大学院生のための》一般研究員社交室《略 MCR; cf. JUNIOR [SENIOR] COMMON ROOM》.
Míddle Cóngo [the] 中央コンゴ (*F* Moyen-Congo)《旧フランス領熱帯アフリカの一部; コンゴ共和国として独立》.
míddle cóurse [the]《両極端の》中間の道, 中道, 中庸 (middle way), 妥協: Safety lies in *the* ~.《諺》安全は中道にあり / steer [follow, take] a ~ 中道を行く, ほどほどにやる.
Míddle Dánish 中期デンマーク語《16–17 世紀》.
míddle dístance [the]〘画〙《特に風景画の》中景 (=*middle*

ground [*plane*]) (cf. BACKGROUND, FOREGROUND); 〘陸上〙中距離《通例 800–1500 m あるいは 880 ヤード–1 マイル競走》. ♦ **middle-dístance** *a*

míddle dístillate 〘石油〙中間留分《灯油や軽油》.

Míddle Dútch 中期オランダ語《12–15 世紀》.

míddle éar 〘解〙中耳.

míddle-éarth *n* 《古・詩》《天国と地獄の間の》この世, 《宇宙の中心としての》地球; 《妖精・おとぎの国に対して》現世.

Míddle Éast [the] 中東《アジア南西部とアフリカ北部の国々; 通例リビアからアフガニスタンに及ぶ地域; もと Tigris, Euphrates 川からビルマに至る地域》. ♦ **Míddle Éastern** *a* **Míddle Éastern·er** *n*

Míddle Egýptian 中期エジプト語《第 11–17 王朝の》.

míddle éight 〘楽〙ブリッジ (bridge), サビ, ミドルエイト《32 小節からなる典型的なポップソングを 8 小節ずつ分けたうちの 3 番目の部分; 通例メロディーなどが大きく変わる》.

Míddle Émpire [the] MIDDLE KINGDOM.

Míddle Éngland イングランドの中産階級《特に London 以外の地域に住む保守的な層》. ♦ **Míddle Énglander** *n*

Míddle Énglish 中(期)英語《約 1150–1500 年; 略 ME; cf. OLD [MODERN] ENGLISH》.

míddle fínger 中指, なかゆび. ★ 人に向かって中指を突き出して見せるのは侮蔑のしぐさ (⇨ *give* sb *the* FINGER).

Míddle Flémish 中期フラマン語《14–16 世紀》.

Míddle Frénch 中期フランス語《14–16 世紀; 略 MF》.

míddle gàme 《チェスなど board game の》中盤(戦) (cf. OPENING, ENDGAME).

Míddle Gréek 中期ギリシア語 (⇨ GREEK).

míddle gróund [the] 〘画〙中景 (middle distance); 《立場など》中道, 妥協点; 《河川や航行可能水域の》中洲.

míddle-gróund·er *n* 中道を行く[守る]人.

míddle guárd 〘アメフト〙ミドルガード《ディフェンスタックル間におり, オフェンスのセンター正面に位置するディフェンスプレーヤー》.

Míddle Hígh Gérman 中(期)高(地)ドイツ語《12–15 世紀; 略 MHG》.

míddle inítial 中間名 (middle name) の頭文字.

Míddle Írish 中期アイルランド語《11–15 世紀》.

Míddle Kíngdom [the] **1** 〘エジプト史〙中王国 (=*Middle Empire*)《第 11–12 王朝 (およそ 2100–1600 B.C.); cf. OLD [NEW] KINGDOM》. **2** 中華帝国; シナ本部《中国 18 省》; 《広く》中国.

míddle lamélla 〘植〙中層, 中葉《相接する細胞を接着している薄い層》.

M

Míddle Látin MEDIEVAL LATIN.

míddle lég 《俗》中足(なかあし) (penis).

míddle lífe 中年 (middle age); ᴴ中流階級の生活.

Míddle Lów Gérman 中(期)低(地)ドイツ語《12–15 世紀; 略 MLG》.

míddle·màn *n* **1 a** 仲介者, 仲介代理人, 中間業者, 仲買人《agent, intermediary, dealer などを含む概念》. **b** 仲人, 媒介者; 〘劇〙ミドルマン《minstrel show の司会者》: act as (a) ～ for another 仲介の労をとる. **2** 中庸を採る人, 中道を守る人. ● **cut out the ～** 中間業者を省く, 直接取引する; まわりくどいことをやめる.

míddle mánagement 中間管理者層.

míddle mánager 中間管理者[職].

Míddle·màrch ミドルマーチ《George Eliot の同名の小説 (1871–72) の舞台となった地方都市》.

míddle·mòst *a* 一番まん中の (midmost).

míddle náme 1 中間名, ミドルネーム《人名が 3 要素以上からなるとき最初の名と姓の間にある名で, John Fitzgerald Kennedy の Fitzgerald; 頭字だけで F. のように略記することが多い; ⇨ NAME》. **2** [*fig*] 人の最も特徴的な性質: Greedy [Honesty] is his ～. 欲の塊り[正直そのもの]だ.

Míddle Norwégian 中期ノルウェー語《14 世紀末–16 世紀初頭》.

míddle-of-the-róad *a* 中道の, 中道を行く, 中庸の, 穏健派の〈政策など〉; あたりさわりのない, 無難な, 万人うけ[俗うけ]のする〈ポピュラー音楽など〉. ♦ **～·er** *n* 中間派の人. **～·ism** *n*

míddle of the róad 中道(を採る考え方), 中庸.

Míddle Paleolíthic *n, a* 〘考古〙中部旧石器時代(の).

míddle pássage [the, ᴼthe M- P-] 〘史〙《アフリカ西岸と西インド諸島を結ぶ》中間航路《奴隷貿易でよく用いられた》.

Míddle Páth [the] 〘仏教〙中道 (=*Middle Way*)《快楽主義と禁欲主義などの対立を否定する修業法》.

Míddle Pérsian 中期ペルシア語《3–7 世紀》.

míddle pláne [the] 〘画〙中景 (middle distance).

mid·dler /míd(ə)lər, *mídlər/ *n* 中間学年の生徒《3 年制の学校の 2 年, 4 年制の学校の 2 年または 3 年》; 《一貫教育校の》中等部の生徒.

míddle-róad·er *n* MIDDLE-OF-THE-ROADER.

Mid·dles·brough /mídlzbrə/ ミドルズブラ《イングランド北部 Tees 川河口の町・一元的自治体 (unitary authority)》.

mid·dl·es·cence /mìdlés(ə)ns/ *n* 《人の》中年期. [*adolescence* にならって *middle* より]

míddle schòol 1 〘米〙ミドルスクール《elementary school の高等年と junior high school を含むもので, 普通は教育制度の 5[6]–8 学年に当たる》. **2** 〘英〙**a** ミドルスクール《8[9]–12[13] 歳の児童を対象とする公立学校; cf. FIRST SCHOOL》. **b** 《中等学校 (secondary school, 11–16[18] 歳) の》中間学年《14–15 歳》. ♦ **～·er** *n*

Míddle Scóts 中期スコットランド語《15 世紀後半–17 世紀初頭》.

Mid·dle·sex /mídlsèks/ ミドルセックス《イングランド南東部 London の北西部を含んだ旧州; 1965 年 Greater London に編入された; 略 Middx, Mx》.

míddle-sízed *a* 中型の.

míddle·splìtter *n* 〘農〙LISTER².

Míddle Státes ⇨ MIDDLE ATLANTIC STATES.

míddle stúmp 〘クリケット〙ミドルスタンプ《ウィケットの中央の柱; レッグスタンプ (leg stump) とオフスタンプ (off stump) の中間の柱》.

Míddle Swédish 中期スウェーデン語《14 世紀後期–16 世紀初頭》.

Míddle Témple [the] 〘英〙ミドルテンプル法学院 (⇨ INNS OF COURT).

míddle térm 〘論〙中名辞, 媒名辞, 媒項辞, 媒概念 (=*mean*)《M は P である, S は M である, よって S は P である, という三段論法の M; cf. FIGURE》.

Mid·dle·ton /mídlt(ə)n/ **1** ミドルトン **Thomas ～** (1570?–1627)《イングランドの劇作家; *Women Beware Women* (1621), *The Changeling* (1622; William Rowley と共作)》. **2** ミドルトン《イングランド北西部 Manchester の北北東にある町》.

Míddle·tòwn 1 ミドルタウン《**1**) Connecticut 州中部 Hartford の南にある市 **2**) Ohio 州南西部 Dayton の南西にある市》. **2** ミドルタウン《米国の社会学者 Robert S. (1892–1970) and Helen M. Lynd (1896–1982) 夫妻が 1920–30 年代に調査を行なった典型的な米国中産階級の文化を代表する都市 (実名は Muncie) の仮名》.

míddle vóice 〘文法〙《ギリシア語などで》中間態.

míddle·wàre *n* 〘電算〙ミドルウェア《制御プログラムと応用プログラムの中間的なタスクをするためのソフトウェア》.

míddle wátch MIDWATCH.

míddle wáy [the] 中庸, 中道; [the M- W-] MIDDLE PATH.

míddle·wèight *n* 平均体重の人; 〘ボク〙ミドルウェイト級のボクサー[ボクシング選手] (⇨ BOXING WEIGHTS); ミドル級選手; [〈*a*〉] ミドル級の.

Míddle Wélsh 中期ウェールズ語《12–15 世紀》.

Míddle Wést [the] MIDWEST. ♦ **Míddle Wéstern** *a* **Míddle Wésterner** *n*

míddle yóuth 成年期の初めから中年までの時期, 壮年.

mid·dling /mídlɪŋ, -lən/ *a* 中間の, 中型の, 中くらいの; 並の, 二流の, 月並みな; 《口・方》〈健康状態が〉まあまあの. ● FAIR¹ **to ～.** ► *adv* 《口・方》かなり, まあまあ, まずまず. ► *n* [ᵘ*pl*] 〘商〙《三段階の》中等品, 二級品; [ᵒ*pl*] *《中南部》腿と肩の間の豚肉, 胴肉 (=～ **mèat**); [～s, 〈*sg/pl*〉] シャーブス《ふすまなどを混ぜた粗くひいた飼料用穀物》; 〘繊維〙ミドリング《格付けが並の米綿(べいめん)》. ♦ **～·ly** *adv* 可もなく不可もなく, 普通に. [*-ling*¹˒²]

mid·dórsal *a* 背中中央(線)の[にある].

Middx Middlesex.

mid·dy /mídi/ *n* 《口》MIDSHIPMAN; MIDDY BLOUSE; 《豪俗》ミディ《通例 半パイントのビール(のジョッキ)》.

míddy blòuse セーラー服型のゆったりしたブラウス《婦人・子供用》.

Mid·éast* [the] MIDDLE EAST. ♦ **～·ern** *a*

míd-èngine, -ènglned *a* 〈自動車が〉ミッドエンジンの《エンジンが前車軸と後車軸の間の中央に位置する》: a *mid-engined* sports car.

míd·fìeld *n* 〘サッカーなど〙フィールド中央, ミッドフィールド; 中盤, ミッドフィールダー. ♦ **～·er** *n*

mídfield strìpe 〘アメフト〙50 ヤードライン.

Mid·gard /mídgɑːrd/, **-garth** /-θ/ **1** 〘北欧神話〙ミズガルズ《「中央の国」の意で, 人間界; ⇨ YGGDRASIL》. **2** この世 (this world).

midge /mídʒ/ *n* 《カ・ブヨなどの》小虫, 《特に》〘昆〙ヌカカ (biting midge), ユスリカ (chironomid); ちび助; きわめて小さな魚. [OE *mycg(e)*; cf. G *Mücke*]

midg·et /mídʒət/ *n* [*derog*] こびと, ちび, 侏儒(しゅじゅ) (⇨ DWARF); 《口》小柄な人[動物]; 極小型のもの; 小型競争用自動車[ボート]; 小型潜水艇; 〘昆〙MIDGE. ► *a* 普通[標準]より小さい; 極小型の: a ～ lamp 豆ランプ. [C19 (↑)]

Míd Glamórgan ミッドグラモーガン《ウェールズ南東部の旧州 (1974–96); ☆Cardiff; 略 Mid Glam.》.

míd·gùt *n* 〘発生〙中腸 (cf. FOREGUT, HINDGUT).

míd·héaven *n* 中空, 中天; 〘天〙子午線 (meridian); [M-] 〘占星〙中天《**1**) 人の誕生など特定の場所・時刻に子午線と交叉する黄道上の点 **2**) その点を含む黄道十二宮の星座》.

midi¹ /mídi/ *n* ミディ《MINI と MAXI の中間のドレス・スカート・コートなど; 1960 年代末から 70 年代初めにかけて流行した》. ► *a* ミディ(寸

法)の, 中型の. [*midi*skirt; *mini-* にならって *mid*[1] より]
Mi·di /midíː; *F* midi/ *n* 南, 南部; [the] 南部フランス. ■ **le Canal du ～** /*F* lə kanal dy-/ ミディ運河《フランス南部の Garonne 川流域と地中海を結ぶ運河》.
MIDI, midi[2] /mídi/ *n* ミディ《デジタル方式の電子楽器を相互連動させるための統一規格; 電子楽器全体のシステム演奏を可能にする》. [*M*usical *I*nstrument *D*igital *I*nterface]
Mid·i·an /mídiən/ 〘聖〙 **1** ミデアン, ミディアン《Abraham の息子の一人; *Gen* 25: 2》. **2** ミデアン人(じん)《ミデアンの子孫とされる北西アラビアの一部族》. **3** ミデアン, ミディアン《ミデアン人の住んだ地域; パレスティナ南部から現サウジアラビア北西海岸付近と推定される》.
♦ **～·ite** *n, a*
mi·di·nette /mìd(ə)nét; *F* midinɛt/ *n* 《Paris の》女工, 女店員, 《特に服飾店の》針子. [F]
Mi·di-Py·ré·nées /*F* -pirene/ ミディピレネー《フランス南部の地域圏; Ariège, Aveyron, Gers, Haute-Garonne, Hautes-Pyrénées, Lot, Tarn, Tarn-et-Garonne の 8 県からなる; ☆Toulouse》.
míd·ìron *n* 〘ゴルフ〙 ミッドアイアン (=*number two iron*)《IRON の 2 番》.
mídi sỳstem" ミディシステム《コンパクトハイファイ装置》.
mid·land /mídlənd, -lǽnd/ *n* 中部地方, 内陸部[地方]; [the M-s] イングランド中部地方, ミッドランズ; [M-] 米国中部地方, ミッドランド《概略 北は Illinois 州から New Jersey 州南部に至る線, 南は Oklahoma 州東部から North Carolina に至る線にはさまれた地域で, アメリカ中部方言が話される地域》; [M-] MIDLAND DIALECT. ► *a* 中部地方の; 陸地で囲まれた; 地中海の; [M-] 英国ミッドランズの, 米国ミッドランドの; [M-] MIDLAND DIALECT の. ♦ **Mid·land·er** *n*
Mídland díalect [the] **1** ミッドランド方言《中(期)英語方言の一区分で, このうち London を含む東部地方 (East Midland) 方言が近代英語の標準となった》. **2** アメリカ中部方言《Illinois, Indiana, Ohio, Pennsylvania, New Jersey の諸州の南部, West Virginia, Kentucky, Tennessee 州東部およびアパラチア山脈南部地方の英語》.
Mídland séa [the] 《詩》地中海.
mid·látitudes *n pl* 中緯度地方《緯度約 30°–60° の温帯》.
♦ **mid·látitude** *a*
míd·lèg *n* 脚の中央部; 〘昆〙 中肢, 中脚. ► *adv* /─ ─/ 脚の中ほどまで; 脚の中ほどで[に].
Míd-Lènt Súnday 四旬節 (Lent) の第 4 日曜日 (Mothering Sunday).
míd·life *n* 中年 (middle age). ► *a* 中年の.
míd·lìfe crísis 中年の危機《中年初期に起こる人生への不安や自信喪失など》.
míd·lìne /, ─ ─/ *n* 《身体などの》中線.
Mid·lo·thi·an /mɪdlóʊðiən/ ミドロジアン《スコットランド南東部の参事会地域・旧州》.
míd-màshie *n* 〘ゴルフ〙 ミッドマシー (=*number three iron*)《IRON の 3 番》.
míd·mórning *n* 日の出[人が活動を開始するころ]から正午までの中間の時間, 午前半ば.
míd·mòst *a* まんまん中の; 中心に最も近い; 最も奥まった. ► *adv* 中心部に, まん中に. ► *prep* …の中心部に. ► *n* 中心部.
Midn Midshipman.
míd·nìght *n* 真夜中, 夜中の 12 時, 午前 0 時, 夜半; まっ暗闇: (as) dark [black] as ～ まっ暗な. ► *a, adv* 真夜中の[に].
● **burn the ～** OIL. ♦ **～·ly** *adv, a*
mídnight blúe 暗いダークブルー: a *midnight-blue* suit.
mídnight féast 《寄宿舎の生徒などが》深夜にこっそり食べるもの.
Mídnight Máss 真夜中のミサ《キリストの降誕を祝ってクリスマスイブの深夜に行なわれるミサ》.
mídnight sún 真夜中の太陽《極圏内で真夏に見られる》: ⇨ LAND OF THE MIDNIGHT SUN.
míd·nòon *n* 《まれ》真昼, 正午.
míd·òcean rídge 〘地質〙 中央海嶺.
mid óff 〘クリケット〙 投手の左側にいる野手(の位置).
mid ón 〘クリケット〙 投手の右側にいる野手(の位置).
míd·pòint /, ─ ─/ *n* 中心点, 中央[中間]地点; 〘数〙 中点; 《時間的な》中間点 〈*of*〉.
míd·rànge *a, n* 中程度[並, まあまあ]の(もの), 平均[標準](的な).
mid·rash /mídràːʃ/ *n* (*pl* **-rash·im** /mɪdráːʃəm/, **-rash·oth** /mìdràːʃóʊt, -θ/) 《聖書の古代ユダヤの rabbi による》注釈, 注解; [the M-] ミドラシュ《古代ユダヤの聖書注解書》. ♦ **mid·rásh·ic** *a* [Heb]
míd·rìb *n* 〘植〙 《葉の》中央脈, 中肋(ちゅうろく), 主脈, 《タバコの》中骨; 《葉の中肋に似た》分割線.
mid·riff /mídrìf/ *n* 〘解〙 横隔膜 (diaphragm); 胴の中間部; 婦人服の胴の部分; *ミドリフ, へそ出しルック《ウエストから上の腹の部分を露出した婦人服》. [OE=mid belly (*hrif* belly)]
míd·rise /, ─ ─/ *a* 〈建物が〉中層の《およそ 5–10 階建ての》.
míd·ságittal *a* 〘解〙 正中(矢状)の (median): ～ plane.
míd·sèction *n* 《両端の》中間部; トルソの中間部; 胴の中間部 (midriff).
míd·shìp *n, a* 〘海〙 船体中央部[縦](の).
míd·shìp·man /-mən/ *n* **1** "《海軍兵学校を出た》見習い将校; *海軍兵学校の生徒, 海軍将校候補生. **2** 〘魚〙 イサリビガマアンコウ属[ポリクチス属]の数種の魚《腹部に発光器の列をもつ》.
míd·shìp·mite /mídʃɪpmàɪt/ *n* [*joc*] MIDSHIPMAN.
míd·shìps *adv, a* AMIDSHIPS.
míd·sìze(d) *a* 中型の.
míd·sòle *n* 《靴の》中物《中底 (insole) と表底 (outsole) の間にはさまれた部分》.
midst /mídst, mítst/ *n* 《やや古》まん中, 中央, 中; 最中. ● **from [out of] the ～ of**…の中から. **in [into] the ～ of**…の中に[へ]; …の中で; …の間に (during): *in the* ～ *of* war 戦争の最中で[に]. **in the ～ of us [you, them]=in our [your, their] ～** わたしたち[きみたち, 彼ら]の中に: To think there was a spy *in our* ～! 仲間うちにスパイがいたとは! ► *prep* 《詩》AMIDST. ► *adv* まん中に[で]. ● FIRST, **～ and last.** [ME *middest, middes* < *in middes, in middan* (⇨ MID[1]); *-t* は添え字 (cf. WHILST, AMONGST)]
míd·stréam /, ─ ─/ *n* 流れの中ほど, 中流; 中途: interrupt the speaker in ～ 人の話をさえぎる. ► *adv* 流れの中ほどで; 途中で. ► *a* 〘医〙 排尿の途中の: a ～ specimen 中間尿.
míd·súmmer /, ─ ─/ *n, a* 真夏(の), 盛夏(の); 夏至 (summer solstice) (の).
Mídsummer Dáy, Mídsummer's Dáy バプテスマのヨハネの祭日 (=*Saint John's Day*)《6 月 24 日; 英国では QUARTER DAYS の一つ》.
Mídsummer Éve [Níght]" Midsummer Day の前夜《昔は witches が活躍する時とされた》.
mídsummer mádness 《文》底抜けの狂乱《真夏の月と熱気によると想像された》.
mídsummer mén [〈*sg/pl*〉] 〘植〙 ROSEROOT.
míd·téen *a* 十代半ばの, ミドルティーンの. ► *n* 十代半ばの若者, ミドルティーン; [*pl*] 14 から 18 までの間の数[量, 額, 年齢].
míd·tèrm *n* 《学期・*任期・妊娠期間などの》中間時点, 前半経過時点, 後半開始時点; *《口》中間試験: resign in ～ 任期の半ばで辞任する. ► *a* 中間の: a ～ election 中間選挙.
míd·tèrm bréak 中間休暇《学期半ばの短い休み》.
míd·tòwn*/, ─ ─/ *n, a* 《商業地区と住宅地区とのまたは '下町' と '山の手' との》中間地区(の).
míd-Victórian *a* [°M-] ヴィクトリア朝中期の; 旧式な. ► *n* [°M-] ヴィクトリア朝中期の人; ヴィクトリア中期の理想[趣味]をもつ人; 旧式[厳格]な人.
míd·wàtch *n* 〘海〙 夜半直《午前 0–4 時の夜警員》.
míd·wày *a, adv* /, ─ ─/ 中途の[に], 中ほどの[に] 〈*between, through*〉. ► *n* **1 a** *中道(なかみち)《博覧会などで娯楽場や見世物が並んでいる明るいにぎやかな通り》. **b** *《俗》廊下, 通路; *《俗》留置所の通路. [*Midway* Plaisance (1893 年の博覧会の娯楽場となった Chicago の公園の一部)] **2** 《古》中道, 正道.
Míd·way Íslands /mídwèɪ-/ *pl* [the] ミッドウェー諸島《Hawaii の北西方にある米国領の環礁; 1942 年, 付近で日米両国によって展開された海戦は太平洋戦争の一大転換点》.
míd·wèek *n* 週半ば; [M-] 《クエーカー派で》水曜日: in ～ 週半ばに. ► *a, adv* 週半ばの[に]. ♦ **～·ly** /, ─ ─ ─/ *a, adv*
Míd·wést [the] 《米国の》中西部《アパラチア山脈の西, Rocky 山脈の東, Ohio 州, Missouri 州, Kansas 州以北の米国の中央北部地域》. ♦ **Míd·wést·ern** *a* **Míd·wést·ern·er** *n*
míd-wícket *n* 〘クリケット〙 ミッドウィケット《square leg と mid on との中間の守備位置; そのプレーヤー》.
mid·wife /mídwàɪf/ *n* 助産師, 産婆 (cf. NURSE-MIDWIFE); [*fig*] 産婆役. ► *vt* (**～d, -wived** /-vd/; **-wìf·ing, -wìv·ing** /-vɪŋ/) …の産婆役をする. [ME (OE *mid* with, WIFE woman); 'one who is with the mother' の意]
mídwife fróg [tóad] OBSTETRICAL TOAD.
mid·wife·ry /mìdwíf(ə)ri, "─ ─ ─ ─, *mìdwáɪ-, ─ ─ ─ ─/ *n* 産婆術; 産科学 (obstetrics); 《ある事を実現させるための》有効な助力.
míd·wínter /, ─ ─/ *n, a* 真冬(の); 冬至(のころ).
míd·yèar *a* 暦年の半ばの; *学年の半ばの. ► *n* 暦年[学年]の半ば; *《口》学年半ばの試験; [*pl*] *《口》学年半ばに行なわれる一連の試験(の期間) (cf. FINALS).
miel·ie /míːli/ *n* 《南ア》トウモロコシ.
mien /míːn/ 《文》*n* 物腰, 態度; 風采, 様子: make ～ うわべを飾る, 見せかける. [? *demean*[2]; F *mine* expression, aspect の影響]
Mien /miέn/ *n* ミエン (YAO[2] の別名).
Mie·res /miέrəs/ ミエレス《スペイン北西部 Oviedo 県の町》.
mierkat ⇨ MEERKAT.
Mies van der Ro·he /míːs vǽn dəróʊ(ə), míːz-/ ミース・ファン・デル・ローエ **Ludwig ～** (1886–1969)《ドイツ生まれの米国の建築家》. ♦ **Mies·ian** /míːsiən, -ʃən/ *a*
mi·fep·ris·tone /mɪfέprɪstòʊn/ *n* 〘薬〙 ミフェプリストン (RU 486).

M

miff /míf/ «口» *n* ささいなけんか[口論], いさかい; むかっ腹, かんしゃく, 憤慨: in a ～ むっとして. ► *vt, vi* むっとさせる[する] 〈*with, at*〉. ♦ **～ed** *a* «口» むかっ腹を立てて. **míffy** *a* «口» すぐかっと[むっと]なる. [? imit; cf. G *muffen*]

MI5 〘英〙 Military Intelligence, section five 軍事情報部 5 部《国内および英連邦を担当》.

mifky-pifky /mífkipìfki/ *n**«俗» エッチ(なお遊び), 不倫 (＝～ **in the búshes**).

mig, migg /míg/ *n* «方» ビー玉. [game に影響された *mib* か]

MiG, Mig, MIG /míg/ ミグ《ソ連製の各種ジェット戦闘機; ロシアをはじめ多くの(旧)社会主義国で使われた》. [Artem *M*ikoyan (1905–70) *i* (＝and) Mikhail *G*urevich (1893–1976) ソ連の 2 人の設計者]

mig·gle /míg(ə)l/ «方» *n* MIG; [～s, 〈*sg*〉] ビー玉遊び.

might[1] /maɪt, máɪt/ *v auxil* **1** ⇨ MAY[1]. **2** [条件節の内容を言外に含めた婉曲語法] **(1)** [依頼・提案]: You ～ (＝I request you to) post this for me. これをポストに入れておいてくれたまえ / You ～ like [want] to do…してみたらどうかな, …したほうがいいかもね. **(2)** [非難・遺憾]: You ～ at least apologize. せめて悪かったぐらいは言ってもよさそうなものだ / I ～ have been a rich man. (なろうと思えば)金持になれたものを(もうおそい) / I～ have known [guessed]. やっぱりそうだったか, そんなことだろうと思った. **(3)** [可能]: It ～ be [have been] true. まんざらうそでない[なかった]かもしれない / You ～ fail if you were lazy. なまけていると失敗するかもしれない / *M*～ I come in? 失礼ですがはいってよろしいでしょうか《May I …? より丁寧》/ And who ～ you be? [*joc*]/«古» はてどちら様で?. **(4)** [妥当]: You ～ well ask [wonder] why he didn't come. なぜ彼が来なかったか疑問に思うのも無理はない. **(5)** [～ could [would]]*«南部» ひょっとしたらできる[する]かもしれない. ● **～ as** WELL[1] do (**as**…). TRY **as** sb **～**.

might[2] /máɪt/ *n* **1** (強大な)力, 勢力, 権力, 実力; 腕力; 全力; 優勢: the ～ of a forest fire 森林火災の威力 / *M*～ is [makes] right. «諺» 力は正義なり, '勝てば官軍'. **2** «方» たくさん: take a ～ of time. ● **by ～** 力ずくで, 腕ずくで. **with all one's ～**＝(**with** [**by**] (**all one's**)) **～ and main** 全力を挙げて, 力いっぱいに, 一所懸命に. ♦ **～·less** *a* [OE *miht*＜Gmc (**mag*- MAY[1]; G *Macht*)]

might·est /màɪtəst, ⌐─/ *v auxil* «古» MAY[1] の二人称単数過去形《主語が thou のとき》.

míght-have-bèen /-ə(v)-/ *n* あるいはそうなったかもしれないこと, もっと偉く[有名に]なったかもしれない人.

míght·i·ly *adv* 強く, 激しく; 非常に, とっても.

míght·i·ness *n* 強力, 強大, 偉大; 高位; 《称号として》閣下, 殿下: His High *M*～ [*iron*] 閣下《高慢ちきな人》.

mightn't /máɪtnt/ might not の短縮形.

mighty *a* **1** 〈人・物が〉力強い, 強力な, 強大な; 巨大な, 広大な; 多量の, 尨大な; 重大な: a ～ wind 強風 / ～ works 〘聖〙 奇跡 (miracles)《*Matt* 11: 20, 21》. **2** «口» すばらしい, 非常な, 大変な (great): make a ～ bother ひどく厄介なことをしでかす / a ～ hit 大当たり. ► *adv**«口» すごく, ひどく, とても (very): It is ～ easy.

mighty mézz [the]*«俗» マリファナ(タバコ).

mig·ma·tite /mígmətàɪt/ *n* 〘岩石〙 ミグマタイト, 混成岩《片岩・片麻岩質と花崗岩質の部分が混在する岩石》. [Gk *migmat- migma* compound, *-ite*]

mi·gnon /mínjɑ̀n, ─⌐; *F* miɲɔ̃/ *a* (*fem* **-gnonne** /mɪnján, ⌐⌐; *F* miɲɔn/) 小作りで優美な, かわいらしい, 愛くるしい. ► *n* **1** [M-] ミニョン《女子名》. **2** 〘料理〙 FILET MIGNON. [F＝little, small]

mi·gnon·ette /mìnjənét/ *n* 〘植〙 モクセイソウ (reseda), 《特に》ニオイレセダ《芳香がある》; 灰緑色 (reseda) (＝～ **gréen**); ミニヨネット《ボビンレースの一種》. [F (dim)＜↑]

mi·graine /máɪgrèɪn; míː-, máɪ-/ *n* 〘医〙 片[偏]頭痛(へんずつう). ♦ **mi·grain·ous** /máɪgrèɪnəs; migréɪnəs, maɪ-/ *a* [F＜L＜Gk *hēmicrania* (*hemi-*, CRANIUM)]

mi·grain·eur /*F* migrɛnøːr/ *n* 片頭痛患者.

mi·grant /máɪgrənt/ *a* 移動性の. ► *n* 移住者; 移動動物, 移動者, 渡り鳥 (migratory bird) (cf. RESIDENT); 回遊魚; 移住[季節]労働者; «豪» 《最近の》移入者, 入植者 (immigrant).

mi·grate /máɪgrèɪt, ─⌐/ *vi* 移住する; 〈鳥・魚が〉《定期的に》移動する, 渡る, 回遊する; 〈寄生虫が〉体内移行する《生活環の一部として宿主の体内を移動する》, 〈細胞が〉移動[遊走]する; 《仕事を求めて季節的に》移動する; 〘化〙 〈原子・基が〉転位する《分子内の他の位置に移動する》; 《より広い地域に》広がる, 拡散する; 〘電算〙 〈新しいシステム・OS などに〉移行する 〈*to*〉. ► *vt* 移住[移動]させる; 〘電算〙 〈人を〉新しいシステム・OS などに移行させる; 〘電算〙 〈ファイル・ソフトウェア・ハードウェアを〉別のコンピューターに移す. [L *migrat- migro* to change one's residence or position]

mi·gra·tion /maɪgréɪʃ(ə)n/ *n* **1** 移出入, 人口移動, 移住; 〘動〙 移動, 《鳥の》渡り, 《魚の》回遊; 《寄生虫の》体内移行, 《細胞の》移動, 遊走; 《因子・卵子の》遊走; 〘化〙 《分子内の》原子移動; 〘電算〙 《新システムへの》移行; 〘電算〙 《ファイル[ソフトウェア, ハードウェア]の》移動; 〘水文〙 《下流方向への》移動; 《電気分解での》イオン移動 (＝～ **of íons**). **2** 移住者(たち), 移動動物, 渡り鳥. ♦ **～·al** *a*

mí·grà·tor /, ─⌐─/ *n* 移住者; 移動動物, 渡り鳥.

mi·gra·to·ry /máɪgrətɔ̀ːri; -t(ə)ri/ *a* 移住する; 移動性の (opp. *resident*); 漂流[放浪]性の; 遊走性の: a ～ bird 渡り鳥 / a ～ fish 回遊魚.

mi·gro·naut /máɪgrənɔ̀ːt, *-nɑ̀ːt/ *n* 《受入れ国が見つからず各国を渡り歩く》流浪難民 (＝*shuttlecock*). [*migrate*, *-o-*, *-naut*]

MIG welding /míg ─/ 〘冶〙 ミグ [MIG] 溶接《連続供給される溶加材のワイヤを電極とする不活性[イナート]ガス溶接の一種; cf. TIG WELDING》. [*m*etal *i*nert *g*as *welding*]

Mi·haj·lo·vić /mɪháɪləvɪtʃ/ ミハイロヴィチ **Dragoljub ～** (1893–1946)《ユーゴスラヴィアの軍人; 通称 'Draža /dráːʒə/ ～'; 1941 年ドイツ軍のユーゴスラヴィア占領後チェトニク (Chetniks) を率いてゲリラ活動を行なった》.

mih·rab /míːrəb, -rɑ̀ːb/ *n* 〘建〙 ミヒラブ, ミフラーブ《イスラム寺院で Mecca の Kaaba に向いた壁龕(へきがん)》. [Arab]

mi·ka·do /məkɑ́ːdou/ *n* **1** (*pl* **～s**) 帝(みかど). **2** [The M-]『ミカド』《William S. Gilbert と Arthur Sullivan 共作のオペレッタ (1885)》. [Jpn]

Mi·kan /máɪkən/ マイカン **George** (**Lawrence**) **～** (1924–2005)《米国のバスケットボール選手; 2 メートル 8 センチの長身; 1950 年「半世紀で最も偉大な選手」に選出》.

Mik·a·su·ki /mìkəsúːki/ *n* **a** (*pl* **～, ～s**) ミカスキ族《Florida 州北西部のマスコギ語族系のインディアン》. **b** ミカスキ語.

mike[1] /máɪk/ *n* «口» マイク (microphone): a ～-side account 実況放送. ► *vt* マイクで放送[録音]する; …にマイクを用意する[使わせる, 近づける, つける] 〈*up*〉. ► *vi* マイクを使う.

mike[2] «口» *vi* なまける, サボる, ぶらぶらする. ► *n* なまけ, ぶらぶら遊び: on the ～ なまけて / do [have] a ～ ぶらぶらする, のらくらと暮らす.

mike[3] *n* «口» MICROMETER[1].

mike[4] *n**«俗» MICROSCOPE.

mike[5] *n**«俗» 《麻薬で》MICROGRAM[1].

Mike[1] **1** マイク《男子名; Michael の愛称》. **2** [ᵒm-] «俗» MICK[1]. ● **for the** LOVE **of ～.** **take the ～**＝take the MICKEY.

Mike[2] *n* マイク《文字 m を表わす通信用語; ⇨ COMMUNICATIONS CODE WORD》.

Míke and Íke*«俗» 塩とコショウの振り出し小瓶, 《振りかけ用の》塩コショウ入れ.

míke fright* マイク恐怖症《マイクの前でおどおどする》.

Míke Hámmer マイク・ハマー《Mickey Spillane の一連の探偵小説 (1947 年から) の主人公; 拳銃の使用も辞さない暴力的な探偵》.

Mi'kmaq ⇨ MICMAC.

Míkonos ⇨ MYKONOS.

Mi·ko·yan /mɪ̀koujɑ́ːn/ ミコヤン **Ana·stas** /ɑ̀ːnəstɑ́ːs/ **Ivanovich ～** (1895–1978)《ソ連の政治家; 最高会議幹部会議長 (1964–65)》.

mi·kron /máɪkrɑ̀n/ *n* (*pl* **～s, -kra** /-krə/) MICRON.

mik·vah, -veh /míkvə/ *n* 〘ユダヤ教〙 ミクヴァ, ミクヴェ《正統のユダヤ教信者の宗教儀礼としての沐浴(場)》. [Heb]

mil[1] /míl/ *n* ミル (＝1/1000 inch); ミル《角度の単位で, 円周の 1/6400》; 〘薬〙 MILLILITER; ミル《キプロスの euro になる前の通貨単位: ＝1/1000 pound》; 1000, 千 (thousand).

mil[2] *n* (*pl* ～)*«俗» 100 万ドル. [*mil*lion]

Mil ミル《女子名; Mildred の愛称》.

mil 〘インターネット〙 military 《DOMAIN 名の一つ》 ♦ milliliters ♦ millimeters. **mil.** military.

mi·la·dy, -di, m'lady /mɪléɪdi/ *n* **1** 《もと欧州大陸で英国貴婦人への呼びかけ語として》奥さま, 奥方, 夫人. **2** 流行の先端を行く婦人, 上流婦人. [F＜E *my lady*; cf. MILORD]

milage ⇨ MILEAGE.

mi·lah /mɪlɑ́ː, ⌐⌐/ *n* 〘ユダヤ教〙 割礼 (circumcision).

Mi·lan /məlǽn, -lɑ́ːn/ ミラノ (It **Mi·la·no** /milɑ́ːnou/)《イタリア北部 Lombardy 州の州都; 古代名 Mediolanum》.

mil·a·naise /mɪ̀lənéɪz/ *a* 〘フランス料理〙 ミラノ風の《マッシュルーム・挽肉などで作ったトマトソースであえたマカロニ[スパゲッティ]を添えた》. [F]

Mil·a·nese /mɪ̀ləníːz, -s/ *a* ミラノ(人)の; 〘料理〙 〈肉など〉ミラノ風の《パン粉[小麦粉]をまぶして油[バター]で焼いた》; ミラニーズ(編み)の. ► *n* (*pl* ～) ミラノ生まれの人, ミラノ市民; 《イタリア語の》ミラノ方言; ミラニーズ(編み)《目の詰んだ縦編みの軽いメリヤス地; 使用糸は絹・レーヨンなど》; [the] 〘史〙 ミラノ公国領.

Mílanese chánt AMBROSIAN CHANT.

Mi·lan·ko·vich /məlǽŋkəvɪtʃ/ *a* ミランコヴィッチ説の《地軸の傾き・方向の周期的変動や地球軌道の離心率が気候の変動に関係するというもの》. [Milutin *Milankovich* (1879–1958) ユーゴスラヴィアの地球物理学者]

Mi·laz·zo /mɪlɑ́ːtsou/ ミラッツォ《Sicily 島北東部 Messina の西にある市・港町; 古代名 Mylae》.

milch /míltʃ, mílk, mílks/ *a* 乳の出る, 搾乳用の. [OE *-milce*; cf. OE *melcan* to MILK]

mílch còw 乳牛; [*fig*] 継続的収入源, 金づる, ドル箱.

mil·chig /mílçɪk/ *a* 〘ユダヤ教〙 乳製の, 牛乳・乳製品(用)の (cf. FLEISHIG, PAREVE). [Yid]

mild /máɪld/ *a* **1** 温厚な, 優しい, おとなしい, 柔和な〈*of* manner, *in* disposition〉;《廃》親切な, 慈悲深い. **2**〈天候など〉穏やかな, 暖かい, のどかな;〈規則・罰など〉寛大な, ゆるい (opp. *severe*);〈病気が〉軽い; 極端でない,〈坂など〉ゆるやかな: a ～ criticism 寛大な批評 / a ～ case 軽症. **3**〈タバコ・薬品など〉きつくない, まろやかな (opp. *strong*);〈ビールなど〉甘口の, 口当たりのよい, マイルドな (opp. *bitter*). **4**〈鋼鉄が〉可鍛性がある;《方》〈木などが〉軟らかい, 細工しやすい. ●DRAW **it ～.** ► *n*《口》マイルド《ホップの香り付けの少ない黒ビール; cf. BITTER》. ♦ **～·ish** *a* **～·ness** *n* [OE *milde*; cf. G *mild*]

míld and bítter マイルド・アンド・ビター, ハーフ・アンド・ハーフ《マイルドとビターの生ビールを半々に混ぜたビール》.

míld-cúred *a*〈ベーコン・ハムなど〉塩を控えた, 甘塩の.

míld·en *vt, vi* MILD にする[なる].

mil·dew /míld(j)ùː/ *n*〔植〕ウドンコ病, 白渋(しぶ)病; ウドンコ病菌; ウドンコカビ; カビ (mold);《紙・革・衣類・食物などに生じる》白カビ; カビによる変色. ► *vt* …にカビを生やす. ► *vi* ウドンコ病になる; カビが生える. ♦ **míl·dèwy** *a* [OE *mildēaw*, *meledēaw*＜Gmc＝honeydew]

míldew·cìde *n* 殺ウドンコ病菌[カビ]剤.

míldew·pròof *a* カビの生えにくい, 防カビ性の. ► *vt*〈紙・革・衣類〉に防カビ処理を施す.

míld·ly *adv* 温和に, 穏やかに, 優しく; ゆるやかに, 控えめに, 少し. ● **to put it ～** 控えめに[遠慮して]言えば[言っても], どう(好意的に)見ても: That's *putting it* ～. そんななまやさしいもんじゃない, それどころかもっとひどい.

míld-mánnered *a*〈人が〉温厚な, おとなしい.

Mil·dred /míldrəd/ ミルドレッド《女子名; 愛称 Mil, Millie, Milly》. [OE＝mild＋power]

míld stéel〔冶〕軟鋼《低炭素鋼》.

mile /máɪl/ *n* **1 a** (法定)マイル (＝statute ～)《＝5280 feet, 1760 yards; ≒1.609 km》: (INTERNATIONAL) AIR [NAUTICAL] MILE / ROMAN MILE / the three-～ limit [belt, zone] (国際公法上の)領海 3 海里. **b** [*pl*] 飛行マイル数: accumulate [earn] ～*s*《マイレージサービスで》マイルをためる[獲得する]. **c** [ᵒ*pl*] かなりの距離[程度]; [*pl*, 〈*adv*〉] ずっと, はるかに, すごく, 大いに: by ～*s* [a ～] ⇨ 成句 / not 100 ～*s* from…よりそう遠くはない / be ～*s* (＝very much) better [easier] ずっとよい[やさしい] / be ～*s* out [off]〈計算などが〉まったく間違っている[不正確である]. **2** [the] 1 マイル競走 (＝～ race). ● **a ～ a minute**《口》猛スピードで, 間断なく: talk *a ～ a minute* ベラベラのべつ幕なしにしゃべる. **by ～s** [**a ～**] 大きく, 大幅に; ずっと; 断然: win *by a* ～ 大差で勝つ / It's the best *by* ～*s* [*a* ～]. それが断然ベストだ / MISS¹ *by a* ～. **go the extra ～**《俗》(一層)の努力をする, もっとがんばる, もうひと押しする, 特に力を入れる《cf. *Matt* 5: 41》. **～s** AWAY. **～s from anywhere**＝**～s from** NOWHERE. **run a ～**《口》さっさと逃げる, 避ける〈*from*〉. **see** [**spot, recognize, tell**]…**a ～ off**《口》…が簡単にわかる, すぐに気づく. STICK [**stand**] **out a ～.** [OE *mīl*＜WGmc＜L (pl)〈*mille* thousand]

mile·age, mil·age /máɪlɪdʒ/ *n* **1**《一定期間内の》走行[飛行]マイル数;《一国の道路・鉄道などの》総マイル数;《マイル表示の》道のり;《公務員などの》マイル当たり旅費[赴任手当], ガソリン代[手当] (＝～ allowance);《タイヤなどの》耐用マイル数; マイル当たり料金;《車のガソリン一定量当たりの》走行マイル数, 燃費: in actual ～ 実際のマイル数で / a car with high [low] ～ 走行距離の多い[少ない]車. **2** [*fig*] 有用性, 利点〈*in*〉; 利益, 恩恵: get full ～ out of…を十分活用する. ● **your ～ may vary** あくまで個人的意見[ケースバイケース]だけど, 一概には言えないが《車の燃費が使用状況によってカタログどおりにならないことがあるとの断り書きから; E メールなどで YMMV と略記する》.

Míle-Hìgh Cíty [the] マイルハイ・シティー《Denver の俗称; 標高が 1 マイルあることから》.

míle-hígh clùb [the]《俗》高度 1 マイルクラブ《飛行中の旅客機の中でセックスをすると会員資格を得るという実在しないクラブ》.

míle màrker《CB 無線俗》州間ハイウェー沿いにある番号のついた小さな標識.

mile·om·e·ter, mi·lom·e·ter /maɪlɑ́mətər/ *n*《車・自転車の》走行マイル計 (odometer*).

míle·pòst *n**《道路・鉄道などの》里程標;〔競馬〕マイルポスト《ゴール前 1 マイルの地点の標識》;《歴史・人生などの》節目, 画期的な事件[こと].

mil·er /máɪlər/ *n* 1 マイルレースの選手[馬], [*compd*] …マイルレースの選手; [*compd*] …マイル歩行[レース]. ♦ **míl·ing** *n* 1 マイルレースで走ること. [*mile*]

Miles /máɪlz/ マイルズ《男子名》. [F＜Gmc＝? merciful]

mi·les glo·ri·o·sus /míːlèɪs glɔ̀ːrióusəs/ (*pl* **mi·li·tes glo·ri·o·si** /míːlətèɪs glɔ̀ːrióusi/) ほら吹き兵士; ほら吹き兵士型の陳腐な喜劇役. [L]

Mi·le·sian¹ /məlíːʒ(ə)n, maɪ-, -ʃ(ə)n/ *a* [*joc*] アイルランドの (Irish). ► *n* アイルランド人. [スペインから攻め入って今のアイルランド人の祖先となったという伝説的な王 Milesius にちなむ]

Milesian² *a* MILETUS の;〔哲〕ミレトス学派の. ► *n* ミレトスの住民; ミレトス学派の哲学者.

Milésian tále ミレトス話《初め紀元前 2 世紀ごろのギリシア人 Aristides of Miletus が書いた[集めた]恋愛・冒険小話; 淫猥なものが多い》.

míle·stòne *n* 道標を示す標石, 石の里程標, 一里塚;《歴史・人生などの》重大時点, 画期的事件,《大きな》節目〈*in*〉.

Mi·le·tus /maɪlíːtəs, mə-/ ミレトス《古代小アジア南西岸 Caria 地方の Maeander 川河口の近くにあった都市; Ionia 地方の交易・学問の中心》.

MILF /mílf/《俗》Mother I'd Like to Fuck やりたくなるような熟女[子持ち女].

mil·foil /mílfɔ̀ɪl/ *n*〔植〕**a** ノコギリソウ (yarrow). **b** フサモ (water milfoil). [OF＜L (*mille* thousand, FOIL²)]

Míl·ford Háven /mílfərd-/ ミルフォードヘヴン《ウェールズ南西部の港町; St. George's Channel の入江ミルフォード湾 (Milford Haven) に臨む》.

Mi·lhaud /*F* mijo/ ミヨー **Darius ～** (1892–1974)《フランスの作曲家; 六人組の一人》.

milia *n* MILIUM の複数形.

mil·ia·ren·sis /mɪ̀ljərɛ́nsəs/ *n* (*pl* **-ses** /-sìːz/) ミリアレンシス《古代ローマの銀貨: ＝1/14 [1/12] solidus》.

mil·i·a·ria /mɪ̀liɛ́əriə/〔医〕*n* 汗疹, あせも (prickly heat, heat rash); 粟粒(ぞくりゅう)疹. ♦ **mìl·i·ár·i·al** *a* [NL (MILLET¹)]

mil·i·ary /mílièri; -(ə)ri/ *a*〔医〕粟粒(性)の; キビの実のような.

míliary féver〔医〕粟粒熱 (＝*sweating sickness*).

míliary glánd〔医〕粟粒腺.

míliary tuberculósis〔医〕粟粒結核(症).

Milicent ⇨ MILLICENT¹.

mil·i·crat /míləkræ̀t/ *n**《俗》軍関係のお役人[官僚] (military bureaucrat).

mi·lieu /miljə́ːr, -ljúː, míːljùː; míːljəː, miljə́ː/ *n* (*pl* **～s, mi·lieux** /-(z)/)《社会的・文化的な》環境. [F (*mi* MID¹, LIEU)]

miliéu thèrapy〔心〕《生活環境を変える》環境療法.

mil·i·tance /mílət(ə)ns/ *n* MILITANCY.

mil·i·tan·cy /mílət(ə)nsi/ *n* 交戦状態; 闘争性, 好戦性, 攻撃性.

míl·i·tant *a* 交戦状態の; 戦闘的な, 好戦的な, 過激な. ► *n* 戦闘的な人,《特に 政治活動の》闘士, 過激派[分子]; 戦闘員; [M-] Militant Tendency (のメンバー); [M-]『ミリタント』《Militant Tendency の機関紙で, しばしば街頭で売られる》. ♦ **～·ly** *adv* **～·ness** *n* [OF＜L; ⇨ MILITARY]

Mílitant Téndency [the]〔英〕戦闘[武闘]派, ミリタントテンデンシー《労働党内にあったトロツキスト左派グループ; 1982 年党内党をつくり, 除名された》.

mil·i·tar·ia /mɪ̀lətɛ́əriə/ *n pl*《歴史的価値をもつ》軍需品コレクション, ミリタリア《火器・軍服・記章など》. [-*ia*³]

mil·i·tar·i·ly /mɪ̀lətɛ́rəli, ⌐−⌐−−; mílɪtərɪli/ *adv* 軍事的に, 軍事面で; 軍事的立場から.

mil·i·ta·rism /mílətərɪ̀z(ə)m/ *n* 軍人精神, 尚武精神; 軍国主義 (opp. *pacifism*), 軍事優先政策, 軍部支配.

mil·i·ta·rist /mílətərɪst/ *n* 軍国主義者, 軍事優先主義者; 軍事専門家[研究家], 戦略家. ► *a* 軍国主義的な, 軍事優先主義の. ♦ **mìl·i·ta·rís·tic** *a* **-ti·cal·ly** *adv*

mil·i·ta·rize /mílətəràɪz/ *vt* …に軍を配備する, 軍隊[武装]化する; 軍国主義化する, 軍人[尚武]精神に染める; 軍用にする. ♦ **mìl·i·ta·ri·zá·tion** *n*

míl·i·ta·rìzed *a* 軍隊が配備された[支配する]〈地域〉; 軍隊化した, 軍隊さながらの.

mil·i·tary /mílətèri; -t(ə)ri/ *a* 軍の, 軍隊的な; 軍事(上)の, 軍人の, 軍用の (opp. *civil*); 軍人に向いた; 軍人らしい; 陸(空)軍の (opp. *naval*): a ～ man 軍人 / ～ training 軍隊[軍事]教育, 教練 / ～ prowess 武勇 / a ～ review 観兵式. ► *n* [the] 軍, 軍隊, 軍部; [the] 軍人たち,《特に》陸軍将校たち: *The* ～ were called out to put down the riot. 暴動鎮圧のために軍が出動した. [OF or L (*milit- miles* soldier)]

mílitary acàdemy /; ⌐−⌐−/ 陸軍士官学校; *軍隊的訓練を重んじる(全寮制の)私立学校.

mílitary attaché /⌐−⌐−/《外国の首都にある》大使[公使]館付き陸軍武官.

mílitary bánd《軍付属の》軍楽隊; 吹奏楽隊.

mílitary brúsh 2 本一組の無柄の男子用ヘアブラシ.

mílitary chést 軍隊金庫, 軍資金.

mílitary cóllar〔服〕ミリタリーカラー《軍服調のダブルのコートにあるような深い切れ込みのある広襟》.

Mílitary Cróss〔英陸軍〕戦功十字章《1914 年制定; 略 MC》.

mílitary engineéring 軍事工学, 工兵学.

mílitary féver 腸チフス.

mílitary góvernment 軍政; 軍政府.

mílitary hónours *pl*《士官の埋葬などの際の部隊による》軍葬の礼.

mílitary hóspital 陸軍病院.

mílitary-indústrial cómplex 軍産複合体《政府の政策を

左右する軍・政府関連部門と軍需産業の結合した体制; 特に米国についていう; 略 MIC》.
mílitary intélligence 軍事情報; 軍事情報部.
Mílitary Knights of Wíndsor *pl* [the]〘英〙ウィンザー騎士団《1348 年フランスで捕虜になり, 多額の身代金で貧困化した騎士救済のために設けられたもの; 特別手当を支給され, Windsor Castle の一部に居住させられた》.
mílitary láw 軍法 (cf. MARTIAL LAW).
mílitary márch 軍隊行進曲.
mílitary órchis [órchid]〘植〙花弁がかぶと状に密集するハクサンチドリ属のランの一種 (=*soldier orchid* [*orchis*]).
mílitary páce 軍隊歩幅《米国では速歩で 2½ フィート, 急速歩で 3 フィート》.
mílitary políce [the] 憲兵《集合的》, 憲兵隊《略 MP》. ♦ **mílitary polícemanр** *n* **mílitary polícewoman** *n*
mílitary préss〘重量挙〙ミリタリープレス (PRESS¹).
mílitary schòol 軍隊組織の私立学校; 陸軍士官学校 (military academy).
mílitary scíence 軍事科学; 軍事教練[教育課程].
mílitary ténure〘英史〙《封建法上の》軍事的不動産保有(条件), 軍事的不動産保有態様.
mílitary téstament [wíll] 軍人遺言《遺言は書面によるという原則の例外として認められている, 戦場における軍人の口頭遺言》.
mílitary tíme〘軍〙軍用時間《真夜中を起点として次の真夜中まで 0100 時, 2300 時などと表わす》.
mílitary tóp《軍艦の》戦闘檣楼(しょうろう).
mílitary wédding*《俗》SHOTGUN WEDDING.
mil·i·tate /mílətèɪt/ *vi* **1**〈事実・状況などが〉作用[影響]する, 要因である〈*against, in favor of*〉: ～ *against* success 成功の妨げとなる. **2**《廃》兵士である, 参戦する. [L=to be a soldier; ⇨ MILITARY]
milites gloriosi MILES GLORIOSUS の複数形.
mi·li·tia /məlíʃə/ *n*《正規軍に対して》市民軍, 民兵;〘米〙国民軍《18 歳以上 45 歳未満の強壮な男子市民からなる; cf. NATIONAL GUARD》;〘米〙極右武装[テロ]組織, ミリシャ《しばしば 連邦政府・銃規制に敵対》;〘英〙《1939 年の》徴集兵部隊. ♦ **～·man** /-mən/ *n* 民兵; 国民兵. [L=military service; ⇨ MILITARY]
mil·i·um /míliəm/ *n* (*pl* **mil·ia** /míliə/)〘医〙稗粒(ひりゅう)腫 (whitehead). [L=millet]
milk /mílk/ *n* **1** 乳, 乳汁; 牛乳 (=cow's ～): a glass of ～ 牛乳 1 杯 / (as) white as ～ まっ白で / It is no use [good] (in) crying over spilt [spilled] ～.《諺》過ぎ去ったことは悔やんでみても始まらぬ, '覆水盆に返らず'. **2**《植物・果実などの》乳(状)液, 植物乳; 乳剤;《俗》精液. ● **as like as ～ to ～**《文》[ラテン語法] そっくりそのとおりで. **bring sb to his ～** 義務[分際]を思い知らせる. **in ～**〈雌牛が〉乳の出る状態の. **in the ～**〈穀物が〉熟しきっていない. **～ and honey** 乳と蜜; 生活の豊かさ; 豊富さ, 多量; 楽しさ: LAND OF MILK AND HONEY. **～ and roses**〈血色が〉桜色の. **～ and water** 水で薄めた牛乳; [*fig*] 気の抜けた談義, ふやけた感傷 (cf. MILK-AND-WATER). **～ for babes** 子供向きのもの, 初歩のもの《書物・説教・意見など; cf. *1 Cor* 3: 2, *Heb* 5: 12; opp. *strong meat*》. **the ～ in the coconut**《口》要点, 核心: That accounts for *the ～ in the coconut*. なるほどそれで読めた. **the ～ of human kindness** 生まれながらの人情《Shak., *Macbeth* 1.5.18》. ► *a* 乳を出す; 乳用の. ► *vt* **1 a** …から乳をしぼる; 乳房から〈乳〉をしぼる; …から乳液をしぼり出す;〈毒ヘビ〉から毒を抜く;《俗》〈人〉のペニスをしごいて射精させる. **b**〈牛・羊などが〉…に授乳する (suckle); 育てる. **c**《廃》〈子ヤギなどが母〉の乳を飲む. **2 a** …からしぼり取る, 搾取する, せしめる;〈聴衆など〉から反応を(無理に)引き出そうとする〈*for*〉;〈拍手・笑いなどを〉引き出そうとする;〈立場などを〉できるだけ利用する: ～ the market [street]*《口》株式市場をあやつって甘い汁を吸う. **b**〈金を〉少しずつ引き出す;〈情報などを〉引き出す, 聞き出す; ″《俗》〈電線から通信を〉盗み聞きする, 盗聴する: ～ sb dry〈人〉からしぼれるだけしぼる〈*of* all his money〉. ► *vi* **1**〈乳牛が乳を出す, 乳がしぼれる; 乳しぼりをする, 搾乳する. **2**〈天気が〉曇る. ● **～...for all it is worth**〈事態・状況などを〉最大限に[抜け目なく]利用する. **～ the bull [ram]** 見込みのない仕事をやる. [OE *milc*; cf. G *Milch*]
mílk àdder〘動〙MILK SNAKE.
mílk-and-wáter /-ən(d)-/ *a* 力のない, つまらない, 気の抜けた, 生気のない, いやに感傷的な (cf. MILK *and water*).
mílk bàr **1** ミルクバー, ミルクスタンド《牛乳・サンドイッチ・アイスクリームなどを売る店[カウンター]; オーストラリアでは生活必需品なども売る》. **2** [ᵘ*pl*]″《俗》女の胸, おっぱい.
mílk càp〘菌〙チチタケ《つぶすと乳液が出る》.
mílk chócolate ミルクチョコレート (cf. PLAIN CHOCOLATE).
mílk·er *n* 搾乳者, 搾乳機, ミルカー; 乳牛, 乳を出す家畜; 乳状樹液を出す樹木.
mílk fàt 乳脂肪 (butterfat).
mílk fèver〘医〙《産婦の》授乳熱, 乳熱(にゅうねつ);〘獣医〙《乳牛・ヤギなどの》乳熱.
mílk·fìsh *n*〘魚〙サバヒー《東南アジア海域産の食用魚》.

mílk flòat″ 牛乳配達車《現在は通例 電気自動車》.
mílk glàss 乳白ガラス (=*opaline*).
mílk hòuse ミルク加工工場.
mílk·ie *n*《俗》牛乳屋 (milkman).
mílk·ing machìne 搾乳機, ミルカー.
mílking pàrlor《酪農場の》搾乳所[棟].
mílking shèd 牛の搾乳小屋.
mílking stòol《半円形座部付き三脚の》搾乳腰掛け.
mílk jùg **1** [ᵘ*pl*]《俗》巨乳. **2**″《韻俗》まぬけ, カモ, えじき (mug).
mílk lèg〘医〙《産後の》有痛(性)白股(はっこ)腫 (=*white leg*).
mílk-lívered *a*《古》気が小さい, 臆病な (timid).
mílk lòaf ミルクローフ《水よりも牛乳を多く使って作った食パン》.
mílk·màid *n*《古風》乳しぼり女 (dairymaid).
mílk·màn /, -mən/ *n* 搾乳者; 牛乳屋, 牛乳配達人.
milko /mílkoʊ/ *n* (*pl* **mílk·os**)《豪俗》MILKMAN.
mílk of álmonds ALMOND MILK.
mílk of líme 石灰乳.
Mílk of Magnésia〘商標〙マグネシア乳《水酸化マグネシウムの白色懸濁液; 制酸薬・緩下薬》.
mílk of súlfur 硫黄乳《沈降硫黄》.
milk-oh /mílkoʊ/ *n*《豪俗》MILKO.
mílk pàrsley〘植〙乳汁の出る欧州産ハマボウフウの一種 (=*milk thistle*).
mílk pòwder 粉ミルク, 粉乳 (dried milk).
mílk púdding″ ミルクプディング《米やタピオカなどを牛乳に混ぜて焼いたプディング》.
mílk pùnch ミルクパンチ《牛乳・酒・砂糖などを混ぜた飲み物》.
mílk ròund″ MILK RUN; [the] 新卒者採用のための大学訪問《企業などの人事担当者が大学を回り就職希望大学生と接触して採用活動をするもの》.
mílk rùn 牛乳配達(区域[経路]); ″《口》おきまりの[平凡な]旅[コース]; *《口》停車駅[着陸地]の多い列車[飛行]便; *《口》定期飛行便, 短距離フライト;《空軍俗》(楽な)定期爆撃[偵察]飛行.
mílk shàke ミルクシェイク (=*shake*).
mílk·shèd *n*《特定都市などへの》牛乳供給酪農地.
mílk sìckness〘医〙牛乳病《毒草を食べた牛の乳を飲んで起こる病気; 震え・吐き気・腸の痛みを生じる》;〘獣医〙TREMBLES.
mílk snàke〘動〙KING SNAKE,《特に》ミルクヘビ.
mílk·sòp *n* 腰抜け, 弱虫, なよなよしたやつ, 軟弱男; ″ミルクに浸したパン切れ.
mílk stòut″ ミルクスタウト《苦味の残らない甘口スタウト》.
mílk sùgar〘生化〙乳糖, ラクトース (lactose).
mílk thìstle〘植〙**a** ノゲシ (sow thistle). **b** オオアザミ; オオアザミエキス《特に種子から抽出したエキス; 肝臓の機能改善・解毒作用があるという》. **c** MILK PARSLEY.
mílk-tòast* *a* 活気のない; なまぬるい, 弱腰の, 手ぬるい. ► *n* MILQUETOAST.
mílk tòast ミルクトースト《熱いミルクに浸したトースト》.
mílk tòken《NZ》牛乳券《空き瓶と共に必要枚数を玄関先などに出しておくと配達員が枚数分だけ置いて行く》.
mílk tòoth〘解〙乳歯 (=*baby* [*deciduous*] *tooth*) (cf. SECOND TOOTH).
mílk tràin 早朝に牛乳を積み込むためほとんど各駅に停車する普通列車.
Mílk Tráy〘商標〙ミルクトレイ《英国製のチョコレート》.
mílk vèin〘獣医〙乳血管《雌牛の下腹部にあり乳腺から血液を還流させる大型の皮下血管》.
mílk vètch〘植〙レンゲ, ゲンゲ.
mílk wàgon*《俗》逮捕者[囚人]護送車.
mílk wàlk″ 牛乳配達受持ち区域.
mílk·wèed *n*〘植〙乳液を分泌する草,《特に》トウワタ;〘昆〙MILKWEED BUTTERFLY.
mílkweed bùg〘昆〙トウワタの乳液を吸うナガカメムシ.
mílkweed bùtterfly〘昆〙MONARCH¹.
mílk whíte 乳白色. ♦ **mílk-whíte** *a*
mílk·wòman *n* MILKMAN の女性形.
mílk·wòman *n*《スコ》乳母 (wet nurse).
mílk·wòod *n*〘植〙乳液を分泌する各種の(熱帯)植物.
mílk·wòrt *n*〘植〙ヒメハギ属の各種草本[低木]《女性の乳の出がよくなると信じられた》.
mílky *a* **1 a** 乳のような, 乳状の; 乳白色の;〈宝石・液体が〉乳濁性の, 不透明な; 乳を混ぜた. **b** 乳のよく出る;〈植物が〉乳液を分泌する. **2** おとなしい, 柔弱な, 臆病な, 弱々しくて愛想のよい; *《俗》すてきな, 最高の, 楽しい. ► *n*《俗》MILKIE. ♦ **mílk·i·ly** *adv* **mílk·i·ness** *n*《液体の》乳状(性), 不透明性;《外観・組成の》乳状; 柔弱.
Mílky Bàr〘商標〙ミルキーバー《ホワイトチョコレートバー》.
mílky (spóre) disèase〘昆〙乳化病《マメコガネの幼虫にバクテリアが寄生し, 幼虫は乳白色になって死ぬ》.
Mílky Wáy **1** [the]〘天〙銀河, 天の川; [the] 銀河系 (=**Mílky Wáy gálaxy [sýstem]**). **2**〘商標〙ミルキーウェイ《チョコレートバー》.
mill¹ /míl/ *n* **1 a**《風・水・蒸気力などによる》製粉機; 製粉所, 水車場: Much water runs by the ～ that the miller knows not of. 《諺》知らぬ間にいろいろな変化があるものだ / No ～, no meal. 《諺》'まかぬ種は生えぬ' / The ～*s* of God grind slowly (, but they grind exceeding(ly) small). 《諺》天の報いも時には遅れる(が必ず行なわれる)《cf. 天網恢々(かいかい)疎にして漏らさず》/ A ～ cannot grind with the water that is past. 《諺》通り過ぎた水では水車も粉はひけない《過ぎ去った時間は使えない[過去の幸福は戻らない]から現在に生きよ》. **b** 粉砕機[器]; 《コーヒー豆・コショウなどの》粉ひき器, ミル; 《りんご酒原糖などを採る》搾液機; "《廃俗》女性性器: a pepper ～ コショウひき. **2 a** (製造)工場, 製作所 (factory); 製材所: a cotton [paper, steel] ～ 紡績[製紙, 製鋼]工場 / dark Satanic ～*s* 暗い悪魔のような工場《Blake の詩 'Jerusalem' (*Milton* の序詩) の一節; イングランド北部のかつての暗鬱な工業都市を暗示》. **b** [*fig*] 機械的にものを作り出す所[人], …製造所; ゆっくりとした[やっかいな, 機械的な]過程[日常業務]: DIPLOMA [RUMOR] MILL. **3**《単純動作反復の》製作機械《貨幣打出し機・研磨機・圧延機など》, MILLING CUTTER [MACHINE]; 《俗》《自動車・船・飛行機の》エンジン; 《俗》タイプライター. **4**《口》ボクシングの試合, なぐり合い; *《俗》ブタ箱, 営倉 (prison, guardhouse). **5** [the]《硬貨の縁の》ぎざ, 縁取り. ● **draw water to one's ～** 我田引水をする: Every miller *draws water to his own* ～. 《諺》人は我田引水をするもの. **in the ～** 準備中で. RUN **of the ～. through the ～** 苦しい経験をして, 鍛えられて: go *through the* ～ 試練をうける / put…*through the* ～ …に試練をうけさせる, しごく; 試験する, テストする.

► *vt* **1 a** ひきうすでひく, 製粉機[水車, 機械]にかける[で作る], 加工する, 製粉する; 粉砕する. **b**《口》〈人〉にげんこつをくらわせる, …とけんかする, やっつける. **2**〈鋳鉄を〉棒にする; 縮充機で〈布など〉の目を密にする: thick-～*ed* woolen material 密に縮充させた毛織物. **3**〈硬貨〉の縁にぎざぎざ[溝, 山など]をつける, 縁取る; 〈金属を〉ミリング[肉盛り, フライス加工]する; 〈ゴムなどを〉圧延機にかける; 〈取っ手など〉に歯を刻む: A dime is ～*ed*. 10 セント硬貨はぎざぎざがついている. **4**《まれ》〈チョコレートなどを〉練る, かきまぜて泡立たせる. ► *vi* **1** ひきうす[製粉機など]で粉にされる; 製作機械にかけられる. **2**《俗》なぐり合う. **3**〈人・動物などが〉《群れをなして》やたらに[ぐるぐる, 混乱して]動きまわる, 右往左往する, 〈思いが〉駆けめぐる 〈*about, around*〉; 〈鯨が〉急に方向を変える.
♦ **～·able** *a* [OE *mylen*＜Gmc＜L *mola* grindstone]

mill[2]* *n* ミル《貨幣の計算単位: ＝1/1000 dollar》. [L; ⇨ MILLESIMAL]

mill[3] *n* 100 万 (million); *《俗》百万ドル (mil).

Mill ミル (1) **James** ～ (1773–1836)《スコットランドの哲学者・歴史家・経済学者; 功利主義 (utilitarianism) の代表者》(2) **John Stuart** ～ (1806–73)《前者の子; 英国の経済学者・哲学者; *A System of Logic* (1843), *On Liberty* (1859), *Autobiography* (1873)》.

mil·lage /mílɪʤ/ *n* ドル当たりミル数《1 ドルにつき何ミルで表わした(課税)率; ⇨ MILL[2]》.

Mil·lais /mɪ́lèɪ, ―⊥/ ミレー Sir **John Everett** ～ (1829–96)《英国の画家; ラファエル前派の運動を起こした》.

Mil·lay /mɪléɪ/ ミレー **Edna St. Vincent** ～ (1892–1950)《米国の詩人》.

Míll·bànk ミルバンク《London の Thames 川北岸にある地区; Tate Gallery や高層オフィスビル Millbank Tower などがある》.

míll·bòard *n* ミルボード《表紙・芯紙・家具用パネルなどにする板紙》.

míll·càke *n* 亜麻仁(あまに)粕.

míll·dàm *n* 水車堰(せき); MILLPOND.

mille /míl/ *n* 1000 (thousand). [L]

milled /míld/ *a* MILL[1] で加工した; 〈貨幣が〉縁にぎざぎざ[溝など]のついた; 《俗》酔っぱらった.

mille-feuille /mìːlfə́ːj, *milfwíː, "mìːlfɔ́ɪ; *F* milfœːj/ *n* ミルフィーユ《クリームなどをいくつもの層にはさんだパイ》. [F＝thousand leaves]

mil·le·fi·o·ri /mìləfióʊri/ *n* モザイクガラス, ミルフィオリ (＝*mosaic glass*)《各種の彩色ガラス棒の溶融ガラスをいろいろな形・大きさに横切りして組み合わせ, (花)模様などを描いた装飾ガラス》. [It]

mille·fleur(s) /mìlfləː́r, *-flʊ́r/ *a, n* 総花柄の(タペストリー[陶磁器など]). [F]

mil·le·nar·i·an /mìlənέəriən/ *a* 千年の, 千の; 千年期の; 〘キ教〙千年至福[王国]説(信奉者)の; この世の終末を予言する; 理想社会の到来を信じる, 楽天的な. ► *n* 千年至福[王国]説信奉者.

millenárian·ìsm *n* 〘キ教〙千年至福[王国]説(の信仰); 《一般に》至福の時代[理想社会]の到来を信じること. ♦ **-ist** *n, a*

mil·le·nary /mílənèri, məlénəri/ *a* 千の, 千からなる; 千年の; 千人の長である; 千年期の; 〘キ教〙千年至福[王国]説信者の. ► *n* 千からなる集合体, 千個; 千年間, 千年期; 千年至福[王国]説信者; 千年祭 (⇨ CENTENARY). [L (*milleni* one thousand each); cf. BIENNIAL]

mil·len·ni·al /məléniəl/ *a* 千年間の, 千年期の(変わり目の); 〘キ教〙千年至福[王国]説の; 千年祭の; ミレニアル〈世代〉. ► *n* ["*pl*] ミレニアル(世代) (＝*Generation Yer*)《1980 年代および 90 年代に生まれ, 2000 年代にはいって成年に達した世代》.

millénnial·ìsm *n* MILLENARIANISM.

millénnial·ist *n, a* MILLENARIAN.

mil·len·ni·um /məléniəm/ *n* (*pl* **～s, -nia** /-niə/) **1** 千年間, 千年期; [序数を付けて]《考古学などで》千年紀; 千年祭, 千周年祭《特に 1000 [1001] 年, 2000 [2001] 年など》. **2 a** [the]〘聖〙千年至福(期), 千年王国《キリストが再臨してこの地を統治するという神聖な千年間; *Rev* 20: 1–7; cf. CHILIASM》. **b** [a *or* the]《理想としての》(未来の)正義と幸福と繁栄の黄金時代. [*biennium* の類推で L *mille* thousand より]

millénnium bùg [pròblem] [the] YEAR 2000 PROBLEM.

Millénnium Dóme [the] ミレニアムドーム《西暦 2000 年の千年祭記念博覧会の会場として London 東部の Greenwich に建設された平たいドーム型の巨大建造物; 正式名称は The O2》.

Millénnium Whéel [the] ミレニアム観覧車 (London Eye).

millepede, -ped ⇨ MILLIPEDE.

mil·le·pore /míləpɔ̀ːr/ *n* 〘動〙アナサンゴモドキ.

míll·er *n* **1 a** 粉屋, 水車屋, 製粉業者; MILL[1] 操作[運転]者: Too much water drowned the ～. 《諺》過ぎたるはなお及ばざるがごとし. **b** MILLING MACHINE (で使う工具). **2** 羽に粉をもつ各種の蛾. ● **drown the ～**《火酒・練り粉に》水を割りすぎる. [*mill*[1]; 一説に MLG, MDu *molner, mulner* が語形上 *mill*[1] に同化したもの]

Mil·ler /mílər/ **1** ミラー (1) **(Alton) Glenn** ～ (1904–44)《米国のトロンボーン奏者・編曲者・バンドリーダー》(2) **Arthur** ～ (1915–2005)《米国の劇作家; *Death of a Salesman* (1949)》(3) **George A(rmitage)** ～ (1920–)《米国の心理学者; 認知心理学分野に業績を残した; *Plans and the Structure of Behavior* (共著, 1960)》(4) **Henry (Valentine)** ～ (1891–1980)《米国の小説家; *Tropic of Cancer* (1934), *Tropic of Capricorn* (1938)》(5) Sir **Jonathan (Wolfe)** ～ (1934–2019)《英国の演出家・俳優・著述家》(6) **Merton H(oward)** ～ (1923–2000)《米国の金融・財政学者; ノーベル経済学賞 (1990)》(7) **Neal E(lgar)** ～ (1909–2002)《米国の心理学者; *Social Learning and Imitation* (1941), *Personality and Psychotherapy* (1950, 以上 John Dollard と共著)》(8) **Samuel Freeman** ～ (1816–90)《米国の法律家; 合衆国最高裁判所陪席裁判官 (1862–90), 政府の規制から企業を保護するための合衆国憲法第 14 修正の適用に反対した》(9) **William** ～ (1782–1849)《米国の宗教家; ⇨ MILLERITE》. **2** ミラー《男子名》. **3**〘商標〙ミラー《米国 Miller Brewing Co. 製のビール》. [↑]

Mil·le·rand /*F* milrɑ̃/ ミルラン **Alexandre** ～ (1859–1943)《フランスの政治家; 大統領 (1920–24)》.

Míller ìndex 〘晶〙《結晶面の表示に用いる》ミラー指数. [William H. *Miller* (1801–80) 英国の鉱物学者]

mil·ler·ite /mílərὰɪt/ *n* 〘鉱〙針(はり)ニッケル鉱. [↑]

Míller·ìte *n* 〘キ教〙ミラー派信徒《米国の宗教家 William Miller の信奉者; Miller は終末とキリストの再臨が 1843 年に起こると予言したが, 実現しなかったため信者は分裂した; キリスト再臨派 (Adventists) の最初の宗派とされる》. ♦ **Míller·ìsm** *n*

míller's-thúmb *n* 〘魚〙カジカ《淡水魚》; "《方》小鳥.

Mil·les /míləs/ ミレス **Carl** ～ (1875–1955)《スウェーデンの彫刻家》.

mil·les·i·mal /məlésəm(ə)l/ *n, a* 千分の 1 (の). ♦ **～·ly** *adv* [L (*mille* thousand)]

mil·let[1] /mílət/ *n* 〘植〙雑穀, 《特に》キビ(の実)《欧州・東洋では穀粒を食料や鳥の餌, 北米では乾草・かいば用に栽培》. [F (dim)＜*mil*＜MILIUM]

mil·let[2] /məlέt/ *n* 〘史〙ミッレト《Ottoman 帝国において公認された非イスラム宗教自治体》. [Turk]

Mil·let /mijéɪ, -léɪ/ ミレー **Jean-François** ～ (1814–75)《フランスの画家》.

míllet gràss 〘植〙イブキヌカボ.

Mil·lett /mílət/ ミレット **Kate** ～ (1934–2017)《米国のフェミニスト; *Sexual Politics* (1970)》.

míll fìnish 《用紙の》つや出し面 (＝*machine finish*).

míll·hànd *n* 製粉工; 職工, 紡績工.

Míll Hìll Fáther (ミルヒル)聖ヨセフ外国宣教会員《同会はローマカトリック教団の一つで, 1866 年 のちの枢機卿 Herbert Vaughan (1832–1903) が London 北西部の Mill Hill に設立》.

míll·hòuse *n* フライス盤置場.

mil·li- /mílə/ *comb form* 〘単位〙ミリ《＝1/1000, 10^{-3}; 記号 m》. [L (*mille* thousand)]

mìlli·ámmeter *n* 〘電〙ミリアンペア計.

mìlli·àmp *n* MILLIAMPERE.

mìlli·ámpere *n* 〘電〙ミリアンペア《＝1/1000 ampere; 記号 mA, ma》.

mìlli·ángstrom *n* ミリオングストローム《＝1/1000 angstrom; 記号 mÅ》.

mil·liard" /míljὰːrd, -liὰːrd/ *n, a* 10 億(の) (billion*). ★ ⇨ MILLION. [F (*mille* thousand)]

mílli·àre *n* ミリアール《＝1/1000 are; 記号 ma》.

mil·li·ary /mílièri; -liəri/ *a* 1 ローママイル (Roman mile) の[を表示する]; 1 マイルの[表示の]. ► *n*《古代ローマの》一里塚, 里程標 (milestone).

mílli·bàr *n* ミリバール《気圧[圧力]の単位: ＝1/1000 bar; 記号 mb》.

M

mílli·bàrn *n* ミリバーン《=1/1000 barn; 記号 mb》.
Mil·li·cent, Mil·i- /mílәs(ә)nt/ ミリセント《女子名; 愛称 Millie, Milly, Mollie, Molly》. ［Gmc=work+strong］
mìlli·cúrie *n*〔理〕ミリキュリー《=1/1000 curie; 記号 mCi》.
mílli·cỳcle *n*〔電〕ミリサイクル《記号 mc》.
mìlli·degrée *n* 1000 分の 1 度《温度の単位》.
Mil·lie /míli/ ミリー《女子名; Amelia, Emilia, Mildred, Mil(l)icent の愛称》.
mil·lieme /mi(l)jém/ *n* ミリエム《**1**) エジプトの通貨単位: =1/1000 pound **2**) チュニジアの通貨単位 (MILLIME)》. ［F=thousandth］
mil·lier /mɪljéɪ/ *n* ミリエー, 仏トン, メートルトン《=1000 kg》. ［F］
mìlli·fárad *n*〔電〕ミリファラド《=1/1000 farad; 記号 mF》.
mílli·gàl *n*〔理〕ミリガル《=1/1000 gal; 記号 mGal》.
Mil·li·gan /mílɪgәn/ ミリガン **'Spike'** ～ [**Terence Alan** ～] (1918–2000)《英国のコメディアン・ユーモア作家》.
mílli·gàuss *n*〔理〕ミリガウス《=1/1000 gauss; 記号 mG》.
mílli·gràm, 《英》 **-gramme** *n* ミリグラム《=1/1000 gram; 記号 mg》.
mílli·hènry *n*〔電〕ミリヘンリー《=1/1000 henry; 記号 mH》.
mílli·hèrtz *n*〔電〕ミリヘルツ《=1/1000 hertz; 記号 mHz》.
Mil·li·kan /mílɪkәn/ ミリカン **Robert Andrews** ～ (1868–1953)《米国の物理学者; ノーベル物理学賞 (1923)》.
mílli·làmbert *n*〔光〕ミリランバート《=1/1000 lambert; 記号 mL》.
mílli·lìter *n* ミリリットル《=1/1000 liter; 記号 ml, mL》.
mil·lime /mәlí:m/ *n* ミリーム《チュニジアの通貨単位: =1/1000 dinar》.
mílli·mèter | **-tre** *n* ミリメートル《=1/1000 meter; 記号 mm》.
mìlli·métric wáve〔電〕ミリメートル波《波長が 1–10 mm [EHF] の電波》.
mílli·mhò *n*〔電〕ミリモー《=1/1000 mho; 記号 m℧》.
mìlli·mícro- *comb form*「10 億分の 1」(nano-).
mìlli·mícron *n* ミリミクロン《=1/1000 micron; 記号 mμ》.
mílli·mòle *n*〔化〕ミリモル《=1/1000 mole; 記号 mmol》.
♦ **-mòlar** *a*
mil·line /míllàɪn, ─ ́─/〔広告〕*n* ミルライン《発行部数 100 万部当たりの 1 アゲートライン (agate line) のスペース単位》; MILLINE RATE.
mil·li·ner /mílәnәr/ *n* 婦人帽製造[販売]人. ［*Milaner*; ⇨ MILAN］
mílline ràte〔広告〕ミルラインレート《1 milline 当たりの広告料》.
mil·li·nery /mílәnèri; -n(ә)ri/ *n* 婦人帽子類; 婦人帽製造販売業.
M
mill·ing *n* **1 a** (ひきうすで)ひくこと, 製粉. **b** 製作所の作業《裁断・形削り・仕上げなど》;〔機〕フライス削り《回転刃による平面などの切削加工》,《金属面の》平削り;《ラシャの》縮充 (fulling). **c**《貨幣の周囲の》ぎざぎざ[溝など](をつけること), ミリング. **2**＊《西部》一斉に逃げ出す牛を止めるため先導牛をらせん状に内側へ追い込むこと. **3**《俗》なぐること, 殴打.
mílling cùtter〔機〕《milling machine の》フライス.
mílling machìne〔機〕フライス盤 (=*miller*);〔紡〕縮充機.
mílli·òhm *n*〔電〕ミリオーム《=1/1000 ohm; 記号 mΩ》.
mil·lion /míljәn/ *n* (*pl* ～**s**, (数詞のあと) ～) **1** 100 万; [後ろの dollar(s), pound(s) などを略して] 100 万ドル[ポンド, フラン, 円 など]: a quarter of a ～=250,000 / half a ～=500,000 / three quarters of a ～=750,000 / two [...nine-hundred-ninety-nine] ～(*s*) 2,000,000[...999,000,000]. **2** [*pl*] 多数; [the ～(s)] 大衆 (the masses): ～*s* of reasons 無数の理由 / music for *the* ～ 大衆向きの音楽. **3** [〈*a*〉] 100 万の; 非常に多数の: I have a ～ things to do. することが山ほどある. ● **a [an, one]...in a** ～《口》同種[同類]中第一の..., 最高の..., 非常に珍しい[異例の, 貴重な]...: *a* teacher *in a* ～ 最高の教師. **a ～ and one** 非常に多くの. **a ～ to one** 絶対ありそうもない. **gone a** ～《豪口》すっかりだめになって, 絶望で. **(like) a ～ (dollars [bucks, quid])**《口》すばらしい, みごとな[に], 最高の[に], すごい[すごく], うんと: feel *like a* ～ (*dollars*) 最高の気分だ, 元気いっぱいだ / look (*like*) *a* ～ *dollars* とても元気[順調]そうだ;〈女性など〉とても魅力的に見える / drive *like a* ～ *bucks*〈車が〉快調に走る / Thanks *a* ～! ありがとさん. **not [never] in a ～ years**《口》決して...(し)ない, ありえない. **one in a** ～《口》最高の[すばらしい]人[もの]. ★ (1) million 以上の数の単位に milliard, billion, trillion, quadrillion, quintillion, sextillion, septillion, octillion, nonillion, decillion, undecillion, duodecillion..., centillion などがあり, その語法は million に準ずる. (2) 米では million=10^6, billion=10^9, trillion=10^{12}...と 3 桁ずつ増える. 今では英でもこの用法が多い. (3) もと英では billion=million^2, trillion=million^3 ...centillion=million^{100} とした. (4) 接頭辞 MEGA-. ［OF<? It (aug)<*mille* thousand］
mil·lion·aire, -lion·naire /mìljәnέәr, ─ ─ ́─/ *n* (*fem* **-airess** /-nέәrәs, ─ ─ ́─ ─/) 百万長者, 大富豪 (cf. BILLIONAIRE).
♦ **～·dom** *n* 百万長者たること; 百万長者連. ［F (↑)］
míllion·fòld *a, adv* 100 万倍の[に].
mil·lionth /míljәnθ/ *n, a* 第 100 万(の); 100 万分の 1 (の) (cf. MICRO-).
mìlli·ósmol *n*〔化〕ミリオスモル《=1/1000 osmol》.
mil·li·pede, -le- /mílәpì:d/, **-ped** /-pèd/ *n*〔動〕ヤスデ《節足動物》. ［L=wood louse (*mille* thousand, *-ped*)］
mílli·ràd *n*〔理〕ミリラド《=1/1000 rad; 記号 mrad》.
mìlli·rádian *n*〔数〕ミリラジアン《=1/1000 radian; 記号 mrad》.
mílli·rèm *n*〔理〕ミリレム《1/1000 rem; 記号 mrem》.
mílli·ròentgen *n*〔理〕ミリレントゲン《=1/1000 roentgen; 記号 mr, mR》.
mílli·sècond *n* ミリ秒, ミリセカンド《=1/1000 second; 記号 ms》.
mílli·sìemens *n* ミリジーメンス《=1/1000 siemens; 記号 mS》.
mílli·vòlt *n*〔電〕ミリボルト《=1/1000 volt; 記号 mV, mv》.
mílli·wàtt *n*〔電〕ミリワット《=1/1000 watt; 記号 mW, mw》.
míll·man /-mәn/ *n* MILL[1] の労働者;《口》mill の所有者[経営者].
míll·pònd, -pòol *n* 水車用貯水池; [*joc*] (北)大西洋: (as) calm [smooth] as a ～=like a ～〈海が〉静かで.
míll·ràce *n* 水車用流水(を引く溝) (=*mill run*).
míll·rìnd, -rỳnd *n* RIND[2].
míll-rún *a*＊工場から出てきたままの, 未選別[未検査]の; 並の, 普通の.
míll rùn〔鉱〕試験選鉱《鉱石の含有物検査》; 試験選鉱した鉱物; MILLRACE; 製材された木材; 工場を出てくる普通の品《選別などしてないもの》; 普通の品[人].
Mills & Boon /mílz әn(d) ─ ́─/ ミルズ・アンド・ブーン《英国の出版社; 女性向けのハッピーエンドのロマンス小説の出版で有名》.
Míls bòmb [grenàde] /mílz-/ 卵形手榴弾. ［Sir William *Mills* (1856–1932) 英国の発明家］
míll scàle〔冶〕黒皮(くろかわ)《鋼材を熱間圧延する際に表面にできる酸化物の層》.
míll·stòne *n* 石臼《片方》;〔鉱〕《石臼用の》珪石; [*fig*] おしつぶすもの, 重荷: (as) hard as the nether ～ 無慈悲で. ● **a ～ around [about] sb's neck**《心の》重荷, 悩み事《*Matt* 18: 6》. **between the upper and the nether ～(s)** 絶体絶命の, 窮地に陥って. **dive into a ～=look into [through] a ～=see far in [into, through] a** ～ [ᵘ*iron*] 感覚[視力, 洞察力]がおそろしく鋭い, 物事を見透かす, 目から鼻に抜ける.
míllstone grìt〔地質〕ミルストングリット《イングランド Pennine 地方などの上部石炭系下部の堅い珪質岩》.
míll·strèam *n* 流水を水車に利用する小川; MILLRACE.
míll·tàil *n* 水車を回す用を終えた水;《水車の》放水溝.
míll whèel 水車の輪.
míll·wòrk *n* 水車[工場]の機械(作業); 木工所の製品, 建具《ドア・窓枠など》. ♦ **míll·wòrk·er** *n*
míll·wright *n* 水車大工;《工場の》機械《据付[修理]》工.
Mil·ly /míli/ ミリー《女子名; Mildred, Mil(l)icent の愛称》.
Mil·man /mílmәn/ ミルマン **Henry Hart** ～ (1791–1868)《英国の聖職者・歴史家》.
Milne /míl(n)/ ミルン **A(lan) A(lexander)** ～ (1882–1956)《英国の詩人・劇作家・児童文学作家; 童謡集 *When We Were Very Young* (1924), 童話集 *Winnie-the-Pooh* (1926), ユーモアミステリーの古典 *The Red House Mystery* (赤い館の秘密, 1922), *Four Days' Wonder* (1933) など》.
mil·neb /mílnèb/ *n*〔農薬〕ミルネブ《白色結晶性化合物; 果実・花卉(かき)などの殺真菌剤》.
Mil·ner /mílnәr/ ミルナー **Alfred** ～, 1st Viscount ～ (1854–1925)《英国の政治家・植民地行政官》.
mi·lo /máɪlou/ *n* (*pl* ～**s**)〔植〕マイロ (=～ **màize**)《干魃に強い穀実(こく)用モロコシの一種; 家畜飼料》. ［Sotho］
Milo[1] マイロ《男子名》. ［? L］
Mi·lo[2] /mí:lou/ ミロ《MELOS のイタリア語名》.
milometer ⇨ MILEOMETER.
mi·lord, m'lord /mɪlɔ́:rd/ *n* 御前(ごぜん), だんなさま《英国紳士に対する欧州大陸人の呼称》; 英国紳士. ［F<E *my lord*; cf. MILADY］
Mí·los /mí:làs, -lɔ̀:s/ ミロス《MELOS の現代ギリシア語名》.
Mi·lo·še·vić /mәlóusәvìʧ, -ʃә-/ ミロシェヴィッチ **Slobodan** ～ (1941–2006)《ユーゴスラヴィアの政治家; 旧ユーゴスラヴィア・セルビア共和国大統領 (1989–97), 新ユーゴスラヴィア大統領 (1997–2000)》.
Mi·łosz /mí:lɔ:ʃ/ ミウォシュ **Czesław** ～ (1911–2004)《ポーランドの詩人・翻訳家・批評家; 米国に帰化; 主著『囚われの魂』(1953); ノーベル文学賞 (1980)》.
mil·pa /mílpә/ *n* ミルパ《**1**) メキシコなどでジャングルを切り開いて数回作物を作ったあと放置する畑 **2**) トウモロコシ畑 **3**) トウモロコシ》. ［MexSp<Nahuatl］
milque·toast＊ /mílktòust/ *n* [ᴰM-] 気の弱い[なよなよした]男, いくじなし, 臆病者, 弱虫. ［*Caspar Milquetoast*］
mil·reis /mílrèɪs, -ʃ/ *n* (*pl* ～ /-s, -ʃ, -z, -ʒ/) ミルレース《ポルトガル・ブラジルの旧通貨単位: =1000 reis》.
Mil·stein /mílstàɪn, -stì:n/ ミルスタイン (**1**) **César** ～ (1927–

2002)《アルゼンチン生まれの英国の免疫学者; モノクローナル抗体の技術に対する貢献によってノーベル生理学医学賞 (1984)》 (**2**) **Nathan** ~ (1904–92)《ロシア生まれの米国のヴァイオリン奏者》.

milt[1] /mílt/ *n* 《雄魚の》魚精, しらこ; 《魚の》精巣. ► *vt* 〈魚卵〉に受精させる; 《人工孵化のために》〈魚〉の卵[精子]を取り出す. ► *a* 〈雄魚が〉授精可能の. ♦ **mílty** *a* [OE *milt(e)*; cf. G *Milz*]

milt[2] *n* MELT[2].

Milt ミルト《男子名; Milton の愛称》.

mílt·er *n* 《授精可能な》産卵期の雄魚.

Mil·ti·a·des /mɪltáɪədì:z/ ミルティアデス (c. 550?–489? B.C.)《アテナイの将軍; 通称 '~ the Younger'; Cimon の父; Marathon の戦いでペルシア軍を破った (490)》.

Mil·ton /míltən/ **1** ミルトン《男子名; 愛称 Milt》. **2** ミルトン **John** ~ (1608–74)《英国の詩人; *Paradise Lost* (1667, 74), *Paradise Regained* (1671), *Samson Agonistes* (1671)》. [OE=mill town; middle homestead]

Mil·ton·ic /mɪltánɪk/, **Mil·to·ni·an** /mɪltóuniən, -njən/ *a* ミルトン(詩風)の, 〈文体が〉雄大荘重な.

Mílton Kéynes /-kí:nz/ ミルトンキーンズ《イングランド中南部の町・一元的自治体 (unitary authority); 以前は Buckinghamshire に属した; 1967 年 new town に指定; Open University の本部がある》.

Mílton Wórk cóunt 〔ブリッジ〕ミルトン・ワーク計算法《ace 4 点, king 3 点, queen 2 点, jack 1 点とする》. [*Milton Work* (1864–1934) 米国のオークションブリッジの権威]

Mil·town /míltàun/ 〔商標〕ミルタウン《メプロバメート (meprobamate) 製剤》.

Mil·wau·kee /mɪlwɔ́:ki/ ミルウォーキー《Wisconsin 州南東部 Michigan 湖岸の工業・港湾都市; ビール生産が有名》. ♦ **Mil·wáu·kee·an** *n*

Milwáukee gòiter [tùmor] *《俗》ミルウォーキー甲状腺腫《ビール飲みの布袋腹のこと》. [↑]

Mil·yu·kov /mìljəkɔ́:f, -v/ ミリュコーフ **Pavel Nikolayevich** ~ (1859–1943)《ロシアの政治家・歴史家》.

mim /mím/ *a* 《方》黙りがちな, 遠慮がちな, とりすました.

Mi·mas /máɪmæs, -məs/ **1** 〔ギ神〕ミマース《Olympus の神々と戦った巨人族の一人で, Zeus の雷に撃たれて死んだ》. **2** 〔天〕ミマス《土星の第 1 衛星》.

mimbar ⇨ MINBAR.

mime /máɪm, mí:m/ *n* 《古代ギリシア・ローマの》身振り狂言(の役者), ミモス; 《現代の》物まね師, 道化師; 無言劇, 黙劇, パントマイム. ► *vi* 《通例 無言で》道化芝居[物まね]をする, 無言劇[黙劇]をする; 《録音に合わせて》歌う[演奏する]身振りをする, 口パクをやる〈*to*〉. ► *vt* (からかって)まねる, …の演技をする; 〈考えなどを〉無言の身振りで表わす. ♦ **mím·er** *n* 身振り狂言役者 (mime); 物まね師. [L<Gk *mimos* imitator]

MIME /máɪm/ *n* MIME《バイナリーファイルを E メールとして送るため, テキストファイルに変換するプログラム; インターネット標準》. [*M*ultipurpose *I*nternet *M*ail *E*xtensions]

mim·eo /mímiòu/ *n* (*pl* **mím·e·òs**) 謄写印刷物. ► *vt* MIMEOGRAPH.

mím·eo·gràph /mímiə-/ *n* 謄写版; 謄写印刷物. ► *vt, vi* 謄写版印刷する. [商標 *Mimeograph*]

mi·me·sis /məmí:səs, maɪ-/ *n* 〔修〕模擬, 模倣, ミメーシス; 〔動〕擬態 (mimicry); 〔医〕模擬《ある疾患が他の何かの擬態を示すこと》, 《特に》ヒステリー性擬症; 〔社〕模倣《ある集団の行動を他の集団が意図的にまねること; 社会変化の一要因》. [Gk=imitation; ⇨ MIME]

mi·met·ic /məmétɪk, maɪ-/ *a* 模倣の; 〔動〕擬態の; 〔医〕模擬の, 擬似の; 〔言〕擬声の; 〔言〕類推の; 〔晶〕擬晶の. ♦ **-i·cal·ly** *adv* [L; ⇨ MIME]

mimétic díagram 〔電子工〕《工場の機械の作動状態などをランプの点滅などで表示する》模式図[表示板].

mim·e·tite /mímətàɪt, máɪ-/ *n* 〔鉱〕ミメタイト《緑鉛鉱床の As 鉱物》.

Mimi /mími/ **1** ミミ《女子名; Miriam の愛称》. **2** ミミ《Puccini の歌劇 *La Bohème* のヒロインの針子; 最後に結核で死ぬ》.

mim·ic /mímɪk/ *a* 物まねの; 模造の; 模擬の (imitated); 〔動〕擬態の: ~ coloring《動物の》保護色 / ~ tears そら涙 / the ~ stage 物まね劇, 道化劇 / ~ warfare 模擬戦. ► *n* 模倣者, 物まね道化役者, 物まね師; 物まねのうまい動物《オウムなど》; 〔動〕擬態者; 安手の模造(品). ► *vt* (**-ick-**) …の物まねをする, まねてばかにする; そっくりに[卑屈に]まねる; …によく似る; 〔動〕擬態する. ♦ **mím·i·cal** *a* **mím·ick·er** *n* [L<Gk (MIME)]

mímic bóard [pánel] ミミックボード《コンピューターを利用して複雑なシステム・回路・物流などをランプの点滅などで図式化して表わす表示板[スクリーン]》.

mímic·ry *n* 物まね; 〔動〕擬態.

mim·i·ny-pim·i·ny /mímənipíməni/ *a* ばか丁寧な, 上品すぎる, 服装に凝る.

Mi·mir /mí:mɪər/ 〔北欧神話〕ミーミル《Odin の叔父で知恵の泉に住む巨人族の賢者》.

mim·mem /mímmém/ *a* 〈言語学習が〉模倣記憶練習の[による], ミムメム(方式)の. [*mimi*cry+*mem*orization]

mi·mo·sa /məmóusə, -zə, maɪ-/ *n* **1** 〔植〕ネムリグサ属 (*M-*) の各種草本[低木], オジギソウ (sensitive plant)《マメ科》. **2** *ミモザ (buck's fizz")《シャンパンとオレンジジュースを混ぜた飲み物》. [L; ⇨ MIME]

mim·o·sa·ceous /mìməséɪʃəs, màɪ-/ *a* 〔植〕ネムノキ科 (Mimosaceae) の《通例 マメ科の亜科とされる》.

mim·s(e)y /mímzi/ *a* "《口》とりすました, しかつめらしい.

mim·u·lus /mímjələs/ *n* 〔植〕ミゾホオズキ属の花の美しい各種植物. [?L (dim)<MIME]

Min /mín/ *n* **1** 閩(ビン)語《主に福建省・海南島・台湾で話されている中国語の方言群》. **2** 岷江(ビンコウ)(ミンチアン) (=**Min Jiang, Min Chiang** /-— ʤiá:ŋ/)《長江上流の支流; 四川省中部を南流し, 宜賓(ぎひん) (Yibin) で長江に合流》. **3** 閩江(ビンコウ) (=**Mín Jiáng, Mín-Kóng** /-kɔ́:ŋ/)《中国南東部, 福州 (Fuzhou) の東で東シナ海に注ぐ福建省最大の川》.

min., min mineralogy ♦ minim(s) ♦ minimum ♦ mining ♦ minister ♦ minor ♦ minute(s). **Min.** Minister ♦ Ministry.

mi·na[1] /máɪnə/ *n* (*pl* **~s, -nae** /-nì:/) ムナー, ミナ (**1**) 古代小アジアの重量・通貨単位: =1/60 talent **2**) 古代ギリシア・エジプトの重量単位: 約 1–2 ポンド》. [? Akkadian]

mina[2] *n* MYNA.

Mina /máɪnə/ マイナ《女子名; Wilhelmina の愛称》.

min·able, mine·able /máɪnəb(ə)l/ *a* 採掘できる, 掘ることができる.

mi·na·cious /mənéɪʃəs/ *a* 威嚇[脅迫]的な, おどしの. ♦ **~·ly** *adv* **mi·nac·i·ty** /mənǽsəti/ *n*

mi·nah /máɪnə/ *n* MYNA.

Mi·na Has·san Ta·ni /mí:nə hɑ:sá:n tá:ni/ ミナハッサンタニ《KENITRA のアラビア語名》.

Mi·na·má·ta dìsease /mìnəmá:tə-/ 水俣病.

Mi·nang·ka·bau /mì:nɑ:ŋkəbáu/ *n* **a** ミナンカバウ族《インドネシアの Sumatra 島中央から西部にかけて居住する民族》. **b** ミナンカバウ語《マレー語と近縁関係にある》.

mi·nar /məná:r/ *n* 《インド建築などの》小塔. [Arab]

min·a·ret /mìnərét, ─ ─ ─/ *n* 光塔(こうとう), ミナレット《イスラム教寺院の尖塔; 形は角柱状, 円柱状, および折衷形があり, muezzin が人びとに祈りの時を告げるための張出しが付いている》. ♦ **~·ed** *a* [F or Sp<Turk<Arab=lighthouse]

Mínas Básin /máɪnəs-/ マイナス湾《カナダ東部 Nova Scotia 半島中央部にある湾; Fundy 湾がマイナス海峡 (**Mínas Chánnel**) を経てさらに北東に延びた部分》.

Mi·nas de Rí·o·tin·to /mí:nəs deɪ rì:ətí:ntou/ ミナス・デ・リオティント《スペイン南西部 Huelva 県にある古くからの歴史をもつ銅鉱山の町》.

Mi·nas Ge·rais /mí:nə(s) ʒəráɪs/ ミナスジェライス《ブラジル東部の内陸州; ☆Belo Horizonte》.

min·a·to·ry /mínətɔ̀:ri, máɪ-; -t(ə)ri/, **mìn·a·tó·ri·al** *a* おどかしの, 脅迫的な. [L (*minor* to threaten)]

mi·nau·de·rie /mɪnɔ́:dəri; *F* minodri/ *n* [ᵘ*pl*] なまめかしい様子, 媚態.

mi·nau·dière /*F* minodjɛ:r/ *n* ミノディエール《化粧品などを入れる小さな装飾容器》. [F=affected]

mi·naul /mənɔ́:l/ *n* MONAL.

min·bar /mínbà:r/, **mim-** /mím-/ *n* ミンバール《イスラム寺院の説教壇》. [Arab]

mince /míns/ *vt* **1** 〈肉などを〉切り刻む, 挽肉[ミンチ]にする; 〈土地などを〉細分する; 《こまぎれにして》だいなしにする. **2** 控えめに言う, 婉曲に[上品に]言う; 〈ことばを〉上品ぶって[気取って]発音する; 《古》少しだけ言う, 軽視する, みくびる. ► *vi* **1** 気取って小股に[ちょこまか]歩く, 上品ぶって[気取って]ふるまう[話す]. **2** 料理の材料を切り刻む, みじん切りにする. ● **not ~ (one's) words [matters]** 遠慮なくはっきり言う, 歯に衣を着せない. ► *n* **1** ミンス, 千切り, みじん切り; ミンスパイの中身 (mincemeat); 《特に牛の》"挽肉, ミンチ (mincemeat). **2** *《俗》ダサいの, 退屈なやつ; *《俗》ホモ. ♦ **mínced** *a* ミンチにされた〈肉〉. [OF<L; ⇨ MINUTE[2]]

mínce·mèat *n* ミンスパイの中身《干しブドウ・リンゴなどを刻んで砂糖・香料・スエット (suet) などを加えて混ぜたもの; 肉を入れることもある》; 挽肉, ミンチ. ● **make ~ (out) of**…を切りさいなむ; …をさんざんにやっつける, グーの音も出ないようにする, こてんぱんにたたきのめす.

mínce píe ミンスパイ《mincemeat 入りのパイ; 英国でクリスマスの時期に食べる》; [*pl*] 《韻俗》おめめ, 目ん玉 (eyes).

minc·er /mínsər/ *n* MINCE する人[機械]; "肉挽き機 (meat grinder*).

Minch /míntʃ/ [the] ミンチ海峡《スコットランド北西岸と Outer Hebrides 諸島の間, ノースミンチ海峡 (the **Nórth ~**) とリトルミンチ海峡 (the **Líttle ~**) に分かれる》.

mincha(h) ⇨ MINHAH.

minc·ing /mínsɪŋ/ *a* 上品ぶった, 気取った, きざな〈態度・ことばづかい・歩き方〉; 切り刻み用の. ♦ **~·ly** *adv*

Min·cio /míːnʧou, mínʧiòu/ [the] ミンチオ川《イタリア北部, Garda 湖から流れ出て Po 川に合流する川; 古代名 Min·cius /mínʃ(i)əs, mínsiəs/》.

mind /máind/ *n* **1 a**《知的な》心, 精神 (opp. *body, matter*); 理性, 正気;〘心〙精神, プシケ (psyche)《MENTAL[1] *a*》: ～ and body 心身 / a frame [state] of ～ 気持, 気分 / a cast [turn] of ～ 気だて / lose one's ～ 気が狂う, 正気を失う / He is in his right [sound] ～. 正気である / awake to one's full ～ [*fig*] 目がさめる, 正気にかえる. **b** 知性, 知力, 頭 (cf. WILL, EMOTION); 創造的思考力, 想像力: the way sb's ～ works 人の考え(方) / get one's ～ round…を(なんとか)理解する[のみ込む]. **c** 記憶(力): go out of [slip] sb's ～〈事が〉忘れられる / Out of sight, out of ～.《諺》目に触れぬものは忘れられ, 去るものは日々に疎し. **2** 心[知性]の持主, 人: a noble ～ 高潔な人 / the greatest ～*s* of the time 当代一流の知性人 / a little ～ 小人(しょうじん) (⇨ LITTLE things please little ～*s*.) / No two ～*s* think alike. 人が違えば考えも違うものだ / two ～*s* with but a single thought 同じ事を考えている二人, 心は違えど思いは同じ / (All) great ～*s* think alike.《諺》賢人はみな同じように考えるものだ. **3 a**《考え感じる》心のあり方; 意見, 考え, 意向, 気持; 好み, 希望: after one's ～ 心にかなった / have a [no] ～ to do…したいと思う[思わない], する気がある[ない] / in [to] my ～ わたしの考えでは / the popular [public] ～ 世論 / a meeting of ～*s* 意見の一致 / be of like ～ (*on*…) (…について)同じ考えである / those of like ～ 見解を同じくする人びと / be of a different ～ 異なる意見をもつ / be of your ～ きみと同意見である / disclose [say, speak, tell] one's (own) ～ 意見を(はっきり)言う, 心中を打ち明ける. **b** 注意; 考慮: apply [bend] the ～ to…に心を用いる, …に苦心する / open [close] one's ～ to…を進んで考慮する[考えてみようとしない] / sb's ～ is on… 人が…のことを考えて[…に集中して]いる / with…in ～ …を考慮して[念頭において]. **4**〘カト〙記念祭 (commemoration). **5** [M-]〘クリスチャンサイエンス〙心 (＝Divine M～) (God).

● **at the back of** sb**'s** ～ 心の中[片隅]で, 内心で. **be all in** sb**'s** [**the**] ～《口》〈病気など〉ただの気のせいである, 気持のもち方しだいだ. **bear…in** ～ …を心に留める, 憶えている. **be in** [**of**] **a** [**one**] ～〈2 人以上の人が〉同意見である〈*with*〉. **be in** [**of**] **two** ～**s** 心がぐらついている, 決めかねている〈*about*〉. **be of like** ～ ⇨ 3a. **be of the same** ～＝be in [of] a MIND;〈一人の人が〉意見が変わらない. **bend** sb**'s** ～*《俗》人のどぎもを抜く, 参らせる, 強い印象を与える. **blow** sb**'s** [**one's**] ～《口》ひどく興奮させる[する], 我を忘れさせる[忘れる], 舞い上がらせる[上がる];《俗》《麻薬・音楽などによって》陶酔させる[する], 恍惚とならせる[なる], しびれさせる[しびれる]; 人の不意を襲う, ぎくっとさせる, どぎもを抜く. **bring** [**call**]**…to** ～ …を思い出す;〈物・事が〉思い出させる. **cast** one**'s** ～ **back** 以前のことを思い起こす. **change** one**'s** [sb**'s**] ～ 考えを変える[変えさせる]. **come** [**spring**] **to** ～〈事が〉(急に)思い浮かぶ. **cross** [**come** (**in**)**to, spring to, enter, pass through,** etc.] sb**'s** ～〈考えが〉…の心に浮かぶ, 思い出される. **get…out of** one**'s** ～ ⇨ get…out of one's HEAD. **give** sb **a bit** [**piece**] **of** one**'s** ～《口》人に遠慮なく言う, 直言する, しかりつける, たしなめる. **give** one**'s** ～ **to** ⇨ set one's MIND to. **have a good** [**great**] ～ **to** do…＝**have half a** ～ **to** do…しようかなと思っている, ぜひ[いっそ]…したい(くらいだ). **have a** ～ **of** one**'s own** (ちゃんと)自分自身の考えがある;〈機器が〉言うことを聞かない, 暴走する. **have…in** ～ (**1**) …を考慮して[意図して]いる: *have* it *in* ～ to do…しようと思っている / Who do you *have in* ～ *for* the job? その仕事にはだれを当てるつもりですか. (**2**) bear…in MIND. **have** [**keep**] one**'s** ～ **on**＝set one's MIND on. **keep** [**have**] **an open** ～ 決定せずにいる, (判断を)保留する, (提案などを)受け入れる[検討する]用意がある. **keep… in** ～＝bear…in MIND. **keep** sb **in** ～ **of…** ⇨ put sb in MIND of…. **keep** sb**'s** ～ **off…** ⇨ take sb's MIND off…. **know** one**'s own** ～ 決心がついている, ぐらつかない. **make up** one**'s** ～ (**1**) 決心する〈*to* do〉,《…に対して》肚を決める, …だと決め込む. (**2**) 観念する, あきらめる: You are no longer young; you must *make up your* ～ to that. きみももう若くはない, それについては観念しなくてはならない. ～ **over matter** 精神による肉体的[物質的]困難の克服: It is a triumph of ～ *over matter*. それは精神力の勝利だ. **of like** ～ ⇨ 3a. **on** sb**'s** ～ 心[気]にかかって, 考えて: have…*on* one's ～ …を気にかけている, 心配している, 悩んでいる / the LAST THING *on* sb's ～. **out of** one**'s** ～ (**1**) 狂って, 正気を失って;〈心配などで〉気が狂うほどで〈*with*〉: drive sb *out of his* ～ 気を狂わせる / frighten [scare] sb *out of his* ～ 震え[縮み]あがらせる / go [be] *out of* one's ～ 頭がおかしくなる[なっている]. (**2**)《口》ひどく酔って[ラリって]: *out of* one's tiny Chinese ～ [*joc*] 泥酔して. **pay no** ～《方》無視する. PRESENCE OF MIND. **put** [**keep**] sb **in** ～ **of…** 人に…を思い出させる. **put…out of** one**'s** ～《つとめて》…を忘れようとする. **put** [**set**] sb**'s** ～ **at** REST[1]. **read** sb**'s** ～ 人の心を読む, 人の考えていることを知る. **set** one**'s** ～ **on**…を大いに欲しがる[やりたがる], …に一心である, …に専念[集中]する: have one's ～ *set on*…を(是が非でも)する[得る]気でいる. **set** [**give, put, turn**] one**'s** ～ **to**…に注意を向ける, …に専念する. **shut** one**'s** ～ 心を閉ざす, てんで受けつけない〈*to*〉. **take** sb**'s** ～*《俗》人を当惑させる, まごつかせる, 悩ます. **take** [**keep**] sb**'s** ～ [**thoughts**] **off**…〈いやなことなど〉から人の注意をそらす[そらしておく], 人に…を忘れさせる. **to** one**'s** ～ (**1**) …の考えでは. (**2**) …の心にかなった (＝after one's ～): a wife *to his* ～.

► *vt* **1 a** [*impv*] …に注意[留意]する; …に用心する: *M*～ what I tell you. わたしの言うことをよく聞きなさい / *M*～ the dog [step]. 犬[足もと]にご用心 / ～ one's language 口のきき方に気をつける, ことばを慎む / *M*～ where you walk. 足もとに気をつけて歩け / *M*～ you don't hit it. それにぶつからないよう気をつけて. **b***…の言うことを聞く, …に従う: ～ one's parents 親に従う. **2 a**[U]…の世話[番]をする; …に気を配る, 打ち込む, 従事する: ～ one's own BUSINESS / *M*～ the baby for half an hour. 赤ちゃんを 30 分ほど見ていてください. **b** [目的節をとって] きっと…しなさい (ensure): *M*～ you don't spoil it. それをだいなしにしないように気をつけるんだよ. **c**《方》〈…しようと〉思う (intend)〈*to* do〉. **3** [しばしば 否定・疑問・条件文で] 気にする, 迷惑がる, 反対する, いやがる, かまう (object to): I *don't* ～ hard work, but I *do* /dúː/ ～ insufficient pay. どんな骨折り仕事も平気だが払いが少なくては平気でいられない / I should *not* ～ a glass of beer. ビール一杯飲んでも悪くはない (⇨ I wouldn't ～ (成句)) / I *don't* ～ paying for quality. 質がよければ金は惜しまない / I *don't* ～ telling you…と言っていいね, 言わせてもらうが…だね / if you *don't* ～ my [me] saying so こう言ってはなんだが[言ってよければ], 余計なお世話かもしれないが. **4 a**《方》…に気がつく (perceive, notice). **b**《古・方》思い起こさせる (remind);《古・方・スコ》憶えている (remember). ► *vi* [U*impv*] **1 a** 注意を払う, 注目する,《人の話を》よく聴く; 注意する, 用心する: *M*～, you'll slip. 気をつけなさい, すべるよ. **b** 言うことを聞く: The dog ～*s* well. その犬はよく言うことを聞く. **2 a** [*neg/inter*] 反対する (object), いやだと思う, 気にする: We'll rest here if you do*n't* ～. おさしつかえなければここで休みましょう (cf. if you don't ～ (成句)) / Will you have a cup of tea?—I *don't* ～ (if I do). 紅茶を一杯いかが—いただいてもいいですね. **b** 気にする, 気がかりである〈*about*〉. **3**《方》思い出す (remember)〈*of, on*〉.

● **Don't** ～ **me.** (わたしのことなら)どうぞお気になさらず[おかまいなく]《皮肉・丁重な断わり》. **Do you** ～**?**＝**if you don't** ～《口》(ちょっとすいませんけど)やめてくれませんか, (あのね)困りますよ, どうかやめてください (please stop that)《話し手が迷惑していることを示す表現; cf. *vi* 2 a》. **Do you** ～ sb(**'s**) doing [**if** sb does]?《口》＝**Would you** ～ sb(**'s**) doing [**if** sb did]? …してもかまいませんか: *Do you* ～ *my* [*me*] smok*ing* [*if* I smoke]?《口》＝*Would you* ～ *my* [*me*] smok*ing* [*if* I smoked]? タバコを吸ってはいけないでしょうか《★ 返事は No, I don't (～). (かまいません, どうぞ) または Yes, I do ～. (それは困ります) が原則》. **I wouldn't** ～…《口》…をいただけないでしょうか《丁寧な依頼》, …(するの)も悪くない, …してみたい. **M**～ **and** do…《口》きっと[忘れずに]…するんですよ (Be careful to do). **M**～ **how you go.**《口》じゃあ気をつけてね, お大事に《しばしば 別れの挨拶》. **M**～ **out!**[U]《口》気をつけろ, どけ. ～ (**you**)《口》いいかい(きみ), よく聞きたまえ, なにしろ, ただし[と言っても](…だが)《強調・譲歩または条件提出を伴う挿入句》. **M**～ **your eye** [**helm**]**!**[U]《口》気をつけろ! **never** ～《口》(**1**) [*impv*] かまわないよ, 心配するな, 何でもない, だいじょうぶだ. (**2**) …はもちろん(だが), …はおろか, …はどうでもいい(が). **never you** ～《口》…は気にしなくていい, …はきみの知ったことじゃない. **Would you** ～ **doing…?** …してくださいませんか: *Would you* ～ shut*ting* the door? ドアを閉めていただけませんか.

[OE *gemynd* memory, thought; cf. OHG *gimunt*]

MIND /máind/ マインド《英国の慈善団体; 精神障害者の救済を目指す団体で, 1946 年 National Association for Mental Health の名称で設立》.

mínd-àlter·ing *a*〈幻覚剤など〉精神に変化をもたらす, 向精神作用性の.

Min·da·nao /mìndənáu, *-náːòu/ ミンダナオ《フィリピン諸島第 2 の大島; 同諸島の南部にある》.

Míndanao Séa [the] ミンダナオ海《フィリピン諸島南部 Mindanao 島の北にある内海》.

mínd-bènd·er《口》*n* 幻覚剤; 幻覚剤使用者; 茫然とさせるもの, ショッキングなこと; うまく人の気を変えさせる人, 懐柔する人.

mínd-bènd·ing《口》*a* 精神に変調を起こさせる; 幻覚性の; 茫然とさせる, ショッキングな; 圧倒的な, 気が遠くなるような. ♦ **～·ly** *adv*

míndblòw *vt*《口》…にショックを与える, 興奮させる.

mínd blòw·er《口》幻覚剤(使用者); 茫然とさせるもの.

mínd-blòw·ing《口》*a*〈薬・音楽などが〉恍惚とさせる, 幻覚性の; すごく刺激的な, めくるめく(ような), 圧倒する. ♦ **～·ly** *adv*

mínd-bódy pròblem〘哲・心〙心身(相関)問題, 心身論《精神と肉体の性質・相互関係を扱う》.

mínd-bòggling《口》*a* 難解な, わけのわからない; どぎもを抜くような, 信じがたい. ♦ **～·ly** *adv*

mínd cùre 精神療法.

mínd·ed *a* [U*compd*] …な心の; (…したい)気がある, (…する)傾向がある; …に関心がある[詳しい, 強い], …熱のある: HIGH-MINDED / FEEBLEMINDED / commercially-～ 商魂たくましい / They are ～ (＝inclined) *to* marry. 彼らは結婚したいと思っている / He would help us if he were ～ *to* do so. 助けようという気さえあれば助けてくれるだろ

う / safety-～ 安全に気を配る / air-～ 航空機に関心をもった.
♦ **～·ness** *n*

Min·del /míndl/ *n* 〘地質〙 ミンデル(氷期) ⟪更新世におけるアルプス周辺の第 2 氷期; ⇨ GÜNZ⟫.

mínd·er *n* **1 a** [ᵘ*compd*] 世話する人, 番人; CHILDMINDER: a baby-～. **b** ᴴ⟪俗⟫ ⟪ギャングなどの⟫ 用心棒, ⟪一般に⟫ ボディーガード, 護衛(係); ⟪泥棒の⟫ 手下, 手先; ⟪政治家・有名人などの⟫ 広報[マスコミ]担当者[スタッフ], スポークスマン. **2** ᴴ養い子, 里子 (foster child).

mínd-expànd·er *n* 精神拡張薬, 幻覚剤.

mínd-expànd·ing *a* 幻覚を起こさせる.

mínd·fùck *⟪卑⟫ *vt* ⟨人を⟩あやつる; 混乱させる; ⟨人⟩に麻薬を使わせてみる. ► *n* 人をあやつること, ペテン, 口車; ペテン師, 食わせ者; ぶったまげるような[とんでもない, 最悪の]もの[できごと], ひどいめ, どん底 (＝**mínd·fùck·er**).

mínd·ful *a* 心に留める, 忘れない, 注意する ⟨*of, that*⟩; 意識の高い, 目配りのきく; ⟪文⟫ …する気がある ⟨*to* do⟩: ～ *of* one's duties 職務を大切にする. ♦ **～·ly** *adv* **～·ness** *n*

mínd gàme 1 [ᵘ*pl*] 心理操作[戦術], 心理戦: play ～*s* 心理戦を仕掛ける, ゆさぶりをかける ⟨*with* sb⟩. **2** 頭の体操 ⟪パズルに挑戦することなど⟫.

mínd·less *a* 考え[思慮]のない, 不注意な; 心ない, 愚かな, 見境のない⟨暴力⟩; かまわない, 気にしない ⟨*of*⟩; 頭を使わない⟨仕事⟩; 意識のない, ぼんやりした: ～ *of* all dangers あらゆる危険をものともせずに.
♦ **～·ly** *adv* **～·ness** *n*

mínd-nùmb·ing *a* 死ぬほど退屈でつまらない, 頭がぼうっとするほどの. ♦ **～·ly** *adv*

min·don /máɪndɑ̀n/ *n* 精神素 ⟪テレパシーなどの精神伝達をつかさどる物質の仮想名⟫. [*mind, -on*²; Arthur Koestler の造語]

Min·do·ro /mɪndɔ́:roʊ/ ミンドロ ⟪フィリピン諸島中部 Luzon 島の南西にある島⟫.

mínd rèader 読心術師, 人の心を読む人. ♦ **mínd rèading** 読心術 (＝*thought reading*); 読心能力.

mínd-sèt *n* 心的傾向, 考え方, 思考様式, 精神構造.

mínd's èye 心の目, 心眼 (opp. *outward eye*); 心の目に映った像. ● **in one's [the] ～** 記憶で, 想像で.

mínd·shàre *n* マインドシェア ⟪製品・ブランドについての消費者の認識(度); cf. MARKET SHARE⟫.

mínd spàcer *⟪俗⟫ 幻覚剤.

Mind·szen·ty /míndsɛ̀nti/ ミンドセンティ, ミンツェンティ **József** ～ (1892–1975) ⟪ハンガリーのカトリック聖職者・枢機卿; 本名 József Pehm; 50 年間にわたって全体主義・共産主義に抵抗した⟫.

mínd-your-òwn-búsiness ᴴ *n* 〘植〙 地中海地方原産イラクサ科の地覆植物 (＝*mother-of-thousands*).

mine¹ /máɪn/ *pron* [I に対応する所有代名詞] **1 a** わたしのもの (cf. YOURS, HIS, HERS, OURS, THEIRS): This umbrella is yours, not ～. この傘はきみので, ぼくのではない / *M*～ is an old family. わたしのうちは古い家柄だ ⟪My family is an old one. より文語的⟫ / Your eyes are blue and ～ are black. あなたの目は青く, わたしのは黒い / The game is ～. 勝負はわたしの勝ちだ. **b** わたしの家族[手紙, 責務]; ᴴ⟪口⟫ ぼくの飲み物[酒]: He was kind to me and ～. 彼はわたしやわたしの家族に親切にしてくれた / Have you received ～ of the fifth? 5 日のわたしの手紙を受け取りましたか / It is ～ to protect him. 彼を保護するのはわたしの責任です / *M*～'s a gin. ぼくはジンだ. **2** [of ～ の形で] わたしの: a friend *of* ～ わたしのある友人 ⟪my friend は「(既に話題にのせた)そのわたしの友人」⟫ / this book *of* ～ わたしのこの本.
★ my は a, an, this, that, no などと並べて名詞の前に置けないので my を of mine として名詞のあとに置く. of yours [his, hers, ours, theirs] についても同じ用法がある. ► *a* /màɪn, máɪn/ [主に母音と h の前; 名詞のあとに置くこともある] ⟪古・詩⟫ MY: ～ eyes [heart, etc.] / lady ～ (＝my lady). [OE *mīn*＜Gmc (G *mein*)＜IE (locative) ⟨**me* ME¹]

mine² *n* **1 a** 鉱山, 鉱業場; 鉱坑; 鉱床; ᴴ鉄鉱; [the ～s] 鉱業, 鉱山業: a gold ～ 金山 / SALT MINE. **b** 富源, 宝庫 ⟨*of*⟩: He is a ～ *of* information. 彼には豊富な知識がある. **2** 〘陸軍〙 坑道; ⟪葉の柔組織などのトンネル状⟫ 虫食い穴. **3 a** 地雷 (land mine), 地雷火; 〘海軍〙 水雷, 爆雷, 機雷: a floating [drifting, surface] ～ 浮遊機雷 / a submarine ～ 敷設水雷. **b** 打上げ花火. ● **go down the ～** ⟪サーフィン俗⟫ 波に乗りそこねてその波の前に投げ出される. **lay a ～ (for…に)**地雷[水雷]を敷設する; (…の)転覆[破壊]を企てる. **spring a ～ on**…に地雷を爆発させる; …を奇襲する. **the** RUN **of the ～.** ► *vt* **1 a** ⟨土地・鉱石を⟩採掘する; ⟨土地⟩から収穫をあげる; …から⟨天然の成分を⟩取り出す, 得る ⟨*for*⟩; ⟨資源などを⟩枯渇させる ⟨*out*⟩. **b** ⟨劇の素材などを⟩引き出す; ⟨史料などを⟩利用目的をもって調べる. **2 a** 〘軍〙 …の下に坑道を掘る; ⟨穴・トンネルなどを⟩掘る; ⟨とりでなどを⟩掘りくずす. **b** ⟪秘密手段・計略で⟫ 覆す, 破壊する, 陰謀で失脚させる (undermine). **3** …に地雷[機雷]を敷設する. ► *vi* 〘軍〙 坑道建設のために土を掘る; 鉱業採掘を行なう, ⟨…を(求めて)⟩掘る ⟨*for*⟩; 鉱業に従事する. ♦ **mineable** ⇨ MINABLE. [OF＜?Celt (Ir *mein*, Welsh *mwyn* ore, mine)]

míne detèctor 地雷探知機.

míne dùmp ⟪南ア⟫ ⟪特に 金鉱の⟫ 廃石[ズリ]の山.

míne·fìeld *n* 〘軍〙 地雷[機雷]敷設地帯, 地雷[機雷]原; [*fig*] 見えざる危険の多い所, 難題 ⟨*for*⟩.

míne·hùnt·er *n* 〘軍〙 機雷掃討艇[機]. ♦ **-hùnt·ing** *n* 機雷掃討.

míne·lày·er *n* 〘軍〙 機雷敷設艦[機, 車]. ♦ **-lày·ing** *n* 機雷敷設.

min·er /máɪnər/ *n* 鉱山業者; 鉱山[炭鉱]労働者, 鉱夫, 坑夫; 〘軍〙 地雷工兵; 採鉱機, ⟪特に⟫ 採炭機; 〘昆〙 LEAF MINER; 〘鳥〙 ハイイロミツスイ ⟪豪州・タスマニア産⟫.

min·er·al /mín(ə)rəl/ *n* **1 a** 鉱物 (cf. MINERAL KINGDOM); 鉱石 (ore); ⟪廃⟫ 鉱山 (mine). **b** 無機物[質], ミネラル. **2** [ᵘ*pl*] ᴴMINERAL WATER; ᴴ炭酸飲料. ► *a* 鉱物(性)の, 鉱物を含む; 無機(質)の. [OF or L; ⇨ MINE²]

míneral àcid 〘化〙 無機酸.

míneral càoutchouc 〘鉱〙 ELATERITE.

míneral còtton MINERAL WOOL.

míneral drèssing 選鉱.

míneral·ìze *vt* 鉱化する, …に鉱物を含ませる; 無機物化する; 石化する (petrify). ► *vi* 鉱物を研究[採集]する; 鉱化作用を促す.
♦ **mìneral·izátion** *n* 鉱化作用; 無機化; 石化作用. **mín·er·al·iz·able** *a*

mín·er·al·ìz·er *n* 〘化・地質〙 鉱化剤; 造鉱素 ⟪金属と化合して鉱石を形成する物質⟫.

míneral jèlly 〘化〙 ミネラルゼリー ⟪石油から採る粘性物質; 爆薬安定剤用⟫.

míneral kìngdom [the] 鉱物界 (cf. ANIMAL KINGDOM, PLANT KINGDOM).

míneral lànds *pl* 〘米〙 ⟪通例 連邦政府が保有する⟫ 重要富鉱地区, 鉱山地帯.

min·er·alo·córticoid /mìn(ə)rəloʊ-/ *n* 〘生化〙 電解質[鉱質, ミネラル]コルチコイド ⟪電解質と水分の代謝に関与する副腎皮質ホルモン⟫.

min·er·al·o·gy /mìn(ə)rǽləʤi, *-rál-/ *n* 鉱物学; ⟪地域・岩石の⟫ 鉱物学的特徴; 鉱物学の研究対象となる鉱物; 鉱物学の論文.
♦ **-gist** *n* **mìn·er·al·óg·i·cal** *a* **-i·cal·ly** *adv*

míneral òil 鉱油 ⟪鉱物から採る油・石油など⟫; *LIQUID PETROLATUM.

míneral pìtch アスファルト (asphalt).

míneral rìght 〘法〙 採掘権, 鉱業権.

míneral rùbber ミネラルラバー ⟪アスファルトから造るゴム質物質, または ゴムとアスファルトを混合したもの⟫.

míneral spìrit [ᵘ*pl*] PETROLEUM SPIRIT.

míneral sprìng 鉱泉.

míneral tàr 鉱物タール, マルサ (maltha).

míneral wàter 鉱(泉)水, ミネラルウォーター; [ᵒ*pl*] ᴴ炭酸水; ᴴ⟪アルコールを含まない⟫ 炭酸飲料 ⟪レモネードなど⟫.

míneral wàx 鉱蠟(ろう), ⟪特に⟫ 地蠟 (ozokerite).

míneral wòol 鉱物綿, 鉱質綿, 鉱滓(さい)綿, ミネラルウール (＝*mineral cotton*) ⟪建築用詰め材; 断熱・防音・耐火材, また濾過材にされる⟫.

míner's ìnch 〘鉱〙 マイナーズインチ ⟪流水量の計測単位: ほぼ毎秒 1.5 立方フィート⟫.

míner's léttuce WINTER PURSLANE.

míner's ríght 〘豪〙 採掘許可証.

Mi·ner·va /mənə́:rvə/ **1 a** 〘ロ神〙 ミネルウァ ⟪知恵と武勇の女神; ギリシアの Athena に当たる⟫. **b** 知恵と学識に富む女性. **2** ミナーヴァ ⟪女子名⟫. [L; cf. MIND]

Mi·ner·vois /mìnərvwá:/ *n* ミネルヴォア ⟪南フランス Languedoc-Roussillon 地域の同名地区に産する, 主に赤ワイン⟫.

mine's /máɪnz/ ⟪口⟫ mine is の短縮形.

míne·shàft *n* 〘鉱〙 立坑 ⟪ときに横坑にもいう⟫.

min·e·stro·ne /mìnəstróʊn(i)/ *n* ミネストローネ ⟪野菜・マカロニ・バーミチェリなどを入れたイタリア風スープ⟫. [It]

míne·swèep·er *n* 〘海軍〙 ⟪機雷の除去や破壊作業をする⟫ 掃海艇. ♦ **-swèep·ing** *n* 掃海(作業); 地雷除去.

míne thròwer 迫撃砲 (trench mortar).

mi·nette /mənɛ́t/ *n* 〘鉱〙 ミネット ⟪1) カリ長石黒雲母ランプロファイアー 2) フランス周辺のミネット型鉄鉱床の鉱石⟫.

minever ⇨ MINIVER.

míne wòrker 鉱山労働者, 鉱夫 (miner).

Ming /míŋ/ *n* 〘中国史〙 明(みん), 明朝 (1368–1644); [m-] 明朝の上質磁器. ► *a* 明朝時代の, 明代美術様式の.

minge /mínʤ/ ᴴ⟪方・卑⟫ *n* 女の性器; 女.

ming·er ᴴ /míŋər/ *n* ⟪口⟫ 醜い[不快な]人[もの], 醜女, ブス; ⟪俗⟫ ふしだら女.

ming·ing ᴴ /míŋɪŋ/ *a* ⟪口⟫ きたならしい, 不潔な, 不快な; 悪臭のする; ⟪俗⟫ 酔っぱらった.

min·gle /míŋg(ə)l/ *vt, vi* **1** 混ぜる[混ざる], 混和する, ブレンドする; いっしょにする[なる] ⟨*among, in, with*⟩; ⟪古⟫ 混ぜて作る: with ～*d* feelings さまざまな思いで. **2** つきあう, 接触する; ⟪客などの間を⟫ 歓談して回る ⟨*with*⟩; 参加する ⟨*in*⟩; *⟪俗⟫ 相乗りで物件を買う, 共有する.

M

► *n* 《学生俗》ダンス. ♦ **míng·ler** *n* **～·ment** *n* ［ME (freq)＜OE *mengan* to mix］
míngle-mángle *n* ごたまぜ.
min·go /míŋgoʊ/ *n* (*pl* **～s**) Chickasaw インディアンの族長.
Min·gre·li·an /mɪngríːliən, mɪŋ-/, **Min·grel** /míngrəl, mɪŋ-/ *n* **a** (*pl* **～**, **～s**) ミングレル族《黒海沿岸に住むグルジア人と近縁の部族》. **b** ミングレル語《南カフカス語族に属し, Georgian にきわめて近い》.
míng trèe 〖園〗小鉢物, 盆栽.
Min·gus /míŋgəs/ ミンガス **Charles ～** [**'Charlie' ～**] (1922–79) 《米国のジャズベース奏者・ピアニスト・作曲家》.
min·gy /míndʒi/ 《口》 *a* けちな; ひどく少ない, 小さい. ♦ **mín·gi·ly** *adv* **mín·gi·ness** *n* ［*mean*＋*stingy*］
min·hag /mɪnháːg/ *n* (*pl* **～s**, **-ha·gim** /-háːgiːm/) ミンハグ《律法上の判断の根拠となるユダヤ人の宗教上の慣習》. ［Heb］
min·hah, -cha(h) /mɪnxáː, mínxə/ *n* 〖ユダヤ教〗《日々の》午後の祈り[礼拝]. ［Heb］
Minho ⇨ MIÑO.
Min·hou, -how /mínhóʊ/ 閩侯(ミンホウ)《福州 (FUZHOU) の旧称》.
mini /míni/ *n* (*pl* **mín·is**) **1** ミニ《(1) minicar, miniskirt, minidress, minicomputer など (2) miniskirt などのスタイル[寸法]》; 《各種の》小型のもの, ミニもの; SUBCOMPACT. **2** [M-] 〖商標〗ミニ《英国製の小型乗用車》. ► *a* 短い, ミニの; 短期の; 小型の, 小さい.
mini- /mínə/ *comb form* 「小型 (miniature)」「ミニ(寸法)」「小(規模)」［*miniature*］
min·i·a·scape /míniəskèɪp/ *n* 箱庭, 盆景.
min·i·ate /mínièɪt/ *vt* …に朱を塗る, 朱で描く; 朱文字で飾る; 金文字[色模様など]で飾る. ［L; ⇨ MINIUM］
min·i·a·ture /míni(ə)tʃər, *-tʃʊ̀r/ *n* **1** (そっくりに)小さく作ったもの, 小型模型, 縮小型, ミニチュア, 縮図, (小さな)人形; 小型のもの, 《犬などの》小型種; 〖映・テレビ〗特撮用セット; 〖写〗小型カメラ; 〖文芸・楽〗小品; 《ウイスキーなどの》ミニチュアボトル. **2** 細密画, 小画像; 細密画法; 《写本の》彩画, ミニアチュール. ● **in ～** 細密画で; 小規模に[の], (そっくり)縮めた[て], 縮図として(の). ► *a* 小規模の, 小型(種)の, ミニチュアの; 〖写〗35 mm 以下のフィルムを使用するスチール写真の. ► *vt* 縮写[縮小]する. ♦ **mìn·i·a·tur·ís·tic** *a* 細密画的な. ［It (L＝to paint with MINIUM)］
míniature cámera 〖写〗小型カメラ《35 mm 以下のフィルムを使用するスチール写真用のカメラ》.
míniature gólf ミニチュアゴルフ, パターゴルフ《putter だけでする障害物を配した模造小コースでの遊び》.
míniature photógraphy 小型カメラの写真術.
míniature pínscher 〖犬〗ミニチュアピンシャー《体形が Doberman pinscher に似たドイツ原産の小型愛玩犬》.
míniature schnáuzer 〖犬〗ミニチュアシュナウザー《小型のシュナウザー; テリア種に分類される》.
mín·i·a·tur·ist *n* 細密画家.
mín·ia·tur·ìze *vt* 小型化する, ミニ(チュア)化する. ♦ **-ìzed** *a* **mìn·ia·tur·izá·tion** *n*
míni·bàr *n* 《ホテルの客室などの》酒類常備用冷蔵庫[キャビネット].
míni·bèast *n*ʺ《口》小さなけだもの《昆虫やクモなど》.
míni·bìke* *n* ミニバイク. ♦ **-bìk·er** *n*
míni-blàck-hòle *n* 〖天〗ミニブラックホール《10 万分の 1 グラムほどの質量しかない極小型のブラックホール》.
míni·brèak *n* 短い休憩, 小休止; ミニブレーク《(1) ʺ2–3 日[週末]の小休暇[小旅行] (2) 〖テニス〗タイブレーク時のブレーク》.
míni·bùdget *n* 小型補正予算.
míni·bùs *n* 小型バス, マイクロバス.
míni·càbʺ *n* 《電話で呼ぶ》小型タクシー.
mìni·cálculator *n* ミニ計算器, ポケット電卓.
Mini·cam /mínikæ̀m/ 〖商標〗ミニカム《小型テレビカメラ》.
míni·càmera *n* MINIATURE CAMERA.
míni·càmp *n* 〖アメフト〗ミニキャンプ《春期に行なわれる短期間のトレーニングキャンプ》.
míni·càr *n* 小型自動車; 《特に おもちゃの》ミニカー.
míni·cèll *n* 〖生〗ミニ細胞《細菌の細胞分裂の際に変異株から生じる極小細胞で, 染色体 DNA を含まない》.
mìni·compúter *n* ミニ[小型]コンピューター.
míni·còurse *n* 《正規の学期と学期の間などの》短期コース.
Min·i·coy /mínɪkɔ̀ɪ/ ミニコイ《インド南西岸沖にある Laccadive 諸島の最南端の島》.
Míni·Dìsc 〖商標〗ミニディスク (⇨ MD).
míni·drèss *n* ミニドレス《ひざまで届かないドレス》.
Min·ié ball [**bullet**] /míni —, mínièɪ-/ ミニエ式銃弾. ［Claude É. *Minié* (1804–79) フランスの陸軍士官］
míni·fèstival* *n* 小さなお祭り.
míni·flòppy *n* 〖電算〗ミニフロッピー (＝～ **dìsk**) 《直径 $5^1/_4$ インチのフロッピーディスク》.
min·i·fun·di·um /mìnəfʌ́ndiəm/ *n* (*pl* **-dia** /-diə/) 《ラテンアメリカの》小規模農地, 零細農場. ［L or Sp］
min·i·fy /mínəfàɪ/ *vt* 小さくする, 少なくする, 縮小する, 削減する; 軽く見る. ♦ **mìn·i·fi·cá·tion** *n*
míni·gòlf *n* ミニゴルフ (miniature golf).
min·i·kin /mínɪkən/ *n* 小さなもの[生き物]; 《古》小さな[きゃしゃな, 気取った]人; 《廃》ミニキン《3ポイント相当の活字》. ► *a* 小さい, ちびの; 上品ぶった, 気取った. ［MDu (*minne* love)］
míni·làb *n* 現像所, プリント屋, DP 屋《写真の現像・焼付けを行なう小さな事業所》.
min·im /mínəm/ *n* **1** ミニム《液量の最小単位: ＝1/60 DRAM; 略 min.》; 古代ローマの小型銅[銀]貨; 微小(なもの), ぽっちり, みじん; ごくつまらないもの. **2** 《書き文字で》下に下ろす線; ʺ〖楽〗二分音符 (half note*) (⇨ NOTE). **3** [M-] 〖カト〗ミニモ会(修道)士. ► *a* 小さい, 小型の. ［L MINIMUS］
Minim ミニム **Dick ～** 《Dr. Johnson, *The Idler* に出る, おざなりの批評をする人物》.
minima *n* MINIMUM の複数形.
míni·magazìne *n* 《少数の特定読者層を対象とした》ミニ雑誌.
min·i·mal /mínəm(ə)l/ *a* 最小(限)の, 極微の, 極小の (opp. *maximal*); [°M-] MINIMAL ART の, MINIMALISM の: MINIMAL PAIR. ► *n* MINIMAL ART. ♦ **～·ly** *adv* **min·i·mal·i·ty** /mìnəmǽləti/ *n*
mínimal árt ミニマルアート《形態・色彩をできるかぎり簡素・無飾にした造形芸術; 単純な幾何学的形体を無機的なスタイルで造形する抽象絵画・彫刻》. ♦ **mínimal ártist** *n*
mínimal bráin dàmage 〖医〗微細脳損傷 (ATTENTION DEFICIT DISORDER).
mínimal bráin dysfùnction 〖医〗微細脳機能障害 (ATTENTION DEFICIT DISORDER) 《略 MBD》.
mínimal·ìsm *n* MINIMAL ART; ミニマリズム《芸術においてできるかぎり少数の単純な要素を用いて最大の効果を達成することを目指す考え方》.
mínimal·ist *n* **1** [M-] **a** 最小限綱領主義者《革命後直ちに民主主義へ移行することを唱えた, ロシア社会革命党内の穏健派; cf. MAXIMALIST》. **b** MENSHEVIK. **2** 《活動・改革・介入・目標などを》最低限に抑えようとする人, 《政治・経済上の》規制緩和[反統制]論者. **3** MINIMAL ARTIST; ミニマリズムの支持者. ► *a* ミニマリズムの[による]; minimalist の立場の.
míni·màll *n** ミニモール《小規模のショッピングモール》.
mínimal páir 〖言〗最小対, ミニマルペア《ある一点においてのみ対立を示す一対の言語要素; たとえば 'shin' と 'sin'》.
míni-màrt *n** コンビニ, 《個人経営の》食料雑貨店 (convenience store).
mini·max /mínɪmæ̀ks/ *n* **1** 〖数〗ミニマックス《ある一組の極大値の中の最小値; cf. MAXIMIN》. **2** 〖ゲームの理論〗ミニマックス《推定される最大限の損失を最小限にする手(の値); cf. THEORY OF GAMES》. ► *a* ミニマックスの[に基づいた]. ［*mini*mum＋*max*imum］
mínimax prínciple ミニマックスの原則《こうむるべき損失は常に最小限にとどめるようにする行動選択の原則》.
mínimax théorem ミニマックスの法則[定理].
míni-mè *n* 《口》そっくりでちっちゃいの, 《人の》小型版《ある人によく似た, 背格好の小さい[年下の]人》. ［映画 *Austin Powers: The Spy Who Shagged Me* (オースティン・パワーズ: デラックス, 1999) に登場するクローン人間の名から］
míni·mìll *n* 《地方でくず鉄を利用する》小製鉄所.
míni·mínd·ed *a* 考えのない, ばかな.
min·i·mine /mínəmìːn/ *n* ミニミン《蜂毒から得られる有毒物質》.
min·i·mize /mínəmàɪz/ *vt* 最小(限度)にする, 最小化する (opp. *maximize*); 最小に見積もる; みくびる; 〖電算〗〈ウインドーを〉最小化する. ♦ **-miz·er** *n* **mìn·i·mi·zá·tion** *n*
mínim rèstʺ 〖楽〗二分休符 (half rest*).
min·i·mum /mínəməm/ *n* (*pl* **-ma** /-mə/, **～s**) **1** 最小[最少, 最低]限; 最低値; 《幹線道路で許された》最低速度; 〖数〗最小, 極小(点) (opp. *maximum*); [〈*adv*〉; 数量のあとで] 少なくとも(…だけ), 最低(でも) (＝at the ～): the absolute [bare] ～ 最低限, 最小限 / keep one's expenditure to a [the] ～ 出費を最低限に抑える. **2** 《ボクシングの》ミニマム級の選手 (⇨ BOXING WEIGHTS). ► *a* 最小[最低]限の, 極小[下限]の; ミニマム級の. ［L (neut) ‹ MINIMUS］
mínimum dóse 〖医〗《薬効発生に必要な》最小投薬量, 最小(剤)量.
mínimum léndìng ràte 〖英〗《イングランド銀行の》最低貸出し金利 《略 MLR》.
mínimum thermómeter 〖工〗最低温度計《ある時間内の最低温度を自動的に記録する》.
mínimum tíllage NO-TILLAGE.
mínimum wáge 〖経〗LIVING WAGE; 最低賃金: a ～ system 最低賃金制.
min·i·mus /mínəməs/ *a*ʺ最年少の (⇨ MINOR). ► *n* (*pl* **-mi** /-màɪ/) 最小のもの; 〖解〗小指. ［L＝least］
min·ing /máɪnɪŋ/ *n* **1** 採鉱; 鉱業: a ～ district 鉱山地区 / coal ～ 炭鉱業 / ～ industry 鉱業 / ～ rights 採掘権. **2** 地雷[機雷]敷設.

míning bèe〘昆〙地中に巣を作るヒメハナバチ[コハナバチ]科のハチ.
míning clàim《採掘権が発見者にある》鉱業権利地.
míning engineèr 鉱山技術者, 鉱山技師.
míning engineèring 鉱山(工)学.
míning geólogy 鉱山地質学.
míni·nùke *n**《俗》小型核兵器.
min·ion /mínjən/ *n* お気に入り《寵児・寵臣など》;《奴隷のように仕える》手先, 子分; 従属者, 部下; [*voc*] おてんば, 奴隷野郎; 稚児さん (catamite); 小吏;〘印〙ミニオン《7 ポイント活字; ⇨ TYPE》. ► *a* かわいくて繊細な[上品な]. [F *mignon*<Gaulish]
min·ion·ette* /mìnjənét/ *n*〘印〙ミニオネット (emerald")《6½ ポイント活字; ⇨ TYPE》.
mínions of the láw *pl* 法の手先ども《警官・獄吏・看守など》.
míni·pàrk *n*《都市の》小公園.
míni·pìg *n*《実験用の》ミニ豚.
míni·pìll *n* ミニピル《薬量の少ない経口避妊薬》.
míni·plànet *n*〘天〙小惑星.
míni·recèssion *n* ミニ不況《一時的・部分的な景気後退》.
míni-róund·abòut" *n* ミニロータリー《路面に円形の標識で示した[中央に小さな島状部を設けた]環状交差路》.
míni·schòol *n* ミニスクール《生徒に特殊または個人的教育をする実験的学校》.
min·is·cule /mínəskjù:l/ *a, n* MINUSCULE.
míni·sèries *n*《演劇・公演などの》小シリーズ;《普通は数日から数週間で完結する》短期連続テレビドラマ, ミニシリーズ.
min·ish /mínɪʃ/ *vt, vi*《古》小さくする[なる], 少なくする[なる], 軽減する[される].
míni·skì *n* ミニスキー《初心者用・ボビング用の短いスキー》.
míni·skìrt *n* ミニスカート. ♦ **~·ed** *a*
míni·stàte *n* ミニ国家 (microstate).
min·is·ter /mínəstər/ *n* **1 a**《特にプロテスタント教会における》聖職[教職, 教役(きょうえき)]者, 教師 (=**~ of relígion**), "長老教会[非国教派]牧師《カトリックでは priest, 英国教では vicar, rector という; ルター派では pastor のほうが好まれる》. **b**〘カト〙聖役(せいえき)者《秘跡授与者, ミサの司祭・侍者などの職務遂行者の総称》; 祭式係長, 式長 (=*master of ceremonies*). **c**《フランシスコ会などの》修道会総会長 (=**~ géneral**). **d**《イエズス会修道院などの》収入役補佐; 修道院副院長. **2** 大臣: the *M*~ for Defense 国防相 / the *M*~ of [for] Foreign Affairs 外務大臣 / PRIME MINISTER. **3** 公使《ambassador の次位》; 使節; 召使, 代理人[者], 手先. ► *vi* **1** 聖職にある, 牧師をする. **2** 召使[代理, 家来など]の役をする, 仕える, 尽くす, (病人などの)世話をする, 面倒をみる 〈*to*〉; (必要を)満たす, 役立つ, 寄与[貢献]する 〈*to*〉: ~ *to* vanity 虚栄心を満足させる. ► *vt* 執行[施行]する; 与える, 施す. ♦ **~·shìp** *n* [OF<L=servant (*minus* less)]
min·is·te·ri·al /mìnəstíəriəl/ *a* **1** 聖職者の, 牧師の. **2** 大臣の; [ᴼM-] 政府[内閣]側の, 与党の; 行政(上)の: a ~ crisis 内閣の危機 / the ~ benches〘英〙下院の与党席. **3** 代理の, 補佐の;〘法〙行政的な, 事務的な《判断・自由裁量を必要としない》, 行政事務執行的な, 羈束(きそく)的な: ~ act〘法〙《司法上のあるいは裁量的行為に対する》羈束行為 / a ~ order 行政命令 / ~ powers 事務的権能. **4** あずかって力ある 〈*to*〉. ♦ **~·ly** *adv*
ministérial·ist *n*"《古》政府側の人, 与党議員.
ministérial responsibílity〘政〙大臣[内閣]の責任《議院内閣制において, 大臣・内閣が議会に対し, 個々にあるいは連帯して負う政治的責任》.
mínister·ing ángel 救いの神[天使]《比喩的に看護師などにいう; *Hamlet* 5. 1. 241, *Mark* 1:13》.
min·is·te·ri·um /mìnəstíəriəm/ *n* (*pl* **-ria** /-riə/)《一地区の》ルター派牧師団. [L=ministry]
mínister of státe〘英〙副大臣《省庁の長である大臣 (secretary of state *or* minister) の次位で政務次官 (parliamentary secretary) の上位; 大きな省に (時に複数)置かれ, かなり独立的な責任を負っている; 通例 内閣には属さない》;《一般に》大臣, 閣僚.
mínister of the Crówn〘英〙大臣《国王勅任で多くは閣僚; 総理大臣, 各省庁の長である国務大臣のほか, 無任所大臣(に相当する職) (Lord Privy Seal など) も含む》.
mínister plenipoténtiary (*pl* **mínisters plenipoténtiary**) 全権公使.
mínister résident (*pl* **mínisters résident**) 弁理公使《全権公使の次位》.
mínister's héad [fáce]*《俗》豚の頭《料理》.
mínister withòut portfólio 無任所大臣.
min·is·trant /mínəstrənt/ *a* MINISTER として奉仕する, 補佐役の. ► *n* 奉仕者, 補佐役;〘カト〙《ミサの》侍者.
min·is·tra·tion /mìnəstréɪʃ(ə)n/ *n* [ᵘ*pl*]《文》聖職者の職務; 奉仕, 援助, 世話, 手当て, 介抱, 処置. ♦ **mín·is·trà·tive** /, "-trə-/ *a*
min·is·tress /mínəstrəs/ *n* MINISTER の女性形.
míni-stròke *n*〘医〙小卒中 (TRANSIENT ISCHEMIC ATTACK).
min·is·try /mínəstri/ *n* **1** 牧師[聖職者]の職(務)[任期, 活動(の場)], 教職, 聖職,〘カト〙聖役(せいえき); [the] 全牧師連, 聖職者: enter *the* ~ 牧師になる. **2 a** [ᴼM-]《特に英国または欧州の政府の》全閣僚, 内閣: form a ~ 内閣を組織する. **b**《一人の首相の下での》政権(期間). **c** 省; 省の建物: the *M*~ of Defence〘英〙国防省. **3** MINISTRATION; (仲介)作用, はたらき (agency). [L=service; ⇨ MINISTER]
míni·sùb *n* 小型潜水艦.
míni·tànk *n* ミニタンク《機動性にすぐれた軽量の戦車》.
míni·tànk·er *n* 液体輸送用小型タンカー[トラック].
míni·tòwer *n*〘電算〙ミニタワー《小型の TOWER¹》.
míni·tràck *n* [ˢM-] ミニトラック《人工衛星などから発する標識電波を追跡する装置》.
min·i·um /míniəm/ *n*〘鉱・化〙鉛丹, 光明丹, メニー (RED LEAD); 鉛丹色, 強い赤みだいだい. [L]
míni·vàn *n* 小型バン, ミニバン, ワゴン車.
Míni Vàn〘商標〙MINIVAN.
min·i·ver, -e- /mínəvər/ *n* ミニバー《中世の貴族が服飾用として用いた白い毛皮で, 今は公式服用》; "《方》《冬期毛皮の白くなった》オコジョ. [OF=small VAIR]
Miniver [Mrs] ミニヴァー夫人《Jan Struther が実生活をもとに新聞連載した身辺雑記風作品 *Mrs Miniver* (1939) の架空の語り手で, 英国の中流階級の主婦; 米国で映画化され (1942), 第二次大戦の勝利を信じて生き抜く堅実な庶民像として戦意高揚に貢献した》.
Míniver Chée·vy /-ʧí:vi/ ミニヴァー・チーヴィ《Edwin A. Robinson の同名の詩 (1910) の主人公; 中世をロマンティックに夢見る現代人》.
min·i·vet /mínəvèt/ *n*〘鳥〙サンショウクイ《南アジア・東アジア産》.
mink /míŋk/ *n* (*pl* ~, ~**s**) **1**〘動〙ミンク《イタチ科》; ミンクの毛皮[コート, ストール]. **2***《俗》魅力的でいきのいい娘[女]; *《黒人俗》ガールフレンド; *《俗》(すてきな毛並みの)女のあそこ. ● **fuck like a ~**《卑》〈女が〉だれとでも激しく性交をする, 男とやりまくる. [ME<? Scand (Swed *mänk, menk*)]
mín·ke (whále) /míŋkə(-)/〘動〙コイワシクジラ, ミンククジラ. [より大きなシロナガスクジラと間違えた 19 世紀の捕鯨船砲手 *Meincke* からか]
Min·kow·ski /mɪŋkɔ́:fski/ ミンコフスキー **Hermann** ~ (1864–1909)《ロシア生まれのドイツの数学者; 整数論および空間と時間に関する研究で Einstein の理論への道を開いた》.
Minkówski spàce [the]〘数・理〙ミンコフスキー空間, ミンコフスキー時空(間) (=**Minkówski spáce-tíme**)《空間三次元に時間を加えた四次元座標で記述される空間》. [↑]
min min /mín mín/《豪》WILL-O'-THE-WISP.
Minn. Minnesota.
Min·na¹ /mínə/ ミナ《女子名》. [Gmc=memory; love]
Minna² ミンナ《ナイジェリア中西部 Niger 州の州都》.
Min·ne·ap·o·lis /mìniǽp(ə)ləs/ ミネアポリス《Minnesota 州南東部の Mississippi 川に臨む市; しばしば ST. PAUL と共に the Twin Cities と呼ばれる》. ♦ **Min·ne·a·pol·i·tan** /mìniəpálət(ə)n/ *n*
Min·ne·ha·ha /mìnəhá:hɑ:/ **1** ミネハハ《Longfellow の詩 *The Song of Hiawatha* (1855) に登場する Sioux 族インディアンの娘; Hiawatha の妻となる》. **2***《俗》シャンパン (champagne)《Minnehaha が 'laughing water' の意であることから》.
Min·nel·li /mənéli/ ミネリ (1) **Liza** ~ (1946–)《米国の歌手・女優; Vincent ~ と Judy Garland の娘》 (2) **Vincente** ~ (1910–86)《米国の映画監督; ミュージカル映画 *Gigi* (恋の手ほどき, 1958)》.
min·ne·o·la /mìnióulə/ *n*〘植〙ミネオーラ《タンジェロ (tangelo) の一種》.
min·ne·richi, min·na·ritchi /mìnəríʧi/ *n*〘植〙アカシア属の一種《オーストラリア内陸部の乾燥地に生える小型のアカシアで, 赤みがかった樹皮が薄くはがれて巻き上がる》.
min·ne·sing·er /mínəsìŋər, mínəzìŋ-/ *n* 中世ドイツの恋愛[抒情]詩人; 宮廷歌人. [G=love singer]
Min·ne·so·ta /mìnəsóutə/ **1** ミネソタ《米国北部の州; ☆St. Paul; 略 Minn., MN》. **2** [the] ミネソタ川《ミネソタ州南部を流れる Mississippi 川の支流》. ♦ **Mìn·ne·só·tan** *a, n*
Minnesóta Multiphásic Personálity Ìnventory [the]〘心〙ミネソタ多面人格目録《第二次大戦中に University of Minnesota で考案された質問紙法による性格検査; 略 MMPI》.
Minnewit ⇨ MINUIT.
Min·ni /míni/ *n* (*pl* ~, ~**s**) **1** ミンニ人《古代小アジアの民族; cf. *Jer* 51: 27》. **2** /mínàɪ/ ミニ, ミンニ《ARMENIA の聖書名》.
Min·nie¹ /míni/ ミニー《女子名》. [Sc (dim) ⇨ MARY, MAY, WILHELMINA]
Minnie²*《俗》MINNEAPOLIS.
Minnie³ *n* [ˢm-] "《口》《旧ドイツ軍の》MOANING MINNIE. [G *Minenwerfer* trench mortar の略]
Mínnie Móuse ミニー マウス (⇨ MICKEY MOUSE).
min·now /mínou/ *n* (*pl* ~**s**, ~) **1**〘魚〙**a** ヒメハヤ, ミノウ《欧州・アジア産のコイ科の小魚》. **b**《広く》ウグイ・ハヤの類, *コイ科の淡水小魚. **c** 釣りの餌用に養殖した小魚. **2** つまらない人物[もの], ざこ. ● **a**

M

TRITON **among** [**of**] **the ~s.** **throw out a ~ to catch a whale** エビで鯛を釣る. ［ME＜? OE *mynwe, myne*; OF *menuise* small thing も影響］

min·ny /míni/ *n* 《方》 MINNOW.

Mi·ño /mí:njou/, (Port) **Mi·nho** /mí:nju/ [the] ミーニョ川《スペイン北西部から南流してポルトガルとの国境をなし, 大西洋に注ぐ》.

Mi·no·an /mənóuən, *maɪ-/ *a, n* **1**〔考古〕ミノア[クレタ]文化(期)(の)《紀元前 3000–1100 年ごろの Crete 島の青銅器文化; その後期は実質的に Mycenaean 文化に同じ》. **2 a** 古代クレタの言語(の); ミノア語(の), ミノア語で記された記録の (cf. LINEAR A, LINEAR B); 象形文字の, 絵文字の. **b** 古代クレタの住民; ミノア人. ［MINOS］

mi·nor /máɪnər/ (opp. *major*) *a* **1 a**《大きさ・数量・程度・重要性など》小さいほうの; 少数の, 小… (smaller, lesser); 重要でない, 次位の, 二流の, 小… (inferior); 〈裁判所が〉下級の. **b** *〔教育〕〈科目・課程が〉副次的な. **c**〔医〕軽症の, 小…: ~ surgery 小手術. **2** ᴵᴵ《パブリックスクールで》年下の (⇨ MAJOR); 未成年の《通例 21 歳未満》: Brown ~ 小ブラウン. **3**〔楽〕短調の, 短…; 哀調のある〈調べ〉; [後置]〔鳴鐘〕6 個の鐘で鳴らす: G ~ ト短調 / ~ third 短 3 度. **4**〔論〕〈名辞・前提が〉小…: MINOR TERM / MINOR PREMISE.
► *n* **1**〔法〕未成年者. **2** *《学位を得るための主要科目 (major) より少ない単位の》副専攻科目; *副専攻学生. **3**〔楽〕MINOR KEY, MINOR SCALE. **4** [the ~s] MINOR LEAGUE; 〔論〕MINOR PREMISE [TERM]; 〔数〕小行列式; 〔ブリッジ〕MINOR SUIT. **5** [M-] MINORITE. **6**〔鳴鐘〕6 個の鐘による転調鳴鐘法 (change ringing). **7**〔昆〕ヤガ科ヨトウガ亜科 *Oligia* 属のガ《クサビヨトウなど》.
► *vi* *副専攻する 〈*in*〉 (cf. MAJOR).
［L＝less, smaller; cf. MINUTE[1,2]］

mínor áxis〔数〕《楕円の》短軸.

Mi·nor·ca /mənɔ́:rkə/ **1** メノルカ, ミノルカ (*Sp* Menorca)《地中海西部にあるスペイン領バレアレス諸島中の島; ☆Mahón》. **2** ミノルカ種(の鶏) (＝**~ fòwl**)《よく卵を産む》. ♦ **Mi·nór·can** *a, n*

mínor cánon〔キ教〕(大)聖堂準参事会員, 小カノン (cf. MAJOR CANON).

mínor cóunty ᴵᴵ〔クリケット〕マイナーカウンティー《州チームが州対抗選手権大会 (county championship) に参加しない州》.

mínor élement TRACE ELEMENT.

Mi·nor·ess /máɪnərəs/ *n*〔英史〕聖クララ童貞会修道女.

Mi·nor·ite /máɪnəràɪt/ *n* フランシスコ会(修道)士.

mi·nor·i·ty /mənɔ́(:)rəti, maɪ-, -nár-/ *n* **1 a** 少数; 少数党, 少数派 (opp. *majority*); 少数者集団, 少数民族 (＝**~ gròup**): They were in the ~. 彼らは少数党だった / He is in a ~ of one. 彼はたった一人の少数派だ《彼だけ意見を異にしている》/ a ~ party 少数党. **b** *少数派[民族]の一員. **2**〔法〕未成年; 未成年期. ► *a* 少数派の; 少数者集団の, 少数民族の. ［F or L; ⇨ MINOR］

minórity càrrier〔理〕《半導体担体のうちの》少数担体.

minórity gòvernment 少数党政府, 少数与党政権《議席数が過半数に達しない第一党が政権を取った状態; 小党がキャスティングボートを握ることができる》.

minórity léader〔米〕《議会の》少数党の院内総務 (cf. MAJORITY LEADER): the House [Senate] *M~ L~* 下院[上院]の少数党の院内総務.

minórity repórt 少数[反主流]派からの意見書.

mínor kéy〔楽〕短調; 陰気な気分, 哀調. ● **in a ~**〔楽〕短調で; 陰気な気分で.

mínor-léague *a* マイナーリーグの; 《口》二流の, さえない.

mínor léague〔米〕マイナーリーグ《MAJOR LEAGUE に属さない各種プロスポーツ[《特に》野球]チームの連盟》.

mínor léaguer * マイナーリーグの選手; 《口》下積みの人, 二流人, 脇役.

mínor móde〔楽〕MINOR SCALE, MINOR KEY.

mínor órder [ᵁ*pl*]〔カト・東方正教会〕下級聖品[聖職]《侍祭・読師・祓魔(ふつ)師または守門; cf. MAJOR ORDER》.

mínor párty〔政〕少数党.

mínor pénalty〔アイスホッケー〕マイナーペナルティー《2 分間の退場を命じられ, 代わりのプレーヤーの出場は許されない》.

mínor pìece〔チェス〕小ゴマ《bishop または knight》.

mínor plánet〔天〕小惑星 (asteroid).

mínor prémise〔論〕小前提.

mínor próphets *pl* [the] [ᵁM- P-]〔聖〕小預言者《Hosea から Malachi までの 12 預言者》; 小預言書.

mínor scále〔楽〕短音階, マイナースケール: HARMONIC [MELODIC, NATURAL] MINOR SCALE.

mínor séminary〔カト〕小神学校《高校・短大教育をする神学校; cf. MAJOR SEMINARY》.

mínor séventh〔楽〕短 7 度; 〔楽〕マイナーセブンス(コード), 短七の和音 (＝**~ chòrd**).

mínor súit〔ブリッジ〕ダイヤ[クラブ]のそろい札《得点が小さい; cf. MAJOR SUIT》.

mínor térm〔論〕小名辞.

mínor tránquilizer〔薬〕弱トランキライザー《不安・緊張・神経症治療用》.

mínor tríad〔楽〕短三和音《根音とその上の短 3 度音と完全 5 度音によってつくられる和音》.

Mi·nos /máɪnəs, -nɑs/〔ギ神〕ミーノース《Zeus と Europa の子で Crete 島の王; 死後は冥府の裁判官 (cf. RHADAMANTHUS); Labyrinth を建てて, 中に Minotaur を閉じ込めた》.

Mi·not /máɪnət/ マイノット **George Richards ~** (1885–1950)《米国の医学者; 悪性貧血の治療法として肝臓主体の食餌療法を考案し, ノーベル生理学医学賞 (1934)》.

Min·o·taur /mínətɔ̀:r, máɪnə-/〔ギ神〕ミーノータウロス《Pasiphaë と牛の間に生まれた人身牛頭の怪物; Minos が Daedalus に命じて造らせた迷宮 (Labyrinth) に閉じ込め, 毎年 7 人の少年少女をこれに食べさせていたが Theseus に退治された》.

mi·nox·i·dil /mənáksədìl/ *n*〔薬〕ミノキシジル《高血圧症治療用の末梢血管拡張経口薬, また プロピレングリコール溶液を男性型脱毛症用の毛髪再生薬として局所的に使用する》. ［*amino-, oxy-, piperidine, -yl*］

Min. Plen. °Minister Plenipotentiary.

MINS /mínz/ *n*〔米〕監督を必要とする未成年者 (Minor(s) In Need of Supervision) (cf. CINS, JINS, PINS).

Minsk /mínsk/ ミンスク《ベラルーシの首都》.

min·ster /mínstər/ *n* 《もと》修道院付属の会堂; 大会堂, 大聖堂 (cathedral): York *M~*. ［OE *mynster*＜L＜Gk MONASTERY］

min·strel /mínstrəl/ *n* **1**《中世の》吟遊楽人; 《古・詩》詩人, 歌手, 音楽家; [ᵁ*pl*] MINSTREL SHOW (の座員). **2** *《俗》黒白 2 種類のアンフェタミン入りカプセル. ［OF＝entertainer, servant＜Prov＜L＝official; ⇨ MINISTER］

mínstrel shòw ミンストレルショー《白人が黒人に扮して行なう(黒人生活を茶化した)寄席演芸; かつて米国で流行》.

min·strel·sy /mínstrəlsi/ *n* 吟遊楽人の芸[詩歌]; 吟遊詩人たち; ミンストレルショーの演芸. ［OF; ⇨ MINSTREL］

mint[1] /mínt/ *n*〔植〕ハッカ, ミント; 《広く》シソ科の各種の草本; ハッカ[ミント]菓子. ♦ **~·ed**[1] *a* ハッカ[ミント]の香りの. ［OE *minte*＜L *menta*＜Gk］

mint[2] *n* **1 a** 貨幣鋳造所, [the M-] 造幣局. **b** 製造元; 宝庫, 富源 (source). **2** 大金, 多大, 大量: a ~ of money 大金 / a ~ of trouble 多大の苦労 / cost a ~ 大変なお金がかかる / make a ~ 大もうけする. **3** 発行したばかりの貨幣[切手]; 《廃》硬貨. ► *a* 貨幣鋳造所の; 発行されたばかりの, 刷りたての; *《俗》最高の, かっこいい.
● **in ~ condition** [**state**] 〈貨幣・切手・書籍などが〉新品(同様)で, 真新しい, 《状態・調子の》いい. ► *vt* 〈貨幣を〉鋳造する; 〈新語・新製品などを〉造り出す. ► *vi* 造幣事業を行なう, 貨幣鋳造を行なう, *《俗》大もうけする, がっぽり稼ぐ. ● **~ money** 《口》COIN money.
♦ **~·ed**[2] *a* [newly [freshly]-~ed] 新しくできた(ばかりの), 最新の; ᴵᴵ《口》大金持ちの: *newly-~ed* graduates 新卒業生, 新卒者 / *freshly-~ed* expressions 新しい表現. **~·er** *n* ［OE *mynet*＜WGmc＜L *moneta* money］

mint[3] 《古・方》*vt* 試みる, 企てる; ねらう; ほのめかす (insinuate). ► *vi* (撃とうと)ねらう; ほのめかす. ［OE *myntan* to intend, think; ⇨ MIND］

mínt·age *n* 貨幣鋳造 (coinage); 貨幣《集合的》; 造幣費; 造幣刻印; 造語.

mínt·bùsh *n*〔植〕ハッカ香のあるシソ科植物.

mínt càmphor MENTHOL.

mínt fàmily〔植〕シソ科《メボウキ・イヌハッカ・ラベンダー・ハッカなどを含む芳香性の草本からなる植物分類 Labiatae》.

min·tie /mínti/ *《俗》*n* ホモ(の女役), ゲイ; レズの男役. ► *a* ホモの, ホモ[ゲイ]的な.

mínt jèlly ミントゼリー《ハッカで風味をつけたもの; ラムの焼肉用》.

mínt júlep * ミントジュレップ (⇨ JULEP).

mínt·màrk *n*《硬貨面の》造幣所を示す刻印.

mínt·màster *n* 造幣局長官; 《古》造語家.

Min·ton /mínt(ə)n/ *n* ミントン(焼き) (＝**~ wàre**)《18 世紀末から Stoke-on-Trent で作られている高級磁器》. ［Thomas *Minton* (1765–1836) 英国の製陶家］

mínt sàuce〔料理〕ミントソース《砂糖・酢に ミントの葉を刻んで入れたものでラムの焼肉料理に用いる》.

minty /mínti/ *a* ハッカ入りの, ハッカ製の; ハッカ味のする.

min·u·end /mínjuènd/ *n*〔数〕被減数 (opp. *subtrahend*).

min·u·et /mìnjuét/ *n* メヌエット《3 拍子のゆるやかで優雅な舞踏; その曲》. ► *vi* メヌエットを踊る. ［F (dim)〈MENU］

Min·u·it /mínjuət/, **Min·ne·wit** /mínəwìt/ ミヌイット, ミネウィット **Peter ~** (c. 1580–1638)《オランダの植民地行政官; New Netherland 初代総督 (1626–31)》.

mi·nus /máɪnəs/ *a* **1** マイナスの, 負の (opp. *plus*); 〔電〕陰の; 〔植〕〈菌糸体が〉雌性の: ~ quantity 負量, 負数 / ~ charge〔電〕負電荷 / ~ electricity 陰電気 / ~ 10 degrees 零下 10 度. **2** 有害な, 不利な〈要素〉; [後置] …の下位の: a ~ factor マイナス要因 / a grade of A ~ A マイナス《成績》. ► *prep* **1** …を引いた (less): 8 ~ 3 is 5. 8 引く 3 は 5. **2**《口》…のない, …なしで (lacking, without): He came ~ his hat. 無帽で来た. ► *n* **1**〔数〕マイナス(記号), 負号 (minus sign). **2** 負量, 負数 (＝~ quantity); 不足, 欠

M

損; «口» 好ましからざるもの; «口» 欠点, 短所. ［L (neut)＜MINOR］

mi·nus·cu·lar /mɪnʌ́skjələr/ *a* MINUSCULE.

min·us·cule /mínəskjù:l, *mɪnʌ́skjù:l/ *n* 《古写本の》小文字(書体) (cf. MAJUSCULE); 小文字書体の写本; 小文字. ► *a* きわめて小さい[少ない], 取るに足らぬ; 小文字(書体)の; 小さな〈文字〉. ［F＜L *minuscula* (*littera* letter) (dim)＜MINOR］

mínus sìgn 〔数〕マイナス記号, 負号 (negative sign)《－》.

min·ute[1] /mínət/ *n* **1** 分(ふん)《1 時間 または 1 度の 1/60》; 一瞬, 瞬間 (moment); [the] 現在, 今; 1 分間に進む距離: It's 5 ～*s* to [before, of*] six. 6 時 5 分前です / 10 ～*s* past [《米では方》 after] five 5 時 10 分過ぎ / 12°10′＝twelve degrees and ten ～*s* 12 度 10 分 / Wait [Just] a ～. ちょっと待て; ちょっと言いたいことがある / Got a ～? ちょっといい(かい)? / in a few ～*s* 数分間で; 直ちに / in a ～ すぐに / this ～ 今すぐ / I won't be a ～. すぐ行く[済む]から(待ってて) / I enjoyed every ～ of my holiday. 休暇中はずっと楽しかった / There is one born every ～. 《諺》だまされやすい者はいつでもいるものだ. **2** 覚書, 控え; 《文書の》簡単な草案; [*pl*] 議事録: make a ～ of…を書き留める, …の控えをとる / take the ～*s* 議事録をとる. ● **any** ～ 今すぐにも. **at the last** ～ ぎりぎりの瞬間に, どたんばになって. **by the** ～ 刻々と. **hang** [**hold**] **on a** ～ 《電話などで》ちょっと待って. **not for a** [**one**] (**single**) ～ 少しも…ない (never). **the** ～ (**that**) [〈*conj*〉] …する[した]瞬間に, …するやいなや (as soon as): I knew him *the* ～ I saw him. 見てすぐ彼だとわかった. **to the** ～ かっきりその時間に. **up to the** ～ 最新(情報[流行])の (up to date). **within** ～**s** すぐに; すぐあとに. ► *a* 急ごしらえの. ► *vt* **1** 書き留める, 控えにとる〈*down*〉; 〈文書〉の草案を作成する; 議事録に記録する; 〈人〉に覚書を送る. **2** 《古》精密に…の時間を計る. ♦ **～·ly**[1] *a*, *adv* 《古》1 分ごとの[に]; 絶えず, しばしば. ［OF＜L (↓); cf. SECOND[2]］

mi·nute[2] /maɪn(j)ú:t, mə-/ *a* (ᵘ**mi·nút·er, -est**) 微小な, 微細な; 詳細な, 精密な, 細心な; 些細な, 取るに足らぬ: in ～ detail こと細かに. ♦ **～·ly**[2] *adv* 細かに, こなごなに; 詳細に, 綿密に; ごくわずかに. **～·ness** *n* ［L *minut- minuo* to lessen］

mínute bèll /mínət-/ 分時鐘《死亡・葬儀を報ずるため 1 分ごとに鳴らす》.

mínute bòok /mínət-/ 覚書帳; 議事録.

mínute gùn /mínət-/ 分時砲《将軍・司令官の葬儀の際 1 分ごとに発する》.

mínute hànd /mínət-/ 《時計の》分針, 長針.

mínute·màn /mínət-/ *n* **1** 〔米史〕《独立戦争当時》即座に応召できる準備をしていた民兵; [*fig*] すぐ役立つ人. **2** [M-] ミニットマン《米国の大陸間弾道弾》.

mínute màrk /mínət-/ 分(ふん)符号《′; cf. SECOND MARK》.

mínute of árc 分 (minute)《1 度の 1/60 の角度》.

mínute stèak /mínət-/ ミニットステーキ《すぐに焼ける薄く小さなステーキ》.

mi·nu·ti·ae /mən(j)ú:ʃiì:, maɪ-, -ʃiàɪ/ *n pl* (*sg* **-tia** /-ʃ(i)ə/) 些細な[細かい]点, 詳細; 些細なこと (trifles). ［L＝(pl) trifles, (sg) smallness; ⇨ MINUTE[2]］

minx /míŋks/ *n* おてんば[生意気]娘, おきゃん; 《廃》みだらな女, 淫婦, 浮気女. ♦ **～·ish** *a* **～y** *a* ［C16＜?］

Min·yā /mínjə/ [Al-～ /æl-/] ミニヤー, ミニヤ《エジプト中部 Nile 河畔の市; 別称 El Min·ya /ɛl mínjə/》.

Min·ya Kon·ka /mínjə káŋkə/ ミニヤコンカ, ゴンガ(貢嘎)山《中国四川省中西部の大雪山脈の最高峰 (7514 m)》.

min·yan /mínjən/ *n* (*pl* **min·ya·nim** /mìnjəní:m/, ～**s**) 〔ユダヤ教〕ミニヤン《正式礼拝構成に必要な定足数の人員; 13 歳以上の男性 10 人》. ［Heb］

mio- /máɪoʊ, -ə/ ⇨ MI-.

Mio·cene /máɪəsì:n/ *a* 〔地質〕中新世[統]の. ► *n* [the] 中新世[統]. ［Gk *meiōn* less, *kainos* new］

Miöl·nir, Miöll-, Mjöl(l)·nir /mjɜ́:rlnɪər/ 〔北欧神話〕ミョルニール《雷神 Thor の槌; 投げると相手を倒して手元に戻ってくる》.

mi·om·bo /maɪámboʊ; mi-/ *n* (*pl* ～**s**) 〔生態〕ミオンボ(林)《東アフリカの乾燥性疎林植生》. ［(EAfr)］

mi·o·sis[1], **my-** /maɪóʊsəs, *mi-/ *n* (*pl* **-ses** /-sì:z/) 〔生理〕縮瞳, 瞳孔縮小. ［Gk *muō* to shut the eyes］

miosis[2] *n* MEIOSIS.

mi·ot·ic, my- /maɪátɪk, *mi-/ *a* 〔生理〕縮瞳の. ► *n* 縮瞳薬.

MIPS, mips /míps/ *n* 〔電算〕100 万命令/秒, ミップス《演算速度の単位》. ［*m*illion *i*nstructions *p*er *s*econd］

miq·ue·let /mìkəlɛ́t, mì:kə-/ *n* 〔史〕《PENINSULAR WAR の》スペイン[フランス]軍不正規兵; スペイン軍歩兵. ［Sp］

Miq·ue·lon /míkəlàn; *F* miklɔ̃/ ミクロン《カナダの Newfoundland 島の南, フランス領 St. Pierre and Miquelon にある島; もとは 2 つの島だった》.

mir /míər/ *n* (*pl* ～**s, mi·ri** /mí:ri/) 〔ロシア史〕村団, ミール《帝政ロシアの村落共同体》. ［Russ＝world］

Mir ミール《1986 年 2 月に打ち上げられたソ連の多目的宇宙ステーション》. ［Russ＝peace］

MIr °Middle Irish.

Mi·ra·beau /mírəbòʊ; *F* mirabo/ ミラボー **Honoré-Gabriel Riqueti, Comte de** ～ (1749–91)《フランスの政治家・弁論家; 革命当初の国民議会を指導した》.

mir·a·belle /mírəbɛ̀l, ⌐–⌐/ *n* 〔植〕インシチチアスモモ《欧州東南部・アフリカ北部・西アジア産》; ミラベル《これから造る無色のブランデー》. ［F］

mi·ra·bi·le dic·tu /mɪrá:bɪleɪ díktu/ 語るも不思議な. ［L＝wonderful to relate］

mirábile ví·su /-wí:su/ 見るも不思議な. ［L＝wonderful to behold］

mi·ra·bi·lia /mìrəbíliə/ *n* 不思議なこと. ［L］

Mi·ra Ce·ti /máɪrə sí:tàɪ/ 〔天〕くじら座のミラ, ミラセティ《赤色超巨星で長周期変光星; 伴星がある》.

mi·ra·cid·i·um /mìrəsídiəm, màɪrə-/ *n* (*pl* **-cid·ia** /-sídiə/) 〔動〕ミラキディウム《吸虫類の二生類の卵殻内に生じる幼生の第一代》. ♦ **-cíd·i·al** *a* ［L］

mir·a·cle /mírək(ə)l/ *n* **1** 奇跡; MIRACLE PLAY: work [do, perform] ～*s* 奇跡を行なう / by a ～ 奇跡的に. **2** 不思議な事物[人], 驚異: a ～ of skill 驚異的な技術. ● **to a** ～ 《古》驚くほどりっぱに. ［OF＜L (*mirus* wonderful)］

míracle cùre 特効薬, 画期的な治療法[打開策].

míracle drùg 驚異の新薬, 特効薬 (＝*wonder drug*).

míracle frùit 〔植〕アフリカアカテツ, ミラクルフルーツ《熱帯アフリカ産アカテツ科の低木; 果実を食べたあとに酸っぱい物を食べると甘く感じる》.

míracle màn 奇跡を行なう(ように見える)人.

míracle míle 高級商店街.

míracle plày 奇跡劇《聖徒・殉教者の事跡・奇跡を仕組んだ中世劇》; MYSTERY PLAY.

míracle rìce 〔農〕奇跡米《在来種の 2–3 倍の収量のある新品種》.

míracle wòrker **1** 《職場の》すご腕, やり手; 奇跡を起こす人. **2** [the M-W-]『奇跡の人』(Helen Keller の自伝にもとづく米国映画 (1962)).

mi·rac·u·lous /mərǽkjələs/ *a* 奇跡的な, 超自然的な, 不思議な; 驚異的な, 驚くべき; 奇跡をもたらす. ♦ **～·ly** *adv* **～·ness** *n* ［F or L; ⇨ MIRACLE］

mir·a·dor /mìrədɔ́:r, ⌐–⌐/ *n* 《スペイン建築に特有の》展望塔, 《展望用の》露台, 張出し窓. ［Sp (*mirar* to look)］

Mi·ra·flo·res /mìrəflɔ́:rəs/ [Lake] ミラフロレス湖《パナマ運河地帯南部の人工湖》.

mi·rage /mərá:ʒ; mírɑ:ʒ, –⌐/ *n* **1** 蜃気楼; 妄想, 空中楼閣. **2** [M-] ミラージュ《フランス製のジェット戦闘機》. ［F (*se mirer* to be reflected)］

Mi·ran·da[1] /mərǽndə/ **1** ミランダ《女子名; 愛称 Mandy》. **2** ミランダ (**1**) **Carmen** ～ (1909–55)《ブラジルの歌手・ダンサー・女優》 (**2**) **Francisco de** ～ (1750–1816)《ベネズエラの軍人・愛国者》. **3** 〔天〕ミランダ《天王星の第 5 衛星》. ［Sp＜L＝to be admired］

Miranda[2] *a* 〔米法〕犯罪被疑者の権利を保障する: MIRANDA CARD / MIRANDA RIGHTS. ［Ernesto *Miranda* (1942–76) 1966 年に判決を受けた移住メキシコ人］

Miránda càrd 〔米法〕ミランダカード《MIRANDA RIGHTS を印刷したカード; 犯罪被疑者の逮捕に際して警察官がその内容を読み上げる; この告知手続きをミランダ警告 (**Miránda wàrning**) と呼ぶ》. ［↑］

Miránda rìghts 〔米法〕*pl* ミランダ権利《黙秘権・弁護士立会い要求権など犯罪被疑者に認められている権利; また言動はすべて法廷で被告人に不利に扱われる可能性がある点; これらを前もって告知しないと供述は証拠として採用できないというミランダ準則 (**Miránda rúle**) がある》. ［↑］

Mi·rand·ize /mərǽndàɪz/ *vt* *«口» 〈逮捕者〉に警察官が MIRANDA RIGHTS を告知する. ［*Miranda*[2], *-ize*］

MIRAS /máɪrəs, -ræ̀s/ *n* 〔英〕マイラス《住宅を不動産抵当ローンで購入した人びとへの税の軽減制度; 2000 年廃止》. ［*M*ortgage *I*nterest *R*elief *A*t *S*ource］

mirch /míərtʃ/ *n* 《インド》CHILI (POWDER).

mire /máɪər/ *n* 湿った海綿質の土, 湿地, 沼沢; 〔生態〕泥炭地; ぬかるみ, 泥沼; 汚辱; 苦境. ● **drag…through the** ～ ⇨ MUD. **in the** ～ 苦境にある: find one*self in the* ～＝stick *in the* ～ 苦境に陥る. ► *vt*, *vi* **1** 泥でよごす[よごれる], 泥沼に陥れる[陥る]. **2** (苦境に)陥れる, 巻き込む〈*in*〉: be ～*d* in scandal. ♦ **míred** *a* ［ON *mýrr*; cf. MOSS］

mire·poix /mɪərpwá:/ *n* (*pl* ～) 〔料理〕ミルポア《ニンジン・タマネギ・セロリなどを煮込んだもの; 肉の煮込み・ソース用》. ［Duc de *Mirepoix* (1699–1757) フランスの政治家で将軍］

mi·rex /máɪrɛ̀ks/ *n* ミレックス《特にアリに用いる有機塩素系殺虫剤》. ［C20＜?］

miri *n* MIR の複数形.

Mir·i·am /míriəm, *mɛ́r-/ **1** ミリアム《女子名》. **2** 〔聖〕ミリアム《Moses, Aaron の姉; *Exod* 15: 20, *Num* 26: 59》. ［Heb; ⇨ MARY］

mir·id /mírəd, máɪərəd/ *n* 〔昆〕カスミカメムシ《カスミカメムシ科 (Miridae) の昆虫の総称; 植物の害虫が多い》.

Mi·rim /mərím/ [Lake] ミリム湖 (*Sp* Merín)《ブラジル南部からウルグアイにかけて延びる潟湖(せき)》.

mir·in /mírɪn/ *n* みりん(味醂). [Jpn]

mirk, mirky ⇨ MURK, MURKY.

mir·li·ton /*F* mirlitɔ̃/ *n* **1**〖楽〗ミルリトン, 歌奏太鼓《声や息を当てて薄膜を振動させ鼻にかかったような音を出す楽器の類; kazoo[1] もその1種》. **2**〖植〗CHAYOTE.

Mi·ró /miróu/ ミロ **Jo·an** /ʒuáːn/ ～ (1893–1983)《スペインのシュールレアリスムの画家》.

Mirr·lees /mə́ːrliːz/ マーリーズ **James A**(**lexander**) ～ (1936–)《英国の経済学者; スコットランド生まれ; 最適課税やモラルハザードの研究に貢献; ノーベル経済学賞 (1996)》.

mir·ror /mírər/ *n* **1 a** 鏡, 姿見; 反射鏡, ミラー: look at one*self* in the ～ 鏡で自分の姿を見る / a driving ～ バックミラー. **b** ありのままに映すもの; 手本, 模範: a ～ of the times 時勢を反映するもの / a ～ of chivalry 騎士道のかがみ. **2** 鏡のようなもの;〖鳥〗《翼の》燦点(さんてん);《古》魔法使いの水晶玉. **3**〖インターネット〗MIRROR SITE. ● **with ～s** 鏡に映して; 魔術[トリック]を用いて. ► *vt* 映す, 反射する, (そっくり)再現[模倣]する, 〈意見・好みなどを〉反映[代表]する; …に鏡を取り付ける. ♦ **～·like** *a* [OF (L *miro* to look at); ⇨ MIRACLE]

mírror bàll ミラーボール《ダンスホールなどの天井からつるす多数の小さい鏡を貼った回転式の飾り球》.

mírror cánon〖楽〗鏡の[鏡像]カノン, 反行カノン《後続声部が先行声部を鏡に映してみた形で応答するカノン》.

mírror càrp〖魚〗コイ (鯉), 鏡鯉.

mír·rored *a* 鏡のある[の付いた]; (鏡に)写った, 反映された.

mírror fìnish〖機・工〗鏡面仕上げ.

mírror ìmage《左右が逆の》鏡像; よく似たもの, ちょうど正反対の[左右逆の]もの.

mírror lèns〖写〗ミラーレンズ《一部に反射鏡を用いた結像系》.

mírror sìte〖インターネット〗ミラーサイト《あるサイトと同じファイルをもつサイト; 特定サイトのバックアップ・混雑回避のために設ける》.

mírror sỳmmetry 鏡面対称, 鏡映対称.

mírror wrìting《鏡に映すと普通の文字になるように書く》逆書き, 鏡映文字, 鏡文字.

mirth /mə́ːrθ/ *n* 浮かれ騒ぐこと, 笑いさざめき, 歓楽, 歓喜, 陽気. ♦ **～·ful** *a* **～·ful·ly** *adv* **～·ful·ness** *n* [OE *myrgth*; ⇨ MERRY]

mírth·less *a* 楽しく[おもしろく]なさそうな, 陰気な. ♦ **～·ly** *adv* **～·ness** *n*

MIRV /mə́ːrv/ *n* 多弾頭各個目標再突入弾, 複数目標弾頭 (multiple independently targeted reentry vehicle). ► *vt, vi* (…に) MIRV を装備する.

miry /máɪəri/ *a* 泥深い, 泥沼のような, 泥まみれの; きたない (dirty). ♦ **mír·i·ness** *n* [*mire*]

mir·za /mírzə; mə́ːzə, mɪəzáː/ *n*《ペルシアで》官吏・学者・貴顕の姓名の前に付ける敬称; 皇子《名前のあとに付ける》. [Pers]

Mir·za·pur /mírzəpùr; mə́ːzəpùə/ ミルザープル《インド北部 Uttar Pradesh 南東部, Ganges 川右岸の市》.

mis-[1] /mɪs, mɪs/ *pref* (1)[動詞・形容詞・名詞などに付けて]「誤って[誤った]…」「悪く[悪い]…」「不利に[の]…」(2)「欠けた」 [OE and OF MINUS; cf. G *miss*-]

mis-[2] /mís, máɪs/, **miso-** /mísou, -sə, máɪ-/ *comb form*「嫌悪」(opp. *phil*-). [Gk *misos* hatred]

MIS °management information system.

mìs·addréss *vt* …の宛先[アドレス]を間違える.

mìs·advénture *n* 不運; 不運なできごと, 災難, 奇禍;〖法〗偶発事故: by ～ 運悪く, 誤って / homicide [death] by ～〖法〗偶発事故による殺人 / without ～ 無事に / do sb ～ 人に損害を与える. [*mis*-[1]]

mìs·advíse *vt* …に間違った助言をする. ♦ **-advíce** *n*

mìs·alígned *a* 調整[取付け, 整列]不良の. ♦ **-alígn·ment** *n*

mìs·allíance *n* 不適当な結合, 不適当な提携[協力]関係; 不似合いな結婚; MÉSALLIANCE.

mìs·állocate *vt* 誤って[不適当に]配分する.

mìs·allocátion *n* 配分のしそこない, 不適当な割当て.

mìs·allý *vt* 不適当に結合[結婚]させる.

mis·an·dry /mísændri, máɪ-/ *n* 男嫌い. ♦ **mís·àn·drist** /-drəst/ *n* 男嫌いの人.

mis·an·thrope /mís(ə)nθròup, míz-/ *n* 人間嫌いの人, 厭世家. ♦ **mis·an·thro·pist** /mɪsǽnθrəpɪst, -zǽn-/ *n* [F＜Gk (*misos* hatred, *anthrōpos* man)]

mis·an·throp·ic /mìs(ə)nθrápɪk, mìz-/, **-i·cal** *a* 人間嫌いな人の; 人間嫌いの; つきあい嫌いの, 厭世的な. ♦ **-i·cal·ly** *adv*

mis·an·thro·pize /mìsǽnθrəpàɪz, -zǽn-/ *vi* 人間を嫌う, 人間嫌いである.

mis·an·thro·py /mìsǽnθrəpi, -zǽn-/ *n* 人間嫌い.

mìs·applý *vt* …の適用を誤る, 誤用[悪用]する; 〈公金などを〉濫用[横領]する. ♦ **-applíed** *a* **-applicátion** *n*

mìs·apprehénd *vt* 思い違いする, 誤解する (misunderstand).

mìs·apprehénsion *n* 誤解, 考え違い: labor under a ～ 思い違いをする. ♦ **-apprehénsive** *a* 誤解しやすい.

mìs·appróprìate *vt* 濫用[不正流用]する; 着服する,〖法〗横領する; 悪用[誤用]する. ♦ **-appropriátion** *n*

mìs·arránge *vt* …の配列[手配]を誤る; 間違った場所に置く. ♦ **～·ment** *n*

mìs·attríbute *vt* 誤って別な人[もの]に帰する. ♦ **-attribú·tion** *a*

mìs·becóme *vt* …に似合わない[適さない, ふさわしくない].

mìs·begótten *a* 誤った考え方による, 着想の悪い; 不正に得た;《口》できそこないの, 卑しむべき, ろくでなしの; 庶出の (illegitimate), 私生児の.

mìs·beháve *vt* [～ -*self*] 不品行をする. ► *vi* あるまじき行ないをする, 不正をはたらく, 不品行である, みだらな行為を行なう, ぶしつけにふるまう 〈*with*〉; 〈機械が〉正常に動かない. ♦ **-beháver** *n*

mìs·behávior *n* 無作法; 不品行, 不正行為.

mìs·belíef *n* 間違った信仰[考え], 誤信;《まれ》DISBELIEF; 異端信仰.

mìs·belíeve《古》*vi* 誤り信ずる; 異端を信仰する. ► *vt* 疑う, 信じない (disbelieve).

mìs·belíever *n* 誤信者; 異端の信者 (heretic).

mìs·belíeving *a* 異端を信ずる.

mìs·beséem *vt*《古》MISBECOME.

mìs·bestów *vt* 不当に授ける.

mìs·bírth *n* 流産 (abortion).

mìs·bránd *vt* …に誤った焼き印を押す, 違う[にせの]商標[レッテル]を付ける; …に違法なレッテル表示[不当表示]をする.

misc. miscellaneous ♦ miscellany.

mìs·cálculate *vt, vi* 計算違いをする, 誤算する; 見込み違いする. ♦ **-calculátion** *n*

mìs·cáll *vt* 誤った名で呼ぶ;〖ブリッジ〗誤ってコールする;《古・方》ののしる.

mìs·cárriage /, ⌐⌐⌐/ *n* **1** 流産《妊娠12週から28週の間の; cf. ABORTION, PREMATURE DELIVERY》; 未熟産, 失産: have a ～ 流産する. **2** 失敗; 失策, 誤り (error);《郵便物などの》配達違い, 誤配, 不着;《貨物の》誤送. ● **～ of justice** 裁判の誤り, 誤審.

mìs·cárry /, ⌐⌐⌐/ *vi* **1**〈子供が〉早産で生まれる;〈妊婦が〉流産する;〈計画などが〉失敗する, 不成功[不発]に終わる: a *miscarried* strike 不成功に終わったストライキ. **2**〈荷物・郵便物など〉不着になる, 誤配される;《廃》迷う. **3**《廃》不幸なめにあう. ► *vt*〈胎児を〉流産する.

mìs·cást *vt* **1** [ᵘ*pass*]〈俳優などを〉不適当な役に当てる,〈劇〉にまずい配役をする,〈役〉にまずい役者を当てる, ミスキャストする. **2**〖冶〗誤鋳する. **3** …の合計を間違える.

mis·ce·ge·na·tion /mìsɪʤənéɪʃ(ə)n, mɪsèʤ-/ *n*〖人〗異種族混交,《特に》白人と異人種[黒人]との通婚[同棲, 性交]. ♦ **～·al** *a* **-ge·net·ic** /mìsɪʤənétɪk, mɪsèʤ-/ *a* [MIX, GENUS]

mis·cel·la·nea /mìsəléɪniə, -njə/ *n pl* [ᵒ*sg*] 雑集,《特に 文学作品の》雑録; もろもろの物, 諸般の物質文化. [L＝hash, hodgepodge]

mis·cel·la·ne·ous /mìsəléɪniəs, -njəs/ *a* 種々雑多な(ものからなる); 多方面にわたる (many-sided): ～ business [goods, news] 雑務[雑貨, 雑報] / ～ expenses 雑費. ♦ **～·ly** *adv* **～·ness** *n* [L (*misceo* to MIX)]

mis·cel·la·ny /mísəlèɪni; mɪséləni/ *n* ごたまぜ, 寄せ集め; 文集, 雑録; [*pl*]《論文集・文集に収められた》論文, 文. ♦ **-nist** *n* 雑録[雑報]記者, 雑文家. [F or L MISCELLANEA]

mìs·chánce *n* 不幸, 不運, 災難, 奇禍: by ～ 運悪く. [OF]

mìs·cháracter·ìze *vt* …の特性[性格]について誤った描写をする.

mis·chief /mísʧəf/ *n* **1 a** いたずら, わるさ; いたずらっぽさ, ちゃめっけ: go [get] into ～ いたずらを始める / keep out of ～ いたずらをしない / out of (pure) ～ いたずら半分に / up to ～ いたずらにふけって[をたくらんで]. **b** いたずら者,《特に》いたずらっ子. **2** 害 (harm), 損害, 災害, 災い, 危害, 害意; 害毒, 悪影響; 故障; 病気, 病因; 不和, 仲たがい: mean ～ 害心をいだく, 肚に一物ある. **3** [the; 疑問詞を強めて]《口》一体全体 (the devil): *What the* ～ do you want? いったい何が欲しいんだ. ● **come to** ～ 災難にあう, 迷惑する. **do** (**a**) **～ to** sb＝**do** sb (**a**) **～**《主に英口》人に危害を加える: *do oneself a* ～ けがをする, 痛いめにあう. **go to the ～**《口》堕落する. **make ～**《うわさを流したりして》水を差す, 仲を裂く 〈*between*〉; いたずら[よからぬこと]をしでかす, (じゃまをして)人を困らせる. **play the ～ with**…の健康をそこなう, …に災い[害]を与える;〈機械など〉に故障を起こさせる; めちゃくちゃにする. **raise** (**the**) **～**《口》騒ぎ[混乱]をひき起こす. **The ～ is that**…. 困ったことには…だ. [OF (*mis*-[1], *chever* to happen)]

míschief-màker *n*《うわさ話などで》人の仲を裂く人, 離間を策する者. ♦ **míschief-màking** *n*

mis·chie·vous /mísʧəvəs/ *a*〈子供が〉いたずら好きな, ちゃめっけのある, あくたれ[腕白]な; いたずらっぽい〈表情〉, なにか一癖ありげな; 災いをなす, 有害な, 悪意のある, 中傷の. ♦ **～·ly** *adv* **～·ness** *n*

[AF; ⇨ MISCHIEF]
mísch mètal /míʃ-/ 〖冶〗 ミッシュメタル《希土類金属の混合物からなる合金; ライターなどのフリントにも用いる》.
mìs·chóice *n* 誤った[不適当な]選択, 選択の誤り.
mìs·chóose *vi, vt* (…の)選択を誤る.
mis·ci·ble /mísəb(ə)l/ *a* 混和できる ‹*with*›; 〖化〗‹流体が›混和性の. ♦ **mìs·ci·bíl·i·ty** *n* 混和性. [L; ⇨ MIX]
mìs·cíte *vt* …の引用を誤る (misquote).
mìs·clássify *vt* …の分類を誤る. ♦ **-classificátion** *n*
mìs·códe *vt* 〖遺〗‹アミノ酸などを›誤った遺伝暗号で指定する.
mìs·cólor *vt* …に不当な色をつける, 誤り伝える.
mìs·communicátion *n* 誤った伝達[連絡], 伝達[連絡]不良.
mìs·comprehénd *vt* 誤解する (misunderstand). ♦ **mìs-comprehénsion** *n*
mìs·concéive *vi, vt* 思い違いをする ‹*of*›; …について考えを誤る, 誤認する, 誤解する. ♦ **-concéiver** *n*
mìs·con·céived *a* 見当[思い]違いの, 間違った, 誤った.
mìs·concéption *n* 思い違い, 誤解; 誤った考え, 謬見: a popular ~ よくある誤解.
mìs·cónduct *n* **1** 非行, 不行跡; 〖法〗 姦通 (adultery), 不義; 違法行為, 義務違反行為, 職権濫用; 〖アイスホッケーなど〗 ミスコンダクト・ペナルティー《反則の宣告をうけた選手に課せられる 10 分間のペナルティー》: commit ~ with…と通じる[不義をする]. **2** ずさんな管理[経営], 妥当を欠く措置, へたな施策[軍略]. ► *vt* /ˌ–ˈ–/ …の処置[管理]を誤る, やりそこなう; [~ *-self*] 不品行をはたらく.
mìs·confígure *vt* 〖電算〗‹システムを›誤って[不適切に]設定する. ♦ **-configurátion** *n*
mìs·constrúction *n* 意味の取り違え, 誤解; 誤った組立て[構文].
mìs·constrúe *vt* …の解釈を誤る; 誤解する.
mìs·cópy *vt* 写し間違う. ► *n* 写し誤り, ミスコピー.
mìs·cóunsel *vt* …に誤った助言を与える.
mìs·cóunt *vt, vi* 数え違える, 誤算する, 集計ミスをする《特に票数についていう》. ► *n* /ˌ–ˈ–/ 数え違い, 誤算. [OF]
mís·cre·ance /mískriəns/ *n* 《古》 MISBELIEF.
mís·cre·an·cy *n* 邪悪, 非道; 《古》 MISBELIEF.
mís·cre·ant *n* 悪漢, 悪党, 不届き者; 《古》 異教信者, 異端者. ► *a* 邪悪な; 《古》 異端の信仰[信念]を有する. [OF (*mis-*[2], *creant* believer < L *credo* to believe)]
mis·cre·ate *vt* /mìskriéɪt/ 奇形に作る, 作りそこなう. ► *a* /mískriət, -èɪt/ 《古》 奇怪な形の, できそこないの. ♦ **mìs·creátion** *n* 作りそこなうこと; 不格好な[不具の]もの.
mìs·creáted *a* できそこないの, 不具の.
mis·cúe /ˌ–ˈ–/ *n, vi* 〖玉突〗 突きそこない[キューミス](をする); 《口》 あやまち[しくじり](をする), エラー(する); 〖劇〗 せりふのきっかけを受けそこなう[取り違える](こと); 〖言〗《テクストの音声上・文脈上の手掛かりをつかみそこねることによる》読み誤り.
mìs·dáte *vt* ‹手紙・書類など›に誤った日付をつける; …の年月日を間違える. ► *n* 間違った日付.
mìs·déal 〖トランプ〗 *vt, vi* ‹カードを›配り間違える. ► *n* 《カードの》配り間違い; 配り間違えたカード. ♦ **~·er** *n*
mìs·déed *n* 悪行, 悪事, 犯罪. [OE; ⇨ MIS-[1]]
mìs·déem *vt, vi* (…の)判断を誤る, 誤解する; 勘違いする ‹*for*›.
mìs·defíne *vt* …の定義を誤る.
mìs·delíver *vt* …の配達を間違える, 誤配する.
mìs·deméan 《まれ》 *vt* [~ *-self*] 非行[不品行]を犯す. ► *vi* 非行を犯す. ► *n* 非行, 不品行.
mìs·deméan·ant *n* 〖法〗 軽罪犯; 非行者.
mìs·deméanor *n* 〖法〗 軽罪 (cf. FELONY); 非行, 不品行, 不行跡.
mìs·deríve *vt, vi* 誤って引き出す, (…の)由来[語源]を間違える.
mìs·descríbe *vt* …の誤った記述[描写]をする.
mìs·descríption *n* 不備な記述, 《契約の》誤記.
mìs·díagnose *vt* 誤診する.
mìs·diagnósis *n* 誤診.
mìs·díal *vi, vt* ダイヤルをかけ間違う; ‹番号を›間違ってダイヤルする. ► *n* ダイヤルのかけ間違い, 間違い電話.
mìs·diréct *vt* …の使い道を誤る; ‹人›に間違って教える[指導する, 指図する]; ‹手紙›の宛先を書き誤る; ‹判事が›‹陪審員›に誤った説示を与える; ‹精力などを›誤った方向に向ける, …の目標を誤る.
mìs·diréction *n* 誤った指図, 教え違い; 名宛違い; 《判事の》不当説示; 見当違い.
mìs·dó *vt* やりそこなう, へまをやる. ► *vi* 《廃》 悪事をする. [OE]
mìs·dó·er *n* 悪事をはたらく者.
mìs·dó·ing *n* 悪事, 非行 (misdeed).
mìs·dóubt 《古》 *vt* 疑う (doubt); 懸念する, 心配する. ► *vi* 疑念をいだく. ► *n* 疑い, 疑念.
mise /mí:z, máɪz/ *n* 協定, 協約; 〖法〗 権利令状 (writ of right) (の争点): the *M~* of AMIENS. [AF=a putting]
mìs·éase *n* 《古》 不快, 苦痛, 不安; 《廃》 貧困.
mìs·éducate *vt* …の教育を誤る. ♦ **-educátion** *n*

mise en abyme /mí:zɑ̃nɑ:bí:m/ 紋中紋《楯の中央にその楯の小さな複製を配した紋》; 入れ子構造; 鏡像[イメージ]の(無限の)複製. [F]
mise-en-page /mí:zɑ̃pá:ʒ/ *n* ページ上の配置, ページデザイン, レイアウト. [F]
mise-en-place /mí:zɑ̃nplá:s; -plǽs/ *n* 《レストランの厨房で行なう》下準備, ミザンプラス《食材の下処理, 食器・調理器具の準備など, すぐに調理に取りかかれるようにしておくこと》. [F=putting in place]
mise-en-scène /mí:zɑ̃:sén, -séɪn/ *n* (*pl* **~s** /—/) **1 a** 劇を舞台にのせること[仕方], 演出《役者・道具の配置など》, 舞台効果. **b** 舞台装置 (stage set). **2** 《事件などの》周囲の状況, 舞台; 環境.
mìs·emplóy *vt* 誤用する. ♦ **~·ment** *n*
Mi·se·no /mɪzéɪnoʊ/ ミゼノ《イタリア南西部 Naples 湾北西岸の岬; 紀元前 31 年 Agrippa が建設した海軍基地ミセヌム (**Mi·se·num** /maɪsí:nəm/) の跡がある》.
mi·ser[1] /máɪzər/ *n* 守銭奴, どけち, しみったれ, 吝嗇(りんしょく)家; 欲ばり; 《古》 みじめ[あわれ]な人. [L=wretched]
miser[2] *n* 〖機〗 ボート錐の一種. [C19<?]
mis·er·a·bi·lism /míz(ə)rəbəlìz(ə)m/ *n* 陰気な悲観論[否定性], 悲惨主義. ♦ **-list** *n, a*
mis·er·a·ble /míz(ə)rəb(ə)l, *mízərbəl/ *a* **1** みじめな; 不幸な, 悲惨な, あわれな (pitiable), 悲しい, 陰気な; (肉体的に)苦しい, つらい: lead a ~ life みじめな[ひどい]生活を送る / make life ~ for sb 人につらい[みじめな]思いをさせる / a ~ fate 悲惨な運命 / a ~ toothache つらい歯痛 / ~ weather いやな天気 / Go and be ~. この野郎行きやがれ! (⇨ GO[1] and do) / a ~ fellow あわれな[鬱屈した, 気むずかしい]やつ. **2** 貧弱な, つまらない; 見る影もない, みすぼらしい: a ~ meal of a piece of dry toast and a cup of coffee 何もつけないパン一きれとコーヒー一杯という粗末な食事 / a ~ performance へたくそな演技 / a ~ pittance はした金. **3** あさましい, けしからん, 破廉恥な (shameful); 《スコ・豪》 けちな: a ~ liar 恥知らずのうそつき. ► *n* 不幸な人, おちぶれた人, 困窮者. ♦ **~·ness** *n* [F<L=pitiable (*miseror* to pity ‹ MISER[1])]
mís·er·a·bly *adv* みじめに, 悲惨なほど: die ~ みじめな死に方をする / They were ~ poor. ひどい貧乏暮らしだった.
mi·sère /mɪzέər/ *n* 〖トランプ〗 ミゼール《(1) 勝てるカードが 1 枚もない手 (2) トリックを全く取らないと宣言したこの手をもったプレーヤーが行なうビッド》. [F=poverty, MISERY]
Mi·se·re·re /mìzəríəri, -rέəri/ *n* **1** ミゼレーレ《(1) 〖聖〗 詩篇第 51 篇; Douay 版では第 50 篇 (2) ミゼレーレの楽曲》. **2** [m-] 哀願. **3** [m-] 《唱歌隊で》 MISERICORD. [L=have mercy (impv) ‹ *miseror* to pity; 最初のことば]
mis·er·i·cord, -corde /məzérəkɔ̀:rd, mìzərə-/ *n* **1** ミゼリコード《唱歌隊席のたたみ込み椅子の裏に取り付けた持送り; 起立の際に支えとなる》. **2** 特免《断食などの免除》; 《修道院の》免戒室《特免を受けた修道士の使う部屋》. **3** 《中世の》とどめ用の短剣. [OF<L↓]
mi·ser·i·cor·dia /məzèrəkɔ́:rdiə, -sèr-, mìzə-/ *n* 同情, 慈悲; 憐憫罰 (amercement). [L=pity (*misereor* to feel pity, *cordcor* heart)]
míser·ly *a* しみったれな, けちな, 欲深い; ‹金額など›なさけないほど少ない[乏しい]. ♦ **-li·ness** *n*
mis·ery /míz(ə)ri/ *n* **1** (精神的)苦痛, 悲嘆; みじめさ, 窮状, 困窮, 悲惨; 苦痛の種; [*pl*] 不幸, 災い; 《方》 (肉体的)苦痛, 痛み; 《方》 リウマチ; 《方》 失意[憂鬱](の時期): live in ~ 貧困に暮らす / *miseries* of mankind 人類の不幸 / make sb's life a ~ 人の生活[人生]をだいなしにする, 人を苦しめる[困らせる, 悩ます] / *M~* loves company. 《諺》 同病相哀れむ. **2** 《口》 泣きごとを言う[陰気な]人, ぼやき屋. ● **a (long) streak of ~** 《口》 陰気くさい人. **put…out of** his [its] **~** ‹人・動物を›殺して楽にしてやる, 安楽死させる; ‹人を›ほっとさせる, (じらさずに)教えてやる. [OF or L; ⇨ MISER[1]]
mísery·gùts *n* (*pl* ~) 《英口・豪口》 いつもぐちるやつ, 不平屋, 不満たれ.
mísery ìndex ミゼリーインデックス, 悲惨指数《消費者物価上昇率と失業率を足してその国の経済状態を示した非公式な数字》.
mísery pìpe *《俗》《軍隊の》らっぱ.
mìs·estéem *vt, n* 不当にみくびる(こと), 過小評価(する).
mìs·éstimate *vt* …の評価を誤る. ► *n* /-mət, -mèɪt/ 誤った評価. ♦ **-estimátion** *n*
mìs·evolútion *n* 《細胞などの》異常生長[進化].
mis·fea·sance /misfí:z(ə)ns/ *n* 〖法〗 失当行為, 《特に》公務における失当行為 (cf. MALFEASANCE, NONFEASANCE); 《一般に》過失.
mis·fea·sor /mìsfí:zər/ *n* 〖法〗 失当行為者.
mìs·fíeld 〖クリケット・ラグビー〗 *vt, vi* (ボールの)フィールディングミスを犯す, エラー[ファンブル]する. ► *n* フィールディングミス, エラー.
mìs·fíle *vt* 間違った所に綴じ込む[整理する].
mìs·fíre *vi* ‹銃砲など›不発に終わる; ‹エンジンが›点火しない; 所期の目的を達成しない, ‹計画などが›失敗する, ‹冗談が›うけない. ► *n* /ˌ–ˈ–/ 不発; 不点火, ミスファイヤー; 〖電子工〗《水銀整流器の》失弧; 所期の目的を果たさないもの, 期待はずれのもの.
mís·fìt /ˌ–ˈ–/ *n* 《衣服などが》合わないこと; うまく合わないもの《衣

M

服・靴など); 環境[仕事]にうまく順応[適応]できない人: a social ～. ► *vt, vi* /ˌ-ˊ-/ (…に)うまく合わない.

mìs·fórtune *n* 不幸, 不運, 薄命, 逆境; 不幸なできごと, 災難: *M~s* never come single [singly]. ＝One ～ rides upon another's back. 《諺》 不幸は続くものだ / It is easy to bear the ～*s* of others. 《諺》 人の不幸を耐え忍ぶのはやさしいものだ / have the ～ to do [of doing] 不幸にも…する.

mìs·fúel *vi, vt* (車に)間違えて給油する《無鉛化ガソリンと鉛化ガソリンなどを間違える場合など》.

mìs·gíve *vt* 〈人〉に恐れ[疑い, 心配など]を起こさせる: My mind [heart] ～*s* me *about* the result. 結果が心配だ. ► *vi* 恐れる, 心配である.

mìs·gíving *n* [否定以外では °*pl*] 疑い, 気づかい, 心もとなさ, 懸念, 危惧: have serious ～*s* about…について強い危惧[不安]をいだく.

mìs·gótten *a* ILL-GOTTEN; MISBEGOTTEN.

mìs·góvern *vt* …の支配[統治]を誤る, …に悪政をしく. ♦ **～·ment** *n* 失政, 悪政.

mìs·guídance *n* 誤った指導.

mìs·guíde *vt* 間違った方へ導く, …の指導を誤る (mislead). ♦ **-guíder** *n*

mìs·guíded *a* 誤解[誤信]に基づく, 見当違いの, 心得違いの. ♦ **～·ly** *adv* 誤解して, 誤って, 心得違いにも. **～·ness** *n*

mìs·hándle *vt* 手荒く[不器用に]取り扱う; 虐待[酷使]する; …の取扱い[処置]を誤る, へたにいじくる.

mi·shan·ter /mɪʃǽntər/ *n* 《スコ》 MISADVENTURE.

mis·hap /míshæ̀p, ˌ-ˊ/ *n* 災難, 不幸なできごと; 《まれ》 不運, 不幸. ● **without ～** 無事に.

mìs·héar *vt, vi* 聞き違える, 聞きそこなう. [OE]

mish·e·goss /míʃəgɑ̀s/, **mesh-** /méʃ-/ *n**《俗》 ばかげた話[こと], 気違いざた. [Yid]

mìs·hít *vt, vi* 《球技で》打ち違える, 打ちそこなう. ► *n* /ˊ-, ˌ-ˊ-/ 打ち違い.

mish·mash /míʃmæ̀ʃ, -mɑ̀:ʃ/ *n* 《口》 ごたまぜ, めちゃくちゃ (hodgepodge, jumble); 混乱状態. ► *vt* ごちゃごちゃにする. [加重 < *mash*]

Mish·mi /míʃmi/ *n* ミシュミ語《インド北東部で話されるチベット-ビルマ語派の一つ》.

mish·mosh /míʃmɑ̀ʃ/ *n* 《口》 MISHMASH.

Mish·nah, -na /míʃnə/ *n* (*pl* **Mish·na·yoth** /mɪ̀ʃnɑ:jóut, -θ/) [the] ミシュナ《2 世紀末に Palestine で Judah ha-Nasi が編纂したとされるユダヤ教の口伝律法で, Talmud を構成する》; ミシュナの一節; 尊いラビ (rabbi) の教え. ♦ **Mish·na·ic** /mɪʃnéɪɪk/ *a* [Heb]

M

mi·shu·gah, mi·shoo·geh /məʃúgə/ *a* 《俗》 MESHUGA.

mìs·idéntify *vt* 誤認する. ♦ **-identificátion** *n* 誤認.

mìs·impréssion *n* 誤った印象.

mìs·infórm *vt* …に誤り[うそ]を伝える; 誤解させる.

mìs·infórmant, -infórm·er *n* 誤報者.

mìs·informátion *n* 誤報, 誤伝.

mìs·intérpret *vt* 誤解する; 誤訳する, 誤って説明する. ♦ **-interpretátion** *n* **-intérpret·er** *n*

MI6 《英》 Military Intelligence, section six 軍事情報部 6 部《国外活動を担当》.

mìs·jóinder *n* 《法》《一つの訴訟に併合すべきでない訴訟原因または当事者の》誤った併合 (cf. NONJOINDER).

mìs·júdge *vt* …の判断を誤る; 誤審する, 誤診する. ► *vi* 判断を誤る. ♦ **-júdg(e)·ment** *n*

mis·kal /mɪskɑ́:l/ *n* ミスカル《イスラム諸国で用いられる重量単位; 約 4.6–4.8 g》.

mìs·kéy *vt* 〈語・データを〉間違って入力する, 誤入力する.

mìs·kíck *vt* 〈ボールを〉ミスキックする, 蹴りそこなう. ► *n* ミスキック.

Mi·ski·to /mɪskí:tou/ *n* **a** (*pl* ～, ～**s**) ミスキート族《ニカラグアとホンジュラスの大西洋岸に住む》. **b** ミスキート語.

Miskito Coast ⇨ MOSQUITO COAST.

mìs·knów *vt* MISUNDERSTAND. ♦ **-knówledge** *n*

Mis·kolc /míʃkòults/ ミシュコルツ《ハンガリー北東部の市》.

mìs·lábel *vt* …に違ったレッテル[貼り紙]を貼る.

mìs·láy *vt* 置き[しまい]忘れる, [*fig*] なくす, 見失う; 間違って置く[はめ込む].

mìs·léad *vt* 誤り導く, 誤解[誤認]させる, 惑わせる, 欺く 〈*about, on*〉; 悪の道に引き入れる, 悪事に誘う: ～ sb *into* believ*ing* [think*ing*] 人を惑わせて…と信じ[思い]込ませる. ♦ **～·ing** *a* 人を誤らせる, 誤解[誤認]させる, 紛らわしい; 惑わせる: ～ information. **～·ing·ly** *adv* **～·ing·ness** *n* **～·er** *n* [OE]

mis·leared /mɪslíərd, *-lérd/ *a* 《スコ》 行儀の悪い, 育ちの悪い.

mìs·líke 《古》 *vt* 嫌う, いやがる; …の気にさわる, おこらせる. ► *n* 嫌い, 反感, 不賛成. [OE]

mìs·lócate /ˌ-ˊ-ˊ/ *vt* MISPLACE; …の位置を間違える.

mìs·mánage *vt* …の管理[処置]を誤る, 不当に[へたに]処置する, やりそこなう. ♦ **～·ment** *n*

mìs·márriage *n* 不釣合いな結婚.

mìs·mátch *n* /ˊ-, ˌ-ˊ/ 不適当な組合わせ, ミスマッチ; 不釣合いな縁組み; 実力差がありすぎる[公平を欠く]対戦; 食い違い, ずれ 〈*between*〉. ► *vt* [ᵘ*pp*] 不適当に組み合わせる; …に不釣合いな結婚をさせる.

mìs·máte *vt* 不適当に組み合わせる; …に不釣合いな結婚をさせる. ► *vi* うまく組み合わさらない[調和しない] 〈*with*〉. ♦ **mìs·mát·ed** *a* 不適当に組み合わされた, 不釣合いな.

mìs·méasure *vt* …の計測[寸法]を間違える, 評価を誤る. ♦ **～·ment** *n*

mìs·móve *n* 《ゲームなどの》誤った手[動き].

misnagid, -ged ⇨ MITNAGGED.

mìs·náme *vt* 間違った[誤解をまねくような]名で呼ぶ[名をつける], 誤称する; ののしる.

mis·no·mer /mìsnóumər/ *n* 誤った[実体とかけ離れた]名称, 誤称; 呼び誤り; 人名[地名]誤記《特に 法律文書中の》. ♦ **～ed** *a* [AF (*mis*[1]-, *nommer* to name); ⇨ NOMINATE]

mi·so /mí:sou/ *n* 味噌. [Jpn]

mi·sog·a·my /məsɑ́gəmi, maɪ-/ *n* 《心》 結婚嫌い. ♦ **-mist** *n* [*mis*-[2]]

mi·sog·y·ny /məsɑ́ʤəni, maɪ-/ *n* 女性嫌悪(症), 女嫌い, 女性蔑視, 女性に対する偏見 (opp. *philogyny*). ♦ **mi·sóg·y·nist** *n, a* **mi·sòg·i·nís·tic** *a* **mis·o·gyn·ic** /mìsəʤínɪk, màɪ-, -gáɪ-/, **mi·sóg·y·nous** *a* [Gk *gunē* woman]

mi·sol·o·gy /məsɑ́ləʤi, maɪ-/ *n* 《心》 議論嫌悪(症), 理論[理屈]嫌い. ♦ **-gist** *n*

miso·ne·ism /mìsəní:ìz(ə)m, màɪ-/ *n* 《心》 新奇嫌悪(症), 新しいもの嫌い, 保守主義. ♦ **-ist** *n* [It]

mi·so·pros·tol /màɪsouprástòul, -tɔ̀(:)l/ *n* 《薬》 ミソプロストール《プロスタグランジン誘導体; 非ステロイド性消炎鎮痛薬の長期投与による胃潰瘍などに用いる消化性潰瘍治療薬; RU-486 と併用して妊娠中絶を誘発する》.

mìs·órient, -órientate *vt* 誤った方向に向ける, …に誤った指導をする. ♦ **-orientátion** *n*

mìs·percéive *vt* 誤って知覚する; 誤解する. ♦ **-percéption** *n*

mis·pick·el /míspìk(ə)l/ *n* 硫ヒ鉄鉱 (arsenopyrite).

mìs·pláce *vt* …の置き場所を誤る, 置き違える; まずい[場違いな]時に言う[する]; 置き忘れる, なくす: be ～*d* in a job 仕事に向いていない, 所を得ていない. ♦ **～·ment** *n*

mìs·pláced *a* 〈信頼・愛情などが〉見当違いの, 向ける相手を間違った; 場違いな; 置き場所を誤った; 置き忘れた: ～ trust / a ～ comma 誤った場所に置かれたコンマ.

mís·plàced módifier 《文法》 置き違え修飾語句, 懸垂分詞 (dangling participle).

mís·plày /ˊ-, ˌ-ˊ/ *n* 《ゲーム・スポーツなどの》やりそこない, エラー, ミス; 反則プレー. ► *vt* /ˌ-ˊ-, ˌ-ˊ/ 〈プレーなどを〉やりそこなう, しくじる.

mìs·pléad *vt, vi* 誤った訴答をする.

mìs·pléad·ing *n* 《法》 誤った訴答, 誤訴答.

mìs·príce *vt* …の値段をつけ間違える.

mís·prìnt /ˊ-, ˌ-ˊ/ *n* 《印》 ミスプリント, 誤植. ► *vt* 誤植する.

mis·pri·sion[1] /mɪspríʒ(ə)n/ *n* 《法》《特に 公務員の》公務違反, 違法行為; 《法》 犯罪隠匿; 《法》《国家・法廷に対する》侮辱; 《古》 誤り, 誤解: ～ of felony [treason] 《法》 重罪[反逆罪]隠匿(罪)《知りながらこれを告発しない》. [AF < OF = error (*mis*-[1], *prendre* to take)]

misprision[2] *n* 《まれ》 軽蔑 (contempt), 軽視, 正当な評価をしないこと 〈*of*〉. [↓]

mis·prize, -prise /mìspráɪz/ *vt* ばかにする, 軽蔑する; 軽視する, みくびる.

mìs·pronóunce *vt* …の発音を誤る. ► *vi* 誤った発音をする. ♦ **-pronunciátion** *n* 発音の誤り, 誤った発音.

mìs·púnctuate *vt* …に間違った句読点を施す.

mìs·quóte *vt, vi* 間違って引用する. ► *n* 誤った引用. ♦ **-quotátion** *n*

Misr /mísr(ə)/ ミスル《EGYPT のアラビア語名》.

mìs·réad *vt* 読み違える; 誤解する (misinterpret). ♦ **～·ing** *n*

mìs·réckon *vt, vi* 数え違える.

mìs·reláte *vt* 間違って[不正確に]関係づける.

mìs·re·lát·ed participle 《文法》 DANGLING PARTICIPLE.

mìs·remémber *vt, vi* 誤って記憶する, 記憶違いをする; 《方》 憶えそこなう, 忘れる (forget).

mìs·repórt *vt* 誤って報告する, …の誤報を伝える. ► *n* 誤報, 虚報. ♦ **mìs·repórt·er** *n*

mìs·represént *vt, vi* 誤り[偽り]伝える, (わざと)不正確に述べる 〈*as*〉; …の代表の任を果たさない, …を正しく代表しない. ♦ **～·er** *n*

mìs·representátion *n* 誤伝, 虚説; 《法》 不実表示, 虚偽の陳述, 詐称. ♦ **mìs·represéntative** *a*

mìs·róute *vt* 間違ったルートで送る.

mìs·rúle *n* 失政, 悪政; 無秩序, 無政府状態. ► *vt* …の統治を誤る, …に対して悪政を行なう.

miss[1] /mís/ *vt* **1 a** はずす, ねらいそこなう, 打ちそこなう; 取りそこなう;

〈目的・標準〉に達し[届き]そこなう 〈*out*〉, 〈足場を〉失う; …に間に合わない, 会い[乗り, ありつき]そこなう, 乗り遅れる (opp. *catch*): ～ the target 的にあたらない, 的をはずれる[それる] / ～ the bank 堤に飛びつけない(で川に落ちる) / ～ a catch 〘クリケット〙 逸球する. **b** 〈事を〉見のがす, 見落とす; 〈批評・冗談・ことばなどを〉聞き[理解し]そこなう, 聞き取れない: The house is opposite the church; you can't ～ it. その家は教会の向かい側にあるから見のがしっこないよ / ～ one's way 道に迷う / ～ one's cue 〈俳優が〉出番を忘れる. **c** 〈機会を〉逸する, のがす, …しそこなう, 〈会合・授業などに〉出られない, 欠席する, 休む; 〈会う約束などを〉果たせない, すっぽかす; 〈女性が〉〈月経が〉来ない: a bargain too good to ～ 見のがすにはもったいない買い得品 / I wouldn't ～ the concert for the world. どうしてもそのコンサートは聞きのがしたくない / I never ～ going there. あそこへ行くのを欠かすことはない. **d** 〈文字・語・名称などを〉入れそこなう, 省略する, 抜かす, 落とす, 飛ばす 〈*out*〉: Don't ～ my name *out* (of your list). (名簿から)わたしの名を抜かさないでください. **2** [通例 barely, just, narrowly, etc. を伴って] 避ける, 免れる: I stayed away from the trip, and so ～*ed* the accident. 旅行に行かなかったので事故にあわずにすんだ / He *barely* ～*ed* be*ing* knocked down by the truck. すんでのことでトラックにひかれるところだった. **3** …がない[いない]のに気づく, ない[いない]ので寂しく思う[困る]: When did you ～ your umbrella? いつ傘のないのに気がつきましたか / He wouldn't ～ $50. あの人なら 50 ドルくらいなんとも思わないだろう / We shall ～ you badly. きみがいないととても寂しいことだろう / I ～ liv*ing* in my hometown. 郷里に住めないのが寂しい / What you've never had you never ～. 《諺》もったことのないものはなくなっても困らない.

► *vi* **1 a** 的をはずれる[はずす], 空振り[逸球]する; 《古》逸する, はずれる 〈*of, in*〉; (予定日に)月経がない, 生理が来ない: He fired but ～*ed*. 発砲したがあたらなかった. **b** 失敗する. **2** 〈エンジンが〉点火しない (misfire). ● **～ by a mile** 《口》ねらいが大きくはずれる; 《口》大失敗する. **～** FIRE. **～ out** ⇨ *vt*; よいチャンスをのがす, 経験しそこなう, 失敗する 〈*on*〉; 見のがす, 取りそこなう 〈*on*〉: He ～*ed out* getting a promotion. 昇進しそこねた. **～ the** BOAT. **～ the** MARK[1]. **not ～ much** 油断しないでいる, 気をつけている, 注意深い, 鋭い, 抜け目がない (=not ～ a thing); 《つまらないので》(経験しなくても)別に損はしない: 'How was the party?' — 'You did*n't* ～ *much*.' パーティーはどうだったの—たいしたことはなかったよ.

► *n* **1 a** あてそこない, やりそこない, 失敗, はずれ, 逸球; 《映画などの》失敗作; 〘玉突〙 突きそこない, ミス. **b** 《口》流産 (miscarriage); MISFIRE. **2** 回避, 免れること. **3** 《古・方》なく[いなく]なった寂しさ: feel the ～ *of* children. ● **A ～ is as good as a mile.** 《諺》少しでもはずれははずれ, 危機一髪でものがれたことには変わりなし, '五十歩百歩'. **give a ～** 〘玉突〙 (わざと)的球にあてないように突く. **give…a ～** "《口》〈人を〉避ける, …をやめて[遠慮して]おく; 〈食事のコースを〉抜かす; 〈会〉に欠席する.

♦ **～·able** *a* miss しやすい[しがちな, しそうな].

[OE (n) *miss* loss < (v) *missan* to fail to hit; cf. G *missen*]

miss[2] /mìs, mís/ *n* **1** [M-] …嬢 《Lady または Dame 以外の未婚女性の姓・姓名の前に付ける敬称》. ★ (1) 姉妹をいっしょにいうとき, 文語では the *M~es* Brown, 口語では the *M~* Browns という; 姉妹でないときは the *M~es* Brown and Smith のようにいう. (2) 姉妹の場合, 厳密には *M~* Jones と姓だけのは長女で, 次女以下には *M~* Mary (Jones) のようにいう. **2** [M-] [地名などに付けて] その代表的な未婚女性, ミス…: *M~* Japan ミス日本 / MISS RIGHT. **3** [独立して] **a** (小)娘, 未婚女性, 女学生, あまっこ 《英国では軽蔑的に「愚かさ」「感受性過剰」を含意する》; 《広く》女性 (woman). **b** お嬢さま 《召使・商人などの呼びかけ》, おねえさん: What do you want, ～? お嬢さん何を差し上げましょうか. **c** 《特に 英国の小学生などが女性教師に呼びかけて》先生. **4** [*pl*] *ミスサイズ 《標準婦人服サイズ(の服)》. [*mistress*]

Miss. Mississippi.

mis·sa can·ta·ta /mísə kəntá:tə/ 〘カト〙 歌ミサ. [L=sung mass]

mis·sal /mís(ə)l/ *n* [ˢM-] 〘カト〙 ミサ典書 (mass book); 《一般に》(挿画付き)祈禱書. [L=of the MASS[2]]

mis·sal·ette /mìsəlét/ *n* 〘カト〙 《定期的に刊行される》小型ミサ典書.

mìs·sáy /mì(s)-/ 《古》 *vt* …の悪口を言う, 非難する; 言い誤る. ► *vi* 不正確に述べる.

missed appróach 〘空〙 進入復行 《着陸のための進入がなんらかの理由でできなくなること; また その際とられる所定の飛行手続き》.

mìs·séem /mì(s)-/ *vt* 《古》 MISBECOME.

mìs·séll *vt* 〈客にとって不適切なものを〉買わせる, 不適切売りする. ♦ **～·ing** *n*

mís·sel (thrùsh) /mís(ə)l(-)/ 〘鳥〙 MISTLE THRUSH. [OE *mistel* mistletoe <?]

Mìss Émma *《俗》モルヒネ.

mìs·sénd /mìs-/ *vt, vi* 誤って送る, 送り違える.

mís·sènse *n* 〘遺〙 ミスセンス 《1 個以上のコドン (codon) が変わって本来のアミノ酸とは異なるアミノ酸を指定するようになる突然変異》.

mìs·shápe *vt* ゆがめる, 歪曲する, ぶかっこうにする, 奇形にする. ► *n* /⌐ ⌐/ 《安く売られる》形の悪い菓子[食品].

mìs·sháp·en /-ʃéɪp(ə)n/ *a* ゆがんだ, ぶかっこうな. ♦ **～·ly** *adv* **～·ness** *n*

mis·sile /mís(ə)l; mísàɪl/ *n* ミサイル, 《特に》GUIDED MISSILE; 飛び道具 《矢・弾丸・石など》; 《広く》飛翔体. ► *a* 遠い目標に向けて射出できる; 飛び道具[ミサイル]用の; ミサイルの[に関する]. [L (*missmitto* to send)]

míssile defènse ミサイル防衛 《略 MD》.

mis·sil·eer /mìsəlíər; -àɪlíər/ *n* MISSILEMAN.

míssile·man /-mən/ *n* ミサイル設計[制作, 技術]者; ミサイル操作係.

mis·sil(e)·ry /mísəlri; -àɪl-/ *n* (誘導)ミサイル 《集合的》; ミサイル学 《ミサイルの設計・製作・用法などの研究》.

míss·ing *a* ある[いる]べき所にない[いない], 見つからない, 見えない, 紛失して[欠けて]いる; 行方不明の[で] (lost); 欠席して 〈*from* class〉: a ～ page 落丁のページ / The key was ～ *from* the box. 箱から鍵がなくなっていた / There is a page [A page is] ～. 1 ページ抜けている / ～ persons 《届け出のあった》行方不明[失踪]者 / go ～ 行方不明になる, 失踪する / be ～ in action 戦闘中に行方不明になる. ► *n* [the] [*pl*] 行方不明者: among *the* ～ 行方不明で, なくなって.

míssing línk [the] **1** 〘生・進化〙 失われた環(わ) 《現生生物としても化石としても発見されない仮想存在の生物, 特にヒトと類人猿の間の》. **2** 系列完成上欠けているもの, 隠れた手掛かり[つながり].

míssing máss 〘天・理〙 見えない[失われた]質量, ミッシングマス (= *hidden mass*) (cf. DARK MATTER).

mis·si·ol·o·gy /mìsiáləʤi/ *n* 宣教[布教]学, 伝道学[研究].

mis·sion /míʃ(ə)n/ *n* **1 a** 《外国などへの》派遣団, 使節団; *在外使節団[公館]. **b** 使節の特派; 《廃》送り出すこと, 派遣. **2 a** 《派遣される人の》任務, 使命, 派遣目的: be sent on a ～ 使命を帯びて派遣される / *M~* accomplished. 任務完了. **b** 〘軍〙 特命, (攻撃)任務; 《ロケットの》飛行任務[目的]; 《飛行機・ロケットの》任務を帯びた飛行. **3** 使命, 天職 (calling): his ～ in life 彼の人生の使命(感). **4 a** 《特に外国への》伝道[布教]団体(本部); 布教所, 伝道所: Foreign [Home] *M~s* 外国[国内]伝道団. **b** [*pl*] 伝道, 布教, 宣教; [*pl*] 伝道任務[活動]; 《改宗者を得るための》一連の特別伝道説教[宣教活動]. **c** 伝道[布教]区; 専任の司祭のない教会[会衆, 地区] 《近接教区の司祭が管轄する》. **d** 伝道[布教]期間. **5** 《貧民のための》セツルメント, 隣保団. ► *a* **1** mission の. **2** ミッション様式の 《(1) 米国南西部で活動した初期スペイン伝道団の間で行なわれた建築などの様式 **2)** 20 世紀初期の合衆国に始まった, 黒く着色した木材を用いた簡素で重厚な家具様式》. ► *vt* **1** …に任務を与える, 派遣する. **2** …で布教活動[伝道]をする. ► *vi* 使節をつとめる. ♦ **～·al** *a* [F or L; ⇨ MISSILE]

mission·àry /; -(ə)ri/ *n* 伝道師, 宣教師; 《ある主義の》宣伝者, 主唱者; 使節; 《廃》EMISSARY. ► *a* 伝道の, 布教(師)の; 伝道に派遣された; 伝道者めいた(使命感のある), 狂信的な, 熱心な, しつこい: ～ zeal 非常な熱意.

míssionary posítion [the] 《性交体位の》正常位.

Míssionary Rídge ミショナリーリッジ 《Georgia 州北西部と Tennessee 州南東部にまたがる山; 南北戦争の戦場 (1863)》.

míssionary wòrker 《俗》非暴力的にストつぶしをはかるために会社側が送り込んだ労働者.

míssion contròl 《地上の》宇宙(飛行)管制センター.

míssion crèep ミッションクリープ 《軍事作戦のなしくずし的な変更・拡大によって, 抜き差しならない状況に至ること》.

míssion-crítical *a* ミッションクリティカルな, 業務上必須の 《取引システムなど, 事故が許されず, 万全であることが要求される》.

míssion·er *n* MISSIONARY; 教区宣教師.

Míssion: Impóssible 「スパイ大作戦」 《米国 CBS テレビのスパイアクションドラマ (1966–73, 88–90)》.

míssion·ìze *vt* …に伝道[宣伝]する. ► *vi* 伝道師の役をつとめる. ♦ **-ìz·er** *n* **mìssion·izátion** *n*

míssion spècialist 《宇宙船の》搭乗運用技術者, ミッションスペシャリスト 《船内での実験と船外活動を担当》.

míssion stàtement 《会社・組織の》使命の宣言 《社会的使命・企業目的などの表明》.

missis ⇨ MISSUS.

míss·ish *a* 少女のように気取った, すました. ♦ **～·ness** *n*

Mis·sis·sau·ga /mìsəsɔ́:gə/ ミシソーガ 《カナダ Ontario 州南東部 Toronto の南西の郊外都市》.

Mis·sis·sip·pi /mìs(ə)sípi/ **1** ミシシッピ 《米国南部の州; ☆Jackson; 略 Miss., MS》. **2** [the] ミシシッピ川 《Minnesota 州北部に発し, 南流してメキシコ湾に注ぐ大河》. [Algonquian]

Mississíppi·an *n* **1** ミシシッピ州民. **2** [the] 〘地質〙 **a** ミシシッピ紀 《北米で石炭紀の前半に相当する地質時代; cf. PENNSYLVANIAN》. **b** ミシシッピ系. ► *a* ミシシッピ州(民)の; ミシシッピ川の; 〘地質〙 ミシシッピ紀[系]の; 〘米史〙 ミシシッピ文化の 《ミシシッピ川をはじめとする北米南東部・中部の河川流域を中心とする地域に分布した先史時代の文化》.

Mississíppi cátfish [cát] 〘魚〙 **a** BLUE CATFISH. **b** FLATHEAD CATFISH.

Mississíppi márbles *pl* *《俗》AFRICAN DOMINOES.

mis·sive /mísɪv/ *n* 信書, 書状, 《特に 長ったらしい[ゆゆしき]》公文書; 〘スコ法〙《契約のための》取り交わし文書; 《廃》MISSILE: CONCLUDE ~*s* 〘スコ法〙《所有権の移転を示すため》土地の売主との契約書に署名する. ► *a* 送られた (sent), 送るための; 《廃》MISSILE: LETTER MISSIVE. [L; ⇨ MISSILE]

Mìss Lónely·hèarts 人生相談の女性回答者.

Mìss Náncy めめしい男(の子). ♦ **mìss-náncy·ish** *a* **mìss-náncy·ism** *n*

Missolonghi ⇨ MESOLÓNGION.

Mis·sou·ri /məzúəri, *-rə/ **1** ミズーリ《米国中部の州; ☆Jefferson City; 略 Mo., MO》. **2** [the] ミズーリ川《Montana 州南西部に発し, 同州東部で Mississippi 川に合流する》. **3 a** (*pl* ~, ~**s**) ミズーリ族《北米インディアンの一部族》. **b** ミズーリ語. ● **from** ~*《口》疑い深い, 証拠を見せられるまで信じない. ♦ ~·**an** /-iən/ *a, n*

Missóuri Cómpromise [the] 〘米史〙ミズーリ協定[互譲法]《1820 年 Missouri の州昇格について合衆国議会において北部と南部が対立したときの妥協的法律; Missouri は奴隷州とするが 36°30′ 以北の Louisiana Purchase には奴隷州をつくらないとする; cf. KANSAS-NEBRASKA ACT》.

Missóuri flówering cúrrant 〘植〙GOLDEN CURRANT.

Missóuri méerschaum*《俗》コーンパイプ (corncob pipe).

Missóuri skýlark 〘鳥〙SPRAGUE'S PIPIT.

míss·òut *n* 賭け金を失うさいころの一投.

mis·spéak /mì(s)-/ *vt* 誤って発音する, 言い間違える; [~ *-self*] 不適切に言う, 言い方を誤る. ► *vi* 言い違える; 言い方を誤る.

mis·spéll /mì(s)-/ *vt* …のつづりを間違える.

mis·spéll·ing /mì(s)-/ *n* 誤つづり.

mis·spénd /mì(s)-/ *vt* [ᵘ*pp*] …の使い方を誤る, 浪費する, むだにする. ♦ **mis·spént** *a*

Mìss Píggy ミス ピギー《米国のテレビ人形劇 'The Muppet Show' に登場する豚で, 動物一座の自称スター女優》.

Mìss Ríght 《口》理想の女性.

mis·státe /mì(s)-/ *vt* 述べ誤る; 誤って[偽って]申し立てる. ♦ ~·**ment** *n*

mis·stép /mì(s)-/ *n* 踏み誤り; 過失, 失策.

Mìss Tháng /-θǽŋ/*《俗》偉そうな[すました]女, お高くとまったねえちゃん[おばちゃん].

mis·stríke *n* 〘貨幣〙刻印図案のずれたコイン.

mis·sus, mis·sis /mísəz, -əs/ *n* [the] 《口》[*joc*] 女房, 家内, 細君, 奥さん, かみさん; [*voc*] 《口》《女性に》奥さん, あんた; 《方》《一家の》女主人, 主婦 (mistress). [*mistress*; cf. MRS.]

missy[1] *n* 《口》《親しみをこめて[ふざけて, 軽蔑的に]》お嬢さん, 娘さん, ミッシー. [*miss*[2]]

missy[2] *n* MISSIONARY.

mist /míst/ *n* **1 a** 薄霧, もや, かすみ《通例 fog より薄く湿気を含む; cf. HAZE[1]》, 霧雨, 〘気〙もや《視程 1 km 以上》; もやを思わせるもの; 霧《気体中に液体の微粒子が浮かんでいる状態》; 《香水などの》噴霧; [*fig*] (意味を)ぼんやりさせるもの: a thick [heavy] ~ 濃霧 / valleys hidden in ~ もやに包まれた谷 / see…through a ~ おぼろげに…を見る / a ~ of prejudice 偏見の霧 / be lost in the ~*s* of time 時を経てわからなくなっている / the times shrouded in the ~ of legend 伝説に閉ざされた古代. **b** 《泣いたりした目の》かすみ, うるみ; 《ガラス面の》曇り. **2** ミスト《細かく砕いた氷にウイスキー[ブランデー, ジンなど]を注いだ飲み物; レモン皮を載せたりする》. ● **in a** ~ 当惑して, 迷って, 五里霧中で. **throw a** ~ **before** sb's **eyes** 人の目をくらます. ► *vt* もや[薄霧]でおおう; 曇らせる, ぼんやりさせる; 〈植物など〉に霧を吹きかける, 霧吹きする; 霧(状)にする. ► *vi* もや[薄霧]がかかる; 霧雨が降る; 〈目が〉涙でかすむ. ● ~ **over** [**up**] 〈景色·視界·目·眼鏡などが〉かすむ, 曇る, うるむ. ♦ ~·**less** *a* ~·**lìke** *a* [OE; cf. MDu *mist* mist]

mis·ták·able, -táke- *a* 紛らわしい, 間違いやすい, 誤解されやすい.

mis·take /məstéɪk/ *n* 誤り, 間違い, ミス, 〘法〙錯誤; 思い違い: There is no ~ about that. そのことは確かだ / Now no ~. ね本当だよ(わたしのことばをよく聞いてくれ) / beyond ~ 間違いなく, 確かに (undoubtedly) / make a ~ 間違いをする / admit a ~ 誤りを認める / We all make ~*s*.＝Everyone makes ~*s*. だれにだって間違いはある / He who makes no ~*s* makes nothing. 《諺》あやまつことなき者は何もなさぬ者なり / Wise men learn by other men's ~*s*; fools by their own. 《諺》賢者は人のあやまちから学び, 愚者はみずからのあやまちに学ぶ / Make *no* ~ (about it), it's got to be done. いいかい, どうしてもしなければだめだよ. ● **and no** ~ 《口》間違いなく: It's hot today, *and no* ~! 今日は全く暑い. **by** ~ 誤って. ► *v* (**-took** /-túk/; **-tak·en** /-téɪk(ə)n/) *vt* 誤解する, …の解釈を誤る; 見間違える, 取り違える, 思い違いする; 見落とす; (選び)間違える: She has *mistaken* me. わたしのことばを誤解した / He *mistook* me *for* my brother. わたしを兄[弟]と間違えた / There is no *mistaking* him [his real motive]. 彼[彼の真の動機]は一見してわかる / ~ one's man 相手(の人物)を見そこなう[みくびる]. ► *vi* 間違える. ♦ **mis·ták·er** *n* [ON *mistaka*; ⇨ MIS-[1], TAKE]

mis·tak·en /məstéɪk(ə)n/ *v* MISTAKE の過去分詞. ► *a* 誤った, 誤解した; 判断を誤った: a case of ~ identity 人違い / ~ kindness 間違った親切 / You are ~ *about* it. そのことではきみは考え違いをしている / You are ~ *in* think*ing* that…. …と思うのは間違いだ / if I'm not ~ 私の考え違いでないなら. ♦ ~·**ly** *adv* ~·**ness** *n*

mis·tal /míst(ə)l/ *n* ᴵᴵ《方》牛小屋 (cowshed).

Mis·tas·si·ni /mìstəsí:ni/ [Lake] ミスタシニ湖《カナダ Quebec 州中南部にある湖; Rupert 川により西方の James 湾に排水する》.

míst·bòw /-bòʊ/ *n* FOGBOW.

mis·téach *vt* [ᵘ*pp*] …に誤り教える, 悪い教え方をする; 〈教科を〉誤り教える. ♦ ~·**er** *n*

mis·telle /məstél/ *n* ミステル《ブドウ果汁[軽く発酵したワイン]にアルコールを加えた酒》. [F<Sp]

mis·ter[1] /místər/ *n* **1** [呼びかけ] **a** [M-] MR.: Don't call me ~; it's very distant.「さん」付けはよしてくれ, よそよそしいよ. **b** 〘軍〙下級准尉·士官候補生·海軍少佐に対する正式呼称; 〘米海軍〙部隊指揮官が下士官に対して用いる正式呼称. **c** ᴵᴵ外科医[軍医] (surgeon) に対する正式呼称. **d** 《議長などの地位にある》官吏に対する正式呼称. **e** [時に卑屈な, また怒りを含んだ堅苦しい呼びかけとして] 《口》だんな, おじさん, もし, あなた, きみ, おい (sir). **2 a** Mr. 以外に敬称をもたない人, 平民: be he prince or mere ~ その人が王侯であろうとただの平民であろうと. **b** [ᵒone's [the] ~] 《口·方》夫, 主人 (husband). ► *vt* 《口》〈人〉に Mister と呼びかける, さん[君]付けで呼ぶ: Don't ~ me.「さん」付けはよしてくれ. [cf. MR.]

míst·er[2] *n* 《園芸用の》霧吹き器.

Mister Big [Charlie, etc.] ⇨ MR. BIG [CHARLIE, etc.].

mìs·térm *vt* …に間違った名をつける, 誤称する.

mistery ⇨ MYSTERY[2].

míst·flòwer *n* 〘植〙ヒヨドリバナ属の草本《北米産》.

míst·ful *a* もやの立ちこめた, もうもうとした.

mis·thínk *vi, vt* 《古》(悪く)誤解する, 悪く思う.

Mis·ti /mí:sti, mís-/ [Volcán /voʊlká:n/ ~, El /ɛl/ ~] ミスティ火山《ペルー南部にある休火山 (5822 m)》.

mis·ti·gris /místɪgrɪs/ *n* 〘トランプ〙《望みのカードに代用できる》ジョーカー, 白札; mistigris を用いる poker の一種.

mis·tíme *vt* …の時を誤る, 時機を逸する; …の拍子を取り違える. [OE *mistīmian*; ⇨ MIS-[1]]

mis·tímed *a* 時宜を失した; ᴵᴵ《方》食事や睡眠の時間が乱れた.

Mis·tin·guette /*F* mistɛ̃gɛt/ ミスタンゲット (1875–1956)《フランスの歌手·女優; 本名 Jeanne-Marie Bourgeois; Maurice Chevalier とコンビを組み一世を風靡した》.

mis·títle *vt* …のタイトル[名前]を誤って示す.

mís·tle (thrùsh) /mís(ə)l(-)/ 〘鳥〙ヤドリギツグミ (＝*fen thrush*, *mistletoe thrush*)《欧州主産》.

mis·tle·toe /mís(ə)ltòʊ, ᴵᴵmíz-/ *n* 〘植〙**a** ヤドリギ《クリスマスの装飾に使う; 花ことばは「征服」》. **b** アメリカヤドリギ《Oklahoma 州の州花》. ● **kissing under the** ~ ヤドリギの下のキス《クリスマスのヤドリギ飾りの下にいる乙女にはキスしてもよいという習慣がある》. [OE *misteltān* mistletoe twig (MISSEL, *tān* twig)]

místletoe bìrd 〘鳥〙ムネアカハナドリ《豪州産》.

místletoe càctus 〘植〙イトアシ.

místletoe thrùsh 〘鳥〙MISTLE THRUSH.

míst nèt かすみ網.

Mis·to·fer /místəfər/ *n**《俗·方》MR., MISTER.

mistook *v* MISTAKE の過去形.

mis·tral /místr(ə)l, mɪstrá:l/ *n* 〘気〙ミストラル《フランスなどの地中海沿岸に吹き降ろす乾燥した寒冷な北西[北]の強風》. [F and Prov <L; ⇨ MASTER[1]]

Mis·tral /mɪstrá:l, -strǽl; *F* mistral/ ミストラル (1) **Frédéric** ~ (1830–1914)《フランスの詩人; ノーベル文学賞 (1904)》 (2) **Gabriela** ~ (1889–1957)《チリの女性詩人; 本名 Lucila Godoy Alcayaga; ノーベル文学賞 (1945)》.

mis·translàte *vt* 誤訳する. ♦ **mìs·translátion** *n*

mis·tréat *vt* 虐待する, 酷使する. ♦ ~·**ment** *n*

mis·tress /místrəs/ *n* **1 a** 《一家の》女主人, 主婦 (cf. MASTER[1]); 《召使いの》女主人, 使用人を監督する女性, 《奴隷·動物などの》女性の所有者[飼い主]. **b** 女性大家[名人] 〈*of* a subject〉; [ˢM-] [*fig*] 女王, 支配者: the ~ of the night 夜の女王《月》/ be one's own ~ 自由の身である, 冷静である / She is ~ of the situation. 事態を左右することができる / the *M*~ of the Adriatic アドリア海の女王《ヴェネツィア (Venice) の俗称》. **2** ᴵᴵ女性教師 (: a music ~); 女性の校長; [ᵒM-] 《スコットランドの》貴族の娘《長女の推定相続人など》. **3** 情婦, めかけ, 女; 《古·詩·方》恋人, いとしい人. **4** [M-] [*voc*] 《古·スコ·方》MRS., MISS[2], MADAM; *《南部·中部》…夫人 (Mrs.). ★ 成句は MASTER[1] に準じる. ♦ ~·**shìp** *n* mistress の身分[地位, 職]. [OF (*maistre* MASTER[1], *-ess*[1])]

Místress Máry ミストレス メアリー《伝承童謡の主人公; つむじまがりの女性》.

místress of céremonies 女性司会者 (cf. MASTER OF CEREMONIES).

Místress of the Róbes [the] 《英国王室の》衣裳管理長《式典では女王に付き添う》.

místress of the séas (七つの)海の女王, 海強国《特に かつての英国》.
mís·trial /, ⌐―´―/ *n* 〘法〙《手続き上の過誤による, あるいは陪審員の意見不一致による》無効審理.
mìs·trúst *vt, vi* 信用しない, 疑う, 怪しむ; 推測する. ► *n* 不信, 疑惑 ‹*of*›. ♦ **~·er** *n* **~·ing·ly** *adv*
mìs·trúst·ful *a* 疑い深い, 信用しない ‹*of*›; 不信の多い, 信用できない. ♦ **~·ly** *adv* **~·ness** *n*
místy *a* もやの立ちこめた; もやのような; ‹色が›くすんだ; うすぼんやりとした, 不明瞭な; 漠然とした, あいまいな‹考えなど›; 涙にかすんだ[うるんだ]‹目›. ♦ **míst·i·ly** *adv* もやが立ちこめて; おぼろに, ぼんやりと. **míst·i·ness** *n* [OE *mistig*; ⇨ MIST]
místy-èyed *a* 《涙などで》目がかすんだ[うるんだ]; 夢を見ているような, すぐ涙を流す, 感傷的な.
mìs·týpe *vt* 間違ってタイプする.
mìs·understánd *vt* 理解しない, …の真意がわからない; 誤解する. ► *vi* 誤解する. ♦ **~·er** *n*
mìs·understánd·ing *n* 誤解, 解釈違い; 不和, 意見の相違.
mìs·understóod *a* 誤解された; ‹人が›真価を認めてもらえない.
mìs·úsage *n* 《ことばなどの》誤用; 虐待, 酷使.
mis·use *n* /mìsjúːs/ 誤用; 悪用, 濫用; 《廃》虐待 (ill-use): ~ of authority 職権濫用. ► *vt* /mìsjúːz/ …の使い方を誤る, 誤用[悪用, 濫用]する; 虐待する, 酷使する.
mìs·úser[1] *n* 誤用者; 虐待者. [*mis-*[1], *user*]
misuser[2] *n* 〘法〙《自由権・特権・恩典などの》濫用 (abuse). [OF; ⇨ MISUSE]
mìs·válue *vt* …の評価を誤る, みくびる (undervalue).
mìs·vénture *n* MISADVENTURE.
mìs·wórd *vt* …の表現を誤る; 不適当なことばで表わす.
mìs·wríte *vt* 書き誤る.
MIT °Massachusetts Institute of Technology.
Mit·be·stim·mung /mítbəʃtìmuŋ/ *n* 《ドイツなどで, 労働者の》経営参加(権).
mitch, mich(e) /míʧ/ *vi* 《方》学校をサボる, ずるける. [? OF *muchier* to hide]
Mitch·am /míʧəm/ ミッチャム《イングランド南部 Surrey 州のかつての市; 1965 年より Merton の一部》.
Mitch·ell /míʧ(ə)l/ **1** ミッチェル《男子名》. **2** ミッチェル (**1**) **Arthur** ~ (1934–)《米国の舞踊家・振付家; Dance Theatre of Harlem 監督》 (**2**) **John (Newton)** ~ (1913–88)《米国の法律家・政府高官; Nixon 政権の司法長官 (1969–72) をつとめたが, Watergate 事件の首謀者の一人として服役 (1977–79)》 (**3**) **Joni** ~ (1943–)《カナダ出身のシンガーソングライター; 本名 Roberta Joan Anderson》 (**4**) **Margaret** ~ (1900–49)《米国の作家; *Gone with the Wind* (1936)》 (**5**) **Maria** ~ (1818–89)《米国の天文学者; 女性初の米国学士院会員》 (**6**) **Peter Dennis** ~ (1920–92)《英国の生化学者; アデノシン三リン酸 (ATP) の合成機構を解明; ノーベル化学賞 (1978)》 (**7**) **R(eginald) J(oseph)** ~ (1895–1937)《英国の航空技術者; Spitfire 戦闘機を設計》 (**8**) **Wesley C(lair)** ~ (1874–1948)《米国の経済学者; 景気循環を実証的に研究した》 (**9**) **William** ~ (1879–1936)《米国の陸軍准将; 通称 Billy ~; 第一次大戦でヨーロッパ派遣軍航空司令官; 早くから空軍の創設を主張して陸海軍省を批判し, 軍法会議にかけられて有罪となった》. **3** [Mount] ミッチェル山《North Carolina 州西部 Blue Ridge 山脈の Black Mountains にある山; Mississippi 川以東における米国の最高峰 (2037 m)》. [⇨ MICHAEL]
Mitch·um /míʧəm/ ミッチャム **Robert** ~ (1917–97)《米国の映画俳優》.
mite[1] /máɪt/ *n* 〘動〙ダニ(の類). [OE *mīte*; cf. OHG *mīza* gnat]
mite[2] *n* **1** ごく小さいもの, 《かわいそうな》小さい子供[動物], ちび. **2 a** ″《口》半ファージング (1/2 farthing); 少額の金; 少額ながら奇特な寄付, 貧者の一灯 (*Mark* 12: 41–44): WIDOW'S MITE. **b** 〘史〙フランドルの小額銅貨, 小銭. **3** 少量; [a ~, ‹*adv*›] 《口》少々, いささか: It's a ~ too big. / not *a* ~ 少しも…でない (not at all). [MLG, MDu *mīte* ‹? *mite*[1]]
mi·ter | mi·tre /máɪtər/ *n* **1 a** 〘キ教〙司教[主教]冠, ミトラ, マイター; 司教の職[地位]. **b** 《古代ギリシア女性の》革製ヘッドバンド. **c** 《古代ユダヤ教大祭司の》儀式用かぶりもの. **d** 煙突のおおい[笠]. **2** 〘木工〙留め仕口; MITER JOINT; MITER SQUARE; 〘洋裁〙斜めはぎ. **3** 〘貝〙フデガイ科 (Mitridae) の貝 (=~ **shèll**)《暖海産で紡錘形の殻をもつ》. ► *vt* **1** 司教に任ずる. **2** 〘木工〙留め継ぎにする, 留め仕口に切る; ‹布›に斜めはぎする. ► *vi* 留め継ぎになる. ♦ **mí·ter·er** *n* [OF, ‹Gk *mitra* turban]
míter blòck 〘木工〙留めを作るための溝つき角材.
míter bòx 〘木工〙《のこを適当な斜角に固定するための》留め継ぎ箱, 留め切り盤.
mí·tered *a* 司教冠をかぶった; 司教冠状の頭部を有する.
míter gèar 〘機〙マイター歯車 (2 軸が直角をなす).
míter jòint 〘木工〙留め, 留め継ぎ《直角などで相接する板を額縁のかどのように二等分角で継ぐ》.
míter squàre 〘木工〙《留め継ぎ用》45 度定規.
míter whèels *pl* 〘機〙マイターホイール《互いに斜めになった面をもつ cogwheels》.
míter·wòrt, mítre- *n* 〘植〙**a** チャルメルソウ (=*bishop's-cap*)《ユキノシタ科》. **b** 米国南西部産のフジウツギ科の一年草.
Mit·ford /mítfərd/ ミットフォード (**1**) **Mary Russell** ~ (1787–1855)《英国の小説家・劇作家; 田園生活を描いた随筆集 *Our Village* (1824–32) で知られる》 (**2**) **Nancy** ~ (1904–73)《英国の作家; 貴族社会の生活をウィットに富んだ筆致で描く自伝的小説 *Pursuit of Love* (1945), *Love in a Cold Climate* (1949) など》 (**3**) **William** ~ (1744–1827)《英国の歴史家; *History of Greece* (1784–1810)》.
mith·an /míθən/ *n* (*pl* ~) 〘動〙ガウア (gaur).
mith·er[1] /míðər/ *n* 《スコ》MOTHER[1].
mi·ther[2] /máɪðər/ ″《方》*vi* ぼやく, ガタガタ言う. ► *vt* MOIDER.
Mith·gar·thr /míðgɑ̀ːrðər/ MIDGARD.
Mith·ra·da·tes, -ri- /mìθrədéɪtiz/ ミトラダテス, ミトリダテス ~ **VI Eu·pa·ter** /júːpeɪtər/ (d. 63 B.C.)《Anatolia 北部の Pontus 王 (120–63); 通称 '~ the Great'; 近隣の小国を併合して版図を拡大, 小アジアにおけるローマの覇権に抵抗した》.
Mith·rae·um /mɪθríːəm/ *n* (*pl* **-raea** /-ríːə/, **~s**) ミトラ神殿.
mith·ra·mýcin /mìθrə-/ *n* 〘薬〙ミトラマイシン《2 種の放線菌 *Streptomyces argillaceus* および *S. tanashiensis* から得られる抗腫瘍抗生物質》. [ML *mithri*datum antidote]
Mith·ras /míθræs/, **-ra** /-rə/ 〘ペルシア神話〙ミトラ《太陽神・光明神でまた戦闘の神; 1–3 世紀のローマ帝国でも崇拝された》. ♦ **Mith·ra·ic** /mɪθréɪɪk/ *a* ミトラ神の, ミトラ信仰の. **Mith·ra·ism** /míθrəɪz(ə)m, -reɪɪz(ə)m/ *n* ミトラ神礼拝, ミトラ教. **-ist** *n* ミトラ神礼拝者. **Mìth·ra·ís·tic** *a*
mith·ri·date /míθrədèɪt/ *n* 〘古医〙耐毒剤, 抗毒剤.
Mithridates ⇨ MITHRADATES.
mith·ri·da·tism /míθrədèɪtɪz(ə)m, *⌐―⌐―⌐―, ″mɪθrídə-/ *n* 〘医〙ミトリダート法《毒の服用量を漸増することで免疫を得る法》. ♦ **mìth·ri·dát·ic** /-dǽt-, -déɪ-/ *a* [*Mithridates* この方法をみずから実践したという]
mith·ri·da·tize /míθrədèɪtàɪz, ⌐―⌐―; mɪθrídətàɪz/ *vt* …に免毒性を養う.
mi·ti·cide /máɪtəsàɪd/ *n* ダニ殺し剤, 殺ダニ剤 (acaricide). ♦ **mìt·i·cíd·al** *a*
mit·i·gate /mítəgèɪt/ *vt* 緩和する, 軽減する, 和らげる. ► *vi* 和らぐ, 緩和する; 《非標準》MILITATE ‹*against*›. ♦ **mít·i·gà·tive** *a* 緩和的な. **mít·i·gà·tor** *n* 緩和者, 緩和剤; 〘法〙軽減事由. **mit·i·ga·to·ry** /mítɪgətɔ̀ːri; -gèɪt(ə)ri/ *a* [L (*mitis* mild)]
mít·i·gàt·ing círcumstance [°*pl*] 〘法〙《損害賠償額・刑期を軽減するための》責任軽減事由, 酌量すべき情状: plead ~ 責任軽減の答弁を行なう, 情状酌量を請う.
mìt·i·gá·tion *n* 緩和, 鎮静; 《刑罰の》軽減, 減免: in ~ 罪を軽減するものとして, 過失に対する責任を軽くするものとして.
Mitilíni ⇨ MYTILENE.
mí·tis (mètal) /máɪtəs(-), míː-/ 《錬鉄に少量のアルミニウムを加えて溶かした》可鍛鋳鉄.
mit·nag·ged /mìtnɑːgéd/, **mis·na·gid, -ged** /mɪsnɑ́ːgəd/ *n* (*pl* **mit·nag·ge·dim** /mìtnɑːgədíːm/, **mit·nag·dim** /mìtnɑːgdíːm/, **mis·nag·dim** /mɪsnɑ́ːgdəm/) [°M-] ミトナグド, ミトナグディム《1700 年代から 1800 年代にかけてハシディズム (Hasidism) に反対したロシア・リトアニアなどの正統派ユダヤ教徒》; 反ハシド派ユダヤ教徒 (non-Hasid). [Heb=opponent]
mitochondrial DNA /―´― dìːɛ̀néɪ/ 〘生化〙ミトコンドリア DNA《ミトコンドリアのマトリックス中にある DNA; 略 mtDNA》.
mi·to·chon·dri·on /màɪtəkɑ́ndriən/ *n* (*pl* **-dria** /-driə/) 〘生〙《細胞内の》糸粒体, ミトコンドリア (=*chondriosome*). ♦ **-dri·al** *a* [Gk *mitos* thread, *khondrion* (dim) ‹ *khondros* granule]
mi·to·gen /máɪtəʤən/ *n* 〘生〙(有糸)分裂促進[誘発]物質[因子]. ♦ **mi·to·gen·ic** /màɪtəʤénɪk/ *a* (有糸)分裂促進[誘発]性の. **mi·to·ge·nic·i·ty** /màɪtəʤənísəti/ *n*
mìto·génesis *n* 〘生〙有糸分裂生起. ♦ **-genétic** *a*
mi·to·mýcin /màɪtoʊ-/ *n* 〘生〙マイトマイシン (**1**) 東京都渋谷区の土壌から抽出された放線菌 *Streptomyces caespitosus* から得られる抗生物質の複合体 **2**) 1) の構成要素 (=~ **C** /―´― síː/); DNA 合成を阻害し, 抗腫瘍薬として一部の癌の一時的軽減のために用いる》.
mi·tose /máɪtòʊs/ *vi* 〘生〙有糸分裂する.
mi·to·sis /maɪtóʊsəs/ *n* (*pl* **-ses** /-sìːz/) 〘生〙《細胞の》有糸分裂 (cf. AMITOSIS). ♦ **mi·tot·ic** /maɪtɑ́tɪk/ *a* **-i·cal·ly** *adv* [NL (Gk *mitos* thread)]
mí·to·spòre /máɪtə-/ *n* 〘生〙栄養胞子.
mi·trail·leur /mìːtrajə́ːr; *F* mitrɑjœːr/ *n* 機関銃手.
mi·trail·leuse /mìːtrajə́ːrz; *F* mitrɑjøːz/ *n* 《旧式の》後装式機関銃; 機関銃.
mi·tral /máɪtr(ə)l/ *a* 司教冠状の, 僧帽状の; 〘解〙僧帽弁の. [MITER]
mítral vàlve 〘解〙僧帽弁 (bicuspid valve).
mitre ⇨ MITER.
mitrewort ⇨ MITERWORT.

mí·tri·fòrm /máıtrə-/ *a* 司教冠 (miter) 状の.
Mits·'i·wa /mıtsí:wà:/ ミツィワ《MASSAWA の別称》.
mitsvah ⇨ MITZVAH.
mitt /mít/ *n* **1 a**《指先だけ残して前腕までおおう》婦人用長手袋; MITTEN;〘野〙ミット;《口》ボクシング用グラブ. **b***《俗》手錠;*《俗》逮捕. **c** [°*pl*]《俗》こぶし, 手;*《俗》手相見 (mitt reader). **2** [the] *《俗》慈善(宗教)団体. ● **give** [**hand**] **sb the frozen ~**《俗》人によそよそしく[冷たく]する (cf. FROZEN MITT). **tip one's ~**=《俗》show one's HAND. ► *《俗》*vt* …と握手する; なぐる, …に一発くらわす; 逮捕する;〘ボク〙《自信を示して[勝利のしるしに]》〈組んだグラブの手を〉頭上高々と挙げる, 〈観衆〉に向かって組んだ手を頭上高々と挙げる. [*mitt*en]
mítt càmp*《俗》《お祭りなどでの》手相見屋.
Mit·tel·eu·ro·pa /mìt(ə)ljuəróupə; *G* mıtlɔʏró:pa/ *n* 中部ヨーロッパ, 中欧 (Central Europe). ► *a* 中部ヨーロッパの, 中欧的な. ♦ **-eu·ro·pé·an** /-juərəpí:ən/ *a, n*
Mít·tel·land Canál /*G* mítllant-/ [the] ミッテルラント運河《ドイツ中北部の Rhine 川と Elbe 川を連絡する》.
mit·ten /mítn/ *n*《親指だけ離れた》二叉手袋, ミトン; MITT《婦人用》; [*pl*]《俗》ボクシンググラブ; [*pl*]《俗》なぐり合い; [*pl*]《俗》手錠, ワッパ. ● **get** [**give**] **the** (**frozen**) **~**《俗》ふられる[ふる];《俗》お払い箱になる[する]. **handle without ~s** 容赦なく扱う, ひどいめにあわせる. ♦ **mít·tened** *a* [OF (L *medietas* half); ⇨ MOIETY]
mítten cràb〘動〙チュウゴクモクズガニ, 'シャンハイガニ' (=**Chínese mítten cràb**)《柔毛でおおわれたはさみをもつ, イワガニ科の緑がかったオリーブ色のカニ; アジア原産》.
Mit·ter·rand /*F* miterɑ̃/ ミッテラン **François(-Maurice-Marie) ~** (1916–96)《フランスの政治家; 社会党第一書記 (1971–81), 大統領 (1981–95)》.
mítt-glòm·mer, -glàum·mer /-glɔ̀:mər/, **-glàh·mer** /-glà:mər/ *n**《俗》やたら握手する人, 腰が低すぎる人, 追従する人, 人気取りの政治家, おべっか使い.
mit·ti·mus /mítəməs/ *n*〘法〙収監令状;〘史〙訴訟記録送致令状; 解雇(通知) (dismissal). [L=we send]
mítt jòint*《俗》MITT CAMP.
mítt rèader*《俗》手相見, 運勢判断屋.
Mit·ty /míti/, **Wálter Mítty** 空想にふけって自分をとてつもない英雄に仕立てる小心者, 途方もない空想にふける人物. ♦ **Mìtty-ésque** *a* **Wálter Mítty·ish** *a* [James Thurber の短篇 *The Secret Life of Walter Mitty* (1939) の主人公から]
mi·tum·ba /mıtúmbə/ *n*《アフリカ東部・中部》《特に 欧米の援助団体から寄付された》古着. [Swahili=bales (of cloth)]
mity /máıti/ *a* ダニ (mite) の(ような).
mitz·vah, mits·vah /mítsvə, -vɑ:/ *n* (*pl* **-voth** /-vòut, -θ, -s/, **~s**)〘ユダヤ教〙聖書[律法学者]の戒律;《戒律に従った》善行;《広く》りっぱな行ない, 善行: BAR [BAT] MITZVAH. [Heb=commandment]
miv·vy /mívi/ *n*"《俗》(…の)うまい[得意な]やつ, 達人, 名人.
Mi·wok /mí:wɑ̀k/ *n* **a** (*pl* **~, ~s**) ミウォク族《California 州 Sierra Nevada の西斜面から太平洋にかけて住んでいたインディアン》. **b** ミウォク語.
mix /míks/ *vt* **1 a** 混ぜる, 混合する, 混入する;〈セメント・水・骨材などを〉混練(こんれん)する: ~ flour and milk together 小麦粉と牛乳を混ぜる / ~ water *with* [*in, into*] whiskey ウイスキーを水で割る. **b**《成分を混ぜて》作る, 調合する, 配合する〈*with, in*〉: ~ a poison 毒薬を調合する / ~ a salad サラダを作る. **c**〘電〙〈信号などを〉混合する,〈音声・映像を〉ミキシングする, ミックス[トラック]ダウン (mixdown) する;〘映〙〈フィルムを〉つなぐ;《クラブの DJ などが》2 枚のレコードを手で回して独自の曲に再構成する. **2**〈人びとを〉交わらせる〈*in, into*〉;〈動物・植物を〉交配する. **3**〈異質のものを〉結びつける (mingle), いっしょ[ごっちゃ]にする, 合わせる〈*with, and*〉: ~ business *with* [*and*] pleasure 仕事と楽しみを結びつける. ► *vi* **1** 混ざる, 混合する: Oil and water won't ~.=Oil will not ~ *with* water. 油と水とは混ざらない. **2 a**〈人と〉交わる, つきあう, うまくやっていく, うちとける〈*with, in*〉: The husband and wife do not ~ well. あの夫婦は折り合いが悪い / not ~〈物事が〉両立しない, なじまない, いっしょにするとまずい[危険だ]. **b** かかわる〈*in*〉: ~ *in* society [politics] 社交界に出入りする[政治に首を突っ込む]. **3** 交配する. **4***《俗》けんかをする, なぐり合う. ● **be** [**get, become**] **~ed up** 頭が混乱する, 情緒不安定だ, (精神的に)参る (⇨ MIXED-UP); 酔っぱらっている;〈よからぬ事[人]に〉関係する, 掛かり合いになる, 手を出す, 巻き込まれる, つきあう〈*in, with*〉. **~ and match**《多様なものから選んで》うまく組み[取り]合わせる,《服装などの》異質な組合わせを試す. **~ in** よく混ぜ合わせる[混ざる];〈人と〉交わる〈*with*〉;《口》けんかをおっぱじめる. **~ it**《口》(1) MIX it up. (2)〈人に〉いたずらをする,〈人を〉困らす〈*for*〉. **~ it up**《口》なぐり[渡り]合う, やり[言い]合う〈*with*〉,〈ボクサーが〉(クリンチせずに)よく打ち合う; 競う, 競り合う;〈人と〉つきあう〈*with*〉. **~ one's drinks** 酒をちゃんぽんに飲む. **~ up** よく混ぜ合わせ(て作)る〈*with*〉; 混乱させる, ごちゃごちゃにする; 混乱[困惑, 動揺]させる; 混同する, いっしょくたにする〈*with*〉; [ᵘ*pass*/~ *-self*]〈悪事に〉かかわらせる〈*in, with*〉(⇨ be MIXED up): ~ *up* the twins ふたごを取り違える.
► *n* **1 a** 混ぜること, 混合, 配合, 調合; 混合物, 配合物, 調合物; 混合比, 配合比, 調合比. **b** ミキシング(録音[録画, 編集]); ミキシング(録音)した CD [レコード, テープ], ミックスダウンした曲[バージョン]. **2 a**《ケーキ・パイなどの》混合インスタント材料, …ミックス: CAKE MIX. **b** 酒を割る飲料 (=*mixer*)《ソーダ水・ジンジャーエールなど》. **3**《口》混乱, ごたごた;《異質のものの》組合わせ,《多彩な》集まり〈*of*〉: a rich ethnic ~ 多彩な民族の集まり / a poisonous ~ *of* news さまざまな不快きわまるニュース.
♦ **~·able** *a* [逆成〈*mixed*, ME *mixt*, <L (*misceo* to mix); *mixed* を pp と誤ったもの]
Mix·co /mí:skou/ ミスコ《グアテマラ中南部の市; グアテマラ市の郊外都市》.
míx·dòwn *n*〘音響〙ミックスダウン《マルチトラック録音からミキシングによって単一トラックのプログラムを制作すること》.
mixed /míkst/ *a* **1 a** 混交[混合, ミックス]した, 取り[詰め]合わせた〈食べ物〉, 混成の, 雑多な (opp. *pure*); 相容れない[相反する]要素の混ざった[を伴った];〘金融〙〈市況が〉高値安値の混ざった, 動きがまちまちの: ~ spice 混合スパイス / a ~ brigade 混成旅団 / ~ motives いろいろ雑多な動機 / have ~ FEELINGS / (a) ~ message 矛盾した内容を含む情報, 人を惑わすメッセージ. **b** 種々雑多の人間からなる, 怪しげな人物の交じった; 異種族間の, 混血の, 交配した〈血統〉; 男女混合の, 男女共学の,〘楽〙混声の: a person of ~ blood 混血の人 / ~ bathing 混浴 / in ~ company 男女同席の場で / a ~ school 共学校 / a ~ chorus 混声合唱. **c**〘音〙中央の (central)〈母音〉: ~ vowels あいまい母音; 混合母音 (/y/ /œ/ など前舌で円唇, 後舌で非円唇の母音). **d**〘数〙整数と分数[小数]を含む;〈代数式が〉多項式と有理分数式からなる: ~ fraction 帯[混]分数 / ~ decimal 帯小数 / MIXED NUMBER. **e**〘植〙〈花序が〉複合の《密錐花序のように, 有限花序と無限花序が重複する》. **f**〘法〙争点などが複合した, 混合した《特に personal action と real action の, または法律問題と事実問題の》: MIXED NUISANCE. **2**《口》頭[気持]の混乱した, 酔った: be MIXED up (成句). ♦ **~·ness** /míksədnəs, míkst-/ *n* ごたごた, 混合, 混成.
míxed-abílity *a* 能力混成(方式)の.
míxed ácid〘化〙混酸《硫酸と硝酸の混合物》.
míxed álphabet《暗号などに使う》換字式[法]アルファベット.
míxed bág《口》《人・ものの》寄せ集め, (ピンからキリまでの)ごたまぜ; 長短半ばする事柄, 賛否両論: a ~ of… 雑多な…, さまざまな….
míxed bléssing 大いに有利であるがまた大きな不利もある事態, ありがたいようなありがたくないようなこと[もの], 痛しかゆし.
míxed-blóod* *n* 混血の人.
míxed búd〘植〙混芽《花だけでなく枝葉も生じる芽; cf. FLOWER [FRUIT, LEAF, SIMPLE] BUD》.
míxed búnch MIXED BAG.
míxed chálice〘教会〙儀式用にぶどう酒に水を加えた聖杯.
míxed crýstal〘晶〙混晶, 固溶体.
míxed dóubles [〈*sg*〉]〘テニスなど〙混合[ミックス]ダブルス.
míxed drínk 混合酒, カクテル.
míxed ecónomy 混合経済《国民経済の中で, 民間部門と並び公共部門の占める割合が増大している状態》.
míxed fárming 混合[穀草式, 牧畑]農業《同一農場で売却用作物・飼料用穀物・家畜類を混合経営する》.
míxed-flòw túrbine 混流[斜流]タービン《軸流 (axial flow) と半径流 (radial flow) を組み合わせ, 回転軸に対し水が斜めに流れる》.
míxed gríll ミックス(ト)グリル《焼いたラムチョップ・ポークソーセージ・レバー・トマト・マッシュルームなどの盛合わせ料理》.
míxed lánguage 混交言語《pidgin, creole, lingua franca など》.
míxed márriage 異なった宗教・人種間の結婚, 混血婚, 異宗[混信]結婚.
míxed mártial árts 総合格闘技《蹴り・パンチ・投げ技・寝技などさまざまな技が許される格闘技》.
míxed média 1 MULTIMEDIA. **2**〘画〙《えのぐ・クレヨンなど》異なった材料で描いた絵. ♦ **míxed-média** *a*
míxed métaphor〘修〙混喩《2 つ以上の不調和な[矛盾する] metaphors の混用; たとえば, boil down to…, to the bone, get down *to* brass tacks をまぜこぜにして When you *boil* it right *down* to *brass tacks*…「煮詰めて骨だけにすると」と言うなど》.
míxed nérve〘生理〙混合神経《知覚と運動の両神経繊維からなる》.
míxed núisance〘法〙混合不法妨害《PUBLIC NUISANCE で同時に PRIVATE NUISANCE となるもの》.
míxed númber〘数〙混数《帯分数および帯小数》.
míxed títhe〘英法〙混合十分の一税《家畜類からの収益に対する税》.
míxed tráin《客車と貨車の》混合[混成]列車.
míxed-úp *a*《口》頭が混乱した, 情緒不安定の: a crazy ~ kid 情緒的におかしい子.
míxed-úse *a*〈建物などが〉多目的な.
mix·en /míks(ə)n/ *n*"《方・古》糞[ごみ, こやし]の山. [OE]
míx·er *n* **1** 混合する人; 混合機, ミキサー,《料理用の》攪拌器, 泡立て器: a cement ～ セメントミキサー. **2 a**〘電子工〙ミキシング装置, ミクサー, ミキサー《2つ以上の入力信号を一つの出力信号にする装置》. **b**〘映・テレビ〙ミキサー《録音する音[音声]を調整する技術者》. **3**《口》人づきあいの…な人; *《口》親睦会, 《パーティーなどで》出会いのきっかけをつくるためにするゲーム[ダンスなど]: a bad [good] ～ 交際べた[じょうず]な人. **4**《口》ウイスキーなどを割る飲料, ミクサー《ソーダ水・ジンジャーエールなど》. **5**"《口》ごたごたを起こす人.

míxer tàp" MIXING FAUCET.

míx·ing bòwl ミキシングボウル《料理の材料を混ぜ合わせるためのボウル》.

míxing dèsk ミキシングデスク, 調整卓《レコーディングや放送の際に音信号をミックスするコンソール》.

míxing fàucet*(湯水)混合水栓, 混合蛇口.

míxing vàlve《湯と水の》混合弁.

-mix·is /míksəs/ *n comb form* (*pl* **-mix·es** /míksì:z/)〘生〙「両性配偶子の接合」(cf. -GAMY): apo*mixis*, endo*mixis*. [NL＜Gk (*mixis* act of mixing)]

Míx·màster〘商標〙ミックスマスター《料理用ミキサー》; ディスクジョッキー. [*mix*＋*master*]

mix·ol·o·gy /mɪksáləʤi/ *n*《俗》カクテル技術. ♦ **-gist** *n*《俗》(カクテル作りのうまい)バーテン.

Mixo·lýd·i·an móde /mìksəlídiən-/〘楽〙ミクソリディア旋法《(1) ギリシア旋法の一つ; ピアノの白鍵でローロの下行音列 (2) 教会旋法の一つ; ピアノの白鍵でトートの上行音列》. [Gk＝half-Lydian (⇨ MIX); cf. LYDIAN MODE]

mixt /míkst/ *a* MIXED.

míx·tàpe *n* ミックステープ《さまざまな音源をミックスして収録したカセットテープや CD》.

mixte /míkst/ *a, n* ミキスト型の(自転車[フレーム])《crossbar がなく, ハンドル軸と後車軸を両側面の湾曲フレームでつないだ型の自転車[フレーム]についていう; 普通は女性・子供用》. [F＝mixed]

Mix·tec /mistέk, mɪs-, miʃ-, mɪʃ-/, **Mix·te·co** /mistéɪkoʊ, -tέk-/ *n* **a** (*pl* ～, ～**s**) ミステク族《メキシコ Oaxaca 州のアメリカインディアン》. **b** ミステク語.

Mix·téc·an *a*〘言〙ミステク語族の《アメリカインディアンの言語の一語族》.

mix·ter-max·ter /míkstərmǽkstər/《スコ》*a, n* ごっちゃになった(もの), ごたまぜ(の).

mix·ture /míksʧər/ *n* **1** 混合, 混和, 混交; 感情の交錯. **2** 混合物; さまざまな資質の入りまじった人;〘薬〙混合(水)薬, 合剤; 混色織の織物, 霜降;〘化〙混合物; 《内燃機関内の》混合気[ガス]; 混合比: a smoking ～ 混合タバコ / Air is a ～ *of* gases. 空気は諸気体の混合物である. **3**〘楽〙ミクスチュアストップ《オルガンの混声を出す音栓》.
● **the ～ as before**〘薬〙処方前回どおり; [*fig*] あいもかわらぬ対策[処置]. [OF or L; ⇨ MIX]

míx-ùp *n* 混乱, 混同, 手違い; 《新生児などの》取り違え; MIXTURE; 《口》なぐり合いのけんか, 乱闘.

Mi·zar /máɪzὰ:r/〘天〙ミザル《おおぐま座のζ星; 2.3 等; 連星》.

Mi·zo·ram /mɪzɔ́:rəm/ ミゾラム《インド北東部の州; もと連邦直轄地 (1972–86); ☆Aizawl》.

Miz·pah /mízpə/〘聖〙ミズパ, ミツパ, '物見やぐら'《Jacob と Laban が契約を交わした際に積み上げた石塚; *Gen* 31: 49》.

Miz·ra·chi, -ra·hi /mɪzrá:xi/ ミズラヒ(教団)《1902 年に結成された正統ユダヤ教徒によるシオニズム運動の団体》.

mi·zu·na /mɪzú:nə/ *n*〘植〙ミズナ(水菜), キョウナ(京菜) (＝～ **grèens**). [Jpn]

miz·zen, miz·en /míz(ə)n/〘海〙*n* ミズンスル (＝～-**sàil**)《後檣(こうしょう)に張る縦帆》; MIZ(Z)ENMAST. ► *a* 後檣の, 後檣用の: a ～ rigging 後檣索具 / a ～ top 後檣楼. [F *misaine*＜It; ⇨ MEZZANINE]

míz(z)en·màst /, (海) -məst/ *n*〘海〙ミズンマスト《2–3 檣船の後檣, 4–5 檣船の第 3 檣》.

mízzen·yàrd *n*〘海〙ミズンヤード《ミズンスルを張る帆桁》.

miz·zle[1] /míz(ə)l/ *n, vi* "《俗》逃亡(する), 消える. ● **do a ～** "《俗》ずらかる. [C18＜?]

mizzle[2] *n, vi*《方》霧雨(が降る) (drizzle). [ME＜? LG *miseln*]

míz·zly *a* 霧雨の降る; 霧雨のような.

MJ /έmʤéɪ/ *n* *《俗》MARIJUANA.

Mjöl(l)nir ⇨ MIÖLNIR.

mk, Mk (*pl* **mks, Mks**)〘通貨〙mark. **Mk** mark《車種などを示す; 例 *Mk* II》♦〘聖〙Mark. **mks, MKS**〘理〙meter-kilogram-second. **mkt** market. **mktg** marketing. **ml** mile(s) ♦ milliliter(s). **mL**〘光〙millilambert(s) ♦ milliliter(s).

Ml megaliter(s). **MLA** Member of the Legislative Assembly ♦ Modern Language Association (of America).

m'lady ⇨ MILADY.

MLB Major League Baseball. **MLC** Member of the Legislative Council. **MLD** °median lethal dose ♦ minimum lethal dose 最小致死量 ♦ moderate learning difficulties 中度の学習困難. **MLF** multilateral (nuclear) force. **MLG** °Middle Low German. **MLitt** [L *Magister Litterarum*] "Master of Letters. **MLK** Martin Luther KING, Jr.: ～ day＝MARTIN LUTHER KING DAY.

Mlle (*pl* **Mlles**) Mademoiselle.

m'lord ⇨ MILORD.

MLowG °Middle Low German.

MLR °minimum lending rate.

MLS Major League Soccer ♦ Master of Library Science.

m'lud ⇨ LUD.

MLW mean low water.

mm /m̩m̩/ *int* ウーン, ウーム, ムム《あいづち・思案・ためらい・疑念などを示す; また食べ物・料理に満足なときの発声》. [imit]

mm measures ♦ millimeter(s). **m.m.** °mutatis mutandis.

MM〘楽〙Maelzel's metronome メルツェルメトロノーム《振子式の標準的なメトロノーム》♦ Messieurs ♦〘英〙Military Medal.

Mma·ba·tho /mɑ:bá:toʊ/ ムマバト《南アフリカ共和国北部 North-West 州北部の町・旧州都; 旧 Bophuthatswana の首都》.

MMC〘英〙°Monopolies and Mergers Commission. **Mme** Madame. **Mmes.** Mesdames.

mmf, MMF °magnetomotive force.

mmm /m̩m̩m̩/ *int* MM: *M*～...suds! ウーンいやだな. [imit]

MMO(G) massively multiplayer online (game) 多人数同時参加型オンライン(ゲーム)《数百人以上のプレイヤーが同時に参加するオンラインゲーム》. **MMORPG** massively multiplayer online role-playing game 多人数同時参加型オンライン RPG《MMOG のうち RPG 分野のもの》. **MMPI** °Minnesota Multiphasic Personality Inventory. **MMR**〘医〙measles-mumps-rubella《この 3 種の混合生ワクチン》. **MMS** Multimedia Messaging Service マルチメディア・メッセージング・サービス《SMS を発展させた携帯電話の送受信サービス; カラー画像や動画にも対応している》.

MMT /έmὲmtí:/ *n*〘化〙MMT《有機金属化合物; オクタン価を高めるためにガソリンに加える》. [*m*ethylcyclopentadienyl *m*anganese *t*ricarbonyl]

MMus Master of Music. **Mn**〘化〙manganese.

MN °magnetic north ♦〘英〙°Merchant Navy ♦ Minnesota.

MNA〘カナダ〙Member of the National Assembly《Quebec の》州議会議員.

M'Naghten Rules ⇨ MCNAGHTEN RULES.

MNC multinational corporation [company] 多国籍企業.

MnE °Modern English.

mne·me /ní:mi/ *n* **1**〘心〙ムネメ《個人の記憶と種の記憶を合わせたもの》. **2** [M-]〘ギ神〙ムネメ《記憶の女神》. [Gk *mnēmē* memory]

mne·mon /ní:mὰn/ *n* 記憶素《脳・神経系における情報の最小単位》. [↑, *-on*]

mne·mon·ic /nɪmánɪk/ *a* 記憶をたすける; 記憶(術)の: a ～ system 記憶法 / ～ rhymes 憶え歌. ► *n* 記憶をたすける工夫《公式・憶え歌など》;〘電算〙《アセンブリー言語の》記憶用(命令)コード, ニーモニック. ♦ **-i·cal·ly** *adv* [L＜Gk (*mnēmōn* mindful)]

mne·món·ics *n*〘心〙記憶術.

mne·mon·ist /ní:mənɪst/ *n* 記憶術の専門家; 記憶の達人.

Mne·mos·y·ne /nɪmás(ə)nì:, -máz-/〘ギ神〙ムネーモシュネー《記憶の女神; Zeus との間にムーサたち (nine Muses) を産んだ》.

-mne·sia /(m)ní:ʒ(i)ə/ *n comb form*「…な記憶(型[状態])」[NL (語頭消失)＜*amnesia*]

M0 /έmnɔ́:t/ ⇨ M zero の位置を見よ.

mo[1] /móʊ/ *n* (*pl* ～**s**)《口》わずかの間 (moment): Just [Half] a *mo*. ちょっと待って. [*mo*ment]

mo[2] *n*《豪俗》MUSTACHE: CURL the *mo*.

mo[3] *n* *《俗》ホモ (homo).

Mo モー《男子名; Moses の愛称》.

-mo /mòʊ/ *n suf*「《紙の》…折り(判)」: sixteen*mo*, duodeci*mo* (cf. FOLIO). [L; 序数詞の abl sing masc 語尾]

mo. (*pl* **mos.**) month. **m.o., MO** °mail order ♦ °money order. **Mo**〘化〙molybdenum. **Mo.** Missouri ♦ Monday.

MO〘電算〙magneto-optical 光磁気〈ディスク[ディスクドライブ]〉♦〘英〙°Mass Observation ♦ °Medical Officer ♦ °Meteorological Office ♦ Missouri ♦ °modus operandi.

moa /móʊə/ *n*〘古生〙モア, 恐鳥《絶滅したニュージーランド産の無翼の巨鳥》. [Maori]

Mo·ab /móʊæb/ **1**〘聖〙モアブ《Lot とその第 1 の娘との間にできた息子でモアブ人(びと)の先祖; *Gen* 19: 37》. **2** モアブ《死海の東の古王国》. [Heb＝progeny of a father]

Mo·ab·ite /móʊəbὰɪt/ *n* モアブ人《Moab の子孫の古代セム人; モアブ王国の住民》; モアブ語. ► *a* モアブの; モアブ人[語]の. ♦ **Mó·ab·ìt·ess** *n fem* **Mó·ab·ìt·ish** *a*

móa hùnter モア狩猟人《8–15 世紀ころのニュージーランドの初期マオリ人; moa を狩って食料とした》.

mo·ai /móʊὰɪ/ *n* モアイ《Easter 島の祭礼用人物像; 特に 10–15 世紀の巨大石像群が有名; ほかに ～ kavakava (男), ～ paepae (女) と呼ばれる小木像がある》.

moan /móʊn/ *vi* うめく, うなる; 〈風などが〉うなるような音を出す; 不平[ぐち]を言う, 嘆く, ぼやく〈*about*〉: ～ and groan ぶつくさとこぼす; うんうんとうめく. ► *vt* 〈不幸などを〉嘆く, 〈死者を〉悼み悲しむ; うめくように言う ‹*out*›. ► *n* 《苦痛・悲しみ・快感の》うめき; 《風・水などの》うなり声, 悲しげな声; 不平(屋), 嘆き: have a good ～《口》さんざん文句を言う[つける], 不平たらたらである. ● **make** (one's) ～《古》不平を訴える. **put on the** ～*《俗》不平を言う. ♦ **～·er** *n* **～·ing·ly** *adv* [OE *mān; cf. OE *mǣnan* to grieve over]

móan·ful *a* 悲嘆に暮れた; 悲しげな. ♦ **～·ly** *adv*

Móan·ing Mínnie [°m- M-] ぶつくさ[キーキー]ミニー《(1) 口を開けば不平をたれるやつ 2) 第二次大戦時のドイツ軍の迫撃砲(弾); 発射されると金切り声のような音を発した 3) 第二次大戦時に英国で使われた空襲警報サイレン》.

moat /móut/ *n* 《城・都市などのまわりに掘った》濠(ほり); 《地理》モート《(1) 海山のふもとの周縁凹地 2) 火山円錐丘のまわりの谷状凹地 3) 氷河の周縁凹地》. ► *vt* 〈城・町など〉に濠をめぐらす. ♦ **～·ed** *a* **～·like** *a* [OF *mote* mound]

mob[1] /máb/ *n* **1 a** 暴徒, 活動的群衆, 乱衆, モッブ; やじ馬連; [‹*a*›] 群衆(特有)の, 暴徒による: ～ psychology 群集心理 / MOB LAW [RULE]. **b** [the] [*derog*] 大衆, 下層民, 民衆 (the masses); [*derog*] 雑多なものの集まり; [‹*a*›] 大衆向けの, 大衆レベルの: a ～ appeal. **2** 《俗》悪者集団, ギャング, [°the M-] マフィア (Mafia), 犯罪組織, 暴力団; ʺ《口》グループ, 仲間; 《俗》部隊, 連隊: HEAVY MOB / SWELL MOB. **3** 《豪》**a** 動物の群れ, [*pl*] 大群 ‹*of* people etc.›: a ～ *of* sheep [cattle, kangaroos] 羊[牛, カンガルー]の一群. **b** [～s, ‹*adv*›] 大いに (a great deal): ～*s* better. ► *v* (**-bb-**) *vt* 群れをなして襲う; …にどっと押しかける[殺到する]; 寄り集まってやじる[喝采する]. ► *vi* 《暴徒となって》群がる, 騒ぐ. ● **be mobbed up***《俗》犯罪組織の手になる[とつながっている], 組織[暴力団]がからんでいる. ♦ **mób·bist, mób·ber** *n* [*mob*ile (L *mobile vulgus* excitable crowd)]

mob[2] *n* MOBCAP.

mób·bish *a* 暴徒のような; 無秩序な, 騒乱状態の.

mób·càp *n* モッブ(キャップ) (＝*mob*)《18-19 世紀流行のあご下で結ぶ婦人室内帽》. [*mob* (obs) slut]

mobe /móub/ *n* 《口》ケータイ, 携帯[移動]電話 (mobile phone).

mó·be pèarl /móubèɪ-/, **mo·bé pearl** /moubéɪ ─́─/ [°M-p-] MABE PEARL. [?]

mobey /móubi/ *n* MOBE.

mób-hánd·ed *a* ʺ《俗》集団で, 大勢で.

Mo·bil /móub(ə)l/ モービル(社) (～ Corp.)《米国の石油会社; かつてのメジャーの一つ; 1999 年 Exxon 社との合併により ExxonMobil 社となった》.

mo·bile /móub(ə)l, -bì:l, -bàɪl; -bàɪl/ *a* **1 a** 可動の, 移動[機動]性をもった, 移動[可搬]式の; 〈部隊など〉(あちこち)移動する; 機動力を用いた; 車に取り付けた, 移動販売の〈店〉; 《美》モビールの: a ～ force 機動部隊 / the ～ police 《警察の》機動隊 / ～ warfare 機動戦, 運動戦. **b** 交通の便がある, 《帰宅などの》足がある; 〈人が〉動きまわれる, 歩ける: Are you ～ tonight? **2 a** 〈心・表情など〉動きやすい, 変わりやすい, 〈人が〉気持の変わりやすい, 移り気な. **b** 順応性のある, 融通のきく; 感情の豊かな; 活動的な: ～ features 表情の豊かな顔だち. **c** *《俗》かっこいい, すてきな, かわいい, 渋い. **3** 《社》〈人・階層など〉地位の移りやすい, 流動的な, 移動性の(ある): downwardly [upwardly] ～《社会的地位が》下降[上昇]移動する, 貧困[富裕]化する. ► *n* /-bì:l; -bàɪl/ **1** モビール《(1)《美》風で動くように金属片[プラスチック片など]をいくつも天秤式につるした造形作品; cf. STABILE 2) これに似た装飾品》. **2** 動原; 可動物; 《機》可動装置; MOBILE LIBRARY; ʺMOBILE PHONE. [F<L=movable (*moveo* to move)]

Mo·bile /moubí:l, ─́─/ モビール《Alabama 州南西部の市; モビール湾北岸にある港町》.

-mo·bile /moubì:l, mə-/ *n comb form*「自動車」「サービスカー」[auto*mobile*]

Móbile Báy モビール湾《Alabama 州南西岸の, メキシコ湾の入江》. ■ the **Báttle of Móbile Báy** 《米史》モビール湾海戦《南北戦争中最大の海戦; 1864 年 8 月 Farragut 提督の指揮する北軍艦隊が南軍の防衛線を突破して湾内に突入, 南軍艦隊を撃破し, メキシコ湾を制圧した》.

móbile cómmerce M-COMMERCE.

móbile compúting 《電算》モバイルコンピューティング《携帯型の端末と携帯電話などを用い, 移動先からネットワークにつないでコンピューターを利用すること》.

móbile hóme モービルホーム《(1)*工場で生産された車輪のついた住宅; 通常は定住する目的で設置するものだが, 乗用車やトラックで引いて移動することも可能 2)ʺ大型キャンピングトレーラー》.

móbile líbraryʺ 移動図書館 (bookmobile*).

móbile phóne 移動[携帯]電話 (cellular phone).

móbile státion 《通信》移動(無線)局.

mo·bil·iary /moubílièri, -ljəri; -ljəri/ *a* 可動物の; 家具類の.

mo·bil·i·ty /moubíləti/ *n* **1** 可動性, 移動性, 易動性, 流動性; 歩行可能性; 《理》《粒子の》移動度; 《社》移動性; 《軍隊・艦隊などの》機動力. **2** 移り気.

mobílity allòwance 《英》移動手当《歩行困難な障害者に国が給付する福祉手当》.

mobílity hòusing 《福祉》歩行困難者用住宅.

mòbi·li·zá·tion *n* 流動化(作用); 動員; 流通; 《法》《不動産の》動産化; 《生》《染色体の》起動: industrial ～ 産業動員 / ～ orders 動員令.

mo·bi·lize /móubəlàɪz/ *vt* 《軍》動員する, 戦時体制にする; 〈資源・支持を〉結集する, 動員する; …に移動性をもたせる; 〈富などを〉流通させる; 《生理》〈組織内の貯蔵物質を〉動員する《血流中に放出する》; 《生》〈染色体を〉起動させる. ► *vi* 〈軍隊などが〉動員される, 出動する. ♦ **-lìz·able** *a* **-lìz·er** *n*

Mö·bi·us /mə́:biəs, méɪ-/ メービウス **August Ferdinand** ～ (1790–1868)《ドイツの数学者・天文学者》.

Möbius strip [band, loop], Moe- /─́─ ─́─/ 《数》メービウスの帯. [↑]

mób làw 暴民[衆愚]により敷かれた法; MOB RULE.

mo·ble /máb(ə)l/ *vt* 《古》《フードなどで》…の頭[顔]をすっぽり包む.

mo·bled /máb(ə)ld/ *a* すっぽりくるまれた, フードにおおわれたような.

mob·log /máblɔ̀(:)g, -blàg/ *n* モブログ, 携帯ブログ《携帯電話や携帯情報端末 (PDA) からネットに接続し, 短文や画像をアップロードして作る手軽なブログ》. ♦ **mob·lóg·ger** *n* **-lóg·ging** *n*

mob·oc·ra·cy /mabákrəsi/ *n* 暴民[衆愚]政治; 《支配層としての》暴民. ♦ **mob·ocrat** /mábəkræ̀t/ *n* 暴民政治家, 暴民のリーダー. **mòbo·crát·ic, -i·cal** *a*

mób rùle 暴民[衆愚]による支配, 暴民[衆愚]政治.

mób scène 《映画などの》群衆場面; *《俗》ひどく込み合った場所[パーティー].

móbs·man /-mən/ *n* MOB[1] の一人; ʺ《古》紳士風のスリ (swell-mobsman), スリ (pickpocket).

mób·ster *n**《俗》盗賊[ギャング]の一人, 暴力団員.

Mo·bu·tu Se·se Se·ko /məbú:tu séɪseɪ séɪkou/ **1** モブツ(・セセ・セコ) (1930–97)《ザイール (現コンゴ民主共和国) の政治家; 本名 Joseph-Désiré Mobutu; 大統領 (1965–97); 反乱で失脚し, 亡命先で死去》. **2** [Lake] モブツ(セセセコ)湖《ALBERT 湖の旧称》.

mo·by /móubi/ 《俗》*a* どえらく大きい[多い], 山のような, 複雑な, 圧倒的な. ► *n* 《kilobyte に対して》メガバイト (megabyte). [↓]

Mó·by-Díck /móubi-/ モービーディック《Melville の同名の小説 (1851) に登場し, Ahab 船長が追いかける白鯨》.

moc /mák/ *n* MOCCASIN《靴》.

MoC °mother of the chapel.

Moçambique ⇨ MOZAMBIQUE.

Mo·çâ·me·des /məsá:mədɪʃ/ モサメデス《NAMIBE の旧称》.

mo·camp /moukǽmp/ *n* 諸設備の整ったキャンプ場. [*mo*torist *camp*]

moc·ca·sin /mákəsən/ *n* **1** モカシン《北米インディアンの柔らかい(鹿)革靴, 底と側面・つまさきが一枚革; その形に似た靴》. **2** 《動》WATER MOCCASIN (に似た毒ヘビ). [AmInd (Algonquian)]

móccasin flòwer 《植》アツモリソウ属の多年草《米国東部産; Minnesota 州の州花》.

móccasin tèlegraph [tèlegram] 《カナダ口》うわさが広まること, 口コミ (the grapevine).

mo·cha /móukə; mákə/ *n* **1 a** モカ (＝～ **còffee**)《アラビア南西部の海港 Mocha から積み出すコーヒー》. **b** 《口》上等なコーヒー. **c** モカ《コーヒー(とチョコレート)で作る香味料》; モカ風味のケーキ[プディング]. **d** コーヒー色: ～ shoes. **2** 《アラビアヤギの》手袋用なめし革. **3** [M-] 苔瑪瑙(こけめのう) (moss agate) (＝～ **stòne**).

Mo·cha, Mo·kha /móukə; mákə/ モカ (*Arab* Mukhā)《イエメン南西部の, 紅海に臨む港町; 付近はコーヒーの産地》.

mo·chac·ci·no /mòukətʃí:nou, màkə-/ *n* (*pl* ～**s**) モカチーノ《チョコレートシロップまたはチョコレート風味を加えたカプチーノコーヒー》. [*mocha*＋cappu*ccino*]

mo·chi·la /moutʃí:lə/ *n* 革の鞍枠(くらぼね)おおい. [Sp]

mock /mák, *mɔ́:k/ *vt* **1** あざける, ばかにする; 無視する, 刃向かう, 挑戦する; まねてあざける, 茶化す; まねる. **2 a** 欺く, がっかりさせる. **b** 無効[むだ]にする, 〈企てなどを〉くじく: The high wall ～*ed* his hopes of escaping. 高い塀のため逃亡の望みを捨てざるを得なかった. ► *vi* あざける, なぶる ‹*at*›. ● ～ **up**…の実物大模型[モックアップ] (mock-up) を作る, 間に合わせに作る. ► *n* あざけり, ばかにすること; あざ笑いの的, 笑いもの; まね; まがいもの; [ᵘ*pl*]ʺ《口》模擬試験: make a ～ of [at] …をあざける; …をひやかす. ● **put the ～(s) on** 《豪》＝put the MOCKERS on. ► *a* まがいの, にせの; 〈テストなどが〉模擬の: ～ majesty からいばり / ～ modesty 見せかけの謙遜, おすまし / with ～ seriousness まじめくさったまねをして / a ～ trial [battle] 模擬裁判[戦]. ► *adv* [ᵘ*compd*] ふざけて, 偽って: ～-modest 謙遜ぶる / MOCK-HEROIC. ♦ **～·able** *a* **～·ing** *a* あざけるような; 嘲笑的な; (人を)ばかにした(ような). **～·ing·ly** *adv* あざけって, からかって. [OF *mocquer*<?]

móck dúck [góose] まがいガチョウ《セージ (sage) とタマネギのみじん切りを詰めた豚肉料理》.

móck-épic *n* 擬叙事詩 (mock-heroic).

móck·er[1] *n* あざける[あなどる]人, 滑稽にまねる人[もの]; MOCKINGBIRD. ● **put the ～(s) on**…ʺ《俗》…のじゃまをする, 中止させる; 不運をもたらす; からかう, あざける.

mocker² *n* 《豪口》 服 (clothes). ［C20<?］
móck·ered-ùp *a* 《豪口》 着飾って, めかしこんで.
móck·er·nùt *n* 〘植〙 モッカーナット (=～ **hìckory**) 《北米産のクルミ科ペカン属の落葉高木; ヒッコリーの一種; 種子は食用で甘い》.
móck·ery *n* **1** あざけり, ひやかし; あざわらいの的, 笑いもの: hold…up to ～ …をなぶり者にする / make a ～ of…をあざわらう, ばかにする, なぶり者にする. **2** にせ(もの), まがい(もの), くだらぬ模倣, 猿芝居; まるで不適当な[さまにならない]もの; 骨折り損, 徒労: a ～ of a trial 裁判のまねごと, 形式だけの(いんちき)裁判.
móck-heróic *a* 英雄風を茶化した; 戯作英雄詩体の《くだらないことを壮麗なことばで表現する》. ► *n* 戯作英雄詩 (=*mock-epic*). ♦ **-ical·ly** *adv*
mockie ⇨ MOCKY.
móck·ing·bìrd *n* 〘鳥〙 マネシツグミ《北米南部産; ほかの鳥の鳴き声をまねる》: A ～ has no voice of his own. 《諺》 マネシツグミには自分の鳴き声がない.
móck móon 〘気・天〙 幻月 (paraselene).
mock·ney" /mákni/ *n* えせコックニー, モックニー《コックニーの発音や語彙をわざとまねた話し方》. ［*mock*+cock*ney*］
móck órange 〘植〙 **a** バイカウツギ (philadelphus). **b** オレンジに似た数種の木《ゲッキツ (cherry laurel), オーセージオレンジ (Osage orange) など》.
móck sún 〘気・天〙 幻日 (parhelion).
mock·tail /máktèɪl/ *n* ノンアルコールカクテル, モクテル. ［*mock*+cock*tail*］
Móck Túrtle [the] にせ[まがい]ウミガメ, モックタートル《Lewis Carroll, *Alice's Adventures in Wonderland* に登場する, 子牛の頭をしたウミガメ》.
móck túrtleneck *モックタートルネック《(1) 折り返さないハイネックの襟 2) そのような襟のシャツ[セーター]》.
móck tùrtle sóup まがいタートルスープ《子牛の頭などを用いてタートルスープに似せたスープ》.
mock·u·men·ta·ry /màkjəméntəri/ *n* モキュメンタリー《ドキュメンタリー風に制作される諷刺映画・番組》. ［*mock*+docu*mentary*］
móck-ùp *n* 〘工〙 原寸[実物大]模型, モックアップ《展示・研究・実習・試験用》; 印刷物のレイアウト.
mocky, mock·ie /máki/ *n* 《俗》 MOCKER¹; *《俗》 [*derog*] ユダヤ人 (Jew); 《方》 若い雌馬.
mo·co /məkóu/ *n* (*pl* **～s**) 〘動〙 モコ, ケロドン《モルモットの類の齧歯動物; 南米産》. ［Port<Tupi］
Moctezuma ⇨ MONTEZUMA.
mod¹ /mád/ *n* **1** [ˢM-] 〘英〙 モッズ《1960 年代の, 特に服装に凝るボヘミアン的な十代の若者; その流行服》. **2** 最先端を行く人[ファッション]. ► *a* [ˢM-] モッズ的な; 《口》 最新(流行)の〈服装・スタイル・化粧・音楽など〉. ［*modern*］
mod² /mád/ *prep* 〘数〙 MODULO.
mod³ /mád/ 《口》 *n* MODIFICATION. ► *vt* (**-dd-**) MODIFY.
mod⁴ /mád/ *n* 〘教育〙 モジュール方式時間割の授業時間. ［*module*］
Mod /móud/ *n* 《Highlands のゲール人が毎年開く》 音楽と詩歌の集い[コンテスト]. ［Gael］
mod. moderate ♦ modern ♦ modification ♦ modified ♦ modulo ♦ modulus. **MOD** 〘英〙 Ministry of Defence.
mod·acrýlic (fíber) /màd-/ モドアクリル繊維. ［*modified*］
mod·al /móudl/ *a* **1** 様式の, 形式(上)の, 形態上の; 〘文法〙 (叙)法 (mood) の; 〘論〙 様式の, 様相の; 〘哲〙 《実体 (substance) に対して》 形式[様態]の. **2** 〘楽〙 旋法[音階, モード]の, 《特に》 教会旋法の. **3** 〘法〙 実行方法が指定された: a ～ legacy 用途指定遺産. **4** 〘統〙 並数[最頻値, モード]の. ► *n* MODAL AUXILIARY. ♦ **～·ly** *adv* ［L; ⇨ MODE］
módal ádverb 〘文法〙 (叙)法副詞《*Certainly* there are drawbacks. (確かに欠点はある) の Certainly のように, 話し手の心的態度を示す副詞》.
módal auxíliary 〘文法〙 (叙)法助動詞《may, can, must, would, should など》.
módal·ìsm *n* **1** 〘神学〙 様態論《Trinity の 3 つの位格(父と子と聖霊)は個別のものではなく, 神の 3 つの顕現様態であるとする, 初期教会の異端説》. **2** 〘楽〙 旋法 (mode) に基づくメロディー[ハーモニー]の使用, モード奏法.
mo·dal·i·ty /moudǽləti/ *n* 様式的であること; 特徴的属性; 様式, 方式, 手順; 〘論〙 《判断の》 様相, 様式; 〘文法〙 (叙)法性《話し手の心的態度》; 〘心・生〙 《感覚の》 様相, モダリティー, 種類《五感の一つ》; 〘医〙 物理療法; 〘医〙 様相, モダリティー《同種療法において薬剤作用を変える状態》; 〘医〙 撮像方式, モダリティー; 〘楽〙 旋法性, モダリティー.
módal lógic 様相論理学.
módal vérb 〘文法〙 法動詞 (MODAL AUXILIARY).
mod cons, mod. cons. /mád kánz/ *pl* "《口》 《給湯・暖房などの》 最新設備: a kitchen with all ～ 最新設備完備のキッチン. ［*mod*ern *con*veniences］
Mod·der /mádər/ [the] モダー川《南アフリカ共和国 Free 州を流れる川; Vaal 川の支流; ブール戦争の激戦地で, 1899 年 11 月 28 日に英軍がブール軍を破った》.
mode /móud/ *n* **1 a** 方法, 様式, 形式, 方式, 仕方, 流儀, …(な)状態, …モード《特定の作業を行なうための機器の状態》: a ～ of life 生活様式 / his ～ of doing business 彼の仕事ぶり. **b** 《機器の》 動作様式, モード: *in* manual ～ 〈機械が〉手動モードで. **c** 《人の》 状態, 態勢, 気分: be *in* holiday ～ 休日モードである. **d** 〘論〙 様式, 論式; 〘哲〙 《実体の》 現われ方, 形式, 様態. **e** 〘文法〙 MOOD²; 〘通信〙 モード《文字言語・映像などといった, 情報の形態》. **f** 〘理〙 モード《(1) 振動系の一状態 2) 電磁波などの振動姿態》. **2** 〘楽〙 (教会)旋法, モード; 音階 (scale); 《初期多声楽の》 リズムモード. **3** 《フランス語から》 流行(の型), モード: be all the ～ 大流行である / in [out of] ～ 流行して[遅れて]. **4 a** 〘統〙 並数(なみすう), 最頻値, モード. **b** 〘地質〙 モード《岩石の実際の鉱物組成; 通例 重量[体積]百分率で表わす》. ［F and L MODUS］
ModE °Modern English.
mod·ed /móudəd/ *a**《俗》 大恥かいて: get ～ 面目まるつぶれだ.
mod·el /mádl/ *n* **1 a** 模型, ひな型; 設計図; 構造模型; 《原子などの図式化した》 模型, 模式的な仮説; 〘数〙 モデル; 《廃》 《建築・庭園などの》 基本設計: a ～ of a ship 船の模型 / a working ～ 機械の運転模型. **b** 《蠟・粘土などで作った》 原型; 〘動〙 モデル《擬態において似る対象》; "《有名服飾デザイナーの》 オリジナル作品, モデル: a ～ of the castle in clay その城の粘土模型. **c** "《ロ・方》 よく似た人[もの], 生き写し; マネキン《人形》: He is the (very) ～ [a perfect ～] of his father. 父親そっくりだ. **2** 模範, 手本, かがみ 〈*for*〉: She is a ～ of industry. 勤勉のかがみ[典型的な勉強家]だ / after [on] the ～ of…を模範として. **3** 《画家・彫刻家・作家などの》 モデル; ファッションモデル (mannequin); [*euph*] 売春婦 (prostitute): stand ～ モデル(台)に立つ. **4** 方式, 方法; 《自動車などの》 型, スタイル (design, style); …版 (version): the latest ～ 最新型. ► *a* **1** 模型の; モデルの: a ～ plane 模型飛行機 / a ～ school モデルスクール. **2** 模範の, 完全な: a ～ wife 模範とすべき妻. ► *v* (**-l-** | **-ll-**) *vt* **1** …の模型[ひな型, モデル]を作る, 形に表わす, 設計する; 〈仕組み・現象などを〉モデル化する; …の模擬実験 (simulation) を行なう. **2** (型によって)作る, かたどる; …にならって作る, 〈模範に〉合わせる〈*on, after*〉: ～ a cat *in* clay =～ clay *into* a cat 粘土で猫を作る / ～ *oneself upon* sb 人を手本にする. **3** 〈ドレスなどを〉着て見せる, …のモデルをする. **4** 《陰影をつけたりして》 〈絵画・彫刻など〉に立体感を与える. **5** 《古》 組織する, 編成する. ► *vi* 模型[ひな型]を作る; モデル[マネキン]になる; 〘美〙 立体感が出る. ♦ **～·er** | **módel·ler** *n* 模型[塑像]製作者. ［F<It *modello*<L MODULUS］
módel hòme *展示住宅, モデルハウス (show house").
módel·ing | **módel·ling** *n* **1** 模型製作; 塑像術; 〘美〙 立体感表現法, 《彫刻の》 肉付け, モデリング; 《仕組み・現象などの》 モデル化: the ～ of sb's features / the exquisite ～ of Greek sculpture. **2** モデル業(の仕事).
módel·ist *n* 《飛行機などの》 模型製作者.
mo·del·lo /moudélou/ *n* (*pl* **～s**) 大作のためのスケッチ. ［It=model］
móde-lócked *a* 〘光〙 〈レーザーが〉モードロックの《ピコセカンド以下の超短パルス光を発生するように振動のモードを同期させた》.
Model T /─ tí:/ T 型フォード《1908–27 年のフォード社製自動車の商品名》; [*fig*] 初期の[時代遅れの]型. ► *a* 初期の〈段階〉; 旧式な, 流行遅れの, 安っぽい (cf. TIN LIZZIE): a ～ plot.
módel thèory 〘論〙 モデル理論《形式化された理論のモデルを扱う分野》.
mo·dem /móudèm/ *n* 〘電算〙 変復調装置, モデム. ► *vt* モデムで送信する. ［*mo*dulator+*dem*odulator］
Mo·de·na /móud(ə)nə; mɔ́dɪnə/ **1** モデナ《イタリア北部 Emilia-Romagna 州の市; 古代名 Mutina》. **2** [ˢm-] 〘鳩〙 モデナ (=～ **pìgeon**) 《Modena 産出の変わりバトの一種》. **3** [m-] 濃い紫色 (deep purple). ♦ **Mod·e·nese** /mɔ̀:d(ə)ní:z, mòu-, -s; mɔdɪní:z/ *n*
mod·er·ate /mád(ə)rət/ *a* **1** 極端に走らない, 節制[節度]のある; 穏健派の; 〈気質などが〉穏やかな 〈*in* temper etc.〉: a ～ drinker ほどほどに酒をたしなむ人. **2** 適度の; 《質・大きさなどが》 中位の, 並の, ほどほどの; 〈価格が〉安い, 手ごろな, ほどよい: ～ prices かっこうの値段, 安価 / a family of ～ means 中流家庭. **3** 〘色彩〙 明度・彩度がほどよい, おだやかな; 〘海・気〙 穏やかな (cf. BEAUFORT SCALE): ～ weather 穏やかな天候. ► *n* 穏健な人, 温和主義者, 中道派の人. ► *v* /mádərèɪt/ *vt* **1** 節制する, 和らげる; 〘理〙 〈中性子を〉《moderator で》 減速する: ～ one's language [action] ことば[行動]を慎む. **2** …の議長[司会]をつとめる; 〘電算〙 司会 (moderation) をする. **3** "〈採点などを〉点検する. ► *vi* **1** 和らぐ, 〈風が〉弱まる. **2** 調停役をする, 司会する 〈*on, over*〉. **3** "採点の点検をする. ♦ **～·ly** *adv* 適度に, ほどほどに; 控えめに. **～·ness** *n* ［L *moderat- moderor* to restrain; MODEST と同語源］
móderate bréeze 〘海・気〙 和風《時速 13–18 マイル, 20–28 km; ⇨ BEAUFORT SCALE》.
móderate gále 〘海・気〙 強風《時速 32–38 マイル, 50–61 km; ⇨ BEAUFORT SCALE》.

mod·er·a·tion /mɑ̀d(ə)réɪʃ(ə)n/ *n* **1** 適度, 中庸; 穏健, 温和: *M*~ in all things. 《諺》何事にも中庸(がよい). **2** 節制, 緩和, 軽減; 〖理〗減速. **3** "採点の点検. **4** [M-s] 〖オックスフォード大学〗BA の公式第 1 次試験 (＝*Mods*). **5** 〖電算〗司会 《ニュースグループなどで, 寄せられるメッセージから有意なもののみを公表すること》. ● **in ～** 適度に, ほどよく.

mod·er·at·ism /mád(ə)rətìz(ə)m/ *n* 《特に 政治・宗教上の》穏健主義. ♦ **-ist** *n* 穏健主義者.

mod·er·a·to /mɑ̀d(ə)rá:tou/ *adv, a* 〖楽〗中庸の速さで[の], モデラート: allegro ～ 適度に速く[速い]. [It]

mód·er·à·tor *n* **1 a** 仲裁[調停]者; 調節[調整]器; 《長老派の》教会会議[総会]議長; 《町会などの》議長; 《討論会などの》司会者; "《採点の》点検者; 〖電算〗司会者 (cf. MODERATION). **b** 《オックスフォード大学の》MODERATIONS の試験官; 《ケンブリッジ大学の》数学優等試験監督官. **2** 〖理〗《原子炉内の中性子を減速させる》減速材. ♦ **～·ship** *n*

mod·ern /mádərn; mɔ́d(ə)n/ *a* ((強調) ～·**est**) **1** 現代の, 近代の, 近世の (cf. ANCIENT, MEDIEVAL); [M-] 〈言語が〉近代[現代]の: ～ history 近代史 《ルネサンス以後をいう》/ ～ times 現代. **2** 現代式の, 当世風の, 最新の, モダンな (up-to-date); 《考え方などが》進歩的な; 《芸術における》現代の, モダン…: ～ art 現代美術. **3** 〖英教育〗《ギリシア・ラテンの》古典語以外の科目を中心とする(学校の). ► *n* **1** 現代人, 近代人; 現代的思想[感覚]の持主. **2** 〖活字〗モダン 《縦線が太くセリフが直線的で細い活字体; cf. OLD STYLE》. ♦ **～·ly** *adv* **～·ness** *n* [F<L (*modo* just now < MODUS)]

módern dánce モダンダンス 《伝統的なバレエに対して, 肉体の自由で自然な動きによって内なるものを表現することを主眼とする 20 世紀初めに生まれた舞踊》.

módern-dày *a* 今日の, 現代の.

mo·derne /mədέərn/ *a* 極端に現代風の; *《建築・デザインで》1920–30 年代にはやったような直線とクロームめっきのパイプを用いた. [F; ⇨ MODERN]

Módern Énglish 近代英語 《1500 年以降の英語; 略 ModE; cf. OLD [MIDDLE] ENGLISH, NEW [EARLY MODERN] ENGLISH》.

Módern Frénch 近代フランス語 《1600 年以降》.

módern gréats *pl* [°M- G-] 〖オックスフォード大学〗《哲学・政治学・経済学の》BA 最終試験.

Módern Gréek 現代[近代]ギリシア語 (＝*New Greek*) 《1500 年以降; ⇨ GREEK; cf. DEMOTIC, KATHAREVUSA》.

Módern Hébrew 現代ヘブライ語 《イスラエルの公用語; 古代ヘブライ語を復活したもの》.

módern·ìsm *n* **1 a** 現代の傾向[特質, やり方, 考え方], 現代式, 当世風; 現代風の言い方[ことば, 文体]. **b** 現代の傾向に対する支持[共感]. **2 a** 《文学・美術などの》モダニズム 《伝統主義に対立して新しい表現形式を求める》. **b** [°M-] 〖神学〗近代主義 《近代思想の立場から教義を再検討し調和をはかる; cf. FUNDAMENTALISM》.

módern·ist *n* 現代風の人, 近代人; 古典[古代]より現代に重きをおく人, 現代主義者, 近代主義者, モダニスト. ► *a* 近代主義(者)の.

mod·ern·is·tic /mɑ̀dərnístɪk/ *a* 現代[近代]風な (modern); [°*derog*] MODERNIST. ♦ **-ti·cal·ly** *adv*

mo·der·ni·ty /mədə́:rnəti, mə-/ *n* 現代[近代]性, 当世風; 現代的なもの; 近代 《1800 年ごろから現在まで》.

mòdern·izátion *n* 現代化, 近代化; 現代(語)版.

módern·ìze *vt, vi* 現代的[当世風]にする[なる], 現代化する. ♦ **-iz·er** *n*

módern jázz モダンジャズ 《1940 年代から発達》.

módern lánguages [〈*sg*/*pl*〉] 現代語 《研究・教育の一部門としての現用語; opp. *classical languages*》.

Módern Látin 近代ラテン語 《科学方面でほぼ 1500 年以降用いられた; ⇨ LATIN》.

módern pentáthlon 近代五種(競技) 《フェンシング(エペ)・射撃(エアピストル)・水泳 (200 m)・クロスカントリー (3000 m)・馬術(障害飛越)からなる》.

Módern Pérsian 近代ペルシア語 《中期ペルシア語以後のペルシア語》.

módern schòol SECONDARY MODERN SCHOOL.

mod·est /mádəst/ *a* **1** 謙虚な; 慎み深い, 控えめな, 遠慮がちの; 〈主に女性が〉しとやかにした, ひどく上品な; 質素な, 地味な. **2** 適度の, 穏当な; 大きくない, ささやかな; 〈成功などが〉そこそこの: a ～ price 手頃な価格. ♦ **～·ly** *adv* 謙遜して, 慎み深く; ささやかに, ほどほどに; しとやかに. [F<L＝moderate]

módest víolet 控えめ[内気]な人, '野辺のスミレ'.

mod·es·ty /mádəsti/ *n* **1** 謙遜, 遠慮, 内気; しとやかさ; 地味, 質素, つましさ; 適度: *M*~ prevents [forbids] me from saying…. 自慢になるから私の口からは…は言えない. **2** 〖服〗モデスティー (＝**～-pìece, ～-bìt, ～-vèst**) 《ドレスの胸前が大きくあいているとき, あらわになるのを避けるために胸元に付けるレースなどの飾り》.

módesty pànel 《すわった人の脚などが見えないように机の前面に張る》幕板, おおい板.

modge /mádʒ/ *vt* "《方》いいかげんに作る, めちゃめちゃにする.

ModGk, ModGr °Modern Greek.

ModHeb °Modern Hebrew.

modi *n* MODUS の複数形.

mod·i·cum /mádɪkəm, móu-/ *n* 少量, 僅少 〈*of*〉: a ～ *of* pleasure ささやかな楽しみ / He hasn't even a ～ *of* sincerity. 彼には誠意のかけらもない. [L＝measured, moderate; ⇨ MODUS]

mod·i·fi·cand /mádəfəkænd/ *n* 〖文法〗被修飾要素.

mod·i·fi·ca·tion /mɑ̀dəfəkéɪʃ(ə)n/ *n* **1** 緩和, 加減; 変更, 修正, 改修, 改良, 改変 〈*to, of*〉; 変形, 変化, 変位, 変容; 〖生〗《環境の影響による非遺伝性の》一時的変異; 制限; 〖文法〗修飾; 〖言〗形態変化, 音韻変化, 母音変異; 〖哲〗《実体の》表われ, 様態 (mode): loan ～ ローンの返済条件の緩和. **2** 緩和[変更]されたもの. ♦ **mód·i·fi·cà·tive** *a*

mod·i·fi·ca·tor /mádəfəkèɪtər/ *n* MODIFIER.

mod·i·fi·ca·to·ry /mádəfəkətɔ̀:ri; -kèɪt(ə)ri/ *a* 緩和[変更, 修飾]する (modifying).

mód·i·fìed Américan plàn [the] 修正アメリカ方式 《室代・朝夕食代を日[週]決め定額で請求されるホテル料金制度》.

mód·i·fì·er *n* 緩和[変更, 修正]する人[もの]; 〖生・遺〗変更遺伝子, 修飾因子[要因]; 〖文法〗修飾語句 《形容詞・副詞および それらの相当語句》; 〖電算〗変更子, モディファイアー; 《浮遊選鉱の》条件剤.

mod·i·fy /mádəfàɪ/ *vt* 緩和[加減]する; 少し変える, 変更[修正]する; 根本的に変える; 〖文法〗〈意味を〉修飾[限定]する (qualify); 〖言〗〈母音を〉umlaut によって変化させる; 〖哲〗限定する; 〖電算〗〈命令の一部を〉変更する. ► *vi* modify される. ♦ **mód·i·fì·able** *a* **mòd·i·fi·abíl·i·ty** *n* [OF<L＝to measure; ⇨ MODUS]

Mo·di·glia·ni /mòudiljá:ni; mɔ̀dɪ-/ モディリアニ (**1**) **Amedeo** ～ (1884–1920) 《イタリアの画家・彫刻家》 (**2**) **Franco** ～ (1918–2003) 《イタリア生まれの米国の経済学者; 貯蓄と金融市場に関する研究でノーベル経済学賞 (1985)》.

mo·dil·lion /moudíljən/ *n* 〖建〗モディリオン 《コリント様式などで軒蛇腹 (cornice) の下に設けられる装飾用の持送り》. [18C *modiglion* <It]

mo·di·o·lus /moudáɪələs/ *n* (*pl* **-li** /-làɪ/) 〖解〗《内耳の》蝸牛(かぎゅう)軸. [L]

mod·ish /móudɪʃ/ *a* [°*derog*] 最新モードの, 当世風の, はやりの (fashionable). ♦ **～·ly** *adv* **～·ness** *n*

mo·diste /moudí:st/ *n* 《古風》婦人流行服[帽]仕立人[販売人]. [F; ⇨ MODE]

ModL °Modern Latin.

mo·doc, -dock /móudɑ̀k/ *《俗》*n* 《カーニバルなどでの》野球のボールを投げつけて倒す標的人形 (dummy); とんま; 得意になっているパイロット, パイロットを気取るやつ.

Modoc *n* **a** (*pl* ～, ～**s**) モードック族 《Oregon 州南部から California 州北部にかけて住むインディアン》. **b** モードック語.

mód póser *《俗》《考えは地味だが》かっこ[うわべ]だけ進んでるやつ, 《見た目は派手[過激]な》隠れコンサバ.

Mo·dred /móudrəd/, **Mor·dred** /mɔ́:rdrəd/ 〖アーサー王伝説〗モルドレッド 《Arthur 王の甥; Arthur が Lancelot を攻めるための大陸遠征中にイングランドを託されたが, 王位と王妃をねらって反逆し殺された》.

Mods /mádz/ *n pl* "《口》MODERATIONS.

mòd·u·la·bíl·i·ty *n* MODULATION の可能性.

mod·u·lar /mádʒələr; mɔ́djə-/ *a* **1** MODULE の[による]; 規格ユニット[基準寸法]で組み立てた; 〖英教育〗モジュール方式の 《MODULE の履修に基づいて修了認定する》: ～ coordination モジュールによる寸法の調整 / a ～ dimension モジュール調整した寸法. **2** 〖理〗係数[率] (modulus) の. ♦ **～·ly** *adv*

módular aríthmetic 〖数〗モジュール算数, 時計の算数.

mod·u·lar·i·ty /mɑ̀dʒəlǽrəti; mɔ̀djə-/ *n* 〖工〗モジュール方式 《生産に規格化された部品を用いること》; 〖電算〗モジュラリティー 《ハードウェア・ソフトウェアのモジュール化の度合い; プログラミング言語がモジュール化を許す度合い》.

módular·ìze *vt* 〖工・電算〗モジュール方式にする, モジュール化する.

mód·u·lar·ìzed *a* モジュールで組み立てられる; モジュールを含む[からなる].

módular jáck 《電話線の》モジュラージャック.

mod·u·late /mádʒəlèɪt; mɔ́djə-/ *vt* 調節[調整]する, …の調子を合わせる; 〈声・調子などを〉《特に 低いほうへ》変える, 〈祈禱文・聖歌を〉詠唱する; 〖通信〗〈搬送波を〉変調する. ► *vi* 〈声が〉調子を変える; 〖楽〗転調する; 〖通信〗変調する; 推移[変化]する; *《俗》CB 無線で話す. ♦ **-làt·ed** *a* 〈声・色合いなどが〉よく調整された, 調った; 変調された. **mod·u·la·to·ry** /mádʒələtɔ̀:ri; -lèɪt(ə)ri/ *a* 調節的な, 転調[変調]を起こさせる. [L *modulor* to measure, regulate; ⇨ MODULUS]

mod·u·la·tion /mɑ̀dʒəléɪʃ(ə)n; mɔ̀djə-/ *n* 調整, 調節; 〖楽〗転調; 《音声・リズムの》変化, 抑揚(法); 〖通信〗変調; 〖建〗MODULE で寸法 (proportions) を決定すること.

mód·u·là·tor *n* 調節者[物]; 〖楽〗音階図; 〖電子工〗変調器, モジュレーター; 〖解〗モデュレーター 《色の識別に関与する網膜の神経繊維》.

mod·ule /mádʒul; mɔ́djul/ *n* **1** 測定の標準[単位]: **a**〘建〙度《柱式の割合測定の単位; 円柱基部の半径など》;〘工〙《工作物などの》基準寸法, 基本単位, モジュール. **b** モジュール《流水測定の単位: =100 l/sec》. **2 a** 規格化された構成単位, モジュール. **b**《機械・電子機器などの》機能単位としての部品集合. **c**《家具・建築などの》組立てユニット, 規格構造. **d**〘英教育〙モジュール《従来の学科目に代わる履修単位; より細分化され, 相互の独立性が強く, テーマも特化している》. **e**〘電算〙モジュール《プログラム中で, 一定の独立性を備えた機能単位》. **3**〘宇〙《宇宙船の》モジュール《本船から切り離して特定の機能を果たす小船》: a lunar ～ 月着陸船. **4**〘数〙加群. [F or L MODULUS]

mod·u·lo /mádʒəlòu; mɔ́djə-/ *prep, a*〘数〙…を法として[とした]. [L (abl)〈*modulus*]

mod·u·lus /mádʒələs; mɔ́djə-/ *n* (*pl* **-li** /-lài, -lì:/)〘理〙率, 係数;〘数〙《整数論の》法;〘数〙《複素数の》絶対値, 母数. [L=measure, rhythm (dim)〈MODUS]

módulus of elastícity〘理〙弾性率(=*elastic modulus*).

módulus of rigídity〘力〙剛性率, 剪断(せん)弾性係数 (=*shear modulus*).

mo·dus /móudəs/ *n* (*pl* **mo·di** /-di:, -dàɪ/) 方法, 様式 (mode). [L=measure, manner]

módus ope·rán·di /-àpərǽndi, -dàɪ/ (*pl* **módi operándi**)《仕事の》やり方, 運用法,《犯罪者の》手口《略 MO》. [L=manner of working]

módus pó·nens /-póunènz/ (*pl* **módi po·nén·tes** /-pounéntì:z/)〘論〙肯定式, 構成的仮言三段論法. [L=proposing mode]

módus tól·lens /-tálènz/ (*pl* **módi tol·lén·tes** /-tɑléntì:z/)〘論〙否定式, 破壊的仮言三段論法. [L=removing mode]

módus vi·vén·di /-vɪvéndi, -dàɪ/ (*pl* **módi vivéndi**) 生活様式 [態度], 生き方; (とりあえずの)妥協, 生きるための方便, 折り合い;〘国際法〙暫定協定. [L=manner of living]

Moebius strip [band] ⇨ MÖBIUS STRIP.

moel·lón (degrás) /mwɛlṓʊ(-)/ DEGRAS.

Moe·sia /mí:ʃ(i)ə/ モエシア《Danube 川の南, 今日のセルビア, ブルガリアの地域にあった古代国家, ローマの属州》.

Moe·so·goth /mí:səgɑ̀θ, -zə-/ *n* モエソゴート人《4 世紀に Moesia に定住しキリスト教徒化したゴート人》.

moeurs /*F* mœ:r, mœrs/ *n pl* 風習, 風俗.

mo·ey ⇨ MOOEY.

MOF〘日〙Ministry of Finance 財務省.

mo·fette, mof·fette /moufét/ *n*〘地質〙炭酸孔《火山活動末期の地域の噴気孔》; 炭素孔噴気ガス. [F]

mo·fus·sil /moufʌ́səl/ *n*《インド》《都市・総督代理駐在地に対して》地方・田舎. [Hindi<Arab]

mog[1] /mág, *mɔ́:g/《方》*vi* (**-gg-**) 立ち去る〈*off*〉; とぼとぼ行く〈*along*〉. [? move+jog[1]]

mog[2]《俗》*n*ᴵᴵ猫; 毛皮のコート. [C20〈? *moggie*[1] or *moggy*]

Mo·ga·di·shu /mɑ̀gədíʃu, mɔ̀ʊ-, -dí:-/, **-scio** /-ʃou/ モガディシュ, モガディシオ《ソマリアの首都; インド洋に臨む港湾都市》.

Mog·a·don /mágədɑ̀n/〘商標〙モガドン《ニトラゼパム (nitrazepam) 製剤》.

Mog·a·dor /mágədɔ̀:r/ モガドール《ESSAOUIRA の旧称》.

Mogen David ⇨ MAGEN DAVID.

mog·gie[1] /mági/ *n*ᴵᴵ《俗》MOGGY.

moggie[2] *n*ᴵᴵ《俗》ロバ (moke).

mog·gy /mági/ *n* ᴵᴵ《方・俗》娘, 女, うすぎたない女; ᴵᴵ《方》子牛, 雌牛; ᴵᴵ《俗》猫. [MAGGIE]

Mogh·lai, Mog·lai /móuglaɪ/ *a* MUGHLAI.

Mo·ghul /móug(ə)l/ *n* ムガル人 (Mogul).

Mogilyov, -lev ⇨ MAHILYOW.

Moglai ⇨ MOGHLAI.

Mo·go·llon /mòugəjóun, mɑ̀gióun/ *a* モゴヨン文化の《紀元前 200 年ころから紀元 1200 年ころまで今日の Arizona 州南東部および New Mexico 州南西部の山岳地帯に居住したインディアンの文化》.

mo·gul /móug(ə)l/ *n*《ゲレンデ上の》こぶ, モーグル《障害競技用》; [～s]〘スキー〙モーグル《フリースタイル競技種目の一つ; こぶの多い斜面を滑降し, ターンの正確さ, エアの高さ, スピードを競う》. [Scand]

Mogul *n* **1 a** ムガル人《特に 16 世紀にインドを征服したイスラム教徒》,《特に》ムガル帝国皇帝 (Great Mogul). **b** [m-]《口》大立者, 大物, 大御所. **2** [m-] モーガル形蒸気機関車. ► *a* ムガル人[帝国]の. [Pers and Arab; ⇨ MONGOL]

Mógul Émpire [the] ムガル帝国 (1526–1858)《インド史上最大のイスラム王朝》.

MOH〘英〙Medical Officer of Health ♦ Ministry of Health.

Mo·hács /móuhæ̀tʃ, -hɑ̀:tʃ/ モハーチ《ハンガリー南部 Danube 川に臨む市; 古い町で, 異色あるカーニバルが行なわれる》. ■ the **Báttle of ～** モハーチの戦い《Mohács で起こったトルコとの 2 度の戦い; 1526 年オスマントルコ王 Suleiman 1 世がハンガリー軍を撃破, ハンガリー王 Louis 2 世とその部下 25,000 人を殺した; 1687 年には Lorraine 公 Charles 5 世が同地でトルコ軍に大勝した》.

mo·hair /móuhɛ̀ər/ *n* モヘア《小アジアのアンゴラヤギの毛》; モヘア織り; モヘア模造品. [C16 *mocayare*<Arab=choice; 語形は *hair* に同化]

mo·hal·la /mouhálə/ *n*《インド》街区, 地域社会, モハッラ《町や村の居住区域の単位》. [Arab]

Mo·ham·mad Re·za Pah·la·vi /mouhǽməd rɪzá: pǽləvi, -há:-/ モハンマド・レザー・パフラヴィー (1919–80)《イラン国王 (1941–79); Khomeini に政権を奪われ, 国外で死去》.

Mo·ham·med /muhǽməd, mou-/ **1** MUHAMMAD. **2** MEHMED.

Moham·med·an *a, n* MUHAMMADAN. ♦ **～·ìsm** *n*

Moharram ⇨ MUHARRAM.

mo·has·ky /məhǽski/*《俗》*n* マリファナ, マーちゃん (marijuana). ► *a* マリファナに酔った. [*mahoska*]

Mo·ha·ve /mouhá:vi/ *n* **a** (*pl* **～, ～s**) モハーヴェ族《もと Arizona, California 両州の Colorado 川沿いに住んでいたインディアン》. **b** モハーヴェ語.

Moháve Désert [the] MOJAVE DESERT.

Mo·hawk /móuhɔ:k/ **1** [the] モホーク川《New York 州中東部を東流して Hudson 川に合流する川》. **2 a** (*pl* **～, ～s**) モホーク族《New York 州の Mohawk 川沿いに住んでいたインディアン; Iroquois League の中で最も東にいた部族》. **b** モホーク語. **3** [°m-]〘スケート〙モホーク《フィギュアの技の一種》. **4** [°m-] モホーク刈り, モヒカン刈り (=**～ hàircut**)《額から首筋までの中心部に帯状に毛髪を残してあとは全部剃ってしまうヘアスタイル》.

móhawk wèed〘植〙北米東部産ユリ科ウブラーリア属の多年草.

Mo·he·gan /mouhí:g(ə)n/ *n* **a** (*pl* **～, ～s**) モヒガン族《17 世紀に主に Connecticut 州 Thames 河畔に住んでいたインディアン》. **b** モヒガン語《アルゴンキン語族に属する》.

mo·hel /móuhɛl, móuəl, mɔ́ɪəl/ *n* (*pl* **～s, mo·hal·im** /mòuhɑlí:m/, **mo·hel·im** /-hɛlí:m/)〘ユダヤ教〙モヘル《儀式にのっとって割礼を施す者》. [Heb]

Mo·hen·jo-Da·ro /mouhéndʒoudá:rou/ モヘンジョ・ダロ《パキスタン南部, 今日の Karachi の北東, Indus 川の西岸にあるインダス文明の都市遺跡》.

Mo·hi·can[1] /mouhí:k(ə)n, mə-/ *n* **1** (*pl* **～, ～s**) MOHEGAN. **2** ᴵᴵ[°m-] モヒカン刈り (mohawk) (をした人).

Mohican[2] ⇨ MAHICAN.

Moh·ism /móuɪz(ə)m/ *n* 墨子の教え (⇨ Mo Tɪ). ♦ **-ist** *n, a*

móhn·sèed /móun-/ *n* POPPY SEED.

Mo·ho /móuhòu/ *n* (*pl* **～s**)〘地質〙モホロビチッチ不連続面, モホ面 (=*Mohorovičić discontinuity*)《地殻とマントルとの間の不連続面; 深さは大陸地域では平均約 35 km, 海洋地域では海水面から約 10 km》.

Mo·hock /móuhàk/ *n*〘史〙モーホク隊員《18 世紀の初め, 夜中に London 市中を荒らした悪徳貴族団員》. ♦ **～·ìsm** *n* [*Mohawk*]

Mo·hole /móuhòul/ *n*〘地質〙モホール《地殻・モホロビチッチ不連続面を貫いてマントルに達する穴; 地殻・上部マントルの研究のために計画された》. [*Moho*+*hole*]

Mo·holy-Nagy /məhóulinádʒ, mó:hɔɪná:dj/ モホリーナギ **László ～** (1895–1946)《ハンガリー生まれの米国の画家・デザイナー・写真家; Bauhaus の教授 (1923–29)》.

Mo·ho·ro·vi·čić discontinuity /mòuhəróuvətʃɪtʃ ─́─/ [the] MOHO. [Andrija *Mohorovičić* (1857–1936) クロアチアの地球物理学者]

mo·hos·ka /məháskə/*《海俗》*n* 筋肉 (muscle);《仕事をする際の》精力, エネルギー.

Móhs' scàle /móuz-/〘鉱〙モーズ硬度計《鉱物の硬度測定用の, 10 段階の経験尺度; タルクが硬度 1 でダイヤモンドが硬度 10》. [Friedrich *Mohs* (1773–1839) ドイツの鉱物学者]

mo·hur /móu(h)ər, *məhúr/ *n* モフール《1899 年まで流通したインドの金貨; =15 rupees》. [Hindi]

moi /mwɑ:, mwá:/ *pron* [*joc*] ME, MYSELF. [F=me]

moi·der /mɔ́ɪdər/, **-ther** /-ðər/ ᴵᴵ《方》*vt* [ᵘ*pp*] まごつかせる, 悩ます, 困らせる, いらいらさせる. ► *vi* とりとめなくしゃべる. [C17<?]

moi·dore /mɔ́ɪdɔ̀:r, ─́─/ *n* モイドール《ポルトガルおよびブラジルの昔の金貨; 18 世紀英国で通用》. [Port]

moi·e·ty /mɔ́ɪəti/ *n*〘法〙/《文》半分 (half); 一部分 (part);〘文化人類学〙半族《一社会が外婚単位である二集団からなる時のそれぞれの集団》. [OF<L *medietas* (*medius* middle)]

moil /mɔ́ɪl/ *vi* こつこつ働く; 激しく動きまわる, 渦巻く: toil and ～ あくせく働く. ► *vt*《古・方》ぬらす, よごす. ► *n* 骨折り, 苦役; 混乱, 騒動, 厄介, 面倒. ♦ **～·er** *n* [ME=to make or get wet<OF=to moisten<L (*mollis* soft)]

móil·ing *a* こつこつ働く; 骨の折れる; 荒れ狂う. ♦ **～·ly** *adv* あくせく, こつこつと.

Moi·ra /mɔ́ɪrə/ **1** モイラ《女子名》. **2 a** (*pl* **-rai** /mɔ́ɪràɪ/)〘ギ神〙モイラ《運命の女神, 原義「割当て」の擬人神で行動や寿命を制限する; cf. FATE》. **b** [ᵘm-]《個人の》宿命. [Ir *Maire, Moire*; ⇨ MARY; Gk=part, fate]

moire[1] /mwá:r, mɔ́:r, *mɔ́ɪ(ə)r/ *n*《古》波紋模様をつけたモヘア, モ

ｱﾚをつけた織物 (moiré). ［F; ⇨ MOHAIR］

moi·ré /mwɑːréɪ, mɔː-; mwɑ́ːreɪ/, **moire**[2] /mwɑːréɪ, mɔː-, mwɑ́ːr, mɔ́ːr, *mɔ́ɪ(ə)r/ *a* 波紋[雲紋]のある. ► *n* **1 a**《織物につけた》波紋, 雲紋;《偽造防止のための切手の》波型. **b** 波形の模様をつけた織物《特に 絹・レーヨンなど》. **2**〘印〙ﾓｱﾚ《(**1**) 幾何学的に規則正しく分布したﾊﾟﾀｰﾝを重ね合わせるときに生じる斑紋 **2**) 網目ｽｸﾘｰﾝと網点との重ね合いで生じる見苦しい斑紋》. ［F; ⇨ MOHAIR］

moiré effect /ˌ—ˈ—ˌ—/〘光〙ﾓｱﾚ効果《2 組の曲線群を 45° 以下の角度で交わるように重ね合わせると, 両者の交差点の連なりとしての別の曲線群が現われる効果》.

mois /F mwa/ *n* 月 (month).

Mois·san /mwɑːsɑ́ː/ ﾓｱｯｻﾝ (**Ferdinand-Frédéric-**)**Henri** ～ (1852–1907)《ﾌﾗﾝｽの化学者; ﾉｰﾍﾞﾙ化学賞 (1906)》.

moist /mɔ́ɪst/ *a* 湿った, 湿気の多い, 湿っぽい (damp); 雨の多い (rainy)〈季節〉; 涙にぬれた〈目〉;〘医〙湿性の〈病気〉. ♦ **～·ly** *adv* **～·ness** *n* ［OF (? L MUCID and MUST[2])］

moist·en /mɔ́ɪs(ə)n/ *vt* 湿らせる, 潤す, ぬらす: ～ one's lips [throat, etc.] 酒を飲む. ► *vi* 湿る, ぬれる: ～ at one's eyes 涙ぐむ. ♦ **～·er** *n*

móist gángrene〘医〙湿性壊疽(ｴｿ).

mois·ture /mɔ́ɪsʧər/ *n* 湿気, 湿り, 水分;〘気〙《大気中の》水分, 湿り. ♦ **～·less** *a* 湿気のない, 乾燥した (dry).

móisture equìvalent 水分当量《飽水土壌に重力の 1000 倍の遠心力をはたらかせたときの残留水分量》.

móis·tur·ìze *vt, vi* 湿らせる, (…に)湿気を与える, 加湿する;《化粧品で》〈肌に〉湿り[潤い]を与える. ♦ **móis·tur·ìz·er** *n*

moither ⇨ MOIDER.

mo·jar·ra /moʊhɑ́ːrə/ *n* (*pl* ～, ～**s**)〘魚〙**a** ｸﾛｻｷﾞ科の魚, ｻｷﾞ《海産》. **b** ｻｷﾞに似たｶﾜｽｽﾞﾒ科の魚《淡水産》. ［AmSp］

Mo·ja·ve /moʊhɑ́ːvi/ *n* (*pl* ～, ～**s**) MOHAVE.

Mojáve Désert [the] ﾓﾊｰｳﾞｪ砂漠《California 州南部の砂漠》.

mo·jo[1]* /móʊʤoʊ/ *n* (*pl* ～**es**, ～**s**) 魔法, まじない; 魔除け, お守り; 魔力; 力, 運; 魅力, ｶﾘｽﾏ性; 性的魅力; 性欲. ［(Africa); cf. Gullah *moco* magic］

mojo[2]*《俗》*n* 薬(ﾔｸ),《特に》ﾓﾙﾋﾈ; 薬中患者, ﾍﾟｲ中. ● **on the ～** ﾓﾙﾋﾈ[ﾍﾛｲﾝなど]をやって, ﾓﾋ中[ﾍﾟｲ中]で. ［C20＜?; Sp *mojar* celebrate by drinking か］

moke /móʊk/《俗》*n*〃ﾛﾊﾞ (donkey); とんま; *[*derog*] 黒人 (Negro);《豪》老いぼれ馬, 駄馬 (nag). ［C19＜?］

mo·kers /móʊkərz/ *n pl* [the]*《俗》絶望, 憂鬱.

Mokha ⇨ MOCHA.

mo·ki /móʊki/ *n*〘魚〙ﾓｷ《ﾆｭｰｼﾞｰﾗﾝﾄﾞ産の数種の食用海産魚》. ［Maori］

Mo·ki, Mo·qui /móʊki/ *n* (*pl* ～, ～**s**) HOPI.

mo·ko /móʊkoʊ/ *n* (*pl* ～**s**)《ﾏｵﾘの》入墨(法), ﾓｺ. ［Maori］

Mok·po /mɑ́kpoʊ/ 木浦(ﾓｯﾎﾟ)《韓国南西部の, 黄海に臨む市・港町》.

mo·ksha /móʊkʃə/, **mo·ksa** /, -ksə/ *n*〘ﾋﾝﾄﾞｩｰ教・仏教〙解脱. ［Skt］

mo·kus /móʊkəs/*《俗》*a* 酔っぱらった. ► *n* 酒.

mol ⇨ MOLE[4].

mol. molecular ♦ molecule. **MOL**〘空〙manned orbiting [orbital] laboratory 有人軌道実験室.

mo·la /móʊlə/ *n* (*pl* ～, ～**s**) **1**〘魚〙ﾏﾝﾎﾞｳ (ocean sunfish). **2** *《俗》ﾎﾓ. ［L＝millstone］

mo·lal /móʊləl/〘化〙*a* MOLE[4] の, 1 ｸﾞﾗﾑ分子を含む;〈溶液が〉溶媒 1000 ｸﾞﾗﾑにつき 1 ｸﾞﾗﾑ分子の溶質を含む (cf. MOLAR[2]). ［*-al*[1]］

mo·lal·i·ty /moʊlǽləti, mɑ-/ *n*〘化〙重量ﾓﾙ濃度《溶媒 1000 g 中の溶質のﾓﾙ数》.

mo·lar[1] /móʊlər/ *a* ひきつぶす, かみ砕く; 臼歯の. ► *n* (大)臼歯 (＝～ **tòoth**);《昆虫などの大顎(ｵｵｱｺﾞ)の》磨砕部: a false ～ 小臼歯. ［L (MOLA)］

molar[2] *a* **1**〘理〙質量(上)の. **2**〘化〙溶液 1 ﾘｯﾄﾙにつき 1 ｸﾞﾗﾑ分子の溶質を含む, ﾓﾙ… (cf. MOLAL). ［MOLE[4]］

molar[3] *a* 総体的な, 巨視的な《要素に分けないで全体的にとらえる》. ［L *moles* mass］

mo·lar·i·ty /moʊlǽrəti/ *n*〘化〙(容量)ﾓﾙ濃度《溶液 1 ﾘｯﾄﾙ中の溶質のﾓﾙ数》;〘理〙質量 (mass).

Mo·lasse /məlɑ́ːs/ *n*〘地質〙ﾓﾗｯｾ《ｽｲｽおよびその近辺に分布する, 砂岩・石灰質砂岩を主とする第三紀の地層》.

mo·las·ses /məlǽsəz/ *n* **1** 糖蜜《製糖の際原糖から製する褐色のｼﾛｯﾌﾟ》; *甘味のある野菜汁[果汁]を煮詰めて作るｼﾛｯﾌﾟ: (as) slow as ～ (in winter) ひどくおそく, のろく. **2** *《俗》《中古車売場の》客寄せ用の美車. ［Port＜L (*mel* honey)］

mold[1] | **mould** /móʊld/ *n* **1 a**《金属・ﾌﾟﾗｽﾁｯｸ・ｾﾞﾘｰなどを流し込む[ﾌﾟﾚｽ加工する]》型, 金型, 鋳型, 母型,〘歯〙ﾓｰﾙﾄﾞ《人工歯の形を指定する》;〘古生〙雌型《化石生物が岩石などに印した型》; 原型 (prototype);《廃》手本: a ～ of pudding. **b**《石工・煉瓦積み用などの》型枠, 枠組, 型板, ﾓｰﾙﾄﾞ. **2 a** 型に入れて[はめて]造ったもの[食べ物《ﾌﾟﾃﾞｨﾝｸﾞ・ﾑｰｽなど》]; かたどられた模様[形];〘建〙MOLDING[1]. **b**《動物などの》かたち, 造り, 格好, 型. **3** 性質, 性格, ﾀｲﾌﾟ: of gentle ～ 優しいたちの / cast in a heroic ～ 英雄肌の / people cast in the same ～ 同じ性質の人びと / not fit the ～ of a typical feminist よくいるﾌｪﾐﾆｽﾄの型に納まらない. ● **break the ～** 旧来の型を破る, 新風を吹き込む, ﾏﾝﾈﾘを打破する[抜け出す]. ► *vt* **1 a** かたどる, 鋳る, 型に入れて造る, 成形[鋳造]する;〈液体・展性のある物質〉に形を与える: ～ wax *into* candles 蠟を固めてろうそくを作る / Statues are ～*ed out of* [*from*] clay or bronze. 彫像は粘土や青銅で作る. **b**〘冶〙〈砂など〉で鋳型を作る; こねる, こねて作る. **2**〈性格を〉形づくる,〈人格を〉陶冶する;〈…を手本として〉作り上げる〈*on*〉,〈連合などを〉形成[組織]する: His influence has ～*ed* my character. 彼はわたしの性格の形成に影響を与えた / He ～*ed* his style *upon* Macaulay. ﾏｺｰﾘｰを手本として文体を練った. **3** [*pp*]《彫刻・繰形などで》…に飾りを施す. **4**〈服などが〉〈体など〉にぴったりつく, まとわりつく,〈体の線〉をはっきりと出す〈*to*〉. ► *vi* 形成される; 輪郭に合う. ♦ **～·able** *a* ［ME *mold(e)*＜OF *modle*＜L MODULUS］

mold[2] | **mould** *n*〘菌〙ｶﾋﾞ; 糸状菌. ► *vi* かびる. ［? (pp)＜*moul(en)* to become moldy＜? Scand (ON *mugla* mold)］

mold[3] | **mould** *n*〘地質〙腐植土, 壌土, 沃土, 表土, ﾓｰﾙﾄﾞ;《古・詩・方》地面, 土地, 墓場(の土): a man of ～ (やがて土にかえる)人間. ► *vt* …に土をかぶせる〈*up*〉. ［OE *molde*＜Gmc (**mul-*, **mel-* to grind; cf. MEAL[2])］

Mold ﾓﾙﾄﾞ《ｳｪｰﾙｽﾞ北東部の町》.

Mol·dau /G mɔ́ldaʊ/ [the] ﾓﾙﾀﾞｳ川《VLTAVA 川のﾄﾞｲﾂ語名》.

Mol·da·via /mɑldéɪviə, -vjə/ ﾓﾙﾀﾞｳﾞｨｱ (*Romanian* Moldova)《(**1**) Danube 川下流域の地方・旧公国; 1859 年 Walachia と合併してﾙｰﾏﾆｱとなる **2**) 旧ｿ連邦構成共和国; ⇨ MOLDOVA》.

♦ **Mol·dá·vian** *a* ﾓﾙﾀﾞｳﾞｨｱの; ﾓﾙﾀﾞｳﾞｨｱ人[語]の. ► *n* ﾓﾙﾀﾞｳﾞｨｱ人; ﾓﾙﾀﾞｳﾞｨｱ語《ﾙｰﾏﾆｱ語の方言; ｷﾘﾙ文字で書かれた》.

mol·da·vite /mɑ́ldəvàɪt/ *n*〘岩石〙ﾓﾙﾀﾞｳ石 (Bohemia, Moravia に産するﾃｸﾀｲﾄ (tektite)). ［*Moldavia*］

móld·bòard *n*〘農〙撥土板, すきへら;《ﾌﾞﾙﾄﾞｰｻﾞｰの》土工板,《除雪車などの》除雪板; ｺﾝｸﾘｰﾄ型枠板.

móld·er[1] | **móuld·er** *n* 造形者, 鋳型工;〘印〙《電鋳版の》電型. ［*mold*[1]］

molder[2] | **moulder** *vi* 腐って土になる, 朽ちはてる, 崩壊する〈*away*〉; 衰える: a ～*ing* ruin 荒れはててくずれかかった建物など. ► *vt* 朽ちはてさせる, 崩壊させる. ［? *mold*[3] or Scand (Norw (dial) *muldra* to crumble)］

mólding[1] *n* **1** 造形, 成形, 塑造, 鋳型(法), 型込め; 成形[塑造, 鋳造]物; 成形特性. **2**〘建〙繰形(ｸﾘｶﾀ), ﾓｰﾙﾃﾞｨﾝｸﾞ;〘建〙《壁の上に長く張った》蛇腹. ［*mold*[1]］

molding[2] *n* 壌土をかぶせること, 覆土; おおい土, 培土. ［*mold*[3]］

mólding bòard ﾊﾟﾝこね台 (breadboard).

mólding plàne〘木工〙面取りかんな.

mold·i·warp | **mould·i-** /móʊldɪwɔ̀ːrp/ *n*〃《方》MOLDWARP.

móld lòft〘工〙《造船・航空機製作の》現図場.

Mol·do·va /mɑldóʊvə, *mɔːl-/ ﾓﾙﾄﾞｳﾞｧ《(**1**) MOLDAVIA のﾙｰﾏﾆｱ語名 **2**) ﾙｰﾏﾆｱの東に接する国; 公式名 Republic of ～ (ﾓﾙﾄﾞｳﾞｧ共和国); ☆Chişinău; 1940–91 年ﾓﾙﾀﾞｳﾞｨｱ共和国 (Moldavian SSR) の名でｿ連邦構成共和国; cf. BESSARABIA》.

Mol·do·van /mɑldóʊvən/ *a* ﾓﾙﾄﾞｳﾞｧ(人)の. ► *n* ﾓﾙﾄﾞｳﾞｧ人; ﾓﾙﾄﾞｳﾞｧ語 (＝*Moldavian*)《ﾓﾙﾄﾞｳﾞｧの公用語》.

mold·warp | **mould-** /móʊldwɔ̀ːrp/ *n*〃《方》ﾓｸﾞﾗ (mole). ［ME; WGmc で 'mold[3] を投げる (OE *weorpan*) もの' の意か］

móldy | **móuldy** *a* かびた, かびだらけの, かび臭い; 朽ちかかった, ぼろぼろの; [*fig*] 古臭い〈伝統・考え〉;《俗》うんざりする, つまらない;《ｱｲﾙ俗》酔っぱらった. ► *n* [*pl*]〃《俗》銅貨. ♦ **mó(u)ld·i·ness** *n*

móldy fíg《俗》ﾄﾗｯﾄﾞｼﾞｬｽﾞのﾌｧﾝ;《俗》時代遅れの[古臭い]人[もの].

mold·y·warp | **mould·y-** /móʊldɪwɔ̀ːrp/ *n*〃《方》MOLDWARP.

mole[1] /móʊl/ *n* ほくろ, あざ;《古》《布地の》しみ. ［OE *māl*; cf. G *Mal*］

mole[2] *n* **1 a**〘動〙ﾓｸﾞﾗ《昔は目が見えないと思われていた》: (as) blind as a ～ 全くの盲目で. **b** ﾓｸﾞﾗの皮 (moleskin). **c** 濃い灰色. **2 a** 暗いところで仕事をする人, 黙々と働く人;《口》《二重ｽﾊﾟｲのように体制・敵・犯罪組織などに深くはいり込んで潜伏している》秘密情報部員, 諜報員, ｽﾊﾟｲ (sleeper), たれ込み屋, 情報源. **b** ﾄﾝﾈﾙ掘削機. **c**〃《俗》穴もぐり, 目無し坊 (penis). ［MDu, MLG *mol*］

mole[3] *n* 防波堤, 突堤; 防波堤に囲まれた停泊所[港];《廃》大きな塊り. ［F＜L *moles* mass］

mole[4], **mol** /móʊl/ *n*〘化〙ﾓﾙ《12g の炭素 12 に含まれる炭素原子の数 (約 6.02×10^{23}) と同数の単位からなる物質の量; 分子では GRAM-MOLECULE に同じ》. ［G *Mol*; ⇨ MOLECULE］

mole[5] *n*〘医〙奇胎《子宮内部にできる妊娠産物の変性塊》. ［F＜L MOLA］

mole[6] *n* ﾓﾚ《ﾄｳｶﾞﾗｼ・ｶｶｵのほかに多くの薬味を加えたﾒｷｼｺ風辛口ｿｰｽ》. ［MexSp＜Nahuatl］

Mo·lech /móʊlèk/ MOLOCH.

mol·e·chism, -cism /mɑ́ləkɪz(ə)m/ *n*〘生〙ﾓﾚｷｽﾞﾑ《ｳｲﾙｽ

における生きた微生物および生命のない分子としての二面性をとらえていう語》.
móle cràb 〘動〙スナホリガニ.
móle crìcket 〘昆〙ケラ.
mo·lec·u·lar /məlékjələr/ *a* 〘化〙分子 (molecule) の[からなる, による]; 単純な[基本的な]構成の; 微視的な: ～ attraction 分子引力 / ～ force 分子力. ♦ **～·ly** *adv* **mo·lec·u·lar·i·ty** /məlèkjəlǽrəti/ *n* 分子状, 分子性.
molécular astrónomy 分子天文学《星間の分子の研究》.
molécular béam [ráy] 〘理〙分子線.
molécular biólogy 〘生〙分子生物学. ♦ **molécular biólogist** *n* **molécular biológical** *a*
molécular cháperone 〘生化〙分子シャペロン (chaperone).
molécular clóck 分子時計《進化の過程でタンパク質のアミノ酸配列に生じる変化; 種分化の年代の指標となる》.
molécular clóud 〘天〙分子雲《星間雲の一つ》.
molécular distillátion 〘化〙分子蒸留.
molécular electrónics 微小電子工学, モレクトロニクス《半導体の微細加工により電子部品の超小型軽量化を研究する》.
molécular fílm 〘化〙分子膜.
molécular fórmula 〘化〙分子式 (cf. EMPIRICAL [STRUCTURAL] FORMULA).
molécular fóssil 〘古生〙《有機物の》分子化石.
molécular gastrónomy 分子科学的料理法《科学的な手法を用いた独創的な料理法》.
molécular genétics 〘生〙分子遺伝学.
molécular máss 〘化〙分子質量.
molécular módel 〘理·化〙分子構造模型.
molécular órbital 〘理〙分子軌道関数《各原子に属するのでなく分子全体にわたる電子の軌道関数》.
molécular síeve 〘化〙分子ふるい, モレキュラーシーブ《均一細孔径をもった吸着媒としての沸石など》.
molécular vólume 〘化〙分子容, モル体積.
molécular wéight 〘化〙分子量.
mol·e·cule /málıkjùːl/ *n* 〘理·化〙分子; 《一般に》微分子, 微片; 〘化〙グラム分子. [F＜L (dim)‹MOLE³]
móle dràin もぐら暗渠《簡易暗渠》.
móle·hìll *n* もぐら塚: Don't make a mountain out of a ～. 《諺》くだらぬことを大げさに騒ぎたてるな. ● **make a mountain (out) of a ～＝make mountains out of ～s** 些細なことを大げさに言う[する].
Mo·len·beek-Saint-Jean /*F* mɔlɛnbɛksɛ̃ʒɑ̃/ モーレンベーク-サン-ジャン《ベルギー中部 Brabant 州, Brussels 西郊の町; フラマン語名 Sint-Jans-Molenbeek》.
móle plòw 《刃部が垂直で犂部(りぶ)が弾丸状に丸くとがった》もぐり暗渠掘削機.
móle ràt 〘動〙**a** デバネズミ《アフリカ産》. **b** メクラネズミ《地中海東部産》. **c** オニネズミ (bandicoot)《インド産》.
mo·le ru·it sua /móulɛ rúıt sùɑː/ 自分の重さ[大きさ]でつぶれる. [L]
móle rùn [ᵘ*pl*]《核戦争に備えた》地下道[室], シェルター.
móle shrèw 〘動〙**a** ブラリナトガリネズミ《北米北部産》. **b** モグラジネズミ《中国·ミャンマー主産》.
móle·skìn *n* モグラの皮 (＝*mole*); モールスキン《ビロードに似た厚い綿織物の一種》; [ᵘ*pl*] モールスキンのズボン[衣服]; モールスキン《靴ずれ防止のために足に貼るフェルトなどでできたテープ》.
mo·lest /məlést/ *vt* 悩ます, 苦しめる, 妨害する, …にいやがらせをする; 〈女性·子供〉に性的ないたずらをする, 淫行をはたらく. ♦ **～·er** *n* 痴漢, 淫行犯. [F or L (*molestus* troublesome ‹MOLE³)]
mo·les·ta·tion /mòulèstéıʃ(ə)n, mɑ̀l-/ *n* じゃま, 妨害, いやがらせ; 《女性·子供への》性的いたずら, 淫行; 《古》苦悩(の種).
mol·et /málət/ *n* MULLET².
mol·e·tron·ics /mɑ̀lıtránıks/ *n* MOLECULAR ELECTRONICS.
mo·ley /móuli/ *n*《俗》かみそりの刃を埋め込んだジャガイモ《武器》.
Mo·lière /mouljɛ́r, ⌐⌐; móliɛ̀ər; *F* mɔljɛːr/ モリエール (1622–73)《フランスの喜劇作家·俳優; 本名 Jean-Baptiste Poquelin; *Le Tartuffe* (1664), *Le Misanthrope* (1666), *L'Avare* (1668), *Le Bourgeois gentilhomme* (1670), *Le Malade imaginaire* (1673)》.
Mo·li·na /moulíːnə, mə-/ **1** ⇨ TIRSO DE MOLINA. **2** モリナ **Mario (Jose)** ～ (1943–)《メキシコ生まれの米国の大気化学者; オゾン層形成と破壊のメカニズムの研究によりノーベル化学賞 (1995)》.
mo·line /məlíːn, -láın, móulən/ *a* 〘紋〙〈十字が〉おのおのの腕の先端がガンマ (γ) 字形になった. [? AF *moliné*]
Mo·li·nism /móulənìz(ə)m, mál-/ *n* 〘神学〙モリニズム《**1**) スペインのイエズス会神学者 Luis de Molina (1535–1600) の説; 神の恩恵は人間の自由意志に左右される **2**) スペインの神秘思想家·静寂主義者 Miguel de Molinos (1628–96) の説; 神秘的観想による完全な受動性によって平安が得られる》.
Mo·li·se /mɔ́ːlızèı/ モリーゼ《イタリア中部の州; Apennines 山脈と Adriatic 海にはさまれる; 1963 年 Abruzzi e Molise 州から分離; ☆Campobasso》.
moll /mɔ́ːl/ *a* 〘楽〙短調の (minor): g ～ ト短調. [G]
Moll /mál, ᵃmɔ́ːl/ **1** モル《女子名; Mary の愛称》. **2** [m-]《口》**a** 売春婦. **b** 女(の子); 恋人. **c**《暴力団員·ガンマン·泥棒などの》情婦 (gun moll), いろ, すけ; 女の犯罪者.
molla(h) ⇨ MULLAH.
móll bùzzer ᵃ《俗》女を襲うひったくり[泥棒]; ᵃ《俗》女にたかる男. [*moll*]
mol·le·mock /máləmɑ̀k/ *n* MALLEMUCK.
mol·les·cent /məlɛ́s(ə)nt/ *a*《まれ》柔らかくする[なる]. ♦ **-cence** *n*
Móll Flánders モル·フランダーズ《Defoe の同名の小説 (1722) の主人公; 盗賊を母として生まれてスリとなり数奇な体験をするが, のち Virginia 植民者として幸福になる女性》.
mol·lie /máli/ *n* 〘魚〙モーリー (＝*mollienisia*).
Mollie モリー《女子名; Mary, Mil(l)icent の愛称》.
mol·li·e·nis·ia /mɑ̀liənísiə/ *n* 〘魚〙モリエニシア属の魚《セルフィンモーリー·ブラックモーリーなど観賞用の熱帯魚》.
mol·li·fy /máləfàı/ *vt* 〈人〉の気持を和らげる, なだめる; 鎮める, 軽減する; 柔らかくする. ► *vi*《古》〈人が〉気を和らげる. ♦ **-fied** *a* **-fì·er** *n* **mòl·li·fi·cá·tion** *n* [F or L (*mollis* soft)]
Mol·li·sol /málɪsɔ̀(ː)l, -sòul, -sɑ̀l/ *n* 〘土壌〙モリソル《腐植やカルシウム·マグネシウムなどの塩基の割合の高い, 砕けやすく黒っぽい土壌》. [L *mollis* soft, *-sol* (*solum* ground)]
mol·lock /málək/ ᴵᴵ《俗》*vi* 火遊びをする, いちゃつく, エッチする; のんびり[くつろいで]過ごす. [*moll* prostitute をもとにした Stella Gibbons (*Cold Comfort Farm*) の造語という]
mollusc ⇨ MOLLUSK.
mol·lus·can /məlʌ́skən/ 〘動〙*a* 軟体動物(門 (Mollusca)) の. ► *n* 軟体動物.
mol·lus·ci·cide /məlʌ́s(k)əsàıd/ *n* 軟体動物[《特に》ナメクジ]駆除剤. ♦ **mol·lùs·ci·cíd·al** *a*
mol·lus·coid /məlʌ́skɔ̀ıd/ *a, n* 〘動〙擬軟体動物(門の).
mol·lus·coi·dal /mɑ̀ləskɔ́ıdl/ *a* MOLLUSCOID.
mol·lus·cous /məlʌ́skəs/ *a* MOLLUSCAN.
mol·lus·cum /məlʌ́skəm/ *n* (*pl* **-ca** /-kə/) 〘医〙軟属腫, 軟疣(なんゆう). [L (neut)‹MOLLUSC]
molluscum con·ta·gi·o·sum /—— kəntèıʤióusəm/ (*pl* **mollusca con·ta·gi·o·sa** /-sə/) 伝染性軟属腫[軟疣]《主として幼児の皮膚に生じるウイルス性の疣》.
mol·lusk, -lusc /máləsk/ *n* 〘動〙軟体動物; 貝類·甲殻類の動物 (shellfish). [F＜L *molluscus* soft]
mol·lus·kan /məlʌ́skən, mɑ-/ *a, n* MOLLUSCAN.
Móll·wei·de projèction /mɔ́ːlvàıdə-; mɔ́l-/ 〘地図〙モルヴァイデ(投影)図法《正積擬円筒図法; 緯線は平行で, 経線は楕円弧状》. [Karl B. *Mollweide* (1774–1825) ドイツの数学者·天文学者]
mol·ly¹ /máli/ *n* 〘魚〙モーリー (MOLLIENISIA).
molly² *n* 〘鳥〙MALLEMUCK.
Molly¹ **1** モリー《女子名; Mary, Mil(l)icent の愛称》. **2** [m-] MOLLYCODDLE; 《口》情婦 (moll).
Molly² 〘商標〙モリー《開きボルトの一種》.
mólly·còddle *n* めめしい男, 弱虫, 腰抜け; GOODY-GOODY. ► *vt* 甘やかす. ♦ **-còddler** *n* [*Moll*＋*coddle*]
mól·ly-dóok /-dúːk/, **-dóok·er** /-dúːkər/, **-dúke** /-dúːk/ *n*《豪俗》ぎっちょの人. [? *Molly*¹ milksop, *duke* hand]
mol·ly·hawk /málihɔ̀ːk/ *n* MALLEMUCK.
Mólly Ma·guíre /-məgwáıər/ モリー·マグワイア党員《**1**) 地主に立ち退かされるのを防ぐ目的で 1843 年ごろ結成されたアイルランドの暴力主義秘密結社の一員 **2**) 1865–75 年ごろ Pennsylvania 州東部の炭田で労働条件の改善を要求して暴力的·脅迫的行動をとったアイルランド系労働者による秘密結社の一員》. [Maguire はアイルランドに多い姓]
mol·ly·mawk /málimɔ̀ːk/ *n* MALLEMUCK.
Mol·nár /móulnɑ̀ːr, mɔ́ːl-/ モルナール **Fe·renc** /fɛ́rɛnts/ ～ (1878–1952)《ハンガリーの劇作家·小説家》.
Mo·loch /móulɑ̀k, málək/ **1 a** 〘聖〙モレク《フェニキア人が子供を人身御供にして祭った神; *Lev* 18: 21, *2 Kings* 23: 10》. **b** [*fig*] 大きな犠牲を要求するもの. **2** [m-] 〘動〙トゲトカゲ (＝*mountain devil*)《豪州産》. [Heb]
Mo·lo·kai /mɑ̀ləkáı, mòu-/ モロカイ《Hawaii の Oahu 島の東隣にある島》.
Mo·lo·po /məlóupou/ [the] モロポ川《ボツワナ·南アフリカ共和国国境を西流後 Orange 川に合流; 通常 涸れている》.
mo·los·sus /məlásəs/ *n* (*pl* **-los·si** /-àı/) 〘韻〙長長長格《3 個の長音節からなる脚》. [L＜Gk＝of Molossia in Epirus]
Mo·lo·tov /málətɔ̀(ː)f, mɔ́(ː)-, móu-, -tɑ̀f, -v/ **1** モロトフ **Vyacheslav Mikhaylovich** ～ (1890–1986)《ソ連の政治家; 旧姓 Skryabin; 外相 (1939–49, 53–56)》. **2** モロトフ《PERM の旧称》.
Mólotov bréadbasket 〘軍〙親子焼夷弾.
Mólotov cócktail モロトフカクテル, 火炎瓶.
molt | moult /móult/ *vi* 〈鳥類が〉羽毛[毛]が抜け[生え]変わる, 〈昆虫·爬虫類が〉脱皮する. ► *vt* 〈羽毛·毛·外皮などを〉脱ぐ, 落とす

M

(cast off). ► *n* 脱け変わり[脱皮](期), 換羽, 換毛; 抜け毛, 脱け殻. ♦ **~·er** *n* ［OE＜WGmc＜L *muto* to change; *-l-* は FAULT など参照］

mol·ten /móult(ə)n/ *v* MELT¹ の過去分詞. ► *a* 融解[溶解]した, 溶融…; 熱した《普通 melted より高温》; (ギラギラ)輝く; 《廃》鋳造した. ♦ **~·ly** *adv*

Molt·ke /móultkə/ モルトケ (**1**) **Helmuth** (**Karl Bernhard**) **von** ~, Graf **von** ~ (1800–91)《プロイセンの軍人; 陸軍参謀総長 (1858–88); 普墺戦争・普仏戦争の勝利に貢献》(**2**) **Helmuth** (**Johannes Ludwig**) **von** ~ (1848–1916)《ドイツの軍人; 前者の甥; 陸軍参謀総長 (1906–14); Marne の戦い (1914 年 9 月) で敗北し, 辞任》.

mol·to /móultou, mɔ́:l-; mɔ́l-/ *adv* 〘楽〙非常に, モルト: ~ adagio きわめてゆるやかに. ［It＜L *multus* much］

Mo·lúc·ca bálm /məlʌ́kə-/ 〘植〙カイガラサルビア (=*bells of Ireland, shellflower*)《緑色の歪状の萼がある; シソ科》.

Mo·luc·cas /məlʌ́kəz/ *pl* [the] モルッカ諸島 (*Indonesian* Maluku)《Celebes 島と New Guinea 島の間にあるインドネシア領の島群; 別称 Spice Islands》. ♦ **Mo·lúc·ca** *a* **Mo·lúc·can** *a, n*

mol. wt. °molecular weight.

mo·ly /móuli/ *n* **1** 〘ギ神〙モーリュ《Hermes が Odysseus に与えた白花黒根の魔法の薬草》. **2** 〘植〙LILY LEEK. ［L］

mo·lyb·date /məlíbdèɪt/ *n* 〘化〙モリブデン酸塩[エステル].

molýbdate órange 〘化〙モリブデン赤《無機顔料》.

mo·lyb·de·nite /məlíbdənàɪt/ *n* 〘鉱〙輝水鉛鉱, モリブデン鉱.

mo·lyb·de·nous /məlíbdənəs/ *a* 〘化〙モリブデン (II) の.

mo·lyb·de·num /məlíbdənəm/ *n* 〘化〙モリブデン《金属元素; 記号 Mo, 原子番号 42》. ［L＜Gk (*molubdos* lead)］

molýbdenum disúlfide 〘化〙二硫化モリブデン.

molýbdenum trióxide 〘化〙三酸化モリブデン.

mo·lyb·dic /məlíbdɪk/ *a* 〘化〙3[6] 価のモリブデンの[を含む], モリブデン (III [VI]) の.

molýbdic ácid 〘化〙モリブデン酸.

mo·lyb·dous /məlíbdəs/ *a* 〘化〙原子価の低いモリブデンを含む.

mom /mám, mʌ́m/ *n**《口》MOTHER¹. ● **~ and apple pie** アメリカの伝統, アメリカ人の価値観: (as) American as ~ *and apple pie* いかにもアメリカ的な / against ~ *and apple pie*. ［*mama*］

MOM middle of month.

MoMA, MOMA /móumə/ °Museum of Modern Art.

móm-and-póp* *a* 夫婦[家族の者]だけで経営する, 個人営業の〈商店・商売〉(=*ma-and-pa*).

Mom·ba·sa /mambá:sə/ モンバサ (**1**) ケニア南東岸沖のサンゴ礁からなる小島 **2**) 同島と本土とにまたがる市・港町》.

M

mome /móum/ *n* 《古》うすのろ, ばか. ［C16＜?］

mo·ment /móumənt/ *n* **1 a** 瞬間 (instant); 短時間; [*pl*]《ある長さをもった》時間: at any ~ =any ~ now いつ何時, 今にも / at ~*s* 時々, 折々 / at odd ~*s* 時々, ひまを見て / in a ~ of anger 腹立ちまぎれに / for a ~ しばらく, ちょっとの間 / in a ~ すぐに, たちまち / on the ~ その場で / to the (very) ~ (時間)きっかり. **b** [〈*adv*〉]: Just wait a ~. ちょっと待ちたまえ / half a ~ =one ~ ちょっとの間 / One ~.=Half a ~.=Wait a ~.=Just a ~. ちょっとお待ちください / the next ~ 次の瞬間には, たちまち / this (very) ~ 直ちに. **c** [the ~ (that), 〈*conj*〉]: I will tell him *the* (*very*) ~ (=as soon as) he comes in. 彼がはいってきたらすぐ言おう. **2**《ある特定の》時機 (occasion); 現在, 目下; (よい)機会, 〘哲〙契機: at the critical ~ いざという時に / in the ~ of danger すわという時に / at this ~ (in time) =at the present ~ ちょうど今, 今現在, 現時点で, 今のところ / one's big ~ 脚光を浴びる時, 晴れ舞台 / seize the ~ 好機をとらえる. **3** 重要性 (importance): of little [no great] ~ さほど重要でない / affairs of great ~ 重大事(件). **4 a** 〘理〙《点[軸]のまわりの》運動を起こさせる傾向, 能率, モーメント: magnetic ~ 磁気モーメント / ~ of stability 安定率. **b** 〘統・数〙積率, モーメント: ~ about the mean [origin] 平均値[原点]のまわりの積率, 中心[原点]積率. **c** 《廃》《行為の》動因, 動機. ● **at the** (**very**) **~** 当座は; [現在] ちょうど今; [過去] ちょうどその時. **for the ~** さしあたり, 当座は, 当面: live *for the* ~《先のことを気にせず》その場限りに生きる. **have one's** [**its**] **~s** よい時もある, 取柄もなくはない, たまには[やるときは]やる; よくないこともある. **not a ~ too soon** 遅すぎるほどで, ぎりぎりになって. **not for a** [**one**] **~** 少しも…ない (never). **of the ~** 目下の, 現在の: the man *of the* ~ 時の人. ♦ **mo·men·tal** /mouméntl/ *a* 〘機〙モーメントの. ［OF＜L MOMENTUM］

momenta *n* MOMENTUM の複数形.

mo·men·tar·i·ly /mòuməntérəli; móumənt(ə)rɪli/ *adv* ちょっと(の間), 一瞬; 今か今かと; 時々刻々; すぐに, 間もなく; 《古》瞬時に.

mo·men·tary /móuməntèri; -t(ə)ri/ *a* 瞬間の; 束(つか)の間の, はかない; 今にも起こりそうな, 時々刻々の, 刻一刻の; 《まれ》絶え間ない. ♦ **-tàr·i·ness** /; -t(ə)rɪ-/ *n*

móment·ly *adv* 時々刻々, 刻一刻; 今か今かと〈待つなど〉; しばらく, 一瞬の間.

mo·men·to /məméntou/ *n* MEMENTO.

móment of inértia 〘理〙慣性モーメント.

móment of moméntum 〘理〙運動量モーメント (angular momentum).

móment of trúth 《闘牛士の》とどめのひと突き; [*fig*] 危機, 試練の時, 正念場, 決定的瞬間.

mo·men·tous /mouméntəs, mə-/ *a* きわめて重大[重要]な, 容易ならざる. ♦ **~·ly** *adv* **~·ness** *n*

mo·men·tum /mouméntəm, mə-/ *n* (*pl* **-ta** /-tə/, **~s**) 勢い, はずみ, 推進力 (impetus); 〘力〙運動量; 〘哲〙MOMENT: gain [gather] ~ はずみがつく, 次第に強まる / lose ~ 勢いがなくなる, 次第に弱まる. ［L=(cause of) motion (*moveo* to move)］

MOMI /móumi/ Museum of the Moving Image《ロンドンにある》映像博物館《1988 年創立, 99 年閉館》.

mom·ism /mámɪz(ə)m/ *n* 《口》《強い母権を伴う》母親中心主義, 母親らしい(過保護な)言動, 乳離れできないこと, 母親依存, モミズム.

mom·ma /mámə, mʌ́mə/ *n* 《口・幼児》ママ, おかあちゃん; *《俗》《すごい》代物, 大物, すぐれもの. ［*mamma*¹］

mom·mick /mámɪk/ *vt**《俗》混乱させる, めちゃくちゃにする〈*up*〉.

Momm·sen /*G* mɔ́mzn/ モムゼン (**Christian Matthias**) **Theodor** ~ (1817–1903)《ドイツの歴史家; *Römische Geschichte* (1854–55, 85); ノーベル文学賞 (1902)》.

mom·my /mámi/ *n**《口・幼児》ママ, おかあちゃん. ［*mammy*］

mómmy tràck* マミートラック《育児などのために出退社時刻・休暇などを弾力的に決めることのできる女性の変則的就労形態》. ♦ **mómmy tràck·er** *n* **mómmy tràck·ing** *n*

mo·mo /móumòu/ *n**《俗》うすのろ, 精薄, あほ (moron).

mompara ⇨ MAMPARA.

Mo·mus /móuməs/ **1** 〘ギ神〙モーモス《ひやかし・非難の擬人神》. **2** [ˢm-] (*pl* **~·es, -mi** /-màɪ/) あら探し屋.

momzer, -ser ⇨ MAMZER.

mon /mán/ *n* 《スコ・北イング》MAN¹.

Mon /móun/ *n* **a** (*pl* ~, **~s**) モン族《ミャンマー南部 Pegu 地方に分布する》. **b** モン語《モン-クメール語族に属する》.

mon- /mán/, **mono-** /mánou, -nə/ *comb form*「単一」「〘化〙1 個の原子[基]を含む」「単分子の」(cf. POLY-). ［Gk (*monos* alone)］

mon. monetary. **Mon.** Monastery ♦ Monday.

mo·na /móunə/ *n* 〘動〙モナザル《西アフリカ産の guenon; おとなしいのでペットにされる》. ［Sp or It=monkey］

Mona¹ モナ《女子名》. ［Ir=noble］

Mona² モナ (**1**) ANGLESEY 島の古代名 **2**) MAN 島の古代名》.

monacer ⇨ MONIKER.

mon·a·chal, -cal /mánɪk(ə)l/ *a* 修道士の, 修道生活の; 修道院の (monastic). ［F or L; ⇨ MONK¹］

mon·a·chism /mánəkɪz(ə)m/ *n* MONASTICISM.

monacid etc. ⇨ MONOACID etc.

Mo·na·co /mánəkòu, məná:kou/ モナコ (**1**) フランス南東部に接し, 地中海に臨む小国; 公式名 Principality of ~ (モナコ公国); cf. MONEGASQUE *a* **2**) その首都》. ♦ **Mó·na·can** *a, n* モナコ(人)の; モナコ人.

mon·ad /móunæd, mán-/ *n* (*pl* **~s**) 一, 単体 (unit), 単一体, 個体 (unity); 〘哲〙単子, モナド; 〘生〙単細胞生物, 《特に *Monas* 属の》鞭毛虫, モナド; 〘生〙一分(いちぶん)染色体; 〘化〙1 価の元素[基]. ★ dyad (2 また 2 からなるもの), triad (3), tetrad (4), pentad (5), hexad (6), heptad (7), octad (8), ennead (9), decad (10). ♦ **mo·nad·ic** /mounǽdɪk, mə-, ˈma-/, **-i·cal** *a* ［F or L＜Gk *monad- monas* unit］

mòn·adélphous *a* 〘植〙〈雄蕊(ずい)が〉単体の, 〈花が〉単体雄蕊の (cf. DIADELPHOUS, POLYADELPHOUS): ~ stamens 単体雄蕊.

monades *n* MONAS の複数形.

mónad·ism *n* 〘哲〙単子論, モナド論《特に Leibnitz の》.

mo·nad·nock /mənǽdnàk/ *n* 〘地理〙(侵食)残丘, モナドノック《準平原より一段高い切り立った丘陵》. ［Mt *Monadnock* New Hampshire 州南西部の山］

mon·ad·ol·o·gy /mòunədálədʒi, màn-/ *n* MONADISM.

Mon·a·ghan /mánəhən, -hæn/ モナハン (**1**) アイルランド共和国北東部の県; 略 Mon. **2**) その県都》.

mon·a·ker /mánɪkər/ *n* MONIKER.

mo·nal, mo·naul /mənɔ́:l; mɔ-/ *n* 〘鳥〙ニジキジ《ヒマラヤ周辺山岳地帯産》. ［Nepali］

Mo·na Li·sa /móunə lí:sə, -zə/ [the] モナリザ (=*La Gioconda*)《Leonardo da Vinci 筆の肖像画 (1503–06); Lisa del Giocondo という女性がモデルといわれる》.

mon ami /*F* mɔnami/ (*fem* **mon amie** /—/) きみ, あなた (my friend).

mon·am·ine /mànəmí:n/ *n* MONOAMINE.

mo·nan·dry /mənǽndri, ma-, *mánæn-/ *n* 一夫制 (cf. POLYANDRY); 〘植〙単雄蕊(花)をつけること. ♦ **mo·nán·drous** *a* [*polyandry* にならって *mono* より]

mo·nan·thous /mənǽnθəs, ma-/ *a* 〘植〙一花の.

Mó·na Pássage /móunə-/ [the] モナ海峡《西インド諸島の Hispaniola 島とプエルトリコの間の海峡; カリブ海と大西洋を連絡する》.

Mo·na·pia /mənéɪpiə/ モナピア《MAN 島の古代名》.
mon·arch[1] /mánərk, -à:rk/ *n* **1** 君主, 主権者, 帝王; 最高支配者, 王者: an absolute ~ 絶対[専制]君主 / the ~ of the forest 森の王《oak のこと》/ the ~ of the glen 谷間の王《雄鹿のこと》. **2**〘昆〙オオカバマダラ (=*milkweed butterfly*) (=~ **bùtterfly**)《北米の移動チョウ》. **3**〘鳥〙カササギヒタキ (=~ **flýcatcher**)《カササギヒタキ科 (Monarchidae) の鳥の総称; 派手な羽毛が特徴》. [F or L<Gk (*mon-, arkhō* to rule)]
monarch[2] *a*〘植〙一原型の《木部が 1 つ》. [*mon-, -arch*[2]]
mo·nar·chal /məná:rk(ə)l, mɑ-/ *a* 君主らしい, 帝王にふさわしい (monarchical); 帝王[君主]の(地位の). ♦ **~·ly** *adv*
mo·nar·chi·al /məná:rkiəl, mɑ-/ *a* MONARCHICAL.
Mo·nar·chi·an·ism /məná:rkiənìz(ə)m, mɑ-/ *n* 単一[独裁, 一位]神論, モナルキア主義《紀元 2–3 世紀ごろ三位一体 (Trinity) 説に反対して神は単一であると唱えた異端説》. ♦ **Mo·nár·chi·an** *a, n*
mo·nar·chic /məná:rkɪk, mɑ-/ *a* MONARCHICAL.
mo·nár·chi·cal *a* 君主制の; 君主制主義の; MONARCHAL; 絶対的権能を有する. ♦ **~·ly** *adv*
mon·ar·chism /mánərkìz(ə)m, -à:r-/ *n* 君主(制)主義. ♦ **-chist** *n, a* **mòn·ar·chís·tic** *a*
mon·ar·chy /mánərki, -à:r-/ *n* **1** 君主制, 君主政治[政体]; 君主国; [the] 君主, 国王, 王族: an absolute [a despotic] ~ 専制君主国 / a constitutional [limited] ~ 立憲君主国. **2**《廃》独裁君主権, 専制権. [OF, <Gk; ⇨ MONARCH]
mo·nar·da /məná:rdə, mɑ-/ *n*〘植〙モナルダ属[ヤグルマハッカ属] (*M-*) の各種草本[草花] (=*horsemint*)《北米原産》. [Nicolas *Monardés* (1493–1588) スペインの植物学者]
mo·nas /móunæs, mán-/ *n* (*pl* **mon·a·des** /mánədì:z/) MONAD.
mon·as·tery /mánəstèri; -t(ə)ri/ *n* 《主に男子の》修道院《女子修道院は通例 nunnery または convent という》. ♦ **mon·as·te·ri·al** /mànəstíəriəl/ *a* 修道院(生活)の. [L<Gk (*monazō* to live alone〈 *monos* alone)]
mo·nas·tic /mənǽstɪk/ *a* 修道院の, 修道士[女]の; 修道院的な, 隠遁的な, 禁欲的な: ~ vows 修道誓願《清貧・童貞・従順の 3 か条》. ► *n* 修道士 (monk). ♦ **mo·nás·ti·cal** *a* **-ti·cal·ly** *adv*
mo·nas·ti·cism /mənǽstəsìz(ə)m/ *n* 修道院生活, 修道[禁欲]生活; 修道院制度.
mo·nás·ti·cìze *vt* 修道院風[禁欲的]にする.
Mon·a·stir /mànəstíər/ モナスティル《BITOLA のトルコ語名》.
Mo·nas·tral /mənǽstrəl; mɔ-/〘商標〙モナストラル《英国製の有機顔料》.
mòn·atómic〘化〙*a* 1 原子からなる, 単原子の; 《まれ》1 価の (monovalent): a ~ molecule 単原子分子 / ~ alcohol 1 価アルコール. ♦ **-i·cal·ly** *adv*
monaul ⇨ MONAL.
mon·áural *a* モノラルの (=*monophonic*) (cf. BINAURAL, STEREOPHONIC); 片耳(用)の. ♦ **~·ly** *adv*
mon·áxial〘植〙*a* 単軸の (uniaxial); 主軸に花を開く.
mon·a·zite /mánəzàɪt/ *n*〘鉱〙モナズ石, モナザイト《希土類・トリウムの主要鉱石》.
Mön·chen·glad·bach /mànkənglá:tbà:k; *G* mœnçnglát-bax/ メンヘングラトバハ《ドイツ西部にある North Rhine-Westphalia 州の市; 旧称 München-Gladbach》.
mon cher /*F* mɔ̃ ʃɛ:r/ (ねえ)あなた《男性に対する呼びかけ; cf. MA CHÈRE》. [F=my dear]
Monck /mʌ́ŋk/ マンク **George** ~, 1st Duke of Albemarle (1608–70)《イングランドの軍人; Monk ともつづる; ピューリタン革命で国王派のち議会派としてアイルランド, スコットランドで戦ったが, 護国卿政治が終わるとスチュアート朝復活を実現させた》.
Monc·ton /mʌ́ŋktən/ マンクトン《カナダ南東部 New Brunswick 州東部の市》.
mon·dain /mandéɪn; mɔ́ndèɪn/ (*fem* **-daine** /mandéɪn; mɔ́ndèɪn/) *n* 社交界の人, 社交家. ► *a* 社交界の, 世俗の. [MUNDANE]
Mon·dale /mándèɪl/ モンデール **Walter F(rederick)** ~ (1928–)《米国の政治家; 副大統領 (1977–81); 民主党; 駐日大使 (1993–96)》.
Mon·day /mʌ́ndi, -deɪ/ *n* 月曜日《略 Mon.》: on ~ 月曜日に / on ~*s* 毎週月曜日に, 月曜日には(いつも) / on ~ morning [noon, afternoon, evening, night] 月曜日の朝[正午, 午後, 晩, 夜]に / last [next] ~ ="on ~ last [next] この前[次]の月曜に / BLACK MONDAY, BLUE MONDAY, EASTER MONDAY, ST. MONDAY. ● **that ~ morning feeling** 月曜朝の仕事[学校]に行きたくない気分. ► *adv* 《口》月曜日に (on Monday). [OE *mōnandæg* moon's day; L *lunae dies* の訳]
Mónday Clùb [the]〘英〙月曜会, マンデークラブ《保守党右派のクラブ; 1961 年設立》. ♦ **Mónday Clùb·ber** *n*
Mónday·ish *a* 月曜気分の, 月曜病ぎみの, 働く気のしない; 〈牧師が〉(日曜の仕事で)疲れた.
Mònday·í·tis /-áɪtəs/ *n* 《豪口》《Blue Monday の》憂鬱, 月曜病.
Mónday·ìze *vt* 《NZ》《連休にするために》〈法定祝日を〉月曜日に振り替える. ♦ **Mònday·izátion** *n* 月曜振替え.
Mónday màn *《俗》洗濯物泥棒.
Mónday mórning quárterback *《口》アメリカンフットボールのゲームが終わってエラーを批評する人; *《口》結果論からあれこれ批評する人. ♦ **~·ing** *n*
Món·days *adv* 月曜日には(いつも) (on Mondays).
monde /*F* mɔ̃:d/ *n* **1** 世間, 社会; 上流社会; 社交界. **2** [Le M-]『ル・モンド』《Paris で発行される日刊新聞; 1944 年創刊》. [F=world, society<L *mundus*]
mon·de·green /mándəgrì:n/ *n* モンデグリーン《句や歌の文句などを聞き間違えてできた語句;「帰ってみれば 'こわい蟹'」の類; スコットランドのバラッドにある 'laid him on the green' が 'Lady Mondegreen' というふうに聞き違えられたことから》
mond·i·al /mándiəl/ *a* 全世界の.
mon Dieu /*F* mɔ̃ djø/ *int* おや, まあ (my God).
mon·do /mándou/ *a, adv* 《俗》とんでもない[なく], むちゃくちゃ(な), まったく(の), すごく, すっかり. [It=world; 一説に G. Jacopetti 監督の映画 *Mondo Cane* (=dog's world) (1961; 邦題『世界残酷物語』) から]
Mónd pròcess /mánd-; *G* mɔ́nt-/〘冶〙モンド法《ニッケル鉱石からニッケルを採取するための精錬方法》. [Ludwig *Mond* (1839–1909) ドイツの化学者]
Mon·dri·an /mɔ́:ndrià:n/ モンドリアン **Piet** ~ (1872–1944)《オランダの画家; 本名 Pieter Cornelis Mondriaan; 抽象芸術運動 de Stijl の中心人物》.
M1 /émwʌ́n/ *n*〘経〙M1《一国の通貨供給量の指標の一つで, 一般に現金通貨と銀行などの要求払い預金を中心とする, 流動性の最も高いもの; cf. M0, M2, M3, M4, M5》.
monecious ⇨ MONOECIOUS.
Mon·e·gasque /mànɪgǽsk/ *a, n* モナコの; モナコ人(の).
Mo·nel /mounél/〘商標〙モネル《ニッケル・銅・鉄・マンガンの合金で耐酸性が強い》. [Ambrose *Monell* (1873–1921) 開発した International Nickel Co. (New York) の社長]
mon·el·lin /mánələn, mounélən/ *n* モネリン《アフリカ産の一液果 (serendipity berry) から採れる, 砂糖の 3000 倍の甘味をもつタンパク質》.
mo·neme /móunì:m/ *n*〘言〙記号素, モネーム. [*mon-, -eme*]
mo·nen·sin /mounénsən/ *n* モネンシン《肉牛用飼料の添加物; streptomyces の一種の発酵産物》.
Mo·ne·ra /məní:rə/ *n pl*〘生〙モネラ界《生物界の分類の一つ; バクテリア・藍藻類など核をもたない原核生物のみからなる》.
mo·ne·ran /məníərən/〘生〙モネラ界 (Monera) の生物 (prokaryote). ► *a* モネラ界の. [NL (Gk *monērēs* individual)]
M1 rifle /émwʌ́n ─/ M1 型ライフル (=*Garand rifle*)《口径 .30 インチの半自動ライフル銃; 第二次大戦で米国陸軍が使用した》.
mon·éstrous *a*〘動〙単発情性の《1 年[1 繁殖期]に 1 回発情する》.
Mo·net /mounéɪ/ モネ **Claude** ~ (1840–1926)《フランス印象派の風景画家》.
Mo·ne·ta /mounéɪtə/ モネタ **Ernesto Teodoro** ~ (1833–1918)《イタリアのジャーナリスト・平和運動家; ノーベル平和賞 (1907)》.
mon·e·tar·ism /mánətərìz(ə)m, mʌ́n-/ *n*〘経〙マネタリズム《経済活動水準の決定要因として通貨供給量調節政策を第一とする立場》. ♦ **-ist** *n, a*
mon·e·tar·ize /mánətəràɪz/ *vt* MONETIZE.
mon·e·tary /mánətèri, mʌ́n-; -t(ə)ri/ *a* 通貨[貨幣]の, 金銭(上)の; 金融の, 財政(上)の: the ~ system 通貨制度 / in ~ difficulties 財政困難で / ~ value 金銭的な価値. ♦ **mon·e·tar·i·ly** /mànətérəli, mʌ̀n-, ─ ─ ─ ─; ─ ─ t(ə)rɪli/ *adv* [F or L; ⇨ MONEY]
mónetary ággregate 通貨流通量[総額].
mónetary ùnit 通貨[貨幣]単位.
mon·e·tize /mánətàɪz, mʌ́n-/ *vt* 〈金属を〉貨幣に鋳造する; 貨幣[通貨]とする[定める]; 〈公債などを〉貨幣[現金]化する; 〈価値あるものを〉活用して利益を生み出す; 〈社会を〉貨幣の使用に適合させる, 貨幣社会化する: a ~*d* society. ♦ **mòn·e·ti·zá·tion** *n* 貨幣鋳造; 通貨制定. [F<L (↓)]
mon·ey /mʌ́ni/ *n* (*pl* **~s, món·ies**) **1 a** 金銭, 金(かね): lose ~ 損をする 〈*over*〉/ sink ~ むだな金を使う / save ~ 金をためる / What's the ~? (値段は)いくらか / ~ well spent じょうずな[賢い]買物, じょうずに使った金 / Time is ~. 《諺》時は金なり / *M~* talks. 《口》金がものを言う《金を持っているほうが有利》/ (The love of) ~ is the root of (the) all evil.〘聖〙金銭(を愛すること)はすべての悪の根本《*1 Tim* 6: 10》/ *M~* burns a hole in the pocket. ⇨ BURN[1] / A fool and his ~ are soon parted. 《諺》ばか者の金はたちまち出て行く / Lend your ~ and lose your friend. 《諺》(友に)金を貸せば友を失う / *M~* BEGETS ~. / Never spend your ~ before you have it. 《諺》まだ手にしない金はつかうな / ⇨ MARE[1] 《諺》/ keep sb in ~ 人に金を用立

M

てる / out of ～ 金に困って,《賭け事で》損をして / There is ～ in it. それはもうかるぞ. **b** 貨幣, 通貨; MONEY OF ACCOUNT; 交換の媒介物, 貨物貨幣: good ～ 良貨; いい金, 高い金額, 高賃金 / bad ～ 悪貨 / white ～ (にせ)銀貨 / small ～ 小銭 / HARD MONEY, PAPER MONEY, STANDARD MONEY. **2** 賃金, 給料; 賞金. **3 a** 財産, 富 (wealth). **b** 大金持《集合的》; 金持の地位[身分]. **4** [*pl*]〖法〗《特別な用途の》金 (＝sums of ～). **5**《競馬・ドッグレースの》入賞馬[者] (cf. in [out of] the MONEY); 賞金: take third ～ 3 等賞をとる. **6** *《俗》親友, マブダチ.

● **a** (**good**) RUN **for** sb**'s ～.** **any man's ～** 金のためなら何でもする[金で動かせる](やつ), もうかる話ならすぐに乗る. **at** [**for**] **the ～** (支払った)その値では: The camera is cheap *at the* ～. その値では安い[買い得だ]. **be made of ～** [°*neg*]《口》うなるほど金をもっている. BURN[1] one**'s ～.** COIN **～.** **for** LOVE **or ～.** **for ～** 金のために; 〖商〗直取引で. **for one's ～**《口》(1) あつらえむきの: the man [one] *for* sb's ～ いちばん適した人[もの]. (2) …に関する限りでは[に言わせれば], …の考えでは. **get one's ～'s worth** 払った金[努力]に見合うだけのものは取る, 元を取る. **have more ～ than sense** 愚かな金のつかい方をする, 金を浪費する. **in the ～**《競馬・ドッグレースなどで》入賞して;《口》金持で, 富裕で, 繁栄[成功]して. **like pinching ～ from a blind man** いとも簡単に. **lucky ～** お守り銭. **make ～** ((**out**) **of**…で)もうける, 金持になる (cf. MONEYMAKING). **marry ～** 金持と結婚する. **～ down**＝**～ out of hand**＝**ready ～** 即金: pay ～ *down* 即金で払う. **～ for jam** [**old rope**]"《口》楽な[ぼろい]もうけ. **～ from home***《俗》思いがけず得られたありがたいもの, 棚ぼた; *《犯罪俗》楽なもうけ, ちょろい仕事. **My ～'s on**….《口》わたしは…に賭けている[…を確信している]. **not everybody's ～**《口》どこに行っても通用する[もてる]とはかぎらない. (**right**) **on the ～***《口》まさにぴったりで, 的を射て, ちょうどその場[時]に. **out of the ～**《競馬・ドッグレースなどで》入賞できないで. **put ～ into**…に投資する. **put** [**lay, place**] (**one's**) **～ on**…に賭ける, …と信じ込む[請け合う]. **put one's ～ on a scratched horse**《口》絶対に勝てないものに賭ける. **put one's ～ where** one**'s** MOUTH **is.** SMART MONEY **is on**…. **the best…that ～ can buy** 最良の…, 最高の…. **throw** [**pour**] **good ～ after bad**《口》失敗にこりずに金をつぎ込む, 盗人に追い銭をする. **throw ～ at** …《事態解決のために》…に金を投入する[出す]. **throw ～ down the drain** ⇨ down the DRAIN. **You pays your ～ and** (**you**) **takes your choice.**《口》[*joc*] よりどりみどり[お好みしだい]だ,《どれでも同じなので》運を天に任すしかない.

► *a* 重大局面を伴う[にたよりになる]: MONEY PLAYER. [OF＜L *moneta* mint, money]

móney-bàck *a* 〈保証が〉購入者が満足しなかった場合に返金が可能な, 返金可能条件付きの: ～ guarantee 返金保証.

móney·bàg *n* 金袋, 財布; [～s, 〈*sg*/*pl*〉]《口》富; [～s, 〈*sg*〉]《口》金持, 金持ちで欲ばりな人.

móney bèlt 金入れ仕切りのついたベルト.

móney bìll 財政法案.

móney bòx" 金を入れる箱, 貯金箱, 献金箱.

móney chànger 両替屋[商]; *両替機.

móney còwrie《未開人が貨幣として用いる》コヤスガイの貝殻.

móney cròp* CASH CROP.

món·eyed, món·ied *a* 金のある (wealthy), 金持ちの; 金銭の[による]; *〈会社が〉金融業の: a ～ man 金持 / ～ interests 金融業界.

móney·er《古》*n* (公認の)貨幣鋳造者; 金貸し業者, 銀行家.

móney grìp*《俗》親友, マブダチ.

móney-grùbber, -gràbber *n* 蓄財家, 守銭奴, がめついやつ, どけち, 金の亡者. ♦ **-grùbbing, -gràbbing** *a, n* 蓄財に熱心な[金にきたない](こと), 銭もうけ.

móney làundering 資金洗浄 (＝*money-washing*)《不正に取得した資金を合法的に見せるため外国銀行などを転々と移動させて出所隠しをすること》.

móney·lènd·er *n* 金貸し(業者), 高利貸し. ♦ **-lènd·ing** *n, a*

móney·less *a* 金のない, 一文無しの.

móney machìne AUTOMATIC TELLER MACHINE.

móney·màker *n* 蓄財家; もうけ仕事, 大ヒット.

móney·màking *n* 金もうけ, 蓄財. ► *a* 金もうけをしている; もうかる (profitable)〈事業など〉.

móney·màn《口》*n* 投資者, 後援者; 金融人 (financier),《企業などの》財務担当者, 金融問題専門家.

móney màrket〖金融〗貨幣市場, (短期)金融市場, マネーマーケット.

móney of accóunt《通貨として発行されない》計算貨幣《米の MILL[2] や, 英の GUINEA など》.

móney òrder (送金)為替,《特に》郵便為替: a telegraphic ～ 電信為替.

móney plànt〖植〗ギンセンソウ, ゴウダソウ《アブラナ科; 果実の隔膜が白く光沢があって美しく, ドライフラワーにされる》.

móney plàyer《俗》《競技などの》競り合いに強い者;《俗》大金の賭けに強い者.

móney-pùrchase plàn* [**schème**"]〖保険〗保険料建て(年金)方式, 確定拠出(年金)制度.

móney·pùker *n**《俗》現金自動吐き出し機 (CD).

móney smàsh《野球俗》ホームラン.

móney spìder 金運のクモ[オニグモ] (＝*money spinner*)《これが体をはうと金がはいるという》.

móney-spìnner" *n* MONEY SPIDER;《口》どんどん金になる人[もの], もうけ仕事, 大ヒット《本・映画など》. ♦ **-spìnning** *a, n*

móney supplỳ〖経〗通貨供給量 (cf. M1, M2, M3, M4, M5).

móney trèe〖伝説〗金のなる木《ゆすぶると金が降ってくる》; [*fig*] 金を生むもと.

móney wàges *pl*《実質賃金と区別して》金額上の賃金, 名目賃金.

móney-wàsh·ing *n* 資金洗浄 (MONEY LAUNDERING)

móney·wòrt *n*〖植〗ヨウシュコナスビ《つる草》.

mong /mʌ́ŋ/ *n*《豪口》雑種犬 (mongrel).

'mong /mʌ̀ŋ/ *prep*《詩》AMONG.

Monge /*F* mɔ̃ʒ/ モンジュ **Gaspard ～**, Comte **de Péluse** (1746–1818)《フランスの数学者・物理学者; 画法幾何学を完成》.

mongee ⇨ MUNGEY.

mon·ger /mʌ́ŋgər, mɑ́ŋ-/ *n* [ᵘ*compd*] …を売る商人, …屋, (うわさなどを)広める[あおる]やつ: IRONMONGER, NEWSMONGER, WARMONGER. ► *vt* 売る, 行商する.

mónger·ing *n, a* [ᵘ*compd*] …を売る(行為); …に憂き身をやつす(こと).

mon·gie /mɑ́ŋgi/ *a*"《俗》うすのろの, まぬけな. [*mongoloid*]

mon·go[1] /mɑ́ŋgou/ *n* (*pl* ～) ムング《モンゴルの通貨単位: ＝1/100 tugrik》. [Mongolian＝silver]

mongo[2], **-goe** /-gou/ *n* (*pl* ～**s**) MUNGO.

Mon·gol /mɑ́ŋg(ə)l, mɑ́n-, -gòul; mɔ́ŋg(ə)l, -gɔ̀l/ *n* モンゴル人; MONGOLOID;〖言〗MONGOLIAN; [°m-] [ᵘ*derog*] 蒙古症患者. ► *a* MONGOLIAN. [Mongolian (? *mong* brave)]

Móngol Émpire [the] モンゴル帝国《13 世紀初め Genghis Khan によって建設され, のちユーラシア各地に支配を及ぼした大帝国》.

Mon·go·lia /mɑŋgóuljə, mɑŋ-, -liə/ **1** モンゴル(地方), モンゴリア, 蒙古《中央アジア東部の主としてモンゴル民族の住む地域で, モンゴル国と中国領 内モンゴル自治区 (Inner Mongolia) を含む》. **2** モンゴル(国)《モンゴル地方にある国; ☆Ulaanbaatar; 旧称 Outer Mongolia (外モンゴル), 1924–92 年 Mongolian People's Republic (モンゴル人民共和国)》.

Mon·gó·lian *n* モンゴル語;〖言〗モンゴル諸語《モンゴル語・カルムイク語など》;〖人種〗MONGOL, MONGOLOID; モンゴル人; [°m-] [ᵘ*derog*]〖医〗MONGOL. ► *a* モンゴルの; モンゴル人[語]の;〖人種〗MONGOLOID; [°m-] [ᵘ*derog*]〖医〗MONGOLOID.

Mongólian fóld 蒙古ひだ (epicanthic fold).

Mongólian gérbil〖動〗スナネズミ《モンゴル原産の実験動物》.

Mongólian ídiocy [°m-] MONGOLISM. ♦ **Mongólian ídiot** *n*

mongólian·ìsm *n* [ˢM-] MONGOLISM.

mongólian spót [°M-]〖医〗蒙古斑 (＝*blue spot*)《黄色人種や黒人の幼児の臀部・腰部などにみられる青色斑》.

Mon·gol·ic /mɑŋgɑ́lɪk/ *a*〖人〗MONGOLOID.

móngol·ism *n* [ˢM-] [ᵘ*derog*] 蒙古症, モンゴリズム (DOWN SYNDROME).

Mon·gol·oid /mɑ́ŋgəlɔ̀ɪd/ *a*〖人〗モンゴロイドの《ヒトの三大集団の一つである黄色人種》; [°m-] [ᵘ*derog*]〖医〗蒙古症の. ► *n* モンゴロイドの人; [°m-] [ᵘ*derog*]〖医〗MONGOL.

mon·goos(e) /mɑ́ŋgù:s, mɑ́n-/ *n* (*pl* **-goos·es, -geese** /-gì:s/)〖動〗**a** マングース《インド・エジプト原産ジャコウネコ科; ヘビの天敵》. **b** マングースキツネザル (＝**～ lémur**)《Madagascar 島主産》. [Marathi]

mon·grel /mʌ́ŋgr(ə)l, *mɑ́ŋ-/ *a, n* 雑駁(ざつ)種[雑種]の(犬[動物, 植物]); [*derog*] 混血児(の), 合いの子(の). ♦ **～·ly** *a* 雑駁種の(ような). **～·ìsm** *n* 雑駁種(性). [ME ? *mong* (obs) mixture; cf. OE *gemong* crowd; *mingle* も影響か]

móngrel·ìze *vt* 雑種にする; [*derog*]〈人種・民族の性格を〉雑種化する. ♦ **-ìz·er** *n* **mòngrel·izátion** *n*

'mongst /mʌ̀ŋ(k)st, mɑ́ŋ-/ *prep*《詩》AMONGST.

mon·gy /mɑ́ŋgi/ *a*"《俗》MONGIE.

mo·ni·al /móuniəl/ *n*〖建〗MULLION.

mon·ic /mɑ́nɪk/ *a*〖数〗〈多項式が〉最高次の係数が 1 に等しい. [*mon-*]

mon·i·ca /mɑ́nɪkə/ *n* MONIKER.

Monica /mɑ́nɪkə/ モニカ《女子名》. [St Augustine の母の名＜Afr＝?]

monied, monies ⇨ MONEYED, MONEY.

mon·i·ker, -ick·er, mon·a·cer, mon·ni·ker /mɑ́nɪkər/《口》*n* 名前, 署名; あだ名;《浮浪者などの》符牒. ♦ **～ed** *a* 名前[あだ名]のついた. [C19＜?]

mo·nil·i·al /mənɪ́liəl/ *a*〖医〗モニリア(性)の《カンジダ属の真菌によって起こる》.

mon·i·li·a·sis /mɑ̀nəláɪəsəs, *mòʊ-/ *n* (*pl* **-ses** /-sì:z/) 〘医〙モニリア症 (candidiasis). ［L *monile* necklace, *-iasis*］

mo·níl·i·fòrm /mənílə-/ *a* 〘植・動〙〈茎・根・果実・触角などが〉数珠(じゅ)形の; 《一般に》数珠に似た. ♦ **～·ly** *adv*

mon·ish /mánɪʃ/ *vt* 《古》 ADMONISH.

mon·ism /mánɪ̀z(ə)m, *móʊ-/ *n* 〘哲〙一元論 (cf. DUALISM, PLURALISM); 一元発生 (monogenesis); 一元的見方; 一神論. ♦ **-ist** *n*, *a* 一元論[一神論]者; MONISTIC. ［L (Gk *monos* single)］

mo·nis·tic /mənístɪk, *moʊ-/, **-ti·cal** *a* 一元論[一神論]の; 一元的な. ♦ **-ti·cal·ly** *adv*

mo·ni·tion /moʊníʃ(ə)n, mə-/ *n* 忠告, 勧告, 警告, 注意; 《bishop または 宗教裁判所が発する教会罰を避けるための》戒告; 〘法〙呼び出し, 喚問.

mon·i·tor /mánətər/ *n* **1 a** 《教師を補佐する》助教(生), クラス委員, …係, 監督[風紀]生; 《国際機関などの》監視員; 《古》勧告[訓戒, 警戒]者. **b** 警告となるもの, 注意を与えるもの. **2 a** 《コンピューターなどの》表示装置, スクリーン, モニター; 〘放送〙モニター《テレビやラジオの放送状態を監視する装置[調製技術者]》. **b** モニター《放射線監視のための装置》. **c** 〘電算〙モニター《システムの作動を監視するソフトウェア[ハードウェア]》. **d** 〘医〙モニター《呼吸・脈拍など生理的徴候を観察・記録する装置》. **e** モニター(スピーカー)《ステージ上での演奏[スタジオで録音の結果]を確認するためのもの》. **3** 外国放送聴取係, 外電傍受者. **4** モニトル艦《低舷で巨大な旋回砲塔を備えた, 19 世紀末の砲艦; 南北戦争中の 1862 年南部の Merrimack 号と戦った北部の Monitor 号が最初のモデル》; 《喫水の浅い》沿岸航行用の戦艦. **5***《工場などの》越屋根 (＝～ **tòp**) 《採光・換気用》. **6** 〘動〙オオトカゲ (＝～ **lìzard**) 《南アジア・アフリカ・豪州産》. **7 a** 放水口の向きを自由に回転させる装置付きのノズル, 自在筒先 (＝～ **nòzzle**) 《消火用など》. **b** 〘土木〙水射機《水力採掘用のジェット噴射装置》. ► *vt* **1** 〈外国放送を〉聴取[傍受]する, 〈電話を〉盗聴する. **2** 〈機械などを〉監視[調整]する, モニターする; …の放射線の強さを測定する. **3** 《一般に》監視[観測]する; 検討する. ► *vi* monitor をつとめる. ♦ **～·shìp** *n* ［L (*monit-moneo* to warn)］

mon·i·to·ri·al /mɑ̀nətɔ́:riəl/ *a* MONITORY; MONITOR (として)の, モニターを使った.

mon·i·to·ry /mánətɔ̀:ri; -t(ə)ri/ *a* 勧告の, 戒告の, 訓戒の, 警告する. ► *n* 《bishop や教皇などが発する》戒告状. ［L; ⇨ MONITOR］

mon·i·tress /mánətrəs/ *n* 助言[注意]をする女性; 女性のクラス委員[助教(生)].

Moniz ⇨ EGAS MONIZ.

monk[1] /mʌ́ŋk/ *n* **1** 修道士《修道誓願 (monastic vows) を立て修道院生活を送る; cf. FRIAR; MONASTIC *a*》; 《仏教などの》僧. **2** 〘鳩〙マンク《頭がはげ, 脚羽のある品種》. ♦ **～·shìp** *n* ［OE *munuc*＜L ＜Gk *monakhos* solitary (*monos* alone)］

monk[2] *n* MONKEY.

Monk マンク, モンク (1) **George** ～ ⇨ MONCK (2) **Meredith (Jane)** ～ (1942–)《米国の作曲家・パフォーマンスアーティスト》(3) **Thelonious (Sphere)** ～ (1920–82)《米国のジャズピアニスト・作曲家》.

Mon·kees /mʌ́ŋkiz/ *pl* [the] モンキーズ《米国のアイドルポップグループ (1966–69)》.

mónk·ery *n* 修道士生活; [*derog*] 修道院の制度[習慣]; 修道士《集合的》; 修道院.

mon·key /mʌ́ŋki/ *n* **1 a** 〘動〙サル, 《特に》小型で尾の長いサル (cf. APE[1]). **b** (長毛の)サルの毛皮. **2 a** サルみたいなやつ, いたずら[物まね]小僧, (すぐだまされる)ばか (dupe); 《親しみをこめて》(落ちつきのない)ばかなやつ: a cheeky ～ ᵁ生意気な[ずうずうしい]やつ / (as) funny as [more fun than, as much fun as] a barrel of ～*s* とてもおかしい, 爆笑ものだ. **b** 《俗》人 (man), 《hobo や grifter でない》普通の人. **c** 《俗》《制服・動きなどが》サルを思わせる者, コーラスガール, ポーター, 正装の楽団員, 土木作業員《など》. **d** 《豪俗》羊. **3** 〘土木〙もんけん, モンキー《杭打ち機のおもり》; 《ガラス製造などに用いる》るつぼ; 《炭坑の》小通気孔, モンキー. **4** 《俗》 **a** 500 ポンド[ドル]《主に賭元の用語》. **b***《口》麻薬中毒, やっかいごと (cf. MONKEY on one's back); 1 kg の麻薬《KEY[3] にかけたもの》; 麻薬常習者, ヤク中. **5***《学生俗》別につきあっている相手. **6***《俗》抵当, かた (mortgage). ● **a [the] ～ on one's back** *《口》麻薬中毒; やっかいな問題: have *a* [*the*] ～ *on* one's *back* 薬(ヤク)におぼれる; ひどく困ったこと[悪い癖]がある, 負けつづける. **get [put] sb's ～ up** ᵁ《口》おこらせる: His ～ is *up*. おこっている / with one's ～ *up* おこって(いる). **get the ～ off (one's back)** *《俗》薬(ヤク)をやめる. **have [get] one's ～ up** 腹を立てる. **make a ～ (out) of sb** 《口》人をからかう, 笑いものにする; だます. **not give [care] a ～'s (fart [toss, fuck])** 《俗》屁とも思わない, 知ったこっちゃない. **suck the ～** ᵁ瓶[酒樽]に口をつけて直接飲む; ココヤシの実の液を除きラム酒を入れて飲む.
► *vt* …の猿まねをする; からかう (mock). ► *vi* 《口》ふざける, いたずらする; 《口》ぶらぶらする (monkey around); 《口》いじくる 〈*with*〉; 《口》ちょっかいを出す 〈*with*〉. ● **～ around [about]** 《口》ぶらぶら[ちんたら]している; 《口》〈…を〉おもちゃにする, いじくりまわす 〈*with*〉; 《口》〈…に〉手を出す, 女[男]をあさる, 〈…と〉遊びまわる 〈*with*〉. ［C16＜? LG; cf. MLG *Moneke* (『狐物語』に出てくる猿の息子の名), OSp *mona* monkey］

mónkey bàit *《麻薬俗》ヤクの試供品, カモのエサ.

mónkey bàrs *pl* JUNGLE GYM.

mónkey bìte *《俗》愛咬のあと, 吸いあざ, キスマーク.

mónkey blòck 〘海〙モンキーブロック《転環付きの一枚滑車》.

mónkey brèad BAOBAB (の実).

mónkey-brèad trèe 〘植〙BAOBAB.

mónkey bùsiness 《口》ごまかし, いんちき, いかがわしい行動, 不正(行為); 《口》いたずら, ばかなまね.

mónkey càge *《俗》ブタ箱 (prison).

mónkey chànts *pl* [*derog*] モンキーチャント《サッカーの試合で黒人選手を侮辱するやじ》.

mónkey chàser *《俗》《西インド諸島などの》熱帯アメリカからの黒人; *《俗》モンキーチェーサー《ジン・砂糖・氷・水で作る飲み物》.

mónkey chàtter 〘通信〙隣接チャンネル混信, モンキーチャター.

mónkey clòthes *pl* *《俗》正装軍服.

mónkey còat MESS JACKET.

mónkey cùp 〘植〙嚢状葉植物 (PITCHER PLANT).

mónkey dìsh *《俗》《サラダボウルのような》小鉢, 小皿.

mónkey drìll *《俗》体操 (calisthenics).

mónkey èngine 杭打ち機.

mónkey-fàced ówl 〘鳥〙メンフクロウ (barn owl).

mónkey flàg *《俗》《陸海軍部隊・会社・政党などの》旗.

mónkey flòwer 〘植〙ミゾホオズキ《ゴマノハグサ科》.

mónkey fòrecastle 〘海〙短船首楼.

mónkey gàff 〘海〙モンキーガフ《自船の信号が見えやすいようにスパンカーガフの上にさらに突き出した円材》.

mónkey-hùrdler *n* *《俗》オルガン奏者[弾き].

mónkey·ish *a* サルのような; いたずらな. ♦ **～·ly** *adv*

mónkey ìsland 《海俗》最上船橋《操舵室または海図室の上にさらに設けた塔状の船橋》.

mónkey jàcket MESS JACKET; モンキージャケット《丈の短いぴったりした上着》; *《俗》患者用ガウン.

mónkey-màn *n* 《俗》尻に敷かれた夫.

mónkey mèat *《軍俗》硬くてまずい牛肉, 《特に ジャガイモ入りの》かんづめ肉.

mónkey nùt ᵁ 落花生 (peanut).

mónkey òrchid 〘植〙ヨーロッパ・地中海地方原産のランの一種《紅紫色の唇弁が分裂し, その形がサルのように見える》.

mónkey paràde ᵁ《俗》ナンパして歩く若者の群れ.

mónkey·pòd *n* 〘植〙モンキーポッド, アメリカネム, アメフリノキ (＝*rain tree*) 《マメ科の高木; 材は家具・テーブル・工芸品などに使う》.

mónkey pòt **1** 〘植〙パラダイスナットノキ属の各種熱帯樹 (cf. SAPUCAIA); サルノツボ《monkey pot の果実; 丸壺形で中に多数の nuts を含む》. **2** フリントガラス製造用るつぼ.

mónkey·pòx *n* サル痘《アフリカ中部・西部に見られるサル痘ウイルスによる齧歯類・霊長類の病気; 時にペットなどを介して人にも感染し, 天然痘に似るが, 症状は軽い》.

mónkey pùzzle 〘植〙チリマツ, アメリカウロコモミ (＝*Chile pine*).

mónkey·shìne *n* [ᵁ*pl*] *《口》いんちき, いたずら, 愚行.

mónkey sùit 《口》(かっこわるい)制服《帽子なども含む》, (窮屈な)正装, TUXEDO.

mónkey's úncle [次の成句で]: **I'll be a ～** *《俗》ちっきしょう, うそだろ (I'll be damned.).

mónkey's wédding 《南アフ》狐の嫁入り, 天気雨, 日照り雨.

mónkey swìll *《俗》安酒, 強い酒.

mónkey tàlk *《俗》《ラリった時の》うわごと, たわごと.

mónkey tìme *《俗・方》サマータイム (daylight saving time).

mónkey trìck [ᵁ*pl*] ᵁ《口》いたずら.

mónkey wàgon *《俗》ヤク中: off the ～ 薬をやめて.

Mónkey Wàrd *《俗》MONTGOMERY WARD.

mónkey-wrènch *vt* 《口》《主に抗議行動として》破壊[妨害]する. ♦ **～·er** *n*

mónkey wrènch 自在スパナ, モンキースパナ, モンキーレンチ (＝*adjustable wrench*). ● **throw a ～ into… [into the works]** 《口》…にじゃまを入れる, ぶちこわしにする.

mónk·fìsh *n* 〘魚〙**a** カスザメ. **b** アンコウ (angler).

Món-Khmér *n*, *a* 〘言〙モン-クメール語族(の)《Mon, Khmer その他東南アジアの言語からなる》.

mónk·hòod *n* 修道士の身分; 修道士《集合的》.

mónk·ish *a* 修道士の, 修道院の, 修道院めいた, 禁欲的な; [ᵁ*derog*] 坊主臭い. ♦ **～·ly** *adv* **～·ness** *n*

mónk párakeet 〘鳥〙オキナインコ《南米原産, 背が緑色, 額・頰から胸にかけて灰色のインコ; 再野生化した個体群が北米・欧州・日本で繁殖》.

mónk's clòth モンクスクロス《ななこ織りの綿布[リンネル]; カーテンやベッドカバー用》.

mónk sèal 〘動〙モンクアザラシ《地中海・西インド諸島・太平洋中部産》.

mónk shòe マンクストラップシューズ《甲の部分にバックル付きの幅広ストラップを渡した靴》.
mónks·hòod *n* 〔植〕ヨウシュトリカブト《鑑賞用・薬用》.
mónk's pépper trèe 〔植〕AGNUS CASTUS.
mónk's rhúbarb 〔植〕欧州・南西アジアの山地に生えるタデ科ギシギシ属の多年草.
Mon·mouth /mánməθ, mán-/ **1** モンマス《ウェールズ南東部の町; Henry 5 世が生まれた (1387) 12 世紀の城の跡が残る》; MONMOUTHSHIRE《旧州》. **2** モンマス **James Scott,** Duke of ~ (1649–85)《イングランド王 Charles 2 世の庶子; 1685 年 James 2 世 (Charles の弟) が即位すると王位を求めて反乱を起こし, 捕えられて処刑された》.
Mónmouth·shire /-ʃɪər, -ʃər/ モンマスシャー《ウェールズ南東部の州・(1974 年以前の)旧州; 略 Mon.; ☆Cwmbran》.
Mon·net /mɔːnéɪ/ モネ **Jean(-Omer-Marie-Gabriel)** ~ (1888–1979)《フランスの経済専門家・外交官; EEC 設立の父とされる》.
monniker ⇨ MONIKER.
mono[1] /mánoʊ/ *n* (*pl* **món·os**) モノラルレコード; モノラル録音[再生]; モノクロ写真[画像]; モノクロ再生. ► *a* モノフォニックの, モノラルの (monophonic); モノクロの (monochrome).
mono[2] *n* (*pl* **món·os**) *《口》INFECTIOUS MONONUCLEOSIS; MONOFILAMENT.
mono- /mánoʊ, -nə/ ⇨ MON-.
mòno·ácid, mon·ácid *a, n* 〔化〕一酸塩基(の). ♦ **mòno-acídic, mòn·acídic** *a*
móno·alphabétic substitútion 〔暗号〕単一字換字法《平文のアルファベットと暗文のアルファベットとが一対一である換字法; cf. POLYALPHABETIC SUBSTITUTION》.
mòno·amíne *n* 〔生化〕モノアミン《1 個のアミノ基をもつアミン化合物; 神経系の伝達に重要な機能をもつ》.
móno·amìne óxidase 〔生化〕モノアミン酸化酵素[オキシダーゼ]《モノアミン類の酸化的脱アミノ反応を触媒する酵素; 略 MAO》.
mónoamine óxidase inhìbitor 〔薬〕モノアミン酸化酵素[オキシダーゼ]阻害薬《モノアミンオキシダーゼの作用を阻害し, 脳内のモノアミン濃度を上昇させる抗鬱薬・血圧降下薬; 略 MAOI》.
mono·am·in·er·gic /mànoʊæ̀mənə́ːrdʒɪk/ *a* 〔生化〕モノアミン作用[作動](性)の.
mòno·atómic *a* MONATOMIC.
mòno·básic *a* 〔化〕〈酸が〉一塩基の; 〔生〕単一タイプの (monotypic): ~ acids 一塩基酸. ♦ **-basícity** *n*
mòno·blástic *a* 〔生〕単芽球(性)の.
móno·blòc *a* 〔冶〕一体鋳造の. [F (*bloc* block)]
móno·bùoy *n* 〔海〕モノブイ《一般の港に入港できない大型タンカーなどを係留するために沖合に設けた浮標》.
móno·càble *n* 単線架空索道, モノケーブル.
mòno·carboxýlic *a* 〔化〕カルボキシル基 1 個をもつ.
móno·càrp *n* 〔植〕一稔(いちねん)植物 (=*monocarpic plant*)《一生に一度だけ開花結実する植物》.
mòno·cárpellary *a* 〔植〕〈子房・雌蕊(しずい)が〉単[一]心皮の, 一雌蕊の (cf. POLYCARPELLARY).
mòno·cárpic *a* 〔植〕一生にただ一度開花結実する, 一回結実性の, 一稔(いちねん)性の: a ~ plant 一巡植物, MONOCARP.
mòno·cárpous *a* 〔植〕MONOCARPELLARY, 単子房の; MONOCARPIC.
mòno·cáusal *a* 唯一[単一]原因の.
mòno·céphalous *a* 〔植〕単頭状花序の.
Mo·noc·er·os /mənásərəs/ 〔天〕いっかくじゅう座 (一角獣座) (Unicorn); [m-] 一角獣 (unicorn).
mòno·chá·si·um /-kéɪziəm, -ʒ(i)əm/ *n* (*pl* **-sia** /-ziə, -ʒ(i)ə/) 〔植〕単散[単出集散]花序 (cf. DICHASIUM, POLYCHASIUM). ♦ **-chá·si·al** *a*
mòno·chlamýdeous *a* 〔植〕単花被の: ~ flowers 単花被花.
mòno·chlóride *n* 〔化〕一塩化物《分子ごとに一塩素原子を含む塩化物》.
móno·chòrd *n* モノコード《1》中世の一弦琴 2》一弦の音響[聴力]測定器》. [OF, <Gk]
mòno·chró·ic /-króʊɪk/ *a* MONOCHROMATIC.
mòno·chro·má·sia /-kroʊméɪʒ(i)ə, -ziə/ *n* 〔医〕一色型色盲.
mòno·chró·mat /-króʊmæ̀t, *⌐⌐⌐⌐/, **mòno·chró·mate** /-króʊmèɪt/ *n* 〔医〕単色性色覚者《全色盲》.
mòno·chromátic *a* 単色の, 単彩の; 〔医〕単色性(色覚)の; 〔理〕非常に狭いエネルギー領域の粒子線からなる, 単色性の; 変化のない, 単調な, 退屈な. ♦ **-ical·ly** *adv* **-chromatícity** *n*
mòno·chrómatism *n* 単色[単彩]性; 〔医〕単色性色覚, 全色盲.
mòno·chró·ma·tor /-króʊmèɪtər/ *n* 単色光分光器, モノクロメーター. [*monochromat*ic illumin*ator*]
móno·chròme *n* 〔光〕単色, モノクローム; 単色画, 白黒[モノクロ]写真; 単色画法. ► *a* 単色の; 〈写真・テレビが〉白黒の, モノクロの. ♦ **mòno·chró·mic** /-króʊmɪk/ *a*
móno·chrom·ist /-kròʊmɪst/ *n* 単色[単彩]画家, モノクローム写真家.
mon·o·cle /mánɪk(ə)l/ *n* モノクル, 片めがね. ♦ **~d** *a* 片めがねをかけた. [F<L (*mono-, oculus* eye)]
mòno·clínal 〔地質〕*a* 〈地層が〉単斜の; 単斜層の. ► *n* MONOCLINE. ♦ **~·ly** *adv*
móno·clìne *n* 〔地質〕単斜.
mòno·clín·ic /-klínɪk/ *a* 〔晶〕単斜晶系の.
monoclínic sýstem 〔晶〕単斜晶系.
mòno·clínous *a* 〔植〕雌雄同花の, 両性花の (cf. DICLINOUS).
mòno·clónal 〔生〕*a* 単クローン(性)の, モノクローナルの《単一細胞に由来する細胞である[からつくられた]》: ~ antibodies 単クローン抗体, モノクローナル抗体. ► *n* モノクローナル抗体.
mòno·contáminate *vt* 〔医〕単一種の微生物[単一型の因子]で感染させる. ♦ **-contaminátion** *n* 単一感染[汚染].
móno·coque /-kàk, -kòʊk/ *n* モノコック(構造), 張殻(ちょうかく)《1》航空機の胴体で, 外板だけで荷重に耐えるようにした構造 2》自動車の車体と車台を一体化した構造》. [F]
móno·cot /-kàt/, **móno·còtyl** *n* MONOCOTYLEDON.
mòno·cotylédon *n* 〔植〕単子葉植物 (cf. DICOTYLEDON). ♦ **~·ous** *a*
mo·noc·ra·cy /mənákrəsi, mə-/ *n* 独裁政治.
mono·crat /mánəkræ̀t/ *n* 独裁者; 独裁政治支持者. ♦ **mòn-o·crát·ic** *a*
mòno·crót·ic /-krátɪk/ *a* 〔医〕〈脈拍が〉単拍(性)の.
móno·crỳstal *n, a* モノクリスタル(の)《単結晶の強力なフィラメント》. ♦ **mòno·crýstalline** *a*
mo·noc·u·lar /mənákjələr, mə-/ *a* 単眼(用)の. ► *n* 単眼用器具《単眼顕微鏡・単眼式望遠鏡など》. ♦ **~·ly** *adv* [MONOCLE]
móno·cùlture *n* 単一栽培, 単式農法, 単作, 専作; 単一栽培作物; モノカルチャー, 単一文化《同質性を特色とする》. ♦ **mòno-cúltural** *a*
móno·cỳcle *n* 一輪車.
mòno·cýclic *a* 一輪(車)の; 〔生態〕単輪廻(りんね)性の; 〔化〕単環式の. ♦ **móno·cy·cly** /-sàɪkli/ *n*
móno·cỳte *n* 〔解〕単核白血球, 単球, 単核細胞. ♦ **mòno-cýt·ic** /-sít-/ *a*
mòno·cy·tó·sis /-saɪtóʊsəs/ *n* 〔医〕単球増加(症).
Mo·nod /mɔːnóʊ/ モノ **Jacques-Lucien** ~ (1910–76)《フランスの分子生物学者; タンパク質生成における遺伝子レベルでの制御機構を説明するオペロン (operon) 説を提唱; ノーベル生理学医学賞 (1965)》.
mòno·dáctylous, -dáctyl *a* 〔動〕一指の, 単指の; つめ一本の, 単蹄の. ♦ **-dáctyl·ìsm** *n* **-dáctyly** *n* 〔医〕単指[趾]症.
mòno·déntate *a* 〔化〕〈配位子が〉単座の.
mo·nod·ic /mənádɪk, mɑ-/, **-i·cal** *a* MONODY の. ♦ **-i·cal·ly** *adv*
mòno·dispérse *a* 〔化〕単分散の《分散質の個々の粒子が均一の大きさである》.
mon·o·dist /mánədɪst/ *n* MONODY の作者[歌手].
mon·odont /mánədànt/ *a* 〈特に 雄のイッカク (narwhal) が〉一生に 1 本の歯しかもたない.
móno·dràma *n* 一人芝居, モノドラマ. ♦ **mòno·dramátic** *a*
mon·o·dy /mánədi/ *n* 《ギリシア悲劇の》独唱歌; 《人の死を悼む》哀悼詩, 哀歌; *《波などの》単調な音; 〔楽〕モノディー《和音伴奏を伴う単旋律の作曲様式[曲], また 広く単旋律の曲》. [L<Gk=singing alone (*mono-*, ODE)]
mo·noe·cious, -ne- /məníːʃəs, mɑ-/ *a* 〔植〕雌雄(異花)同株の; 〔動〕雌雄同体の. ♦ **~·ly** *adv* [L (Gk *oikos* house)]
mo·noe·cism /məníːsìz(ə)m, mɑ-/, **-noe·cy** /-si/ *n* 〔生〕雌雄同株[同体], 一家花 (cf. DIOECISM).
móno·èster *n* 〔化〕モノエステル《エステル基 1 個の分子》.
móno·fílament, mòno·fil /-fìl/ *n* 《ナイロンなどの合成繊維のように, 撚(よ)りのない》単繊維, モノフィラメント.
móno·fùel *n* MONOPROPELLANT.
mòno·fúnction·al *a* 〔化〕〈化合物が〉単官能基の.
mo·nog·a·mist /mənágəmɪst/ *n* 一夫一婦主義者. ♦ **mo-nòg·a·mís·tic** *a*
mo·nog·a·my /mənágəmi, mɑ-/ *n* 一夫一婦婚[制], 単婚《人および動物の; cf. POLYGAMY》; 《まれ》一生一回婚. ♦ **mono·gam·ic** /mànəgǽmɪk/, **mo·nóg·a·mous** *a* **-mous·ly** *adv* **-mous·ness** *n* [F, <Gk (*gamos* marriage)]
mòno·gástric *a* 単胃の.
mono·ge·ne·an /mànədʒíːniən/ *n, a* 〔動〕単生類(の)《吸虫類に属し, 全発育期を通じて一匹の魚に宿生する》.
mòno·génesis *n* 一元(発生), 《言語などの》単一起源説, 単源説, 単発生説; 〔生〕一元発生説《生物はすべて単一細胞から発達したという説; cf. POLYGENESIS》; 単性[無性]生殖, 単性世代; MONOGENISM; 《単生類の》一宿主制; 不[無]変態(発生), 直接発生.
mòno·genétic *a* 〔生〕一元発生の; 単性[無性]生殖の, 単性の; 〔動〕単生類の; 〔地質〕〈火山が〉単成の, 〈岩石が〉単源(性)の.

mòno·génic *a* 〘遺〙単一遺伝子の[による, に関する]《特に対立遺伝子の一方》; 〘生〙一方の性の子孫だけを生じる, 単性の. ◆ **-i·cal·ly** *adv*
mo·nog·e·nism /mənáʤənìz(ə)m, mɑ-/ *n* 《人類》一祖発生説 (cf. POLYGENISM). ◆ **-nist** *n*
mo·nog·e·nous /mənáʤənəs/ *a* 一元発生 (monogenesis) の; MONOGENETIC.
mo·nog·e·ny /mənáʤəni, mɑ-/ *n* MONOGONY; MONOGENESIS; MONOGENISM.
móno·gèrm *a* 〘植〙一苗だけ生じる果実の[をつける], 単胚の: ～ seeds 単胚種子.
móno·glòt *a* 一言語だけを用いる[で書かれた] (cf. POLYGLOT). ► *n* 一言語しか知らない人.
mòno·glýceride *n* 〘化〙モノグリセリド《グリセリンの 3 個の水酸基のうち, 1 個がエステルになったもの》.
mo·nog·o·ny /mənágəni, mɑ-/ *n* 〘生〙単性[無性]生殖, モノゴニー.
móno·gràm *n* モノグラム《イニシャルなどを図案化した組合わせ文字》. ► *vt* …にモノグラム[イニシャル]を入れる. ◆ **-gràmmed** *a* **-gràmmer** *n* **mòno·gram·mát·ic** /-grəmǽtɪk/ *a*
móno·gràph *n* 《限定された単一小分野をテーマとする》小研究論文, 小論, モノグラフ; 〘生〙モノグラフ《あるタクサ (taxa) についての情報の集大成》. ► *vt* …についてモノグラフを書く. ◆ **mòno·gráph·ic, -i·cal** *a*
mo·nog·ra·pher /mənágrəfər, mɑ-/, **-phist** /-fɪst/ *n* モノグラフを書いている[を執筆する]人.
mo·nog·y·nous /mənáʤənəs, mɑ-/ *a* 一妻(主義[制])の; 〘昆〙《ミツバチなどのように》生殖力のある雌を一集団に 1 匹しかもたない, 単女王性の, 一雌性の; 〘動〙1 匹の雌とだけ交配する, 一妻性の; 〘植〙単雌蕊の.
mo·nog·y·ny /mənáʤəni, mɑ-/ *n* 一妻(主義[制]), 一雌性, 単女王性.
móno·hùll *n* 〘海〙《catamaran に対して》単船体船, 単胴船 (cf. MULTIHULL) ◆ **～·ed** *a*
mòno·hýbrid *n, a* 〘遺〙一遺伝子雑種[単性雑種, 単因子雑種](の).
mòno·hýdrate *n* 〘化〙一水塩, 一水化物《水 1 分子を含む水化物》.
mòno·hýdric *a* 〘化〙一水酸基を有する: ～ alcohol 一価アルコール.
mòno·hydróxy *a* 〘化〙一水酸基を有する.
mo·noi·cous /mənɔ́ɪkəs, mɑ-/ *a* 〘植〙雌雄同株の.
mono·kine /mánəkàɪn/ *n* 〘免疫〙モノカイン《単核白血球またはマクロファージが分泌して他の細胞に影響を与える物質の総称》. [*mon-*, lympho*kine*]
mono·ki·ni /mànəkí:ni/ *n* モノキニ《(1) トップレスのビキニ[水着] (2) ビキニの上下をつなぐ形の, またはワンピースの水着を大胆にカットした水着》. [*mon-*, bi*kini*]
mo·nol·a·try /mənálətri, mɑ-/ *n* HENOTHEISM. ◆ **mo·nól·a·ter, -trist** *n* **mo·nól·a·trous** *a*
móno·làyer *n* 〘化〙単層; 単分子層; 〘生·医〙《細胞の》単層培養.
mòno·língual *a, n* 一言語だけを用いる(人[本など]). ◆ **～·ism** *n* monolingual であること, 一言語のみの使用. **-língual·ly** *adv*
móno·lìth *n* **1 a** モノリス《建築や彫刻に用いる一本石, また obelisk など一本石で作った柱[記念碑]》; 巨大な建物. **b** 〘土木〙《煉瓦·コンクリート·石積みなどの》中空礎石. **2** 《大きさ·堅固さなどの点で》一枚岩的なもの《国家·政党など》. [F＜Gk (*mon-*, *lithos* stone)]
mòno·líthic *a* **1** 一本石の, 一枚岩の; 巨大な: a huge ～ building / a ～ international organization. **2 a** 〘建〙《型枠に流し込んで》一体となっている, モノリシックな〈コンクリート構造〉; 〘建〙継ぎ目のない, モノリシック仕上げの. **b** 〘電子工〙モノリシックの《(1) 1 個の結晶体から作られた (2) 1 個の半導体結晶上に作られた》; モノリシック回路からなる[を利用した]. **3** 一つのユニットをなす; [°*derog*] 均質で強固な, 画一的で自由のない〈社会〉, 一枚岩的な〈組織〉. **4** *《俗》薬(ヤク)がすごく効いて, ラリって. ► *n* MONOLITHIC CIRCUIT. ◆ **-i·cal·ly** *adv* **móno·lìth·ism** *n*
monolíthic círcuit 〘電子工〙モノリシック回路 (integrated circuit).
mo·nol·o·gist /mənáləʤɪst, mánəlɔ̀(:)gɪst, -làg-/, **mon·o·logu·ist** /mánəlɔ̀(:)g-, -làg-/ *n* ひとりごとを言う人, 独演者, 独白者; 会話独占者.
mo·nol·o·gize /mənáləʤàɪz, mɑ-/ *vi* 独白する, 独語する; 会話を独占する.
mono·logue, 《米》 **-log** /mánəlɔ̀(:)g, -làg/ *n* 一人芝居; 独白; 漫談; 《詩などの》独白体; 長談義, 会話の独占: DRAMATIC MONOLOGUE. ◆ **mòno·lóg·ic, -i·cal** /-láʤ-/ *a* [F＜Gk *monologos* speaking alone; cf. DIALOGUE]
mo·nol·o·gy /mənáləʤi, mɑ-/ *n* 独語癖.
mòno·mánia *n* 〘精神医〙(病的)偏執狂 (cf. PARANOIA); 一つの事[もの]に対する熱狂, 凝り固まり. [F]
mòno·mániac *n* 偏執(狂)者, 一事に熱狂する人. ► *a* 偏執狂の; 偏執(狂)的な. ◆ **mòno·maníacal** *a* **-cal·ly** *adv*
móno·màrk *n* 〘英〙モノマーク《商品名·住所などを表わすのに登録された, 文字と数字の組合わせ記号》.
móno·mer *n* 〘化〙単量体, モノマー (cf. POLYMER, OLIGOMER). ◆ **mòno·mér·ic** /-mέr-/ *a*
mo·nom·er·ous /mənám(ə)rəs, mɑ-/ *a* 単一の部分からなる; 〘植〙〈花が〉一輪生(体)ごとに一輪ずつ咲く, 一数の《しばしば 1-merous と書く》, MONOCARPELLARY.
mòno·metállic *a* 単一金属からなる[を用いる]; 単本位制の.
mòno·mét·al·lism /-mέtəlìz(ə)m/ *n* 〘経〙《貨幣の》単本位制 (cf. BIMETALLISM). ◆ **-list** *n* 単本位制論者.
mo·nom·e·ter /mənámətər, mɑ-/ *n* 〘韻〙単脚句, 一歩格《一行一詩脚 または一つの dipody からなるもの; ⇨ METER[1]》.
mo·no·mi·al /mɑnóʊmiəl, mə-/ *n* 〘数〙単項式; 〘生〙一語名称《*Homo sapiens* に対する Homo など》. ► *a* 〘数〙単項式の; 〘生〙〈名称が〉一語からなる.
móno·mòde *a* 〈光ファイバーが〉単一[シングル]モードの《コア部分の直径が数ミクロンで損失がきわめて小さい》.
mòno·molécular *a* 〘理·化〙単分子の: ～ film [layer, reaction] 単分子膜[層, 反応]. ◆ **～·ly** *adv*
mòno·morphémic *a* 〘言〙単一形態素からなる.
mòno·mórphic, -mórphous 〘生〙*a* 単一形の, 同形の, 同一構造の. ◆ **-mórphism** *n*
Mo·non·ga·he·la /mənàŋgəhí:lə, -nàŋ-, -hέɪ-/ **1** [the] モノンガヒーラ川《West Virginia 州北部と Pennsylvania 州南西部を北に流れ, Pittsburgh で Allegheny 川と合流して Ohio 川になる》. **2** モノンガヒーラ《Pennsylvania 州西部に産するライ麦が原料のウイスキー》.
mòno·núclear *a* 〘生〙一核性の, 単核の; 〘化〙単環式の. ► *n* 単核細胞, 《特に》単核白血球.
mononúclear phágocyte sỳstem 〘生〙単核食細胞系《マクロファージとその前駆物質よりなる細胞の集合》.
mòno·núcleated, -núcleate *a* 〘生〙単核の (mononuclear).
mòno·nu·cle·ó·sis /-n(j)ù:klióʊsəs/ *n* 〘医〙単球増加症, 《特に》伝染性単球増加症 (＝infectious ～).
mòno·núcleotide *n* 〘生化〙モノヌクレオチド《核酸の消化[加水分解]によって生じる産物》.
mòno·óxygenase *n* 〘生化〙一酸素添加酵素, モノオキシゲナーゼ《分子状酸素の 1 酸素原子が基質に結合する酸化反応を触媒する酵素》.
mòno·pétal·ous 〘植〙*a* 単花弁の, 単弁の; GAMOPETALOUS.
mòno·phágia *n* 〘医〙単食症《1 種類の食物だけを欲求すること》.
mo·noph·a·gous /mənáfəgəs, mɑ-/ *a* 〘動〙〈特に 昆虫が〉単食性の. ◆ **mo·nóph·a·gy** /-ʤi/ *n* 単食性.
mòno·phóbia *n* 〘精神医〙孤独恐怖症.
mòno·phónic *a* 〘楽〙単旋律の (monodic); 〈録音·再生などの装置が〉モノフォニックの, モノラルの (cf. MONAURAL, STEREOPHONIC). ◆ **-ni·cal·ly** *adv*
mo·noph·o·ny /mənáfəni, mɑ-/ 〘楽〙*n* モノフォニー《単旋律の音楽形態; cf. POLYPHONY, HOMOPHONY》; MONODY.
mon·oph·thong /mánəfθɔ̀(:)ŋ, -θàŋ/ *n* 〘音〙単母音. ◆ **mon·oph·thon·gal** /mànəfθɔ́(:)ŋ(g)əl, -θáŋ-/ *a*
mónophthong·ìze / , -gàɪz/ *vt, vi* 〘音〙〈二重母音を〉単母音に発音する, 単母音化する.
mòno·phylétic *a* 〘生〙同一の祖先型から発生した, 単系[一元性]の (opp. *polyphyletic*). ◆ **mono·phy·ly** /mánəfàɪli/ *n*
mòno·phýl·lous /-fíləs/ *a* 〘植〙単葉の.
mòno·phý·odònt /-fáɪ-/ *a* 〘動〙一生(いっせい)歯性の《歯の更新が行なわれない; 単孔類·クジラ類など》.
Mo·noph·y·site /mənáfəsàɪt, mɑ-/ *n* 〘神学〙キリスト単性論者《キリストは神性と人性とが一体に複合した単一性のものであると説く; cf. MONOTHELITE》. ► *a* キリスト単性論(者)の. ◆ **Mo·nóph·y·sìt·ism** *n* キリスト単性論. **Mo·nòph·y·sít·ic** /-sít-/ *a* [L＜Gk (*physis* nature)]
móno·plàne *n* 〘空〙単葉機 (cf. BIPLANE, TRIPLANE).
mòno·plégia *n* 〘医〙単麻痺《顔面·四肢の単一の筋(群)だけの》. ◆ **-plé·gic** / , -plέʤ-/ *a*
móno·plòid *a* 〘生〙《染色体が》一倍体の. ► *n* 一倍体, 単数体.
móno·pòd *n* 《カメラ·釣りざおなどを固定させるための》一本脚の支柱, 一脚, モノポッド.
móno·pode /-pòʊd/ *a* 一本足の. ► *n* 一本足の動物; 《特に中世伝説の》一本足人; MONOPODIUM.
mòno·pó·di·al /-póʊdiəl/ *a* 〘植〙単軸[単茎]性の: ～ branching 単軸分枝《主軸から側枝が成長するような分枝》. ◆ **～·ly** *adv*
mòno·pódium *n* 〘植〙単軸 (cf. SYMPODIUM).
mo·nop·o·dy /mənápədi, mɑ-/ *n* 〘韻〙一歩格, 単脚律.
móno·pòle *n* 〘理〙単極《正または負の単独電荷》; 〘理〙《仮説上の》磁気単極子, モノポール; 〘通信〙単極アンテナ.
Monópolies and Mérgers Commission [the] 〘英〙

M

独占・合併管理委員会《独占・合併を監視し管理していた政府の諮問委員会; 略 MMC; 1999 年これに代わって Competition Commission が設立された》.

mo·nop·o·list /mənápəlɪst/ *n* 独占[専売]者; 独占[専売]論者. ♦ **-lìsm** *n* 独占主義[組織], 専売制度. **mo·nòp·o·lís·tic** *a* 独占的な, 専売の, 独占主義(者)の. **-ti·cal·ly** *adv*

monopolístic competítion 〔経〕独占的競争.

mo·nop·o·lize /mənápəlàɪz/ *vt* …の独占[専売]権を得る, 独占する; 〈人・話題などを〉ひとり占めする. ♦ **-lìz·er** *n* **mo·nòp·o·li·zá·tion** *n* 独占, 専売.

mo·nop·o·ly /mənápəli/ *n* **1 a** 独占(権), 完全な[単独の]支配(権), 専売(権) 〈*of, on, over*〉; 市場独占; ひとり占め: make a ~ *of* …を独占する; …を一手販売する / the ~ of conversation 会話の独占 / Do they have a ~ *of* suffering? 彼らだけがつらい思いをしているのだろうか. **b** 専売会社[組合], 独占会社[組合], 専売[独占]業. **c** 専売[独占]品. **2** [M-]〔商標〕モノポリー《さいころを使う卓上ゲームの一種で, 地所の取引を行ない, 不動産を独占しようと争うことを模したもの》. [L<Gk (*pōleō* to sell)]

Monópoly mòney 《Monopoly ゲームで使う》おもちゃのお金; 《口》紙切れ同然の通貨; 《口》法外な金額[値段].

mòno·propéllant *n* 一元[単元]推進薬, 一液推薬, モノプロペラント《酸化剤を混入したロケット推進燃料; 過酸化水素・ニトロメタン・酸化エチレンなど》.

mòno·prót·ic /-prátɪk/ *a* 〔化〕一塩基の (monobasic).

mo·nop·so·ny /mənápsəni/ *n* 〔経〕《市場の》買手[需要]独占.

mòno·psýchism *n* 〔心霊〕心霊一元説, 一霊説《あらゆる心霊は一つとする》.

mo·nop·te·ros /mənáptəràs, moʊ-/, **-ron** /-ràn/ *n* (*pl* **-te·ra** /-rə/) 〔建〕モノプテロス《ギリシア・ローマの円形周柱神殿》. [Gk *monopteros* (*pteron* wing)]

móno·ràil *n* モノレール《(1) 鉄道車両の走る軌道にする 1 本の軌条 (2) その車両》.

mon·or·chid /manɔ́:rkəd/ *n, a* 〔医〕単睾丸(症)の(人). ♦ **-chi·dìsm, -chìsm** *n* 単睾丸症.

móno·rhỳme *n* 〔韻〕各行同韻詩, 単韻詩. ♦ **~d** *a*

mòno·sáccharide *n* 〔生化〕単糖 (=*simple sugar*)《glucose, fructose など; cf. POLYSACCHARIDE, OLIGOSACCHARIDE》.

mono·se·mous /mànəsí:məs/, **-se·mic** /-sí:mɪk/ *a* 〈語句などが〉単義の. ♦ **móno·sè·my** *n* 単義(性).

mòno·sép·al·ous /-sépələs/ 〔植〕*a* GAMOSEPALOUS; (単)一萼片の.

mòno·séxual *a* **1** 男女一方だけの心性を有する, 男女一方だけに感応する, 一性素質の, 一性交の (cf. BISEXUAL). **2** 同性だけの〈パーティー・学校など〉. ♦ **-sexuálity** *n*

móno·skì *n* モノスキー《1 枚に両足で立つ幅広のスキー板》. ♦ **~·ing** *n*

mòno·sódium glútamate 〔化〕グルタミン酸ソーダ《化学調味料; 略 MSG》.

móno·sòme *n* 〔遺〕一染色体, モノソーム《1 つ以上の染色体を欠く細胞, または対合するもののない異形染色体》; 〔生〕単一リボソーム. [*-some*[3]]

mòno·só·mic /-sóʊmɪk/ 〔遺〕*a* 一染色体的な. ► *n* 一染色体性の個体. ♦ **móno·sò·my** *n*

móno·spàced fónt 〔電算〕固定幅[等幅]フォント.

mòno·specífic *a* 〔医〕単一特異的な《単一抗原(の受容体部位)に特異的な》; 〔生〕一つの種(しゅ)に関係する[からなる]. ♦ **-specífic·ity** *n*

mòno·spér·mous /-spə́:rməs/, **-spér·mal** /-spə́:rm(ə)l/ *a* 〔植〕単種子の.

móno·spèr·my *n* 〔動〕単精, 単精子受精《受精時に, 1 個の卵に 1 個の精子が進入すること》. ♦ **mòno·spér·mic** *a*

móno·stàble 〔電子工〕*a* 〈回路・素子が〉単安定の. ► *n* 単安定回路[素子].

móno·stele /-stì:l, mànəstí:li/ *n* 〔植〕原生中心柱 (protostele). ♦ **mòno·sté·lic** /-stí:lɪk/ *a* **móno·stè·ly** *n*

móno·stich /-stìk/ *n* 〔韻〕単行詩《特に epigram に多い》; 詩の一行.

mo·nos·ti·chous /mənástɪkəs, ma-/ *a* 〔植・動〕単列性[式]の.

móno·stòme, mo·nos·to·mous /mənástəməs, ma-/ *a* 〔動〕吸盤が一つの, 単口の.

mo·nos·tro·phe /mənástrəfi, mánəstròʊf/ *n* 〔韻〕単律詩《各節[各連]が同一の韻律形からなる》. ♦ **mòno·stróphic** *a*

mòno·stýlous *a* 〔植〕単花柱の.

mòno·syllábic *a* 単音節の〈語〉; 単音節語からなる; 単音節言語の; 簡潔な〈評〉, そっけない〈返事〉. ♦ **-ical·ly** *adv* **-syl·la·bíc·i·ty** /-sìləbísəti/ *n*

móno·sỳllable *n* 一音節; 単音節語: speak [answer] in **~s** (そっけなく) Yes とか No とだけ言う, そっけない言い方[返事]をする.

mòno·sýllabism *n* 単音節語使用(癖), 単音節語的傾向.

mòno·symmétric(al) *a* 〔晶〕MONOCLINIC; 〔植〕ZYGOMORPHIC.

mòno·synáptic *a* 〔生〕単シナプスの: a ~ reflex 単シナプス反射. ♦ **-ti·cal·ly** *adv*

mòno·téchnic *a* 単科の〈学校・大学〉. ► *n* 専修[専門]学校[大学], 単科大学.

mòno·térpene *n* 〔化〕モノテルペン.

mono·the·ism /mánəθiìz(ə)m/ *n* 一神教, 一神論. ♦ **-the·ist** /-θì:ɪst/ *n, a* 一神教信者; 一神教[論]の. **mòno·the·ís·tic, -ti·cal** *a* **-ti·cal·ly** *adv*

Mo·noth·e·lite /mənáθəlàɪt/, **-lete** /-lì:t/ *n* 〔神学〕キリスト単意論者《受肉のキリストの人格は単一の意思を有すると説く; cf. MONOPHYSITE》. ♦ **Mo·nóth·e·lìt·ìsm** *n* キリスト単意論. **Mo·nòth·e·lít·ic** /-lít-/ *a*

mòno·themátic *a* 〔楽〕単主題の.

mòno·thérapy *n* 〔医〕単独療法《一種類の薬剤による治療》.

mòno·thét·ic /-θétɪk/ *a* 単形質的な《ある類に属するかどうかを必要十分な基準によって決める分類法についていう; cf. POLYTHETIC》. [*mono*-+Gk *thetos* placed, arranged+*-ic*]

móno·tìnt *n* 一色, 単色; MONOCHROME.

mo·not·o·cous /mənátəkəs/ *a* 〔動〕一度に 1 子[1 卵]だけ産む, 一胎の (cf. POLYTOCOUS). [Gk *tokos* offspring]

móno·tòne *n* **1** 単調; 《話し・文章の》一本調子; 《表現などの》変化[多様性]の不足, 単調さ; 〔数〕単調: in a dull ~ 気のない一本調子で. **2** 〔楽〕単調音, モノトーン; 一本調子にしか歌えない人. ► *a* 単調な, 一本調子の; 単色の; 〔数〕MONOTONIC. ► *vt, vi* 単調に読む[話す], 一本調子に歌う.

mòno·tónic *a* 単調な; 単調音の[で誦唱する]; 〔数〕単調の. ♦ **-ical·ly** *adv* **-to·nic·i·ty** /-toʊnísəti/ *n*

mo·nót·o·nìze *vt* 単調[退屈]にする.

mo·not·o·nous /mənát(ə)nəs/ *a* 単調な, 一本調子の; 変化のない, 退屈な. ♦ **~·ly** *adv* 単調に. **~·ness** *n*

mo·not·o·ny /mənát(ə)ni/ *n* 〔楽〕単(調)音 (monotone), 単調, モノトーン; 《一般に》単調さ, 単調感, 一本調子, 退屈.

móno·treme /-trì:m/ *n* 〔動〕単孔類 (Monotrema) の動物《カモノハシ・ハリモグラなど》. ♦ **mòno·tréma·tous** /-trém-, -trí:-/ *a* [Gk *trēmat- trēma* hole]

mo·not·ri·chous /mənátrɪkəs, ma-/, **-ri·chate** /-trɪkət/, **mòno·trích·ic** /-tríkɪk/ *a* 〔生〕〈バクテリアが〉一端に一個の鞭毛を有する, 一鞭毛の.

mòno·tróphic *a* 〔動〕単一栄養の, 単食性の (monophagous).

mo·not·ro·py /mənátrəpi/ *n* 〔化〕単変, モノトロピー《同一物質の結晶系の関係; 一方から他方への転換が一方的に起こるために転移点が存在しない》.

móno·tỳpe *n* **1** [M-]〔商標〕モノタイプ《印刷用自動鋳造植字機》; モノタイプ活字. **2** 単刷り版画(法). **3** 〔生〕単型《単一の種(しゅ)だけで 1 つの属を構成する場合の種など》.

mòno·týp·ic /-típɪk/ *a* **1** 〔生〕〈属が〉単型の, 単一タイプの《それより低い群を一つしか含まない場合; opp. *polytypic*》: ~ species 単型種. **2** 〔印〕モノタイプの.

mòno·ùn·sáturate *n* 〔化〕モノ[一価]不飽和脂肪(酸).

mòno·ùn·sáturated *a* 〔化〕〈脂肪(酸)が〉モノ[一価]不飽和の.

mòno·válent *a* 〔化〕一価の (univalent); 〔菌〕特定の病菌だけに抵抗する抗体[抗原]を含む, 単価[一価]の (cf. POLYVALENT). ♦ **-válence, -válency** *n*

mon·óvular *a* 一卵性の; 一卵性双生児特有の (cf. BIOVULAR).

mon·óxide *n* 〔化〕一酸化物.

mòno·zygótic, -zýgous *a* 一卵性の〈双生児〉. ♦ **-zygós·ity** *n*

Mon·roe /mənróʊ/ **1** モンロー《男子名》. **2** モンロー (**1**) **James** ~ (1758–1831)《米国第 5 代大統領 (1817–25); リパブリカン党; ⇨ MONROE DOCTRINE》 (**2**) **Marilyn** ~ (1926–62)《米国の映画女優; 本名 Norma Jean Mortenson [のち Baker]》. [Celt=? red marsh]

Monróe Dóctrine [the] 〔米〕モンロー主義《1823 年 James Monroe 大統領が教書に示した外交方針: 米国は欧州諸国のアメリカ諸国の政治への干渉を黙視しないとする》.

Monróe·ìsm *n* MONROE DOCTRINE.

Mon·ro·via /mənróʊviə/ モンロヴィア《リベリアの首都; 大西洋に臨む港湾都市; James Monroe 大統領時代に米国の解放奴隷の植民によって建設》.

mons /mánz/ *n* (*pl* **mon·tes** /mántì:z/) 〔解〕恥丘. [L; ⇨ MOUNT[2]]

Mons /mɔ̃ːs/ モンス (*Flem* Bergen)《ベルギー南西部 Walloon 地域の街; Hainaut 州の州都》.

mon·sei·gneur /mànseɪnjə́:r/ *n* (*pl* **mes·sei·gneurs** /mèɪseɪnjə́:r(z)/) [ºM-] 殿下, 閣下, 猊下(げいか)《王族・枢機卿(けい)・(大)司教を呼ぶ敬称; 略 Msgr》: *M*~ the Archbishop. [F (*mon* my, SEIGNEUR)]

mon·sieur /məsjə́:r; F məsjø/ *n* 《略 M.》(*pl* MESSIEURS) [ºM-]《Mr. または呼びかけの Sir に当たる敬称》…さま, …君, あなた, ムッシュー; 〔史〕《16 世紀以後の》フランス王の第二子[最年長の弟]. [F (*mon* my, *sieur* lord)]

Mon·sieur Chose /*F* məsjø ʃo:z/ 何とかいう人 (Mr. What-do-you-call-him).

mon·si·gnor /mansí:njər/ *n* (*pl* **-si·gno·ri** /mànsì:njɔ́:ri/, ~**s**) [ᵁM-]〖カト〗モンシニョル《高位聖職者に対する敬称; 略 Mgr, Msgr》. ♦ **-gno·ri·al** /mànsì:njɔ́:riəl/ *a* [It; cf. MONSEIGNEUR]

mon·si·gno·re /mànsì:njɔ́:reɪ/ *n* MONSIGNOR. [It]

mon·soon /mansú:n/ *n* 〖気〗モンスーン《特にインド洋で夏は南西から, 冬は北東から吹く季節風》; 《広く》季節風; 《インドの》雨期; モンスーンがもたらす雨: the dry [wet] ~ 冬[夏]季節風. ♦ **~·al** *a* [Du<Port<Arab=(fixed) season]

móns pú·bis /-pjú:bəs/ (*pl* **móntes púbis**) 〖解〗《特に 女性の》恥丘. [L=mount of pubes]

mon·ster /mánstər/ *n* **1 a** 怪物, 化け物; 怪獣; 怪奇な形の動物[植物]; 怪奇異形の人[もの]; 〖医〗奇形(児). **b** 異常に巨大なもの; 極悪非道な人, 人非人; [ᵒ*joc*] 悪ガキ: a ~ of cruelty おそろしく残忍な人 / create a ~ 怪物[厄介な状況]を作り出す. **2***《俗》**a** スーパースターシンガー[ミュージシャン]; 《レコード・CD などの》爆発的ヒット商品. **b** 神経中枢に作用する麻薬, 強いヤク. **3**〖アメフト〗定守備位置のないラインバック (linebacker) (=~ **bàck**, ~ **màn**). ► *a* 巨大な, ばかでかい; 《俗》ベストセラーの, 大人気の, 大成功の; *《俗》〈麻薬が〉強力な, きつい. ► *vt* ᴴ《口》きびしく非難[叱責]する. [OF<L=portent (*monstro* to show)]

mon·stera /mánztərə, máns-/ *n* 〖植〗熱帯アメリカ産サトイモ科ホウライショウ属 (*M-*) の各種の多年草, モンステラ《多くはつる性で, 観葉植物とされる》. [NL<? L *monstrum* monster; 葉の異様な形から]

mónster fòdder*《俗》《ロールプレイングゲームで》怪物のえじきになる弱いキャラクター, 捨てゴマ.

mónster wèed*《俗》カンナビス (cannabis), 強力なマリファナ.

mon·strance /mánstrəns/ *n* 〖カト〗(聖体)顕示台 (ostensorium). [ME=demonstration; ⇨ MONSTER]

mon·stre sa·cré /*F* mɔ̃:str sakre/ (*pl* **mon·stres sa·crés** /—/) 奇行を大目に見てもらえる人, 奇人; 《映画などの》大スター. [F=sacred monster]

mon·stros·i·ty /manstrásəti/ *n* 《動植物の》奇形; 奇形のもの, できそこない; 奇怪, 怪異; 極悪非道; 巨大なもの, 怪物; とんでもないもの.

mon·strous /mánstrəs/ *a* 巨大な; 《口》途方もない, ものすごい; 怪物のような; 《廃》怪物だらけの; 極悪非道の (atrocious), ぞっとするような; 奇怪な, 奇形の; 《廃》不自然な. ► *adv* 《古・方》非常に. ♦ **~·ly** *adv* 法外に, 非常に, ひどく. **~·ness** *n* [MONSTER]

móns vé·ne·ris /-vénərəs/ (*pl* **móntes véneris**) 〖解〗女性の恥丘. [L=mount of Venus]

Mont. Montana.

mon·ta·dale /mántədèɪl/ *n* 〖羊〗モンタデール《米国原産; 白面・無角; 重毛被・良肉の品種》. [*Montana*+*dale*]

mon·tage /mantá:ʒ; *F* mɔ̃ta:ʒ/ *n* **1** モンタージュ《(1) 複数の写真をつなぎ合わせる写真術, その写真 2)〖映・テレビ〗心像の流れを示すため急速に多くの小画面を連続させたり重ね合わせたりする方法, その映画(の部分) 3) 異質物の混成(による芸術作品)》. **2**《一般に》異なる要素が集まって統一的に感じられるもの, 統一的イメージ, 入りまじったもの, ごちゃまぜ. ► *vt* モンタージュに合成する[で描く]. [F; ⇨ MOUNT¹]

Mon·ta·gna /mɔntá:njə/ モンターニャ **Bartolommeo** ~ (c. 1450–1523)《イタリアの画家; ヴィチェンツァ (Vicenza) 派の巨匠で, 力強い色彩の画風を特色とする》.

Mon·ta·gnais /màntənjéɪ; ⌐—⌐/ *n* **a** (*pl* ~) モンタニェ族《カナダ東部の St. Lawrence 湾北岸から西方に広がる森林に居住する先住民》. **b** モンタニェ語《アルゴンキン語族に属し, Cree 語に近縁》.

mon·ta·gnard /màntənjá:rd, -njá:r/ *n*, *a* (*pl* ~**s**, ~) [ᵒM-] 山地民(の)《(1) カンボジア国境に接するヴェトナム南部高地の住民; cf. YARD 2) Rocky 山脈北部に住むインディアン》.

Mon·ta·gnier /*F* mɔ̃taɲje/ モンタニエ **Luc** (**Antoine**) ~ (1932–)《フランスの医学者; ノーベル生理学医学賞 (2008)》.

Mon·ta·gu /mántəgjù:, mán-/ モンタギュー (1) **Elizabeth** ~ (1720–1800)《英国の作家; 旧姓 Robinson; いわゆる bluestockings の最初期の一人で, 文芸サロンを主催》(2) Lady **Mary Wortley** ~ (1689–1762)《英国の書簡文作家・詩人》.

Mon·ta·gue /mántəgjù:, mán-/ **1** モンタギュー《男子名; 愛称 Monte, Monty》. **2** モンタギュー《Shakespeare, *Romeo and Juliet* 中の Romeo の家名; ⇨ CAPULET》. [*Mont Aigu* Normandy の家族名]

Móntague gràmmar 〖論・言〗モンタギュー文法《米国の論理学者 Richard M. Montague (1930–71) が提唱した数学的言語モデル》.

Móntagu's hàrrier 〖鳥〗モンタギューチュウヒ《北アフリカ・欧州・西アジア産》. [George *Montagu* (1751–1815) 英国の博物誌家]

Mon·taigne /mantéɪn; *F* mɔ̃tɛɲ/ モンテーニュ **Michel** (**Eyquem**) **de** ~ (1533–92)《フランスの随筆家・モラリスト; 1571 年に始めた *Essais* を生涯加筆した》.

Mon·ta·le /mountá:leɪ/ モンターレ **Eugenio** ~ (1896–1981)《イタリアの詩人; ノーベル文学賞 (1975)》.

Mon·tana /mantǽnə/ モンタナ《米国北西部の州; ☆Helena; 略 Mont., MT》. ♦ **Mon·tán·an** *a*, *n*

mon·tane /mántèɪn, ⌐⌐/ 〖生態〗*a* 山地の, 低山帯に生育する〈動植物など〉; 山地動植物の. ► *n*《森林限界より下の》低山帯 (=~ **bélt**). [L; ⇨ MOUNT²]

mon·ta·ni sem·per li·be·ri /mɔ:ntá:ni sèmpɛr lí:bɛrì:/ 山の民は常に自由人である《West Virginia 州の標語》. [L]

Mon·ta·nist /mánt(ə)nɪst/ *n* 〖キ教〗モンタノス主義者, モンタノス派(信徒)《2 世紀に Phrygia で預言者モンタノス (Montanus) が始めた一派; 聖霊を重視し終末の預言を行ない, きびしい禁欲を唱えた》. ♦ **Món·ta·nìsm** *n*

món·tan wàx /mántæ̀n-, -t(ə)n-/ モンタン蠟《硬くてもろい鉱蠟; レコード・ろうそく・光沢剤などの原料》.

Mont·au·ban /màntoubá:n; *F* mɔ̃tobɑ̃/ モントバン《フランス南部, Tarn-et-Garonne 県の県都; 16–17 世紀ユグノーの本拠》.

Mont·bé·liard /*F* mɔ̃belja:r/ モンベリヤール《フランス東部 Besançon の東北東にある町》.

Mont Blanc /*F* mɔ̃ blɑ̃/ モンブラン《フランス南東部 Savoy Alps のイタリア国境にある Alps 山脈の最高峰 (4808 m)》.

Mónt Blánc Túnnel [the] モンブラントンネル《Mont Blanc 北麓の Chamonix から同山を南東に貫いてイタリア側に通じるトンネル (12 km)》.

mont·bre·tia /man(t)brí:ʃ(i)ə/ *n* 〖植〗アヤメ科モントブレチア属 (*M-*) の各種, 《特に》ヒメヒオウギズイセン. [Coquebert de *Montbret* (1780–1801) フランスの植物学者]

Mont·calm de Saint-Véran /*F* mɔ̃kalm də sɛ̃verɑ̃/ モンカルム・ド・サンヴェラン **Louis-Joseph de Montcalm-Grozon**, Marquis **de** ~ (1712–59)《フランスの軍人; 七年戦争時のカナダにおけるフランス軍の総司令官》.

Mont Ce·nis /*F* mɔ̃ səni/ モンスニ (*It* Monte Cenisio)《フランスとイタリアにまたがる Graian Alps の Mont Cenis 山塊中の峠 (2083 m)》.

Mónt Cenís Túnnel [the] モンスニトンネル《Mont Cenis 峠の南西 Fréjus 山塊を貫くトンネル; 1871 年に開通した鉄道トンネルはアルプス初の長大なトンネル (13.7 km), 1980 年道路トンネル (12.9 km) も開通; 別称 Fréjus Tunnel》.

Mont-de-Mar·san /*F* mɔ̃d(ə)marsɑ̃/ モン-ド-マルサン《フランス南西部 Landes 県の県都》.

mont-de-pié·té /*F* mɔ̃dpjete/ *n* (*pl* **monts-de-piété** /—/) 公営質屋. [F; It *monte di pietà* hill of pity の訳]

mon·te /mánti/ *n* **1 a** モンテ (=~ **bànk**)《スペイン起源のトランプ賭博の一種》. **b** THREE-CARD MONTE. **2**《豪口》確実なこと (certainty). [Sp=mountain, heap of cards]

Monte¹《口》MONTE CARLO.

Monte² モンティ《男子名; Montague の愛称》.

Mon·te Al·bán /mánti ɑ:lbá:n, móunteɪ-/ モンテアルバン《メキシコ南部 Oaxaca 州にある Zapotec 族の古代遺跡; 雄大なピラミッドを残す》.

Mónte Cár·lo /-ká:rlou/ モンテカルロ《モナコ北東部の観光地・保養地; カジノ, 自動車レース (=**Mónte Cárlo Rálly**) で有名》.

Mónte Cárlo mèthod 〖数〗モンテカルロ法《確率を伴わない問題も含め確率的なシミュレーションを使って解決する方法》.

Mónte Cas·sí·no /-kəsí:nou/ モンテカッシーノ《イタリア中部 Latium 州南東部, Cassino の近郊にある丘; ベネディクト派修道院 (c. 529) がある》.

Mon·te Ce·ni·sio /móunti ʧɛní:zjou/ モンテチェニジオ《MONT CENIS のイタリア語名》.

Mon·te·cris·to /màntɪkrístou/ モンテクリスト《Elba 島南方にあるイタリア領の小島》.

Mon·te·fel·tro /mòunteɪféɪltrou/ モンテフェルトロ《ルネサンス期イタリアのギベリン派の一族; 13 世紀からイタリア中部 Urbino の町を支配, Federico (1422–82) の時代に全盛となったが 1508 年に断絶》.

Mon·té·go Báy /mantí:gou-/ モンテゴベイ《ジャマイカ北西部, モンテゴ湾(カリブ海の入江)に臨む町・保養地》.

mon·teith /mantí:θ/ *n* モンティース《縁を波状にした銀製の大型パンチボウル》. [*Monteith* コートの裾を波形にして着た 17 世紀スコットランドの奇人]

Mon·te·ne·gro /màntəní:grou, -néɪ-, -nég-/ モンテネグロ《ヨーロッパ南東部 Balkan 半島にある国; ☆Podgorica; 旧ユーゴスラヴィアの構成共和国で, かつては王国 (1910–18)》. ♦ **Mòn·te·né·grin** /-grən/ *a*, *n*

Mon·te·rey /màntəréɪ/ **1** モンテレー《California 州西部の市; 太平洋の入江, モンテレー湾 (~ **Báy**) の南の半島にある; スペイン領 California の主都 (1775–1822), メキシコ領 California の主都 (1822–46)》. **2** MONTEREY JACK.

Mónterey chéese MONTEREY JACK.

Mónterey cýpress 〖植〗モントレーイトスギ, モントレーサイプレス (MACROCARPA).

Mónterey Jáck モンテレージャック (=*Jack* [*Monterey*] *cheese*)《半軟質・高水分の全乳チーズ; (半)脱脂乳使用の硬いタイプもある》. [*Monterey* 最初の生産地]

M

Mónterey píne 〘植〙ラジアータマツ, モントレーマツ, ニュージーランドマツ《California 州南西部原産の高木》.

mon·te·ro /mantέərou/ *n* (*pl* ~**s**)《たれ縁付きの》鳥打ち帽子; HUNTSMAN. ［Sp］

Mon·ter·rey /màntəréɪ/ モンテレー《メキシコ北東部 Nuevo León 州の州都》.

montes *n* MONS の複数形.

Mon·tes·pan /mántəspæn; *F* mɔ̃tɛspɑ̃/ モンテスパン **Françoise-Athénaïs de Rochechouart de Mortemart,** Marquise **de** ~ (1641–1707)《フランス王 Louis 14 世の愛人》.

Mon·tes·quieu /màntəskjúː, -kjə́ːr; *F* mɔ̃tɛskjø/ モンテスキュー **Charles-Louis de Secondat,** Baron **de La Brède et de** ~ (1689–1755)《フランスの法律家·政治哲学者; *De l'Esprit des lois* (1748)》.

Mon·tes·so·ri /màntəsɔ́ːri/ モンテッソリ **Maria** ~ (1870–1952)《イタリアの教育家》.

Montessóri mèthod [sỳstem] [the] モンテッソリ式教育法《Montessori が唱えた, 子供の自主性の伸長を重視した児童教育法》. ♦ **Mòn·tes·só·ri·an** *a*

Mon·teux /*F* mɔ̃tø/ モントゥー **Pierre** ~ (1875–1964)《フランス生まれの米国の指揮者》.

Mon·te·ver·di, -de /màntəvέərdi, -və́ːr-/ モンテヴェルディ **Claudio** ~ (1567–1643)《イタリアの作曲家; 初期バロックの代表的作家で, オペラの確立に貢献; オペラ『オルフェオ』(1607),『ポッペアの戴冠』(1642)》.

Mon·te·vi·deo /màntəvədéɪou, -vídiòu/ モンテビデオ《ウルグアイの首都; ラプラタ川 (Río de la Plata) 河口北岸にある港湾都市》.

Mon·tez /mántèz, ━ˊ/ モンテス **Lola** ~ (1818–61)《アイルランド出身の舞姫; Bavaria 王 Louis 1 世の愛人》.

Mon·te·zu·ma /màntəzúːmə/ モンテスマ, モクテスマ (=**Moc·te·zu·ma** /màktəzúːmə/) ~ **II** (1466–1520)《アステカ帝国最後の皇帝 (1502–20); Cortés に滅ぼされた》.

Montezúma cýpress 〘植〙AHUEHUETE.

Montezúma's revénge [*joc*] モンテスマのたたり《特にメキシコで旅行者がかかる下痢》.

Mont·fort /mántfərt; *F* mɔ̃fɔːr/ モンフォール (1) **Simon de** ~ (1165?–1218)《フランスの軍人; 南フランスの異端 Albi 派 [Cathari 派] に対して十字軍を起こし, Toulon 攻囲中に戦死した》 (2) **Simon de** ~, Earl of Leicester (c. 1208–65)《イングランドの軍人; 前者の子; 1264 年 Henry 3 世に反抗した貴族の指導者で, 翌年最初の議会を召集》.

mont·gol·fi·er /mantgálfiər; *F* mɔ̃gɔlfje/ *n* モンゴルフィエ式熱気球 (fire balloon)《下部の火で熱した空気で上昇》. ［Jacques-Étienne *Montgolfier* (1745–99), Joseph-Michel *Montgolfier* (1740–1810) 最初の実用熱気球を作って上昇させた (1783) フランスの発明家兄弟］

Mont·gom·ery /mən(t)gʌ́m(ə)ri, man(t)-, -gám-/ **1** モン(ト)ゴメリー《男子名》. ［*Montgomerie* Normandy の家族名］ **2** モン(ト)ゴメリー (1) **Bernard Law** ~, 1st Viscount ~ of Alamein (1887–1976)《英国の軍人, 陸軍元帥; 第二次大戦中 El Alamein でドイツの戦車軍団を破り (1942), 連合軍反攻のきっかけをつくった; のち連合軍司令官として勝利に貢献; 愛称 Monty》 (2) **Lucy Maud** ~ (1874–1942)《カナダの児童文学作家; *Anne of Green Gables* (1908)》. **3** モン(ト)ゴメリー《Alabama 州の州都; 一時南部連合の首都 (1861)》. **4** MONTGOMERYSHIRE.

Montgómery·shire /-ʃɪər, -ʃər/ モン(ト)ゴメリーシャー《ウェールズ中東部の旧州; ☆Welshpool》.

Montgómery Wárd モンゴメリー·ウォード社《米国の通信販売会社; Aaron Montgomery Ward (1844–1913) が 1872 年 Chicago に設立; 2001 年に破産, 04 年より Wisconsin 州 Monroe に拠点を置くネット販売会社》.

month /mʌ́nθ/ *n* (*pl* ~**s** /mʌ́nθs, mʌ́ns/) ひと月: CALENDAR MONTH / LUNAR [SOLAR, SYNODIC] MONTH / ~ after ~ (今月も来月も)月々, 何か月も(引き続き) / ~ by ~ ひと月ごとに; 毎月毎月 / ~ in, ~ out 毎月, 来る月も来る月も / in a ~*'s* time ひと月後に / the ~ after next さ来月 / the ~ before last 先々月 / this day ~=today ~ 来[先]月の今日 / a ~ from today 来月のきょう / this [last, next] ~ 今月[先月, 来月](に) / for ~*s* 何か月も(の間) / She was in her 8th ~. 妊娠 8 か月. ● **a ~ of Sundays** [ᵁ*neg*]《口》非常に長い間;《俗》めったにない機会: Don't be *a* ~ *of Sundays* about it. ぐずぐずするなよ / Never in *a* ~ *of Sundays*. そんなことは決してないね. ［OE *mōnath*; MOON と同語源; cf. G *Monat*］

Mon·ther·lant /*F* mɔ̃tɛrlɑ̃/ モンテルラン **Henri(-Marie-Joseph-Millon) de** ~ (1896–1972)《フランスの小説家·劇作家》.

mónth·lóng *a* 1 か月続く.

mónth·ly *a* 月 1 回の, 毎月の, 月々の; 1 か月間の; 月ぎめの;《口》月経の. ► *adv* 月 1 回, 毎月. ► *n* 月刊刊行物; [-lies, ‹*sg/pl*›]《口》月経(期), 月のもの.

mónthly bíll *《俗》月いちのお客, 生理.

Mónthly Méeting 月会《キリスト友会の地区組織[会合]; ⇨ QUARTERLY MEETING, YEARLY MEETING》.

mónthly núrse ᴮ 産婦付き看護師《産後 1 か月間》.

mónthly róse 〘植〙《四季咲きの》コウシンバラ (China rose).

mónth's mínd **1**〘カト〙30 日目の追悼ミサ《死後 1 か月目に行なう》. **2** ᴮ《古》愛好, 好み.

Mon·ti·cel·lo /màntəsέlou/ モンティセロ《Virginia 州中部の町 Char·lottes·ville /ʃáːrlətsvɪ̀l/ の近くに残る, Thomas Jefferson 自身の設計による屋敷》.

mon·ti·cule /mántəkjùːl/ *n* 小山, 小丘; 側火山, 火山丘;〘動·解〙小隆起. ♦ **mon·tic·u·late** /mantíkjələt/, **-tic·u·lous** /-tíkjələs/ *a* ［F＜L (dim)‹ MOUNT²］

Mont·lu·çon /*F* mɔ̃lysɔ̃/ モンリュソン《フランス中部 Allier 県 Moulins の西南西にあって, Cher 川に臨む市; 市街は南部が円形の古い城郭町で, 15–16 世紀の民家やロマネスク様式の教会がある》.

Mont·mar·tre /mɔ̃máːrtr(ə); mɔnmáː-/ モンマルトル《Paris 北部の地区; Seine 川を見おろす丘にあり, 芸術家が集まっていた》.

Mont·mo·ren·cy /màntmərέnsi; *F* mɔ̃mɔrɑ̃si/ **1** モンモランシー《フランス北部 Paris の北にある町; モンモランシー家の拠点であった》. **2** モンモランシー **Anne** ~, 1st Duc de ~ (1493–1567)《フランスの軍人》. **3**〘植〙モンモランシー《赤の酸味サクランボの一種; それをつける木; フランスのモンモランシーが原産》.

mont·mo·ril·lon·ite /màntmərílənàɪt, -ríːə-/ *n*〘鉱〙モンモリロナイト《膨張構造をもつ粘土鉱物》. ♦ **-mo·rìl·lon·ít·ic** /-nít-/ *a* ［*Montmorillon* フランスの発見地］

Mon·to·ne·ro /màntounέrou/ *n* (*pl* ~**s**) モントネロ《アルゼンチンの左派ペロン主義者の武装組織の一員》.

Mont·par·nasse /mɔ̃ʊpaːrnáːs, -nǽs/ モンパルナス《Paris 中南部の地区; Seine 川の左岸にあり, 20 世紀初め以降前衛芸術家たちが集まった》. ♦ **Mont·par·nas·sian** /-nǽʃən, -nǽsiən/ *a*

Mont·pe·lier /mantpíːljər, -píl-/ モントピーリア《Vermont 州の州都》.

Mont·pel·lier /*F* mɔ̃pəlje/ モンペリエ《フランス南部 Marseilles の西北西にある市, Hérault 県の県都》.

Mon·tra·chet /màntrəʃéɪ; *F* mɔ̃raʃɛ/ *n* モンラッシェ (1) Burgundy 産の辛口の白ワイン 2) 柔らかいヤギのチーズ》.

Mon·tre·al /màntriɔ́ːl, mʌ̀n-/ モントリオール, モンレアル (F **Mont·ré·al** /*F* mɔ̃real/)《カナダ Quebec 州南部 St. Lawrence 川のモントリオール島 (~ **Ísland**) にある同国最大の市》. ■ the **Univérsity of** ~ モントリオール大学《Montreal にある公立大学; 言語はフランス語が使われる; 1878 年創立》. ♦ **Mòn·tre·ál·er** *n*

Mon·treuil /*F* mɔ̃trœj/ モントルーユ《フランス北部 Paris 東郊の町; 公式名 ~**-sous-Bois** /*F* -subwa/》.

Mon·treux /*F* mɔ̃trø/ モントルー《スイス西部 Geneva 湖北東岸の保養地》.

Mon·trose /mantróuz/ モントローズ **James Graham,** 5th Earl and 1st Marquess of ~ (1612–50)《スコットランドの軍人; Civil War で王党派を率いて転戦した》.

Mont-Saint-Mi·chel /*F* mɔ̃sɛ̃miʃɛl/ モン-サン-ミシェル《フランス北西部 Normandy 海岸の小島; 8 世紀以降増改築が繰り返され, ロマネスク·ゴシック·ルネサンスの各様式をもつ壮大な修道院がある》.

Mon·tsa·me /mantsáːmə/ モンゴル国営通信, モンツァメ.

Mont·ser·rat /màn(t)sərǽt/ **1** モントセラト《英領西インド諸島東部 Leeward 諸島の火山島; 1995 年以降火山活動が活発化》. **2** モンセラット《スペイン北東部 Barcelona の北西にある山; 9 世紀創建のベネディクト派修道院がある》. ♦ **Mònt·ser·rá·tian** /-réɪʃən/ *a, n*

mon·tu·no /mantúːnou/ *n* モントゥーノ《パナマ男子の木綿製の盛装》. ［AmSp=rustic］

monty ⇨ FULL MONTY.

Mon·ty /mánti/ モンティ《男子名; Montague の愛称》; モンティ《Bernard Law MONTGOMERY の愛称》.

mónty hául *《俗》《高得点が簡単にとれすぎて》つまらないロールプレイングゲーム, ばかでもできるゲーム.

Mónty Pýthon モンティー·パイソン《BBC の人気バラエティー番組 (1969–74); 正式名は Monty Python's Flying Circus》.

mon·u·ment /mánjəmənt/ *n* **1 a** 記念碑, 記念建造物, 記念塔 ‹*to*›; [the M-] London 大火 (1666) の記念円塔. **b** 記念物, 遺跡; NATIONAL MONUMENT: an ancient [a natural] ~ 史的[天然]記念物. **c**《古》昔の記録, 古文書. **2 a** 不朽の業績, 金字塔, (…の)賜物 ‹*to*›;《個人の》記念碑的な仕事[著作];《故人への》追悼文; いつまでも残る証拠, 顕著な例 ‹*to*›. **b** 比類のないもの: My father was a ~ of industry. 父はまれにみる努力家だった. **3** *境界表示物, 境界標. **4**《古》しるし, 証拠;《古》兆し, 前兆. **5**《廃》**a** 彫像 (statue). **b** 墓; 墓石. ♦ ~**·less** *a* ［OF＜L (*moneo* to remind)］

mon·u·men·tal /mànjəméntl/ *a* **1** 記念碑の; 記念の. **2 a** ‹文学作品など›記念碑的な, 不朽の, 不滅の: a ~ work 不朽の作. **b** [強意語として] 途方もない, とてつもない, 巨大な: ~ ignorance 途方もない無知. **3**〘美〙‹彫像·肖像画が›実物より大きい. ♦ ~**·ly** *adv* 記念碑として; 記念として; 途方もなく, ひどく. **mòn·u·men·tál·i·ty** /-məntǽl-, -mèn-/ *n*

monuméntal·ism *n*《建築物の》記念碑様式.

monuméntal·ize *vt* 記念する, 永久に伝える.

monuméntal máson 墓石の石工, 墓石屋.

mo·nu·men·tum ae·re per·en·ni·us /mɔ̀ːnʊméntʊm àɪreɪ pɛréniʊ̀s/ 青銅よりも長持ちする記念碑《不滅の芸術・文学作品》.［L］
mon·u·ron /mánjərɑ̀n/ *n* モニュロン《残効性の除草薬》.
mony /máni/ *a, pron, n*《スコ》MANY.
-mo·ny /mòuni; məni/ *n suf*［結果・状態・動作を表わす］: cere*mony*; testi*mony*.［L; cf. -MENT］
Mon·za /móuntsə, mánzə/ モンツァ《イタリア北部 Lombardy 州の市; 古代ランゴバルドの首都》.
mon·zo·nite /mánzənàɪt, mɑnzóunàɪt/ *n*〘岩石〙モンゾナイト《閃長岩と閃緑岩との中間に位する粒状の深成岩》. ♦ **mòn·zo·nít·ic** /-nít-/ *a*［G (*Monzoni* Tyrol の山の名)］
moo[1] /múː/ *n* (*pl* ～**s**) **1** モー《牛の鳴き声》;《俗》牛乳, 牛肉. **2** ″《口》愚かなやつ[女]; ″《口》[女性への親しい呼びかけ] おまえ: silly (old) ～. ► *vi* モーと鳴く (low).［imit］
moo[2] *n* MOOLA.
MOO〘インターネット〙Multiuser Object-Oriented environment《MUD に専用のプログラミング言語をそなえ, 参加者各自が人物などを作れるようにしたもの》.
moo·cah /múːkɑː/ *n**《俗》マリファナ.
mooch /múːtʃ/《俗》*vi* **1** こそこそ歩く; ぶらつく, うろつく (loiter) 〈*around, about, along*〉; 舟をゆっくり進めて鮭釣りをする. **2**《金銭・食べ物などを》せびる, ねだる, くすねる〈*from, on*〉; 知らん顔をする. ► *vt* 失敬する, ちょろまかす, せしめる, 盗む; せびる, たかる, ねだる. ► *n* **1** MOOCHER; *だまされやすいやつ, カモ; *大道売りのひやかし客. **2** *《俗》麻薬, ヤク (cotics).［? OF *muchier* to skulk, hide］
móoch·er《俗》*n* こそこそ歩きをするやつ; 浮浪人, 乞食; こそ泥; いつも借りているやつ, たかり屋; *麻薬常習者, ヤク中.
móo-còw *n*《幼児》モーモー, 牛.
mood[1] /múːd/ *n* **1 a**《一時的な》気分, 気持, 機嫌, ムード: change one's ～ 気分を転換させる / in a laughing [melancholy, bad] ～ 陽気で[しょんぼりして, 不機嫌で] / when the ～ takes him 彼がその気になると. **b** [ᵘ*pl*] 不機嫌, むら気, かんしゃく;《古》怒り: a man of ～*s* 気の変わりやすい人, お天気屋. **2** 風潮, ムード; 雰囲気, 調子, 空気: the ～ of the moment [time] 時代の風潮 / the somber ～ of the play その劇のもつ陰気な雰囲気. ● **in a ～ [one of one's ～s]**《口》機嫌がよくなくて, 虫のいどころが悪くて. **in no ～ for…[to do]**…する気がなくて. **in the ～ for…[to do]**…する気になって.［OE *mōd* mind; cf. G *Mut* courage, mind, ON *móthr* anger, grief］
mood[2] *n* **1**〘文法〙法, 叙法《叙述内容を話者が事実としてとらえているか仮定としてとらえているかなどの区別を示す動詞の形態; 法によって示される意味の区別》: the indicative [imperative] ～ 直説[命令]法. **2**〘論〙論式 (mode). **3**〘楽〙リズムモード (mode).［MODE］
móod disòrder〘精神医〙気分障害 (＝*affective disorder*)《双極性障害・鬱病性障害など気分[情緒]の変調を主徴とする精神障害》.
móod drùg 気分薬《興奮剤・鎮静剤など》.
móod mùsic 1《演劇などで特定の雰囲気をかもしだすための》効果音楽, BGM;《レストランなどで流す》ムード音楽. **2** 政党のかもしだす雰囲気[基本姿勢].
móod rìng ムードリング《液晶クォーツを用いた石をつけた指輪; 気分の変化によって色が変わるとされる》.
móod swìng 気分の著しい変化.
móody *a* **1** むら気な, 気分屋の; むっつりした, 不機嫌な, ふさぎこんだ; 情感[哀感, 雰囲気]のある; 気分を表わす. **2** ″《俗》不法[不正]な, にせものの, いんちきの. ► *n* ″《俗》ごますり, お世辞, 追従; [ᵘold ～] うそ, ばかげた話, 能書き, うまくいかないこと; ″《俗》短気, 不機嫌, ふさぎ(の虫), メランコリー: pull the ～ すねる, 不機嫌になる. ► *vi, vt* ″《俗》(…に)はったりをかける, おだててだます, うまくのせる. ♦ **móod·i·ly** *adv* **-i·ness** *n*
Moo·dy /múːdi/ ムーディ **Dwight L(yman)** ～ (1837–99)《米国の会衆派伝道者; Ira D. Sankey の同行を得て, 英米で大衆伝道に当たった》.
Móody's Invéstors Sèrvice ムーディーズ・インヴェスターズ・サービス(社) (～ Inc.)《米国の金融情報サービス会社; 証券の格付けや投資顧問, 会社年鑑出版などの事業を行なう》.
moo·ey, mo·ey, mooe /múːi/ *n*《俗》口, 顔, つら.［Romany］
Moog /móug, múːg/〘商標〙モーグ《シンセサイザー》.［Robert A. *Moog* (1934–2005) これを発明した米国の技術者］
moo goo gai pan /múː gúː gáɪ pǽn/ 蘑菇鶏片(ムーグーガイパン)《鶏・しいたけ・野菜・薬味をいっしょに蒸した広東料理》.
mooi /mɔ́ɪ/ *a*《南ア俗》愉快な, 気持いい, すてきな, いかす.
móo jùice*《俗》牛乳 (milk).
mook /múːk/ *n*《俗》ばかな[つまらない, 見下げた]やつ.
mool /múːl/ *n*《スコ》MOLD[3].
moo·la, -lah, mou- /múːlə/ *n*《俗》ぜに, 金 (money).［C20 <?］
moo·li /múːli/ *n* ムーリ《大きくて細長い大根の一種; 東洋料理で用いられる》.［Hindi<Skt］
mool·vee, -vi(e) /múːlvi/《インド》*n* イスラム律法学者;《一般に》先生《学者に対する尊称》.［Urdu］
Moom·ba /múːmbə/ *n* **1** ムーンバ祭《オーストラリア Melbourne の秋祭 (3 月に 11 日間); スポーツ大会・絵画展・コンサート・演劇・ダンス・文芸発表会など幅広く行事が催される》. **2** ムーンバ《South Australia 州北東部の天然ガス産出地》.
moon /múːn/ *n* **1 a** [ᵘthe; ᵒthe M-] 月 (cf. LUNAR); 月光: the age of *the* ～ 月齢 (the moon's age) / There is no ～ tonight. 今夜は月が出ていない / a new ～ 新月 / a half ～ 半月 / a full ～ 満月 / an old ～ 下弦の月 / *The* ～ was full on his face. 月光は彼の顔をまともに照らしていた. **b**《惑星の》月, 衛星 (satellite): the ～*s* of Jupiter. **2**《文》太陰月, ひと月 (month). **3** 月形[円盤形, 球形, 新月形]のもの; ムーン《昔の磁器にみられる透明な部分》; 半月 (lunula); 新月旗《トルコの国旗》;《俗》むきだしにしたお尻, ケツ. **4** *《俗》(密造)ウイスキー (moonshine). ● **aim at the ～** 高望みをする. **ask [cry, wish] for the ～** 不可能なことを求める, ないものねだりをする. **bark at [against] the ～** いたずらに騒ぎたてる, 空(から)騒ぎする. BAY[3] **(at) the ～**. **beyond the ～** 手の届かない(所に); 法外に. BLUE MOON. **many ～s ago**《文》ずいぶん[とうの]昔に, ずっと前に. **over the ～**《口》大喜びして〈*about*〉. **pay [offer]** sb **the ～** 人に莫大な金を支払う[申し出る]. PROMISE **the ～**. **reach for the ～** とうてい不可能なことを望む[企てる]. **shoot a [the] ～＝throw a [the] ～**《俗》裸の尻を突き出す[見せる]. **shoot the ～** ″《俗》夜逃げをする. **the man in the ～** 月面の斑点, 月世界の人, 月面の 'ウサギ', 架空の人: know…no more than *the man in the* ～ …を全く知らない. **the old ～ in the new ～'s arms** 新月のつのの間に(地球照 (earthshine) によって)かすかに見える月の暗部.
► *vt* **1**〈時を〉ぼんやり過ごす〈*away*〉. **2**《俗》《車の窓などから》…に向かって尻を出してみせる[からかう] (cf. MOONING). ► *vi* **1** (ものうげに)ぼんやりうろつく[さまよう], ぼんやり[うっとり]眺める[思う]〈*around, about*〉. **2**《俗》《車の窓などから》尻を出してみせる. ● **～ over**…にうつつを抜かす.
♦ **～·like** *a*［OE *mōna*; cf. MONTH, G *Mond*］
Moon ムーン **William** ～ (1818–94)《英国の盲人用文字 (Moon type) の発明家; みずからも盲人であった》.
moo·nal, -naul /mənɔ́ːl/ *n* MONAL.
móon·bèam *n*《一条の》月光.
móon-blìnd *a* 鳥目(とりめ)の,〈馬が〉月盲症の. ► *n* MOON BLINDNESS.
móon blìndness 鳥目;〘獣医〙《馬の》月盲症.
móon bòot ″《詰め物をした》防寒ブーツ.
móon·bòw *n*〘気〙月の虹, 月虹(げっこう) (lunar rainbow)《月光による虹》.［rain*bow*］
móon·bùg *n*《口》月面着陸船 (lunar module).
móon·bùggy *n* 月面車, ムーンバギー (moon car).
móon·càlf *n* 生まれつきのうすのろ; とんま, まぬけ; 空想にふけって無為に過ごす若者;《古》異様な奇形動物[植物] (monster).
móon càr 月面車 (lunar rover).
móon chìld〘占星〙かに座の生まれの人.
móon·cràft *n* 月宇宙船 (moonship).
móon·cràwler *n* 月面車 (lunar rover).
móon·dàisy″ *n*〘植〙フランスギク (＝*oxeye daisy*).
móon dòg 幻月 (PARASELENE).
móon·dòggle *n*《費用と時間を食うだけの》無用の月探査.［*moon*＋boon*doggle*］
móon·dòwn* *n* 月の入り(の時刻) (moonset).
móon·dùst *n* 月塵《月の土壌の細かな粒子》.
mooned /múːnd,《詩》-əd/《古》*a* 月形の, 三日月形の; 月形[三日月形]の飾りのある.
móon·er *n*《口》月を見つめるなまけ者, ぼうっとしているやつ; *《俗》満月の時期に活動する病的犯罪者, 変質者;《俗》酔っぱらい, のんべえ.
móon·èye *n*〘獣医〙月盲症の眼;〘魚〙ムーンアイ《北米北部産の銀色の淡水魚》.
móon-èyed *a* MOON-BLIND;《恐怖や驚きで》まるい[大きな]眼をした.
móon·fàce *n* 丸顔;〘医〙満月状顔貌《副腎コルチコイドの投与による症状などでみられる》.
móon·fàced *a* まんまるい顔の.
móon·fàll *n* 月[月面]着陸.［land*fall*］
móon·fìsh *n* 形が円い海産魚《マンボウ・マンダイなど》.
móon·flìght *n* 月旅行.
móon·flòwer *n*〘植〙**a** *ヨルガオ, '夕顔'《熱帯アメリカ原産; 夜に香りのよい白花を開く》. **b** ″フランスギク. **c** キダチチョウセンアサガオ (angel's-trumpet).
móon gàte 塀 (wall) にあけた円い出入口.
Moon·ie /múːni/ *n*《口》統一教会 (Unification Church) 信者, 原理運動支持者 (⇨ MOONISM).
móon·ing *n*《俗》《走っている乗物の窓などから》裸のお尻を出して見せるいたずら, ムーニング.

M

móon·ish *a* 月のような; 月の影響をうけた, 移り気の; 丸々とした, ふっくらした. ◆ **~·ly** *adv*

Moon·ism /múːnìz(ə)m/ *n* 世界基督教統一神霊協会主義, 原理運動. [Sun Myung *Moon* (文鮮明) (1920–2012) 韓国人創始者]

móon·less *a* 月のない[出ない].

móon·let *n* 小さな月; 小衛星, 人工衛星.

móon·light *n* **1** 月光; [⟨*a*⟩] 月光の, 月夜の, 夜間の: by ~ 月下に / gleam in the ~ 月明かりにきらめく / a ~ ramble 月夜の散歩 / the *M*~ Sonata 月光ソナタ《Beethoven のピアノソナタ 第 14 番の俗称》. **2** 密造酒 (moonshine). ● **do a ~ (flit)** "《口》夜逃げする. **let ~ into**…*《俗》(撃って)…に風穴をあけてやる. ► *vi* 《口》《正規の仕事のほかに, 特に夜間に》アルバイト[副業]をする, "〈失業保険受給者が〉こっそり働く; *《俗》密造酒を売買する.

móon·light·er *n* 《口》《正規の仕事のほかに》(特に 夜の)アルバイトをする者, 月光族, ムーンライター; 夜襲に参加する人; 《口》MOONSHINER; 〔アイル史〕月光団の団員《1880 年ごろの秘密農民団》; 《俗》重婚者 (bigamist).

móonlight flìt [flìtting] "《口》夜逃げ (⇨ MOONLIGHT).

móon·light·ing 《口》 *n* 夜襲; 夜業; 二職兼業, 副業.

móonlight requisìtion *《俗》夜間の盗み, 夜盗.

móon·lit *a* 月光に照らされた, 月明かりの; *《俗》《密造酒などで》酔って.

móon·màn / , -mən/ *n* (*pl* **-mèn** / , -mən/) 月旅行飛行士; 月探査計画従事者[技師].

móon mònth 《ヘブライ暦などの》太陰月.

móon pòol ムーンプール《深海掘削作業船の中央のシャフト; ここで器材の揚げ降ろしなどを行なう》.

móon·pòrt *n* 月ロケット発射基地.

móon·pròbe *n* 月探査(機) (lunar probe).

móon·quàke *n* 月震《月の地震》.

móon·ràker *n* 〔海〕MOONSAIL; ばか; "《俗》密輸業者.

móon·ràt *n* 〔動〕ジムヌラの一種《ハリネズミ科の食虫動物; 東南アジア産》.

móon·rìse *n* 〔天〕月の出; 月の出る時刻.

móon·ròck *n* 月の石《月から持ち帰った岩石標本》; 《俗》ムーンロック《ヘロインとクラックから作る合成麻薬》.

móon·ròof *n* ムーンルーフ《自動車の屋根につけられる透明部分; cf. SUNROOF》.

móon·ròver *n* 月面車, 月上車.

móon·sàil / , (海) -s(ə)l/ *n* 〔海〕ムーンスル (=*moonraker*)《軽風の時だけスカイスルの上に掲げる横帆》.

M

móon·scàpe *n* 月面風景, 月面像[写真]; 荒涼とした風景. [land*scape*]

móon·sèed *n* 〔植〕コウモリカズラ.

móon·sèt *n* 〔天〕月の入り; 月の入りの時刻.

moon·shee /múːnʃi/ *n* MUNSHI.

móon shèll 〔貝〕タマガイ科の各種.

móon·shìne *n* **1** 月光, 月明 (moonlight). **2** ばからしい考え, たわごと, くだらないこと (nonsense). **3***《口》密造酒[ウイスキー], 安ウイスキー, ウイスキー, (自家製の)酒. ► *vt, vi**《口》〈酒を〉密造(して売買)する.

móon·shìner 《口》 *n**酒類密造[密輸]者; 密輸業者; 夜間に違法な事をする者; *南部山地の田舎者.

móon·shìny *a* 月光を浴びた; 月の光のような; 空想的な.

móon·shìp *n* 月に行く宇宙船, 月ロケット.

móon shòt [shòot] 月ロケット発射[打上げ]; 高く舞い上がったヒット[ボール].

móon·stòmp *n, vi* ムーンストンプ(を踊る)《スカ (ska) に合わせてリズミカルに足を重く踏み鳴らす, 形式にとらわれないダンス》.

móon·stòne *n* 〔鉱〕月長石, ムーンストーン《装飾用; 6 月の BIRTHSTONE; cf. ADULARIA》.

móon·strìke *n* 月面着陸.

móon·strùck, -strìcken *a* 気のふれた[狂った], 発狂した (lunatic); 異性にいかれた; 感傷的空想にふけった; ぼんやりした.

móon sùit 防護服.

moon·tel /mùːntél/ *n**《俗》《SF の》月面ホテル, 月の宿.

Móon tỳpe ムーンタイプ《点字の代わりに浮出し文字を使った文字習得後の失明者用の書体・印刷法》. [William *Moon*]

móon·wàlk *n, vi* 月面歩行(する); ムーンウォーク(する)《後ろに下がっているのに前に歩いているように見える break dancing の踊り方》. ◆ **~·er** *n* **~·ing** *n*

móon·ward(s) *adv* 月に向かって.

móon·wòrt *n* 〔植〕**a** ハナワラビ属のシダ, 《特に》ヒメハナワラビ. **b** ギンセンソウ (honesty).

móony *a* 月[三日月, 満月]の(ような), まるい (round); 月明かり(下)の; 月光のような; 夢ごこちの, ぼんやりした; "《口》気の変な; 《俗》酔っぱらった, ぐでんぐでんの. ► *n**《方》密造酒 (moonshine).

Moony *n* MOONIE.

moor[1] /múər, "mɔ́ːr/ *vt* 《太綱・鎖・錨などで》〈船・航空機を〉つなぐ, もやう, 停泊させる ⟨*at* the pier, *to* a buoy⟩; 《一般に》しっかり固定する[止める]. ► *vi* 船[航空機]をつなぐ; しっかり固定される. [? LG; cf. OE *mǣrelsrāp* rope for mooring]

moor[2] *n* "《heather の生えた》荒れ地, 荒野《英国では 特に grouse の狩猟場》; 猟鳥獣保護区; 《米では方》湿原, 湿地; "《方》泥炭 (peat). [OE *mōr* marsh; cf. G *Moor*]

Moor[1] /múər, "mɔ́ːr/ *n* **1** ムーア人, モール人 (**1**) アフリカ北西部に住む BERBER およびアラブの子孫; 8 世紀に Iberia 半島に侵入し, 11 世紀にはイスラム教国をも建設 **2**) インドのイスラム教徒 (=**~·màn** / , -mən/)). **2** BLACKAMOOR. [OF, <Gk *Mauros* inhabitants of Mauretania]

Moor[2] [the] 《口》DARTMOOR PRISON.

móor·age *n* 係留, 停泊; 停泊所; 停泊所使用料.

móor·bird *n* 〔鳥〕アカライチョウ (red grouse).

moor·burn /múərbəːrn/ *n* 《スコ》《荒れ野の》野焼き.

móor·còck *n* 〔鳥〕(アカ[クロ])ライチョウの雄.

Moore /mɔ́ːr, múər/ **1** モア, ムア《男子名》. **2** ムーア (**1**) **Alfred** ~ (1755–1810)《米国の法律家; 合衆国最高裁判所陪席裁判官 (1799–1804)》 (**2**) **'Archie'** ~ (1913–98)《米国のボクサー; 本名 Archibald Lee Wright; 世界ライトヘビー級チャンピオン (1952–62)》 (**3**) **'Bobby'** ~ [**Robert Frederick** ~] (1941–93)《英国のサッカー選手》 (**4**) **Brian** ~ (1921–99)《アイルランド出身の小説家; カナダ, のち米国に移住; *The Lonely Passion of Judith Hearne* (1956), *The Luck of Ginger Coffey* (1960)》 (**5**) **Clement Clarke** ~ (1779–1863)《米国のヘブライ語学者・詩人; ''Twas the night before Christmas' で始まるバラッドで知られる》 (**6**) **Dudley** (**Stuart John**) ~ (1935–2002)《英国の俳優・ジャズピアニスト》 (**7**) **George** (**Augustus**) ~ (1852–1933)《アイルランドの小説家; *Esther Waters* (1894), *The Brook Kerith* (1916)》 (**8**) **G**(**eorge**) **E**(**dward**) ~ (1873–1958)《英国の哲学者; *Principia Ethica* (1903)》 (**9**) **Henry** ~ (1898–1986)《英国の彫刻家; 横臥像を中心とする有機的なフォルムの抽象作品で知られる》 (**10**) Sir John ~ (1761–1809)《英国の陸軍中将; 半島戦争の司令官として Madrid に進撃, Napoleon に退路を断たれたため, La Coruña に向け退却を行なった》 (**11**) **Marianne** (**Craig**) ~ (1887–1972)《米国の詩人》 (**12**) **Mary Tyler** ~ (1936–)《米国の女優; テレビの 'The Dick Van Dyke Show' で頭角をあらわし, 'The Mary Tyler Moore Show' の主演で人気を得た》 (**13**) **Stanford** ~ (1913–82)《米国の生化学者; タンパク質の分子構造を研究; ノーベル化学賞 (1972)》 (**14**) **Thomas** ~ (1779–1852)《アイルランドの詩人; *Irish Melodies* (1808–34)》. **3** ムーア《Oklahoma 州中部 Oklahoma City の南にある市》. [OF; ⇨ MOOR[1]]

Mo·oréa /mòuəréɪə/ モーレア《南太平洋のフランス領 Society 諸島中の火山島; 浸食が進み奇怪な山容をなす》.

Móore's làw 〔電算〕ムーアの法則《コンピューター技術の進歩の速さを述べた法則; マイクロプロセッサーの処理速度が 18 か月ごとに 2 倍になるなど》. [Intel 社創業者の一人 Gordon *Moore* (1929–)が集積回路に埋め込まれるトランジスターの数を予測した]

móor·fòwl, móor gàme *n* 〔鳥〕RED GROUSE.

móor gràss 〔植〕**a** ヨーロッパの荒野に生育するヌマガヤ属の多年草 (=purple ~). **b** BLUE MOOR GRASS.

móor·hèn *n* 〔鳥〕**a** アカライチョウの雌 (=*gorhen*). **b** バン (water hen)《クイナ科》.

móor·ing *n* 係留, 停泊; [[u]*pl*] 《船・航空機の》係留設備[装置]; [[u]*pl*] 係留所, 係船所, 停泊所; [[u]*pl*] 精神的[道徳的]なよりどころ.

móoring bùoy 〔海〕係留ブイ.

móoring màst 〔空〕《飛行船の》係留柱.

móor·ish *a* 荒れ地 (moor) の多い, 荒れ地性の.

Moorish *a* ムーア人[式]の.

Móorish ídol 〔魚〕ツノダシ.

móor·lànd" / , -lənd, "mɔ́ː-/ *n* [[s]~s] 荒れ地, 湿原, 泥炭地.

Móor·pàrk *n* 〔園〕ムアパーク《果肉がオレンジ色の大型のアンズ》.

móor·stòne" *n* ムアストーン《花崗岩の一種》.

móor·wòrt *n* 〔植〕ヒメシャクナゲ (bog rosemary).

móory *a* 荒れ地性の (moorish); 湿地性の (marshy).

moose[1] /múːs/ *n* (*pl* ~) **1** 〔動〕**a** アメリカヘラジカ, ムース《北米産》. **b** ヘラジカ (elk)《欧州・アジア産》. **2***《俗》でかぶつ, ずうたいのでかいやつ. **3** [M-] ムース《慈善的な友愛組合 Moose, International の会員》. [Narragansett]

moose[2] *n**《軍俗》日本[朝鮮]の女[愛人], 日本[朝鮮]人妻[ガールフレンド, セックスメイト], パンパン. [Jpn 娘]

móose·bìrd *n* 《カナダ》カナダカケス (Canada jay).

Móose Jàw ムースジョー《カナダ西部 Saskatchewan 州南部の市》.

móose·mìlk *n* 《カナダ方》(密造)ウイスキー; ムースミルク《ウイスキーとミルクをベースにしたカクテル》.

móose·wòod *n* 〔植〕シロスジカエデ (STRIPED MAPLE).

moosh /múʃ/ 《俗》 *n* 口, 顔 (mush). ► *vt* 押し[ひねり]つぶす.

moot /múːt/ *a* 議論の余地のある, 未決定の (debatable); 実際的な意味のない, 論じても無意味な: a ~ point [question] 論争[問題]点, 議論の分かれる問題[点]. ► *vt* **1** 〈問題を〉議題にのせる; 討議する; 《古》《模擬法廷で》論ずる, 弁論する. **2** 〈問題・一件〉の実際的意義を失わせる, 観念論的なものとしてしまう. ► *n* **1 a** 〔英史〕民会,ムート《アングロサクソン時代の町・州などの自由民の自治集会》. **b**《英国のいくつかの町の》町政庁舎 (town hall). **2** 模擬裁判[法廷] (moot court);《廃》議論. ♦ **~·ness** *n* **~·er** *n* [OE *mōtian* to converse ‹ (*ge*)*mōt*; ⇨ MEET[1]]

móot cóurt《法学生の》模擬裁判[法廷].

moo·ter /mú:tər/, **moo·ta(h)** /mú:tə/, **moo·tie** /mú:ti/ *n* *《俗》マリファナ, マリファナタバコ (moocah). [MexSp *mota* marijuana‹?]

móot háll〔英史〕《MOOT を開く》寄合い所, 公会堂.

mop[1] /máp/ *n* **1 a** モップ《床ふきまたは皿洗い用》. **b** モップに似たもの; モップに似た外科用ふき取り具; もじゃもじゃの束[塊り]《髪など》; MOPHEAD, 髪(型), ヘアスタイル. **c** モップでふくこと, モップがけ. **2**[英]《昔の》農家の臨時雇い募集市. **3***《黒人俗》締めくくり, 最終結果,《ジャズなどの》終わり(の音), [‹*int*›] ジャーン, なんと, こりゃ驚いた. **4**《俗》のんべえ, のんだくれ;《俗》酒を飲むこと, 一杯(やること). ● **That's the way the ~ flops.**《口》(世の中)そんなものだ, それが現実さ. ► *vt, vi* (-pp-) モップでふく, 掃除する ‹*down*›; ‹涙・汗などを›ぬぐう ‹*from*›: ~ one's face with one's handkerchief 顔をハンカチでぬぐう. ● **~ the** FLOOR **with**…. **~ up** (こぼれた水などを)ふき取る;《口》(仕事などを)片付ける;《口》‹賞品・利益などを›かっさらう, 吸い取る; *《口》完全に打ち負かす, 殺す; [英]《口》大酒を飲む, がつがつ食う;〔軍〕‹占領地・残敵を›掃討する;《取引などを》完了する. **~ up on** sb《口》人をぶちのめす. ♦ **móp·per** *n* [ME ‹? *mappel* ‹ MAP]

mop[2]《古・文》*vi* (-pp-) 顔をしかめる. ● **~ and mow** 顔をしかめる. ► *n* しかめた顔, しかめっつら. ● **(make) ~s and mows** しかめっつら(をする). [? imit; cf. MOW[3]]

mop[3] *n*《俗》うすのろ, まぬけ, あほう.

Mop ⇨ MRS. MOP.

mo·pa·ni, -ne /moupá:ni/ *n*〔植〕モーパン, アフリカテツボク《熱帯アフリカ産マメ科; 堅材を採る》. [Bantu]

móp·bòard* *n*〔建〕幅木(はばき) (baseboard).

mope /móup/ *vt* **1** [~ -*self*/*pass*]《やや古》…の気をくさらせる: ~ one*self* ふさぎこむ. **2** 暗い気持で過ごす ‹*away*›: ~ one's time [life] *away* 鬱々として日[生涯]を送る. ► *vi* **1** ふさぎこむ, 落ち込む; ぼんやり[ふらふら, あてもなく]歩く, 動きまわる, ぶらぶらする ‹*around, about*›. **2***《俗》ずらかる, さっさと逃げる. **3**《古》ばかげたことをする. ► *n* **1** ふさぎ屋, 陰気な人;《俗》まるでやる気[元気]のないやつ; *《俗》ばか, まぬけ. **2** [the ~s, ‹*pl*›] 憂鬱: have (a fit of) *the ~s* 意気消沈する. ♦ **móp·er** *n* [C16 ‹? *mope* (obs) fool]

mo·ped /móupèd/ *n* 原動機付き自転車, モペット《ペダルで走らせることもできるオートバイ》. [Swed (*motor, ped*aler pedals)]

mo·pery /móupəri/ *n**《俗》軽犯罪;《まれ》無気力, 意気消沈.

mop·ey, mopy /móupi/ *a* うち沈んだ, ふさぎこんだ.

móp·hèad *n* もじゃもじゃ頭(の人); モップの頭.

mop·ish /móupɪʃ/ *a* ふさぎこんだ, 意気消沈した. ♦ **~·ly** *adv* **~·ness** *n*

móp·mòp *n**《俗》うるさく繰り返すだけのつまらないジャズ.

mo·poke /móupòuk/, **more·pork** /mɔ́:rpɔ̀:rk/ *n* **1**〔鳥〕**a** ゴウシュウアプラヨタカ《豪州・ニュージーランド産》. **b** ニュージーランドアオバズク. **2**《豪》うすのろ. [imit]

Mopp ⇨ MRS. MOP.

mópped*《俗》*a* 酔っぱらって, へべれけで; ぶちのめされて, こてんぱんにやられて.

mópper-ùp *n* (*pl* **móppers-**)《口》あと片付け[総仕上げ]をする人;〔軍〕掃討戦の兵士.

mop·pet /mápət/ *n*《口》おちびさん, お嬢ちゃん, 子供; [*voc*]《古》《赤んぼ・女の子・ぬいぐるみ人形に対して》DARLING;《口》人形;《古》女の子, めめしい男. [*moppe* (obs) baby, doll]

móp·ping-ùp *a* 総仕上げの;〔軍〕掃討の: a ~ operation 掃討作戦, 最後のまとめ, 大詰. ► *n* 清掃; 掃討.

móp·py *a*《口》もじゃもじゃの‹髪›;《俗》酔っぱらった, へべれけの. [*mop*[1]]

móp-squèezer *n**《俗》《トランプの》クイーン. [cf. *queen* (C18) housemaid]

móp·stìck *n* モップの柄.

móp·tòp *n*《俗》モップ頭《Beatles のような, モップの先に似たヘアースタイル(の人)》.

móp-ùp *n* 総仕上げ, 締めくくり;〔軍〕掃討.

mopy ⇨ MOPEY.

mo·quette /moukét, mɑ-/ *n* モケット《椅子・車両などの座席張り用のけばのある織物》. [F‹? It *mocaiardo* mohair]

Moqui ⇨ MOKI.

mor /mɔ́:r/ *n*〔土壌〕酸性腐植, 粗腐植, モル《特に 寒冷地の土壌表面の有機物の堆積》. [Dan=humus]

MOR °middle of the road.

mo·ra[1] /mɔ́:rə/ *n* (*pl* **-rae** /-ri, -rài/, **~s**) **1 a**〔韻〕モーラ《普通の一短音節に当たる韻律の単位; 記号 ⏑》. **b**〔言〕モーラ《音節の長さを計る単位; 通例 短母音の長さをこれに当てる》. **2**〔法〕(不法の)遅滞, 不履行, 懈怠(けたい). [L=delay, space of time]

mo·ra[2], **mor·ra** /mɔ́:rə/ *n* イタリア拳《一人が右手を上げ指を広げて急にこれを降ろし, 相手がその広げた指の数をあてるゲーム》. [It]

mo·ra·ceous /mɔ:réɪʃəs/ *a*〔植〕クワ科 (Moraceae) の.

Mo·rad·a·bad /mərá:dəbà:d, -rǽdəbæ̀d/ モーラーダバード《インド北部 Uttar Pradesh 北西部の市》.

mo·raine /məréɪn, mɑ-/〔地質〕*n* (氷)堆石, モレーン; 氷成堆積物, モレーン: GROUND [LATERAL, MEDIAL, RECESSIONAL, TERMINAL] MORAINE. ♦ **mo·ráin·al, -ráin·ic** *a* [F‹? dial *morêna*]

mor·al /mɔ́(:)r(ə)l, mɑ́r-/ *a* **1 a** 道徳(上)の, 徳義の, 倫理的な (ethical); 教訓的な: ~ character 徳性, 品性 / a ~ code 道徳律 / ~ culture 徳育 / ~ duties [obligation] 道徳上の義務 / ~ principles 道義 / a ~ dilemma 倫理上のジレンマ / ~ standards 道徳的基準 / a ~ book 教訓的な本 / a ~ lesson 教訓. **b** 道義をわきまえた (principled), 道徳的な (virtuous); 品行方正な, 貞節な: a ~ being 道徳的行為者《人間》/ a ~ man 道義をわきまえた人, 行ないの正しい人 / live a ~ life 正しい生き方をする / a ~ tone 気品, 風格. **2** 精神的な, 心の (opp. *physical, material*): MORAL COURAGE [COWARDICE] / MORAL DEFEAT [VICTORY] / MORAL SUPPORT. **3** 確信できる, 事実上の (highly probable, virtual);〔法〕立証はないが間違いないと思える: MORAL CERTAINTY / MORAL EVIDENCE. ► *n* **1**《寓話などの》寓意, 教訓; 箴言(しんげん) (maxim); 寓話劇. **2 a** [~s, ‹*sg*›] 道徳, 修身, 倫理 (ethics). **b** [*pl*] 風紀, 品行, 身持ち: a man of loose ~*s* 身持ちの悪い人. **3** [the (very) ~]《古》生き写し ‹*of*›. **4** /mərǽl; mɔrá:l/《まれ》MORALE. **5** [[U]*pl*] *《俗》デメロール (Demerol) 錠. ● **draw the [a] ~**《寓話などから》教訓を汲み取る. **point a ~**《実例を引いて》教訓を与える. [L (*mor- mos* custom, (pl) *mores* morals)]

móral cértainty まず間違いないと思われること, 強い確信, 高度の主観的確実性.

móral cóurage《正道を離れない》精神的勇気.

móral cówardice 人の非難を恐れる気持.

móral deféat《勝ったように見えるが》事実上の[精神的な]敗北.

mo·rale /mərǽl; -rá:l/ *n* **1 a**《軍隊などの》士気,《労働者の》勤労意欲, モラール; 連帯意識, 団結心: improve [boost, raise] the ~ 士気を高める / depress national ~ 国民の士気を低下させる. **b**《盛んになったり沈んだりする》意気: the uncertain ~ of an awkward teenager むずかしい十代の若者の変わりやすい意気. **2** 道徳, 道義 (morality, morals). [F; ⇨ MORAL]

móral évidence 確信的証拠《強度の蓋然性[説得力]を有する》.

móral házard〔保〕道徳的危険, モラルハザード《被保険者の不注意・故意など人格的要素に基づく保険者側の危険》.

móral impérative 道徳的要請, 道義上なすべきこと.

móral inspirátion〔神学〕道徳的神感《聖書の中の道徳的・宗教的教えだけが神感によるものとする》.

móral·ìsm *n* 教訓主義, 道義; 修身訓, 訓言;《宗教に対して》倫理主義, 道徳的実践;《宗教・政治における》(極端な)道徳の強調; 道徳的反省.

móral·ist *n* 道学者; 道徳家; 倫理学者; モラリスト《人間の生き方や人間性を探り批評する》.

mor·al·is·tic /mɔ̀(:)rəlístɪk, mɑ̀r-/ *a* 教訓的な; 道徳主義の; 道学的な; 道徳家の. ♦ **-ti·cal·ly** *adv*

mo·ral·i·ty /mərǽləti, *mɔ:-/ *n* **1** 道徳, 道義;《個人の》徳行, 徳性;《行為などの》道徳性, 倫理性;《特に 男女間の》風紀, 品行: commercial ~ 商業道徳. **2**《ある社会の》道徳(体系); [*pl*] 道徳原理, 処世訓. **3**《物語などの》教訓, 寓意; 教訓を語る作品; MORALITY PLAY.

morálity plày 道徳寓意劇, 教訓劇《中世演劇の一様式; 英国では 15–16 世紀に聖書・聖人を扱った奇跡劇 (miracle play) と並んで発達; 美徳・悪徳が擬人化されて登場する; *Everyman, Magnificence* など》;《裁判などにおける道徳的教訓が得られる》善悪[正邪]のせめぎ合い.

móral·ìze *vi* 道徳的観点から考察する[書く, 話す], 道を説く, 説法する, お説教をする ‹*about, on*›. ► *vt* **1** …に説法する; 教化する. **2** ‹寓話・劇などを›道徳的に解釈[説明]する. ♦ **-iz·er** *n* 道学者. **-iz·ing** *a, n* **-iz·ing·ly** *adv* **mòral·izátion** *n*

móral láw 道徳律.

móral·ly *adv* **1** 道徳[徳義]上; 道徳的に (virtuously), 正しく: It's ~ good [evil]. 道徳的によい[悪い]. **2** 事実上, ほとんど…も同然 (virtually): It's ~ certain. まず間違いない / It's ~ impossible. まず不可能だ.

Móral Majórity [the]〔米〕モラルマジョリティ《New Right 運動の中心勢力として保守的な活動を推進する政治的宗教団体; 1979 年設立, 86 年 Liberal Federation の傘下にはいる》; [the m- m-] 伝統的な道徳観を支持する多数派.

móral philósophy 道徳学, 倫理学 (ethics) (=*moral science*)《古くは心理学なども含めた》.

móral préssure 道義心に訴える説得, 精神的圧力.

Móral Re-Ármament 道徳再武装運動《個人や国家の行動動機の純化による世界改造運動; Frank N. D. Buchman の主張; 略 MRA; cf. OXFORD GROUP MOVEMENT》.

móral ríghts *pl*〔法〕著作者人格権《著作権 (copyright) とは独立に, 著作者の人格的利益を保護するための権利》.

M

móral scíence 道徳学, 倫理学 (moral philosophy).

móral sénse《善悪を見分ける》道徳観念, 道徳感覚, 道義心.

móral suppórt 精神的な支援: give ~ to sb / go to sb *for* ~.

móral theólogy 倫理[道徳]神学.

móral túrpitude 背徳的行為, 不道徳(な行為), 堕落(行為), 倫理的卑劣.

móral tútor〘英大学〙学生の生活相談指導教官[員].

móral víctory《敗れたように見えるが》事実上の[精神的な]勝利.

Mor·ar /mɔ́:rər/ [Loch] モーラー湖《スコットランド中西部海岸にある英国で最も深い湖 (最大深度 310 m)》.

mo·rass /mərǽs, *mɔ:-/ *n*《文》沼地, 低湿地 (bog); [*fig*] 難局, 苦境, 泥沼: a ~ of vice. ♦ **mo·rássy** *a* [Du *moeras*<F; ⇨ MARSH]

mor·a·to·ri·um /mɔ̀(:)rətɔ́:riəm, mɑ̀r-/ *n* (*pl* **~s, -ria** /-riə/)〘法〙支払い停止[延期], モラトリアム, 支払い猶予(期間); 待つ期間;《一般に》活動[使用]の一時停止[延期, 凍結]〈*on*〉. [L=delaying (*morat- moror* to delay ‹ MORA[1])]

mor·a·tory /mɔ́:rətɔ̀:ri, mɑ́r-; mɔ́rət(ə)ri/ *a*〘法〙支払い猶予[延期]の.

Mo·ra·tu·wa /mərʌ́təwə/ モラトゥワ《スリランカ西部 Colombo の南, インド洋に臨む市》.

Mo·ra·va /mɔ́:rəvə/ **1** [the] モラヴァ川《(**1**) Moravia を南流し, オーストリア・スロヴァキアの国境をなし Danube 川に合流; ドイツ語名 March **2**) セルビアを北流して Danube 川に合流する》. **2** モラヴァ《MORAVIA[1] のチェコ語名》.

Mo·ra·via[1] /məréɪviə/ モラヴィア (*Czech* Morava, *G* Mähren)《チェコ東部の地方; ☆Brno; Danube 川の支流 Morava 川の中・上流域を占める》.

Mo·ra·via[2] /mourɑ́:viə/ モラヴィア **Alberto** ~ (1907-90)《イタリアの作家; 本名 Alberto Pincherle》.

Mo·ra·vi·an /məréɪviən/ *a* モラヴィア(人)の; モラヴィア教会[兄弟団]の, モラヴィア派の. ► *n* モラヴィア人; モラヴィア教徒[兄弟団員]; モラヴィア語.

Morávian Chúrch [the] モラヴィア教会[兄弟団], モラヴィア派《18 世紀 Moravia に設立されたプロテスタントの一派; 15 世紀のフス派の兄弟団 (Unity of Brethren, Bohemian Brethren) が起源》.

Morávian Gáte [the] モラヴィア門《ポーランド南部と Moravia をつなぐ山道; Sudety 山地と Carpathian 山脈の間を通る》.

mo·ray /məréɪ, mɔ́:reɪ/ *n*〘魚〙ウツボ (=**~ èel**). [Port]

Mor·ay /mə́:ri, mʌ́ri; mʌ́ri/ マリー《スコットランド北東部の行政区; ☆Elgin; 1975-96 年は Grampian 州の一部, それ以前は一州をなし, Elgin(shire) ともいった》.

Móray Fírth マリー湾《スコットランド北東岸にある北海の入江》.

Móray·shire /-ʃɪər, -ʃər/ マリーシャー (MORAY)《スコットランド北東部の旧州》.

mor·bid /mɔ́:rbəd/ *a*〈精神など〉病的な; 病的に陰気な;《口》憂鬱な;〘医〙疾患(性)の; 気味の悪い, ぞっとするような;《まれ》病気を起こすような: a ~ curiosity 病的な関心. ♦ **~·ly** *adv* 病的に, 過敏なほど. **~·ness** *n* [L (MORBUS)]

mórbid anátomy〘医〙病理解剖学《病的組織の解剖学》.

mor·bi·dez·za /mɔ̀:rbədétsə/ *n*《肌色などの色彩表現の》迫真の美しさ, 豊艶;《表現などの》繊細;《一般に》やわらかさ (delicacy). [It (*morbido* tender)]

mor·bid·i·ty /mɔ:rbídəti/〘医〙*n* 病的状態[性質];《一地方の》罹病[罹患]率 (=**~ ràte**).

mor·bif·ic /mɔ:rbífɪk/, **-i·cal** *a* 病気をひき起こす, 病原性の.

Mor·bi·han /*F* mɔrbiɑ̃/ モルビアン《フランス北西部 Bretagne 地域圏の県; ☆Vannes》.

mor·bil·li /mɔ:rbílàɪ/ *n pl*〘医〙麻疹, はしか (measles). [NL (pl) ‹ *morbillus* pustule]

morbílli·vìrus *n* モルビリウイルス《パラミクソウイルス科モルビリウイルス属 (*M-*) のウイルス; 麻疹ウイルス・イヌジステンパーウイルスなど》.

mor·bus /mɔ́:rbəs/ *n* (*pl* **-bi** /-bàɪ/) 病気. [L=disease]

mor·ceau /mɔ:rsóu/ *n* (*pl* **-ceaux** /-(z)/) 少量, 小片;《詩・音楽などの》断篇, 断章, 一節, 抜粋. [F=small piece]

mor·cha /mɔ́:rtʃɑ:/ *n*〘インド〙反政府デモ. [Hindi]

mor·da·cious /mɔ:rdéɪʃəs/ *a* 刺すような (biting), 激しい,〈ことばが〉辛辣な, 痛烈な (caustic). ♦ **~·ly** *adv*

mor·dac·i·ty /mɔ:rdǽsəti/ *n* 皮肉, 毒舌; 辛辣さ.

mor·dan·cy /mɔ́:rd(ə)nsi/ *n* 鋭さ, 辛辣さ; 手きびしさ.

mor·dant /mɔ́:rd(ə)nt/ *a* 皮肉な (sarcastic), 辛辣な;〈酸が〉腐食性の; 色止め料として作用する;〈痛みが〉刺すように鋭い, ヒリヒリする;〈犬などが〉かみつく癖のある. ► *n*〘染〙色止め料, 媒染剤;《金箔などの》粘着剤;〘印〙金属腐食剤;〘楽〙MORDENT. ► *vt* 媒染剤につける; 腐食剤で処理する. ♦ **~·ly** *adv* 皮肉に, 辛辣に. [OF<L (*mordeo* to bite)]

mórdant dýe 媒染染料《媒染剤を必要とする染料》.

Mor·de·cai /mɔ́:rdɪkàɪ, mɔ̀:rdəkéɪàɪ/ **1** モーディカイ《男子名; 愛称 Mordy》. **2**〘聖〙モルデカイ《Esther の従兄で, ユダヤ人を皆殺しにしようとする Haman の画策を Esther と協力して防止した人物; *Esth* 2: 15》. [Heb=? worshiper of Merodach]

mor·den·ite /mɔ́:rd(ə)nàɪt/ *n*〘鉱〙モルデン沸石, モルデナイト. [*Morden* カナダ Nova Scotia の地名]

mor·dent /mɔ́:rd(ə)nt, *mɔ:rdént/ *n*〘楽〙モルデント《主要音から下 2 度の音を経て, すぐ主要音に戻る装飾音; cf. DOUBLE [INVERTED] MORDENT》: a single [short] ~ 一回だけのモルデント / long ~ =DOUBLE MORDENT. [G<It=biting]

mor·di·da /mɔ:rðí:ðɑ:/ *n* 賄賂, リベート. [AmSp=bite]

Mordred ⇨ MODRED.

Mord·vin /mɔ́:rdvən/ *n* **a** (*pl* **~, ~s**) モルドヴィン人《主にモルドヴィア共和国とロシアの Volga 川中流域に居住する》. **b** モルドヴィン語《フィン-ウゴル語派》.

Mord·vin·ia /mɔ:rdvíniə/, **Mor·do·via** /mɔ:rdóuviə/ モルドヴィア《ヨーロッパロシア中部 Volga 川中流の南・西部を占める共和国; ☆Saransk》. ♦ **Mord·vín·i·an, Mor·dó·vi·an** *n*

Mor·dy /mɔ́:rdi/ モーディ《男子名; Mordecai の愛称》.

more /mɔ́:r/ *a* [MANY, MUCH の比較級] もっと[いっそう]多数の[大きい] (opp. *less*), さらにすぐれた;《地位など》いっそう高い; 余分の, まだほかにある (additional): Seven is ~ than five. 7 は 5 より多い[大きい] / two ~ days もう 2 日 / a few ~ books もう 2-3 冊 / a little ~ butter バターをもう少し / one word ~ もう一言だけ / No ~ excuses. 言いわけはもうたくさんだ / And what ~ do you want? ほかに何が要るのだ《それで十分ではないか》.

► *n, pron* **1** いっそう多くの数[量, 程度], それ以上のこと: a few ~ もう少し / a little ~ もう少し / *M~* is meant than meets the ear. 言外に意味がある / *M~* on that later. その件についてのちほど詳しくお話しします / No ~ *of* your jokes. 冗談はもうよせ / I hope to see ~ *of* her. また彼女にお目にかかりたいものです / He is ~ of a poet than a novelist. 小説家というよりむしろ詩人だ / *M~* means worse. 多くの人に門戸を開くと水準が下がる, 裾野が広がれば頂が下がる《Kingsley Amis のことばより》. **2**《廃》より重要な事[もの], いっそう地位の高い人: (the) ~ and (the) less.

► *adv* **1** [MUCH の比較級] さらに多く, いっそう大きく; そのうえ, さらに, なおまた (further); むしろ (rather): Mary dreaded Tom's anger ~ *than* anything. メアリはなによりもトムの怒りを恐れていた / ONCE ~ / She is ~ lucky *than* clever. 利口だというよりはむしろ運がよい (cf. She is *luckier* than her sister.) / He's ~ a politician *than* a soldier. 軍人というよりむしろ政治家だ / They have done ~ harm *than* good. 益よりはむしろ害をなした. **2** [主に 2 音節以上の形容詞・副詞の比較級をつくって] もっと, いっそう: ~ beautiful / ~ brightly.

● **(and) what is ~** おまけに, そのうえに (moreover). **any ~** [否定(相当)構文または疑問文で] これ以上, それ以上; 今は; 今後は: I can't walk *any* ~. もうこれ以上歩けない / The old man did *not* need the money *any* ~. 老人はもうその金を必要としなかった / *Any* ~ for *any* ~?《俗》もっと欲しい人? / They'll *never* hate you *any* ~. 今後決してあなたを嫌わないだろう. **little ~ than…** ほとんど…と同じで: It takes *little* ~ *than* half an hour. 30 分そこそこしかからない. **~ and ~** ますます, いよいよ: *M~ and* ~ applicants began to gather. ますます志願者が集まり始めた / His adventures got ~ *and* ~ exciting. 彼の冒険談はいよいよおもしろくなった. **~** LIKE[2]…. **~** LIKE[2] **(it)**. **~ of the same** 同じことの繰返し, 変わりばえのしないこと[もの, 人]. **~ or less** (**1**) 多少, いくぶん (to some extent), 多かれ少なかれ, 事実上: He was ~ *or less* drunk. 多少酔っていた. (**2**) だいたい(のところ), …くらい: It's an hour's journey, ~ *or less*. 1 時間くらいの旅程です. **~ than** (**1**) [数詞を修飾して] …より以上《than 以下の数量は含まない》: It takes ~ *than* two hours. 2 時間よりもっとかかる. (**2**) [名詞・形容詞・副詞・動詞を修飾して]《口》…より以上のもの; (…して)余りあるほど, 非常に: She was ~ *than* a mother to me. ただの母親以上の存在だった / He was ~ *than* pleased. 十二分に喜んだ, 喜んだのなんのって / be dressed ~ *than* simply 簡素を通り越した[みすぼらしいほどの]服装である / He ~ *than* repaid my kindness. わたしの親切に報いて余りあることをしてくれた. **~ than all** なかんずく. **~ than ever (before)** いよいよ多く(の). **~ than one** 1 より多くの, 2 つ[2 人]以上の《この形は意味は *pl*, 扱いは通例 *sg*》: *M~ than one* man has had the same experience. 同じ経験をした人は 2 人以上[複数]いる. **neither [nothing] ~ nor [or] less than…** ちょうど[まさしく]…; てっきり…, …にほかならない. **never ~** もう[今後]…しない. **no ~** それ以上[もはや]…しない; 死んだ (be dead); …もまた…でない: They will suffer *no* ~. 彼らはもう苦しむこともないだろう / *No* ~, thank you. ありがとう, もうけっこうです / He is *no* ~. 彼今やなし / If you won't do it, *no* ~ will I. きみがやらないなら, ぼくもやらない / …and *no* ~ …にすぎない. **no ~ than…** たった…, わずかに (only); まさしく…: I have *no* ~ *than* three dollars. わずか 3 ドルしかない / *No* ~ *than* I have to.《近況などを聞かれて》やることをやってるだけさ, まあなんとかやってるよ / The fee did *no* ~ *than* cover my expenses. その代金ではわたしの出費を賄ったにすぎなかった / It's *no* ~ *than* you deserve. それは君の当然の報いだ. **no ~…than…** でないのは…でないと同じ: I am *no* ~ mad *than* you (are). きみと同様ぼくも狂人ではない / He can *no* ~ do it *than* fly. 彼にそれができないのは飛べないのと同じだ / *no* ~…*than* if… まるで…かのように…しない. **not…any ~** 再び[ま

たと]…しない; もはや…ない. **not…any ～ than**…＝no MORE… than…. **not ～ than**…より多くない, せいぜい[多くて]… (at most); …以上に[ほど]…でない: *not* ～ *than* five 多くて5つ, 5またはそれ以下 / I am *not* ～ mad *than* you. きみほど気は狂っていない. **not much ～ than**… ただ…にすぎない. **not the ～＝none the ～** それでもなお. **nothing ～ than**… ただ…にすぎない. **or ～** あるいはそれ以上, 少なくとも. **the ～＝all the ～** ますます, なおさら, いよいよ: She grew *the* ～ nervous. ますます不安になった / *The* ～ [*M*～] is the PITY. / *The* ～ one has, *the* ～ one wants. 人は持てば持つほどさらに欲しくなるものだ. **The ～, the merrier.** (集まりは)多ければ多いほどいい《人を招待するときなどにいう》. **what's ～** ⇨ and what is MORE.
［OE *māra*; cf. G *mehr*］

More モア (1) **Hannah** ～ (1745–1833)《英国の宗教作家》(2) **Henry** ～ (1614–87)《イングランドの哲学者・詩人》(3) **Paul Elmer** ～ (1864–1937)《米国のエッセイスト・批評家》(4) Sir [Saint] **Thomas** ～ (1478–1535)《英国の人文主義者・政治家; Henry 8世の下で大法官 (1529–32); 王と Catherine との離婚と Anne Boleyn との結婚に賛成せず処刑された; *Utopia* (1516); 列聖 (1935), 祝日6月22日 (もと7月9日)》.

Mo·ré /məréɪ/ *n* MOSSI.

Mo·rea /məríːə/ モレア《PELOPONNESUS 半島の中世における名称》.

Mo·reau /mɔːróu/ モロー (1) **Gustave** ～ (1826–98)《フランスの象徴主義の画家》(2) **Jeanne** ～ (1928–　)《フランスの女優》(3) **(Jean-)Victor(-Marie)** ～ (1763–1813)《フランスの革命戦争・ナポレオン戦争時の軍人》.

Mórecambe and Wíse /mɔ́ːrkəm ən(d)-/ モーカムとワイズ《英国のコメディアンのコンビ; 眼鏡の Eric Morecambe (1926–84) と小柄な Ernie Wise (1925–99) の二人》.

Mórecambe Báy モーカム湾《イングランド北西部 Cumbria, Lancashire 両州にはさまれるようにはいり込んでいるアイリッシュ海の入江》.

mo·reen /məríːn, mɑ-/ *n* モリーン《カーテンなどに用いる丈夫な毛織物または綿毛交ぜ織り》. ［C17? *moire*］

more·ish, mor- /mɔ́ːrɪʃ/ *a*《口》もっと食べたくなるような, とてもうまい, あとを引く. ［*more*］

mo·rel[1] /mərɛ́l, mɑ-/ *n*〘菌〙アミガサタケ (＝～ **múshroom**)《食菌; 美味》. ［F＜Du］

morel[2] *n*〘植〙ナス属の各種,《特に》イヌホオズキ. ［OF *morel* dark brown (MOOR[1])］

Mo·re·lia /məréɪljə, mɔːrɛ́l-/ モレリア《メキシコ南西部 Michoacán 州の州都》.

mo·rel·lo /mərɛ́lou/ *n* (*pl* ～**s**)〘植〙モレロ (＝～ **chérry**)《スミノミザクラの変種で果汁は赤紫色; cf. AMARELLE》. ［It＝blackish; ⇨ MOREL[2]］

Mo·re·los /məréɪləs, mourɛ́lous/ モレロス《メキシコ中南部の内陸州; ☆Cuernavaca》.

mo·ren·do /mərɛ́ndou/ *a, adv*〘楽〙だんだん弱くなる[なって], モレンドの[で]. ［It＝dying away］

Mo·re·no Valley /məríːnou-/ モリーノ[モレノ]ヴァレー《California 州南部 Los Angeles の東方, Riverside の東にある市》.

more·óver /,*ーーー/ *adv*《文》そのうえ, さらに, しかも.

morepork ⇨ MOPOKE.

mo·res /mɔ́ːrèɪz, -riz/ *n pl*〘社〙《一集団・一社会の》社会的慣行, 習俗, 習律, モーレス; 道徳的姿勢, 道徳観; 習慣 (habits). ［L (pl)＜*mos* custom; ⇨ MORAL］

Mo·res·co /mərɛ́skou/ *a, n* (*pl* ～**s**, ～**es**) MORISCO.

Mor·esque /mɔːrɛ́sk, mə-/ *a*《デザイン・装飾などが》ムーア式の. ► *n* ムーア式装飾[図案]《精巧なはざま飾り; 明るい色やめっきに特徴がある》. ［F＜It; ⇨ MOOR[1]］

mo·re suo /mɔ́ːreɪ súːou/ 彼[彼女]自身のやり方で, 自分の流儀で. ［L］

Mó·re·ton Báy /mɔ́ːrtn-/ **1** モートン湾《オーストラリア東部 Queensland 州の南東部にある湾》. **2**《豪韻俗》密告者, たれ込み屋《～ fig (＝fizgig) の略》.

Móreton Bày chéstnut〘植〙モレトンワングリ (BLACK BEAN).

Móreton Bày fíg〘植〙オオバゴムノキ《豪州原産》.

Móreton Bày píne〘植〙ナンヨウスギ (hoop pine).

morf /mɔ́ːrf/ *n*《口》モルヒネ (morph).

Mor·gan /mɔ́ːrg(ə)n/ **1** モーガン《男子名; 女子名》. **2** モーガン (1) **Daniel** ～ (1736–1802)《米国独立戦争で活躍した軍人; 1781年1月, 部隊を率いて South Carolina 北西部 Cowpens で英軍を破った》(2) Sir **Henry** ～ (1635–88)《ウェールズ生まれの海賊 (buccaneer); 英国のために西インド諸島のスペイン領植民地を襲撃した》(3) **'Joe'** ～ [**Joseph Leonard** ～] (1943–　)《米国のプロ野球選手; Cincinnati Reds が World Series を制した 1975, 76年にチームの中心打者として連続 MVP》(4) **John** ～ (1735–89)《米国の医師; 1765年アメリカ植民地初の医学校を創設; 独立戦争では陸軍病院の総監および陸軍主任医師をつとめた》(5) **J(ohn) P(ierpont)** ～ (1837–1913)《米国の金融資本家; 大手鉄道会社数社を再編成, United States Steel, International Harvester 社などに融資を行なって産業界の基盤を固めた》(6) **John Pierpont ～, Jr.** (1867–1943)《米国の金融資本家; J. P. ～ の子》(7) **Julia** ～ (1872–1957)《米国の建築家》(8) **Lewis Henry** ～ (1818–81)《米国の民族学者; 社会進化理論などで知られる》(9) **Thomas Hunt** ～ (1866–1945)《米国の遺伝学者・発生学者; 遺伝子説を確立; ノーベル生理学医学賞 (1933)》. **3** モルガン種(の馬)《馬車用・乗馬用; 米国原産》. **4** [m-]〘遺〙モルガン《同一染色体上の遺伝子間の相対距離を示す単位; 2つの遺伝子間に交叉が起こる頻度が 100% である距離; 遺伝学的地図 (genetic map) の作成に使用する》; CENTIMORGAN. ［Welsh＝sea dweller］

mor·ga·nat·ic /mɔ̀ːrgənǽtɪk/ *a* 貴賤間の〈結婚〉; 貴賤相婚の〈妻〉. ◆ **-i·cal·ly** *adv* 貴賤相婚によって. ［F or G＜L *morganaticus*＜Gmc＝morning gift (from husband to wife); 式の翌朝だけ財産を譲られたことから］

morganátic márriage 貴賤相婚《王族と卑しい身分の婦人との結婚; 妻子はその位階・財産を継承できない》.

mor·gan·ite /mɔ́ːrgənàɪt/ *n*〘宝石〙モルガナイト《ばら紅色の緑柱石 (beryl)》. ［J. P. *Morgan*］

Mórgan le Fáy /-lə féɪ/, **Mór·gain le Fáy** /-gèɪn-, -gən-/〘アーサー王伝説〙妖姫モルガン《Arthur 王の異父姉で, 王に悪意をいだき王妃 Guinevere と騎士 Lancelot との恋を密告する》. ［OF＝Morgan the fairy］

mor·gen /mɔ́ːrgən/ *n* (*pl* ～) モルゲン《1) もとオランダとその植民地の, 今は南アフリカで用いる面積単位: ＝2.116 acres **2**) かつてプロイセンやスカンディナヴィアで用いた面積単位: ＝約 2/3 acres》.

Mor·gen·thau /mɔ́ːrgənθɔ̀ː/ モーゲンソー **Henry ～, Jr.** (1891–1967)《米国の政府高官; Franklin D. Roosevelt 政権の財務長官 (1934–45)》.

Mor·gi·a·na /mɔ̀ːrgiɑ́ːnə/ モルギアナ《Ali Baba の女奴隷で, 主人の危機を救う》.

morgue /mɔ́ːrg/ *n* **1 a** 死体保管所, モルグ《身元不明死体の確認・引取りまたは剖検など処理が済むまでの》: be (like) a ～ 無気味なほど静かである. **b** 陰気な場所. **2**《特に 新聞社の》参考資料集[ファイル], 参考資料室, 調査部;《出版社の》編集部[室]. **3**《口》傲慢, 横柄: ～ anglaise 英国人特有の傲慢. ［F; もと Paris の死体公示所］

MORI /mɔ́ːri/ モリ《1969年に英米合同で設立した世論調査機関; 2005年 Ipsos 社の英国部門との合併により Ipsos MORI となった》. ［*M*arket and *O*pinion *R*esearch *I*nternational］

Mo·ri·ah /məráɪə/〘聖〙モリア《Solomon が神殿を建立した Jerusalem にある山; *2 Chron* 3: 1》.

Mor·i·ar·ty /mɔ̀(ː)riɑ́ːrti, mɑ̀r-/ [Professor] モリアーティ教授 **James** ～《Sherlock Holmes の宿敵である数学教授; 1891年スイスで二人はついに対決をし, 共に滝に落下する》.

mor·i·bund /mɔ́(ː)rəbənd, mɑ́r-/ *a* 死にかけている, 瀕死の; 消滅しかかった, 潰滅[崩壊]寸前の, 死に体の; 活動休止状態の, 停滞した. ◆ **～·ly** *adv* **mòr·i·bún·di·ty** *n* ［L (*morior* to die)］

Mö·ri·ke /*G* mǿːrɪkə/ メーリケ **Eduard** ～ (1804–75)《ドイツの抒情詩人》.

mo·rine /məríːn, mɑ-/ *n* MOREEN.

mo·ri·on[1] /mɔ́ːriɑ̀n, -ən/ *n* モリオン《16–17世紀に特にスペインの歩兵がかぶったかぶと; 高い天頂飾りを特徴とする》. ［F＜Sp］

morion[2] *n*〘鉱〙黒水晶, モーリオン《ほぼ黒色の煙水晶 (smoky quartz)》. ［L *mormorion*］

Mo·ri·o·ri /mɔ̀ːriɔ́ːri/ *n* (*pl* ～, ～**s**) モリオーリ族《ニュージーランド南島東方にある Chatham 諸島の先住ポリネシア人; Maori 族侵入者に同化し, 現在では純血のモリオーリ人はいない》. ［Maori］

Mo·ris·co /məriskou, *mɔː-/ *a* MOORISH. ► *n* (*pl* ～**s**, ～**es**)《特にキリスト教徒治下のスペインの》ムーア人; MORRIS DANCE.

morish ⇨ MOREISH.

Mor·i·son /mɔ́(ː)rəs(ə)n, mɑ́r-/ モリソン (1) **Samuel Eliot** ～ (1887–1976)《米国の歴史家; *Admiral of the Ocean Sea* (1942), *John Paul Jones* (1959)》(2) **Stanley** ～ (1889–1967)《英国のタイポグラファー・印刷史家; 画期的な書体 Times New Roman をデザイン》.

Mo·ri·sot /mɔːrizóu/ モリゾー **Berthe** ～ (1841–95)《フランスの印象派の画家; Manet の義妹》.

mo·ri·tu·ri te sa·lu·ta·mus /mɔ̀ːrɪtúri tèɪ sɑ̀ːlutɑ́ːmus/, **-sa·lu·tant** /-sɑ́ːlutɑ̀ːnt/ われら[彼ら]死せんとする者きみに礼す《剣闘士がローマ皇帝に挨拶をするときの表現》. ［L］

Mo·ritz /*G* móːrɪts/ モーリッツ《男子名; Maurice のドイツ語形》.

Mor·ley /mɔ́ːrli/ モーリー (1) **Edward Williams** ～ (1838–1923)《米国の化学者・物理学者; cf. MICHELSON-MORLEY EXPERIMENT》(2) **John** ～, Viscount ～ of Blackburn (1838–1923)《英国の自由党政治家・伝記作家》(3) **Thomas** ～ (1557 or 58–1602)《イングランドの作曲家・オルガン奏者》.

Mor·locks /mɔ́ːrlɑ̀ks/ *n pl* モーロック人《H. G. Wells, *The Time Machine* 中の地中に住む猿のような種族; ⇨ ELOI》.

Mor·mon /mɔ́ːrmən/ *n* **1** モルモン教徒《1830年 Joseph Smith が BOOK OF MORMON を聖典として始めたキリスト教の一派; 公式名 The Church of Jesus Christ of Latter-day Saints (末日聖徒イ

M

エスキリスト教会); 本部 Utah 州 Salt Lake City; 初期には一夫多妻を認めていたが 1890 年廃止). **2** モルモン (*Book of Mormon* 中の預言者). ► *a* モルモン教(徒)の. ◆ **~·ism** *n* モルモン教.

Mórmon crícket 〘昆〙モルモンクリケット (大型で黒い飛べないキリギリス; 米国西部乾燥地に多く作物の大害虫).

Mórmon Stàte [the] モルモン州 (Utah 州の俗称).

Mórmon téa 〘植〙モルモンティー (米国南西部の乾燥地帯に分布するマオウ属の各種; 以前は煎じて飲用にされた).

morn /mɔ́ːrn/ *n* **1** 《詩》朝, あした (morning), 暁 (dawn): at ~ = in the MORNING. **2** 《スコ》翌日 (morrow): the ~ 明日 (tomorrow) / the ~'s ~ 明日の朝. [OE *morgen*; cf. G *Morgen*]

Mor·na /mɔ́ːrnə/ モーナ (女子名). [Gael=beloved]

mor·nay /mɔːrnéɪ; mɔ́ːneɪ/ *n* モルネー(ソース) (=~ **sàuce**) (チーズを効かせたベシャメルソース). ► *a* [後置] モルネーをつけた: eggs ~. [C20<? ↓]

Mor·nay /*F* mɔrnɛ/ モルネ **Philippe de** ~, Seigneur du Plessis-Marly (1549–1623) (フランスのユグノー指導者; 通称 'Duples·sis-~' /*F* dyplesi-/).

morn·ing /mɔ́ːrnɪŋ/ *n* **1 a** 朝, 午前 (夜明けから正午または昼食まで, あるいは 0 時から正午まで; 略 morn.): *in* the ~ 朝のうちに, 午前中に; 明日の朝に, 翌朝に / first thing in the ~ 朝一番 / *on* Sunday [Monday] ~ 日曜[月曜]の朝に / *on* the ~ of January (the) tenth 1 月 10 日の朝に / of a ~ 朝のうちによく〈来るなど〉/ this [tomorrow, yesterday] ~ けさ[明朝, きのうの朝] / from ~ till [to] evening [night] = ~, noon and night 一日中, 朝から晩まで / *on* a sunny ~ よく晴れた朝に / GOOD MORNING. **b** 《詩》暁 (dawn); [M-] 暁の女神 (Eos または Aurora): It is ~. 夜が明けた. **2** 初期: the ~ of life 人生の朝, 青年時代. ► *a* 朝の, 朝に現われる[行なわれる, 用いる]: a ~ walk 朝の散歩 / the ~ hours 朝の時間 / a ~ draught 朝食前の一杯, 朝酒 / a ~ paper 朝刊(新聞). ► *int* 《口》GOOD MORNING. [ME 期 EVEN*ing* にならって *morn* から]

mórning áfter 《口》*n* (*pl* **mórnings áfter**) [the] 二日酔い (=~ the night before) (hangover); 過去のあやまちが身にしみる時期.

mórning-áfter *a* 翌朝の, 翌日の; 事後の; セックス後の; 二日酔いの: ~ pill 事後[緊急]避妊薬, モーニングアフターピル.

mórning brèath 朝の口臭 (睡眠中に唾液分泌が減少し, 口中の細菌が増殖することによる).

mórning chòw 《俗》朝めし (breakfast).

mórning còat モーニングコート (cutaway).

mórning drèss 《家事などをする時の》ふだんの家庭着 (housedress); 《男性の》昼間礼服 (モーニングコート・縞のズボン・シルクハットの一式).

M

mórning drìve 《放送俗》朝の車のラッシュアワー (ラジオをつけている人の数が一日中でいちばん多い時間帯).

mórning gìft 結婚翌朝の夫から妻への贈り物.

mórning glòry **1** 〘植〙アサガオ, 《広く》ヒルガオ科の各種. **2** 《競馬俗》朝の練習では調子がいいが本番に弱い馬.

mórning glòry fàmily 〘植〙ヒルガオ科 (Convolvulaceae).

mórning líne 競馬予想一覧 (賭元がレース当日の朝に出す).

mórning perfórmance MATINEE.

Mórning Práyer 〘英国教〙早禱 (=*matins*) (evensong (晩禱)と共に毎日行なう朝の祈りで, カトリックの matins (朝課) に相当).

mórning ròom 午前中に使う居間.

mórn·ings *adv* 朝に, 朝は, 毎朝 (⇨ -ES[1]).

mórning sìckness 朝の吐き気, 早朝嘔吐 (特に つわりの時期の).

mórning stár **1** 明けの明星 (明け方東方に見える惑星, 特に 金星; cf. EVENING STAR). **2** [The M- S-]『モーニングスター』(英国共産党系の大衆紙; 1930 年 *Daily Worker* の名で創刊, 66 年名称を変更).

mórning sùit 《男性の》昼間礼服 (⇨ MORNING DRESS).

mórning téa 《豪》ELEVENSES.

mórning wàtch 〘海〙午前の当直 (午前 4–8 時).

Mo·ro[1] /mɔ́ːroʊ/ *n* **a** (*pl* ~, ~**s**) モロ族 (フィリピン南部 Mindanao 島などに住むイスラム教徒). **b** モロ語.

Moro[2] モロ **Aldo** ~ (1916–78) (イタリアの政治家;キリスト教民主党; 首相 (1963–68, 74–76); 赤い旅団 (Red Brigades) に誘拐されて殺害された).

Mo·roc·co /mərákoʊ/ **1** モロッコ (アフリカ北西部の国; 大西洋および地中海に臨む; 公式名 Kingdom of ~ (モロッコ王国); ☆Rabat; cf. BARBARY STATES). **2** (*pl* ~**s**) [m-] MOROCCO LEATHER: LEVANT MOROCCO. ◆ **Mo·róc·can** *a, n* [It (*Marrakesh*)]

morócco léather モロッコ革 (上等のヤギのなめし革, または 代用としてサメ皮; 製本・手袋・手提げかばん用).

Móro Gúlf モロ湾 (フィリピン諸島南部 Mindanao 島南西岸にある Celebes 海の湾入部).

mo·ron /mɔ́ːràn/ *n* **1** [*derog*] 軽愚者 (軽度の精神遅滞の人). **2** 《口》低能. ◆ **mo·ron·ic** /mərάnɪk/ *a* **-i·cal·ly** *adv* [Gk *mōros* foolish]

Mo·ro·ni /mɔːróʊni/ モロニ (コモロ (Comoros) の首都).

móron·ism* *n* MORONITY.

mo·ron·i·ty /mərάnəti/ *n* 〘心〙軽愚, 魯鈍.

mo·rose /məróʊs/ *a* 気むずかしい, むっつりした, 陰気な, 陰鬱な. ◆ **~·ly** *adv* **~·ness** *n* **mo·ros·i·ty** /mərάsəti/ *n* [L=capricious (*mor- mos* manner, will)]

morph[1] /mɔ́ːrf/ *n* **1** 〘言〙**a** 形態 (形態素の具体的な表われ; cf. MORPHEME). **b** 異形態 (allomorph). **2** 〘生〙**a** モーフ, モルフ (同一種内にあってはっきり区別できる, 同所性・同時性を有する互いに交配可能のグループ). **b** 《同一種内の》変異型. **3** 《MORPHING で処理された》モーフィング映像. ► *vt* 《特に morphing で》変形[変身]させる. ► *vi* 形[姿]を変える 〈*into*〉; 《morphing で》変形する. [Gk *morphē* form, shape]

morph[2] *n** 《口》モルヒネ (morphine).

morph[3] *n** 《俗》HERMAPHRODITE.

morph- /mɔ́ːrf/, **mor·pho-** /mɔ́ːrfoʊ, -fə/ *comb form* 「形態」「組成」「形態素」[Gk; ⇨ MORPH[1]]

-morph /mɔ̀ːrf/ *n comb form* 「…な形[形態]をしたもの」: iso*morph*, pseudo*morph*. [↑]

morph. morphology.

mor·phac·tin /mɔːrfǽktən/ *n* 〘生化〙モルファクチン (高等植物の生長調節作用をもつフッ素化合物).

mor·pha·dite /mɔ́ːrfədàɪt/ *n* 《口》HERMAPHRODITE.

mor·phal·lax·is /mɔ̀ːrfəlǽksəs/ *n* (*pl* **-lax·es** /-sìːz/) 〘生理〙形態調節, 形態再編.

mor·pheme /mɔ́ːrfìːm/ *n* 〘言〙形態素 (文法関係を示す構成要素; 意味を担う最小の言語単位; cf. MORPH[1]).

mor·phe·mic /mɔːrfíːmɪk/ *a* 形態素の; 形態素論の. ◆ **-mi·cal·ly** *adv*

mor·phé·mics *n* 〘言〙形態素論.

Mor·phe·us /mɔ́ːrfiəs, *-fjùːs/ 〘ギ神〙モルペウス (眠りの神 Hypnos の子で夢の神); 《俗に》眠りの神. ● **in the arms of** ~ 眠って (asleep). [L<Gk]

mor·phia /mɔ́ːrfiə/ *n* MORPHINE.

-mor·phic /mɔ́ːrfɪk/ *a comb form* 「形[形態]をもつ」: anthropo*morphic*. [F; ⇨ MORPH[1]]

mórphic résonance 形態共鳴 (あるできごと・ふるまいのパターンがあとで類似のパターンが起こることを容易にしうるような超常的な影響を与えること; 英国の生物学者 Rupert Sheldrake (1942–) の理論).

mor·phine /mɔ́ːrfìːn/ *n* 〘薬〙モルヒネ, モルフィン (アヘンの主成分). ◆ **mor·phín·ic** *a* [G and NL; ⇨ MORPHEUS]

morph·ing /mɔ́ːrfɪŋ/ *n* 〘映〙モーフィング (コンピューターグラフィックスで実写映像をアニメーションのように変形させる特撮技術; 変形前後の映像を対応付けておくと変形途中のコマが生成される).

mor·phin·ism /mɔ́ːrfìːnìz(ə)m, -fə-/ *n* 〘医〙(慢性)モルヒネ中毒. ◆ **-ist** *n*

mor·phi·no·mánia /mɔ̀ːrfənoʊ-/ *n* 〘医〙(慢性)モルヒネ中毒. ◆ **-mániac** *n*

-mor·phism /mɔ́ːrfɪz(ə)m/ *n comb form* 「…形態」「…形態観」: homo*morphism*, zoo*morphism*. [MORPH[1]]

mor·pho /mɔ́ːrfoʊ/ *n* (*pl* ~**s**) 〘昆〙モルフォ(チョウ) (中南米の *M*~ 属の各種の大型の蝶; 青く光る羽で知られる).

morpho- /mɔ́ːrfoʊ, -fə/ ⇨ MORPH-.

mor·pho·gen /mɔ́ːrfəʤən, -ʤèn/ *n* 〘発生〙モルフォゲン (生物の発生過程において, 特に 濃度勾配を形成することによって形態形成 (morphogenesis) を制御する拡散性化学物質).

mòrpho·génesis *n* 〘発生〙形態形成[発生]; 〘地質〙造地形運動. ◆ **-genétic** *a* **-genétical·ly** *adv* **-génic** *a*

mor·phol·o·gy /mɔːrfάləʤi/ *n* 〘生〙形態学; 〘言〙語形論, 形態論; 〘生・言〙組織, 形態; 地形学; 《一般に》組織[形態](の研究). ◆ **-gist** *n* **mòr·pho·lóg·i·cal, -lóg·ic** *a* **-i·cal·ly** *adv* 形態(学)的に. [*morph*[1], *-o-*, *-logy*]

mòrpho·métrics *n* 《特に生体の》形態計測 (morphometry).

mor·phom·e·try /mɔːrfάmətri/ *n* 形態計測, 体型測定; 地形計測. ◆ **mòr·pho·mét·ric, -ri·cal** *a* **-ri·cal·ly** *adv*

mòrpho·phóneme *n* 〘言〙形態音素.

mòrpho·phonémic *a* 〘言〙形態音素(論)の.

mòrpho·phonémics *n* 〘言〙形態音素論.

mòrpho·physiólogy *n* 〘生〙形態生理学 (構造と機能の関係を扱う). ◆ **-physiológical** *a*

mor·pho·sis /mɔ́ːrfəsəs, *mɔːrfóʊsəs/ 〘生〙*n* (*pl* **-ses** /-sìːz/) 形態形成[発生](過程), 発達[発生]方式; 異常変異 (異常な環境による表現型的変異). ◆ **mor·phot·ic** /mɔːrfάtɪk/ *a* [L<Gk; ⇨ MORPH[1]]

-mor·pho·sis /mɔ́ːrfəsəs/ *n comb form* (*pl* **-ses** /-sìːz/)「…の形態発達[変化]」: meta*morphosis*. [↑]

mórpho·spècies *n* 〘生〙形態種.

mòrpho·syntáctic *a* 〘言〙形態統語論的な.

mórpho·type 〘生〙*n* 《類型学的分類学の基準としての》形態型; 型模式標本. ◆ **-tỳpy** *n* 形態相同.

-mor·phous /mɔ́ːrfəs/ *a comb form* -MORPHIC. [Gk; ⇨ MORPH[1]]

-mor·phy /mɔ̀:rfi/ *n comb form*「…形態」: homo*morphy*, endo*morphy*. [*-morph*, *-y*[1]]
morra ⇨ MORA[2].
Mor·rie /mɔ́(:)ri, mári/ モリー《男子名; Maurice の愛称》.
Mór·rill Àct /mɔ́(:)rəl-, már-/ [the]〘米〙モリル法《(1) 農業・技術大学の設立のために各州に公有地を許与することを定めた法 (1862) (2) 土地の許与を受けている大学に議会が補助金を交付することを定めた補助法 (1890, 97)》. [Justin S. *Morrill* (1810–98) 米国の政治家]
mor·ris /mɔ́(:)rəs, már-/ *n* MORRIS DANCE. [*morys* (変形)< MOORISH]
Morris **1** モリス《男子名; 愛称 Morry》. **2** モリス (1) **Desmond (John)** ～ (1928–)《英国の動物学者・著述家; 著書に *The Naked Ape* (1967), *The Human Zoo* (1969), *Manwatching* (1977) など》 (2) **Gouverneur** ～ (1752–1816)《米国の政治家・外交官; 合衆国独立後財政次官をつとめ, dollar, cent による十進法の通貨制度を提唱した》 (3) **Mark** ～ (1956–)《米国の舞踊家・振付家》 (4) **Robert** ～ (1734–1806)《英国生まれの米国の商人・財政家; 独立戦争時の財務総監》 (5) **Robert** ～ (1931–2018)《米国の美術家; ミニマリズム・コンセプチュアルアートの代表的存在》 (6) **William** ～ (1834–96)《英国のデザイナー・美術工芸家・社会運動家・詩人; 産業革命以来の機械生産・大量生産による規格化を批判し, 伝統的な手仕事を重んじて Arts and Crafts 運動を主導》 (7) **William Richard** ～ ⇨ 1st Viscount NUFFIELD. [⇨ MAURICE]
mórris chàir モリス式安楽椅子《背の傾斜が調節でき, クッションの取りはずしが可能》. [William *Morris*]
mórris dànce モリスダンス (=*morris*)《古い英国の男子の仮装舞踏の一種; くるぶし飾りや腕輪などに付けた鈴で音楽に合わせて拍子をとり, Robin Hood など民話の人物に扮した; 主に May Day の催し物; cf. MAID MARIAN》. ♦ **mórris dàncer** [**màn**] *n* **mórris dàncing** *n*
Mórris Jés·up /-ʤɛ́səp/ [Cape] モリスエサップ岬《グリーンランド最北端の岬 (83°38′N, 33°52′W); Peary Land から北極海に突出》.
Mórris Mínor〘商標〙モリスマイナー《英国 Morris Motor 社およびその後継企業が 1948–71 年に製造した小型乗用車》.
Mor·ri·son /mɔ́(:)rəs(ə)n, már-/ **1** モリソン (1) **Herbert Stanley** ～, Baron ～ of Lambeth (1888–1965)《英国の労働党政治家》 (2) **'Jim'** ～ [**James Douglas** ～] (1943–71)《米国のロックシンガー・ソングライター; Doors のリードヴォーカル》 (3) **Robert** ～ (1782–1834)《スコットランドの宣教師; 中国伝道の開拓者》 (4) **Toni** ～ (1931–2019)《米国の小説家; 本名 Chloe Anthony Wofford; アフリカ系女性; *Song of Solomon* (1977), *Beloved* (1987); ノーベル文学賞 (1993)》. **2** [Mount] モリソン山《玉山 (YU SHAN) の別名》.
Mórrison shèlter モリソンシェルター《第二次大戦中 屋内で用いられたテーブル形の移動式防空シェルター》. [Herbert S. *Morrison* 導入時の内相 (1940–45)]
mórris-pìke *n* モリス槍《15–16 世紀の歩兵が使った大きな槍》.
mórris túbe〘軍〙モリス式銃身《普通の銃身に挿入できる小口径の銃身; 狭窄射撃用》.
mor·ro /mɔ́(:)roʊ, már-/ *n* (*pl* **～s**) 円丘; 岬. [Sp]
mor·row /mároʊ, *mɔ́:r-/ *n*《古・詩》朝; [the]《古・詩》翌日,《あるできごとの》直後. ● GOOD MORROW. **on the ～ of**…の直後に. [MORN; 語形は cf. SORROW]
Mor·ry /mɔ́(:)ri, mári/ モリー《男子名; Morris の愛称》.
Mors /mɔ́:rz/〘ロ神〙モルス《死の擬人化された女神; ギリシアの Thanatos に当たる》.
morse[1] /mɔ́:rs/ *n*〘動〙セイウチ (walrus). [Lappish]
morse[2] *n*《聖職者の COPE[2] を留める》留め金. [OF<L *morsus* bite, clasp (*mors- mordeo* to bite)]
Morse *n* **1** モース **Samuel F(inley) B(reese)** ～ (1791–1872)《米国の画家・発明家; モールス式電信機を発明した》. **2** MORSE CODE. ► *a* [°m-] モールス式の. ► *vi, vt* [°m-] モールス信号を[で]打つ.
Mórse códe [the]〘電信〙モールス式符号 (=**Mórse álphabet**)《点と線 (dots and dashes) からなる; たとえば A は・—, B は —・・・》.
mor·sel /mɔ́:rs(ə)l/ *n* **1 a**《食べ物の》ひと口 (mouthful), 一片; 軽食 (snack). **b** ごちそう. **2** 少量, 小片 (fragment); 取るに足らない人間, ざこ, チビ助: a choice ～ of gossip ちょっとした耳よりなうわさ話. **3** 喜ぶべき[耐えるべき]こと. ► *vt* (**-l-** | **-ll-**) 少しずつ分配する, 小部分に分ける. [OF (dim) < *mors* MORSE[2]]
Mórse táper〘商標〙モールステーパー《ドリルなどの先細部分の標準型式》.
mort[1] /mɔ́:rt/ *n*〘狩〙獲物の死を報じる角笛の音; 殺すこと (killing);《廃》死 (death). [OF<L *mort- mors* death]
mort[2] *n*〘魚〙三歳のサケ. [C16<?]
mort[3] *n*ᴵᴵ《方》大量, 多数, たくさん: a ～ of… 多数[量]の…. [逆成< *mortal*, or ? *murth* (北部方言)<ON *mergth* multitude]
mort[4]《俗》*n* 女 (girl, woman); 売春婦, 尻軽女. [C16<?]
Mort モート《男子名; Mortimer, Morton の愛称》.
mor·ta·del·la /mɔ̀:rtədɛ́lə/ *n* モルタデラ《コショウ・ニンニク入りのソーセージの一種》. [It]
mor·tal /mɔ́:rtl/ *a* **1 a** 死ぬべき運命の, 死を免れない, 必滅の (opp. *immortal*): Man is ～. 人間は必滅である[死を免れない]. **b** 人間の; この世の; 人生の: one's ～ existence この世の生活 / No ～ power can perform it. それは人力ではできないことだ. **2 a** 致命的な, 命にかかわる (fatal); 死闘の;〘神学〙永遠の死をまねく, 死に至る, 許されない (opp. *venial*): a ～ weapon 凶器 / a ～ wound 致命傷 / a ～ crime 死に至る罪, 許しえぬ犯罪 / strike [deal] a ～ blow to…に致命的な打撃を与える. **b** 殺さずにはおけない, なんとしても許せない: a ～ enemy 不倶戴天の敵. **3** 死の; 臨終の: ～ fear 死の[極度の]恐怖 / ～ remains 遺骸 / ～ agony 断末魔の苦しみ / at one's ～ hour 臨終に. **4 a**《口》非常な, 恐ろしい: in a ～ funk おびえきって. **b**《俗》長たらしい, うんざりする, 退屈な: two ～ hours 長い長い[飽きあきする] 2 時間. **c** [no, every などを強めて]《口》考えられる, およそ可能なかぎりの. ► *n* 死すべき(運命の)もの, 人間;《口》[*joc*] 人 (person): a happy ～ 幸福な人 / lesser ～*s* 凡人 / thirsty ～*s* 酒好きの連中. ► *adv*《方》MORTALLY. [OF<L (*mort- mors* death)]
mor·tal·i·ty /mɔ:rtǽləti/ *n* **1** 死ぬべき運命[性質]; 人類 (mankind). **2**《戦争・病気による》大量死;《古》死. **3 a**《地方別・年齢別・病気別の》死亡数; 死亡率,〘畜〙斃死(へいし)率 (=**～ ràte**). **b** なくした数[割合], 失敗率.
mortálity tàble〘生保〙死亡(生存)表 (=*life table, experience table*)《死亡統計に基づいて作成された, 各年齢集団の死亡, 生存の状態を示す表》.
mórtal lóck*《俗》絶対確実なこと.
mórtal·ly *adv* 致命的に (fatally); 非常に, ひどく (awfully): be ～ wounded 致命傷をうける / He was ～ grieved. ひどく悲しんだ.
mórtal mínd〘クリスチャンサイエンス〙人間の心《生命・実質・知性は物質の中にあり, 物質から成り立っているという唯物的妄信》;《一般に》幻影, 妄想.
mórtal sín〘カト〙《地獄に落ちるような》大罪 (opp. *venial sin*).
mor·tar[1] /mɔ́:rtər/ *n* モルタル《セメント・石灰・砂を混ぜたもの》: BRICKS AND MORTAR. ► *vt* …にモルタルを塗る, モルタルで接合する[固める]. ♦ **～·less** *a* **mór·tary** *a* [AF<L *mortarium*]
mortar[2] *n* **1** 乳鉢, すり鉢; 粉砕機;〘鉱〙《鉱石を砕く》《鋳物製の》臼(うす). **2**〘軍〙臼砲(きゅうほう), 迫撃砲; 臼砲状の発射器《花火打上げ筒・救命索発射器など》: TRENCH MORTAR. ► *vt, vi* 臼砲で射撃[攻撃]する. [L ↑]
mórtar·bòard *n*《モルタルを受ける》こて板 (hawk); モルタルを載せる台;《大学で式典の時にかぶる》角帽 (=*trencher cap*).
mórtar·man /-mən/ *n* 迫撃砲砲手.
Morte Dar·thur [**D'Arthur**] /mɔ́:rt dá:rθər/ [Le]『アーサーの死』《Sir Thomas Malory によって集大成された Arthur 王伝説; フランス語からの散文訳で, 1485 年 Caxton によって印刷された》.
Mor·ten·sen /mɔ́:rtənsən/ モーテンセン, モルテンセン **Dale T(homas)** ～ (1939–2014)《米国の経済学者; サーチ理論 (search theory) を用いて市場を分析した功績によりノーベル経済学賞 (2010)》.
mort·gage /mɔ́:rgɪʤ/ *n*〘法〙譲渡抵当(権), 抵当権, モーゲージ; 譲渡抵当(権)証書; 譲渡抵当権設定; 不動産抵当[担保]貸付, 住宅ローン;《譲渡抵当に基づく》借金, 住宅ローンの額: apply for ～ 住宅ローンの申し込みをする / ～ repayments 住宅ローンの返済額 / take out a ～ *on*…に譲渡抵当権を設定する / lend money *on* ～ 譲渡抵当を取って金を貸す. ► *vt* **1** 譲渡抵当に入れる, …に譲渡抵当権を設定する: ～ one's house *to* sb *for* ten thousand dollars 家を抵当にして人から 1 万ドル借りる. **2**《当座の利のために》将来のリスク[請求権, 制約]にさらす, …をかたに差し出す[とられる]. ♦ **～·able** *a* [OF=dead pledge; ⇨ GAGE[1]]
mórtgage bònd 譲渡抵当付き債券[社債], 担保付債券[社債], 譲渡債券.
mórtgage [**mortgagée**] **clàuse**〘保〙譲渡抵当権条項, モーゲージークローズ《指定抵当権者に保険金を支払うことを特約した条項》.
mórtgage debèntureᴵᴵ 譲渡抵当権付き債券, 担保付き債券[社債].
mórtgage dèed 譲渡抵当権設定証書.
mort·ga·gee /mɔ̀:rgɪʤí:/ *n*〘法〙譲渡抵当権者, 抵当権者, 譲渡抵当債権者《典型的には銀行》.
mórtgage insùrance 譲渡抵当保険.
mórtgage lòan 譲渡抵当付き貸付け, 担保付き融資.
mórtgage ràte 譲渡抵当利率, モーゲージ金利, 住宅ローン金利.
mort·ga·gor /mɔ̀:rgɪʤɔ́:r/, **-gag·er** /mɔ́:rgɪʤər/ *n*〘法〙譲渡抵当権設定者, 抵当権設定者, 譲渡抵当債務者.
mor·tice /mɔ́:rtəs/ *n, vt* MORTISE.
mor·ti·cian* /mɔ:rtíʃ(ə)n/ *n* 葬儀屋 (undertaker). [L *mort- mors* death; *physician* にならったもの]
mor·tif·er·ous /mɔ:rtíf(ə)rəs/ *a* 致命的な (fatal).
mor·ti·fi·ca·tion /mɔ̀:rtəfəkéɪʃ(ə)n/ *n* 屈辱, はずかしめ, くやしさ; 無念の種; 苦行, 禁欲;〘医〙壊疽(えそ), 壊死(えし).
mor·ti·fy /mɔ́:rtəfàɪ/ *vt* **1**〈人〉に屈辱を感じさせる, はずかしめる, 傷つける, くやしがらせる: be *mortified at* [*by*]…をくやしがる. **2**〈情欲を〉制する, 克服する;《廃》…の力をそぐ: ～ the flesh 禁欲生活をする, 苦行する. **3**《まれ》壊疽にかからせる. ► *vi* 苦行する;《まれ》壊疽にかかる. ♦ **-fied** *a* 恥じ入って(いる), 当惑して(いる). **～·ing** *a* しゃくにさわる, くやしい. **～·ing·ly** *adv* ［OF＜L＝to put to death (*mort- mors*); cf. MORTAL］

Mor·ti·mer /mɔ́ːrtəmər/ **1** モーティマー《男子名; 愛称 Mort, Morty》. **2** モーティマー《Marlowe の史劇 *Edward II* 中で王位をねらう貴族》. **3** モーティマー **Roger de ～**, 8th Baron of Wigmore and 1st Earl of March (1287–1330)《イングランドの貴族; Edward 2 世の妃 Isabella の愛人となり, 王を退位させて実権を握ったが, のち処刑された》. ［*Mortimer* Normandy の家族名］

mor·tise /mɔ́ːrtəs/ *n* 〔木工〕 枘穴(ほぞあな) (cf. TENON); 〔印〕 くりぬき《活字を組み込むために版面にくりぬいた部分》. ► *vt* [°*pp*] …にほぞ穴をあける; しっかり結びつける[つなぐ], 固定する; ほぞ継ぎにする ‹*together; in, into*›; 〔印〕 活字を組み込むために‹版面を›くりぬく, くりぬいて‹活字を›組み込む. ◆ **-tis·er** *n* ［OF＜Arab＝fixed in］

mórtise chìsel 〔木工〕 ほぞのみ (cf. RIM LOCK).

mórtise jòint 〔木工〕 ほぞ(差し)継ぎ.

mórtise lòck 彫込み錠, 箱錠.

mort·main /mɔ́ːrtmèɪn/ *n* **1** 〔法〕 死手(譲渡) (＝*dead hand*) 《**(1)** 不動産を宗教団体などに寄付するとき, 永久に他に譲渡できないようにした譲渡形式 **(2)** 譲渡不能の所有権》. **2** 現在を支配している過去の影響. ● **in ～** [*fig*] 永久に支配をうけて. ［AF, OF (L *mortua manus*)］

Mor·ton /mɔ́ːrtn/ **1** モートン《男子名; 愛称 Mort, Morty》. **2** [Earl of ～] モートン伯 **James Douglas,** 4th Earl of ～ (c. 1516–81)《スコットランドの貴族; 女王 Mary と戦って逃亡させたのち James 6 世(のちの 1 世)の摂政として (1572–78) 中央集権体制を確立するが, 旧教貴族の反感をまねいて失脚, ついには断頭台に消えた》. **3 (1)** モートン **'Jelly Roll' ～** (1890–1941)《米国のジャズピアニスト・作曲家; 本名 Ferdinand Joseph La Menthe; ジャズを発明したと称した》 **(2) John ～** (c. 1420–1500)《イングランドの枢機卿, Canterbury 大司教; Henry 7 世の下で Canterbury 大司教 (1486), 枢機卿 (1493)》. ［OE＝town on the moor］

Mórton's Fórk モートンの二叉論法《金持は税が払える, 質素な暮らしをしている者は蓄財があるはずだから税が払える, という論法》. ［John *Morton*］

mor·tu·ary /mɔ́ːrʧuèri; mɔ́ːʧuəri/ *n* **1** 《埋葬・火葬までの》死体仮置場, 霊安室; MORGUE; *FUNERAL PARLOR. **2** 〔史〕 死後寄進, 布施(ふせ)《教区牧師に納める死者の財産の一部》. ► *a* 死の; 埋葬の. ［AF＜L (*mortuus* dead)］

Mor·ty /mɔ́ːrti/ モーティ《男子名; Mortimer, Morton の愛称》.

mor·u·la /mɔ́(ː)r(j)ələ, mɑ́r-/ *n* (*pl* **-lae** /-lìː, -làɪ/) 〔発生〕 桑実(そうじつ)(胞)胚, モルラ《受精卵の分割でできる桑の実状の胚》. ◆ **-lar** *a* **mor·u·la·tion** /mɔ̀(ː)r(j)əléɪʃ(ə)n, mɑ̀r-/ *n* ［L (dim)‹ *morum* mulberry］

mor·wong /mɔ́ːrwɑ̀ŋ/ *n* 〔魚〕 形がタイに似たオーストラリア周辺の食用魚 (＝*sea carp*), 'フエダイ', 'シロクマダイ'.

mos. months.

MOS °metal-oxide semiconductor ◆〔米〕 military occupational specialty 特技区分.

Mo·sad·deq /mɔ́ːsædɛ̀k/ モサッデク **Mohammad ～** (1880–1967)《イランの政治家; 首相 (1951–53); 英国管理下にあった石油産業の国有化に成功したが, 石油が国際市場から締め出されて経済危機が起こり, 国王派のクーデターで失脚した》.

mo·sa·ic /moʊzéɪɪk/ *n* **1** モザイク; モザイク画[模様]; 《航空写真をつないで作った》ある地域の連続写真. **2** モザイク風のもの[文]; 〔生〕 モザイク《モザイク現象 (mosaicism) を示す組織》, CHIMERA; MOSAIC DISEASE. **3** [M-] 〔インターネット〕 モザイク《WEB BROWSER の草分け; 1993 年に Illinois 大学 NCSA で開発》. ► *a* モザイク(式)の, 寄せ集めの; 〔生〕 モザイク現象 (mosaicism) を示す; 〔発生〕 決定的卵割の[が起こる] (determinate). ► *vt* (**-ick-**) モザイクで飾る; モザイク状にする; モザイク状につなぐ. ◆ **～·lìke** *a* **-i·cal·ly** *adv* ［F＜It＜L＜Gk; ⇨ MUSE］

Mo·sa·ic /moʊzéɪɪk/, **-i·cal** *a* MOSES の, モーセの律法の.

mosáic disèase 〔植〕 モザイク病《濾過性病原体によって葉に雑色の斑点を生じる伝染病》.

mosáic glàss MILLEFIORI.

mosáic gòld 〔化〕 モザイク金《硫化第二スズを主成分とする鱗片状結晶の黄金色顔料》; ORMOLU.

mosáic ímage モザイク像《複眼が結ぶ像》.

mo·sa·i·cism /moʊzéɪəsìz(ə)m/ *n* 〔生〕 モザイク現象《一個体の異なる部分に 2 つ以上の遺伝的な対照形質が現われる》.

mo·sá·i·cist *n* モザイク師[職人]; モザイク画商.

Mosáic láw [the] モーセの律法《古代ユダヤの道徳・儀式の律法でモーセの著とされるもの; PENTATEUCH を構成する》.

mo·sa·saur /móʊsəsɔ̀ːr/ *n* 〔古生〕 モササウルス《白亜紀後期に欧州・北米にいた *Mosasaurus* 属の海竜》. ［*Mosa* Meuse 川 (発見地)］

mos·ca·to /mɑskɑ́ːtoʊ/ *n* モスカート《イタリアの甘口デザートワイン》. ［It; cf. MUSCAT］

mos·chate /mɑ́skèɪt, -kət/ *a* 麝香(じゃこう) (musk) の香りのする (musky).

mos·cha·tel /mɑ̀skətɛ́l, ⏤⏤⏤/ *n* 〔植〕 レンプクソウ, ゴリンバナ (＝*five-faced bishop*) (town-hall clock").

Moś·cic·ki /mɔːʃʧíːtski, -ʧít-/ モシチツキ **Ignacy ～** (1867–1946)《ポーランドの化学者・政治家; 大統領 (1926–39)》.

Mos·cow /mɑ́skoʊ, *-kàʊ/ **1** モスクワ (*Russ* Moskva)《ロシアの首都; Moskva 川に臨む; かつてモスクワ公国の中心, またソ連の首都》; ロシア[ソ連]政府. **2** [the] モスクワ川《MOSKVA 川の英語名》.

Móscow Státe Univérsity モスクワ大学《Moscow にあるロシアの国立大学; 1755 年 詩人・学者 M. V. Lomonosov が創立, 同国で最も古く, 最大の規模を誇る》.

Mose /móʊz/ モーズ《男子名; Moses の愛称》.

Mosel ⇨ MOSELLE.

Mose·ley /móʊzli/ モーズリー **Henry Gwyn Jeffreys ～** (1887–1915)《英国の物理学者》.

Mo·selle /moʊzɛ́l/, (G) **Mo·sel** /*G* móːzl/ **1 a** モーゼル《フランス北東部 Lorraine 地域圏の県; ☆Metz》. **b** [the] モーゼル川《フランス北東部 Vosges 山脈に発し, ドイツ西部の Koblenz で Rhine 川に合流する川; 下流域にブドウ畑が多い》. **2** モーゼル《Moselle 川流域に産するドイツの白ワイン》.

Mo·ses /móʊzəz, -s/ **1** モーゼズ《男子名; 愛称 Mo, Mose》. **2 a** モーセ《紀元前 13 世紀のイスラエル民族の指導者》: FIVE BOOKS OF MOSES. **b** 《一般に》指導者, 立法者. **3** モーゼズ **'Grandma' ～** [**Anna Mary Robertson ～**] (1860–1961)《米国の画家; 農場生活や田園風景を題材にプリミティブな作品を描いた》. ● HOLY **～!** ［Heb＝?; Coptic＝son, boy］

Móses bàsket " BASSINET. ［*Exod* 2:3–5］

mo·sey /móʊzi/ «口» *vi, n* ずらかる(こと); ぶらつく(こと), ふらりと訪ねる(こと) ‹*along, on*, etc.›. ［C19＜?］

MOSFET /mɑ́sfɛ̀t/ *n* 〔電子工〕 金属酸化膜半導体電界効果トランジスター. ［*m*etal-*o*xide-*s*emiconductor *f*ield-*e*ffect *t*ransistor］

mosh /mɑ́ʃ/ *vi* 《激しい勢いで》踊りまくる, モッシュする《ロックコンサートのステージ前で観客が故意にぶつかり合ったりしながら踊る》. ◆ **～·er** *n* ［同義の *mash, mush* の変形か］

mo·shav /moʊʃɑ́ːv/ *n* (*pl* **-sha·vim** /mòʊʃəvíːm/) モシャヴ《イスラエルで自営小農の集まった共同農場; cf. KIBBUTZ》. ［Heb＝dwelling］

Mo·shesh /məʃɛ́ʃ/, **Mo·shoe·shoe** /məʃwéɪʃweɪ/ モシェシュ, モショエショエ (MSHWESHWE).

mósh pìt モッシュピット《MOSHing をやるステージ前の場所》.

mosk /mɑ́sk/ *vt* "«俗» 質入れする. ［*mosk*eneer］

mos·ken·eer /mɑ̀skəníər/ *vt* "«俗» 価値以上の値で質入れする. ［Yid＜Heb *maskōn* pledge］

mósk·er *n* "«俗» 価値以上の値で質入れをする者.

mos·kon·fyt /mɑ́skɑ̀nfɛ̀ɪt/ *n* «南ア» ブドウ液[シロップ]. ［Afrik (*mos* must＋KONFYT)］

Mos·kva /mɑskvɑ́ː/ モスクヴァ《Moscow のロシア語名》; [the] モスクヴァ[モスクワ]川《ロシア西部の Moscow 州を流れ, Oka 川に合流する》.

Mos·lem /mɑ́zləm/ *n, a* MUSLIM.

Mos·ley /móʊzli/ モーズリー Sir **Oswald** (**Er·nald**) /ɜ́ːrnld/ ～ (1896–1980)《英国の政治家; ネオファシスト運動の指導者》.

Mósley·ìte *n* モーズリー支持[信奉]者.

Mo·so·tho /moʊsóʊtoʊ, -súːtuː/ *n* (*pl* **Ba·so·tho** /bɑː-/) モストゥ人《Basotho 人》.

mosque /mɑ́sk/ *n* モスク (＝*masjid, musjid*)《イスラム教の礼拝堂》. ［F *mosquée*＜It＜Arab］

mos·qui·to /məskíːtoʊ/ *n* (*pl* **～es, ～s**) 〔昆〕 カ(蚊). ［Sp and Port (dim)‹ *mosca* fly＜L］

Mosquito *n* (*pl* **～, ～s**) モスキート族[語] (MISKITO).

mosquíto bàr MOSQUITO NET.

mosquíto bòat *MOTOR TORPEDO BOAT.

Mosquíto Cóast, Mis·kí·to Cóast /mɪskíːtoʊ-/ モスキート[ミスキート]コースト《ホンジュラス北東部とニカラグア東部のカリブ海に臨む地方》.

mosquíto cràft 快速小型艦艇《集合的》.

mos·qui·to·ey /məskíːtoʊi/ *a* 蚊の多い.

mosquíto fìsh ボウフラを食う魚, 《特に》カダヤシ.

mosquíto flèet 小艦艇隊, モスキート艦隊《水雷艇など高速小型艦艇 (mosquito craft) からなるもの》.

mosquíto hàwk 〔鳥〕 ヨタカ (nighthawk); *«南部・中部» トンボ (dragonfly).

mosquíto nèt 蚊屋, 蚊帳, 蚊除けネット.

mosquíto nètting 〔織〕 モスキートネッティング《蚊などを防ぐための網織物》.

moss /mɔ́(ː)s, mɑ́s/ *n* **1** 〔植〕 蘚類(せんるい), コケ (⇨ ROLLING STONE «諺»); コケに似た植物; コケのおおい, 一面のコケ. **2** [°the **～es**] «スコ» 沼, 泥炭地. ► *vt* [°*pp*] コケでおおう. ◆ **～·lìke** *a* ［OE *mos* swamp; cf. G *Moos* bog］

Moss **1** モス《男子名》. **2** モス **Stirling** (**Craufurd**) **～** (1929–)《英国の自動車レーサー》. ［⇨ MOSES］

Mos·sad /məsɑ́ːd, mɑː-; mɔ́sæd/ モサド《イスラエルの秘密諜報機関》.

móss àgate 〔鉱〕 苔瑪瑙(こけめのう), モスアゲート《Deccan 高原主産》.

móss ànimal 〔動〕コケムシ (bryozoan).
móss·bàck* *n* **1**《背に水藻を生やした》老亀, 老貝;〔釣〕年を食った大物; 野牛. **2**《口》極端に保守的な人物, 反動主義者, 時代遅れの人, 堅物 (old fogey);《口》田舎者, いなかっぺ. ♦ **~ed** *a*
Möss·bau·er /mɔ́(ː)sbàuər, mɑ́s-; *G* mœ́sbauər/ メスバウアー **Rudolf Ludwig** ~ (1929–)《ドイツの物理学者; ノーベル物理学賞 (1961)》.
Mössbauer effect /⎯́ ⎯⎯/ [the]〔理〕メスバウアー効果《結晶内の原子核から反跳を伴わずガンマ線が放出され, 同種の原子核に共鳴吸収される現象》. [↑]
Mössbauer spectroscopy /⎯́ ⎯⎯/ メスバウアー分光(学). [MÖSSBAUER]
Móss Bròs モスブラザーズ《London にある貸衣裳店》.
móss·bùnk·er, -bànk-* *n*〔魚〕MENHADEN.
móss càmpion 〔植〕コケマンテマ (cushion pink).
Mós·sel Báy /mɑ́ːsəl-/ モッセルベイ《南アフリカ共和国 Western Cape 州南部のインド洋の入江モッセル湾に臨む港町》.
móss·er *n* トチャカ (Irish moss) 採集者.
móss frùit 〔植〕SPOROGONIUM.
móss gréen 苔色, モスグリーン.
móss-gròwn *a* こけむした; 古風な, 時代遅れの.
móss hàg 《スコ》《泥炭採取後の》泥炭廃坑.
Mos·si /mɑ́si/ *n* **a** (*pl* ~, ~s) モシ族《西アフリカ Burkina Faso の主要民族》. **b** モシ語《Niger-Congo 語族に属する》.
mos·sie[1] /mɑ́zi, mɑ́si/ *n*《英俗・豪俗》カ (mosquito).
mos·sie[2] /mɑ́si/ *n*〔鳥〕CAPE SPARROW.
móss làyer 〔生態〕《植物群落の》コケ層, 蘚苔(せんたい)層 (⇨ LAYER).
móss lócust 〔植〕ハナエンジュ (bristly locust).
mos·so /móusou; mɔ́s-/ *a, adv*〔楽〕速い, 速く, モッソの[で]. [It (*mouvere* to move)]
móss pínk 〔植〕ハナツメクサ, モスフロックス (=*ground pink*)《クサキョウチクトウ属》.
móss róse 〔植〕コケバラ, モスローズ; マツバボタン (portulaca).
móss stìtch 〔編物〕かのこ編み.
móss-tròop·er *n*〔英史〕《17 世紀にイングランド・スコットランド国境を荒らした》沼地の盗賊;《一般に》山賊, 略奪者, 襲撃者. ♦ **móss-tròop·ing** *a*
móssy *a* こけむした; コケのような; 時代遅れの, 古びた, 極端に保守的な. ♦ **móss·i·ness** *n*
móssy-cùp òak BUR OAK.
móssy cý·phel /-sáɪfəl/〔植〕タカネツメクサ属の一種 (=*cyphel*)《欧州の岩山に大きな株をつくるナデシコ科の黄花をつける多年草》.
móssy lócust 〔植〕ハナエンジュ (bristly locust).
móssy zínc 粒状亜鉛《溶けた亜鉛を水に流し込んでつくられる表面がざらざらした亜鉛》.
most /móust/ *a* [MANY, MUCH の最上級] **1** 最多数の, 最大量の, 最高の (opp. *least*): He has (the) ~ money, but is not the happiest. 金はいちばん持っているがいちばん幸福というわけではない / He won (the) ~ prizes. いちばん多くの賞を得た. **2** 大抵の《通例 the を付けない》: *M*~ people like apples. ● **for the ~** PART.
► *n, pron* **1** [ᵁthe] 最多数, 最大量, 最大額; 最大限: This is the ~ (that) I can do. これがぼくにできる精いっぱいのところだ. **2 a** 大方の人びと: Life is work for ~. 大抵の人には人生は勤労だ. **b** 大部分 ‹*of*›: *M*~ *of* the boys are boarders. 生徒の大部分は寄宿生です / *M*~ *of* his books are English books. 蔵書の大部分は英書だ / [‹*adv*›] He has been ill ~ *of* the term. 学期の大部分病気だった. **3** [the] *《俗》最高[最上, 最新]のもの[人]. ● **at (the) ~=at (the) very ~** せいぜい, 多くて, よく[悪く]て (opp. *at (the) least*). **get the ~ out of...** ⇨ BEST. **make the ~ of...** をできるだけ利用する; 最も重視する; 最もよく[悪く]見せる[言う].
► *adv* **1** [MUCH の最上級] 最も, 最も多く《強意のほかは普通 the を付けない》: He worked (*the*) ~. いちばん働いた / This troubles me (*the*) ~. これがいちばん困る. **2** [主に 2 音節以上の形容詞・副詞の最上級をつくって] 最も: *the* ~ bèautiful flówer 最も美しい花. ★ 副詞・叙述用法の形容詞には the を付けないことが多い: She is ~ beautiful. / He did it ~ cleverly. **3** はなはだ, 非常に, とても (very): a ~ béautiful wóman すごい美人 / She was ~ kind to me. わたしにたいへん親切にしてくれた / He behaved ~ rudely. 非常に無作法にふるまった. **4***《口》ALMOST: You can get them ~ everywhere. ほとんどどこでも手にはいる. ● **~ of all** なによりも, まず第一に.
[OE *māst*<Gmc (**mais* more, *-est*[1]; G *meist*)]
-most /mòust, ᵁməst/ *a suf* [名詞の語尾または形容詞の語尾に付けて]「最も...」: fore*most*, top*most*, head*most*; inner*most*, ut*most*. [OE *-mest*]
mos·tac·cio·li /mɔ̀ːstɑːtʃóuli/ *n* モスタッチョーリ《両端が斜めの短い管状をした栄養補給用の糖果[ペースト]》. [It *mostaccio* mustache]
Mos·tag·a·nem /məstæ̀gənɛ́m/ モスタガネム《アルジェリア 北部 Oran の東北東にある市・港町》.
móst cómmon fée 〔豪〕共通診療代《個々の治療代として最も普通であると判断され, 国の健康保険による医療費払い戻しの基礎となるもの》.
moste ⇨ MOTE[2].
móst·est *n* [the]《俗》the MOST.
móst fávored nátion 最恵国《略 MFN; ⇨ NORMAL TRADE RELATIONS》.
móst-fávored-nátion clàuse 最恵国条款.
Most Hon. Most HONORABLE.
móst·ly *adv* 大部分, 主として; たいてい, だいたい, ほとんど, ふつう.
Mós·to·les /móustoulèɪs/ モストレス《スペイン中部 Madrid 自治州, 首都 Madrid の南西に位置するコミューン》.
móst signíficant bít 〔電算〕最上位[最上桁]のビット《略 MSB》.
móst signíficant dígit 最上位の数《位取り記数法で, 最も左側の数字; 略 MSD》.
Mo·sul /mousúːl, móus(ə)l; móus(ə)l/ モスル《イラク北部 Tigris 川に臨む市》.
mot[1] /móu/ *n* (*pl* **~s** /móu(z)/) 警句, BON MOT;《古》角笛の音. [F=word<L *muttum* a mutter (*muttio* to mutter)]
mot[2] /mɑ́t/ ᵁ《俗》*n* 女, 娘っ子; あばずれ, 売女; 女陰, あそこ. [C16<?]
MOT /ɛ́mòutíː/ ᵁ《口》*n* 車検 (MOT test); 車検証 (=**MOT certificate** /ɛ́mòutíː ⎯⎯/);《一般に》検査. ► *vt* (~'d; ~ing) 車検にかける. [*M*inistry *o*f *T*ransport 車検制度を導入した]
mo·ta /móutə/ *n**《俗》マリファナ (mootah).
mote[1] /móut/ *n* 綿繰り過程で残った種子(片),《そのためについた》紡ぎ糸の黒いしみ, モート;《特に ほこり・ちりの》微片;《古》汚点, きず. ● **~ and beam** ちりとうつばり, 人の小過失と自分の大過失. **~ in sb's eye** 〔聖〕人の目にあるちり《自分の大欠点を忘れて人に見いだす小欠点; *Matt* 7: 3》. [OE *mot*<?; cf. Du *mot* dust]
mote[2] *v auxil* (**moste** /móust/)《古》MAY[1], MIGHT[1]: So ~ it be. そうあれかし. [OE *mōtan* to be allowed]
mo·tel /moutɛ́l/ *n* モーテル《自動車旅行者の宿泊所》. ► *vi* モーテルに泊る. [motor(ists') hotel]
mo·tet /moutɛ́t/ *n*〔楽〕モテット《宗教的合唱曲の一種》. [OF (dim)<*mot*[1]]
moth /mɔ́(ː)θ, mɑ́θ/ *n* (*pl* **~s** /-ðz, -θs/, ~)〔昆〕ガ (蛾);〔昆〕イガ (衣蛾) (clothes moth);《イガの幼虫による》虫食い; [*fig*] 灯[誘惑]に集まるもの[人]. ● **like a ~ to a candle flame** ろうそくの灯に集まる蛾のように《人が物[人]に引き寄せられる様子》. ♦ **~·lìke** *a* [OE *moththe*<?; cf. G *Motte*]
móth·bàll *n* 防虫剤, 虫除け玉《ナフタリンなど》. ● **in ~s** 虫除けしてしまい込んで, 防虫退蔵して; ‹旧式なものを›退蔵して; ‹船艦を›予備役に入れて; ‹考え・計画・行動などを›棚上げして. **out of ~s** ‹しまい込んだものを›取り出して; ‹芸能人などが›久しぶりに姿を見せて.
► *vt* **1** ...に虫除け玉を入れる. **2** しまい込む; ‹軍需品を›長期保存状態にする, ‹軍艦などを›予備役に入れる; ‹計画・活動・考えなどを›棚上げにする, (しばらく)休止[閉鎖]する.
móthball fléet 予備艦隊, 待機艦隊.
móth bèan 〔植〕モスビーン《マメ科インゲン属の植物; インドで飼料・肥料に用いる》.
móth-èaten *a* 虫の食った; ぼろぼろになった; [*fig*] 古びた, 時勢遅れの.
moth·er[1] /mʌ́ðər/ *n* **1 a** 母, 母親,《動物の》雌親;《口》養母, 継母, 養母; [夫が自分の妻を指して]《口》お母さん: Like ~, like daughter.《諺》この母にしてこの娘あり《似たもの母娘; cf. FATHER《諺》》/ God's *M*~=the MOTHER OF GOD. **b** [the] 母の愛, 母性(愛). **2 a** 保護しはぐくむ女性[人物]; 女子修道院長 (mother superior). **b** おばあさん《特に下層階級の老婦人に対する Mrs. に相当する語》. **c***《俗》《ホモ集団のリーダー, 麻薬の売人, 売春宿のおかみなどある集団内でたよられている》母親的存在, おっかさん, マザー; *《俗》マリファナ (marijuana). **3**《ひよこの》保育器 (=artificial ~); *《空軍俗》《無人機・標的機の》母機; *《海軍俗》空母. **4** 本源, 源 ‹*of*›;《クリスチャンサイエンス》《永遠の原理としての》母. **5***《俗》**a** めめしい野郎, ホモ; *《卑》MOTHERFUCKER. **b** すばらしい[おもしろい, すごい, でっかい]こと[もの, 人]. **6** [‹*a*›] 母の, 母たる; 母としての; 生国の, 本国の; 母のような関係の, 源となる, 保育する; 親である, 母(ぼ).... ● **be ~** お茶をいれてあげる: I'll *be* ~. EVERY **~'s son (of you [them])**. **meet one's ~**《俗》生まれる: He wished he had never *met his* ~. 生まれて来なければよかったと思った. **Some ~s [muvvers] (do) have 'em!**《コックニー・幼児》どうしようもないやつ[ばか]だなあ《人の愚行・へまなどに対する絶望・嘲笑を表わす》. **the ~ (and father) of (all)...**《口》...のうちでも最高[最低, 最大, 抜群]のもの, ものすげえ.... **Your ~ wears army boots!***《俗》[ᵁ*joc*] ふん, ばーか, うるせえ, 死んじまえ. ► *vt* **1** 母親として世話する;《愛情をもって》養育する, 子育てする; ‹人›に母親のように接する, 世話をやく, 過保護に扱う. **2** [ᵁ*fig*] ...の母となる, 生む; ‹子供›の母であることを承認する; ‹小説など›の作者であると名のる. ♦ **~·lìke** *a, adv* MOTHERLY. [OE *mōdor*; cf. G *Mutter*, L *mater*]
mother[2] *n, vi* 酢母(を生じる). [? *mother*[1]; cf. Sp *madre* scum, Du *modder* dregs, G *Mutter*]

móther·bòard *n* 〘電算〙《マイクロコンピューターの》主回路基板, マザーボード.
móther bùlb 〘植〙《スイセンなどの》母球.
Móther Búnch **1** バンチかあちゃん《16 世紀後期の London の有名なビール店のおかみ》. **2**[*]《口》ずんぐりしたおばさん, だらしないばあさん.
Móther·càre マザーケア《乳幼児用の器具・衣類・おもちゃや妊産婦用の衣類を扱う英国のチェーン店》.
Móther Cár·ey's chícken /-kέəriz-/ **1**〘鳥〙PETREL,《特に》STORM PETREL. **2** 雪 (snow).
Móther Cárey's góose 〘鳥〙GIANT PETREL.
móther cèll 〘生〙母(ぼ)細胞.
Móther Chùrch **1** [the]《人格的にみた》(母なる)教会. **2** [ºm-c-] 母教会《**1**) ある地方の中心的な教会 **2**) 分派の母体となった教会 **3**) 個人にとってなじみの深い教会》.
móther cóuntry 生国, 母国;《植民地からみた》本国; 発祥の国.
móther·cràft *n* 育児法《母としての知識と技術》.
móther dàngler 《卑》MOTHERFUCKER.
móther éarth [the]《地上の万物の母なる》大地; [*joc*] 地面: kiss one's ～ [*joc*] 倒れる.
móther·èat·er *n* 《卑》MOTHERFUCKER.
moth·er·ese /mʌ̀ðəríːz/ *n* 母親語[ことば] (=*caretaker speech*)《幼児に話しかける際のゆっくりした, ややかん高い明瞭な発音の話し方》.
mother figure ⇨ MOTHER IMAGE.
móther·fùck·er 《卑》*n* 見下げはてた[いやったらしい, くそいまいましい, どうしようもない]やつ[もの], げす野郎 (=*mother*); すごいやつ, たいした[とんでもねえ, どえらい]野郎; すごいもの, 最高のこと. ★ 女性に対して用いることがある. また, 男性同士の間で親しい[ふざけた]呼びかけ語としても用いる.
móther·fùck·ing 《卑》*a*, *adv* 見下げはてた, 不快な, むかつく, まったくひでえ, あきれかえる, ものすげえ (=*fucking*); 厄介な, くそいまいましい; やばい.
mother gòddess 地母神《生産・豊穣を主な関心事とする原始宗教における根源的な女神; エジプトの Isis, フェニキアの Astarte, フリュギアの Cybele, ギリシアの Demeter など》.
Móther Góose **1** マザーグース《英国の伝承童謡集 *Mother Goose's Melody* (London, 1765?) の伝説的作者》. **2**[*]マザーグース童謡集 (Mother Goose rhymes [melodies]). **3** [Old ～] ガチョウおばさん《伝承童謡に歌われる, 雄ガチョウ (gander) に乗って空を飛ぶおばあさん》.
Móther Góose rhỳme[*] マザーグース童謡 (nursery rhyme[‖])《伝承童謡としての詩または歌》.
móther·gràbber *n* 《卑》[*euph*] MOTHERFUCKER.
mother hèlp·er 《卑》[*euph*] MOTHERFUCKER.
mother hén 母親的な過保護の態度でふるまう人.
móther·hòod *n* 母であること, 母性 (maternity); 母親 (mothers); 母親の精神[特性].
móther·hòuse *n* (女子)修道院長の住まい; (女子)修道院本部; 修道会発祥の修道院.
Móther Húb·bard /-hʌ́bərd/ **1** ハバードおばさん《Old Mother Hubbard Went to the cupboard で始まる伝承童謡の女性主人公》. **2** マザーハバード《裾が長くてゆるい婦人用ハウスドレス[スモック]》.
mother ìmage [fìgure] 典型的[理想化された]母親像.
móther·ing *a* 《卑》[*euph*] MOTHERFUCKING.
Móthering Súnday マザリングサンデー《四旬節 (Lent) の第 4 日曜日 (Mid-Lent Sunday); この日に英国では贈り物を持って両親を訪ねる古い風習がある》.
móther-in-làw /mʌ́ðərən-, mʌ́ðrən-, mʌ́ðərn-/ *n* (*pl* **móthers-in-làw** /mʌ́ðərzən-/) 義母《通例 配偶者の母; まれに STEPMOTHER》;〘ボウル〙左後部のピン.
mother-in-law apàrtment [sùite, ùnit][*]《増築した》おばあちゃんの部屋[離れ] (granny flat[‖]).
mother-in-law plànt 〘植〙唖甘蔗 (dumb cane).
mother-in-law's tòngue 〘植〙**a** アツバチトセラン, サンセベリア, トラノオ. **b** ローレンティー, フクリンチトセラン, トラノオ.
móther·jùmp·er *n* 《卑》[*euph*] MOTHERFUCKER.
móther·kìss·er *n* 《卑》[*euph*] MOTHERFUCKER.
móther·lànd *n*《自分の生まれた》母国, 故国;《先祖の生まれた》祖国; 発祥地.
móther lànguage 祖語 (mother tongue).
móther·less *a* **1** 母(親)のない; 作者不詳の. **2** [〈*adv*〉]《豪口》ひどく, 完全に: stone ～ broke 文無しの, すってんてんの. ◆ **～·ness** *n*
mother líquor [líquid] 〘化〙母液 (=*mother water*)《溶質の晶出後に残る飽和溶液》.
móther lòde 〘鉱〙《一地域・一鉱山の》主脈; 主たる源泉, 豊かな供給源.
móther·lòver *n* 《卑》[*euph*] MOTHERFUCKER.
móther·lòving *a*[*]《俗》[*euph*] MOTHERFUCKING.
móther·ly *a* 母の[としての]; 母のような; 優しい, いつくしみ深い. ► *adv* 母のように, 母らしく. ◆ **-li·ness** *n*
Móther Ma·chrée [Mc·Créa] /-məkríː/ [*]《俗》言いわけ,《逃げ口上としての》哀しいお話. [同名のアイルランドの歌から]
móther-náked /, [*](南部) -nέkəd/ *a* (生まれたときのように)すっ裸の.
Móther Nàture 母なる自然《万物の創造主としての nature の擬人化》; [m- n-]《俗》生理的必然《排泄のもよおし・性欲・月のもの》; [ºm- n-(s)]《俗》マリファナ.
móther·nùdger *n* 《卑》[*euph*] MOTHERFUCKER.
Móther of Gód 神の母《聖母マリア (Virgin Mary) の尊称》.
mother-of-millions ⇨ MOTHER-OF-THOUSANDS.
Mother of Párliaments [the] 議会の母, 英国議会 (the British Parliament)《他の多くの議会のモデルになったことから》.
mother-of-péarl *n*《貝内面の》真珠層, 真珠母 (=*nacre*);《まれ》真珠層のある貝《アコヤガイなど》.
mother-of-péarl mòth 〘昆〙ウコンノメイガ《メイガ科の小型のガ; 幼虫は大豆などの害虫》.
mother of the chápel 〘英〙出版[印刷]労働組合の代表の女性《略 MoC》.
móther-of-thóusands, -míllions *n* (*pl* ～) 〘植〙**a** ツタガラクサ (Kenilworth ivy). **b** ユキノシタ (strawberry geranium). **c** ヒナギク, デイジー (daisy). **d**[‖]MIND-YOUR-OWN-BUSINESS.
mother of vínegar 酢母《酢製造の種もろみとする》.
móther·ràm·mer *n* 《卑》[*euph*] MOTHERFUCKER.
móther's bòy お母さん子, いい子《特に気の弱いめめしい男の子; cf. MAMA'S BOY》.
Móther's Dày **1** 母の日《米国・カナダでは 5 月の第 2 日曜日; 英国では MOTHERING SUNDAY》. **2** [ºm- d-][*]《俗》福祉手当の小切手を受給する日《通常 毎月 1 回》.
móther's hélp[‖] 家事手伝い, 家政婦, 子守り.
móther's hélper **1** 家政婦, 子守り. **2**[*]《俗》バリウム (Valium).
mother shìp 《無人機・ロケットなどを発進させる》母機《宇宙船の母船》;《潜水艦, 水雷艇などの》母艦,《捕鯨船などの》母船, 親船(おやぶね).
Móther Shípton マザーシプトン (⇨ SHIPTON).
mother's méeting[‖]《教区などの》母の会; [*fig*] 当事者だけが熱心に行なう会.
móther's mílk 母乳; 根っから好きなもの, 心(しん)から楽しむもの. ● **drink [take, suck]...in with one's ～** 抜きがたく…が身についている.
mother's rúin[‖]《俗》ジン (gin).
Móthers' Únion [the] マザーズユニオン《1876 年に英国で設立された聖公会系の国際婦人団体; 信徒の結婚・家庭生活の支援を目的とする》.
mother supérior 女子修道院長.
Mother Teresa ⇨ TERESA.
mother-to-bé *n* (*pl* **mothers-**) 妊婦.
mother tóngue 《子供の時に初めて習得する》母語; 祖語.
mother trèe 〘植〙母樹(ぼじゅ) (seed tree).
mother wàter MOTHER LIQUOR.
mother wít もって生まれた知恵, 常識.
móther·wòrt *n* 〘植〙欧州原産メハジキ属の一種《シソ科》.
móth·ery *a* 酢母性の; 酢母を含む.
móth mùllein 〘植〙モウズイカ, ニワタバコ.
móth·pròof *a* 防虫加工[処理]した〈衣類〉. ► *vt* 防虫加工[処理]する. ◆ **～·er** *n*
móthy *a* 蛾(が)が多い[いる]; イガの多い, 虫食いになった.
Mo Ti /móudíː; -tíː/ 墨翟(ぼくてき)《墨子 (Mozɪ) の姓名》.
mo·tif /moutíːf/ *n* **1**《文学・芸術作品の》主題, モチーフ (cf. LEITMOTIF);《楽曲に繰り返して現われる》動機;《絵画・刺繍などの図案に繰り返す》中心的図形[図柄, 文様, 色], モチーフ;《服に縫いつけた》飾り模様. **2**《行動を起こさせる》刺激, 動機. **3**〘生化〙モチーフ《DNA やタンパク質などの一次構造に見られる, アミノ酸の特徴的配列》. ◆ **mo·tif·ic** /-tíːfɪk, -tíf-/ *a* [F MOTIVE]
mo·tile /móutl, -tàɪl; -tàɪl/ *a* 〘生〙(自発)運動能力のある, 運動性の: ～ cells;〘心〙運動型の. ► *n*〘心〙運動型の人 (cf. AUDILE, VISUALIZER). [L *motus* motion; *mobile* にならったもの]
mo·til·i·ty /moutíləti/ *n* 〘生理〙(自動)運動性.
mo·tion /móuʃ(ə)n/ *n* **1 a** 運動, 移動, 動き;《機械の》作動;《生体の》運動能力;〘楽〙《旋律の》進行. **b** 挙動, 動作, 身振り, 合図; [*pl*] 活動, 行動: He made a ～ with his hand. 手で合図をした. **2** 発意, 意向: of one's own ～ みずから進んで. **3** 提案, 提議;《議会などの》動議;〘法〙《裁判所・裁判官への》申し立て: on the ～ of...の動議で / adopt [carry, reject] a ～ 動議を採択[可決, 否決]する / second [propose] a ～ 動議を支持[提出]する / ～ for (a) new trial 〘法〙再審への申し立て. **4** 便通; [º*pl*] 排泄物: have a ～ 便通がある. **5**〘機〙機構, 装置;《廃》あやつり人形(芝居). ● **go through the ～s (of...**の)しぐさを(形式的に[習慣的に, 意味もなく])する, 形だけ[お義理で]やる; (…の)しぐさをまねる. **in ～** 動いて(いる), 運転中で[の];〘アメフト〙スナップの前に〈攻撃側の選手が〉スクリメージラインと平行に走って. **set [put]...in ～** …を動き出させる; 推進する. ► *vt*, *vi* (…に)身振りで要求[合図]する〈*to* sb〉; 身振りで招く; 申し立てる: ～

sb *in* [*away, aside, to* a seat, *to* enter] 人に合図してはいらせる[去らせる, わきへ寄らせる, 席に着かせる, はいらせる]. ［OF＜L; ⇨ MOVE］
Motion モーション Sir **Andrew** ～ (1952–)《英国の詩人・小説家; 桂冠詩人 (1999–2009)》.
mótion·al *a* 運動の[に関する]; 運動による; 運動を起こす.
mótion·less *a* 動かない, 静止した (still). ♦ **～·ly** *adv* **～·ness** *n*
mótion lòtion 《CB 無線俗》 車の燃料.
mótion pícture* 映画 (＝*moving picture, cinema, movie*); [*pl*] 映画制作術[業].
mótion sìckness*〖医〗《飛行機・船・自動車などの乗客の》動揺病, 乗物酔い《seasickness, airsickness など》(travel sickness").
mótion stùdy TIME AND MOTION STUDY.
mótion wòrk 時計の針の機構, 日の裏装置.
mo·ti·vate /móutəvèɪt/ *vt* …に動機を与える, 動機づける, 動かす, 刺激する, 誘導する (impel);〈行動など〉の動機となる. ♦ **mó·ti·và·tor** *n*
mó·ti·vàt·ed *a* 意欲的な〈*to* do, *to* sth〉;《特定の》動機[意図]をもった: highly ～ learners やる気のある学習者 / a politically ～ attack 政治的な意図をもった攻撃.
mo·ti·va·tion /mòutəvéɪʃ(ə)n/ *n* 動機, 刺激, 誘導;〖心〗《行動の》動機づけ, モティヴェーション; やる気, 意欲: increase [improve] learners' ～ 学習者の意欲を高める. ♦ **～·al** *a* **～·al·ly** *adv*
motivátion resèarch 《心理学・社会学などの応用による購買などの》動機調査, モティヴェーションリサーチ (＝**motivátional reséarch**).
mo·tive /móutɪv/ *n* 動機, 動因, 真意;《行動の》目標; MOTIF: selfish ～*s* 利己的な動機 / do a thing from ～*s* of kindness 親切心から事をする / of [from] one's own ～ みずから進んで. ► *a* 行動を起こさせる, 人を動かす; 起動の, 原動力となる; 動機の[となる]: ～ arguments 人を動かす議論 / ～ force 原動力. ► *vt* MOTIVATE;《廃》作品の主題と関連させる. ♦ **～·less** *a* 動機[目的]のない, 理由のない. **～·less·ly** *adv* ［OF *motif*＜L *motivus*; ⇨ MOVE］
mótive pówer 起動力, 原動力, 動力《水力・蒸気など》; 動力源《機関車・原動機など》;《ある鉄道の》動力《全機関車》.
mo·tiv·ic /moutívɪk/ *a*〖楽〗動機[モチーフ]の[に関する].
mo·tiv·i·ty /moutívəti/ *n* 原動力, 動力, 発動力.
mot juste /*F* mo ʒyst/ (*pl* **mots justes** /—/) 適切な語, 適語 (right word).
mot·ley /mátli/ *a* 雑多の, 混成の; さまざまな色の交じった, 雑色の, まだらな; まだら服を着た: a ～ crowd of spectators. ► *n* さまざまな色が入りまじっていること, まだら; ごたまぜ;《14–17 世紀にイングランドで織られた》まだら模様の毛織物;〖史〗《道化師の》まだら服;《まれ》道化師. ● **wear (the) ～** 道化た[ばかな]まねをする. ［? AF **motelé* ＜MOTE[1]］
mot·mot /mátmàt/ *n*〖鳥〗ハチクイモドキ《メキシコ・ブラジル間の熱帯森林地に住む色あざやかなブッポウソウ目の鳥》. ［AmSp (imit)］
mo·to[1] /móutou/ *n* (*pl* **～s**)〖楽〗運動, 進行 (motion), モート. ［It］
moto[2] *n* (*pl* **～s**) モトクロスの一回のレース. ［*moto*cross］
mó·to·cròss /móutou-/ *n* モトクロス, スクランブルレース《整地されていないクロスカントリーコースで行なわれるオートバイ[サイドカー]レース》. ♦ **～·er** *n* ［*motor*＋*cross*country］
mo·to·néuron,《英》**-néurone** /mòutə-/ *n*〖生理〗運動ニューロン. ♦ **-néu·ro·nal** / , -n(j)uróu-; -njuərə́u-/ *a*
móto per·pé·tuo /-pərpéʧuou/ (*pl* **moto per·pe·tui** /-ʧui/)〖楽〗無窮動, 常動曲, ペルペトゥウム モビレ (＝*perpetuum mobile*)《初めから終わりまで同一の速い動きで進行する曲》. ［It＝perpetual motion］
mo·tor /móutər/ *n* **1 a** 原動機, 発動機, モーター,《特に》内燃機関, 電動機. **b** 原動機付き乗物,《特に》《口》自動車; MOTORBOAT, MOTORCYCLE. **c** [*pl*]〖市場〗自動車株. **2** 原動力. **3***《俗》覚醒剤, メタンフェタミン. ● **get sb's ～ running***《俗》《しばしば性的に》人を興奮させる, 興味をひく, おもしろがらせる, ムラムラさせる, (気を)そそる, メロメロにする. ► *a* 動かす, 原動の, 発動の; 発動機[原動機]の; 自動車の, 自動車関係の; 自動車用の;〖生理〗運動の, 運動性の, 動的な;〖心〗運動の伴う: ～ images. ► *vt* 自動車で運ぶ[送る]. ► *vi* 自動車に乗る[で行く];《俗》驀進[突進]する, すいすい進む;《俗》出かける, 腰を上げる, 帰る;《俗》調子が出る, のる: go ～*ing* ドライブする / ～ to Nikko 日光へドライブする. ［L＝mover; ⇨ MOVE］
mótor·able *a*〈道路が〉車で走れる.
Mo·to·rail /móutərèɪl/ *n*〖英〗モートレール《カーフェリーのように車と乗客を運ぶ鉄道》.
mótor àrea〖解〗《大脳皮質の》運動野(ᵞ).
mótor bicycle MOTORBIKE.
mótor·bìke *n* "《口》MOTORCYCLE; *小型オートバイ; *原動機付き自転車. ► *vi* motorbike に乗る[で行く]. ♦ **-bìk·er** *n* バイク乗り.
mótor·bòat *n* モーターボート (＝*powerboat*). ► *vi* モーターボートに乗る[を操縦する]. ♦ **～·er** *n*
mótor·bòat·ing *n* モーターボートに乗ること;〖電子工〗モーターボーティング《増幅システム・変換器内での無用なパルス状発振》.
mótor bùs バス (＝*motor coach*).
mótor·càde *n* 自動車の行列, 車列 (autocade). ► *vi*《口》車を連ねて走る.
mótor càmp オートキャンプ場.
mótor·càr *n* 自動車 (automobile); [ᵁmotor car]〖鉄道〗電動車《作業用》.
mótor càravan" 炊事・宿泊設備付きの自動車, キャンピングカー.
Mótor Cìty モーターシティ《Detroit 市の俗称》.
mótor còach MOTOR BUS.
mótor còrtex〖解〗運動皮質《大脳の運動野 (motor area) の皮質; 機能的総体としてみた運動野》.
mótor còurt* MOTEL.
mótor·cỳcle *n, vi* オートバイ[単車](に乗る)《時に側車も含む》. ♦ **-cỳcling** *n* **-cỳclist** *n* オートバイ乗り.
mótor·dom *n* 自動車の世界.
mótor drìve〖機〗電動部《電動機とその補助部》.
mótor-drìven *a* モーターで動く, 電動の.
mótor·dròme *n* 自動車[オートバイ]競走[試走]場.
mó·tored *a* [ᵁ*compd*] モーターを備えた: bi*motored*.
mótor gènerator 電動発電機.
mótor hòme モーターホーム《居住用空間をもつ大型自動車》.
mótor hotèl MOTOR INN.
mo·to·ri·al /moutɔ́:riəl/ *a* 運動の, 運動を起こす.
mo·tor·ic /moutɔ́(:)rɪk, -tár-/ *a*〖生理〗運動(性)の (motor). ♦ **-i·cal·ly** *adv*
mótor·ing *n, a* 自動車運転(の); ドライブ(の): a ～ offence 運転違反.
mótor ìnn 大型モーテル.
mótor·ist *n* 自動車[マイカー]運転者, ドライバー.
mótor·ìze *vt* …にモーターを備える, 電動化する; …に自動車を配備する, 自動車化する: a ～*d* wheelchair 電動車椅子. ♦ **mòtor·izátion** *n* 動力化, 電動化; 自動車化, モータリゼーション.
mótor lòdge MOTEL.
mótor-lòrry" *n* MOTORTRUCK.
mótor·man /-mən/ *n*《電車・機関車・地下鉄などの》運転士; モーター係.
mótor·mòuth *n*《俗》おしゃべり(なやつ). ♦ **mótor·mouthed** /-màuðd, -màuθt/ *a*
mótor mòwer 電動芝刈り機.
mótor nèrve〖解〗運動神経.
mótor nèuron〖生理〗運動ニューロン (motoneuron).
mótor néuron disèase〖医〗運動ニューロン疾患《筋萎縮性側索硬化症などの進行性麻痺を起こす神経疾患の総称》.
mótor pàrk 《西アフリカ》駐車場;《豪》サービスエリア.
mótor pòol* モータープール《配車センターに集められた軍用・官庁用自動車群》.
mótor ràcing 自動車レース.
mótor sàiler 機帆船《モーター付きの帆船》.
mótor scòoter 《モーター付き》スクーター.
mótor shìp [vèssel] 内燃機船《略 MS, MV》.
mótor spírit" 内燃機関用燃料, ガソリン.
mótor spòrt モータースポーツ, 自動車レース (motor racing).
mótor stàrter〖電〗《モーターを始動・加速させる》モータースターター.
mótor torpédo bòat (高速)魚雷艇 (＝*mosquito boat, PT boat*).
mótor·trùck *n* トラック, 貨物自動車 (motor-lorry").
mótor ùnit〖解〗運動単位《運動ニューロンと筋繊維》.
mótor vèhicle 自動車両, 自動車《軌道を用いない乗用車・バス・トラックなど》.
mótor·wày *n* "高速道路;《口》広くて滑りやすいスキーコース.
mótorway màdness"《口》《濃霧などの悪天をついた》高速道路での無謀運転.
mo·to·ry /móutəri/ *a* 運動を起こす.
mótor yàcht モーターヨット, 大型モーターボート, クルーザー.
Mo·town /móutàun/ *n* モータウン《(1) Detroit の俗称 (2) Detroit 市で創立されたレコード会社 Motown Record Corp. のレーベル》; モータウンサウンド《1960–70 年代に流行したソウル音楽》. ［*Mo*tor Town 自動車の町］
mot·ser, mot·zer /mátsər/, **mot·za** /mátsə/ *n*《豪俗》《ギャンブルでの》大もうけ, 大金. ［C20＜?］
mott[1] /mát/ *n* "《俗》MOT[2].
Mott モット (1) **Lucretia** ～ (1793–1880)《米国の社会運動家; 旧姓 Coffin; Elizabeth Stanton と協力して女性の権利のための全国大会 Seneca Falls Convention を開催・指導した (1848)》 (2) Sir **Nevill F(rancis)** ～ (1905–96)《英国の物理学者; 半導体・結晶塑性などの個体量子論的研究を行なった; ノーベル物理学賞 (1977)》.
motte[1], **mott**[2] /mát/ *n**《南西部》《草原地帯の》小森林. ［AmSp *mata* grove］

motte[2] *n* 〖史〗モット《城郭・要塞を築いた小丘[築山]》. ［OF; ⇨ MOAT］
mótte and báiley モット・(アンド・)ベイリー式城郭《溝と柵で囲まれた築山 (motte) とそれより低く広い bailey とよばれる区画からなり, 全体が 8 字形に似た中世ノルマン人の城郭》.
Mot·tel·son /móutls(ə)n, -sɔ:n/ モッテルソン **Ben R(oy)** ～ (1926–)《米国生まれのデンマークの物理学者; 原子核の集団運動模型を提唱, 発展させた; ノーベル物理学賞 (1975)》.
MOT test /èmòutí: —/ [the]ᴵᴵ《口》《定期的な》車検.
mot·tle /mátl/ *n* 斑, 斑点; ぶち, まだら, 斑紋; 〖植〗モザイク病 (mosaic). ► *vt* …に斑点をつける, まだら[ぶち, 斑(ふ)入り]にする, 雑色にする. ♦ **mót·tler** *n* ［逆成く *motley*］
mót·tled *a* まだらの, ぶちの, 雑色の, 斑紋のある, 斑入りの: ～ yarn 杢糸(もく)《2 色または 3 色の色糸をより合わせた糸》.
móttled enámel 〖歯〗斑状歯.
móttle-lèaf *n* 〖植〗《カンキツ類の》斑葉(ふよう)病.
mot·to /mátou/ *n* (*pl* ～es, ～s) 座右銘, 標語, モットー; 《盾・紋章の》題銘; 金言, 処世訓; 《文学作品の巻頭やその章・節の冒頭に記して主題を示唆する》題辞としての引用文[句]; 〖楽〗《象徴的意味をもつ》反復楽句. ［It; ⇨ MOT[1]］
mot·ty /máti/ *n* 《アイル》投げ銭 (pitch-and-toss) の標的.
Mo·tu /móutu/ *n* **a** (*pl* ～, ～s) モツ族《Papua 南部の先住民》. **b** モツ語《**1)** オーストロネシア語族に属する **2)** pidgin 化されたモツ語で, Hiri Motu, Police Motu ともいう; パプアニューギニアで部族間の共通語として 10 数万人が使用》.
mo·tu pro·prio /móutu próupriòu/ (*pl* -pri·òs) 〖カト〗教皇自発教令, モーツ・プロプリオ. ［L＝by one's own impulse］
Mo-tzu 墨子 (⇨ MOZI).
mouchᴵᴵ /mú:ʧ/ *vi, vt* MOOCH.
mou·choir /*F* muʃwa:r/ *n* ハンカチ.
moue /*F* mu/ *n* (*pl* ～s /*F* —/) ふくれつら, しかめつら.
mouf·(f)lon /mú:flɑ̀n/ *n* 〖動〗ムフロン《Corsica, Sardinia, 西アジアの山岳地帯に産する大型巻角の野生羊》. ［F＜It］
mouil·lé /mujéɪ; mwí:èɪ, mú:jèɪ/ *a* 〖音〗湿音の (wet), 口蓋音の (palatal, palatalized)《スペイン語の ll /ʎ/, ñ /ɲ/, イタリア語の gl /ʎ/, gn /ɲ/ など, またフランス語の l または ll が y の音 /j/ で発音される場合にいう》. ［F＝wetted］
moujik ⇨ MUZHIK.
moula ⇨ MOOLA(H).
mou·lage /mulá:ʒ/ *n* 《犯罪の証拠としての足跡・タイヤ跡などの》石膏の型取り; 《その型どおりの》石膏型, ムラージ. ［F＝molding］
mould ⇨ MOLD[1,2,3]. ★ 派生語も同じ.
mouldiwarp ⇨ MOLDIWARP.
mouldy /móuldi/ *n*ᴵᴵ《軍俗》魚雷 (torpedo). ［Sc dial *moudie* mole］
mouldywarp ⇨ MOLDYWARP.
moule /*F* mul/ *n* 〖貝〗イガイ(貽貝), ムール貝.
moules (à la) ma·ri·nières /mú:l (à: lɑ:) mà:rənjέər; -(æ lɑ:) mæ̀r-/ *pl* 〖料理〗ムール貝の船頭風《香草入り白ワインの蒸し煮》. ［F＝mussels in the marine manner］
mou·lin /mu:lǽŋ; mú:lɪn/ *n* 〖水文〗氷河甌穴(おうけつ). ［F＝mill］
Moulin ムーラン **Jean** ～ (1899–1943)《フランスのレジスタンスの闘士; 捕えられて拷問を受け, ドイツ移送中に死亡》.
Mou·lín Róuge /mulǽn rú:ʒ; mú:læ̃(n)-/ [the] ムーランルージュ《19 世紀末に Montmartre にできたミュージックホール》.
Moulins /*F* mulɛ̃/ ムーラン《フランス中部 Allier 県の県都》.
Moul·mein /mulméɪn, moul-, -máɪn; máulmèɪn/ モールメイン《ミャンマー南部の Salween 川が Martaban 湾に流出する河口に位置する市》.
Moul·oud /múlʊd/ *n* 〖イスラム〗ムハンマド生誕の祝日.
moult ⇨ MOLT.
mound[1] /máund/ *n* **1** 土手, 堤, 《特に》防御用土手, 土塁; 塚, マウンド《特に 墓・神殿などに造られたもの》; 小丘; こぶ; 《畑の》畝(うね); 〖野〗マウンド (＝pitcher's ～). **2** 《乾草・貝殻・果物などの》山; 大量, どっさり: ～s of work たくさんの仕事. **3** 《古》生垣, 垣根, 柵, 塀. ► *vt* 築山にする; 盛り上げる 〈*up*〉; 《古》垣根[柵, 土手]で囲む. ［C16＝hedge or fence＜?; cf. MDu *mond* protection］
mound[2] *n* 〖紋〗十字架付き宝珠 (orb). ［OF; ⇨ MONDE］
móund bìrd [bùilder] 〖鳥〗ツカツクリ (megapode).
Móund Bùilder マウンドビルダー《北米五大湖から Florida 地方にかけて多数の土塁や塚を残した先史インディアン》.
móund láyering [láyerage] 〖園〗《取り木の》盛り土(つち)法 (＝*stool layering*).
móunds·man /-mən/ *n* 《野球俗》ピッチャー, 投手.
mount[1] /máunt/ *vt* **1 a** 〈山・台・王位など〉にのぼる; 〈馬・自転車など〉に乗る, またがる; 〖動〗〈雄が雌〉に乗駕する, マウントする, 《俗》〈男が女〉に乗る: ～ a ladder [platform] / ～ the throne. **b** 〈人を〉馬に乗せる, 〈人〉に乗馬を供給する; 騎兵にする: be well [poorly] ～*ed* よい[悪い]馬に乗っている. **2 a** 据え付ける, 装備する, 〈砲を〉搭載する[据える], 〈タイヤを〉取り付ける[はめる]; 〈機(はた)〉に糸をかける. **b** 〈歩哨・見張りなどを〉立てる, 部署につける. **3 a** 《台に》乗せる, 取り付ける, はめ込む; 台紙に貼る[はめる], 表装する, 裏打ちする; 《顕微鏡の》検鏡板に固定する; ちりばめる; 金銀作りにする; 剝製にする: ～ a picture *on* cardboard 台紙に写真を貼る / ～ specimens *on* the slide 載物ガラスに標本を載せる / diamonds ～*ed in* platinum 白金の台にはめ込んだダイヤモンド. **b** 〈衣装を〉着て見せる; 〈見本を〉展示する, 〈展覧会を〉開く. **4** 〈運動などを〉くりひろげる, 展開する; 〈訴訟を〉起こす 〈*against*〉; 〖軍〗〈攻撃部隊を〉組織する; 〈攻撃・作戦を〉開始する. **5** 〈劇〉の上演準備をする, 上演[公演]する: The play was well ～*ed*. 劇は(舞台装置・衣装など)りっぱに上演された. **6** 〖電算〗〈CD-ROM ディスクなどを〉マウントする; 〖電算〗〈ディスクドライブなどのハードウェアを〉装備する, 使用可能な状態にする. ► *vi* **1** 上る, 登る (ascend); 馬[自転車]に乗る 〈*up*〉. **2** 〈数量・程度・費用・利益などが〉上がる, 増す, かさむ (rise) 〈*up*〉. **3** 〈血が〉ほおに上る; 〈感情が〉高まる, つのる, 昂じる. ● ～ GUARD. ► *n* **1** 乗馬, 乗り方; 乗用馬, 乗用ラバ; 《競馬の》騎乗. **2** 《宝石・指輪などの》台; 台紙, 台板; 《顕微鏡の》検鏡板, 載物ガラス (slide); 砲架; 〖電〗《真空管などの》取付台, マウント; 〖郵趣〗ヒンジ (hinge); 切手アルバムの透明なポケット. **3** 《家具・刀剣類の》飾り金具. ♦ **～·able** *a* ［OF＜L (↓)］
mount[2] *n* **1** 小山 (hill), 山 (mountain)《固有名詞と併用するときは *Mount* Vernon または *Mt* Fuji のように書く》; 塚 (mound); 《古》土塁. **2** [M-] 〖手相〗宮《掌中 7 突起の一つ》. ［OE *munt* and OF *mont*＜L *mont-* MONS mountain, hill］
moun·tain /máunt(ə)n/ *n* **1** 山, 山地, 山岳; [*pl*] 山脈: We go to the ～s in summer. 夏は山へ行く / make a ～ (out) of a MOLEHILL. ★ 通例 岩肌が露出していたり 雪をかぶっているような険しい山をいい (cf. HILL), 固有名詞のあとに置くことはあるが前には置かない (cf. MOUNT[2]): the Rocky *M*～s ロッキー山脈. **2** 山のように大きなもの; (山ほどの)多数, 多量; 《商品の》多量の余剰在庫: a ～ of flesh 巨漢 / have ～s of work to do 仕事が山ほどある / [〈*adv*〉] The sea went ～s high. 海は山なす大波となった (cf. MOUNTAIN-HIGH). **3** [the M-] 〖史〗山岳党 (1792)《議場で高い座席にいたフランス革命当時の極端な過激派》. ● **move ～s** あらゆる努力をする; 不可能と思えることをやってのける, 奇跡をなし遂げる. **Muhammad and the ～** ムハンマドと山の故事《Muhammad が山を呼び寄せると高言し, 山の動かないのを見て自分のほうが山に行こうとしたことから, 事実が暴露しても平気でいる詭弁家にいう》. **Muhammad must go to the ～.** (先方が来ないというなら)こちらが出かけて行かねばなるまい《情勢によって方針を転換するときにいう; ★ 条件節と結句の主語を入れ換えて次のようにいっても同じ意味: If Mohammed will not come to the ～, (then) the ～ must go to Mohammed.》. **remove ～s** 奇跡を行なう. **the ～ in labor** 労多くして効少ないこと, 骨折り損《Horace または Aesop に由来する the ～ labors and brings forth a (ridiculous) mouse (大山鳴動して鼠一匹) なる句から》. ► *a* 山の; 山に住む; 山のよう(に大き)な. ［OF＜L (↑)］
móuntain accèntor /, -æksɛntər/ 〖鳥〗ヤマヒバリ《イワヒバリ科; シベリア産》.
móuntain àsh 〖植〗**a** ナナカマド (＝*service tree*)《バラ科ナナカマド属の木の総称》. **b** マウンテンアッシュ《豪州原産ユーカリノキ属の巨木》.
móuntain àvens 〖植〗**a** チョウノスケソウ《バラ科の匍匐性低木》. **b** 北米原産ダイコンソウ属の山草.
móuntain bèaver 〖動〗ヤマビーバー《北米産》.
móuntain bìke *n* マウンテンバイク《略 MTB》. ► *vi* マウンテンバイクに乗る. ♦ **móuntain biker** *n*
móuntain bláck snàke 〖動〗クロネズミヘビ (BLACK RAT SNAKE).
móuntain blúebird 〖鳥〗ムジルリツグミ《米国西部産; 胸が青い》.
móuntain·bòard *n* マウンテンボード《マウンテンボーディング用の 4 輪付き滑降板》. ♦ **～·ing** *n* マウンテンボーディング《専用の滑降板で山の斜面を滑り降りるスポーツ》. **～·er** *n*
móuntain bòomer*《南部・中部》アカリス (red squirrel).
móuntain canàry*《俗》荷運びロバ (burro).
móuntain càt 〖動〗ヤマネコ《COUGAR, BAY LYNX または CACOMISTLE》.
móuntain chàin 山脈, 山系 (mountain range).
móuntain chíckadee 〖鳥〗マミジロコガラ《米国西部産》.
móuntain còck 〖鳥〗CAPERCAILLIE.
móuntain còrk 〖鉱〗山コルク (＝*rock cork*)《コルクに似た石綿の一種》.
móuntain cránberry 〖植〗コケモモ (＝*cowberry, lingonberry*)《赤い実は食用》.
móuntain dáylight tìme [ᴼM-] 〖米・カナダ〗山地[山岳部]夏時間《mountain (standard) time の夏時間; 略 MDT》.
móuntain dèvil 〖動〗トゲトカゲ (moloch).
móuntain déw 《口》密造ウイスキー, 密造酒 (moonshine).
moun·tain·eer /màunt(ə)níər/ *n* 登山者, 登山家; 山岳民, 山地民. ► *vi* 登山する.
mountainéer·ing *n* 登山.
móuntain èverlasting 〖植〗CAT'S-FOOT.
móuntain fèrn 〖植〗オオバショリマ.
móuntain gèm 〖鳥〗シロメジリハチドリ《中米高地の森林に生息す

るシロメジリハチドリ属の総称; 緑色をしている》.
móuntain glàcier 〘地質〙山岳氷河《山地の窪地を占有する氷河; アルプス・ヒマラヤなどに多い》.
móuntain gòat 〘動〙**a** シロイワヤギ (=*Rocky Mountain goat*)《Rocky 山脈産》. **b** ヤギ羚羊 (goat antelope).
móuntain gorìlla 〘動〙マウンテンゴリラ《コンゴ民主共和国東部の山岳地帯にすむ; cf. COAST GORILLA》.
móuntain-hígh *a* 山のように高い, 山なす.
móuntain ìbex 〘動〙(ヒマラヤ)タール (tahr).
móuntain làurel 〘植〙アメリカシャクナゲ (=*calico bush*).
móuntain lèather 〘鉱〙山柔皮(やまじゅうひ)《石綿の一種》.
móuntain lìnnet 〘鳥〙キバシヒワ (twite).
móuntain lìon 〘動〙COUGAR.
móuntain mahògany 〘植〙北米西部のバラ科の小低木.
móuntain màn 山の住民, 山地民 (mountaineer); *辺境開拓者《わな猟師・商人・案内人など》,《特に》マウンテンマン《1820–30 年代に Rocky 山脈地帯を探検した毛皮猟師》.
móuntain·ous *a* 山の, 山地の, 山の多い; 山岳的な; 山のような, 巨大な: (a) ～ country 山国 / ～ waves 山のように大きな波. ♦ **～·ly** *adv* **～·ness** *n*
móuntain òyster 《食用にする》子牛・羊・豚などの睾丸 (cf. PRAIRIE OYSTER).
móuntain pàca 〘動〙マウンテンパカ《南米西部山岳産の齧歯動物》.
móuntain pànther 〘動〙**a** ユキヒョウ (SNOW LEOPARD). **b** COUGAR.
móuntain quàil 〘鳥〙ツノウズラ《California 州産》.
móuntain rànge 山脈, 連山 (=*mountain chain*);《傾斜地の多い》山地, 山岳地帯.
móuntain shèep 山地[高山]の野生羊,《特に》オオツノヒツジ (bighorn).
móuntain sìckness 〘医〙高山病, 山岳病, 山酔い.
móuntain sìde 山腹.
Móuntains of the Móon *pl* [the] 月の山《Nile 川水源にあるとされていた古くからの伝説の山; cf. RUWENZORI》.
móuntain (stándard) tìme [°M-]〘米・カナダ〙山地[山岳部]標準時《UTC より 7 時間おそい, Rocky 山脈周辺の標準時; 略 M(S)T; ⇨ STANDARD TIME》.
Móuntain Stàte 山岳州《**1**) Rocky 山脈が通っている米西部 8 州の一つ: Montana, Idaho, Wyoming, Nevada, Utah, Colorado, Arizona, New Mexico **2**) West Virginia 州》.
móuntain sỳstem 山系.
móuntain tobàcco 〘植〙アルニカ (arnica)《ウサギギク属》.
móuntain·tòp *n* 山頂, 山巓.
móuntain tròut 〘魚〙**a** カワマス (brook trout). **b**《豪》マウンテントラウト《豪州産の小型の淡水魚》.
móuntain vizcácha 〘動〙マウンテンチンチラ《南米西部山岳地方産》.
móun·tainy *a* 山の多い, 山地の; 山地に住む.
móuntain zèbra 〘動〙ヤマシマウマ《ほぼ絶滅; アフリカ南部産》.
Mount·bat·ten /mauntbǽtn/ マウントバッテン (**1**) **Louis** ～, 1st Earl ～ of Burma (1900–79)《英国の海軍軍人; 第二次大戦後期, 東南アジア連合軍総司令官として日本軍への反攻を指揮, 戦後は最後のインド副王, 独立後総督 (1947–48); 国防総参謀長 (1959–65)》(**2**) **Philip** ～, Duke of Edinburgh ⇨ Prince PHILIP.
Mòunt Cóok lìly 〘植〙ニュージーランド南島の高地にみられるキンポウゲ属の大型多年草 (=*great mountain buttercup*).
Mòunt De·sért Ísland /-dəzə́ːrt-, -dézərt-/ マウントデザート島《Maine 州海岸沖の島; Acadia 国立公園に属する避暑地》.
moun·te·bank /máuntɪbæ̀ŋk/ *n*《巧みな口上で人を集めていんちき薬を売る》大道薬売り, 香具師(やし);《客寄せの》芸人, 道化師;《一般に》ペテン師, いかさま師 (charlatan). ► *vt*《廃》ペテンにかける, 詐術を用いて…の形を変える. ► *vi* いんちき薬を売る; いかさまをする. ♦ **～·ery** *n* 香具師的行為. [It=one who mounts on bench]
móunt·ed *a* **1** 馬[自転車, 乗物]に乗った: a ～ bandit 馬賊 / the ～ police 騎馬警官隊. **2** 台を付けた, 据え付けた, 取り付けた, 組み立てた; 〈銃・大砲など〉発射準備が完了した; 〘軍〙《輸送車・馬・戦車などの》輸送手段を常備した: gold-～ 黄金作りの. **3** 計画されている, 予定の.
móunt·er *n* 乗せる[据え付ける, 取り付ける]人, 宝石などをちりばめる人, 絵などの表装をする人《など》.
Mount·ie, Mounty /máunti/ *n*《口》カナダ騎馬警官隊 (Royal Canadian Mounted Police) の隊員.
móunt·ing *n* **1 a**《大砲などの》据え付け;〘工〙実装, 取付け; 作り, 細工; 剝製;〘生〙《プレパラート用切片の》固定, 封入. **b**〘軍〙砲架, 銃架;《写真などの》台紙,《宝石・指輪などの》台. **2** 馬にまたがること; 〘動〙《雄の》背乗り, 乗駕(じょうが), マウンティング. ► *a* 増大する, 増え続ける; しだいに高まる[つのる]: ～ debts 増える一方の借金.
móunting blòck 《馬・バスに乗るときの》石の踏台.
Mòunt Ísa /-áɪzə/ マウントアイザ《オーストラリア北東部 Queensland 州の北西部の町; 銅・鉛・亜鉛・銀を産出する》.
Móunt Rainíer Nátional Párk レーニア山国立公園《Washington 州中西部 Cascade 山脈中にある Rainier 山 (4392 m) を中心とした国立公園》.
Mòunt Sàint Élsewhere *《俗》《病院で》末期患者が移される別室.
Mòunt Vérnon マウントヴァーノン《**1**) New York 州南東部 New York 市の北郊外にある市 **2**) Virginia 州北東部 Potomac 河岸にある George Washington の旧居・埋葬地》.
mourn /mɔ́ːrn/ *vi* 嘆く, 悲しむ, 悼む, 哀悼する ‹*over, for*›; 喪に服する, 弔う; 〈ハトが〉悲しげな声で鳴く. ► *vt* 嘆き悲しむ; 〈死者を〉哀悼する; 悲しそうに言う. ♦ **～·ing·ly** *adv* [OE *murnan*; cf. OHG *mornēn* to be troubled]
Móurne Móuntains /mɔ́ːrn-/ *pl* [the] モーン山地《北アイルランド南東部の山地; 最高峰 Slieve Donard (852 m)》.
móurn·er *n* 嘆く人, 悲しむ者, 哀悼者; 会葬者;《葬儀に雇われる》泣き屋, 泣き男[女];《伝道説教の会場の》悔い改めの告白者: the chief ～ 喪主, 祭主.
móurner's bènch* 懺悔者席《教会の最前列》.
móurn·ful *a* 悲しみに沈んだ; 悲しげな, 哀調をおびた, 悲しみを誘う; 死者を悼む, 哀悼の. ♦ **～·ly** *adv* **～·ness** *n*
móurn·ing *n* 悲嘆, 哀悼; 喪, 服喪, 忌中; 喪服, 喪章 (cf. DEEP [HALF] MOURNING); [‹*a*›] 喪の: go into [put on, take to] ～ 喪に服する, 喪服を着る / leave off [go out of] ～ 喪があける, 喪服を脱ぐ. ● **in** ～ 喪に服して, 喪服を着て;《俗》《なぐられて》〈目〉のまわりが黒くなって;《俗》〈爪が〉あかがたまって.
móurning bànd 喪章.
móurning clòak 〘昆〙キベリタテハ (Camberwell beauty).
móurning còach 葬儀参列者を運ぶ黒ずくめの馬車.
móurning dòve 〘鳥〙ナゲキバト (=*turtledove, rain crow*)《悲しげな声で鳴く; 北米・中米産》.
móurning pàper 黒枠付き書簡用紙.
móurning rìng 亡き人の形見としてはめる指輪.
móurning wárbler 〘鳥〙ハイガシラアメリカムシクイ《北米産》.
mousaka ⇨ MOUSSAKA.
mouse /máus/ *n* (*pl* **mice** /máɪs/) **1**〘動〙**a** マウス《各種の小型のネズミ, 特にヨーロッパで普通みられる小型のイエネズミ, 学名はハツカネズミ; cf. RAT[1]》: (as) drunk as a (drowned) ～ ひどく酔っぱらって / (as) quiet as a ～ 実に静かで / like a drowned ～ びしょぬれになって; しょんぼりして / Burn not your house to fright the ～ away.《諺》ネズミ退治に家を焼くな《極端な手段をとるな》/ Don't make your*self* a ～, or the cat will eat you.《諺》みずからネズミになれば猫に食われる《毅然としないと人にしてやられる》/ The ～ that has but one hole is quickly taken.《諺》穴一つだけのネズミはすぐにつかまる《一つのことだけにたよるのは危険である》/ bring forth a ～ ⇨ the MOUNTAIN in labor. **b** JUMPING MOUSE, POCKET MOUSE の類. **2 a** 臆病者, 内気者; ‖《俗》初夜にやりそこなった男. **b** かわいい子, いい子《女の子などに対する愛称》;《俗》女(の子); ガールフレンド, 婚約者, かみさん. **c** *《俗》《テレビ視聴者としての》子供, チビっ子; *《俗》《自動車セールスにおける》客. **3** 茶色がかった灰色, ねずみ色 (mouse gray) (=～ **còlor**). **4**《口》《打たれた目のまわりの》黒あざ (black eye). **5**〘海〙フックの口のくくり合わせ (mousing). **6** (*pl* **móus·es, mice**)〘電算〙マウス《机の上などをすべらせて, 画面上を対応して動く矢印などを移動させ, 入力操作を行なう装置》. **7** *〘軍俗〙小型ロケット. ● **～ and man** 生きとし生けるもの, あらゆる生き物: the best laid SCHEMES of *mice and men*. **play** CAT AND MOUSE **with** sb. ► *v* /máuz, -s/ *vt* **1**《忍び寄って》襲う, 狩り出す (hunt out);《根気よく》捜し出す ‹*out*›;《廃》《猫がネズミを扱うように》手荒に扱う, なぶりものにする;《廃》かじる, かみ切る. **2**〘海〙〈フック〉の口を細いロープでくくり合わせる. ► *vi* **1** 〈猫・フクロウが〉ネズミを捕える; ねらう;《俗》ばかにする, からかう. **2** あさり歩く ‹*about*›; 忍び足で歩く ‹*along*›. **3**〘電算〙マウスを用いて〈スクリーンの文字・画像の上に〉カーソルを動かす ‹*over*›. ♦ **～·lìke** *a* [OE *mūs*, (pl) *mȳs*; cf. G *Maus*, L *mus*]
móuse·bìrd *n*〘鳥〙**a** ネズミドリ (coly). **b** アメリカオオモズ (white-rumped shrike).
móuse bùtton 〘電算〙マウスボタン.
móuse dèer 〘動〙ネズミジカ (chevrotain).
móuse-drìven *a*〘電算〙マウス操作の《ソフトなどがキーボードではなくマウスで操作する》.
móuse dún MOUSE GRAY.
móuse-èar *n*〘植〙《mouse の耳に似て》毛のある短い葉をもった各種の植物《hawkweed, forget-me-not, chickweed など》.
móuse-èar chíckweed 〘植〙ミミナグサ.
móuse-èared bát 〘動〙ホオヒゲコウモリ.
móuse gráy 〘色彩〙ねずみ色, マウスグレー (=*mouse dun*)《やや褐色がかった中明度の灰色》.
móuse hàre 〘動〙ナキウサギ (PIKA).
móuse·hòle *n* ネズミの穴; 狭い出入口; 小さな物置; 狭苦しい住居.
móuse lèmur 〘動〙コビトキツネザル《Madagascar 島産; 数種ある》.
móuse màt‖ MOUSE PAD.

móuse mìlking*《俗》苦労の割に報われない仕事, 骨折り損.
móuse opòssum〘動〙**a** マウスオポッサム (=*pygmy opossum*). **b** フクロヤマネ (dormouse opossum).
móuse pàd*〘電算〙マウスパッド《mouse 用の下敷き》.
móuse potàto《俗》コンピューターばかりいじっているやつ, パソコン狂, マウスポテト.
mous·er /máuzər/ *n* **1** ネズミを(よく)捕える動物[猫]; あさり歩く人: a poor [good] ～ ネズミをさっぱり捕らない[よく捕る]猫. **2**《俗》口ひげ (mustache).
móuse·tàil *n*〘植〙花にネズミの尾状の花托があるキンポウゲ科の草本.
móuse tràcking〘電算〙マウスのトラッキング《**1)** マウスの動きの追跡・記録 **2)** マウスの移動距離に対する画面上のポインターの移動距離の指標;「速い (fast)」とすると動きが大きくなる》.
móuse·tràp *n* **1 a** ネズミ捕り; 小さな家[場所]; *《俗》二流の小劇場, 場末のナイトクラブ. **b** おとり, わな;《消費者の心をひきつける》新製品;〘アメフト〙マウストラップ, トラッププレー (=*trap*)《ディフェンスのラインメンを故意に自陣スクリメージライン内に誘い込むプレー》. **2**[ᵘ]《ネズミ捕りにつける》匂いの強いチーズ, [*joc*] 安い[まずい]チーズ (=～ **chèese**). **3** [The M-]『ねずみとり』《Agatha Christie 作の推理劇; 1952 年 London で初演, 以来 世界最長のロングランを続けている》. ► *vt* わなにかける;〘アメフト〙〈ディフェンス側プレーヤー〉にマウストラップをかける.
mousey ⇨ MOUSY.
mous·ing /máuzɪŋ/ *n* ネズミ退治[駆除];〘海〙マウジング《フックの口をくくり合わせること; そのための小綱[掛け金]》.
mous·que·taire /mù:skətέər/ *n*《フランスの》マスケット銃兵 (musketeer),《特に》銃士《17-18 世紀のダンディーな服装と果敢さで有名な近衛騎兵》. [F]
mous·sa·ka, mou·sa- /musá:kə, *mù:səká:/ *n* ムサカ《羊または牛の挽肉とナスのスライスを交互に重ねチーズ・ソースをかけて焼いたギリシア・トルコなどの料理》. [Gk or Turk]
mousse /mú:s/ *n* **1** ムース《**1)** 泡立てクリーム・ゼラチンなどに砂糖・香料を加えて冷やしたデザート **2)** 肉か魚を用いるこれに似た料理》. **2** 泡状整髪料. **3** ムース《海上石油流出の際に生じる暗褐色の乳状流出油》. ► *vt*〈髪を〉ムースで整える. [F=moss, froth]
mousse·line /mù:slí:n, ⌐⌐, *mù:sə-/ *n* MUSLIN; ムースリーヌ《目が細かく薄いモスリン》; ムースリーヌ《ワイングラス用の薄型ガラス》; ムースリーヌ《**1)** MOUSSELINE SAUCE **2)** MOUSSE 料理》. [F=muslin]
mousseline de laine /⌐⌐ də lέn/ DELAINE. [F]
mousseline de soie /⌐⌐ də swá:/ (*pl* **-lines de soie** /—/) 絹モスリン. [F]
M **mousselíne sàuce** ムースリーヌソース (=*mousseline*)《hollandaise sauce に泡立てた生クリームを加えたソース》.
mous·se·ron /mú:sərɑ̀n/ *n*〘菌〙ヒカゲウラベニタケ《平らな白い傘, ピンク色のひだ, 粉っぽい匂いのするイッポンシメジ科の食用キノコ》. [OF]
mous·seux /*F* musø/ *a* 発泡性の〈ワイン〉: vin ～ ヴァン ムースー《フランスのワイン法による発泡性ワイン》. ► *n* (*pl* ～) 発泡性ワイン. [⇨ MOUSSE]
Moussorgsky ⇨ MUSSORGSKY.
moustache ⇨ MUSTACHE.
moustachio ⇨ MUSTACHIO.
Mous·te·ri·an /mustíəriən/ *a*, *n*〘考古〙《欧州の中期旧石器時代の》ムスティエ文化(期)(の). [Le *Moustier* フランス南西部 Dordogne 地方の洞窟]
mousy, mous·ey /máusi, -zi/ *a* ネズミ臭い; 灰褐色の, くすんだ茶色の〈髪〉; おとなしい, 内気な, 臆病な; ネズミの繁殖した[多い].
♦ **móus·i·ly** *adv* **-i·ness** *n*
mouth /máuθ/ *n* (*pl* **～s** /máuðz, *máuz, *máuθs/) **1** 口, 口腔; 口もと, 唇;《はみのきく》馬の口 (⇨ have a good [bad, hard] ～ (成句)): kiss on the ～ / with a smile at the corner(s) of one's ～ 口もとに微笑を浮かべて. **2**《言語器官としての》口; ことば, 発言; 人の口, うわさ; 口のきき方; 話し好き, おしゃべり (⇨ BIG MOUTH); 生意気な言いぐさ; 口答え: in the ～ of sb=in sb's ～ 人の話によると / stop sb's ～ 人に口止めする / in everyone's ～ 世間のうわさとなって / It sounds strange in your ～. きみが言うとおかしい / in [with] a French ～ フランス語流の発音で, フランス語口調で / foul ～ きたない口のきき方 (cf. FOULMOUTHED). **3** [ᵘ*pl*]《食物をあてがわれるべき》人, 動物: useless ～*s* ごくつぶし / I have ten ～*s* to feed. 扶養家族が 10 人いる. **4** 口状物[部], 入口; 川[港, 火山, ほら穴, 銃, 瓶, 袋など]の口; 吸い口;《吹奏楽器の》歌口, 吹管 (mouthpiece);〘楽〙《オルガンの》flue pipe の側面の穴;《万力などのあご部の》開口部. **5**《まれ》代弁者;《俗》弁護士 (mouthpiece). **6** [a ～]*《俗》二日酔い (hangover). **7**《ワインの》口当たり.
● **a ～ full of** SOUTH. **be all ～ (and trousers)**《口》口先ばかりで行動しない. **blow off** one**'s ～** ⇨ SHOOT¹ off one's mouth. BUTTON one**'s ～. by** WORD **of ～. down in [at] the ～**《口》しょげて, がっくりして, 元気なく. **from** HAND **to ～. from ～ to ～**《うわさなどが》口から口へ, 人から人へ; 順次に. **from the** HORSE**'s ～. Get all that out of your ～.***《俗》うそつくな, 白状しろ, 正直に言え. **give ～**〈猟犬が〉ほえ出す. **give ～ to**…を口に出す[話す]. **have a** BIG MOUTH. **have a good [bad, hard] ～**〈馬が〉よくはみがきく[きかない]. **have a ～ like the bottom of a birdcage [parrotcage]**[ᴴ]《俗》飲みすぎて舌がざらざらしている[口の中が気持悪い]. **keep** one**'s ～ [trap] shut**《口》秘密を守る, 黙っている. **make a ～ [～s] at**…に口をゆがめる[顔をしかめる]《不同意・軽蔑の意味で》. **make** sb**'s ～** WATER. **open** one**'s** BIG MOUTH. **open** one**'s ～** 話し始める, 口をきく, ものを言う; うっかり秘密[機密]を漏らす. **open** one**'s ～ too wide** 身のほど知らずの口をきく, 途方もない値を要求する, 欲が深すぎる. **out of** sb**'s own ～** 実際に当人の口から. **out of the ～(s) of babes (and sucklings)** みどりごと乳飲み子との口から, 子供はごまかせない[よく見てる]ね《幼い子供の思いがけず鋭い発言にいう; *Ps* 8: 2》. **put** one**'s** FOOT **in** one**'s ～. put** one**'s money where** one**'s ～ is**《口》自分の言ったことに対し実際行動で[金を出して]裏付けをする,(口先だけでなく)実行する. **put words into** sb**'s ～** だれそれのことば[気持]であると勝手に人に言う, 言いもしないことを言ったことにする; 言うべきことを人に教える[言い含める]. **rinse** sb**'s ～ out (with soap)** [ᵘ*joc*] 人を罰する. **run** one**'s ～***《口》ベラベラしゃべる. SHOOT¹ **off** one**'s ～. shut** one**'s ～ [trap]**《口》口をつぐむ, 黙る, 黙秘権を行使する: *shut* sb's ～ [*trap*] 人の口をふさぐ, 秘密を守らせる / *Shut* your ～!《口》うるさい, 黙れ! / Well, *shut* my ～! *《南部》これは驚いた. **take (the)** WORDS **out of** sb**'s ～. turn down** one**'s ～** 口をへの字に曲げる. **Watch your ～!***《俗》ことば[口のきき方]に気をつけろ, 生意気ぬかすな, でかい口たたくな. **with one ～** 異口同音に. **with** one**'s** HEART **in** one**'s ～.**
► *v* /máuð/ *vt* **1 a** 言う, 発音する; 気取って[大声で, 大げさに]言う, 演説口調で言う;〈お題目を〉口先だけで言う, 唱える. **b** もぐもぐ言う;〈ことばを〉(黙って)口の動きで伝える. **2** 口に入れる, 口にする; かむ, くわえる; 口の中でころがす, なめる. **3**〈馬を〉はみや手綱に慣らす. ► *vi* **1 a** 話す; 大声で[気取って]話す. **b** 口をゆがめる, 顔をしかめる 〈*at*〉; 口を動かす. **2**〈支流が本流・海・湖などに〉注ぐ 〈*in, into*〉. ● **～ off**《口》大口をたたく,(余計なことを)ベラベラしゃべる, 口答えする;《口》がなりたてる,(言いたい放題)文句を言う 〈*at*〉. **～ on** sb*《俗》〈人を〉密告する, たれ込む, 売る.
♦ **～·less** *a* **～·like** *a* [OE *mūth*; cf. G *Mund*, L *mando* to chew]
móuth-brèather *n**《俗》大ばか, まぬけ, とんま, どアホ.
♦ **móuth-brèathing** *a*
móuth·brèed·er, -bròod·er *n*〘魚〙口内保育魚, マウスブリーダー[ブルーダー]《卵や稚魚を口の中に入れて養うカワスズメ科などの魚》.
mouthed /máuðd, -θt/ *a* 口のある; [*compd*] 口が…の; [*compd*]…の声をした: FOULMOUTHED, HARDMOUTHED.
móuth·er /máuð-/ *n* 大言壮語する人.
móuth·fèel *n*《食べ物・飲み物の》口当たり.
móuth-fìll·ing *a*〈言文が〉長ったらしい, 大げさな.
móuth·fùl *n* **1** 口一杯, ひと口分; 少量(の食べ物): a ～ of food ひと口の食べ物 / at a ～ ひと口に / make a ～ of…をひと口にのむ. **2 a**《発音しにくい》長ったらしい語[句]. **b***《口》適切[重要, 正当]な言: You said a ～! 名言だ, なかなかいい[うがった]ことを言うね. ● **give …a ～**[ᴴ]《口》…に悪態をつく, …をののしる.
móuth hàrp*《南部》ハーモニカ (harmonica).
móuth hòok〘昆〙口鈎(こうこう)《二翅類のハエの幼虫の代用顎》.
móuth òrgan ハーモニカ (harmonica); パンの笛 (panpipe).
móuth·pàrt *n* [ᵘ*pl*]《節足動物の》口器.
móuth·pìece *n* **1**《楽器の》歌口, 吹管, マウスピース;《管・パイプの》口にくわえる部分, 吸い口, 飲み口;《くつわの》はみ; 口金; 送話口;《水道管の》蛇口;《ボクサーやアメリカンフットボール・ホッケーなどの選手の》マウスピース. **2** 代弁者 (spokesman),《俗》(刑事)弁護士;《定期的な》公報.
móuth-to-móuth *a* 口対口の, 口・口式の: ～ resuscitation 口・口式蘇生法. ► *n* 口対口人口呼吸法, 口・口式蘇生法.
móuth·wàsh *n* 口内洗浄剤, うがい薬, 含嗽(がんそう)剤;《俗》酒(一杯).
móuth·wàter·ing *a* よだれの出そうな, うまそうな;《口》魅力的な, すばらしい. ♦ **～·ly** *adv*
mouthy /máuði, -θi/ *a* 口数の多い, ずけずけ物を言う, やかましい, へらず口の. ♦ **móuth·i·ly** *adv* **-i·ness** *n*
mou·ton /mú:tɑ̀n, mutɑ́n/ *n* ムートン《毛を刈り落とし染色して beaver, seal などの毛皮に似せた羊皮製の毛皮》. [F]
moutonnée ⇨ ROCHE MOUTONNÉE.
MOV〘電算〙動画ファイルを示す拡張子.
mov·able, move- /mú:vəb(ə)l/ *a* 動かせる, 可動の;〘印〙一文字一本の, 可動の〈活字〉; 年移動する, 不定の (⇨ MOVABLE FEAST);〘法〙動産の (personal) (opp. *real*): ～ property 動産. ► *n* 動かせるもの (opp. *fixture*);《取付けに対して》可動家具; [ᵘ*pl*]〘法〙動産, 非定着物, 家財. ★ 英では *a*, *n* ともに〘法〙の語義の場合 moveable とつづることが多い.
♦ **-ably** *adv* **mòv·abíl·i·ty** *n* **～·ness** *n*
móvable-dó sỳstem /-dóu-/〘楽〙移動ド方式《各調の主音を

ドとして歌う唱法; cf. FIXED-DO SYSTEM》.

móvable féast 移動祝日, 不定祭日《年によって日付が変わる Easter など; opp. *immovable feast*》; ″不定期的に行なわれる行事, 都合のよい時間に取る食事.

mov·ant /mú:vənt/ *n* *〘法〙申立人.

move /mú:v/ *vt* **1 a** 〈体・手足などを〉動かす; …の位置[地位, 部署, 日時など]を変える, 移す, 運ぶ, 移動[異動]させる, 進ませる, 〈人を〉立ち去らせる, 追い払う, (引き)離す 〈*along, on, away*〉; 〘チェス〙〈コマを〉動かす, 進める, 〈一手〉さす; 作動させる; 動揺させる; 〈腸〉に通じをつける: Don't ～ your hand. 手を動かすな / He ～*d* his chair nearer to the table. 椅子をテーブルに近寄せた / ～ a machine 機械を運転する / ～ *aside* わきへ寄せる, 退ける / ～ books *off* (*from* [《口》*of*]) the desk 机から本を移動させる. **b** 〈商品などを〉売る, さばく, 動かす; 《俗》盗む, くすねる, 失敬する. **2 a** 〈人を〉感動させる; 〈感情を〉かきたてる: Their deep friendship ～*d* us a great deal. 深い友情に大いに感動した / I was ～*d to* tears. 感動して涙を催した / She was ～*d with* compassion at this sight. この光景を見て同情をかきたてられた / ～ sb's blood 憤激させる. **b** 〈人を〉動かして…させる, 〈人〉に…する気を起こさせる (incite): What ～*d* you *to* do this? どういうわけでこれをする気になったのか / The spirit ～*s* him *to* try it. 彼はそれをやってみたいと思っている / won't be ～*d* 意見[立場, 決心]を変えない. **c** 《廃》…に頼む (beg), 請願する. **3** 提議する (propose), 動議として提案する; 〈立法機関など〉に申し立てる, 訴える 〈*for*〉: Chairman, I ～ *that* we adopt the plan. 議長, わたしはこの案を採用することを提議します《that 節には普通, 仮定法現在形を用いる》.

► *vi* **1 a** 動く, 体[手足など]を動かす; 移動[運行]する; 《口》出発する 〈*on*〉; 〈列車・汽船などが〉進行する, 進む; 《口》すごく速く進む, 〈車が〉(よく)走る, スピードが出る; 〈コマが〉動く, 進む; 〈機械が〉作動する; 〈風・水などが〉動く, 動揺する: Not a leaf ～*d*. 木の葉一枚揺るがなかった / ～ *on* [*along, down*] どんどん進む; [*impv*] 先に進んで, 立ち止まらないで, 奥へ詰めて《交通巡査の命令などで》/ The earth ～*s round* the sun. 地球は太陽のまわりを回る / ～ *about* [*around*]《特に 仕事で》あちこち動きまわる / ～ *forward* 進み出る / You can't ～ for…でいっぱいだ[身動きもできない]. **b** 〈商品が〉動く, 売れる, さばける (sell). **c** 《別のこと[状態, 部署]などへ》移る, 進む; 移行する; 〈事物・事情などが〉進展[進歩]する, うまくいく, はかどる 〈*along, on*〉: ～ *forward with* a project 計画を先へ進める / ～ *toward* democracy 民主化に向かう. **2** 転地[移転]する, 引っ越す; 〈民族が〉移住する: He is *moving* next week. 来週引っ越すことになっている / ～ *away* 立ち退く, 引っ越す / ～ *in* [*out*] 引っ越して来る[行く, 引き払う], 転入[転出]する (⇨ MOVE *in*) / We ～ *to* [*into*] the country next month. 来月田舎へ引っ越します / ～ *about* 転々と住所を変える. **3** 〈特定の社会で〉行動[活動]する, 生活する 〈*in, within*〉, 〈特定の集団と〉交わる, つきあう 〈*among*〉; 〈…に〉遅れないようにする, 〈時世などに〉ついていく 〈*with*〉; 意見[立場]を変える, 譲歩する; 行動を起こす, 処置を講じる 〈*on* a matter〉; 〘チェス〙コマを動かす, 手をさす: They ～ *in* the high [best] society. 上流社会に出入りしている / ～ *away* (*from*…から)離れる, 手を引く, やめる / ～ *against*…に反対の行動を起こす / It is for him to ～ first *in* the matter. この問題では彼がまず手を打つべきだ. **4** 《正式に》提案[提議]する, 動議を提出する; 《裁判所・裁判官に》申し立てる: I ～ *for* an amendment. 修正動議を提出します. **5** 〈腹が〉通じがつく.

● **get moving** 《口》急ぐ, 腰を上げる, 出かける, 立ち去る, 帰る; 《口》〈物事を〉動かす, 始める, (ばりばり)進める. **～ along** 〈事を〉進める, 進展させる (⇨ *vi* 1c). **～ aside** 《ある場所から》どく; 身を引く, 譲る. **～ back** 〈…から〉後ろへ移動する, 下がる 〈*from*〉; *《俗》〈人〉に…だけ費用をかけさせる (cost). **～ down** 下げる, 降ろす; 下がる, 降りる; ⇨ *vi* 1a; 越して[移って]来る; 降格[格下げ]する; 降格[格下げ]される. **～ heaven and earth** できるだけの努力をする, 何でもやる 〈*to* do〉. **～** HOUSE. **～ in** 近寄る; 転居して〈新居など〉にはいる, 〈人と〉同居[同棲]を始める 〈*with, together*〉; 〈新しい仕事〉に就く, 乗り出す. **～ in on**…に接近する, はたらきかける, 迫る; 《口》〈人〉の家に押しかける[ころがり込む]; 《口》〈女性〉に言い寄る; 《口》…を攻撃する; 《口》〈人〉の権力[財産など]を奪い取る, 〈事業などを〉乗っ取る, 介入[進出]する. **～ into**…に引っ越す; …の分野に進出する. **～ it** 《口》急ぐ. **～ off** 立ち去る 〈*from*〉; 《俗》死ぬ; 飛ぶように売れる. **～ on** 昇進する, いい地位へ進む; 〈考えなどが〉変わる, 進歩する; 《つらい体験をしたあとで》再び歩み始める; 〈次の場所・話題などに〉進む, 移る 〈*to*〉; MOVE along: ～ *on to* higher [better] things 出世[昇進]する. **～ on…** *《俗》〈女を〉口説きにかかる, 手を出す. **～ out** ⇨ *vi* 2; 〈人〉に家を空けさせる; 〈仕事を〉やめさせる. **～ over** 詰めて場所を空ける, 少し離れる; (地位などを)譲る; 〈…に〉移行する 〈*to*〉. **～ toward** 〈妥協など〉に近づく, 目指す. **～ up** 昇進[格上げ, 進級]させる[する] 〈*into* management〉; 〈値段・株(価)などが〉上がる; *《俗》より高級品を志向する; 〘軍〙前線へ移動する[させる]; 場所[席]を詰める, 空ける: ～ *up* in the world 出世する / I'll ～ *up* to a larger car. もう少し大きい車に乗り換えるつもりだ.

► *n* **1** 〘チェスなど〙コマを動かすこと[番], 手; [the] 《チェスの》詰め手; [*fig*] 《ある目的に向けての》動き, 行動, 措置, 手段: make the first ～ 先手を打つ / It's your ～. きみの手[番]だ / a clever ～ うまい手 / a ～ *toward* peace talks 和平会談への動き / a bold ～ 大胆な動き[行動] / one ～ ahead (of …) (相手より)一歩先んじて. **2** 運動, 移動, 動き; 移転, 転居; 転向; 《ダンスの》動作, 動き; 《スポーツ選手の》巧みな[人を惑わす]動き. ● **get a ～ on＝bust a ～** 《口》動き出す; 《俗》出かける, 急ぐ, 行く, 帰る. **have all the ～s** *《俗》とてもじょうずである, 運動神経抜群である. **know a ～ or two＝know every ～** [**all the ～s**] 抜け目がない, 如才ない. **make a ～** 動く, 移動する 〈*for, toward*〉; ″《口》転居する, 立ち去る(用意をする); 行動する, 手段をとる; *《俗》〈女を〉口説く, 〈…に〉ちょっかい[手]を出す 〈*on*〉; 〘チェス〙一手指す. **make one's ～** ある立場[行動]をとる, 動きを見せる. **never miss a ～**＝never miss a TRICK. **on the ～** (始終)動いて(いる), 忙しい, (あちこち)旅行中で; 〈物事が〉進行[進歩]して(いる): get *on the* ～ 動き出す[出させる]. **put the ～(s) on＝put a ～ on** 《俗》put the MAKE[1] on. **watch** [**follow**] **sb's every ～** 人のすべての行動を監視する. [AF＜L *mot- moveo*]

moveable ⇨ MOVABLE.

móve·less *a* 《口・文》動きのない, 不動の (motionless), 固定した (fixed). ♦ **～·ly** *adv* **～·ness** *n*

móve·ment *n* **1 a** 動くこと, 運動, 動き, 活動; 運転(状態). **b** 移動; 引っ越し, 移住, 《人口の》動き; 〘軍〙機動, 作戦行動, 展開. **c** 心の動き, 衝動. **2 a** 動き, 動作, 身振り; [*pl*] 物腰, 態度, 姿勢. **b** [[u]*pl*] 行動, 動静, 動向. **c** 《政治的・社会的》運動; 運動組織[団体]: the civil rights ～ 公民権運動. **3 a** 《時代などの》動向; 《事件・物語などの》進展, 変化, 波乱, 活気: a novel [play] lacking in ～ 変化に乏しい小説[劇] / in the ～ 時勢に遅れずに, 風潮に乗って. **b** 〘商〙《市場の》活況, 商品価格[株価]の変動, 動き. **4 a** 《考えなどが》結論に近づいて行く過程, 考えが固まってくること. **b** 《植物の》発芽, 生長; 《無生物の》動揺, 振動 〈*of* the waves〉. **5 a** 《絵画・彫刻などの》動き, 動的効果, 動勢, ムーヴマン. **b** 〘楽〙楽章; 律動, 拍子, テンポ; 〘韻〙律動的な流れ[調子]. **6** 《時計など機械の》作動機構[装置, 部品]. **7** 便通; 《便通 1 回分の》排泄物: have a ～ 通じがある / regular ～*s* 規則正しい便通.

mov·er /mú:vər/ *n* **1** 動く人[もの]; 進歩[進展, 発展]している人[事業, 考え]; 移転者. **2** 動かす人[もの]; MOVER AND SHAKER; *引っ越し屋; 発動するもの; 発動機, 運転者; 動議提出者: FIRST [PRIME] MOVER.

móver and sháker (*pl* **móvers and shákers**) 《口》実力者, 有力者, 大物, お偉いさん.

mov·ie[1] /mú:vi/ *n* **1** 映画(作品) (motion picture); 映画館. **2** [the ～s] **a** 映画の上映; 《娯楽・芸術の一ジャンルとしての》映画: go to *the* ～*s* 映画を見に行く. **b** 映画界, 映画産業. **3** 映画化にかっこうな素材, 映画向きの手法. [*mov*ing picture, *-ie*; 1912 年初出]

movie[2] *n* [the ～s] *《俗》下り腹, 下痢.

móvie càmera* 映画カメラ (cinecamera).

móvie·dom *n* 映画界 (filmdom).

móvie fìend MOVIEGOER.

móvie fìlm* 映画フィルム (cinefilm).

móvie·gò·er *n* よく映画に行く人, 映画好き[ファン].

móvie·gò·ing *n* 映画見物. ► *a* よく映画に行く: the ～ public 映画好きの人たち.

móvie hòuse* 映画館 (movie theater).

móvie·lànd *n* 映画界 (filmdom).

móvie·màker *n* 映画制作者. ♦ **-màking** *n*

móvie stàr* 映画スター (film star″).

móvie thèater* 映画館 (cinema″).

Móvie·tòne 〘商標〙ムービートーン《サウンドトラックを用いた最初の技法》.

mo·vi·men·to /mòuvəméntou/ *n* (*pl* ～**s**) TEMPO. [It]

mov·ing /mú:vɪŋ/ *a* 動く; 動かす; 引っ越し(用)の; 感動させる: ～ expenses 引っ越し費用 / a ～ story 感動的な話. ● **a** [**the**] **～ spirit** [**force**] 中心人物, 主唱者. **the ～ image** 動画《総称》. ► *n* 動く[動かす]こと, 動き; 移動; 引っ越し, 転居; 衝動: ～ of the waters 騒ぎ, 興奮, 《事件進行中の》変化, 動乱《*John* 5: 3》. ♦ **～·ly** *adv* 感動的に.

móving áverage 〘統〙移動平均.

móving-cóil *a* 〘電〙可動コイル型の.

móving párt 《機械の》可動部.

móving pávement″ MOVING SIDEWALK.

móving pícture 《古風》活動写真, 映画 (motion picture).

móving sídewalk [**plátform**]* 動く歩道 (moving pavement″).

móving stáircase [**stáirway**] エスカレーター.

móving vàn* 家具運搬車, 引っ越しトラック (removal van″).

móving violàtion 走行中の交通違反《スピード違反・信号無視など》.

móving wálkway MOVING SIDEWALK.

Mov·i·o·la /mù:vióulə/ 〘商標〙ムービオラ《映画フィルムの編集用の映写装置》. [*movie*, *-ola* (＜ pianola)]

movt movement.

mow[1] /móu/ *v* (～**ed**; ～**ed, mown** /móun/) *vt* 〈草などを〉刈る, 〈畑など〉の作物を刈り取る; 《特に 銃で》無差別に大量殺戮する, なぎ倒す, 掃討する, 〈相手を〉簡単に破る, 完敗させる 〈*down, off*〉; 車でひく

M

‹*down*›. ► *vi* 刈る, 刈り入れる; 《敵などを》なぎ倒す, 掃討する; *《口》腹いっぱい[死ぬほど]食いまくる[詰め込む], 暴食する. [OE *māwan*; cf. G *mähen*]

mow[2] /máu/ *n* 《英では方》《乾草・穀物の》山 (stack); 乾草置場, 穀物小屋. ► *vt* 山積みにする ‹*away*›. [OE *mūha*; cf. ON *múgi* swath, crowd]

mow[3] /máu, móu/, **mowe** /máu, móu/ *n, vi* 《古》しかめっつら(をする) (⇨ MOP[2]). [OF＜Gmc]

mów·bùrnt *a* ‹乾草・わらなどが›納屋焼け[むれ]した.

mowd·ie /máudi/, **mowd·i·e·wart** /máudiwə̀:rt/ *n*《方》MOLDWARP.

mów·er *n* 草刈り人; 草刈り機, モーア (mowing machine).

Mow·gli /máugli/ マウグリ《Kipling, *The Jungle Book* (1894) の主人公; 狼に育てられた少年》.

mów·ing *n* 《大鎌・刈取り機でする》草刈り, 刈り取り, 採草; 草の刈取り量, 一回に刈り取った乾草, 刈り高; *HAYFIELD.

mówing machìne 草刈り機, 刈取り機, モーア.

mown *v* MOW[1] の過去分詞.

MOX /máks/ *n* 〖原子力〗混合酸化物(燃料), モックス《二酸化ウランや二酸化プルトニウムの混合物からなる核燃料》. [*mixed oxides*]

moxa /máksə/ *n* 《日本の》もぐさ; 〖植〗もぐさの採れる草. [Jpn]

mox·i·bus·tion /màksɪbʌ́stʃ(ə)n/ *n* 灸, 灸療法.

mox·ie /máksi/ *《口》*n* 元気, 精力, 強靭, 勇気, 勇壮; 気骨, ファイト, 積極性; 技術, 経験. [清涼飲料の商標 *Moxie* より; 精力減退や脳軟化に効くと広告していた]

mox nix /máks níks/ *《俗》ちっともかまわない, どうでもいい. [G *es macht nichts*]

moya /mɔ́ɪə/ *n* 〖地質〗火山泥. [*Moya* エクアドルの火山]

moy·en-âge /*F* mwajɛnɑ:ʒ/ *a* 中世 (le moyen âge) の[に関する, を思わせる].

Moy·ga·shel /mɔ́ɪgəʃəl/ 〖商標〗モイガシェル《アイルランド産のリネン》. [北アイルランド Tyrone 地方の村]

Moyle /mɔ́ɪl/ モイル《北アイルランド北部の行政区》.

Moy·ni·han /mɔ́ɪnəhæ̀n/ モイニハン (1) **Berkeley George Andrew** ~, 1st Baron ~ (1865–1936)《英国の外科医; 腹部外科の権威》(2) **Daniel Patrick** ~ (1927–2003)《米国の社会学者・民主党政治家》.

Mo·zam·bique /mòuzəmbí:k/ モザンビーク (*Port* **Mo·çam·bi·que** /mù:səmbí:kə/)《アフリカ南東部の国; 公式名 Republic of ~ (モザンビーク共和国); ☆Maputo; もと Portuguese East Africa; 1975 年独立》. ♦ **Mò·zam·bí·can** /-bí:kən/ *a, n*

Mózambique Chánnel [the] モザンビーク海峡《モザンビークとマダガスカルの間》.

M

Moz·ar·ab /mouzǽrəb/ *n* 〖史〗モサラベ《ムーア人征服後のスペインでムーア王に服従することを条件に信仰を許されたキリスト教徒》. ♦ **Moz·ár·a·bic** *a* [Sp *Mozarabe*＜Arab *musta'rib* would-be Arab]

Mo·zart /móutsà:rt/ モーツァルト **Wolfgang Amadeus** ~ (1756–91)《オーストリアの作曲家》. ♦ **Mo·zárt·ean, -ian** *a* モーツァルトの[に関する]; モーツァルト的な.

mo·zet·ta /mouzétə, -tsétə/ *n* MOZZETTA.

Mo·zi /móuzə́:/, **Mo·tzu** /móudzə́:/ 墨子 (470?–?391 B.C.)《中国, 戦国時代の思想家; 姓は墨, 名は翟(てき), Mo Di /móu dí:/; ラテン語名 Micius》.

mo·zo /móusou/ *《南西部》*n* (*pl* ~**s**) 荷物運搬動物の列 (pack train) の面倒をみる男; 召使, ボーイ. [Sp＝boy]

moz·za·rel·la /màtsərélə/ *n* モッツァレッラ《白く軟質のイタリアチーズ》. [It]

moz·zet·ta /mouzétə, -tsétə/ *n* 〖カト〗モゼタ《教皇その他の高位聖職者の用いるフード付き肩衣》. [It]

moz·zie /mázi/ *n* 《英俗・豪俗》MOSSIE[1].

moz·zle /máz(ə)l/ *n* 《豪》運 (luck) (cf. MAZEL). [Heb]

moz·zy /mázi/ *n* 《英俗・豪俗》MOSSIE[1].

mp 〖楽〗°mezzo piano. **mp, m.p.** 〖理〗°melting point.

MP °Madhya Pradesh ♦ megapixel ♦ /èmpí:/ (*pl* **MPs, MP's** /-z/) 〖英〗Member of Parliament ♦ 〖英〗°Metropolitan Police ♦ milepost ♦ °Military Police ♦ °Military Policeman ♦ °Northern Mariana Islands. **MPA** Master of Public Administration. **MPAA** 〖米〗Motion Picture Association of America アメリカ映画協会. **MPC** 〖電算〗multimedia personal computer マルチメディアパソコン《multimedia の処理に必要な機能を備えたパソコン》.

MPD 〖精神医〗°multiple personality disorder.

MPEG /émpèg/ *n* 〖電算〗MPEG (エムペグ)《ISO の委員会, また その制定になる動画・音声データの圧縮方式; MPEG-1 はビデオ CD, MPEG-2 はテレビ放送および DVD の記録方式に採用, MPEG-4 は移動体通信などの低ビットレート用; MPEG-7 はマルチメディアコンテンツ記述用, MPEG-21 は著作権管理用であり圧縮規格ではない; cf. JPEG》. [*Moving Picture Experts Group*]

MPers °Middle Persian. **mpg** miles per gallon. **MPG** 〖電算〗MPEG 方式で圧縮された動画データファイルを示す拡張子. **mph** miles per hour. **MPH** Master of Public Health.

M phase /ém ―/ 〖生〗M 相, M 期《細胞周期における核分裂・細胞質分裂が起こる時期; cf. G_1[G_2, S] PHASE》.

MPhil Master of Philosophy. **MPLA** [Port *Movimento Popular de Libertação de Angola*] アンゴラ解放人民運動《アンゴラの与党; cf. UNITA》. **mps** meters per second.

MP3 /émpì:θrí:/ *n* MP3《(1) 音声データ圧縮方式のひとつ (2) それを利用したファイル》: an ~ player MP3 プレーヤー. [*MPEG Audio Layer3*]

Mpu·ma·lan·ga /əmpù:mɑ:lá:ŋgɑ:/ ムプマランガ《南アフリカ共和国北東部の州; ☆Nelspruit; 旧称 Eastern Transvaal》.

MPV multipurpose vehicle 多目的車. **MPX** multiplex.

Mr., Mr /mìstər, místər/ *n* (*pl* MESSRS) **1** [男の姓・姓名の前に付けて] …さま, …さん, …君, …殿, …氏《英国では 爵位のない人に, 米国では一般に用いる》: *Mr.* (Albert Sydney) Hornby. **2 a** [官職の前に付けて呼びかけ] …殿: *Mr.* Chairman 議長殿, *Mr.* Speaker 議長殿, *Mr.* President 大統領[社長, 学長] 殿《婦人の場合は *Madam* Chairman (など)という》. **b** "〖軍〗[准尉 (warrant officer), 士官候補生, 下級士官に対する称号] …殿. **c** "[外科医の姓に付けて] …先生. **3** ミスター… 《土地・職業・スポーツなどの代表的男性》: *Mr.* America / *Mr.* Giants / *Mr.* Music ミスターミュージック《Bing Crosby の異名》. [MISTER]

mR milliroentgen(s). **MR** °magnetic resonance ♦ 〖英〗°Master of the Rolls ♦ °mill run ♦ °motivation(al) research.

MRA °Moral Re-Armament.

Mr. Big /― ―/ *《俗》大ボス, 黒幕, 大物, 実力者, ドン.

MRBM medium-range ballistic missile 準中距離弾道弾《IRBM より射程が短い》.

Mr. Bones ⇨ BONE.

MRC 〖英〗°Medical Research Council.

Mr. Charlie [Charley] /― ―/ *《黒人俗》["*derog*] 白人さん.

Mr. Clean /― ―/ 《口》清廉の士《特に 政治家》. [洗剤の商品名から]

MRCP Member of the Royal College of Physicians 英国王立医師会員《RCP が認定する専門医資格の一つ》.

MRCVS Member of the Royal College of Veterinary Surgeons.

Mr. Dooley ⇨ DOOLEY.

Mr. Du·crot /― d(j)ú:kràt/, **Mr. Dumb·guard** /-dʌ́mgà:rd/ [*voc*] *《俗》[*derog*] 《West Point の》新入りさん, 新兵殿.

MRE /èmà:rí:/ *n* 《前線の兵士や火事場の消防士などに支給される》簡易口糧, 携帯口糧. [*meals ready to eat*]

Mr. Fix·it /― fíksɪt/ 《口》家庭用品などの修理のうまい人, 便利屋; 厄介事を解決するのがうまい人, フィクサー, まとめ役, 調整役.

Mr. Good·bar /― gúdbà:r/ 〖商標〗ミスターグッドバー《米国製のチョコレートがけピーナッツのバー》.

Mr. Happy /― ―/ *《俗》ペニス.

Mr. Hawkins /― ―/ *《俗》寒風, 北風, ひどい寒さ (hawk).

MR head /èmá:r ―/ MAGNETORESISTIVE HEAD.

MRI 〖医〗magnetic resonance imaging 磁気共鳴画像法《体内の原子に核磁気共鳴を起こして得た情報をコンピューターにより画像化する生体検査手法》: an ~ scan MRI 断層写真, MRI 診断.

MRIA Member of the Royal Irish Academy.

mri·dan·ga /mrɪdá:ŋgə, mʌrɪ-, -dʌ́ŋ-/, **-dan·gam** /-gəm/, **-dang** /-dá:ŋ, -dʌ́ŋ/ *n* 〖楽〗ムリダンガ《インド音楽で使う長い樽形の両面太鼓》. [Skt]

Mr. Kipling /― ―/ 〖商標〗ミスター キプリング《英国製のケーキ》.

MRM mechanically recovered meat 機械的回収肉《主な肉片がカットされたあとの, わずかな肉がついた骨を骨肉分離機にかけて得る挽肉状の肉》.

Mr. Man /― ―/ *《俗》《ギャングの》親分, 頭目.

Mr. Mom /― ―/ 《口》専業主夫.

mRNA /èmà:rènéɪ/ °messenger RNA.

Mr. Nice Guy /― ― ―/ 《俗》いい感じの男, いい人: No more ~! これからはいい人ではいないぞ, いいかげんにしろ!

MRP manufacturers' recommended price メーカー希望小売価格, 標準価格. **MRPh(arm)S** 〖英〗Member of the Royal Pharmaceutical Society.

Mr. Right /― ―/ 《口》理想の男性; *《俗》MR. BIG.

Mrs., Mrs /mìsəz, mísəz, *-əs/ *n* (*pl* **Mrs(.)**, MESDAMES) **1** [既婚女性の姓・姓名に付けて] …夫人, …の奥さま, …未亡人《英国では爵位のない人に, 米国では一般に用いる》: *Mrs.* Homemaker, *Mrs.* Hornby / *Mrs.* Albert S. Hornby《A.S. は夫の名; 厳密にはこれが正式》/ *Mrs.* Mary Jones《Mary は夫人の名; 英国では元来主に商業通信文・法律書類または離婚者の場合に用いられたが, 最近では英米ともにこちらのほうが普通になっている》. **2** ミセス… 《土地・職業などの代表的女性; ⇨ MR.》. **3** [°the] 《口》MISSUS. [MISTRESS]

MRSA 〖医〗methicillin-resistant *Staphylococcus aureus* メチシリン耐性黄色ブドウ球菌《最も有効なはずのメチシリンなどの抗生物質が効かなくなった黄色ブドウ球菌; 皮膚や鼻腔などに存在し, 健康人にはほとんど影響はないが免疫力が弱まっている場合には危険で, 院内感染が問題となっている》.

Mrs. Grun·dy /ˈ— grʌ́ndi/ 世間体を気にかける人, 世間の口 (cf. GRUNDYISM): What will ～ say? 世間ではどう言うだろう? [Thomas Morton の喜劇 *Speed the Plough* (1798) の登場人物がしばしば 'What will Mrs. Grundy say?' と言って隣人 Mrs. Grundy の目を恐れたことから]

Mrs. Mop [Mopp]" /ˈ— mάp/ 掃除のおばさん (charwoman).

Mrs. Murphy /ˈ— ˈ—/ [通例 次の成句で] *《口》 トイレ (bathroom). ● **see ～** 小用に立つ.

Mr. Spock /ˈ— ˈ—/ ミスター スポック《SF ドラマ 'Star Trek' で, 宇宙船 Enterprise 号の沈着冷静な副官兼科学班長》.

Mr. Tambo ⇨ TAMBO[1].

Mr. Tom /ˈ— ˈ—/ *《黒人俗》 白人社会に同化した[同化しようとしている]黒人.

Mr. Universe /ˈ— ˈ—/ ミスターユニバース《ボディービル世界大会の優勝者》.

Mr. Whiskers ⇨ WHISKER (成句).

Mr. X /ˈ— ɛ́ks/ X 氏《正体不明の人》.

Ms., Ms /mìz, míz, "məz/ *n* **1** (*pl* **Mss(.), Mses(.)** /mìzəz/) ミズ《未婚既婚の区別をしない女性の敬称; Miss, Mrs. の代わりに用いる》. **2** [Ms.]『ミズ』《米国の女性向け総合季刊誌》.

ms millisecond(s). **ms, MS** manuscript. **MS** 〖楽〗 °mano sinistra ♦ °Master of Science ♦ Master of Surgery ♦ Master Seaman ♦ military science ♦ Mississippi ♦ °motor ship ♦ °multiple sclerosis. **MSB** °most significant bit.

MSc °Master of Science.

MSCI Index /ɛ̀mɛ̀ssìːáɪ ˈ—/ MSCI インデックス《米国の大手証券会社 Morgan Stanley が発表している世界の株価指数》. [< *M*organ *S*tanley *C*apital *I*nternational].

MSD °most significant digit. **MSDF** Maritime Self-Defense Force 海上自衛隊 (⇨ SDF).

MS-DOS /ɛ̀mɛ̀sdάs/ 〖商標〗 MS-DOS《米国 Microsoft 社製のディスクオペレーティングシステム (DOS)》.

msec millisecond(s). **MSF** 〖英〗 Manufacturing, Science, Finance《労働組合; 2001 年合併により Amicus となった》♦ [F *Médicins Sans Frontières*] °Doctors Without Borders. **msg.** message. **MSG** °Master Sergeant ♦ °monosodium glutamate. **Msgr** Monseigneur ♦ Monsignor. **MSgt** 〖米〗 °Master Sergeant.

MSH °melanocyte-stimulating hormone ♦ 〖鉱〗 °Mohs' scale.

Mshwe·shwe /(ə)mʃwéɪʃweɪ/ ムシュエシュエ (c. 1786–1870)《ソト族 (Sotho) の首長》.

MSI 〖電子工〗 °medium-scale integration.

m'sieur /məsjə́ːr, məsjər/ *n* MONSIEUR.

M16 (rifle) /ɛ́msɪ̀kstíːn (ˈ—)/ M16 ライフル《口径 0.223 インチの自動小銃; 1960 年代半ば以降米軍の標準小銃》. [*model 16*]

M60 machine gun /ɛ́m síksti ˈ— ˈ—/ M60 自動小銃《口径 0.30 インチの自動小銃; 米軍および NATO 軍で使用》.

MSL °mean sea level. **MSM** mainstream media《blogosphere に対して》マスコミ, マスメディア.

MSN Master of Science in Nursing ♦ Microsoft Network《Microsoft 社の運用する商業ネットワークの一つ》.

MSP /ɛ̀mɛ̀spíː/ *n* (*pl* **～s**) スコットランド議会議員 (Member of the SCOTTISH PARLIAMENT).

Ms. Right /míz ˈ—/ 《口》《未婚・既婚を超えた》理想の女性 (cf. MISS RIGHT, MR. RIGHT).

MSRP 〖米〗 manufacturer's suggested retail price メーカー希望小売価格.

MSS., mss. /ɛ́mɛ̀sɛ́s, mǽnjəskrɪ̀pts/ manuscripts.

MST 〖米・カナダ〗 °mountain standard time.

MSW Master of Social Welfare ♦ Master of Social Work.

MSY maximum sustainable yield《資源の再生力の範囲内での》(年間)最大産出[生産]量.

M.T. /ɛ̀mtíː/ *n* *《俗》 空き瓶 (empty).

mt. mount ♦ mountain. **Mt** 〖化〗 meitnerium ♦ Mount《地名で》. **Mt.** 〖聖〗 Matthew. **MT, m.t.** °metric ton(s). **MT** °machine translation ♦ °Mechanical Transport ♦ Montana ♦ 〖米・カナダ〗 °mountain time. **MTB** °motor torpedo boat ♦ °mountain bike. **MTBF** 〖電算〗 mean time between failures 平均故障間隔, 故障間平均時間. **mtDNA** mitochondrial DNA. **MTech** Master of Technology. **mtg.** meeting. **mtge** mortgage. **mth** month.

M3 /ɛ́mθríː/ *n* 〖経〗 M3《一国の通貨供給量の尺度で, M2 よりさらに範囲の広いもの; 米国では M2 に大口定期預金, 大口 repurchase agreement, 機関投資家の MMMF, ユーロドル預金などを加えたもの》.

mtn mountain. **MTN** °multilateral trade negotiations. **MTO** 〖軍〗 Mediterranean Theater of Operations 地中海作戦地域《第二次大戦の》. **Mts** Mountains ♦ Mounts.

MTU 〖電算〗 °magnetic tape unit.

MTV /ɛ́mtìːvíː/ 〖米〗 MTV《Music Television の略; ロックミュージック専門の有線テレビ局》.

Mtwa·ra /ɛmtwάːrə/ ムトワラ《タンザニア南東部の港町》.

M25 /ɛ́m twɛ̀ntifáɪv/ *n* [the] 高速幹線道路 25 号線《London を取り巻く環状高速道路》.

M2 /ɛ́mtúː/ *n* 〖経〗 M2《一国の通貨供給量の尺度で, M1 より範囲の広いもの; 国によって定義は異なるが, おおむね M1 に各種金融機関の定期性預金を加えた額》.

mu[1] /mjúː, *múː/ *n* ミュー《ギリシア語アルファベットの第 12 字; *M*, *μ*》; MICROMETER[2]《*μ* が micron (＝micrometer) を示す記号であることから》; 〖単位〗 MICRO-. ► *a* 〖理〗 MUON の. [Gk]

mu[2] /múː/ *n* *《俗》 マリファナ (cf. MOOCAH, MOOTER).

MU °Mothers' Union ♦ 〖鉄道〗 °multiple unit.

Mu·'ā·wi·yah /muάːwijæ/ ムアーウィヤー ～ **I** (c. 602–680)《ウマイヤ朝 (Umayyad dynasty) の初代カリフ》.

mu·ay thai /muáɪ táɪ/ ムエタイ《タイの国技であるキックボクシング》. [Thai]

Mu·ba·rak /mubάːrək/ ムバラク **Muhammad Hosni** ～ (1928–)《エジプトの軍人・政治家; 大統領 (1981–2011)》.

muc- /mjúːk/, **mu·ci-** /mjúːsə/, **mu·co-** /mjúːkoʊ, -kə/ *comb form* 「粘液 (mucus)」

much /mʌ́tʃ/ *a* (**more; most**) **1 a** 多量の, 多くの, 〈時間が〉長い (opp. *little*). ★「数」の MANY に対応するのが「量・程度」の much で不可算名詞につける. (1) 英口語では肯定文は, 成句以外にはこの語の代わりに a lot (of), a great quantity (of), a good deal (of) などを用いることが多い: I don't drink ～ wine. あまり飲まない (cf. He drinks *a great quantity of* wine. ずいぶん飲む). (2) しばしば反語として no の意: *M*～ right he has to interfere with me. ぼくのことをあれこれ言う権利がやつにあるものか. **b** 重要な: What did you do last night?—Nothing ～. ゆうべはなにをしたんですか—たいしたことはしませんでした. **2** 手に余る, もてあますほどの (cf. *a* BIT[2] ～). **3** 《廃》 多数の, 多くの (many). ► *adv* (**more; most**) **1** [主に比較級・過去分詞・副詞 too の修飾] 大いに, よほど (greatly)《一部の原級[最上級]形容詞と用いることもある》: We are very ～ aware of the risks. 危険性は十分認識している / The trouble with Bill is that he drinks too ～. 困ったことにビルは酒を飲みすぎる / This is ～ the *better* of the two. 二つのうちではこのほうがずっとよい / ～-heralded 前評判の高い / ～ different ずいぶん違う / The house is ～ too small. その家は小さすぎる / ～ the best one 極上[とびきり]のもの / *M*～ to my surprise, she decided quickly. とても驚いたことに彼女はすぐに決断した. **2** たいてい, ほとんど, ほぼ (nearly): ～ of an age [a sort, a size, etc.] ほとんど同年配[同種類, 同寸法など]の / Things went pretty ～ as we expected. 事態はほぼ予想したとおり進んだ / They are ～ the same. だいたい同じ / She looks very ～ like her mother. 彼女は母親にとても似ている. **3** [ᵘ〈*neg*/*inter*〉] よく, しばしば; 長い間: Do you dine out ～? よく外食しますか? ► *n*, *pron* **1** 多量, たくさん (a good deal): *M*～ will [would] have more. 《諺》 あるが上にも欲しがるものだ / I have ～ to say about it. それについては言うことがたくさんある / hear ～ of …(のうわさ)をよく耳にする. **2** たいしたこと[もの]: He won't amount to ～. たいした者にはなるまい / The house wasn't ～ to look at. 見かけはたいしたものでなかった / [〈*adv*〉] *M*～ of the day we played cards. その日の大部分トランプをやった. ● **a** BIT[2] **～.** **as ～** (ちょうど)それだけ, その程度, それくらい, そのように: I thought *as* ～. そんなことだろうと思ったよ. **as ～ again (as)** もうそれだけ, 2 倍だけ(の): half *as* ～ *again* (*as*…の) 1 倍半. **as ～ as…** ⇨ MUCH as…. **as ～ (…) as…** と同量[同程度, 同然](の), …ほど(の), …だけ(の); …もの: *as* ～ *as* ever いつもほど / *as* ～ *as* possible なるたけ / Drink *as* ～ tea *as* you like. お茶をお好きなだけ飲みなさい / *as* ～ *as* to say…と言わんばかりに / twice [three times, etc.] *as* ～ (*as*…の) 2 倍[3 倍など] / half *as* ～ (*as*…の)半分 / It was *as* ～ *as* I could do to finish the job. 仕事を片付けるので手いっぱいだった / pay *as* ～ *as* 500 dollars for…に 500 ドルも払う. **be very ～…** まさに…だ. **be too ～ of a…for [to do]…** あまりにも…だから…できない: He *is too* ～ *of a* coward *for* that. 彼はとても臆病でそんな事はできない. **for as ～ as…** ＝FORASMUCH AS. **how ～** [量・価額] いくら; どの程度: *How* ～? **make ～ of…**を重んじる, 大事にする; もてはやす, 甘やかす; [ᵘ*neg*] 理解する. **～ as…** (1) [as ～ as…ともいう] …だけれども (even though): ～ *as* I'd like to go 行きたいのはやまやまだが. (2) …と同程度[同様]に. **～ LESS.** **～ more** [肯定文のあとで] まして, いわんや (still more); もっと多く, より一層. **～ of a…** 《口》 たいした…: He is as ～ *of a* snob as you are. 彼もあんたに劣らんたいしたスノッブだよ / He is not ～ *of a* scholar. たいした学者ではない. **not come to ～** うまくいかない. **not ～** たいして[あまり]…ない; "《口》 とんでもない, まさか (certainly not); [*iron*] not HALF (*adv*): *Not* (too) ～. 《近況などを聞かれて》 まあまあだね, 別に変わりない[どうってことない]ね. **not so ～ (…) as…** ほど…ない. **not so ～ as…** すらしない[ない]: He can*not so* ～ *as* (＝even) write his own name. 自分の名を書くことすらできない / *without so* ～ *as* doing…すらせずに / He left *without* saying *so* ～ *as* good-bye. さよならさえ言わないで出て行った. **not so ～… as…** …ではなくてむしろ…: He is *not so* ～ a scholar *as* a writer. 学者というよりむしろ文人である. **not up to ～** ⇨ UP to…. SO[1] **～.** **so ～ (…) as…** ⇨ not so MUCH (…) as…. SO[1] **～ for.** **so ～**

M

so that… とてもそうなので…: He is ill, *so* ~ *so that* he cannot walk alone. とても悪くて一人で歩けない. **that** ~ それだけ(は). **think ~ of**… [ᵁ*neg*] …をたいしたものと思う, 重んずる. **this [thus] ~** これだけは, ここまでは. TOO ~. [MICKLE; 語尾消失は cf. BAD, WENCH]

mu·cha·cha /muʧáːʧə/*《南西部》 *n* 少女, 若い女; 女中, 女の召使. [Sp]

mu·cha·cho /muʧáːʧou/*《南西部》 *n* (*pl* **~s**) 少年, 若い男; 男の召使, 使用人. [Sp]

Múch Adó abóut Nóthing『空騒ぎ』《Shakespeare の喜劇(初演 1599?, 出版 1600)》.

múch·ly *adv* [*joc*] 大いに.

múch·ness *n* 《古・口》 たくさん, MAGNITUDE. ● **(very) much of a ~** 《口》 大同小異, 似たり寄ったり.

mu·cho /múːʧou/*《俗》 *a* たくさんの, たっぷりの, ふんだんな. ► *adv* とっても, すんごく, めちゃくちゃ (very). [Sp]

muci- /mjúːsə/ ⇨ MUC-.

mú·cic ácid /mjúːsɪk-/ 〖化〗 粘液酸.

mu·cid /mjúːsəd/ *a* 《古・まれ》 かびた, かび臭い (musty).

mu·cif·er·ous /mjusíf(ə)rəs/ *a* 〈管などが〉粘液を出す, 粘液分泌の, 粘液が満ちた.

mu·ci·gen /mjúːsəʤən, -ʤɛ̀n/ *n* MUCINOGEN.

mu·ci·lage /mjúːs(ə)lɪʤ/ *n* 《動植物の分泌する》 粘液; 粘漿薬[剤]; *ゴム糊. [F＜L＝musty juice; ⇨ MUCUS]

mu·ci·lag·i·nous /mjùːsəlǽʤənəs/ *a* 粘液質の, 粘液を分泌する. ♦ **~·ly** *adv*

mu·cin /mjúːsən/ *n* 〖生化〗 ムチン 《動物体の粘性物質, 特に粘液中のムコタンパク質》. ♦ **~·ous** *a* **~·òid** *a* [*mucus*, *-in*[2]]

mu·cin·o·gen /mjusínəʤən, -ʤɛ̀n/ *n* 粘液原, ムチン前駆体 (＝*mucigen*) 《変化してムチンを形成する物質》.

muck[1] /mʌ́k/ *n* **1** 牛馬糞, 厩肥(きゅうひ), 堆肥, こやし; どろどろの汚物; 〖土壌〗 黒泥 《肥料として用いられる有機質土壌》; 泥; 泥状のもの; 〖土木〗 ずり 《採鉱時に掘り出した土砂・廃石》: (as) COMMON as ~ / be in [all of] a ~ 泥だらけになっている / *M*~ and money go together. 《諺》 金とこやしとは道連れ / Where there's ~ there's brass [money]. 《諺》 よごれるところには金がある. **2** ᴴ《口》 がらくた, くず; くだらないもの[こと]; 不潔な[取り散らかした]状態[もの]; 中傷(文): treat …like ~ ひどい扱いをする. ● **drag…through the ~** ⇨ MUD. **make a ~ of**… ᴴ《口》 …を散らかす, 不潔にする; ᴴ《口》 …をだめにする, しくじる. LORD MUCK, LADY MUCK. ► *vt, vi* **1** (…に)堆肥[肥料]を施す; 《口》 よごす 〈*up*〉; 《俗》 しくじる. **2** …から汚物を除去する; 〖鉱〗 廃石を取り除く, ずり取りする; ずりを積む. ● **~ about [around]** 《口》 のらくら[ぶらぶら]する; 《口》 いいかげんに扱う, …に迷惑をかける; ᴴ《口》 もてあそぶ, いじくる 〈*with*〉. **~ in** ᴴ《口》 〈同僚などと〉生活[仕事]を共にする, 協力する, 分け合う 〈*with*〉. **~ out** 〈牛舎・豚小屋や牛・豚などの〉汚物を掃除する; ᴴ掃除する. **~ up** ⇨ 1; ᴴ《口》 〈計画などを〉めちゃめちゃにする, だいなしにする; 《豪口》 行儀が悪い. [? Scand; cf. ON *myki* dung]

muck[2] *n**《俗》 大物 (high-muck-a-muck).

muck[3] *n**《俗》 MUSCLE[1].

muck-a-muck MUCKETY-MUCK.

múck·er[1] *n* 作業場の土砂[瓦礫など]を片付ける作業員; 〖鉱〗 ずり取り夫, 積み込み夫; ᴴ《俗》 ドシンと倒れること, 転倒. ● **come a ~** ᴴ《俗》 ドシンと倒れる; ᴴ《俗》 大失敗する. **go a ~** ᴴ《俗》 やたらに金をつかう 〈*on, over*〉. [*muck*[1]]

mucker[2] *n**《口》 下品[粗野]なやつ; ᴴ《口》 仲間, ダチ公. [? G *mucker* sulky person, hypocrite]

muck·et /mʌ́kət/*《俗》 *n* TOUPEE; 何とかいうもの, 例のあれ, ナニ (thingamajig).

muck·ety-muck /mʌ́kətimʌ̀k/, **muck-a-muck** /mʌ́kəmʌ̀k/ *n**《俗》 [ᵁ*derog*] お偉いさん, 大物 (high-muck-a-muck); *《北西部》 食べ物 (food). ► *vi**《北西部》 食べ物を平らげる, 食う.

múck·hìll, múck·hèap *n* こやし[汚物]の山.

muck·le[1] /mʌ́k(ə)l/ *n**《方》 魚をたたき殺す棍棒. [? *muckle*[2]; cf. Du *moker* heavy hammer]

muckle[2] ⇨ MICKLE.

muckluck ⇨ MUKLUK.

múck·ràke *vi* 《政界などの》 腐敗[醜聞]をあさって暴露する, 不正をすっぱ抜く. ► *n* 堆肥用レーキ, こやし熊手; [the] 醜聞あさり; 醜聞(記事), スキャンダル; MUCKRAKER. ● **the man with the ~** 醜聞をあさる人; 金もうけに熱中する人. ♦ **múck·ràk·er** *n* 醜聞暴露者, マックレーカー. **-ràk·ing** *n*

múck·shìft·er *n* 土石取り工, ずり取り作業員.

múck sòil 黒泥土.

múck·sprèad·er *n* 堆肥散布機. ♦ **-sprèad·ing** *n*

múck·stìck *n**《俗・方》 シャベル.

múck swèat ᴴ 大汗.

múck-ùp 《口》 *n* ᴴごたごた, 混乱(状態), めちゃくちゃ; ᴴへま, どじ; 《豪学童》 行儀の悪い子: make a ~ of…をめちゃくちゃにする.

múck-ùp dày 《豪口》 めちゃくちゃをやる日 《学年末考査前日の学年最終日; 学生が悪ふざけやいたずらをする》.

múck·wòrm *n* くそ虫, うじ; [*fig*] けちんぼ (miser); 浮浪児, 宿なし.

múcky *a* こやし[泥]だらけの, きたない; ᴴ《口》 不愉快な, いやな; ᴴ《口》 やらしい, 猥褻な, すけべな; ᴴ《口》 けちくさい, 下劣な〈手段など〉; 《口》 じめじめしていやな〈天気〉. ♦ **múck·i·ness** *n* [*muck*[1]]

múcky dúck ᴴ《俗》 MUCKY PUP.

múcky-mùck *n**《俗》 重要人物, お偉いさん. ♦ **~·dom** *n* お偉方の世界, 大物界.

múcky púp ᴴ《俗》 すけべな男, 好き者; ᴴ《俗》 不潔な子, きたないちびっ子.

mucluc ⇨ MUKLUK.

muco- /mjúːkou, -kə/ ⇨ MUC-.

múco·cèle *n* 〖医〗 粘液囊胞(腫).

mùco·cíliary *a* 〖生〗 《哺乳動物の呼吸器系の》 粘膜繊毛の[を含む].

mùco·cutáneous *a* 〖医〗 皮膚と粘膜との: ~ lymph node syndrome 皮膚粘膜リンパ節症候群 《川崎病; 略 MCLS》.

mùco·flócculent *a* 〖医〗 粘液糸の.

mu·coid /mjúːkɔɪd/ *n* 〖生化〗 類粘素, ムコイド (mucoprotein). ► *a* 粘液様の.

mu·coi·dal /mjukɔ́ɪdl/ *a* MUCOID.

mu·có·i·tin·sulfúric ácid /mjukóuət(ə)n-, -kɔ́ɪ-/ 〖化〗 ムコイチン硫酸.

mu·co·lyt·ic /mjùːkəlítɪk/ *a* 〖生化〗 ムコ多糖類を加水分解する〈酵素〉.

mu·cón·ic ácid /mjukɑ́nɪk-/ 〖化〗 ムコン酸.

mùco·péptide *n* 〖生化〗 ムコペプチド (PEPTIDOGLYCAN).

mùco·periósteum *n* 〖医〗 粘膜骨膜.

múco·pòly·sáccharide *n* 〖生化〗 ムコ多糖.

múco·pòly·sac·cha·ri·dó·sis /-sæ̀kəraɪdóusəs/ *n* (*pl* **-ses** /-sìːz/) 〖医〗 ムコ多糖(体)沈着(症) 《ムコ多糖体が組織中に蓄積され, 尿中に排泄されることを特徴とする遺伝的なムコ多糖体の代謝異常》.

mùco·prótein *n* 〖生化〗 ムコタンパク質.

mùco·púrulent *a* 〖医〗 粘液膿性の.

mu·cor /mjúːkɔːr/ *n* 〖菌〗 ケカビ.

mu·co·sa /mjukóusə, -zə/ *n* (*pl* **-sae** /-si, -zi, -zàɪ/, **~s**, ~) 〖解〗 粘膜 (mucous membrane). ♦ **mu·có·sal** *a* [L (fem)＜*mucosus* (↓)]

mu·cous /mjúːkəs/, **mu·cose** /-kòus/ *a* 粘液質の; 粘液を分泌する; 粘液を含む; 粘液でおおわれた: a ~ cough 痰の出る咳. ♦ **mu·cos·i·ty** /mjukɑ́səti/ *n* 粘液性. [L; ⇨ MUCUS]

múcous colítis 〖医〗 粘液性大腸炎 (irritable bowel syndrome) 《特に 過敏性腸症候群のうち異常に大量の粘液を排出するもの》.

múcous mémbrane 〖解〗 粘膜 (＝*mucosa*).

mu·cro /mjúːkròu/ *n* (*pl* **-cro·nes** /mjukróuniz/) 〖植・動〗 《葉の末端などの》 微突起, とげ (spine). [L]

mu·cro·nate /mjúːkrənət, -nèɪt/, **-nat·ed** /-nèɪtəd/ *a* 〖植・動〗 〈葉・羽など〉(先端に)微突起[とげ]のある, 微凸[微突]形の. ♦ **mù·cro·ná·tion** *n*

mu·cus /mjúːkəs/ *n* 〖生理〗 《生物体内の》 粘液. [L＝nasal mucus]

mud /mʌ́d/ *n* **1 a** 泥; ぬかるみ; 〖石油〗 DRILLING MUD: (as) clear as ~ 《口》 [*joc*] 全くわけのわからない, あいまいきわまる. **b** 《俗》 コーヒー; *《俗》 黒っぽくてどろっとしたもの. **2 a** つまらないもの, かす; *《俗》 《カーニバルの売店に出る》 安っぽいプラスチックの景品: sell for the ~ 二束三文に売る. **b** 呪わしい人[もの]; *《俗》 アヘン (opium); 《無線俗》 はっきりしない信号. **3** 悪意ある非難, 悪口, 中傷, 人身攻撃: *M*~ sticks. 悪評はなかなかぬぐえないものだ. ● **drag…through the ~ [muck, mire]** 〈人の名・家名などを〉汚す, はずかしめる: *drag* his name *through the* ~ 彼の名声に泥を塗る. **(Here's) ~ in your eye!** 《口》 きみのご健康を祝して 《冗談めいた乾杯のことば》. **sb's name is ~ [dirt]** 《口》 名声[信用]は地に落ちた, 評判は最低だ. **stick in the ~** ぬかるみにはまる; 行き詰まる, ぐずつく. **throw [fling, sling] ~ [dirt] at**… 《口》 …の顔に泥を塗る, …をけなす, …に悪態をつく. ► *vt* (**-dd-**) どろんこにする, 濁らせる; 泥[地中]に埋める. [ME＜? MLG *mudde*; cf. MHG *mot* bog, mud, Swed *modd* slush, OE *mos* bog]

MUD 〖インターネット〗 Multi-User Dungeon [Dimension] Game 《複数のユーザーが同時にアクセスして楽しむ role-playing game 様のゲーム; cf. MOO》.

Mu·dan·jiang, Mu·tan·chiang /múːdáːnʤiáːŋ/ 牡丹江(ぼたんこう)(ムータンチアン) 《中国黒竜江省南東部, 牡丹江 (**Mú·dán Ríver** /múːdáːn-/) 中流沿岸の工業都市》.

mu·dar /mədáːr/ *n* 〖植〗 カロトロピス, マダール (＝*yercum*) 《ビルマ・インド原産のガガイモ科の低木》. [Hindi]

múd·bànk 泥土堤(でいど) 《川底[海底]にできた泥質の隆起》.

múd bàth 泥浴 《リウマチ・痛風などに効く》; ぬかるみ; 泥まみれ.

múd·bùd *n**《俗》 (質の悪い)自家製マリファナ.

múd·bùg* *n* ザリガニ (crayfish).

múd·càp *n* 〘工〙 マッドキャップ (＝*adobe*)《岩塊上に爆薬を置きこれをおおう粘土; その爆破仕掛け》.
múd·càt *n* 〘魚〙 泥ナマズ《Mississippi 川などの泥水にすむ各種のナマズ》, 《特に》FLATHEAD CATFISH.
múd cràck 〘地質〙 マッドクラック《未固結の泥質堆積物が乾燥収縮してできる, 泥の表面の規則的な割れ目》.
múd dàuber 〘昆〙 ジガバチ《泥の小室の中に卵を産みつけ昆虫を捕えて幼虫を養う》.
múd·der *n* 重馬場を得意とする馬; ぬかるみに強い選手[チーム].
mud·dle /mʌ́dl/ *vt* **1 a** ごたまぜにする, ごっちゃにする 〈*up*, *together*〉; 〈色・水を〉濁らせる. **b** *〈飲み物などを〉かきまぜる. **2** 混乱[混同]させる, まごつかせる; 飲酒で〈人〉の頭をぼんやりさせる, ぐでんぐでんにする 〈*up*〉. **3** 〈時間・金などを〉むだにする, 浪費する 〈*away*〉. ► *vi* **1** でたらめなやり方[考え方]をする 〈*with* one's work〉. **2** (酔って)頭がぼんやりする. **3** 泥だらけになってとびまわる. ● **～ about [around]** 混乱させる; うろうく, ぶらつく; だらだらやる. **～ along [on]** お茶を濁してやっていく. **～ through** 《わけもわからず》なんとかやり遂げる, どうやらこぎつける. ► *n* 混乱(状態) (disorder), へま; 当惑, ぼんやり; 《論旨などの》支離滅裂: in *a* ～ ぼんやりして, 当惑して; 支離滅裂で. ● **make a ～ of**…でへまをやる. ♦ **múd·dly** *a* [? MDu (freq) < *modden* to dabble in mud; cf. MUD]
múd·dled *a* 混乱[混濁]した, ぼんやりした; 雑然とした.
múddle·hèad *n* まぬけ, とんま.
múddle·hèad·ed *a* まぬけな, とんまな, 頭の混乱した, 考えの支離滅裂な. ♦ **～·ly** *adv* **～·ness** *n*
múd·dler *n* マドラー《飲み物をかきまわす棒》; でたらめなやり方をする人, お茶を濁す人, なんとかやってのける人; *《俗》 酒 (liquor).
múd·dling *a* 混乱させる(ような), まごつかせるような. ♦ **múd·dling·ly** *adv*
múd·dy *a* **1** 泥深い, ぬかるみの; 泥だらけの; 泥のような; 《まれ》 泥の, 泥でできた. **2 a** 濁った, 混濁した, きたない; 〈光・色・音声などが〉濁った, 曇った; 〈顔色などが〉さえない. **b** (頭の)ぼんやりした; 〈表現・意味などが〉わけのわからない, はっきりしない. **3** 《まれ》 不純な, 卑しい. ● FISH[1] **in ～ waters.** ► *vt*, *vi* 泥でよごす[よごれる], 濁らせる 〈*up*〉; 曇らせる[曇る]; 〈問題などを〉不明確[複雑]にする 〈*up*〉; 〈人の名を〉汚す[〈名が〉汚れる]; まごつかせる[まごつく]: His question *muddied* my mind. ● **～ the** WATER(**s**). ♦ **múd·di·ly** *adv* **-di·ness** *n*
Muddy Waters ⇨ WATERS.
múd èel 〘動〙 サイレン《米国南部の一種のサンショウウオ》.
Mu·de·jar /muðéɪhà:r, -xà:r/ *n* (*pl* **-ja·res** /-hɑ:rèɪs, -xɑ:-/) ムデハレス人, ムデーハル《キリスト教徒に再征服された中世スペインで自分たちの信仰・法・慣習を保ったまま残留を許されたイスラム教徒》. ► *a* ムデハレス人の; 〘建〙 ムデハレス様式の. [Sp<Arab *mudajjan* allowed to remain]
múd·fìsh *n* 〘魚〙 泥魚 (bowfin, killifish など).
múd·flàp *n* 《自動車の後輪近くにつける》泥よけフラップ.
múd·flàt *n* 《干潮時に現われる》泥地, 干潟; 《干上がった湖の》泥質湖底.
múd·flòw *n* 泥流; LAHAR.
múd·guàrd *n* 《車の》フェンダー (fender); *泥よけ (mudflap); 《靴の》泥よけ.
múd·hèad *n**《俗》 テネシー州人 (Tennesseean).
múd hèn 〘鳥〙 沼地にすむクイナ科の鳥 (marsh hen).
múd·hòle *n* 《野原・道路などの》泥穴; 小さな田舎町.
múd·hòok *n* 《俗》 錨 (anchor).
mu·dir /mudíər/ *n* 《エジプト・スーダン・トルコなどの》(地方)行政官, 州知事; 《トルコの》村長. [Arab]
múd·làrk, -làrk·er *n*"《口》《干潮時に》川の泥の中をあさるばた屋[浮浪児]; "《口》 浮浪児, チンピラ; "《方》 泥地にすむ鳥; 《豪俗》 重馬場に強い馬.
múd·man /-mən/ *n* 泥人間《敵を威嚇するため全身に泥を塗り粘土の奇怪な仮面をつけるパプアニューギニアの先住民》.
múd màp 《豪》 地面に棒きれで描いた地図.
múd·minnow *n* 〘魚〙 ドロミノウ《クロウオに近縁》.
múd·nèst buìlder 〘鳥〙 ツチスドリ (magpie lark).
múd òpera*《俗》 MUD SHOW.
múd·pàck *n* 泥パック《美容パックの一法》.
múd píe 《子供の作る》泥まんじゅう.
múd pùppy 〘動〙 **a** マッドパピー《北米のホライモリ》. **b** アホロートル (axolotl). **c** アメリカオオサンショウウオ (hellbender).
mu·dra /mədrá:/ *n* 《古代インドの》確認印; ムドラー《インド古典舞踊の様式化した象徴的な身振り, 特に 手や指の動き》; ヨガの動き[ポーズ]. [Skt＝seal, token]
múd·ròom *n* よごれたりぬれたりした履物や衣服を脱ぐ場所[部屋]《台所の端や地下にある》.
múd shòw*《俗》《かつての》馬車で移動したサーカス; トラックで移動する小さなサーカス.
múd·sìll *n* 〘土木〙 敷(しき)土台《建造物の土台木; 通例 地中か地上に置く》; *社会の最下層の人.
múd·skìpper *n* 〘魚〙 トビハゼ.
múd·slìde *n* 泥流, 土石流, 土砂くずれ.
múd·slìng·ing *n* 《政治運動などの》人身攻撃, 中傷(合戦), 泥仕合い; 人のうわさをすること (gossiping). ♦ **múd·slìng** *vi*, *vt* **múd·slìng·er** *n*
múd snàke 〘動〙 ドロヘビ (HOOP SNAKE).
múd·stòne *n* 〘岩石〙 泥岩(でいがん)《泥・粘土が固化した岩》.
múd tùrtle [tèrrapin, tòrtoise] 〘動〙 泥沼にすむカメ, ドロガメ《米国産》, スッポン《など》.
múd volcáno 〘地質〙 泥(でい)火山 (＝*salse*).
múd wàsp 〘昆〙 泥で巣を作るハチ, 《特に》ジガバチ.
múd·wòrt *n* 〘植〙 キタミソウ《ゴマノハグサ科》.
múd wrèstling 泥レス(リング)《泥を敷きつめた上で通例 水着の女性が取っ組み合うショー》; *《俗》《政治的な》不正工作, 泥仕合い.
Muen·ster /mʌ́nstər, mú:n-, mʊ́n-, mín-/ *n* ムンスター, マンステール (＝**～ chéese**)《半硬質または軟質チーズ; よく熟成したものは強い匂いとなめらかな味わいをもつ》. [*Münster*, *Munster* フランス北東部の原産地]
mues·li /mjú:sli, mjú:z-; m(j)ú:z-/ *n* ミューズリ《オート麦・ドライフルーツ・ナッツなどをミックスしたシリアル; GRANOLA に似ている; 牛乳をかけて食べる》. [Swiss G]
múesli bèlt [*joc*] ミューズリベルト《中産階級の健康食品好きの人びとが多い地域》.
mu·ez·zin /m(j)uéz(ə)n, mwéz(ə)n/ *n* 《イスラム教の礼拝堂の》勤行時報係. [Arab]
muff[1] /mʌ́f/ *n* **1 a** マフ《毛皮などで作った婦人用の筒状アクセサリー; 防寒のため両端から手を入れる》. **b** 《鶏などの》耳羽, 《鳩などの》脚羽; 〘機〙 筒; *《俗》 かつら (wig); 《俗》 ぼろぎれ. **2** 《卑》 (毛の多い)女の陰部; *《俗》 女, 売春婦. [Du *mof*<OF<L＝mitten<?]
muff[2] *n* へま, やりそこない; 〘球技〙 捕球の失敗; 《口》 不器用者, とんま, 弱虫, へたな選手: make a ～ of the business 事をやりそこなう, へまをする / make a ～ of one*self* 笑い者になる. ► *vt*, *vi* 〈球を〉受けそこなう, 〈機会を〉のがす; しくじる, へまをやる: ～ one's lines 〈役者が〉せりふを忘れる, とちる. [C19<?]
Muf·fet /mʌ́fət/ [Little Miss ～] ミス マフェット《英国の伝承童謡で大きなクモに驚かされる臆病な女の子》.
muf·fe·tee" /mʌ̀fətí:/ *n* マフィティー《梳毛(そもう)織物の手首おおい》. [? *muff*[1]]
Muf·fie and Biff /mʌ́fi ən(d) bíf/ *pl**《俗》《服装・態度が》いかにも prep school 風のやつら[連中].
muf·fin /mʌ́fən/ *n* **1** マフィン《**1**) ENGLISH MUFFIN **2**) 小麦粉・トウモロコシ粉で作るイーストなしの小型のパン》. **2** [*pl*] 《俗》 乳房, 小さなおっぱい. [C18<? LG *muffen* (pl) cakes]
múffin bèll" 《かつての》マフィン売りのベル.
muf·fin·eer /mʌ̀fəníər/ *n* 《マフィンに塩・砂糖をかける》薬味入れ.
múffin màn" 《かつての》マフィン売り.
múffin pàn マフィン焼き器《マフィンやカップケーキを焼くカップ型がいくつか付いた金属の加熱盤》.
múffin stànd マフィンスタンド《皿・ティーポットなどの置ける棚付きの台》.
Múffin the Múle ラバのマフィン《1950 年代 BBC の幼児向けテレビ番組に登場した木製のあやつり人形》.
múffin tìn MUFFIN PAN.
múffin tòp 《俗》《ローライズジーンズなどに乗った》ウエストからはみでた贅肉, おなかのはみ肉.
muf·fle[1] /mʌ́f(ə)l/ *vt* **1 a** 《保護・防寒・隠蔽などの目的で》包む, おおう, 首巻などで包む: Please ～ your*self up* well. 《寒くないよう》しっかりお召しになってください. **b** 《見たり声をたてたりしないように》〈人〉の頭を包む; 口に出さないようにする; 《音のたたないように》〈太鼓などを〉包む. **2** [[P]*pp*] 〈音を〉消す, 鈍くする 〈*up*〉; 〈明かりを〉弱める, 暗くする; 抑制する; あいまい[不明瞭]にする: ～*d* voices こもって聞こえる声. **3** 《廃》 目隠しする (blindfold). ► *vi* 《コートなどに》くるまる, しっかり着込む 〈*up*〉. ► *n* 音を消す[弱める]もの, 消音器; (おおいで)消された音; 《陶器焼きがまなどの》間接加熱室; 《古》 拳闘用グラブ. [? F (*moufle* thick glove, MUFF[1])]
muffle[2] *n* 《哺乳動物などの》鼻先. [F<?]
múf·fler *n* **1** マフラー, 襟巻, 首巻 (cf. SCARF[1]); 《古》《顔をおおう》ベール, スカーフ; 二叉手袋 (mitten), ボクシングのグラブ; おおい隠すもの. **2***〘工〙《ガス・蒸気の排出音を消す》消音器, マフラー (silencer"); 《ピアノの》響き止め, 弱音器. ♦ **～ed** *a*
muf·fu·let·ta, muf·fa·let·ta /mʌ̀fəlétə/ *n* マファレッタ《ニューオーリンズ風サンドイッチ; 丸いイタリアパンにサラミ・ハム・プロヴォローネ・オリーブサラダをはさむ》.
muf·ti[1] /mʌ́fti/ *n* [通例 次の成句で] 《軍人などの》平服, 通常服. ● **in ～** 平服で (opp. *in uniform*). [? *mufti*[2]]
mufti[2] *n* 〘イスラム〙 ムフティー《**1**) 法の解釈について意見を述べる資格を有する法学者 **2**) 特に 大都市における法解釈の最高権威者 (＝*grand mufti*)》. [Arab (pres p) <*'aftā* to decide point of law]
Mu·fu·li·ra /mù:fəlí:rə/ ムフリラ《ザンビア中北部の, 銅鉱山地帯にある町》.
mug[1] /mʌ́g/ *n* **1** マグ《陶器または金属の取っ手付きジョッキ形コップ》; マグ一杯の量 (mugful): a ～ of beer ビールをジョッキ 1 杯. **2** 《俗》《人の》顔, 口, 口からあごの部分; 《俗》 誇張した表情, しかめっつら;

M

《俗》《犯人の》人相書, 顔写真 (mug shot). **3** ᴵᴵ《俗》ばか, あほう, まぬけ; 《俗》だまされやすいやつ, カモ; 《俗》人, やつ (fellow, guy); *《俗》乱暴者, 醜男, 不良, チンピラ. ► *a* ᴵᴵ《俗》ばかな, まぬけな. ► *v* (-gg-) *vt* **1** 襲う, 襲って強奪する; 不意討ちする; 《俗》…にキスする, …とペッティングをする; *《黒人俗》…と一発やる. **2** *〈警察が〉…の顔写真を撮る; ᴵᴵ《俗》…に一杯おごる. ► *vi* 《俗》《演技などで》表情をつくる[誇張する], しかめっつら[変な顔]をする; 《俗》キスする, ペッティングをやる. [? Scand; cf. Swed *mugge* pitcher with handle]

mug[2] *vi, vt* (-gg-) ᴵᴵ《口》猛勉強する 〈*at*〉. ● **~ up** ᴵᴵ《俗》受験準備に詰め込む, 詰め込み勉強をする 〈*on*〉; ᴵᴵ《俗》おしろいを塗りたてる; *《俗》軽食を取る. ► *n* ᴵᴵ《俗》勉強家, ガリ勉; ᴵᴵ《俗》試験. [C19 <?]

Mu·ga·be /mugɑ́:bi/ ムガベ **Robert Gabriel** ~ (1924–)《ジンバブウェの政治家; 首相 (1980–87), 大統領 (1987–)》.

Mu·gan·da /mugɑ́:ndə; -gǽn-/ *n* ガンダ (Ganda) 人《BAGANDA の単数形》.

múg bòok *《俗》劇・テレビ・映画のスターの顔写真入りの本, タレント名鑑《役を振り当てるときの参考資料》; *《俗》《警察の》犯罪者写真帳, 前科者ファイル. [*mug*[1]]

múg-fàker *n* ᴵᴵ《俗》街頭写真屋.

múg·fùl *n* マグ (mug) 一杯の量.

mugg /mʌ́g/ *n, v* 《俗》MUG[1].

muggar ⇨ MUGGER[1].

mug·gee /mʌgí:/ *n* 強盗の被害者.

mug·ger[1], **mug·gar, mug·gur** /mʌ́gər/ *n* 〘動〙ヌマワニ, インドワニ《インド産》. [Hindi]

mugger[2] *n* 強盗; 《俗》大げさな表情をする役者; *《俗》肖像[顔]写真屋. [*mug*[1]]

Mug·ger·idge /mʌ́gərɪʤ/ マガリッジ **Malcolm Thomas** ~ (1903–90)《英国のジャーナリスト》.

múg·ging *n* 強盗, 強奪.

mug·gins /mʌ́gənz/ *n* (*pl* ~·es, ~) **1** ᴵᴵ《口》あほう, 抜作, まぬけ, 単細胞; (話し手である)小生, 愚生. **2** 〘トランプ〙 **a** マギンズ《cribbage や dominoes で相手が得点をつけ忘れたらすぐ 'muggins' と言えば, それを自分の得点とできる規定; そのような規定があるゲーム》. **b** 単純なカードゲーム. [*mug* simpleton の意をこめて人名の Muggins からか]

mug·gle /mʌ́g(ə)l/ *《俗》 *n* マリファナタバコ; [*pl*] 乾燥させただけのマリファナの葉. [C20 <?]

múg·gled *a* [ᴾ~ up] *《麻薬俗》マリファナをやって, マリファナでラリって.

múg·gler *n* 《俗》マリファナ中毒者.

Mug·gle·to·ni·an /mʌ̀g(ə)ltóuniən/ *a, n* マグルトン派の(支持者)《1651 年ごろロンドンの Lodowick Muggleton (1609–98) とそのいとこ John Reeve (1608–58) が始めたピューリタンの一派; 2 人は *Rev* 11: 3 に出てくる 'two witnesses' であると称し, 三位一体の教義を否定するなどした》.

mug·go /mʌ́gou/ *n* ᴵᴵ《俗》お茶(の時間). [*mug of* tea; cf. CUPPA]

muggur ⇨ MUGGER[1].

mug·gy /mʌ́gi/ *a* 蒸し暑い, 暑苦しい; 《俗》酔っぱらった. ♦ **múg·gi·ly** *adv* **-gi·ness** *n* [*mug* (dial) drizzle <ON *mugga* mist]

Mu·ghal /mú:gəl/ *n* MOGUL.

Mugh·lai /múglaɪ, mú:g-/ *a* 〘インド料理〙ムグライの《バター・ヨーグルト・クリームのはいった濃厚かつスパイシーなソースで煮込んだ料理についていう》. [Urdu=in a Mughal style]

mú·gho píne /m(j)ú:gou-/ 〘植〙中欧高地原産の地表をはう低木性のマツ. [F]

múg jòint *《俗》スピード写真を撮るテント[ブース].

mú·go píne /m(j)ú:gou-/ MUGHO PINE.

múg's gàme 《口》ばかのやること, むだなこと.

múg shòt *《俗》顔写真, 上半身写真, 人相書.

múg·wòrt *n* 〘植〙 **a** ヨモギ. **b** CROSSWORT.

mug·wump /mʌ́gwʌ̀mp/ *n* [ᴰM-] **1 a** 〘米〙マグワンプ《1884 年大統領選で党推薦候補 James G. Blaine (1830–93) を支持せずに脱党した共和党員》. **b** 自党の政策に協力しないで超然としている政治家, (政治上)独自の道を行く人; 中道政治家. **2** 自分の(政治的)意見[立場]を決しかねている人; 愚か者, 優柔不断な人物. **3** [ᴰ*derog*] 大立者, 大物, 親分. [Algonquian=great chief]

mu·ha·ji·run /muhɑ̀:ʤərú:n, ─ ─ ─ ─/ *n pl* [ᴰM-] 〘イスラム〙ムハージルーン, '移住者'《Muhammad と共に聖遷 (Hegira) を行なった人びと》. [Arab]

Mu·ḥam·mad /mouhǽməd, mu-, -hɑ́:-/ **1** ムハンマド, マホメット (c. 570–632) (=*Mahomet, Mohammed*)《アラブの預言者, イスラム教の開祖》: ⇨ MOUNTAIN 成句. **2** ムハンマド ~ **XI** (d. 1527)《グラナダのナスル王朝 (Naṣrid dynasty) 最後の王; スペイン語名 Boabdil》. **3** ムハンマド **Elijah** ~ (1897–1975)《米国の Black Muslim 指導者; 本名 Elijah Poole》.

Mu·ḥam·mad Aḥ·mad /muxǽmmæd ǽxmæd/ ムハンマド・アフマド (1844–85)《スーダンの宗教・民族主義運動の指導者; Mahdi であることを宣言してジハード運動を展開, 各地でエジプト軍を破り, 1885 年には Gordon 率いる英国の援軍を Khartoum で潰滅させた》.

Muhammad Ali ⇨ ALI.

Muḥammad ʿAlī /─ ɑ:lí:/ ムハンマド・アリー (1769–1849)《エジプト総督 (1805–48); エジプトを治めたムハンマド・アリー朝 (1805–1953) の創立者》.

Muhámmad·an *a* ムハンマド[マホメット]の, イスラム教の. ► *n* マホメット教徒, イスラム教徒. ★「イスラム(の)」の意では Islamic, Muslim などのほうが好ましいとされる.

Muhámmadan cálendar [the] ISLAMIC CALENDAR.

Muhámmadan éra [the] ISLAMIC ERA.

Muhámmad·an·ism *n* マホメット教. ★ Islam(ism) のほうが好ましいとされる.

Mu·har·ram /muhǽrəm/, **Mo-** /mou-/ *n* 〘イスラム〙ムハッラム《イスラム暦 (⇨ ISLAMIC CALENDAR) の年の最初にあたる月》; ムッハラムの最初の 10 日間に行なわれる祭. [Arab=holy]

muh-fuh /mʌ́fə:/ *n* *《卑》MOTHERFUCKER.

muir /mjú(ə)r/ *n* 《スコ》MOOR[2].

Múir Glácier /mjúər-/ ミュア氷河《Alaska 州南東部 St. Elias 山脈の氷河》.

muis·hond /máɪshɔ̀nt, méɪs-/ *n* 〘動〙ケープゾリラ《南アフリカ産; イタチ科》. [Afrik=mouse dog]

Mui·zen·berg /máɪz(ə)nbə̀:rg/ マイゼンベルグ《南アフリカ共和国南部 Western Cape 州, Cape Town の南南東郊外にある町; False 湾に臨む夏の行楽地》.

mu·ja·hid·een, -he·din, -hed·een, -hed·din, -hi·din /muʤæhɪdí:n, mu-, -ʤɑ̀:-/ *n pl* イスラム戦士, ムジャヘディン《特に アフガニスタンおよびイランのイスラム教徒ゲリラ》. [Arab=fighter]

mujik ⇨ MUZHIK.

muj·ta·hid /mu:ʤtɑ́:hɪd/ *n* (*pl* **~s, -hi·dūn** /-hɪdù:n/) 〘イスラム〙権威ある法解釈者, ムジュタヒド《アラビア語で「努力する者」の意》.

Mu·kal·la /mukǽlə/ ムカッラー《イエメン東部 Aden 湾に臨む港町; Ḥaḍhramaut 地域の中心地》.

Muk·den /múkdən, mʌ́k-/ 奉天《瀋陽 (SHENYANG) の旧称》.

Mu·khā /muxɑ́:/ ムハー《MOCHA のアラビア語名》.

muk·luk, muck·luck, muc·luc /mʌ́klʌ̀k/, **-lek** /-lək/ *n* マクラク《**1**) エスキモーが履くオットセイ[トナカイ]の毛皮で作った長靴 **2**) ズック製の同種の長靴; ソックスを数足着用した上に履くもので, 底革は柔らかいなめし革》. [Eskimo=bearded seal, boot made of sealskin]

muk·ti /múkti/ *n* 〘ヒンドゥー教・仏教〙MOKSHA. [Skt]

muk·tuk /mʌ́ktʌk/ *n* 食用鯨皮. [Eskimo]

mu·lat·to /məlǽtou, mu-, mju-, *-lɑ́:-/ *n* (*pl* **~es, ~s**) 白人と黒人の第一代混血児; 《一般に》白人と黒人の混血児. ► *a* 白黒混血児の; 黄褐色の. [Sp *mulato* young mule < *mulo* MULE[1]]

mulay saw ⇨ MULEY SAW.

mul·ber·ry /mʌ́lbèri; -b(ə)ri/ *n* **1** 〘植〙クワの木 (=**~ trèe**) (cf. RED [WHITE] MULBERRY); クワの実; クワの実色, 暗紅色 (=*murrey*). **2** [M-] マルベリー (=**M~ hàrbor**)《組立式人工港; 元来, 1944 年連合軍の Normandy 上陸作戦の時に使われたコード名》. [OE *mōrberie* (L *morum* mulberry, BERRY); *-l-* は *-r-* の異化]

múlberry bùsh 〘英〙クワの木《'Here we go round the mulberry bush' と歌いながら手を取り輪になって踊る子供の遊戯》.

múlberry fàmily 〘植〙クワ科 (Moraceae).

mulch /mʌ́lʧ/ *n* 〘農〙マルチ《土壌水分の蒸発防止・霜害防止・雑草の抑制などのために根元の地面に広げるわら・木の葉・泥などの混合物[腐葉土]》. ► *vt* …に根囲い[マルチング]をする. [C17 ? *melsh* (dial) soft, mild <OE *melsc*]

Mul·ci·ber /mʌ́lsəbər/ 〘ロ神〙ムルキベル《火と鍛冶の神 Vulcan の添え名》.

mulct /mʌ́lkt/ *vt* **1** 〈人〉からだまして取る; 〈金品を〉だまし取る, ゆすり取る, 盗む: ~ sb *of* money=~ money *out of* sb 人をだまして金を奪う. **2** 科料[罰金]に処する. ► *n* 罰金. [F<L *mulcta* fine]

Mul·doon /mʌldú:n/ マルドゥーン Sir **Robert** (**David**) ~ (1921–92)《ニュージーランドの政治家; 首相 (1975–84)》.

mule[1] /mjú:l/ *n* **1 a** 〘動〙ラバ《雄ロバと雌馬との子; cf. HINNY[1]》: (as) obstinate [stubborn] as a ~ とても頑固な. **b** 《通例 不妊・不稔の動植物の》雑種, MULE CANARY; 自家不稔の植物. **c** あいのこコイン, 混刻貨《表裏で異なる時期・意匠となっているコイン》. **2** 《口》意地っぱり, 頑固者, ばか. **3** ミュール精紡機 (=*spinning mule*). **4 a** 《運河に沿って船を牽引する》電気機関車; 《鉱山などで使う》小型電気機関車, トラック, ミュール; 《自動車レース俗》練習用の車. **b** *《俗》薬(ヤク)の運び屋; *《俗》麻薬を詰めたコンドーム《膣や肛門内に入れて運ぶ》; *《俗》密造ウイスキー. **c** *《俗》《空母の》飛行甲板係員. ► *vt* 《あいのこコインを造るため》〈表と裏が別の刻印を〉組み合わせる; 〈硬貨〉に表と裏が別の刻印を押す. [OF<L *mulus*]

mule[2] *n* つっかけ靴, ミュール《ヒール付きのかかとのない女性用サンダル・スリッパ》. [F]

mule[3] *vi* MEWL.

múle armadìllo 〘動〙ムリータ (=*mulita*)《中米主産のアルマジロ》.

múle canàry 〘鳥〙雑種カナリヤ《カナリヤとアトリ科の鳥との交配種》.

múle chèst 枠台に載せた低いたんす.
múle dèer 〔動〕ミュールジカ (=*black-tailed deer, jumping deer*)《耳の長いシカ; 北米西部産》.
múle-fòot, múle-fóot·ed *a* 〔動〕割れ目のないひづめをした, 単蹄の.
mules /mjú:lz/ *vt* «豪» 〈羊〉にミュールズ手術を施す (⇨ MULES OPERATION).
múle skìnner *«口» ラバ追い (muleteer).
Múles operátion «豪» ミュールズ手術《緬羊の尻にウジがわくのを防止するために行なうひだ部分の切除手術》. [J. H. W. *Mules* (1876–1946) オーストラリアの牧羊業者]
mu·le·ta /m(j)uléɪtə, -lɛ́tə/ *n* 《闘牛士の》棒に付けた赤布. [Sp=crutch (dim)＜*mula* she mule; mule のように歩行困難な人の「支え」の意]
mu·le·teer /mjù:lətíər/ *n* ラバ追い《人》.
múle tràin ラバの引く荷車の列; 荷物運搬のラバの列.
mu·ley, mul·ley /mjú:li, múli/ *a* 〈牛が〉角のない, 角を切った. ► *n* 角のない牛, 雌牛 (cow); *角を切った[角のない]動物. [Celt; cf. Gael *maol* bald, hornless]
múley sàw, mú·lay sàw /mjú:li-, múli-/ *«口» 《両端の締め具によって動かされる》長のこぎり.
mul·ga /mʌ́lgə/ *n* **1** マルガ《豪州産のアカシア属の低木》; [the] マルガのやぶ; [the] 《豪州の》奥地 (outback); マルガの棍棒[盾]. **2** «豪俗» MULGA WIRE. [(Austral)]
mul·ga·ra /məlgá:rə/ *n* 〔動〕ネズミクイ《豪州中央部産フクロネコ科のネズミ大の肉食性有袋類; とがった鼻, 大きな目, 短い尾をもつ》.
múlga wìre «豪俗» うわさ, 口コミ (=*mulga*).
Mul·ha·cén /mù:lɑ:θéɪn, -séɪn/ ムラセン《スペイン南部 Sierra Nevada の高峰 (3482 m); 同国本土の最高峰》.
Mül·hau·sen /*G* my:lháuzn/ ミュールハウゼン《MULHOUSE のドイツ語名》.
Mül·heim (an der Ruhr) /*G* mý:lhaɪm (an der rú:r)/ ミュールハイム(・アン・デア・ルール)《ドイツ西部 North Rhine-Westphalia 州の Ruhr 川に臨む工業都市》.
Mul·house /məlú:z; *F* mylu:z/ ミュルーズ (*G* Mülhausen)《フランス北東部 Alsace 地方の市; 1871–1918, 1940–44 年ドイツ領》.
mu·li·eb·ri·ty /mjù:liébrəti/ *n* 女であること (womanhood); 女らしさ (femininity) (opp. *virility*); めめしさ. [L (*mulier* woman)]
mul·ish /mjú:lɪʃ/ *a* ラバ (mule) のような; 強情な, 御しがたい. ♦ **~·ly** *adv* **~·ness** *n*
mu·li·ta /mulí:tə/ *n* 〔動〕MULE ARMADILLO. [AmSp]
Mul·ki /múlki/ *n* 《インドの》旧 Hyderabad 州人.
mull[1] /mʌ́l/ *n* ‖«口» 混乱, ごたごた: make a ~ of …をだいなしにする. ► *vt* **1** *十分混ぜ合わせる, 混練(こんれん)する; «口» じっくり考える, 検討する, 議論する 〈*over*〉. **2** ‖«口» だいなしにする, しくじる; ‖«俗» ぼんやりさせる. ► *vi* じっくり考える, 頭をしぼる, 検討する 〈*over*〉. [? *mull* to grind to powder (ME *mul* dust＜MDu)]
mull[2] *vt* [‖*pp*] 〈ワイン・ビールを〉温めて甘味・香料・卵黄などを入れる: ~*ed* wine マルドワイン, ホットワイン. ► *n* マルドドリンク, mull した燗酒. [C17＜?]
mull[3] *n* 〔織〕マル《薄くて柔らかいモスリン》; 〔製本〕寒冷紗. [*mulmull*＜Hindi]
mull[4] *n* 〔土壌〕精腐植, ムル, モル《森林土壌の腐植層形態の一つ》; 〔化〕《懸濁液中の》粉末, 粒子. [G＜Dan *muld*]
mull[5] *n* «スコ» 岬 (promontory), 半島. [ME; cf. Gael *maol*, Icel *múli*]
mull[6] *n* «スコ» かぎタバコ入れ (snuffbox). [*mill*[1]]
Mull マル《スコットランド西岸沖 Inner Hebrides 諸島の島》.
mul·la(h) /mʌ́lə, múlə/, **mol·la(h)** /mɔ́(:)lə, mɑ́lə/ *n* 〔イスラム〕ムッラー《イスラムの法・教義に深く通じた人に対する尊称》; 〔トルコ〕イスラム法裁判官. ♦ **~·ism** *n* [Pers and Hindi]
mul·lar·key /məlá:rki/ *n* «口» MALARKEY.
mul·lein, -len /mʌ́lən/ *n* 〔植〕モウズイカ, 《特に》ビロードモウズイカ. [OF *moleine*]
múllein pìnk 〔植〕スイセンノウ (=*gardener's delight, rose campion*).
múll·er[1] *n* マラー《酒を MULL[2] する器[人]》.
muller[2] *n* 粉砕機; 《粉薬・顔料をすりつぶす底の平らな》石の乳棒. [ME *molour*; cf. MULL[1]]
muller[3] ‖«俗» *vt* ぶちこわす, むちゃくちゃ[だいなし]にする; ぶちのめす, こてんぱんにする. ♦ **~·ed** *a* ひどく酔っ払った, ぐでんぐでん[べろべろ]の. [?]
Mul·ler /mʌ́lər/ マラー **Hermann Joseph** ~ (1890–1967)《米国の遺伝学者; X 線による人工突然変異を研究; ノーベル生理学医学賞 (1946)》.
Mül·ler /mjú:lər, míl-, mʌ́l-; múlər, mú:-, mjú:-; *G* mýlər/ ミュラー (**1**) (**Friedrich**) **Max** ~ (1823–1900)《ドイツ生まれの英国のインド学者・言語学者》 (**2**) **Herta** ~ (1953–)《ルーマニア生まれのドイツの作家; *Niederungen* (澱み, 1982), *Der Fuchs war damals schon der Jäger* (狙われたキツネ, 1922); ノーベル文学賞 (2009)》 (**3**) **Johann** ~ ⇨ REGIOMONTANUS (**4**) **Johannes Peter** ~ (1801–58)《ドイツの生理学者・比較解剖学者》 (**5**) **Karl Alex(ander)** ~ (1927–)《スイスの物理学者; 酸化物高温超伝導体を発見; ノーベル物理学賞 (1987)》 (**6**) **Paul Hermann** ~ (1899–1965)《スイスの化学者; DDT の殺虫効果を発見; ノーベル生理学医学賞 (1948)》.
Mül·lé·ri·an mímicry /mjulíəriən-, mɪl-, mʌl-/ 〔生〕ミュラー擬態《まずい味や毒をもつチョウ・ハチなどの 2 種以上の動物の警戒色が, 相似した斑紋・色彩になり, 未経験の捕食者に食われる可能性を低くする場合》. [Fritz *Müller* (1821–97) ドイツの動物学者]
Müller-Ly·er illusion /—láɪər —/ [the] 〔心〕ミュラー-リエル錯視《同じ長さの直線でも, 直線の両端から内向き 2 本線が出ているもの (⟷) のほうが, 外向き 2 本線の出たもの (>—<) よりも短く見えるという錯視》. [Franz *Müller-Lyer* (1857–1916) ドイツの社会学者・心理学者]
mul·let[1] /mʌ́lət/ *n* **1** (*pl* ~, ~**s**) 〔魚〕**a** ボラ (gray mullet); 《赤・金色の》ボラ科の各種, 《特に》(赤)ヒメジ (red mullet). **b** SUCKER. **2** マレット《後ろ髪だけを長くした男性の髪型》. ● **like a stunned ~** «豪俗» ぼうっとなって. [OF (dim)＜L *mullus*]
mullet[2] *n* 〔紋〕《通例 五方向に放射した》星形. [OF=mullet, rowel of a spur]
múllet hèad *«口» あほう, 抜作, どじ.
mulley ⇨ MULEY.
mul·li·gan /mʌ́lɪgən/ *n* **1** *«口» マリガン (=~ **stéw**)《肉・野菜などのごった煮》. **2** 〔ゴルフ〕マリガン《非公式試合で(最初の)ティーショットの場合に限りうまくいかなかった時に許される打ちなおし》. **3** *«俗» アイルランド人; «俗» おまわり, ポリ公 (policeman). [C20＜?; *Mulligan* 人名か]
Mulligan マリガン **Gerry** ~ (1927–96)《米国のバリトンサックス奏者・編曲者・作曲家・バンドリーダー》.
mul·li·ga·taw·ny /mʌ̀lɪgətɔ́:ni/ *n* マリガトーニ(スープ)《インド起源の(チキンを使った)カレースープ》. [Tamil=pepper water]
mulligatáwny pàste マリガトーニペースト.
mul·li·grubs /mʌ́ləgrʌ̀bz/ «俗» *n pl* 腹痛; 憂鬱, ふさぎ, 不機嫌. [C16 *mulliegrums*＜?]
Mul·li·ken /mʌ́ləkən/ マリケン **Robert Sanderson** ~ (1896–1986)《米国の化学者・物理学者; 分子の化学結合と電子構造を研究; ノーベル化学賞 (1966)》.
Mul·lin·gar /mʌ̀ləngá:r/ マリンガー《アイルランド中北部の町; Westmeath 県の県都》.
mul·lion /mʌ́ljən/ *n* 〔建〕《ガラス窓などの》縦仕切り, 竪子(たて), 中方(なかほう)立て (cf. TRANSOM); 〔地質〕ムリオン《変成岩などの, 横に並んだ棒状部の 1 本》. ► *vt* [*pp*] mullion をつける[で仕切る]. [(音位転換)＜*monial*＜OF *moinel* middle; ⇨ MEAN[3]]
Mul·lis /mʌ́ləs/ マリス **Kary B(anks)** ~ (1944–)《米国の生化学者; ポリメラーゼ連鎖反応 (PCR) 法を開発し, DNA の短時間大量増殖を可能にした; ノーベル化学賞 (1993)》.
mull·ite /mʌ́làɪt/ *n* 〔鉱〕ムル石, ムライト《アルミノケイ酸塩鉱物; 耐火物・陶磁器素地用》. [*Mull*]
mul·lock /mʌ́lək/ *n* «豪» 《鉱山の》廃石, 捨て石, 金を含まない岩石[土砂]; «豪・英方» くず, がらくた; ‖«方» ごたごた, 混乱. ● **poke ~ at…** «豪口» …をからかう, ばかにする. ► *vi* «豪口» だらしない仕事をする. [(dim)＜*mul* dust]
mul·lo·way /mʌ́ləwèɪ/ *n* «豪» ニベ科の大型の食用魚 (=*jewfish*).
Mul·ro·ney /məlrú:ni/ マルルーニー (**Martin**) **Brian** ~ (1939–)《カナダの政治家; 首相 (1984–93)》.
Mul·tan /multá:n/ ムルタン《パキスタン中東部の市》.
mult·ángular /mʌ̀lt-/ *a* 多角の.
mul·tan·gu·lum /mʌ̀ltǽngjələm/ *n* (*pl* **-la** /-lə/) 〔解〕《手根骨の》菱形骨, 多角骨. [NL]
mul·te·i·ty /mʌ̀ltí:əti/ *n* «古» MULTIPLICITY.
mul·ti- /mʌ́ltɪ, -tə, -tàɪ/ *comb form* 「多くの (many, multiple, much)」「さまざまの」「複数の」「何倍もの」 [L (*multus* much, many)]
múlti·àccess *a* 〔電算〕マルチ[多重]アクセスの.
mùlti·addréss *a* 複数アドレスの《データ処理計算機の記憶装置が 2 か所以上の場所に指示・数量を記憶できる》.
mùlti·ágency *a* 複数の機関が参加[関与]する, 共同参画(方式)の.
mùlti·ángular *a* MULTANGULAR.
mùlti·áxial *a* 多軸の[をもつ], 多軸性の.
multiáxial jóint 〔解〕多軸性関節 (=*enarthrosis*).
múlti·bànd *a* 〔通信〕マルチバンドの, 多帯域の, 多周波帯(用)の; 〔光〕複数の波長(域)の, マルチバンドの.
múlti·càst 〔インターネット〕*vi, vt* マルチキャストする《特定の複数の人へ同時に情報を送る》. ► *n* マルチキャスト.
mùlti·céllular *a* 〔生〕多細胞の; 〔電〕多房の〈電圧器〉.
♦ **-cellulárity** *n*
múlti·cènter *a* 〈研究などが〉複数の医療[研究]機関にまたがった.
♦ **múlti·cèntered** *a*

M

mùlti·céntric *a* 多中心の, 発生源多数の. ♦ **-céntrical·ly** *adv* **-centrícity** *n*
múlti·chàin *a* 〔生化〕〈タンパク質が〉多連鎖の.
mùlti·chánnel *a* 多重チャンネルの, マルチチャンネルの.
multichánnel ánalyzer 〔電子工〕波高分析器.
múlti·cìde *n* 大量殺戮.
múlti·còil *a* 多重コイルの.
mùlti·collineárity *n* 〔統〕多重共線性.
mùlti·còlor *a, n* 多色(刷り)(の), 多彩(の).
mùlti·cólored /, ―́ ― ―/ *a* 多色の, MULTICOLOR.
mùlti·cómpany *a, n* 複数の企業を傘下に置く(会社).
mùlti·cóunty *a* 多くの county に共通[共有]の〈施設など〉, (広い)地域の.
mùlti·cúl·ti /-kálti/ *a* MULTICULTURAL.
mùlti·cúltural *a* 多文化的な. ♦ **~·ly** *adv*
mùlti·cúltural·ìsm *n* 多文化主義, 文化的多元主義. ♦ **-ist** *n, a*
mùlti·cýlinder *a* 〈内燃機関・蒸気機関などが〉2 本以上のシリンダーを有する, 多シリンダーの.
mùlti·déntate *a* 多歯の; 〔化〕〈配位子が〉多座の.
mùlti·diménsion·al *a* 多次元の. ♦ **~·ly** *adv* **mùlti-dimensionálity** *n*
mùlti·diréction·al *a* 多方面にわたる, 多角的な.
mùlti·dísciplinary *a* 多くの専門分野にわたる, 学際的な.
múlti·drùg *a* 複数の薬剤を利用する[に関する], 多剤の.
mùlti·énzyme *a* 多酵素からなる[が関与する].
mùlti·éthnic *a* 多民族的な; 多民族共用の〈テキスト〉; *〈人が〉混血の. ♦ **-ethnícity** *n*
mùlti·fácet·ed *a* 多面の; 多くの側面をもつ; 多才の.
mùlti·fáctor *a* 多元的な, 多因子の (multifactorial).
mùlti·factórial *a* 多くの要素からなる, 多元的な, 多因子の; 〔遺〕多因性の. ♦ **~·ly** *adv*
mùlti·fáith *a* 多宗教の, 異なる宗教の混在[共存]した, どの宗教[宗派]にも対応できる.
mùlti·fámily *a* 数家族共用の〈住宅〉.
mul·ti·far·i·ous /mʌ̀ltəféəriəs/ *a* さまざまの, 雑多の; 〔法〕不当請求併合の. ♦ **~·ly** *adv* **~·ness** *n*
mul·ti·fid /mʌ́ltəfid/, **mul·tif·i·dous** /mʌltífədəs/ *a* 〔植・動〕多裂の, 多弁の, 多節の: a ~ leaf 多裂葉. ♦ **~·ly** *adv*
mùlti·fílament *n, a* 〔紡〕多繊維(の), マルチフィラメント(の) 《単繊維 (monofilament) を多数引きそろえて作った糸についていう》.
múlti·flàsh *a* 〔写〕多閃光の, 複数のフラッシュを同時使用する; マルチフラッシュの《海水の蒸溜脱塩法の一種》.
múlti·flèx *a* 〔アメフト〕多種の攻撃フォーメーションを同時にとる, マルチフレックスの〈攻撃〉.
mùlti·flóra (róse) 〔植〕ノイバラ (=*Japanese rose*) 《多くの栽培品種の原種; 生垣などに使う》.
mùlti·flórous *a* 〔植〕多花の, 房咲きの.
mùlti·fócal *a* 〈レンズが〉多焦点の; 〔医〕多病巣性の.
múlti·fòil *n* 〔建〕多葉飾り《六葉以上; ⇨ TREFOIL》. ► *a* 〈アーチなど〉多葉の.
múlti·fòld *a* 幾重にも折りたたんだ; MANIFOLD.
mùlti·fóliate *a* 〔植〕多葉の.
múlti·fònt *a* 多種の書体の活字を含む[読み取る]〈植字・自動読取り装置〉.
múlti·fòrm *a* 多形の, 多様な, 種々の. ♦ **mùl·ti·fór·mi·ty** *n* 多様性 (opp. *uniformity*). [F]
múlti·fuel *a* 2 種以上の燃料が使用可能な.
mùlti·fúnction, -fúnction·al *a* 多機能の.
mùlti·generátion·al *a* 複数世代の, 多世代の[にわたる].
mùlti·gérm *a* 〔植〕多数の苗を生じる房状の果実の[をつける], 多胚の.
múlti·gràde *a* 〈エンジンオイルが〉広い温度範囲で粘性が安定な, マルチグレードの. ► *n* マルチグレードのエンジンオイル; 〔米商標〕マルチグレード《感度の異なる 2 種の感光乳剤を用いた印画紙; さまざまのレベルのコントラストをもつプリント作成が可能》.
múlti·gràin *a* 〈パンが〉2 種以上の穀物でできた.
Múlti·gràph 〔商標〕マルチグラフ《小型輪転印刷機》.
mul·ti·grav·i·da /mʌ̀ltəgrǽvədə/ *n* 〔医〕経妊婦《2 回以上妊娠経験のある女性; cf. MULTIPARA》.
múlti·gỳm *n* 《一台で各種の筋肉鍛練ができる》多機能ウェートトレーニング装置[器具].
múlti·hùll *n* 〔海〕多船体船, 多胴船 (cf. MONOHULL). ♦ **-hùlled** *a*
mùlti·índustry *a* 多種の産業を含む, 多角経営の, 多産業型の〈会社〉.
mùlti-instruméntalist *n* 多楽器演奏家.
mùlti·láminate *a* 多くの薄層[薄葉]からなる, 多葉の.
mùlti·láne, -láned *a* 多車線の〈道路〉.
mùlti·láteral *a* 多面的な, 多角的な; 参加国多数の, 多国間の, 多国からなる; 〔英教育〕modern, technical, grammar の 3 タイプの教育を行なう〈学校〉: ~ trade 多角貿易《同時に数か国を相手とする》. ♦ **~·ly** *adv*
mùlti·láteral·ìsm *n* 多国間の相互自由貿易(主義); 多国間共同政策[主義]. ♦ **-ist** *n, a*
multiláteral tráde negotiàtions *pl* 多角的貿易交渉《GATT の場で行なわれる関税引下げなどをめぐる多国間の交渉; Uruguay Round など; UNCTAD などの国際機関の提唱によって 3 か国以上で行なう交渉を指すこともある; 略 MTN》.
mùlti·láyer *a* 多層の, 多層性[式]の (multilayered). ► *n* 多層からなる被膜[堆積物など].
mùlti·láyered *a* 多層の, 多層性[式]の, 何層にも重なった.
mùlti·lével, -léveled *a* 多平面の〈立体交差など〉; 多くのレベル[階層]からなる: *multilevel* marketing [sales] マルチ商法[販売]《売手がピラミッド状に階層をなす販売組織となっていることから》.
mùlti·língual *a* 多種の言語を話す; 多種の言語の[で書いた]. ► *n* 多言語使用者. ♦ **~·ly** *adv*
mùlti·língual·ìsm *n* 多言語使用.
Múlti·lìth 〔商標〕マルチリス《事務用の小型オフセット印刷機》.
mùlti·lóbular *a* 〔植〕多小葉(性)の〈嚢〉.
mùlti·lócular *a* 〔生・解〕多胞(性)の, 多室[多房](性)の.
mùlti·márket *a* 多くの市場に関係した〈会社〉.
mùlti·média *a* 多くのメディアを用いた[にかかわる, にまたがる], マルチメディア[総合メディア]の. ► *n* [‹*sg/pl*›] 多メディアを用いたコミュニケーション[娯楽, 教育, 芸術], マルチメディア《テキスト・静止画像・動画像・音声など多様な形態の情報の複合的表現や技法, 音声・映像教材を取り入れた教授法など》.
mùlti·mér·ic /-mérɪk/ *a* 〔化〕〈タンパク質が〉多量体の.
mul·tim·e·ter /mʌltímətər/ *n* マルチメーター《電圧・電流・抵抗を測定できる装置》.
mùlti·míllion *a* 数百万の: a ~ dollar contract 数百万ドルの契約.
mùlti·millionáire *n* 億万長者, 大富豪.
mùlti·módal *a* 多様な; 〔統〕多モードの; INTERMODAL; 〔電算〕多モードの, マルチモードの.
mùlti·mótored *a* 多モーター[エンジン]の.
mùlti·nátion *a* 複数の国家の, 多国籍の (multinational).
mùlti·nátional *a* 複数の国民[民族]の; 複数の国家の[にかかわる], 多国籍の: a ~ corporation 多国籍企業. ► *n* 多国籍企業. ♦ **~·ìsm** 多国籍企業設立[経営]. **~·ly** *adv*
mùlti·nómial *a, n* POLYNOMIAL.
mùlti·nóminal *a, n* 多くの名前をもつ, 多名の(もの).
mùlti·núcleate, -núcleated, -núclear *a* 多核(性)の.
múlti·pàck *n* パックした多品目を一つにパックしたもの.
mul·tip·a·ra /mʌltípərə/ *n* (*pl* **-rae** /-rìː/) 〔医〕《2 人以上子を産んだ》経産婦 (cf. PRIMIPARA, NULLIPARA), 〔動〕経産雌.
mùlti·parámeter *a* 数個のパラメーターの[に関する], 多パラメーターの.
mul·tip·a·rous /mʌltíp(ə)rəs/ *a* 一度に多数の子を産む, 多重産の; 出産経験のある, 経産の; 〔植〕〈集散花序が〉側生軸の多い.
mùlti·pártite *a* 多くの部分に分かれた; 加盟者[国]が多数の.
mùlti·párty *a* 複数政党の, 多党の; 複数の関係者[組織]の.
múlti·pàth *a* 〔通信〕多重(通路)の《複数の経路を通じて電波信号が到来することをいう; ゴースト現象や音のゆがみの原因になる》.
múlti·pèd, -pède 〔動〕*a* 多足の. ► *n* 多足動物.
múlti·phàse *a* 〔電〕多相の (polyphase); 多面的な.
mùlti·phásic *a* 多方面から観察する; 多面的な.
mùlti·phòton *a* 〔理〕多数の光子が関与する, 多光子の.
múlti·plàne *n* 〔空〕多葉式飛行機, 多葉機.
mùlti·plàtform *a* 〔電算〕マルチプラットフォームの《複数のプラットフォームに対応する》.
mùlti·plátinum *a* 〈CD などが〉売上げ 200 万枚を達成した.
mùlti·plày *a* 〈CD プレーヤーが〉数枚のディスクを装填できる.
mùlti·plàyer *n* マルチプレーヤー《**1**》音楽 CD とゲーム CD-ROM などいろいろなメディアを再生できるシステム **2**》数枚のディスクを装填できる CD プレーヤー》. ► *a* 〈コンピューターゲームが〉マルチプレーヤーの《数人でプレーする》.
mul·ti·ple /mʌ́ltəp(ə)l/ *a* **1** 複式の, 複合的な; 多数の; 多様な, 多彩な; 多数で分かち合う: a ~ birth 多子出産 / suffer ~ injuries 多数の傷を負う. **2** 〔数〕倍数の; 〔植〕〈果実が〉集合性の (collective); 〔電〕〈回路が〉並列する数本の導線からなる, 多重の, 複合の. ► *n* **1** 〔電〕並列, マルチプル (parallel); 〔数〕倍数 (⇨ COMMON MULTIPLE); [*fig*] 集まり, まとまり; 多胎児《ふたご, 三つ子などの総称》. **2** ‖MULTIPLE SHOP; 大量生産の美術品. **3** [the] 〔証券〕株価収益率, レシオ (price-earnings multiple). ● **in ~** = in PARALLEL. [F <L; ⇨ MULTIPLEX]
múltiple-áccess *a* MULTIACCESS.
múltiple ágriculture 多角農業《農作・養鶏・養豚・果樹栽培などを兼ねる》.
múltiple áim pòint sỳstem 〔米軍〕多目標ミサイル格納システム《ミサイルを地下トンネルで移動させて敵の攻撃目標となる確率を減少させようとするもの》.

múltiple alléle [allélomorph] 〔遺〕複対立遺伝子[形質].
múltiple chémical sensitivity 〔医〕多種化学物質過敏症 (=**múltiple chémical sensitívity sỳndrome**)《通常は無害の低濃度の化学物質に暴露されて生じる各種の症状; 頻脈・発汗・倦怠感・吐き気・震えなど; cf. SICK BUILDING SYNDROME》.
múltiple-chóice *a* 〈問題が〉多項選択式の; 〈試験が〉多項選択式の問題からなる.
múltiple crópping 〔農〕多毛作.
múltiple fáctor 〔遺〕MULTIPLE ALLELE; [*pl*] 重複[同義]因子.
múltiple físsion 〔生〕多分裂, 複分裂《1 個の個体が分裂して複数の新しい個体になること; cf. BINARY FISSION》.
múltiple frúit 〔植〕多花果, 集合果《パイナップル・クワの実など》.
múltiple íntegral 〔数〕重積分.
múltiple màrk 〔印〕倍数記号《×》.
múltiple myelóma 〔医〕多発(性)骨髄腫.
múltiple neurítis 〔医〕多発(性)神経炎.
múltiple personálity (disòrder) 〔精神医〕多重人格障害 (=*dissociative identity disorder*)《一人の個人に 2 つ以上の別個の人格が存在する精神障害; 一つの人格から別の人格への移行が突発的に起こり, 通常本来の人格はその他の人格を意識することは全くなく, 時間の空白のみを体験する》.
múltiple·póind·ing *n* 〔スコ法〕INTERPLEADER[1].
múltiple prégnancy 〔医〕多胎妊娠.
múltiple regréssion 〔統〕多重回帰.
múltiple sclerósis 〔医〕多発(性)硬化(症)《略 MS》.
múltiple shóp [stóre]‖ チェーン店 (chain store*).
múltiple stándard 〔経〕多元的本位 (tabular standard).
múltiple stár 〔天〕多重星《肉眼で 1 個に見える数個の恒星》.
mul·ti·plet /mʌ́ltəplət, -plɛ̀t/ *n* 〔理〕《スペクトルの》多重線 (=～ **lìne**); 〔理〕多重項《**1**) 分子・原子・原子核で, 縮退したエネルギー準位をもつ量子状態の組 **2**) 同じスピンパリティーをもつ素粒子の組; cf. SUPERMULTIPLET》; 〔動〕多生児, 多胎. [*doublet*, *triplet* にならって *multiple* から]
múltiple únit 〔鉄道〕総括制御.
múltiple-válued *a* 〔数〕多価の (cf. SINGLE-VALUED): a ～ function 多価関数.
múltiple vóting 複式投票《一選挙に 2 か所以上の選挙区で行なう合法的投票》; 不法な重複投票.
mul·ti·plex /mʌ́ltəplɛ̀ks/ *a* 多様な, 複合の; 〔通信〕同一回路による多重送信の; 〈映画館が〉複数のスクリーンのある, マルチプレックスの. ► *vt, vi* 多重送信する. ► *n* **1** 多重送信(システム): time-[frequency-]division ～ 時分割[周波数分割]多重送信. **2** シネマコンプレックス, マルチプレックスシネマ (=～ **cínema**)《一つの施設の中に複数のスクリーンがある映画館》. [L (*multi-*, *-plex* -fold (*plico* to fold))]
múl·ti·plèx·er, -or *n* 多重チャンネル, マルチプレクサー.
múltiplex telégraphy 多重電信.
múl·ti·plì·able, mul·ti·plic·a·ble /mʌ̀ltəplíkəb(ə)l/ *a* 倍増できる.
mul·ti·pli·cand /mʌ̀ltəpləkǽnd/ *n* 〔数〕被乗数 (opp. *multiplier*).
mul·ti·pli·cate /mʌ́ltəpləkèɪt, ‖mʌ́ltíplɪkət/ *a* 多数からなる, 複合の, 多様な (multiple, multifold).
mùl·ti·pli·cá·tion *n* 増加, 増殖, 繁殖 〈*of*〉; 〔数〕乗法, 掛け算 (opp. *division*); 〔電子工〕《電流の》増倍; 〔理〕《原子炉での中性子の》増倍.
multiplicátion fàctor [cònstant] 〔理〕《原子炉の》増倍率《核分裂の連鎖反応に関して, 連鎖の単位の前後の中性子数の比》.
multiplicátion sìgn 〔数〕乗法記号《×または・》.
multiplicátion tàble 乗算表, 九九の表. ★ 米英では 12×12 =144 まである.
múl·ti·pli·cà·tive /, mʌ̀ltəplíkə-/ *a* 倍数的に増加する, 増殖の; 掛け算の, 乗法の; 〔文法〕倍数を表わす: ～ numerals 倍数詞《double, triple など》. ► *n* 〔文法〕倍数詞. ♦ **～·ly** *adv*
múltiplicative idéntity 〔数〕乗法単位元《0 を含まぬ有理数の乗法に関する群中の 1 など》.
múltiplicative ínverse 〔数〕逆数 (=*reciprocal*).
mul·ti·plic·i·ty /mʌ̀ltəplísəti/ *n* 多数; 多様(性), 多種(性), 多彩(性), 複合性; 〔数〕《多項式の根の》多重度; 〔理〕《量子状態の》多重度. ● **a [the] ～ of**... 非常に多数の..., さまざまな....
múl·ti·plì·er *n* **1** 〔数〕乗数 (opp. *multiplicand*); 〔経〕乗数《新たな支出増加が総所得にもたらす拡大効果比率》. **2** 繁殖者; 〔理・電〕倍率器; 〔電子工〕掛け算器《2 つ以上の入力信号で表わされる量の積の信号を出力とする装置》; 〔電子工〕電子倍増管; 〔電子工〕周波数逓倍(ていばい)器; 〔釣〕マルチプライヤー(リール)《ハンドルが回るたびに数回回転するスプールの付いたリール》.
múltiplier effèct 〔経〕乗数効果; 相乗効果.
múltiplier ónion 〔植〕ポテトオニオン (=*potato onion*)《タマネギの品種の 2 系統の一つ; cf. TREE ONION》.
mul·ti·ply[1] /mʌ́ltəplàɪ/ *vt* 増す; 繁殖させる; 〔数〕掛け合わせる; 〔数〕...に掛ける: ～ 5 and 3 (together) 5 と 3 を掛ける / ～ 5 *by* 3 5 に 3 を掛ける. ► *vi* 増す, 増加する; 繁殖する; 〔数〕掛け算をする, 掛ける 〈*by*〉. ► *n* 〔電算〕掛け算; 掛け算器. [OF<L; ⇨ MULTIPLEX]
mul·ti·ply[2] /mʌ́ltəpli/ *adv* 複合的に, 多様に.
mùlti·plý *a* 幾重もの, 多数重なった.
mùlti·póint *a* 〔電算〕マルチポイントの (opp. *point-to-point*)《3 つ以上の端末を接続する形の》: ～ connection / ～ videoconferencing.
mùlti·pólar *a* 多極(性)の, 多極的な. ♦ **-polárity** *n*
múlti·pòle *n* 〔理〕多重極《双極子, 4 極子などの総称》.
mul·tip·o·tent /mʌ̀ltípətənt/ *a* 〔生〕多能性の《種々の細胞に分化する能力をもつ》: ～ stem cells 多能性幹細胞.
mùlti·poténtial *a* 〔生〕MULTIPOTENT.
múlti·pròbe *n* 〔宇〕多重探査用宇宙船《探査機を多数積み込んだ宇宙船》.
mùlti·prócess·ing *n, a* 〔電算〕多重[マルチ]プロセッシング(の)《**1**) 同時に複数処理をすること(ができる) **2**) PARALLEL PROCESSING》.
mùlti·prócessor *n* 〔電算〕多重プロセッサー《多重プロセッシングができる装置・システム》.
mùlti·prógramming *n* 〔電算〕多重プログラミング《1 台の計算機による 2 つ以上のプログラムの同時実行》.
mùlti·prónged *a* いくつかの叉に分かれた〈やすなど〉; [*fig*] 多面的な, 多岐にわたる.
mùlti·púrpose *a* 多くの目的に用いる, 多目的の: ～ furniture 多目的家具 / a ～ dam 多目的ダム.
mùlti·rácial *a* 多民族の[からなる]. ♦ **～·ìsm** *n* 多民族共存主義. **～·ist** *a, n* 多民族共存主義の; 多民族共存主義者. **～·ly** *adv*
mùlti·resíst·ant *a* 〔生〕〈細菌など〉多種の毒物[薬剤]に耐性をもつ, 多耐性の. ♦ **-resíst·ance** *n*
múlti·ròle *a* いくつかの役目をもつ, 多機能の, 万能の.
múlti·scrèen *a* 3 つ以上の分割スクリーン上に異なる画像を出す方法の, マルチスクリーンの.
mùlti·sénse *a* 多義の: ～ words 多義語.
mùlti·sénsory *a* 《視覚・聴覚など》いくつもの感覚が関与する, 多感覚応用の〈教授法など〉.
mùlti·sériate *a* 〔植〕多列の, 多層の.
mùlti·séssion *a* 〔電算〕マルチセッション(対応)の《追記可能型ディスクのデータが何回かの追記を経て記録された; またドライブがそのような記録方式に対応した》.
múlti·skìll·ing *n* 《従業員の》多職種[多技能, 多角的]訓練. ♦ **-skìlled** *a*
mùlti·spéctral *a* 〔光〕多スペクトル感応性の〈カメラ・フィルム〉.
múlti·stàge *a* 〔工〕多段の〈過程・装置〉; 多段式の〈ロケット〉; 段階的な: a ～ compressor [turbine] 多段圧縮器[タービン].
múlti·stàte *a* 多くの州に関する; 多州[数州]にわたる.
mùlti·stóried *a* MULTISTORY.
mùlti·stóry *a* 多層の, 重層の; 〔建〕高層の: a ～ car park 多層式[立体]駐車場. ► *n* ‖立体駐車場.
mùlti·syllábic *a* 多音節の (polysyllabic).
múlti·tàsk·ing *n, a* 〔電算〕マルチタスキング(の)《単一の処理装置によって複数の処理を同時にまたはインターリーブして実行する(こと)》; 同時に複数のことをする(状態[技能]). ♦ **múlti·tàsk** *vi* **-tàsk·er** *n*
mùlti·thréad·ed *a* 〔電算〕マルチスレッドの《プログラムの制御がいくつかの独立した流れ (thread) に分けられる》. ♦ **-thréad·ing** *n*
mùlti·tráck *a* マルチ[多重]トラックの〈録音テープ〉. ► *n* マルチトラック録音(したもの). ► *vt* マルチトラックで録音する. ♦ **～ed** *a*
mùlti·tu·bér·cu·late /-t(j)ubə́ːrkjələt/ *n* 〔古生〕多臼歯目 (Multituberculata) の動物《中生代および新生代初期の, 通常齧歯類に似た比較的小型の絶滅哺乳類; 多咬頭の臼歯をもっていた》.
mul·ti·tude /mʌ́ltət(j)ùːd/ *n* 数が多いこと; 多数; 群衆, 大勢; [the ～(s)] 大衆, 庶民: In the ～ of counselors there is wisdom. 三人寄れば文殊の知恵 / a ～ of [～*s* of]... 大勢[多数, たくさん]の... / NOUN OF MULTITUDE. ● **cover [hide] a ～ of sins** いろんな(よくない)ものを含む[意味しうる, 隠す], 見た目[聞こえ]はいい(があてにならない)《*1 Pet* 4:8 の句 charity shall cover the multitude of sins (愛は多くの罪をおおう)から》. [OF<L (*multus* many)]
mul·ti·tu·di·nism /mʌ̀ltət(j)úːdənìz(ə)m/ *n* 《個人より多数の幸福を優先させる》多数福利主義.
mul·ti·tu·di·nous /mʌ̀ltət(j)úːd(ə)nəs/ *a* **1 a** 非常に多くの, 多数の; 多項目[部分, 要素, 形]からなる; 《まれ》いろいろの. **b** 群れをなす; 《詩》人混みの, 人だかりの. **2** 広大な, 巨大な〈海など〉. ♦ **～·ly** *adv* **～·ness** *n*
mùlti·úser *a* 〔電算〕マルチユーザーの《**1**) システムが多数のユーザーの仕事を同時にこなす **2**) ゲームが, ネット上などで多数の人が同時に参加できる》.
mùlti·utílity *n* 〔英〕マルチユーティリティー《民営化されて別の業務(特に別の公益事業)も提供するようになった公益事業会社》.
mùlti·válence /, mʌ̀ltívələns/, **-valency** *n* 意義[価値]の多面性; 〔化〕POLYVALENCE.
mùlti·válent /, mʌ̀ltívə-/ *a* **1** 〔化〕多価の (polyvalent); 〔遺〕多

M

価の〈染色体〉. **2** 《一般に》多面的な意義[価値]を有する. ► *n* 多価染色体(群).

mùlti·válued *a* 多価の.

múlti·vàlve *a* 多弁[多殻]の〈貝など〉; 〈エンジンが〉マルチバルブの《1気筒当たり 3 つ以上(通例 4 つ)のバルブをもつ》.

mùlti·váriable *a* MULTIVARIATE.

mùlti·váriate *a* 《主に統計分析で》独立したいくつかの変数のある, 多変量の: ~ analysis 多変量解析.

mùlti·véndor *a* 〘電算〙マルチベンダーの《異なるメーカーのものを扱う》.

múlti·vèrse /-vəːrs/ *n* 多元的宇宙《単一の秩序や, 原理のない宇宙・世界》; 多宇宙《われわれの住む宇宙もその一つにすぎないとされる》. [*multi-*, *universe*]

mul·ti·ver·si·ty /mʌltəvə́ːrs(ə)ti/ *n* マンモス大学《州内各地に分散したキャンパスからなる University of California など》. [*multi-*, *university*]

mùlti·víbrator *n* 〘電子工〙マルチバイブレーター《弛張(しちょう)発振器の一種》.

mùlti·vítamin *a* 多ビタミンの. ► *n* 総合ビタミン剤.

mul·tiv·o·cal /mʌltívək(ə)l, mʌltɪvóu-/ *a* 多義の, 意味のあいまいな.

mùlti·vól·tine /-vóultìːn, -vɔ́ːl-/ *a* 〘昆〙一季節に何回も産卵する, 多化(性)の.

mùlti·vólume(d) *a* 数巻[数冊]よりなる: a ~ atlas.

múlti·wày *a* 複数の回路[通路]をもつ.

mùlti·wíndow *n* 〘電算〙マルチウインドー《画面を分割して同時に複数の文書を表示できるディスプレー》.

múlti·wòrd *a* 複数の語からなる, 多語の.

mul·tum in par·vo /múltum ɪn páːrvou, -páːrwou/ 小型にして内容豊富; ことば少なにして意義多きこと. [L=much in little]

mul·ture /mʌ́ltʃər, 《スコ》mú:tər/ 《英古・スコ》*n* 〘法〙製粉所利用料《通例 委託する麦またはできた粉の一部分》; 製粉所利用料受取り権. [OF=grinding]

mum[1] /mʌ́m/ *a* ものを言わない (silent); [〈*int*〉]《口》黙れ, シッ!: (as) ~ as a mouse だんまりむっつりで / keep ~ 黙っている / sit ~ 話に加わらない. ► *n* 口をつぐむこと, 沈黙. ● **M~'s the word.**=**The word is ~.** 黙ってて, 秘密だよ. ► *vi* (**-mm-**) 《廃》口をつぐむ, 黙る; シッ[黙ってろ]と言う; 無言劇を演じる; 《クリスマスなどに》扮装してお祭り騒ぎをする (=*go mumming*) (cf. MUMMER). [imit]

mum[2] *n*ǁ《口》MOM.

mum[3] *n* 〘英史〙マム《もと Brunswick で造った強いビール》. [G *mumme*]

mum[4] *n* 《口》キク (chrysanthemum).

M

Mum·bai /mʌ́mbàɪ; mùmbáɪ/ ムンバイー《インド西部 Maharashtra 州の州都; もとは Bombay と呼ばれ, 旧 Bombay 州の州都でもあった》.

mum·ble /mʌ́mb(ə)l/ *vi, vt* (口の中で)もぐもぐ[ブツブツ]言う; もぐもぐかむ. ► *n* 低くはっきりしないことば. ♦ **múm·bling** *a* **múm·bler** *n* **-bling·ly** *adv* もぐもぐと. **múm·bly** *a* [MUM[1], *-le*; *-b-* は C15 添え字]

mum·ble·ty-peg /mʌ́mb(ə)ltipèg/, **múmble-the-pèg*** *n* 《男の子の》ジャックナイフ投げ《刀身が地中にささるように投げる遊び》. [*mumble the peg*]

Mum·bo Jum·bo /mʌ́mbou dʒʌ́mbou/ **1** マンボージャンボー《西アフリカの一部の部族の守護神》. **2** (*pl* **~s**) [m- j-] **a** 迷信的崇拝物, 偶像, 恐怖の対象; 《俗》迷信, 妖術, 魔法. **b** ややこしい無意味な儀式, 《人を惑わす》わけのわからない行動, ちんぷんかんぷん《話・ことば》. [C18<?]

mum·chanceǁ /mʌ́mtʃæns; -tʃàːns/ *a, adv* 《古》押し黙った[黙って], 無言の[で]. [C16=dumb show<G; ⇨ MUM[1], CHANCE]

mú-méson *n* MUON.

Mú·mètal /mjúː-, *múː-/ 〘商標〙ミューメタル《高透磁率の合金》.

Mum·ford /mʌ́mfərd/ マンフォード **Lewis ~** (1895–1990)《米国の文明・社会批評家》.

mumm /mʌ́m/ *vi* MUM[1].

múm·mer *n* 無言劇の役者《特に仮装無言劇 (mummers' play) を演じて回る旅役者》; 《古俗》[*derog*/*joc*] 役者; 扮装してお祭り騒ぎをする人. [OF *momeur*; ⇨ MUM[1]]

Mum·mer·set /mʌ́mərsèt/ *n* 〘劇〙ママ(ー)セットなまり《burr 音を誇張した舞台用の方言》.

múmmers' plày 仮装無言劇 (=**múmming plày**)《伝統的なイングランドの民間劇; クリスマスに関連したものが多く, 18 世紀および 19 世紀初期に人気があった》.

múm·mery *n* 無言劇, だんまり狂言; 虚礼, みえ, 猿芝居, 茶番劇.

mum·mi·chog /mʌ́mətʃɔ̀(ː)g, -tʃɑ̀g/ *n* 〘魚〙マミチョグ《北米東部の入江などに生息するメダカ; 観賞用・釣餌》; KILLIFISH. [AmInd]

múm·mi·fòrm /mʌ́mə-/ *a* ミイラ状の.

mum·mi·fy /mʌ́mɪfàɪ/ *vt, vi* ミイラ(状)にする[なる]; 干して保存する, ひからびる, ひからびさせる; 〈古臭い考えや制度を〉後生大事にする. ♦ **mùm·mi·fi·cá·tion** *n* ミイラにすること, ミイラ化, ミイラ変性. **múm·mi·fìed** *a*

múm·ming *n* 無言劇[パントマイム]の上演; 《クリスマス時などの》変装してのお祭り騒ぎ; 無言, 沈黙.

mumming play ⇨ MUMMERS' PLAY.

mum·my[1] /mʌ́mi/ *n* **1** ミイラ; ひからびた死体[もの], やせこけた人: BEAT sb to a ~. **2** ミイラ褐色《えのぐ》; 《廃》ミイラ薬《古代ミイラの粉末から採った傷薬》. **3** 〘昆〙《特に OBTECT な》さなぎ, マミー. ► *vt* MUMMIFY. [F<L<Arab<Pers *mūm* wax]

mummy[2] *n*ǁ《口》MOTHER[1]. [*mammy*]

múmmy bàg 《口》マミーバッグ《顔だけ出すようにした体に密着する寝袋》.

múmmy clòth ミイラを包む麻布; *マミークロス《綿[絹]毛交織のクレープ地》.

múmmy's bòyǁ MAMA'S BOY.

mump[1] /mʌ́mp/ 《古・方》*vt, vi* もぐもぐ言う (mumble); もぐもぐ[クチャクチャ]食べる; ふくれる, すねる; ふさぎこむ; 殊勝らしい[深刻そうな]顔つきをする. [imit]

mump[2] *vi*ǁ《古・方・口》乞食をする, せびる, たかる, だまし取る; ǁ《俗》〈警察が〉商人から品物[賄賂]を受け取る. ♦ **~·er** *n* **~·ing** *n* [? Du (obs) *mompen* to cheat]

mumps /mʌ́mps/ *n* [〈*sg/pl*〉]〘医〙(流行性)耳下腺炎, おたふくかぜ, ムンプス (=*epidemic parotitis*); [*pl*] ふくれっつら, 不機嫌: have the ~ すねる, ふくれる. ♦ **múmp·ish** *a* [*mump*[1] (obs) grimace]

mum·sy, -sie, -sey, -sieǁ /mʌ́mzi/ *n* 母さん (mother). ► *a* 母さんらしい; 地味くさい, パッとしない.

mu·mu, mu-mu /múːmùː/ *n* MUUMUU.

mun ⇨ MAUN.

mun. municipal.

munch /mʌ́ntʃ/ *vt, vi* ムシャムシャ[バリバリ]食う[かじる], がっつく 〈*on*, *at*〉; *《口》(…を)ネチネチいじめる 〈*on*〉. ♦ **~·able** *a, n* 軽食[スナック, おやつ](になる), 手軽に食べられる(もの). **~·er** *n* [imit]

Munch (**1**) /mʌ́ntʃ; *F* mynʃ/ ミュンシュ **Charles ~** (1891–1968)《フランス生まれの指揮者》. (**2**) /múŋk/ ムンク **Edvard ~** (1863–1944)《ノルウェーの画家; 愛と死を主題とし, 表現主義的に描いた》.

Mun·chau·sen /mʌ́ntʃàuz(ə)n, mún-, mʌntʃɔ́ː-/ **1** ミュンヒハウゼン Baron (von) ~ (*G* Karl Friedrich Hieronymus von Münchhausen) (1720–97)《ドイツ人の狩猟家・軍人; Rudolph E. Raspe (1737–94) 作の途方もない冒険談の主人公となった人物で, 大ぼら吹き》. **2** 大ぼら(吹き).

Múnchausen('s) sỳndrome 〘医〙ミュンヒハウゼン症候群《入院治療をうけたくて患者がもっともらしく劇的病状をつくる状態》.

Múnchausen('s) sỳndrome by próxy 代理人によるミュンヒハウゼン症候群《自分の子供などを病気だと思い込んで不必要な治療をしたり, わざと虐待して医師の関心をひこうとするもの》.

Mün·chen /*G* mʏ́nçn/ ミュンヘン《MUNICH のドイツ語名》.

Mün·chen-Glad·bach /m(j)úːnkənglάːtbὰːk; *G* — glátbax/ ミュンヘン-グラトバハ《MÖNCHENGLADBACH の旧称》.

Münch·hau·sen /*G* mʏ́nçhauzn/ ⇨ MUNCHAUSEN.

munch·ie /mʌ́ntʃi/ 《俗》*n* **1** [*pl*] 軽食, スナック, おやつ, お菓子; [the ~s] 《甘い物・菓子などに》飢えていること, 《特にマリファナ喫煙後の》空腹感: have [get] *the* ~*s* 腹ぺこだ. **2***《スケボーでころんでできた》すり傷, すりむけ. [*-ie*]

Munch·kin /mʌ́ntʃkən/ **1** マンチキン《WIZARD OF OZ に登場するこびとの一族》. **2** [m-]* **a** こびとのような(かわいらしい)人, 小さな妖精みたいな人, おチビちゃん. **b** つまらない仕事で多忙な人, 煩わしいことをやってあくせくしている人, ざこ, 使いっぱしり: a low-level ~ 平社員, 平幹部, 下っぱの召使.

Mun·cie /mʌ́nsi/ マンシー《Indiana 州中東部の市; Lynd 夫妻が Middletown という仮名で社会調査を行なった都市》.

Mun·da /múndə/ *n* **a** ムンダ族《インド中部・東部に住むムンダ諸語を用いる民族》. **b** ムンダ諸語《ムンダ諸族が用いる諸言語; オーストロアジア語族に属する》.

mun·dane /mʌ̀ndéɪn, ⏑⏑/ *a* 現世[俗世]の, 世俗的な (earthly); ありふれた, 平凡な, 普通の, 日常的な, おもしろみのない; 世界の, 宇宙の: the ~ era 世界創成紀元. ► *n**《俗》想像力[おもしろみ]のないやつ. ♦ **~·ly** *adv* **~·ness** *n* **mun·dan·i·ty** /mʌ̀ndénəti/ *n* [OF<L (*mundus* world)]

Mun·dell /mʌ́nd(ə)l/ マンデル **Robert A(lexander) ~** (1932–)《カナダ生まれの米国の経済学者; さまざまな通貨体制における金融・財政政策と, 最適通貨圏についての分析によりノーベル経済学賞 (1999)》.

mun·di·fy /mʌ́ndəfàɪ/ *vt* 〈傷口などを〉洗浄する.

mun·dun·gus /mʌ̀ndʌ́ŋgəs/ 《古》*n* ひどく臭いかみタバコ; ごみ, くず. [Sp *mondongo* tripe]

mung[1] /mʌ́ŋ/ *n* 〘植〙MUNG BEAN. [Hindi]

mung[2] *vi* 《俗》物乞いする, 恵んでくれと頼む.

mung[3] *《俗》*n* きたないもの, 不潔なもの, どろっとした[ぐちゃっとつぶれた]いやなもの; LSD による不快な気分. ► *vt* 〈ファイル〉に変更を加える《しばしば 大規模な, また 通例 原状に戻しえない変更にいう》; 〈ファイル・機器を〉だめにする, こわす. ● **~ up** きたなくする, よごす; めちゃくちゃにする. [*mash until no good*]

munga /mʌ́ŋgə/ *n* 《豪俗・英軍俗》 MUNGEY.

mun·ga·ree /mənʤɑ́:ri/, **mun·gar** /mənʤɑ́:r/, **mun·ga·rer** /mənʤɑ́:rər/ *n* ᵁ《俗》 食い物 (food).

múng bèan 〖植〗 ヤエナリ, 文豆(ぶんどう), 緑豆(りょくとう) (=*green gram*) 《インゲンマメの一種; 食用・飼料用》.

mun·ger /mʌ́ŋgər/ *n* 《豪俗・英軍俗》 MUNGA.

mun·gey, -gy, mon·gee /mʌ́nʤi/ *n* ᵁ《俗》 食い物, めし (food).

mun·go, -goe /mʌ́ŋgoʊ/ *n* (*pl* ~**s**) マンゴー《縮充した毛製品などのくずから得る, 質の悪い再生羊毛; cf. SHODDY》. [C19<?]

mun·goos(e) /mʌ́ŋgù:s/ *n* 《古》 MONGOOSE.

mungy[1] ⇨ MUNGEY.

mungy[2] /mʌ́ŋi/ *a* *《俗》 どろっと[ぐちゃっと, べたっと]した, きたならしい, 気持悪い; 《LSD をやって》肌がべたついた(感じの).

mu·ni[1] /mjú:ni/ *《口》 *n* 市債 (municipal bond); 市営の設備 《劇場など》, 市電, 市バス.

mu·ni[2] /múni/ *n* 《インド》 ムニ 《ヒンドゥー教や仏教の聖者・苦行者》. [Skt]

Mu·nich /mjú:nɪk/ **1** ミュンヘン (*G* München) 《ドイツ南東部 Bavaria 州の州都; Isar 川に臨む, 南部ドイツの中心都市; 16 世紀以来バイエルン公国の首都として繁栄; ビール醸造で有名》. **2** 屈辱的妥協条約[政策] (⇨ MUNICH PACT). ■ **the Univérsity of** ~ ミュンヘン大学 《Munich にある Bavaria 州立大学; 1472 年創立》.

Múnich Pàct [Agrèement] [the] ミュンヘン条約 《1938 年英・仏・伊・独 4 国間に結ばれたナチスに対する妥協的条約》.

Múnich Pútsch /-pʊ́tʃ/ [the] ミュンヘン一揆 《1923 年 Hitler が Munich で起こした反乱; ナチスは当時右翼の拠点であった Munich でヘゲモニー確立をはかろうとしたが失敗》.

mu·nic·i·pal /mjʊnís(ə)p(ə)l/ *a* **1** 自治都市の, 市の, 町の; 市営の, 町営の; 市政の, 地方自治の: ~ debts [loans] 地方債 / ~ government 市政 / a ~ office 市役所 / a ~ officer 市吏員. **2 a** 《international に対して》一国の, 内政の: a ~ law 国内法. **b** 局地的な, 限定された. ► *n* [ᵘ*pl*] *MUNICIPAL BOND. ♦ ~**·ly** *adv* [L; ⇨ MUNICIPIUM]

munícipal bónd *地方債 《州・郡・市・町・州政府機関などが発行する債券》.

munícipal bórough 〖英〗 都市法人たる自治都市 (⇨ BOROUGH).

munícipal corporátion 地方公共団体; 〖英〗 都市法人.

munícipal cóurt 〖米〗 都市裁判所 《都市内の制限的民刑事裁判所》; POLICE COURT.

munícipal·ism *n* 市制; 地方自治主義.

munícipal·ist *n* 市制主義者; 市制当局者; 市政通.

mu·nic·i·pal·i·ty /mjʊnìsəpǽləti/ *n* 地方自治体, 自治市[区]; 地方自治体当局, 市役所, 市当局.

munícipal·ize *vt* …に市制を施す; 市有[市営]化する. ♦ **mu·nìcipal·izátion** *n*

mu·ni·ci·pio /mjù:nəsí:pioʊ/ *n* (*pl* **-pi·os**) 《スペイン・ラテンアメリカ諸国の》自治体, 市, 町, 村. [Sp]

mu·ni·cip·i·um /mjù:nəsípiəm/ *n* (*pl* **-ia** /-iə/) 〖ロ史〗 自由都市, ムニキピウム 《本来は都市国家であって, ローマに服属するようになると自治権を与えられたもの》. [L (*munia* civic offices, *capio* to take)]

mu·nif·i·cent /mjʊnífəs(ə)nt/ *a* 〈人が〉少しも物惜しみしない, いとも気前のよい; 〈贈り物が〉豪華な. ♦ ~**·ly** *adv* **mu·níf·i·cence** *n* [L (*munus* gift, *-fic*)]

mu·ni·ment /mjú:nəmənt/ *n* [ᵘ*pl*] 〖法〗 《遺産・不動産などの》権利(証)書, 証拠書類; 公式記録, 公文書; [*pl*] 備品; 《古》 防御(手段). [OF<L=defense, title deed; ⇨ MUNITION]

mu·ni·tion /mjʊníʃ(ə)n/ *n* [形容詞用法以外は *pl*] **1 a** 軍需品, 《特に》弾薬: ~*s* of war 軍需品 / the Minister of *M~s* 軍需大臣 / a ~ factory [plant] 軍需工場. **b** 《まさかの時の》必要品, 資金: ~*s* for a political campaign 政治運動資金. **2** 《古》 防御, 守備. ► *vt* …に軍需品を供給する. ♦ ~**·er** *n* 軍需工. [F<L=fortification (*munit- munio* to fortify)]

mun·ja·cake /mʌ́nʤəkèɪk/ *n* *《俗》 イギリス[アングロサクソン]系カナダ人.

munjak ⇨ MUNTJAC.

mun·ja·ri /mənʤɑ́:ri/ *n* ᵁ《俗》 MUNGAREE.

mun·nion /mʌ́njən/ *n* MULLION.

Mu·ñoz Ma·rín /munjóʊs mərí:n, -jóʊz-/ ムニョス・マリン **Luis** ~ (1898–1980) 《プエルトリコの政治家・ジャーナリスト; 初代民選プエルトリコ知事 (1948–64)》.

Mun·ro /mənróʊ/ **1** マンロー **H**(**ector**) **H**(**ugh**) ~ 《SAKI の本名》. **2** 〖登山〗 《英国の》 3000 フィート級の山 《元来はスコットランドの 3000 フィート (約 914 m) 以上の山 277 座について言った; 1891 年スコットランド登山クラブの会報にそのリストを発表した Sir Hugh T. Munro (1856–1919) にちなむ》.

Mun·róe efféct /mənróʊ-/ [the] 〖軍〗 マンロー効果 《弾丸の先端に円錐または半球のくぼみをつけると目標物に衝撃波が集中してより大きな効果が得られる》. [Charles E. *Munroe* (1849–1938) 米国の化学者]

Mun·see /mʌ́nsi/ *n* **a** (*pl* ~, ~**s**) マンシー族 《かつて Hudson 川西岸および Delaware 川上流域に住んでいた Delaware 族系インディアン》. **b** マンシー語 《デラウェア語の一つ》. [Delaware=at the place where stones are gathered together]

Mún·sell scàle /mʌ́ns(ə)l-/ [the] 〖色彩〗 マンセル表色尺度. [Albert H. *Munsell* (1858–1918) 米国の画家]

mun·shi /mú:nʃi/ *n* 《インド人の》書記, 通訳, 語学教師. [Arab=writer]

Mun·ster[1] /mʌ́nstər/ マンスター 《アイルランド共和国南部の Clare, Cork, Kerry, Limerick, Tipperary, Waterford の諸県からなる地域; 旧王国; cf. CONNACHT, LEINSTER, ULSTER》.

Mun·ster[2] /mʌ́nstər, mʊ́n-/, **Mün·ster**[1] /mʌ́nstər, mʊ́n-; *G* mʏ́nstər/ *n* MUENSTER.

Münster[2] ミュンスター 《ドイツ北西部 North Rhine-Westphalia 州の市, 旧 Westphalia 州の州都; Westphalia 条約締結地 (1648)》.

Mün·ster·berg /mʊ́nstərbə̀:rg, mjú:n-, mʌ́n-/ ミュンスターバーグ **Hugo** ~ (1863–1916) 《ドイツ生まれの米国の心理学者》.

munt /mʊ́nt/ *n* 《南ア》 [*derog*] 黒人, ズールー人. [Zulu]

Mun·te·nia /mʌ̀ntí:niə, munténiə/ ムンテニア 《ルーマニア南東部 Olt 川で東西に分かれる Walachia の東の地域; Greater Walachia ともいう》.

mun·tin /mʌ́nt(ə)n/, **-ting** /-tɪŋ, -t(ə)n/ *n* 〖建〗 《窓ガラスの》組子(くみこ), 桟; 縦子(たてこ), 縦桟(たてざん). [変形く *montant*]

munt·jac, -jak /mʌ́n(t)ʤæ̀k/, **mun·jak** /mʌ́n-/ *n* 〖動〗 ホエジカ, ムンチャク, キョン (=*barking deer*) 《アジア南東部に住むきわめて小型のシカ》. [Malay]

Mün·tzer, Mün·zer /*G* mʏ́ntsər/ ミュンツァー **Thomas** ~ (c. 1490–1525) 《ドイツの宗教改革者; 農民戦争の主謀者として捕われ, 処刑された》.

Múntz mètal /mʌ́nts-/ 〖冶〗 マンツメタル, 四六黄銅 《ほぼ銅 6, 亜鉛 4 の割合の合金》. [George F. *Muntz* (1794–1857) 英国の冶金技術者]

Münzer ⇨ MÜNTZER.

mu·on /mjú:ɑ̀n/ *n* 〖理〗 ミューオン, ミュー (μ) 粒子[中間子] (=*mu-meson*). ♦ **mu·ón·ic** *a* [*mu*, *-on*[2]]

múon-càtalyzed fúsion 〖理〗 ミューオン[中間子]触媒核融合 《負ミューオンを高密度の重水素や三重水素に入れると起きる核融合》.

muónic àtom 〖理〗 ミュー粒子原子 《軌道電子がミュー粒子によって置換された原子》.

mu·o·ni·um /mjuóʊniəm/ *n* 〖理〗 ミューオニウム 《正電荷のミュー粒子と電子からなる原子》.

múon neutrìno 〖理〗 ミュー粒子(型)ニュートリノ 《弱い相互作用においてミュー粒子と対になるニュートリノ; 記号 ν_μ; cf. TAU NEUTRINO》.

M

Mup·pet /mʌ́pət/ *n* **1** マペット 《'Sesame Street' などに出るような腕と手指であやつる人形》. **2** [m-] ᵁ《俗》 頭が変なやつ, 脳タリン; [m-] ᵁ《俗》 [*derog*] かたわ者, グロなやつ; [m-] 《俗》 《ティーンエージャーの間で》さえない[つまらない]やつ. [Jim Henson の造語]

Múppet Shów [The] 「マペットショー」 《多くの Muppet が登場した米国のテレビバラエティー (1976–81)》.

mur /mə́:r/ *n* ᵁ《俗》 ラム酒. [逆つづり]

Mur /mʊ́ər/, **Mu·ra** /mʊ́ərə/ [the] ムール川, ムーラ川 《オーストリアに発し, スロヴェニアとクロアチア北部を流れ Drava 川に合流する》.

mura·bit /mú:rəbɪt/ *n* 〖イスラム〗 MARABOUT[2].

Mu·rad /mjʊ́ərӕd/ ムラド **Ferid** ~ (1936–) 《米国の薬理学者; 循環器系における信号伝達分子としての一酸化窒素 (NO) の発見によりノーベル生理学医学賞 (1998)》.

mu·rae·nid /mjʊrí:nəd/ *n* 〖魚〗 ウツボ.

mu·rage /mjʊ́ərɪʤ/ *n* 〖英史〗 市壁[城壁]税 《中世, 都市の城壁のために課された税》. [OF<L (↓)]

mu·ral /mjʊ́ər(ə)l/ *a* 壁の, 壁のような; 〖医〗 《体腔や胃・心臓など内臓の》壁(へき)の, 血管壁の; 壁面[天井面]上の[に描いた]: ~ paintings 壁画. ► *n* 壁画; 壁画装飾. ♦ ~**·ist** *n* 壁画家. [F<L (*murus* wall)]

múral crówn 城壁冠 《**1**) 〖古ロ〗 敵の城壁に一番乗りして頂上に軍旗を押し立てた勇士に与えられた胸壁形の金冠 **2**) 〖紋〗 都市の城壁を王冠の形で表わしたもので, 高名な軍人や都市の紋章の盾の上に配される》.

mu·rám·ic ácid /mjʊərǽmɪk-/ 〖生化〗 ムラミン酸 《細菌の細胞壁の成分であるアミノ糖の一種》.

Mu·rat[1] /mjʊərɑ́:; *F* myra/ ミュラ **Joachim** ~ (1767–1815) 《フランスの軍人; Napoleon を助けて軍功をあげ, 元帥 (1804); Naples 王 (1808–15)》.

Mu·rat[2] /mʊrɑ́:t/ [the] ムラト川 《Euphrates 川の源流の一つ; トルコ東部に発し, 西流して Euphrates 川に合流する; 古代名 Arsanias》.

Mur·chi·son /mə́:rʧəs(ə)n, -kə-/ **1** マーチソン Sir **Roderick Impey** ~ (1792–1871) 《英国の地質学者; 古期古生界の層序を確立した; Murchison 滝, Murchison 川は彼の名にちなむ》. **2** [the] マーチソン川 《オーストラリア Western Australia 州西部を西流し, インド洋に注ぐ》.

Múrchison Fálls [the] マーチソン滝《KABALEGA FALLS の別称》.

Mur·cia /mə́ːrʃ(i)ə/ ムルシア (1) スペイン南東部, 地中海に臨む地方で, 自治州および県をなす; 古くはムーア人の王国 2) その中心都市).

Mur·cott, -cot /mə́ːrkɑ̀t/ *n* 〖米〗マーコットオレンジ (=〜 **órange**)《温州ミカンに似て皮のむきやすい新種》.

mur·da·bad /múərdɑːbɑ̀ːd/ *vt* 《インド》《スローガンで》くたばれ, …打倒 (cf. ZINDABAD). [Urdu<Pers]

mur·der /mə́ːrdər/ *n* **1** 殺害, 殺人;〖法〗謀殺《計画的犯意をもって行なわれた殺人; cf. MANSLAUGHTER, HOMICIDE》; 殺人事件: commit 〜 殺人を犯す / attempted 〜 殺人未遂 / *M*〜 will out. 《諺》殺人[秘密, 悪事]は必ず露見する / The 〜 is out. 秘密がばれた / first-degree 〜=〜 in the first degree〖米法〗第一級謀殺《情状酌量の余地がないもので死刑が科せられる》/ second-degree 〜=〜 in the second degree〖米法〗第二級謀殺《いくぶん情状酌量の余地があるもので懲役刑が科せられる》. **2**《口》とても危険[困難, 不快]なこと[もの, 状況], '地獄';《口》苛酷な上司[上役, ボス], 鬼: The exam was 〜. 試験はひどくむずかしかった. **3***《俗》最高のもの[こと, 人] (the most, the greatest). ● CREATE 〜. **cry** [**scream, shout, yell**] (**blue** [**bloody***]) 〜《口》大げさな叫び声を出す, 大変だと叫ぶ (cf. BLUE MURDER). **get away with** (**blue**) 〜《口》悪事をはたらきながら処罰を免れる, うまいこと[まんまと]のがれる; 好き勝手にする(ことができる). ► *vt* **1** 謀殺[殺害]する; 惨殺する. **2**《口》破壊する, とどめをさす;《口》こてんぱんにやっつける;《口》〈人〉に激怒する; ひどいめにあわせる, 苦しめる, 悩ます; だいなしにする, 傷つける: 〜 a melody 美しい調べをだいなしにする / 〜 the King's English へたな英語を使う. **3***《俗》笑いころげさせる, 死ぬほど笑わせる. ► *vi* 人殺しをする. ● **I could** 〜…を殺してやりたい(ほどだ); ᵘ《口》…が食べたくて[飲みたくて, 欲しくて]たまらない. [OE *morthor* and OF *murdre*<Gmc (G *Mord*); cf. L *mort- mors* death]

múrder bàg 殺人事件用バッグ《捜査に必要な器具一式がはいったもの》.

múrder bòard*《俗》《候補者・計画などをきびしく審査する》審査委員会.

mùrder·ée *n* 被殺害者.

múrder·er *n* 謀殺者[犯人], 殺人者,《殺人の》下手人. ♦ **múrder·ess** *n fem*

múrderer's rów〖野〗破壊的強力打線, 殺人者打線.

múrder óne 第一級謀殺 (first-degree murder).

múrder·ous *a* **1** 人殺しの(ような), きわめて残忍[凶悪]な; 殺人をひき起こす, 流血を伴う; 凶行用の: a 〜 deed 殺人行為 / a 〜 weapon 凶器. **2** 激怒した; 殺人的な, とてもむずかしい[不快な, 危険な]: a 〜 speed ものすごい速力 / 〜 exams とてもむずかしい試験. ♦ 〜**·ly** *adv* 〜**·ness** *n*

M

múrder twó 第二級謀殺 (second-degree murder).

Mur·doch /mə́ːrdɑk, -dɑ̀k/ **1** マードック《男子名》. **2** マードック (1) Dame (**Jean**) **Iris** 〜 (1919–99)《アイルランド生まれの英国の作家; *Under the Net* (1954), *The Bell* (1958), *A Severed Head* (1961), *The Sea, The Sea* (1978), *The Book and the Brotherhood* (1987)》 (2) (**Keith**) **Rupert** 〜 (1931–)《オーストラリア生まれの米国の実業家; 豪英米の多くの新聞・雑誌・テレビ局を所有》. [Gael=sea man]

Mur·dock /mə́ːrdɑk, -dɑ̀k/ マードック **William** 〜 (1754–1839)《スコットランド生まれの英国の技師; 石炭ガス灯を発明》.

mur·drum /mə́ːrdrəm/ *n*〖英史〗《アングロサクソン時代の》殺人罰金《犯人不明の場合 死体発見地域住民に科せられた》. [L; ⇨ MURDER]

mure /mjúər/ *vt* 壁で囲む; 閉じ込める, 幽閉する 〈*up*〉.

mu·rein /mjúəriən, -rìːn/ *n*〖生化〗ムレイン (PEPTIDOGLYCAN).

Mu·reş /múːrèʃ/, (Hung) **Ma·ros** /mɔ́ːròuʃ/ [the] ムレシュ川, マロシュ川《ルーマニア中部から西流して, ハンガリー東部で Tisza 川に合流する川》.

mu·rex /mjúərèks/ *n* (*pl* **-ri·ces** /-rəsìːz/, 〜**·es**) **1**〖貝〗アクキガイ, ホネガイ《ある種のものから古代紫の染料を採る; Triton のほら貝として描かれることが多い》. **2** 紫がかった赤. [L=purple shell]

murg /mə́ːrg/ *n*ᵘ《俗》電報 (telegram).

murgh /múərg/ *n*《インド》鶏肉, ムルグ. [Urdu]

mu·ri·ate /mjúərièɪt, -riət/ *n* 塩化物 (chloride)《商業用語》.

mu·ri·at·ed /mjúərièɪtəd/ *a* 〈鉱泉など〉塩化物を含んだ.

mu·ri·át·ic ácid /mjùəriǽtɪk-/ 塩酸 (hydrochloric acid)《商業用語》.

mu·ri·cate /mjúərəkèɪt/, **-cat·ed** /-kèɪtəd/ *a*〖動・植〗堅く鋭いとげでおおわれた, 硬尖面の.

murices *n* MUREX の複数形.

mu·rid[1] /mjúərəd/ *n, a*〖動〗ネズミ科 (Muridae) の(ネズミ). [L *mur- mus* mouse]

mu·rid[2] /muríːd/ *n*《イスラム神秘主義における》弟子. [Arab]

Mu·ri·el /mjúəriəl/ ミュリエル《女子名》. [Celt=? sea+bright]

Mu·ril·lo /mjuərílou, m(j)uríːou/ ムリリョ **Bartolomé Esteban** 〜 (1617 or 18–82)《スペインの画家》.

mu·rine /mjúəràɪn, -rən/ *a*〖動〗ネズミ科の, ハツカネズミ (mouse) の; ネズミ (mouse, rat) に似た; ネズミが感染[媒介]する. ► *n* (ハツカ)ネズミ. [L *mur- mus* mouse]

múrine týphus〖医〗発疹熱《ネズミなどからノミによって媒介されるリケッチアによる発疹チフスに似た疾患》.

Mur·ji'·ite /mə́ːrʤiàɪt/, **Murj·ite** /-ʤàɪt/ *n* ムルジア派の人《7世紀末に興った初期イスラムの一派; 信仰と不信仰の問題は神の審判にまつとした》.

murk, mirk /mə́ːrk/ *n* 暗黒, 陰鬱 (gloom, darkness); 霧. ►《古・スコ》*a* 〈夜・日・所など〉暗い, 陰鬱な, 霧の立ちこめた. [? Scand (ON *myrkr* darkness)]

múrky, mírky *a* 暗い, 陰気な; 〈闇・霧・煙が〉濃い; 〈水が〉不透明な, 濁った, きたない; 〈表現などが〉あいまいな, はっきりしない; あやしげな, いかがわしい, やましい. ● **the** 〜 **past** [ᵘ*joc*] 暗い過去. ♦ **múrk·i·ly, mírk·i·ly** *adv* **-i·ness** *n*

múrky búcket(s) *int**《俗》あんがとさん. [F *merci beaucoup*]

Mur·mán Cóast /muərmǽn-, -mɑ́ːn-/ [the] ムルマンスク海岸 (=**Murmánsk Cóast**)《ロシア北西端 Kola 半島の北海岸》.

Mur·mansk /muərmǽnsk, -mɑ́ːnsk/ ムルマンスク《ロシア北西端, Kola 半島の Barents 海の入江に臨む市・不凍港》.

mur·mur /mə́ːrmər/ *n*《波・葉の》サラサラいう音, さざめき;《遠くの》かすかな人声; 小声; 不平のつぶやき, ブツブツ言う声;〖医〗《胸壁を通して聞こえる》雑音;《古》うわさ: without a 〜 不平を言わずに. ► *vi* かすかな音をたてる, サラサラいう; ブツブツ言う, こぼす 〈*at, against*〉. ► *vt* ささやく, つぶやく. ♦ 〜**·er** *n* 〜**·ing·ly** *adv* [OF or L *murmur* (n) and *murmuro* to murmur, roar]

mur·mur·a·tion /mə̀ːrməréɪʃ(ə)n/ *n* サラサラいうこと, ブツブツ言うこと; 〈ホシムクドリの〉群れ 〈*of*〉.

múrmur·ing *n* 低く続く音, 不明瞭な連続音; [ᵘ*pl*] 〈不平などの〉つぶやき 〈*of*〉.

múrmur·ous *a* ざわめく, サラサラいう; つぶやくような; ブツブツ言う. ♦ 〜**·ly** *adv*

Mur·nau /múərnau/ ムルナウ **F. W.** 〜 (1889–1931)《ドイツの映画監督; 本名 Friedrich Wilhelm Plumpe; 人物の感情の動きをとらえるためにカメラを自由に移動させ, 映画表現に革命をもたらした; *Der letzte Mann* (最後の人, 1924), *Sunrise* (サンライズ, 1927) など》.

mur·phy /mə́ːrfi/ *n*《口・方》ジャガイモ (potato); [ᵘ*pl*]*《俗》おっぱい, ボイン; [ᵘM-]*《俗》マーフィー《コールガールの連絡先や麻薬の入手場所などを教えるという触れ込みで金を巻き上げる信用詐欺》. ► *vt* *《俗》Murphy でだます. [アイルランドに多い人名(↓)から]

Murphy マーフィー (1) **Audie** (**Leon**) 〜 (1924–71)《米国の軍人・映画俳優; *To Hell and Back* (地獄の戦線, 1955)》 (2) **Eddie** 〜 (1961–)《米国の黒人コメディアン・俳優; 本名 Edward Regan 〜》 (3) **Frank** 〜 (1890–1949)《米国の法律家; 合衆国最高裁判所陪席裁判官 (1940–49)》 (4) **William P**(**arry**) 〜 (1892–1987)《米国の医学者; 悪性貧血に肝臓・膵臓エキスなどによる治療で成果をあげた; ノーベル生理学医学賞 (1934)》. ★ ⇨ MRS. MURPHY.

Múrphy bèd* マーフィベッド《折りたたんで押入れにしまえる》. [William L. *Murphy* (1876–1959) 米国の発明家]

Múrphy gàme*《俗》MURPHY《信用詐欺》.

Múrphy's Láw マーフィーの法則《経験から生まれた種々のユーモラスな知恵; うまくいかない可能性のあるものはうまくいかないとか仕事は常に予想したより長時間を要する, など》.

mur·ra, -rha /mə́ːrə, mʌ́rə; mʌ́rə/ *n*《古代ローマで美しく高価な壺・酒杯などの材料に用いた》半宝石, 飾り石. [L]

mur·ragh /mə́ːrə, mʌ́rə; mʌ́rə/ *n*〖昆〗マス釣りの餌となるトビケラの一種.

mur·rain /mə́ːrən, mʌ́r-; mʌ́r-/ *n*《家畜や植物の》伝染病,《特に牛の》瘟疫(おんえき);《古》《一般に》疫病 (plague), 作物の葉[胴]枯れ病 (blight). ● **A** 〜 **on** [**to**] **you!**=**M**〜 **take you!**《古》疫病に取っつかれろ, こんちくしょう! [AF *moryn* (*morir* to die<L)]

Mur·ray /mə́ːri, mʌ́ri; mʌ́ri/ **1** マリー《男子名》. **2** マリー (1) **Andy** 〜 (1987–)《英国のテニス選手》 (2) (**George**) **Gilbert** (**Aimé**) 〜 (1866–1957)《英国の古典学者; 古代ギリシア劇の翻訳者》 (3) **George Redmayne** 〜 (1865–1939)《英国の医学者; 内分泌障害治療の先駆》 (4) Sir **James** (**Augustus Henry**) 〜 (1837–1915)《スコットランド生まれの辞書編集者; *The Oxford English Dictionary* の編者の一人》 (5) **Joseph Edward** 〜 (1919–)《米国の外科医; 臓器移植治療法の確立に貢献; ノーベル生理学医学賞 (1990)》. **3** マリー《Utah 州北部 Salt Lake City の南にある郊外都市》 **4** [the] マリー川《オーストラリア南東部の川; New South Wales 州南東部にある Kosciusko 山付近に発し, 西流して South Australia 州でインド洋に注ぐ》. [ME=merry; Sc *Moray*]

Múrray cód〖魚〗豪州のスズキの類の食用淡水魚.

Múrray·fièld マリーフィールド《Edinburgh 市にあるスコットランド Rugby Union のグラウンド》.

murre /mə́ːr/ *n*〖鳥〗**a** ウミガラス. **b**《口》オオハシウミガラス (razorbill). [C17<?]

mur·ree, mur·ri /múri, mʌ́ri, *mə́ːri/ *n*《豪》オーストラリア先住民, アボリジニー (aborigine).

múrre·let *n*〖鳥〗ウミスズメ《北太平洋産》.

mur·rey /mə́:ri, mʌ́ri; mʌ́ri/ *n* クワの実色, 暗紅色;〘紋〙SANGUINE. ［OF (L *morum* mulberry)］
murrha ⇨ MURRA.
mur·r(h)ine /mə́:rən, mʌ́ràɪn; mʌ́r-/ *a, n* MURRA の[で作った]（花瓶）.
múrrhine gláss マリーンガラス《古代ローマの蛍石製コップに似たガラス器》; 花入りガラス《金属・宝石・色ガラスの花などを封入した透明なガラス器》.
murri ⇨ MURREE.
Mur·rie·ta /murjéɪtɑ:/ ムリエタ **Joaquín** ～ (1832?–53)《ゴールドラッシュ時代の California の無法者》.
Mur·row /mə́:roʊ, mʌ́roʊ; mʌ́roʊ/ マロー **Edward (Egbert) R(oscoe)** ～ (1908–65)《米国のジャーナリスト; 放送ジャーナリズムの先駆者》.
Mur·rum·bidg·ee /mə̀:rəmbíʤi, mʌ̀r-; mʌ̀r-/ [the] マランビジー川《オーストラリア南東部 New South Wales 州を西流して Murray 川に合流する》.
mur·ther /mə́:rðər/ *n, v* 《古・方》MURDER.
Mur·vie·dro /mùərviéɪdroʊ/ ムルビエドロ《SAGUNTO の旧称》.
mus. museum ♦ music ♦ musical ♦ musician.
Mu·sa /mú:sə/ **1** [Geb·el /ʤéb(ə)l/ ～] ムーサ山 (＝**Ja·bal Mū·sā** /ʤǽb(ə)l mú:sə/)《エジプト北東部 Sinai 半島南部の山群; 聖書に出てくる Sinai 山とされる》. **2** [Jeb·el /ʤéb(ə)l/ ～] ムーサ山《モロッコ北部 Gibraltar 海峡東端に突出する岩山 (846 m); ヘラクレスの柱 (Pillars of Hercules) の一つ; 古代名 Abila, Abyla》.
mu·sa·ceous /mjuzéɪʃəs/ *a* 〘植〙バショウ科 (Musaceae) の《ショウガ目》.
mu·saf, mu·saph /mú:səf/ *n* 〘ユダヤ教〙ムサフ《安息日と祭日の朝の祈りの直後に行なわれる追加礼拝》. ［Heb＝addition］
mu·sang /musɑ́:ŋ, mjusǽŋ/ *n* 〘動〙ヤシジャコウネコ《東南アジア産》. ［Malay］
mu·sar /músɑ̀:r, -ər/ *n* 〘ユダヤ教〙ムサル《倫理[教訓]的な教え[文献]》.
MusB, Mus Bac ［L *Musicae Baccalaureus*］Bachelor of Music.
Mus·ca /mʌ́skə/ *n* 〘天〙はえ座 (蝿座) (Fly)《南十字星の南隣の星座》.
muscadel, -dell(e) ⇨ MUSCATEL.
mus·ca·det /mʌ̀skədéɪ; ←ー→, mús-; *F* myskadɛ/ *n* [°M-] ミュスカデ《**1**) Loire 地方のマスカット系のブドウ **2**) これで造る辛口白ワイン》. ［F＜*muscade* nutmeg］
mus·ca·dine /mʌ́skədàɪn, -dən/ *n* マスカダイン (＝～ **gràpe**)《米国南東部原産のブドウ》;《古》MUSCATEL. ［? *muscatel*］
mus·cae vo·li·tan·tes /mʌ́skì: vɑ̀lətǽntì:z, mʌ́sì:-/ *pl* 〘医〙飛蚊(ひぶん)症《眼前に斑点が動いて見える》. ［L］
mús·ca·lùre /mʌ́skə-/ *n* 〘生化〙ハエ誘引物質《イエバエの性誘引物質》.
mus·ca·rine /mʌ́skərən, -rì:n/ *n* 〘生化〙ムスカリン《ベニテングタケ・腐った魚肉などに含まれるアルカロイドで猛毒》.
mus·ca·rin·ic /mʌ̀skərínɪk/ *a* ムスカリン(様)の《心拍数の減少, 平滑筋の収縮など, ムスカリンによる副交感神経刺激作用に似た効果についていう》.
mus·cat /mʌ́skæ̀t, -kət/ *n* 〘園〙マスカットブドウ; マスカットワイン (muscatel). ［F＜Prov; ⇨ MUSK］
Mus·cat /mʌ́skæ̀t, -kət/ マスカト (Ar **Mas·qaṭ** /mʌ́skɑ̀:t/)《オマーンの首都; Oman 湾に臨む港町》.
Múscat and Omán マスカット・オマーン《OMAN の旧称》.
mus·ca·tel /mʌ̀skətél/, **-del, -dell(e)** /-dél/ *n* **1** ムスカテル《**1**) マスカットブドウを原料とした白ワイン **2**) マスカットの干しブドウ》. **2**〘園〙マスカットブドウ (muscat). ［OF; ⇨ MUSCAT］
muscavado ⇨ MUSCOVADO.
Mus·ci /mʌ́sàɪ/ *n pl* 〘生〙蘚綱.
mus·cid /mʌ́səd/〘昆〙*a, n* イエバエ科 (Muscidae) の; イエバエ.
mus·cle[1] /mʌ́s(ə)l/ *n* **1**〘解〙筋, 筋肉; 力こぶ, 筋肉の盛上がり: involuntary [voluntary] ～*s* 不随意[随意]筋 / pull a ～《無理に伸ばして》筋肉を痛める. **2** 筋力, 腕力 (brawn); 力;《口》力, 勢力, 影響力; 暴力; *《黒人俗》こけおどし; *《俗》腕っぷしの強い男, ごろつき, 用心棒 (muscleman): military ～ 軍事力 / political ～ 政治的影響力 / Put some ～ into it! もっと力を入れろ[しっかりやれ]. ● **flex one's ～s**《口》肩ならしをする, 比較的やさしいことをして力試しをする;《口》力[肉体]を誇示する, おどす. **not move a ～** 顔の筋一つ動かさない, びくともしない, 動かない, じっとしている. **on the ～***《俗》けんかっぱやい, すぐ手を出す. ► *vt*《口》力を入れて動かす[持ち上げる];《口》強引に動かす, 強いる: ～ one's way 力ずくで進む / ～ out *of* … からむりやり追い出す. ► *vi* 力ずく[暴力]で押し通す. ● **～ in [into]**《口》強引に割り込む;〈集団などに〉(いつの間にか)巧みにはいり込む: ～ *in* (*on*) sb's territory [turf] 人のなわばりに割り込む. **～ up**《口》たくましい筋肉をつくる;《俗》全力を出す, 力いっぱい挑戦する. ♦ **～·less** *a* ⁺弱々しい, ぐにゃぐにゃした. ［F＜L (dim)＜*mus* mouse; その動きの連想］
muscle[2] *n*《廃》MUSSEL.
múscle-bòund *a*《運動過多で》筋肉が弾性を失った, 筋肉が発達しすぎて硬くなった; [*fig*] 弾力性に欠ける, 硬直した.
múscle càr *《俗》《強力なエンジンを付けた》パワーのあるスポーツカー.
mús·cled *a* [°*compd*] 筋肉のある: strong-～ 筋肉の強い.
múscle fìber〘解〙筋繊維.
múscle·hèad *《俗》*n* 鈍物, ばか; 腕っぷしの強いやつ.
múscle·màn *n*《口》筋肉のたくましい男,《俗》雇われの暴力団員, 用心棒, ボディーガード.
múscle pìll《口》筋肉増強ピル《スポーツ選手が用いる anabolic steroid のこと; 使用は禁止されている》.
múscle plàsma〘生理〙筋漿(きんしょう)《筋組織に含まれている液体》.
múscle sènse〘心・生理〙筋(肉)覚 (kinesthesia).
múscle shìrt 袖なしの T シャツ.
múscle spìndle〘解〙筋紡錘(体)《張受容器 (stretch receptor) の一つ》.
múscle sùgar〘生理〙筋糖 (inositol).
múscle tòne〘生理〙筋緊張《筋肉の正常な緊張状態》.
mus·cly /mʌ́s(ə)li/ *a* 筋肉の, 筋肉の発達した (muscular).
mus·col·o·gy /mʌskɑ́ləʤi/ *n* コケ学. ♦ **-gist** *n*
mus·cone /mʌ́skòʊn/ *n*〘化〙ムスコン《麝香 (musk) の芳香成分》.
mus·co·va·do, -ca- /mʌ̀skəvéɪdoʊ, -vɑ́:-/ *n* (*pl* **～s**) ムスコバド (＝～ **sùgar**)《糖蜜を取り去ったあとの一種の黒砂糖》. ［Sp］
Mus·co·vite /mʌ́skəvàɪt/ *n* **1** モスクワ人;《古》ロシア人. **2** [m-]〘鉱〙白(しろ)雲母, モスコバイト. ► *a* モスクワ(人)の;《古》ロシア(人)の. ［L (↓); ⇨ Moscow］
Mus·co·vy /mʌ́skəvi/ モスクワ大公国 (Grand Duchy of Muscovy);《古》モスクワ;《古》ロシア.
Múscovy dúck〘鳥〙**a** ノバリケン (＝*musk duck*)《熱帯アメリカ原産アヒル》. **b** バリケン, マスコビー, タイワンアヒル《ノバリケンを家禽化したもの》.
mus·cul- /mʌ́skjəl/, **mus·cu·lo-** /-kjəloʊ, -lə/ *comb form*「筋(肉) (muscle)」 ［L］
mus·cu·lar /mʌ́skjələr/ *a* 筋の, 筋肉の; 筋骨たくましい;《肉体的・物理的に》強い, 強そうな, 強力な; 表現[性格]が力強い (vigorous); 強硬な, 強引な;〈酒が〉こくのある (full-bodied): ～ strength 腕力 / the ～ system 筋肉組織. ♦ **mus·cu·lar·i·ty** /mʌ̀skjəlǽrəti/ *n* **～·ly** *adv* ［C17＜*musculous*; ⇨ MUSCLE］
múscular Christiánity 筋肉的キリスト教《快活に身体を活動させて生活を送るキリスト者の生き方; Charles Kingsley の著作に描かれているようなものをいう》. ♦ **múscular Chrístian** *n*
múscular dýstrophy〘医〙筋ジストロフィー《筋萎縮・脱力・運動機能障害をきたす遺伝性疾患》.
múscular rhéumatism〘医〙筋肉リウマチ.
mus·cu·la·tion /mʌ̀skjəléɪʃ(ə)n/ *n* MUSCULATURE.
mus·cu·la·ture /mʌ́skjələʧər, -ʧùər/ *n*〘解〙筋肉組織, 筋系.
mùsculo·cutáneous *a* 筋と皮膚に関する, 筋皮の.
mùsculo·skéletal *a* 筋骨格の.
MusD, Mus Doc ［L *Musicae Doctor*］Doctor of Music.
muse /mjú:z/ *vi* **1** 考え込む, 思いにふける, つくづく考える〈*on, about, over, of*〉: ～ *upon* past errors 過去の失策を思いわずらう. **2** つくづくながめる〈*on*〉;《古》驚嘆する (wonder). ► *vt* 感慨をこめて言う; 思いめぐらす. ► *n*《古》ふっと考え込むこと, 沈思, 黙想, 夢想;《廃》驚嘆 (wonder): be lost in a ～ 深い瞑想に沈んでいる. ♦ **mús·er** *n* 沈思者, 黙想者, 夢想者. ［OF *muser* to gape, waste time (? L *musum* snout)］
Muse **1**〘ギ神〙ムーサ, ミューズ《Mnemosyne が Zeus と 9 夜交わって生んだ, 学芸をつかさどる 9 姉妹の女神たち (the (nine) ～s) の一人: Calliope (叙事詩), Clio (歴史), Erato (抒情詩), Euterpe (音楽), Melpomene (悲劇), Polyhymnia (賛歌), Terpsichore (歌舞), Thalia (喜劇), Urania (天文); cf. TENTH MUSE》. **2** [the m-] **a** 詩神, 詩人[芸術家]の霊感の源泉; [the m-] 詩想, 詩興, 詩才, 詩歌. **b** [m-]《詩》詩人. **3** [the m-s]《古》LIBERAL ARTS. ［OF or L＜Gk *mousa*］
mu·sée ima·gi·naire /*F* myze imaʒinɛ:r/ 空想美術館.
múse·ful *a*《古》物思いに沈んだ, 黙想的な.
mu·se·og·ra·phy /mjù:ziɑ́grəfi/ *n* 博物館[美術館]展示物分類[目録作成]学.
mu·se·ol·o·gy /mjù:ziɑ́ləʤi/ *n* 博物館[美術館]学. ♦ **-gist** *n* **mu·seo·log·i·cal** /mjù:ziəlɑ́ʤɪk(ə)l/ *a*
mu·se·que /muséɪkeɪ/ *n* ムセーケ《アンゴラ (Angola) のスラム地区》. ［Port］
mu·sette /mjuzét/ *n* **1**〘楽〙**a** ミュゼット《**1**) 17–18 世紀にフランスで流行したバグパイプの一種 **2**) ミュゼットで奏する牧歌的な舞曲, またそれに合わせて踊るダンス》. **b**《オルガンの》リードストップ. **c** 主に 19 世紀のフランスで用いられた小型のオーボエ. **2***《兵士・ハイカーなどが糧食などを入れて肩からつるす》小雑嚢, ナップザック (＝～ **bàg**). ［F］
mu·se·um /mjuzí:əm/ *n* 博物館; 美術館. ［L＜Gk *mouseion* seat of MUSES］
muséum bèetle〘昆〙幼虫が博物館などの乾燥標本類を食い荒らす甲虫,《特に》カツオブシムシ.
muséum·gò·er *n* 博物館[美術館]によく行く人.

Múseum of Módern Árt [the] 近代美術館《New York 市 Manhattan にある美術館; 1929 年創立; 略 MoMA》.

muséum pìece 博物館[美術館](にふさわしい)もの《美術品など》; [*derog*]《時代遅れの》博物館行きの代物, 珍品, 珍重すべき人, 古風な人[もの], 過去の遺物.

Mu·sev·e·ni /muséɛvəni, mù:səvéɪni/ ムセヴェニ **Yoweri Kaguta ～** (1944–)《ウガンダの政治家; 大統領 (1986–)》.

mush[1] /mʌ́ʃ/ *n* **1 a** 柔らかいどろどろしたもの; *トウモロコシ粉 (cornmeal) を水または牛乳で練ったもの, マッシュ《水分を加減しておかゆにしたり油で揚げたりする》: turn to ～ 〈煮たものが〉どろどろになる. **b**《いやらしく》ふにゃふにゃしたもの; 安っぽい感傷, たわごと; いちゃいちゃ[べたべた]すること, ラブシーン: make a ～ of...をだいなしにする. **c**《サーフィン俗》《砕けた波の》泡. **2** /mʊ́ʃ/ ‖《俗》口 (mouth), つら (face). **3**〔無線〕マッシュ《混信によるシューシューという雑音》. ► *vt*《方》つぶす (crush) 〈*up*〉. ► *vi* **1**〈飛行機が〉操縦装置の故障で失速する; 上昇不能になる. **2***《俗》《正業に就いているふりをして》ペテンをやって暮らす. ♦ **～·er** *n* ⁺*《俗》《各地を巡る》ペテン師. **～·ing** *n* ⁺*《俗》《異性に》迫る[しかける]こと. [C17 <? MASH[1]]

mush[2] *n, vi*《雪上の》犬ぞり旅行(をする); 《特に かんじき (snowshoe) を履いて》進む[歩く]: *M～!* それっ, 進め《犬ぞりの犬への命令》. ♦ **～·er** *n* [? F *marchons* (impv) < *marcher* to MARCH; 異説に AmF *moucher* to go fast (F *mouche* fly[2] < L *musca*)]

mush[3] *n*《俗》こうもり (umbrella). [*mush*room]

mush[4] *n*《俗》MUSTACHE.

mush[5] /mʊ́ʃ/ ‖《俗》*n* ダチ公, 仲間, やつ (chap); [*voc*] おい, やあ; 人, 男; 顔, つら; 口. [? Gypsy *moosh* a man]

mush[6] /mʊ́ʃ, mʌ́ʃ/ *n*《軍俗》監禁室 (guardroom), 営倉 (prison). [? *mush*[1]]

Mu·shar·raf /mù:ʃá:rəf/ ムシャラフ **Pervez ～** (1943–)《パキスタンの軍人・政治家; 大統領 (2001–08)》.

músh·fàker *n**《俗》行商人, 巡回職人, 《特に》こうもりがさの修繕屋.

músh·hèad *n*《俗》ばか, 不器用なやつ, へなちょこ野郎. ♦ **～·ed** *a*

músh·mòuth *n**《俗》ことばがはっきりしないやつ, もぐもぐものを言うやつ, 口ごもるやつ.

mush·room /mʌ́ʃrù:m, -rʊ̀m/ *n* **1 a**《主に 食用の》キノコ, マッシュルーム, 食菌, MEADOW MUSHROOM. **b**《形や生長の速さが》キノコに似たもの; 《口》きのこ形帽《婦人用麦わら製》; きのこ雲 (mushroom cloud); 《俗》こうもり (umbrella). **c** MUSHROOM COLOR. **2** [*fig*] 成り上がり者, 成金. **3**《俗》本当のことを知らされていない者. **4***《俗》流れ弾で殺された人. ► *a* キノコの(ような); 雨後のたけのこ式の; 短命の; 成り上がりの. ► *vi* 急速に現われ出る[増える]; 急速に発展する 〈*into* a major matter〉; キノコを採る, キノコ狩りをする; 〈弾丸が〉平らにひしゃげる; わき出てキノコ状に広がる; *〈火事が〉パッと燃え広がる. ♦ **～·ing** *n* キノコ狩り. **músh·ròomy** *a* [OF *mousseron* < L]

múshroom ànchor〔海〕菌形錨.

múshroom clòud《核爆発などで生じる》きのこ雲.

múshroom còlor うすい黄味をおびた褐色, きのこ色.

múshroom gròwth 突然の発展[拡張].

múshroom vàlve〔機〕きのこ弁《持ち上げ弁》.

múshy *a* **1**《かゆのように》柔らかな (pulpy); 不明瞭な, おぼろげな; 不調の, さえない. **2**《口》愛情あふれる, 涙もろい, めめしい, 感傷的な〈恋心など〉. ♦ **músh·i·ly** *adv* **-i·ness** *n* [*mush*[1]]

múshy péas ‖ *pl* ゆでてつぶしたグリーンピース.

Mu·si·al /mjú:ziəl, -ʒ(i)əl/ ミュージアル **Stan(ley Frank) ～** (1920–2013)《米国のプロ野球選手; あだ名 'Stan the Man'; St. Louis Cardinals に在籍 (1941–44, 46–63); 首位打者 7 回, 生涯打率 .331, 3630 安打, 1951 打点》.

mu·sic /mjú:zɪk/ *n* **1 a** 音楽; 快い音[調べ]; 音楽的特質; 楽曲; 奏楽, 楽(がく), 妙音. **b** 楽譜; 楽曲集《集合的》: read ～ 楽譜を読む / play without ～ 楽譜なしで[暗譜で]弾く. **c** 音楽鑑賞力, 音感: a man who has no ～ in himself 音楽の心なき者, 音楽を解さざる者. **d**《古》楽隊 (band), 合唱隊 (choir). **2**〔狩〕犬の叫び声; *《口》大げんか, 大騒ぎ. ● **face the ～**《口》自分のまねいた難局に進んで当たる, 甘んじて報いをうける, 堂々と批判をうける. **make (beautiful) ～ (together)** 愛の音楽を合奏する《性交する》. **～ to one's ears** (耳に[聴いて])とても快いもの. **rough ～**《特に いやがらせのための》大騒ぎ. **set** a poem **to ～** 詩に曲をつける. **Stop the ～!***《口》止めて, ストップ, ちょっと静かに《ラジオのゲーム番組から》. **the** MUSIC OF THE SPHERES. ♦ **～·less** *a* [OF, < Gk *mousikē* (*tekhnē* art) belonging to the MUSES]

mú·si·cal *a* 音楽の, 奏楽の; 音楽を伴う; 音楽的な, 音のよい, 耳にここちよい; 音楽好きな, 音楽に堪能な; 音楽家の, 音楽愛好家の: a ～ composer 作曲家 / a ～ director 音楽監督, 指揮者《略 MD》/ a ～ instrument 楽器 / ～ performance 演奏 / be of a ～ turn 音楽の才[趣味]がある / ～ sound 楽音 (tone), 《音楽的な》ここちよい音. ► *n*〔劇・映〕ミュージカル (=*musical comedy*); 《古・口》MUSICALE. ♦ **～·ly** *adv* **～·ness** *n*

músical béds *pl*《俗》性的放縦, 次々セックスの相手を換えること: play ～. [*musical chairs* のもじり]

músical bòx ‖ オルゴール (music box*).

músical cháirs [<*sg/pl*>] **1** 椅子取り《音楽の中断と同時に人数より 1 つ少ない椅子に競争ですわり, はみだした人が除かれる室内ゲーム》. **2**《場所・配置の》無意味な変更, 《役職などの》めまぐるしい入れ替わり. ● **play ～** 互いに相手を出し抜こうとする; あれこれ選択に迷う; セックスの相手を頻繁に変える; 形式主義的な混乱に陥る.

músical cómedy ミュージカル(コメディー) (musical).

mu·si·cale* /mjù:zɪkǽl, -ká:l/ *n*《社交的催しとしての》音楽会, 《非公開の》演奏会. [F *soirée musicale*]

músical fìlm ミュージカル映画.

músical glásses *pl*〔楽〕GLASS HARMONICA.

mu·si·cal·i·ty /mjù:zɪkǽləti/ *n* 音楽性; 音楽的才能, 楽才.

músical·ìze *vt* 〈劇など〉に音楽をつける, ミュージカル化する. ♦ **mùsical·izátion** *n*

músical sáw ミュージカルソー《楽器とする洋式のこぎり》.

mú·si·cassètte /m(j)ú:zə-/ *n* ミュージックカセット(テープ).

músic bòx *オルゴール (musical box‖); JUKEBOX.

músic cènter ‖ オーディオセット, システムコンポ.

Músic Cìty ミュージックシティ《米国 Nashville 市の俗称》.

músic dràma〔楽〕楽劇《Wagner が提唱した歌劇の様式; 劇と音楽と舞台との融合による全人間的表現に最高の価値をおく》.

músic hàll 演芸館, 寄席, ミュージックホール; VAUDEVILLE; *音楽会場, 音楽堂.

mu·si·cian /mjuzíʃ(ə)n/ *n* 音楽家《作曲家・指揮者・演奏家》, 《特に》演奏家, ミュージシャン. ♦ **～·ly** *a* 有能な音楽家らしい, 音楽家として優秀な. **～·shìp** *n* 音楽家としての技量[知識, 感覚, 才能]. [OF; ⇨ MUSIC]

músic lỳre《楽器や腕に取り付ける》竪琴型の譜架.

músic of the sphéres [the] 天球の音楽《天球層の運動によって生じる妙音, 神々だけに聞こえて人間には聞こえないという Pythagoras 学派の説; cf. HARMONY OF THE SPHERES》.

mu·si·col·o·gy /mjù:zɪkálədʒi/ *n* 音楽学, 音楽理論. ♦ **-gist** *n* 音楽学者. **mù·si·co·lóg·i·cal** *a*

músic pàper〔楽〕五線紙.

músic plàyer《携帯用の》音楽プレーヤー.

músic ròll ピアノ[ミュージック]ロール《自動ピアノを動かす孔のある紙》.

músic ròom《家の中などの》音楽室.

músic stànd 譜面台.

músic stòol ピアノ椅子, ピアノスツール.

músic thèater 音楽劇, ミュージックシアター《伝統的オペラとは異なる現代的な形で音楽と劇を組み合わせたもの; 小人数で演じられることが多い》.

músic vìdeo 音楽ビデオ, ミュージックビデオ《主としてポピュラー音楽のアーティストの演奏・歌をそのアーティストの映像と一体化したビデオ》.

Mu·si·gny /muzinjí:; mjú:sinji; *F* myziɲi/ ミュジニー《フランス Burgundy 地方 Côte d'Or 県の高級ワインの産地; また その辛口の赤ワイン》.

Mu·sil /*G* mú:zil/ ムージル **Robert ～** (1880–1942)《オーストリアの小説家; *Der Mann ohne Eigenschaften* (1930–43)》.

mus·ing /mjú:zɪŋ/ *n* 熟考, 黙想. ► *a* 黙想にふけっている. ♦ **～·ly** *adv* 沈思[黙想]して.

mu·sique con·crète /*F* myzik kɔ̃krɛt/ ミュジックコンクレート (=*concrete music*)《テープに録音した自然音を電子的に操作・変形して編集した音楽》.

mus·jid /mʌ́sdʒəd/ *n* MOSQUE.

musk /mʌ́sk/ *n* 麝香(じゃこう), ムスク; 麝香に似た物質, 合成麝香; 麝香の香り; 〔動〕MUSK DEER; 麝香の香りを発する植物, MUSK PLANT. [L *muscus* < Pers]

mus·ka(l)·longe /mʌ́skəlàndʒ/ *n* MUSKELLUNGE.

músk bàg《特に 雄の musk deer の》麝香腺 (=*musk gland*).

músk càt〔動〕ジャコウネコ; しゃれ男.

músk dèer〔動〕**a** ジャコウジカ《中央アジア産》. **b** マメジカ, ネズミジカ (chevrotain).

músk dùck〔鳥〕**a** MUSCOVY DUCK. **b** ニオイガモ《豪州産》.

mus·keg /mʌ́skɛ̀g, -kèɪg/ *n* 一面にミズゴケが発生している北米北部の湿原, 湿地, ミズゴケ湿原; 《北方湿原の》半腐敗植物の沈積. [Algonquian]

mus·kel·lunge /mʌ́skəlàndʒ/ *n* (*pl* ～, ～**s**)〔魚〕アメリカカワカマス (=*maska(l)longe, maskanonge, maskinonge, muskal(l)longe*)《北米湖川産; 2.5 m, 50 kg にもなる大魚》. [Algonquian]

mus·ket /mʌ́skət/ *n* **1**〔史〕マスケット銃《銃腔に旋条のない歩兵銃; rifle の前身》; 《歩兵用の》小銃: ⇨ BUTTERFLY《諺》. **2**〔鳥〕コノリ《sparrow hawk (ハイタカ) の雄》. [F < It *moschetto* crossbow bolt (dim) < *mosca* fly]

mus·ke·teer /mʌ̀skətíər/ *n*〔史〕マスケット銃兵《歩兵》; 《17–18 世紀フランスの》銃士 (cf. THREE MUSKETEERS); 愉快な仲間.

mus·ke·toon /mʌ̀skətú:n/ *n*〔史〕マスケトン短銃.

músket·ry *n* マスケット銃, 小銃《集合的》; 小銃隊; 小銃射撃(術).

M

músket shòt マスケット[小銃]弾; 小銃射程.
músk·flòwer *n* 〘植〙 MUSK PLANT.
músk glànd MUSK BAG.
Muskhogean ⇨ MUSKOGEAN.
mus·kie, -ky /mʌ́ski/ *n* 《口》 MUSKELLUNGE.
Muskie マスキー **Edmund Sixtus** ～ (1914–96)《米国民主党の政治家; 国務長官 (1980–81)》.
Múskie Àct [the] 〘米〙 マスキー法《Edmund S. Muskie 上院議員が提案した Clean Air Act of 1970 (1970 年大気清浄法) の通称》.
músk màllow 〘植〙 **a** ジャコウアオイ (＝*musk rose*). **b** トロロアオイモドキ (abelmosk).
músk·mèlon *n* 〘植〙 (マスク)メロン, 網メロン, 冬メロン.
Mus·ko·ge·an, -kho- /mʌskóugiən/ *n* マスコギ語族《米国南東部に分布し, Muskogee 語がこれに属する》.
Mus·ko·gee /mʌskóugi/ *n* **a** (*pl* ～, ～**s**) マスコギ族《Georgia, Alabama 両州の Muskogean》. **b** マスコギ語.
Mus·ko·gi·an /mʌskóugiən/ *n* MUSKOGEAN.
músk òrchid 〘植〙 クシロチドリ.
músk òx 〘動〙 ジャコウウシ (＝*musk sheep, ovibos*)《グリーンランド・北米北部産; 大きさ・性質など牛と羊の中間》.
músk plànt 〘植〙 **a** アメリカ[ジャコウ]ミゾホオズキ, ミムラス (＝*musk-flower*)《北米原産》. **b** MUSK MALLOW.
músk·ràt *n* **1** (*pl* ～, ～**s**) 〘動〙 マスクラット (＝*musquash, water rat*) (＝～ **bèaver**)《米国・カナダの水辺にすむハタネズミ亜科の齧歯動物; 麝香を分泌する》. **2** マスクラットの毛皮.
músk ròse 〘植〙 **a** マスクローズ《地中海地方原産; バラの多くの園芸品種の親》. **b** MUSK MALLOW.
músk shèep 〘動〙 MUSK OX.
músk shrèw 〘動〙 ジャコウネズミ《東南アジア・九州産》.
músk thìstle 〘植〙 ヤハズアザミ属の一種.
músk trèe 麝香木(じゃこう)《各種の麝香の香りをもつ木》.
músk tùrtle 〘動〙 ニオイガメ《北米東部淡水産》.
músk·wòod *n* 〘植〙 麝香木(じゃこう) ⑴ 熱帯アメリカ産の柾目の美しい赤茶色の材 ⑵ 豪州産の堅い白色材).
músky[1] *a* 麝香(じゃ)の(香りのする). ◆ **músk·i·ness** *n*
musky[2] ⇨ MUSKIE.
Mus·lim, -lem /mʌ́zləm, mús-, múz-/ *n* (*pl* ～**s,** ～) イスラム教徒, ムスリム; BLACK MUSLIM. ► *a* イスラム教(徒)の. ◆ **Mus·li·mah** /-ləmà:/ *n fem* ～**·ìsm** *n* ISLAM. [Arab＝one who surrenders (to God); ⇨ ISLAM]
Múslim Brótherhood [the] ムスリム同胞団《1928 or 29 年に組織されて第二次大戦後のエジプトで大きな勢力をもった, イスラム教的な社会改革を目指す政治結社》.
Muslim cálendar [the] ISLAMIC CALENDAR.
Múslim èra [the] ISLAMIC ERA.
mus·lin /mʌ́zlən/ *n* 〘織〙 モスリン《普通は平織りの柔らかい綿織物》; 《海俗》 帆布, 帆. ● **a bit of** ～ ˈˈ《俗》 女, 娘. [F＜It (*Mussolo* Mosul イラクの製造地)]
múslin deláine DELAINE.
mus·lin·et, -ette /mʌ̀zlənét/ *n* 《古》 太糸モスリン.
mus·mon /mʌ́smən/ *n* MOUFLON.
muso /mjú:zou/ ˈˈ《口》 *n* (*pl* **mús·os**) ミュージシャン; 熱狂的な音楽ファン, 音楽通.
Mus·pel·heim /múspəlhèim/**, Mus·pells-** /múspəls-/ 〘北欧神話〙 ムスペルヘイム, ムスペルスヘイム《北の NIFLHEIM に対し, 南端にある炎熱の世界; その熱で Niflheim の氷を溶かして Ymir を生じさせた》.
mus·quash /mʌ́skwɑ̀ʃ, *-kwɔ̀:ʃ/ *n* MUSKRAT; ˈˈマスクラット皮. [Algonquian]
muss /mʌ́s/ *n* *《口》 混乱, 乱雑; 《俗・方》 騒動, 口論, けんか; 《廃》 地面に投げられた小物を奪い合う遊戯, 《一般に》 奪い合い. ● **No** ～**, no fuss.** 問題なし, どうってことない. ► *vt* *《口》〈髪を〉乱す, 混乱させる, めちゃめちゃ[ぐちゃぐちゃ, くしゃくしゃ]にする 〈*up*〉. [*mess*]
Mussalman ⇨ MUSSULMAN.
mus·sel /mʌ́s(ə)l/ *n* 〘貝〙 **a** イガイ, 《特に》 ムラサキイガイ《フランス料理などで食材にするムール貝, 海産》. **b** イシガイ《淡水産》. [OE＜L; ⇨ MUSCLE]
mússel plùm 濃紫色のスモモの一種.
Mus·set /mjuséi/ ミュッセ **(Louis-Charles-)Alfred de** ～ (1810–57)《フランスのロマン派詩人・作家》.
Mus·so·li·ni /mù:səlí:ni, mʊ̀s-; mʊ̀s-/ ムッソリーニ **Be·ni·to** /bəní:tou/ ～ (1883–1945)《イタリアのファシスト政治家; 'Il Duce' (首領) と呼ばれた; 首相 (1922–43)》.
Mus·sorg·sky, Mous- /musɔ́:rgski, -zɔ́:rg-/ ムソルグスキー **Mo·dest** /moudést/ **(Petrovich)** ～ (1839–81)《ロシアの作曲家; 五人組の一人; オペラ *Boris Godunov* (1868–72)》.
Mus·sul·man, -sal- /mʌ́s(ə)lmən/ *n* (*pl* ～**s, -men** /-mən/) イスラム教徒 (Muslim).
mússy *《口》 *a* 乱雑な, 取り散らかした, めちゃめちゃの; 大騒ぎの. ◆ **múss·i·ly** *adv* **-i·ness** *n*
must[1] *v auxil* /məs(t), mʌ̀st, mʌ́st/ [語形変化はない] **1 a** [現在または未来の必要・義務・命令] …ねばならない; [強い忠告・勧め] ぜひ…しなさい[…すべきだ]: [一般的な必要] One ～ eat to live. 人は生きるために食べねばならない / I ～ go at once. すぐ行かなければならない / He ～ be told.＝We ～ tell him. 彼に話さねばならない / [命令] You ～ do as you are told. 言いつけられたようにしなさい / [懇請・希望] You ～ stay with us. ぜひわが家に(泊まりに)来てください / I ～ introduce you to my parents. ぜひともあなたをわたしの両親に紹介したいと思います / [義務] You ～ obey your parents. 親の言うことは聞かなければならない. ★ (1) 否定は need not (⇨ NEED). (2) 欠けている過去・未来・完了などの形は have to で補う; 一般に must は話し手の判断に由来する義務を表わし have to は話し手のほかの状況に由来する義務を表わす; 口語では must よりも have to を多く用いる: I ～ [*have to*] go at once. すぐ行かねばならない / I *had to* go at once. **b** [必然・運命] 必ず…する: Human beings ～ die. 人間は死を免れない. **c** [主張] ぜひ…ねばならないと言い張る: He ～ always have his own way. 彼はいつも思いどおりにしなければ承知しない / If you ～, you ～. ぜひともおっしゃるならしかたがない. **d** [独立用法] 《古・文》 (行か)ねばならぬ: I ～ (＝～ go) to Coventry. コヴェントリーへ行かねばならない / Thou ～ (＝～ go) *away*. 汝は行かねばならぬ. **2** [～ not の形で禁止を表わす] …してはいけない: You ～ *not* go. 行ってはいけない. **3** [当然の推定] …に相違ない, きっと…だろう: It ～ *be* true. 本当に相違ない / You ～ *be* aware of this. あなたはこれを承知しているはずだ / War ～ follow. きっと戦争になる / He ～ *have written* the letter. 彼がその手紙を書いたに違いない. ★ (1) これの否定は cannot (⇨ CAN[1]). (2) だいたい有意志動詞と結ぶときは「ねばならない」, 無意志動詞のときは「違いない」と考えてよい. **4 a** [過去として] ★ 独立文では一般に had to を代用するが (cf. 1 ★ (2)), 間接話法では must がそのまま用いられる: I said I ～ start at once. すぐ出発せねばならぬと言った / I thought that it ～ rain. きっと雨が降ると思った / [主張] She said that she ～ see the manager. どうしても支配人に会いたいと主張した / [回想的叙述では独立節においても] It was too late now to go back; we ～ go on. こうなっては引き返すにはおそすぎた, 前進するよりない. **b** [過去として] あいにく…した: Just when I was busiest, he ～ come worrying. いちばん忙しい矢先に彼が来てじゃましたのはあいにくだった. **5** [主に疑問文で] 《方》 MAY[1], SHALL. ● ～ NEEDS do. NEEDS ～ do. **M～ you** do…? [話者の困惑を表わして] どうしても…しなくちゃならないの?
► *a, n* /mʌ́st/ 《口》 絶対必要な(もの[こと]), ぜひ見る[聞く]べき(もの[こと]): ～ books [subjects] 必読書[必修科目] / This book is *a* ～ for tourists. 旅行をする人の必読書だ.
[OE *mōste* (past) ＜ *mōtan* may, to be obliged to; cf. G *müssen*]
must[2] /mʌ́st/ *n* マスト ⑴ 発酵前[中]のブドウなどの果汁 ⑵ 破砕されたブドウ果粒); 《ワインの》 新酒. [OE＜L (neut) ＜ *mustus* new]
must[3] *n* かびくさいこと; カビ. ► *vi* かびくさくなる. ► *vt* かびくさくする. [逆成 ＜ *musty*]
must[4] ⇨ MUSTH.
MUST /mʌ́st/ *n* 有人海中ステーション. [*M*anned *U*nderwater *St*ation]
must- /mʌ́st/ *comb form* [see, do, read などの動詞を伴って] 「ぜひ…すべき(もの)」: *must*-read books 必読書 / MUST-SEE.
mus·tache, mous- /mʌ́stæʃ, məstǽʃ; məstá:ʃ/ *n* 口ひげ, 髭 (cf. BEARD, WHISKERS); 《動物・鳥の》 口ひげ状の毛[羽毛]. ◆ ～**d** *a* [F＜It＜Gk *mustax*]
mústache cùp 《口ひげをぬらさないように》 内側上部の一部にカバーの付いたコップ.
Mústache Péte 《俗》 口ひげのピート《20 世紀初期の典型的なイタリア系アメリカ人の犯罪組織のボス》.
mus·ta·chio, mous- /məstǽʃiòu, -tá:-, -ʃou/ *n* (*pl* ～**s**) 《特に大きな》 口ひげ. ◆ ～**ed** *a* 口ひげを生やした. [Sp, It]
Mustafa Kemal ⇨ KEMAL ATATÜRK.
Mus·tagh /mustá:(g)/ ムスターグ《KARAKORAM 山脈の別称》.
mus·tang /mʌ́stæŋ/ *n* **1** 〘動〙 ムスタング《メキシコや Texas 州などの小型の半野生馬》: (as) wild as a ～ 全く手に負えない. **2** *《俗》 水兵あがりの海軍士官. **3** [M-] マスタング《Ford 社製のスポーティーな乗用車》. **4** [M-] 〘米陸軍〙 マスタング《第二次大戦の戦闘機 P-51》. [Sp]
mústang gràpe 小粒の赤ブドウ《Texas 州産》.
mus·tard /mʌ́stərd/ *n* **1 a** からし, マスタード; からし色, 暗黄色; [〈*a*〉] からし(色)の: English [French] ～ 水入り[酢入り]からし / dry ～ からし粉 / prepared ～ 練りがらし / (as) keen as ～＝～ keen とても熱心[優秀]で. **b** 〘植〙 アブラナ, カラシナ: WILD MUSTARD. **2** *《俗》 刺激, 活気, 熱意; [〈*a*〉] 熱心な, やる気のある, できる, 一級の. **3** *《陸軍俗》 《戦闘機・爆撃機の》 優秀なパイロット. ● **cut the** ～ [ᵁ*neg*] 《口》 期待に添う, 規準[目標]に達する, やっていける; *《俗》 重きをなす, 力がある, (まだまだ)現役だ; *《俗》 屁をこく[ひる] (cut the cheese). ◆ ～**y** *a* [OF＜Romanic; ⇨ MUST[2]]
mústard and créss ˈˈ 貝割菜(かいわり)《サラダ用》.
mústard fàmily 〘植〙 アブラナ科 (Cruciferae).
mústard gàs マスタードガス (yperite)《糜爛性毒ガス》.
mústard grèens * *pl* カラシナの葉《サラダ用》.
mústard òil からし油《燻蒸剤・毒ガスに用いる》.

M

mústard plàster からし泥(でい)[軟膏]《反対刺激湿布剤にする》.
mústard pòt 《食卓用の》からし壺.
mústard sèed カラシナの種子; *最小散弾 (dust shot). ● **a grain of ～** 〖聖〗一粒のからし種《大発展の因となるもの; *Matt* 13: 31, *Mark* 4: 30, *Luke* 13: 19》.
múst-dó *n* [a ～]*《口》ぜひすべき[見のがせない]こと (do, must).
mus·tee /mʌ̀stíː, ⌐⌐/ *n* OCTOROON, 《広く》混血児. [(変形)‹ *mestizo*]
mus·te·lid /mʌ́stələd/ *a, n* 〖動〗イタチ科 (Mustelidae) の(動物)《イタチ・テン・スカンク・アナグマ・カワウソを含む》. [L *mustela* weasel]
mus·te·line /mʌ́st(ə)làɪn, -lən/ *a, n* イタチのような[に似た](動物); 《イタチの夏毛のように》黄褐色の (tawny).
mus·ter /mʌ́stər/ *vt* **1 a** 《検閲・点呼に》‹兵隊を›召集する; 点呼する; 徴用する ‹*in, into*›; 《豪》‹羊・牛を›寄せ集める. **b** ‹勇気・力を›奮い起こす (summon) ‹*up*›. **2** 《…の数が》…になる[達する] (amount to). ► *vi* 集まる, 応召する; 《豪》羊[牛]を寄せ集める. ● **～ in [out]** *入営[除隊]させる. ► *n* 召集, 勢ぞろい; 点呼; 検閲; 《人・動物などの》集合; クジャクの群れ; 《豪》《羊・牛を》寄せ集めること; 集合人員; 隊員[乗組員]名簿 (muster roll); 〖商〗見本. ● **pass ～** [^{U}*neg*/*inter*] 検閲を通過する; 合格する. [OF＜L (*monstro* to show)]
múster bòok 〖軍〗点呼簿.
múster·er *n* 《豪》羊・牛を寄せ集める人.
múster-màster *n* 〖史〗《軍隊・艦船などの》検閲官, 兵員簿管理官.
múster ròll 《軍隊・艦船の》隊員[乗組員]名簿; 《一般に》登録名簿, 物品目録.
múster státion [póint]^{u} 《主に船上の》緊急時の集合[点呼]場所.
musth, must /mʌ́st/ *a, n* ‹雄象・雄ラクダが›発情して狂暴な(状態). ● **on [in] ～** さかりがついて狂暴で. [Hindi]
múst-háve *n, a* 《口》必須アイテム(の), 必需品(の), 定番(の).
Mus·tique /mʊstíːk/ ムスティーク《カリブ海の Grenadines 諸島北部, St. Vincent 島の南にある小島; リゾート地》.
múst lìst 《実行が不可欠の》優先事項(のリスト).
must·n't /mʌ́snt/ must not の短縮形.
múst-sée 《口》*n* 必見のもの, ぜひ見るべき[見のがせない]もの《映画など》. ► *a* 見るべき, 必見の.
músty *a* かびくさい; かびた; 陳腐な (stale); 古臭い; 老けこんだ; 無気力な, 無感動な. ♦ **múst·i·ly** *adv* **-i·ness** *n* [? *moisty* (⇨ MOIST); 語形は must[3] に同化]
mut[1] /mʌ́t/ *n* 〖印〗MUTTON[2].
mut[2] ⇨ MUTT.
mu·ta /múːtə/ *n* MOOTER.
mu·ta·ble /mjúːtəb(ə)l/ *a* **1** 変わりやすい, 無常の; 気の変わりやすい; 可変(性)の; 〖遺〗突然変異を起こしやすい, 易変の‹遺伝子›. **2** 〖占星〗変易相の《双子・処女・人馬・双魚の四宮に関係した; cf. CARDINAL, FIXED; ZODIAC》. ♦ **-bly** *adv* **mu·ta·bil·i·ty** /mjùːtəbíləti/ *n* 変わりやすさ, 易変性, 可変性, 突然変異性. [L (*mutat- muto* to change)]
mu·ta·fa·cient /mjùːtəféɪʃənt/ *a* 〖遺〗‹細胞内因子が›突然変異を起こしうる.
mu·ta·gen /mjúːtəʤən/ *n* 〖遺〗突然変異原, 突然変異誘発要因. [*muta*tion, *-gen*]
mu·ta·génesis /mjùːtə-/ *n* 〖遺〗突然変異生成[誘発].
mu·ta·génic /mjùːtə-/ *a* 〖遺〗‹化学薬品・放射線などの細胞外因子が›突然変異誘発性の. ♦ **-gén·i·cal·ly** *adv*
mu·ta·ge·nic·i·ty /mjùːtəʤənísəti/ *n* 〖遺〗突然変異誘発力.
mútagen·ìze *vt* 〖遺〗…に突然変異を起こさせる (mutate).
mu·ta(h) /múːtə/ *n**《俗》マリファナ (mootah).
Mu·ta·nab·bi /mʊ̀tɑːnɑ́ːbi/ [al-～] ムタナッビー (915–965)《アラブの詩人; 比喩を駆使し, 華麗・雄渾な頌詩を残した; アラビア語で創作活動をした最高の詩人と目される》.
Mu-tan-chiang 牡丹江 (⇨ MUDANJIANG).
mu·tan·dum /mutɑ́ːndəm/ *n* (*pl* **-da** /-də/) 変更さるべきこと[もの]. [L]
mu·tant /mjúːtnt/ *a* 変化した; 〖遺〗突然変異の[による]. ► *n* 〖遺〗(突然)変異体, 変種 (mutation); 《俗》嫌われ者, ばか野郎, (人間の)くず.
Mu·ta·re /mutɑ́ːreɪ/ ムタレ《ジンバブエ東部, モザンビーク国境に接する市; 旧称 Umtali》.
mu·ta·ro·tase /mjùːtəróʊtèɪs, *-z/ *n* 〖生化〗変旋光酵素, ムタロターゼ《哺乳動物の組織内にあってある種の糖の異性体を相互変換させる反応を触媒する酵素》.
mu·ta·rotátion /mjùːtə-/ *n* 〖化〗変旋光.
mu·tase /mjúːtèɪs, *-z/ *n* 〖生化〗ムターゼ《**1**) 酸化と還元を同時に触媒する酵素 **2**) 基の分子内転移を触媒する酵素》. [L *muto* to change, *-ase*]
mu·tate /mjúːtèɪt, ⌐⌐/ *vi, vt* 《新しい形態に》変化する[させる], 変質する[させる]; 〖遺〗突然変異する[させる]; 〖言〗母音変化する[させる]. [逆成 ‹ ↓]
mu·ta·tion /mjuːtéɪʃ(ə)n/ *n* 変化, 変質, 変転, 変更, 転換; 〖遺〗突然変異; 突然変異体 (mutant); 〖言〗母音変化, ウムラウト (umlaut). ♦ **～·al** *a* **～·al·ly** *adv* [L; ⇨ MUTABLE]
mutátion plúral 〖言〗変(母)音複数《例 man＞men, goose＞geese》.
mutátion stòp 〖楽〗《オルガンの》倍音[ミューテーション]ストップ.
mu·ta·tis mu·tan·dis /m(j)utɑ́ːtəs m(j)utɑ́ːndəs, -téɪtəs-, -tǽn-/ *adv* 必要な変更を加えて, 準用して《略 m.m.》; 個々の違いを考慮して. [L]
mu·ta·tive /mjúːtətɪv, *mjúːtèɪ-/ *a* 変化[異変, 変移]の[しがちな].
mu·ta·to no·mi·ne de te fa·bu·la nar·ra·tur /mutɑ́ːtoʊ nóʊmɪnɛ dèɪ tèɪ fɑ́ːbʊlɑː nɑːrɑ́ːtʊ̀r/ 名前を変えればその話はおまえにあてはまる. [L]
mú·tà·tor (gène) /, ⌐⌐⌐(-)/ 〖遺〗突然変異誘発遺伝子, ミューテーター遺伝子《ほかの遺伝子の突然変異率を増加させる作用をもつ遺伝子》.
Mu·'ta·zi·lite, -ta- /mutɑ́ːzəlàɪt/ *n* 〖イスラム〗ムータジラ派の人《8 世紀半ばから 10 世紀半ばごろまで栄えたイスラム神学の先駆的一派》.
mutch[1] /mʌ́ʧ/ *n* 《スコ》《リンネル製の》老女[子供]用帽子 (cap). [MDu *mutse* cap[1]]
mutch[2]^{u} 《方》*vt* 物乞いする, ねだる. ► *vi* MITCH.
mutch·kin /mʌ́ʧkən/ *n* 《スコ》マチキン《昔のスコットランドの液量単位: ＝3/4 English pint》. [Du (dim) ‹ *mud* hectoliter]
mute[1] /mjúːt/ *a* **1 a** 無言の (silent), 口に出さない; 〖法〗‹被告が›沈黙[黙秘]する: (as) ～ as a fish 黙りこくって(いる). **b** (一時的に)口がきけない; ‹猟犬が›ほえない. **c** ‹金属が›鳴り音のない (soundless). **2** ‹文字が›発音されない, 黙字の; 〖音〗閉鎖音の《/b, d, g/ など》: a ～ letter 黙字《knife の k など》. ● **stand ～ of malice** 故意に答弁しない, 黙秘権を行使する. ► *n* **1 a** 口がきけない人; ものを言わない人; 《せりふのつかない》だんまり役者; 無言劇の役者; 《トルコなどの》口のきけない召使; ^{u}《葬儀社に雇われて参列する》葬式のお供. **b** 〖法〗答弁を拒む被告. **2** 黙字; 〖音〗閉鎖音 (stop). **3** 〖楽〗《楽器の》弱音器. ► *vt* ‹特に楽器›の音を消す[弱める], ミュートする; [^{U}*pp*] …の色[調子]を抑える[弱める] (subdue); …の力[強度]を弱める. ♦ **～·ly** *adv* 無言で, おし黙って; 黙秘して. **～·ness** *n* [OF＜L *mutus*]
mute[2] 《古》*vi* ‹鳥が›脱糞する. ► *vt* ‹鳥が›排泄する. ► *n* 鳥の糞. [OF＜Gmc; cf. SMELT[1]]
múte bùtton ミュートボタン《音声の出力をゼロにするためのボタン》.
mut·ed /mjúːtəd/ *a* 黙った, 抑えた, 潜めた; 〖楽〗弱音器を付けた[使用した]. ♦ **～·ly** *adv*
múte swán 〖鳥〗コブハクチョウ《欧州・西アジア産》.
mutha /mʌ́ðə/ *n* 《俗》MOTHERFUCKER.
mútha·fùc·ka, -fùk·ka /-fʌ̀kə/ *n* 《卑》MOTHERFUCKER.
mu·ti /múːti/ 《南ア》*n* 呪医が与える薬; 《口》薬. [Zulu]
mu·ti·cous /mjúːtɪkəs/, **mu·ti·cate** /-təkèɪt, -tɪkət/ *a* 〖植・動〗無突起の.
mu·ti·late /mjúːt(ə)lèɪt/ *vt* ‹手足などを›切断する; …の手足を切断する, 不具にする; 切り刻む, …に損傷を加える; ‹文章などを›削って[変更して]だいなしにする, ずたずたにする. ♦ **mù·ti·lá·tion** *n* 《手足などの》切断, 断節; 不具[不完全]にすること; 〖法〗文書毀損: a *mutilation* murder ばらばら殺人事件. **mú·ti·là·tive** *a* **mú·ti·là·tor** *n* 《手足などの》切断者; 毀損者. [L (*mutilus* maimed)]
Mu·ti·na /mjúːt(ə)nə/ ムティナ《MODENA の古代名》.
mu·tine /mjúːt(ə)n/ *vi* 《廃》反乱を起こす. [F *mutin* rebellious ‹ *muete* movement; ⇨ MOVE]
mu·ti·neer /mjùːt(ə)níər/ *n* 反乱者, 暴動者; 〖軍〗共同抗命者. ► *vi* MUTINY. [F (↑)]
mu·ti·nous /mjúːt(ə)nəs/ *a* 言うことを聞かない, 反抗的な, 御しがたい; 共同抗命の, 反乱の, 暴動の, 反乱[暴動]的な: a ～ expression 反抗的な顔つき. ♦ **～·ly** *adv* **～·ness** *n*
mu·ti·ny /mjúːt(ə)ni/ *n* 《兵隊・水兵などの》共同抗命, 反乱, 一斉蜂起; [the M-] INDIAN MUTINY; 《廃》騒動, 騒ぎ (tumult). ► *vi* 共同で抗命する, 反乱を起こす ‹*against*›. [F＜Romanic; ⇨ MUTINE]
Mútiny Àct [the] 〖英史〗共同抗命法《軍隊の規律に関する法律; 1689 年以来毎年制定された》.
Mútiny on the Bóunty 『バウンティ号の反乱』《米国の小説家 Charles Nordhoff (1887–1947) と James Norman Hall (1887–1951) の合作小説 (1932); 1789 年南太平洋を航行中の英国戦艦 Bounty 号上で起きた乗組員の反乱を扱った歴史小説; 映画化 (1935, 62)》.
mut·ism /mjúːtɪ̀z(ə)m/ *n* おし(の状態) (dumbness); 〖精神医〗無言症, 緘黙(かんもく)症《一語も発しない精神運動障害》.
mutt, mut /mʌ́t/ 《俗》*n* (雑種の)犬, 駄犬, のら犬; あほう, ばか. [*mutton*head]
Mútt and Jéff *n* **1** マットとジェフ《米国の漫画家 Bud Fisher (1884 or 85–1954) の漫画 (1907) の主人公の大男と小男》. **2** まぬけな二人組, どたばたコンビ; ばからしい対話. **3** ^{u}《軍俗》2 種をいっしょに付ける勲章《特に 第一次大戦時の》. ► *a* 《韻俗》耳の聞こえない (deaf).

mut·ter /mʌ́tər/ *vi, vt* つぶやく, ブツブツ言う; 不平を鳴らす, ぼやく ‹*about, at, against*›; ひそひそ[小声で]話す; ‹雷などが›低くゴロゴロと鳴る: ~ *to oneself* ブツブツひとりごとを言う. ► *n* つぶやき; 不平, ぼやき. ♦ **~·er** *n* **~·ing** *n* **~·ing·ly** *adv* [ME<?; cf. L *muttio* to mutter, *mutus* mute, OE *mōtan* to speak]

Mut·ter /mútər/ ムター **Anne-Sophie ~** (1963–)《ドイツのヴァイオリン奏者》.

mut·ton[1] /mʌ́tn/ *n* **1** (成)羊肉, マトン; [*joc*] 羊: (as) dead as ~ 完全に死んで[おしまいで, すたれて]; おもしろくない, つまらなくて. **2** 《韻俗》 目 (eye)《mutton pie の短縮形》. ● **a** [*sb's*] **(nice)** BIT[2] **of ~.** **eat one's ~ with**... [*joc*] …と食事を共にする. **~ dressed (up) as lamb**″《口》 よく見せようと無理をしたもの,《特に》(いやに)若作りした年配の女. **to return [get] to our ~s** [*joc*] さて本題に立ち戻って. ♦ **mút·tony** *a* 羊肉のような; ‹羊が›肉用向きの. [OF<L *multon- multo* sheep]

mutton[2] *n* 〘印〙 M 角 (em). [*em quad* を *en quad* と区別するための符号]

mútton·bìrd *n* 〘鳥〙 Maori 族などが肉・脂・羽を利用するミズナギドリ: **a** ハシボソミズナギドリ《豪州・ニュージーランド産》. **b** ハイイロミズナギドリ《ニュージーランド産》.

mútton-bìrd·er *n* 《豪》 muttonbird 猟をする人.

mútton chòp 《通例 あばらに付いた》羊肉片, マトンチョップ: (as) dead as a ~《豪口》 完全に死んで.

mútton·chòps, múttonchop whískers *n pl* こめかみで狭く下顎で広くまるみをおびるように生やしたほおひげ.

mútton·fìsh, mútton snàpper *n* 〘魚〙 大西洋産のフエダイの一種. [その味から]

mútton fìst 大きく無骨な手[こぶし].

mútton·hèad *n* 《口》 鈍い[とろい]やつ, 鈍物, うすらばか. ♦ **mútton·hèad·ed** *a*

mútton-tòp *n**《俗》 MUTTONHEAD.

Muttra ⇨ MATHURA.

mu·tu·al /mjú:ʧuəl, -ʧəl/ *a* 相互の; 相互に関係のある;《2 人以上に》共通の (common); 共同の; 相互保険制の;《廃》 ねんごろな: by ~ consent 合意のうえで / our ~ friend 双方[共通]の友人 / a ~ interest 共通の関心事 / I'm honored to meet you.—The feeling is ~. お会いできて光栄です—(こちらも)同じ思いです[同感です]. ► *n* 《口》 MUTUAL FUND. ♦ **~·ly** *adv* 相互に, お互いに; 合意のうえで. [OF (L *mutuus* borrowed)]

mútual admirátion socìety [gàng] 仲間ぼめし合う連中.

mútual áid 〘社〙 相互扶助[協力].

mútual(ly) assúred destrúction 相互確証破壊《他国からの核攻撃に備え, 相手を確実に潰滅できるだけの報復核戦力を保持して相互抑止をねらう(特に冷戦期米国の)戦略; 略 MAD》.

mútual condúctance 〘電子工〙 相互コンダクタンス《電子管定格の一つ》.

mútual fùnd* オープンエンド(型)投資信託(会社), ミューチュアルファンド.

mútual indúctance 〘電〙 相互インダクタンス.

mútual indúction 〘電〙 相互誘導.

mútual insúrance 〘保〙 相互保険.

mútual·ìsm *n* 〘倫〙 相互扶助論; 〘生態〙《2 つの種間の》相利共生, 相利作用 (cf. COMMENSALISM). ♦ **-ist** *n* 相互扶助論者; 相利共生生物. **mù·tu·al·ís·tic** *a* **-ís·ti·cal·ly** *adv*

mu·tu·al·i·ty /mjù:ʧuǽləti/ *n* 相互関係, 相互依存, 相関; 好誼(こう), 友誼.

mútual·ìze *vt* 相互的にする;*‹会社›の普通株を従業員[顧客]との合同所有にする. ► *vi* 相互的になる. ♦ **mùtual·izátion** *n* 相互的にする[なる]こと;《会社の普通株の》合同所有.

mutually exclúsive *a* 相互排除的な, 互いに相容れない, 相互に両立しがたい, 互いに背反な.

mútual sávings bànk 〘米〙 相互貯蓄銀行《無資本で, 利益を預金者に分配する》.

mu·tu·el /mjú:ʧuəl, -ʧəl/ *n* PARI-MUTUEL.

mu·tule /mjú:ʧul/ *n* 〘建〙 ムトゥルス《ドーリス式で軒蛇腹の下の持送り; 他の柱式の modillion に当たる》. [F]

muu·muu /mú:mù:/ *n* ムームー《ゆるく色あざやかな もとはハワイの婦人服》. [Haw=to cut off]

muv·ver /mʌ́vər/ *n* 《コックニー・幼児》 MOTHER[1].

mux[1] /mʌ́ks/ 《ニューイング》 *n* 乱雑, きたならしい状態 (muck). ► *vt* きたならしくする, だいなしにする. [? *mucksy* mucky]

mux[2] *n**《俗》 テレタイプ (teletyping). [? *multiplex*]

mux[3] *n* MULTIPLEXER. ► *vt, vi* MULTIPLEX

Muy·bridge /máɪbrɪʤ/ マイブリッジ **Ead·weard** /ɛ́dwərd/ ~ (1830–1904)《英国の写真家; 本名 Edward James Muggeridge; 映画の原型となる映写機を製作した》.

Mu·zak /mjú:zæk/ 〘商標〙 ミューザック《会社・レストランなどに流す BGM; 'Music not to be listened to.' と称された》.

mu·zhik, -zjik, -jik, mou·jik /muʒí:k, -ʒík/ *n* 《帝政ロシア時代の》農民, 百姓;*《俗》 ロシア人. [Russ]

Muz·tag /mustá:(g), məz-/, **Ulugh Muz·tagh** /ú:lə mustá:(g), məz-/ ムスターグ《中国新疆ウイグル自治区南西部の山 (7282 m); 崑崙 (Kunlun) 山脈の高峰》.

muzz /mʌ́z/ *vi* 《俗》 くそ勉強する, ガリ勉をやる. ► *vt* 《口》 ぼんやりさせる;《俗》 ぶらぶらする. [C18<?]

muz·zle /mʌ́z(ə)l/ *n* **1 a** 《犬・馬などの》口吻部, 鼻づら, 吻, 鼻鏡. **b** はめ口具, 口輪, マズル; 言論の自由を妨げるもの: put a gold ~ on …に口止め料を払う. **2** 銃口, 砲口. ► *vt* **1** ‹動物›の口吻部に口輪をかける; 口止めする, ‹人・新聞など›の言論の自由を妨げる;*《俗》 キスする, 愛撫する;《方》 ‹豚などが›鼻で掘る. **2** 〘ヨット〙 ‹帆を›たたむ. ♦ **múz·zler** *n* [+]〘海〙 向かい風, 逆風;*《俗》 けちなことをやった犯人, 不良, チンピラ;*《俗》 警官, ポリ公;*《海俗》 いやなやつ. [OF *musel* (dim)<L *musum* MUSE]

múzzle-lòad·er *n* 前装[先込め]銃[砲], 口装銃[砲];*《俗》 手動燃焼式の機関車, かまたき機関車.

múzzle-lòad·ing *a* 先込め[前装]式の‹銃・砲›.

múzzle velòcity 《弾丸の》初速《略 MV》.

muz·zy /mʌ́zi/ *a* ‹形・音などが›ぼやけた, 不明確な;《酒などで》頭がぼんやりした, わけのわからなくなった; 陰鬱な, 元気のない, 陰気な. ♦ **múz·zi·ly** *adv* **-zi·ness** *n* [C18<?; *muddled* と *fuzzy* の混成か]

m.v. °market value ♦ 〘楽〙 °mezza voce. **mV, mv** millivolt(s). **Mv, MV** megavolt(s). **MV** °main verb ♦ mean variation ♦ °motor vessel ♦ °muzzle velocity.

MVD 〘ソ連〙 [Russ *Ministerstvo Vnutrennikh Del*] Ministry of Internal Affairs 内務省《1946 年 NKVD を改称; ⇨ KGB》.

MVO 〘英〙 Member of the Royal Victorian Order.

MVP 〘米〙 most valuable player《野球などの》最高殊勲選手.

mW milliwatt(s).

MW Malawi ♦ 〘通信〙 °medium wave ♦ megawatt(s).

mwa·li·mu /mwɑ:lí:mu/ *n* 先生 (teacher). [Swahili]

M-way″ /ɛ́m—/ *n* MOTORWAY.

MWe megawatts electric.

Mwe·ru /m(ə)wéəru/ ムウェル《ザンビアとコンゴ民主共和国国境にある湖》.

MWO 〘カナダ軍〙 Master Warrant Officer.

MX /ɛ̀méks/ *n* 〘米軍〙 エムエックス, 次期 ICBM《1986 年配備の大型核ミサイル Peacekeeper の開発段階における仮称》. [*missile, experimental*]

Mx 〘電〙 maxwell(s) ♦ Middlesex.

my /maɪ, mə, máɪ/ *pron* [I の所有格] わたしの, わが…. ★ 呼びかけ語に添えて親しみを表わす: *my* boy [friend, man, son, daughter, etc.] / *my* dear [darling, love, etc.]. ● **My (eye [foot])!**=**Oh my!**=**My oh my!**=**My goodness [godfather(s)]!**=**My word!**=**My, my!** 《口》 まあ, あら, おや, 何てことを, まさか!, そんな, これはこれは, これは驚いた《驚き・喜びなどを表わす発声》. **my** LORD. **my own** わたし自身の(もの). [OE *mīn* mine; h 以外の子音字の前の弱形]

my- /máɪ/, **myo-** /máɪoʊ, máɪə/ *comb form* 「筋肉 (muscle)」 [NL (Gk *mus*)]

my [数字のあとに付けて] million years.

MY motor yacht. **mya** million years ago.

my·al·gia /maɪǽlʤ(i)ə/ *n* 〘医〙 筋(肉)痛, 筋痛症. ♦ **my·ál·gic** *a*

myálgic encephalomyelítis 〘医〙 筋痛性脳脊髄炎 (CHRONIC FATIGUE SYNDROME)《略 ME》.

my·al·ism /máɪəlɪ̀z(ə)m/ *n* 西インド諸島の黒人の間に行なわれる一種の魔術. ♦ **mý·al** *a* [*myal* (W Africa)]

my·all /máɪəl/ 《豪》 *n* 〘植〙 アカシア(材)《柵用・パイプ細工用》; 伝統的な生活をしているアボリジニー, 未開人. ► *a* 未開の. [(Austral)]

Myan·mar /mjá:nmà:r/, **-ma** /-mà:/ ミャンマー《東南アジアの国; 公式名 Republic of the Union of ~ (ミャンマー連邦共和国); 旧称 Burma (Myanmar は現地語名で, 1989 年より公称); ☆Naypyidaw》. ♦ **Myàn·màr·ése** *a, n*

my·as·the·nia /màɪəsθí:niə/ *n* 〘医〙 筋無力症. ♦ **mỳ·as·then·ic** /-θénɪk/ *a, n* [*my-*]

myasthénia grá·vis /-grǽvəs, -grá:-/ 〘医〙 重症(性)筋無力症. [L]

myc- /máɪs, -k/, **my·co-** /máɪkoʊ, -kə/ *comb form* 「菌 (fungus)」「キノコ」 [Gk (*mukēs* mushroom)]

Myc·a·le /míkəli/ ミカレ《トルコ西部の岬; ギリシアの Samos 島が対岸となる; 紀元前 479 年, 沖合で, ギリシア軍がペルシアの艦隊を破った》.

my·ce·li·um /maɪsí:liəm/ *n* (*pl* **-lia** /-liə/) 〘植〙 菌糸体. ♦ **-li·al, -li·an** *a* [*myc-*; *epithelium* にならったもの]

my·cel·la /maɪsélə/ *n* ミセラ, マイセラ《デンマーク産のブルーチーズの一種》.

My·ce·nae /maɪsí:ni/ ミュケナイ《古代ギリシア Peloponnesus 半島北東部の都市》.

My·ce·nae·an, -ne- /màɪsəní:ən/, **My·ce·ni·an** /maɪsí:niən/ *a*, *n* ミュケナイ(人)の; ミュケナイ人; 〔考古〕ミュケナイ文化(期)(の)《紀元前1400–1100年ごろの Mycenae を中心とする地中海東部地域の青銅器文化; cf. CYCLADIC, MINOAN》; ミュケナイ語《記録に残る最古のギリシア語; 線文字 B と呼ばれる音節文字で書かれている》.

my·cet- /maɪsí:t/, **my·ce·to-** /maɪsí:toʊ, -tə/ *comb form*「菌」 [Gk *mukēt- mukēs* fungus]

-my·cete /máɪsì:t, ⌐⌐/ *n comb form*「菌」 [↑]

-my·ce·tes /maɪsí:tiz/ *n pl comb form*「菌類 (fungi)」《主に綱名・亜綱名をつくる》: Asco*mycetes* 子嚢菌類[綱]. [NL＜Gk]

my·ce·to·ma /màɪsətóʊmə/ *n* (*pl* **~s, -ma·ta** /-tə/) 〔医〕菌腫. ♦ **mỳ·ce·tó·ma·tous** *a*

my·ce·toph·a·gous /màɪsətáfəgəs/ *a* 〔動〕食菌性の〈昆虫など〉.

my·ce·to·zo·an /maɪsì:təzóʊən/ 〔生〕*a* 動菌[粘菌]類[目]の. ► *n* MYXOMYCETE.

-my·cin /máɪs(ə)n/ *n comb form*「菌類から採った抗生物質」: erythro*mycin*. [*myc-*, *-in*²]

myco- /máɪkoʊ, -kə/ ⇨ MYC-.

mỳco·bactérium *n* 〔菌〕ミコ[マイコ]バクテリウム《同属 (*M-*) の放線菌; 結核菌・癩菌など》. ♦ **-bactérial** *a*

mỳco·biont *n* 〔植〕ミコビオント《地衣を構成する菌類; cf. PHYCOBIONT》.

mỳco·flóra *n* 《ある地域[環境]特有の》菌類相, 菌類誌.

mycol. mycology.

my·col·o·gy /maɪkáləʤi/ *n* 〔植〕菌学, 菌類学; 《ある地域の》菌群. ♦ **-gist** *n* 菌学者. **mỳ·co·lóg·ic, -i·cal** *a* **-i·cal·ly** *adv* [*myco-*, *-logy*]

my·coph·a·gist /maɪkáfəʤɪst/ *n* 《キノコなどの》菌類を食う人[動物]. ♦ **my·cóph·a·gy** *n* 菌類嗜食[常食], 食菌.

my·coph·a·gous /maɪkáfəgəs/ *a* 〔動〕菌類を食う, 食菌性の〈線虫など〉.

mýco·phìle *n* キノコ狩りが好きな人.

mỳco·plásma *n* (*pl* **~s, -ma·ta** /-tə/) 〔生〕マイコプラズマ (＝*pleuropneumonia-like organism*)《細菌とウイルスの中間に位置づけられる微生物》. ♦ **-plásmal** *a*

mycoplásma-lìke órganism 〔生〕マイコプラズマ様生物 (PHYTOPLASMA).

mỳco·prótein *n* 菌タンパク質《特に人間が消費するため, 菌類から得たタンパク質》.

my·co(r)·rhi·za /màɪkəráɪzə/ *n* (*pl* **-zae** /-zì:/, **~s**) 〔植〕菌根《菌類と高等植物の根との共生》. ♦ **-zal** *a*

my·co·sis /maɪkóʊsəs/ *n* (*pl* **-ses** /-sì:z/) 〔医〕糸状菌症, 真菌症《たむしなど》; 《身体の一部の》カビ寄生. ♦ **my·cot·ic** /maɪkátɪk/ *a*

M

My·co·stat·in /màɪkoʊstǽtən/ 〔商標〕マイコスタチン《nystatin 製剤》.

mycótic stomatítis 〔医〕口腔カンジダ症, 鵞口瘡.

mỳco·toxicósis *n* 〔医〕カビ毒症, 真菌中毒症.

mỳco·tóxin *n* 〔生化〕カビ毒, 真菌毒(素), マイコトキシン. ♦ **-tóxic** *a* **-toxícity** *n*

my·cot·ro·phy /maɪkátrəfi/ *n* 〔植〕菌栄養《菌根における共生など, 菌類との共生によって栄養を得ること》. ♦ **mỳco·tróphic** *a*

mýco·virus *n* 菌ウイルス《菌類に感染するウイルス》.

my·dri·a·sis /mədráɪəsəs, maɪ-/ *n* 〔医〕散瞳, 瞳孔散大: alternating [paralytic] ~ 交替性[麻痺性]散瞳.

myd·ri·at·ic /mìdriǽtɪk/ 〔薬〕*a* 散瞳(性)の. ► *n* 散瞳薬《ベラドンナ剤など》.

my·el- /máɪəl/, **my·e·lo-** /máɪəloʊ, -lə/ *comb form*「髄」「脊髄」「骨髄」 [NL (Gk *muelos* marrow)]

mỳel·encéphalon *n* (*pl* **~s, -la**) 〔解〕髄脳《菱脳(りょうのう)の後部》. ♦ **-encephálic** *a*

my·e·lin /máɪələn/, **-line** /-lì:n/ *n* 〔生化〕ミエリン《髄鞘を組織する脂肪質の物質》. ♦ **mỳ·e·lín·ic** /-lín-/ *a*

my·e·lin·at·ed /máɪələnèɪtəd/ *a* 髄鞘を有する, 有髄の.

my·e·li·na·tion /màɪələnéɪʃ(ə)n/, **my·e·lin·i·za·tion** /màɪələnəzéɪʃ(ə)n; -nàɪ-/ *n* 〔解〕髄鞘形成, 有髄化.

myélin shèath 〔解〕ミエリン鞘, 髄鞘 (medullary sheath).

my·e·li·tis /màɪəláɪtəs/ 〔医〕*n* (*pl* **-lit·i·des** /-lítədì:z/) 脊髄炎; 骨髄炎 (osteomyelitis). ♦ **mỳ·e·lít·ic** /-lít-/ *a*

mýelo·blàst *n* 〔解〕骨髄芽球, 骨髄細胞.

mỳelo·blástic *a* 〔医〕骨髄芽球[細胞]性の.

mýelo·cèle *n* 〔医〕骨髄瘤《脊髄ヘルニア》.

mýelo·còele *n* 〔解〕脊髄中心管.

mýelo·cỳte *n* 〔解〕骨髄球, ミエロサイト. ♦ **mỳ·e·lo·cýt·ic** /-sít-/ *a*

myelocýtic leukémia 〔医〕MYELOGENOUS LEUKEMIA.

mỳelo·fibrósis *n* 〔医〕骨髄繊維症. ♦ **-fibrótic** *a*

my·e·log·e·nous /màɪəláʤənəs/, **mỳelo·génic** *a* 骨髄で生じた, 骨髄性の.

myelógenous leukémia 〔医〕骨髄性白血病.

mýelo·gràm 〔医〕*n* 脊髄造影[撮影]像[図], ミエログラム; 骨髄像.

my·e·log·ra·phy /màɪəlágrəfi/ *n* 〔医〕脊髄造影[撮影](法), ミエログラフィー.

my·e·loid /máɪəlɔ̀ɪd/ 〔解〕*a* 脊髄(性)の; 骨髄(状)の.

my·e·lo·ma /màɪəlóʊmə/ *n* (*pl* **~s, -ma·ta** /-tə/) 〔医〕骨髄腫. ♦ **mỳ·e·lóm·a·tous** /-lám-/ *a*

my·e·lop·a·thy /màɪəlápəθi/ 〔医〕*n* 脊髄障害, ミエロパシー; 骨髄障害, ミエロパシー. ♦ **mỳelo·páth·ic** *a*

mỳelo·peróxidase *n* 〔生化〕ミエロペルオキシダーゼ《白血球や骨髄の好オキシン性細胞に含まれるペルオキシダーゼ; 白血球内に取り込まれた物質を酸化し, 解毒作用を行なう》.

mỳelo·phthísis 〔医〕*n* 骨髄癆(ろう)《骨髄の造血組織が異常組織により置換される》; 脊髄癆《脊髄の衰弱・萎縮》.

mỳelo·prolíferative *a* 〔医〕骨髄増殖性の.

my·en·ter·ic /màɪəntérɪk/ *a* 〔解〕腸管筋の.

My·er·son /máɪərs(ə)n/ マイヤーソン **Roger B(ruce)** ~ (1951–)《米国の経済学者; ノーベル経済学賞 (2007)》.

Mý Fàir Lády『マイ・フェア・レディ』《George Bernard Shaw の喜劇 *Pygmalion* (初演 1913) をもとにしたミュージカル (1956); 台本・作詞 Alan Jay Lerner, 作曲 Frederick Loewe; その映画化 (1964)》.

my·ia·sis /maɪáɪəsəs, miáɪ-/ *n* (*pl* **-ses** /-sì:z/) 〔医〕蠅蛆(はえうじ)(ょう)症.

My·ko·la·yiv /mì:kəlá:jɪf/ ミコライフ《ウクライナ南部の港湾都市; 別称 Nikolayev, 旧称 Vernoleninsk》.

Myk·o·nos /míkənòʊs/ ミコノス (ModGk **Mí·ko·nos** /mí:kounɔ̀:s/)《エーゲ海の Cyclades 諸島北東部にあるギリシア領の島; 花崗岩からなる乾燥した島》.

My·lae /máɪli/ ミュラエ《MILAZZO の古代名》.

My Lai /mí: láɪ/ ミライ《ヴェトナム中部の小村; ヴェトナム戦争中の 1968 年 3 月米軍が 500 人に及ぶ村民を虐殺した地》.

My·lar /máɪlɑ̀:r/ 〔商標〕マイラー《強度・耐熱性に富むポリエステルフィルム; 録音テープ・絶縁膜などに用いる》.

My·lit·ta /mɪlítə/ ミリッタ《バビロニアの女神; Astarte に対応する》.

my·lo·don /máɪlədàn/ *n* 〔古生〕ミロドン《南米洪積世のナマケモノに近い貧歯類》.

my·lo·nite /máɪlənàɪt, míl-/ *n* 〔岩石〕マイロナイト, 展砕岩《岩石の構成鉱物が強大な圧砕作用によって完全に破砕され微粒集合体化したもの》. [Gk *mulōn* mill]

My·men·singh /màɪmənsíŋ/ マイメンシン《バングラデシュ中北部の市》.

mý·na(h) (bìrd) /máɪnə(-)/ 〔鳥〕**a** カバイロハッカ・ムクドリの類の各種の鳥《アジア産》, 《特に》カバイロハッカ. **b** HILL MYNA. [Hindi]

myn·heer /mənéər, -níər, maɪnhéər, -híər/ *n* 〔オランダ〕MR., SIR に当たる敬称・呼びかけ; 《口》オランダ人 (Dutchman).

myo- /máɪoʊ, máɪə/ ⇨ MY-.

MYOB Mind your own business. 余計なお世話.

mýo·blàst *n* 〔発生〕筋芽細胞, 筋原細胞《筋細胞の未分化状態のもの》.

mỳo·cár·di·al /-ká:rdiəl/ *a* 〔解〕心筋(層) (myocardium) の.

myocárdial infárction 〔医〕心筋梗塞 (heart attack).

mỳo·cárdio·gràm *n* 〔医〕心筋運動図.

mỳo·cárdio·gràph *n* 〔医〕心筋運動計.

mỳo·cardítis *n* 〔医〕心筋炎.

mỳo·cár·di·um /-ká:rdiəm/ *n* (*pl* **-dia** /-diə/) 〔解〕心筋(層).

my·oc·lo·nus /maɪáklənəs/ *n* 〔医〕筋間代, ミオ[筋]クローヌス. ♦ **mỳo·clón·ic** /-klán-/ *a*

mýo·cỳte *n* 〔解・動〕筋細胞.

mỳo·eléctric, -trical *a* 〔医〕筋電気の, 筋電性の《増幅して義足などの補綴(ほてつ)装置を作動させる》.

mỳo·fíbril *n* 〔解〕筋原繊維. ♦ **-fíbril·lar** *a*

mỳo·fílament *n* 〔解〕筋フィラメント《筋原繊維を構成する繊維》.

mỳo·génic *a* 〔生理〕筋組織から生じた, 筋原性の; 筋組織を形成する, 筋形成の.

mỳo·glóbin *n* 〔生化〕ミオグロビン《ヘモグロビンに似た, 筋肉の色素タンパク》.

mýo·gràm *n* 〔医〕筋運動(記録)図, 筋収縮記録図.

mýo·gràph *n* 〔医〕筋運動[筋(収縮)]記録器, ミオグラフ.

my·og·ra·phy /maɪágrəfi/ *n* 〔医〕筋運動記録[描記]法, ミオグラフィー.

mỳo·inósitol *n* 〔生化〕ミオイノシトール《イノシトールの最も普通の異性体》.

my·ol·o·gy /maɪáləʤi/ *n* 筋学《筋肉を扱う解剖学の一分野》. ♦ **mỳo·lóg·ic, -i·cal** *a*

my·o·ma /maɪóʊmə/ *n* (*pl* **~s, -ma·ta** /-tə/) 〔医〕筋腫. ♦ **my·o·ma·tous** /maɪóʊmətəs, -ám-/ *a* [*-oma*]

mỳo·mec·to·my /màɪəméktəmi/ *n* 〔医〕(子宮)筋腫切除(術).

mỳo·néural *a* 〔解〕筋肉と神経の, 筋神経の.

my·op·a·thy /maɪápəθi/ *n* 〔医〕筋疾患. ♦ **myo·path·ic** /màɪəpǽθɪk/ *a*

my·ope /máɪòʊp/ *n* 〔医〕近視者; 近視眼的な人. [F, ＜Gk (*muō* to shut, *ōps* eye)]

my·o·pia /maɪóʊpiə/ *n* 〘医〙近視; 先見の明のないこと. ［NL (↑)］

my·op·ic /maɪɑ́pɪk, -óʊ-/ *a* 近視(性)の; 近視眼的な, 浅慮の, 短見の. ♦ **-i·cal·ly** *adv*

my·o·pyǁ /máɪòʊpi/ *n* MYOPIA.

mýo·scòpe 〘医〙*n* 筋収縮計; 動眼計.

my·o·sin /máɪəsən/ *n* 〘生化〙ミオシン《筋肉の主要な構成タンパク質》.

myosis ⇨ MIOSIS[1].

myo·si·tis /màɪəsáɪtəs/ *n* 〘医〙筋(肉)炎.

my·o·sote /máɪəsòʊt/ *n* 〘植〙ワスレナグサ (myosotis).

my·o·so·tis /màɪəsóʊtəs/ *n* 〘植〙ワスレナグサ属 (*M-*) の草,《特に》ワスレナグサ (forget-me-not) (=*myosote*).

myotic ⇨ MIOTIC.

mýo·tòme *n* 〘発生〙筋節, 筋板; 〘医〙筋切開刀, マイオトーム.

mýo·tónia *n* 〘医〙筋緊張(症), ミオトニー. ♦ **mỳo·tón·ic** /-tán-/ *a*

myotónic dýstrophy 〘医〙筋緊張性[筋強直性]ジストロフィー.

mýo·tùbe *n* 〘発生〙筋管.

Myr million years (cf. MY).

My·ra[1] /máɪərə/ マイラ《女子名》. ［L=wonderful］

Myra[2] ミュラ《古代小アジア南部 Lycia 地方の都市; 聖パウロの伝道の地と伝えられる; 4 世紀には St Nicholas が司教であった》.

Myr·dal /mɑ́:rdɑ̀:l, míər-/ ミュルダール (1) **Alva ～** (1902-86)《スウェーデンの社会学者・政府高官・平和運動家; 旧姓 Reimer; ノーベル平和賞 (1982)》 (2) **(Karl) Gunnar ～** (1898-1987)《スウェーデンの経済学者; Alva の夫; 国際関係・開発経済などを研究; ノーベル経済学賞 (1974)》.

myr·ia- /míriə/ *comb form* 〘メートル法〙「1 万」 ［F<Gk (↓)］

myr·i·ad /míriəd/ *n* [°*pl*] 無数; 無数の人びと[もの]; 1 万: a ～ of stars=～*s* of stars 無数の星. ► *a* 無数の; 1 万の; 種々の面[要素]をもつ, きわめて多面的な: a ～ activity 多彩な活動. ♦ **～·ly** *adv* ［L<Gk (*murioi* 10,000)］

mýriad-mínd·ed *a* 才気縦横の: our ～ Shakespeare 万の心をもつシェイクスピア《S. T. Coleridge のことば》.

mýria·mèter *n* 1 万メートル.

myr·ia·pod, -io·pod /míriəpɑ̀d/ *a, n* 〘動〙多足類 (Myriapoda) の(動物)《ムカデ・ヤスデなど》. ♦ **myr·i·ap·o·dan** /mɪ̀riǽpədən/ *a* **-ap·o·dous** /-ǽpədəs/ *a* ［*-pod*］

my·ri·ca /məráɪkə/ *n* ヤマモモの樹皮; 〘植〙ヤマモモ属 (*M-*) の各種の木.

myr·i·ca·ceous /mɪ̀rəkéɪʃəs/ *a* 〘植〙ヤマモモ科 (Myricaceae) の.

mýr·i·cyl álcohol /mírəsɪ̀l-/ 〘化〙ミリシルアルコール《エステルの形で蜜蠟(みつろう)中に含まれる》.

myr·io·ra·ma /mɪ̀riərǽmə, -rɑ́:mə; -rɑ́:mə/ *n* 万景画, ミリオラマ《昔, 多くの小画を種々に組み合わせて作り出した見世物》.

my·ris·tate /mərístèɪt, maɪ-/ *n* 〘化〙ミリスチン酸塩[エステル].

my·rís·tic ácid /məríst ɪk-, maɪ-/ 〘化〙ミリスチン酸《油脂および蠟の成分; 香料・香味料用》. ［ML *myristica* nutmeg］

myr·mec- /mɑ́:rmɪk/, **myr·me·co-** /-koʊ, -kə/ *comb form* 「アリ (ant)」 ［Gk *murmēx* ant］

myr·me·co·cho·rous /mɑ̀:rməkoʊkɔ́:rəs/ *a* 〘生〙アリによって分散[散布]される. ♦ **-cho·ry** /-kɔ́:ri/ *n*

myr·me·col·o·gy /mɑ̀:rməkɑ́lədʒi/ *n* アリ学. ♦ **-gist** *n* **mỳr·me·co·lóg·i·cal** *a*

myr·me·coph·a·gous /mɑ̀:rməkɑ́fəgəs/ *a* 〘動〙アリを食う, アリ食(性)の, 食蟻(しょくぎ)性の.

mýrmeco·phìle *n* 〘生態〙蟻巣(ぎそう)生生物, 好蟻(こうぎ)生物, 蟻動物《アリと共生する, 特に 昆虫》. ♦ **myr·me·coph·i·lous** /mɑ̀:rməkɑ́fələs/ *a* アリを好む, アリと共生する. **myr·me·coph·i·ly** /mɑ̀:rməkɑ́fəli/ *n*

Myr·mi·don /mɑ́:rmədɑ̀n, -d(ə)n/ (*pl* **～s, Myr·mid·o·nes** /mɑ̀:rmíd(ə)nì:z/) **1** 〘ギ神〙ミュルミドーン《Achilles に従ってトロイア戦争に加わったテッサリア人の勇士たちの一人》. **2** [m-]《命令に盲従して不埒な行為を行なう》手下, 用心棒. ● **m~s of the law** [*derog/joc*] 法の番犬[手先]《警官・執行吏・下級役人など》. ［L<Gk *Murmidones* (pl) ant people; 伝説によると, 疫病で人口が減少した Aegina 王が Jupiter に祈ってアリを人間に変えてもらった］

my·rob·a·lan /maɪrɑ́bələn, mə-/ *n* **1 a** ミロバラン, 訶梨勒(かりろく)《熱帯アジア産モモタマナの乾燥させた実 (=**～ nùt**); 染料・インク・皮なめし剤の原料》. **b** 〘植〙モモタマナ《実の仁は食用》. **2** 〘植〙ミロバランスモモ (=**～ plùm**) (cherry plum).

My·ron /máɪərən/ **1** マイロン《男子名》. **2** ミュロン (fl. c. 480-440 B.C.)《ギリシアの彫刻家》. ［Gk=pleasant, fragrant］

myrrh[1] /mɑ́:r/ *n* **1** ミルラ, 没薬(もつやく)《香気のある樹脂; 香料・薬剤用》. **2** 没薬を採る木《アフリカ東部・アラビア産のカンラン科コンミフォラ属の植物》. ♦ **myrrh·ic** /mɑ́:rɪk, mírɪk/ *a* 没薬の. **mýrrhy** *a* 没薬の香りのする. ［OE *myrre*<L *myrrha*<Gk *Myrrha* (Adonis の母)は myrrh を出す myrtle に姿を変えられた］

myrrh[2] *n* 〘植〙ミリス(オドラータ) (sweet cicely). ［L<Gk］

myrrh[3] *n* *《俗》ラム酒 (rum). ［逆つづりの発音つづり］

myr·si·na·ceous /mɑ̀:rsənéɪʃəs/ *a* 〘植〙ヤブコウジ科 (Myrsinaceae) の.

myr·ta·ceous /mərtéɪʃəs/ *a* 〘植〙フトモモ科 (Myrtaceae) の.

myr·tle /mɑ́:rtl/ *n* **1** 〘植〙**a** フトモモ科の各種低木,《特に》ギンバイカ. **b** *ツルニチニチソウ (periwinkle), カリフォルニアゲッケイジュ (California laurel)《など》. **2** 青みがかった暗い緑 (=**～ gréen**). **3** [M-] マートル《女子名》. ［L (dim)<Gk *murtos*］

mýrtle fàmily 〘植〙フトモモ科 (Myrtaceae).

mýrtle wàrbler [bìrd] 〘鳥〙キヅタアメリカムシクイ (=*yellow-rumped warbler, yellowrump*)《北米産》.

my·self /maɪsélf, mə-/ *pron* わたし自身, 自分 (cf. ONESELF) **1** [強調用法] **a** [同格的] わたしが, 自分で(もって), 自分自身: I ～ saw it.=I saw it ～. わたしは自分でそれを見たのです. **b** [I の代用; be, than, and, as, but などのあとに用いて; 主語としての用法は《古・詩》]: The students present *were* ～ and Alice. 出席学生はわたしとアリスだった / No one knows more about it *than* ～. わたし自身より知っている者はだれもいない / My mother *and* ～ went to the seaside for the summer. 母とわたしが避暑のため海岸へ行った. **2** /ー ⌐/ [再帰用法] わたし自身を[に]: I've hurt ～. けがをした / I couldn't make ～ understood. 自分の考えをわからせることができなかった / I poured ～ a cup of tea. 自分で紅茶を一杯いれた. **3** [be, feel などの補語として] いつものわたし, 正常な自分: I *am* not ～ today. 今日は(いつもと違って)調子がよくない. ［OE (*me, self*); 語形は *herself* の *her* を所有格と誤り *my* としたもの］

My·sia /míʃ(i)ə, -siə/ ミュシア《古代小アジア北西部 Propontis に臨む地域にあった国》. ♦ **Mý·sian** *a, n*

my·sid /máɪsəd/ *n* 〘動〙アミ《アミ目のエビに似た甲殻類》.

My·sore /maɪsɔ́:r/ マイソール (1) インド南部 Karnataka 州南部の市; 旧マイソール州の州都 2) KARNATAKA 州の旧称 3) 英国による植民地化以前に旧マイソール州一帯を占めていた王国》.

my·sost /máɪsɑ̀st/ *n* ミスオスト《ノルウェー産のホエーチーズ; 茶色で固く, マイルドな風味; 元来ヤギ乳で造られた》. ［Norw (*mise* whey+*ost* cheese)］

mys·ta·gogue /místəgɔ̀(:)g, -gɑ̀g/ *n* 《特に 古代ギリシア Eleusis の Demeter の秘儀の》秘儀伝授者, 密教解説者. ♦ **mýs·ta·gò·gy** /-gòʊdʒi, -gɑ̀dʒi/ *n* 奥義解明, 秘法伝授. **mỳs·ta·góg·ic, -i·cal** /-gɑ́dʒ-/ *a*

mys·te·ri·ous /mɪstíəriəs/ *a* 神秘的な, 不可思議な, 不可解な, なぞめいた, あいまいな; わけのありそうな, 怪しげな; 不可思議な魅せられた. ♦ **～·ly** *adv* 神秘的に, 不思議に; わけがありそうな様子で; 不思議なことに. **～·ness** *n*

mys·te·ri·um /mɪstíəriəm/ *n* 〘天〙ミステリウム《銀河系内の変動する電波の電波源物質の称; 現在では水酸基と確認されている》. ［L MYSTERY[1]］

mys·ter·i·um tre·men·dum /mɪstériùm treméndum/ 大いなる神秘[不思議],《特に》神[存在]の抗しがたい神秘. ［L］

mys·tery[1] /míst(ə)ri/ *n* **1 a** 神秘, 不思議, 不可解, なぞ; 秘密; なぞめいた人[こと]: solve [unravel] a ～ なぞを解く / The origin is wrapped [shrouded] in ～. 起源は神秘に包まれている《漠として知りがたい》/ The murder remains a ～. その殺人事件は依然なぞである. **b** 《小説・劇などの》推理[怪奇]もの, なぞ解き, ミステリー. **2** 〘キ教〙**a** [°*pl*] 神秘的教義, 玄義, 秘義《三位一体説など》. **b** 〘カト〙秘跡, 奥義, 聖餐式,《特に》聖餐礼; [*pl*] 聖餐物. **c** [°*pl*] ロザリオ十五玄義(の一つ)《キリストの降誕・十字架上の死など》. **d** MYSTERY PLAY. **3** 極意, 秘伝; [*pl*]《古代異教の》密儀, 秘法; 《廃》私的な秘密. **4** 《古俗》ソーセージ; *《俗》こま切れ肉の料理 (hash). ● **make a ～ (of…を)** 秘密に[神秘化]する. ［OF or L<Gk *mustērion* secret rites; ⇨ MYSTIC］

mys·tery[2], **mis-** /míst(ə)ri/ 《古》*n* 職業(的技能); 同業組合 (guild). ● **art and ～** 技術と手腕《年季証文のことば》. ［L *ministerium* MINISTRY; 語形は ↑ に同化］

mýstery mèat *《俗》《何だかわからないような》怪しげな肉(料理), 正体不明の食物.

mýstery plày **1** 聖史劇《中世に行なわれた miracle play のうち, 特にキリストの生・死・復活を扱ったもの》. **2** 推理劇.

mýstery shìp [bòat] Q-BOAT.

mýstery shópper ミステリーショッパー (=*secret shopper*)《店頭で商品の価格・品ぞろえ・接客態度などを客を装って調べるメーカー・小売店側の覆面調査員》.

mýstery stòry [nòvel] 推理[怪奇]小説, ミステリー.

mýstery tòur [trìp]ǁ 行先を知らせない遊覧旅行, ミステリーツアー.

mys·tic /místɪk/ *a* MYSTICAL; 秘教(的儀式)の, 密儀の; 神秘的な (mysterious); 神秘主義(者)の; なぞめいた, 幽玄な, 不思議な; 神秘的で畏怖の念を起こさせる; 魔力をもつ. ► *n* 神秘家, 神秘主義者, 秘教の信者. ［OF or L<Gk (*mustēs* initiated person<*muō* to close eyes or lips, initiate)］

mýs·ti·cal *a* 神秘的象徴の; 神秘説の, 神秘主義的な, 神との霊交の, 霊感による; 秘教[秘法]的な, 超自然的な; あいまいな. ♦ **～·ly** *adv* **～·ness** *n*

M

mýstic bíscuit*《俗》ペヨーテ (peyote) の塊り.
mys·ti·cete /místəsì:t/ *n*〔動〕ヒゲクジラ (whalebone whale)《ヒゲクジラ亜目 (Mysticeti) のクジラの総称》.
mys·ti·cism /místəsìz(ə)m/ *n*《冥想や直観により神・真理が把握できるとする》神秘説[教], 神秘主義; 神秘体験; 秘密; [*derog*] 迷論, 妄想.
mys·ti·cize /místəsàɪz/ *vt* 神秘化する.
mys·ti·fi·ca·tion /mìstəfəkéɪʃ(ə)n/ *n* 神秘化; 煙にまくこと; 人を惑わすもの, ごまかし.
mys·ti·fy /místəfàɪ/ *vt* 煙にまく, 惑わす, ごまかす; 神秘化する. ♦ **-fì·er** *n* [F; ⇨ MYSTERY[1]]
mýstify·ing *a* 不可解な; 煙にまくような, 神秘めかした. ♦ **~·ly** *adv*
mys·tique /mɪstí:k/ *n* (近寄りがたい)神秘的な雰囲気[崇敬の念];《そうした》神秘的な雰囲気をもつもの[人]; 奥義, 極意, 秘訣, 秘法, 秘技;《現実に対する》神秘的解釈, 神秘的信条. [OF MYSTIC]
myth /míθ/ *n* **1 a** 神話, 神代物語《時に集合的》. **b** 神話的通念; 架空の人[もの], 作り話: dispel [scotch] a ~ 広く信じられている神話を崩壊させる. **2** たとえ話,《Plato において真理を暗示する》寓話 (allegory), ミュトス;《文学における》原型的な主題[人物]. ► *vt* 神話に仕立てる, 神話化する. [L<Gk MYTHOS]
myth. mythological ♦ mythology.
mythi *n* MYTHUS の複数形.
myth·ic /míθɪk/ *a* MYTHICAL.
mýth·i·cal *a* 神話の; 架空の; 神話的な, 伝説的な. ♦ **~·ly** *adv*
myth·i·cism /míθəsìz(ə)m/ *n* 神話的解釈; 神話主義; 神話の解釈. ♦ **-cist** *n*
myth·i·cize /míθəsàɪz/ *vt* 神話化する; 神話的に[神話として]解釈する. ♦ **-ciz·er** *n*
myth·i·fy /míθəfàɪ/ *vt* 神話化する.
mýth·maker *n* 神話作者. ♦ **-màking** *n* 神話作り.
mytho- /míθoʊ, -θə/ *comb form*「神話 (myth)」 [Gk MYTHOS]
mytho·génesis *n* 神話を生み出すこと, 神話発生, 神話生成, 神話化.
mỳtho·génic *a* 神話を生み出す.
my·thog·ra·phy /mɪθágrəfi/ *n*《絵画・彫刻などにおける》神話(的主題)の表現; 神話の叙述; 神話集(の編纂); 記述神話学. ♦ **my·thóg·ra·pher** *n* 神話作家, 神話を収集記録する人.
mythoi *n* MYTHOS の複数形.
myth·o·log·ical /mìθəláʤɪkl/**, -ic** *a* 神話(上)の, 神話的な; 神話学(上)の; 作り話の, 架空の. ♦ **-i·cal·ly** *adv*
my·thol·o·gize /mɪθáləʤàɪz/ *vi* 神話を語る, 神話を解釈[研究]する; 神話を作る. ► *vt* 神話化する;《廃》…の神話的意味を示す. ♦ **-gìz·er** *n*
my·thol·o·gy /mɪθáləʤi/ *n* 神話《集合的》, 神話集,《特定の民族・文化のもつ》神話体系; 神話学[研究]; ミトス (mythos);《ある人[物]にまつわる》一般に信じられている事柄, 通念, 俗信; たとえ話, 寓話. ♦ **-gist, -ger** /-ʤər/ *n* 神話学者; 神話作家, 神話集編纂者. [F or L<Gk; ⇨ MYTHOS]
mỳtho·mánia *n*〔精神医〕虚言症. ♦ **-mániac** *n, a* 虚言症の(人).
mytho·poe·ia /mìθəpí:ə/ *n* 神話作成[生成]. ♦ **mỳtho·póe·ic** /-pí:ɪk/ *a* **-po·ét·ic** /-poʊétɪk/, **-i·cal** *a*
mytho·po·e·sis /mìθəpoʊí:səs/ *n* 神話作成.
mytho·póet *n* 神話詩人[作者].
my·thos /míθàs, máɪ-/ *n* (*pl* **-thoi** /-θɔ̀ɪ/) 神話 (myth); 神話体系 (mythology);〔社〕ミトス《ある集団・文化に特有の信仰様式・価値観》;《芸術作品の》構想, モチーフ, ミトス;《つくられた》崇拝. [Gk *muthos* myth]
my·thus /máɪθəs/ *n* (*pl* **-thi** /-θàɪ/) 神話 (myth); MYTHOS.
mythy /míθi/ *a* 神話的な (mythical), 神話の.
Myt·i·le·ne, (ModGk) **Mi·ti·lí·ni** /mìt(ə)lí:ni/ ミティレネ, ミティリニ《**1**) ギリシア領の Lesbos 島の町 **2**) LESBOS 島の別称》.
myx- /míks/**, myxo-** /míksoʊ, -sə/ *comb form*「粘液」「粘液腫」 [Gk *muxa* mucus]
myxo /míksoʊ/ *n* MYXOMATOSIS.
myxo·bactéria *n pl* (*sg* **-rium**)〔生〕粘液細菌 (=*slime bacteria*)《粘液細菌目 (Myxobacterales) の細菌; 普通は土壌中にいる細菌で, 粘液を分泌してすべるように動いて群体をつくる》.
mýxo·cỳte *n*〔医〕粘液細胞.
myx·(o)ede·ma /mìksədí:mə/ *n*〔医〕粘液水腫. ♦ **-(o)edém·a·tous** /-démətəs, -dí:-/ *a*
mýx·òid *a* 粘液様の.
myx·o·ma /mɪksóʊmə/ *n* (*pl* **~s, -ma·ta** /-tə/)〔医〕粘液腫. ♦ **myx·om·a·tous** /mɪksámətəs/ *a* [*myxo-, -oma*]
myx·o·ma·to·sis /mìksəmətóʊsəs/ *n* (*pl* **-ses** /-sì:z/)〔医〕粘液腫症; 粘液変性;〔獣医〕(伝染性)粘液腫症《ウサギの致命的疾患》. [NL (↑)]
mỳxo·mýcete /, -maɪsí:t/ *n*〔生〕変形菌, 粘菌 (mycetozoan, slime mold). ♦ **-my·cé·tous** *a*
mỳxo·sarcóma *n*〔医〕粘液肉腫.
mýxo·vìrus *n* ミクソウイルス《インフルエンザや流行性耳下腺炎のウイルスなど RNA をもつウイルス》. ♦ **mỳxo·víral** *a* ミクソウイルスの[性の].
myxy /míksi/ *n*《口》MYXOMATOSIS.
mzee /mzéɪ/ *n, a*《東アフリカ》年寄り(の). [Swahili]
M0 /émzíəroʊ, émnɔ́:t/〔経〕M0《英国の通貨供給量の尺度のうち最も範囲の狭いもの; 現金通貨 (紙幣と硬貨) に商業銀行の手許現金とイングランド銀行当座預金を加えた額; 俗に narrow money という; cf. M1, M2, M3, M4, M5》.
mzun·gu /mzúŋgu/ *n*《東アフリカ》白人. [Swahili]

N

N, n /ɛn/ *n* (*pl* **N's, Ns, n's, ns** /-z/) エヌ《英語アルファベットの第 14 字; ⇨ J》; N [n] の表わす音; N 字形(のもの); [*n*]〘数〙不定(整)数, 不定[《口》かなり]の数(の) (cf. NTH); 14 番目(のもの);〘印〙EN[1];〘生〙*n*《染色体数の半数または単相》.

n- negative.

-n *suf* ⇨ -EN[1,2].

'n /ən, n/ 《発音つづり》AND; THAN.

'n' /ən, n/ 《発音つづり》AND.

n〘光〙°index of refraction ♦〘単位〙nano- ♦ [[U]*n*] neutron ♦ [[U]*n*]〘化〙normal 直鎖状の. **n.** name ♦ natus ♦ navy ♦〘商〙net ♦ neuter ♦ nominative ♦ noon ♦ note ♦ noun ♦ number.

N °Avogadro number ♦〘チェス〙knight ♦ neutral ♦ newton(s) ♦〘化〙nitrogen ♦〘化〙normal …規定の ♦ North《London 郵便区の一つ》♦ Norway ♦ nuclear.

N, N. New ♦ north ♦ northern.

na /ná:, nə/ 《主にスコ》*adv* NO[1]; [通例 助動詞と共に] NOT: mau*na* =must not (cf. NAE). ► *conj* NOR[1].

Na〘化〙[L *natrium*] sodium.

NA, N/a, n/a〘銀行〙no account 取引なし ♦ not applicable ♦ not available. **NA** °National Assembly ♦ national association ♦ °Netherlands Antilles ♦ °North America(n) ♦〘光〙°numerical aperture. **NAA** °neutron activation analysis.

NAACP /ɛ́ndʌ̀b(ə)lèɪsì:pí:, ɛ́nèɪèɪsì:pí:/ °National Association for the Advancement of Colored People.

Naa·fi, NAAFI /nǽfi/ *n* (英国)陸海空軍厚生機関, ナフィ;《ナフィが経営する》売店. [*N*avy, *A*rmy and *A*ir Force *I*nstitutes]

naan ⇨ NAN[2].

naart·je, -jie /ná:rtʃə/ *n* 《南ア》TANGERINE ORANGE. [Afrik]

Naas /néɪs/ ネース《アイルランド東部 Kildare 県の町・県都; 狐狩りの地として知られる》.

nab /nǽb/ *vt* (**-bb-**) 《口》《すばやく》つかむ, 手に入れる;《口》《勝手に》取る, かっさらう, 盗む;《口》〈犯人などを〉つかまえる, あげる (arrest);《口》誘拐する, さらう. ► *n* 《俗》警官. ♦ **náb·ber** *n* [? *nap* (dial) or ? Scand (Dan *nappe*, Swed *nappa* to snatch); cf. KIDNAP]

NAB °New American Bible ♦ °nuts and bolts.

Na·bal /néɪbəl/〘聖〙ナバル《富裕なカレブ人(びと)で Abigail の夫; David の要請を拒絶した; *1 Sam* 25: 3》. [Heb=foolish]

Nab·a·taea, -tea /næ̀bətí:ə/ ナバテア《今のヨルダンの地にあった古代アラブ人の王国》. ♦ **Nàb·a·táe·an, -té-** *a, n* ナバテア人(の); ナバテア語(の)《アラム語の方言; 死語》.

nabe /néɪb/ *《俗》*n* 近所 (neighborhood); [[U]the ~s] 近所の[そこらにある場末の]映画館[劇場].

Ná·be·rezh·nye Chelný /ná:bərɛ̀ʒn(j)ə-/ ナベレジヌイエチェルヌイ《ヨーロッパロシア東部 Tatarstan 共和国の Kama 川に臨む工業都市; 旧称 Chelny (1930 年まで), Brezhnev (1982–88)》.

nab·id /nǽbəd/ *n, a*〘昆〙マキバサシガメ(科の).

Na·bis /ná:biz; *F* nabi/ *pl* [the]〘美〙ナビ派 (=the **Ná·bi Gròup** /ná:bi-/)《19 世紀後期フランスの Denis, Bonnard などによる画家集団; 印象派と異なり, 純粋鮮明な色彩を強調した》. [F<Heb=prophet]

Na·bis·co /nəbískou/〘商標〙ナビスコ《ビスケット・スナックなど; メーカー (米国) の旧称 National Biscuit Co. から》.

nab·la /nǽblə/ *n*〘楽〙ネーヴェル《古代ヘブライの弦楽器》;〘数〙ナブラ《ハミルトンの演算子; 記号 ∇》. [Gk]

Nab·lus /nǽbləs, ná:-/ ナーブルス《パレスティナの Jordan 川西岸地区にある市; 古代名 Shechem, Neapolis》.

na·bob /néɪbɑ̀b/ *n*〘史〙《ムガル帝国時代の》インド太守; インド成金《18–19 世紀ごろのインド帰りの富豪》;《一般に》大金持;《口》[[S]*derog*]《特定分野の》名士. ♦ **~·ish** *a* 大金持ぶった. **~·ism, ~·ery** *n* 豪勢な暮らし(ぶり). **~·ess** *n fem* [Port or Sp<Urdu; ⇨ NAWAB]

Na·bo·kov /nəbɔ́:kəf, ná:bəkɔ̀:f, nǽb-; næ̀bəkɔ̀f, nəbɔ́u-/ ナボコフ **Vladimir** (**Vladimirovich**) ~ (1899–1977)《ロシア生まれの米国の小説家; *Lolita* (1955)》. ♦ **Nab·o·kov·i·an** /næ̀bəkóuviən/ *a*

Na·bo·ni·dus /næ̀bənáɪdəs/ ナボニドス (d. 539? B.C.)《バビロニア最後の王 (556–539 B.C.); 539 年 Babylon はペルシア王 Cyrus に攻略された》.

Na·both /néɪbɑ̀θ/〘聖〙ナボテ, ナボト《イズレエル (Jezreel) 人; ブドウ畑の持主で, これを欲しがったイスラエル王 Ahab に殺された; *1 Kings* 21》. ● **~'s vineyard** 是が非でも欲しいもの, 垂涎(すいぜん)の的. [Heb=? fruits]

nac·a·rat /nǽkəræ̀t/ *n* 赤だいだい色. [F]

na·celle /nəsɛ́l, [[U]]næ-/ *n*〘空〙《飛行機・飛行船の》ナセル《エンジン[時に 乗員, 貨物]収納体》;《気球の》吊りかご (car). [F<L (dim) < *navis* ship]

nach·es, -as /ná:xəs/ *n* 《特に 子供・孫がりっぱに成長したことへの》誇らしさ, 満足感; おめでとう (congratulations). [Yid]

na·cho /ná:tʃou/ *n* (*pl* **~s**) ナチョ(ス)《トルティーヤチップスに溶かしたチーズ・チリソース・揚げた豆などを載せたもの》. [Sp=flat-nosed]

nack·et /nǽkət/ *n* 《スコ》軽食 (snack), 軽い昼食.

NACODS /néɪkɑ̀dz/〘英〙National Association of Colliery Overmen, Deputies and Shotfirers.

na·cre /néɪkər/ *n* 真珠層, 真珠母(のある貝) (mother-of-pearl). ♦ **~d** *a* 真珠層のある[のような]. [F]

na·cre·ous /néɪkriəs/, **na·crous** /néɪkrəs/ *a* 真珠層の(ような[ある]); 真珠光沢の.

NAD /ɛ̀nèɪdí:/ *n*〘生化〙NAD (=*DPN*)《ニコチン(酸)アミドアデニンジヌクレオチド; 多くの脱水素酵素の補酵素》. [*n*icotinamide *a*denine *d*inucleotide]

na·da /ná:də, -dɑ:, -ðɑ:/ *n* 無 (nothing), 何もないこと. [Sp]

Na·dal /nədá:l/ ナダル **Rafael** ~ (**Parera**) (1986–)《スペインのテニス選手; Wimbledon (2008, 10), 全仏オープン (2005–08, 10–12) などで優勝》.

Na·dar /*F* nada:r/ ナダール (1820–1910)《フランスの写真家・カリカチュア画家・著述家; 本名 Gaspard-Félix Tournachon; 著名人・作家・芸術家・王侯の肖像写真を撮った》.

Na·da·ville /ná:dəvìl/ *n**《俗》恍惚.

Na·de·ne, -dé·né /nɑ:déɪneɪ, -dɛ́-, -ni/ *n* [°-Dene, -Déné] ナデネ語族《アメリカインディアンの Haida 語, Tlingit 語および Athapaskan 語族からなる》.

Na·der /néɪdər/ ネーダー **Ralph** ~ (1934–)《米国の弁護士・消費者運動家》: ~'s Raiders ネーダー突撃隊《Nader の運動の協力者たち》.

Náder·ìsm *n* (Nader の)消費者運動.

Náder·ìte *n, a* ネーダー (Nader) ばりの(消費者運動家).

nadg·ered /nǽdʒərd/ *a* [[U]]《俗》KNACKERED.

nadg·ers /nǽdʒərz/ [the] [[U]]《俗》*n pl* 災い, たたり; 動揺, いらいら: give sb *the* ~ 人をいらいらさせる.

NADH /ɛ̀nèɪdì:éɪtʃ/ *n*〘生化〙NADH (=*DPNH*)《NAD の還元型》.

Nadi ⇨ NANDI.

Na·dine /neɪdí:n, nə-/ ナディーヌ《女子名》. [F<Russ=hope]

na·dir /néɪdɪər, -dər, [[U]]nǽdɪər/ *n*〘天〙天底 (opp. *zenith*); [*fig*] 最低の地点: at the ~ of…のどん底に. ♦ **na·dir·al** /néɪdərəl/ *a* [OF<Arab=opposite]

NADP /ɛ̀nèɪdì:pí:/〘生化〙NADP (=*TPN*)《ニコチン(酸)アミドアデニンジヌクレオチドリン酸; 多くの脱水素酵素の補酵素; NAD に似る》. [*n*icotinamide *a*denine *d*inucleotide *p*hosphate]

NADPH /ɛ̀nèɪdì:pì:éɪtʃ/〘生化〙NADPH《NADP の還元型》.

nae /néɪ/ 《スコ》*adv* NO, NOT (cf. NA). ► *a* NO.

nae·thing /néɪθɪŋ/ *pron, adv* 《スコ》NOTHING.

naevoid, naevus ⇨ NEVUS.

naf·cil·lin /næfsílən/ *n*〘薬〙ナフシリン《ペニシリナーゼに抵抗力のある半合成ペニシリン》. [*naph*th-, peni*cillin*]

naff[1] /nǽf/ [[U]]《俗》*a* 趣味[品]が悪い, 魅力のない, 流行遅れの, ダサい; 役に立たない, むだな, くだらない. ♦ **~·ness** *n* [? *naff*[2]]

naff[2] *vi* [次の成句で]: **~ off** [[U]]《俗》さっさと立ち去る, [*impv*] うせろ, 消えちまいな. [C20 後半に fuck の婉曲語として用いられたが語源不詳]

naffed /nǽft/ *a* [[U]]《俗》頭にきて, うんざりして.

náff·ing *a* [[U]]《俗》FUCKING.

Naf·fy /nǽfi/ *n* 《俗》NAAFI.

NAFTA, Nafta /nǽftə/ North American Free Trade Agreement 北米自由貿易協定.

Na·fūd /nəfú:d/ [An-~ /ǽn-/] ネフド, ナフード《サウジアラビア北部の砂漠》.

nag[1] /nǽg/ *vi, vt* (**-gg-**) がみがみ小言を言う〈*at* sb〉; 小言でうるさがらせる; 苦しめる, いらいらさせる: He [Worries] *nagged* (*at*) her. 彼は[心配事が]彼女を苦しめた / ~ sb *into* do*ing* 人に小言を連ねて…させる. ► *n* うるさい小言(を言う人[こと]), 小言屋;《心の》もやもや, ひっかかり: feel a ～ of guilt 罪悪感をひきずる. ◆ **nág·ger** *n* **nág·ging** *a* 口やかましい; 〈痛み・咳などが〉しつこい. **nág·ging·ly** *adv* **nág·gy** *a* 口やかましい. [(dial)<? Scand or LG; cf. Norw and Swed *nagga* to gnaw, irritate, G *nagen* to GNAW]

nag[2] *n* 小馬; 《口》馬; 老いぼれ馬, 駑馬(どば); *《俗》《あまり速くない》競走馬. [ME<?; cf. Du *negge* small horse]

na·ga[1] /ná:gə/ *n* 〘ヒンドゥー神話〙ナーガ《蛇・竜を神格化したもので雨・川などの神霊》. [Skt=serpent]

naga[2] *n* ナーガ《ヒンドゥー教の裸の托鉢僧; 特に 武器を携えて傭兵ともなる一派の苦行僧》. [Skt=naked]

Naga *n* **a** (*pl* ～, ～**s**) ナガ族《インド北東部・ミャンマー西部に住む》. **b** ナガ語《Sino-Tibetan 語族に属する》.

Nága Hílls *pl* [the] ナガ丘陵《インド東部・ミャンマー北部にまたがる山地; 最高点 Saramati 山 (3826 m)》.

Nága·lànd ナガランド《インド北東部の州; ☆Kohima; Naga 丘陵にある》.

na·ga·na, n'ga·na /nəgá:nə/ *n* ナガナ病 (=*tsetse* (*fly*) *disease*)《ツェツェバエが媒介する trypanosome による熱帯アフリカの家畜の致命的伝染病》. [Zulu]

Na·ga·ri /ná:gəri/ *n* ナーガリー《古代インドで用いたアルファベット; Devanagari はその直系》; DEVANAGARI. [Skt]

Nā·gār·ju·na /nɑ:gá:rʤənə/ ナーガールジュナ, 竜樹(りゅうじゅ) (fl. c. 150–250)《インドの大乗仏教哲学者; 中観派の祖; 空の思想を基礎づけた;『中論』》.

na·gor /néigɔ̀:r/ *n* 〘動〙マウンテンリードバック《西アフリカ産の赤褐色の reedbuck》. [F]

Na·gor·no-Ka·ra·bakh /nəgɔ́:rnoukά:rəbὰ:k/ ナゴルノ-カラバフ《アゼルバイジャン南西部の地方; 住民はアルメニア人が多く, 1992 年共和国として独立を宣言》.

Nag·pur /ná:gpὺər/ ナグプル《インド中東部 Maharashtra 州北東部の市》.

nág·wàre *n* 《電算俗》《ユーザー登録が完了するまで頻繁に警告が表示される》うるさいシェアウェア. [*nag*[1]]

Nagy /ná:dj, ná:ʤ/ ナジ **Imre** ～ (1896–1958)《ハンガリーの政治家; 首相 (1953–55, 56); 1956 年の革命政府の首相になったが, のちに処刑された》.

Nagy·vá·rad /ná:ʤvὰ:rɑ:d/ ナジヴァラド《ORADEA のハンガリー語名》.

nah /nǽ:, ná:/ *adv* 《非標準》NO.

Nah. 〘聖〙Nahum.

Na·hal /nɑ:há:l/ *n* ナハル《イスラエル軍の, 開拓も行なう戦闘部隊》; [ºn-] ナハル入植地.

Na·hán·ni Nátional Párk /nɑ:há:ni-/ ナハニ国立公園《カナダ Northwest Territories 南西部, Liard 川の支流 South Nahanni 川流域を中心とする国立公園》.

Na·hua /ná:wə/ *n, a* (*pl* ～, ～**s**) NAHUATL.

Na·hua·tl /ná:wὰ:tl, ‖ー ー ́ ー/ *n* **a** (*pl* ～, ～**s**) ナワ族《メキシコ南部から中米にわたる地方の先住民》. **b** ナワトル語《Uto-Aztecan 語族に属する》. ◆ **Na·huat·lan** /nɑ:wá:tlən/ *a, n*

Na·huel Hua·pí /nɑ:wél wɑ:pí:/ [Lake] ナウエルウアピ《アルゼンチン南西部, チリとの国境近くの Andes 山中にある湖; ナウエルウアピ国立公園の一部》.

Na·hum /néi(h)əm/ **1** ネイハム《男子名》. **2** 〘聖〙ナホム《紀元前 7 世紀のヘブライの預言者》; ナホム書《旧約聖書の一書; 略 Nah.》. [Heb=comforter]

NAIA National Association of Intercollegiate Athletics.

na·iad /néiəd, nái-, -æd; náiæd/ *n* (*pl* ～**s**, **na·ia·des** /néiədì:z/) **1 a** [ˢN-] 〘ギ神〙ナーイアス《川・泉・湖に住む水の精; ⇨ NYMPH》. **b** 若い女の(すぐれた)泳ぎ手. **2** 〘植〙イバラモ属の各種の水草; 〘昆〙《カゲロウ・トンボなどの》水生の幼虫, ナイアッド; 〘貝〙淡水産の各種の二枚貝 (mussel). [L<Gk (*naō* to flow)]

na·ia·da·ceous /nèiədéiʃəs, nàiə-/ *a* 〘植〙イバラモ科 (Naiadaceae) の.

nai·ant /néiənt/ *a* [後置] 〘紋〙〈魚などが〉横向き[水平]の, 泳ぐ姿の: a fish ～.

NAIDOC /néidὰk/ 〘豪〙National Aboriginal (and) Islander Day Observance Committee アボリジニおよび島民の日遵守全国委員会.

NÁIDOC Wèek 〘豪〙NAIDOC ウイーク《先住民と Torres 海峡島民の歴史や文化を称揚するためオーストラリア全土で行なわれる祭典; 毎年 7 月に 1 週間にわたって行なわれる》.

Nai·du /náidu/ ナーイドゥ **Sarojini** ～ (1879–1949)《インドの詩人・政治指導者》.

na·ïf, na·if /nɑ:í:f/ *a* NAIVE. ► *n* 純真な[うぶな, 単純な]人. [F (masc *a*)]

nail /néil/ *n* **1** つめ, 爪, 扁爪(ひらづめ); けづめ; 〘鳥〙嘴爪(はしづめ)《ガン・カモなどのくちばしの先端にある固い突起部》: pare [cut] one's ～*s* 爪を切る / TOOTH and ～. **2 a** 釘, (西)洋釘, 鋲(びょう); 〘医〙《骨折部用の》釘: drive a ～ 釘を打ち込む / drive the ～ home [to the head] 釘を十分に打ち込む; 徹底的にやる / (as) HARD [RIGHT] as ～*s*. **b** 《俗》COFFIN NAIL, 酒; 《俗》《麻薬用の》注射針. **3** ネール《(**1**) かつてイングランドで用いられた布地の長さの単位: =2 ¼ inches, 5.715 cm **2**) 昔の商用重量単位; 7[8] pounds》. ● **a ～ in one's coffin** 命取りとなる原因: drive [hammer] *a* ～ *into* sb's *coffin* 人の寿命を縮める. **bite** [**chew**] **one's ～** 爪をかむ; 心配する, いらいらする. **eat ～s** *《アメフト俗》ものすごくタフ[がんじょう]である; *《俗》強硬である, 頭にくる. **for want of a ～** 釘一本足りないために, ごく些細なことで. **hit the** (**right**) **～ on the head** 核心[急所]をつく, 図星をさす; まさに適切なことをする. **on the ～** 即座に; 即金で〈払う〉; 目下の, 現在の〈問題〉; *図星[どんぴしゃり, 大当たり]で, ずばり. **to the** [**a**] **～** 徹底的に.

► *vt* **1 a** 〈…に〉釘[鋲]で打ちつける[固定する, 留める], 釘付けにする 〈*on* [*onto*, *to*] the door〉, 〈釘・鋲を〉打ち込む 〈*into*〉: ～ one's COLORS *to* the mast. **b** 《口》強く打つ, 直撃する; 〈目・注意などを〉じっと注ぐ. **2** 《口》つかまえる, 逮捕する; 確保する; 《口》盗む; 《卑》〈男が〉…と性交する. **3** 《口》〈人〉の正体[身元]を突きとめる (identify); 《口》〈うそ・うわさなどを〉すっぱ抜く, あばく. **4** 〘野〙〈走者を〉刺す; 《特に スポーツで》みごとに決める, やってのける; *〈相手を〉負かす, やっつける, しとめる. ● **～ back** 〈開き戸などを〉〈壁などに〉もとに戻らないように釘付けにする, 逆方向に留める 〈*against*〉. **～ down** 釘付けにする; 〈人を〉〈約束などに〉縛りつける 〈*to*〉; 〈人〉に本音を吐かせる; 〈同意などを〉取りつける; 確定する; 明確にする, 見きわめる. **～ together** (ぞんざいに)釘でたたきつけて作る. **～ to the counter** [**barn door**] 《悪貨を店の帳場に釘付けにしたことから》にせものとして世間にさらす; 〈うそを〉あばく. **～ sb to the** [**a**] **cross**=**～ sb** [**sb's hide**] **to the wall** *《俗》人をきびしく罰する, こっぴどくしかりとばす, 見せしめにする. **～ up** 釘で打ち付ける.

[OE *nægel*; cf. G *Nagel*, L *unguis* fingernail]

náil bàr ネイルサロン.

náil bèd 〘解〙爪床(そうしょう).

náil-bìter *n* **1** つめをかむ人[かむのが癖の人]. **2** 《口》はらはら[どきどき]させるもの《接戦・推理小説・サスペンス映画など》.

náil-bìting *n* **1** つめかみ《習慣的に爪をかむ癖; いらだち・緊張・欲求不満のあらわれ》. **2** 停頓状態, 行き詰まり. ► *a* 《口》いらいら[はらはら]させる.

náil bòmb 釘爆弾《爆発時にくぎが飛び散って殺傷力を高めるよう設計された爆弾》. ◆ **náil bòmber** *n*

náil·brùsh *n* 爪[ネイル]ブラシ.

náil clìppers *pl* 爪切り.

náiled-úp *a*‖《俗》逮捕された, パクられた.

náil-em-and-jáil-em *n**《俗》警察, 警官, サツ.

náil enàmel *NAIL POLISH.

náil·er *n* **1** 釘製造者; 釘を打つ人, 釘打ち機. **2***《俗》警察, サツ.

náil·ery *n* 釘製造所.

náil fìddle NAIL VIOLIN.

náil fìle 爪やすり, ネイルファイル.

náil·hèad *n* 釘の頭; 〘建〙《ノルマン建築などの》釘の頭に似た飾り, ネールヘッド. ◆ **náil-hèad·ed** *a* 釘の頭状の.

náil·less *a* 爪のない; 釘の要らない.

náil plàte 〘解〙爪甲, 爪板.

náil pòlish マニキュア液, ネイルエナメル.

náil pùller 釘抜き.

náil scìssors *pl* 爪切りばさみ.

náil sèt [**pùnch**] 《大工の》釘締め (punch).

náil-tàiled wállaby [**kangaróo**], **náil-tàil** 〘動〙ツメオワラビー.

náil vàrnish‖ NAIL POLISH.

náil violìn 〘楽〙ネイルヴァイオリン (=*nail fiddle*)《18 世紀に考案された楽器で, 釘状の金属片などを弓でこする》.

nain·sook /néinsὺk, nǽn-/ *n* ネーンスック《一種の薄地綿布; インド原産》. [Hindi (*nain* eye, *sukh* delight)]

Nai·paul /náipɔ̀:l/ ナイポール Sir **V**(**idiadhar**) **S**(**urajprasad**) ～ (1932–)《トリニダード出身の英国の作家; インド系; *In a Free State* (1971), *A Bend in the River* (1979); ノーベル文学賞 (2001)》.

nai·ra /náirə/ *n* (*pl* ～) ナイラ《ナイジェリアの通貨単位: =100 kobo; 記号 ₦》. [C12<?]

Nairn /néərn/ ネアン《(**1**) スコットランド北東部の旧州 (=**Náirn·shire** /-ʃiər, -ʃər/) **2**) Moray 湾に臨む町; 旧ネアン州の州都》.

Nairne /néərn/ ネアン **Carolina** ～, Baroness ～ (1766–1845)《スコットランドの詩人・歌謡作者; 旧姓 Oliphant》.

Nai·ro·bi /nairóubi/ ナイロビ《ケニアの首都》.

Nái·smith's rúle /néismìθs-/ 〘登山〙ネイスミスの法則《登山の所要時間を割り出す目の子算; 距離 3 マイルで 1 時間, さらに高度差 2000 フィートにつき 1 時間を加算する》. [William W. *Naismith* (1856–1935) スコットランドの登山家で, 考案者]

nais·sance /néis(ə)ns/ *n* 誕生; 創生; 生成.

nais·sant /néis(ə)nt/ *a* 〘紋〙〈動物が〉普通紋 (ordinary) から上半身を突き出した姿の.

na·ive, na·ïve /nɑ:í:v; naí:v/ *a* **1** 世間知らずの, 無知な, 単純な; 人を疑うことを知らない, お人よしの; 純真な, 天真爛漫な, うぶな (artless). **2** 未経験の; 単純素朴な; 〈画家などが〉独学の素朴派の, 素朴な; 〘医〙特定の実験[投薬]をうけたことがない; 特定の麻薬をやったことがない; 〘医〙まだ抗原に暴露されていない, ナイーブな: ~ cell ナイーブ細胞《抗原による活性化をうけていないリンパ球》. ♦ **~·ly** *adv* **~·ness** *n* ［F (fem a)＜L *nativus* NATIVE］

naíve réalism 〘哲〙素朴実在論《外的世界を知覚したままのものだと認める常識論》.

na·ïve·té, na·ive·te, na·ive·té /nɑ̀ːìːv(ə)téɪ, nɑːíːv(ə)-tèɪ; naɪ-/ *n* naive さ; naive なことば[行為]. ［F＜OF＝inborn character］

na·ive·tyᴵᴵ, **-ïve-**ᴵᴵ /nɑːíːv(ə)ti; naɪ-/ *n* NAÏVETÉ.

Na·jaf /nɑ́ːʤɑ̀ːf; nǽʤæf/ [An-~ /ɑːn-; æn-/] ナジャフ《イラク中南部 Euphrates 川の西岸にある市; シーア派初代イマーム Ali の墓があって聖地になっている》.

Najd /nǽʤd, nǽʒd/ ナジュド (NEJD). ♦ **Naj·di** /nǽʤdi, nǽʒ-/ *a, n*

na·ked /néɪkəd/ *a* **1 a** 裸の, 裸体の; 〈体の一部が〉むきだしの: go ~ 裸で暮らす / strip ~ 裸になる / strip sb ~ 人を裸にする / stark [buck*] ~ すっ裸で / BUTT NAKED. **b** 〘植〙子房[芽鱗, 花被, 柔毛]のない, 裸の, 裸出の; 〘動〙毛[殻, 羽, うろこなど]のない. **2 a** おおいのない; 〈木が〉葉の落ちた; 〈土地などが〉草木のない; 〈部屋などが〉家具のない; 飾りのない: a ~ sword 抜き身の剣 / a ~ light bulb 裸電球 / a ~ flame 裸火. **b** 〈…が〉ない, 欠けた 〈*of*〉; 無防備の, 丸腰の: a life ~ *of* comfort 楽しみのない生活. **c** 注釈のない〈引用句など〉; 〘法〙補強証拠のない, 裏付けのない. **3** ありのままの, 直截な, 飾らない; あからさまな, 露骨な: the ~ truth ありのままの事実 / the ~ heart 真心 / ~ ambition [hatred] むきだしの野心[敵意]. **4**《オプション取引で》裸の, ネイキッドの《(原[対象]証券を所有していない売手 (writer *or* seller) による》: NAKED OPTION. **5***《俗》〈酒が〉水で割らない, 生(き)の, ストレートの. ● **get** [**go**] **~** 《口》大いに楽しむ. ♦ **~·ly** *adv* 裸で; ありのままに; あからさまに. ［OE *nacod*; cf. NUDE, G *nackt*］

náked ápe 裸のサル (a human being). ［Desmond Morris の著書 *The Naked Ape* (1967) から］

náked bát 〘動〙ハダカオヒキコウモリ《東南アジア産》.

náked bóys (*pl* ~) 〘植〙MEADOW SAFFRON.

náked éye [the]《眼鏡などを用いない》肉眼, 裸眼.

náked flóor 〘建〙荒床(あらゆか), 捨床(すてゆか).

náked flówer 〘植〙無花被花(むかひか), 無被花, 裸花.

náked lády [**ládies**] 〘植〙MEADOW SAFFRON.

náked móle ràt 〘動〙ハダカデバネズミ《アフリカ東部に生息するほとんど無毛のデバネズミ; 地中に穴を掘ってコロニーをつくり社会性昆虫とそっくりの生活を営む》.

náked·ness *n* 裸, むきだし; ありのまま; 欠乏: the ~ of the land 〘聖〙《人・国などの》無力, 無防備状態 (*Gen* 42: 9).

náked óat 〘植〙ハダカエンバク.

náked óption ネイキッド[裸の]オプション《原[対象]証券[資産]を所有していない売手が提供するオプション》.

náked singulárity 〘天〙裸の特異点《重力崩壊で発生する時空の特異点のうち外部の観測者から見えるもの》.

náked smút 〘植〙裸黒穂(くろほ)病菌.

na·ker /néɪkər, ᴵᴵnǽk-/ *n* 〘楽〙KETTLEDRUM.

nak·fa /nǽkfə/ *n* ナクファ《エリトリアの通貨単位》.

Na·khi·che·van /nɑ̀ːkɪʧəvɑ́ːn/, **Nax·çi·van** /nɑ̀ːxɪʧəvɑ́ːn/ ナヒチェヴァン《**1**) アゼルバイジャンに属する自治共和国; アルメニアを隔ててアゼルバイジャンの西の飛び地になっている **2**) その首都; Araks 川に臨む》.

Na·khod·ka /nəkɔ́ːtkə/ ナホトカ《ロシア南東端 Primorsky 地方南部の港湾都市》.

Nák·tong Ríver /nɑ́ːktɔ̀(ː)ŋ-/ [the] 洛東江(ナクトンガン)(らくとうこう)《韓国南部・東部を南・東に流れ, 釜山郊外で朝鮮海峡に注ぐ》.

Na·ku·ru /nəkúːru/ ナクル《ケニア中西部ナクル湖 (**Láke ~**) の北にある町》.

Nal·chik /nɑ́ːlʧɪk/ ナリチク《ロシア, 北 Caucasus の Kabardino-Balkariya 共和国の首都》.

na·led /néɪlɛ̀d/ *n* ナレッド《農作物の害虫や蚊の防除に使う殺虫剤》.

na·li·díx·ic ácid /nèɪlədíksɪk-/ 〘薬〙ナリジクス酸《特に尿路感染症治療に用いる合成抗菌薬》. ［成分である *naphthyridine* と *carboxylic acid* から］

na·lor·phine /nælɔ́ːrfìːn/ *n* 〘薬〙ナロルフィン《モルヒネから得られる白色結晶化合物; 塩酸塩を麻薬の毒性中和・呼吸機能促進薬として用いる》. ［*N-allyl*nor*morphine*］

nal·ox·one /nælɑ́ksòun, nǽlək-/ *n* 〘薬〙ナロキソン《モルヒネなどの麻薬に対する強力な拮抗薬; 塩酸塩を投与する》. ［*N-allylnoroxymorphone*］

nal·trex·one /næltrɛ́ksòun/ *n* 〘薬〙ナルトレキソン《麻薬拮抗薬》.

nam *vt, vi* NIM¹ の過去形.

Nam, 'Nam /nɑ́ːm, nǽm/ *n* 《口》VIETNAM.

N. Am. °North America(n).

Na·ma /nɑ́ːmɑː/ *n* **a** (*pl* ~, ~**s**) ナマ族《Khoikhoi 族の主要部族》. **b** ナマ語《Khoikhoi 語の方言》.

namable ⇨ NAMEABLE.

Na·man·gan /nɑ̀ːmɑːŋgɑ́ːn/ ナマンガン《ウズベキスタン北東部 Fergana 盆地北部の市》.

Na·ma·qua·land /nəmɑ́ːkwəlæ̀nd/ ナマクアランド《ナミビア南西部と南アフリカ共和国北西部にまたがる地域; Orange 川以北を大ナマクアランド (**Gréat ~**, ナミビア領), 以南を小ナマクアランド (**Líttle ~**, 南アフリカ共和国領, ☆Springbok) という》.

na·mas·te /nɑ́ːməstèɪ, nɑːmɑ́ːstèɪ/, **na·mas·kar** /nʌ̀məskɑ́ːr/ *n* ナマステ, ナマスカール《合掌して頭を軽く下げるヒンドゥー教徒の挨拶》. ► *int* こんにちは, さようなら. ［Hindi］

Na·math /néɪməθ/ ネイマス **'Joe'** ~ [**Joseph William ~**] (1943–)《アメリカンフットボールの選手; クォーターバック》.

nam·ay·cush /nǽmɪkʌ̀ʃ, -mèɪ-/ *n* 〘魚〙LAKE TROUT. ［Algonquian］

nam·by-pam·by /nǽmbipǽmbi/ *a* きびしさに欠ける, なまぬるい; いやに感傷的な, なよなよした, めめしい. ► *n* いやに感傷的な話[文章]; なよなよした人. ♦ **~·ism** *n* **~·ish** *a* ［そのおもしろくない感傷的な田園詩を揶揄して Ambrose Philips につけられたあだ名から］

Nam Co /nɑ́ːm tsóu/ ナム湖《チベット南東部の塩湖; 別称 Tengri Nor》.

name /néɪm/ *n* **1 a** 名, 名称; 名前, 姓名; 氏族, 家系; 家名: a common ~ 通称, ありふれた名 / put one's ~ to… 〈文書など〉に記名する / take one's ~ off…から脱退[脱会]する. ★たとえば Edgar Allan Poe で前の 2 つは personal [given*, christian, first] name (正式文書では forename または prename), 最後の Poe は family name [surname] という; また Edgar を first name, Allan を middle name, Poe を last name ともいう. **b** [ᵘthe N-] 〘聖〙神の御名(みな)《エホバ》: praise *the N*~ of the Lord. **2 a** 評判, 名声: a bad [an ill] ~ 悪名, 不評判 / a good ~ 名声, 好評 / A good ~ is sooner lost than won. 《諺》よい評判をとるのはむずかしいが失うのは早い / get one*self* a ~ 名を揚げる / have one's ~ *up* 有名になる / have a ~ for bravery＝have the ~ of being brave 勇敢だとの評判がある / of ~ [no ~] 有名[無名]な. **b** 《口》有名人, 名士 (big name); 《俗》客を呼べる演奏家[芸能人], 大物: the great ~*s* of history 史上の偉人たち. **c** [°N-] ネーム《LLOYD'S 保険協会の個人の保険引受人》. **3** [ᵘ*pl*]《あだ名などの》悪口, 悪態 (⇨ 成句 call sb ~s). **4 a**《実体に対して》名目; 虚名: in ~ 名目上(は) (opp. *in reality*) / a ruler *in* ~ only 名ばかりの支配者 / be free in reality and *in* ~ 名実ともに自由 / to the ~ of…の名義に. **b** 〘論・哲〙名辞; 〘文法〙名詞.

● **by ~** 名指して, 名前は: He mentioned each boy *by* ~. 各生徒の名をいちいち挙げた / Tom *by* ~＝*by* ~ Tom 名前はトム / I know them all *by* ~. 名前はみな知っている / I know him *by* ~ only. 名前だけは知っている. **by the ~ of**…という名の[で], …と称する: go [pass] *by the* ~ *of*…の名で通る, 通称は…. **call sb ~s** 《ばか・うそつき・卑怯者などと》人の悪口を言う, 人をののしる. **clear sb's ~** 人[みずから]の疑いを晴らす, 汚名をそそぐ. **drop ~s** 有名人の名をさも親しげに口にする; 知ったかぶりをしてむずかしい専門語を使う. **enter sb's ~**＝put sb's NAME down. **get a ~** (**for oneself**)《通例悪い意味で》評判になる. **Give it a ~.** 《口》《酒をおごるとき》何を飲む? **give one's ~ to**…に名を残す, …の由来となる. **have** [**see**] **one's ~ in lights** 《口》脚光を浴びる, 名を揚げる. **have sb's ~ on it** [**them**] 〈銃弾・砲弾が〉人を死なせる運命にある; 人にぴったりである, 人の気に入る. **in all** [**everything**] **but ~** 事実上, 実質的には (virtually). **in God's** [**heaven's, Christ's, hell's**] **~** 後生だから; [強調] いったい (on earth). **in one's** (**own**) **~** 自分の名義で, 独立で: It stands *in my* ~. それはわたしの名義になっている. **in the ~ of**…＝**in** …**'s ~** (**1**) …の名にかけて, 〈神〉に誓って: This, *in the* ~ *of* Heaven, I promise. これは天に誓って約束する. (**2**) …の名において, …の権威をもって: Stop, *in the Queen's* [*King's*] ~! ＝Stop, *in the* ~ *of* the State [the law]! 御用だ, 止まれ! (**3**) …に代わって, …の名義で; …の名目で; [疑問の強調] 一体全体: What *in the* ~ *of* God [wonder, all that is wonderful] is it? 一体全体何事ですか? **keep sb's ~ on the** BOOKS. **lend one's ~ to**…に名前を貸す. **make** [**win**] **a ~** (**for oneself**), **make one's ~** 名を揚げる. the NAME OF THE GAME. **of the ~ of**…＝by the NAME of. **put a ~ to**…を適切な名で表現する, …の名を(はっきり)思い出す[言う]. **put sb's ~ down for**…の候補者[応募者]として記名する, …に申し込む; …への入学[入会]者として名を載せる. **take a** [**sb's, God's**] **~ in vain** みだりに人[神]の名を口にする; [*joc*] 不用意に[軽々しく]口にする. **take ~s** *《俗》悪いやつのリスト[ブラックリスト]を作る; *《俗》ビシビシやる, 容赦しない, 頭ごなしにどなりつける (cf. *kick* ASS² *and take names*). **take** [**strike**] **sb's ~ off the** BOOKS. **throw sb's ~ around** 有名人の名をさも親しげに触れまわる. **to one's ~** 自分の財産[所有物]として: He has not a penny *to his* ~. びた一文持っていない. **under the ~ of**…という名で; …の名義で. **use sb's ~** 人(の名前)を引合いに出す. **What's in a ~?** 名前が何だというの? (Shak., *Romeo* 2.2.43).

► *a* **1 a***《口》名[ネーム]入りの; 名称表示用の〈札など〉. **b** 〈作品の一篇が〉作品集の題名の起こりとなった, 表題作の. **2** 名の通った, 有名な, 一流の; 一流銘柄の; 有名人を呼び物[目玉]にした.

► *vt* **1** 命名する, …を…と名づける: ~ *after* [*for**]…の名を採って命名する / I ~*d* the dog Spotty. **2 a** 名指して呼ぶ; …の正しい名を言う; …の名前[身元]を明らかにする: Can you ~ that bird? あの鳥

の名前わかる? / The victim was ~*d* as John Smith. 被害者(の名前)はジョン・スミスと判明した. **b** 〘英下院〙《侮辱のかどで》〈議員を〉名指す; 名指しで非難する. **3** 指名する, 任命する 〈sb *as* chairman〉: He was ~*d for* [*to*] the position. その地位に任命された. **4** 《例として》示す, 挙げる (mention); 〈人・日時・値段などを〉指定する: ~ several reasons いくつかの理由を並べる / to ~ but [only] a few (ほんの)少し例を挙げれば / ~ one's price 欲しい金額を言う. ● **~ and shame** 名指しで非難する. **N~ it** [**yours**]. 君が好きなように決めたらいい; 《酒をおごるとき》何を飲む? **~ names** 《共犯者などの》名を挙げる. **~ the day** 〈特に 女性が〉結婚を承諾する, 結婚日を指定する. **not to be ~d on** [**in**] **the same day with**… 《廃》…と同日の談でない, …よりはるかに劣る. **You ~ it.** 《口》 その他何でも; どんなもの[こと]でも: *You ~ it*, we've got it. 《何でも言ってみて》うちにはすべてある[そろっている]から.
［OE *nama*; cf. G *Name*, L *nomen*, Gk *onoma*］

nam(e)·able /néɪməb(ə)l/ *a* 名づけうる, 名指しできる; 名前を言ってもよい, 口にしても失礼にならない, はばかることなく口に出せる; 名前を言うに値する.

náme·bòard *n* 《店などの》看板; 《舷側の》船名板.

náme-brànd *a* 有名ブランドの (brand-name).

náme brànd 有名ブランド商品[サービス] (brand name).

náme-càll·ing *n* 悪口(を言うこと), 中傷, 非難, 悪口雑言. ♦ **náme-càll·er** *n*

náme·chèck *n* 《謝意を表わしたりするために》名前を挙げること; 名簿上の名の確認. ► *vt* …の名前を挙げて感謝する. ♦ **~·ing** *n*

náme chìld ある人の名をもらった子供: my ~.

named /néɪmd/ *a* 指名された, 指定された; 有名な; それぞれに固有な名のある.

náme dày 《子供の》命名日; 聖名祝日, 名の日《当人と同名の聖人の祝日》; 〘証券〙受渡日 (=*ticket day*).

náme-dròpping *n* 有名人の名をさも親しげに口にすること. ♦ **náme-dròp** *vi* **náme-dròpper** *n*

náme·less *a* **1 a** 名のない, 名の付いていない; 匿名の: a gentleman who shall be [remain]~ 名前は伏せておくがある紳士. **b** 世に知られない, 無名の; 庶出の (illegitimate). **2** 名状しがたい; 言語道断の: a ~ crime 公言をはばかる罪悪. ♦ **~·ly** *adv* **~·ness** *n*

náme·ly *adv* すなわち (that is to say) (⇨ I.E.).

Na·men /ná:mən/ ナーメン《NAMUR のフラマン語名》.

náme of the gáme [the] 《口》 主目的, 肝心の点[こと], 要点, 本質; [the] 《口》 よくあること, 実情.

náme pàrt 〘劇〙主題役 (title role).

náme·plàte *n* 名札, 標札, 銘板; 《新聞第一面の》紙名, 《定期刊行物表紙の》誌名; 《商品, 特に自動車の》ブランド名, 銘柄.

nam·er /néɪmər/ *n* 命名者; 指名者.

náme·sàke *n* 同名の人[もの], 《特に》人の名をもらった人, 人の名のもとになった名前の人.

náme sèrver 〘インターネット〙ネームサーバー (DOMAIN NAME SERVER).

náme tàg 名札, ネームプレート.

náme tàpe 《子供の服などに縫い付ける》名札.

Namhoi 南海 (⇨ NANHAI).

Na·mi·be /nɑmí:beɪ/ ナミベ《アンゴラ南西部の市・港町; 旧称 Moçâmedes》.

Na·mib·ia /nəmíbiə/ ナミビア《アフリカ南西部の国; 公式名 Republic of ~ (ナミビア共和国); ☆Windhoek; もと South-West Africa と呼ばれ, 1915 年より南アフリカ共和国の占領下にあったが 90 年に独立》. ♦ **Na·míb·i·an** *a, n*

Na·mier /néɪmɪər/ ネーミア Sir **Lewis Bernstein** ~ (1888–1960) 《英国の歴史家》.

nám·ing cèremony /néɪmɪŋ-/ 《宗教とは無関係の》命名式 (cf. BAPTISM, CHRISTENING).

nám·ma (hòle) /nǽmə(-)/ 《豪》 GNAMMA HOLE.

nam pla /ná:m plá:, nǽm-/ ナンプラー《タイ料理で調味料にする発酵した魚の汁, 魚醤(ぎょしょう)》. ［Thai＝water fish］

Nam·p'o /nǽmpoʊ, ná:m-/ 南浦(ナムポ)(なんぽ)《北朝鮮南西部, 平壌の南西にある市・港町; 旧称 鎮南浦 (Chinnamp'o)》.

Na·mur /*F* namy:r/ ナミュール (*Flem* Namen) 《**1**) ベルギー南部の州 **2**) その州都》.

nan[1] /nǽn/, **nana, nan·na** /nǽnə/ *n* 《幼児》 おばあちゃん; 乳母, 子守. ［*nanny*; cf. Gk *nanna* aunt, L *nonna* old woman］

nan[2], **naan** /ná:n, nǽn/ *n* ナン, ナーン《インド・パキスタン料理における, 平たい円形の発酵パン; タンドゥール (tandoor) と呼ぶ壺型のかまどの内壁に張りつけて焼く》. ［Hind＜Arab］

Nan /nǽn/ ナン《女子名; Ann, Anna, Anne の愛称》.

nana[1] /ná:nə/ *n* 《豪俗》 頭; 《俗》 ばか, 頭の弱いやつ. ● **do one's ~** すごくおこる, 頭にくる. **off one's ~** 頭がおかしくなって. ［? *banana*］

nana[2] ⇨ NAN[1].

Nana /nǽnə/ ナナ《女子名; Ann, Anna, Anne の愛称》.

Na·nak /ná:nək/ ナーナク (1469–1539) 《インドの宗教家; ヒンドゥー教とイスラムを統合したシク (Sikh) 教の開祖》.

Na·na Sa·hib /ná:nɑ: sá:hɪb/ ナーナー・サーヒブ (c. 1820–c. 59) 《インドの反乱指導者; 本名 Dhon·du Pant /dʌ́ndu pʌ́nt/; 1857 年に起きたセポイの反乱の際 Cawnpore で大虐殺を指揮した》.

Nance /nǽns/ **1** ナンス《女子名; Ann, Anna, Anne の愛称》. **2** [n-] 《俗》 [°*derog*] めめしい男, 《女性役の》ホモ, おかま (=~ **bòy**).

Nan·chang /ná:ntʃá:ŋ; nǽntʃǽŋ/ 南昌(なんしょう)(ナンチャン)《中国江西省の省都》.

Nan·chong, Nan·chung /ná:ntʃʊ́ŋ/ 南充(なんじゅう)(ナンチョン)《中国四川省中東部の市》.

Nan·cy[1] /nǽnsi/ **1** ナンシー《女子名; Ann, Anna, Anne の愛称》. **2** [ᵘn-] 《俗》 めめしい男, ナンシーちゃん, ホモ (nance) (=~ **bòy**): MISS NANCY.

Nan·cy[2] /nǽnsi; *F* nɑ̃si/ ナンシー《フランス北東部, Meurthe-et-Moselle 県の県都》.

Náncy Dréw ナンシー・ドルー《米国の少年少女向け推理小説などのブロンドの少女名探偵》.

náncy stòry 《カリブ》 アナンシ物語《Brer Rabbit と同類の, 悪賢いクモの Anancy が活躍する西アフリカ起源の昔話・民話》; 巧みな言いのがれ, 逃げ口上; 迷信.

NAND /nǽnd/ *n* 〘電算〙否定積, ナンド. ［*not AND*］

Nan·da De·vi /nʌ́ndə déɪvi/ ナンダデヴィ《インド北部 Uttarakhand 州北部のヒマラヤ山脈の高峰 (7816 m)》.

NÁND cìrcuit [**gàte**] 〘電算〙否定積回路, NAND 回路[ゲート].

Nan·di, Na·di /ná:ndi/ ナンディ《フィジーの Viti Levu 島の西海岸にある村; 国際空港がある》.

nan·di·na /nændáɪnə, -dí:-/, **-din** /nǽndən/ *n* 〘植〙ナンテン (=*sacred bamboo*). ［Jpn］

nan·dro·lone /nǽndrəlòʊn/ *n* 〘薬〙ナンドロロン (=*19-nortestosterone*) 《タンパク同化ステロイド; テストステロン誘導体; IOC が禁止したドーピング剤の一つ》.

nan·du, -dow /nǽndu/ *n* 〘鳥〙レア (⇨ RHEA). ［Port＜Guarani and Tupi］

nane /néɪn/ *pron, a, adv* 《方》 NONE[1].

Nan·ga Par·bat /nʌ́ŋgə pá:rbət/ ナンガパルバット《Kashmir 北西部ヒマラヤ山脈西部の高峰 (8126 m)》.

nan·ger /nǽŋgər/ *n* 〘動〙ADDRA. ［F＜(Senegal)］

Nan·hai /ná:nháɪ/, **Nam·hoi** /ná:mhɔ́ɪ/ 南海(なんかい)(ナンハイ)《仏山 (FOSHAN) の旧称》.

na·nism /néɪnɪz(ə)m, nǽn-/ *n* 〘医〙矮小(わいしょう)(発育), こびと症, 小体症; 異常な矮小さ, 矮小性.

Nan·jing /ná:ndʒíŋ/, **-king** /nǽŋkíŋ, ná:n-/ 南京(ナンキン)《中国江蘇省の省都; 長江に臨む; 国民政府の首都》.

nan·keen /næ̀nkí:n, ˈˈnæŋ-/, **-kin** /-kín/, **-king** /-kíŋ/ *n* ナンキン木綿; [nankeens] ナンキン木綿のズボン[服]; 〘植〙ナンキンメン (=~ **cótton**); [°N-] 淡黄色; [ᵘN-] ナンキン焼き (=~ **pórcelain** [**chína**], **~ wàre**) 《白地に青模様の中国産磁器》. ［(*Nanjing*)］

Nan Ling /ná:n líŋ/ 南嶺(なんれい)(ナンリン)《中国南東部を東西に横たわる山地で, 長江と西江の分水嶺; おおむね湖南・貴州両省と広東省・広西壮(チワン)族自治区との境界をなす》.

nann- /nǽn/, **nan·no-** /nǽnoʊ, -nə/ *comb form* 「矮小」 ［Gk *nanos* dwarf; cf. NANO-］

nanna ⇨ NAN[1].

Nan·na /nǽnə/ ナナ《女子名; Ann, Anna, Anne の愛称》.

Nan·nette /nænét/ ナネット《女子名; Ann, Anna, Anne の愛称》.

Nan·nie /nǽni/ **1** ナニー《女子名; Ann, Anna, Anne の愛称; NANNY の異形》. **2** [n-] NANNY.

Nan·ning /ná:nníŋ; nǽn-/ 南寧(なんねい)(ナンニン)《中国広西壮(チワン)族自治区の首都; 旧称 邕寧 (Yongning)》.

nànno·fóssil, nàno- *n* 超微化石, ナンノ化石《nannoplankton の化石》.

nànno·plánkton, nàno- *n* 〘生〙極微浮遊生物, 微小プランクトン. ♦ **-planktónic** *a*

nan·ny /nǽni/ *n* **1** 乳母, ばあや, 子守役, ベビーシッター; ˈˈ《幼児》 おばあちゃん; 過保護にする人[組織 など]: the ~ state 過保護国家《政府機構が国民生活を管理している福祉国家》. **2** NANNY GOAT. ● **get sb's ~** 《口》 人をおこらせる, いらだたせる (get sb's goat). ► *vi* 乳母をつとめる, 子守をする. ► *vt* 過保護にする, 子供扱いする. ♦ **~·ish** *a* **~·ing** *n* 過保護; 乳母の仕事. ［↓］

Nanny ナニー《女子名; Ann, Anna, Anne の愛称; cf. NANCY[1]》.

nan·ny·gai /nǽnigàɪ/ *n* 〘魚〙豪州産キンメダイ科キンメダマシ属の赤色の食用海産魚. ［(New South Wales)］

nánny gòat 雌ヤギ (opp. *billy goat*); 《韻俗》 ANECDOTE; 《韻俗》 競馬賭け金集計器 (tote). ● **get sb's ~** 《口》 人をおこらせる, いらだたせる (get sb's goat).

nánny-gòat swéat *《俗》 安ウイスキー, 密造酒.

nánny tàx *《家庭内使用人の》社会保障税の雇用主負担分.

nano- /nǽnoʊ, nǽnə/ *comb form* (1) 〘単位〙ナノ (10^{-9}; 記号 n). (2)「ナノテクノロジー」「微小」 ［L (Gk *nanos* dwarf); cf. NANN-］

náno·àmp *n* 〘電〙ナノアンプ (=10^{-9} ampere).

náno·bòt *n* 超小型ロボット, ナノマシン《ナノテクノロジーで想定される, 肉眼で見えないほど小さく, しばしば自己複製可能なロボット》.
náno·crỳstal *n* ナノ結晶. ♦ **nàno·crýstalline** *a*
náno·cùrie *n*〖理〗ナノキュリー《$=10^{-9}$ curie》.
náno·fàrad *n*〖電〗ナノファラド《$=10^{-9}$ farad》.
nanofossil ⇨ NANNOFOSSIL.
náno·gràm *n* ナノグラム《$=10^{-9}$ gram》.
náno·hènry *n*〖電〗ナノヘンリー《$=10^{-9}$ henry》.
náno·machìne *n* ナノマシーン《ナノ単位の装置》.
náno·mèter *n* ナノメートル《$=10^{-9}$ meter; 記号 nm》.
náno·mòle *n*〖化〗ナノモル《$=10^{-9}$ mole》.
Na·nook /nǽnùːk/ *n* [°n-]《北カナダ》ホッキョクグマ (polar bear).
náno·pàrticle *n*〖理〗ナノ粒子《数ナノメートルのスケールの粒子》.
nanoplankton ⇨ NANNOPLANKTON.
náno·pùblish·ing *n* ナノ出版《ブログなどを利用した安上がりな出版》.
náno·scàle *a* ナノスケールの《ナノメートルの単位で測定されるスケールの》.
nàno·scópic *a* NANOSCALE; 極微小の, 顕微鏡的サイズの.
náno·sècond *n* ナノ秒, ナノセカンド《$=10^{-9}$ 秒; 記号 ns, nsec》; 一瞬の時間.
náno·strùcture *n* ナノ構造《ナノ単位の構造》. ♦ **-strùc·tured** *a*
nàno·súrgery *n*〖医〗電顕外科, ナノサージャリー《電子顕微鏡を使って行なう細胞・組織などの手術》.
náno·tèch *n* NANOTECHNOLOGY.
nàno·technólogy *n* ナノテクノロジー《微小な機械の加工など分子・原子レベルの材料を扱う技術》. ♦ **-gist** *n* **-technológical** *a*
náno·tèsla *n*〖理〗ナノテスラ《磁束密度の単位: $=10^{-9}$ tesla》.
náno·tùbe *n*〖化〗ナノチューブ《炭素原子が直径数ナノメートルの円筒をなしたフラーレン (fullerene) のような分子》.
náno·vòlt *n*〖電〗ナノボルト《$=10^{-9}$ volt》.
náno·wàtt *n*〖電〗ナノワット《$=10^{-9}$ watt》.
Nan·sen /nάːns(ə)n, nǽn-/ ナンセン **Fridtjof** ～ (1861–1930)《ノルウェーの北極探検家・海洋学者・政治家; 国際連盟の難民高等弁務官 (1920–22); ノーベル平和賞 (1922)》.
Nánsen bòttle ナンセン型採水器《海洋観測用》.
Nánsen pàssport ナンセン旅券《第一次大戦後発生した難民に国際連盟が発行したもの》.
Nan·shan /nάːnʃάːn/, **Nan Shan** /; nǽnʃǽn/ [the] 南山(なんざん)(ナンシャン)山脈《中国北西部青海省と甘粛省にまたがる山脈群》.
Nan·tás·ket Béach /næntǽskət-/ ナンタスケット海岸《Massachusetts 州の Massachusetts 湾に臨む避暑地》.
Nan·terre /*F* nɑ̃tɛːr/ ナンテール《フランス北部 Hauts-de-Seine 県の県都; Paris 西郊の工業都市》.
Nantes /nǽnts; *F* nɑ̃ːt/ ナント《フランス北西部 Loire-Atlantique 県の県都; Loire 川に臨む古都》. ■ **the Édict of** ～〖フランス史〗ナントの王令[勅令]《1598 年 Henry 4 世がユグノーの信仰上・政治上の自由平等を不完全ながら保障した王令; 1685 年 Louis 14 世が廃止》.
Nan·ti·coke /nǽntɪkòʊk/ *n* **a** (*pl* ～, ～**s**) ナンティコーク族《Maryland 州東部および Delaware 州南部のインディアン》. **b** ナンティコーク語《Algonquian 語族に属する死語》.
Nan·tong /nάːntʊ́ŋ/, **-tung** /; nǽntʌ́ŋ/ 南通(なんつう)(ナントン)《中国, 江蘇省南東部の市; 上海の北西, 揚子江下流に臨む》.
Nan·tuá sáuce /nɑːntwάː-/〖料理〗ナンチュアソース《エビ・貝類で風味をつけたクリームソース》. [*Nantua* フランスの地名]
Nan·tuck·et /næntʌ́kət/ ナンタケット《Massachusetts 州 Cod 岬の南にある島》. ♦ ～**·er** *n*
Nantúcket Sóund ナンタケット海峡《Massachusetts 州南東部の Cod 岬と Nantucket 島間の海域》.
naoi *n* NAOS の複数形.
Naoi·se /níːsi, néɪ-; níːʃə/〖アイル伝説〗ニーシ《Ulster の勇士で王 Conchobar の甥; 王妃と定められた Deirdre に恋し王によって殺された》.
Na·o·mi /neɪóʊmi, -màɪ, néɪoʊmàɪ, -mìː; néɪəmi, neɪə́ʊmi/ **1** ネイオーミ《女子名》. **2**〖聖〗ナオミ《Ruth の義母; *Ruth* 1: 2》. [Heb=pleasant]
na·os /néɪɑs/ *n* (*pl* **na·oi** /néɪɔɪ/)《古代の》神殿, ナオス;〖建〗CELLA. [Gk]
nap[1] /nǽp/ *n* うたた寝, 居眠り, 昼寝; ″《俗》頭: take [have] a [one's] ～ 居眠りする. ● **take a dirt** ～ *《俗》死ぬ, くたばる. ► *v* (-**pp**-) *vi* 居眠り[昼寝]する; 油断する. ► *vt* 居眠りして過ごす ⟨*away*⟩. ● **catch** sb **napping** 人の油断に乗ずる, 人の不意をつく. [OE *hnappian*; cf. OHG *hnaffezen* to doze]
nap[2] *n* **1**《ラシャなどの》けば, ナップ;《豪俗》野宿用毛布類[寝具], 寝袋. **2**《植物などの》綿毛状の表面; [*pl*] *《黒人俗》縮れっ毛. ► *vt* (-**pp**-) ⟨布⟩にけばを立てる, 起毛する. ♦ **nápped** *a* [MDu, MLG *noppe* nap, *noppen* trim the nap from; cf. OE *hnoppian* to pluck]
nap[3] *n* ナポレオン金貨 (napoleon); ナップ《トランプのナポレオン》,《ナップで》5 回全勝の宣言; ″〖競馬〗必勝の予想, 必勝[本命]馬. ● **go** ～《ナップで》全勝を企てる; 有り金全部賭ける; 大冒険する; 自分の名をかけて保証する. **not go** ～ **on**...《豪口》...を好かない, ...に熱心でない. ► *vt* (-**pp**-) ″⟨特定の馬を⟩勝ち目のあるものとして名指す[薦める]. [*Napoleon*]
nap[4] *vt* (-**pp**-)《俗》ひっつかむ, ひったくる. [? Scand (Swed *nappa* to snatch, Dan and Norw *nappe* to pinch)]
nap[5] *vt* (-**pp**-) ⟨料理にソースをかける[塗る]. [F *napper*]
napa[1] /nǽpə/ *n* ナッパ(革) (=～ **lèather**)《**1**) 子羊や羊の皮をなめした皮革; 手袋・衣服用 **2**) これに似た柔らかい皮革》. [元来 California 州 Napa で作られた]
napa[2] /nǽpə, nάːpə/ *n* [°N-] 白菜 (Chinese cabbage) (=～ **càbbage**). [? Jpn 菜っ葉]
na·palm /néɪpὰːm, nǽp-, -pὰːlm/ *n*〖化〗ナパーム《**1**) ガソリンをゼリー状にする濃化剤 **2**) ガソリンの濃化ゼリー状燃料》: a ～ bomb〖米軍〗ナパーム弾《焼夷弾》. ► *vt* ナパーム弾で攻撃する. [*na*phthene (or *na*phthalene)+*palm*itate, or *na*phthenic+*palm*itic acid]
nape /néɪp, *nǽp/ *n* 首筋, うなじ, 襟足: grab...by the ～ of the neck...の首根っこをつかむ. [ME<?]
na·pery /néɪp(ə)ri/ *n* 家庭用リネン製品,《特に》食卓用リネン (table linen).
náp hànd《ナップ (nap) で》5 回全勝できそうな手; 5 連続得点, 5 連勝; 5 個, 5 つ; [*fig*] 十分勝算のある賭け[状況].
Naph·ta·li /nǽftəlàɪ/〖聖〗**a** ナフタリ《Jacob の第 6 子で Naphtali 族の祖; *Gen* 30: 7–8》. **b** ナフタリ族《イスラエル十二部族の一つ; *Num* 1: 15, 43》.
naphth- /nǽfθ, nǽpθ/, **naph·tho-** /-θoʊ, -θə/ *comb form*「ナフサ (naphtha)」「ナフタリン (naphthalene)」
naph·tha /nǽfθə, nǽp-/ *n* ナフサ, 石油ナフサ (=petroleum ～), 溶剤ナフサ (=solvent ～); 石油 (petroleum). ♦ **náph·thous** *a* [L<Gk<Iranian]
naph·tha·lene, -line /nǽfθəlìːn, nǽp-/, **-lin** /-lən/ *n*〖化〗ナフタレン,《製品として》ナフタリン. ♦ **nàph·tha·lén·ic** /-lén-/ *a* [*naphtha, al*cohol, *-ene*]
naph·thál·ic ácid /næfθǽlɪk-, næp-/〖化〗ナフタル酸.
naph·tha·lize /nǽfθəlàɪz, nǽp-/ *vt* ...にナフサを混ぜる[染み込ませる].
naph·thene /nǽfθìːn, nǽp-/ *n*〖化〗ナフテン《石油原油中のシクロパラフィン炭化水素の総称》. ♦ **nàph·thé·nic** /, -θén-/ *a* [*naphtha, -ene*]
naph·thol /nǽfθɔ̀(ː)l, nǽp-, -θoʊl, -θὰl/ *n*〖化〗ナフトール《**1**) ナフタレンのモノヒドロキシ誘導体; 2 つの異性体のうち, α-ナフトール (alpha-～) は主に染料の合成に, β-ナフトール (beta-～) は主に中間体として用いられる **2**) ナフタレンのヒドロキシ誘導体で, より単純なフェノールに似た物質の総称》.
naph·thyl /nǽfθɪl, nǽp-, ″-θàɪl/ *n*〖化〗ナフチル基 (=～ **gròup** [**ràdical**]).
naphthýl·amìne *n*〖化〗ナフチルアミン《芳香族アミンの一つ; 無色の結晶; 2 つの異性体があり, 染料の合成に用いられるが, β-ナフチルアミン (beta-～) には発癌性がある》.
Na·pi·er /néɪpiər, -pɪər, nəpíər/ **1** ネイピア (**1**) Sir **Charles James** ～ (1782–1853)《英国の将軍》(**2**) **John** ～ (1550–1617)《スコットランドの数学者; 対数の発見者; Neper ともつづる》(**3**) **Robert Cornelis** ～, 1st Baron ～ of Magdala (1810–90)《英国の陸軍元帥》. **2** /néɪpiər/ ネイピア《ニュージーランド北島東部の Hawke 湾に臨む港町》.
nápier gràss〖植〗ネピアグラス (=*elephant grass*)《熱帯アフリカ原産イネ科チカラシバ属の多年草; 牧草; 世界の熱帯に帰化》. [*Napier* 南アフリカの町]
Na·píer·ian lógarithm /nəpíəriən-, neɪ-/〖数〗ネイピアの対数 (natural logarithm). [John *Napier*]
Nápier's bónes [róds] *pl* ネイピアの計算棒《John Napier が発明した対数の原理を応用したポケット型乗除用計算器; 11 個の長方形の骨片[木片]からなる》.
ná·pi·fòrm /néɪpə-/ *a*〖植〗⟨根が⟩カブラ形の.
nap·kin /nǽpkən/ *n* **1** ナプキン (table napkin); 小型のタオル; ″《方》ハンケチ;《スコ》ネッカチーフ. **2** ″おむつ (diaper) (cf. NAPPY[4]); SANITARY NAPKIN. ● **hide [lay up, wrap] in a** ～〖聖〗...を使わずにしまっておく, 持ち腐れにする《*Luke* 19: 20》. ► *vt* ナプキンで包む[ぬぐう]. [OF *nappe* (⇨ MAP), *-kin*]
nápkin rìng《輪形の》ナプキンリング.
Na·ples /néɪp(ə)lz/ ナポリ (It **Na·po·li** /nάːpəli/)《イタリア南部の港湾都市; ティレニア海の入江のナポリ湾 (the **Báy of** ～) に臨む; Campania 州の州都; 古代名 Neapolis》: See ～ and then die. ナポリを見て死ね (It Vedi Napoli e poi muori), '日光見ずしてけっこうというなかれ'.
náp·less *a* けばのない; すりきれた. ♦ ～**·ness** *n*
Náples yéllow ネープルスイエロー《アンチモン酸鉛からなる黄色顔料(の色); もと Naples でつくられた》.
Na·po /nάːpoʊ/ [the] ナポ川《エクアドル中北部, アンデス山脈の Co-

N

topaxi 山の近くに発し, エクアドルとペルーにまたがって東流し, Amazon 川に合流する》.

na·po·le·on /nəpóʊljən, -liən/ *n* ナポレオン金貨《フランスの昔の 20 フラン金貨》;〔トランプ〕NAP[3]; ナポレオンブーツ《19 世紀に流行したトップブーツ; 元来 Napoleon が愛用》;*ナポレオン《クリーム[カスタード, ジャムなど]を数層にはさんだ細長いパイ》. [F]

Napoleon 1 ナポレオン《男子名》. **2** ナポレオン (**1**) ～ **I** (1769–1821)《フランス皇帝 (1804–15); 本名 Napoléon Bonaparte》 (**2**) ～ **II**, Duke of Reichstadt (1811–32)《ナポレオン 1 世と Marie Louise の子》 (**3**) ～ **III** (1808–73)《フランス皇帝 (1852–70); 通称 'Louis-～'; ナポレオン 1 世の甥; 普仏戦争に敗れ英国で死去》. **3**《野望などの点で》ナポレオン 1 世に似た人物. **4** ナポレオン《George Orwell, *Animal Farm* に登場する独裁的で陰謀家の豚; Stalin がモデル》. ♦ **～·ism** *n*《国民に対して絶対権をもつ》ナポレオン主義. **～·ist** *n* [It; cf. Gk *Neapolis* Naples]

Napóleon brándy ナポレオン(ブランデー)《酒齢が高く高級なブランデーに対して酒造会社が付ける名称; ただし 明確な定義はない》.

Na·po·le·on·ic /nəpòʊliánɪk/ *a* ナポレオン 1 世(時代)の; ナポレオンのような. ♦ **-i·cal·ly** *adv*

Napoleónic Códe [the] CODE NAPOLÉON.

Napoleónic Wárs *pl* [the] ナポレオン戦争《1805–15 年 Napoleon によって行なわれた英国・プロイセン・オーストリア・ロシアとの一連の戦争》.

Napoli ⇨ NAPLES.

na·poo /nəpú:/ ″《俗》*int* なくなった, やられた, だめ, 片付いた! ► *a* だめになった, 死んだ. ► *vt* 片付ける, 無力にする. [F *il n'y en a plus* there's none left]

nap·pa /nǽpə/ *n* NAPA[1].

nappe /nǽp/ *n*〔地質〕デッケ, ナッペ《原地性基盤をおおう異地性の巨大な岩体》; ナップ《堰(せき)を越流する水脈》;〔数〕面葉 (sheet);〔数〕半円錐《円錐面を頂点を通る平面でまっぷたつに分けた一方》. [F=table cloth; ⇨ NAPKIN]

náp·per[1] *n* うたた寝する(癖のある)人; ″《俗》頭 (head). [*nap*[1]]

napper[2] *n* けばを立てる人, けば立て機. [*nap*[2]]

náp·py[1] *a* けばでおおわれた, 綿毛の生えた; *《俗》[*derog*]〈特に 黒人の髪が縮れた, チリチリの (kinky). ♦ **náp·pi·ness** *n* [*nap*[2]]

nappy[2] *n*《スコ》酒,《特に》ビール (ale). ► *a*〈ビールが強い, 泡立つ;《スコ》ほろ酔いかげんの (tipsy);〈馬が〉反抗する. [? *nap*[2]]

nappy[3]* *n*《ガラスまたは陶製の》小皿. [*nap* (dial) bowl<OE *hnæpp*]

nappy[4]″ *n* おむつ, おしめ (diaper*): change *nappies* おむつを替える. [NAPKIN]

náppy-héad·ed *a**《俗》ばかな, あほな, とろい.

náppy ràsh″ おむつかぶれ (diaper rash).

nap·ra·path /nǽprəpæ̀θ/ *n* ナプラパシー療法家.

na·prap·a·thy /nəprǽpəθi/ *n* ナプラパシー《靭帯・関節・筋など結合組織のマッサージと食事療法によって身体の回復・再生を促すという考えに基づく治療法》. [Czech *naprava*+E *-pathy*]

na·prox·en /nəpráksən/ *n*〔薬〕ナプロキセン《関節炎用抗炎症・鎮痛・解熱薬》.

na·pu /ná:pu/ *n*〔動〕オオマメジカ《東南アジア産》. [Malay]

Na·ra·yan /nərάɪən/ ナーラーヤン **R**(*asipuram*) **K**(*rishnaswami*) ～ (1906–2001)《インドの英語作家》.

Na·ra·yan·ganj /nərá:jəŋgʌ̀nʤ/ ナラヤンガンジ《バングラデシュ南東部, 首都 Dhaka の南東, Ganges デルタにある河港都市》.

Narbada ⇨ NARMADA.

nar·bo /ná:rbou/ *n**《俗》おもしろみのないやつ, 退屈なやつ.

Nar·bo·nen·sis /nà:rbənénsəs/, **Gállia Narbonénsis** ナルボネンシス《現在のフランスの南東部にあったローマの属領》.

Nar·bonne /na:rbán, -bʌ́n/ ナルボンヌ《フランス南部の市》.

narc[1] /ná:rk/《俗》*n* 情報提供者, たれ込み屋 (nark); いやなやつ. ► *vi, vt* たれ込む (nark); いらいらせる, おこらせる.

narc[2], **nark** /ná:rk/*《俗》*n* 麻薬, ヤク (drug); 麻薬取締官[捜査官] (=*narco*). [*narc*otic agent]

narc- /ná:rk/, **nar·co-** /ná:rkou, -kə/ *comb form*「昏迷」「麻酔」「麻薬」 [Gk; ⇨ NARCOTIC]

nar·ce·ine /ná:rsiì:n, -siən/ *n*〔化〕ナルセイン《白色で苦味のある結晶性の麻酔性アルカロイド》.

nar·cism /ná:rsìz(ə)m/ *n* NARCISSISM. ♦ **-cist** *n*

nar·cis·sism /ná:rsəsìz(ə)m, ″na:rsísìz(ə)m/ *n* 利己主義, 自己中心主義;〔心・精神分析〕自己愛, ナルシシズム. ♦ **-sist** *n, a* ナルシスト(の). **nàr·cis·sís·tic** *a* **-ti·cal·ly** *adv* [G *Narcissus*]

Nar·cis·sus /na:rsísəs/ **1**〔ギ神〕ナルキッソス《水に映った自分の姿に恋いこがれて溺死し水仙の花になった美青年》. **2** [n-] (*pl* ～, ～·**es**, **-cis·si** /-sísàɪ, -sísi/)〔植〕スイセン属 (*N-*) の植物, 水仙. [L<Gk (? *narkē* numbness)]

nar·co /ná:rkou/ *n* (*pl* ～**s**)*《俗》NARC[2].

nàrco·análysis *n*〔精神医〕麻酔分析《麻酔による心理療法》.

nárco·bùck *n**《俗》麻薬ドル《麻薬売買の上がり》.

nar·co·lep·sy /ná:rkəlèpsi/ *n*〔医〕ナルコレプシー《突然激しい睡眠発作に襲われる》. ♦ **nàr·co·lép·tic** *a, n* ナルコレプシーの(患者).

nar·co·ma /na:rkóumə/ *n* (*pl* ～**s**, **-ma·ta** /-tə/)〔医〕麻薬性昏睡. ♦ **nar·com·a·tous** /na:rkámətəs/ *a* [*narc-*, *-oma*]

nàrco·mánia *n*〔医〕麻薬常用癖, 麻薬中毒; 麻薬による精神異常.

nar·cose /ná:rkòus/ *a* 昏睡[昏迷]状態の.

nar·co·sis /na:rkóusəs/ *n* (*pl* **-ses** /-sì:z/)〔医〕麻酔(法); 昏睡(状態). [NL<Gk; ⇨ NARCOTIC]

nàrco·sýnthesis *n*〔精神医〕麻酔統合.

nárco·térror·ìsm *n* 麻薬テロリズム《麻薬取引にかかわる者によるテロ》. ♦ **-ist** *n*

nar·cot·ic /na:rkátɪk/ *n* **1** 麻酔薬; 麻薬; 催眠薬; 鎮静剤; [*fig*] 麻薬のような作用をもつもの. **2** 麻薬中毒者. ► *a* 麻酔性の, 催眠性の; 麻薬の; 麻薬中毒者(の治療)の. ♦ **-i·cal·ly** *adv* [OF or L<Gk (*narkē* numbness)]

nar·cot·i·cism /na:rkátəsìz(ə)m/ *n*〔医〕麻酔状態; 麻薬中毒.

nar·co·tine /ná:rkətì:n/ *n*〔化〕ナルコチン《アヘンアルカロイドの一種; 非麻薬性鎮咳薬》.

nar·co·tism /ná:rkətìz(ə)m/ *n* NARCOSIS; NARCOTICISM; 麻酔[麻薬]の作用; 異常催眠. ♦ **-tist** *n* 麻薬常用者.

nar·co·tize /ná:rkətàɪz/ *vt* …に麻酔をかける, 麻酔する; 麻痺[鎮静]させる. ► *vi* 麻薬[麻酔剤]のはたらきをする, 麻酔性の. ♦ **nàr·co·ti·zá·tion** *n*

nard /ná:rd/ *n*〔植〕甘松(かんしょう), ナルド (spikenard); 甘松香《芳香のある樹脂》;《カノコソウ属の植物などの》薬用根茎; 軟膏. [L<Gk<Sem]

nar·doo /na:rdú:/, **-do** /-dóu/ *n* (*pl* ～**s**)〔植〕クローバー状の葉をつけるデンジソウ属の水生シダ《豪州産; 果胞嚢を先住民が食用にした》.

nares *n* NARIS の複数形.

Na·rew /ná:rèf, -v/ [the] ナレフ川 (Russ **Na·rev** /ná:rɪf, -v/)《ポーランド北東部を南西に流れる川; Bug 川に合流, Vistula 川となる; 河岸は 2 度の大戦で戦場となった》.

nar·g(h)i·le, -gi·leh /ná:rgəli, -lèɪ/ *n*《近東の》水ギセル (cf. HOOKAH). [Pers]

nar·i·al /néəriəl/ *a*〔解〕鼻孔 (nares) の.

nar·ine /néərən, -ràɪn/ *a* NARIAL.

na·ris /néərəs/ *n* (*pl* **na·res** /néəriz/)〔解〕(外)鼻孔. [L *naris* nostril]

na·ri·yal /ná:riəl/ *n*《インド》ココナッツ (coconut).

nark[1] /ná:rk/《俗》*n*″《特に 警察への》情報提供者, スパイ, イヌ; *おとり, サクラ (shill); * KIBITZER;《豪》いやなやつ, うるさいやつ, おこりっぽいやつ. ► *vi, vt* たれ込む; いらいらさせる, おこらせる; 文句を言う. ● **N～ it!**″ やめろ, よせ, 静かに! [Romany *nāk* nose]

nark[2] ⇨ NARC[2].

narked /ná:rkt/ *a*《俗》いらいらして, 腹を立てて〈*at*, *with*〉.

nark·ied /ná:rkid/ *a* [次の成句で]: **get** ～*《俗》薬(ヤク)を注射する, 麻薬中毒になる. [*nark*[2]]

narky[1] /ná:rki/ *a*″《俗》おこりっぽい, 機嫌が悪い.

narky[2] *n**《俗》麻薬. [*nark*[2]]

narly /ná:rli/ *a**《俗》すばらしい, すてきな (gnarly);《俗》いやな, ひどい.

Nar·ma·da /nərmʌ́də/, **Nar·ba·da** /nərbʌ́də/ [the] ナルマダ川, ナルバダ川《インド中部 Madhya Pradesh 東部から Satpura 山脈の北側を西流し Cambay 湾に注ぐ; インドで Ganges 川に次ぐ聖なる川》.

N-arms /én—/ *n pl* 核兵器 (nuclear arms).

Nar·nia /ná:rniə/ ナルニア《C. S. Lewis の少年少女向けキリスト教ファンタジー Narnia 国シリーズ (1950–56) の舞台となる国》.

Nar·ra·gan·set(t) /nærəgǽnsət/ *n* **a** (*pl* ～, ～**s**) ナラガンセット族《Rhode Island 州に住んでいたアメリカ先住民; 絶滅》. **b** ナラガンセット語.

Narragánsett Báy ナラガンセット湾《Rhode Island 州南東部にある大西洋の入江》.

nar·ra·tage /nǽrətɪʤ/ *n* ナラタージュ《映画・テレビの回想場面などで, 画面外のナレーターがストーリーを補足していく手法》. [*narration*+mon*tage*]

nar·rate /nǽrèɪt, —́—; nəréɪt, næréɪt/ *vt* 述べる, 物語る, 話す;〈映画・テレビ番組など〉のナレーターをつとめる. ► *vi* 語る; 語り手をつとめる. ♦ **nár·ràt·able** /, nəréɪt-, næ-/ *a* [L *narrat- narro* to recount<*gnarus* knowing]

nar·ra·tion /nəréɪʃ(ə)n, nə-; nə-, næ-/ *n* 叙述, 語り; ナレーション; 物語;〔文法〕話法;〔修〕《古典的弁論形式において》問題の経緯を述べる段階. ♦ **～·al** *a*

nar·ra·tive /nǽrətɪv/ *n* 物語 (story); 話術, 語り;《小説などの, 会話部分に対して》語り[叙述]部分; 物語的作品[表現]《できごと・物語を描いた絵画など》. ► *a* 物語[説話]体[風]の;〈詩人などが〉物語を書く[つくる]. ♦ **～·ly** *adv* 物語のように, 物語風に, 物語としては. **-tiv·ìze** *vt* **nàr·ra·tív·i·ty** *n*

nárrative árt STORY ART.

nar·ra·tol·o·gy /nærətάləʤi/ *n* 物語論. ♦ **-gist** *n* **nàr·ra·to·lóg·i·cal** /-təlάʤɪk(ə)l/ *a*

nár·rà·tor, -ràt·er /, nǽréɪtər, nə-/ *n* 語り手, ナレーター.

♦ **nar·ra·to·ri·al** /næ̀rətɔ́:riəl/ *a*

nar·resh·keit, -rish- /nɑ́:rəʃkàɪt/ *《俗》 *n* ばからしさ, あほらしさ; 取るに足らないこと, 些細なこと. [Yid]

nar·row /nǽroʊ, *-rə/ *a* **1 a** (幅の)狭い; 細い (opp. *broad, wide*); 〘紡〙〈織物が〉小幅の, ナローの《幅 18 インチ未満》: a ～ street [path] 狭い街路[通路]. **b** 〘音〙狭窄音の (opp. *broad, wide*): ～ vowels 狭い母音 (/i/ /u/ など). **2 a** 限られた, 制限された: in the ～*est* sense 最も狭義に[で]. **b** 切り詰めた; かろうじての, やっとの, きわどい, 僅差の: in ～ means [circumstances] 窮乏して / a ～ victory 辛勝 / a ～ escape 間一髪でのがれること / a ～ majority ぎりぎりの過半数 / a ～ decision 僅差の判決. **3** 心の狭い, 偏狭な; 《方》けちな (mean) 〈*with* one's money〉: a ～ mind [man] 狭量な心[人]. **4** 〈検査など〉精密な (minute): a ～ examination 厳密な検査 / a ～ transcription 〘音〙精密表記. **5** *〈家畜飼料が〉高タンパクの (cf. WIDE). ► *n* 狭いところ, 《特に 街路や山路の》狭い部分; [ᵘ～s, 〈*sg/pl*〉] 海峡, 瀬戸, 峡湾; [the N-s] ナローズ《New York 湾の Staten Island と Long Island 西端との間の海峡》. ► *vt, vi* 狭くする[なる]; 減ずる; 制限する; 狭量にする: ～ *down* 〈可能性などを〉しぼり込む / ～ the choice *down to* two people 選択を 2 人にしぼる / ～ one's eyes ⇨ EYE[1]. ♦ **～·ish** *a* **～·ly** *adv* 狭く; 偏狭に; かろうじて (barely); 厳密に, 精密に. **～·ness** *n* [OE *nearu*; cf. G *Narbe* scar]

nárrow-àngle glaucóma 〘眼〙狭隅角緑内障.

nárrow·bànd *a* 〘通信〙狭(周波数)帯域の, ナローバンドの (cf. BROADBAND).

nárrow béd 墓 (grave).

nárrow bòatˈˈ《特に 幅 7 フィート未満の》運河舟, ナローボート (cf. CANAL BOAT).

nárrow·càst *vi* 限られた地域[視聴者]に放送する. ► *n* NARROWCASTING. ♦ **～·er** *n*

nárrow·càst·ing *n* ナローキャスティング《限定された地域・視聴者を対象とするラジオ・テレビ放送》.

nárrow céll 墓 (grave).

nárrow clóth 小幅織物《英国では 52 インチ未満, 米国では 18 インチ未満; cf. BROADCLOTH》.

nárrow-gáuge *n* 〘鉄道〙狭軌 (⇨ STANDARD GAUGE); 狭軌鉄道(用の客車[貨車]).

nárrow-gáuge(d), -gáge(d) *a* 〘鉄道〙狭軌の; [*fig*] 偏狭な.

nárrow góodsˈˈ *pl* 小幅もの《リボン・組みひも類》.

nárrow hóuse 墓 (grave).

nárrow-mínd·ed *a* 狭量な, 偏狭な. ♦ **～·ly** *adv* **～·ness** *n*

nárrow móneyˈˈ ナローマネー, 狭義の通貨《通貨供給量 (money supply) の M0 (＝M zero) の俗称; cf. BROAD MONEY》.

nárrow séas *pl* [the] (両)海峡《ブリテン島を大陸およびアイルランドと隔てる, イギリス海峡 (English Channel) およびアイリッシュ海 (Irish Sea)》.

narrow shave [squeak] ⇨ CLOSE CALL.

nárrow wáy [the] 〘聖〙狭き道《義の道, いのちに至る道; *Matt* 7: 14》.

nar·thex /nɑ́:rθɛ̀ks/ 〘建〙 *n* 拝廊, ナルテックス《古代のキリスト教会堂で本堂入口前の広間; 懺悔をする人・洗礼志願者のための空間》; ナルテックス《教会堂の入口の間》. [L]

Nar·vá·ez /nɑ:rvɑ́:èɪs/ ナルバエス **Pánfilo de** ～ (c. 1478–1528) 《スペインのコンキスタドール (conquistador)》.

Nar·vik /nɑ́:rvɪk/ ナルヴィク《ノルウェー北部の町・不凍港; 1940 年の 2 度の大海戦の戦場》.

nar·w(h)al /nɑ́:r(h)wɑ:l; -wəl/, **-whale** /-(h)wèɪl/ *n* 〘動〙イッカク (＝*sea unicorn*) 《北極圏に生息するクジラ目の動物; 体長約 6m; 雄の上あごから 1 本[時に 2 本]の長い牙が突き出ている》. [Du ＜Dan (*hval* whale)]

nary /nέəri/ *a* 一つの…もない: ～ a doubt 一点の疑いもない. [*ne'er a*]

nas- /néɪz/, **na·si-** /néɪzə/, **na·so-** /néɪzoʊ, -zə/ *comb form* 「鼻(の)」 [L; ⇨ NASAL]

NAS National Academy of Sciences 全米科学アカデミー ♦ Naval Air Station. **NASA** /nǽsə, néɪsə/ °National Aeronautics and Space Administration.

na·sal /néɪz(ə)l/ *a* 鼻の[に関する]; 鼻声の, 鼻にかかる, 〘音〙鼻音の; (共鳴が少なくて)よくとおる (sharp) 〈楽声〉: ～ vowels 鼻母音《フランス語の /ɑ̃, ɛ̃, ɔ̃, œ̃/ など》/ the ～ organ [*joc*] 鼻 / a ～ discharge 鼻汁 / ～ passage 鼻腔(の通り). ► *n* 〘音〙鼻音; 鼻音字 (m, n, ng など); 《かぶとの》鼻当て; 鼻部. ♦ **～·ly** *adv* 鼻音で. **na·sal·i·ty** /neɪzǽləti/ *n* 鼻音性, 鼻にかかること; 鼻腔内の反響. [F or L (*nasus* nose)]

násal bóne 〘解〙鼻骨.

násal cápsule 〘動〙鼻殻, 鼻胞; 〘解〙《胎児の》鼻嚢.

násal cávity 〘解〙鼻腔.

násal féed 〘医〙鼻腔栄養(法)《鼻腔を通しての流動食補給》.

násal gléet 〘獣医〙《馬の》鼻カタル.

násal índex 〘人〙鼻(ᵛ)指数《頭蓋上または顔面上で鼻幅最広部の鼻高に対する百分比》.

násal·ìze *vt, vi* 〘音〙鼻にかけて発音する, 鼻音化する. ♦ **nàsal·izátion** *n*

násal séptum 〘解〙鼻中隔.

násal spéculum 〘医〙鼻鏡.

násal stríp 《鼻詰まり用の》鼻腔拡張テープ, 鼻テープ.

násal twáng 〘音〙鼻声 (twang).

Nasca ⇨ NAZCA.

NASCAR /nǽskɑ:r/ 〘米〙 National Association for Stock Car Auto Racing 全国ストックカーレース協会.

nas·cent /nǽs(ə)nt, néɪ-/ *a* 生まれつつある, 発生した[始まった]ばかりの, 形成途中の, まだ新しい; 〘化〙〈原子などが〉発生期の. ♦ **nás·cen·cy, -cence** *n* [L; ⇨ NATAL[1]]

náscent státe [condítion] 〘化〙発生期《原子が遊離した瞬間; 反応しやすい》.

NASD 〘米〙 National Association of Securities Dealers 全米証券業協会《現在は FINRA》.

NASDAQ /nǽzdæk, nǽs-/ 〘サービスマーク〙ナスダック《株式店頭市場(の気配値を提示する取引システム)》. [*N*ational *A*ssociation of *S*ecurities *D*ealers *A*utomated *Q*uotations]

náse·bèrry /néɪz-, -b(ə)ri/ *n* サポジラ (sapodilla) の実.

Nase·by /néɪzbi/ ネーズビー《イングランド中部 Northamptonshire の村; 新型軍 (New Model Army) が Charles 1 世の王党軍を破った地 (1645)》.

nash /nǽʃ/ *《口》 *n* 軽食, スナック (nosh). ► *vi, vt* 軽い食事をする, 間食する (nosh). ♦ **～·er** *n*

Nash ナッシュ (1) **John** ～ (1752–1835) 《英国の建築家; London の Regent's Park, Regent Street を設計》 (2) **John F(orbes)** ～, **Jr.** (1928–) 《米国の数学者・経済学者; ゲーム理論を発展させた; ノーベル経済学賞 (1994)》 (3) **Johnny** ～ (1940–) 《米国のシンガーソングライター; 本名 John Lester ～, Jr.; 代表曲 'I Can See Clearly Now' (1972)》 (4) **Ogden** ～ (1902–71) 《米国のユーモア詩人》 (5) **Paul** ～ (1889–1946) 《英国の画家; 風景画にすぐれる; 両大戦の従軍画家》 (6) **Richard** ～ (1674–1761) 《英国の賭博師・だて男; Bath の管理者として羽振りをきかせたが凋落して死んだ; 通称 'Beau Nash', 'King of Bath'》 (7) **Thomas** ～＝Thomas NASHE (8) Sir **Walter** ～ (1882–1968) 《ニュージーランドの政治家; 首相 (1957–60)》.

Nashe /nǽʃ/ ナッシュ **Thomas** ～ (1567–1601) 《イングランドのパンフレット作者・諷刺作家; *The Unfortunate Traveller, or the Life of Jacke Wilton* (1594)》.

Nasho /nǽʃoʊ/ [°n-] 《豪口》 *n* (*pl* **Násh·os**) 徴兵《1972 年廃止》; 兵役に服している青年. [*Natio*nal Service]

Nash·ville /nǽʃvɪl, -vəl/ ナッシュヴィル《Tennessee 州中北部の市・州都; Music City の俗称で知られるカントリーミュージックの中心地》. ♦ **Nash·vil·lian** /næʃvíljən/ *n*

nasi- ⇨ NAS-.

Na·sik /nɑ́:sɪk/ ナーシク《インド西部 Maharashtra 州中部, Godavari 川に臨む市; ヒンドゥー教の聖地》.

na·si·on /néɪziɑ̀n/ *n* 〘人〙鼻根点, ナジオン《鼻骨前額縫合の正中線; cf. BASION》. ♦ **ná·si·al** *a*

Nas·ka·pi /nǽskəpi/ *n* **a** (*pl* ～, ～**s**) ナスカピ族《カナダ東部 Labrador 半島内陸の台地に居住するインディアン》. **b** ナスカピ語《Algonquian 語族に属し, Cree 語に近縁》.

Na·smyth /néɪsmɪθ, néɪzməθ/ ネイスミス (1) **Alexander** ～ (1758–1840) 《スコットランドの肖像・風景画家》 (2) **James** ～ (1787–1831) 《スコットランドの技術者; 蒸気ハンマーを発明; Alexander の息子》.

naso- /néɪzoʊ, -zə/ ⇨ NAS-.

nàso·fróntal *a* 〘解〙鼻前頭の.

nàso·gástric *a* 〘医〙鼻から胃に管を通した, 経鼻胃の: ～ suction 経鼻胃吸引 / a ～ tube 経鼻胃管.

nàso·lácrimal, -láchrymal *a* 〘解〙鼻涙(管)の.

nasolácrimal dúct 〘解〙鼻涙管.

nàso·phárynx *n* 〘解〙鼻咽頭, 鼻咽腔. ♦ **nàso·pharýngeal** /, -fæ̀rənʤí:əl/ *a*

Nas·red·din Ho·ca /nɑ̀:sərɛdí:n hóʊʤɑ:/ ナスレッディン・ホジャ《トルコ人の間で語り伝えられている滑稽・頓知譚の主人公》.

Nas·sau /nǽsɔ:/ **1** /; *G* nάsau/ ナッサウ《ドイツ中南西部の地方, 旧公国; 今の Hesse 州西部, Rhineland-Palatinate 州北東部に当たる; ☆Wiesbaden》. **2** ナッソー《バハマの首都・海港; New Providence 島にある》.

Nássau Ránge [the] ナッソー山脈《SUDIRMAN RANGE の旧称》.

Nas·ser /nɑ́:sər, nǽs-/ **1** ナセル **Gamal Abdel** ～ (1918–70) 《エジプトの軍人・政治家; 首相 (1954–56), 大統領 (1956–70)》. **2** [Lake] ナセル湖《エジプト南部・スーダン北部にまたがる人造湖; 1960 年代の Aswan High Dam 建設によりできる》. ♦ **～·ism** *n*

Nast /nǽst/ ナスト **Thomas** ～ (1840–1902) 《ドイツ生まれの米国の政治漫画家; New York 市の 'Boss Tweed' を攻撃した》.

nas·tic /nǽstɪk/ *a* 〘植〙傾性運動の[を示す].

nas·tur·tium /nəstə́:rʃəm, *næs-/ *n* 〘植〙ノウゼンハレン[キンレンカ]属の草本《総称; 中南米産; ノウゼンハレン科》, 《特に》ノウゼンハレ

ン, ヒメキンレンカ. ● **cast ~s** 《韻俗》 中傷する (cast aspersions). [L]

nas·ty /nǽsti; ná:s-/ *a* **1 a** 〈住居などが〉ひどくきたない; 〈食べ物・匂い・味などが〉胸の悪くなる, むかむかする. **b** 〈ことば・本などが〉下品な, 汚らわしい, いやらしい, みだらな, わいせつな; 安っぽい, ちゃちな. **c** 卑劣な, 意地の悪い 〈*to*〉, 肚黒い, たちの悪い; おこりっぽい: a ~ trick 意地悪なたくらみ / Don't be ~! 意地悪しないで! / a ~ piece [bit] of work 意地悪な行為, 悪だくみ; ᴵᴵ《口》 意地の悪い人 / a ~ temper かんしゃく. **2 a** 危険きわまる; 〈天候・海などが〉険悪な, 荒れ模様の. **b** 〈問題などが〉始末に負えない, 厄介な; 不安な, つらい; 〈病気・打撃などが〉重い, ひどい: a ~ one 猛烈な一撃《拒絶・困った質問》/ have a ~ habit [way] of *doing* 困ったことに…しがちだ. **3** *《俗》 よい, かっこいい, すごい; *《俗》 魅力的な, セクシーな. ● **turn ~** 腹を立てる; 手に負えなくなる. ► 《口》 *n* いやな[たちの悪い, ひどい]やつ[もの, こと]; 性交, セックス; VIDEO NASTY: do the ~ セックスする. ◆ **nás·ti·ly** *adv* **-ti·ness** *n* [ME<?; cf. Du *nestig* dirty]

-nas·ty /næ̀sti/ *n comb form* 〘植〙「傾性運動[生長]」「圧力による細胞生長不規則性」: epi*nasty*. [Gk *nastos* squeezed together, -y[1]]

násty-nìce *a* 慇懃(いんぎん)無礼な.

NASUWT 〘英〙 National Association of Schoolmasters Union of Women Teachers.

NASW 〘米〙 National Association of Social Workers.

Nat /nǽt/ ナット《男子名; Nathan, Nathaniel の愛称》.

nat. national ♦ native ♦ natural.

Nat. National ♦ Nationalist ♦ Natural.

na·tal[1] /néɪtl/ *a* 出生の; 出生を支配する; 出生時の; 《詩》 出生地の. [L *natalis* (*nat- nascor* to be born)]

natal[2] *a* 尻の, 臀部の. [*nates*, *-al*[1]]

Na·tal /nətǽl, -tá:l/ ナタール《**(1)** 南アフリカ共和国東部の旧州; ☆Pietermaritzburg; 現 KwaZulu-Natal 州の一部 **2)** ブラジル北東部 Rio Grande do Norte 州の港湾都市・州都》.

Nat·a·lie /nǽt(ə)li/ ナタリー《女子名》. [L=birthday, Christmas]

na·ta·list /néɪt(ə)lɪst/ *n* [*compd*] 産児[人口]増加提唱者: pro-~ / anti-~. ◆ **-lìsm** *n* 産児[人口]増加政策. [F]

na·tal·i·ty /neɪtǽləti, nə-/ *n* 出生率 (birthrate).

Natál plùm 〘植〙 オオバナカリッサ (=(*a*)*matungulu*)《熱帯アフリカ原産で熱帯・亜熱帯で広く栽培されるキョウチクトウ科の低木; その食用果実》.

na·tant /néɪt(ə)nt/ *a* 〘生態〙 浮遊性の, 水に漂う, 遊泳する.

Na·ta·sha /nətá:ʃə/ ナターシャ《女子名》. [Russ (dim) < *Natalia*; ⇨ NATALIE]

na·ta·tion /neɪtéɪʃ(ə)n, nə-, *næ-/ 《文》 *n* 遊泳; 遊泳術. [L (*nato* to swim)]

na·ta·to·ri·al /nèɪtətɔ́:riəl, *næ̀t-/, **-to·ry** /néɪtətɔ̀:ri, nǽt-; néɪtət(ə)ri, nətéɪt(ə)ri/ *a* 遊泳の; 遊泳に適した: ~ birds 水鳥.

na·ta·to·ri·um /nèɪtətɔ́:riəm, *næ̀t-/ *n* (*pl* **~s, -ria** /-riə/) 屋内プール.

natch /nǽtʃ/ 《口》 *adv* 当然, もちろん (naturally); あったりまえよ, もち(ろんさ). ► *n* [次の成句で]: **on the ~** *《俗》 麻薬をやらない, 中毒になっていない: get *on the* ~ 麻薬をやめる.

Natch·ez /nǽtʃɪz/ *n* **1 a** (*pl* ~) ナチェズ族《Mississippi 州南西部に住んでいた先住民; 絶滅》. **b** ナチェズ語. **2** ナチェズ《Mississippi 州南西部, Mississippi 川に臨む市》.

Nátchez Tráce [the] ナチェズ道《Mississippi 州南西部の Natchez から Tennessee 州 Nashville に通じていた 800 km に及ぶ古道; もとは先住民の踏み固めた道に始まるもので, 1780 年ころから 1830 年にかけての開拓道路であった》.

Nate /néɪt/ ネイト《男子名; Nathan, Nathaniel の愛称》.

na·tes /néɪtì:z/ 〘解〙 *n pl* 尻, 臀部 (buttocks); 《脳の》 四丘体前部の一対. [L]

NATFHE 〘英〙 National Association of Teachers in Further and Higher Education《2006 年 AUT と合併して UCU となった》.

Na·than /néɪθən/ **1** ネイサン《男子名; 愛称 Nat, Nate》. **2** 〘聖〙 ナタン《David の顧問役の預言者; *2 Sam* 12: 1–14》. **3** ネーサン **George Jean ~** (1882–1958)《米国の演劇評論家・編集者; *Since Ibsen* (1933)》. [Heb=gift]

Na·than·a·el /nəθǽniəl, -njəl/ **1** ナサニエル《男子名; NATHANIEL の異形》. **2** 〘聖〙 ナタナエル《Galilee 出身のイエスの弟子; *John* 1: 45–49, 21: 1》.

Na·than·iel /nəθǽnjəl/ ナサニエル《男子名; 愛称 Nat, Nate》. [Heb=gift of God]

Na·thans /néɪθənz/ ネイサンズ **Daniel ~** (1928–99)《米国の微生物学者; 制限酵素を利用して遺伝子地図を作成, ノーベル生理学医学賞 (1978)》.

nathe·less /néɪθləs, nǽθ-/, **nath·less** /nǽθləs/ *adv* 《古》 NEVERTHELESS. ► *prep* 《古》 NOTWITHSTANDING.

nat. hist. °natural history.

Na·tick /néɪtɪk/ *n* ナティック語《Massachuset 語の方言》.

na·tion[1] /néɪʃ(ə)n/ *n* **1 a** 国民; 国家, 民族国家; 民族; [the ~s] 《詩》 全人類, 世界諸国民: the voice of the ~ 国民の声, 世論 / the Western ~*s* 西洋諸国 / a ~ without a country 国をもたない民族《かつてのユダヤ人など》. **b** [the] 〘聖〙《ユダヤ人からみた》異教徒 (the Gentiles). **2 a** *《北米先住民などの》部族(連合); [N-] *《北米先住民の》領地. **b** ᴵᴵ《古・スコ大学》《同郷学生などの》集団, 団体. ■ the **Báttle of N~s** 諸国民の戦い (=the Battle of LEIPZIG). ◆ **~·less** *a* [OF<L; ⇨ NATAL[1]]

nation[2] 《方》 *n* DAMNATION. ► *adv* 非常に (much), べらぼうに.

Nation ネーション **Carry (Amelia) ~** (1846–1911)《米国の禁酒運動家; 旧姓 Moore; 斧で酒場を破壊してまわった》.

na·tion·al /nǽʃ(ə)n(ə)l/ *a* **1 a** (ある)国民[民族]の, 全国民の, (ある)国民特有の, 国民的な. **b** 国家の, 全国的な (opp. *local*); 一国を象徴[代表]する; (ある)一国の[に限られた] (opp. *international*); *連邦の (Federal) (cf. STATE); 挙国一致の: ~ affairs 国務, 国事 / ~ power [prestige] 国力[国威] / ~ newspaper 全国紙 / the ~ flower [game] 国花[国技] / ~ costume [dress] 民族衣装 / the ~ poet 一国の代表的詩人 / ~ news 国内ニュース. **2** 国有の, 国立の, 国定の: a ~ enterprise 国営企業 / ~ railroads 国有鉄道 / a ~ theater 国立劇場. **3** 愛国的な (patriotic), 民族[国家]主義的な. ► *n* **1** 《しばしば在外の》国民; 同国人; 民族の一員: a Japanese ~ 日本国民; (在外)邦人. **2 a** 全国的組織(の本部); 全国紙; [The Nationals] 〘豪〙 NATIONAL PARTY. **b** [*pl*] 《スポーツなどの》全国大会; [the N-] GRAND NATIONAL. [F; ⇨ NATION[1]]

nátional accóunting 国民(経済)計算 (SOCIAL ACCOUNTING).

Nátional Aeronáutics and Spáce Administràtion [the] アメリカ航空宇宙局《1958 年設立; 略 NASA》.

nátional áir 国歌 (national anthem).

nátional áirline 国を代表する航空会社, フラッグキャリアー.

nátional ánthem 国歌 (=*national air* [*hymn*]).

Nátional Assémbly [the] フランス下院; [the] 〘フランス史〙《革命当時の》国民議会 (1789–91).

Nátional Assémbly for Wáles [the] WELSH ASSEMBLY.

Nátional Assístance [the] 《英国で 1948–65 年に給付された》国民生活扶助料.

Nátional Associátion for the Adváncement of Colored Pèople [the] 〘米〙 全国有色人種向上協会《黒人などの市民権擁護・拡大のための運動組織; 1909 年結成; 略 NAACP》.

nátional bánk 国立銀行; 〘米〙 国法銀行《連邦政府の認可を受けた商業銀行》.

Nátional Básketball Associàtion [the] ナショナルバスケットボールアソシエーション, 全米バスケットボール協会《米国のプロバスケットボールリーグ; 略 NBA》.

nátional bránd 製造業者[製造元]商標, ナショナルブランド《製造業者がつけた商標; cf. PRIVATE BRAND》.

Nátional Bróadcasting Cómpany ナショナル放送会社 (~, Inc.)《米国の三大放送ネットワークの一つ; 通称 NBC; General Electric 社傘下; 本社 New York 市》.

Nátional Cáncer Ìnstitute [the] 〘米〙 国立癌研究所《癌の基礎的研究や治療法の開発を行なう機関; 略 NCI》.

nátional cémetery 〘米〙 国立共同墓地《武勲のあった軍人を葬る》.

nátional cháirman 〘米〙 全国委員長《政党の全国委員会の議長で選挙戦で総指揮を執る》.

nátional chúrch 民族[国民]教会《一国内の独立教会》; 国立教会, 国教会.

nátional códe AUSTRALIAN RULES FOOTBALL.

Nátional Convéntion [the] **1** 〘フランス史〙 国民公会 (1792–95). **2** 〘英史〙 国民代表者会議《人民憲章 (People's Charter, 1838) に対する署名運動を行なった機関》. **3** [n- c-] 〘米〙《政党の正副大統領候補者・政策綱領を決定する》全国大会.

Nátional Cóvenant [the] 〘英史〙 国民盟約《Charles 1 世による監督制の強制に反対するスコットランド長老派の盟約 (1638)》.

nátional currículum [the, °the N- C-] 〘英〙 ナショナルカリキュラム《イングランド・ウェールズの公立校に適用されるカリキュラム; 1988 年の教育改革法で導入; コア教科 (core subjects) と基礎教科 (foundation subjects) があり, 特定年齢における到達目標が示され, 評価が行なわれる; 略 NC》.

nátional dáy 国祭日, ナショナルデー《独立記念日や元首誕生日など対外的にも祝う代表的祝祭日》.

nátional débt 国債《中央政府の金銭債務》.

Nátional Educátion Associàtion [the] 全米教育協会《保育園・幼稚園・小学校・中学校における教育活動にかかわる教員・行政官その他の教育者の団体; 米国最大の専門職団体; 1857 年発足; 略 NEA》.

Nátional Endówment for the Árts [the] 〘米〙 全国芸術基金《芸術活動を財政的に支援するための連邦政府機関; 略 NEA》.

Nátional Enquírer [the] 『ナショナル・エンクワイアラー』《米国で

発行されている週刊紙; 俗物性・ゴシップ精神・ギャグ感覚にあふれ, 有名人(および無名人)の珍談・奇談が満載されている; 1926 年創刊》.

nátional énsign 国旗 (ensign).

Nátional Énterprise Bòard [the]〘英〙国家企業庁《1975 年設立の基幹産業国有化の母体; 経済の効率改善と国際競争力強化をはかり, のち 81 年 British Technology Group に編入; 略 NEB》.

Nátional Exécutive Committee [the]《英国労働党の》全国執行委員会《略 NEC》.

Nátional Exhibítion Cèntre [the]〘英〙国立展示センター《1976 年にイングランド Birmingham 市に開設された広大な施設; Motor Show をはじめ多くの展示会が開催される; 略 NEC》.

Nátional Expréss Gròup ナショナルエクスプレスグループ (〜 plc)《英国のバス・鉄道会社》.

Nátional Fármers' Ùnion [the]〘英〙全国農業者組合《イングランドとウェールズの農業者の利益団体; 1908 年設立; 労働組合ではない; スコットランドには同名の独自の組合がある; 略 NFU》.

Nátional Fílm Thèatre [the] ナショナル・フィルム・シアター《BFI SOUTHBANK の旧称》.

nátional fóotball «豪» AUSTRALIAN RULES FOOTBALL.

nátional fórest〘米〙国有林.

Nátional Fréedom Dày〘米〙国民自由の日《2 月 1 日; 奴隷制廃止を定めた合衆国憲法第 13 修正に Abraham Lincoln が署名した日 (1865 年 2 月 1 日) を記念する》.

Nátional Frónt [the]〘英〙国民戦線《人種差別主義の極右政党; 1967 年結成; 略 NF》.

Nátional Gállery [the]〘英〙ナショナルギャラリー《London の Trafalgar Square にある国立絵画館; 1824 年創立, 1838 年現在の建物に移転》.

Nátional Geográphic [the]『ナショナルジオグラフィック』《地理の知識の普及を目的とした米国の月刊誌; 1888 年創刊, National Geographic Society が発行; 世界各地の珍しい自然や風俗・動物などを写真を中心に紹介する》.

Nátional Geográphic Socíety [the] 米国地理学協会《1888 年 Washington, D.C. に設立された科学協会; 世界最大の科学教育団体》.

nátional góvernment 挙国一致政府《戦時などに大半ないしはすべての政党によって形成される政府; 英国の MacDonald 首相時 (1931–35) の政府など》.

nátional gríd〘英〙全国高圧送電線網; 《地図で用いられる》全国距離座標系.

Nátional Guárd [the] **1**〘米〙州兵《各州で募集, 連邦政府によって装備され, 州・連邦政府が共同で維持する民兵組織; 平時には州知事の指揮下にあるが, 緊急時には連邦陸軍・空軍の指揮下にはいる; cf. MILITIA》. **2**〘フランス史〙国民軍《1789–1871 年の間 断続的に存在》. **3** [°n- g-] 国家保安隊.

Nátional Guárdsman〘米〙州兵《National Guard の一員》.

Nátional Héalth Sèrvice [the]〘英〙国民健康保険(制度), 国民保健サービス《1948 年から実施; 略 NHS》. ● **on the National Health (Service)** 国民健康保険で[を使って].

nátional hóliday《中央政府の決定した》国(民)の祝祭日, 《一般に》国民的[全国的]祝祭日.

Nátional Húnt (Committee) [the]〘英〙ナショナルハント《Grand National などの障害競馬 (steeplechase, hurdle race) を統括していた競技団体; 1969 年に Jockey Club に吸収されたが, 今も主要な障害競馬は National Hunt races のように呼ばれる》.

nátional hýmn 国歌 (national anthem).

nátional íncome〘経〙国民所得.

Nátional Ínstitutes of Héalth [the]〘米〙国立衛生研究所《Washington, D.C. の北西郊外 Maryland 州 Bethesda にある医学研究所; 略称 NIH》.

Nátional Insúrance〘英〙国民保険(制度)《略 NI》.

Nátional Insúrance Nùmber〘英〙国民保険番号《16 歳に達した全国民に与えられる番号; Department for Work and Pensions (労働・年金省) および HM Revenue & Customs (歳入関税庁) が個人識別番号として使用する; 英国内で就労する外国人も番号取得が必要》.

nátional·ism *n* **1 a** 愛国意識, 民族意識, ナショナリズム, 民族主義(運動), 国民主義, 国家主義 (cf. ETHNOCENTRISM); 《特にアイルランドの》国家独立[自治]主義. **b** 産業国有主義. **2** 一国民の特性, 国民性.

nátional·ist *n* 国家[民族]主義者; [N-] 国家[民族]主義政党員. ► *a* 国家[民族]主義の; [N-] 国家[民族]主義政党の.

Nátionalist Chína《台湾の》国民政府, 中華民国 (Republic of China).

nà·tion·al·ís·tic *a* 民族[国家]主義的な; 国家の, 国家的な (national). ♦ **-ti·cal·ly** *adv*

na·tion·al·i·ty /næʃ(ə)nǽləti/ *n* **1 a** 国民であること; 国籍, 船籍: of Italian 〜 イタリア国民で[の] / men of all *nationalities* 各国の人びと / What's his 〜? 彼は何国人ですか. **b** 国民性, 民族性; 国民的感情, 民族意識 (nationalism). **2** 民族グループ; 《民族国家の》国民. **3** 独立国家としての存在, 国家としての政治的独立性.

nátional·ìze *vt* **1 a** 国有[国営]にする; 全国的規模に拡大する: an 〜*d* industry 国有化企業. **b** …に国家[国民]的性格を付与する; 帰化させる, …に市民権を与える. **2** 独立国家とする. ♦ **nàtional·izátion** *n* **1** 国有化, 国営化; 全国化; 国風化; 帰化. **2** 国家化, 独立. **-ìz·er** *n*

Nátional Lábor Relàtions Bòard [the]〘米〙全国労働関係局《1935 年に制定された全国労働関係法 (National Labor Relations Act) を執行する連邦の独立機関; 労働者の団結権・団体交渉権を保護し, 雇用者の不当労働行為を禁止するなどの権限をもつ; 略 NLRB》.

nátional lákeshore〘米〙国立湖岸《連邦政府が管理するレクリエーション地域》.

Nátional Léague [the] ナショナルリーグ《米国の二大プロ野球連盟の一つ; 1876 年設立; 略 NL; cf. AMERICAN LEAGUE》. ★ 同連盟は次の 16 チームからなる: 東地区: (Atlanta) Braves, (Miami) Marlins, (New York) Mets, (Philadelphia) Phillies, (Washington) Nationals. 中地区: (Chicago) Cubs, (Cincinnati) Reds, (Houston) Astros, (Milwaukee) Brewers, (Pittsburgh) Pirates, (St. Louis) Cardinals. 西地区: (Arizona) Diamondbacks, (Colorado) Rockies, (Los Angeles) Dodgers, (San Diego) Padres, (San Francisco) Giants. 各地区の優勝チームと地区の 1 位を除く勝率が 1 位と 2 位のチーム (wild card) の 5 チームが World Series 出場権をかけて Play-Off を行なう.

Nátional Liberátion Frònt [the] 民族解放戦線《略 NLF》; [the] 南ヴェトナム民族解放戦線 (=**Nátional Frónt for the Liberátion of Sóuth (Vietnám)**)《1960 年組織》.

nátional·ly *adv* 国家[全国民]的に; 挙国一致して; 全国的に; 国内的に; 公共の立場から.

nátional mónument〘米〙国定記念物《連邦政府が所有・維持する史跡・景勝地・天然記念物など》.

nátional párk 国立公園.

Nátional Párty [the] 国民党《**1)**〘豪〙農民・地方在住者の利益を代表する政党 **2)**〘NZ〙保守の中道政党 **3)**〘南ア〙アパルトヘイト時代の与党》.

Nátional Phýsical Labòratory [the]〘英〙国立物理学研究所《London の Teddington にある; 1900 年設立; 略 NPL》.

Nátional Pórtrait Gàllery [the]〘英〙国立肖像画美術館《London の Trafalgar Square にある美術館; 英国史に名を残した人物の肖像画・写真を所蔵する; 1856 年設立; 略 NPG》.

nátional próduct〘経〙国民生産 (cf. GNP).

Nátional Públic Rádio [the]〘米〙ナショナル・パブリック・ラジオ《非営利ラジオ放送局のために番組を制作・配給する組織; 2010 年より略語の NPR を正式名に変更》.

Nátional Ráil〘英〙ナショナルレール, 英国鉄道《ATOC に加盟している列車運行会社が使用しているブランド名》.

Na·ti·o·nal·rat /nàːtsiounáːlràːt/ *n* 国民議会《オーストリア・スイスの 2 院制議会の下院》.

Nátional Recóvery Administràtion [the]〘米〙全国復興庁《New Deal 政策の一環として 1933 年に産業振興・失業率低下を目的に設立された連邦政府機関; 略 NRA; 1936 年廃止》.

Nátional Rífle Associàtion [the] 全米ライフル協会《国民が銃器を購入・保持する権利を擁護する米国の組織; 銃器使用を制限する法律の成立を阻止する圧力団体として知られる; 略 NRA》.

Nátional Sávings and Invéstments〘英〙国民貯蓄銀行《財務省が運営する銀行; 全国の郵便局で Premium Bonds や Savings Certificates などを販売する; 略 NS&I; 旧称 National Savings Bank》.

nátional scénic àrea〘スコ〙スコットランド景勝地域《イングランド・ウェールズの national park に相当する》.

nátional schóol〘英〙国民学校《1811 年以降貧民教育促進国民協会 (National Society for Promoting the Education of the Poor) によって設立された voluntary school; 国教会の教義に基づく教育が行なわれた》.

Nátional Scíence Foundàtion [the] 米国科学財団《科学研究・教育を推進・援助する連邦政府機関; 1950 年設立; 略 NSF》.

nátional séashore〘米〙国定海浜公園.

nátional secúrity 国家安全保障.

Nátional Secúrity Còuncil [the]〘米〙国家安全保障会議《国家安全保障に関する国内・外交・軍事政策について大統領に助言する機関; 1947 年国家安全保証法 (National Security Act) によって大統領府内に設置された; 略 NSC》.

nátional sérvice‖ 国民兵役, 徴兵.

nátional sócialism [°N- S-] 国家社会主義 (cf. NAZISM).

nátional sócialist [°N- S-] *n* 国家社会党員. ► *a* 国家社会党員の; 国家社会主義の(ような).

Nátional Sócialist Pàrty [the]《特に Hitler の統率した》国家社会党, ナチス.

nátional superannuátion〘NZ〙国民老齢年金.

Nátional Térrorism Advìsory Sỳstem [the]〘米〙国

家テロ活動勧告システム《国家安全保障省が管理する国際的テロ活動に関する警報システム》.

Nátional Théatre [the] 英国国立劇場, ナショナルシアター《London の Thames 川南岸 (South Bank) にある複合劇場施設; 1976–77 年開設; 88 年より Royal の名を冠する; National Theatre 劇団の本拠地; cf. OLD VIC》.

nátional tréatment 〘国際法〙内国民待遇《通商航海条約などにおいて, 自国民と同様の権利を相手国の国民や企業に保障すること》.

Nátional Trúst [the]〘英〙ナショナルトラスト《自然保護, 史跡などの保存のための民間組織; 1895 年設立; 略 NT》.

Nátional Únion of Míneworkers [the]〘英〙全国炭鉱労働者組合《1945 年結成; 略 NUM》.

Nátional Únion of Stúdents [the]〘英〙全国学生連合《1922 年設立; 略 NUS》.

nátional univérsity 〘米教育〙全国的大学《公立・私立を問わず学生を全国から集める大規模総合大学》.

Nátional Wéather Sèrvice [the]〘米〙国立気象局《商務省海洋大気局の一部局で, 気象観測を行ない, 天気予報・警報などを発表・発令する; 略 NWS》.

nátion·hòod *n* 国民性, 民族性; 国民であること; 独立国家(としての地位).

nátion·ist *n* 国家主義者.

Nátion of Islám [the] ネーション・オヴ・イスラム《アフリカ系アメリカ人のイスラム教団体; 別名 Black Muslims; 1931 年創設; Black Nationalism を推進; メンバーであった Malcolm X の影響下で勢力を拡大した》.

nátion-státe / ⌐—⌐—/ *n* 民族国家, 国民国家.

nation·wide *a* /⌐—⌐—, ⌐—⌐—/ 全国的な: arouse ~ interest 全国民の関心をよび起こす. ► *adv* 全国的に. ► *n* [N-] /⌐——/ ネーションワイド (=~ **Búilding Society**)《英国の住宅金融組合》.

na·tive /néɪtɪv/ *a* **1 a** 出生地の, (原)産地の: ~ and foreign 国の内外の / one's ~ country 本国 / one's ~ land 故国 /a ~ speaker of English 英語を母語とする人, 英語のネイティブスピーカー / one's ~ tongue [language] 母語. **b** 現地産の, 土着の, 地(じ)の, 自生の: a ~ word《外来語に対して》本来語 / animals [plants] ~ *to* Australia 豪州自生動物[植物] / ~ art 郷土芸術. **c**《通例 白人の立場から》先住[原住, 土着]民の: the ~ quarter 先住民居住区. **2 a** 生まれつきの, 本来の ‹*to*›; 生得の: ~ beauty 生まれながらの美しさ / ~ rights 生得の権利. **b**〘電算〙もともとそのシステム用につくられた, ネイティブな: the ~ mode ネイティブモード《エミュレーションによらない動作様式》. **c** 自然のままの, 天然の: ~ copper 自然銅. **3** 飾りけのない, 純真で天真爛漫な, 素朴な. **4**《古》近い関係にある, 近縁の; 《豪》英国の動植物と外見が似た[類似の]; 〘占星〙ある星の下に生まれた. ● **go ~** ‹特に 白人が›(文化の低い)原地人と同じ生活をする. ► *n* **1 a** 先住[原住]民, …生まれの人 ‹*of*›; 《よそ者に対し》土地の人; 《豪》豪州生まれの白人. **b** [°*derog*] 未開地の先住[原住]民, 《南ア》黒人: The ~*s* are getting [growing] restless. [°*joc*] みんないらいらし出している. **2** 土着の動植物, 自生種; "国産[本場]の(養殖)カキ (oyster). **3**〘占星〙…の星の下に生まれた人. ◆ **~·ly** *adv* **~·ness** *n* [ME=person born as slave<OF<L=inborn, natural; ⇨ NATAL]

Nátive Américan *n, a* アメリカ先住民(の), ネイティブアメリカン(の) (American Indian).

nátive béar 《豪》コアラ (koala).

nátive-bórn *a* はえぬきの (cf. NATURAL-BORN): a ~ Bostoner 生粋のボストン人.

nátive búsh 《NZ》原生林.

nátive cát 〘動〙フクロネコ (QUOLL).

nátive compánion 〘鳥〙ゴウシュウヅル (brolga).

nátive dóg 《豪》ディンゴ (dingo).

nátive élm bàrk bèetle 〘昆〙ELM BARK BEETLE.

nátive frangipán(n)i 〘植〙芳香のある黄色い花をつける豪州産トベラ科の常緑樹.

nátive hén 〘鳥〙**a** オグロバン《豪州産のバン (moorhen, gallinule) の一種》. **b** タスマニアオグロバン《Tasmania 固有種; 飛翔力がない》.

nátive óak 《豪》CASUARINA.

Nátive Péople 《カナダ》先住民族.

nátive slóth 《豪》コアラ (koala).

nátive són* 土地っ子.

Nátive Státes *pl* [the]《インド独立前の》土侯国 (=*Indian States and Agencies*)《英国の保護下にあった 562 の半独立国; cf. BRITISH INDIA》.

nátive títle 《豪》《先住民の》土地所有権.

na·tiv·ism /néɪtɪvìz(ə)m/ *n* **1** 排外主義, 先住民保護主義; 《文化変容への反発としての》土着主義. **2**〘哲〙先天説, 生得説. ◆ **-ist** *n, a* **nà·tiv·ís·tic** *a*

na·tiv·i·ty /nətívəti, *neɪ-/ *n* **1** 出生, 誕生, 生まれ; 起源地, 原産地: of Irish ~ アイルランド生まれの. **2** [the N-] キリストの降誕; [the N-] キリストの降誕祭, クリスマス; [the N-] 聖母マリアの誕生祭《9 月 8 日》, 洗者ヨハネの誕生祭《6 月 24 日》; [a *or* the N-] キリスト降誕の絵[浮彫り, 彫刻]. **3**〘占星〙出生時の星位 (cf. HOROSCOPE). [OF<L; ⇨ NATIVE]

natívity plày 《通例 クリスマスに児童が演じる》キリスト降誕劇.

natl, nat'l national.

NATO, Nato /néɪtòu/ °North Atlantic Treaty Organization.

na·tri·um /néɪtriəm/ *n* 〘化〙ナトリウム《SODIUM の旧称》.

na·tri·ure·sis /nèɪtrijuríːsəs/ *n* 〘医〙ナトリウム排泄増加. ◆ **-uret·ic** /-rétɪk/ *a, n*

nat·ro·lite /néɪtrəlàɪt, nǽt-/ *n* ソーダ沸石, 天然アルミノケイ酸ソーダ.

na·tron /néɪtrɑ̀n, -trən/ *n* ソーダ石, ナトロン《天然のナトリウムの含水炭酸塩鉱物》. [F<Sp<Arab<Gk NITRE]

Natron [Lake] ナトロン湖《タンザニア北部, ケニアとの国境にある湖; 大地溝帯の東部帯にあり, 湖底に塩分・天然ソーダが堆積している》

na·tru·re·sis /nèɪtrəríːsəs/ *n* NATRIURESIS.

nat·ter /nǽtər/"《口》*vi* ブツブツ言う; ペチャクチャしゃべる. ► *n* おしゃべり; うわさ話. ◆ **~·er** *n* [Sc (imit)]

nát·tered *a*"《口》おこりっぽい, 気むずかしい.

nat·ter·jack /nǽtərdʒæ̀k/ *n* 〘動〙ナタージャックヒキガエル《背中に黄条のある欧州産のヒキガエル; 後肢が短いため, 跳ぶことができずにちょこちょこ歩きまわる》.

nát·tery *a*"《口》気むずかしい.

nat·tiér blúe /nætjéɪ-/ 淡青色. [Jean-Marc *Nattier* (1685–1766) この色を好んで用いたフランスの肖像画家]

nat·tock /nǽtək/ *n* 〘動〙イタチキツネザル (weasel lemur).

nat·ty[1] /nǽti/ *a* 《口》‹服装・風采が›しゃれた, きりっとした, こざっぱりした, いきな. ◆ **nát·ti·ly** *adv* **-ti·ness** *n* [? *netty* ‹ *net* (obs) NEAT[1]; cf. OF *net* trim]

natty[2] 《俗》*a* ‹髪が›細く束ねて縮らせた, ドレッドヘア (dreadlocks) の; RASTAFARIAN. ► *n* 細く束ねて縮らせた髪[ドレッドヘア](の人); RASTAFARIAN. [*knotty* のジャマイカ式発音]

Nátty Búmp·po /-bʌ́mpou/ ナッティ・バンポー《James Fenimore Cooper の 'Leather-Stocking Tales' に登場する北米植民時代の典型的奥地人で, 文明を憎む正義漢; 長い鹿皮の脚絆をつけている》.

nátty dréad [*pl*]《黒人俗》ドレッドヘア (dreadlocks); (ドレッドヘアの) RASTAFARIAN.

Na·tu·fi·an /nət(j)úːfiən/ *a* 〘考古〙ナトゥフ文化の《パレスティナの Wadi an-Natuf 遺跡などに見られる中石器文化》.

na·tu·ra /nɑtúː(ə)rə/ *n* 自然 (nature). [L; ⇨ NATAL]

nat·u·ral /nǽtʃ(ə)rəl/ *a* **1 a** 自然の, 天然の; 自然のままの, 加工しない (opp. *artificial*, *factitious*); 未開墾の; 啓発[教化]されていない; 自然食品 (natural food) の[に関する]: the ~ world 自然界 / ~ blonde《染めていない》本来のブロンド / a ~ weapon 天然の武器《爪・歯・拳など》/ land in its ~ state 未開墾の土地 / NATURAL MAN. **b** 自然界に関する; 自然科学 (natural science) の; 形而下の, 現実世界の; 《霊的・知的・虚構的なものではなく》実在する: ~ phenomena 自然現象《風雨雷鳴など》. **2**《論理上または人情として》当然の, 無理からぬ: a ~ mistake もっともな間違い / ~ justice 自然的正義《特に 裁判所以外の司法審査の原則とされる公正性など》/ It is ~ for a fish to swim. 魚が泳ぐのはあたりまえだ / It is ~ that he should complain. 不平を言うのも無理はない. **3 a** 本来の, 生地のままの, 気取らない; 常態の; 普通の, 平常の; *《黒人俗》‹ヘアスタイルが›アフロの (Afro): a ~ attitude 自然な態度 / Her shyness does not look ~. 恥ずかしがりがわざとらしい / speak in a ~ voice 普通の声で話す. **b** ‹絵など›生き写しの, 真に迫った: a ~ likeness 生き写し. **4 a** 自然の過程による; 生まれつきの, 持ち前の; 《まれ》《親子・兄弟の情愛, 感謝の念など》自然の情愛をもった, 優しい: a ~ enemy 不倶戴天の敵; 天敵 / NATURAL DEATH / a ~ poet 天成の詩人 / ~ abilities [gifts] 天賦の才 / a ~ instinct 生まれながらの本能. **b** ‹親・子が›血のつながった, 実の; 庶出の: ~ parents 実の親 / a ~ child 庶子, 私生児. **5**《啓示によらず》理性だけに基づいて体系化された: NATURAL RELIGION / NATURAL RIGHT. **6**〘楽〙本位[ナチュラル]の《1) シャープもフラットもつかない 2) 本位記号[ナチュラル]によってもとの音に戻った》; (自然)倍音列 (harmonic series) の[をなす]; ‹トランペット・ホルンなど›無弁の, 自然の《鍵やバルブをもたない》. **7**〘数〙1 を基にして数えられる数の, 自然数の, 整数の. **8**〘トランプ〙‹札が›ジョーカーでも自由札でもない; 自由札がはいっていない. **9** オフホワイト[ベージュ]の, 生成(きな)り(色)の. ● **come ~** ‹人にとって›すらすらできる, 努力を要しない, 苦にならない, 自然な[あたりまえの]ことに思える ‹*to*, *for*›. ► *n* **1 a**《口》生まれつきの名手[才人] ‹*for*›; 《口》うってつけ[かっこう]の役割, ぴったりのもの ‹*for*›; すぐに成功しそうなこと. **b** 自然なもの; 〘釣〙生き餌; *《黒人俗》アフロ (Afro)《ヘアスタイル》; オフホワイト, ベージュ. **c**《生来の》白痴, うすのろ. **2**〘楽〙本位記号, ナチュラル《♮》; 本位音; 《ピアノやオルガンの》白鍵. **3 a**〘トランプ〙すぐ勝ちとなる 2 枚の札の組合わせ, BLACKJACK; 《CRAPS で》1 投目で 7 か 11 が出ること. **b**《口》たちまち大当たりしそうなもの[妙案など]. **4***《俗》7 年の刑. ● **in all one's ~**"《俗》生涯. ◆ **~·ness** *n* [OF<L; ⇨ NATURE]

nátural-bórn *a* 生まれつきその資格のある (cf. NATIVE-BORN); 生まれつきの才能がある, 天成の; *«俗» 全くの, 根っからの: a ~ citizen *国内出生[両親が米国籍]の国民.
nátural brídge 1 天然橋. **2** [N- B-] ナチュラルブリッジ《Virginia 州中西部にある橋形の石灰岩》. **3** [N- B-] ナチュラルブリッジズ《Utah 州南東部にある, 3 つの天然橋からなる国定記念物》.
nátural chíldbirth 自然分娩.
nátural classificátion NATURAL SYSTEM.
nátural-cólored *a* 自然色の.
nátural dáy 自然日《日の出から日没まで; または 1 昼夜》.
nátural déath 自然死; 自然消滅. ● **die a ~** ⇨ die a DEATH.
nátural dedúction 〘論〙 自然演繹《通常の公理を用いる論理計算に対して, 演繹規則だけからなる論理体系》.
Nátural Éngland 〘英〙 ナチュラル イングランド《イングランドの自然保護をつかさどる独立政府機関; ENGLISH NATURE, 地方開発局 (Rural Development Service), COUNTRYSIDE COMMISSION の後身である Countryside Agency の 3 機関の統合によって 2006 年発足》.
nátural Énglish 〘玉突〙 RUNNING ENGLISH.
nátural fámily plánning 自然家族計画, 荻野クナウス式受胎調節法《基礎体温などから排卵期を予測して性交を控えるもの; 略 NFP》.
nátural fóod 自然食品.
nátural fréquency 〘電・機〙 固有振動数[周波数].
nátural gás 天然ガス; 《石灰などからつくる》有機物ガス.
nátural génder 〘言〙 自然的性 (cf. GRAMMATICAL GENDER).
nátural guárdian 〘法〙 血縁後見人.
nátural histórian 博物研究家, 博物誌の著者, 自然史家.
nátural hístory 1 a 自然史[誌], 博物学, 博物誌《今は動物学・植物学・地質学・鉱物学などと分化している》. **b** 《専門外の人の》博物研究. **2** 《生体・病気などの一定期間における》自然な生長[進展].
Nátural Hístory Musèum [the] 自然史博物館《London の South Kensington にある博物館; 1862 年に British Museum の一部門として設置, 1881 年現在の地に移転; 動物学・昆虫学・古生物学・植物学・鉱物学の 5 部門に分かれている》.
nátural·ism *n* 自然主義《(**1**) 自然的欲望本能を尊重する思考行動原理 **2**) 〘美・文芸〙 人生の現実をありのままに描写する **3**) 〘倫〙 人間の自然的素質を道徳の立脚地とする **4**) 〘哲〙 自然界を唯一実在とし科学的方法で一切を説明する **5**) 〘神学〙 あらゆる宗教的真理は超自然的天啓から得られるのでなく自然界から得られるとする》.
nátural·ist *n* **1** 自然主義者 (⇨ NATURALISM). **2 a** 自然誌[博物]研究家, 博物学者, 《アマチュアの》自然観察者, ナチュラリスト. **b** ᵘ小鳥商人, 畜犬商, 剝製師. ► *a* NATURALISTIC.
nat·u·ral·is·tic /næ̀tʃ(ə)rəlístɪk/ *a* **1** 自然を模倣する; 自然主義の, 自然主義的な (⇨ NATURALISM). **2** 自然誌研究(家)の, 博物学の. ♦ **-ti·cal·ly** *adv*
naturalístic fállacy 自然主義的虚偽《pleasure などの非倫理的な記述的用語で the good などの倫理的な用語を定義すること》.
nátural·ize | -ise *vt* **1 a** 帰化させる, 〈外国人〉に市民権を与える. **b** 〈言語・風習などを〉外国から採り入れて自国のものとする; 〈動植物を〉移植する, 新風土にならす. **2** 〈奇跡・伝統などを〉自然の理に合うように説明する; …の人為[約束ごと]的要素を除いて自然な姿にする, 神秘的でなくする. ► *vi* **1** 帰化する; 新風土になれる. **2** 博物の研究をする. ♦ **-ìz·er** *n* **nàtural·izátion** *n*
nátural kéy 〘楽〙 自然音階《シャープもフラットもない音階, すなわちハ長調またはイ短調》.
nátural kíller cèll 〘免疫〙 ナチュラルキラー細胞 (=*NK cell*)《あらかじめ感作(かんさ)されることなく腫瘍細胞・ウイルス感染細胞を殺すことができる大型顆粒リンパ球》.
nátural lánguage 《人工言語・機械言語に対して》自然言語.
nátural lánguage pròcessing 〘電算〙 《自動翻訳・構文分析などのための》自然言語処理 (略 NLP).
nátural láw 《実定法に対する》自然法; 《一般に》自然律, 自然法則《自然界の法則および人間の社会法則を含む》.
nátural lífe 天寿, 寿命.
nátural lógarithm 〘数〙 自然対数 (=*Napierian logarithm*) 《*e* を底とする; 記号 ln, $\log_e$; cf. COMMON LOGARITHM》.
nátural·ly *adv* **1** 自然に, 自然の力で, 人力を借りないで: thrive ~ ひとりでに茂る. **2 a** ありのままに, 飾らずに: behave ~ 自然にふるまう / speak ~ すらすら[気取らずに]話す. **b** 本来, 生まれつき: Her hair is ~ curly. 彼女の髪は生まれつき縮れている. **c** 当然のこととして. **3** 当然, もちろん (of course): Will you answer his letter?—*N~!* 返事を出しますかーもちろん. ● **come ~**=come NATURAL. **do what comes ~** ᵘ[*joc*] セックスする.
nátural mágic 霊の助けを借りないで行なう呪術.
nátural mágnet 天然磁石 (lodestone).
nátural mán 1 〘聖〙 生まれながらの人, 自然児《聖霊による霊的更生をうけず動物的に行動する; *1 Cor* 2: 14》. **2** 自然人, 未開人.
nátural mínor (scále) 〘楽〙 自然的短音階.
nátural númber 〘数〙 自然数《1, 2, 3, …のような正の整数》.
nátural órder 1 自然律, 自然界の秩序. **2** 〘生〙 **a** 科 (family) 《学術用語としては用いない》. **b** ᵘNATURAL SYSTEM.
nátural philósophy 自然哲学《自然現象研究の意味で, 19 世紀前半ごろまでの用語; 今の natural science, 特に physics に当たる》. ♦ **nátural philósopher** *n*
nátural relígion 自然宗教《奇跡や啓示を認めず人間の理性と経験を基にする; cf. REVEALED RELIGION》.
nátural résources *pl* 天然[自然]資源.
nátural ríght 《自然法に基づく人間の》自然権.
nátural rúbber 天然ゴム.
nátural scíence 自然科学《生物学・鉱物学・地質学・化学・物理学など》. ♦ **nátural scíentist** 自然科学者.
nátural seléction 〘生〙 《Darwinism の用語で適者生存の過程を説明する》自然選択[淘汰].
nátural sígn 〘楽〙 本位記号, ナチュラル (♮).
nátural slópe 自然斜面《投げ上げた土の山がつくる斜面》.
nátural sýstem 〘生〙 自然分類 (=*natural classification*)《生物の形質に基づいて自然群に分けた分類; 特に リンネ種を否定する ジュッシュー (Bernard de Jussieu) (1699–1777) による植物自然分類》.
nátural theólogy 自然神学《啓示によらず人間の理性によるもの; cf. REVEALED THEOLOGY》.
nátural uránium 天然ウラン.
nátural vegetátion 自然植生《一地方に固有て, 人間の生活による変化をこうむっていない植物群》.
nátural vírtues *pl* 〘スコラ哲学〙 自然徳《4 つの CARDINAL VIRTUES》.
nátural wástage 《労働力の》自然減 (attrition).
nátural yéar TROPICAL YEAR.
na·tu·ram ex·pel·las fur·ca, ta·men us·que re·cur·ret /nɑːtúːrɑ̀ːm ɛkspɛ́lɑːs fúrkɑ̀ː tɑ́ːmɛn úskwɛ rɛkúrɛt/ 熊手で追い払っても自然は常に戻ってくる. [L]
na·tu·ra non fa·cit sal·tum /nɑːtúːrɑː nóʊn fɑ́ːkɪt sɑ́ːltʊ̀m/ 自然は飛躍しない. [L]
na·ture /néɪtʃər/ *n* **1** (大)自然, 万有, 自然(現象); 自然界; 自然力, 自然の理法; [ᵒN-] 造化, 造物主: the LAW OF NATURE / All ~ looks gay. 花笑い鳥歌う / *N~* is the best physician. 自然は最良の医師 / *N~*'s engineering 造化の巧み / one of ~*'s* gentlemen 生まれつきの紳士. ★ しばしば 擬人化して女性扱い. **2 a** 《文明にゆがめられない》人間の自然の姿; 《神の恵みに浴していない》未開の[野蛮な]状態: Return to ~! 自然へ帰れ / a return to ~ 自然への復帰. **b** 本来の姿; 現実, 本物: TRUE to ~. **3 a** 《人・ものの》本性, 本質, 天性, 性質; 〘生〙 素質: in the course of ~ 自然の成り行きで / let ~ take its course «口» 成り行きにまかせる / Cats and dogs have different ~*s*. 犬と猫は性質[本性]が違う. **b** 《人間の》性質, 気性; «方» 自然の情愛: It is not in his ~ to seek help. 彼は助けを求めるような人ではない / good ~ 温良 / ill ~ 意地悪 / human ~ 人間性, 人性 / the rational [moral, animal] ~ 理性[徳性, 動物性]. **c** …な性質の人[物]: a gentle [sanguine] ~ 気だての優しい人[楽天家]. **4** 種類 (sort, kind); 《銃・弾丸の》大きさ (size): books of that ~ そんな種類の本. **5 a** 体力, 活力: food enough to sustain ~ 体力を保つに足る食物 / *N~* is exhausted. 体力が尽きた. **b** 本然の力, 衝動, 肉体的要求[機能], 生理的要求: CALL OF NATURE / ease [relieve] ~ 排泄する. **6** [N-] 『ネイチャー』《英国の科学専門誌; 週刊; 1869 年創刊》.
● **against ~** (**1**) 不自然な, 性のおきてに逆らった, 無理な: crime *against* ~ 異常な性行為 (sodomy). (**2**) contrary to NATURE. **all ~** 万人, 万物. **a** TOUCH **of ~**. **by ~** 生来, 本来: He is artistic *by* ~. 生まれつき芸術的素質をもっている. **contrary to ~** 奇跡的な[に]. DEBT OF [TO] NATURE. **from ~** 実物をモデルにして. **in a state of ~** 未開[野蛮]状態に; 野生のままに (wild); まっ裸で (naked); 〘宗〙 聖霊による霊的更生をしていない罪深い状態で (cf. *a state of* GRACE). **in ~** [しばしば 最上級を強調して] 現存して(いる); [疑問詞・否定語を強調して] いったい《何かなど》, どこにも《ないなど》. **in [of] the ~ of**…の性質をおびた, 本質的に…の範疇にはいる. **in [by, from] the ~ of things [the case]** 道理上, 必然的に, 当然. **like all ~** *«口» 完全に. **~ of the** BEAST. **~, red in tooth and claw** 猛威をふるう[凶暴な]自然; 激しい競争, 熾烈な争い《Tennyson, *In Memoriam A.H.H.* より》.
♦ **~·lìke** *a* [F<L *natura*]
náture bòy *«俗» 精悍な男; [*joc*] 髪の伸びた男.
Náture Consèrvancy [the] 自然保護協会《1951 年 Washington, D. C. に設立された非営利自然保護団体》.
náture conservàtion 自然保護.
náture cùre NATUROPATHY.
ná·tured *a* …な性質をもつ: a good-~ man 人のよい男.
náture dèity [ᵘ*pl*] 自然神《自然の事物や自然現象を神格化したもの》.
náture philòsophy NATURAL PHILOSOPHY.
náture prìnting ネイチャープリンティング《(**1**) 木の葉などを柔らかい

平面に押しつけて刷る直接印刷法 **2)** 木の葉などを柔らかい金属板上に押しつけて印刷母型を作る方法》.

náture resèrve 自然保護区.

náture's cáll «口» 生理的要求 (call of nature).

náture strìp «豪» 道路沿いの草[芝生].

náture stùdy 自然研究, 理科《趣味, 初等教育の教科として行なわれるもの》.

náture tràil 自然(遊)歩道, 自然研究[探勝]路.

náture wàlk 自然散策.

náture wòrship 自然崇拝. ♦ **náture wòrshipper** *n*

na·tur·ism /néɪʧərìz(ə)m/ *n* NATURALISM; 自然神崇拝; (詩的な)自然崇拝; NUDISM. ♦ **-ist** *n*

na·tu·ro·path /néɪʧərəpæθ, *nət(j)úrə-/ *n* 自然療法医.

na·tu·rop·a·thy /nèɪʧərápəθi/ *n* 自然療法《空気·水·日光やマッサージ·電気療法などにより自然治癒を助ける》. ♦ **na·tu·ro·path·ic** /nèɪʧərəpǽθɪk, *nət(j)ùrə-/ *a*

na·tus /ná:tʊs, néɪtəs/ *a* 生まれた《略 n.》. [L=born]

Nat·West /nǽtwɛ́st/ 〔商標〕 ナットウェスト《National Westminster Bank の通称; 1968 年設立; 本社 London》.

nauch ⇨ NAUTCH.

Nau·cra·tis /nɔ́:krətəs/ ナウクラティス《古代エジプトのナイルデルタにあったギリシア商人の植民市》.

Nau·ga·hyde /nɔ́:gəhàɪd/ 〔米商標〕 ノーガハイド《ビニールレザークロス》.

naught, nought /nɔ́:t, *ná:t/ *n* **1** ゼロ, 零 (cipher): get a ~ 零点を取る. **2** «文» 無 (nothing), 無価値: a man [thing] of ~ 取るに足らぬ人[もの] / all for ~ むだに, いたずらに. ● **bring…to ~** 〈計画などを〉打ちこわす, 無効にする, 〈親切などを〉無にする. **care ~ for**…を少しもかまわない, 意に介さない. **come [go] to ~** 無効になる, 水泡に帰す, 失敗に終わる. **set…at ~** …を無視する; 実現を妨げる, 日の目を見ずに終わらせる. ► «古» *pred a* 無価値の, 無用の; 邪悪な. [OE *nāwiht*; ⇨ NO[1], WIGHT]

naugh·ty /nɔ́:ti, *ná:ti/ *a* **1** 腕白な, 言うことを聞かない, やんちゃな, いけない, 行儀の悪い; «古» 邪悪な: a ~ boy 悪い子, 悪童 / That's ~. ひどいよ. **2** 趣味の悪い, 下品な, エッチな, いやらしい. ► *n* [°*pl*] «俗» 性交. ♦ **náugh·ti·ly** *adv* **-ti·ness** *n* [ME=needy, of poor quality (NAUGHT)]

Náughty Níneties *pl* [the] GAY NINETIES.

nau·ma·chia /nɔ:méɪkiə, *-mǽkiə/ *n* (*pl* **-chi·ae** /-kiì:, -kiàɪ/, ~**s**) 《昔 ローマの市民に観覧させた》模擬海戦(場). [L<Gk (*naus* ship + *makhē* battle)]

nau·ma·chy /nɔ́:məki/ *n* NAUMACHIA.

Nau·plia /nɔ́:pliə/ ナウプリア (*ModGk* Návplio)《ギリシア Peloponnesus 半島東部 Argolis 湾湾頭の港町; ギリシア独立戦争後同国の首都 (1829–34)》. ■ the **Gúlf of ~** ナウプリア湾《Gulf of ARGOLIS の別称》.

nau·pli·us /nɔ́:pliəs/ *n* (*pl* **-plii** /-pliàɪ, -pliì:/) 〔動〕 ノープリウス, ナウプリウス《甲殻類の発生初期の幼生》.

Na·u·ru /nɑ:ú:ru/ ナウル《太平洋中西部の赤道直下の島で, 一国をなす; 公式名 Republic of ~ (ナウル共和国); ☆Yaren; 旧称 Pleasant Island; 第二次大戦中は日本軍が占領, 戦後国連信託統治領となり, 1968 年独立, 英連邦に加盟》. ♦ **~·an** *a, n*

nause /nɔ́:z, -s/ *vt* [次の成句で]: **~ out** *«俗» 〈人〉に吐き気を起こさせる, むかむかさせる (nauseate).

nau·sea /nɔ́:ziə, -ʒə, -siə, *-ʃə/ *n* 吐き気, 〔医〕 悪心(おしん); 船酔い; いや気, 嫌悪. [L<Gk (*naus* ship)]

nau·se·ant /nɔ́:ziənt, -ʒi-, -si-, *-ʃi-/ *a, n* 〔医〕 悪心を起こさせる(薬).

nau·se·ate /nɔ́:zièɪt, -ʒi-, -si-, *-ʃi-/ *vi* 吐き気を催す 〈*at*〉; 嫌悪する, むかつく. ► *vt* …にひどくいやな感じ[吐き気]を起こさせる, むかつかせる. ♦ **nàu·se·á·tion** *n*

náu·se·àt·ing *a* むかつかせる, いやな. ♦ **~·ly** *adv*

nau·seous /nɔ́:ʃəs, -ziəs; -siəs, -ziəs/ *a* むかつかせる, いやな (nauseating); 吐き気を催した. ♦ **~·ly** *adv* **~·ness** *n* [L; ⇨ NAUSEA]

Nau·sic·aä /nɔ:síkiə, -kèɪə/ 〔ギ神〕 ナウシカアー《パイアーケス人の王 Alcinoüs の娘; 難船した Odysseus を発見し父の王宮へ案内して救った》.

-naut /nɔ̀:t, *nà:t/ *n comb form* 「航行者」「推進する人」: Argo*naut*, astro*naut*, Reagan*aut*, video*naut*. [aero*naut*]

naut. nautical.

nautch, nauch /nɔ́:ʧ/ *n* 《インドの》舞い子 (**~ gìrl**) が行なう踊りのショー. [Skt=dancing]

nau·ti·cal /nɔ́:tɪk(ə)l, *ná:-/ *a* 航海[航空]の; 海上の; 船舶の; 船員の: the ~ almanac 航海暦 / ~ terms 海員用語, 海事語, 海語 / a ~ yarn 船乗りの長物語. ♦ **~·ly** *adv* [F *nautique*, <Gk (*nautēs* sailor < *naus* ship)]

náutical archaeólogy 海洋考古学.

náutical astrónomy 航海[航空]天文学.

náutical dáy 航海日《正午から次の正午まで; 船の経度の変化により長さが変化する》.

náutical míle 海里《航海·航空に用いる距離単位; 米では 1853.25 m, 英では 1853.2 m (=*Admiralty mile*) であったが, 今日では国際単位 (=1852 m) が採用されている》.

nau·ti·loid /nɔ́:t(ə)lɔ̀ɪd, *ná:-/ *a, n* 〔動〕 オウムガイ目 (Nautiloidea) の(軟体動物). [↓, *-oid*]

nau·ti·lus /nɔ́:t(ə)ləs, *ná:-/ *n* (*pl* **~·es, -ti·li** /-làɪ, -lì:/) **1** 〔動〕 オウムガイ (=chambered [pearly] ~); 《南太平洋·インド洋に分布する頭足綱オウムガイ科オウムガイ属 (*N*-) の軟体動物》; PAPER NAUTILUS. **2** [the N-] ノーチラス号《米国の原子力潜水艦第 1 号》. [L <Gk=sailor; ⇨ NAUTICAL]

nav. naval ♦ navigable ♦ navigation.

NAV 〔証券〕 °net asset value.

nav·aid /nǽvèɪd/ *n* 航海[航空]用機器《レーダービーコンなど》; 航法援助施設. [*nav*igation *aid*]

Nav·a·jo, -ho /nǽvəhòʊ, ná:-/ *n* **a** (*pl* ~, ~**s**) ナヴァホ族《New Mexico, Arizona, Utah 州に住む現存北米インディアンの最大部族》. **b** ナヴァホ語.

na·val /néɪv(ə)l/ *a* 海軍の (opp. *military*); 軍艦の; «廃» 船の, 海軍の: a ~ battle 海戦 / a ~ (building) plan 建艦計画 / ~ forces [power] 海軍力 / a ~ power 海軍国. ♦ **~·ism** *n* 大海軍主義. **~·ist** *n* 大海軍主義者. **~·ly** *adv* 海軍式に; 海軍の立場から. [L (*navis* ship)]

nával acàdemy 海軍兵学校.

nával árchitect 造船家, 造船技師.

nával árchitecture 造船学.

nával báse 海軍基地.

nával brigáde 海軍陸戦隊.

nával cadét 海軍士官候補生.

nával còllege" 海軍兵学校.

nával crówn 〔紋〕 海洋冠《古代ローマ時代海上輸送の功績者に与えられた冠; 港市の紋章の盾の上部に加えられることが多い》.

nával ófficer 海軍士官; *税関吏.

nával pìpe CHAIN PIPE.

nával shípyard* 海軍工廠 (dockyard").

nával státion 海軍補給地, 海軍要港, 海軍基地.

nával stòres *pl* 海軍軍需品《針葉樹, 特に 松から採れるテレビン油·ピッチ·ロジンなど》. [木造船の建造·保守に用いたことから]

nav·ar /nǽvà:r/ *n* 〔空〕 ナバー《地上のレーダーによって空港管制空域内のすべての航空機の位置·機名を決定するとともに, 各航空機に必要な情報を与えるシステム》. [*nav*igational and traffic control rad*ar*]

Na·va·ra·tri /nʌ̀vərá:tri/, **-tra** /-trə/ *n* 《ヒンドゥー教》九夜祭《Asin 月 (9–10 月) に 9 日間行なわれる Durga の祭》. [Skt=nine nights]

na·varch /néɪvà:rk/ *n* 《古代ギリシアの》艦隊司令長官, 提督. [Gk (*naus* ship, -ARCH)]

nav·a·rin /nǽvərən; *F* navarɛ̃/ *n* ナバラン《マトン[ラム]を煮込んだシチュー》.

Na·va·ri·no /næ̀vərí:noʊ/ ナヴァリノ《PYLOS のイタリア語名》.

Na·varre /nəvá:r/ ナバラ (Sp **Na·var·ra** /nəvá:rə/) **(1)** フランス南西部およびスペイン北部にまたがるピレネー山脈西部の地域; かつて王国があった **2)** スペイン北部の自治州; ☆Pamplona》.

Nav·ar·rese /næ̀vərí:z, *-s/ *a* ナバラ (Navarre) の. ► *n* ナバラ人; ナバラ語《ピレネー山脈西部で用いられた Basque 語の方言》.

nave[1] /néɪv/ *n* 〔建〕 《聖堂の》身廊, ネーヴ. [L (*navis* ship)]

nave[2] *n* 《車の》こしき (hub). [OE *nafu*; cf. ↓]

na·vel /néɪv(ə)l/ *n* へそ, 臍; 中心(点); 〔紋〕 NOMBRIL; NAVEL ORANGE. ● **contemplate [gaze at, regard] one's ~** 瞑想にふける. [OE *nafela*; cf. G *Nabel*]

nável-gàz·ing /-gèɪzɪŋ/ *n* 《行動を伴わない》無意味な物思い[思案].

nável ìll 〔獣医〕 臍帯(さいたい)(感染)症 (=*joint evil, joint ill*)《子馬·子牛·子羊の関節の慢性化膿性炎症; 化膿菌の臍帯感染によって起こる》.

nável òrange 〔果物〕 ネーブル(オレンジ) (=*navel*).

nável strìng へその緒 (umbilical cord).

nável·wòrt *n* 〔植〕 **a** ギョクハイ(玉盃)《欧州産ベンケイソウ科の多年草; 円い葉のまん中にへそ状のくぼみがある》. **b** ルリソウ属の一種. **c** チドメグサの一種.

na·vette /nævɛ́t/ *n* 〔宝石〕 ナベット《多くのカット面のある先細長卵形に仕上げた石; 特に ダイヤモンド以外の石にいう》.

na·vew /néɪvjù:/ *n* カブ (turnip).

nav·i·cert /nǽvəsə̀:rt/ *n* 《戦時の》封鎖海域通過許可書.

na·vic·u·lar /nəvíkjələr/ *a* 舟状の; 〔解〕 舟状骨の. ► *n* 〔解〕 舟状骨 (=*scaphoid*)《足根骨·手根骨の一つ》; 《馬の足先の》遠位種子骨, 舟状骨, 舠骨(とうこつ); NAVICULAR DISEASE. [L; ⇨ NAVAL]

navícular diséase [sýndrome] 〔獣医〕 《馬の》舟状骨疾患, 舠嚢(とうのう)炎.

nav·i·ga·ble /nǽvɪgəb(ə)l/ *a* 〈川·海·船·気球などが〉航行[操縦]可能な, 可航の; 〈ウェブサイトなどが〉閲覧しやすい. ♦ **-bly** *adv*

nàv·i·ga·bíl·i·ty *n* 航行可能,《船・航空機の》耐航性. **～·ness** *n*

návigable sémicircle〘海〙可航半円 (cf. DANGEROUS SEMICIRCLE).

nav·i·gate /nǽvəgèɪt/ *vt* **1**〈船・航空機を〉操縦する, うまくあやつる, 誘導する;〈海・川・空中を〉航行する. **2**《口》〈場所・時期などを〉通り抜ける, 通過する, 進む;〈困難などを〉切り抜ける. **3**〈ウェブサイト・メニュー画面などを〉見てまわる, たどる. ► *vi* **1** 操縦する;《助手席で》ナビゲーターをつとめる, 道案内する;《まれ》航海する (sail). **2**《口》歩く, 動く, 通行する. **3** ウェブサイトなどを見てまわる〈*through*〉. ● **～ one's [a] way** うまく進んで行く〈*out of, through, to*〉: ～ *a way out of* the fiscal mess 財政危機を脱する. [L *navigo*; ⇨ NAVAL]

náv·i·gàt·ing òfficer〘海〙航海長;〘空〙航空士.

nav·i·ga·tion /næ̀vəgéɪʃ(ə)n/ *n* **1 a** 航海, 航空, 航行; 誘導. **b** 航海[航空]学[術], 航法. **c** 航行船舶《集合的》. **d** 船舶交通, 海運, 水運. **2**《人工の》水路, 運河. **3**《ウェブサイト・メニュー画面などの》構造をたどって閲覧[操作]すること. ♦ **～·al** *a* **～·al·ly** *adv*

Navigátion Àcts *pl* [the]〘英史〙航海法《中世から近世にかけて, 海運や貿易の振興をはかる目的で制定された法; 1651 年の法は, 植民地との貿易をイングランドまたは植民地の船に限定し, ヨーロッパ製品の輸入をイングランドまたは輸出国の船に限定した; 1849 年廃止》.

navigátion còal STEAM COAL.

navigátion lìght〘空〙航空灯.

navigátion sàtellite 航行衛星《航行中の船舶や航空機がその正確な現在位置を知るための電波を送る人工衛星》.

náv·i·gà·tor *n* **1 a** 航行者, 航海者;《船を用いる》海洋探検家. **b**〘空〙航空士;〘海〙航海長;〘車の〙ナビゲーター《運転者に道を教える》. **2** ナビゲーター《航空機・ミサイルの進路を自動調整する装置》;〘電算〙閲覧ソフト, ブラウザー. **3** ″土方 (navvy).

Návigators Íslands *pl* [the] ナヴィゲーターズ諸島《SAMOA の旧称》.

Náv·pak·tos /náːfpɑ̀ːktɔːs/ ナフパクトス《LEPANTO のギリシア語名》.

Náv·plio /náːfpliou/ ナフプリオ《NAUPLIA の現代ギリシア語名》.

Nav·rat·i·lo·va /næ̀vrætəlóuvə, ″nævræ̀t-/ ナヴラチロヴァ **Martina ～** (1956-)《チェコ生まれの米国の女子テニス選手; Wimbledon で優勝 (1978, 79, 82-87, 90)》.

nav·vy ″/nǽvi/ *n*《通例 不熟練の》建設[土木]作業員; STEAM SHOVEL: mere ～*'s* work (体力だけの)労役. ► *vi* 建設[土木]作業員として働く.

na·vy /néɪvi/ *n* **1 a** [°N-] 海軍 (cf. ARMY, AIR FORCE); 海軍軍人《集合的》; [°N-] 海軍省. **b**《一国の》全軍艦, 全軍用船;《古・詩》艦隊, (商)船隊. **2** NAVY BLUE. ★ (1) 米海軍の階級は上から順に次のとおり: Fleet Admiral (元帥), Admiral (大将), Vice Admiral (中将), Rear Admiral, Upper Half (少将), Rear Admiral, Lower Half (准将), Captain (大佐), Commander (中佐), Lieutenant Commander (少佐), Lieutenant (大尉), Lieutenant Junior Grade (中尉), Ensign (少尉), Chief Warrant Officer (上級兵曹長), Warrant Officer (兵曹長), Midshipman (候補生), Master Chief Petty Officer (上級上等兵曹), Senior Chief Petty Officer (上等兵曹), Chief Petty Officer (一等兵曹), Petty Officer First Class (二等兵曹), Petty Officer Second Class (三等兵曹), Petty Officer Third Class (四等兵曹), Seaman (一等水兵), Seaman Apprentice (二等水兵), Seaman Recruit (三等水兵). ★ (2) 英海軍の階級: Admiral of the Fleet (元帥), Admiral (大将), Vice Admiral (中将), Rear Admiral (少将), Commodore (准将), Captain (大佐), Commander (中佐), Lieutenant Commander (少佐), Lieutenant (大尉), Sublieutenant (中尉), Acting Sublieutenant (少尉), Midshipman (少尉候補生), Warrant Officer (兵曹長), Chief Petty Officer (一等兵曹), Petty Officer (二等兵曹), Leading Seaman (一等水兵), Able Seaman (二等水兵), Ordinary Seaman (三等水兵). [ME＝fleet＜OF (L *navis* ship); cf. NAVAL]

návy bèan 白インゲンマメ. [米海軍で常用した]

návy blúe 濃紺, ネイビーブルー《英国海軍軍服の色》. ♦ **návy-blúe** *a*

návy chèst *《海軍俗》太鼓腹.

Návy Cróss〘米〙海軍殊勲章.

návy cùt ″ネイビーカット《薄切りの固形タバコ; パイプ用》.

návy exchánge《米海軍基地内の》酒保, 海軍 PX.

Návy Lìst [the]〘英〙海軍要覧《士官および艦船の公式名簿》.

návy yàrd* NAVAL SHIPYARD.

naw /nɔ́ː/《発音つづり》《口》NO《強い嫌悪・いらだち・異議を示す発音》.

na·wab /nəwɑ́ːb/ *n* 太守《インド・パキスタンのイスラム貴族に対する尊称》; NABOB. [Urdu＜Arab＝deputies; cf. NABOB]

Nax·al·ite /nǽksəlàɪt/ *n, a* ナクサライト(の)《インドの極左政党の党員; 1967 年西ベンガルのナクサルバリ (Naxalbari) において闘争を開始》.

Naxçivan ⇨ NAKHICHEVAN.

Nax·os /nǽksɑ̀s, -səs/ ナクソス《(1) 現代ギリシア語名 **Ná·xos** /náːksɔ̀ːs/; エーゲ海のギリシア領 Cyclades 諸島最大の島 (2) ギリシアが Sicily 島に建設した最古の植民地; Taormina の南西の丘に遺跡が残る》.

nay[1] /néɪ/ *adv* **1**《古・文》いな, いや (no) (opp. *yea*); 反対!《票決のときの返答》. **2** [人の言説批判的な文の冒頭に置いて]《古》うーん, それもそうだが (why, well); [°〈*conj*〉]《文》のみならず: It is difficult, ～, impossible. むずかしい, それどころか不可能だ. ► *n* いな(という語); 否定, 拒絶; 否定の返事; 反対投票(者): Let your yea be yea and your ～ be ～. 賛否をはっきり言え / the yeas and ～*s* 賛否(の数). ● **say** sb **～** 否認する; 拒絶する. **will not take ～** いなと言わせない. YEA **and ～**. [ON *nei* (*ne* not, *ei* AYE[2])]

nay[2] *a**《俗》醜い (ugly), いやな, 好ましくない (unfavorable). [*nasty*]

na·ya pai·sa /nəjɑ́ː pàɪsɑ́ː/ (*pl* **na·ye pai·se** /nəjéɪ pàɪséɪ/)〘インド〙新パイサ《1957 年に導入された補助通貨単位: ＝1/100 rupee (＝1 paisa)》. [Hindi＝new pice]

Na·ya·rit /nɑ̀ːrɑríːt/ ナヤリト《メキシコ中西部の太平洋に臨む州; ☆Tepic》.

Nay·pyi·daw, Nay Pyi Taw /nέpjidɔ̀ː, néɪ-/ ネピドー, ネーピードー《ミャンマー中南部にある同国の首都; 旧首都 Yangon の北方にある》.

náy·sày·er *n* 否定[拒絶, 反対]する人, 懐疑[冷笑]的な見方をする人. ♦ **náy·sày** *vi, vt, n* **náy-sày·ing** *n*

Naz·a·rene /næ̀zəríːn/ *n* **1** ナザレ人(びと); [the] イエスキリスト. **2** ナザレ派《1-4 世紀のユダヤ系キリスト教徒》. **3** ナザレン教会員, ナザレ派《20 世紀初めに米国で組織されたプロテスタントの一派 Church of the Nazarene (ナザレン教会) の信徒》. **4** キリスト教徒《ユダヤ教徒・イスラム教徒などの側からの呼称》. **5**〘美〙ナザレ派の画家《信仰生活を通じて宗教画の復興を目指した 19 世紀のドイツの一派》. ► *a* ナザレの; ナザレ人[教徒]の. [L＜Gk (↓)]

Naz·a·reth /nǽz(ə)rəθ/ ナザレ《イスラエル北部 Galilee 地方の市; イエスが幼年時代を過ごした土地》: JESUS of ～. [Heb＝branch]

Nazarite ⇨ NAZIRITE.

Naz·ca, Nas·ca /nɑ́ːskə/ *a*〘考古〙ナスカ文化(期)の《100-800 年ころのペルー南部海岸地帯の文化; 灌漑農業を営み, 高度の彩文土器を作り, 地上絵を残している》. [ペルー南西部の町]

naze /néɪz/ *n* **1** 岬 (promontory). **2** [the N-] ネーズ《イングランド南東部 Essex 州東岸の岬》; [(the) N-] LINDESNES. [NESS]

Na·zi /nɑ́ːtsi, *nǽtsi/ *n* ナチ《国家社会主義ドイツ労働者党 (1919-45) の党員》; [°n-] ナチスに似た政党[運動]の支持者, 狂信家, ファシスト; ナチのような人, 横暴[傲慢]な人. ► *a* ナチ党の, ナチスの; ナチの; NAZISM の: the ～ party ナチ党. ♦ **Na·zi·fy** /nɑ́ːtsɪfàɪ, *nǽtsɪ-/ *vt* ナチ化する. **Nà·zi·fi·cá·tion** *n* [G *Nationalsozialist*]

Názi·dom *n* ナチ思想[体制].

Na·zil·li /nɑ̀ːzəlíː/ ナジリ《トルコ南西部 Izmir の南東にある市》.

Naz·i·rite, Naz·a- /nǽzəràɪt/ *n* **1** ナジル人(びと)《古代イスラエル人の中で特別の誓願を守りヤハウェ信仰の純化を目指した苦行者》. **2**《まれ》NAZARENE. ♦ **-rìt·ìsm** *n*

Ná·zism /nɑ́ːtsɪ̀z(ə)m, nǽtsɪz-/, **Na·zi·ism** /nɑ́ːtsiɪ̀z(ə)m, nǽtsi-/ *n* (ドイツ)国家社会主義, ナチズム (cf. FASCISM, NATIONAL SOCIALISM); ナチ主義的運動; ナチ主義者の政権.

nb〘クリケット・ラウンダーズ〙°no ball. **Nb**〘化〙niobium.

NB, nb, n.b. /ènbíː, nóutə bíːni, -béni/ [L *nota bene*] mark [note] well 注意せよ. **NB** °New Brunswick ♦ northbound ♦ °North Britain. **NBA** °National Basketball Association ♦ National Boxing Association《現在は WBA》♦〘英〙°Net Book Agreement. **NBC**〘米〙National Broadcasting Company ♦ nuclear, biological and chemical 核・生物・化学〈兵器〉. **NbE** °north by east. **NBG, nbg** ″《口》no bloody good.

N-bomb /én―/ *n* NEUTRON BOMB.

NBS〘米〙National Bureau of Standards 国立標準局《現在は NIST》.

NBT /ènbìːtíː/ *n**《俗》たいしたものじゃないこと. [*no big thing*]

NbW °north by west. **NC**〘英教育〙°National Curriculum ♦ °network computer ♦ °New Caledonia ♦ no charge ♦ no credit ♦ °North Carolina ♦〘電算〙°numerical control ♦〘軍〙Nurse Corps. **NCA**〘精神医〙°neurocirculatory asthenia.

NCAA National Collegiate Athletic Association 全米大学競技協会. **NCI**〘米〙°National Cancer Institute.

NCNA °New China News Agency.

NCO /ènsìːóu/ *n* 下士官 (Noncommissioned Officer).

NCP /ènsìːpíː/ NCP, ナショナルカーパークス (National Car Parks)《英国全土で有料駐車場を経営する会社》.

NCSA National Center for Supercomputing Applications《Illinois 大学の機関; 学術界向けに数多くのソフトウェアを開発している》.

NC-17 /ènsíːsèv(ə)ntíːn/〘証明商標〙NC-17《17 歳以下禁止の映画; ⇨ RATING[1]》.

NCT〘英〙National Childbirth Trust ♦〘英〙National Curriculum Test.

'nd /nd/《発音つづり》AND.

N

-nd [数字 2 のあとに付け序数を表わす]: 2nd, 22nd. [second]
n.d. no date ♦ not dated. **Nd**〘化〙neodymium. **ND** Doctor of Naturopathy ♦ °North Dakota. **NDA**〘法〙°nondisclosure agreement ♦〘英〙Nuclear Decommissioning Authority 原子力廃止措置機関《2005 年設立》.
N. Dak. °North Dakota.
NDE °near-death experience.
Nde·be·le /əndəbíːli, -bέleɪ/ *n* **a** (*pl* ~, ~**s**) ヌデベレ族《南アフリカの Transvaal 地方およびジンバブウェ南西部に居住する Bantu 語系の部族; Matabele 族ともいう》. **b** ヌデベレ語 (=*Sindebele*).
N'Dja·me·na /əndʒɑːméɪnə/ ヌジャメナ《チャドの首都; 旧称 Fort-Lamy》.
Ndo·la /ɛndóʊlə/ ヌドラ《ザンビア北部の市》.
NDP °net domestic product ♦〘カナダ〙°New Democratic Party.
NDPB〘英〙非省庁型公共機関. [*n*on-*d*epartmental *p*ublic *b*ody]
ndu·gu /(ə)ndúːgùː, (ə)ndúgʊ/ *n* [ᵘN-] 兄弟, あなた《タンザニアの敬称》.
né /néɪ/ *a* もとの名は, 旧名は, 本名は《男子の現在名の後ろ, もとの名の前に置く; cf. NÉE》;《集団・物について》もとの名称は, 旧称は: Lord Beaconsfield, ~ Benjamin Disraeli. [F=born]
ne- /níː/, **neo-** /níːoʊ, -ə/ *comb form*「新…」「後期…」「新大陸の」「〘医〙新しくて異常な」「〘化〙《異性体などのうちで》新しいほうの, ネオ…」 [Gk *neos* new]
Ne〘化〙neon. **NE**《E メールなどで》any ♦ Nebraska ♦ °New England ♦〘銀行〙no effects ♦ northeast ♦ northeastern.
NEA〘米〙°National Education Association ♦〘米〙°National Endowment for the Arts.
NEACP /níːkæp/〘米〙National Emergency Airborne Command Post (米国)国家緊急時空中コマンドポスト(機).
Neagh /néɪ/ [Lough] ネイ湖《北アイルランド中部にあるイギリス諸島最大の湖》.
Neal /níːl/ ニール《男子名》. [⇨ NEIL]
Ne·an·der·thal /niǽndərθɔ̀ːl, -tɔ̀ːl, neɪɑ́ːndərtɑ̀ːl; -tɑ̀ːl/, **-tal** /-tɔ̀ːl, -tɑ̀ːl; -tɑ̀ːl/ *a*〘人〙ネアンデルタール人の(ような); [ᵒn-]《口》未開の, 原始的な, 野蛮な; [ᵒn-]《口》古臭い, 時代遅れの. ► *n* ネアンデルタール《ドイツ西部 Düsseldorf の近くの谷》;〘人〙NEANDERTHAL MAN; [ᵒn-]《口》粗野な人; 無骨者; [ᵒn-]《古》時代遅れの人, 反動主義者. ♦ **Ne·án·der·thàl·òid** *a, n*
Neánderthal màn〘人〙ネアンデルタール人《更新世後期の初めヨーロッパおよび地中海の周辺に生息していた人類; 1856 年 Neanderthal でその人骨が最初に発見された》.
ne·an·ic /niǽnɪk/ *a* 若い;〘昆〙さなぎ期の.
nè·anthrópic *a*〘人〙新人類の, 現世人類[ホモ・サピエンス]の (cf. PALAEOANTHROPIC).
neap¹ /níːp/ *a* 小潮の. ► *n* NEAP TIDE. ► *vi*〈潮が〉小潮に向かう[達する]. ► *vt* [ᵘ*pass*]《小潮のため次の大潮まで》〈船を〉立ち往生させる. [OE *nēpflōd*<?]
neap² *n**《方》《二頭立馬車などの》ながえ. [Scand]
Ne·ap·o·lis /niǽpələs/ ネアポリス《**1**) NABLUS の古代名 **2**) NAPLES の古代名》. [Gk=new town]
Ne·a·pol·i·tan /nìːəpɑ́lət(ə)n; nìə-/ *a* ナポリ (Naples) の; ナポリ人の. ► *n* ナポリ人; NEAPOLITAN ICE CREAM.
Neapólitan íce (crèam) ナポリタンアイス(クリーム)《味の異なるものを数種重ねたブリック状のアイスクリーム》.
Neapólitan síxth〘楽〙ナポリの六《下属音上の短 3 度と短 6 度によって構成される》.
Neapólitan víolet〘植〙八重咲きニオイスミレ.
néap tíde《上弦[下弦]時の》小潮 (cf. SPRING TIDE).
near /níər/ *adv* **1**《空間・時間的に》近く, 接して, 隣り合って (opp. *far*): ~ by 近くに / ~ to=NEAR (*prep*) / ~ at hand すぐ手近に; 近々に / come [draw] ~ 近づく / Come ~*er*. もっとこちらへ / Keep ~ *to* me. わたしのそばを離れないでいなさい. **2** ほとんど, ほぼ(…に近く) (=~ enough, nearly): It was ~ *upon* three o'clock. もうかれこれ 3 時だった / not ~ so…=not NEARLY so…. **3** 精密に, 細かに; 親密に. **4**〘海〙詰め開きて. **5**《古》つましく, けちくさく: live ~ つましく暮らす. ● **come [go] ~** 匹敵する. **go ~ to** do=**come [go] ~** doing もう少しで…しそうになる.
► *a* **1 a** 近い, 手近の (opp. *far*); 至近の; 近い, 短い: on a ~ day 近日に / take a ~ [~*er*] view of…を近寄って見る / a ~ work《目を近づけなければならないような》精密な仕事 / the ~*est* way to the school 学校へ一番の近道 / to the ~*est* hundred 百の位まで, 百未満は四捨五入して. **b** 近親の; 親しい: a ~ relative [relation] 近親のもの《親や子》. **c** (利害)関係の深い. **2** よく似た, 本物に近い: ~ resemblance 酷似 / ~ translation 原文に近い翻訳 / ~ guess あたらずとも遠くない推測. **3** あやうく起こりかけた〈事故・事態〉; きわどい, あぶない: ~ race 接戦, 競り合い / NEAR THING. **4** けちな: He's ~ with his money. 金にけちな男だ. **5**《(一対の)馬・車・ᴴ道路などの》左側の《馬に乗る時などに左側から行なう慣習から; opp. *off*》: the ~ horse / the ~ front wheel 左の前車輪. ● **as ~ as damn it [dammit] (is to swearing)**=**damned [dawn] ~**=**as ~ as kiss your hand**ᴴ《口》ほとんど(…の近くで), すんでのところで, もう少しで. **as ~ as makes no difference [matter, odds]** ほとんど同じで, 事実上変わるところがなくて. **~ and dear (to** sb**)** (人にとって)近しい, 親しい, 大切な (cf. sb's NEAR*est and dearest*). **~** HAND. **a ~ thing [escape, touch]** 九死に一生 (cf. NEAR THING). **sb's ~est and dearest** 最も大切な人びと, 親友, 近親. **so ~ (and) yet so far** 近いけれどなお遠くて, 目の前にしていながら手にはいらなくて[及ばずに], 惜しいところでしくじって.
► *prep* …の近くに, …に近く: ~ here [there] この[あの]近くに / She came [went] ~ be*ing* drowned. あやうくおぼれるところだった / ~*er* (to) the time 間際になったら / ~ (to) tears 泣きそうで. ● **sail ~ the** WIND¹.
► *vt* …に近づく (approach). ► *vi* 近づく.
♦ **~·ish** *a* **~·ness** *n* 近いこと, 接近; 近似; 近親; 関係の深さ; 親密さ; けちくささ, つましさ. [ON *nær* (compar)<*ná* nigh and OE *nēar* (compar)<*nēah* NIGH]
near- *pref*「ほとんど」: ~-boiling / ~-disaster.
néar-at-hánd *a* NEARBY.
near béer* ニアビール《モルトで作ったアルコール分 0.5% 以下の弱いビール風味の飲料; ノンアルコール飲料とみなされる》.
nèar·bý /ˌ—ˈ—/ *a* 近くの. ► *adv* 近くに[で].
Nè·árctic *a*〘生物地理〙新北亜区の《Greenland や北米大陸の北部地方および山岳地帯を含む》.
néar-dèath expérience 臨死体験《略 NDE; cf. OUT-OF-BODY EXPERIENCE》.
near dístance [the]《絵画の》近景.
néar-èarth óbject 地球接近[近傍]天体.
Néar Éast [the] 近東《**1**) アジア南西部・アフリカ北東部の国々; 今日では Middle East ということが多い **2**)《もと》バルカン半島を含むオスマン帝国の最大版図》. ♦ **Néar Éastern** *a*
néar-fáll *n*〘レス〙ニアフォール《1 秒以上 2 秒未満両肩がマットにつくこと, または 2 秒以上両肩がマットから 2 インチ以内に近づくこと》.
néar fúture [the] 近未来, 近い将来.
néar gále MODERATE GALE.
néar-infra·réd *a*〘理〙近赤外線の《赤外スペクトルのうち波長が短く可視光線に近い, 特に 波長が 0.7–2.5 マイクロメートルの; cf. FAR-INFRARED》.
néar·ly *adv* **1** ほとんど, ほぼ (almost), もう少しで; かろうじて (narrowly), あやうく: ~ new 新品同様の. **2 a**《古》近くに, 接近して. **b** 密接に, 親密に. **3** 念入りに. **4**《古》けちけちして. ● **not ~** とうてい[なかなか]…でない: *not* ~ enough とても足りない / It is *not* ~ so pretty as it was before. 以前の美しさには遠く及ばない.
néarly màn ᴴ《口》いいとこ止まりの人, そこそこの人.
néar-màn /, -mən/ *n* APE-MAN.
néar míss 目標に至近な爆撃; 至近弾; あと一歩の失敗, 惜敗;《航空機などの》異常接近, ニアミス; 危機一髪: have a ~ あやうく衝突しそうになる.
néar móney 準貨幣, 近似通貨, ニアマネー《すぐに換金[現金化]できる貯金[債権]; たとえば国債》.
néar pòint〘眼〙近点《明視のできる最近点; opp. *far point*》.
néar rhỳme〘韻〙近似韻 (SLANT RHYME).
near shave [squeak] ⇨ CLOSE CALL.
néar·shóre /ˌ—ˈ—/ *a* 沿岸の: ~ waters 沿岸海域《岸から 5 マイル以内の水域》.
néar·sideᴴ *n, a*《馬・車などの》左側(の) (cf. OFFSIDE).
néar·sìght·ed /ˌ—ˈ—ˌ—/ *a* 近視の (shortsighted) (opp. *far-sighted*); 近視眼的な, 短見の. ♦ **~·ly** *adv* **~·ness** *n*
néar-térm *a* 近々の.
néar thíng [ᵘa ~]《口》危機一髪; きわどいこと[行為]; 接戦.
ne·ar·thro·sis /nìːɑːrθróʊsəs/ *n* (*pl* **-ses** /-sìːz/)〘医〙新関節 (pseudarthrosis).
néar-ùltra·víolet *a*〘理〙近紫外線の《波長が最も長い, 特に 300–400 ナノメートルの; cf. FAR-ULTRAVIOLET》.
neat¹ /níːt/ *a* **1** さっぱりした, きちんとした; きれい好きな; こぎれいな, 整然とした; 均斉のとれた;〈絹などが〉なめらかな. **2 a** じょうずな, 巧妙な, 器用な;〈表現などが〉適切な: ~ work 手際のよい仕事 / a ~ conjuring trick 巧妙な手さばき / make a ~ job of it じょうずに仕上げる. **b**《俗》すてきな, かっこいい: a ~ bundle [package] かわいい娘. **3**〈酒など〉水を割らない, 生(*)の, ストレートの;《まれ》〈利益などが〉正味の. ► *adv* きれいに, きちんと; 水を割らずに, ストレートで. ♦ **~·ly** *adv* こぎれいに, きちんと; 巧妙に, 適切に. **~·ness** *n* こぎれいなこと, 整然; 器用. [F NET²<L *nitidus* clean (*niteo* to shine)]
neat² *n* (*pl* ~, ~**s**)《まれ》牛; 畜牛 (cattle): a ~ house 牛小屋 / a ~'s foot《料理用》牛の足 / ~'s leather 牛革 / a ~'s tongue 牛タン. [OE *nēat* animal, cattle<Gmc (**naut* to make use of)]
néat·en *vt* こぎれいにする〈*up*〉; こぎれいに仕上げる.
néat frèak 極度のきれい好き, 潔癖症の人.
neath, 'neath /níːθ/ *prep*《詩・方》BENEATH.
néat-hánd·ed *a* 手先の器用な, 巧みな.
néat·hèrd *n*《まれ》牛飼い (cowherd, herdsman).
néat·nìk *n*《口》身だしなみのよい人, 身ぎれいな人.

N

neato /níːtou/ *a* 《俗》 とてもいい, すごくうまい, 抜群の. ► *int* 《俗》 NEATO CANITO. ［*neat*[1]］.
néato ca·ní·to /-kəníːtou/ *int* 《俗》 すばらしい, すごい.
néat's-fòot òil 牛脚油《牛の足やすねの骨を煮て採った不揮発性油; 革を柔軟にする》.
neb[1] /néb/ 《スコ》 *n* くちばし, 《カメの》吻(ふん); 《人間の》鼻, 口; 《獣の》鼻口部; 尖端 (tip); ペン先; 《帽子の》頂部. ［OE *nebb*］
neb[2] *n* 《俗》 つまらんやつ (nebbish).
Neb. Nebraska.
NEB 《英》°National Enterprise Board ♦ °New English Bible.
neb·bie /nébi/ *n**《俗》 NIMBY[1].
neb·bish, -bich /nébɪʃ/ *n* 《俗》 臆病者, 軟弱なやつ, さえないやつ. ♦ **~y** *a* ［Yid］
NEbE °northeast by east.
ne·ben·kern /néɪbənkəːrn, -kèərn/ *n* 〔生〕 小核, 副核.
Ne·bi·im /nèbiíːm/ *n pl* 〔ユダヤ教〕 預言書, ネビーイム《Tanach の三大区分の第 2 区分; ⇨ PROPHET》. ［Heb］
NEbN °northeast by north.
Ne·bo /níːbou/ ［Mount］ 〔聖〕 ネボ山(さん) (⇨ PISGAH).
Ne·bras·ka /nəbrǽskə/ ネブラスカ《米国中部の州; ☆Lincoln; 略 **Neb(r).**, NE》.
Ne·brás·kan *a* ネブラスカ州(人)の; 〔地質〕 ネブラスカ氷期の. ► *n* ネブラスカ州人.
Nebráska sìgn* 《俗》 ネブラスカサイン《患者が死亡したことを示す水平な脳波図》.
neb·ris /nébrəs/ *n* ネブリス《古典美術で Dionysus, satyr などが着けている子鹿革》.
Neb·u·chad·nez·zar /nèb(j)əkədnézər/, **-rez·zar** /-rézər/ **1** ネブカドネザル, 〔聖〕 ネブカデネザル (c. 630–562 B.C.)《新バビロニア王 (605–562 B.C.); エルサレムを破壊して王と住民をバビロニアに幽閉した (586 B.C.)》. **2** [-nezzar] ネブカドネザル《ワインを入れる大型の瓶; 容量約 15 リットル》.
neb·u·la /nébjələ/ *n* (*pl* **~s, -lae** /-lìː, -làɪ/) **1** 〔天〕 星雲; 銀河. **2** 〔医〕 角膜白濁; 尿中綿状物; 〔医〕 噴霧剤. ［L=mist］
neb·u·lar /nébjələr/ *a* NEBULA の(ような); ぼんやりかすんだ[濁った].
nébular hypóthesis [**théory**] 〔天〕 星雲説《原始太陽を取り巻く太陽系星雲から惑星が生じたとする Laplace の説》.
neb·u·lat·ed /nébjəlèɪtəd/ *a* 〔動〕〈鳥獣など〉かすかな斑点のある.
neb·u·lé /nébjəlèɪ, -lìː/, **-ly** /nébjəli/ *a* 〔紋〕 雲波状の.
ne·bu·li·um /nɪbjúːliəm/ *n* ネブリウム《もとガス状星雲中に存在すると考えられた仮想の元素》.
neb·u·lize /nébjəlàɪz/ *vt* 霧状にする; 〈患部〉に薬液を噴霧する. ♦ **-liz·er** *n* 《医療用の》噴霧器, ネブライザー. **nèb·u·li·zá·tion** *n*
neb·u·los·i·ty /nèbjəlɑ́səti/ *n* 星雲状; 星雲状物質; あいまいさ, 不明瞭; 〔天〕 星雲.
neb·u·lous /nébjələs/, **-lose** /-lòus/ *a* 星雲(状)の; 雲[かすみ]のような, ぼんやりかすんだ; 漠然とした, あいまいな. ♦ **~·ly** *adv* **~·ness** *n* ［F or L; ⇨ NEBULA］
NEC °National Executive Committee ♦ °National Exhibition Centre.
ne ce·de ma·lis /neɪ kéɪdɛ mɑ́ːlìːs/ 禍いに屈するな. ［L］
nec·es·sar·i·an /nèsəséəriən/ *a, n* NECESSITARIAN. ♦ **~·ìsm** *n* NECESSITARIANISM.
nec·es·sa·ri·ly /nèsəsérəli; nésəs(ə)r(ə)li/ *adv* **1** 必然的に, 必ず; やむをえず, 余儀なく. **2** [*neg*] 必ずしも, あながち(…でない): That conclusion does*n't* ~ follow. その結論は必ずしも出てこない.
nec·es·sary /nésəsèri; nésəs(ə)ri/ *a* **1** 必要な, なくてはならない (indispensable) 〈*to, for* sb〉: Exercise is ~ *to* health. 運動は健康に必要である / I'll go, if ~. 必要なら行こう. **2 a** 必然の, 避けがたい (inevitable); 〔論〕 必然的な: a ~ evil 必要悪. **b** 義務づけられた, 必須の; 選択の自由のない, 強制的な. **3** 《古》 身辺の必要な仕事をする〈女性など〉. ► *n* **1 a** [°*pl*] 必要なもの; [*pl*] 〔法〕 生活必需品《被扶養者の経済的・社会的地位の維持に必要なもの》: daily *necessaries* 日用品. **b** [the] 《口》 必要な行動; [the] 《俗》 先立つもの, 金: do *the* ~ 必要な事をする / provide [find] *the* ~ 金策する. **2** 《方》 便所. ♦ **néc·es·sàr·i·ness** /; nésɪs(ə)rɪ-/ *n* ［AF<L (*necesse* needful)］
nécessary condítion 〔論・哲〕 必要条件 (cf. SUFFICIENT CONDITION); 《一般に》必要な条件, 前提(条件).
nécessary hòuse 《方》 便所 (privy).
ne·ces·si·tar·i·an /nɪsèsətéəriən/ *n* 宿命論者. ► *a* 宿命論(者)の (cf. LIBERTARIAN).
necessitárian·ism *n* 宿命論.
ne·ces·si·tate /nɪsésətèɪt/ *vt* **1** 必要とする, 要する; 〈結果を〉伴う. **2** [[U]*pass*] 〈人に…することを〉余儀なくさせる (force) 〈*to*〉. ♦ **ne·cès·si·tá·tion** *n*
ne·ces·si·tous /nɪsésətəs/ *a* 貧乏な, 困窮している; やむをえない, 避けられない, 不可避の; 差し迫った, 緊急の, 喫緊の. ♦ **~·ly** *adv* **~·ness** *n*
ne·ces·si·ty /nɪsés(ə)ti/ *n* **1** 必然(性), 因果関係, 宿命: physical [logical] ~ 物理的[論理的]必然, 宿命 / the doctrine of ~ 宿命論 / the ~ of death 死の必然性 / as a ~ 必然的に / bow to ~ 運命とあきらめる. **2 a** 必要(性); 緊急の要: *N*~ is the mother of invention. 《諺》 必要は発明の母 / *N*~ knows [has] no law. 《諺》 必要の前には法も無力 / the ~ *of* [*for*] do*ing*…する必要 / from [out of] (sheer) ~ (ただ)必要に迫られて / in case of ~ 必要とあらば, 緊急の場合に(は) / under the ~ of do*ing*…する必要に迫られて, やむをえず…して / work of ~ (安息日にすることを許される)必要な仕事. **b** [°*pl*] 必要不可欠なもの: Air [Water] is a ~. 空気[水]は欠かせないもの / the *necessities* of life 生活必需品 / daily *necessities* 日用必需品 / the bare *necessities* 最低限必要なもの. **3** 欠乏, 貧困, 窮乏: He is in great ~. ひどく困っている. ● **lay** sb **under ~** 人に強制[強要]する. **make a virtue of ~** やむをえないことをいさぎよく行なう; 当然すべきことをして手柄顔をする. **of ~** 必然的に, 不可避的に, 当然. ［OF<L; ⇨ NECESSARY］
neck[1] /nék/ *n* **1 a** 首; 《衣服の》首の部分, 襟; 《特に(子)羊の》首肉. **b** 《競走馬の》首から先の長さ; 《勝敗を分ける》首の差, 僅差: win by a ~ 首の差[僅差]で勝つ. **2** 首に相当する部分; 首状部. **a** 《瓶の》くびれた部分; 《ヴァイオリンなどの》さお; 《ゴルフのクラブの》ネック; 海峡; 岬; 隘路(あいろ), 地峡. **b** 〔建〕 柱体の頸部《柱頭のすぐ下の細い部分; cf. NECKING》; 《歯の》歯頸; 〔解〕 頸(部), 子宮頸(部); 〔植〕《コケ・シダの造卵器の》頸部; 《二枚貝の》水管; 〔地質〕 火山岩頸; 《活字の》斜面 (BEARD). **3** 地区, 地域: NECK OF THE WOODS. **4** 《俗》 あつかましさ (⇨ BRASS NECK). **5** 《口》 ネッキング (necking). ● **bow the ~** 〈…に〉屈服する 〈*to*〉. **break** one's **~** 《口》 ひどく急ぐ; 《口》 大いに努力する 〈*to* do〉; 《口》 危険[愚か]なことをして身を滅ぼす. **break** sb's **~** 人の首(の骨)をへし折る《威嚇の表現》. **break the ~ of…** 〈仕事など〉の峠を越す. **breathe down** sb's **~＝breathe down (on)** sb's **~＝breathe on** sb's **~** 人の敵にまわって[苦しめて]追い詰める, すぐ背後に迫る; (まつわりついて)監視する; 〈締切りなどが〉人に迫る. **cost** sb his **~** 人の命取りになる. DEAD **from the ~ up. get [catch, take] it in the ~** 《口》 ひどくなぐられる, ひどく攻撃[叱責, 処罰]される, ひどいめにあう; [get it in the ~] お払い箱になる. **get off** sb's **~** 《口》 人にうるさく言うのをやめる, ほっておく. **have a lot of ~** ずうずうしい. **have the ~ to** do ずうずうしくも…する. **~ and crop [heels]** そのまま, いきなり, ぽいと, うむを言わせず〈捨てる・追い出すなど〉. **~ and ~** 《競走・競争で》接戦で. **~ or nothing [nought]** 命がけで: It is ~ *or nothing.* のるかそるかだ. **on [over] the ~ of…**に続いて〈来る など〉. **out on one's ~** ⇨ out on one's EAR[1]. **a** PAIN **in the ~. put [lay]** one's **~ on the block** ＝put one's HEAD on the block. **put** one's **~ on the line** 決死の覚悟でやる. **risk** one's **~** 首を賭ける, 命がけでやる. **save** one's [sb's] **~** 《口》 絞首刑を免れる[免れさせる], 命拾いする[させる], (うまく)助かる[助ける]. **speak [talk] through [out of] (the back of)** one's **~** [U]《口》 とんでもないことを言う, ほらを吹く. **stick [put]** one's **~ out** 《口》 みずから身を危険にさらす, 災いをまねくようなことをする 〈*to* do〉. **tread on the ~ of…**を蹂躙(じゅうりん)する, 屈伏させる, しいたげる. **up to the** [one's] **~＝**《口》 up to the ears (⇨ EAR[1]). **with** STIFF NECK.
► *vi* **1** 狭まる. **2** 《口》 抱き合って愛撫[キス]する, いちゃつく. ► *vt* **1** …の直径を短縮する 〈*down, in*〉. **2** …の首を切る; 〈鳥〉の首を締める[切り落とす]. **3** 《口》 抱きしめて愛撫[キス]する. **4** [U]《口》 一気に飲む. ♦ **~·less** *a* **~·er** *n* ［OE *hnecca*; cf. G *Nacken* nape］
neck[2] *n* [U]《方》《穀物刈り入れの》最後の束. ［C17<?］
néck-and-néck *attrib a* 接戦の, 互角の〈レース・ゴールなど〉.
Neck·ar /nékər, -ɑ̀ːr/ [the] ネッカル川《ドイツ南西部 Black Forest に発し, 北・西に流れて Rhine 川に合流する》.
néck·bànd *n* シャツの襟, 台襟《カラーを取り付ける所》; 《装飾用の》首ひも.
néck·bèef *n* 牛の頸肉.
néck·brèak·ing *a* BREAKNECK.
néck canál cèll 〔植〕《造卵器の》頸溝(けいこう)細胞.
néck·clòth *n* 《昔の男性の》首巻; NECKERCHIEF; 《古》 NECKTIE.
néck-déep *pred a, adv* 首まで(はまって): I was ~ in [I fell ~ into] trouble. ひどく困っていた[困ったことになった].
necked /nékt/ *a* 首のある; [*compd*] 首が…な.
Nec·ker /nékər; *F* nekɛːr/ ネッケル **Jacques ~** (1732–1804) 《スイス生まれのフランスの銀行家・政治家; Louis 16 世の財務総監; Mme de Staël の父》.
neck·er·chief /nékərʧɪf, -ʧìːf/ *n* (*pl* **~s, -chieves** /-fs, -vz/) ネッカチーフ.
Nécker cùbe ネッケル[ネッカー]の立方体《透明な立方体の向かい合う面の辺を平行に描いた線画; 2 つの方向のどちらにも向いているように錯覚するあいまい[多義]図形の例》. ［Louis Albert *Necker* (1786–1861) スイスの博物学者］
nécker's knòb 《口》 ネッカーズノブ《自動車のハンドル操作を容易にするためハンドルに取り付けた小さなつまみ》.
néck·ing *n* 〔建〕《柱体の》頸部の繰形(くりかた)装飾, GORGERIN; 《口》 ネッキング《抱き合って愛撫[キス]すること》.
neck·lace /nékləs/ *n* 首飾り, ネックレス; ネックレス状の[に連なる]もの; 《南ア》 ガソリンに浸した[を注入した]タイヤ《人の首にはめて火をつける》. ► *vt* 《南ア》 necklace で殺す.

néck·let *n* 《首にぴったりした》首飾り; 《毛皮などの》小さい襟巻.
néck·lìne *n* ネックライン《ドレスの襟ぐりの線》; 襟足.
néck of the wóods 《口》森林の中の集落; 《口》地域, 地区.
néck·pìece *n* 《毛皮などの》襟巻; 《甲冑の》首隠し, 喉輪(のど).
néck-rèin *vi* 〈乗用馬が〉首の左[右]側に加えられた手綱の圧力に応じて右[左]に向きを変える. ► *vt* 〈馬〉の首の片側に手綱の力を加えて向きを変える.
néck·tie *n* ネクタイ (tie), 《一般に》首の前方で結ぶひも; 《俗》絞首索, 首吊り縄. ♦ **~·less** *a*
nécktie pàrty [sòciable, sòcial]*《俗》絞殺のリンチ, つるし首; リンチ集団.
néck-vèrse *n* 免罪詩《通例 ラテン語の聖書詩篇第 51 篇の冒頭部をひげ文字で印刷したもの; 昔 死刑囚が尋問官の面前でこれが読めると放免された》.
néck·wèar *n* ネックウェア《ネクタイ・スカーフ・カラー類》.
necr- /nékr/, **nec·ro-** /-rou, -rə/ *comb form*「死」「屍, 死体」「壊死(え)」 [Gk (*nekros* corpse)]
nècro·bacillósis *n* 〘獣医〙壊死(え)桿菌症《壊死桿菌の感染によって壊死性病変を呈する牛・馬・羊・豚の疾病》.
nècro·biósis *n* 〘医〙類壊死(え)(症), 死生(しせい)(症).
♦ **-biótic** *a*
nècro·génic *a* 腐肉から生ずる[にすむ].
ne·crol·a·try /nɛkrálətri, nə-/ *n* 死者崇拝.
ne·crol·o·gy /nɛkrálədʒi, nə-/ *n* 死亡者名簿, 過去帳; 死亡記事 (obituary). ♦ **-gist** *n* 死亡者名簿編集者; 死亡記事係. **nèc·ro·lóg·i·cal** *a* 死亡者名簿[死亡記事]の(ような). **-i·cal·ly** *adv*
nec·ro·man·cy /nékrəmænsi/ *n* 《死者との交霊によって未来を占う》降霊術; 妖術, 黒呪術. ♦ **-màn·cer** *n* **nèc·ro·mán·tic** *a* **-ti·cal·ly** *adv* [OF, ＜Gk (*mantis* seer); ME *nigro-* は, L *niger* black の影響]
nècro·mánia *n* NECROPHILISM.
nècro·phágia, ne·croph·a·gy /nɛkráfədʒi, nə-/ *n* 死肉[腐肉]食い(の習慣), 死体食.
ne·croph·a·gous /nɛkráfəgəs, nə-/ *a* 死肉[腐肉]を常食とする〈虫・細菌など〉.
nécro·phìle *n* 〘精神医〙死体愛者, 屍姦者.
nècro·phília, ne·croph·i·ly /nɛkráfəli, nə-/ *n* 〘精神医〙死体(性)愛, 屍姦. ♦ **-phil·ic** /nɛ̀krəfílɪk/ *a* **nec·ro·phil·i·ac** /nɛ̀krəfíliæ̀k/ *a, n* **ne·croph·i·lous** /nɛkráfələs, nə-/ *a*
ne·croph·i·lism /nɛkráfəlìz(ə)m, nə-/ *n* NECROPHILIA; 死体愛行為, 屍姦. ♦ **-list** *n*
nècro·phóbia *n* 死亡恐怖(症); 死体恐怖(症). ♦ **-phóbic** *a*
ne·crop·o·lis /nɛkrápələs, nə-/ *n* (*pl* **~·es, -les** /-lìːz/, **-leis** /-lèɪs/, **-li** /-lài, -lìː/) 《特に 古代都市の》共同墓地; 墓場のような無人の町, 死滅都市. [*necr-*, POLIS]
nec·rop·sy /nékràpsi/ *n* 〘医〙検死, 死体解剖, 《特に 動物の》剖検. ► *vt* …の検死を行なう.
ne·cros·co·py /nɛkráskəpi, nə-/ *n* NECROPSY.
ne·crose /nɛkróus, ⌐⌐/ *vt, vi* 〘医〙〈組織・器官など〉壊死(え)させる[する].
ne·cro·sis /nɛkróusəs, nə-/ *n* (*pl* **-ses** /-sìːz/) 〘医〙壊死(え)《生体の一局所の組織・細胞の死》; 〘植〙ネクローシス《植物の壊死》.
♦ **ne·crot·ic** /nɛkrátɪk, nə-/ *a* 壊死性の. [NL＜Gk (*nekroō* to kill)]
necrótic enterítis 〘獣医〙《豚の》壊疽(え)性腸炎.
nec·ro·tize /nékrətàɪz/ 〘医〙*vt* 壊死させる, …に壊死を起こさせる. ► *vi* 壊死にかかる.
nec·ro·tiz·ing /nékrətàɪzɪŋ/ *a* 〘医〙壊死をひき起こす[に関係した], 壊死性の, 壊死を起こしている: ~ infections / ~ tissue 壊死組織.
nécrotizing fasciìtis 〘医〙壊死性筋膜炎.
ne·crot·o·my /nɛkrátəmi, nə-/ 〘医〙*n* 死体解剖; 壊死組織除去(術), 腐骨摘出(術). ♦ **-mist** *n*
nec·tar /néktər/ *n* **1** 〘ギ神・ロ神〙ネクタル《神々の酒; これを飲めば不老不死となるという; cf. AMBROSIA》. **2** 《一般に》おいしい飲み物, 美酒; ミックスジュース; 果肉飲料, ネクター; 〘植〙花蜜; 喜ばしいこと; 《俗》美人, 美女. ► *a* 《俗》すばらしい, すごい. ■ **the Séa of N~** 〘天〙《月面の》神酒の海. [L＜Gk]
néctar bìrd 〘鳥〙ミツスイ (honeyeater).
nec·tar·e·an /nɛktéəriən/ *a* NECTAROUS.
néc·tared *a* 《古》NECTAR を満たした[混ぜた]; 甘美な.
nec·tar·e·ous /nɛktéəriəs/ *a* NECTAROUS.
nec·tar·if·er·ous /nɛ̀ktəríf(ə)rəs/ *a* 〘植〙蜜を分泌する.
nec·tar·ine /nɛ̀ktəríːn, ⌐⌐⌐; nékt(ə)rìːn/ *n* ズバイモモ, ネクタリン; 明るいおだやかな黄味ピンク. [NECTAR]
nec·tar·iv·o·rous /nɛ̀ktərív(ə)rəs/ *a* 花蜜食性の.
néctar·ìze *vt* …に NECTAR を混ぜる; 甘くする.
néctar·ous *a* NECTAR の(ような), 甘美な.
nec·ta·ry /nékt(ə)ri/ *n* 〘植〙蜜腺; 〘昆〙SIPHUNCLE. ♦ **nec·tar·i·al** /nɛktéəriəl/ *a*
necton ⇨ NEKTON.

Ned /néd/ **1** ネッド《男子名; Edward, Edmond などの愛称》. **2** [n-] 《スコ俗》ごろつき, ならず者.
NED New English Dictionary (⇨ OED).
Ned·dy /nédi/ **1** ネッディ《男子名; ⇨ NED》. **2** [n-] 《口》ロバ (donkey); [n-] 《豪俗》馬, 《特に》競走馬; [n-] ばか (fool).
Ne·der·land /néɪdərlɑ̀ːnt/ ネーデルラント《NETHERLANDS のオランダ語名》. [Du]
née, nee /néɪ/ *a* 旧姓は《既婚女性の旧姓に冠して; cf. NÉ》; 旧称は: Mrs. Jones, ~ Adams ジョーンズ夫人, 旧姓アダムズ. [F (fem pp)〈*naître* to be born]
need /níːd/ *n* **1 a** 必要(性) (necessity): There is no ~ *for* concern [*for* you *to* apologize]. 心配する[きみが謝る]必要はない / Your ~ is greater than mine. あなたのほうがわたしより困っている《あなたに優先権がある》/ be [stand] in ~ *of*…を必要とする. **b** 《直ちに, 当面》必要なもの[こと], 要求, 要望されるもの, ニーズ: our daily ~*s* 日用品 / do one's ~*s* 用を足す. **2** 不足, 欠乏 (lack); 生理的[心理的]要求. **3** まさかの時, 難局; 窮乏, 赤貧 (poverty): at ~ まさかの時に / in case [time] of ~ まさかの時に / be good at ~ まさかの時に役に立つ / fail sb in his ~ 難儀に際して人を見捨てる / A friend in ~ is a friend indeed. 《諺》困った時の友こそ真の友 / He is in ~. 困窮している. ● **had ~** (=ought to) do…すべきである. **have ~ of**…を必要とする. **have ~ to** (=must) do…しなければならない. **if ~ be** 《文》必要あらば, 事によっては.
► *vt* **1** 必要とする, 要する: I ~ money. 金が要る / This chapter ~*s* rewrit*ing* (=to be rewritten). この章は書きなおさなければならない / It ~*s* no account*ing* for. 説明の要がない / I ~ you *to* do…. あなたに…してもらいたい. **2**〈…する〉必要がある, 〈…し〉なければならない〈*to* do〉: She did not ~ *to* be told twice. 彼女には繰り返して言う必要がなかった / I don't ~ *to* keep awake, do I? 目をさましていなくたっていいんでしょう. ★ (1) 特に 口語ではこの表現法のほうが, 次の助動詞用法の need よりも普通: I ~*n't* keep awake, ~ I? (2) ただし次のような意味の差が認められることもある: He *doesn't* ~ *to* be told. 彼は(もう知っているから)知らせるまでもない《現状を強調する》/ He ~*n't* be told. 彼には知らせなくてもよい《今後の行為を強調する》.
► *vi* **1** 《古・文》必要とされている, 必要である: more than ~*s* 必要(である)以上に / There ~*s*…が必要である / It ~*s* not. 不必要だ (It is needless.). **2** 困窮している. ● **That's all sb ~s.=That's just what you ~.** [*iron*] それだけは願い下げだ, それはっかりはまずい, それはひどすぎる[あんまりだ] (That's the last straw.).
► *v auxil* …する必要がある (cf. *vt*). ★ 主に英国の文語的用法では, 否定または疑問文中で三人称単数形でも s を付けず, また 次に to なしの不定詞を用いる: He ~*n't* [~ not] come. 彼は来るには及ばない (cf. He MUST[1] come.) / *N~* he go at once? すぐ行かなければならないか?《その必要はあるまい》/ I ~ hardly say…という必要はあるまい / There ~ be no hurry, ~ there? 急ぐ必要はないでしょう? / You ~*n't* go, ~ you? きみは行く必要ないでしょう? / He ~*n't have done* it. それをする必要はなかった《それをするには及ばなかったのに》.
★ cf. He didn't ~ to do it. そうする必要はなかった《だからそれをしなかった》(⇨ *vt*).
♦ **~·er** *n* [OE (v) *nēodian*〈(n) *nēod* desire=*nēd*; cf. G *Not*]
néed-blìnd* *a* 〈大学の入学者選抜方針が〉学費支払い能力を問わない, 能力のみによって判定する.
néed·fìre *n* **1** 浄火《木を摩擦して起こした火で, 悪霊を払い家畜病に奇効があるとされた》, 《特に ヨハネ祭の》夏至の火; 《スコ》のろし, かがり火. **2** 自然発火 (spontaneous combustion); 《腐った木などの》(自然)発光.
néed·ful *a* 必要な, 欠くべからざる; 《古》困窮している. ► *n* 身のまわり品; [the] 必要なこと; [the] 《口》《いますぐつかえる》金, 現金, 現ナマ: do *the* ~ 必要なことをする. ♦ **~·ly** *adv* **~·ness** *n*
nee·dle /níːdl/ *n* **1 a** 針; 《裁縫・外科用の》縫い針; 編み針; 《彫刻・レコードプレーヤーなどの》針; 《手術用の》電気針; 《鍼治療の》鍼: (as) sharp as a ~ 実に鋭い; 目から鼻へ抜けるような. **b** 注射針; 《口》皮下注射; [the] 《俗》麻薬注射, 麻薬常用癖; 《ボールの空気入れなど》注射針状の用具: use *the* ~ 麻薬をうつ; 麻薬中毒である. **2** 磁針, 羅針; 《計器類の》指針; 《小銃の》撃針; 〘機〙《針弁の》ニードル (cf. NEEDLE VALVE). **3** とがり岩; 方尖塔 (obelisk); 〘植〙《針葉樹の》針状葉; 〘動〙針骨; 〘晶〙針晶, 針状結晶体. **4** 〘建〙天秤梁, 突っ張り留め (=**~ bèam**). **5** [the] 《俗》(神経の)極度のいらだち; [the] 《口》刺激; [the] 《口》刺激的な毒舌[ひやかし, やじ], 毒[とげ]のある言い方[冗談, 評]: get *the* (*dead*) ~ 頭にくる, ひどくいらいらする / give sb *the* ~ 人をいらいらさせる; 人を駆り立てる; 人をからかう, いびる / take *the* ~ いらいらする. ● **a ~'s eye** 針の目, ほんのわずかの隙間 (*Matt* 19: 24). **look for a ~ in a haystack=look for a ~ in a bottle [bundle] of hay** 望みのない[至難な]ことをする, むだ骨を折る. **off the ~***《俗》麻薬をやめて. **on the ~** 《俗》麻薬中毒で; *《俗》薬(やく)が効いて. **thread the ~** 困難なことをなし遂げる; 〘競技〙狭い隙間にパスを通す; 敵方選手を次々かわす.
► *vt* **1** 針で縫う[刺す, つつく, 手術する], …に針を通す[注射する]; 針のように突き刺す; 《口》…に注射する. **2** 縫うように進む: ~ one's way. **3** 〘建〙天秤梁で支える. **4** 《口》《とげを含んだ言い方で》悩ます, からかう〈*about*〉, つついて[刺激して]…させる〈*into*〉. **5***《俗》〈ビールなど>のアルコール分を増す, 〈料理〉にスパイスを加える, 〈話など〉の内容[魅力]を高める; *《俗》酒に電流を流して熟成させる. ► *vi* **1** 針を使う; 縫いもの[刺繍, 針編みなど]をする. **2** 縫うようにして進む. **3**〘化・鉱〙針状に結晶する. **4**〘医〙《白内障の治療などで》眼球の切開手術をする. ► *a*''〈試合など〉はらはらさせる: NEEDLE GAME [MATCH]. ◆ **~·like** *a* **née·dling** *n* [OE *nǣdl*<Gmc (**nē-* to sew; cf. G *Nadel*)]

néedle·bàr *n* 《裁縫[編物]機械の》針ざお.
néedle bàth 水が細かく噴出するシャワー.
néedle bèaring〘機〙針状ころ軸受, ニードルベアリング.
néedle bìopsy〘医〙《針で生体組織片を採る》針生検.
néedle bòok 《本の形をしてたためる》針刺し.
néedle·bùsh〘植〙豪州産ヤマモガシ科ハケア属の低木《針状の葉をもつ》.
néedle càndy *《俗》注射して使う麻薬.
néedle·còrd *n* ニードルコード《細かい畝のコールテン》.
néedle cràft NEEDLEWORK.
néedle exchànge 《麻薬常習者が使用した注射針の》針交換制度[所].
néedle·fìsh *n*〘魚〙**a** ダツ科の魚. **b** ヨウジウオ (pipefish).
néedle·fùl *n* 針に通して使うのに適当な長さの糸.
néedle fùrze〘植〙ヒトツバエニシダの一種 (=*petty whin*).
néedle gàme'' 接戦, 激戦, 白熱の一戦, 因縁の対決 (=*needle match*).
néedle gàp〘電〙針先ギャップ.
néedle gùn 《19 世紀末の》針打ち銃.
néedle hòlder 持針器, 把針器.
néedle jùniper〘植〙ネズ.
néedle làce 針編みレース.
néedle·lèaf *a* 針葉樹の繁茂する; 針状葉の生えた: ~ trees 針葉樹.
néedle màtch'' NEEDLE GAME.
néedle-nòse plíers [<*sg/pl*>] ラジオペンチ《微小な物をつかむために先端が細くとがっている》.
néedle òre〘鉱〙針鉱.
néedle pàrk 《俗》麻薬常習者のたまり場《取引や注射のため集まってくる公共の場所》.
néedle·pòint *n, a* 針の先端; 針編みレース[刺繍](の), ニードルポイント(の).
née·dler *n* NEEDLE する人; 《口》がみがみ言って人をいらだたせる人, あら探し[揚げ足取り]をする人.
néed·less *a* 不必要な. ● **~ to say [add]** 言うまでもなく, もちろん(のことだが). ◆ **~·ly** *adv* **~·ness** *n*
néedle·stìck *n* 針刺し(傷) (=**~ ìnjury**)《エイズ感染者などに使用した注射針を誤って刺してできた刺傷》.
néedle thèrapy 鍼(はり)療法 (acupuncture).
néedle tìme''〘放送〙レコード音楽の時間.
néedle tòoth〘畜〙新生豚の鋭い黒歯.
néedle vàlve〘機〙ニードル弁, 針弁.
néedle·wòman *n* 針仕事をする女, 《特に》針子.
néedle·wòrk *n* 針仕事《特に 単純な裁縫以外の刺繍など》. ◆ **~·er** *n*
need·ments /níːdmənts/ *n pl* (旅行用)必要品.
need·n't /níːdnt/ 《口》need not の短縮形.
needs /níːdz/ *adv* [must と共に用いて]《文》ぜひとも (necessarily). ● **must ~** do (1) NEEDS must do; ぜひとも…ねばならない: It *must* ~ be so. きっとそうに違いない. (2) ぜひすると言い張る: He *must* ~ do. ぜひすると言い張ってきかない. **~ must** do…せざるをえない: *N~ must* when the devil drives. 《諺》悪魔に追いたてられればどうしてもせざるをえない, 背に腹はかえられぬ. [OE (gen)<NEED]
néeds tèst 要求[ニーズ]調査《給付金・サービスの希望者の身体的・社会的状況の調査; cf. MEANS TEST》.
néed-to-knów *a* [主に次の成句で]: **on a ~ basis [principle]** 必要な人にだけ教えるという原則で.
néedy *a* ひどく貧乏な, 生活の苦しい, 《精神的に》未熟な, 依存心の強い, 愛に飢えた: the poor and ~ 貧窮者. ◆ **néed·i·ness** *n* 困窮, 窮乏.
neem /níːm/ *n*〘植〙インドセンダン. [Hindi]
nè·encéphalon *n*〘動〙新脳《脳の系統発生的に最も新しい部分で, 大脳皮質とその付属物》. [*ne-*]
neep /níːp/ *n*''《スコ・北イング》カブラ (turnip). [OE *nǣp*<L *napus* turnip]
ne'er /néər/ *adv* 《詩》NEVER.
Ne'er·day /néərdèɪ/ *n* 《スコ》元日 (New Year's Day).
né'er-do-wèel /-wìːl/ *n, a* 《スコ》NE'ER-DO-WELL.
né'er-do-wèll *n* ろくでなし, ごくつぶし. ► *a* 役に立たない, ろくでもない.
NEET /níːt/ *n* (*pl* **~s**)〘英〙ニート《就学・就業・職業訓練のいずれもしていない若者》. [*n*ot in *e*ducation, *e*mploymen*t* or *t*raining]
nef /néf/ *n* ネフ《ナプキン・塩入れ・ワイン瓶などを入れる食卓用の舟形飾り容器》. [F]

ne·far·i·ous /nɪféəriəs/ *a* 極悪非道な, 無法な, ふらちな. ◆ **~·ly** *adv* **~·ness** *n* [L (*nefas* crime < *ne-* not, *fas* divine law)]
Nef·er·ti·ti /nèfərtíːti/ ネフェルティティ《前 14 世紀のエジプト王 Ikhnaton の妃; 別名 Nofretete》.
Ne·fud /nəfúːd/ [the] ネフード砂漠《An NAFŪD の別称》.
neg /nég/ *n* 《口》《写真の》ネガ (negative).
neg. negative ◆ negotiable.
nega- /négə-/ *comb form*「負の」「陰の」「マイナスの」: *nega*watt 節電ワット数 / *nega*tion.
néga·bìnary /négə-/ *a, n*〘数〙負の二進数(を示す). [*nega*tive]
ne·gate /nɪgéɪt/ *vt* 否定[否認]する (deny), 打ち消す; 無効にする. ► *vi* 否定する. ► *n* 否定[反対]的なもの. [L *nego* to deny]
ne·gát·er *n*〘電算〙否定素子.
ne·ga·tion /nɪgéɪʃ(ə)n/ *n* **1** 否定, 打消し, 否認 (opp. *affirmation*); 否定的陳述[判断, 概念], 論駁, 反証, 反対論;〘論・数・電算〙否定, 反転 (inversion). **2** 無, 欠如, 非存在, 非実在. ◆ **~·al** *a* **~·ist** *n* 否定主義者 (negativist).
neg·a·tive /négətɪv/ *a* **1** 否定の, 否認の, 打消しの, 拒否的な, 禁止の〈命令など〉, 反対の,〘論〙〈命題が〉否定を表わす (opp. *affirmative, positive*);〘英法〙〈法案などが〉否定[否認, 消極]型(手続き)の《期限内に両院いずれからも否定決議 (~ resolution) がなければ自動的に発効する場合》; 好意的でない, 敵対的な: a ~ vote 反対投票 / the ~ side [team]《討論会の》反対側. **2 a** 消極[悲観]的な, 控えめな, 弱気の (opp. *positive*): ~ evidence《犯罪などのないという》消極的証拠 / on ~ lines 消極的に. **b**〈イメージなどが〉好ましくない, 負の, マイナスの; 不愉快[有害, 不利]な; 協調性を欠く, 陰湿な. **c** 報われない; 実りのない. **3**〘数〙負[マイナス]の;〘生〙〈屈性が〉負の;〘化〙酸性の;〘医〙陰性の;〘電〙陰電気の[を生じる], 負の電気を帯びた, 陰極の; 〈磁石が〉南極[S 極]の;〘写〙陰画の; 大気圧以下の; 〈レンズが〉凹の;〘占星〙陰性宮の[に支配された]《受容[受動]的とされる》: ~ capital 負債 / ~ debt 資本 / ~ quantity 負数; [*joc*] 無 / HIV ~ HIV 陰性. ► *n* **1 a** 否定[拒否]の言説[見解, 回答, 動作, 行為]; 否定命題;〘文法〙否定を示す語[接辞, 句]: return a ~「いな[ノー]」と答える. **b** [the] 否定の立場をとる側[人びと]; 《古》拒否権. **c** 否定的[消極的]側面[要素, 素質]. **2**〘数〙負数, 減数, 負号, 減号. **3**〘電〙陰極板, 陰端子;〘写〙原板, 陰画, ネガ; 《鋳型などのように》実物とは反対の凹凸をもつもの[像]. ● **in the ~** 否定して, 反対して; 否定の返事で. ► *adv* 《口》いいえ (no). ► *vt* **1** 拒否[拒絶]する, 否認[否定]する. **2** 論駁[反駁]する, …に対する反証を挙げる. **3** 無効にする, むだにする; 打ち消す. ◆ **neg·a·tiv·i·ty** /nègətívəti/ *n* 否定的であること, 否定性; 消極性; 陰性. **~·ness** *n* [OF or L; ⇨ NEGATE]
négative acceleràtion〘理〙RETARDATION; 負の加速度.
négative ád [advértisement] 中傷広告, ネガティブアド.
négative campáign 《競合商品・対立候補などの弱点・旧悪などを暴露して非難する》中傷[誹謗]キャンペーン.
négative cátalyst〘化〙負触媒.
négative chárge 陰電荷, 負電荷.
négative electrícity〘電〙陰電気, 負電気.
négative équity マイナスのエクイティー, 担保割れ《住宅ローンなどで, 担保物件の時価下落により負債額が担保評価額を上回っている状況》.
négative eugénics 消極的優生学《好ましくない遺伝子の減少をもたらす要因・手段を研究する》.
négative euthanásia PASSIVE EUTHANASIA.
négative féedback〘電子工〙負帰還, 負のフィードバック (=*inverse feedback*)《出力を安定させる》.
négative hallucinátion〘心〙負の幻覚《存在するものが知覚されない場合》.
négative íncome tàx 負の所得税, 逆所得税《一定水準以下の低所得層に対して所得税を給付するもの; 略 NIT》.
négative ínterest〘財〙逆金利, マイナスの金利.
négative íon〘化〙陰イオン (anion).
négative·ly *adv* 否定的に, 反対方向に, 消極的に; 陰電気を帯びて: answer ~ ノーと答える / be ~ friendly 仲が(よくもないが)悪くもない.
négative óption ネガティブオプション《特に シリーズものの本・CD などの通信販売契約で, 顧客は不要商品を書面で販売会社に通知しないかぎり, 次々と定期的に送付される商品を引き受けなければならないとする条項》.
négative pláte〘電〙陰極板.
négative polárity〘文法〙否定極性《意味的[統語的]に通例否定[疑問]の文脈でのみ用いられる語句の文法的特性》.
négative póle〘電〙陰極;《磁石の》南極, S 極.
négative-ráising *n*〘変形文法〙否定繰上げ.
négative resístance〘電〙負(性)抵抗.
négative sígn〘数〙負号 (minus sign).
négative stáining 負の[陰性, ネガティブ]染色(法)《バクテリアなどを浮き立たせるためその周囲を染色する》.
négative táx NEGATIVE INCOME TAX.

N

négative tránsfer 〘心〙負の転移, 消極的転移 (=**négative tránsfer effèct**).
neg·a·tiv·ism /négətɪvìz(ə)m/ *n* 否定[懐疑]的思考傾向; 否定主義《不可知論・懐疑論など》; 〘心〙反抗[反対]癖, 拒絶(症).
♦ **-ist** *n, a* **nèg·a·tiv·ís·tic** *a*
ne·gá·tor *n* 否定する人; 〘文法〙否定語 (negative); 〘電算〙NEGATER.
neg·a·to·ry /négətɔ̀:ri; -t(ə)ri/ *a* 否定的な, 反対する.
neg·a·tron /négətrɑ̀n/, **neg·a·ton** /négətɑ̀n/ *n* 〘理〙陰電子, ネガトロン (electron) (cf. POSITRON). [*negative*+*electron*]
Ne·ge·ri Sem·bi·lan /néɪgəri səmbí:lən/ ネゲリセンビラン (=*Negri Sembilan*)《マレー半島の Malacca 海峡に臨むマレーシアの州; ☆Seremban》.
Neg·ev /négèv/, **-eb** /négèb/ ネゲヴ, ネゲブ《イスラエル南部, 南は Aqaba 湾に至る三角のくさび形をなす砂漠地帯》.
ne·glect /nɪglékt/ *vt* **1** 無視[軽視]する, 顧みない, ほったらかしにする. **2** 〈義務・仕事などを〉怠る, おろそかにする; 〈…することを〉怠る 〈*to* do, do*ing*〉. ► *n* 軽視, 無視; 放置, 遺棄, 放棄; 怠慢: ～ of duty 職務怠慢. ♦ **～·er, -gléc·tor** *n* **～·ed·ly** *adv* **～·ed·ness** *n* [L *neglect- neglego* (*neg-* not, *lego* to gather, select)]
negléct·ful *a* 怠慢な, なげやりな; 意に介さない, 無頓着な: He is ～ *of* his own safety. 身の安全を顧みない. ♦ **～·ly** *adv* **～·ness** *n*
neg·li·gee, nég·li·gé /nèglɪʒéɪ, ⌐—⌐; ⌐—⌐/ *n* ネグリジェ, 部屋着, 化粧着; 略服, 略装, ふだん着: in ～ 略服で, かまわないなりで. ► *a* 無造作な服装の. [F (pp)〈*négliger* to NEGLECT]
neg·li·gence /néglɪʤ(ə)ns/ *n* **1 a** 怠慢; 無頓着, なげやり(な態度), だらしなさ: ～ of dress 服装のだらしなさ / an accident due to ～ 過失[不注意]による事故. **b** 〘法〙不注意 (opp. *diligence*), 《不注意による》過失. **2** 〘芸〙法則の無視; 自由奔放.
nég·li·gent *a* 怠慢な 〈*of* one's duties〉; なげやりな; 無頓着な, 不注意な 〈*of, in*〉; 《文》くつろいだ. ♦ **～·ly** *adv* [OF or L; ⇨ NEGLECT]
neg·li·gi·ble /néglɪʤəb(ə)l/ *a* 無視してよい; 取るに足らない, つまらない, ごくわずかな: be not ～ 無視できない, ばかにできない. ♦ **-bly** *adv* 取るに足らないほどに. **nèg·li·gi·bíl·i·ty** *n* [F (*négliger* to NEGLECT)]
né·go·ciant /*F* negɔsjɑ̃/ *n* 《ワインの》業者, 商人.
ne·go·tia·ble /nɪgóuʃ(i)əb(ə)l/ *a* 交渉[話し合い]の余地のある; 〈手形など〉受渡し[譲渡, 換金]できる, 流通性のある; 通り抜けられる, 通行可能な; 乗り越えられる, 克服[処理]できる, さばきうる. ♦ **ne·gò·tia·bíl·i·ty** *n*
ne·go·ti·ant /nɪgóuʃ(i)ənt/ *n* NEGOTIATOR.
ne·go·ti·ate /nɪgóuʃièɪt/ *vt* **1** (話し合って)取り決める, 協定する. **2** 〈手形・証券・小切手などを〉譲渡する, 金に換える, 売る. **3** 〈道路の危険箇所などを〉うまく通り抜ける, 乗り越える, 〈困難・障害などを〉切り抜ける; 〈扱いに手腕の要る事柄を〉うまく処理する, さばく; 達成[完遂]する. ► *vi* 交渉する, 協議する 〈*with* sb *for* [*over, about*] a matter〉: come to the negotiat*ing table* 交渉の席に着く. ♦ **ne·gó·ti·à·tor** *n* 交渉者[人]; 手形譲渡人. **ne·gó·ti·a·tress** /-ʃiətrəs/, **-trix** /-trɪks/ *n fem* **ne·gó·ti·a·tò·ry** /; -t(ə)ri/ *a* 交渉の. [L (*negotium* business (*neg-* not, *otium* leisure))]
ne·gò·ti·á·tion *n* **1** [°*pl*] 交渉, 折衝: enter into [open, start] ～*s with*…と交渉を始める / be in ～ *with*…と交渉中である / under ～ 〈条件などが〉交渉中で / be open to ～ 交渉の余地がある. **2** 《流通証券の》流通, 譲渡. **3** 〘通信・電算〙ネゴシエーション (HANDSHAKING).
Ne·gress /ní:grəs/ *n* [ᵘ*derog*] NEGRO[1] の女性形.
Né·gri bòdy /néɪgri-/ 〘医・獣医〙狂犬病[卵形]封入小体, ネグリ小体《狂犬病の動物の脳細胞にみられる微小体》. [Adelchi *Negri* (1876–1912) イタリアの医師]
Ne·gril·lo /nɪgrílou, *-grí:jou/ *n* (*pl* **～s, ～es**) ネグリロ《アフリカの身長の低い準黒色人種; ピグミーなど; cf. NEGRITO》. [Sp (dim) 〈 NEGRO[1]]
Ne·gri Sem·bi·lan /négri səmbí:lən/ ネグリセンビラン (NEGERI SEMBILAN).
ne·grit·ic /nɪgrítɪk/ *a* [°N-] NEGRO[1] [NEGRITO] の.
Ne·gri·to /nɪgrí:tou/ *n* (*pl* **～s, ～es**) ネグリト《東南アジア・大洋州の身長の低い準黒色人種; アンダマン諸島人 (Andamanese) など; cf. NEGRILLO》. [Sp (dim) 〈 NEGRO[1]]
ne·gri·tude /négrət(j)ù:d, ní:-/ *n* ネグリチュード《(1) アフリカの黒人の文化的遺産に対する自覚と自負 (2) 黒人の特質, 黒人性》.
♦ **nè·gri·tú·di·nous** *a* [F NIGRITUDE]
Ne·gro[1] /ní:grou/ *n* (*pl* **～es**) [ˢ*derog*] 黒人, アフリカ黒人; [ˢ*derog*] 黒人の血を引く人. ► *a* **1** 黒人(種)の; 黒人の住む, 黒人に関する: a ～ car *黒人用客車 / ～ music 黒人音楽. **2** [n-] 〈動物が〉(うす)黒い. ♦ **～·ness** *n* [Sp and Port〈L *nigr- niger* black]
Ne·gro[2] /néɪgrou, nég-/ **1** [Río /rí:ou/] ネグロ川《アルゼンチン中南部を東流して大西洋に注ぐ》. **2** [Rio [Río] /rí:ou/] ネグロ川《(1) コロンビア東部に発し, ブラジル北部で Amazon 川に合流 (2) ブラジル南部の高地に発し, ウルグアイ中部を南西に流れ, ウルグアイ川に合流》.
négro ánt 〘昆〙クロヤマアリ.
négro clòth [còtton] [ˢN- c-] 荒い一種の綿布. [もと黒人奴隷の衣服に用いた]
négro·hèad *n* 板タバコ, かみタバコ; 塊状粗悪ゴム; ニガーヘッド炭 (niggerhead); 〘地質〙NIGGERHEAD.
Ne·groid /ní:grɔ̀ɪd/ *a, n* [°n-] 〘人〙ネグロイドの(人)《ヒトの三大集団の一つである黒色人種》.
négro·ìsm *n* [°N-] 黒人(の権利平等[地位向上]の)擁護; [°N-] 黒人の言語風習, 黒人なまり.
Négro·lànd *n* 《アフリカ・米国南部の》黒人地方.
Négro Léagues *pl* [the] 〘野〙ニグロリーグ《1900 年代の初めに結成された黒人チームのリーグ; American, National 各リーグに 6 チームが加盟; 20 世紀半ばに衰退した》.
négro mínstrel ミンストレルショーの芸人 (minstrel).
ne·gro·ni /nɪgróuni/ *n* [°N-] ネグローニ《ベルモット・ビターズ・ジンからなるカクテル》.
négro·phìle, -phìl *n* [°N-] 黒人びいきの人, 黒人好き.
♦ **ne·groph·i·lism** /nɪgráfəlìz(ə)m/ *n* [°N-] 黒人びいき. **-list** *n* [°N-]
négro·phòbe *n* [°N-] 黒人嫌いの人. ♦ **nègro·phóbia** *n* [°N-] 黒人嫌い.
Neg·ro·pont /négrəpɑ̀nt/ ネグロポント《EUBOEA の旧英語名》.
Négro Renaissánce HARLEM RENAISSANCE.
Ne·gros /néɪgrous, nég-/ ネグロス《フィリピン中南部 Visayan 諸島の島》.
Négro spíritual 黒人霊歌.
Négro Státe 〘米史〙《南北戦争以前の南部の》奴隷州.
ne·gus[1] /ní:gəs/ *n* ニーガス《ワインに湯・砂糖・レモン果汁・香料を加えた飲み物》. [Francis *Negus* (d. 1732) 考案した英国軍人]
ne·gus[2] /ní:gəs, nɪgú:s/ *n* エチオピア王の称号; [N-] エチオピア皇帝. [Amh=king]
Neh. 〘聖〙Nehemiah. **NEH** 〘米〙National Endowment for the Humanities 全国人文科学基金.
Ne·he·mi·ah /nì:(h)əmáɪə/ **1** ニーヘマイア, ニーアマイア《男子名》. **2** 〘聖〙**a** ネヘミヤ《前 5 世紀 Jerusalem の城壁の再建と宗教的な改革に貢献したユダヤ人指導者》. **b** ネヘミヤ記《旧約聖書の The Book of ～; 略 Neh.》. [Heb=consolation of Yah]
Ne·he·mi·as /nì:(h)əmáɪəs/ 〘ドゥエー聖書〙NEHEMIAH.
Neh·er /néɪər/ ネーアー **Erwin** ～ (1944–)《ドイツの生物物理学者; 細胞の単一イオンチャンネルの機能に関する発見でノーベル生理学医学賞 (1991)》.
Neh·ru /néəru, *néɪ-/ **1** ネルー, ネール (**1**) **Ja·wa·har·lal** /ʤəwá:hərlà:l/ ～ (1889–1964)《インドの政治家; 首相 (1947–64)》 (**2**) Pandit **Motilal** ～ (1861–1931)《前者の父; インド独立運動の指導者》. **2** NEHRU JACKET [COAT].
Néhru jàcket [còat] ネルージャケット[コート]《立ち襟の細身の長い上着》. [J. *Nehru*]
Néhru sùit ネルースーツ《Nehru jacket と細身のズボンからなる》.
n.e.i. °non est inventus ♦ not elsewhere included.
Nei-chiang ⇨ NEIJIANG.
neige /*F* nɛ:ʒ/ *n* 〘料理〙泡雪《泡立てた卵白》.
neigh /néɪ/ *n* いななき. ► *vi* 〈馬が〉いななく. [OE *hnægan*<?]
neigh·bo /néɪbou/ *adv* *《黒人俗》いいや (no), だめだ (don't), 不承知.
neigh·bor | -bour /néɪbər/ *n* **1** 隣人, 近所の人; 隣席の人; 隣国人; 《人間世界の仲間としての》同胞: a next-door ～ 隣家の人 / my upstairs ～ わたしのすぐ上の階の住人 / our ～*s* across the Channel 《英国でいえば》フランス人 / a good [bad] ～ 人づきあいのよい[悪い]人 / Love your ～, yet pull not down your fence. 《諺》隣人を愛せ, されど垣根はこわすな / Good fences make good ～*s*. 《諺》よい垣根はよい隣人をつくる. **2** 《同種の》隣り[近く]のもの. ► *a* 隣の, 隣接する. ► *vt* **1** …の近くに住む[位する], …に隣接する. **2** 《まれ》近い位置[親しい関係]に置く[持ち込む]. ► *vi* **1** 近くに住む[ある], 隣接する 〈*on*〉. **2** 近所づきあいをする, 親しい間柄を保つ 〈*with*〉.
♦ **～·less** *a* **～·shìp** *n* [OE *nēahgebūr* (NIGH, *gebūr* dweller; cf. BOOR)]
néighbor·hòod *n* **1 a** 近く, 近辺, 近所, 近隣; 《特徴的な》地区, 地域 (cf. HOOD[3]): a tough ～ 物騒な地区 / an exclusive ～ 高級住宅地. **b** 《市・町などの中の》一地域の住民, 近所の人びと; 親しい間柄, 近隣のよしみ. **2** 近さ, 近接; 〘数〙近傍. ● **in the ～ of**…の近所に[の]; 《口》約 (about): *in the ～ of* £500 約 500 ポンド.
néighborhood hòuse* 隣保館 (settlement).
néighborhood láw cènterǁ LAW CENTER.
néighborhood ùnit 〘英〙近隣住区《学校・商店・公民館などをもつ人口 1 万程度の地域; 都市計画の単位》.
néighborhood wátch 《防犯のための》近隣住民による警戒.
néighbor·ing *a* 近所の, 近隣の; 隣接した.
néighbor·ly *a* 親しい隣人たちの(ような), 隣人らしい, 隣人にふさわしい; 友好的な, 親切な, 人づきあいのよい. ► *adv* 《古》隣人らしく.
♦ **-li·ness** *n*

Nei·jiang, Nei-chiang /néɪʤjáːŋ/ 内江(ないこう)(ネイチアン)《中国四川省南部, 成都 (Chengdu) の南東にある市》.

Neil /níːl/ ニール《男子名》. [Celt=? champion; or ⇨ NIGEL]

Néi·man Márcus /níːmən-/ ニーマン・マーカス《米国の高級百貨店; 本店 Texas 州 Dallas; 創業 1907 年》. [創業者 Herbert *Marcus* (1878–1950), その義弟 Al *Neiman* (1875–1970)]

Nei Mong·gol /néɪ mɑ́ŋgòul, -mɑ́ŋ-/ 内モンゴル《INNER MONGOLIA の別称》.

Neis·se /náɪsə/ [the] ナイセ川 (*Pol* Nysa)《(1) チェコ北部に発し, 北流して Oder 川に合流する; ドイツとポーランドの国境の一部をなす (=**Láu·sitz·er ～** /*G* láuzɪtsər-/) (2) ポーランド南西部を北東に流れて Oder 川に合流する (=**Glátz·er ～** /*G* glátsər-/)》.

nei·ther /níːðər, náɪ-; náɪ-, níː-/ *a, pron* どちら(の…)も…でない: *N*~ book is here. どちらの本もここにない / I believe ～ (of the stories). どっち(の話)も信じない / *N*~ of the stories was [were] true.=The stories were ～ of them true. 話はどちらも本当でなかった. ★ both に対応する否定表現で, 動詞は複数で一致することも多い. ► *adv* **1** [neither…nor と相関的に用いて 2 つの語・句を共に否定する] どちらも…ない[しない]: *N*~ he *nor* I know. 彼もわたしも知らない. **2** [否定節のあとに否定節を続ける] …もまた…しない[でない] (nor): If you can not go, ～ can I /áɪ/. きみが行けないならぼくも行けない / The first isn't good, and ～ is the sécond. 最初のはよくないが 2 番目もよくない / I don't like math.—Me, ～. 数学は好きじゃない—わたしも. ★ (1) both…and…に対応する否定表現で, 動詞はあとの主語と一致する. (2) neither を文頭に出すと主語と動詞が疑問文と同じ語順になる. (3) 時に 3 つ以上の語句を共に否定する: He ～ ate, drank, nor smoked. **3** [文尾において前出の否定詞を強める] 《非標準》少しも…ない (either): I don't know that ～. それもまた知らない. ► *conj* 《古》また…しない (nor, nor yet): I know not, ～ can I guess. わたしは知ってもいないし, また推測もできない. [OE *nowther* ‹ *nōhwæther* (⇨ NO, WHETHER); 語形は *either* に同化]

Nejd /néʤd, néʒd/ ネジド (=*Najd*)《サウジアラビア中部の高原地方; ☆Riyadh》. ♦ **Nejdi** /néʤdi, néʒ-/ *a, n*

nek /nék/ *n* 《南ア》鞍部, 峠. [Du=neck]

Ne·kra·sov /neɪkrάːsɔ̀ːf, -v/ ネクラーソフ **Nikolay Alekseyevich ～** (1821–77)《ロシアの詩人》.

nek·ton, nec- /néktən, -tὰn/ *n* 〖生態〗遊泳生物, ネクトン《魚・鯨などのように PLANKTON に比べ遊泳力の強い大型水中動物》. ♦ **nek·tón·ic** *a*

Nell /nél/ ネル《女子名; Eleanor, Helen の愛称》.

Nel·lie, Nel·ly /néli/ *n* **1** ネリー《(1) 男子名; Nelson の愛称 (2) 女子名; Helen, Eleanor の愛称》: BIG SOFT NELLIE, NERVOUS NELLIE, NICE NELLY. **2** [nelly] 〖鳥〗オオフルマカモメ (GIANT PETREL). **3***《俗》年とった雌牛. **4** [n-]《俗》ばか, 女みたいなやわなやつ, めめしいホモ. ● **not on your n~**˝《俗》とんでもない, そんなばかな(ことを) (certainly not, not likely)《life の意の puff と韻を踏む Nelly Duff が略されたもの》. ► *a* [n-]《俗》ホモの, 女っぽい; 《俗》気むずかしい, 堅苦しい.

nel·son /néls(ə)n/ *n* 〖レス〗首固め, ネルソン: FULL [HALF, QUARTER, THREE-QUARTER, etc.] NELSON.

Nelson 1 ネルソン《男子名; 愛称 Nellie, Nelly》. **2** ネルソン (1) **Horatio ～**, Viscount ～ (1758–1805)《英国の海軍軍人; フランス革命戦争・ナポレオン戦争で司令官として各地を転戦; Trafalgar の海戦でフランス・スペイン連合艦隊を破ったが, 旗艦 Victory 号上で敵兵の銃弾に倒れた》 (2) **Willie ～** (1933–)《米国のカントリー・アンド・ウェスタンのシンガー・ソングライター》. **3** ネルソン《George Washington の愛馬》. **4** ネルソン《ニュージーランド南島北岸の市・港町》. **5** [the] ネルソン川《カナダ Manitoba 州の Winnipeg 湖の北端から流れて Hudson 湾に注ぐ》. [Celt, Gmc=son of Neil]

Nélson's Cólumn ネルソン記念碑《London の Trafalgar Square にある高さ約 56 m のネルソン提督の記念碑; 頂部にネルソン像が立ち, 台座には彼の戦った 4 つの海戦がレリーフになっている》.

Nélson tòuch˝ [the]《問題に対する》ネルソン (Horatio Nelson) 流のやり方, 大物[名人]のアプローチ[対処法].

Nel·spruit /nélsprɔ̀ɪt/ ネルスプライト《南アフリカ共和国 Mpumalanga 州の州都》.

ne·lum·bo /nɪlʌ́mbou/ *n* (*pl* ～**s**) 〖植〗ハス属 (*N*-) の各種植物 (=**ne·lum·bi·um** /nɪlʌ́mbiəm/)《スイレン科; ハスと北米原産のキバナハス》. [Sinhalese]

ne·ma /níːmə/ *n* NEMATODE.

nem·a·cide /némәsàɪd/ *n* NEMATOCIDE.

Ne·man /némən/ [the] ネマン川 (*Lith* Nemunas, *Pol* Niemen)《ベラルーシ中部に発してリトアニアにはいり, ロシア領 Kaliningrad との境界を通ってバルト海に注ぐ; cf. MEMEL》.

nem·at- /némət/, **nem·a·to-** /-tou, -tə/ *comb form*「糸」「線虫」 [Gk (*nemat- nēma* thread)]

ne·ma·thel·minth /nèməθélmìnθ, nìːmə-/ *n* 〖動〗線形動物.

ne·mat·ic /nɪmǽtɪk/ *a* 〖理〗ネマチックの《液晶で, 細長い分子が相互の位置は不規則だがその長軸をすべて一定方向にそろえている相についていう; cf. CHOLESTERIC, SMECTIC》.

némato·cìde /, nɪmǽt-/, **-ti-** /-tə-/ *n* 抗線虫薬, 殺線虫剤. ♦ **nèmato·cídal** /, nɪmæ̀t-/, **-ti-** /-tə-/ *a* 抗[殺]線虫性の.

némato·cỳst /, nɪmǽt-/ *n* 〖動〗刺胞 (=*nettle cell*)《刺胞動物が餌を捕えるときに使う刺糸をそなえた細胞小器官》. ♦ **nè·ma·to·cýs·tic** /, nɪmæ̀t-/ *a*

nem·a·tode /némətòud/ 〖動〗*a* 線虫類の. ► *n* 線虫, ネマトーダ. [-*ode*[1]]

nem·a·tol·o·gy /nèmətάləʤi/ *n* 〖動〗線虫学. ♦ **-gist** *n* **nèm·a·to·lóg·i·cal** *a*

Nem·bu·tal /némbjətɔ̀ːl, -tæ̀l/ 〖商標〗ネンブタール《ペントバルビタールのナトリウム塩 (pentobarbital sodium) の製剤; 鎮静・催眠薬》.

nem. con. /ném kάn/ °nemine contradicente.

nem. diss. /ném dís/ °nemine dissentiente.

Ne·mea /níːmiə/ ネメア《Peloponnesus 半島北東部, 古代ギリシア Argolis 地方北部の谷; cf. NEMEAN GAMES》. ♦ **Né·me·an** /, nɪmíːən/ *a*

Némean Gámes *pl* [the] ネメア祭《2 年ごとに Nemea で開催された古代ギリシアの全民族的な競技祭; ⇨ OLYMPIAN GAMES》.

Némean líon 〖ギ神〗ネメアのライオン《Nemea 谷で Hercules に退治された不死身の猛獣》.

ne·mer·te·an /nɪmə́ːrtiən/, **nem·er·tine** /némərtàɪn, -tìːn/ *n* 〖動〗紐形動物《紐形動物門 (Nemertea) の動物の総称》. ► *a* 紐形動物門の.

ne·me·sia /nəmíːʒə/ *n* 〖植〗ネメシア《ゴマノハグサ科アフリカウンラン属[ネメシア属] (*N*-) の各種草本; ウンランモドキなど》.

Nem·e·sis /néməsəs/ **1** 〖ギ神〗ネメシス《人間の思い上がりを憤り罰する女神》. **2** [n-] (*pl* **-ses** /-sìːz/, ～**es**) **a** 罰を与える人; 天罰, 応報, 因果; 破滅のもと. **b**《歯が立たない》強敵, 大敵. [Gk=righteous wrath (*nemō* to give what is due)]

ne·mi·ne con·tra·di·cen·te /némənìː kὰntrədɪsénti/ 満場一致で (no one contradicting)《略 nem. con.》. [L *nemine* (abl) ‹ *nemo* nobody]

némine dis·sen·ti·én·te /-dɪsèntiénti/ 満場異議なく (no one dissenting)《略 nem. diss.》. [L (↑)]

nem·mie /némi/, **nem·ish** /némɪʃ/ *n**《俗》NIMBY[1].

Ne·mo /níːmou/ [Captain] ネモ艦長《Jules Verne, *Vingt Mille Lieues sous les mers* の主人公で潜水艦 Nautilus 号の艦長》. [L =nobody]

ne·mo me im·pu·ne la·ces·sit /néɪmou méɪ ɪmpúːneɪ lɑːkésɪt/ 何人もわたしを攻撃して害をうけずにはいない《スコットランドと Order of the Thistle の標語》. [L]

ne·moph·i·la /nɪmάfələ/ *n* 〖植〗ルリカラクサ属[ネモフィラ属] (*N*-) の各種一年草 (baby blue eyes)《北米原産; ハゼリソウ科》. [Gk *nemos* wooded pasture]

ne·mori·cole /nɪmɔ́ːrəkòul/ *a* 森[木立]にすむ.

Ne·mu·nas /nǽmənὰːs/ [the] ナムナス川《NEMAN 川のリトアニア語名》.

ne·ne /néɪneɪ/ *n* (*pl* ～) 〖鳥〗ハワイガン (=*Hawaiian goose*)《Hawaii 州の州鳥; 国際保護鳥》. [Haw]

Nen·ets /nénèts/, **Nen·tsi, -tsy** /néntsi/ *n* **a** (*pl* ～, ～**s**) ネネツ《西シベリアからヨーロッパロシア最北部にかけてのツンドラ地帯に住むトナカイ遊牧民》. **b** ネネツ語《Samoyed 諸語に属する》.

N. Eng. °New England.

ne ni·mi·um /nə nímiəm/ 多すぎることなかれ. [L]

nen·u·phar /nénjəfὰːr/ *n* 〖植〗WATER LILY.

neo- /níːou, -ə/ ⇨ NE-.

nèo·anthrópic *a* NEANTHROPIC.

nèo·ántigen *n* 〖医〗新(生)抗原.

nèo·arsphénamine *n* 〖薬〗ネオアルスフェナミン《梅毒治療薬》.

nèo-Cámbrian *a* 〖地質〗新カンブリア紀[系]の.

Nèo-Cátholic *a, n* 新カトリック派の(教徒). ♦ **-Cathólicism** *n*

Néo·cène *a, n* 〖地質〗NEOGENE.

nèo·clássic, -clássical *a* 新古典主義の; 〖経〗新古典(学)派の. ♦ **-clássicism** *n* **-cist** *n*

nèo·colónial·ìsm *n* 新植民地主義《大国による他地域・他民族に対する影響力を間接的に維持・拡大しようとする政策》. ♦ **-colónial** *a* **-ist** *n, a*

Nèo·có·mi·an /-kóumiən/ *a* 〖地質〗《中生代白亜紀の》ネオコミア世の.

neo·con /nìːoukάn/ *n* 新保守主義者, ネオコン (neoconservative). ► *a* 新保守主義の.

nèo·consérvatism *n* 新保守主義《市場原理と自由競争の立場から規制や課税を最小限にとどめた「小さな政府」を理想として BIG GOVERNMENT に反対し, 対外的には強硬策を主張する保守主義; 特に Reagan, Thatcher の時代に顕著になったが, 21 世紀初頭には「自由と民主主義」の維持拡大のためイラク戦争などの軍事介入も辞さないといういわゆるネオコン (neocon) 路線をいった》. ♦ **-consérvative** *a, n*

nèo·córtex *n* 〖解〗《大脳の》新皮質, ネオコルテックス. ♦ **nèo·córtical** *a*

nèo-Dáda, -Dáda·ìsm *n* 新[ネオ]ダダ(イズム) (=*anti-art*)

N

《1950 年代末, 60 年代の反芸術運動》. ◆ **-Dáda·ist** *a, n*
nèo-Dárwin·ìsm *n* [°N-] 新ダーウィン主義[説]. ◆ **-ist** *n* **-Darwínian** *a, n*
neo·dym·i·um /nìːoudímiəm/ *n* 〔化〕ネオジム《希土類元素; 記号 Nd, 原子番号 60》.
nèo-Expréssion·ìsm *n* [°N-]〔美〕新表現主義《1970 年代末から 80 年代前半にかけて, ドイツ・イタリア・米国を中心にして起こった, 色彩・形態・筆づかいが自由奔放で具象的な傾向のある絵画の潮流》. ◆ **-ist** *n, a*
nèo·fáscism *n* 新ファシズム. ◆ **-fáscist** *n, a*
nèo-Fréud·ian *a, n* [°N-] 新フロイト派の(学徒).
Neo·gaea, -gea /nìːədʒíːə/ *n* 〔生物地理〕新界《新熱帯区 (Neotropical Region) と同じ範囲; cf. NOTOGAEA》. ◆ **Nèo·gáe·an, -gé-** *a*
Néo·gène *a* 〔地質〕新第三紀の. ► *n* [the] 新第三紀[系].
nèo·génesis *n* 〔生理・生〕《特に 組織の》再生, 新(発)生. ◆ **-genétic** *a*
nèo·glaciátion *n* 〔地質〕ネオ氷河作用. ◆ **-glácial** *a*
nèo-Góthic *a* [°N-]〔建〕新ゴシック様式の.
nèo-Hébrew *n* [°N-] 近世ヘブライ語《聖書後現代までのヘブライ語》. ◆ **-Hebráic** *n, a* 近世ヘブライ語(の).
nèo-Hegélian *a, n* [°N-] 新ヘーゲル哲学の(信奉者). ◆ **~·ìsm** *n*
nèo-Héllen·ism *n* [°N-] 新ギリシア主義.
nèo·impérial·ìsm *n* 新帝国主義. ◆ **-impérial** *a* **-ist** *n*
nèo·impréssion·ìsm *n* [°Neo-Impressionism]〔美〕新印象主義. ◆ **-ist** *n, a*
nèo·isolátion·ìsm *n* 新孤立主義《米国での孤立主義の復権》. ◆ **-ist** *a, n*
nèo-Kánt·ian *a, n* [°N-]〔哲〕新カント派の(学徒).
nèo-Kéynes·ian *a, n* 〔経〕新ケインズ主義の[主義者].
nèo-Lamárck·ìsm *n* [°N-]〔生〕新ラマルク説. ◆ **-ist** *n* **-Lamárck·ian** *a, n*
Nèo-Látin *n* NEW LATIN; ロマンス語 (Romance). ► *a* ロマンス語(系)の.
nèo·líberal *n* 新自由主義者, ネオリベラル《リベラリズムの伝統的な立場を変えて実践的な方法を採用しようとするリベラル派; 近年はしばしば neoconservatism に近い自由経済主義の立場を指す》. ► *a* 新自由主義の, ネオリベラルの. ◆ **~·ìsm** *n*
nèo·linguístics *n* 新言語学 (areal linguistics).
néo·lìth *n* 新石器時代の石器, 新石器.
Nèo·líthic *a* 〔考古〕新石器時代の; [n-] 一昔前の.
nèo·lócal *a* 〔人〕新居住の《夫婦双方の家族から離れて住む》: ~ residence.
ne·ol·o·gism /niáləd͡ʒìz(ə)m/ *n* **1 a**《しばしば 人がまゆをひそめるような》新造語, 新語句; 《既成語句の》新語義. **b** 新語句[語義]採用; 〔精神医〕言語新作, 造語症. **2** 新説, 〔神学〕新解釈 (neology). ◆ **-gist** *n* **ne·òl·o·gís·tic, -ti·cal** *a*
ne·ol·o·gize /niálədʒàɪz/ *vi* 新語を造る[使う]; 既成語を新しい意味に使う; 〔神学〕新解釈を採用する.
ne·ol·o·gy /niálədʒi/ *n* 新(造)語句[語義](の使用[採用]); 新説, 〔神学〕(合理的な)新解釈. ◆ **nèo·lóg·i·cal, -ic** *a* [F; (*-logy*)]
nèo-Malthúsian *a* 新マルサス主義の《産児制限などによる人口調節を主張する》. ► *n* 新マルサス主義者. ◆ **~·ìsm** *n* 新マルサス主義.
Nèo-Melanésian *n, a* 新メラネシア語(の)《Melanesia と New Guinea で使用される英語を母体とした混成語》.
néo·mòrph *n* 〔生〕新形《祖先から受け継いだのではない新しい形態形質》.
néo·mort /-mɔ̀ːrt/ *n* 新死体, 植物人間《脳死の状態にありながら補助機器で生きつづけている生体》. [*neo-*, *mortuus* (L=dead)]
nèo·mýcin *n* 〔薬〕ネオマイシン《放線菌の一種から産生される広域抗生物質; 日本における発見が先行し, 日本ではフラジオマイシン (fradiomycin) という》.
ne·on /níːàn/ *n* **1**〔化〕ネオン《希ガス元素; 記号 Ne, 原子番号 10》. **2** NEON LAMP; ネオンサイン(による照明). ► *a* ネオンの; 蛍光性の, 輝かしい; 《口》低俗な, 安っぽい. ◆ **~ed** *a* [Gk (neut)〈*neos* new]
nèo·nátal *a* 〔医〕(生後 28 日以内の)新生児の (cf. POSTNATAL). ◆ **~·ly** *adv*
neo·nate /níːənèɪt/ *n* 〔医〕(生後 28 日以内の)新生児.
nèo·natólogy *n* 〔医〕新生児学, 新生児科学. ◆ **-gist** *n*
nèo-Názi *n, a* ネオナチ(の)《ナチスの綱領・政策を奉ずる集団の一員》. ◆ **~·ìsm** *n*
NE1 《E メールなどで》anyone.
néon lámp [líght] ネオンランプ[ライト].
néon-líght·ed, -lít *a* ネオンで明るい〈街〉.
néon ríbbons *pl* *《軍俗》極度の階級自慢.
néon tétra 〔魚〕ネオンテトラ《ネオンのように美しく輝く南米産カラシン科の熱帯魚》.
nè·ontólogy *n* 現生生物学 (cf. PALEONTOLOGY). ◆ **-gist** *n*
néon túbe NEON LAMP.
nèo·órthodoxy *n* 〔神学〕新正統主義《第一次大戦後自由主義神学への反動として興った, 福音主義的伝統に基づくプロテスタント神学の一傾向》. ◆ **nèo·órthodox** *a*
nèo·págan·ism *n* 復興[新]異教主義. ◆ **-págan** *n, a*
Nèo·pàleo·zóic 〔地質〕*a* 新古生代の. ► *n* [the] 新古生代.
nèo·péntane *n* 〔化〕ネオペンタン《石油・天然ガス中の揮発性炭化水素》.
nèo·Pentecóstal *a, n* 新ペンテコステ派の(信者)《米国におけるプロテスタントとカトリック教会の運動; 信仰による治癒・説教・悪魔払いなどペンテコステ派の信仰・実践を強調》. ◆ **~·ìsm** *n* **~·ist** *n*
nèo·phília *n* 新しいもの好き, 新奇好み. ◆ **-phíl·i·ac** /-fíliæ̀k/ *n*
nèo·phóbia *n* 新しいもの嫌い. ◆ **-phóbic** *a*
neo·phron /níːəfràn/ *n* 〔鳥〕エジプトハゲワシ.
neo·phyte /níːəfàɪt/ *n* 新改宗者; 《原始キリスト教会の》新受洗者; 《カトリック教会の》修練士; 初心者, 新参者 (beginner). ◆ **-phyt·ism** /, -fàɪtìz(ə)m/ *n* **nèo·phýt·ic** /-fít-/ *a* [L<Gk =newly planted (*phuton* plant)]
nèo·plásia *n* 〔医〕新生組織形成, 腫瘍形成.
néo·plàsm *n* 〔医〕新生物, 《特に》腫瘍.
nèo·plástic *a* 〔医〕新生物(形成)の; 〔美〕ネオプラスティシズムの.
nèo·plás·ti·cism /-plǽstəsìz(ə)m/ *n* 〔美〕新造型主義, ネオプラスティシズム (DE STIJL). ◆ **-cist** *n*
néo·plàsty *n* 〔医〕移植的新組織形成.
Nèo·plátonism *n* 〔哲〕新プラトン主義. ◆ **-nist** *n* 新プラトン主義者. **-platónic** *a*
neo·prene /níːəprìːn/ *n* ネオプレン《合成ゴムの一種》.
Ne·op·tol·e·mus /nìːàptáləməs/ 〔ギ神〕ネオプトレモス《Achilles の息子で, トロイア攻略時に敵将 Priam を殺害; 別名 Pyrrhus》.
nèo·réal·ìsm *n* 〔哲〕新実在論 (=*New Realism*)《William P. Montague (1873–1953) や George Santayana など 20 世紀初めに主に米国の哲学者によって唱えられた表象実在論》; 〔映〕ネオレアリズモ, ネオリアリズム, イタリアニズム《第二次大戦直後, イタリアで顕著となった映画制作スタイル; 社会問題を取り上げ, しろうと俳優を使い, ロケにより制作; Vittorio De Sica 監督の『自転車泥棒』(1948) など》. ◆ **-ist** *a, n* **-realístic** *a*
Neo·ri·can* /nìːouríːkən/ *n, a* NUYORICAN.
nèo·románticism *n* 新ロマン主義.
nèo·sálvarsan *n* 〔薬〕ネオサルバルサン (neoarsphenamine)《もと商標》.
nèo·scholásticism *n* [ˢneo-Scholasticism] 新スコラ哲学《現代におけるスコラ哲学の復興を目指す》. ◆ **nèo·scholástic** *a*
Ne·o·sho /nióuʃou, -ʃə/ [the] ネオショ川《Kansas 州南西部から Oklahoma 州北東部に向かって南流し, Arkansas 川に合流する; Oklahoma 州では Grand 川とも呼ばれる》.
neo·stig·mine /nìːəstígmìːn/ *n* 〔薬〕ネオスチグミン《臭化物または硫酸メチル誘導体として用いるコリン作用性薬物; 眼科用および重症筋無力症の診断・治療用》.
Neo-Sy·neph·rine /nìːousɪnɛ́frən, -rìːn/ 〔商標〕ネオシネフリン《フェニレフリン (phenylephrine) 製剤》.
ne·ot·e·ny /niát(ə)ni, *níːətìːni/ *n* 〔動〕幼形成熟, ネオテニー《salamander などの幼生の性的成熟》; 《成虫の》幼態保持. ◆ **ne·o·te·nic** /nìːətɛ́nɪk/, **ne·o·te·nous** /niát(ə)nəs/ *a* 幼形成熟(性)の.
ne·o·ter·ic /nìːətɛ́rɪk/ *a* 現代の (modern); 新時代の; 最新(発明)の. ► *n* 現代人; 現代作家[思想家]. ◆ **-i·cal·ly** *adv*
Nèo·trópical, -trópic *a* 〔生物地理〕新熱帯区の《北回帰線以南の新大陸についていう》.
nèo·tróp·ics *n pl* 〔生物地理〕新熱帯区.
néo·tỳpe *n* 〔生〕新基準[模式]標本.
nèo·vàscular·izátion *n* 〔医〕新血管新生《腫瘍における新毛細血管の発生・生長など》.
Nèo·zóic *a, n* 〔地質〕CENOZOIC《旧称》.
NEP /nɛ́p/ 〔ロシア史〕°New Economic Policy.
NEPAD /níːpæ̀d/ New Partnership for Africa's Development アフリカ開発のための新パートナーシップ, ネパッド《アフリカ連合 (AU) によるアフリカ開発プログラム; 2001 年採択》.
Ne·pal /nəpɔ́ːl, -pɑ́ːl/ ネパール《インド北東部に接するヒマラヤ山脈中の国; 公式名 Federal Democratic Republic of ~ (ネパール連邦民主共和国); ☆Kathmandu》.
Nep·a·lese /nɛ̀pəlíːz, *-s/ *a, n* (*pl* ~) NEPALI.
Ne·pali /nəpɔ́ːli, -pɑ́ːli, *-pǽli/ *n* **a** (*pl* ~, **-pál·is**) ネパール人《インド系・チベット系・チベット・ビルマ語系などの系統があり, それぞれがいくつかの分派に分かれる》. **b** ネパール語《Indic 語派に属する》. ► *a* ネパールの; ネパール人[語]の.
ne·pen·the /nəpɛ́nθi/ *n* 《詩》憂いを忘れさせる薬, 消憂薬, ネペンテス《たぶんアヘン》; 消憂薬を採る植物; 《一般に》苦痛を忘れさせるもの. ◆ **~·an** *a* [L<Gk (*penthos* grief)]
ne·pen·thes /nəpɛ́nθiz/ *n* (*pl* ~) 《詩》NEPENTHE; 〔植〕ウツボカズラ《主に熱帯アジア産ウツボカズラ科同属 (*N-*) の植物の総称; 葉の先端に捕虫袋をもつ食虫植物 (pitcher plant)》.

Ne·per /néɪpər/ **1** ネイパー **John** ～＝John NAPIER. **2** [n-]〘理〙ネーパー《減衰の比率を自然対数で表わす単位》.

nep·e·ta /népətə/ *n*〘植〙CATNIP.

neph·análysis /nɛ̀f-/ *n*〘気〙ネフアナリシス《雲形・雲量と降水量の関係を重視した天気図解析》; ネフチャート.

Neph·e·le /néfəli/〘ギ神〙ネペレー《Zeus が Ixion を欺くため Hera を擬して雲から作った女; Ixion と交わり centaur たちを生んだ》.

neph·e·line /néfəlì:n, -lən/, **-lite** /-làɪt/ *n*〘鉱〙かすみ石. ♦ **nèph·e·lín·ic** /-lín-/ *a*

neph·e·lin·ite /néfələnàɪt/ *n*〘鉱〙かすみ岩(ｶﾞﾝ)《かすみ石と輝石を含む火山岩》. ♦ **nèph·e·li·nít·ic** /-nít-/ *a*

néph·e·loid láyer /néfəlɔ̀ɪd-/〘海洋〙《粘土構成物大の微細な鉱物が漂う深海の》懸濁層.

neph·e·lom·e·ter /nɛ̀fəlámətər/ *n*〘菌〙懸濁液内バクテリア計量器;〘化〙比濁計. ♦ **-lóm·e·try** *n* 比濁分析(法), 比濁法. **nèph·e·lo·mét·ric** *a* **-ri·cal·ly** *adv*

neph·ew /néfju; névju, néf-/ *n* 甥(ｵｲ) (cf. NIECE); [*euph*] 聖職者の私生児《男子》; 《古》子孫,《特に》孫息子. [F *neveu*＜L *nepos* grandson, nephew; cf. OE *nefa* grandson]

nepho- /néfoʊ, néfə/ *comb form*「雲」 [Gk *nephos* cloud]

népho·gràm *n* 雲写真.

népho·gràph *n* 雲写真撮影機.

ne·phol·o·gy /nɛfálədʒi/ *n*〘気〙雲(ｸﾓ)学. ♦ **-gist** *n* **nèph·o·lóg·i·cal** *a*

ne·phom·e·ter /nɛfámətər/ *n* NEPHELOMETER.

népho·scòpe *n* 測雲器.

nephr- /néfr/, **neph·ro-** /néfroʊ, -rə/ *comb form*「腎(臓)」 [Gk *nephros* kidney]

ne·phral·gia /nəfrǽldʒiə/ *n*〘医〙腎臓痛, 腎疼痛.

ne·phrec·to·my /nɪfréktəmi/ *n*〘医〙腎摘出(術), 腎摘. ♦ **-to·mize** /-təmàɪz/ *vt*〘医〙…に腎摘出を施す.

neph·ric /néfrɪk/ *a*〘解・医〙腎(臓)の (renal).

ne·phrid·io·pore /nɪfrídiəpɔ̀:r/ *n*〘動〙《無脊椎動物の》外腎門.

ne·phrid·i·um /nɪfrídiəm/ *n* (*pl* **-phrid·ia** /-frídiə/)〘動〙腎管《無脊椎動物の排出器官; 脊椎動物の腎のもつ管》. ♦ **-phríd·i·al** *a*

neph·rism /néfrìz(ə)m/ *n*〘医〙腎性悪液質.

neph·rite /néfràɪt/ *n*〘鉱〙軟玉, ネフライト (＝*greenstone, true jade*)《透角閃石あるいは陽起石の微細結晶の緻密な集合体; かつて腎臓病に効くとされた; cf. JADEITE》.

ne·phrit·ic /nɪfrítɪk/ *a*〘医〙腎炎の; 腎臓の (renal).

nephrític stóne NEPHRITE.

ne·phri·tis /nɪfráɪtəs/ *n* (*pl* **-phrit·i·des** /nɪfrítədì:z/)〘医〙腎炎; BRIGHT'S DISEASE. [*-itis*]

nèphro·génic *a*〘医〙腎臓から発した, 腎(原発)性の;〘発生〙腎臓組織を形成する, 造腎の.

neph·rog·e·nous /nɪfrádʒənəs/ *a*〘医〙腎組織由来の, 腎原(性)の.

néphro·lìth *n*〘医〙腎(結)石 (renal calculus).

nèphro·lithíasis *n*〘医〙腎石病.

ne·phrol·o·gy /nɪfrálədʒi/ *n*〘医〙腎臓(病)学. ♦ **-gist** *n* **nè·phro·lógical** *a*

neph·rol·y·sin /nɪfráləsən/ *n*〘生化〙腎細胞溶解素, ネフロリシン.

neph·rol·y·sis /nɪfráləsəs/〘医〙*n* 腎剝離(術); 腎細胞溶解.

neph·ro·meg·a·ly /nɛ̀froʊmégəli/ *n*〘医〙腎肥大(症).

neph·ron /néfràn/ *n*〘解・動〙ネフロン, 腎単位.

ne·phrop·a·thy /nɪfrápəθi/ *n*〘医〙腎障害, 腎症, ネフロパシー. ♦ **nèph·ro·páth·ic** *a*

ne·phro·sis /nɪfróʊsəs/ *n*〘医〙ネフローゼ《臨床的疾患単位で, 尿細管上皮の変性疾患; 特にネフローゼ症候群 (nephrotic syndrome)》. ♦ **ne·phrot·ic** /nɪfrátɪk/ *a*

néphro·stòme *n*〘生〙腎口.

ne·phros·to·my /nɪfrástəmi/ *n*〘解〙腎造瘻(ｿﾞｳﾛｳ)(術), 腎フィステル形成(術).

nephrótic sýndrome〘医〙ネフローゼ症候群《顕著な浮腫・タンパク尿・低アルブミン血症などが特徴》.

ne·phrot·o·my /nɪfrátəmi/ *n*〘医〙腎切開(術).

nèphro·tóxic *a*〘医〙腎毒性の《**1)** 腎細胞に対して毒性[破壊性, 溶解性]のある **2)** 腎毒による》. ♦ **nèphro·toxícity** *n*

nepi·on·ic /nɛ̀piánɪk, nì:-/ *a*〘動〙未成熟の, 幼生の.

ne·pit /ní:pət/ *n* NIT[4].

ne plus ul·tra /néɪ plʌ̀s ʌ́ltrə, néɪ plùs últra:/ 極限; 極点, 頂点 (acme) ‹*of*›; 乗り越えられない障害; [禁止語句として] 《古》これ以上は不可. [L＝not further beyond]

nep·man /népmən/ *n*〘ロシア史〙ネップマン《1930 年代の投機商人; cf. NEP》.

Ne·pos /ní:pàs, nép-/ ネポス **Cornelius** ～ (c. 100–c. 25 B.C.)《ローマの歴史家・伝記作者》.

nep·o·tism /népətìz(ə)m/ *n* 親族重用主義, 縁者[身内]びいき. ♦ **-tist** *n* **ne·pot·ic** /nɪpátɪk/ *a* **nèp·o·tís·tic, -tís·ti·cal** *a* [F＜It (*nepote* NEPHEW); かつて教皇が甥や縁者に特権を与えたことから]

Nep·tune /népt(j)ù:n/ **1 a**〘ロ神〙ネプトゥーヌス《海神; ギリシアの Poseidon に当たる》. **b**〘天〙海王星. **2** 海, 大洋: ～*'s* revel 赤道祭 / sons of ～ 船乗り. [F or L]

Néptune's Bódyguard [the] ネプトゥーヌスのボディーガード《英国海兵隊 (Royal Marines) の俗称》.

Néptune's cúp [góblet]〘動〙コルクカイメンの一種.

Nep·tu·ni·an /nɛpt(j)ú:niən/ *a*〘ギ神〙ネプトゥーヌスの; 海の; 海王星の; [n-]〘地質〙水成の, 岩石水成論(者)の.

nep·tun·ism /népt(j)ù:nìz(ə)m/ *n*〘地質〙水成論 (cf. PLUTONISM). ♦ **-ist** *n*

nep·tu·ni·um /nɛpt(j)ú:niəm/ *n*〘化〙ネプツニウム《放射性元素; 記号 Np, 原子番号 93》.

neptúnium sèries〘化〙ネプツニウム系列.

ne quid ni·mis /néɪ kwíd nímɪs/ 何事も度を過ごさぬように. [L]

ne·ral /níərǽl/ *n*〘化〙ネラール《シトラールのシス形》.

NERC〘英〙Natural Environment Research Council.

nerd /nə́:rd/ *n*《コンピューターなどの高度な知識をもつが社会性に乏しい》おたく; 野暮ったい[ダサい]やつ: a computer ～. ♦ **nérdy** *a* **～·ish** *a* **nérd·i·ness** *n* [C20＜?]

nérd·ling *n*《俗》仕事に慣れていないプログラマー.

nérd màgnet《俗》退屈な男をひきつける女.

nérd·mòbile *n*《俗》これみよがしの[おもしろみのない]大型自動車, ファミリーカー.

nérd pàck《俗》POCKET PROTECTOR.

Ne·re·id /níəriəd/ *n* **1**〘ギ神〙ネーレーイス《50 [100] 人の海の精[女神]の一人; ⇨ NYMPH》. **2**〘天〙ネレイド《海王星の第 2 衛星; cf. TRITON》. **3** [n-]〘動〙ゴカイ科 (Nereidae) の環虫,《特に》ゴカイ属の環虫. ► *a* [n-] ゴカイ科の. [L＜Gk＝daughter of NEREUS]

ne·re·is /níəriəs/ *n* (*pl* **-re·i·des** /nɪəríːədì:z/)〘動〙(フツウ)ゴカイ属 (*N*-) の環虫 (nereid).

Ne·re·us /níəriəs, -riù:s/〘ギ神〙ネーレウス《「海の老人」と呼ばれた海神で 50 [100] 人の Nereids の父》.

nerf /nə́:rf/ *vt*《俗》《自動車レースで》‹他車›にぶつける. [C20＜?]

Nerf〘商標〙ナーフ《フォームラバーなどの柔らかいものでできたグライダー・ガンなどのおもちゃ》.

nérf [nérf·ing] bàr《レーシングカーの》バンパー《他車とぶつかった際に車輪を守る 通例 管状のスチール製バンパー》.

Ne·ri /néəri, néɪri/ ネリ Saint **Philip** ～ (1515–95)《イタリアの聖職者; イタリア語名 Filippo ～; オラトリオ会を創立 (1564); 祝日 5 月 26 日》.

ne·ri·ne /nəráɪni/ *n*〘植〙ヒメヒガンバナ, ネリネ《同属 (*N*-) の草本の総称; 南アフリカ原産; ヒガンバナ科またはユリ科》.

ner·ite /níəràɪt/ *n*〘貝〙アマオブネガイ《殻が半球状の巻貝; アマガイ, カノコガイなど》.

ne·rit·ic /nərítɪk/ *a*〘海洋・生態〙浅海の, 沿岸性の.

nerk /nə́:rk/ *n*〃《俗》ばか, まぬけ, いやなやつ.

ner·ka /nə́:rkə/ *n*〘魚〙ベニマス, ベニザケ (sockeye salmon).

Nernst /néərnst/ ネルンスト **Walther Hermann** ～ (1864–1941)《ドイツの物理化学者; 熱力学の第 3 法則 (third law of thermodynamics) を発見; ノーベル化学賞 (1920)》.

Nérnst héat thèorem〘理〙ネルンストの熱定理《熱力学第 3 法則》.

Ne·ro /níəroʊ, *ní:-/ ネロ (*L* Nero Claudius Caesar Drusus Germanicus) (37–68)《ローマ皇帝 (54–68); 旧名 Lucius Domitius Ahenobarbus; 初め Seneca の後見で善政を行なったが, のち母と妃を殺し, キリスト教徒を迫害した暴君; 反乱で失脚し逃亡先で自刃》.

ne·ro an·ti·co /néɪroʊ ǽntì:koʊ, -ɑ:n-; néə-/《古代ローマ遺跡で発見される》黒色大理石. [It]

ne·rol /níərɔ̀(:)l, néər-, -ròʊl, -ràl/ *n*〘化〙ネロール《液状のアルコール; バラの花の香りがあり, 調合香料用》.

nér·o·li (òil) /nérəli(-); níər-/ 橙花油, ネロリ油(ﾕ).

Ne·ro·ni·an /nɪróʊniən/, **-ron·ic** /-ránɪk/ *a* 暴君ネロのような, 残忍な, 放埒な, 専横な.

Ne·ro·nize /níəroʊnàɪz/ *vt* ネロに模する, 暴君として描く; 堕落させる; …に虐政を行なう.

nerts, nertz /nə́:rts/《俗》*n pl* NUTS. ► *int* NUTS.

nerty /nə́:rti/ *a*《俗》頭が変な, いかれた (nutty).

Ne·ru·da 1 /nérʊdɑ:/ ネルダ **Jan** ～ (1834–91)《チェコの詩人》. **2** /neɪrú:də, -ðɑ:/ ネルーダ **Pablo** ～ (1904–73)《チリの詩人・外交官; 本名 Neftalí Ricardo Reyes Basoalto, ペンネームは Jan にあやかったもの; ノーベル文学賞 (1971)》.

nerv- /nə́:rv/, **ner·vi-** /-vɪ, -və/, **ner·vo-** /-voʊ, -və/ *comb form* NEUR-.

Ner·va /nə́:rvə/ ネルウァ (*L* Marcus Cocceius ～) (c. 30–98)《ローマ皇帝 (96–98); 五賢帝の最初の皇帝》.

ner·val /nə́:rv(ə)l/ *a* 神経(組織)の.

Ner·val /nɛərvá:l/ ネルヴァル **Gérard de** ～ (1808–55)《フランスの

ロマン派の詩人・小説家; 本名 Gérard Labrunie).
ner·vate /nə́ːrvèɪt/ *a* 〘植〙葉脈のある.
ner·va·tion /nəːrvéɪʃ(ə)n/, **ner·va·ture** /nə́ːrvəʧʊ̀ər, -ʧər/ *n* 〘植〙脈状, 脈理, 脈系 (venation).
nerve /nə́ːrv/ *n* **1 a** 〘解〙神経; 歯髄の神経組織, 《俗に》歯の神経. **b** [*pl*] [*fig*] 《活動などの》根源, 中枢. **2** 健全な神経状態, 強健, 勇気, 度胸, 気力, 体力; 《口》ずぶとさ, ずうずうしさ: a man of ～ 度胸のある男, 心臓男 / He had the [a] ～ *to* stay [stay*ing*] with my uncle for a week. あつかましくもおじの家に1週間泊まった. **3** [*pl*] 神経異常[過敏], 臆病, 気おくれ, 緊張; 痛い[過敏な]ところ. **4** 〘植〙葉脈; 〘動〙翅脈; 《詩・古》筋, 腱. ● **a bundle [bag] of ～s** 神経過敏な人. **a fit of ～s** 発作的な神経の興奮, いらだち. **all ～s** すごく神経過敏で. **get on** sb**'s ～s** 人の神経にさわる, 人をいらいらさせる. **get up the [enough] ～ (to** do…) (…する)勇気を出す. **give** sb **the ～s** 人をいらいらさせる. **have iron ～s**＝**have ～s of steel** 強靱な神経の持主である. **have no ～s**＝**not know what ～s are** (危険を感じないで)平気でいる, 大胆である. **hit [strike, touch] a (raw) ～ (with…)** 《口》(…の)神経にさわることを言う[する]. **hold [keep]** one**'s ～** 平静を保つ, 落ち着いている. **live on** one**'s ～s [～ ends]** 神経がピリピリしている. **lose** one**'s ～** おじけづく, 気おくれする. **strain every ～** 極力努める 〈*to* do〉. **take a lot of ～** 《口》〈事が〉大変なずうずうしさを必要とする, ひどく無礼なことである; 《口》〈事が〉大変な度胸を必要とする, 勇敢なことである. **What (a) ～!**＝**He's [She's,** etc.] **got a ～!**＝**Of all the ～!**＝**Some ～!**＝**The ～ of it [him, her,** etc.]**!** ＝(I like) [his, her, etc.] **～!** 《口》何とあつかましい[ずうずうしい, 生意気な, 横柄な], あつかましいったらないね!
► *vt* …に力をつける, 勇気づける, 激励する: ～ one*self* to do… 元気[勇気]を出して…する.
[ME＝sinew＜L *nervus* sinew, tendon, bowstring]
nérve àgent 《軍用の》神経系に作用する物質, 神経ガス《など》.
nérve blòck 〘医〙神経ブロック(法)《局部麻酔の一種》.
nérve cèll 〘解・動〙神経細胞; 細胞体 (cell body).
nérve cènter 〘解〙神経中枢; 《組織・運動などの》中枢, 中心.
nérve còrd 〘動〙神経索.
nerved /nə́ːrvd/ *a* 大胆な, 勇気のある, 強健な; 神経が…な (: strong-～); 〘植・動〙葉脈[翅脈]のある (: five-～); 〘競馬〙痛みを緩和するため馬の脚の神経を切断した.
nérve ènding 〘解〙《軸索の》神経終末.
nérve fìber 〘解〙神経繊維.
nérve gàs 〘軍〙神経ガス《毒ガスの一種》.
nérve gròwth fàctor 〘生理〙神経生長因子《知覚[交感]神経細胞の生長を刺激するタンパク質; 略 NGF》.
nérve ìmpulse 〘生理〙神経インパルス《神経繊維に沿って伝導される化学的・電気的変化》.
nérve-knòt *n* 《古》GANGLION.
nérve·less *a* 活気[勇気]のない, 無気力な; 〈文体が〉締まりのない; 沈着な, 冷静な; 〘昆〙翅脈のない; 〘植〙葉脈のない. ♦ **～·ly** *adv* **～·ness** *n*
nérve nèt 〘動〙神経網.
nérve-ràck·ing, -wràck- *a* 神経をいらいらさせる[すりへらす, 疲れさせる].
nérve trùnk 〘解〙神経幹.
nérve wár 神経戦 (war of nerves).
Ner·vi /nέərvi/ ネルヴィ **Pier Luigi ～** (1891–1979) 《イタリアの技術者・建築家; 造形美に富む鉄筋コンクリート建築の設計に手腕を発揮した; Paris の UNESCO 本部 (1953–59) など》.
nervi- ⇨ NERV-.
ner·vine /nə́ːrvìːn, ˟-vàɪn/ *a* 神経の; 神経の興奮を静める, 鎮経性の. ► *n* 神経鎮静薬, 鎮経剤.
nerv·ing /nə́ːrvɪŋ/ *n* 〘獣医〙《慢性炎症の》神経切除, 切神(術).
ner·vos·i·ty /nəːrvɑ́səti/ *n* 神経質[過敏], 臆病, 苦労性.
ner·vous /nə́ːrvəs/ *a* **1** 神経質な, 苦労性の, 臆病な, 興奮しやすい; いらいら[そわそわ]した; 心配な, 不安な 〈*of*〉; 不安定な, 不規則な〈事物〉: (as) ～ as a cat [kitten] そわそわして, びくびくして / become ～ 神経質になる / feel ～ about…を心配する, 苦にする. **2 a** 神経の, 神経性の; 神経組織からなる; 《古》神経に作用する. **b** ˟《俗》強烈な, 狂騒的な. **3** 《古》強い, たくましい; 〈文体などが〉力強い. ● **～ of doing**ᴵᴵ…する勇気がない. ♦ **～·ly** *adv* 神経質に, いらいらして. **～·ness** *n* [L; ⇨ NERVE]
nérvous bréakdown 神経衰弱, ノイローゼ《俗称》.
nérvous ímpulse 〘生理〙NERVE IMPULSE.
nérvous Néllie [Nélly] [ºN- N-] ˟《口》臆病者, いくじなし.
nérvous púdding ˟《俗》ゼラチンのプディング.
nérvous sỳstem [the] 〘解・動〙神経系.
ner·vure /nə́ːrvjər, -vjʊ̀r; -vjʊ̀ər/ *n* 〘昆〙翅脈 (vein); 〘植〙葉脈.
nervy /nə́ːrvi/ *a* 《口》自信満々の, あつかましい; 《口》勇気のある, 豪胆な; 《古・詩》筋骨たくましい, 強い, 元気のある; 神経質な, 過敏な, びくびくしている, 興奮しやすい; ᴵᴵ神経にさわる. ♦ **nérv·i·ly** *adv* **-i·ness** *n* [*nerve*]
n.e.s., N.E.S. not elsewhere specified.
Nes·bit /nέzbət/ ネズビット **E(dith) ～** (1858–1924) 《英国の児童文学作家・小説家・詩人; Bastable 家の子供たちを主人公とした物語で好評を博した》.
Nes·ca·fé /nέskəfèɪ, -kæfeɪ, ─ ─ ⸗/ 〘商標〙ネスカフェ《スイス Nestlé 社製のインスタントコーヒー》. [*Nestlé*＋*café*]
ne·science /nέʃ(i)əns, níːʃ-, nέsiəns, níːs-; nέsiəns/ *n* 無知 (ignorance); 〘哲〙不可知論 (agnosticism).
né·scient *a* 無知な 〈*of*〉; 〘哲〙不可知論(者)の. ► *n* 不可知論者 (agnostic). [L (*ne-* not, *scio* to know)]
nesh /nέʃ/ 《方》*a* 体が弱い; 臆病な.
Nes·quik /nέskwɪk/ 〘商標〙ネスクイック《スイス Nestlé 社製の牛乳に溶かして飲むココア味などの粉末飲料》.
ness /nέs/ *n* 岬, 岬角(こう), 海角《地名に多い》. [OE *næs*; cf. OE *nasu* NOSE]
Ness [Loch] ネス湖, ロッホネス《スコットランド北西部の湖》: LOCH NESS MONSTER.
-ness /nəs/ *n suf* [分詞・(複合)形容詞などに自由に付けて]「性質」「状態」「程度」を表わす: kind*ness*, tired*ness*, the high*ness* of his character (cf. the *height* of a mountain); the tree*ness* of the tree (木の木たるゆえん). [OE *-nes(s)*, *-nis(s)*; cf. G *-nis(s)*]
Nes·sel·rode /nέs(ə)lròʊd/ **1** ネッセリローデ Count **Karl (Robert) Vasilyevich ～** (1780–1862) 《ロシアの政治家; 外相 (1822–56); クリミア戦争 (1853–56) の回避に失敗》. **2** ネッセリローデ《果物の砂糖漬け・木の実・マラスキノ酒などを混ぜ合わせたもの; プディング・パイ・アイスクリームなどに用いるもので, Karl Nesselrode のコック長が作り出したという》.
Nes·sie /nέsi/ ネッシー《LOCH NESS MONSTER の愛称》.
Nés·sler's reágent [solútion] /nέslərz-/ 〘化〙ネスラー試薬《アンモニア定性・定量用》. [Julius *Nessler* (1827–1905) ドイツの農芸化学者]
Nes·sus /nέsəs/ 〘ギ神〙ネッソス《ケンタウロス族の一人; Hercules の妻 Deianira を犯そうとして毒矢で射られたが, 死ぬ時に彼女に恋の媚薬として自分の血を与え, これを塗った下着を着た Hercules も苦しんで死ぬ》.
nest /nέst/ *n* **1** 巣; 巣の中のもの《卵・ひななど》, ひとかえりのひな: rob [take] a ～ 巣から卵[ひな]を盗む / leave [fly] the ～ 巣立つ, 自立する. **2** 避難所, (快適な)隠れ場所; 巣窟 (haunt); 《悪事などの》温床 〈*of*〉. **3 a** 《鳥・虫などの》群れ; 《悪者たちの》一味; ひとそろい; 集団, 一群. **b** 鳥の巣状のもの; 重ねられるものの一組, 入れ子式のセット; 〘言・電算〙入れ子構造: NEST OF TABLES. **c** ずらっと並んだ武器. ● EMPTY NEST. **feather [line]** one**'s (own) ～** 《口》金をためる, 《特に不正に》利益をはかる, 私腹を肥やす; 《口》自分の家を快適な住まいにする[飾る]. **foul** one**'s (own) ～** 自分の身内[祖国など]の名誉を汚す, みずから評判を落とす. **on the ～** 《俗》〈男が〉性交して.
► *vi* **1** 巣作りをする, 巣ごもる, 就巣する 〈*in*〉. **2** 鳥の巣捜しをする: go ～*ing* 鳥の巣捜しに行く. **3** 入れ子状に重なる[収まる]《ネストテーブル (nest of tables) 式に》〈*together*〉. ► *vt* **1** …に巣を作ってやる; 巣[安全な所]におさめる. **2** 〈箱などを〉入れ子状に重ね入れる; 〘電算〙〈ルーチンを〉次々に高次のルーチンに組み込む[繰り込む], 入れ子式にする, ネストにする: a deeply ～*ed* structure 深くネストした構造.
♦ **～·ful** *n* **～·lìke** *a* [OE＜IE (**ni* down, **sed-* to sit; cf. L *nidus*)]
nést bòx 巣箱.
n'est-ce pas? /*F* nεs pɑ/ そうではありませんか?
nést ègg 《本物または模造の》抱き卵; 貯金, たくわえ, '虎の子'.
nést·er *n* 巣作りをするもの《鳥など》; ˟《西部》公有地を(不法に)農場にした入植者.
nést·ing bòx NEST BOX.
nes·tle /nέs(ə)l/ *vi* **1** 気持よく横たわる, 快く身を落ちつける 〈*down*, *in*, *into*, *among*〉; 寄り添う 〈*up to*, *against*〉. **2** 〈家などが〉周囲の風景に抱かれる[包まれる]ように立つ; 《古》巣ごもりする (nest). ► *vt* **1** 気持よく横たえる. **2** 〈乳児を〉抱き寄せる; 〈頭・顔・肩などを〉寄り添わせる[すりつける]: The child ～*d* his head *on* his mother's breast.
♦ **nés·tler** *n* [OE (NEST, *-le*²)]
Nes·tlé /nέsli, -lèɪ, nέs(ə)l/ ネスレ(社) (～ S.A.) 《スイスの食品メーカー》. [Henri *Nestlé* (1814–90) 創業者]
nest·ling /nέs(t)lɪŋ/ *n* 《まだ巣立たない》ひなどり, 雛; 幼児.
nést of tábles ネスト[入れ子]テーブル.
Nes·tor /nέstər, -tɔːr/ **1** ネスター《男子名》. **2 a** 〘ギ神〙ネストール《ピュロス (Pylos) の王; トロイア戦争でギリシア軍の老顧問をつとめた》. **b** [ºn-] 賢明な老人, 長老. [Gk]
Nes·to·ri·an /nεstɔ́ːriən/ *a* ネストリウスの(教義の); ネストリウス派の. ► *n* ネストリウス派の信徒. ♦ **～·ìsm** *n*
Nes·to·ri·us /nεstɔ́ːriəs/ ネストリウス (d. c. 451) 《Constantinople の総主教 (428–431); マリアを '神の母' と呼ぶことに反対し, キリストの神性と人性の区別を主張したが, Ephesus 公会議で異端として罷免された》.
Nés·tos /nέstɑ̀s, -tɔ̀ːs/ [the] ネストス川《MESTA 川のギリシア語名》.
net¹ /nέt/ *n* **1 a** 網, ネット; 網織物; くもの巣: HAIRNET / a fishing ～ 漁網 / cast [throw] a ～ 網を打つ / draw in a ～ 網を引く / lay [spread] a ～ 網を仕掛ける / BUTTERFLY NET / ⇨ FISH 《諺》. **b** 連

絡網, 通信網, 放送網, ネット(ワーク) (network); [the N-] INTERNET. **2** わな, 落とし穴, 計略. **3**《サッカー・ホッケーなどの》ゴール; [°*pl*]〘クリケット〙ウィケットの周囲をネットでおおった練習区域(でする練習);〘テニスなど〙ネット《ネットにあたること》, NET BALL. **4** [the N-]〘天〙レチクル座 (Reticulum). ● **cast one's ~ wide** 広く網を張りめぐらす, 広く目配りする. **slip through the ~** 網の目から漏れる. ► *v* (**-tt-**) *vt* **1 a** 網で捕る, 網打ちする, 〈川〉に網を張る; 逮捕する, 押収する; 手に入れる, 獲得する. **b** 〈果樹などを〉網でおおう; …に網状に走る. **2** 網に編む, 網状にする. **3**〘テニス〙〈球を〉ネットにかける;〘サッカー・ホッケー〙〈ボール・パックを〉ゴールに入れる; 〈ゴールを〉決める. ► *vi* **1** 網すき[編物細工]をする; 網目[網状]をなす. **2**〘テニス〙ネットさせる;〘サッカー・ホッケー〙ゴールする. ♦ **~·less** *a* **~·like** *a* [OE *net(t)*; cf. G *Netz*]

net[2] *a* **1** 正味の (opp. *gross*): a ~ price 正価 / NET PROFIT / ~ loss 純損 / ~ worth 純資産 / ~ weight 正味重量. **2** 究極の, 最終的な: ~ conclusion 最終的結論 / the ~ result of…の最終結果. ► *adv* 正味で, ネットで, 手取りで. ► *n* **1** 正味(の数量[利益, 重さ, 値段など]). **2** 最終的な結果[得点];〘ゴルフ〙ネット《GROSS からハンディキャップを除いた点》; 究極の要点. ► *vt* (**-tt-**) 〈ある金額を〉純益としてもたらす[得る, あげる]; 〈人〉に…を獲得させる[もたらす]. ● **~ down [off, out]** 〈経費などを〉差し引く. [F; ⇨ NEAT[1]]

net〘インターネット〙°network provider《DOMAIN 名の一つ》.

ne·ta /néɪtɑː/ *n*《インド》政治家, 組織の長. [Hindi]

Ne·ta·ji /néɪtɑːʤi/ *n*〘インド〙ネータージー《本来は政治的指導者の尊称だが, 特に Subhas Chandra BOSE を指す》. [Hindi]

Net·an·ya·hu /nɛ̀tɑːnjɑ́ːhu, nɛ̀t(ə)n-/ ネタニヤフ **Benjamin ~** (1949–)《イスラエルの外交官・政治家; 首相 (1996–99, 2009–)》.

nét ásset vàlue (per shàre)〘証券〙純資産価額《オープンエンド投資会社の1株当たりの純資産額; ポートフォリオの時価総額から負債を引き現在の株数で割った額; 投資家が投資会社に株を売り戻せば受け取る金額を示す; 日本の証券投資信託の規準価額にほぼ相当; 略 NAV》.

nét·bàll *n* ネットボール《1チーム7人で行なう, バスケットボールに似た球技; 英国の女子が愛好》. ♦ **~·er** *n*

nét báll〘テニス〙ネットボール《ネットに触れたサーブ》.

nét·bòok *n*〘電算〙ネットブック《インターネット閲覧を主用途とする小型ノートパソコン》.

Nét Bóok Agrèement [the]〘英〙書籍再販(制度)協定《本を版元の決めた正価で販売するための書籍販売業者間の取決め; 略 NBA》.

nét còrd〘テニス〙ネットコード《**1**) ネットの上端を支えるワイヤーロープ **2**) ネットの上端にあたって相手のコートにはいるショット》.

nét cúrtain 細かいメッシュのカーテン, ネットカーテン.

nét dirèctory〘インターネット〙ネットディレクトリー (=*search directory*)《さまざまなページへのリンクを系統的に集めてあるページ》.

nét doméstic próduct〘経〙国内純生産《略 NDP》.

nét económic wélfare〘経〙純経済福祉度《産業汚染防止費用・レジャーの増大など非物質要因を勘案して修正した国民総生産からなる国家の経済尺度; 略 NEW》.

nét-fìsh·ing *n*《糸釣りに対して》網漁.

nét·fùl *n* (*pl* **~s**) 網一杯(の数量), ひと網.

Neth. Netherlands.

nét·hèad *n*《口》インターネット常用者.

neth·er /nɛ́ðər/ *a*《文》地下の, 地獄の; 下の (opp. *upper*): ~ extremities 下肢, 脚, 足 / ~ garments ズボン / the ~ lip 下唇 / the ~ man [person] [*joc*] 脚. [OE *nithera* further down < *nither* down; cf. G *nieder*]

Neth·er·land /nɛ́ðərlənd/ *a* オランダ (Netherlands) の.

Neth·er·land·er /nɛ́ðərlæ̀ndər, -lən-/ *n* オランダ人.

Néth·er·lànd·ish /, -lən-/ *a* オランダ(人[語])の.

Néth·er·lands **1** [the, 〈*sg/pl*〉] オランダ (*Du* Nederland)《ヨーロッパ西部の北海に臨む国; 公式名 Kingdom of the ~ (オランダ王国); ☆Amsterdam および The Hague (政府所在地); 俗称 Holland》. **2** [the]〘史〙ネーデルラント (Low COUNTRIES). ♦ **Néth·er·lànd·ic** *a*

Nétherlands Antílles *pl* [the] オランダ領アンティル《西インド諸島の Bonaire, Curaçao, Saba, St. Eustatius の島々と St. Martin 島南東部からなっていたオランダの自治領; 2010年解体; 構成していた5島のうち Curaçao と St. Martin は単独の自治領になり, Bonaire, Saba, Saint Eustatius はオランダ本土に属する特別自治体となった》.

Nétherlands Èast Índies *pl* [the] オランダ領東インド諸島《INDONESIA の旧称》.

Netherlands Guiana ⇨ DUTCH GUIANA.

Nétherlands Tímor オランダ領ティモール《1946年までオランダ領であった TIMOR 島の西半分》.

néther·mòst /, -məst/ *a*《文》いちばん下の, 最も深い: the ~ hell 地獄の底.

néther régions *pl* 地獄 (netherworld);《恐ろしい》地下世界; [*joc*] 股間, 陰部.

néther·ward(s) *adv* DOWNWARD.

néther·wòrld *n* [the] 冥府; [the] 地獄 (hell); [the] 暗黒街; 不明確な立場[境遇].

Né·thou /*F* netu/ **Pic de** /*F* pik də/ **~** ネトゥ山《Pico de ANETO 山のフランス語名》.

nét íncome 純収入, 純利益, 純益.

net·i·quette /nétɪkət, -kɛ̀t/ *n* ネチケット《インターネット使用上のマナー》. [*net*+*etiquette*]

net·i·zen /nétəz(ə)n/ *n* ネット住民, ネチズン《インターネットを頻繁に使う人》. [*net*+*citizen*]

nét·kèep·er, nét·mìnd·er *n* GOALKEEPER.

nét nátional próduct〘経〙国民純生産《略 NNP; cf. GROSS NATIONAL PRODUCT》.

nét·nèws *n* ネットニュース《news group ごとに記事の投稿・閲覧を行なうシステム》.

Ne·to /nétou/ ネト (**António**) **Agostinho ~** (1922–79)《アンゴラの詩人・医師; 初代大統領 (1975–79)》.

nét·phòne *n* ネット [IP] 電話《インターネット利用の電話; Skype など》.

nét prófit 純利益.

nét·ròots *n pl*《blog などを活用する》インターネット上の草の根 (grass roots).

nét·spèak *n* ネット言語[ことば, 語法]《インターネット特有の用語・表現》.

net·su·ke /nétskeɪ, -ki/ *n* (*pl* **~, ~s**) 根付け. [Jpn]

nét·sùrf·ing *n* ネットサーフィン《インターネットをあちこち見てまわること》. ♦ **nét·sùrf·er** *n*

nett[II] /nét/ *a, v* NET[2].

nét·ted *a* 網で捕えた; 網で包んだ; 網目模様の, 網状の.

nét·ter *n* 網使用者; *《口》テニス選手; インターネット利用者.

Net·tie, Net·ty /néti/ ネッティ《女子名; スコットランドに多い Antoinette, Henrietta, Janet(ta), Jeannette の愛称》.

nét·ting *n* 網, 網細工; 網すき; 網漁(権): wire ~ 金網.

nétting knòt〘海〙SHEET BEND.

net·tle /nétl/ *n* **1**〘植〙イラクサ;《一般に》刺毛の多い植物: He who handles a ~ tenderly is soonest stung.《諺》そっとイラクサを扱う者はたちまち刺される《危険には大胆に立ち向かえ》/ Out of this ~, danger, we pluck this flower, safety. 危険という名のイラクサをかきわけてこそ安全[成功]の花が摘める, 身を捨ててこそ浮かぶ瀬もある《Shak., *1 Hen IV* 2.3.9 より》. **2** いらだたしいもの[こと]. ● **cast [throw]** one's **frock to the ~s** 牧師をやめる. **grasp [seize] the ~** 進んで困難と戦う. ► *vt* イラクサで打つ[チクチクと刺す]; じらす, いらいらさせる. ♦ **nét·tler** *n* [OE *net(e)le*; cf. G *Nessel*]

néttle cèll〘動〙刺胞 (nematocyst).

néttle·clòth *n* ネットルクロス《ラッカー[エナメル]仕上げの厚手の綿布; ベルト用》.

néttle fàmily〘植〙イラクサ科 (Urticaceae).

néttle-gràsp·er *n* 大胆に難事に当たる人.

néttle ràsh〘医〙蕁(じん)麻疹 (urticaria).

néttle·some *a* いらだたしい; おこりっぽい.

nét tón SHORT TON; 純トン (⇨ TON[1]).

nét tónnage《商船の》純トン数《課税対象となる》.

Net·tu·no /neɪtúːnou/ ネットゥーノ《イタリア中部, ローマの南南東にある, Tyrrhenian 海に臨む町》.

nét·ty[1] *a* 網状の, 網の目のような. [*net*[1]]

netty[2] *n*《イングランド北東部》便所. [?]

Netty ⇨ NETTIE.

nét-vèined *a*〘植〙葉脈が網目状の, 網状脈の (cf. PARALLEL-VEINED).

nét venàtion〘植〙網状脈系.

nét-wìnged *a*〘昆〙細かな網目状の翅脈のある羽をもつ.

nét·wòrk *n* **1** 網状組織;〘電〙回路網;《商店などの》チェーン; ネットワーク《職業的・社会的な目的で情報・経験などの交換をする人びとのグループ》; 放送網, ネットワーク;〘ラジオ・テレビ〙キーステーション;〘電算〙ネットワーク《複数のコンピューター・端末・データベースなどを相互に接続したシステム》. **2** 網細工, 網織物. ● **the** OLD BOY(S') NETWORK. ► *a* 〈番組が〉ネットワーク放送の. ► *vt* 放送網でカバーする; ″放送網にのせる, ネットワークで放送する; ネットワークに接続する; …について ネットワークの情報[支援]を求める. ► *vi* 連絡をとり合う, 情報交換する, ネットワーキングする《networking から逆成》. ♦ **~·able** *a*

nétwork administrator〘電算〙ネットワーク管理者.

nétwork anàlysis〘数〙回路(網)解析;〘経営〙ネットワーク分析《前者の方法を利用してプロジェクトの計画・管理をする》. ♦ **nétwork ànalyst** ネットワーク分析専門家.

Nétwork Compùter〘商標〙ネットワークコンピューター《ネットワーク接続を前提としたハードディスクなしのパソコン; 略 NC》.

nétwork drive〘電算〙ネットワークドライブ《ローカルに接続されたドライブでない, ネットワークを介して利用するドライブ》.

nét·wòrk·er *n*〘電算〙コンピューターネットワークに加入している人; 職業的[社会的]ネットワークのメンバー.

nét·wòrk·ing *n* ネットワーキング《個人[グループ, 組織]間における情報[サービス]の交換》; コンピューターネットワークの設置[使用].

N

nétwork prìnter 〘電算〙 ネットワークプリンター《ローカルに接続されたものでない, ネットワークを介して利用するプリンター》.
nétwork provìder 〘インターネット〙 SERVICE PROVIDER.
Nétwork Ráil ネットワークレール《英国全土の鉄道線路・施設を運営する会社; 2002 年 Railtrack 社を引き継いだ》.
Neu·bran·den·burg /nɔɪbrá:ndənbə:rg, -bùərk/ ノイブランデンブルク《ドイツ北東部 Mecklenburg-West Pomerania 州東部の市》.
Neu·châ·tel /n(j)ù:ʃa:tél, nə:-; nə:ʃætél/ ヌーシャテル (G **Neu·en·burg** /G nɔ́ʏənbʊrk/)《**1**) スイス西部の Jura 山地にある州 **2**) その州都; ヌーシャテル湖 (**Láke of ～**) 畔に位置》.
Neue Sach·lich·keit /G nɔʏə záxlɪçkaɪt/ 新即物主義《1920 年代にドイツで起こった芸術上の運動; 表現主義に対抗し写実的表現を尊重した》.
Neuf·châ·tel /n(j)ù:ʃa:tél, nə:-; nə:ʃætél; F nøʃatɛl/ *n* ヌシャテル(チーズ) (=**～ chèese**)《**1**) フランス北部で生産される表面を熟成させた軟質チーズ **2**) 米国で生産される非熟成チーズ; クリームチーズに似るがより低脂肪・高水分》. ［フランス北部の町］
Neuil·ly(-sur-Seine) /nəːjí:(sùərséɪn)/ ヌイイー(-シュル-セーヌ)《Paris の北西郊外の町; 第一次大戦後の 1919 年 11 月 27 日, 戦勝国側とブルガリアの間に講和条約が結ばれた地》.
neuk /njú:k/ *n* 《スコ》 NOOK.
Neu·mann 1 /nɔ́ɪmà:n/ ノイマン (**Johann**) **Balthasar ～** (1687–1753)《ドイツの後期バロックの建築家》. **2** ⇨ VON NEUMANN.
neume, neum /n(j)ú:m/ *n* 〘楽〙 ネウマ《中世の plainsong (単旋聖歌) の唱音の高低・律動などを示唆した記号》. ◆ **neu·mat·ic** /n(j)ʊmǽtɪk/, **néu·mic** *a*
Neu·mün·ster /G nɔʏmýnstər/ ノイミュンスター《ドイツ北部 Schleswig-Holstein 州の市》.
Neu·quén /njukéɪn, nɛʊ-/ [the] ネウケン川《アルゼンチン西部を流れる川; Andes 山中から東流し, Limay 川と合流して Negro 川となる》.
neur- /n(j)ʊ́ər/, **neu·ro-** /-roʊ, -rə/ *comb form* 「神経(組織)」「神経系」 ［Gk (↓)］
neu·ral /n(j)ʊ́ərəl/ *a* 〘解〙 神経(系)の; 脊髄と同じ側にある (opp. *hemal*). ◆ **～·ly** *adv* ［Gk *neuron* nerve］
néural árch 〘解〙 神経弓(きゅう).
néural chíp NEUROCHIP.
néural crést 〘発生〙 神経冠, 神経堤《脊椎動物の胚の神経管の上でみられる外胚葉性細胞集団》.
neu·ral·gia /n(j)ʊərǽlʤə/ *n* 〘医〙 神経痛. ◆ **neu·rál·gic** *a* ［NL］
néural nét 〘電算〙 NEURAL NETWORK.
néural nétwork 〘解〙 神経回路網; 〘電算〙 (人工)神経回路網, ニューラルネット(ワーク)《生体の脳神経系を抽象化し, モデル化してできた超並列的な分散情報処理システム》.
néural pláte 〘発生〙 神経板, (発生)髄板《脊椎動物の発生初期にできる外胚葉の背側中央の肥厚部; のちに神経管 (neural tube) になる》.
néural túbe 〘発生〙 神経管《脊椎[原索]動物の胚において神経板が閉じてつくる管状体; のちに脳・脊髄に分化する》.
nèur·amín·ic ácid /-əmínɪk-/ 〘生化〙 ノイラミン酸.
nèur·amín·i·dase /-əmínədèɪs, -z/ *n* 〘生化〙 ノイラミニダーゼ《ノイラミン酸を加水分解する酵素》.
nèur·asthénia *n* 〘精神医〙 神経衰弱(症). ◆ **-asthénic** *a, n* **-i·cal·ly** *adv* ［NL］
Neu·rath /nɔ́ɪrà:t/ ノイラート **Konstantin von ～**, Freiherr von ～ (1873–1956)《ドイツの外交官; Hitler 政権の外務大臣 (1933–38)》.
neu·ra·tion /n(j)ʊəréɪʃ(ə)n/ *n* 〘昆〙 VENATION.
neu·rec·to·my /n(j)ʊəréktəmi/ *n* 〘医〙 神経切断(術).
neu·ri·lem·ma, neu·ro- /n(j)ʊ̀ərəlémə/ *n* 〘解〙 神経(繊維)鞘. ◆ **-lém·mal** *a* **-lém·ma·tous** *a* **-lem·mát·ic** /-ləmǽtɪk/ *a*
neu·rine /n(j)ʊ́ərì:n/ *n* 〘生化〙 ノイリン《卵黄・脳・胆汁・死体などに存在するコリン誘導物で, シロップ状の有毒液》.
neu·ris·tor /n(j)ʊərístər/ *n* 〘電子工〙 ニューリスター《信号を減衰させずに伝える装置; 神経繊維に似た機能をもつ》.
neu·rite /n(j)ʊ́əràɪt/ *n* 〘解〙 神経突起 (axon).
neu·ri·tis /n(j)ʊəráɪtəs/ *n* (*pl* **-rit·i·des** /-rítədì:z/, **～·es**) 〘医〙 神経炎. ◆ **neu·rít·ic** /-rít-/ *a, n*
neuro- /n(j)ʊ́əroʊ, -rə/ ⇨ NEUR-.
nèuro·áctive *a* 〘生理〙 神経刺激性の.
nèuro·anátomy *n* 神経解剖学. ◆ **-anátomist** *n* **-anatómical, -ic** *a*
nèuro·biólogy *n* 神経生物学. ◆ **-biólogist** *n* **-bio·lógical** *a*
néuro·blàst *n* 〘発生〙《脊椎動物の》神経芽細胞. ◆ **nèuro·blástic** *a*
nèuro·blas·tó·ma /-blæstóʊmə/ *n* (*pl* **～s, -ma·ta** /-tə/) 〘医〙 神経芽(細胞)腫.
nèuro·chémistry *n* 神経化学. ◆ **-chémist** *n* **-chémical** *a, n*
néuro·chìp *n* 〘電算〙 ニューロチップ《neurocomputer 用のチップ》.
nèuro·círculatory *a* 〘医〙 神経循環(系)の.
neurocírculatory asthénia 〘精神医〙 神経循環無力(症)《略 NCA》.
néuro·coèl(e), -cèle *n* 〘発生〙 神経腔. ◆ **nèuro·cóe·li·an, -cé-** *a*
nèuro·compúter *n* 〘電算〙 ニューロコンピューター《neural network によって処理作業をするコンピューター》.
nèuro·degénerative *a* 〘医〙 神経(組織)変性の《神経組織の病理的退行変化の》.
nèuro·depréssive *a* 〘医〙 神経抑制性の.
nèuro·éndocrine *a* 〘生理・解〙 神経内分泌(系)の.
nèuro·endocrinólogy *n* 神経内分泌学. ◆ **-gist** *n* **-endocrinológical** *a*
nèuro·epithélium *n* 〘解〙 神経[感覚]上皮. ◆ **nèuro·epithélial** *a*
nèuro·ethólogy *n* 神経動物行動学.
nèuro·fíbril *n* 〘解〙 神経原繊維. ◆ **-fíbrillary, -lar** *a*
neurofíbrillary tángle 〘医〙 神経原繊維変化《大脳皮質の海馬状隆起とニューロンの錐体細胞質の異常》.
nèuro·fibróma *n* 〘医〙 神経繊維腫《良性腫瘍》.
neu·ro·fi·bro·ma·to·sis /n(j)ʊ̀ərəfaɪbròʊmətóʊsəs/ *n* (*pl* **-ses** /-sì:z/) 〘医〙 神経繊維腫症《常染色体優勢の遺伝病; 特に皮膚の色素沈着斑, 末梢神経鞘からの神経繊維腫などを特徴とするもの》.
nèuro·génesis *n* 神経(組織)発生.
nèuro·genétics *n* 神経遺伝学.
nèuro·génic *a* 〘医〙 神経(原)性の. ◆ **-génical·ly** *adv*
neu·ro·glia /n(j)ʊəróʊgliə, -rág-/ *n* 〘解〙 神経膠(こう), 神経支持質. ◆ **-ró·gli·al, -gli·ar** *a*
néuro·gràm *n* 〘心〙 神経像, ニューログラム.
nèuro·hémal órgan 〘動〙 神経血液器官.
nèuro·hormónal *a* 〘生理〙 神経とホルモンに関する; 神経ホルモンの.
nèuro·hórmone *n* 〘生理〙 神経ホルモン.
nèuro·húmor *n* 〘解〙 神経(体)液《神経ホルモン, 特に 神経伝達物質》. ◆ **-húmor·al** *a* 神経液性の.
nèuro·hypóphysis *n* 〘解〙 神経下垂体, 下垂体神経葉. ◆ **-hypophyséal, -hypophýsial** *a*
nèuro·ímaging *n* ニューロイメージング《コンピューター断層撮影・磁気共鳴画像法など非観血的技術を用いて脳の画像をつくり出す臨床専門分野; その画像化》.
nèuro·kínin *n* 〘生化〙 ニューロキニン《片頭痛を起こす血管拡張作用のあるキニン》.
neurol. neurological ◆ neurology.
neurolemma ⇨ NEURILEMMA.
nèuro·lèpt·analgésia, -lèpto- *n* 〘医〙 ニューロレプト鎮痛, 神経遮断鎮痛法. ◆ **-analgésic** *a*
neu·ro·lep·tic /n(j)ʊ̀ərəléptɪk/ 〘薬〙 *n* 神経弛緩[遮断]薬. ► *a* 神経弛緩[遮断]性の.
nèuro·linguístic prógramming 〘心〙 神経言語学的プログラミング《神経言語学を応用した心理療法; 略 NLP》.
nèuro·linguístics *n* 神経言語学.
neu·rol·o·gy /n(j)ʊərálədʒi/ *n* 〘医〙 神経(病)学. ◆ **-gist** *n* 神経科医. **nèu·ro·lóg·i·cal, -ic** *a* **-i·cal·ly** *adv* ［NL］
neu·rol·y·sis /n(j)ʊərálәsəs/ *n* 〘医〙 (末梢)神経麻痺; 神経剝離(術). ◆ **nèu·ro·lýt·ic** /-lít-/ *a*
neu·ro·ma /n(j)ʊəróʊmə/ *n* (*pl* **-ma·ta** /-tə/, **～s**) 〘医〙 神経腫. ［*-oma*］
neu·ro·mast /n(j)ʊ́ərəmæst; -mà:st/ *n* 〘動〙《水生動物の》感丘.
nèuro·mótor *a* 〘生理・解〙 運動[神経]支配(系)の.
nèuro·múscular *a* 〘生理・解〙 神経と筋肉の[に関する], 神経筋の.
neu·ron /n(j)ʊ́əràn/, **-rone** /-ròʊn/ *n* 〘解〙 神経単位, ニューロン (cf. NERVE CELL). ◆ **neu·ro·nal** /n(j)ʊ́rənl, n(j)ʊróʊ-; njʊəráʊ-/ *a* **-ron·ic** /n(j)ʊə-ránɪk/ *a* ［Gk=sinew, nerve］
néuro·pàth *n* 〘医〙 神経病患者; 神経病素質者.
nèuro·pathólogy *n* 〘医〙 神経病理学. ◆ **-gist** *n* **-pathológical, -pathológic** *a*
neu·rop·a·thy /n(j)ʊərápəθi/ *n* 〘医〙 神経障害, 神経病質, ニューロパシー. ◆ **-thist** *n* 神経病専門家[医]. **nèuro·páthic** *a* **-i·cal·ly** *adv*
nèuro·péptide *n* 〘生化〙 ニューロペプチド《内因的なペプチド; 神経系の活動や機能に影響を及ぼす》.
nèuro·pharmacólogy *n* 神経薬理学; 神経薬理学的性質[反応]. ◆ **-gist** *n* **-pharmacológical, -ic** *a* **-ical·ly** *adv*
nèuro·phý·sin /-fáɪs(ə)n/ *n* 〘生化〙 ニューロフィジン《オキシトシン (oxytocin) やバソプレシン (vasopressin) と結合したりあるいはそれらを運搬する各種脳ホルモン》.

nèuro·physiólogy *n* 神経生理学. ♦ **-gist** *n* **-physiológical, -ic** *a* **-ical·ly** *adv*
néuro·pil /-pɪ̀l/ *n* 〘解〙 神経網, 神経絨(じゅう).
nèuro·protéctive *a* ニューロン保護作用のある: a ~ drug 神経保護薬.
nèuro·psychíatry *n* 神経精神医学. ♦ **-psychíatrist** *n* **-psychiátric** *a* **-rical·ly** *adv*
nèuro·psýchic, -chical *a* 神経精神性の.
nèuro·psychólogy *n* 神経心理学. ♦ **-gist** *n* **-psychológical** *a*
nèuro·psychósis *n* 神経精神病. ♦ **-psychótic** *a*
neu·rop·ter·an /n(j)ʊəráptərən/ *a*, *n* 〘昆〙 脈翅類[目] (Neuroptera) の(昆虫). ♦ **neu·róp·ter·on** /-rɑ̀n/ *n* 脈翅類の昆虫. **-róp·ter·ous** *a*
nèuro·radiólogy *n* 神経放射線学. ♦ **-gist** *n* **-radiológical, -ic** *a*
nèuro·régulator *n* 〘生化〙 神経調節物質《神経細胞間の伝達に作用する化学物質》.
nèuro·scíence *n* 神経科学《主に 行動・学習に関する神経・神経組織研究諸分野の総称》. ♦ **-scíentist** *n* **-scientífic** *a*
nèuro·secrétion *n* 神経分泌(物). ♦ **-secrétory** *a*
nèuro·sénsory *a* 〘生理・解〙 感覚[知覚]神経の.
neu·ro·sis /n(j)ʊəróʊsəs/ *n* (*pl* **-ses** /-sìːz/) 〘医・心〙 神経症, ノイローゼ. [NL]
neu·ros·po·ra /n(j)ʊəráspərə/ *n* 〘菌〙 アカパンカビ, ニューロスポラ《アカパンカビ属 (*N-*) の子嚢菌の総称; 遺伝学研究の材料》.
nèuro·súrgery *n* 神経外科(学). ♦ **-súrgeon** *n* **-súrgical** *a*
neu·rot·ic /n(j)ʊərátɪk/ *a* 神経の; 神経症の; 《口》 非現実的思考にふける, 神経過敏な. ► *n* 神経症患者; 《口》 神経過敏な人. ♦ **-i·cal·ly** *adv*
neu·rot·i·cism /n(j)ʊərátəsɪ̀z(ə)m/ *n* 神経質.
neu·rot·o·my /n(j)ʊərátəmi/ *n* 〘医〙 神経切離(術), 神経切断(術); 神経解剖学. ♦ **-mist** *n* **neu·ro·tom·i·cal** /n(j)ʊ̀ərətámɪk(ə)l/ *a*
nèuro·tóxic *a* 〘医〙 神経毒(性)の. ♦ **-toxícity** *n*
nèuro·tóxin *n* 〘医〙 神経毒.
nèuro·transmítter *n* 〘生理〙 神経伝達物質. ♦ **-transmíssion** *n*
neu·rot·ro·phy /n(j)ʊərátrəfi/ *n* 〘医〙 神経栄養. ♦ **nèuro·tróphic** *a*
nèuro·trópic *a* 〘医〙 神経向性の, 神経親和性の. ♦ **-trópism** *n*
nèuro·váscular *a* 〘解〙 神経血管の.
neu·ru·la /n(j)ʊ́ər(j)ələ/ *n* (*pl* **-lae** /-lìː/, **~s**) 〘発生〙 神経胚. ♦ **neu·ru·la·tion** /n(j)ʊ̀ər(j)əléɪʃ(ə)n/ *n* [*-ula* -ule]
Neuss /nɔ́ɪs/ ノイス《ドイツ西部 North Rhine-Westphalia 州の市》.
neus·ton /n(j)úːstɑ̀n/ *n* 〘生態〙 水表生物. ♦ **néus·tic** *a*
Neu·stria /n(j)úːstriə/ ネウストリア《6–8 世紀のメロヴィング朝フランク王国の西分国; 現在のフランスの北部および北西部地方; 10–11 世紀ころには Normandy 地方を指した》. ♦ **Néu·stri·an** *a*, *n*
neut. neuter.
neu·ter /n(j)úːtər/ *a* **1** 〘文法〙 中性の, 〈動詞が〉自動の: the ~ gender 中性. **2** 〘生〙 成熟しても生殖能力のない, 中性の: ~ flowers 中性花. **3** 中立の: stand ~ 中立でいる. ► *n* **1** 中性; 中性名詞[代名詞, 形容詞, 冠詞], 自動詞. **2** 中性生物, 生殖器官のない[不完全な]動植物, 無生殖雌虫《ハタラキバチなど》; (男女)両性具有者; 去勢動物, 去勢された人. **3** 中立者. ► *vt* 去勢する; 弱体化させる, 骨抜きにする. [OF or L (*ne-* not, *uter* either)]
neu·ter·cane /n(j)úːtərkèɪn/ *n* 〘気〙 ニューターケーン《ハリケーンとも前線性のあらしともつかない亜熱帯低気圧》.
neu·tral /n(j)úːtrəl/ *a* **1** 中立の; 中立国の; 不偏不党の, えこひいきのない: a ~ nation [state] 中立国 / on ~ ground [territory] 《当事者双方にとって》中立的な場所で. **2** 際立った特徴のない, 中性[中間]的な; どっちつかずの, はっきりしない; 〘音〙 あいまいな; 〈色が〉淡い, 灰色[中間色]の, ごく薄い: a ~ vowel あいまいな母音 (/ə/). **3** 〘理・化〙 中性の《陽性でも陰性でもない, または 酸性でもアルカリ性でもない》; 〘電〙 中性の《電荷のない, 磁気をおびていない》; 〘生〙 NEUTER. ► *n* 中立国(国民); 中立者; 〘ギア〙 の中立(位置), ニュートラル; 〘電〙 《回路の》中性点; 薄色, 中間色《灰色・やわらかな色》. ● **in ~** 〈ギアが〉ニュートラルの; 態度不明で; 〈頭脳など〉はたらかないで: with mind *in* ~ 何も考えずに. ♦ **~·ly** *adv* **~·ness** *n* [F or L=of neuter gender; ⇨ NEUTER]
-neutral *suf* 「…に関して中立[公平]な」: GENDER-NEUTRAL.
néutral acrifláyine ACRIFLAVINE.
néutral áxis 〘建・機〙 《梁(はり)・軸などの》中立軸.
néutral córner 〘ボク〙 ニュートラルコーナー《競技者の休憩用に指定されていないコーナー》.
néutral cúrrent 〘理〙 中性流《弱い相互作用を媒介する電気的に中性な粒子の流れ》.
néutral equilíbrium 〘理〙 中立平衡《外乱を与えても, それが発達も減衰もしない平衡状態》.
néutral géar 〘機〙 ニュートラルギア.
néutral·ism *n* 中立主義[政策]; 中立; 中立の態度[意思表示]. ♦ **-ist** *n*, *a* **nèu·tral·ís·tic** *a*
neu·tral·i·ty /n(j)utrǽləti/ *n* 中立(状態); 局外中立; 中性であること; 〘化〙 中性: armed ~ 武装中立.
nèutral·izátion *n* 中立化, 中性化, 中立(状態); 〘化〙 中和; 無効化.
neutralizátion nùmber [vàlue] 〘化〙 中和価《試料に含まれる遊離の酸または塩基の含量を示す値》.
néutral·ize *vt* **1 a** 〈国・地帯などを〉中立化する. **b** 〘電〙 中和する; 〘化〙 中和する; …に補色を混ぜる; 〘音〙 〈2 つの音素を〉中和する《同一の音声として現わす; たとえば bitter と bidder で /t/-/d/ の対立がなくなること》: a *neutralizing* agent 中和剤. **2** …の効力を消す, 無効にする; [*fig*] 殺す; 〘軍〙 …の行動を制する, 制圧する; 〈爆弾を〉無効化[解体処理]する (disarm). ► *vi* 中和する; 中立化する. ♦ **-iz·er** *n* 中立化させるもの, 無効にするもの, 中和物[剤], 《パーマネントの》中和液.
néutral mónism 〘哲〙 中立的一元論《究極的実在を物心いずれをも超えた根本的なものに求める哲学的一元論》.
néutral póint 〘化〙 中性点《中和滴定で pH が 7 の点》.
néutral réd 〘生化〙 ニュートラルレッド《生体染色色素・酸塩基指示薬・亜硝酸検出用試薬》.
néutral spírits [‹*sg*/*pl*›] 中性スピリッツ《95 度以上の純粋アルコール; 通例 ほかの酒と混ぜて飲む》.
néutral tínt 中間色; うすねずみ色.
néutral zòne 中立地帯; 〘電〙 中立帯, 不感帯; 〘スポ〙 ニュートラルゾーン.
neu·tret·to /n(j)utrétoʊ/ *n* (*pl* **~s**) 〘理〙 中性中間子 《旧称》.
neu·tri·no /n(j)utríːnoʊ/ *n* (*pl* **~s**) 〘理〙 ニュートリノ, 中性微子. ♦ **~·less** *a* [It (dim) ‹ *neutro* neutral; ⇨ NEUTER]
neutríno astronòmy ニュートリノ天文学《太陽その他の天体から放射されたニュートリノの測定を扱う天文学》.
neu·tro- /n(j)úːtroʊ, -trə/ *comb form* NEUTRAL の意.
neu·tron /n(j)úːtrɑ̀n/ *n* 〘理〙 中性子, ニュートロン. ♦ **neu·tron·ic** /n(j)utránɪk/ *a* [? *neutral*, *-on*]
néutron activàtion (anàlysis) 〘理〙 中性子放射化分析《中性子照射により生じた放射能を調べて, 試料を分析すること; 犯罪捜査に用いられる; 略 NAA》.
néutron bòmb 中性子爆弾.
néutron càpture 〘理〙 《原子核による》中性子捕獲.
néutron flùx 〘理〙 中性子束《単位面積を単位時間に通過する中性子数》.
néutron nùmber 〘理〙 中性子数《原子核の質量数から陽子の数を引いた数》.
néutron pòison 〘理〙 中性子毒, 中性子反応阻害物質《原子炉で核燃料でないのに多量の中性子を吸収してしまうリチウム・ホウ素などの物質》.
néutron radiògraphy 〘理〙 中性子ラジオグラフィー.
néutron stàr 〘天〙 中性子星, ニュートロン星.
néutron tèmperature 〘理〙 《原子炉などの》中性子温度.
nèutro·pénia *n* 〘医〙 好中球減少(症). ♦ **-pénic** *a*
néutro·phìl, -phìle *n* 〘解〙 好中球《中性好性白血球》. ► *a* 好中性の, 中性親和(性)の.
nèutro·phílic *a* NEUTROPHIL.
Neuve-Cha·pelle /*F* nœvʃapɛl/ ヌーヴシャペル《フランス北部の町; 第一次大戦の激戦地》.
Nev. Nevada.
Ne·va /níːvə, néɪ-/ [the] ネヴァ川《ロシア北西部の川; Ladoga 湖から流れて St. Petersburg でフィンランド湾に注ぐ》.
Ne·va·da /nəvǽdə, -váː-; nɪváːdə/ ネヴァダ《米国西部の州; ☆Carson City; 略 Nev., NV》. ♦ **Ne·vá·dan, Ne·vá·di·an** *a*, *n*
Nevado del Ruiz ⇨ RUIZ.
né·vé /neɪvéɪ; névèɪ/ *n* 粒状万年雪 (=*firn*)《氷河の上層部をなす粒状の半凍雪》; 万年雪におおわれた雪原. [F]
nev·er /névər/ *adv* **1** いまだかつて[いかなる時にでも]…ない: He ~ gets up early. 早起きしたためしがない / I have ~ seen a cougar. まだピューマを見たことがない / now or ~ 今が最後の機会だ / Better LATE than ~. / It is ~ too late to MEND. / *N~* is a long day [time, word]. 《諺》「もう決して」などとは軽々しく言うものじゃない. **2** 決して…ない (not at all): ~ a one だれ一人…ない / *N~* mind! 心配するな / I ~ had a cent. ただの 1 セントもなかった. **3** 《口》 [疑い・驚きを表わして] まさか…ではあるまい: *N~!* まさか! / You ~ lost the key! まさか鍵をなくしたのではないだろうね! ● **~ ever** 《口》 断じて 《never の強意形》. **~ no more** 《俗》 NEVER. **N~ say** DIE[1]! **~ so** [条件文中で] 《古》 たとえどんなに…でも (ever so): though he were ~ *so* rich 非常な金持ではあったが. **~ so much as**…さえしない: She ~ *so much as* said "Good morning." おはようとも言わなかった. **N~ tell me!** ご冗談でしょう. **~ the…** [比較級を伴って] 少しも…ない: I am ~ *the wiser* (=none the wiser) for it. そ

N

れでも少しもわからない《わからないことは前と同じだ》. (**Well,**) **I ～** (**did**)! まあ驚いた, まさか!; あきれた! ★(1) never などの否定語が文頭に立つと述語が疑問文と同じ語順をとる: *N~* have I seen it. (2) [*compd*]: ～-to-be-forgotten いつまでも忘れられない / NEVER-SAY-DIE. [OE *nǣfre* (*ne* not, *ǣfre* EVER)]

néver-énd·ing *a* 果てしない, 永久の.

néver-fáil·ing *a* 尽きることのない, 無尽蔵の; 変わらない.

néver-gèt-óvers *n pl**《方》重い病気.

nèver·mínd /, ─ ─/*《方·口》 *n* [*neg*] 注目, 顧慮; [*neg*] 重大事, 用事: Pay it *no* ～. 気に留めるな / It's *no* ～ of yours. きみの知ったことではない / It makes me *no* ～. = It don't make me *no* ～. どうでもいいよ, 別にかまわないけど.

nèver·móre *adv* 二度と再び…しない (never again).

néver-néver *n* **1** [the] [ᴮ]《口》分割払い: on the ～ (system) 分割払いで. **2** [the Never-Never] **a**《豪》人里離れた土地, 奥地. **b** ネヴァーネヴァー (=**Néver-Néver Country**) ((1) オーストラリア Queensland 州北部の無人地域 (2) オーストラリア Northern Territory の Darwin の南東にある地域). ► *a* 非現実的な, 想像上の, 架空の.

Néver-Néver Lànd **1 a** [the] NEVER-NEVER. **b** [the] ネバーネバーランド《J. M. Barrie, *Peter Pan* に出てくる架空の地》. **2** [°never-never land] 理想郷; 風変わりな土地; 不確実な状況.

Ne·vers /nəvέər/ ヌヴェール《フランス中部 Nièvre 県の県都; 旧 Nivernais 公爵領の中心》.

néver-sày-díe *a* 負けん気の, 不屈の: a ～ spirit.

nèver·the·léss *adv* それにもかかわらず, しかしながら, やはり (yet).

néver-wás *n* (*pl* **néver-wéres**) 高位[名声, 成功など]を得たことのない人, 芽の出なかった人.

néver-wúz(·zer) /-wʌ́z(ər)/ *n**《俗》NEVER-WAS.

Ne·ves /néɪvəs/ ネヴェス《ブラジル南東部 Rio de Janeiro の北東, Niterói の北郊外にある地区》.

Ne·vi·im /nèviːm/ *n pl* NEBIIM. [Heb]

Nev·il(le), Nev·ile, Nev·ill /nέv(ə)l/ **1** ネヴィル《男子名》. **2** ネヴィル **Richard Neville** ⇨ Earl of WARWICK. [OAF *Neville* in Normandy; L=new town]

ne·vir·a·pine /nəvírəpìːn, -váɪrə-/ *n*【薬】ネビラピン《逆転写酵素を阻害する抗レトロウイルス薬; HIV 感染症の治療に他の抗 HIV 薬と併用して経口投与》.

Ne·vis **1** /níːvəs, névəs/ ネヴィス《西インド諸島東部 Leeward 諸島の島; ⇨ ST. KITTS-NEVIS》. **2** /névəs/ ⇨ BEN NEVIS.
♦ **Ne·vis·ian** /nəvíʒ(i)ən/ *a* ネヴィス島の.

Nevsky ⇨ ALEXANDER NEVSKY.

ne·vus, nae- /níːvəs/ *n* (*pl* **-vi** /-vàɪ/)【医】母斑 (birthmark); 《広く》斑点. ♦ **-void** /níːvɔ̀ɪd/ *a* 母斑様の. [L]

new /n(j)úː/ *a* **1 a** 新しい (opp. *old*), これまでにない, 新規の; 新発見の, 耳新しい: a ～ face 新人, ニューフェース / a ～ HIGH / a ～ low 新安値, 最低記録 / a ～ program 新規事業 / That information is ～ *to* me. それは初耳だ / … is the ～ black《口》これからは黒に代わって…がはやりだ. **b** 新しく手に入れた, 使い古してない, 新品[新調]の; 別の (another); 新しくなった, 更生した: as good as ～ 新品同様で / feel like a ～ man 別人のように感じる. **c** 今度の, 新任の: *N~* lords, ～ laws.《諺》地頭が変わればおきても変わる. **d** 新たに始まる, 新たな, 次の. **2**〈食べ物など〉新鮮な, できたての: ～ potatoes 新ジャガ. **3** 不慣れの, 未知の, …未経験の, 新参の〈*to, at*〉. **4** [the] 現代[近代]的な, 新しがりの; 革新的な. **5** [N-]【言】近世の, 近代の: NEW HIGH GERMAN. ● **like ～***〈売品などが〉新品同様で. **What's ～?** (やあ)どうですか《挨拶》; 何か変わった事でも?: *What's ～?*—Oh, nothing much. *What's* ～ with you?—The same. **whole ～** 全く新しい. ► *adv* もう一度; 新たに; 最近. ★主に過去分詞と共に複合語をつくる. ► *n* [the] 新しいもの. ♦ **～·ness** *n* [OE *nēowe, nīwe*; cf. G *neu*, L *novus*, Gk *neos*]

NEW °net economic welfare.

Néw Áge *a* **1** ニューエイジの《西洋的な価値観を否定し, さまざまな分野で全体論的な (holistic) アプローチを目指す 1980 年代以降の潮流を指していう》. **2** ニューエイジの《ピアノ·シンセサイザーや生ギターを中心にした演奏主体の音楽形態をいう; しばしばヒーリングミュージックとされる》. **3** [°n- a-] 新時代の, 現代の. ► *n* ニューエイジ運動.
♦ **Néw Áger** *n* **Néw Ágey** /-éɪdʒi/ *a* **Néw Ágeism** *n*

Néw Àge tráveller ニューエイジの旅人《一般社会の価値観を拒絶し, トレーラーハウスなどで放浪生活を送る人》.

Néw Américan Bíble [the]【カト】新訳アメリカ聖書《カトリック系の学者たちによって翻訳された, 原語に基づく英語訳聖書; 1970 年出版; 略 NAB》.

Nèw Ámsterdam ニューアムステルダム《1625–26 年にオランダ人が Manhattan 島南端に建設した町で, New Netherland 植民地の中心; 1664 年英国人が征服して New York と改名》.

néw archaeólogy ニューアーケオロジー, 新考古学《技術的·統計的装置を駆使して, 過去のできごとに関する理論を説明·検証する科学的方法を確立しようとする》.

New·ark /n(j)úːərk, *n(j)ʊ́ərk/ ニューアーク ((1) Delaware 州北部の市; Delaware 大学 (1743) (2) New Jersey 州北東部の市; New York 市の西郊外, ニューアーク湾 (**～ Báy**) をはさんで Jersey City の対岸にある工業都市; 国際空港がある (3) Ohio 州中部の市).

Néw Austrália 新オーストラリア《1893 年 William Lane (1861–1917) の指導のもと, パラグアイで New Australia Co-operative Settlement Association の会員によって建設された社会主義的な共同社会》.

Néw Austrálian 新しいオーストラリア人《特に 非英国系のヨーロッパ移民》.

Nèw Bédford ニューベッドフォード《Massachusetts 州南東部の市·港町; もと 捕鯨基地》.

Néw·bery Mèdal /n(j)úːbèri-, -b(ə)ri-; -b(ə)ri-/ [the] ニューベリーメダル《米国で最も権威のある児童文学賞; アメリカ児童文学の最優秀作品に対し毎年 American Library Association が授与するもの》. [John *Newbery* (1713–67) 英国の児童書出版者]

new·bie /n(j)úːbi/ *n*《特に インターネットの》初心者, どしろうと, 新米.

néw biólogy 新生物学 (molecular biology).

néw bírth【宗】新生, 再生 (regeneration).

néw blóod 新人たち, 新しいメンバー[仲間], 新しい血.

néw·blówn *a* 咲きかけた[咲いた]ばかりの.

New·bolt /n(j)úːbòult/ ニューボルト Sir **Henry** (**John**) ～ (1862–1938)《英国の詩人·著述家》.

néw·bórn *a* 最近生まれた, 生まれたばかりの; 生まれ変わった, 新生の, 復活した. ► *n* (*pl* **～, ～s**) 新生児, 生まれたばかりの動物の子.

néw bóy 男子新入生, 新入社員, 新入り.

Néw Bridge【英】新しい橋《刑期を終えた囚人に就職先を世話したり社会復帰に協力する任意団体》.

Nèw Brítain ニューブリテン《太平洋西部 Bismarck 諸島中の最大の島》.

néw bróom 改革に熱心な新任者. [A *new broom* sweeps clean.《諺》新任者は改革に熱心なものだ]

Nèw Brúns·wick /-brʌ́nzwɪk/ ニューブランズウィック《カナダ南東部の州; 略 NB; ☆Fredericton》. ■ **the Univérsity of ～** ニューブランズウィック大学《カナダ New Brunswick 州 Fredericton にある公立大学; 1785 年創立》.

néw búg NEW BOY.

néw build 新築家屋; 新造船, 新造(飛行)機; 船の新造.

néw·build·ing *n* 新造船; 船の新造.

New·burg, New·burgh /n(j)úːbə̀ːrg; -b(ə)rə/ *a* ニューバーグ風の《バター·生クリーム·シェリー·卵黄で作ったソースをつかった料理》: LOBSTER NEWBURG.

Néw·by Hàll /n(j)úːbi-/ ニュービーホール《イングランド北部 North Yorkshire 中西部 Ripon の近くにある大邸宅; 18 世紀初めのアン女王様式の屋敷を 18 世紀後半 Robert Adam が改築したもの》.

Nèw Caledónia ニューカレドニア (*F* Nouvelle-Calédonie)《オーストラリア東方の島; 同島および周辺の島々からなるフランスの海外領; ☆Nouméa》.

néw cándle【光】カンデラ (candela).

Nèw Castíle 新カスティリャ, カスティリャ·ラ·ヌエバ (*Sp* Castilla la Nueva)《スペイン Castile 地方の南部; ☆Toledo》.

Néw·càstle **1** ニューカースル ((1) イングランド北部 Tyne and Wear 州の港湾都市 (=**Néwcastle upon Týne**) (2) イングランド中西部 Staffordshire の市 (=**Néwcastle-under-Lýme** /-láɪm/) (3) オーストラリア南東部 New South Wales 州東部, Hunter 川河口にある市·港町). **2** ニューカースル **Thomas Pelham-Holles,** 1st Duke of ～ (1693–1768)《英国の Whig 党の政治家; 首相 (1754–56, 57–62)》. ● **carry coals to ～** 余計な事をする.

Néwcastle Brówn【商標】ニューカースルブラウン《英国の強いブラウンエール》.

Néwcastle disèase【獣医】ニューカッスル病《呼吸器および神経系の症状を主とするウイルス性家禽病》.

Néw Chína News Àgency 新華社 (Xinhua)《略 NCNA》.

Néw Chrístian MARRANO.

néw chúm《豪古口》《19 世紀の》新しい囚人, 新しくやってきた受刑者;《豪口》新移民;《豪口》初心者, 未熟者, 新入り.

Néw Chúrch 新教会《NEW JERUSALEM CHURCH の通称》.

néw-cóllar *a* ニューカラーの《サービス産業に従事している中流階級の労働者についていう》.

New·comb /n(j)úːkəm/ ニューカム **Simon** ～ (1835–1909)《カナダ生まれの米国の天文学者; 太陽·諸惑星の運動表·天文定数の表を作成した》.

New·combe /n(j)úːkəm/ ニューカム **John** (**David**) ～ (1944–)《オーストラリアのテニス選手; Wimbledon で優勝 (1967, 70, 71)》.

néw·còme *a* 新着の, 新来の.

New·co·men /n(j)úːkəmən, n(j)ukʌ́mən/ ニューコメン **Thomas** ～ (1663–1729)《英国の発明家; ピストンが大気圧で動く蒸気エンジンを発明, これは Watt のものによって駆逐されるまで使われた》.

néw·còmer *n* 新来者, 新顔; 新しく来たもの, 最近のもの; 初心者; 新製品, 新[新規参入]会社.

Néw Cóntinent [the] 新大陸《南北アメリカ大陸; cf. OLD CONTINENT》.

Néw Críticism [ᵘthe] 新批評, ニュークリティシズム《作者の伝記的事実などよりも作品自体の用語や修辞[象徴]的表現などの綿密な分析を重視する文芸批評》. ♦ **Néw Crític** ニュークリティシズムの批評家. **Néw Crítical** *a*

Néw Déal 1 [the] **a** ニューディール《米国大統領 Franklin D. Roosevelt の社会保障と経済復興を主とした革新的政策 (1933–39)》. **b** ローズヴェルト政権; [n- d-] 革新的政策. **2** [n- d-] 新規まきなおし, 出直し. ♦ **Néw Déal·er** New Deal 政策支持者. **Néw Déal·ish** *a* ニューディール的な. **Néw Déal·ism** *n*

Nèw Délhi ニューデリー《インド北部連邦直轄地 Delhi にある市, 同国の首都; Old Delhi の南に接する》.

Néw Democrátic Pàrty [the]〘カナダ〙新民主党《民主社会主義政党; 略 NDP》.

New·di·gate /n(j)úːdɪgət, -gèɪt/ ニューディギット Sir **Roger** ~ (1719–1806)《英国の好古家; Oxford 大学在学生の英詩に対して与えられる Newdigate 賞の創設者》.

néw drúg《安全性や有効性が専門家にまだ認められていない》新薬.

Néw Económic Pólicy [the] 新経済政策, ネップ《1921–27 年のソ連の経済政策; 略 NEP》.

néw económics 新経済学, ニューエコノミックス《Keynes 理論の論理的延長で, 適切な財政・金融的操作により健全な経済成長と繁栄を無限に維持できるとした》.

néw ecónomy [the] ニューエコノミー《情報技術の革新がもたらした, インフレなき持続的成長が可能とされた経済》.

Néw Egýptian〘言〙新エジプト語《**1**) 第 18 王朝から第 21 王朝まで使用されたエジプト語 **2**) COPTIC の別称》.

new·el /n(j)úːəl/ *n*〘建〙親柱《**1**) らせん階段の軸となる柱 **2**) 階段の手すりの端部にある支柱 (＝**~ pòst**)》: HOLLOW NEWEL / ~ stairs 急折階段. [OF<L (dim)‹*nodus* knot]

New Eng. °New England.

Nèw Éngland ニューイングランド《**1**) 米国北東部 Connecticut, Massachusetts, Rhode Island, Vermont, New Hampshire, Maine の 6 州 **2**) オーストラリア南東部 New South Wales 州北東部の地域; New England Range がある一帯》. ♦ **Nèw Éng·lander** *n* **Nèw Énglandy** /-di/ *a*

Nèw Éngland áster〘植〙ネバリノギク, アメリカシオン.

Nèw Éngland bóiled dínner* BOILED DINNER.

Nèw Éngland clám chòwder ニューイングランドクラムチャウダー《牛乳で煮たクラムチャウダー; cf. MANHATTAN CLAM CHOWDER》.

Nèw Éngland Jóurnal of Médicine [the]『ニューイングランド・ジャーナル・オヴ・メディシン』《米国の権威ある医学専門誌; 1812 年創刊》.

Nèw Éngland Ránge [the] ニューイングランド山脈《オーストラリア南東部 New South Wales 州北東部 Great Dividing Range の一部》.

Néw Énglish 新英語《1500 年ごろ以降の英語 (＝*Modern English*), または 1750 年ごろ以降の英語》.

Néw Énglish Bíble [the] 新英訳聖書《英国で各派合同委員会によって翻訳刊行された聖書; 新約の部は 1961 年, 新旧約の合本は 70 年刊; 略 NEB》.

new·fan·gle /n(j)úːfǽŋg(ə)l, ⏑⏑⏑/《方》*a* NEWFANGLED. ► *n* 新しいもの[流行], 目新しいもの. ► *vt* 新式[当世風]にする, 最新のものにする. [ME＝liking new things (NEW, *-fangel*<OE (pp)‹*fon* to take)]

néw·fán·gled /, ⏑⏑⏑/ *a* 新奇を好む, 新し物好きの; [ᵈ*derog*] 新式[新型, 進歩気取り]の, 最新流行[はやりもの]の. ♦ **~·ly** *adv* **~·ness** *n*

néw-fáshioned *a* 新式の, (最新)流行の (opp. *old-fashioned*); 最新の (up-to-date).

Néw Féderalism〘米〙新連邦主義《**1**) Nixon 政権による非中央集権化政策 **2**) 州(以下の地方自治体)の行政に対する連邦政府の役割を選択的に廃止または縮小しようとする Reagan 政権の政策》. ♦ **Néw Féderalist** *n*

New·fie /n(j)úːfi/《口》*n* NEWFOUNDLAND; NEWFOUNDLANDER;〘犬〙NEWFOUNDLAND.

Nèw Fórest [the] ニューフォレスト《イングランド南部 Hampshire 南西部の森林地区; William 征服王によって御料林とされたところ (1079); cf. NEW FOREST PONY》.

Néw Fòrest póny ニューフォレスト種のポニー《New Forest に産する半野生のポニー》.

néw·fóund *a* 新発見の; 最近著しくなった.

néw foundátion 宗教改革以降に建てられた教会[大聖堂 など].

New·found·land /n(j)úːfən(d)lənd, -lænd, n(j)ufáundlənd/ **1** /, n(j)ùːfən(d)lǽnd/ ニューファンドランド《**1**) カナダ東端の島; 略 NF, Nfld **2**) NEWFOUNDLAND AND LABRADOR の旧称・通称》. **2**〘犬〙ニューファンドランド種の犬 (＝**~ dóg**)《ニューファンドランドで作出された大型で, 柔和な犬種; 毛色は黒, 黒と白, 茶, 灰色など; 水難救助などに使われる》.

Néwfoundland and Lábrador ニューファンドランド・ラブラドル《カナダの Newfoundland 島および Labrador 地方の一部からなる州; ☆St. John's; 略 NL; 旧称 Newfoundland (1949–2001)》.

New·found·land·er /n(j)úːfəndləndər, -lænd-, ⏑⏑lǽn-/ *n* ニューファンドランド人; ニューファンドランドの船.

Néwfoundland stándard tíme〘カナダ〙ニューファンドランド標準時《UTC より 3 時間 30 分おそい》.

Néw Fránce ニューフランス《1763 年以前の北米大陸におけるフランス領》.

Néw Frontíer [the] ニューフロンティア《**1**) 米国大統領 John F. Kennedy の政策 **2**) ケネディ政権 (1961–63)》.

New·gate /n(j)úːgèɪt, -gət/ ニューゲート《City of London の西門に 1902 年まであった刑務所》: a ~ bird "《俗》囚人.

Néwgate fríll [frínge] あごの下にだけ生やしたひげ.

Néwgate knócker" こめかみから耳へ向けた巻き毛《果物類行商人などの》.

Nèw Geórgia ニュージョージア《**1**) 太平洋西部 Solomon 諸島の中部にある島群 **2**) その主島》.

néw gírl 女子新入生, 新入社員, 新入り.

Nèw Granáda ヌエバグラナダ《**1**) 南米北西部一帯にあったスペインの植民地; 現在のコロンビア・ベネズエラ・エクアドル・パナマを含む地域 **2**) 前者が独立した Great Colombia の一部で, 現在のコロンビア・パナマを含む地域 **3**) コロンビア共和国の旧称 (1831–68)》.

New·grange /n(j)úːgrèɪnʤ/ ニューグレンジ《アイルランド北東部 Meath 県の Boyne 川北岸にある新石器時代の石組みの巨大な墓室》.

Néw Gréek 近代ギリシア語 (MODERN GREEK).

néw grówth 新生物, 腫瘍 (neoplasm).

néw guárd* [the, ˢthe N- G-] ニューガード《政界・実業界で新たに勢力を得た人びと, あるいは現状を改革しようとする人びとのグループ》.

Nèw Guínea ニューギニア《オーストラリア東部の北方にある島; Malay 諸島に属する; Papua または Irian ともいう; 東経 141° を境に, 東側はパプアニューギニア領, 西側はインドネシア領》. ■ **the Trúst Tèrritory of Nèw Guínea** 信託統治領ニューギニア《New Guinea 島北東部, Bismarck 諸島, Bougainville 島, Buka 島および周辺の小島よりなる旧オーストラリア信託統治領; 現在はパプアニューギニアの一部》. ♦ **Nèw Guínean** *a*, *n*

Nèw Guínea màcro·phý·lum /-fáɪləm/ ニューギニア大語族《TRANS-NEW GUINEA PHYLUM の旧称》.

Nèw Guínea Pídgin ニューギニアピジン《パプアニューギニアおよび周辺の島々で用いられる言語》.

Néw Háll 1 ニューホール学寮《1954 年創設の Cambridge 大学の女子学寮; 2008 年 Murray Edwards College に改称》. **2** ニューホール磁器 (＝**Néw Háll pòrcelain**)《18–19 世紀にイングランド Staffordshire の Shel·ton /ʃélt(ə)n/ にあった New Hall 工場製硬質磁器》.

New·ham /n(j)úːəm/ ニューアム《London boroughs の一つ; Thames 川に臨む》.

Nèw Hámpshire 1 ニューハンプシャー《ニューイングランドの州; ☆Concord; 略 NH》. **2**〘鶏〙ニューハンプシャー種《米国産の赤褐色の鶏; 卵肉兼用種》. ♦ **~·man** /-mən/ *n* **Nèw Hámp·shir·ite** /-àɪt/ *n* ニューハンプシャー州人.

Néw Hármony ニューハーモニー《Indiana 州南西部の町; 1825 年 Robert Owen が社会主義的共同体を創設したところ》.

New·ha·ven /n(j)úːhèɪvən/ ニューヘーヴン《イングランド南東部 East Sussex 州南西岸のフェリー発着港・保養地》.

Nèw Háven ニューヘーヴン《Connecticut 州南部の市・港町; Yale 大学の所在地》. ♦ **~·er** *n*

Néw Hébrew 現代ヘブライ語《イスラエルの国語》.

Nèw Hébrides *pl* [the] ニューヘブリディーズ《VANUATU の旧称》.

Néw Hígh Gérman 新[近代]高地ドイツ語《略 NHG》.

Néw Históricism 新歴史主義《1980 年代から米国で盛んになった文学批評理論; 権力・社会・イデオロギーとの関連でテクストを読み取り, テクストの歴史性を強調する立場》. ♦ **-cist** *a*, *n*

new·ie /n(j)úːi/ *n* 何か新しいもの.

Ne Win /néɪ wín/ ネー・ウィン (1911–2002)《ミャンマーの軍人・政治家; 1962 年クーデターにより政権を掌握, 独自の社会主義政策を推進》.

Nèw Íreland ニューアイルランド《太平洋西部 Bismarck 諸島の島; New Britain 島の北に位置》.

néw·ish *a* いくらか[ちょっと]新しい.

néw íssue 新規発行債券, 新発債.

néw jáck *a* [ᵒN- J-] NEW JACK SWING の; イケてる都会派(黒人)の.

néw jáck swíng [ᵒN- J- S-] ニュー・ジャック・スウィング《1980 年代後半から流行したヒップホップ・R&B などの流れを汲むダンス音楽》.

Nèw Jérsey ニュージャージー《米国東部の州; ☆Trenton; 略 NJ》. ♦ **~·an** *a*, *n* ニュージャージーの(人) **~·ite** *n* ニュージャージーの人.

Nèw Jérsey téa〘植〙ソリチャ《クロウメモドキ科; 米国東部産》.

N

Néw Jerúsalem 1 [the]〖聖〗新しきエルサレム《聖都, 天国 (heaven); *Rev* 21: 2, 10》. 2 地上の楽園.
Néw Jerúsalem Chúrch [the] 新エルサレム教会 (=*New Church*)《Swedenborg の教説を信奉する団体; 1786 年 London で設立》.
Néw Jóurnalism 新ジャーナリズム《客観性・簡潔性を旨とするジャーナリズムに対し, レポーターの個人的かかわりを強く出し, しばしばフィクションの手法を用いる》. ♦ **Néw Jóurnalist** *n*
Néw Kíngdom [the]〖エジプト史〗新王国《第 18–第 20 王朝 (1600–1100 B.C.); cf. OLD [MIDDLE] KINGDOM》.
Néw Lábour《英国の》新生労働党《1990 年代半ば以降, より中道を目指すことを示すためにみずから用いた呼称》.
néw-láid *a*〈卵が〉産みたての;《俗》未熟な, うぶな.
Néw Látin 近代ラテン語 (=*Neo-Latin*) (⇨ LATIN).
Néw Léarning [the] 新学問, 学芸復興《文芸復興に促されて起こった古代ギリシア文芸の研究》.
Néw Léft [the]〖政〗新左翼, ニューレフト. ♦ **Néw Léft·ist** *n*
néw líght 宗教で新しい教義を奉ずる人.
néw-lòok *a* 刷新された, 新生….
néw lóok 1 [the, °the N- L-] ニュールック《1947 年 Dior が発表した婦人服および毛髪のスタイル; 長くゆったりしたスカートや, 耳たぶの長さで左側はショートカットで右側に強いウェーブがかかった髪型などが特徴》. 2 新しい様式[型, 体制など], ニュールック.
néw·ly *adv* 最近; 新たに, 再び; 新しい様式[方法]で: a ~ married couple 新婚夫婦.
Néw·lyn dátum" /n(j)ú:lən-/ ニューリン基準面, 平均海面 (ordnance datum)《イングランド南西部 Cornwall 州 Newlyn における観測値から計算されている》.
néw·ly·wèd *n* 新婚夫婦[さん]. ► *a* 新婚の.
New M °New Mexico.
néw-máde *a* できたての; 作り変えた.
néw mán 新人; 新任者;《キリスト教への》改宗者; [ˢN- M-] 新男性, 新人類の男性《男に与えられてきた既成の価値観の枠からはずれ, 従来女性の役割とされた料理・育児なども積極的に行なう男性》: make a ~ of…を改宗させる; …を別人のようにする / put on the ~ 改宗する, 宗教に帰依(きえ)する.
New·man /n(j)ú:mən/ ニューマン (1) **Arnold** (**Abner**) ~ (1918–2006)《米国の写真家》(2) **Barnett** ~ (1905–70)《米国の抽象表現主義の画家; のちの minimal art に影響を与えた》(3) **John Henry** ~ (1801–90)《英国のカトリック神学者・文人; 初め国教会に属し, Oxford movement を推進, のちにカトリックに改宗し, 枢機卿となった》(4) **Paul** ~ (1925–2008)《米国の映画俳優; *The Hustler* (ハスラー, 1961)》.
Néw·màrket 1 ニューマーケット《イングランド東部 Suffolk 州西部の, James 1 世の治世以来の競馬で有名な町》. 2 [ᵘn-] ニューマーケット (=**n~ cóat**)《19 世紀に着用されたぴったり体に合う外出用の長外套》. 3 [ˢn-]"〖トランプ〗MICHIGAN.
néw máth [°the]《特に米国の小中学校で教えられている, 集合論に基づいた》新しい数学 (=**néw mathemátics**).
néw máths" [‹sg›] NEW MATH.
néw média〖情報・通信〗ニューメディア《インターネット・デジタルテレビ・DVD など》.
Nèw México ニューメキシコ《米国南西部の州; ☆Santa Fe; 略 N. Mex., NM》. ♦ **Nèw Méxican** *a, n*
néw-módel *vt* 改造する, …の型を新しくする, 編成しなおす, 再編[再構築]する (reorganize).
Néw Módel Ármy [the]〖英史〗新型軍《1645 年議会派が編成, 第 1 次内乱を終息させたが, Cromwell の下で大きな政治力をもった》.
néw móney にわか成金 (nouveau riche); みずから新たに稼いだ金.
néw móon 新月, 朔(さく); 朔と上弦との間の細い月;〖ユダヤ教〗新月祭 (ROSH HODESH).
néw-mówn *a*〈草が〉刈りたての.
Néw Músical Expréss [The]『ニュー・ミュージカル・エクスプレス』《英国のポップミュージックを扱う週刊誌; 1952 年創刊; 略 NME》.
Nèw Nétherland ニューネザーランド《1664 年英国が占領するまでオランダが北米に領有していた植民地; ☆New Amsterdam; 現在の New York, New Jersey, Delaware, Connecticut 州に属する》.
Néwn·ham Cóllege /n(j)ú:nəm-/ ニューナムカレッジ《Cambridge 大学で 2 番目に古い女子学寮; 1871 年創立》.
néw òne《口》初めての話[経験など]: That's a ~ on me. それは初耳だ.
Nèw Ór·le·ans /-ɔ́:rliənz, -lənz, -ljənz, -ɔ:rlí:nz/ ニューオーリンズ《Louisiana 州南東部 Mississippi 川と Pontchartrain 湖の間にある河港都市》. ♦ **Nèw Or·léa·nian** /-ɔ:rlí:njən, -niən/ *n*
Nèw Orléans jàzz ニューオーリンズジャズ《20 世紀初めに New Orleans で始まった多声部による即興的な初期のジャズ演奏スタイル》.
new pénny (*pl* **-pénnies, -pénce**)〖英〗新ペニー《1971 年からの新通貨: =1/100 pound》.
new plánets *pl* 新惑星《天王星・海王星・冥王星を指した呼称; 2006 年以降冥王星は準惑星 (dwarf planet) に分類されている》.
Nèw Plýmouth ニュープリマス《ニュージーランド北島西部の市》.
néw-póor *n* [the] 最近おちぶれた人びと, '斜陽族'.
New·port /n(j)ú:pɔ̀:rt/ ニューポート (1) Rhode Island 州南東部 Narragansett 湾に臨む市・港町; 植民地時代に繁栄; 今は海軍基地 2) イングランド Isle of Wight 州の州都 3) ウェールズ南東部沿岸の町》. ♦ **~·er** *n*
Néwport Béach ニューポートビーチ《California 州南西部 Long Beach の南東にある太平洋岸の市》.
Néwport Jázz Fèstival [the] ニューポート・ジャズフェスティバル《1954 年に Rhode Island 州 Newport で初めて開催されたが, 今は毎年 8 月に New York や Newport などの都市で行なわれているジャズの祭典》.
Néwport Néws ニューポートニューズ《Virginia 州南東部 James 川, Hampton Roads 海峡に臨む港湾都市; 大造船所がある》.
néw potáto 新ジャガ (opp. *old potato*).
Nèw Próvidence ニュープロヴィデンス《Bahamas 諸島の中北西部にある島; バハマの首都 Nassau がある》.
Nèw Quebéc ニューケベック《カナダ Quebec 州北部の地域; Eastmain 川の北, 西の Hudson 湾と東 Labrador にはさまれる区域》.
néw réalism [°N- R-]〖哲〗NEOREALISM.
Néw Réd Sándstone〖地質〗新赤(色)砂岩(層)《石炭紀末から二畳紀にかけてできた中部ヨーロッパ南部の陸成赤色岩(層)》.
néw-rích *n* [the] 新興成金. ► *a* 成金(特有)の.
Néw Ríght [the]〖政〗新右翼, ニューライト《New Left に対応する新しい保守主義》. ♦ **Néw Ríght·ist** *n*
Néw Romántic *a* ニューロマンティックの《1980 年代初めに London のライブハウスを中心に流行したロックミュージック・ファッションについていう; 男女を問わず派手なメイクアップ・服装をした》. ► *n* ニューロマンティックの演奏家[ファン].
news /n(j)ú:z/ *n* 1 (新)報道, (新)消息, ニュース(番組), 情報, 珍聞, 記事; 通信, 便り ‹*from* London›: a piece [an item] of ~ ひとつのニュース / foreign [home] ~ 海外[国内]ニュース / yesterday's ~ 昨日のニュース; 旧聞, 旧知のこと / Bad ~ travels fast [quickly]. =Ill ~ comes [flies] apace.《諺》悪事千里を走る / No ~ is good ~.《諺》便りのないのはよい便り / That is quite [no] ~ *to* me.《口》これは全く初耳だ[旧聞に属する] / That was in the ~ last year. 昨年紙上で騒がれた / on the ~ ニュースで報道されて / break the ~ to …にニュース[凶報]を伝える; *《俗》…に不意討ちをくらわせる. 2 変わったこと, おもしろいこと, 興味ある事件: Is there any ~? 何か変わったことがあるか / make ~ ニュースの種となるようなことをする. 3 …新聞《新聞名》: The Daily *N*~『デイリーニューズ』. ● **~ from nowhere** 既に知られて[わかって]いること, 言うまでもないこと. ► *vt* ニュースとして伝える. ► *vi* ニュースを話す. [ME (pl)‹NEW; OF *noveles*, L *nova* (pl)‹*novus* new の影響]
néws àgency 通信社; 新聞雑誌販売所.
néws·àgent" *n* 新聞[雑誌]販売業者 (newsdealer*)《英国のこの種の売店ではタバコ・菓子なども扱われている》.
néws ànalyst 時事[ニュース]解説者 (commentator).
Nèw Sár·um /-séərəm/ ニューセーラム《SALISBURY (イングランド) の公式名》.
néws·bèat* *n*《新聞記者の》担当地区[範囲], 持ち場, 受持ち区域 (beat).
néws·bòard *n* 古新聞を再生したボール紙.
néws·bòy *n* 新聞売り子[配達人].
néws·brèak *n* 報道価値のある事柄[事件].
néws bùlletin" 短いニュース.
néws·càst *n*《ラジオ・テレビの》ニュース放送. ► *vi* ニュースを放送する. ♦ **~·er** *n* ニュースキャスター. **~·ing** *n* [*news*+broad*cast*]
néws cínema" NEWS THEATER.
néws cònference PRESS CONFERENCE.
Néw Scòtland Yárd ニュースコットランドヤード《London の Westminster 地区にある London Metropolitan Police Force の本部; Whitehall の旧スコットランドヤードから 1890 年に Thames 河岸へ移ったが, 1967 年に現在地へ移転した》.
néws cràwl NEWS TICKER.
néws·dèal·er* *n* 新聞[雑誌]販売業者 (newsagent").
néws·dèsk *n* ニュースデスク《新聞・テレビその他のメディアの一部署; 最新のニュースや重要な速報記事などを編集する》.
New·se·um /njuzí:əm/ [the] ニュージアム《Washington, D.C. にある報道博物館》.
néws·fèed *n*〖インターネット〗《news server などによる》ニュース配信(情報).
néws flàsh《テレビ・ラジオの》ニュース速報 (flash).
Néws from Nówhere『ユートピア便り』《William Morris 作のユートピア社会主義的空想物語 (1891)》.
néws·gàther·ing *n* ニュース取材. ♦ **-gàther·er** *n*
néws·gìrl *n* 新聞売り子[配達人].

N

néws·gròup *n*〘インターネット〙ニュースグループ《加入者間で情報交換をする共通の関心をもつ集団 (=*forum*); 特に インターネット以前に発達した USENET のものが有名》.
néws·hàwk *n**《口》NEWSHOUND.
néws·hèn *n**《口》女性記者.
néws hòle*《新聞・雑誌の》記事のスペース《広告を入れない》.
néws·hòund *n**《口》しぶとい記者[報道員], 精力的なブン屋 (=*newshawk*),《広く》報道員.
Néw Sibérian Íslands *pl* [the] ノヴォシビルスク諸島《東シベリアの北, 北極海 Laptev 海と東シベリア海にはさまれる島群》.
news·ie /n(j)úːzi/ *n*《米口・豪口》報道関係者,《特に》記者; NEWSBOY.
néws·less *a* ニュースのない. ♦ **~·ness** *n*
néws·lètter *n*《会社・団体・官庁などの》回報, 会報, 年報, 月報;《17–18 世紀の》時事回報《今日の新聞の前身》.
néws·magazìne /, ⌐⌐⌐—/ *n*《主に 週刊の》時事解説誌;〘テレビ・ラジオ〙ニューズマガジン (MAGAZINE).
néws·màker* *n* 新聞だねになる人[もの, 事件].
néws·man /-mən, -mæ̀n/ *n* (*pl* **-men** /-mən, -mɛ̀n/) 取材[報道]記者; NEWSDEALER.
néws·màp *n* ニュース地図《時事的なできごとに関する, 解説とイラスト付きの定期刊行地図》.
néws·mèdia *n pl* ニュースメディア《新聞・ラジオ・テレビなど》.
Néw Smóking Matèrial‖〘商標〙ニュースモーキングマテリアル《セルロースをベースとしたタバコ代用物; 紙巻きタバコ用; 略 NSM》.
néws·mònger *n* うわさ話好きの人; おしゃべり, 金棒引き.
Néw Sóuth《豪口》NEW SOUTH WALES;〘米〙ニューサウス, 新南部《経済的繁栄と人種差別撤廃を提唱する公務員の選任をスローガンとする 1960 年代に始まる時代》.
Néw Sòuth Wáles ニューサウスウェールズ《オーストラリア南東部の太平洋岸の州; ☆Sydney; 略 NSW》.
Néw Spáin ヌエバエスパーニャ《現在のメキシコを中心に中米・西インド諸島・米国南西部・フィリピンなどからなったスペインの副王領 (1535–1821)》.
néws·pàper /n(j)úːz-, -s-; njúːs-/ *n* 新聞(紙); 新聞社; NEWSPRINT; *《俗》30 日の禁固刑: a daily [weekly] ~ 日刊[週刊]新聞. ► *vi* 新聞業務にたずさわる.
néws·pàper·bòy *n* NEWSBOY.
néws·pàper·dom *n* 新聞界.
néws·pàper·ing *n* 新聞業務《経営・報道・編集》.
néws·pàper·màn *n* 新聞人,《特に》新聞記者[編集者]; 新聞経営者. ♦ **néws·pàper·wòman** *n fem*
néwspaper stànd 新聞スタンド (newsstand).
néw·spèak *n* [°N-] ニュースピーク, 新語法《政府などが世論操作のために意図的に用いるあいまいな言いまわし》. [George Orwell の小説 *Nineteen Eighty-Four* から]
néws·pèople *n pl* 報道関係者 (newspersons), 記者.
néws·pèrson *n* ニュースを報道する人, 記者, 特派員, ニュースキャスター.
néws·prìnt *n* 新聞(印刷)用紙; 新聞紙用のインク; 新聞記事.
néws·rèad·er *n* **1** ‖NEWSCASTER; 新聞読者. **2**〘インターネット〙ニュースリーダー《ニュースグループを利用するためのプログラム》.
néws·rèel *n*《短篇の》ニュース映画.
néws relèase PRESS RELEASE.
néws·ròom *n*《新聞社・ラジオ・テレビの》ニュース編集室 (cf. CITY ROOM); 新聞雑誌閲覧室; 新聞雑誌売場.
néws sàtellite 通信衛星.
néws sèrver〘インターネット〙ニュースサーバー《ニュースグループを管理するサーバー》.
néws sèrvice 通信社 (news agency).
néws·shèet *n*《折らない》一枚新聞; 会報, 社報, 公報 (newsletter).
néws·stàll‖ *n* NEWSSTAND.
néws·stànd *n* 新聞[雑誌]売店.
néws stòry 新聞[ニュース]記事.
néw stár〘天〙新星 (nova).
Nèw Státesman [The]『ニューステーツマン』《英国の週刊政治・文芸誌; 政府に対して批判的な立場をとることが多い; 1913 年創刊》.
néws thèater ニュース映画館, ニュース劇場.
néws tìcker テロップニュース, ニュースティッカー《画面に 1 行で流すニュースの表示》.
Néw Stóne Àge [the] 新石器時代 (Neolithic Age).
néw-stýle *a*〘活字〙ニュースタイルの《数字の並び線のそろった: 1 2 3 4…; cf. OLD-STYLE》.
Néw Stýle *a* 新暦[グレゴリオ暦]による《略 NS; cf. OLD STYLE》: July 4 *NS*.
néws vèndor 新聞売り(子).
Néws·wèek『ニューズウィーク』《米国のニュース週刊誌; 1933 年創刊》.
néws·wèek·ly *n* 週刊新聞, 週間時事雑誌.
néws·wìre *n* ニュース配信; WIRE SERVICE.
néws·wòman *n* 女性記者[リポーター]; 新聞[雑誌]を売る[配る]女性.
néws·wòrthy *a* 報道価値のある, ニュースにふさわしい. ♦ **-wòrthiness** *n*
néws·wrìting *n* 新聞雑誌編集.
néwsy《口》*a* ニュースの多い, 話題の豊富な; おしゃべりな; NEWSWORTHY. ► *n* (*pl* **néws·ies**)《米・豪》NEWSIE. ♦ **néws·i·ness** *n*
newt /n(j)úːt/ *n* **1**〘動〙イモリ (=*eft, triton*). **2***《俗》ばか, まぬけ; *《俗》不慣れなやつ, しろうと. ● **pissed** [**tight, drunk**] **as a ~**《俗》ぐでんぐでんに酔っぱらって. [*a newt* (異分析) < *an ewt* (=*ewet* EFT); cf. NICKNAME, NONCE]
Néw Táiwàn dóllar 新台湾元, 新台幣(シン タイピー)《台湾の通貨; 基本単位は元 (YUAN)》.
Néw Térritories *pl* [the] 新界《1898–1997 年 英国が中国から租借した, 香港の大部分を占める九竜市の後背地》.
New Test. °New Testament.
Néw Téstament [the] 新約聖書《キリスト教の聖書の第 2 部; ⇨ BIBLE, OLD TESTAMENT》; [the]〘神学〙新約《人間に対するキリストの新しい救いの契約》.
néw theólogy 新神学《特に 19 世紀末に起こった近代自然科学の観念との融合を試みた神学》.
néw thíng [°N- T-] ニューシング《1960 年代の特定のテンポがなく, しばしば メロディーも決まっていない自由な即興によるジャズ》.
Néw Thóught 新思想《人間の神性を強調し正しい思想が病気と過失を抑えられるとする一種の宗教哲学》.
New·ton /n(j)úːtn/ **1** ニュートン《男子名》. **2** ニュートン (**1**) **Huey P**(**ercy**) ~ (1942–89)《米国の政治活動家; Black Panther 党の創設者》(**2**) Sir **Isaac** ~ (1642–1727)《英国の物理学者・数学者》. **3** ニュートン《Massachusetts 州東部 Boston の西にある市》. **4** ニュートン《月面南極付近の深いクレーター》. **5** [n-]〘理〙ニュートン《SI 単位系の力の単位: 質量 1 kg の物体に 1 m 毎秒毎秒の加速度を生じさせる力; 10^5 ダイン; 記号 N》. [OE=new town]
New·to·ni·an /n(j)utóuniən, -njən/ *a* ニュートン(の学説[発見])の. ► *n* ニュートンの説を奉ずる人; ニュートン式望遠鏡 (NEWTONIAN TELESCOPE).
Newtónian mechánics ニュートン力学《ニュートンの運動の法則により成立する力学系》.
Newtónian télescope ニュートン式望遠鏡《Newton が考案した反射望遠鏡の形式; 凹面鏡で反射した光を軸に対して 45° になった平面鏡で再び反射して, 望遠鏡側面の接眼レンズを通して見る》.
Néwton-le-Wíllows /-lə-/ ニュートンルウィローズ《イングランド北西部 Manchester の西にある村》.
Néwton's láw of gravitátion〘理〙ニュートンの重力の法則《2 つの物質は質量の積に比例し, 距離の 2 乗に反比例する力で引き合う》.
Néwton's láws of mótion *pl*〘理〙ニュートンの運動の法則 (⇨ LAW OF MOTION).
Néwton's ríngs *pl*〘光〙ニュートン環《平凸レンズの凸面がガラス平面上に置かれたときの干渉縞(じま)》.
néw tòwn ニュータウン《過密都市の近くに計画的に建設された, 住宅と商工業・娯楽施設などを備えた自足的な中小都市; 最初第二次大戦後の英国で建設されたもの》.
New·town·ab·bey /n(j)ùːtnǽbi/ ニュータナビー《(**1**) 北アイルランド東部の行政区 (**2**) 同区の町; Belfast の北に位置》.
Néwtown St Bós·wells /-sənt bázwəlz, -seɪnt-/ ニュータウン・セントボズウェルズ《スコットランド南東部の村; 旧 Borders 州の州都》.
Néw Úrbanism ニューアーバニズム《歩ける範囲に店舗・公共施設などを集中立地し, 脱車社会を目指す都市設計思想[運動]》.
néw váriant Créutzfeldt-Jákob disèase, new variant CJD /⌐—⌐— síːʤèɪdíː/ 新変異型クロイツフェルト-ヤコブ病 (VARIANT CREUTZFELDT-JAKOB DISEASE)《略 nvCJD》.
néw wáve [°N- W-] **1** 新しい波, ヌーヴェルヴァーグ (=*nouvelle vague*)《1950 年代末にフランスで起こった新しい映画の傾向; 即興・抽象・主観的象徴を特徴とし, 実験的な映像手法を使用する》;《特定分野の》新しい動向, 最新流行《特に奇抜なもの》. **2** ニューウェーヴ《1970 年代末期の単純なリズム・ハーモニー, 強いビートなどを特徴とするロック》. ♦ **néw-wáve** *a* **néw wáver** *n*
néw wóol 新毛 (virgin wool).
néw-wórld *a* 新世界の, アメリカ大陸の.
Néw Wórld [the] 新世界《西半球, 特に 南北アメリカ大陸; cf. OLD WORLD》.
Néw Wòrld mónkey〘動〙新世界ザル (PLATYRRHINE).
néw wórld órder《冷戦終結後の》新世界秩序.
Néw Yéar **1** [the, ˢthe n- y-] 新年. **2** 元日; 新年行事の期間; ROSH HASHANAH: (A) happy ~! 新年おめでとう / a ~'s gift お年玉.
Néw Yèar hónours *pl* [the]〘英〙《元日に行なわれる》新年叙爵・叙勲.
Néw Yèar's NEW YEAR'S DAY [EVE].

N

Néw Yèar's Dáy 元日《多くの国で法定休日》.
Néw Yèar's Éve 大みそか.
Néw Yéar's resolùtion 新年の決意, 今年の目標.
New·yo·ri·can /n(j)ù:jərí:kən/ *n, a* NUYORICAN.
Nèw Yórk 1 ニューヨーク (＝**Néw Yòrk Státe**)《米国北東部の州; ☆Albany; 略 NY》. **2 a** ニューヨーク市 (＝**Néw Yòrk Cíty**)《New York 州南東部 Hudson 川河口にある市; Bronx, Brooklyn, Manhattan, Queens および Staten Island の 5 つの区 (borough) からなる米国最大の都市; 略 NYC》. **b** GREATER NEW YORK.
Nèw Yórk Báy ニューヨーク湾《New York 州南東部と New Jersey 州北東部の間, Hudson 川河口に広がる大西洋の入江で, New York 市の港湾部; Staten 島と Long Island にはさまれた the Narrows によって **Úpper Nèw Yórk Báy** と **Lówer Nèw Yórk Báy** に分けられる》.
Nèw Yórk cùt *《(中)西部》 ニューヨークカット《ショートロインの最高級ステーキ》.
Nèw Yórk Dráma Crìtics Círcle Awárd ニューヨーク劇評家賞《毎年すぐれた舞台作品に対して授与される米国の演劇賞》.
Nèw Yórk·er 1 New York 州人; ニューヨーク市民. **2** [The]『ニューヨーカー』《米国の週刊誌; 都会的に洗練され, 文芸誌として高く評価される; 1925 年創刊》.
Nèw York·ése /-jɔ̀:rkí:z/ ニューヨークことば《New York 市に特徴的なことばづかい》.
Nèw Yórk mínute *《口》 ごく短時間: in a ～ すぐに.
Nèw Yórk schòol [the]《画》ニューヨーク派《1940 年代から50 年代に New York に現われ, 抽象表現主義 (abstract expressionism) による画派》.
Nèw Yórk Státe Canál Sỳstem [the] ニューヨーク州運河システム《Hudson 川中流の Albany と Erie 湖を結ぶ ERIE CANAL を主要部とし, さらに Champlain 湖, Cayuga 湖, Seneca 湖, Ontario 湖を結ぶ運河網; 旧称 New York State Barge Canal》.
Nèw Yórk Stóck Exchànge [the] ニューヨーク証券取引所《Wall Street にある世界最大の取引所; 1792 年設立; 略 NYSE; 現在は Euronext と合併した NYSE Euronext により運営されている》.
Nèw Yórk Tímes [The]『ニューヨークタイムズ』《米国の代表的な日刊紙; 1851 年創刊》.
Nèw Zéaland *n* ニュージーランド《オーストラリアの東南方に位置する島国で, North Island, South Island の 2 つの主島およびいくつかの小島からなる; ☆Wellington; 英連邦に加盟》. ► *a* ニュージーランドの;《生物地理》ニュージーランド区[亜区]の. ♦ **Nèw Zéaland·er** *n*
Nèw Zéaland fláx《植》ニューサイラン, ニュージーランドアサ, マオラン《ユリ科》.
Nèw Zéaland Wárs *pl* [the] ニュージランド戦争《Waitangi 条約 (1840) によって英国植民地となったニュージーランド北島で, 1845–48, 60–72 年, マオリ族と植民地政府との間で数度にわたって戦われた土地の売買・所有をめぐる戦争; 旧称 Maori Wars》.
Nexø /níksə:/ ネクセ **Martin Andersen ～** (1869–1954)《デンマークの小説家》.
next /nékst/ *a* [空間的に] 最も近い, すぐ隣の; [時間・順序的に] すぐ次の, 来… (opp. *last*); [the] その次の, 翌…, 明くる…: the ～ question [house, etc.] / ～ Friday＝on Friday ～ 次の金曜日に《★ 文脈によっては今週の金曜を飛び越して来週の金曜を指すことがある; この用法は last でも同じ》/ ～ week [month, year] 来週[来月, 来年] / *the* ～ week [month, year] (その)翌週[月, 年] / What's *the* ～ article? 次に何を差し上げましょうか《店員が言う》/ Not till *the* ～ time. この次まではやめておこう《禁酒・禁煙の冗談の約束》/ the ～ best thing 次善の策[もの] (the second best thing) / the ～ highest bid 2 番目に高い入札 (the second highest bid) / the ～ higher number もう 1 つ上の数 (「次に高い」ではない) / the ～ WORLD. ★ 現在を基準に「来週, 来月, 来年」などという場合は the を用いないが, 過去を基準に「翌週, 翌月, 翌年」などという場合および「時」以外のものには the を付ける. ただし the ～ day [morning] 翌日[翌朝]などは the を略しても誤解はない. ● **as…as the ～ fellow [man, woman, person]**《口》だれにも劣らず…: I am *as* brave *as the* ～ *fellow*. 勇気にかけてはだれにも負けない. **get ～ to…** *《俗》…に気に入られる, …と親密になる. **get ～ (to oneself)** *《俗》《自分の愚かさなどに》気づく, 悟る. **in the ～ place** 次に, 第二に. **～ time** [〈*conj*〉] この次[今度]…する時に: Come to see me ～ *time* you are in town. 今度上京したら遊びに来なさい. **put sb ～ to…** *《俗》人に…を知らせる. **the ～…but one [two]** 1 つ[2 つ]おいて次の, 2 [3] 番目の: Take *the* ～ turning *but* two on your right. 右側の 3 番目の角を曲がりなさい. **the ～ man** *ほかのだれでも. **the ～ thing** 第二に. **the ～ thing I knew…** 気がついてみると(…だった).
► *adv* 次に, 今度は; 隣に, もっとも近くに 〈*to*〉: *N*～, we drove home. 次いで車で帰宅した / ～ *to* last 最後から 2 番目に[の] / He placed his chair ～ *to* mine. 椅子をわたしの椅子の隣に置いた / I like this best and that ～. これがいちばん好きで次にはあれだ / when ～ she sings この次歌う時 / WHAT ～? ● **～ off** *《俗》次に (next). **～ to…** (**1**) …に次いで, …と並んで, …に加えて: He loved his horses ～ *to* his own sons. 息子たちに次いで馬を愛した (**2**) …と比べれば, …と並ぶと: *N*～ *to* you, I'm poor. あなたと比べればわたしは貧しい. (**3**) [否定語の前に用いて] ほとんど… (almost): It is ～ *to* impossible. ほとんど不可能だ.
► *prep* /nèkst, nékst/ …の次[隣]に, …に最も近い: come [sit] ～ him 彼の次に来る[隣に腰かける].
► *pron* 次の人[もの]《形容詞用法の next の次の名詞が省略されたもの》: He was *the* ～ (person) to appear. 彼がその次に姿を見せた / I will tell you in my ～. 次の便で申し上げましょう / *N*～, please! その次をどうぞ; 次の方どうぞ; 次の質問をどうぞ / To be concluded in our ～. 次号完結 / *The* ～ *to* the youngest son was called Tim. 末から 2 番目の息子はティムといった.
► *n* [N-] ネクスト《子供・大人向けの洋服や家具などを販売する英国のチェーン店; カタログ **Néxt Dirèctory** による販売も行なっている》. [OE *nēhsta* (superl) 〈 NIGH; cf. G *nächst*]
néxt-dòor *attrib a* 隣家の, 隣の;《広く》近隣の: ～ neighbors 隣の人たち, 隣人たち.
néxt dóor *adv* 隣に, 隣の家に 〈*to*〉;《広く》近隣に: They live ～ *to* us. 彼らはわれわれの隣に住んでいる / ～ but one 一軒おいて隣に / the people ～ 隣の家の人たち, 隣人たち. ● **～ to…** ほとんど…で: That is ～ *to* treachery. それは裏切り同然だ. **the boy [girl] ～** 普通の男の子[女の子]. ► *n* [*sg/pl*] *《口》隣人, お隣(さん), 隣家: one of the ～*s* 隣人の一人 / Mrs. ～ 隣の奥さん / the ～ but one 一軒おいて隣の家[人].
néxt fríend [the]《法》近友 (＝*prochein ami*)《訴訟で未成年者など法的無能力者のための代理人》.
néxt of kín (*pl* ～) 近親者, 最近親《特に無遺言死亡者の遺産相続権のある最近親者》.
nex·us /néksəs/ *n* (*pl* **～·es, ～** /-səs, -sù:s/) **1**《集団[系列]内の個人[個体]どうしの》結びつき, 関係, つながり; 連結[結合]体; 焦点, 中心: the CASH NEXUS / the causal ～ 因果関係. **2**《文法》ネクサス, 叙述的関係[表現]《Jespersen の用語で *Dogs bark.* / I think *him honest*. などの斜体語間の関係をいう; cf. JUNCTION》. [L *nex- necto* to bind]
Ney /néɪ/ ネー **Michel ～**, Duc d'Elchingen, Prince de la Moskova (1769–1815)《フランスの軍人; Napoleon の下で元帥, その没落後処刑された》.
Ney·shā·būr /nèɪʃɑ:bú:ər/, **Ni·sha·pur** /nì:ʃəpúər/ ネイシャーブール, ニシャプール《イラン北東部 Mashhad の西にある市; Omar Khayyám の生地, 郊外に墓がある》.
Nez Percé, Nez Perce /néz pə́:rs, nés péərs; *F* ne pɛrse/ **a** (*pl* ～, ～**s**) ネズパース族《Idaho 州の中部から Washington 州, Oregon 州にわたって住む北米インディアン》. **b** ネズパース語. [F＝pierced nose]
NF《英》°National Front ♦ Newfoundland ♦《銀行》no FUNDS ♦ Norman-French. **NFC** National Football CONFERENCE ♦ Near Field Communication《近距離無線通信に関する規格またはその技術》. **NFL** National Football League ナショナルフットボールリーグ《最も歴史が古く最大の規模を誇るプロフットボール連盟; 2 つの conference (AFC, NFC) にそれぞれ 16 チームが所属; cf. WELCOME *to the* ～!》. **Nfld** Newfoundland. **NFP** °natural family planning. **NFS** not for sale. **NFU**《英》°National Farmers' Union. **ng** nanogram(s). **NG** °National Guard ♦ °natural gas ♦ °New Granada ♦ °New Guinea ♦ no good.
ngaio /náɪoʊ/ *n* (*pl* **ngái·os**)《植》ニュージーランド産ハマジンチョウ属の常緑低木《材質は白色で強い; 実は食用》. [Maori]
N galaxy /én ―́―/《天》N (型)銀河《星のような中心核をもち, その狭い領域で活発にエネルギー放出をする》.
Nga·lie·ma /əŋgɑ̀:liéɪmə/ [Mount] ヌガリエマ山《Mount STANLEY の現地語名》.
Nga·mi /əŋgɑ́:mi/ [Lake] ヌガミ湖《ボツワナ北西部 Kalahari 砂漠の北にある沼沢地; 長さ 75 km, 幅 15 km, もとは大きな湖だった; Okavango 沼沢地の一部をなす》.
n'ga·na /nəgɑ́:nə/ *n* NAGANA.
nga·ti /nɑ́:ti/ *n* (*pl* ～)《NZ》部族. [Maori]
N gauge /én ―́―/《鉄道模型》N ゲージ《軌間は約 9 ミリ》.
Ngau·ru·hoe /əŋgàurəhóui/ ナウルホエ, ヌガウルホエ《ニュージーランド北島中部 Tongariro 国立公園内にある火山 (2291 m)》.
NGF °nerve growth factor. **NGk** °New Greek.
NGO nongovernmental organization 非政府組織.
ngo·ma /(ə)ŋgóumə, -gɑ́mə/ *n*《東アフリカ》ンゴマ《一種の太鼓》. [Swahili]
Ngo·ni /(ə)ŋgóuni/ *n* **1** (*pl* ～, ～**s**) ンゴニ族《Nguni と同系で主にマラウィ・ザンビアなどに住む民族》. **2** [n-]《楽》ンゴニ《西アフリカのマリなどに見られる細長い胴のギターに似た弦楽器》.
Ngo·ron·go·ro /(ə)ŋgɔ̀:rouŋgɔ́:rou/ ンゴロンゴロ《タンザニア北東部 Great Rift Valley にある巨大クレーター; 一帯は自然保護区; 北方に Olduvai Gorge や Serengeti 国立公園がある》.
NGr °New Greek.

NGU 〖医〗°nongonococcal urethritis.
ngul·trum /ɛŋgúltrəm, ɛn-; (ə)ŋgú:l-/ *n* ニュルタム《ブータンの通貨単位: ＝100 chetrums; 記号 N, Nu》.
Ngu·ni /(ə)ŋgú:ni/ *n* **a** (*pl* ～, ～**s**) ングニ族《南ア共和国・スワジランド・ジンバブウェに居住する Bantu 系の集団; Swazi, Ndebele, Xhosa, Zulu などの部族が属する》. **b** ングニ諸語《ングニ族が話すそれぞれ近縁の言語群》.
ngwee /ɛŋgwí:, ɛn-/ *n* (*pl* ～) ヌグウェー《ザンビアの通貨単位: ＝1/100 kwacha》. [(Zambia)]
NH never hinged ♦°New Hampshire.
Nha Trang /njá: trá:ŋ/ ニャチャン《ヴェトナム南東部の市・港町》.
NHeb(.) °New Hebrew. **N.Heb., NHeb** °New Hebrides. **NHG** °New High German.
NHL National Hockey League《米国のプロアイスホッケーリーグ》.
NHS 〖英〗°National Health Service.
Nhu·lun·buy /nú:lənbàɪ/ ニューランバイ《オーストラリア Northern Territory の Arnhem Land 北東端の海岸にあるボーキサイト採鉱地》.
Ni 〖化〗nickel. **NI** 〖英〗°National Insurance ♦°Northern Ireland ♦〖NZ〗°North Island.
ni·a·cin /náɪəsən/ *n* 〖生化〗ナイアシン (NICOTINIC ACID).
ni·a·cin·a·mide /nàɪəsínəmàɪd/ *n* 〖生化〗ナイアシンアミド (NICOTINAMIDE).
Ni·ag·a·ra /naɪǽg(ə)rə/ **1** [the] ナイアガラ川《米国 New York 州とカナダ Ontario 州との国境を Erie 湖から北の Ontario 湖へ流れる》. **2 a** NIAGARA FALLS. **b** [°n-] 滝, 奔流: a ～ *of* curses 次々に浴びせる呪いのことば. **3** 〖園〗ナイアガラ《米国東部産出の白ブドウの一品種》. ● **shoot ～** ナイアガラ瀑布を下る; [*fig*] 大冒険をする.
Niágara Fálls **1** [the] ナイアガラ滝《New York 州とカナダ Ontario 州の境を流れる Niagara 川にある滝; Goat 島によって Horseshoe [Canadian] 滝, American 滝に分かれる》. **2** ナイアガラフォールズ《(**1**) New York 州西部, ナイアガラ滝の米国側にある市 **2**) そのカナダ側の市; Ontario 州南東部に位置》.
niágara gréen [°N- g-] ナイアガラグリーン《明るい青みがかった緑》.
ni·al·amide /naɪǽləmàɪd/ *n* 〖薬〗ニアラミド《抗鬱薬》.
Nia·mey /niá:meɪ, njɑ:méɪ/ ニアメー《ニジェールの首都》.
Ni·ar·chos /niá:rkɑ̀s/ ニアルコス **Stavros** (**Spyros**) ～ (1909–96)《ギリシアの大船主; 超大型タンカー建造の先駆者で, 義弟 Aristotle Onassis と世界最大の船主閥族を形成した》.
Ni·as /ní:ɑ̀:s/ ニアス《インドネシアの Sumatra 島西方のインド洋にある火山島》. ♦ **Ni·as·san** /ní:əsən/ *n*
nib /níb/ *n* 鵞ペンの先端; ペン先 (pen point), ペン先の割れた部分の一方;《鳥の》くちばし;《一般に》鋭い尖端; [*pl*] 粗挽きコーヒー[ココア]豆. ♦ **Tough ～s!***《俗》[°*iron*] あらかわいそ, それはひどい, そりゃお気の毒 (Tough shit!). ► *vt* (-bb-) 〈鵞ペン〉の先端をとがらせる; 〈ペン〉の先端を修理[交換]する. ♦ **～·lìke** *a* [? MDu *nib* or MLG *nible* 変形＜*nebbe* NEB]
nib·ba·na /nɪbá:nə/ *n* 〖仏教〗NIRVANA.
nib·ble /níb(ə)l/ *vt* ちびちび[少しずつ]食べる; そっとかじる; 〈獣・魚などが〉少しずつかみ取る[かじる] 〈*off*〉; かじり取って〈穴など〉つくる; 少しずつ取り去る. ► *vi* **1** 少しずつかむ 〈*at* grass [the bait]〉; 少しずつ減らす, 徐々にむしばむ 〈(*away*) *at* an income〉. **2** あら探しをする, けちをつける 〈*at* books〉. **3** おずおずと手を出す, 気のあるそぶりをする, やや興味を示す 〈*at*〉. ● **～ at***《俗》ちょっと言い合う, 口げんかする. ► *n* 少しずつかみ取ること, 一かみ 〈*at*〉; 一かじりの量, ひと口分; [*pl*]《口》《パーティーなどでの》おつまみ; 慎重な[おずおずとした]反応, 気のあるそぶり; 〖電算〗ニブル《1/2 バイト, ＝通例 4 ビット》. [? LDu; cf. LG *nibeln* to gnaw]
níb·bler *n* NIBBLE する人[もの]; 〖機〗ニブラー《部分的に重なる穴を連続してあけることによって板材を切断する機械》.
Ni·be·lung /ní:bəlʊ̀ŋ/ 〖ゲルマン伝説〗ニーベルング《(**1**) ニーベルンゲン[侏儒]族の一人 **2**) Siegfried の一党の一人 **3**) また *Nibelungenlied* でブルグント諸王の一人》: RING OF THE NIBELUNG.
Ni·be·lung·en·lied /ní:bəlʊ̀ŋənlì:t, ⏤⏤⏤⏤/ [the] ニーベルンゲンの歌《13 世紀初頭成立の南ドイツの大叙事詩》. [G]
níb·let *n* ひと口分の食べ物.
nib·lick /níblɪk/ *n* 〖ゴルフ〗ニブリック (＝*number nine iron*)《IRON の 9 番》.
nibs /níbz/ *n* (*pl* ～) [his [her] ～]《口》[°*derog*] お偉方, お偉いさん, 御仁, 女史, いばり屋. [C19＜?]
NIC 〖英〗National Insurance contribution 国民保険料[税] ♦〖電算〗network interface card ネットワークインターフェースカード《コンピューターをネットワークに接続するための expansion card》♦ newly industrialized [industrializing] country 新興工業国 ♦ Nicaragua.
Ni·cad /náɪkæ̀d/ 〖商標〗ニッカド《ニッケルカドミウム電池》. [*ni*ckel ＋*cad*mium]
Ni·caea /naɪsí:ə/ ニカイア, ニケア (*E* Nice)《古代ビザンティン帝国の都市; 小アジア北西部, 現在のトルコ Iznik 村に当たる; Nicene Council の開催地》; ニカイア《NICE[1] の古代名》.
Ni·cae·an /naɪsí:ən/ *a* NICENE. ► *n* ニカイアの住民, ニカイア人;《4–5 世紀の》ニカイア信条[信経]信奉者.
Ni·cam, NICAM /náɪkæm/ *n* ナイカム《高音質のステレオサウンドと共にビデオ信号を送るテレビのデジタル方式; 英国で採用されている》. [*n*ear *i*nstantaneously *c*ompanded (＝compressed and expanded) *a*udio *m*ultiplex]
Nic·a·ra·gua /nɪ̀kərá:gwə; -rǽgjuə/ **1** ニカラグア《中米の国; 公式名 Republic of ～ (ニカラグア共和国); ☆Managua; 略 Nicar.》. **2** [Lake] ニカラグア湖《同国南西部にある》.
Nìc·a·rá·guan *a* ニカラグア(人)の. ► *n* ニカラグア人.
nic·co·lite /níkəlàɪt/ *n* 〖鉱〗紅砒(こう)ニッケル鉱.
nice /náɪs/ *a* **1 a** (opp. *nasty*) よい, けっこうな, きれいな, りっぱな, うまい, おもしろい; 快い, 人をひきつける;*《俗》セクシーな: a ～ face きれいな顔 / ～ weather いい[けっこうな]天気 / a ～ piece of work りっぱにできた仕事 / a ～ cup of tea (⇨ TEA 成句). **b** 親切な; 上品な, りっぱな; 育ちのよい, 教養のある: He is very ～ to us. とても親切にしてくれる / It is very ～ of you to invite us. ご招待ありがとうございます. **c** 〈作法・ことばなど〉適切な, ふさわしい. **2** [*iron*] 好ましくない, 困った, いやな: Here is a ～ mess. 困ったことになった. **3 a** 微妙な, むずかしい, 手腕を要する: a ～ negotiation. **b** 精密な; 識別力を要する, 敏感な: a ～ experiment 細かい実験 / ～ distinctions of color 色の微細な差異 / a ～ shade of meaning 微妙なことばのあや. **4 a** 謹厳な, きちょうめんな; 気むずかしい, 好き嫌いの多い, 好みのやかましい (hard to please) 〈*in*, *about*〉: He is ～ *about* food. 食べ物にやかましい. **b**《廃》内気な;《廃》つまらない, 愚かしい;《廃》みだらな, 好色な. ● **make ～**《俗》かわいがる, ちやほやする. **～** (**and**) /náɪs(n)/ [〈*adv*〉] いいぐあいに…だ (satisfactorily), 十分に: It is ～ *and* warm [cool] today. 今日は暖かくて[涼しくて]けっこうだ (cf. GOOD [RARE] *and*) / This is a ～ long one. これは長くてちょうどいい. **N～ one!**《口》いいね, すごい! **not very ～**"《口》不(愉)快な, おもしろくない. ► *adv* NICELY. ♦ **～·ness** *n* [ME＝foolish＜OF＝silly, simple＜L *nescius* ignorant; ⇨ NESCIENT]
Nice[1] /ní:s/ ニース《フランス南東部 Alpes-Maritimes 県の港町・県都; 古代名 Nicaea》.
Nice[2] /náɪs/ ナイス《ビザンティン帝国の都市 NICAEA の英語名》.
NICE /náɪs/ [the] 〖英〗ナイス《医療と介護サービスをイングランドとウェールズの全住民に提供する目的で 1999 年に設置された NHS の機関》. [*N*ational *I*nstitute for Health and *C*linical *E*xcellence]
níce gúy《口》いい男, ナイスガイ: MR. NICE GUY.
níce·ish *a* いくらかよい, かなりまともな.
níce-lóok·ing *a*《口》見た目のいい, きれいな, かっこいい.
níce·ly *adv* **1** ほどよく, いいぐあいに, うまく; ここちよく, きちんと; 礼儀正しく, 丁寧に, 感じよく. **2 a** 正確に, 的確に. **b** 気むずかしく, きちょうめんに. ● **do ～**" (**1**) [進行形で] 順調である, 成功している: She's *doing* very ～. (**2**) けっこうである, 申し分ない: That will *do* ～ それでけっこうです.
Ni·cene /náɪsì:n, ⏤⏤/ *a* ニカイア (Nicaea) の (＝*Nicaean*), ニカイア人の; ニカイア公会議[信条, 信経]の. [L]
Nícene Cóuncil [the] ニカイア公会議《325 年 Constantine 帝が Nicaea に召集した最初の世界公会議でニカイア信条を定めた》.
Nícene Créed [the] 〖キ教〗ニカイア信条[信経]《ニカイア公会議 (325) で発せられた信条(をのちに敷衍(ふえん)したもの)》.
níce Nélly [Néllie] *[°n- n-] 上品ぶったやつ[女]; 婉曲なことば[表現]. ♦ **níce-Nélly, níce-Néllie** *a* お上品な. **níce-Nélly·ìsm** *n*
ni·ce·ty /náɪs(ə)ti/ *n* 正確さ, 精密さ; 機微;《感情・好みなどの》細かさ; [[U]*pl*] 上品[優雅]なもの; [*pl*] 微妙[詳細]な点: a point of great ～ きわめて微妙な点. ● **to a ～** きちんと, 正確に, ぴたりと (exactly). [OF; ⇨ NICE]
nícey-níce, -nícey《俗》*a* よすぎる, お上品な; 〈男が〉軟弱な, めめしい.
niche /nɪ́ʧ, "ní:ʃ/ *n* **1** 〖建〗壁龕(へきがん)《像・花瓶などを置く壁のくぼみ》; くぼんだところ. **2** 適所, 自分を生かせる場所[職業]; ニッチ《有機体・種の生存に必要な要素を提供する生息場所》; 生態的地位, ニッチ《共同体においてある有機体が占める生態的役割; 特に食物に関していう》; 〖商〗(市場の)隙間, ニッチ《在来の製品・サービスでは満たされなかった潜在需要に対応する分野》. ● **a ～ in the temple of fame** その功績ゆえに記憶される権利. ► *vt* [[U]*pp*] 壁龕に安置する; (適所に)落ちつける 〈*oneself*〉. [F＜L *nidus* nest]
níche ìndustry 隙間[ニッチ]産業.
níche màrket 隙間[ニッチ]市場.
Ni·chi·ren /nɪ́ʧərən/ *n* 日蓮宗 (＝～ **Búddhism**). [Jpn]
Nich·o·las /nɪ́k(ə)ləs/ **1** ニコラス《男子名; 愛称 Nick, Nicol》. **2** ニコラウス (**1**) Saint ～《4 世紀小アジアのミラ (Myra) の司教; ロシア・ギリシア・子供・船乗り・旅人などの守護聖徒, 祝日 12 月 6 日; cf. SANTA CLAUS》(**2**) Saint ～ **I** (c. 819 to 822–867)《ローマ教皇 (858–867); 異名 ～ the Great; 祝日 11 月 13 日》(**3**) ～ **V** (1397–1455)《ローマ教皇 (1447–55); 俗名 Tommaso Parentucelli》. **3** ニコライ (**1**) ～ **I** (1796–1855)《ロシア皇帝 (1825–55); 反動的専制君主》(**2**) ～ **II** (1868–1918)《ロシア最後の皇帝 (1894–1917); 二月革命で退位, 十月革命後銃殺された》(**3**) ～ (1856–1929)《ロシアの大公・軍人; 第一次大戦で対ドイツ・オーストリア-ハンガリー軍総司令官, のちに Caucasus 軍司令官; ロシア語名 Nikolay Nikolayevich》.

[Gk=victorious among people (victory+people)]
Nícholas Níck·le·by /-ník(ə)lbi/『ニコラス・ニックルビー』《Dickens の小説(1838–39); 主人公の好青年 Nicholas Nickleby は, 父親が死んで一家が貧窮したために強欲非道なおじ Ralph Nickleby をたより, 世の中に出てさまざまな冒険をする》.
Nícholas of Cú·sa /-kjú:sə, -zə/ ニコラウス・クザーヌス (1401–64)《ドイツの聖職者・哲学者; 枢機卿 (1448); ラテン語名 Nicolaus Cusanus》.
Nichols /ník(ə)lz/ ニコルズ **Mike** ～ (1931–　)《ドイツ生まれの米国の演出家・映画監督; 本名 Michael Igor Peschkowsky》.
Nich·ol·son /ník(ə)ls(ə)n/ ニコルソン (1) **Ben** ～ (1894–1982)《英国の抽象画家》(2) **Jack** ～ (1937–　)《米国の映画俳優; 本名 John Joseph ～; *One Flew Over the Cuckoo's Nest* (カッコーの巣の上で, 1975), *Terms of Endearment* (愛と追憶の日々, 1983)》.
Ni·chrome /náɪkròum/〘商標〙ニクロム《ニッケル・クローム・鉄の合金》.
nicht /níxt/ *n* 《スコ》 NIGHT.
nicht wahr? /*G* nɪçt vá:*r*/ そうではありませんか? [G=not true?]
Ni·ci·as /níʃiəs, níʃiəs/ ニキアス (d. 413 B.C.)《アテナイの政治家・軍人; Peloponnesus 戦争の途中 Sparta と和を成立させた (421)》.
nic·ish /náɪsɪʃ/ *a* NICEISH.
nick /ník/ *n* **1** 刻み目, 切り目 (notch); 切り傷;〘印〙ネッキ《活字の軸側の溝》;〘生化〙ニック《二本鎖 DNA の一本鎖におけるリン酸ジエステル結合の欠如による切断》. **2** [the]‖《俗》ムショ, ブタ箱, サツ. **3** ‖《hazard で》投げ手が言う数と同点または関係した目が出ること; ニック《スカッシュやコートテニスのコートで左右の壁と床の交わる角; ここへボールを当てると相手が取りにくいショットになる》. ● **in good** [**poor**, etc.] **～**‖《口》調子が良くて[悪くて, など]. **in the** (**very**) **～ of time** きわどい時に, 折よく. ► *vt* **1 a** …に刻み目をつける〈*up*〉; …に軽い切り傷を負わせる;〘生化〙…にニックを入れる;〈馬の尾〉の根部を切開する《尾を高く揚げさせるため》. **b** …の数を刻み目で計算する; 書き留める. **2** 言い当てる;〈もの・時間など〉にちょうど間に合う;〈勝ち目のさいを〉振り出す: ～ it うまく言いあてる. **3**《俗》**a**〈人〉から(金品を)巻き上げる, だまし取る〈*for*〉; ‖《俗》盗む; *《俗》取る (take), 得る (get). **b** …から罰金を取る; *減俸にする. **4** 削減する, 抑制する; ‖《俗》逮捕する. ► *vi* 陰で攻撃[非難]する;《狩猟・競走で》割り込む〈*in*〉;〈家畜が〉《遺伝的に》相性(あいしょう)である, 首尾よく交尾する;《豪口》すばやく立ち去る〈*off*〉. [? ME *nocke* nock]
Nick ニック《男子名; Nicholas の愛称》; [‖Old ～] 悪魔 (⇨ OLD NICK).
Níck Cárter ニック・カーター《dime novel の人気探偵; 1886 年初登場, 以後多くの作家によって 1500 の物語がつくられ, 映画・ラジオにも登場した》.
nick·el /ník(ə)l/ *n* **1**〘化〙ニッケル《金属元素; 記号 Ni, 原子番号 28》. **2** 白銅貨; *5 セント白銅貨, 5 セント, 小額の金; 自費; *《俗》5 ドル, 5 ドル札: It's your ～. きみの払いだよ. **3** *《俗》NICKEL BAG; *《俗》懲役 5 年の判決;〘アメフト〙NICKEL DEFENSE. ● **～s and dimes** *《俗》わずかな額, はした金. **not worth a plugged ～**《俗》全く[ほとんど]無価値で, 役に立たない. ► *vt* (-l- | -ll-) …にニッケルめっきをする. ● **～ up** *《俗》5 セント渡して 5 セント分以上の食い物[品物]をねだる. [G *Kupfernickel* niccolite (*Kupfer* copper, *nickel* demon); 銅に似ながら銅を含まないための名]
níckel ácetate〘化〙酢酸ニッケル《緑色の結晶で媒染剤》.
níckel-and-díme *《口》*a* 少額の, けちな; 安っぽい, つまらない. ► *vt* こまごまとした出費[追加料金]で苦しめる; …に対して金を出し惜しむ; ささいなことで悩ませる;〈金を〉ちびちび使う[ためる].
níckel bàg *《俗》5 ドル相当の麻薬.
níckel blóom〘鉱〙ニッケル華 (annabergite).
níckel bráss ニッケル黄銅《銅・亜鉛・ニッケルの合金》.
níckel-cádmium bàttery〘電〙ニッケルカドミウム(蓄)電池 (=*nicad*).
níckel cárbonyl〘化〙ニッケルカルボニル《ニッケルめっきに用いる》.
níckel defènse〘アメフト〙ニッケルディフェンス《5 番目のディフェンシブバックがラインバッカーの位置に加わる守備隊形》.
nick·el·ic /nɪkélɪk/ *a*〘化〙ニッケルの,《特に》ニッケル (III) の, 第二ニッケルの.
nick·el·if·er·ous /nìkəlíf(ə)rəs/ *a*〈鉱石が〉ニッケルを含む, 含(がん)ニッケル(の).
níckel métal hýdride bàttery〘電〙ニッケル水素電池《ニッケルカドミウム[ニッカド]電池のカドミウムを水素吸蔵合金で置き換えた二次電池; ニッカド電池にみられる記憶現象がない》.
níckel nùrser *《俗》けちんぼ, しみったれ.
nick·el·ode·on /nìkəlóudiən/ *n* 5 セント(映画)劇場; JUKEBOX;《5 セント白銅貨を入れて演奏する》自動ピアノ; [*N*-] ニコロデオン《米国子供向け番組専門のケーブルテレビ》. [*nickel*+melodeon]
níckel·ous *a*〘化〙ニッケルの,《特に》ニッケル (II) の, 第一ニッケルの.
níckel óxide, níckelous óxide〘化〙酸化ニッケル《水に不溶の緑色粉末》.
níckel-pláte *vt* …にニッケルめっきをする.
níckel pláte《電気めっきされた》ニッケル被膜.
níckel sílver 洋銀 (=*German silver*)《銅・亜鉛・ニッケルの合金》.
níckel stéel ニッケル鋼.
níckel súlfate〘化〙硫酸ニッケル《緑黄色粉末; ニッケルめっきに用いる》.
nick·er[1] /níkə*r*/《方》*n* いななき; クスクス笑い. ► *vi*〈馬が〉いななく (neigh); クスクス笑う (snicker). [変形く *neigh*]
nicker[2] *n* 刻み目をつける人. [*nick*]
nicker[3] *n* ‖《俗》ニッカー《1 ポンド英貨》;《豪》金(かね), マネー. [C20 <?]
Nick·laus /níkləs, ‖-làus/ ニクラウス **Jack** ～ (1940–　)《米国のプロゴルファー》.
nick·le /ník(ə)l/ *n* NICKEL.
nicknack ⇨ KNICKKNACK.
nick·name /níknèɪm/ *n* あだ名, ニックネーム; 愛称《Betty, Ned など》. ► *vt* …にあだ名を付ける; 愛称[略称]で呼ぶ;《まれ》間違った名で呼ぶ. ◆ **níck·nàm·er** *n* [*a nick*- (異分析)<ME *an ekename* (cf. EKE[2]); cf. NEWT]
nickpoint ⇨ KNICKPOINT.
Nic·o·bar·ese /nìkəbɑ:rí:z, -s/ *n* **a** (*pl* ～) ニコバル諸島の人. **b** ニコバル語《Mon-Khmer 語族に属する》.
Níc·o·bar Íslands /níkəbɑ̀:*r*-/ *pl* [the] ニコバル諸島《インド洋の Andaman 諸島の南にある島群; ⇨ ANDAMAN AND NICOBAR ISLANDS》.
Nícobar pígeon〘鳥〙ミノバト《マラヤ・ポリネシア産》.
Nic·o·de·mus /nìkoudí:məs/〘聖〙ニコデモ《パリサイ人でユダヤ人議会の議員; イエスを敬慕し支持した; *John* 3: 1–21, 7: 50–52, 19: 39》.
Ni·çois /niswɑ́:/ *n* (*fem* **Ni·çoise** /niswɑ́:z/) Nice 市民, ニースっ子. ► *a* ニース風の;〈料理が〉ニース風の《トマト・アンチョビー・黒オリーブ・ケーパーなどで調味した[が付け合わされた]》.
Nic·ol /níkəl/ ニコル《男子名; Nicholas の愛称》.
Ni·co·lai /*G* nikolάɪ/ ニコライ (**Carl**) **Otto Ehrenfried** ～ (1810–49)《ドイツの作曲家; オペラ *Die lustigen Weiber von Windsor* (初演 1849)》.
Nic·o·las /ník(ə)ləs/ ニコラス《男子名》. [⇨ NICHOLAS]
Ni·co·let /nìkəléɪ, -lét; *F* nikɔlɛ/ ニコレ **Jean** ～ (1598–1642)《アメリカの北西部を踏査したフランス人探検家》.
Ni·co·lette /nìkəlét/ ニコレット《女子名》. [F (dim) < *Nicole* (fem); ⇨ NICHOLAS]
Ni·colle /nikɔ́(:)l/ ニコル **Charles-Jules-Henri** ～ (1866–1936)《フランスの細菌学者; 発疹チフスがコロモジラミによって媒介されることを発見; ノーベル生理学医学賞 (1928)》.
Níc·ol (**prism**) /níkəl(-)/〘光〙ニコルプリズム《方解石製の偏光プリズム》. [William *Nicol* (1768–1851) スコットランドの物理学者]
Nic·ol·son /ník(ə)ls(ə)n/ ニコルソン Sir **Harold** (**George**) ～ (1886–1968)《英国の外交官・作家》.
Ni·com·a·ché·an Éthics /nàɪkɑ̀məkí:ən-/ [the]『ニコマコス倫理学』《Aristotle の主著, 全 10 巻, 息子 Nicomachus が編修したとされる》.
Nic·o·me·dia /nìkəmí:diə/ ニコメディア《IZMIT の古代名》.
Ni·cop·o·lis /nəkɑ́pələs, naɪ-/ ニコポリス《古代ギリシア北西部 Epirus の都市》.
Nic·o·sia /nìkəsí:ə/ ニコシア《キプロスの首都; 別称 Lefkosia》.
ni·co·tian /nɪkóuʃən/《古》*a* タバコの. ► *n* 喫煙者.
ni·co·ti·a·na /nɪkòuʃiά:nə, -éɪnə, -ǽnə/ *n*〘植〙タバコ属 (*N*-) の各種草本《ナス科; 観賞用のニコチアナ(ハナタバコ)など》.
nic·o·tin·amide /nìkətí:nəmàɪd, -tín-/ *n*〘生化〙ニコチンアミド《ビタミン B 複合体の一つ》.
nicotínamide ádenine dinúcleotide〘生化〙NAD.
nicotínamide ádenine dinúcleotide phósphate〘生化〙NADP.
nic·o·tin·ate /nìkətí:nèɪt/ *n*〘化〙ニコチン酸塩[エステル].
nic·o·tine /níkətì:n/ *n*〘化〙ニコチン. [F; Jean *Nicot* (c. 1530–1600) 1560 年にタバコ (植物) をフランスに紹介した同国の外交官]
nícotine dràwers *pl* *《俗》《糞便のついた》茶色いパンツ. [ヘビースモーカーの指のヤニとの連想から]
nícotine gúm《禁煙用の》ニコチンガム.
nícotine pàtch ニコチンパッチ《ニコチンを含ませた禁煙用貼り薬; 少量のニコチンが皮膚を通して血液に吸収され, 喫煙欲を和らげる》.
nic·o·tin·ic /nìkətí:nɪk, -tín-/ *a*〘化〙ニコチン(様)の《自律神経節と随意節の神経・筋肉接合点の神経繊維に対するニコチンの影響についていう; 少量では活動を増進するが多量では活動を妨げる》.
nicotínic ácid〘生化〙ニコチン酸 (=*niacin*)《ビタミン B 複合体の一つ; 動植物に広く存在し, ペラグラ (pellagra) の予防・治療に用いる》.
nic·o·tin·ism /níkətì:nìz(ə)m, ⏤⏤⏤/ *n* (慢性)ニコチン中毒.
nic·o·tin·ize /níkətì:nàɪz/ *vt* …にニコチン(剤)を染み込ませる, ニコチン添加する.

Nic·the·roy /nìːtərɔ́ɪ/ ニテロイ《NITERÓI のもとのつづり》.
nic·ti·tate /níktətèɪt/, **nic·tate** /níktèɪt/ *vi* 瞬き[瞬目]する (wink). ［L (freq)＜*nicto* to wink］
níc·ti·tàt·ing mémbrane 〔動〕瞬膜 (＝*third eyelid*)《鳥・ワニなどのまぶたの内側にある第 3 のまぶた》.
níctitating spásm 〔医〕瞬目痙攣.
nìc·ti·tá·tion, nic·tá·tion *n* まばたき(すること), 瞬目.
NICU 〔医〕neonatal intensive care unit 新生児集中治療室.
nidal ⇨ NIDUS.
ni·da·men·tal /nàɪdəméntl/ *a* 〔動〕《軟体動物などの》卵嚢の[をつくる], 卵巣の: ～ gland 卵包腺.
Ni·da·ros /níːdəròus/ ニダロス《TRONDHEIM の 16 世紀以前および 1930–31 年の称》.
ni·date /náɪdèɪt/ *vi* 〈卵が〉着床する. ♦ **ni·dá·tion** *n*
nid·(d)er·ing /nídərɪŋ/ 《古》*n* 卑怯者. ► *a* 卑劣な.
nid·dle-nod·dle /nídlnɑ́dl/ *a* こっくりこっくりしている, 頭の不安定な. ► *vi, vt* こっくりこっくりする[させる], 揺れる[揺らす]. ［*nod* の加重］
NIDDM °non-insulin-dependent diabetes mellitus.
nideᵘ /náɪd/ *n* 《特に キジの》巣, 巣びなの群れ; キジの群れ.
nid·get /níʤət/ *n* 《古》白痴, ばか.
ni·dic·o·lous /naɪdíkələs; nɪ-/ *a* 〔鳥〕孵化後しばらく巣にいる, 留巣性の (opp. *nidifugous*); 〔動〕異種の動物の巣にすむ.
nid·i·fi·cate /nídəfəkèɪt, *naɪdíf-/, **nid·i·fy** /nídəfàɪ/ *vi* 巣を作る. ♦ **nìd·i·fi·cá·tion** *n* 営巣.
ni·dif·u·gous /naɪdífjəgəs; nɪ-/ *a* 〔鳥〕孵化後すぐ巣を離れる, 離巣性の (opp. *nidicolous*).
nid-nod /nídnɑ̀d/ *vi, vt* こっくりこっくりする[させる].
ni·dus /náɪdəs/ *n* (*pl* **-di** /-dàɪ/, **～·es**) **1 a** 繁殖[増殖]の基点となる所; 《昆虫などの》巣, 産卵場所; 《種子[胞子]の》発芽孔; 病巣; 《卵・結節などの》塊. **b** [*fig*] 発生する所, 巣 〈*for*〉. **2** 置き場所, 位置. ♦ **ní·dal** *a* ［L; cf. NEST］
Nid·wal·den /níːtvɑ̀ːldən/ ニートヴァルデン《スイス中部, 旧 Unterwalden 州が 2 分されてできたうちの東側の準州; ☆Stans; cf. OBWALDEN》.
Nie·buhr /níːbùər, -bər/ **1** ニーブール ⑴ **Barthold Georg** ～ (1776–1831)《ドイツの歴史学者; 史料の批判によって近代歴史学の祖といわれる》⑵ **Carsten** [**Karsten**] ～ (1733–1815)《ドイツの旅行家; デンマークが派遣したアラビア探検隊に参加》. **2** ニーバー **Reinhold** ～ (1892–1971)《米国のプロテスタント神学者》. ♦ **Nie·buhr·ian** /nibúəriən/ *a* R. ニーバーの.
niece /níːs/ *n* 姪(めい) (cf. NEPHEW); [*euph*] 聖職者の私生児《女子》. ［OF＜L *neptis* granddaughter］
Nie·der·ö·ster·reich /*G* níːdərø̀ːstəraɪç/ ニーダーエスターライヒ《LOWER AUSTRIA のドイツ語名》.
Nie·der·sach·sen /*G* níːdərzaksn/ ニーダーザクセン《LOWER SAXONY のドイツ語名》.
ni·el·lo /niélou/ *n* (*pl* **ni·el·li** /-li/, **～s**) 黒金(くろがね), ニエロ《硫黄に銀・銅・鉛などを加えた濃黒色合金》; ニエロ象眼《金属表面にニエロを象眼する技法》; ニエロ細工品. ► *vt* ニエロで象眼[装飾]する. ♦ **～ed** *a* **ni·él·list** *n* ニエロ象眼師. ［It＜L (dim)＜*niger* black］
Niels /níːls/ ニールス《男子名》. ［Dan＝son of Neil］
Niel·sen /níːls(ə)n/ **1** ニールセン ⑴ **Alice** ～ (1870–1943)《米国のソプラノ》⑵ **Carl** (**August**) ～ (1865–1931)《デンマークの作曲家》. **2** NIELSEN RATING.
Níelsen Média Resèarch ニールセン・メディア・リサーチ《米国のテレビ視聴率調査会社》.
Níelsen ràting 《テレビの》ニールセン視聴率.
Niem·ce·wicz /njɛmtsévɪʧ/ ニエムツェヴィチ **Julian Ursyn** ～ (1757 or 58–1841)《ポーランドの作家・愛国者》.
Nie·men /níːmən, níːmən/ [the] ニェメン川《NEMAN 川のポーランド語名》.
Nie·mey·er /níːmàɪər/ ニーマイヤー **Oscar** ～ (**Soares Filho**) (1907–)《ブラジルの建築家; 新首都 Brasília の設計・建設を指揮した》.
Nie·möl·ler /níːmʌ̀lər; *G* níːmœlər/ ニーメラー (**Friedrich Gustav Emil**) **Martin** ～ (1892–1984)《ドイツの反ナチスのプロテスタント神学者》.
Niepce /*F* njɛps/ ニエプス (**Joseph-**)**Nicéphore** ～ (1765–1833)《フランスの化学者; 写真術の発明者》.
Niepce de Saint-Victor /*F* njɛps də sɛ̃viktɔːr/ ニエプス・ド・サンヴィクトル **Claude-Félix-Abel** ～ (1805–70)《フランスの化学者; J. N. Niepce の甥; アルブミンを用いてガラス板に写像を定着させることに成功した》.
Nier·stein·er /níərstàɪnər; *G* níːrʃtaɪnər/ *n* ニールシュタイナー《白のラインワイン》.
Nietz·sche /níːʧə, -ʧi/ ニーチェ **Friedrich Wilhelm** ～ (1844–1900)《ドイツの哲学者; *Die Geburt der Tragödie* (1872), *Also sprach Zarathustra* (1883–85), *Jenseits von Gut und Böse* (1886)》. ♦ **～·ìsm** *n*
Níetzsche·an /-ʧiən/ *a* ニーチェ(哲学)の. ► *n* ニーチェ哲学信奉者. ♦ **～·ìsm** *n* ニーチェ哲学.
Nieuw·poort, Nieu·port /n(j)úːpɔ̀ːrt; *F* njøpɔːr/ ニーウポールト, ニュポール《ベルギー北西部 West Flanders 州, Yser 河岸の町; 14 世紀以来たびたび戦場となり, 第一次大戦では Ypres 防衛のための要地で, 激戦地》.
nieve /níːv/ 《古・スコ》*n* 手 (hand); こぶし (fist). ［ON＜?］
Niè·vre /*F* njɛːvr/ ニエーヴル《フランス中部 Bourgogne 地域圏の県; ☆Nevers》.
ni·fed·i·pine /nəfédəpìːn, -pən/ *n* 〔薬〕ニフェジピン《カルシウムチャネル遮断薬で, 冠血管拡張薬; 狭心症の治療に使用する》.
niff[1] /níf/ *n* 《口・方》反感, 怒り: take a ～ 腹を立てる. ［C18＜?］
niff[2] *n, vi*ᵘ《俗》いやなにおい(がする). ♦ **níffy** *a* いやなにおいの(する). ［(dial)＜? *sniff*］
nif·fer /nífər/ *n, vt, vi* 《スコ》物々交換(する).
niff-naw /nífnɔ̀ː/ *n**《方》議論 (argument).
níf gène /níf-/ *nif* 遺伝子《窒素固定に関与する遺伝子》. ［*nif*＜*ni*trogen-*f*ixing］
Ni·fl·heim, -fel- /nív(ə)lhèɪm/ 〔北欧神話〕ニヴルヘイム《氷寒・暗黒の地獄界; ⇨ YGGDRASIL, MUSPELHEIM》.
nif·ty /nífti/ 《口》*a* いきな, 気のきいた, すばらしい, 巧みな, かっこいい. ► *adv* すばらしく, かっこよく. ► *n* すばらしいもの[人]; 気のきいたことば. ♦ **níf·ti·ly** *adv* **níf·ti·ness** *n* ［C19＜?; もと劇場俗語］
nig* /níg/ *vi* (**-gg-**) 《口》〔トランプ〕RENEGE; 《俗》約束を破る.
Ni·gel /náɪʤ(ə)l/ ナイジェル《男子名》. ［? Ir＝champion or (dim)＜L *niger* black］
ni·gel·la /naɪʤélə/ *n* 〔植〕クロタネソウ属 (*N*-) の各種草本, 《特に》クロタネソウ (love-in-a-mist)《キンポウゲ科》.
Ni·ger /náɪʤər, niʒɛ́ər/ **1** ニジェール《アフリカ北西部の内陸国; 公式名 Republic of ～ (ニジェール共和国); ☆Niamey; もと フランス領, 1960 年独立》. **2** ニジェール《ナイジェリア中西部の州; ☆Minna》. **3** [the] ニジェール川《アフリカ西部の大河; ギニアの Fouta Djallon 山地に発し, 東・南に流れてナイジェリアでギニア湾に注ぐ》. ♦ **Ni·ger·ien** /nàɪʤɪ̀rién, niʒɛ́əriən/ *a, n* **Ni·ger·ois** /nìːʒərwɑ́ː, -ʒɛər-/ *n*
Níger-Cóngo *n* 〔言〕ニジェール-コンゴ語族《アフリカ中央部・西部・南部にかけて広がる大語族; Benue-Congo, Kwa, Mande などの語群を含む》.
Ni·ge·ria /naɪʤíəriə/ ナイジェリア《西アフリカのギニア湾に臨む国; 公式名 Federal Republic of ～ (ナイジェリア連邦共和国); ☆Abuja》. ♦ **Ni·gé·ri·an** *a, n*
Níger-Kordofánian *n* 〔言〕ニジェール-コルドファン語族《Niger-Congo 語族と Kordofanian 語派からなる》.
níger sèed [°N-] ニガー種子《熱帯アフリカ原産のキバナタカサブロウ (ramtil) の黒い種子; 食用・石鹸製造用の油を採る》.
nig·ga /nígə/ *n, a** [*derog*] 黒人(の) (Negro).
nig·gard /nígərd/ *n* けちんぼ. ► *a* 《文》けちな. ► *vi, vt* 《廃》けちけちする[扱う]. ［*nigon* (obs)＜Scand (ON *hnoggr* niggardly), *-ard*; cf. NIGGLE］
níggard·ly *a, adv* けちな; 不十分な, 乏しい, わずかな; けちけちして. ♦ **-li·ness** *n*
nig·ger /nígər/ *n* [ᵘ*derog*] 黒人《Negro, 時にインド・豪州などの黒人》; 社会的に恵まれない階層の人; [〈*a*〉] [ᵘ*derog*] 黒人の(ような); 《映画俗》《遮光用・特殊効果用の》ついたて; 《古》暗褐色 (＝～ **brown**): a ～ driver 人をこき使う人 / a ～ lover 黒人解放支持者 / ～ melodies 黒人の歌 / ～ minstrel＝MINSTREL. ★ 黒人の間では親しみを込めて相手を呼ぶのに使われることがある (cf. RECLAIMED words). ● **a** [**the**] **～ in the woodpile** [**fence**] 《口》隠(さ)れた事実[欠点, 障害, 要因], 裏に潜むうさんくさい事情[おもわく], 隠れた人物. **work like a ～** あくせく働く. ♦ **～·dom** *n* [ᵘ*derog*] 黒人であること; 黒人社会. ［C16 *neger*＜F *nègre*＜Sp NEGRO］
nígger·hèad *n* 黒いかみタバコ; 〔地質〕ニガーヘッド炭《石炭層中に産する球状の炭塊》; 〔地質〕ニガーヘッド《サンゴ礁が破壊されてできる黒色の塊り》; 〔海〕巻き揚げ機のドラム.
nígger héaven*《俗》[*derog*] 《劇場の》天井桟敷.
nígger-pòt *n**《南部俗》密造酒 (moonshine).
nígger rích *a**《俗》[*derog*] 大金持ちの, にわか成金の.
nígger-stìck *n**《俗》[*derog*] 警棒.
nígger·tòe* *n* BRAZIL NUT.
nig·gle /níg(ə)l/ *vi* つまらないことに心を悩ます[こだわる] 〈*about, over*〉; あら探しする (carp); 苦しめる 〈*at*〉. ► *vt* 与える; いらいらさせる. ► *n*ᵘつまらないこだわり[悩み], あら, 難癖, 軽い痛み. ♦ **níg·gler** *n* ［? Scand; cf. Norw *gigla*］
níg·gling *a* くだらない, ささいな; 煩わしい, 厄介な, 煩雑な; 手の込みすぎた; 〈けがなどが〉長引く; 〈筆跡が〉読みにくい (cramped). ► *n* こまごまとした用事; 凝りすぎた仕事; こせこせした態度. ♦ **～·ly** *adv*
níg·gly *a* NIGGLING.
nig·gra, nig·ra /nígrə/ *n* 《俗》[*derog*] 黒んぼ, 黒ちゃん (nigger).
nigh /náɪ/ *a* (**～·er**; **～·est**; 《古》**near**; **next**) 《古・詩・方》**1 a** 近い, 直接の. **b** 左側の〈車・馬など〉. **2** けちな, けちくさい. ► *adv* ほとんど, ほぼ 〈*on*〉; 《古・詩・方》近く 〈*on, onto, unto*〉: ～ *on* perfect ほ

ぼ完璧だ / ～ *on* ten years およそ 10 年(間). ► *prep* 《古・詩・方》 …の近くに. ► *vt, vi* (…に)近づく. [OE *nē(a)h*; cf. NEAR, NEXT, NEIGHBOR, G *nahe*]

night /náɪt/ *n* **1** 夜, 夜間 (opp. *day*) 《日没ごろから日の出ごろまで》; 日暮れ (nightfall); 宵; [‹*int*›] 《口》 おやすみ (Good night): *N*～ falls. 日が暮れる / last ～ 昨晩 / the ～ before last 一昨夜 / all ～ (long) 終夜 / in the dead of (the) ～=at (the) dead of ～ 真夜中に / at ～ 夜間(に) (opp. *in the daytime*); 日暮れに, 宵に 《また 午後 6 時から夜半までの時刻に添えていう》 / at ～*s* 夜な夜な / at this time of ～=at this hour of the ～ 夜分こんな時間に / before ～ 日暮れ前に / ～ after ～ 毎晩 / last thing at ～ 夜寝る直前に / by ～ 夜分は (cf. *by* DAY); 夜に紛れて / have [get, take] a ～ off 一晩仕事を休む / have [pass] a good [bad] ～ よく眠れる[眠れない] / have a late [an early] ～ 夜ふかし[早寝]する / of [o'] ～*s*=by NIGHT, at NIGHT / a ～ out 《召使などが》ひまが出て外出してよい晩; 外出して楽しむ夜 / spend the ～ with…の所に泊る, 一夜を共にする / stay over ～ 一泊する / stay the ～ 泊る / keep [last] over ～ ‹魚[会議]などが›朝までもつ[続く] / turn ～ into day 夜を徹して仕事をする[遊ぶ], 昼と夜とを入れ替える / (as) dark [black] as ～ まっ暗で, まっ黒で / C'mon, time for ～. さあ, おやすみの時間よ. **2** [ˢN-] 《特定の行事がある》夜, 夕べ. **3 a** 夜陰, 暗闇: under (the) cover of ～ 夜陰に乗じて. **b** 死の闇, 死. **c** 盲目 (blindness); 《無知・悲嘆・老齢・死などの》闇, 暗黒の時代, 暗黒状態. ● **call it a ～** 《口》 その夜は切り上げる[おしまいにする], 今夜はおしまい. **make a ～ of it** 《口》 飲み明かす, 夜通し[深夜まで]遊び[飲み]騒ぐ, 一晩うろつきまわる. **～ and day**=**day and ～** 日夜, 昼夜をおかず, 不眠不休で, 絶えず.
► *a* 夜の; 夜間(用)の; 夜間に活動する, 夜型の: ～ air 夜気, 夜風 / ～ baseball 野球の夜間試合, ナイター.
► *int* 《口》 おやすみ (good night).
[OE *niht*; cf. G *Nacht*, L *noct- nox*]

níght àirglow NIGHTGLOW.

níght àpe 〖動〗 ヨザル (douroucouli).

níght bàg OVERNIGHT BAG.

Níght Befòre Chrístmas [The] 「クリスマスの前夜」 《米国の詩人 Clement Moore (1779–1863) のサンタクロース来訪をうたった詩 'A Visit from St. Nicholas' (1823) の別名・通称》.

níght bèllᴵᴵ 夜間用ベル 《特に 医師の家の表戸口の》.

níght bìrd 夜の鳥 《フクロウ・ナイチンゲール・ヨタカなど》; 夜(おそく)出歩く人, 夜ふかしをする人, 夜型人間; 夜盗.

níght blìndness 〖医〗 鳥目, 夜盲(症) (nyctalopia).
♦ **níght-blìnd** *a*

níght-blòom·ing céreus 〖植〗 夜咲きハシラサボテン, 《特に》 セレニケレウス属の一種, ダイリンチュウ (大輪柱) 《甘い香りを放つ巨大な白い花が咲く》, ヒロケレウス属の一種, ビャクレンカク (白蓮閣) 《花は白く大輪で一晩しか咲かない》.

níght bòat 夜航船.

níght·càp *n* 《寝る時かぶる》 ナイトキャップ; 《口》 寝酒, 夜がふけてからやる酒; *《口》 当日最後の試合, 〖競馬〗 最終レース, 〖野〗 ダブルヘッダーの第 2 試合.

níght càrt 汚穢(おわい)運搬車.

níght-cèllarᴵᴵ *n* 下等な地階飲み屋.

níght chàir CLOSESTOOL.

níght·clòthes *n pl* 寝巻 (nightdress, nightwear).

níght·clùb *n* ナイトクラブ (nightspot). ► *vi* ナイトクラブで遊ぶ.
♦ **-clùb·ber** *n*

níght còach 〖空〗 夜間エコノミー席 《旅客機の座席クラス; 通例 深夜便に限られ, 規定運賃よりも安い; cf. DAY COACH》.

níght commòde 《腰掛け式の》 室内便器.

níght còurt 〖米〗 夜間刑事法廷 《大都市で即決処分を行なう》.

níght cràwler ミミズ, 《特に 釣り餌にする》 大ミミズ.

níght dàncer 《ウガンダで死霊の力を借りて人を襲う[呪う]とされる》 悪霊憑(つ)き, 妖術師.

níght depòsitory* NIGHT SAFE.

níght·drèss *n* NIGHTGOWN; NIGHTCLOTHES.

níght·ed 《古》 *a* (夜のように)暗くした; 行き暮れた‹旅人›.

níght èditor 〖新聞〗 朝刊の編集責任者.

níght·ery /náɪtəri/ *n**《口》 NIGHTCLUB.

níght·fàll *n* たそがれ, 日暮れ (dusk): at ～ 夕暮れに.

níght fìghter 夜間(防空)戦闘機; 夜型生活者 (night person).

níght fìre IGNIS FATUUS.

níght flòwer 夜開く花 《月見草など》.

níght glàss 〖海〗 夜間用望遠鏡; [*pl*] 夜間用双眼鏡.

níght·glòw *n* 夜光 《夜間の大気光》.

níght·gòwn *n* ナイトガウン[ドレス], ネグリジェ; NIGHTSHIRT; 《古》 DRESSING GOWN.

níght hàg 《夜空をかける》 魔女; 夢魔.

níght·hàwk *n* **1** 〖鳥〗 **a** アメリカヨタカ 《同属の総称》. **b** ヨーロッパヨタカ 《欧州からアフリカまで分布》. **2** 《口》 夜ふかしをする人, 夜(おそく)出歩く[悪事をはたらく]者; *《口》 夜の流しタクシー.

níght hèron 〖鳥〗 ゴイサギ 《夜行性・薄明薄暮性》.

níght hòrse 夜間用牧畜馬.

níght·ie /náɪti/ *n* 《口》 ネグリジェ, ナイトガウン (nightgown).

níght·in·gale /náɪtŋgèɪl, -tɪŋ-; -tɪŋ-/ *n* **1 a** 〖鳥〗 サヨナキドリ, ナイチンゲール 《ヒタキ科の小鳥でウグイスより大型; 繁殖期の雄は夕方から美しい声で鳴き, 欧州第一の鳴鳥とされる》. **b** 夜間に歌う鳥. **2** 美声の人; *《俗》 密告者. [OE *nihtegala*<Gmc (NIGHT, **galan* to sing); *-n-* は cf. FARTHINGALE]

Nightingale ナイティンゲール **Florence ～** (1820–1910) 《英国の看護師; 異名 Lady of the Lamp; 近代看護学確立の功労者》.

níght·jàr *n* 〖鳥〗 ヨタカ (=*goatsucker*), 《特に》 ヨーロッパヨタカ. [日暮れ時 虫を追って耳ざわりな音をたてる]

níght jàsmine 〖植〗 **a** ヨルソケイ, インドヤコウボク 《インド原産クマツヅラ科の常緑低木または小高木; 夜に白色の花を開き, ジャスミンのような芳香を放つ》. **b** ヤコウカ, ヤコウボク 《熱帯アメリカ・西インド諸島原産のナス科キチョウジ属の低木; 夜に帯緑白色または乳白色の花を開き, 香気を放つ》.

níght làmp ナイトランプ 《夜間寝室や病室につけておく小さな明かり》.

níght làtch ナイトラッチ 《外からは鍵で開け内からはつまみで開ける錠》.

níght·less *a* 《極圏で》 夜のない‹時期›. ♦ **～·ness** *n*

níght lètter 〖米〗 夜間書信電報 《100 語以下の低料金電報で, 翌朝配達; cf. DAY LETTER, LETTERGRAM》.

níght·lìfe *n* 《歓楽街などでの》 夜の生活[楽しみ]; 夜を楽しむところ, 歓楽街. ♦ **níght·lìfer** *n*

níght-lìght *n* 《病室・廊下・トイレなどの》 終夜灯, 常夜灯, ナイトライト.

níght lìne 餌をつけ一晩中水中に放っておく釣糸[仕掛け], 置き針.

níght·lòng *a, adv* 一晩中(続く), 徹夜[終夜]の[で].

níght·ly *a* **1** 夜の, 夜間(用)の: ～ dew 夜露. **2** 夜ごとの, 毎晩の.
► *adv* 夜[夜間]に; 夜な夜な, 毎夜.

níght·man /-mən/ *n* 《夜間に汲み取りをする》 汲み取り屋; NIGHT MAN.

níght màn 夜の職業の人, 《特に》 夜警.

níght·mare /náɪtmèər/ *n* **1** 悪夢, うなされること. **2** 悪夢(のような体験[状態]), 恐ろしいこと, 不快な人[もの]; 恐怖感, 不安感, いやな予感; 心配のたね. **3** 夢魔 《睡眠中の人を窒息させるとされる魔女》.
► *a* 悪夢の(ような): a ～ scenario 悪夢のシナリオ 《想定される最も恐ろしい事態》. ♦ **níght·màr·ish** *a* 悪夢[夢魔]のような. **-ish·ly** *adv* [*mare*³]

níght-níght *int* 《口》 おやすみ (good night).

níght nùrse 夜間勤務看護師.

Níght of the Lóng Knívès [the] 血の粛清事件, レーム事件 《1934 年 6 月 30 日 Hitler の命令で突撃隊参謀長 Ernst Röhm と幹部が虐殺された事件》; 血の粛清; 容赦ない仕打ち.

níght òwl 《口》 夜ふかしをする人, 宵っぱり (cf. EARLY BIRD); ヨタカの類の鳥 (nighthawk) 《俗称》.

níght pàrrot 〖鳥〗 **a** フクロウオウム (kakapo). **b** ヒメフクロウインコ 《豪州産; 絶滅寸前》.

níght pèople *pl* 夜型生活者; *《俗》 社会的通念などに従わない人びと (nonconformists).

níght pèrson 夜型人間, 夜型生活者.

níght pìece 夜景画; 夜を扱った作品[絵画, 楽曲], 夜景文[詩], 夜景.

níght pòrterᴵᴵ 《ホテルフロントの》 夜間のボーイ[ドアマン].

níght ràil 《古》 《婦人用の》 NIGHTGOWN.

níght ràven 夜行性の鳥, 《特に》 ゴイサギ; 《詩》 夜鳴く鳥, 不吉の兆.

níght·rìder *n**《南部》 夜間の覆面騎馬暴力団員; KU KLUX KLAN の一員.

níght-ròbe* *n* NIGHTGOWN.

níght ròuter 《口》 《翌朝配達するため》 夜間に収集・仕分けする郵便局員.

nights /náɪts/ *adv* 夜ごとに, (ほとんど)毎夜. [*-es*¹]

níght sàfe 《銀行の》 夜間金庫.

níght·scàpe *n* 夜景, 夜景画 (night piece).

níght-scènt·ed stóck 〖植〗 ヨルザキアラセイトウ 《夜花を開くストックの類》.

níght schòol 夜間学校 (opp. *day school*).

níght·scòpe *n* 暗視鏡, ナイトスコープ 《暗闇で物が見えるようにするための赤外線を利用した光学機器》.

níght sèason 《古》 NIGHTTIME.

níght·shàde *n* 〖植〗 **a** ナス属の各種植物 《ナス科》. **b** ベラドンナ, オオカミナスビ (belladonna). ► *a* ナス科の (solanaceous).

níghtshade fàmily 〖植〗 ナス科 (Solanaceae).

níght shìft 《工場などの》 夜間勤務(の勤務時間), 夜勤, 夜番 (cf. DAY SHIFT); 夜間勤務者 《集合的》.

níght·shìrt *n* ナイトシャツ 《長いシャツ型の男子用の寝巻》.

níght·sìde *n* 《新聞社などの》 深夜要員, 夜勤スタッフ, 朝刊要員 (opp. *dayside*); 《地球・月・惑星の》 夜(の)側; 光のあたらない側.

níght-sìght *n* 《銃の》 夜間照準器.

níght sòil 下肥(しもごえ), 屎尿(しにょう) 《夜間汲み取る》.

níght·spòt *n* 《口》 NIGHTCLUB.
níght·stànd *n* NIGHT TABLE.
níght starvàtion 夜の飢え, 性的飢餓, 性的渇望.
níght·stìck* *n* 《警官の》警棒.
níght·stòol *n* CLOSESTOOL.
níght sùit パジャマ (pyjamas).
níght swèat(s) (*pl*) 寝汗.
níght tàble ナイトテーブル《ベッドサイドに置くテーブル・台》.
níght tèrror [ᵘ*pl*] 夜驚(症).
níght·tìde *n* 夜の上げ潮; 《詩》 NIGHTTIME.
níght·tìme *n, a* 夜間(の) (opp. *daytime*): in the ～.
níght·tòwn *n* 夜の街, 街の夜景.
níght·vìew·er *n* 暗視装置《暗闇で効果的に物を識別できるようにする装置》.
níght-vìsion *a* 夜間視用の, 暗視用の: ～ goggles 暗視ゴーグル.
níght vìsion *n* 夜間視力, 暗視視力.
níght·wàlk·er *n* 夜間うろつく者《売春婦・強盗など》; 夜間活動する動物, *《夜はいまわる》大ミミズ. ♦ **-wàlk·ing** *n*
níght wàtch 夜間警戒; 夜警[夜番]をする人(の一団); 夜警の時間; [*pl*] 更(こう)《古代における夜の区分の一つ》: in the ～*es* 不安で眠れない夜に; 小夜の寝ざめに.
níght wàtchman 夜警(員); 〖クリケット〗一日の競技の終わり近くにイニングを引き延ばすため出される打者.
níght·wèar *n* NIGHTCLOTHES.
níght·wòrk *n* 夜業, 夜なべ; 《交替制の》夜間仕事[勤務], 夜勤 (opp. *daywork*).
nighty 《口》 *n* NIGHTIE. ► *int* おやすみ.
nighty-night 《口》 *int* GOOD NIGHT; さよなら.
nig·nog /nígnɑ̀g/ ᵘ《俗》 *n* ばか (fool); [*derog*] 黒人, 黒んぼ; 新兵. [*nig* の加重]
nigra ⇨ NIGGRA.
ni·gres·cent /naɪgrés(ə)nt/ *a* 黒ずんだ (blackish), 黒くなりかかった. ♦ **ni·grés·cence** *n* 黒い[暗い]こと; 《顔色・皮膚・眼などの》黒さ; 黒く[暗く]なること.
nig·ri·fy /nígrəfàɪ/ *vt* 黒くする. ♦ **nìg·ri·fi·cá·tion** *n*
nig·ri·tude /nígrət(j)ù:d, *náɪ-/ *n* 黒さ, 漆黒; まっ暗闇; 《古》黒いもの, よくないうわさのあるもの; NEGRITUDE.
nig·ro·man·cy /nígrəmæ̀nsi/ *n* NECROMANCY.
ni·gro·sine /náɪgrəsì:n, -sən; níg-/, **-sin** /-sən/ *n* 〖化〗ニグロシン《染料》. [*nigr-* black, *-ose, -ine*²]
ni·gro·striátal /nàɪgroʊ-/ *a* 〖解〗黒質線条体の.
NIH 〖米〗°National Institutes of Health ♦ °not invented here (syndrome).
ni·hil /náɪhɪ̀l, ní:-/ *n* 虚無, 無, 空(くう); 無価値なもの. [L＝nothing]
níhil ad rém /-æd rém/ *pred a* 全く不適切で. [L]
ni·hi·lism /náɪ(h)əlìz(ə)m, *ní:ə-/ *n* **1**〖哲・倫〗虚無主義, ニヒリズム. **2**〖政〗虚無主義, 暴力革命[無政府]主義; [N-]《ロシア革命前約 60 年間の》暴力革命運動; TERRORISM. ♦ **ní·hi·list** *a, n* 虚無[無政府]主義の(人), 虚無[無政府]主義的な(人), ニヒリスト. **nì·hi·lís·tic** *a* [*nihil*]
ni·hil·i·ty /naɪhíləti, ᵘnɪ-/ *n* 虚無, 無, むなしさ; 無価値なもの.
níhil ób·stat /-ábztæ̀t, -stæ̀t/ 〖カト〗《書物の》無害証明, 出版許可; 《一般に》権威ある是認, 公認. [L＝nothing hinders]
Nii·hau /ní:hàʊ/ ニーハウ《Hawaii の Kauai 島の西南西にある個人所有の島; 住民は現在でもハワイ語を用い, 近代文明に毒されない生活を送っている》.
Ni·jin·ska /nəʒínskə, -ʤín-/ ニジンスカ **Bro·ni·sła·va** /brɑ̀nəslá:və/ ～ (1891–1972)《ポーランド系ロシアの舞踊家・振付家; Nijinsky の妹》.
Ni·jin·sky /nəʒínski, -ʤín-/ ニジンスキー **Vas·lav** /vá:tslɑ:f/ ～ (1890–1950)《ポーランド系ロシアの舞踊家・振付家; Diaghilev のロシアバレエ団に参加, すばらしい跳躍, 作品の鋭い解釈で伝説的名声を博した》.
Nij·me·gen /náɪmèɪgən, néɪ-, -xə(n)/ ナイメーヘン (*G* Nimwegen)《オランダ東部 Gelderland 州にある市; Waal 川に臨む同国最古の町; フランス・オランダ間のオランダ戦争の講和条約締結地 (1678–79)》.
-nik /nɪk/ *n suf* 《口》 [°*derog*]「…と関係のある者」「…という特徴のある者」「…愛好者」: beat*nik*, peace*nik*. [Russ (sput*nik*) and Yid]
Ni·ka·ria /nɪ̀:kəríːə/ ニカリア《ICARIA の別称》.
ni·kau /ní:kàʊ/ *n* 〖植〗ナガバハケヤシ (＝～ **pàlm**)《ニュージーランド原産; ハケヤシ属》. [Maori]
Ni·ke /náɪki/ **1**〖ギ神〗ニーケー《勝利の女神; ローマの Victoria に当たる》. **2**〖商標〗ナイキ《米国 Nike, Inc. 製のスポーツシューズ・スポーツ用品》.
nik·eth·amide /nəkéθəmàɪd/ *n* 〖薬〗ニケタミド《強心・興奮薬》. [*nicotinic, ethyl, amide*]
Ník·kei áverage /ní:kèɪ-, ník-/ [the] 日経平均株価.
Níkkei índex [the] 日経(株価)指数.
Ni·ko·la·yev /nɪ̀kəláɪəf/ ニコラエフ《MYKOLAYIV の別称》.
Ni·ko·lay Ni·ko·la·ye·vich /njí:kəlàɪ njì:kəláɪ(ə)vjɪʧ/ ニコライ・ニコラエヴィチ《ロシアの大公 NICHOLAS のロシア語名》.
Ni·ko·pol /n(j)í:kəpɔ̀:l/ ニコポリ《ウクライナ中東部 Dnieper 川右岸の市; マンガン鉱業の中心地》.
nil /níl/ *n* 無, 零, 〖競技〗零点: three goals to ～ 3 対 0 / ～ by mouth ᵘ《入院患者に対する》飲食禁止(サイン). ► *pred a* 無い, 存在しない. [L＝nihil]
nil ad·mi·ra·ri /ní:l ɑ̀:dmɪrá:ri/ 何事にも驚嘆[感動]しないこと, 平然たる[無関心な]態度, 沈着. [L]
nil con·sci·re si·bi /ní:l koʊnskí:rə sɪ̀bi/ なにも自覚しない, なんの過失[欠点]も自覚しない. [L＝be conscious of no fault]
nil de·spe·ran·dum /níl dɛ̀spəræ̀ndəm, ní:l dèɪspeɪrá:n-dʊm/ なんら絶望の要なし, 決して絶望するなかれ. [L]
Nile /náɪl/ [the] ナイル川《アフリカ東部, ウガンダの Victoria 湖から流れ出て, 北流して地中海に注ぐ世界最長 (全長約 6700 km) の川; ⇨ BLUE [ALBERT, VICTORIA, WHITE] NILE》. ■ the **Báttle of the ～** ナイル海戦《1798 年 Nelson がエジプト Abukir 湾で Napoleon 軍を大破した海戦》.
Níle blúe くすんだ青緑, ナイルブルー.
Níle crócodile 〖動〗ナイルワニ《人を襲うこともある》.
Níle góose 〖鳥〗エジプトガン (Egyptian goose).
Níle gréen 青みがかった薄緑色, ナイルグリーン. ♦ **Níle-gréen** *a*
Níle pérch 〖魚〗ナイルパーチ, ナイルアカメ《アフリカ北部・中部産の 90 kg を超えることもあるアカメ科の大型食用淡水魚》.
nil·gai, -ghai /nílgàɪ/, **nil·g(h)au** /-gɔ̀:/ *n* (*pl* ～**s**, ～) 〖動〗ニルガイ《羚羊の一種, 馬に似てウマカモシカともいう; インド産》. [Hindi and Pers]
Níl·gi·ri Hílls /nílgəri-/ *pl* [the] ニルギリ丘陵《インド南部 Tamil Nadu 州西部の高原 (平均標高 1980 m)》.
nill /níl/ *vi, vt* 《古》好まない. ● **will** he ～ he いやでもおうでも (⇨ WILLY-NILLY). [OE (*ne* not, WILL)]
nil ni·si bo·num /ní:l nísi bó:nʊm/ DE MORTUIS NIL NISI BONUM. [L]
níl nórmᵘ《政府の定める賃金および物価の上昇の》最低基準 (＝*zero norm*).
ni·lom·e·ter /naɪlámətər/ *n* [°N-]《特に洪水時の》ナイル川の水位計.
Nílo-Sahára n *n, a* 〖言〗ナイル-サハラ言語群(の)《Sahara 砂漠からケニア・タンザニアにかけて分布; 主に ナイロート族の諸言語からなる》.
Ni·lot /náɪlɑ̀t, -lət/, **Ni·lo·te** /naɪlóʊti/ *n* (*pl* **Ni·lo·tes** /naɪlóʊtì:z/) ナイロート族, ニロート族《Nile 川上流域の南スーダン・ウガンダおよび近隣のエチオピア・ケニア・タンザニア・コンゴ民主共和国に分布する長身の黒人で, ナイル諸語 (Nilotic languages) を話す》.
Ni·lot·ic /naɪlátɪk/ *a* ナイル川(流域)の; ナイロート[ニロート]族の《南スーダンからウガンダ・ケニアに分布している長身の諸種族》; 〖言〗ナイル諸語の. ► *n* 〖言〗ナイル諸語《アフリカ東部に分布し, Dinka, Luo, Masai 語などからなる》. [L<Gk (*Neilos* Nile)]
nil·po·tent /nílpòʊtnt, ━━━/ 〖数〗 *a* 冪(べき)零の〈行列・元〉. ► *n* 冪零. ♦ **-ten·cy** *n*
Nils /ní:ls/ ニルス《男子名》. [Swed; ⇨ NEIL]
nil si·ne nu·mi·ne /nɪl síni n(j)ú:məni, ní:l sìneɪ nú:mɪnɛ/ 神意によらざれば何事もあらず《Colorado 州の標語》. [L]
Nils·son /níls(ə)n/ ニルソン **Birgit** ～ (1918–2005)《スウェーデンのソプラノ》.
nim¹ /ním/ *vt, vi* (**nam** /ná:m, næ̀m/, **nímmed; no·men** /nóʊmən/, **nome** /nóʊm/; **ním·ming**) 《古》盗む, くすねる. [OE *niman* to take; ⇨ NIMBLE]
nim² *n* ニム《中央に並べた数個の数取り[マッチ棒]の山から交互に引き抜き, 最後に残ったものを取った[取らせた], あるいは最多[最少]の数取りを取ったほうが勝ちとなるゲーム》. [? *nim*¹ or G *nimm* (impv) < *nehmen* to take]
nimbi *n* NIMBUS の複数形.
nim·ble /nímb(ə)l/ *a* (**-bler; -blest**) **1**《動作の》すばやい, はしっこい, 敏捷な. **2**《頭の》回転の速い, 鋭敏な, さとい; 反応の速い; 巧みに考案された. **3**〈通貨が〉流通の速い: the ～ shilling [ninepence, sixpence] 《古》 [*fig*] 流通の速い金. ♦ **-bly** *adv* **～·ness** *n* [OE *næmel* quick to take (*niman* to take); *-b-* は cf. THIMBLE]
nímble-wítted *a* 頭の回転の速い.
nim·bo- /nímboʊ, -bə/ *comb form* NIMBUS の意.
nìmbo·strátus *n* 〖気〗乱層雲《略 Ns; 俗にいう雨雲》.
nim·bus /nímbəs/ *n* (*pl* ～**·es**, **-bi** /-bàɪ, -bì:/) **1 a**《降臨した神の頭部から発する》後光; 《聖像の》頭光(ずこう)《円形・輪形・長方形・三角形などの頭部光背; cf. HALO, AUREOLE》. **b**《人・物の発散する》気韻, 崇高な雰囲気. **2**〖気〗乱雲, 雨雲; 入道雲 (thunderhead); 積雲 (cumulus). ♦ **～ed** *a* [L＝cloud, aureole]
nim·by¹, **nim·bie** /nímbi/ *n**《俗》バルビツール剤, 《特に》ネンブタール (Nembutal).
NIMBY, Nim·by, nim·by² /nímbi/ *n, a* 《口》ニンビー(の)《原子力発電所・軍事施設・刑務所など地域環境にとって好ましくないものが近所に設置されるのは反対という人, また そういう住民[地域]エゴの態

N

度についていう》. ♦ **Nímby·ìsm** *n* [°n-] 地域住民エゴ. [*not in my backyard*]

Ni·mei·ri /nəméəri/ ヌメイリ **Gaafar Mohammed el-～** (1930–2009)《スーダンの軍人・政治家; 大統領 (1971–85)》.

Nîmes /ní:m/ ニーム《フランス南部 Gard 県の県都; 円形闘技場・水道橋などローマ時代の遺跡がある》.

NiMH 〘電〙 nickel metal hydride (⇨ NICKEL METAL HYDRIDE BATTERY).

NIMH 〘米〙 National Institute of Mental Health.

ni·mi·e·ty /nɪmáɪəti/ *n* 《文》 過度, 過剰 (excess).

nim·i·ny-pim·i·ny /nímənipíməni/ *a* MIMINY-PIMINY. [imit]

nim·i·ous /nímiəs/ *a* 過剰な.

Nim·itz /nímәts/ ニミッツ **Chester W(illiam) ～** (1885–1966)《米国の提督; 第二次大戦の米国太平洋艦隊司令官》.

Ni·mon·ic /nɪmánɪk/ 〘商標〙 ニモニック《耐熱・耐食性にすぐれたニッケルクロム合金》.

n'im·porte /*F* nɛ̃pɔrt/ 問題ではない, どうでもいい, 気にすることない (never mind).

Nim·rod /nímràd/ **1** 〘聖〙 ニムロデ, ニムロド《Noah の曾孫で狩りの名人; *Gen* 10: 8–9》. **2** [ⁿn-] 狩人, (大)狩猟家, 狩猟狂. **3** *《俗》 ばか, 変なやつ. **4** ニムロッド《英国の大型ジェット対潜哨戒機》. [Heb ＝valiant]

Nim·rud /nɪmrú:d, ´–´/ ニムルド《古代アッシリアの首都 CALAH の遺跡》.

Nim·we·gen /nímveigən/ ニムヴェーゲン《NIJMEGEN のドイツ語名》.

Nim·zo·witsch /nɪmtsóuvɪtʃ, nímzəvɪ̀tʃ/ ニムゾヴィッチ **Aaron Isayevich ～** (1886–1935)《ラトヴィア出身のチェス選手》.

Nin /ní:n, nín/ ニン **Anaïs ～** (1903–77)《フランス生まれの米国の女性作家; *The House of Incest* (1936), *The Diary of Anaïs Nin* (1966–76)》.

Ni·na /ní:nə/ ニーナ《女子名; Ann, Anna, Anne の愛称》. [Russ]

Ni·ña /ní:n(j)ə/ ニーニャ号《Columbus が率いた 3 隻の船の一つ; ⇨ SANTA MARIA》.

nin·com·poop /nínkəmpù:p, níŋ-/ *n* 《口》 ばか者, とんま, あんぽんたん. ♦ **～·ery** *n* [C17<?]

nine /náɪn/ *a* 9 つの, 9 人[個]の: Possession is ～ points of the law. 《諺》 占有は九分の強み. ● **～ tenths** 10 分の 9, ほとんど全部. **～ times [in ～ cases] out of ten** 十中八九, たいてい. ► *n* **1**《数の》9, 9 つ; 9 の数字[記号]《9, ix, IX》. **2** 9 人[個]. **3** 9 時, 9 歳; 9 番目のもの[人]; 《トランプなどの》9 の札; 《サイズの》9 番, [*pl*] 9 番サイズのもの; [後置] 第 9 の. **4** 9 人[個]の一組; *野球チーム; 〘ゴルフ〙《アウトまたはインの》9 つのホール; [the N-] 9 人のムーサたち, ミューズ 9 女神 (the nine MUSES); [the N-]《かつての》ヨーロッパ共同体のメンバー 9 か国, EC 9 か国: the Tigers ～ タイガーズナイン《野球チーム》/ FRONT [BACK] NINE. **5** *《俗》 9 ミリのセミオートマチック・リボルバー. ★ (1) 他の用法は SIX の例に準じる. (2) 接頭辞 nona-, non-. ● **～ to five** 9 時から 5 時までの通常の勤務時間. **(up) to the ～s** 《口》 完璧に; 《口》 念入りに, はなやかに: dressed [got] *up to the ～s* 盛装して. **you and the other ～ [ninety-nine]** あんたにできるわけがない, きみには無理だ. [OE *nigon*; cf. G *Neun*, L *novem*]

níne-bàll **n* ナインボール《ポケットビリヤードの一種》; 《俗》 はぐれもの, 仲間はずれ, 変なやつ.

níne-bànd·ed armadíllo 〘動〙 ココノオビアルマジロ.

níne dày(s') wónder 一時騒がれるがすぐに忘れ去られるもの[事件, 人] (cf. ONE-HIT WONDER).

9/11, 9.11, 9-11 /náɪnɪlɛ́v(ə)n/ 9.11 (の同時多発テロ)《2001 年 9 月 11 日; Al-Qaeda にハイジャックされた 2 機の飛行機が New York 市の World Trade Center に飛来して突入, もう 1 機が Washington, D.C. の国防総省に, さらに 1 機が Pennsylvania 州 Pittsburgh 郊外に墜落し, 合わせて 3000 人以上の死者を出した日; cf. GROUND ZERO》.

níne·fòld *a, adv* 9 倍の[に]; 9 つの部分[要素]からなる.

níne·hòles **n* [<*sg*/*pl*>] ナインホールズ《球戯の一種》. ● **in the ～** 困って, 窮地に陥って.

900 (number) /náɪnhʌ́ndrəd (–´–)/ 〘米〙 900 番《日本のダイヤル Q^2 に相当する有料電話情報サービス》.

níne-hùndred-póund gorílla *《俗》 SIX-HUNDRED-POUND GORILLA.

níne mónths 9 か月《英米で伝統的に通常の妊娠期間とされ, 日本でいう「十月(とつき)十日」に当たる; したがって臨月はしばしば ninth month となる》.

999 /náɪnnàɪnnáɪn/ *n* 〘英〙 非常[救急]電話番号《警察・救急車・消防署などを呼ぶ番号》.

911 /náɪnwʌ̀nwʌ́n, náɪnɪlɛ́v(ə)n/ *n* 〘米〙 911《警察・救急車・消防署を呼ぶ番号; 地方によっては番号が異なる》: call ～《警察・消防署へ》緊急通報[電話]する.

nine·pence /náɪnpəns, *-pɛ̀ns/ *n* 9 ペンス(の額); イングランドで約 9 ペンスの値打ちしかなかった 16 世紀アイルランドの 1 シリング硬貨. ● **as** RIGHT **as ～.**

nine·pen·ny /náɪnpəni, *-pɛ̀ni/ *a* 9 ペンスの.

níne·pènny náil 長さ 2³⁄₄ インチの釘.

níne·pìn *n* ナインピンズ用のピン; [～s, <*sg*>] ナインピンズ《9 本のピンを用いるボウリング; cf. SKITTLES, TENPINS》: fall over like a lot of ～*s* 将棋倒しに倒れる / go down [fall, drop] like ～*s*《病気などで》ばたばた倒れる.

nine·teen /nàɪntí:n, ´–´/ *a* 19 の, 19 人[個]の: the ～-eighties 1980 年代 / the ～-hundreds 1900 年代. ► *n*《数の》19; 19 の記号《XIX》; 19 番目(のもの); 《サイズの》19 番; 19 人[個]の一組; 《食堂俗》 バナナスプリット (banana split): talk [go, run, wag] ～ to the DOZEN.

Níneteen Èighty-Fóur **1**『一九八四年』《George Orwell の未来小説 (1949); 個人の自由を許さない一党独裁の全体主義国家における主人公 Winston Smith のあえない反抗を物語る; ⇨ BIG BROTHER》. **2**《自由を失った未来の全体主義社会の象徴としての》1984 年.

19-nor·tes·tos·ter·one /naɪntí:nnɔ̀:rtɛstɑ́stəroun/ *n* 〘薬〙 19-ノルテストステロン (nandrolone).

nine·teenth /nàɪntí:nθ, ´–´/ (略 19th) *a, n* 第 19 (の), 19 番目(の); 19 分の 1 (＝a ～ part) (の); 《月の》19 日.

Níneteenth Améndment [the] 合衆国憲法第 19 修正《女性に選挙権を保障した条項; 1920 年成立》.

níneteenth hóle [the] 《口》 19 番ホール《18 ホールの後でゴルファーがくつろぐ時間》; [the] 《口》 ゴルフ場内のバー[クラブハウス など].

níneteenth mán 〘豪式フット〙 第 1 の補欠選手; 予備の人, 補欠, 代理人.

1922 Committee /náɪntì:ntwɛ́ntitú: –´–/ [the] 《英国保守党の》1922 年委員会《閣僚ではない平議員の集まり; 1922 年 10 月の, Lloyd George 連立内閣に留まろうという党首 Austen Chamberlain の方針に反対の決議がなされた保守党議員集会にちなむ》.

nine·ti·eth /náɪntiəθ/ *a, n* 第 90 (の), 90 番目(の); 90 分の 1 (の).

níne-to-fíve 《口》 *a* 9 時から 5 時まで勤める, 9 時–5 時[定時間]勤務の<仕事など>; 《口》 定時間しか働かない, 最低限のことしかしない<態度など>. ► *n* 日常的な勤務; NINE-TO-FIVER. ► *vi* 《9 時–5 時の》日常的な勤務[会社勤め]をする.

níne-to-fív·er /-fáɪvər/ 《口》 *n* 《9 時から 5 時まで勤務する》定時間労働者 (cf. CLOCK-WATCHER); 信用のおける責任感の強い人, たよれる人; 規則[日常]的な仕事.

nine·ty /náɪnti/ *a* 90 の, 90 個[人]の. ► *n* 90; 90 の記号《XC》: GAY NINETIES. ★ 他は TWENTY の例に準じる.

nínety-dày wónder *《俗》 3 か月の士官養成訓練のみで配属された陸[海]軍将校; *《俗》 若そうな将校, 《特に》陸軍少尉, 空軍将校; *《俗》 動員され 3 か月の再教育をうけた陸軍[海軍予備隊]の軍人; *《俗》 最小限の研修をしただけで職に就いている者.

nínety-fírst [...nínety-nínth] *a, n* 91 [...99] 番目(の). ★ TWENTY-FIRST の例に準じる.

nínety-níne *n* 99; [°99] ᴵᴵ99, ナインティーンナイン《99 Flake を突き刺したバニラソフトクリーム》: ～ times out of a hundred ほとんどいつも. ● **you and the other ～** ⇨ NINE.

99 Flake /náɪntinàɪn –´/ 〘英商標〙 99 フレーク《英国 Cadbury 社製の 99 専用のチョコスティック; ミルクチョコレートの薄片を折り重ねて短い棒状にしたもの》.

nínety-óne [...nínety-níne] *a, n* [数詞] 91 [...99](の). ★ TWENTY-THREE の例に準じる.

Nin·e·veh /nínəvə/ ニネヴェ (*L* Ninus)《古代アッシリアの首都; 紀元前 612 年に帝国の滅亡で廃墟となった; 現在のイラク Mosul の Tigris 川の対岸に遺跡がある》. ♦ **Nin·e·vite** /nínəvàɪt/ *n*

Ning·bo /níŋbóu/, **Ning·po** /níŋpóu/ 寧波(ねいは)(ニンポー)《中国浙江省の市・港町》.

ning-nong /níŋnɑ̀ŋ/ *n* NONG.

Ning·xia, Ning·sia, -hsia /níŋʃiá:; -ʃjá:/ 寧夏(ねいか)(ニンシア) **(1)** 中国北西部の旧省 **2)** 銀川 (Yinchuan) の旧称》.

Ningxia Hui·zu /–´ hwí:dzú:/, **Ningsia Hui** /–´ hwí:/ 寧夏回(ニンシアフイ)族自治区《中国北部の自治区; ☆銀川 (Yinchuan)》.

nin·hy·drin /nɪnháɪdrən/ *n* 〘化〙 ニンヒドリン《有毒の白色結晶; アミノ酸の呈色試薬で指紋検出にも使う》. [*nin-* (<?), *hydro-*, *-in²*]

ninhýdrin reàction 〘化〙 ニンヒドリン反応《アミノ酸などの検出に応用する紫の呈色反応》.

nin·ja /níndʒə, -dʒɑ:/ *n* 忍者. [Jpn]

nin·jut·su /nɪndʒútsu, -dʒʌ́tsu/ *n* 忍術. [Jpn]

nin·ny(-ham·mer) /níni(hæ̀mər)/ *n* 《口》 ばか者, まぬけ. [C 16<? *an innocent* simpleton]

ni·non /ní:nàn; *F* ninɔ̃/ *n* 薄絹《絹・レイヨン・ナイロンなどの薄い織物; 婦人服・カーテン用》. [? F *Ninon*: Anne の愛称]

ninth /náɪnθ/ (略 9 th) *a, n* **1** 第 9 (の), 9 番目(の); 《月の》9 日; 〘楽〙 9 度(音程), 第 9 音; NINTH CHORD: ～ month ⇨ NINE MONTHS. **2** 9 分の 1 (＝a ～ part) (の). ● **the ～ part of a man** 仕立屋, 裁縫師 (cf. Nine TAILORS make a man.). ► *adv* 9 番目に. ♦ **～·ly** *adv*

nínth chòrd 〘楽〙 九(く)の和音《印象派が愛用した》.

nínth crániаl nèrve 〘解〙第九脳神経 (glossopharyngeal nerve).

nínth of Áb TISHAH-B'AB.

Ni·nus /náɪnəs/ **1**〘ギ伝説〙ニノス《Nineveh の創建者; Semiramis の夫とされる》. **2** NINEVEH の古代[ラテン語]名.

ni·o·bate /náɪəbèɪt/ *n*〘化〙ニオブ酸塩[エステル].

Ni·o·be /náɪəbi/ **1**〘ギ神〙ニオベー《Tantalus の娘で, Amphion の妻; 14 人の愛児を Leto に自慢したため, Leto の子 Apollo と Artemis に愛児をみな殺され, 悲嘆のあまり石化してなお涙を流し続けた》. **2** 子を失って悲嘆に暮れる女. ♦ **Nì·o·bé·an** *a*

ni·o·bic /naɪóʊbɪk/ *a*〘化〙(5 価の)ニオブの, ニオブ (V) の.

ni·o·bite /náɪəbàɪt/ *n* COLUMBITE.

ni·o·bi·um /naɪóʊbiəm/ *n*〘化〙ニオブ《金属元素; 記号 Nb, 原子番号 41; 旧称 columbium》. [*Niobe*; 父が発見地 Tantalite にちなむ名の Tantalus]

ni·o·bous /naɪóʊbəs/ *a*〘化〙(3 価の)ニオブの, ニオブ (III) の.

Niord ⇨ NJORD.

Niort /*F* njɔ:r/ ニオール《フランス西部 Deux-Sèvres 県の県都》.

nip[1] /níp/ *v* (**-pp-**) *vt* **1** つねる, はさむ; かむ. **2 a** 摘み取る, はさみ取る[切る] 〈*off*〉; 〈衣服を〉詰める 〈*in*〉. **b** …の生長[進行]を止める, 阻止する, くじく. **c** 《俗》ひったくる, くすねる〈*away, up*〉, する (pickpocket); 逮捕する; 〈相手を〉僅差で負かす. **3** 枯らす, 凍えさせる. **4**〘海〙〈ロープ・ケーブルを〉しっかり支える[止める]. ► *vi* **1** つねる, はさむ, かむ〈*at*〉; 〈風・寒さなどが〉身を刺す. **2** "《口》身軽に[すばやく]動く[進む, 走る, 逃げる, 跳ぶ]〈*along, away, in, off, on, out, up,* etc.〉, さっさと行く[歩く]; "《口》ひとっ走り行ってくる. ● **～…in the** BUD[1]. ► *n* **1 a** 一つねり (pinch); 強い一かみ. **b** 小片, 僅少 〈*of*〉. **2 a** 身を切るような寒さ; 刺激性の[ピリッとした]味. **b** 《古》酷評, 辛辣な皮肉. **3** 《植物の生長を止める》霜害; 〘海〙《船側に及ぼす》結氷の強圧; 索(さく)の括着部分; ニップ《圧搾[紙送り, 破砕]装置のロール[あご]が最も接近する部位》. **4** 《俗》盗み, スリ (pickpocket). **5** [*pl*] NIPPER; [N-] "《口》NIPPY. ● **put the ～s in** 《豪口》融通を頼む, 借りる. [? LDu; cf. ON *hnippa* to prod]

nip[2] *n* 《ウイスキーなどの》ひと口, ひと飲み, 少量; "ニップ《酒類の液量単位: =1/6 gill》. ► *vi, vt* (**-pp-**) ちびりちびり飲む. [C18 *nipperkin* small measure<LDu; cf. Du *nippen* to sip]

Nip *n, a* 《俗》[*derog*] NIPPONESE《特に軍人》.

ni·pa /ní:pə, náɪ-/ *n*〘植〙ニッパヤシ (=～ **pàlm**); ニッパヤシの葉の屋根; ニッパ酒. [? It<Malay]

níp and túck 《口》*n* 美容外科[整形]手術. ► *a, adv* 五分五分で, 負けず劣らずで (neck and neck).

níp·chèese *n* 《船の》事務長, パーサー; けちん坊.

níp fàctor *《俗》冷え込みの程度.

Nip·i·gon /nípəgàn/ [Lake] ニピゴン湖《カナダ Ontario 州西部, Superior 湖の北方にある湖》.

Nip·is·sing /nípəsɪŋ/ [Lake] ニピシング湖《カナダ Ontario 州南東部, Georgian 湾の北東にある湖》.

nipped /nípt/ *a* *《俗》酒に酔って. [*nip*[2]]

níp·per *n* **1 a** つねる[摘む]人; はさむ[かむ]もの, *カニ, エビ《など》. **b** [ᵘ(a pair of) ～s] はさむ道具, ペンチ, やっとこ, 針金切り, ニッパー, 《外科医用の》鉗子(かんし) (forceps)《など》; 《馬の》切歯; 《カニなどの》はさみ; [*pl*] 《古》鼻眼鏡 (pince-nez); [*pl*] 《俗》手錠, 鉄の足かせ. **2** 《主に英口》子供; "《呼び売り商人などの》手伝いの少年, 小僧. **3**〘海〙《旧英国海軍の帆船で錨を揚げるとき使われた》短い綱, 揚錨索の仕事をした少年. [*nip*[1]]

nípper cràb 欧州産のワタリガニ科のカニの一種.

níp·ping *a* 身を切るように冷たい; 辛辣な. ♦ **～·ly** *adv*

nip·ple /níp(ə)l/ *n* **1** 乳頭, 乳首(状のもの); 哺乳瓶の乳首. **2** 乳頭状突起; 〘機〙接管, ニップル; 〘機〙グリースニップル; 《マスケット銃の》火門座. ♦ **～d** *a* **～·less** *a* [C16 *neble, nible* (dim)<? *neb* tip]

nípple·wòrt *n*〘植〙ナタネタビラコ《キク科ヤブタビラコ属の一年草; 荒れ地や道端などに生え, 分岐した茎の先に黄色の小さな頭花をつける》.

Nip·pon /nɪpán, ⌐⌐; ⌐⌐/ 日本 (Japan). ♦ **Nip·po·ni·an** /nɪpóʊniən/ *a*

Nip·pon·ese /nìpəní:z, -s/ *a, n* (*pl* ～) JAPANESE.

Nip·pur /nɪpʊ́ər/ ニップール《古代メソポタミアの都市; Babylon の南南東に位置; シュメールの最高神の神殿があった》.

níp·py *a* **1** すぐ[やたらに]かみつく, 咬癖(こうへき)のある. **2** 辛辣な; 冷えびえとした, 肌寒い; 刺激性の味のする. **3** "《口》はしこい; "《口》〈車が〉出足のよい, 加速のよい; 《俗》パリッとした, かっこいい. **4** 《スコ》けちな, 握り屋の. ► *n* [N-] "《口》ニッピー《London の J. Lyons & Co. Ltd. が 20 世紀半ばまで経営していた食堂・喫茶店のメイド風制服を着たウェイトレス》, 《一般に》ウェイトレス. ♦ **níp·pi·ly** *adv* **-pi·ness** *n* [*nip*[1]]

ni. pri., ni. pr. °nisi prius.

Níps and Chínks *《学生俗》オリエント学[研究].

níp-ùp *n*〘美容体操〙あおむけの姿勢からパッと立ち上がること; 妙技, 離れわざ.

ni·qab /nɪká:b/ *n* ニカ(ー)ブ《一部のイスラム社会で女性が目だけ出して顔・頭全体をおおうベール》.

NIRA 〘米〙National Industrial Recovery Act 全国産業復興法 (1933).

NIREX, Ni·rex /náɪərèks/ *n*〘英〙NIREX(ナイレックス)《核廃棄物処理を監督する政府後援の団体; 1982 年設立, 2005 年 NDA に統合》. [*N*uclear *I*ndustry *R*adioactive Waste *Ex*ecutive]

nir·va·na /nɪərvá:nə, nər-/ *n* [°N-]〘仏教〙ニルヴァーナ, 涅槃(ねはん), 寂滅; 《一般に》超脱[解脱](の境地), 安らぎ, 悟り; 夢, 願望, 理想. ♦ **nir·ván·ic** *a* [Skt=extinction]

Niš, Nish /níʃ, ní:ʃ/ ニシュ《セルビア東部の市; ヨーロッパ中部からエーゲ海に至る道路が通り, 交通・商業の要地》.

Nis·an, Nis·san /nís(ə)n, nisá:n; náɪsæn/ *n*〘ユダヤ暦〙ニサン《政暦の第 7 月, 教暦の第 1 月; 現行太陽暦で 3–4 月; ⇨ JEWISH CALENDAR》. [Heb]

ni·sei /niséɪ, ní:sèɪ/ *n* (*pl* ～, ～**s**) [°N-] 二世《日系移民の 2 代目; ⇨ ISSEI》.

Nish ⇨ NIŠ.

Nishapur ⇨ NEYSHĀBŪR.

nisht /níʃt/ *n* "《俗》なし, 無 (nothing). [Yid]

ni·si /náɪsàɪ, ní:si/ *a* [後置]〘法〙(一定期間内に)当事者が異議を申し立てないと絶対的効力を生ずる, 仮…: DECREE NISI / an order [a rule] ～ 仮命令. [L=unless]

nísi prí·us /-práɪəs/〘米〙《陪審と一人の裁判官が審理する》民事事実審裁判所 (=**nísi príus còurt**) (での審理); 〘英〙巡回陪審裁判. ♦ **nísi-príus** *a* [L=unless before; もとは期日より前に裁判官の巡回がないときに jury を Westminster に送るよう sheriff に命じた文句]

Nis·roch /nísràk, -ròʊk/ 〘聖〙ニスロク《Nineveh の神殿に祭られていたアッシリアの神; *2 Kings* 19: 37, *Isa* 37: 38》.

Nís·sen hùt /nís(ə)n-/ かまぼこ型プレハブ建築, かまぼこ兵舎. [Lt. Col. Peter N. *Nissen* (1871–1930) 考案者の英国の鉱山技師]

NIST 〘米〙National Institute of Standards and Technology 国立標準技術研究所《前身は NBS》.

ni·sus /náɪsəs/ *n* (*pl* ～ /-səs, -sù:s/) 努力, 奮起, 意欲. [L (*nitor* to exert oneself)]

nit[1] /nít/ *n* 《シラミなど寄生虫の》卵, 幼虫; (小さな)欠点, あら: pick ～*s*=NITPICK. [OE *hnitu*; cf. G *Niss(e)*]

nit[2] *n* "《俗》NITWIT.

nit[3] *n*〘理〙ニト《1 平方メートル当たり 1 カンデラの輝度》. [L *nitor* brightness]

nit[4] *n* ニット《情報量の単位: =1.44 bits》. [*n*apierian dig*it*]

nit[5] *n* [〈*int*〉] 《豪口》(人が)来たぞ, 気をつけろ. ● **keep ～** 人が来ないか見張る. [*nix*[1]]

nit[6] *n* *《口》なし, 無 (nothing). [Yid=not, no<MHG *niht, nit* nothing]

NIT 〘米〙National Invitation(al) Tournament《全米大学バスケットボールの》♦ °negative income tax.

Ni·ta /ní:tə/ ニータ《女子名; Juanita の愛称》. [Sp]

nite /náɪt/ 《発音つづり》NIGHT.

ni·ter | ni·tre /náɪtər/ *n*〘化〙硝酸カリウム, 硝石; 《古》チリ硝石 (Chile saltpeter). [OF, Gk *nitron*]

Ni·te·rói /nì:tərɔ́ɪ/ ニテロイ《ブラジル南東部 Guanabara 湾口に Rio de Janeiro に相対して位置している市; 旧称 Nictheroy》.

nit·ery, nit·er·ie /náɪtəri/ *n* *《口》NIGHTCLUB.

nít gràss〘植〙ニットグラス《地中海地方原産のイネ科植物の一種》.

nit·id /nítəd/ *a* 《文》明るい, 光沢のある.

nit·i·nol /nít(ə)nɔ̀(:)l, -nòʊl, -nàl/ *n*〘冶〙ニチノール《ニッケルとチタンの形状記憶合金》. [Ni (=nickel), Ti (=titanium), *N*aval *O*rdnance *L*aboratory (Maryland にある)]

ni·ton /náɪtàn/ *n*〘化〙ニトン《RADON の旧名》.

nít·pìck 《口》*vi* つまらぬことにけちをつける, 重箱の隅をつつく. ► *vt* 〈つまらぬことを〉ほじくり返す, …のあら探しをする. ► *n* あら探し屋; あら探し. ♦ **～·ing** *a, n* **～·er** *n* **～y** *a*

nitr- /náɪtr/, **ni·tro-** /náɪtroʊ, -trə/ *comb form*「窒素」「ニトロ基を含む」「《誤用》硝酸エステル」[Gk]

Ni·tra /nítrə/ ニトラ《スロヴァキア西部の市》.

ni·tra·mine /nàɪtrəmí:n, naɪtrǽmən/ *n*〘化〙ニトロアミン, ニトラミン.

ni·trate /náɪtrèɪt, -trət/ *n*〘化〙硝酸塩[エステル]; ニトロセルロース(製品); 〘農〙硝酸肥料《硝酸カリウム[硝酸ナトリウム]を主成分とする化学肥料》: silver ～ 硝酸銀. ► *vt* /-trèɪt/ 硝酸(塩)で処理する; 硝化する. ♦ **ni·trá·tion** *n* 硝化, ニトロ化. **ní·trà·tor** *n* ニトロ化器. [F; ⇨ NITER]

nítrate bactérium NITRIC BACTERIUM.

nítrate of sóda〘化・農〙硝酸ソーダ《肥料にする硝酸ナトリウム》.

ni·traz·e·pam /naɪtrǽzəpæ̀m/ *n*〘薬〙ニトラゼパム《催眠・鎮静薬》.

nitre ⇨ NITER.

ni·tric /náɪtrɪk/ *a*〘化〙(5 価の)窒素の[を含む] (cf. NITROUS); 《古》NITER の.

nítric ácid〘化〙硝酸.

N

nítric bactérium〘菌〙硝酸細菌《亜硝酸塩を硝酸塩に変えるニトロバクター属などの細菌; cf. NITROUS BACTERIUM》.
nítric éther〘化〙硝酸エチル (ethyl nitrate).
nítric óxide〘化〙(一)酸化窒素.
ni·tride /náɪtràɪd/ *n*〘化〙窒化物 (=**ni·trid** /-trəd/). ► *vt* 窒化する.
ni·trid·ing /náɪtràɪdɪŋ/ *n*〘冶〙窒化(処理).
ni·tri·fy /náɪtrəfàɪ/〘化〙*vt* 窒素(化合物)と化合させる[を浸透させる]; 硝化する. ◆ **-fi·able** *a* **-fi·er** *n* 硝化細菌. **nì·tri·fi·cá·tion** *n* 窒素化合, 硝酸化成作用, 硝化.
nítrify·ing bactéria *pl*〘菌〙硝化細菌 (nitrobacteria).
ni·trile /náɪtrəl, -trì:l, -tràɪl/, **-tril** /-trəl/ *n*〘化〙ニトリル《一般式 RCN で表わされる有機化合物》.
nítrile rùbber ニトリルゴム《合成ゴムの一種》.
ni·trite /náɪtràɪt/ *n*〘化〙亜硝酸塩[エステル].
nítrite bactérium NITROUS BACTERIUM.
ni·tro /náɪtroʊ/ *a*〘化〙ニトロの; ニトロ基[化合物]の; *《俗》すごくいい, 最高の, バツグンの. ► 《口》*n* (*pl* ~**s**) ニトロ化合物; NITROGLYCERIN; NITROMETHANE《ホットロッドの燃料添加剤》.
nítro ácid〘化〙ニトロ酸《ニトロ基とカルボキシル基をもつ酸》.
nìtro·bactéria *n pl*〘菌〙硝化細菌《硝化作用をする細菌; cf. NITRIC BACTERIUM, NITROUS BACTERIUM》.
nìtro·bénzene /, ⏤⏤⏤́/ *n*〘化〙ニトロベンゼン《黄色の有毒な液体; 溶剤, 穏やかな酸化剤, アニリンの製造原料》.
nìtro·céllulose *n*〘化〙硝酸繊維素, 硝化綿, ニトロセルロース. ◆ **-cellulósic** *a*
nítro·chàlk *n*〘化〙硝安石灰, ニトロチョーク《肥料》.
nìtro·chlóroform *n* CHLOROPICRIN.
nítro còmpound〘化〙ニトロ化合物.
nìtro·cótton *n* 硝化綿, 《特に》綿(火)薬 (=*guncotton*).
nítro explòsive〘化〙ニトロ爆発物.
nìtro·fúran /, ⏤⏤⏤́/ *n*〘化〙ニトロフラン《殺菌剤用》.
nìtro·fu·rán·to·in /-fjʊərǽntoʊən/ *n*〘化〙ニトロフラントイン《ニトロフランの誘導体; 尿路感染の抗菌剤》.
nìtro·gélatin, -gélatine *n*〘化〙ニトロゼラチン (BLASTING GELATIN).
ni·tro·gen /náɪtrədʒən/ *n*〘化〙窒素《気体元素; 記号 N, 原子番号 7》. [F (*nitro-, -gen*)]
ni·tro·ge·nase /náɪtrədʒənèɪs, naɪtrɑ́dʒə-, -z/ *n*〘生化〙ニトロゲナーゼ《分子状窒素を還元してアンモニア化する酵素》.
nítrogen bàlance〘生理〙《体内または土中の》窒素出納(すいとう), 窒素バランス.
nítrogen chlóride〘化〙塩化窒素.
nítrogen cýcle〘生〙窒素循環;〘理〙CARBON-NITROGEN CYCLE.
nítrogen dióxide〘化〙二酸化窒素《有毒気体》.
nítrogen fixàtion〘化·生〙窒素固定《空中の遊離窒素を地中の微生物が摂取してアンモニアに還元すること》. ◆ **nítrogen-fix·ing** *a* 窒素固定力のある.
nítrogen-fìx·er *n*〘生〙窒素固定菌《空中窒素を固定する土壌微生物》.
nítrogen·ìze *vt*〘化〙窒素と化合させる, 窒素(化合物)で飽和させる.
nítrogen mùstard〘化〙窒素イペリット, ナイトロジェンマスタード《毒ガス; また悪性腫瘍の治療薬》.
nítrogen narcòsis 窒素酔い (=*rapture of the deep*)《潜水時などの高圧力下で起こる血中窒素過多による人事不省》;〘医〙窒素麻酔.
ni·trog·e·nous /naɪtrɑ́dʒənəs/ *a* 窒素の[を含む]: ~ fertilizer 窒素肥料.
nítrogen óxide〘化〙酸化窒素, 窒素酸化物《略 NOx》.
nítrogen peróxide〘化〙過酸化窒素.
nítrogen tetróxide〘化〙四酸化窒素《ロケット燃料中の酸化剤, 硝化剤などに用いる有毒化合物》.
nítrogen trichlóride〘化〙三塩化窒素.
nìtro·glýcerin, -glýcerine *n*〘化·薬〙ニトログリセリン《ダイナマイト·発射火薬·血管拡張薬などに用いる》.
nítro gròup [ràdical]〘化〙ニトロ基.
nìtro·hỳdro·chlóric ácid〘化〙硝塩酸, 王水 (aqua regia).
ni·tról·ic ácid /naɪtrɑ́lɪk-/〘化〙ニトロール酸.
nítro·lìme *n*〘化〙石灰窒素.
ni·trom·e·ter /naɪtrɑ́mətər/ *n* 窒素計.
nìtro·méthane *n*〘化〙ニトロメタン《引火性のある無色の液体ニトロパラフィン; 工業用溶剤, 化学合成用, ロケット燃料; ガソリン添加剤》.
ni·tro·min /náɪtrəmən/ *n*〘薬〙ナイトロミン《制癌薬》.
nìtro·páraffin *n*〘化〙ニトロパラフィン《ニトロ基で置換されたパラフィン》.
ni·troph·i·lous /naɪtrɑ́fələs/ *a*〈植物が〉窒素が豊富な土壌を好む, 好窒素の.
nítro pòwder ニトロ火薬.
ni·tros- /naɪtróʊs/, **ni·tro·so-** /naɪtróʊsoʊ, -sə/ *comb form*「ニトロソ基を有する (nitroso)」《特に有機化合物について用いる》. [L *nitrosus* nitrous]
ni·tro·sa·mine /naɪtróʊsəmì:n/, **nitróso·amìne** *n*〘化〙ニトロソアミン《一般式 RR'NNO で表わされる有機化合物; 一部は強力な発癌物質》.
ni·tro·so /naɪtróʊsoʊ/ *a*〘化〙ニトロソ基の[を有する].
nitròso·bactérium *n* NITROUS BACTERIUM.
nitròso·dì·methyl·ámine /, -əmí:n/ *n*〘化〙ニトロソジメチルアミン (DIMETHYLNITROSAMINE).
nitróso gròup [ràdical]〘化〙ニトロソ基.
nitròso·guánidine *n*〘化〙ニトロソグアニジン《突然変異誘発物として用いられる爆発性化合物》.
nitròso·uréa *n*〘化〙ニトロソ尿素《脳腫瘍·髄膜性白血病の薬剤に用いる》.
ni·tro·syl /náɪtrəsìl, ˈˈ-sàɪl/ *n*〘化〙ニトロシル基. [*-yl*]
nìtro·tóluene *n*〘化〙ニトロトルエン《トルエンを濃硝酸と濃硫酸で処理して得られる化合物》.
ni·trous /náɪtrəs/ *a*〘化〙(3 価の)窒素の[を含む] (cf. NITRIC); NITER の.
nítrous ácid〘化〙亜硝酸.
nítrous bactérium〘菌〙亜硝酸細菌《アンモニアを酸化して亜硝酸塩にするニトロソモナス属などの細菌; cf. NITRIC BACTERIUM》.
nítrous éther〘化〙亜硝酸エチル (ethyl nitrite).
nítrous óxide〘化〙一酸化二窒素, 亜酸化窒素 (=*laughing gas*)《無色の気体; 吸入すると快活になり, 無痛状態をもたらすので笑気とも呼ばれ, 歯科の麻酔剤とする; 燃料の燃焼によって生じる大気汚染物質でもある》.
ni·trox /náɪtrɑ̀ks/ *n* ナイトロックス《ダイビング用の窒素と酸素の混合ガス; 特に減圧症予防のため酸素濃度を高めたもの》. [*nitrogen*+*oxygen*]
nìtro·xánthic ácid〘化〙ニトロキサンチン酸 (picric acid).
Nit·ti /níti, ní:-/ ニッティ **Francesco Saverio** ~ (1868–1953)《イタリアの経済学者·政治家; 首相 (1919–20)》.
nit·to /nítoʊ/ *vi* ˈˈ《俗》静かにする, やめる.
nít·ty¹ *a* NIT¹ の多い.
nitty² *a* ˈˈ《俗》ばかな, おろかな. [NITWIT]
nítty-grítty 《俗》*n* [ˈˈthe] 実状, (きびしい)現実, 《問題の》核心, 《計画·状況などの》本質, 詳細: get down to *the* ~ 核心にはいる. ► *a* 本質的な, 肝心な. [C20<?]
nit·wit /nítwìt/ *n* 《口》ばか, うすのろ, まぬけ. ◆ **-wìtted** *a* **-wit·tery** *n* [? *nit*¹+wit]
NIU network interface unit.
Ni·u·a·fo·'ou /niú:ɑ:fòʊoʊ/ ニウアフォオ《太平洋南西部, トンガ諸島の最北部にある島》.
Ni·ue /niú:eɪ/ ニウエ《太平洋南部トンガと Cook 諸島の間にある島; ニュージーランドの自治領》. ◆ **Niu·e·an** /njuwéɪən, njú:wèɪən/ *n*
NIV New International Version 新国際版聖書, 新国際訳聖書.
ni·val /náɪv(ə)l/ *a* 雪の多い; 雪の中[下]に住む[生える].
ni·va·tion /naɪvéɪʃ(ə)n/ *n*〘地質〙雪食.
Ni·velles /*F* nivɛl/ ニヴェル《ベルギー中部 Brussels の南にある町》.
niv·e·ous /níviəs/ *a* 雪の, 雪のような.
Ni·ver·nais /*F* nivɛrnɛ/ ニヴェルネ《フランス中部の Loire 川上流の東の地方·旧州; ☆Nevers》.
Ni·vôse /*F* nivo:z/ *n* 雪月(ゆきづき)《フランス革命暦の第 4 月: 12 月 21 日–1 月 19 日; ⇨ FRENCH REVOLUTIONARY CALENDAR》.
nix¹ /níks/ 《俗》*n* 無, ゼロ, 皆無 (nothing); 拒否, 拒絶; NIXIE¹: say ~ *on*…に不賛成の意を示す, 許可しない. ► *adv* いや (no). ► *a* 皆無の; いやな. ► *vt* 拒否[拒絶, 禁止]する, 取り消す. ● ~ **out** *去る; 追い払う. ► *int* やめろ, よせ, いやだ, 反対!; ˈˈ《俗》《仲間への警告として》気をつけろ, 来たぞ. ● **keep** ~ だれか近寄ってこないか見張る. **N~ my doll [dolly]!** 《古風俗》なんでもない, 気にしなさんな. ~ **on**… 《口》…はもうたくさんだ, うんざりだ, だめだ. [G *nix* (colloq)=*nichts* nothing]
nix² *n* (*fem* **nix·ie** /níksi/)《ゲルマン民話で》ニクス《小さな人間[半人半魚]の形をした水の精》. [G; cf. OE *nicor* water monster]
Nix〘天〙ニクス《2005 年に発見された冥王星の第 2 衛星》. [Nyx の異つづり]
nix·er /níksər/ *n* 《ダブリン方言》穴埋め仕事, アルバイト.
nix·ie¹, **nixy** /níksi/ **n*《宛先が判読不能, 不正確なことによる》配達不能の郵便物. [*nix*¹]
nixie² *n* NIX² の女性形.
Nixie〘商標〙ニキシー《冷陰極の気体放電表示管》.
Nix·on /níks(ə)n/ ニクソン **Richard M(ilhous)** ~ (1913–94)《米国第 37 代大統領 (1969–74; Watergate 事件で辞任); 共和党》. ◆ **~·ésque, Nix·on·ian** /nɪksóʊniən, -njən/ *a*
Níxon Dóctrine [the] ニクソンドクトリン《1969 年 Nixon 大統領が発表した米国の対外安全保障政策; 同盟国に国造り·防衛などで自助努力を期待するもの》.
nixy ⇨ NIXIE¹.
Ni·zam /nɪzɑ́:m, naɪzǽm/ *n* **1** ニザム《インド Hyderabad の君主

(1724–1948); その称号》. **2** [n-] (*pl* ～)《昔の》トルコ常備兵.［Arab］

Ni·zam al-Mulk /nızá:m ulmú:lk/ ニザーム・アル・ムルク (1018–92)《ペルシアの政治家;「国の統治者」の意; 本名 Abu Ali Hasan ibn Ali; Seljuk 朝のスルタンの宰相 (1063–92);『政治の書』》.

ni·zam·ate /nızá:mèıt/ *n* NIZAM の地位[領地].

Ni·za·ri /nızá:ri/ *n*〖イスラム〗ニザール派の信徒《Ismaili 派の分派; cf. AGA KHAN, ASSASSIN》.

Nízh·ny Nóvgorod /níʒni-/ ニジニノヴゴロド《ヨーロッパロシア中部 Oka 川と Volga 川の合流点にある市; 旧称 Gorky (1932–90)》.

Nízhny Ta·gíl /-təgíl/ ニジニタギル《ロシア西部 Ural 山脈中部東斜面の工業都市》.

NJ °New Jersey.

Njord, Niord /njɔ́:rd/, **Njorth** /njɔ́:rθ/〖北欧神話〗ニョルズ《Frey, Freya の父; 風と航海と繁栄の神》.

NK cell /ɛ́nkéı —/ NATURAL KILLER CELL.

Nko·mo /ɛnkóumou, ɛŋ-/ ヌコモ **Joshua** ～ (1917–99)《ジンバブウェの政治家; ジンバブウェアフリカ人民同盟 (ZAPU) 議長 (1961–87), 愛国戦線共同議長 (1976–80); 副大統領 (1990–99)》.

Nkru·mah /ɛnkrú:mə, ɛŋ-/ エンクルマ **Kwa·me** /kwá:mi/ ～ (1909–72)《ガーナの政治家; 初代大統領 (1960–66)》.

NKVD〖ソ連〗[Russ *Narodny Komissariat Vnutrennikh Del*] People's Commissariat of Internal Affairs 内務人民委員部 (1917–30, 34–46)《MVD の旧称》. **n.l.** °non licet ♦ °non liquet. **NL**〖野〗°National League ♦ Netherlands ♦ Newfoundland and Labrador ♦ °New Latin ♦ °night letter. **NLCS**〖野〗National League Championship Series (⇨ CHAMPIONSHIP SERIES). **NLF** °National Liberation Front. **NLP** °natural language processing ♦ °neurolinguistic programming. **NLRB**〖米〗°National Labor Relations Board. **NLT** °night letter. **nm** nanometer. **n.m., nm** °nautical mile(s). **NM** °New Mexico.

NMDA /ɛ́nɛ̀mdì:éı/ *n*〖生化〗NMDA, *N*-メチル-D-アスパラギン酸《グルタミン酸から誘導される興奮性アミノ酸; 神経伝達物質の一つ》.［*N*-*m*ethyl-*D*-*a*spartate］

NME〖英〗°New Musical Express. **N. Mex.** °New Mexico. **NMHA** National Mental Health Association《現在は MHA》. **NMI** no middle initial. **NMR** °nuclear magnetic resonance. **NNE** north-northeast.

NNP °net national product.

NNTP /ɛ́nɛ̀ntì:pí:/ *n*〖インターネット〗NNTP《インターネット経由の USENET 上のニュースグループ利用に関する規格》.［*N*etwork *N*ews *T*ransfer *P*rotocol］

NNW north-northwest.

no /nóu/ *a* **1 a** [単数普通名詞に付けて不定冠詞 a に対応する否定形] ない: Is there *a* book on the table?—No, there is *no* book on the table.—No, there is *no* book there. 本はない. ★ have, there [here] is の次には通例 not でなく no を用いる. **b** [複数普通名詞または不可算名詞の前に付けて] 少しもない (not any); ほとんど…ない: There are *no* clouds in the sky. 空には(少しの)雲もない / I have *no* money on [with] me. 金は持ち合わせない / in *no* time 直ちに, すぐに / It's *no* distance from here to the station. ここから駅までは目と鼻の間だ. **c** [数観念を主としない単数形(普通名詞・抽象名詞・動名詞)に付けて] なにも[だれも]ない (not any): *No* one (= Nobody) knows. だれも知らない / his belief or rather *no* belief 彼の信仰というよりむしろ無信仰. **2** [省略文に用いて] …があってはならない, …はありえない, …反対[お断わり, 排撃など]: *No* militarism! 軍国主義反対! / *No* surrender! 降伏反対! / (Let there be) *no* talking in class. 授業中に雑談してはならない / *No* CREDIT. / *No* FLOWERS / *No* effort, *no* success. 努力なくして成功なし. **3** [be の補語(名詞)または 他の形容詞に付けて] 決して…ではない (quite other than a): He is *no* scholar. 学者なんてとんでもない (cf. He is *not* a scholar, but a statesman. 学者でなくして政治家) / It's *no* JOKE. / I am *no* match for him. 彼にはとてもかなわない / *no* SMALL. ★《口》主語として省略文中に, または 特に否定を強調する場合に用いられ, そのほかは no…[nobody, etc.] より not any [anybody, etc.] を用いる: *No* boy could solve the problem. / What did he give you?—*Nothing* [He gave me *nothing*]. / I did*n't* see *anybody*. / He did*n't* give me *anything*. ● **There is no doing**…するのはとうてい不可能だ: *There is no* say*ing* what may happen. どうなることかさっぱりわからない.

► *adv* **1** [文相当語] **a** [否定の答] 否, いいえ (opp. *yes*): Do you agree?—*No*. 賛成ですか—いいえ. / Don't you agree?—*No*. 賛成しないんですか—はい, しません. ★ 問いの形式に関係なく答の内容が否定ならば常に No, 肯定ならば Yes を用いる. **b** [not または nor と共に用いて強意の否定を示す]: One man cannot move it, *no*, nor half a dozen. 一人では動かせない, いや 6 人がかりでもだめだ. **c** [⟨*int*⟩] [驚き・疑惑・不信を表わして] なんてことを, まさか(そんな), うそー, とんでもない! **2** [比較級の前に用いて] 少しも…ない (not at all): *no* BETTER[1] / I can walk *no further*. もうこれ以上歩けない / *no* LESS [SOONER]… than / *no* MORE (than). **3** [or のあとに用いて]《スコ・まれ》…でない (not): I don't know whether it's true *or no* [whether *or no* it's true]. 事の真偽は知らない / Pleasant *or no*, it is true. 愉快であろうとなかろうと事実なのだ. ● **No can do.**《口》そんなことはできない (I am unable to do it).

► *n* (*pl* ～**es**, ～**s** /-z/) no ということば[返事], 否定, 否認, 拒絶; [*pl*] 反対投票(者): Two *noes* make a yes. 否定が重なると肯定 / I will not [won't] take *no* (for an answer). いやと言わせませんよ / The *noes* have it. 反対投票多数(により否決) / firm [leaning] *no*《アンケート調査などで》絶対[どちらかといえば]反対.

［OE (a) *nā* < *nān* NONE[1], (adv) *nā* (*ne* not, *ā* always)］

No[1] ⇨ NOH.

No[2] [Lake] ノー湖《南スーダン北部の湖; ここでジャバル川 (Bahr al-Jabal) とガザル川 (Bahr al-Ghazal) が合流して White Nile 川となる》.

No., no. /nʌ́mbər/ *n* (*pl* **Nos., nos.** /nʌ́mbərz/) 第…, …番.［L *numero* (abl) by NUMBER］

n.o.〖クリケット〗not out アウトにならない残留選手. **No**〖化〗nobelium. **No.** north ♦ northern. **NO**〖植・動〗°natural order ♦ °Naval Officer ♦ °New Orleans ♦ °nitrogen oxide. **NOAA**〖米〗National Oceanic and Atmospheric Administration 海洋大気局《商務省の一局; National Weather Service が所属する》.

nó-accòunt, nó-còunt *a, n**《口》価値のない(者), やくざな(やつ), 無責任な(人間).

No·a·chi·an /nouéıkiən/, **No·ach·ic** /nouǽkık, -éık-/, **No·ach·i·cal** /nouéıkık(ə)l/ *a* NOAH (の時代)の; 遠い昔の, 太古の: the *Noachian* deluge ノアの大水 (the Flood).

No·ah /nóuə/ **1** ノア《男子名》. **2**〖聖〗ノア《ヘブライの族長; *Gen* 5: 28–10: 32》;《豪韻俗》NOAH'S ARK.［Heb=rest］

Nóah's árk 1 a〖聖〗ノアの箱舟[方舟](はこぶね)《神の命により Noah が造った舟; これに乗った彼と家族, あらゆる生物は洪水の難を免れた; *Gen* 6–8》;《ノアの箱舟をまねた》おもちゃの箱舟. **b** 旧式大型のトランク[運搬具]. **2**〖貝〗ノアノハコブネガイ《フネガイ科の二枚貝; 欧州産》. **3**《豪韻俗》サメ (shark).

Nóah's bóy*《俗》ハム (ham)《食品》.［Ham は Noah の息子だから］

Nóah's Dóve [the]〖天〗はと座 (鳩座) (Dove, Columba).

Nóah's níghtcap〖植〗ハナビシソウ (eschscholtzia).

nob[1] /náb/ *n* **1**《俗》頭;《俗》頭への一撃;《俗》丸い塊り (knob). **2** [ᵘhis ～(s)]〖トランプ〗《cribbage で》めくり札と同組のジャック《この札を持つと 'one for his ～' とコールして 1 点を得る》. ► *vt* (-bb-)〖ボク〗頭を打つ.［? *knob*］

nob[2] *n*ᴴ《俗》金持, 貴顕, 名士.［Sc *knabb*, *nab*<?］

nó-báll *vt*〖クリケット〗⟨投手⟩に反則投球と宣告する.

nó báll〖クリケット・ラウンダーズ〗反則投球《クリケットでは相手に 1 点を与える》; 反則投球の宣告.

nob·ble /náb(ə)l/ᴴ《口》*vt*〖競馬〗⟨馬⟩に毒を飲ませて不具にする; ⟨人を⟩買収する, 抱き込む; ⟨計画・機会などを⟩妨害する, 阻止する; ⟨金などを⟩詐取する; ⟨人を⟩だます, ペテンにかける; くすねる, 盗む; つかむ; ⟨犯人を⟩捕える; 誘拐する. ♦ **nób·bler** *n*［*knobble* (dial) to beat; または (freq) < *nab*; または逆成 < *nobbler* (*an hobbler* one who hobbles horses の異分析)］

nob·but /nábət/ *adv*ᴴ《方》ONLY.

nob·by /nábi/《俗》*a* 上流人にふさわしい, 上品な, あかぬけした, しゃれた; 派手な; 一流の. ♦ **nób·bi·ly** *adv*

nó-bè·ing *n* 非実在 (nonexistence).

No·bel /noubɛ́l/ **1** ノーベル《男子名》. **2** ノーベル **Alfred B(ernhard)** ～ (1833–96)《スウェーデンの化学者・実業家; ダイナマイトの発明者; ノーベル賞創始者》.［変形く *noble*］

nobél·ist* *n* [°N-] ノーベル賞受賞者.

no·be·li·um /noubí:liəm, -bɛ́l-/ *n*〖化〗ノーベリウム《放射性元素; 記号 No, 原子番号 102》.［Alfred B. *Nobel*］

Nó·bel mán [láureate] /nóubɛ̀l-, noubɛ́l-/ ノーベル賞受賞者.

Nóbel príze /, noubɛ́l-/ ノーベル賞《Alfred B. Nobel の遺言により毎年世界の文芸・学術・平和に貢献した人びとに授与される》. ★ 平和賞, 文学賞, 化学賞, 物理学賞, 生理学医学賞, 経済学賞があり, それぞれ Nobel Peace Prize, Nobel Prize in Literature [Chemistry, Physics, Physiology or Medicine], Nobel Memorial Prize in Economic Science という. 経済学賞は 1998 年から Sveriges Riksbank (= Bank of Sweden) Prize in Economic Sciences in Memory of Alfred Nobel となった.

No·bi·le /nó:bəlèı/ ノビレ **Umberto** ～ (1885–1978)《イタリアの航空工学者・軍人・探検家》.

no·bil·i·ary /noubílièri, -bíljəri; -bíljəri/ *a* 貴族の: ～ pride / the ～ particle 貴族の姓の前に付ける尊称《フランスの de, ドイツの von など》.

no·bil·i·ty /noubíləti/ *n* **1** 高貴の生まれ[身分]; [ᵘthe *or* a ～] 貴族(階級)《集合的》. **2** 高潔さ, 崇高.［OF or L (NOBLE)］

no·ble /nóub(ə)l/ *a* (**-bler**; **-blest**) **1** 高貴な, 貴族の; 高潔な, 気高い, 崇高な (opp. *ignoble*): the ～ lady ᴴ令夫人《貴族の夫人のことをいうとき》/ the ～ Lord ᴴ閣下《上院議員同士間または Lord の称

号を有する下院議員への呼びかけ). **2** 堂々とした, 雄大な, 壮大な; 有名な, りっぱな, みごとな; きわめて質の高い; 〘鷹狩〙〈鷹が〉獲物にひと飛びで達しうる長い翼をもった. **3** 〘化〙 不活性の (inert), 〈ガスが〉希の, 〈金属が〉貴の (cf. NOBLE METAL). ● **the N~ Lord, my ~ friend** ˈˈ卿(きょう)《演説中貴族または Lord の称号を有する人への呼びかけ・言及に用いる》. ► *n* **1** 貴族, 華族. **2** ノーブル《昔のイングランドの金貨: ≒6s. 8d.》. **3** *《俗》 スト破りの指導者; *《俗》 利己的な考えで動いているのにきちんとした方針に従っているように見せかける者. ♦ **~·ness** *n* [OF<L *nobilis* well-known (**gnō-* to know)]

nóble árt [scíence] [the] 拳闘, ボクシング.

Nóble Éightfold Páth [the] 〘仏教〙 八支(はっし)聖道(しょうどう), 八聖(はっしょう)道, 八正(はっしょう)道《正見・正思・正語・正業・正命・正精進・正念・正定の 8 つ》.

nóble fír 〘植〙 ノーブルモミ《ベイモミの一種》.

nóble gás 〘化〙 希[貴]ガス (=*inert gas*)《ヘリウム・ネオン・アルゴン・クリプトン・キセノン, 時にラドンを含む; きわめて安定で, 化学的に不活性》.

nóble·man /-mən/ *n* **1** 貴族, 華族. **2** [*pl*] 〘チェス〙 ノーブルマン《pawn 以外のコマ》.

nóble métal 〘化〙 貴金属 (opp. *base metal*).

nóble-mínd·ed *a* 心の高潔な, 気高い; 心の大きい. ♦ **~·ly** *adv* **~·ness** *n*

nóble rót 貴腐 (POURRITURE NOBLE).

nóble sávage 高潔な野人《ロマン主義文学の中の理想化された原始人像; 非ヨーロッパ文化に属し, ヨーロッパ文明に毒されていない生来の素朴さと徳をもつとされる》.

noble science ⇨ NOBLE ART.

no·blesse /noublés/ *n* 高貴の生まれ[身分]; 《特にフランスの》貴族(階級). [ME=nobility<OF; ⇨ NOBLE]

noblésse oblíge /-əblíːʒ/ 高い身分に伴う(徳義上の)義務, ノブレス・オブリージュ. [F=nobility obligates]

nóble·wòman *n* 貴族の婦人.

no·bly /nóubli/ *adv* 気高く; りっぱに, 堂々と; 貴族として[らしく]: be ~ born 貴族に生まれる.

no·body /nóubàdi, -bədi/ *pron* だれ(ひとり)も…ない (no one): *N~* is hurt. だれもけがはない / There was ~ in the room. 部屋にはだれも居なかった / *N~* in his [their] right mind would do such a thing. だれも正気でそんな事はしないだろう. ★ nobody は単数扱いで, 受ける代名詞なども単数形でよいが, 口語では上例 their のように複数形になることもある. ⇨ SOMEBODY ★. ● **~ else** ほかのだれも…ない. **~ home** *《俗》 うわのそらである; おつむがからっぽである. ► *n* 無名の人, ただの人, 取るに足りない人: He was a ~ until he married Demi. デミと結婚するまではただの人だった.

nó-bòttom sóunding 〘海〙 底なし測深《海が深すぎて測深鉛が海底に届かない場所での測深》.

nó-bráin·er *n* *《口》 たやすい仕事, わかりきったこと, 楽勝問題; ばかなやつ[こと], 脳天気.

nó-brànd cigarétte *《俗》 マリファナタバコ (=*no-name cigarette*).

nó-brów *n* *《俗》 ばか者, 脳タリン.

no·car·dia /noukáːrdiə/ *n* 〘菌〙 ノカルジア属 (*N-*) の放線菌. [Edmond I. É. *Nocard* (1850–1903) フランスの生物学者]

no·car·di·o·sis /noukàːrdióusəs/ *n* 〘医〙 ノカルジア症《nocardia による感染症》.

no·ce·bo /nòusíːbou/ *n* (*pl* **~s**) ノセボ, ノシーボ《患者が否定的な結果を信じ込んでいたり, そのときの心理状態がよくなかったりして服用すると有害な作用が出る偽薬》. [*placebo* (effect) のもじり]

no·cent /nóus(ə)nt/ *a* 有害な (harmful, hurtful); 《古》 有罪の (opp. *innocent*). [L *noceo* to harm]

no·ci·cep·tive /nòusiséptɪv/ *a* 痛みを与える〈刺激〉; 〈レセプター・防御反応など〉痛みを与える刺激の[による, に反応する], 侵害受容の.

no·ci·cep·tor /nòusiséptər/ *n* 〘生理〙 侵害受容器《痛刺激を感知する》.

nock /nák/ *n* 弓筈(ゆはず)《弓の両端の弦をかける溝》; 矢筈《矢の端の弦にかける部分[溝]》; 〘海〙 ノック (=*throat*)《四辺形縦帆の前部上端》. ► *vt* 〈弦を〉弓筈にかける; 〈弓・矢〉に筈を付ける; 〈矢を〉つがえる. [? MDu=summit, tip]

nóck·ing pòint 〘弓〙 ノッキングポイント《矢を常に一定の位置につがえるための弦につけた目印》.

nó-cláim *n* 〘法〙 権利主張がないこと.

nó-cláim(s) bònus [dìscount] 〘保〙 健康[無事故]祝い金《一定期間保険金の支払いがなかったとき返還されるある割合の保険料》.

nó cóntest 〘法〙 NOLO CONTENDERE.

no-count ⇨ NO-ACCOUNT.

noct- /nákt/, **noc·ti-** /náktə/, **noc·to-** /náktou, -tə/ *comb form* 「夜」 [L (*noct- nox* night)]

noc·tam·bu·la·tion /nɑktæ̀mbjəléɪʃ(ə)n/, **-bu·lism** /-tǽmbjəlìz(ə)m/ *n* 〘医〙 夢遊(症) (somnambulism). ♦ **-bu·list** *n*

noc·te /nákti/ *adv* 夜に《略 n.》. [L]

nòcti·flórous /-flɔ́ːrəs/ *a* 〘植〙 夜間に開花する.

noc·ti·lu·ca /nàktəlúːkə/ *n* (*pl* **~s, -cae** /-sìː/) 〘動〙 ヤコウチュウ属 (*N-*) の各種の渦鞭毛虫, 夜光虫.

noc·ti·lu·cent /nàktəlúːs(ə)nt/ *a* 夜光る. ♦ **-cence** *n*

noctilúcent clóud 〘気〙 夜光雲《高緯度地方で高度約 80 km の上空に夜間光って見える巻雲に似た雲》.

nòcti·phóbia *n* 〘精神医〙 暗夜恐怖(症).

noc·tiv·a·gant /nɑktívəgənt/, **-gous** /-gəs/ *a* 夜に出歩く, 夜行性の.

noc·to·vis·ion /náktəvìʒ(ə)n/ *n* ノクトビジョン《暗闇や霧の中で用いる赤外線暗視装置》. [tele*vision*]

noc·tu·ary /nákʧuèri; -əri/ *n* 《古》 夜間事件の記録.

noc·tu·id /nákʧuəd, náktu-/ 〘昆〙 *n* ヤガ科の各種の蛾. ► *a* ヤガ科 (Noctuidae) の.

noc·tule /nákʧùːl/ *n* 〘動〙 PIPISTRELLE.

noc·turn /náktəːrn/ *n* 〘カト〙 夜課, 宵課《朝課 (matins) の一部》.

noc·tur·nal /nɑktə́ːrn(ə)l/ *a* 夜の, 夜間の (opp. *diurnal*); 〘動〙 夜間活動する, 夜行性の; 〘植〙 夜開く. ► *n* NIGHT PIECE; NIGHTWALKER; 《古》《星の位置による》夜間時刻測定器. ♦ **~·ly** *adv* 夜間に, 毎夜. [L (*noct- nox* night)]

noctúrnal emíssion 〘生理〙 夢精.

noctúrnal enurésis 〘医〙 夜尿(症).

noc·turne /náktəːrn/ *n* 〘楽〙 夜想曲, ノクターン (cf. AUBADE); 〘画〙 夜景画. [F; ⇨ NOCTURNAL]

noc·u·ous /nákjuəs/ *a* 有害な, 有毒な. ♦ **~·ly** *adv* **~·ness** *n* [L; ⇨ NOXIOUS]

nò-cút cóntract 《米・カナダ》 無解雇保証契約.

nod /nád/ *v* (**-dd-**) *vi* **1** 《同意・諒承・感謝・注意・命令などを示して》うなずく; 会釈する 〈*to, at, toward*〉; うなずいて承諾[命令]する; あごをしゃくって指し示す 〈*to, toward*〉: be on *nodding* terms with…と会釈を交わす程度の間柄である. **2** 《口》(眠くて)こっくりをする, うとうとする, 眠り込む 〈*off*〉; *《俗》《麻薬で》ぼんやりする, 陶酔する 〈*out, off*〉; 油断する, うっかりしてしくじる: (Even) HOMER sometimes *~s*. **3** 〈穂などが〉揺らぐ, なびく; 傾く: ~ to its fall 今にも倒れそうに傾く. ► *vt* **1** 〈頭を〉うなずかせる; 〈承諾などを〉うなずいて示す; うなずいて招く[去らせる]. **2** 曲げる, たわませる; 揺るがす; なびかせる. **3** 〘サッカー〙〈ボールを〉ヘディングする. ● **~ one's head** うなずいて賛成[承認]する. **~ through** ろくに議論もせず承認する. ► *n* **1** うなずき《同意・挨拶・合図・命令》; 同意[承諾]のしるし; *《俗》《レース・競技会における》専門家の選択, 監督の選んだ選手; [the] 《口》 得点に基づいて与える賞: a ~ and a wink 暗黙の了解 / A ~ is as good as a wink (to a blind horse). 《諺》(盲馬には)うなずいても目くばせしても同じこと《1) ちょっとした表情[ほんの一言]で人の心はわかるもの 2) 何を言ってもむだだ》 / give a ~ 黙礼する / a ~ of one's [the] head うなずいて賛成すること / with a ~ to Dickens ちょっとディケンズ風に, ディケンズを意識して. **2** こっくり, 居眠り; *《俗》《麻薬による》陶酔状態. **3** 揺らぎ, 揺れ. ● **be at sb's ~** 人にあごで使われる, 勝手にされる. **dig (oneself) a ~** *《口》 眠る, 睡眠をとる. **get [give] a [the] ~** *《口》 承認される[する], 選ばれる[選ぶ]; 勝利を得る[の判定を下す]. **knock a ~** うとうとする, 居眠りする. **on the ~** ˈˈ《口》 顔[信用]で《買うなど》; ˈˈ《口》 議論なしのおおむね承認で, 黙認で; *《俗》《麻薬で》もうろうとなって. ♦ **nód·der** *n* [ME<?; cf. OHG *hnotōn* to shake]

Nod ⇨ LAND OF NOD.

nod·al /nóud(ə)l/ *a* NODE の(ような[位置にある, 近くにある]). ♦ **~·ly** *adv* **no·dal·i·ty** /noudǽləti/ *n*

nódal póint 〘理〙《レンズの主軸上の》節点.

nódal rhýthm 〘生理〙《心臓の》結節リズム[律動].

nó-dày wéek, nó-dày wórkweek 休業《ストライキの婉曲表現; five-day week などのもじり》.

nód·ding *a* ぶらさがった, 下にたれた; 〘植〙 傾いて下方[側方]を向いた, 点頭の〈花など〉.

nódding acquáintance 会釈を交わす程度の間柄[知人] 〈*with*〉; 多少の知識[理解] 〈*with*〉.

nódding dónkey 《口》《油井の》首振りポンプ.

nod·dle[1] /nádl/ *n* 《口》 頭, おつむ: wag one's ~ 《話などに夢中になって》頭を振り立てる. [ME <?]

noddle[2] *vt, vi* 〈頭を〉振る, うなずく (nod). [*nod*]

nód·dled *a* 《口》 頭のある: an empty-~ student.

nod·dy[1] /nádi/ *n* **1** まぬけ, ばか者. **2** 〘鳥〙 **a** クロアジサシ (=~ **tèrn**). **b** *《中部》 アカオタテガモ (ruddy duck). **c** フルマカモメ (fulmar). **d** オオハシウミガラス (razorbill). [? *noddy* (obs) foolish <? *nod*; 異説に<? *noddypoll* (obs) < *hoddypoll* fumbling inept person]

noddy[2] *n* **1** ˈˈ《俗》《インタビューの録画で》インタビューをした[受けた]人がうなずく場面. **2** [N-] ノディー《英国の児童読物作家 Enid Blyton の人気シリーズ (1949 年から) の主人公; 話すときはいつも 'うなずく' 子供 'little nodding man' の人形; 何でも相談に乗って世話をやいてくれる老人 Big-Ears や, 警官の Mr. Plod が登場する》.

node /nóud/ *n* **1** こぶ (knob), 結び(目) (knot); 〘植〙 節(ふし)《茎の枝・葉の生じる部位》; 〘医〙 結節; 〘解〙 節; 〘天〙 交点《昇交点・降交点》;

N

〘数〙《曲線の》結節点; 〘数・言〙《グラフや樹状図の》節点, ノード (vertex); 〘理〙(波)節《定常波の振幅がゼロになる点》; 〘電〙(静止)節《電流または電圧がゼロになる点》; 〘数〙零点; 〘通信・電算〙ノード《通信ネットワークにおける受信[送信]ステーション (コンピューター端末など)》. **2** 中核, 中心点, 原点; NODUS. [L NODUS]

nóde hòuse 石油採掘用リグを建造する間溶接工が使うプレハブ小屋.

nóde of Rán·vier /-rá:nvièɪ; *F* -rɑ̃vje/ 〘解〙《有髄神経繊維の髄鞘の》ランヴィエ結節[絞輪]. [Louis A. *Ranvier* (1835–1922) フランスの組織学者]

nód-gùy *n**《俗》YES-MAN.

nodi *n* NODUS の複数形.

no·di·cal /nóudɪk(ə)l, nád-/ *a* 〘天〙交点の.

nó-díce *a* 《口》つまらない, 役に立たない (cf. *no* DICE).

No·don /nóudòuŋ/ *n* ノドン《北朝鮮の準中距離弾道ミサイル》. [発射施設付近の地名, 蘆洞(ﾉﾄﾞﾝ)から]

no·dose /nóudòus, ─ ́─/, **-dous** /nóudəs/ *a* 結節(性)の; 節の多い (knotty). ♦ **no·dos·i·ty** /noudásəti/ *n* 多節(性); 節, こぶ; 結節性[症]. [L; ⇨ NODE]

nod·u·lar /nádʒələr; nódjʊ-/, **-lat·ed** /-lèɪtəd/ *a* 小(結)節性[状]の; こぶのある; 〘岩石〙球状の.

nod·u·la·tion /nàdʒəléɪʃ(ə)n; nòdjʊ-/ *n* 〘植〙根粒着生; NODULE.

nod·ule /nádʒu:l; nódju:l/ *n* 小瘤, 小塊; 〘医〙小(結)節; 〘地質〙瘤塊, 団塊; 〘植〙《窒素固定菌を含む》根粒, 根こぶ. [L (dim) ‹ NODUS]

nod·u·lose /nádʒəlòus; nódjʊ-/, **-lous** /-ləs/ *a* NODULE のある.

no·dus /nóudəs/ *n* (*pl* **-di** /-dàɪ, -dì:/) 《劇・物語などの中の》難局, 入り組んだ状況, もつれ, 紛糾点. [L=knot]

noek·kel·ost, nok- /nákəlòust/ *n* ネッケルオスト(チーズ) (=∼ **chéese**) 《ウイキョウ・キャラウェー・丁子などのはいったノルウェー産のチーズ》. [Norw]

no·el /nouél/ *n* クリスマス祝歌 (Christmas carol); [N-] クリスマス(の時期). [F‹L; ⇨ NATAL]

No·el /nóuəl/ ノエル《(1) 男子名 2) 女子名》. [OF‹L=birthday, ↑]

Nóel-Báker ノエルベーカー **Philip John** ∼ (1889–1982)《英国の政治家; 軍縮を説いた; ノーベル平和賞 (1959)》.

No. 11 /námbər ɪlév(ə)n/ NUMBER ELEVEN.

no·e·sis /nouí:səs/ *n* 〘哲〙ノエシス《純粋知性の認識作用》; 〘心〙認識 (cognition).

Noe·ther /*G* nǿ:tər/ ネーター (**Amalie**) **Emmy** ∼ (1882–1935)《ドイツの数学者; 抽象代数学を確立》.

no·et·ic /nouétɪk/ *a* 知性の, 知性に基づく. ► *n* [°*pl*] 〘論〙純粋思惟論, 知性論.

nó-fàult* *a* 《自動車保険で加害者が無過失でも被害者が補償を受けられる》無過失損害賠償制度の; 〘法〙破綻[無責]離婚の《いずれかの配偶者の過失にでなく, 回復しがたい破綻, 法で定められた期間にわたる別居などの事由に基づく完全な離婚についていう》, 当事者双方が結婚解消に責任のない; 〘法〙過失が不利な認定の根拠にならない; 原因を過失に求めない, 責任を問わない. ► *n* 無過失損害賠償制度.

nó-fìnes (cóncrete) 〘建〙砂なし[等粒]コンクリート.

nó-flỳ zóne 飛行禁止空域.

Nof·re·te·te /nàfrətí:ti/ NEFERTITI.

nó-fríllS *attrib a* 余分なもの[サービス]がついていない, 実質本位の: a ∼ airline 格安航空会社.

nog[1] /nág/ *n* 木釘, 木栓; 《煉瓦壁などにはめ込んで釘を支える》木(ｷ)煉瓦; 樹木の枝を切ったあとの短い突起. ► *vt* (**-gg-**) 木釘で支える; 〘建〙〈木骨(ｷﾎﾞﾈ)の軸組〉の間に煉瓦[石など]を埋める. [C17‹?]

nog[2], **nogg** /nág/ *n* ノッグ《Norfolk 地方産の強いビール》; EGGNOG. [C17‹?]

nog[3] *vt**《俗》触れる, さわる.

No·gal·es /nougǽləs, -gá:leɪs/ ノガレス《メキシコ北西部 Sonora 州の市; 米国 Arizona 州の Nogales 市と接する; 公式名 Heroica ∼》.

nog·gin /nágən/ *n* 少量《通例 1/4 pint》; 小ジョッキ; 手桶, バケツ; 《口》頭; 《俗》ばか, まぬけ. ● **use one's** ∼ ⇨ use one's BEAN. [C17‹?]

nóg·ging /, *nágən/ 〘建〙 *n* 《木骨の軸組の間に埋める》詰め煉瓦; 煉瓦詰めの工事[技術]; 《間仕切りの》胴つなぎ.

nó-gó 《俗》 *a* うまくいかない, 不調な, 準備できていない; 中止の, 実行不能の. ► *n* 不調, 失敗, 中止, だめなもの.

nó-gó àrea /, ─ ─ ─/ 立入り危険[禁止]区域; ご法度の[タブーの]話題.

nó-góod 《口》 *a* 役立たずな, 無価値の, 見込みのない, だめな. ► *n* /─ ─/ 役立たず, 見込みのない人[こと].

nó-góod·nik *n* 《俗》役立たず, ろくでなし.

nó-gròwth *a* ゼロ成長の.

Noh, No /nóu/ *n* (*pl* ∼) 能, 能楽. [Jpn]

nó-hàir théorem 〘天〙無毛定理《質量・電荷・回転が同じブラックホールは区別がつかないとする説》.

nó-hít 〘野〙 *a* 無安打の, ノーヒットノーランの. ► *vt* 無安打に抑える.

nó-hítter *n* 〘野〙無安打試合, ノーヒットノーラン: pitch a ∼ ノーヒットノーランを達成する 〈*against*〉.

No·Ho /nóuhòu/ ノーホー《New York 市 Manhattan 南部の一地区; 前衛芸術・ファッションの中心》. [SoHo に対する *No*rth of *Ho*uston Street]

nó-hólds-bárred 《口》 *a* 禁じ手なしの; 制約なしの, 何でもありの.

nó-hóper *n* 《豪俗》なまけ者, ぐうたら; ᵘ《口》勝つ[成功する]見込みのないもの.

nó·hòw *adv* 《口・方》決して…ない (not at all); 《方》ANYHOW; [ᵘall ∼, 〈*pred a*〉]《方》全く混乱して, いらいらして: It ain't no good ∼. とにかくよくない / I do*n't* care if you do ∼. あんたがやろうとやるまいと知ったことか.

noid /nɔ́ɪd/ *n**《俗》偏執症者, 誇大妄想家 (paranoid).

noil /nɔ́ɪl/ *n* (*pl* ∼, ∼**s**) 《羊毛などの》短毛《紡毛糸用》. ♦ ∼**y** *a* [C17‹? OF]

noir /nwá:r/ *n* **1** 〘ルーレット〙黒の数字. **2** ロマン[セリ]・ノワール, 暗黒小説《暗黒街などを舞台にした陰惨なハードボイルド風犯罪小説》; FILM NOIR. ♦ ∼**·ish** *a* [F=black]

nó-ìron *a* 《口》アイロンがけ不要の, ノーアイロンの.

noise /nɔ́ɪz/ *n* **1 a** 《特に不快で非音楽的な》やかましい音, 騒音; 叫喚, 喧騒; 大声, 叫び声; 騒音[ノイズ]音楽《騒音のような音で構成する音楽》. **b** 人の注意を喚起するもの; *《俗》GUN[1]. **2** 《一般に》音; 《古》音楽; 《廃》音楽隊. **3** [*pl*] 主張, ことば, 《口の中で言う》声 (cf. *make* NOISES); 抗議[不満]の声; *《口》おしゃべり, たわごと, 議論; 《古》評判, うわさ: BIG NOISE. **4 a** 《受信機などの》雑音, ノイズ, 《信号などの》乱れ; 〘テレビ〙ノイズ《画像の乱れや雑音など》; 〘写〙ノイズ《画像のざらつき》; 妨害信号[要因]. **b** 〘電算〙ノイズ, 雑音《回線の乱れによって生ずるデータの誤り》. ● **Kill that** ∼. *《俗》おしゃべりをやめろ, うるさい, 黙れ. **make (all) the right** ∼**s** もっともらしいことを言う. **make a** ∼ 騒ぐ; 騒ぎたてる 〈*about*〉; 世間の評判になる; *《俗》ゲップをする: *make a* ∼ in the world 有名になる, (悪い意味で)評判になる. **make** ∼**s** 《ある考え・気持を》口に出す, 発言する: *make* encouraging [sympathetic] ∼*s* 励まし[同情]のことばを述べる. ► *vt* 言い触らす 〈*about, abroad, around*〉: It is ∼*d abroad* that…ともっぱら評判だ. ► *vi* ペチャクチャと[大声で]しゃべる 〈*of*〉; やかましい音[声]をたてる. [OF=strife, outcry‹L NAUSEA]

Noi·se /nɔ́ɪʃi/ 〘アイル伝説〙ノイシ (NAOISE の別称).

nóise cònotur 〘空〙騒音コンター《騒音の分布を地図の等高線のように表示する方法》.

nóise fàctor [fìgure] 雑音指数.

nóise·less *a* 騒音[雑音]のない[少ない], 静かな. ♦ ∼**·ly** *adv* 音もなく, そっと. ∼**·ness** *n*

nóise lèvel 〘通信〙雑音レベル, ノイズレベル.

nóise lìmiter 〘電子工〙雑音抑制器, ノイズリミッター.

nóise·màker *n* 音をたてる人[もの]; 《お祭り騒ぎの時の》鳴り物《clapper, cowbell, horn, rattle など》. ♦ **nóise·màking** *n, a*

nóise pollùtion 騒音公害.

nóise·pròof *a* 防音の (soundproof).

nóise redùcer 〘電子工〙雑音抑制器.

nóises óff *pl* 舞台裏での効果音, がや音; [*joc*] 喧噪, ざわめき.

nóise trèatment 《航空機エンジンの》騒音低減処置.

noi·sette[1] /nwəzét; nwa:-/ *n* ノワゼット《(1) ラムなどの赤身の小さな丸い肉 2) ヘーゼルナッツ入りのチョコレート》. ► *a* ヘーゼルナッツ風味[入り]の. [F=hazel nut (*noix* nut)]

noisette[2] *n* 〘植〙ノワゼットローズ《musk rose と China rose の雑種》. [↑]

noi·some /nɔ́ɪsəm/ 《文》 *a* 有害な; 悪臭のする; 不快な. ♦ ∼**·ly** *adv* ∼**·ness** *n* [*noy* (obs) annoyance ‹ ANNOY]

noisy /nɔ́ɪzi/ *a* **1** やかましい, 騒々しい (opp. *quiet*); ざわついた; 〘電〙ノイズのはいった[混ざった]. **2** 〈色彩・服装・文体などが〉派手な, けばけばしい. ♦ **nóis·i·ly** *adv* **-i·ness** *n* [*noise*]

nóisy scrúbbird 〘鳥〙ノドジロクサムラドリ (⇨ SCRUBBIRD).

Nók cúlture /nák-/ [the] ノク文化《ナイジェリア北部にみられる紀元前 5 世紀から後 2 世紀ごろの文化; テラコッタ製の人頭が発掘されている》.

nokkelost ⇨ NOEKKELOST.

nó-knòck* *a, n* 警察の無断立入り(を認める).

No·la /nóulə/ ノラ《女子名》. [Celt=noble, famous]

No·lan /nóulən/ ノーラン Sir **Sidney (Robert)** ∼ (1917–92)《オーストラリアの画家; オーストラリアの民話に基づく題材を扱う》.

Nol·de /nóuldə/ ノルデ **Emil** ∼ (1867–1956)《ドイツの表現主義の画家》.

Nöl·de·ke /*G* nǿldəkə/ ネルデケ **Theodor** ∼ (1836–1930)《ドイツのセム語学者・イスラム研究者》.

no·lens vo·lens /nóulènz vóulènz/ *adv* いやおうなしに (willy-nilly). [L=unwilling willing]

no·li me tan·ge·re /nóuli mi tǽndʒəri, -làɪ-, -meɪ tǽŋgərèɪ/ **1** 〘聖〙「ノリ・メ・タンゲレ」《「われにさわるな」の意で, 復活後のイエスがマグダラのマリアに姿を現わした時のことば, またその図》. **2** 接触[干渉]を禁ずる警告; 接触[干渉]してはならない人[もの]; 〖医〗狼瘡 (lupus); 〖植〗ホウセンカ. [L=touch me not]

noll /nóʊl/ *n* ″《方》頭(のてっぺん).

Noll /nɔ́(:)l, nál/ **1** ノル《男子名; Oliver の愛称》. **2** [°Old ~] 老ノル《Oliver CROMWELL のあだ名》.

nol·le pros·e·qui /náli prásəkwàɪ/ 〖法〗訴えの取下げ, 起訴の取下げ; 略 nol. pros.》. [L=to be unwilling to prosecute]

nó-lóad *a* 手数料なしの. ► *n* /⌐ ⌐/ 手数料なしの投資信託.

no·lo (con·ten·de·re) /nóʊloʊ (kəntέndəri)/ 〖法〗不抗争の答弁. [L=I do not wish (to contend)]

no·lo epis·co·pa·ri /nóʊloʊ ɛpìskəpá:ri/ 責任ある地位への就任辞退(の宣言形式). [L=I do not wish to be a bishop]

nó-lóse *a*《口》〈状況・政策など〉必ずうまくいく, 失敗のしようがない.

nol-pros* /nálprás; ⌐⌐/ *vt* (**-ss-**) 〖法〗〈訴えを〉取り下げる, 〈訴追を〉打ち切る.

nol. pros. °nolle prosequi. **nom.** nominal ♦ nominative.

no·ma /nóʊmə/ *n* 〖医〗水癌《壊疽(えそ)性口内炎》.

no·mad, -made /nóʊmæd/ *n* 《食物や牧草地を求めて住居を移動しながら生活する》遊動民, 遊牧民, ノーマッド, ノマド; 放浪者. ► *a* 遊動[遊牧](民)の; 放浪の[する] (wandering). ♦ **nómad·ìsm** *n* 遊動[遊牧](生活); 放浪生活. [F<L<Gk *nomadnomas* (*nemō* to pasture)]

no·mad·ic /noʊmǽdɪk/ *a* 遊動[遊牧](生活)の; 遊動[遊牧]民の; 放浪(生活)の. ♦ **-i·cal·ly** *adv*

nómad·ìze *vi* 遊動[遊牧]生活をする; 放浪する. ► *vt* 〈被征服民族など〉に放浪を余儀なくさせる.

nó-màn *n* 同調しない人 (opp. *yes-man*).

No·man·hán [No·mon·hán] ìncident /nòʊmənhá:n-/ ノモンハン事件《1939 年満洲国とモンゴル人民共和国国境のノモンハン付近で起こった日ソ両軍の武力衝突》.

nó-màn's-lànd *n* 主のない土地, 無人地帯; 〖軍〗敵味方の中間地帯, 危険地域; 《性格のはっきりしない》中間領域, グレーゾーン.

nom·arch /námà:rk/ *n* 《古代エジプトの》州知事; 《現代ギリシアの》県知事.

nom·archy /námà:rki/ *n* 《現代ギリシアの》県.

nombles ⇨ NUMBLES.

nom·bril /námbrəl/ *n* 〖紋〗ノンブリル (=*navel*)《盾形の紋地下半部中心点》.

nom de guerre /nám dɪ gέər/ (*pl* **nóms de guérre** /nám(z)-/) 仮名, 変名 (pseudonym). [F=war name]

nom de plume /nám dɪ plú:m/ (*pl* **nóms de plúme** /nám(z)-/, **nom de plúmes** /-z/) 筆名, ペンネーム (pseudonym, pen name). [F; 英語で ↑ をまねてつくった造語]

nom de thé·â·tre /nám dɪ teá:trə/ (*pl* **noms de théâtre** /nám(z) ― ⌐―/) STAGE NAME.

nome[1] /nóʊm/ *n* NOMARCHY; 《古代エジプトの》州. [Gk]

Nome **1** ノーム《Nome 岬の西の海港で米国の大陸部では最西端の市》. **2** [Cape] ノーム岬《Alaska 州西部 Seward 半島南側の岬》.

no·men[1] /nóʊmən/ *n* (*pl* **nom·i·na** /námənə, *nóʊ-/) 〖古ロ〗第二名, 氏族名《例 Gaius Julius Caesar の *Julius*; cf. COGNOMEN, PRAENOMEN》; 〖文法〗名詞; 《一般に》名前, 呼称. [L=name]

nomen[2], **nome**[2] *v* NIM[1] の過去分詞.

nómen ac·ti·ó·nis /-æktióʊnəs/ 〖文法〗行為名詞.

nómen agén·tis /-əʤέntəs/ 〖文法〗行為者名詞.

no·men·cla·tor /nóʊmənklèɪtər/ *n* 《学名の》命名者; 用語集, 《属名の》名称一覧; 《古》来客などの名を呼び上げる者; 〖古ロ〗客などの名を主人に告げる従者または宴会の座席係 ♦ **-cla·to·ri·al** /nòʊmənklətɔ́:riəl/ *a*. [L (↓)]

no·men·cla·ture /noʊmέnklətʃər, *nóʊmənklèɪtʃər/ *n* 《組織的な》命名(法); 学名, 術語, 《一般に》名称, 目録《集合的》. ♦ **-tur·al** /nòʊmənklέrtʃ(ə)rəl/ *a* [L (NOMEN[1], *calo* to call)]

nómen con·ser·ván·dum /-kànsərvǽndəm/ (*pl* **nómina con·ser·ván·da** /-də/) 保留名《生物分類上の属名変更などがあっても変更の許されない例外的な分類名》.

nómen dú·bi·um /-d(j)ú:biəm/ (*pl* **nómina dú·bia** /-biə/) 疑問名《疑義のある分類名》. [L]

nómen ge·né·ri·cum /-ʤənέrɪkəm/ 〖生〗属名 (generic name). [L]

no·men·kla·tu·ra /nòʊmənklɑ:túərə/ *n* ノーメンクラトゥーラ **1)** 旧ソ連などで, 共産党の承認によって任命されるポストの一覧表 **2)** 任命職にある幹部, 特権階級》. [Russ=nomenclature]

nómen nó·vum /-nóʊvəm/ (*pl* **nómina nó·va** /-və/) 新名《認定されなかった旧名に代わる分類名》. [L]

nómen nú·dum /-n(j)ú:dəm/ (*pl* **nómina nú·da** /-də/) 裸名《妥当性のない素案としての分類名》. [L]

nómen spe·cí·fi·cum /-spəkífɪkəm/ 〖生〗種名 (specific name). [L]

no·mic /nóʊmɪk/ *a* 在来の, 普通の; 自然法にかなう.

nomina *n* NOMEN[1] の複数形.

nom·i·nal /námən(ə)l/ *a* **1** 名目(上)の; 〈金利・価格などが〉名目だけの, 有名無実の (opp. *real*); 名ばかりの, わずかな: ~ horsepower 〖理〗公称馬力 / ~ size 公称[呼び]寸法. **2** 〖文法〗名詞の(ような). **3** 名前の, 名前を示す, 〈株式が〉記名の: ~ shares (of stock) 記名割当株 / a ~ price 〖商〗唱え値 / a ~ list of officers 職員名簿. **4** *《ロケット打上げなどが計画どおりの, まずまずの. ► *n* **1** 〖文法〗名詞的語句, 名詞類, 名詞化形. **2** 〖鳴鐘〗打った鐘の 1 オクターブ上の倍音. ♦ **~·ly** *adv* 名目上(は), 形式的に(は); 〖文法〗名詞的に. [F or L; ⇨ NOMEN]

nóminal definítion 名目[唯名]定義《ことばの意味の説明としての定義; cf. REAL DEFINITION》.

nóminal·ìsm *n* 〖哲〗唯名論, 名目論《中世スコラ哲学で普遍の実在性を否定し真の実在は個々の物だけであるとする説; cf. REALISM》. ♦ **-ist** *n, a* **nòm·i·nal·ís·tic** *a*

nóminal·ìze *vt* 〖文法〗名詞化する. ♦ **nòminal·izátion** *n* 《形容詞などの》名詞化.

nóminal scále 〖統〗名義尺度.

nóminal válue 《株券などの》額面価格, 名目価格 (par value).

nóminal wáges *pl* 名目賃金 (opp. *real wages*).

nom·i·nate /námənèɪt/ *vt* 〈人を〉指名(推薦)する 〈*as* chairman, *for* a post, *to* the board, *to* do〉, 《選挙・選考会などで》候補に挙げる, ノミネートする; 〈日・場所を〉指定する; 〖競馬〗出走馬として登録する; 《古》命名する. ► *vi* 《豪》選挙に立候補する, 出馬する. ► *a* /-nət, -nèɪt/ 特定の名をもつ; 《生物分類で》承名の, 冠命の; 〖スコ法〗〈ある職に〉指命された. ♦ **nóm·i·nàt·able** *a* **nóm·i·nà·tor** *n* [L; ⇨ NOMEN]

nom·i·na·tion /nàmənéɪʃ(ə)n/ *n* 指名(権); ノミネート作, ノミネートされた人; 〖競馬〗出走登録. ● **place sb's name in ~** 《文》指名する.

nom·i·na·ti·val /nàmənətáɪv(ə)l/ *a* 〖文法〗主格の.

nom·i·na·tive /nám(ə)nətɪv/ *a* 〖文法〗主格の; 《選挙でなく》指名による; 〈株券などが〉記名の (nominal). ► *n* 〖文法〗主格; 主格語(形). ♦ **~·ly** *adv* [F or L; ⇨ NOMINATE; Gk *onomastikē* (*ptōsis* case) の訳]

nóminative ábsolute 〖文法〗絶対主格《例 *She* being away, I can do nothing.; cf. ABSOLUTE CONSTRUCTION》.

nóminative of addréss 〖文法〗呼びかけの主格, 呼格 (vocative).

nom·i·nee /nàməní:/ *n* 指名された人, 《選挙・賞などの》候補者; 《株券などの》名義人: a presidential ~ 《各党から指名された》大統領候補者; 《何らかの任務に》大統領から指名された人 / an Academy Award ~ アカデミー賞の候補者.

no·mism /nóʊmɪz(ə)m/ *n* 宗教生活の行動規定を法典の遵奉に置く説, 《宗教行為の》法典遵奉. ♦ **no·mís·tic** *a* [↓]

nomo- /námoʊ, nóʊ-, -mə/ *comb form*「法」「法則」 [Gk *nomos* law]

no·moc·ra·cy /noʊmákrəsi, ″nə-/ *n* 《恣意・恐怖などによらない》法治(主義)政治.

nómo·gràm, -gràph *n* 〖数〗計算図表, ノモグラム.

no·mog·ra·phy /noʊmágrəfi, ″nə-/ *n* 法起草技術; 法(の起草)に関する論文; 計算図表学; 計算図表作図法則. ♦ **nò·mo·gráph·ic** *a* **-i·cal·ly** *adv*

no·mol·o·gy /noʊmáləʤi, ″nə-/ *n* 法律学, 立法学; 〖哲〗法則論. ♦ **nò·mo·lóg·i·cal** /nàmə-, nòʊmə-/ *a* **-cal·ly** *adv*

Nomonhan incident ⇨ NOMANHAN INCIDENT.

no·mo·thet·ic /nàməθέtɪk, nòʊ-/, **-i·cal** /-ɪk(ə)l/ *a* 立法の, 法律制定の; 法に基づいた; 〖心〗普遍的[科学的]法則(の研究)の, 法則定立学の (cf. IDIOGRAPHIC).

-n·o·my /⌐nəmi/ *n comb form*「…の知識体系」「…の秩序法則」: astro*nomy*, eco*nomy*, taxo*nomy*. [Gk]

non /nán, nóʊn/ *adv* なし, あらず (not). [L=not]

non-[1] /nán/ *pref* [自由に名詞・形容詞・副詞に付けて]「非」「不」「無」「えせ」(⇨ UN-). [AF, OF<L (↑)]

non-[2] /nán/, **nona-** /nánə/ *comb form*「9(番目)」 [L (*nonus* ninth)]

no·na /nóʊnə/ *n* 〖医〗ノーナ病《嗜眠性脳炎》. [L *nona* (*hora*) ninth (hour); キリストが十字架上で死んだ時刻によるものか]

Nona ノーナ《女子名》. [L=ninth]

nòn·abstáin·er *n* 飲酒家, 不節制家.

nòn·accépt·ance *n* 不承諾; 引受け拒絶.

non·áccess *n* 〖法〗《夫婦間の》無交接.

nòn·achíever* *n* 落第(学)生; 目標を達成していない人[若者].

non·ac·tin /nanǽkt(ə)n/ *n* 〖薬〗ノナクチン《ストレプトマイシンの一種から誘導した抗生物質で, イオンを脂質に透過させる能力をもつ》.

non·áddict *n* 非常用者《麻薬使用者のうちで》.

nòn·addíct·ing, nòn·addíctive *a* 常用性をもたらさない, 非常用性の〈薬〉.

nón·ádditive *a* 加算したことにならない, 非加算的な; 〖遺〗非相加の. ♦ **nòn·additívity** *n*

non·áerosol *a* 〈スプレーが〉フロンガスを使用していない.

non·age /nánɪʤ, nóʊn-/ *n* 〖法〗未成年(期); 未熟(期), 幼稚. [AF (NON-[1], AGE)]

non·a·ge·nar·i·an /nòʊnəʤənέəriən, nànə-/ *a, n* 九十代の

(人) (⇨ QUADRAGENARIAN). [L (*nonageni* ninety each)]
nòn·aggréssion *n* 不侵略: a ~ pact 不可侵条約.
non·a·gon /nánəgàn, *nóunə-/ *n* 九角[九辺]形 (⇨ TETRAGON). ♦ **non·ag·o·nal** /nanǽgən(ə)l/ *a* [L *nonus* ninth, *-gon*]
non·alcohólic *a* 〈飲料が〉アルコールを含まない.
nòn·alígned *a* 非同盟の. ► *n* 同盟反対論者, 非同盟主義者. ♦ **nòn·alígn·ment** *n* (中立)非同盟.
nòn·allélic *a* 〔発生〕〈遺伝子が〉非対立性の.
nòn·allergénic *a* 非アレルギー性の.
nòn·allérgic *a* 〔医〕非アレルギー(性)の.
nó-nàme *a, n* 商標なし[無印]の(商品), ノーブランドの(商品); 無名の(人).
nó-nàme cigarétte *《俗》 NO-BRAND CIGARETTE.
non·a·nó·ic ácid /nànənóuɪk-/ 〔化〕ノナン酸 (pelargonic acid).
non-A, non-B hepatitis /nánéɪ nánbí: ―/ 〔医〕非A非B型肝炎《A 型・B 型肝炎ウイルスの診断法によって検出されない 2 種類以上のウイルスによって起こる肝炎; 特に C型肝炎》.
nòn·appéar·ance *n* 不参, 〔法〕《法廷への》不出頭.
no·na·ry /nóunəri/ *a* 9 つからなる; 〔数〕九進法の. ► *n* 9 個で一組をなすもの; 〔数〕九進法の数.
nòn·assértive *a* 〔文法〕非断定的な《疑問文・否定文・条件節などについていう》.
nòn·asséss·able *a* 追加払い込み義務のない, 非賦課の〈株式〉. ♦ **-assèss·abílity** *n*
non as·sum·psit /nán əsʌ́m(p)sɪt/ 〔法〕非引受け答弁《引受け訴訟における被告の一般答弁または否認》. [L]
non·ástronaut *n* 宇宙飛行訓練をうけていない人.
nòn·atténd·ance *n* 不参加, 欠席, 《特に》不就学.
nòn·attríbutable *a* 《特定の原因に》帰することができない, 出所[帰属先]不明の. ♦ **-ably** *adv*
nón·bánk *n, a* ノンバンク(の)《一定の銀行業務を行なえる銀行以外の金融機関》. ♦ **~·ing** *a*
non·bé·ing *n* 実在しないこと (nonexistence), 非有.
nòn·belíever *n* 信じない人; 無信仰な人.
nòn·bellígerency *n* 非交戦; 非交戦状態《直接戦闘には参加しないが, 特定交戦国を公然と支持・援助する国家の態度》.
nòn·bellígerent *a, n* 非交戦国(の), 非交戦者(の).
nòn·bìo·degrádable *a* 非生物分解性の.
non·bláck *n* 黒人でない人, 非黒人.
nón·bónd·ing *a* 〔理〕〈電子・電子軌道が〉非結合性の《共有結合に関与しない》.
nón·bòok *n* *《内容の乏しい》寄せ集め編集的な本, 一時的流行に便乗した本, きわもの本, ノンブック. ► /― ―/ *a* 書籍以外の《特にマイクロフィルムなど図書館所蔵の資料についていう》: ~ materials 非図書資料.
nón·búsiness *a* 職業[商売]と関係ない[を離れた].
non·calcáreous *a* 非石灰質の.
non·calóric *a* カロリー零の, 無[低]カロリーの.
non·cámpus *a* 〈大学が〉特定キャンパスをもっていない.
nón·cándidate *n* 非候補(者), 《特に》不出馬表明者. ♦ **-cándidacy** *n*
nòn·canónical *a* CANON[1] に含まれない, 正典外の.
nòn·cápital *a* 〈犯罪などが〉死刑の対象にならない, 非死刑対象の.
non·càrcino·génic *a* 〔医〕非発癌性の.
nonce[1] /náns/ *n* 目下, 当座, 当面の目的; ノンス《暗号処理などでその時にかぎり使われる特に意味のないデータ》. ● **for the ~** さしあたって, 臨時に; 当面の目的のために. ► *a* 一回だけの, その時限りの. [*for then ones* for the one (occasion) の異分析; cf. NEWT]
nonce[2] *n* "《俗》《特に子供に対する》暴行犯, 変態. [C20<?]
non·céllular *a* 非細胞性の.
nónce wòrd 〔文法〕臨時語《その時限りに用いる語》.
non·cha·lance /nànʃəlá:ns, ―, -ləns; nónʃ(ə)ləns/ *n* 無頓着, 平気, のんき: with ~ 淡々と, 冷静に, 無関心な様子で, 何気ないふうに (nonchalantly).
nòn·cha·lánt /, nánʃəlà:nt, -lənt; -lənt/ *a* 無頓着な, 平然とした. ♦ **~·ly** *adv* [F (pres p) < *non-*(*chaloir* to be concerned)]
nòn·chromosómal *a* 〔生〕染色体上にない; 非染色体性の.
non·cláim *n* 〔法〕請求懈怠(けたい)《規定の期間内に請求しないこと》.
non·códing *a* 非暗号性の, 非コードの《遺伝暗号を指定しない》.
non·cóital *a* 〈性行為が〉性器結合によらない.
nòn·collégiate *a* "〈大学生が〉学寮に属さない; 〈大学が〉学部[学寮]制でない; 〈研究・学力など〉大学程度以下の.
non·com /nánkàm/ *n* 《口》NONCOMMISSIONED OFFICER.
non·cómbat *a* 戦闘(以)外の〈任務〉.
nòn·cómbatant /, ―/ *n* 《国際法上の, また広義の》非戦闘員, 一般市民. ► *a* 非戦闘員の, 戦闘に従事しない; 非戦闘用の.
nòn·combústible *a, n* 不燃性の(物質).
non·còmedo·génic *a* 面皰(めんぽう)を生じない, 非面皰形成性の.
nòn·commércial *a* 非商業的な, 商業的に重要でない, 商業目的ではない.
nòn·commíssioned *a* 職権委任状のない.
noncommíssioned ófficer 〔軍〕下士官《略 NCO; cf. COMMISSIONED OFFICER》.
nòn·commíttal *a* 言質を与えない, あたりさわりのない; 意味[性格]の明瞭でない, どっちつかずの: a ~ answer あいまいな返事. ► *n* 言質を与えないこと, 旗幟(きし)を鮮明にすることの拒否[回避]. ♦ **~·ly** *adv*
nòn·commítted *a* 無党派の.
nòn·commúnicable *a* 伝えられない; 非伝染性の.
nòn·commúnicant *n* 聖餐を受けない人, 非陪餐者, 非聖体拝領者.
non-Cómmunist *a* 非共産党員の, 非共産主義の. ► *n* 非共産党員, 非共産主義者.
nòn·compátible *a* 〔電算〕非互換性の. ♦ **nòn·compatibíl·ity** *n*
nòn·compétitive *a* 競争のない, 競わない; 競争力のない.
nòn·complíance *n* 不従順, 不承諾. ♦ **-ant** *a*
non com·pos /nán kámpəs/ *a* NON COMPOS MENTIS; *《俗》酒に酔っぱらって, べろんべろんで (=**nón cómpos póo·poo** /-pú:pù:/).
nón cóm·pos mén·tis /-méntəs, nóun-/ 正気でない; 〔法〕心神喪失の. [L]
non·con /nánkàn/ *n* NONCONFORMIST.
nòn·concúr *vi* 同意拒否をする.
nòn·concúrrence *n* 不同意, 同意拒否.
nòn·condénsing *a* 〈蒸気機関が〉不凝(ふぎょう)式の.
nòn·condúctor *n* 〔理〕不導体, 絶縁体. ♦ **nòn·condúct·ing** *a* 不伝導(性)の.
non·cónfidence *n* 不信任: a vote of ~ 不信任投票.
nòn·confórm *vi* 従わない; 国教を奉じない. ♦ **~·er** *n* [逆成 < *nonconformist*]
nòn·confórm·ance *n* 従わないこと; 国教不遵奉.
nòn·confórm·ing *a* 従わない; 国教を奉じない.
nòn·confórm·ist *n* 一般社会規範に従わない人; [°N-] 〔英〕国教会非信従者, 非国教徒 (Dissenter) (opp. *Conformist*). ► *a* 一般社会規範に従わない; [°N-] 非国教徒の: the ~ conscience 非国教徒の良心. ♦ **nòn·confórm·ism** *n* NONCONFORMITY.
nòn·confórmity *n* 不一致, 不調和, 矛盾, 食い違い 〈*to*, *with*〉; 一般社会規範の拒否[への反抗], 非同調; [°N-] 国教を遵奉しないこと; [°N-] 非国教徒《集合的》; [N-] 非国教徒の教義[儀式].
non·cónscious *a* 非意識的な.
non·cónstant *a* 〔数〕〈関数が〉非定値の.
non con·stat /nóun kóunstæ̀t/ そのことは確立せず[確定されていない], 明白でない. [L=it is not clear]
nòn·consúmptive *a* 自然を破壊することのない, 天然資源のむだ使いをしない.
non·cóntact *a* 《試合で》選手が相互に身体的接触をしない[必要としない].
non·contént *n* 〔英上院〕NOT-CONTENT.
nòn·conténtious·ly *adv* 論争的でなく, 穏やかに.
non·contradíction *n* 〔論〕矛盾がないこと.
nòn·contríbutory *a* 〈年金・保険などが〉受益者負担なしの, 国庫[雇用者]負担の.
nòn·controvérsial *a* 議論の必要[余地]のない, 議論をよばない, 穏当な.
nòn·convért·ible *a* 両替できない; 金貨に換えられない, 不換の: a ~ note 不換紙幣.
nòn·cooperátion *n* 非協力; 対政府非協力(運動), 《特にインドの Gandhi 派の》対英非協力(運動). ♦ **~·ist** *n* **nòn·co·óperative** *a* 非協力的な; 非協力運動の. **nòn·coóperator** *n* 非協力者; 非協力運動実践者.
nòn·cooperatívity *n* 〔化〕非協同性《COOPERATIVITY の欠如》.
nón·cóunt *a* 〈名詞が〉不可算の.
non·cóuntry *n* 国家らしくない国家《人種が同一でなかったり, 自然国境がなかったりする国》.
nón·crédit *a* 卒業単位にならない[数えない]: ~ courses.
nón·cróss·òver *a* 〔遺〕非交差型の.
nón·custódial *a* **1** 〈親が〉《法的に》子供の監護権 (custody) をもたない, 監護権のない. **2** 拘束中に行なわれるのではない〈取調べ〉; 《刑務所などに収容されない》非拘禁の〈刑(の宣告)〉《保護観察処分など》.
non·da /nándə/ *n* 〔植〕ノンダ(の実)《オーストラリア Queensland 産の食用になる黄色い実のつくクリソバラヌス科の木》. [(Queensland)]
nón·dáiry *a* 牛乳[乳製品]を含まない.
nòn·dedúct·ible *a* 控除できない. ♦ **-dedùct·ibílity** *n*
nòn·defénse *a* 防衛[軍事](目的)以外の.
nòn·degrádable *a* 非分解性の.
nòn·degrée *a* 学位を必要[目的]としない.
nòn·delívery *n* 引渡し[配達]しないこと, 不着.
nòn·de·nóm·i·nàt·ed* *a* 〈切手が〉金額が印刷されていない.
nòn·de·nominátion·al *a* 特定の宗派に限定されない, どの宗派の人にも開かれた.

N

non·de·script /nàndɪskrípt; ⌐―⌐/ *a, n* 分類[名状]しがたい(人[もの]); ありふれた[平凡な, 何の変哲もない](人[もの]); «俗» 目立つことなく背景におさまる俳優. ♦ **~·ly** *adv* **~·ness** *n* [*non-*¹, L (pp)<DESCRIBE]

nòn·destrúctive *a* 破壊しない, 《特に》物理的状態[配列]または化学的構造を変えない: ~ testing 非破壊試験[検査] 《X 線・超音波などを用いる》. ♦ **~·ly** *adv* **~·ness** *n*

nòn·diabétic *a, n* 糖尿病にかかっていない(人).

non·dìa·páus·ing *a* 〖生〗休眠しない; 休眠状態にはない.

non·dígital *a* 非デジタルの, アナログの.

nòn·diréction·al *a* 〖音響・通信〗無指向性の.

nòn·diréctive *a* 〈精神療法・カウンセリング・面接などが〉無[非]指示的な《来談者に直接指示を与えず, 来談者が自発的に話をしてゆくように方向づけるだけの》.

nòn·disclósure *n* 不開示, 不通知.

nondisclósure agrèement 〖法〗情報不開示合意, 守秘義務合意, 秘密保持契約《略 NDA》.

nòn·discriminátion *n* 差別(待遇)をしないこと. ♦ **nòn·dis·críminatory** *a*

nòn·disjúnction *n* 〖生〗不分離《相同染色体・姉妹染色分体が減数分裂・有系分裂の中期のあとに分離できず, 娘細胞に染色体の両方がはいるか全くはいらないこと》. ♦ **~·al** *a*

non·distínctive *a* 〖音〗不明瞭[非弁別的]な, 異音の. ♦ **~·ly** *adv*

non·divíding *a* 〖生〗細胞分裂しない.

nòn·dómᴴ *n* 《法律上の》国内非居住者, 名ばかり在外者《英国内に住みながら法的な住所 (domicile) を海外に置き, 所得税などをのがれようとする者》.

nòn·dómiciled *a* 定まった住所のない; 生まれた国に居住していない.

nòn·dórmant *a* 〖植〗非休眠(状態[性])の.

nòn·drínk·er *n* 酒を飲まない人, 禁酒した人. ♦ **-drínk·ing** *a*

non·dríp *a* 〈塗料が〉不滴下性の, 無滴の.

non·dríver *n* 車を運転しない人.

nòn·drówsy *a* 〈薬品が〉非催眠性の, 眠くならない.

nòn·drý·ing óil 不乾性油《オリーブ油など》.

non·dúrable góods, non·dúrables *pl* 非耐久財《食料・衣料・石油など消耗品; opp. *durable goods*》.

none¹ /nʌ́n/ *pron* **1** だれも…ない (no person *or* persons). ★ 複数扱いのほうが普通: There were ~ present. **2** [of を伴って] …のいずれも[だれも, 何も, 少しも]…ない: I read three books on the subject but ~ *of* them were helpful. 関係書を 3 冊読んだがどれも役に立たなかった (cf. …but *not one of* them was helpful. 1 冊として役に立たなかった) / *N~ of* this concerns me. これはわたしには何も関係がない / (That's) ~ *of* your BUSINESS. **3** [no ＋単数名詞に代わって] 少しも[決して]…ない: I would rather have a bad reputation than ~ at all. 悪い評判でも全くないよりはよい. **● ~ but**…でなければだれも…ない, ただ…のみ(が): *N~ but* (＝Only) fools have ever believed it. ばかでなければそれを信じた者はない. **~ other than** [«文» **but**] …にほかならぬ人[もの], まさしく…である人[もの]: He is dating ~ *other than* Paris Hilton 彼はだれあろうパリス・ヒルトンとつきあっている. **will** [**would**] **have ~ of**…＝**want ~ of**…を拒否する, 認めない: I *want* ~ *of* your impudence! 生意気言うな.
► *a* «古» 少しも…ない (not any). ★ もとは母音 (または h) の前に用いたほかは, 名詞を略しまたはこれと離れるときにだけ用いた: make of ~ (＝no) effect «古» 無効にする / Gold and silver have I ~. 〖聖〗金銀はわれになし《*Acts* 3: 6》/ Remedy there was ~. 療法とてはさらになかった.
► *adv* 少しも…ない (not at all). ★ the＋比較級, または too, so と共に用いる: You are ~ *so* fond of him. あなたは彼が全然好きでない / He is ~ *the wiser* [*better*, etc.]. 少しもわかって[よくなって]いない / He did it ~ *too* well. やり方が少しもうまくなかった (⇨ none TOO) / ~ LIKE² / ~ the LESS.
[OE *nān* (*ne* not, *ān* ONE)]

none² /nóun/ *n* [°N-] 〖キ教〗九時課《古代ローマでは午後 3 時, 現在は正午に行なう祈り; ⇨ CANONICAL HOURS》. [L *nona* ninth hour of the day from sunrise]

non·éarth·ly *a* 地球外の.

nó-néck *n**«俗» でくのぼう, 頑迷な愚か者, 強情なばか, 頑愚なやつ.

nòn·económic *a* 経済的に重要ではない, 非経済的な.

nòn·effèctive *a* 効果的でない; 〖軍〗軍務に適しない. ► *n* 〖軍〗《傷病などのため》軍務に適さない兵員, 戦闘力のない兵員.

non·égo *n* 〖哲〗非我, 《主観に対する》客観, 客体.

nòn·elástic *a* 弾性のない, 非弾性の.

nòn·eléctro·lỳte *n* 〖化〗非電解質.

nòn·émpty *a* 〖数〗空(くう)でない, 非空の.

non·en·fórce·able *a* 実施[施行, 強制]不可能な. ♦ **-en·fòrce·abílity** *n*

non·éntity *n* 実在[存在]しないこと[もの], 作り事; 取るに足らぬ[つまらない]人[もの], パッとしない人物.

nòn·enzymátic, -enzýmic, -énzyme *a* 酵素のはたらきによらない, 非酵素的な. ♦ **-mátical·ly** *adv*

nòn·equívalence *n* 不等, 不同; 〖論〗不等値《**1**) 2 つの命題の一方のみが真である場合 **2**) 一方が真であるとき真, そうでない場合偽とする 2 命題の機能》.

nones /nóunz/ *n* [〈*sg/pl*〉] 〖古ロ〗《3, 5, 7, 10 月の》7 日, 《その他の月の》5 日 (cf. IDES); [°N-] NONE². [L *nonus* ninth; 'ides の 9 日前' (ides も含めて数える) の意]

nóne-so-prétty *n* 〖植〗ヒカゲユキノシタ (London pride).

nòn·esséntial *a* 本質的でない, 肝要でない; 〖生化〗〈アミノ酸が〉非必須の. ► *n* 重要でない人[もの].

non est /nán ɛ́st/ *a* 存在しない, 不在の.

nón èst fáctum 〖法〗証書(作成)否認の答弁. [L＝it is not his/her deed]

nón èst in·vén·tus /-ɪnvɛ́ntəs/ 〖法〗(本人)所在不明復命《令状により逮捕を命じられた人物が所管区内に見当たらない旨の復命をなすとき sheriff が令状に書き込む文句; 略 n.e.i.》. [L＝he/she is not found]

nóne·sùch, nón- /nʌ́n-/ *a, n* 比類のない(人[もの]); 〖植〗コメツブウマゴヤシ (black medic). [*none such*]

no·net /nounɛ́t, ᴴnɔnɛ́t/ *n* 九人[九個]一組; 〖楽〗九重奏[唱](曲) (⇨ SOLO); 九重奏[唱]団; 〖理〗九重項.

nòne·the·léss *adv* それでもなお, しかしながら, それにもかかわらず (nevertheless).

non·éthnic *a* 特定人種集団に属さない.

nòn·Euclídean *a* [°non-euclidean] 非ユークリッドの: ~ geometry 非ユークリッド幾何学.

nón·evènt /, ⌐―⌐/ *n* 期待はずれのできごと; 《前宣伝ばかりで》実際には起こらなかったできごと; 《鳴り物入りだが》中身のないこと; 公式には無視されたできごと; 《マスコミによる》'やらせ'.

nón-exécutive diréctor 外部取締役.

non·exístence *n* 存在[実在]しないこと[もの]. ♦ **nòn·exís·tent** *a, n* 存在[実在]しない(人).

non·éxpert *n* 非専門家, しろうと, 門外漢.

non·fáctive *a* 〖言〗非叙実型の《その従属節の内容が事実として前提されていない動詞についていう; believe など》.

non·fárm *a* 農場[農家]以外の.

nón·fát *a* 脂肪(分)を含まない, 脱脂した: ~ milk.

non·fea·sance /nɑ́nfíːz(ə)ns/ *n* 〖法〗不作為, 懈怠(けたい)《義務不履行; cf. MALFEASANCE, MISFEASANCE》.

non·féed·ing *a* 〈休眠中の動物・昆虫が〉摂食しない.

non·férrous *a* 鉄を含まない; 非鉄(金属)の: ~ metal.

non·fíction *n* ノンフィクション《小説・物語以外の散文文学; 歴史・伝記・紀行文など; cf. FICTION》. ♦ **~·al** *a*

non·fìction·éer *n* ノンフィクション作家.

nonfíction nóvel ノンフィクション小説《小説の劇的手法を用いて描いたノンフィクション》. ♦ **nonfíction nóvelist** ノンフィクション作家.

nón·fígurative *a* 〖美〗非具象(主義)的な, ノンフィギュラティフの (nonobjective).

non·fínite *a* 限界のない, 無限の; 〈動詞形が〉非定形の《人称や数を示さない; 英語では不定詞, 分詞をいう》.

nón·flámmable *a* 不燃性の; 非引火性の, 難燃性の. ♦ **-flammabílity** *n*

non·flówer·ing *a* 〖植〗花の咲かない, 開花期のない.

non·flúency *n* 訥弁, 口べた.

non·fóod *a* 食料品以外の.

non·fórfeiture bènefit [**vàlue**] 〖保〗不可没収給付金[価格]《保険料を規定の最小期間払い込んだあとに払い込みを中止しても被保険者に与えられる現金などの保証》.

nòn·fréezing *a* 不凍性の: ~ explosive 不凍性爆薬.

nòn·fulfíll·ment *n* 《義務・約束などの》不履行.

non·fúnction·al *a* 機能をもたない; 機能していない, うまくはたらかない[動かない].

nong /nɑ́ŋ/ *n* «豪俗» ばか, のろま. [C20<?]

non·ge·nary /nɑ́nʤənèri; -n(ə)ri/ *n* 九百年祭 (⇨ CENTENARY).

nón·genétic *a* 非遺伝的な.

nòn·gonocóccal *a* 非淋菌性の.

nongonocóccal urethrítis 〖医〗非淋菌性尿道炎《細菌性性病; 略 NGU》.

non·governméntal, non·góvernment *a* 政府と無関係の, 民間の.

nòn·gráded *a* 等級のない, *学年別になっていない.

non·gráduate *n* 卒業生でない人.

nòn·grammátical *a* 非文法的な《文や言語表現が当該言語の文法規則にのっとっていない》.

non·gránular léukocyte 〖解〗無顆粒白血球.

non gra·ta /nɑn grǽtə, -grɑ́ː-/ *a* 好ましからぬ.

nón·gréen *a* 緑でない, 青くない; 《特に》葉緑素を含まない.

nòn·harmónic *a* 〖楽〗非和声的な.

nón·héro *n* ANTIHERO.

non·híbernating *a* 冬眠中でない; 冬眠できない.
non·hístone *a* 〘生化〙 非ヒストンの《真核細胞のタンパク質で, 核内 DNA と結合するがヒストンでない》.
nón-Hódgkin's lymphóma 〘医〙 非ホジキンリンパ腫《ホジキン病 (Hodgkin's disease) 以外の悪性リンパ腫の総称; バーキットリンパ腫 (Burkitt's lymphoma) など》.
nón·hòst *n* 〘生態〙 非宿主植物《他の生物による攻撃・寄生をうけない》.
non·húman *a* 人間でない, 人間外の, 人間のものでない.
no·ni /nóuni/ *n* 〘植〙 ノニ《Indian mulberry のタヒチ語名; 特に その果汁などの健康食品についていう》.
nòn·idéntical *a* 同一でない, 異なった; 二卵性の〈双生児〉.
no·nil·lion /nouníljən/ *n, a* ノニリオン(の)《10^{30}; 英ではかつて 10^{54} を表わした》. ★ ⇨ MILLION. ［F (*nona*-ninth); *non*-²］
nòn·immúne *a, n* 免疫性のない(人).
nòn·ímpact *a* 〘印〙 非印圧式の, 非衝撃式の, ノンインパクト方式の〈印刷・プリンター〉.
nòn·indúctive *a* 〘電〙 無誘導性の.
nòn·inféct·ed *a* 感染していない.
nòn·inféctious *a* 非感染性の, 非伝染性の.
nòn·inflámmable *a* 不燃性の.
non·informátion *n* 当面の問題に関係のない情報.
nòn·insecticídal *a* 殺虫力のない; 殺虫剤不使用の.
non-ínsulin-depèndent diabétes (mellítus) 〘医〙 インスリン非依存性糖尿病 (TYPE 2 DIABETES)《略 NIDDM》.
non·interférence *n* 《特に 政治問題への》 不干渉.
non·inter·láced *a* 〈テレビなどが〉非インターレースの (progressive).
non·intervéntion *n* 不介入; 〘外交〙 内政不干渉. ♦ **~·ist** *n, a* **~·ism** *n*
Noninterventión Commíttee [the] スペイン内乱不干渉委員会《ヨーロッパの 27 か国が 1934 年に開いた国際組織》.
nòn·intrúsion *n* 不侵入, 侵入拒否; 〘スコ教会〙 聖職授与者は教区民の歓迎しない牧師をその教区に就任させてはならないとする主義.
nòn·invásive *a* 拡張[伸長]しない; 〈癌が〉非侵入性の, 非浸潤性の《健康な組織を冒さない》; 〘医〙 非侵襲性の《針や管を体内に挿入しないで診断・治療する方法》. ♦ **~·ly** *adv*
nón invéntus 〘法〙 NON EST INVENTUS.
nòn·invólve·ment *n* 無関与, 無干渉, 無関心, 傍観(主義). ♦ **-invólved** *a*
nòn·iónic *a* 非イオン(性)の.
nonióníc detérgent 非イオン洗剤.
nón·íronᴮ *a* アイロンがけ不要の, ノーアイロンの (drip-dry).
non·íssue *n* たいして重要でない問題, どうでもいい問題.
no·ni·us /nóuniəs/ *n* 副尺《VERNIER の前身》. ［Pedro *Nuñes* (1502–77) ポルトガルの数学者・地理学者］
nón·jóinder *n* 〘法〙《ある訴訟に共同原告または共同被告とすべき人の》 不併合 (cf. MISJOINDER).
nòn·judgméntal *a* 個人的な判断をしない, 断定的でない, 決めつけない. ♦ **~·ly** *adv*
nón·júror *n* 宣誓拒否者; 〘英史〙 宣誓拒否者《1688 年の名誉革命後, 新君主 William 3 世および Mary またはその後継者への忠誠義務の誓いを拒んだ国教会聖職者》. ♦ **non·jur·ing** /nándʒúərɪŋ/ *a*
nòn·júry *a* 陪審を必要としない, 陪審抜きの: ~ trial 陪審抜きの事実審理, 無陪審審理.
non·léad(·ed) /-léd(-)/ *a* 〈ガソリンが〉四エチル鉛を含まない, 無鉛の (unleaded).
non·légal *a* 非法律的な, 法律の範疇外の (cf. ILLEGAL).
non li·bet /nán láɪbət/ それは気に入らず. ［L］
non li·cet /nán láɪsət/ *a* 許されない, 非合法で《略 n.l.》.
non·línear *a* 直線的でない; 非線形の; 〈小説などが〉時系列に沿わない, 多重的な; 〈機械・プログラムが〉暴走した, 〈人が〉常軌を逸した: go ~. ♦ **~·ly** *adv* **nòn·lineárity** *n*
nòn·linguístic *a* 言語外の, 言語によらない.
non li·quet /nan láɪkwət/ 〘ローマ法〙「明白ならず」《事件審理後もなお事実関係が不明確なときにローマの裁判官が記した文句; これによって評決を免れることができた; 略 n.l.》. ［L＝it is not clear］
nón·líterate *a, n* 書きことば[文字]をもたない(人); 文字文化以前の(人), 原始的な.
non·líving *a* 生命のない, 非生物的な, 非生体的な.
non·lógical *a* 論理(的思考)に基づかない, 非論理的な, 直観的な, 無意識の.
non·márket *a* 市場に関係しない[特有ではない]; 労働市場に含まれない.
non·mátch·ing *a* 調和しない, 釣り合わない; 反対給付を求めない.
nòn·matérial *a* 非物質的な, 精神の, 精神的な, 霊的な; 文化的な, 美的な.
non·mémber /ˌ ˈ ˗ ˗ ˗/ *n* 非会員. ♦ **~·shìp** *n*
nonmémber bánk 非加盟銀行 (⇨ MEMBER BANK).
nón·métal *n* 〘化〙 非金属.
nòn·metállic *a* 非金属の; 非金属性の (not metallic): ~ elements 非金属元素.
non·mónetary *a* 貨幣以外の, 貨幣によらない.
nón·móral *a* 道徳に無関係な, 倫理道徳の範疇外の (cf. IMMORAL). ♦ **~·ly** *adv* **nòn·morálity** *n*
nòn·mótile *a* 〘生〙 (自発)運動能力のない, 不遊の, アプラナートの.
nòn·nátive *a* 土着[地元産]でない, 外来の; 《ある言語を》 母語としない, ネイティブ(スピーカー)でない.
non·nátural *a* 自然から離れた, 非自然の; 〘美・倫〙 非自然主義(者)的な.
non·nátural·ìsm *n* 〘美・倫〙 非自然主義.
nón·négative *a* 負でない, 非負の《正またはゼロの》.
nòn·negótiable *a* 交渉できない, 交渉の余地がない, 動かせない, 確定した; 〘商〙 譲渡できない.
nòn·nèo·plástic *a* 〘医〙 新生物[腫瘍]でない[が原因ではない], 非新生物の.
non·nét *a* 〈本が〉定価のついていない, 正価以下の; 〈価格が〉税込みの.
nòn·nitrógenous *a* 〘化〙 無窒素の.
non no·bis /nɑn nóubəs/ われらに帰するなかれ (not unto us)《*Ps* 115: 1》. ［L］
nón·núclear *a* 核爆発を起こさない; 核エネルギーを用いない; 核兵器を使用[保有]しない, 非核の. ► *n* 非核保有国.
nòn·núcleated *a* 〘生〙 無核の.
nó-nò *n* (*pl* ~'s, ~s) 《口》 やって[言って, 使って]はいけないこと[もの], 禁物; *《口》 失態, FAUX PAS. ► *int* 《幼児》 だめよっ, メーッ.
No·no /nóunou/ ノーノ **Luigi** ~ (1924–90)《イタリアの作曲家》.
nòn·objéctive *a* 〘美〙 非客観的な, 非具象的な (nonrepresentational). ♦ **-objéctivism** *n* **-objéctivist** *n* **-objectívity** *n*
nòn·obsérvance *n* 遵奉しないこと.
non ob·stan·te /nàn ɑbstǽnti, nòun-/ *prep* にもかかわらず. ［L＝notwithstanding］
non obstante ve·re·dic·to /ˌ ˗ ˗ ˗ ˗ ˗ vèrədíktou/ 評決にもかかわらず, 評決は障害とならずに. ［L＝notwithstanding the verdict］
nòn·occúrrence *n* できごとが起こらぬこと, 生起しないこと, 不発生.
nòn·offícial *a* 非公式の; 〘薬〙 局方外の.
nón·óil *a* 非油性の, 油を含まない, ノンオイルの; 石油(製品)を輸入する: a ~ nation 非産油国.
non om·nia pos·su·mus om·nes /noun ɔ́:mniɑ: pɔ̀:sumus ɔ́:mnèɪs/ われわれ皆すべての事ができるわけではない. ［L］
non om·nis mo·ri·ar /noun ɔ́:mnɪs mɔ́:riɑ̀:r/ わたしの全部は死なないだろう. ［L］
nó-nónsense *a* ふまじめなことを許さない, 堅物の, きまじめな; 実用本位の.
nòn·operátion·al *a* 現役でない, 非戦時勤務の; 運転[操業]停止中の.
nòn·orgásmic *a, n* オルガスムを経験できない(人), 不感症の(人).
no·nox·y·nol-9 /nanáksɪnɔ̀(:)lnáɪn, nə-, -nòul-, -nàl-/ *n* 〘薬〙 ノノキシノール 9《殺精子剤》.
nòn·paramétric *a* 〘統〙 母数によらない, 非母数の, ノンパラメトリックな.
non·pa·reil /nànpərél; nɔ́np(ə)r(ə)l, nɔ̀npəréɪl/ *a* 匹敵するもののない, 無比の. ► *n* **1** 無比の人[もの], 極上品. **2** 〘印〙 ノンパレル《6 ポイント活字, また 6 ポイントの罫・インテル; ⇨ TYPE》. **3** *ノンパレイユ《菓子装飾用の着色した砂糖粒》; *白い砂糖粒をまぶしたコイン型チョコレート. **4** *〘鳥〙 ゴシキノジコ (painted bunting). ［F (*pareil* equal)］
non·par·ous /nɑnpǽrəs/ *a* 出産経験のない, 非経産の.
nòn·partícipating *a* 不参加の; 〘保〙 利益無配当の.
nòn·participátion *n* 不参加. ♦ **-partícipant** *n*
nón·pártisan /; ˗ ˗ ˗ ˗ ˊ/ *a* 無党派の, 超党派の: ~ diplomacy 超党派外交 / a ~ committee 超党派委員会. ► *n* 無党派の人. ♦ **~·shìp** *n*
non·párty *a* 無所属の; 政党本位でない; 不偏不党の.
nón·pásserine *a* 〘鳥〙 非スズメ類の, 非燕雀目の《特に ブッポウソウ類・カワセミ類・サイチョウ類などブッポウソウ目の樹上に生息する鳥類》.
nòn·pàtho·génic *a* 病気を誘発しえない, 非病原性の.
non·páy·ment *n* 不払い.
nón·péak *a* OFF-PEAK.
nòn·perfórm·ance *n* 不履行.
nòn·perfórm·ing *a* 適切に遂行[作動]しない; 〘銀行〙 〈債務・借入金が〉利息の支払いがなされていない[遅れている], 利払い不履行の: ~ loans 不良債権.
non·pérish·able *a* 腐敗しない[しにくい]. ► *n* [*pl*] 保存のきく食料品.
nòn·permíssive *a* 〘生〙《遺伝物質の》 複製を許容しない, 非許容性の.

N

nòn·persíst·ent *a* 〈薬品が〉非残留性の, 自然分解性の; 〈ウイルスが〉非永続型の.
nón·pérson /ˌ--/ *n* 存在しない[存在したことがない]とみなされている人; (あまり)パッとしない人, 非重要人物, 弱者; 失脚者 (unperson).
non pla·cet /nàn pléɪsət, nòun-/ 《教会・大学などの集会での》異議, 反対投票. ♦ **non-plácet** *vt* 拒否する, …に反対投票をする. [L=it does not please]
non·pláy·ing *a* 〈スポーツチームの主将が〉競技に出ない.
non·plus /nànplʌ́s/ *n* (*pl* **-plús·es, -plús·ses**) 困った立場, 困惑; 逡巡, 辟易: put sb in a ～=reduce sb to a ～ 人を困らせる / stand at a ～ 進退きわまる. ► *vt* (**-ss-, -s-**) 途方に暮れさせる: be *nonplussed* 困惑する, おろおろする. ★ 特に《米》では non- を動詞の否定のように解して, nonplussed を「落ちついた, 冷静な」という本来とは逆の意味で使うことがある. [L *non plus* not more]
non plus ul·tra /nán plʌ̀s ʌ́ltrə/ NE PLUS ULTRA.
nón·póint *a* 発生地を特定できない,〔環境〕汚染源を特定できない.
nòn·póison·ous *a* 無毒[無害]の.
nòn·pólar *a*〔理〕無極性の〈分子・液体など〉.
nòn·polítical *a, n* 政治に関係しない(人), 非政治的な(人), ノンポリ(の).
nòn·pollúting *a* 汚染しない, 無公害性の.
nòn·pósitive *a* 正でない, 非正の《負またはゼロの》.
non pos·su·mus /nán pásəməs, nóʊn-; -pɔ́sjʊ-/ 《ある事についての》無能力の申し立て. [L=we cannot]
nòn·prescríption *a* 処方箋なしで買える〈医薬品〉.
non·prínt *a* 非印刷物の《テープ・フィルムなどの類》.
non·pró *n, a* 《俗》ノンプロ(の) (nonprofessional).
nòn·procédural lánguage〔電算〕非手続き型言語 (DECLARATIVE LANGUAGE).
nòn·prodúctive *a* 非生産的な, 生産性の低い; 〈社員など〉直接生産に関係しない, 非生産部門の; 〈咳が〉痰(たん)を伴わない (dry). ♦ **～·ness** *n*
nòn·proféssion·al *a* 専門職をもたない; 専門職としての訓練をうけていない, ノンプロの. ► *n* しろうと, ノンプロ.
nòn·prófit *a* 非営利的な; 〈社会が〉資本主義によらない: a ～ organization 非営利団体[組織], NPO. ► *n* 非営利組織.
nòn·prófit-màkingʺ *a* 営利を追及しない, 非営利的な.
nòn·proliferátion *n, a* 非増殖(の); 《核兵器などの》拡散防止(の): NUCLEAR NONPROLIFERATION.
nòn·proprietary *a* 登録商標されていない, 非専売の, 独占販売権のない.
non·pros /nànprás/ *vt* (**-ss-**)〔法〕〈訴訟追行を怠る原告を〉敗訴とする. [↓]
non pro·se·qui·tur /nàn prəsékwətər, nòun-/〔法〕訴訟不追行, 訴訟不追行ゆえの原告敗訴《訴訟手続きを怠る原告に対する敗訴判決; 略 non pros. /nàn prás/》. [L=he/she does not prosecute]
nón·prótein *a* 非タンパク(性)の. ♦ **-proteináceous** *a*
nòn·provídedʺ *a* 非公立の〈小学校〉.
nòn·psychótic *a* 精神病でない, 非精神病性の.
non·ráted *a* 格付け外の, 等級外の;〔米海軍〕下士官より下の階級の.
nòn·réad·er *n* 読ま[読め]ない人, 読書障害者, 《特に》読み方をおぼえるのがおそい子供. ♦ **-réad·ing** *a*
nòn·recognítion *n* 認知しないこと, 非承認, 不認可.
nòn·recómbinant *a, n*〔生〕遺伝的組換えの結果を示さない(個体).
nón·récourse *a* 〈債務が〉二次的請求権なしの[のない]《その債務を保証している担保からのみ支払いがなされ, 債務者の他の資産に対しては請求が及びえない》: ～ loan 二次的請求権なしの貸借, 非遡及型融資, ノンリコースローン.
nòn·recóverable *a*〔電算〕〈ファイルなどが〉回復不能の.
nòn·recúrrent *a* 再発[再現, 頻出]しない.
nòn·recúrring *a* 再現することのない (nonrecurrent);〔会計〕経常外の.
nòn·redúction *n*〔生〕非減数《相同染色体が減数分裂できず, 倍数の染色体をもつ配偶子ができること》.
nòn·refléxive *a*〔文法〕〈代名詞が〉非再帰的な.
nòn·re·fúnd·able *a* 〈チケット・前金などが〉払い戻し[返金]不可の.
nòn·relativístic *a*〔理〕非相対論的な; 《光速に比べ速度が小さく》特殊相対論的効果が現われない. ♦ **-tical·ly** *adv*
nonrelativístic quántum mechánics 非相対論的量子力学.
nòn·renéw·able *a* 〈資源などが〉再生不能の; 〈契約が〉更新不能の.
non re·pe·ta·tur /nan rèpətéɪtər/ 反復不可《処方箋中の用語; 略 non rep.》. [L=it should not be repeated]
nòn·representátion·al *a*〔美〕非具象主義的な, 抽象主義的な. ♦ **～·ìsm** *n*
nòn·reprodúctive *a* 再生できない, 非再生の;〔昆〕非生殖の. ► *n*〔昆〕《シロアリのカーストの》非生殖階級.
nòn·repudiátion *n*〔電算〕否認されないこと.
nòn·résidence, -cy *n* 非居住者であること[身分].
nòn·résident *a* 居住していない, 非居住(者)の;〔電算〕〈ソフトなどが〉非常駐型の, その都度立ち上げる: a ～ landlord [voter] 不在地主[投票者]. ► *n* 非居住者, 《ホテルなどの》非滞在客.
nòn·residéntial *a* 非居住者用の; 〈建物が〉住宅向きでない.
nòn·resíst·ance *n* 《権力・法律などに対する》無抵抗(主義), 消極的服従.
nòn·resíst·ant *a* 無抵抗(主義)の; 抵抗力[耐性]のない, 有害物質に侵されやすい. ► *n* 無抵抗主義者; 抵抗力のないもの.
nòn·restráint *n* 非抑制, 無拘束;〔医〕《精神病者に対する》無拘束療法.
nòn·restríctive *a* 制限[限定]しない,〔文法〕〈語・節が〉非制限的な.
nonrestríctive cláuse〔文法〕非制限的関係節 (cf. RESTRICTIVE CLAUSE).
nòn·retúrn·able *a, n* 返却できない(もの); 返金不能の(もの).
nòn·retúrn vàlve〔機〕逆止め弁 (check valve).
nón·rígid *a* 堅くない;〔空〕軟式の: a ～ airship 軟式飛行船. ► *n*〔空〕軟式飛行船. ♦ **-rigídity** *n*
non sans droict /*F* nɔ̃ sɑ̃ drwa/ 権利なきにあらず《Shakespeare の家紋の標語》.
nón·schéd /-skéd/ *n*ʺ《口》NONSKED.
nòn·schéduled *a* 〈航空会社など〉不定期運航の.
nòn·scíence *a, n* 自然科学以外の(分野[学科]).
nòn·scientífic *a* 科学(的方法)に基づかない, 非科学的な; 科学に疎い[弱い]. ♦ **-scíentist** *n*
nòn·secrétor *n* 非分泌型の個体[人] (⇨ SECRETOR).
nòn·sectárian *a* 派閥性のない, どの宗派にも属さない.
nòn·sedimént·able *a* 沈澱させえない.
nòn·seléctive *a* 《志願者を》選抜しない, 非選抜制の〈学校〉;〔医〕非選択性の, 非選択的な《特に 特定の身体部や有機体に関して制限のない》.
nón·sélf *n* 《生物体にとっての》異物, 非自己.
non·sense /nánsèns, -səns; -s(ə)ns/ *n* **1** 無意味なことば, たわごと; ばかげた考え, ばかげた行為[ふるまい], 愚行, ナンセンス: talk sheer ～ 全くわけのわからないことを言う / None of your ～ now! もうばかなまねはよせ. **2** つまらない[くだらない]もの[こと], がらくた; 偉そうな態度: take no ～ from…に横柄な態度をとらせない. **3**〔遺〕ナンセンス《どのアミノ酸にも対応しない 1 個以上のコドン (codon) からなる遺伝情報; 通例 タンパク質生合成の終止をもたらす》. ● **make (a) ～ of…** 〈計画などを〉ぶちこわしにする, だいなしにする. **take the ～ out of** sb 人がちゃんとしたふるまい[考え]をするようにする. ► *a* **1** 音[文字]の恣意的な組合わせからなる, 無意味な〈語句〉. **2**〔遺〕ナンセンスの《(1) 遺伝暗号がどのアミノ酸にも対応しない 2) そのような配列による》: a ～ codon ナンセンスコドン / a ～ mutation ナンセンス突然変異. ► *int* ばかな!: *N*～, ～! よせ, ばかばかしい!
nónsense bóok ナンセンス本《滑稽な娯楽本》.
nónsense sỳllable〔心〕無意味つづり《2 個の子音の間に 1 個の母音をはさんで作る無意味な連字; 心理学的・教育的実験や練習に用いる; 'tem' や 'sul' など》.
nónsense vèrse 戯詩, ざれ歌, ノンセンス詩.
non·sen·si·cal /nànsénsɪk(ə)l/ *a* 無意味な; ばかげた; 途方もない. ♦ **～·ly** *adv* **～·ness, nòn·sèn·si·cál·i·ty** /-kǽl-/ *n*
non seq·ui·tur /nán sékwətər/〔論〕《前提と連絡のない》不合理な推論[結論]《略 non seq.》; (今までの話題とは)関係のない話. [L=it does not follow]
nòn·séx·ist *a* 性による差別[《特に》女性差別]をしない.
non·séxual *a* SEXUAL でない, 無性の.
nón·shrínk *a* 〈生地・衣料品が〉無収縮の.
nòn·signíficant *a* 重要でない; 無意味な;〔統〕無視できる, 無意味…. ♦ **～·ly** *adv*
non·sízist *a* 大柄[肥満]の人を差別しない.
non·sked /nánskéd/*《口》*n* 不定期便航空会社; 不定期便. ► *a* NONSCHEDULED.
nón·skíd *a* すべらない, すべるのを防止する処理をした.
nón·slíp *a* すべり防止の.
non·smóker *n* タバコを吸わない人, 非喫煙者; 《列車の》禁煙車, 禁煙室. ♦ **-smóking** *a, n*
nón·sócial *a* 社会性のない; 社会的関連のない.
nòn·socíety *a* 〈労働者が〉組合非加入の, 非組(ひくみ)の.
non·sórt·ed *a* 〈型が〉ふぞろいの.
nòn·specífic *a* 特定のものではない, 一般的な;〔医〕〈病気が〉非特異性の.
nonspecífic urethrítis〔医〕非特異性尿道炎 (nongonococcal urethritis).
nonspecífic vaginítis〔医〕非特異性膣炎 (bacterial vaginosis).
nón·spórt·ing *a* スポーツと無縁の, スポーツマンでない;〔生〕突然変異の少ない: ～ dog ノンスポーティングドッグ, 非猟犬《主に AKC の分類で, かつて猟などに使われていたブルドッグやプードルなどのペット犬》.

nón·stándard *a* 標準的でない; 非標準の《教育ある母語話者に一般にみられる用法と一致しない; cf. SUBSTANDARD》.

nonstándard análysis 〔数〕超準解析《ドイツ生まれの米国の論理学者 Abraham Robinson (1918–74) によって創始された》.

nón·stárt·er *n* スタートしない人; 〔競馬〕出走しない(でつまずく)馬; 《初めから》見込みのない人[もの]. ♦ **-stárt·ing** *a*

non·státive 〔文法〕*a* 〈動詞が〉非状態的な, 動作的な. ► *n* 非状態動詞, 動作動詞 (dynamic verb) (cf. STATIVE).

nón·stéroid 〔生化〕*n* 非ステロイド性[系]の薬品. ► *a* NONSTEROIDAL.

nòn·steróidal 〔生化〕*a* 非ステロイド性の. ► *n* NONSTEROID.

nón·stíck *a* 〈鍋・フライパンが〉《テフロン加工などによって》調理したものがこびりつかない, 焦げつかない.

non·stoichiométric *a* 〔化〕非化学量論的な. ♦ **non-stoichiómetry** *n*

nón·stóp *a*, *adv* 途中で止まらない(で), 直行の[で]; 途中無着陸の[で], ノンストップの[で]; 絶え間ない[なく], 中断なしの[せずに]: a ～ flight 無着陸飛行, 直行便. ► *n* 直行列車[バス, 航空機]など, 直行便; 直行運転: a ～ to Chicago シカゴ直行便.

nón·stríated *a* 〔解〕〈筋肉組織が〉筋(すじ)[線紋]のない.

nonstríated múscle 〔解〕無紋筋 (smooth muscle).

non·stríker *n* ストライキ不参加者; 〔クリケット〕投球を受けていないほうの打者. ♦ **-stríking** *a*, *n*

nonsuch ⇨ NONESUCH.

Nón·such Pálace /nʌ́nsʌ̀tʃ-/ ノンサッチ宮殿《1539 年 Henry 8 世のために Surrey 州 Epsom の近くに建てられた豪華な宮殿; 1680 年代に解体され, 現在は公園になっている》.

nón·súit 〔法〕*n* 訴訟却下; 訴訟の取下げ. ► *vt* 〈原告〉の訴訟を却下する. [AF]

non sum qua·lis eram /nóun súm kwáːlɪs éərɑːm/ わたしは昔のわたしではない. [L]

nòn·suppórt *n* 援助しないこと, 不支持; 〔米法〕扶養義務不履行.

non·swímmer *n* 泳げない人.

nòn·syllábic *a*, *n* 〔音〕音節(の中核)をなさない[非成節的な](音), 音節副音(的な).

nón·sýstem *n* 十分に組織化されていない制度, 非制度.

non·tárget *a* 目標[対象]となっていない, 目標[対象]外の.

nòn·táriff bárrier 非関税障壁《略 NTB》.

non·téach·ing *a* 教育[教職]に関与していない.

nòn·téchnical *a* 非専門的な, 初心者向けの; 初心者の, しろうとの. ♦ **～·ly** *adv*

non·ténured *a* TENURE を得ていない[のない].

nón·términating *a* 終わることのない, 無限の: the ～ decimal 無限小数.

nón·thérmal *a* 熱によらない, 非熱の; 〔理〕非熱的な《放射や気体分子が, 黒体放射からずれたエネルギースペクトルをもつ; 起源が黒体放射ではない》.

nón·thíng *n* 存在しないもの, 無; 無意味な[つまらない]もの.

non·thréaten·ing *a* こわくない; 安全な, 危険のない; 〈ことばが〉相手を傷つけない.

nón·títle *a* タイトルがかかっていない, ノンタイトルの〈試合〉.

nón·tóxic 〔医〕*a* 非毒性の; 〈甲状腺腫が〉非中毒性の《甲状腺機能亢進を伴わない》.

nòn·transférable *a* 譲渡できない.

nòn·trívial *a* 些細でない, 重要な; 〔数〕非自明な.

non trop·po /nán trɔ́(ː)pou, nóun-, -trá-/ *adv*, *a* 〔楽〕度を過ごさない(で), ノン・トロッポの[で]. [It]

non·tu·pl·et /nɑntʌ́plət/ *n* 九つ子の一人; 9 個[9 人]組.

non-U /—júː, —́—/ 《口》*a* 〈ことばづかいなど〉上流社会的でない. ► *n* 非上流人, 上流社会的でないこと.

nòn·únifrom *a* 一様[均一]でない, 多様な. ♦ **～·ly** *adv* **-unifórmity** *n*

nón·únion *a* 労働組合に属さない, 非組織の, 非組(ひくみ)の; 労働組合を認めない; 組合員によって[組合の規定した労働条件下で]作られたものでない. ► *n* 団結[結合, 合同]しないこと; 〔医〕《骨折の》癒着不能.

nón·únion·ìsm *n* 労働組合無視, 反労働組合主義(的な理論[行動]). ♦ **-ist** *n* 非組合員(労働者).

nónunion shóp **1** 反労組工場《雇用主が労組を認めず, 組合員を雇用しない会社など》. **2** 非ユニオンショップ《労組が組合員に雇用受諾を禁じている工場》.

non·uple /nán(j)ùːp(ə)l, —́—/ *a* 9 つの部分からなる, 9 倍の, 9 重の. ► *n* 9 倍(の量[数, 額]). ★ ⇨ QUADRUPLE.

no·nus‖ /nóunəs/ *a* 《男子同姓生徒中》9 番目の (⇨ PRIMUS). [L=ninth]

nón·úse, -úsage *n* 使用しない[されない]こと, 不使用.

nón·úser[1] *n* 〔法〕《権利の》不行使.

nonuser[2] *n* 非使用者, 非利用者.

nón·vánish·ing *a* 〔数・理〕ゼロ[無]になることのない.

nón·véctor *n* 《病原菌[体]を媒介しない》非媒介動物.

nón·vérbal *a* ことばにならない[を用いない]; ことばのへたな: ～ communication ノンバーバル[非言語的]コミュニケーション《ジェスチャー・表情, さらに声の調子・アクセントなどによる》. ♦ **～·ly** *adv*

nòn·vegetárian *a* 〈料理が〉肉のはいった, 非菜食の, 非ベジタリアンの. ► *n* 非菜食主義者.

nón·víable *a* 生きられない, 生活[生育]不能の, 発展不可能な.

nón·víntage *a* 〈ワインが〉年号[ヴィンテージ]物でない.

nón·víolence *n* 非暴力(主義の); 非暴力デモ.

nón·víolent *a* 非暴力, 暴力を用いない. ♦ **～·ly** *adv*

non·vócoid *n* 〔音〕ノンヴォーコイド (contoid).

nón·vólatile *a* 不揮発性の; 〔電算〕〈記憶(媒体)が〉不揮発性の《電源を切っても内容が消失しない》.

non·vóter *n* 投票しない人, 投票棄権者; 投票権のない人.

non·vóting *a* 投票しない; 投票権のない, 〈株が〉議決権のない《略 NV》.

nón-Wéstern *a* 非西洋(社会)の.

nón·whíte *n*, *a* 非白人(の), 《特に》黒人(の).

nón·wórd *n* 無意味な[存在しない, 是認されない]語, 非語.

nón·wóven *a* 織ったものでない, 不織の; 不織布の. ► *n* 不織布(ふしょくふ) (=～ fabric)《両面編みや熱接着などによる布地》.

non·yl /nánɪ̀l/ *n* 〔化〕ノニル《1 価の基》. [*non-*, *-yl*]

nón·zéro *a* ゼロでない, ゼロ以外の(数値をもつ); 〈接辞が〉非ゼロの《音声的実質をもつ》.

noob /núːb/ *n* 《口》初心者, 新入り. [*newbie*]

noodge ⇨ NUDGE[2].

noo·dle[1] /núːdl/ *n* ヌードル《汁に入れて主食というよりスープ感覚で食べる》. [G *Nudel*]

noodle[2] 《俗》*n* ばか者; 頭. ● **off one's ～** 《俗》狂って, 頭がいかれて. **use one's ～** ⇨ use one's BEAN. [C18<? *noddle*]

noodle[3] 《口》*vi* 楽器をもてあそぶ, とりとめもなく即興演奏する; 考え抜く; あそぶ, いじる; あれこれ考える 〈*around*〉. [imit]

nóodle·hèad *n* 《口》ばか, まぬけ.

nóodle·wòrk *n* 《俗》頭を使うこと, 考えること, お勉強.

nóo·dling *n* 《口》《ナマズなどの》魚の手づかみ捕り《スポーツ・遊び》.

noog·ie /núgi/ *n**《俗》《相手の頭・背中・二の腕などを》こぶしで軽くこづくこと《愛情を表わしたり悪ふざけをする動作》; *《俗》キス, 抱擁; *《俗》ペッティング. ● **Tough ～s!** *《俗》[°*iron*] あーらかわいそ, それはひどい, そりゃお気の毒 (Tough shit!).

Noo·góo·ra búrr /nugúərə-/ 〔植〕オオオナモミ《大きなかぎ状のとげのある果実がなり, 豪州ではヒツジの毛にからみつくので家畜に有害とされる; 世界中に分布》. [*Noogoora* は Queensland 州の牧羊場]

nook /núk/ *n* **1** 《部屋の》隅 (corner); 《スコ》《土地・紙や布の》隅, 《建物の》かど: search every ～ and cranny [all the ～*s* and crannies] 隅から隅まで捜す. **2** 引っ込んだ所; 辺鄙の地, 僻地; 隠れ場所, 避難所. [ME<?; cf. Norw (dial) *nok* hook]

nooky[1], **nook·ie** /núki/ *a* 隅[かど]の多い; 隅のような.

nooky[2], **nook·ey, nook·ie** /núki/ 《卑》*n* 《セックスの相手としての》女; セックス. [*nook*]

noon /núːn/ *n* **1 a** 正午, 真昼 (midday); [〈*a*〉] 正午の: at ～ 正午に. **b** [主に the ～ of night で] 《古・文》真夜中, 夜半. **2** 全盛期, 絶頂 〈*of*〉: the ～ *of* life 壮年期. ► *vi**《方》昼食をする, 昼休みをする; 絶頂に達する. [OE *nōn*<L *nona* (*hora*) ninth (hour); もと '3 p.m.'; cf. NONES]

nóon·dày *n*, *a* 真昼(の): ～ heat / (as) clear [plain] as ～ 《口》明々白々で.

nó òne *pron* だれも…ない (nobody): *No one* can do it. だれもできない (cf. *No one* /—́ —́/ man can do it. だれも一人ではできない). ★ E メールなどで **NO1** と略記する.

nóon·flòwer *n* 〔植〕キク科バラモンジン属の各種, 《特に》バラモンギク, キバナムギナデシコ (goatsbeard).

nóon·ing /, núːnən/*《方》*n* 正午; 昼飯; 昼休み.

nóon·tìde *n* 真昼; 頂点 〈*of*〉; [the ～ of night] 《詩・文》真夜中; [〈*a*〉] 真昼の.

nóon·tìme *n* 真昼; [〈*a*〉] 真昼の.

no-op /nóuáp/ *a* 《空俗》操作[操縦]できない[不能の].

Noord-Brabant ⇨ NORTH BRABANT.

Noord-Holland ⇨ NORTH HOLLAND.

noose /núːs/ *n* **1** 《引けば締まるようにしてつくった》綱[糸など]の輪; わな (snare); [the] 絞首刑. **2** 束縛, くびき; 《夫婦などの》きずな (bond). ● **put [stick, place] one's neck [head] in the [a] ～** みずから窮地に陥る, 自分の首を絞める. **the ～ is hanging** *《俗》準備万端整っている, みんな待ち構えている. **the ～ is tightening** 状況はきびしさを増している. ► *vt* …に輪縄をかける, 輪縄[投げ縄, わな]で捕える; 絞殺する; 〈綱など〉に引き結びの輪をつくる. ♦ **nóos·er** *n* [OF *no(u)s*<L; ⇨ NODE]

nóo·sphère /nóuə-/ *n* 〔生態〕人智圏《人間の活動による変化が著しい生物圏》. [F (Gk *noos* mind); Pierre Teilhard de Chardin の造語]

Noot·ka /nútkə, núːt-/ *n* **a** (*pl* ～, ～**s**) ヌートカ族《カナダ Van-

N

couver 島の西岸に居住するインディアン). **b** ヌートカ語《ワカシ語族 (Wakashan) に属する》.

no·ot·ro·pic /nòʊətróʊpɪk/ *a* 精神向性の《認知・記憶改善と学習促進の》. ► *n* 向知性薬, 脳機能改善薬.

no·pal /nóʊp(ə)l, *noʊpɑ́ːl, *-pǽl/ *n* (*pl* ~s, **no·pal·es** /noʊpɑ́ːleɪs, -pǽl-/) **1**〔植〕**a** ノパレア属のサボテン, コチニールサボテン, コチニールウチワ《メキシコ原産とされる食用サボテン》. **b**《広く》ウチワサボテン (prickly pear). **2** nopal の食用茎節. [Sp＜Nahuatl]

no·pa·li·to /noʊpɑlíːtoʊ/ *n* NOPAL 2.

nópal·ry *n* NOPAL 農場《nopal を餌にして cochineal insect を育てる》.

nó-pàr(-válue) *a* 額面価格を明記しない: a ~ stock 無額面株.

nope /nóʊp/ *adv* 《口》NO (⇨ YEP).

nó·plàce *n* 重要でない場所, つまらない所. ► *adv* *NO PLACE.

nó plàce *adv**どこも…ない (nowhere).

nó·pláce·vìlle *《俗》*a* 退屈な, 堅苦しい. ► *n* 退屈な場所[町]; 田舎町.

nor[1] /nɔːr, nər, nɔ́ːr/ *conj* **1 a** [先行する否定語を受けて] …もまた…ない, また…しない: I have *no* mother ~ father. 母も父もない / *Not* a man, woman ~ child could be seen. 男も, 女も, 子供も一人として見えなかった / I have *neither* gold ~ silver. わたしには金もなく銀もない / He can *neither* read ~ write. 読むことも書くこともできない / I have *never* seen her, ~ even heard of her. 会ったこともなくうわさに聞いたことすらない / I said I had *not* seen it, ~ had I. それを見なかったと言ったが, また実際見なかったのだ. **b** [nor…nor で, 相関的にまたは先行すべき否定語を略して]《古・詩》どちらも…ない[しない] (neither…nor): *N*~ silver ~ gold can buy it. 金銭であがないえない / Thou ~ I have made the world. この世を造りしはなんじにもわれにもあらず. **2** [肯定文を受ける否定文頭に置いて] そしてまた…ない (and…not): The tale is long, ~ have I heard it out. 長い話で終わりまで聞いたこともない / The story is too long, ~ is the style easy. 話が長すぎるし, 文体もやさしくない. ★ (1) nor の導く節[文]では「nor＋(助)動詞＋主語」の語順となる. (2)《英》では節を導く nor の前に and または but を入れることもある (cf. NEITHER *adv* 2): The story is too long, *and* ~ is the style easy. [*nother* (obs) NEITHER, nor (*ne* not, *ōther* either)]

nor[2] *conj* 《方》…よりも (than). [ME＜?↑]

NOR /nɔ́ːr/ *n*〔電算〕ノア《論理和を否定する論理演算子; cf. OR》. [*not*＋*or*]

nor' /nɔ́ːr/ *n, a, adv*〔海〕NORTH《特に 複合語で: *nor'*wester; cf. SOU'》.

nor- /nɔ́ːr/ *comb form*〔化〕「メチル基が 1 個少ない同族体」 [*nor*mal]

Nor. Norman ♦ North ♦ Norway ♦ Norwegian.

No·ra, No·rah /nɔ́ːrə/ **1** ノラ《女子名; Eleanor, Eleanora, Honora, Leonora の愛称》; "《俗》魅力のない女, さえない女, がみがみ女. **2** [Nora] ノラ ~ **Helmer**《Henrik Ibsen, *A Doll's House* の主人公; 一人の人間としてめざめる女性》.

NORAD /nɔ́ːræd/ North American Aerospace Defense Command 北米航空宇宙防衛司令部《米国・カナダの共同防衛組織》.

nòr·adrénalin(e) *n*〔生化〕ノルアドレナリン (NOREPINEPHRINE).

nòr·adrenérgic *a* ノルアドレナリン作用[作動](性)の.

Nor·aid /nɔ́ːrèɪd/ ノーレイド《北アイルランドの IRA を支持する米国の組織》. [*Nor*thern Ireland＋*aid*]

Nor·bert /nɔ́ːrbərt/ ノーバート《男子名》. [Gmc＝shining in the north]

Nor·bert·ine /nɔ́ːrbərtən, -tàɪn/ *a, n* プレモントレ会士(の) (Premonstratensian). [St *Norbert* (c. 1080–1134) 創立者]

NOR circuit [gate] /nɔ́ːr ─/〔電算〕否定和回路, NOR 回路[ゲート].

Nord /*F* nɔːr/ ノール《フランス北部 Nord-Pas-de-Calais 地域圏の県; ☆Lille》.

Nor·dau /nɔ́ːrdàʊ/ ノルダウ **Max Simon** ~ (1849–1923)《ハンガリー生まれのドイツの医師・作家; もとの姓は Südfeld; シオニズム運動の指導者》.

Nor·den·skiöld /núːərdnʃɔ̀ld, -ʃʊ̀ld, -ʃìːld/ ノルデンシェルド Baron (**Nils**) **Adolf Erik** ~ (1832–1901)《スウェーデンの地質学者・北極探検家》.

Nór·den·skjöld Séa /nɔ́ːrdnʃɔ̀ld-, -ʃʊ̀ld-, -ʃìːld-/ [the] ノルデンシェルド海《LAPTEV SEA の旧称》.

Nórd·hau·sen ácid /nɔ́ːrdhàʊz(ə)n-/〔化〕ノルトハウゼン酸 (oleum). [ドイツ中部の町で製造地]

Nor·dic /nɔ́ːrdɪk/ *n* 北欧人; 北方人種(型)の人《長身・金髪・青眼・長頭・狭顔の白色人種; cf. ALPINE》; スカンディナヴィア人. ► *a* **1** 北欧ゲルマン系諸民族の; 北方人種(型)の;《アイスランド・フィンランドをも含む広義の》スカンディナヴィアの. **2**〔スキー〕ノルディックの《クロスカントリー・ジャンプ・バイアスロンからなる; cf. ALPINE》;〔スキー〕クロスカントリーの. ♦ **Nor·dic·i·ty** /nɔːrdísəti/ *n* [F (*nord* north)]

Nórdic combíned〔スキー〕ノルディック複合競技《距離とジャンプを合わせたもの》.

Nórdic Cóuncil [the] 北欧理事会《デンマーク・フィンランド・アイスランド・ノルウェー・スウェーデンの経済・文化・社会の協力会議; 1952 年発足》.

Nord·kyn /nɔ́ːrkən, núːərxyn/ [Cape] ノールキューン岬《ノルウェー北東端の Barents 海に臨む岬; ヨーロッパ本土の最北点 (71°8′N)》.

Nord-Pas-de-Ca·lais /*F* nɔrpadəkalɛ/ ノルーパードーカレ《フランス最北部 Dover 海峡 (Pas-de-Calais) に臨む地域圏; Nord, Pas-de-Calais の 2 県からなる》.

Nordrhein-Westfalen ⇨ NORTH RHINE-WESTPHALIA.

Nord·strom /nɔ́ːrdstrəm/ ノードストローム《Seattle 市に本部を置く大手百貨店チェーン》.

nor'east·er /nɔːríːstər/ *n* NORTHEASTER.

No·reen /nɔːríːn, ─́─/ ノリーン《女子名; Nora の愛称》. [Ir]

nòr·epinéphrine *n*〔生化〕ノルエピネフリン《副腎髄質でできるホルモン》.

nor·eth·in·drone /nɔ̀ːréθəndròʊn/ *n*〔薬〕ノルエチンドロン《黄体ホルモン; 経口避妊薬として用いられる》.

nòr·ethísterone" /nɔ̀ːr-/ *n* ノルエチステロン (NORETHINDRONE).

nor·ethyn·o·drel /nɔ̀ːrəθínədrèl/ *n*〔薬〕ノルエチノドレル《黄体ホルモン; 経口避妊薬・異常子宮出血治療・月経調整に用いられる》.

nó-retúrn *a* 使い捨ての〈瓶〉.

Nor·folk /nɔ́ːrfək, *-fɔ̀ːk/ ノーフォーク《(**1**) イングランド東部の北海に臨む州; ☆Norwich (**2**) Virginia 州南東部の港湾都市, NATO の西大西洋司令部のある海軍基地》.

Nórfolk Bróads *pl* [the] ノーフォークブローズ《イングランド東部 Norfolk 州の低地; the Suffolk Broads と合わせて the Broads という》.

Nórfolk cóat NORFOLK JACKET.

Nórfolk dúmpling" ノーフォーク風蒸しだんご《Norfolk 名物》; ノーフォーク人.

Nórfolk Ísland ノーフォーク島《太平洋南西部 New Caledonia とニュージーランドの間にあるオーストラリア領の島》.

Nórfolk Ísland píne〔植〕シマナンヨウスギ《豪州原産; 材木・鑑賞用》.

Nórfolk jácket ノーフォークジャケット (＝*Norfolk coat*)《腰ベルトのあるひだ付きのゆるい上着; もと 狩猟着》.

Nórfolk plóver〔鳥〕イシチドリ (stone curlew).

Nórfolk térrier〔犬〕ノーフォークテリア《Norwich terrier に近い, 耳の折れた英国原産のテリア》.

Nórfolk trótter〔馬〕ノーフォークトロッター《Norfolk 地方で古くから生産され, のち hackney 種の祖先となった馬》.

NOR gate ⇨ NOR CIRCUIT.

Nor·ge /nɔ́ːrgə/ ノルゲ《NORWAY のノルウェー語名》.

nor·ges·trel /nɔːrʤéstrəl/ *n*〔薬〕ノルゲストレル《合成黄体ホルモン; 2 種類の光学異性体のうち生物活性を有する levonorgestrel を避妊薬として用いる》. [*nor-*, progestogen, *-rel*]

no·ri /nɔ́ːri/ *n* 海苔. [Jpn]

no·ria /nɔ́ːriə/ *n*《スペイン・オリエントの》バケツ付き下射式水車. [Sp＜Arab]

Nor·i·cum /nɔ́(ː)rɪkəm, nár-/ ノリクム《Danube 川の南, 今のオーストリア中部, Bavaria の一部からなる地域にあった古代国家・ローマの属州》.

No·ri·e·ga /nɔːriéɪgə/ ノリエガ **Manuel** (**Antonio**) ~ **Morena** (1938?–)《パナマの軍人; パナマ軍最高司令官 (1983–89) として権力をふるったが, 麻薬取引などの疑いで米軍の侵攻を受け, 米国へ連行 (1990) されて服役した》.

No·rilsk /nəríːlsk/ ノリリスク《ロシア北部 Yenisey 川河口付近にある北極圏の市; コバルト・銅・ニッケルなどの鉱業の中心地》.

nor·ite /nɔ́ːràɪt/ *n*〔岩石〕紫蘇(しそ)輝石斑糲(はんれい)岩, ノーライト. ♦ **nor·ít·ic** /-rít-/ *a*

nork /nɔ́ːrk/ *n* [ᵘ*pl*]《豪俗》乳房. [C20＜?]

nor·land /nɔ́ːrlənd/ *n*《方》北国 (northland);《スコ》NORLANDER. ♦ **~·er** *n* 北国人.

Nórland núrse ノーランド出の看護師《イングランド Kent 州にあるノーランド看護師訓練学校 (Norland Nursery Training College) で研修をうけた看護師》.

norm /nɔ́ːrm/ *n* 規範; 標準, 平均; 基準生産高[労働量], ノルマ;〔教育〕《集団または個人の》平均成績[学力];《特定人間集団の》典型的行動様式; [the] 普通[あたりまえ]のこと, 常態;〔数〕ノルム《ベクトルの各成分の二乗の和の平行根; またそれをベクトル空間中の関数に拡張したもの》;〔地質〕ノルム《火成岩の理論的鉱物組成》. ► *vt* NORMALIZE. [L *norma* carpenter's square]

Norm **1** ノーム《男子名; Norman の愛称》. **2**《豪口》テレビ(のスポーツ番組)ばかり見ているぐうたら.

Norm. Norman.

N or M /én ɔːrém/《英国教会の》教理問答の第一問 (What is your name?) に対する応答(としての自分の氏名), 何の某《Book of Common Prayer などの問答文中で自分の氏名を述べる箇所を指示する記号として書かれ, 'Name or names.' (名前を述べよ) に当たる》. [N は L *nomen* から, また M は NN のくずれた形で N の複数を示す]

nor·ma /nɔ́ːrmə/ *n* NORM; [N-]〘天〙じょうぎ座(定規座) (Rule) 《南天星座の一つ》.

Norma ノーマ《女子名》. [It＜L＝model, pattern or percept; (fem)‹*Norman*]

nor·mal /nɔ́ːrm(ə)l/ *a* **1** 標準の, 典型的な, 通常の, 規定の, 正規の, 常規の; ‹心身が›正常な, 健常な; 《知能など》平均の, 一般並みの (opp. *abnormal*): ～ temperature 《人体の》平熱; 標準温度. **2**〘数〙垂直の, 《特に》接線に接点において垂直な, 法線方向の;〘数〙正規(曲線[分布])の;〘数〙正規化群 (normalizer) の;〘数〙‹行列が›正規の. **3**〘生・医〙‹実験動物が›正常の《免疫性をもたない; 実験処置をうけていない》;〘生・医〙‹免疫など›自然の. **4**〘化〙‹溶液が› 1 規定の;〘化〙正の《(1) 塩基の水酸化物イオンも酸の水素イオンも含まない (2) 会合していない (3) 直鎖構造をもつ》: ～ saline solution〘医〙規定[生理]食塩水 (physiological saline). ► *n* 標準, 典型; 常態, 平均; 平温; 正常な人;〘理〙平均量[価];〘数〙垂線, 《特に》法線: return to ～ 常態に戻る, もとどおりになる. ♦ **～·ly** *adv* 標準的に, 正常に, 普通に; 通常, 普通は, 常態では;〘数〙垂直に. **～·ness** *n* [F or L *normalis*; ⇨ NORM]

nórmal cúrve〘統〙正規曲線.

nórmal·cy* *n* NORMALITY.

nórmal distribútion〘統〙正規分布 (＝*Gaussian distribution*).

nórmal divísor〘数〙正規因子, 正規部分群.

nórmal fáult〘地質〙正断層 (＝*gravity fault*) 《上層が下にずり落ちた断層; cf. REVERSE FAULT》.

nor·mal·i·ty /nɔːrmǽləti/ *n* 常態, 正常; 正常性, 正規性;〘化〙《溶液の濃度を示す》規定度.

nórmal·ize *vt, vi* 標準[正規]化する;〘数〙正規化する《統計変数を正規分布にする》;〘電算〙正規化する《データを標準的な形にする》;〘数〙規格化する《ノルムが 1 になるように定数をかける》; 常態にする[なる, 戻る]; ‹国交など›正常化する;〘冶〙‹鋼を›焼きならしする. ♦ **-iz·able** *a* **nòrmal·izátion** *n*

nór·mal·ìz·er *n* 標準化するもの;〘数〙正規化群.

nórmal magnificátion〘光〙基準倍率《顕微鏡・望遠鏡など光学機械の射出瞳の直径が瞳口径に等しいときの光学機械の倍率; 明るさの点で有利な倍率》.

nórmal orthógonal ORTHONORMAL.

nórmal schòol 師範学校《初等教員養成の 2 年制大学》, 《フランスの》エコールノルマル.

nórmal solútion〘化〙規定液.

nórmal státe〘理〙正常状態 (ground state).

nórmal tráde relàtions *pl* 通常貿易関係, 最恵国待遇関係《米国では 1998 年の法令により特権を与えるような語感のある most favored nation に代わって用いられるようになった; 略 NTR; cf. PNTR》.

Nor·man /nɔ́ːrmən/ *n* **1 a** ノルマン人《(1) Normandy の住民 (2) 10 世紀にノルマンディーを征服して定住したスカンディナヴィア人 (3) 1066 年にイングランドを征服したノルマンディー人》. **b**〘言〙ノルマン語 (NORMAN-FRENCH). **2** ノーマン《男子名; 愛称 Norm》. **3** ノーマン《(1) **Greg(ory John)** ～ (1955–)《オーストラリアのゴルファー》(2) **Jessye** ～ (1945–2019)《米国のソプラノ》. **4** ノーマン《Oklahoma 州中部 Oklahoma City の南東, Canadian 川に臨む市; University of Oklahoma (1890)》. ► *a* NORMANDY の; ノルマン人の;〘建〙ノルマン様式の. [OE＜ON＝Northman]

Nórman árch〘建〙ノルマンアーチ《ノルマン建築にみられる半円型のアーチ》.

Nórman árchitecture ノルマン建築《10 世紀半ばごろ Normandy 地方に現われ, ノルマン人の征服後 12 世紀までイングランドで盛んに行なわれたロマネスク風の建築様式; 半円アーチ・太い柱などを特色とした》; ノルマン風の建築.

Nórman Cónquest [the] ノルマン人の征服《ノルマンディー公 William によるイングランド征服 (1066)》.

nor·mande /nɔːrmǽnd/ *a*〘料理〙ノルマン[ノルマンディー]風の《特に煮込むときやソースにクリーム・リンゴ・りんご酒・りんごブランデー (calvados) などを用いてリンゴの風味を加える》.

Nor·man·dy /nɔ́ːrməndi/ ノルマンディー (F **Nor·man·die** /F nɔrmɑ̃di/)《フランス北西部 Brittany 半島の北東の地方・旧州; ☆Rouen》. ■ the **House of ～** ノルマンディー家《William 1 世に始まるイングランドの王家 (1066–1154)》.

Nórmandy Lándings [the]《第二次大戦での連合軍による》ノルマンディー上陸 (cf. D-DAY).

Nórman Énglish ノルマン英語《Norman-French に影響された英語》.

Nor·man·esque /nɔ̀ːrmənésk/ *a*〘建〙ノルマン様式の, ロマネスクの (⇨ NORMAN ARCHITECTURE).

Nórman-Frénch *n* ノルマンフランス語《中世ノルマン人の用いたフランス語; 1066 年から 14 世紀までイングランドの宮廷で用いられた》; LAW FRENCH; 《現代フランス語の》ノルマンディー方言.

Nórman·ìsm *n* ノルマン風; ノルマン人びいき.

Nórman·ìze *vt, vi* ノルマン風にする[なる], ノルマン化する.

Nórman stýle〘建〙ノルマン様式.

nor·ma·tive /nɔ́ːrmətɪv/ *a* 標準の, 標準値を測定する; 規範に従った[基づいた]; 規範を定める, 規範的な. ♦ **～·ly** *adv* **～·ness** *n* [F＜L; ⇨ NORM]

normed /nɔ́ːrmd/ *a*〘数〙ノルムを定義する基となる: a ～ vector space 基準[ノルム]ベクトル空間.

nór·mo·blàst /nɔ́ːrmə-/ *n*〘解〙正赤芽球.

nór·mo·cỳte /nɔ́ːrmə-/ *n*〘解〙正赤血球.

nor·mo·ten·sive /nɔ̀ːrmouténsɪv/ *a, n*〘医〙正常血圧の(人).

nor·mo·ther·mia /nɔ̀ːrmouθə́ːrmiə/ *n* 正常体温, 平熱. ♦ **-thér·mic** *a*

nórm-rèferenced *a*〘教育〙集団準拠の《評価が集団に準拠した; cf. CRITERION-REFERENCED》: ～ tests 集団準拠テスト.

Norn /nɔ́ːrn/ **1** [ᵘthe ～s]〘北欧神話〙ノルヌ (＝*Weird Sisters*)《運命をつかさどる 3 女神》. **2** ノルン語《Orkney 諸島, Shetland 諸島, スコットランド北部で用いられた中世 Norse 語》. [ON＜?]

Norodom Sihanouk ⇨ SIHANOUK.

nór·o·vìrus /nɔ́ːrə-/ *n* ノロウイルス《カリシウイルス科ノロウイルス属 (*N-*) の一本鎖 RNA ウイルス; ノーウォークウイルス (Norwalk virus) をプロトタイプとする; 急性胃腸炎の原因となる》. [*Nor*walk virus, *-o-*, *virus*]

Nor·plant /nɔ́ːrplæ̀nt; -plɑ̀ːnt/〘商標〙ノルプラント《合成黄体ホルモンの結晶を短小マッチ棒大のミニカプセルに封入した皮下埋込み式避妊薬》.

Nor·ris /nɔ́(ː)rəs, nɑ́r-/ **1** ノリス **Frank** ～ (1870–1902)《米国の小説家; 本名 Benjamin Franklin ～》. **2** [Aunt or Mrs.] ノリスおばさん《Jane Austen の小説 *Mansfield Park* 中の利己的でいじわるな婦人》.

Norr·kö·ping /nɔ́ːrʃəːpɪŋ/ ノルヒェーピング, ノルチョーピング《スウェーデン南東部 Stockholm の南西, バルト海の入江の奥にある港湾都市》.

Nór·roy (and Úlster) /nɔ́(ː)rɔɪ(-), nɑ́r-/〘英〙ノロイ-アルスター紋章官《Trent 川以北と北アイルランドを管轄する紋章院 (Heralds' College) の長官》.

Norse /nɔ́ːrs/ *n* (*pl* ～) **1** [the, ‹*pl*›] (古代)スカンディナヴィア人; 西スカンディナヴィア人; (古代)ノルウェー人. **2** ノルウェー語 (Norwegian); 西スカンディナヴィア語[方言]; ノルド語《ゲルマン語派のスカンディナヴィア諸語》: OLD NORSE. ► *a* 古代スカンディナヴィア(人[語])の; 西スカンディナヴィア(人[語])の; ノルウェー(人[語])の: ～ mythology 北欧神話. [Du *noor(d)sch* northern (*noord* north)]

Nórse·land /-lənd/ NORWAY.

Nórse·man /-mən/ *n* 古代スカンディナヴィア人 (Northman); 現代スカンディナヴィア人, 《特に》ノルウェー人.

Norsk /nɔ́ːrsk/ *a, n* NORSE.

nor·te·amer·i·ca·no /nɔ̀ːrteɪəmèrəkɑ́ːnou/ *n* (*pl* ～**s**) 北米人, 米国人. [Sp＝North American]

north /nɔ́ːrθ/ *n* **1** [ᵘthe] 北, 北方 (略 N, N.). ★ 東西南北については通例 north, south, east and west という. **2 a** [ᵘthe N-]《ある地域の》北部地方[地域], 北部; [the N-] NORTH COUNTRY. **b** [the N-]*北部諸州《Mason-Dixon line, Ohio 川, および Missouri 州より北; 南北戦争時の自由州》. **c** [the N-] 北側(先進)諸国. **3** [the]《磁石の》北極; [the]《地球の》北極地方. **4 a**《教会堂の》北側《祭壇に向かって左側》. **b** [ᵒN-]《図上の》北, 上; [ᵒN-]《ブリッジなどで》北の座(の人) (cf. SOUTH). **5**《詩》北風. **6** [N-] ノース《男子名》. ● **in the ～ of**…の北部に. **～ and south**《韻俗》口 (mouth). NORTH BY EAST. NORTH BY WEST. **on the ～ of**…の北に接して. **to the ～ of**…の北方に(当たって). ► *a* **1** 北(へ)の, 北にある, 北に面した; 《教会堂の》北(側)の《祭壇に向かって左側》. **2** ‹風が›北からの: a ～ wind 北風 / The wind is ～. 風は北風だ. **3** [N-] 北部の. ● **be too far ～**《俗》利口すぎる, 悪賢い. ► *adv* **1** 北へ[に]: head [march] ～ 北進する. **2**《まれ》北から. ● **due ～** 真北に. **～ and south** 南北に‹広がる, 横たわるなど›. **～ of**…の北に[の], …より北方で; ‹額・数字›を上回って, 超えて: 15 miles ～ *of*…の北方 15 マイルに / ～ *of* $50 50 ドル以上(で). **up ～** [**N～**] 北へ[で, に], *《米国の》北部へ[で, に]. ► *vi* 北進する; 北に方向転換する. [OE＜?; cf. G *Nord*]

North ノース (1) **Christopher** ～《John WILSON の筆名》(2) **Douglass Cecil** ～ (1920–2015)《米国の経済学者; 計量経済史領域の開拓で, ノーベル経済学賞 (1993)》(3) **Frederick** ～ ['Lord' ～] (1732–92)《英国の政治家; 首相 (1770–82); George 3 世の下にあって指導力が不十分で, 北米の独立戦争で英国の敗北をまねいた》(4) Sir **Thomas** ～ (1535–?1603)《イングランドの翻訳家; Plutarch の *Lives* の訳は Shakespeare のローマ史劇の材料になった》.

Nórth África 北アフリカ. ♦ **Nórth Áfrican** *a, n*

North·al·ler·ton /nɔːrθǽlərt(ə)n/ ノーサラトン《イングランド北部 North Yorkshire の町・州都》.

Nórth América 北アメリカ, 北米(大陸). ♦ **Nórth Américan** *a, n*

Nórth Américan Revíew [The]『ノースアメリカンレヴュー』《1815 年 Boston で創刊された米国の評論誌 (1815–1939); James Russel Lowell, Henry Adams などが編集に参加, Emerson,

Longfellow らが寄稿; 1878 年 New York に移り, Henry James などが寄稿した》.

North·amp·ton /nɔːrθ(h)ǽm(p)tən/ ノーサンプトン《(1) Northamptonshire の州都 2) NORTHAMPTONSHIRE》.

Northámpton·shire /-ʃɪər, -ʃər/ ノーサンプトンシャー (=*Northampton*)《イングランド中部の州; ☆Northampton; 略 **Northants.**》.

Nórth Atlántic Cóuncil [the] 北大西洋条約機構理事会《加盟国の主要閣僚で構成される NATO の最高機関》.

Nórth Atlántic Cúrrent [Dríft] [the] 北大西洋海流 (=*Gulf Stream Drift*)《Newfoundland 島沖から Norway 海に至る暖流》.

Nórth Atlántic Tréaty Organizàtion [the] 北大西洋条約機構《1949 年の北大西洋条約に基づく集団防衛体制; 本部 Brussels; 加盟国: 米国・カナダ・英国・フランス・イタリア・ベルギー・オランダ・ルクセンブルク・ノルウェー・デンマーク・アイスランド・ポルトガル (以上原加盟国), ギリシア・トルコ (以上 52 年加盟), 西ドイツ (55 年加盟, 現ドイツ), スペイン (82 年加盟), ハンガリー・チェコ・ポーランド (以上 99 年加盟), ブルガリア・エストニア・ラトヴィア・リトアニア・ルーマニア・スロヴァキア・スロヴェニア (以上 2004 年加盟), アルバニア・クロアチア (以上 2009 年加盟); 略 NATO》.

Nórth Bórneo 北ボルネオ《SABAH の旧称》.

nórth·bòund *a* 北行きの: ~ trains.

Nórth Brabánt ノールト[北]ブラバント (Du **Noord-Bra·bant** /nóːrtbrάːbὰːnt/)《オランダ南部の州; ☆ 's-Hertogenbosch》.

Nórth Brítain 北ブリテン, スコットランド《略 NB》.

Nórth Bríton スコットランド人《Scot を使うほうがよい》.

nórth by éast *n* 北微東《北から 11°15′ 東寄り; 略 NbE》. ► *a, adv* 北微東に(ある)[から(の), へ(の)].

nórth by wést *n* 北微西《北から 11°15′ 西寄り; 略 NbW》. ► *a, adv* 北微西に(ある)[から(の), へ(の)].

Nórth Canádian [the] ノースカナディアン川《New Mexico 州北東部に発し, 東流して Oklahoma 州東部で Canadian 川に合流する》.

Nórth Cápe 1 ノール岬, ノールカップ《ノルウェー最北部の Magerøya 島にある岬 (71°10′21″N)》. 2 ノース岬《ニュージーランド北島北端の岬》. 3 ノース岬《HORN[2] 岬の別称》.

Nórth Carolína ノースカロライナ《米国南東部の州; ☆Raleigh; 略 NC》. ■ the **Univérsity of Nórth Carolína** ノースカロライナ大学《North Carolina 州 Chapel Hill に本部キャンパスを置く州立大学システム; 1789 年創立》. ♦ **Nórth Carolínian** *a, n*

Nórth Cascádes Nátional Párk /, -kǽskèɪdz-/ ノースカスケード国立公園《Washington 州北部国境地域の国立公園; 多数の湖・氷河のある山岳地帯》.

nórth celéstial póle 〘天〙天の北極 (north pole).

Nórth Chánnel [the] ノース海峡《スコットランドと北アイルランドの間, Irish 海と大西洋を結ぶ》.

Nórth Círcular [the] 北環状線《London 北部を半円状に貫く環状道路 A 406 号線; 東西で South Circular とつながっている》.

North·cliffe /nɔ́ːrθklɪ̀f/ ノースクリフ **Alfred Charles William Harmsworth**, Viscount ~ (1865–1922)《英国の新聞経営者; 弟の初代 Rothermere 子爵と共に新聞業を営み, *Daily Mail* (1896), *Daily Mirror* (1903) を創刊, *The Times* を買収 (1908) した》.

Nórthcliffe Préss ノースクリフ紙《NORTHCLIFFE が始めたか経営した新聞 *Daily Mail*, *Daily Mirror* などの総称》.

Nórth Cóuntry [the] 1 イングランド北部《Humber 川以北》. 2 ノースカントリー《地理的・経済的に一まとまりの地域とみなして, 米国 Alaska 州とカナダ Yukon 準州》.

nòrth-cóuntry·man″/-mən/ *n* 北イングランド人.

Nórth Dakóta ノースダコタ《米国中北西部の州; ☆Bismarck; 略 N. Dak., ND》. ♦ **Nórth Dakótan** *a, n*

Nórth Dówn ノースダウン《北アイルランド東部の自治区》.

Nórth Dówns *pl* [the] ノースダウンズ《イングランド南東部 Surrey 州を中心に西は Hampshire から東は Kent 州へと東西に延びる低い草地性丘陵; cf. DOWNS》.

nòrth·éast /, (海) nɔːríːst/ *n* 1 [the] 北東《略 NE》. 2 [the N-] 北東地方, 北東部《(1) 米国では通例 New England 諸州の称, 時に New York City およびその周辺を含む 2) 英国ではイングランド北東部, 特に Northumberland と Durham》. 3《詩》北東の風. ► *a* 北東(へ)の[にある, に面した]; 北東からの. ► *adv* 北東に[へ, から].

northéast by éast *n* 北東微東《北東から 11°15′ 東寄り; 略 NEbE》. ► *a, adv* 北東微東に(ある)[から(の), へ(の)].

northéast by nórth *n* 北東微北《北東から 11°15′ 北寄り; 略 NEbN》. ► *a, adv* 北東微北に(ある)[から(の), へ(の)].

Nórtheast Córridor [the] 北東の回廊《米国北東部, Boston から New York を経て Washington, D.C. にいたる人口稠密地帯》.

nòrth·éast·er /, (海) nɔːríːstər/ *n* 北東の風, 北東の強風[暴風].

nòrth·éast·er·ly *adv, a* 北東へ(の); 北東から(の). ► *n* 北東の風.

nòrth·éast·ern *a* 北東(部)にある; 北東からの; [ºN-] 北東部地方の. ♦ **Nòrth·éast·ern·er** *n* 北東部人. **~·mòst** *a*

Nórth Èast Frontíer Àgency [the] 北東辺境特別行政地域《ARUNACHAL PRADESH の旧称》.

Nórth-Éast Nèw Guínea ノースイーストニューギニア《New Guinea 本島の北東部で, パプアニューギニアの一部》.

Nórtheast Pássage [the] 北東航路《欧州およびアジアの北海岸に沿って北大西洋から太平洋に出る航路》.

nòrth·éast·ward *adv, a* 北東へ(の). ► *n* [the] 北東方(の地点[地域]). ♦ **~·ly** *adv, a* 北東へ(の); 北東から(の).

nòrth·éast·wards *adv* NORTHEASTWARD.

north·er* /nɔ́ːrðər/ *n* 強い北風, 北からの暴風《Texas 州, Florida 州, Mexico 湾で秋・冬に吹く》.

nórther·ly *a* 北寄りの; 北方への; 北からの. ► *adv* 北の方へ; 北の方から. ► *n* 北風. ♦ **-li·ness** *n*

north·ern /nɔ́ːrðərn/ *a* 1 北(へ)の[にある], 北に面した; 北から吹く; 〘天〙北天の. 2 [ºN-] 北部地方の, *北部諸州の; [ºN-] 北部方言(独特)の: the *N*~ States《米国の》北部諸州. ► *n* [N-] NORTHERNER; [N-]《アメリカ英語の》北部方言 (=**N~ díalect**); 〘魚〙カワカマス (pike).

Northern [the] ノーザン, 北部州《南アフリカ共和国 LIMPOPO 州の旧称》.

Nórthern Cápe [the] 北ケープ《南アフリカ共和国西部の州; ☆Kimberley》.

Nórthern Cir·cárs /-sərkάːrz/ ノーザンサーカーズ《インド東部 Andhra Pradesh 北東部地域の歴史的名称》.

Nórthern Cóalsack [the] 〘天〙北の石炭袋《はくちょう座の暗黒星雲; cf. COALSACK》.

Nórthern Cóok Íslands *pl* [the] ノーザンクック諸島《太平洋中南部 Cook 諸島の北西にある, ニュージーランド領の島群; Manihiki, Penrhyn など 6 つの島よりなる; 別称 Manihiki Islands》.

nórthern córn ròotworm 〘昆〙米国中北部・東北部でトウモロコシの根を食い荒らすハムシ科のハムシモドキの幼虫.

Nórthern Cróss [the] 北十字星《はくちょう座の 6 個の星からなる》.

Nórthern Crówn [the] CORONA BOREALIS.

Nórthern Dvína [the] 北ドヴィナ川 (⇨ DVINA).

nórthern·er *n* 北部地方の人, [N-] 米国北部(諸州)の人; NORTHER.

nórthern hárrier 〘鳥〙ハイイロチュウヒ (=*marsh hawk*) (hen harrier″)《北米・ユーラシア北部産で, 沼地や草原によく出没する》.

nórthern hémisphere [the, ºthe N- H-] 北半球.

Nórthern Íreland 北アイルランド《アイルランドの 1/5 を占め, 英国 (United Kingdom of Great Britain and ~) の一部をなす; ☆Belfast》.

Nórthern Ísles *pl* [the] スコットランド北部の島々《Orkney 諸島と Shetland 諸島》.

Nórthern Kíngdom [the] 北王国 (⇨ ISRAEL).

nórthern líghts *pl* [the] AURORA BOREALIS.

nórthern mámmoth WOOLLY MAMMOTH.

Nórthern Mariána Íslands *pl* [the] 北マリアナ諸島《Guam 島を除く Mariana 諸島の島々; 1947–76 年 Pacific Islands 信託統治領に属したが, 86 年以降米国の自治領 Commonwealth of the Northern Mariana Islands (北マリアナ(諸島)連邦) を形成する; ☆Saipan》.

nórthern·mòst /, ″-məst/ *a* 最も北の, 極北[(最)北端]の.

nórthern óriole 〘鳥〙ボルチモアムクドリモドキ《北米産のムクドリモドキ科の鳥; 東部の亜種 Baltimore oriole と西部の亜種では顕著に異なるが大平原で両種が交雑する》.

Nórthern Paiúte 北パイユート族 (⇨ PAIUTE); 北パイユート語.

nórthern phálarope 〘鳥〙アカエリヒレアシシギ (=*red-necked phalarope*)《北極圏産》.

nórthern píke 〘魚〙カワカマス (pike).

Nórthern Rhodésia 北ローデシア《ZAMBIA の英国植民地時代の名称》.

Nórthern Spórades *pl* [the] 北スポラデス諸島 (⇨ SPORADES).

nórthern spótted ówl 〘鳥〙ニシアメリカフクロウ (spotted owl) の亜種《カナダの British Columbia 州南部から California 州北部にかけての古い森林にすむ稀少種》.

Nórthern Spý 〘植〙君が袖《米国の赤すじのあるリンゴ》.

Nórthern Térritories *pl* [the] 西アフリカの旧英国保護領《現在ガーナの一部》.

Nórthern Térritory [the] ノーザンテリトリー《オーストラリア中部・北部の連邦直轄地; ☆Darwin; 略 NT》.

Nórthern Transváal 北トランスヴァール《LIMPOPO 州の旧称》.

nórthern whíte cédar 〘植〙ニオイヒバ (=*white cedar*)《北米東部産のヒノキ科の常緑樹》.

Nórth Frígid Zòne [the] 北寒帯.

Nórth Frísian Íslands *pl* [the] 北フリジア諸島 (⇨ FRISIAN ISLANDS).

Nórth Gérman Confederátion [the] 北ドイツ連邦 (*G* Norddeutscher Bund)《プロイセンを中心とした Main 川以北の 22 か国の連邦 (1866–71)》.
Nórth Germánic 〘言〙北ゲルマン語(群)《Icelandic およびスカンディナヴィアの諸語を含む; ⇨ GERMANIC》.
Nórth Hólland ノールト[北]ホラント (Du **Noord-Hol·land** /nɔ́ːrthɔ́ːlàːnt/)《オランダ北西部の州; ☆Haarlem》.
nórth·ing /, -ð-/ *n* 〘海〙北距《前に測定した地点から北寄りのある地点までの緯度差》; 〘海〙北進, 北航; 〘天〙北[正]の赤緯; 〘地図〙偏北距離《東西の基準線から北方に測った距離; cf. EASTING》, 緯度線.
Nórth Ísland 《ニュージーランドの 2 主島の》北島.
Nórth Karóo [the] 北カルー (⇨ KAROO).
Nórth Koréa 北朝鮮 (⇨ KOREA). ♦ **North Koréan** *a, n*
nórth·land /-lənd/ *n* [ºN-] 北方の地, 《地球・一国などの》北部地方; [N-] スカンディナヴィア; [N-]《カナダで》極地方. ♦ **~·er** *n*
nórth líght 北明かり(を採り入れる北窓[天窓])《アトリエ・工場などで好まれる》.
Nórth·man /-mən/ *n* NORSEMAN; [ˢn-] 北方の人.
North Minch ⇨ MINCH.
nórth·mòst /, ᵘ-məst/ *a* NORTHERNMOST.
nórth-nòrth·éast *n* [the] 北北東《略 NNE》. ► *a, adv* 北北東に(ある)[から(の), へ(の)].
nórth-nòrth·wést *n* [the] 北北西《略 NNW》. ► *a, adv* 北北西に(ある)[から(の), へ(の)].
Nórth Ossétia-Alá·nia /-əlɑ́ːnjə, -niə/ 北オセティア・アラニア《ロシア, 北 Caucasus にある共和国; ☆Vladikavkaz》.
Nórth Pacìfic Cúrrent [the] 北太平洋海流.
North Pacific Ocean ⇨ PACIFIC OCEAN.
Nórth Plátte [the] ノースプラット川《Colorado 州北部から Wyoming 州を通り, Nebraska 州で South Platte 川と合流して Platte 川となる》.
nórth póle [the, ºthe N- P-]《地球の》北極, 《惑星などの》北極; 《天の》北極; 《磁石の》北極, N 極. ♦ **nórth-pólar** *a* 北極の.
Nórth Rhìne-Westphália ノルトライン-ヴェストファーレン (*G* **Nord·rhein-West·fa·len** /*G* nɔ́rtraɪnvɛstfɑ́ːlən/)《ドイツ西部の州; ☆Düsseldorf》.
Nórth Ríding ノースライディング《旧 Yorkshire の一区; 現在 North Yorkshire の大部分; ☆Northallerton》.
Nórth Ríver [the] ノースリヴァー《New Jersey 州北東部と New York 市との境界をなす, Hudson 川河口部》.
Nórth·rop /nɔ́ːrθrəp/ ノースロップ **John H(oward)** ~ (1891–1987)《米国の生化学者; 酵素の結晶化の業績で, ノーベル化学賞 (1946)》.
Nórth Saskátchewan [the] ノースサスカチェワン川《カナダ中西部を流れ, South Saskatchewan 川と合流して Saskatchewan 川となる》.
Nórth Séa [the] 北海《ヨーロッパ大陸と Great Britain にはさまれた大西洋の浅海; 旧称 German Ocean》.
Nórth Sèa gás 北海天然ガス.
Nórth Sèa óil 北海原油《英国はこのおかげで 1970 年代半ばごろから原油輸出国に変わった》.
nórth-sèek·ing póle 《磁石の》北極 (north pole).
Nórth Shóre [the]《Long Island の》北海岸.
Nórth Slópe [the] ノーススロープ《Alaska 州北部 Brooks 山地と北極海の間の油田地区》.
Nórth-Sòuth Divíde 南北(間)格差 (**1**) 大部分が北半球にある先進工業諸国とその南に多い低開発および発展途上諸国との格差 **2**) 一国内の南北格差; 英国ではイングランド南部 (特に 東南部) と, イングランド北部およびスコットランドとの賃金・生活水準などの差がしばしば問題となる》.
Nórth Stár [the] 北極星 (Polaris) (=*the polestar*)《こぐま座の *α* 星で, 光度 2.1 等のクリーム色の超巨星》.
Nórth Stár Stàte [the] 北極星州《Minnesota 州の俗称》.
Nórth Témperate Zòne [the] 北温帯《北回帰線と北極圏限界線の間》.
North·um·ber·land /nɔːrθʌ́mbərlənd/ ノーサンバーランド《イングランド最北の州; Hadrian's Wall からスコットランド Cheviot Hills に至る丘陵地帯に史蹟に富む国立公園 **~ Nátional Párk** がある; ☆Morpeth; 略 **Northumb.**》.
Northúmberland Stráit [the] ノーサンバーランド海峡《カナダ南東部 Prince Edward 島と New Brunswick 州, Nova Scotia 州間の海峡》.
North·um·bria /nɔːrθʌ́mbriə/ ノーサンブリア《イングランドの Humber 川とスコットランドの Forth 湾との間にあった Anglo-Saxon の古王国; ⇨ HEPTARCHY》.
North·úm·bri·an *a* NORTHUMBRIA の; ノーサンブリア人[方言]の; NORTHUMBERLAND 州の; ノーサンバーランド州の住民[方言]の. ► *n* ノーサンブリアの住民; ノーサンバーランド州の住民; ノーサンブリア方言; ノーサンバーランド方言.
Northúmbrian Wáter ノーサンブリア水道(社) (~ Ltd)《イングランド北東部の上下水道の管理を行なう会社》.
Nórth Vietnám 北ヴェトナム《17 度線以北のヴェトナム; ヴェトナム統一前のヴェトナム民主共和国; ☆Hanoi》.
Nórth Wá·li·an /-wéɪliən/ 《口》北ウェールズ人; 《口》北ウェールズ英語《独特のイントネーションで知られる》.
nórth·ward /, (海) nɔ́ːrðərd/ *adv, a* 北方へ[の]. ► *n* [the] 北方(の地点[地域]). ♦ **~·ly** *adv, a*
nórth·wards *adv* NORTHWARD.
nòrth·wést /, (海) nɔːrwést/ *n* **1** [the] 北西《略 NW》. **2** [the N-] 北西地方, *北西部《通例 Washington, Oregon, Idaho の 3 州, または NORTHWEST TERRITORY を指す》,〘カナダ〙北西部. **3** 《詩》北西の風. ► *a* 北西(へ)の[にある, に面した]; 北西からの. ► *adv* 北西に[へ, から].
Nòrth-Wést ノースウェスト, 北西州《南アフリカ共和国北部の州; ☆Mafikeng》.
northwést by nórth *n* 北西微北《北西から 11°15′ 北寄り; 略 NWbN》. ► *a, adv* 北西微北に(ある)[から(の), へ(の)].
northwést by wést *n* 北西微西《北西から 11°15′ 西寄り; 略 NWbW》. ► *a, adv* 北西微西に(ある)[から(の), へ(の)].
nòrth·wést·er *n* 北西の風, 北西の強風[暴風]; [N-]〘米史〙カナダ西部で営業した毛皮会社の商人.
nòrth·wést·er·ly *adv, a* 北西へ(の); 北西から(の). ► *n* 北西の風.
nòrth·wést·ern *a* 北西(部)にある; 北西からの; [ºN-] 北西部地方の. ♦ **Nòrth·wést·ern·er** *n* 北西部人. **~·mòst** *a*
Northwéstern Univérsity ノースウェスタン大学《Illinois 州 Evanston にある私立大学; 1851 年創立》.
Nórth-Wèst Frontíer Pròvince [the] 北西辺境州《KHYBER PAKHTUNKHWA の旧称》.
Nórthwest Pássage [the] 北西航路《北米大陸北岸に沿って大西洋と太平洋を結ぶ航路; 1903–06 年 Roald Amundsen が初めて航行した》.
Nórthwest Térritories *pl* [the] ノースウェストテリトリーズ《カナダ北部, Yukon Territory と Nunavut にはさまれた北緯 60° 以北の部分からなる準州; ☆Yellowknife; 略 NT, NWT; ⇨ NUNAVUT》.
Nórthwest Térritory [the]〘米史〙北西部領地《1787 年に成立した, 現在の Ohio 川の北 Ohio, Indiana, Illinois, Michigan, Wisconsin および Minnesota の一部を含む地方; cf. OLD NORTHWEST》.
nòrth·wést·ward *adv, a* 北西へ(の). ► *n* [the] 北西方(の地点[地域]). ♦ **~·ly** *adv, a* 北西へ(の); 北西から(の).
nòrth·wést·wards *adv* NORTHWESTWARD.
Nórth Yémen 北イエメン (⇨ YEMEN).
Nórth Yòrk Móors Nátional Párk ノースヨークムア国立公園《イングランド北東部 North Yorkshire 州と旧 Cleveland 州にまたがる公園; 北海海岸と荒野などからなる》.
Nórth Yórkshire ノースヨークシャー《イングランド北部の州; ☆Northallerton》.
Nor·ton /nɔ́ːrtn/ ノートン (**1**) **Charles Hotchkiss** ~ (1851–1942)《米国の実業家; 研削盤をはじめとする工作機械を製造, 種々の改良を行なった》(**2**) **Thomas** ~ (1532–84)《イングランドの法律家・作家; ⇨ Thomas SACKVILLE》.
nor·trip·ty·line /nɔːrtríptəliːn/ *n* 〘薬〙ノルトリプチリン《三環系抗鬱薬》. [*nor-*, *tricyclic*, *cyclohep*tene, *-yl*, *-ine*²]
Norw. Norway ♦ Norwegian.
Nór·walk vìrus /nɔ́ːrwɔ̀ːk-/ ノーウォークウイルス《急性胃腸炎を起こす感染力の強いノロウイルス (norovirus)》. [*Norwalk* Ohio 州の市; ここで流行して始めて単離された]
nor·ward(s) /nɔ́ːrwərd(s)/ *adv, a, n* NORTHWARD.
Nor·way /nɔ́ːrwèɪ/ ノルウェー (*Norw* Norge)《北欧の国; 公式名 Kingdom of ~ (ノルウェー王国); ☆Oslo; 略 Nor(w).》.
Nórway lóbster 〘動〙LANGOUSTINE.
Nórway máple 〘植〙ヨーロッパカエデ, ノルウェーカエデ《欧州種のカエデ》.
Nórway píne RED PINE.
Nórway rát 〘動〙ドブネズミ (brown rat).
Nórway sprúce 〘植〙ドイツトウヒ《庭園樹》.
Nor·we·gian /nɔːrwíːdʒ(ə)n/《略 Nor(w).》*a* ノルウェーの; ノルウェー人[語]の. ► *n* **a** ノルウェー人; ノルウェー系人. **b** ノルウェー語《Germanic 語派の一つ》. [L *Norvegia*<ON=north way]
Norwégian élkhound 〘犬〙ノルウェジアンエルクハウンド《立ち耳・巻き尾の中型の狩猟犬; 被毛は厚く, グレーで先端が黒; スカンディナヴィア原産》.
Norwégian saltpéter ノルウェー硝石 (calcium nitrate).
Norwégian Séa [the] ノルウェー海《大西洋北部の, ノルウェーの西に広がる海》.
nor'·west·er /nɔːrwéstər/ *n* NORTHWESTER; 時化(しけ)帽 (sou'wester); 《暴風時に着る》丈長の防水コート; ᵘ《海俗》一杯の強い酒.
Nor·wich /nɑ́rɪdʒ, -tʃ/ **1** ノリッジ《イングランド東部 Norfolk 州の州都; 大聖堂と大学の町》. **2** ノリッジ **Alfred Duff Cooper**, 1st Viscount ~ (1890–1954)《英国の政治家・外交官・作家》.

N

Nórwich schòol [the]〘画〙ノリッジ派《19 世紀前半の英国の地方画家集団; 1803 年 Norwich でグループを結成; John Crome, John Sell Cotman を指導的存在とし, オランダの風景画家や Thomas Gainsborough の影響をうけつつ風景画を制作した》.

Nórwich térrier /ˌ,*nɔ́ːrwɪtʃ-/〘犬〙ノリッジテリア《英国原産の短足小型のテリア; 被毛は長い針金のような直毛, 立ち耳をもつ》.

Nór·wood repòrt /nɔ́ːrwùd-/ ノーウッド報告《1943 年に出された中等教育および試験に関する報告; 中等教育修了試験のカリキュラムをきびしく批判》. [Sir Cyril *Norwood* (1875–1956) 英国の教育者]

nos- /nás/, **noso-** /násou, -sə/ *comb form*「病気」 [Gk *nosos* disease]

Nos., nos. numbers. **NOS** not otherwise specified.

nos·ce te ip·sum /nɔ́ːskɛ tèɪ ípsùm, nóusi ti ípsəm/ 汝自身を知れ. [L]

nose /nóuz/ *n* **1 a** 鼻: the bridge of the ~ 鼻柱 / (as) plain as the ~ on [in] one's face きわめて明白で / blow one's ~ 鼻をかむ《しばしば涙を隠すため》/ COCK[1] one's ~ / pick one's ~ 鼻(くそ)をほじくる / His ~ is running. はなみずが出ている / show one's ~ 顔を出す / He that has a great ~ thinks everybody is speaking of it. 《諺》大鼻の持主は人がいつもそのうわさをしていると思う《欠点への自意識過剰》. **b** 嗅覚, 直観, 勘 (flair); (いい)匂い ⟨*of* hay, tea, tobacco, etc.⟩;《ワインなどの》香り. **c** せんさく好き, 干渉, おせっかい: have one's ~ *in*…にでしゃばる. **2** 突出部; 管嘴(かんし), 銃口; 船首;《飛行機の》機首; 弾頭;〘ゴルフ〙ヘッドの先端 (toe). **3**《俗》警察のイヌ[スパイ]. **4***《俗》NOSE CANDY. ● **before** sb**'s ~** 人の面前で, 真正面に. **bite** sb**'s ~ off**＝SNAP sb's ~ off. **bloody** sb**'s ~** 人のプライドを傷つける, 鼻をへし折る. **blow** sb**'s ~ for** him《口》人のために何でもしてやる, 何から何まで面倒をみる. **by a ~**〘競馬〙鼻の差で⟨勝つ⟩;《選挙・試験などで》かろうじて⟨勝つ⟩. **cannot see beyond (the end [the length] of)** one**'s ~**＝**see no further than (the end of)** one**'s ~** 近視である; 想像力[洞察力]がない, 目先のことしか考えない, 近視眼的である; 機敏でない. **count [tell] ~s**《出席者[賛成者]の》頭数を数える; 頭数で事を決める. **cut off** one**'s ~ to spite** one**'s face** 腹立ちまぎれにしたことでばかをみる. **follow** one**'s ~** まっすぐに行く; 勘[直感]をたよりに行動する; 嗅覚に従う. **get [give] a bloody ~**《争いに敗れて》面目を失う[失わせる] (bloody sb's nose). **get** one**'s ~ cold**《俗》コカインを吸う. **get** one**'s ~ out of joint**《口》侮辱されたと思う, 気を悪くする (cf. *put* sb's NOSE *out of joint*). **get up** sb**'s ~**《口》人をいらいらさせる. **have a (good) ~** 鼻がきく;《探偵などが》よくかぎつける ⟨*for*⟩. **have a ~ around [round]**ᴵᴵ《口》あちこち見て[探し]まわる. **have** one**'s ~ in a book** 夢中で本を読んでいる. **have [hold, keep, put]** sb**'s ~ to the** GRINDSTONE. **have** one**'s ~ (wide) open***《黒人俗》すっかりいかれてしまっている, のぼせあがっている, 性的にとりこになっている. **hold** one**'s ~**《臭いので》鼻をつまむ; しぶしぶ[うんざりしながら]受け入れる. **hold [stick, have]** one**'s ~ in the air** 高慢な態度に出る, 偉そうにする (cf. *with* one's NOSE *in the air*). **in spite of** sb**'s ~**《廃》人の反対を退けて. **keep** one**'s (big) ~ out of…**《口》…に余計な口出しをしない, 干渉[せんさく]しない. **keep** one**'s ~ clean**《口》品行を慎む, トラブルに巻き込まれないようにする. **lead** sb **by the ~** 人をむりやり連れていく; 人を思うままにあやつる[盲従させる, 支配する, 牛耳る]; 人に最善の行動方針を示す. **look down** one**'s ~ at…**を見くだす, さげすむ. **make a long ~ (at** sb**)**＝thumb one's NOSE (at sb). **make** sb**'s ~ swell** 人をうらやましがらせる. **~ of wax**《古》人の言いなりになる人;《古》思うとおりになるもの. **~ to ~** 向かい合って (cf. FACE *to face*). **~ to tail**ᴵᴵ⟨車が数珠つなぎになって, 渋滞して. **on the ~** 鼻[嗅覚]に;《口》寸分たがわず, きっかり, 時間通りで;《口》《競馬で賭ける時に》単勝式で;《豪俗》いやなにおいがして, 鼻について, 臭くて. **pay through the ~** 法外の金を払う, ぼられる ⟨*for*⟩. POWDER[1] one**'s ~**. **put [poke, push, shove, stick, thrust]** one**'s ~ in [into]** (sb's business)《口》(人のこと)に干渉[口出し]する, ちょっかいを出す, せんさくする. **put** sb**'s ~ out of joint** 人に取って代わる;《口》人の鼻をあかす, 人を出し抜く, 人の気を悪くさせる. **ride the ~** つまさきをつかんでサーフボードの先端の方に乗る. **(right) under** sb**'s (very) ~** 人のすぐ目の前で[に], 人の鼻先で(公然と[気づかれもせず]). **rub ~s** ⟨未開人・動物が⟩鼻をこすり合わせて挨拶する. **rub** sb**'s ~ in…** 人に⟨いやなことを⟩経験させる, 思い出させる, あてつける. SNAP sb**'s ~ off. speak through the [**one**'s] ~** 鼻の詰まった声で話す《/m, n/ が /b, d/ と響く》. **take it through the ~***《俗》(鼻から)コカインを吸う. **tell ~s** ⇨ count NOSES. **thumb** one**'s ~ (at** sb**)** 鼻先に親指をあて他の指を扇形に広げて振って人をばかにする (cf. NOSE-THUMBING), [*fig*] 軽蔑する, 嘲弄する. **turn up** one**'s ~ at…**を軽蔑する, 鼻先であしらう. **with** one**'s ~ in the air** 高慢ちきな姿勢で, ツンとして.

► *vt* **1 a** かぐ, かぎ出す, 捜し出す ⟨*out*⟩: ~ a job 自分の利益になることをかぎ出す ⟨*in*⟩. **b**《鼻先・船首などを前にして》⟨通り道を⟩進む, 前進する. **2** 鼻で動かす ⟨*out* (*of*)⟩; …に鼻をすりつける. **3** ⟨車などを⟩ゆっくり前に進める ⟨*in, into, out of*⟩. **4** ⟨競争相手⟩に辛勝する;〘競馬〙鼻の差で負かす ⟨*out*⟩. **5**《古・文》…に公然と[平気で]反抗する.
► *vi* **1 a** かぐ, かぎつける ⟨*at, about, around*⟩; 捜す ⟨*after, about, around; for*⟩. **b** ⟨船・車など⟩(注意深く)前進する, ⟨人が⟩乗物を進める ⟨*in, into, out* (*of*)⟩. **2** 鼻をすり寄せる; せんさくする, 干渉する, 鼻を突っ込む ⟨*about, around, in on, into, with* a matter⟩;《俗》警察のイヌとなる. **3** ⟨地層など⟩下に傾く ⟨*in*⟩, 露出する ⟨*out*⟩. ● **~ ahead [in front, into the lead]** 一歩前に出る[リードする]. **~ down [up]**〘空〙機首を下にして降りる[上にして昇る]. **~ in** 近づく, 前進する ⟨*to*⟩. **~ out**《口》かぎつける, 捜し出す; 僅差で…に勝つ. **~ over** 機首を軸にしてひっくり返る.
♦ **~·less** *a* [OE *nosu*; cf. G *Nase*, Norw *nosa* to smell]

nóse àpe〘動〙テングザル (proboscis monkey).

nóse bàg《馬の頭からつるす》かいば袋 (＝*feedbag*);*《俗》袋に入れた食い物; *《俗》弁当箱;《俗》食事;《俗》防毒マスク. ● **put [tie] on the ~**《俗》食う(用意をする).

nóse·bànd *n*《馬の》鼻革, 鼻勒(びろく). ♦ **~·ed** *a*

nóse·blèed *n* 鼻血,〘医〙鼻(び)出血 (epistaxis). ► *a**とてつもなく[極度に]高い: ~ seats [section]《スタジアムなどの》最上段席.

nóse bòb《俗》NOSE JOB.

nóse brà〘車〙NOSE MASK.

nóse-bùrn·er *n**《俗》マリファナタバコの吸いさし (＝*nose-warmer*).

nóse càndy*《俗》鼻から吸入する麻薬[コカイン].

nóse còne《ロケットなどの》円錐頭, ノーズコーン; *《俗》最高のもの, すごいもの.

nóse còunt《賛成者などの》人数を数えること; 多数決.

nosed /nóuzd/ *a* [ᵘ*compd*] (…な)鼻を有する: bottle-~ とっくり鼻の.

nóse·dìve *n*《飛行機などの》垂直降下; 急落, 暴落, 激減; *《俗》突然のひどい不運; *《俗》伝道集会で信仰を受け入れること《無料で食べ物にありつくため》: take [go into] a ~ 垂直降下する; つんのめる; 急速に落ち込む. ♦ **nóse-dive** *vi, vt*

nóse dròps *pl* 点鼻薬.

no-see-um* /nousíːəm/ *n*〘昆〙ヌカカ (biting midge). [*em*[2]]

nóse flùte《タイ人・ミクロネシア人などの》鼻笛.

nóse·gày *n*《甘い香りの小さな》花束.

nóse glàsses *pl* PINCE-NEZ.

nóse·guàrd *n*〘アメフト〙ノーズガード (MIDDLE GUARD). [オフェンスのセンターと鼻を突き合わせることから]

nóse hàbit*《俗》麻薬常用.

nóse hìt 1〘ボウル〙ノーズヒット《ヘッドピンにあたる投球》. **2***《俗》鼻からマリファナタバコの煙を吸い込むこと: take ~*s*.

nóse jòb《口》鼻の美容整形 (rhinoplasty).

nóse lèaf〘動〙鼻葉(びよう)《種々のコウモリの鼻にみられる葉状の皮膚の突起; 空気の振動をキャッチすると考えられている》.

nóse-lùng·er *n*《俗》はなみず.

no·se·ma /nousíːmə/〘動〙微胞子虫類ノセマ属 (*N*-) の原虫《ミツバチのノセマ[ノゼマ]病やカイコの微粒子病を起こすノゼマ原虫など》.

nóse màsk〘車〙ノーズマスク (＝(*nose*) *bra*)《自動車前端部のグリルおよびバンパーをおおう布製またはプラスチック製のカバー》.

nóse mònkey〘動〙テングザル (proboscis monkey).

nóse pàint《俗》酒;《俗》《のんだくれの》赤鼻.

nóse·pìece *n*《かぶとの》鼻当て; NOSEBAND;《顕微鏡の》対物鏡を付ける所;《眼鏡の》鼻に当たる部分, ブリッジ.

nóse pìpe 筒先用の管, 先端管.

nos·er /nóuzər/《古》*n*《拳闘などで》鼻への一撃; 強い向かい風.

nóse ràg《俗》ハンカチ《英米人はハンカチで鼻をかむ》.

nóse-rìde *vi* サーフボードの鼻先に乗る[て曲乗りする] (cf. *ride the* NOSE). ♦ **nóse-rìder** *n*

nóse rìng《牛・豚など, または一部の種族の》鼻輪.

nóse tàckle〘アメフト〙ノーズタックル (noseguard).

nóse-thùmb·ing *n* あざけりの身振り (⇨ thumb one's NOSE).

nóse-wàrm·er *n**《俗》NOSE-BURNER.

nóse wàrmerᴵᴵ《俗》短いパイプ.

nóse·whèel *n*〘空〙《機首下部の》前輪.

nóse whèel·ie* スケートボードの後輪を浮かせて前輪ですべること.

nóse·wìng *n* 鼻翼, こばな.

nosey ⇨ NOSY.

nós·ey [nósy] párker /nóuzi-/ [ᵒN- P-]《口》おせっかい屋 (busybody).

nosh /náʃ/ *n**《口》レストラン, スナックバー (＝**~ bàr, ~-hòuse**); *《口》軽い食事, 間食; ᴵᴵ《口》食べ物. ► *vi**《口》軽食を取る ⟨*on*⟩;《口》パクパク食べる;《卑》フェラチオをする. ► *vt**《口》⟨軽食を⟩取る;《口》食う;《卑》…にフェラチオをする ⟨*off*⟩. ♦ **~·er** *n* [Yid; cf. G *naschen* to nibble]

nosh·ery /náʃəri/ *n*《口》食堂, レストラン.

nó-shòp *a*〘商〙独占交渉権の, ノーショップの《企業買収契約成立後は新たな買手の募集や交渉を禁じる条項についていう; これに対し, 契約成立後も一定期間は募集・交渉が可能なものを go-shop と呼ぶことがある》.

nó-shòw /ˌ, ― ―/ *n* ノーショー《予約したのに連絡もせず現われない客》;《チケットを買いながら》会場に行かない人;《予期に反して》現われない人; 現われないこと. ► *a* 〈職が〉ほとんど実働のない, 楽して給料をもらえる. ［*not showing up*］

nósh-ùp *n* ᴵᴵ《俗》たっぷりの(うまい)食い物: have a ～ たらふく食う.

nó síde 〘ラグビー〙ゲーム終わり, ノーサイド《審判の用語》.

nos·ing /nóuzɪŋ/ *n* 〘建〙段鼻(だんばな)《階段の踏面の突端》; ノンスリップ《段鼻につける金属製のすべり止め》; 段鼻状に突出したもの[部分].

noso- /násou, -sə/ ⇨ NOS-.

nos·o·co·mi·al /nàsəkóumiəl/ *a* 病院で始まる[起こる]: ～ infection 院内感染. ［L *nosocomium* hospital］

nos·ode /násòud/ *n* ノソード《患者の分泌物などから作ったホメオパシー (homeopathy) の治療薬》.

nòso·geógraphy *n* 疾病地理学. ♦ **-geográphic, -ical** *a*

no·sog·ra·phy /nousáɡrəfi/ *n* 疾病記述学, 疾病論. ♦ **nos·o·graph·ic** /nàsəɡrǽfɪk/ *n* ［*nos-*］

no·sol·o·gy /nousáləʤi, ᴵᴵnɑ-, *-zál-/ *n* 疾病分類学[表]; 病気の知識. ♦ **-gist** *n* **nos·o·log·i·cal** /nàsəláʤɪk(ə)l, *nou-/, **-ic** *a* **-i·cal·ly** *adv*

nòso·phóbia *n* 疾病恐怖(症).

nos·tal·gia /nastǽlʤ(i)ə, *nə-/ *n* 懐旧の念[情], ノスタルジア 〈*for*〉; ノスタルジアをかきたてる[誘う]もの; 郷愁 (homesickness). ♦ **-gist** *n* 懐古趣味の人, ノスタルジスト. ［NL＜Gk (*nostos* homecoming, *algos* pain); G *Heimweh* homesickness の訳］

nos·tál·gic *a* なつかしく思う, 懐旧の念にふける; 昔なつかしく思わせる, 郷愁を誘う. ► *n* 思い出にふける人, 懐古趣味の人. ♦ **nos·tál·gi·cal·ly** *adv*

nos·tal·gie de la boue /*F* nɔstalʒi d(ə) la bu/ 土[泥]への郷愁, 堕落[退廃]願望.

nos·tal·gy /nastǽlʤi/ *n* 《古》NOSTALGIA.

nos·toc /nástɑ̀k/ *n* 〘植〙ネンジュモ属 (*N-*) の各種淡水生の藍藻.

nos·tol·o·gy /nastáləʤi/ *n* 老年医学. ♦ **nos·to·log·ic** /nàstəláʤɪk/ *a*

nos·to·mánia /nàstə-/ *n* 〘精神医〙懐郷反応, 慕郷症《強度の懐郷病》.

Nos·tra·da·mus /nàstrədá:məs, nòus-, -déɪ-/ **1** ノストラダムス (1503–66)《フランスの医者・占星家 Michel de No(s)tredame のラテン語名》. **2**《広く》占星家, 予言者, 易者, 占者: You are as good a prophet as ～. きみの言うことはあいまいでどうもわからない. ♦ **-dám·ic** *a*

Nos·trat·ic /nastrǽtɪk/ *n, a* 〘言〙ノストラティック大語族(の)《Indo-European, Afro-Asiatic, Dravidian, Ural-Altaic などを包括する大語族を想定するもの》.

nos·tril /nástrəl/ *n* 鼻孔, 鼻の穴; 鼻翼, こばな: His ～*s* twitched. 小鼻がひくひくした. ● **get up** sb's **～s** 《口》人をひどくいらいらさせる. STINK **in** sb's **～s**. **the** BREATH **of** one's **～s**. ［OE *nosthyrl* (NOSE, *thȳr(e)l* hole)］

nóstril shòt *《俗》《角度のまずい》見苦しい画像.

nó-stríngs *a* 《口》ひも付きでない, 自由の.

nós·tro accóunt /nástrou-/ 〘銀行〙当方勘定, ノストロ勘定《銀行が外国にある取引先銀行に保有する当該外国通貨建て預金勘定で, 外国為替取引の決済に使う; cf. VOSTRO ACCOUNT》.

Nos·tro·mo /nastróumou/ 親方, ノストローモ《Joseph Conrad の同名の小説 (1904) に登場するイタリア人人夫頭》.

nos·trum /nástrəm/ *n* (自家製造の)売薬, 《誇大宣伝の》いんちき薬; 《実効の疑わしい》妙薬, 万能薬; 《政治・社会問題などを解決する》妙策. ［L＝of our own make］

nosy, nosey /nóuzi/ *a* 鼻の大きな, 大鼻の; おせっかいな, でしゃばりな, せんさく好きな; 悪臭を放つ, 鼻をつく; 芳しい. ► *n* 鼻の大きい人, 大鼻; 《口》NOSEY PARKER. ♦ **nós·i·ly** *adv* **-i·ness** *n* ［*nose*］

nosy parker ⇨ NOSEY PARKER.

not /nát/; (助動詞のあとではまた) n(t)/ *adv* …でない. **1** [述語動詞・文の否定] [助動詞, be 動詞と共に; しばしば n't と短縮する]: This is ～ [*isn't*] a book. 本ではない / He will ～ [*won't*] come. 来ないだろう. ★ (1) [疑問否定形]《文》Is it ～?, Will you ～?, Do you ～ (go)?＝《口》*Isn't* it?, *Won't* you?, *Don't* you (go)? (2) I think he will ～ come. よりも I *don't* think he will come. のほうが普通. (3) not が普通の定形動詞のあとに続く I know ～ (＝I *don't* know). のような用法は《古》. **2 a** [(述語動詞・文以外で)語句の否定]: He is my nephew, (and) ～ my son. わたしの甥で, 息子ではない / I come to bury Caesar, ～ to praise him. シーザーを葬るために来ているのであって, たたえるためにではない. **b** [不定詞・分詞・動名詞に先行してそれを否定する]: I begged him ～ *to* go out. 外出しないように頼んだ / *N*～ know*ing*, I cannot say. 知らないからわたしは言えない / He reproached me for ～ hav*ing* let him know about it. 知らせてくれなかったのが悪いといって非難した. **c** [緩叙法 (litotes) や迂言法 (periphrasis) において]: ～ a few 少なからず (many) / ～ a little 少なからず (much) / ～ once *or* [*nor*] twice 一再ならず, 何度も / ～ reluctant (いやどころか)二つ返事で / ～ seldom 往々, しばしば / ～ *un*known 知られないではない / ～ too well たいしてよくなく, かなりまずく[悪く] / ～ *without* some doubt 多少の疑念はもちながら. **3** [語の否定が文の否定となる場合]: ～ any＝no, none / ～ anybody＝nobody / ～ anyone＝no one / ～ anything＝nothing / ～ anywhere＝nowhere / ～ either＝neither / ～ ever＝never / ～ nearly＝by no means / I do*n't* like candy *any more*. もうキャンディーはたくさんだ / Will he come?—*N*～ he (＝No, he wo*n't*)! 来るだろうか—来るもんか / The French won't fight, ～ they. フランス人は戦うまい, 戦うもんか. **4** [部分否定]: *N*～ *every* one can succeed. 皆がみな成功はできない / I do*n't* know *both*. 両方は知らない《片方だけ知っている》/ ～ ALL / ～ ALTOGETHER / ～ ALWAYS / ～ QUITE / ～ VERY. **5 a** [否定の文・動詞・節などの省略代用]: Is he ill?—*N*～ at all. (＝He is ～ at all ill.) 病気か—病気なもんか / Right or ～, it is a fact. 正しかろうと正しくなかろうと事実だ / (as) LIKELY as ～ / more LIKELY than ～ / more OFTEN than ～ / Is he coming?—Perhaps ～. (＝Perhaps he is ～ coming.) 来ないかもしれません《perhaps のほか, probably, absolutely, of course なども同じ構文に用いる》/ Is he ill?—I think ～. (＝I think he is ～ ill.) (cf. I think so. 病気だと思う)《think のほか, suppose, believe, hope, expect, be afraid なども同じ構文に用いる》/ I shall start if it's fine; if ～, ～. 天気なら出かけるし, でないならやめます / I'm not telling a lie, ～ upon my life. 絶対にうそではありません. **b** [前文を否定して]《口》今のはうそ, なんちゃって: Yes, I love him. *N*～! ● **～ a…** ただ一人[一つ]の…も…でない: *N*～ *a* man answered. だれ一人として答えなかった. ★ no の強調形; not a single はさらに強い形. **～ but** [**but what** 《文》, **but that** 《古》] (1) それでも, しかし: I can*not* do it; ～ *but* a stronger man might. (2) …できないほど…でない: He is ～ such a fool *but* (*what*) he can see it. **～ that** … けれども…というわけではない: If he said so—～ *that* he ever did—he lied. もしも彼がそう言ったのなら—そう言ったというのではないが—うそを言ったのだ. ［NAUGHT］

not-[1] /nóut/, **no·to-** /nóutou, -tə/ *comb form*「後ろ」「背部」［Gk *noton* back］

not-[2] /nóut/, **noto-** /nóutou, -tə/ *comb form*「南」［L *notes* south (wind)］

NOT /nát/ *n* 〘電算〙ノット《否定をつくる論理演算子》.

nota *n* NOTUM の複数形.

no·ta be·ne /nóutə bí:ni, -béni/ 注意せよ《略 NB, nb, n.b.》. ［L＝note well］

no·ta·bil·ia /nòutəbíliə/ *n pl* 注意すべき事項, 注目[註記]に値する事柄[ことば]. ［L］

no·ta·bil·i·ty /nòutəbíləti/ *n* **1** 著名, 卓越; 名士. **2** /ᴼnàtə-/ ᴵᴵ《古》《主婦としての》家政的手腕.

no·ta·ble /nóutəb(ə)l/ *a* **1** 注目に値する, 著しい, 顕著な; 著名な, 傑出した, 知名の. **2** /ᴼnátə-/ 《古》〈主婦が〉家政のじょうずな. ► *n* [ᵁ*pl*] お偉方, 名士; 《古》著名な事物; [ᴼN-] 〘フランス史〙名士会 (Assembly of N～s) 議員. ♦ **nó·ta·bly** *adv* 目に見えて; 著しく; 特に. **～·ness** *n* ［OF＜L; ⇨ NOTE］

NOTAM, no·tam /nóutəm/ *n* 〘空〙《乗組員に対する》航空情報, ノータム. ［*no*tice *to* *a*ir*m*en］

no·tan·dum /noutǽndəm/ *n* (*pl* **-da** /-də/, **～s**) 注意すべきこと, 注意事項; 覚書. ［L; ⇨ NOTE］

no·taph·i·ly /noutǽfəli/ *n* 《趣味としての》銀行券[紙幣]蒐集. ♦ **no·taph·i·list** /noutǽfəlɪst/ *n*

no·tar·i·al /noutέəriəl/ *a* 公証人の; 公証人が認証[作成]した. ♦ **～·ly** *adv* 公証人によって.

no·ta·ri·za·tion /nòutərəzéɪʃ(ə)n; -ràɪ-/ *n* 《公証人による》公証, 公証行為.

no·ta·rize /nóutəràɪz/ *vt* 〈契約などを〉公証人として認証する, 公証する; 〈文書を〉公証してもらう. ♦ **～d** *a*

no·ta·ry /nóutəri/ *n* NOTARY PUBLIC; 《古》書記. ［L *notarius* secretary; ⇨ NOTE］

nótary públic (*pl* **nótaries públic, ～s**) 公証人《略 NP》.

no·tate /nóuteɪt/; ─ ╱/ *vt* 記録する, 書き留める; 〘楽〙楽譜にしるす. ♦ **nó·tà·tor** *n* ［逆成＜↓］

no·ta·tion /noutéɪʃ(ə)n/ *n* **1**《文字・数字・記号・符号による》表記[表示]法, 〘数〙記数法, 〘楽〙記譜法; 表記, 表示: a broad [narrow] phonetic ～ 〘音〙簡略[精密]表音法 / chemical ～ 化学記号法 / DECIMAL NOTATION / the common scale of ～ 十進記数法. **2***注釈, 覚書; 書き留めること; 記録, メモ. ♦ **～·al** *a* **～·al·ly** *adv* ［F or L; ⇨ NOTE］

nót-bé·ing *n* 非実在 (nonexistence).

notch /náʧ/ *n* **1** V 字形の刻み目, 切り欠き, ノッチ 〈*in, on*〉; 《記録用に棒などにつけた》切れ込み; ダイヤルの目盛り; ベルトの穴; THUMB INDEX: take [pull] one's belt in a ～ ベルトの穴を 1 つ縮める. **2** *山あいの細道, 切通し (defile). **3**《口》段, 段階, 級, レベル; 《古》《cricket などの》得点: be a ～ above the others《口》他の者より一段上である / turn it up a ～ (さらに)調子を上げる. **4**《俗》割れ目 (vagina). ● **take** sb **down a ～ (or two)** 《口》人の高慢の鼻をへし折る, 自信をなくさせる. ► *vt* **1 a** …に刻み目[切れ込み]をつける; 刻み目で固定する, 〈ベルトを〉締める; 〈得点などを〉刻み目で数える[記録する] 〈*up, down*〉. **b** 獲得する, 達成する 〈*up*〉. **2** 〈矢を〉つがえる. ► *vi* 《俗》性交する. ♦ **～ed** *a* V 字形[鋸歯形]の刻み目のある. **～·er** *n* ［AF＜?*an otch* notch の異分析］

N

nótch bàby 〘米〙ノッチベビー《年金削減の対象となっている 1917–21 年に出生した者; 他年代の同等者より年金額が 660 ドル少ないとされる》.
nótch·bàck *n* ノッチバック《fastback に対し後部が段になった普通の乗用車のスタイル》; ノッチバックの自動車.
nótch·bòard‖ *n* BRIDGEBOARD.
nótch effèct 〘機〙切り欠き効果《機械部品において, 割れ目・陥部などに応力の集中が起こり破壊しやすくなること》.
notch·ery /nátʃəri/ *n**《俗》売春宿.
nótch fìlter 〘理〙ノッチフィルター《周波数応答特性に鋭い切り込み (notch) を有するフィルター》.
nótch gràft 〘園〙切り接ぎ《台木の細い刻み目に接ぎ穂を差し込む接ぎ木》.
nótchy *a* 刻み目のある; 〈自動車の変速レバーが〉操作しにくい, スムーズに動かない, かたい.
NOT circuit /nát ─/ 〘電算〙否定回路, ノット回路《入力と逆の位相[極性, 真理値]の出力を出す回路》.
nòt-content *n* 〘英上院〙反対投票(者) (noncontent).
note /nóut/ *n* **1 a** 覚書, メモ, 備忘録 〈*for*, *of*〉; [°*pl*]《旅行などの》手記, 印象記, 《講演などの》草稿, 《論文などの》文案; 小論(文), 《学会誌などの》研究ノート; 個人データ: from [without] ~*s* [a ~] 草稿を見て[草稿なしで]〈講演するなど〉/ make a ~ of...を書き留める / make a mental ~ of...を心に留めておく. **b**《略式の》短い手紙, 書き置き; 《外交上の》通牒, 覚書: a thank-you ~ 礼状 / leave sb a ~ 〈人に〉書き置きを残す. **c** 便箋, メモ用紙. **2** 注(解), 評釈〈*on*〉; 知識, 情報. **3 a** 注意, 注目, 留意; 重要, 顕著, 著名: a thing worthy of ~ 注目すべき事柄 / a man of ~ 名士 / a poet of ~ 著名な詩人. **b**《口》意外な[驚くべき, 不都合な]新事態. **4 a** しるし, 符号, 記号; 〘楽〙音符; 《ピアノなどの》鍵; 《古》烙印: a ~ of exclamation [admiration] 感嘆符 / strike a ~ on a piano ピアノである音を弾く. ★ 音符の名称: whole note*, semibreve‖ (全音符), half n.*, minim‖ (二分音符), quarter n.*, crotchet‖ (四分音符), eighth n.*, quaver‖ (八分音符), sixteenth n.*, semiquaver‖ (十六分音符), thirty-second n.*, demisemiquaver‖ (三十二分音符), sixty-fourth n.*, hemidemisemiquaver‖ (六十四分音符); cf. BREVE. **b** 特徴; 響き, 調子; 口調, 語気; 匂い, 香気; 雰囲気, 様子: have a ~ of antiquity 古色をおびている / on an optimistic ~ 楽観的な口調[ムード]で. **c**《意思を伝える》合図, 意思表明: sound the ~ of war 戦意を伝える, 主戦論を唱える / sound a ~ of warning 警告する. **5**《鳥の》鳴き声; 声音(こわ); 《一定のピッチの一つの》音 (tone), 音色; 《古・詩》調べ, 曲調, 旋律 (melody). **6**〘商〙(約束)手形, 預かり証; 国債, 社債; 紙幣 (bill*): a £5 ~ 5 ポンド紙幣. ● **change one's ~** 話しぶり[態度]を一変する. **compare ~s** 意見[情報など]を交換する, 感想を述べ合う 〈*with*〉. HIGH NOTE. **on a lighter ~** [話題を変える前置きとして] 少し陽気な[肩の凝らない]お話をしますと (in a lighter vein). **strike [hit, sound] a false ~** 見当はずれのことをする[言う]. **strike [hit] a sour ~** 気分を湿らせる; 失態をやらかす; ぶざまである. **strike [hit] the right ~** 適切なことをする[言う]. **swap ~s on...**《口》...について情報を分かち合う, 意見を交換する. **take ~ of...**に注意[注目]する, 気づく. **take ~s** メモ[ノート]をとる.
► *vt* **1** 書き留める〈*down*〉; 注意する, 注目する, 心に留める: Please ~ my words. わたしのことばに注意しなさい. **2** ...に注をつける; ...について特に言及する[触れる], 指摘する. **3** 意味する, 表わす, 示す; 《古》音符で書く, ...に音符をつける.
♦ **nót·er** *n* [OF<L *nota* a mark, *noto* to mark]
nóte·bòok *n* **1** 手帳, 筆記帳, ノート. **2** 約束手形帳. **3** NOTEBOOK COMPUTER.
nótebook compùter 〘電算〙ノートブック型コンピューター, ノートパソコン (=*notebook*)《A4 判大・厚さ 3 センチ程度以下の小型軽量のパーソナルコンピューター》.
nóte·càrd *n* メッセージカード《絵や写真入りの二つ折りカード》; *情報[メモ]カード, 覚え書き用カード.
nóte·càse‖ *n* (懐中)札入れ (wallet).
nóte clùster 〘楽〙TONE CLUSTER.
not·ed /nóutəd/ *a* **1** 有名な, 知名の, 著名な〈*for*〉; 顕著な. **2**〘楽〙音符付きの. ♦ **~·ly** *adv* 著しく, 目立って. **~·ness** *n*
nóte·hèad(·ing) *n* 書簡紙頭部の印刷文字; 印刷文字のついた書簡紙《letterhead より印刷が小さい》.
nóte·less *a* 人目をひかない; 平凡な, 無名の; 音調の悪い, 非音楽的な; 声[音]のない. ♦ **~·ly** *adv* **~·ness** *n*
nóte·let *n*‖NOTECARD 1.
No. 10 /nʌ́mbər tén/ NUMBER TEN.
nóte of hánd PROMISSORY NOTE.
nóte·pàd *n* はぎ取り式ノート; 〘電算〙メモ帳《簡易テキストエディター》; ペン(入力)コンピューター《タブレット PC などペン型の stylus で入力するもの》.
nóte·pàper *n*《特に私信用の》便箋; 筆記用紙, メモ用紙.
nóte-ròw *n* 〘楽〙TONE ROW.
nóte shàver *《俗》いんちき金融業者.
notes iné·gales /*F* nɔt inegal/ *pl* 〘楽〙不等音符, ノート・イネガル《(1) バロック期の演奏法上の習慣で, 付点音符化して奏される均等の時価で書かれた音符 2) そのような演奏スタイル》. [F=unequal notes]
nóte vàlue 〘楽〙TIME VALUE.
nóte·wòrthy *a* 注目すべき; 顕著な. ♦ **-wòrthily** *adv* **-wòrthiness** *n*
nót-for-prófit *a* 非営利的な (nonprofit).
not·geld /nó(:)tgèld, nát-; *G* nó:tgɛlt/ *n*《特に第一次大戦後ドイツや東ヨーロッパ諸国で用いた》緊急[代用]通貨. [G]
noth·er, 'noth·er /nʌ́ðər/ *a*《口・方》OTHER. ● **a whole ~**《口・方》まるで別の.
noth·ing /nʌ́θɪŋ/ *pron*《SOMETHING に対応する否定形=not ANYTHING》. **1** 何も...ない, 何物[何事]も...ない[しない], 少しも...ない: *N~* great is easy. 偉大なもので容易なものはない / *N~* VENTURE, ~ have [win]. **2** 無価値, 無意味: He has ~ in him. 取るに足らない[特徴のない]人物だ.
► *n* 無, 〘数〙零 (zero), ゼロの記号; 存在しないもの; 非実在, 《実存主義でいう》無 (nothingness); つまらない人[事, もの]; 無宗派[無宗教]の人, 無神論者: *N~* comes of ~. 《諺》無から有は生じない / a big ~ 見かけ倒し, 期待はずれ / the little ~*s* of life この世の些細な事ども / whisper sweet [soft] ~*s* 恋をささやく / with ~ on なにひとつ身に着けないで, 裸で / It was [It's] ~. 《口》(いや)たいしたことじゃ[別になんでも]ありませんよ, 礼を言っていただく[ほめていただく]ほどのことではないですよ. ● **all to ~** 十二分に. **be ~ to**...にとって何でもない[どうでもよい], 眼中にない, 無関係だ; ...とは比較にならない (⇨ There is NOTHING to it). **come to ~** 何にもならない, むだに終わる. **count [go] for ~** むだである. **do ~ but** do... ただ...するだけ: *do ~ but* cry [laugh] 泣いて[笑って]ばかりいる. **for ~** いたずらに, むだに; いわれ[理由]なく; 無料で: He did *not* go to college *for* ~. さすが大学に行っただけのことはある / cry *for* ~ (at all) 何のわけもなく泣く / I got these *for* ~. ただで手に入れた. **have ~ of**...を相手にしない. **have ~ on(...)** (1)〈人〉を有罪とするような証拠をもたない, 人の弱味を握っていない; ...についてなんの情報ももたない; 《口》...より少しもいいところがない[ずっと劣る], ...にかなわない. (2) なにも身に着けていない. (3) 何の約束もない. **if ~ else** ほかのことはともかく. **in ~** FLAT[1]. KNOW **[not know] from ~**. **like ~ on earth [in the world]** 《口》すごく(醜い[変だ, 気分が悪い]など): feel *like ~ on earth* ひどくめんくらう[気分が悪い] / look *like ~ on earth* すごい顔をしている. **make ~ of...** (1) ...を理解できない; ...を何とも処理できない. (2) ...を何とも思わない, 軽視する; 平気で...する: He *makes ~ of* walking 20 miles a day. 一日 20 マイル歩くことを何とも思わない. **no ~**《口》全く何もない: There is no bread, no butter, no cheese, *no* ~. パンもバターもチーズも, なにもかもない. **~ but**...=**~ else that [but]**... ただ...のみ, ...にほかならない (only). **~ doing**《口》《要求を拒絶して》お断わりだ, だめだ, とんでもない; [しばしば there is ~ doing として]《失望を表わして》(別段おもしろいこと[成果]は)何もない, つまらない, だめだ. **~ if not**... とりわけ..., どう見ても..., ...なのが一番の取柄だ: He is ~ *if not* critical. 批判的なのが一番の取柄だ. **~** LESS **than. ~ much** 非常に少ない; not MUCH. **~ of**... 全然...でない: He is ~ *of* a scholar. **~ of the kind [sort]** 全く違うもの, 全然別のもの; [返答として] まるでそんなことはない, いいえ, とんでもない. **~** SHORT **of. ~ so [as] much as**... まさに...: It looked like ~ *so much as* a big stadium. それはまさしく巨大なスタジアムのようであった. **...or ~** ...にほかならない: It would be Thomas *or* ~. 絶対にトマスであろう. **set...at ~**=set...at NAUGHT. **There is ~ (else) for it** but to (=We can only) obey. 従うよりほかしかたがない. **(There is) ~ in [to] it.** それは全くのうそだ; そんなのたいしたことじゃない; [in を用いて] 五分五分だ, 勝負がつかない (cf. *little* [*not much*, *nothing*] IN[1] *it*). **There is ~ to** the story. その話には実が[根も葉も]ない. **think ~ of**...を何とも思わない; 平気で...する: *Think ~ of* it. お礼[おわび]には及びません, どういたしまして. **to ~** 消滅して. **to say ~ of**...は言うまでもなく.
► *adv* 少しも[決して]...しない (not...at all); *《口》...でも何でもない: ~ daunted 少しもひるまず / Is it gold?—Gold ~. それは金かね—とんでもない / care ~ about [for]...に少しもかまわない. ● **~ like** はるかに及ばない (cf. ~ LIKE[2]): This is ~ *like* (=not nearly) *as* [*so*] good *as* that.=This is **~ near** *so* good *as* that. これはあれにははるかに及ばない.
► *a*《口》たいしたことのない, くだらない, つまらない.
[OE *nān thing* (NO[1], THING)]
noth·ing·ar·i·an /nʌ̀θɪŋέəriən/ *n* 無信仰者.
nóthing·ness *n* 無, 空; 存在しないこと (nonexistence); 《実存主義でいう》無; 無価値, 役に立たないこと; つまらないもの[こと]; 人事不省, 死.
no·tice /nóutəs/ *n* **1 a** 通知, 知らせ, 警告, 《特に》(正式の)通告(書), 通達, 告知(書), 《解雇・解約・退去の》予告, 警告; 退職届, 辞表: an official ~ 公式通知書 / a ~ of dishonor 〘商〙手形不払い通知書 / a ~ of protest 〘商〙拒絶通知書 / give a week's ~ 《解約など》1 週間前に通告をする / at [on] short ~ 短時日の予告で, 急に / at [on] a moment's ~ すぐに, 即刻 / at [on] ten days' [a month's] ~ 10 日 [1 か月]前からの予告で / give ~ of...の通知をす

る / give ～ to…に届け出る, …に通知[告知]する / under ～ 解雇を予告されて / without ～ 無断で / absence without ～ 無届欠席[欠勤] / without previous ～ 予告なしに / hand in one's ～ 辞表を出す. **b** 告示(文), 掲示, 貼り札, ビラ, プラカード: post [put up] a ～ 掲示を出す / put a ～ in the papers 新聞に公告[公示]する / public ～ 《新聞などを通じての》公告. **2 a** 注意, 注目, 着目; 認知; 厚遇, 引立て: beneath sb's ～ 人の注目するに値しない, 取るに足らない / bring…to [under] sb's ～…を人の目に留めさせる, 注目させる / I commend her to your ～. 彼女をお見知りおきください / come into [to, under] ～ 注意をひく, 目に留まる / come to sb's ～ 人の目に留まる / escape sb's ～〈人〉に見落とされる. **b** 《本・劇・映画などの》紙上紹介, 寸評; 《一般に》審査, 批評: a good [favorable] ～ 《紙上の》好評. ● **put sb on ～ that**…と人に通告する. **serve** (**a**) **～** (…に)通知[通告, 告知]する 〈*on, to*〉. SIT **up and take ～.** **take ～** 注意する, 目を留める; 〈幼児が〉知恵づく, 物がわかり出す: *take ～ of* …に注意する[気づく]; …に好意的な[丁重な]心配りを示す; 〈新聞などが〉取り上げて寸評を加える / *take* no ～ *of*…を顧みない, 無視する. **take ～ that**…するように注意する. **until** [**till**] **further** [**farther**] **～** 追って通知があるまで.

► *vt* **1 a** …に気づく, 認める; …に注意[注目]する: I ～*d* a big difference. 大きな違いに気がついた / I ～*d* someone going out. だれかが出て行くのに気がついた. **b** …に挨拶[会釈]をする; …に好意的な[丁重な]心配りを示す: She was too shy to ～ him. はにかんで彼を見ても見ぬふりをした. **2** 指摘する, …に言及する, 触れる; 新聞紙上で〈新刊を〉紹介する, 批評する: ～ a book favorably 書評でほめる. **3** *…に通告[予告]する: He was ～*d* to quit. 立退きの通知を受けた.
► *vi* 気をつける, 注目する: I wasn't *noticing*. うっかりしていた.
● **not that** [**not so as**] **you'd ～** 《口》 気づかれない程度に.
♦ **nó·tic·er** *n* [OF＜L＝being known (*notus* known)]

nótice·able *a* 人目をひく, 顕著な, 目立つ; 注目に値する.
♦ **-ably** *adv*

nótice bòard" 掲示板 (bulletin board*), 告示板, 立て札.

nó·ti·fì·able *a* 通知すべき; 〈伝染病などが〉届け出義務のある, 届け出るべき.

no·ti·fi·ca·tion /nòutəfəkéɪʃ(ə)n/ *n* 通知(書), 告示(書); 届け書, 届.

no·ti·fy /nóutəfàɪ/ *vt* …に(正式に)通知[通報]する, 届け出る 〈*of, about*〉; "公告する, 通告する; 《廃》 指摘する: I'll ～ you *of* his arrival. 彼の到着をご通知いたしましょう. ♦ **nó·ti·fì·er** *n* 通知[通報]者, 届出人; 告知者. [OF＜L; ⇨ NOTICE]

nó-tíll·age, nó-tíll *n* 無耕墾農法, 不耕起(栽培)《耕さずに狭い深溝を掘って作付けする》.

nót invénted hére sỳndrome NIH 症候群《外の組織や国で生まれたアイディアを採用したがらない傾向を皮肉った言い方》.

no·tion /nóuʃ(ə)n/ *n* **1** 概念, 観念: have a (good) ～ of…を(よく)知っている / He has no ～ of what I mean. 意図は全然わかっていない. **2 a** 意見; 意向, 意志, …したい考え: I had no ～ of risking my money. 金を賭ける考えは少しもなかった. **b** 気まぐれ, ばかげた考え. **3** 《廃》 知性. **4** [*pl*] *日用雑貨, 小間物《ピン・針・ひもなど》.
● **have a great ～ that**…と考えたがる. **have half a ～ to** do…しようかなと思っている. **take a ～** 《口》 突然…しようと思いつく[決心する] 〈*to* do〉. ♦ **～·less** *a* [L *notio* idea; ⇨ NOTICE]

nótion·al *a* **1** 概念的な; 観念上の; 抽象的な, 純理論的な; 〔文法〕辞書的意味をもつ, 観念的な; 〔言〕 概念を表わす, 意味的な. **2** 想像[空想]上の, 非現実的な; *気まぐれな. ♦ **～·ly** *adv* **no·tion·al·i·ty** /nòuʃənǽləti/ *n*

nótional·ist *n* 《古》 THEORIST.

nótion·ate /-ət/ *a* 《方》 気まぐれな; 頑固な.

no·ti·tia /noutíʃ(i)ə/ *n* (*pl* **-ti·ae** /-ʃiìː/) 《特に 教区の》記録簿. [L＝knowledge, list]

noto- /nóutou, -tə/ ⇨ NOT-[1,2].

nóto·chòrd *n* 〔動〕《原索動物・脊椎動物の》脊索(せきさく). ♦ **nò·to·chórd·al** *a*

No·to·gaea, -gea /nòutəʤíːə/ *n* 〔生物地理〕 南界. ♦ **Nò·to·gáe·an, -gé-** *a*

no·to·ri·e·ty /nòutəráɪəti/ *n* 《通例 悪い意味の》評判, 悪名, 有名; 悪評; [ᵘ*pl*] "知名度[悪名]の高い人. [OF＜L (↓)]

no·to·ri·ous /noutɔ́ːriəs, nə-/ *a* **1** 《特に 悪い意味で》有名な, 悪名高い, 名うての: a ～ rascal 札付きの悪党. **2** 〈事実など〉よく知られた, 公然の: be ～ for…で有名[評判]である / It is ～ that…は周知のことである. ♦ **～·ly** *adv* 悪名高く; 悪い評判が立っているように. **～·ness** *n* [L (*notus* known); ⇨ NOTICE]

no·tor·nis /noutɔ́ːrnəs/ *n* (*pl* ～) 〔鳥〕 ノトルニス (TAKAHE). [Gk (*notos* south, *ornis* bird)]

no·to·the·ri·um /nòutəθíəriəm/ *n* 〔古生〕 ノトテリウム《更新世に生息していたカバくらいの大きさの哺乳動物》.

nó-tóuch *a* 〔医〕《無菌でない環境における》傷と包帯のいずれにも接触せずに行なう包帯法に関する.

nòto·úngulate, no·tun·gu·late /noutʌ́ŋgjələt, -lèɪt/ *n* 〔動〕 南蹄類の動物(化石).

no·tour /nóutər/ *a* 《スコ》 NOTORIOUS.

nótour bánkrupt 〔スコ法〕 公然の破産者《裁判所の認める猶予期間中に負債の解消をしなかった者》.

nót óut *a* 〔クリケット〕〈チーム・打者が〉攻撃中で; アウトにならずに得た〈得点〉.

nót próven [**próved**] *a* [後置] 〔スコ法〕 証拠不十分な.

No·tre Dame /nòutrə dáːm, *-déɪm; *F* notrə dam/ 聖母マリア; ノートルダム大聖堂 (Notre-Dame de Paris). ■ the **Univérsity of Nòtre Dáme** ノートルダム大学《Indiana 州北部 South Bend の北郊にあるカトリック系の私立大学; 創立 1842 年; フットボールチームが有名》. [F＝Our Lady]

Notre-Dame de Paris /*F* -de pari/ **1** ノートルダム大聖堂《Paris にある司教座教会; 壮大な初期ゴシック建築》. **2**『ノートルダム・ド・パリ』《Victor Hugo の歴史小説 (1831); 15 世紀の Paris を舞台にして, Notre-Dame 大聖堂の醜怪なせむしの鐘つき男 Quasimodo と, その献身を受けるジプシーの美しい踊り子 Esméralda を中心に据え, 当時の道徳・宗教・迷信を描いた; 英訳題名 *The Hunchback of Notre Dame*》.

Notre-Sei·gneur /*F* nɔtrsɛɲœːr/ *n* われらが主《イエス・キリスト; 略 N-S》. [F＝Our Lord]

nó-trúmp 〔ブリッジ〕 *a, n* 切り札なしの(勝負[手]), ノートラ(の).
♦ **nó-trúmp·er** *n* NO-TRUMP の勝負[手].

nó-trúmps *n* NO-TRUMP.

nót-sélf *n* 〔哲〕 非我 (nonego).

Not·ting·ham /nátɪŋəm, *-hæ̀m/ ノッティンガム《**1**) NOTTINGHAMSHIRE **2**) その旧州都で, 今は一元的自治体 (unitary authority) となった; Civil War 開戦の地 (1642)》.

Nóttingham Fórest ノッティンガム・フォレスト《Nottingham を本拠地とするイングランドの代表的サッカーチーム》.

Nóttingham·shire /-ʃɪər, -ʃər/ ノッティンガムシャー《イングランド中北部の州; ☆West Bridgford; 略 Notts.》.

Nóttingham wàre ノッティンガム陶器《17 世紀末から 18 世紀末まで Nottingham で製造された食塩釉をかけたつやのある炻器(せっき)》.

Nót·ting Hìll Cárnival /nátɪŋ-/ [the] ノッティングヒル・カーニバル《London 西部の Notting Hill 近辺で 8 月のバンクホリデーに毎年開催される西インド諸島出身者たちのカーニバル; 1966 年に始まったもの》.

Notts. /náts/ Nottinghamshire.

not·tur·no /nətúərnou/ *n* (*pl* **-ni** /-ni/) 〔楽〕 ノットゥルノ (NOCTURNE).

no·tum /nóutəm/ *n* (*pl* **no·ta** /-tə/) 〔昆〕 胸背板. ♦ **nó·tal** *a* [Gk *nōton* back]

No·tus /nóutəs/ 〔ギ神〕 ノトス《南風[南西風]の神; cf. AUSTER》; 南[南西]の風.

nòt·withstánd·ing *prep* …にもかかわらず: *N*～ her remarks, he is very clever. ★ Her remarks ～, … の語順もみられる.
► *adv* それにもかかわらず, やはり: I like her, ～. ► *conj* …であるにもかかわらず. [NOT, WITHSTAND]

No. 2 pencil* /nʌ́mbər túː: ⏤/ No. 2 鉛筆《HB に相当する標準の硬度の鉛筆》.

Nouak·chott /nuáːkʃàt; *F* nwakʃɔt/ ヌアクショット《モーリタニア南西部, 大西洋岸の近くにある市・首都》.

n'ou·bli·ez pas /*F* nublije pa/ 忘れるな.

nou·gat /núːgət; -gàː/ *n* ヌガー《糖菓》. [F＜Prov (*noga* nut)]

nou·ga·tine /nùːgətíːn/ *n* ヌガティン《ヌガーを芯にしたチョコレート》.

nought ⇨ NAUGHT.

nought·ies" /nɔ́ːtiz/ *n pl* [the; the N-] ゼロ年代《2000–09 年の期間》.

nóughts-and-crósses" *n* まるばつ(遊び) (TICKTACKTOE*).

Nou·méa /numéɪə/ ヌメア《フランスの海外領土 New Caledonia の中心都市・港町》.

nou·me·nal /núːmənl, náu-/ *a* 〔哲〕 本体の. ♦ **nòu·me·nál·i·ty** /-nǽl-/ *n* **～·ly** *adv*

nóumenal·ìsm *n* 〔哲〕 本体論《本体 (noumena) が存在するとする説》. ♦ **-ist** *n*

nou·me·non /núːmənàn, náu-, "-nən/ *n* (*pl* **-na** /-nə, -nàː/) 〔哲〕 本体, 理体《現象の根本をなす実体, 物自体; opp. *phenomenon*》. [G＜Gk (*noeō* to apprehend)]

noun /náun/ 〔文法〕 *n* 名詞《略 n.》; 名詞相当語[句, 節]; 《古》 実詞[名詞]と形容詞との総称: a ～ clause 名詞節. ♦ **～·al** *a* [AF＜L NOMEN]

nóun ádjective 〔文法〕 形容名詞《形容詞の旧称で, noun substantive と共に, noun の下位区分》.

nóun àdjunct 〔文法〕 名詞付加詞《名詞の前に置いてその名詞を修飾する名詞; house pet の house など》.

nóun of múltitude 〔文法〕 衆多名詞《例 *Cattle* were grazing in the field., My *family* are all well.》.

nóun phràse [ᴺN- P-] 〔文法〕 名詞句《文中において名詞的機能を果たす句; 略 NP》.

nóun substantive 〔文法〕 実(名)詞《名詞の旧称で, noun adjective と区別する》.

N

nour·ish /nə́:rɪʃ, nʌ́r-; nʌ́r-/ *vt* **1 a** 養う, …に滋養物を与える; …に肥料をやる. **b** 育てる, 助長する, はぐくむ. **2**〈望み・怒り・恨みを〉いだく. ♦ **~·able** *a* **~·er** *n* [OF<L *nutrio* to feed]

nóurish·ing *a* 滋養になる, 滋養分の多い. ♦ **~·ly** *adv*

nóurish·ment *n* **1** 滋養物, 食物. **2** 滋養を与えること, 育成, 助長; 栄養状態.

nous /nú:s, náus; náus/ *n* 〔哲〕心, 理性, 知性, 精神, ヌース; «口» 知恵, 常識, 機知. [Gk]

nous avons chan·gé tout ce·la /*F* nuzavɔ̃ ʃɑ̃ʒe tu səla/ われわれはそれをすっかり変えてしまった.

nous ver·rons ce que nous ver·rons /*F* nu vɛrɔ̃ s(ə) kə nu vɛrɔ̃/ われわれは見るものを見るだろう.

nou·veau /nuvóu/ *a* NOUVEAU RICHE; 新しく出現[発達]した. [F]

nou·veau pau·vre /*F* nuvo po:vr/ (*pl* **nou·veaux pau·vres** /—/) 最近貧乏になった[おちぶれた]人, 新貧民. [F=new poor]

nou·veau riche /nú:vòu rí:ʃ; *F* nuvo riʃ/ *n, a* (*pl* **nou·veaux riches** /—/) にわか成金(の). [F=new rich]

nou·veau ro·man /*F* nuvo rɔmɑ̃/ (*pl* **nou·veaux ro·mans** /—/) ヌーヴォーロマン (ANTINOVEL)《特に 1960 年代フランスの小説》. [F=new novel]

nou·veau·té /*F* nuvote/ *n* NOVELTY.

nou·velle /nuvɛ́l/ *a* NOUVELLE CUISINE の; 流行の, 最新の. ► *n* 短篇小説.

Nou·velle-Ca·lé·do·nie /*F* nuvɛlkaledɔni/ [la] ヌーヴェル-カレドニー《NEW CALEDONIA のフランス語名》.

nou·velle cui·sine /*F* nuvɛl kɥizin/ ヌーヴェルキュイジーヌ《新しいフランス料理(法)で, 小麦粉と脂肪の使用を控え, あっさりしたソースと旬(しゅん)のものの利用を強調する》, CUISINE MINCEUR;《各国の》ヌーヴェルキュイジーヌ風料理.

nou·velle vague /*F* nuvɛl vag/ 新しい波, ヌーヴェルヴァーグ (new wave)《映画における前衛運動》; 革新的な動向.

Nov. November.

no·va[1] /nóuvə/ *n* (*pl* **~s, no·vae** /-vi, -vàɪ/) 〔天〕新星 (cf. SUPERNOVA). ♦ **~·like** *a* [L *nova stella* new star]

nova[2] *n* [ᴼN-] NOVA SCOTIA SALMON.

no·va·chord /nóuvəkɔ̀:rd/ *n* 〔楽〕ノヴァコード《ピアノ風の 6 オクターブの電子楽器》.

no·vac·u·lite /nouvǽkjəlàɪt/ *n* 〔岩石〕ノバキュライト《硬い白色の珪質砂岩; 砥石用》. [L *novacula* razor]

No·va Igua·çu /nɔ́:və ì:gwəsú:/ ノヴァイグアス《ブラジル南東部 Rio de Janeiro 州, Rio de Janeiro 市の北西にある市》.

No·va·lis /nouvá:lɪs/ ノヴァーリス (1772–1801)《ドイツの詩人; 本名 Friedrich von Hardenberg》.

No·va Lis·boa /nɔ́:və liʒbóuə/ ノヴァリジュボア《HUAMBO の旧称》.

No·va·ra /nouvá:rə/ ノヴァラ《イタリア北西部 Piedmont 州の市; 1849 年 Joseph Radetzky 元帥のオーストリア軍が Piedmont 軍を破った地》.

No·va Sco·tia /nóuvə skóuʃə/ ノヴァスコシア《カナダ南東部の州; 同名の半島および Cape Breton 島および近くの島々からなる; ☆Halifax; 略 NS》. ♦ **Nó·va Scó·tian** *a, n*

Nóva Scótia sálmon ノヴァスコシア・サーモン《タイセイヨウサケ (Atlantic salmon) の燻製の市場名; 特に Nova Scotia 沖産の塩干して作られたもの》.

no·va·tion /nouvéɪʃ(ə)n/ *n* 〔法〕《債務・契約などの》更改; «まれ» INNOVATION. ♦ **no·vate** /nouvéɪt, ⌐ ⌐/ *vt* 更改する.

No·va·ya Zem·lya /nóuvəjə zɛ̀mliá:/ ノヴァヤゼムリャ《ロシア北西岸沖 Barents 海と Kara 海を分ける南北の 2 島》.

nov·el[1] /náv(ə)l/ *a* 新しい (new), 目新しい; 新奇な, 奇抜な;《発明が》新規性のある. ♦ **~·ly** *adv* [OF<L (*novus* new)]

novel[2] *n* **1 a**《作品としての》(長篇)小説; [the]《文学的表現形式としての》小説文学. **b** [ᵁ*pl*] «古» 小品物語. **2**〔ローマ法〕改訂勅法, [N-, ᵁ*pl*]《ユスティニアヌス法典以後 582 年までに発せられた》新[改訂]勅法(集). ♦ **nòv·el·ís·tic** *a* 小説の; 小説的な. **-ti·cal·ly** *adv* **nòvel·ésque** *a* [It *novella* new (*storia* story)<L (↑)]

nov·el·ese /nɑ̀vəlí:z, *-s/ *n* 三文小説的文体.

nov·el·ette /nɑ̀vəlɛ́t/ *n* 中篇小説; «主に英» [ᴼ*derog*] 感傷的三文小説; 〔楽〕ノヴェレッテ《自由な形式の物語風のピアノ小品》.

nov·el·ett·ish /nɑ̀vəlɛ́tɪʃ/ *a* 中篇小説風な,《特に》感傷的な, お涙頂戴式の.

nóvel fòod 新食品《遺伝子組換え食品・コレステロール値を下げる食品など》.

nóvel·ist *n* 小説家.

nóvel·ìze *vt* 〈演劇・映画などを〉小説化する, ノベライズする. ♦ **nòvel·izátion** *n*

no·vel·la /nouvɛ́lə/ *n* (*pl* **-le** /-li, -leɪ/) 小品物語《*Decameron* 中の物語など》; (*pl* **~s**) 中篇小説. [It; ⇨ NOVEL[2]]

nóvel·ty *n* 目新しさ, 珍しさ, 新奇性;《発明の》新規性; 新しい[珍しい]もの[事, 経験]; [ᵁ*pl*] 目先の変わった小物, 装飾小物, おもしろグッズ《装身具・調度品・おもちゃなど》; ノベルティー[コミック]ソング: ~ value もの珍しさ, 新奇性. [OF; ⇨ NOVEL[1]]

nóvelty sìding DROP SIDING.

No·vem·ber /nouvɛ́mbər, nə-/ *n* **1** 十一月《略 Nov.; 初期のローマ暦では第 9 月; ⇨ MARCH[1]》. **2** ノヴェンバー《文字 n を表わす通信用語; ⇨ COMMUNICATIONS CODE WORD》. [OF<L (*novem* nine)]

no·vem·bre /*F* nɔvɑ̃brə/ *n* 十一月 (November).

no·vem·decíllion /nòuvɛ̀m-, -vì:m-/ *n, a* ノヴェムデシリオン(の)《10^{60}; 英ではかつて 10^{114} を表わした》. ★ ⇨ MILLION.

no·ve·na /nouví:nə/ *n* (*pl* **~s, -nae** /-ni/) 〔カト〕九日間の祈り. [L (*novem* nine)]

no·ven·ni·al /nouvɛ́niəl/ *a* 9 年に一度の, 9 年ごとの.

no·ver·cal /nouvə́:rk(ə)l/ *a* 継母の; 継母[まま母]的な.

Nov·go·rod /návgəràd, nɔ́:vgərət/ ノヴゴロド《ヨーロッパロシア西部の市; ロシア最古の都市の一つで, 商業の要衝として貴族共和制的な都市国家に成長, 14–15 世紀にはフィンランド湾沿岸から Ural 山脈に至る広大な地域を領土とした》.

nov·ice /návəs/ *n* **1 a** 初心者 (beginner), 未熟者. **b** 品評会で最高賞を取ったことのない動物; 一定回数の優勝を重ねていない競走馬; 公式戦で勝ったことのない選手, 一定のランクに達していない選手. **2**《修道誓願を立てる前の》修練者, 修練士[女]; 新信者, 新回宗者. [OF<L; ⇨ NOVEL[1]]

no·vi·lle·ro /nòuviɛ́ərou, -vəljɛ́ər-/ *n* (*pl* **~s**)《マタドール (matador) を志す》新進闘牛士. [Sp]

No·vi Sad /nóuvi sá:d/ ノヴィサド《セルビア北部 Vojvodina 州の州都》.

no·vi·tiate, -ciate /nouvíʃ(i)ət, nə-, -ʃièɪt/ *n* 初心者たること[期間]; 修練者たること, 修練期; 修練院; 初心者, 修練者 (novice). [F or L; ⇨ NOVICE]

no·vo·bi·o·cin /nòuvəbáɪəsən/ *n* 〔薬〕ノボビオシン《抗生物質》. [*nov*us new, *bio*-, -my*cin*]

No·vo·cain /nóuvəkèɪn/〔商標〕ノボカイン《塩酸プロカイン製剤; 局所麻酔薬》.

no·vo·caine /nóuvəkèɪn/ *n* 〔化〕プロカイン (procaine); 塩酸プロカイン.

No·vo·kuz·netsk /nòuvoukuznétsk, -və-/ ノヴォクズネツク《ロシア, 西シベリア中部の Kuznetsk 盆地南端の工業都市; 旧称 Stalinsk》.

No·vo·se·lov /nəvəsjɔ́:ləf/ ノヴォセロフ **Konstantin** (**Sergeyevich**) ~ (1974–)《ロシア生まれの物理学者; ロシアと英国の国籍をもつ; 二次元物質グラフェン (graphene) に関する革新的な実験によりノーベル物理学賞 (2010)》.

No·vo·si·birsk /nòuvousəbíərsk, -və-/ ノヴォシビルスク《ロシア, 西シベリア中部 Ob 川に臨むシベリア最大の都市》.

Novosti ⇨ RIA NOVOSTI.

no·vus ho·mo /nɔ́:wus hɔ́:mou/ 新しい人; 新しく貴族になった人; 成り上がり. [L=new man]

no·vus or·do se·clo·rum /nɔ́:wus ɔ́:rdòu seɪklɔ́:rum, nóuvəs ɔ́:rdou sɛklɔ́:rəm/ 世紀の新秩序《米国国璽裏面の標語》. [L]

now /náu/ *adv* **1 a** [現在] 今, 現今, 今では(もう), 目下の事情では: He is busy ~. 今忙しい / It is ~ over. もう済んだ. **b** すぐに (at once): You must do it ~. すぐしなさい. **2 a** [過去] たった今, 今しがた《今では just ~ という; ⇨ JUST[1]》. **b**《物語の中で》今や, その時, それから, 次に, その時すでに: The clock ~ struck three. そのとき時計が 3 時を打った. **3** [話題を変えたり要求を出したりするとき, 間投詞的に] さて, ところで, それから, そこで, それならば; そら, さあ, これ, まあ, へえ: and ~ ところで, さて / *N*~ Barabbas was a robber. さてバラバは盗人であった《*John* 18: 40》/ You don't mean it, ~. おいまさか本気で言うのじゃないだろうな / *N*~ listen to me. いいか, よく聞けよ / *N*~ stop that. おいそれはよせ / Really ~! =*N*~ really! へへえ, まさか, 驚いたね! ● **come ~** [促して] さあさあ; [驚き・抗議などを表わして] まあ, おいおいきみ《など》. **(every) ~ and then**=**~ and again** 時々, 時おり. **not ~** 今はもう…ない, 今はいけない. **~, ~** まあまあ, おいおい《親しみをもって抗議・注意・慰撫・仲裁などするとき》. **~…~ [then]** …=**~…and again…** 時には…また時には…: What strange weather, ~ fine, ~ showery! なんて妙な天気だろう, 晴れるかと思えばまた夕立ちになったり! **N~ or never!**=**N~ for it!** 今こそ好機逸すべからず, やるなら今だ. **~ then** さて〈仕事にかかろうなど〉; おいおい〈けしからんぜなど〉, さあさあ〈出て行けなど〉. **there ~** [促して] さあ: *There* ~, you can sleep. さあもうおやすみ. **What is it ~?** ⇨ WHAT now?

► *a* **1** 現在の, 今の: the ~ king 現国王. **2** «口»《時代[流行]の》先端を行く, 現代感覚の, 今ふうの, 今どきの: ~ music [look] ホットな音楽[服装] / the ~ generation ナウな世代《1960 年代後期の現代感覚の世代》.

► *n* **1** [主に前置詞のあとに用いて] 今, 目下, 現今; [the] 現在: *N*~ is the best time. 今こそ絶好の機会だ / by ~ 今ごろはもう / till [up to, until] ~ 今まで(のところでは) / Is ~ OK? «口» 今(時間をとってもらっても)だいじょうぶ? **2**《未来からも過去からも明確に区別された時間的区分としての》現在. ● **as of ~** 今, 現在; 今から, 今後. **be-**

fore ～ 今までに. **for ～** さしあたり, 今のところ (for the present). **from ～ on [forward]** 今から, 今後は, これから.
► *conj* [～ (that)] …からには, …である以上は (since): *N～ that* the weather is warmer.... だいぶ暖かくなったから.... / *N～* she has got well she will be able to join us. よくなったからには仲間にはいれるだろう.
[OE *nū*; cf. G *nun*, ON *nū*, L *nunc*, Gk *nun*, Skt *nū*]

NOW National Organization for Women 全米女性機構《1966 年結成》.

NOW account /náu —/ 〖米〗 NOW アカウント《小切手が切れて利子もつく一種の当座預金口座》. [*n*egotiable *o*rder of *w*ithdrawal]

now·a·day /náu(ə)dèɪ/ *a* 今日の, 近ごろの.

now·a·days /náu(ə)dèɪz/ *adv* 今日では, このごろは. ► *n* 今日, 最近. ► *a* NOWADAY.

nó·wày(s) *adv* 全く[どうみても]…ない (not at all).

no·wel(l) /nouél/ *n* 《古》 NOEL.

nó·whènce *adv* 《古》 どこからともなく (from nowhere).

nó·whère *adv* どこにも…ない; どこへも…ない: It is ～ to be found [～ in sight]. どこにも見当たらない. ● **be [come (in)] ～** 《競技・競争で》入賞できない, 大差で負ける; 勝ち目がない; だめだ, 話にならない: Second place is ～. 2 位では意味がない. **lead [go] ～＝**GET[1] **～.** **～ near...** とうてい…でない, …どころではない. ► *n* どこにもないところ; [主に前置詞のあとに用いて] 人跡未踏の地; どこともわからぬところ; どこのだれともわからぬ存在: He came from [out of] ～. どこからともなくやって来た; 突然頭角をあらわした. ● **from ～** 《俗》 遅れた, 劣った, 受け入れられない. **in the middle of ～＝miles from ～＝at the end of ～** 人里をはるか離れて, へんぴな田舎で.
► 《俗》 *a* へんぴな; 無意味[むだ]な; 退屈な, つまらない, くだらない.
[OE *nāhwǣr*; ⇨ NO[1], WHERE]

nó·whères *adv**《方》 NOWHERE.

no·wheres·ville /nóuhwɛ̀ərzvìl/ *n* 名もない所; 退屈な[先の見えない]状況.

nó·whìther *adv* 《古・文》 どこへ[に]も…ない.

nó-wín *a* 勝てない, 見込みのない; 勝敗を争わない: a ～ situation 絶望的な状況.

nó·wìse *adv* 全く…ない.

nów·ness *n* 現在性.

nowt[1] /náut/ 《スコ》 *n* (*pl* ～) [*pl*] 畜牛 (oxen); のろま, 無骨物.
[ON *naut*; ⇨ NEAT[2]]

nowt[2] *n*《口・方》 NAUGHT.

Nox /náks/ 〖ロ神〗 ノクス《夜の女神; cf. NYX》.

NOx /náks/ °nitrogen oxide(s).

nox·ious /nákʃəs/ *a* 有害な, 有毒な; 不健全な; 不快な, いやな.
♦ **～·ly** *adv* **～·ness** *n* [L (*noxa* harm)]

no·yade /nwɑ:já:d/ *n* 溺死刑《多数の受刑者を底の開く舟に乗せて急に底を開き溺死させる; 恐怖政治の時代 Nantes で行なわれた (1793–94)》. [F (*noyer* to drown)]

no·yau /nwɑ:jóu, nwaɪóu/ *n* (*pl* **-yaux** /-z/) ノワヨー《ブランデーにモモやアンズの種の仁で味をつけたリキュール》. [F＝kernel＜L *nux* nut]

NOYB 《E メールなどで》 none of your BUSINESS.

Noyes /nɔ́ɪz/ ノイズ **Alfred ～** (1880–1958)《英国の詩人》.

Noy·on /*F* nwajɔ̃/ ノアヨン《フランス北部 Oise 県の町; Charlemagne がネウストリア (Newstria) 王として (767), また Hugh Capet がフランス王として (987) それぞれ戴冠した地, Calvin 誕生 (1509) の地》.

noz·zle /náz(ə)l/ *n* 筒口, 火口, ノズル; 《ロケットエンジンの》噴射口, 噴出口; 《ティーポットの》口; 《燭台の》ろうそく差し; 《俗》 鼻 (nose). [(dim)＜NOSE]

np, NP °new penny, new pence. **n.p.** no pagination ♦ no place (of publication). **n.p., NP** new paragraph ♦ °nisi prius ♦ 〖銀行〗 no protest. **Np** 〖化〗 neptunium.

NP neuropsychiatric ♦ neuropsychiatry ♦ °New Providence ♦ °notary public ♦ °noun phrase ♦ nurse-practitioner.

NPA 〖日〗 National Police Agency 警察庁 ♦ 〖英〗 Newspaper Publishers' Association.

NP-complete /ɛ́npì:-—/ *a* 〖数〗〈集合・問題が〉NP 完全な《多項式アルゴリズムによって解けない基準に関係する》. [*n*ondetermistic *p*olynomial]

NPG 〖英〗°National Portrait Gallery. **NPL** 〖英〗°National Physical Laboratory. **NPN** nonprotein nitrogen. **NPO** NONPROFIT organization. **NPR** °National Public Radio. **NPS** 〖米〗 National Park Service 《内務省の》国立公園局. **NPT** nonproliferation treaty (⇨ NUCLEAR NONPROLIFERATION). **NPV** 〖会計〗 net present value 正味現在価値, 正味現価. **nr** near ♦ number. **NR** °natural rubber ♦ °Northern Rhodesia ♦ °North Riding (⇨ RIDING[2]) ♦ not rated. **NRA** 〖米〗°National Recovery Administration ♦ 〖米〗°National Rifle Association ♦ 〖英〗 National Rivers Authority《1996 年統合により Environment Agency となった》. **NRC** National Research Council ♦ 〖米〗°Nuclear Regulatory Commission.

NREM sleep /ɛ́nrɛ̀m —/ 〖生理〗 ノンレム睡眠 (ORTHODOX SLEEP). [*n*on-*r*apid-*e*ye *m*ovement]

NRI /ɛ́nà:ráɪ/ *n* 《インド》 国外居住のインド人. [*n*on-*r*esident *I*ndian]

NRSV New Revised Standard Version 新改定標準訳聖書. **ns** nanosecond(s). **n.s.** not specified. **n.s., n/s** 〖銀行〗 not sufficient. **n/s** nonsmoker ♦ nonsmoking《personal ad で》. **Ns** 〖気〗 nimbostratus. **NS** New Series ♦ °New Style ♦ °Nova Scotia.

NSA 〖米〗 National Security Agency 国家安全保障局.

NSAID /ɛ́nsɛ̀d, -sèɪd/ *n* 〖薬〗 非ステロイド抗炎症薬《アスピリン, イブプロフェンなど》. [*n*on*s*teroidal *a*nti-*i*nflammatory *d*rug]

NS&I °National Savings and Investments. **NSC** 〖米〗°National Security Council. **nsec** nanosecond(s).

NSF 〖米〗°National Science Foundation ♦ 〖銀行〗 not sufficient funds.

NSF·net /ɛ́nɛ̀sɛ́f-—/ *n* 〖電算〗 NSF ネット《全米科学財団 (National Science Foundation, NSF) による広域コンピューターネットワーク; インターネットの母体となった》.

NSG Nuclear Suppliers Group《核兵器の拡散防止のための》原子力供給国グループ《1975 年発足》. **NSM** °New Smoking Material. **NSPCC** 〖英〗 National Society for the Prevention of Cruelty to Children 全国児童虐待防止協会. **NSU** 〖医〗°nonspecific urethritis. **NSW** °New South Wales.

-n't, -nt /nt/ *adv comb form* NOT の意: could*n't*, did*n't*, etc.

NT 〖英〗°National Theatre ♦ °National Trust ♦ New Territories ♦ °New Testament ♦ °Northern Territory ♦ °Northwest Territories ♦ 〖ブリッジ〗 no-trump(s) ♦ Nunavut.

NTAS 〖米〗°National Terrorism Advisory System.

NTB °non-tariff barrier.

nth /ɛ́nθ/ *a* 〖数〗 n 番目の, n 倍の; 《口》 [*fig*] 何番目かわからないほどの (umpteenth); 《口》 最も新しい. ● **for the ～ time** 何度も何度も. **the ～ degree [power]** n 次, n 乗; [*fig*] 極度, 最高度, 最大限; [*fig*] 不定量: to *the ～ degree* どこまでも / *the ～ degree* of happiness 最高のしあわせ.

Nth North. **NTP** 〖理〗 normal temperature and pressure《0°C, 760 mmHg》. **NTR** °normal trade relations. **NTSB** 〖米〗 National Transportation Safety Board 国家運輸安全委員会. **NTSC** 〖米〗 National Television System [《俗用》 Standards] Committee 全国テレビ方式委員会 ♦ 〖テレビ〗 NTSC 方式《アナログカラーテレビの送受信方式; 米国・日本などが採用; PAL, SECAM とは互換性がない》.

n-tu·ple /ɛ́n-—/ *n* 〖数〗 *n*-組《*n* 個 (*n* は正の整数) の対象の集合, または *n* 個の対象に順序をつけて一列に並べたもの; 後者を ordered n-tuple という》.

nt wt net weight.

n-type /ɛ́n-—/ *a* 〖電子工〗〈半導体・電気伝導が〉n 型の《電気伝導主体[多数キャリヤー]が電子の; cf. P-TYPE》. [*n*egative]

nu /n(j)ú:/ *n* ニュー《ギリシア語アルファベットの第 13 字 N, ν; 英語の N, n に当たる》; [ν] FREQUENCY. [Gk]

Nu /nú:/ [U ～] ウ・ヌー (1907–95)《ミャンマーの政治家; 独立後首相 (1948–56, 57–58, 60–62)》.

nu- /nú:/ *pref* 〖楽〗「新スタイルの」

NU name unknown ♦ Nunavut.

nu·ance /n(j)ú:à:ns, -ã:s, n(j)uá:ns, -ã́:s/ *n* ニュアンス, 色合い, 《色・音・調子・意味・感じ(方)などの》微細な差違; 微妙な陰翳.
♦ **～d** *a* [F (*nuer* to make shades of color＜*nue*＜L *nubes* cloud)]

nub /nʌ́b/ *n* 小さな塊り, こぶ, 結節; NUBBIN; [the] 要点, 核心; 〖紡〗 節玉, ナップ: to the [a] ～ 疲れはてるまで, くたくたに / the ～ of the matter 問題の核心, 肝心なこと. [*knub*＜MLG *knubbe* KNOB]

Nu·ba /nú:bə/ *n* (*pl* ～, ～**s**) ヌバ族《スーダン中部 Kordofan 地方南部に居住する人びと》.

nubbed /nʌ́bd/ *a* NUBBY.

nub·bin* /nʌ́bən/ *n* 《果実・トウモロコシなどの》小さなできそこない; 《鉛筆・タバコなどの》使い残し, 吸い残し; 《口》 要点. [(dim)＜*nub*]

nub·ble /nʌ́b(ə)l/ *n* 小さな塊り; 小さな丘[島]. [*nub*]

núb·bly, núbbled *a* 節[こぶ]だらけの, 小塊状の; 節玉がある.

núb·by *a* こぶのある, 小塊状の; 〈生地が〉節玉がある.

nu·bec·u·la /n(j)ubékjələ/ *n* (*pl* **-lae** /-lì:/) 〖医〗 片雲, 雲状浮遊物, ヌベクラ《角膜や尿のかすかな曇り[濁り]》. [L (dim)＜*nubes* cloud]

nu·bia /n(j)ú:biə/ *n* ヌービア《柔らかい毛糸で粗目に編んだ婦人用の大きなスカーフ》.

Nubia ヌビア《エジプト南部 Aswan からスーダン北部 Khartoum に至る Nile 川流域の砂漠地方; 6–14 世紀 Dunqulah を都とする黒人キリスト教徒の王国があった》.

Nú·bi·an *a* NUBIA の; ヌビア人[語]の. ► *n* ヌビア人《**1**) ヌビア出身の人, ヌビアの住民 **2**) ヌビア王国をつくっていた黒人》; ヌビア人[黒人]奴隷; ヌビア語; ヌビア産アラブ馬 (＝**～ hórse**); ヌビアン種《のヤギ), エジプトヤギ (=～ **góat**)《アフリカ北部原産の大型乳用ヤギ》.
Núbian Désert [the] ヌビア砂漠《スーダン北東部の, Nile 川から紅海に及ぶ乾燥地帯》.
nu·bile /n(j)ú:bəl, -bàɪl/ *a* 〈女性が〉年ごろの, 婚期の; 魅力的な, セクシーな, ピチピチした. ♦ **nu·bil·i·ty** /n(j)ubíləti/ *n* 年ごろ, 結婚適齢期. [L (*nubo* to become wife)]
nu·bi·lous /n(j)ú:bələs/ *a* 曇った, 霧深い; あいまいな.
nú bòdy /n(j)ú:-/ NUCLEOSOME.
nu·buck /n(j)ú:bʌ̀k/ *n* ヌバック《表面を起毛させてベルベット状にした革》.
nuc /n(j)ú:k/ *n**《俗》原子力艦[原潜]乗務員.
nu·cel·lus /n(j)uséləs/ *n* (*pl* **-cel·li** /-sélàɪ/)〘植〙(胚)珠心. ♦ **nu·cél·lar** *a* [?(dim)‹ *nucleus*]
nuch /nʌ́ʧ/ *n**《俗》not much.
nu·cha /n(j)ú:kə/ *n* (*pl* **-chae** /-kì:/)〘解〙項(こう);〘昆〙背頸部. [Arab]
nu·chal /n(j)ú:kəl/ *a*〘解〙項(部) (nape) の;〘昆〙背頸部の.
nu·cif·er·ous /n(j)usíf(ə)rəs/ *a*〘植〙堅果をつける.
nú·ci·fòrm /n(j)ú:sə-/ *a* 堅果状の. [F (L *nuc- nux* nut)]
nu·civ·o·rous /n(j)usív(ə)rəs/ *a* 〈動物が〉堅果食性の.
nu·cle- /n(j)ú:kli/, **nu·cleo-** /n(j)ú:klioʊ, -liə/, **nu·clei-** /n(j)uklí:ə/ *comb form*「核」「核酸」 [F<NL *nucleus*]
nu·cle·ar /n(j)ú:kliər/ *a* **1** 核の, 心(しん)の, 中心の核をなす;〘生〙細胞核の;〘理〙原子核の. **2 a** 原子力(利用)の: a ～ power plant [station] 原子力発電所. **b** 核兵器[核ミサイル]の; 核を保有する, 核武装した: go ～ 核武装する. **3**《口》かんかんにおこった, 激昂した: go ～ 怒りでひどく興奮する. ★ 'semiballistic' 'ballistic' 'nuclear' の順に怒りの程度が強くなる. ► *n* 核兵器, 《特に》核ミサイル; 核保有国. [*nucleus*]
núclear-ármed *a* 核装備の, 核を装備した.
núclear báttery 原子力電池.
núclear bómb 核爆弾.
núclear chémistry 核化学.
núclear clóck 原子時計.
núclear clóud 原子雲《核爆弾の爆発後上昇した熱性ガス・塵・煙などからなる雲》.
núclear clúb 核クラブ (=*atomic club*)《核兵器を保有する国家群》.
núclear cróss sèction〘理〙核断面積《粒子が原子核に衝突して反応を起こす確率の指標》.
núclear disármament 核軍縮.
núclear emúlsion〘写〙核(感光)乳剤.
núclear énergy 核エネルギー (atomic energy).
núclear énvelope〘生・解〙NUCLEAR MEMBRANE.
núclear excúrsion 核(エネルギー)反応制御不能.
núclear fámily〘社〙核家族《父母とその子からなる; cf. EXTENDED FAMILY》.
núclear físsion〘理〙(原子)核分裂.
núclear fórce〘理〙核力《核子間にはたらく強い近距離力》; STRONG INTERACTION.
núclear-frée *a* 非核の.
núclear fúel 核燃料.
núclear fúsion〘理〙核融合.
núclear·ìsm *n* 核保有論. ♦ **-ist** *n*
núclear ísomer〘理〙核異性体, 異性核《励起状態の違いにより半減期の異なる原子核》.
núclear isómerism〘理〙核異性.
núclear·ìze *vt* …に核兵器[原子力]を備える, 核兵器[原子力]使用に転じさせる, 核武装させる, 核保有国とする. ♦ **nùclear·izátion** *n* 核化.
núclear magnétic résonance〘理〙核磁気共鳴《略 NMR》.
núclear médicine《放射性同位体を使う》核医学.
núclear mémbrane〘生・解〙核膜.
núclear nonproliferátion 核拡散防止: a ～ treaty 核拡散防止条約《略 NPT》.
núclear númber〘理〙質量数 (MASS NUMBER).
núclear òption 核兵器を使う選択肢, 核の選択; 究極の手, 最後の手段.
núclear phýsics 原子物理学, 核物理学. ♦ **núclear phýsicist** 原子[核]物理学者.
núclear píle 原子炉 (reactor).
núclear pówer 原子力 (=*atomic power*); 核保有国.
núclear-pówered *a* 〈船など〉原子力を利用した.
núclear reáction〘理〙(原子)核反応.
núclear reáctor 原子炉 (reactor).
Núclear Régulatory Commìssion [the]〘米〙原子力規制委員会《1975 年発足; 略 NRC》.
núclear résonance〘理〙核共鳴 (cf. MÖSSBAUER EFFECT).
núclear rócket 原子力ロケット.
núclear sáp〘生〙核液 (=*karyolymph*).
núclear thréshold 核兵器使用に踏み切る限界点[最後の一線].
núclear-típped *a* 核弾頭を装備した: a ～ missile.
núclear umbrélla 核の傘.
núclear wár [wárfare] 核戦争.
núclear wárhead 核弾頭.
núclear wáste 核廃棄物 (radioactive waste).
núclear wéapon 核兵器.
núclear wínter 核の冬《核戦争による多量の大気中の塵によって太陽光線が地表に届かなくなり, 気温が極度に低下する現象》.
nu·cle·ase /n(j)ú:klièɪs, -z/ *n*〘生化〙ヌクレアーゼ《核酸の加水分解を促進する各種の酵素》.
nu·cle·ate /n(j)ú:kliət, -èɪt/ *a* 核のある (nucleated); 核に起因する, 核で生じる. ► *v* /-èɪt/ *vt* 核状にする; 凝集させる; …の核をなす[つくる]. ► *vi* 核を形成[生成]する, 凝集する; 核をなす; 形をなし始める. ♦ **nù·cle·á·tion** *n* 核形成;《人工降雨のための》氷晶形成(作用);〘鉱〙結晶核生成. **-à·tor** *n* [L=to become stony; ⇨ NUCLEUS]
nú·cle·àt·ed *a* 核のある, 有核の.
nuclei *n* NUCLEUS の複数形.
nuclei- ⇨ NUCLE-.
nu·clé·ic ácid /n(j)ʊklí:ɪk-, -kléɪɪk-/〘生化〙核酸, ヌクレイン酸 (cf. DNA, RNA).
nu·cle·in /n(j)ú:kliən/ *n*〘生化〙ヌクレイン《**1**) 核酸 (nucleic acid) の別称 **2**) 核タンパク質 (nucleoprotein)》. [*nucle*us, *-in*[2]]
nu·cle·in·ase /n(j)ú:kliənèɪs, -z/ *n*〘生化〙ヌクレイン酵素.
nucleo- /n(j)ú:klioʊ, -liə/ ⇨ NUCLE-.
nùcleo·cápsid *n*〘生〙ヌクレオカプシド《ウイルスの核酸とそれを囲むタンパク質の膜》.
nùcleo·chronólogy *n* 核年代学《放射性同位体の存在比を利用して隕石などの年代を調べる年代測定法》.
nùcleo·chronómeter *n* 核年代測定物質《NUCLEOCHRONOLOGY に用いられる同位体》.
nùcleo·còsmo·chronólogy *n* 核宇宙年代学《NUCLEOCHRONOLOGY により, 宇宙あるいはその一部の形成年代を測定する分野》.
nùcleo·génesis *n* NUCLEOSYNTHESIS.
nu·cle·oid /n(j)ú:klìɔ̀d/〘生化〙*n* 核封入体, 核様物質; 核様体《細菌など原核生物の細胞の DNA を含む構造体》.
nu·cle·ol- /n(j)uklí:əl/, **nu·cle·olo-** /n(j)uklí:əloʊ, -lə/ *comb form*「仁 (nucleolus)」
nu·cle·o·lat·ed /n(j)uklí:əlèɪtəd, n(j)ú:kliə-/, **nu·cle·o·late** /n(j)uklí:əlèɪt, n(j)ú:kliə-, -lət/ *a* 1 個[数個]の仁のある.
nu·cle·ole /n(j)ú:kliòʊl/ *n* NUCLEOLUS.
nu·cle·o·lo·ne·ma /n(j)uklì:əlní:mə/, **nu·cle·o·lo·neme** /-klí:ələnì:m/ *n*〘生〙仁糸, 核小体糸《仁における網状構造の総称》.
nu·cle·o·lus /n(j)uklí:ələs, ˈnjù:klióʊləs/ *n* (*pl* **-o·li** /-làɪ/)〘生〙核小体, 仁(じん)《ほとんどの真核生物の細胞核内にある小球体》. ♦ **nu·clé·o·lar** /-lər/ *a* [L (dim)‹ *nucleus*]
nucléolus [nucléolar] órganizer〘生化〙《仁染色体の》仁形成体.
nùcleo·mì·to·phóbia /-màɪtə-/ *n* 原子力恐怖.
nu·cle·on /n(j)ú:kliɑ̀n/ *n*〘理〙核子《陽子と中性子の総称》. ♦ **nù·cle·ón·ic** *a*
nù·cle·ón·ics *n* [‹*sg/pl*›] (原子)核工学.
nu·cle·o·ni·um /n(j)ù:klióʊniəm/ *n*〘理〙ニュークレオニウム《原子核と反原子核からなる系》.
núcleon nùmber〘理〙核子数 (MASS NUMBER).
núcleo·phìle *n*〘化〙求核剤[試薬], 求核基[分子].
nùcleo·phílic *a*〘化〙求核(性)の (cf. ELECTROPHILIC). ♦ **-phíl·i·cal·ly** *adv* **nù·cleo·phi·líc·i·ty** *n*
núcleo·plàsm〘生〙*n* 核質 (karyoplasm); 核液 (karyolymph). ♦ **nùcleo·plasmátic, -plásmic** *a* [proto*plasm*]
nùcleo·prótein *n*〘生化〙核タンパク質.
nu·cle·o·sid·ase /n(j)ù:kliəsáɪdèɪs, -z/ *n*〘生化〙ヌクレオシダーゼ《ヌクレオシド分解酵素》.
nu·cle·o·side /n(j)ú:kliəsàɪd/ *n*〘生化〙ヌクレオシド《核酸を構成する一単位》. [glyco*side*]
núcleo·sòme *n*〘生化〙ヌクレオソーム《染色体を構成するクロマチンの単位構造》. ♦ **nù·cleo·só·mal** *a*
nùcleo·sýnthesis *n*〘理〙元素合成《星などで水素などの軽い原子核から元素が合成される過程》. ♦ **-synthétic** *a*
nu·cle·o·tid·ase /n(j)ù:kliətáɪdèɪs, -z/ *n*〘生化〙ヌクレオチダーゼ《ヌクレオチド分解酵素》.
nu·cle·o·tide /n(j)ú:kliətàɪd/ *n*〘生化〙ヌクレオチド《ヌクレオシドの糖部分がリン酸エステルになったもの》. [*-t-* 添え字]
nùcleo·tì·dyl·tránsferase /-tàɪd(ə)l-/ *n*〘生化〙ヌクレオチジルトランスフェラーゼ《ヌクレオチド基を他の化合物に転移する反応を触媒する酵素の総称》.
nu·cle·us /n(j)ú:kliəs/ *n* (*pl* **-clei** /-kliàɪ/, **～·es**) **1** 核, 心(しん);

核心, 中軸; 土台, 基点. **2**〘生〙細胞核;〘解〙神経核;〘理〙原子核;〘天〙彗星核;〘植〙果核;〘動〙《ウミタル・サルパ類の》体核;〘化〙《環式化合物の》環, 核;〘気〙《凝結・凍結の》核;〘音〙《音節の》核. [L＝kernel (dim)＜*nuc- nux* nut]

nu·clide /n(j)úːklàɪd/ *n*〘理〙核種. ◆ **nu·clíd·ic** /n(j)uklíd-/ *a*

nud·dy /nʌ́di/ *n* [次の成句で]: **in the ～**《英口・豪口》裸体で.

nude /n(j)úːd/ *a* **1 a** 裸の, 裸体の;〘美〙ヌードの; ヌードが登場する〈映画など〉; ヌードの人がよく来る〈海岸など〉. **b**〈靴下など〉肌色の; 透けて見える〈ドレス〉. **2** おおいのない, 装飾[家具]のない; 草木のない;〘植〙葉のない;〘動〙うろこ[羽, 毛など]のない. **3**〘法〙約因のない, 無効の: a ～ contract 裸の契約. ▶ *adv* 裸体で. ▶ *n* 裸の人;〘美〙裸体画[像];〘色彩〙肌色, ヌード. ● **in the ～** 裸体で; 腹蔵なく. ◆ **～·ly** *adv* **～·ness** *n* [L *nudus* nude, naked]

núde móuse〘動〙ヌードマウス《胸腺を欠き免疫性をもたない実験用マウス》.

núde páct NUDUM PACTUM.

nudge[1] /nʌ́ʤ/ *vt*《注意をひくために》(ひじで)そっと突く; 少しずつ[軽く]押す; …に注意[行動など]を促す〈*into*〉;〈あるレベル・数値〉に近づく, …目前である; 刺激する,〈記憶を〉よび起こす: ～ sb *in* the ribs そっと脇腹を突く. ▶ *vi* そっと突く[押す]; ちょっと動く: ～ *up*《数量・温度などが》少し上がる. ● **～ elbows with**…と(親しく)交際する. **～ one's way** 押し分けて進む. ▶ *n*《ひじなどによる》軽い突き. ● **～, ～ (wink, wink)＝a ～ and a wink** ほらあれですよ, わかるでしょ《発言の最後につけてしばしば暗にセックスを意味する》. ◆ **núdg·er** *n* [C17＜? Scand (ON *gnaga* to gnaw, Norw (dial) *nugga* to push, rub)]

nudge[2]**, noodge, nudzh** /núʤ/*《俗》*n* 文句ばかり言う人, 不平屋. ▶ *vi* くどくど文句を言う, しつこく不平を言う. ▶ *vt* …にうるさく[しつこく]言う.

nu·di- /n(j)úːdə/ *comb form*「裸の」 [L NUDE]

nu·di·branch /n(j)úːdəbræ̀ŋk/ *n, a*〘動〙裸鰓(らさい)目 (Nudibranchia) の(軟体動物). ◆ **nù·di·brán·chi·ate** /-kiət, -kièɪt/ *a, n* NUDIBRANCH.

nùdi·cáudate *a*〈ネズミなどが〉無毛尾の, 裸尾の.

nu·di·caul /n(j)úːdəkɔ̀ːl/**, nu·di·cau·lous** /n(j)ùːdəkɔ́ːləs/ *a*〘植〙茎に葉のない, 無葉茎の.

nud·ie /n(j)úːdi/*《俗》*n* ヌード映画[ショー, 雑誌など], ヌードもの, ポルノ(雑誌); ヌードダンサー[モデル]. ▶ *a* ヌードが売り物の.

nud·ism /n(j)úːdìz(ə)m/ *n* 裸体主義, ヌーディズム《特に男女の集団で, 隔離された場所において一定の時間を裸体で過ごすこと》.

nud·ist /n(j)úːdɪst/ *n, a* 裸体主義[ヌーディズム]の; 裸体主義者[ヌーディスト](の): a ～ colony [camp] ヌーディスト村.

nu·di·ty /n(j)úːdəti/ *n* 裸(であること); 赤裸々; 裸のもの;〘美〙裸体像[画].

nudjh /núʤ/ *n, vi, vt**《俗》NUDGE[2].

nud·nick, -nik /núdnɪk/ *n**《俗》退屈な[うるさい]やつ.

nu·dum pac·tum /núːdùm páːktùm, n(j)úːdəm pǽktəm/〘法〙裸の契約《捺印証書なしでは成立しない, 約因なき契約》. [L＝nude agreement]

nudzh ⇨ NUDGE[2].

nu·ée ar·dente /F nɥe ardɑ̃ːt/ (*pl* **nu·ées ar·dentes** /F —/)〘地質〙熱雲(ねつうん), ヌエアルダン《過熱水蒸気と小型の火山岩塊からなる密度の大きい高温火砕流》. [F＝burning cloud]

Nu·er /núːər/ *n* **a** (*pl* **～, ～s**) ヌエル族《南スーダン一帯に住む種族》. **b** ヌエル語《ナイル諸語に属する》.

Nue·va Es·par·ta /nuéɪvə ɛspáːrtə/ ヌエバエスパルタ《ベネズエラ本土の北岸沖, カリブ海に浮かぶ島々からなる州; ☆La Asunción; 主島 Margarita》.

Nue·vo La·re·do /nuéɪvoʊ ləréɪdoʊ/ ヌエボラレド《メキシコ北東部 Tamaulipas 州の市; Rio Grande の対岸は Texas 州 Laredo 市》.

Nuevo Le·ón /—leɪóʊn/ ヌエボレオン《メキシコ北東部の州; ☆Monterrey》.

nuff /nʌ́f/ *n*《口》ENOUGH. ● **～ said** もうわかった.

Nuf·field /nʌ́fiːld/ ナフィールド **William Richard Morris,** 1st Viscount ～ (1877–1963)《英国の実業家; 自動車メーカー Morris Motors 社を創業 (1919); Oxford 大学に社会科学研究を主とするナフィールド学寮 (**～ Cóllege**) を創設 (1937), また医学・教育の研究に援助を行なうナフィールド財団 (**～ Foundátion**) を設立 (1943)》.

Núffield téaching pròject〘英〙ナフィールド教育プロジェクト《科学・数学などの教育プログラム》. [↑]

nuf·fin /nʌ́fɪn/**, nuf·fink** /nʌ́fɪŋk/ *pron, n, adv, a*《非標準》NOTHING.

nug /nʌ́g/ *n**《俗》女の子,《つきあっている》彼女.

nu·gae /n(j)úːʤi, núːgàɪ/ *n pl* たわごと, つまらぬこと. [L＝trifles]

nu·ga·to·ry /n(j)úːgətɔ̀ːri; -t(ə)ri/ *a* 無意味な, 無価値な, 役に立たない; 無効の. [L (↑)]

nug·gar /nəgáːr, nʌ́gər/ *n*《Nile 川上流で用いる》広幅の舟. [Arab *nuqqār*]

nug·get /nʌ́gət/ *n* **1** 天然貴金属の塊り,《鉱床中の》塊金;〘冶〙溶接ビード, ナゲット; ひと口大の食べ物;《豪口》小さくずんぐりした動物[人]; [*pl*]《俗》きんたま;《俗》**1** ポンドコイン: chicken ～*s* チキンナゲット. **2** [°*joc*] ちょっとした有益な考え[事実など]: ～*s* of information 耳よりな情報. ▶ *vt*《豪》鉱物の表面から〈塊金を〉取り出す. [*nug* (dial) lump]

Nugget *n*〘商標〙ナゲット《靴墨》. ▶ *vt* [°n-]《口》〈靴を〉磨く.

nug·gety, nug·get·ty /nʌ́gəti/ *a* 塊りになった; 塊金の豊富な;《豪口》ずんぐりした, がっしりした.

nug·gy /nʌ́gi/ *n**《俗》キス, 抱擁, ペッティング (noogie).

nui·sance /n(j)úːs(ə)ns/ *n* **1** 害, 有害物, 困った事情, 迷惑な行為, 不快な[厄介な, うるさい]人[もの, こと]: Flies are a ～. ハエはうるさいものだ / What a ～! うるさいなあ, 困ったもんだなあ / Commit no ～!《掲示》小便無用, ごみを捨てるべからず / make a ～ of one*self* ＝make one*self* a ～ 厄介者になる, 人に嫌われる. **2**〘法〙不法妨害, 生活妨害, ニューサンス: PRIVATE [PUBLIC] NUISANCE / abate a ～《被害者が自力で》不法妨害を除去する. [OF＝hurt (*nuis- nuire* ＜L *noceo* to hurt)]

núisance tàx 小額消費税《通例 消費者が負担》.

núisance vàlue いやがらせとなるだけの効果[価値], 妨害効果.

nuit blanche /F nɥi blɑ̃ːʃ/ 白夜; 眠られぬ夜.

Nuits-Saint-Georges /F nɥisɛ̃ʒɔrʒ/ *n* ニュイ-サン-ジョルジュ《フランスの Burgundy 地方 Nuits-Saint-Georges 町近辺で製造される高級赤ワイン》.

NUJ〘英〙National Union of Journalists.

Nu Jiang /núː ʤiáːŋ/ 怒江(ぬこう)(ヌーチャン)《SALWEEN 川の中国語名》.

nuke /n(j)úːk/《口》*n* 核兵器, 核爆弾; 核使用設備, 核施設; 原子力発電所, 原発; 原子核. ▶ *vt* 核攻撃する, 核爆弾で破壊する; 完全に破壊する, 潰滅させる;《俗》たたきのめす, ぶちのめす; *《電子レンジで》チンする (microwave); [～ *-self*]* 日焼けサロンで焼く.

nuk·er /n(j)úːkər/ *n**《口》電子レンジ (microwave oven).

Nu·ku·'a·lo·fa /nùːkuɑːlɔ́ːfə/ ヌクアロファ《トンガの Tongatapu 島にある町, 同国の首都》.

Nu·ku Hi·va /núːkə híːvə/ ヌクヒヴァ《南太平洋の Marquesas 諸島最大の島; 火山島; 中心の町は Hakapehi》.

Nu·kus /nukúːs/ ヌクス《ウズベキスタン北西部の Karakalpakstan 共和国の首都; Amu Darya 右岸に位置》.

null /nʌ́l/ *a* **1** 無効な, 拘束力のない; 無益な; 価値のない, 無意味な; 特徴[個性]のない. **2** 存在しない;〘数〙ゼロの, 零の, ヌル…;《計器の》零位法の; 零位調整の. ▶ *n* 零, ゼロ;《計器などの》零の目盛り, 零度 (zero);〘通信〙《受信機の》零位; 暗号解読を防ぐために挿入する無意味な文字. ▶ *vt* ゼロ[零位]にする. [F or L *nullus* none (*ne* not, *ullus* any)]

nul·la /nʌ́lə/ *n* NULLA-NULLA.

nul·la bo·na /nʌ́lə bóʊnə/〘法〙不存在報告《執行官が令状に記された物件を全く発見しえなかった旨の報告》. [L＝no goods]

nul·lah /nʌ́lə/《インド》*n*《しばしば干上がる》水路; 峡谷. [Hindi]

núll and vóid *a*〘法〙無効な.

nul·la-nul·la /nʌ́lənʌ́lə/ *n*《豪》《アボリジニーの用いる》堅い木の棍棒. [(Austral)]

Núll·ar·bor Pláin /nʌ́ləbɔ̀ːr-, nʌ́lɑːrbər-/ [the] ナラボア一平原《オーストラリア南部の大平原; 東西 700 km, 南北 400 km にわたる大不毛地帯で, Great Australian Bight 沿いに South Australia から Western Australia の両州に広がる》. [L *nullus arbor* no tree]

núll hypòthesis〘統〙帰無仮説《検定によって棄却されるべき仮説, 特に 2 つのサンプルの差異を偶然によるものとするもの》.

nul·li- /nʌ́lə/ *comb form*「無」 [L]

nul·li·fi·ca·tion /nʌ̀ləfəkéɪʃ(ə)n/ *n* **1** 無効化, 破棄, 取消し. **2**〘米史〙実施拒否《連邦が定めた法律のうち, 合衆国憲法に照らして違憲と州が判断したものは, 州内での実施を拒否することができるとする, 州権論に基づく連邦法効力の拒否》; JURY NULLIFICATION. ◆ **～·ist** *n*

nul·li·fid·i·an /nʌ̀ləfídiən/ *n* 無信仰者; 懐疑論者. ▶ *a* 無信仰の.

núl·li·fì·er *n* 無効にする人, 破棄者;〘米史〙実施拒否権主張者 (⇨ NULLIFICATION).

nul·li·fy /nʌ́ləfàɪ/ *vt*《法的に》無効にする; 破棄する (destroy), 取り消す (cancel), 帳消しにする; 無にする. [*null*]

núll ìnstrument〘工〙零位調整装置.

nul·lip·a·ra /nʌ̀lípərə/ *n* (*pl* **～s, -rae** /-rìː/)〘医〙未産婦 (cf. MULTIPARA, PRIMIPARA). ◆ **nùl·líp·a·rous** *a* 未経産の.

núlli·pòre *n*〘植〙サンゴモ《石灰質を体壁に分泌する》.

nul·li se·cun·dus /nʌ́li səkʌ́ndəs, núli sɛkúndʊs/ だれにも劣らない, 第一の. [L]

nul·li·ty /nʌ́ləti/ *n* 無効; 無, 皆無; 無効な行為[文書]; つまらない人[もの];〘数〙退化次数.

núllity súit〘法〙結婚無効訴訟.

nul·lo* /nʌ́loʊ/ *n* (*pl* **～s**)〘トランプ〙ヌーラー《トリック (trick) を全然取らないという宣言》.

núll sét〘数〙零(れい)集合 (empty set).

núll-spàce *n*〘数〙零(れい)空間.

nully /nʌ́li/ *n*《俗》ばか.

num. numeral(s). **Num.** 〘聖〙 Numbers. **NUM** 〘英〙 °National Union of Mineworkers.

Nu·man·tia /n(j)umǽnʃ(i)ə; -tiə/ ヌマンティア《現在のスペイン中北部 Soria の近くにあったケルト族の古代都市; 紀元前 133 年ローマの将軍小 Scipio によって攻略された》.

Nu·ma Pom·pil·i·us /n(j)úːmə pampíliəs/ ヌマ・ポンピリウス《前 700 年ごろの伝説的なローマ第 2 代の王》.

numb /nʌ́m/ *a* 麻痺した, 無感覚な, 鈍い, しびれた, かじかんだ; 無関心の; 《ショックで》呆然とした; *《俗》ばかな: ~ *with* cold 寒さでかじかんで / a ~ hand 《口》不器用者. ► *vt* …の感覚をなくする, しびれさせる, 麻痺させる; 呆然とさせる. ♦ **~·ly** *adv* 呆然として. **~·ness** *n* [*nome* (obs) taken (with paralysis) (pp) ‹ *nim* to take; ⇨ NIMBLE; *-b* は cf. THUMB]

Numb. 〘聖〙 Numbers.

num·bat /nʌ́mbæ̀t/ *n* 〘動〙 フクロアリクイ (banded anteater) 《豪州産》. [(Austral)]

númb-bràined *a* ばかな, 頭の鈍い.

númbed óut *a**《俗》フェンシクリジン (PCP) でほとんど麻痺して.

num·ber /nʌ́mbər/ *n* **1 a** 数; 総数 (total); (必要な)全数, 総員; 〘文法〙数: a high [low] ~ 大きい[小さい]数 / in ~ 数で, 数は / in great [small] ~ 大勢で[少数で] / the singular [plural] ~ 単数[複数] / (in) ROUND[1] ~*s*. **b** [*pl*] 数の優勢: win by (force of) ~*s* 数[人数]で勝つ / There's strength in ~*s*. 数の多いのは強みだ. **c** [*pl*] 《ドルを単位にした》金額; [*pl*] 統計, 《選手の》記録; [*pl*] 視聴率 (rating). **2 a** 数字, 数詞 (numeral); 《数字の拡張としての》記号 (π など). **b** [*pl*] 算数, 算術 (arithmetic). **3 a** 番号, 番号札; 電話番号: *N*~'s engaged. 〘電話〙お話し中です (Line's busy.*). **b** [通例 略して No., *pl* Nos.] 第…番[号, 巻, 番地, サイズなど]: Room *No.* 303 第 303 号室 / the May ~ 《雑誌などの》5 月号. ★ 住所番地の数字の前には普通 No. を書かない. **4 a** [*pl*] 多数, 大勢; 若干: ~*s* of… 多数の… / There are ~*s* (of people) who believe it. それを信じる人びとがずいぶんいる / A small ~ came. 小人数の人が来た. **b** 仲間; 連中: He's not of our ~. 仲間[味方]ではない / among the ~ of the dead 亡き数にはいって, 死んで. **5 a** 《音楽などの》一編, ナンバー, 曲目, 演目; (おきまりの)演技[せりふ], 十八番, ひとくだり. **b** 《口》《あるグループの中の特定の》人, もの, 商品, 衣服: That dress was a smart ~. **c** 《口》若い女性; 《口》かっこいい[いかれた]人[もの]. **6** [*pl*] 音律, 韻律; [*pl*] 詩句, 韻文; [*pl*] 《古》音楽的な音声, 美しい音[声]. **7** [N-s, ‹*sg*›] 〘聖〙民数記《旧約聖書の The Fourth Book of Moses, called N~s; 略 Num.》. **8** [the ~s, ‹*sg/pl*›] *NUMBERS GAME, POLICY[2]. **9** *《俗》職業活動, 仕事; 《俗》マリファナタバコ; *《俗》(心理的)策略, トリック; *《俗》ゆきずりの同性愛[セックス]の相手; *《俗》関心の的, 《特に》性的関係: a cushy ~ 楽な仕事.
● **a ~ of…** (1) いくらかの… (some): *a ~ of* students 若干の学生. (2) 多数の…: *a* great [large] ~ *of*… 大勢[たくさん]の…. **any ~** かなり多数 (quite a few) ‹*of*›. **beyond ~** 数えきれない. **by ~s** "〘軍〙 by the NUMBERS. **by the ~s** *〘軍〙号令に合わせて; 一歩一歩着実に; 型[規則]どおりに, 適切に, 機械的に. **do [run] a ~ on** …*《俗》…をだます, あざける, こけにする, もてあそぶ; *《俗》…を意気消沈させる, 傷つける; *《俗》…を損傷する, …に傷をつける; *《俗》…を完全にやっつける. **do a…~** 《米俗・カナダ俗》…なことをする, やる. **do one's ~** *《俗》自分に興味のあることばっかり話す[書く]; *《俗》社会的地位[職業]にふさわしい態度をとる, 役を演じる. **get [have] sb's ~** 《口》人の正体[真意, 能力]を知る, 相手を見透かしている. **have sb's ~ on it** 《俗》‹弾丸などが›(その)人の命を奪う運命をもっている. **have one's ~ up**＝one's NUMBER is up. **in ~** 全部で; 数の上で. **in ~s** ‹雑誌など›分冊で, 数回に分けて. **make one's ~ with sb** 《俗》‹人›と連絡をとる. **out of ~** 無数の. **quite a ~ (of)** かなり多数(の). **run the ~s** 計算する. **sb's (lucky) ~ comes up** 《口》急に運が向いてくる, 突然つきがまわってくる. **one's ~ is up** 《口》年貢の納め時だ, 運の尽きだ, 絶体絶命だ; 《口》死んでいる, 死期が迫っている: One's ~ goes *up*. 死ぬ. **to the ~ of…** に達するほど, …だけ. **without ~** 無数の.
► *vt* **1 a** …に番号をつける; …の数を数える. **b** [*pass*] …の数を制限する: His days [years] *are* ~*ed*. 余命いくばくもない. **2** 構成員[構成要素]とみなす, (…の中に)入れる, 数える ‹*among, in, with*›; 《俗》疑う, …に目星をつける. **3 a** ‹…個›からなる, …に達する. **b** …年の歳月を過ごす[体験する, 生きる], …歳に達する, …歳である. **4** 《古》割り当てる; 《廃》《兵士を》召集する. ► *vi* 総数…に達する ‹*in*›; 含まれている, 数えられる ‹*among, with*›. ● **~ off** 《教練などで》番号を唱える; ‹兵士›に番号を唱えるように命ずる, [*impv*] 番号!; …に番号をつける.
♦ **~·able** *a* [(n) AF *numbre*, OF *nom-*＜L *numerus*; (v) OF *nombrer*＜L *numero* (*numerus* number)]

númber bòy *《俗》《企業の》トップ; *《俗》最も信頼する補佐役, 右腕; *《俗》イエスマン.

númber crùncher 《口》高速[大型]コンピューター; 数値計算屋《証券アナリスト・統計学者・会計士など》.

númber crùnching 《口》数値演算, 計算《特に込み入った計算量の多いもの》; 《口》《高校などにおける》数学, 統計学, コンピューター科学.

núm·bered accóunt 番号口座《番号のみ登録する銀行口座》.

númber éight 《NZ》8 番《4 mm 径のフェンス用ワイヤー》.

Númber Eléven" 財務大臣 (Chancellor of the Exchequer) 官邸《London の Downing 街 11 番地にある; cf. NUMBER TEN》.

númber·er *n* 番号をつける人; 数える人.

númber·ing machìne 番号印字機, ナンバリングマシン, ナンバリング.

númber·less *a* 数えきれないほど多い, 無数の (innumerable); 番号のない.

númber lìne 〘数〙数直線, 数線《数を目盛った直線》.

númber níne (pìll) "《軍俗》第 9 号丸薬《万能薬》.

númber óne *n* 《口》長, トップ, 第一人者, 第一級のもの, 一流のもの; 《口》とびきり上等の制服[衣服]; *《俗》ステージの最前部《スターが演じたり司会者が次の出演者を紹介する目立つ場所》; "《海軍俗》《小型艦の》副長 (first lieutenant); 《口》自己の利害, 自分 (oneself); 《ヒットチャートの》第 1 位の曲; 1 番カット《1/8 インチ (約 0.3 mm) のバリカン刈り》; 《幼児》[*euph*] おしっこ: look out for [look after, take care of] ~ 自分の利益に抜け目がない, 自分のことだけ考える / do [go, make] ~ おしっこする. ► 《口》*a* 一流の, 最高の, とびきりの (first-rate), ナンバーワンの; 最も重要な.

númber óne bòy *《口》トップ, リーダー; *《口》支配者[リーダー]の第一の補佐役, 腹心; *《俗》YES-MAN; *《俗》自前の衣服で出演するエキストラ.

númber plàte" 《車の》ナンバープレート (license plate*); 《家屋の》番地表示板.

númbers crùncher 《口》数字処理屋 (number cruncher).

númbers gàme* 数当て宝くじ; 数当て賭博《新聞発表の各種統計数字下 3 桁を対象とする不法賭博》; 数字遊び, 数合わせ《自説補強のためすぐ統計的数値を持ち出すこと; しばしば欺瞞的》.

númber sìgn ナンバー記号《番号を表わす # の記号》.

númbers pòol [ràcket]* 数当て賭博 (numbers game).

númber(s) rùnner* NUMBERS GAME の賭屋.

númber tén *a**《俗》最悪の.

Number Ten [10] "/ーー tέn/ 英国首相官邸《London の Downing 街 10 番地にある》; 英国政府.

númber thèory 〘数〙整数論 (＝*theory of numbers*).
♦ **númber thèorist** *n* **númber theorétic** *a*

númber twó *n* 《地位・実力などが》2 番目の人; 2 番カット《2/8 インチ (約 0.6 mm) のバリカン刈り》; 《幼児》[*euph*] うんち: make [do, go] ~ うんちする. ► *a* 《俗》第二(級)の.

númber wòrk 算数.

númb·fìsh *n* 〘魚〙シビレエイ (electric ray).

númb-héad *n**《口》ばか, あほう. ♦ **~·ed** *a* *《口》ばかな, ぼんくらな.

numb·ie /nʌ́mi/ *n**《俗》ばか者, とんま.

númb·ing *a* 麻痺させる[しびれさせる](ような), 気の遠くなるような. ♦ **~·ly** *adv*

num·bles, nom- /nʌ́mb(ə)lz/ *n pl* 《古》食用臓物 (＝*umbles*) 《特に鹿の心臓・肺臓・肝臓など》.

númb·nùts *n* 《俗》見下げはてたやつ, 腰抜け野郎, ばか, まぬけ, でくのぼう, ひょうろくだま.

numbskull ⇨ NUMSKULL.

num·dah /nʌ́mdə/ *n* インド・ペルシアの厚手のフェルト地; 厚地フェルトの鞍敷, 刺繍の柄のある敷物. [Hind＜Pers＝carpet]

nu·men /n(j)úːmən/ *n* (*pl* **nu·mi·na** /-mənə/) 《事物に宿るとされる》精霊, 神霊, 守護神. [L]

nu·mer·a·ble /n(j)úːm(ə)rəb(ə)l/ *a* 数えられる, 計算できる, 計数可能な.

nu·mer·a·cy /n(j)úːm(ə)rəsi/ *n* 数量的思考能力 (cf. NUMERATE).

nu·me·raire /n(j)ùːm(ə)rέər, ーーー/ *n* 通貨交換比率基準.

nu·mer·al /n(j)úːm(ə)rəl/ *a* 数の; 数を表わす: a ~ adjective 数形容詞. ► *n* **1** 数字; 〘文法〙数詞: CARDINAL [ORDINAL] NUMERAL. **2** [*pl*] 〘米学校〙卒業年次の数字《通例下 2 桁; 大型布製の年度章として課外活動での成績優秀者に与えられる》. ♦ **~·ly** *adv* [L; ⇨ NUMBER]

nu·mer·ary /n(j)úːmərèri; -r(ə)ri/ *a* 数の.

nu·mer·ate /n(j)úːm(ə)rèɪt/ *vt* 数え上げる, 列挙する (enumerate); ‹数字で表わした数を›読む, 唱える. ► *a* /-rət/ 数量的思考[数字]に強い. [*literate* にならって L *numerus* NUMBER から]

nù·mer·á·tion *n* 数え方, 計算(法); 〘数〙数の唱え方, 命数法: a ~ table 数表.

nú·mer·à·tor *n* 〘数〙分子 (opp. *denominator*); 計算者, 計算器.

nu·mer·ic /n(j)umέrɪk/ *a* NUMERICAL. ► *n* NUMBER, NUMERAL.

nu·mér·i·cal *a* 数の, 数に関する; 数字で表わした; 数を表わす; 計算能力の; 〘数〙絶対値の: (a) ~ order 番号 / a ~ statement 統計 / the ~ strength 人数. ♦ **~·ly** *adv*

numérical análysis 数値解析《数値計算を用いて行なう近似法の研究》.

numérical áperture 〘光〙開口数《顕微鏡の分解能を示す》.
numérical contról 〘自動制御〙数値制御《デジタル計算機による工作機械の制御; 略 NC》. ♦ **numérical·ly-contrólled** *a*
numérical taxónomy 〘生〙数量分類学《分類単位をなるべく多数の形質に基づかせこれを数量的に扱う》. ♦ **numérical taxonómic** *a* **numérical taxónomist** *n*
numérical válue 絶対値 (absolute value).
numéric kéypad [pád] 〘電算〙置数キーパッド, テンキーパッド《数字や算術演算記号のキーを集合配置したキーボードの一区画[別体のキーボード]》.
nu·mer·ol·o·gy /n(j)ù:mərάləʤi/ *n* 数秘学, 数霊術《誕生日の数字・名前の総字数などで運勢を占う》. ♦ **-gist** *n* **nù·mer·o·lóg·i·cal** *a*
nu·me·ro uno /n(j)ú:mərou ú:nou/ «口» *n* 自分の利害, 自分 (number one); 第一人者, トップ, 最高のもの, 第一のもの. ► *a* 第一の; 最高の. [Sp or It]
nu·mer·ous /n(j)ú:m(ə)rəs/ *a* **1** 多数の人[もの]からなる; 非常に多くの: a ~ army 大軍 / the ~ voice of the people «古» 世論. **2** «古・詩» 調子の美しい. ♦ **~·ly** *adv* **~·ness** *n* [L; ⇨ NUMBER]
nu·me·rus clau·sus /n(j)ú:mərəs kláusəs/ 《人種・階級別の, 非公式な》入学定員[割当て]枠. [L=closed number]
Num·foor /nú:mfɔ̀:r/ ヌムフォル《インドネシアの Papua 州北西沖にある Schouten 諸島の島; 主村 Namber には第二次大戦中日本軍の飛行場があった》.
Nu·mid·ia /n(j)umídiə/ ヌミディア《古代北アフリカにあった王国; ほぼ現在のアルジェリアに当たる; ☆Hippo Regius》.
Nu·míd·i·an *a* ヌミディア(人[語])の. ► *n* ヌミディア人; ヌミディア語.
Numídian cráne 〘鳥〙アネハヅル (demoiselle).
numina *n* NUMEN の複数形.
nu·mi·nous /n(j)ú:mənəs/ *a* 神霊 (numen) の; 超自然的な, 神秘的な; 神聖な; 荘厳な. ♦ **~·ness, nù·mi·nós·i·ty** *n* [L (*numen* deity)]
nu·mis·mat·ic /n(j)ù:məzmǽtɪk, *-məs-/, **-i·cal** *a* 貨幣学 (numismatics) の; 貨幣の. ♦ **-i·cal·ly** *adv* [F, <Gk *nomismat- nomisma* coin]
nù·mis·mát·ics *n* 貨幣学, 古銭学《貨幣・メダルの研究・蒐集》. ♦ **nu·mis·ma·tist** /n(j)umízmətɪst, *-mís-/ *n* 貨幣学者, 貨幣蒐集家.
nu·mis·ma·tol·o·gy /n(j)umìzmətάləʤi, *-mìs-/ *n* NUMISMATICS. ♦ **-gist** *n*
Núm Lòck /nʌ́m-/ 〘電算〙Num ロックキー《数字用テンキーの部分がカーソル移動キーの機能を兼ねる場合に数字入力とカーソル移動機能を切り換えるキー》.
num·ma·ry /nʌ́məri/ *a* 貨幣の[による], 金銭の.
num·mu·lar /nʌ́mjələr/ *a* 硬貨形の, (長)円形の; 〘医〙硬貨状の〈湿疹〉, 銭状の〈痰〉.
num·mu·lary /nʌ́mjələ̀ri; -l(ə)ri/ *a* «古» NUMMARY.
num·mu·lite /nʌ́mjəlàɪt/ *n* 〘古生〙貨幣石, ヌンムリテス, ヌンムライト《新生代古第三紀に生息した大型の有孔虫, その化石; 外形が貨幣に似る》. ♦ **nùm·mu·lít·ic** /-lít-/ *a*
nummulític límestone 〘岩石〙貨幣石石灰岩《ヨーロッパ・アジア・北アフリカに分布する, 始新統の累層; 貨幣石を主成分とする》.
num·my /nʌ́mi/ *a* «口» 〈食べ物が〉おいしい, うまい. [変形く *yummy*]
num·nah /nʌ́mnə/ *n* 《フェルト地または羊の皮の》鞍敷. [*numdah*]
num-num /nʌ́mnʌ̀m/ *n* 〘植〙オオバナカリッサ《キョウチクトウ科カリッサ属の低木; 果実は食用》. [Zulu]
Numps /nʌ́mps/ ナンプス《男子名; Humphrey の愛称》.
nump·ty, -tie /nʌ́mpti/ *n* «口» ばか, あほう, ぼけ.
num·skull, numb- /nʌ́mskʌ̀l/ «口» *n* ばか, あほう; ぼんくら頭. [*numb*]
nun[1] /nʌ́n/ *n* **1** 修道女, 尼僧《特に 清貧・貞潔・従順の盛式誓願 (solemn vow) を立てた女性》. **2** 〘鳥〙ドイツ産の家バトの一種; ″〘鳥〙アオガラ (blue tit); ″〘鳥〙ミコアイサ (smew); 〘昆〙NUN MOTH; 〘海〙NUN BUOY. ♦ **~·like** *a* [OE *nunne* and OF<L *nonna* (fem) ‹ *nonnus* monk]
nun[2] /nú:n/ *n* ヌーン《ヘブライ語アルファベットの第 14 字》.
nun·a·tak /nʌ́nətæ̀k/ *n* 〘地質〙ヌナタク《氷河表面から突出した丘や岩峰》. [Inuit]
nunation ⇨ NUNNATION.
Nun·a·vut /nú:nəvù:t/ ヌナヴト《カナダ北部, 以前の Northwest Territories の東側 2/3 を分割してもうけられたイヌイット管理の準州; 1999 年設置; ☆Iqaluit》. [Inuit=our land]
nún bird 〘鳥〙クロアマドリ《南米産》.
nún bùoy /nʌ́n-/ 〘海〙菱形浮標, ナンブイ《2 つの円錐を底で合わせた形の金属製の赤い浮標》.
Nunc Di·mit·tis /nʌ́ŋk dəmítəs, núŋk-/ **1** 〘聖〙シメオン (Simeon) の賛歌, ヌンク・ディミッティス《*Luke* 2: 29–32》. **2** [n- d-] 退去の許可; [n- d-] (人生への)離別. ● **sing (one's) n~ d~** 喜んで別れを告げる. [L=now you let (your servant) depart]
nun·cha·ku /nʌ́nʧʌ̀k, nʌ̀nʧά:ku/ *n* [ᵁ*pl*] ヌンチャク《2 本の棍棒を鎖・革などでつないだ武具》. [Jpn]
nun·cheon /nʌ́nʧən/ *n* ″«方» 軽い食事. [*noon, schench* drink]
nun·ci·a·ture /nʌ́nsiəʧər, *nún-, -t(j)ùər, *-ʧùr/ *n* NUNCIO の職[任期, 使節団]. [It (↓)]
nun·cio /nʌ́nsiòu, *nún-/ *n* (*pl* **-ci·òs**) 教皇(庁)大使. [It<L *nuntius* envoy]
nun·cle /nʌ́ŋk(ə)l/ *n* «方» UNCLE.
nun·cu·pate /nʌ́ŋkjupèɪt/ *vt* 〈遺言などを〉口述する. ♦ **nùn·cu·pá·tion** *n* 口頭遺言. [L *nuncupo* to name]
nun·cu·pa·tive /nʌ́ŋkjupèɪtɪv, nʌ́n-, nʌ̀ŋkjú:pətɪv/ *a* 〈遺言などが〉口頭の: a ~ will 口頭遺言. ♦ **~·ly** *adv*
Nú·ñez Ca·be·za de Va·ca /nú:njəz kəbéɪzə də vά:kə/ ヌニェス・カベサ・デ・バカ **Álvar ~** (c. 1490–c. 1560)《スペインの探検家; 今日の Texas 州のメキシコ湾岸を探検, 黄金都市の伝説を伝えた》.
nún·hòod *n* 修道女であること[の身分].
nún mòth /nʌ́n-/ 〘昆〙ノンネマイマイ《ドクガ科》.
nun·na·tion, nun·a·tion /nʌ̀néɪʃ(ə)n/ *n* 〘文法〙《アラビア語名詞の語尾変化で》語尾に n を付けること.
nún·nery *n* 女子修道院 (⇨ MONASTERY); 尼僧団. [AF; ⇨ NUN[1]]
nún·nish *a* 修道女の, 尼僧の, 尼僧らしい.
Nunn May /nʌ́n méɪ/ ナン・メイ **Alan ~** (1911–2003)《英国の核物理学者・スパイ; 1946 年原爆に関する情報をソ連に渡した容疑で逮捕され, 裁判で懲役 10 年が科された》.
nún·ny bàg /nʌ́ni-/ «カナダ» オットセイなどの毛皮で作った雑嚢《主に Newfoundland で用いる》.
nún's clóth ナンズクロス (NUN'S VEILING).
Núns of the Visitátion [the] 訪問童貞会 (ORDER OF THE VISITATION OF THE BLESSED VIRGIN MARY).
nún's véiling ナンズベイリング (=*nun's cloth*)《薄い平織りのウステッド[絹]の服地》.
Nún·thorpe Stàkes /nʌ́nθɔ̀:rp-/ ナンソープステークス《毎年 8 月イングランドの York で行なわれる距離 5 ファーロング (約 1006 m) の競馬》.
nuoc mam /nwɔ́:k mά:m/ ニョクマム《ヴェトナム料理で使う魚醤(ぎょしょう)》. [Vietnamese]
Nu·pe /nú:peɪ/ *n* **a** (*pl* **~, ~s**) ヌペ族《ナイジェリア中西部の黒人》. **b** ヌペ語.
nu·plex /n(j)ú:plɛ̀ks/ *n* 原子力コンビナート (nuclear-powered complex).
nup·tial /nʌ́pʃ(ə)l, -ʧ(ə)l/ *a* 結婚(式)の, 婚礼の; 交尾[繁殖](期)の. ► *n* [ᵁ*pl*] 婚礼. ♦ **~·ly** *adv* [F or L (*nupt- nubo* to wed)]
núptial flíght 〘昆〙婚姻飛行《ミツバチ・アリなどが交尾のため雌雄が入りまじって飛ぶこと》.
nup·tial·i·ty /nʌ̀pʃiǽləti, -ʧi-/ *n* 結婚率.
núptial plúmage 〘鳥〙生殖羽(う), 婚衣, 婚羽《繁殖期の美しい羽装; cf. ECLIPSE PLUMAGE》.
nu·ra·ghe /nurά:geɪ/, **-ragh** /-rά:g/ *n* (*pl* **-ra·ghi** /-gi/, **~s**) ヌラーゲ《Sardinia で発見された青銅器時代のものとされる大型の塔状石造物》. [Sardinian]
Nür·burg·ring /*G* ný:rburkrìŋ/ ニュールブルクリング《ドイツ西部の Eifel 丘陵にある自動車レースサーキット; 難コースとして有名》.
nurd /nə́:rd/ *n* NERD.
Nur·em·berg /n(j)úərəmbə̀:rg/ ニュルンベルク (G **Nürn·berg** /*G* nʏ́rnbɛrk/)《ドイツ南部 Bavaria 州の市》.
Núremberg Làws [Decrèes] *pl* [the] ニュルンベルク法《1935 年にナチスが定めたユダヤ人迫害を合法化した法律》.
Núremberg rállies *pl* [the] ニュルンベルク決起集会《1933–38 年のナチスの年次党大会; Hitler の主要な演説がなされた》.
Núremberg trìals *pl* [the] ニュルンベルク裁判《1945–46 年に行なわれたナチス・ドイツの指導者に対する国際軍事裁判》.
Nu·re·yev /nuréɪjəf; njúəriɛ̀f, njuəréɪɛf/ ヌレエフ **Rudolf (Hametovich)** ~ (1938–93)《ロシア生まれの舞踊家・振付家》.
Nu·ri /núəri/ *n* **a** (*pl* **~, ~s**) ヌリ族 (=*Kafir*)《Nuristan に住む民族》. **b** ヌリ語《印欧語族 Indic 語派の一つ》.
Nu·ri as-Sa·id /núəri ɑ:ssɑ:í:d/ ヌーリー・アッサイード (1888–1958)《イラクの政治家; 1930 年以降しばしば首相》.
Nu·ri·stan /nùərɪstǽn, -stά:n/ ヌリスタン《アフガニスタン東部 Hindu Kush 山脈の南の地域; 旧称 Kafiristan》.
Nu·ri·stani /nùərəstά:ni, -stǽni/ *n* (*pl* **~, ~s**) ヌリスタン人[語] (NURI).
nurl /nə́:rl/ *n, vt* KNURL.
Nur·mi /núərmi/ ヌルミ **Paavo (Johannes)** ~ (1897–1973)《フィンランドの長距離走選手》.
Nürnberg ⇨ NUREMBERG.
Nu·ro·fen /n(j)úərəfɛ̀n/ 〘商標〙ニューロフェン《イブプロフェン (ibuprofen) 製剤; 鎮痛・解熱薬》.

nurse[1] /nə́ːrs/ *n* **1 a** 看護師, ナース (sick nurse) (cf. REGISTERED [PRACTICAL] NURSE). **b** 乳母(ɔ̃) (wet nurse); 保母, 子守女 (dry nurse). **2 a** 養成[助長]する人[もの]; 育成所 〈*of*〉. **b**〖林〗NURSE TREE; 〖昆〗保母虫《ハチ・アリなど社会性昆虫の分業で幼虫を保護する個体》; 授乳代理動物. **3**〖玉突〗ナース (cf. *vt*). ● **at ～** 乳母に預けられて, 里子に出されて: The baby is *at* ～. 乳母[保母]に預けてある. **put…(out) to ～** 〈子供を〉里子に出す; 〈財産などを〉管財人[被信託者]に預託する. ► *vt* **1 a** 〈病人を〉看病する, 養生させる 〈*along*〉; 〈病気〉の手当てをする, 治療する: ～ sb *back to* health 看病して人の健康を回復させる. **b** 〈赤んぼ〉の守(ɔ̃)[世話]をする; 《子守りをするように》監督・保護をする, …の子守役をする. **2 a** 〈乳児〉に授乳[哺乳]する; …の乳をもらう, …の乳で育つ. **b** 育てる, 培養する; 養成する, 保護奨励する: be ～*d in* luxury ぜいたくに育つ. **3 a** 愛撫する, 抱く, 〈赤んぼ〉をあやす; 《俗》おだてて…させる. **b** 〈希望・悲しみなどを〉心にいだく. **4 a** 大切に管理する, 慎重に取り扱う[運転する] 〈*along*〉; 大事にゆっくりと消費する, ちびりちびり使う[飲む]: ～ a fire 火を絶やさないように番をする. **b**"〈選挙区民〉の機嫌を取る. **5**〖玉突〗連続キャノンが突けるように〈球を〉互いに近寄せて置く, ナースする. ► *vi* 看護をする; 《乳母として》授乳する; 〈赤ちゃんが〉乳を飲む; 《俗》ちびりちびり飲む. [OF *nurice*<L (*nutric- nutrix* nurse; ⇐ NOURISH); cf NUTRITIOUS]

nurse[2] *n*〖魚〗NURSE SHARK.

Nurse ナース Sir **Paul M**(axime) ～ (1949–)《英国の医学者; 細胞周期を調節する物質の発見によりノーベル生理学医学賞 (2001)》.

núrse-chìld *n* 乳母に預けられている子供, 里子.

núrse clinícian〖医〗NURSE-PRACTITIONER.

núrse fròg〖動〗サンバガエル (OBSTETRICAL TOAD).

núrse-gàrden *n* 《古》苗木畑.

núrse·hòund *n*〖魚〗ナースハウンド(シャーク), マダラトラザメ《東大西洋・地中海産; 食用にされる》.

nurseling ⇨ NURSLING.

núrse·màid *n* 子守女; しきりに人の世話をする[猫かわいがりする]人. ► *vt* …の世話をする, 猫かわいがりする.

núrse-mídwife *n*〖医〗看護助産師《助産師としての追加研修をうけ, 分娩の介助, 産前・産後の世話を行なう正看護師》. ♦ **-midwifery** / ,"mídwìf(ə)ri, *-wàɪ-/ *n*

núrse-practítioner *n*〖医〗ナースプラクティショナー (＝*nurse clinician*)《大学院教育をうけ, 一定の医療行為を行なう資格をもった正看護師; 略 NP》.

nurs·er /nə́ːrsər/ *n* 乳母; 養育者; NURSING BOTTLE.

nur·sery /nə́ːrs(ə)ri/ *n* **1 a** 育児室, 子供部屋; 《教会などの》託児室; 託児所 (day nursery); 保育園 (nursery school). **b** 《病院の》新生児室. **2 a** 苗床, 苗木畑, 苗圃(ぽ), 養樹場, 養魚[養殖]場. **b** 養成所; 温床. **3** ものを育成[助長]する環境[条件]; 《廃》養育. **4**〖玉突〗寄せ集めた球; NURSERY CANNON. **5** NURSERY STAKES. [? AF; ⇨ NURSE[1]]

núrsery cànnon〖玉突〗クッション付近に寄せた 3 個の球を打つキャノン(の連続).

núrsery clàss〖英〗保育学級《小学校などに付設され, 主に 3–5 歳児を対象とする》.

núrsery gòverness 保母兼家庭教師.

núrsery·màid *n* NURSEMAID.

núrsery·man /-mən/ *n* (*pl* **-men** /-mən/) 養樹園主, 苗木屋; 養樹係.

núrsery nùrse" 保母.

núrsery ràce 2 歳馬レース.

núrsery rhỳme 伝承童謡《詩または歌》; MOTHER GOOSE RHYME.

núrsery schòol 保育園.

núrsery slòpes *pl* 《スキー場の》初心者用ゲレンデ.

núrsery stàkes *pl* 2 歳馬レース.

núrse's áide 看護助手《ベッド・入浴などの世話をする》.

núrse shàrk〖魚〗テンジクザメ (＝*nurse*)《テンジクザメ科のサメの総称》, 《特に》コモリザメ, ナースザメ《大西洋の暖海域に分布》.

núrse shìp〖英海軍〗母艦 (mother ship).

núrse trèe〖林〗《幼樹などを保護するための》保護樹.

nurs·ey, nurs·ie /nə́ːrsi/ *n* 《幼児》ばあや, ねえや (nurse).

nurs·ing /nə́ːrsɪŋ/ *a* 哺乳[授乳, 保育, 養育, 看護]する: one's ～ father 養父 / ～ mother 養母; 母乳で育てる母親. ► *n* 《職業としての》保育(業務), 看護(業務).

núrsing bòttle 哺乳瓶 (＝*feeding bottle*).

núrsing hòme ナーシングホーム《自立生活が困難な高齢者・慢性疾患患者の医療・看護・生活援助を行なう施設》; "《小さな》私立病院.

núrsing òfficer〖英〗《NHS 制度における》上級看護師, 看護主任, ナーシングオフィサー.

nurs·ling, nurse- /nə́ːrslɪŋ/ *n* 《特に乳母の育てる》乳児, 乳飲み子; 大事に育てられた人, 秘蔵っ子, 秘蔵のもの.

nurts /nə́ːrts/ *n pl* 《俗》たわごと, ナンセンス (nuts).

nur·tur·ance /nə́ːrtʃərəns/ *n* 愛情こまやかな世話と心づかい, いたわり, いつくしみ. ♦ **-ant** *a*

nur·ture /nə́ːrtʃər/ *vt* 養育する, 育てる; 養成する, 仕込む; はぐくむ. ► *n* 養育, 教育; 遺伝素因修飾因子; 滋養物, 食物: nature and ～ 生まれと育ち. ♦ **núr·tur·al** *a* **-tur·er** *n* [OF (*nourrir* to NOURISH)]

NUS〖英〗°National Union of Students.

Nu·sa Teng·ga·ra /núːsə tɛŋgáːrə/ ヌサ・テンガラ《LESSER SUNDA ISLANDS のインドネシア語名》.

Nüss·lein-Vol·hard /G nýslaɪnfɔ́lhart/ ニュスライン・フォルハルト **Christiane** ～ (1942–)《ドイツの発生遺伝学者; 初期胚発生機構の研究によりノーベル生理学医学賞 (1995)》.

nut /nʌ́t/ *n* **1 a**〖植〗堅果, 殻斗(かく)果《クリ・カシ・クヌギなどの実》; 《堅果の》仁; 《一般に》堅果状の果実, ナッツ: The gods send ～*s* to those who have no teeth. 《諺》神は歯のない者にナッツを贈る《人生は欲しいものは手にはいらないのに欲しくないものは手にはいるものだ》/ ⇨ KERNEL 《諺》. **b** [*fig*] 《問題などの》核心. **2 a**〖機〗ナット, 留めねじ. **b**〖楽〗糸受, 糸枕, 上駒, ナット《弦楽器の弦を浮かせるために指板の上端に取り付けられている枕》; 〖楽〗留めねじ, 毛留め, 毛留め箱, ナット《弦楽器の弓の下端の手で持つ部分; 毛の張力を調節する》. **c**〖登山〗ナット《ロープ・ワイヤーをつけて岩の割れ目にはさむくさび形・六辺形などの小さな金属のブロック》. **3** [*pl*]"《石炭・バターなどの》小塊; 小型の固いビスケット[ケーキ]. **4** 難問, 難事業, 扱いにくい人. **5** 《俗》**a** 頭; ばか者, 変わり者, 熱狂的愛好者[信奉者] (cf. NUTS) (: a movie ～); *男, やつ. **b**"しゃれた[いきな]身なりの若者. **6** [*pl*] 《俗》ばかげたこと, くだらないこと (cf. NUTS). **7** [the ～s, 〈*sg*〉] *《俗》喜び[快楽]を生むもの, うれしいもの 〈*to, for*〉; 《俗》大金; *《俗》警官への賄賂; *《俗》《警官が集めた賄賂の》分け前: This is the ～*s to* me. こいつはうれしいね. **8** 《口》《演劇上演などの》総経費; 《収支をとんとんにするための》穴埋め経費. **9**〖印〗半角, N 角 (en). **10** [*pl*] 《卑》きんたま. ● **bust one's ～s** ＝《卑》bust a GUT. **don't care a (rotten) ～** ちっともかまわない. **do one's ～(s)** "《俗》かんかんになる, 夢中になる, 狼狽する. **for ～s** [*neg*] "《俗》少しも, 全然, 曲がりなりにも. **get one's ～ (cracked (off))** ＝get one's rocks off (⇨ ROCK[1]). **give one's left [right] ～ to** do… 《卑》…するためなら何でもする, きんたま一つくれてやってもいい. **a hard [tough] ～ (to crack)** 《口》難問, 難物, 手に負えない人: I have *a* ～ *to crack* with you. きみとよく相談すべきことがある. **have sb by the ～s** 《卑》人の弱み[急所]を握っている (have sb by the balls). NUTS AND BOLTS. **off one's ～** 《俗》狂って; 《俗》酒に酔って. **talk like a ～** *《俗》ばかなことを言う, あほなことをしゃべる.
► *vi, vt* (-tt-) 木の実を拾う[採る]; "《俗》〈人〉に頭突きをくらわせる; *《俗》性交する; [°*pass*] "《俗》殺す 〈*off*〉. ● **～ out** 《豪俗》あれこれ考え(てやっとわか)る, 考え抜く; 《俗》NUT up. **～ up** 《俗》気が狂う, いかれる, かっとなる.
♦ **～·lìke** *a* [OE *hnutu*; cf. G *Nuss*]

Nut /nát, núːt/〖エジプト神話〗ヌート《天空の女神; 大地の男神 Geb の妹で妻》.

NUT〖英〗National Union of Teachers.

nút acàdemy 《俗》NUTHOUSE.

nu·tant /n(j)úːtnt/ *a*〖植〗〈茎・花・実が〉頂端を下げた, 点頭の.

nu·tate /n(j)úːtèɪt; njuːtéɪt/ *vi*〖植〗〈茎が〉転頭運動をする.

nu·tá·tion *n* 《古》うなずき, 点頭; 〖天〗章動《地球自転軸の周期的微動》; 回転するこまの首振り運動; 〖植〗《茎の》転頭[生長]運動. ♦ **～·al** *a* [L *nutat- nuto* to nod]

nút·bàll, -bàr *n* 《俗》気違い, 変人.

nút bòx 《俗》NUTHOUSE.

nút-brówn *a* 褐色の.

nút bùtter 木の実で造った代用バター.

nút·càke *n* **1** *DOUGHNUT; ナッツ入りケーキ. **2** 《俗》ばか, 変わり者, いかれぽんち (cf. FRUITCAKE).

nút·càse *n* 《俗》気違い, 奇人.

nút còal CHESTNUT COAL.

nút còllege 《俗》NUTHOUSE.

nút·cràck·er *n* [°*pl*] クルミ割り; 〖鳥〗ホシガラス(星鳥); *《俗》〖アメフト〗ナットクラッカー《1 人のプレーヤーを敵側の 1 人または 2 人のプレーヤーが激しくヒットする練習方法》; *《俗》達成しにくいもの. ► *a* クルミ割りのような: a ～ face《生まれつき または 歯が抜けたりして》あごと鼻が近寄っている顔.

nútcracker màn ZINJANTHROPUS.

nút-crùnch·ing *n* 《卑》男をふぬけにすること, 去勢, たま抜き.

nút fàctory [fàrm, fòundry] *《俗》NUTHOUSE.

nút·gàll *n* 木の実状の虫こぶ, 《特に オークにできる》没食子(もっしょくし) (Aleppo gall など).

nút gràss〖植〗**a** ハマスゲ《カヤツリグサ科の多年草; 細い地下茎に堅果 (nuts) に似た塊茎をつける》. **b** ショクヨウガヤツリ, キハマスゲ《ハマスゲに近縁の一種》.

nut·hatch /nʌ́thæ̀tʃ/ *n*〖鳥〗ゴジュウカラ (＝*nutpecker, tree runner*).

nút hàtch 《俗》NUTHOUSE.

nút·hòuse *n* 《俗》精神病院.

nút·let〖植〗*n* 小堅果; 《ムラサキ科植物などの》小堅果状の果実; 《モモ・アンズなどのような》核果のたね.

nút lòaf ナッツローフ《砕いたナッツ類をミートローフ状に焼いたベジタリアン料理》.

nút·mèat* *n* 堅果の仁.
nut·meg /nʌ́tmɛ̀g, *-mèɪg/ *n* **1 a**〘植〙ニクズク《熱帯産常緑高木》; ニクズクの種子, ナツメグ《薬用・香味料用; 幻覚作用・神経麻痺作用もある; cf. MACE²》. **b** 灰色がかった茶色. **2**《サッカー俗》股抜き. **3** [N-] ナツメグ《Connecticut 州 (Nutmeg State) 民》. ► *vt*《サッカー俗》〈相手選手〉の股を抜く. [F *nois* nut, *mugue* MUSK の部分訳]
nútmeg àpple ニクズクの実.
nútmeg pìgeon〘鳥〙ミカドバト属の果実食のハト《ミカドバト・ソデグロバトなど; cf. IMPERIAL PIGEON》.
Nútmeg Stàte [the] ナツメグ州《Connecticut 州の俗称》.
nút òil 堅果油《クルミ油・落花生油など》.
nút pàlm〘植〙オーストラリア Queensland 産のソテツ.
nút·pèck·er *n*〘鳥〙ゴジュウカラ (nuthatch).
nút·pìck *n* **1** ナットピック《クルミの実をほじり出す錐状の用具》. **2** *《俗》精神分析医, おつむ医者.
nút pìne 松の実を採るマツ《種子が食用になる松》.
nu·tra·ceu·ti·cal /n(j)ù:trəsú:tɪk(ə)l; -s(j)ú:-/ *n* FUNCTIONAL FOOD. [*nutrition*+pharm*aceutical*]
nu·tria /n(j)ú:triə/ *n* ヌートリア(の毛皮) (COYPU); オリーブ色がかった灰色. [Sp=otter]
nu·tri·ent /n(j)ú:triənt/ *a, n* 栄養になる(もの), 栄養分, 養分; 栄養素; 栄養薬, 滋養剤. [L *nutrio* to nourish]
nu·tri·lite /n(j)ú:trəlàɪt/ *n*〘生化〙微生物栄養素.
nu·tri·ment /n(j)ú:trəmənt/ *n* 滋養物, (栄)養分, 食物 (food). ♦ **nù·tri·mén·tal** *a*
nu·tri·tion /n(j)utríʃ(ə)n/ *n* 栄養物摂取; 栄養(作用); 栄養物, 食物; 栄養学. ♦ **~·al** *a* **~·al·ly** *adv* [F or L; ⇨ NUTRIENT]
nutrítion·ist *n* 栄養学者, 栄養士.
nu·tri·tious /n(j)utríʃəs/ *a* 栄養分のある, 栄養になる, 栄養価の高い. ♦ **~·ly** *adv* **~·ness** *n* [L; ⇨ NURSE]
nu·tri·tive /n(j)ú:trətɪv/ *a* 栄養になる; 栄養(素)の. ► *n* 栄養物. ♦ **~·ly** *adv* **~·ness** *n*
nútritive rátio 栄養比《食料・飼料中の他の栄養分に対する消化されうるタンパク質の比率》.
nuts /nʌ́ts/《俗》*int* チェッ, ばかな, くそ, くだらん, ちくしょう《嘲笑・反抗・嫌悪・不賛成・失望などを表わす; nerts, nertz ともいう》: *N*~ (to you)! ばか言え. ► *a* 熱狂的な; 狂った, 気がふれた: drive sb ~ 人をおこらせる / go ~ 気がふれる; 熱狂する. ● **be ~ about [over, on]**…に夢中である; …がじょうずである. [(pl)〈*nut*]
núts and bólts [°the] *pl*《機械の》仕組み, からくり;《物事の》基本, 要点; 運転, 運営; *《俗》心理学《科目》. ♦ **núts-and-bólts** *a* 実際的な, 実践的な; 基本的な.
núts and slúts《学生俗》社会学のコース.
nút·sèdge *n* NUT GRASS.
nút·shèll *n* 堅果の殻; ごく小さい容器[住居]; 小さな[短い, 少数の, 少量の]もの;《古》つまらないもの. ● **in a ~** きわめて簡潔に; 要するに, つまり: put…*in a* ~ 簡単に言う. ► *vt* 要約する, 簡潔に表現する.
nutso /nʌ́tsou/ *《俗》*n* (*pl* **~s**) おかしなやつ, 奇人. ► *a* NUTSY.
nutsy, nuts·ey /nʌ́tsi/ *a*《俗》気がふれた, いかれた (nutty).
nút·ter *n* 木の実拾い[採り]の人; ᴵᴵ《俗》おかしなやつ, 変なやつ.
nút·ting *n* 木の実拾い[採り].
nút trèe〘植〙堅果をつける木,《特に》ハシバミ (hazel).
nút·ty *a* **1** 堅果(状の果実)をたくさんつけた[つける];〈ワインなど〉ナッツの風味がある; 趣き[妙味, 内容]のある. **2**《俗》**a** いかれている, 気のふれた; ばからしい; ほれて, のぼせあがって, 熱中して〈*about, on, over*〉: (as) ~ as a FRUITCAKE. **b** ᴵᴵいきな身なりの, パリッとした. ► *n* ᴵᴵ《海俗》チョコレート, 菓子. ♦ **nút·ti·ly** *adv* **-ti·ness** *n*
nút wèevil〘昆〙シギゾウムシ《同属の総称; 幼虫はクリの実などに巣食う》.
nút·wòod *n* 堅果をつける木(の木材).
Nuu-Chah-Nulth /nù:tʃá:nʊl/ *n* (*pl* ~) NOOTKA.
Nuuk /nú:k/ ヌーク《Greenland の南西岸にある同島の行政の中心地; デンマーク語名 Godthåb》.
nux vom·i·ca /nʌ́ks vámɪkə/ (*pl* ~)〘植〙マチン《インド・東南アジア産の高木》; ホミカ, 馬銭子(まちん)《マチンの種子; 数種のアルカロイド, 特に ストリキニーネ・ブルシンを含み, 有毒; 少量を薬品として用いる》. [L (*nux* nut, VOMIT)]
Nu·yo·ri·can /n(j)ù:jərí:kən/ *n, a* プエルトリコ系ニューヨーク市民(の), ニューヨーク帰りのプエルトリコ人(の); 米国本土在住のプエルトリコ人(の), 本土帰りのプエルトリコ人(の).
nuz·zle /nʌ́z(ə)l/ *vi* **1** 鼻で穴を掘る; 鼻をすりつける[押しつける]〈*into; up against* [*to*]〉; 鼻でかぐ. **2** 寄り添う, 寄り添って寝る. ► *vt* **1** 鼻で掘る; 鼻でこする[触れる];〈頭・顔・鼻などを〉すりつける, すりよせる. **2** …に寄り添う, …に寄り添って寝る (nestle): ~ one*self* 寄り添う. ► *n* 抱擁. ♦ **núz·zler** *n* [NOSE, -LE²]
NV Nevada ♦ nonvoting. **nvCJD** °new variant Creutzfeldt-Jakob disease. **NVI**〘郵〙no value indicated NVI 切手, 無額面切手《額面ではなく受けられるサービスが印刷されている切手; cf. FOREVER STAMP》. **NVQ**〘英〙National Vocational Qualification 全国職業資格制度. **NW** northwest ♦ North West《London 郵便区の一つ》♦ northwestern. **NWbN** °northwest by north. **NWbW** °northwest by west. **NWFP** °North-West Frontier Province. **NWS** °National Weather Service. **NWT** °Northwest Territories. **NY** °New York.
nyaff /njǽf/ *n*《スコ口》ばか, くそったれ, カス.
nyah(h) /njá:/ *int* ベーッ, アッカンベー.
nya·la /njá:lə/ *n* (*pl* **~s**, ~)〘動〙**a** ニアラ (=*bastard kudu*)《クーズーの類の羚羊; アフリカ南部・東部産》. **b** マウンテンニアラ《エチオピア産》. [Tsonga and Venda]
Nyam·we·zi /njɑ:mwéɪzi; njæm-/ *n* **a** (*pl* ~, **~s**) ニャムウェジ族《タンザニア西部に居住する Bantu 語系農耕民》. **b** ニャムウェジ語《Sukuma 語に近縁の Bantu 語》.
Nyan·ja /njǽnʤə/ *n* **a** (*pl* ~, **~s**) ニャンジャ族《主としてマラウイに住む黒人》. **b** ニャンジャ語《Bantu 諸語の一つ》.
nyan·za /njǽnzə, niǽnzə/ *n*《東アフリカで》湖. [Bantu]
Nya·sa /naɪǽsə, ni-/ [Lake] ニアサ湖《MALAWI 湖の別称》.
Nyása·lànd ニアサランド《MALAWI の旧称》.
nyb·ble /níb(ə)l/ *n*〘電算〙ニブル (nibble).
NYC °New York City.
nyct- /níkt/, **nyc·ti-** /níktə/, **nyc·to-** /níktou, -tə/ *comb form*「夜」[Gk (*nukt- nux* night)]
nyc·ta·gi·na·ceous /nìktəʤənéɪʃəs/ *a*〘植〙オシロイバナ科 (Nyctaginaceae) の.
nyc·ta·lo·pia /nìktəlóupiə/ *n*〘医〙夜盲(症), 鳥目(とりめ) (night blindness); [誤用] 昼盲症 (hemeralopia). ♦ **nỳc·ta·lóp·ic** /-láp-/ *a* [L<Gk (*alaos* blind, *ōps* eye)]
nycti- ⇨ NYCT-.
nyc·ti·nas·ty /níktənæ̀sti/ *n*〘植〙就眠運動, 昼夜運動《昼夜の変化に応じて起こる葉の上下運動や花の開閉運動》.
nyc·tit·ro·pism /nɪktítrəpìz(ə)m/ *n*〘植〙夜間屈性《葉などが夜に方向[位置]を変える性質》. ♦ **nỳcti·trópic** *a*
nỳcto·phóbia *n*〘精神医〙暗闇恐怖(症).
nyeᴵᴵ /náɪ/ *n* NIDE.
Nye·re·re /njəréəri, nɪə-/ ニエレレ **Julius (Kambarage)** ~ (1922–99)《タンザニアの政治家; 大統領 (1964–85); ザンジバルとの合邦以前のタンガニーカの首相 (1961), 大統領 (1962–64)》.
nyet /njɛ́t/ *adv, n* ニェット (no) (opp. *da*); 反対, 拒否. [Russ=no]
Nyi·ra·gon·go /nìɪrəgɔ́(:)ŋgou, -gáŋ-, njɪ̀r-/ ニーラゴンゴ《コンゴ民主共和国東部 Kivu 湖の北端にある火山 (3470 m); 世界で最も深い地底からマグマを噴出するとされる》.
Nyí·regy·há·za /ní:rèʤhà:zɔ:/ ニイレジハザ《ハンガリー北東部の市》.
nyl·ghai /nílgàɪ/, **nyl·ghau** /nílgɔ̀:/ *n* NILGAI.
ny·lon /náɪlàn, ᴵᴵ-lən/ *n* ナイロン; ナイロン製品, [*pl*] ナイロンストッキング. [? vi*nyl*+ray*on*; COTTON, RAYON などにならった造語]
NYMEX /náɪmɛ̀ks/ New York Mercantile Exchange ニューヨークマーカンタイル取引所.
nymph /nímf/ *n* **1 a**〘ギ神・ロ神〙ニュムペー, ニンフ《山・川・森などに住む少女姿の各種の精》. **b**《詩》おとめ, 娘, 美少女. ★ nymph には次のようなものがある: naiad (淡水の精); oread (山); dryad, hamadryad (樹木); Nereid, Oceanid (海). **2**〘昆〙若虫(わかむし) (=*nympha*)《トンボ・カゲロウ・バッタなど不完全変態をする昆虫の幼虫》;〘昆〙ジャノメチョウ亜科の数種《北米産》;〘釣〙ニンフ《水生昆虫, 特に カゲロウの幼虫に似せた擬餌針》. ♦ **~·al** *a* [OF, <Gk *numphē* nymph, bride]
nymph- /nímf/, **nym·pho-** /nímfou, -fə/ *comb form*「ニンフ (nymph)」「小陰唇 (nymphae)」[Gk (↑)]
nym·pha /nímfə/ *n* (*pl* **-phae** /-fì:/)〘昆〙若虫(わかむし) (NYMPH); [*pl*] 小陰唇 (labia minora).
nym·phae·a·ceous /nìmfiéɪʃəs/ *a*〘植〙スイレン科 (Nymphaeaceae) の.
nym·phae·um /nɪmfí:əm/ *n* (*pl* **-phaea** /-fí:ə/) ニンフの神殿, ニンファエウム《特に 泉のニンフを祭ったもの》.
nymph·a·lid /nímfələd, nɪmfǽləd/ *a, n*〘昆〙タテハチョウ科の(蝶).
nym·phe·an /nɪmfí:ən, nímfiən/ *a* ニンフの(ような).
Nym·phen·burg /nímfənbɜ̀:rg/ ニンフェンブルク《ドイツ南部 Munich 市の西部に残るバイエルン選帝侯の夏の宮殿; 後期バロック様式, 1663–1728 年造営》.
Nýmphenburg pòrcelain ニンフェンブルク磁器《18 世紀半ば Nymphenburg に始まる硬磁器; Meissen 磁器に次ぐ高級磁器とされる》.
nym·phet, -phette /nɪmfɛ́t, nímfət/ *n* 若いニンフ;《十代初めの》色っぽい早熟な小娘; 浮気[不身持ち]な若い女. ♦ **nym·phét·ic** *a*
nym·phe·ti·tis /nìmfətáɪtəs/ *n* (性的)早熟恐怖.
nym·pho /nímfou/ *n* (*pl* **~s**)《口》淫乱な[色情症の]女 (nymphomaniac).

N

nym·pho·lep·sy /nímfəlèpsi/ *n* 《ニンフに憑かれた人が陥ると古代人が想像した》狂乱状態; 《現実に対する不満などに起因する》感情の激発, 逆上. ♦ **-lept** /-lèpt/ *a, n* **nỳm·pho·lép·tic** *a*

nỳmpho·mánia *n* 〘医〙女子色情(症), ニンフォマニア《異常な性欲亢進症; cf. SATYRIASIS》. ♦ **-mániac** *a, n* 色情症の(女). **-maníacal** *a*

Ny·norsk /n(j)unɔ́:rsk, ny:-/ *n* ニーノシュク (=*Landsmål*)《ノルウェーの話しことばに基づいたノルウェーの二大公用語の一つ; cf. BOKMÅL》. [Norw=new Norwegian]

Nyo·ro /njɔ́:rou/ *n* **a** (*pl* ~, ~**s**) ニョロ族《ウガンダ西部の黒人》. **b** ニョロ語《Bantu 諸語の一つ》.

Ny·sa /nísə/ [the] ニサ川《NEISSE 川のポーランド語名》.

NYSE °New York Stock Exchange.

NYSE Amex Equities /ɛ́nwàıɛ̀sí: ―́ ―́/ NYSE アメックス・エクイティーズ《New York 市にある証券取引所; 旧称 American Stock Exchange; 2008 年より NYSE Euronext 傘下》.

nys·tag·mus /nıstǽgməs/ *n* 〘医〙眼振(盪), ニスタグムス《眼球の不随意な震顫(しんせん)》. ♦ **-mic** *a* [Gk=nodding]

nys·ta·tin /nístətən, ˈnáıs-/ *n* 〘薬〙ナイスタチン《病原性糸状菌を阻止する抗生物質; cf. MYCOSTATIN》. [*New York State, -in*²; 開発地]

NYT °New York Times.

Nyung·ar /njúŋər/ *n* 〘言〙ニュンガー語《Western Australia 州で話されていたアボリジニーの言語》.

Nyx /níks/ 〘ギ神〙ニュクス《夜の女神; cf. Nox》.

NZ °New Zealand. **N.Zeal.** °New Zealand.

O

O[1], **o** /óʊ/ *n* (*pl* **O's, Os, o's, os, oes** /-z/) **1** オウ《英語アルファベットの第 15 字; ⇨ J》; O の表わす音; O 字形(のもの); ゼロ, OH[2]; 円形; 15 番目(のもの): a round *O* 円 (circle). **2** ◯じるし, O [o] 記号《hug を表わすしるし; 手紙の終わりに xxooo, XOXO などとして書く; ⇨ X *n* 4a 2》. **3** [O]*《俗》アヘン (OPIUM); *《俗》1 オンスの麻薬 (cf. O.Z.).

O[2] /óʊ/ 《古・詩》*int* [呼びかけの名の前に] おお: *O* God, help us! おお神よわれらを助けたまえ. ★ ⇨ OH[1]. ► *n* 'O' という叫び. [imit]

o' /ə, oʊ/ *prep* OF[1]; 《方》ON: *o'*clock, Jack-*o'*-lantern / *o'*nights.

O' /ə/ *pref* アイルランド系の姓で「…の息子[子孫]」(⇨ PATRONYMIC; cf. MAC-, FITZ-): *O'*Brien, *O'*Connor.

o- /óʊ/, **oo-** /óʊə/ *comb form*「卵」「卵子」 [Gk (*ōion* egg)]

o- /óʊ/ 〖化〗ORTHO-.

-o /oʊ/ *suf* 《口・俗》(1) [後部省略を示す]: comb*o*, prom*o*. (2) [名詞・形容詞(の省略形)に付けて, 滑稽・軽蔑などの意味あいを添える] oaf*o*, wrong*o*, mus*o*, win*o*. (3) / , óʊ/ [他品詞から間投詞をつくる]: cheeri*o*, good*o*. [?*oh*, *O*[2]]

-o- [複合語をつくるときの連結母音; cf. -I-] (1) /oʊ, ə/ [複合語の第 1・第 2 要素の間に用いて同格その他の関係を示す]: Franc*o*-British (＝*French-British*), Russ*o*-Japanese (＝*Russian-Japanese*). (2) [-CRACY, -LOGY などギリシア系の語の(時には語源に無関係で)派生語に用いて]: techn*o*cracy, techn*o*logy, speed*o*meter. (3) /oʊ, ə/ [-IC(AL) で終わる語の連結要素として]: chemic*o*-, politic*o*-. [Gk]

o 〖電〗ohm. **o.** old ♦ order ♦ over(s). **O** 〖文法〗object ♦ 〖薬〗[L *octarius*] pint ♦ 〖クリケット〗over(s) ♦ 〖化〗oxygen ♦ 〖血液型〗⇨ ABO SYSTEM ♦ 〖論〗°particular negative. **O.** Ocean ♦ October ♦ °Odd Fellow(s) ♦ offense ♦ Ohio ♦ Old ♦ Ontario.

O157 ⇨ O ONE FIFTY-SEVEN (の位置).

OA °office automation ♦ °Order of Australia. **o/a** on or about.

OAEC °Organization for Asian Economic Cooperation.

oaf /óʊf/ *n* (*pl* **~s, oaves** /óʊvz/) とんま, うすばか, 無骨者, でくのぼう; 《まれ》奇形[低能]児; 《古》取換え子《妖精が取り換えた醜い子》: a big ~ うどの大木. ♦ **~·ish** *a* **~·ish·ly** *adv* **~·ish·ness** *n* [C17＝elf's child ＜ *auf* (obs)＜ON *álfr* ELF]

oafo /óʊfoʊ/ *n* (*pl* **óaf·os**) 《俗》OAF, ばかたれ, 不良, よた者. [-*o*]

Oa·hu /oʊá:hu/ オアフ島《Hawaii 諸島東部の主要 4 島の一つ; ☆Honolulu》.

oak[1] /óʊk/ *n* (*pl* **~s, ~**) **1** 〖植〗**a** オーク《ブナ科コナラ属のナラ類・カシ類のどんぐり (acorns) のなる木の総称; 材は堅く有用》: ⇨ ACORN, STROKE[1] 《諺》. **b** オークに似た木《poison oak, silk oak など》. **c** 《豪》モクマオウ属の高木 (casuarina). **2 a** オークの葉《飾り》; オークの若葉色, 褐色. **b** オーク材(の家具); ǁ《大学》《堅固な》外扉; 《詩》(オーク材の)木造船; [‹*a*›] オーク(製)の: an ~ table. **c** 《オーク樽で熟成させたワインの》いぶしたような風味[香り]. ● **sport the** [**one's**] **~** ǁ《大学》戸を閉めて面会を謝絶する. ♦ **óaky** *a* 〈ワインが〉オークの風味[香り]がある. [OE *āc*; cf. G *Eiche*]

oak[2], **oaks** /óʊks/ *adv*, *a* *《俗》OK.

óak àpple OAK GALL (の一種).

Óak-àpple Dày 〖英〗王政復古記念日《Charles 2 世の誕生日ならびに王政復古 (1660) に際して王が London 入りをした 5 月 29 日; Worcester の戦いに敗れた王が Shropshire の農家のオークの木に難を避けた (1651) のにちなむ; cf. ROYAL OAK》.

óak bèauty 〖昆〗チャオビトビモンエダシャク《シャクガ科の一種; 幼虫はオークの葉を食害; 英国産》.

oaked /óʊkt/ *a* 〈ワインが〉オーク樽で熟成した, オークの風味がある.

óak ègger 〖昆〗ヨーロッパクヌギカレハ《カレハガ科の一種》.

óak·en *a* オーク(製)の (oak).

óak fèrn 〖植〗ウサギシダ《イワデンダ科》.

óak fig OAK GALL の一種.

óak gàll 〖植〗《特にタマバチの幼虫による》oak にできる虫こぶ, 没食子(もっしょくし).

Oak·ham /óʊkəm/ オーカム《イングランド中東部 Leicestershire 東部の町; 旧 Rutland 州の州都》.

óak hóok-tìp 〖昆〗オーク林にすむカギバガ科の一種.

Oak·land /óʊklənd/ オークランド《California 州西部 San Francisco 湾に臨む港湾都市》.

óak làppet 〖昆〗カレハガ (lappet moth)《カレハガ科》.

óak lèaf オークリーフ《葉の周囲が粗い鋸歯状の葉レタス; 色は赤または緑で, ややにがみがある》.

óak-lèaf clùster 〖米陸軍〗槲葉章《葉 4 枚とどんぐり 3 つをあしらった oak の枝の銀[青銅]製小型勲章で, 2 度目以降の勲章受領であることを示す; 略 OLC》.

Oak·ley /óʊkli/ **1** オークリー **Annie ~** (1860–1926)《米国人の射撃の名手; 本名 Phoebe Anne ~ Moses; Buffalo Bill の興行する Wild West Show で活躍した》. **2** *《俗》ANNIE OAKLEY.

óak·ling *n* オークの若木.

óak·mòss *n* 〖植〗オークモス, ツノマタゴケ《ナラの木に着生するサルオガセ科の地衣植物; 香水のベースとなるエキスを採る》.

Óak Pàrk オークパーク《Illinois 州北東部の村; Chicago 市西郊外のベッドタウン》.

óak plùm OAK GALL の一種.

óak potàto OAK GALL の一種.

Óak Rídge オークリッジ《Tennessee 州の市; 原子力研究の諸機関がある》.

oaks ⇨ OAK[2].

Oaks /óʊks/ [the] 〖英〗オークス《毎年 Epsom 競馬場で 3 歳の牝馬(ひんば)によって行なわれる競馬; ⇨ CLASSIC RACES》.

óak spàngle OAK GALL の一種.

óak trèe オークの木.

oa·kum /óʊkəm/ *n* まいはだ (槙皮)《古麻などをより合わせタールなどを染み込ませたもので, 甲板のコーキング (⇨ CAULK[1]) や管のパッキンなどに用いる》: pick ~ まいはだを作る《昔の罪人・貧民の仕事》. [OE *ǣ*-, *ācumbe* off-COMB[1]]

Oak·ville /óʊkvìl/ オークヴィル《カナダ Ontario 州南東部の町》.

óak wàrt OAK GALL.

óak wìlt 〖植〗《色あせて落葉する》オーク萎凋病.

óak·wòod *n* オークの森, ナラ林; オーク材.

O al·ti·tu·do /óʊ à:ltɪtú:doʊ/ おお深遠なるかな. [L]

OAM Medal of the Order of Australia.

Óam·a·ru stòne /ámərù:-/ オアマル石《ニュージーランド南島太平洋岸の Oamaru 産の石灰岩; 石材に使われる》.

O & M 〖経営〗°organization and methods.

oan·shagh /ɔ́:nʃəx/ *n* 《アイル》ばか娘, ばか女.

OAO /óʊèɪóʊ/ 《俗》*n* 最愛の人, 恋人; それ一つしかないもの. [*o*ne *a*nd *o*nly]

OAP °old-age pension [pensioner]. **OAPEC** /oʊéɪpɛ̀k/ °Organization of Arab Petroleum Exporting Countries.

oar /ɔ́:r/ *n* **1** オール, かい, 櫓(ろ); オールのようなはたらきをするもの《翼・ひれ・腕など》; オール状のもの《攪拌用具など》: bend to the ~*s* 力漕する / pull a good ~ じょうずにこぐ / have [pull] the strongest ~ 最も力の要るオールをこぐ / toss ~*s* オールを空中に直立させる《敬礼》. **2** こぎ手 (oarsman): a good [practiced] ~ うまい[慣れた]こぎ手. **3** こぎ舟, ボート: a pair-[four-]~ 2 [4] 本オールのボート. ● **be chained to the ~** 《ガレー船の奴隷のように》苦役を強いられる. **have an ~ in** (**every man's boat**) (何事にも[だれの事にも])口を出す. **not have both ~s in the water** *《俗》ちょっと変わっている[狂っている, いかれている]. **pull a lone ~** 独立して行動する. **pull** [**have, ply, take**] **the laboring ~** 骨折り仕事を引き受ける. **put** [**shove, stick**] **one's ~ in** ǁ《口》干渉する, くちばしを入れる. **rest** [**lie, lay**] **on one's ~s** オールは出したままでこぐのを休む; ひと休みする; のんきに構える, 気にしない. **row with one ~** (**in the water**) *《俗》変わった行動をする, 狂っている, いかれている. ► *vt*, *vi* 《詩》かいを使う, かいでこぐ, こぐ (row), かいでこいだように進ませる[進む]: ~ one's way こぎ進む. ♦ **~·less** *a* **~·lìke** *a* [OE *ār*; cf. ON *ár*]

óar·age 《古・詩》*n* こぐ動作; オール装備; オールのような物.

oared /ɔ́:rd/ *a* オールの付いた: two-~ オール 2 本の.

óar·fìsh *n* 〖魚〗リュウグウノツカイ (＝*herring king*, *king-of-the-herrings*, *ribbonfish*)《扁平なリボン状の深海魚で, 体長 7–10 m に達する》.

óar·lòck* *n* 《U 字形の》オール受け (rowlockǁ).

óars·man /-mən/ *n* こぎ手, 《特に》競漕用ボートのこぎ手. ♦ **~·shìp** *n* 漕艇術. **óars·wòman** *n fem*

óar·wèed *n* 〖植〗大型の褐藻, 《特に》コンブ. [*o*(*a*)*re* (dial) seaweed]

óary 《古・詩》*a* オールのような形の; オールのようなはたらきをする; オールのようにいっぱいに開いた; オールを装備した.

OAS °Organization of American States. **OASDI** 〖米〗Old-Age, Survivors, and Disability Insurance 老齢者・遺族・廃疾者年金保険(制度)《俗に 'social security' と呼ばれる》.

oa·sis /oυéɪsəs/ *n* (*pl* **-ses** /-sì:z/) オアシス《砂漠の中で水と植生のある肥沃地》;《周囲とは対照的な》慰安[憩い]の場, オアシス, くつろぎの時; *《俗》酒屋. [L<Gk< ?Egypt]

oast /óυst/ *n*《ホップ・麦芽・タバコの》乾燥がま; OASTHOUSE. [OE *āst*; cf. L *aestus* heat]

óast·hòuse *n* ホップ乾燥所《しばしば とんがり屋根》; OAST.

Oast·ler /óυstlər/ オーストラー **Richard** ~ (1789–1861)《英国の社会改革者; 児童労働に反対し, 1 日 10 時間労働を提唱した》.

oat /óυt/ *n* **1 a**〔植〕エンバク(燕麦), カラスムギ, オートムギ;〔植〕カラスムギ属の植物の総称. **b** [~s, ‹*sg*/*pl*›] オート麦《穀物》; [~s, ‹*sg*/*pl*›] オート麦畑; [‹*a*›] オート麦製の, オート麦のわらで作った. **2**《古・詩》麦笛; 牧歌. ● **earn one's ~s**《俗》食いぶちを稼ぐ. **feel one's ~s**《口》元気いっぱいである; *《口》得意になる, 増長する. **get** [**have**] **one's ~s**《英俗・豪俗》セックスする, 性的満足を得る. **know one's ~s**《口》よく知っている, 詳しい. **off one's ~s**《口》食欲がなく, [*joc*] 性欲がなく. **smell one's ~s** (終わりが近づいて) 元気を出す. **sow one's ~s** = sow one's WILD OATS. ♦ **~·lìke** *a* **óaty** *a* [OE *āte*<?]

óat·bùrn·er *n**《俗》馬 (hayburner).

óat·càke *n* オート麦製ビスケット.

óat cèll 燕麦細胞《小細胞肺癌に特徴的な細胞質の乏しい小型の円形または楕円形の細胞; 形が燕麦に似ているところから》.

-o·ate /oυèɪt/ *n suf*〔化〕「'-oic acid' という名のカルボン酸の塩[エステル]」. [*-oic*]

óat·èat·er *n**《俗》OATER.

óat·en *a* オート麦(わら)製の; oatmeal で作った.

óat·er *n**《俗》西部劇 (horse opera).

Oates /óυts/ オーツ (1) **Joyce Carol** ~ (1938–)《米国の作家》(2) **Lawrence Edward Grace** ~ (1880–1912)《英国の探検家; Robert F. Scott 大佐の第 2 次南極探検隊に参加して死亡》(3) **Titus** ~ (1649–1705)《英国教会の聖職者; ⇨ POPISH PLOT》.

óat gràss オート麦に似た雑草《カニツリグサなど》; 野生オート麦, カラスムギ (wild oat).

oath /óυθ/ *n* (*pl* ~s /óυðz, óυθs/) **1** 誓い, 誓約; 誓言;〔法〕《法廷での》宣誓 (cf. PERJURY): a false ~ 偽誓 / an ~ of office = OFFICIAL OATH / the ~ of supremacy《英国王が政治上・宗教上有する》至上権承認の宣誓 / administer an ~ to sb 人に宣誓させる. **2** 神名濫用《God damn you! (こんちきしょう) の類》; ののしり, 罵声. ● **my** (**colonial**) ~《豪俗》そうだとも, もちろん. **on** [**under**] (**Bible**) ~ 宣誓して, 宣誓のうえの. **on one's ~** 誓って, 確かに. **put** sb **on** (his) ~ 人に誓わせる. **take** (**an**) [**make** (**an**), **swear an**] ~ 誓う, 宣誓する ‹*that*, *to* do›. **take the ~**《法廷で》宣誓する. [OE *āth*; cf. G *Eid*]

óat·mèal *n* オートミール《(1) オート麦を粉砕したもの (2) オート麦を圧扁したもの (rolled oats)》; *《牛乳などで煮た》オートミールのかゆ (porridge)《朝食》;〔色彩〕灰色がかった黄色.

óat [**óats**] **òpera** *《俗》西部劇 (horse opera).

OAU °Organization of African Unity.

oaves *n* OAF の複数形.

Oa·xa·ca /wəhá:kə/ オアハカ《(1) メキシコ南東部の太平洋に接する州 (2) その州都》. ♦ **Oa·xá·can** *a*

ob /áb/ *a*《俗》OBVIOUS.

Ob /áb, *ɔ́:b/ [the] オビ川《西シベリアを北に流れ, 北極海のオビ湾 (the **Gúlf of ~**) に注ぐ大河》.

ob- /əb, àb/, **oc-** /ək, àk/, **of-** /əf, àf/, **op-** /əp, àp/ *pref* ラテン系語の接頭辞《c, f, p の前ではそれぞれ oc-, of-, op-》. (1) [露出・対面・方向]: *ob*noxious, *ob*serve, *ob*lique, *of*fer. (2) [障害・敵意・抵抗]: *ob*stacle, *ob*stinate, *op*pose. (3) [抑圧・隠蔽]: *op*press, *ob*scure. (4) [終わり・完了]: *ob*solete, *oc*cupy. (5) [学術語に用いて]「逆さに」「倒置した」: *ob*conic, *ob*ovate. [L (*ob* towards, against, over)]

ob. [L *obiit*] he [she] died《年数の前に付ける: *ob*. 1860 1860 年死す》♦ observation. **Ob.**〔聖〕Obadiah. **OB** obstetric ♦ obstetrician; obstetrics ♦ °Old Boy ♦ °outside broadcast.

oba /ɔ́(:)bə, ábə/ *n*《ナイジェリアで》族長(の称号).

Oba·di·ah /òυbədáɪə/ **1** オバダイア《男子名》. **2 a** オバデヤ《ヘブライの預言者》. **b**〔聖〕オバデヤ書《旧約聖書の一書; 略 Ob., **Obad.**》. [Heb = servant of God]

Oba·ma /oυbá:mə/ オバマ (1) **Barack** (**Hussein**) ~ (**II**) (1961–)《米国第 44 代大統領 (2009–); 民主党; 初のアフリカ系大統領》(2) **Michelle** (**LaVaughn Robinson**) ~ (1964–)《前者の夫人》.

ob·bli·ga·to, ob·li- /àbləgá:toυ/ *a*〔楽〕‹声部・楽器が›省くことの許されない, 必ず伴う (opp. *ad libitum*). ► *n* (*pl* ~s, **-ti** /-ti/)〔楽〕オブリガート《不可欠な声部; 助奏》; [*fig*] 伴奏音, 背景音: with piano ~ ピアノ伴奏で[の]. [It = obligatory<L; ⇨ OBLIGE]

ob·bo /ábou/ *n* (*pl* ~s)《俗》監視 (observation).

ob·cónic, -cónical /ab-/ *a*〔植〕倒円錐形の.

ob·córdate /ab-/ *a*〔植〕‹葉が›倒心臓形の.

ob·duct /əbdʌ́kt/ *vt*〔地質〕‹プレートを›他のプレートの上にのし上げる.

ob·dúc·tion *n*〔地質〕のし上げ, オブダクション《リソスフェアのプレートが隣接するプレートのへりの上にのし上がること》.

ob·du·ra·bil·i·ty /àbd(j)ərəbíləti/ *n*《体の》丈夫さ, 頑健さ, 強さ.

ob·du·ra·cy /ábd(j)ərəsi/ *n* 頑固, 強情.

ob·du·rate /ábd(j)ərət/ *a* 頑固な, 強情な; 改悛の情のない; 冷酷な (cold). ♦ **~·ly** *adv* **~·ness** *n* [L (*duro* to harden ‹ *durus* hard)]

OBE /óυbì:í:/ *a**《軍俗》事の成り行きに圧倒された. [*overcome by events*]

OBE Officer of the Order of the British Empire 大英帝国四等勲士 ♦ °Order of the British Empire ♦ °out-of-body experience.

obe·ah /óυbiə/ *n* [°O-] オビア (= *obi*)《西インド諸島・米国南部の黒人間の呪術信仰》; オビアに用いる物神(もの)[呪物]. [(WAfr)]

obe·che /oυbí:tʃi/ *n*〔植〕オベチェ《西アフリカ産アオギリ科の高木; 材は淡色で軽く, 化粧板用》. [(Nigeria)]

obe·di·ence /oυbí:diəns, ə-/ *n* **1** 従う[服する] こと ‹*to*›, 服従; 従順, 恭順, 遵奉 (opp. *disobedience*): ~ classes《特に 犬の》服従訓練教室, しつけ教室 / ~ training 服従訓練 / hold…in ~ …を服従させている / in ~ to the law 法律に従って / reduce…to ~ …を服従させる / ⇨ COMMAND *vi*《諺》. **2 a**《修道会における会則・上長への》服従, 従順; 修道士[修道女]としての勤め. **b**《教会などの》権威, 支配(の及ぶ領域), 管轄; 信徒《集合的》. **3**《古・英方》お辞儀 (obeisance). **4** [O-] オビーディエンス《女子名》.

obé·di·ent *a* 従順な, すなおな, …の言うことをよく聞く ‹*to* one's parents›: Your ~ SERVANT. ♦ **~·ly** *adv* 従順に, すなおに: Yours ~*ly* 敬具《公式書信の結句》. [OF<L; ⇨ OBEY]

obe·di·en·tia·ry /oυbì:diénʃəri, ə-/ *n*《修道院の供給部・会計・聖歌隊などの》管理役員, 役僧.

Obeid /oυbéɪd/ [El ~ /èl-/] オベイド《スーダン中部の町; 英・エジプト連合軍が Mahdi に敗れた地 (1883)》.

obei·sance /oυbéɪs(ə)ns, -bí:-, ə-/ *n*《尊敬[服従]を表わす》礼, お辞儀, 敬礼; 尊敬, 服従: make an ~ = do [pay] ~ 深く[うやうやしく]お辞儀する / do [make, pay] ~ to…に敬意[恭順の意]を表する. ♦ **obéi·sant** *a* うやうやしい, 敬意を表する; こびた, 屈従的な; お辞儀をしている. **-sant·ly** *adv* [OF; ⇨ OBEY]

obe·lia /oυbí:ljə/ *n*〔動〕オベリア《オベリア属 (*O*-) のヒドロ虫の総称》. [?Gk *obelias* cake ‹ OBELUS]

ob·e·lisk /ábəlìsk/ *n*《古代エジプトなどの》方尖(ほうせん)柱, オベリスク; 方尖柱状の山[木 など];〔印〕短剣符 (dagger)《†; ⇨ DOUBLE OBELISK》; OBELUS;〔数〕オベリスク《正四角錐台》. ► *vt* …に obelisk を付ける. [L<Gk (dim) ‹ OBELUS]

Obé·lix /*F* ɔbeliks/ オベリクス (⇨ ASTÉRIX).

ob·e·lize /ábəlàɪz/ *vt* …に OBELUS を付ける.

ob·e·lus /ábələs/ *n* (*pl* **-li** /-làɪ, -lì:/)《古写本中疑問の語句に付けた》疑句標 (— または ÷);〔印〕OBELISK. [L<Gk = pointed pillar, spit]

Ober·am·mer·gau /*G* o:bərámərgaυ/ オーバーアンマーガウ《ドイツ南部 Bavaria 州の Alps 山麓にある村; 黒死病の終息に対する感謝として, 17 世紀来 10 年ごとに村民がキリスト受難劇を演ずる》.

Ober·hau·sen /*G* ó:bərhaυzn/ オーバーハウゼン《ドイツ西部 North Rhine-Westphalia 州, Ruhr 地方の工業都市》.

Ober·land /óυbərlæ̀nd; *G* ó:bərlant/ オーバーラント《BERNESE ALPS の別称》.

Óber·lin Cóllege /óυbərlən-/ オーバーリンカレッジ《Ohio 州北部 Oberlin にあるリベラルアーツカレッジ; 1833 年米国初の共学制大学として創立》.

Ober·on /óυbəràn, -rən/〔中世伝説〕(妖精王)オベロン《Titania の夫; Shakespeare, *A Midsummer Night's Dream* にも登場する》;〔天〕オベロン《天王星の第 4 衛星》.

Ober·ö·ster·reich /*G* ó:bərø:stəraɪç/ オーバーエスターライヒ《UPPER AUSTRIA のドイツ語名》.

Ober·pfalz /*G* ó:bərpfalts/ オーバープファルツ《UPPER PALATINATE のドイツ語名》.

obese /oυbí:s/ *a* 肥満した, 肥満体の, 太りすぎの. ♦ **~·ly** *adv* **~·ness** *n* **obe·si·ty** /oυbí:səti/ *n* [L *ob*-(*esus* (pp) ‹ *edo* to eat) = having eaten oneself fat]

obe·so·gen·ic /oυbì:səʤénɪk/ *a* ‹食生活などが›肥満をまねく, 太りやすい.

obey /oυbéɪ, ə-/ *vt* ‹人›に従う, 服従する, ‹命令・法律を›遵奉する; ‹自然の法則など›に従う, ‹理性など›に従って行動する, ‹力・衝動›のままに動く: ~ one's father 父の言うとおりにする. ► *vi* 命令に従う, 言うことを聞く: ⇨ COMMAND《諺》. ● **she who must be ~ed**《口》[*joc*] 逆らうとこわいお方,《特に》女房, 山の神《H. Rider Haggard の冒険小説 *She* (1887) に登場するアフリカの不老不死の女王の称から》. ♦ **~·er** *n* [OF *obéir*<L *obedio* (*audio* to hear)]

ob·fus·cate /ábfəskèɪt, abfʌ́skèɪt/ *vt* 困惑[混乱]させる,〔心〕昏迷させる; 不明瞭[あいまい]にする, ぼかす;〔電算〕《盗用防止のために》‹プログラム›を難読化する; 暗くする. ♦ **-ca·to·ry** /abfʌ́skətɔ̀:ri; àbfəskéɪt(ə)ri/ *a* **-ca·tion** /àbfəskéɪʃ(ə)n/ *n* [L (*fuscus* dark)]

ob-gyn /óʊbiʤiwaɪén, òʊbigáɪn, -ʤín, ˈˈɔbgáɪn/ obstetrical-gynecological, obstetrician-gynecologist, obstetrics-gynecology《もとは略語であるが,「産婦人科(医)」,「産婦人科の」のように *n, a* としても使われる》.
obi[1] /óʊbi/ *n* OBEAH.
obi[2] *n* 帯. [Jpn]
Obie[1] /óʊbi/ *n* オフブロードウェー賞, オービー《毎年 off-Broadway のすぐれた劇の上演に専門家団体が贈る》. [*OB*]
Obie[2] *n**《俗》オービー《アンフェタミン (amphetamine) 4 種を混合した薬物》. [*Obetrol* 商標]
obi·it /ɔ́:biɪt/ ⇨ OB. [L *obeo* to die]
obit /oʊbít, óʊbət, ˈˈɔ̀bɪt/ *n*《人の》命日, 追善会;《口》OBITUARY;《古》葬儀. [OF<L *obitus* death (↑)]
ob·i·ter /ábətər, óʊ-/ *adv, a* 付随的に[な], ついでながら(の). ► *n* OBITER DICTUM. [L=by the way]
óbiter díc·tum /-díktəm/ (*pl* **óbiter díc·ta** /-tə/)〖法〗《判決の際の》判事の付随的意見;《一般に》付随的意見[感想], 付言. [L=thing said by the way]
obit·u·ar·ese /əbìʧuərí:z, oʊ-, -s/ *n* 死亡記事的文体[語法].
obit·u·ary /əbíʧuèri, oʊ-, -ʧəri; -ʧuəri/ *n* 死亡記事, 死亡者略歴, 蓋棺録;〖教会〗過去帳. ► *a* 死亡の, 人の死を記録する: an ~ notice 死亡記事. ♦ **obìt·u·ár·i·al** /-éəriəl/ *a* **obít·u·àr·ist** /, -ʧərɪst; -ʧuə-/ *n* 死者略伝記者, 死亡記事担当記者. [L; ⇨ OBIT]
obj.〖文法〗object ♦〖文法〗objective.
OBJ〖電算〗OBJECT CODE のファイルを示す拡張子.
ob·ject[1] /ábʤɪkt/ *n* **1** 物, 物体; 物件. **2 a**《動作・感情などの》対象, 的(まと);〖哲〗対象, 客観, 客体 (opp. *subject*);〖文法〗目的語: an ~ *of* praise [ridicule] 賞賛[物笑い]の的 / an ~ *of* study 研究の対象 / He is a proper ~ *of* [*for*] charity. 彼はまさに慈善を受けるべき人間だ / the direct [indirect] ~ 直接[間接]目的語 / an ~ clause 目的節《例 We know *that he is alive.*》. **b** おかしなもの, みっともないやつ, いやな人[もの]: What an ~ that sculpture is! あの彫刻はなんという代物なのだろう. **3** 目的 (purpose), 目標 (goal), ねらい; 動機;〖法〗目的: for that ~ その趣意で, それを目当てに / Some people work *with* the ~ *of* earn*ing* fame. 名声を得ようとして仕事をする人もいる / Now he had no ~ *in* life. もはや人生になんの目的もなくなった. **4**〖電算〗オブジェクト《(1) グラフィックスの操作対象 2) データとそれに対する操作を一体化したもの》; OBJECT CODE. ● **no ~** …は問わぬ: Money (is) *no* ~. いくらかかってもかまわない. [L=thing presented to the mind (*ject- jacio* to throw)]
ob·ject[2] /əbʤékt/ *vi* 不服である, 反感をもつ, いやだ; 反対する, 異議[不服]を唱える, 抗議する ⟨*to, against*⟩: ~ *to* the plan 計画に反対する / I ~ *to* waiting another year. もう 1 年待つのはいやだ / Would you ~ *to* (=mind) my [me] turning on the radio? ラジオをつけてもさしつかえないでしょうか / I'll go myself if you don't ~. 異存がなければわたしが自分で行きましょう / I ~. 異議あり《英国下院用語》. ► *vt* 反対理由として持ち出す, …と言って反対する: I ~*ed* [It was ~*ed* (to us)] *that* he was lacking in experience. 彼が経験に乏しいという理由で反対した[反対が出た]. ♦ **ob·jéc·tor** *n* [L=to throw before or against (↑)]
óbject bàll〖玉突〗的球(まとだま).
óbject còde〖電算〗目的コード, オブジェクトコード (=*object*)《コンパイラーやアセンブラーによって生成される, 機械が直接実行できるプログラムコード》.
óbject còmplement OBJECTIVE COMPLEMENT.
óbject fìnder 対象ファインダー《顕微鏡下の対象を速く見つけるための低倍率接眼鏡など》.
óbject glàss〖光〗OBJECTIVE.
ob·jec·ti·fy /əbʤéktəfàɪ/ *vt* 客観化する, 対象化する, 具体[具象]化する; ⟨人を⟩物[道具]扱いする. ♦ **ob·jèc·ti·fi·cá·tion** *n*
ob·jec·tion /əbʤékʃ(ə)n/ *n* **1** 反対, 異議[不服]申し立て: make [raise, voice] an ~ [take ~] *to* [*against*] …に異議[不服]を唱える, 反対する / *O*~, Your Honor! 裁判長, 異議あり! **2** 反対理由, 異議, 異論, 反論 ⟨*to, against*⟩; 異存, 不服, いや気; 難点, さしさわり, 支障: Have you any ~ *to* his [him] join*ing* the party? 彼の入党に異議がありますか / feel an ~ *to* do*ing*…するのがいやである / see no ~ [not see any ~] *to*…に反対する[異議を唱える]理由がない.
objéction·able *a* 反対すべき, あるまじき, 異議のある, 異論の余地のある; 不快な, 好ましくない; 気にさわる, 無礼な, けしからぬ. ♦ **-ably** *adv* **~·ness** *n*
ob·jec·ti·val /àbʤəktáɪv(ə)l/ *a*〖文法〗目的(格)の.
ob·jec·tive /əbʤéktɪv, ɑb-/ *n* 目標, 目的(物);〖軍〗目標地点 (=~ point);〖文法〗目的格(の語);〖光〗対物レンズ, 対物鏡 (=*object glass* [*lens*]). ► *a* **1** 目的の[に関する];〖文法〗目的格の: the ~ case 目的格. **2** 外界の, 物質的な, 実在の. **3** 客観的な (opp. *subjective*);〖美〗具象的な;〖医〗⟨徴候・病状が⟩他覚的な《患者以外にもわかる》. ♦ **~·ly** *adv* **~·ness** *n*
objéctive cómplement〖文法〗目的格補語《たとえば They elected him president. の president; cf. SUBJECTIVE COMPLEMENT》.
objéctive corrélative〖文芸〗客観的相関物《読者にある感情を喚起する状況・一連の事件・事物など》.
objéctive dánger〖登山〗客観的危険《落石・なだれのような登山技術と無関係の危険》.
objéctive génitive〖文法〗目的格属格《たとえば father's murderers (父を殺害した者たち) の father's; cf. SUBJECTIVE GENITIVE》.
objéctive glàss [lèns]〖光〗OBJECTIVE.
objéctive póint〖軍〗目標地点 (objective); 目標, 目的(物).
objéctive tést 客観的検査, 客観テスト《多項目選択式, ○×式もしくは 1 語か 2 語を補うものにいう; cf. ESSAY TEST》.
ob·jec·tiv·ism /əbʤéktɪvìz(ə)m, ɑb-/ *n* 客観論, 客観主義 (opp. *subjectivism*). ♦ **-ist** *n, a* **ob·jèc·tiv·ís·tic** *a*
ob·jec·tiv·i·ty /àbʤèktívəti/ *n* 客観(的妥当)性; 客観主義的傾向[志向]; 客観的実在.
ob·jec·tiv·ize /əbʤéktəvàɪz/ *vt* OBJECTIFY. ♦ **ob·jèc·ti·vi·zá·tion** *n*
Óbject Kó·wal /-kóʊəl/〖天〗コーワル天体[惑星] (Chiron). [Charles T. *Kowal* (1940–) 米国の天文学者, 発見者]
óbject lànguage **1**〖論〗対象言語《言語研究の対象となる言語; 言語以外の事象をじかに示す言語; cf. METALANGUAGE》. **2** TARGET LANGUAGE. **3**〖電算〗オブジェクト言語《プログラムがコンパイラーやアセンブラーによって翻訳される言語》.
óbject lèns〖光〗OBJECTIVE.
óbject·less *a* 目的のない, 無目的の; 目的語を伴わない. ♦ **~·ly** *adv* **~·ness** *n*
óbject lèsson 実例に基づく教授; 教訓となる実例.
óbject lìnking and embèdding〖電算〗OLE.
óbject màtter SUBJECT MATTER.
óbject-òbject *n*〖哲〗客観的対象《認識主体の認識にかかわらず客観的に存在する客体》.
óbject of vírtu (*pl* **óbjects of vírtu**) [ᵘ*pl*] OBJET DE VERTU.
óbject-òrient·ed *a*〖電算〗オブジェクト指向の《データと手続きとを一体化したモジュールであるオブジェクトを対象に処理を行なう》: ~ programming.
óbject prògram〖電算〗目的プログラム《プログラマーの書いたプログラムをコンパイラーまたはアセンブラーにより機械語に翻訳したもの; cf. SOURCE PROGRAM》.
óbject relàtions thèory〖精神分析〗対象関係理論.
ob·jet /*F* ɔbʒɛ/ *n* OBJET D'ART. [F=object]
objet d'art /*F* -da:r/ (*pl* **objets d'art** /—/) 芸術的な値打のある(小さな)物, (小)芸術品; 骨董品. [F=object of art]
objet de ver·tu /*F* -də vɛrty/ (*pl* **objets de vertu** /—/)〖美〗秀作, 逸品, 珍品. [F=object of virtue]
objet trou·vé /*F* -truve/ (*pl* **objets trou·vés** /—/) オブジェ・トルヴェ《流木など人手を加えない美術品; また本来は美術品でないのに美術品扱いされる工芸品》. [F=found object]
ob·jure /ɑbʤúər/《まれ》*vt* ⟨人に⟩誓わせる. ► *vi* 誓う. ♦ **ob·ju·ra·tion** /àbʤəréɪʃ(ə)n/ *n*
ob·jur·gate /ábʤərgèɪt/ *vt* 激しくとがめる. ♦ **-gà·tor** *n* **òb·jur·gá·tion** *n* **ob·jur·ga·to·ry** /əbʤə́:rgətɔ̀:ri; -t(ə)ri/ *a* [L (*jurgo* to quarrel)]
obl. oblique ♦ oblong.
ob·lánceolate /ɑb-/ *a*〖植〗⟨葉が⟩倒披針形の.
ob·last /áblæ̀st, ɔ́:bləst/ *n* (*pl* **~s, -las·ti** /-ti/)〖ロシア・ソ連〗州. [Russ]
ob·late[1] /ábleɪt, —⌐/ *a* 上下の両極で扁平な[くぼんだ];〖数〗扁円の (opp. *prolate*). ♦ **~·ness** *n* ⁺〖天〗扁平率 (flattening); 楕円率 (ellipticity). [L *oblatus* lengthened; cf. PROLATE]
oblate[2] *a*〖教会〗聖別された (consecrated); 奉献の. ► *n*〖カト〗修道会献身者《修道誓願を立てずに信仰生活に一身をささげる》. [F<L=one OFFERED up]
óblate sphéroid〖数〗扁平楕円面, 扁球面, 扁球 (=**óblate sphére**); [the]*《俗》《アメリカンフットボール用の》ボール.
ob·la·tion /əbléɪʃ(ə)n, oʊ-, ɑ-/ *n*《神に》ささげる[供える]こと, 奉献, 奉納;〖キ教〗奉献《聖餐式[ミサ]においてパンとぶどう酒を神にささげること》; ささげ物, 奉納物, 供物 (offering);《教会の用や慈善のための》奉献(の品), 寄付. ♦ **~·al** *a* **ob·la·to·ry** /ábləɪ̀tɔ:ri; -t(ə)ri/ *a* [OF or L; ⇨ OBLATE[2]]
ob·li·gate *vt* /ábləgèɪt/ [ᵘ*pass*] …に(法律[道徳]上の)義務を負わせる ⟨*to* do, *to* sb⟩; [ᵘ*pass*] 感謝の念を起こさせる ⟨*to* sb *for* his kindness⟩; *⟨収入などを⟩債務の支払い(保証)にあてる: A witness in court *is* ~*d to* tell the truth. 法廷の証人は真実を語る義務がある. ► *a* /áblɪgət, -ləgèɪt/ 避けられない, やむを得ない;《法律上・道徳上》義務的な; 必須の;〖生態〗⟨寄生菌・寄生虫など⟩ある特定の環境にのみ生活しうる, 無条件的な, 絶対的な, 偏性の, 真正の (opp. *facultative*): an ~ parasite 絶対寄生体[菌]. ♦ **-gà·tor** *n* **~·ly** *adv* [L; ⇨ OBLIGE]
ob·li·ga·tion /àbləgéɪʃ(ə)n/ *n* **1** 義務, 責務; 負いめ; 恩義, 義理, おかげ; 義務[恩義]を感じる対象[人]: be under an [no] ~ *to* do…する義務がある[ない] / be under an ~ *to*…に義理がある / fulfill

[honor, meet] an ～ 義務を果たす / lay sb under ～ 人に義務を負わせる / of ～ 義務上当然の, 義務的な / put [place] sb under an ～ 人に恩義を施す, 義理を負わせる / repay an ～ 恩に報いる. **2** 債務, 債権[債務]関係; 債券, 証券 (bond); 〘法〙 履行義務を発生させるもの, (書面による)約束, 契約(書); 〘法〙 債務証書. ♦ **～·al** *a* **ób·li·gà·tive** *a*

obligato ⇨ OBBLIGATO.

oblig·a·to·ry /əblígətɔ̀:ri, ɑb-, áblɪg-; əblígət(ə)ri/ *a* 《法的・道徳的に》拘束力のある, 義務として負わされる; 強制的な, 義務的な, 〈科目など〉必須の, 必修の; 恒例の, お約束の, おきまりの; 義務に関する[を生じさせる]; 〘生態〙 OBLIGATE: It is ～ for Muslims to fast. イスラム教徒には断食の義務がある. ♦ **-ri·ly** /əblìgətɔ́:rəli, ɑb-; əblígət(ə)rɪli/ *adv*

oblige /əbláɪʤ/ *vt* **1** …に強いる, 余儀なく…させる, …に義務を負わせる: The law ～*s* citizens to pay taxes. 法律は国民に納税の義務を課す / I was ～*d* to take the post. その職を引き受けざるをえなかった. **2 a** …に恩義[恩恵]を施す, 〈人〉の願いをいれてやる; …に親切にする: Kindly ～ me *by* closing the door. どうぞドアを閉めてください / *O*～ us *with* your presence. ご出席いただければ幸いです / Will any gentleman ～ a lady? どなたかご婦人に席をお譲りくださいませんか. **b** [*pass*] 恩義をうけている, 感謝する: (I'*m*) much ～*d* (*to* you). どうもありがとうございます / I would be ～*d* if you would do…していただけるとたいそうありがたいのだが. ► *vi* 《口》 好意を示す, 願いをいれる: I am happy to ～. 喜んでお手伝いいたします / Can you ～ with a song? ひとつ歌ってくださいませんか. ♦ **oblíg·ed·ly** /-ədli/ *adv* **-ed·ness** /-əd-/ *n* **oblíg·er** *n* [OF＜L *ob-*(*ligat- ligo* to bind)]

ob·li·gee /àbləʤí:/ *n* 〘法〙 債権者 (opp. *obligor*); 《受けた親切に対して》恩義を感じている人.

oblíge·ment *n* 《主にスコ》 義務, 恩義, 親切, 好意.

oblíg·ing *a* 快く人の願いに応じる (accommodating), 協力的な, 親切な. ♦ **～·ly** *adv* 親切に(も). **～·ness** *n*

ob·li·gor /àbləgɔ́:*r*, -ʤɔ́:*r*, ⏤⏤/ *n* 〘法〙 債務者 (opp. *obligee*). [*oblige*, *-or*]

oblique /əblí:k, oʊ-, 《米軍》 əbláɪk/ *a* **1** 斜めの, はすの (slanting); 〘数〙 斜角の, 斜線[斜面]の; 〈錐体・柱体などが〉底面と垂直でない軸をもつ; 〘解〙 〈筋肉が〉斜めの, 斜…; 〘植〙 〈葉などが〉不等辺の, ひずみ形の; 航空機から斜角で撮った〈写真〉; 〘製図〙 斜投影法の; 〘楽〙 斜進行の. **2 a** それた, はずれた; 〘文法〙 斜格の. **b** 曲がった, 不正の (unjust), ごまかしの. **3** 間接の (indirect), 遠まわしの; はっきりしない. ► *n* 斜めのもの; 斜線 (/); 〘解〙 斜筋, 《特に》外腹斜筋, 内腹斜筋; 〘文法〙 OBLIQUE CASE; 〘海〙 鋭角に針路を転ずること. ► *vi* 斜行する; 〘軍〙 《45 度角の》斜行進をする. ► *adv* 〘軍〙 45 度角の斜め方向に. ♦ **～·ly** *adv* 斜めに(傾いて), はすかいに, 筋違いに; 不正に; 間接に, 遠まわしに. **～·ness** *n* [F＜L＝slanting]

oblíque ángle 〘数〙 斜角 《直角以外の角度: 鋭角または鈍角; cf. RIGHT [STRAIGHT] ANGLE》.

oblíque cáse 〘文法〙 斜格 《主格・呼格以外の名詞・代名詞の格》.

oblíque fáult 〘地質〙 斜交断層 《断層面の走向が地層の走向と斜交する断層》.

oblíque mótion 〘楽〙 斜進行 《2 声部のうち一方が上行または下行し, 他方は同じ音にとどまること》.

oblíque orátion [narrátion] 〘文法〙 間接話法 (indirect speech).

oblíque projéction 〘数〙 斜投影(法) 《物体の面を投影面に斜めに投影する平行投影; 投影面は物体の正面などを含むようにとる》; 〘地図〙 投影図法.

oblíque sáiling 〘海〙 斜航 《正北[南, 東, 西]以外の方向への航行》.

oblíque-slíp fàult 〘地質〙 斜め移動断層.

oblíque spéech OBLIQUE ORATION.

oblíque stròke 斜線 (/).

oblíque tríangle 〘数〙 斜(角)三角形 《直角を含まない三角形》.

ob·liq·ui·tous /əblíkwətəs/ *a* 《道徳的・精神的に》曲がった, ひねくれた, 不正な (perverse).

ob·liq·ui·ty /əblíkwəti/ *n* OBLIQUE な状態; 《正しいことからの》逸脱, 不正, 不道徳; 《故意の》あいまいさ, あいまいな陳述; 傾斜(度); 〘天〙 黄道傾斜 (＝～ **of the eclíptic**) 《地球の赤道面と黄道面のなす角度》.

ob·lit·er·ate /əblítərèɪt/ *vt* 消す, 消し去る, 見えなく[読めなく]する, (おおい)隠す 〈*from*〉; 《記憶・頭の中などから》消し去る; 跡形もなくする; 〘医〙 …の痕跡をなくす, 除去する; 〘医〙 〈管腔を〉閉塞させる; 〈収入印紙・切手〉に押印[消印]する. ♦ **-a·tive** /-rèɪtɪv, -rətɪv; -rətɪv/ *a* **ob·lít·er·à·tor** *n* **ob·lit·er·á·tion** *n* ⁺《記憶・知覚の》喪失; 〘医〙 《管腔の》閉塞, 遮断; 〘医〙 除去, 抹消. [L *oblitero* to erase (*litera* letter)]

ob·lít·er·àt·ed *a**《俗》 酔っぱらって, 酩酊して.

ob·liv·i·on /əblíviən/ *n* 忘れる[忘れられる]こと, 忘却; 忘れがち, 健忘; (世に)忘れられている状態; 忘れている[意識しない]こと, 無意識状態; 潰滅, 消滅; 〘法〙 恩赦 (pardon), 大赦 (amnesty): a former star now in ～ 今は世に忘れられたかつてのスター / fall [sink] into ～ 世に忘れられる. [OF＜L (*obliviscor* to forget)]

ob·liv·i·ous /əblíviəs/ *a* 忘れっぽい, 〈…を〉忘れて 〈*of*〉; ぼんやりした, 気づかない 〈*of, to*〉; 《古・詩》 〈睡眠などが〉忘れさせる. ♦ **～·ly** *adv* **～·ness** *n* [L (↑)]

ob·li·vis·cence /àbləvís(ə)ns/ *n* 忘却(状態); 忘れっぽさ.

Ob·lo·mov·ism /ablóʊməvìz(ə)m/ *n* オブローモフ的無気力[懶惰(らんだ)], 鈍重]. [Goncharov の *Oblomov* (1859) の主人公から]

ob·long /ábl̀ɔ(:)ŋ, -làŋ/ *a* 〈四辺形が〉長方形の; 〈円が〉長円[楕円]の; 〈球面が〉扁長の (prolate); 〈書物・切手などが〉横長の. ► *n* oblong な形(のもの). ♦ **～·ish** *a* **～·ly** *adv* [L *ob-*(*longus* long)＝somewhat long]

ob·lo·quy /áblәkwi/ *n* 悪評, 汚名, 不面目 (disgrace); 《世間による》悪口, 誹謗. ♦ **-qui·al** /ablóʊkwiəl/ *a* [L＝contradiction (*ob-* against, *loquor* to speak)]

ob·mu·tes·cence /àbmjətés(ə)ns/ *n* 《古》 頑固な沈黙.

ob·noc /abnák/, **ob·no** /ábnoʊ/ *a**《俗》 不快な, いやな, むかつく (obnoxious).

ob·nox·ious /əbnákʃəs, ɑb-/ *a* 気にさわる, 不快な, いやな; (…に)反する, 反対の 〈*to*〉; 《古》 非難に値する; 《古》 〈危害・非難などを〉うけやすい 〈*to* attack etc.〉. ♦ **～·ly** *adv* **～·ness** *n* [L (*ob-* to, *noxa* injury)]

ob·nu·bi·late /abn(j)ú:bəlèɪt/ *vt* 曇らせる, ぼんやりさせる. ♦ **ob·nù·bi·lá·tion** *n*

o.b.o., obo, OBO* or best offer 《広告で》 または最も高い付け値で (cf. O.N.O.).

oboe /óʊboʊ/ *n* **1** 〘楽〙 オーボエ 《高い音域をもつダブルリードの木管楽器》; 《オーケストラの》オーボエ奏者; オーボエ 《オルガンのストップの一つ》. **2** [O-] オーボエ 《以前通信で文字 o を表わすのに用いた語》. ♦ **óbo·ist** *n* オーボエ奏者. [It＜F *hautbois* (*haut* high, *bois* wood)]

óboe da các·cia /-də ká:ʧə; -kǽʧə/ (*pl* **óboi da cáccia** /óʊboʊì:-/, ～**s**) 〘楽〙 オーボエ・ダ・カッチャ 《オーボエ族の古楽器; イングリッシュホルンの前身》. [It＝oboe of the hunt]

óboe d'amó·re /-dɑ:mɔ́:reɪ/ (*pl* **óboi d'amóre**, ～**s**) 〘楽〙 **1** オーボエ・ダモーレ 《オーボエより短 3 度低いオーボエ族の古楽器》. **2** 《オルガンの》オーボエ・ダモーレ音栓. [L＝oboe of love]

ob·ol /ábəl, óʊ-/ *n* オボロス 《(**1**) ギリシアの重量の単位: 昔は 11 grains, 今は 0.1 gram に相当 **2**) 古代ギリシアの銀貨: ＝1/6 drachma **3**) OBOLE **4**) 昔ヨーロッパで通用した各種小硬貨》. [Gk *obolos* nail, small coin]

ob·ole /ábòʊl/ *n* オボル 《中世フランスの硬貨: ＝1/2 denier》. [F (↑)]

ob·o·lus /ábələs/ *n* (*pl* **-li** /-làɪ/) OBOL 《硬貨》.

O-Bon ⇨ BON³.

Obo·te /oʊbóʊteɪ, -ti/ オボテ (**Apollo**) **Milton** ～ (1924–2005) 《ウガンダの政治家; 首相 (1962–66), 大統領 (1966–71, 80–85)》.

ob·óvate /ab-/ *a* 〘植・動〙 〈葉などが〉倒卵形の.

ob·óvoid /ab-/ *a* 〘植〙 〈果実が〉倒卵形[体]の.

Obre·no·vić /oʊbrénəvɪʧ/ オブレノヴィッチ 《セルビアの王家 (1815–93); ⇨ ALEXANDER》.

ob·rep·tion /abrépʃ(ə)n/ *n* 〘教会法・スコ法〙 詐取.

O'·Bri·en /əbráɪən/ **1** オブライエン 《アイルランドに多い姓》. **2** オブライエン (**1**) **Edna** ～ (1930–) 《アイルランドの小説家; *The Country Girls* (1960)》 (**2**) **Flann** ～ (1911–66) 《アイルランドの作家・ジャーナリスト; 本名 Brian O'Nolan》 (**3**) **Lawrence** (**Francis**) ～(**, Jr.**) (1917–90) 《米国の政府高官; Kennedy 大統領顧問, 民主党全国委員会委員長, NBA コミッショナーを歴任》 (**4**) **William Smith** ～ (1803–64) 《アイルランドの愛国者; 青年アイルランド派 (Young Ireland) の指導者》.

OBrit °Old British.

ob·ro·gate /ábrəgèɪt/ *vt* 〈法律を〉修正[撤廃]する. ♦ **òb·ro·gá·tion** *n* [L (*ob-* against, *rogo* to ask)]

obs. observation ♦ obsolete. **Obs.** Observatory.

ob·scene /əbsí:n, ɑb-/ *a* わいせつな, 卑猥な; 〘法〙 〈出版物などが〉公序良俗に反する; 《道徳的・倫理的に》我慢のならない, けしからぬ; 途方もない, 法外な; 胸のむかつくような, 汚らわしい, 忌まわしい: make ～ amounts of money 莫大な金を稼ぐ. ♦ **～·ly** *adv* **～·ness** *n* [F or L *obsc*(*a*)*enus* abominable]

ob·scen·i·ty /əbsénəti, -sí:-, ɑb-/ *n* 猥褻(性); [ᵘ*pl*] わいせつなこと[もの] 《行為・ことば・話・写真など》; 《口》 なんとも我慢のならないこと[もの]; 《古》 ぞっとするほど忌まわしいこと[もの].

ob·scu·rant /əbskjʊ́ərənt, ɑb-/ *n* 蒙昧[反啓蒙]主義者; 意味をぼかしてものを言う人. ► *a* 蒙昧[反啓蒙]主義(者)の; あいまいにする.

ob·scu·ran·tic /àbskjʊərǽntɪk/ *a* OBSCURANT.

ob·scú·ran·tism *n* 蒙昧[反啓蒙]主義, 開化反対, 文盲政策; 故意にあいまいにすること; 《文学・美術などの》難解主義 《意図的に難解・不明瞭にする》.

ob·scú·ran·tist *n* 蒙昧[反啓蒙]主義者. ► *a* 蒙昧[反啓蒙]主義の; 反啓蒙主義者的な.

ob·scu·ra·tion /àbskjʊəréɪʃ(ə)n/ *n* 暗いこと, あいまい(なこと); ぼんやりさせること, 不明瞭化; 〘気〙 掩蔽(えんぺい) 《霧などによって天空が見えなくなること》.

ob·scure /əbskjúər, ɑb-/ *a* **1** はっきりしない (vague), 不明瞭な; 解しがたい, あいまいな; 〈発音が〉あいまい音の《強勢のない /ə/》; あいまい母音をもつ. **2** よく知られていない[忘れられた], 隠れた, 人目につかない, へんぴな; 世に知られない, 無名の; 身分の低い, 微賤の (humble): an ～ poet 無名詩人 / of ～ origin [birth] 素姓が卑しい. **3** 暗い, うす暗い; 暗がりの; 闇に包まれた; (どんより)曇った, もうろうとした (dim); 〈色が〉黒ずんだ, 鈍い. ► *n* 《詩》暗黒, 夜陰, 闇; 《まれ》OBSCURITY. ► *vt* **1 a** おおい隠す 〈*by* mists etc.〉; 暗くする, 曇らせる. **b** 〈名声などを〉おおう, 〈人〉の光輝を奪う, 顔色なからしめる. **2** 〈物事を〉わかりにくくする, 混乱させる; 〈意味を〉不明確にする; 〈母音を〉あいまい音 /ə/ にする. ♦ **～·ly** *adv* **～·ness** *n* [OF＜L＝covered over, dark]

ob·scu·ri·ty /əbskjúərəti, ɑb-/ *n* **1** 不分明, 不明瞭; 不明箇所. **2** 世に知られないこと, 微賤 〈*of* one's birth〉; 名もない[微賤の]人: live in ～ 世に知られずに暮らす / retire [sink] into ～ 隠退する[世に埋もれる]. **3** 暗さ, もうろう; 暗い所. ● **pluck** sb **from ～** 〈人を〉一躍有名にする.

ob·scu·rum per ob·scu·ri·us /ɔːbskjúrum pèr ɔːbskjúriʊs/ 不明なことをいっそう不明なことで(説明する). [L＝obscure by the still more obscure]

ob·se·crate /ábsəkrèɪt/ *vt* 《古》…に嘆願する (beseech). [L (*obsecro* to entreat)]

ob·se·cra·tion /àbsəkréɪʃ(ə)n/ *n* 嘆願, 懇請; 〖英国教〗切願, 懇願《連禱 (Litany) の中で 'by' で始まる一連の文句》.

ob·se·quence /ábsəkwəns/ *n* 追従(ついしょう), こび.

ob·se·quent /ábsəkwənt/ *a* 〈河川が〉地表面の一般的傾斜に反して流れる, 逆従する: an ～ stream 逆従川.

ob·se·qui·al /ɑbsíːkwiəl, əb-/ *a* 葬式の, 葬儀の.

ob·se·quies /ábsəkwiz/ *n pl* (*sg* **-quy** /-kwi/) 葬式, 葬儀, 埋葬式. [AF＜L *obsequiae* (EXEQUY); 語形は↓の影響]

ob·se·qui·ous /əbsíːkwiəs/ *a* こびへつらう, 追従的な; 卑屈な, 屈従的な 〈*to*〉; 《古》従順な. ♦ **～·ly** *adv* **～·ness** *n* [L (*obsequor* to follow, comply with)]

ob·sérv·able *a* 観察できる, 目につく, 目立つ; 注目すべき; 守るべき〈規則・慣習・礼儀など〉. ► *n* 観察できるもの; 〖理〗観測可能量, オブザーバブル. ♦ **-ably** *adv* **ob·sèrv·abíl·i·ty** *n*

ob·serv·ance /əbzə́ːrv(ə)ns/ *n* **1** 《規則・義務などを》守ること, 遵守, 遵奉; 《風習・儀式・祭・祝日などを》しきたりどおりに行なう[祝う]こと; 《古》敬服, 恭順. **2** 習慣, 慣例, しきたり, 行事; [ᵘ*pl*] 儀式, 式典; 《修道会の》戒律; 《戒律を守る》修道会. **3** OBSERVATION.

ob·sérv·ant *a* 遵守する, 注意深い 〈*of* rules, *to* avoid, etc.〉; 目を離さない; 観察力の鋭い, 俊敏な. ► *n* 《法・慣習などの》遵守者; [O-] 《フランシスコ会の》原始会則派修道士; 《廃》忠実な従者. ♦ **～·ly** *adv*

ob·ser·va·tion /àbzərvéɪʃ(ə)n, -sər-/ *n* **1 a** 観察, 注目, 観察力; 観測, 〖海〗天測, 〖軍〗監視, 偵察, 〖医〗診察: come [fall] under sb's ～ 人の目につく / escape ～ 人目に触れずに済む / a man of ～ 観察力の鋭い人 / under ～ 観察[監視]されて. **b** [*pl*] 観測報告 〈*of* rainfall etc.〉, 観測結果. **2** 《観察に基づく》判断, 所見, 意見, 言説 〈*on*〉; 発言, ことば: make personal ～ 個人的な意見を述べる. **3** 遵守. **4** 《廃》配慮, 留意. [L; ⇨ OBSERVE]

observátion·al *a* 観察[観測]の, 監視の; 観察[観測]上の, 実測的な (cf. EXPERIMENTAL). ♦ **～·ly** *adv*

observátion càr 〖鉄道〗展望車.

observátion pòst 〖軍〗《敵の動静を見張る》展望哨, 監視哨[所], 《砲撃を指揮する》(着弾)観測所.

observátion tràin ボートレース見物用列車.

ob·serv·a·to·ry /əbzə́ːrvətɔ̀ːri; -t(ə)ri/ *n* 観測所; 天文台, 気象台, 測候所; 展望台 (lookout). [NL (*-orium*); ⇨ OBSERVE]

ob·serve /əbzə́ːrv/ *vt* **1** よく見る, 観察する; 〈敵の行動などを〉監視する; 観測する; 《観察によって》認める; …に気がつく; 《占う目的で前兆などがないか》注意[検分]する, 子細に眺める: the ～*d* of (＝by) all observers 衆目の的, 衆人尊敬の的《Shak., *Hamlet* 3.1.162》/ I ～*d* him open the door. 彼がドアを開けるのを見た. **2** 《観察したあと》(感想として)述べる (remark). **3** 遵守[遵奉]する; 〈行為などを〉維持する, 続ける; 《しきたりどおり》挙行[執行]する; 《慣習に従って》祝う: ～ (a) silence 黙っている, 黙禱する / ～ Christmas クリスマスを祝う. ► *vi* 注目する; 観察する; 所見を述べる, 講評する 〈*on, that*〉. [OF＜L *ob-*(*servo* to watch, keep)＝to watch, attend to]

ob·sérv·er *n* **1 a** 観察者; 《専門の》観測者; 監視者, 立会人, 参観者: a casual ～ ちょっと見ただけの人. **b** 《会議の》オブザーバー《出席して議事についての報告などを行なうが議事に参加はしない》. **c** 《国連により特定地域に派遣された》監視団員. **2** 〖軍〗監視者, 偵察者, 観測者: **a** 《パイロットとは別の》機上偵察[観測]員; 航空偵察士. **b** 対空監視員. **c** 砲撃観測員. **3** [the O-] オブザーバー《英国で最も歴史のある日曜紙; 1791 年創刊》. **4** 遵守者.

ob·sérv·ing *a* 注意深い, 油断のない; 観察力の鋭い; 観測に従事している. ♦ **～·ly** *adv*

ob·sess /əbsés, ɑb-/ *vt* 〈悪魔・妄想などが〉…に取りつく: be ～*ed by* [*with*] jealousy 嫉妬に悩まされる. ► *vi* 〈…のことで〉思い悩む, 気に病む, くよくよする 〈*over, about*〉. [L *ob-*(*sess- sideo*＝*sedeo* to sit)＝to besiege]

ob·ses·sion /əbséʃ(ə)n, ɑb-/ *n* 〈観念などが〉取りつくこと, 強迫現象; 妄執, 執着, 強迫観念; 異常な関心: be under an ～ of …に取りつかれている / have an ～ *about* [*with*]…が強迫観念[異常な関心事]となっている.

obséssion·al *a* 強迫観念[妄想]に取りつかれた 〈*about*〉; 強迫的な, 取りついて離れない〈観念など〉; 強迫観念による〈病気など〉. ► *n* 強迫観念に取りつかれた[強迫神経症の]人. ♦ **～·ly** *adv* **～·ism** *n*

obséssional neurósis 〖精神医〗強迫神経症.

ob·ses·sive /əbsésɪv/ *a* 取りつかれたような, 偏執的な 〈*about*〉; 強迫観念の[となっている]; 強迫観念を起こさせる; 常軌を逸した, 異常なまでの. ► *n* 強迫観念に取りつかれた人. ♦ **～·ly** *adv* **～·ness** *n*

obséssive-compúlsive 〖精神医〗*a* 強迫の: ～ disorder [neurosis] 強迫性障害[強迫神経症]. ► *n* 強迫性障害[強迫神経症]患者.

ob·sid·i·an /əbsídiən, ɑb-/ *n* 黒曜石, 黒曜岩, オブシディアン. [L *obsiānus* (*lapis* stone) of *Obsius* (その発見者)の誤記]

obsídian dàting 〖地質〗黒曜石年代決定(法)《黒曜石を含有する標本の年代を黒曜石が吸収した水分の量で決定する方法》.

ob·so·lesce /àbsəlés/ *vi, vt* すたれる[させる]; 退化する[させる].

òb·so·lés·cence *n* 老廃(化), 廃用(化), 衰微; 陳腐化; 〖生〗《器官の》廃退, 萎縮, 退化.

òb·so·lés·cent *a* すたれかかった; 〖生〗廃退性の. ♦ **～·ly** *adv*

ob·so·lete /àbsəlíːt, ⌐—⌐/ *a* すたれた; 陳腐な; 時代遅れの; 〖生〗退化した: an ～ word 廃語. ► *n* 古臭い人; 廃語, 廃物. ► *vt* *すたれさせる, 時代遅れにする. ♦ **～·ly** *adv* すたれるほどに, すたれた形で. **～·ness** *n* [L＝worn out (*soleo* to be accustomed)]

ób·so·lèt·ìsm *n* OBSOLETE であること, 廃用, 時代遅れ; 廃語, すたれた慣習.

ob·sta·cle /ábstɪk(ə)l, -stìk-/ *n* 障害(物), 阻害(物), 妨げ, じゃま(物) 〈*to*〉: put ～*s* in the way of…(の成就)を妨害する. [OF＜L (*obsto* to stand in the way)]

óbstacle còurse 〖軍〗障害物通過訓練場; 障害物走路; 《越えるべき》一連の障害.

óbstacle ràce 障害物競走.

obstet. obstetric ♦ obstetrics.

ob·stet·ric /əbstétrɪk, ɑb-/, **-ri·cal** *a* 妊娠と出産に関連のある, 産科(学)の, 助産の. ♦ **-ri·cal·ly** *adv* [NL (*obstetrix* midwife ＜*obsto* to be present)]

obstétrical tóad 〖動〗サンバガエル (＝*midwife frog* [*toad*], *nurse frog*)《欧州南西部産; スズガエル科》.

ob·ste·tri·cian /àbstətríʃ(ə)n/ *n* 産科医.

ob·stét·rics *n* 産科(学).

ob·sti·na·cy /ábstənəsi/ *n* 頑固, 強情 〈*in*〉; 固執; 頑固な言行 〈*against*〉; 《害悪・病気などの》根深さ, 執拗さ, いやしがたいこと.

ob·sti·nate /ábstənət/ *a* 頑固な, 強情な, 片意地な, いこじな; 頑強な; 〈害悪・病気などが〉根深い, 執拗な, しつこい, やっかいな. ♦ **～·ly** *adv* **～·ness** *n* [L (*obstino* to persist)]

ob·sti·pant /ábstəpənt/ *n* 〖薬〗止痢薬.

ob·sti·pa·tion /àbstəpéɪʃ(ə)n/ *n* 〖医〗《頑固な》便秘.

ob·strep·er·ous /əbstrép(ə)rəs/ *a* 《特に 抵抗・反対して》騒々しい, 騒ぎたてる; 手に負えない. ♦ **～·ly** *adv* **～·ness** *n* [L (*obstrepo* to shout at)]

ob·strop·o·lous /əbstrɑ́p(ə)ləs/ *a* OBSTREPEROUS.

ob·struct /əbstrʌ́kt/ *vt* 〈道などを〉ふさぐ, 遮断する; 〈進行・活動などを〉妨げる, 妨害する, じゃまする; 〈視界を〉さえぎる: ～ justice 司法妨害をする. ► *vi* 妨害[じゃま]する. ♦ **ob·strúc·tor** *n* 妨害者[物]. [L *ob-*(*struct- struo* to build)＝to block up]

ob·struc·tion /əbstrʌ́kʃ(ə)n/ *n* 妨害; 障害, 支障, 障り 〈*to*〉; 議事妨害; じゃま物, 障害物; 〖スポ〗オブストラクション《反則となる妨害行為》; 〖医〗閉塞[閉鎖](症): an ～ in a pipe / intestinal ～ 腸閉塞 / ～ of justice 〖法〗司法妨害(罪). ♦ **～·ism** *n* (議事)妨害. **～·ist** *n, a* **ob·strùc·tion·ís·tic** *a*

obstrúction guàrd 〖鉄道〗《機関車の》排障器.

ob·struc·tive /əbstrʌ́ktɪv/ *a* 妨害する; じゃま[妨げ]になる 〈*of, to*〉; 〖医〗閉塞性の: ～ sleep apnea (syndrome) 閉塞性睡眠時無呼吸(症候群)《寝ている間に呼吸が停止したり大きないびきが断続したりすること; cf. SLEEP APNEA》. ► *n* 妨害物, 障害; (議事)妨害者. ♦ **～·ly** *adv* 妨害するように. **～·ness** *n*

ob·stru·ent /ábstruənt/ *a* 〖医〗閉塞を起こす; 〖音〗妨げ音の. ► *n* 〖音〗妨げ音《閉鎖音・摩擦音・破擦音の総称》; 〖医〗閉塞薬, 止痢薬; 《体内の》閉塞物《腎臓結石など》. [L; ⇨ OBSTRUCT]

ob·stu·pe·fy /ɑbst(j)úːpəfàɪ, *ɑbz-/ *vt* STUPEFY.

ob·tain /əbtéɪn/ *vt* 〈物を〉得る, 手に入れる, 獲得[入手, 取得]する; 買う; 《古》〈目的を〉達成する. ► *vi* 〈習慣・見解などが〉広まる, 存在する, 通用する; 《古》成功する. ♦ **～·able** *a* 得られる, 手にはいる, 入手できる. **～·abílity** *n* **～·er** *n* **～·ment** *n* [OF＜L *ob-*(*teneo* to hold)＝to keep]

obtáin·ing by decéption 〖英法〗詐取(罪).

ob·tect(·ed) /ɑbtékt(əd), əb-/ *a* 〖昆〗〈さなぎが〉体表が硬化して触

角・翅・肢が体部に密着した, 被蛹(ﾖｳ)の; 被蛹を特徴とする (opp. *exarate*). [L=covered over]
ob·ten·tion /əbténʃ(ə)n/ *n* 獲得, 入手.
ob·test /ɑbtέst/ «文» *vt* 証人として呼ぶ; …に嘆願する. ► *vi* 抗議する; 嘆願する. [L (*testis* witness)]
ob·tes·ta·tion /ɑ̀btèstéɪʃ(ə)n/ «文» *n* 嘆願, 神の照覧を求めること; 抗議.
ob·trude /əbtrúːd, ɑb-/ *vt* 〈頭などを〉突き出す; 〈考え・意見などを〉おしつけがましく[でしゃばって]述べる, 披瀝する, 〈援助などを〉さしでがましく申し出る 〈*on* sb〉; [～ *-self*] でしゃばる, しつこく現われる 〈*into* a party, *on* sb's consciousness〉. ► *vi* でしゃばる, しつこく現われる, (あくまで)気をひこう[目立とう]とする. ♦ **ob·trúd·er** *n* [L *ob*-(*trus- trudo* to push)=to thrust against]
ob·trúncate /əb-/ *vt* 〈樹木など〉の頭を切る.
ob·tru·sion /əbtrúːʒ(ə)n/ *n* 《意見などの》押しつけ 〈*on* others〉; 押しつけられたもの; でしゃばり. ♦ **～·ist** *n*
ob·tru·sive /əbtrúːsɪv, *-zɪv/ *a* 突出した; おしつけがましい; でしゃばりの, さしでがましい; ひどく目立つ. ♦ **～·ly** *adv* **～·ness** *n* [OBTRUDE]
ob·tund /ɑbtʌ́nd/ *vt* 〘医〙〈機能を〉鈍らせる; 〈痛みなどを〉緩和する. [L *obtus- obtundo* to beat against, blunt]
ob·tund·ent /ɑbtʌ́ndənt/ 〘医〙 *a* 〈苦痛などを〉鈍くする, 緩和する. ► *n* 緩和剤, 鎮痛剤 (demulcent).
ob·tu·rate /ɑ́bt(j)ərèɪt/ *vt* 〈口・穴を〉ふさぐ; 〈砲尾を〉密閉する, 緊塞する. ♦ **ɑ̀b·tu·rá·tion** *n* 閉塞, 密閉.
ób·tu·rà·tor *n* 閉塞物; 閉塞具; 密閉装置; 〘解〙閉鎖膜[結節], 閉鎖筋, 閉鎖孔[板]; 〘植〙《胚珠の》閉塞組織.
óbturator forámen 〘解〙閉鎖孔《恥骨と坐骨の間にある大きな孔》.
ob·tuse /əbt(j)úːs, ɑb-/ *a* 〈刃・角の〉鈍い, とがっていない; 〘数〙鈍角の (opp. *acute*); 〘植〙〈葉が〉先がまるい, 鈍形の; 鈍感な, 愚鈍な (stupid); はっきりとは感じない〈痛みなど〉; わかりにくい, 不明瞭な〈ことば〉: an ～ angle 鈍角 / an ～ triangle 鈍角三角形 / be ～ *in* understanding 理解が鈍い. ♦ **～·ly** *adv* **～·ness** *n* [L; ⇨ OBTUND]
ob·tu·si·ty /əbt(j)úːsəti, ɑb-/ *n* 鈍感; 愚鈍; 愚行.
Ób-Úgric, -Úgrian *a* オビ-ウゴル諸語の《フィン-ウゴル語族 (Finno-Ugric) の下位区分; 西シベリアのハンティ語 (Khanty) およびマンシ語 (Mansi) がこれに含まれる; ハンガリー語と近縁》. ► *n* オビ-ウゴル諸語.
OBulg °Old Bulgarian. **obv.** obverse.
ob·verse *n* /ɑ́bvə̀ːrs, *––́/ 《メダル・硬貨などの》表, 表面 (opp. *reverse, verso*); 前面 (opp. *back*); 《事実などの》反面; 正反対, 逆; 〘論〙換質命題. ► *a* /ɑbvə́ːrs, ––́; ––́/ 観察者に面した, こちら向きの, 向かい側の; 表面の; 裏返しの, 反対側の; 対応している; 〘植〙〈葉が〉先の広がった, 倒生の. ♦ **～·ly** *adv* 表面を向けて, 〘植〙倒生的に. [L; ⇨ OBVERT]
ob·ver·sion /ɑbvə́ːrʒ(ə)n, -ʃ(ə)n/ *n* 別の面を見せること; 別の面を見せているもの; 〘論〙換質法.
ob·vert /ɑbvə́ːrt/ *vt* 別の面が見えるように逆さにする; …の様相[外観]を変える; 〘論〙〈命題を〉換質する; «まれ» 表[裏]を見せる. [L *obvers- obverto* to turn towards]
ob·vi·ate /ɑ́bvièɪt/ *vt* 〈危険・困難などを〉事前に除去する (remove), 未然に防ぐ, うまく回避する; 不要にする: ～ the need for… を不要にする. ♦ **ɑ̀b·vi·á·tion** *n* [L *obvio* to prevent (*via* way)]
ob·vi·os·i·ty /ɑ̀bviɑ́səti/ *n* 明白な[わかりきった]こと.
ob·vi·ous /ɑ́bviəs/ *a* 明らかな, 明白な, 見てわかる; 〈感情・冗談などが〉わかりきった, 見え透いた; «古» じゃまな, 目の前の. ● **state the ～** わかりきった[言うまでもない]ことを言う. ♦ **～·ly** *adv* 明らかに, 見てわかるとおり, 目立って; 《返答で》もちろんです. **～·ness** *n* [L (*ob viam* in the way)]
ob·vo·lute /ɑ́bvəlùːt/, **ob·vo·lu·tive** /ɑ́bvəlùːtɪv/ *a* 巻いた, 巻き込んでいる; 〘植〙〈葉芽が〉半分ずつ重なり合った, 半跨(ｺ)状の. ♦ **ɑ̀b·vo·lú·tion** *n*
Ob·wal·den /ɔ́(ː)pvɑ̀ːldən/ オブヴァルデン《スイス中部, 旧 Unterwalden 州が2分されてできたうちの西側の準州; ☆Sarnen; cf. NIDWALDEN》.
oc- /ək, ɑ̀k/ ⇨ OB-.
oc., Oc. Ocean. **OC** off center ♦ Officer Candidate ♦ Officer Commanding ♦ Officer of the Order of Canada ♦ °Old Catholic ♦ on center ♦ on course ♦ °oral contraceptive ♦ over-the-counter.
oca /óʊkə/ *n* 〘植〙オカ《南米産のカタバミ属の草本; 塊茎を食用にする》. [Sp＜Quechua *ókka*]
oc·a·ri·na /ɑ̀kəríːnə/ *n* オカリナ (＝*sweet potato*)《陶器[金属]製のサツマイモ形の笛》. [It (*oca* goose); 形から]
OCAS Organization of Central American States 中米機構.
O'Ca·sey /oʊkéɪsi/ オケーシー **Sean ～** (1880–1964)《アイルランドの劇作家; 本名 John Casey; *Juno and the Paycock* (1924), *The Plough and the Stars* (1926)》.
Occam ⇨ OCKHAM.
Óccam's [Óckham's] rázor 〘哲〙オッカムのかみそり (＝*law of parsimony*)《無用な複雑化を避け, 最も簡潔な理論を採るべきだという原則》. [↑]
oc·ca·sion /əkéɪʒ(ə)n/ *n* **1 a** 《特定の》時, 場合; できごと; 機会, 好機, ふさわしい時, 折 〈*for, to* do〉: on all ～*s* [every ～] あらゆる場合に / on this happy [sad] ～ このめでたい[悲しい]折に / for the ～ 臨時に, この[その]時のために[の] / on one ～ かつて, ある時 / on several ～*s* 幾度も / on the ～ of…に際して / be EQUAL to the ～ / take an ～ by the FORELOCK[1] / IMPROVE the ～ / on the first ～ 機会のありしだい / if the ～ arises [should arise]=should the ～ arise その時[機会]が来たならば / This is not an ～ for laughter [for feasting and rejoicing]. 今は笑ったりなどする[饗宴歓楽の]時ではない / I have had few ～*s to* speak English. 英語を話す機会がほとんどなかった. **b** 特別の時, 盛儀, 式典, 祭典, お祝い (celebration): to mark the ～ 特別な時を祝うために / in honor of the ～ 祝意を表するため / a sense of ～ 祝い事への特別な思い / What's the ～? 《いつもと変わった様子に》何のお祝い? **2** 根拠, 理由 (reason) 〈*for, to* do〉; [*pl*] «古» 《個人的な》要求, 必要 (need); [*pl*] «廃» 必要条件; [*pl*] «古» 用事, 業務 (affairs): There is no ～ for her to get excited. 彼女が興奮するいわれはない / have no ～ to do…する理由[必要]がない / I see no ～ for visiting. 訪ねて行くべき理由がわからない. **3** 直接の原因, 誘因, 近因 〈*of*〉: the ～ *of* the riot 暴動のきっかけ / give ～ to…をひき起こす. ● **on ～(s)** 折に触れて, 時おり. **rise to the ～** 事に臨んで立つ, 臨機の処置をとる, 難局に対処する. **take [seize] (the) ～ to** do…する好機をとらえる, 機に乗じて…する. ► *vt* …の誘因となる, ひき起こす; 〈人〉に…させる: His queer conduct ～*ed* talk. 彼の妙な行動は人のうわさになった / ～ (sb) anxiety (人に)心配をかける / The violent fall ～*ed* me to bleed at the nose. 激しく転倒して鼻血を流した. [F or L *occasio* juncture (*oc*-(*cas- cido*=*cado* to fall)=to go down)]
occásion·al *a* **1 a** 時おりの, たまの〈訪問・休暇など〉; 時々の, 随時の: an ～ visitor. **b** ᵘ特別な場合のための[に作った]〈詩・音楽など〉; 臨時の, 補助用[予備]の〈椅子・家具など〉; 特別の場合に[時たま]…する〈人〉, 臨時雇いの: an ～ table 補助テーブル / an ～ speaker 特別の場合にスピーチをする人 / an ～ golfer たまにゴルフをする人. **2** 〈…の〉誘因となる 〈*of*〉; 偶然の; 副次的な. ♦ **oc·ca·sion·al·i·ty** /əkèɪʒ(ə)nǽləti/ *n*
occásional cáuse 〘哲〙偶因, 機会原因《直前の原因であるが直接の原因でないもの》.
occásion·al·ìsm *n* 〘哲〙偶因論, 機会原因論. ♦ **-ist** *n* 偶因論者, 機会原因論者. **oc·cà·sion·al·ís·tic** *a*
occásional lícense 〘英〙《特定の時期・場所での》酒類販売許可.
occásion·al·ly *adv* 時おり, 時たま (sometimes); 臨時に: very ～ めったにない.
Oc·ci·dent /ɑ́ksəd(ə)nt, *-dènt/ «文» **1** [the] **a** 西洋, 欧米(諸国) (cf. ORIENT); 西洋文明; 《欧州中の》西欧. **b** 西半球. **2** [the o-] «古・詩» 西方. [OF＜L *occident- occidens* setting, sunset, west; cf. OCCASION]
oc·ci·den·tal /ɑ̀ksədέntl/ *a* [°O-] 西洋(諸国)の (Western) (opp. *Oriental*), 西洋人の, 西方の; (米国)西部地方の. ► *n* [ᵘO-] 西洋人. ♦ **～·ly** *adv* 西洋式に. **ɑ̀c·ci·den·tál·i·ty** *n*
occidéntal·ìsm *n* [O-] 西洋人[文化]の特質; 西洋風. ♦ **-ist** *n, a* [°O-] 西洋文化愛好者[研究者](の).
occidéntal·ìze *vt, vi* [°O-] 西洋[西欧]化する.
occifer ⇨ OSSIFER.
oc·cip·it- /ɑksípət/, **oc·cip·i·to-** /ɑksípətoʊ, -tə/ *comb form* 〘解〙「後頭(部)」 [L; ⇨ OCCIPUT]
oc·cip·i·tal /ɑksípətl/ 〘解〙 *a* 後頭(部)の. ► *n* 後頭部, 《特に》OCCIPITAL BONE. ♦ **～·ly** *adv*
occípital bòne 〘解〙後頭骨.
occípital còndyle 〘解・動〙後頭顆(ｶ).
occípital lòbe 〘解〙後頭葉.
oc·ci·put /ɑ́ksəpət/ *n* (*pl* **～s, oc·cip·i·ta** /ɑksípətə/) 〘解・動〙後頭(部) (cf. SINCIPUT). [L (*caput* head)]
oc·ci·sion /ɑksíʒ(ə)n/ *n* SLAUGHTER.
Oc·ci·tan /ɑ́ksətæ̀n; -t(ə)n; *F* ɔksitɑ̃/ *n, a* 《南フランスの》オクシタン語(の) (PROVENÇAL) (cf. LANGUE D'OC). ♦ **Oc·ci·ta·ni·an** /ɑ̀ksətéɪniən/ *n, a*
Occleve ⇨ HOCCLEVE.
oc·clude /əklúːd/ *vt* 〈毛穴などを〉ふさぐ, さえぎる, 閉塞する; 妨げる, じゃまする (prevent); 〘電算〙《画像中で》隠蔽する; 〈歯を〉咬合(ｺｳｺﾞｳ)させる; 〘理・化〙〈金属などが気体・液体・固体を〉吸蔵[収蔵]する; 〘気〙閉塞する. ► *vi* 〈歯が〉咬合する, かみ合う; 閉塞する. ♦ **oc·clú·dent** *a* [L *occlus- -cludo* to close up]
oc·clúd·ed frónt 〘気〙閉塞前線.
oc·clu·sion /əklúːʒ(ə)n/ *n* 閉塞, 閉鎖; 〘電算〙隠蔽; 〘理・化〙吸蔵, 収蔵; 〘歯〙咬合, かみ合わせ; 〘気〙閉塞(前線); 〘音〙閉鎖.
♦ **oc·clu·sal** /əklúːsəl, ɑ-, -zəl/ *a*
oc·clu·sive /əklúːsɪv/ *a* 閉塞させる, 閉塞作用の; 〘音〙閉鎖(音)

の. ► *n* 〔音〕無破裂閉鎖音, 不完全破裂音. ♦ **～·ness** *n*

oc·cult /əkʌ́lt, ɑ-, ɑ́kʌlt/ *a* **1** 神秘の, 超自然的な, 超常的な, 不思議な; 秘術の, オカルトの; 難解な, 深遠な, 秘奥の, うかがい知ることのできない; 《まれ》隠れた: ～ arts 秘術《錬金術・占星術など》/ ～ sciences 秘学, 神秘学. **2**〔医〕臨床的に気づかれない, 潜在[潜伏]する, 不顕性の; 〔医〕肉眼で見えない, ごく微量な: ～ carcinoma 潜在[潜伏]癌 / ～ blood 潜血. ► *n* [the] 神秘, 神秘的な事象; [the] 秘学, 秘術, オカルト. ► *v* /əkʌ́lt, ɑ-/ *vt* 隠す, 見えなくする; 〔天〕掩蔽(えんぺい)する. ► *vi* 見えなくなる, 隠れる; 消失する; 《一定間隔で》明滅する. ♦ **～·er** *n* **～·ly** *adv* **～·ness** *n* [L *occult- occulo* to hide]

oc·cul·ta·tion /ɑ̀kʌltéɪʃ(ə)n/ *n* 〔天〕掩蔽, 星食; 姿を消すこと, 雲隠れ.

occúlt·ing líght 〔海〕《灯台などの》明滅灯, 明暗光.

occúlt·ìsm /, ɑ́kʌl-/ *n* 神秘学[術], 神秘論, 神秘主義; 神秘療法, オカルティズム《加持・祈禱など》. ♦ **-ist** *n, a*

oc·cu·pan·cy /ɑ́kjəpənsi/ *n* 占有, 保有, 領有; 居住, 入居; 《ホテル・アパートなどの》稼働率; 占有[入居]期間; 入居用建物, 入居[賃貸可能]部分《アパート・事務所など》; 《不動産の》用途, 占用目的; 〔法〕《無主物先占の》占有, 先占: take ～ *of*...に居する / a room for double ～ 二人部屋.

óc·cu·pant *n* 《土地・建物・部屋・地位などの》占有者, 入居者, 住人; 《特定の場に》いる人; 〔生態〕占有[居住]動物, 現住種; 〔法〕占拠者: All the ～*s* of the car were killed. その車に乗っていた人全員が死亡した.

oc·cu·pa·tion /ɑ̀kjəpéɪʃ(ə)n/ *n* **1** 従事すること, 活動, 仕事, 時間の過ごし方, する事《趣味など》; つとめ, 職業, 生業: be a farmer by ～ 職業は農業である / men out of ～ 失業者. **2** 占有; 占有権[期間]; 〈地位・官職を〉占めること, 在任[在職](期間); 居住; 占領, 占拠; 占領期間; [ᵒthe O-] 占領軍(の政策), [the O-]《第二次大戦中の》ドイツ軍によるフランスの占領 (=**Gérman** ～): an army of ～=～ troops 占領軍, 進駐軍. ♦ **～·less** *a* [OF<L; ⇨ OCCUPY]

occupátion·al *a* 職業(上)の, 職業から起こる; 占領の. ♦ **～·ly** *adv*

occupátional diséase 職業病; [*joc*] 職業(病)的気質[性癖].

occupátional expósure 業務上被曝; 職業被曝.

occupátional házard 職業に伴う危険; [*joc*] 特定の職業にありがちなこと.

occupátional médicine 職業[労働]医学.

occupátional pénsion ″職業[企業]年金《企業・雇用主により運営される年金; 公的年金と区別される》: ～ scheme 職業[企業]年金制度.

occupátional psychólogy 職業心理学. ♦ **occupátional psychólogist** *n*

occupátional sáfety 職業安全, 労働安全.

occupátional thérapy 〔医〕作業療法《適当な軽い仕事を与えて行なう健康回復法》. ♦ **occupátional thérapist** *n*

occupátion brìdge 私有地連絡橋.

occupátion frànchise 〔英〕借地人投票権.

occupátion gròupings *pl* 職業別分類《国勢調査や市場調査をもとに消費者を職業別に分類したもの》.

occupátion ròad 私設専用道路, 私道.

oc·cu·py /ɑ́kjəpàɪ/ *vt* **1** 占領する, 《政治要求などを掲げて》占拠する; 占有する, 領有する; ...に居住[入居]する, 占有する, 賃借する: '*Occupied*' 使用中《浴室・便所などの掲示》. **2** 〈場所・時間を〉占める, とる, ふさぐ: The building *occupies* an entire block. 建物は一ブロック全体を占めている / The ceremony *occupied* two hours. 式は2時間かかった. **3** 〈地位・役を〉占める, 〈職〉に就く (hold): ～ a high position 高い地位に就いている. **4** 〈頭などを〉いっぱいにする, ふさぐ, 占める; 従事させる, 忙しくさせる 〈*in* [*by*] do*ing*, *with*, *about*〉: be *occupied* [～*oneself*] (*in*) do*ing*...している, ...して過ごす, ...して忙しい. ► *vi* 《廃》占有する, 領有する. ♦ **óc·cu·pì·er** *n* 占有者[物], 《場所などを》占める[ふさぐ]物; ″居住[入居]者, 借地[借家]人, 土地[建物]所有者; 占領軍の一員. **óc·cu·pì·able** *a* [OF<L *oc-*(*cupo*=*capio* to take)=to seize]

oc·cur /əkɔ́ːr/ *vi* (-rr-) **1** 〈事が〉起こる, 生じる, 発生[発現]する (happen): if anything should ～ もし何か起こったら; 万一の場合には / Storms often ～ in winter. 冬にはよくあらしが起こる. **2** 思い浮かぶ 〈*to* sb〉: It *occurred to* me *that*...[*to* do...]. ...だ[...しよう]とふと思った / An idea *occurred to* me. ある考えが浮かんだ. **3** 見いだされる, 生育[生息]する, 現存する (exist) 〈*in*〉: The plant ～*s* only in Japan. その植物は日本にしかない. **4** 〈キリスト教の祝祭日などが〉重なる. [L *oc*-(*curro* to run)=to befall]

oc·cur·rence /əkɔ́ːrəns, əkʌ́r-; əkʌ́r(ə)ns/ *n* **1** 発生, 発現, 生起, 出来(しゅったい); 《鉱物などの》産出, 存在; 〔生態〕出現: of frequent [rare] ～ しばしば[まれに]起こる[ある]. **2** できごと, 事件 〈*in* one's life etc.〉: unexpected ～*s* 思いがけないできごと.

oc·cúr·rent *a* 現在起こっている (current); 偶然の (incidental). ► *n* 《継続的なものに対して》一時的なもの.

OCD OBSESSIVE-COMPULSIVE disorder ♦ Office of Civil Defense.

ocean /óʊʃ(ə)n/ *n* **1** [the] 海洋, 外洋; [the...O-] 大洋《五大洋の一つ》; [ᵒthe; 無冠詞は《詩》] 海 (sea); [〈*a*〉] 海の, 海洋の: *the* Pacific [Atlantic] *O*～ 太平洋[大西洋]. **2** 広大な広がり; たくさん (plenty): an ～ *of* light 光の海 / ～*s of* money [time] 莫大な金[時間]. ♦ **～·ward** *adv, a* **～·wards** *adv* [OF, <Gk OCEANUS]

ocea·nar·i·um /òʊʃənéəriəm/ *n* (*pl* **～s, -nar·ia** /-iə/) 海洋大水族館. [*aquarium* にならったもの]

ocea·naut /óʊʃənɔ̀ːt, *-nɑ̀ːt/ *n* AQUANAUT.

ócean engineèring 海洋工学.

ócean-flòor sprèading SEAFLOOR SPREADING.

ócean·frònt *n, a* 臨海地(の): an ～ hotel.

ócean·gò·ing *a* 外洋[遠洋]航行の.

ócean grèyhound 外洋快速船《特に 定期旅客船》.

Oce·an·ia /òʊʃiǽniə, -ɑ́ː-; -éɪnjə/ 大洋州, オセアニア (=*Oceanica*). ♦ **Òce·án·i·an** *a, n* オセアニア人(の); オセアニアの. [NL; ⇨ OCEAN]

oce·an·ic /òʊʃiǽnɪk/ *a* **1** 大洋の; 大洋産の, 遠海にすむ, 外洋性の; 〈気候が〉海洋性の. **2** 広大な, 莫大な (vast). **3** [O-] **a** OCEANIAN. **b** オーストロネシア語族の, 《同語族の》オセアニア語派の. ► *n* [O-] オセアニア語派《ポリネシア諸語とメラネシア諸語とを含む》.

Oce·an·i·ca /òʊʃiǽnɪkə/ OCEANIA.

oceánic boníto 〔魚〕カツオ.

oceánic ísland 洋島, 大洋島《大陸から遠く離れた大洋中の島; cf. CONTINENTAL ISLAND》.

oceánic rídge 海嶺.

òce·án·ics *n* 海洋科学《海洋生物や海洋性産出物の科学的研究》.

oceánic trénch 海溝.

Oce·a·nid /oʊsíːənəd/ (*pl* **～s, Oce·an·i·des** /òʊsiǽnədìːz/) 〔ギ神〕オーケアノスの娘, オーケアニス, [*pl*] オーケアニデス《大洋神 Oceanus と Tethys の娘で大洋の精; 全部で約3千人いる; ⇨ NYMPH》.

Ócean Ísland オーシャン島《BANABA 島の別称》.

òcean·izátion *n* 〔地質〕大洋化作用《大陸地殻の大洋地殻化, すなわち大陸地域の大洋地域化》.

ócean làne 遠洋航路帯, オーシャンレーン.

ócean lìner 遠洋定期船.

Ócean of Stórms [the] あらしの大洋 (=*Oceanus Procellarum*)《月の表側第3・第4象限にまたがる》.

ocean·og·ra·phy /òʊʃ(i)ənɑ́grəfi/ *n* 海洋学. ♦ **-pher** *n* **òcean·o·gráph·ic, -i·cal** *a* **-i·cal·ly** *adv*

ocean·ol·o·gy /òʊʃ(i)ənɑ́ləʤi/ *n* 海洋学《特に 海洋資源学・海洋工学》. ♦ **-gist** *n* **òcean·o·lóg·ic, -i·cal** *a* **-i·cal·ly** *adv*

ócean pérch 〔魚〕フサカサゴ科メバル属の数種の食用魚: **a** タイセイヨウアカウオ (rosefish). **b** アラスカメヌケ.

ócean pòut 〔魚〕ゲンゲ (eelpout).

ócean ròute 遠洋航路.

ócean státion vèssel 定点観測船.

ócean sùnfish 〔魚〕マンボウ.

ócean-thérmal *a* 《海洋の》浅海と深海の温度差に関する[を利用した], 海洋温度差の.

ócean tràmp 遠洋不定期(貨物)船.

Oce·a·nus /oʊsíːənəs/ **1**〔ギ神〕オーケアノス《大洋の神; cf. TETHYS, OCEANID》. **2** オーケアノス《昔 あらゆる河川の源と考えられた地球を取り巻く大河》. [Gk *ōkeanos*]

Oce·a·nus Pro·cel·la·rum /òʊʃiɑ́ːnəs pròʊsəlɑ́ːrəm/ OCEAN OF STORMS.

ócean wàve 《韻俗》ひげ剃り (shave).

ocel·lar /oʊsélər/ *a* 〔動〕単眼[眼点]の; 〈岩石の構造が〉眼斑状の.

oc·el·late /ɑ́səlèɪt, óʊ-, oʊsélèɪt/, **-lat·ed** /ɑ́səlèɪtəd, óʊ-, oʊsélèɪtəd/ *a* 〈斑点など〉目のような, 目玉模様の; 単眼[眼点]のある.

ócellated árgus 〔鳥〕カンムリセイラン《東南アジア産》.

oc·el·la·tion /ɑ̀səléɪʃ(ə)n, òʊ-/ *n* 目玉印, 目玉模様.

ocel·lus /oʊséləs, ɑ-/ *n* (*pl* **-li** /-làɪ, -li/)《昆虫・クモなどの》単眼; 《下等動物の》眼点; 《クジャクの羽などの》目玉模様; 〔植〕眼点細胞《葉の肥大退色した細胞》; 〔植〕《ある種の菌類の》胞子嚢上の膨隆. [L=little eye; ⇨ OCULAR]

oce·lot /ɑ́səlɑ̀t, ɑ́s-/ *n* 〔動〕オセロット《中南米産の樹上性のオオヤマネコ》; オセロットの毛皮. [F<Nahuatl]

OCelt Old Celtic.

och /ɑ́x/ *int* 《アイル・スコ》おお, ああ《驚き・不賛成・失望などの発声》. [Gael and Ir]

oche /ɑ́ki/ *n* ″《ダーツの》投擲(とうてき)線《投げる時にプレイヤーが立つ仕切り線》.

ocher, ochre /óʊkər/ *n* 黄土(おうど), 赭土(しゃど), オーカー, オークル《えのぐの原料》; 黄土色; オーカー《黄色のえのぐ》; 《俗》お金, 《特に》金貨. ► *a* オーカー色の. ► *vt* ...に ocher で色をつける[染める]. ♦ **ocher·ous** /óʊk(ə)rəs/, **ochre·ous** /óʊkriəs, -k(ə)rəs/,

och·rous /óʊkrəs/ *a* OCHER の(ような); オーカー色の. **ochery** /óʊk(ə)ri/, **ochry** /óʊkri/ *a* **ocher·ish, ochre·ish** /óʊk(ə)rɪʃ/ *a* [OF, <Gk (*ōkhros* pale yellow)]

och·loc·ra·cy /ɑklɑ́krəsi/ *n* 暴民政治. ♦ **och·lo·crat** /ɑ́kləkræ̀t/ *n* 暴民政治家. **och·lo·crat·ic** /ɑ̀kləkrǽtɪk/, **-i·cal** *a* [OF<Gk (*okhlos* mob)]

och·lo·phóbia /ɑ̀klə-/ *n* 〘精神医〙群集恐怖症.

och·na·ceous /ɑknéɪʃəs/ *a* 〘植〙オクナ科 (Ochnaceae) の《ツバキ目》.

Ochoa /oʊʧóʊə/ オチョア **Severo** ～ (1905–93)《スペイン生まれの米国の生化学者; 細菌から分離した酵素を使い RNA の合成に成功, ノーベル生理学医学賞 (1959)》.

och·one, oh·one /əxóʊn/ *int* 《アイル・スコ》《驚き・悲しみなどを表わして》おお, ああ (Alas!). [Gael and Ir]

och·ra·tóxin /òʊkrə-/ *n* 〘生化〙オクラトキシン《コウジカビの一種がつくる毒素》.

ochre, ochreish, ochr(e)ous, ochry ⇨ OCHER, OCHERISH, OCHEROUS, OCHERY.

ochrea ⇨ OCREA.

ochroid /óʊkrɔ̀ɪd/ *a* オーカー色の (ocherous).

Ochs /ɑ́ks/ オックス **Adolph Simon** ～ (1858–1935)《米国の新聞経営者; *New York Times* を買収し, 'All the News That's Fit to Print' のスローガンのもとに同紙を発展させた》.

oci·cat /ɑ́sikæ̀t/ *n* 〘猫〙オシキャット《シャムネコ・アメリカンショートヘア・アビシニアンの交配種; 全身をおおう斑点が特徴》.

-ock /⌐ək/ *n suf*「小さい…」: hill*ock*. [OE *-oc*]

Ockeghem ⇨ OKEGHEM.

Ock·en·heim /óʊkənhàɪm/ OKEGHEM.

ock·er /ɑ́kər/ 《豪俗》 *n* [ºO-] (典型的な)オーストラリア人の男, オーストラリア男児, オッカー; オーストラリア人気質の粗野な男[労働者]. ► *a* いかにもオッカーらしい[のような], がさつな, 粗野な. ♦ **ock·e·ri·na** /ɑ̀kəríːnə/ *n fem* [C20<?]

Ock·ham, Oc·cam /ɑ́kəm/ オッカム **William of** ～ (c. 1285–?1349)《イングランドのスコラ哲学者》. ♦ **Òck·ham·ís·tic, Òc·cam·ís·tic** *a*

Ockham's razor ⇨ OCCAM'S RAZOR.

o'·clock /əklɑ́k/ *adv* **1** …時: at two ～ 2 時に / It's two ～. 今 2 時だ. ★「何時何分」という場合には普通用いない: It's five past two. **2**《位置・方向を示すため羅針盤などの指針面を時計の文字盤に見立てて》…時: a plane flying at nine ～ 9 時で[左真横を]飛ぶ飛行機. ● **know what ～ it is** 万事心得ている. **like one ～** 《口》元気よく, 力強く. [*of the clock* の短縮形]

Ó Cóme, Áll Yé Fáithful 「おお来たれ, 信仰篤き者皆」《ラテン語の賛美歌 'Adeste Fideles' の英訳題名; クリスマスキャロル; 日本では「神の御子は今宵しも」の詞で知られる》.

O'·Con·nell /oʊkɑ́nl/ オコンネル **Daniel** ～ (1775–1847)《アイルランド独立運動の指導者; 通称 'the Liberator'; カトリック教徒の解放に寄与した》.

O'·Con·nor /oʊkɑ́nər/ **1** オコーナー《アイルランドの古い氏族名; 11 世紀まで O'Rourke 一族と Connaught の王位を争った》. **2** オコーナー (**1**) **Feargus** (**Edward**) ～ (1794–1855)《アイルランド生まれのチャーティスト運動の指導者》(**2**) **Frank** ～ (1903–66)《アイルランドの短篇作家; 本名 Michael John O'Donovan》(**3**) (**Mary**) **Flannery** ～ (1925–64)《米国の小説家・短篇作家》(**4**) **Sandra Day** ～ (1930–)《米国の法律家; 女性初の合衆国最高裁判所陪席裁判官 (1981–2006)》(**5**) **Thomas Power** ～ (1848–1929)《アイルランドのジャーナリスト・独立運動指導者; 通称 'Tay Pay' /téɪ péɪ/》.

oco·ti·llo /òʊkətíː(j)oʊ/ *n* (*pl* ～**s**) 〘植〙オコチョウ (尾紅龍)《とげの多いフーキエリア属の低木; 米国南西部・メキシコ原産; 砂漠に生え赤い花が咲く; cf. CANDLEWOOD》. [AmSp]

OCR 〘電算〙ºoptical character reader ♦ ºoptical character recognition.

-oc·ra·cy /ɑ́krəsi/ *n comb form* -CRACY.

-ocrat /⌐əkræ̀t/ *n comb form* -CRAT.

oc·rea, och- /ɑ́kriə, óʊk-/ *n* (*pl* **-re·ae** /-riː/) 〘植〙《タデ科植物の》葉鞘(ようしょう) (＝*sheath*).

oc·re·ate /ɑ́kriət, -èɪt/ *a* 葉鞘 (ocrea) のある; 〘鳥〙ブーツ状の角質の鞘(さや)に包まれた跗蹠(ふしょ)骨をもつ.

OCS 〘米〙Officer Candidate School ♦ ºOld Church Slavonic [Slavic]. **oct.** 〘印〙octavo. **Oct.** October.

octa ⇨ OKTA.

oc·ta- /ɑ́ktə/, **oc·to-** /ɑ́ktoʊ, -tə/, **oct-** /ɑ́kt/ *comb form*「8…」[L *octo*, Gk *octa-* (*oktō* eight)]

octa·chord /ɑ́ktəkɔ̀ːrd/ *a*, *n* 《一般に》8 弦の(楽器);《全音階の》1 オクターブ. ♦ **òc·ta·chórd·al** *a*

oc·tad /ɑ́ktæ̀d/ *n* 8 個からなる一単位[系列], 八つぞろい; 〘化〙8 価の元素[基]. ♦ **oc·tád·ic** *a*

oc·ta·gon /ɑ́ktəgɑ̀n; -gən/ *n* 八角[八辺]形 (⇨ TETRAGON); 八角堂[室, 塔]. ♦ **oc·tag·o·nal** /ɑktǽgən(ə)l/ *a* **-nal·ly** *adv* [L<Gk (*gōnia* angle)]

òcta·hédral *a* 8 面を有する; 八面体の. ♦ ～**·ly** *adv*

oc·ta·he·drite /ɑ̀ktəhíːdràɪt/ 〘鉱〙 *n* オクタヘドライト《八面体構造の隕鉄の一種》; ANATASE.

òcta·hédron *n* (*pl* ～**s, -dra**) 八面体 (⇨ TETRAHEDRON); 正八面体のもの[結晶体]: a regular ～ 正八面体.

oc·tal /ɑ́kt(ə)l/ *a* 八進法の; 8 極の〈真空管〉. ► *n* 八進法 (＝～ notàtion).

oc·tam·er·ous /ɑktǽm(ə)rəs/ *a* 8 つの部分に分けられる[からなる]; 〘植〙〈輪生体が〉8 つからなる《8-merous とも書く》.

oc·tam·e·ter /ɑktǽmətər/ *n* 〘韻〙八歩格 (⇨ METER[1]). ► *a* 八歩格の.

oc·tan /ɑ́ktən/ 〘医〙 *a* 8 日目ごとに起こる〈熱〉(⇨ QUOTIDIAN). ► *n* 八日熱.

oct·an·dri·ous /ɑktǽndriəs/ *a* 〘植〙八雄蕊(ずい)の.

oc·tane /ɑ́ktèɪn/ 〘化〙 *n* オクタン《石油中の無色液体炭化水素》; OCTANE NUMBER. [*-ane*]

òctane·di·ó·ic ácid /-daɪóʊɪk-/ 〘化〙オクタン二酸 (suberic acid).

óctane nùmber [ràting] 〘化〙オクタン価《ガソリンのアンチノック性を示す; cf. CETANE NUMBER》.

oc·tan·gle /ɑ́ktæ̀ŋg(ə)l/ *n* 八辺[八角]形 (octagon). ► *a* 八辺[八角]形の. ♦ **oc·tan·gu·lar** /ɑktǽŋgjələr/ *a*

oc·ta·nó·ic ácid /ɑ̀ktənóʊɪk-/ 〘化〙オクタン酸《脂肪酸; 旧慣用名 caprylic acid》.

oc·ta·nol /ɑ́ktənɔ̀(ː)l, -nɑ̀l, -nòʊl/ *n* 〘化〙オクタノール《オクタンから得られる液体アルコール》. [*-ol*]

Oc·tans /ɑ́ktæ̀nz/ 〘天〙はちぶんぎ座 (八分儀座) (Octant)《天の南極を含む》. [L *octant- octans* half quadrant]

oc·tant /ɑ́ktənt/ *n* **1** 〘海・空〙八分儀; [the O-] 〘天〙はちぶんぎ座 (八分儀座) (Octans). **2** 〘数〙八分円《平面角の単位: ＝45°》; 〘天〙《ある天体が他の天体に対して》離角 45° の位置にあること; 〘数〙八分空間, オクタント《互いに直角に交わる 3 つの平面で区切られた 8 つの空間の一つ; cf. QUADRANT》. [↑]

òcta·péptide *n* 〘化〙オクタペプチド《ポリペプチド鎖をなす 8 つのアミノ酸からなるタンパク質片または分子》.

oc·tarchy /ɑ́ktɑ̀ːrki/ *n* 八頭政治; 八(王)国; [the O-] 〘英史〙八王国《いわゆる HEPTARCHY のことで, Northumbria の実態を 2 国とみなす場合に用いる》.

oc·ta·roon /ɑ̀ktərúːn/ *n* OCTOROON.

oc·ta·style /ɑ́ktəstàɪl/ 〘建〙 *n* 八柱式建築. ► *a* 《正面または両側に》8 本の円柱をもつ.

Oc·ta·teuch /ɑ́ktət(j)ùːk/ *n* [the] 八書《聖書の初めの 8 書: モーセ五書・ヨシュア記・士師記・ルツ記; cf. PENTATEUCH》.

òcta·válent *a* 〘化〙8 価の.

oc·tave /ɑ́ktɪv, -təv, -tèɪv/ *n* **1 a** /; ɔ́ktɪv/ 〘楽〙オクターブ, 第 8 度音, 8 度(音程)《8 度音程にある 2 音間の周波数比率は 1: 2》; 〘楽〙オクターヴェ《オルガンの中心的なストップ (stop) に対して 1 オクターブ高音用のストップ》: the second [third] ～ 2[3] オクターブ. **b** 〘理〙オクターブ《1: 2 の比をもつ振動数の間隔》. **2** 8 個[8 人]の一組; エイト《ボートのクルーなど》; 〘韻〙八行連句; 《十四行詩の》起句八行 (＝*octet*). **3** /; ɔ́ktèɪv/ 〘教会〙祝日から起算して 8 日目[8 日間]. **4** 〘フェン〙第 8 の構え (⇨ GUARD). **5** 1/8 pipe 入りの樽; 1/8 pipe (: ＝13½ gallons). ► *a* 〘楽〙1 オクターブ高音の; 8 個[8 人]一組の. [OF<L (fem) < OCTAVUS]

óctave cóupler 〘楽〙COUPLER.

óctave flùte 〘楽〙PICCOLO; 《オルガンの》4 フィートのフルート音栓《通常のそれより 1 オクターブ高い》.

Oc·ta·via /ɑktéɪviə/ **1** オクテーヴィア《女子名》. **2** オクタウィア (c. 69–11 B.C.)《ローマ皇帝 Augustus の姉で, Mark Antony の妻》. [OCTAVIUS]

Oc·ta·vi·an /ɑktéɪviən/ オクタウィアヌス (⇨ AUGUSTUS).

Oc·ta·vi·us /ɑktéɪviəs/ **1** オクテーヴィアス《男子名》. **2** オクタウィウス (⇨ AUGUSTUS). [L＝the eighth born (↓)]

oc·ta·vo /ɑktéɪvoʊ, -tɑ́ː-/ *n* (*pl* ～**s**) 八折判(の本[紙, ページ]) (＝*eightvo*)《全紙 16 ページ取り; 略 o., O., oct.; 8vo, 8° とも書く; ⇨ FOLIO》. [L (abl) < ↓]

oc·ta·vus‖ /ɑktéɪvəs/ *a* 《男子同姓生徒中》8 番目の (⇨ PRIMUS). [L＝eighth]

oc·ten·ni·al /ɑkténiəl/ *a* 8 年目ごとに行なわれる[起こる]; 8 年間続く. ♦ ～**·ly** *adv*

oc·tet(te) /ɑktét/ *n* 〘楽〙八重奏[唱], 八重奏[唱]曲 (⇨ SOLO); 八重唱[奏]団; 《十四行詩の》起句八行 (octave); 〘化〙八隅子, オクテット《原子の殻をなす 8 電子群》; 〘電算〙オクテット《情報量の単位で, 8 ビット; byte が時に 4 ビットなどを指すことがあるあいまいさを避ける表現》; 8 人組, 8 個一組. [It or G; cf. DUET]

oc·til·lion /ɑktíljən/ *n*, *a* オクティリオン(の), 1000 秭(じょ)(の) (10^{27}; 英ではかつて 10^{48} を表わした). ★ ⇨ MILLION.

oc·tin·gen·te·na·ry‖ /ɑ̀ktɪnʤentíːn(ə)ri/ *n* 八百年祭 (⇨ CENTENARY).

octo- /ɑ́ktoʊ, -tə/ ⇨ OCTA-.

Oc·to·ber /ɑktóʊbər/ *n* **1** 十月《略 Oct.; 初期のローマ暦では第 8 月; ⇨ MARCH[1]》. **2**‖十月醸造のエール. [OE<L; ⇨ OCTA-]

Octóber·fèst *n* OKTOBERFEST.

Octóber Manifésto [the]〘ロシア史〙十月宣言《1905 年 10 月皇帝 Nicholas 2 世が出した宣言; これによって絶対的専制政治は終焉を遂げ, 立憲政治が導入された》.

Octóber Revolútion [the] 十月革命《1917 年 10 月 (グレゴリオ暦 11 月), ロシアで Bolsheviks が政権を獲得》.

oc·to·bre /*F* ɔktɔbrə/ *n* 十月 (October)《略 oct.》.

Oc·to·brist /ɑktóubrɪst/ *n*〘ロシア史〙十月党員, オクチャブリスト《1905 年の十月宣言発布後, 宣言の趣旨擁護のために帝政を支持し立憲君主制を目指した大地主・大ブルジョアからなる政党の党員》;〘ソ連〙オクチャブリョーノク《ピオネール (Pioneer) の組織にはいる前の 7–10 歳の児童》.

òcto·centénary *n* OCTINGENTENARY.

òcto·centénnial *n* OCTINGENTENARY.

oc·to·de·cil·lion /ɑ̀ktoudɪsɪ́ljən/ *n, a* オクトデシリオン(の)《10^{57}; 英ではかつて 10^{108} を表わした》. ★ ⇨ MILLION.

oc·to·dec·i·mo /ɑ̀ktədésəmòu/ *n* (*pl* ~**s**) EIGHTEENMO.

oc·to·foil /ɑ́ktəfɔ̀ɪl/ *a* 八つ葉の. ► *n* 八つ葉(飾り).

oc·to·ge·nar·i·an /ɑ̀ktəʤənέəriən/ *a, n* 八十代の(人) (⇨ QUADRAGENARIAN). [L=containing eighty (*octogeni* eighty each)]

oc·tog·e·nary /ɑktɑ́ʤənèri; -n(ə)ri/ *a* OCTOGENARIAN; 80 に基づく. ► *n* OCTOGENARIAN.

oc·to·nar·i·an /ɑ̀ktənέəriən/ *a, n*〘韻〙8 詩脚の(詩行).

oc·to·nar·ius /ɑ̀ktənέəriəs/ *n* (*pl* **-nar·ii** /-iàɪ/)〘韻〙8 詩脚の詩行.

oc·to·nary /ɑ́ktənèri; -n(ə)ri/ *a* 8 の; 8 個からなる; 八進法の. ► *n* 8 個からなる一組; 八行詩; 8 行の stanza.

oc·to·pa·mine /ɑktóupəmì:n, -mən/ *n*〘生化〙オクトパミン《交感神経興奮性アミン》.

òcto·pártite *a* 8 部に分かれた[からなる],〈契約書など〉8 通作成の.

oc·to·ploid /ɑ́ktəplɔ̀ɪd/ *a, n* 8 部分[面, 相]からなる(もの);〘生〙八倍性の, 八倍体(の). ♦ **-plòi·dy** *n*

oc·to·pod /ɑ́ktəpɑ̀d/ *a, n*〘動〙八腕類[目]の(動物). ♦ **oc·top·o·dan** /ɑktɑ́pədən/ *a, n* **oc·top·o·dous** /ɑktɑ́pədəs/ *a*

oc·to·pus /ɑ́ktəpəs/ *n* (*pl* ~**·es, -pi** /-pàɪ/, **oc·top·o·des** /ɑktɑ́pədì:z/)〘動〙タコ,《一般に》八腕類の動物; タコの足状に枝の出たもの; 多方面に勢力をふるう団体; ᵁ荷押え用の放射状ゴムバンド (spider). ♦ **oc·to·poid** /ɑ́ktəpɔ̀ɪd/ *a* [Gk (*pous* foot)]

oc·to·push /ɑ́ktəpʊ̀ʃ/ *n* 潜水ホッケー, オクトプッシュ《2 チームに分かれてプールの底のパックを相手ゴールに入れることを争う》. [*octo*pus+*push*]

oc·to·roon /ɑ̀ktərú:n/ *n* 黒人の血が 1/8 はいった黒白混血児. [*quadroon* にならったもの]

òcto·syllábic *a* 8 音節の; 8 音節の詩句からなる〈詩〉. ► *n* 8 音節の詩句.

ócto·sỳllable /‚ ⌣ — ⌣́ ⌣/ *n* 8 音節の単語[詩行]. ► *a* OCTOSYLLABIC.

oc·to·thorp(e) /ɑ́ktəθɔ̀:rp/ *n* ナンバー記号《#》. [8 つの突起から; *thorp*<?]

oc·troi /ɑ́ktrɔ̀ɪ; -trwɑ̀:; *F* ɔktrwa/ *n*《フランス・インドなどの》物品入市税; 物品入市税徴収所(の役人). [F (*octroyer* to grant)]

oc·tu·ple /ɑ́kt(j)ù:p(ə)l, ɑkt(j)ú:-, ɑ́ktə-; ɑ́ktjə-, ɑktjú:-/ *a* 8 重の, 8 倍の; 8 つの部分からなる. ► *n* 8 倍の数[量, 額]. ► *vt, vi* 8 倍にする[なる]. ★ ⇨ QUADRUPLE.

oc·tup·let /ɑktʌ́plət, -t(j)ú:p-, ɑ́ktəp-; ɑ́ktjəp-/ *n* 8 つの関連要素からなるもの; 八つ子;〘楽〙八連符.

oc·tu·plex /ɑ́ktjù:plèks/ *a* 8 倍の, 8 重の.

oc·tu·pli·cate /ɑkt(j)ú:plɪkət, -tʌ́p-/ *n* [ᵁin ~] 全く同じ 8 つのもの, 8 通のコピー. ► *a* 8 つの同じ部分からなる, 8 重の; 全く同じ 8 つのもの[8 通のコピー]の 8 番目の. ► *vt* /-kèɪt/ 8 倍する; …のコピーを 8 通作成する.

oc·ul- /ɑ́kjəl/, **oc·u·lo-** /ɑ́kjəlou, -lə/ *comb form*「眼」 [L (OCULUS)]

oc·u·lar /ɑ́kjələr/ *a* 視覚上の, 目による; 見たことに基づく; 目の, 目に関する; 目に似た, 目のような: an ~ witness 目撃者 / the ~ proof [demonstration] 目に見える証拠. ► *n* 接眼鏡, 接眼レンズ; 目. ♦ ~**·ly** *adv* [F<L ↑]

oc·u·lar·ist /ɑ́kjələrɪst/ *n* 義眼技工士.

oc·u·late /ɑ́kjəlèɪt, -lət/, **-lat·ed** /-lèɪtəd/ *a* 目玉のような穴[模様]のある (ocellated).

oc·u·list /ɑ́kjəlɪst/ *n* 眼科医 (ophthalmologist); 検眼士 (optometrist). ♦ **òc·u·lís·tic** *a*

Óc·u·li Súnday /ɑ́kjəlàɪ-/〘キ教〙四旬節 (Lent) の第 3 日曜日.

òculo·mótor〘解〙*a* 目を動かす, 眼球運動の, 動眼の; (動)眼神経の.

oculomótor nèrve〘解〙動眼神経.

oc·u·lus /ɑ́kjələs/ *n* (*pl* **-u·li** /-làɪ/)〘建〙《ドームなどの頂部の》円形窓, 眼窓; 卵形窓 (œil-de-boeuf); ヴォリュート (volute) の中央の突起. [L=eye]

od[1], **odd, 'od** /ɑ́d/ *n* [°Od]《古・方》GOD《God の頭音消失形; 誓い・ののしりなどの場合に不敬を避けるための代用語; しばしば所有格の形で用いる》: *Od's* body! 十字架上のキリストの御体(に誓って) / *Od's* vengeance! こんちくしょう! / *od's* wounds=ZOUNDS.

od[2] /ɑ́d, óud/ *n* オッド《ドイツの化学者 Freiherr Carl von Reichenbach (1788–1869) の恣意的造語; 磁力・化学作用・催眠現象などを説明するために自然界に遍在すると想定された自然力》.

OD /òudí:/《俗》*n* 薬物[麻薬]の過量摂取; 麻薬をやりすぎた人. ► *vi* (**OD'd, ODed; OD'·ing**) 薬物[麻薬]を過量摂取する〈*on* heroin〉, 麻薬をやりすぎて具合が悪くなる[死ぬ, 入院する]; やりすぎる, 中毒になる〈*on*〉. [*overdose*]

OD Doctor of Optometry ♦ °Officer of the Day ♦ °Old Dutch;〘米陸軍〙°olive drab ♦ °ordinary seaman ♦ °ordnance datum ♦ outside diameter《管などの》外径 ♦ outside dimension.

OD, O/D, O/d, o/d〘銀行〙on demand ♦〘銀行〙overdraft, overdrawn.

oda, odah /óudə, oudɑ́:/ *n* (*pl* ~**s**, ~) ハーレム (harem) 内の部屋; ODALISQUE. [Turk=room]

ODA Official Development Assistance 政府開発援助 ♦〘英〙°Overseas Development Administration.

odah ⇨ ODA.

odal, odel /óudl/ *n*〘史〙《中世以前の, Teuton 族の》自由私有地. [ON]

oda·lisque, -lisk /óud(ə)lɪ̀sk/ *n* オダリスク《**1**) イスラム教国宮中の女奴隷 **2**) トルコ君主の側妻(そばめ) **3**) Matisse などが描いたその臥像》. [F<Turk *odalik* concubine]

oday /oudéɪ/ *n*《俗》金, ぜに. [pig Latin〈*dough*]

odd[1] /ɑ́d/ *a* **1** 余分の, 残りの, 端数の, …あまり; 少量の, わずかな;《2 つ一組の》片方の; 組になれなかった, あぶれた; 半端な, 端物の: twenty-~ years 20 有余年 / three pounds ~ 3 ポンドあまり / You may keep the ~ money. あまった金は取っておきなさい / at ~ moments 合間合間に / find an [the] ~ minute [moment] わずかなひまを見つける / an ~ shoe [glove] 靴[手袋]の片方 / ~ numbers《雑誌の》端本 / ~ bits of information 雑報 / an ~ player 員数外[控え]の選手. **2** 時々の, 臨時の; 雑多な: ODD JOBS. **3** 奇数の (opp. *even*), 奇数番(目)の;〘数〙〈関数が〉奇の;《同点試合で》〈ゴールが〉決勝点となる: an ~ number 奇数 / ~ months 大の月《31 日ある月》. **4** 変な, 風変わりな, 奇態な, 妙な (queer): an ~ young man 風変わりな若者 / How ~! なんておかしなことだろう / It's ~ that…なのは変だ / ~ in the head 気がふれて. **5**〈場所など〉へんぴな, はずれの: in some ~ corner どこかの片隅に. ● ~ **and** [**or**] **even** 奇数か偶数か, 丁か半か《一種の当てごと遊戯; ~**s or evens** ともいう》. ODD MAN OUT. ► *n* 半端もの, あまり;〘ゴルフ〙オッド《**1**) 1 つのホールで相手より多く行なう 1 ストローク **2**) ハンディキャップとして各ホールのスコアから引く 1 ストローク》. ★ ⇨ ODDS. [ON *oddi* angle, third or odd number; cf. OE *ord* point of weapon]

odd[2] ⇨ OD[1].

ódd·bàll *n*《口》変わり者, 偏屈者, はみだし者. ► *a*《口》妙な, 変な, 変わった.

ódd bírd《口》変わり者[種], 常軌を逸した人, 変人, 変物 (=*strange bird*).

ódd-bòd /-bɑ̀d/*《俗》*n* 妙な体型(の持主), 変わったからだつき(の人); 変わり者.

ódd-còme-shórt《古》*n*《布の》小ぎれ, 切れっぱし, 端切れ; 残り; [*pl*] 残りくず, 寄せ集めもの; 近日. ♦ ~**·ly** *n*《古》近日: one of these ~*lys* [~*lies*] 近いうちに, いずれそのうちに, 遠からず.

ódd-èven* *a* 奇数偶数方式の《偶数日には偶数ナンバーの, 奇数日には奇数ナンバーの車に限りガソリンを販売する方式など》.

Ódd Fèllow, Ódd·fèllow オッドフェロー《18 世紀英国に創立された一種の秘密共済組合 Independent Order of Odd Fellows (オッドフェローズ独立共済会, 略 IOOF) の会員; 略 OF》.

ódd físh (*pl* ~)《口》ODDBALL.

ódd fúnction〘数〙奇関数《$f(-x)=-f(x)$ なる関数; cf. EVEN FUNCTION》.

ódd·ish *a* やや風変わりな, ちょっと変わった, 少々奇妙な.

odd·i·ty /ɑ́dəti/ *n* 風変わり, 奇異; 変人, 奇人; 珍妙な物, 奇妙[奇態]な事; [ᵁ*pl*] 奇癖, 偏屈.

ódd jób [ᵁ*pl*] 臨時[片手間]仕事, 雑用. ♦ **ódd-jóbbing** *n*

ódd jóbber ODD-JOBMAN.

ódd-jòb·man /-mən/ *n* (*pl* **-men** /-mən/) 雑用をする人, 便利屋.

ódd lót〘証券〙半端もの, 端株 (cf. ROUND LOT).

ódd-lót·ter *n* 端株購入者[投資家].

ódd·ly *adv* 奇妙に, 奇異に; 半端に, 残りとなって; 奇妙にも: ~ matched [assorted] 妙な組合わせの / ~ enough 妙な話だが, 不思議にも (strange to say).

ódd mán [the]《賛否同数のとき》裁決権 (casting vote) を握る人; ᵁ臨時雇い[日雇い](労務者).

ódd màn óut, ódd òne óut **1**《硬貨を投げたりして》グループの中から一人を選ぶ方法[ゲーム]; グループから一人選ばれた[はずされた]人, 残り鬼. **2**《グループの中で》一人[一つ]だけ他と異なっている人[もの], 孤立者, 仲間はずれ, 変わり者.

ódd·ment *n* [ᵘ*pl*] 残り物, 余り物, はんぱもの; [*pl*] がらくた, くず; ODDITY; [*pl*]ᴴ〖印〗付物《目次・奥付など書籍の本文以外の部分》: ～ of food [information] 雑多な食物[情報].

ódd·ness *n* 奇妙, 奇異(なこと); 半端.

odd one out ⇨ ODD MAN OUT.

ódd permutátion〖数〗奇順列;〖数〗奇置換.

ódd-pínnate *a*〖植〗〈葉が〉奇数羽状の. ♦ **～·ly** *adv*

odds /ádz/ *n pl* **1** 見込み, 可能性; 確率; 勝算, 勝ち目, 歩(ぶ): beat [overcome] the ～ 不利なオッズ[下馬評]を覆す, 番狂わせの活躍をする (cf. 成句) / lengthen [shorten] ～ *on*…の可能性を低める[高める], …を不利[有利]にする / It is within the ～. そうなる可能性はある / The ～ are against him [in his favor]. 彼が成功する可能性は低い[高い] / The ～ are that he will come. たぶん彼は来るだろう. **2** [ˢ〈*sg*〉] 差異, 優劣の差; 不平等, 不平等なもの; 《賭け事の》五分以上の勝ち目; 賭け率, 配当率, オッズ: make ～ even 優劣をなくする, 互角にする / The ～ are 10 to 1 *on*…〈競走馬など〉の配当は 10 倍だ / LONG [SHORT] ODDS. **3** 《競技などで弱者に与える》ハンディキャップ; *恩恵. ● **against longer** [**fearful**] **～** 強敵を向こうにまわして. **against the** [**all** (**the**)] **～** 非常な不利[困難, 分の悪さ]にもかかわらず, 大方の予想を裏切って. **ask no ～** *ひいきを求めない. **at ～** 不和で, 争って, 合致しない, ちぐはぐで 〈*with*; *over*〉: set…*at* ～ …を争わせる. **beat** [**defy**] (**all**) **the ～** 予想を覆す, 逆境を克服する. **by** (**all**) **～**＝**by long ～** あらゆる点で, どう見ても; 明らかに, はるかに. **It** [**That**] **makes no ～.** 《口》大差ない, どうでもよい. **lay heavy ～ that**…と断言する, 明言する. **lay** [**give**] **～** 相手に有利な賭けを申し出る; 〈…ということに〉賭ける, 推測する 〈*on*, *that*〉: I *laid* him ～ of 20 to 1. 彼に 20 倍で賭けを持ちかけた《相手が勝てば賭け金の 20 倍を支払う》/ I'll *lay* ～ *that* she won't succeed. 彼女が成功しないほうに賭けよう. **over the ～**ᴴ限度を超えて, 《値段・支払いなどが》普通[予想]より(…だけ)高く[多く]; 《豪》法外な, 不当な. **play the ～** 賭けをする. **set** [**offer**] **～** 賭け率を公表する. **shout the ～**ᴴ《俗》しゃべりまくる, 自慢する, 言い立てる. STACK **the ～.** **take ～** 賭けに応じる, 人に不利な賭けを提示する. **What is** [**are**] **the ～ that…?** …の見込みはどんなものだろう. **What's the ～?** 《口》どうでもいいじゃないか, それがどうした, 大差ないよ.
► *vi*ᴴ《俗》賭ける, 一丁やってみる《労働者階級のことば》. ► *vt* ᴴ《俗》避ける, のがれる: can't ～ be*ing*…であるのは避けられない.
● **～ it**ᴴ《俗》一丁やってみる.
[(pl) < ? ODD¹; cf. NEWS]

ódds and bóbs *pl* ODDS AND SODS.

ódds and énds *pl* がらくた; 雑用; 残り物, はんぱもの.

ódds and sódsᴴ《口》*pl* ODDS AND ENDS; 雑多な人たち, 有象無象(うぞうむぞう).

ódds·màker *n* 賭け率を設定する人[業者], オッズ屋.

ódds-ón *a* 五分以上の勝ち目[可能性]がある; かなり確実[安全]な: an ～ favorite〖競馬〗本命馬; 本命の人[チームなど] / an ～ best-seller ベストセラーになりそうな本 / It's ～ (that)…. おそらく…. ► *n* 勝ち目.

ódd tríck〖トランプ〗オッドトリック《**1**) ブリッジですでに 6 トリック以上獲得したディクレアラー側がそのあとに獲得するトリック **2**) ホイストで双方 6 トリックずつ獲得した際の 13 回目のトリック》.

ode /óʊd/ *n* 頌詩, 頌歌, オード《特定の人・物などに寄せる抒情詩》; 《古》歌唱用の詩; [the O-s]『歌章』《ホラティウス (Horace) の詩集; 作者の円熟期の作品で, ラテン文学の白眉とされる》: BOOK OF ODES / a choral ～〖古ギ劇〗合唱歌. [F, < Gk *ōidē* song]

-ode¹ /oʊd/ *n comb form*「…のような性質[形状]を有するもの」: geo*de*, phyllo*de*. [Gk (*-eidēs* -like)]

-ode² *n comb form*「道 (way, path)」「電極 (electrode)」: an*ode*, electro*de*; dio*de*. [Gk (*hodos* way)]

odea *n* ODEUM の複数形.

odel ⇨ ODAL.

Odels·t(h)ing /óʊdlstɪŋ/ *n* 《ノルウェー国会の》下院 (cf. STORT(H)ING, LAGT(H)ING). [Norw]

Oden·se /óʊd(ə)nsə/ オーゼンセ, オーデンセ《デンマーク南部 Fyn 島北部の市》.

ode·on /óʊdiən, oʊdíːən/ *n* ODEUM.

Odeon /óʊdiən/ オーディオン《英国 Odeon Cinemas Ltd. の所有する映画館》.

Odé·on /*F* ɔdeɔ̃/ 《Paris の》オデオン座 (Théâtre de l'～).

Oder /óʊdər/ [the] オーデル川 (*Czech*, *Pol* Odra)《チェコ東部に発し, ポーランド西部を北流して Neisse 川に合流し, さらにポーランド・ドイツ国境を北流してバルト海に注ぐ川》.

ode·rint dum me·tu·ant /óʊdɛrɪnt dùm métʊàːnt/ 彼らが恐れる間は彼らが憎むのもいいだろう. [L]

Óder-Néisse Lìne [the] オーデル-ナイセ ライン《ポツダム会談 (1945) で規定されたポーランドとドイツの国境線; 東ドイツが 1950 年, 西ドイツも 70 年にこれを承認; 90 年ドイツ統一後, ポーランドとドイツは戦後国境の永続的保障を確認する条約に調印》.

Odes·sa, Odesa /oʊdésə/ オデッサ《ウクライナ南部の黒海に臨む港湾都市》.

Óde to the Wést Wínd「西風への頌詩」《Shelley の詩 (1819)》.

Odets /oʊdéts/ オデッツ **Clifford** ～ (1906–63)《米国の劇作家・映画脚本家; *Waiting for Lefty* (1935), *Awake and Sing* (1935), *Golden Boy* (1937) など》.

Odette /oʊdét/ **1** オデット《女子名》. **2** オデット《Tchaikovsky のバレエ音楽 *The Swan Lake* に登場する白鳥に姿を変えられた姫》. [L (dim) < *Odille* (F < Gmc = from the fatherland)]

ode·um /óʊdiəm, oʊdíːəm/ *n* (*pl* **odea** /óʊdiə, oʊdíːə/, ～**s**) 《古代ギリシア・ローマの》奏楽堂; 《一般に》音楽堂, 劇場. [L = music hall; ⇨ ODE]

ODI〖クリケット〗One Day International ワンデイ・インターナショナル《1 日で完結する国別対抗戦》.

od·ic¹ /óʊdɪk/ *a* ODE (風)の.

od·ic² /ádɪk, óʊ-/ *a* OD² の.

odi et amo /óʊdìː ɛt áːmoʊ/ わたしは憎みかつ愛す. [L]

odif·er·ous /oʊdíf(ə)rəs/ *a* ODORIFEROUS.

Odin /óʊd(ə)n/〖北欧神話〗オーディン《知識・文化・軍事をつかさどる最高神》. ♦ **Odin·ic** /oʊdínɪk/ *a*

odi·ous /óʊdiəs/ *a* 憎むべき, 憎らしい, いやらしい, 不快な, 忌まわしい, 唾棄すべき. ♦ **～·ly** *adv* **～·ness** *n* [OF < L (ODIUM)]

od·ist /óʊdɪst/ *n* 頌詩[オード]作者[詩人].

odi·um /óʊdiəm/ *n* 悪評, 汚名; 嫌悪, 忌まわしさ; 反感, 憎悪. [L = hatred]

ódium the·o·ló·gi·cum /-θìːəlάʤɪkəm/ (見解を異にする)神学者同士の憎悪. [L]

Odo·a·cer /óʊdoʊèɪsər, άd-; ɔ̀dəʊéɪsə/ オドアケル (c. 433–493)《ゲルマン人のイタリア王 (476–493); 西ローマ帝国を倒し (476), イタリア王を称した》.

ódo·gràph /óʊdə-, άdə-/ *n* 《車の》走行記録計, 《船の》航行記録計, オドグラフ《コースと距離を自記》; 歩行記録計《歩幅・歩数・速度を記録》.

odom·e·ter /oʊdάmətər, ɑ-/ *n* 《車の》走行距離計, 測距離車《測地用》(mileometer). ♦ **odóm·e·try** *n* [F (Gk *hodos* way)]

odo·nate /óʊd(ə)nèɪt, *oʊdάnèɪt/ *a*, *n*〖昆〗トンボ類[目] (Odonata) の(各種昆虫).

O'·Don·o·van /oʊdάnəv(ə)n, -dʌ́n-/ オドノヴァン **Michael John** ～ 《Frank O'CONNOR の本名》.

odont- /oʊdάnt/, **odon·to-** /-dάntoʊ, -tə/ *comb form*「歯」[F < Gk *odont-* *odous* tooth]

-o·dont /ədὰnt/ *a comb form*「…な歯をもつ」: hetero*dont*. [Gk (↑)]

odon·tal·gia /oʊdὰntǽlʤ(i)ə; ɔ-/ *n*〖医〗歯痛 (toothache). ♦ **òdon·tál·gic** *a* [*-algia*]

-o·don·tia /ədάnʃ(i)ə/ *n comb form*〖動〗(*pl* ～)「…な歯をもつ動物」;〖医〗(*pl* ～**s**)「歯の…形[状態, 治療法]」: ortho*dontia*. [NL; ⇨ -ODONT]

odónto·blàst *n*〖解〗象牙(質)芽細胞, 造歯細胞. ♦ **odòn·to·blás·tic** *a*

odon·to·ce·te /oʊdάntəsìːt; ɔ-/ *n*〖動〗ハクジラ (toothed whale) 《ハクジラ亜目 (Odontoceti) のクジラの総称; イルカ・シャチ・マッコウクジラなど; 歯をもち, 魚・イカ・エビなどを捕食する; 噴気孔は一つ》. [L *cete* whales]

odon·to·glos·sum /oʊdὰntəglάsəm; ɑ-/ *n*〖植〗オドントグロッスム属 (*O-*) のラン《熱帯アメリカ原産》. [Gk *glōssa* tongue]

odónto·gràph *n* 歯形規《歯車の輪郭を描く器具》.

odon·toid /oʊdάntɔɪd; ɔ-/〖解・動〗*a* 歯状の; 歯(状)突起の. ► *n* ODONTOID PROCESS.

odóntoid pròcess〖解・動〗《第 2 頸椎前面の》歯(状)突起.

odónto·lìte *n*〖鉱〗歯トルコ石, オドントライト (= *bone turquoise*) 《骨または歯の化石が燐酸鉄で明るい青色になったもので, トルコ石に似ている》.

odon·tol·o·gy /oʊdὰntάləʤi; ɔ-/ *n* 歯学, 歯科学. ♦ **-gist** *n* **odon·to·log·i·cal** /oʊdὰnt(ə)lάʤɪk(ə)l; ɔ-/ *a*

odónto·phòre *n*〖動〗《軟体動物の歯舌を支える》歯舌突起. ♦ **odon·toph·o·ral** /oʊdὰntάf(ə)rəl; ɔ-/ *a*

odon·to·rhyn·chous /oʊdὰntəríŋkəs; ɔ-/ *a*〖鳥〗LAMELLIROSTRAL.

odor | odour /óʊdər/ *n* におい, 臭気, 匂い, 香り《不快なものを指すことが多い》;〖ワイン〗オーダー《フランス語 odeur; 鼻からはいって感ずるワインの香り》; 気味, 気(け); 評判, 人気, 名声; 《古》香水. ● **in bad** [**good**] **～** (…に)評判が芳しくない[よい]〈*with*〉: fall *into bad* ～ 評判が悪くなる. ♦ **～ed** *a* **～·ful** *a* **～·less** *a* [AF, OF < L *oder* smell, scent]

odor·ant /óʊdərənt/ *n* 臭気物質, 着臭剤, 臭気剤《無臭の有毒ガスなどに入れる》.

odor·if·er·ous /òʊdəríf(ə)rəs/ *a* 芳香のある; 悪臭を放つ; 道徳的にけしからぬ. ♦ **～·ly** *adv* **～·ness** *n*

odor·im·e·try /òʊdərímətri/ *n*〖化〗臭度測定《匂いの強さと持続性の測定》.

odor·i·phore /oudárəfɔ:r/ *n* 〘化〙発香団.
ódor·ìze *vt* …に香り[匂い]をつける[出させる], 臭気化する.
ódor of sánctity [the; °*derog*/*iron*] 聖者の香り, 有徳のほまれ, 聖人臭《聖者が死ぬ時や, その遺骸が掘り出される時には芳香を放つとされたことから》.
ódor·ous *a* 匂い[香り, くさみ]のある, 匂う (cf. MALODOROUS). ♦ **～·ly** *adv* **～·ness** *n*
Odo·va·car, -kar /òudəvéıkər/ ODOACER.
Odra /ɔ́:drə/ [the] オドラ川《ODER 川のチェコ語・ポーランド語名》.
ODs /òudí:z/ *n pl* *《軍口》《かつての米陸軍の》OLIVE DRAB の軍服.
ods·bod·i·kins /ɑdzbádıkənz/, **ods bod·kins** /ɑdz bádkənz/ *int* [°O-]《古》ちくしょう, くそ!
ODTAA one damn thing after another (⇨ THING[1] 成句).
-o·dus /-ədəs/ *n comb form* 〘動〙「…な歯をもつ動物」: cera*todus*. [NL (Gk *odous* tooth); cf. -ODONT]
O.D.V., o.d.v. /óudì:ví:/ *n*"《俗》[*joc*] オーディーヴィー, ブランデー《eau-de-vie を略語に擬したもの》.
od·yl, od·yle /ádl, óu-, "-dıl/ *n* OD[2]. ♦ **odýl·ic** *a*
-o·dyn·ia /ədíniə, ou-/ *n comb form*「…痛」: omo*dynia*. [NL＜Gk]
Od·ys·se·an /oudísiən/ *a* ODYSSEY の(ような): an ～ /àdəsí:ən/ journey 大冒険旅行.
Odys·se·us /oudísiəs, -sjəs/ 〘ギ神〙オデュッセウス《トロイア戦争におけるギリシア側の大将; ローマ名は ULYSSES; 妻は Penelope》.
Od·ys·sey /ádəsi/ **1** [the] オデュッセイア《Homer 作とされる大叙事詩で, トロイア戦争から凱旋の途次の 10 年間の Odysseus の漂泊を述べる; cf. ILIAD》. **2** [°o-] 長期の冒険旅行, 波瀾万丈の放浪の旅; 知的彷徨, 精神的漂泊.
Od·zooks /ɑdzúks, ɑdzú:ks/, **Od·zook·ers** /-kərz/ *int* ちくしょう《軽いののしり》.
œ, oe, Œ, Oe /ɛ, i:/ ギリシア・ラテン系の語にみられる oe (の合字)《今は固有名詞以外多くは e と略す》: *Œ*dipus, diarrh*œ*a (＝diarrhea).
Oe 〘理〙oersted(s).
OE °Old English.
Oea /í:ə/ オエア《リビアの TRIPOLI の古代名》.
OECD °Organization for Economic Cooperation and Development.
oe·cist /í:sıst/, **-kist** /-kıst/ *n* 入植者 (colonizer).
oecology ⇨ ECOLOGY.
oecumenical ⇨ ECUMENICAL.
OED °Oxford English Dictionary.
oedema ⇨ EDEMA.
oed·i·pal /ɛ́dəp(ə)l, í:-; í:-/ *a* [°O-]〘精神分析〙エディプスコンプレックスの[に基づく]. ♦ **～·ly** *adv*
Oed·i·pus /ɛ́dəpəs, í:-; í:-/ *n* 〘ギ神〙オイディプース《テーバイの王; Sphinx のなぞを解き, 父母との関係を知らずに父 Laius を殺し, 母 Jocasta を妻として 4 人の子をもった; 真相を知ってわが眼をくりぬいた》. ► *a* OEDIPAL. [Gk *Oidipous*]
Óedipus còmplex 〘精神分析〙エディプスコンプレックス《子が異性の親に対しては性的思慕を, 同性の親に対しては反発を無意識的にいだく心的傾向; もとは男の子の場合のみに用いた; cf. ELECTRA COMPLEX》.
oe·dom·e·ter /idámətər/ *n* 〘土木〙圧密試験機.
OEEC °Organization for European Economic Cooperation.
Oeh·len·schlä·ger, Öh·len- /ɔ́:lənʃlèıgər/ エーレンスレーヤー **Adam Gottlob** ～ (1779–1850)《デンマークのロマン派詩人・劇作家》.
œil /*F* œj/ *n* (*pl* **yeux** /*F* jø/) 目 (eye).
œil-de-bœuf /*F* œjdəbœf/ *n* (*pl* **œils-de-** /—/) 〘建〙《特に 17–18 世紀建築の》円窓, 卵形窓. [F＝bull's eye]
œil-de-per·drix /*F* œjdəpɛrdri/ *n* (*pl* **œils-de-** /—/) うおのめ (corn). [F＝partridge's eye]
œil·lade /*F* œjad/ *n* 色目, 秋波 (ogle).
oekist ⇨ OECIST.
OEM /óuì:ɛ́m/ *n* OEM《取引先の商標で販売される製品の受注生産企業》. [*o*riginal *e*quipment *m*anufacturer]
Oe·ne·us /í:niəs, í:njù:s/ 〘ギ神〙オイネウス《Calydon の王; Dionysus より最初にブドウの木を与えられたという》.
oe·noch·o·e /inákoui/ *n* (*pl* **～s, -o·ae** /-kouì:/) オイノコエ《古代ギリシアの水差し》.
oenology ⇨ ENOLOGY.
Oe·no·ma·us /ì:nəméıəs/ 〘ギ神〙オイノマーオス《Elis にある Pisa の王》.
oe·no·mel /í:nəmɛ̀l/ *n* 《古代ギリシアの》オイノメル《ぶどう酒に蜜を混ぜた飲料》; 力と甘美に満ちたもの《ことば・思想など》.
Oe·no·ne /inóuni/ 〘ギ神〙オイノーネ《Ida 山の予言の能力をもつニンフ; PARIS[2] の妻となったが Helen のために捨てられた》.
oe·no·phile /í:nəfàıl/, **oe·noph·i·list** /ináfəlıst/ *n* ワイン愛好家, ワイン通. [Gk *oinos* wine]
oe·no·thera /ì:nəθíərə/ *n* 〘植〙アカバナ科マツヨイグサ属 (*O*-) の各種草本《夕方に黄色の花を開くものが多い; evening primrose など》.
OEO 〘米〙Office of Economic Opportunity.
OER officer efficiency report 将校[士官]勤務評定(報告).
o'er /ɔ́:r/ *adv, prep* 《詩》OVER.
Oer·li·kon /ɔ́:rləkàn/ *n* エリコン《地対空誘導弾》;《飛行機用》エリコン 20 ミリ機関砲.
oer·sted /ɔ́:rstəd/ *n* 〘理〙エルステッド《磁界強度の単位; 記号 Oe》. [Hans C. ØRSTED]
oesophag-, oesophago- ⇨ ESOPHAG-.
oesophagitis ⇨ ESOPHAGITIS.
oesophagus ⇨ ESOPHAGUS.
oestr-, oestrin, oestrogen, oestrus, etc. ⇨ ESTR-, ESTRIN, ESTROGEN, ESTRUS, etc.
oestradiol ⇨ ESTRADIOL.
Oe·ta /í:tə/ オイティ《ギリシア中部 Pindus 山脈東部の支脈; 最高点 2152 m》.
œuf /*F* œf/ *n* (*pl* **～s** /ø/) 卵 (egg).
œufs à la coque /*F* ø a la kɔk/ *pl* 半熟卵.
œufs à la neige /*F* -nɛ:ʒ/ *pl* 淡雪卵.
œufs à l'in·di·enne /*F* -lɛ̃djɛn/ *pl* インド風卵料理《カレー味》.
œufs de Paque /*F* ø də pɑ:k/ *pl* EASTER EGGS.
œufs sur le plat /*F* ø syr lə pla/ *pl* 目玉焼き;《口》ぺちゃパイ.
œu·vre /ɔ́:vrə; *F* œ:vr/ *n* (*pl* **～s** /—/)《一人の作家・芸術家などの》一生の仕事, 全仕事, 全作品;《一つの》芸術作品. [F＝work (OPERA)]
of[1] /ə(v), àv, *ʌ̀v/ *prep* **1** [所属・所有] …の, …の所有する, …に属する: the leg *of* a table テーブルの脚《無生物の場合; cf. a dog's tail 犬のしっぽ》/ the room *of* my brothers 兄弟たちの部屋《my brothers' room は my brother's room と紛れやすい》. **2 a** [部分・分量・度合い・包括・選択] …の(一部分); …の中から[中の]: the City *of* London ロンドンのシティー《商業地区; cf. 5》/ a cup *of* tea 1 杯の紅茶 / one *of* my friends わたしの友人のうちの 1 人 (cf. 5) / some *of* that bread そのパンを少し / five *of* us われわれのうちの 5 人 (cf. 5) / the bravest *of* the brave 勇者の中の勇者 / he *of* all men だれよりもまず[人もあろうに]彼が / the one thing *of* all others that…である数ある中の一つ / *Of* all the impudence! なんとも厚顔な / be sworn *of* the Council 宣誓のうえ枢密顧問官に就任する. **b** [of＋最上級形容詞の形で] …の(一つ[一人]の), …に属する: Her temper is *of* the quickest. 彼女はひどく短気なたちだ. **c** [動詞のあとに用いて] …の(いくらかを): drink deep *of*…を大量に飲む / partake *of*…を(いくらか)食べる / give *of* one's best できるかぎり尽くす. **3** [材料] …で(作った), …から(なる): made *of* gold [wood] 金[木]製の / a dress *of* paper 紙製の服 / a house (built) *of* brick 煉瓦造りの家 / make an ass *of* sb 人をばかにする / make a teacher *of* one's son 息子を教師にする. **4 a** [関係] …の点において, …に関して, …について, …を, …が (in point of): blind *of* one eye 片方の目が見えない / It is true *of* every case. どの場合にも本当だ / What *of* the danger? 危険が何だ. **b** [主題] …についての (about): a story *of* space travel 宇宙旅行の話 / a picture *of* John ジョンを描いた絵. **c** [目的] …のための (for): a house *of* prayer 祈りの館, 教会. **5** [同格関係] …の, …という, …である: the city *of* Rome ローマ市 (cf. 2a) / the fact *of* my having seen him わたしが彼に会ったという事実 / the five *of* us われわれ 5 人 (we five) (cf. 2a) / that fool *of* a man あのばかな男 (that foolish man) / an angel *of* a woman 天使のような女 (an angelic woman) / He is a friend *of* mine. 彼はわたしの(一)友人です《a friend と my friend を一つにまとめた表現; cf. 2a》/ that nose *of* his 彼のあの鼻 / a volume *of* Milton's ミルトンの一作品 (cf. 9a) / a picture *of* John's ジョンが描いた[所有している]絵 (cf. 4b). **6** [距離・位置・分離・剥奪] …より, …から: within ten miles *of* London ロンドンから 10 マイル以内に / ten miles north *of* Chicago シカゴの北 10 マイル / deprive sb *of* a thing 人から物を奪う / recover *of* a cold かぜが直る / back *of*… *…の後ろに (behind). **7** [起源・原因・理由] …の, …から; …で, …のため: be [come, descend] *of*…の出だ / die *of* cholera コレラで死ぬ. **8** [of＋名詞の形で形容詞句をなして] …の: a depth *of* fifty feet 50 フィートの深み / a man *of* ability 有能の士 (an able man) / a tale *of* fear こわい話 / be *of* (great) use (大いに)役立つ / a boy *of* five (YEARS). **9 a** [作者・作為者] …の, …が: the works *of* Milton ミルトンの(全)作品 (Milton's works) / the love *of* God 神の愛 (God's love toward men) (cf. 10) / It was kind *of* you to do so. きみがそうしたのは親切だ. **b** 《古》…によって (by): be beloved *of*…に愛される. **10** [目的格関係] …の, …を: the love *of* God 神を愛すること (cf. 9a). **11** [時の副詞句をつくる]《口》: He is a watchman and sleeps *of* a morning. 夜警なのでよく朝などに眠る / play golf *of* a Sunday (いつも)日曜にゴルフをやる《普通は on Sunday(s) という》. **12** [時間] *(…分)前 (＝to) (opp. *after*): at five (minutes) *of* four 4 時 5 分前に. **13** 《古》…に対する (on). [OE (弱形)＜*æf*; cf. G *ab* off, from, L *ab* away from]
of[2] /ə(v)/ *v auxil* 《発音つづり》have《方言やくだけた話し方を示す》: You could *of* been a great athlete.
of- /əf, ɑ̀f/ ⇨ OB-.
OF °Odd Fellow(s) ♦ °old face ♦ °Old French ♦ outfield.

ofa·gin·zy /òufəgínzi/ *n* *《黒人俗》OFAY.

O'·Fao·lain /oufélən, -fǽl-/ オフェイロン **Seán** ～ (1900–91)《アイルランドの作家》.

ofay /óufèɪ, ─́─̀/ *《黒人俗》*n* [*derog*] 白人; [*derog*] 白人のまねをしたがる黒人《foe や oaf の逆読み俗語または pig Latin 形から》: ixnay ～(*s*) =no whites. ► *a* 白人の.

Of·com /ɔ́(:)fkɑ̀m, ɑ́f-/ 〖英〗 情報通信庁, オフコム《民間ラジオ·テレビ放送の認可·監督および電気通信事業の業務監査機関; 2003 年独立テレビ委員会 (ITC)·ラジオオーソリティ (RA)·Oftel などを統合して設立; cf. REGULATOR》. [*O*ffice of *Com*munications]

off *prep, adv, a, n, v* ► *prep* /ɔ(:)f, ɑf, ─́/ **1 a** …から(離れて[隔たって]), …を離れて, それて (away from); …の沖に[で] (opp. *on*): two miles ～ the road 道路から 2 マイル離れて / ～ the right course 正しい針路からはずれて / a shop ～ the main street 大通りからはずれた所にある店 / ～ (the coast of) Somalia ソマリア沖に[で] / ～ and on the shore 〈船が〉陸を離れたり陸に近づいたりして. **b** …からはずれて; [*fig*] 〈理解などの域〉に達しないで: ～ balance バランスがくずれて / ～ the subject 主題からそれて / ～ the HINGES. **c** 〈標準〉以下で: 20 percent ～ the marked price 表示価格の 2 割引き. **d** …を食べて[摂取して]; …に養われて[依存して]: LIVE[1] ～. **e** 《口》…から (from): borrow a dollar ～ him 彼から 1 ドル借りる. **2** 〈仕事·活動〉のない; 《口》〈楽しみ·交際など〉をやめて, 絶って: ～ duty 非番で / ～ liquor 禁酒中で. **3** 〈衣服が〉…のあいだ: ～ the shoulders 肩が出る. **4** (食事に) …を(食べる) (on): dine ～ some meat 食事に肉を少し食べる. **5** 〖ゲーム〗…のハンディキャップをつけて: He played ～ 3. 3 点のハンデ付きでプレーした. ● **～ the** CUFF[1] [MARK[1], etc.].

► *adv* /─́/ **1 a** [動詞と共に] あちらへ, (ある位置から)離れて, 隔たって (away); (わきに)それて (aside); 陸を離れて, 沖へ; [be 動詞と共に] 出発して, (…に向かう)途上にあって, これから…に向かうところで 〈*to* England, *on* sth〉: *O～!* =Be ～! 去れ, あっち行け / Stand ～! 離れよ / I must be ～ now. 《口》もう行かなくっちゃ[帰らなくては] / They're ～! 各馬[各選手]一斉にスタート / come ～ 放れ落ちる, 〈柄などが〉とれる / fall ～ 《馬などから》落ちる / get ～ 《馬·車から》降りる / go ～ 去って行く / *O～* we go! さあ出発だ[したぞ], さあ行こう / *O～* it goes. 出発したぞ, 行っちゃったね《飛行機の見送りなどに際して》/ *O～* you go! 行ってしまえ! **b** [他動詞と共に]: beat ～ 〈敵を〉追っぱらう / get ～ 〈衣服を〉脱ぐ; 〈乗客などを〉降ろす / put ～ 脱ぐ; 延期する / take one*self* ～ 去る; 逃げる. **c** [切断·断絶などを表わす動詞と共に] (断ち)切る, (切り)放つ[除く, 取るなど]: bite ～ 食い切る / cut ～ 切り取る[去る]. **2 a** [静止位置·間隔など] 離れて, 隔たって, あちらに, 遠くに (away); 仕事[勤務など]を休んで[離れて]; OFFSTAGE: far ～ ずっと遠くに / a MILE ～ / only three months ～ たった 3 か月先の / take a week ～ 1 週間の休暇をとる / voices ～ 《ト書(がき)で》舞台裏にて人声. **b** 値段を割り引いて: 10 percent ～ (for cash) (現金払いは) 1 割引き. **3** [動作の完了·中止など] …してしまう; …しつくす: drink ～ 飲みつくす / finish ～ 終えてしまう / shut ～ the engine エンジンを止める / turn the lights ～ 明かりを消す / be ～ with…と手を切る[関係を絶つ].

● **be ～ and running** 出発して, 《仕事など》開始して, '走り出して'. **be ～ on**… 〈計算など〉を間違えている; 〈仕事など〉にかかっている, 〈話題〉について《長々と》しゃべり出している; …に腹を立てている. **either ～ or on** いずれにしても, どのみち. **neither ～ nor on** どちらとも決めかねて. **～ and**… 《口》突然に, やぶから棒に. **～ and on** =ON and ～. **～ of**… 《口》…から. **～ to one side** そばに, かたわらに, 少し離れた所に. **～ with** 〈帽子·服などを〉取る, 脱ぐ; [*impv*] 《口》出て行け, うせろ (cf. *adv* 3): *O～ with* your hat! 帽子を取りなさい / *O～ with* you! =Be ～ *with* you! 行っちまえ, 出て行け! / *O～ with* his head! 首をはねろ! **right** [**straight**] **～** 今すぐ, 直ちに (right away).

► *a* /─́/ **1 a** はずれて, 脱落して, とれて; 本道から分かれた; 枝葉的な: an ～ road わき道 / an ～ issue 枝葉の問題. **b** 《口》《事実などから》はずれて, 間違って(いる); (とても)ありそうもない: not far ～ ほぼ正しい / OFF CHANCE. **2 a** 非番の, 休みの; 閑散とした, 季節はずれの: OFF DAY. **b** 止まって; 取りやめ[中止, 無効]で, 打ち切って; 売り切れて, 品切れて, 入手不能て, メニューにない; 〈電気など〉切れて, オフで; *《俗》薬をやめて: The deal is ～. 取引は中止だ. **3 a** 調子がよくない, 異状を呈して, 変で, 〈機械など〉故障して; 質の悪い, 粗悪な; 〈食品など〉鮮度が落ちて, いたんで; 〈色が〉くすんだ. **b** 期待値[水準]以下の, さえない, はずれの; 〈売上げ·株価など〉下がって, 落ちて: OFF YEAR. **c** 《口》狂って, 頭がいかれて; *《俗》酒[麻薬]に酔って. **4** 遠い方の, 向こうの; 海の方の; 《(一対の)馬·車·"道路などの》右側の (opp. *near*); 〖クリケット〗右打者の右前方の (opp. *on*) 《左打者の場合は左》: the ～ wheel 右車輪. **5** 《金·物のたくわえなどの面で》…な状態[境遇]にある, 暮らしが〈楽·貧乏〉で: be well [comfortably]～ 裕福に暮らしている / be worse ～ 前よりも暮らし向きが悪い / be well [badly] ～ *for*… が十分ある[ない]. ● **a bit ～** "《口》〈ふるまいなどが〉常識はずれて, ちょっと困った[不当だ]: It's [That's] *a bit* ～. それはちょっとあんまりだ.

► *n* /─́/ [the] 〖クリケット〗オフ(サイド) (=～ **side**) 《右打者の場合は右前方, 左打者の場合は左前方》; 《口》出走, 出発 (start). ● **from the ～**" 始めから.

► *v* /─́/ *vt* **1** 取り去る, 脱ぐ. **2**"《口》〈交渉·契約·計画を〉やめると通告する, 〈人〉との交渉[約束]を打ち切る; *《俗》殺す, 消す: ～ one*self* 自殺する. **3** *《俗》〈女〉とやる. ► *vi* 〈船が〉陸を離れる, 外洋に出る; [*impv*] 立ち去れ, 脱げ; *《俗》死ぬ (die). ● **～ it** *《黒人俗》死ぬ. [OF; 15–16 世紀ごろから分化]

off. office ♦ officer ♦ official.

Of·fa /ɔ́(:)fə, ɑ́fə/ オッファ (d. 796) 《マーシア (Mercia) 王国の王 (757–796); ⇨ OFFA'S DYKE》.

óff-agàin, ón-agàin *a* ON-AGAIN, OFF-AGAIN.

óff-áir *a, adv* 《録音·録画など》放送から直接の[に]; 有線放送の[で] (cf. ON-AIR).

of·fal /ɔ́(:)f(ə)l, ɑ́f-/ *n* くず, 残滓(ざんし); ごみ; くず肉, 《鳥獣の》臓物, あら《《英》では特に動物の精肉以外の食用部分, つまり臓物のほか舌·脳·尾などをいう; 《米》でこれに相当するのは variety meat》; 死肉, 腐肉 (carrion); 下魚(げざかな), 雑魚 (opp. *prime*); [°*pl*] ぬか, ふすま, もみがら《など》. [MDu *afval* (*af* OFF, *vallen* to fall)]

Of·fa·ly /ɔ́(:)fəli, ɑ́f-/ オファリー《アイルランド中東部 Leinster 地方の県; 旧称 King's County; ☆ Tullamore》.

óff ártist *《俗》泥棒, 詐欺師 (rip-off artist).

Óffa's Dýke オッファの防壁《マーシア王 Offa がウェールズとイングランドの間に造ったとされる土と石の防壁》.

óff-bálance *a, adv* バランスがくずれた[くずれて]; (いつもの)姿勢がくずれて; 不意をつかれて, 狼狽して.

óff-bálance shèet resérve 〖会計〗簿外積立金《貸借対照表に明示されない利益剰余金; 有価証券などの資産の時価が簿価を超えて自然発生するいわゆる含み資産[益]と, 資産の過小評価などの経理操作に基づく是認されないものとがある; 秘密積立金 (secret reserve) ともいう》.

óff-béam *a* 間違った, 不正確な.

óff·béat *a* 普通でない, 風変わりな, とっぴな, 型破りの, 斬新な; 〖ジャズ〗オフビートの《弱拍にアクセントを置く; たとえば 4/4 拍子で第 2 拍と第 4 拍にアクセントのある》. ► *n* /─́ ─̀/ 〖楽〗弱拍, オフビート《小節内のアクセントのない拍》.

óff-bóard *a* 船上[機上, 車載]でない; 〖電算〗主回路基板の外部の, 本体外の; 〈情報端末·ナビゲーションシステムなどが〉外部にデータベースをもつ, オフボードの; 〖証券〗場外の《証券取引所以外での取引の》.

óff-bòok fúnd 《帳簿外の》不正資金.

óff-brànd *a, n* 無名ブランド(の); 安物(の).

óff-brànd cigarètte *《俗》マリファナタバコ.

óff brèak 〖クリケット〗オフブレーク《右打者の場合は右方から自分の方に向かって切れる投球》.

óff-Bróadway *a, adv* [°O-] オフブロードウェーの[で]; ブロードウェーから離れた地区の[で].

óff Bróadway [°O- B-] オフブロードウェー《商業ベースに乗った Broadway 地区の興行に対し, 同地区外 (Greenwich Village など) で行なわれる(実験的な)演劇》.

óff-cámera *adv, a* 《映画·テレビの》カメラに写らないところで(の); 私生活で(の).

óff·càst *a* 捨てられた. ► *n* CASTOFF.

óff-cénter(ed) *a, adv* 中心をはずれた[はずれて]; 普通と違う[違って], バランスを欠いた[欠いて].

óff chànce とてもありそうにない機会. ● **on the ～** あるいは…するかもしれないと思って 〈*that*; *of doing*〉.

óff-cólor, -cólored *a* 正しい[標準的な, 求める]色からずれた, 色がさえない; 元気のない, 気分[体調, 調子]がすぐれない; いかがわしい; きわどい, 下品な〈冗談など〉.

óff·cùt" *n* 切り取られたもの, 残片《紙片·木片·布きれなど》.

óff-cùtter *n* 〖クリケット〗オフカッター《off break の速球》.

óff dày 非番の日, 休みの日; 調子のよくない日.

óff-drìve 〖クリケット〗*n* オフドライブ《右打者の右への強打, 左打者の左への強打》. ► *vt* 〈右[左]打者が〉右[左]へ強打する.

óff-drý *a* 〈ワインが〉中辛口の.

óff-dúty *a* 勤務を離れた, 非番の(時の).

Of·fen·bach /ɔ́:fənbɑ̀:k; G ɔ́fnbax; F ɔfɛnbak/ **1** オッフェンバハ《ドイツ中南部 Hesse 州の Main 川に臨む市》. **2** オッフェンバック **Jacques** ～ (1819–80) 《ドイツ生まれのフランスのオペレッタ作曲家》.

of·fend /əfénd/ *vt* **1** 〈人〉の感情を害する, 立腹させる, 不快にする; 〈感覚·美意識など〉に不快感を与える, 傷つける, そこなう: be ～*ed* 気を悪くして[腹を立てて]いる, むっとする 〈*at* [*by*, *with*] sth, *with* [*by*] sb, *with* sb *for* his act〉 / ～ the ear [eye] 耳[目]にさわる. **2** 《古》〈法·礼儀など〉に背く, 違反する, 犯す; 《聖·廃》〈人〉に罪を犯させる, つまずかせる. ► *vi* 罪[あやまち]を犯す (sin); 〈法·礼儀などに〉背く, 犯す 〈*against*〉; 困らせる, 傷つける; 不快感を与える; 反感をもたせる, おこらせる. ♦ **～·ed·ly** *adv* [OF<L *of-*(*fens- fendo*)=to strike against, displease]

offénd·er *n* 《法律上の》犯罪者, 違反者 〈*against*〉; 無礼者, 困り者; 《厄介の》もと, 原因; 人の感情を害するもの: FIRST OFFENDER / an old [a repeated] ～ 常習犯.

offénd·ing *a* [°*joc*] 不快な, じゃまな, 困りものの, 厄介な.

of·fense | **of·fence** /əféns, (特に 3 で) *ɑ́fɛns, *ɔ́:-/ *n* **1** 《社会的·道徳的な規範を》犯すこと, 違反, 罪 〈*against*〉; 法律違反, 犯罪,

《特に》軽罪 (misdemeanor); «聖・廃» 罪の原因, つまずき: commit an ～ *against* decency [good manners] 無作法なことをする / a criminal ～ 犯罪 / capital ～ 死刑相当罪 / federal ～ *連邦法上の犯罪 / FIRST OFFENSE. **2** 人の感情を害すること, 無礼, 侮辱; 気を悪くすること, 立腹; 不快[立腹]のもと[たね]: No ～ (was meant). 悪気で言った[した]のではないんだ, 気を悪くしないでくれ, 悪く思うなよ / give [cause] ～ *to*...をおこらせる / take ～ おこる, 気分を害する ‹*at*› / He is quick to take ～. すぐおこる. **3**〖軍〗攻撃 (opp. *defense*);〖スポ〗攻撃, 攻撃側[チーム], 攻撃力; «古» 傷害. [ME=stumbling (block), ＜L; ⇨ OFFEND]

offénse·ful *a* 腹立たしい, 無礼な.

offénse·less *a* 気にさわらない, 悪気のない; 攻撃力のない.

of·fen·sive /əfénsɪv, *ɑ́fɛ̀n-, *ɔ́:-/ *a* **1** いやな, 不快な; しゃくにさわる, 無礼な, 侮辱的な (opp. *inoffensive*): ～ *to* the ear 耳ざわりな / ～ odor 悪臭. **2** 攻撃的な, 攻勢の; 攻撃の, 攻撃側の; 攻撃用の‹武器›: an *offènsive* and défènsive alliance 攻守同盟 / an ～ play〖スポ〗攻撃プレー. ► *n* [the] 攻勢, 攻撃, 軍事攻勢; 運動攻勢, キャンペーン: go on [take, assume] *the* ～ 攻勢に出る[をとる] / sales ～ 販売攻勢 / PEACE OFFENSIVE. ◆ **～·ly** *adv* **～·ness** *n* [F or L; ⇨ OFFEND]

of·fer /ɔ́(:)fər, ɑ́f-/ *vt* **1 a**《諾否は相手に任せて》差し出す, 提供する, 申し出る, 提示する ‹*up*›;〖法〗申し込む; ‹...しようと›申し出る ‹*to* do›; 結婚を申し込む, 求婚する ‹*oneself*›; 提出する, 提議[提案]する; ‹手などを›差し出す[伸べる]: ～ one's services 奉仕を申し出る / ～*ed to* help us わたしたちに協力を申し出てくれた / ～ sb a job 人に仕事[職]を提供する / We ～*ed* the position *to* Mr. White.《受動態では: Mr. White *was* ～*ed* the position. / The position *was* ～*ed* (*to*) Mr. White.》/ ～ sb love [friendship] 人に愛情[友情]を差し出す[示す]. **b**〖商〗‹ある値で品物を›売りに出す; ‹ある金額を›払うと申し出る ‹*for*›. **c**《神などに》‹祈り・いけにえなどを›ささげる, 供える ‹*up*›. **d** ‹大学などが›‹科目などを› 設ける, 開講する; ‹学生が›‹科目などを›届け出る, 申請する. **2** 提示する, 表わす (present); 上演する, 展示する; ‹抵抗など›の気勢を示す: ～ a new comedy 新作喜劇を披露する / ～ battle 戦いを挑む. **3** ...しようとする, 企てる (attempt, threaten) ‹*to* do›: He ～*ed to* strike me. 彼はわたしをなぐろうとした. **4** ‹部品などを›取り付けてみる ‹*up*›. ► *vi* **1** 供物をささげる. **2** 現われる, 起こる (occur): as occasion ～*s* 機会があるとき / Take the first opportunity that ～*s*. どんな機会ものがすな. **3** 提案する, 申し入れをする,《特に》求婚する. **4** «古» 企てる. ● **have** something [nothing, etc.] **to** ～《相手にとって価値[魅力]のある》提供できるものをもっている[何ももっていない]. **～ itself** [**themselves**] 現われる ‹*to* sight›; ‹機会などが›到来する. **～ one's hand**《握手のため》手を差し出す; 結婚を申し込む.
► *n* **1** 提供, 提議, 申し出; 結婚申し込み;〖法〗申し込み《こういう条件ならあることを履行するという旨の意思表示; 相手方が承諾すれば契約となる》;《商品の》売出し; 申し込み値段, 付け値 (bid); «廃» 奉納(品): accept [turn down] an ～ *of* support 支援の申し出を受け入れる[断わる] / an ～ *to* help [sing] 援助しよう[歌おう]との申し出 / special ～*s* 特別売出し[提供品] / make an ～ 申し出る, 提議する; 提供する; 付け値する. **2** 企て, 試み; 挙動, そぶり. ● **on** ～ 売りに出て (on sale), 安売りされて: cars *on* ～ 売り物の車. **or near(est)** ～ あるいは希望に(最も)近い付け値. **under** ～ ‹売家が›(買手の)申し込みを受けて.
◆ **～·able** *a* [OE *offrian* and OF＜L *of*-(*fero* to bring)=to present; OE は宗教的意味で]

Offer〖英〗オファー《民営化された電力供給事業を監督し, 価格統制を行なった政府機関; 1999 年 Ofgas と統合して Ofgem となった》. [*Off*ice of *E*lectricity *R*egulation]

óffer dòcument《企業買収目的の》株式公開買付け公示文書.

óffer·er, óffer·or *n* 申し出人, 提供者; 提議者.

óffer·ing *n* **1**《神への》奉納, 献納, 供犠(くぎ); 奉納物, ささげ物, 供物;《教会への》献金, 進物, 贈り物. **2** 提供, 申し出; 売り物, 作品;〖商〗売りに出された株;《開設された》講義科目; 劇の公演: the ～ of help 助力の申し出.

óffering [**óffer**ᴵᴵ] **prìce**〖証券〗売出し価格.

of·fer·to·ry /ɔ́:fərtɔ̀:ri, ɑ́f-; ɔ́fət(ə)ri/ *n*〖教会〗**1** [ᴼO-]《聖体祭儀[聖餐式]の際の》パンとぶどう酒の奉献;《その時に唱える》奉献文[唱], 奉献歌. **2**《礼拝中の》献金(の時間);《その時に歌う[奏する]》賛美歌, 献財曲. ◆ **òf·fer·tó·ri·al** *a*

óff-gàs *n* オフガス《化学反応などの際に排出される気体》. ► *vi* (有毒)ガスを発生する. ◆ **óff-gàs·sing** *n* 有毒ガス発生.

óff-glìde *n*〖音〗出わたり《ある音から休止または後続音に移るとき自然に生じる音; cf. ON-GLIDE》.

óff-gráde *a* 平均(以下)の, 格外の《high-grade と low-grade の中間に当たる評価》.

óff-guárd *a* 警戒を怠った, 油断した (cf. off one's GUARD).

óff·hánd *adv* 事前の用意なしに, 即座[即席]に; ぶっきらぼうに, 無造作に; 立ったままで. ► *a* 事前の用意なしの, 即座[即席]の; ぞんざいな, ぶっきらぼうな, ざっくばらんな, 無造作な (casual); 手製[手作り]の; 立ったままの‹射撃›: be ～ *with* sb 人に対してぞんざいである.

óff·hánd·ed *a* OFFHAND. ◆ **～·ly** *adv* **～·ness** *n*

óff-hóur *n* /, ⁻ ⁻/ 非番の時, 休み時間; すいた時間, 閑散時. ► *a* 閑散時の; 休み時間の.

of·fice /ɔ́(:)fəs, ɑ́f-/ *n* **1 a** 事務[執務]室, 事務所, オフィス, 営業[事業]所, ...所; *医院, 診療所, 診察室: a law [lawyer's] ～ 法律事務所 / an inquiry ～ 案内所 / the head ～ 本社 / go to the ～ 会社に行く / I called on him at his ～. 彼を事務所に訪ねた. **b** «口» 仕事場, かなり長い時間仕事をする場所; [*pl*] ᴵᴵ家事室《居間・寝室以外の部分; 台所・食料貯蔵室・洗濯場など》; ᴵᴵ《農場の》馬[牛]小屋, 納屋《など》(cf. OUTBUILDING); ᴵᴵ[*euph*] 便所; «俗»《飛行機の》コックピット. **2** 役所, 官庁, 局; [O-]〖米〗《省の下の》局;〖英〗省: the War *O*~〖英〗《かつての》陸軍省 / the (Government) Printing *O*~〖米〗(政府)印刷局. **3** [the]《事務所の》全職員, 全従業員. **4** 官職, 公職 (post); 在職[在任](期間): be in ～ 在職する; ‹政党が›政権を握っている / enter upon [accept] ～ 公職に就く / go [be] out of ～ 政権を離れる[離れている] / hold [fill] ～ 在職する / leave [resign (from)] ～ (公職を)辞す, 辞任する / retire from ～ (公職から)引退する / run for ～ 選挙に出馬する / take ～ 就任する, 職務につく. **5 a** 役目, 任務 (duty); 機能, はたらき; [ᵁ*pl*] 好意, 尽力, 斡旋: the ～ of chairman [host] 議長[主人]の役 / do the ～ of...の役目をする / by [through] the good [kind] ～*s* of...の好意[斡旋]で / do sb kind [ill] ～*s* 人に好意を尽くす[あだをなす]. **b**〖カト〗日課祈祷書による勤行[祈禱],〖英国教〗朝夕の祈り;《その時々の》儀式, 聖務;〖カト〗ミサ(の際の入祭文),〖英国教など〗聖餐式(の前に歌う賛美歌); 礼拝[祈禱]式次第, 公式典礼文: DIVINE OFFICE / perform the last ～*s* for a dead person 故人の葬儀を行なう / say one's ～ 日課の祈りを唱える. **6** [the] «俗» (秘密の)合図: give [take] *the* ～ 合図をする[受ける]. ► *vt* «俗» ‹人に›合図をする. ► *vi* **1** 事務所[仕事場, オフィス]を置く, オフィスで働く, 職を保つ. **2** «俗» 合図する (give the office to). [OF＜L *officium* performance of a task (*opus* work, *facio* to do)]

óffice automàtion オフィスオートメーション《情報処理システムの導入による事務の自動化・効率化; そのためのシステム; 略 OA》.

óffice-bèar·erᴵᴵ *n* OFFICEHOLDER.

óffice blòckᴵᴵ OFFICE BUILDING.

óffice bòy《会社などの》若い使い走り[雑用係].

óffice bùilding* 事務所用の大きなビル, オフィスビル.

óffice gìrl 使い走り[雑用係]の女子職員.

óffice·hòld·er *n* 公職にある者,《特に》政府の役人, 官僚;《組織の》役職者.

óffice hòurs *pl* 執務[勤務]時間, 営業時間 (business hours); *診察時間; *《大学教員が学生の相談に応じる》面会時間; *«軍俗» 懲戒会議.

óffice jùnior 雑用係《OFFICE BOY の言い換え》.

óffice làwyer《企業などの》法律顧問《通例 法廷には出ない》.

óffice of árms [the] 紋章局《英国の College of Arms あるいは他国のこれに相当する機関》.

Óffice of Fáir Tráding [the]〖英〗公正取引庁《不公正な商慣行から一般の消費者を保護し消費生活の向上をはかる政府機関; 1973 年設立; 略 OFT》.

Óffice of Mánagement and Búdget [the]〖米〗行政管理予算局《連邦予算編成や財政計画作成を補佐する大統領直属の行政機関; 1970 年 Bureau of the Budget (予算局) の改組により設置; 略 OMB》.

Óffice of Réadings〖カト〗朗読の聖務《聖務日課の第 1 時課; かつて matins (朝課) といった》.

Óffice of Thríft Supervìsion [the]〖米〗貯蓄金融機関監督局《貯蓄貸付組合と貯蓄銀行の監督を行なう財務省の一部局; 1989 年設立; 略 OTS》.

óffice pàper オフィス用紙, 事務用紙.

óffice pàrk [**plàza**] オフィスパーク[プラザ]《オフィスビル・公園・駐車場・レストラン・レクリエーション地区などからなる商業的複合体; corporate park, executive park ともいう》.

óffice pàrty オフィスパーティー《特に クリスマスイブの当日[直前]に行なわれる職場のパーティー; 無礼講がならわし》.

of·fi·cer /ɔ́(:)fəsər, ɑ́f-/ *n* **1 a** 将校, 武官, 将官, 士官《特に COMMISSIONED OFFICER を指す》: an army [a naval] ～ 陸軍[海軍]将校 / ～*s* and men 将校と兵, 将兵 / COMMANDING [COMPANY, FIELD, GENERAL, NONCOMMISSIONED, PETTY, STAFF, WARRANT] OFFICER. **b** 高級船員, オフィサー《航海士・機関士・機関長・船長など》‹*on* a steamer›: the chief ～ 一等航海士 / a first [second, third] ～ 一[二, 三]等航海士. **c**《ある種の勲位で》最下級を除いた階級の人;〖英〗大英帝国勲位(OBE) 4 級の人. **2** 公務員, 役人, 官公吏, 職員 (official); 警官, 巡査, おまわりさん (policeman, policewoman)《呼びかけにも用いる》; 執行吏 (bailiff): an ～ of the court 裁判所職員, 執達吏 / an ～ of the law 警察官 / a public ～ 公務員 / a security ～ 保安職員, 警備員《security guard の婉曲語法》. **3**《団体・組織・教会などの》役員, 幹事; «廃» 行為者 (agent).
● **an ～ and** (**a**) **gentleman** 将校にして紳士《英国の将校に望ましい資質》; 職業的技能にふさわしいりっぱな人格. ► *vt* [ᵁ*pass*] ...に将校[高級船員]を配備する;《将校として》指揮する, 管理する. [AF, OF＜L; ⇨ OFFICE]

O

ófficer at árms OFFICER OF ARMS.
ófficer of árms 紋章官《king of arms, herald, pursuivant など》.
ófficer of the dáy 〔軍〕《陸軍の》当直将校, 日直士官《略 OD》.
ófficer of the déck 〔軍〕《海軍の》当直将校.
ófficer of the guárd 〔軍〕衛兵司令《officer of the day の下; 略 OG》.
ófficer of the wátch 〔海〕《甲板または機関室の》当直士官.
ófficers' quàrters [*pl*]《駐屯地などでの》将校宿舎.
Ófficers' Tráining Còrps 〔英〕将校教育部, 将校養成団 (⇨ OTC).
óffice sèeker 公職に就きたがっている人, 猟官者.
óffice wòrker 会社員, 事務員, 《官庁などの》事務職員.
of·fi·cial /əfíʃ(ə)l/ *a* **1** 職務上の, 公務上の, 官の, 公式の (opp. *officious*); 官職[公職]にある, 官選の; 官憲[当局]から出た, 公認の; 〔薬〕薬局方による: ~ affairs [business] 公務 / ~ documents 公文書 / ~ funds 公金 / an ~ note 〔外交〕公文 / OFFICIAL REFEREE / an ~ residence 官舎, 官邸, 公邸 / an ~ record 公認記録 / ~ language 公用語 / The news is not ~. 公式報道でない. **2** 役人風の: ~ circumlocution お役所風のまわりくどい文句. **3** [O-] オフィシャル IRA [Sinn Fein] の《1969 年分裂後, ゲリラ活動よりも政治交渉に重きをおく一派の》. ► *n* **1** 公務員, 役人, 官公吏; 《団体·組合などの》職員, 役員; [ᵘ~ principal] 宗教裁判所判事: a government ~ 政府の役人, 官僚 / a public ~ 公務員. **2**《運動競技の》審判員. **3** [O-] オフィシャル IRA [Sinn Fein] のメンバー. [L=of duty; ⇨ OFFICE]
Offícial Bírthday [the] 公式誕生日《英国国王の公式誕生日 (現在は 6 月の第 2 土曜日); TROOPing the colour(s) の儀式や birthday honours の発表がある; 実際の誕生日と一致しないのが普通》.
offícial·dom *n* 官僚《集合的》, 官僚の世界, 官界, お役所; 官僚主義.
of·fi·cial·ese /əfìʃəlí:z, -s/ *n* 官庁用語, お役所ことば《まわりくどく難解; cf. JOURNALESE》.
offícial fámily 《団体·政府の》首脳陣, 幹部連.
of·fi·ci·a·lis /əfìʃiá:ləs, -ǽl-/ *n* (*pl* **-a·les** /-á:leɪs, -ǽliz/) 〔カト〕教区結婚裁判所裁判長.
offícial·ìsm *n* 官僚主義; 形式主義, お役所仕事; 官僚《集合的》.
offícial·ìze *vt* 役所風[官庁式]にする; 官庁の管轄下に入れる; 公表する.
offícial líst 《London の証券取引所が毎日発行する》最新の株価一覧表.
offícial·ly *adv* 公務上, 職掌がら; 公式に, 正式に; 職権により; [しばしば actually と対照して] 公式発表では, 表向きは.
offícial óath 公職の宣誓《公職に就くのに必要な宣誓》.
offícial opposítion [the] 〔英〕《議会の》第二党, (最大)野党.
offícial recéiver 〔英法〕《破産財産の》公認管財人.
Offícial Referée 〔英法〕《高等法院の》公認[公選]仲裁人.
offícial sécretᴵᴵ 国家秘密情報.
Offícial Sécrets Àct [the] 〔英〕国家秘密情報法《公務員の守秘義務を定めた法律; 公務員はこれに従う旨の文書に署名し, 違反した場合には懲役または罰金刑》.
Offícial Solícitor 〔英法〕《精神障害者·年少者や法廷侮辱による拘禁者のための》公認事務弁護士.
offícial stríke 公式スト《全組合員の無記名投票によって承認され, 組合幹部が指示を出す合法的なストライキ》.
Offícial Únionist Pàrty [the] ULSTER UNIONIST PARTY.
of·fi·ci·ant /əfíʃiənt/ *n* 《祭式などの》司式者.
of·fi·ci·ary /əfíʃièri, ɔ:-, ɑ-; əfíʃəri/ *a* 官職上の; 官職上の肩書のある: ~ titles 官職上の敬称《市長に対する Your Worship など》. ► *n* 役人, 官僚, 官公吏.
of·fi·ci·ate /əfíʃièɪt/ *vi* 公的な資格でつとめる ‹*as* chairman, *as* host›; ‹聖職者が式を執り行なう, 司式する ‹*at* a marriage›; 《運動競技で》審判をつとめる. ► *vt* ‹公務を›執行する; ‹式の›司祭[司会]をつとめる; ‹試合などの›審判をつとめる. ♦ **-à·tor** *n* **of·fì·ci·á·tion** *n*
of·fic·i·nal /ɑfísən(ə)l, ɔ̀(:)fəsáɪ-, ɑ̀fə-/ *a* 薬用の‹植物など›; 売薬の (opp. *magistral*); 薬局方の (official); 薬局方に載っている‹薬品名›. ► *n* 局方薬; 売薬; 薬用植物. ♦ **~·ly** *adv* [L (*officina* workshop)]
of·fi·cious /əfíʃəs/ *a* **1 a** おせっかいな, 余計な世話をやく, さしでがましい; あれこれ指図する, 専横な. **b**《廃》親切な, 好意的な; 《廃》進んで務めを果たす (dutiful). **2**〔外交〕非公式の, (形式ばらないで)あけっぴろげの (opp. *official*). ♦ **~·ly** *adv* さしでがましく(も). **~·ness** *n* [L=obliging; ⇨ OFFICE]
off·ie, offy /ɔ́(:)fi, ɑ́fi/ *n*ᴵᴵ《口》酒類販売免許店 (off-license).
óff·ing *n* 沖; 沖合: a sailboat in the ~ 沖合に見える帆船 / gain [get, take] an ~ 沖に出る / keep an ~ 沖合を航行する / make an ~ 沖合に停泊する. ● **in the ~** 近い将来に; そう遠くない[ともかく見える]距離に; そろそろ現われ[起こり]そうで. [*off*]
óff·ish *a*《口》よそよそしい, つんとした, とっつきにくい. ♦ **~·ly** *adv* **~·ness** *n*
óff-ìsland *n* 沖合の島. ► *a* 島を訪れた, 島民でない. ► *adv* 島を出て: go ~. ♦ **~·er** *n* 島の一時滞在者, 非島民.
óff-kéy *a* 音程の狂った, 調子はずれの; 正常でない, 変則的な; 適当でない, (場に)ふさわしくない. ► *adv* 調子はずれに; 変則的に.
óff-kílter *a, adv* 調子が狂って, 故障して (=*out of kilter*); 調子が悪くて, 不調で, 元気なく; 《少し》傾いて, 斜めの[に]; 普通でない, 変わった.
óff-làbel *a* ‹医薬品が›本来の目的以外の: ~ use《医薬品の》適応外使用.
óff-lìcenseᴵᴵ *n* 酒類販売免許(の店)《店内飲酒は許さない条件付き; cf. ON-LICENSE》.
óff-límits *a* 立入り禁止の (cf. ON-LIMITS); ‹話題など›踏み込んではならない, 触れてはならない; 行為[所持]禁止の, 禁制の: the area ~ *to* outsiders 部外者立入り禁止区域 / *Off Limits*《米·豪》立入禁止(区域) (out of boundsᴵᴵ)《掲示》.
óff-líne *a, adv* オフラインの[で] (cf. ONLINE)《**1**) データ処理で主コンピューターと直結しない **2**) インターネットに接続していない **3**) 通信機とは独立に暗号化·暗号解読を行なう暗号方式の》; 作動[稼働]していない: ~ storage オフライン記憶 / an ~ reactor 運転停止中の原子炉.
óff-lóad /, ― ―/ *vt* ‹積荷を›降ろす (unload); ‹車·船などから荷を降ろす; 売り払う, 処分する; ‹悩みなどを›打ち明ける; 〔電算〕‹プロセッサーのタスクなどを›他に移して[引き受けて]負担を軽減する ‹*from*, *to*›. ► *vi* 積荷を降ろす; 打ち明ける.
óff-méssage *a, adv* ‹政治家(の発言)が›党の政策[路線]からはずれた[て].
óff-míke *a* マイクから離れた, オフマイクの.
óff-òff-Bróadway *n, a, adv* [ᴼOff-Off-Broadway] オフオフブロードウェー(の[で]) (=*OOB*)《OFF BROADWAY よりもっと前衛的なニューヨークの演劇(活動)》.
óff-péak *a, adv* 最高でない時の[に], ピークでない時の, 閑散時の[に]; 〔電〕オフピークの‹負荷›.
óff-píste *a, adv* 〔スキー〕通常の滑降コース外の[で].
óff-pítch *a* 〔楽〕ピッチ[調子]のはずれた.
óff-plán *adv, a* ‹建物などの売買が›設計図段階で(の).
óff-príce* *a* バーゲン品の[を売る], ディスカウントの. ► *adv* 値引きして, 割引で.
óff·prìnt *n* 《雑誌論文などの》抜刷り. ► *vt* …の抜刷りをとる.
óff-pùt *vt* どぎまぎさせる, 当惑させる.
óff-pùtting /, ᴵᴵ― ―/ *a* 反感を覚えさせる, 不快な, 迷惑な; 当惑[どぎまぎ]させる, 躊躇させる, 二の足を踏ませる; がっかりさせる; 気を散らす, うっとうしい. ♦ **~·ly** *adv*
óff-ràmp *n* 《高速道路から一般道路に出る》流出ランプ.
óff-róad *adv* 舗装道路以外[オフロード]で. ► *a* オフロード(で)の‹走行›; オフロード(用)の‹車›.
óff-róad·ing *n* オフロード走行. ♦ **óff-róad·er** *n*
óff-sàleᴵᴵ *n* [ᴼ*pl*] 持ち帰り用酒類販売.
óff·scòur·ing *n* 汚物; 廃棄物, くず, かす; [ᵘ*pl*] 人間のくず, 社会に見放された人間.
óff·scréen *a, adv* 画面外の[で]; 《俳優について》私生活の[で].
óff·scùm *n* (浮き)かす, 残りかす, くず.
óff-sèason *n, a, adv* 閑散期(の[に]), シーズンオフ(の[に]).
óff·sèt *v* /, *― ―/ (~; **-sèt·ting**) *vt* **1** 差し引き勘定する, 相殺(そうさい)する; ‹長所で短所を›補う: ~ the greater distance *by* the better roads=~ the better roads *against* the greater distance 距離の遠いのを道路のよいので相殺する. **2**〔印〕オフセット印刷にする; 〔印〕裏移りさせる (⇨ *n*). **3**《比較のために》並置する; 〔建〕‹壁面›に段を作る; [ᵘ*pass*] ‹管などを›軸[中心線]をはずして置く. ► *vi* 分かれ出る, 派生する; 〔印〕裏移りする. ► *n* /― ―/ **1** 相殺するもの, 差し引き, 差引勘定 ‹*to* a debt›; 埋合わせ ‹*to*, *against*›. **2**〔印〕オフセット印刷法 (=**~ pròcess**); 〔印〕裏移り (=*setoff*)《刷りたて紙面のインクがほかの紙面に着くこと》. **3 a** 分かれ, 分派; 《山の》支脈; 〔植〕側匐枝(そくふくし), 短匐(たんぷく)枝, 分枝, 《球根の根元から出る》子球; 〔電〕《配線の》枝線, 支線. **b**《古》出発, 手始め; 停止. **4**〔建〕《壁上部の後退による》壁面の棚, 壁段; 〔機〕《管などの心の》片寄り, オフセット; 〔測〕支距; 〔地質〕垂線(水平)隔離, オフセット; 〔電算〕オフセット《基準値からの偏差》. **5** ほかのものを引き立てるもの. ► *a, adv* /― ―/ オフセット(印刷法)の[で]; 中心(線)をはずれた[て]; ある角度をなして(いる), 斜めの[に]: an ~ wrench 眼鏡レンチ / an ~ press オフセット印刷機 / ~ printing [lithography] オフセット印刷(法).
óff·shòot *n* 横枝; 《氏族の》分かれ, 分家; 支社, 子会社; 派生物 (derivative) ‹*from*, *of*›; 支脈, 支流, 支線, 支道.
óff·shóre *adv* 沖[沖合]に, 沖に向かって (opp. *inshore*); 海外[外国]で. ► *a* /― ―/ **1** 沖の, 沖合の; ‹風など›《海岸から》沖に向かう: ~ fisheries 沖合漁業 / an ~ oil field 沖合[海底, 海洋]油田. **2**《節税·脱税などの目的で》外国[国外]にある, 外国で登録された[行なわれる], オフショアの: ~ banking オフショア金融 / ~ investments 国外[海外]投資 / OFFSHORE FUND. ► *prep* /― ―/ …の沖[沖合]に[で]. ► *vt* /― ―/ ‹会社の機能·OFFSHORE FUND サービス

の一部を〉海外に移転する.
óffshore drílling 《石油・天然ガスの》海洋掘削, オフショアドリリング.
óffshore fúnd 在外投資信託, オフショアファンド《tax haven に籍を置いて本国 (＝表示通貨発行国) の規制や課税の回避をねらった投資信託》.
óff·shòr·ing *n* オフショアリング《生産・サービス活動などを賃金の低い国へ移すこと; 国外へのアウトソーシング; cf. ONSHORING》.
óff·síde *a, adv* 〘サッカー・ホッケーなど〙オフサイドの[で] (cf. ONSIDE); 《俗》(やり方が)きたない, いけない; 低俗な[に], わいせつな[に]; 《馬・乗物などの》右側の (cf. NEARSIDE). ► *n* 〘スポ〙オフサイド; [the]《馬・乗物の》右側.
óff·sìder *n* 《豪口》補助者, 援助者, 支持者, 助手, 片腕.
óff-síte *a, adv* 《ある特定の場所から》離れた[て], 敷地[用地]外の[で]. ► *n* 《会社の》慰安会[旅行].
óff-spéed *a* 普通[予想]よりスピードのない: ～ pitches スピードを殺した投球.
óff·spìn *n* 〘クリケット〙オフスピン《off break になるようにかけるスピン》. ♦ **-spìn·ner** *n* オフスピンを投げる投手.
óff·spring *n* (*pl* ～) 《人間・動物の》子, 子孫; 生じたもの, 所産, 結果, 成果; 派生物. [OE *ofspring* (*of* from, SPRING)]
óff·stáge *a, adv* 舞台の陰[袖]の[で, へ]; 私生活の[で]; [*fig*] 舞台裏の[で, へ], 非公式な[に].
óff·stéered *a**《俗》そそのかされてわき道にはいった.
óff-stréet *a* 表通りをはいった, 裏通り[横町]の; (道)路外の (opp. *on-street*): ～ loading 裏口からの荷積み.
óff-strèet párking 私有地の駐車場.
óff stùmp 〘クリケット〙オフスタンプ《ウィケットの打者から最も遠くにある柱; cf. LEG STUMP, MIDDLE STUMP》.
óff·tàckle *a, n* 〘アメフト〙オフタックルプレー(の)《タックルとエンドの間に走路を確保するランプレー》.
óff·tàke *n* 《貯蔵施設などからの》原油の引き取り.
óff-the-bóoks *a, adv* 帳簿外の[で].
óff-the-cúff *a, adv*《口》ほとんど準備なしの[で], ぶっつけ本番の[で], とっさの[に] (cf. off the CUFF[1]).
óff-the-fáce *a* 〈婦人用の帽子が〉つばのない, 〈女性の髪形が〉顔を隠さない, 顔にかからない.
óff-the-jób *a* 仕事外の, 仕事を離れての[に先立つ]; 失業中の.
óff-the-pég *a, adv* OFF-THE-RACK.
óff-the-ráck *a, adv* 〈衣服などが〉つるしの[で], 既製の[で], 量産品の[で] (ready-made, off-the-peg).
óff-the-récord *a, adv* 記録に留めない(で), 非公開[非公式, オフレコ]の[で].
óff-the-shélf *a, adv* 《特注でない》在庫品の, 市販の, 既製の[で], レディーメードの[で].
óff-the-wáll *a* 《俗》ありきたりでない, 奇抜な, 型破りな, 斬新な; 即興の, 即席の.
óff-tìme *n* 閑散時.
off·tish /ɔ́(ː)ftɪʃ, ɑ́f-/ *n* 《俗》OOF[2].
óff·tráck *a, adv* 《賭けで》競馬場外で行なう, 場外の[で].
ófftrack bétting 場外投票 (cf. OTB).
óff·tràde *n* 持ち帰り用酒類販売(業).
óff·ward *adv* 〘海〙沖に向かって.
óff-whíte *n, a* 灰色[黄味]がかった白(の), オフホワイト(の).
offy ⇨ OFFIE.
óff yèar*《大統領選挙など》大きな選挙のない年; 不作の年, 不なり年, はずれ年, 《活動などの》ふるわない年 〈*for*〉. ♦ **óff-yèar** *a* off year の: an *off-year* election 中間選挙.
Of·gas /ɔ́(ː)fgæ̀s, ɑ́f-/ 〘英〙オフガス《民営化されたガス供給事業を監督し, 価格統制を行なった監査機関; 1999 年 Offer と統合して Ofgem となった》. [*Of*fice of *Gas* Supply]
Of·gem /ɔ́(ː)fʤəm, ɑ́f-/ 〘英〙オフジェム《1999 年 Offer と Ofgas の統合により設立された電力とガスの規制機関; cf. REGULATOR》. [*O*ffice of *G*as and *E*lectricity *M*arkets]
of·lag /ɔ́ːflɑ̀ːg; ɔ́flæg/ *n* 《ナチスドイツの》将校捕虜収容所. [G *Offizierslager* officers' camp]
O'·Fla·her·ty /oufláːhərti, -flέər-/ オフラハティ, オフレアティ **Li·am** /líːəm/ ～ (1896–1984)《アイルランドの作家》.
OFlem °Old Flemish.
OFr °Old French.
OFris °Old Frisian.
OFS °Orange Free State.
Of·sted /ɔ́(ː)fstɛ̀d, ɑ́f-/ 〘英〙オフステッド《学校・大学を定期的に視察し, 教育水準を監視する政府機関》. [*Of*fice for *St*andards in *Ed*ucation]
oft /ɔ́(ː)ft, ɑ́ft/ *adv* [°*compd*]《文》OFTEN: many a time and ～ 幾度となく / ～-repeated しばしば繰り返される. [OE]
OFT °Office of Fair Trading.
Of·tel /ɔ́(ː)ftɛ̀l, ɑ́f-/ 〘英〙オフテル《民営化された電話などの遠距離通信事業を監督し, 価格統制を行なった政府機関; 2003 年 Ofcom に移行》. [*Of*fice of *Tel*ecommunications]
of·ten /ɔ́(ː)f(ə)n, ɑ́f-, -t(ə)n/ *adv* (～·**er**, **more** ～; ～·**est**, **most** ～) しばしば, たびたび, よく; 多くの場合, たいてい. ★ 文中の定位は通例 動詞の前, be および助動詞のあとであるが, 強調または対照のため文頭・文尾にも置く: We ～ play tennis. / He is ～ late. / He has ～ visited me. / I have visited him quite ～. 何度も訪れたことがある / His films are ～ very funny. 彼の映画はたいていとてもおかしい. ● **all too** ～ 《よくないことが》あまりにも頻繁に. **as** ～ **as**…するたびごとに (whenever): *As* ～ *as* he sees me he asks for money. 会うたびに金の無心をする. **as** ～ **as not** しばしば (very often), (ほぼ) 2 回に一度は (in half the cases). EVERY **so** ～. **how** ～**?** 何回, どれほどの頻度で. **more** ～ **than not** しばしば (very often), (ほぼ) 2 回に一度以上は (in more than half the cases), たいてい; むしろ. ～ **and** ～ 何度も何度も. **once too** ～ 一度余計に, 度を過ごして (cf. PITCHER[2]《諺》): He cried wolf *once too* ～. Nobody trusted him anymore. 彼はうそをつきすぎてだれにも信用されなくなった. ► *a* 《古》たびたびの. [ME 期 *selden* seldom にならって *oft* から]
óften·tìmes, óft·tìmes *adv* 《古・詩》OFTEN.
Of·wat /ɔ́(ː)fwɔ̀(ː)t, ɑ́fwɑ̀t/ 〘英〙オフウォット《民営化された水道事業を監督し価格統制を行なう英国政府の機関; cf. REGULATOR》. [*Of*fice of *Wat*er Services]
og, ogg /ɑ́g/ *n* 《豪俗》1 シリング.
OG ⇨ OGEE.
O.G. /òuʤíː/ *n**《俗》一目置かれた兄貴分のギャング. [*o*riginal *g*angster]
OG °Officer of the Guard ♦〘郵趣〙°original gum.
Oga·dai /óugədàɪ/ ÖGÖDEI.
Oga·den /ougáːdèɪn/ [the] オガデン《エチオピア南東部のソマリアに接する地域; 1960 年代初めから分離運動が展開され, 78 年ソマリア軍が侵入したが翌年エチオピア軍が撃退した》.
Ogalala ⇨ OGLALA.
ogam ⇨ OGHAM.
O gauge /óu —/ 〘鉄道模型〙O ゲージ《軌間は約 1¼ inches》.
Og·bo·mo·sho /àgbəmóuʃou/ オグボモショ《ナイジェリア南西部の市》.
Og·dei /ɔ́ːgdàɪ/ ÖGÖDEI.
Og·den /ɔ́(ː)gdən, ɑ́g-; ɔ́g-/ **1** オグデン《男子名》. **2** オグデン **C**(**harles**) **K**(**ay**) ～ (1889–1957)《英国の心理学者; Basic English を考案した》. **3** オグデン《Utah 州北部 Salt Lake City の北にある市》.
og·do·ad /ɑ́gdouæ̀d/ *n* 8; 8 つの一組.
ogee, OG /óuʤìː, ─́─/ *n* 反曲線, 葱花(そうか)線, オジー《S を裏返した形の曲線》; 〘建〙オジー《≀ 形の繰形》; 〘建〙オジーアーチ (＝～ **árch**)《上部がねぎぼうず形》. ► *a* 葱花線形[S 字形]の〈線・繰形〉. [C17 <? *ogive*]
ogéed *a* 反曲の, 葱花線形の.
Ógen (**mèlon**) /óugèn(-)/ 〘園〙オーゲンメロン《皮はオレンジ色に緑色の筋がはいり, 果肉はうす緑色で甘い小型のメロン》. [開発されたイスラエルのキブツの名から]
og·fray /ɑ́gfrèɪ/ *n**《俗》[*derog*] フランス人 (frog).
ogg ⇨ OG.
og·gin /ɑ́gən/ *n*《俗》水路, 川, 運河, 海.
og·(h)am /ɑ́gəm, *óug-, *óu(ə)m/ *n* オガム文字《古代ブリテン・アイルランドで用いられた文字》; オガム碑銘. ♦ ～·**ist** *n* ogham 刻印者. **og·hám·ic** /-gǽm-/ *a* [OIr *ogam*; 考案者 *Ogma* にちなむという]
Ógham Írish OLD IRISH.
ogive /óuʤàɪv, ─́─/ *n* 〘建〙オジーヴ《丸天井の対角線リブ; とがりアーチ》; 〘建〙オジー (ogee); 〘ロケット〙蛋形(たんけい)部《ミサイル・ロケット頭部の曲線部》; 《砲弾先端の》仮帽; 〘統〙累積度数分布図. ♦ **ogi·val** /ouʤáɪv(ə)l/ 〘建〙*a* オジーヴの; オジー形の. [OF <?]
Og·la·la /ɑglɑ́ːlə/, **Oga·la·la** /ɑ̀gə-/ *n* **a** (*pl* ～, ～**s**) オグララ族《Teton 族系 Dakota 族のインディアン》. **b** オグララ語.
ogle /óug(ə)l/ *n* 色目; 《俗》目. ► *vi, vt* 《性的関心[誘い]の目で》見る, なめるように見る, (…に)色目をつかう 〈*at*〉; じろじろ見る, じーっと見つめる. ♦ **ógl·er** *n* [? LDu; cf. LG *oegeln* (freq) < *oegen* to look at]
Ogle·thorpe /óug(ə)lθɔ̀ːrp/ オーグルソープ **James Edward** ～ (1696–1785)《英国の軍人・博愛主義者; Georgia 植民地の建設者》.
Ögö·dei /óugədèɪ/ オゴデイ, オゴタイ (1186–1241)《モンゴル帝国の第 2 代皇帝 (1229–41); 廟号は太宗; Genghis Khan の第 3 子》.
ogo·nek /ougounék/ *n* オゴネク《ポーランド語の a, e などの文字の下に付ける (˛) の記号; 鼻音性を表わす; cedilla を裏返したもの》. [Pol＝bobtail]
Ogo·oué, Ogo·we /òugəwéɪ/ [the] オゴウェ川《コンゴ共和国南西部からガボンを通って大西洋に注ぐ》.
OGPU, Og·pu /ɑ́gpùː/ 〘ソ連〙合同国家保安部, オーゲーペーウー《政治警察 (1922–34); NKVD に吸収》. [*O*bedinyonnoye *G*osudarstvennoye *P*oliticheskoye *U*pravleniye＝Unified Government Political Administration]
ogre /óugər/ *n* 《民話・童話の》人食い鬼[巨人, 怪物]; 鬼のような人; 恐ろしいもの[事]. ♦ **ogress** /óug(ə)rəs/ *n fem* **ógr**(**e**)·**ish** *a* -**ish·ly** *adv* [F <?; 1697 年 Perrault の造語]

Ogun /oʊgúːn, óʊgùːn/ オグン《ナイジェリア南西部の州; ☆Abeokuta》.
Og·y·ges /ɑ́ʤəʤìːz/ 〘ギ神〙オーギュゴス《Boeotia の英雄; その治世中に大洪水があった》.
Ogyg·ia /oʊʤíʤiə/ 〘ギ神〙オーギュギア《Calypso の島》.
Ogyg·i·an /oʊʤíʤiən/ *a* オーギュゴス (Ogyges) 王(の時代の大洪水)の; 太古の.
oh[1] /óʊ/ *int* **1** おお, おや, あ, ああ《驚き・恐怖・感嘆・苦痛・喜び・願望などいろいろの感情を表わす》: *Oh* dear (me)! おやまあ / *Oh* for a real leader! ああ真の指導者よ現われよ / *Oh* that I were young again! ああ, もう一度若くなりたい / *Oh* God! おお神よ. **2** おーい, おい《直接の呼びかけ》. **3** なるほど, うん《相手の話を理解したとき》. **4** そうねえ《例を挙げたり, おおよそのことを述べたりする》. ★ O はいつも大文字で書かれ直後にコンマや感嘆符を伴わないが, oh は文中に用いることもあり通例コンマ・感嘆符を伴う. ⇨ O². ● **oh, and** あ, そうそう《何かを思い出して付け加える》. **Óh, no.** とんでもない, まったく (certainly not). **Oh, nó.** なんてことだ, ひどい《恐怖など》. OH-SO. **Oh,** SURE! **Oh well!** まあいいや, こんなこともあるさ, しかたがない. **Óh, yes [yeah].** そうですとも, まったくだ. **Oh, yéah?** «口» (へえ)そうかね, まさか, おおそうかい《不信・懐疑・けんか腰の言い返しなど》. ► *n* 'oh' という叫び. ► *vi* 'oh' と叫ぶ. [*o*²]
oh[2] *n* ゼロ (zero): My number is double *oh* seven two. 《電話番号などを言うとき》こちらの番号は 0072 です. [ゼロ 0 を o /óʊ/ と読んだもの]
OH Ohio.
O'·Hara /oʊhǽrə; -háː-/ オハラ **John (Henry)** ~ (1905–70)《米国の作家; ハードボイルド風の風俗小説を書く; *Appointment in Samarra* (1934)》. ★ ⇨ SCARLETT O'HARA.
O'·Háre Internátional Áirport /oʊhέər-/ オヘア国際空港《Chicago 市の北西にある空港》.
OHC 〘車〙overhead camshaft 頭上カム軸式.
óh-dàrk-thírty *n**«軍俗» 早朝, 未明, 払暁.
oh-dee /óʊdíː/ *n, vi* «俗» 麻薬のやりすぎ(で死ぬ) (OD).
O. Henry ⇨ HENRY.
OHG °Old High German.
ohia /oʊhíːə/, **ohía lehúa** *n* LEHUA. [Haw]
O'·Hig·gins /oʊhígənz, oʊíːgəns/ オヒギンス, オイギンス (**1**) **Ambrosio** ~ (1720?–1801)《アイルランド生まれの軍人; スペインの南米植民地行政官》(**2**) **Bernardo** ~ (1778–1842)《チリの革命家; 前者の子; 異名 Liberator of Chile; チリをスペイン支配から解放し, 最高指導者となった》.
Ohio /oʊháɪoʊ, ə-, -ə/ **1** オハイオ《米国 Midwest 地方東部の州; ☆Columbus; 略 O., OH》. **2** [the] オハイオ川《Pennsylvania 州西部で Allegheny, Monongahela 両川が合流して形成され, 南西に流れて Mississippi 川に合流する》. ♦ **~·an** *a, n*
Ohío búckeye 〘植〙オハイオトチノキ (=*fetid buckeye*)《米国中部・南東部原産のトチノキの一種; 目立たない黄緑色の小さな花をつけ, 実の表面にはとげがある; Ohio 州の州木》.
Öhlenschläger ⇨ OEHLENSCHLÄGER.
Oh·lin /óʊlɪn/ オリーン **Bertil (Gotthard)** ~ (1899–1979)《スウェーデンの経済学者・政治家; 国際貿易理論の基礎を築いた; ノーベル経済学賞 (1977)》.
ohm /óʊm/ *n* 〘電〙オーム《電気抵抗の MKS 単位; 記号 Ω》. ♦ **óhm·ic** *a* **óhm·i·cal·ly** *adv* [↓]
Ohm オーム **Georg Simon** ~ (1787–1854)《ドイツの物理学者; オームの法則 (Ohm's law) を発見》.
óhm·age *n* 〘電〙オーム数.
óhm-ámmeter *n* 抵抗電流計.
óhmic resístance 〘電〙オーム抵抗.
óhm·mèter /-(m)m-/ *n* 〘電〙オーム計, オームメーター, 電気抵抗計.
OHMS On His [Her] Majesty's Service (⇨ SERVICE¹ 成句).
Óhm's láw 〘電〙オームの法則《導体を流れる電流の強さは, その両端における電位差に比例する》.
oho /oʊhóʊ/ *int* オホー, ほほう, ほーっ, おや《驚き・愚弄・歓喜などを表わす》. [*o*²+*ho*¹]
oh-oh ⇨ UH-OH.
-oholic ⇨ -AHOLIC.
ohone ⇨ OCHONE.
OHP /óʊèɪʧpíː/ *n* OVERHEAD PROJECTOR.
Ohře /ɔ́ːrʤə/ [the] オフルジェ川 (*G* Eger)《ドイツ Bavaria 州北東部から北東に流れ, チェコ北西部で Elbe 川に合流》.
Ohr·mazd /ɔ́ːrməzd/ ORMAZD.
óh-sò *adv* «口» すごく, とっても.
Óh! Susánna 「おお, スザンナ」《Stephen Foster 作の歌曲 (1847)》.
OHV 〘車〙overhead valve 頭上弁式.
oi[1] /ɔ́ɪ/ *int* «口» オイ《HOY² の下品な発音で, 人の注意をひく発声》. ► *a* やかましい, うるさい〈ポップミュージック〉.
oi[2] ⇨ OY².
OIC °optical integrated circuit.
-o·ic /óʊɪk/ *a suf* 〘化〙「カルボキシルを含む」 [*-o-*]
OIcel °Old Icelandic.
oick, oik /ɔ́ɪk/ *n* ‖«俗» 下品な[がさつな, いやな]やつ, 百姓.
-oid /ɔ̀ɪd/ *a suf, n suf* 「…のような(もの)」「…状の(もの)」「…質の(もの)」: negr*oid*, cellul*oid*. [NL<Gk (*eidos* form)]
-oi·dal /ɔ́ɪdl/ *a suf* -OID.
-oi·dea /ɔ́ɪdiə/, **-oi·da** /-də/, **-oi·dei** /-diàɪ/ *n pl suf* 〘動〙「…の特徴[性質]の動物」《分類名に使う》. [NL (*-oid*)]
oid·i·um /oʊídiəm/ *n* (*pl* **-ia** /-iə/) 〘菌〙オイディウム《*O*~ 属のウドンコカビの総称》; 〘菌〙分裂子《(**1**) 菌糸が寸断してできる柱状の無性胞子で, arthrospore (節胞子)ともいう **2**) 分裂子柄上の一種の分生子》; 〘植〙《特にブドウの》oidium によるウドンコカビ(病). [NL (Gk *ōion* egg, *-idium*)]
OIEO‖ offers in excess of… 《不動産広告などで》…を超える付け値.
oik ⇨ OICK.
oil /ɔ́ɪl/ *n* **1 a** 油, オイル; 石油 (petroleum), 原油; 石油産業: machine ~ 機械油 / COCONUT [OLIVE, SESAME] OIL / like ~ and vinegar [water] 水と油のような《相容れない》/ Pouring ~ on the fire is not the way to quench it. «諺» 火に油を注ぐのは火を消す道にあらず《おこっている人にさらにおこり出すようなことは言うな》. **b** 油状のもの, …オイル《化粧品など》. **2** [°*pl*] 油えのぐ (oil colors); «口» 油絵 (oil painting): paint in ~*s* 油絵をかく. **3** [°*pl*] «口» 油布(ʰ); [*pl*] 雨着. **4** «口» 巧言, 調子のいいこと, お世辞, おべんちゃら; «俗» 金, 賄賂; «豪俗» 情報 (information) (cf. DINKUM [GOOD] OIL). ● BOIL¹ sb **in ~**. **burn [consume] the midnight ~** «口» 夜おそくまで勉強する[働く]. **pour ~ on the flame** 火に油を注ぐ, 煽動する. **pour [throw] ~ on troubled water(s) [the waters]** 波立つ水面に油を投ずる《波を静める》; [*fig*] 風波[けんか]を静める. **smell of ~** 苦心の跡が見える. **strike ~** 油脈を掘りあてる; [*fig*] 願いどおりの物を見つける, 《投機で》やまをあてる, うまくいく[やる]. ► *vt* **1 a** …に油を塗る[で汚す]; …に油を差す; …にオイル[潤滑油, 燃料油]を補給する; …に油を引く, 油に浸す (⇨ OILED). **b** 〈バターなどを〉溶かす, 油状にする. **2** …に賄賂をつかう, 〈警官など〉に握らせる: ~ the KNOCKER. ► *vi* 〈脂肪・バターなどが〉溶ける; 燃料油を積み込む. ● **~ in [out]** こっそりはいる[抜け出す]. **~ it***«学生俗» 夜通し勉強する《'burn the midnight OIL' から》. **~ sb's hand [palm]** 人に賄賂をつかう (bribe). **~ one's [the] tongue** ベラベラおべっかを言う. **~ the wheels [works]** 車[機械]に油を差す; 裏工作をする, 根回しする. [AF<L *oleum* olive oil (*olea* OLIVE)]
óil·bèar·ing *a* 石油を含有する, 含油…〈地層など〉.
óil bèetle 〘昆〙ツチハンミョウ《刺激を与えると油状の液を分泌する》.
óil·bèrg *n* 《20 万トン以上の》大型タンカー[油槽船]; 海上に流出した大量の原油. [*oil*+*iceberg*]
óil·bìrd *n* 〘鳥〙アブラヨタカ (=*guacharo*)《南米北部産; 先住民がひなどりから食用油・灯用油を採り, 大切に保護していた》.
óil bòmb 油脂焼夷弾.
óil bòx 〘機〙オイルボックス《車軸の潤滑油補給用》.
óil·bùg *n* 〘動〙SYNURA.
óil bùrner 油バーナー, オイルバーナー《燃料油を霧化して燃焼させる器具》; 油だき船; «俗» くたびれた車[船], ぽんこつ.
óil càke 固形油かす《家畜飼料・肥料; cf. OIL MEAL》.
óil·càn *n* **1** 油の缶; 油差し. **2** [oil can] **a** ‖«軍俗» 《第一次大戦時のドイツ軍の》迫撃砲 (trench mortar). **b***«鉄道俗» タンク車 (tank car).
óil·clòth *n* 油布, オイルクロス《油や樹脂で処理した防水布; テーブルクロスや棚のおおいにする》; リノリウム (linoleum).
óil còlor 油えのぐ用の顔料; 油えのぐ (oil paint).
óil-cóoled *a* 〈エンジン・装置などが〉油冷式の.
óil cùp 《機械の動部へ油を送る》油入れ, 油壺.
óil diplòmacy 《石油輸出入国間の》石油外交.
óil dòllar PETRODOLLAR.
óil drùm 石油(運搬)用ドラム缶.
oiled /ɔ́ɪld/ *a* 油を塗った[引いた]; 油に浸した; 《防水・つや出しなどのため》油脂加工した〈絹・紙など〉; «俗» 酔いがまわった (cf. GREASED): ~ wool 未脱脂の毛糸 / have a well-~ tongue おしゃべりである / well ~ 酔っぱらった.
óiled sílk OIL SILK.
óil èngine 石油発動機[エンジン].
óil·er *n* 注油者, 給油係; 給油器, 油差し; 油を燃料とする船; 油槽船, タンカー (tanker); 油井(ᵉᵃ); [°*pl*]*防水服 (oilskins); *«口» 石油業者 (oilman); *«俗» [*derog*] メキシコ人 (cf. GREASER).
óil fìeld 油田.
óil-fìred *a* 《灯油や重油などの》油を燃料とする, 油だきの.
óil·fìsh *n* 〘魚〙バラムツ (=*escolar*).
óil·gàs *n* オイルガス《鉱油の分解蒸留によって得る燃料ガス》.
óil gàuge 油濃度計; 〘機〙油面計, オイルゲージ.
óil glànd 脂肪分泌腺, 脂腺, 《特に水鳥の》尾腺 (uropygial gland).
óil hàrdening 〘冶〙《鋼の》油焼き入れ.
óil·hèad *n**«俗» 大酒飲み (drunkard), アル中 (alcoholic).
óil hèater 石油ヒーター[ストーブ].
óil·hòle *n* 〘機〙《潤滑油の》注油口.

óil·ing *n* 流出石油による汚染.
óil làmp 石油ランプ.
óil·less *a* 油のない; 注油の必要のない: ～ metal.
óil·màn /, -mən/ *n* 石油業者, 石油企業家, 油田主, 油田労働者, 石油販売業者; 《古》 油屋, 油商人.
óil mèal 粉末状の油かす《家畜飼料・肥料》.
óil mìll 搾油機; 搾油[製油]工場.
óil mìnister 《産油国の》石油相.
óil mòney PETRODOLLAR.
óil nùt 脂肪堅果《油をしぼるクルミ・ココヤシなどの堅果》.
óil of clóves CLOVE OIL.
óil of túrpentine テレピン油 (turpentine).
óil of vítriol 濃硫酸.
óil of wíntergreen 〔化〕冬緑油, ウインターグリーン油《主成分サリチル酸メチル》.
óil pàint 油えのぐ; 油[油性]ペイント, ペンキ.
óil pàinting 油絵画法; 油絵: She's [It's] no ～. 《口》 [°*joc*] とても絵にはならない, 美しくない, 醜い.
óil pàlm 〔植〕アブラヤシ, ギニア[アフリカ]アブラヤシ《果実からパーム油 (palm oil) を採る; 西アフリカ原産; 熱帯で広く栽培される》.
óil pàn 〔機〕《内燃機関の》油受, オイルパン.
óil pàper 油紙, 桐油(とう)紙.
óil pàtch *《口》 油田[石油生産]地帯; *《口》 石油産業.
óil plànt 《油・脂肪のしぼれる》油料植物《ゴマなど》.
óil plàtform 《海洋上の》石油掘削用施設.
óil-póor *a* 石油の出ない, 石油資源のない.
óil prèss 《特にナッツ・オリーブ・種子の》搾油機.
óil-prodúcing *a* 石油を産出する: ～ countries 産油(諸)国.
óil·pròof *a* 耐油性の. ► *vt* 耐油化する.
óil-rích *a* 石油資源に恵まれた; 石油成金の.
óil·rìg *n* OIL PLATFORM.
Óil Rivers *pl* [the] オイルリヴァーズ《ナイジェリア南部 Niger 川のデルタ》.
óil sànd 〔地質〕油砂, オイルサンド《高粘度の石油を含む多孔性砂岩》.
óil sèal 〔機〕オイルシール《油不浸透材を用いて潤滑油の漏れを防ぐもの》.
óil·sèed *n* 脂肪[油糧]種子《油を採る種子[穀物]》.
óilseed rápe 《主に英》ナタネ, セイヨウアブラナ《菜種油用の品種》.
óil shàle 〔鉱〕油母頁岩(ゆぼけつがん), オイルシェール《乾留によって石油と同じ性質の油が得られる》.
óil sílk 絹油布, オイルシルク.
óil·skìn *n* 油布, 防水布, オイルスキン, 油布製レインコート; [*pl*] 油布製の服, 防水服《上着とズボン》.
óil slìck 《海・川などに浮いた[地面に付着した]石油の》油膜.
óil spìll 《海上での》石油流出.
óil spòt 〔植〕《露菌病のブドウの葉の》油点; *《俗》《ヴェトナム戦線での》周囲に勢力を広げる基点となる村[地域].
óil spring 油泉.
óil·stòne *n* 油砥石(といし)《油を引いて用いる》.
óil·stòve *n* 石油ストーブ[こんろ]《料理用・暖房用》.
óil sùmp 〔機〕油だめ《クランクケース下部の》.
óil swìtch 〔電〕油入り開閉器, オイルスイッチ.
óil tànker 石油輸送船[車], 油槽船, タンカー.
óil·tìght *a* 油の漏らない, 油密式の.
óil trèe 油[脂肪]のしぼれる木.
óil vàrnish 油ワニス.
óil wèapon 《産油国が行使する》武器としての石油.
óil wèll 油井(ゆせい).
óily *a* **1** 油質の, 油性の, 油状の; 油を塗った; 油に浸した; 油っこい; 油だらけの; 〈皮膚・髪が〉脂性の: ～ wastewater 油性[含油]廃水. **2** 妙に愛想がいい, おもねるような. ► *adv* おもねるように, へらへらと. ♦ **óil·i·ly** *adv* **-i·ness** *n*
óily wád ⁿ《俗》《専門技能をもたない》ただの水兵[船員]; ⁿ《俗》《燃料油を燃やす》水雷艇 (torpedo boat).
oink[1] /ɔ́ɪŋk/ *n* ブーブー《豚の鳴き声》; *《俗》 おまわり (pig). ► *vi* ブーブー鳴く[という音を出す]; *《俗》 ブタ[ブタ野郎]のようにふるまう. ● **～ out** *《俗》 たらふく食う. [imit]
oink[2], **OINK** *n* 《口》 オインク《稼ぎ手は一人で子供のいない夫婦の一方; cf. DINK[2]》. [*o*ne *i*ncome, *n*o *k*ids]
óink·er *《俗》 *n* ブタみたいに太ったやつ, デブ; げす野郎, がつがつしたやつ (pig). [*oink*[1]]
oint·ment /ɔ́ɪntmənt/ *n* 〔薬〕軟膏. [OF＜L (*unguo* to anoint)]
OIr, OIrish °Old Irish.
Oir·each·tas /ɛ́rəkθəs, -təs/ *n* アイルランド議会《Dáil Éireann (下院) と Seanad Éireann (上院) よりなる》.
OIRO ⁿ offers in region of… 《不動産広告などで》…前後の付け値.
Oirot ⇨ OYROT.
Oise /*F* wa:z/ **1** オアーズ《フランス北部 Picardie 地域圏の県; ☆Beauvais》. **2** [the] オアーズ川《フランス北部を南西に流れて Seine 川に合流; 源流はベルギーの Hainaut 州に発する》.
Oi·sin /əʃí:n; ɔ́ɪzɪn/ OSSIAN.
Ois·trakh /ɔ́ɪstrɑ:k/ オイストラフ (1) **David (Fyodorovich)** ～ (1908–74)《ソ連のヴァイオリン奏者》 (2) **Igor (Davidovich)** ～ (1931–)《前者の子; ロシアのヴァイオリン奏者》.
OIt °Old Italian.
oi·ti·ci·ca /ɔ̀ɪtəsí:kə/ *n* 〔植〕オイチシカ《種子からオイチシカ油 (＝～ òil) を採る南米産クリソバラヌス科リカニア属の樹木》. [Port＜Tupi]
OJ[1], **oj** /óʊʤèɪ, ⸗⸗/ *n* *《口》 オレンジ果汁[ジュース] (orange juice).
OJ[2] /òʊʤéɪ/ *n* *《俗》 アヘンに浸したマリファナタバコ (opium joint).
OJ[3] O. J. SIMPSON.
Ojib·wa, -way /oʊʤíbweɪ/ *n* **a** (*pl* ～, ～**s**) オジブワ族 (＝ANISHINABE). **b** オジブワ語 (＝*Chippewa*).
Ojos del Sa·la·do /óʊhoʊz dèl səlá:doʊ/ オホス・デル・サラド《アルゼンチン北西部とチリとの国境にある山 (6908 m)》.
OJT °on-the-job training.
OK, O.K. 《口》 *a, adv* [°‹*int*›] /oʊkéɪ, ⸗⸗/ **1 a** よろしい (all right), わかった (agreed), いいよ (yes)《納得・承知・賛成などを表わす》; 問題[支障]なし[なく], だいじょうぶ(な); よい, いい (good, acceptable); 間違いなし (correct), 検閲済み, 承認済み, 校了: That's ～. (そのことは)いいよ, もう気にしないで《おわびのことばなどに対して》/ That's [The plan's] ～ with [by] me. ぼくはそれ[その案]でけっこうだ, 承知した (I agree.) / She's ～. Just shocked. 彼女はだいじょうぶ, ちょっとショックをうけただけ / Is everything ～? 調子はどう, 元気? / The machine is working ～. 機械は調子よく動いている / an ～ guy いいやつ, (つきあっても)だいじょうぶなやつ / Is it ～ to [if I] sit here. ここにすわってもいいですか. **b** けっこうである, まあまあだ: It was ～ but not wonderful. **2** [これまでの話を確認したうえで話を先に進める[話題を転じる]ときに用いる] ここまではいいとして, それじゃ, さてそこで《後ろに ～, *now*, so などを伴う》: ～, *now* listen to me. **3** [疑問形で苦情などに付加してそれを強める] 《口》 ほんとにもう, まったく: Look, I'm doing my best, ～? / Hey, loudmouth, I'm trying to study here, ～? ● **～, yah** 《口》 いいんじゃない(ですか)《yuppies や Hooray Henrys が典型的に使用するとされる同意の表現》. ► *n* /⸗⸗/ 承認, 同意, 許可; 校了: give…the ～ 許可する / get [receive] the ～ 許可を受ける. ► *vt* /⸗⸗/ (～**'d**; ～**'ing**) 承認する; …に OK と書く《校了のしるしなどに》. [*oll* or *orl korrect* (US joc form) all correct; 異説に＜*O.K. Club* (1840 年の Martin Van Buren 大統領後援会)＜*Old Kinderhook* (彼の生誕地)]
OK Oklahoma.
oka /óʊkə/ *n* OCA; OKE[1].
Oka[1] /oʊká:/ [the] オカ川《(1) シベリア南部の Sayan 山脈から北流し, Angara 川に合流 2) ヨーロッパロシア中部を流れる Volga 川右岸の最大の支流》.
Oka[2] /óʊkə/ *n* オカ《カナダ産のマイルドな風味の半硬質チーズ》. [Montreal の西南西にある村: その地のトラピスト会修道院で造られる]
Oka·na·gan /òʊkəná:gən/, **Oka·nog·an** /-nágən/ **1** [the] オカナガン川《カナダ British Columbia 州南東部のオカナガン湖 (～ **Láke**) から南流し, 米国 Washington 州北東部で Columbia 川に合流; Okanogan は米国における名称》. **2 a** オカナガン族《オカナガン川の流域に住む北米インディアン》. **b** オカナガン語.
oka·pi /oʊká:pi/ *n* 〔動〕オカピ《キリン科; 中央アフリカ産》. [(Afr)]
Oka·van·go, Oko·vang·go /òʊkəvǽŋgoʊ; -vá:ŋ-/ [the] オカヴァンゴ川, オコヴァンゴ川《アンゴラ中部に発し, 南流・東流してボツワナ北部でオカヴァンゴ沼沢地 (～ **Swámps** [**Délta**]) に注ぐ; アンゴラでは Cubango と呼ぶ》.
okay, okeh, okey /oʊkéɪ, ⸗⸗/ 《口》 *a, adv, n, vt* OK.
O.K. Corral /óʊkèɪ ⸗⸗/ OK 牧場《Arizona 州 Tombstone にある畜舎; 1881 年に保安官 Virgil Earp が兄弟の Wyatt と Morgan, 友人 Doc Holliday と共に Clanton 一家を相手に撃ち合いを行なった場所》.
oke[1] /óʊk/ *n* オーク《トルコ・エジプト・ギリシアなどの重さの単位で約 $2^3/_4$ pounds; また 液量単位で約 $1^1/_3$ 米 quarts》. [Turk＜Arab]
oke[2] *a* OK.
Okee·cho·bee /òʊkəʧóʊbi/ [Lake] オキーチョビー湖《Florida 州中南部の淡水湖》.
O'·Keeffe /oʊkí:f/ オキーフ **Georgia** ～ (1887–1986)《米国の画家; 花・白骨・砂漠といった自然物を配した幻想的な作風で知られる》.
Oke·fe·nó·kee Swámp /òʊkəfənóʊki-/ [the] オーキフェノーキー湿地《Georgia 州南東部と Florida 州北部にまたがる》.
Oke·ghem /óʊkəgɛm/, **Ock·e·ghem** /ákəgɛm/ オケヘム **Jean d'** ～, **Jan van** ～ (c. 1430–c. 95)《フランドルの作曲家》.
O'·Kel·ly /oʊkéli/ オケリー (1) **Seamus** ～ (1881–1918)《アイルランドの作家》 (2) **Seán T(homas)** ～ (1882–1966)《アイルランドの政治家; Sinn Féin 党の創設に参加; アイルランド共和国大統領 (1945–59)》.
okey·doke /óʊkidóʊk/, **-do·key** /-dóʊki/ *a, adv* 《口》 OK. [*OK* の加重]
Okhotsk /oʊkátsk/ ■ the **Séa of** ～ オホーツク海.

Okie[1] /óʊki/*《口》 *n* [*ˢderog*] 移動農業労働者,《特に》1930 年代の Oklahoma 州出身の放浪農民 (cf. ARKIE); オクラホマ州人; *《口》[*ᴼderog*] (無教養で頑固な)田舎もん, カッペ.

Okie[2] *n, a* [*ˢderog*]*《俗》 沖縄人(の).

Ókie crédit càrd *《俗》 GEORGIA CREDIT CARD.

okie-doke /óʊkidóʊk/, **-do·kie** /-dóʊki/ *a, adv* 《口》 OK.

Oki·na·wan /òʊkənɑ́:wən, -nάʊən/ *a* 沖縄の, 沖縄人の. ► *n* 沖縄人.

Okla·ho·ma /òʊkləhóʊmə/ **1** オクラホマ《米国中南部の州; ☆Oklahoma City; 略 **Okla.**, OK》. **2** [~!]『オクラホマ!』《ミュージカル (1943 年初演); 作詞 Oscar Hammerstein 2 世, 作曲 Richard Rodgers》. ◆ **Òkla·hó·man** *a, n*

Oklahóma Cíty オクラホマシティ《Oklahoma 州の州都》.

okle·do·kle /óʊk(ə)ldóʊk(ə)l/ *a, adv* 《口》 OK.

Óklo phenòmenon /óʊkloʊ-/ [the]〘地質〙オクロ現象《先カンブリア時代にウランが蓄積されていく過程で起きた天然の核分裂連鎖反応; ガボン南東部の Oklo 鉱山で跡が発見された》.

okou·me, oku·me /òʊkəméɪ/ *n*〘植〙ガブーン(材), オクメ (⇨ GABOON). [F *okoumé*<(Afr)]

Okovanggo ⇨ OKAVANGO.

okra /óʊkrə/ *n*〘植〙オクラ, アメリカネリ (=*gumbo, ladies' fingers*)《アフリカ原産のアオイ科の一年生果菜》; オクラのスープ. [(WAfr)]

ok·ta, oc·ta /ɑ́ktə/ *n*〘気〙オクタ《雲量の単位; 全天の 1/8 をおおう量》. [Gk OCTA-]

Ok·to·ber·fest /ɑktóʊbərfèst/ *n*《特に Munich の》十月祭《ビール祭》. [G=October feast]

okume ⇨ OKOUME.

Ókun's làw /óʊkənz-/〘経〙オークンの法則《失業者の増大と国民総生産の低下の相関関係を示すもの》. [Arthur M. *Okun* (1928–80) 米国の経済学者]

OKW Oberkommando der Wehrmacht《第二次大戦中の》ドイツ国防軍最高司令部.

ol' /óʊl/ *a* 《発音つづり》 OLD.

-ol[1] /ɔ̀(:)l, òʊl, ὰl/ *n suf*〘化〙「水酸基を含む化合物」《特にアルコール類やフェノール類の名をつくる》: creso*l*, glycero*l*, methano*l*, naphtho*l*. [alcoho*l*]

-ol[2] ⇨ -OLE[1].

-ol[3] *n comb form*〘化〙「ベンゼン系列の炭化水素」: xylo*l*. [L *oleum* oil]

OL °Old Latin.

-ola /-oʊlə, -ələ/ *n suf*「賄賂」「顕著な例」「こっけいな形」: pay*ola* / schnozz*ola* デカ鼻. [? It or L *-ola* (dim)]

ol·a·ca·ceous /ὰləkéɪʃəs/ *a*〘植〙《熱帯産の》ボロボロノキ科 (Olacaceae) の.

Olaf /óʊləf, -lɑ:f, -læf/ **1** オーラフ《男子名》. **2** オーラフ (1) **~ I Tryggv·a·son** /trígvəsən/ (c. 964–c. 1000)《ノルウェー王 (995–c. 1000); 同国のキリスト教化に努力》(2) **~ II Har·alds·son** /hǽrəl(d)sən/, Saint ~ (c. 995–1030)《ノルウェー王 (1016–28); 国民にキリスト教への改宗を強制; 同国の守護聖人, 祝日 7 月 29 日》(3) **~ V** (1903–91)《ノルウェー王 (1957–91)》. [Scand=forefather+offspring or heirloom]

Olah /óʊlə/ オラー **George Andrew ~** (1927–)《ハンガリー生まれの米国の化学者; カルボカチオン (carbocation, 炭素陽イオン) の生成に成功, ノーベル化学賞 (1994)》.

olal·lie·ber·ry /óʊləlibèri/ *n*〘園〙オラリーベリー《loganberry と youngberry との交配種のブラックベリー「blackberry」; California 州や Oregon 州で栽培されている》.

Öland /ə́:lὰ:nd, ǿ:-/ エーランド《スウェーデン南東岸沖, バルト海の島; Kalmar 海峡を隔てて本土と向かい合う; ☆Borgholm》.

Olav /óʊlɑ:v/ オーラヴ《ノルウェー王 OLAF の別称》.

Ol·cott /ɔ́:lkət/ オルコット **Henry Steel ~** (1832–1907)《米国の神智学者》.

old /óʊld/ *a* (**~·er**; **~·est**) ★ 長幼の順をいうときは《英》では常に ELDER[1]; ELDEST. **1 a** 老いた, 年をとった, 老年の (opp. *young*) (cf. OLD MAN, OLD WOMAN): He looks ~ for his age. 年の割に老けて見える / the ~*est* boy in the class 組でいちばん年かさの生徒 / one's ~*er* [~*est*] sister *姉[長姉] / one's ~ brother《口》兄 / grow [get] ~ 老いる, 年をとる / ~ enough to be sb's mother [father] 母親[父親]といってもいいくらいの年齢である / You're as ~ as you feel. 年齢[若さ]は気のもちよう. **b** [the, 〈*n pl*〉] 老人たち; [the, 〈*sg*〉] 古いもの, 昔なつかしい事物《風俗など》: ~ and young=YOUNG and ~. **2 a**(満)…歳[月, 週]の[で] (of age); 〈事物が〉(…年)経って[た]: a boy (of) ten years ~=a ten-year-~ boy 10 歳の少年 / at ten years ~ 10 歳の時に / How ~ is the baby?—He is three months ~. 生後どのくらいですか—3 か月です / He is five years ~*er* than I (am). わたしより 5 つ年上だ / a house 20 years ~ 築 20 年の家 / a five-year-~ war 5 年前から続く戦争. **b** [年齢を表わす数詞の前で]《口》実際よりは老けて見える: She's an ~ forty. 彼女は 40 歳にしては老けて見える. **3 a** 古い, 年数を経た (opp. *new*); 古びた, 古くなった, 使い古した, 老朽化した; 昔の, 以前の, 旧…; もとの…, …出身の;〘地質〙老年期の: OLD SCHOOL / an ~ wine 古酒 / an ~ tradition 昔からの伝統 / ~ fashions すたれた[すたれかかった]風習 / ~ clothes 古着 / an ~ pupil of mine わたしの昔の教え子 / an ~ Harrovian ハロー校出身者. **b** 古くからの, 年来の, 昔なじみの; [ᴼ*voc*]《口》親しい, …君, …ちゃん; なつかしい: an ~ friend 旧友 / ~ familiar faces 昔なじみの人びと / my dear ~ fellow おい, きみ / ~ boy [chap, man, thing] やあ, きみ / good ~ George (なつかしい)ジョージさん / (the) good ~ days なつかしい昔のころ(には) / the bad ~ days [ᴼ*iron*] 不快だった昔 / ~ England [London, Paris, etc.] なつかしの英国[ロンドン, パリ など]《昔(のなごり)を親しんでいう》. **c** 旧式な[の], 時代遅れの, 古臭い; いつもの, 例の, おなじみの, 変わりばえのしない; (例の)いまいましい, うんざりする: an ~ joke 古臭いしゃれ / OLD FOG(E)Y / It's one of his ~ tricks. 彼のいつもの[例の]手口だ / It's the (same) ~ story. よくある話[事]だ. **d** [O-]〘言〙古(期)…《言語の歴史の上で最初期の段階を示す》: OLD ENGLISH. **4** 老練な, 老巧な; 狡猾な (cf. OLD HAND); 常習的な. **5** 〈色が〉くすんだ, 鈍い; あせた: OLD ROSE. **6** [通例 形容詞のあとに付けて強意的に]《口》全く: We had a fine [high, good] ~ time. とても愉快だった. ● ANY ~. **(as) ~ as the hills** とても古い[老齢で]《cf. *Job* 15: 7》. **(as) ~ as time** とても古い, 大昔からある. **be one's ~** SELF. **for ~ times'** SAKE[1]. **in your ~ age**《口》《今までしなかったことをついにするようになったとき》ついに, とうとう, やっと. **~er than God** [**baseball**]*《口》とても老齢で[年を経て, 古い]. **~, unhappy, far-off things** 過去の悲劇[悲しみ]《Wordsworth, 'The Solitary Reaper' の一節から》. POOR ~…. **you ~…**《強い感情を表わして》この…め!
► *n* **1** [前置詞のあとで] 昔: men *of* ~ 昔の人たち. **2** …歳の人[動物,《特に》競走馬]《通例 20 歳以下に用いる》: a ten-year-~ / ten-year-~*s*. ● **as of ~** 昔のように[ままに], あいかわらず. **from of ~** 昔から. **in days of ~** 昔, 以前は. **of ~** 古くは; 古くから; 長い経験から〈わかるなど〉: know…*of* ~ …は[…のことは]ずっと以前からよく知っている.
◆ **óld·ness** *n* [OE *ald*; cf. G *alt*, L *alo* to nourish]

óld Ádam [the]《古風》古いアダム《人間の罪深い性質, 原罪を負う者としての弱さ; cf. the new ADAM》; [the] [*euph*] 性懲りもないもの, 男の欲情.

óld-áge *a* 老年期の.

óld áge 老年(期);〘地質〙老年期《浸食輪廻(りんね)の最終段階》.

óld-àge pénsion 老齢[養老]年金《略 OAP》.
◆ **óld-àge pénsion·er** 老齢年金受給者《略 OAP》.

óld-and-bítter *n*ᴴ《俗》 MOTHER-IN-LAW.

Óld Árabic 古(期)アラビア語《紀元後 1 世紀ごろから 7 世紀ごろまで用いられた, 最初期のアラビア語》.

óld ármy gàme [the]《俗》詐欺, いかさま(ばくち), (例の)こすい手.

óld báchelor 固く独身を通している男.

Óld Báiley [the] オールドベイリー《London の中央刑事裁判所 (Central Criminal Court); 元来は裁判所が面している通りの名》.

óld bát *《俗》ばあさん, ばばあ, くそばばあ.

óld báttle-àx《口》むやみにがなるばばあ[中年女]《通例 横柄でブスな女》.

Óld Belíever RASKOLNIK.

Óld Bíll [ᴼthe]ᴴ《俗》警察, サツ; ᴴ《俗》警官; [ᴼthe] 法律 (law). [Bruce Bairnsfather (1888–1959) の漫画のキャラクターからか]

óld bírd [*joc*] 用心深い人物, 慎重な老練家, おっさん.

óld bóot ᴴ《俗》女, 女房, ばばあ.

óld bóy **1** [ᴼO- B-]ᴴ《パブリックスクールなどの》卒業生, 校友, 同窓生, OB: an ~*s'* association 同窓会. **2** /ˊ— ˊ—/《口》元気な老人, 年輩の男性; *《口》男, おじさん,《特に》南部人; [the *or* sb's]《口》父さん, おやじ; [the] 責任者, 雇主, ボス; [the O- B-] 悪魔 (Old Nick). **3** /ˊ— ˊ—/ [*voc*] やあ, きみ.

óld bòy nèt(work), óld bòy's nètwork [the] OB 網《社会・実業・政治面において閥をなしている集団(パブリックスクールの出身者など)の成員相互間における排他的互助のつながり》.

óld bòy's sỳstem ᴴ OLD BOY NETWORK.

Óld Brítish《紀元 800 年以前の》古(期)ブリトン語.

óld búddy [*voc*]*《南部》きみ, あんた, だんな《親しみをこめた呼びかけ》.

Óld Bulgárian 古(期)ブルガリア語《9 世紀のスラヴ語; OLD CHURCH SLAVONIC に同じ》.

Óld Búll and Búsh [The] オールド・ブル・アンド・ブッシュ,「雄牛と木立ち」亭《London 北部の Hampstead にあるパブ; 19 世紀の流行歌 'Down at the Old Bull and Bush' に出てくることで有名》.

Óld Castíle 旧カスティリャ, カスティリャ・ラ・ビエハ (*Sp* Castilla la Vieja)《スペインの Castile 地方北部; ☆Burgos》.

Old·cas·tle /óʊl(d)kæs(ə)l; -kὰ:s(ə)l/ オールドカースル Sir **John ~**, Baron Cob·ham /kάbəm/ (c. 1378–1417)《イングランドの Lollard 派の指導者; 異端として処刑された; Shakespeare の Falstaff のモデル》.

Óld Cátholic 古カトリック主義者《教皇不可謬説を排撃する一派》.

Óld Chrístmas《主に米中東部》〘キ教〙公現祭 (Epiphany)《1 月 6 日》.

óld chúm «豪古口» 古参の囚人; «豪古口» 経験のある[古参の]移民; «豪口» 経験者, 老練家, 古参 (cf. NEW CHUM).
Óld Chúrch Slavónic [Slávic] 古(期)教会スラヴ語《9 世紀に聖書翻訳に用いられた; 略 OCS》.
Óld Cíty [the]《Jerusalem の》旧市内, 城内.
óld-clóthes·màn /, -mən/ *n* 古着屋.
óld cócker *«俗»《男の》老人, じじい, 老いぼれ.
Óld Contémptibles *pl* [the] いまいましい雑兵ども《1914 年フランスに派遣された英国陸軍のこと; ドイツ皇帝が contemptible little army と呼んだとされることから》.
Óld Cóntinent [the] 旧大陸《欧州・アジア・アフリカ; cf. NEW CONTINENT》.
óld còuntry [the *or* one's]《移民の》本国, 祖国《特にヨーロッパの国》.
óld crócк «俗» くたびれたもの, おんぼろ車; «俗» 老いぼれ.
Óld Dárt [the] «豪» 母国, 英国 (England).
óld déar おばあちゃん; [*voc*] [*joc*] ばあさん.
Óld Délhi オールドデリー (⇨ DELHI).
Óld Domínion [the] Virginia 州の俗称.
Óld Dútch《紀元 1100 年以前の》古(期)オランダ語.
olde /óuld/ *a* «擬古» OLD.
óld ecónomy《IT 革命以前の》旧来型経済.
Óld Egýptian 古エジプト語《第 1 王朝から第 10 王朝まで使用されたエジプト語》.
óld·en *a* «古・文» (遠い)昔の; «古・文» 年老いた: in (the) ～ days =in ～ times 昔(は). ► *vt* «古・文» 老いさせる, 古びさせる. ► *vi* 老いる, 古びる.
Ol·den·bar·ne·velt /òuldənbá:rnəvèlt/ オルデンバルネフェルト **Johan van** ～ (1547–1619)《オランダの政治家; オランダ独立の礎を築いた》.
Ol·den·burg /óuld(ə)nbə̀:rg/ **1** /; *G* ɔ́ldnburk/ オルデンブルク《**1**) ドイツ北西部 Lower Saxony 州の市; 旧オルデンブルク大公国の首都 **2**) ドイツ北西部にあった大公国》. **2** オルデンバーグ **Claes (Thure)** ～ (1929–)《スウェーデン生まれの米国の美術家; 食品・台所用品などの巨大な原色張りぼてを作る》.
Óld Énglish 1 古(期)英語 (=*Anglo-Saxon*)《1150 年ころ以前の英語; 略 OE; cf. MIDDLE [MODERN] ENGLISH》. **2**〔印〕オールドイングリッシュ (BLACK LETTER).
Óld Ènglish shéepdog オールド・イングリッシュ・シープドッグ《英国原産の中型の牧羊犬・番犬; 毛が深く短尾》.
óld-estàblished *a* 古くからの, 年を経た.
olde-worlde /óuldiwə́:rldi/ *a* ‖«口» [°*joc*] (なんとも)古めかしい, 古風な.
óld fáce ‖〔印〕旧体活字 (old style)《略 OF》.
Óld Fáithful オールドフェイスフル《Yellowstone 国立公園の有名な間欠泉》.
óld·fángled *a* OLD-FASHIONED.
óld fárt *«俗» 退屈なやつ, 頭にくるやつ, とろいやつ; *«俗» OLD COCKER.
óld-fáshioned *a* **1** 古風な, 古臭い; 流行遅れの (opp. *new-fashioned*); 考え方の古い, 保守的な; 昔なつかしい, 昔ながらの; «北イング» 年の割に老けた, ませた. **2** ‖«口» とがめるような, 疑わしげな〈目つき・表情〉: give sb [get] an ～ look. ► *n* [°O- F-] オールドファッションド《ウイスキー・砂糖・ソーダ・ビターズ・果物片を入れるカクテルの一種》; オールドファッションドグラス《丈が低い幅広のカクテル用グラス》. ♦ **～·ly** *adv* **～·ness** *n*
óld fláme 昔の恋人.
Óld Flémish《1300 年ころより前の》古フラマン語.
óld fóg(e)y 時代遅れの人, 頭の古い人, 老いぼれ. ♦ **óld-fóg(e)y·ish** *a*
óld fólk(s) [〈*pl*〉] 老人たち, お年寄り.
óld fólk's hòme 老人ホーム (old people's home).
óld foundátion 宗教改革以前に建てられた大聖堂.
Óld Francónian《1100 年以前の》古(期)フランコニア語 (Frankish).
Óld Frénch《9–13 世紀の》古(期)フランス語.
Óld Frísian《13–16 世紀の》古(期)フリジア語.
óld fústic〔植〕ファスチック, オウボク(黄木) (fustic).
óld gáffer *«俗» OLD COCKER.
óld gáng «俗»《通例 反動的な》古老ども, OLD GUARD.
óld géntleman [the] [*joc*] 悪魔 (Satan).
óld gírl 老女, おばあさん; [the *or* sb's] ‖«口» 妻, 女房, 母; [the] ‖«口» 女主人; /⎯́ ⎯̀/ ‖《女子の》卒業生, 校友 (cf. OLD BOY); [*voc*] ‖«口»《女性に対して》ねえ, きみ.
óld gìrl nètwork [the]《女性の》学閥, OG 網 (cf. OLD BOY NETWORK).
Óld Glóry *«口» 星条旗 (Stars and Stripes).
óld góat «俗» いやなじじい, くそじじい; «俗» 助平じじい.
óld góld 古金色《光沢のない赤黄色》.
óld grówth 原生林, 処女林. ♦ **óld-grówth** *a*
Óld Guárd [the]《Napoleon 1 世の》親衛隊 (*F* Vieille Garde); [the, °the o- g-]《ある主義・主張の》古くからの擁護者たち,《政党内などの》保守派, 守旧勢力, 古老グループ. ♦ **Óld Guárd·ism** *n*
Old·ham /óuldəm/ オールダム《イングランド北西部 Manchester の北東にある町》.
óld hánd 熟練者, 老練家, 手慣れた人, 経験者, 専門家〈*at*〉; «豪古» 古くからの囚人; «豪古» 古参の移民.
Óld Hárry [°the] 悪魔 (Old Nick). ● **play Old HARRY with ....**
óld hát «口» *a* [*pred*] 時代遅れの, 古臭い; ありふれた, 陳腐な, 新鮮味のない. ► *n* 時代遅れのもの[人], 陳腐なもの.
Óld Híckory 頑固おやじ《米国大統領 Andrew JACKSON のあだ名》.
Óld Hígh Gérman《1100 年ころまでの》古(期)高地ドイツ語《略 OHG》.
óld hòme [the] OLD COUNTRY.
Óld Húndred(th) [the] 賛美歌第 100 番《'All people that on earth do dwell' で始まる》.
Óld Icelándic 古(期)アイスランド語《9–16 世紀; ⇨ OLD NORSE》.
óld·ie, óldy «口» *n* 古いもの, 昔の[ひと昔前の]もの;《特に》なつかしの流行歌[ポップス], なつメロ, 古い映画[笑い話, 諺など]; 老人, 親. ● **～ but goodie** «口» 古いけれど[流行遅れだけれど]好ましいもの, 昔なつかしい[いまだ愛着を覚える]もの[人].
Óld Índic, Óld Ìndo-Áryan 古代インド語派; サンスクリット語とヴェーダ語.
óld ínjun〔鳥〕コオリガモ (OLD-SQUAW).
Óld Iónic イオニア方言《古代ギリシア語の一方言; ILIAD および ODYSSEY の言語がその代表》.
Óld Iránian 古(代)イラン語《紀元前のイラン語》.
Óld Írish《7 世紀から 950 年ころまでの》古(期)アイルランド語.
Óld Íronsides オールドアイアンサイズ《1812 年戦争で活躍した米国のフリゲート艦 The Constitution のニックネーム》.
óld·ish *a* やや老いた; 古めかしい.
Óld Itálian《10–14 世紀の》古(期)イタリア語.
óld Jóe *«俗» 性病, 梅毒, 淋病.
Óld Kíng Cóle 老いたコール王《スコットランド・イングランドの伝承童謡の主人公; 音楽好きで陽気》.
Óld Kíngdom [the]〔エジプト史〕古王国《第 3–6 王朝 (2780–2280 B.C.); cf. MIDDLE [NEW] KINGDOM》.
óld lády «口» **1** [the *or* sb's] **a** 妻, かみさん, (古)女房. **b** 恋人, 彼女,《特に》同棲相手[している女性]. **c** 母, おふくろ. **2** 口やかましい屋 (old maid). **3**〔昆〕ヤガ科の蛾《ヨーロッパ産》
Óld Lády of Thréadneedle Strèet [the]〔英〕イングランド銀行 (Bank of England)《俗称; London の Threadneedle 街にある》.
óld lág ‖«俗» 常習犯, 累犯者, 前科者.
Óld Látin 古代ラテン語 (⇨ LATIN).
Óld Léft [the] 旧左翼《New Left に対して》. ♦ **Óld Léft·ist** *n*
óld-líne *a* *保守的な, 伝統派の; 歴史の古い, 伝統[由緒]ある. ♦ **óld-líner** *n* 保守派の人.
Óld Líne Stàte [the] オールドライン州《Maryland 州の俗称》.
Óld Lów Francónian [Fránkish] 古(期)低地フランコニア語[フランク語]《オランダ語・フラマン語の祖語》.
Óld Lów Gérman《1100 年ころまでの》古(期)低地ドイツ語《略 OLG》.
Óld MacDónald マクドナルドおじいさん《童謡 'Old MacDonald Had a Farm' で歌われる農場主》.
óld máid [*derog*] オールドミス, 老嬢; «口» 堅苦しくてこうるさい男[女];〔トランプ〕じじ抜き(の敗者); [*joc*] お皿から最後に残ったひとつを取る者.
óld-máid·ish *a* 口やかましい, こうるさい. ♦ **～·ness** *n*
óld mán *n* «口» **1** [the *or* sb's] **a** 夫, 亭主. **b** 恋人, 彼,《特に》同棲相手[している男性]. **c** 父, おやじ. **d** *«俗» パパさん, だんな, SUGAR DADDY; *«俗»《売春婦の》ヒモ, お父さん. **2 a** [the, ᵘthe O- M-] かしら, 親方, 雇い主, ボス, 上司, 支配人, 指揮官, 隊長, 船長, 機長, *«俗» 大統領. **b** [the]《その道の》ベテラン, 大家; 先輩, 長老. **c** [the] 人間の罪深い本性 (old Adam). **d** [the] «俗» 男根, ペニス. **3** [*voc*] やあ, きみ. **4** «豪» 成長した雄カンガルー;〔植〕SOUTHERNWOOD. ● **so's your ～** [〈*int*〉] *«俗»《相手の悪口に言い返して》てめえこそ…だ, 人のことが言えるか, それはこっちのせりふだ;《否定・拒絶を表わして》ばか言え, うるせえ. ► *a* 発育しきった; «豪» 大きい, すばらしい.
Óld Mán of the Séa [the] 海の老人《アラビアンナイトで船乗りシンドバッドの背中に何日もしがみついていた老人》;《一般に》なかなか追い払えない人[もの].
óld mán of the wóods〔菌〕オニイグチ《北米東部針葉樹林に生えるまろやかな味のする食用キノコ; 北半球温帯に分布する》.
Óld Màn Ríver [the] 父なる川《Mississippi 川の俗称》.
óld-màn's béard〔植〕**a** クレマチス・ビタルバ《欧州南部・近中東産キンポウゲ科センニンソウ属のつる性の多年草》. **b** サルオガセ属の灰緑色の地衣《樹木に着く》.
óld máster 巨匠《特に 16 世紀から 18 世紀初めの大画家 Mi-

chelangelo, Raphael, Rubens, Rembrandt など); 巨匠の作品.
óld-mòney *a* 世襲の財産を所有する, 先祖伝来の財産のある.
óld móon 満月を過ぎた月; 下弦と朔(さく)との間の細い月.
Óld Níck [°the] 悪魔 (Satan). ● **full of (the) ～** «口» とかく問題を起こす, いたずらで.
Óld Nórman-Frénch NORMAN-FRENCH.
Óld Nórse 古(期)ノルド語《アイスランド・スカンディナヴィア半島・ユトランド半島で 8–14 世紀に用いられた; 文献のほとんどは Old Icelandic によるものなので実質的には Old Icelandic と同じ; 略 ON》.
Óld Nórth Frénch 古(期)北部フランス語《特に Normandy および Picardy の方言》.
Óld Nórth Stàte [the] 古北部州《North Carolina 州の俗称》.
Óld Northwést [the]〘米史〙オールドノースウェスト《五大湖と Mississippi 川, Ohio 川の間の地域; 1783 年に米国領となり, 1787 年 Northwest Territory となる》.
Óld Óccitan 古(期)オクシタン語《1100 年ころから 1500 年まで; ⇨ OLD PROVENÇAL》.
óld òne [the O- O-] «口» [*joc*] 悪魔; 使い古されたしゃれ[冗談].
óld óne-twó [the] «口» (強烈な)ワンツーパンチ (⇨ ONE-TWO).
Ol·do·wan /ɑ́ldəwən/ *a, n*〘考古〙オルドゥヴァイ文化(期)(の)《タンザニアの Olduvai Gorge を標準遺跡とする世界最古とされる石器文化》.
Óld Páls Àctᴴ [*joc*] 旧友法《友人を引き立てたり, 互いに助け合ったりすること》.
Óld Párr /-pɑ́:r/ オールドパー《1635 年に 152 歳で死んだというイングランド Shropshire の長寿者 Thomas Parr; スコッチウイスキーの銘柄の名に用いられている》.
óld pénny〘英〙旧ペニー (⇨ PENNY 1b).
óld péople's hòme 老人ホーム.
Óld Pérsian 《紀元前 6–4 世紀の》古(期)ペルシア語.
óld pót «豪俗» 父親, おやじ.
óld potáto 前年収穫のジャガイモ, 古ジャガ, ひねジャガ (opp. *new potato*).
Óld Preténder [the]〘英史〙老僭王《James Francis Edward STUART の通称; cf. YOUNG PRETENDER》.
óld pró* «俗» 老練家, ベテラン.
Óld Provençál 《11–16 世紀の文書にみられる》古(期)プロヴァンス語《Old Occitan の文語の一つ》.
Óld Prússian 古(期)プロイセン語《印欧語族 Baltic 語派の一つ; 17 世紀中に死滅した》.
Old Q /— kjú:/ オールド Q《4 代 Queensberry 公 William Douglas (1724–1810) のあだな; 有名な放蕩児》.
Óld Réd Sándstone〘地質〙旧赤色砂岩《デボン系中の一地質系統; イングランドに最もよく発達している》.
óld rópeᴴ «俗» 匂いのきついタバコ, 強いタバコ.
óld róse 灰色がかったピンク, くすんだばら色;〘植〙オールドローズ《古い系統のバラ》. ◆ **óld-róse** *a*
Óld Rússian 《12–15 世紀の文書に用いられた》古(期)ロシア語.
óld sált «口» 経験豊かな船乗り, 《引退した》老練の水夫.
Óld Sárum オールドセーラム[サルム]《イングランド南部 Salisbury の北にあった古代都市; 古代名 Sorbiodunum》.
óld sáw 古諺, 格言; «俗» 古臭い冗談[話]. [*saw*³]
Óld Sáxon 古(期)サクソン語《ドイツ北部でサクソン人が 9–12 世紀に用いた低地ゲルマン語の方言; 略 OS》.
óld schòol [one's] 母校; [the] 保守派, 旧派: a gentleman of *the* ～ 昔風の紳士. ◆ **óld-schóol** *a* 保守的な; 古い[初期の]形式の.
óld schòol tíe 《英国の public school の出身者が着用する》母校の色柄のネクタイ, スクールタイ; パブリックスクール出身者; パブリックスクール出身者かたぎ, 学閥[上流階級]意識, 同窓互助, 保守的[伝統墨守的]な態度[考え方]; 派閥主義, 党派心.
Óld Scrátch [°the] 悪魔.
óld shípᴴ «海俗» 《かつての》船員仲間 (old shipmate), [*voc*] 船乗り[水夫]さん.
óld-shòe *a* 気楽な, うちとけた, 四角ばらない.
Óld Slávic [Slavónic] 《1400 年ころまでの》古代スラヴ語, 《特に》OLD CHURCH SLAVONIC.
óld slédge〘トランプ〙SEVEN-UP.
Olds·mo·bile /óuldzmoubì:l/ オールズモビル《米国製の乗用車; 2004 年製造中止》. [Ransom E. *Olds* (1864–1950) 米国の技師で, 旧 Oldsmobile 社の創業者]
Óld Smóky* «俗» 電気椅子 (＝*Old Sparky*).
óld sód [the]ᴴ «口» 母国, ふるさと, 生まれ故郷.
óld sóldier 1 老兵, 古参兵; [*fig*] 熟練者: *Old soldiers* never die; they only fade away. 老兵は死なず, ただ消え去るのみ《第一次大戦時の流行歌謡の一節; 朝鮮戦争時に Douglas MacArthur が Truman 大統領によって国連軍総司令官を解任された時に引用した》. **2** «俗» 酒の空き瓶, ビールの空き缶 (dead soldier); *«俗» 《タバコの》吸いさし (butt), 《かみ終わった》かみタバコのひと塊り (quid). ● **play [come] the ～** 先輩風を吹かす, 老練家ぶって指揮する, 自分の意志を押しつけようとする; 仮病をつかってずるける; 旧軍人のふりをして金や酒をねだる.
Óld Sóuth [the]〘米〙《南北戦争前の》古き南部.
Óld Spánish 《1145 年ころから 16 世紀までの》古(期)スペイン語.
Óld Spárky* «俗» 電気椅子 (Old Smoky).
óld-squáw *n*〘鳥〙コオリガモ (＝*old injun, long-tailed duck, oldwife*)《北半球北部の海ガモ》.
óld stágerᴴ STAGER.
óld·ster «口» *n* 老人, 年配者; 古参, 長上, 経験者 (opp. *youngster*);〘英海軍〙服務 4 年の少尉候補生.
Óld Stóne Àge [the] 旧石器時代.
óld stóry よくある事, ありふれた話: the (same) ～ 例のよくある話[事], いつもの言いわけ.
óld stúff *a* «口» よく知られた, 親しい, ありふれた.
óld-stýle *a*〘活字〙オールドスタイルの《数字の並び線がそろわない: 1234...; cf. NEW-STYLE》.
óld stýle *n* [the O- S-]《ユリウス暦による》旧暦;〘活字〙オールドスタイル《線の太さの差が目立たない》. ► *a* [O- S-] 旧暦[ユリウス暦]による《略 OS; cf. NEW STYLE》.
óld swéatᴴ «口» 老兵, 古参兵 (old soldier).
Óld Swédish 《1350 年ころまでの》古(期)スウェーデン語.
óld tálk «カリブ» うわっつらのおしゃべり.
Old Test. °Old Testament.
Óld Téstament [the] 旧約聖書《キリスト教の聖書の第 1 部; ⇨ BIBLE, NEW TESTAMENT》; [the]〘神学〙旧約, 古い契約《旧約聖書に示された, 神がイスラエルの民と結んだ契約; cf. *Exod* 19–24, *2 Cor* 3: 14》.
óld-tíme *a* 昔の; 昔からの, 年季のはいった.
óld-tìme dánceᴴ 古式ダンス, フォーメーションダンス《lancers など》.
óld-tímer «口» *n* 古参, 古顔, ベテラン; 老人, 年配者; 時代遅れ[旧式]の人[もの], 懐古的な人; おじさん, 先輩《年配の人に対する呼びかけ》.
óld-tím·ey /-táimi/ *a* «口» OLD-TIME, 昔なつかしい.
Óld Tóm «俗» オールドトム《砂糖やグリセリンで甘くしたジン酒》.
Óld Tráf·ford /-trǽfərd/ オールドトラフォード《イングランド Manchester 市にあるサッカースタジアム・クリケット場》.
óld túrkey* «俗» 陳腐な昔話[ジョーク], 古臭い歌.
óld Úncle Tóm Cóbbleigh ⇨ COBBLEIGH.
Ól·du·vai Górge /óuldəvàɪ-, ɔ́(:)l-, ɑ́l-/ オルドゥヴァイ峡谷《タンザニア北部にある谷; 前期旧石器文化の遺跡がある; cf. OLDOWAN》.
Old Víc /-vík/ [the] オールドヴィック《London の Waterloo Road にある劇場; National Theatre 劇団の本拠地 (1963–76); 1818 年開設》.
Óld Wélsh 《1150 年ごろまでの》古(期)ウェールズ語.
óld·wìfe *n*〘魚〙体高の高い食用海産魚《熱帯大西洋産のケショウモンガラ, 豪州産のエノプロスス科のオールドワイフ, 欧州大西洋産のメジナモドキ, alewife, menhaden など》;〘鳥〙OLD-SQUAW.
óld wífe おしゃべりな老婆; 煙突のすす止め.
óld wíves súmmer [°O- W- S-] 古女房の夏《中欧で 9 月末に訪れる暑いながらさわやかな晴天》.
óld wíves' tàle [stòry] 《老婆の語り継ぐ》たわいのない言い伝え[迷信] (cf. *1 Tim* 4: 7). [*wife*＝woman]
óld wóman 老婆; [the *or* sb's] «口» 女房, 女友だち, おふくろ (OLD LADY); [the] «口» 女主人; «口» こうるさい[やかましい]人, ちょっとのことで騒ぐ者《特に男》.
óld-wóman·ish *a* こうるさい (old-maidish).
óld-wórld *a* 大昔の, 昔の世界[時代]の, 古風な, いにしえの; 旧世界の, 《特に》ヨーロッパの. ◆ **～·ly** *adv*
Óld Wórld [the] 旧世界《アジア・ヨーロッパ・アフリカ; cf. NEW WORLD》; [the] 東半球, 《特に》ヨーロッパ.
Óld Wòrld mónkey〘動〙旧世界ザル《オナガザル科》.
oldy ⇨ OLDIE.
óld yéar 旧年; 《暮れていく》行く年.
ole /óul/ *a* «発音つづり» *«口・方・黒人» OLD: a good ～ boy.
olé /ouléɪ/ *int, n* 《闘牛・フラメンコダンスなどでの》オーレイ, いいぞ, よし《賛成・喜び・激励》. [Sp]
OLE /òuèlí:/ *n*〘電算〙OLE《文書中に, 他のアプリケーションで作成した図表など (object) を埋め込むための規格》. [*o*bject *l*inking and *e*mbedding]
ole- /óuli/, **oleo-** /óuliou, -liə/, **olei-** /óuleɪ/ *comb form*「油」「オレイン(酸)」 [L OLEUM]
-ole¹, **-ol** /ə(:)l, òul, ɑ̀l/ *n comb form*〘化〙(1)「(複素環式の)五員環化合物」: pyrr*ole*. (2)「水酸基を含まない化合物」《特にエーテル類の名をつくる》: anis*ole*, safr*ole*. [L ↑]
-ole² *n suf*「小さなもの」: arteri*ole*. [L]
olea *n* OLEUM の複数形.
ole·a·ceous /òuliéɪʃəs/ *a*〘植〙モクセイ科 (Oleaceae) の. [L *olea* olive tree]
ole·ag·i·nous /òuliǽʤənəs/ *a* 油[脂肪]を含む[生じる]; 油質の, 油性の; 口先のうまい, お世辞たらたらの. ◆ **～·ly** *adv* **～·ness** *n* [F<L; ⇨ OIL]

ole·an·der /òuliǽndər, ⌐ ⌐ ⌐ ⌐/ *n* 〔植〕 セイヨウキョウチクトウ (＝*rosebay*). ［L］
ole·an·do·mýcin /òuliændə-/ *n* 〔生化〕 オレアンドマイシン《ストレプトミセス属の放線菌の一種から得られる抗生物質》.
ole·as·ter /òuliǽstər/ *n* 〔植〕 グミ, 《特に》 ホソバグミ. ［L; ⇨ OIL］
ole·ate /óulièɪt/ *n* 〔化〕 オレイン酸塩[エステル], 油酸塩, オレアート.
olec·ra·non /oulékrənàn, òuləkréɪnàn/ *n* 〔解〕 肘頭(ちゅうとう)《尺骨上端の突起》.
ole·fin /óuləfən/, **-fine** /-fən, -fì:n/ *n* 〔化〕 オレフィン《エチレン列炭化水素》. ♦ **òle·fín·ic** /-fín-/ *a* ［F *oléfiant* oil forming］
ólefin séries 〔化〕 オレフィン列.
olei- ⇨ OLE-.
ole·ic /oulí:ɪk, -léɪ-, óuli-/ *a* 油の; 〔化〕 オレイン酸の.
oléic ácid 〔化〕 オレイン酸《不飽和脂肪酸》.
ole·if·er·ous /òuliíf(ə)rəs/ *a* 油を出す, 含油….
ole·in /óuliən/ *n* 〔化〕 オレイン《オレイン酸のトリグリセリド》; 脂肪の液状部 (＝**ole·ine** /-ən, -ì:n/).
Olekma ⇨ OLYOKMA.
Ole·nyok, Ole·nek /àlənjɔ́:k/ [the] オレニョーク川《シベリア中北部を北東に流れて Laptev 海に注ぐ》.
oleo* /óuliòu/ *n* (*pl* **óle·òs**) OLEOMARGARINE; OLEO OIL; OLEOGRAPH.
oleo- /óuliou, -liə/ ⇨ OLE-.
óleo·gràph *n* 油絵風石版画; 水面に油の滴をたらした文様. ♦ **ole·og·ra·phy** /òuliágrəfi/ *n* 油絵風石版印刷法, オレオグラフィー. **-óg·ra·pher** *n* **òleo·gráph·ic** *a*
òleo·márgarin(e) *n* オレオマーガリン《MARGARINE または OLEO OIL》. ♦ **-mar·gár·ic** /-mɑ:rgǽrɪk/ *a*
ole·om·e·ter /òuliámətər/ *n* 油比重計.
óleo òil オレオ油《獣脂から採った油でオレオマーガリン・石鹸などの製造に用いられる》.
òleo·phílic *a* 〔化〕 親油性の.
òleo·résin *n* 含油樹脂, オレオレジン. ♦ **～·ous** *a*
óleo strùt 〔空〕 オレオ緩衝支柱[装置]《油圧を利用して着陸時の衝撃を緩和する脚の支柱》.
óleri·cùlture /áləri-, əlérə-/ *n* 菜園[野菜]栽培, 蔬菜園芸. ♦ **òleri·cúlturist** /, əlèrə-/ *n* **-cúltural** *a* ［L *holer- holus* potherb］
Oles·tra /ouléstrə; ɔ-/ 〔商標〕 オレストラ《食用油の代用とする合成油; 体内で消化・吸収されない》.
ole·threu·tid /òuləθrú:təd/ *a*, *n* 〔昆〕 ヒメハマキガ科 (Olethreutidae) の(ガ). ［NL］
ole·um /óuliəm/ *n* (*pl* **olea** /-liə/) 油 (oil); (*pl* **～s**) 〔化〕 発煙硫酸, オレウム. ［L＝oil］
O level /óu ⌐⌐/ 〔英教育〕 普通級(の試験[資格, クラス]) (＝*ordinary level*) (⇨ GENERAL CERTIFICATE OF EDUCATION).
ol·fac·tion /ɑlfǽkʃ(ə)n, *oul-/ *n* 〔生理〕 嗅覚(作用).
ol·fac·tive /ɑlfǽktɪv, *oul-/ *a* OLFACTORY.
ol·fac·tol·o·gy /àlfæktáləʤi, *òul-/ *n* OSMICS.
ol·fac·tom·e·ter /àlfæktámətər, *òul-/ *n* 嗅覚計, オルファクトメーター. ♦ **òl·fac·tóm·e·try** *n* **ol·fac·to·met·ric** /ɑlfæktəmétrɪk, *oul-/ *a*
ol·fac·to·ry /ɑlfǽkt(ə)ri, *oul-/ *a* 嗅覚の, 嗅覚器の. ► *n* [ᵘ*pl*] 〔解〕 嗅神経; [ᵘ*pl*] 嗅覚器. ［L (*oleo* to smell, *fact- facio* to make)］
olfáctory bùlb 〔動〕 嗅球《嗅葉前端の隆起》.
olfáctory lòbe 〔動〕《脳の》嗅葉.
olfáctory nèrve 〔解〕 嗅神経.
olfáctory òrgan 〔生理〕 嗅覚器.
olfáctory tràct 〔解〕 嗅索.
ol·fac·tron·ics /àlfæktránɪks, *òul-/ *n* 嗅覚工学.
OLG °Old Low German.
Ol·ga /ɔ́(:)lgə, ál-, *óul-/ オリガ《女子名》. ［Russ＜Scand＝holy; ⇨ HELGA］
olib·a·num /oulíbənəm; ɔ-/ *n* 乳香, オリバナム (frankincense).
ol·id /áləd/ *a* (強烈な)悪臭のある (stinking).
olifant ⇨ OLIPHANT.
Ol·i·fants /áləfənts/ [the] オリファンツ川《南アフリカ共和国北東部から北北東に流れてモザンビークにはいり, Limpopo 川に合流する》.
olig- /áləg, óuləg, əlíg; ɔ́lɪg, ɔlíg/, **oli·go-** /-gou, -gə/ *comb form*「少数」「少」「不足」 ［Gk (*oligoi* few)］
ol·i·garch /áləgà:rk, *óu-/ *n* 寡頭制支配者, 寡頭政治の執政者; 寡頭制支持者; 《特にロシアで, 巨大な政治力を有する》新興財閥[実業家], 寡占資本家, 政商, オリガルヒ. ［F or L＜Gk (↑, *arkhō* to rule)］
ol·i·gar·chy /áləgà:rki, *óu-/ *n* **1** 寡頭制, 寡頭政治, 少数独裁政治 (opp. *polyarchy*); 寡頭制の国[社会, 団体, 企業, 教会]; 寡頭政治の執政者たち. **2** 《大企業・メディアなど》巨大な政治力を有するひと握りの集団. ♦ **òl·i·gár·chic, -chi·cal, ól·i·gàr·chal** *a*
ol·i·ge·mia | ol·i·gae·mia /àləgí:miə/ *n* 〔医〕 血液減少[過少](症), 乏血(症)《血液量の不足》.
ol·i·gid·ic /àləgídɪk, -ʤíd-, *òu-/ *a* 〔生化〕〈食餌など〉《水を別として》化学的によくわかっていない成分を有する (cf. HOLIDIC, MERIDIC).
ol·i·go /áligou/ *n* (*pl* **～s**) OLIGONUCLEOTIDE.
òligo·cárpous *a* 〔植〕 果実の少ない.
Ol·i·go·cene /álɪgousì:n, óu-, əlígə-; ɔ́lɪgou-, ɔlíg-/ *a* 〔地質〕 漸新世[統]の. ► *n* [the] 漸新世[統]. ［*olig-*, *-cene*］
ol·i·go·chaete /álɪgoukì:t, óul-, əlígə-; ɔ́lɪgou-, ɔlíg-/ *a*, *n* 〔動〕 貧毛類[綱] (Oligochaeta) の(動物)《ミミズなど》. ♦ **òl·i·go·cháe·tous** /; əlìg-/ *a*
óligo·clase /-klèɪs, -z/ *n* 〔鉱〕 灰曹(かいそう)長石.
òligo·cỳ·thé·mia /-saɪθí:miə/ *n* 〔医〕 赤血球減少[過少](症).
òligo·dèndro·cỳte *n* 〔解〕 乏[寡]突起(神経)膠細胞.
òligo·den·drógl·lia /-dendrɔ́(:)gliə, -drág-/ 〔解〕 *n* 乏[希, 寡]突起(神経)膠細胞; 乏[寡]突起(神経)膠組織. ♦ **-dróg·li·al** *a*
òligo·dèndro·glióma *n* 〔医〕 乏[希, 寡]突起(神経)膠腫《乏突起膠着細胞 (oligodendroglia) からなる神経系の腫瘍》.
óligo·gène *n* 〔遺〕 主働遺伝子, オリゴジーン《少数または 1 個で遺伝的性質を決定する遺伝子》. ♦ **òligo·génic** *a*
oligo·mer /əlígəmər/ *n* 〔化〕 低重合体, オリゴマー. ♦ **olìgo·mér·ic** /-mér-/ *a*
olígomer·ìze *vt* 低重合体[オリゴマー]化する. ♦ **olìgomer·izátion** *n*
ol·i·gom·e·rous /àləgámərəs, *òu-/ *a* 〔植〕 減数性の.
òligo·mýcin *n* 〔生化〕 オリゴマイシン《ストレプトミセス属の放線菌の一種によって生成される抗生物質》.
òligo·núcleotide *n* 〔生化〕 オリゴヌクレオチド《ヌクレオチドが 2–10 個つながっているもの》.
òligo·péptide *n* 〔生化〕 オリゴペプチド《10 個未満のアミノ酸から構成される》.
ol·i·goph·a·gous /àləgáfəgəs, *òu-/ *a* 〔昆〕 少食[寡食, 狭食]性の《限られた数属の生物のみを食する》. ♦ **-gy** /-fəʤi/ *n* 少食性.
òligo·phrénia *n* 〔医〕 精神薄弱 (feeblemindedness). ♦ **-phren·ic** /-frénɪk/ *a*, *n*
ol·i·gop·o·ly /àləgápəli, *òul-/ *n* 〔経〕《市場の》売手寡占. ♦ **-list** *n* **òl·i·gòp·o·lís·tic** *a* ［*monopoly* にならったもの］
ol·i·gop·so·ny /àləgápsəni, *òul-/ *n* 〔経〕《市場の》買手[需要]寡占. ♦ **-nist** *n* **òl·i·gòp·so·nís·tic** *a*
òligo·sáccharide *n* 〔生化〕 少糖, オリゴ糖.
ol·i·go·sper·mia /àlɪgouspə́:rmiə/ *n* 〔医〕 精子過少[減少]症.
òligo·tróphic *a* 〔生態〕〈湖沼・河川が〉貧栄養の (cf. EUTROPHIC, MESOTROPHIC). ♦ **oli·got·ro·phy** /àləgátrəfi, *òul-/ *n* 貧栄養.
ol·i·gu·re·sis /àləgjərí:səs/ *n* OLIGURIA.
ol·i·gu·ria /àləgjúəriə/ *n* 〔医〕 尿量過少[減少](症), 乏尿(症). ♦ **-ric** *a*
olim /oulí:m/ *n pl* イスラエルへのユダヤ人移民たち (cf. ALIYAH). ［Heb＝those who go up］
Ólim·bos /ɔ́:lɪmbɔ̀:s/ オリンボス《OLYMPUS 山の現代ギリシア語名》.
olin·go /oulíŋgòu, álɪŋgòu/ *n* (*pl* **～s**) 〔動〕 オリンゴ《中南米産のアライグマ科の肉食獣》. ［AmSp］
olio /óuliòu/ *n* (*pl* **óli·òs**) 肉と野菜の煮込み (olla podrida); ごたまぜ; 雑集 (miscellany), 雑曲集, メドレー; 幕あいの演芸[出し物]. ［Sp OLLA＝stew＜L＝jar］
ol·i·phant, -fant /áləfənt/ *n* 象牙製角笛《狩猟用》.
O Little Tòwn of Béthlehem「ああベツレヘムよ」《米国聖公会の主教 Phillips Brooks 作のクリスマスキャロル (1868)》.
ol·i·va·ceous /àləvéɪʃəs/ *a* 〔生〕 オリーブ状[色]の.
Oli·va·res /òuləvá:reɪs/ オリバレス **Gaspar de Guzmán y Pimental,** Conde-duque de ～ (1587–1645)《スペインの政治家; Philip 4 世の寵臣, 宰相 (1621–43)》.
ol·i·vary /áləvèri; -vəri/ *a* オリーブの形をした, 卵形の; 〔解〕 オリーブ体の: an ～ nucleus オリーブ核.
ólivary bódy 〔解〕 オリーブ体.
ol·ive /álɪv/ *n* **1** 〔植〕 オリーブ《モクセイ科オレア[オリーブ]属》; オリーブの実; オリーブの葉[枝, 枝輪]《平和の象徴; cf. OLIVE BRANCH》; オリーブ材. **2 a** オリーブ形のもの; 〔貝〕 OLIVE SHELL; 〔解〕 OLIVARY BODY; オリーブ形の飾り留め[ボタン]; 座金, ワッシャー. **b** オリーブ色, くすんだうすい黄緑色. **3** [*pl*] 牛肉の薄切りに野菜を巻き込んだ蒸し煮料理: beef [veal] ～*s*. **4** [O-] オリーヴ《女子名》. ● **swallow the ～** ⇨ swallow the APPLE. ► *a* オリーブの; オリーブ色の; 〈顔色が〉(人より)黄色っぽい褐色の; 〔植〕 モクセイ科の (oleaceous). ［OF＜L *oliva*＜Gk (*elaion* oil)］
ólive brànch 1 a オリーブの枝《平和・和解の象徴; Noah が箱舟から放った鳩がオリーブの枝を持ってきたという故事から》. **b** 和平の申し出: hold out [extend] the [an] ～ 和議[和解]を申し出る. **2** [ᵘ*pl*] [*fig*] 子供.
ólive brówn オリーブブラウン《黄茶と黄緑の中間色》.
ólive crówn オリーブの冠《勝利の象徴; 古代ギリシアで勝者に与えられたことから》.

ólive dráb 濃い[くすんだ]オリーブ色, オリーブドラブ《米陸軍の軍服などの色彩》; オリーブドラブ色の毛[綿]織物, [ᵘpl] オリーブドラブ色の布地製の軍服《略 OD, ODs》.
ólive fàmily 〔植〕 モクセイ科 (Oleaceae).
ólive gréen 緑がかったオリーブ色, オリーブグリーン, 海松(ᵐⁱʳᵘ)色.
oliv·en·ite /oʊlívənàɪt/ *n* 緑砒(ʳʸᵒᵏᵘ)銅鉱, オリーブ銅鉱, オリビナイト. [G]
ólive òil *n* オリーブ油[オイル], オレーブ油. ► *int* ᵘ[*joc*] ごきげんよう, さいなら, またね《au revoir の発音をもじった戯言》.
Ólive Óyl /-ɔ́ɪl/ オリーヴ·オイル《POPEYE の女友だち》.
ol·i·ver /áləvər/ *n* 足踏み金槌; [ᴼO-] «俗» お月さん (moon).
Oliver **1** オリヴァー《男子名; 愛称 Ollie》. **2** オリヴィエ《カール大帝 (Charlemagne) に仕えた十二勇士の一人; ⇨ ROLAND》. **3** オリヴァー (1) **Issac** ~ (1556?–1617)《イングランドの細密画家; フランス系; Olivier ともいう; 肖像画をよくした》(2) **King** ~ (1885–1938)《米国の初期のジャズコルネット奏者; 本名 Joseph ~》. [F<L=olive]
ólive rídley (túrtle) 〔動〕 ヒメウミガメ, オリーブ[タイヘイヨウ]ヒメウミガメ《太平洋·インド洋·大西洋の熱帯海域産ヒメウミガメ属の小型のウミガメ; 甲羅がオリーブ色をおびる; 稀少種; 海岸で大挙して産卵することで知られる》.
Óliver Twíst オリヴァー·トゥイスト《Dickens の同名の小説 (1839) の主人公で, 苛酷な運命にもてあそばれる孤児》.
Ol·ives /álәvz/ [the Mount of ~] オリブ山(ˢᵃⁿ)《エルサレム東方を南北に走る連丘; イエスが昇天した所; *Matt* 26: 30》.
ólive shèll 〔貝〕 マクラガイ(の貝殻).
ol·i·vet /áləvèt/ *n* 《未開地に輸出する》模造真珠.
ólive trèe 〔植〕 オリーブ (olive).
ol·i·vette /àləvét/ *n* 〔釣〕 紡錘型のおもり, 中通し錘.
ólive wòod オリーブ材《オリーブおよびこれに似た材》.
Oliv·ia /oʊlíviə; ɔ-/ **1** オリヴィア《女子名》. **2** オリヴィア《Shakespeare, *Twelfth Night* に登場する伯爵家の相続人; 男装して小姓に扮した Viola に一目ぼれしてしまう》. [L=olive]
Oliv·i·er /oʊlíviè/ オリヴィエ (1) **Isaac** ~ ⇨ OLIVER (2) **Laurence (Kerr)** ~, Baron ~ of Brighton (1907–89)《英国の俳優·演出家; Shakespeare 劇で有名》.
ol·i·vine /áləvì:n, ⏝ー⏝/ *n* 橄欖(ᵏᵃⁿʳᵃⁿ)石. ♦ **òl·iv·ín·ic** /-vín-/, **òl·iv·in·ít·ic** /-vənít-/ *a*
ol·la /álə, ɔ́ɪə/ *n* 《スペイン·中南米で》水がめ, 土鍋; OLLA PODRIDA. [Sp<L]
ólla po·drí·da /-pədrí:də/ (*pl* **~s, ól·las po·drí·das**) 《スペイン·南米の》肉と野菜の煮込み; ごたまぜ, 寄せ集め (hodgepodge). [Sp=rotton pot]
ol·lie /áli/ *n, vi* オーリー(をやる)《ボードの後方に置いた脚に力を入れ, ボードを浮かせて行なうジャンプ》. [これを編み出した米国のスケートボーダー Alan Gelfand (1963–) のあだ名 Ollie から]
Ollie オリー《男子名; Oliver の愛称》.
ol·ly·crock /álikràk/ *n* «南ア»〔貝〕 リュウオウスガイ《リュウテンサザエ科の巻貝》.
olm /óʊlm, álm/ *n* 〔動〕 ホライモリ《南ヨーロッパの洞窟に分布する》. [G]
Ol·mec /álmèk/ *n* (*pl* ~, ~**s**) オルメック人《現在のメキシコ Tabasco 州および Veracruz 州を中心に住んでいた古代インディオ》.
Olm·sted /óʊmstèd, ám-, -stəd/ オムステッド **Frederick Law** ~ (1822–1903)《米国の造園家; landscape architecture の先駆者》.
Olmütz ⇨ OLOMOUC.
ol·o·gist /álədʒɪst/ *n* «口» [*joc*] 学者, 専門家.
ol·o·goan /àləgóːn/ *vi* «アイル» 《わけもなく》声高に不平を言う, 嘆く. [IrGael]
ol·o·gy /álədʒi/ *n* [ᵘpl] «口» [*joc*] 科学, 学問(分野).
olo·li·u·qui /òʊloʊliú:ki/ *n* オロリウキ《インディオが宗教儀式で幻覚剤として用いるメキシコ産のヒルガオ科のつる植物》. [Sp<Nahuatl]
Olo·mouc /ɔ́:ləmòʊts/ オロモウツ, オルミュッツ (G **Ol·mütz** /G ɔ́lmʏts/)《チェコ東部 Moravia 地方の市》.
olo·ro·so /òʊləróʊsoʊ/ *n* (*pl* ~**s**) オロローソ《スペイン産のデザート用のシェリー》. [Sp=fragrant]
Olsz·tyn /ɔ́:lʃtən/ オルシュティン (*G* Allenstein)《ポーランド北東部の市》.
Olt /ɔ́:lt/ [the] オルト川《ルーマニア南部を南流し, Transylvanian Alps を縦貫して Danube 川に合流する》.
Ol·te·nia /altí:niə/ オルテニア《ルーマニアの, Transylvania Alps 以南, Olt 川以西の地方; Walachia の西側部分; 別称 Little Walachia》.
Ol·wen /álwèn/ **1** オルウェン《女子名》. **2** 〔ウェールズ伝説〕 オルウェン《巨人 Ysbaddaden Bencawr の娘; 英雄 Culhwch に求愛される》. [Welsh=white footprints]
Olym·pia /əlímpiə, oʊ-/ **1** オリンピア《女子名》. **2** オリュンピア《ギリシア Peloponnesus 半島北西部の平野; 古代に競技祭の行なわれた所》. **3** オリンピア《Washington 州の州都》. **4** オリンピア《London 西部の大きな総合展示施設; 1884 年開設》. **5** /*F* ɔlɛ̃pja/ 『オランピア』《Manet の絵画 (1863); シーツの上に娼婦とみられる裸婦が半身で横たわり, 黒人のメイドが花束を抱えている》. [Gk=of Olympus]
Olym·pi·ad /əlímpiæ̀d, oʊ-/ *n* オリュンピア紀《古代ギリシアでオリュンピア競技祭から次の競技祭までの 4 年間》; OLYMPIC GAMES; 《特定の競技·技能·学問などの》国際競技大会, オリンピック. ♦ **Olỳm·pi·ád·ic** *a* [F or L<Gk *Olumpiad- Olumpias*; ⇨ OLYMPUS]
Olym·pi·an /əlímpiən, oʊ-/ *a* **1** OLYMPUS 山(上)の; OLYMPIA の; 天(上)の; オリュンポスの神々の (cf. CHTHONIC). **2** 堂々とした, 威厳のある, 超然とした. **3** オリンピック競技の; オリュンピア競技祭の. ► *n* オリュンピアの人; オリュンポス山の十二神の一人; オリンピック[オリュンピア競技]選手; (神のように)超然とした人; 学問·技芸に深く通じた人. [*Olympus* or *Olympic*]
Olýmpian Gámes *pl* [the] オリュンピア競技祭 (OLYMPIC GAMES).
Olýmpia óyster 〔貝〕 オリンピアガキ《北米西岸産》.
Olym·pic /əlímpɪk, oʊ-/ *a* オリュンピア競技祭の; 国際オリンピック競技の; OLYMPIA の; OLYMPIAN. ► *n* [the ~s] OLYMPIC GAMES. [L<Gk; ⇨ OLYMPUS]
Olýmpic Gámes *pl* [the] **1** オリュンピア競技祭《4 年目ごとの Zeus 神の祭に Olympia の野で行なわれた古代ギリシアの全民族的競技祭; Isthmian Games, Nemean Games, Pythian Games と共に古代ギリシア四大祭典の一》. **2** 《現代の》国際オリンピック大会 (= *Olympiad*)《1896 年から 4 年目ごとに開催; 冬季大会は 1924 年から; 1992 年以降は夏季大会と冬季大会が 2 年交代で開催》.
Olýmpic Móuntains *pl* [the] オリンピック山地《Washington 州北西部 Olympic 半島中央部の山群; ⇨ Mount OLYMPUS》.
Olýmpic Península [the] オリンピック半島《Washington 州西部の大半島》.
Olýmpic pòol OLYMPIC-SIZE POOL.
Olýmpic-sìze póol オリンピックプール《長さ 50 m, 幅 21 m 以上》.
Olýmpic víllage [ᴼO- V-] 《オリンピックの》選手村, オリンピック村.
Olym·pus /əlímpəs, oʊ-/ **1 a** オリュンポス, オリンポス (*ModGk* Ólimbos)《ギリシア中東部 Thessaly 地方の山塊; 最高峰は 2917 m; ギリシアの神々が山上に住んだという》. **b** 《神々の住む》天, 高き所. **2** [Mount] オリンパス山《OLYMPIC MOUNTAINS の最高峰 (2428 m)》. [L<Gk *Olumpos* (mountain)]
Olyn·thus /oʊlínθəs/ オリュントス《古代ギリシア北部 Macedonia にあった都市; Chalcidice 半島に位置》.
Olyok·ma, Olek- /oʊljɔ́:kmə/ [the] オリョクマ川《シベリア東部 Yablonovy 山脈に発し, 北流して Lena 川に合流する》.
om /óʊm/ *n* [ᴼOm] 〔インド哲学·仏教〕 オーム, 唵(ᵒⁿ)《ヴェーダ聖典を誦読する前後, あるいは真言 (mantra) や祈りの開始の際に唱えられる神聖な音; aum ともいう; 宇宙の根源たる Brahman を表わす聖音とされ, また それ自体が念想の対象とされる; a, u, m の 3 音からなるものと解され, それぞれ万物の発生·維持·終滅を表わし, 全体で Brahm, Vishnu, Siva の三神一体 (Trimurti) を表わすともされた》. [Skt]
Om /ɔ́:m/ [the] オミ川《シベリア西部を流れ, Irtysh 川に合流》.
OM 〔英〕 (Member of the) °Order of Merit.
-o·ma /óʊmə/ *n suf* (*pl* ~**s, -o·ma·ta** /-tə/) 「腫」「瘤」: carcino*ma*, sarco*ma*. [NL<Gk の '結果' を示す接尾辞]
OMA 〔米〕 °orderly marketing agreement.
oma·dhaun, -d(h)awn /áməd̀ɔ:n/ *n* «アイル» ばか, まぬけ. [Ir *amadán* fool]
Omagh /óʊmə, -mɑ:/ オーマ (1) 北アイルランド西部の行政区 (2) 同区中央にある町》.
Oma·gua /oʊmá:(g)wə/ *n* **a** (*pl* ~, ~**s**) オマグア族《ブラジル西部·ペルーに住み Tupi 族に属する》. **b** オマグア語.
Omah /óʊmɑ:/ *n* SASQUATCH.
Oma·ha /óʊməhɔ̀:, -hɑ̀:; -hɑ̀:/ **1** オマハ《Nebraska 州東部 Missouri 河畔の市》. **2 a** (*pl* ~, ~**s**) オマハ族《Nebraska 州北東部の Siouan 系北米インディアン》. **b** オマハ語.
Ómaha Béach オマハビーチ《第二次大戦における連合国の Normandy 侵攻作戦において 5 つあった上陸地点のうちの一つのコードネーム; フランス北西部 Normandy 地方, Bayeux の北西方向の海岸で, 1944 年 6 月 6 日, 米軍の部隊が大きな犠牲を出しながらも上陸に成功した地点》.
Oman /oʊmá:n, -mǽn/ オマーン《アラビア半島東南端の国; 公式名 Sultanate of ~ (オマーン国); ☆Muscat》. ■ **the Gúlf of ~** オマーン湾《アラビア海北部, イランとオマーンの間の海域》. ♦ **Ománi** *a, n*
omao /oʊmáʊ/ *n* (*pl* ~**s**) 〔鳥〕 ハワイツグミ《Hawaii 島産》. [Haw]
Omar /óʊmɑ̀:r, *-mər/ **1** オマル《男子名》. **2** オマル ('UMAR). [Arab=builder; most high; richness; life]
Omar Khay·yám /⏤ kaɪjá:m, -jǽm/ ウマル[オマル]·ハイヤーム (1048?–?1131)《ペルシアの数学者·物理学者·天文学者·医学者·哲学者; 西洋では *Rubáiyát* の作者として有名》.

Ómar stánza RUBAIYAT STANZA.
oma·sum /ouméɪsəm/ *n* (*pl* **-sa** /-sə/) 〘動〙葉胃(ようい), 重弁胃 (＝*manyplies, psalterium*)《反芻動物の第三胃》. [NL]
-omata *n suf* -OMA の複数形.
Omayyad ⇨ UMAYYAD.
OMB 〘米〙°Office of Management and Budget.
om·bre, om·ber, hom·bre /ámbər, ám-/ *n* 〘トランプ〙オンバー《3 人で行なう; 17–18 世紀にヨーロッパで流行した》;《賭け金をねらう》オンバーの競技者. [F or Sp＝man;「一人で賭け金をさらう男」から]
om·bré /ámbrèɪ, -bər/ *a, n* 色を濃淡にぼかした(織物), 染め分けのぼかしの(布地). [F (pp) ‹ *ombrer* to shade]
om·bro- /ámbrou, -brə/ *comb form*「雨」 [Gk *ombros* rain shower]
om·brog·e·nous /ambrádʒənəs/ *a* 〘植〙湿潤地で生育できる〈植物〉.
om·brom·e·ter /ambrámətər/ *n* 雨量計.
om·broph·i·lous /ambráfələs/ *a* 〘植〙湿潤を好む[に耐える], 好雨性の〈植物〉.
om·broph·o·bous /ambráfəbəs/ *a* 〘植〙湿潤を嫌う, 嫌雨性の〈植物〉.
òmbro·tróphic *a* 〘生態〙〈泥炭地湿原などが〉降水栄養性の《栄養の供給を主に降水に依存する(貧栄養性の)》.
om·buds·man /ámbùdzmən, ɔ́(:)m-, -bədz-, -mæ̀n, *─ ⌐ ─/ *n* (*pl* **-men** /-mən, -mèn/) オンブズマン《(1) 北欧・英国・ニュージーランドなどで立法機関に任命されて行政機関に対する苦情を処理する (2) 組織の一員や消費者からの苦情を調査・報告し, 是正措置を講ずる》. ♦ **～·ship** *n* **óm·buds·pèrson** *n* [Swed＝legal representative, commissioner]
Om·dur·man /àmdərmá:n, -mǽn/ オムドゥルマン《スーダン中東部 White Nile 川をはさんで Khartoum の対岸に位置する市; Mahdi の後継者が Kitchener の軍に敗れた地 (the **Báttle of ～**, 1898)》.
-ome /òum/ *n suf*「集団」「塊り」: bio*me*. [*-oma* の異形]
omee, omi(e) /óumi/ *n* ″《俗》男 (man),《宿屋の》主人 (landlord), だんな, 旅役者《劇場関係者などの用語》. [It *uomo* man]
ome·ga /oumégə, -mí:-, -méɪ-; óumɪgə/ *n* **1 a** オメガ《ギリシア語アルファベットの最終第 24 字; Ω, ω》. **b** 終わり, 最後 (cf. ALPHA[1]). **2** OMEGA MINUS; OMEGA MESON. ► *a* 〘化〙オメガ…《化合物の末端の基・位置についていう》. [Gk (*ō mega* great O)]
oméga méson 〘理〙オメガ [ω] 中間子.
oméga mínus (párticle) OMEGA PARTICLE.
oméga párticle 〘理〙オメガ [Ω] 粒子《バリオンの一つ》.
omega-6 fatty acid /─ sìks ─ ─/ 〘生化〙オメガ [ω] 六系[列]脂肪酸《メチル末端から 6 位に二重結合をもつ不飽和脂肪酸; 特に植物油に含まれる; 必須脂肪酸であるリノール酸・アラキドン酸などだが, 過剰摂取が健康上問題視される》.
omega-3 fatty acid /─ θrì: ─ ─/ 〘生化〙オメガ [ω] 三系[列]脂肪酸《メチル末端から 3 位に二重結合をもつ不飽和脂肪酸; 特に 植物油・魚油・緑黄色野菜中に含まれる》.
omeg·a·tron /oumégətràn/ *n* 〘理〙オメガトロン《質量分析計の一つ》.
om·e·let(te) /ám(ə)lət/ *n* オムレツ: a plain ～ プレーンオムレツ / a savory ～ 野菜入りオムレツ / a sweet ～ ジャム[砂糖]入りオムレツ / You [One] cannot make an ～ [～*s*] without breaking eggs. 《諺》卵もわらずにオムレツは作れない《何事をするにも犠牲を払わなくてはならない; cf. 'まかぬ種は生えぬ'》. [F (音位転換) ‹ *alumette* ‹ *alumelle* (異分析) ‹ *la lemelle* the sword blade, LAMELLA]
omen /óumən/ *n* 前兆, 予兆, 兆し, 前触れ, 縁起 (cf. ILL-OMENED); 予報, 予告, 予言: be of good [bad] ～ 縁起がよい[悪い] / an ～ *of* disaster 大災害の予兆. ► *vt* …の前兆となる, 予示する; 予言[予告]する. ♦ **～ed** *a* [L *omin- omen*]
omen·tum /ouméntəm/ *n* (*pl* **-ta** /-tə/, **～s**) 〘解〙網(もう)《胃を横行結腸に結びつけている腹膜のひだ; cf. GREATER [LESSER] OMENTUM》. ♦ **omén·tal** *a* 網の, 大網の. [L＝membrane]
omep·ra·zole /ouméprəzòul/ *n* 〘薬〙オメプラゾール《ベンゾイミダゾールの誘導体; 胃酸分泌抑制薬》.
omer /óumər/ *n* **1** オメル《古代イスラエルの乾量単位: ＝1/10 ephah》. **2** [O-] 〘ユダヤ教〙オメル《Passover の 2 日目から Shabuoth の前日までの 49 日間》; [°O-] オメル《Passover の 2 日目に供える大麦の束》. [Heb]
omer·tà, -ta /ouméərtə/ *n* 沈黙のおきて, 口を割らない約束, 警察への黙秘[非協力]《Mafia の用語》 [It (変形) ‹ *umilta* humility]
OMG 《口》《E メールなどで》oh my God!
om·i·cron, -kron /áməkràn, óu-, oumáɪkrən/ *n* オミクロン《ギリシア語アルファベットの第 15 字; Ο, ο》. [Gk (*omicron* small O); cf. OMEGA]
omi(e) ⇨ OMEE.
om·i·nous /ámənəs/ *a* 不吉な, 縁起の悪い; 不気味な, 険悪な; …の前兆となる 〈*of* evil〉. ♦ **～·ly** *adv* 不吉に; 不気味に. **～·ness** *n* [OMEN]
omis·si·ble /oumísəb(ə)l/ *a* 割愛[省略, 削除]できる.
omis·sion /oumíʃ(ə)n, ə-/ *n* 省く[抜かす]こと, 省略; 遺漏, 漏れ, 脱落; 怠慢, 手抜かり,〘法〙不作為: sins of ～ 怠慢の罪 / There is a sin of ～ as well as of commission. 《諺》遂行の罪もあれば怠慢の罪もある《事にかかわることの罪とかかわろうとしないことの罪》. [OF or L; ⇨ OMIT]
omis·sive /oumísɪv/ *a* 怠慢[手抜かり]の. ♦ **～·ly** *adv*
omit /oumít, ə-/ *vt* (**-tt-**) **1** …し落とす[漏らす, 忘れる] 〈*to* do〉; 〈…するのを〉怠る 〈*doing*〉; なおざりにする. **2** 省く, 省略する, 落とす, 割愛[削除]する, 抜かす 〈*from*〉; 《廃》無視する; 《廃》あきらめる. ♦ **omít·ter** *n* [L *omiss- omitto* (*ob-*, *mitto* to send)]
om·ma·te·um /àmətí:əm/ *n* (*pl* **-tea** /-tí:ə/) 〘動〙節足動物の複眼. [NL (Gk *omma* eye)]
om·ma·tid·i·um /àmətídiəm/ *n* (*pl* **-ti·dia** /-tídiə/) 〘動〙《複眼を構成する》個眼. ♦ **-tíd·i·al** *a*
om·mat·o·phore /əmǽtəfɔ̀:r/ *n* 〘動〙《カタツムリなどの》(担)眼触角. ♦ **om·ma·toph·o·rous** /àmətáf(ə)rəs/ *a*
Ommiad ⇨ UMAYYAD.
omn- /ámn/, **om·ni-** /ámni/ *comb form*「全」「総」「あらゆる」「あまねく」 [L (*omnis* all)]
om·ne ig·no·tum pro mag·ni·fi·co /ɔ́:mnɛ ɪgnóutùm prou mɑ:gnífɪkòu/ 未知なものはすべて偉大なものと(考えられる). [L]
omni- ⇨ OMN-.
om·nia mu·tan·tur, nos et mu·ta·mur in il·lis /ɔ́:mniɑ: mutá:ntùr nóus ét mutá:mur ɪn íli:s/ 万物は変化する, われわれもまたその中で変化する. [L]
om·nia vin·cit amor /ɔ́:mniɑ: wíŋkɪt á:mɔ̀:r/ 愛はすべてを征服する. [L]
om·ni·bus /ámnɪbəs/ *n* (*pl* **～·es**) 《古風》バス (bus), 乗合馬車; OMNIBUS EDITION; OMNIBUS BOOK; OMNIBUS BILL; BUSBOY. ► *a* 多数のもの[項目]を含む, 総花的な; 多目的の. [F‹L＝for all (dat pl) ‹ *omnis*]
ómnibus bìll 一括法案.
ómnibus bòok [vòlume] 普及版作品集[選集]《一作家または同一[類似]主題の旧作を集めた大型単行本》.
ómnibus bòx 《劇場・オペラハウスの》追い込み桟敷.
ómnibus clàuse 〘保〙乗合条項, オムニバスクローズ《特に自動車保険証券で, 被保険者以外の者にも及ぶ条項》.
ómnibus edìtion 《テレビ・ラジオ番組の》総集編.
ómnibus resolùtion 一括決議.
ómnibus tràin ″各駅停車列車.
ómni·cìde *n* 《核戦争などによる》全滅, 殲滅(せんめつ).
òmni·cómpetent *a* 〘法〙全権を有する, 万事に関して法的権限を有する. ♦ **-tence** *n*
òmni·diréction·al *a* 〘電〙全方向性の, 無指向性の: an ～ antenna 全方向性アンテナ.
omnidiréctional ránge OMNIRANGE.
òmni·fácet·ed *a* すべての面にわたる.
om·ni·far·i·ous /àmnəféəriəs/ *a* あらゆる種類[形態]の, きわめて多彩な[多方面にわたる]. ♦ **～·ly** *adv*
om·nif·ic /amnífɪk/ *a* 万物を創造する.
om·nif·i·cent /amnífəs(ə)nt/ *a* 万物を造り出す, 無限の創造力のある. ♦ **-cence** *n*
òmni·fócal *a* 全焦点の〈レンズ〉.
om·nig·e·nous /amnídʒənəs/ *a* あらゆる種類の.
òmni·párity *n* 完全平等《あらゆる事における; または, あらゆる人のための》.
om·nip·o·tence /amnípətəns/ *n* 全能, 無限力; [the O-] 全能の神 (God).
om·níp·o·tent *a* 全能の (almighty); 何でもできる; 《廃》全くたいした (arrant). ► *n* 何でもできる人物; [the O-] 全能の神. ♦ **～·ly** *adv* [OF‹L (POTENT)]
om·ni·pres·ence /àmnɪpréz(ə)ns/ *n* 遍在 (ubiquity) (cf. PLURIPRESENCE).
òm·ni·prés·ent *a* 遍在する, 常にどこにもいる[ある]. ♦ **～·ly** *adv* [L (PRESENT[1])]
ómni·rànge *n* 《航空機のための》全方向式無線標識, オムニレンジ (＝*omnidirectional range, VOR*).
om·ni·science /amníʃ(ə)ns; -siəns/ *n* 全知; 博識; [the O-] 全知の神.
om·ní·scient *a* 全知の; 博識の. ► *n* 全知のもの[人]; [the O-] 全知の神. ♦ **～·ly** *adv* [L (*scio* to know)]
òmni·séx, -séxual *a* あらゆる性的タイプの人たち[活動]の[が関係する]. ♦ **-sexuálity** *n*
om·ni·um-gath·er·um /àmniəmgǽð(ə)rəm/ *n* 寄せ集め, ごたまぜ, 何でもかんでも; 無差別招待会. [*gather*, *-um*]
om·niv·o·ra /amnívərə/ *n pl* 雑食(性)動物.
om·ni·vore /ámnɪvɔ̀:r/ *n* 雑食(性)動物 (cf. CARNIVORE, HERBIVORE, INSECTIVORE); 《菜食主義でなく》何でも食べる人.
om·niv·o·rous /amnív(ə)rəs/ *a* 何でも食べる, 雑食性の; 何でも

むさぼる[取り組む]: an ~ reader 乱読家. ♦ **~·ly** *adv* むさぼるように, 手当たりしだいに. **~·ness** *n* [L (*voro* to devour)]

om·odyn·ia /òumoudíniə, àm-/ *n* 〘医〙肩痛. [NL]

Omo·lon /àməlɔ́:n/ [the] オモロン川《シベリア北東部の Kolyma 山脈に発して北流し Kolyma 川に合流する》.

omo·pha·gi·a /òuməféiʤ(i)ə/, **omoph·a·gy** /oumáfəʤi/ *n* 生肉を食うこと. ♦ **omóph·a·gist** *n* **omóph·a·gous** /-gəs/, **òmo·phág·ic** /-fǽʤ-/ *a* [Gk *ōmos* raw]

omo·pho·ri·on /òuməfɔ́:riən/ *n* (*pl* **-ria** /-riə/)〘東方正教会〙司教用肩衣, オモフォリオン《pallium に似る》. [Gk (*ōmos* shoulder)]

omo·plate /óuməplèit, ám-/ *n* 〘解〙肩甲骨 (scapula).

Omot·ic /oumátik/ *n* オモ諸語《エチオピアで話される一群の小言語よりなる, Afro-Asiatic 語族の一語派; 従来はクシ語群 (Cushitic) に含められた》.

om·pha·cite /ámfəsàit/ *n* 〘鉱〙オンファス輝石, オンファサイト《緑色の輝石でエクロジャイト (eclogite) の主構成鉱物》.

om·phal- /ámfəl/, **om·pha·lo-** /-fəlou, -lə/ *comb form* 「へそ」「へその緒の」: *omphalo*tomy. [Gk (OMPHALOS)]

Om·pha·le /ámfəlì:/ 〘ギ神〙オムパレー《Hercules が 3 年間女装で仕えたリュディア (Lydia) 王国の女王》.

om·pha·lo·cele /amfǽləsì:l, ámfələ-/ *n* 〘医〙臍帯ヘルニア《臍部腹壁の形成異常によって腹腔内臓器・器官が脱出した状態》.

om·pha·los /ámfəlàs, -ləs/ *n* (*pl* **-li** /-lài, -lì:/) **1 a**〘古ギ〙盾(たて)の中心の突起 (boss). **b** オムパロス《Delphi の Apollo 神殿にある半円形の石; 世界の中心と考えられた》. **2** 中心(地); 〘解〙へそ (umbilicus). [Gk=navel, boss]

om·pha·lo·skep·sis /àmfəlouskέpsəs/ *n* 《神秘主義の》自分のへそを凝視して行なう瞑想; 無為, 無気力.

om·pha·lot·o·my /àmfəlátəmi/ *n* 〘医〙臍帯切断(術).

OMR °optical mark reading. **OMS** [F *Organisation mondiale de la santé*] °World Health Organization.

Omsk /ɔ́(:)msk, ámsk/ オムスク《シベリア西部の Irtysh 川に臨む市》.

on *prep* /an, àn, *ɔ:n, *ɔ̀:n/ **1 a** [支持・接触・付属] …の上に, …に, …をおおって; …を支えとして; …に属して, …に付着して (opp. *off*); 《口》…を所持して: turn *on* a pivot 軸で回転する / crawl *on* hands 手をついてはう / The dog is *on* the chain. 犬は鎖につながれている / a fly *on* the ceiling 天井にとまったハエ / I have no money *on* me. 金の持合わせがない. **b** [近接・方向] …に接して; …に沿って, …の方に: a house *on* the river 川岸の家 / *On* my left was a brook. 左手に小川があった / *on* the south 南側に / *on* the main street 大通りに面して. **c** [電話番号の前につけて]ʺ…番に: Call us *on* 0151-334-2650. **2 a** [動作の方向・対象] …に向かって, …をめがけて, …に, …へ; 〈いやな時期・悪天候などが〉…に近づいて[接近して]: hit sb *on* the head 人の頭を打つ / march *on* London ロンドンに向けて進む / turn one's back *on*…に背を向ける, …を見捨てる / leave a card *on* sb 訪問先の人に名刺を置いてくる / trespass *on* sb's kindness 人の親切につけこむ / The storm is *on* us. あらしが近づいてくる. **b** [敵対・不利益・影響・比較] …に対して (against); …の不利になるように: war *on* terrorism テロとの戦い / The joke is *on* me. その冗談はわたしにあてつけたものだ / The canary died *on* me this morning. 《口》《飼っていた》カナリヤにけさ死なれた / The heat was beginning to tell *on* him. 暑さがこたえ始めていた / a great improvement *on* last year 昨年より大幅改善. **3 a** [日・時] …に: *on* Monday 月曜に / *on* Mondays 月曜日には(いつも) / *on* and after April 3rd 4 月 3 日以後は / *on* yesterday *昨日 / every hour *on* the hour 毎時 0 分に《ちょうど 7 時, 8 時, 9 時など》. **b** [時間的近接・同時] …(する)と同時に, …の直後[結果]; …の近く: *on* arrival 到着のうえで[と同時に] / *on* arriving in London ロンドンに着くとその足で / cash *on* delivery 現金引換えに / *on* three イチ, ニのサンで / *on* CUE[1] / It is now just *on* three o'clock. かれこれ 3 時だ. **4 a** [関係・従事] …について, …に関する; …に関係して(いる), …に従事して; 〈楽器〉を演奏して; 《口》…を獲得[達成]できそうで: a book *on* history 史書 / take notes *on* (=of) the lectures *講義のノートをとる / be *on* the staff 幹部の一員である / go *on* an errand 用足しに行く / *on* one's [the] way home [to school] 帰宅[登校]の途中で / I congratulate you *on* your success. ご成功を祝します / Bill Evans *on* piano ピアノはビル・エヴァンズ / *on* a hat trick ハットトリックを達成しそうで. **b** [欲求の対象] …に(対して); …に熱意をもって: be keen *on*…に熱心である / I'm not really much *on* dinner parties. 実は晩餐会はあまり好きではない. **5 a** [方法・状態]: travel *on* the cheap 安く旅行する / *on* the quiet ひそかに / *on* fire 燃えて(いる) / be *on* strike ストライキ中 / *on* the move 動いて, 落ちつかずに / a bird *on* the wing 飛んでいる鳥 / *on* the bus バスに乗って. **b** [記録] (for the) first time *on* DVD 初 DVD 化. **6 a** [基礎・原因・理由など] …で, …に基づいて, …による, …から生じる: act *on* a principle [plan] 主義[計画]に基づいて行動する / *On* what ground…? どういうわけで… / 15 cents *on* the dollar *1 ドルにつき 15 セント. **b** [依存] …によって; 《口》〈薬・麻薬など〉を常用して, …におぼれて: Cattle live [feed] *on* grass. 牛は草で[を食べて]生きる / get drunk *on* wine ワインで酔う / be brought up *on* Stephen Foster フォスターの歌を聴いて育つ / be *on* drugs 麻薬をやっている / be *on* welfare 生活保護をうけて. **c** [負担] 《口》…の支払いで, …のおごりで: The drinks are *on* me [the company]. 飲み物はわたしのおごりだ[会社持ちだ]. **7** [手段・器具] …で, …を: I cut my finger *on* a knife. ナイフで指をけがした / hear *on* the radio ラジオで聞く. **8** [累加] …に加えて: heaps *on* heaps 累々と / loss *on* loss 重ね重ねの損. **9** 《古》OF[1]. ● **be on…** 〈金が〉…に賭けられている. **just on…** だいたい[ほとんど]… (almost): *just on* a month ago 1 か月ほど前 (⇨ 3 b). **on it** *《俗》すばらしい, 最高で, イケてる, すごい, かっこいい.

► *adv* /ɔ́:n, án; ɔ́n/ **1** [接触・被覆]《物の上に》載って, 掛かって; しっかりと, 放さずに; 《身に》着けて, 着て: Is the cloth *on?* テーブルクロスは掛かっているか / cling [hang, hold] *on* すがりつく / keep one's hat *on* 帽子をかぶったままでいる / put [have] *on* one's coat=put [have] one's coat *on* 上着を着る[着ている]《目的語が代名詞のときは put [have] it *on* の語順だけ》/ try *on* a cloak 外套を着てみる / *On* with your hat! 帽子をかぶれ. **2** [方向・継続] 前方へ, 向かって; 続けて: farther *on* もっと先の方に / later *on* あとで / from that day *on* その日以来[以降] / (now) ten years *on* (今や)あれから 10 年 / bring *on* 持ってくる / come *on* やって来る, 近づいて来る / go *on* 進む; 進める / *On!* 行け, 来い / *On, on!* 《口》続けろ, 行け行け, どんどんやれ, がんばれ (Come on!) / Go *on* with your story. 話を続けなさい / *On* with… ⇨ 成句 / speak *on* 話を続ける / wait *on* 待ちつづける. **3** 〈スイッチ・栓などを〉入れて, あけて: turn [switch] *on* the radio ラジオをつける. **4** 〈人が受け入れられる, 参加できる, 仲間である; 《口》〈…に〉参加する意志がある 〈*for*〉: You're *on!* よし, 乗った! 《相手の申し出・賭けなどに対する受諾》. ● AND **so on.** **neither** OFF **nor on.** **on and off**=**off and on** 断続的に, 時々, 不規則に. **on and on** 引き続いて, 休まずに, 《うんざりするほど》長々と. **on to…** ⇨ ONTO. **On with…** 《口》さあ…を続けよう (Let's continue…): *On with* the show!

► *a* /⏑—/ **1** [従事・状態] **a** 進行して, 行なわれて, 起こって; 〈試合・ストライキなど〉予定されて, 約束されて; 〈劇など〉上演されて, かかって; 〘法〙〈事件・訴訟など〉取り上げられて: For this evening I have nothing particular *on*. 今夜は特別な予定がない / The new play is *on*. 新しい芝居がかかっている / What's *on?* 番組は何か; 何事が起こった[始まった]のか. **b** 〈役者など〉舞台に出て, 出番で; 勤務について; 〘野〙出塁して; 〘クリケット〙投球にはいって: You are *on* in 5 minutes! 5 分で出番だ. **c** *《口》演技をしているみたいで, 出演状態で, 注目されたがって, 活気づいて, 張り切って. **d** *《俗》麻薬をやって (cf. *prep* 6b). **2** [流通] 通って(いる), 通るように; 〈灯火・ガス・ラジオなど〉ついて(いる): Is the water *on* or off? 《水道などの》水は出してあるのか止めてあるのか. **3** 〘クリケット〙オン(サイド)の (opp. *off*). ● **be not on** ʺ《口》〈提案などが〉不可能である, 認められない: It's [That's] just *not on*. そんなのできっこない, そりゃだめだ. **be on about…** ʺ《口》…についてぐずぐず言う, しつこく話す: What *are* you *on about?* 何をぐだぐだ言ってるんだ. **be on at…** ʺ《口》…に小言を言う, うるさく言う. **be well on** (賭けに)勝つ見込みがある; (仕事が)はかどっている; おそくなっている, 深まっている 〈*in* [*into*] the evening〉: *be well on* in years 相当年をとっている.

► *n* /⏑—/ [the]〘クリケット〙オン(サイド) (=**ón sìde**) (LEG); on の状態.

[OE *on*, an; cf. G *an*]

On /án/ 〘聖〙オン《Heliopolis のこと; *Gen* 41: 45》.

-on[1] /àn, ən/ *n suf* 〘化〙「非ケトン化合物」「非オキソ化合物」(cf. -ONE): parathi*on*. [*-one*]

-on[2] /àn/ *n suf* 〘理〙「素粒子」「単位」「量子」: cistr*on*, nucle*on*, phot*on* [ION]

-on[3] /àn/ *n suf* 〘化〙「不活性ガス」: rad*on*. [L]

ON °octane number ♦ °Old Norse ♦ Ontario.

ón-agàin, óff-agàin *a* 現われては消える, 変わりやすい, 断続的な; 始まりそうになっては立ち消えとなる, あてにならない〈交渉・計画など〉《off-again, on-again ともいう》: *on-again, off-again* fads めまぐるしい流行.

on·a·ger /ánɪʤər/ *n* (*pl* **-gri** /-gràɪ/, **~s**) 〘動〙オナガー, オナジャー《西南アジア産の野生のロバ》; 〘史〙《古代・中世の》大きな投石器. [L <Gk (*onos* ass, *agrios* wild)]

on·a·gra·ceous /ànəgréɪʃəs/ *a* 〘植〙アカバナ科 (Onagraceae) の.

ón-áir *a* 《有線に対して》無線(放送)の; 生放送の; 放送中の.

ón-and-óff *a* 断続的な.

onan·ism /óunənìz(ə)m/ *n* 中絶性交 (coitus interruptus); 自慰, 手淫, オナニー (masturbation); SELF-GRATIFICATION. ♦ **-ist** *n* **onan·ís·tic** *a* [F or NL (*Onan*; *Gen* 38: 9)]

on appro. 〘商〙on APPROVAL.

Onas·sis /ounǽsəs/ オナシス (1) **Aristotle (Socrates)** ~ (1906–75)《ギリシアの実業家; 船舶王》(2) **Jacqueline (Lee Bouvier Kennedy)** ~ [**'Jackie'** ~] (1929–94)《前者の妻; もと米国大統領 John F. Kennedy 夫人; 1968 年再婚》.

ón·bèat *n* 〘楽〙《4 分の 4 拍子の》強拍《第 1 拍と 第 3 拍》.

ón·bóard *a* 《人工衛星などに》搭載された; 船上[機上, 車載]の; 〘電算〙回路基盤上の[に実装された].

onc- /ɑ́ŋk/, **on·co-** /ɑ́ŋkoʊ, -kə/ *comb form*「とげ」「かぎ」「とげのある」［Gk *ogkos* barbed hook］

ONC〔英〕°Ordinary National Certificate.

ón-cámera *adv, a*《映画・テレビの》カメラに写るところに[の], カメラのフレーム内で[の].

once /wʌ́ns/ *adv* **1 a** 一度, 一回, 一倍;《親族関係で》1 段階[世代]だけ: ～ a day [every four years] 日[4 年ごと]に一度 / *O*~ one is one. 1×1=1 / a cousin ～ REMOVED. **b** [否定・条件の節中で] 一度も(…しない); 一度でも(すれば), いったん(…すれば), いやしくも(すれば) (ever, at all): I have*n't* seen him ～. 一度も会ったことがない / *O*~ bitten, twice shy.《諺》一度かまれると以前にましてこわいもの《あつものに懲りてなますを吹く》. **2** 昔(ある時), かつて(は) (formerly): There was ～ a giant. 昔一人の大男がいた / a ～-famous doctor かつては有名だった医者. ● **if** sb **has** done sth **～** sb **has** done **it a hundred** [**dozen,** etc.] **times** 何度も何度も(警告[忠告など])したはずだ. **if** [**when**] **～**… いったん…なら, 一度でも…すると: *when* ～ he consents 彼がいったん承知しさえすれば. **more than ～** 一度ならず. **not ～** 一度も…しない. **not ～ or twice**《詩》一再ならず, 何度も. **～ again** もう一度, またしても; 繰り返し言いますが. **～ and again** 再三; 幾度か(は); (合わせて)二度ほど. **～ and away** 一度だけ; ごくたまに. **～** (**and**) **for all** 一度だけ, 今度限り; これを最後に, きっぱりと; *《口》これからずっと (permanently). **～ in a while** [**way**ᴵᴵ] 時々, 時たま. **～ more** もう一度; また(今度も). **～ or twice** 一二度, 何度か(は). **～ too** OFTEN. **～ upon a time** 昔々《昔話の話し始めのきまり文句》; 昔は, かつては. ► *a* かつての, 以前の (former): my ～ enemy かつての敵. ► *conj* …するやいなや; ひとたび[いったん]…すれば《once that ともいう》: *O*~ a beggar [priest], always a beggar [priest].《諺》3 日乞食[坊主]をしたらやめられない / *O*~ he hesitates, you will have him. 彼が躊躇したらしめたもの. ► *n* 一度, 一回; [this ～, that ～, the ～; 〈*adv*〉] (この[あの])一度だけ. ● **all at ～** いきなり, 突然 (suddenly); みんないっしょに. **at ～** 同時に, 一度に; 直ちに, すぐ. **at ～**…**and**…でもあり…でもある: She is *at* ～ witty *and* beautiful. 才色兼備. EVERY **～ in a while** [**way**ᴵᴵ]. (**just**) **for ～**=ᴵᴵ**for ～ in a way** (せめて)一度だけでも, 今回ばかりは. (**just**) (**for**) **this** [**that**] **～** 今度[あの時]だけは. ［ME *ōnes, ānes* (adv gen)〈*on, an* ONE; *-ce* は無声音を示すため 16 世紀より］

ónce-in-a-lífetime *a* 一生に一度あるかないかの, 千載一遇の, またとない〈機会〉.

Ónce in Róyal Dávid's Cíty「ダビデのむらのうまやのうちに」《クリスマスの賛美歌; 口語訳では 'たびびとがふたり' で始まる》.

ónce-òver /, ─ ─́/ *n*《口》*n* **1** [ᵘthe] すばやく行なう全体的[総合的]評価, (さっと見ての)品定め: give sb [sth] the [a] ～ / get the ～. **2** ざっとやる[済ませる]こと《掃除など》, 雑な仕事, やっつけ仕事.

ónce-òver-líght·ly《口》*n* あわただしい[上っつらだけの]取扱い[調査]; やっつけ仕事. ► *a* さっさと済ませる, おざなりの, 表面的な, 上っつらだけの. ► *adv* [once over lightly] さっと, ざっと, おざなりに.

onc·er /wʌ́nsər/ *n*ᴵᴵ《口》一回限りのこと, 一回しかしない人[もの],《もと》日曜日に一回教会に行くだけの人;《豪俗》再選は望めない議員;《俗》ずっと一人の男だけに操を立てる女;《口》無類の人[もの], 傑物 (oner); ᴵᴵ《俗》1 ポンド札[硬貨].

ónce that *conj* ONCE.

ón-chíp *a*〔電子工〕オンチップの《回路や機能が半導体チップ上にあることをいう; cf. SYSTEM-ON-CHIP》.

oncho- ⇨ ONCO-¹.

on·cho·cer·ci·a·sis /ɑ̀ŋkoʊsə̀ːrkáɪəsəs/ *n* (*pl* **-ses** /-sìːz/)〔医〕糸状虫症, オンコセルカ症.［*onc-*］

on·cho·cer·co·sis /ɑ̀ŋkoʊsə̀ːrkóʊsəs/ *n* (*pl* **-ses** /-sìːz/) ONCHOCERCIASIS.

on·cid·i·um /ɑnsídiəm, ɑŋkíd-/ *n*〔植〕オンシジウム《同属 (*O*-) の各種の着生ラン》.

on·co-¹, on·cho- /ɑ́ŋkoʊ, -kə/ *comb form* (1)〔医〕「腫瘍」: *onc*ology. (2)「量」「体積」「容積」: *onco*meter 容積[体積]記録器.［NL (Gk *ogkos* mass)］

onco-² ⇨ ONC-.

ónco·gène *n*〔医・遺〕腫瘍遺伝子, (発)癌遺伝子, オンコジーン.

ònco·génesis *n*〔医〕腫瘍形成, 発癌.

ònco·génic *a*〔医〕腫瘍形成[発生]の, 発癌(性)の.

ònco·ge·níc·i·ty /-ʤənísəti/ *n*〔医〕腫瘍形成力[性], 発癌性.

on·cog·e·nous /ɑŋkɑ́ʤənəs/ *a* ONCOGENIC.

on·col·o·gy /ɑŋkɑ́ləʤi/ *n*〔医〕腫瘍学. ♦ **-gist** *n* **on·co·log·i·cal** /ɑ̀ŋkəlɑ́ʤɪk(ə)l/, **-ic** *a*

ón·còming *a* 接近する, やってくる; 新しく現われてくる; 将来の: an ～ car 対向車 / the ～ generation 新世代. ► *n* 接近.

on·còr·na·vírus /ɑ̀ŋkɔ̀ːrnə-, ɑŋkɔ́ːrnəvàɪ-/ *n*〔生化〕オンコルナウイルス《腫瘍生成に関与する RNA を含むウイルス》.［*onco-, RNA, virus*］

ón·còstᴵᴵ *n* 間接費 (overhead).

OND〔英〕°Ordinary National Diploma.

ón-demánd *a* オンデマンド式の《利用者からの要求に応じてネットワークを通じて必要な情報を提供する方式》.

ondes Mar·te·not /*F* ɔ̃ːd martəno/〔楽〕オンドマルトノ《電子鍵盤楽器の一種》.［F=Martenot waves; Maurice *Martenot* (1898–1980) が発明］

on·dine /ɑndíːn, ɔːn-; ɑ́ndìːn/ *n* 水の精, オンディーヌ (UNDINE).

on-dit /ɔ̃ʊ̃díː; *F* ɔ̃di/ *n* (*pl* **～s** /-(z); *F* ─́/) うわさ, 取りざた, 風評, 評判.［F=they say］

On·do /ɑ́ndoʊ/ オンド《ナイジェリア南西部の州; ☆Akure》.

ón·do·gràph /ɑ́ndə-/ *n*〔電子工〕交流波形自記機械, オンドグラフ. ♦ **ón·do·gràm** *n* 交流波形自記図.

on·dom·e·ter /ɑndɑ́mətər/ *n* 波長計.

ón-dríve〔クリケット〕*n* オンドライブ《右打者の左への強打, 左打者の右への強打》. ► *vt*〈右[左]打者が左[右]へ強打する.

one *a, n, pron* ► *a* /wʌ́n, wʌ̀n/ **1 a** 一つの, 1 人 [1 個] の《a を強めた言い方》; 単一の (single): ～ book 1 冊の本 / ～ third 3 分の 1 (a third) / ～ (=a) hundred [thousand, million] 100[1000, 100 万] / ～ and a half months 1 か月半 (a month and a half) / ～ or two days 1 日か 2 日, わずかな日数 (a day or two) / ～ man ～ vote 一人一票(制度) / No ～́ mán can do it. だれだって一人ではできない. **b** /wʌ́n/ [the *or* sb's] 唯一の (the only); [後続する名詞・形容詞を強調して]*《口》とりわけ: This is *the* ～́ way to do it. これがそれをやる唯一の方法だ / ～ fine person 本当にすばらしい人柄の人. **2** 一体の, 合一の (united); 同一の (the same): be [become] ～ with…と一体である[になる] / Asia is ～. アジアは一つ / of ～ (=an) age 同い年の / They are of ～ mind [opinion]. 彼らの心[意見]は一つだ. **3 a** ある…: ～ day [night]《過去または未来の》ある日[晩] (cf. SOME *day*) / ～ winter evening ある冬の夜に (on a winter evening). **b** [人名の前に付けて] …という人 (a certain): ～ (Mr.) Smith スミスさんという人《a Mr. [Dr, etc.] Smith の形のほうが普通》. **4** [another または the other と対照的に] 一方の, 片方の: To read a foreign language is ～ thing, to speak it is quite another. 外国語を読むのと, それをしゃべるのは全く別だ / *O*~ man's meat is another man's poison.《諺》甲の薬は乙の毒 / I am busy ～ way or another. あれやこれやで忙しい / If A says ～ thing, B is sure to say another. A が何か言うと B がきっと反対する / on (the) ～ hand 一方においては (cf. *on the other* HAND).

● **for ～ thing**…((**and**) **for another**…) 一つ(の理由)には…(また一つには…): *For* ～ *thing*, he drinks too much. 一例を挙げると彼は飲みすぎる / *For* ～ *thing* I'm busy; *for another* I haven't got the money. 一つには忙しいし, また一つには金がない. **If there is ～ thing** sb does, **it is**…. 人が(嫌うなど)しているものがあるとすればそれは…だ (cf. IF *ever there was one*). **It takes ～ to know ～.**《口》《通例 人の悪口を言った人に》そう言う君もだ, あんたもね, お互いさまだ. **neither ～ thing nor the other** 不明確な, 中途半端な, はっきりしない. **the ～ and only**… [*joc*] 唯一無二の;《俳優や歌手などを紹介するとき》真の…, 正真正銘の, ほかならぬ.

► *n* /wʌ́n/ **1**《数の》1, 1 つ; 1 の数字[記号]《1, i, I》: Your *1's* are too like 7's. きみの(書く) 1 はまるで 7 みたいだ.

2 a 1 人, 1 個; [時・年齢・通貨などの単位の名称を略して] 1 時[歳, ドル, ポンド, シリングなど]; 1 ドル[ポンド]紙幣; 1 番サイズの服: They met at ～. 1 時に会った / at ～ and thirty 31 歳の時に / by ～*s* 一つずつ / ～ and twenty=twenty-～ 21 / the ～ and twentieth (=the twenty-first) 第 21 (番目). ★ 接頭辞 mono-, uni-. **b** [名詞のあとに置いて] 第一 (first): Book [Chapter, Page] ～ 第 1 巻[章, ページ] / World War *I* [*O*~] 第一次世界大戦 (First World War). **c** [名詞のあとに置いて否定を強める]*《俗》全然, 全く, 少しも(…でない): He doesn't have idea ～ about what to do. どうしたらいいか全然わからない. **3**《口》げんこつ一発, 一撃, (一回の)キス; うそ, 冗談, ほら話;《口》(一杯の)酒: Give him ～ on the nose. 鼻づらに一発くらわせろ / That's a good ～. [*iron*] おもしろい冗談だね《そんな話は信じられないよ》/ That's a bad ～. 一本やられた / That's a big ～. 大うそだ / Have you heard the ～ about…?《口》…についてのこんな冗談[おもしろい話]を聞いたことがある? / ～ *for the* ROAD / have had ～ or two いささか酔った / have had ～ too many 少し飲みすぎた, 酔っぱらった. **4 a** [*O*-] 神 (God): the Holy *O*~=the *O*~ above 神, 上帝 (God) / the Evil *O*~ 悪魔. **b** [a ～]《口》おもしろい[あきれた, 変わった, たいした]人; [°a ～]《口》大の…好き, …狂〈*for* sth [*doing*]〉; [a right ～]《口》まぬけ: You are *a* ～! あきれたやつだなあ! / *a* great ～ *for* baseball 野球大好き人間.

● **all in ～** 一致して; すべて一体になって; 一つでみな兼ねて, 同時に. **all ～** 団結して; 同じことで: It's *all* ～ to me. ぼくにはどうでもよい. **as ～** 一斉に; みんな同意見で: We are *as* ～ on the issue. **at ～ with**…と一致して, 同意見で; …と一体となって: I felt *at* ～ *with* the Creator. 神と一体となった感じがした. **become** [**be made**] **～** 一体となる; 夫婦になる. **by ～ and ～**《古》ONE by one. **by ～s and twos** 一人二人[一つ二つ]ずつ, ぽつりぽつり. **do ～s**《俗》おしっこする (=do number ones). **for ～** 個人[一例]としては: I, *for* ～, do not believe it. わたしとしては信じないね. **in ～** 一体になって; いっしょになって, 兼ねて; 一致して;《口》(たったの)一度で; *《俗》《観客に近い》舞台の前面で: You've got it *in* ～. 一発正解, そのとおり. **in ～s** 一つ一つで, ばらで. **in ～s and twos**=by

ONES and twos. **like ~** O'CLOCK. **make ~** 《古》加わる, 一員となる. **never a ~** なにもない (none). **~ and all** だれもかれも (everyone). **~ and the** SAME. **~ for all and all for ~** 一人は全員のため全員は一人のため《Dumas の『三銃士』における三銃士のモットー》. **~ or two**＝a FEW[1]. ONE UP. **sb's ~ and only** 《口》最愛の人, 恋人 (sweetheart), 愛する一人息子[娘]. **there's ~** BORN **every minute. the** YEAR **~.** TIE **~ on.**

► *pron* /wʌ́n, wʌ̀n/ **1 a** 《一般に》人, だれでも; [少々もったいぶって] 自分 (I, me); 《古》ある人, だれか (some one): *O~* must always know one's [his, his/her, their] physical condition. 人は常に自分の体調を知っておかねばならない / *O~* is rather busy now. 今少々忙しくてね / He called ~ a fool. 人[わたし]のことをばかだと言った / *O~* came running. だれか走ってきた. ★(1) 一般の人を表わす one は格式ばった言い方なので, 口語では YOU を使うのが普通. (2) この用法の one は一, 二, 三人称の各人称に通用するので辞書では人称代名詞の代表形として用いる: ⇨ ONE'S. **b** [複合代名詞の第 2 要素として]: ⇨ SOMEONE, ANYONE, NO ONE, EVERYONE. ★ E メールなどで 1 で表わすことがある: NE1＝anyone / NO1＝no one. **2** 《特定の人・物のうちの》一人, 一つ ‹*of*›: He is ~ *of* my best friends. 親友の一人. **3** /wʌn/ (*pl* **~s** /-z/) **a** [可算名詞の反復を避けて] 同類のもの: This problem is ~ of great delicacy. 実にむずかしい問題である《*one*＝a problem》/ I don't have a pen. Can you lend me ~? ペンがないが貸してくれないか《*one*＝a pen》/ Give me a good ~ [some good ~*s*]. いいのをひとつ[いくつか]ください / Have a good ~. さようなら (Have a good day)《陳腐な表現》. **b** [this, which などの限定語と共に] 人, もの: *That* [*This*] ~ will do. あれ[これ]で間に合う / I want the ~ in the window. ウインドーにあるのが欲しい《the *one*＝that》. ★ この one は不可算名詞の代用には用いられず, また所有格や own の直後にも用いられない: I prefer white wine to red. 《red one は誤り》/ My book is bigger than Tom's. / Is this car your own? **4** [形容詞と共に]《特定の》人 (cf. *n* 4b): dear [little, loved] ~*s* 子供たち / young ~*s* 子供たち, ひなたち / my sweet ~ いとしい人 / such a ~ そんな人[やつ] / like a GOOD ~. ● LARGE ONE. **like ~ dead** [**possessed**] 死人[取りつかれた人]のように. **make ~** (集まりの)一人となる, 参加する; 結婚させる: Will you *make* ~ of us [the party]? 仲間にはいりませんか. **not** [**never**] (**the**) **~ to** do…するような人ではない. **~ after another** 一つずつ, 次々に, 逐次. **~ after ~**＝ONE by one. **~ after the other** 代わるがわる, 次々と. **~ and ~***《俗》《コカインを吸うとき》両方の鼻孔を使って. **~ another** [動詞・前置詞の目的語, 所有格に用いて] 互い(に) (each other): They helped ~ *another*. お互いに助け合った / We sent presents to ~ *another*. お互いに贈り物をし合った / They know ~ *another's* strong points. お互いの長所を知り合っている. **~ by ~** 一つ[一人]ずつ, 逐一《個々に, 引き続いて》. **~ of those** [*euph*] ゲイ (homosexual). **~ of us** 仲間, 同類. ONE-ON-ONE. **taking** [**taken**] **~ with** ANOTHER. **the ~ that got away** 《口》逃げた魚. (**the**) **~…the other** [二者について] 一方…他方: The two brothers are so much alike that it's difficult to tell (*the*) ~ from *the other*. その兄弟はとてもよく似ていて見分けにくい. **the ~…the other…** [二者について] 前者は…後者は…: I keep two dogs, a white one and a black one; *the* ~ is much larger than *the other*. 犬を 2 匹, 白いのと黒いのと飼っているが, 白いのは黒いのよりずっと大きい《時に「後者…前者」の場合もある》.

[OE *ān*; cf. G *ein*, L *unus*; /wʌn/ は ME 南西部方言 *won* より]

-one /òun/ *n suf* 《化》「ケトン化合物」(cf. -ON¹): acet*one*, lact*one*. [Gk; 一部 *ozone* にならう]

1-A /wʌ́néɪ/ *n* 《米》《選抜徴兵で》甲種(合格者).

óne-áct·er *n* 《劇・オペラなどの》一幕もの.

óne-and-a-hálf-stríper, óne-and-óne- *n**《海軍俗》中尉 (lieutenant junior grade).

1-A-O /wʌ́néɪóu/ *n* 《米》《選抜徴兵で》戦闘に加わらない兵役にしか就かない良心的参戦拒否者の甲種(合格者).

óne-àrmed *a* 一本腕の, 片腕しかない; 片腕用の.

óne-àrm(ed) bándit 《口》《賭博用の》スロットマシン (slot machine).

óne-àrm jóint*《俗》安レストラン, 安直な食堂《テーブルの用をなす幅広の肘掛けが椅子の右側についていることから》.

1b 《野》°first base ♦《野》°first baseman ♦《野》°one-base hit.

óne-bágger *n* 《野球俗》シングルヒット (one-base hit).

óne-bàse hít 《野》単打 (single hit).

1-C /wʌ́nsíː/ *n* 《米》《選抜徴兵で》陸海空三軍・沿岸測量調査局・公衆衛生総局勤務の人.

óne-célled *a* 《生》単細胞の.

1-D /wʌ́ndíː/ *n* 《米》《選抜徴兵で》予備軍要員・軍事教練を受けている学生.

óne-dày crícket 一日クリケット《一日で終了する限られた投球数 (⇨ OVER) で競うクリケット; 各チームが同数の投球をうけ, 最も得点の高いチームが勝ちとなる》.

óne-desígn *n, a* 標準型ヨット(の).

óne-diménsion·al *a* 一次元の; 一面的な, 深みのない, 表面的な, 薄っぺらな. ♦ **óne-dimensionálity** *n*

óne-dówn *a* 《口》《ゲーム・競争などで》心理的に不利で, 一歩おくれをとって.

óne-égg *a* 一卵性の (monozygotic) 〈双生児〉.

1800 number /wʌ́nèɪtħándrəd ─/ 《豪》1800 番号《1800 で始まるフリーダイヤルの電話番号》.

óne-éighty *n* 百八十度回転; 《スケートボード》ボードを 180 度回転させながらもとの方向に進みつづける技: do a ~.

óne-èye *n* 《俗》山男, 田舎者 (hillbilly); 《俗》抜作, うすのろ; 《俗》片目《ヘッドライト 1 つで走っている車》.

óne-éyed *a* 一つ目の, 一眼[独眼, 隻眼, 片目]の; 視野の狭い; 《口》劣った, つまらない.

óne-eỳed mónster*《俗》テレビ.

óne·fòld *a* 一重の, 純一不可分な一体をなす.

óne-for-óne *a* ONE-TO-ONE.

1471 /wʌ́nfɔːrsèv(ə)nwʌ́n/ *n* 《英》1471《最後にかかってきた電話の番号を調べるときに呼び出す番号》.

One·ga /ounégə/ [Lake] オネガ湖《ヨーロッパロシア北西部 Karelia 共和国南部にあるヨーロッパ第 2 の湖》.

Onéga Báy オネガ湾《ヨーロッパロシア北西部の湾; 白海の南西奥に位置》.

óne-hánd·ed *a* 手が一本[片手]しかない[きかない]; 片手用の; 片手で行なう. ► *adv* 片手で〈つかむなど〉.

óne-hìt wónder 《一曲[一作]だけの大ヒットで消えた》一発屋.

óne-hórse *a* 一頭立ての; 《口》小さな, 貧弱な, 取るに足らない, つまらない; 《野球俗》マイナーの (bush-league): a ~ town 《口》ちっぽけな町, 田舎町. ● **~ race** どちら[だれ]が勝つかわかりきっている競争[選挙など], 一方的な勝負.

Onei·da /ounáɪdə/ *n* **a** (*pl* **~, ~s**) オナイダ族《New York 州の Oneida 湖付近に居住していたインディアン; 他の 4 部族と Iroquois League を構成した》. **b** オナイダ語.

Onéida Commúnity [the] オナイダコミュニティー《New York 州の Oneida 湖の近くに営まれたキリスト教的ユートピア村 (1848–80); 1881 年に会社組織となり, 銀食器などを製造した》.

Onéida Láke オナイダ湖《New York 州中部の湖》.

óne-idéaed, -idéa'd *a* 一観念にとらわれた, 偏狭な, 片意地な.

O'·Neill /ouníːl/ オニール (**1**) **Eugene** (**Gladstone**) **~** (1888–1953)《米国の劇作家; *Desire Under the Elms* (1924), *Strange Interlude* (1928); ノーベル文学賞 (1936)》(**2**) **John ~** (1834–78)《米国の政治指導者; アイルランド出身; アイルランド独立を目指した急進的民族主義結社フィニアン同盟 (Finians) を指導した》.

oneir- /ounáɪər/, **onei·ro-** /-rou, -rə/ *comb form*「夢」[Gk (*oneiros* dream)]

onei·ric /ounáɪrɪk/ *a* 夢の, 夢に関する; 夢見る(ような). ♦ **-ri·cal·ly** *adv*

onèiro·crític *n* 夢判断者; 夢判断. ♦ **-crítical** *a* **-cal·ly** *adv*

onèiro·críticism *n* 夢判断.

onèiro·crítics *n* ONEIROCRITICISM.

onei·rol·o·gy /òunaɪərálədʒi/ *n* 夢学, 夢解釈[判断]学. ♦ **-gist** *n*

onéiro·màncy *n* 夢占い. ♦ **-màn·cer** *n*

óne-légged *a* 一本足の, 片足の; 〈見解などが〉偏った; 〈法律などが〉根本的欠陥のある.

óne-lìne óctave 《楽》一点音, 一点オクターブ《中央ハで始まる上方 7 音, つまり c′ (1 点ハ) から b′ (1 点ロ) までの 1 オクターブ》.

óne-líner *n* 《機知を示す》寸言, 短い[即妙の]ジョーク; 一行見出し.

óne-lìne whíp 《英議会》登院要請 (⇨ WHIP).

óne-lúng *a* 肺が一つだけの, 片肺の (＝**~ed**); 《俗》単気筒(エンジン)の.

óne-lúng·er 《俗》*n* 単気筒エンジン; 単気筒の乗物; にせもの高級腕時計.

óne-màn *a* 一人だけの[に関する]; 一人で行なう[運営する]; 一人用の; 一人の男だけになつく[親しい]: a ~ concern [company] 個人会社 / a ~ operated bus ワンマンバス / a ~ show 個展; 独演会, ワンマンショー / a ~ canoe 一人乗りのカヌー / a ~ woman 操の堅い女性.

óne-màn bánd ワンマンバンド《複数の楽器を一人で奏してみせる辻音楽師》; なにもかも一人でする活動[仕事, 会社, 組織, 人].

óne-màn óne-vóte *a* 一人一票の: ~ rule.

óne-mány *a* 《論》一多的な〈関係〉.

óne·ness *n* 一たること, 単一性, 唯一性, 同一性; 一致, 調和; 一体感 ‹*with*›, 団結, 結束; 統一性; 全体性.

óne-níght·er *n* 《口》ONE-NIGHT STAND (の出演者).

óne-nìght stánd 《口》《地方巡業での》一夜限りの興行[公演], 一晩だけの巡業地(での滞在); 《口》一夜[一回]だけの情事(の相手).

190 number /wʌ́nnàɪnóu ─/ 《豪》190 番号《chatline などのアダルトエンターテインメントなどを呼び出す 190 で始まる電話番号》.

óne-nóte *a* めりはりのない, 一本調子の, 単調な (monotonous).

1-O /wʌ́nóu/ *n* 《米》《選抜徴兵で》国益にかなう民間業に適した良心的兵役拒否者.

óne-óff[||] «口» *a, n* 1 回限りの(こと), 1 個限りの(もの), 一人のための(もの); 無類の[ユニークな]人: a ~ job / a ~ apparatus [stadium].
óne-óne /, wʌ́ntəwʌ́n/ *a* ONE-TO-ONE.
óne-on-óne *a, adv**《バスケットボールなどで》マンツーマンの[で], 一騎討ちの[で]; 1 対 1 の[で], さしの[で]: go ~ 一対一[マンツーマン]でプレーする, 一対一で対決する ‹*with*›. ► *n* マンツーマン, 一対一の対決; ワンオンワン《2 人の選手が交互に攻撃側・守備側になって行なう非公式のバスケットボール》.
101* /wʌ́nòuwʌ́n/ *a* [名詞に後置して]《大学科目の》基礎(講座), …入門[概論], (…の)初歩[基本, イロハ, 鉄則, 基礎知識]: Economics *101*.
101-key keyboard /wʌ́nòuwʌ́n— —/【電算】101 キーキーボード (=*enhanced keyboard*)《IBM 互換パソコンの標準的なキーボード》.
1/f fluctuation /wʌ́nòuvəréf —/ 1/*f* ゆらぎ (⇨ 1/*f* NOISE).
1/f noise /wʌ́nòuvəréf —/ 1/*f* 雑音, 1/*f* ノイズ《1/*f* ゆらぎをもつ, すなわちパワースペクトルが周波数 *f* の逆数に比例する雑音; そよ風をはじめ自然界にあまねくみられ, 体感的にも 1/*f* ゆらぎをもつ風・音などはここちよいとされる》.
óne-pàir[||] *n* 二階の部屋. ► *a* 二階の: a ~ back [front] 二階裏[表]の部屋.
óne-pàrent fámily 片親家族, 母子[父子]家庭 (single-parent family).
óne-pìece *a* ‹服・水着が›上下続きの, ワンピースの. ► *n* ワンピース. ♦ **óne-píec·er** *n* ワンピース
óne-píp(per) *n*[||]《軍俗》少尉 (second lieutenant), '一つ星'《軍服の階級章から》.
Óne Políce Pláza 警察広場 1 番地(ビル)《New York 市警本部の通称》.
on·er /wʌ́nər/ «口» *n* **1**《俗》無類の[めったにお目にかかれない]人[もの], ずばぬけた人; 強打, 一発: give sb a ~ 強打を一発見舞う. **2** «口» 1 ポンド(貨); 100 ポンド; 数の 1 と関係づけられるもの,《特にクリケットの》1 点打. ● **down it in a ~** [||]《俗》一回で, 一気に.
óne-rèel·er *n* ワンリーラー《ニュース・漫画などを 12 分で映写する 1 リールの短い映画》.
on·er·ous /ánərəs, óu-/ *a* 煩わしい, 厄介な, 面倒な (burdensome);【法】負担付きの (cf. GRATUITOUS). ♦ **~·ly** *adv* **~·ness** *n* [OF<L (ONUS)]
one's /wʌ̀nz/ *pron* 《ONE の所有格》人の, その人の. ★ my, his など人称代名詞の所有格の代表形として用いられる. たとえば make up ~ mind は主語の人称・数・性によって, *I* made up *my* mind. *He* made up *his* mind. *They* made up *their* minds. のように変わる (⇨ ONESELF).
óne's cómplement【数】1 の補数《二進法で, もとの数の各桁の 0 を 1 に, 1 を 0 にした値; cf. TWO'S COMPLEMENT》.
óne-séat·er *n* SINGLE-SEATER.
one·self /wənsélf/ *pron* **1** [強調用法で, 文強勢がある] 自分だけ, みずから, 自分[独力]で: To do right ~ is the great thing. みずから正しくふるまうことが大切だ. **2** /—⌣/ [再帰用法で, 文強勢はない] 自分自身を, みずからを, 自己を: kill ~ 自殺する / exert ~ 努力する / dress ~ 身支度する / teach ~ 独学する / read ~ to sleep 読みながら寝入る. **3** いつもの[本来の]自分[姿] (⇨ 成句 be ~, come to ~): feel [look, seem] ~. ★ (1) oneself は myself, himself, themselves などの再帰代名詞の代表形として用いられる. たとえば kill ~ は主語の人称・数・性によって, *He* killed *himself*. *She* killed *herself*. のように変わる (2) myself などにならい, もと one's self で, この形も時に用いられる. ● **(all) by ~** (たった)ひとりで, 自分だけで, (全く)独力で. **(all) to ~** 自分自身に; 自分だけに, 自分専用に, ひとり占めに. **be ~**《心身が》ふだんと変わりがない, 元気である; 自然に[まじめに]ふるまう《気取らない》: *be* ~ again 正気にもどる / You *are* not *yourself* tonight. 今夜はどうかしてるね. BESIDE **~. come to ~** 意識を回復する, 正気にかえる; 分別を取り戻す. **for ~** 自分のために; みずから; 自分で. **have ~…**《非標準》…を(大いに)楽しむ, 手に入れる. **in ~** 本来, 本質的に (in itself). **in** SPITE **of ~. of ~**《無意志のものが》ひとりでに;《有意志のものが》みずから進んで, 自発的に. ★ 動詞と結びつく成句は各動詞を見よ.
óne-shòt *a* «口» 一回で完全[有効]な; 一回限りの, 単発の: a ~ cure / a ~ sale / a ~ deal 一回限りの[一回で完結する]取引. ► *n* «口» 一回限りの刊行物, 一回完結の小説[記事, 番組], 単発物; «口» 一回限りの出演[上演]; «口» 一回限りのこと[取引, 試合 など]; *《俗》一度だけ情事しいる女.
óne-síded *a* 片側の; 一方に偏した, 片寄った, 不公平な; 一方的な; 不釣合いの; 片側のみ発達した;【法】片務的な (unilateral): a ~ street 片側町 / a ~ decision 一方的な決定 / a ~ contract 片務契約. ♦ **~·ly** *adv* **~·ness** *n*
one-sided test ⇨ ONE-TAILED TEST.
óne-sìze-fìts-áll *a* ‹衣服が›フリーサイズの; 画一的な.
ónes plàce UNITS PLACE.
óne's sélf *pron* ONESELF.
óne-stàr *a* ‹ホテル・レストランなどが›一つ星の;【米軍】一つ星の《階級章の 1 つ星から准将 (brigadier general) についていう》.
óne-stèp *n* [the]【ダンス】ワンステップ《2/4 拍子の社交ダンス》;【楽】ワンステップ用の曲. ► *vi* ワンステップを踊る.
óne-stóp *a* 一か所で何でも買える[間に合う]: ~ shop [shopping].
óne-strìper *n**《俗》《海軍の》少尉 (ensign),《陸軍の》上等兵 (private first class)《階級章の一本線から》.
óne-súit·er* *n* 《洋服一着とアクセサリーを入れる》男性用スーツケース.
óne-tàil(ed) tést【統】片側検定 (=**óne-sìded tést**) (cf. TWO-TAILED TEST): *one-sided* chi-square *test* 片側 χ^2 検定.
óne thóu /-θáu/, **óne thóusand** *a**《俗》最悪[最低]の.
Óne Thòusand Guíneas [the]【英】ワンサウザンド・ギニー《毎春 Newmarket で 3 歳の牝馬(ひんば)により行なわれる競馬; ⇨ CLASSIC RACES》.
óne·tìme *a* 前の, 先の, もと…, かつての (former); 一回限りの. ► *adv* 以前(は);《カリブ》直ちに (at once).
óne-tìme pád 各ページ一度しか使わない暗号表のつづり[暗号帳];【電算】ワンタイムパッド《一度しか使わない乱数列を加算するストリーム暗号》.
óne-to-óne *a, adv* 1 対 1 の[で], 相関的な[に];【数】《集合論の》1 対 1 の‹対応›; *ONE-ON-ONE: a ~ correspondence 1 対 1 の対応. ► *n* 1 対 1 の対決, マンツーマン.
óne-tóuch *a* ワンタッチでできる, ワンタッチ式の;【サッカー】ワンタッチの《ボールを保持せずに, 一度足でタッチするだけでパスなどをする動きの速いプレーについていう》.
óne-tràck *a*【鉄道】単線の; «口» 一つ事しか考えられない, 一つ事にとらわれた: have a ~ mind《ある特定の》そのことしか頭にない.
óne-trìck póny 一つしか能[取柄]のない人, ワンパターンなやつ, 応用がきかないもの; 一度だけ成功するもの, まぐれあたり, 一発屋.
óne-twó *n* [°the old ~]【ボク】ワンツー(パンチ) (=**óne-twó pùnch** [**blòw**])《左右の連打》; «口» 強烈な打撃[攻撃], ダブルパンチ[ショック]; «口» すばやい反撃;【サッカー】ワンツー(パス)《味方の選手に出したボールをまたすぐ受け取ること》; [||]《俗》性的誘いの[悩殺する]目つき, 色目: give…the old ~ ‹人・提案など›にワンツーパンチを浴びせる.
óne-twó-thrée *n*【ボク】ワンツースリー《one-two にさらに追い撃ちのフックなどを入れること》. ► *adv**《俗》手際よく, すばやく, 効果的に.
óne-twó-thrée-and-a-splásh *n**《方》肉・ポテト・パン・肉スープのそろった食事.
óne-úp *vt* «口» ‹人を›出し抜く, ‹人›の一枚うわてをいく.
óne úp «口» *a* ‹相手より›有利で, リードして ‹*on* a rival›; 1 点[1 ゴールなど]差でリードして; 双方 1 点で. [逆成 ‹*one-upmanship*]
óne-úp·man /-mən/ *vt* «口» ONE-UP.
óne-úp·man·shìp /-mən-/, **óne-úps·man·shìp** *n* «口» 一枚うわてに出る術[策], 一歩先んじる[先んじたがる]こと (=*upmanship*).
1-W /wʌ́ndʌ́b(ə)lju/ *n*【米】《選抜徴兵で》国益にかなう民間の事業に従事している[し終わった]良心的兵役拒否者.
óne-wáy *a* 一方向(だけ)の; *‹切符が›片道の (single[||]);《相互的でなく》一方だけからの, 一方的な;【通信】一方向だけの; ‹窓などが›一方向からだけ透けて見える: ~ traffic 一方通行 / a ~ street 一方通行の街路 / a ~ contract 一方的[片務]契約 / a ~ mirror マジックミラー.
óne-wày gúy*《俗》正直[誠実]な男, まっとうなやつ.
óne-wày póckets *pl*[||]《俗》片道ポッケ《けちな人がもっているとされる, 一度その中にしまい込んだら出てこないポケット》.
óne-wày tícket* 片道切符; [*joc*] のがれがたい事態の原因[たね] ‹*to*›.
óne-wíth *n**《食堂俗》オニオン入りハンバーガー.
óne-wòman *a* 女性が一人で行なう[操作する, 使用する, 運営する]; 一人の女だけを愛する.
óne-wórld *a* 国際協調主義の, 世界は一つだとする. ♦ **~·er** *n* **~·ism** *n*
ONF, ONFr °Old North French.
ón·fàll *n* 襲撃 (assault).
ón-fíeld *a* 競技場での.
ón·flòw *n*《勢いのよい》流れ, 奔流. ► *vi* 間断なく流れる.
on·ge·potch·ket /áŋgəpàtʃkət/*《俗》*a* ごてごてと飾りたてた; だらしのない. [Yid]
ón-glàze *a* OVERGLAZE.
ón·glìde *n*【音】入りわたり《調音が 1 つの音または沈黙から次の音に移るとき次の音の初めに生じる音; 例: 英語の語頭の b の無声の部分; cf. OFF-GLIDE》.
ón·gò·ing *n* 前進; [*pl*] GOINGS-ON. ► *a* 前進する, 進行中の; ずっと続いている, 継続している. ♦ **~·ness** *n*
onie ⇨ ONY.
0900 number /óunàinhʌ́ndrəd —/【英】0900 番号《料金の高い 0900 で始まる電話番号》.
on·ion /ʌ́njən/ *n* **1** タマネギ, オニオン,《広く》ネギ. **2**《俗》頭, 人; *《食堂俗》不慣れな店員;《豪俗》相乗りされる女; *《俗》1 ドル. ● **know one's ~s** «口» 自分の仕事に精通している, 有能である.

off one's ~"«俗» 気が狂って. ► *vt* …にタマネギで味をつける;〈目を〉タマネギでこすって涙を出させる. ♦ **~·like** *a* [AF<L *union-unio*]

ónion bàg"《サッカー俗》ゴールネット.

ónion dòme〖建〗《ロシア正教教会堂の》タマネギ形丸屋根. ♦ **ónion-dòmed** *a*

ónion flỳ〖昆〗タマネギバエ《双翅目ハナバエ科の小さな灰色の昆虫; 幼虫はタマネギを食害する》.

ónion hòe〖園〗オニオンホー《ネックの曲がった小型の鍬型除草具》.

ónion rìngs *pl*〖料理〗オニオンリング《タマネギの薄い輪切りのフライ》.

On·ions /ʌ́njənz/ アニアンズ, オニオンズ (1) **C**(harles) **T**(albut) ~ (1873–1965)《英国の英語学者・辞書編集者; *The Oxford English Dictionary* の編者の一人》(2) **Oliver** ~ (1873?–1961)《英国の小説家; 濃密な写実描写に富む怪奇小説で知られる》.

ónion sèt ホームタマネギ《種の代わりに使用する栽培用小球》.

ónion·skìn *n* タマネギの外皮; 薄い半透明用紙 (=~ **pàper**)《カーボン複写用など》.

ónion wèed〖植〗オニオンウィード《米国南東部・メキシコ産のユリ科ハタケニラ属の多年草; 葉は線形で, つぶすとタマネギ臭い》.

ón·iony *a* タマネギの味[匂い]のする; タマネギで味付けした.

ón-ìsland·er *n* 島民.

Onit·sha /əníʧə/ オニチャ《ナイジェリア南部 Niger 川に臨む河港都市》.

oni·um /óuniəm/ *a*〖化〗オニウムの《通例 錯陽イオンの》.

-o·ni·um /óuniəm/ *n suf*〖化〗「陽イオン」: phosph*onium*. [am*monium*]

ónium còmpound〖化〗オニウム化合物 (=*onium salt*).

ónium sàlt〖化〗オニウム塩 (onium compound).

on·kus /ɑ́ŋkəs/ *a*《豪俗》だめな, つまらない, いかさない, だめになった. [C20<?]

on·lay *n* /ˊ–ˋ–/ **1**《浮彫りの》上張り (overlay). **2** アンレー《(1) 歯面の金属修復物 2) 骨の表面に用いる移植片》. ► *vt* /ˊ–ˋ–/〈上張りを〉張る, 着せる.

ón·lènd *vt, vi* (借入金を)また貸しする.

ón-lìcense" *n* 店内酒類販売免許(の店) (cf. OFF-LICENSE).

ón·li·est *a*《非標準》唯一の (only), 最高の, 最上の. [*only* の最上級]

ón-lìmits *a* 立入り許可の (cf. OFF-LIMITS).

ón·líne *a, adv* オンラインの[で] (cf. OFF-LINE)《(1) インターネット[ネットワーク]に接続している, インターネット上の[で] 2) データ処理で主コンピューターと直結方式の 3) 通信内容を単一操作で自動的に符号化・伝達・受信・解読する暗号方式の 4) 鉄道に直結する立地の》; 稼働中の[して]: an ~ real time system オンライン実時間処理方式 / ~ database オンラインデータベース / ~ help [manual]《画面上で読む》オンラインヘルプ[マニュアル] / The data is also available ~. データはオンラインでも利用できます / go [come] ~ オンライン化される;〈人が〉インターネットを使い始める.

ónline bánking オンラインバンキング《インターネット上で行なう銀行取引》.

ón·lòok·er *n* 傍観者, 見物人. ♦ **ón·lòok·ing** *a*

on·ly /óunli/ *a* **1** [the] 唯一の, ただ一人の (sole), …だけの; [an ~, one's] 単独の (single); 数少ない (few): They were *the* ~ people present. 居合わせたのは彼らだけだった / *an* ~ son [child] 一人息子[ひとりっこ] / *Her* ~ answer was sobbing. 返事はただ泣くばかりだった / *my* one and ~ friend わたしの唯一無二の友人 / *the* ~ thing is… ただし問題は…. **2** 無比の (best), 無双の, ピカ一の (unique): our ~ scientist わが国第一の科学者《他は言うに足りない》.
► *adv* [通例 修飾する語句の直前, 時に直後に置いて] 単に, ひとり; ただ…のみ[…にすぎない], わずかに…にとどまる; もっぱら, ひたすら; …だけ, …ばかり; やっと: *O*~ you [You ~] can guess. きみだけが推察できるのだ / You can ~ guess [guess ~]. ただ推察するしかない / You have ~ to go. 行きさえすればよい / Ladies ~.《掲示》婦人専用 / He went to the seaside ~ to be drowned. 海水浴におぼれに行ったようなものだ / He ~ died a week ago. ほんの 1 週間前に亡くなったばかりだ. ● **if ~**… たとえ…だけでも; …さえすれば, せめて…ならよいのだが[…したらよかったのだが]. **not ~…but** (**also**) …のみならず(また): I *not* ~ heard it *but* (*also*) saw it. 聞いたばかりでなく見たのです. **~ just** (1) かろうじて (cf. JUST[1] *adv* 3a): ~ *just* enough money どうにか間に合うだけの金 (2) 今しがた, ついさっき (cf. JUST[1] *adv* 2a): I've ~ *just* (now) got out of bed. 今起きたばかり. **~ not**…でないというだけ, さながら, まるで (all but): He is ~ *not* a child. まるで子供みたいだ. **~ too** (1) まったく, このうえなく (exceedingly): I am ~ *too* glad *to* hear it. それを聞いてとてもうれしい / I shall be ~ *too* pleased *to* come. 大喜びで参上いたします / know …~ *too* well …についてよく承知している (2) 遺憾ながら: It is ~ *too* true. 残念ながら事実だ.
► *conj* ただし, だがしかし; …を除いては, …がなければ: He makes good resolutions, ~ he never keeps them. けっこうな決心はするが, ただそれを守らない / I would do it with pleasure, ~ I am too busy. 喜んでしたいのですがあいにく忙しくて. ● **~ that**…ということさえなければ (except that…): He does well, ~ *that* he's clumsy at the start. 彼はうまくやるが, ただ初めは無器用だ.
[OE *ānlīc*(*e*); ⇨ ONE, -LY]

ónly begétter 唯一の創始者《人類の唯一の創造者 Adam など》.

ónly-begótten *a*《古》ただ一人生まれた, ひとりっこの.

ón·màrch *n*《歴史の》流れ, 進行.

ón-méssage *a, adv*〈政治家(の発言)が〉党の政策[路線]にのっとった[て]: stay ~.

on·mun /ɑ́nmən/ *n* [°O-] 諺文(ｵﾝﾓﾝ) (HANGUL).

ono /óunou/ (*pl* ~**s**)〖魚〗WAHOO[3].

o.n.o, ono, ONO"《広告で》or near(est) OFFER.

ón-óff *a*《切換えが》オン-オフだけの, オン-オフ動作の〈スイッチ〉;〈関係が〉断続的な, ついたり離れたりの.

on·o·ma·si·ol·o·gy /ɑ̀nəmèɪsiɑ́ləʤi/ *n* 固有名詞研究 (onomastics);〖言〗名義論. ♦ **-si·o·lóg·i·cal** *a*

on·o·mast /ɑ́nəmæ̀st/ *n* 固有名詞[人名]研究家. [逆成く↓]

on·o·mas·tic /ɑ̀nəmǽstɪk/ *a* 名 (name) の, 固有名詞の; ONOMASTICS の;〖法〗《別人の筆跡による文書への》〈署名が〉自署の. ♦ **-ti·cal·ly** *adv*

on·o·mas·ti·con /ɑ̀nəmǽstəkɑ̀n, -tɪkən/ *n* 用語集, LEXICON; 固有名詞集.

òn·o·más·tics *n* [〈*sg*/*pl*〉] 固有名詞学, 人名[地名]研究;《特定分野の》語彙体系, 用語法(研究). ♦ **on·o·mas·ti·cian** /ɑ̀nəmæstíʃ(ə)n/ *n*

on·o·ma·tol·o·gy /ɑ̀nəmətɑ́ləʤi/ *n* ONOMASTICS. ♦ **-gist** *n*

on·o·mat·o·poe·ia /ɑ̀nəmæ̀təpíːə/ *n*〖言〗擬音, 擬声; 擬音[擬声]語, オノマトペ (buzz, cuckoo など);〖修〗声喩法. ♦ **-póe·ic, -po·et·ic** /-pouétɪk/ *a* **-póe·i·cal·ly, -po·ét·i·cal·ly** *adv* [L<Gk (*onomat- onoma* name, *poieō* to make)]

On·on·da·ga /ɑ̀nəndɑ́ːgə, -dɔ́ː-/ **1** [Lake] オノンダガ湖《New York 州中部の塩湖》. **2 a** (*pl* ~, ~**s**) オノンダガ族《Onondaga 湖の近くに居住していたインディアン; 他の 4 部族と Iroquois League を構成した》. **b** オノンダガ語. ♦ **-dá·gan** *a* [Iroquoian=on top of the hill]

ONormFr °Old Norman-French.

ón-ràmp *n*《一般道路から高速道路にはいる》流入ランプ.

ón-rècord *a, adv* ON-THE-RECORD.

ón-róad *a* 道路上(で)の.

ón·rùsh *n* どっと押し寄せること, 突進, 突撃;《水の》奔流. ♦ **~·ing** *a* 突進する, むこうみずに走る.

ONS〖英〗Office for National Statistics 国家統計局《国際収支白書 Pink Book など政府の各種統計を作成する機関; 1996 年に発足, 2008 年に政府の統計部門が議会直属機関 UK Statistics Authority として再編され, その業務部門となった》.

On·sa·ger /ɔ́ːnsɑ̀ːgər/ オンサーガー **Lars** ~ (1903–76)《ノルウェー生まれの米国の化学者; 'オンサーガーの相反定理' (熱力学の第 4 法則) を発見, 実証; ノーベル化学賞 (1968)》.

ón-scréen *adv, a* 映画で(の), テレビで(の);〖電算〗画面上で(の).

ón·sèll *vt*〈資産を〉転売する.

ón·sèt *n* 襲撃, 攻撃 (attack);《病気などの》始まり, 開始, 発現, 発症; 着手, 手始め;〖音〗頭子音: the ~ of a cold かぜの発症 / the ~ of winter 冬の訪れ / at the first ~ 手始めに. ♦ **-sètting** *a*

ón-sét *a* 劇のリハーサル[映画の制作]中の, セット上での.

ón·shòre *adv, a* 陸[岸]の方へ[の], 陸[岸]へ向かう; 陸上で[の]; 岸に沿って[沿った]; 国内で[の]. ► *vt*〈生産・製造などを〉《海外から》国内へ戻す.

ón·shòr·ing *n* オンショアリング《海外移転した企業(活動)の国内回帰; cf. OFFSHORING》.

ón·síde *a, adv*〖サッカー・ホッケーなど〗オフサイドにならない位置の[で], オンサイドの[で] (cf. OFFSIDE);《口》支持して, 味方について.

on side ⇨ ON (*n*).

ónside kíck〖アメフト〗オンサイドキック《キックオフ時に行なわれる, キッキングチームが正当にリカバーできる距離だけねらう短いキック》.

ón-síte *a, adv* 現場[現地]で(の).

on·slaught /ɑ́nslɔ̀ːt, *ɔ́ːn-/ *n* 猛攻撃, 猛襲 〈*on*〉;《人の》殺到;《ことばによる》猛攻撃;《自然の》猛威. [MDu (ON, *slag* blow); 語形は *slaught* (obs) slaughter に同化]

ón·stáge *a, adv* 舞台の上の[で].

ón·stréam *a, adv* 操業[製造]中[開始直前]の[で].

ón-strèet *a* 街路上の〈駐車〉(opp. *off-street*).

ont- /ɑ́nt/, **on·to-** /ɑ́ntou, -tə/ *comb form*「存在」「有機体」[Gk *ont- ōn* being]

-ont /ɑ̀nt/ *n comb form*「細胞」「有機体」: bi*ont*. [↑]

Ont. Ontario.

on·tal /ɑ́ntl/ *a* ONTIC.

ón-tárget *a* 正確な (accurate), 的を射た,《予測などに》ぴったり合った,〈目標に向かって〉予定通りに進んで 〈*for*〉.

On·tar·io /ɑntέəriòu/ **1** オンタリオ《(1) カナダ南東部の州; ☆Toronto; 略 Ont. 2) California 州南西部 Los Angeles の東にある住宅・工業都市》. **2** [Lake] オンタリオ湖《Ontario 州と米国 New

York 州にまたがる湖; 五大湖のうち最も東にある). ♦ **On·tár·i·an** *a, n* [Iroquoian=great lake]

ón-the-cúff *a* «口» 掛けの[で], クレジットの[で] (on credit).

ón-the-jòb tráining 実地訓練, 実務研修 《略 OJT》.

ón-the-rècord *a, adv* 報道を前提とした[て]; 公式の[に].

ón-the-scéne *a* 現場の〈目撃者·検証など〉.

ón-the-spót «口» *a* 現場[現地]での; 即座の, 即決の.

on·tic /ántɪk/ *a* (本質的)存在の, 実体的な (cf. PHENOMENAL). ♦ **ón·ti·cal·ly** *adv* [Gk *ont- ōn* being]

on·to *prep* /àntu, ɔ̀(:)n-, -tə/ **1** *…の上へ; …に面して[接して]; 〖数〗〈ある集合〉の上へ: jump ~ a rock 岩の上に飛び降りる / The living room looks ~ a patio. 居間は中庭に面している. **2** …に気づいて, …についてわかって: I'm ~ his schemes. 彼の計略はわかっている / He's ~ me. わたしの本心を知っている / be ~ a GOOD THING [WINNER] / He may be ~ a breakthrough. もうすぐ突破口を見つけそうだ. **3** …と連絡[接触]して. ★«英» では on to と 2 語にすることもある. ► *a* /ántu, *ɔ́:n-/ 〖数〗上への (=*surjective*) 〈写像〉.

on·to·génesis /àntə-/ *n* ONTOGENY.

on·to·genétic /àntou-/ *a* 〖生〗個体発生の; 目に見える形態的特徴に基づく. ♦ **-i·cal·ly** *adv*

on·tog·e·ny /antádʒəni/ *n* 〖生〗個体発生(論) (opp. *phylogeny*). ♦ **òn·to·gén·ic** *a*

on·to·log·i·cal /àntəládʒɪk(ə)l/, **-ic** *a* 〖哲〗存在論(上)の; 存在論的な. ♦ **-i·cal·ly** *adv*

ontológical árgument [the] 〖哲〗存在[本体]論的証明 《神の概念そのものから神の存在を証明する》.

on·tol·o·gism /antálədʒìz(ə)m/ *n* 〖神学〗本体論主義 《直観による神の認識を一切の認識の前提とする》.

on·tol·o·gy /antálədʒi/ *n* 〖哲〗存在論[学]; 本体論; [おおまかな用法] 形而上学. ♦ **-gist** *n* [L; ⇨ ONT-]

òn-trénd *a* 大流行の, 流行に乗っている.

onus /óunəs/ *n* (*pl* ~·**es**) 重荷 (burden); 責務, 責任, とが, 責め; 汚名, 恥辱; ONUS PROBANDI: The ~ is on you to do…するのはきみの責任だ / lay [put] the ~ on…に責任を帰する. [L *oner- onus* load]

ónus pro·bán·di /-proubǽndàɪ, -di/ 〖法〗立証[挙証]責任 (BURDEN OF PROOF). [L]

ón·ward *a* 前方(へ)の, 前進的な, 向上する. ► *adv* 前方へ, 先へ; 進んで; «号令» 前進, 前へ: from this day ~ 今日以後. ● **~ and upward** ますます発展して[快調で].

ón·wards *adv* ONWARD.

ony, onie /áni/ *a* 〖スコ〗ANY.

on·y·choph·o·ran /ànɪkáfərən/ *n, a* PERIPATUS (の).

ón-yèar *n* 《隔年結実の果樹の》なり年, 当たり年.

-o·nym /-⌣ənɪm/ *n comb form* 「名」「語」: syn*onym*, pseud*onym*. [Gk (*onoma* name)]

on·y·mous /ánəməs/ *a* 名前を出した[明らかにした], 匿名でない (opp. *anonymous*).

on·yx /ánɪks, óu-/ *n* 〖鉱〗縞瑪瑙(しまめのう), オニキス《縞の明瞭な瑪瑙》; 縞大理石, オニックスマーブル (=~ **márble**); オニックス《装飾の目的で黒く着色された縞瑪瑙; 縞のない玉髄からのものも含む》; 〖医〗《手や足の指の》爪. ► *a* 漆黒の, 暗黒の. [OF, <Gk *onuch- onux* fingernail, onyx]

oo /dʌ́b(ə)lóu/ *n* *«俗» DOUBLE-O 《書面で用いる》.

oo- /óuə/ ⇨ O-.

OOB /óuòubí:/ *n* OFF-OFF-BROADWAY.

ooch /ú:tʃ/, **oonch** /ú:ntʃ/ *vi, vt* *«俗» グーッ[ギューッ]と縮こまる[締めつける, しぼる].

óo·cỳst *n* 〖生〗接合子 (zygote), 《特に》接合子嚢.

óo·cỳte *n* 〖生〗卵母細胞.

OOD °officer of the day ♦ °officer of the deck.

O'o·dham /óuədà:m/ *n* **a** (pl ~**s**, ~) オオダム族 《**1**) TOHONO O'ODHAM **2**) Pima 族または Tohono O'odham 族の人》. **b** オオダム語 《Uto-Aztecan 語族に属する》.

oo·dles /ú:dlz/, **ood·lins** /ú:dlənz/ *n* [<*sg*/*pl*>] «口» うんと, たくさん (lot) 〈*of*〉. [C19<?; *huddle* からか]

oo-er /u:ɜ́:r/ *int* [*joc*] ウヒョー《相手の発言の性的ニュアンスにわざと驚いたふりをする》.

oof[1] /ú:f/ *int* ウーッ, ウッ, オッ《驚き·喜び·苦痛·不快など》. [imit]

oof[2], **oof·tish** /ú:ftɪʃ/ *n* «俗» 金(かね), 現ナマ. [Yid *ooftish*<G *auf dem Tische* on the table; 「ギャンブルの賭け金」の意]

oof[3] *n* *«ボク俗» 力, パワー; *«俗» 《アルコールの》強さ, 効力. [? ↑]

oo·fay /ú:fèɪ/ *n, a* *«黒人俗» [*derog*] 白人(の) (ofay).

óof·bìrd" «俗» *n* 金(かね)を生む想像上の鳥; 金持, 金づる: have an egg from the ~ 遺産をもらう.

oo·fus[1] /ú:fəs/ *n* *«俗» へまなやつ, のろま. [? *goof*(*us*)]

oofus[2] *n* *«俗» 金 (money).

óofy *a* «俗» 金持の.

òo·gámete /, -gəmí:t/ *n* 〖生〗雌性配偶子, 大配偶子.

oog·a·mous /ouágəməs/ *a* 〖生〗卵子生殖の, 卵接合の, オーガミーの. ♦ **oóg·a·my** *n* 〖生〗卵(子)生殖, 卵接合, オーガミー.

OO gauge /dʌ́b(ə)l óu ⌣/ 〖鉄道模型〗OO ゲージ 《軌間約 3/4 inch》.

òo·génesis *n* 〖生〗卵形成. ♦ **-genétic** *a*

oo·gle /ú:g(ə)l/ *vt, vi* «俗» OGLE.

oo·gley /ú:gli/ *a* *«俗» 魅力的な, ほれぼれする, マブい. [*ogle*]

òo·gónium *n* (*pl* **-nia**) 〖生〗卵原細胞; 〖植〗生卵器 《菌類·藻類の雌器》. ♦ **òo·gó·ni·al** *a* [*oo-*]

ooh /ú:/ *int* ウッ, アッ, オオ, アア 《苦痛·驚き·喜び·恐怖·非難など強い感情》. ► *vi, n* アッと驚く(こと). ● **~ and ah** [**aah**] ウッと言いアーッと言う, «口» 驚き賞賛する, 感嘆[恐怖]の声をあげる 〈*over*〉. [imit]

ooh-la-la /⌣là:lá:/ *int* ウーララ, あーらら, あらま, おやおや, おおーっ, まあ 《驚き·賞賛などの発声》. ► *n, a* «俗» 《フランス人と共に連想される》ちょっとやらしい[エッチな]感じ, エロっぽさ; 色っぽい(娘). [F *ô là! là!*]

oo·jah /ú:dʒà:/, **oo·jar** /-dʒà:r/, **oo·ja(h)·ma·flip** /ú:dʒà:məflìp/ *n*" «俗» 何とかいうもの, あれ (gadget) 《名前を知らない, あるいは思い出せないもの》.

oo·ji·boo /ú:dʒəbù:/ *n*" «俗» OOJAH.

ook /úk/ *n* *«俗» つまらんやつ, いやな野郎 (nerd); «俗» べとべと[てかてか]したもの, 気持悪い[きたならしい]もの. ♦ **óoky** *a* [C20<?]

oo·ki·nete /òuəkáɪnì:t, -kəní:t/ *n* 〖生〗オーキネート《原生動物の, 移動する能力のある接合子》.

Ook·pik /ú:kpɪk/ 〖カナダ商標〗ウークピック《アザラシの毛皮で作ったフクロウに似た人形》.

oo·kus /ú:kəs/, **ooks** /ú:ks/ *n* *«俗» 金 (oof).

óo·lìte *n* 〖岩石〗魚卵岩, オーライト (=*roestone*). ♦ **òo·lít·ic** /-lít-/ *a* [F]

óo·lìth 〖岩石〗 *n* OOLITE; オーリス《オーライト (oolite) の単体粒子》.

ool·o·gy /ouálədʒi/ *n* 鳥卵学. ♦ **-gist** *n* 鳥卵学者; 鳥卵収集者. **oo·log·i·cal** /òuəládʒɪk(ə)l/ *a* [*oo-*]

oo·long /ú:lɔ̀(:)ŋ, -làŋ/ *n* ウーロン茶. [Chin *wulung* (烏竜)]

oom /ú:m/ *n* «南ア» おじ (uncle): O~ Paul ⇨ KRUGER.

oo·mi·ak, -ac(k) /ú:miæ̀k/ *n* UMIAK.

oom·pah /ú:mpà:, úm-/ *n, a* 《行進曲でチューバなどが奏する》反復律動的低音(の), ボンボン(の); ボンボンが特徴的な音楽. ► *vi* ボンボンと鳴らす. [imit]

oom·pah-pah /ù:mpa:pá:, ùm-⌣⌣/ *n, a* OOMPAH.

oomph /úm(p)f/ «俗» *int* ウフン, ウッフン《女性の鼻声など》. ► *n* 魅力; セックスアピール; 精力, 活力, エネルギー, パワー, パンチ, 生気, 熱気. [imit]

óomph gìrl «俗» セクシー女優; セクシーな女性.

Oo·nagh /ú:nə/ ウーナ《女子名; アイルランド人に多い》. [Ir=lamb]

oonch ⇨ OOCH.

oon·chook /ú:nʃù:k, óun-/, **-shick** /-ʃɪk/ *n* «アイルロ·ニューファンドランドロ» ばか者, とんま. [Ir *óinseach* foolish woman, clown]

O157 /óu wʌ́nfíftisév(ə)n/ *n* 〖医〗O157(: H7) 《血清型 O157 を(特に H7 も合わせて)もつ腸管出血性の大腸菌の一種; 感染力が強く, ベロ毒素 (verotoxin) を産生し, 発症すると激しい下痢·血便, さらに溶血性尿毒症症候群をひき起こすことがある》.

oont /ú:nt/ *n* «インド» ラクダ (camel). [Hindi]

oo·pak, -pack /ú:pæ̀k/ *n* 湖北茶《中国湖北省産の黒茶》. [*Hupei* (湖北)]

ooph·or- /ouáfər/, **ooph·o·ro-** /ouáfərou, -rə/ *comb form* 「卵巣」 [NL *oophoron* (*o-*, -PHORE)]

óo·phòre *n* OOPHYTE.

oo·pho·rec·to·my /òuəfəréktəmi/ *n* 〖医〗卵巣摘出(術) (ovariectomy).

oo·pho·ri·tis /òuəfəráɪtəs/ *n* 〖医〗卵巣炎. [*-itis*]

óo·phỳte *n* 〖植〗《シダ·コケなどの》配偶体. ♦ **òo·phýtic** *a*

oops /(w)úps/ *int* オット(ット), あらら, いけね, しまった, こりゃどうも, 失礼《驚き·狼狽·軽い謝罪の気持を表わす》. ► *vi* *«俗» 吐く, ゲーッとやる 〈*up*〉. [imit]

óops-a-dàisy *int* ヨイショ, セイノー (UPSY-DAISY).

oo·ra·li /urá:li/ *n* CURARE.

oorial ⇨ URIAL.

Óort('s) clòud /ɔ́ərt(s)-, ú:rt(s)-/ 〖天〗オールトの雲, オールト星雲《オランダの天文学者 Jan H. Oort (1900–92) が発表した冥王星より外側の軌道を回っている彗星群》.

oose /ú:s/ *n* «スコ» ちり, 綿ぼこり.

óo·spèrm *n* 〖植〗OOSPORE; 〖生〗ZYGOTE.

óo·sphère *n* 〖植〗《藻菌類·藻類の》卵球.

óo·spòre *n* 〖植〗《藻菌類·藻類の》卵胞子. ♦ **oo·spor·ic** /òuəspɔ́:rɪk/ *a* **oos·po·rous** /ouáspərəs, òuəspɔ́:rəs/ *a*

Oostende ⇨ OSTEND.

oo·the·ca /òuəθí:kə/ *n* (*pl* **-cae** /-ki, -si/) 〖動〗《昆虫などの》卵嚢, 卵鞘. ♦ **-cal** *a*

oo·tid /óuətɪd/ *n* 〖生〗オオチッド《減数分裂後の卵細胞》.

ooze[1] /ú:z/ *vi* **1 a** 〈液体·湿気などが〉染み[にじみ]出る, したたる 〈*away, out* (*of*); *from*〉; 〈湿土などが〉水気を出す[にじませる], じくじく

する; 〈音などが〉漏れる; 〈…を〉にじませる 〈*with*〉: music that ～*s with* her charm 彼女の魅力のにじみ出る音楽. **b** 〈勇気などが〉だんだんなくなる, 〈秘密などが〉漏れる 〈*away, out*〉. **2** 〈群集などが〉じわじわ進む, 〈人が〉にじり寄る; *《俗》ゆったり[ゆっくり]と歩く[進む]. ● **～ out***《俗》こっそり[そーっと]立ち去る. ► *vt* じくじく出す, にじみ出す; 〈秘密などを〉漏らす; 〈汗・魅力などを〉発する; 流れ出て〈流れ路を〉作る. ► *n* 滲出(しんしゅつ), 分泌; 分泌物; カシなどの樹皮の汁《皮なめし用》; OOZE LEATHER. [OE *wōs* juice, sap]

ooze[2] *n* 《海底や川底にたまった》軟泥; どろどろ(したもの); 湿地, 沼地 (bog, marsh). [OE *wāse*; 語形は↑の影響]

óoze lèather 肉面 (flesh side) がビロードのように仕上がった子牛革, 植物タンニンでなめしたスエード状の革.

óo·zy[1] *a* だらだら流れる[たれる], じくじく出る, 染み出る. ♦ **óo·zi·ly** *adv* **-zi·ness** *n*

oozy[2] *a* 泥の(ような), 泥を含んだ.

op[1] /ɑ́p/ *n* OPTICAL ART.

op[2] 《口》 *n* 手術, オペ; [ᵘ*pl*] 〖軍〗作戦: special ops 特殊作戦. [operation]

op[3] *n* 《俗》電信技手, 無線技師 (operator); 《俗》(私立)探偵 (operative).

OP /òupíː/ *n* 《口》他人のもの, もらった[借りた]もの《タバコなど; cf. OPs》. [*o*ther *p*eople]

op- /əp, ɑ̀p/ ⇨ OB-.

op. operation ♦ operative ♦ operator ♦ opportunity ♦ 〖楽〗opus.

o.p. 〖劇〗°opposite prompt (side) ♦ out of print ♦ overproof《酒類の》. **OP** 〖軍〗°observation post ♦ [L *Ordo Praedicatorum*] (of the) Order of Preachers (＝*Dominicans*) ♦ organophosphate(s).

opac·i·fy /oupǽsəfàɪ/ *vt, vi* OPAQUE にする[なる], 不透明にする[なる]. ♦ **opác·i·fì·er** *n* 〖化〗《塗料・ガラスなどの》乳白剤.

opac·i·ty /oupǽsəti/ *n* 不透明(なもの); 〖写〗不透明度; 〖窯〗乳白度; 《意味の》不明瞭; 遅鈍, 愚鈍; 《透明であるべきものに生じた》不透明部; 〖医〗《眼球のレンズなどの》混濁; 不伝導性. [F＜L; ⇨ OPAQUE]

opah /óupə/ *n* 〖魚〗アカマンボウ, マンダイ《大西洋・インド洋・太平洋産の食用大魚》. [Ibo *úbà*]

opal /óup(ə)l/ *n* 〖鉱〗タンパク石, 〖宝石〗オパール《10 月の BIRTHSTONE》; OPAL GLASS. [F or L＜?Skt *upalas* precious stone]

opal·esce /òupəlés/ *vi* オパールのような光を放つ.

òpal·és·cent *a* オパールのような光彩を放っている; 《光・角度により》オパールのような光彩[各種の乳白色ぎみの色]を発する. ♦ **òpal·és·cence** *n* 〖光〗乳光. **～·ly** *adv*

opal·esque /òupəlésk/ *a* OPALESCENT.

ópal glàss 乳白ガラス, オパールガラス.

opal·ine /óupəlàɪn, -lìːn/ *a* オパールのような; オパールのような光彩[各種の乳白色ぎみの色]を放つ. ► *n* 乳白ガラス (milk glass).

op-amp °operational amplifier.

opaque /oupéɪk/ *a* (**opáqu·er; opáqu·est**) **1** 不透明な; 光沢のない, くすんだ; 《熱・電波・音・放射線などに対して》不透明な, 通さない 〈*to*〉. **2** わかりにくい, 不分明な, 不明瞭な; 鈍感な, 愚鈍な (stupid). ► *n* 不透明体; [the] 暗黒; 〖写〗不透明液. ► *vt* 不透明にする; 〖写〗不透明液で〈ネガの〉一部をぼかす[修正する], オペークする. ♦ **～·ly** *adv* **～·ness** *n* [L *opacus* shaded]

opáque cóntext 〖哲・論〗不透明な文脈《ある表現を同一指示的な表現で代えると命題全体の真理値が変わる場合; cf. TRANSPARENT CONTEXT》.

opáque projéctor 反射式投影機, オペーク投写機《不透明な物体を反射光線によって映し出す装置》.

Opa·rin /oupáːrɪn/ オパーリン **Aleksandr Ivanovich ～** (1894–1980)《ソ連の生化学者》.

óp àrt オプアート (OPTICAL ART). ♦ **óp àrtist** *n*

Opa·va /ɔ́ːpəvə/ オパヴァ (*G* Troppau)《チェコ東部 Moravia 北部の町》.

op. cit. /ɑ́p sít/ °opere citato.

óp·còde *n* 〖電算〗オペコード (operation code).

ope /óup/ *a, vt, vi* 《古・詩》OPEN.

OPEC /óupɛ̀k/ °Organization of Petroleum Exporting Countries.

op-ed* /ɑ́pέd, ⏑⏑/ *n* 《社説欄の向かい側の》特集ページ (＝**óp-éd pàge**)《署名入りの記事が多い》. [*op*posite *ed*itorial]

open /óup(ə)n/ *a* (**～·er; ～·est**) **1 a** 開いた (opp. *shut, closed*), 開け放した; 開けたままの, 開放的な, むきだしの; ボタンをはずした, ジッパーを下げた; おおい[屋根]のない; 〈傷が〉《包帯などで》おおわれて[保護されて]いない; 〈傷が〉口があいている; 囲いのない, 開けた; 〈船が〉無甲板の; 広々とした: throw a door ～＝throw ～ a door 戸を開け放す / ～ country [ground]《家・柵・森などさえぎるもののない》広々とした土地 / an ～ fire おおいのない(壁炉の)火, 直火. **b** 広げた; 〈花が〉咲いている; 〈織物などが〉目の粗い; 〈土が〉(多孔質で)もろい; 〈隊列などが〉散開している, 〈歯などが〉隙間のある, 〈人口が〉散らばった; 〖印〗字詰めの粗い (opp. *close*); 〖印〗〈活字が〉アウトライン型の, 白抜きの; 〈複合語が〉構成要素が分離した; 〖スポ〗広い, オープンの〈スタンス〉(opp. *closed*). **c** 〈口が〉《驚いたりがつがつしたりして》(大きく)開いた; 〈耳が〉(熱心に)傾けられた; 〈目が〉(油断なく)見ている. **d** 〖楽〗開放の《弦を指で押えない; 弁やスライドを用いない; 弱音器を用いない》; 〈オルガンパイプが〉開口の; 〈音が〉開放状態で出される; 〈音符が〉《二分音符のように》頭部が白抜きで書かれる. **e** 〖音〗〈母音が〉唇が開いた, 広母音の (opp. *close*); 〈子音が〉開口の《/s, f, ð/ のように呼気の通路を全く閉じないで発音する》; 〈音節が〉母音で終わる. **2** 〈マイクなどが〉作動中の, 生きている, オンの; 〈商店・学校などが〉開いている; 〈劇・議会などが〉開演[開会, 開催]中の. **3 a** 公開の, 出入り[通行, 使用]自由の; 〈往復切符・招待状などが〉日時の指定がない; 門戸を開放した; 〈競技(会)などが〉参加[応募]資格制限のない, プロでもアマでも参加できる, オープンの, 〈奨学金が〉一般公募の; オープン競技会[奨学金]の〈優勝者・受給者〉; ᵘ〖商〗普通の〈小切手〉(cf. OPEN CHEQUE); 〖電〗開路の; 〖生〗〈循環系が〉開放系の; 〖数〗開いた, 開…: a career ～ *to* talent 才能しだいで出世のできる道 / OPEN LETTER / an ～ race 飛び入り自由の競走 / an ～ scholarship 一般公募の奨学金 / OPEN CHAMPION. **b***法律上の制限のない, 公許の; 関税[通行税など]のかからない; 解禁の; 《人種[宗教]的な》制約のない; *《飲酒・賭博の》禁止されていない: OPEN SEASON / OPEN TOWN. **4** 隠しだてしない, 見え透いた, 公然の; あけっぴろげな, 率直な; 気前のよい, 寛大な; 偏見のない, 《新しい考え・提言などを》受け入れる, ものわかりのよい, 開(ひら)けた, リベラルな, 《道理などに》容易に服する 〈*to*〉: OPEN SECRET / ～ hostility むきだしの敵意 / an ～ face 正直な顔, 温顔 / an ～ heart 率直, 正直 (cf. OPENHEARTED); 親切 / an ～ mind 偏見のない[開かれた]心 (cf. OPEN-MINDED, MIND *n* 成句) / be ～ *with* sb *about*…について人に隠しだてしない[率直に話す] / be ～ *to* conviction 道理に服する. **5** 〖軍〗〈都市など〉無防備の (⇨ OPEN CITY); 〖スポ〗〈ゴール・コート・選手などが〉防御のゆるい, オープンになっている, がら空きの. **6 a** 空位[空職]の, 空きのある; 〖畜〗妊娠していない, 種付け可能な (: an ～ heifer); ひまな, 約束[さしつかえ, 支障, 用事]のない: The job is still ～. 仕事の口がまだ空いている. **b** 〈問題などが〉未決定の, 未解決の, 議論の余地がある (cf. OPEN QUESTION); 〈申し出が〉(まだ)有効な; 未決算の, 〈銀行勘定が〉(清算しないで)開けてある: Let's leave it ～. そのことはまだ結論を出さずにおこう. **7 a** 〈川・海が〉氷結しない; 霜[雪]の降らない (mild); 〖海〗霧のかからない: an ～ harbor 不凍港 / an ～ winter 凍らない[雪の少ない, 暖かい]冬. **b** 〖医〗便通のある. **8** 最初の賭け[ビッドなど]がなされた.

● **be ～ to**… (1) …を快く受け容れる (cf. 4). (2) …を受けやすい, …に対して無防備な: *be* ～ *to* criticism / *be* ～ *to* question [debate] 疑問[議論]の余地がある, 疑わしい. (3) …に門戸が開放されている (cf. 3a). **keep one's mouth ～** がつがつしている. **lay ～** むきだしにする, あらわにする; 裸にする; 明らかにする, 公開する, あばく, (説き)明かす; 切開する; 〈批判などに〉さらす 〈*to*〉. **lay** [**leave**] **oneself** (**wide**) **～ to**…に身をさらす. **leave something ～** 日[時間]を空けておく. **～ and shut** 《疑う余地なく》明々白々で. **throw ～** 公開[開放]する 〈*to*〉. WIDE **～.** **with** (**an**) OPEN HAND. **with ～ mouth** 言おうとして; あっけにとられて; 首を長くして〈待つ〉.

► *n* **1** [the] **a** 広々とした[開けた]場所[土地]; 広々した海, 海原, 開氷域. **b** 露天, 戸外, 露地. **2** 開口部 (opening). **3** 〖電〗開路. **4** [the] 周知; 《参加資格を問わない》オープン戦[競技会, 選手権大会], 一般公募の奨学金; [the O-] ᵘ《口》OPEN UNIVERSITY: the British *O*～《ゴルフの》全英オープン. ● **come** [**bring, get,** etc.] (**out**) **into** [**in**] **the ～** 明るみへ出る[出す], 公表される[する], 〈意志・計画などが〉明らかになる[する]; 〈人が〉心を明かす, 率直に話す. **in the ～** 戸外で, 野外で. (**out**) **in the ～** 公然と, 明るみに出て.

► *vt* **1 a** 開く (opp. *shut, close*); 〈包み・瓶などを〉あける; 〖電〗〈回路・伝導路を〉開く《電流が流れなくする》; 〖医〗切開する; 〖医〗開口する, 〈腸など〉に通じをつける; 〈固まった土などを〉やわらかくする, ほぐす: ～ a book 本を開く / not ～ one's lips [mouth] 黙っている. **b** 広げる 〈*out* the wings, one's arms〉. **c** 〖電算〗〈ファイルを〉開く, オープンする《アクセス可能な状態にする》, 〈ウインドーを〉開く. **2 a** 開拓する, 開発する; 《障害物を取り除いて》〈道路・水路を〉通れる[流れる]ようにする, 開通させる: ～ a path 小道を切り開く. **b** 〈展望を〉切り開く; 〖海〗〈湾などの見える所に来る. **3** 公開[開放]する; 〈心を〉打ち明ける; 〈頭・心を〉もっと開かれたものにする, 広く[大きく, 偏狭でなく]する. **4** 開業する; 開始する; 〖法〗《法廷で》…の冒頭陳述をする: ～ a store [shop] 店を開く, 開店する / ～ an account 口座を設ける, 取引を始める / ～ Congress [Parliament] 議会の開会を宣する (cf. OPENING STATE) / ～ fire 火ぶたを切る / ～ the case 冒頭陳述をする. **5** 〈決定を〉保留する, 取り消す.

► *vi* **1 a** 開く; 〈はれものなど〉口があく; 割れる, 裂ける, ほころびる; 広く[大きく]なる; 〈花が〉咲く. **b** 本を開く: *O*～ at page two. 2 ページを開きなさい. **2 a** 広々と見晴らされる, 展開する; 〈戸・窓・門などが〉通じる 〈*to, into, onto*〉, 面する, 見渡す 〈*on*〉; 〈展望が〉開けてくる; 〖海〗《位置の変化で》見えてくる: The window ～*s upon* a garden. 窓は庭に面している. **b** 気持[考え, 知識]を打ち明ける. **c** 〈心が〉開かれる. **3 a** 始まる, 開始する, 開店[開業]する; 〈株式などが〉寄り付く: Steel ～*ed* high. 鉄鋼株が高寄りした. **b** 《会・コンサートなどを》始める, 皮切り[オープニング]を行なう; 前座をつとめる. **c** 発砲する; 《鳥獣の匂いをかぎつけて》〈猟犬が〉ほえ始める; [*derog*] 〈人が勢いよくしゃべり始める; 〖トランプ〗《最初の賭け・ビッド・打出しなどをして》ゲームを始める; 〖クリケット〗

《チームの先頭打者として》競技を開始する.
● **～ out** 開く, 咲く; 〈道などが〉《先が》広がる, 通じる〈*into, on, onto*〉; 広げる, 広がる, 膨張する, 展開する, 〈話を[が]〉一般化する; ‖《口》心を開く〈*to*〉; 発達する; 加速する; 開発する; うちとける. **～ to...** ‖《俗》…に打ち明ける. **～ up** (*vt*)《完全に》開く, 開ける, 〈可能性などを〉開く; 〈地域を〉開発する; 〈場所を〉広くする; 〈相違などを〉広げる; …(の体)を切開する; 〈商売・議論・調査などを〉始める, 開始する; 利用[使用]できるようにする, 開放する〈*to*〉; 〈話を〉一般化する; 《口》〈乗物を〉全速で走らせる, (思いっきり)飛ばす; 〈プレーなどを〉活発にする; 表わす; 〈景色を〉視野に入れる; 〈隊列を〉散開させる. (*vi*)〈景色が〉広がる, (よく)見えてくる; 〈機会などが〉開ける, 利用できるようになる〈*to*〉; 〈地域などが〉開放される〈*to*〉; 〈ドアが〉(人がはいれるように)開く〈*to*〉; [‖*impv*] ドアを開ける, 部屋に入れる, ドアを開けて警官に捜索させる; (本格的に)行動を開始する; 発砲[攻撃]を開始する〈*on*〉; 〈猟犬が〉ほえ始める; 観客[カメラ]の方を向く[向いて始める]; 〈話が〉一般化する; 《口》心を開く, 自由に[隠さずに]話す〈*about, on, with*〉, 告白[白状]する〈*to*〉, 〈案・人などを〉受け入れるようになる〈*to*〉; 〈車・人が〉速度を(いっぱいに)上げる; 〈プレーが〉活発になる, プレーを活発にする; 《俗》《ボクシングなどで》全力を出し始める.
◆ **～·able** *a* **òpen·abílity** *n* [OE *open*; cf. G *offen*, OE *ūp* UP と同語源]

ópen-áccess‖ *a* OPEN-SHELF.
ópen accóunt 〖商〗(定期)清算勘定, オープン勘定.
ópen admíssions [*sg/pl*]〖米〗《成績にかかわらず希望者は入学させる》(大学)自由入学制 (＝*open enrollment*).
ópen adóption 開放型養子縁組《実親と養親が互いに身元を把握して交流を続けるような形態の養子縁組》.
ópen-áir *a* 戸外の, 野外の, 露天の; 〖美〗PLEIN AIR: an ～ school 林間[野外]学校 / ～ treatment 外気療法.
ópen áir [the] 戸外, 野外: in *the* ～ 野外で[の].
ópen-and-shút *a* 《口》明白な, 簡単明瞭な; 〈裁判などが〉すぐに解決する[終わる]: an ～ case.
ópen-àngle glaucóma 〖医〗開放隅角緑内障 (＝*wide-angle glaucoma*)《前房隅角は開いたままで房水の出が徐々に悪くなる進行性の緑内障》.
ópen-ármed *a* 心からの〈歓迎〉(cf. with open arms ⇨ ARM[1] 成句).
ópen bàck 〖製本〗HOLLOW BACK.
ópen bállot 公開投票, 記名投票.
ópen bár 《結婚披露宴などで》無料で飲み物を供するバー (cf. CASH BAR).
ópen·bìll *n* 〖鳥〗スキハシコウ《コウノトリ科》.
ópen bóat 無甲板船.
ópen bódyguard オープンボディーガード《表立った形で要人を護衛する人》.
ópen bóok 容易に理解[解釈]できるもの[こと, 人], あけっぴろげな人.
ópen-bòok examinátion 参考書・辞書類の持込みが自由な試験.
Ópen Bréthren *pl* [the] オープンブレズレン《PLYMOUTH BRETHREN の開放的な一分派; cf. EXCLUSIVE BRETHREN》.
ópen bús 〖電算〗オープンバス《外部機器を自由に接続できるバス》.
ópen·càst‖ *n, a, adv* 〖鉱〗OPENCUT.
ópen-céll *a* オープンセルの, 開放セル型の《solid foam のセルが辺からなり, 囲まれていないことをいう》.
ópen cháin 〖化〗開鎖《環状にならない原子鎖; opp. *closed chain*》.
ópen chámpion 《参加資格制限のない》オープン競技会の優勝者.
ópen chéque‖ 〖商〗普通小切手《crossed cheque (横線小切手)に対して》.
ópen-círcuit *a* 〖電〗開回路[開放回路]の, 《特に》〈テレビ放送が〉全受信機受信可能の.
ópen círcuit 〖電〗開回路, 開放回路.
ópen cíty 無防備[非武装]都市 (＝*open town*)《無防備を公式宣言して国際法により敵の攻撃から守られる》; 《古》防壁[城壁]のない都市.
ópen clássroom 〖米教育〗オープンクラスルーム《(1) ＝OPEN EDUCATION 2) その教室》.
ópen clúster 〖天〗散開星団.
Ópen Cóllege [the]〖英〗オープンカレッジ《放送・通信教育により 16 歳以上の人に教育を提供し, 就業に役立てることを目指す一種の国営放送大学; 1987 年開設; cf. OPEN UNIVERSITY》.
ópen-cóncept *a* 《カナダ》〖建〗間仕切りの(多く)ない (open-plan).
ópen cóuplet 〖韻〗開放二行連句《意味未完結の二行連句》.
ópen cóurt 〖法〗公開法廷《一般人の傍聴が許される》.
ópen·cùt *n, a, adv* 〖鉱〗露天掘り(の[で]); 〖土木〗切開き(式の[で])《トンネルにせずに天部を開けた道路・鉄道などを通す壕》: ～ mining.
ópen dàte 《包装食品に表示された》調製[賞味期限]日付; 《まだ日取りの決まっていない》将来のある日. ◆ **ópen-dàte** *vt* 〈包装食品〉に open date を表示する. **ópen dàting** *n*
ópen dày‖ 《学校などの》一般公開日 (open house*).
ópen diapáson 〖楽〗《オルガンの》開管ディアパソン.
ópen dóor はいることの自由, 門戸開放, 機会均等; 《貿易[移民受入れ]上の》門戸開放(政策): force an ～ 人の好意につけこんで無理な要求をする / push at [against] an ～ 《まわりの好意で》スムーズに事が運ぶ. ◆ **ópen-dóor** *a*
ópen-éared *a* 注意深く聴く; 《訴え・提案などに対して》聴く耳をもった.
ópen educátion 〖米教育〗オープンエデュケーション《初等教育において, 児童の個人活動や自由討論を強調した, 伝統的教育に代わる教育制》.
ópen-énd *a* 中途変更が可能な; 〈投資信託が〉オープンエンド型の《追加資金の受入れ (＝受益証券の発行) と解約 (＝受益証券の買戻し) が常時行なわれる; opp. *closed-end*》; 〈担保が〉開放式の, オープンエンドの《同一の担保設定約定のもとで, 資金の追加借入れ, 返済金の再借入れ, または担保付き社債の追加発行を認める》; 一定期間特定製品に対する政府の要求数量を全部提供する; 〖ポーカー〗〈続きの 4 枚の札が〉大小どちらの側からもストレートができる《例: 5, 6, 7, 8》; 広告放送を入れる部分をあけてある〈録音〉; 端が開いた: an ～ investment company オープンエンド投資信託会社 / an ～ contract 未定数量売約 / an ～ wrench (開口)スパナ.
ópen-énd·ed *a* 限度[範囲]を設定しない, 開放型の; 《多肢選択法によらない》自由回答式の〈質問・インタビューなど〉; 《時間・人数などの》制限なしの〈討議など〉, 全面的な〈軍事介入〉; 《状況に応じて》変更[修正]のありうる. ◆ **～·ness** *n*
ópen enróllment 〖米〗オープンエンロールメント《公立学校において学区外の生徒を任意に入学させること》; 〖米〗自由入学制 (OPEN ADMISSIONS).
ópen·er *n* **1** 開く人; 開始者; 〖クリケット〗OPENING BATSMAN; 《一連の行事の》皮切り, 初戦, 開幕戦, ショーの序幕》; 《バラエティーショーの》開幕の歌, オープニングテーマ; [*pl*]〖ポーカー〗賭けを始めるに足る札. **2** あける道具《缶切り・栓抜きなど》, 開綿機, 《羊毛の》開毛機; 〖農〗溝あけ機, オープナー; *《俗》通じをつける薬, 緩下剤. ● **for [as] ～s** 《口》手始めに, まず始めに.
ópen·er-úpper *n* 《俗》番組開始時に放送されるもの《テーマ音楽など》.
ópen-éyed *a* **1** 《驚いたりして》目を(大きく)見開いた〈*with amazement*〉: ～ astonishment びっくり仰天. **2** (怠りなく)気を配った, 油断のない; 十分承知のうえの, 抜け目のない (cf. *with* one's *eyes open* ⇨ EYE[1]): with ～ attention 細心の注意を払って.
ópen-fáce(d) *a* **1** 無邪気[正直]な顔をした. **2** 〈時計が〉文字盤ガラスのふたなしの; *〈パイ・サンドイッチなどが〉片側のみにパン[皮]のついた.
ópen-fíeld *a* **1** 開放耕地制の《中世ヨーロッパで広く行なわれた耕地制度; 耕地全体を仕切りを設けることなく多くの地条に分割していくつかずつ異なる耕作者に分配し, それらを通例 3 つに分けて 3 年を周期に循環して耕作させた》. **2** 〖アメフト〗〈プレーヤーが〉オープンフィールドでヤーディッジ (yardage) をゲインするのが巧みな; 俊敏な〈動作・行動〉.
ópen frácture COMPOUND FRACTURE.
ópen gáme 〖チェス〗いろいろ展開の可能性[手の打ちよう]がある比較的単純なゲーム (cf. CLOSED GAME).
ópen góvernment 開かれた政治《秘密が少なく, 情報を自由に手に入れることができる政治体制》.
ópen hánd きっぷのよさ. ● **with (an) ～** 気前よく.
ópen-hánd(·ed) *a* 平手の; 手に何も持たない; 物惜しみしない, おおまかな, 気前のよい (generous). ◆ **～·ly** *adv* **～·ness** *n*
ópen hármony 〖楽〗開離和声 (＝*open position*) (opp. *close harmony*).
ópen-héart *a* 〖医〗心臓切開の, 開心の.
ópen·héart·ed *a* 隠しだてしない, 打ち明けた, 腹蔵のない, 率直な; 思いやりのある, 寛大な. ◆ **～·ly** *adv* **～·ness** *n*
ópen héarth 〖冶〗平炉 (＝**ópen-héarth fùrnace**).
ópen-héarth *a* 〖冶〗平炉(法)の: ～ steel 平炉鋼.
ópen-héarth pròcess 〖冶〗平炉法.
ópen-hèart súrgery 〖医〗開心術, 直視下心臓手術《人工心肺で血液を循環させ, 酸素を補給しながら行なう心臓手術》.
ópen hóuse 自宅開放パーティー《出入り自由で友人などを迎え歓待する》; *《口》《学校・会社・施設などの》一般公開日[期間] (open day‖); *オープンハウス《購入[賃借]を考えている人が自由に見学できるよう住宅を開放する期間》. ● **keep [have, hold] (an) ～** 〈来客を〉いつでも気軽に快く迎え入れる〈*for*〉.
ópen hóusing* 非差別住宅制, 住宅開放制《住宅・アパートなどを売る[貸す]際の人種や宗教による差別の禁止》.
ópen ìce オープンアイス《十分に割れていて航行可能になっている海[河川]の氷》.
ópen·ing *n* **1** 開く[開いている]こと, 開放; 開始; 開場, 開店; 開通; 起首, 冒頭〈*of a speech, book, etc.*〉; 始まり, 皮切り, 序幕, 開幕, 初日, オープニング; 〖証券〗寄付き; 《チェスなどの》序盤 (cf. END-GAME, MIDDLE GAME); 〖法〗弁護人の冒頭陳述: GRAND OPENING. **2 a** 空き, 開き, 開口部, 穴, 隙間, 通路〈*in*〉; 見開き; 空き地, 広場; 入江; *林間の空き地; 窓, 明かり採り, 風窓. **b** 就職口, 《職・地位の》空き〈*at, for, in*〉; もうけ口, 好機〈*for, to do*〉. **3** 《俗》強盗, 強奪.

► *a* 始めの, 開始の, 開会の, 冒頭の: an ～ address [speech] 開会の辞 / an ～ ceremony 開会[開校, 開通]式.

ópening bátsman 〘クリケット〙 先頭打者.

ópening gún 《口》《大きなできごと・事業などの》第一歩(の仕事[行動]), 手始め, 皮切り.

ópening hòurs *pl* 《建物の》一般開放時間; 《店や銀行の》営業時間.

ópening nìght 《芝居・映画などの》初日の夜(の公演).

Ópening Státe (of Párliament) [the] 〘英〙国会開催[開会]式《選挙のあと または 毎年秋の国会の新会期冒頭に国王が行なう儀式; 上院内に上下両院議員が集まり, 国王がその前で the SPEECH from the throne を読み上げ, これが政府の施政方針演説となる》.

ópening tìme 始業時間, 開店[開館]時刻, 《特に》《法律で認められた》酒場の開店時刻; [*pl*] OPENING HOURS; 《装置が》開くのに要する時間.

ópen invitátion いつでも訪ねてくださいという誘い; 《犯罪・悪事を》あからさまに誘うもの.

ópen-jáw *a* 〈往復の航空券[航空運賃]が〉オープンジョーの《行きの到着地と帰りの出発地が異なる; 時に, 行きの出発地と帰りの到着地が異なる》.

ópen-lábel *a* 〘医〙非盲検の, オープンラベルの《どの試験治療が割り当てられたか実験者も被験者も知っている臨床試験についていう; cf. DOUBLE-BLIND, SINGLE-BLIND》.

ópen léarning 《自主的に時間をつくって行なう》自由学習, 独学.

ópen létter 公開状, 公開書簡.

ópen-líne *a* 〈テレビ・ラジオ番組が〉電話による視聴者[聴取者]参加形式の.

ópen líne 第三者が傍受できる電話通信.

ópen lóop 開回路, 開ループ《フィードバック機構のない制御系; opp. *closed loop*》. ♦ **ópen-lóop** *a*

ópen·ly *adv* 公然と, おおっぴらに, 表立って; あからさまに, 腹蔵なく, 率直に; 前向きに.

ópen márket *n* [the] FREE MARKET; だれでも自由に売買できる状態: on *the* ～. ♦ **ópen-márket** *a*

ópen-màrket operátions *pl* 〘経〙《中央銀行が債券などの売買によって行なう》公開市場操作.

ópen márriage 開かれた結婚, オープンマリッジ《夫婦が互いの社会的・性的独立を承認し合って行なう》.

ópen míke オープンマイク《ライブハウスやナイトクラブなどで, マイクが開放され, 飛び入りで歌ったりお笑いを披露したりできる時間》.

ópen-mínd·ed *a* 心の広い, 偏見のない〈*about*〉, オープンな〈態度・考え〉; 率直な〈助言〉. ♦ **～·ly** *adv* **～·ness** *n*

ópen·móuthed /-máuðd, -θt/ *a* 口を開いた; ぽかんとした, あっけにとられた, 愕然とした; 貪欲な; 騒々しくわめきたてる; 広口の〈水差しなど〉. ♦ **-móuth·ed·ly** /-máuð(ə)dli, -θ(ə)d-/ *adv* **-móuth·ed·ness** *n*

ópen-nécked *a* 首[襟]の部分のあいた, 開襟の.

ópen·ness *n* 開放状態; 開放性, 率直; 無私, 寛大.

ópen óccupancy*OPEN HOUSING.

ópen órder 〘軍〙散開隊形; 〘商〙見計らい[無条件]注文《品種・価格を示し, 他の明細は供給者に一任》; 〘証券〙未執行の注文.

ópen óutcry 《商品取引所における》大声で行なう売買注文.

ópen-pít* *n, a, adv* 〘鉱〙OPENCUT.

ópen plán 〘建〙オープンプラン《各種の用途に応じられるように, 間仕切りを多くしない方式》. ♦ **ópen-plàn** *a*

ópen pólicy 〘保〙未評価保険契約[証券], 包括予定保険契約[証券], オープンポリシー.

ópen pollinátion 《人工授粉によらない》放任受粉, 自然受粉. ♦ **ópen-póllinated** *a*

ópen pórt 開港場; 不凍港.

ópen posítion 〘楽〙OPEN HARMONY.

ópen prímary 〘米〙開放予備選挙 (=*crossover primary*)《有権者が自分の所属政党を明示することなく投票できる直接予備選挙; cf. CLOSED PRIMARY》.

ópen príson ‖開放型の刑務所《旧来のものより大幅な自由が与えられている》.

ópen punctuátion オープン[開放]パンクチュエーション《句読点を多用しない句読法; 宛名・日付などの行末のコンマを略すなど; cf. CLOSE PUNCTUATION》.

ópen quéstion 未決問題, 未決案件; 異論の多い[結論の出せない]問題; 回答者の自由な意見を求める質問.

ópen ránge*《柵がない》開放放牧地, 《囲いのない》広大な土地.

ópen-rèel *a* 〈磁気テープ・テープレコーダーが〉オープンリール(式)の (=*reel-to-reel*)《カセット式に対していう》.

ópen róad*公道; どこまでも続く道.

ópen sándwich オープンサンド(イッチ)《2 枚のパンではさむのでなく, パンに具を載せただけのもの》.

ópen scóre 〘楽〙オープンスコア《各パートが別々に書き分けられた総譜》.

ópen séa [the] 〘国際法〙公海 (cf. CLOSED SEA); 《一般に》外洋, 外海 (high seas).

ópen séason 狩猟[釣り, 漁業]許可期間, 猟期, 漁期〈*for*〉; [*fig*] 批判[攻撃]にさらされる時期〈*for, on*〉.

ópen sécret 公然の秘密.

ópen séntence 〘論・数〙開いた文《自由変項を含む》.

ópen sésame *int*「開けごま」(『アラビアンナイト』「アリババと四十人の盗賊」に出てくる呪文). ► *n* 願うままの結果をもたらす不思議な方法: Is wealth the ～ to happiness?

ópen sét 〘数〙開集合; 〘数〙開区間.

ópen-shélf* *a* 〈図書館が〉開架(式)の (open-access‖).

ópen shírt オープンシャツ.

ópen shóp オープンショップ《労働組合に加入していない者でも雇用する事業所; cf. CLOSED SHOP, UNION SHOP》.

ópen síde 〘ラグビー〙オープンサイド《スクラムの位置から見てタッチラインまでの地域が広い方のサイド; cf. BLIND SIDE》.

ópen síght 谷照門《銃の照門がくぼんでいるもの; cf. PEEP SIGHT》.

ópen-skíes[-ský] *a* 航空機の相互乗入れを協定した, 軍用機の相互航空査察を協定した: an ～ agreement オープンスカイ協定《二国間の国際路線乗入れ条件を自由化するもの》.

ópen sláther 《豪口》何でもあり, やりたい放題 (free-for-all).

ópen socíety 開かれた社会《情報公開, 信教の自由, 外部との接触の自由などを特徴とする》.

ópen sóurce 〘電算〙オープンソース《プログラムを無料で配布し, ソースコードも添付して, 改変・再配布なども自由となっていること》. ♦ **ópen-sóurce** *a*

ópen-spáce *a* 〘建〙オープンスペース(式)の《固定壁の代わりに移動式の家具や仕切りを間仕切りとして使う》.

ópen-stáck *a* OPEN-SHELF.

ópen stánce 〘野・ゴルフ〙オープンスタンス《右打者が左足[左打者が右足]を後ろに引いた構え; opp. *closed stance*》.

ópen stóck (補充用に)ばら売り品も用意[常備]してあるセット商品《食器など》.

ópen sýllable 〘音〙開音節《母音で終わる音節》.

ópen sýstem [the] 〘理・化〙開放系, 開いた系; 〘電算〙オープンシステム《標準規格に基づいて作られ, 他社の同様のシステムと接続可能なシステム》. ♦ **ópen-sýstem** *a*

òpen sýstems interconnèction 〘電算・通信〙開放型システム間(相互)接続《他種の情報通信機器間の相互運用を確保するための国際的基準; 略 OSI》.

ópen tícket オープンチケット《搭乗区間のみ指定し, 搭乗便の予約をしないで購入する航空券》.

ópen-tóe(d) *a* つまさきの開いた〈靴・サンダル〉.

ópen-tóp(ped) *a* 〈自動車が〉オープントップの《屋根がない, あるいは折りたたみ式の[取りはずせる]屋根のある》.

ópen tówn*酒場・賭博などを許す町, 放任の町; 《口》無防備都市 (OPEN CITY).

ópen úniverse 《宇宙論で》開いた宇宙《宇宙の体積は無限で, 宇宙の膨張も無限に続くとする; cf. CLOSED UNIVERSE》.

ópen univérsity*通信制大学; [the O- U-] 〘英〙オープンユニヴァーシティ《入学資格を問わず, 放送・通信教育・夏期講座などにより大学教育を一般成人に提供する; 1969 年開設, 本部 Milton Keynes; 略 OU》.

ópen vérdict 〘法〙有疑評決《検視陪審による評決; 被告人が犯人か否か, また 死因については決定しない》.

ópen vówel 〘音〙広母音《発音する際, 舌の表面が口腔内の低い位置にとどまる母音; /a/, /ɑ/ など》.

ópen wáter 《陸地・氷などに閉ざされていない》開けた水域[海域]; 《カナダ》《河川・湖の》解氷(期).

ópen wéave 糸目の粗い織り(方).

ópen·wòrk *n* 《布地・金属などの》透かし細工, オープンワーク. ♦ **ópen-wòrked** *a*

ope·pe /oupí:pi/ *n* 〘植〙ピランガ《西アフリカの熱帯林地域に産するアカネ科の大高木; 材は強度と耐朽性にすぐれ, 水中構造材・床材・家具材などに用いられる》.

OPer °Old Persian.

op·era[1] /áp(ə)rə/ *n* 歌劇, オペラ; 《soap opera など》オペラに似せた娯楽劇; GRAND OPERA; オペラ劇場; オペラ劇団; オペラの総譜[台本]: The ～ isn't over till the fat lady sings. 《諺》肝心なことが終わるまでは終わったとは言えない, 最後の最後までわからない《the fat lady すなわちプリマドンナが最後に歌ってオペラが終わることから》. [It<L= labor, work]

opera[2] *n* OPUS の複数形.

op·er·a·ble /áp(ə)rəb(ə)l/ *a* 実施可能の; 操作可能な, 使える〈機械など〉; 〘医〙手術可能な. ♦ **-bly** *adv* **òp·er·a·bíl·i·ty** *n*

opé·ra bouffe /áp(ə)rə bú:f/ 滑稽歌劇, 軽喜歌劇; [*fig*] ばかげた事態. [F<↓]

ópera búf·fa /-bú:fə/ オペラブッファ《18 世紀のイタリア喜歌劇》. [It=comic opera (*buffa* jest)]

ópera clòak 婦人の観劇[夜会]用外套.

opé·ra co·mique /áp(ə)rə kɑmí:k/ 《対話を含む, 特に 19 世紀の》喜歌劇 (comic opera). [F]

ópera glàss [°*pl*] オペラグラス《観劇用小型双眼鏡》.

ópera·gò·er *n* オペラへよく出かける人, オペラ愛好家. ♦ **-gó·ing** *n*
ópera hàt オペラハット《たたみ込み式シルクハット》.
ópera hòod 婦人の観劇[夜会]用フード.
ópera hòuse 歌劇場, オペラハウス, 《広く》劇場.
op·er·and /ápərӕ̀nd/ *n* 〘数・電算〙被演算子, (被)演算数《演算の対象》; 〘電算〙オペランド《命令の対象となる部分》. [L (neut gerundive) < *operor* to work]
op·er·ant /áp(ə)r(ə)nt/ *a* はたらく, 運転する, 作用する, 効力のある; 〘心〙自発的な, 操作的な, オペラントの (cf. RESPONDENT). ► *n* 機能[効果]を高めるもの[人]; はたらく[作用する]人[もの]; 熟練工; 〘心〙オペラント《反応などを誘発する刺激がない場合の自発的行動》.
óperant conditíoning 〘心〙オペラント条件づけ《自発的行動を報酬や罰によって強化する条件づけ; cf. CLASSICAL CONDITIONING》.
óperant léarning 〘心〙オペラント学習 (INSTRUMENTAL LEARNING).
ópera sé·ria /-sériə, -sír-; -síər-/ オペラセリア《古典的主題による 18 世紀のイタリアオペラ; cf. OPERA BUFFA》. [It=serious opera]
op·er·ate /áp(ə)rèɪt/ *vi* **1** 〈機械・器官など〉作動する, 稼働する, 機能する, はたらく 〈*at, on*〉; 仕事をする. **2 a** 活動する; 営業[事業]活動をする, 操業する; 〘軍〙軍事行動をとる; 株の操作をする, おもわく買い[売り]をする; 《ばくち打ちなどが》仕事をする. **b** 〘医〙手術する 〈*on*〉; 〈器具など(の内部)に〉手を加える 〈*on*〉. **3** 作用する, 影響を及ぼす, はたらく 〈*on, against*〉; 〈薬など〉効果を現わす, 効く. **4** 《口》巧みに取り入る, 策を弄する. ► *vt* **1** 運転する, 操縦[操作]する, 動かす; 経営[運営]する, 管理する. **2** なし遂げる; 〈変化などを〉起こす; 導く, 決定する. **3** …に手術を施す. ● **~ from...** 〈場所〉を基点[本拠地]にして仕事[営業]する. [L *operor* to work; ⇨ OPUS]
op·er·at·ic /àpərǽtɪk/ *a* 歌劇[オペラ]の; 歌劇体[風]の; 芝居がかった, 大げさな. ♦ **-i·cal·ly** *adv*
òp·er·át·ics *n* [‹*sg/pl*›] オペラ演出術; 大仰なふるまい.
óp·er·àt·ing *a* 手術のための; 営業[運営]上の, 経常的な; 仕事をして[はたらいて]いる, 機能している.
óperating bùdget 〘会計〙業務[営業]予算《その年度の営業収益と営業費用との予測に基づく予算》.
óperating còst 営業費, 運転経費, 経常的支出.
óperating pròfit 営業利益《売上高から売上原価や販売費などの営業費を差し引いた金額》.
óperating ròom* 手術室《略 OR》.
óperating sùrplus 〘経〙営業余剰.
óperating sỳstem 〘電算〙オペレーティングシステム《コンピューターの管理をするプログラム; 略 OS》.
óperating tàble 手術台.
óperating thèatre‖ 手術室 (operating room*), 《もと》手術階段教室.
op·er·a·tion /àpəréɪʃ(ə)n/ *n* **1 a** 《機械などの》運転, 運用, 操作; 作動, 稼働; 工作, 作業; 操業; 施行, 実施: be in ~ 運転[活動]中である; 実施中である, 効力を有する / come [go] into ~ 運転[操業]を始める; 実施される / put [bring]...into ~ …を実施[施行]する; …の運転[操業, 活動]を開始させる. **b** はたらき, 作用 〈*of* breathing〉; 効力, 効果, 効験; 有効期間, 有効範囲. **2 a** 計画, 事業, 業務, 仕事; 《組織的な》活動, 《軍事的な》作戦; [*pl*] 作戦本部; [*pl*] 《飛行場の》管制室: daily ~ 日常業務 / a rescue ~ 救助活動 / a base of ~*s* 作戦基地, 策源地 / a field of ~*s* 作戦地域 / a plan of ~*s* 作戦計画. **b** 《市場の》操作, 《相場の変動を目的とする》売買. **3** 手術 〈*on*〉: an ~ *on* abdomen 腹部の手術 / undergo [have] an ~ 手術をうける. **4** 〘数〙運算, 〘電算〙演算, オペレーション: a direct [reverse] ~ 正[逆]算. [F<L; ⇨ OPERATE]
operátion·al *a* 操作上の; 作戦上の; 営業[事業, 操業]上の; いつでも使える[動かせる]ようになっている; 運転[活動]中の; 作戦行動にはいっている; 〘哲〙操作主義の, 操作主義的な. ♦ **~·ly** *adv*
operátional ámplifier 〘電子工〙演算増幅器, オペアンプ《略 op-amp》.
operátional fatígue COMBAT FATIGUE.
operátion·al·ìsm *n* 〘哲〙操作主義《概念は一群の操作によって定義されねばならないとする立場》. ♦ **-ist** *n* **òp·er·à·tion·al·ís·tic** *a*
operátion·al·ìze *vt* 操作[運用]できるようにする; 〘哲〙操作主義的に表現[定義]する. ♦ **operàtion·al·izátion** *n*
operátional reséarch OPERATIONS RESEARCH.
operátion còde 〘電算〙命令コード, 操作符号 (=*opcode*)《コンピューターの命令の中で, 操作対象ではなくどんな操作[演算]を行なわせるかを指示する部分》.
operátion·ìsm *n* OPERATIONALISM. ♦ **-ist** *n*
operátions resèarch オペレーションズリサーチ《政府・軍・企業などの複雑なシステムにかかわる問題の研究・分析を科学的・数学的に行なう手法; 略 OR》.
operátions ròom 作戦指令室.
op·er·a·tive /áp(ə)rətɪv, -rèɪ-/ *a* **1 a** (適切に)作用する, 機能する; 効果をもたらす, 影響を及ぼす; 効力がある, 有効な; 〘法〙効力を発生する: become ~ 実施される / the ~ word 《口》最も重要な[鍵となる]ことば / ~ words 〘法〙効力発生文言《不動産移転を明示する文言》. **b** (実際に)仕事をする, 生産活動に従事している. **2** 操作[運転]の. **3** 〘医〙手術の[による]. ► *n* 工員, 労働者, 《特に》専門の職人, 熟練工; *探偵, 捜査官; *工作員, スパイ; 《政界などの》黒幕, 裏工作者. ♦ **~·ly** *adv* **~·ness** *n* **òp·er·a·tív·i·ty** *n*
op·er·a·tize /áp(ə)rətàɪz/ *vt* 〈劇などを〉オペラ化する.
ópera tóp‖ 〘服〙オペラトップ (camisole の一種).
óp·er·à·tor *n* **1 a** 《機械の》運転者, 操縦者, 技師, 技手, オペレーター; 《自動車の》ドライバー; 通信士, 《電話の》交換手, オペレーター; 手術者, 執刀者. **b** 経営者, 運営者; 事業者, 運営会社; おもわく師, 相場師, 投機家; 詐欺師; 《口》策士, やり手; 《口》女たらし, 発展家; SMOOTH OPERATOR. **c** 工作員, 諜報部員. **2 a** 〘数・電算〙演算子, 作用素; 〘遺〙オペレーター, 作動遺伝子 (=~ **gène**)《オペロンの端部にある構造遺伝子の情報発現を開閉する》. **b** 〘言〙《Basic English の》作用語; 〘言〙機能語. ♦ **~·less** *a*
ópera wìndow* 〘車〙オペラウインドー《後席横のはめ殺しの小窓》.
oper·cu·lar /oupə́:rkjələr/ *a* OPERCULUM の(ような). ► *n* 蓋(ふた)状部.
oper·cu·late /oupə́:rkjələt, -lèɪt/, **-lat·ed** /-lèɪtəd/ *a* OPERCULUM のある, 有蓋の.
opér·cu·li·fòrm /oupə́:rkjələ-/ *a* 蓋状の, 蓋の形をした.
oper·cu·lum /oupə́:rkjələm/ *n* (*pl* **~s, -la** /-lə/) 〘植〙《蒴の口部の》蘚蓋(せんがい); 《菌類の》蓋(ふた); 《貝類の殻口の》へた, 蓋; 《魚類の》鰓蓋(さいがい), えらぶた; 《カブトガニの》蓋板(がいばん). [L (*operio* to cover)]
ope·re ci·ta·to /ɔ́:pərɛ̀ kɪtá:tou, ápərì: saɪtéɪtou/ *adv* 前掲(引用)書中に《略 op. cit.》. [L=in the work quoted]
ope·re in me·dio /ɔ́:pərèɪ ɪn médiòu/ 仕事[著述]の真中において. [L=in the middle of the work]
op·er·et·ta /àpərétə/ *n* オペレッタ; 《古》軽歌劇 (light opera). ♦ **òp·er·ét·tist** *n* [It (dim) < OPERA[1]]
op·er·on /ápəràn/ *n* 〘遺〙オペロン《同調的に調節をうけている単位遺伝子群》. [*operator, -on*]
op·er·ose /ápəròus/ *a* 勤勉な, よく働く; 苦心の, 骨の折れる, やっかいな, 長大な. ♦ **~·ly** *adv* **~·ness** *n*
OPers °Old Persian.
Ophe·lia /oufí:ljə; ɔ-/ **1** オフィーリア《女子名》. **2 a** オフィーリア《Shakespeare, *Hamlet* の女性主人公; Polonius の娘で, 恋人 Hamlet に捨てられたうえ父の死が重なって気が狂い, 小川で水死した》. **b**『オフィーリア』《John Everett Millais の絵画 (1852–54); 野の花と共に小川を流されて行く Ophelia を描いたもの》. [Gk=help]
ophi- /áfi, *óufi/, **ophio-** /áfiou, -iə, *óuf-/ *comb form*「ヘビ (snake)」 [Gk (*ophid- ophis* snake)]
oph·i·cleide /áfəklàɪd/ *n* 〘楽〙オフィクレイド《**1**) 有鍵ビューグル中最大の楽器 **2**) オルガンのリード音栓》. [F]
ophid·i·an /oufídiən/ *n* ヘビ. ► *a* ヘビの(ような).
ophi·ol·a·try /àfiálətri/ *n* 蛇(へび)崇拝. ♦ **-ól·a·ter** *n* **òphi·ól·a·trous** *a*
ophi·o·lite /áfiəlàɪt, óu-/ *n* 〘岩石〙オフィオライト, 緑色岩; 《廃》蛇紋岩 (serpentine). ♦ **òphi·o·lít·ic** /-lít-/ *a* [F]
ophi·ol·o·gy /àfiáləʤi, òu-/ *n* 〘動〙ヘビ学. ♦ **-gist** *n* **òphi·o·lóg·i·cal** *a*
ophi·oph·a·gous /àfiáfəgəs, òu-/ *a* ヘビを常食とする.
Ophir /óufər/ 〘聖〙オフル, オフィル《Solomon 王のもとにもたらされた, 金と宝石の産出地; *1 Kings* 10: 11》.
ophite /óufàɪt, áf-/ *n* 〘岩石〙オファイト《オフィチック構造の輝緑岩》.
ophit·ic /oufítɪk, ɑ-/ *a* 〘岩石〙輝緑岩構造の, オフィチックな《長石が自形をなし輝石・角閃石などの中を貫く》.
Oph·i·u·chus /àfijú:kəs/ 〘天〙へびつかい座 (蛇遣座) (Serpent Bearer).
ophi·u·roid /òufijúərɔ̀ɪd, àf-/ *a, n* 〘動〙蛇尾類[クモヒトデ類] (Ophiuroidea) の(動物).
oph·thalm- /ɑfθǽlm, ɑp-/, **oph·thal·mo-** /-mou, -mə/ *comb form*「眼」 [L<Gk (*ophthalmos* eye)]
oph·thal·mia /ɑfθǽlmiə, ɑp-/ *n* 〘医〙眼炎.
oph·thal·mic /ɑfθǽlmɪk, ɑp-/ *a* 〘医〙眼の; 眼病用の.
ophthálmic optícian‖ 検眼士, 眼鏡士 (optometrist*).
oph·thal·mi·tis /àfθælmáɪtəs, àp-/ *n* OPHTHALMIA.
oph·thal·mol·ogy /àfθəlmáləʤi, àp-, -θæl-; -θæl-/ *n* 眼科学. ♦ **-gist** *n* 眼科医. **oph·thal·mo·log·ic** /àfθəlməláʤɪk, àp-, -θæl-; -θæl-/, **-i·cal** *a* **-i·cal·ly** *adv*
ophthàlmo·plégia /ɑfθælmə-, ɑp-/ *n* 〘医〙眼筋麻痺. ♦ **-plé·gic** *a*
ophthálmo·scòpe *n* 〘医〙検眼鏡《眼球内観察用》. ♦ **oph·thàl·mo·scóp·ic, -i·cal** /-skáp-/ *a*
oph·thal·mos·co·py /àfθəlmáskəpi, àp-, -θæl-; -θæl-/ *n* 〘医〙検眼鏡検査(法). ♦ **-pist** *n*
Ophüls /ɔ́:fəlz; *G* ɔ́fʏls/ オフュルス **Max** ~ (1902–57)《ドイツの映画監督》.
-o·pia /óupiə/, **-o·py** /òupi/ *n comb form*「視力」「視覚障害」: ambly*opia*, ambly*opy*, dipl*opia*, emmetr*opia*, my*opia*. [NL<Gk (*ōps* eye)]

opi·ate /óupiət, -èɪt/ *n* アヘン製剤, オピエート;《広く》麻酔薬, 鎮静剤; 頭を麻痺させるもの. ► *a* アヘンを含む; アヘン剤の, 麻酔薬の; 催眠[鎮静]の, 麻酔する. ► *vt* /-èɪt/ [°*pp*] …に麻酔する; 麻痺させる;〈感覚などを〉鈍らせる, 緩和する, 抑制する;《まれ》…にアヘンを混ぜる[含ませる]. [L; ⇨ OPIUM]

Opie /óupi/ オーピー **John ～** (1761–1807)《英国の画家; 肖像画・歴史画で知られる》.

opine /oupáɪn/ *vt, vi*《文》…と考える (hold), 意見をもつ[申し述べる]〈*that*〉. [L *opinor* to believe]

opin·ion /əpínjən/ *n* **1 a** 意見, 考え, 所信, 見解 (view)〈*about, on*〉; 専門家の意見, 鑑定;〖法〗《判決における裁判官・裁判所の》意見: SECOND OPINION / sb's considered ～《人の》熟慮の末の見解 / a difference of ～ 見解の相違 / in sb's ～ 人の意見では / give [express] an ～ 意見を述べる. **b** 世論 (public [popular] opinion): We are all slaves of ～.《諺》われわれは世論の奴隷だ. **2** [ᵘa [an]+形容詞または no を冠して]《善悪の》判断, 評価, (世間の)評判; [ᵘ*pl*] 持論, 所信: have [form] a bad [low] ～ of…を悪く思う, 見下げる / have [form] a good [high, favorable] ～ of…をよく思う, 信用する / have no ～ of…をあまりよく思わない / rise a step in sb's ～ 人に見直させる / act up to one's ～*s* 信ずるところを行なう. ● **a matter of ～** 意見の分かれること, 考え方の問題. **be of the ～ that**…という意見[考え]である, と信ずる. [OF<L (↑)]

opin·ion·at·ed /əpínjənèɪtəd/ *a* 自説を固執する, 頑固な, 主張が強くて高慢な, 独善的な. ♦ **～·ly** *adv* **～·ness** *n*

opin·ion·a·tive /əpínjənèɪtɪv/ *a* 意見[主義]の[からなる]; OPINIONATED. ♦ **～·ly** *adv* **～·ness** *n*

opínion pòll 世論調査.

opi·oid /óupiɔ̀ɪd/ *n*〖薬〗オピオイド《アヘンに似た作用をもつ, アヘンに由来しない合成麻酔薬》;〖生化〗OPIOID PEPTIDE. ► *a* アヘン様の; アヘン様物質[ペプチド]の[に誘導された]. [*opium, -oid*]

ópioid péptide〖生化〗アヘン様[モルヒネ様]ペプチド《モルヒネ受容体と特異的に結合し, モルヒネ様作用を現わすペプチドの総称: endorphin, enkephalin など》.

op·i·som·e·ter /àpəsámətər/ *n* オピソメーター《地図上の曲線をたどってその長さを測る器具》.

op·isth- /əpísθ/, **op·is·tho-** /əpísθou, -θə/ *comb form*「…を背側につけた」「後部の」 [Gk (*opisthen* behind)]

opis·tho·branch /əpísθəbræ̀ŋk/ *n, a*〖動〗後鰓(こうさい)類 (Opisthobranchia) の(各種腹足類) (cf. PROSOBRANCH).

op·is·thog·na·thous /àpəsθágnəθəs/ *a*〖医〗下顎後退(症)の (opp. *prognathous*);〖昆〗後口(式)の.

opístho·gràph *n*《古代の》両面書き写本[羊皮紙, 書板].

opìstho·sóma *n* (*pl* **-ma·ta** /-tə/)〖動〗後胴体部《クモやクモ形類動物の腹部》.

opi·um /óupiəm/ *n* アヘン(のようなもの): an ～ eater [smoker] アヘン吸飲者 / the ～ of the people 人民のアヘン[頭を麻痺させるもの]《Marx が宗教のことを言ったことば》. [L<Gk *opion* poppy juice]

ópium dèn アヘン吸飲所, アヘン窟.

ópium hàbit アヘン常用癖 (opiumism).

ópium·ìsm *n* アヘン常用(癖), アヘン中毒.

ópium pòppy〖植〗ケシ(芥子)《アヘンを採るために古くから栽培された》.

ópium tìncture〖薬〗LAUDANUM.

Ópium Wár [the] アヘン戦争 (1839–42)《英国と清国の間で行なわれた》.

OPM Office of Personnel Management; *《口》other people's money 他人の金. **o.p.n.** °ora pro nobis.

op·o·del·doc /àpədéldàk/ *n*《古》オポデルドク《アルコールに石鹸・樟脳・精油を溶かした塗擦剤》.

Opo·le /oupɔ́:lə/ オポレ (G **Op·peln** /G ɔ́pln/)《ポーランド南西部 Oder 河岸の市》.

opop·a·nax, opop·o·nax /əpápənæ̀ks/ *n* オポパナックス《芳香樹脂》; OPOPANAX TREE;〖植〗地中海産セリ科のハーブ. [Gk *opos* juice, *panakēs* all healing]

opópanax trèe〖植〗キンゴウカン (huisache).

Opor·to /oupɔ́:rtou/ オポルト (*Port* Porto)《ポルトガル北西部の港湾都市; ポートワイン産業の中心地・輸出港で, その語源となった地》.

opos·sum /(ə)pásəm; ə-/ *n* (*pl* **～s, ～**)〖動〗**a** フクロネズミ, オポッサム《アメリカ大陸産オポッサム科の有袋類の総称》,《特に 北米・中米産》キタオポッサム《つかまったり驚いたりすると仮死状態に陥る[死んだふりをする]; ⇨ POSSUM》. **b** クスクス, フクロギツネ (PHALANGER)《豪州産》. [Virginian Ind]

opóssum blòck《NZ》《免許をもつフクロギツネのわな猟師に割り当てられる》一区画の叢林地.

opóssum ràt〖動〗ケノレステス (=*selva*)《南米の小型のトガリネズミに似た有袋類数種の総称; 育児嚢はない》.

opóssum shrìmp〖動〗アミ(科の各種甲殻類).

opp. opposite.

Op·pen·heim /ápənhàɪm/ オッペンハイム **E**(**dward**) **Phillips ～** (1866–1946)《英国のサスペンス・ミステリー作家》.

Op·pen·hei·mer /ápənhàɪmər/ オッペンハイマー **J**(**ulius**) **Robert ～** (1904–67)《米国の理論物理学者; 第二次大戦中 Los Alamos 研究所所長として原子爆弾の完成を指導》.

op·pi·dan /ápəd(ə)n/ *n* 町の住民 (townsman);《Eton 校の》校外寄宿生 (cf. COLLEGER). ► *a* 町の, 都会の. [L *oppidum* town]

op·pi·late /ápəlèɪt/《古》*vt*〖医〗ふさぐ;《じゃま物を詰めて》さえぎる; 便秘させる. ♦ **òp·pi·lá·tion** *n*

op·poᴴ /ápou/ *n* (*pl* **～s**)《口》OPPOSITE NUMBER;《俗》親しい同僚[仲間, 友人], 恋人.

op·po·nen·cy /əpóunənsi/ *n* 反対, 敵対, 抵抗.

op·pó·nent *n*《試合などの》敵手, 競争相手, 対抗馬; 反対者, 対抗勢力 (opp. *proponent*);〖解〗拮抗筋 (antagonist). ► *a* 敵対する, 対抗の; 対面する位置にある;〖解〗拮抗の〈筋〉. [L *op*-(*posit*- *pono*)=to set against]

op·por·tune /àpərt(j)ú:n/ *a* 時宜を得た, 折よい, タイミングのよい;〈時が〉好都合な, 適切な: an ～ remark. ♦ **～·ly** *adv* **～·ness** *n* [OF<L *opportunus* (of wind) driving towards PORT¹]

òp·por·tún·ìsm *n* 日和見(ひよりみ)主義, ご都合主義; 自分に都合のよい機会に乗ずること, 便宜主義. ♦ **-ist** *n, a* 日和見主義者; 日和見主義の, 機に乗じた: an *opportunist* theft 通りがかり[でき心]の窃盗.

op·por·tu·nis·tic /àpərt(j)unístɪk/ *a* 日和見主義の; 日和見主義者の(ような);〖医〗〈微生物が〉日和見性の《抵抗力の弱った宿主を病気にする》;〖医〗〈病気が〉日和見感染性の, 通性の. ♦ **-ti·cal·ly** *adv*

op·por·tu·ni·ty /àpərt(j)ú:nəti/ *n* 機会, 好機, チャンス〈*for* an action, *of doing, to do*〉: a golden ～ 絶好の機会 / equal ～ [opportunities] 機会均等 / *O*～ makes a [the] thief.《諺》隙を与えると魔がさすもの / We have had few *opportunities of meeting* you. お目にかかる機会があまりありませんでした / *O*～ seldom knocks twice.《諺》好機は二度は訪れない / miss [throw away] an ～ 機会をのがす[ふいにする] / seize the ～ 機会をとらえる / at [on] the first ～ 機会がありしだい / have an [the] ～ *for doing* [*to* do]…する機会がある / take the ～ *of doing* [*to* do] 機会をとらえて…する. [OF<L; ⇨ OPPORTUNE]

opportúnity còst〖経〗機会原価, 機会費用《ある案を採択した場合に放棄される他案から得られたであろう利得の最大のもの》.

opportúnity shòp《豪》オポチュニティーショップ《教会や慈善団体が運営する中古品・不要品 (特に 衣料品) を売る店》.

op·pós·able *a* 敵対[対抗]できる;〖解〗〈ヒトの親指が〉ほかの指と向き合わせにできる; 向かい合わせにできる. ♦ **op·pòs·abíl·i·ty** *n*

op·pose /əpóuz/ *vt* **1** …に対抗[対立]する, 反対[敵対]する, 妨害する: We ～*d* his plan. 彼の案に反対した / A swamp ～*d* the advance of the army. ぬかるみのため軍の前進がはばまれた. **2** 妨害物として置く, 反対[対立]させる; 対峙させる: ～ a resistance *to* the enemy 敵に抵抗を示す / Never ～ violence *to* violence. 暴力に対して暴力で向かうな. **3** 向かい合わせる: The thumb can be ～*d to* any of the fingers. 親指はほかのどの指とも向かい合わせにできる. ► *vi* 反対[対立]する; 対抗する. ♦ **op·pós·ing** *a* OPPOSITE. **op·pós·ing·ly** *adv* [OF<L; ⇨ OPPONENT]

op·pósed *a* 反対した, 対抗して(いる), 敵対の〈*to*〉; 対立[対向]した, 向かい合った. ● **as ～ to**…に対立するものとして(の); …とは対照的に[全く異なって]. **be [stand] ～ to**…に反対である.

oppósed-cýlinder *a*〖機〗対抗シリンダーの[がある]〈内燃機関〉《クランク室内に向き合う形でシリンダーのついた》.

oppóse·less *a*《詩》抵抗しがたい, 敵しがたい.

op·pós·er *n* 反対[妨害]する人,《特に》商標登録妨害者.

op·po·site /ápəzət, -sət/ *a* **1** 反対(側)の, 向かい側の, 向かい合っている; 背中合わせの〈*with*〉;〖植〗対生の;〖植〗縦生の: in the ～ direction 反対の方向に / the ～ field〖野〗右打者にとっての一塁側[左打者にとっての三塁側]のフィールド / on the ～ side of the road 道路の反対側に. **2** 逆の, 正反対の, 相容れない〈*to, from*〉; 対立する, 敵対する. ● **play ～ (to…)** (…の)相手役をつとめる. ► *n* 正反対の事物[人]; 反対語 (antonym);〖数〗《特に実数の》加法的逆元 (additive inverse);《古》敵対者, 競争者: 'Left' is the ～ of 'right'. / Black and white are ～*s*. / I thought quite the ～. わたしは正反対に[逆のことを]考えた / *O*～*s* attract (each other). 反対のものはひかれ合う. ► *adv* 正反対の位置に, 向かい側に; 通りの向こうで: sit ～ *to*…と向かい合ってすわる, 対坐する. ► *prep* …の向かい側に, …の反対の位置[場所, 方向]に;〖劇〗…の相手役で: play ～ her 彼女の相手役を演じる. ♦ **～·ly** *adv* 反対の位置に, 相対して; 背中合わせに, 逆に. **～·ness** *n* [OF<L; ⇨ OPPONENT]

ópposite ángle〖数〗対角.

ópposite númber《ほかの国・職場・部署などで》対等の地位にある人, 対等者; 自国のものに対応する他国の事物, 対応物《制度・器具・用語・出版物など》.

ópposite prómpt (sìde)ᴴ〖劇〗後見の反対側《観客に向かって俳優の右方; 略 o.p.; cf. PROMPT SIDE》.

ópposite séx [the] 異性《集合的》.

op·po·si·tion /àpəzíʃ(ə)n/ *n* **1 a** 抵抗, 反対〈*to*〉; 妨害; 敵対, 対抗, 対立: have an ～ *to*…に反対である / offer ～ *to*…に反対する / meet fierce ～ 猛反対される. **b** [°the O-] 反対党, 野党 (～ party); 対抗[敵対]する者, 反対勢力[グループ], 競争相手, 対敵. **2**

向かい合わせ, 対置; 〖天〗衝《太陽と外惑星または月が地球をはさんで正反対にある時の位置関係》; 〖占星〗衝, オッポシティオー《黄径差 180° の ASPECT》; 〖論〗対当(関係); 対偶. ● **Her [His] Majesty's Loyal O~** "女王[国王]陛下の忠誠なる野党《野党の改まった言い方; 与党と共に陛下を戴くという含み》. **in ~** 対立して; 野にある〈党〉; 〖天〗衝でて《太陽の反対の位置にある》: *in ~ to*…に反対[反抗]して; 〖天〗…に対して衝にある. ◆ **~·al** *a* **~·ist** *n, a* **~·less** *a* [OF<L *op-*(*positio* to POSITION)]

op·pos·i·tive /əpázətɪv/ *a* 対立[対抗]的な.

op·press /əprés/ *vt* 圧迫する, 抑圧する, 虐げる; …に圧迫感[重苦しい感じ]を与える, 重くのしかかる; 憂鬱にする, ふさぎこませる; 《古》圧倒する, 抑圧する: be *~ed with* [*by*] worry. ◆ **op·prés·sor** *n* 圧制者, 迫害者. [OF<L (*ob-*, PRESS)]

op·pres·sion /əpréʃ(ə)n/ *n* 圧迫, 圧制, 抑圧, 弾圧; 憂鬱, 意気消沈, 《熱病の初期などの》だるい感じ; 苦難; 〖法〗職権濫用罪.

op·pres·sive /əprésɪv/ *a* 圧制的な, 酷な; 圧迫する, ふさぎこませるような, 重苦しい; 〈天候が〉暑苦しい, うっとうしい. ◆ **~·ly** *adv* **~·ness** *n*

op·pro·bri·ous /əpróubriəs/ *a* 侮辱的な, 口ぎたない; 不評をかう, 不面目な〈行為〉. ◆ **~·ly** *adv* **~·ness** *n*

op·pro·bri·um /əpróubriəm/ *n* 汚名, 恥辱; 軽蔑, 激しい非難; 面目失墜のもと, 非難の的. [L=infamy, reproach]

op·pugn /əpjú:n, ɑ-/ *vt* …に抗して戦う; 非難[論駁]する. ► *vi* 対抗する, 論争する. ◆ **~·er** *n* [L OP*pugno* to fight against]

op·pug·nant /əpʌ́gnənt/ *a* 《まれ》反対の, 敵対の, 抵抗の. ◆ **-nan·cy, -nance** *n* **op·pùg·ná·tion** *n*

OPr °Old Provençal.

OPruss °Old Prussian.

op·ry /ápri/ *n**《方》OPERA[1].

Ops /áps/ 〖ロ神〗オプス《Saturn の妃で Jupiter の母, 豊穣収穫の女神; ギリシアの Rhea に当たる》. [L=wealth]

OPs /òupí:z/ *n**《口》他人のもの (⇨ OP).

-opses, -opsides *n comb form* -OPSIS の複数形.

óp shòp 《豪》OPPORTUNITY SHOP.

OPSI 〖英〗Office of Public Sector Information 公共セクター[部門]情報局《2005 年に内閣府内に設置された部門で, 政府や公共部門の公報出版・情報提供サービス全般をつかさどる; 政府出版局 (stationery office) はこの一部局となった》.

op·si·math /ápsəmæ̀θ/ *n* 高年になって習い始める人, 晩学の人. ◆ **op·sim·a·thy** /ɑpsíməθi/ *n* [Gk (*opse* late, *math-* to learn)]

op·sin /ápsən/ *n* 〖生化〗オプシン《視物質のタンパク質部分》. [逆成 < rhod*opsin*]

-op·sis /ápsəs/ *n comb form* (*pl* **-op·ses** /-sì:z/, **-op·si·des** /-sədì:z/)「…に類似の有機体[構造]」 [Gk (*opsis* appearance, sight); cf. OPTIC]

op·sit·bank /ápsɪtbæ̀ŋk/ *n* 《南ア》二人掛けベンチ《元来は恋人たちのために作られた》.

op·son·ic /ɑpsánɪk/ *a* OPSONIN の.

opsónic índex 〖医〗オプソニン指数《健康な血清の食菌数に対する, テスト血清の食菌数の比》.

op·son·i·fy /ɑpsánəfàɪ/ *vt* OPSONIZE. ◆ **op·sòn·i·fi·cá·tion** *n*

op·so·nin /ápsənən/ *n* 〖菌〗オプソニン《白血球の食(菌)作用を促すと考えられる血清中の物質》. [Gk *opsōnion* victuals, *-in*[2]]

op·son·ize /ápsənàɪz/ *vt* …にオプソニンを作用させる. ◆ **òp·so·ni·zá·tion** *n*

óp·ster *n**《口》オップアートの画家.

-op·sy /⌒—àpsi, ⌒əpsi/ *n comb form*「検査」: bi*opsy*. [Gk; ⇨ -OPSIS]

opt /ápt/ *vi* 選ぶ, 決める 〈*for*, *to* do〉. ● **~ in** 〈取決め・活動などに〉参加[加入]を決める 〈*to*〉. **~ out** 〈活動・団体への〉不参加を選ぶ, 〈…から〉脱退する, 手を引く, …しないことに決める 〈*of* sth [do*ing*]〉; "〈学校・病院などが〉選択して地方自治体の管理下から離れる: *~ out of* the tour ツアー不参加を決める / *~ out of going* to college 大学へ行かないことにする. [F<L *opto* to choose, wish]

opt. optical • optician • optics • option • optional.

Op·ta·con /áptəkàn/ 〖商標〗オプタコン《文字を対応する形の振動に変換して指先で感知できるようにする盲人用読書装置》. [*op*tical-to-*ta*ctile *con*verter]

op·tant /áptənt/ *n* 選ぶ人, 《特に》国籍選択者.

op·ta·tive /áptətɪv/ 〖文法〗*a* 願望を表わす: the ~ mood 願望法, 祈願法. ► *n* 願望法(の動詞). ◆ **~·ly** *adv* [F<L; ⇨ OPT]

op·tic /áptɪk/ *a* 〖解〗眼の, 視力の, 視覚の; 〖動〗視覚で方向を知る (cf. OSMATIC); 《古》光学の (optical). ► *n* 《口》[*joc*] 目; 光学機械(のレンズ[プリズム, 鏡など]); "《居酒屋の》酒分量器. ◆ **~·ly** *adv* [F or L<Gk (*optos* seen)]

óp·ti·cal *a* **1** 眼の, 視覚の, 視力の; 可視の (visible); 可視光線を発する物体の. **2** 視力をたすける; 光学(上)の; 光学式の, 光…《(1)〖電子工〗光スイッチング素子の[を用いた] 2)〖電算〗データの伝送・記録に(レーザー)光を用いる》: an ~ instrument 光学器械 / an ~ reader 光学式読取装置. **3** オップアート (optical art) の. ◆ **~·ly** *adv*

óptical actívity 〖化〗光学活性, 旋光性.

óptical árt オップアート (=*op* (*art*))《1960 年代の光学的トリックを採り入れた抽象美術》. ◆ **óptical ártist** *n*

óptical astrónomy 光学天文学《電波天文学・X 線天文学に対する》. ◆ **óptical astrónomer** *n*

óptical áxis, óptic áxis 〖光〗光軸《回転対称の光学系の対称軸》; 〖光〗光学軸《複屈折媒質の複屈折が起こらない軸》; 〖解〗視軸.

óptical bénch 光学台《光学系を配置する台》.

óptical bríghtener FLUORESCENT BRIGHTENER.

óptical cháracter rèader 〖電算〗光学式文字認識[読取り]装置[ソフトウェア]《略 OCR》.

óptical cháracter recognìtion 〖電算〗光学式文字認識《略 OCR》.

óptical communicátion 光通信.

óptical compúter 〖電算〗光コンピューター.

óptical crówn (glàss) 光学クラウン(ガラス) (crown glass)《低屈折率・低分散能の光学ガラス》.

óptical dénsity 〖光〗光学濃度《光の透過を妨げる度合い》.

óptical dísk [dísc] 光ディスク《光学式のディスク型データ記憶媒体; CD-ROM, DVD など》.

óptical dóuble (stár) 〖天〗光学二重星 (double star).

óptical fíber 光ファイバー.

óptical flínt (glàss) 光学フリント(ガラス) (*flint glass*)《高屈折率・高分散能の光学ガラス》.

óptical gláss 光学ガラス.

óptical illúsion 〖心〗眼の錯覚, 錯視; 錯視をひき起こすもの.

óptical íntegrated círcuit 〖理〗光集積回路《略 OIC》.

óptical isómerism 〖化〗光学異性《立体異性の一種; cf. GEOMETRIC ISOMERISM》. ◆ **óptical isómer** 光学異性体.

óptically áctive *a* 〖化〗光学活性(体)の《物質が平面偏光の偏光面を右または左へ回転させる「旋光性」をもつ》.

óptical márk rèading 〖電算〗光学式マーク読取り《略 OMR》.

óptical máser LASER.

óptical mémory 〖電算〗光メモリー.

óptical míicroscope 光学顕微鏡.

óptical móuse 〖電算〗光学式マウス《内蔵した光源と受光装置による相対位置測定を利用したマウス[位置指示装置]》.

óptical pèn 〖電算〗光学式ペン《ペン型のマウス》.

óptical pyrómeter 〖理〗光高温計.

óptical rotátion 〖光〗旋光度《直線偏光が通過するとき偏光面を回転させる角度》.

óptical scánner 〖電算〗光学式スキャナー《文字や画像を走査しつつ光を当てて反射光を検出し, デジタル信号として取り込む装置》.

óptical scánning 〖電算〗光学(式)走査.

óptical sóund 〖映〗《OPTICAL SOUNDTRACK に録音された》光学音響.

óptical sóundtrack 〖映〗光学的サウンドトラック《映写フィルムの端に沿って白黒の縞の帯として配された録音帯》.

óptical wédge 〖光〗光学くさび《光の強度を連続的[段階的]に弱くする光学素子》.

óptic ángle 光軸角; 視角.

optic axis ⇨ OPTICAL AXIS.

óptic chiásma [chíasm] 〖解・動〗視(神経)交差.

óptic cúp 〖動〗眼杯 (=*eyecup*)《脊椎動物の目の発生において眼胞に続く段階; 急速な辺縁部の発達による二重層の杯の形成》.

óptic dísk 視神経円板 (blind spot).

op·ti·cian /ɑptíʃ(ə)n/ *n* 眼鏡商[屋], 光学器械商; 眼鏡[光学器械]製造業者; 検眼士, 視力矯正士 (cf. OPHTHALMIC OPTICIAN).

op·ti·cist /áptəsɪst/ *n* 光学者, 光学研究[担当]者.

óptic lóbe 〖解〗視葉.

óptic nérve 〖解〗視神経.

óp·tics *n* 光学; [〈*sg/pl*〉] 光学的諸特性; [〈*sg/pl*〉]《光学器械の》構成部分, 光学系《全体》.

óptic téctum 〖動〗視蓋《魚類・両生類の中脳蓋にある副視覚系の中継核》.

óptic thálamus 〖解〗視神経床.

óptic vésicle 〖解・動〗眼胞.

optima *n* OPTIMUM の複数形.

op·ti·mal /áptəm(ə)l/ *a* 最善の, 最適の (optimum). ◆ **~·ly** *adv* **op·ti·mal·i·ty** /àptəmǽləti/ *n*

op·ti·me /áptəmì:, -mèɪ/ *n* 〖ケンブリッジ大学〗数学優等卒業試験の二・三級合格者《略 op.; cf. WRANGLER》.

op·ti·mism /áptəmìz(ə)m/ *n* 楽観(論), 楽天主義, 希望的観測 (opp. *pessimism*); 〖哲〗最善説, オプティミズム《この世が最善である (this world is the best of all possible worlds) と考える Leibniz などの考え》; 〖哲〗楽観論《究極的には善が悪に勝つとする考え》. [F (L *optimus* best)]

óp·ti·mist *n* 楽天家, 楽天主義者; 楽観論者; 最善説を奉じる人; [O-] 《国際的奉仕クラブ》Optimist club の会員.

op·ti·mis·tic /ὰptəmístɪk/, **-ti·cal** *a* 楽観[楽天]的な, 楽天主義の, あまい ‹*about, of, that*›; 楽観論[最善説]の: cautiously ～ 慎重な中にも楽観的な. ♦ **-ti·cal·ly** *adv*

O

op·ti·mi·za·tion /ὰptəməzéɪʃ(ə)n; -maɪ-/ *n* 最適化; 〔数〕最適化法《変数の数値をうまく選んで, 目的に最もかなう組合わせを見いだすための手法》.

op·ti·mize /áptəmàɪz/ *vi* 楽観する. ► *vt* 最も効果的にする, 最大限に活用する, 最適化する; 〔電算〕‹プログラムを›最適化する. ♦ **-mìz·er** *n*

op·ti·mum /áptəməm/ *n* (*pl* **-ma** /-mə/, **～s**) 〔生〕《生長の》最適条件; 《一般に》最適度[条件, 量]; 《ある条件下で得られる》最高度, 最大限. ► *a* 最適の, 至適の; 《限られた条件下で》最高[最上]の. [L (neut) ‹ *optimus* best]

óptimum populátion 〔経〕最適[適正]人口《失業率が最も低くかつ十分な労働力を提供できるぐらいの人口》.

op·tion /ápʃ(ə)n/ *n* **1 a** 取捨, 選択 (choice): make one's ～ 選択をする. **b** 選択権, 選択の自由; 〔商〕選択権, オプション《証券·通貨·商品などを契約時に定められた価格で一定期間中いつでも売りまたは買いうる権利》; オプション付与契約; 〔保〕オプション《保険契約者が保険金の支払い形態を選択する権利》: I have no ～ in the matter. その件では選択の自由がない / have no ～ but to do…するよりほかはない / have an ～ *on* a building 建物の選択売買権がある / the ～ *of* doing…する選択 / the first ～ 優先権. **2** 選択可能なもの, 選択肢, とるべき道, "選択科目; 〔商〕オプション《標準的な装備のほかに選択的に付け加えることのできるもの》; 〔アメフト〕オプション(プレー) (＝～ **plày**) 《攻撃側プレーヤーがパスするか自分でボールを持って走るか選択できるプレー》; 〔電算〕オプション《付加的な機能·設定項目》: a viable ～ 実現性のある選択肢 / That is not an ～. それは受け入れられない, 問題外だ. ● **at one's ～** 随意に. **keep** [**leave**] **one's ～s open** 選択権を保留する, 態度決定をしないでおく. **soft** [**easy**] **～** 楽な選択, 安易な道: take the *soft* ～. ► *vt* …に対するオプションを与える[受ける]; …にオプションの装備をつける; 〔野〕‹選手を›オプション登録する《一定期間中にメジャーリーグに再登録する権利を保留しつつ, マイナーリーグのチームに登録する》; ‹小説など›の独占映画化権を獲得する. [F or L; ⇨ OPT]

óption·al *a* 随意[任意]の, 自由選択の; 選択の余地を残した: It is ～ *with* you. それはきみしだいだ / an ～ subject 選択[随意]科目 / an ～ extra オプション品. ► *n* 選択を本人に任せた事物; "ELECTIVE. ♦ **～·ly** *adv* 随意に. **òp·tion·ál·i·ty** *n*

óption càrd オプションカード《特定の店の商品が無利子のクレジットで購入できるカード》; 〔電算〕EXPANSION CARD.

óption dèaler オプション取引人, オプションディーラー《オプション取引をする株式あるいは商品ブローカー》.

òption·ée *n* 〔商〕選択権保有者.

óption mòney "〔商〕《オプションの買手が売手に払う》オプション料 (＝**óption prèmium***).

óption plày 〔アメフト〕OPTION.

op·to- /áptoʊ, -tə/ *comb form* 「視覚」「視力」「眼」「光学的 (optical)」 [Gk (*optos* seen)]

òpto·acóustic *a* 光エネルギーを音波に変換する, 光(ひかり)音響の.

òpto·electrónics *n* 光電子工学, オプトエレクトロニクス. ♦ **-electrónic** *a*

òpto·kinétic *a* 〔生理·眼〕視線運動性の, 視動性の.

op·tom·e·ter /aptámətər/ *n* 眼計測計, オプトメーター《視力検査器》.

op·tóm·e·trist *n**検眼士.

op·tóm·e·try *n* 検眼《視力測定·眼鏡レンズの処方》. ♦ **op·to·met·ric** /ὰptəmétrɪk/, **-ri·cal** *a*

ópto·phòne *n* 聴光器《光の信号を音の信号に変えて盲人に感じさせるもの》.

ópt-òut *n* 《条約などからの》選択的離脱; "学校[病院など]が地方自治体の管理下から離れること.

op·u·lence, -len·cy /ápjələns(i)/ *n* 富裕, 裕福; 豊富, 潤沢; 《音楽·文章などの》絢爛(けんらん).

óp·u·lent *a* 富裕な, 裕福な; 豊富な, 豊かな, ぜいたくな, 豪華な. ♦ **～·ly** *adv* [L (*opes* wealth)]

opun·tia /oʊpʌ́nʃ(i)ə/ *n* 〔植〕ウチワサボテン (＝*prickly pear*) 《同属 (*O-*) のサボテンの総称》.

opus /óʊpəs/ *n* (*pl* **ope·ra** /áp(ə)rə, óʊp-/, **～·es**) 《作家·芸術家などの》作, 作品, 仕事 (work) (cf. MAGNUM OPUS); 刺繍細工; 〔楽〕作品(番号) 《略 op.》: Chopin's Rondo in E flat major, *Op.* 16. [L＝work]

ópus an·gli·cá·num /-æ̀ŋglɪká:nəm/ 《1200–1350 年ころイングランドで教会用礼服になされた》銀箔糸の刺繍. [L＝English work]

opus·cule /oʊpʌ́skjul; a-, ə(ʊ)-/ *n* OPUSCULUM. ♦ **-cu·lar** *a*

opus·cu·lum /oʊpʌ́skjələm; a-, ə(ʊ)-/ *n* (*pl* **-la** /-lə/) [ᵘ*pl*] 小品, 小曲. [L (dim) ‹ OPUS]

Ópus Déi /-déɪi/ **1** 〔キ教〕DIVINE OFFICE. **2** 〔カト〕オプス·デイ《スペイン人の神父 Josemaria Escrivá de Balaguer が 1928 年に設立した信徒の会; 特に職業を通じてキリスト教の徳を体現して福音を広めることを提唱》.

ópus mágnum /-mǽgnəm/ MAGNUM OPUS. [L]

-opy ⇨ -OPIA.

oquas·sa /oʊkwǽsə/ *n* (*pl* ～, **～s**) 〔魚〕Maine 州の Rangeley /réɪndʒli/ 湖産のイワナの類の魚.

or[1] /ɔ:r, ər, ɔ́:r/ *conj* **1 a** または, あるいは, もしくは, …か…か: Shall you be there *or* not? そこへおいでになりますか, なりませんか / I spent my holiday in reading, *or* else in swimming. 休暇を読書であるいは水泳で過ごした / any Tom, Dick, *or* Harry (トムでも, ディックでも, あるいはハリーでも)だれでも / two *or* /ɔ:r/ three miles 2 マイルまたは 3 マイル / four *or* six days 4–6 日間. ★ (1) or で結ばれた主語がいずれも単数のとき, 動詞は単数に, 人称·数が一致しないときは近いほうの主語に一致する: John *or* Tom *is* wanted. / John *or* I *am* wanted. (2) *Is* he *or* we wrong? のような形はなるべく避けて Is he wrong, *or* are we? のようにいう (3) 選択の意が弱まると発音もしばしば /ər/ となる: a day *or* two 一両日 / there *or* thereabout どこかその辺 / He is ill *or* something. 彼は病気かなにかだ. **b** [否定のあとをうけて] …も(また)…ない: I never smoke *or* drink. タバコも酒もやらない. **2 a** [概してコンマのあとで同意語·説明語を導いて] すなわち, 換言すれば: the culinary art *or* the art of cookery 割烹(かっぽう)術, つまり料理法. **b** [前言を言いなおして] …というか, いや: He won't go, *or* so his wife told me. 彼は行かないよ, というか彼の奥さんがそう言ったんだ. **3 a** [しばしば or else として, 命令·忠告などに続けて] …でなければ, さもないと (otherwise, if not) (cf. AND): Do as you are told, *or else* you will have no holiday. 言われたとおりにしなさい, でないと休暇はやらないよ / Go at once, *or* (*else*) you will be late. すぐ出かけないと遅れますよ. **b** [前言に対する補足説明を導いて] …でなければ: I feel he's a good person *or* he wouldn't have helped me then. あの人はいい人だと思う. でなけりゃあの時ぼくを助けてくれたはずはないもの. **4** [either …or] …かあるいは, …かまたは《二者のうちどちらか》: It must be *either* black *or* white. 黒か白かどちらかである. **5** [whether…or…の形で] **a** …であるかいなか, …するかどうか: Ask him *whether* he will come *or* not. 来るか来ないか聞いてごらん. ★ この構文ではしばしば or 以下を略す. また whether 以下が長い場合は よく whether or not…とする. **b** …であろうとまた…であろうと, …であろうとなかろうと, …しようとすまいと: I must do it *whether* I like *or* dislike it. いやでもおうでもしなければならない. **6** [or…or…] 《詩》 (**1**) EITHER…or…. (**2**) WHETHER…or…. ● **or else** ⇨ 3a, ELSE. **or** RATHER. **or so** ⇨ SO[1] *adv* 4b. …**or** SUCH. [*other* (*either* などの影響で OE *oththe* or から)]

or[2] *prep, conj* 《古·詩》…より前に, …に先立って (before). ★ 今は詩で 通例 *or ever* または *or e'er* (…するより早く)として用いる. [OE *ār* ＜ON *ár*; cf. ERE]

or[3] /ɔ́:r/ *n* 〔紋〕黄金色, 黄色. ► *a* 黄金色の. [F＜L *aurum* gold]

-or[1] | **-our** /ər/ *n suf* 動作[状態, 性質]を表わすラテン系名詞をつくる: hono(*u*)*r*, demeano(*u*)*r*. [F or L]

-or[2] *n suf* [ラテン起源の, 特に -ate 形の動詞に付けて行為者を示す]: elevat*or*, possess*or*. [F or L]

OR /ɔ́:r/ *n* 〔電算〕オア《論理和をつくる演算子; cf. AND》.

or 〔インターネット〕organization 《DOMAIN 名の一つ; 一般の機関を表わす; 日本では ad, ac, co, go 以外》. **OR** 〔医〕°operating room ♦°operational [operations] research ♦ Oregon ♦〔軍〕other ranks 下士官兵 ♦〔保〕owner's risk ♦〔法〕own recognizance 自己誓約.

ora *n* OS[2] の複数形.

or·ach(e) /ɔ́(:)rɪtʃ, ár-/ *n* 〔植〕ヤマホウレンソウ《アカザ科ハマアカザ属; 食用に栽培される》. [OF]

or·a·cle /ɔ́(:)rək(ə)l, ár-/ *n* **1** 神のことば, 神託, 託宣; [*pl*] 聖書; 絶対正しい導き手(となると考えられているもの)《賢人·予言者·コンピューターなど》; 'お告げ', 審判, 予言. **2** 〔古ギ〕神託所 (cf. DELPHIC ORACLE); 《エルサレム神殿内の》至聖所. **3** 《神託を告げる》託宣者, 神使, 巫女(みこ), いたこ. ● **work the ～** (ひそかに)影響力を使って[操作して]有利な結果を得る; 《俗》金を調達する; "《俗》《容疑者の》にせの供述をでっちあげる. [OF＜L *oraculum* (*oro* to speak)]

orac·u·lar /ɔ:rǽkjələr, ə-; ɔ-/ *a* 神託[託宣, お告げ]の(ような); なぞめいた; 予言者的な, 賢明な; 予言者ぶる, もったいぶる. ♦ **～·ly** *adv* **～·ness** *n* **oràc·u·lár·i·ty** *n*

or·a·cy /ɔ́(:)rəsi, ár-/ *n* 話しことばによる表現·理解能力, 聞き話し能力. [oral, -*acy*]

orad /ɔ́:ræ̀d/ *adv* 口の方へ.

Ora·dea /ɔ:rá:diə/ オラデア (*Hung* Nagyvárad, *G* Grosswardein) 《ルーマニア北西部, ハンガリー国境の近くにある市》.

oral /ɔ́:rəl/ *a* **1** 口頭の, 口述の: the ～ approach 《外国語の》口頭導入教授法, オーラルアプローチ / ～ evidence 口証 / an ～ examination [test] 口頭試験 / ～ pleadings [proceedings] 〔法〕口頭弁論 / ～ traditions 口碑. **2** 口の; 口を用いる[で行なう], ‹薬など›経口(用)の, ‹体温計など›口で使用する; 〔音〕口音の (cf. NASAL); 〔解·動〕口部の, 口辺の; 〔精神分析〕口愛期[性格]の: the ～ cavity 口腔. ► *n* [ᵒ*pl*] 《口》口頭試問 (＝～ examination). ♦ **～·ly** *adv* 口

頭で; 口を通して, 経口的に; 口を使って, 口で. **oral·i·ty** /ɔːrǽləti, ɑ-/ *n* [L (*or- os* mouth)]
óral contracéptive 経口避妊薬.
óral dáys *pl*〘競馬〙昔なつかしい口頭賭けの時代《かつてはブックメーカーと口頭で賭けを行なった》.
óral diarrhéa*《俗》VERBAL DIARRHEA.
óral hístory 口述歴史, 口述記録, オーラルヒストリー《(1) 面接によって聞き出した個人的な体験・回想をテープ録音したもの 2) そうした史料の収集・研究》; オーラルヒストリーに基づく著作, 聞き語り[書き].
♦ **óral histórian** *n*
óral hýgiene 口腔衛生.
óral hygíenist 口腔衛生士, 口腔衛生技師.
óral·ism *n* 口唇主義《聾児の教育方法の一種; もっぱら読唇・発話・残存聴力の訓練を通して行なう; cf. MANUALISM》.
óral·ist *n* ORALISM の提唱者, 口唇主義者; 読唇と発話を伝達手段とする聾者. ► *a* 口唇主義の.
Óral Láw [the]《ユダヤ教の》口伝律法, ミシュナ (Mishnah).
óral méthod《外国語の》口頭教授法, オーラルメソッド.
óral séx オーラルセックス《fellatio, cunnilingus など》.
óral socíety 口頭社会《文字のない社会》.
óral súrgeon 口腔外科医.
óral súrgery 口腔外科(学).
-o·rama /ərǽmə; ərɑ́ːmə/ *comb form*「より大規模なもの」「催し」《商標・イベントなどに用いる》. [pan*orama*, di*orama* などから]
Oran /ɔːrɑ́ːn/ オラン《アルジェリア北西部の港湾都市》.
orang /ərǽŋ, ɔː-/ *n* ORANGUTAN.
or·ange /ɔ́(ː)rɪnʤ, ɑ́r-/ *n* オレンジ《柑橘(かんきつ)類の樹木または果実の総称》; オレンジジュース; オレンジ色, だいだい色; オレンジ色のえのぐ[顔料]; *《俗》Dexedrine 錠剤, アンフェタミン, LSD《錠剤の色から》. ● **squeeze** [**suck**] **an ～** [*fig*] おいしいところをしぼり取る: SQUEEZED [SUCKED] ORANGE. ► *a* オレンジの; オレンジ[だいだい]色の; 〈香りが〉オレンジのような. [OF＜Arab *nāranj*＜Pers]
Orange 1 [the] オレンジ川《レソトの Drakensberg 山脈に発し, 南アフリカ共和国中央部の台地を西流して大西洋に注ぐ》. **2** オランジュ《フランス南東部の市; 中世には公領, その子孫がオラニエ家の祖》. **3** オレンジ《California 州南西部の市》. **4** オラニエ家《オランダの王家; もとは南フランスに領地があったが, 16 世紀にネーデルラントの名門 Nassau 伯家が継承; 16 世紀後半オラニエ公 William 1 世はネーデルラント連邦共和国の成立に貢献; 1815 年ネーデルラント王国建国以来代々国王》. **5** [〈*a*〉] オレンジ党 (Orange Order) の; [〈*a*〉] オラニエ家の.
or·ange·ade /ɔ̀(ː)rɪnʤéɪd, ɑ̀r-/ *n* オレンジエード《オレンジ果汁に甘味をつけ炭酸水で割ったもの》. [F]
órange blòssom オレンジの花《純潔の象徴として結婚式に花嫁が髪に飾る》. ● **gather ～s** 花嫁をもらう.
Órange Bòwl [the] オレンジボウル《(1) Florida 州 Miami にあるフットボール競技場 2) 同競技場で毎年 1 月 1 日招待大学チームによって行なわれるフットボール試合》.
órange chrómide〘魚〙オレンジクロマイド《オレンジまたは黄色がかった赤い斑点のあるインド・スリランカ産のカワスズメ科の熱帯魚》.
órange crúsh*《俗》オレンジ部隊《オレンジ色のジャンプスーツを着た対暴動警察隊》.
órange fìn″ マスの幼魚.
órange-flòwer wáter 橙花水《neroli の水溶液》.
Órange Frée Stàte [the] オレンジ自由州《南アフリカ共和国中東部の旧州; 1854 年ブール人がオレンジ自由国を建設, 1900 年英国に併合され, 1910 年南ア連邦成立とともにその一州となった; 1994 年 FREE STATE に改称; 略 OFS; ☆Bloemfontein》.
órange háwkweed〘植〙コウリンタンポポ (＝*Indian paintbrush, devil's paintbrush*)《欧州原産; 花は橙赤色》.
Or·ange·ism, Or·ang·ism /ɔ́(ː)rɪnʤìz(ə)m, ɑ́r-/ *n* オレンジ党の主義[運動]. ♦ **-ist** *n*
Órange·man /-mən/ *n* オレンジ党員 (⇨ ORANGE ORDER); 北アイルランドのプロテスタント.
Órangemen's Dày オレンジ党勝利記念日《7 月 12 日; 北アイルランドのプロテスタントが Battle of the BOYNE (1690) での戦勝を記念して祝うもので, パレードが行なわれる》.
órange mílkweed BUTTERFLY WEED.
Órange Órder [the] オレンジ党《1795 年アイルランドプロテスタントの組織した秘密結社; プロテスタントの William of Orange (William 3 世) にちなみ, 党の記章はオレンジ色のリボン》.
órange páper 橙書《現行政策に対する改革案を提示する英国などの政府文書; cf. GREEN PAPER》.
órange pèel オレンジをむいた皮; オレンジピール, 柚肌(ゆずはだ)《ワニス・ラッカーなど速乾性塗料を塗ったあとの表面にオレンジの皮のようにぽつぽつができた状態》.
órange-pèel élf cùp〘菌〙ヒイロチャワンタケ《子嚢盤の内側があざやかなオレンジ色をしている》.
órange pékoe 小枝の小葉や芽で作った昔の茶; オレンジペコー《インドまたはセイロン産の上質の紅茶》.
Órange Prìze [the] オレンジ賞《英国で毎年女性作家によって書かれた最良の小説に与えられる》.
órange quít〘鳥〙ノドアカミツドリ《ジャマイカ産; ホオジロ科》.
órange róughy〘魚〙オレンジラフィー《熱帯・亜熱帯の深海に分布するヒウチダイ科の魚; 水揚げ後オレンジ色になる; ニュージーランド近海などで漁獲》.
orange·ry, -rie /ɑ́rɪnʤri, ɑ́rənʤ-/ *n* オレンジ温室[保護栽培園].
órange stick《マニキュア用の》オレンジ棒.
órange súnshine オレンジサンシャイン《オレンジ色の LSD 錠》.
órange tìp〘昆〙ツマキチョウ《雄の前翅の端にオレンジ色の斑点があるシロチョウ科ツマキチョウ属のチョウの総称; 欧州のクモマツマキチョウ, 米国のアメリカクモマツマキチョウなど》.
órange·wòod *n* オレンジ材《緻密で色は黄色っぽい; 彫刻や家具に用いる》.
or·ang·ish /ɑ́rɪnʤɪʃ, ɑ́rən-/ *a* ややオレンジ色の, オレンジ気味の.
Orangism ⇨ ORANGEISM.
orang·utan, -ou·tan, -tang /ərǽŋətæ̀n, -tæ̀ŋ, ″ɔːræ̀ŋutǽn, ″-tǽŋ/ *n*〘動〙オランウータン, ショウジョウ(猩々)《インドネシア産》. [Malay＝wild man (man＋forest)]
or·angy, or·ang·ey /ɑ́rɪnʤi, ɑ́rən-/ *a*《色・形・味・香りなどが》オレンジに似た, オレンジのような.
ora pro no·bis /ɔ́ːrɑː proʊ nóʊbìːs/ われらのために祈れ《略 o.p.n.》. [L＝pray for us]
orate /ɔːréɪt, *ㄥ ㅡ/ *vi, vt* [*joc*] (…に)演説する, 演説口調で話す, 一席弁ずる[ぶつ]. [C17 逆成く↓]
ora·tion /ɔːréɪʃ(ə)n/ *n* 演説, 式辞; 弁論大会;〘文法〙話法 (narration). [L *oratio* discourse, prayer (*oro* to speak, pray)]
ora·tio ob·li·qua /ɔːrɑ́ːtiòʊ əblíːkwə; ɔrɑ́ːtiəʊ ɔb-/〘文法〙間接話法. [L]
orátio réc·ta /-réktə/〘文法〙直接話法. [L]
or·a·tor /ɔ́(ː)rətər, ɑ́r-/ *n* (*fem* **-tress** /-trəs/) 演説者, 弁士, 講演者; PUBLIC ORATOR; 雄弁家;〘法〙原告, 申立人.
Or·a·to·ri·an /ɔ̀(ː)rətɔ́ːriən, ɑ̀r-/〘カト〙*n* オラトリオ会士 (⇨ ORATORY[1]). ► *a* オラトリオ会士の.
or·a·tor·i·cal /ɔ̀(ː)rətɔ́ːrɪk(ə)l, ɑ̀r-/ *a* 演説の, 雄弁の; 演説家風の, (堅苦しく)修辞的な: an ～ contest 弁論大会. ♦ **～·ly** *adv* 演説風に; 修辞的に.
or·a·to·rio /ɔ̀(ː)rətɔ́ːriòʊ, ɑ̀r-/ *n* (*pl* **-ri·òs**)〘楽〙聖譚(せいたん)曲, オラトリオ《宗教的題材による大規模な叙事的楽曲》. [It (the *Oratorio* of St Philip Neri; ローマの oratory)]
or·a·to·ry[1] /ɔ́ːrətɔ̀ːri, ɑ́r-; ɔ́rət(ə)ri/ *n*《大教会または私邸の》小礼拝堂; [O-]〘カト〙オラトリオ会《1564 年 St Philip Neri によってローマに設立された修道会; 公式誓願は立てずに共住生活を行ない, 司牧・説教・教育などの活動に従事する》. [AF＜L; ⇨ ORATION]
oratory[2] *n* 雄弁[弁論]術; 雄弁, 演説; 演説風の言辞, 誇張的文体. [L *oratoria* (*ars* art) of speaking; ⇨ ↑]
or·a·trix /ɔ́(ː)rətrìks, ɑ́r-/ *n* 女性雄弁家 (⇨ ORATOR).
orb /ɔːrb/ *n* **1 a** 球(体) (sphere, globe);〘天〙天球《昔の天文学で, 地球のまわりを同心円状に取り巻いているとされた, がらんどうの無色透明な球体; 9 ないし 10 個あり, その回転とともにそれに固着している月・惑星・太陽・恒星などもいっしょに回転すると考えられた》; 天体《特に太陽・月》; [the]《廃》地球. **b** 上に十字架の付いた宝珠 (＝*mound*)《王権の象徴》. **c**《詩》目, 眼球, まなこ, [*pl*]《俗》目ん玉 (eyes). **2**《まれ》円形のもの (circle); [the]《廃》《惑星の》軌道 (orbit);《古》《行動の》範囲;〘占星〙星の影響範囲. **3**《古》集合体, 全体, 世界, 圏. **4**《古》地位, 階級. ► *vt* 円形[環状, 球状]にする;《古》取り巻く; 包む. ► *vi* 円軌道を描いて動く; 円形[環状, 球状]になる.
♦ **～ed** /, (詩) ɔ́ːrbəd/ *a* [L *orbis* ring]
or·bic·u·lar /ɔːrbíkjələr/ *a* 球状の, 環状の, 円形の, まるい; [*fig*] 完全な, 完結した;〘地質〙球状の《火成岩が構成鉱物の球状体群を含む》: an ～ muscle 括約筋. ♦ **～·ly** *adv* **-lar·i·ty** /ɔːrbìkjəlǽrəti/ *n* [L *orbiculus* (dim)＜ORB]
or·bic·u·late /ɔːrbíkjələt, -lèɪt/ *a* (ほぼ)まるい, 円形の: an ～ leaf. ♦ **or·bìc·u·lá·tion** *n*
or·bic·u·lat·ed /ɔːrbíkjəlèɪtəd/ *a* ORBICULATE.
Or·bi·son /ɔ́ːrbəs(ə)n/ オービソン **Roy** ～ (1936–88)《米国のロックシンガー・ソングライター・ギタリスト》.
or·bit /ɔ́ːrbət/ *n* **1**《天体・人工衛星などの》軌道; 軌道周回; [*fig*] 活動[経験]範囲, 勢力圏[範囲],《人生の》行路, 生活過程;〘理〙電子軌道: put a satellite into ～ 人工衛星を軌道に乗せる / be in ～ around the moon 月を回る軌道にある. **2**〘解〙眼窩(がんか) (eye socket); 目;〘動〙眼球孔. ● **go into ～**《俗》大成功する;《俗》かっとなる, ひどくおこり出す. **in ～***《俗》すばらしい, すごくいい;《俗》興奮して, 舞い上がって, ハイになって;《俗》《酒・麻薬に》酔って. ► *vt*《軌道を描いて》〈地球など〉の周囲を回る; 〈人工衛星などを〉軌道に乗せる.
► *vi* 軌道に乗る; 軌道を描いて回る, 周回[旋回]する (circle) 〈*around*〉. [L *orbita* course of wheel or moon (*orbitus* circular; ⇨ ORB)]
órbit·al *a* 軌道の[を描く]; ″都市郊外を環状に通る〈道路〉; 眼窩の, 目の. ► *n*〘理〙軌道関数《原子・分子内の電子の状態を表わす》; ″《都市の》外郭環状道路. ♦ **～·ly** *adv*
or·bi·tale /ɔːrbətǽli, -téɪli, -tɑ́ːli/ *n*〘解〙眼(窩)点《眼窩下縁の最下点》.

órbital eléctron 〔理〕軌道電子.
órbital índex 眼窩指数《眼窩の幅に対する高さの百分比》.
órbital périod 〔理〕軌道周期.
órbital sánder 回転式サンダー《台に取り付けたサンドペーパーが回転して研磨する》.
órbital stéering 〔生化〕軌道調整《酵素が基質と結合したとき, 反応する基の電子軌道の面を調整して反応をしやすくすること》.
órbital velócity 〔理〕軌道速度.
órbit·er *n* 軌道を回るもの, 《特に》人工衛星, 周回機, オービター, SPACE SHUTTLE.
órb wèaver 〔動〕円形網 (orb web) を張るクモ《コガネグモ科》.
órb wèb 〔動〕円形網, 円(えん)網《オニグモ・コガネグモなどが張る網》.
órby «古» *a* 円軌道を描く; 環状の; 旋回している.
orc[1] /ɔ́ːrk/ *n* 〔動〕ハナゴンドウ (grampus), シャチ《など》; 海の怪物, 《広く》怪物. ［F or L＝whale］
orc[2] ⇨ ORK.
orca /ɔ́ːrkə/ *n* 〔動〕シャチ, サカマタ, オルカ (killer whale).
Or·ca·di·an /ɔːrkéɪdiən/ *a* オークニー諸島 (Orkney Islands) (人)の. ► *n* オークニー諸島民. ［L *Orcades* Orkney Islands］
Or·ca·gna /ɔːrkáːnjə/ オルカーニャ **Andrea** ～ (c. 1308–c. 68) 《フィレンツェの画家・彫刻家・建築家; 本名 Andrea di Cione》.
or·ce·in /ɔ́ːrsiən/ *n* 〔化〕オルセイン《赤褐色の粉末; 染料・生体染色剤・防腐剤などに用いる》. ［*orcin*］
orch ⇨ ORK.
orch. orchestra ♦ orchestral ♦ orchestrated by.
or·chard /ɔ́ːrtʃərd/ *n* 《特に柑橘(かんきつ)類以外の》果樹園 (cf. GROVE); 《果樹園の》果樹《集合的》. ［OE *ortgeard* (L *hortus* garden, YARD[2])］
órchard bùsh «西アフリカ» 森林地帯の北に広がるサバンナ.
órchard gràss 〔植〕カモガヤ (＝*cocksfoot*)《牧草》.
órchard·ing *n* 果樹栽培; 果樹園《集合的》.
órchard·ist, órchard·man /-mən/ *n* 果樹栽培者; 果樹園主[監督者].
órchard òriole 〔鳥〕アカクロムクドリモドキ《北米東部産; 雄の成鳥は頭・首・背が黒でほかは茶色》.
or·ches·tic /ɔːrkéstɪk/ *a* ダンスの, 舞踏の.
or·chés·tics *n* [‹*sg/pl*›] 舞踊法.
or·ches·tra /ɔ́ːrkəstrə, -kès-/ *n* **1** オーケストラ, 楽団, 《特に》管弦楽団; オーケストラの楽器類; ORCHESTRA PIT. **2** *劇場一階(の舞台前の上等席); 《古代ギリシアの劇場で》合唱隊席, オルケストゥラ《舞台と客席最前列との間にある(半)円形のスペース》; 《古代ローマの劇場で》(舞台前の)貴賓席. ［L＜Gk (*orkheomai* to dance)］
or·ches·tral /ɔːrkéstr(ə)l/ *a* オーケストラ(用)の; オーケストラ的な[風の]. ♦ **～·ly** *adv*
órchestra pìt オーケストラボックス, オーケストラピット.
órchestra stàlls ″*pl* 劇場一階, 《特に》舞台前[オーケストラボックスのすぐ後ろ]の特等席.
or·ches·trate /ɔ́ːrkəstrèɪt/ *vt, vi* **1** オーケストラ用に作曲[編曲]する; ‹バレエなど›に管弦楽の譜をつける. **2** 入念に[ひそかに]計画する[組み立てる, まとめる], 画策[演出]する. ♦ **-trà·tor, -tràt·er** *n*
or·ches·tra·tion /ɔ̀ːrkəstréɪʃ(ə)n/ *n* 管弦楽法, オーケストレーション; 調和的な総合, 調和のとれた統合. ♦ **～·al** *a*
or·ches·tri·on /ɔːrkéstriən/, **-tri·na** /ɔ̀ːrkəstríːnə/ *n* オルケストリオン《BARREL ORGAN に似た大型の機械音楽箱; オーケストラに似た音を出す》.
or·chid /ɔ́ːrkəd/ *n* 〔植〕ラン《単子葉植物ラン科の着生・地生の多年草; ⇨ ORCHIS》; ランの花《女性の花飾り (corsage) に用いる》; 淡紫色; [*pl*] *賛辞. ♦ **～·ist** *n* ラン栽培家; 愛蘭家. **～·lìke** *a* ［NL; ⇨ ORCHIS］
or·chid- /ɔ́ːrkəd/, **or·chi·do-** /ɔ́ːrkədou, -də/ *comb form* 「睾丸 (testicle)」「ラン (orchid)」
or·chi·da·ceous /ɔ̀ːrkədéɪʃəs/ *a* 〔植〕ラン科 (Orchidaceae) の; 派手な, けばけばしい. ♦ **～·ly** *adv*
or·chi·dec·to·my /ɔ̀ːrkədéktəmi/ *n* ORCHIECTOMY.
órchid fàmily 〔植〕ラン科 (Orchidaceae).
or·chid·ol·o·gy /ɔ̀ːrkədáləʤi/ *n* ラン園芸[栽培法]; ラン科学. ♦ **-gist** *n*
or·chi·dot·omy /ɔ̀ːrkədátəmi/ *n* 〔医〕睾丸切除(術), 去勢(術).
or·chi·ec·to·my /ɔ̀ːrkiéktəmi/ *n* 〔医〕睾丸摘出(術), 除睾術.
or·chil /ɔ́ːrkəl, -tʃəl/, **or·chil·la** /ɔːrtʃílə/ *n* ARCHIL.
or·chis /ɔ́ːrkəs/ *n* 〔植〕**a** ラン (orchid), 《特に》オルキス《北半球温帯産のオルキス属 (*O*-) の地生ランの総称: 球状の塊根をもつ》. **b** FRINGED ORCHIS. ［L＜Gk＝testicle; その塊茎より］
or·chi·tis /ɔːrkáɪtəs/ *n* 〔医〕睾丸炎. **or·chit·ic** /ɔːrkítɪk/ *a* ［↑, *-itis*］
or·cin /ɔ́ːrsən/ *n* ORCINOL.
or·cin·ol /ɔ́ːrsənɔ̀(ː)l, -nòul, -nàl/ *n* 〔化〕オルシノール《地衣類から抽出されるフェノール; 分析試薬・殺菌剤》.
OR circuit [gate] /óuáːr ─/ 〔電算〕論理和回路[ゲート], OR 回路[ゲート].
Or·cus /ɔ́ːrkəs/ **1** 〔ロ神〕オルクス《死・冥界の神; ギリシアの Pluto, Hades に当たる》. **2** 冥界.
Or·czy /ɔ́ːrtsi/ オルツィ Baroness **Em·mus·ka** /émə∫kə/ ～ (1865–1947) 《ハンガリー生まれの英国の大衆小説家・劇作家; *The Scarlet Pimpernel* (1905)》.
Ord /ɔ́ːrd/ [the] オード川《Western Australia 州北東部を流れる》.
ord. order ♦ ordinary ♦ ordnance. **ORD** 〔空〕°O'Hare International Airport.
or·dain /ɔːrdéɪn/ *vt* 定める, 規定する, 制定する; 命じる ‹*that*›; ‹神・運命が›定める, 予定する ‹sb *to do*›; ‹人›に聖職位を授ける, 叙階[叙品]する: ～ sb (as a) priest. ► *vi* 命令[布告]を出す. ♦ **～·ment** *n* 《神・運命による》定め; 叙階, 叙品, 聖職授任. ［AF＜L *ordino*; ⇨ ORDER］
ordáin·er *n* 任命者; [°O-] 〔英史〕LORDS ORDAINERS の一員.
or·deal /ɔːrdíːl, ─́─/ *n* **1** 試練, 苦しい体験. **2** 神明裁判, 神判. ● **～ by fire [water]** 火責め[水責め]の試練, 苦しい体験. ［OE *ordāl*; cf. G *Urteil*］
ordéal bèan 〔植〕カラバルマメ (CALABAR BEAN).
ordéal trèe TANGHIN.
or·der /ɔ́ːrdər/ *n* **1** [°*pl*] 命令, 訓令, 指示, 指令, 指図: by ～ 命令によって / obey sb's ～*s* / I was only obeying ～*s*. ただ命令に従っただけです《きまり文句》/ We are under ～*s* for the front. 前線に向け出発せよとの命を受けている / have an [the] ～ *to* do...せよとの命を受けている / He gave ～*s for* a salute *to* be fired [～*s that* a salute (should) be fired]. 礼砲を発するように命じた《節の中で should を省くのは主に米》/ My ～*s* were to start at once. わたしの受けた命令は直ちに出発せよであった / take ～*s* from sb＝take sb's ～*s* 人の指図を受ける, 人の風下に立つ. **2 a** 注文; 注文[指図]書; 注文品: be on ～ 注文してある / give an ～ *for* an article 品物を注文する / place an ～ *with* sb [company] *for* an article 人[会社]に品物の注文をする / send for ～*s* 注文取りに人をやる / May I take your ～? ご注文をうかがってよろしいでしょうか《ウェイターなどの表現》/ last ～*s* 《パブなどで》ラストオーダー / a large [tall, strong] ～ ⇨ 成句. **b** 為替(証書): MONEY [POSTAL, POST-OFFICE, etc.] ORDER. **c** ″《博物館・劇場などの》無料[割引]入場券; (特別)許可証: an ～ to view 《売家などの》下見許可要請書. **3 a** 順序, 順; 序列, 席次; 〔言〕序列《調音点を同じくする子音の集合; cf. SERIES》: in alphabetical [chronological] ～ ABC[年代]順に / in reverse ～ 逆の順に, 降順に, 逆順に / in ～ of age [merit] 年齢[成績]の順に / word ～ 語順. **b** 〔数〕順序; 次数; 《微分方程式・行列・多元環の》階数; 《有限群の》位数; 〔化〕次数《化学反応の分類の一つ》: a differential equation of the first ～ 1 階微分方程式. **4 a** 整理, 整列, 整頓; 〔軍〕隊形, 《軍務により異なる》軍装; [the] 《銃口を上に向け右わきに立てる》立て銃(つつ)の構え: put [set] (...) in ～ 整える / put one's ideas into ～ 考えをまとめる / battle ～ 戦闘隊形 / in fighting ～ 戦闘隊形で, 戦闘用軍装で. **b** 正常な[機能する]状態, 常態; 《一般に》状態 (condition); 一般的傾向, 風潮, 動向 (ORDER OF THE DAY): in [out of] ～ ⇨ 成句. **5 a** 《自然の》理法, 道理, 秩序: the ～ of nature [things] 自然界[万物]の理法. **b** 《社会の》秩序, 治安; 体制: a breach of ～ 秩序の紊乱(びんらん) / LAW AND ORDER / an old [a new] ～ 旧[新]体制 / maintain [restore] ～ 治安を維持[回復]する. **c** 慣例, 慣習; 《立法議会・公けの集会の》規則, 礼法: *O～! O～!* 静粛に!《議長が議場のルール違反者に向かって言う》/ rise to (a point of) ～ ‹議員が›起立して演説者の不謹慎を議長に抗議する / STANDING ORDERS. **6 a** 階級, 階層, 地位 (rank, class): the higher [lower] ～*s* 上流[下層]社会 / the military ～ 軍人社会 / all ～*s* and degrees of men あらゆる階級の人たち. **b** 等級; 種類 (kind): of the first ～ ⇨ 成句 / intellectual ability *of* a high ～ すぐれた知能 / The magazine is *of* the same ～ as *Time*. その雑誌は『タイム』と同種のものである. **c** 〔生〕《分類学上の》目(もく) (⇨ CLASSIFICATION); 〔土壌〕目, オーダー. **7 a** 〔神学〕《天使の》位階, 品級 (⇨ CELESTIAL HIERARCHY). **b** 〔キ教〕《聖職者の》位階, 聖品; [*pl*] 聖職(位); [*pl*] 〔新教〕聖職按手式, 〔カト〕叙階式 (ordination); 儀式, ...式 (rite): MAJOR ORDER / MINOR ORDER / HOLY ORDERS / take (holy) ～*s* 聖職に就く / His brother is in ～*s*. 聖職に就いている / the ～ *of* Holy Baptism 洗礼式 / the ～ *for* the burial of the dead 埋葬式. **c** [°O-] (宗)教団, 修道会; [°O-] 《中世の》騎士団; [°the O-] ある同一の勲位に叙せられている一団の人, 勲爵士団; 結社, 組合: a monastic ～ 修道会 / ORDER OF THE GARTER. **d** 勲位のしるし, 勲章. **8** 建築様式; 〔建〕柱式, オーダー《ギリシア・ローマの, 円柱とエンタブレチュアとの比例関係を基とした様式》: the CORINTHIAN [DORIC, IONIC, TUSCAN, COMPOSITE] ～.
● **by ～ of**...の命(令)により. **call...to ～** ‹議長などが›...に《会進行上の》規則遵守を命じる, 静粛を求める; ...の開会を宣する. **cut sb's ～s**＝cut sb's PAPERS. **in ～** 順序正しく; 整っていて, 緒(しょ)について; 使える状態で; 具合よく; 規則にかなって, 合法で; 適切で; 流行で; 健康で: draw (up) *in* ～ 整列する[させる] / keep...*in* ～ ...を整理しておく; ...の秩序を整える; ...に規律を守らせる / put papers *in* ～ 書類を整える / Court will be *in* ～. 法廷では秩序を保つように《裁判長が言う》/ The goods arrived *in* good ～. 品物は無事に届いた / *in* bad ～ 雑然として, (調子を)乱して / *in* (full [good]) WORKING ORDER / A word here may be *in* ～. ここで一言述べておいてもよかろう. **in ～ (for...) to** do...=**in ～ that...may** do...する目的で: We eat *in ～ to* live. 生きるために[目的で]食う / We are sending our representative *in ～ that* you *may* discuss the matter with him. この件についてお話ができるように代表者を派遣します. **in short ～** 直ちに, すぐさま; まもなく, ほどなくして. **keep ～** 秩序を保つ, 治安を守らせる. **a large [tall, strong] ～** «口» 大きな要求, 無理な注文. **made to ～** 注文して作った, あつらえ品の (cf. MADE-TO-ORDER); [*fig*] 望んだとおりの, ぴったりの. **of the first ～** «口» 第一級の, 一流の. **of [in] the ～ of...** "ほぼ...程度[といったところ]の. **on ～** 〈品物が〉発注済みで. **on the ～ of...** *...に類似して, ...のような (like); およそ, だいたい...といったような. **out of ～** 乱れて; 狂って, 適切でない, 場違いで; 規則[ルール]からはずれて, 違法で; 〈装置など〉調子が悪い, 故障して; 気分が悪く; "«俗» 〈人・ふるまいが〉受け入れられない, 度を超して, 失格で; "«俗» 《酒・麻薬で》体がきかなくなって, 働けなくなって: get *out of* ～ 乱れる, 狂う, 故障が起きる. **put [set, leave] one's affairs in ～** 死ぬ前に身辺をきちんと整理する. **take ～ to** do...するよう適宜の手段をとる. **take ～ with** ...を整える; ...を片付ける, 処分する. **take things in ～** 物事を順番にやる. **to ～** 注文に応じて; 特別あつらえで: made *to* ～. **under ～s** *to* do...する命令を受けて. **under the ～s of**...の命令で[のもとに]. **until [till] further ～s** 追って指図があるまで.

► *vt* **1** 整える, 整理する, 配列する; 〔数〕順序づける: ～ one's thoughts / ～ one's affairs 身辺を整理する / They ～ things better in France etc. フランス《など》のほうが(万事)きちんと[うまく]やっている《きまり文句》. **2 a** 命令する, 指図する: ～ an attack 攻撃を命ずる / He ～*ed* me *to* report to the police. 警察に届けるよう指図した / He was ～*ed* abroad [home]. 海外出張[帰朝]を命ぜられた / ～ sb away [back, off] 去れ[さがれ, 降りよ]と命ずる / He ～*ed* the key (*to be*) brought to him. 鍵を持って来いと言い付けた《to be を省くのは米》/ The king ～*ed* that he (should) be banished. 王は彼を追放するよう命じた《should を省くのは主に米》/ The doctor has ～*ed* me a change of air. 医者はわたしに転地(療養)を命じている. **b** 〈神・運命などが〉定める, 命ずる; «古» ...に聖職を授ける. **3** 注文する: ～ some new books *from* England 英国へ新刊書を注文する / ～ breakfast *for* 7: 30 朝食を 7 時半に出すよう言い付ける / She ～*ed* her daughter [herself] a new dress. 娘に新しい服を注文してやった[自分用に新しい服を注文した] / ～ (sb) a taxi (人のために)タクシーを呼ぶ. ► *vi* **1** 規制する, 律する; 命令を出す. **2** 注文を出す, 注文[発注]する: (Are you) ready to ～? 《客[同伴者]に向かって》(ご)注文は決まりましたか? ● **～ sb around [about]** あちこちへ使いたてる, いちいち指図する, こき使う. **～ in** 〈人〉にはいるように命じる; *(食べ物などを)《注文して》取り寄せる, (...の)出前を頼む. **～ sb off (the field)** 〔スポ〕〈選手〉に退場を命じる. **～ out** 〈人〉に出るように[退出を]命じる; 〈軍隊・警察など〉の出動を命じる; 出前をとる 〈*for*〉. **～ sb out (of...)** 〈人〉に(〈部屋など〉から)出るように命じる. **～ up** 〈部隊など〉に前線への出動を命じる, 〈攻撃などを〉命じる, 〈報告など〉の提出を命じる; 〈飲食物を〉《注文して》ホテルの部屋に取り寄せる.

♦ **～·able** *a* **～·less** *a* [OF＜L *ordin- ordo* row, array, degree]

órder árms 〔軍〕立て銃(つつ)(の姿勢)《しばしば 号令》; «号令» 直れ《挙手の礼の手を下ろすように言う命令》.

órder bòok 〔商〕注文控え帳; [°O- B-]〔英議会〕議事日程表 (=*order paper*).

órder clèrk 注文を受ける係, 受注係.

órder-dísorder transformátion [pháse transìtion] 〔理〕秩序無秩序相転移《微小な磁気双極子が整列することによって自発磁化を生じるような相転移; cf. DISPLACIVE TRANSFORMATION》.

ór·dered *a* 規則正しい; 整然とした, 整った; 〔数〕順序づけられた: ～ pair [set]〔数〕順序対[集合].

órder·er *n* ORDER する人.

órder fòrm 注文用紙.

órder-in-cóuncil *n* (*pl* **órders-**) 《英国・英連邦諸国における》枢密院令, 勅令《国王が枢密院の助言に基づいて発する命令; 国会から委任をうけての委任立法として, もしくは国王大権 (royal prerogative) の行使として発せられる》.

órder·ly *a* **1** 順序正しい, 整頓された; 規則的な; きちょうめんな, きちんとした. **2** 規律正しい, 法を守る, 従順な, 整然とした, 秩序ある. **3** 〔軍〕命令の; 〔軍〕命令を伝達[遂行]する, 伝令の, 当番の: an ～ man 当番兵. ► *adv* 順序正しく, 整然と. ► *n* 〔軍〕当番兵《将校に仕えて伝令その他の身辺雑務を担当する》; 病院の雑役[掃除]係, 看護兵; "市街掃除人. ♦ **ór·der·li·ness** *n*

órderly bìn "《街路の》ごみ箱.

órderly bòok "〔軍〕《上官の命令を記録する》命令簿.

órderly bùff "«軍俗» 当直軍曹 (orderly sergeant)《当直将校として軍務を行なう軍曹》.

órderly dòg "«軍俗» 当直伍長 (orderly corporal)《将校につき従って伝令任務を行なう伍長》.

órderly márketing agrèement 〔米〕市場秩序維持協定《略 OMA》.

órderly òfficer " 当直将校 (officer of the day); "伝令将校.

órderly pìg "«軍俗» 当直将校 (orderly officer).

órderly ròom 〔軍〕《兵舎内の》中隊事務室.

Órder of Austrália [the] オーストラリア勲位[勲章, 勲爵士団]《オーストラリアの名誉勲位; 1975 年制定》.

órder of báttle 〔軍〕戦闘序列; 戦力組成《ある部隊の識別・兵力・指揮機構・兵員配備・編成・装備・行動などに関する一切の情報》.

órder of búsiness 《評議会などの》議題の順序; 《処理すべき》業務予定; 《処理すべき》問題, 課題.

Órder of Cánada [the]〔カナダ〕カナダ勲章[勲位]《1967 年制定》.

Órder of Lénin [the] レーニン勲章《ソ連の最高勲章; 1930 年制定》.

órder of mágnitude ある数値からその 10 倍までの範囲, 桁(けた); 大きさ, 量, 程度: Their estate is larger than ours by two *orders of magnitude*. 彼らの土地のほうが 2 桁大きい《100 倍もある》.

Órder of Mérit [the]〔英〕メリット勲位[勲爵士団, 勲章]《1902 年制定; 軍人および民間人の功労者に与えられる名誉勲位で, 定員 24 名; 略 OM》.

Órder of Mílitary Mérit [the]〔カナダ〕軍人メリット勲章[勲位]《軍人功労者に与えられる; 1972 年に制定》.

Órder of St Míchael and St Géorge [the]〔英〕聖ミカエル-聖ジョージ勲位[勲爵士団, 勲章]《1818 年に制定され, Knight [Dame] Grand Cross (略 GCMG), Knight [Dame] Commander (略 K[D]CMG), Companion (略 CMG) の 3 階級がある》.

Órder of St. Pátrick [the]〔英〕聖パトリック勲位[勲爵士団, 勲章]《1783 年 George 3 世が制定; 1924 年以後授与せず》: a Knight of (*the Order of*) *St. Patrick* 聖パトリック勲爵士《略 KP》.

Órder of the Báth [the]〔英〕バス勲位[勲爵士団, 勲章]《1399 年 Henry 4 世の戴冠式の時に制定されたといわれるが, 正式には 1725 年 George 1 世により創設された; 1971 年より女性にも授けられる; Knight [Dame] Grand Cross (略 GCB), Knight [Dame] Commander (略 K[D]CB), Companion (略 CB) の 3 階級がある》. [前夜に沐浴の儀式を勤めたあとにこの勲位を授けられた慣習から]

Órder of the Brítish Émpire [the]〔英〕大英帝国勲位[勲爵士団, 勲章]《1917 年に制定され, 国家に勲功のある軍人と民間人に与えられる; Knight [Dame] Grand Cross (略 GBE), Knight [Dame] Commander (略 K[D]BE), Commander (略 CBE), Officer (略 OBE), Member (略 MBE) の 5 階級がある》.

Órder of the Compánions of Hónour [the]〔英〕名誉勲位[勲爵士団, 勲章]《1917 年制定; 国家に功労のあった男女 65 人に限り与えられる; 略 CH》.

órder of the dáy [the] **1** 議事日程; 処理すべき用件, スケジュール; お定まりのこと, ならわし. **2** 〔軍〕司令官の褒賞状; 〔軍〕《司令官・指揮官の》命令, 通達, 令達. **3** 《時代の》風潮, 情勢, 基調, 動向: Indifference is *the* ～. 無関心が今日の風潮だ. **4** 何といっても大切なもの[こと]. **5** «口» 差し出される[入手できる]唯一のもの.

Órder of the Gárter [the]〔英〕ガーター勲位[勲爵士団, 勲章]《英国勲爵士 (knighthood) の最高勲位で, その勲爵士団は英国国王, ガーター勲爵士 (定数 26 名) のほかに, 特別に定められた国外の勲爵士からなる; 1348 年 Edward 3 世により制定され, 勲章には Honi soit qui mal y pense の銘がある; 正式には the Most Noble Order of the Garter という》: a Knight of (*the Order of*) *the Garter* ガーター勲爵士《略 KG》.

Órder of the Gólden Fléece [the] 金羊毛勲位[勲爵士団, 勲章]《1429 年に設けられたオーストリアとスペインの勲位》: a Knight of (*the Order of*) *the Golden Fleece* 金羊毛勲爵士.

Órder of the Thístle [the]〔英〕あざみ勲位[勲爵士団, 勲章]《1687 年 James 2 世により制定され, ガーター勲位に次ぐ勲位で王族以外 16 人のスコットランド貴族が叙せられる; ⇨ NEMO ME IMPUNE LACESSIT》: a Knight of (*the Order of*) *the Thistle* あざみ勲爵士《略 KT》.

Órder of the Visitátion of the Bléssed Vírgin Máry [Óur Lády] [the]〔カト〕聖マリア訪問童貞会《貧者・病者の慰問および少女教育を目的とする修道女会; 1610 年 St Francis de Sales と St Jane de Chantal によってフランス Annecy で設立》.

órder pàper [°O- P-]〔英議会〕議事日程表 (order book).

órder statìstic 〔数〕順序統計量.

or·di·naire /*F* ɔrdinɛːr/ *n* VIN ORDINAIRE.

or·di·nal /ɔ́ːrdnəl; -dɪnl, -dnl/ *a* 順序を示す; 〔生〕目(もく) (order) の. ► *n* ORDINAL NUMBER; 〔教会〕式次第書, 《特に》任職式[叙階式, 聖職按手式] (ordination) の定式書. [L=in ORDER]

órdinal númber [númeral] 序数詞《first, ninth など; cf. CARDINAL NUMBER》; 〔数〕(順)序数.

órdinal scále 〔統〕順序尺度《相互の大小関係のみが意味をもち, 数値の差や比には意味がない尺度》.

or·di·nance /ɔ́ːrdnəns; -dɪ-, -dn-/ *n* **1** 法令, 布告; 《市町村の》条例; 神の定め[運命]; 既存の決まり[方針, 実践法], しきたり; 〔教会〕儀式, 《特に》聖餐式. **2** «古» 《作品の》構成, 配置 (ordonnance). [OF＜L=arranging; ⇨ ORDAIN]

or·di·nand /ɔ́ːrdɪnæ̀nd; -dɪ-, -dn-, ─ ─ ─ ́/ *n* 聖職授任候補者.

or·di·nar·i·ly /ɔ̀ːrdɪnέrəli, ─ ─ ─ ─ ─; ɔ́ːdn(ə)rəli, -dɪ-, ɔ̀ːd-nέr-/ *adv* 通常, たいてい, 普通は, いつもは; 普通[いつも]のやり方で, 普通(程度)に.

or·di·nary /ɔ́ːrdənèri; ɔ́ːdnri, -dɪ-/ *a* **1** 通常の (usual), 尋常の, 普通の, ふだんの, いつもの, 正規の; 〖数・理〗常(じょう)…: ～ differential equation 常微分方程式 / an ～ meeting 例会. **2** 並みの, 平凡な, ありきたりの; 見劣りがする: an ～ man 常人, 凡人, 凡夫. **3** 〖法〗特別の授権に基づかない, 職権[職務]に直接由来する, 職権上当然の. ► *n* **1 a** 普通のこと, 常事, 常例; 〖紋〗普通紋; ˈˈ普通株 (ordinary stock). **b** [ᵒO-] 〖カト〗通常文 (毎日のミサで不変の部分); [ᵒO-] 〖カト〗典礼(次第)書. **c** ˈˈ定食; ˈˈ(定食を出す) 食堂. **2** 〖米〗遺言検認裁判官; [the; ᵒthe O-] 〖教会法〗(特別の授権に基づかない) 裁治権者 (たとえば主教区における主教); [O-] 〖スコ〗LORD ORDINARY; 〖史〗(死刑囚の) 教誨(きょうかい)師. **3** 昔の自転車 (連動装置がなく前輪が大きい; cf. SAFETY BICYCLE). ● **in ～** 常任の, 常務の; 〖海〗予備の: a physician [surgeon] *in* ～ to the King 侍医. **in the ～ way** 普通は[なら]. **out of the ～** 普通[並, 尋常]でない (unusual), いつもと違った, 異例の, 特別の. ♦ **ór·di·nàr·i·ness** /; -dn(ə)ri-, -dɪ-/ *n* 普通; 常態. [AF and L＝of the usual ORDER]

órdinary Jóe *«俗» 普通の[平均的な]男.

órdinary-lánguage philòsophy 日常言語哲学 (日常言語の分析を通じて哲学的問題の解決をはかろうとする, 1930 年代の英国に始まった哲学).

órdinary láy (ロープの) 普通撚(よ)り.

órdinary lèvel 〖英教育〗普通級 (O level).

órdinary lífe insùrance (簡易[団体]生命保険に対して) 普通生命保険 (＝*straight life insurance*).

Órdinary Nátional Certíficate 〖英〗普通二級技術検定 (技術科目 2 年のコースを終了後見習いを経て獲得; 略 ONC; cf. HIGHER NATIONAL CERTIFICATE).

Órdinary Nátional Diplóma 〖英〗普通一級技術検定 (技術科目 2 年間のフルタイムまたはサンドイッチコース終了後に獲得; 略 OND; cf. HIGHER NATIONAL DIPLOMA).

órdinary négligence 〖法〗通常の不注意 (通常の注意が欠けていること).

órdinary ráy 〖理〗常光線.

órdinary resolútion (株主総会などの) 通常決議 (単純過半数による決議).

órdinary séaman 〖海〗二等水夫 (ABLE-BODIED SEAMAN の次位; 略 OS, OD); 〖英海軍〗三等水兵.

órdinary sháre [stóck] ˈˈ普通株 (common stock*) (cf. PREFERENCE STOCK [SHARE]).

or·di·nate /ɔ́ːrdənət, -èɪt, ˈˈ-dɪ-/ *n* 〖数〗縦座標 (cf. ABSCISSA). [L (*linea*) *ordinate* (*applicata*) line applied parallel; ⇨ ORDAIN]

or·di·na·tion /ɔ̀ːrdənéɪʃ(ə)n; -dɪ-, -dn-/ *n* **1** (聖職者の) 任職(式), 按手(あんしゅ)(式[礼]), 〖カト〗叙階[叙品](式), 〖聖公会〗聖職按手式, 〖正教会〗叙聖(式) (cf. LAYING ON OF HANDS). **2** 整理, 配列, 配置. **3** 命じること, 定め.

or·di·nee /ɔ̀ːrdəníː; -dɪ-, -dn-/ *n* 新任教会執事.

ord·nance /ɔ́ːrdnəns/ *n* 兵器, 武器, 軍需品 (武器・弾薬・車両および修理用工具・機械の総称); 兵器部, 兵站(へいたん)部, 軍需品部; 大砲 (集合的). [ORDINANCE]

órdnance dàtumˈˈ (Ordnance Survey の基準となる) 平均海面.

Órdnance màpˈˈ 陸地測量図 (Ordnance Survey map).

órdnance òfficer 兵器部将校.

Órdnance Súrvey [the] 〖英〗陸地測量局 (元来 Master of Ordnance の下に属した; 略 OS); ˈˈ陸地測量; ˈˈ陸地測量図 (集合的): an ～ map 陸地測量図.

Ord·nung /ɔ́ːrdnʊŋ/ *n* 秩序; 社会秩序. [G＝order]

or·do /ɔ́ːrdoʊ/ *n* (*pl* **～s, or·di·nes** /ɔ́ːrd(ə)nìːz/) 〖カト〗(毎年発行される) 年間祭式規程書. [L＝order]

or·don·nance /ɔ́ːrd(ə)nəns; *F* ɔrdɔnɑ̃ːs/ *n* **1** (建物・絵画・文芸作品などの) 各部分の[全体的な]配列[構成]. **2** 条令, (特にフランスの) 法令, 布告.

Or·do·vi·cian /ɔ̀ːrdəvíʃ(ə)n/ *a, n* 〖地質〗オルドビス紀[系](の) (⇨ PALEOZOIC). [L *Ordovices* ウェールズ北部に住んでいた古代ブリトン人 (Britons) の一派]

ordre du jour /*F* ɔrdr dy ʒuːr/ ORDER OF THE DAY.

or·dure /ɔ́ːrdʒər; ɔ́ːdjʊər/ *n* 糞, 排泄物, 汚物; けがらわしいもの[ことば]. ♦ **ór·dur·ous** *a* [OF＜L *horridus* HORRID]

Or·dzho·ni·kid·ze /ɔ̀ːrdʒɑ̀nəkídzə/ オルジョニキーゼ (VLADIKAVKAZ の旧称).

ore¹ /ɔ́ːr/ *n* (金属・非金属の) 鉱石; «詩» 金属, (特に) 金(きん); [*fig*] 宝庫: raw ～ 原鉱 / a district rich in ～*s* 鉱石の豊富な地方. [OE *ār* brass, OE *ōra* unwrought metal＜?]

ore² /ɔ́ːrə/ *n* (*pl* ～) エーレ (**1**) デンマーク・ノルウェーの通貨単位 øre: ＝1/100 krone **2**) スウェーデンの通貨単位 öre: ＝1/100 krona). [Dan, Norw, Swed]

Ore. Oregon.

ore·ad /ɔ́ːriæ̀d/ *n* [ᵒO-] 〖ギ神・ロ神〗(*sg*) オレイアス, (*pl*) オレイアデス (山の精; ⇨ NYMPH). [L＜Gk (*oros* mountain)]

óre bòdy 〖鉱〗鉱体.

Öre·bro /ɔ̀ːrəbrúː/ エレブル (スウェーデン中南部の町; 1810 年 Jean Bernadotte 即位の地).

orec·chi·et·te /ɔ̀ːrèɪkiétər; ɔ̀rəkiéti/ *n* オレッキエッテ (小さな耳たぶ形のパスタ). [It＝little ears]

orec·tic /ɔːréktɪk; ɔ-/ *a* 〖哲〗欲求の, 願望の; 食欲の.

óre drèssing 〖鉱〗選鉱.

Oreg. Oregon.

oreg·a·no /ərégənòʊ; ɔ̀ːrɪɡɑ́ːnoʊ/ *n* 〖植〗**a** ハナハッカ, オレガノ (シソ科の香辛植物; cf. ORIGANUM). **b** シソ科コレウス属またはクマツヅラ科イワダレソウ属の数種. [Sp＝ORIGANUM]

Or·e·gon /ɔ́(ː)rɪɡən, ɑ́r-, -ɡɑ̀n; ɔ́rɪ-/ **1** オレゴン (米国北西部の州; ☆Salem; 略 Oreg., OR). **2** *«俗» 郵便分類用の桶. ♦ **Or·e·go·ni·an** /ɔ̀(ː)rɪɡóʊniən, ɑ̀r-, -njən; ɔ̀rɪ-/ *n, a*

Óregon (Dóuglas) fír DOUGLAS FIR.

Óregon grápe 〖植〗ヒイラギメギ (米国北西部海岸地方原産); ヒイラギメギの実.

Óregon mýrtle 〖植〗CALIFORNIA LAUREL.

Óregon óak 〖植〗北米西部産のコナラ属の一種 (＝*Garry oak*).

Óregon píne DOUGLAS FIR.

Óregon Tráil [the] オレゴン街道 (Missouri 州 Independence から Oregon 州の Columbia 川流域に至る約 3200 km の山道で, 特に 1842–60 年, 開拓者・植民者が盛んに利用した).

ore·ide /ɔ́ːriàɪd; -riɪd/ *n* OROIDE.

Orel ⇨ ORYOL.

Óre Móuntains *pl* [the] オア山脈 (ERZGEBIRGE の英語名).

Oren·burg /ɔ́ːrənbə̀ːrɡ, -bʊ̀ərɡ/ オレンブルグ (ヨーロッパロシア南東部 Ural 山脈の南西, Ural 川に臨む市; 旧称 Chkalov).

Orense OURENSE.

Oreo /ɔ́ːrioʊ/ **1** 〖商標〗オレオ (バニラクリームをはさんだ円形のチョコレートビスケット). **2** (*pl* **Óre·òs**) *«俗» [*derog*] 白人のようにふるまう[ものを考える]黒人, 白人に迎合する黒人.

oreo- /ɔ́ːrioʊ, -riə/ *comb form* ORO-¹.

Or·e·o·pith·e·cus /ɔ̀ːrioʊpíθɪkəs, -pəθíːkəs/ *n* オレオピテクス (北イタリアの中期中新世の地層から出土した 1000–1200 万年前の類人猿). [NL (Gk *oros* mountain, *pithēkos* ape)]

ore ro·tun·do /ɔ́ːri roʊtʌ́ndoʊ/ 円い口で; 弁舌さわやかに. [L ＝with round mouth]

Oresme /*F* ɔrɛm/ オレーム **Nicole d'** ～ (c. 1325–82) (フランスの司教; Aristotle を研究, 経済学の著作もある).

Ores·tes /ɔréstiz, ɔː-, ˈˈɔ-/ 〖ギ神〗オレステース (Agamemnon と Clytemnestra の子, Electra と Iphigenia の兄弟; 母を殺した罪のため Furies に追われた).

Øre·sund /ɔ́ːrəsʌ̀n/ エーレスンド (デンマーク領 Sjælland 島とスウェーデン南部の間の海峡; 英語名 The Sound).

Oreti /ɔréti/ [the] オレティ川 (ニュージーランド南島を南流して Foveaux 海峡に注ぐ).

óre·wèed *n* OARWEED.

orf /ɔ́ːrf/ *n* ˈˈ〖獣医〗オルフ (sore mouth).

orfe /ɔ́ːrf/ *n* 〖魚〗オルフェ, アイド (＝*ide*) (ユーラシア北部産コイ科の銀白色の食用淡水魚; cf. GOLDEN ORFE).

or·fè·vre /*F* ɔrfɛːvr/ *n* 金銀細工師[商].

Orff /ɔ́ːrf/ オルフ **Carl** ～ (1895–1982) (ドイツの作曲家; 舞台付カンタータ *Carmina Burana* (1937)).

orfray, -frey ⇨ ORPHREY.

org¹ /ɔ́ːrɡ/ *n* «口» ORGANIZATION.

org² *n* *«口» パイプオルガン, 電子オルガン. [*organ*]

org³ *n* *«俗» (麻薬による) 快感, 陶酔. [*orgasm*]

org 〖インターネット〗organization (DOMAIN 名の一つ; com, gov などに属さないものを表わす). **org.** organic ♦ organization ♦ organized.

or·gan /ɔ́ːrɡən/ *n* **1 a** パイプオルガン (pipe organ); (その他の) オルガン: ELECTRONIC [REED, AMERICAN, BARREL] ORGAN. **b** «古» 楽器, (特に) 管楽器; «古» (人間の) 声. **2** (生物の) 器官, 臓器; [*euph*] 一物, 陽物; 〖骨相〗特定の機能が宿ると考えられている脳の部位: internal ～*s* 内臓, 臓器 / digestive ～*s* 消化器官 / male ～ [*euph*] 男性器. **3** (実施[出先])機関; 機関紙[誌]: ～*s* of public opinion 世論発表機関 (新聞・ラジオ・テレビなど) / an ～ of government 政府の一機関. [OE *organa* and OF *organe*, ＜Gk ORGANON]

or·gan- /ɔ́ːrɡən, ɔːrɡǽn/, **or·ga·no-** /ɔ́ːrɡənoʊ, ɔːrɡǽnoʊ, -nə/ *comb form* 「器官」「有機的」 [Gk]

organa *n* ORGANON [ORGANUM] の複数形.

órgan·bìrd *n* 〖鳥〗**a** カササギフエガラス (豪州, Tasmania 島, ニューギニア産; オルガンに似た声を出す). **b** ノドグロモズガラス (豪州産; いずれもフエガラス科).

órgan-blòw·er *n* パイプオルガンのふいご開閉人[装置].

órgan bùilder (パイプ)オルガン製作家.

or·gan·dy, -die /ɔ́ːrgəndi/ *n* オーガンジー《目の透いた薄地のモスリンの類; ブラウス・カーテンなどに用いる》. ［F＜?］
or·gan·elle /ɔ̀ːrgənél/ *n* 〘生〙細胞小器官, オルガネラ.
órgan-grìnd·er *n* 《街頭の》手回しオルガン (barrel organ) 弾き《しばしば サルをお供に連れている》; ˈ《俗》責任者.
or·gan·ic /ɔːrgǽnɪk/ *a* **1 a** 有機体の, 生物の. **b** 有機農法の[による], 有機飼育の[による], 自然(食品)の《化学肥料・農薬・生長促進剤・抗生物質などを用いない》; 〈商店が〉自然食品を扱う; 〈生き方が〉簡素で自然に即した: ～ evolution 生物進化 / ～ fertilizer 有機肥料 / ～ farming 有機農法 / ～ vegetables 有機野菜 / ～ foods 自然食品, オーガニックフード / ～ chicken [meat]. **c** 〘化〙有機の (opp. *inorganic*): ～ compound 有機化合物. **2 a** 器官の, 臓器の; 〘医〙器質性の (cf. DYNAMIC): an ～ disease 器質性疾患 (opp. *functional disease*). **b** 《古》機関的な, 道具[手段]となる. **3** 有機的な; 組織的な, 系統的な: an ～ whole 有機的統一体. **4** 〈変化・発展などが〉自然な. **5 a** 本質的な, 根本的な; 構造上の; 〘法〙《国家の》基本法の. **b** 生まれつきの, 固有の; 〘言〙発生的な, 語源的な. **6***《俗》すばらしい, 最高の. ► *n* [ᵘ*pl*] 有機化合物; 有機肥料; 有機農薬[殺虫剤]; 有機栽培作物, 自然[オーガニック]食品. ♦ **-i·cal·ly** *adv* 有機的に; 有機栽培[農法]によって; 器官によって; 組織的に; 根本的に. **or·ga·nic·i·ty** /ɔ̀ːrgənísəti/ *n* ［F, ＜Gk; ⇨ ORGAN］
orgánic ácid 〘化〙有機酸.
orgánic bráin sỳndrome 器質(性)脳症候群《老人性認知症などの精神障害が脳組織の機能障害に起因する場合で, 自力で社会生活が可能な軽度の知能障害をいう》.
orgánic chémistry 有機化学.
or·gan·i·cism /ɔːrgǽnəsɪ̀z(ə)m/ *n* 〘医〙器官説; 〘哲・生・社〙有機体説[論], 生体論. ♦ **-cist** *n, a* **or·gàn·i·cís·tic** *a*
orgánic láw 《国家などの》構成法, 基本法.
orgánic métal 〘化〙有機金属《高い導電性を有するポリマー》.
orgánic psychósis 〘医〙器質性精神病.
or·ga·nism /ɔ́ːrgənɪ̀z(ə)m/ *n* 有機体, 生物体, (微)生物; 有機的組織体《社会・宇宙など》. ♦ **òr·ga·nís·mal** *a*
or·ga·nis·mic /ɔ̀ːrgənízmɪk/ *a* ORGANISM の; ORGANICISM の; 〘哲〙全体論の. ♦ **-mi·cal·ly** *adv*
órgan·ist *n* オルガン奏者, オルガニスト.
or·ga·ni·za·tion /ɔ̀ːrg(ə)nəzéɪʃ(ə)n; -naɪ-/ *n* **1 a** 組織[系統]化, 編制; 組織的方法. **b** 構成, 組成, 構造; 体制, 機構; 秩序; 〘電算〙《ファイルの》編成: peace [war] ～ 平時[戦時]編制. **2** 組織, 団体, 組合, 協会; *《政党の》党組織(の役員); 〘生〙生物体 (organism). ♦ **～·al** *a* **～·al·ly** *adv*
organizátional psychólogy 組織心理学《組織の中の人間心理を扱う》.
organizátion and méthods 〘経営〙業務改善活動, 組織と方法, オーガニゼーション・アンド・メソッド《実際の作業の効率を計測し, 作業研究 (work study) の手法を用いて事務効率化をはかること; 略 O&M》.
organizátion [organizátional] chàrt 機構図, 組織図.
Organizátion for Ásian Económic Cooperátion [the] アジア経済協力機構《略 OAEC》.
Organizátion for Económic Cooperátion and Devélopment [the] 経済協力開発機構《1961 年に発足した西側先進諸国の経済協力機構; 略 OECD; 事務局 Paris; もと OEEC》.
Organizátion for Européan Económic Cooperátion [the] 欧州経済協力機構《OECD の前身; 略 OEEC》.
organizátion màn 《主体性を喪失した》組織[会社]人間; 組織作りのじょうずな人.
Organizátion of Áfrican Únity [the] アフリカ統一機構《1963–2002 年; ⇨ AFRICAN UNION》.
Organizátion of Américan Státes [the] 米州機構《アメリカ大陸の平和と安全, 相互理解の促進などを目的に 1948 年設立; 2010 年現在の加盟国は米国・カナダおよび中南米諸国の計 35 か国; 略 OAS; 本部 Washington, D.C.》.
Organizátion of Árab Petróleum Expórting Cóuntries [the] アラブ石油輸出国機構《1968 年結成; 略 OAPEC; 事務局 Kuwait》.
Organizátion of Petróleum Expórting Cóuntries [the] 石油輸出国機構, オペック《1960 年結成; 略 OPEC; 本部 Vienna》.
or·ga·nize /ɔ́ːrgənàɪz/ *vt* **1 a** …に有機的[組織的]構造を与える, 組織化する; 〈有機的統一体を〉作り上げる; 有機物[生命体]化する: an ～*d* body 有機体. **b** 〈作品を〉有機的に構成する, まとめ上げる; 〈資料・知識などを〉系統立てる, 整理する, 統合する. **c** 配列する, 配置する (arrange): ～ the chairs round the table. **2 a** 〈団体などを〉組織[編制]する; 〈会社などを〉創立[設立]する; …に労働組合を結成する, 組織化する (unionize); (労働)組合に加入させる, オルグする. **b** 〈企画・催しを〉計画[準備]する, …のまとめ役となる: ～ a picnic ピクニックを企画する. **c** (引き受けて)用意する (provide). **3** 〈人〉の世話をやく (⇨ ORGANIZED): ～ one*self* 手順を考えて行動する, 計画性をもつ. **4** 《俗》くすねる, 巻き上げる. ► *vi* 組織化する, 有機的まとまりをもつ; 有機体になる; 組織的に団結する, 結束する; *(労働)組合を組織する[に加入する]. ♦ **ór·ga·nìz·able** *a* 組織できる. ［OF＜L (ORGAN)］
ór·ga·nìzed *a* 整った, きちんとした; 組織化された, 組織的な; 組織に加入した; 備品などをそろえている; 〈人が〉てきぱきした, 手際のよい; *《俗》酔っぱらった: ～ religion 《伝統のある》組織宗教 / get ～ (仕事の)準備をする.
órganized críme 組織犯罪; 組織犯罪者団, 犯罪組織《(organized) crime syndicate ともいう》.
órganized férment 〘生化〙有機化された発酵素《酵母・細菌などを指す古い用語》.
órganized lábor 組織労働者《集合的》.
ór·ga·nìz·er *n* **1** 組織者, オルガナイザー; 創立委員; まとめ役, 幹事, 実行委員; 《興行などの》主催者; 《労働組合などの》オルグ; 〘発生〙形成体, オーガナイザー (＝*inductor*). **2** 整理に役立つ用品《多目的ハンドバッグ, 分類書類ばさみ, PERSONAL ORGANIZER など》.
órgan lòft 《教会堂などの》オルガンを備え付けた二階.
organo- /ɔ́ːrgənoʊ, ɔːrgǽnoʊ, -nə/ ⇨ ORGAN-.
òrgano·chlórine /, ɔːrgæ̀nə-/ *n, a* 有機塩素系殺虫剤(の)《DDT, アルドリンなどの殺虫剤》.
órgan of Cór·ti /-kɔ́ːrti/ 〘解・動〙《内耳の蝸牛(かぎゅう)管内の》コルチ器官.
orgáno·gèl *n* 〘化〙オルガノゲル《オルガノゾル (organosol) をゲル化したもの》.
òrgano·génesis /, ɔːrgæ̀nə-/ *n* 〘生〙器官形成(学). ♦ **-ge·nétic** *a* **-ical·ly** *adv*
or·gan·og·ra·phy /ɔ̀ːrgənágrəfi/ *n* 《動植物の》器官学《形態学の一分野》. ♦ **-phist** *n* **òr·ga·no·gráph·ic, -i·cal** *a*
orgàno·hálogen *a* 〘化〙有機ハロゲンの《ハロゲンを含む有機化合物の》.
or·gan·o·lep·tic /ɔ̀ːrgənoʊléptɪk, ɔːrgæ̀nə-/ *a* 感覚器を刺激する; 感覚器による; 感覚刺激に反応する, 器官[特殊]感覚受容性の. ♦ **-ti·cal·ly** *adv* ［Gk *lēptikos* disposed to take］
or·ga·nol·o·gy /ɔ̀ːrgənálədʒi/ *n* 《動植物の》器官研究, 器官学, 《特に》臓器学; 楽器(史)研究. ♦ **-gist** *n* **or·gan·o·log·ic** /ɔ̀ːrgənládʒɪk, ɔːrgæ̀nə-/, **-i·cal** *a*
òrgano·mercúrial /, ɔːrgæ̀nə-/ *n* 有機水銀化合物[薬剤].
òrgano·metállic /, ɔːrgæ̀nə-/ *a, n* 有機金属(の).
or·ga·non /ɔ́ːrgənàn/ *n* (*pl* **-na** /-nə/, **～s**) 知識獲得の方法[手段, てだて], 研究法; 《科学・哲学研究の》方法論的原則; [the O-]『オルガノン』《Aristotle の論理学的著作の総題; 論理学を学問の '道具' ととらえた後世のギリシア人編纂者たちによる命名》. ［Gk＝tool, instrument］
òrgano·phósphate /, ɔːrgæ̀nə-/ *n, a* 有機リン化合物(の)《殺虫剤など》.
òrgano·phósphorus /, ɔːrgæ̀nə-/ *a, n* 有機リン化合物[殺虫剤](の). ♦ **-rous** *a*
or·gano·sol /ɔːrgǽnəsɔ̀(ː)l, -sòʊl, -sàl/ *n* 〘化〙オルガノゾル《有機溶媒を分散媒とするコロイド》.
òrgano·thérapy, -therapéutics /, ɔːrgæ̀nə-/ *n* 〘医〙臓器療法.
òrgano·tín *a* 〘化〙有機スズの: ～ compound 有機スズ化合物《農薬・プラスチックの安定剤などとして用いられる》.
òrgano·trópic /, ɔːrgæ̀nə-/ *a* 〘生・医〙臓器親和性の, 臓器向性の. ♦ **-ical·ly** *adv* **or·ga·not·ro·pism** /ɔ̀ːrgənátrəpɪ̀z(ə)m/ *n*
órgan pìpe 〘楽〙オルガンの音管, (オルガン)パイプ.
órgan-pìpe càctus 〘植〙《米国南西部・メキシコの》地際からオルガンパイプ状に分枝するハシラサボテン《ハクウンカク(白雲閣)など数種》.
órgan pòint PEDAL POINT.
órgan scrèen 《会衆席と聖歌隊席間などの》オルガンの据えられる木[石]製の仕切り.
órgan stòp 〘楽〙オルガンストップ.
or·ga·nule /ɔ́ːrgən(j)ùːl/ *n* 〘生理〙感覚終末器.
or·ga·num /ɔ́ːrgənəm/ *n* (*pl* **-na** /-nə/, **～s**) ORGANON; 〘楽〙オルガヌム《中世の初期多声音楽; グレゴリオ聖歌などの旋律を主声部とし, それに 4 度[5 度, 8 度]の音程でいくつかの声部を付加した楽曲》; オルガヌム声部.
or·gan·za /ɔːrgǽnzə/ *n* オーガンザ《透き通った薄いレーヨンなどの平織り布; ドレス・ブラウス・縁飾り用》. ［? *Lorganza* 商標］
or·gan·zine /ɔ́ːrgənzìːn/ *n* 〘紡〙撚糸(よりいと), 諸(もろ)撚糸.
or·gasm /ɔ́ːrgæ̀z(ə)m/ *n* 〘生理〙オルガスム(ス), オーガズム《性快感の絶頂》; 極度の興奮, 激怒. ► *vi* オルガスムに達する. ♦ **or·gas·mic** /ɔːrgǽzmɪk/, **or·gas·tic** /ɔːrgǽstɪk/ *a* **or·gás·ti·cal·ly, -mi·cal·ly** *adv* ［F or L＜Gk＝excitement (*orgaō* to swell, be excited)］
OR gate ⇨ OR CIRCUIT.
or·geat /ɔ́ːrʒɑ̀ː(t)/ *n* オルジェー(シロップ)《カクテルなどに用いるアーモンド香のシロップ》.
or·gi·as·tic /ɔ̀ːrdʒiǽstɪk/ *a* 酒神祭の(ような), 飲み騒ぐ; 興奮[ばか浮かれ]させる(ような)〈音楽など〉. ♦ **-ti·cal·ly** *adv* ［Gk (*orgiazō* to celebrate orgy)］

O

órg-màn /ɔ́ːrg-/ *n**《俗》ORGANIZATION MAN.

or·gone /ɔ́ːrgòun/ *n* オルゴン《Wilhelm Reich の仮定した, 宇宙に充満する生命力; オルゴン集積箱 (**∼ bòx**) の中にすわると人体内にそのエネルギーを吸収でき諸病が治るという》. [?*orgasm, -one* (< *hormone*)]

or·gu·lous /ɔ́ːrg(j)ələs/《古》*a* 誇り高き, 高慢な; すばらしい, 派手な.

or·gy /ɔ́ːrʤi/ *n* **1** [*pl*]〘古ギ·古ロ〙《秘密に行なう》酒神祭 (⇨ DIONYSUS, BACCHUS). **2** 乱飲乱舞の酒宴, 底抜け騒ぎ, お祭り騒ぎ; 乱交パーティー, 性の饗宴; やりたい放題, (過度の)熱中, 耽溺: an ∼ of parties お祭り騒ぎのパーティーの連続 / an ∼ of work 仕事に夢中になること / an ∼ of destruction 破壊の限りを尽くすこと. [F, <Gk *orgia* (pl) secret rites]

Or·hon /ɔ́ːrhɑ̀n/, **Or·khon** /ɔ́ːrkɑ̀n/ [the] オルホン川《モンゴル北部を北東に流れる川; Gobi 砂漠北端に発し, Selenga 川に合流; 川岸近くには Karakorum 遺跡が残る》.

ori- /ɔ́ːri/ *comb form*「口 (mouth)」 [L *or- os*]

-oria *n suf* -ORIUM の複数形.

-o·ri·al /ɔ́ːriəl/ *a suf*「…の」「…に属する」「…に関係のある」: gressorial, professorial. [ME (*-ory, -al*[1])]

Ori·a·na /ɔ̀ːriǽnə; ɔ̀(ː)riɑ́ːnə/ **1** オリエイナ, オリアーナ《女子名》. **2** オリアーナ《AMADIS of Gaul が恋に陥る, イングランド王の娘》. [OF (L *orior* to rise)]

orib·a·tid /ɔríbətəd, ɔ̀ːrəbǽt-/ *n, a*〘動〙ササラダニ(の).

or·i·bi /ɔ́(ː)rəbi, ɑ́r-/ *n* (*pl* **∼s, ∼**)〘動〙オリビ《アフリカ産の小型の羚羊》. [Afrik<Nama]

órie-éyed /ɔ́ːri-/ *a*《俗》HOARY-EYED.

ori·el /ɔ́ːriəl/ *n*〘建〙出窓, 張出し窓 (=**∼ wìndow**)《階上の壁面から突き出た多角形の縦長窓》. [OF=gallery<?]

Oriel オリエル《女子名》. [OHG (?*aur- aus* fire+*hildi* strife)]

ori·ent /ɔ́ːriənt, *-ɛ̀nt/ *n* **1** [the O-]《詩》東洋 (East), 東邦《ヨーロッパからみた東方の諸国》, 極東 (Far East), 東半球 (Eastern Hemisphere);《詩》東, 東天. **2** 光沢あざやかな(上質)真珠《特に東洋産》; 真珠光沢. ► *a* [O-]《古·詩》東の, 東洋(諸国)の (Oriental, Eastern);《古》昇る〈太陽〉;〈真珠·宝石など〉光沢の美しい. ► *v* /ɔ́ːriɛ̀nt/ *vt* **1 a** 東向きにする;〈教会堂を〉祭壇が東になるように建てる;〈人を〉足を東向きにして葬る. **b**《コンパスを使って》…の方角[向き]を定める, 方角を定めて置く[配置する]; …の方向を確かめる;〈人を〉〈特定の方向に〉向ける〈*to*〉. **2** …の真相を見極める, 正しく判断する;《既知のものに照らして》修正する. **3**《新環境などに》適応させる, なじませる〈one's ideas, one*self to*〉,〈新人など〉に適応指導[オリエンテーション]をする. **4**〈書物·映画などを〉〈特定の対象·方向に〉指向させる: a film ∼*ed* to [toward] women 女性向け映画. **5**〘化〙…の分子を配向する. ► *vi* 東に向く;〈特定方向に〉指向する. ● **∼ oneself** ⇨ *vt*; 自己の立場[形勢]を見定める. [OF<L *orient- oriens* rising, rising sun, east]

ori·en·tal /ɔ̀ːriɛ́ntl/ *a* **1** [O-] 東洋人[諸国]の, 東洋から来た (opp. *Occidental*);《古·詩》東の, 東方の; 東洋文明の; 東洋風の; [O-]〘生物地理〙東洋亜区の. **2**〈宝石·真珠が〉上質の, 光沢の美しい; [°O-] 鋼玉 (corundum) 種の. ► *n* [O-] [°*derog*] アジア人, 東洋人; [O-] ORIENTAL JEW; [O-] ORIENTAL RUG; [O-] ORIENTAL SHORTHAIR. ♦ **∼·ly** *adv*

Oriéntal álmandine〘宝石〙オリエンタルアルマンディン《赤紫色のサファイア》.

oriéntal béetle〘昆〙セマダラコガネ (=*Asiatic beetle*)《フィリピン原産; 米国に渡り農作物の大害虫となった》.

Oriéntal cárpet ORIENTAL RUG.

oriéntal cóckroach〘昆〙トウヨウゴキブリ, コバネゴキブリ《温帯でごく一般的にみられる黒褐色で中型のゴキブリ》.

Oriéntal émerald〘宝石〙オリエンタルエメラルド《緑色のサファイア》.

oriéntal frúit flỳ〘昆〙ミカンコミバエ《幼虫が種々の果実を食う》.

oriéntal frúit mòth〘昆〙ナシノヒメシンクイ (=*oriental peach moth*)《幼虫が桃などの小枝や果実を食う》.

oriéntal gíant squírrel〘動〙インドオオリス.

Ori·en·ta·lia /ɔ̀ːriəntéɪljə, -ɛ̀n-, -liə/ *n pl* 東洋の文物, 東洋(文化)誌《芸術·文化·歴史·民俗などの資料》.

oriéntal·ìsm *n* [°O-] 東洋風, 東洋人の特異性; 東洋文化の研究, 東洋[オリエント]学; オリエンタリズム《アジア(特に中東世界)を異国的なもの, 神秘的なもの, 後進的なものなどとして考察·記述の対象とする西洋植民地主義的なアジア観》. ♦ **-ist** *n* [°O-] 東洋[オリエント]学者, 東洋通. **ori·èn·tal·ís·tic** *a*

oriéntal·ìze [°O-] *vt* 東洋風にする, 東洋化する. ► *vi* 東洋風になる; 東洋学を修める. ♦ **orièntal·izá·tion** *n*

Oriéntal Jéw 中東·北アフリカ系のイスラエルのユダヤ人《一般に低所得層に属する》.

oriéntal péach mòth ORIENTAL FRUIT MOTH.

Oriéntal póppy〘植〙オニゲシ《西南アジア原産》.

oriéntal róach ORIENTAL COCKROACH.

Oriéntal rúg 東洋緞通(だんつう)《東洋産の色模様の手織りじゅうたん》.

Oriéntal shórthair〘猫〙オリエンタルショートヘア《シャムネコと他の東洋種との交雑育種によりヨーロッパで作出された緑眼短毛長軀の猫》.

oriéntal shréw〘動〙ジャワヤマジネズミ《インドネシア産》.

oriéntal sóre〘医〙東洋潰瘍, 東洋[東邦]腫.

oriéntal swéetlips〘魚〙ムスジコショウダイ (⇨ SWEETLIPS).

oriéntal tópaz《宝石とする》黄色鋼玉.

ori·en·tate /ɔ́ːriəntèɪt, -ɛ̀n-/ *vt* ORIENT. ► *vi* 東を向く, 東面する; 特定の方向に向く; 環境に適応する.

ori·en·ta·tion /ɔ̀ːriəntéɪʃ(ə)n, -ɛ̀n-/ *n* **1 a**《思想などの》方向, 指向〈*to, toward*〉; SEXUAL ORIENTATION;《新しい環境で》自分の位置を確かめること, 位置づけ, 定位;〘精神医〙方向定位, 見当識, 指南(力). **b**〘教育〙適応指導, オリエンテーション,《新人の》入職教育[指導]. **2 a** 教会堂を祭壇が東になるように建てること; 足を東向きに死体を葬ること;《祈りなどの際に》東に向くこと;《建物などの》方位; 配向. **b**〘生〙定位《生物体が, 自己の体軸が特定方向に向くように体位を定めること》,《鳥などの》帰巣本能;〘化〙配向. ♦ **∼·al** *a* **∼·al·ly** *adv*

orientátion cóurse〘米教育〙《大学の新入生などに対する》オリエンテーション課程《講演その他の催し物》.

óri·ent·ed *a*《知的·感情的に》…指向の, …優先の: a male-∼ world 男性優位の世界 / profit-∼ 利益追求型の / diploma-∼ 学歴偏重の / a humanistically ∼ scholar 人道主義指向の学者.

ori·en·teer·ing /ɔ̀ːriəntíərɪŋ, -ɛ̀n-/ *n* オリエンテーリング《地図と磁石で道を捜して進むクロスカントリー競技》. ♦ **òri·en·téer** *vi, n* オリエンテーリングに参加する[の参加者].

Órient Expréss [the] オリエント急行《Paris と Istanbul を結ぶ豪華列車 (1883–1977); のち区間を縮小, 2009 年運行終了》.

or·i·fice /ɔ́(ː)rəfəs, ɑ́r-/ *n* 開口部, 穴, 孔, 口, オリフィス. ♦ **or·i·fi·cial** /ɔ̀(ː)rəfíʃ(ə)l, ɑ̀r-/ *a* [F<L (*or- os* mouth, *facio* to make)]

órifice mèter〘工〙オリフィス流量計《中央に孔をあけた仕切り板で, これを管路の途中に設置し, 圧力差を利用して流量を計る》.

or·i·flamme /ɔ́(ː)rəflæ̀m, ɑ́r-/ *n*《古代フランスの》赤色王旗《St-Denis の修道院の聖旗》; 軍旗;《集結地点や忠誠·勇気の象徴を示す》旗じるし; きらめく色, 派手に目立つもの. [OF (L AURUM, FLAME)]

orig. origin ♦ original(ly).

ori·ga·mi /ɔ̀(ː)rəgɑ́ːmi, ɑ̀rə-/ *n* 折り紙. [Jpn]

or·i·gan /ɔ́(ː)rɪgən, ɑ́r-/ *n*〘植〙マヨラナ (marjoram),《特に》ハナハッカ. [OF (↓)]

orig·a·num /ərígənəm/ *n*〘植〙ハナハッカ属 (*O-*) の草本,《特に》ハナハッカ (OREGANO)《葉は香辛料》. [L<Gk]

Or·i·gen /ɔ́(ː)rəʤən, ɑ́r-; -ʤɛ̀n/ オリゲネス (*L* Origenes Adamantius) (185?–?254)《Alexandria 生まれの神学者でギリシア教父》.

or·i·gin /ɔ́(ː)rəʤən, ɑ́r-/ *n* **1** 始まり, 起こり, 発端, 起源, 源 (source); 原因, 源泉, 出所;〘数〙原点;〘解〙《筋肉·末梢神経の》起始, 起(始)点, 原点: a word of Greek ∼ ギリシア語起源の語 / owe one's ∼ to…に端を発する / a country of ∼ 原産国. **2** [°*pl*] 出自, 素姓, 生まれ, 血統: of noble [humble] ∼(*s*) 高貴の[卑しい]生まれの / He is a Dutchman by ∼. 生まれはオランダだ. [F or L *origin- origo* (*orior* to rise)]

orig·i·nal /əríʤ(ə)n(ə)l/ *a* **1** 原始[原初]の, 最初の, もともとの, そもそもの (first, earliest); オリジナル[原型, 原作, 原文, 原図, 原曲]の,《コピー[複製]でなく》原物の, 本物の: an ∼ edition 原版 / the ∼ picture 原画. **2** 独創的な, 創意に富む (creative); 新奇な, 奇抜な, 風変わりな: This idea is not ∼ *with* us. この考えはわれわれの発案ではない. ► *n* **1** 原型, 原物; 原作, 原文, 原書, 原本, 原画, 原図, 原曲, オリジナル;《写真·画像などの》もとの人物, 本人, 実物;《古》源泉, 起源. **2** 独創的な人;《古》ORIGINATOR;《口》奇抜な人, 一風変わった人. ● **in the ∼** 原文[原語, 原書]で. [OF or L (↑)]

oríginal equípment manufàcturer〘商〙OEM.

oríginal grávity 原麦汁濃度《ビール醸造で発酵前の麦汁濃度》.

oríginal gúm〘郵〙《切手の》原裏糊《略 o.g., OG》.

oríginal ínstrument〘楽〙オリジナル楽器《原曲を作曲した当時に使用した(のと同様の)楽器》.

oríginal intént《憲法·法律などの》起草者の意思, 原意; *《憲法上の》起草者意思説, 原意主義.

orig·i·nal·i·ty /əriʤənǽləti/ *n* 原物であること; 独創力, 創造力; 創意, 独創性, 創作性; 奇抜, 風変わり;《古》本物, 真正.

oríginal·ly *adv* 当初は, 初めは, もともと, そもそも; 本来, 初めから; 独創的に; 奇抜に.

oríginal prínt《木版·石版などの》オリジナルプリント《作者自身の手によってまたは作者の監督の下に原版から直接作られたもの》.

oríginal prócess〘法〙始審令状.

oríginal sín〘神学〙原罪《Adam と Eve の堕落に基づく人類固有の罪業; cf. ACTUAL SIN》; 大罪, 悪業.

oríginal wrít〘英法史〙基本令状, 訴訟開始令状; ORIGINAL PROCESS.

orig·i·nate /əríʤənèɪt/ *vt* 始める, 起こす; 創設する, 創作する, 発明する, 編み出す. ► *vi* 源を発する, 起こる, 始まる, 生ずる〈*from*

[*in*] sth, *with* [*from*] sb〉; *〈バス・列車が〉始発する. ◆ **orìg·i·ná·tion** *n* 始め, 始まり; 創作, 発明; 起因; 起点. **oríg·i·nà·tor** *n* 創始者, 発頭人, 発起人, 開祖.

orig·i·na·tive /ərídʒənèɪtɪv, -nət-/ *a* 独創的な, 発明の才のある; 奇抜な. ◆ **~·ly** *adv*

Órigin of Spécies [The]『種の起源』《Darwin が進化論を体系化した著作 (1859)》.

Or·i·mul·sion /àrɪmʌ́lʃ(ə)n/ 〘商標〙 オリマルジョン 《瀝青(れきせい)に水と乳化剤を加えた乳状液からなる燃料》. [*Orinoco* (流域の油田地帯で最初に瀝青が抽出された)＋*emulsion*]

òri·násal *a* 口と鼻との; 〘音〙《フランス語の口鼻母音のように》口と鼻とで発音する. ► *n* 〘音〙口鼻母音. ◆ **~·ly** *adv* [L os²]

O-ring /óu―/ *n* O リング《パッキング用リング》.

Ori·no·co /ɔ̀:rənóukou/ [the] オリノコ川《ベネズエラ南部, ブラジル国境付近に発し, 西から北に向かいコロンビア国境に至り, 東に向きを変えて大デルタで大西洋に注ぐ》.

ori·ole /ɔ́:riòul/ *n* 〘鳥〙 **a** コウライウグイス《同科の総称; 旧世界産》. **b** ムクドリモドキ《同科, 特に同属の総称; 新世界産》. [OF＜L; ⇨ AUREOLE]

Ori·on /əráɪən, ɔ:-/ **1 a** 〘ギ神〙 オーリーオーン《巨人で美男の猟師》. **b** 〘天〙 オリオン座 (Hunter). **2** [o-] 暗い青.

Oríon Nèbula [the] 〘天〙 オリオン大星雲.

Oríon's Bélt 〘天〙 オリオン座の三つ星, 熊手.

Oríon's Hóund [the] 〘天〙 **a** おおいぬ座 (大犬座) (Canis Major). **b** シリウス, 天狼星 (Sirius).

Ori·sha /ɔ́:rəʃà:; əríʃə/ (*pl* ~, ~**s**) オリシャ《(**1**) ナイジェリア南部の土着の神 **2**) 南米・カリブ地域における黒人の宗教の神》. [Yoruba]

or·is·mol·o·gy /ɔ̀(:)rəzmálədʒi, àr-/ *n* 術語定義学 (terminology). ◆ **òr·is·mo·lóg·i·cal** *a*

or·i·son /ɔ́(:)rɪs(ə)n, ár-, -z(ə)n; -z(ə)n/ *n* [ᵁ*pl*] 祈り (prayer). [OF＜L; ⇨ ORATION]

Oris·sa /ɔ:rísə; ɔ-/ オリッサ《インド東部 Bengal 湾に臨む州; ☆Bhubaneswar》.

-o·ri·um /ɔ́:riəm/ *n suf* (*pl* ~**s**, **-o·ria** /-riə/) 「…のための場所[施設]」: audit*orium*. [L]

Ori·ya /ɔ:rí:jə; ɔ-/ *n* **a** (*pl* ~, ~**s**) オリヤー族《インド Orissa 州の住民; 大半はヒンドゥー教徒》. **b** オリヤー語《印欧語族 Indic 語派の一つ》.

Ori·za·ba /ɔ̀:rəzá:bə, -sá:-/ オリサバ《メキシコ南東部 Veracruz 州の観光・保養都市》. ■ **Pí·co de ～** /pí:kou deɪ-/ オリサバ山《CITLALTÉPETL のスペイン語名》.

Or·jo·ni·ki·dze /ɔ̀:rdʒɑ̀nəkídzə/ ORDZHONIKIDZE.

ork, orc, orch /ɔ́:rk/ *n* 《俗》 ORCHESTRA, バンド.

Orkhon ⇨ ORHON.

Órk·ney Íslands /ɔ́:rkni-/ *pl* [the] オークニー諸島《スコットランド北方の島群; 旧州; ☆Kirkwall (Mainland 島); cf. ORCADIAN》. ◆ **Órkney·an** /, ɔ:rkní:ən/ *a, n*

ork-orks /ɔ́:rkɔ̀:rks/ *n pl* [the] *《口》 震顫譫妄(しんせんせんもう) (delirium tremens).

Or·lan·do /ɔ:rlǽndou, -lá:n-/ **1 a** オーランドー《男子名》. **b** オーランドー《Shakespeare, *As You Like It* 中の人物; Rosalind の恋人》. **c** オルランド《ROLAND のイタリア語形; Boiardo の *Orlando Innamorato*, Ariosto の *Orlando Furioso* などの主人公》. **2** オルランド **Vittorio Emanuele** ～ (1860–1952)《イタリアの政治家; 首相 (1917–19)》. **3** オーランド《Florida 半島中東部にある市; 市の南西に大遊園地 Disney World がある》. [It; ⇨ ROLAND]

orle /ɔ́:rl/ *n* 〘紋〙 オール《盾形紋の内側の輪郭線》; 《小図形の》オール形配列. ● **in ～** 〘紋〙〈小図形が〉オール形に配列された. [OF＝border, edge]

Or·lé·a·nais /ɔ̀:rleɪənéɪ/ オルレアネ《フランス中北部の歴史的地方・旧州; ☆Orléans》.

Or·le·an·ist /ɔ́:rliənɪst/ *n* 〘フランス史〙 オルレアニスト《Louis 14 世の弟に始まる Orléans 家の王位要求を支持する王党派》.

Or·lé·ans /ɔ́:rliənz, ‖―⌣―; *F* ɔrleɑ̃/ **1** オルレアン《フランス中北部 Loiret 県の県都; 百年戦争中 Joan of Arc (Maid of Orléans) によって解放された (1429)》. **2** オルレアン《フランスの親王家; Valois, Bourbon 家の分家》: (**1**) **Charles d'**～, Duc d'～ (1394–1465)《詩人; Louis 12 世の父; Agincourt の戦い (1415) に敗れ, イングランドに捕囚となる; 中世フランス最後の宮廷詩人とされる》 (**2**) **Louis-Philippe-Joseph d'**～, Duc d'～ (1747–93)《Louis Philippe の父; 反王政派として 'Philippe Égalité' (平等公フィリップ) の異名をとるも, 山岳党に捕えられて処刑された》.

Or·lon /ɔ́:rlɑ̀n/ 〘商標〙 オーロン《かさ高で柔らかく暖かい手ざわりのアクリル繊維》.

ór·lop (dèck) /ɔ́:rlɑ̀p(-)/ 〘海〙 最下甲板.

Or·lov /ɑ:rlɔ́:f/ オルロフ《ロシアの貴族の一門; Count **Grigory Grigoryevich** ～ (1734–83) は Peter 3 世の妃 Catherine 2 世の愛人で, 弟 **Aleksey Grigoryevich** (1737–1808) らと謀って Peter 3 世を退位させ Catherine を帝位につけた (1762)》.

Or·ly /ɔ:rlí:, ɔ́:rli/ オルリー《Paris の南南東郊外の町; 国際空港がある》.

Or·man·dy /ɔ́:rməndi/ オーマンディ **Eugene** ～ (1899–1985)《ハンガリー生まれの米国の指揮者》.

Or·mazd /ɔ́:rməzd/ 〘ゾロアスター教〙 オルマズド, アフラマズダ (＝*Ahura Mazda*)《AHRIMAN と対決する, 光明と善の最高神; ⇨ ZOROASTRIANISM》.

or·mer /ɔ́:rmər/ *n* 〘貝〙 アワビ (abalone). [F]

Or·móc Báy /ɔ:rmák-/ オルモック湾《フィリピンの Leyte 島の北西部にある Camotes 海にできた入江》.

or·mo·lu /ɔ́:rməlù:/ *n* オルモル (＝*mosaic gold*)《銅・亜鉛・スズの合金で, 模造金箔》; 金箔を被(き)せた金属《青銅など》; 金箔えのぐ; めっき物; 安物の装飾品材料; [*fig*] 見かけ倒しの安物. [F *or moulu* powdered gold]

Or·monde /ɔ́:rmənd/ オーモンド **James Butler,** 12th Earl and 1st Duke of ～ (1610–88)《イングランドの軍人; アイルランド系プロテスタント; アイルランド総督 (1661–69, 77–84)》.

Ormuz ⇨ HORMUZ.

Or·muzd /ɔ́:rməzd/ ORMAZD.

or·na·ment *n* /ɔ́:rnəmənt/ 飾り, 装飾; 装飾品, 装飾模様, 装身具, 勲章; 光彩を添える人[もの]; 〘楽〙 装飾(音) (＝*embellishment, fioritura*); [ᵁ*pl*] 《教会の》飾りつけの聖具; *《鉄道俗》 駅長: by way of ～ 装飾として / He is an ～ *to* the family. 彼は一家の誇りである / personal ～*s* 装身具. ► *vt* /ɔ́:rnəmènt/ 飾る 〈*with*〉. ◆ **～·er** *n* 飾る人. [OF＜L (*orno* to adorn)]

or·na·men·tal /ɔ̀:rnəméntl/ *a* 飾りの, 装飾的な, 装飾用の: an ～ plant 観賞植物 / an ～ plantation 風致林 / ～ writing 飾り文字. ► *n* 装飾物; 観賞植物. ◆ **～·ist** *n* 装飾家. **～·ìsm** *n* 装飾主義. **～·ly** *adv* 装飾的に, 修飾して.

or·na·men·ta·tion /ɔ̀:rnəmentéɪʃ(ə)n, -mèn-/ *n* 装飾, 飾りつけ, 飾りたてた状態; 装飾品(類).

órnament(s) rúbric 〘英国教〙《礼拝用品に関する》礼拝規定, 典礼執行規定.

or·nate /ɔ:rnéɪt/ *a* 飾りたてた, 凝った, 華麗な. ◆ **～·ly** *adv* **～·ness** *n* [L (pp) ‹ *orno* to adorn]

or·né /*F* ɔrne/ *a* (*fem* **-née** /―/) 飾りのある (adorned), 〈…〉付きの 〈*de* fleurs〉.

Orne /ɔ́:rn/ **1** オルヌ《フランス北西部 Basse-Normandie 地域圏の県; ☆Alençon》. **2** [the] オルヌ川《フランス北西部を北流し, Seine 湾に注ぐ川》.

or·nery /ɔ́:rnəri/ *《口》 *a* おこりっぽい, 短気な; 強情な, 意地っぱりの, なかなかしぶとい; 下劣な, 下品な (vile); 平凡な (common). ◆ **ór·neri·ness** *n* [*ordinary*]

or·nis /ɔ́:rnəs/ *n* (*pl* **or·ni·thes** /ɔ:rnáɪθi:z/) 《ある地方・時期・環境における》鳥類(誌) (avifauna). [G＜Gk (↓)]

or·nith- /ɔ́:rnəθ/, **or·ni·tho-** /-θou, -θə/ *comb form* 「鳥」 [Gk *ornith- ornis* bird]

or·nith·ic /ɔ:rníθɪk/ *a* 鳥の, 鳥類の.

or·ni·thine /ɔ́:rnəθì:n/ *n* 〘生化〙 オルニチン《尿素産生に関係する塩基性アミノ酸の一つ》.

or·nith·is·chi·an /ɔ̀:rnəθískiən/ *n, a* 〘古生〙 鳥盤目 (Ornithischia) の(恐竜).

or·ni·thoid /ɔ́:rnəθɔ̀ɪd/ *a* 鳥に似た, 鳥様の.

or·ni·thol·o·gy /ɔ̀:rnəθálədʒi/ *n* 鳥(類)学; 鳥類学の論文. ◆ **-gist** *n* 鳥(類)学者. **or·ni·tho·log·i·cal** /ɔ̀:rnəθəládʒɪk(ə)l/, **-ic** *a* 鳥(類)学(上)の. **-i·cal·ly** *adv*

or·nith·o·man·cy /ɔ:rníθəmæ̀nsi, ‖ɔ́:nɪθəu-/ *n* 《飛び方・鳴き声による》鳥占い.

or·ni·thoph·i·lous /ɔ̀:rnəθáfələs/ *a* 鳥類を愛好する, 鳥好きな; 〘植〙 鳥媒による.

or·ni·thoph·i·ly /ɔ̀:rnəθáfəli/ *n* 〘植〙 鳥媒《鳥の媒介による受粉》.

or·ni·tho·pod /ɔ́:rnəθəpɑ̀d/ *n* 〘古生〙 鳥脚類[亜目] (Ornithopoda) の恐竜.

or·ni·thop·ter /ɔ̀:rnəθáptər/ *n* 〘空〙 はばたき(飛行)機 (＝*orthopter*).

or·ni·tho·rhyn·chus /ɔ̀:rnəθəríŋkəs/ *n* 〘動〙 カモノハシ (platypus).

or·ni·thos·co·py /ɔ̀:rnəθáskəpi/ *n* 《鳥の飛び方で占う》鳥占い; 野鳥の観察, 探鳥 (bird-watching).

or·ni·tho·sis /ɔ̀:rnəθóusəs/ *n* (*pl* **-ses** /-sì:z/) 〘獣医〙 鳥類病, オーニソーシス《PSITTACOSIS, 特に ハト・シチメンチョウなどオウム科以外の鳥のウイルス病で, 人に伝播する》. ◆ **-thot·ic** /-θátɪk/ *a* [*-osis*]

oro-¹ /ɔ́(:)rou, árou, -rə/ *comb form* 「山」「高度」 [Gk (*oros* mountain)]

oro-² /ɔ́(:)rou, árou, -rə/ *comb form* 「口」 [L (os²)]

oro·ban·cha·ceous /ɔ̀(:)roubæ̀ŋkéɪʃəs, àr-/ *a* 〘植〙 ハマウツボ科 (Orobanchaceae) の.

òro·génesis *n* OROGENY. ◆ **-genétic** *a*

òro·gén·ics *n* OROGENY.

orog·e·ny /ɔ(:)rádʒəni, ɑ-/ *n* 〘地質〙 造山運動. ◆ **oro·gen·ic** /ɔ̀(:)rədʒénɪk, àr-/ *a*

oro·graph·ic /ɔ̀(:)rəgrǽfɪk, àr-/, **-i·cal** *a* 山岳学[誌]の; 〘気〙

地形性の: ～ rain 地形性降雨. ［*oro-*[1]］
orog·ra·phy /ɔ(ː)rágrəfi, ɑ-/ *n* 山岳学《自然地理学の一分野》; 山岳誌.
oro·ide /ɔ́ːrouàɪd/ *n* 〔冶〕オロイド《銅·亜鉛などの合金; 金色で安物宝石類に用いる》.
orol·o·gy /ɔ(ː)ráləʤi, ɑ-/ *n* 山岳学. ◆ **-gist** *n* **or·o·log·i·cal** /ɔ̀(ː)rəláʤɪk(ə)l, ɑ̀r-/ *a*
orom·e·ter /ɔ(ː)rámətər, ɑ-/ *n* 山岳高度計[気圧計].
or·o·met·ric /ɔ̀(ː)rəmétrɪk, ɑ̀r-/ *a* 山岳測量の; 山岳高度計[気圧計]の.
Oro·mo /ɔːróumou; ɔ-/ *n* (*pl* ～, ～**s**) オロモ族[語] (GALLA).
òro·násal *a* 〔解〕口と鼻の[に関する], 口鼻の.
oro·no·co, -ko /ɔ̀urənóukou/ *n* オロノコ《ヴァージニアタバコの一品種》.
Oron·tes /ɔːrántiz; ə-, ɔ-/ [the] オロンテス川《レバノンの Bekaa 高原に発し, シリアを通り, トルコで地中海に注ぐ》.
oro·pen·do·la /ɔ̀ːrəpéndlə; ɔ̀r-/ *n* 〔鳥〕オオツリスドリ《熱帯アメリカ産ムクドリモドキ科オオツリスドリ属の鳥の総称; 高い木の枝からたれさがった巣で知られる》. ［Sp＝golden oriole］
OR operation /ɔ́ːr —/ 〔電算〕OR 演算.
òro·pharyngéal /, *-fərínʤ(i)əl/ *a* 〔解〕中[口腔]咽頭の; 口咽頭の.
òro·phárynx *n* 〔解〕中[口腔]咽頭.
oro·so·múcoid /ɔ̀ːrəsou-/ *n* 〔生化〕オロソムコイド《血液やネフローゼ尿中に存在するムコタンパク》.
oro·tund /ɔ́ːrətʌ̀nd, ár-/ *a* 〈声が〉朗々と響く, 音吐朗々たる; 〈ことばなどが〉大げさな, 仰々しい. ► *n* 朗々とした声[弁舌]. ◆ **òro·tún·di·ty** *n* ［L ORE ROTUNDO］
Oróya féver /ɔːrɔ́ɪə-/ 〔医〕オロヤ熱《Andes 山地一帯にみられる熱病》. ［ペルーの地名］
oro y pla·ta /ɔ́ːrou i plɑ́ːtə/ 金と銀《Montana 州の標語》. ［Sp］
Oroz·co /ourɔ́ːskou/ オロスコ **José Clemente** ～ (1883–1949)《メキシコの画家; 壁画で有名》.
or·phan /ɔ́ːrf(ə)n/ *n* **1** 孤児, みなしご, 《時に》片親のない子; 捨て子; 母をなくした幼獣; [*fig*] 保護[便宜]を奪われた人. **2**《俗》製造中止になった車種[機種 など]. **3**〔印〕孤立[離れ]行《ページやコラムの末尾に置かれた, パラグラフの最初の 1 行》. ► *a* 親のない; 孤児のための; [*fig*] 保護を奪われた, 見捨てられている: an ～ asylum 孤児院 / an ～ disease《まれであるために治療法が開発されていない》稀少疾患. ► *vt* [ᵘ*pass*] 孤児にする. ◆ ～**·ize** *vt* ［L＜Gk＝bereaved］
órphan·age *n* ORPHANHOOD; 孤児院; 《古》みなしご, 孤児 (orphans).
órphan drùg 稀少疾患用薬, 稀用薬《市場が限られているために開発[製品化]されていない薬》.
órphan·hòod *n* 孤児の境遇, 孤児であること.
órphan's cóurt 〔米〕孤児裁判所《一部の州にあり, 孤児のための遺言の検認·後見人選定·財産管理などを行なう》.
or·phar·i·on /ɔːrfɛ́əriən/ *n* 〔楽〕オルファリオン《16–17 世紀の大型のリュート》.
Or·phe·an /ɔːrfíːən, ɔ́ːrfiən; ɔːfíːən/ *a* ORPHEUS の; 美音の (melodious); うっとりさせるような (enchanting).
Or·phe·us /ɔ́ːrfiəs, -fjùːs/ 〔ギ神〕オルペウス《無生物をも感動させた竪琴の名手; 妻は Eurydice; 冥界に行った妻を連れ帰ることを Hades に許されたが, 禁を破って地上に出る寸前に妻を振り返って見たため, 永遠に妻を失った》.
Or·phic /ɔ́ːrfɪk/ *a* ORPHISM の; 密教的な, 神秘的な; ORPHEAN. ◆ **-phi·cal·ly** *adv*
Or·phism /ɔ́ːrfɪz(ə)m/ *n* **1** オルペウス教《Orpheus を開祖だとする Dionysus [Bacchus] 崇拝を中心とする密儀宗教》. **2**〔美〕オルフィスム《1912 年ごろキュビスムから発達した技法; Delaunay が代表的画家》. ◆ **-phist** *n*
or·phrey, or·fray, or·frey /ɔ́ːrfri/ *n* オーフリー《**1**) 金などの精巧な刺繍(をしたもの) **2**) 聖職服などにみられる刺繍を施した帯[縁取り]》. ［OF＜L＝Phrygian gold］
or·pi·ment /ɔ́ːrpəmənt/ *n* 〔鉱〕石黄(せきおう), 雄黄(ゆうおう); 明るい黄色 (＝*king's yellow, realgar yellow*) (＝～ **yéllow**). ［OF］
or·pin(e) /ɔ́ːrpən/ *n* 〔植〕ムラサキベンケイソウ. ［OF＜?*orpiment*］
Or·ping·ton /ɔ́ːrpɪŋtən/ **1** オーピントン《London borough の Bromley の一部; もと Kent 州の一部》. **2** オーピントン種(の鶏)《大型の卵肉兼用種》.
Orr /ɔ́ːr/ オア **'Bobby'** ～ [**Robert Gordon** ～] (1948–)《カナダ生まれのホッケー選手》.
or·ra /ɔ́(ː)rə, árə/《スコ》*a* 臨時の, 時たまの; 半端な; 手のあいている; 〈人が〉怠惰な, 役に立たない. ［C18＜?］
or·rery /ɔ́(ː)rəri, ár-/ *n* 太陽系儀《惑星の運動を示す》. ［4th Earl of *Orrery* (1676–1731) 製作のパトロン］
or·ris[1], **-rice** /ɔ́(ː)rəs, ár-/ *n* 〔植〕ニオイ[シロバナ]イリス (FLORENTINE IRIS); ORRISROOT. ［*iris* の変形か］
orris[2] *n* 金[銀]の組みひも. ［? *orfreis* ORPHREY］
órris pòwder イリス根の粉末.
órris·ròot *n* イリス根《薬用·香料用粉末を採る》.
ór·ry-éyed /ɔ́ːri-/ *a*《俗》HOARY-EYED.
Ór·sat apparàtus /ɔ́ːrsət-, -sæ̀t-/ 〔化〕オルザットガス分析器. ［?］
or·seille /ɔːrséɪl, -séɪ, -sél/ *n* ARCHIL. ［F］
Or·si·ni /ɔːrsíːni/ オルシーニ《12–18 世紀 Rome で栄えた貴族の名家》.
Orsk /ɔ́ːrsk/ オルスク《ヨーロッパロシア南東部 Ural 山脈の南麓にある市》.
Or·son /ɔ́ːrs(ə)n/ オーソン《男子名》. ［Gmc＝bearlike］
Ør·sted /ɔ́ːrstɛd/ エルステッド **Hans Christian** ～ (1777–1851)《デンマークの物理学者; 電流の磁気作用を発見, これが電磁気学の発展の契機となった》.
ort /ɔ́ːrt/ *n* [ᵘ*pl*] 食べ残し; 台所のごみ; くず, 残滓(ざんし).
or·ta·nique /ɔ̀ːrtəníːk/ *n* 〔植〕オータニーク《orange と tangerine の交配種》. ［*orange*＋*tangerine*＋*unique*］
Or·te·ga /ɔːrtéɪgə/ オルテガ (**José**) **Daniel** ～ **Saavedra** (1945–)《ニカラグアの民族解放運動家·政治家; 大統領 (1985–90, 2007–)》.
Or·te·gal /ɔ̀ːrtigáːl/ [Cape] オルテガル岬《スペイン北西部 Biscay 湾の南西限をなす岬》.
Ortéga y Gas·sét /-ìː gɑːsét/ オルテガ·イ·ガセット **José** ～ (1883–1955)《スペインの哲学者·文明批評家;『大衆の反逆』(1929)》.
or·ter /ɔ́ːtə/《発音つづり》《口》ought to (cf. OUGHTA).
orth- /ɔ́ːrθ/, **or·tho-** /ɔ́ːrθou, -θə/ *comb form*「まっすぐな」「直立した」「垂直の」「直角の」「正しい」「矯正的な」(opp. *heter-*); 〔化〕オルト《**1**) 加水度の最も高い酸を示す **2**) ベンゼン環化合物で 1, 2- 位置換体を示す》. ［Gk (*orthos* straight)］
or·thi·con /ɔ́ːrθəkàn/ *n* 〔電子工〕オルシコン《テレビ撮像管で, iconoscope の改良型》.
or·thi·cóno·scòpe /ɔ̀ːrθəkánə-/ *n* ORTHICON.
or·thite /ɔ́ːrθàɪt/ *n* 〔岩石〕褐簾(かつれん)石, オーサイト.
or·tho[1] /ɔ́ːrθou/ *a* 〔化〕オルトの《**1**) 加水度の最も高い酸の[から誘導された] **2**) ベンゼン環における 2 つの隣接した位置の[に関する, を特徴とする]》. ［*orth-*］
ortho[2] *a* ORTHOCHROMATIC.
òrtho·bóric ácid 〔化〕正ホウ酸.
órtho·càine *n* 〔化〕オルトカイン《局所麻酔用》.
órtho·cènter *n* 〔数〕垂心.
òrtho·cephálic, -céphalous *a* 〔人〕正頭蓋の《幅が縦の 70–75%》. ◆ **or·tho·ceph·a·ly** /ɔ̀ːrθəséfəli/ *n* 正頭蓋, 正頭型.
òrtho·charmónium *n* 〔理〕J/PSI PARTICLE.
òrtho·chromátic *a* 〔写〕整色性の, オルソクロマチックの《**1**) 色の明暗を正しく写す **2**) 赤色光以外のすべての色光を感光する》; 〔生〕正染性の. ◆ **-chrómatism** *n*
or·tho·clase /ɔ́ːθəklèɪs, -z/ *n* 〔鉱〕正長石.
or·tho·clás·tic /ɔ̀ːθəklǽstɪk/ *a* 〈結晶が〉完全劈開(へきかい)の.
or·tho·don·tia /ɔ̀ːrθədánʃ(i)ə/ *n* ORTHODONTICS.
or·tho·don·tics /ɔ̀ːrθədántɪks/ *n* [〈*sg*〉] 歯科矯正学 (＝*dental orthopedics*), 歯列矯正. ◆ **-dón·tic** *a* **-ti·cal·ly** *adv* **-tist** *n* 歯科矯正医.
or·tho·don·ture /ɔ̀ːrθədánʧər/ *n* ORTHODONTICS.
or·tho·dox /ɔ́ːrθədɑ̀ks/ *a* **1**《特に 宗教[神学]上の》正説の[を奉ずる], 正統(派)の, 正統信仰の (opp. *heterodox*); [O-] (東方)正教会の; [O-] 正統派ユダヤ教の. **2**《一般に》正しいと認められた, 正統的な; 保守的な; 月並みな, 型どおりの (conventional). ► *n* (*pl* ～, ～**·es**) 正統派の人(びと); [O-] 東方正教会の信徒, 正教徒. ◆ ～**·ly** *adv* ［L＜Gk *ortho-*(*doxos*＜*doxa* opinion)＝right in opinion］
Órthodox Chúrch [the] 正教会 (EASTERN ORTHODOX CHURCH).
Órthodox Éastern Chúrch [the] EASTERN ORTHODOX CHURCH.
Órthodox Júdaism 正統派ユダヤ教《Torah や Talmud の伝統的教義解釈に従い, 日常生活で厳格に実行する; cf. CONSERVATIVE JUDAISM, REFORM JUDAISM》.
órthodox sléep 〔生理〕正(常)睡眠《睡眠中の夢を見ない状態の睡眠; cf. PARADOXICAL SLEEP》.
or·tho·doxy /ɔ́ːrθədɑ̀ksi/ *n* 正説たること, 正統性; 正説, 正統信仰[主義], 正統的な慣行; [O-] 東方正教; [O-] 正統派ユダヤ教.
or·tho·drom·ic /ɔ̀ːrθədrámɪk/ *a* 〔生理〕〈神経繊維(の興奮伝導)が〉順方向性の, 順行性の. ◆ **-i·cal·ly** *adv*
or·tho·epy /ɔ́ːrθouèpi, ɔːrθóuəpi/ *n* 正音法[学]; 《ある言語の》正しい[標準的]発音(法). ◆ **ór·tho·èp·ist** /, ɔːrθóuəpɪst/ *n* 正音学者. **òr·tho·ép·ic, -i·cal** *a* **-i·cal·ly** *adv* ［Gk *ortho-*(*epeia*＜*epos* word)＝correct speech］
òrtho·férrite *n* 〔化〕オルトフェライト, オルソフェライト《斜方晶》.
òrtho·génesis *n* 〔生〕定向進化; 〔社〕系統発生説. ◆ **-ge·nétic** *a* **-ical·ly** *adv*
òrtho·génic *a* ORTHOGENESIS の.

or·thog·na·thous /ɔːrθágnəθəs/ *a* 〘人〙直顎の《口辺部が前方に突出せず横顔がほぼ垂直》. ♦ **or·thóg·na·thìsm, or·thóg·na·thy** *n*

or·thog·o·nal /ɔːrθágən(ə)l/ *a* 〘数〙直交の《(**1**) 互いに垂直である **2**) ベクトルどうしの内積が 0 である **3**) 関数どうしの積の積分が 0 である **4**) 直交行列に関する **5**) 2 つの統計変数が互いに独立である[相関を表わす積分が 0 になる]》: ～ function [transformation] 直交関数[変換]. ♦ **～·ly** *adv* **or·thòg·o·nál·i·ty** /-næləti/ *n*

orthógonal·ìze *vt* 〘数〙直交させる. ♦ **orthògonal·izátion** *n*

orthógonal mátrix 〘数〙直交行列《行[列]ベクトルどうしが互いに直交する行列; 逆行列が転置行列に等しい》.

orthógonal projéction 〘数〙正射影, 垂直投影; 〘製図〙正投影(法)《物体の面を投影面に垂直に投影する平行投影; 正面図と平面図など, 複数の投影面が必要》, 〘地図〙正射投影法.

or·tho·grade /ɔ́ːrθəgrèɪd/ *a* 〘動〙体を直立させて歩く, 直立歩行性の (cf. PRONOGRADE).

or·thog·raph·er /ɔːrθágrəfər/ *n* 正字法に秀でた人, 正字法家; 正字法学者.

or·tho·graph·ic /ɔ̀ːrθəgrǽfɪk/, **-ical** *a* 正射投影法の[による]; 正字法の; つづりの正しい; 〘数〙垂直な. ♦ **-i·cal·ly** *adv*

orthográphic projéction 〘製図・地図〙ORTHOGONAL PROJECTION.

or·thog·ra·phy /ɔːrθágrəfi/ *n* 正書法, 正字法 (opp. *cacography*); つづり字法; 文字論, つづり字論; ORTHOGONAL PROJECTION. ♦ **-phist** *n* 正字法学者.

òrtho-hýdrogen *n* 〘理・化〙オルト水素.

or·tho·ker·a·tol·o·gy /ɔ̀ːrθoʊkèrətálədʒi/ *n* 〘医〙角膜矯正(術)《順次コンタクトレンズを変えて, 角膜を変化させ視力を向上させる》.

òrtho·molécular *a* 〘医〙正常生体分子(論)の[に基づく]《生体内物質の分子濃度を適正化することによる治療に関して用いる》.

òrtho·mórphic *a* 〘地図〙正角の (conformal): ～ projection 正角図法.

òrtho·mýxo·vìrus *n* オルソミクソウイルス《RNA が 6–8 の分節からできている一本鎖 RNA ウイルス; インフルエンザウイルスもその一つ》.

òrtho·nórmal *a* 〘数〙正規直交の. ♦ **-normálity** *n* **-nòr·mal·izátion** *n*

or·tho·pe·dic, -pae- /ɔ̀ːrθəpíːdɪk/ *a* 〘医〙整形外科(用)の, 整形法の; 身体的形態の異常な: ～ treatment 整形手術. ♦ **-di·cal·ly** *adv*

òr·tho·pé·dics, -páe- *n* [〈*sg/pl*〉] 〘医〙整形外科(学); 歯列矯正学 (=dental ～). ♦ **-pé·dist, -páe-** *n*

or·tho·pe·dy, -pae- /ɔ́ːrθəpìːdi/ *n* ORTHOPEDICS.

òrtho·phósphate *n* 〘化〙正[オルト]リン酸塩[エステル].

òrtho·phosphóric ácid 〘化〙正[オルト]リン酸 (phosphoric acid).

òrtho·phósphorous ácid 〘化〙正[オルト]亜リン酸 (phosphorous acid).

òrtho·phóto, -phóto·gràph *n* 正射写真《空中写真のゆがみを補正したもの》.

órtho·pòd /-pàd/ *n* 《俗》整形外科医 (orthopedist).

òrtho·psychíatry *n* 矯正精神医学. ♦ **-psychíatrist** *n* 矯正精神医(学者). **-psychiátric** *a*

or·thop·ter /ɔːrθáptər/ *n* はばたき飛行機 (ornithopter); ORTHOPTERAN.

or·thop·ter·an /ɔːrθápt(ə)rən/ *a, n* 〘昆〙直翅(ちょくし)目 (Orthoptera) の(昆虫)《不完全変態の昆虫類の大きな一目; イナゴ・バッタ・カマキリ・ナナフシなど》. ♦ **or·thóp·ter·al, -ter·ous** *a* **-ter·ist** *n* 直翅目研究家[学者]. **or·thóp·ter·òid** *a, n* 直翅目様の(昆虫).

or·thop·ter·on /ɔːrθápt(ə)ràn/ *n* (*pl* **-tera** /-t(ə)rə/) ORTHOPTERAN.

or·thóp·tics *n* [〈*sg/pl*〉] 〘医〙視能訓練[矯正](法). ♦ **or·thóp·tic** *a* **or·thóp·tist** *n* 視能訓練士.

òrtho·pyróxene *n* 〘鉱〙斜方輝石《斜方晶系の結晶構造をもつ輝石; 頑火(がんか)輝石 (enstatite) や紫蘇(しそ)輝石 (hypersthene) を含む》.

òrtho·rhómbic *a* 〘晶〙斜方晶系の: ～ system 斜方晶系.

órtho·scòpe *n* 〘医〙正像鏡《水層で角膜屈折を中和するようにした, 眼の検査用の装置》.

or·tho·scop·ic /ɔ̀ːrθəskápɪk/ *a* 〘光〙物を正しく見せる, 整像(性)の.

or·tho·sis /ɔːrθóʊsəs/ 〘医〙 *n* (*pl* **-ses** /-sìːz/) 整形術, 補形術; ORTHOTIC. [Gk=straightening]

òrtho·státic *a* 〘医〙起立性の: ～ hypotension [albuminuria] 起立性低血圧[タンパク尿].

or·thos·ti·chy /ɔːrθástəki/ *n* 〘植〙《葉序・鱗片などの》直列(線[配列]). ♦ **-thós·ti·chous** *a*

or·thot·ic /ɔːrθátɪk/ 〘医〙 *n* (変形)矯正器具. ► *a* (変形)矯正学の; (変形)矯正(用)の〈装置など〉.

or·thót·ics *n* [〈*sg*〉] 〘医〙(変形)矯正学《筋肉・関節機能を代行または回復させる義肢・補助具などの研究》. ♦ **or·thot·ist** /ɔːrθátɪst, ɔ́ːrθətɪst/ *n*

òrtho-tolúidine *n* 〘化〙オルトトルイジン《黄色染料製造などに用いる》.

órtho·tòne *a, n* 〘韻〙独立語としてアクセントをもつ(語).

òrtho·trópic *a* 〘植〙正常屈性の; 〘工〙〈材料が〉直交異方性の《直交するそれぞれの方向の力学的特性が異なる》; 〘土木〙直交異方性材料[《特に》鋼床版]を用いた〈橋など〉. ♦ **-i·cal·ly** *adv* **or·thot·ro·pism** /ɔːrθátrəpìz(ə)m/ *n*

or·thot·ro·pous /ɔːrθátrəpəs/ *a* 〘植〙〈胚珠が〉直生の.

órtho·type *n* 〘生〙正模式種.

òrtho·vóltage *n* 〘医〙常用電圧《X 線治療に 1000 kV 以上の超高圧を用いるようになる以前の 200–500 kV 程度の電圧をいう》.

órtho·wàter *n* 〘化〙重合水 (polywater), オルト水.

Or·thrus /ɔ́ːrθrəs/ 〘ギ神〙オルトロス《Geryon の牛群の番犬》.

Ort·les /ɔ́ːrtlèɪs/ *pl* [the] オルトレス山脈 (G **Ort·ler** /G ɔ́rtlər/) 《イタリア北部の Alps 山脈中の連峰; 最高峰 **Ortles** (G **Ort·ler·spit·ze** /G ɔ́rtlərʃpɪtsə/) (3899 m)》.

or·to·lan /ɔ́ːrt(ə)lən/ *n* 〘鳥〙 **a** ズアオホオジロ (=～ **bùnting**) 《欧州産ホオジロ科の鳥; 以前は珍味とされた》. **b** WHEATEAR [BOBOLINK, SORA] の俗称. [F＜Prov=gardener＜L (*hortus* garden)]

Or·ton /ɔ́ːrtn/ オートン **'Joe'** ～ [**John Kingsley** ～] (1933–67) 《英国の劇作家; 過激なブラックコメディーを書いた》.

Orū·mī·yeh /ùrumíːjə/ URMIA.

Oru·ro /ɔːrúəroʊ/ オルロ《ボリビア西部の市》.

ORuss °Old Russian.

ORV OFF-ROAD vehicle.

Or·vie·to /ɔ̀ːrviéɪtoʊ/ オルヴィェト《(**1**) イタリア中部 Umbria 州の市場町; エトルリア人の遺跡が残る **2**) この地方に産する通例 辛口の白ワイン》.

Or·ville /ɔ́ːrvəl/ オーヴィル《男子名》. [OF=gold town]

Or·well /ɔ́ːrwèl, -wəl/ オーウェル **George** ～ (1903–50) 《英国の小説家・エッセイスト; 本名 Eric Arthur Blair; *Homage to Catalonia* (1938), *Animal Farm* (1945), *Nineteen Eighty-Four* (1949)》. ♦ **～·ian** /ɔːrwélian/ *a* オーウェル(風)の, 《特に》*Nineteen Eighty-Four* の世界風の《組織化され人間性を失った》.

Órwell·ìsm *n* 《宣伝活動のための》事実の操作と歪曲.

-ory /ˌ-ˌ-(-)ɔ̀ːri, ˌ-əri; -(ə)ri/ *a suf*「…のような」「…の性質がある」「…のはたらきをする」: declamatory, preparatory. ► *n suf* (1)「…の所」: dormitory, factory. (2)「…の用をなすもの」: directory. [AF＜L]

or·y·ide /ɔ́ːriàɪd/ *n**《俗》のんだくれ. [cf. *hoary-eyed*]

Oryol /ɔːrjɔ́ːl/, **Orel** /ɔːrél, ɔːrjɔ́ːl/ オリョル《ヨーロッパロシア西部 Moscow の南方に位置する市》.

oryx /ɔ́(ː)rɪks, ár-/ *n* (*pl* ～, ～**·es**) 〘動〙オリックス《アフリカ産のオリックス属 (*O*-) の大羚羊の総称》. [NL＜Gk]

or·zo /ɔ́ːrzoʊ/ *n* (*pl* ～**s**) オルゾー《コメ形のスープ用パスタ》. [It *orzo* barley]

os[1] /ás/ *n* (*pl* **os·sa** /ásə/) 〘解・動〙骨 (bone). [L *oss- os* bone]

os[2] *n* (*pl* **ora** /ɔ́ːrə/) 〘解〙口 (mouth); 穴 (opening): per ～ 〘処方〙経口的に (by mouth). [L *or- os* mouth]

os[3] /óʊs/ *n* (*pl* **osar** /óʊsàːr/) 〘地質〙ESKER. [Swed]

Os 〘化〙osmium. **OS** 〘処方〙[L *oculus sinister*] left eye ♦ °Old Saxon ♦ °Old School ♦ °Old Style ♦ 〘電算〙open-source ♦ 〘電算〙°operating system ♦ °ordinary seaman ♦ 〘英〙°Ordnance Survey ♦ out of stock ♦ 〘服〙outsize ♦ overseas.

Osage /oʊséɪdʒ, ˌ-ˌ-/ *n* **1 a** (*pl* ～**s**, ～) オセージ族《現在の Missouri 州に居住していたインディアン》. **b** オセージ語《Sioux 語族に属する》. **2** [the] オセージ川《Missouri 州西部を東流する, Missouri 川の最大の支流》. **3** OSAGE ORANGE.

Ósage órange 〘植〙アメリカハリグワ, オーセージオレンジ《北米原産アメリカハリグワ属の高木; その黄色い食べられない実; その材》.

osar *n* os³ の複数形.

Os·bal·dis·tone /ázb(ə)ldíst(ə)n/ オズバルディストン **Francis** ～《Scott の小説 *Rob Roy* (1817) に登場する London の富裕な商人の息子》.

Os·bert /ázbərt/ オズバート《男子名》. [Gmc=god+bright]

Os·born /ázbərn, -bɔ̀ːrn/ オズボーン **Henry Fairfield** ～ (1857–1935) 《米国の古生物学者》.

Os·borne /ázbərn, -bɔ̀ːrn/ オズボーン (**1**) **John** (**James**) ～ (1929–94) 《英国の劇作家・俳優; Angry Young Men の代表的作家; *Look Back in Anger* (1956)》 (**2**) **Thomas** ～ ⇨ Duke of LEEDS.

Ósborne Hòuse オズボーンハウス《イングランド南部 Wight 島の Cowes の近くにある Victoria 女王お気に入りの旧王宮; 女王の亡くなったところ (1901); 現在は一般に公開されている》.

Os·can /áskən/ *n* **a** オスカン人《古代イタリア南部の Campania 地方に住んでいた民族》. **b** オスカン語. ► *a* オスカン人[語]の.

os·car /áskər/ *n* 〘魚〙オスカー (=～ **cíchlid**) 《南米原産のカワスズメ科の淡水魚; 稚魚はビロードのような茶色で, 成魚は多彩; 観賞魚》.

O

Oscar *n* **1** オスカー《男子名》. **2** オスカル ～ **II** (1829–1907)《スウェーデン王 (1872–1907), ノルウェー王 (1872–1905)》. **3** オスカー《幼児番組 'Sesame Street' に登場する, ごみの缶に住んでいるいつも不機嫌な怪獣》. **4**〘映〙オスカー《アカデミー賞受賞者に与えられる小型黄金像》; [the ～s] アカデミー賞授与式; 《一般に》(年間)最優秀賞: a (best) supporting ～ アカデミー助演賞. **5** オスカー《文字 o を表わす通信用語; ⇨ COMMUNICATIONS CODE WORD》. **6** [°o-] 《豪韻俗》 金, ぜに (cash)《オーストラリアの俳優 John S. H. Oscar Asche (1871–1936) と押韻》. **7** [°o-]*《俗》 銃, ピストル《ROSCOE との発音の類似から》. ► *a*ˈˈ《韻俗》 放縦な, 常軌を逸した, 奔放な (wild)《Oscar Wilde と押韻》: go ～. [OE=god+spear]

OSCE Organization for Security and Co-operation in Europe 全欧安保協力機構《1995 年全欧安保協力会議 (CSCE) から発展して設立されたその常設機構》.

Osce·o·la /àsióulə, òu-/ オセオラ (c. 1804–38)《Seminole インディアンの首領》.

os·cil·late /ásəlèɪt/ *vi* 《振子のように》振動する; 行ったり来たりする, 往復する; 〈心・意見など〉ぐらつく 〈*between*〉; 〈情勢など〉変動する; 〘理〙振動する; 〘通信〙発振する. ► *vt* 振動[動揺]させる. [L *oscillo* to swing]

ós·cil·làt·ing cùrrent 〘電〙振動電流.

óscillating èngine 〘機〙首(㋑)振り機関.

óscillating úniverse thèory 〘天〙振動宇宙論《宇宙は膨張と収縮を繰り返すとする》.

os·cil·la·tion /àsəléɪʃ(ə)n/ *n* 振動; 《心の》ぐらつき, ためらい, 動揺; 〘理〙振動, 発振; 振幅. ♦ **～·al** *a*

ós·cil·là·tor *n* 振動するもの; 煮えきらない人; 〘電〙発振器, 〘理〙振動子.

os·cil·la·to·ry /ásələtɔ̀:ri; -t(ə)ri/ *a* 振動[動揺]する.

os·cil·lo- /ásəlou, -lə/ *comb form* 「波」「振動」「振幅」 [L *oscillo* to swing]

os·cíl·lo·gràm /ɑsílə-/ *n* 〘電〙オシログラム《オシログラフで記録した図形; オシロスコープ面の記録》.

os·cíl·lo·gràph /ɑsílə-/ *n* 〘電〙オシログラフ, 振動記録器. ♦ **os·cìl·lo·gráph·ic** *a* **-log·ra·phy** /àsəlágrəfi/ *n* [F]

os·cíl·lo·scòpe /ɑsílə-/ *n* 〘電〙オシロスコープ《陰極線管を用いた信号電圧の波形観測装置》. ♦ **os·cìl·lo·scóp·ic** /-skáp-/ *a* **-i·cal·ly** *adv*

os·cine /ásàɪn, ásən/ *a, n* 〘鳥〙スズメ亜目[鳴禽類, 真正燕雀類]の(鳥) (passerine). [L *oscin- oscen* songbird]

os·ci·nine /ásənàɪn/ *a* OSCINE.

os·ci·tant /ásətənt/ *a* あくびをする; 眠そうな, ぼんやりした. ♦ **-tance, -tan·cy** *n*

os·ci·ta·tion /àsətéɪʃ(ə)n/ *n* あくび; 眠い状態, 眠け; ぼんやりしていること, 怠慢.

Ós·co-Úmbrian /áskou-/ *n, a* オスク-ウンブリア方言(の)《Italic 語派に属する大きな一派》.

os·cu·lant /áskjələnt/ *a* 《二者間の》中間的な; 〘生〙両種に共通性を有する, 中間性の; 〘動〙密着した.

os·cu·lar /áskjələr/ *a* 口の; 《古》/[*joc*] 接吻の; 〘動〙《海綿などの》大孔 (osculum) の. ♦ **òs·cu·lár·i·ty** /-lǽr-/ *n*

os·cu·late /áskjəlèɪt/ *vt, vi* 《古》/[*joc*] 接吻する; 相接する, 密接する; 〘数〙〈曲線・面が〉〈曲線・面〉と接触する, 〈曲線[面]どうしが〉接触する《単に接線を共有するだけでなく 2 次の係数も等しい》; 〘生〙〈特徴を〉共有する, 共通性をもつ 〈*with*〉. [L *osculor* to kiss; ⇨ os²]

ós·cu·làt·ing círcle 〘数〙接触円.

ósculating pláne 〘数〙接触平面.

os·cu·la·tion /àskjəléɪʃ(ə)n/ *n* 《古》/[*joc*] 接吻; 密接; 〘数〙接触: points of ～ 接点.

os·cu·la·to·ry /áskjələtɔ̀:ri; -t(ə)ri/ *a* 接吻の. ► *n* 聖像牌 (pax).

os·cu·lum /áskjələm/ *n* (*pl* **-la** /-lə/) 接吻; 〘動〙《海綿などの》大孔. [L; ⇨ os²]

os·cu·lum pa·cis /ɔ́:skʊlʊ̀m pá:kɪs/ 平和の接吻. [L]

-ose¹ /⌐–òus, ⌐òus/ *a suf* 「…の多い」「…性の」: bellic*ose*. [L *-ōsus*; 名詞から形容詞をつくる]

-ose² *n suf* 〘化〙「炭水化物」「糖」「タンパク質の一次水解物」: cellul*ose* / prote*ose*. [F (*glucose*)]

Osee /óuzi, -si, ouzéɪə/ 〘ドゥエー聖書〙 HOSEA.

-oses *n suf* -OSIS の複数形.

oset·ra, os·set·ra /ousétrə/ *n* オセトラ《ヨーロッパチョウザメ(から取れる金色または茶色がかった色のキャビア)》.

OSF °Open Software Foundation.

OSHA /óuʃə/ 〘米〙 Occupational Safety and Health Administration 労働安全衛生局《労働省の一局》.

Osh·a·wa /áʃəwə, -wà:, -wɔ̀:/ オシャワ《カナダ Ontario 州南東部の, Ontario 湖に臨む市》.

Oshe·roff /óuʃərɔ̀(:)f, -ràf/ オシェロフ **Douglas D**(**ean**) ～ (1945–)《米国の物理学者; ヘリウム 3 の超流動現象の発見により, ノーベル物理学賞 (1996)》.

Osh·kosh /áʃkàʃ/ オシュコシュ《Wisconsin 州東部 Winnebago 湖岸の市・避暑地》.

Oshog·bo /ouʃóugbou/ オショグボ《ナイジェリア南西部 Osun 州の州都》.

OSI 〘電算・通信〙 °open systems interconnection.

osier /óuʒər/ *n* 〘植〙 **a** 枝がかご細工に適したヤナギ《コリヤナギなど》. **b** アメリカヤマボウシ (dogwood). [OF]

ósier bèd (コリ)ヤナギ畑.

O-sign /óu-—/ *n**《病院俗》 O サイン《ぽっかり開いた死人の口; cf. Q-SIGN》.

Osi·jek /óusijɛ̀k/ オシエク《クロアチア東部 Slavonia 地方の市》.

Osi·pen·ko /àsəpéŋkou/ オシペンコ《BERDYANSK の旧称》.

Osi·ris /ousáɪərəs/ 〘エジプト神話〙オシリス《幽界の王; 弟 Set に殺されたが, 妹で妻の Isis に救われ復活した》.

-o·sis /óusəs/ *n suf* (*pl* **-o·ses** /-sì:z/, **～·es**) (1)「作用」「過程」「(病的)状態」: neur*osis*, metamorph*osis*, tubercul*osis*. (2)「増加」「形成」: leukocyt*osis*. [L or Gk]

-os·i·ty /⌐–ásəti, –ásəti/ *n suf* [-OSE¹, -OUS に終わる形容詞から名詞をつくる]: bellic*osity*, lumin*osity*. [F or L]

Ös·ke·men /ǿskɪmɪ̀n/ エスケメン《UST-KAMENOGORSK の別称》.

Os·ler /óuslər, óuz-/ オスラー Sir **William** ～ (1849–1919)《カナダの医学者・教育者》.

Os·lo /ázlou, ás-/ オスロ《ノルウェーの首都・海港; 旧称 Christiania, Kristiania》.

Óslo Fjórd オスロフィヨルド《ノルウェー南部 Skagerrak 海峡北部の峡湾; 北奥に Oslo 市がある》.

Os·man /ázmən, ás-; ɔzmá:n, ɔs-/ オスマン ～ **I** (1258–c. 1326)《オスマン帝国 (Ottoman Empire) の始祖》.

Os·man·li /azmǽnli, ɑs-/ *n* オスマン帝国の臣民; オスマントルコ語. [Turk]

os·mat·ic /azmǽtɪk/ *a* 〘動〙嗅覚で方向を知る (cf. OPTIC): ～ animals 嗅覚動物.

Os·me·ña /ouzméɪnjə, ous-/ オスメニャ **Sergio** ～ (1878–1961)《フィリピンの政治家; 大統領 (1944–46)》.

os·me·te·ri·um /àzmətíəriəm/ *n* (*pl* **-ria** /-riə/) 〘昆〙臭角《アゲハチョウの幼虫の突起; 不快な匂いを出す》.

os·mic¹ /ázmɪk/ *a* 〘化〙オスミウムの[から採った]《オスミウム原子価の高い化合物にいう; cf. OSMOUS》.

osmic² *a* 匂いの, 嗅覚の. ♦ **-mi·cal·ly** *adv*

ósmic ácid 〘化〙オスミウム酸; OSMIUM TETROXIDE.

ós·mics *n* 匂いの研究, 嗅覚学, 香気学.

os·mi·ous /ázmiəs/ *a* OSMOUS.

os·mi·rid·i·um /àzmərídiəm/ *n* IRIDOSMINE.

os·mi·um /ázmiəm/ *n* 〘化〙オスミウム《金属元素; 記号 Os, 原子番号 76》. [Gk *osmē* odor]

ósmium tetróxide 〘化〙四酸化オスミウム《触媒・酸化剤とする》.

os·mol, -mole /ázmòul, ás-/ *n* オスモル《浸透圧の基準単位》. [*osmosis*+*mol*]

os·mo·lal·i·ty /àzmoulǽləti, às-/ *n* 重量オスモル濃度. ♦ **os·mol·al** /azmóuləl, ɑs-/ *a*

os·mo·lar·i·ty /àzmoulǽrəti, às-/ *n* 容量オスモル濃度. ♦ **os·mo·lar** /azmóulər, ɑs-/ *a* OSMOTIC.

os·mom·e·ter /azmámətər, ɑs-/ *n* 浸透圧計. ♦ **os·móm·e·try** *n* 浸透圧測定. **os·mo·met·ric** /àzməmétrɪk, às-/ *a*

òs·mo·regulátion /àzmou-, às-/ *n* 〘生〙《生体内の》浸透度調節. ♦ **-régulatory** *a*

os·mose /ázmòus, ás-, -z/ *n* OSMOSIS. ► *vt, vi* 〘化〙浸透させる[する]. [逆成く↓]

os·mo·sis /azmóusəs, ɑs-/ *n* 〘理〙浸透; 染み込むこと, 浸透, じわじわ普及すること; 自然に吸収[同化, 感知]すること: learn…by [through] ～. [Gk *ōsmos* thrust, push]

os·mot·ic /azmátɪk, ɑs-/ *a* 〘理〙浸透する, 浸透性の. ♦ **-i·cal·ly** *adv*

osmótic préssure 〘理・化〙浸透圧.

osmótic shóck 〘生理〙浸透圧衝撃《生体組織に影響を与える浸透圧の急変》.

os·mous /ázməs/ *a* 〘化〙オスミウムの[から採った]《オスミウム原子価の低い化合物にいう; cf. OSMIC¹》.

Osmund, Os·mond /ázmənd/ オズモンド《男子名》. [Gmc =god protection]

os·munda /azmándə/, **os·mund** /ázmənd/ *n* 〘植〙ゼンマイ属 (*Osmunda*) の各種のシダ《royal fern など》. [NL<AF]

os·mun·dine /azmándì:n/ *n* 〘園〙オスマンダ根《乾燥したゼンマイ類の根の塊り; ラン栽植用》.

Os·na·brück /áznəbrʊ̀k; G ɔsnabrýk/ オスナブリュック《ドイツ北西部 Lower Saxony 州の市; 中世ハンザ同盟の一員》.

os·na·burg /áznəbɜ̀:rg/ *n* オスナブルク《芯地用の目の粗い綿織物》. [↑; 原産地]

Osor·no /ousɔ́:rnou/ オソルノ《チリ南部 Llanquihue 湖の東岸にある火山 (2660 m)》.

OSp °Old Spanish.

os·prey /áspri, -prèɪ/ *n* 〘鳥〙ミサゴ (=*fish hawk*); 白サギなどの飾り羽毛《婦人帽用》. [OF<L *ossifraga* (*os*¹, *frango* to break)]
OSS 〘米〙Office of Strategic Services 戦略事務局《1941 年 'Wild Bill' Donovan によって創設; CIA の前身》.
ossa *n* os¹ の複数形.
Os·sa /ásə/ オッサ《ギリシア中東部 Thessaly 地方東部の山 (1978 m)》. ● **pile** PELION **upon ~.**
os·se·in /ásiən/ *n* 〘生化〙骨質, オセイン.
os·se·let /ás(ə)lət/ 〘獣医〙 *n* 骨質瘤《馬の膝内面あるいは距毛部外側面の外骨腫》; 小骨 (ossicle).
os·se·ous /ásiəs/ *a* 骨の(ある), 骨からなる, 骨に似た; OSSIFEROUS. ♦ **~·ly** *adv* [L (*oss- os* bone)]
Os·sete /ásì:t/, **Os·set** /ásət, -èt/ *n* オセット人《Caucasus 中央部に居住する民族》; OSSETIC.
Os·se·tia /así:ʃ(i)ə/ オセティア《Caucasus の中央部; cf. NORTH OSSETIA, SOUTH OSSETIA》. ♦ **Os·se·tian** /así:ʃən/ *a, n*
Os·set·ic /asétɪk/ *n* オセット語《印欧語族のイラン語派に属する》. ► *a* OSSETIA (の住民)の; オセット人[語]の.
ossetra ⇨ OSETRA.
Os·si /ási/ *n* (*pl* **~es, ~**) 《口》 [°*derog*] 《ドイツで》東独人《旧東ドイツであった地域の住民》. [G *ost* east]
os·sia /ousí:ə; ɔ́siə/ *conj* 〘楽〙さもなければ (or else). [It]
Os·sian /áʃən, ásiən/ オシアン《3 世紀の Gael の伝説的英雄・詩人; James Macpherson が 1760–63 年にその訳詩と称して自作を発表し, のちのロマン派詩人たちに影響を与えた》.
Os·si·an·ic /àʃiǽnɪk, àsi-/ *a* OSSIAN の[に関する], オシアン風の; 〈文体が〉オシアンの訳詩のような《律動的で雄渾だが表現が誇大》.
os·si·cle /ásɪk(ə)l/ *n* 〘解〙小骨; 〘動〙小骨《無脊椎動物の石灰質の骨様小体》: an auditory ~ 〘解〙耳小骨. ♦ **os·sic·u·lar** /asíkjələr/ *a* 小骨の(ような). **os·sic·u·late** /asíkjələt, -lèɪt/ *a* 小骨のある. [L (dim) ‹ *oss- os*¹]
Os·sie /ázi/ *n, a* 《口》 AUSSIE.
Os·si·etz·ky /àsiétski/ オシエツキー **Carl von ~** (1889–1938) 《ドイツのジャーナリスト・平和運動家; ノーベル平和賞 (1935)》.
os·si·fer, oc·ci·fer /ásəfər/ 《俗》 [*joc*/*derog*] *n* 警官; 将校. [*officer*]
os·sif·er·ous /asíf(ə)rəs/ *a* 〈地層などが〉骨を含んだ, 化石骨のある.
os·sif·ic /asífɪk/ *a* 骨を作る, 骨形成の.
os·si·fi·ca·tion /àsəfəkéɪʃ(ə)n/ *n* 〘医〙骨化, 骨形成《骨の形成または骨性物質への変化》; 骨化部; 硬直化, 固定化. ♦ **os·sif·i·ca·to·ry** /asífɪkətɔ̀:ri; -t(ə)ri/ *a*
ós·si·fìed *a* 骨化した; 硬直化した; 《俗》酔っぱらった (stoned).
os·si·frage /ásəfrɪʤ, -frèɪʤ/ *n* 〘鳥〙 **a** ヒゲワシ (lammergeier). **b** 《まれ》ミサゴ (osprey).
os·si·fy /ásəfàɪ/ *vi, vt* 〘生理〙骨化[化骨]する; 硬直化[固定化]する. [F<L (*os*¹)]
Os·si·ning /ásənɪŋ/ オシニング《New York 州南東部 Hudson 河岸の村; Sing Sing 刑務所の所在地; 旧称 Sing Sing》.
os·so buc·co /óusou bú:kou; ɔ́s-/ OSSO BUCO.
ósso bú·co /-bú:kou/ オッソブーコ《子牛のすね肉を骨ごと輪切りにして白ワインで蒸し煮にしたイタリア料理》. [It=bone marrow]
Os·so·li /ɔ́:səli/ オッソリ Marchioness ~ ⇨ FULLER.
os·su·ary /áʃuèri, -s(j)u-; -əri/ *n* 納骨堂; 骨壺; 《古代人などの》共同埋葬地, 塚, 骨洞.
OST original soundtrack.
os·te- /ásti/, **os·teo-** /ástiou, -tiə/ *comb form* 「骨」 [Gk os-TEON]
os·te·al /ástiəl/ *a* たたくと骨のような音のする; 骨の(ような); 骨からなる; 骨に影響のある.
os·te·i·tis /àstiáɪtəs/ *n* 〘医〙骨炎. ♦ **òs·te·ít·ic** /-ít-/ *a*
osteítis de·fór·mans /-dəfɔ́:rmænz/ 〘医〙変形性骨炎 (=*Paget's disease*).
Ost·end /asténd, ˊ-ˋ/, (F) **Os·tende** /*F* ɔstɑ̃d/, (Flem) **Oost·en·de** /ousténdə/ オステンド, オスタンド, オーステンデ《ベルギー北西部 West Flanders 州の市・港町・保養地》.
os·ten·si·ble /asténsəb(ə)l/ *a* 表向きの, うわべの, 見せかけの; 紛れもない, 顕著な; いつ見られてもよい, 人前に出せる. ♦ **-bly** *adv* うわべは, 表面上; 名目上(は). **os·tèn·si·bíl·i·ty** *n* [F<L (*ostens- ostendo* to show)]
os·ten·sive /asténsɪv/ *a* 実物で[具体的に]明示する; 直示的な (deictic); うわべの. ♦ **~·ly** *adv* 具体的に; 明らかに; うわべは. **~·ness** *n*
os·ten·so·ri·um /àstənsɔ́:riəm/ *n* (*pl* **-ria** /-riə/) 〘カト〙(聖体)顕示台 (monstrance).
os·ten·so·ry /asténsəri/ *n* OSTENSORIUM.
os·ten·ta·tion /àstəntéɪʃ(ə)n/ *n* 見せびらかし, ひけらかし, 誇示; 《古》見せること. [OF<L; ⇨ OSTENSIBLE]
os·ten·ta·tious /àstəntéɪʃəs/ *a* これみよがしの, ひけらかす, 仰々しい, けばけばしい. ♦ **~·ly** *adv* **~·ness** *n*
osteo- /ástiou, -tiə/ ⇨ OSTE-.
òsteo·arthrítis *n* 〘医〙骨関節症, 変形性関節症. ♦ **-arthrític** *a*
òsteo·arthrósis *n* 〘医〙骨関節症, 変形性関節症 (osteoarthritis).
ósteo·blàst *n* 〘解〙骨芽[造骨]細胞. ♦ **òsteo·blástic** *a*
os·te·oc·la·sis /àstiákləsəs/ *n* 〘外科〙《変形した骨を直すための》骨砕き術, 砕骨術; 〘生理〙骨組織吸収, 骨溶解.
ósteo·clast /-klæst; -klɑ̀:st/ *n* 〘解〙破骨細胞; 〘外科〙砕骨器. ♦ **òsteo·clást·ic** /-klǽstɪk/ *a*
ósteo·cỳte *n* 〘解〙骨細胞.
òsteo·génesis *n* 骨生成[形成]. ♦ **-genétic** *a*
osteogénesis im·per·féc·ta /-ìmpərféktə/ 〘医〙骨形成不全(症).
òsteo·génic *a* 骨形成[生成]の; 骨原性の.
osteogénic sarcóma 〘医〙骨原性肉腫 (osteosarcoma).
os·te·og·ra·phy /àstiágrəfi/ *n* 〘医〙骨描写(法).
os·te·oid /ástiɔ̀ɪd/ *a* 〘解〙骨様の, 類骨の; 骨格を有する. ► *n* 〘解〙類骨《石灰化前の骨組織》.
os·te·ol·o·gy /àstiálədʒi/ *n* 〘解〙骨学; 《器官の》骨(質)組織. ♦ **-gist** *n* 骨学者. **os·te·o·log·i·cal** /àstiəládʒɪk(ə)l/, **-ic** *a* **-i·cal·ly** *adv*
os·te·ol·y·sis /àstiáləsəs/ *n* 〘医〙骨融解, 骨溶解《病気による骨組織の変質や分解, 特に破骨細胞による骨吸収をいう》. ♦ **os·te·o·lyt·ic** /àstiəlítɪk/ *a*
os·te·o·ma /àstióumə/ *n* (*pl* **~s, -ma·ta** /-tə/) 〘医〙骨腫《(類)骨組織からなる良性腫瘍》. [-*oma*]
òsteo·ma·lá·cia /-məléɪʃ(i)ə/ *n* 〘医〙骨軟化(症). ♦ **-ma·lá·cic** *a*
òsteo·myelítis *n* 〘医〙骨髄炎.
os·te·on /ástiàn/ *n* 〘解〙骨元, 骨単位 (HAVERSIAN SYSTEM). [Gk=bone]
ósteo·pàth *n* オステオパシー医.
òsteo·páthic *a* オステオパシーの[による]; 骨障害[骨病]性の. ♦ **-i·cal·ly** *adv*
òs·te·óp·a·thist *n* OSTEOPATH.
os·te·op·a·thy /àstiápəθi/ *n* オステオパシー《病気の原因と考えられる身体の構造的異常を手技によって矯正する医療》; 骨障害, 骨症.
ósteo·phỳte *n* 〘医〙骨増殖体, 骨棘《骨が伸びたもの》. ♦ **òs·teo·phýtic** *a*
ósteo·plàst *n* OSTEOBLAST.
òsteo·plástic *a* 〘外科〙骨形成性の, 骨形成術の; OSTEOBLASTIC.
ósteo·plàsty *n* 〘外科〙骨形成(術).
òsteo·po·ró·sis /-pəróusəs/ *n* (*pl* **-ses** /-sì:z/) 〘医〙骨粗鬆(こつそしょう)症, オステオポローシス (=*brittle bone disease*). ♦ **-po·rot·ic** /-rátɪk/ *a*
òsteo·sarcóma *n* 〘医〙骨肉腫.
os·te·o·sis /àstióusəs/ *n* 〘医〙骨組織形成.
òsteo·spér·mum /-spɔ́:rməm/ *n* 〘植〙オステオスペルマム《キク科 *O*~ 属の草本・低木; 花の色にいくつかあり, 観賞用として栽培される》.
ósteo·tòme *n* 〘外科〙骨切りのみ, 骨刀.
os·te·ot·o·my /àstiátəmi/ *n* 〘外科〙骨切り[截骨](術).
os·te·ria /àstərí:ə, òus-/ *n* 宿 (inn); レストラン. [It]
Öster·reich /*G* ǿ:stəraɪç/ エスターライヒ《AUSTRIA のドイツ語名》.
ostia *n* OSTIUM の複数形.
Os·tia /ástiə/ オスティア《イタリア中部 Tiber 河口にある村; 古代ローマ時代, 西に同名の町があり, ローマの外港であった》.
Os·ti·ak /ástiæ̀k/ *n* OSTYAK.
os·ti·ary /ástièri; -tiəri/ *n* 門番; 〘カト〙守門 (doorkeeper); 《古》河口.
osti·na·to /àstəná:tou, *ɔ̀:-/ *n* (*pl* **~s, -ti** /-ti/) 〘楽〙固執[執拗]反復, オスティナート. [It=obstinate]
os·ti·ole /ástiòul/ *n* 〘生〙《藻類・菌類などの》小孔, オスティオール. ♦ **os·ti·o·lar** /astí:ələr/ *a* [(dim) ‹ ↓]
os·ti·um /ástiəm/ *n* (*pl* **-tia** /-tiə/) 〘解〙口, 小口, 孔; 《海綿動物の》流入小孔; 《節足動物の》心門. [L=door, mouth]
ost·ler /áslər/ *n* HOSTLER.
ost·mark /ɔ́(:)stmɑ̀:rk, ást-/ *n* [°O-] オストマルク《東ドイツの通貨単位: =100 pfennigs; 記号 (O)M》. [G=east mark]
os·to·mate /ástəmèɪt/ *n* 瘻(ろう)造設患者, 人工肛門[膀胱]造設患者, オストメイト.
os·to·my /ástəmi/ *n* 〘外科〙瘻(ろう)造設術《人工肛門・人工膀胱などをつくる手術》.
os·to·sis /astóusəs/ *n* (*pl* **-ses** /-sì:z/, **~·es**) OSTEOSIS.
-os·to·sis /astóusəs/ *n comb form* (*pl* **-os·to·ses** /-sì:z/, **~·es**) 「骨化(作用)」: ect*ostosis*, hyper*ostosis*. [*oste-*, *-osis*]
Ost·po·li·tik /*G* ɔ́stpolitì:k/ *n* 東方政策《西側諸国, 特に西ドイツが東ドイツ・東欧諸国およびソ連に対して行なった政策》. [G=east policy]
Ost·preus·sen /*G* ɔ́stprɔʏsn/ オストプロイセン《EAST PRUSSIA のドイツ語名》.

os·tra·cism /ástrəsìz(ə)m/ *n* **1**〘古ギ〙陶片追放, オストラキスモス《危険人物の名を陶器片・貝殻などに書いた公衆の投票で, 10 年[《のちに》5 年]間国外に追放した》. **2** 追放, 排斥, 村八分: suffer social [political] ～ 社会的に[政界から]葬られる. [Gk (↓)]

os·tra·cize /ástrəsàɪz/ *vt*〘古ギ〙陶片追放にする; 追放[排斥]する, 村八分にする. ♦ **-cìz·er** *n* [Gk (OSTRACON)]

os·tra·cod /ástrəkàd/, **-code** /-kòud/ *n*〘動〙貝虫(かいむし)[貝形]亜綱 (Ostracoda) の甲殻動物《カイミジンコ, ウミホタルなど》.

os·tra·co·derm /ástrəkoudə̀ːrm, ɑstrǽkə-/ *n*, *a*〘古生〙甲皮類, カブトウオ[甲冑魚]類 (Ostracodermi) の(各種)《原始的な化石魚》.

os·tra·con, -kon /ástrəkàn/ *n* (*pl* **-ca, -ka** /-kə/)《古代ギリシアの》陶片裁判に用いた陶片; 文字が刻んである陶器[石灰岩]の破片. [Gk =shell, potsherd]

Os·tra·sia /ɑstréɪʒə, -ʃə/ オストラシア《AUSTRASIA の別称》.

Ostra·va /ɔ́ːstrəvə/ オストラヴァ《チェコ東部 Moravia 地方の市》.

ós·trei·cùlture /ástriə-/ *n* カキ養殖 (oyster culture). ♦ **òs·trei·cúlturist** *n*

os·trich /ɔ́(ː)strɪʧ, ás-/ *n* **1**〘鳥〙**a** ダチョウ (駝鳥) (=*camel bird*). **b** レア (rhea)《俗用》. **c** ダチョウ革. **2** 現実を直視しない人, 現実逃避者《ダチョウは追い詰められると砂に頭を突っ込んで隠れたつもりでいるという俗信から》. ● **have the digestion of an** ～ 非常に胃腸が強い. ♦ **～·lìke** *a* [OF (L *avis* bird, *struthio* (<Gk) ostrich)]

óstrich fàrm ダチョウ飼育場.

óstrich fèrn〘植〙クサソテツ, コゴミ《北半球温帯産のシダ》.

óstrich plùme ダチョウの羽毛.

Os·tro·goth /ástrəgàθ/ *n* 東ゴート族《4 世紀ごろから VISIGOTHS と分かれ, イタリアに王国 (493–555) を建てた部族》. ♦ **Òs·tro·góth·ic** *a*

Os·trom /ástrəm/ オストロム **Elinor** ～ (1933–2012)《米国の政治経済学者; 女性初のノーベル経済学賞 (2009)》.

Os·trov·sky /ɑstráfski/ オストロフスキー **Aleksandr Nikolayevich** ～ (1823–86)《ロシアの劇作家》.

Ost·see /*G* ɔ́stzeː/ オストゼー《BALTIC SEA のドイツ語名》.

Ost·wald /óustwɔ̀ːld; ɔ́stvɑ̀lt, -wəld; *G* ɔ́stvalt/ オストヴァルト (**Friedrich**) **Wilhelm** ～ (1853–1932)《ラトヴィア生まれのドイツの化学者; 物理科学の基礎を築いた; ノーベル化学賞 (1909)》.

Os·ty·ak /ástiæ̀k/ *n* オスチャーク族[語] (KHANTY).

Osun /óusùːn/ オスン《ナイジェリア南西部の州; ☆Oshogbo》.

Os·wald /ázwəld, *-wɔ̀ːld/ **1** オズワルド《男子名》. **2** オズワルド **Lee Harvey** ～ (1939–63)《米国の Kennedy 大統領暗殺の容疑者; 逮捕の 2 日後 Jack Ruby に射殺された》. [OE=god+power]

Os·wé·go téa /ɑswíːgou-/〘植〙タイマツバナ《シソ科ヤグルマハッカ属の草本; 北米原産; 葉を茶にすることがある》.

Oś·wię·cim /ɔ̀ːʃviéntsəm/ オシフィエンチム (*G* Auschwitz)《ポーランド南部 Kraków の西にある町; 第二次大戦中ナチ強制収容所があった》.

ot- /óut/, **oto-** /óutou, -tə/ *comb form*「耳」 [Gk (*ōt- ous* ear)]

OT °occupational therapy [therapist] ♦ °Old Testament ♦ overtime.

Otá·go Hárbor /outáːgou-/ オタゴ湾《ニュージーランド南島東南部にある太平洋の入江; 湾岸に Dunedin 市がある》.

ota·ku /outáːku/ *n* (*pl* ～) おたく. [Jpn]

otal·gia /outǽlʤ(i)ə/ *n*〘医〙耳痛.

otál·gic *a*〘医〙耳痛の. ► *n* 耳痛治療剤.

ota·ry /óutəri/ *n*〘動〙EARED SEAL.

OTB °offtrack betting《特に New York 市における競馬などの場外投票を扱う公社についていう》. **OTC**〘英〙Officers' Training Corps 将校養成団 ♦ over-the-counter. **OTE** on-target earnings 最高可能収入額《最も優秀なセールスマンの達成可能な基本給・歩合給合算収入; 求人広告用語》.

OTEC /óutèk/ *n*《海洋の表層と深層の温度差を利用した》海洋熱エネルギー変換(方式の発電所), 海洋温度差発電, オテック. [*O*cean *T*hermal *E*nergy *C*onversion]

O tem·po·ra! O mo·res! /ou témpɔːrɑː ou móurèɪs/ おお時世よ, おお風俗よ《Cicero の慨嘆のことば》. [L =O the time! O the manners!]

Othel·lo /ouθélou, ə-/ **1** オセロ《男子名》. **2** オセロ《Shakespeare 作の悲劇 *Othello* (1604) の主人公である直情なムーア人; Iago に謀られて貞淑な妻 Desdemona を疑い, 殺してしまう》. [It]

oth·er /ʌ́ðər/ *a* ★ 可算の単数名詞を伴う用法は ⇨ ANOTHER. **1** ほかの, 他の, 別の; 異なった ‹*than*, 《古》*from*›: *O*～ people think otherwise. 他人は考え方が違う / Come some ～ day. いつか別の日に来なさい / I have *no* ～ son(s). ほかに息子はいない. **2** [the ～+単数名詞] **a**《2 つのうち》他方の, 別な,《3 つ以上のうち》残り(一つ[一人])の; [the ～+複数名詞] 残り(全部[全員])の: Shut your [*the*] ～ eye. もう一方の目を閉じなさい / *the* ～ party〘法〙相手方 / What about *the* ～ three? 残りの 3 人はどうしたの / *the* ～ world=the OTHERWORLD. **b** 向こう(側)の; 反対の: *the* ～ side of the moon 月の反対面[裏側]. **3 a** (つい)先だっての, この間の: the ～ evening [night, week] この間の晩[夜, 週]. **b** 以前の: in ～ times 以前[昔]は / men of ～ days 以前[昔]の人たち. ● **at** ～ TIMES. **be not as** ～ **men are** ほかの人間とは違う, ほかの人よりましである (*Luke* 18: 11 より). EVERY ～. **like no** ～ 比類ない[前代未聞の, 全く独自の](もの): You're *like no* ～ man.=You're a man *like no* ～. あなたは本当にユニークな人だ / It was *like no* ～ he'd ever known. それは彼にとって全く未知のものだった. NONE[1] ～ **than...** ～ **than...** のほかに (besides), …を除いて (except for); ⇨ *adv*: a man ～ *than* her husband 彼女の夫以外の男. ～ **things being equal** ほかの条件が同じなら[として] (ceteris paribus). **the** ～ DAY. **the** ～ PLACE. **the** ～ SIDE. **the** ～ THING[1].
► *pron* (*pl* ～**s**) **1** ほかのもの, 他の人, 別のもの, これ以外のもの: Do good to ～*s*. 人に善をなせ / There are two ～*s*. ほかに 2 人いる[2 つある] / Give me some ～*s*. 何かほかのをください / One or ～ of us will be there. われわれのだれか一人がそこに行っているだろう / I can do no ～. 《古》ほかにどうしようもない. **2** [the] ほかの一方[一人]; [the ～s] 残りの全部: One or *the* ～ is wrong. どちらか(一方)が間違っている. **3** [the, °the O-]〘哲・社〙他者. **4** [(a bit of) the]《俗》[*euph*] あっちのほう(のこと), 性交,《時に》同性愛行為. ● **of all** ～**s** (ほかを含めて)一切の中で, なかんずく: on that day *of all* ～*s* 日もあろうにその日に(限って), よりによってその日に. SOME...**or** ～. **some...,** (**some...,**) ～**s** あるものは…, (あるものは…,) またほかのものは.
► *adv* [～ than の形で] そうでなく, 違ったやり方で, 別な方法で (otherwise): I cannot do ～ *than* accept. 受け入れるほかない / How can you think ～ *than* logically? どうして論理的でない考え方などできよう.
[OE *ōther*; cf. G *ander*]

óther-diréct·ed *a* 他人指向の, 他律的な, 主体性のない. ♦ **～·ness** *n*

óther·gàtes *adv*, *a*《古・方》別の(方法で) (otherwise). [*gate*[3]]

óther·guèss *a*《古》DIFFERENT.

óther hálf **1**《口》伴侶 (spouse), 配偶者, 片割れ. **2** [the]《自分とは別の階層の》ほかの人たち,《特に》金持(階級): see how *the* ～ lives. **3** [the]‖《俗》2 杯目の酒.

óther·ness *n* 他者[別物, 異種]たること, 異質性, 他者性.

óther ránks *pl* 下士官および兵卒, 兵隊[兵士]たち (cf. COMMISSIONED OFFICER).

óther·whère《古》*adv* (どこか)別の所に[で, へ] (elsewhere). ► *pron* 別の場所.

óther·whìle(s)《古・方》*adv* また別な時には; 時々.

oth·er·wise /ʌ́ðərwàɪz/ *adv*, *a* **1** 別な方法で[具合に], 別なふうに, ほかの状態に, そうでなく: think ～ 別の考え方をする / be ～ engaged ほかのことで忙しくて, 先約があって / ～ known as… 別名… / I would rather stay than ～. どちらかと言えばむしろとどまりたい / Some are wise, some are ～.《諺》賢い人もいるし, そうでない人もいる / How can it be ～ than absurd? ばかげているとしか言いようがない. **2** ほかの(すべての)点では: Irresolution is a defect in his ～ perfect character. 優柔不断が彼のただ一つの欠点だ / his ～ equals ほかの点では彼に匹敵する人びと. **3** [《*conj*》] さもなければ (or else): He worked hard; ～ he would have failed. 懸命に働いた, さもなければ失敗したろう. ● **and** ～…とそうでない[その逆の](もの), その他, …や何か; or OTHERWISE. **or** ～…かそうでない[その逆の](もの); and OTHERWISE. ♦ **～·ness** *n* [OE *on ōther wisan*; ⇨ OTHER, WISE[2]]

óther·wìse-mínd·ed *a* 性向[意見]の異なった, 好みの違う; 世論に反する.

óther wóman [the]《既婚男性の》愛人, ほかの女.

óther·wórld *n* [the] 来世, あの世; 別の世界; 宇宙; 空想の世界. ► *a* OTHERWORLDLY.

óther·wórld·ly *a* あの世の, 来世の; 来世への関心[執着]の強い; 空想的な, 現実離れした, この世のものでない(ような) (opp. *thisworldly*). ♦ **-li·ness** *n*

Othin /óuðən/ ODIN.

Oth·man[1] /áθmən/ *a*, *n* OTTOMAN.

Othman[2] オスマン ～ **I**=OSMAN I.

otic /óutɪk, át-/ *a*〘解〙耳の. [Gk (*ōt- ous* ear)]

-ot·ic[1] /átɪk/ *a suf*「(作用・過程・状態など)…的な」「…にかかった」「…を(異常に)生む」. ★ しばしば -OSIS で終わる名詞の形容詞をつくる: symbi*otic* (<symbiosis); hypn*otic* (<hypnosis), narc*otic* (<narcosis); leukocyt*otic* (<leukocytosis). [F, <Gk]

-o·tic[2] /óutɪk, átɪk/ *a comb form*「耳の…部分の」「耳と…な関係にある部位の」「耳と…な関係にある骨の」: par*otic*, peri*otic*. [Gk; ⇨ OT-]

oti·ose /óuʃiòus, óuti-/ *a* ひまな, 怠惰な (idle); むだな, 無益な; 役に立たない, 無用の. ♦ **～·ly** *adv* **～·ness** *n* **oti·os·i·ty** /òuʃiásəti, òuti-/ *n* [L (*otium* leisure)]

Otis /óutəs/ *n* **1** オーティス (1) **Elisha** (**Graves**) ～ (1811–61)《米国の発明家; 安全装置付きエレベーター・蒸気式エレベーターを発明》(2) **James** ～ (1725–83)《米国独立革命期の政治家》. **2** オーティス

《男子名》. **3***《俗》 酔っぱらい, のんべえ《米国のコメディアン Andy Griffith のテレビ番組に登場する酔っぱらいにちなむ》. ► *a**《俗》 酔っぱらって, べろんべろんで.

oti·tis /outáɪtəs/ *n* 〘医〙 耳炎. [*-itis*]

otítis ex·tér·na /-ɪkstə́ːrnə/ 〘医〙 外耳炎.

otítis in·tér·na /-ɪntə́ːrnə/ 〘医〙 内耳炎.

otítis mé·dia /-míːdiə/ 〘医〙 中耳炎 (=*tympanitis*).

oti·um cum dig·ni·ta·te /óutiùm kum dìgnɪtáːtɛ/ 品格ある余暇, 悠々自適 (leisure with dignity). [L]

ótium sì·ne dignitáte /-sìnɛ-/ 品格なき余暇. [L]

OTL /òutìːél/ *a**《俗》 ぼんやりした, いかれた, パーの. [*out to lunch*]

oto- /óutou, -tə/ ⇨ OT-.

óto·cỳst *n* 〘発生〙《胚の》耳胞, 聴胞; 〘動〙 STATOCYST. ♦ **òto·cýs·tic** *a*

OTOH 《E メールなどで》on the other HAND.

òto·laryngólogy *n* 耳鼻咽喉科学. ♦ **-gist** *n* **-laryngo·lógical** *a*

óto·lìth *n* 〘解・動〙 耳石《内耳中または平衡胞内にあって平衡感覚に関係がある》. ♦ **òto·líth·ic** *a*

otol·o·gy /outáləʤi/ *n* 耳科学. ♦ **-gist** *n* 耳科医. **oto·log·ic** /òut(ə)láʤɪk/, **-i·cal** /-ɪk(ə)l/ *a*

Oto·man·gue·an /òutəmáːŋgeɪən/ *n* オトマンゲ語族《メキシコ中部・南部で話されている先住民の諸言語; Mixtec, Zapotec, Otomi などが含まれる》.

Oto·mi /òutəmíː/ *n* **a** (*pl* ~, ~**s**) オトミ族《メキシコ中央高地の主に Hidalgo, Mexico 両州に住むインディオ》. **b** オトミ語.

óto·plàsty *n* 〘医〙 耳[耳介]形成(術).

òto·rhìno·laryngólogy *n* 耳鼻咽喉科学 (otolaryngology). ♦ **-ist** *n* **-laryngológical** *a*

otor·rhea /òutəríːə/ *n* 〘医〙 耳漏.

òto·sclerósis *n* 〘医〙 耳硬化(症). ♦ **-sclerótic** *a*

óto·scòpe *n* 〘医〙 耳鏡, 耳聴診管, オトスコープ. ♦ **òto·scóp·ic** /-skápɪk/ *a*

òto·tóxic *a* 〘医〙 内耳神経毒性の. ♦ **-toxícity** *n*

OTR Occupational Therapist, Registered.

Otran·to /outrǽntou, ɔ́ːtrantòu/ オトラント《イタリア南東部 Apulia 州の, オトラント海峡 (the **Stráit of** ~) に臨む漁港; ローマ時代には重要な港; Horace Walpole の小説 *The Castle of Otranto* の舞台となった城跡がある》.

OTS °Office of Thrift Supervision ♦ Officers' Training School.

OTT /òutìːtíː/ *a*ᴵᴵ《口》 OVER-THE-TOP.

ot·tar /átər/ *n* ATTAR.

ot·ta·va /outáːvə/ *adv*, *a* 〘楽〙 オッターヴァで[の], 8 度高く[高い], 8 度低く[低い]. [It]

ottáva rí·ma /-ríːmə/ 〘韻〙 八行体, オッターヴァリーマ《各行 11 音節, 英詩では 10–11 音節, 押韻の順序は ab ab ab cc》. [It= eighth rhyme]

Ot·ta·wa /átəwə, *-wàː, *-wɔ̀ː/ *n* **1 a** (*pl* ~**s**, ~) オタワ族《もとは Ottawa 川付近にいたが, 現在は Ontario 州南部や米国 Michigan 州に居住する Algonquian 語系の言語を話すインディアン》. **b** オタワ語. **2 a** オタワ《カナダ Ontario 州南東部の市, 同国の首都》. **b** [the] オタワ川《カナダ Quebec 州南部を東流して Montreal で St. Lawrence 川に合流》.

ot·ter /átər/ *n* (*pl* ~**s**, ~) 〘動〙 カワウソ; カワウソの毛皮 (cf. SEA OTTER); 〘釣〙 オッター《針・はりす・おもりを付けた板で, 釣人が岸から糸で操作する淡水用仕掛け》; 〘軍〙 PARAVANE. [OE *otor*; cf. G *Otter*]

Ot·ter·bein /átərbàɪn/ オッターバイン **Philip William** ~ (1726–1813)《ドイツ生まれの米国の聖職者; United Brethren の創始者》.

ótter bòard 拡網板《底曳[トロール]網の網口を水圧を利用して開かせるための板》.

Ot·ter·burn /átərbə̀ːrn/ オッターバーン《イングランド北東部 Northumberland 州中部の村; Sir Henry Percy の率いるイングランド軍がスコットランド軍に敗れた古戦場 (1388)》.

ótter hòund [dòg] カワウソ猟犬.

ótter shèll 〘貝〙 オオトリガイ《バカガイ科の二枚貝》.

ótter shrèw 〘動〙 カワウソジネズミ, ポタモガーレ《アフリカ西部の食虫目の動物》.

ótter spèar カワウソ捕獲用のやす[銛(もり)].

ot·to /átou/ *n* (*pl* ~**s**) ATTAR.

Otto 1 オットー《男子名》. **2** オットー (**1**) ~ **I** (912–973)《ドイツ王 (936–973), 神聖ローマ皇帝 (962–973); 通称 'the Great'》 (**2**) ~ **IV of Brunswick** (1174?–1218)《神聖ローマ皇帝 (1198–1215)》. **3** オットー **Rudolf** ~ (1869–1937)《ドイツのプロテスタント神学者・宗教学者; *Das Heilige* (1917)》. [Gmc=rich]

Ótto cỳcle 〘機〙 オットーサイクル《断熱圧縮–定容加熱–断熱膨張–定容冷却の 4 ストロークからなる火花点火内燃機関のサイクル》. [Nikolaus A. *Otto* (1832–91) ドイツの技師]

Ótto èngine 〘機〙 オットー(サイクル)機関. [↑]

Ot·to·man /átəmən/ *a* OSMAN の王朝の, オスマン帝国の, トルコ帝国の; トルコ人[民族]の. ► *n* (*pl* ~**s**) **1** トルコ人; オスマントルコ人. **2** [o-] オット(ー)マン (**1**) 厚く詰め物をした通例 背なしの腰掛け[足載せ台] **2**) バタンと音などしないようふたに詰め物をした収納箱 **3**) うね織りの絹[レーヨン]織物; 婦人服用》. ♦ ~**-like** *a* [F<Arab]

Óttoman Émpire [the] オスマン[オットマン]帝国《13 世紀末から 1922 年までヨーロッパ南東部・西アジア・北アフリカを支配したトルコ族によるイスラム王朝》.

Óttoman Pórte [the] オスマンの門 (⇨ PORTE).

ot·tre·lite /átrəlàɪt/ *n* 〘鉱〙 オットレ石《マンガンに富むクロリトイドの変種》. [*Ottrez* ベルギーの地名]

Ot·way /átwèɪ/ オトウェイ **Thomas** ~ (1652–85)《イングランドの劇作家; 悲劇 *The Orphan* (1680), *Venice Preserved* (1682)》.

Ötz·tal Alps /ə́ːtstàːl ─ ́─/ *pl* [the] エッツタールアルプス (G **Ötz·ta·ler Al·pen** /*G* œ́tstaːlər álpn/)《オーストリア Tirol 州南部とイタリア Trentino-Alto Adige 州北部の国境地帯を東西に走る山脈; 最高峰 Wiltspitze (3774 m)》.

ou[1] /óu/ *n* (*pl* **ous, ou·ens** /óuənz/) 《南アフロ》 男, やつ, 人 (chap, person). [Afrik]

ou[2] /óuùː/ *n* 〘鳥〙 キガシラハワイマシコ《果実を主食にするハワイミツスイ (Hawaiian honeycreeper) の一種》. [Haw]

OU °Open University ♦ °Oxford University.

oua·ba·in /wɑːbéɪən, wáːbèɪn/ *n* 〘化〙 ウアバイン《アフリカ産キョウチクトウ科キンリュウカ属およびサンダンカモドキ属の数種の低木から得られるステロイド配糖体; ジギタリスと同様に強心剤とする; アフリカの先住民は矢毒に用いる》.

Oua·chi·ta, Wash·i·ta /wáʃətɔ̀ː/ [the] ウォシタ川《Arkansas 州と Oklahoma 州にまたがるウォシタ山地 (the ~ **Móuntains**) から発し, Louisiana 州で Black 川に合流》.

Oua·ga·dou·gou /wàːgədúːgu/ ワガドゥグ《ブルキナファソ中部の市・首都》.

oua·ka·ri, ua- /wɑːkáːri/ *n* 〘動〙 ウアカリ《長い絹毛をもつ南米のオマキザルの一種》. [Tupi]

oua·na·niche /wàːnəníːʃ/ *n* 〘魚〙《カナダの St. John 湖などに産する》タイセイヨウサケの陸封型 (=~ **sàlmon**). [Algonquian]

Ouar·gla /wɔ́ːrglə, wáːr-, -glàː/ ワルグラ《アルジェリア北東部 Touggourt の南西にあるオアシス町》.

ou·baas /óubàːs/ *n* 《南ア》 年長者, 先輩, 上司. [Afrik]

Oubangui(-Chari) ⇨ UBANGI(-SHARI).

ou·bli·ette /ùːbliét/ *n* 《揚げぶたでしか出入りできない》秘密の土牢. [F (*oublier* to forget)]

ouch[1] /áuʧ/ *int* あいた, 痛い! ► *n**《俗》 傷, けが. [imit; cf. G *autsch*]

ouch[2] *n* 《宝石入りの》装飾用留め金[ブローチ]; 宝石の台座; 《廃》 留め金 (clasp, brooch). ► *vt* ouch で飾る. [異分析く*a nouche*< OF *nouche* buckle<Gmc; cf. ADDER[2]]

óuch wàgon 《CB 無線俗》 救急車.

oud /úːd/ *n* ウード《西南アジア・北アフリカで用いるマンドリンに似た楽器》. [Arab]

Ou·den·aar·de /àud(ə)náːrdə, òu-; úːd(ə)nàːd/ オウデナールデ (*F* Audenarde)《ベルギー中西部 Brussels の西方にある, Scheldt 河岸の町; 教会や後期ゴシック様式の市庁舎が有名; 1708 年, スペイン継承戦争でフランス軍が敗れた地》.

Oudh /áud/ アウド《インド北部 Uttar Pradesh 中東部の地域; ☆Lucknow》.

Ou·dry /udríː/ ウードリー **Jean-Baptiste** ~ (1686–1755)《フランスのロココ画家・タペストリーデザイナー; 動物画や狩猟場面の絵で知られる》.

Oudts·hoorn /óutshɔ̀ːrn/ オウツフールン《南アフリカ共和国 Western Cape 州, Cape Town の東にある町》.

ouens *n* OU の複数形.

Ouessant ⇨ USHANT.

ouf /áuf/ *int* ウーッ, ウワッ《苦痛・不快・驚きなど》. [?]

ought[1] /ɔ̀ːt, ɔ́ːt/ *v auxil* ★ 原則として to 不定詞を伴うが, 否定・疑問などでは省かれることもある. didn't [hadn't] ~ to は卑俗な用法. **1** [義務・当然・適切・得策] …すべきである, …するのが当然[適切]である, …したほうがよい: You ~ *to* do it at once. それはすぐしなくてはならない / It ~ not *to* be allowed. それは許すべきでない / You ~ *to* have consulted with me. きみはわたしに相談すべきだった / She told him (that) he ~ *to* do [*to* have done] it. すべきである[すべきであった]と話した. **2** [推論] …のはずである, …に決まっている: It ~ *to* be fine tomorrow. あすは当然晴れだ / He ~ *to* have arrived by this time. 今ごろはもう到着しているはずだ. ► *n* 義務 (duty). [OE *āhte* (past)<*āgan to* OWE]

óught[2] *n* 《口》 零, ゼロ (naught). [*nought* を *an ought* としたものか]

ought[3] /ɔ́ːxt/ 《スコ》 *vt* OWE; POSSESS.

ought[4] ⇨ AUGHT[1].

oughta, ought·er /ɔ́ːtə, ɔ́ːtə/ 《発音つづり》《口》 ought to (cf. ORTER).

ought·lins /ɔ́ːxtlɪnz/ 《スコ》 *adv* 少し(でも), いくらか(でも), なにほど

(も) (at all). ► *pron* なにか, いくぱくか (anything (at all)).
ought·n't /ɔ́:tnt/ ought not の短縮形.
ou·gui·ya /ugwí:ə, ugí:jə/, **ou·gi·ya** /ugí:jə/ *n* (*pl* ～) ウーギヤ《モーリタニアの通貨単位: =5 khoums; 記号 U》.
oui /*F* wi/ *adv* YES.
Oui·da /wí:də/ ウイーダ《Marie Louise de la RAMÉE の筆名》.
oui-dire /*F* widi:r/ *n* うわさ.
Oui·ja /wí:ʤə, *-ʤi/ 〘商標〙ウィージャ《心霊術でプランシェット (planchette) と共に用いる文字・数字・記号を記した占い板》. [F *oui*, G *ja* yes]
Ouj·da /uʒdá:/ ウジダ《モロッコ北東部の市》.
ou·long /ú:lɔ̀(:)ŋ, -lɑ̀ŋ/ *n* OOLONG.
Ou·lu /áulu, óu-/ オウル (*Swed* Uleåborg)《フィンランド中部 Bothnia 湾に臨む工業都市》.
ou·ma /óumɑ:/ «南ア» *n* 祖母, おばあさん《主に姓に付ける》; «俗» 老婦人, おばあちゃん. [Afrik]
ounce[1] /áuns/ *n* **1 a** オンス《常衡は 1/16 pound, 28.35 g; 金衡は 1/12 pound, 31.103 g; 略 oz》. **b** (液量)オンス (fluid ounce)《米では 1/16 pint (=29.6 cc); 英では 1/20 pint (=28.4 cc)》. **2** [an ～] 少量 (a bit): *An* ～ of practice is worth a pound of theory. «諺» 理論よりも実行 / with every (last) ～ of strength 力をふりしぼって. [OF＜L *uncia* twelfth part of pound or foot; cf. INCH]
ounce[2] *n* «古» 山猫 (wildcat); 〘動〙SNOW LEOPARD. [OF (*l*)*once*; cf. LYNX]
óunce màn *«俗» 麻薬の売人, 仲介人, ディーラー.
OUP °Oxford University Press.
ou·pa /óupɑ:/ «南ア» *n* 祖父, おじいさん《主に姓に付ける》; «俗» (男性の)老人, おじいちゃん. [Afrik]
ouph(e) /áuf, ú:f/ *n* ELF, GOBLIN
our /auər, ɑ:r, áuər/ *pron* [WE の所有格] **1 a** われわれの, わたしたちの. **b** 《新聞の論説などの筆者が用いて》われわれの; [人名に付して] ˈˈ«口» うちの《話者の家族[同僚]の》: ～ school [country] わが校[国] / in ～ opinion われわれの見るところでは. **c** 《君主などが my の代わりに用いて》わが, われらの, 朕(ちん)の. **2 a** 《子供・病人に話しかけるときなど》あなたの〈患部〉. **b** «口» [°*iron*] われの (your). **3** 例の, 問題の: ～ gentleman in a black hat 例の黒い帽子の人. **4** 現代の. [OE *ūre* (gen pl)＜*we*; cf. G *unser*]
-our ⇨ -OR[1].
ou·ra·ri /urɑ́:ri/ *n* CURARE.
ou·re·bi /úərəbi/ *n* ORIBI.
Ou·ren·se /ouurénseɪ/, **Oren·se** /ɔ:rén-/ オウレンセ, オレンセ 《1) スペイン北西部 Galicia 自治州の県 2) その県都》.
Òur Fáther 〘聖〙われらの父, 神; [the] 主の祈り (Lord's Prayer).
Òur Lády 聖母マリア《Virgin Mary の尊称》.
ouroboros ⇨ UROBOROS.
Ou·ro Prê·to /óuru préɪtu/ オーロプレト《ブラジル東部 Minas Gerais 州南東部, Belo Horizonte の南東にある市》.
ours /áuərz, ɑ́:rz/ *pron* [WE に対応する所有代名詞] われわれのもの; ˈˈわれわれの家族[会社, 連隊 など]; われわれの任務: this great country of ～ わたしたちのこの偉大な国 / It is not ～ to blame him. 彼を責めるのはわれわれの任でない. ★ 用法は ⇨ MINE[1].
our·self /ɑ:rsélf, àuər-/ *pron sg* わたし自身, 朕(ちん)[余]みずから《君主などが用いる単数形 we の再帰代名詞形》; (自分)自身, 自己 (self).
our·selves /ɑ:rsélvz, àuər-/ *pron pl* [WE の強調・再帰形] われわれ自身[みずから]. ★ 用法・成句は ⇨ MYSELF, ONESELF.
-ous /əs/ *a suf* (1)「…の多い」「…性の」「…に似た」「…の特徴を有する」「…の癖がある」「…にふける」: peril*ous*, fam*ous*, nerv*ous*. (2) 〘化〙(-IC の語尾を有する化合物・イオンに対し)「亜…」「原子価の小さいほうの…」: ferr*ous* chloride, nitr*ous* acid. ◆ **～·ly** *adv suf* [AF, OF＜L; ⇨ -OSE]
Ouse /ú:z/ [the] ウーズ川《1) イングランド中部・東部を流れ Wash 湾に注ぐ; 別称 Great Ouse 2) イングランド北東部を南東に流れ, Trent 川と合流して Humber 川になる 3) イングランド南東部を流れてイギリス海峡に注ぐ》.
ousel ⇨ OUZEL.
Ou·shak /uʃɑ́:k/ *n* 《トルコの》ウシャク[オーシャク]じゅうたん《あざやかな原色と精巧なメダリオン文様が特徴》.
où sont les neiges d'an·tan? /*F* u sɔ̃ lə nɛ:ʒ dɑ̃tɑ̃/ 去年(こぞ)の雪今いずこ《François Villon の詩の文句》.
Ou·spen·sky /uspénski/ ウスペンスキー **P**(**eter**) **D**(**emianovich**) (1878–1947)《ロシアの神秘思想家》.
oust /áust/ *vt* **1** 追い出す; 駆逐する, …に取って代わる: The umpire ～*ed* the player *from* the game. 審判は選手に退場を命じた / be ～*ed as* chairman 会長の地位を追われた. **2** 〘法〙〈人〉から剝奪する; 〈権利などを〉奪う, 取り上げる: ～ sb *of* [*from*] his right 人から権利を剝奪する. [AF=to take away＜L *ob*-(*sto* to stand)=to oppose]
oust·er /áustər/ *n* 〘法〙占有剝奪; 〘法〙裁判権剝奪(条項); 追放, 追い出し, 放逐, 排除.
out /áut/ *adv* **1 a** [場所の関係] 外に[へ, て, は], 外部に[へ]; (外に)出て, 外出して, 不在で, 去って; 出所[出獄]して; 〈陪審が〉《評議のため》退席して; 〈潮が〉ひいて: go ～ for a walk 散歩に出て行く / jump ～ 跳び出る / He often takes me ～ fishing. よく釣りに連れ出します / have an evening ～ 夜の外出をする《食事・観劇など》/ Father is ～ in the garden. 父は庭に出ています / Please call back later, he is ～ now. あとでまた電話してください, いま外出中です. **b** 町を出て, 故国を離れて; 〈船などが〉外国行きで; 陸を離れて, 沖へ(出て): live ～ in the country 町を離れて田舎に住む / fly ～ to Australia オーストラリアに飛ぶ / The boats are all ～ at sea. 船はすべて陸の見えない海上にいる. **c** 〈ある距離〉だけゴール[決勝線]から離れて: a free kick from 30 meters ～ ゴールから 30 メートル離れた位置からのフリーキック. **d** 〈図書などが〉貸出し中で (=～ on loan). **e** 分配して. **f** «古» 〈若い女性が〉社交界に出て. **2 a** 〈明かり・火などが〉消えて. **b** すたれて, はやらなくなって: The frock coat has gone ～. フロックコートはすたれた. **3 a** 終わりまで, 結論まで; 終わって; 《無線交信で》(以上)通信終わり (cf. OVER): Hear me ～. わたしの言うことを終わりまで聞いてくれ. **b** 徹底的に, すっかり, (最後まで)…し通して, (首尾よく)…しはたして; 露骨に, 腹蔵なく; はっきりと, 大声で: be tired ～ 疲れきる / Tell him right ～. 彼にはっきり言え. **4** [最上級を強調] 現存する[知っている]うちで, これまでで (ever) (cf. OUT *and away*): the best player ～ これまでで最高の選手.
● ALL ～. **from this** [**now**] **～** 今後は. **～ and away** はるかに, とびきり, 抜群に (by far): He is ～ *and away* the best player. とびぬけて優秀な選手だ. **～ and home** 往復とも. **～ and ～** 全く, 完全に, 徹底的に (cf. OUT-AND-OUT). **～ front** 正面に[へ], 前面に (cf. OUT-FRONT); 〘軍〙前線で[へ]; 舞台の前に, 観客席に; «口» 単刀直入に, 率直に: with flowerpots ～ *front* 前面に植木鉢を並べて. **～ here** «豪口» オーストラリアに[で]; «豪口» へんぴなところに[で]. OUT OF. **～ one's way** «口» 自分の近所に[て, へ]. **～ (the)** BACK[1]. **～ there** 向こうに, あそこに; ほかの所に; 世間に(は); 目につく所に; «口» 奇妙な, ばかげた; «俗» 戦地に. **～ to it** «豪口» 眠って, 意識を失って.
► *a* **1** 外の; 外出して, 不在で; 遠く離れた: the ～ islands 離島. **2 a** 現われて, 見えて, 出て; 《衣服が破れて》露出して; 咲いて, 開いて; 〈ひながかえって: The stars were ～. / ～ at the elbow 〈衣服が〉ひじに穴があいて / be ～ (in blossom [bloom]) 〈木が〉花を咲かせている. **b** 発表されて, 出版[刊行]されて, 世に出て. **c** 漏れて, 露見して: The murder is ～. 秘密がばれた, なぞが解けた. **3 a** 出されて, 除外されて; 政権を失って; 〈人・ボールが〉アウトになって; 敗退して; 〈じゃまなどを〉取り除いて. **b** 考慮外[問題外]で, 不可能で: His proposal is ～. 彼の提案は論外だ. **c** 禁止されて, だめで: Smoking on duty is ～. 勤務中の喫煙は禁止されている. **4 a** なくなって; 売りつくして, 品切れで; «口» 《ある金額だけ》損をして: I'm ～ sixty dollars. 60 ドルの損だ. **b** 消えて, 尽きて, 〈期限などが〉切れて, 満期になって; 意識を失って, ぐっすり眠り込んで; 〘ボク〙《10 秒以内に》立ち上がれないで: His strength was ～. 彼の力は尽きていた. **c** すたれて, はやらなくなって (opp. *in*): Miniskirts are ～ these days. **5** 終わって, 尽きて: School is ～. 学校[授業]は終わった / before the week is ～ 週が終わらないうちに, 今週中に. **6 a** はずれて, 〈歯が〉抜けて; 不調で, 狂って; 間違って, 誤って, 食い違って; 争って, 不和で: threw his shoulder ～ 肩を脱臼した / The elevator is ～. エレベーターは故障している / be (miles) ～ in one's calculation 計算が(まるっきり)誤っている / not far ～ 当たらずといえども遠からず / I am ～ (=at odds) *with* Jones. 仲たがいしている. **b** 仕事を休んで, ストライキをやって: My hands are ～. 手があいている / The workers are ～ (on strike). 労働者たちはストをやっている. **7** 普通でない: an ～ size 《服などの》特大 (cf. OUTSIZE). **8** «口» **a** 遅れている, わかっていない, うけない, ダサい. **b** すばらしい, かっこいい, こえてる, バツグンの (far-out). **9** 同性愛者であると公言した, カミングアウトした (cf. COME[1] out). ● **be ～ for** [**to** do]…を手に入れる[…する]つもりで, …(すること)を心に決めて: I'*m* not ～ *for* compliments. ほめてもらおうと思っているのではない / They *are* really ～ *to* destroy us. 本気でわれわれをつぶそうとしている. **～ and about** 《病後など》元気になって, 動きまわれるようになって, 回復して; 出歩いて, 歩きまわって. **～ on one's feet** 《ボクシングなどで》目がくらみながらまだ倒れないで; 完全に消耗して.
► *prep* ★ into, within, in に対応する前置詞. **1 a** *[内側・中心から外側への運動・方向を示して]〈ドア・窓など〉から (=*out of*): go ～ the door ドアから出て行く / look ～ the window at the river 窓から外の川を見る / throw a bag ～ the window onto the platform かばんを窓からホームへ投げ出す. ★ この用法は through の意の場合が普通で, away from の意では米でも out でなく out of を用いる: He went ～ *of* the house. 彼は家から出て行った. **b** [中心から離れる運動を示して]〈道路など〉を通って: drive ～ the dark road 暗い道路を車で走って(市外などへ)行く. **c** «文» …から《★ 今は from out として用いるだけ》: It arose *from* ～ the azure main. 青々とした大海から現われた. **2** …の外(側)に (outside of): *O～* this door is the garage. このドアの向こうは車庫になっている.
► *n* **1 a** 外部, 外側 (outside); «口» 戸外; 《家・職場から》遠い所. **b** [ᵘ*pl*] 地位[権力, 金, 人気など]のない人, 在野の人, 局外者, はずれ者; [the ～s] 在野党, 野党; 〘競技〙守備側のプレーヤー. **2** 外出; «方» 遠出, 遠足. **3** 《文字・語の》脱落, 〘印〙組み落ち, 植え落ち, 脱字. **4**〘野〙アウト(になった者);〘テニス〙アウト《コートの外に出た打球》; «口» 欠点, 弱点, きず. **5** 抜け道, 逃げ道; 言いわけ, 口実; 解決策. ● **at (the) ～s with…＝on the ～s with…** «口・方» …と不和で, 敵対して. **from ～ to ～** 端から端まで, 全長. **make a poor ～** うまくいかない, パッとしない. **the ins and ～s** ⇨ IN[1].
► *vt* «口» 追い出す; 〈火を〉消す;〘ボク〙ノックアウトする; "«俗» ぶちのめす; «俗» 殺す, 消す;〘競技〙負かす, アウトにする;〘テニス〙〈ボールを〉ライン外に打ち出す; …だと暴露する;《特に》〈同性愛者〉だと暴露する (cf. *come out of the* CLOSET). ► *vi* 外出する; ボールをライン外に打ち出す; 公けになる: The TRUTH will ～. / MURDER will ～. ● **～ with**…を持ち出す; 公表する (cf. *int* 成句).
► *int* [怒り・いらだちを示して] 立ち去れ, 出て行け (begone); [嫌悪・非難などの発声] けしからん: *O～* upon Christmas! クリスマスなんてくそくらえ! / *O～*, damned spot! 消えよ, いまわしい血痕よ《Macbeth 夫人のせりふ; Shak., *Macbeth* 5.1.38》. ● **O～ upon you!** «古» うせろ (Be off!);《嫌悪・抗議などを示して》なんということ[ざま]だ, ばかな! **～ with**…を追い出せ, 出て行け; 言え: *O～ with* him! やつをたたき出せ / *O～ with* you! 出て行け! / *O～ with* it! (心にあることを)言ってしまえ[ごらん] (cf. *v* 成句). **O～ you go!** 出て行け, うせろ. [OE *ūt*; cf. G *aus*]

out- /áut/ *pref* [動詞・分詞・動名詞などに付けて] (1)「外に」「外部の」「離れた」など: *out*going, *out*port, *out*house. (2)「…を超えて」「…よりすぐれて」(cf. OUT-HEROD): *out*live, *out*shine. [↑]

outa, out·ta, out·er /áutə/ «発音つづり» «口» OUT OF.

òut·achíeve *vt* …よりすぐれた成果をあげる, …より出世[昇進]する.

òut·áct *vt* しのぐ, …のうわてに出る.

óut·age *n* 《輸送・貯蔵中に生じる商品の》減量, 目減り;《液体などを詰めた容器の》上部の空き (headspace);《機械などの》機能停止[不全];《電力などの》供給停止時間, 停電.

óut-and-óut *a* 全くの, 徹底的な, 完全な, 紛れもない, 正真正銘の (cf. OUT *and out*): an ～ lie [liar, communist].

óut-and-óut·er «俗» *n* 徹底的にやる人, 完全主義者, 極端な[過激派の]人; 抜群にすぐれた人[もの], 非常な才物.

òut·árgue *vt* 論破する.

out·a·site, -sight /àutəsáit/ *«俗» *a* 型破りの, 斬新な, 進んだ; 比類ない, バツグンの, すばらしい. [*out of* SIGHT]

óut·bàck *n* [ᵘthe]《特に豪州の》奥地, 内陸部, アウトバック; [‹*a*›] 奥地の. ► *adv* 奥地へ. ♦ **～·er** *n* 奥地人.

òut·bálance *vt* …よりも重い[重要である] (outweigh).

òut·bíd *vt* 《競売などで》…よりも高く値をつける;《トランプで》…よりも大きく張る[賭ける]; しのぐ.

òut·bláze *vi* 燃え広がる. ► *vt* …に輝きまさる.

óut·bòard *a, adv* 〘海〙船外の[に], 舷外の[に]; 中心を離れた所にある; 機関を外部に備え付けた;〘空〙機翼の先端に近い. ► *n* OUTBOARD MOTOR; 船外モーター付きボート.

outboard mótor 《ボートの》船外モーター, 船外機.

óut·bòund *a, adv* 〈飛行機・船舶など〉出発[出航]する, 往航で, 〈電車など〉郊外に向かう[向かって], 下りの[で] (opp. *inbound*): ～ flights 《飛行機の》出発便 / an ～ track 《鉄道の》出発線, 下り線, *下りホーム.

òut·bóx *vt* 《ボクシングで》…に打ち勝つ.

óut·bòx *n* *OUT-TRAY; 《E メールの》送信箱.

òut·bráve *vt* …に敢然と立ち向かう, …をものともしない; 勇気で圧倒する;《美しさ・光輝が》…にまさる, …をしのぐ.

óut·brèak *n* 《戦争などの》勃発, 突発;《伝染病・害虫などの》急激な発生, 大発生;《火山などの》突然の出現; 暴動, 騒擾 (riot); "OUTCROP.

out·breed *vt* **1** /⌐ ⌐⌐/〘生〙異系交配する;〘社〙…に異部族結婚をさせる. **2** /⌐ ⌐⌐/ …より速く繁殖する; 〈不必要な特性を〉交配によって除く. ► *vi* /⌐ ⌐⌐/〘社〙異部族結婚する.

óut·brèed·ing *n* 〘生〙異系交配;〘社〙異部族結婚.

òut·búild *vt* …より多く建造する.

óut·bùild·ing *n* 《農場などの》離れ屋, 付属の建物 (＝*outhouse*)《納屋・鳥小屋など; cf. OFFICE》.

òut·búrn *vi* 燃え尽きる. ► *vt* …より明るく燃える.

óut·bùrst *n* **1** どっと出てくること, 爆発, 激発, 噴出, ほとばしり; 暴動: an ～ *of* anger [laughter, tears] / volcanic ～*s*. **2**《鉱体の》露出 (outcrop). [BURST out]

òut·bý *adv* «スコ» OUTSIDE, OUTDOORS.

out·bye /àutbái, ú:tbài/ «スコ» *adv* 屋外に; 少し離れて; 遠くに; 換気孔[入口]の方に.

óut·càll *n* 《売春婦の》出張サービス.

óut·càst *a* 追放された, 締め出された, 見捨てられた; よるべのない, 宿無しの. ► *n* **1** 《家庭・社会などから》追放された者, のけ者, 浮浪者; 捨てられたもの, くず. **2** «スコ» 口論, けんか.

òut·cáste *vt* 社会から放逐する[葬る]. ► «インド» *n* /⌐ ⌐⌐/ 社会的地位[門地]のない人; 四姓外の賤民. ► *a* /⌐ ⌐⌐/ 社会的地位[門地]のない.

òut·cláss *vt* …に断然まさる, …より格段にすぐれている; …に大差で勝つ.

óut-clèar·ing" *n* 〘商〙持出し手形(金額).

óut-cóllege" *a* 大学構外に住む, 学寮に属しない.

óut·còme *n* 結果, 成果 ‹*of*›; 結論 (conclusion); はけ口 (outlet).

òut·compéte *vt* 打ち負かす, 破る;〘生〙《生存競争で》〈他の種を〉駆逐する.

óut·cròp *n* 〘地質〙《鉱床などの》露出, 露頭;〘地質〙露出部, 露頭; 出現, 発生, 台頭. ► *vi* /, ⌐ ⌐⌐/ 〈鉱脈が〉露出する;《一般に》表面化する, 現われる (appear).

óut·cròpping *n* OUTCROP.

óut·cròss 〘動・植〙*vt* /, ⌐ ⌐⌐/ 異系交配[交雑]させる. ► *n* 異系交配[交雑]; 異系交配雑種.

óut·cròss·ing *n* 〘動・植〙異系交配[交雑], 他殖, 他配.

óut·crỳ *n* 叫び(声), どなり声, 騒々しさ; 激しい抗議 ‹*against*›; 競売; 呼び売り. ► *v* /⌐ ⌐⌐/ *vi* 叫ぶ. ► *vt* 声の大きさで…をしのぐ.

óut·cùrve *n* 外曲(するもの);〘野〙アウトカーブ.

òut·dánce *vt* ダンスにおいて…をしのぐ.

òut·dáre *vt* …より思いきったことをする, 大胆さで…にまさる; ものともしない (defy).

òut·dáte *vt* 古臭く[時代遅れに]する.

òut·dáted *a* 旧式の, 時代遅れの (out-of-date). ♦ **～·ly** *adv* **～·ness** *n*

òut·dístance *vt* 《競走などで》はるかに引き離す, …に大差をつける (outstrip).

òut·dó *vt* …にまさる, …をしのぐ; …に打ち勝つ. ● **not to be outdone** 人に負けまいと. **～ oneself** 今までになくよくやる; 最善の努力をする.

óut·dòor *attrib a* **1** 戸外の, 屋外の, 野外の, アウトドアの (opp. *indoor*); 野外向き[用]の; 野外好きの (outdoorsy): ～ air 外気 / ～ exercises 戸外運動 / ～ sports 屋外スポーツ / an ～ restaurant 屋外レストラン / ～ clothes / an ～ type アウトドア派. **2**《救貧院・病院などの》施設外の, 院外の: ～ relief 院外扶助《救貧院に収容されていない貧民に与えた》/ an ～ agitation 《議員の》院外運動. [C18 *out (of) door*]

óutdoor pursúits *pl* アウトドア活動, 野外活動, 野外スポーツ[レジャー]《登山・オリエンテーリング・カヌーイングなど》.

òut·dóors *adv* 屋外[戸外, 野外]で[へ]. ► *n* [the] 屋外, 野外 (open air);〘農〙露地; 人里離れた所《田園・森林地帯など》: the great ～ 大自然. ● **all ～** *«口» 全世界, 万人. **as…as all ～** *«口» とてつもなく[おそろしく]…な: a room *as* big *as all* ～ / a woman *as* tall *as all* ～. ► *a* OUTDOOR.

òut·dóors·man /-mən/ *n* 主に戸外で暮らす人; 野外生活好きの人, アウトドア派. ♦ **～·ship** *n*

òut·dóorsy /-zi/ *a* 戸外[屋外]向きの[に適した]; 野外生活好きの, アウトドア派の.

òut·dráw *vt* …より人をひきつける力が強い, …より多くの観衆を集める; …より速く拳銃を抜く.

òut·drínk *vt* 〈人〉よりも多く飲む.

òut·dríve *vt* …よりもうまく運転する, …より速く走らせる;〘ゴルフ〙…よりもボールを遠くへ飛ばす. ► *n* /⌐ ⌐⌐/〘海〙推進機と連結した船内発動機.

óut·dròp *n* 〘野〙アウトドロップ.

óut·er[1] *a* 外の, 外側の, 外部の (opp. *inner*);《中心から》遠く離れた, はずれの; 外的な, 客観的な: the ～ world 世間; 外界 / an ～ island 離れ島. ► *n* **1** "《アーチェリーの》標的の中心圏以外の部分; 圏外命中弾; 圏外のスコア. **2** 外衣, 外被. **3** «豪» 競馬場付近の無蓋(がい)賭け場所, 競技場の無蓋部分; «豪»《競技場の》(屋根のない)観覧席. **4**《梱包した物の》輸送[展示]用容器, 外箱. **5**〘印〙OUTER FORM. ● **on the ～** «豪俗» 無一文で, すかんぴんで; «豪俗» 仲間はずれ[のけ者]にされて, 不人気で.

outer[2] ⇨ OUTA.

Óuter Bánks [the] アウターバンクス《North Carolina 州沿岸に南北に連なる砂洲; Hatteras 島, Ocracoke 島など》.

óuter bár [the]〘英法〙《勅選弁護士 (King's [Queen's] Counsel) でない》下級法廷弁護士団 (＝*utter bar*) (cf. INNER BAR).

óuter bárrister 〘英法〙下級法廷弁護士 (UTTER BARRISTER).

óuter cíty* 市外, 都市郊外.

óuter·còat *n* 外套 (overcoat, topcoat など).

out·er·course /áutərkɔ̀:rs/ *n* アウターコース《intercourse に対して, エイズの危険を伴わない各種の代替的な性行為・性交渉》.

óuter-diréct·ed *a* 外部志向型の.

óuter éar 〘解〙外耳.

óuter fórm 〘印〙《ページ物の組版の組み付けの》表版 (＝*outside form*)《第 1 ページを含む側の版面; opp. *inner* [*inside*] *form*》.

óuter gárden «野球俗» 外野.

óuter gárments *pl* 外衣.

Óuter Hébrides *pl* [the] アウターヘブリディーズ諸島 (⇨ HEBRIDES, WESTERN ISLES).

Óuter Hóuse [the]〘スコ〙民事控訴院外院 (＝the **Óuter Hóuse of the Cóurt of Séssion**)《民事控訴院で上訴でなく第一審として裁判をする部門》.

óuter jíb 〘海〙アウタージブ《船首三角帆の一つで, inner jib の前, flying jib の後ろに張る》.
Óuter Lóndon アウターロンドン《INNER LONDON の外側の 19 の LONDON BOROUGHS からなる地域》.

óuter mán [the] 肉体; 《人の》風采, 身なり.
Óuter Mongólia 外モンゴル (⇨ MONGOLIA). ◆ **Óuter Mongólian** *a*, *n*
óuter·mòst /, ⁿ-məst/ *a* 最も外(側)の, いちばん遠い.
óuter pásture 《野球俗》外野 (outfield).
óuter plánet 〘天〙外惑星《太陽系の惑星のうち小惑星帯 (asteroid belt) より外側を運行する木星・土星・天王星・海王星; cf. INNER PLANET》.
óuter próduct 〘数〙《ベクトルの》外積 (vector product).
óuter spáce 〘天〙《地球の》大気圏外空間 (cf. DEEP SPACE); (惑)星間の空間; 太陽系外の宇宙空間, 外宇宙.
óuter·wèar *n* 外衣, アウターウェア《**1**) ジャケット・カーディガンなど上着類 **2**) オーバー・レインコートなど外套類》.
óuter wóman [the] 《女の》風采.
òut·fáce *vt* にらみつけておとなしくさせる[黙らせる], 見すえて目をそらさせる; …に堂々と[敢然と]立ち向かう, ものともしない (defy).
óut·fàll *n* 《河川・湖沼・放水路・下水溝などの》水の出口[はけ口, 落ち口], 河口, 排水口: ~ sewers 落とし口管.
óut·fìeld *n* [the] 〘野・クリケット〙外野(の各ポジション); 外野手 (outfielders) (opp. *infield*); 《囲いの外の》外畑; 辺境; 未知の世界[分野]. ◆ **~·er** *n* 外野手.
òut·fíght *vt* …と戦って勝つ, 負かす.
óut·fìght·ing *n* 遠距離をおいて行なう戦闘; 〘ボク〙アウトファイティング《接近しないで距離をおきながら戦う》.
óut·fit *n* **1 a** 《特定の活動・商売などの》道具一式, 用品類; 《特定の場合の》衣裳一式, 身支度, いでたち《靴・帽子・装身具類も含む》; 《旅行・探検などの》装備一式; 《俗》麻薬注射用具一式《針・スプーン・綿など》: a camping ~ キャンプ用品 / an ~ for a bride 花嫁衣裳一式. **b** 装備[支度]すること. **2** 団体, 集団, 仲間, 組, チーム, バンド; 組織, (小)企業, 会社; 《軍の》部隊; *《俗》[ᵁ*derog*] やつ(ら), 連中, 手合い, やから: a publishing ~ 出版社. **3** 《身体的・精神的な》素養, 能力. ► *v* (-tt-) *vt* …に必要品[装備]を供給する, 支度してやる, 用意する (supply) ‹*with*›; 〘海〙‹船›に艤装を施す. ► *vi* 支度[用意]する.
óut·fìtter *n* [ˢ~s, ‹*sg*›] 装身具商, 紳士洋品商; *旅行[探検]装備業者; *旅行[探検]ガイド.
òut·flánk *vt* 〘軍〙…の側面に回り込む; [*fig*] 出し抜く, うまくかわす (bypass). ◆ **~·er** *n*
óut·flòw *n* 流出(物); 流出量. ► *vi* /‿́‿, ‿‿́/ 流出する.
òut·flúng *a* ‹腕などが›外側に伸ばされた.
òut·flý *vt* …をしのぐ飛行をする, …より速く[遠く]飛ぶ; 《詩》飛び出す (fly out).
òut·fóot *vt* …より足が速い; ‹船が›…より船足が速い.
òut·fóx *vt* 計略で負かす, 出し抜く, …の一枚うわてをゆく (outwit).
óut-frónt* 《口》*a* 《政治運動などの》前面に立った, 進歩的な; 率直な, あけっぴろげの, 隠しだてしない.
òut·frówn *vt* ‹相手›よりもむずかしい顔をする, きびしい顔つきで従わせる (frown down).
òut·gás *vt* …から気体[ガス]を除去する, 脱ガスする; ‹気体・ガスを›除去する, 抜く. ► *vi* ガス放出する.
òut·géneral *vt* …に戦術[作戦]で勝つ, 術中に陥れる.
óut·gìving *n* 発表[公表]されたもの, 発言, 公式声明; [*pl*] 出費. ► *a* はっきり言う[させる, 反応する]; 友好的な.
òut·gó *vt* …にまさる, しのぐ; …の先を行く; …より速く行く. ► *vi* 出て行く. ● **~ oneself**＝OUTDO oneself. ► *n* /‿́‿/ (*pl* ~es) 出発, 退出; 出費, 支出 (opp. *income*); 流出. ◆ **óut·gò·er** *n* 出て行く人, 去り行く人.
óut·gò·ing *a* **1** 出て[去って]行く, 出発の; 職[地位]を退く: the ~ tide 引き潮 / an ~ minister 辞任する大臣 / ~ mail 差出用郵便物. **2** 社交的な, 外向型の, 外へ出て行くタイプの. **3** 《レストランで》持ち帰り[出前]用の‹料理・注文›. ► *n* 出立, 出発; [*pl*] ⁿ出費, 支出.
òut·gróss *vt* 総収益[総収入]で上回る.
óut-gròup *n* 〘社〙外集団, 他者集団 (opp. *in-group*).
òut·grów *vt* **1** …よりも(速く)成長[増加]する: ~ one's elder sister 姉より背が高くなる. **2** 大きくなりすぎて‹衣服など›が合わなくなる, 成長して‹習慣・趣味などを›脱する: ~ one's clothes 大きくなって服が着られなくなる / The boy has *outgrown* babyish habits. 大きくなって赤ん坊じみた癖がなくなった. ► *vi* 《古》‹葉などが›伸び出してくる. ● **~ one's strength** ‹植物などが›生長しすぎて弱々しくなる.
óut·gròwth *n* **1** 《当然の》結果, 所産; 派生物, 副産物. **2** 伸び出ること, 生長, 生成; 伸び出たもの, 木の芽, 枝, ひこばえ (offshoot) 《など》.
óut·guàrd *n* 〘軍〙《敵陣に近い》前哨の兵.
òut·guéss *vt* 出し抜く (outwit), …の先を読み取る.
òut·gún *vt* 〘軍〙…より銃砲装備[火力]がまさる; …より射撃がうまい; ‹相手›にまさる, …の上を行く.
òut·gúsh *vi* 流れ出る, 流出[噴出]する. ► *n* /‿́‿/ 流出, 噴出.
óut·hàlf *n* 〘ラグビー〙STANDOFF HALF.
óut·hàul *n* 〘海〙出し索(き) (opp. *inhaul*).
òut-Hérod *vt* [通例 次の成句で] 《残忍・放縦さなどで》…をしのぐ. ● **~ Herod** 暴虐な点でヘロデ王にまさる, 暴虐をきわめる《Shak., *Hamlet* から; cf. HEROD, OUT-》. ★ 類句が多い: out-Zola Zola リアリスティックな点でゾラ以上だ.
òut·hít *vt* 〘野〙ヒット数において…にまさる, 打ち勝つ.
óut·hòuse *n* OUTBUILDING; *屋外便所. ► *vt* /-hàuz/ 《図書館・博物館などで》‹書物などを›主たる施設とは別の場所に保管[収容]する.
out·ie /áuti/ *n* 《南ア口》ホームレス.
óut·ing *n* そと出, 遊山(ゆさん), 遠足; 戸外の散歩[自転車乗り, 乗馬など]; 《ボートや競走馬の》練習外出; 〘競技〙試合(への出場); 《公けの場に》出ること, 登場; 《口》ホモ[レズ]あばき (＝*inning, tossing*)《特に有名人・公人が同性愛者であることを暴露すること》; 沖, 沖合.
óuting flànnel けばの短い柔らかい綿ネル.
Óut Íslands *pl* [the] バハマ属島群《Bahama 諸島のうち, 主島の New Providence 島を除いた島々》.
òut·jóckey *vt* …に策略で勝つ, …の裏をかく, 出し抜く.
òut·júmp *vt* …よりも巧みに[高く]跳ぶ.
óut·lànd *n* 《昔の荘園や地主の囲い地外の》飛び地; 《古》外国; [*pl*] 辺境, 奥地. ► *a* /, -lənd/ 《古》外国[外地]の; 境外の, 遠隔の, 辺地の.
óut·lànd·er *n* 外国人; 外来者; 《口》外部の人, 局外者 (outsider).
òut·lánd·ish *a* 奇怪な, 異様な, ひどく風変わりな; 異国風の; へんぴな, 片田舎の; 《古》外地の, 異国の. ◆ **~·ly** *adv* **~·ness** *n* [OE *ūtlendisc* (OUT, LAND)]
òut·lást *vt* …より長く残る[続く, 生きる]: ~*ed* its usefulness 無用になってからもなお存続した.
óut·làw *n* 法律上の恩典[保護]を奪われた人, 法益被剝奪者; 法からの逃亡者, 《逃亡中の》犯罪者, 無法者; 不逞のやから, 無頼の徒, '反逆者'; 手に負えない動物, 《特に》あばれ馬. ► *vt* 法律の保護の外に置く; 禁止[非合法化]する, 法度(はっと)にする; 法的に無効にする: ~ school segregation. ► *a* outlaw の; 非合法な; ルール違反の. [OE *ūtlaga*＜ON]
óut·làw·ry *n* **1** 法律の恩典[保護]を奪う[奪われる]こと, 法益剝奪, 社会的追放(処分); 禁止, 非合法化. **2** 無法者の身分[状態]; 法律無視, 法的[因襲的]束縛に拘泥しないこと.
óutlaw strike 《組合の指令によらない》不法ストライキ, 山猫スト (wildcat strike).
óut·lày *n* 支出, 出費; 経費 (expense). ► *vt* /, ‿‿́/ 費やす (expend): ~ 5000 yen *on* [*for*] sth.
out·let /áutlèt, -lət/ *n* **1** 出口, 引出し口, 吹出し口, 放水口, 流出口, アウトレット; 《湖沼などからの》流出河川[水路]; 《湖沼・海などへの》流入点, 河口; 〘解〙《通管などの》出口, 《特に》骨盤下口[出口]. **2** *《電気の》コンセント (power pointⁿ); アウトレットボックス (＝~ **bòx**) 《コンセントなどを収めた金属などの配線接続箱》. **3** 《感情・欲望などの》はけ口 ‹*for*›; 販路, はけ口; 《特定のメーカー・卸売業者の》系列販売[小売]店, アウトレット・ストア, アウトレット店 (outlet store); 《意見・作品などの》発表の場, 表現媒体; 出版所, 出版社; 《放送ネットワーク傘下の》地方放送局.
óutlet màll 〘商〙アウトレット・モール《アウトレット・ストア (outlet store) が集合したショッピングセンター》.
óutlet pàss 〘バスケ〙アウトレットパス《防御側の選手がリバウンドのボールを確保して, 速攻に転じるため味方に送るパス》.
óutlet stòre* アウトレット・ストア, アウトレット店 (＝*factory outlet, outlet*)《メーカーや卸売業者が不良品・きずもの・過剰在庫品などを格安処分する直営小売店; 正常商品や系列外メーカーの製品も安値販売する店もある》.
òut·líe *vi* 戸外に寝る; 延びる, 広がる. ► *vt* …の向こうに横たわる.
óut·lìer *n* 戸外に寝る人; 任地に住まない人; 本体を離れたもの, 分離物; 離島, 飛び地; 〘地質〙離層, 外座層; 〘統〙外れ値(はずれち), アウトライアー《通常の分布から大きくはずれた値》.
óut·lìne *n* **1 a** 外形, 輪郭(描法), 外形線; 輪郭画; 速記での単語の表示形; 略図, 下書き; 〘電算〙アウトライン《高機能ワードプロセッサーで, 章・節などの見出しのみを表示したもの》. **b** 概論; 《書物の》概要, 梗概; あらまし, 大要, アウトライン; [*pl*] 主な特色, 要点, 原則: a bare ~ of…の概略 / give an ~ of…の概略を述べる / the ~*s* of the project 計画の要点. **2** TROTLINE. ● **in ~** 輪郭だけ描いて; あらまし の. ► *vt* …の輪郭を描く, 輪郭線で描く; ‹地域›の境界線を明らかにする[たどる]; …の輪郭[外形]をはっきり示す[際立たせる]; …の概略を述べる.
óutline màp BASE MAP.
óut·lìn·er *n* 〘電算〙アウトラインプロセッサー, アウトライナー《文章のアウトラインを作成・編集するためのプログラム》.
òut·líve *vt* …より生き延びる[長生きする]; …より長く残る[続く]; …に耐えて生き残る, 生き抜く; 長生きして…を失う; りっぱに生きて‹過失などを›世人に忘れさせる: ~ one's children 子供に先立たれる / ~*d* its usefulness もはや有用でなくなった.
óut·lòok *n* **1** 眺望, 景色, 眺め; 《将来の》展望, 前途, 見通し; 見

地, …観: an ～ *on* [*over*] the sea 海の見晴らし / the weather ～ *for* the weekend 週末の空模様 / a bright ～ *for* next year 来年の明るい見通し / a dark ～ *on* life 暗い人生観. **2** 見張り, 警戒; 眺望の得られる場所, 見張所, 望楼 (lookout). ● **on the** ～ 警戒して, 用心して ⟨*for*⟩. ► *vt* /⌐‐⌐/ **1** 容姿において…にまさる. **2** 《古》にらんで負かす, 威圧する (outstare).

óut·lỳing *a* 中心から離れた所にある, 遠くの (remote); 特定範囲外の, 非本質的な.

òut·mán *vt* OUTNUMBER; 男らしさで…にまさる.

òut·manéuver, -manóeuvre *vt* 策略で勝つ, ⟨相手⟩の裏をかく; ⟨相手⟩より機動性がまさる.

òut·márch *vt* …にまさる(りっぱな)行進をする, …より速く[遠く]進む.

òut·mátch *vt* …よりまさる (surpass); [°*pass*] …に不利な競争をさせる.

óut màtch 遠征競技[試合].

òut·méasure *vt* …に度合い[量]でまさる.

óut-mìgrate *vi* 《特に 産業の盛んな地方で働くために継続的かつ大規模に》移出する (opp. *in-migrate*). ♦ **óut-mìgrant** *a, n* **òut-migrátion** *n*

òut·móde *vt, vi* 流行遅れにする[なる].

òut·móded *a* 流行遅れの, 時代遅れの, 旧式の; 今では無用の, すたれた. ♦ **～·ly** *adv* **～·ness** *n*

óut·mòst /, ″-məst/ *a* OUTERMOST. [ME *ūtmest*]

òut·múscle *vt* …に力でまさる[打ち破る].

óut·ness *n* 〘哲〙 外在性, 客観的実在性; 外見, 外面.

òut·númber *vt* 数[員数]で…にまさる, 数で上回る[圧倒する].

out of /àutəv, áutəv/ *prep* 《in, into に対応する》 **1** [場所] …の中[内側]から (opp. *into*): ～ doors 戸外に / Two bears came ～ the forest. 2 頭のクマが森から出てきた / a fish ～ water 水を離れた魚. **2** [範囲] …の中から, …の間から: nine cases ～ ten 十中の九(まで) / *O*～ twenty. 20 ドルお預かりいたします《買物をして 20 ドル札を出したとき》. **3 a** [素材] …を材料として, …によって, …から: What did you make it ～? きみはそれを何で作ったか. **b** [起源] …から, …の出で; ⟨特定の雌親, 特に牝馬(ひん)⟩の子として生まれた (cf. BY[1]): ～ a newspaper 新聞から / a colt ～ a good dam 毛並みのよい牝馬を親にもつ子馬. **4** [動機] …のために, …から: ～ charity [curiosity, kindness] 慈善の気持[好奇心, 親切心]から / We acted ～ necessity. 必要に迫られて行動した / ～ one's own head みずから進んで. **5 a** [離脱] …の範囲外に, …の外に, …を離れて; …を超越して: ～ date 時代遅れで (cf. OUT-OF-DATE) / ～ sight 見えなくなって / Tom was already ～ hearing. トムはもう聞こえない所にいた / ～ doubt 疑いもなく / times ～ number 何度も, 何回となく. **b** …から抜け出して, 自由になって; …の限りでない, …以上: ～ danger [control] 危険[支配]を脱して / persuade sb ～ do*ing*… 人を説得して…するのをやめさせる. **c** …の規則以上に, …の規則を犯して: ～ drawing 画法を誤って. **6** …がなくて, …を失って (without): ～ one's senses [mind] 気が狂って / ～ work [a job] 失職[失業]して / We are ～ coffee. コーヒーを切らしている / ～ stock 品切れで. ● **～ it** (1) のけ者にされて, 孤立して (2) 途方に暮れて (3) 間違って, 推定を誤って (4) 掛かり合いがなくて: I'm glad I'm ～ *it*. 掛かり合わないでよかった (5) 《俗》 成功[勝利]はおぼつかない, 落伍して; 《俗》 考慮に値しない (6) 《俗》 《酒・麻薬で》酔っぱらって, うっとりとなって, 夢ごこちで, ぼんやりして (7) 《俗》 わかってない, ばかな, 時勢に疎い, 堅っ苦しい, こちこちの. **～ things** = OUT OF it.

óut-of-bódy *a* 自分の肉体を離れた, 体外離脱[遊離]の《自分自身を外側から見る超心理学的な現象に関していう》.

óut-of-bòdy expérience 体外[肉体]離脱体験《略 OBE; cf. NEAR-DEATH EXPERIENCE》.

óut-of-bòunds *a, adv* 〘球技〙 境界線の外に出た[て]; 限度を超えた[て]; 立入り禁止の[で].

óut-of-cóurt *a* 〘法〙 法廷外の《裁判手続きの一部としてなされたものでない》: an ～ settlement 裁判によらない[示談による]和解[決着].

óut-of-dáte *a* 旧式の, すたれた, 流行[時代]遅れの, 古い (cf. OUT OF *date*, UP-TO-DATE); 期限切れの. ♦ **～·ness** *n*

óut-of-dóor *a* OUTDOOR.

óut-of-dóors *n* [⟨*sg*⟩] OUTDOORS. ► *a* OUTDOOR.

óut-of-pócket *a* 現金支出[払い]の⟨費用⟩; 所持金のない⟨人⟩ (cf. *out of* POCKET): ～ expenses 現金支払費用《従業員の立替金など》.

óut-of-prínt *a, n* 絶版の(本).

óut-of-síght *a* 《口》《値段が》ばか高い (cf. *out of* SIGHT); 《俗》 すばらしい, 最高の, すごい.

óut-of-státe* *a* 州外の, 他州からの. ♦ **óut of státe** *adv*

óut-of-stát·er* /-stéɪtər/ *n* 他州から来た人.

óut-of-stóck *a* 在庫切れの.

óut-of-the-wáy *a* へんぴな, あまり人の訪れない, 人里離れた, 片田舎の (cf. *out of the* WAY[1]); 特異な, 風変わりな, 珍しい; 人をおこらせる, むっとするような, 不作法な: an ～ corner 人目につかない片隅.

óut-of-tówn·er *n* 《その町へ》よそから来た人; 町の区域外の住人.

óut-of-wórk *a, n* 失業中の(人).

òut·páce *vt* 追い越す; しのぐ, …にまさる.

óut·pàrty *n* 野党.

óut·pàtient *n* 《病院の》外来患者 (cf. INPATIENT).

óut·pènsion *n* 《慈善院・救貧院などにはいる必要のない者の受ける》院外年金, 院外扶助料. ♦ **～·er** *n*

òut·perfórm *vt* ⟨機械など⟩作業[運転]能力で…をしのぐ, …より性能がすぐれている. ♦ **-perfórm·ance** *n*

òut·pláce·ment /, ⌐‐⌐/ *n* 《特に管理職クラスの余剰人員に対する》再就職の世話, 転職斡旋; [*euph*] 解雇, 人員整理. ♦ **òut·pláce** /, ⌐‐⌐/ *vt* **òut·plácer** /, ⌐‐⌐/ *n* 転職斡旋業者.

òut·pláy *vt* 競技で負かす (defeat), 技[プレー]で…にまさる.

òut·póint *vt* …より多くの点を取る; 〘ボク〙 …に判定勝ちする; 〘海〙 …より風上に詰めて帆走する.

òut·póll *vt* …より多く得票する, 得票数で上回る.

óut·pòrt *n* ″アウトポート《London 港以外の港; 一国の主要港以外の港》; 外港《主要港の域外にある補助的な港》; 出港する(ための)港, 出港地, 積出し港; 《カナダ》《Newfoundland の》小漁村.

óut·pòrt·er *n* 《カナダ》 Newfoundland の小漁村の住民[出身者].

óut·pòst *n* 〘軍〙 前哨, 前哨地点; 《条約・協定によって他国内に設けられた》先陣的軍事基地; 最先端; 末端の出先機関; 辺境の入植[居留]地.

óut·pòur *n* OUTPOURING. ► *vt* /⌐‐⌐/ 流出する.

óut·pòur·ing *n* 《感情などの》ほとばしり, 流露; 流出(物).

òut·prodúce *vt* 生産力で…にまさる.

òut·púll *vt* …より強く人びとを魅了する (outdraw).

òut·púnch *vt* 〘ボク〙 ⟨相手⟩にパンチの腕で上回る.

óut·pùt *n* **1** 〘経〙 産出, 生産[産出]高; 産出物, 生産品; 《知的[芸術的]生産活動の》産出物[量], 作品(数); 《鉱山などの》産出物. **2** 〘電・工〙 発電量, 出力; 〘電算〙 出力, アウトプット (opp. *input*); アウトプット操作[装置]. ► *vt* (**-pùt·ted, ～**) 産出する; 〘電算〙 ⟨結果を⟩出力する. ♦ **óut·pùt·ter** *n*

output device 〘電算〙 《プリンター, ディスプレーなどの》出力装置.

òut·ráce *vt* OUTPACE.

out·rage /áutrèɪʤ/ *n* **1** 《許しがたい》不法, 無法, 非道(な行為), 侵害 ⟨*against*⟩; 乱暴, 暴行, 侮辱, 蹂躙(じゅうりん) ⟨*upon*⟩; 《廃》 激越なふるまい[ことば], 矯激, 無礼. **2** 《非道・不正を憎む》憤激, いきどおり, 憤怒の情 ⟨*at*⟩. ► *vt* ⟨法律・徳義などを⟩踏みにじる, 破る, 犯す; …に暴行する, 虐待する; 陵辱する (rape); 憤激させる. [OF (*outrer* to exceed < L *ultra* beyond)]

out·ra·geous /autréɪʤəs/ *a* 常軌を逸した, 法外な; とんでもない, とっぴな; 狂暴な, 荒れ狂った; 非道な, ひどい; 無礼な, けしからぬ; *《俗》 驚くべき, すばらしい. ♦ **～·ly** *adv* 乱暴に, 無法に, 法外に. **～·ness** *n*

Out·ram /ú:trəm/ ウートラム Sir **James** ～, 1st Baronet (1803–63) 《英国の将軍; インドで陸軍司令官をつとめた》.

ou·trance /*F* utrɑ̃:s/ *n* [at または to と共に用いて] 最後, 極限 (cf. À OUTRANCE).

òut·ránge *vt* …より着弾[射程]距離が長い; ⟨ほかの飛行機・船など⟩にまさる航続距離をもつ, ⟨ある地点⟩より遠くまで飛行[航行]できる; …にまさる, …よりすぐれている; …の射程[範囲]外に出る; 〘海〙 OUTSAIL.

òut·ránk *vt* …より位が上である; …より重要である.

ou·tré /utréɪ; *F* utre/ *a* 常軌を逸した, 過激な, とっぴな, 度はずれの, 奇怪な, 無礼な; *《俗》 いかしてる, こえてる, バツグンの (far-out). [F (pp) < *outrer*; ⇨ OUTRAGE]

òut·réach *vt* …の先まで達する, 越える; 超える, …にまさる; 出し抜く, …に一杯食わせる; ⟨手を⟩差し伸べる. ► *vi* 行き過ぎる; 伸びる, 広がる; 手を伸ばす. ► *n* /⌐‐⌐/ **1** 手を伸ばすこと; 手を伸ばした距離, 届く[達した]範囲. **2** 〘福祉〙 アウトリーチ《福祉サービス・援助などを通常[現在]行なわれている限度を超えて差し伸べようとすること; そうした活動の範囲》. ► *a* /⌐‐⌐/ *出先機関の, 支所の; アウトリーチ(活動)の.

óut·relìef *n* 〘英〙 《救貧院などに入れられていない貧民に与えた》院外扶助.

ou·tre-mer /*F* utrəmɛ:r/ *adv* 海外に[で].

òut·ríde *vt* …よりもうまく[速く, 遠くまで]乗る; ⟨船があらしを⟩乗り切る. ► *vi* 野外で馬に乗る; OUTRIDER をつとめる. ► *n* /⌐‐⌐/ 〘韻〙 アウトライド, ハンガー《sprung rhythm において規定の詩脚に余分に付加された弱音の 1–3 音節》.

óut·rìder *n* 《馬車の前やわきに付き添う》騎馬従者; オートバイに乗った先導者[護衛]; 先駆け, 前触れ (forerunner); 牧場見まわりの騎馬カウボーイ; 偵察者, 斥候; 《方》 地方まわりの注文取り; 〘韻〙 OUTRIDE. ♦ **óut·rìding** *n*

óut·rìgger *n* 〘海〙 舷外浮材, 舷外張出し材, アウトリガー; 舷外浮材の付いたカヌー; クラッチ受け《ボートの舷側の腕木形鉄棒》; クラッチ受けのあるボート; 《馬車の》張出し横木[遊動棒](に引き綱をゆわえた余分の馬); 〘建〙 《足場・支柱となる》張出し材; 〘空〙 《尾翼やヘリコプターの回転翼の》張出し材. ♦ **óutrìggered, óut·rìgged** *a*

óut·ríght *adv* **1** 徹底的に, 全く, 完全に. **2** 腹蔵なく, ずけずけと, 無遠慮に, 公然と (openly): laugh ~ おおっぴらに笑う. **3** すぐさま, 即座に, 即刻: be killed ~ 即死する. **4**《ローンや分割払いでなく》即金で: buy ~. **5**《古》まっすぐ前方へ. ► *a* /ˊ⌐ ˊ—/ 明白な, 徹底的な, 全くの; 率直な; 無条件の, 即座の; 即金の;《古》まっすぐ前方への: an ~ lie 明白なうそ / give an ~ denial きっぱり断わる / ~ wickedness 極悪 / an ~ loss まる損 / an ~ victory [win] 完勝. ♦ **~·ly** *adv* **~·ness** *n*

òut·ríval *vt* 競争で…に勝つ, 競り勝つ.

out·ro /áutrou/ *n* (*pl* **~s**)《口》アウトロ《ラジオ・テレビ番組, 歌・演奏などの終結部; コマーシャルでは締めくくりの文句; 演劇では, ある場面の退場の際のせりふ; opp. *intro*》.

òut·róot *vt* 根こぎにする, 根絶する (eradicate).

òut·rún *vt* **1 a** …より速く[遠くまで]走る, 走って追い越す; 走って…からのがれる. **b** …より速く発展[増大]する. **2** …の範囲を超える: He let his zeal ~ discretion. 熱心さのあまり節度を失った **3** 得票数でしのぐ. ● **~ the** CONSTABLE.

óut·rùnner *n* 外を走る人[もの];《馬車の前後または側方を走る》従者; ながえの外側の副馬;《犬ぞりの》先導犬; FORERUNNER.

óut·rùsh *n* 奔出, 奔流. ► *vt* /ˊ⌐ ˊ—/〔アメフト〕ラッシュで圧倒する[まさる].

òut·sáil *vt* …より速く航行[帆走]する; 追い越す.

òut·scóre *vt* …より多く得点する, 得点で上回る.

óut·sèa *n* 公海, 外洋.

òut·ség *vt**《俗》…よりもっと人種差別主義的である.

òut·séll *vt, vi* …より多く[高く, 速く]売る[売れる];《古》…より値打がまさる.

out·sert /áutsə̀ːrt/ *n*〔製本〕外折り.

óut·sèt *n* 出発, 最初, 初め;〔製本〕OUTSERT: at [from] the ~ 最初に[から]〈*of*〉.

òut·shíne *vt* …より輝く; …より豪華[きらびやか]である; …より優秀である[光彩を放つ], 顔色なからしめる. ► *vi* 輝き出る;《まれ》光を放つ.

òut·shóot *vt* 射撃能力[性能]において…にまさる,《シュートの》得点において…にまさる;〈標的など〉の向こうを撃つ[射る], …を越えて先に行く; 突き出す. ► *vi*〈穂・枝などが〉出る, 突き出る. ► *n* /ˊ⌐ ˊ—/ 突き出すこと; 突き出るもの;〔野〕アウトシュート (outcurve).

òut·shópʺ *vt*《製造[整備]後に》〈鉄道車両を〉工場から送り出す, 出場させる.

òut·shóut *vt* …より大声で叫ぶ.

out·side *n* /àutsáid, ˊ⌐ ˊ—/ **1 a** 外側, 外面, 外部 (opp. *inside*);《歩道の》車道側,《車道の》中央寄り車線, 追越し車線 (outside lane) (: overtake sb on the ~); 外部空間, 範囲外, 外界;ʺ《乗合馬車などの》屋上席(の乗客); [*pl*] 一束の紙の両外側の2枚; [ºO-]《カナダ北部》人口が多いカナダ南部;《アラスカ》《合衆国本土のアラスカを除く》48州;《俗》獄外[軍隊外]の世界, シャバ;〔野〕外角;〔競技場の〕アウトサイド. **b**〔サッカー〕アウトサイドフォワード, ウイング,〔ラグビー〕バック;《口》門外漢ども, 部外者, 外野: those on the ~ 門外漢. **2**《物事の》外観, 表面, 顔つき, 見かけ: on the ~ 見かけは. **3** 極限, 極端. ● **at the (very) ~** 多めに見積もっても, せいぜい, たかだか. **~ and in** 外側と内側. **~ in** 裏返しに〈着る〉(inside out). ► *a* /ˊ⌐ ˊ—; ˊ⌐ ˊ—/ **1 a** 外側[外部]の; 外の, 屋外の; 外部[よそ]からの; 外部とつながる;〔野〕外角の;《バスケットボールなどで》外側[遠く]からの〈シュート〉: an ~ passenger ʺ屋上席の乗客 / the ~ world 外の世界, 世間 / ~ help 外部からの助け / an ~ porter 駅から手荷物を運び出す赤帽 / an ~ line《電話の》外線. **b** 本業以外の, 職務外の: ~ interests. **c** 局外者の, 無関係な, 組合[協会]に属さない; 院外の;《黒人俗》庶出の. **d** 外観だけの, 皮相の. **2** 最高の; 極端な, 最大限の: an ~ price 最高値段. **3** ごくわずかな, 万が一の〈可能性〉: an ~ chance. ► *adv* /ˊ⌐ ˊ—/ 外に[は], 外側に, 外部に; 戸外へ[で]; 海上へ[で];《俗》獄外[軍隊外]に[で];《サーフィン俗》《波が打ち寄せる範囲を越えて》沖に出て: *O~!* 外へ出よ[出せ] / ride ~ ʺ屋上席に乗って行く. ● **be [get] ~ of…**《俗》…を飲み込む (swallow), 食う; *《俗》…を了解する. **come [step] ~**《室内または屋内から》表へ出てくる; [*impv*] 外へ出ろ《挑戦のことば》. **~ of**《口》OUTSIDE *prep*. **~ of a horse** 馬に乗って. ► *prep* /ˊ—ˊ—, ˊ⌐ ˊ—/ …の外側に[へ, で, の]; …の範囲を超えて, …以外[以上]に;《口》…を除いて, …は別として (except): go ~ the evidence 証拠以外にわたる / No one knows ~ two or three persons. 二三人のほかだれも知らない / ~ working hours 勤務時間外に[は].

óut sìde〔バド・スカッシュなど〕アウトサイド《サービス権のないプレーヤー[サイド], レシーブ側》.

óutside bróadcastʺ スタジオ外放送, ロケ番組.

óutside bróker〔証券〕外部[非会員]ブローカー.

óutside cábin《海に面した》窓付き船室.

óutside diréctor 社外[外部]重役, 社外[外部]取締役.

óutside édge〔スケート〕外側エッジ滑走;〔クリケット〕バットの先端; このうえなくひどい人[もの, 行為など].

óutside fórm OUTER FORM.

óutside hálf [hálfback]〔ラグビー〕STANDOFF HALF.

óutside jób《俗》部外者の犯行.

óutside láneʺ PASSING LANE

óutside léft〔サッカー・ホッケー〕アウトサイドレフト, レフトウイング.

óutside mán*《俗》《詐欺や盗みの手助けをする》おとり, 第三者を装ったグル, 目くらまし.

óutside píece*《俗》大きくて郵袋にはいらない小包.

òut·síd·er /, ˊ⌐ ˊ—/ *n* 局外者, 部外者, 組合[党, 院]外の人, よそ者; 門外漢, 不案内な人, しろうと;《社会からの》孤立者, のけ者, アウトサイダー; 勝ちそうもない競争者[馬, 騎手], 穴馬《など》;《カナダ》《北極地方でない》カナダ南部の住民: a rank ~《勝つことなどが》まるで予想外の人[馬] / The ~ sees best [most] of the game.《諺》'岡目八目'. ♦ **~·ness** *n*

óutsider árt アウトサイダーアート《専門教育を受けていない人, 特に子供・精神障害者などの美術》.

óutside ríght〔サッカー・ホッケー〕アウトサイドライト, ライトウイング.

óutside tráck〔競技〕アウトコース.

óutside wórk《会社などの》作業範囲外作業, 出仕事, 外勤.

óut·sìght *n* 外界の事物を観察すること[力].

òut·síng *vt* …よりうまく歌う; …より大声で歌う; …よりすぐれた音を出す. ► *vi* 大声で歌う.

óut sìster《修道院内で生活をしながら》外部関係の仕事に従事する修道女.

òut·sít *vt*〈ほかの客〉より長居する, …のあとまで居残る: We *outsat* a shower [our pleasures]. にわか雨のやむ[興がさめる]まで居残った.

óut·sìze *n* 特別サイズ[特大](の衣服[人など]) (cf. OUT *size*); [*fig*] 過度の肥大. ► *a* 特大の, 特大サイズの; 大きすぎる. ♦ **~d** *a* OUTSIZE. **~·ness** *n*

óut·skìrts *n pl* [ˢ⟨*sg*⟩] 町はずれ, 郊外;《中心に対して》周縁; [*fig*] 周辺, 限界, ぎりぎりの線: *on* [*in*] the ~ of…のはずれに.

òut·sléep *vt* …より遅くまで寝る; …の終わるまで眠る.

òut·slíck, -slícker *vt*《俗》出し抜く, …より一枚うわてである.

òut·smárt *vt* 知恵[計略]で負かす, …より一枚うわてである (outwit): ~ one*self* 自分の計略で不利益をまねく, (策士)策におぼれる.

òut·sóar *vt* …より高く飛翔する.

óut·sòle *n*《靴の》表底(おもてぞこ), 本底《接地する底》.

óut·sòurc·ing *n* 外部調達, 外注, アウトソーシング《以前は自社で製造していた部品や製品を外部[外国]の業者から調達すること》;《業務の》外部委託. ♦ **óut·sòurce** *vt, vi*

òut·spán《南ア》*vt, vi*〈牛・馬など〉から車[くびき, 鞍, 馬具]をはずす. ► *n* /ˊ⌐ ˊ—/ 牛馬の解装・休憩用として公けに設けられた場所; 牛馬の解装.

òut·spéak *vt* …より長く[大声で, うまく]話す; 堂々と[大胆に]宣言する. ► *vi* 大声で話す; 腹蔵[遠慮]なく話す.

òut·spénd *vt*〈収入など〉より以上に支出する;〈他の人・団体〉より多く金を使う[消費する].

òut·spént *a* EXHAUSTED.

óut·spóken *a* 腹蔵[遠慮]なく言う, ずばずばものを言う;〈ことばなどが〉率直な, 遠慮のない, あけすけの;〈病気が〉症状が明らかな. ♦ **~·ly** *adv* ずけずけと. **~·ness** *n*

òut·spréad *vt* 広げる, 広める, 伸ばす. ► *vi* 広がる, 伸びる. ► *n* /ˊ⌐ ˊ—/ 広がり, 広がること. ► *a* /ˊ⌐ ˊ—/ 広がった, 広げた, 広まった, 十分に伸ばした.

òut·sprínt *vt* …に全力疾走でまさる.

òut·stánd *vi* 目立つ, 突出[傑出]する;〔海〕出港[出帆]する. ► *vt*《古》〈時〉を過ぎて居残る[長居する]; …に抵抗[反対]してがんばる.

out·stánd·ing *a* **1** 目立つ, 顕著な; 傑出した, すぐれた, ずばぬけた: an ~ figure 目立つ人物, 傑物. **2 a** 未払いの; 未決着[未解決]の: leave ~ そのまま[未払い]にしておく. **b**〈株式・債券など〉発行・発売された. **3** 抵抗[対抗]する; /; ˊ⌐ ˊ—/ 突き出した. ► *n* [*pl*] 未払いの負債. ♦ **~·ly** *adv* 顕著に, 目立って, 著しく. **~·ness** *n*

òut·stáre *vt* にらみ倒す; どぎまぎ[赤面]させる.

óut·stàtion *n* 辺地にある任地[駐屯所, 支所, 出張所];《豪》本部から遠く離れた牧牛[牧羊]所;《豪》アボリジニー居住区の中心から遠く離れた自治コミュニティー. ► *adv*《マレーシア》《話し手の》町から離れて.

òut·stáy *vt* …(の限度)を超えて長く居る; …より長居する; …に持久力でまさる: ~ one's welcome 長居して嫌われる.

òut·stép *vt* 踏み越える, 侵す.

òut·strétch *vt* 延ばす; 広げる; …の限界を超えて広がる;《廃》緊張させる (strain).

òut·strétched *a* (いっぱいに)伸ばした[広げた, 張った], 差し伸ばした: lie ~ on the ground 地上に大の字に横たわる / with ~ arms 両手を大きく広げて〈歓迎する など〉.

òut·stríp *vt* …より速く進む[速い]; 追い越す, 抜く; …よりまさる, 凌駕する;《数・量で》上回る, …より多い.

óut·stròke *n*〔球技〕外側に向かって打つこと, アウトストローク;〔機〕《ピストンの》外衝程.

óut·swìng *n*〔クリケット〕アウトスイング《投球が外側へカーブすること》. ♦ **~·ing** *a*

óut·swìng·er *n*〔クリケット〕アウトスインガー《内から外へのカーブ》.

out·sy /áutsi/ *n**《俗》出べそ (opp. *insy*).

outta ⇨ OUTA.
óut·tàke *n* 取り出したもの; アウトテイク《**1**)〖映・放送〗編集時に不使用とされたカット[シーン] **2**) CD に収録されなかった演奏・歌の録音; 通気孔, 煙道.
òut·tálk *vt* 話す[しゃべる]ことで…をしのぐ, 言い負かす.
òut·téll *vt* はっきり言う; 語り終える; …より説得力がある.
óut-thère *a* «口» 型破りな, とっぴな, 過激な, 奔放な, ラジカルな, 好奇心[冒険心]旺盛な (cf. OUT there); 《マリファナで》ラリった, ぶっとんだ.
òut·thínk *vt* …より深く[速く]考える; …の裏をかく.
òut·thrów *vt* 投げ出す; 〈腕などを〉広げる; …より遠くへ[正確に]投げる.
òut·thrówn *a* 〈腕など〉いっぱいに広げた.
óut·thrùst *n* 突出; 押し出す力;〖建〗突構. ► *vt, vi* /ㄧㄧ/ 押し[突き]出す, 広げる. ► *a* /ㄧㄧ/ 外に押し出した[広げた].
òut·tóp *vt* …より高い; しのぐ, …にまさる.
òut·tráde *vt* 取引で…に勝つ.
òut·trável *vt* …より向こうを旅行する; …より速く旅する.
óut·tràу *n* 既決書類入れ (cf. IN-TRAY).
óut·tùrn *n* 産出額 (output); 産出品の性能[品質, できぐあい], 目的地での着荷状態; 《過程の》経過, 結果, 《物事の》次第, 成り行き.
òut·válue *vt* …より値打がある.
òut·víe *vt* …に競争で勝つ, …にまさる. ♦ **-výing** *a*
òut·vóice *vt* 大声[説得力, 話しぶり]において…にまさる.
òut·vóte *vt* …に得票数で勝つ.
óut·vòter ˈˈ*n* 《かつての》居住地外在住有権者.
òut·wáit *vt* …より長く待つ[辛抱強い]; «古» 〈敵〉より長く待伏せする.
òut·wálk *vt* …より速く[遠く, 長く]歩く.
óut·ward *a* **1 a** 外部の, 外(側)にある, 外側の; 外見の, 外面的な, 表面(上)の: ～ things 周囲の事物, 外界 / an ～ form 外観, 外貌 / ～ calm 外面上の落ちつき. **b** 外へ向かう (opp. *inward*): an ～ voyage 往航. **c** «廃» 外国の. **2** 《内的な, すなわち精神的・心的なものに対して》外(面)的な, 肉体の: the ～ eye 肉眼 (opp. *the mind's eye*) / the ～ man〖神学〗肉体 (opp. *soul*); [*joc*] 衣服, 風采《など》. **3** «古» 直接関係[関心]のない. ● **to (all) ～ appearances＝to ～ seeming** 見たところでは. ► *n* 外部; 外見, 外観; [the] 物質[外的]世界; [*pl*] 外界, 外部のもの. ► *adv* **1** 外へ[に], 外側に; 海外[国外]へ: ～ and homeward 往復とも. **2** 表面に, 目に見えて, あからさまに; «廃» 外見上は. ♦ **～·ly** *adv* 外見上, 表面上, 見たところ; 外に対して[向かって]; 外側[外面]は. **～·ness** *n* 外面性; 客観的存在; 客観性; 客観[外面]主義; 外的世界への関心[感受性]. [OE *ūtweard* (OUT, -WARD)]
óut·ward-bóund *a* 外国行きの; 外航の.
Óutward Bóund〖英〗アウトワードバウンド《少年少女・若者に野外や海で冒険的な訓練をさせ人格の陶冶をはかる組織, その訓練コース; 1941 年ドイツの教育家 Kurt Hahn (1886–1974) たちが始めた》.
óutward invéstment 対外投資, 海外投資.
óut·wards *adv* OUTWARD.
óut·wàsh *n*〖地質〗アウトウォッシュ《氷河からの流出河流堆積物》.
òut·wátch *vt* …より長く[…の終わりまで]見張る; 見えなくなるまで見守る: ～ the night 夜通し見張る.
òut·wéar *vt* …よりもちがよい[長持ちする]; …より長生きする; …がなくなるまで生きる; 着古す, すりきれさせる (cf. WEAR[1] *out*); [ᵘ*pass*] 使いつくす; 〈時・不快な状況を〉辛抱して[どうにか]過ごす, 生き抜く.
òut·wéep *vt* …よりもよく泣く; «古» 〈涙などを〉どっと流す.
òut·wéigh *vt* …より重い[値打がある, 重要である, 影響力がある], …よりまさる; …に対して重すぎる.
òut·wínd /-wínd/ *vt* …に息切れさせる.
òut·wít *vt* …の裏をかく, 出し抜く, だます; «古» …より頭がよい.
óut·wìth *prep* «スコ» OUTSIDE.
óut·wòrk *n*〖城〗外堡(がいほう), 外塁; ˈˈ外注の仕事, 下請け仕事, 内職; 出[戸外]仕事. ► *vt* /ㄧㄧ/ …よりよく[熱心に, 能率的に]仕事をする; なし遂げる; «古» 〈職人などが〉…よりいい仕事[細工]をする. [ME＝to complete]
óut·wòrk·er *n* ˈˈ外注の仕事をする人, 内職者; 外で[戸外で]仕事をする人. ♦ **-wòrk·ing** *n*
óut·wórn *a* すたれた, 陳腐な, 使い古した, 時代遅れの; 着古した; へとへとの, 疲れはてた〈人〉. ► *vt* /ㄧㄧ/ OUTWEAR の過去分詞.
òut·wríte *vt* …より多く[りっぱに]書く; 書いて〈寂しさなどを〉吹き飛ばす[克服する].
óut·yéar *n* [ᵘ*pl*] 後続年度《現年度以後の会計年度》.
òut·yíeld *vt* …より多く産する.
ou·vert /*F* uvɛr/ *a* (*fem* **-verte** /*F* uvɛ:rt/) 開いた; 公開の. [F＝open]
ou·vri·er /*F* uvrie/ *n* (*fem* **-vri·ère** /*F* -ɛ:r/) 労働者. [F＝worker]
ou·zel, -sel /ú:z(ə)l/ *n*〖鳥〗**a** クロウタドリ (blackbird). **b** カワガラス (water ouzel). **c** クビワツグミ (ring ouzel). [OE *ōsle* blackbird＜?; cf. G *Amsel*]
óuzel còck OUZEL.
ou·zo /ú:zoʊ/ *n* (*pl* **～s**) ウゾー《ブランデーにアニスの香りをつけたギリシアの無色のリキュール; これに水を加えると乳白色に変わる》. [ModGk]
ov- /óʊv/, **ovi-** /óʊvə/, **ovo-** /óʊvoʊ, -və/ *comb form*「卵 (egg, ovum)」 [L]
ova *n* OVUM の複数形.
oval /óʊv(ə)l/ *a* 卵形の, 楕円[長円]形の. ► *n* 卵形, 楕円; 卵形のもの, «口»《ラグビー・アメリカンフットボールの》ボール; 楕円形のスタジアム[競技場, 競走路, 遊戯場など], 《特に》豪式フットボールの競技場; [the O-] オーヴァル《London 南部の Lambeth にある英国有数のクリケット場》. ♦ **～·ly** *adv* 卵形に. **～·ness** *n* **oval·i·ty** /oʊvǽləti/ *n* [L; ⇨ OVUM]
ov·al·bu·min /àvælbjú:mən, òʊ-/ *n*〖生化〗卵アルブミン, オボアルブミン, オバルブミン; 乾燥卵白.
Ova·lle /oʊváɪèɪ, -vá:jèɪ/ オバエ《チリ中部 Santiago の北方にある市》.
óval of Cas·sí·ni /-kəsí:ni/〖数〗カッシーニの卵形線《2 定点からの距離の積が一定な点の軌跡》. [Gian D. CASSINI]
Óval Óffice [the]《White House の》大統領執務室; [the] 米国大統領の職[座]. ♦ **Óval Ófficer** 大統領側近.
Oval·tine /óʊv(ə)ltì:n/〖商標〗オヴァルティン《麦芽入りの粉末栄養飲料》.
óval wíndow〖解〗《中耳の》卵円窓, 前庭窓.
Ovam·bo /oʊvǽmboʊ, oʊvá:mboʊ/ *n* **a** (*pl* ～, ～**s**) オヴァンボ族《ナミビア北部に住む Bantu 系の民族》. **b** オヴァンボ語《Niger-Congo 語族に属する》.
ovar·i·an /oʊvέəriən/, **ovar·i·al** /-riəl/ *a* 卵巣[子房] (ovary) の.
ovari·ec·to·my /oʊvὲəriέktəmi/ *n*〖医〗卵巣切除(術) (oophorectomy). ♦ **-éc·to·mìzed** *a*
ovar·i·ole /oʊvέəriòʊl/ *n*〖動〗《昆虫・線虫の》卵巣(小)管.
ovari·ot·o·my /oʊvὲəriátəmi/〖医〗*n* 卵巣切開(術); OVARIECTOMY. ♦ **ovàri·ót·o·mist** *n*
ova·ri·tis /òʊvəráɪtəs/ *n*〖医〗卵巣炎 (oophoritis).
ova·ry /óʊv(ə)ri/ *n*〖解〗卵巣;〖植〗子房. [NL; ⇨ OVUM]
ovate[1] /óʊvèɪt/ *a* 卵形の;〖植〗《輪郭が》卵形の〈葉〉. ♦ **～·ly** *adv* [L; ⇨ OVUM]
ovate[2] *n* 《eisteddfod でその資格を得た》第三級吟唱詩人. [Gk *Ouateis*]
ova·tion /oʊvéɪʃ(ə)n/ *n* 拍手喝采, 大喝采, 《大衆の》熱烈な歓迎;〖古ロ〗小凱旋式《TRIUMPH より小規模なもの》: STANDING OVATION. ♦ **～·al** *a* [L (*ovo* to exult)]
ov·el /ávəl/ *n*〖ユダヤ教〗《7 日間の間》喪に服する人 (cf. SHIVAH).
ov·en /ʌ́v(ə)n/ *n* かまど, 炉; 天火, オーブン: hot [fresh] from the ～ 焼きたての, ほやほやの / like an ～ ひどく暑い. ● **have a bun [one, a pudding, something] in the ～** «口» おなかに子供がいる. **in the same ～** «俗» 同じ境遇に. [OE *ofen*; cf. G *Ofen*]
óven·able *a* オーブン用の, オーブン調理に使用できる.
óvenable páperboard 電子レンジ用耐熱紙.
óven·bìrd *n*〖鳥〗**a** カマドドリ《同属の総称; 土でかまど形の巣を作る; 南米産》. **b** カマドムシクイ, ジアメリカムシクイ《アメリカムシクイ科; 北米の地上性の鳴鳥》.
óven clòth オーブンクロス《オーブンに入れた食器を扱うための耐熱布》.
óven glòve [mìtt] オーブングローブ[ミット]《オーブンクロス製の手袋型鍋つかみ》.
óven·pròof *a* オーブンにかけられる, オーブン耐熱性の〈ガラス(器具)〉.
óven-rèady *a* オーブンに入れるだけの〈即席食品〉.
óven·wàre *n* オーブン用の耐熱皿[器], オーブン用プレート.
óven·wòod *n* しば, そだ (brushwood); たきぎ(にしかならない枯れ木).
over /óʊvər/ *prep* /ㄧㄧ/ **1** …の上に (opp. *under*), …に押しかぶさって, …をおおって; …一面に, …の(上を)あちこち; …のまわりに: She put her hands ～ her face. 手で顔をおおった. **2** …を越えて(外へ[下へ]); …の向こう側へ[に], …を渡って; [*fig*] …の段階を越えて (past), …を乗り越えて, …から回復して. **3 a** …を超える; …にまさって, …の上位に; …に優先して; …と比較して, …に対して: It is ～ and above what is wanted. それは必要以上のものだ. ★「10 以上」は 10 を含むが, over ten は 10 を含まない. **b** …を支配して, …を制して; 《影響を及ぼすように》…の上に迫って, 降りかかって. **4** …に関して (concerning): talk ～ the matter with…とその事について話し合う. **5** …中, …の間, …の終わりまで; …を通して: The patient will not live ～ today. 患者は明日までもつまい / a pass ～ the company's line 社線の全線パス. **6** …しながら: discuss ～ coffee [lunch] コーヒーを飲み[昼食を取り]ながら論じる. **7** 〈電話など〉によって, …を通じて. **8 a**〖数〗割る(ところの) (divided by); 《〈可換〉環[体]〉上の《多項式など》: 6 ～ 2＝6/2 6 割る 2. **b**〖ポーカー〗〈下位のペア〉の上に: aces ～ eights エースのペアと 8 のペア (a pair of aces and a pair of eights). ● ALL **～.** **～ all** 全体[全般]にわたって; 端から端まで (overall). **～ and above**…に加えて, …のほかに (besides) (cf. 3a). **～ one's** HEAD.

O

► *adv* /ˌ⸗ˈ⸗/ **1** 上に, 高所に; 真上を横切って; 上から下へ; 突き出て, 寄り掛かって; わきに, 片側に. **2 a** 遠く離れて, あちらに (⇨ OVER there); 《街路・海・山・などを越えて》向こうへ[に], こちらへ[に], *《大西洋を越えて》欧州へ[から]; 一方から他方へ, 渡って; 自分の所[家, 事務所]へ; 《縁を越えて》外へ, 下方へ; あふれて; 同意に向けて: They went ~ yesterday. 昨日出発した / I asked him ~. 彼に訪ねてくるように言った / We went ~ to the river. 川まで行った / flow ~ こぼれる. **b** 《直立の姿勢から》横に; さかさまに; [O-] *裏面へ続く (cf. PTO): turn ~...をひっくり返す / roll ~ (and ~) ころころころがる. **3 a** 全面に; いたるところに[を]; 初めから終わりまで, すっかり (through): covered ~ with paint 一面にペンキを塗って / read a newspaper ~ 新聞に目を通す / think ~ よく考える. **b** *《ある期間を超えて》ずっと, 先まで: stay ~ till Sunday 日曜日までずっと滞在する. **4** 《無線交信で》どうぞ (cf. OUT); 〖クリケット〗投球交替《審判のコール》: *O~* to you! 今度はきみの番だ, 《無線交信で》どうぞ / *O~* and out. 交信終わり. **5** 繰り返して, もう一度 (again): do it ~ やりなおす / many times ~ 何度も何度も. **6 a** 超過して; 余分に, 余って: people (aged) 65 and ~ 65 歳以上の人びと / I paid my bill and have several pounds ~. 勘定を支払ってまだ数ポンド余っている. **b** 過度に, あまりに: not ~ well たいしてよくはない; 全然よくない.

● ALL **~.** **(all) ~ again** (始めから)もう一度 (once more); …の再現[繰り返し], …にそっくり. **and [or] ~** および[あるいは]それ以上: an offender aged 16 *or* ~ 16 歳以上の犯罪者. GET[1]…**~ with.** **~ against**…の真向こうに, …に対して[面して]; …と対照して. **~ and above** 《口》⇨ *prep* 3a; …のほかに, …に加えて; そのうえ, おまけに. **~ and done with** 《口》〈事が〉すっかり終わって. **~ and ~ (again)** 何度も何度も. **~ here** こちらに. **~ there** あそこに; 向こうでは, あちらでは; *ヨーロッパでは; 〖軍〗戦地では.

► *a* /ˌ⸗ˈ⸗/ 上の; 外の; すぐれた; 過度の; あり余る, 多すぎる; 終わって, 過ぎて, 済んで; 〈卵が〉《ひっくり返して》両面を焼いた (cf. SUNNY-SIDE UP, OVER EASY): The long, cold winter is ~. 長くて寒い冬は終わった / The rain is ~ and gone! 雨はすっかり上がった / It's never [The game isn't] ~ till it's ~. 《諺》終わりになるまでは終わってはいない《最後まであきらめるな》.

► *n* /ˌ⸗ˈ⸗/ **1 a** 余分 (extra). **b** 〖クリケット〗オーヴァー《**1)** 投手がピッチの一方の端から連続して投げる投球数; 通例 6 球 **2)** その間のゲーム》. **2** 〖軍〗《標的を越える》遠弾.

► *vt* /ˌ⸗ˈ⸗/ 越える; 飛び越す.

[OE *ofer*; cf. G *ober, über*, L *super*]

over- *pref* (1)「過度に[の]」「過剰に」: *over*charge, *over*simplify. (2)「より多い」: *over*-fifties. (3)「上の」「外側の」: *over*coat. (4)「上に[へ]」「上から」: *over*hang, *over*throw. (5)「非常に」「全く」: *over*joyed.

òver·abóund *vi* 多すぎる, あり余る.

óver·abúndance *n* 過多, 過剰, だぶつき. ♦ **-abúndant** *a* 過剰な, あり余る. **-abúndant·ly** *adv*

òver·achíever *n* **1** 標準[予想]以上の成果を収める人[学生], やり手. **2** 《現実離れした目標に向けて》がむしゃらにがんばる人, 身のほどを知らないがんばり屋. ♦ **òver·achíeve** *vi, vt* **-achíeve·ment** *n*

òver·áct *vt* 〈役を〉大げさに演じる. ► *vi* 必要以上なことをする, やりすぎる; 演技過剰に陥る. ♦ **òver·áction** *n*

òver·áctive *a* 活躍[活動]しすぎる. ♦ **~·ly** *adv*

òver·actívity *n* 働きすぎ, 過度の[異常な]活動.

óver·áge[1], -áged /-éɪʤd/ *a* 標準年齢[規定年齢, 適齢]を過ぎた 〈*for*〉; 老朽化した.

óver·age[2] /-rɪʤ/ *n* 余分(の量[金額]), 《見積もりより》オーバーした分, 余剰高, 過多量. [*-age*]

óver·àll *a* 全部の; 端から端までの; 総合的な, 全般的な: ~ length 全長 / ~ impression 全体的な印象. ► *adv* 全体[全般]的に(みて) (cf. OVER *all*); すべてを考慮に入れて, 全部で; いたるところに; 端から端まで, 《特に》船首から船尾まで: dressed ~ 〖海〗〈船が〉満艦飾を施した. ► *n* /ˈ⸗ ˌ⸗/ [*pl*] オーバーオール, つなぎ(服); [*pl*] 〖英軍〗騎兵[正装用]ズボン; [*pl*] 防水レギンズ (leggins); ʺ《婦人・子供・医師などの》上っ張り, 仕事着.

óver·àlled *a* overall(s) を着た.

óverall majórity ʺ《英議会での》絶対多数《他の政党の総議席[総得票]を上回ること[との差]》.

óverall páttern 〖言〗総合型《一言語のすべての方言のすべての音素を説明するのに必要十分な音の種類の一覧表》.

òver·ambítious *a* 野心過剰な. ♦ **~·ly** *adv* **-ambítion** *n*

òver·ámped /-ǽmpt/ *a* *《俗》アンフェタミン (amphetamines) で恍惚となって, アンフェタミンを飲みすぎて.

óver-and-únder* *n* OVER-UNDER.

òver·anxíety *n* 過度の心配[懸念, 不安].

òver·ánxious *a* 心配しすぎる. ♦ **~·ly** *adv* **~·ness** *n*

òver·árch *vt* …の上にアーチをかける[渡す], アーチとなって…にかぶさる; 支配する. ► *vi* 頭上にアーチ形をなす.

òver·árch·ing *a* 頭上にアーチ形をなす; 支配的な, なによりも重要な, すべてを包含する.

óver·àrm *a, adv* 〖球技〗OVERHAND; 〖泳〗抜き手の[で]: the single [double] ~ stroke 片[両]抜き手.

òver·asséss·ment *n* 過大査定[評価](すること).

òver·áwe *vt* 威圧する, …に畏怖の念をいだかせる.

òver·bálance *vt* OUTWEIGH; …の平衡を失わせる, ひっくり返す: ~ one*self* バランスを失う. ► *vi* 平衡を失う, ひっくり返る. ► *n* /ˈ⸗ ˌ⸗/ 超過(量); 不均衡.

òver·béar *vt* 押しつぶす, 圧倒する; 〈希望・反対などを〉押え込む, 封じる; 重要性[説得力]において…にまさる; 〖海〗〈他船〉より多く帆を張る, …より速く走る. ► *vi* 子を産みすぎる; 実をつけすぎる.

òver·béar·ing *a* いばりくさる, 横柄な, 高圧的な, 高慢な (haughty); 圧倒的な; 支配的な, 決定的に重要な. ♦ **~·ly** *adv* **~·ness** *n*

òver·bíd *vi, vt* (…に)値打以上の値をつける; 〖トランプ〗〈手札〉以上に競り上げる; 〈人〉より高い値をつける. ► *n* /ˈ⸗ ˌ⸗/ 《値打以上の》高値, 掛け値; 競り上げ. ♦ **-bíd·der** *n*

óver·bit *n* 畜牛の耳の上部に切り込んだ三角形耳じるし.

óver·bìte *n* 〖歯〗《門歯の》被蓋咬合(ひがいこうごう).

óver·blòuse *n* オーバーブラウス《裾をスカートやスラックスの外に出して着用する》.

òver·blów *vt* **1** 〈雲などを〉吹き飛ばす[散らす]; 吹き倒す; …の上を吹き渡る; 〈雪・砂などが〉…の上に吹き積もる. **2** 〖楽〗〈吹奏楽器を〉《倍音が発生するように》強吹きする; 〈吹奏楽器を〉強く吹きすぎる. **3** ふくらませる; 〈物語などを〉余分なもので引き延ばす. **4** 過大視する, 重視[評価]しすぎる. ► *vi* 〖楽〗オーバーブロー[強吹き]する; 《古》《中檣帆など軽い帆も揚げられないほど》〈風が〉吹きすさぶ; 《古》〈あらしなどが〉吹きやむ, 過ぎ去る.

òver·blówn[1] *a* **1** 吹き飛ばされた; 〈あらしなど〉吹きやんだ; 肥満した, 大きな. **2** 誇張された, 大仰な, 大げさな, もったいをつけた.

overblown[2] *a* 〈花が〉盛りを過ぎた.

óver·bòard *adv* 船外に, 《船から》水中に; *《俗》熱中して, 夢中で: fall ~ 船から(水中に)落ちる / Man ~. 人が落ちたぞ / wash…~ 〈波が〉…を船からさらって行く. ● **go [fall] ~** 《口》極端に走る, やりすぎる, 言いすぎる, 〈…に〉熱中する, 夢中になる 〈*about, for, on*〉. **throw [chuck, toss] ~** 《口》見捨てる, 放り出す.

òver·bóil *vi* 煮こぼれる, 煮えすぎる.

òver·bóld *a* 大胆すぎる, 無鉄砲な, 軽率な; 鉄面皮の, でしゃばりの, あつかましい.

òver·bóok *vt, vi* 〈旅客機・ホテル・劇場など〉の定員以上に予約を受け付ける, 予約を取りすぎる.

óver·bòot *n* OVERSHOE.

òver·bórne *a* 押しつぶされた, 圧倒された.

òver·bóught *a* 買い上がりすぎた〈株・相場〉: ~ position (為替)買持ち.

òver·bréathe *vi* 過呼吸する (hyperventilate).

òver·bréed *vt* 〈動植物を〉むやみに繁殖させる, 《遺伝疾患をまねくほど》過度に交配する. ► *vi* 繁殖をしすぎる.

óver·brìdgeʺ *n* OVERPASS.

òver·brím *vi* あふれる. ► *vt* …(の縁)からあふれる; あふれさせる.

òver·brím·ming *a* 豊富な, あふれんばかりの.

òver·búild *vt* …の需要以上に建てすぎる; 〈土地〉に建物を建てすぎる; 必要以上に豪華に[金をかけて]建てる; …の上に建てる. ► *vi* 需要以上に家を建てる. ● **~ oneself** 身分不相応な家を建てる; 家を建てすぎる.

òver·búrden *vt* …に積みすぎる; …に負担をかけすぎる; 大いに煩わす; 過労にさせる. ► *n* /ˈ⸗ ˌ⸗/ 重すぎる荷物, 重荷, 過度の負担; 〖地質〗《鉱床をおおっている》表土; 〖土木〗土被(かぶ)り.

òver·búrden·some *a* 荷厄介な, ひどく面倒な.

òver·búsy *a* 忙しすぎる; おせっかいすぎる.

òver·búy *vt, vi* 《資力以上に》多く買い[買い付け]すぎる.

òver·cáll *vt* 〖トランプ〗…より競り上げる; ʺ…に値打以上の値をつける. ► *vi* 〖トランプ〗競り上げる. ► *n* /ˈ⸗ ˌ⸗/ 競り上げ.

òver·cánopy *vt* 天蓋でおおう, おおう.

òver·capácity *n* 《需要を上回る》生産[サービス]能力過剰, 設備過剰.

òver·cápital·ize *vt* [ᵁ*pp*] 〈会社など〉の資本を過大に評価する; 〈事業など〉に資本をかけすぎる, 過剰に設備投資する. ♦ **òver·càpi·tal·izátion** *n*

óver·càre *n* 取越し苦労.

òver·cáre·ful *a* 用心しすぎる. ♦ **~·ly** *adv*

òver·cást *vt* **1** /, ˈ⸗ ˌ⸗/ 雲でおおう, 曇らせる, 暗くする; おおう. **2** /ˈ⸗ ˌ⸗/ 〖裁縫〗〈へりを〉かがる, かがり縫いをする. ► *vi* /, ˈ⸗ ˌ⸗/ 曇る, 暗くなる. ► *a* /ˈ⸗ ˌ⸗, ˈ⸗ ˌ⸗/ 〈空が〉曇った; 〖気〗曇りの; 陰鬱な; かがった〈へりなど〉: ~ skylight 曇天光. ► *n* /ˈ⸗ ˌ⸗/ **1 a** おおい, 《特に》空一面の雲; 〖気〗曇り, 曇天. **b** 高架道を支える支柱; 〖鉱〗頭上の坑道を支えるアーチ形の構造. **2** 〖裁縫〗かがり縫い, 巻きかがり.

óver·càst·ing *n* 〖裁縫〗オーバーカスティング《布地の端がほつれないように糸でかがること; そのかがり》.

óvercast stítch 裁ち目かがり, オーバーカストステッチ《刺繍の巻きかがり》.

òver·cáutious *a* 用心しすぎる, 小心な. ♦ **~·ly** *adv* **~·ness** *n* **-cáution** *n*

òver·céntral·ìze *vt* 《通例 良いものを》過度に集中する, 中央集権化しすぎる.

òver·cértify *vt* 〘商〙〈小切手〉の借越し承認をする.

òver·chárge *vt, vi* **1** 〈人・品物など〉に対して)法外な代金を要求する, 〈金額を〉ふっかける. **2** 〈記述・絵など〉に過剰な描写を行なう; 大げさに言う, 誇張する. **3** 〈銃砲〉に装薬しすぎる; 充電しすぎる; …に荷を積みすぎる; …に〈感情を〉込めすぎる 〈*with*〉. ► *n* /–́–– –̀–/ 掛け値; 不当な値段[請求]; 積みすぎ; 装薬過多; 過充電.

óver·chèck[1] *n* 越格子(こしごうし), オーバーチェック《格子縞の上に幅[色]の違う別の格子縞を配した模様》; 越格子の布地.

overcheck[2] *n* 《馬の両耳間を通す》止め手綱.

óver·clàss *n* 最富裕層, 特権階級.

òver·clóck *vt* 〘電算〙〈CPU を〉本来のクロックスピードより速く動作させる. ♦ **~·er** *n*

óver·clòthes *n pl* 《ほかの衣服の上に着る》外衣.

òver·clóud *vt, vi* 曇らせる, 曇る; [*fig*] 陰気にする[なる], 暗くする[なる].

òver·clóy *vt* うんざりさせる, 飽きあきさせる.

óver·còat *n* オーバー, 外套; 保護膜, コーティング《ペンキ・ニスなど》; *《空軍俗》パラシュート. ● WIN[1] **the cast-iron ~.**

óver·còat·ing *n* 外套地; 保護膜 (overcoat).

òver·cólor *vt* 彩色[潤色]しすぎる; 〈記述などを〉誇張する.

over·come /òuvərkʌ́m/ *vt* …に打ち勝つ, 征服する, 負かす (defeat); 克服する, 乗り越える; [ᵘ*pp*] 圧倒する (overwhelm); 《古》…の上に広がる: ~ one's fear / be ~ *by* laughter 抱腹絶倒する / be ~ *with* liquor 酔いつぶれる. ► *vi* 勝つ. ♦ **-cóm·er** *n* [OE *ofercuman*]

òver·commít *vt* 能力を超えた約束で縛る; 〈物資などを〉補給能力以上に割り当てる: ~ one*self* 無理な約束をする. ♦ **~·ment** *n*

òver·cómpensate *vi* 過度に補償する; 〘心〙過補償をする. ♦ **òver·cómpensating** *a* **òver·cómpensating·ly** *adv*

òver·compensátion *n* 過剰補償; 〘心〙過補償《自己の欠陥の埋合わせとなるような行為を過剰にすること》. ♦ **òver·compénsa·tory** *a*

òver·cónfidence *n* 過信, 自信過剰. ♦ **-cónfident** *a* 過信する, 自信過剰の. **-cónfident·ly** *adv*

òver·contáin *vt* 〈感情などを〉抑制しすぎる.

òver·cóok *vt* …に火を通しすぎる, 煮[焼き]すぎる. ► *vi* 煮えすぎる, 焼けすぎる. ♦ **~ed** *a*

òver·corréction *n* 〘言〙過剰修正, 直しすぎ《文法的誤りを避けようと意識しすぎてかえって誤ること; 例 between you and *I*》; 〘光〙《レンズの収差の》過修正.

òver·credúlity *n* 過度に信じやすいこと, 極度の軽信. ♦ **-crédulous** *a*

òver·crítical *a* あまりに批判的な, 酷評する.

òver·cróp *vt* 過作して〈土地を〉やせさせる.

óver·cròss·ing *n* OVERPASS.

òver·crów *vt* …に勝ち誇る; 圧倒する.

òver·crówd *vt* 〈狭い所〉に人を入れすぎる, 超満員[過密]にする, 混雑させる. ► *vi* 過度に混み合う, 超満員になる. ♦ **òver·crówd·ed** *a* 超満員の, 混雑した, すし詰めの, 過密の. **òver·crówd·ing** *n* 混みすぎ, 過密.

òver·crúst *vt* 外皮[皮殻]で包む.

óver·cùlture *n* 《対立的文化の存在する状況での》支配的文化, 上位文化.

òver·cúnning *a, n* 狡猾すぎる(こと), ずるすぎる(こと). ♦ **~·ly** *adv* **~·ness** *n*

òver·cúrious *a* 過度に知りたがる, 根掘り葉掘り聞きたがる; 《古》細かすぎる. ♦ **~·ly** *adv* **~·ness** *n* **-curiósity** *n*

óver·cùrtain *vt* おおう, 隠す, あいまいにする.

òver·cút *vt* 切り[カットし]すぎる; 《特に》〈森〉から木を(年間の生長や割当量以上に)切り[伐採し]すぎる.

òver·dámp·ing *n* 〘理〙過減衰《系のエネルギー散逸が critical damping の場合よりも大きく, 振動せずに減衰すること》.

òver·dáring *a* 無鉄砲な, むこうみずな.

òver·déar *a* きわめて高価な, 高価すぎて手が出ない.

òver·délicate *a* 神経質すぎる. ♦ **-délicacy** *n*

òver·desígn *vt* 複雑[多機能, がんじょう]すぎる造りにする.

òver·detérmine *vt* 複数の要因によって決定づける[ひき起こす]; 〘数〙過剰決定する《必要以上の条件を付ける》. ♦ **òver·determi·nátion** *n* 〘精神分析〙重複決定《神経症の症状や夢などの形成される過程には複数の要因が関与しているという考え》.

òver·detérmined *a* 信念[決心]の固すぎる; 〘精神分析〙多元[重複]決定の; 〘数〙過剰決定の.

òver·devélop *vt* 過度に発達させる, 異常に大きくする; 開発しすぎる; 〘写〙現像しすぎる. ♦ **~·ment** *n* 発達過剰; 現像過多.

òver·diagnósis *n* 過剰診断《実際よりも多く[重い]病気と診断すること》. ♦ **-díagnose** *vt*

òver·dó *vt* やりすぎる, 過度に行なう, …の度を過ごす; 《不自然に》誇張する; 使いすぎる; [ᵘ*pass*/~ *-self*] 過労に陥らせる; 煮すぎる, 焼きすぎる (cf. OVERDONE); 〈家畜などを〉太らせすぎる: ~ an apology 弁解しすぎてかえっておかしい / ~ one*self* [one's strength] 努力しすぎる, (実力以上の)無理をする. ► *vi* 度を過ごす, 無理する. ● **~ it** [**things**] 誇張する; やりすぎる; 無理をする. ♦ **~·er** *n* [OE *oferdōn*]

óver·dòg *n* 最富裕層の一員, 支配[特権]階級の一員 (opp. *underdog*).

òver·dóminance *n* 〘遺〙超優性《ヘテロ接合体の適応度がホモ接合体のそれより高いこと》. ♦ **-dóminant** *a*

òver·dóne *a* 煮[焼き]すぎた; 過度の, やりすぎの, 大げさな; 過労の.

òver·dóse *vt* 〈人〉に薬を過量に与える[飲ませる] 〈*on, with*〉; 《まれ》〈薬などを〉過量に与える[飲ませる]: ~ one*self with* aspirin アスピリンを飲みすぎる. ► *vi* 〈薬物を〉過量摂取する 〈*on*〉, 薬物の過量摂取で気分が悪くなる[死ぬ]《略 OD》; やりすぎる: ~ *on* TV テレビを見すぎる. ► *n* /–́–– –̀–/ 《薬の》過量, 有毒量, 致死量; 過剰量, やりすぎ. ♦ **-dósage** *n* 過剰投与, 過量摂取; 過剰投与[過量摂取]による症状.

óver·dràft | -dràught *n* 〘商〙当座貸越し[借越し](額); 《手形・小切手の》過振(かぶ)り; 炉火の上の通風; 〘冶〙上そり, 圧延そり: have an ~ 借越しがある.

òver·drámatize *vt* …に大げさに反応する, 芝居がかった表現をする. ♦ **-dramátic** *a*

òver·dráw *vt* **1** 〘商〙〈預金口座〉から当座借越しをする《貸越し約定限度内で, 預金残高を超えて現金引出しまたは手形・小切手の決済をする》; 〈口座残高〉に対して過振(かぶ)りする《手形・小切手を超過振出しする》; 〈弓〉の弦を引きすぎる. **2** 過剰に描写する, 誇張する. ► *vi* 〘商〙過振する; 〈ストーブ・炉など〉吸い込みがよすぎる. ♦ **-dráwn** *a* 過振した〈人〉, 過振された, 借越しの〈当座預金〉; 大げさに表現された.

òver·dréss *vt, vi* [~ *-self*] 着飾りすぎる, 過度にあらたまった服装をする; 厚着をする. ► *n* /–́–– –̀–/ ドレス[ブラウスなど]の上に着る薄物のドレス.

òver·drínk *vi* 飲みすぎる. ► *vt* [~ *-self*] 飲みすぎる.

òver·dríve *vt* 〈馬などを〉酷使する, 〈人を〉働かせすぎる, 〈自動車を〉暴走させる; 〈エレキギター〉の音をゆがませる. ► *n* /–́–– –̀–/ **1** 〘車〙オーバードライブ[増速駆動]装置《走行速度を落とさずにエンジンの回転数を減ずるギア装置; 燃費節約型》; オーバードライブ《機器の通常レベルを超えた動作を可能にする機構; エレキギター用のアンプなど》. **2** 高度の活動状態, 高速回転; 《口》過熱状態, 暴走: go [move] into ~ 勢いづく, 熱をおびる.

òver·dúb *vt* 《録音したトラックに》〈別の音声を〉重ねて録音する, 多重録音する. ► *n* /–́–– –̀–/ 多重録音, 重ね録(ど)り, オーバーダビング; 多重録音でかぶせた音声.

òver·dúe *a* 支払い[返却]期限の過ぎた, 未払いの, 滞納の; 遅れた, 遅延した, 延着した, 《出産[生理]の》予定日を過ぎた; 前々からの懸案である, 久しく待望されている; 過度の, 行き過ぎの; とっくに熟している[用意が整っている]: long ~ とっくの昔にやるべきだった.

òver·dýe *vt* [ᵒ*pp*] 〘染〙濃く染めすぎる; …に別の色をかける.

òver·éager *a* 熱心すぎる. ♦ **~·ly** *adv* **~·ness** *n*

over éasy* *a* 〘料理〙〈目玉焼きが〉オーバーイージーの《裏返してもう一方の面も軽く焼いたもの》: eggs ~.

òver·éat *vi* 食べすぎる. ► *vt* [~ *-self*] 食べすぎる. ♦ **~·er** *n* **~·ing** *n*

òver·éducate *vt* …に必要以上に教育を施す, 過剰教育する. **-educátion** *n*

òver·égg *vt* [次の成句で]: **~ the** [**sb's**] **pudding**ᴵᴵ《口》ことを必要以上に複雑[大げさ]にする, 行き過ぎる.

òver·eláborate *a* 手の込みすぎた, 入念すぎる, 凝りすぎの. ► *vt, vi* 詳しく説明しすぎる, 詳述しすぎる. ♦ **~·ly** *adv* **~·ness** *n* **òver·elaborátion** *n*

òver·emótion·al *a* 感情過多の. ♦ **~·ly** *adv*

òver·émphasis *n* 過度の強調, 強調しすぎ. ♦ **-émphasize** *vt, vi* 強調しすぎる.

òver·enthúsiasm *n* 過度の熱中[熱狂]. ♦ **-enthusiástic** *a* **-tical·ly** *adv*

òver·éstimate *vt* 過大評価する, 買いかぶる; 〈数量を〉過大に見積もる. ► *n* 過大評価. ♦ **òver·estimátion** *n*

òver·excíte *vt* 過度に興奮させる. ♦ **~·ment** *n* **-excít·able** *a*

òver·éxercise *vt* 〈体の部分を〉使いすぎる, 酷使する, 〈権力を〉濫用する. ► *vi* 運動[練習]しすぎる, 体を酷使する. ► *n* 運動[練習]のしすぎ.

òver·exért *vt, vi* 精を出しすぎる. ♦ **-exértion** *n*

òver·explóit *vt* 〈資源を〉乱開発する.

òver·exploitátion *n* 《天然資源の》乱開発, 乱獲.

òver·expóse *vt* 露出しすぎる; [ᵘ*pass*] 《メディアに》露出させすぎる; 〘写〙〈フィルムなどを〉露出過度にする; 〈肌を〉日にさらしすぎる. ♦ **-expósure** *n* 露出過度; 《芸能人などの》露出しすぎ, 出すぎ.

òver·exténd *vt* 拡大[拡張]しすぎる, 伸ばしすぎる: ~ one*self* 支払い能力以上の債務を負う, 無理をしすぎる. ♦ **-exténsion** *n*

óver·fàll *n* 《運河・ダムなどの》落水箇所[装置]; 《海や大きな湖・川などの底の》急深箇所; [*pl*] 湍潮(たんちょう)《水底の障害物などによる海面のざわめき》.

òver·famíliar *a* あまりにもありふれた[おなじみの]; よく知りすぎている; 過度になれなれしい. ♦ **-familiárity** *n*
òver·fatígue *vt* 過度に疲れさせる. ► *n* 過労.
òver·féed *vt* …に食べさせすぎる: ～ one*self* 食べすぎる. ► *vi* 食べすぎる.
òver·fíll *vt, vi* あふれんばかりにいっぱいにする[なる].
òver·fíne *a* 細かすぎる.
òver·físh *vt* 〈漁場〉の魚を乱獲する, 〈特定種を〉乱獲する. ► *vi* 魚を乱獲する.
óver·flìght *n* 特定地域の上空通過, 領空飛行[侵犯].
òver·flów *vt* 水浸しにする, 冠水させる, …に氾濫させる; …にあふれる, みなぎる; …の縁からあふれ出る; 〈容器を〉あふれさせる: ～*ed* land 冠水地. ► *vi* 氾濫する, あふれる, こぼれる; あふれ出る 〈*into*〉; あふれるばかりになる, 〈感情などで〉いっぱいになる 〈*with*〉: The glass was filled [full] *to* ～*ing with* wine. グラスにはワインがなみなみとつがれていた / The market ～*s with* goods. 市場には商品がだぶついている / a heart ～*ing with* gratitude 感謝の気持でいっぱいの心. ► *n* /ーー/ **1** あふれ(ること), オーバーフロー, 《河川の》氾濫, あふれ出し, 流出, 越流; 過多, 過剰; 《水・人など》あふれ出たもの, 越流水; 〘電算〙オーバーフロー《演算結果などが計算機の記憶・演算桁容量より大きくなること》; 〘韻〙句またがり《詩の一行の意味・構文が次行にまたがって続くもの》. **2** 《あふれた[規定水位を越えた]水の》流し口, 排水路, 排水[オーバーフロー]管 (=～ **pìpe**); 《あふれた人・物用の》臨時収容所.
♦ **～·ing** *a* あふれるほどの. [OE *oferflōwan*]
óverflow mèeting メイン会場にはいりきらなかった人たちを対象とした集会.
òver·flý *vt* …の上空を[を越えて]飛ぶ; 〈外国領〉の上空を偵察飛行する. ► *vi* 《特定地域・国家などの》領空を飛ぶ, 領空侵犯する.
óver·fòld *n* 折り重なり; 〘地質〙過褶曲, 押しかぶせ褶曲《背斜部が横倒しになっている褶曲》.
òver·fónd *a* 過度に好む 〈*of*〉. ♦ **～·ly** *adv* **～·ness** *n*
òver·frée *a* 自由すぎる; ずうずうしい, なれなれしい.
óver·frèight *n* 過重荷 (overload).
òver·fulfíl(l) *vt* 標準[目標]以上に履行[達成]する, 指定期日以前に完了する. ♦ **～·ment** *n* 《計画の》期限[予定期日]前完成.
òver·fúll *a* 多すぎる 〈*of*〉. ► *adv* 過度に.
òver·fùnd·ingᵘ *n* 財政資金過調達, オーバーファンディング《インフレ抑制策として行なわれる公共支出による需要以上の国債発行》.
óver·gàrment *n* 上着.
òver·géneral·ìze *vt* 過度に一般化する, 一般化しすぎる.
♦ **òver·gèneral·izátion** *n*
òver·génerous *a* 寛大すぎる, 気前よすぎる. ♦ **～·ly** *adv*
òver·gíld *vt* …にすっかりめっきをかける, ピカピカにする.
òver·glánce *vt* 《廃》…に(ざっと)目を通す.
òver·gláze *vt* 〈焼物〉にうわぐすりをかける; 〈焼物〉に重ね釉[上絵(うわ)付け]を施す; おおい隠す. ► *n* /ーー ーー/ 《施釉した上に施した》重ね釉; 上絵装飾, 上絵付け. ► *a* 施釉した上に施す[適する], 上絵の.
òver·góvern *vt* 束縛[統制]しすぎる; 必要以上に規則で縛る.
♦ **～·ment** *n*
òver·gráze *vt* 〈牧草地など〉の草を家畜に食い荒らさせる, …に過放牧する.
óver·gròund *a, adv* 地上の[にある, で]; 表に出た[て], 公然の[と] (opp. *underground*); 既成の社会[文化]に認められた, 体制的な: be still ～ まだ生きている. ► *n* 既成社会, 体制 (establishment).
òver·grów *vt* …の一面に生える[はびこる], 生いかぶさる; 〈他の植物を〉駆逐する[枯らす]ほど伸びる[茂る]; …より大きくなる, 〈体力など〉に不相応に大きくなる (outgrow). ► *vi* 大きくなりすぎる; 草などが茂る, はびこる.
òver·grówn *a* 〈人が〉大きくなりすぎた, 《年齢・体力不相応に》背が高すぎる; (大きすぎて)ぶかっこうな; 〈植物が〉伸び[茂り]すぎた; 〈土地が〉生い茂る草におおわれた: like an ～ child 《口》 育ちすぎの子供みたいに.
óver·gròwth *n* 《背丈以上の》繁茂, はびこり; 育ち[太り]すぎ; 〘医・植〙肥大, 過形成, 異常増殖[生長]; 所[建物]一面に生えたもの.
óver·hànd *a, adv* 手を上から当てて持つ[持って]; 〘球技〙《手を肩より上に上げて》打ち[投げ]おろす, 上手投げの[で], オーバーハンドの[で] (= *overarm*); 〘泳〙抜き手の[で]; 〘裁縫〙かがり縫いの[で]: an ～ stroke [pitch, service]. ► *n* 優勢, 有利な地歩; 上手投げ, オーバースロー; 《テニスの》打ちおろし, オーバーハンド. ► *vt* 〘裁縫〙《ボタン穴などに沿って》〈布地〉にかがり縫いを施す.
òver·hánd·ed *adv, a* OVERHAND.
óverhand knót ひとつ結び.
òver·háng *vt* 《かぶさるように》…の上に差し掛かる[張り出す, 突出する, たれさがる]; …に差し迫る, おびやかす; 〈ある雰囲気などが〉…の上にたれこめる[広がる]. ► *vi* おおいかぶさるように突出する[出っ張る, たれさがる]. ► *n* /ーー ーー/ **1** 張出し, 突出(部), オーバーハング; 〘建〙《屋根・バルコニーなどの》張出し; 〘海〙《船首・船尾の》張出し; 〘空〙張出し《翼》. **2** 《有価証券・通貨・原材料などの》過剰, だぶつき.
òver·háste *n* 性急, 軽率, 無謀.
òver·hásty *a* そそっかしい, 軽率な, 無謀な. ♦ **-hástily** *adv*

òver·hául *vt* 分解検査[修理]する, オーバーホールする; 綿密に検討する, 精密検査する, 徹底的に見なおす[改める]; 検査[修理]にまわす; …に追いつく, 追い抜く; 〘海〙〈船の索を〉ゆるめる, 索をゆるめて〈滑車を〉離れさせる: be ～*ed* by a doctor 医者によく診てもらう. ► *n* /ーー ーー/ 分解検査[修理], オーバーホール; 徹底的見直し. ♦ **～·er** *n* [C18=〘海〙 to release (rope-tackle) by slackening]
óver·hèad *a* **1** 頭上の; 架空の, 高架の; 上からの, 天井からつるした; 頭上から打ちおろす〈打球など〉; 〘機〙頭上(ずじょう)の, オーバーヘッドの《駆動部が被駆動部の上にある》: ～ wires 架空線 / ～ damping [irrigation, watering] 樹上[葉上]灌水 / ～ camshaft 頭上カム軸, オーバーヘッドカムシャフト. **2** 〘会計〙一切を含めた, 総…, 諸掛かり込みの, 間接費としての: ～ expenses 諸経費, 一般経費, 間接費. ► *n* **1 a** [《英》では *pl*] 〘会計〙間接費, 諸経費《賃借料・光熱費・税金など》. **b** 〘電算〙オーバーヘッド《本来の目的以外のシステム維持などのためにかかる時間・処理上の負荷》. **2 a** 《特に船の個室の》天井; 《機内の》客席頭上の荷物入れ (=～ **bín** [**compártment, lócker**]); *《北部・中部》《納屋の二階の》乾草置場; オーバーヘッド《蒸留塔などの塔頂から放出される流体》. **b** 天井の照明, 天井光. **c** OVERHEAD DOOR; OVERHEAD PROJECTOR (用透明シート). **3** 《テニスなどの》スマッシュ (smash), オーバーヘッド. ► *adv* /ーー ーー/ **1** 頭上に, 上に, 高く, 空高く, 階上で. **2** 頭を没するまで, 全身すっかり.
óverhead bín 《旅客機内の客席上の》荷物入れ.
óverhead cámshaft èngine 〘機〙頭上カム軸機関.
óverhead dóor オーバーヘッドドア《上に水平に押し上げる車庫などのドア》.
óverhead projéction OVERHEAD PROJECTOR による映像.
óverhead projéctor オーバーヘッドプロジェクター, OHP《透明シート上の図などを投影する, 黒板に代わる教育機器》.
óverhead ráilway 〘鉄道〙《別の線路の上を架橋によって横切る》高架鉄道線路.
óverhead válve èngine 〘機〙頭弁式機関.
òver·héar *vt, vi* 〈人の話を〉偶然聞く, ふと耳にする, 小耳にはさむ; 盗み聞きする, 立ち聞きする. ♦ **～·er** *n* **～·ing** *n* ⁺《電話の》漏話.
òver·héat *vt, vi* 過熱する, オーバーヒートさせる[する]; インフレ傾向にする[なる]; [°*pass*] ひどく興奮[いらいら]させる. ► *n* 過熱; 過度の興奮.
òver·héat·ed *a* 過熱した; 熱のはいりすぎた, 過度に興奮した, 過熱した; 〈経済が〉過熱した, インフレ傾向の.
òver·héavy *a* 重すぎる.
òver·hít *vi* 〘テニスなど〙強く打ちすぎる, 飛ばしすぎる.
òver·hóused *a* 広すぎる[大きすぎる]家に住む.
óver·hùng *a* **1** 上からつるした: an ～ door 吊り戸. **2** 《俗》二日酔いの (hungover).
òver·hýpe *vt* 大げさに宣伝する, 鳴り物入りで売り込む. ► *n* /ーー ーー/ 過剰宣伝[売込み].
Over·ijs·sel /òʊvəráɪsəl/ オーヴァーアイセル《オランダ東部の州; ☆Zwolle》.
òver·indúlge *vt* 欲すること[もの]を〈人〉にむやみに許す, 甘やかしすぎる; 〈欲望などを〉むやみに満足させる: ～ one*self* 好き放題をする, ふけりすぎる. ► *vi* 好き放題にふるまう, ふけりすぎる, 食べ[飲み]すぎる 〈*in*〉. ♦ **òver·indúlgent** *a* 好き放題を許しすぎる; ふけりすぎる. **òver·indúlgence** *n*
òver·infláted *a* 〈価格などが〉高すぎる, 法外な; 誇張された; 過度に膨張した, ふくらみすぎた.
òver·inspirátion·al *a* インスピレーションが過多の.
òver·insúrance *n* 〘商〙超過保険. ♦ **-insúre** *vt* 過剰に保証する; …に実際の価値以上の保険をかける.
òver·interpretátion *n* 過剰解釈, 読み込みすぎること, 過度の深読み.
òver·íssue /, ーー ーー/ *vt* 〈紙幣・株券を〉乱発する. ► *n* /ーー ーー/ 限外発行, 濫発; 限外発行物[高]; 刷りすぎて残った印刷物.
♦ **òver·íssuance** *n*
óver·jòlt *《俗》 *n* 麻薬[《特に》ヘロイン]の過量摂取.
► /ーー ーー/ *vi* 麻薬[ヘロイン]を過量摂取する.
òver·jóy *vt* 非常に喜ばす, 狂喜させる: be ～*ed* at [to *do*]…に[…して]狂喜する.
òver·júmp *vt* 跳び越す; 跳びすぎる.
òver·kéen *a* 過度に熱中した, すっかりはまった.
òver·kíll *vt* 《必要以上の核兵器で》〈目標を〉抹殺する, 過剰殺戮する. ► *n* /ーー ーー/ 過剰殺戮力, オーバーキル; 過剰殺戮, 殺しすぎ; 過多, 過剰, やりすぎ.
óver·knèe *a* 〈靴・靴下が〉ひざの上まである.
òver·lábor *vt* OVERWORK.
òver·láden *a* 荷を積みすぎた, 〈負担など〉不相応に大きな, 過大な; 飾りすぎた 〈*with* ornament〉.
óver·lànd *a* 陸上[陸路, 陸便]の: OVERLAND ROUTE. ► *adv* 陸上で, 陸路で. ► *n* 《俗》遠く離れた人の住まない地域. ► *vt, vi* 《豪》(〈畜群を〉追いながら)遠く陸路を行く. ♦ **～·er** 《豪》 *n* 《畜群を追って》遠く陸路を行く牧畜業者; 《俗》渡り者, 放浪者.
óverland róute [the] 陸路; 《特に》英国から地中海経由でインドに達する陸の道; *《太平洋岸に至る》大陸横断道路; *《俗》[ᵘ*joc*] いち

ばん時間のかかる道: Did you take the ～?
óverland stáge 《19 世紀中葉に使われた米国西部の》横断駅馬車.
óverland tróut*《俗》ベーコン.
òver·láp *vt* 部分的におおう; 部分的に…の上に重なる; …と部分的に一致する[かちあう, 重複する]. ► *vi* 部分的に重なり合う[共通性を有する]〈*with*〉. ► *n* /ˊ— ˋ—/ 部分的重複[一致]; 重なり合う部分, 重複度;〘映〙オーバーラップ《一画面が次の画面へ重なること》;〘地質〙海進的被覆, オーバーラップ《旧下床を広くおおう海進などにより形成される上位層》. ◆ **-láp·ping** *a*
òver·lárge *a* 大きすぎる.
òver·láy *vt* **1** …にかぶせる, …の表面をおおう; …に塗る; …に貼る; …にめっきする;〘印〙…に上むら取りを貼る, 胴むら取りする; (おおって)暗くする;〈ほかの味・音・印象などを〉おおい隠す, 打ち消す. **2** 圧倒[圧制]する; …の上にのしかかって窒息させる (overlie). ► *n* /ˊ— ˋ—/ **1** かぶせもの, おおい, 上敷き, 上掛け;《ほかの味・音・印象などを》おおい隠す[打ち消す]もの. **2**〘印〙上[胴]むら取り紙, オーバーレイ. **3** オーバーレイ (=*template*)《地図・写真・図表などに重ねて用いる透明なシートで, 関連する付加情報[印刷上の指示など]を記したもの》;〘電算〙オーバーレイ《写真などの上にかぶせる情報》. **4**《装飾用の》上張り;《化粧合板の》表張り. **5**〘電算〙オーバーレイ(方式)《主記憶にプログラム(のセグメント)を配置する際に, 不要になったもののある位置に上書きしていく方式》. **6**《スコ》ネクタイ.
óver·lèaf /; ˊ— ˋ—/ *adv* 《ページ・用紙の》裏面に, 次ページに: continued ～ 裏面に続く.
òver·léap *vt* 跳び越す; 省く, 抜かす, 無視する;《古》…より遠くへ跳ぶ: ～ one*self* 跳び越しすぎる, やりすぎて失敗する. [OE *oferlēapan*]
òver·léarn *vt* 熟達後もさらに勉強[練習]しつづける. ◆ **～·ing** *n*〘心〙過剰学習.
òver·líe *vt* …の上に横たわる[重なる];《添い寝などで》〈幼児など〉にかぶさって窒息死させる.
òver·líve《古》*vt* OUTLIVE. ► *vi* 長生きをする, 長く生きすぎる. ◆ **-líver** *n* [OE *oferlibban*]
òver·lóad *vt* …に荷を積みすぎる[人を乗せすぎる], 重荷[負担]をかけすぎる (overburden);〈交通施設などを〉満杯にする;〈銃など〉に弾薬を込めすぎる;〘電〙…に負荷をかけすぎる. ► *vi* 多くの荷を持ちすぎる. ► *n* /ˊ— ˋ—/ 積みすぎ, 過積載;〘電〙過負荷《定格負荷を超える負荷》. ◆ **～·ed** *a*
òver·lóck *vt, vi* (布のへりを)かがり縫いする. ◆ **～·er** *n*
òver·lóng *a* あまりにも長い, 長すぎる. ► *adv* あまりにも長い間.
òver·lóok *vt* **1 a** 上から見る, 見おろす, 見晴らす, 見渡す; …を見おろすような高い所にある: a room which ～*s* the sea. **b** 監督[監視]する; 世話する; 検閲する; 邪眼 (evil eye) で見つめて魔法にかける. **2 a** …に目を通す, ざっと見る; 見落とす, 見過ごす. **b** 冷淡に扱う, ないがしろにする; 大目に見る, 見のがす. ► *n* /ˊ— ˋ—/ overlook すること, 見落とし; *見晴らしのよい所, 見晴らし台, 高台; 見晴らし, 眺め.
óver·lòok·er *n* OVERSEER.
óver·lòrd *n* **1**《諸君主の上に立つ》大君主, 最高君主; 巨頭, 〈…を〉牛耳る人〈*of*〉;《1951–53 年の英国政府で》各省の監督調整を担任した上院議員. **2** [O-] オーバーロード《第二次大戦でドイツ軍に占領されたフランスを解放するための連合軍の一連の作戦; 1944 年 6 月 6 日 D-Day における Normandy 侵攻が山場》. ► *vt* 専制的に[思いどおりに]支配する. ◆ **～·ship** *n*
óver·ly *adv* 過度に;《スコ》軽率に, 浅薄に: I wasn't ～ impressed with…はさほど印象に残らなかった.
óver·màn /, -mən/ *n* **1** 頭(かしら), 長,《特に工場などの》職長, 監督, 班長;〘スコ法〙調停[裁決]者. **2**〘哲〙《Nietzsche の》超人 (superman). ► *vt* /ˊ— ˋ—/ …に人員を過剰に配置する[用意する]. ◆ **òver·mán·ning** *n* 人員過剰.
óver·màntel *n* 炉上の棚飾り. ► *a* 炉上(飾り)の.
òver·mány *a* 多すぎる, とてつもない数の.
òver·márk *vt* …に甘い点をつけすぎる.
òver·mást *vt*〘海〙〈船〉に長すぎる[重すぎる]マストを付ける.
òver·máster *vt* 征服する, 支配下に置く, 圧倒する. ◆ **-más·tery** *n*
òver·máster·ing *a* 支配的な, 圧倒する, 抑えがたい. ◆ **～·ly** *adv*
òver·mátch *vt* …にまさる[勝つ], 圧倒する; …に実力の上回る相手と試合させる. ► *n* /ˊ— ˋ—/ 優者, うわて, 強敵; 実力の差がはっきりしている試合.
óver·màtter *n*〘印〙組みすぎた活字, 過剰組み版 (=*overset*).
òver·matúre *a* 熟しすぎた, 盛り[成熟期]を過ぎた. ◆ **-matúri·ty** *n*
óver·méasure *n* 過大見積もり; 剰余.
òver·mighty‖ *a* 不当に強大な, 強力すぎる.
òver·míke *vt* マイクで増幅しすぎる.
òver·módest *a* 内気すぎる. ◆ **～·ly** *adv*
òver·múch *n, a, adv* 過多[過分, 過度](の[に]).
òver·níce *a* きちょうめんすぎる, 細か[やかまし]すぎる. ◆ **～·ly** *adv* **～·ness** *n* **-níce·ty** *n*

òver·nìght *a* **1** 宵越しの, 夜通しの, 夜間の; 前夜の; 一泊の, 一泊旅行用の; 一晩だけ通用する; 翌日配達の, 一日で着く: an ～ bus 夜行バス / ～ call loan [money]〘商〙一夜貸しコール. **2** 一夜のうちに出現した, 突然の: an ～ millionaire にわか成金. ► *adv* /ˊ— ˋ—/ **1** 夜の間, 夜のうちに, 夜通し, 一晩中; 前の晩に, 前夜中に: keep ～〈飲食物が〉翌朝までもつ / stay ～ ひと晩泊まる. **2** 一夜にして, 突如として, にわかに: become famous ～. ► *n* 前の晩, 前夜; ひと晩の滞在, 一泊旅行. ► *vi* 一夜を過ごす, 一泊する. ► *vt* 翌日配達便で送る.
óvernight bág [cáse] 一泊旅行用バッグ[かばん] (=*overnighter*).
òver·níght·er *n* ひと晩滞在する人, 一泊旅行者; ひと晩の滞在, 一泊旅行; 一泊旅行用のもの《列車など》; OVERNIGHT BAG.
óvernight télegram〘英〙翌日配達電報《低料金》.
òver·nutrítion *n* 過剰栄養, 栄養過多.
òver·óccupied *a* 込みすぎた, 立て込んだ.
òver·optimístic *a* 楽観しすぎる. ◆ **-óptimism** *n* **-ópti·mist** *n*
òver·órganize *vt, vi* 《地位・規則などを厳格にして》組織化しすぎる.
òver·páge *a* OVERLEAF.
òver·páid *a* 不当に高給取りの: an ～ CEO.
òver·páint *vt* …に上塗りする. ► *n* /ˊ— ˋ—/ 上塗りされた塗料.
òver·párt·ed *a* 〈俳優[歌手]が〉こなせる以上の役[パート]を受け持つ, 役負けする.
òver·partícular *a* 極端に細かい, 気むずかしすぎる.
òver·páss *vt* **1** 渡る, 横切る, 越す;〈時期・経験などを〉通過する;〈限界を〉超える, 侵す; しのぐ, 乗り越える, …の上を行く: ～ endurance 我慢できない. **2** 見過ごす, 無視する. ► *vi* 通過する. ► *n* /ˊ— ˋ—/*高路交差, オーバーパス《立体交差で上を通る通路[鉄道]が高架になっている場合; cf. UNDERPASS》; *《高路交差で》上を通る道路[鉄道], 高架道, 陸橋, 跨線橋, オーバーブリッジ (flyover) (overbridge‖).
òver·pássed, -pást *a* すでに過ぎ去った, 過去の; すでに廃止された.
òver·páy *vt* …に払いすぎる;〈金を〉払いすぎる;〈価値・値段〉より多く払う. ► *vi* 払いすぎる. ◆ **～·ment** *n* 過払い(金).
òver·péopled *a* 人口過剰の.
òver·perfórm *vt* 《楽譜に基づかずに》…のやりすぎの演奏をする.
òver·persuáde *vt* 説きつけて引き込む;〈いやがる人〉にむりやりに説きつける. ◆ **òver·persuásion** *n*
òver·pítch *vt*〘クリケット〙〈ボールを〉ウィケットに近く投げすぎる; [*fig*] 誇張する.
óver·plaid /óuvərplæ̀d/ *n*〘服〙越格子(こしごうし), オーバープレード. ◆ **～·ed** *a*
òver·pláy *vt* 〈役を〉大げさに演じる; 過大に評価する, 強調しすぎる;〘ゴルフ〙〈グリーン〉の向こうまでボールを飛ばす,〈ボールを〉グリーンの向こうまで飛ばす;《放送で》〈曲を〉演奏しすぎる, かけすぎる. ► *vi* 大げさな演技をする. ● **～ one's hand**〘トランプ〙手札の強さを過信して負ける; 力量以上のことをやろうとする, 大きく出すぎる.
óver·plùs *n* 余り, 余分; 過剰, 過多. [部分訳＜OF *surplus*]
òver·póise *vt*《古》OUTWEIGH.
òver·pópulate *vt, vi* …に過密に人を住まわせる, 人口過剰にする[なる]. ◆ **òver·populátion** *n* 人口過剰, 過密, 稠密.
òver·pópulated *a* OVERPEOPLED.
òver·potèntial *n*〘電〙過電圧 (overvoltage).
òver·pówer *vt* 負かす, ねじ伏せる; 圧倒する;〈ほかの匂い・味に〉勝つ; …に必要以上の力[馬力, パワー]を与える.
òver·pówer·ing *a* 強烈な, 圧倒的な, 抗しがたい. ◆ **～·ly** *adv* 圧倒的に. **～·ness** *n*
òver·práise *vt* ほめすぎる. ► *n* /ˊ— ˋ—/ ほめすぎ.
òver·predíct *vt* 過大に見積もる, 大げさに予測する. ◆ **-pre·díction** *n*
òver·prescríbe *vi, vt* (薬を)過剰処方する. ◆ **òver·pre·scríption** *n*
óver·prèssure *n* 超過圧力, 過圧; 過度の圧迫.
òver·príce *vt* …に高すぎる値をつける. ◆ **-príced** *a*
òver·prínt *vt* **1**〘印〙〈印刷したもの〉の上に刷り重ねる,《特に》〈切手〉に加刷する;〘タイプライター〙《文字盤にない字・記号を打つために》〈いくつかの文字を〉重ね打つ. **2**《枚数で》刷りすぎる;〘写〙《焼付けの度合い・時間で》焼きすぎる. ► *n* /ˊ— ˋ—/ **1**〘印〙刷り重ねたもの;《切手・印紙の訂正・額面変更などを示す》加刷; 加刷した切手. **2** 刷りすぎ.
òver·príze *vt* 過大に評価する. ◆ **-prízer** *n*
òver·prodúce *vt, vi* 過剰に生産する; (音楽・映画などを)過剰演出する, つくりすぎる. ◆ **-prodúction** *n* 生産過剰, 過剰生産.
òver·pronóunce *vt* 〈音節・語を〉誇張して[気取って, いやにはっきり]発音する. ► *vi* 誇張して発音する.
òver·próof *a* PROOF SPIRIT より多くアルコールを含んだ《略 o.p.; cf. UNDERPROOF》.

òver·propórtion *vt* …の比率を大きくしすぎる. ► *n* 不釣合いに大きいこと, 過度. ♦ **~·ate** /-ət/ *a* **~·ate·ly** *adv*
òver·protéct *vt* 過度に保護する, 《特に》〈子供を〉過保護にする. ♦ **-protéction** *n* 過保護. **-protéctive** *a* **-protéctive·ly** *adv* **-protéctive·ness** *n*
òver·próud *a* 異常に誇り高い, 高慢ちきな.
òver·quálified *a* 《仕事が必要とする以上に》資格[学歴, 経験]がありすぎる.
òver·ráte *vt* 過大に評価する; ⁿ〈土地·建物を〉過大評価して地方税を課す. ♦ **-ráted** *a*
òver·réach *vt* **1** …より行き過ぎる, 越える; …に追いつく. **2** …に一杯食わせる, 出し抜く (outwit). ► *vi* **1** 《超えて》達する, 広がる, 及ぶ. **2** 行き過ぎる; 無理に体を伸ばす, 《一般に》無理をする, 度を過ごす; 〈馬が〉あと足のつまさきで前足のかかとを蹴る. **3** 人をだます. ● **~ oneself** 体を伸ばしすぎて平衡を失う; 無理[努力]をしすぎる, 無理をして[やりすぎて]失敗する; 〈策士が〉策におぼれる. ► *n* /ˊ— ˋ—/ overreach すること. ♦ **~·er** *n*
òver·reáct *vi* 過度に[過剰に]反応する. ♦ **-reáction** *n*
òver·refíne *vt* 精製[精練]しすぎる; 細かく区別をしすぎる. ♦ **~·ment** *n*
òver·rént *vt* 〈人·土地など〉に対して不当な地代[家賃, 小作料など]を要求する.
òver·represént *vt* 《統計などで》〈特定集団を〉過剰に含める; 〈選挙区など〉の代表を不釣合いに多くする. ♦ **-representátion** *n*
òver·represént·ed *a* 代表の多すぎる, 《特に》過剰に代議員を送り出している; 不自然なほど高比率の.
òver·respónd *vi* OVERREACT.
òver·ríde *vt* **1** 〈土地を〉馬で行く; …の上に乗り上げる; 〈馬を〉乗りつぶす; …の上に広がる, 越える; …に重なる, 〖外科〗〈折れた骨がほかの骨〉の上に重なる. **2 a** 踏みにじる, 蹂躙(じゅうりん)する; 〈反対·忠告などを〉無視する, 拒絶する, 押し切る; 〈決定などを〉無効にする, 覆す: ~ one's commission 職権を濫用する / ~ the President's veto 大統領の発動した拒否権を無効にする《米国議会では, 大統領の拒否した法案を上下両院本会議がそれぞれ出席議員の 2/3 以上の多数決で再可決した場合》. **b** …に優越[優先]する; 〈自動制御装置などを〉停止する. **3***《セールスマンの売上げによって》〈総代理店·支配人〉に歩合を支払う. ► *n* /ˊ— ˋ—/ **1** 《セールスマンの売上げにより支配人に支払われる》歩合, 手数料 (=*overrider, overwrite*). **2 a** 制御停止装置[システム]. **b***無効にすること: an ~ of the President's veto (cf. *vt* 2a).
óver·rìder *n* OVERRIDE する人; ⁿBUMPER GUARD; *歩合 (override).
òver·ríding *a* 最優先の, 最も重要な; 圧倒的な, 支配的な; 横暴な; (上に)重なる: an ~ concern 最優先事項 / be of ~ importance 最も重要である.
òver·rípe *a* 熟しすぎた, うれすぎの, 過熟の; 最盛期を過ぎた; 退廃的な; 新鮮味のない, 締まりのない, ピリッとしない, 感傷的な.
òver·rúff *vt, vi* OVERTRUMP. ► *n* /ˊ— ˋ—/ OVERTRUMP すること.
òver·rúle *vt* **1** 《上位の権限などで》〈決定·議論·方針などを〉覆す, 退ける, 〈上級審が下級審の判決などを〉破棄する, 〈裁判長などが異議を〉却下する; …の無効を宣する; 〈人〉の決定[提案]を無効にする[退ける]. **2** …の上に支配[圧倒的な影響力]を及ぼす, 統(す)べる; 圧倒する (prevail over), 《圧倒する力で》〈人〉の考えを変えさせる, 押し切る, 〈計画など〉の変更を余儀なくさせる. ♦ **-rúler** *n* **-rúling·ly** *adv*
òver·rún *vt* **1 a** [ᵘ*pass*] 〈害虫·雑草など〉…にはびこる, おおいつくす; …にあふれる, …に氾濫する (overflow); 〈流行など〉風靡する. **b** 侵略する, (侵略して)荒らしまわる, 蹂躙(じゅうりん)する; 撃破する, 圧倒し去る, 潰滅させる. **2** 走り[通り]越す, 行き過ぎる; 〖空〗過走する《滑走路端から飛び出す》; 《古》…より速く走る; 〈限度·時間などを〉超える, 超過する; 〖野〗〈ベースを〉オーバーランする; 〖印〗《調整のために》次の行[欄, ページ]に送る: ~ one*self* 走りすぎて疲れる. **3** 過度に働かせる; 〖印〗余分に刷る; 〖機〗〈機関を〉正規の回転速度[圧力, 電圧]を超える状態で運転する, オーバーランする. ► *vi* はびこる, 広がる, あふれる; 度を超す, 《時間などを》超過する; 〈エンジンが〉オーバーランする. ► *n* /ˊ— ˋ—/ **1** 超過; 開発·製造契約時の見積もりコストに対する超過. **2** オーバーラン《**1**) エンジンが車の慣性で駆動されるなどして起こる過回転 **2**) 被牽引車の過走》. **3** 超過量[時間, 額]; 過剰生産量; オーバーラン《アイスクリーム·バター製造時の増量》. **4** 緊急用補助滑走帯《滑走路の両端》. [OE *oferyrnan*]
òver·sáil *vt* 〈建物の一部が〉〈下の部分〉よりも迫り出す. ♦ **~·ing** *a*
òver·sámpling *a* 〖電子工〗オーバーサンプリング《デジタル化のサンプリング周波数を理論的な必要値より十分高くとること》.
òver·sáturated *a* 過飽和(状態)の, 〈市場などが〉供給過剰で; 食傷気味で 〈*with* sth〉; 〖鉱〗〈火成岩が〉過飽和の《シリカ (silica) を過剰に含んだ》.
óver·scàle, óver·scàled /-skèɪld/ *a* 特大の (outsize, oversize).
óver·scàn *n* オーバースキャン《ブラウン管式のコンピューター·テレビで, 画像の端が画面にはいらないこと》.
òver·scóre *vt* …の上に線を引く; 線を引いて…を消す.
òver·scrúpulous *a* あまりに細心[綿密]な. ♦ **~·ly** *adv*
óver·séaⁿ *a* OVERSEAS. ► *adv* /ˊ— ˋ—/ OVERSEAS.
óver·séas *a* 海外(から)の, 外国の; 海外行き[向け]の: an ~ broadcast 海外向け放送 / an ~ edition 海外版 / ~ trade 海外貿易 / an [the] ~ Chinese 華僑. ► *adv* /ˊ— ˋ—/ 海外へ[に] (abroad): travel ~ 海外に旅行する / students ~ 海外で学んでいる人びと《cf. ~ students=students from ~》. ► *n* /ˊ— ˋ—/ [ᵘ⟨*sg*⟩] 《口》海外, 外国.
óverseas càp 〖米軍〗《まびさしのない》舟形略帽 (garrison cap).
Óverseas Devélopment Administràtion [the] 〖英〗海外開発局《略 ODA》.
óverseas télegramⁿ CABLEGRAM.
òver·sée *vt* 〈仕事·労働者·行事などを〉監督[監視, 統括]する (supervise); こっそり[偶然]見る[目撃する]; 見渡す; 《英では古》検査[調査]する. [OE]
óver·sèer *n* 監督員, 職長, 監督官; 《豪》農場[牧場]監督; 〖英史〗救貧委員, (教区)民生委員 (=~ **of the póor**); 《古》囚人監督. ♦ **~·ship** *n*
òver·séll *vt* **1** 売りすぎる, 売越しする, 〈株などを〉空売りする. **2** 〈人〉に強引に売り込む. **3** …の利点[よさ]を強調しすぎる, ほめすぎる, 売り込みすぎる; 〈人〉に過大な評価をもたせる. ► *n* /ˊ— ˋ—/ 売りすぎ, 売越し.
òver·sénsitive *a* 敏感すぎる; 神経過敏な. ♦ **~·ness** *n* **-sensitívity** *n*
òver·sérved *a**《俗》酔っぱらった, 少々きこしめした.
òver·sét *vt* **1** 混乱[狼狽]させる; ひっくり返す, 転覆[打倒]する. **2** 〖印〗〈版面[行]を〉大きく[長く]組みすぎる, 〈活字を〉込めすぎる. **3** はめ込み宝石[象眼]で飾る. ► *vi* ひっくり返る; 混乱[狼狽]する; 〖印〗組みすぎる. ► *n* /ˊ— ˋ—/ 転覆; 〖印〗OVERMATTER.
óver·sèw *vt* かがり縫いする.
òver·séxed *a* 性欲[性的関心]が異常に強い.
òver·sháde *vt* OVERSHADOW.
òver·shádow *vt* **1** [ᵘ*pass*] …に影を落とす[投げかける]; 影にする, 影でおおう, 曇らせる, 暗くする. **2** …の影をうすくさせる, 見劣りさせる, …より重要である, …にまさる. **3** 《古》守る, 庇護する. [OE *ofersceadwian*]
òver·shíne *vt* 照らす; 輝きが…にまさる, …に卓越する.
óver·shìrt *n* オーバーシャツ《ヒップ丈くらいのシャツで, スカートやパンツの上に出して着る》.
óver·shòe *n* オーバーシューズ《靴の上に履く防水[防寒]靴》.
òver·shóot *vt* **1** 〈的を〉越す, はずす; 撃ちすぎて〈猟場〉の獲物を絶やす; 〈人〉より巧みに射る. **2** 〈停止線·滑走路などを〉飛び越す, 行き過ぎる; …の上に勢いよく落ちかかる[注ぐ]. **3** 〈予定額·割当てなどを〉超える, 超過する. ► *vi* 飛び越す, 行き過ぎる; 標的の上を撃つ; 金をつかいすぎる. ● **~ oneself**=overstep the MARK¹. ► *n* /ˊ— ˋ—/ 行き過ぎること, 高望み[やりすぎ]による失敗; 〖工〗《過渡応答の際の定常状態に対する》行き過ぎ量; 〖経〗超過(額).
óver·shòt *a* 〈水車が〉上射式の; 〈犬など〉上あごの突き出た; 〈上あごが〉下あごより突き出た. ► *n* 〖織〗2 本(以上)の縦糸を越して浮糸を織り込む織り(型).
óvershot whéel 上射式水車.
óver·síde *adv, a* 〖海〗舷側越しに[の]《海[はしけ]へ》; 《レコードの》反対側の面に[では, の], 裏面に[の]. ► *n* [the] 《レコードの》反対側の面, 裏面.
óver·sìght *n* 見落とし, 手落ち; 監視, 監督, 取締まり, 管理: by [through] an ~ 誤って, うっかり / under the ~ of…の監督の下に.
óver·sígned *a* 〈文書など〉冒頭に署名のある. ► *n* 冒頭署名者.
òver·símple *a* 単純すぎる. ♦ **-símply** *adv*
òver·símplify *vt, vi* 単純[簡素]化しすぎる. ♦ **òver·simplified** *a* **òver·simplificátion** *n*
òver·síng *vi* 大声で歌いすぎる; 解釈のすぎる歌い方をする.
óver·síze *a* 特大の; 〈衣服が〉ゆったりした, オーバーサイズの; 必要以上に大きい, 大きすぎる. ► *n* /ˊ— ˋ—/ 特大(のもの).
óver·sízed *a* OVERSIZE.
óver·skìrt *n* 《上に重ねてはく》オーバースカート.
over·slaugh /òuvərslɔ́ː, ⁿˊ— ˋ—/ *n* 〖英軍〗《任務の》免除; *河川航行の障害物《浅瀬など》. ► *vt* 〖英軍〗《別の任務を優先させるため》〈担当任務を〉免除する, なしにする, とばす; *《昇進·任職の際に》〈人を〉通過[無視]する《別の人を昇進させる》; *考慮しない, 無視する; *妨害する. [Du]
òver·sléep *vi, vt* 寝過ごす, 寝坊する: ~ one*self* [one's usual time] 寝過ごす.
óver·slèeve *n* オーバースリーブ《よごれなどを防ぐための袖カバー》.
òver·slíp 《廃》*vt* 見のがす, 見落とす; ESCAPE.
òver·smóke *vt* …に煙をかけすぎる《燻製にするとき》: ~ one*self* タバコを吸いすぎる. ► *vi* タバコを吸いすぎる.
òver·sóld *a* 売り込みすぎた, 売りすぎの〈株·市場〉: ~ position (為替)売持ち.
òver·solícitous *a* 気をつかいすぎる. ♦ **-solícitude** *n*
òver·sophísticate *n* 洗練されすぎた人; あまりに世慣れた人.

óver·sòul *n* 《Emerson などの超絶論で, 宇宙の生命の根源をなす》大霊.
òver·spècial·izátion *n* 行きすぎた特殊化;〖生〗《進化過程における》過大特殊化. ♦ **-spécial·ìze** *vi*
òver·spénd *vt* 〈特定額・限度〉以上につかう, 超過してつかう; [ᵁ*pp*] 使いはたす, 消耗する: ~ one*self* 資力以上に金をつかう, 金をつかいすぎる. ► *vi* 資力以上に金をつかう, 金をつかいすぎる (opp. *underspend*). ► *n* /ˊ‐ˋ‐/ 超過出費(額). ♦ **-spénd·ing** *n* 出費超過, 浪費. **~·er** *n*
óver·spìll *n* あふれること; あふれたもの; 剰余, ʺ《都市からあふれ出る》過剰人口; ʺ人口のあふれ出し. ► *vi* /ˋ‐ˊ‐/ あふれる.
òver·spréad *vt* …一面に広がる, …にはびこる; [ᵁ*pass*] おおう (cover). ► *n* overspread すること. [OE *ofersprǣdan*]
òver·stabílity *n* 《環境・組織などの》がっちり固まっていること, 固定(性).
òver·stáff *vt* …に必要以上の職員[スタッフ]を置く.
òver·státe *vt, vi* 大げさに言う, 誇張する. ♦ **~·ment** *n* 誇張; 大げさな話, 誇張した説明.
òver·stáy *vt* …の時間[期間, 期限]のあとまで長居する;〖商〗〈市場〉での売り時を失する: ~ one's market 一番の売り時機を失う / ~ one's welcome 長居して嫌われる. ► *vi* 長居する. ♦ **~·er** *n* 《英・豪》ビザの期限が切れても滞在している人.
óver·stèer〖車〗*n* オーバーステア《ハンドルをきった角度に比して車体がカーブで切れ込む操縦特性; opp. *understeer*》. ► *vi* /ˋ‐ˊ‐/ 〈車が〉オーバーステアする[である].
òver·stép *vt* 行き過ぎる, 踏み超える; …の度を超す. ● **~ the** MARK[1].
òver·stímulate *vt* 過剰[過度]に刺激する, 刺激しすぎる. ♦ **-stimulátion** *n*
óver·stìtch *n*〖服〗仕上げ縫い《布の端やへりに, あるいは縫い目の上にかけるステッチ》. ► *vt* /ˌ‐ˋ‐ˊ‐/ …に仕上げ縫いをする.
òver·stóck *vt* 在庫過剰にする; 〈牧場など〉に収容しすぎる, 詰め込む; 〈乳牛を〉搾乳せずにおきすぎる: ~ the market 市場を在庫過剰にする. ► *vi* 仕入れすぎる. ► *n* /ˊ‐ˋ‐/ 在庫過剰.
òver·stóred *a*〖商〗《需要・購買力に比べて》店舗過剰の.
óver·stòry *n* 上層《森林の天蓋状をなす木の葉の層》; 上層形成樹《集合的》.
òver·stráin *vt* 張りすぎる, 過度に緊張させる; 過度に働かせる, 無理に使う: ~ one*self* 緊張して無理をする, 過労になる. ► *vi* 無理をする, 過度に緊張[努力]する. ► *n* /ˊ‐ˋ‐/ 過度の緊張[努力], 過労.
òver·stréss *vt* 過度に強調する; …に過度の圧力を加える. ► *n* 過度の強調[圧力].
òver·strétch *vt* [ᵒ*pp*] 過度に伸ばす[広げる]; 誇張する; …に延びる[広がる]; …に過度の要求をする, 無理させる. ► *vi* 無理をする. ► *n* /ˊ‐ˋ‐/〖軍〗過剰散開.
òver·stréw *vt* …一面にまき散らす[ちりばめる]; …のあちこちをおおう.
òver·stríct *a* 厳格すぎる, きびしすぎる.
òver·stríde *vt* 乗り越える; またぐ; …にまたがる; …より速く歩く, 追い抜く; …をしのぐ, …にまさる; 牛耳る, 支配する.
òver·strúctured *a* 仕組み[計画し]すぎの, 整備しすぎた.
òver·strúng *a* 緊張しすぎた, 極度に張りつめた, (神経)過敏の; 〈ピアノが〉弦を斜めに交差させて張ってある;〖弓〗HIGH-STRUNG.
óver·stùdy *n* 過度の勉強. ► *v* /ˋ‐ˊ‐/ *vi* 勉強しすぎる. ► *vt* 過度の勉強を強いる: ~ one*self* 勉強しすぎる.
òver·stúff *vt* 過度に詰め込む; 〈椅子など〉に厚い詰め物をして外張りする. ♦ **-stúffed** *a*
òver·subscríbe *vt* …に対して募集[供給可能]数量を上回る応募[申し込み, 予約]をする. ♦ **-subscríption** *n*
òver·súbtle *a* あまりに微細[敏感]な.
óver·supplỳ *n* 供給過剰. ► *vt* /ˋ‐ˊ‐/ 供給過剰にする.
òver·suscéptible *a* 過度に感じやすい[影響されやすい].
òver·swéll *vt* 過度にふくらませる; …からあふれ出る, …にあふれる.
òver·swíng *vi*〖ゴルフ〗クラブを大振りする.
overt /óuvəːrt, ‐ˊ/ *a* 〈行動・感情などが〉公然の, あからさまの, 表立った (opp. *covert*); 〈財布など〉開いた;〖紋章〗〈翼など〉広げた: MARKET OVERT. ♦ **~·ly** *adv* 明白に, 公然と. **~·ness** *n* [OF (pp) 〈*ovrir* to open<L *aperio*]
òver·táke *vt* **1** …に追いつく; 追い越す, 追い抜く, しのぐ; 〈境界を〉超える: No *Overtaking*《掲示》追越し禁止. **2** 〈災難などが〉…に襲いかかる, 突然降りかかる; 圧倒する; 《スコ》…の心を迷わす, 誘惑する: be *overtaken by* the rain 雨にあう / be *overtaken by* horror 恐怖感に襲われる / be *overtaken with* [*in*] drink 酔っている / be *overtaken by* events 状況が変わって計画が狂う. ► *vi* ʺ前の車を追い越す.
óver·tàlk *n* しゃべりすぎ, 多弁, 饒舌.
òver·tásk *vt* …に無理な仕事をさせる, …に過重な負担をかける; 酷使する.
òver·táx *vt* …に重税をかける; …に無理強いする, 酷使する. ♦ **-táxed** *a* **òver·taxátion** *n*
òver·technólogize *vt* 《非人間的なまでに》過度に技術化する.
óver-the-áir *a* ON-AIR.
óver-the-cóunter *a* **1** 医師の処方不要の: ~ medicine (一般)市販薬. **2**〖証券〗《証券取引所を経ない》店頭取引の, 店頭市場の; 〈株式が〉非上場の, 店頭銘柄である《略 OTC》.
óver-the-híll *a* 《口》盛りを過ぎた, 年老いた.
óver-the-horízon *a*〖通信〗見通し外の (opp. *line-of-sight*): ~ communication 見通し外通信《(極)超短波の対流圏散乱などによる可視距離以遠への伝搬を利用した通信》/ ~ propagation 見通し外伝搬.
óver-the-róad *a* 長距離(道路)輸送の: ~ trucks.
óver-the-shòulder bómbing LOFT BOMBING.
óver-the-tóp *a* 《口》度が過ぎた, 異常な, やりすぎの, 派手な, むちゃくちゃな《略 OTT》.
óver-the-tránsom *a* 取決め[依頼]によるものでない, 持込みの〈原稿〉.
òver·thrów *vt* **1** ひっくり返す, 打ち倒す; 打ちこわす, 破壊する; 〈政府などを〉打倒する, 転覆する, 〈制度などを〉廃止する; 《古》〈精神を〉乱す. **2** 〈ボールなどを〉遠くへ投げすぎる;〖野〗〈塁〉の上を高くそれる暴投をする. ► *vi* 遠くへ投げすぎる. ► *n* /ˊ‐ˋ‐/ **1** 打倒, 転覆, 崩壊, 滅亡: give [have] the ~ 打倒する[される], 崩壊させる[する]. **2**〖野・クリケット〗暴投, 高投; 暴投による得点. **3** オーバースロー《門の上に渡す錬鉄 (wrought iron) 製の装飾》. ♦ **~·er** *n*
óver·thrùst〖地質〗*n* 押しかぶせ断層 (=~ **fault**). ► *vt* /ˋ‐ˊ‐/ 〈岩体を〉別の岩層に押しかぶさるように動かす; 〈岩体が〉〈別の岩層〉の上を動く.
óver·time *n* 超過勤務(時間), 時間外労働, 残業; 超勤[時間外]手当, 残業代 (cf. STRAIGHT TIME); 超過時間;〖スポ〗* 延長時間, 延長戦. ► *a, adv* (規定)時間外の[に]: ~ pay 超勤手当 / work ~ 超過勤務[残業]をする / be work*ing* ~ 《口》〈頭脳・五感などが〉フル稼働している. ► *vt* /ˋ‐ˊ‐/ 〈写真の露出など〉に時間をかけすぎる.
òver·típ *vt* …に過剰にチップを渡す, チップをはずみすぎる.
òver·tíre *vt, vi* 過労にする[なる]. ♦ **-tíred** *a*
òver·tóil *v* OVERWORK.
óver·tòne *n*〖楽・理〗上音《倍音など, 基音より振動数の大きな音; opp. *undertone*》; [ᵒ*pl*] 言外の意味, 含み, 響き, 付帯的意味, 含蓄; ほんのわずか;《印刷インキの》上色. [G *Oberton* の訳]
òver·tón·naged *a* 〈船が〉トン数の大きすぎる, 大型すぎる.
òver·tóp *vt* …の上に高くそびえる; …にまさる[優越する]; 圧倒する; …の頂をおおう, 〈水が〉…を越えて流れ出る. ► *adv, prep* 《主にカナダ》(…の)上に.
òver·tráde *vi* 能力以上の取引をする; 支払い[販売]能力以上に購入する. ► *vt* 〈資力を〉超えた売買をする.
òver·tráin *vt, vi* 過度に鍛える; 過度の訓練で(…の)調子を悪くする[くずす].
óver·trìck *n*〖トランプ〗オーバートリック《宣言した数以上に取ったトリック数》.
óver·tròusers *n pl* オーバーズボン《上に重ねてはく防水・防寒(など)用ズボン》.
òver·trúmp *vt, vi*〖トランプ〗相手より上の切り札で取る.
over·ture /óuvərtʃər, -tʃùər, -t(j)ùər/ *n* [ᵒ*pl*] 《合意・関係成立などに向けての》序の動き, 予備交渉, 提案, 申し出;〖長老教会〗建議; 《スコットランド議会で》動議; 《詩などの》序章;〖楽〗序曲: an ~ *of* marriage 結婚の申し入れ / ~*s* of peace 平和の提案 / make ~*s* to …に提案する. ► *vt* 提案する; …に提議する; 序曲で導入する. [OF<L APERTURE]
òver·túrn *vt* ひっくり返す; 転覆[打倒]する; 覆す, 破棄する. ► *vi* ひっくり返る; 覆る; 崩壊する. ► *n* /ˊ‐ˋ‐/ 転覆, 打倒; 破棄; 崩壊 (collapse), 滅亡; 《春期・秋期の湖沼で起こる温度差による水の》逆転.
òver·týpe *vt* 〈既存の文字(列)上〉に新しい文字(列)を入力する, 上書き入力する.
óver-ùnder* *a* 《二連銃で》銃身が上下に重なった, 上下二連式の. ► *n* 上下二連銃.
òver·úse *vt* /-júːz/ 使いすぎる, 濫用[酷使]する. ► *n* /ˊ‐júːs/ 酷使, 濫用.
òver·válue *vt* 買いかぶる, 過大評価する; …に高すぎる値段をつける, 〈通貨など〉の価値を高止まりさせる. ► *n* 過大評価. ♦ **-vál·ued** *a* **òver·valuátion** *n*
óver·vìew *n* 概観, 概要, あらまし, 全体像: take an ~ 概観する, 全体を眺める[検討する] / an ~ map 見取り図, 全体図. ► *vt* /ˌ‐ˋ‐ˊ‐/ 概観する, …の全体像を示す.
òver·vóltage *n*〖電〗過電圧.
òver·wálk *vt* 歩き疲れさせる; 《古》…の上を歩く: ~ one*self* 歩き疲れる.
òver·wásh *vt* 水浸しにする. ► *n* /ˊ‐ˋ‐/ 水をかぶること, 冠水.
òver·wátch *vt* 見張る, 監視する; [ᵁ*pp*] 《古》見張りで疲れさせる;〖軍〗〈味方を〉援護する.
òver·wáter *a, adv* 水面の上空での[を横切って]. ► *vt* /ˋ‐ˊ‐/ 〈植物・グラウンド〉に水をやり[まき]すぎる.

òver·wéar *vt* 使い古す; 疲れきらせる.

òver·wéary *a* へとへとに疲れた. ► *vt* へとへとに疲れさせる: be *overwearied* へとへとに疲れる.

óver·wéather *a* 悪天候を避けるために十分な高度の: ～ flight.

over·ween /òuvərwíːn/ *vi* 《古》うぬぼれる, 横柄に構える.

over·ween·ing /òuvərwíːnɪŋ/ *a* 自負心の強い, うぬぼれた, 傲慢な; 過度の, 中庸を失した. ♦ **～·ly** *adv* **～·ness** *n*

òver·wéigh *vt* …より重い[重きをなす]; 圧迫する.

óver·wèight *n* 超過重量, 過重; 《重さ[力]での》優位; 太りすぎの人. ► *a* /ˌ—ˈ—/ 規定重量を超過した; 標準体重を超えた, 太りすぎの. ► *vt* /ˌ—ˈ—/ 重視しすぎる; [ᵘ*pp*] …に積みすぎる, 負担をかけすぎる; …より重い.

over·whelm /òuvər(h)wélm/ *vt* 《精神的に》圧倒する, 閉口[当惑]させる; 感きわまらせる ‹*by*, *with*›; [ᵘ*pass*] 《数量で》圧倒する; …の上におおいかぶさる, のみ込む, 沈める, 埋める; ‹敵を›打ちのめす; 《廃》転覆させる: *～ed by* [*with*] grief 悲しみにうちひしがれて.

overwhélm·ing *a* 圧倒的な, 抗しがたい; 極度の, はなはだしい: an ～ disaster 不可抗力の災害 / an ～ majority 圧倒的多数. ♦ **～·ly** *adv* 圧倒的に. **～·ness** *n*

òver·wínd /-wáɪnd/ *vt* ‹時計›のねじを巻きすぎる.

òver·wínter *vi* 冬を越す[過ごす, 生き延びる], 越冬する. ► *a* 冬の期間に起こる, 冬期の.

òver·withhóld* *vt* ‹税›の源泉徴収をしすぎる.

óver·wòrd *n* 《歌詞などの》繰返し語.

òver·wórk *vt* **1** 過度に働かせる, 使いすぎる, 酷使する; [ᵘ*pp*] ‹特定の語句・表現などを›多用しすぎる; ‹時間を›働きすぎる; ひどく興奮させる, いらだたせる: ～ one*self* 働きすぎる. **2** ‹作品など›に凝りすぎる; 一面に飾る; 飾り[彩り]すぎる. ► *vi* 働きすぎる. ► *n* /ˌ—ˈ—/ 過度の労働, 過重労働; 余分の仕事.

óver·wòrld *n* 上流社会, 上流階級, 特権階級; 霊界, この世のものでない世界, 上天, 天国.

óver·wràp *n* うわ包装《タバコの箱を包むセロハンなど》. ► *vt* /ˌ—ˈ—/ 包む, くるむ ‹*with*›.

òver·wríte *vt* …の上に書く; …一面に書く; 《電算》‹データ・ファイル›に上書きする; …について書きすぎる; 凝りすぎた文体で書く; *‹営業マン›の売上げに応じて歩合をもらう: ～ one*self* 書きすぎてだめになる[枯渇する]. ► *vi* 書きすぎる, 乱作する; 凝りすぎた文体で書く; 《保》《保険料に釣り合わない》適当なリスクを引き受ける. ► *n* OVERRIDE.

òver·wróught *v* OVERWORK の過去・過去分詞. ► *a* 興奮した, 神経のたかぶった; 表面を飾った; 凝り[飾り]すぎた; 《古》過労の.

óver·zèal *n* 過度の熱心.

òver·zéalous /-zél-/ *a* あまりに熱心な. ♦ **～·ly** *adv* **～·ness** *n*

Ovett /óuvèt, ˌ—ˈ—/ オヴェット **'Steve'** ～ [**Stephen Michael** ～] (1955–) 《英国の陸上中距離走者》.

ovi- /óuvə/ ⇨ OV-.

ovi·bos /óuvəbɑ̀s, -bòus/ *n* (*pl* ～) 《動》ジャコウウシ (musk ox). [L *ovis* sheep, *bos* ox]

òvi·bóvine *a*, *n* 《動》ジャコウウシ(の).

óvi·cídal *a* 卵を殺す, 殺卵性の.

óvi·cìde *n* 《害虫の卵を殺す》殺卵剤; [*joc*] 殺羊剤.

Ov·id /ɑ́vəd/ オウィディウス (*L* Publius Ovidius Naso) (43 B.C.–A.D. 17) 《ローマの詩人; *Ars amatoria* (恋愛術, c. 1 B.C.), *Metamorphoses* (変身物語, A.D. 1–8)》. ♦ **Ovid·ian** /ɑvídiən/ *a* オウィディウス風の《想像力豊かではつらつとした》.

ovi·duct /óuvədʌ̀kt/ *n* 《解》(輸)卵管. ♦ **òvi·dúc·tal, -dú·cal** /-d(j)úːk(ə)l/ *a*

Ovie·do /òuviéɪdou, -vjéɪ-/ オビエド (**1**) スペイン北西部 Asturias 自治州の Biscay 湾に面する県; cf. ASTURIAS[2] **2**) その県都, Asturias 自治州の州都).

ovif·er·ous /ouvíf(ə)rəs/ *a* 《動》卵のある[を生じる].

óvi·fòrm *a* 卵形の; 形が羊のような.

ovig·e·rous /ouvíʤərəs/ *a* OVIFEROUS.

Ovim·bun·du /òuvəmbúndu/ *n* **a** (*pl* ～, ～**s**) オヴィンブンドゥ族《アンゴラ中南部に住むバントゥー系部族》. **b** オヴィンブンドゥ語.

ovine /óuvàɪn, -vən/ *n*, *a* 羊(の), 羊のような. [L (*ovis* sheep)]

ovip·a·ra /ouvípərə/ *n pl* 《動》卵生動物.

ovip·a·rous /ouvíp(ə)rəs/ *a* 《動》卵生の (cf. OVOVIVIPAROUS, VIVIPAROUS). ♦ **ovi·par·i·ty** /òuvəpǽrəti/ *n* 卵生.

ovi·pos·it /òuvəpɑ́zət, ˌ—ˌ—ˈ—/ *vi* ‹特に昆虫が›産卵する. ♦ **-po·si·tion** /òuvəpəzíʃ(ə)n/ *n* 産卵, 放卵. **-po·sí·tion·al** *a*

ovi·pos·i·tor /òuvəpɑ́zətər, ˌ—ˌ—ˈ—ˌ—/ *n* 《昆・魚》産卵管.

ovi·rap·tor /óuvərǽptər/ *n* 《古生》オヴィラプトル《白亜紀後期の獣脚類オヴィラプトル属 (O-) の二足歩行恐竜; 鳥に似た鶏冠状の突起とくちばしをもつ; 抱卵の習性があったとされる》. [*ovi-*, *raptor* (原義は「卵泥棒」); 卵の化石と共に発見されたため, 当初は他種の卵を盗んでいたと誤解された]

óvi·sàc *n* 《動》卵嚢; 《解》《卵巣の》グラーフ濾胞.

ovo- /óuvou, -və/ ⇨ OV-.

ovoid /óuvɔ̀ɪd/ *a* 卵形の; 《植》OVATE[1]. ► *n* 卵形体. [F<NL; ⇨ OVUM]

ovoi·dal /ouvɔ́ɪdl/ *a* OVOID.

óvo-lácto vegetàrian, òvo·lac·tár·i·an /-læktéəriən/ *n* LACTO-OVO VEGETARIAN.

ovo·lo /óuvəlòu/ *n* (*pl* **-li** /-lìː, -làɪ/, ～**s**) 《建》卵状[饅頭(まんじゅう)]繰形(くりがた). [It (dim) < *ovo* egg]

Ovon·ic /ouvɑ́nɪk/ *a* [°o-] 《電子工》オブシンスキー効果 (Ovshinsky effect) の[に関する]. ► *n* オボニック装置 (＝**～ devíce**) 《オブシンスキー効果を応用した装置; スイッチ・記憶素子に用いる》.

Ovón·ics *n* オボニックス《オブシンスキー効果を応用する電子工学の一分野》.

òvo·téstis *n* (*pl* **-téstes**) 《動》卵精巣, 卵巣睾丸.

òvo·vivíparous *a* 《動》卵胎生の (cf. OVIPAROUS, VIVIPAROUS). ♦ **～·ly** *adv* **～·ness, -viviparity** *n*

Ov·shín·sky effèct /ɑvʃínski-, ouv-/ 《電子工》オブシンスキー効果《ある種の無定形ガラス膜の電気抵抗が電圧印加により急減する現象》. [Stanford R. *Ovshinsky* (1922–) 米国の発明家]

ovu·lar /ɑ́vjələr, óu-/ *a* OVUM の; OVULE の.

ovu·late /ɑ́vjəlèɪt, óu-/ *vi* 《生理》排卵する. ► *a* OVULE を生じる. ♦ **òvu·lá·tion** *n* 排卵. [NL; ⇨ OVULE]

ovulátion mèthod 《産科》BILLINGS METHOD.

ovu·la·to·ry /ɑ́vjələtɔ̀ːri, óu-; -t(ə)ri/ *a* 排卵の.

ovule /ɑ́vjul, óu-/ *n* 《植》胚珠; 《生》卵(らん), 卵子. [F<L (dim) <↓]

ovum /óuvəm/ *n* (*pl* **ova** /-və/) 《生》卵; 卵子; 《建》卵形装飾. [L＝egg]

óvum trànsfer 《医》卵移植.

ow /áu, úː/ *int* ウ(ー)ッ, アイタッ, イテッ《突然の痛みなど》. [imit]

OW °Old Welsh ♦ one-way.

owe /óu/ *vt* **1** …に…を支払う[返す]義務がある; …に‹義務・奉仕などを›行なわなくてはならない; …に借りがある: I ～ you $50 (*for* the ticket). きみに(切符代を) 50 ドル借りている / I ～ $10 *to* my mother. 母親に 10 ドルの借りがある / We ～ loyalty *to* our country. われわれは国に忠誠を尽くすべきだ / We ～ respect *to* the office of president. 大統領職に敬意を払わねばならない / I ～ you *for* your services. ご尽力を感謝します / You ～ me a beer! ビールおごれよ! **2** ‹成果・恩恵などを›‹…に›負うている, …は‹…の›おかげとする: ～ a lot *to*…に大いに恩恵を受けている / I ～ it *to* my parents that I am now so successful. 今日このように成功しているのは両親のおかげです. **3** 《古》有する, もつ; …に‹感情を›もつ, ‹態度を›とる: I ～ him a grudge. 彼には恨みがある. ► *vi* 借りがある; …に帰せられるべき[…のおかげ]である ‹*to*›: I still ～ *for* my last suit. まだ前の洋服代を払っていない / She is always *owing for* something. いつも何か借金している. ● **I ～ you one.** 《口》すまないね, 助かったよ, 恩にきるよ. **～ it to oneself to** do…することが自分に対する義務である, …するのは自分のために当然である. [OE *āgan* to possess, own; cf. OHG *eigan*]

OWelsh °Old Welsh.

ow·el·ty /óuəlti/ *n* 《法》《共有物の持ち分などの》平等.

Ow·en /óuən/ **1** オーエン《男子名》. **2** オーエン (**1**) **David** (**Anthony Llewellyn**) ～, Baron ～ (1938–) 《英国の政治家; 労働党内閣外相 (1977–79), 社会民主党党首 (1983–87, 88–92)》 (**2**) Sir **Richard** ～ (1804–92) 《英国の解剖学者・古生物学者; 恐竜をはじめとする化石動物の研究に貢献》 (**3**) **Robert** ～ (1771–1858) 《ウェールズの空想的社会主義者・人道主義者; スコットランドの New Lanark 紡績工場で福祉計画を実行, 成果をあげた》 (**4**) **Robert Dale** ～ (1801–77) 《米国の社会改革家・政治家; 父 Robert と渡米, Indiana 州に社会主義的共同体 New Harmony を創設》 (**5**) **Wilfred** ～ (1893–1918) 《英国の詩人; 第一次大戦のことをうたった戦争詩人; 戦死》. ♦ **～·ism** *n* Robert Owen の政治・社会理論. **～·ite** *n* Robert Owen の信奉者. [Welsh＝youth, young warrior<?L EUGENE; ME のロマンスでは Owain, Ywain などの形]

Ówen Fálls [the] オーエン滝《ウガンダの Victoria Nile 川にあった落差 20 m の滝; ダム (**Ówen Fàll Dám**) の建設により水没》.

Ówen gùn オーエン銃《第二次大戦中にオーストラリア軍によって最初に使われた自動軽機関銃》.

Ow·ens /óuənz/ オーエンズ **'Jesse'** ～ [**James Cleveland** ～] (1913–80) 《米国の陸上競技の選手; Berlin オリンピック (1936) で 4 つの金メダルを獲得》.

Ówen Stànley Ránge [the] オーエン・スタンリー山脈《New Guinea 島南東部の山脈; 最高峰 Mt Victoria (4073 m)》.

ower, owre /áuər/ *prep*, *adv*, *a* 《スコ》OVER.

Ower·ri /ouwéəri/ オウェリ《ナイジェリア南部 Imo 州の州都》.

ow·ing /óuɪŋ/ *a* 未払いの, 借りとなって(いる); 帰すべき, 負うべき ‹*to*›: I paid what was ～. 支払うべきものは支払った. ● **～ to**…のおかげ[せい]で, …のために (because of) 《副詞がはいるときは 通例 ～ *mainly to*… 主として…のため》: *O～ to* careless driving, he had an accident.

owl /ául/ *n* 《鳥》フクロウ《★ 鳴き声は tu-whit tu-whoo》; 夜活動する[夜ふかしする]人 (night owl); まじめ[謹厳]そうな人, 賢そうな人; 《鳥》頭がフクロウに似た家バト (＝**～ pìgeon**): (as) blind [stupid] as an ～ 全くの盲目[ばか]で / (as) solemn as an ～ ひどくまじめくさって[謹厳で] / (as) wise as an ～ とても賢い / (as) drunk as an ～ 《口》泥酔して. ● **bring ～s to Athens** 余計なことをする, 蛇足を付ける《フクロウが Athens にたくさんいて, その象徴として硬貨に描かれていることから》. **fly with the ～** 夜歩きの癖がある. **like [as] a boiled ～***ぐでんぐでんに酔っぱらって. ► *a* 夜運転する, 夜間[深夜, 終夜]営業の: an ～ train *《口》夜間運行列車. ♦ **～·like** *a* ［OE *ūle*; cf. G *Eule*］

Ówl and the Pússy-càt [The]「フクロウと子猫ちゃん」《Edward Lear 作のノンセンス詩; *Nonsense Songs, Stories, Botany and Alphabets* (1871) 所収》.

ówl bùtterfly 〘昆〙 フクロウチョウ科同属のチョウ, 《特に》オオフクロウチョウ《南米産の大型のチョウ; 後翅の裏面にフクロウの目のような紋がある》.

ówl·clòver *n* OWL'S CLOVER.

owled /áuld/ *a**《俗》酔っぱらった, 酔眼の (=*owl-eyed*, *owly-eyed*).

ówl·ery *n* フクロウの巣[住みか].

owl·et /áulət/ *n* **1** フクロウの子; 小さいフクロウ. **2**〘昆〙 ヤガ (=～ **mòth**) (noctuid).

ówl-éyed *a* フクロウのような目をした, 夜目がきく, 円く驚いたような目をした; *《俗》 OWLED.

ówl·ish *a* フクロウに似た; (眼鏡をかけ)丸顔で目の大きな; まじめ[謹厳]そうな, 賢そうな; 夜歩きする. ♦ **～·ly** *adv* **～·ness** *n*

ówl-lìght *n* たそがれ (twilight).

ówl mònkey 〘動〙 ヨザル (douroucouli).

ówl pàrrot 〘鳥〙 フクロウオウム (kakapo).

ówl's clòver 〘植〙 California 産ゴマノハグサ科オルトカルプス属の草本 (=*owlclover*).

ówl shòw*《俗》深夜興行.

ówly-éyed /áuli-/ *a**《俗》 OWLED.

own /óun/ *a* **1** [主に所有格のあとに強調語として用いる] **a** [所有関係] 自分自身の, 自分の, 個人的な, そのものの, 独特な: my ～ book / see with one's ～ eyes / He loves truth for its ～ sake. 真理を真理として愛する / The orange has a scent all its ～. 独特の香りがある / I didn't have a minute to call my ～. 自分の時間が全然なかった. **b** [活動関係] 自分でする, 人の助けを借りない, 自分が原因の: He cooks his ～ meals. / one's ～ fault. **c** [血族関係] 直接の, 実の, 本腹の: my ～ father 実の父 / one's ～ cousin 本いとこ (first cousin). **2** [one's] [独立して名詞用法] わがもの, わが家族, いとしい者; 独特のもの[立場]: I can do what I will with *my* ～. 自分のものはどうしようと勝手だ / Keep it for *your* (very) ～. 自分のものとして取っておきたまえ / *my* ～ [*voc*] ねえ, おまえ, いい子. ● **all on one's ～** =on one's OWN. **be one's ～ man [woman]** 人の支配をうけない, 主体性がある; 気(力)が確かである, しっかりしている. **come into one's ～** 自己に当然のものを受ける[手に入れる]; 真価を認められる, 本領を発揮する. **get [have] one's ～ back** 《口》〈…に〉仕返しする 〈*on*〉. **hold one's ～** 自分の立場を堅持する, がんばる. **of one's ～** 自分自身の, 自分だけの. **on one's ～** ひとりで, 自分で, 独力で, それだけで (alone): do sth *on one's* ～ (助けを借りず)ひとりでことを行なう.

► *vt* **1** 所有[所持]する; 思いのままにする, 制する, 支配する. **2 a** 認める (admit); 《自分のもの[作, 子]であると》認める; …が存在する[真実である]と認める, 白状する: ～ a debt [fault] / ～ *that* I was wrong / He ～*s* him*self* indebted [beaten]. 恩をうけた[負けた]と言っている. **b** 《自分の上位者[自分に支配力のあるもの]として》認める, …に服従する. ► *vi* 白状する, 認める 〈*to* a fault, *to* be guilty, *to* being wrong〉. ● **as if [though] one ～(ed) the place** わがもの顔で, 無遠慮に. **～ the line** ″〈猟犬が〉キツネの遺臭をかぎつける. **～ up** 《口》すっかり[いさぎよく]白状する 〈*to* sth〉: Nobody ～*ed up*. だれも白状しなかった / All this will have to be ～*ed up to*. この事はすべて白状すべきだ.

［OE *āgen*; cf. OWE, G *eigen*］

ówn bránd 自社[自家]ブランドの商品. ♦ **ówn-bránd** *a*

owned /óund/ *a* [″*compd*] …に所有されている: state-～ railways / its fully ～ subsidiary 全額出資の子会社.

ówn·er *n* 持主, 所有者, 所有権者, オーナー; 〘商〙 荷主, 船主; 《俗》船長, 艦長, 機長 (captain): a house-～ 家主. ● **at ～'s risk** 〈貨物運送が〉損害は荷主負担で.

ówn·er-dríver *n* オーナードライバー; 個人タクシー運転手.

ówn·er·less *a* 主のない; 地主不在の.

ówn·er-occupátion *n* 持ち家に住むこと, 自家居住.

ówn·er-óccupied *a* 持主自身の住んでいる〈家〉.

ówn·er-óccupier *n* 持ち家に住んでいる人.

ówn·er·shìp *n* 所有者たること[資格]; 所有権; 所有者グループ[組織].

ówn góal ″〘サッカー〙 オウンゴール; 墓穴を掘る行為, ばかなまね, 失言; ″《俗》自殺.

ówn-lábel ″*a* OWN-BRAND.

own·some /óunsəm/ *a* [次の成句で]: **on one's ～** ″《俗》 ALONE.

owre ⇨ OWER.

Ows·ley /áuzli/ *n* [°o-]*《俗》アウズリー (=**～ ácid**)《上質の LSD》. ［Augustus *Owsley* III 1965 年 San Francisco で調剤したしろうと薬剤師］

owt /áut/ *pron* ″《方》 AUGHT[1].

ox /áks/ *n* (*pl* **ox·en** /áks(ə)n/) 牛《BOVINE *a*》; 雄牛, 《特に》去勢牛; (*pl* **oxen, óx·es**) 《口》牛のように力持ちの[落ちついた, 鈍重な, ぶかっこうな]人. ● **play the** GIDDY **ox. The black ox has trod on sb's foot [trampled on sb].** 不幸[老齢]が人を襲った. ［OE *oxa*; cf, G *Ochs(e)*］

ox-[1] /áks/, **oxo-** /áksou, -sə/ *comb form*「酸素」［*oxy-*[2]］

oxa- /áksə/, **ox-**[2] /áks/ *comb form*「炭素に代えて酸素を含む」［*oxy-*[2]］

ox·a·cil·lin /àksəsílən/ *n* 〘化〙 オキサシリン《ペニシリンに耐性のあるブドウ球菌による伝染病に対して特に効果のある半合成ペニシリン》.

ox·al·ácetate /àksəl-/ *n* 〘化〙 オキサル酢酸塩[エステル].

ox·al·acétic /àksəl-/, **ox·a·lo·acétic** /àksəlou-/ *a* 〘化〙 オキサル酢酸を含む[生成する].

oxalacétic ácid 〘化〙 OXALOACETIC ACID.

ox·a·late /áksəlèit/ *n* 〘化〙 シュウ酸塩[エステル].

ox·al·ic /aksǽlik/ *a* カタバミから採った; 〘化〙 シュウ酸の. ［F (*oxalis*)］

oxálic ácid 〘化〙 シュウ酸 (=*ethanedioic acid*).

ox·al·i·da·ceous /aksæ̀lədéiʃəs/ *a* 〘植〙 カタバミ科 (Oxalidaceae) の.

ox·a·lis /aksǽləs, áksələs/ *n* 〘植〙 カタバミ《オキザリス属[カタバミ属] (*O-*) の各種草本 (wood sorrel); カタバミ科》. ［L＜Gk (*oxus* sour)］

òx·a·lo·ácetate /àksəlou-/ *n* 〘化〙 オキサル酢酸塩[エステル].

òxalo·acétic ácid /, aksæ̀lou-/ 〘化〙 オキサル酢酸.

òxalo·succínic ácid /, aksæ̀lou-/ 〘化〙 オキサルコハク酸.

ox·az·e·pam /aksǽzəpæ̀m/ *n* 〘薬〙 オキサゼパム《トランキライザー》. ［hydr*oxy*-, di*azepam*］

ox·a·zine /áksəzi:n, -zən/ *n* 〘化〙 オキサジン《酸素 1, 窒素 1, 炭素 4 からなる六員環の称》.

óx·bìrd *n* 〘鳥〙 ハマシギ (dunlin).

óx·blòod (réd) おだやかな赤茶色, くすんだ濃赤色.

óx·bòw /-bòu/ *n* 《牛の》U 字形のくびき; 《川などの》U 字形湾曲; 牛角[三日月]湖, オックスボー (=**～ láke**). ► *a* U 字形の.

óxbow frònt 《たんすなどの前部の, 中央がへこんだ》U 字形の曲面.

Ox·bridge /áksbrìdʒ/ *n* オックスブリッジ《伝統ある名門大学としての Oxford 大学および[または] Cambridge 大学》, 《歴史のある》名門大学. ► *a* オックスブリッジの(ような) (cf. REDBRICK, PLATEGLASS). ♦ **Ox·brídg·e·an, -i·an** *n, a* オックスブリッジの(学生[卒業生]).

óx·càrt *n* 牛車.

oxen *n* ox の複数形.

Ox·en·stier·na, -stjer·na /úksənʃὲərnɑ:/ オクセンシェーナ Count **Axel Gustafsson ～** (1583–1654)《スウェーデンの政治家; Gustav Adolph, Christina 女王の下で宰相 (1612–54)》.

óx·er *n* 牛囲い (=*ox fence*)《生垣に沿って片側に横木の柵, 他方の側には深溝を設けたもの》; 〘馬〙 オクサー《障害飛越競技で, 垣根とガードレールでつくった障害物》.

óx·èye *n* **1**〘植〙 花盤と舌状花をもつキク属・キクイモモドキ属・トウカセン属などのキク科植物, 《特に》フランスギク (=**～ dáisy**). **2** ″《方》ハマシギの類の小鳥.

óx èye 牛の目; 大きい目.

óx-èyed *a* 大きくてまるい目をした.

Oxf. Oxford.

Ox·fam /áksfæ̀m/ オックスファム (Oxford Committee for Famine Relief)《世界各地で緊急救援・開発協力などを行なう NGO; 1942 年英国 Oxford で発足》.

óx fènce OXER.

Ox·ford /áksfərd/ **1** オックスフォード《**1**) イングランド中南部 Thames 川上流の市; Oxfordshire の州都 **2**) OXFORDSHIRE》. **2** オックスフォード Earl of ～ ⇨ Robert HARLEY. **3 a**〘畜〙 OXFORD DOWN. **b** [o-]〘紡〙 オックスフォード(シャーティング) (=**ó～ clóth**)《柔らかく丈夫な平織り[バスケット織り]の綿などの織物; シャツ・婦人服地など用》; [o-] オックスフォードシャツ (=**ó～ shírt**)《厚手の綿製ボタンダウンシャツ》; [o-] オックスフォード(シューズ) (=**ó～ shóe**)《ひもで締める浅い革製紳士靴》. **c** 《韻俗》″5 シリング(貨), 《豪》ドル (dollar)《Oxford scholar と押韻》. ■ the **University of ～** オックスフォード大学《イングランドの Oxford にある大学; Cambridge 大学と共に伝統を誇り, その歴史は 12 世紀にさかのぼる》.

Óxford áccent オックスフォードなまり, 気取った語調.

Óxford bágs ″ *pl* 幅広のズボン.

Óxford blúe 紺色, 暗い青, オックスフォードブルー (cf. CAMBRIDGE BLUE) (⇨ DARK BLUES); オックスフォード大学からオックスフォードブルーの制服を与えられた人, オックスフォード大学代表[選手].

Óxford Círcus オックスフォードサーカス《London の中心部, Oxford Street と Regent Street の交差する地点; 同名の地下鉄駅もある》.

O

Óxford cláy 〘地質〙オックスフォード粘土層《イングランド中部地方の硬質の青色層》.
Óxford cómma SERIES COMMA.
Óxford córners *pl* 〘印・製本〙オックスフォードコーナー《隅で交差した輪郭罫が十字形になっているもの》.
Óxford Dówn [°O- d-] 〘畜〙オックスフォード(ダウン)種(の羊)《英国の無角の羊》.
Óxford Énglish オックスフォード英語《Oxford 大学で話されるとされている少し気取った標準英語》.
Óxford Énglish Díctionary [The]『オックスフォード英語辞典』《Oxford 大学出版局発行の大辞典 (略 OED); 第1版 1884–1928, Supplement 1933; 第2版 1989; 旧称 A New English Dictionary (略 NED)》.
Óxford fráme 井桁形の額縁.
Óxford gráy 黒に近い暗い灰色, オックスフォードグレー.
Óxford Gròup (mòvement) [the] オックスフォードグループ運動 (＝*Buchmanism*)《1921 年ごろ米国人 Frank Buchman が英国 Oxford を中心として唱道した宗教運動で, 公私生活における絶対道徳性を強調した; cf. MORAL RE-ARMAMENT》.
Óxford hóllow 〘製本〙オックスフォードホロー《ホローバックの表紙と中身の間に入れるクラフト紙の強化用チューブ; これによる製本法》.
Ox·ford·ian /ɑksfɔ́ːrdiən/ *a, n* OXONIAN.
Óxford màn オックスフォード大学出身者.
Óxford mòvement [the, °the O- M-] オックスフォード運動《1833 年に Oxford 大学で始まった, 英国教会において HIGH CHURCH の原則を回復しようとする運動; John H. Newman, John Keble, Edward B. Pusey などが中心人物; *Tracts for the Times* (時局小冊子) (＝*Oxford Tracts*) を 90 冊まで出し, Tractarianism ともいう》.
Óxford·shire /-ʃɪər, -ʃər/ オックスフォードシャー (＝*Oxford*)《イングランド中南部の州; ☆Oxford》.
Óxford Strèet オックスフォード通り《London の West End の商店街》.
Óxford Trácts *pl*『時局小冊子』(⇨ OXFORD MOVEMENT).
Óxford Univérsity オックスフォード大学 (University of Oxford).
Óxford Univérsity Préss オックスフォード大学出版局《Oxford 大学の一部局として運営・管理されている世界最古の大学出版部; 起源は 1478 年にさかのぼる; 略 OUP》.
óx·gàll *n* 雄牛の胆汁《塗料・薬用》.
ox·gang /ɑ́ksgæ̀ŋ/, **-gate** /-gèɪt/ *n* BOVATE.
óx·hèart *n* 〘園〙オックスハート《ハート形の大型サクランボ》.
óx·hèrd *n* 牛飼い.
óx·hìde *n* 牛皮(革).
ox·ic /ɑ́ksɪk/ *a* 〈環境・過程などが〉酸素のある.
ox·i·dant /ɑ́ksəd(ə)nt/ *n* 〘化〙酸化体, オキシダント (oxidizing agent). ［F; ⇨ OXYGEN］
ox·i·dase /ɑ́ksədèɪs, -z/ *n* 〘生化〙酸化酵素, オキシダーゼ (＝*oxidation enzyme*). ♦ **òx·i·dá·sic** *a*
ox·i·date /ɑ́ksədèɪt/ *vt, vi* OXIDIZE.
ox·i·da·tion /ɑ̀ksədéɪʃ(ə)n/ *n* 〘化〙酸化. ♦ **~·al** *a*
oxidátion ènzyme 〘生化〙OXIDASE.
oxidátion nùmber 〘化〙酸化数.
oxidátion potèntial 〘理・化〙酸化電位.
oxidátion-redúction *n* 〘化〙酸化還元.
oxidátion-redúction potèntial 〘理・化〙酸化還元電位.
oxidátion stàte 〘化〙酸化状態.
ox·i·da·tive /ɑ́ksədèɪtɪv/ *a* 〘化〙酸化の; 酸化力のある. ♦ **~·ly** *adv*
óxidative phosphorylátion 〘生化〙酸化的リン酸化《生体中のエネルギー代謝反応の一つ》.
ox·ide /ɑ́ksàɪd/ *n* 〘化〙酸化物. ♦ **ox·id·ic** /ɑksídɪk/ *a* ［F; ⇨ OXYGEN］
ox·i·dim·e·try /ɑ̀ksədímətri/ *n* 〘化〙酸化滴定.
ox·i·dize /ɑ́ksədàɪz/ *vt, vi* 〘化〙酸化させる[する]; さびさせる[さびる], 〈銀などを〉いぶしにする: ~*d* silver いぶし銀. ♦ **óx·i·dìz·able** *a* **òx·i·di·zá·tion** *n* OXIDATION.
óx·i·dìz·er *n* 〘化〙酸化剤.
óx·i·dìz·ing àgent 〘化〙酸化剤, 酸化体.
óxidizing fláme 〘化〙酸化炎《淡青色・高温で酸化力をもつ部分》.
ox·i·do·re·duc·tase /ɑ̀ksədoʊrɪdʌ́ktèɪs, -z/ *n* 〘生化〙酸化還元酵素, オキシドリダクターゼ.
ox·ime /ɑ́ksìːm/ *n* 〘化〙オキシム《NOH の基を有する, 水に難溶の結晶性化合物》. ［*-ime*＜*imide*］
ox·im·e·ter /ɑksímətər/ *n* 〘医〙酸素濃度計.
ox·im·e·try /ɑksímətri/ *n* 〘医〙酸素測定(法).
Ox·i·sol /ɑ́ksəsɔ̀(ː)l, -sòʊl, -sɑ̀l/ *n* 〘土壌〙オキシゾール《熱帯地方の風化した非水溶性成分を多く含む土壌》.
ox·lip /ɑ́kslɪ̀p/ *n* 〘植〙セイタカセイヨウサクラソウ《早春に黄色の花が咲く》; FALSE OXLIP. ［cf. COWSLIP］
oxo /ɑ́ksoʊ/ *a* 〘化〙(特に カルボニル基において)酸素を含む.
Oxo 〘商標〙オクソ《キューブ状の固形牛肉エキス》.
oxo- /ɑ́ksoʊ, -sə/ ⇨ OX-[1].
óxo ácid 〘化〙OXYACID.
Oxon /ɑ́ksɑ̀n/ ［L *Oxonia*］ Oxford, Oxfordshire ♦［L *Oxoniensis*］ of Oxford (University): MA ～ オックスフォード大学修士.
Ox·o·ni·an /ɑksóʊniən/ *a* OXFORD の; オックスフォード大学の. ► *n* オックスフォード大学の学生[出身者], オックスフォード大学(旧)教員; オックスフォード市民. ［*Oxonia* Oxford のラテン語形］
ox·ó·ni·um còmpound /ɑksóʊniəm-/ 〘化〙オキソニウム化合物《酸素を中心原子とする有機化合物と強酸との反応で生成される》. ［*ammonium* にならって *oxy*-[2] から］
oxo·trem·o·rine /ɑ̀ksoʊtrémərìːn, -rən/ *n* 〘薬〙オキソトレモリン《パーキンソン病研究用のコリン作用薬で痙攣剤》.
óx·pèck·er *n* 〘鳥〙ウシツツキ《アカハシウシツツキとキバシウシツツキの2種; ムクドリ科; アフリカ産; 水牛などにつく昆虫を食べる》.
óx·tàil *n* 牛の尾, 牛尾; 皮をむいたスープ用の牛の尾, オックステール.
ox·ter /ɑ́kstər/《スコ》 *n* わきのした (armpit); 上膊(じょうはく)の内側; 服の袖付け; 腕. ► *vt* 腕で支える; わきのしたに入れる, 抱え込む (hug). ［OE *ōxta*］
óx·tòngue *n* 牛タン; 〘植〙牛の舌のような形をした面の粗い葉の植物, (特に) ウシノシタグサ《ムラサキ科》, ハリゲコウゾリナ《キク科》.
Ox·us /ɑ́ksəs/ [the] オクスス川《AMU DARYA の古代名》.
oxy-[1] /ɑ́ksi, -sɪ/ *comb form*「鋭い」「とがった」「急速な」 ［Gk (*oxus* sharp, acid)］
oxy-[2] /ɑ́ksi, -sɪ/ *comb form*「酸素 (oxygen) を含む」「水酸基を含む (hydroxy-)」
òxy·acétylene *n, a* 酸素アセチレン(の).
oxyacétylene blówpipe [búrner, tórch] 《金属の切断・溶接用の》酸素アセチレントーチ.
oxyacétylene wélding 酸素アセチレン溶接.
óxy·àcid *n* 〘化〙酸素酸 (＝*oxygen acid*).
òxy·ánion *n* 〘化〙オキシアニオン《酸素原子が別の元素と結合した陰イオン》.
òxy·cálcium *a* 〘化〙酸素とカルシウムとの.
oxycálcium lìght CALCIUM LIGHT.
òxy·cárpous *a* 〘植〙先のとがった果実をつける.
òxy·céphaly *n* 〘医〙塔状頭(蓋), 尖頭(症) (＝*acrocephaly*)《頭蓋が異常に高いこと》. ♦ **-cephálic** *a*
òxy·chlóride *n* 〘化〙酸塩化物, オキシクロリド. ♦ **-chlóric** *a*
oxy·co·done /ɑ̀ksikóʊdòʊn/ *n* 〘薬〙オキシコドン《麻薬性鎮痛薬; 塩酸塩などを用いる》.
Oxy·Con·tin /ɑ̀ksikɑ́ntɪn/ 〘商標〙オキシコンチン《塩酸オキシコドン (oxycodone hydrochloride) 製剤》.
ox·y·gen /ɑ́ksɪʤ(ə)n/ *n* 〘化〙酸素《記号 O, 原子番号 8》. ♦ **~·less** *a* ［F *oxygène*＜Gk (OXY-[1], GENE); あらゆる acid に存在すると考えられたための造語］
óxygen ácid 〘化〙酸素酸 (oxyacid).
ox·y·gen·ase /ɑ́ksɪʤənèɪs, -z/ *n* 〘生化〙酸素添加[酸素化]酵素, オキシゲナーゼ.
ox·y·gen·ate /ɑ́ksɪʤənèɪt, ɑksíʤ-/ *vt* 酸素添加する, 酸素化する. ► *n* 酸素化物, 酸素添加物《ガソリンに添加するエタノールなどの含酸素物質》. ♦ **~d** *a* **òx·y·gen·átion** /, ɑksìʤ-/ *n* 酸素化, 酸素添加.
óxygenated wáter 高濃度酸素水, 酸素強化水; 過酸化水素 (hydrogen peroxide).
óx·y·gen·à·tor /, ―⌐―⌐―/ *n* 酸素を添加するもの[装置]; 周囲の水に酸素を供給する水生植物; 〘医〙酸素供給器《開心手術の間などに身体外で血液に酸素を供給する装置》.
óxygen bàr 酸素バー《治療効果があるという純粋酸素を吸わせる店》.
óxygen cèll 通気差電池.
óxygen cỳcle 〘生態〙酸素循環《大気中の酸素が動物の呼吸で二酸化炭素になり, 光合成によって再び酸素となる循環》.
óxygen dèbt 〘生理〙酸素負債《筋肉などで, 急激な活動の終了後も通常レベル以上の酸素消費がみられる現象》.
óxygen demànd BIOCHEMICAL OXYGEN DEMAND.
óxygen effèct 〘生〙《照射時の酸素分圧がもたらす》酸素効果.
óxygen-hýdrogen wèlding 酸水素溶接.
ox·y·gen·ic /ɑ̀ksɪʤénɪk/ *a* 酸素の; 酸素を含む.
óxygen·ìze *vt* OXYGENATE; OXIDIZE.
óxygen lànce 〘機〙酸素槍《一端を加熱し, 他端から酸素を送って鋼材を切断する細長い鋼管》.
óxygen màsk 〘医〙酸素(吸入[補給])マスク.
ox·yg·e·nous /ɑksíʤənəs/ *a* OXYGENIC.
óxygen tènt 〘医〙《重患ベッド用の》酸素テント.
óxygen wàlker 〘医〙《肺気腫・心臓病などの患者用の》携帯酸素ボンベ.
óxygen wèed 《NZ》ホテイアオイ (water hyacinth).
òxy·hémo·glòbin /, ―⌐―⌐―/ *n* 〘生化〙酸素ヘモグロビン, オキシヘモグロビン.

òxy·hýdrogen *a* 酸素と水素を混合した, 酸水素の: ～ flame [welding] 酸水素炎[溶接].
oxyhýdrogen blówpipe [búrner, tórch] 酸水素吹管[トーチ].
oxy·mel /ɑ́ksɪmɛ̀l/ *n* 〘薬〙 酢蜜剤, オキシメル《去痰剤》.
ox·y·mo·ron /ɑ̀ksɪmɔ́ːrɑ̀n/ *n* (*pl* **-ra** /-rə/, **～s**) 〘修〙 撞着語法《例: a wise fool; faultily faultless; make haste slowly》; 自己矛盾したことがら. ◆ **oxy·mo·ron·ic** /ɑ̀ksɪmərɑ́nɪk, -mɔː-/ *a* **-i·cal·ly** *adv* [Gk=pointedly foolish (*oxy-*[1], *mōros* dull)]
oxyn·tic /ɑksíntɪk/ *a* 〘生理〙 酸分泌(性)の: ～ cell (胃)酸分泌細胞.
oxy·opia /ɑ̀ksióupiə/ *n* 〘医〙 視力鋭敏.
oxy·phen·bu·ta·zone /ɑ̀ksifɛ̀nb(j)úːtəzòun/ *n* 〘薬〙 オキシフェンブタゾン《抗炎症・鎮痛・解熱薬》.
óxy·phìle, -phìl *n* ACIDOPHIL. ◆ **òxy·phílic** *a*
Ox·y·rhyn·chus /ɑ̀ksəríŋkəs/ オクシュリュンコス《エジプト中部 Nile 川西岸の遺跡; 1897 年パピルスが発見された》.
óxy·sàlt /, ⏑⏑⏑/ *n* 〘化〙 酸化物塩, オキシ塩.
óxy·sòme *n* 〘生〙 オキシソーム《ミトコンドリアのクリスタ (crista) を形成する単位》.
òxy·súlfide *n* 〘化〙 酸硫化物.
òxy·tetracýcline *n* 〘生化〙 オキシテトラサイクリン《抗生物質; 梅毒・リウマチ・細菌性伝染病などに効く》.
oxy·to·cic /ɑ̀ksɪtóusɪk, -tɑ́s-/ 〘医〙 *a* 分娩を促進する, 子宮収縮性の. ► *n* 分娩促進[子宮収縮]薬.
oxy·to·cin /ɑ̀ksɪtóus(ə)n/ *n* 〘生化〙 オキシトシン《脳下垂体後葉ホルモン; 子宮収縮・母乳分泌を促進する》. [↑, *-in*[2]]
oxy·tone /ɑ́ksɪtòun/ *a, n* 〘ギリシア文法〙 最終音節に鋭アクセント音のある(語), 最終音節強勢語, オクシトーン. [*oxy-*[1]]
oxy·uri·a·sis /ɑ̀ksɪjuráɪəsəs/ *n* 〘医〙 蟯虫(ぎょうちゅう)症.
oy[1], **oye** /ɔ́ɪ/ *n* 《スコ》 孫 (grandchild). [Gael]
oy[2], **oi** /ɔ́ɪ/ *int* ウーッ, ウーン《狼狽・苦痛・悲しみを表わす》. [imit]
oy[3] /ɔ́ɪ/ *int* OI[1].
oyer /ɔ́ɪər, óujər/ *n* OYER AND TERMINER; 《相手方に送られる》送達証書謄本; 《巡回裁判での刑事事件の》審理; 《もと》法廷における証書の朗読. [AF=OF *oïr* to hear]
óyer and tér·mi·ner /-ən tɔ́ːrmənər/ **1** 〘米〙《一部の州で》高等刑事裁判所. **2** 〘英史〙 聴問審理辞令, 巡回裁判令書《巡回裁判を命じ, 任地内の犯罪を審理裁判することを指令する, 国王の辞令》; 巡回裁判所.
oyez, oyes /oujɛ́s, -jɛ́z, -jéɪ, óujɛ̀s, -jɛ̀z/ *int* 聞け, 謹聴, 静粛に《触れ役人 (crier) や法廷の廷吏などが通例 3 度連呼する》. ► *n* (*pl* **oyes·ses** /oujɛ́səz, ⏑⏑⏑/) oyez の叫び声. [AF (impv pl)＜*oïr* to hear＜L *audio*]
Oyo /óujou/ オヨ《ナイジェリア南西部の州; ☆Ibadan》.
Oy·rot, Oi- /ɔ́ɪrət/ オイロート《ALTAY 共和国の旧称; ロシア共和国の旧自治州 (～ Autonomous Oblast)》.
Óyrot Tu·rá /-turɑ́ː/ オイロートトゥラ《GORNO-ALTAYSK の旧称》.
oys·ter /ɔ́ɪstər/ *n* **1 a** 〘貝〙 カキ, 牡蠣; カキ類似の二枚貝: be (as) close as an ～ 〈人が〉口が堅い / PEARL OYSTER. **b** OYSTER WHITE. **2** 鶏の骨盤のくぼみの中にある肉《特に美味》. **3 a** 《口》 きわめて無口な[口の堅い]人, だんまり屋: an ～ of a man 無口な人. **b** 思うままにできるもの, 利益の種, もうけ口; お手のもの, 好きなもの, おはこ: The world is my ～. 世の中は自分の意のままだ, 自由になんでもできる《Shak., *Merry W* 2. 2. 2》. ► *vi* カキを採取[養殖]する. [OF *oistre*＜L *ostrea*＜Gk]
óyster bànk OYSTER BED.
óyster bàr バー式カキ料理店; *《南部》 OYSTER BED.
óyster bày カキ[海産物]料理店.
óyster bèd カキ養殖[繁殖]場, カキ場.
óyster-bèrry *n**《俗》 カキの実, 真珠.
óyster càp [mùshroom] 〘菌〙 ヒラタケ《灰褐色ないし白色の食用キノコ》.
óyster·càtch·er, óyster·bìrd *n* 〘鳥〙 ミヤコドリ (=*sea crow, sea pilot*) (sea pie[II]).
óyster cràb 〘動〙 カクレガニ《殻の中でカキと共生する》.
óyster cràcker* オイスタークラッカー《カキのスープやシチューに添える塩味の円形または六角形の小クラッカー》.
óyster cùlture カキ養殖.
óyster drìll 〘貝〙 カキナカセガイ (drill).
óyster fàrm カキ養殖場, カキ場.
óyster fòrk オイスターフォーク《生ガキ・ハマグリ・エビ・カニなどを食べる時に用いるフォーク》.
óyster·ing *n* カキ採取[養殖](業); カキ殻模様の化粧板(仕上げ).
óyster knìfe カキ割りナイフ.
óyster·man /-mən/ *n* カキを採取する[開く, 養殖する, 売る]人; カキ採取船.
oyster mushroom ⇨ OYSTER CAP.
óyster pàrk カキ養殖場, カキ場.
óyster pàtty カキのパイ《カキ料理》.
óyster pìnk オイスターピンク《やや明度の低いピンクがかった白》.
óyster plànt 〘植〙 **a** バラモンジン (SALSIFY). **b** ハマベンケイソウ (sea lungwort).
óyster ràke カキ採取用熊手, カキ掻き.
óyster sàuce オイスターソース《中華料理で用いられる牡蠣(かき)と醤油を素材とした調味料》.
óyster·shèll *n* カキ殻《砕いて鳥の飼料とする》.
óysters Róckefeller 〘料理〙 オイスターズロックフェラー《刻んだホウレンソウ・タマネギ・バターなどをカキの上に載せて天火で焼いた料理》. [John D. *Rockefeller*]
óyster stèw 〘料理〙 カキのシチュー, オイスターシチュー《熱した牛乳[クリーム, バター]にカキを殻ごと入れ香味料を加える》.
óyster venèer カキ殻模様の化粧板.
óyster whíte やや灰味のある白色; 利休白茶(しらちゃ).
oy vey [veh] /ɔɪ véɪ/ *int* うー, うーん, ああ, 参った《落胆・悲嘆の気持を表わす; 主にイディッシュ話者がつかう》. [Yid=oh woe]
Oz[1] /ɑ́z/ オズ《L. Frank Baum の児童読物 *The Wonderful Wizard of Oz* (1900) などの舞台となった魔法の国》.
Oz[2] *n, a* 《豪口》 AUSTRALIA, AUSTRALIAN.
O.Z. /òuzíː/ *n* 《俗》 1 オンスのマリファナ[麻薬]. [*oz*]
oz, oz. [OIt *onza*, (pl) *onze*] (*pl* **oz, ozs**) ounce(s).
Oz·a·lid /ɑ́zəlɪ̀d/ 〘商標〙 オザリッド《感光紙[フィルム]をアンモニア蒸気中で乾現像して直接的に陽画を作成する方法[器械]》; オザリッド法で作成した陽画.
Ózark Móuntains /óuzɑ̀ːrk-/ *pl* [the] オザーク山地[台地] (=the **Ózark Plateau**)《Missouri, Arkansas, Oklahoma 各州にまたがる山地》. ◆ **Ózark·er** *n* **Ozárk·ian** *a, n*
o-zee /òuzíː/ *n* 《俗》 O.Z.
oze·na /ouzíːnə/ *n* 〘医〙 臭鼻(症).
ozo·ke·rite /ouzóukəràɪt, òuzoukíərɑ̀ɪt/, **-ce-** /ouzóukəràɪt, -sə-, òuzousíərɑ̀ɪt/ *n* 〘鉱〙 地蠟, オゾケライト (=*earth wax, mineral wax*)《蠟状の炭水化物; ろうそく・絶縁体・蜜蠟の代用》. [G (Gk *ozō* to smell, *kēros* wax)]
ozon- /ouzóun/, **ozo·no-** /ouzóunou, -nə/ *comb form* 「オゾン (ozone)」
ozon·a·tion /òuzounéɪʃ(ə)n/ *n* 〘化〙 オゾン化, オゾン処理《有機不飽和化合物をオゾンで酸化してオゾン化合物を得ること》. ◆ **ózon·àte** /, -zə-/ *vt*
ozone /óuzòun/ *n* 〘化〙 オゾン; 《口》《海辺などの》すがすがしい空気; [*fig*] 気を引き立たせる力; *《俗》 幻覚状態 (=*zone*): ～ paper オゾン試験紙. ● **in the ～***《俗》《酒・麻薬に》酔って, もうろうとして. [G (Gk *ozō* to smell)]
ózone alèrt オゾン多量発生警報.
ozoned /óuzòund/ *a**《俗》 フェンシクリジン (PCP) に酔って.
ózone deplètion 《オゾン層の》オゾン量減少, オゾン層破壊.
ózone-fríend·ly *a* オゾン層にやさしい, オゾン層を破壊しない《フロン (CFC) などを使っていない》.
ózone hòle オゾンホール《オゾン層が破壊されて極端にオゾン濃度が低下した部分; 地上に降り注ぐ紫外線が増加する》.
ózone làyer [the] 《大気の》オゾン層 (=*ozonosphere*).
ózon·er *n**《俗》 野外劇場[競技場], 《自動車乗入れ式の》野外映画劇場 (drive-in theater).
ózone shìeld 《多量の紫外線に対する遮蔽層としての》オゾン層 (ozonosphere).
ózone sìckness 〘空〙 オゾン病《高空でジェット機内に侵入するオゾンによる, 眼のかゆみ・頭痛・眠けなどを伴う症状》.
ózone·sònde *n* オゾンゾンデ《大気中のオゾンの分布を調べるラジオゾンデの一種》.
ozon·ic /ouzɑ́nɪk/ *a* オゾン(性)の, オゾンを含む.
ozon·ide /óuzounàɪd/ *n* 〘化〙 オゾン化物.
ozon·if·er·ous /òuzouníf(ə)rəs/ *a* オゾンを含む[生ずる].
ozon·ize /óuzounàɪz/ 〘化〙 *vt* オゾン処理する; 〈酸素を〉オゾン化する. ► *vi* 〈酸素が〉オゾン化する. ◆ **ózon·iz·er** *n* オゾン発生器, オゾン管. **ozon·izátion** *n*
ozo·nol·y·sis /òuzounɑ́ləsəs/ *n* 〘化〙 オゾン分解.
ozo·nom·e·ter /òuzounɑ́mətər/ *n* オゾン計《大気中のオゾン量を測定する装置》.
ozóno·sphère *n* オゾン層 (ozone layer).
ozon·ous /óuzənəs/ *n* OZONIC.
ozs ounces (⇨ oz).
Oz·zie[1] /ɑ́zi/ オジー《男子名; Oswald の異形》.
Ozzie[2] *n, a* 《口》 AUSSIE.
Ózzie and Hárriet *pl* オジーとハリエット《米国テレビのホームコメディー 'The Adventures of Ozzie and Harriet' (1952–66) の主人公である夫婦; 健全なアメリカ中流階級の家庭の代名詞的存在となった》.

P

P, p /píː/ *n* (*pl* **P's, Ps, p's, ps** /-z/) ピー《英語アルファベットの第 16 字; ⇨ J》; P [p] の表わす音; P 字形(のもの); 16 番目(のもの); [P] *《俗》 PEE². ● P'S AND Q'S.

p penny, pence ♦〔楽〕piano ♦〔単位〕pico- ♦〔統〕probability ♦ proton.

p, P 1〔理〕pressure. **2**〔理〕角運動量量子数 *l*=1 であることを表わす (⇨ s, S). [principal 分光学の慣用から]

p. page, pages ♦ part ♦ participle ♦ past ♦ pater ♦ per ♦ peseta(s) ♦ peso(s) ♦ pint ♦ pipe ♦ pitch ♦ pole ♦ population ♦ port ♦ power ♦ pro ♦ purl. **P**《試合結果表で》games played 試合出場数 ♦〔生〕parental generation ♦〔車〕park ♦ parking ♦ passing ♦〔チェス〕pawn ♦〔単位〕peta- ♦ petite ♦〔化〕phosphorus ♦ [F *poids*] weight ♦〔理〕poise ♦ Portugal ♦ proprietary ♦ provisional.

P. *《俗》 peyote ♦〔政〕Progressive.

p-〔化〕para-.

¶ ⇨ PARAGRAPH.

pa¹ /pɑː, pɔ́ː/ *n*《口》(お)とうちゃん, パパ (cf. MA). [*papa*¹]

pa² *n*《昔のマオリ族の》防御柵をめぐらした村; マオリ族の村. ● **go back to the ～**《都会を離れて》田舎の生活に戻る. [Maori]

PA¹ /pìːéɪ/ *n* PHYSICIAN'S ASSISTANT.

PA² *n*〔登山〕PA《フランスの登山家 Pierre Alain のデザインによるゴム底をスチールプレートで強化したキャンバス地の岩登り用ブーツ》.

p.a. °per annum ♦ °press agent. **Pa**〔理〕pascal(s) ♦〔化〕protactinium. **Pa.** Pennsylvania. **PA** Panama ♦ °Parents Anonymous ♦〔海保〕°particular average ♦ Pennsylvania ♦ °per annum ♦ °personal assistant ♦ °power amplifier ♦ °power of attorney ♦〔カト〕°prefect apostolic ♦ °press agent ♦ °press association ♦〔英〕°Press Association ♦ professional association ♦〔カト〕°prothonotary apostolic ♦ °public-address system ♦ °publicity agent ♦ °purchasing agent.

paal /pɑ́ːl/ *n*《カリブ》《地面に打ち込まれた》杭.

paan /pɑ́ːn/ *n* PAN⁴.

pa·'an·ga /pɑɑ́ːŋ(g)ə/ *n* (*pl* ～) パーアンガ《トンガの通貨単位: =100 seniti; 記号 T$》. [Tongan=seed]

Paa·si·ki·vi /pɑ́ːsəkɪvi/ パーシキヴィ **Juho Kusti** ～ (1870–1956)《フィンランドの政治家; 大統領 (1946–56)》.

PABA /pǽbə, pɑ́ː-, píːèɪbíːèɪ/ *n*〔生化〕PARA-AMINOBENZOIC ACID.

Pab·lum /pǽbləm/ **1**〔商標〕パブラム《幼児用シリアル》. **2** [p-] 無味乾燥な書物[思想] (pabulum).

Pabst /pɑ́ːpst/ パープスト **G(eorg) W(ilhelm)** ～ (1885–1967)《ドイツの映画監督》.

pab·u·lum /pǽbjələm/ *n* 食物, 栄養物; 心の糧(かて)《書籍など》; 《議論・論文などの根拠となる》基礎資料; 味気ない書物[話など], 子供だまし. [L (*pasco* to feed)]

PABX〔電話〕private automatic branch exchange.

pac* /pǽk/ *n* ひもで締める防水ブーツ (shoepac); 《ブーツなどの内側にはく》ヒールのない柔らかい履物, インナーシューズ.

PAC /píːèɪsíː, pǽk/ *n* (*pl* ～'s, ～s) POLITICAL ACTION COMMITTEE.

Pac. Pacific. **PAC** °Pan-Africanist Congress.

pa·ca /pɑ́ːkə, pǽkə/ *n*〔動〕パカ (=*spotted cavy*)《テンジクネズミに類するパカ科の大型の草食動物; 中南米産; 夜行性で, パカとヤマパカの 2 種がある》. [AmInd]

pacamac ⇨ PAKAMAC.

Pac·a·rái·ma [Pak·a·rái·ma] Móuntains /pæ̀kəráɪmə-/ *pl* [the] パカライマ山脈《ブラジルとベネズエラの国境の一部を東西に延びる山脈; 最高峰 Roraima 山 (2810 m); ポルトガル語名 Serra Pacaraima, スペイン語名 Sierra Pacaraima》.

pac·a·ra·na /pæ̀kərɑ́ːnə/ *n*〔動〕パカラナ《南米産の動きの遅い, モルモットに似た齧歯(げっし)動物; 毛は黒っぽく背に縞や斑点があり, 軟毛でおおわれた短い尾をもつ》. [AmInd]

pace¹ /péɪs/ *n* **1 a** 歩調, 歩速; 速度, ペース, テンポ; 速く走る能力, '足'; よどみのない様子[筆致], 軽快さ; 歩きぶり, 足取り: a double-time ～ 駆け足 / an ordinary ～ 正常歩 / a quick ～ 速足 / a rattling ～《バタバタ音をたてるほどの》速足 / at a foot's ～ 並み足で / at a good ～ 足早に〈歩く〉; 活発に / at (a) walking ～ 歩く速さで / at one's own ～ 自分なりのペースで. **b**《馬の》歩態, 歩様《WALK, TROT¹, CANTER¹, GALLOP など》; 《馬の》側対歩, 《特に》側対速歩. **c**〔野〕球速: CHANGE OF PACE. **d**〔クリケット〕ペイス《(1) 投球のスピード 2) 球速》. **2** 歩(ほ), 一歩 (step), ひとまた; 歩幅《30–40 in.》: MILITARY [GEOMETRIC, ROMAN] PACE. **3**〔建〕階段の広段, 踊り場; 小壇. ● FORCE¹ sb's [the] ～. **gather ～** 勢いをつける; ペースを早める. **go [hit] the ～** 大急ぎで行く, 猛烈な勢いで進む; ぜいたくに暮らす, 道楽する. **go through one's ～s** 腕前を披露する. **keep ～ with**…と歩調[足並み]をそろえる; …におくれをとらないようにする. **make one's ～** 歩調を速める, 急ぐ. **make [set] the ～** (先頭に立って)歩調を定める, 整調する 〈*for*〉; 模範を示す, 範をたれる, 垂範する; 最先端を行く; 首位に立つ. **off the ～** 先頭[一位]より遅れて. **put…through …'s ～s** …の技量[能力, 性能]を試す. **show one's ～s**〈馬が〉歩態を示す; 力量を示す. **stand [stay] the ～** おくれをとらないでついて行く. **try sb's ～s** 人の力量を試す, 人物をみる.

► *vt* ゆっくりと[歩調正しく]歩く; 歩測する 〈*out, off*〉; 〈馬が〉〈ある距離を〉一定の歩調で走る; …に歩調をつける, 整調する, 〈馬〉の歩調を慣らす; …のペースを定める[配分する]; …の前を進む, 先導する; …の先駆け[先例]となる; …と歩調を合わせる, 同じペースで進む: ～ the room [floor, platform] 部屋の中[床の上, プラットホーム]をゆっくり行ったり来たりする / ～ one*self* ペースを整える; マイペース[無理しない]でやる.

► *vi* ゆっくり歩く; 前進する; 〈馬が〉側対速歩で歩く; (神経質に)歩きまわる 〈*about, around*〉, 行きつ戻りつする 〈*back and forth, up and down*〉. ● **～ out** 〈問題などを〉歩きまわって解決する.

[OF *pas*<L (*pass- pando* to spread (the legs))]

pa·ce² /péɪsi, pɑ́ːʧeɪ, pɑ́ːkeɪ/ *prep* [通例イタリック体で] …にお許し願って, …には失礼ながら《人と意見を異にするときの前置き》: It is true, *pace* Falwell, that… ファルウェルさんには失礼ながら…であるのは本当です / PACE TUA. [L=in peace (abl)〈*pax* peace]

Pace /péɪs/ *n*"《方》復活日[祭], イースター (Easter). [PASCH]

PACE /péɪs/〔イングランド・ウェールズ〕Police and Criminal Evidence Act.

páce bòwler [màn]〔クリケット〕速球投手.

páce càr〔自動車レース〕先導車, ペースカー.

paced /péɪst/ *a* [*compd*] …足の, 歩みが…の; ペースメーカーが定めた速度の; 歩測の; リズム[テンポ]の整った: slow-～ 歩みのおそい.

páce làp〔自動車レース〕ペースラップ《スタート前に pace car に先導されて全車がコースを一周すること》.

páce·màker *n* **1**《レースなどで》先頭に立ってペースをつくるもの, ペースメーカー; 先導者, 主導者, 音頭取り (leader). **2**〔生・解〕ペースメーカー, 歩調取り《心臓の洞房結節・房室結節》;〔医〕《電子》脈拍調整装置, (人工[心臓])ペースメーカ(ー). ♦ **páce·màking** *n, a*

pac·er /péɪsər/ *n* 歩む人; 歩測者; 側対歩馬, ペーサー; PACEMAKER.

páce·sètter *n* ペースメーカー, リーダー (pacemaker).

páce·sètting *a* 先頭に立つ, 先導的な, 範を示す. ► *n* 先頭に立ってペースをつくること, 先導.

pa·ce tua /péɪsi t(j)úːeɪ/ *adv* 失礼ながら (by your leave). [L PACE²]

páce·wày *n*《豪》競馬の練習場.

pac·ey /péɪsi/"《口》*a* 速い, スピードのある; 活気のある, いきのいい.

pacha, pachalic ⇨ PASHA, PASHALIC.

Pa·chel·bel /pɑ́ːkəlbɛ̀l; pǽk-; *G* páxɛlbl, páxlbɛl, paxɛ́lbl/ パッヘルベル **Johann** ～ (1653–1706)《ドイツの作曲家・オルガン奏者》.

pa·chin·ko /pəʧíŋkou/ *n* パチンコ. [Jpn]

pa·chi·si /pəʧíːzi/ *n* **1** インドすごろく《6 つのコヤスガイの貝殻をダイス代わりに投げてコマを進める, 十字架状の盤で行なう backgammon に似たゲーム》. **2** PARCHEESI. [Hindi]

Pa·cho·mi·us /pəkóumiəs/ [Saint] 聖パコミオス (c. 290–346)《エジプトのキリスト教聖者; 320 年ころ Nile 川の岸に修道院を設立》.

pachouli ⇨ PATCHOULI.

Pa·chu·ca /pəʧúːkə/ パチューカ《メキシコ中部 Hidalgo 州の市・州都》.

pa·chu·co* /pəʧúːkou/ *n* (*pl* ～s) パチューコ《独特の服装・髪型をしたメキシコ系の若者で, 不良の一団に属することが多い》. [MexSp]

pachy- /pǽki, -ɪ/ *comb form*「厚い」 [NL<Gk *pakhus* thick]

pachy·ce·phalo·saur /pæ̀kɪsəfǽləsɔ̀ːr/ *n*〔古生〕パキケファロサウルス《とげなどのある厚いドーム状の頭骨を有する白亜紀の草食恐竜》. ♦ **-ce·phàlo·sáur·ian** *a*

páchy·dèrm *n*〔動〕厚皮動物《カバ・ゾウ・サイなど》; [*fig*] 鈍感な人. ♦ **pàchy·dérmal, pàchy·dérmic** *a* **pàchy·dér·mòid** *a* 厚皮動物様の. [F<Gk (*dermat- derma* skin)]

pàchy·dérmatous *a*〔動〕厚皮動物の; 〈皮膚が〉肥厚した; [*fig*] 鈍感な, つらの皮の厚い. ♦ **～·ly** *adv*

pàchy·dér·mous /-dɚ́:rməs/ *a* PACHYDERMATOUS; 厚い壁を有する. ♦ **~·ly** *adv*

pa·chym·e·ter /pəkímətər/ *n* 測厚器.

pàchy·ósteo·mòrph *n* 〘古生〙 パキオステウス型《堅い骨格の化石魚類》.

pach·y·san·dra /pækɪsǽndrə/ *n* 〘植〙 フッキソウ属 (*P-*) の各種の多年草[半低木]《ツゲ科; 植込み用》, 《特に》フッキソウ《日本・中国原産》.

pachy·tene /pǽkətì:n/ *n, a* 〘生〙 太糸期(の), 厚糸期(の), 合体期(の), パキテン期(の)《減数分裂の第一分裂前期において, zygotene 期に続く時期》. [*pachy-*, *-tene*]

pa·cif·ar·in /pəsífərən/ *n* 〘医〙 パシファリン《侵入した病原菌の生存を許すが発病は阻止する細菌由来物質》.

pa·cif·ic /pəsífɪk/ *a* **1** 平和な, 泰平な (peaceful); 平和を好む, 和平的な; 〈波・風が〉穏やかな; 温和な, おとなしい: a ~ era 平和な時代 / ~ overtures 講和の提案. **2** [P-] 太平洋(沿岸地方)の: the *P~* States *太平洋沿岸諸州. ► *n* [the P-] 太平洋 (Pacific Ocean). ♦ **-i·cal·ly** *adv* 平和(的)に; 穏やかに. [F or L; ⇨ PACIFY]

pa·cíf·i·cal *a* 《まれ》 PACIFIC.

pa·cif·i·cate /pəsífəkèɪt/ *vt* PACIFY. ♦ **pa·cif·i·ca·tory** /pəsífɪkətɔ̀:ri; -t(ə)ri/ *a*

pac·i·fi·ca·tion /pæ̀səfəkéɪʃ(ə)n/ *n* 講和, 和解; 和平工作, 紛争除去[解決]; 平定, 鎮定《「殲滅(せんめつ)」の婉曲表現》; 平和条約.

pa·cíf·i·cà·tor *n* 仲裁者, 調停者; *おしゃぶり (pacifier).

pacífic blockáde 〘国際法〙《海港の》平時封鎖.

Pacífic dáylight tìme 〘米・カナダ〙 太平洋夏時間《Pacific time の夏時間; 略 PDT》.

Pacífic Íslands *pl* ■ the **Trúst Térritory of the Pacífic Íslands** 太平洋諸島信託統治領《太平洋西部, 米国信託統治下にあった Caroline, Marshall, Mariana の各諸島; 行政中心地 Saipan; 現在はマーシャル諸島・パラオ・ミクロネシアの各独立国と米国自治領の北マリアナ諸島となっている》.

pa·cif·i·cism /pəsífəsɪ̀z(ə)m/ *n* PACIFISM. ♦ **-cist** *n, a*

Pacífic Northwést [the] 《北米大陸の》太平洋側北西部 (the Northwest)《特に Oregon 以北 Rocky 山脈以西》.

Pacífic Ócean [the] 太平洋《赤道を境に北を **Nórth Pacìfic Ócean**, 南を **Sóuth Pacìfic Ócean** という》.

Pacífic Rím [the] 環太平洋地域《太平洋に臨む諸国; 特に急速に発展しつつあるアジアの諸国》.

Pacífic sálmon 〘魚〙 タイヘイヨウサケ《サケ科サケ属のサケの総称; マスノスケ (Chinook salmon), ギンザケ (coho salmon), ベニザケ (sockeye salmon), カラフトマス (pink salmon), サケ (chum salmon), サクラマス (cherry salmon) の 6 種》, 《特に》マスノスケ (king [Chinook] salmon).

Pacífic (stándard) tìme 〘米・カナダ〙 太平洋標準時《UTC より 8 時間おそい; 略 P(S)T; ⇨ STANDARD TIME》.

Pacífic Wár [the] 太平洋戦争.

Pacífic yéw 〘植〙 タイヘイヨウイチイ (=*western yew*)《北米西岸原産; 材は木目が密で堅牢; 抗腫瘍薬パクリタキセル (paclitaxel) の原料》.

pac·i·fi·er /pǽsəfàɪər/ *n* なだめる人[もの], 調停者; 《空腹などを》いやす物; 鎮静剤 (tranquilizer); *《赤ちゃんの》おしゃぶり (dummy‖, teething ring).

pac·i·fism /pǽsəfɪz(ə)m/ *n* 戦争[暴力]反対主義, 反戦論, 平和論, 平和主義 (opp. *militarism*); 無抵抗主義.

pac·i·fist /pǽsəfɪst/ *n* 平和主義者. ► *a* 平和主義(者)の; 反戦の. ♦ **pàc·i·fís·ti·cal·ly** *adv*

pac·i·fis·tic /pæ̀səfístɪk/ *a* PACIFIST.

pac·i·fy /pǽsəfàɪ/ *vt* 静める, なだめる, 〈泣く子を〉あやす; …に平和を回復する, [*euph*] 平定[鎮定]する; 〈空腹などを〉いやす (appease). ► *vi* 静まる; 〈心が〉和らぐ. ♦ **pác·i·fì·able** *a* なだめられる, 静められる. **~·ing·ly** *adv* [OF or L (*pac- pax* peace)]

pac·ing /péɪsɪŋ/ *n* 《小説・映画などの》ストーリー展開のテンポ; 《不安などのため, 同じ場所を》行ったり来たりすること; 〘医〙《人工脈拍調整装置などによる》脈拍調整, ペーシング.

Pa·cín·i·an córpuscle /pəsíniən-/ 〘解・動〙 層板小体, パチーニ小体《手足の皮膚などの圧[振動]受容器》. [Filippo *Pacini* (1812–83) イタリアの解剖学者]

Pa·ci·no /pətʃí:noʊ/ パチーノ **Al**(**fredo James**) ~ (1940–)《米国の俳優》.

pack[1] /pǽk/ *vt* **1 a** 包む, 束ねる, 梱包[包装]する, …の荷造りをする 〈*up*〉: ~ one's trunk *with* the clothes [~ the clothes *into* one's trunk] トランクに衣服を詰め込む / be PACKED. **b** 〈馬などに〉荷を負わせる; 〈荷物を〉かついで[動物の背に載せて]運ぶ. **2 a** 容器に詰める, 箱詰め[かんづめ]にする; 《油などに》漬けて保存する; 〈物・人を〉詰め込む 〈*together*〉; …にぎっしり詰め込む 〈*with*〉; 〈球場などを〉いっぱいにする: Meat, fish, and vegetables are often *~ed in* cans. / A hundred men were *~ed into* one small room. / fans *~ing* the stadium 満員のファン. **b** …(のまわり)に《紙・わらなどの》詰め物をする, パッキングを当てる; 〘医・美容〙 …に湿布[パック]する: ~ a vase *in* newspaper 花瓶のまわりに新聞紙を詰める. **3** 一か所に集める; 〈土・雪などを〉押し固める 〈*down*〉; 〈トランプを〉まとめる; 〈猟犬を〉一隊に集める; 〘電算〙〈データを〉圧縮する, パックする. **4** 《口》〈銃・ピストルなどを〉携帯する (carry): ~ a piece 銃を持っている. **5** 急いで[さっさと]送り出す, 追い出す, 追いやる 〈*off*, *away*〉: The boy was *~ed off* to bed. **6** 〈威力を〉もつ; 《口》〈強打・衝撃などを〉与えることができる: a hurricane *~ing* 200 mph winds 風速 200 マイルのハリケーン / ~ a punch [wallop] ⇨ 成句. ► *vi* **1 a** 荷造り[梱包, 包装]する 〈*up*〉; 荷物をまとめて去る; そそくさと立ち去る. **b** 荷造り[包装]ができる, コンパクトに納まる: Do these articles ~ easily? これらは簡単に梱包ができますか. **2** 〈人が〉群がる; 〘ラグビー〙 スクラムを組む 〈*down*〉; 〈動物が〉群れをなす; 〈土などが〉固まる; 〈物が〉《容器の》底の方に詰まる 〈*down*〉. **3** 《俗》 武器を携帯する, 機材などを運ぶ; 身のまわり品を馬[ロバ]に乗せて旅する. ● **~ a** (**hard**) **punch** 《口》 強打を浴びせることができる; 威力がある, すごい効きめがある; ずけずけ言う. **~ a wallop** 《口》 強烈なパンチ力がある; すごい効きめがある (=~ a punch). **~ away** ⇨ *vt*; しまい込む; 〈物が〉しまえる, 納まる; 《口》〈食べ物を〉平らげる. **~ in** 《口》 放棄する, やめる; 《口》〈機械が〉動かなくなる; 〈人〉のもとを去る, 〈人〉とのかかわりを絶つ; 〈大観衆を〉ひきつける; 荷にまとめてベースキャンプなどに運び込む; 〈人・物を〉詰め込む, 〈さまざまな活動を〉限られた時間にする: ~ them *in* 〈演劇・映画などが〉大入り満員となる. **~ it in** 《口》 おしまいにする, やめる; *《俗》 有利な立場をとことん利用する, 稼ぎまくる. **~ it up** 《口》 やめる, 思いとどまる. **~ on all sail** 〘海〙 満帆を張る. **~ out**…に詰め物をする; 満員にする; *〈ごみを〉持ち帰る. **~ one's bags** ⇨ BAG[1]. **~ up** (*vt*) 《口》〈仕事などを〉終わりにする; ‖《口》〈仕事を〉やめる. (*vi*) 《出発のために》荷造りする; 《口》 道具類などを片付ける[まとめる], 仕事をおしまいにする; ‖《口》 仕事をやめる; 《口》〈機械などが〉動かなくなる, 故障する; 《口》 死ぬ; [*impv*] 黙れ. **send** sb **~ing** 人をさっさと追い払う[解雇する].

► *n* **1 a** 《人が背負い, また荷馬に積む》包み, 荷物, こり, 束; リュックサック, バックパック, 背嚢; 容器, パッケージ; パック《折りたたんだパラシュートを収納するもの; 収納されたパラシュート》: a mule's ~ ラバの荷 / a peddler's ~ 行商人のかついで歩く荷 / Every horse thinks its own ~ heaviest. 《諺》 どの馬も自分の荷がいちばん重いと思っている. **b** 〘商〙 荷造り, 包装法, 包装材. **c** 《一季節または年間の果物・魚類などの》出荷高. **d** パック《量目の単位: 羊毛・麻は 240 pounds, 穀粉は 280 pounds, 石炭は 3 bushels》. **2 a** *《タバコなど同種の物の》一箱, ひと包み (packet); 《特定の機能を遂行する》ユニット; 〘トランプ〙《52 枚の》一組, パック, デッキ (deck); 〘電算〙 磁気ディスクパック; 〘電算〙 DECK; 浮氷群 (ice pack), 固まった雪: a ~ *of* cards / a ~ *of* cigarettes 紙巻きタバコ一箱. **b** [*derog*] 多数, 多量 (lot); 《抽象的なものの》多数, 多量: a ~ *of* lies うそ八百. **3 a** 徒党, 一味; 《猟犬・オオカミ・飛行機・軍艦などの》一隊, 群れ, パック 〈*of*〉; パック《Cub Scouts [Brownie Guides] の編成単位》; 〘ラグビー〙 前衛《集合的》, スクラム; 《固まって走る選手たちの》集団. **b** 《古》 役立たず, ろくでなし. **4** 罨法(あんぽう), 湿布; (美容)パック; 頭皮パック; 腔[傷]を充填する脱脂綿[ガーゼなど]; 氷嚢 (ice pack); 〘鉱〙 PACKWALL: a cold [hot] ~ 冷[温]湿布. ● **be ahead of the ~**=**lead the ~** 先頭を走る, リードする. **have a ~** *《俗》 酔っぱらう.

► *a* **1** 荷運び用の; 荷造り[包装]に適した: PACK ANIMAL. **2** 一隊[群れなど]になった.

♦ **~·able** *a* **pàck·abílity** *n* [MDu, MLG *pak*<?]

pack[2] *vt* 〈陪審・政府機関などを〉自分に有利な人員構成にする, 抱き込む; 《古》〈トランプ札〉の配列をごまかす; 〈自動車などの販売価格を〉水増しする. ► *n* 《販売人による》不当な追加料金, 水増し分. [?*pact* (obs) to make a secret agreement; *-t* を過去形語尾と誤ったものか]

pack[3] 《スコ》 *a* 〈人が〉きわめて親しい, 親密な; 〈動物が〉飼いならされた. [↑]

pack[4] *n* *《方》 糖蜜酒.

pack[5] *n* PAC.

pack·age /pǽkɪdʒ/ *n* **1 a** 包み, 小包, こり, 束; 包装, パッケージ; 包装した商品; 機械[装置]のユニット; 《古》 荷造り, 梱包, 包装; *《俗》 体裁, 外観. **b** 包装材[紙], 容器. **c** 荷造り料, 包装費. **2** ひとまとめ[込み]のもの; 一括取引 (package deal); 〘テレビ・ラジオ〙《できあいの》一括番組; 《旅行の》パック, パッケージ; 〘電算〙 パッケージ《汎用プログラム》; 〘電算〙 パッケージ《OLE で, オブジェクトをアイコン化したもの》; 一括法案[政策]; 《団体交渉で得られた協約上の》総体の利益, 一括条項; 《会社からの》手当, 助成: pay ~《本俸と諸手当をまとめた》一括報酬. **3** 《口》 こぢんまりしたもの[人]; *《俗》 魅力的な女, かわいい女の子 (cf. BUNDLE). **4** *《俗》 大金. **5** *《俗》 誘拐された者, 死体. ► *vt* 包装する, …の荷造りをする, こぢんまりと納める; まとめる, 一括する, 一括販売する 〈*with*〉; 一括番組として制作する; 《出版社に完成品として売るために》〈本を〉委託制作する; 〈製品を〉見ばえよく包装する; 〈物事・人を〉引き立つように見せる, うまく売り込む. ♦ **páck·ag·er** *n*

pack·aged /pǽkɪdʒd/ *a* *《俗》 酒に酔った.

páckage dèal 一括取引, セット販売; 一括取引商品[契約]; PACKAGE TOUR.

páckaged tóur PACKAGE TOUR.

páckage stòre* 酒類小売店《店内飲酒は不可》(off-license‖).

páckage tòur [**hòliday**‖] パッケージツアー, パック旅行 (=*packaged tour*).

pack·ag·ing /pǽkɪdʒɪŋ/ *n* 荷造り, 梱包, 包装, パッケージ; 梱包[包装]材料; 発表, 披露, 売込み.

páck ànimal 荷を運ぶ動物《牛・馬・ラバなど》.

páck·bòard *n*《木枠[金属枠]を帆布でおおった》背負子(しょいこ).

páck drìll〘軍〙軍装して歩きまわらせる罰. ● **no names, no ～** 名前を出さなければだれも罰せられることはない, 名前は言えないが.

packed /pǽkt/ *a* **1** [°*compd*] …のぎっしり詰まった ‹*with*›; ‹食べ物が›《弁当用に》容器に詰められた, 箱詰めの; 圧縮された; 満員の: an action-～ film アクション満載の映画 / speak to the ～ house 満員の聴衆に話しかける. **2**‹人が› 荷造りが済んで, 荷物をまとめて: I'm ～ and ready to go.

pácked céll vòlume〘医〙パック細胞容積《サンプル血液を遠心分離したあとの赤血球容積》.

pácked lúnch" 弁当 (bag lunch*, box lunch*).

pácked méal パック入りの食品.

pácked óut *a*"《口》‹部屋・建物が›満員の.

páck·er *n* 荷造人[業者];《スーパーで売った商品を》手提げ袋に詰める係; かんづめ業者, かんづめ工; *食品[食肉]加工業者; 包装機[装置]; パッカー車《ゴミ圧縮装置付き》;《米・豪》《牛や馬などを使う》荷運び人;《豪》PACK ANIMAL.

pack·et /pǽkət/ *n* **1 a** 小さな束(たば), 小包, 小袋; "パッケージ(に包装された食品); "タバコ 1 箱; ひとくくり[塊り], 一群; *ひとそろいの文書[資料]; "給料(袋) (＝pay ～). **b** 一回に配送される郵便物;〘通信〙パケット《交換用に区切ったデータ》. **2** 郵便船, 定期船: a ～ day 郵船出帆日; (郵船用)郵便物締切日. **3** "《口》大金; 大量, 多数: cost a ～ 大金がかかる / make a ～ 大金を稼ぐ. ● **buy** [**catch, cop, get, stop**] **a ～** "《俗》《弾丸などで》ひどい傷をうける; ひどいめにあう. ► *vt* **1** 小包[小荷物]にする; 郵船で送る. **2**〘通信〙‹データを›パケット単位に区切る. ♦ **～·ed** *a*"パッケージ包装した, 箱入りの. [OF＜Gmc; cf. MDu *pak* pack]

pácket bòat [**shìp**]《政府が用船契約をした》郵便船;《沿岸・河川で旅客・郵便物・貨物を運ぶ喫水の浅い》定期船; 旅客用運河船.

pácket drìver〘通信〙パケットドライバー《パケット形式のデータ交換を行なうプログラム》.

pácket·ìze *vt*〘通信〙‹データを›パケット化する《パケット交換で送るために分割する》.

pácket of thrée "《口》コンドーム 3 個入りの箱.

pácket ràdio パケットラジオ《パケット形式のデータを無線で伝送する放送方式》.

pácket-swìtched *a*〘通信〙パケット交換の.

pácket swìtching〘通信〙パケット交換《パケット単位のデータ交換》.

pácket swìtching nètwork〘通信〙パケットスイッチングネットワーク《通信すべきデータをパケット化して伝送するネットワーク通信システム》.

páck·fràme *n* 金属枠の背負子(しょいこ).

páck·hòrse *n* 駄馬, 荷馬.

páck·hòuse *n* 倉庫; 包装作業場.

páck ìce 叢氷, 流氷, パックアイス.

páck·ing *n* **1 a** 荷造り, 包装(法); *かんづめ(製造業); 食品[食肉]加工業; 人間[動物]の背に載せて行なう運搬: ～ charges 荷造り費. **b** 包装用品, 詰め物, パッキング. **2 a**〘印〙パッキング, 胴張り;〘建〙間詰(まづめ);〘機〙《締めつけをよくしたり気体・液体の漏れを防ぐ》パッキン(グ). **b**〘医〙《傷口や腔に詰める》パッキング; 湿布. **c**〘遺〙《染色体の》詰め込み, パッキング.

pácking bòx [**càse**] 輸送用包装箱,《特に》包装品の上にかける木枠;〘機〙STUFFING BOX.

pácking cràte《木製の》コンテナ (packing box).

pácking dènsity〘電算〙記録密度, 記憶密度《単位長[面積, 体積]当たりの記憶セルの個数》.

pácking effèct〘理〙MASS DEFECT.

pácking fràction〘原子物理〙比質量偏差, パッキングフラクション《質量欠損を質量数で割ったもの》.

páck·ing·hòuse, pácking plànt* *n* 食品かんづめ工場; 食品[食肉]加工場.

pácking ìndustry MEATPACKING.

pácking nèedle からげ針.

pácking prèss 荷造用圧搾機.

pácking shèet 包装用布; 包装紙;〘医〙湿布.

páck jòurnalism パックジャーナリズム《報道機関が一斉に画一的なニュースを流すこと》.

páck·man /-mən/ *n* 行商人 (peddler).

páck ràt 1〘動〙ウッドラット, モリネズミ (wood rat) (＝*trade rat*)《特にふくらんだほおに物を入れて運び巣の中にためる習性があるネズミ; 北米産》. **2** *《口》何でもため込む人, がらくた収集マニア; *《口》老探鉱者, 老案内人; *《方・俗》こそ泥, 信用できない人間; *《俗》《ホテルの》ポーター, ボーイ.

páck·sàck* *n* リュックサック.

páck·sàddle *n*《馬などの》荷鞍.

páck·stàff *n*《古》荷負い人の使う杖.

páck·thrèad *n* 荷造用ひも, からげ糸, 細引(ほそびき).

páck·tràin* *n* 物資運搬の動物の列.

páck·trìpper *n* バックパックを背負って旅行する人 (backpacker).

páck·wàll *n*〘鉱〙充填壁《屋根を支える荒石壁》.

pac·li·tax·el /pæklɪtǽksəl/ *n* パクリタキセル《Pacific yew などのイチイから得た抗癌剤; 卵巣癌の治療に用いられる》.

Pac-Man /pǽkmæ̀n/〘商標〙パックマン《日本のナムコ製のビデオゲーム》.

Pác-Màn defénse〘経営〙パックマン防衛《敵対的企業買収を仕掛けられた企業が, 対抗策として逆に買収を仕掛けた企業を買収すると脅迫すること》.

pact /pǽkt/ *n* 約束, 契約, 条約, 協定: sign [make] a ～ 約束[契約, 協定]する. ► *vt* …と契約[協定]する, …との契約[協定]書に署名する. [OF＜L *pactum* (neut pp)‹*paciscor* to agree]

pac·tion /pǽkʃ(ə)n/ *vi*《スコ》同意する, 協定[契約]する. ♦ **～·al** *a* [OF＜L (*pactio* agreement)]

Pac·to·lus /pæktóuləs/ [the] パクトロス川《古代小アジア半島を流れた Hermus 川 (現 GEDIZ 川) の支流; 砂金を産出し, 流域に Lydia 王国が栄えた》.

PAC 12 /pǽk twélv/ [°Pac 12] PAC 12, パックトゥエルヴ《米国西部の大学 12 校からなるフットボールなどの競技連盟 (conference); リーグ戦を行なう; Pacific Twelve ともいう; cf. BIG TEN, ROSE BOWL》.

pacy /péɪsi/ *a* "《口》PACEY.

pad[1] /pǽd/ *n* **1 a**《摩擦・損傷よけの》当て(物), まくら, 詰め物, パッド;《衣服の》肩当て, 芯;《クリーニング用の》厚布, スポンジたわし;《傷口に当てる》ガーゼ, 脱脂綿《など》; *《口》生理用ナプキン;《馬の》鞍敷(くらしき);〘球技〙胸当て, すね当て《など》;〘医〙圧子, ペロッテ. **b**〘造船〙甲板受木;〘海〙船首防衝材;《円板ブレーキの》摩擦材, パッド; *《俗》《自動車の》ナンバープレート. **c**《各種の道具を取り付けることのできる》柄, ハンドル; KEYPAD. **d**〘電子工〙パッド《集積回路やプリント基板でリード線を接続する部分》. **2 a**《はぎ取り式書簡紙などの》つづり: WRITING PAD. **b** 包み, 束, こり. **3 a** 印肉, スタンプ台. **b**《ロケットなどの》発射台 (launching pad);《滑走路端の》回転エリア; ヘリコプター離着陸場; モービルハウス駐車場;《路面にはめ込まれた》交通信号灯制御装置《車がその上を通ると信号が変わる》. **4**《動物の》肉趾, あしうら, 蹠(せき), 肉球, パッド《着地部》;《前肢の指の付け根の》掌球,《指端の》指球,《後肢の付け根の》蹠球,《指端の》趾球;《キツネ・ウサギなどの》足;〘昆〙褥盤(じょくばん) (pulvillus). **5** *《スイレンなどの水草の》浮葉 (lily pad). **6**《俗》麻薬常用者のたまり場;《俗》ベッド;《俗》寝泊まりする場所, (自分の)部屋, 住みか; *《俗》淫売屋;《俗》理想郷, 理想的生活. **7** *《俗》警察官が山分けする賄賂(を贈る店); *《俗》収賄警察官の名簿. ● **knock** [**hit**] **the ～** *《俗》寝る, 床にはいる. **on the ～** *《俗》《警察官が》賄賂を取って. ► *vt* (**-dd-**) **1** …に詰め物をする, ‹衣類など›に綿[芯, パッド]を入れる ‹*out*›; 当て物をする; ‹馬›に鞍敷をつける. **2** 詰め込む; ‹人員・勘定などを›水増しする; …の音を消す[目立たなくする]; …に埋め草をする, ‹文章を›引き延ばす ‹*out*›. ● **～ down**《俗》寝る; *《俗》捜す. **～ out** *《俗》寝る. **～ up**〘クリケット〙‹打者が›すね当てをつける. [?Du or LG]

pad[2] *n* PADNAG;《足音などの》鈍い音, ドスン; "《方》通路, 路;《豪》…の通り道; ゆっくり歩く馬;《古》追いはぎ (footpad): cattle*pad*. ● **a gentleman** [**knight, squire**] **of the ～** 追いはぎ. ► *vt, vi* (**-dd-**) ぶらぶら歩く; そっと歩く ‹*across, down*›; 徒歩で行く[旅行する]; 踏みつける. ● **～ it** [**the hoof**] "《口》[°*joc*] てくる (walk). [LG *pad* PATH, *padden* to tread]

pad[3] *n* ふたのない小かご《果物・魚などを量る》. [*ped* (dial) hamper[2]]

pa·dang /pǽdæŋ/ *n*〘マレーシア〙運動場. [Malay]

Pa·dang /pɑ́ːdɑ̀ːŋ/ パダン《Sumatra 島西岸の市・港町; パダン高原 (the ～ **Híghlands**) への玄関口》.

pa·dauk, pa·douk /pədáuk/ *n*〘植〙パドゥク, カリン(花櫚)《マメ科シタン属の高木各種》,《特に 西アフリカ産の》アフリカパドゥク,《アンダマン諸島産の》アンダマンカリン,《ミャンマー・タイ産の》ビルマカリン,《東南アジア・東アジア産の》インドシタン, ヤエヤマシタン,《インド産の》コウキシタン《など》. [(Burma)]

pád·clòth *n* SADDLECLOTH.

pad·ded /pǽdəd/ *a* **1** PAD[1] をした[入れた], ‹文章などが›引き延ばされた. **2** *《俗》《密輸をするために》麻薬(などの禁制品)をテープで体にくくりつけた, 薬を隠しもった; *《俗》太った, 贅肉のついた.

pádded céll《精神病患者・囚人用の》壁面にけが防止用の詰め物をした個室.

pád·ding *n* 詰め物をすること, 芯を入れること; 芯, 詰め物;《新聞・雑誌の》埋め草,《著作・演説などで》不必要な挿入語句; 経費の水増し分.

Pad·ding·ton /pǽdɪŋtən/ **1** パディントン《London 西部の住宅区域》. **2** パディントン (＝～ **Béar**)《英国の作家 Michael Bond (1926–　) の *A Bear Called Paddington* (1958) 以下の Paddington シリーズの主人公のクマ》.

pad·dle[1] /pǽdl/ *n* **1** 短い幅広のかい, パドル, パドル状のもの, へら; 攪拌棒; オークション入札用の札; *《卓球の》ラケット,《パドルテニスの》パドル《など》;《心細動除去器の》体外電極, パドル;《宇宙船の両側に突き出した》太陽電池パネル; *《体罰用の》かい状の棒;《水門などの》仕切り板;〘動〙《ウミガメなどの》かい状の足, ひれ足;《機械の》攪拌翼;《汽船の外車・水車の》水かき; PADDLE WHEEL; パドルコントローラー《ゲーム機をつまみ[ダイヤル]で操作するコントローラー》; *《俗》飛行機のエンジン: a double ～ 両側に扁平部の付いたパドル. **2** パドルでこぐこと. **3** ピシャリと打つこと. ► *vi, vt* **1** パドルでこぐ, 静かにこぐ; パドルでこいで運ぶ; へらでかきまわす; 〈汽船などが〉外輪で動く; 〈水鳥・動物が〉水をかいて進む: ～ one's own CANOE. **2** へらでたたく[攪拌する]; ラケットで打つ; *《口》《体罰として》ピシャリと打つ (spank). [ME＜?]

paddle[2] *vi* 《浅瀬で》パチャパチャ歩きまわる, 手足をピチャピチャさせる; 《古》指でいじくる[もてあそぶ] 〈*on, in,* etc.〉; よちよち歩く. ♦ **pád·dler**[2] *n* [?LDu; cf. LG *paddeln* to tramp about]

páddle·bàll *n* パドルボール《ボールをラケットでコートの壁面に交互に打つゲーム; そのボール》.

páddle·bòard *n* 《波乗り・海難救助に用いる》浮き板, サーフボード.

páddle·bòat *n* 外車汽船, 外輪船 (paddle steamer).

páddle bòx 《汽船の》外車ばこ[おおい].

páddle·fìsh *n* 〔魚〕**a** 《Mississippi 川に多い》ヘラチョウザメ. **b** 《揚子江の》ハシナガチョウザメ, シナヘラチョウザメ《絶滅危惧種》.

páddle·fòot *n* 《俗》歩兵, ライフル銃兵.

pád·dler[1] *n* 水をかく人[もの, 装置]; カヌー[カヤック]漕手; 卓球選手; PADDLE STEAMER.

páddle stèamer 外車汽船, 外輪船 (side-wheeler).

páddle tènnis パドルテニス《パドルでスポンジのボールを打ち合うテニスに似たスポーツ》.

páddle whèel 《汽船の》外車, 外輪.

páddle whèeler PADDLE STEAMER.

pád·dling pòol ″子供用水遊び場, ビニールプール (wading pool).

pad·dock[1] /pǽdək/ *n* 《馬屋・馬匹飼育場近くの囲いをした》小放牧場, 追い込み場, 牧区; 《競馬場の》下見所, パドック; 《自動車レースコースの》発車待機所, パドック; 《豪》《放牧用の》囲い地. ► *vt* 〈放牧場などを〉囲む; 放牧場[囲い地, パドック]に入れる. [*parrock* (dial) PARK]

paddock[2] *n* 《古・英方》カエル (frog), ヒキガエル (toad). [ME *padde* toad, *-ock*]

pád dùty *《海軍俗》睡眠[仮眠]時間, 休憩.

pad·dy, padi /pǽdi/ *n* (*pl* **pád·dies, pád·is**) 米, 稲, もみ; 稲田, 水田. [Malay]

Paddy **1 a** パディ《(1) 男子名; Patrick の愛称 (2) 女子名; Patricia の愛称》. **b** 《口》[°*derog*] アイルランド(系)人《あだ名; cf. PAT, ⇨ JOHN BULL》: ～'s land アイルランド. **2** [p-] 《俗》《特に アイルランド系の》警官 (cop); [p-] *《俗》なまけ者, 役立たず, くず; [p-] *《俗》白人《メキシコ系人や黒人の用語》. **3** [p-] ″《口》かんしゃく (paddy-whack): be in [have] a ～ かんかんである. [Ir *Padraig* Patrick]

páddy bòy *《俗》白人《男》.

Páddy Dóyle [通例 次の成句で]: **do a ～** ″《俗》拘留[拘置]される, ぶち込まれる.

páddy fìeld 《水を張った》稲田, 水田, 田んぼ.

páddy-làst *n* 《アイル》《競技・レースで》最下位《人》, びり.

pad·dy·mel·on[1] /pǽdimèlən/ *n* 《豪》パディメロン《アフリカ原産のスイカに似た果実をつけるつる性植物》.

paddymelon[2] *n* PADEMELON.

Páddy's hùrricane 〔海〕絶対無風, 全くのなぎ.

páddy wàgon 《口》護送車 (patrol wagon).

Páddy Wéster 《俗》ダメ船員, 新米船乗り.

páddy·whàck *n* ″激怒, かんしゃく; 《米口・英方》ピシャリと打つこと, 平手打ち. ► *vt* 《米口・英方》ピシャリと打つ, 平手打ちする.

pad·e·mel·on /pǽdimèlən/ *n* 〔動〕ヤブワラビー《同属の数種; オーストラリア・ニューギニア産》. [(Austral)]

Pa·de·rew·ski /pæ̀dəréfski, -rév-/ パデレフスキ **Ignacy (Jan)** ～ (1860–1941)《ポーランドのピアニスト・作曲家・政治家; 首相 (1919)》.

pa·did·dle /pɑːdídl/ *n* 《CB 無線俗》一つ目《ヘッドライトが 1 つしか点灯しない車》.

pa·di·shah /páːdəʃàː/ *n* [°P-] 大王, 帝王《イランの shah, トルコの sultan, ムガル帝国の皇帝, インド皇帝としての英国王の称号》; 実力者, 帝王, …王. [Pers]

pad·lock /pǽdlàk/ *n* 南京錠: Wedlock is a ～. 《諺》婚姻は監禁. ► *vt* …に南京錠をかける; 〈言論などを〉抑圧する; 〈ホテル・劇場・工場などを〉条令で立入禁止にする. [*pad* ＜?, *lock*[1]]

pádlock làw 〔英〕施錠閉鎖法《アルコール飲料の販売によって生活妨害が発生した場合, 裁判所が販売所に施錠命令を出しうることを規定》.

pad·lop·er /pǽtlòupər/ *n* 《南ア》〔動〕ヒラセリクガメ《アフリカ南部の道路でよく見られるリクガメ科 *Homopus* 属の小型のカメ各種》. [Afrik *pad* path, *loper* runner]

Pad·ma Shri /pádmə ʃríː/ 《インドで》蓮飾章《民間の顕著な功績に対して与える》. [Hindi]

pád·nàg *n* 側対歩[だく足]で進む馬.

padouk ⇨ PADAUK.

pa·dre /páːdreɪ, -dri/ *n* 《スペイン・イタリアなどの》神父; 《口》軍隊[軍艦]付きの牧師[司祭] (chaplain). [It, Sp, Port＝father, priest＜L *pater*]

pa·dri·no* /pədríːnou/ *n* (*pl* **～s**) 名親 (godfather); 保護者, 後見人. [Sp]

pa·dro·ne /pədróuni/ *n* (*pl* **～s, -ni** /-ni/) 主人, 親方; 《地中海の》商船の船長; *イタリアからの移民労働者の元締め; 《イタリアの》子供乞食や辻音楽師などの親方; 宿屋の主人. ♦ **pa·dró·nism** *n* [It; ⇨ PATRON]

pád ròom* 《俗》アヘン窟; *《俗》寝室.

pád·sàw *n* 小型回しびき《刃が柄の中にしまい込める鋸》.

pad thai /páːd táɪ, pǽd-/ [°p- T-] パッタイ《ビーフンを使ったタイ風焼きそば》. [Thai]

Pad·ua /pǽdʒuə/ パドヴァ (It **Pa·do·va** /páːdəvàː/)《イタリア北東部 Venice の西にある市》. ♦ **Pád·u·an** *a, n*

pad·u·a·soy /pǽdʒuəsɔ̀ɪ/ *n* ポードソア《(1) 丈夫な絹織物の一種 (2) それで作った衣服》.

Pa·du·cah /pəd(j)úːkə/ パデューカ《Kentucky 州西部 Ohio 川と Tennessee 川の合流点にある市》.

Pa·dus /péɪdəs/ [the] パドゥス川《Po 川の古代名》.

pae·an /píːən/ *n* 《Apollo にささげた》感謝の賛歌; 賛歌, 頌歌, 凱歌 〈*to*〉; 個人をたたえる作品; 歓呼の声, 絶賛; PAEON. ♦ **páe·an·ìsm** *n* [L＜Gk]

paed-, ped- /píːd, *pέd/, **pae·do-, pe·do-** /píːdou, *pέdou, -də/ *comb form*「子供」「小児」「幼年時代」 [Gk *paid-, pais* boy, child]

paederast ⇨ PEDERAST.

paediatric(s) ⇨ PEDIATRIC(S).

paedobaptism ⇨ PEDOBAPTISM.

pàedo·génesis *n* 〔動〕幼生生殖. ♦ **-genétic, -génic** *a* 幼生生殖の. **-genétical·ly** *adv*

pàedo·mórphic, pèdo- *a* PAEDOMORPHISM [PAEDOMORPHOSIS] の[に関する].

pàedo·mórphism, pèdo- *n* 〔生〕幼形保有.

pàedo·mórphosis, pèdo- *n* 〔生〕幼形進化.

paedophile, paedophilia ⇨ PEDOPHILE, PEDOPHILIA.

pa·el·la /pɑːέlə, -éɪ(l)jə; paɪέlə/ *n* パエーリャ, パエリア《米・肉・魚介類・野菜などにサフランの香りをつけたスペイン風炊き込み御飯》. [Cat＜OF＜L PATELLA]

pae·on /píːən, -ɑ̀n/ *n* 〔韻〕四音節の韻脚《長音節 1 つと短音節 3 つからなる》. ♦ **pae·on·ic** /piɑ́nɪk/ *a*

paeony ⇨ PEONY.

pae·sa·no /paɪsáːnou, -záː-/, **pae·san** /paɪsáːn, -záːn/ *n* (*pl* **-ni** /-ni/, **-nos**) 同郷人, 《特に》イタリア人仲間.

Paes·tum /pέstəm, píːs-/ パエストゥム《イタリア南部 Lucania 海岸にあった古代ギリシアの植民市》.

Pá·ez /páːeɪs/ パエス **José Antonio** ～ (1790–1873)《ベネズエラの軍人・独立戦争指導者; 大統領 (1831–46); のち追放され, 帰国して独裁を行なう (1861–63) が再び追放》.

pa·fis·ti·cat·ed /pəfístəkèɪtəd/ *a* *《俗》酒に酔った. [*sophisticated* のなまり]

pa·gan /péɪgən/ *n* **1** 《キリスト教・ユダヤ教・イスラム教からみた》異教徒, 《特に》《ユダヤ教以前のギリシア・ローマの》多神教徒, 偶像信者. **2** 俗念[物欲, 肉欲]にとらわれた人, 不信心者, 快楽主義者; 未開人. **3** NEO-PAGAN. ► *a* 異教徒の; 不信心の. ♦ **～·dom** *n* 異教圏, 異教世界. **～·ish** *a* 異教を奉じる, 異教(徒)的な. **～·ly** *adv* [L *paganus* country dweller (*pagus* district)]

Pa·gan /pəgáːn/ パガン《(1) 西太平洋 Mariana 諸島北部の島; 島の北東にある活火山が 1981 年に大噴火を起こした (2) ミャンマー中部 Irrawaddy 川東岸の仏教遺跡; パガン王朝 (11–13 世紀) の首都》.

Pa·ga·ni·ni /pæ̀gəníːni, pɑ̀ː-/ パガニーニ **Niccolò** ～ (1782–1840)《イタリアのヴァイオリン奏者・作曲家》.

pàgan·ìsm *n* 異教信仰, 偶像崇拝; 異教精神; 異教; 不信心; 官能礼讃. ♦ **-ist** *n* **pà·ga·nís·tic** *a*

pàgan·ìze *vt, vi* 異教徒にする[なる]; 異教徒的にふるまう. ♦ **-ìz·er** *n* **pàgan·izátion** *n*

page[1] /péɪdʒ/ *n* **1** ページ《略 p., *pl* pp.》; 《印刷物の》1 葉; ページに書かれた事柄; 〔印〕ページ組み; 〔電算〕ページ《記憶領域の一区画; それを満たすひとまとまりのデータ》; 〔インターネット〕ページ (＝*Web page*)《WWW 上のハイパーテキストファイル, また その画面表示; ⇨ HOME PAGE》: *on* ～ 5 / over the ～ 次のページに[の] / turn a ～ ページをめくる / Open (your book) on [*at*″] ～ 10. (本の) 10 ページをあけなさい / the sports ～*s* スポーツ欄. **2** 文書, 書物, 記録 (record), 年史: in the ～*s* of Scott スコットの作品中に / in the ～*s* of history 史書の中に. **3** 《人生・一生の》挿話 (episode), 《歴史上の》事件, 時期; [*pl*] 文章の一節 (passage): a gloomy ～ in English history 英国史上の陰惨な一時期. ● **be on the same ～** *《口》〈複数の人・グループが〉同じ考え[意向]である. **take a ～ from sb's book** *《俗》人の先例に従う[を見習う], 人のまねをする (take a leaf out of sb's book). ► *vt* 〔製本〕丁付けする (paginate); 〈本を〉パラパラめくる; 〔電算〕〈データを〉ページングにより管理する. ► *vi* ページを繰る, 本をパラパラめくる 〈*through*〉; 〔電算〕画面のページをめくる 〈*down, up*〉.

［F＜L *pagina* (*pango* to fix)］

page[2] *n*〘史〙騎士見習い (cf. KNIGHT); 小姓(こしょう), 近習(きんじゅう); 花嫁の付添いの少年; 《ホテル・劇場などの》給仕, 案内係; 制服を着たボーイ (＝～ boy); *議員付添いの若者[少年]《雑用係》; 《ホテル・空港などでの》呼び出し. ▶ *vt* **1**〈人〉にボーイとして仕える. **2 a**《ホテル・空港などで》〈人〉の呼び出しをする; 《給仕流に》名前を呼んで〈人を〉捜す. **b**〈人を〉ポケットベルで呼び出す; 〈電気器具を〉電子リモコン装置で制御[操作]する. ♦ **～·hòod, ～·shìp** *n* 給仕[小姓, 近習]の役[身分]. ［OF＜?It *paggio*＜Gk (dim)〈 *pais* boy］

page[3] *n*〘土木〙ページ《支柱補強用の小型のくさび》. ［↑］

Page ページ (**1**) Sir **Frederick Handley** ～ (1885–1962)《英国の航空機設計・製造の草分け》 (**2**) **Geraldine** (**Sue**) ～ (1924–87)《米国の女優; Tennessee Williams 作品のヒロインの演技などで知られた》.

pag·eant /pǽʤənt/ *n* **1 a** 壮麗で大規模な行列[儀式, ショー, 展示会], 仮装行列, 山車(だし); 《ある土地や施設の歴史的場面を表わす》野外劇, ページェント; 〘史〙《中世の奇跡劇が演じられた》移動舞台; *美人コンテスト (beauty pageant): a Miss America ～ ミス・アメリカコンテスト. **b** 次々と移り行くもの[こと]. **2** 美観, 盛観; 虚飾, 見せびらかし. ［ME＝scene of a play＜?; cf. PAGE[1]］

págeant·ry *n* 見もの, 壮観, 華美; こけおどし, 虚飾; 野外劇, ページェント《集合的》.

páge bòy PAGE[2] として働く少年[男], ボーイ, 給仕; [ᵘpageboy]《女性の髪型の》内巻き.

páge brèak〘電算〙ページ区切り.

páge-óne*《俗》*a* 人目をひく, センセーショナルな, おもしろい. ▶ *n* PAGE-ONER.

páge-óner*/-wʌ́nər/《俗》*n* 第一面記事; センセーショナルなニュース; いつも第一面に載るような芸能人[有名人].

páge pròof〘印〙まとめ(組み)校正刷り.

páge protèction〘電算〙《メモリーの》ページ保護[プロテクト].

pag·er[1] /péɪʤər/ *n* 携帯用小型無線呼出し機, 《特に》ポケットベル, ポケベル (beeper, bleeper). ［*page*[2], *-er*[1]］

pager[2] *n* [*compd*] …ページにわたる記事[文章].

páge sètup〘電算〙《文書の》ページ設定.

Pag·et /pǽʤət/ パジェット Sir **James** ～, 1st Baronet (1814–99)《英国の外科医・病理学者》.

páge thrée gìrlᴴ タブロイド紙のヌード写真モデル. ［英国の大衆紙 *The Sun* のヌード写真掲載ページ］

Páget's disèase〘医〙パジェット[ページェット]病, 変形性骨炎 (osteitis deformans); 〘医〙乳房パジェット[ページェット]病《癌性疾患》. ［Sir James *Paget*］

páge-tùrn·er *n* 読み出したら止まらない本. ♦ **páge-tùrn·ing** *a* 一気に読める.

páge vìew〘電算〙ページビュー《ウェブページを表示した延べ回数; ウェブサイトの訪問者数の指標の一》.

pag·i·nal /pǽʤən(ə)l/, **-nary** /-nèri; -n(ə)ri/ *a* ページの, ページごとの; 対ページの: ～ translation 対訳.

pag·i·nate /pǽʤənèɪt/ *vt*〘製本〙…にページ数を付ける, 丁付けする. ♦ **pàg·i·ná·tion** *n* 丁付け; ページを示す数字, ノンブル; ページ数. ［L PAGE[1]］

pag·ing /péɪʤɪŋ/ *n* PAGINATION; 〘電算〙ページング《主記憶装置をページごとのブロックに分割し, 必要に応じて主記憶装置と補助記憶装置間でページを交換するメモリー管理法》.

Pa·gnol /pænjɔ́(ː)l/ パニョル **Marcel(-Paul)** ～ (1895–1974)《フランスの劇作家・映画監督》.

pag·od /pǽgəd/ *n*《極東の》神像, 仏像; 《古》PAGODA.

pa·go·da /pəgóʊdə/ *n*《インド・東アジアの》塔, パゴダ; 《新聞・タバコなどの》飾り屋台式売店; 昔のインドの金貨[銀貨]. ［Port, ＜Pers *butkada* idol temple］

pagóda trèe パゴダ状に生長する木《エンジュ・アコウなど》; [*joc*] 金のなる木. ● **shake the ～**〘英史〙《インドなどへ行って》楽々と大金をもうける.

Pa·go Pa·go /pàːŋgoʊ pàːŋgoʊ, pàːgoʊ pàːgoʊ/ パゴパゴ《Tutuila 島の港町でアメリカ領サモア (American Samoa) の中心の町; 旧称 Pango Pango》.

pag·ri /pʌ́gri/ *n* PUGGAREE.

pa·gu·ri·an /pəgjúəriən/, **pa·gu·rid** /pəgjúərəd, pǽgjə-/ *n*, *a*〘動〙ホンヤドカリ科 (Paguridae) の(ヤドカリ).

pah[1] /páː/ *int* フーン, チョッ, エヘン《軽蔑・不快・不信などを表わす発声》. ［imit］

pah[2] *n* PA[2].

PAH °polycyclic aromatic hydrocarbon.

Pa·hang /pəhǽŋ/ パハン《マレー半島にあるマレーシアの州; 南シナ海に臨む; ☆Kuala Lipis》.

Pa·ha·ri /pəháːri/ *n* **a** (*pl* ～, ～**s**) パハーリー族《北インド山岳部に住む部族》. **b** パハーリー諸語《インド-アーリア語派に属する語群; ネパール語はその一つ》.

Pah·la·vi[1] /pǽləvi, páːl-/ **1** パフラヴィー (**1**) ⇨ MOHAMMAD REZA PAHLAVI (**2**) ⇨ REZA SHAH PAHLAVI. **2** (*pl* ～, ～**s**) パフラヴィー《**1**) イランの旧通貨単位: ＝100 rials **2**) イランの旧金貨: 1927 年発行の際は 20 rials, 1932 年発行の際は 100 rials》.

Pahlavi[2] *n* パフラヴィー語《サササン朝時代のペルシア語》; パフラヴィー文字.

pah·mi /páːmi/ *n* (*pl* ～, ～**s**)〘動〙イタチアナグマ (ferret-badger).

pa·ho·e·hoe /pɑhóʊihòʊi/ *n* パホイホイ溶岩《表面がなめらかな低粘性の玄武岩質溶岩の形態; cf. AA[1]》. ［Haw］

Pa·houin /páːwæ̃n/ *n* (*pl* ～, ～**s**) ファン族 (FANG).

Pai Chü-i /báɪ ʤúːiː; páɪ ʧúːiː/ 白居易 (⇨ BAI JUYI).

paid[1] /péɪd/ *v* PAY[1] の過去・過去分詞. ▶ *a* 有給の (: ～ holiday); 雇われた (hired); 支払い[精算, 換金]済みの; 《俗》酔っぱらって《payday に酔っぱらうことから》: a highly-～ physician [job] 高給の医者[仕事] / ～ circulation 有料発行[実売]部数 / a ～ political announcement《CM などの》政治キャンペーン, 宣伝広告. ● **put ～ to…**ᴴ《口》…を終わらせる, 片付ける, 〈希望などを〉打ち砕く《'支払い済み' (paid) の判をおすことから》.

paid[2] *v* PAY[2] の過去・過去分詞.

pai·deia /paɪdéɪə/ *n*〘古ギ〙パイデイア《通例 男子を一人前の市民に育て上げる全人的教育》; 《教育を通して身につく》教養, 文化. ［Gk］

páid-ín *a*〈会員などが〉会費[入会金など]を払い込んだ.

páid-úp *a*〈会員などが〉会費[入会金など]を納付し終わった; 支払い済みの: fully ～ (会費)全額納入済みの, 正式な; [*fig*] 熱烈な, 筋金入りの.

pai·gleᴴ /péɪg(ə)l/ *n* COWSLIP, OXLIP.

paihua ⇨ BAIHUA.

pail /péɪl/ *n* 手桶, バケツ; PAILFUL; 《アイスクリームなど潤性食品の輸送に用いる》円筒型容器; *《俗》胃袋. ［OE *pægel* gill[1]; cf. PAELLA］

páil·fùl *n* (*pl* ～**s**, **páils·fùl**) 手桶一杯: a ～ of water.

pail·lard /paɪ(j)áːr, peɪjáːr/ *n* パイヤール《牛肉をたたいて薄くして焼いた料理》.

pail·lasse /pæljǽs, ⌐⌐; pǽliæ̀s, ⌐⌐⌐/ *n* PALLIASSE.

pail·lette /pæljét, pəlét; *F* pajɛt/ *n* パイエット《**1**) エナメル絵付け用の金属片 **2**) 小さなピカピカする金属片・ビーズ・宝石など; 舞台衣裳・婦人服・アクセサリーなどの縁飾りに用いる; その縁飾り **3**) キラキラ[ピカピカ]する絹織物》. ♦ **pail·létt·ed** *a* パイエットで飾った.

pail·lon /*F* pajɔ̃/ *n* 金属箔《エナメル細工・金箔に用いる》.

pai-loo, -lou /páɪloʊ/ *n*〘建〙牌楼《中国の装飾門》. ［Chin］

pain /péɪn/ *n* **1 a** 苦痛, 苦悩; 悲嘆, 心配; 《局部的な》痛み; [*pl*] 陣痛: feel some [a great deal of] ～ 少し[ひどく]痛みを覚える / ease [relieve] a ～ *in* the head 頭痛を和らげる. **b** [°*pl*] 労, 骨折り (efforts), 苦労 (trouble); 《口》いやな[やっかいな]こと[人], いらいらのたね: No ～(*s*), no gain(s). 《諺》苦労なくして得るものはない, まかぬ種は生えぬ / There is no pleasure without ～. 《諺》苦しみなくては愉しみもない. **2**《古》罰, 刑罰: ～*s* and penalties 刑罰. ● **a ～ in the neck**《口》＝**a ～ in the ass** [**backside, bum, butt, rear**]《俗》いやなこと[やつ], 悩み[頭痛]のたね: give sb *a ～ in the neck* 人をうんざり[いらいら]させる. **be at ～s** (*to* do) [**at the ～s** (of do*ing*)] (…しようと)骨折っている: He *is at* great ～*s to* do his work well. 仕事をうまくやろうと腐心している. **cause** sb **～** 人を苦しめる[傷つける]. **feel no ～**《俗》酔っぱらっている; 《俗》死んでいる. **for one's ～s** 骨折り賃に; [*iron*] 骨折りがいもなく: be a FOOL[1] *for* one's ～*s*. **give** sb **a ～**《口》人をいらいら[うんざり]させる, 苦しめる. **on** [**under**] **～ of**《しなければ》…の罰を加えるとおどして〈命じる〉: He ordered every man *under* ～ *of* death to bring in all the money he had. 有り金を全部出せ 出さぬと殺すぞと皆に命じた. **spare no ～s** (*to* do) 骨を惜しまず(…する): *No* ～*s* were *spared to* ensure success. 成功を確実にするためにあらゆる努力がなされた. **take** [**go to**] **～s** 骨折る〈*over, with*〉, 骨折って…する〈*to do*〉: She *took* great ～*s to* make the party a success. パーティーを盛会にするために大いに骨を折った.
▶ *vt* **1** …に苦痛を与える (hurt): My finger ～*s* me. 指が痛む. **2** 苦しめる, 悲しませる; 《口》困らせる: It ～*s* me *to* do…するに忍びない, …するのは心苦しい[つらい]. **3** [～ *-self*]《古》骨を折る, 努力する.
▶ *vi**〈体の一部が〉痛む; 《古》苦しむ. ［OF＜L *poena* penalty］

páin bàrrier《スポーツの選手などが克服する》痛みの限界点: through the ～ 痛みをおして[忘れて].

Paine /péɪn/ ペイン **Thomas** ～ (1737–1809)《英国生まれの米国の思想家・作家; 政治パンフレット *Common Sense* (1776), *Crisis* (1776–83) で米植民地人の独立闘争を, *The Rights of Man* (1791–92) でフランス革命を支持, *The Age of Reason* (1794, 96) で理神論を主張》.

páined *a* 痛がる; 心痛の; 傷ついた (injured); 感情を害した, 腹を立てた (offended): a ～ look [silence].

páin·ful *a* 痛い; 苦しい, 痛ましい; 骨の折れる, 困難な; 飽きあきする, うんざりする; 《口》《見るに[聞くに]耐えないほど》ひどい, 下手な; 《古》入念な. ♦ **～·ly** *adv* 痛んで, ずきずきと; きつく, いやというほど〈ぶつける〉; 苦しんで; 骨折って; 実に, ひどく, うんざりするほど: ～*ly* aware 痛いほどよくわかって, 痛感して / ～*ly* shy どうしようもなく恥ずかしがり屋の / ～*ly* clear [obvious] 疑いの余地がない. **～·ness** *n*

páin·kìll·er *n* 鎮痛剤, 痛み止め (analgesic); 《口》アルコール, 酒 (cf. *feel no* PAIN). ♦ **páin·kìll·ing** *a*

páin·less *a* 痛み[苦痛]のない; 痛くない; 《口》苦労のいらない, 造作のない: ～ childbirth 無痛分娩. ♦ **～·ly** *adv* **～·ness** *n*
Pain·le·vé /*F* pɛ̃lve/ パンルヴェ **Paul** ～ (1863–1933)《フランスの政治家・数学者; 首相 (1917, 25)》.
páin relìef 痛み止め: ～ cream 痛み止めクリーム (pain relieving cream)
páins·tàking *a* 丹念な, 綿密な, 労を惜しまない ‹*about, with* one's work›; 骨の折れる. ► *n* 丹念, 苦心, 丹精, 入念. ♦ **～·ly** *adv* **～·ness** *n*
paint /péɪnt/ *n* **1 a** 塗料, ペンキ, ペイント: (as) smart [fresh, pretty] as ～ とても手際のよい[みずみずしい, きれいな] / Wet [Fresh] ～! 《掲示》ペンキ塗りたて. **b** 化粧品, べに, 白粉; ドーラン (greasepaint); [*pl*] えのぐ; (固形)顔料. **2** 塗装, 着色 (coloring); 塗装面; [*fig*] 飾り, 虚飾. **3** *(白と黒の)まだら馬 (pinto). **4** *《俗》トランプカード, 《特に》絵札. **5** [the]【バスケ】制限区域, ペイントエリア《ゴール近くの色の異なる四角い区域; この中に 3 秒以上とどまることはできない》. ● **be like watching ～ dry** 《ペンキが乾くのをじっと見ているみたいに》ひどく退屈だ. ► *vt* **1 a** …にペンキを塗る, 塗装する: ～ the fence (white). **b** ‹液体などを›塗る; …に‹液体などを›塗る ‹*with*›. **c** 《えのぐで》描く, 油絵[水彩]で描く (cf. DRAW); …に‹…を›描く ‹*with*›: ～ a picture [horse]. **2 a** 飾る; …に化粧する; 飾りたてる, 《塗って》取りつくろう: (as) ～*ed* as a picture 厚化粧して. **b** あざやかに描写[叙述]する, 表現する. **3** ブラウン管のスクリーンに映し出す; ‹航空機・車など›の位置をレーダー画面に表示する. ► *vi* **1** 絵を描く; ペンキを塗る ‹*on*›: ～ in oils [water colors] 油絵[水彩画]を描く. **2** 化粧する. **3** ブラウン管のスクリーンに映る ‹*up*›. ● **～ a black** [**rosy,** etc.] **picture of**…をはなはだ悲観的[楽観的]に述べる. **～** sb **black** 人をあしざまに言う (cf. BLACK 諺, 成句). **～ from life** 写生する. **～ in** 《絵に前景などを》描き加える; えのぐの色で特に引き立たせる. **～ it red*** センセーショナルに記事を書く. **～ out** [**over**] ペンキで塗りつぶす. **～ the lily** ＝GILD[1] the lily. **～ the town** (**red**) 《口》《バーなどを飲み歩いて》底抜け騒ぎをする, 盛り場を遊びまわる. ♦ **～·able** *a* [OF (pp)‹*peindre* (L *pict- pingo* to paint)]
páint·bàll *n* ペイントボール《**1**) 命中すると破裂する塗料入りの弾丸 **2**) 塗料弾と特殊な銃を用いて争われる模擬戦闘[サバイバル]ゲーム (＝**～ gàme**)》. ♦ **～·er** *n*
páint bòx えのぐ箱.
páint·brùsh *n* **1** 絵筆, えのぐばけ; 塗料[ペンキ]ばけ. **2**【植】カステラソウ (Indian paintbrush);【植】コウリンタンポポ (orange hawkweed).
páint-by-númber *a* 番号式塗り絵の《番号で指定された色を, その番号が打ってある箇所に塗っていくと絵ができ上がる方式》; [*fig*] 機械的な, 図式的な, マニュアル的な.
páint càrds *pl* *《俗》《トランプ一組中の》絵札.
páint·ed *a* 描いた, 彩色した; えのぐ[ペンキ]を塗った, べにをつけた; 色彩のあざやかな; 《文》偽った, 虚飾的な; 空虚な; 不誠実な.
páinted búnting【鳥】ゴシキノジコ (＝*painted finch*)《ホオジロ科; 米国南部産》.
páinted cúp【植】カステラソウ (Indian paintbrush).
Páinted Désert [the] ペインテッド砂漠《Arizona 州中北部の高原地帯; あざやかな色の岩石が広がる; 大部分が Navaho, Hopi 族インディアンの居留地》.
páinted fínch【鳥】**a** コマチスズメ《豪州産》. **b** PAINTED BUNTING.
páinted gráss【植】リボングラス (ribbon grass).
páinted lády【昆】ヒメアカタテハ; 売春婦.
páinted sépulcher WHITED SEPULCHER.
páinted snípe【鳥】タマシギ《南半球・日本産》.
páinted tríllium【植】花の基部に紫紅色のすじのある北米原産のエンレイソウの一種.
páinted túrtle [**térrapin, tórtoise**]【動】ニシキガメ《北米東部産のヌマガメ科の小型のカメ; 黄色の縞模様と背甲に赤い縁飾りがある》.
páinted wóman ふしだらな女, 売春婦.
páint·er[1] *n* (*fem* **páint·ress**) 画家 (artist), 絵かき; ペンキ屋, 塗装工: Who's the ～? どなたが描いたのですか《絵をほめることば》. [*paint*]
painter[2] *n*【海】もやい綱. ● **cut the ～** 漂流させる; 手を切る, ‹特に 植民地が›本国との関係を断つ; さっさと逃げる. [?OF *penteur* strong rope]
painter[3]* *n* COUGAR. [変形‹*panther*]
páint·er·ly *a* 画家[絵かき]の; 画家特有の; 線より色彩を強調する. ♦ **-li·ness** *n*
páinter's cólic【医】塗装工疝痛 (lead colic).
páinter's pànts *pl* CARPENTER PANTS.
páint gùn ペイントガン《**1**) ペンキを霧状に噴き出す塗装器具 **2**) ペンキを発射する防犯用の銃 **3**) paintball [コンバットゲーム]用のエアガン》.
páint hòrse [**pòny**]* まだら馬 (pinto).
páint-ìn *n* ペイントイン《荒廃した区域の美観の回復を訴えて集団で建物にペンキを塗ったりすること》.
páint·ing *n* 絵をかくこと, 画法; 画工職, 画業; 絵画, 油絵, 水彩画 (cf. DRAWING); ペンキ塗装, 彩色, 《陶磁器の》絵付け; 塗装業; えのぐ, 塗料, ペンキ.
páint prògram【電算】ペイントプログラム《イメージの表現にビットマップを用いた作画プログラム》.
páint remòver ペンキ剥離剤, リムーバー; *《俗》強い[安物の]ウイスキー; *《俗》強い[安物の]コーヒー.
páint ròller 塗料[ペンキ]ローラー.
páint shòp 《工場などの》塗装(作業)場, 塗料吹き付け作業場.
páint·stìck *n* 《水溶性の》鉛筆[クレヨン]型えのぐ.
páint strìpper ペンキ剥離剤 (paint remover).
páint·wòrk" *n* 塗って乾いたペンキ, 塗装面; 塗装; 塗装法.
páinty *a* えのぐの; えのぐを塗りすぎた‹絵など›; えのぐ[ペンキ]でよごれた, ペンキだらけの.
pair /péər/ *n* (*pl* **～s,**【商】/《口》～) **1 a** 一対, 一組 (略 pr); 一丁 ‹*of* scissors›, 一着 ‹*of* pants›, 一個 ‹*of* spectacles›: I have only one ～ of hands. 《口》わたしには手が 2 本しかありません《忙しすぎる人の苦情》. **b** 対のものの片方: Where's the ～ to [for] this glove? この手袋の片方はどこだ. **2 a** 一組の男女, カップル, 《特に》夫婦, 婚約中[恋仲]の男女; 《スポーツの》二人組, ペア; 《俗》《人に迷惑をかける》二人組; 《動物の》一つがい; いっしょにつながれた 2 頭の馬: the happy ～ 新郎新婦 / a carriage and ～ 2 頭立ての馬車. **b**【議会】示し合わせて投票を棄権する対立党[与野党]の議員《2 人》; 棄権の申し合わせ. **3**【トランプ】2 人組のチーム, ペア《同点の札 2 枚そろい》, [*pl*] 神経衰弱 (Pelmanism);【切手】ペア《2 枚でシートになっているもの》;【機】対偶, 対, ペア《雄ねじと雌ねじなど 2 つ一組のもの》; PAIR-OAR; 《階段などの》一連 (flight); "2 つ以上の組;【クリケット】打者の再度の無得点 (pair of SPECTACLES); 《俗》(形のいい)乳房; 《方》《数珠玉などの》一連. ★ 複数詞のあとでは今日でも単数形を用いることがある: three ～(*s*) of shoes / twelve ～*s* of eyes 24 のひとみ. ● **bag** [**get, make**] **a ～**【クリケット】2 打席とも無得点に終わる. **in ～s** [**a ～**] 2 つ[2 人]一組になって. **one** [**two, three,** etc.] **～ front** [**back**] "2[3, 4] 階の表[裏]部屋(に住む人): lodge on the *three* ～ *back* 4 階裏部屋に住む. **up two** [**three,** etc.] **～s of stairs** [**steps**] "3[4] 階に.
► *vt, vi* 一対にする[なる], ‹2 人・2 つを›組み合わせる, ‹2 つが›組む; 結婚させる[する], ‹動物を›つがわせる, ‹動物が›つがう ‹*with*›; *‹近隣の学校›の白人生徒と黒人生徒をいっしょにする;【議会】反対党議員と示し合わせて棄権する, [°*pass*] ‹相対立する政党の 2 人の議員›に棄権させる. ● **～ off** 2 つずつに分離する[並べる]; 2 人ずつ組む[去る]; 恋人になる[する], 結婚する ‹*with*›. **～ up** 《仕事・スポーツで》2 人ずつ組になる[する] ‹*with*›.
[OF‹L *paria* (neut pl)‹PAR[1]]
páir annihilàtion【理】対(つい)消滅 (annihilation).
páir-bònd *n, vi*【生】一雌一雄関係[つがい](になる).
páir-bònd·ing *n*【生】一雌一雄関係の形成[状態], つがいのきずな.
páir creàtion [**formàtion**] PAIR PRODUCTION.
páired *a* 対になった.
páired-assóciate léarning 対(つい)連合学習《一方から他方を連想・想起するように数字・単語などを対にして憶えること》.
páir-hórse *a* 二頭立ての.
páir·ing *n* 対にすること; ペア, ひと組; 《選手権試合での競技者[チーム]の》(対戦)組合わせ(表);【生】対合 (SYNAPSIS).
páiring sèason 《鳥などの》交尾期.
páir-òar *n* ペア《2 人が各自 1 本のオールをこぐボート》.
páir-òared *a* 2 人が各自 1 本ずつこぐ, ペアの.
páir-òff *n* *《俗》2 つずつ分けること.
páir prodùction【理】対(つい)生成《光子が一対の粒子と反粒子に転化する素粒子反応》.
páir róyal【トランプ】ペアロイヤル《cribbage で同種の札の 3 枚そろい》.
páir [**páirs**] **skàting** ペアスケート《男女がペアになって演じるフィギュアスケート競技》.
páir tràwling 2 艘引きトロール漁業.
páir ùp *《俗》卵二つの目玉焼き.
páir·wìse *adv, a* 2 つ一組になって[なった], ペアで[の], ペアごとに[の].
pai·sa /paɪsáː/ *n* **1** (*pl* ～) パイサ《ネパールの通貨単位: ＝1/100 rupee》. **2** (*pl* **pai·se** /-séɪ/) パイサ《インドの通貨単位: ＝1/100 rupee》. [Hindi]
pai·sa·no /paɪsáːnoʊ/ *《南西部》*n* (*pl* **～s**) **1** 同郷人, 同国人, 同胞; 田舎者, 百姓. **2** *ミチバシリ (roadrunner). [Sp‹F; ⇨ PEASANT]
pais·ley /péɪzli/ *n* [°P-] ペーズリー織り《Paisley から広まった多彩色の細かい曲線模様を配した毛織物》; ペーズリー織りの製品《ショールなど》; ペーズリー模様. ► *a* ペーズリー織りの; ペーズリー模様の.
Paisley **1** ペーズリー《スコットランド中西部 Glasgow の西, Renfrewshire 参事会地域[歴史的州]の中心地》. **2** ペーズリー **Ian** (**Richard Kyle**) ～ (1926–　)《北アイルランドの政治家・聖職者; プロテスタント強硬派を指導; 北アイルランド自治政府首相 (2007–08)》.
Páisley·ìsm *n* ペーズリー主義《ペーズリー派 (Paisleyites) の原則・方針》.

Páisley·ìte *n, a* Ian PAISLEY の(支持者), ペーズリー派[主義]の(人).
País Vas·co /páɪs bá:skoʊ/ バスク地方《BASQUE COUNTRY のスペイン語名》.
Pai·ute, Pi- /páɪ(j)ù:t, ─ ́─/ *n* **a** (*pl* ~**s**, ~) パイユート族《米国西部の Great Basin に居住する先住民; Oregon 州, Nevada 州西部を中心とする Northern ~ と Nevada 州南部, Utah 州, Arizona 州北部, California 州南東部を中心とする Southern ~ に分けられる》. **b** パイユート語《パイユート族が使用する Uto-Aztecan 語族に属する 2 つの言語》.
pa·ja·ma | py- /pədʒá:mə, *-dʒǽmə/ *n* PAJAMAS. ♦ **~ed** *a* パジャマを着た, パジャマ姿の.
pajáma pàrty* SLUMBER PARTY.
pa·ja·mas | py- /pədʒá:məz, *-dʒǽm-/ *n pl* パジャマ; 《イスラム教徒の》ゆったりしたズボン; パジャマスタイルのドレス《婦人のレジャーウェアなど》: a suit [pair] of ~ パジャマ一着 / a *pajama* coat パジャマの上着. ● CAT'S PAJAMAS. [Urdu=leg clothing]
Pak /pǽk, *pá:k/ *n, a* [ˢ*derog*] 《口》パキスタン人(の) (Pakistani).
Pak. Pakistan.
pak·a·mac, pac·a-ᴵᴵ /pǽkəmæ̀k/ *n* 《小さくたためる》ビニール合羽(がっぱ). [*pack a mac(kintosh)* の発音つづり]
Pa·kan·ba·ru /pà:kənbá:ru/, **Pe·kan-** /pèɪ-/ パカンバル, ペカンバル《インドネシア Sumatra 島中部にある市》.
pak·a·poo, -pu /pǽkəpù:, ─ ─ ́─/ *n* 白鴿(はと)票《文字の並んでいる紙片を用いて行なう中国の賭博の一種》. ● **like a ~ ticket** 《豪俗》乱雑で, むちゃくちゃで, わけのわからない, まるで読めない.
Pakaraima Mountains ⇨ PACARAIMA MOUNTAINS.
pak choi /pá:k tʃɔ́ɪ, pǽk-/ パクチョイ (BOK CHOY).
pa·ke·ha /pá:kəhà:/ *n* [ᵒP-] 《NZ》Maori を祖先にもたない人, 白人. [Maori]
pákeha Máori マオリの生活様式を採用するヨーロッパ人, 白いマオリ.
Pakh·tun /pɑktú:n/ *n* PASHTUN.
Paki /pǽki, *pá:-/, **Pak·ki, Pak·ky** /pǽki/ ᴵᴵ《口》[ᵁ*derog*] *n* パキスタンからの移民, パキスタン人 (Pakistani); インド人; パキスタン人などが経営する商店.
Páki-bàsh·ing *n* ᴵᴵ《俗》パキスタンなどからの移民に対する迫害[いやがらせ].
pa·ki·hi, -ka- /pá:kəhì:/ *n* 《NZ》パキヒ《特に 南島北西部の砂利の多い土地[湿地]; その土壌》.
pa·ki·ri·ki·ri /pá:kɪrikìri/ *n* 《NZ》トラギス科の海産食用魚 (blue cod).
Pak·i·stan /pǽkɪstæ̀n, pà:kɪstá:n; pà:kɪstá:n/ *n* パキスタン《アジア南部アラビア海に面する国; 公式名 Islamic Republic of ~ (パキスタン・イスラム共和国); もと 英領インドの一部で, 1947 年自治領として独立, 56 年共和国となった; インドを隔てて East ~ と West ~ に分かれていたが, 前者は 71 年 Bangladesh として独立し後者が現パキスタンとなる; ☆Islamabad》. ► *a* パキスタンの. [*Pakstan* (*P*unjab, *A*fghan Province, *K*ashmir, *S*indh, Baluchi*stan*)]
Pa·ki·sta·ni /pæ̀kɪstǽni, pà:kɪstá:ni; pà:kɪstá:ni/ *n* (*pl* ~, ~**s**) パキスタン人. ► *a* パキスタン(人)の. [Hind]
Pakki, Pakky ⇨ PAKI.
pa·ko·ra, pa·kho·ra /pəkɔ́:rə/ *n* パコーラー《インド料理で, 野菜を刻んでてんぷら風に揚げたもの》. [Hindi]
pa kua /pá: kwá:/ BA GUA.
pal /pǽl/ 《口》*n* 仲よし, 仲間, 友だち, [*voc*] [ˢ*derog*] あんた, きみ; 共犯. ► *vi* (**-ll-**) 友だちとしてつきあう; 仲間になる ⟨*with*⟩: ~ *around* together 友だちづきあいをする / I'll ~ (*up*) *with* you. きみと仲よしになろう. ● **the old ~s act** 《古》《古くからの友人であるかのような》なれなれしい態度. [Romany=brother, mate<Skt]
Pal 〖商標〗パル《Pedigree Petfoods 社製のドッグフード》.
PAL /pǽl/ *n* 〖米郵〗PAL《軍関係の海外向け小包を対象とする割引料金の航空便; cf. SAM²》. [*p*arcel *a*ir*l*ift]
PAL 〖テレビ〗phase alternation line パル方式《アナログカラーテレビの送受信方式; フランス以外のヨーロッパ各国, オーストラリアなどで採用; cf. NTSC, SECAM》.
pala ⇨ PALLAH.
pal·ace /pǽləs/ *n* **1** 宮殿; [the P-] ᴵᴵBUCKINGHAM PALACE; [the] 国王, 宮廷の有力者たち; ᴵᴵ《(大)主教・高官の》官邸, 公邸; りっぱな邸宅, 館(やかた), 御殿; 《議会・裁判所などの》公共の大建築; 《娯楽場・レストランなどの》豪華な建物, 殿堂. **2***《鉄道俗》車掌車 (caboose). ► *a* 宮殿の; 側近の; ぜいたくな. [OF<L *Palatium* Palatine Hill]
pálace càr 〖鉄道〗豪華な特別仕様車.
pálace cóup PALACE REVOLUTION.
pálace guárd 近衛兵; 《王・大統領などの》側近.
pálace intrigue 《組織内部の》権力闘争, 内輪もめ.
Pálace of Wéstminster [the] 〖英〗ウェストミンスター宮《**1**) かつての London の王宮で, 現在の国会議事堂のある場所にあった; 1834 年の火災でほぼ焼失 **2**) 現在の国会議事堂の公式名 (全名 New Palace of Westminster)》.
pálace revolútion 宮廷革命《政権内部の者による, 通例 無血のクーデター》.
Pa·la·cio Val·dés /pɑ:lá:θjoʊ vɑ:ldéɪs/ パラシオ・バルデス **Armando ~** (1853–1938)《スペインの小説家・批評家》.
pal·a·din /pǽlədən/ *n* CHARLEMAGNE に仕えたという伝説的十二勇士《ROLAND, OLIVER など》; 武者修行者 (knight-errant); (伝説的)英雄, 義侠の士; 《文》主義・主張の主唱者. [F<It; ⇨ PALATINE¹]
palae- /péɪli, pǽli/ ⇨ PALE-.
Pàlae·árctic, Pàle- *a* 〖生物地理〗旧北亜区の.
palaeo- /péɪlioʊ, pǽl-, -liə/ ⇨ PALE-.
pàlaeo·anthrópic, -leo- *a* 〖人〗《ネアンデルタールなどの》旧人類の (cf. NEANTHROPIC).
pàlaeo·trópical, -leo- *a* 〖生物地理〗旧熱帯区の.
pa·laes·tra, -les- /pəléstrə, -lí:-/ *n* (*pl* **-trae** /-tri/, ~**s**) 〖古ギ・古ロ〗体育場, レスリング道場; GYMNASIUM.
pal·a·fitte /pǽləfɪt/ *n* 杭上住宅《スイス・北イタリアの新石器時代における湖に打ち並べた杭の上の住居》. [F<It]
pa·la·gi /pɑ:lá:ŋi/ *n* 《NZ・サモア》PAPALAGI.
pa·lais /pæléɪ, ─ ́─; *F* palɛ/ *n* (*pl* ~ /-léɪ(z), -lèɪ(z)/, ~**es** /-léɪz, -lèɪz/) [ᵒP-] 宮殿, 邸宅; フランス政府庁舎; PALAIS DE DANSE. [F=(dancing) hall]
palais de danse /*F* -də dɑ̃:s/ (*pl* ~) 《広くて豪華な》ダンスホール.
paláis glìde 〖ダンス〗パレグライド《多数の人が腕を組んで一列になり, すべるようなステップで踊るもの》.
pa·lak /pá:lək/ *n* 《インド》ホウレンソウ. [Urdu]
Pal·a·me·des /pæ̀ləmí:di:z/ 〖ギ神〗パラメーデース《トロイア戦争の際のギリシア方の将; Odysseus を無理に出征させたので恨まれ, 謀殺された》.
pal·an·quin, -keen /pæ̀lənkí:n, pəlǽŋkwən/ *n* 《中国・インドの》かご; 乗物. ► *vi* かごで旅する. [Port; cf. Skt *palyanka* bed, couch]
pa·la·pa /pəlǽpə/ *n* パラパ《木組みの骨格にヤシの葉で屋根をふいたメキシコ特有の日よけ・雨よけ用建造物》. [MexSp=cohune]
Pa·la·ri, -re /pəlá:ri/ *n* POLARI.
pal·at·able /pǽlətəb(ə)l/ *a* 味のよい, 口に合う; 趣味にかなう, ここちよい, 好ましい. ♦ **-ably** *adv* **~·ness** *n* **pàl·at·abíl·i·ty** *n* 口[趣味]に合うこと, 嗜好性.
pal·a·tal /pǽlət(ə)l/ *a* 口蓋(音)の. ► *n* 口蓋骨; 〖音〗口蓋音 (/j, ç/ など). ♦ **~·ly** *adv* [F; ⇨ PALATE]
pálatal·ìze *vt* 〖音〗口蓋音で発音する, 口蓋(音)化する《/k/ を /ç/ /tʃ/ とするなど》. ♦ **pàlatal·izátion** *n* 口蓋(音)化.
pal·ate /pǽlət/ *n* **1** 〖解〗口蓋: HARD [SOFT] PALATE. **2 a** 味覚; 《知的な》趣味, 好み, 審美眼: suit one's ~ 口[好み]に合う / have a good ~ *for* coffee コーヒーの味がわかる / develop a wine ~ ワインの味覚を発達させる. **b** 《ワイン・ビールの》風味. **3** 〖植〗《仮面状花冠の》下唇基部の突起. [L *palatum*]
pa·la·tial /pəléɪʃ(ə)l/ *a* 宮殿の(ような); 豪華な, 豪壮な, 広大な, 堂々とした (magnificent). ♦ **~·ly** *adv* **~·ness** *n* [L; ⇨ PALACE]
pa·lat·i·nate /pəlǽt(ə)nət/ *n* **1** 〖史〗PALATINE¹ の領地[位]. **2** [the P-] パラティネート, プファルツ (*G* Pfalz)《神聖ローマ帝国内の宮中伯 (counts palatine) の領地であったドイツ南西部の地域; UPPER PALATINATE と Lower Palatinate (RHINE PALATINATE) の 2 つがあり, 後者はワインの産地として有名》; [P-] プファルツの出身者[住民], プファルツ人. **3** 《Durham 大学で》うす紫色(のブレザー).
pal·a·tine¹ /pǽlətàɪn/ *a* 宮内官の, 宮中伯(領)の; 《特に(神聖)ローマ皇帝の》宮廷の; 王権を有する; 宮殿の (palatial); [P-] プファルツ (the Palatinate) の. ► *n* **1** 《古代ローマの》宮内官; 〖英史〗王権伯 (count palatine); 〖米史〗《アメリカの Carolina などの植民地の》領主; 《中世ドイツ・フランスの》大法官, 宮中伯. **2** [P-] プファルツ人 (Palatinate). **3** [the P-] PALATINE HILL. **4** パラチン《昔の婦人用の毛皮製肩掛け; Elizabeth Charlotte of Bavaria (1652–1722), Duchess of Orléans and Princess *Palatine* にちなむ》. [F<L=of the PALACE]
palatine² *a* 〖解〗口蓋(近く)の. ► *n* [*pl*] 口蓋骨 (=~ **bónes**). [F; ⇨ PALATE]
Pálatine Híll [the] パラティノの丘《SEVEN HILLS OF ROME の中心をなす丘でローマ皇帝が最初に宮殿を築いた地》.
pál·a·to·gràm /pǽlətə-/ *n* 〖音〗口蓋図《子音の発音の際 人工口蓋に残る舌の接触部分の図》.
pal·a·tog·ra·phy /pæ̀lətágrəfi/ *n* 〖音〗口蓋図法, パラトグラフィー《発音の際に舌が口蓋に接触する位置を色素などを使って観察する技術》. ♦ **pàl·a·to·gráph·ic** *a*
Pa·lau /pəláʊ/ パラオ《西太平洋にあるパラオ諸島からなる共和国; 別称 Belau; 公式名 Republic of ~ (パラオ共和国); 1994 年独立; ☆ Melekeok》.
Pa·lau·an /pəláʊən/ *n* パラオ(諸島)人; パラオ語.
pa·lav·er /pəlǽvər, -lá:-; -lá:-/ *n* おしゃべり, むだ話; おべっか, 丸め込み; 手間のかかる話し合い[商談, 交渉]《アフリカの先住民と欧米の商人との間におけるように文化の異なる人びとの間の》; もめごと, 大騒ぎ; 《俗》面倒な事, 用事. ► *vi, vt* 商談する; おべっかを使う; しゃべる; 丸め込む. [Port=word, talk<L PARABOLA]

Pa·la·wan /pəlá:wən, -wà:n/ パラワン《フィリピン南西部の島》.

pa·laz·zo /pəlá:tsoʊ/ *n* (*pl* **-zi** /-tsi/, **~s**) 宮殿, 殿堂; 《イタリアの》広壮な建物《邸宅・博物館など》; [*pl*] PALAZZO PANTS. [It=palace]

palázzo pajàmas *pl* パラッツォパジャマ《パラッツォパンツとジャケット[ブラウス]の組合わせのセミフォーマルな婦人服》.

palázzo pànts *pl* パラッツォパンツ《脚部がだぶだぶで裾幅が広い婦人用ズボン》.

pale[1] /péɪl/ *a* **1** 青白い, 青ざめた, 蒼白な; 〈色の〉うすい, 淡い: You look ~. きみは顔色が悪い / turn ~ まっ青になる / ~ blue うす青 / ~ wine 白ワイン. **2** うす暗い, おぼろな, ぼんやりした〈光〉. **3** 弱々しい, パッとしない, 見劣りする (feeble): a ~ imitation まがいもの, 二番煎じ. ► *vi, vt* 青ざめる, 青ざめさせる; うすく[ほの暗く]なる[する]; 見劣りする, 影が薄くなる: ~ at...のことで顔が青ざめる / ~ beside [before]...の前に顔色なし, ...より見劣りがする. ► *n**《俗》白人. ♦ **~·ly** *adv* 青白く, 青ざめて; (色が)うすく; ほの暗く. **~·ness** *n* [OF<L *pallidus* (*palleo* to be pale)]

pale[2] *n* **1 a**《柵の》杭; 《古》柵, 垣; 境界; 囲い地; 領域, 境内. **b** [the (English [Irish]) P-]〖史〗ペイル《12 世紀以後イングランド人が征服・定住したアイルランドの東部地方》. **c** [the P-]《ロシアで》ユダヤ人強制集住地域. **2**〖植〗《イネ科植物の小花(しょうか)の基部の 2 枚の》包葉 (bract), 《特に 上側の》内穎 (palea). **3**〖紋〗盾の中央の縦筋; 〖紋〗《盾形紋章の》縦帯. ● **beyond [outside] the ~ of**...の埒(らち)を越えて, 常軌を逸して, 受け入れられなくなって: consider sb *beyond the* professional ~ 職業仲間と認めない. **in ~**〖紋〗《2 つの図柄が》縦に並んで, 《1 つの紋章が》紋地の中央に垂直になって. **per ~**〖紋〗中央に上から下へ. ► *vt* ...に杭をめぐらす, 垣[柵]をする, 囲む. [OF<L *palus* stake]

pa·le-, pa·lae- /péɪli, pǽli/, **pa·leo-, pa·laeo-** /péɪlioʊ, pǽl-, -liə/ *comb form*「古」「旧」「原始」 [Gk *palai-* (*palaios* ancient)]

pa·lea /péɪliə/ *n* (*pl* **pa·le·ae** /-lìi:, -lìaɪ/)〖植〗内花穎(えい), 内穎. ♦ **pá·le·al** *a* [L=chaff]

pa·le·a·ceous /pèɪliéɪʃəs/ *a*〖植〗穎におおわれた[似た].

pále åle[11] LIGHT ALE.

Palearctic ⇨ PALAEARCTIC.

pa·le·ate /péɪliət, -èɪt/ *a*〖植〗穎におおわれた.

paled[1] /péɪld/ *a* [°~ out]《カナダ俗》泥酔して, 薬(やく)で参って.

paled[2] *a* 杭[柵] (pales) で囲った (fenced).

pále drý *a* 辛口でうす色の: ~ ginger ale.

pàle·ethnólogy *n* 先史人類学.

pále·fàce *n* [ˢ*derog*] 白人《北米インディアン側からみた言い方とされる》; 《黒人俗》白人の同性愛者; *《俗》ピエロ; *《俗》ウイスキー.

Pa·lekh /pá:lèk, -lèx/ *a* パレフ(塗り)の《ロシアのイコンまたは小箱・盆などに施された細密画の技法についていう》. [この種の美術品で知られる Moscow 北東郊の町]

Pa·lem·bang /pà:ləmbá:ŋ/ パレンバン《インドネシアの Sumatra 島南東部にある港湾都市》.

Pa·len·cia /pəlénʃ(i)ə/ パレンシア《**1**) スペイン北部 Castile and Leon 自治州の県 **2**) その県都; 12–13 世紀カスティリャ王宮があった》.

Pa·len·que /pəléŋkeɪ/ パレンケ《メキシコ南部, 古代マヤ文明の都市遺跡》.

paleoanthropic ⇨ PALAEOANTHROPIC.

pàleo·anthropólogy *n* 古人類学. ♦ **-gist** *n* **-anthropológical** *a*

pàleo·bìo·chémistry *n* 古生化学.

pàleo·bìo·geógraphy *n* 古生物地理学. ♦ **-geográphical** *a*

pàleo·biólogy *n* 純古生物学《古生物を生物学の立場から研究する》. ♦ **-biólogist** *n* **-biológical, -ic** *a*

pàleo·bótany *n* 古植物学. ♦ **-botánical, -ic** *a* **-ical·ly** *adv* **-bótanist** *n*

Páleo·cène〖地質〗*a* 暁(ぎょう)新世[統]の. ► *n* [the] 暁新世[統].

pàleo·chronólogy *n* 先史年代学.

pàleo·clímate *n* 古気候《地質時代の気候》. ♦ **-climátic** *a*

pàleo·climatólogy *n* 古気候学. ♦ **-gist** *n*

pàleo·consérvative *n* 超守旧派. ► *a* 超守旧派の.

páleo·cùrrent *n*〖地質〗古水流《堆積物の形成に関与した過去の水流; その方向は堆積構造によって推定できる》.

pàleo·ecólogy *n* 古生態学. ♦ **-gist** *n* **-ecológical, -ic** *a*

pàleo·envíronment *n* 古環境《人類出現前の海洋および大陸の環境》. ♦ **-environméntal** *a*

páleo·èthno·bótany *n* 古民族植物学《化石穀物などを研究して考古学に役立てる》.

Páleo·gène〖地質〗*a* 古第三紀[系]の. ► *n* [the] 古第三紀[系]《第三紀の前半》.

pàleo·génesis *n*〖生〗原形発生 (palingenesis).

pàleo·genétics *n* 古遺伝学《化石になった動植物の遺伝の研究》.

pàleo·geógraphy *n* 古地理学. ♦ **-geógrapher** *n* **-geográphic, -ical** *a* **-ical·ly** *adv*

pàleo·geólogy *n* 古地質学.

pàleo·gèo·phýsics *n* 古地球物理学.

pa·le·og·ra·phy /pèɪliágrəfi, pæli-/ *n* 古文書学; 古文書《集合的》; 古書体. ♦ **-pher** *n* 古文書学者. **pàl·eo·gráph·ic, -i·cal** *a* **-i·cal·ly** *adv*

pàleo·hábitat *n*《有史以前の動物の》古生息地.

pàleo·ichthyólogy *n* 化石魚類学. ♦ **-gist** *n*

Pàleo-Índian *n, a*〖人〗古アメリカインディアン(の)《更新世に絶滅した狩猟民族; アジア大陸から移住したと考えられている》.

pàleo·látitude *n*〖地物〗古緯度《過去のある時期における陸塊などの緯度》.

pàleo·limnólogy *n* 古陸水学.

páleo·lith *n* 旧石器.

Pàleo·líthic *a* [ˢp-] 旧石器時代の.

pa·le·ol·o·gy /pèɪliálədʒi, pæl-/ *n*《有史以前の》古遺物研究.

pàleo·mágnet·ìsm *n* 古地磁気; 古地磁気学. ♦ **-tist** *n* **-magnétic** *a* **-ical·ly** *adv*

pa·le·on·tog·ra·phy /pèɪliàntágrəfi, pæl-/ *n* 古生物誌, 記述化石学. ♦ **pà·le·òn·to·gráph·ic, -i·cal** *a*

pa·le·on·tol·o·gy /pèɪliàntálədʒi, pæl-/ *n* 古生物学. ♦ **-gist** *n* **-òn·to·lóg·ic, -i·cal** *a*

pàleo·pathólogy *n* 古病理学, 古生物病理学《ミイラなど古代から保存されている身体についての病理学》. ♦ **-gist** *n* **pàleo-pathológical** *a*

pàleo·primatólogy *n* 古霊長類学.

Pàleo·sibérian *n, a* 旧シベリア人(の)《東北シベリアの先住民; その言語は系統不明》; 旧シベリア諸語(の).

páleo·sol /-sàl/ *n* 古土壌《地質時代にてきた土壌》.

pàleo·témperature *n* 古温度《先史時代の海洋などの温度》.

paleotropical ⇨ PALAEOTROPICAL.

Pàleo·zóic〖地質〗*a* 古生代の (cf. CENOZOIC, MESOZOIC); 古生界の. ► *n* [the] 古生代《地質時代の区分の一つ; 原生代 (Proterozoic) に続く時代で 6 億年前に始まり 2, 3 億年前に終わる; 時代順にカンブリア紀 (Cambrian), オルドビス紀 (Ordovician), シルル紀 (Silurian), デボン紀 (Devonian), 石炭紀 (Carboniferous), 二畳紀 (Permian) に分けられる》; [the] 古生界《古生代の地層》. [-*zoic*[1]]

pàleo·zoólogy *n* 古動物学. ♦ **-zoólogist** *n* **-zoológical** *a*

Pa·ler·mo /pəlá:rmoʊ, -lέər-/ パレルモ《Sicily 島北西岸の港市で, 同島の中心都市; 古代名 Panormus, Panhormus》. ♦ **Pa·ler·mi·tan** /pəlá:rmət(ə)n, -lέər-/ *a, n*

Pal·es·tine /pǽləstàɪn/ パレスティナ (L **Pal·aes·ti·na** /pæ̀ləstí:nə, -táɪ-/)《地中海の東岸地方の称; 境界は歴史的には一定しないが, おおむね Jordan 川以西を中核とする; ユダヤ教・キリスト教・イスラム教の聖地 (Holy Land) で, 聖書の Canaan の地に相当; 第一次大戦後 Jordan 川以西が英国の委任統治領 (1923–48), 現在はおおよそイスラエルとヨルダン川西岸を合わせた地域》. [F, <Gk=land of Philistines]

Pálestine Liberátion Organizàtion [the] パレスティナ解放機構《1964 年パレスティナアラブ人がパレスティナ解放を目指して創設した組織; 略 PLO》.

Pal·es·tin·i·an /pæ̀ləstíniən/ *a* パレスティナ (Palestine) の; パレスティナ解放主義の. ► *n* パレスティナ人; パレスティナ解放主義者.

Palestínian Authórity パレスティナ自治政府《イスラエルとパレスティナ解放機構 (PLO) の合意に基づいて 1994 年に設立された, ヨルダン川西岸地区と Gaza 地区の行政および治安維持活動をつかさどる組織》.

palestra ⇨ PALAESTRA.

Pa·le·stri·na /pæ̀ləstrí:nə/ パレストリーナ **Giovanni Pierluigi da** ~ (c.1525–94)《イタリアの作曲家; 16 世紀最高の教会音楽作曲家》.

pal·et /peɪlέt, péɪlət/ *n* PALEA.

pal·e·tot /pǽl(ə)tòʊ/ *n* パルトー《**1**) ゆるやかな外套 **2**) 特に 19 世紀の女性が crinoline または bustle の上に着たぴったりした上着》. [F<OF<L *paletot*<ME *paltok* jacket]

pal·ette /pǽlət/ *n*《えのぐの》パレット; 《パレットに並べた》ひとそろいのえのぐ; 《画家・作品独自の》えのぐの配合, 色の範囲; 《絵画以外の芸術で》用いられる要素の範囲[取り合わせ, 配合], 音色の範囲[種類]; 〖電算〗パレット《画面上に同時に表示できる色の組》; 胸当て《金工用》; PALLETTE. ♦ **~·lìke** *a* [F (dim)<L *pala* spade]

pálette [pállet] knífe パレットナイフ《えのぐの調合, また料理に用いる》.

pále wéstern cútworm〖昆〗米国西部のネキリムシ[ヨトウムシ]の一種.

pále·wise, -wàys *adv*〖紋〗縦に, 垂直に (cf. PALE[2]).

Pa·ley /péɪli/ ペーリー **William** ～ (1743–1805)《英国の神学者・功利主義哲学者》.

pal·frey /pɔ́:lfri/ *n* 《古・詩》《軍馬と区別して》乗用馬《特に婦人用の小型乗用馬》. [OF＜L (Gk *para* beside, L *veredus* light horse)]

Pal·grave /pǽlgrèɪv, pɔ́:l-/ パルグレーヴ, ポールグレーヴ **Francis Turner** ～ (1824–97)《英国の詩人・批評家; 詞華集 *The Golden Treasury* (1861) の編者》.

Pa·li /pɑ́:li/ *n* パーリ語《Sanskrit の俗語; 仏教原典に用いられた》.

Páli Cánon [the] パーリ語聖典《紀元前 1 世紀にさかのぼる仏典》.

pal·i·kar /pǽləkɑ̀:r/ *n* 《ギリシアの対トルコ独立戦争 (1821–28) 当時の》国民兵. [ModGk]

Pa·li·kir /pɑ̀:lɪkíər/ パリキール《Pohnpei 島にあるミクロネシア連邦の首都》.

pa·li·la /pəlí:lə/ *n* 〔鳥〕キムネハワイマシコ, パリラ《ハワイミツスイ科; Hawaii 島産》. [Haw]

pal·i·la·lia /pæ̀ləléɪliə/ *n* 〔医〕同語反復(症)《語句や音節を異常に反復する言語障害》. [Gk *pali* again, LALIA]

pal·i·mo·ny /pǽləmòuni/ *n**《口》《裁判所命令により》別れた同棲相手に与える金・財産, 同棲解消に伴う扶助料[慰藉料], パリモニー. [*pal*＋al*imony*]

pal·imp·sest /pǽləm(p)sèst, pəlím(p)sèst/ *n, a* もとの字句を消した上に字句を記した(羊皮紙), パリンプセスト(の); 裏面にも文字を刻記した(黄銅記念標); 《表側から見える》多層構造. ◆ **pàl·imp·sés·tic** *a* [L＜Gk (*palin* again, *psēstos* rubbed)]

pal·in·drome /pǽləndròum/ *n* **1** 回文《前後どちらから読んでも同じ語[語句]: radar / Madam, I'm Adam. / Sir, I'm Iris. /「たけやぶやけた」》. **2**〔生〕パリンドローム, 回文配列《DNA 上で塩基配列が左右どちらから読んでも同じような構造をなしている部分》. ◆ **-dròm·ist** *n* **pàl·in·dróm·ic** *a* [Gk＝running back again (*drom-* to run)]

pal·ing /péɪlɪŋ/ *n* 杭をめぐらすこと, 柵造り; [°*pl*] 柵; 杭; 柵[杭]用の木《集合的》: a ～ board 背板. [*pale*²]

pal·in·génesis /pæ̀lən-/ *n* **1**〔哲〕新生, 再生《霊魂の輪廻(りんね)・更生》; 〔生〕原形[反復]発生《個体発生は系統発生を繰り返す; cf. CENOGENESIS》. **2** 歴史循環説. ◆ **-genétic** *a*

pal·in·ode /pǽlənòud/ *n* 以前の詩の内容を改めた詩, 改詠詩, パリノード; 撤回, 取消し, 言い換え, 変改. ◆ **pál·in·òd·ist** *n*

pal·in·op·sia /pæ̀lənápsiə/ *n* 〔眼〕反復視《残像が長くなる視覚異常》.

pal·i·sade /pæ̀ləséɪd/ *n* 柵, 矢来(やらい); [*pl*]*《川岸の》断崖, パリセード; PALISADE LAYER. ► *vt* [ᵁ*pp*] …に杭[柵, 矢来]をめぐらす. [F (⇨ PALE²)]

palisáde céll 〔植〕柵状細胞.

palisáde láyer [mésophyll, parénchyma, tíssue] 〔植〕柵状組織, 柵状柔組織[葉肉組織].

pal·ish /péɪlɪʃ/ *a* やや青ざめた, 少し青白い.

Pálk Stráit /pɔ́:(l)k-/ [the] ポーク海峡《インドと Ceylon 島の間》.

pall¹ /pɔ́:l/ *n* **1 a** 棺[霊柩車, 墓など]に掛ける黒[紫, 白など]のビロードの布; 〔カト〕聖体布, 聖杯布, パラ. **b** 《特に遺体のはいった》棺, 柩; 陰鬱な雰囲気: cast a ～ on [over]…に暗影を投げかける, 〈楽しみ〉に水を差す[冷水を浴びせる]. **2** 幕, とばり 〈*of* smoke, darkness〉. **3** パリウム (pallium); 《古》外套. **4**〔紋〕Y 字形紋章. ► *vt* …に棺衣をかける, おおう, 包む (cloak). [OE *pæll*＜L PALLIUM]

pall² *vi* まずくなる; (…にとって)つまらなくなる 〈*on*〉; 弱まる, 薄れる; 飽きる. ► *vt* まずくする, …の味をなくす; 飽かせる, 食傷させる. [*appal*]

palla ⇨ PALLAH.

palladia *n* PALLADIUM² の複数形.

Pal·la·di·an¹ /pəléɪdiən, -lɑ́:-/ *a* パラス (Pallas) の; 知恵の, 学問の.

Palladian² *a* パラディオ (Andrea Palladio) の様式の. ► *n* パラディオ崇拝者[信奉者]. ◆ **～·ìsm** *n* パラディオ主義《Palladio の古典主義様式にならおうとする 18 世紀英国の建築上の立場》.

Palládian wíndow VENETIAN WINDOW.

pal·lad·ic /pəlǽdɪk, -léɪ-/ *a* 〔化〕4 価のパラジウムの[を含む], パラジウム (IV) の.

pal·la·di·nize /pǽləd(ə)nàɪz/ *vt* PALLADIUMIZE.

Pal·la·dio /pəlɑ́:diou/ パラディオ **Andrea** ～ (1508–80)《イタリアルネサンスの代表的建築家》.

pal·la·di·um¹ /pəléɪdiəm/ *n* 〔化〕パラジウム《金属元素; 記号 Pd, 原子番号 46》. [*Pallad- Pallas* (小惑星)]

palladium² *n* **1** (*pl* **-dia** /-diə/) 守護神; 保障, 守護; [P-] PALLAS の像《特にトロイア市守護の》. **2** [the P-] パラディウム (LONDON PALLADIUM). [L; ⇨ PALLAS]

pálladium·ìze *vt* パラジウムで処理する[おおう].

pal·la·dous /pəléɪdəs, pǽlədəs/ *a* 〔化〕2 価のパラジウムの[を含む], パラジウム (II) の.

pal·lah, pal·la, pala /pǽlə/ *n* 〔動〕IMPALA. [Tswana]

Pal·las /pǽləs/ **1**〔ギ神〕パラス (＝～ **Athéna**)《ATHENA 女神の呼称の一つ; cf. PALLADIAN¹》. **2**〔天〕パラス《小惑星 2 番》. [L＜Gk ＝maiden]

pállas ìron 〔鉱〕PALLASITE. [↓]

pal·las·ite /pǽləsàɪt/ *n* 〔鉱〕パラサイト, 石鉄隕石 (＝*pallas iron*). [Peter S. *Pallas* (1741–1811) プロイセンの博物学者]

páll·bèar·er *n* 棺を担う人; 棺側葬送者《棺を担わず同行または護衛する人》.

pal·les·cent /pəlés(ə)nt/ *a* 色がうすくなる.

pal·let¹ /pǽlət/ *n* 《じかに床に敷く》わらぶとん, 貧しい寝床. [AF＜L *palea* straw]

pallet² *n* **1** 陶工のこて; 〔製本〕いちょう《仕上げ用具の一つ》; 《金めっきに用いる》平たいブラシ. **2** パレット《倉庫・工場などの荷運び台》; 陶器を乾燥する際に載せる板; パレット (palette). **3**〔機〕つめ, 歯止め; 〔時計〕アンクル《がんぎ車とてんぷの間の部品》; 《オルガンなどの》空気調節弁; 〔動〕《フナクイムシの》尾栓. ◆ **～·ed** *a* パレットに載せられた. [F PALETTE]

pallet³ *n* 〔紋〕半幅の縦帯. [(dim)＜*pale*²]

pállet·ìze *vt* 〈材料などを〉PALLET² に載せる[て運ぶ, て保管する]. ◆ **-ìzed** *a* **-ìz·er** *n* **pàllet·izátion** *n*

pallet knife ⇨ PALETTE KNIFE.

pal·lette /pǽlət, pælét/ *n* 《よろいの》わきのした当て.

pállet trùck パレットトラック (＝*stacking truck*)《パレットを昇降させるリフトの付いた小型運搬車》.

pallia *n* PALLIUM の複数形.

pal·li·al /pǽliəl/ *a* 〔動〕外套膜の; 〔解〕(脳)外套の.

pal·liasseᴵᴵ /pæljǽs, ⸗⸗; pǽliæ̀s, ⸗⸗⸗/ *n* わら[おがくず]ぶとん. [F＜It＜L PALLET¹]

pal·li·ate /pǽlièɪt/ *vt* 〈病気〉の苦痛を緩和する; 〈症状を〉和らげる, 軽くする; 〈過失などを〉言いつくろう, 弁解する; 弱める, 減じる, 加減する. ◆ **pál·li·à·tor** *n* PALLIATIVE. [L *pallio* to cloak (PALL¹)]

pal·li·a·tion /pæ̀liéɪʃ(ə)n/ *n* 《病気・痛みなどの》一時的緩和; 言いわけ (excuse); 《過失の》軽減.

pal·li·a·tive /pǽliətɪv, *-èɪtɪv/ *a* 軽減[緩和]する, 一時的に抑える, 待期的な; 弁解する. ► *n* 緩和剤; 弁解; 酌量すべき情状; 待期療法; 姑息な手段, その場しのぎ. ◆ **～·ly** *adv*

pálliative cáre ùnit 緩和ケア病棟《略 PCU》.

pal·lid /pǽləd/ *a* 青ざめた, 青白い; 生気のない; さえない, つまらない. ◆ **～·ly** *adv* **～·ness, pal·lid·i·ty** /pælídəti, pə-/ *n* [L; ⇨ PALE¹]

pal·li·da Mors /pǽlədə mɔ́:rz/ 蒼白い死. [L]

pal·li·dot·o·my /pæ̀lɪdátəmi/ *n* 〔医〕淡蒼球破壊術《パーキンソン病などの不随意運動の治療のため大脳基底核の淡蒼球の一部を不活性化する手術》.

pal·li·um /pǽliəm/ *n* (*pl* **～s, -lia** /-liə/) **1 a**〔古ギ・古ロ〕パリウム《一種の外衣で, 左肩上からたらし右肩の上または下で縛る長方形の布》. **b**〔カト〕(大司教用)肩衣(かたぎぬ), パリウム《教皇が大司教に授ける白い羊毛製の帯で, 教皇の権威を分有するしるし》. **c** 祭壇布 (altar cloth). **2**〔解〕《脳の灰白質の》外套; 〔動〕《軟体動物の》外套膜 (mantle). [L＝cloak]

pall-mall /pélmél, pǽlmǽl, *pɔ́:lmɔ́:l/ *n* ペルメル《木球を打って離れたところにある鉄環をくぐらせる球戯; イングランドで 17 世紀に行なわれた》; ペルメル球戯場.

Pall Mall /pélmél, pǽlmǽl; pǽlmǽl/ ペルメル街《London のクラブ街》; 英国陸軍省《もと Pall Mall 街にあった》.

pal·lor /pǽlər/ *n* 《特に 顔面の》蒼白.

pal·ly, -lie /pǽli/ 《口》*a* 仲のよい, 親しい, なれなれしい 〈*with*〉. ► *n* 友だち (pal). [*pal*]

palm¹ /pɑ́:(l)m; pɑ́:m/ *n* **1 a** てのひら, たなごころ, 手掌, 動物の前足の裏; 《トランプなどを》手の中に隠しぐさ: read sb's ～ 人の手相を見る. **b** 掌尺《幅約 7.6–10 cm, 長さ 18–25 cm》. **2**《一般に》掌状物[部]《グローブの内側・鹿のてのひら状枝角など》; 掌革, パーム (＝sailmaker's ～)《縫帆員が指ぬきの代わりにてのひらに当てる革などの保護用具》; 〔海〕いかりづめ (fluke) の内面; いかりづめ; オールの扁平部; スキーの裏. ● **cross sb's ～ (with silver)** 占い師《など》に金[チップ]をつかませる. **grease [oil] sb's ～＝tickle the ～ of sb＝tickle sb in the ～** 人に賄賂を送る, 袖の下[鼻薬]を使う (bribe). **have an itching [itchy] ～** 欲が深い, 《特に》貪欲に賄賂を求める. **have [hold]…in the ～ of one's hand** …を掌中に握る, 完全に支配する. **know…like the ～ of one's hand** …を(たなごころを指すがごとく)よく知っている. ► *vt* **1** 〈カードなどを〉てのひらに隠す; 〈受け取ったチップなどを〉隠す; こっそり拾い上げる[手渡す]. **2** ごまかして[だまして]〈人に〉…を押しつける. **3** てのひらでなでる; てのひら[手]で打つ; …と握手する; 〔バスケ〕〈ボールを〉ドリブルしている間に下から保持する《パーミングという反則》. ● **～ off** 〈にせものを〉ごまかして〈人に〉つかませる, 〈いやな人を〉〈他人に〉押しつける 〈*on* sb〉; 見せかける, ごまかす 〈*as*〉; 〈人を〉だまして〈…を〉押しつける, 〈言いのがれで〉…を煙にまく 〈*with*〉. [OF＜L *palma*]

palm² *n* 〔植〕ヤシ; ヤシ[シュロ]の葉[枝](をかたどったもの)《勝利 または喜びのしるし》; [the] 勝利 (triumph), 栄誉; 賞品; 《軍隊の》追加勲章. ● **bear [carry off] the ～** 勝つ, 賞をとる. **give [yield] the ～ to**…に負ける, …の勝ちを認める. ◆ **～·like** *a* [OE *palm* (*a*)＜Gmc＜L PALM¹; 葉が広げた手に似ることから]

Pal·ma /páːlmə/ **1** パルマ《地中海西部 Baleares 諸島の Majorca 島にある市・港町; スペインの Baleares 自治州・県の州都・県都; 公式名 **Pálma de Mallórca**》. **2** ⇨ ESTRADA PALMA.
pal·ma·ceous /pælméɪʃəs, *pɑː(l)-/ 〖植〗 *a* ヤシの(ような); ヤシ科 (Palmae) の.
pal·ma Chris·ti /pǽlmə krísti/ (*pl* **pál·mae Chrísti** /-miː/) 〖植〗 CASTOR-OIL PLANT.
pal·mar /pǽlmər, *páː(l)mər/ 〖解〗 *a* 手掌の; 掌側の.
pal·ma·ry[1] /pǽlməri, *páː(l)m-/ *a* 最優秀の, 抜群の, 栄冠[称賛, 注目]に値する. [L (PALM²)]
palmary[2] *a* PALMAR.
Pal·mas /páːlməs/ [Cape] パルマス岬《西アフリカ, リベリア南東端の大西洋に突き出た岬》.
pal·mate /pǽlmèɪt, -mət, *páː(l)m-/, **pal·mat·ed** /-mèɪtəd/ *a* てのひら状の, 〈葉・枝角など〉掌状の; 〖動〗 水かき足のある, 蹼足(ぼくそく)の. ♦ **-mate·ly** *adv*
pálmate néwt 〖動〗 ヒラユビイモリ《西ヨーロッパ産の小型のイモリ; オスの足に水かきがあり, 腹側に黒い斑点がある》.
pal·mat·i·fid /pælmǽtəfəd, *pɑː(l)-/ *a* 〈葉など〉掌状(中裂)の.
pal·ma·tion /pælméɪʃ(ə)n, *pɑː(l)-/ *n* 掌状(部); 〖植〗 掌状分裂[裂刻].
Pálm Béach パームビーチ《Florida 州南東海岸の避寒地》.
pálm bùtter PALM OIL.
pálm càbbage 〖植〗 アメリカパルメット (cabbage palmetto); キャベツヤシの葉芽 (cabbage).
pálm cìvet [càt] 〖動〗 パームシベット《アフリカ・東南アジアなどの樹上で果実を主食とするジャコウネコの総称》.
pálm còckatoo 〖鳥〗 ヤシオウム (great black cockatoo).
pálm compùter 〖電算〗 PALMTOP.
pálm·cord·er /-kɔ̀ːrdər/ *n* パームコーダー《てのひらサイズのビデオカメラ》.
pálm cràb 〖動〗 ヤシガニ (purse crab).
Pal·me /páːlmə/ パルメ **(Sven) Olof (Joachim)** ～ (1927-86)《スウェーデンの政治家; 首相 (1969-76, 82-86); 社会民主労働者党; 暗殺》.
palmed /páːmd, *páːlmd/ *a* [*compd*] …なてのひらを有する; PALMATE: leather-～ gloves.
palm·er[1] /páːmər, *páːlm-/ *n* (パレスティナの)聖地巡礼者《記念にシュロの枝[葉]で作った十字架を持ち帰った》, 《一般に》巡礼; 巡回修道士; 〖昆〗 PALMERWORM; 〖釣〗 パルマー(フライ) (＝～ **flỳ**)《毛針の一種》. [*palm*²]
palmer[2] *n* トランプなどでごまかす人, いかさま師, 手品師. [*palm*¹]
Palmer パーマー (1) **A(lexander) Mitchell** ～ (1872-1936)《米国の法律家・政治家; 第一次大戦直後の時期に司法長官 (1919-21) として労働運動を弾圧した (Red Scare)》 (2) **Arnold (Daniel)** ～ (1929-　)《米国のプロゴルファー; マスターズで 4 回優勝 (1958, 60, 62, 64)》 (3) **Samuel** ～ (1805-81)《英国の風景画家・版画家; William Blake の継承者》.
Pálmer Archipélago [the] パーマー諸島《南アメリカ大陸と南極大陸の間; 旧称 Antarctic Archipelago》.
Pálmer Lánd パーマーランド《南極半島の南部》.
Pálmer Península [the] パーマー半島《ANTARCTIC PENINSULA の旧称》.
Palm·er·ston /páːmərstən, *páːlm-/ パーマストン **Henry John Temple** ～, 3rd Viscount ～ (1784-1865)《英国の政治家; 外相 (1830-34, 35-41, 46-51), 首相 (1855-58, 59-65)》. ♦ **Pàlm·er·stó·nian** *a*
Pálmerston Nórth パーマストンノース《ニュージーランド北島南部の市》.
pálmer·wòrm *n* 〖昆〗 北米産のキバガの一種の幼虫《一時に多数発生して果樹に害をもたらす》.
pal·mette /pælmét/ *n* パルメット《シュロの葉をかたどったような扇形に開いた文様》.
pal·met·to /pælmétoʊ/ *n* (*pl* ～**s**, ～**es**) **1** 〖植〗 パルメットヤシ (cabbage palmetto); 《俗に》シュロ状の葉の木; (パルメット)ヤシの葉で編んだ帽子. **2** [P-] パルメット《South Carolina 州人のあだ名》. [Sp *palmito* (dim) ‹ PALM²]
palmétto bùg 《主に米南部》 COCKROACH.
Palmétto Stàte [the] パルメットヤシ州《South Carolina 州の俗称》.
pálm fàmily 〖植〗 ヤシ科 (Palmae).
pálm·fùl *n* (*pl* ～**s**) てのひら一杯(の量); ひと握り.
pálm-grèasing *n, a* 《俗》 贈賄(の).
Palm·gren /páː(l)mgrən/ パルムグレン **Selim** ～ (1878-1951)《フィンランドのピアニスト・作曲家》.
pálm hòuse シュロ栽培の温室.
pal·mier /páː(l)mièɪ; pǽl-/ *n* 〖菓子〗 パルミエ《ヤシの葉形のクッキー》. [F＝palm tree]
pal·mi·et /pǽlmiət/ *n* 〖植〗 アフリカ南部で屋根ふき材料にするイグサ科の低木状の草本. [Afrik]
pal·mi·ped /pǽlməpèd/ *a, n* 水かき足の(鳥), 水鳥.
Pal·mi·ra /pɑːlmíərə/ パルミラ《コロンビア西部の市; 農産物集散地》.
pálm·ist *n* 手相見《人》.
palm·ist·ry /páːməstri, *páːlm-/ *n* 手相占い; [*joc*] 手先の器用さ. [ME ‹ ?*palm*¹＋*maistrie* mastery]
pal·mi·tate /pǽlmətèɪt, *pɑː(l)-/ *n* 〖化〗 パルミチン酸塩[エステル].
pal·mit·ic /pælmítɪk, *pɑː(l)-/ *a* 〖化〗 パルミチン酸の; パルミチン酸から採った.
palmític ácid 〖化〗 パルミチン酸.
pal·mi·tin /pǽlmətən, *páː(l)-/ *n* 〖化〗 パルミチン《白色の結晶性粉末; 医薬用など》.
pálm lèaf シュロの葉《扇・帽子などを作る》; 《オリエント美術に広く用いられる》シュロの葉形のモチーフ.
pálm òil **1** パーム油 (＝*palm butter*)《アブラヤシの種子から抽出; 石鹸・ろうそく・調理用油脂・潤滑油用》. **2** 《俗》 賄賂 (bribe), 贈賄 (bribery).
pálm òil chòp パーム油を用いた西アフリカの肉料理.
pálm-prèss·er *n* 《口》 握手屋 (FLESH-PRESSER).
pálm prìnt 掌紋(しょうもん)《てのひらの紋》.
pálm rèading 手相占い (palmistry).
Pálm Spríngs パームスプリングズ《California 州南東部 Los Angeles の東にある市・保養地; ゴルフコース・テニスコートなどが多数ある》.
pálm squìrrel 〖動〗 シマヤシリス《同属の数種; インド産》.
pálm sùgar パーム糖《ヤシの糖液から採る》.
Pálm Súnday 〖キ教〗 棕櫚の聖日[主日]《復活祭直前の日曜日で, キリストが受難を前に Jerusalem にはいった記念日; *John* 12: 12-13》.
pálm swìft 〖鳥〗 **a** アメリカヤシアマツバメ《西インド諸島産; ヤシの葉に巣をつくる》, オナガヤシアマツバメ《南米産》. **b** ヤシアマツバメ《アフリカ・アジア産》.
pálm·tòp *n* 〖電算〗 パームトップ(型)コンピューター (＝～ **compùter**)《てのひらサイズのコンピューターや PDA》.
pálm trèe ヤシ(の木), シュロ.
pálm vàulting 〖建〗 棕櫚形ヴォールト (fan vaulting).
pálm wìne ヤシ酒《発酵させたヤシの樹液》.
pálmy *a* **1** ヤシの(ような), ヤシの多い[茂った], ヤシから得た. **2** 勝利を得た, 意気揚々とした; 輝かしい: (one's) ～ days (ある人の)全盛時代.
pal·my·ra /pælmáɪərə/ *n* 〖植〗 オウギヤシ, ウチワヤシ, パルミラヤシ (＝～ **pàlm**)《インド・マレー産》. [Port]
Palmyra パルミラ (1) シリア中部の古代都市; Solomon の建設という (*2 Chron* 8: 4); 別称 Tadmur, 聖書名 Tadmor, Tamar 2) 太平洋中部 LINE ISLANDS の島; 米国領》. ♦ **Pal·my·rene** /pǽlməriːn, -maɪ-/ *a, n*
Palo Al·to /pǽloʊ ǽltoʊ/ パロアルト (1) California 州西部 San Francisco の南東, San Francisco 湾に臨む市; 1891 年 Stanford 大学のために建設 2) Texas 州南端にある古戦場, メキシコ戦争の第一戦が行なわれた (1846)》.
pa·ló·lo (wòrm) /pəlóʊloʊ(-)/ 〖動〗 パロロ《南太平洋のサンゴ礁に生息するイソメ科の多毛虫; 産卵期に海面に上がるのを採って珍味とする》. [(Samoa, Tonga)]
Pal·o·mar /pǽləmàːr/ [Mount] パロマー山《California 州南部 San Diego の北東にある山 (1871 m); 200 インチの反射望遠鏡を備えた天文台がある》.
pal·o·mi·no /pæ̀ləmíːnoʊ/ *n* (*pl* ～**s**) [°P-] パロミノ《体が黄金色でたてがみと尾が銀白色の馬》; パロミノ《シェリーなど酒精強化ワイン用の白ブドウの一品種》. [AmSp‹Sp＝young pigeon (L *palumba* dove)]
pa·loo·ka /pəlúːkə/, **-ker** /-kər/* 《俗》 *n* へぼ選手[ボクサー]; プロレスラー; のろま, でくのぼう; よた者, チンピラ. [C20‹?]
Pa·los /páːlòʊs/ パロス《スペイン南西部の村; Columbus がアメリカ発見の航海に出発した地 (1492)》.
Pa·louse /pəlúːs/ *n* (*pl* ～, ～**s**) パルース族《Washington 州南東部の Palouse 川 (Snake 川の支流) 流域に居住する先住民》.
pa·lo·ver·de /pæ̀loʊvə́ːrdi, pɑ̀ːloʊvéərdeɪ/ *n* 〖植〗 パロベルデ《米国中西部・メキシコの砂漠に生えるとげのあるマメ科の低木》. [AmSp ＝green tree]
palp[1] /pǽlp/ *n* 〖動〗 PALPUS.
palp[2] *vt* …に手を触れる, さわる. [L *palpo* to feel, touch]
pal·pa·ble /pǽlpəb(ə)l/ *a* 明白な, わかりきった; すぐに感じられる; 触知できる, さわれる; 〖医〗 触診できる: a ～ lie [error]. ♦ **-bly** *adv* **pàl·pa·bíl·i·ty** *n* [L (*palp*²)]
pal·pal /pǽlpəl/ *a* 〖動〗 鬚 (palpus) の[に関する].
pal·pate[1] /pǽlpèɪt/ *vt* …にさわってみる (feel); 〖医〗 触診する. [?逆成‹*palpation*; ⇨ PALP²]
palpate[2] *a* 〖動〗 鬚 (palpus [palpi]) のある.
pal·pa·tion /pælpéɪʃ(ə)n/ *n* 触接, 触知, 触感; 〖医〗 触診(法).
pal·pe·bra /pǽlpəbrə, pælpíː-/ *n* 〖解〗 眼瞼, まぶた (eyelid). [L]
pal·pe·bral /pǽlpəbrəl, pælpíː-/ *a* 眼瞼の(近くの).
pal·pe·brate /pǽlpəbrèɪt, -brət/ *a* 眼瞼がある. ► *vi* /-brèɪt/ まばたきをする.

palpi *n* PALPUS の複数形.

pal·pi·tant /pǽlpətənt/ *a* 動悸がする; 胸がときめく.

pal·pi·tate /pǽlpətèɪt/ *vi* 動悸がする; 震える ‹*with* fear›. ♦ **pál·pi·tàt·ing** *a* **pàl·pi·tá·tion** *n* [°*pl*] 心悸亢進, 動悸. [L *palpito* (freq) ‹ *palpo* to PALP[2]]

pal·pus /pǽlpəs/ *n* (*pl* **-pi** /-pàɪ, -pi/) 〖動〗《節足動物の》口肢, 鬚(ひげ), 触肢. [L=a stroking; ⇨ PALP[2]]

pals·grave /pɔ́:lzgrèɪv/ *n* 〖史〗《ドイツ, 特に Rhine Palatinate の》宮中伯 (count palatine).

pals·gra·vine /pɔ́:lzgrəvì:n/ *n* 宮中伯夫人[未亡人].

pál·shìp *n**《口》友だちづきあい, 仲間であること.

pal·sied /pɔ́:lzid/ *a* 麻痺した, 震える; 中風の.

pal·stave /pɔ́:lstèɪv/ *n* 〖考古〗青銅製の斧 (celt).

pal·sy[1] /pɔ́:lzi/ *n* 《軽い》麻痺 (paralysis); 中風; [*fig*] 麻痺状態, 不随: BELL'S PALSY / CEREBRAL PALSY. ► *vt* [ᵘ*pass*] 麻痺させる (paralyze). [OF PARALYSIS]

pal·sy[2] /pǽlzi/ *a* 《俗》PALSY-WALSY.

pal·sy-wal·sy /pǽlziwǽlzi/ *n**《俗》親友, 仲よし (pal, buddy). ► *a* 《俗》いかにも親しげな. [加重 ‹ *palsy* pally (*pals* pl)]

pal·ter /pɔ́:ltər/ *vi* いいかげんにあしらう ‹*with* a fact›; ごまかす, ことばを濁す (equivocate) ‹*with* sb›; 掛け合う, 値切る ‹*with* sb, *about* sth›. ♦ **~·er** *n* [C16<?]

pal·try /pɔ́:ltri/ *a* くだらない, つまらない, おそまつな; 卑劣な; わずかな, けちな. ♦ **pál·tri·ly** *adv* **-tri·ness** *n* [C16=trash (*palt* rubbish)]

pa·lu·dal /pəl(j)ú:d(ə)l, pǽljə-/ *a* 沼地の(多い); 沼地から発生する; 《古》マラリアの: ~ fever マラリア熱. [PALUDI-]

pa·lu·di- /pəlú:də/ *comb form*「沼沢(地)」 [L *palud- palus* marsh]

pal·u·dism /pǽljədìz(ə)m/ *n* 〖医〗マラリア (malaria).

Pal·u·drine /pǽlədrən/ 〖商標〗パルドリン《ビグアニドの誘導体; マラリア治療薬》.

pa·lu·ka /pəlú:kə/ *n**《俗》PALOOKA.

Pa·lus Som·ni(i) /pá:ləs sámni(ì:)/ 〖天〗眠りの海《月面第 1 象限, 静かの海 (Mare Tranquillitatis) の端にある丘陵》. [L *palus* marsh]

paly[1] /péɪli/ *a* 《古・詩》青白い, 青ざめた (pale). [*pale*[1]]

paly[2] *a* 〖紋〗縦帯状に等分した. [*pale*[2]]

pal·y·nol·o·gy /pæ̀lənálədʒi/ *n* 花粉[胞子]学. ♦ **-gist** *n* **pàl·y·no·lóg·i·cal, -ic** *a* **-i·cal·ly** *adv*

pal·yno·morph /pǽlənəmɔ̀:rf/ *n* 花粉[胞子]化石.

paly·tóxin /pæ̀lə-/ *n* 〖生化〗パリトキシン《イワスナギンチャク属 (*Palythoa*) の数種の六放サンゴが出す強い毒性の物質》.

pam[1] /pǽm/ 〖トランプ〗*n* 《LOO[1] で》クラブのジャック《最高札》; 《クラブのジャックを最高札とする》ナポレオンに似たゲーム. [?Gk *pamphilos* beloved of all]

pam[2] *n**《俗》PAMPHLET.

pam[3] *vi, vt* PAN[2].

Pa·ma-Nyun·gan /pá:mənjúŋgən/ *a, n* パマ-ニュンガン語群(の)《オーストラリア先住民語の中で最大の語群》.

pam·a·quine /pǽməkwìn, -kwì:n/ *n* パマキン《マラリア治療剤》.

Pam·e·la /pǽmələ/ パメラ《女子名》. [Sir Philip Sidney, *Arcadia* (1590) 中の造語 (?Gk=all honey)]

Pámela Ándrews パミラ・アンドルーズ《Samuel Richardson の書簡体小説 *Pamela* (1740) の主人公で, 語り手の娘; 貞操堅固な小間使》.

Pa·mir(s) /pəmíər(z)/ (*pl*) [the] パミール高原《アジア中部の高原; '世界の屋根' (the roof of the world) と称される》.

Pám·li·co Sóund /pǽmlɪkòʊ-/ パムリコ湾《North Carolina 州東部海岸と鎖状列島の間》.

pam·pa /pǽmpə/ *n* (*pl* **~s** /-pəz, -pəs/) [*pl*] パンパス《南米, 特にアルゼンチンの樹木のない大草原》; [P-] パンパスに住むインディアン, 《特に》アラウカン人 (Araucanian). [Sp<Quechua=plain[1]]

pám·pas càt /pǽmpəs-/ 〖動〗パンパスネコ, コロコロ (=*straw cat*)《南米南部の草原にすむヤマネコ》.

pámpas gràss 〖植〗シロガネヨシ, パンパスグラス《南米原産; イネ科》. [PAMPA]

pam·pe·an /pǽmpiən, pæmpí:ən/ *a* パンパス (pampas) の; [P-] パンパスに住むインディアンの, アラウカン人の.

Pam·pe·lu·na /pæ̀mpəlú:nə/ パンペルーナ《PAMPLONA の旧称》.

pam·per /pǽmpər/ *vt* 非常に[過剰なほど]手厚く扱う[もてなす, 世話をする], 甘やかす; ‹欲望を›ほしいままにさせる; 《古》…にたらふく食わせる, 飽食させる: ~ one*self* (ぜいたくをして)くつろぐ[楽しむ], リッチな気分を味わう. ♦ **~ed** *a* わがままな, 増長した. **~·er** *n* [(freq) ‹ *pamp* (obs) to cram]

pam·pe·ro /pæmpéəroʊ, pɑ:m-/ *n* (*pl* **~s**) 〖気〗パンペロ《南米 Andes 山脈から大西洋に吹き降ろす冷たく乾いた強風》. [AmSp=pampean]

Pam·pers /pǽmpərz/ 〖商標〗パンパース《紙おむつ》.

pamph·let /pǽmflət/ *n* 《通例 80 ページ以下の仮綴じの》小冊子, パンフレット; 《特に時事問題の》小論文. ► *vt* …に小冊子[パンフレット]を配布する. [*Pamphilus* (*seu de Amore*) Pamphilus or About Love 12 世紀のラテン語恋愛詩]

pam·phle·teer /pæ̀mflətíər/ *n* パンフレット作者[発行者], 《特に非難・攻撃・主張・時事解説のための》パンフレット書き. ► *vi* パンフレットを書く[発行する]; 著作により世論を動かそうとする. ♦ **~·ing** *n*

pam·phrey /pǽmfri/ *n* 《北アイル》キャベツの一種.

Pam·phyl·ia /pæmfíliə/ パンフィリア《古代小アジア南岸の地方》. ♦ **Pam·phýl·i·an** *a, n*

Pam·plo·na /pæmplóʊnə/ パンプローナ《スペイン北部, Pyrenees 山脈のふもとの市; Navarre 自治州の州都, かつてはナバラ王国の首都; 旧称 Pampeluna; 毎年 7 月に行なわれる '牛追い祭' (San Fermin 祭) で知られる》.

pam·poo·tie /pæmpú:ti/ *n* パンプーティ《アイルランド西岸沖の Aran 諸島で男性が履いた牛の生皮製のかかとのない靴[サンダル]》.

Pa·muk /pɑ:mú:k/ パムク **Orhan** ~ (1952-)《トルコの作家; 代表作に歴史ミステリー *Benim Adim Kirmidi* (わたしの名は紅(あか), 1988) などがある; ノーベル文学賞 (2006)》.

Pam·yat /pá:mjɑ:t/ パミャーチ《1980 年に創設されたロシアの国家主義組織; 反西欧・反ユダヤ宣伝活動で知られる》. [Russ *pamyat* memory]

pan[1] /pǽn/ *n* **1 a** 浅く平たい容器[鍋]; 平鉢, 平鍋, パン (cf. POT[1]), 《オーブン用の》金属皿; 《アイル・スコ》PAN-LOAF; 皿状の器物, 天秤の皿; 《砂金などを水でふるい分ける》選鉱鍋: BEDPAN / a cake ~ ケーキ焼き皿. **b** PANFUL. **2 a** 《旧式銃砲の》火皿; 蝶番の穴; うけ, おとし; ᵘ《水洗トイレの》便器; STEEL DRUM. **b** ᵘ頭蓋, 《頭の》皿 (brainpan); ᵘ膝蓋(しつがい), 《ひざの》皿 (kneepan). **c** 《俗》人相, 顔, つら (face). **3 a** 皿状の窪地, 池, 沼地, 潮だまり, 塩田 (salt pan); 〖鉱〗盤層, HARDPAN. **b** 〖海〗小浮氷. **4** 《口》酷評. ● **down the ~** ᵘ《口》衰えて, 水泡に帰して, むだになって. **on the ~** 《口》酷評をうけて. **savor of the ~** 地金(じがね)をあらわす, お里が知れる. **shut one's ~** 《俗》口をつぐむ, 黙っている. ► *v* (-nn-) *vt* **1** 〖鉱〗《砂金をえり分けるために》‹砂礫(されき)›などを洗う; ‹砂金を›鍋でえり分ける ‹*off, out*›; ‹カキなどを›鍋で煮る[料理する]. **2** 《口》酷評する, こきおろす; 《俗》ぶんなぐる, ひっぱたく; ‹分別を›たたき込む. ► *vi* **1** 砂礫などを洗う; ‹砂礫などが›金を産する; 《(選鉱鍋で)》砂金を探す ‹*for*›; 《口》PAN out. **2** 運転する, 作動する, はたらく. ● **~ out** 金を産する; 《口》結果が出る, 結果が…になる, うまくいく: ~ *out* well [badly] うまくいく[いかない]. ♦ **~·lìke** *a* [OE *panne*; cf. PATINA[2], G *Pfanne*]

pan[2] *n* パン《左右[まれに上下]にカメラを回しながらの撮影》; *《俗》パノラマ写真. ► *vt, vi* (-nn-) パンする ‹*across, over*›. ● **~ in [out]** (カメラが)《被写体に[から]》徐々に近づいて[遠のいて]撮影する, ズームイン[アウト]する. [*pan*orama]

pan[3] *n* 〖写〗パンクロフィルム. [*pan*chromatic]

pan[4] /pá:n/ *n* キンマ (betel) の葉; ビンロウの果実 (betel nut) をキンマの葉で包んだもの《ガムのようにかむ》. [Hindi<Skt=feather, leaf]

Pan /pǽn/ 〖ギ神〗パーン《ヤギの角・耳と足を有する森林・牧人・家畜の神; 音楽好きで笛を吹く; ローマ神話の Silvanus に当たる; cf. FAUNUS, SATYR, PANIC[1], PAN'S PIPES》.

pan- /pæn/ *comb form*「全… (all)」「総… (universal)」「汎…」 [Gk (*pan* (neut) ‹ *pas* all)]

Pan. Panama. **PAN** /pǽn/ °peroxyacetyl nitrate.

pan·a·cea /pæ̀nəsí:ə/ *n* 万能薬, '特効薬'. ♦ **pàn·a·cé·an** *a* [L<Gk=all-healing (*pan-*, *-akēs* remedy)]

pa·nache /pənǽʃ, -ná:ʃ/ *n* 堂々たる態度, さっそうとしたふるまい, 威風, 派手さ; 《かぶとの》羽飾り, 前立て: with ~ さっそうと. [F=plume<It<L (dim) ‹ PINNA]

pa·na·da /pəná:də, -néɪ-/ *n* パンがゆ《パンを湯[スープ, ミルク]でどろどろに煮たもの》. [Sp]

Pan·a·dol /pǽnədɔ̀(:)l, -dòʊl, -dɑ̀l/ 〖商標〗パナドール《鎮痛・解熱剤》.

Pàn-Áfrican *a* 汎アフリカ(主義)の. ► *n* 汎アフリカ主義者.

Pan-Áfrican cóngress 汎アフリカ会議《第 1 回は 1900 年, その精神は OAU に受け継がれた》.

Pàn-Áfrican·ism *n* 汎アフリカ主義[運動]《アフリカ諸国の政治的団結を目的とする》. ♦ **-ist** *n, a*

Pan-Áfricanist Cóngress パンアフリカニスト会議《1959 年に ANC の分派として結成された南アフリカ共和国の黒人解放組織; 非合法化 (1960-90), のちに政党となる; 略 PAC》.

Pan·a·ji /pánədʒi/ パナジ《インド西部 Goa 州の州都・港町; 旧ポルトガル領インドの中心地; 別称 Panjim》.

Pan·a·ma /pǽnəmɑ̀:, ⌐⌐⌐, *pǽnəmɔ̀:/ **1** パナマ (Sp **Pa·na·má** /pɑ̀:nɑ:má:/) (1) 中米の国; 公式名 Republic of ~ (パナマ共和国) (2) その首都 (=**~ City**)). **2** [°p-] PANAMA HAT. ■ **the Gúlf of ~** パナマ湾《パナマ南岸の太平洋の湾入部》. **the Ísthmus of ~** パナマ地峡《旧称 Isthmus of Darien》.

Pánama Canál [the] パナマ運河.

Panama Canal Zone ⇨ CANAL ZONE.

Pánama hát [°p-] パナマ帽.

Pan·a·ma·ni·an /pæ̀nəméɪniən/ *a* パナマの, パナマ人の. ► *n* パナマ人.

Pánama Réd*《俗》パナマレッド《パナマ産の赤っぽい強力なマリファナ》.
Pánama Scándal [the] パナマ事件《フランスのパナマ運河会社をめぐる疑獄事件 (1892-93); 政党政治への不信が高まり, 第三共和政の危機をまねいた》.
Pàn-Américan *a*《北米・中米・南米を含めた》汎アメリカ[汎米](主義)の.
Pàn Américan Dày 汎アメリカ連合記念日《4 月 14 日; 1890 年 4 月 14 日, 汎アメリカ連合の設立が決まったことにちなむ》.
Pan-Américan Gámes *pl* [the] パンアメリカン競技大会《北・中・南米すべてを含むアメリカ大陸のスポーツ大会; 4 年に 1 回持ち回りで開く; オリンピックに準拠し, 種目もほぼ同じ; 1951 年初開催; 略 PAG》.
Pan-Américan Híghway [the] パンアメリカンハイウェー《南北アメリカを結ぶ計画道路網; 太平洋岸に沿う縦貫線に南米主要都市への分岐線を加えた総延長約 48,000 km》.
Pàn-Américan·ìsm *n* 汎アメリカ主義, 汎米主義.
Pan-Américan Únion [the] 汎アメリカ連合《北・中・南米 21 の共和国の親善を目的として, 1890 年に設立; 略 PAU; のち米州機構に継承された》.
pán and scán〘映・テレビ〙パン・アンド・スキャン《ワイドスクリーン映画を 4:3 のテレビ用に変換する技術; 左右を切り詰めなくてはならないため, シーンごとに主要部分に合わせてパンやスキャンを行なってフレームを決める》. [*pan*²]
pán and tílt hèad〘映・テレビ〙パンアンドティルト・ヘッド《カメラを水平 (pan) にも上下 (tilt) にも回転できるようにする雲台》.
Pàn-Ánglican *a* 全聖公会の, 汎アングリカンの.
Pàn-Árab·ìsm *n* 汎アラブ主義[運動]《アラブ諸国の政治的団結を目的とする》. ♦ **Pàn-Árab, -Árabic** *a, n* **-Árabist** *a, n*
pan·a·ri·ti·um /pænərɪ́ʃiəm/ *n* (*pl* **-tia** /-ʃiə/)〘医〙瘭疽(ひょうそ) (paronychia).
Pàn-Ásian·ìsm *n* 汎アジア主義[運動]《アジア諸国の政治的団結を目的とする》. ♦ **-ist** *n, a*
pan·a·tela, -tel·la /pænətɛ́lə/ *n* パナテラ《細巻きのシガー》. [AmSp (PANADA)]
Pan·ath·e·naea /pænæθəníːə/ *n*《古代アテナイの》パンアテナイア祭《Athene 女神の祭; 例祭は毎年, 4 年ごとに大祭を開催》.
Pa·nay /pənáɪ, pɑː-/ パナイ《フィリピンの Visayan 諸島西端の島》.
pán·bròil *vt, vi* 油をほとんどひかないフライパンで焼く《ふたをせず強火ですばやく焼く》.
pán·càke *n* **1 a** ホットケーキ, パンケーキ (hotcake, griddle cake); ᴵᴵクレープ (crepe): (as) flat as a ～ 平べったい, ぺちゃんこの; つまらない. **b** 薄く平たいもの;〘空〙PANCAKE LANDING;*《俗》白人にへつらう黒人. **2** PANCAKE MAKEUP. ► *vi, vt* 平落とし着陸する[させる]; ぺちゃんこにする[つぶす]: ～*d* buildings ぺちゃんこにつぶれた建物.
Pán-Càke〘商標〙パンケーキ《フェイスパウダーとファンデーションの代わりに用いる固形おしろいの一種》.
Páncake Dày パンケーキの日 (SHROVE TUESDAY)《英国ではこの日にパンケーキを食べるならわしがある》.
páncake ìce 蓮葉氷(はすはごおり)《極洋上の円形の薄氷》.
páncake lánding ドサッと落ちること;〘空〙平落とし着陸《機体を早めに水平にして失速させ, ほぼ水平状態で落下着陸する方法》.
páncake màkeup パンケーキ (Pan-Cake) による化粧. [商標 *Pan-Cake Make-Up*]
páncake ràce〘英〙パンケーキレース《毎年 Pancake Day に行なわれるレース; フライパンでパンケーキを投げ上げながら走るもの》.
páncake róllᴵᴵ《中国料理の》春巻 (spring roll).
Páncake Túesday パンケーキの火曜日 (PANCAKE DAY).
pan·cet·ta /pænʧɛ́tə/ *n*〘料理〙パンチェッタ《イタリア料理に多く用いられる燻製でない[生の]ベーコン》. [It (dim)‹*pancia* belly]
pan·cha·kar·ma /pànʧəkáːrmə/ *n* パンチャカルマ《アーユルヴェーダ医術における 5 つの療法からなる解毒治療》. [Skt=five action]
Pan·cha·tan·tra /pànʧətʌ́ntrə/『パンチャタントラ』《古代インドのサンスクリット語の動物寓話・説話集》. [Skt=five books]
pan·chax /pǽnʧæks/ *n*〘魚〙パンチャックス《インド・セイロン原産のメダカ科の熱帯魚》. [NL]
pan·cha·yat /pənʧáːjət, -ʧáɪət/ *n*《インド》村会, パンチャーヤト《(**1**) かつての 5 人制の村の統治体 (**2**) 村の自治組織として選挙されたおよそ 5 人からなる会議体》. [Hindi (Skt *pancha* five)]
Pán·chen Láma /páːnʧən-/〘ラマ教〙パンチェンラマ (＝*Tashi* [*Teshu*] *Lama*)《Dalai Lama の次位》.
pan·chres·ton /pænkrɛ́stən, -tàn/ *n*《過度に単純化して》あらゆる場合にあてはまるように作られた説明. [Gk=panacea]
pàn·chromátic *a*〘理・写〙全(整)色性の, パンクロの: a ～ film [plate]. ♦ **pàn·chrómatism** *n*
pàn·cósmism *n*〘哲〙汎宇宙論.
pan·cra·ti·ast /pænkréɪʃiæ̀st/ *n*〘古ギ〙PANCRATIUM の競技者.
pan·crat·ic /pænkrǽtɪk/ *a*〈顕微鏡の接眼レンズが〉調節自在の; PANCRATIUM の.
pan·cra·ti·um /pænkréɪʃiəm/ *n* (*pl* **-tia** /-ʃiə/)〘古ギ〙パンクラティオン《ボクシングとレスリングを合わせた格闘技》.
pan·cre·as /pǽŋkriəs, *pǽn-/ *n*〘解〙膵(すい)(臓). [NL‹Gk (*kreat- kreas* flesh)]
pan·cre·at- /pǽŋkriət, *pǽn-/, **pan·cre·a·to-** /-toʊ, -tə/ *comb form*「膵(臓)の」 [Gk (↑)]
pan·cre·a·tec·to·my /pæ̀ŋkriətɛ́ktəmi, *pæ̀n-/ *n*〘医〙膵切除(術). ♦ **pàn·cre·a·téc·to·mìzed** *a*
pan·cre·at·ic /pæ̀ŋkriǽtɪk, *pæ̀n-/ *a* 膵(臓)の.
pancreátic dúct〘医〙膵管.
pancreátic júice〘生理〙膵液.
pan·cre·a·tin /pǽŋkriətən, *pǽn-, *pæŋkríːə-/ *n*〘生化〙パンクレアチン《牛・豚などの膵臓から抽出される粗酵素; 消化剤として用いる》.
pan·cre·a·ti·tis /pæ̀ŋkriətáɪtəs, *pæ̀n-/ *n* (*pl* **-tit·i·des** /-tɪ́tədìːz/)〘医〙膵(臓)炎.
pan·creo·zy·min /pæ̀ŋkrioʊzáɪmən, *pæ̀n-/ *n*〘生化〙パンクレオチミン (CHOLECYSTOKININ).
pan·cu·ró·ni·um (brómide) /pæ̀nkjəróʊniəm(-)/〘薬〙(臭化)パンクロニウム《骨格筋弛緩剤》.
pan·cy·to·pe·nia /pænsàɪtəpíːniə/ *n* APLASTIC ANEMIA.
pan·da¹ /pǽndə/ *n* **1**〘動〙パンダ《ショウパンダ (lesser panda) またはオオパンダ (giant panda); 特にオオパンダ(大熊猫)》. **2** ᴵᴵ《口》PANDA CAR. [Nepali]
pan·da² /pʌ́ndə/ *n*〘ヒンドゥー教〙パンダー《家系図に詳しいバラモン; 各家庭に宗教的指導を行なう》. [Hindi‹Skt=learned]
pánda càr /pǽndə-/ ᴵᴵ《口》パトロールカー《特に 黒[青]・白 2 色の》.
pánda cróssingᴵᴵ /pǽndə-/ 押しボタン式横断歩道《太い白線の縞模様で示す》.
pan·dal /pǽndl, pændáːl/ *n*《インド》大テント《中で催し物が開かれる》. [Tamil]
pan·dan /pǽnd(ə)n/ *n*〘植〙PANDANUS.
pan·da·na·ceous /pæ̀ndənéɪʃəs/ *a*〘植〙タコノキ科 (Pandanaceae) の.
pan·da·nus /pændéɪnəs, -dǽn-/ *n* (*pl* **-ni** /-nàɪ/, ～**·es**)〘植〙パンダーヌス[タコノキ]属 (*P-*) の各種高木[低木]《観葉植物にされる》; タコノキの葉の繊維《むしろなどを編む》. [NL‹Malay *pandan*]
Pan·da·rus /pǽndərəs/〘ギ神〙パンダロス《Lycia 人の将として Troy 援助に行った弓の名手》;〘中世伝説〙パンダルス《Troilus に Cressida を取り持った男》.
Pan·da·vas /pʌ́ndəvəz/ *n pl*《Mahabharata で》パーンドゥ族《クル族 (Kauravas) との大戦闘で勝利を得た》.
Pan·de·an, -dae·an /pændíːən/ *a* PAN の(ような).
Pandéan pípes *pl* PANPIPE.
pan·dect /pǽndɛkt/ *n* **1 a** [ᵘ*pl*] 法典, 法令全書. **b** [the P-s]《ローマ法大全の》学説彙纂, パンデクテン (＝*the Digest*)《ローマ皇帝 Justinian 1 世の命により編纂された, 著名な法学者たちの学説の集成; 533 年に完成, 50 巻からなる》. **2** 総論, 総覧. ♦ **pan·déct·ist** *n* [ᵒP-] 学説彙纂の研究者.
pan·dem·ic /pændɛ́mɪk/ *a* **1** 全国[世界]的流行の, 汎(発)流行(病[性])の (cf. ENDEMIC, EPIDEMIC). **2** [P-] 肉欲の. ► *n* 汎(発)流行病;《病気の》全国[世界]的流行. [Gk (*dēmos* people)]
pan·de·mo·ni·um /pæ̀ndəmóʊniəm/ *n* 大混乱[一大パニック](の場); [ᵘP-] 伏魔[万魔]殿; [ᵘP-] 地獄; 悪の巣. ♦ **pàn·de·mó·ni·ac, -món·ic** *a* [L (*pan-*, DEMON); Milton, *Paradise Lost* 中の造語]
pan·der /pǽndər/ *n* ポン引き, 女衒(ぜげん), 売春宿の主人; 色事を取り持つ者, 情事の仲介者; 悪事に力を貸す者, 弱味につけこむ者. ► *vt* …の取持ちをする, 仲介をする. ► *vi*〈他人の趣味・欲望に〉迎合する, こびる〈*to*〉. ♦ **～·er** *n* [*Pandarus*]
P & G ᵒProcter & Gamble. **p & h** postage and handling.
pan·dit /pʌ́ndət, pǽn-/《インド》*n* 学者, 教師, 賢者 (pundit); 役人; [P-]《尊称として》…先生, …師. [Hindi]
Pan·dit /pǽndət/ パンディット **Vijaya Lakshmi** ～ (1900-90)《インドの政治家・外交官; Jawaharlal NEHRU の妹》.
P & L profit and loss.
P & O Peninsular and Oriental (Steam Navigation Co.)
pandoor ⇨ PANDOUR.
pan·do·ra /pændɔ́ːrə/ *n* BANDORE. [It]
Pandora **1**〘ギ神〙パンドーラー《Zeus が Prometheus を罰するために下界に下した人類最初の女》. **2** [p-]〘貝〙ネリガイ《ネリガイ科 (Pandoridae) あるいは同科ネリガイ属 (*P-*) の海産二枚貝の総称》. [L‹Gk=all gifted]
Pandóra's bóx **1**〘ギ神〙パンドーラの箱《Zeus が Pandora に与えた箱; 禁を破って箱を開くと害悪が出て世に広がり希望のみが中に残った》. **2** もろもろの困難を生み出す源: open ～ あらゆる困難をまねく.
pan·dore /pǽndɔːr, ─ ́/ *n* BANDORE.
pan·dour, -door /pǽndʊər/ *n* パンドゥール兵《18 世紀に Croatia で徴集された歩兵連隊の兵》; 残忍な兵士.
pan·dow·dy* /pændáʊdi/ *n* パンダウディ《砂糖・糖蜜またはメープルシロップで味付けしたリンゴの deep-dish pie》.
p & pᴵᴵ postage and packing.
pan·du·rate /pǽnd(j)ərèɪt/ *a*〈葉などが〉ヴァイオリン形の.

P

pan·dú·ri·fòrm /pænd(j)úərə-/ *a* PANDURATE.
pan·dy /pǽndi/ «スコ·アイル» *vt* 《学校で罰として》ステッキ[むち]でてのひらを打つ. ► *n* ステッキ[むち]でてのひらを打つ罰. [L *pande* (imperat)‹*pando* to spread]
pándy·bàt *n* «スコ·アイル» PANDY 用のステッキ[むち].
pane[1] /péɪn/ *n* **1** 窓[ドア]ガラス(の一枚), 《羽目板·天井·ドアなどの》鏡板 (panel). **2** 《特に長方形の》一区画; 〘電算〙ペイン《ウインドーを分割した一区画》; 《格子などの》枠; 《ボルトなどの平らな》頭, 《ダイヤモンドなどの》カット面; 切手シート (＝post-office ～); 切手帖の1ページ分 (＝booklet ～). ► *vt* …に窓ガラスをはめる; [[U]*pp*] 〈衣服などを〉寄せぎれで作る. ♦ **～d** *a* 窓ガラスをはめた; 寄せぎれで作った. **～·less** *a* [OF＜L *pannus* a cloth]
pane[2] *n*, *vt* PEEN.
pa·né /*F* pane/ *a* 〈魚·肉などが〉パン粉をつけた[まぶした].
pa·neer, pa·nir /pənɪ́ər/ *n* パニール《インド·パキスタンで料理に使う非熟成軟質チーズ》.
pan·e·gyr·ic /pæ̀nəʤɪ́rɪk, -ʤáɪ-/ *n* 称賛, 賛辞, 称賛の演説[文章], 頌徳文 〈*upon*〉. ► *a* PANEGYRICAL. [F, ＜Gk＝of public assembly (*agora* assembly)]
pàn·e·gýr·i·cal *a* 称賛の, 賛辞の. ♦ **～·ly** *adv*
pàn·e·gýr·ist *n* 称賛の演説をする[文章を書く]人, 賛辞を述べる人, 称賛者.
pan·e·gy·rize /pǽnəʤəràɪz/ *vt* …について称賛の演説をする[文章を書く], …の賛辞を述べる; 称賛する.
pan·el /pǽn(ə)l/ *n* **1 a** 〘建〙鏡板, 羽目板, 壁板, パネル; 〘木工〙線板(すじいた). **b** 〘服〙パネル《スカートなどに別布で縦に入れた飾り布》; 〘空〙パネル《落下傘主傘の gore を構成する小片》. **2 a** 〘画〙《画布代用の》画板; パネル画《板に描いた絵》; 長方形の画; 《漫画の》コマ; コマ漫画; 《辞書などの》囲み(記事); 〘写〙パネル版《普通より縦長; 約 10×20 cm》. **b** 配電[制御]盤; 計器板. **c** 切石の面; 敷石の一仕切り; 《書籍の背·表紙の》パネル; 《垣の》横手, 編み垣 (hurdle); 〘空〙板, パネル, 《翼·胴体などの》外板 (skin); 〘空〙《構成要素としての》翼分割 (: outer ～*s* 外翼); 〘鉱〙《坑内の》一区画. **3 a** 《公開討論会などの》討論者団, 講師団, パネリスト[パネラー]集団; 審査員団, 調査員団, (専門)委員団; 《クイズ番組の》解答者団: a ～ of experts 専門家の一団. **b** PANEL DISCUSSION; パネル調査《複数の人を対象として定期的·継続的に行なう調査》; パネル調査の対象となる一群の人. **4 a** 《昔名簿などに用いた》(一枚の)羊皮紙. **b** (登録)名簿; 《英国 National Health Service または以前の National Health Insurance 法による》保険医[被保険者]名簿; 〘法〙陪審員候補者名簿; 陪審員候補者団; 陪審員団 (jury); 〘スコ法〙刑事被告人 (the accused): a ～ doctor 健康保険医. **5** «廃» 鞍敷(くらしき), 一種の鞍. ● **on the ～** 討論者団[審査員団, 解答者団など]に参加して; "〈医師が〉健康保険医名簿に登録されて, 〈患者が〉保険医の診察をうけて. ► *vt* (**-l-** | **-ll-**) **1** [[U]*pass*] **a** …に鏡板をはめる[をはめて装飾する]. **b** 〈衣服などを〉雑色の縦縞(じま)で飾る. **2** 〈陪審員を〉選ぶ; «スコ» 起訴[告発]する. [OF ＝piece of cloth＜L (dim)‹PANE[1]]
pa·ne·la /pənéɪlə/ *n* パネラ《中南米の甘蔗の粗糖》.
pánel bèater "《自動車などの》板金工[屋].
pánel·bòard *n* 製図板, パネルボード; 羽目板, 入子(いれこ)板; 〘電〙配電盤, 分電盤.
pánel discùssion パネルディスカッション《時事問題などについて討論者が聴衆の前で行なう; 結論を出すよりも, 異なった立場からの討議により一般の関心を高めることを目指す》.
pánel gàme" PANEL SHOW.
pánel hèating 《床·壁·天井からの》放射[輻射]暖房, パネルヒーティング (＝*radiant heating*).
pánel hòuse* パネル売春宿《泥棒を手引きするために動く壁板 (panel) などの秘密の入口を備えた悪徳売春宿》.
pánel·ing, -el·ling *n* 鏡板, 羽目板; 羽目張り.
pánel·ist, -el·list *n* パネルディスカッションの討論者, パネラー; 《専門委員会などの》委員; 《クイズの番組の》解答者.
pánel·ìzed *a* プレハブの.
pánel lìghting パネル照明《蛍光物質を塗った金属パネルを電気的に加熱して発光させる》.
pánel pìn 頭の小さい細長い釘.
pánel sàw 羽目板鋸《歯が細かい》.
pánel shòw クイズ番組.
pánel trùck* パネルトラック《小型バン》.
pánel vàn «豪» 《後部に窓·座席のある》小型バン.
pánel wàll 《鉱山で》2 つの区画の間; 〘建〙仕切り壁《荷重を支持しない》.
pa·nem et cir·cen·ses /pá:nèm ɛt kɪrkéɪnsèɪs/ パンとサーカスを; 食物と遊戯を. [L]
pàn·encephalítis *n* 〘医〙汎脳炎.
pan·en·the·ism /pænénθiìz(ə)m/ *n* 万有在神論. ♦ **pan·èn·the·ís·tic** *a*
pan·e·tela, -tel·la /pæ̀nətélə/ *n* PANATELA.
pan·et·to·ne /pæ̀nətóuni/ *n* (*pl* **～s, -ni** /-ni/) パネットーネ《干しブドウ·砂糖漬けの果皮などを入れたイタリアの菓子パン; クリスマスに食べる風習がある》. [It (*pane* bread)]

pán-fìred téa 釜(かま)茶 (cf. BASKET-FIRED TEA).
pán·fìsh *n* フライパンで丸揚げできる小さな食用魚《市場に出ない淡水魚》.
pan·for·te /pænfɔ́:rteɪ, -ti/ *n* パンフォルテ《ナッツ·砂糖漬けの果皮·蜂蜜を入れた生地で作る堅くてスパイシーなイタリアのクッキー》. [It *pane* bread, *forte* strong]
pán-frỳ /, ⌐—⌐—/ *vt* 〘料理〙フライパンで炒める[揚げる], ソテーにする (sauté) (opp. *deep-fry*).
pán·fùl *n* 鍋[皿]一杯.
pang /pǽŋ/ *n* 激痛, さしこみ; 心の苦しみ, 苦悶, 煩悶, 心痛: the ～(*s*) *of* death 死の苦しみ / a ～ *of* conscience 良心の呵責. ► *vt* 苦しめる, 悩ます. [変形‹*pronge, prange* (obs); cf. MLG *prange* pinching]
pan·ga /pǽŋgə/ *n* 《東·南アフリカで》刃が長く広い刀, 大なた. [(east Afr)]
Pan·gaea /pænʤí:ə/ 〘地質〙パンゲア《三畳紀以前に存在していたとされる大陸; その後 北の Laurasia と南の Gondwana に分離した》. [A. L. WEGENER が 1920 年代に造語したもの; *pan-, gaea*]
pan·génesis *n* 〘生〙パンゲン論, パンゲネシス《親の獲得形質は自己増殖性の粒子ジェミュールによって遺伝するとした Darwin の仮説; cf. BLASTOGENESIS》. ♦ **-genétic** *a*
Pàn-Gérman *a*, *n* 汎ドイツ[ゲルマン]主義の(人). ♦ **Pàn-Germánic** *a*
Pàn-Gérman·ìsm *n* 汎ドイツ主義; 《主に 19 世紀の》汎ドイツ運動.
Pang-fou 蚌埠 (⇨ BENGBU).
Pangim ⇨ PANJIM.
Pan·gloss·ian /pænglɑ́siən, pæŋ-, *-glɔ́:-/ *a*, *n* 《Voltaire, *Candide* 中の楽天家教師 **Pan·gloss** /pǽnglɑs/ のように》底抜けに楽天的な(人).
pan·gó·la gràss /pæŋgóulə-, pæŋ-/ 〘植〙パンゴラグラス《南アフリカ原産のメヒシバ属の多年草; 米南部で牧草とする》.
pan·go·lin /pæŋgóulən, pæn-, pǽŋgələn/ *n* 〘動〙センザンコウ(穿山甲) (＝*scaly anteater*)《同科の動物の総称; アジア·アフリカ産; 有鱗類》. [Malay＝roller]
Pan·go Pan·go /pá:ŋgou pá:ŋgou/ パンゴパンゴ (PAGO PAGO の旧称).
pan·gram /pǽngrəm, pǽŋ-, -græ̀m/ *n* アルファベット文字全部を(なるべく 1 回ずつ)使った文. ♦ **pan·gram·mat·ic** /pæ̀ngrəmǽtɪk, pæ̀ŋ-/ *a*
pán gràvy 煮詰めずに味付けした肉汁.
pán·hàndle *n* **1** フライパンの柄. **2** [[°]P-] *細長く他州の間に嵌入している地域《Texas, Idaho, West Virginia など; cf. PANHANDLE STATE》; 《南アフリカの都市で》街路に直接面していない土地[区画]. ► *vt* *«口» 〈人を〉大道で呼び止めて金銭[食べ物]を乞う; *«口» 大道で人を呼び止めて〈金銭·食べ物を〉恵んでもらう. ► *vi* *«口» 大道で物乞いする. ♦ **pán·hàndler** *n* *«口» 《街頭の》乞食. [*pan*[1]]
Pánhandle Stàte [the] パンハンドル州《West Virginia 州の俗称》.
Pàn·hellénic *a* 汎ギリシア(主義)の; 〘米〙《大学の》ギリシア文字クラブ (Greek-letter sororities [fraternities]) の.
Pàn·héllenism *n* 汎ギリシア主義[運動]. ♦ **Pàn·héllenist** *n*
Panhormus ⇨ PANORMUS.
pàn·húman *a* 全人類的な[に関する].
pan·ic[1] /pǽnɪk/ *n* **1** 《わけのわからない突然の》恐怖, おびえ, 恐慌, パニック; 狼狽, 臆病かぜ; 〘経〙恐慌, パニック: get into [in] a ～ パニックを起こす. **2** «俗» すごくおもしろい[滑稽な]人[もの]. ► *a* **1** 〈恐怖が〉突然の, いわれのない, 過度の, 恐慌的な, あわてふためいた, パニック状態の: ～ buying パニック買い. **2** [P-] 牧神 Pan の. ► *v* (**-ick-**) *vt* …に恐怖を起こさせる, うろたえさせる; *«俗» 〈観客などを〉沸かせる: be *panicked into doing* 浮き足立って…してしまう. ► *vi* 恐怖におびえる, うろたえる, パニックを起こす 〈*at*〉: Don't ～! あわてるな, 落ちついて! ♦ **pán·icky** *a* **pán·ic·al·ly** *adv* [F＜L＜Gk; 恐慌は PAN がひき起こすものと思われた]
panic[2] *n* 〘植〙PANIC GRASS; キビ(など)の実《食用》. [OF＝foxtail millet]
pánic attàck 〘精神医〙恐慌発作, パニック発作《死などが差し迫っていると感じる激しい不安発作で, 震え·発汗·動悸などの身体症状を伴う》.
pánic bàr PANIC BOLT.
pánic bòlt 《非常口の》非常用閂(かんぬき) (＝*panic bar*)《横木を内側から押してあける》.
pánic bùtton «口» 《緊急時に押す》非常ボタン. ● **push [press, hit] the ～** «口» あわてふためく; 非常手段をとる.
pánic dèck *«空軍俗» PANIC RACK.
pánic disòrder 〘精神医〙恐慌性障害, パニック障害《パニック発作 (panic attack) をしばしば再発する精神障害》.
pánic gràss 〘植〙キビ属 (*Panicum*) の植物《キビを含む穀草·牧草など; かつてこの属に含まれた近縁のエノコログサ属, イヌビエ属なども含む; イネ科》.
pan·i·cle /pǽnɪk(ə)l/ *n* 〘植〙円錐花序. ♦ **～d** *a* [L (dim)‹

panus thread]
pánic-mònger *n* パニックを広める[まき散らす]人.
pánic ràck*《空軍俗》《パイロットの緊急パラシュート脱出用の》射出座席.
pánic stàtions *pl*《口》恐慌, 大あわて: be *at* ～ *over*… 大急ぎで…をしなければならない; …にあわてふためいている.
pánic-strìcken, -strùck *a* 恐慌をきたした, 狼狽した, あわてふためいた.
pa·nic·u·late /pəníkjələt, -lèɪt, pæn-/, **-lat·ed** /-lèɪtəd/ *a*〘植〙円錐花序の. ◆ **-late·ly** *adv*
pan·i·cum /pǽnɪkəm/ *n*〘植〙キビ属 (*P-*) の各種草本[穀草].
pan·ìdio·mórphic *a*〘岩石〙全自形の.
panier ⇨ PANNIER.
Pā·ṇi·ni /pá:n(j)əni/ パーニニ《紀元前 400 年ころのインドのサンスクリット文法学者; 現存する最古の文法書 *Aṣṭādhyāyī* (八章編) を執筆》.
pa·ni·no /pəní:noʊ/ *n* (*pl* **pa·ni·ni** /-ni/) パニーノ, パニーニ《ハム・野菜などの具材を長円形のパンにはさんで表面を焼くイタリアのホットサンド》. [It (dim) < *pane* bread]
Pa·ni·pat /pá:nɪpʌ̀t/ パーニーパット《インド北西部 Delhi の北にある古い市場町; ムガル朝期の古戦場》.
pá·ni pù·ri /pá:ni-/〘インド料理〙パーニプーリー《PURI に指で穴をあけ, ポテト・豆・コリアンダーなどの具を詰め, スパイスが効いた甘酸っぱい緑色のソース (pani) に漬けて食べる軽食》. [Hindi *pānī* water]
panir ⇨ PANEER.
Pàn-Islámic *a* 汎イスラム(主義)の. ◆ **Pàn-Islám, Pàn-Islám·ism** *n* 汎イスラム主義.
Pan·jāb /pʌ̀nʤá:b/ パンジャーブ《PUNJAB のヒンドゥスターニー語名》.
Pan·ja·bi /pʌ̀nʤá:bi, -ʤǽbi/ *n, a* PUNJABI.
pan·jan·drum /pænʤǽndrəm/ *n* (*pl* ～**s**, **-dra** /-drə/) 大将, 御大(おんたい), お偉いさん《あざけった[皮肉な]呼び方》. [Samuel Foote の造語 (the *Grand Panjandrum* 1755) か]
Pan·jim, -gim /pánʤəm/ パンジム《PANAJI の別称》.
Panj·nad /pʌ̀nʤná:d/ [the] パンジナード川《パキスタンの Punjab 州南部を流れ Indus 川に合流する川》.
Pank·hurst /pǽŋkhə̀:rst/ パンクハースト **Emmeline** ～ (1858–1928)《英国の婦人参政権運動指導者; 1903 年戦闘的な婦人社会政治同盟を創設》.
Pan·kow /*G* páŋko/ パンコー《East Berlin の一地区; かつての東ドイツ政府の所在地》.
pàn·leukopénia, -co- *n*〘獣医〙《猫の》汎白血球減少症 (=*cat distemper*)《パルボウイルスに属するウイルスを原因とする急性伝染病》.
pán-lìft·er *n**《口》POTHOLDER.
pán-lòaf, pén- *n*《アイル・スコ》平鍋で焼いた底とまわりが固くてなめらかなパン.
pan·lo·gism /pǽnləʤìz(ə)m/ *n* 汎論理主義《宇宙の根元をロゴスとし, 宇宙をその実現とする立場; Hegel 哲学など》. ◆ **pán·lo·gist** *n* **pàn·lóg·i·cal, -lo·gís·tic** *a*
pan·man /pǽnmən/ *n**《俗》steel band のドラマー.
pan·mix·ia /pænmíksiə/ *n*〘生〙パンミクシー, 任意交配《集団内の個体の無差別交配》. ◆ **pan·míc·tic** *a*
Pan·mun·jom /pá:nmú:nʤám/ 板門店(パンムンジョム)(はんもんてん)《韓国と北朝鮮の休戦ライン上にある村; 朝鮮戦争の休戦会談 (1951–53) 開催地》.
pan·na cot·ta /pǽnə kátə/〘料理〙パンナコッタ《生クリームを弱火で温めて煮詰め, 常温で固めたイタリアのデザート》. [It=cooked cream]
pan·nage /pǽnɪʤ/ *n*〘英法〙豚の放牧, 牧豚権, 牧豚料; 養豚用果実《ドングリなど》.
panne /pǽn/ *n* パンベルベット (=～ **vèlvet**)《光沢のあるパイル糸を一方向に寝かせたビロード》; パンサテン (=～ **sàtin**)《重くて光沢の多いしゅす服地》. [F]
pan·nier, pan·ier /pǽnjər/ *n* **1** 荷かご; 背負いかご《荷物運搬用の動物にも用いる》; 《自動車・オートバイの後輪わきに振り分けて吊る》荷物入れ; パンかご. **2** パニエ《婦人服の腰を広げる鯨鬚(げいしゅ)などで作った腰枠; それを使用したスカート》. [OF<L=bread basket (*panis* bread)]
pan·ni·kin /pǽnɪkən/ *n*《英・豪》小さな PAN[1], 小鍋; 小金属杯. [*cannikin* にならって *pan*[1] より]
pánnikin bòss《豪口》少数の労働者の頭, 小ボス.
pán·ning *n*《口》激しい非難, 酷評.
Pan·ni·ni /pɑnní:ni/, **Pa·ni·ni** /pɑ:ní:ni/ パンニーニ **Giovanni (Paolo)** ～ (1691–1765)《イタリアの画家; ローマの景観図で知られる》.
pan·nist /pǽnɪst/ *n*《カリブ》スティールドラム奏者. [*pan*[1]]
Pan·no·nia /pənóʊniə/ パンノニア《現在のハンガリー・クロアチアと Vojvodina にまたがる, Danube 川の南と西を占めた古代の地域, ローマの属州》.
pan·nus /pǽnəs/ *n* (*pl* **pan·ni** /-nàɪ/)〘医〙パンヌス《(1) 特にトラコーマで, 角膜表面を不透明にする新生血管組織 (2) リウマチ様関節炎などで, 関節の滑膜に生じて関節を冒す炎症性肉芽組織》. [L=cloth]
pa·no·cha /pənóʊʧə/, **-che** /-ʧi/ *n* 粗糖《メキシコ産》; *PENUCHE. [AmSp]
pan·o·ply /pǽnəpli/ *n* よろいかぶとひとそろい; 盛装; 《一般に》防御物, おおい; [*fig*] すばらしい[豪華な]ひとそろい, 多種多彩, (…の)数々, 壮観; 全要素. ◆ **pán·o·plied** *a* [F or L<Gk=full armor of hoplite (*hopla* arms)]
pan·op·tic /pænáptɪk/, **-ti·cal** *a* すべてがひと目で見える, パノラマ的な. ◆ **-ti·cal·ly** *adv*
pan·op·ti·con /pænáptəkàn/ *n* **1** 内部のあらゆる場所が一か所から見られるようになった刑務所[図書館など]. **2** 望遠顕微鏡《望遠鏡と顕微鏡とを合装した光学器械》.
pan·o·ra·ma /pæ̀nərá:mə, -rǽmə/ *n* **1 a** パノラマ, 回転画; 全景 (complete view); パノラマ写真; パノラマ館. **b** 走馬灯のように続く心像; 次々に展開するできごと. **2**《問題などの》広範囲な調査, 概観 〈*of* the world's history〉. **3** [P-]「パノラマ」《英国 BBC テレビが 1953 年から放送している政治・経済・社会などの特別取材番組》. [*pan-*, Gk *horama* view]
pan·o·ram·ic /pæ̀nərǽmɪk/ *a* パノラマ(式)の, 次々くりひろげられる: a ～ view 全景. ◆ **-i·cal·ly** *adv*
panorámic cámera パノラマ写真機.
panorámic síght〘軍〙《大砲の》全視照準.
Pan·or·mus /pænɔ́:rməs/, **Pan·hor·mus** /pænhɔ́:rməs/ パノルムス《PALERMO の古代名》.
Pàn-Pacífic *a* 汎太平洋の.
pan-pan /pǽnpæ̀n/ *n* パンパン《MAYDAY より緊急性の低い国際救難信号》. [F (*panne* breakdown)]
pán·pìpe *n* [°*pl*] パーン (Pan) の笛 (=*mouth organ*)《長い順に横に並べた管の上端を口で吹く原始楽器》.
pan·ple·gia /pænplí:ʤ(i)ə/ *n*〘医〙全麻痺.
pán·pòt *n*〘音響〙パンポット《左右のスピーカーへの信号強度を変えることにより, 音源の方向を調整する装置》. [*pan*oramic *pot*entiometer]
pan·psy·chism /pænsáɪkìz(ə)m/ *n*〘哲〙《万有に心があるとする》汎心論. ◆ **-chic** *a* **-chist** *n, a*
pàn·radiómeter *n*〘理〙パンラジオメーター《波長とは無関係に放射熱を測定する計器》.
pàn·séxual *a, n* 汎性欲的な(人), 性欲表現が多様な(人). ◆ **pàn·sexuálity** *n* 汎性欲主義.
pan·si·fied /pǽnzəfàɪd/ *a*《口》めめしい, にやけた.
Pàn-Sláv·ism *n* 汎スラヴ主義, スラヴ民族統一主義. ◆ **Pàn-Sláv·ic** *a* **Pàn-Sláv·ist** *n, a*
pan·soph·ic /pænsáfɪk/, **-i·cal** *a* 万有知識の, 百科事典的知識の; 全知の (omniscient). ◆ **-i·cal·ly** *adv*
pan·so·phy /pǽnsəfi/ *n* 万有知識, 百科事典的知識; 汎知主義 (pansophism). ◆ **pán·so·phìsm** *n* **-phist** *n*
pan·sper·mia /pænspə́:rmiə/ *n*〘生〙パンスペルミア説, 胚種広布説《生命は目に見えない胚種の形で遍在し, 環境がよくなると生成するという古い学説; 現在では, 地球の原始生命は宇宙から飛来したとする説を指す》. [NL<Gk=all seeds]
Pán's pípes *pl* PANPIPE.
pan·stick /pǽnstɪ̀k/ *n* パンスティック《舞台用メイクアップに使う棒状のつや消しファンデーション》. [*pan*cake+*stick*[1]]
pan·sy /pǽnzi/ *n* **1**〘植〙サンシキスミレ, パンジー; すみれ色. **2**《口》[*derog*] なよなよした男, ゲイ (=～ **bóy**). **3** [P-] パンジー《女子名》. ► *a* 〈男性が〉なよなよした, ゲイの. [F *pensée* thought, pansy (*penser* to think)]
pánsy ràid*《俗》[*joc*] ゲイ襲撃《panty raid とのしゃれ》.
pant[1] /pǽnt/ *vi* **1** あえぐ, 息切れがする, ハーハー息をする; ハーハー息をしながら走る; 激しく動悸がする. **2** 熱望する, あこがれる 〈*for* [*after*] sth, *to* do〉. **3** シュッシュッと煙[蒸気など]を吐き出す; 〘海〙《縦揺れのとき圧力で》〈舷側が〉ふくらんだりくぼんだりする. ► *vt* あえぎながら言う 〈*out*, *forth*〉. ► *n* あえぎ, 息切れ; [〈*int*〉] ハーハー, フーフー, ゼイゼイ; 動悸; 《蒸気機関の》シュッシュッという音. ◆ ～**·ing** *a* ～**·ing·ly** *adv* [OF<Romanic<Gk=to cause to imagine (FANTASY)]
pant[2] *a* ズボン[パンティー]の (⇨ PANTS).
pant- /pǽnt/, **pan·to-** /pǽntoʊ, -tə/ *comb form*「全」「総」 [Gk (*pant- pas* all)]
pán·ta·gràph /pǽntə-/ *n* PANTOGRAPH.
Pan·ta·gru·el /pæ̀ntəgrú:əl, pæntǽgruɛ̀l/ パンタグリュエル《Rabelais, *Pantagruel* 中の, 粗野で皮肉なユーモアを飛ばす快楽主義的な巨人王; cf. GARGANTUA》. ◆ **Pan·ta·gru·el·i·an** /pæ̀ntəgruéliən, pæntæ̀g-/ *a* パンタグリュエル流の, 粗野なユーモアのある; 巨大な, 莫大な, 大量の. **Pàn·ta·grú·el·ìsm** /, ―⌒―――⌒/ *n* 粗野で皮肉なユーモア. **-ist** *n* [F=all-thirsty]
pan·ta·let(te)s /pæ̀nt(ə)léts/ *n pl* パンタレット《(1) 19 世紀前半の婦人[女児]用の裾飾りのついたゆるく長いパンツ (2) その裾飾り》. [*pantaloon*, *-et*, *-s* (*-es*[1])]
Pan·ta·lo·ne /pæ̀nt(ə)lóʊni, -neɪ/ パンタローネ (Pantaloon).

pan·ta·loon /pæ̀nt(ə)lúːn/ *n* **1 a** [P-] パンタローネ《COMMEDIA DELL'ARTE に登場する Venice の老いぼれ商人; やせこけて体にぴったりとしたズボンをはいている》. **b** [°P-]《パントマイムの》老いぼれの道化役. **2** [*pl*] 19 世紀ごろのぴったりしたズボン; [*pl*]《口》[*joc*]《だぶだぶの》ズボン; [*pl*]《17 世紀後半に流行した》ゆったりした半ズボン. [OF (↑)]

Pan·tar /pǽntɑ̀ːr/ パンタル《インドネシア小スンダ列島の Timor 島の北西にある島》.

P

pan·ta rhei /páːntàː réɪ, pǽntə réɪ/ 万物は流転する. [Gk＝all things flow]

pánt·drèss *n* キュロット付きドレス, パンツドレス《下半分がズボン状になったワンピース》.

pan·tech·ni·con" /pæntéknɪkən, -nəkɑ̀n/ *n* 家具運搬車 (moving van*) (＝~ **vàn**); 家具倉庫; 《古》家具陳列[販売]場; 《廃》芸術品陳列販売場. [*technico*]

Pan·tel·le·ria /pɑ̀ntèlərìːə/ パンテレリア《Sicily 島とチュニジアの間にあるイタリア領の島; ローマ人の追放の地》.

Pàn-Téuton·ism *n* PAN-GERMANISM.

Pan·tha·las·sa /pæ̀nθəlǽsə/《地質》汎大洋, 汎海, パンタラサ《PANGAEA を取り囲んでいたとされる唯一の海洋》. [*pan*-, Gk *thalassa* sea]

pan·the·ism /pǽnθiìz(ə)m/ *n* 汎神論; 汎神信仰. ♦ **-ist** *n* **pàn·the·ís·tic, -ti·cal** *a* **-ti·cal·ly** *adv* [F]

pan·the·on /pǽnθiɑ̀n, -ən, "pænθíːən/ *n* **1** [the P-] パンテオン《Agrippa が 27 B.C. に創建したローマの神殿; 現存のものは 2 世紀初 Hadrian が再建したもので半球ドームの円堂と柱廊からなる; 609 年以来キリスト教の会堂》. **2** 万神を祭る宮, 万神殿; 一国の偉人をいっしょに祭った建造物《特に Paris の Church of Sainte-Geneviève》. **3** パンテオン《18 世紀 London の Oxford Street にあった民衆娯楽場》. **4**《民族・宗教・神話の》すべての神, 神々; [*fig*] 英雄[偶像]たち. [L＜Gk (*theion* divine＜*theos* god)]

pan·ther /pǽnθər/ *n* (*pl* ~**s**, ~) **1 a**《動》ヒョウ (leopard); 黒ヒョウ; *ピューマ (COUGAR); ジャガー. **b** 巨大ヒョウ《仮想上の猛獣》. **2** [P-] BLACK PANTHER. **3** *《俗》PANTHER PISS. ♦ **~·ess** *n fem* [OF, ＜Gk]

pan·ther·ine /pǽnθəràɪn, -rən/ *a* ヒョウの(ような).

Pánther·ism *n* BLACK PANTHER の過激主義.

pánther jùice *《俗》PANTHER PISS.

pánther lìly《植》LEOPARD LILY.

pánther('s) piss [swèat] *《俗》安[粗悪]ウイスキー.

pant·ie, panty /pǽnti/ *n* [°*pl*]《婦人・女児用の》パンティー. [(dim)＜*pants*]

pántie gìrdle [bèlt] パンティーガードル《コルセットの一種》.

pan·ti·hose /pǽntihòuz/ *n* PANTY HOSE.

pán·tìle *n*《建》パンタイル《**1)** 断面が S 字形の瓦 **2)** 先細の半円筒形の瓦》. ♦ **~d** *a* [*pan*[1]]

pant·isoc·ra·cy /pæ̀ntəsɑ́krəsi, *pæ̀ntàɪ-/ *n* 理想的平等社会, 万民同権政体. ♦ **-isóc·ra·tist** *n* **pànt·ìso·crát·ic, -i·cal** /-səkrǽt-/ *a*

pan·to /pǽntou/ *n* (*pl* ~**s**)"《口》おとぎ芝居 (pantomime).

panto- /pǽntou, -tə/ ⇨ PANT-.

Pan·toc·ra·tor /pæntɑ́krətər/ 全能の支配者, パントクラトール《キリスト》. [Gk (*pant*-, *krator* ruler)]

pan·to(f)·fle, -tou·fle /pæntɑ́f(ə)l, -túː-, pǽntə-/ *n*《寝室用の》スリッパ. [OF＜OIt＝cork shoe＜Gk]

pán·to·gràph /pǽntə-/ *n* 写図器, 縮図器, パントグラフ; パンタグラフ《電話や照明を取り付ける伸縮自在な腕》;《電気機関車・電車などの》パンタグラフ. ♦ **pàn·to·gráph·ic** *a*

pan·tog·ra·phy /pæntɑ́grəfi/ *n* 全写法, 縮写法; 全図; 総論. ♦ **-pher** *n*

pan·tol·o·gy /pæntɑ́lədʒi/ *n* 万有百科の総合知識. ♦ **pàn·to·lóg·ic** *a*

pan·to·mime /pǽntəmàɪm/ *n* **1 a** 無言劇, パントマイム; パントミムス《一人の舞踊家が合唱隊の歌う物語に合わせて踊る古代ローマの芸能》; おとぎ芝居, クリスマスパントマイム《英国でクリスマスのころに演じられる主に子供向けの劇; 童話やおとぎ話に基づき, 時事を扱った歌, 踊りを取り入れたもの》; "茶番劇. **b** パントマイム[パントミムス]俳優 (pantomimist). **2** 身振り, 手まね. ► *vt, vi* パントマイム[身振り]で表現する. ♦ **pàn·to·mím·ic** /-mím-/ *a* [F or L＜Gk; ⇨ MIME]

pántomime dàme パントマイムのおばさん (⇨ DAME).

pántomime hòrse" パントマイムの馬《人が 2 人はいるぬいぐるみの馬》.

pan·to·mim·ist /pǽntəmàɪmɪst, -mɪ̀m-/ *n* パントマイム俳優[作者].

pànto·mórphic *a* あらゆる姿になる.

pan·tónal《楽》*a* 汎調性の; 十二音技法 (twelve-tone technique) の. [*pan*-]

pànto·scópic *a* 全部の光景を見る; 広角度の, 視界の広い: a ~ camera＝PANORAMIC CAMERA / ~ spectacles 複[全視]眼鏡.

pan·to·the·nate /pæ̀ntəθénèɪt, pæntɑ́θənèɪt/ *n*《化》パントテン酸塩[エステル].

pan·to·thén·ic ácid /pæ̀ntəθénɪk-/《生化》パントテン酸《ビタミン B 複合体の一要素》.

pantoufle ⇨ PANTOFFLE.

pan·toum /pæntúːm/ *n*《韻》パントゥーン詩形《フランス・英国の, マレー詩起源の詩形の一つ: abab, bcbc, cdcd, ..., axax と押韻する四行連からなる》. [F PANTUN]

pan·trópic[1], **-trópical** *a* 熱帯全域に分布する, 汎熱帯的な: ~ plants 汎熱帯植物.

pantropic[2] *a*〈ウイルスが〉汎親和性の. [*-tropic*]

pan·try /pǽntri/ *n* 食料貯蔵室[庫];《ホテル・病院・船の》食器室, 配膳室; *《俗》胃 (stomach). [AF (L *panis* bread)]

pántry·man /-mən/ *n*《ホテルなどの》配膳室係.

pants /pǽnts/ *n pl* *《外にはく》パンツ, ズボン (trousers); "《下着の》パンツ, ズボン下 (underpants"); "パンティー;《空》スパッツ《車輪をおおう流線形のカバー》; [°〈*a*〉]"《口》ひどい(もの), どうしようもない(もの), くず. ● **beat the ~ off**《俗》完敗させる, 打ちのめす. **bore [scare, talk, etc.] the ~ off (of)** sb《俗》人をひどくうんざりさせる[こわがらせる], 人がうんざりするほどしゃべる《など》. **charm the ~ off** sb *《俗》人に取り入る, 人の機嫌を取る, 骨抜き[メロメロ]にする. DUST sb's ~. **fancy the ~ off** sb "《俗》〈セクシーな男に〉メロメロ[首ったけ]になる, べたぼれする. **(fly [drive]) by the** SEAT **of one's ~. get in [into] sb's ~** *《俗》人とセックスする(に至る), 女をモノにする. **have [take] the ~ off** sb "《俗》きびしく責める, しかりつける. **in long [short] ~** *大人になって[まだ子供で]. **keep one's ~ on** ⇨ SHIRT. **shit (in) one's ~** *《卑》(びびって[たまげて])うんこをもらす, びっくり仰天する, かんかんになる, ブチ切れる. WEAR[1] **the ~. with one's ~ [trousers] down**《口》不意討ちをくらって, 当惑して, あたふたして: We were caught *with our ~ down*. 虚をつかれてとまどった. [*pantaloons*]

pánt·shòe *n* パンタロンシューズ《裾の広いズボン用の靴》.

pánt·skìrt *n* パンツスカート.

pánts lèg *《俗》《飛行場などの》吹流し.

pánts ràbbit *《俗》シラミ (louse).

pánt·sùit, pánts sùit *n* パンツスーツ《女性用のジャケットとスラックスのスーツ》. ♦ **pánt·sùit·ed, pants-** *a*

pan·tun /pæntúːn/ *n* パントゥーン《マレー詩の詩形: abab と押韻する 4 行からなる》. [Malay]

pánty gìrdle PANTIE GIRDLE.

pánty hòse [〈*pl*〉] パンティーストッキング (＝*pantihose*).

pánty·lìner *n* パンティーライナー《女性の下着に接着させるタイプの小さいナプキン》.

pánty ràid*《大学の男子寮生の女子寮への》パンティー襲撃《パンティーを奪って '戦利品' と喜ぶ悪ふざけ》.

pánty stòckings *pl* パンティーストッキング (panty hose).

pánty·wàist* *n* 幼児用パンツ;《口》子供のような男, にやけた男, いくじなし. ► *a*《口》子供っぽい (childish), にやけた, いくじなしの.

pánty·wàist·ed *a*《口》PANTYWAIST.

Pá·nu·co /páːnəkòu/ [the] パヌコ川《メキシコ中部を北東に流れてメキシコ湾に注ぐ》.

Pan·urge /pænə́ːrdʒ, ⌐⌐, pænúərʒ/ パニュルジュ《Rabelais の *Gargantua* と *Pantagruel* に出る Pantagruel の相棒で, おしゃれでずるく機知があって臆病》.

Panza ⇨ SANCHO PANZA.

pan·zer /pǽnzər; *G* pántsər/ *a* 機甲の, 機甲部隊[師団]の. ► *n*《機甲部隊を構成する, 特に 第二次大戦中のドイツ軍の》装甲車, 戦車; [*pl*] 機甲部隊. [G＝coat of mail]

pánzer divìsion《ドイツ陸軍の》機甲部隊[師団].

Pao-chi 宝鶏 (⇨ BAOJI).

Pão de Açú·car /pɑ́ʊ̃ di əsúːkər/ パン・デ・アスーカル (Sugarloaf Mountain)《ブラジルの Rio de Janeiro 市南部 Guanabara 湾入口の西側にある塔状の岩山 (395 m)》.

Pao-ki 宝鶏 (⇨ BAOJI).

Paoking 宝慶 (⇨ BAOQING).

Pa·o·li /páʊli, páːoulì/ パオリ **Pasquale** ~ (1725–1807)《Corsica 島の愛国者・政治家; Genoa 共和国やフランスと争い, 一時独立政府を率いた》.

Pa·o·lo /páːoulòu/ パオロ《男子名》. [It]

Paoting 保定 (⇨ BAODING).

Paotow, Pao-t'ou 包頭 (⇨ BAOTOU).

pap[1] /pǽp/ *n* **1** パンがゆ《幼児・病人などの食べ物》;《南ア》トウモロコシがゆ; 果肉 (pulp); つまらないもの, 子供だまし《訓話・本など》: (as) soft [easy] as ~ 子供じみた / His mouth is full of ~. まだ(乳臭い)子供だ. **2** *《官公吏などの》役得, 政治上の支援. [?MLG, MDu]

pap[2]《方》*n* 乳首 (nipple); 乳首状のもの[丘]. [Scand (imit of sucking)]

pap[3] *n* *《方》パパ (papa).

pap[4]《口》*n* PAPARAZZO. ► *vt* (**-pp-**)《写真を撮るために》〈有名人を〉追いまわす.

pa·pa[1] /páːpə, pəpáː; pəpáː/ *n* **1 a**《米口・英古・幼児》とうちゃん, パパ《pa, paw, pap ともいうが dad, daddy が普通》. **b**《俗》夫, 恋人, 愛人《男性》. **2** [P-] パパ《文字 p を表わす通信用語; ⇨ COMMUNICATIONS CODE WORD》. [F, ＜Gk]

pa·pa[2] /pá:pà:/ *n* [the P-] ローマ教皇 (Pope)《現在では, 主に呼びかけあるいは称号に用いる》. ［It POPE］

pa·pa[3] /pá:pə/ *n* パパ《ニュージーランドの北島にみられる青色をおびた一種の pipe clay; 炉を白くするのに用いる》.

pa·pa·cy /péɪpəsi/ *n* ローマ教皇の職[位, 任期], 教皇権; [P-] 教皇制度[政治]; 歴代教皇. ［L *papatia* (POPE)］

papad(dam) ⇨ POPADAM.

Pápa Dóc パパドック《François DUVALIER の通称》.

Pa·pa·do·pou·los /pæ̀pədápələs/ パパドプロス **Georgios** ～ (1919–99)《ギリシアの軍人・政治家; 軍事政権の首相 (1967–73), 大統領 (1973)》.

pap·a·dum /pá:pədəm; pǽp-/ *n* POPADAM.

Pa·pa·go /pá:pəgòu, pǽp-/ *n* **a** (*pl* ～, ～**s**) パパゴ族 (Tohono O'odham). **b** パパゴ語《ピマ語群に属する》.

pa·pa·in /pəpéɪən, -páɪən/ *n* 〘生化〙 パパイン《パパイアの果実の乳液中に含まれるプロテアーゼ》.

pa·pal /péɪp(ə)l/ *a* ローマ教皇の; ローマ(カトリック)教会の. ♦ **～·ly** *adv*

pa·pa·la·gi /pɑpá:lɑ:ŋi/ *n* (*pl* ～) 《NZ・サモア》 白人, 《特に》ヨーロッパ人.

pápal cróss 教皇十字《横線 3 本の十字》.

pápal infallibílity [the] 〘カト〙 教皇の不可謬性.

pápal·ìsm *n* 教皇政治; 教皇制支持.

pápal·ist *n* 教皇制支持者; カトリック教徒. ► *a* PAPALISM の. ♦ **pà·pal·ís·tic** *a*

pápal·ìze *vt, vi* カトリックに改宗させる[する].

Pápal Státes *pl* [the] 教皇領 (=*States of the Church*)《755–1870 年に教皇が支配した中部イタリアの地域》.

Pa·pan·dre·ou /pæ̀pəndréɪu/ パパンドレウ (1) **Andreas** ～ (1919–96)《ギリシアの経済学者・社会主義政治家; 首相 (1981–89, 93–96)》 (2) **'George'** ～ [**Georgios Andreas** ～] (1952–)《米国生まれのギリシアの政治家; Andreas の子; 首相 (2009–11)》 (3) **Georgios** ～ (1888–1968)《ギリシアの共和主義政治家; 首相 (1944, 63, 64–65); Andreas の父》.

Pa·pa·ní·co·laou smèar [tèst] /pà:pəní:kəlàu-, pæ̀pəník-/ 〘医〙 パパニコロー塗抹標本[試験] (PAP SMEAR). ［George N. *Papanicolaou* (1883–1962) ギリシア生まれの米国の医学者］

pa·pa·raz·zo /pà:pərá:tsou/ *n* (*pl* **-raz·zi** /-rá:tsi/) [ᵘ*pl*]《有名人を追いまわす》フリーのカメラマン, パパラッチ. ［Fellini の映画『甘い生活』(1960) に登場するカメラマンの名 signore *Paparazzo* から (It dial=a buzzing insect)］

pa·pav·er·a·ceous /pəpæ̀vəréɪʃəs, -pèɪ-/ *a* 〘植〙 ケシ科 (Papaveraceae) の. ［L; ⇨ POPPY］

pa·pav·er·ine /pəpǽvərì:n, -péɪ-, -rən/ *n* 〘化〙 パパベリン《アヘンに含まれる有毒アルカロイド; 医薬用》. ［L *papaver* poppy］

pa·pa·ver·ous /pəpǽv(ə)rəs, -péɪ-/ *a* ケシの(ような); 催眠性の (soporific).

pa·paw /pɔ́:pɔ:, pəpɔ́:/ *n* 〘植〙 PAWPAW.

pa·pa·ya /pəpá:jə, -páɪə/ *n* 〘植〙 パパイヤ(の実)《熱帯アメリカ原産》. ♦ **-yan** *a* ［*papaw*］

pape[1] /péɪp/ *n**《俗》 トランプカード.

pape[2] *n* 《スコ》 教皇 (pope); [ᵒP-] 《スコ俗・北アイル俗》 [*derog*] カトリック教徒.

Pa·pee·te /pà:piéɪti/ パペエテ《フランス領ポリネシアの中心都市; Tahiti 島北西岸に位置》.

Pa·pen /pá:pən/ パーペン **Franz von** ～ (1879–1969)《ドイツの政治家; 首相 (1932), Hitler のもとで副首相 (1933–34)》.

pa·per /péɪpər/ *n* **1** 紙, 用紙, 紙状のもの; 壁紙 (wallpaper), 紙の掛け物; 《針・安全ピンなどを刺しておく》台紙; [*pl*] CURLPAPERS: two sheets [pieces] of ～ 2 枚の紙 / wove(n) ～ 網目のある紙 / (as) dry as ～ 乾ききって, ひからびて / put PEN[1] to ～ / commit to ～ 書き留める. **2 a** 新聞(紙): today's ～*s* 今日の新聞 / a daily ～ 日刊紙 / be in the ～*s* 新聞に出ている / get into ～*s* 新聞だねになる. **b** ポスター(類), プラカード(類), ちらし(類). **3** 論文, 解説, 研究論文, レポート, 作文 〈*on*〉; ᴴ試験問題, 答案: present a ～ / set a ～ (*in* grammar) (文法の)試験問題を出す. **4 a** [ᵘ*pl*] 書類, 文書, 記録, 書簡集, 日記; [*pl*] 身分[戸籍]証明書, 信任状; [*pl*] 《黒人俗》 結婚許可証 (marriage license), 結婚証明書 (marriage certificate): SHIP'S PAPERS. **b***《俗》 駐車違反に対する呼出し状. **5 a** 手形, 為替手形, 紙幣 (paper money); *《俗》 偽造[不渡り]小切手, にせ札. **b** 《俗》 無料入場券, 招待券 (free ticket); 《俗》 無料入場者連. **6***トランプカード; *《俗》 しるしのついたトランプ一組. **7** 紙包み, 紙袋; CIGARETTE PAPER; *《俗》 麻薬の包み. **8** PAPERBACK. ● **cut sb's ～s [orders]***《俗》《逮捕状・令状・通達などの》書類を(…にあてて)用意する. **have ～s (on…)***《黒人俗》 (…と)結婚している. **lay ～** *《俗》 空手形を振り出す, にせ金を使う. **lay the ～s** 書類を卓上に出す《大臣が議会報告のため》. **man with a ～** ASS[2]. **not worth the ～ it is [they are] printed [written] on** 一文の値打ちもない. **on ～** 紙上に, 紙上では[から判断すれば]; 紙に書いて[印刷して]; 統計[理論]上では, 仮定的には; 額面では: put…*on* ～ …を紙に書く. **push ～** 《口》 PAPER-PUSHER として(あくせく)働く[勤める]. **put one's ～s in***《俗》 入学[入隊]申し込みをする; 辞任する, 引退する. **send [hand] in one's ～s** 〈将校などが〉辞表を提出する.
► *a* **1 a** 紙[ボール紙]製の, 張り子で作った; 紙表紙の: a ～ bag 紙袋 / a ～ screen 障子 / PAPER TIGER. **b** 紙のような, 薄い, 弱い; 〈薄い織地が〉さらりとなめらかな仕上げの. **2 a** 手続き書類の, 机上事務の; 手紙[文書, 印刷物]の交換によって行なわれる: ～ warfare 紙上の論戦. **b** 名目上の, 実施[実行]されない, 空論の: PAPER PROFIT. **3** 紙幣として発行された; 《俗》 フリーパスで入場した(人びとが大半を占める). **4** 〈結婚記念日など〉第 1 回の.
► *vt* **1** 紙に包む; 紙でおおう, 色紙で飾る, …に紙[壁紙など]を貼る; 〘製本〙 紙で裏打ちする; …に紙を供給する. **2** 〈地区など〉に〈ちらしなどを〉配る, まく, …に〈ポスターを〉貼る; 《口》 書類攻めにする; *《俗》 …ににせ札をばらまく, 不渡り小切手を濫発する; 《俗》 〈劇場を〉無料入場券をばらまいて満員にする; *《俗》 〈警察が〉…に違法駐車の件で呼出し状を出す. **3** …に(サンド)ペーパーをかける. **4** にわか仕立てでつくる 〈*together*〉. **5** 《古》 紙に書く, 書き記す. ► *vi* (壁・壁のきずなどの上に) 壁紙を貼る 〈*over*〉. ● **～ over** 〈不和・食い違いなどを〉取りつくろう, 糊塗する; 隠す: ～ *over* the CRACKS. **～ up** 〈窓・戸など〉に紙を貼りつめる.
［AF＜L PAPYRUS］

páper·bàck *n* 紙表紙(の普及)版, ペーパーバック (cf. HARDBACK, HARDCOVER): be published in ～ ペーパーバック(版)で出版される. ► *a* ペーパーバックの. ► *vt* ペーパーバックで出版する. ♦ **～ed** *a*

páper bàg 紙袋. ● **can't fight [blow, punch] one's way out of a ～** 《米口・豪口》 無気力である, ガッツがない.

páper·bàrk *n* 〘植〙 CAJEPUT.

páper-bèlly *《俗》 *n* ストレートの酒が飲めないやつ; [*derog*] メキシコ人.

páper bìrch 〘植〙 アメリカシラカンバ (=*canoe birch*).

páper·bòard *n, a* 厚紙(の), 板紙(の), ボール紙(の).

páper·bòund *a, n* PAPERBACK.

páper·bòy *n* 新聞配達の少年, 新聞少年, 新聞の売り子.

páper chàse 1 HARE AND HOUNDS. **2**《特に 法律の学位や専門的資格の》免状の追求, 猛勉強; 《学位や融資獲得などのために必要な》論文執筆, 書類作成, 《口》 (山のような)書類[資料]調べ. ♦ **páper chàser** *n*

páper chromatógraphy 〘化〙 ペーパー[濾紙]クロマトグラフィー《固定相に濾紙を用いる》.

páper clìp (ペーパー)クリップ; 紙ばさみ.

páper cúp 紙コップ.

páper cúrrency 紙幣 (paper money).

páper cùtter 《紙の》断裁器, カッター; 紙切りナイフ.

páper dóll 紙人形《子供のおもちゃ》; 《豪韻俗》 浮気っぽい女 (moll). ● **cutting out ～s [paper dollies]** ⇨ DOLL.

páper·er *n* PAPERHANGER; PAPER するもの.

páper fàctor 〘化〙 バルサムモミ (balsam fir) のテルペン.

páper fíligree 紙の細線細工, ペーパーフィリグリー (rolled paperwork).

páper·gìrl *n* 新聞配達[新聞売り]の少女.

páper góld SPECIAL DRAWING RIGHTS.

páper·hàng·er *n* 屋内の壁に紙[布]を貼る人; 壁貼り屋; 経師屋, 表具師; *《俗》 不渡り小切手使い, にせ札造り.

páper·hàng·ing *n* 表具[壁紙]貼り(業); [*pl*] 《古》 壁紙; *《俗》 不渡り小切手の濫発.

páper hòuse *《俗》 無料の客を呼び込んで席を埋めた劇場[サーカス] (cf. PAPER *vt*).

páper knìfe 紙切りナイフ, ペーパーナイフ; 紙の断裁器の刃.

páper·less *a* 紙がない; 〈オフィス・システムが〉コンピューター化された, ペーパーレスの.

paper-mâ·che /pèɪpərməʃéɪ, -mæ̀-/ *n* PAPIER-MÂCHÉ.

páper·màking *n* 製紙. ♦ **-màker** *n*

páper mìll 製紙工場.

páper móney 紙幣 (opp. *specie*); 有価証券《小切手・手形など》.

páper múlberry 〘植〙 カジノキ, 楮《クワ科コウゾ属の落葉高木; 樹皮は紙・布の原料》.

páper náutilus 〘動〙 カイダコ類の頭足類, アオイガイ (=*argonaut*).

páper pláte 《使い捨ての》紙皿.

páper prófit 紙上利益, 架空利益《有価証券など未売却所有物の, 値上がりによる未実現利益》.

páper púlp 製紙用パルプ.

páper-pùsh·er *n* **1** 《口》 事務員, 職員, 公務員, 小役人 (cf. PENCIL PUSHER). **2***《俗》 不渡り小切手使い, にせ札使い (paperhanger). ♦ **-pùsh·ing** *n, a*

páper qualificátions *pl* 資格(取得)証明書《実際の経験に基づくものではない》.

páper rèed [rùsh] 〘植〙 パピルス (papyrus).

páper ròund 新聞配達《仕事》; 新聞配達ルート.

páper ròute* PAPER ROUND.

páper rùn 《NZ》 PAPER ROUND.

páper shòp ‖《口》新聞販売店, 雑貨屋《雑誌・菓子・タバコなども扱う》.
páper shùffler 《口》事務員, 下級役人 (paper-pusher).
páper stàiner 壁紙製造人, 壁紙印刷者[着色者]; 三文作家.
páper stàndard 紙幣本位制.
páper tápe《コンピューターなどの》紙テープ《情報の入出力媒体》.
páper-thín *a* 紙のように薄い; やせぎすな; 〈差が〉紙一重の; 見え透いた.
páper tíger 張り子の虎, 見かけ倒し.
páper tówel 紙タオル; キッチンタオル[ペーパー].
páper tràil 文書足跡《ある人の行動をたどったり意見を読み取ったりすることのできる証拠となる文書; 金銭出納記録や著作など》.
páper-tràin *vt* 〈犬などを〉紙の上で排便するようにしつける.
páper·wàre *n* 紙製品; 紙食器《紙コップ・紙皿など》.
páper wàsp〔昆〕アシナガバチ《スズメバチ科アシナガバチ属のハチの総称; 咀嚼(そしゃく)した木質繊維で丈夫な紙質の巣をつくる》.
páper wédding 紙婚式《結婚 1 周年記念; ⇨ WEDDING》.
páper·wèight *n* 文鎮, 紙押え, ペーパーウェイト; *《鉄道俗》改札係, 駅事務員.
páper-whìte (narcíssus)〔植〕ペーパーホワイト《フサザキスイセンの亜種で花は白》.
páper·wòrk *n* ペーパーワーク《書類の作成・整理・保存などの仕事》; 事務処理[手続き]; 事務文書類(一式)《申請書・売買契約書など》.
páper·wòrk·er *n* PAPERMAKER.
pá·pery *a* 紙の(ような); 薄い. ♦ **pá·per·i·ness** *n*
pap·e·terie /pǽpətri, pæ̀pətríː/ *n* 文具箱, (手)文庫.
Pa·phi·an /péɪfiən/ *a* PAPHOS の(住民の); 《文》よこしまな愛の, みだらな. ► *n* Paphos の住民; [ᵖp-] 売春婦.
Paph·la·go·nia /pæ̀fləgóuniə, -njə/ パフラゴニア《小アジア北部, 黒海に臨む古代国家・ローマの属州》. ♦ **Pàph·la·gó·nian** *a, n*
Pa·phos /péɪfɑ̀s/ **1** パポス《キプロス南西部の町; 古代の Paphos はこの東に位置し, Aphrodite の神殿があった》. **2**〔ギ神〕パポス《Pygmalion と Galatea の子; 父から Cyprus の王位を継承》.
Pa·phus /péɪfəs/〔ギ神〕PAPHOS.
Pa·pia·men·to /pɑ̀ːpjəméntou/ パピアメント《オランダ領アンティル諸島で用いられる混交化したスペイン語》.
Pa·pien 把辺江 (⇨ BABIAN).
pa·pier col·lé /*F* papje kɔle/ (*pl* **pa·piers col·lés** /—/)〔美〕COLLAGE. [F=glued paper]
pa·pier-mâ·ché /pèɪpərməʃéɪ, pæpjèr-; pæ̀pjeɪmǽʃeɪ/ *n* 紙張り子, パピエマシェ《パルプに接着剤その他を加えた素材》. ► *a* 紙張り子の, パピエマシェを素材とする; 非現実的な, 偽りの: a ～ mold〔印〕紙型. [F=chewed paper]
pa·pil·i·o·na·ceous /pəpɪ̀liənéɪʃəs/〔植〕*a* 蝶形の, 蝶形花冠のある; マメ科 (Leguminosae) の. [NL (*papilion- papilio* butterfly)]
pa·pil·la /pəpɪ́lə/ *n* (*pl* **-pil·lae** /-pɪ́li, -pɪ́làɪ/)〔解・動・植〕《毛髪・歯・皮膚・舌などの》乳頭(状突起). ♦ **pap·il·lary** /pǽpəlèri, pəpɪ́ləri/ *a* 乳頭(状)の. **pap·il·late** /pǽpəlèɪt, pəpɪ́lət/ *a* 乳頭状[性]の. **pap·il·lose** /pǽpəlòus, pəpɪ́lòus/ *a* PAPILLATE. [L (dim)〈PAPULA]
pap·il·lo·ma /pæ̀pəlóumə/ *n* (*pl* ～**s**, **-ma·ta** /-tə/)〔医〕乳頭腫; 良性のできもの《いぼなど》. ♦ **pap·il·lo·ma·tous** /pæ̀pəlóumətəs/ *a* 乳頭腫(性)の.
pap·il·lo·ma·to·sis /pæ̀pəlòumətóusəs/ *n* (*pl* **-ses** /-sìːz/)〔医〕乳頭腫症.
papillóma·vìrus *n*〔医・獣医〕乳頭腫ウイルス, パピローマウイルス.
pap·il·lon /pǽpəlɑ̀n, pɑ̀ːpi(j)ɔ́ːŋ, pæp-/ *n*〔犬〕パピヨン《スパニエルの一種でチワワに似る; 耳が蝶の羽のように見える》. [F=butterfly]
pap·il·lote /pǽpəlòut, pɑ̀ːpi(j)óut, pæp-/ *n* CURLPAPER; 《肉の付いた骨の端に巻く》巻き紙; 《肉・魚などを包んで調理するための》油びき紙: en ～ 油びき紙で包んで料理した. [F (↑)]
pa·pism /péɪpɪ̀z(ə)m/ *n* [*derog*] 教皇支配, ローマカトリック教. [↓]
pa·pist /péɪpɪst/ *n, a* [*derog*] 教皇派(の), ローマカトリック教徒(の). ♦ **pa·pis·tic** /peɪpɪ́stɪk; pə-/, **-ti·cal** *a* [F or L; ⇨ POPE¹]
pápist·ry *n* [*derog*] ローマカトリック(の儀式[教義]).
pa·poose, pap·poose /pəpúːs, pæ-/ *n*《北米インディアンの》赤んぼ, 幼児; 赤ちゃんの背負い袋, 抱っこひも; *《俗》《組合員におんぶして働いている》非組合員労働者. [Narraganset]
pa·pó·va·vìrus /pəpóuvə-/ *n* パポーバウイルス《腫瘍原性を有する直径 45–55 nm の正二十面体状ウイルス》.
pap·par·del·le /pæ̀pɑːrdéleɪ/ *n pl*〔イタリア料理〕パッパルデッレ《平麺状のパスタ》. [It]
Pap·pen·heim /pɑ́ːpənhàɪm, pǽp-/ パッペンハイム **Gottfried Heinrich zu ～**, Graf zu ～ (1594–1632)《ドイツの将軍; 三十年戦争において活躍》.
pap·pose /pǽpòus/, **-pous** /-pəs/ *a*〔植〕冠毛を有する; 冠毛性の.
pap·pus /pǽpəs/ *n* (*pl* **-pi** /-pàɪ, -pìː/)〔植〕《タンポポ・アザミなどの》冠毛; うぶ毛. [L<Gk=grandfather]
Páppus of Alexándria アレクサンドリアのパッポス《3 世紀後半から 4 世紀前半のギリシアの幾何学者》.
páp·py¹ *a* パンがゆ状の, どろどろの; 柔らかな. [*pap*¹]
pappy² *n**《南部・中部》とうちゃん, パパ (papa). [*pap*³]
páppy gùy《工場・会社の》古参の人.
pa·preg /péɪprèg/ *n* 樹脂を染み込ませた紙を何枚も重ねて接着した引きの強い厚紙. [*pa*per+im*preg*nated]
pa·pri·ka /pæpríːkə, pə-, pǽprə-/ *n* パプリカ《**1**) 各種の甘味トウガラシの実から製した香辛料 **2**) そのトウガラシ》. [Hung; cf. PEPPER]
Páp smèar [tèst]〔医〕パプ塗抹標本, パプ試験 (=*Papanicolaou smear* [*test*])《剝離細胞染色による子宮癌早期検査法》.
Pap·ua /pǽpjuə/ パプア《**1**) NEW GUINEA 島の別称 **2**) New Guinea 島西半分と付近の島々からなるインドネシアの州; ☆ Jayapura; 旧称 Irian Jaya, Irian Barat; 2003 年最西部地域が分離, West Papua 州になっている》. ■ the **Gúlf of ～** パプア湾《New Guinea 島南東岸 Coral 海内の湾》. the **Térritory of ～** パプア地区, 直轄領パプア《New Guinea 島南東部と付近の島々からなる旧オーストラリア領; 現在はパプアニューギニアの一部; 旧称 British New Guinea (1888–1906)》.
Páp·u·an *a* パプア(島)の; パプア人の; パプア語の;〔生物地理〕パプア亜区の. ► *n* **a** パプア人《**1**) PAPUA に生まれたまたは居住する人 **2**) New Guinea および周辺地域の先住民》. **b** パプア語《数百の部族語の総称》.
Pápua Nèw Guínea パプアニューギニア《ニューギニア島東半分と付近の島々よりなる国, 公式名 Independent State of ～ (パプアニューギニア独立国); ☆Port Moresby; 略 PNG》. ♦ **Pápua Nèw Guínean** *a, n*
pap·u·la /pǽpjələ/ *n* (*pl* **-lae** /-lìː, -làɪ/) PAPULE. [L=pimple]
pap·ule /pǽpjul/ *n*〔医〕丘疹(きゅうしん). ♦ **pap·u·lar** /pǽpjələr/ *a* 丘疹(性)の. **pap·u·lif·er·ous** /pæ̀pjəlɪ́f(ə)rəs/ *a* 丘疹を生じる. **pap·u·lose** /pǽpj(ə)lòus/, **-lous** /-ləs/ *a* 丘疹の, 丘疹でおおわれた. [↑]
Páp·worth Hóspital /pǽpwəːrθ-/ パップワース病院《英国 Cambridge 近郊の NHS の病院; 心臓病が専門》.
pap·y·ra·ceous /pæ̀pəréɪʃəs/ *a* パピルス状の; 紙状の.
pap·y·rol·o·gy /pæ̀pərɑ́lədʒi/ *n* パピルス学. ♦ **pa·py·ro·log·i·cal** /pəpàɪrəlɑ́dʒɪk(ə)l, -pɪ̀r-/ *a* **-gist** *n*
pa·py·rus /pəpáɪrəs/ *n* (*pl* **-ri** /-ri, -ràɪ/, ～**·es**)〔植〕パピルス, カミガヤツリ (=*paper reed* [*rush*])《カヤツリグサ科》; 《パピルスの髄からつくった》パピルス紙《古代エジプト・ギリシア・ローマの紙》; パピルス写本, 古文書. ♦ **pa·pý·ral** *a* [L<Gk]
par¹ /pɑ́ːr/ *n* **1** 同等, 同価, 同位 (equality). **2**〔商〕平価, 額面同価; 為替平価: issue ～ 発行価格 / nominal [face] ～ 額面価格. **3** 基準量[額], 標準(度); 《健康または精神の》常態. **4**〔ゴルフ〕《各ホール・コースの》基準打数, パー. ★ 一つのホールで, par より 1 打少なくホールアウトすることを birdie, 2 打少ないものを eagle, 3 打少ないものを double eagle* または albatross‖ という. 逆に, par より 1 打多いスコアを bogey, 2 打多いものを double bogey, 3 打多いものを triple bogey という. ● **above ～** 額面超過で; 標準以上で; 健康で, 元気で. **at ～** 額面高で. **below ～** 額面以下で; 標準以下で; 体調がよくなくて. **on (a) ～** 同様で, 同等で〈*with*〉. **～ for the course** 《口》普通の[あたりまえの]こと, 日常茶飯事, 常態. **under ～**〔ゴルフ〕アンダーパーで; 標準以下で; 体調がすぐれないで. **up to ～** 標準に達して; いつもの体調で, 元気で. ► *a* 平均の, 並みの, 標準の;〔商〕平価の;〔ゴルフ〕パーの. ► *vt* (**-rr-**)〔ゴルフ〕〈ホールを〉パーであがる. [L=equal]
par² *n*‖《口》PARAGRAPH.
par³ *n*〔魚〕PARR.
Pär /péər/ ペール《男子名》. [Swed; ⇨ PETER]
par- ⇨ PARA-¹.
par. paragraph ♦ parallel ♦ parenthesis ♦ parish.
pa·ra¹ /pɑːrɑ́ː; pɑ́ːrə/ *n* (*pl* ～**s**, ～) パラ《**1**) セルビアの通貨単位: =1/100 dinar **2**) トルコの旧通貨単位》. [Serbo-Croat<Turk<Pers=piece]
para² /pǽrə/ 《口》*n* PARACHUTIST, PARATROOPER; PARACOMMANDO.
para³ /pǽrə/ *n* 《口》PARAGRAPH.
para⁴ /pǽrə/〔医〕*n* 経産 (parity); 経産婦 (cf. GRAVIDA). ★ 後ろに経産回数の数字を付けて用いる: ～ II 2 回経産婦. [primi*para*, multi*para*, etc.]
Pa·ra /pǽrə, pərɑ́ː/ *n* PARA RUBBER. [↓ (船積地)]
Pa·rá /pərɑ́ː/ **1** パラ《**1**) ブラジル北部, 大西洋岸の州; ☆Belém **2**) BELÉM の別称》. **2** [the] パラ川《ブラジル北部 Amazon 川の分流》.
para-¹ /pǽrə/, **par-** /pǽr/ *pref* **1**「近所」「両側」「以上」「以外」「不正」「不規則」「準…」「…を補足する」「…に従属する」「類似」「異常」「擬似」. **2**〔化〕パラ《**1**) 重合した形を示す **2**) ベンゼン環を有する化合物で 1, 4- 位置換体を示す **3**) 2 原子の分子において, 原子核のスピンの方向が逆であることを示す》. [Gk]

para-[2] *comb form*「防護」「避難」［F＜It＜L (*paro* to defend)］
para-[3] *comb form* PARACHUTE の意: *para*troops.
-p·a·ra /-pərə/ *n comb form* (*pl* ～**s, -rae** /-rìː, -ràɪ/)「…産婦」: primi*para*, multi*para* ［L (*pario* to bring forth)］
para. paragraph. **Para.** Paraguay.
pàra-amìno·benzóic ácid〖生化〗パラアミノ安息香酸《ビタミン B 複合体の一種; 略 PABA》.
pàra-amìno·salicýlic ácid〖化〗パラアミノサリチル酸《結核治療用; 略 PAS》.
pa·rab·a·sis /pəræ̀bəsəs/ *n* (*pl* **-ses** /-sìːz/)《ギリシア喜劇で》パラバシス《コロス (chorus) が観客に向かって作者の主張を歌う部分》. ［Gk］
para·ben /pǽrəbɛ̀n/ *n*〖化〗パラベン《食品・薬品の保存に使われる抗真菌薬のメチルパラベン (methylparaben) とプロピルパラベン (propylparaben) をいう》. ［*para*-hydroxy*benzoate*］
pàra·biósis *n*〖生〗並体結合[癒合]. ♦ **-biótic** *a*
pára·blàst *n*〖生〗胚外質. ♦ **pàra·blástic** *a*
par·a·ble /pǽrəb(ə)l/ *n* たとえ話, 寓話, 比喩(談);《古》なぞ: speak in ～*s* たとえ話を用いて話す / the ～ of the tares《福音書の》毒麦のたとえ《*Matt* 13: 24》. ● **take up one's** ～《古》語り始める, 説教[講釈]を始める《*Num* 23: 7》. ♦ **pa·rab·o·list** /pəræ̀bəlɪst/ *n* ［OF＜L (PARABOLA)］
pa·rab·o·la /pəræ̀bələ/ *n*〖数〗放物線; パラボラ《集音マイクなどボウルの形をしたもの》. ［NL＜Gk＝setting alongside, comparison］
par·a·bol·ic /pæ̀rəbɑ́lɪk/ *a* たとえ話の(ような), 比喩的な; 放物線(状)の. ♦ **-ból·i·cal** *a* **-i·cal·ly** *adv*
parabólic anténna [áerial] パラボラアンテナ.
pa·rab·o·lize /pəræ̀bəlàɪz/ *vt* 寓話化する, たとえ話にする; 放物線状にする. ♦ **-lìz·er** *n* **pa·ràb·o·li·zá·tion** *n*
pa·rab·o·loid /pəræ̀bəlɔ̀ɪd/ *n*〖数〗放物面,《特に》回転放物面; HYPERBOLIC PARABOLOID. ♦ **pa·ràb·o·lói·dal** *a*
pára·bràke *n*〖空〗BRAKE PARACHUTE.
pàra·cásein *n*〖生化〗パラカゼイン《カゼインにレンニンを作用させてつくる誘導タンパク質》.
Pa·ra·cél Íslands /pæ̀rəsɛ́l-/ *pl* [the] パラセル諸島《南シナ海北西部, 海南島南東方の小島群; 帰属をめぐって中国・ヴェトナム・フィリピン間で係争中; 中国語名 Xisha Qundao, ヴェトナム語名 Quan Dao Hoang Sa》.
pàra·céllular *a*〖生〗細胞の側[間]を通る[にある]: a ～ pathway 傍細胞経路.
Par·a·cel·sus /pæ̀rəsɛ́lsəs/ パラケルスス **Philippus Aureolus** ～ (1493–1541)《スイスの医学者・錬金術師; 本名 Theophrastus Bombastus von Hohenheim》.
par·a·cen·te·sis /pæ̀rəsɛntíːsəs/ *n* (*pl* **-ses** /-sìz/)〖医〗穿刺(せんし)(術), 穿開(術). ［L＜Gk］
para·ce·ta·mol /pæ̀rəsíːtəmɔ̀(ː)l, -mòʊl, -mɑ̀l/ *n*〖薬〗パラセタモール (acetaminophen).
pàra·charmónium *n*〖理〗パラチャーモニウム《J/ψ 粒子のかつての模型》.
pa·rach·ro·nism /pərǽkrənìz(ə)m/ *n* 記時錯誤《年月日を実際よりあとに付ける; cf. PROCHRONISM》.
para·chute /pǽrəʃùːt/ *n* パラシュート, 落下傘;〖植〗風散種子;〖動〗《コウモリなどの》飛膜 (patagium); 落下傘型の機械[装置]: a ～ descent 落下傘降下 / a ～ flare 落下傘付き投下照明弾 / ～ troops＝PARATROOPS. ► *vt, vi* 落下傘で落とす[降下する], スカイダイビング[パラシューティング]する; 〈部外者を〉任命[抜擢]する, 送り込む 〈*in, into*〉. ♦ **pàra·chút·ic** *a* ［F (*para*-[2], CHUTE)］
párachute pànts *pl* パラシュートパンツ《裾をしぼったゆったりした軽い素材のズボン》.
párachute spìnnaker〖海〗超大型の三角帆.
pára·chùt·ing *n* パラシュート降下[投下], スカイダイビング, パラシューティング.
pára·chùt·ist, -chùt·er *n* 落下傘兵[降下者]; スカイダイバー; [*pl*] 落下傘部隊.
Par·a·clete /pǽrəklìːt/ *n* [the]〖神学〗弁護者, 助け主, 慰め手《聖霊 (the Holy Sprit) の称; *John* 14: 16, 26》. ［OF, ＜Gk (*para*-[1], *kaleō* to call)＝to call in aid］
pàra·clínical *a* 臨床基礎(医学)の.
pàra·commándo *n* パラシュートによる突撃隊員.
para·crine /pǽrəkrən, -kràɪn, -krìːn/ *a*〖生化〗パラクリンの, 傍分泌の《刺激をうけて細胞で合成分泌され, 近傍の細胞に作用する》.
pàra·cýmene *n*〖化〗パラシメン《シメンの最も普通の形》.
pa·rade /pəréɪd/ *n* **1 a** 行列(行進), 示威行進, パレード; 散歩する人びと; 観兵式, 閲兵: walk in a ～ 行列をつくって練り歩く. **b** 盛観; 誇示;《人・物の》連続, 連なり. **2** PARADE GROUND; 遊歩道, 広場, 商店街;《城中の》庭. **3**〖フェン〗受止め (parry), 防御. ● **make a** ～ **of**…を見せびらかす, ひけらかす. **on** ～ 〈軍隊が〉閲兵をうけて; 〈俳優など〉総出で, 勢ぞろいして, オンパレードで. **rain on sb's** ～《俗》人の気をくさらせる, 人がいい気でいるのに水をぶっかける, 人の幻想をぶちこわす. ► *vt* **1** 〈軍隊を〉整列させる, 閲兵する; 列をなして行進させる; 〈囚人を〉引きまわす, さらしものにする; 〈通りなどを〉練り歩く. **2** (人の前に)見せる 〈*out*〉; 〈知識・長所などを〉見せびらかす, ひけらかす; 〈…に〉見せかける, 〈…と〉触れ込む 〈*as*〉: ～ one's knowledge. ► *vi* 閲兵のため整列する; はなばなしく行進する; 気取って歩く; ひけらかす; 〈…として〉まかり通る 〈*as*〉. ♦ **pa·rád·er** *n* ［F＝a show＜It and Sp (L *paro* to prepare)］
paráde gròund 閲兵場, 練兵場.
paráde rést〖米軍〗公式の「休め」の姿勢《両脚間隔 12 インチ, 両手を背後で結び, 正面正視》;「休め」の号令.
pàra·dì·chlòro·bénzene *n*〖化〗パラジクロロベンゼン《主に衣類防虫用; 略 PDB》.
par·a·did·dle /pǽrədìdl/ *n*〖楽〗パラディドル《ドラムの基本奏法の一つ; 右左右右, 左右左左と連打する》. ［C20＜?; imit か］
par·a·digm /pǽrədàɪm, *-dìm/ *n* **1** 範例, 模範, 典型 〈*of*〉;〖文法〗変化系列, 語形変化表;〖言〗パラディグム《系列[選項]関係 (paradigmatic relation) にある要素群; cf. SYNTAGMA》: a ～ case 典型的な事例, 代表例. **2** 基本的な枠組[考え方]; パラダイム《特定領域・時代の支配的な科学的対象把握の方法》;《一般的に》哲学[理論]的枠組: a new ～ of agriculture 今後の農業のあり方 ［L＜Gk *para*-[1](*deiknumi* to show) ＝to show side by side］
par·a·dig·mat·ic /pæ̀rədɪgmǽtɪk/ *a* 模範の, 例証する, 典型的な;〖文法〗語形変化(表)の;〖言〗系列[選項]的な. ♦ **-i·cal·ly** *adv*
paradigmátic relátion〖言〗系列[選項]関係《構造をもつ言語要素の連なりにおいて同一の位置を占めうる要素間の関係; cf. SYNTAGMATIC RELATION》.
páradigm shìft パラダイムシフト《ものの見方・考え方・方法論などを規定してきた概念的な枠組の根本的変化》.
par·a·di·sa·ic /pæ̀rədɪséɪɪk, -zéɪ-, -dàɪ-/ *a* PARADISIACAL. ♦ **-i·cal** *a* **-i·cal·ly** *adv*
par·a·dis·al /pæ̀rədáɪs(ə)l, -z(ə)l/ *a* PARADISIACAL.
par·a·dise /pǽrədàɪs, -z/ *n* **1 a** 天国, 極楽, 楽園, 楽土, パラダイス; [the P-] エデンの園 (＝the Earthly P~). **b** 安楽, 至福. **2**《君王の》遊園; 野生動物公園;〖建〗《教会の》前庭, 玄関二階. **3** [°P-]〖植〗ヤマリンゴ (＝～ **àpple**)《品質改良用の接ぎ木の台木に用いる》. ［OF,＜Gk＝garden］
par·a·dis·e·an /pæ̀rədísiən, -dáɪ-/ *a*〖鳥〗ゴクラクチョウの, フウチョウ類の.
páradise dùck〖鳥〗クロアカツクシガモ《色の美しいニュージーランド産ツクシガモ属の鳥》.
páradise fìsh〖魚〗タイワンキンギョ, パラダイスフィッシュ《東南アジア原産の小型の熱帯魚; 闘魚の一つ》.
páradise flỳcatcher〖鳥〗サンコウチョウ(三光鳥)《同属の数種; アジア・アフリカ産》.
Páradise Lóst『失楽園』《Milton の叙事詩 (1667)》.
páradise wèaver [whỳdah]〖鳥〗ホウオウジャク(鳳凰雀)《スズメ目テンニンチョウ科; アフリカ産》.
par·a·di·si·a·cal /pæ̀rədəsáɪək(ə)l, -záɪ-/, **-dis·i·ac** /-dísiæ̀k, -ziæ̀k/ *a* 天国[極楽]の(ような[にふさわしい]). ♦ **-cal·ly** *adv*
par·a·dis·i·al /pæ̀rədísiəl/ *a* PARADISIACAL.
par·a·dis·i·cal /pæ̀rədísɪk(ə)l/ *a* PARADISIACAL.
par·a·dor /pɑ̀ːrɑːdɔ́ːr/ *n* (*pl* **-do·res** /-dɔ́ːreɪs/)《スペインの》国営観光ホテル《しばしば 城や修道院を改築したもの》. ［Sp］
para·dos /pǽrədɑ̀s/ *n*〖城〗背墻(はいしょう). ［F (*para*-[2], *dos* back)］
par·a·dox /pǽrədɑ̀ks/ *n* 逆説, パラドクス《一見矛盾または不合理のようで実際は正しい説》; 奇説, 自家撞着の言, つじつまの合わないもの[言説, 人]. ► *vi* 逆説を言う. ♦ ～**·er,** ～**·ist** *n* 逆説家. ［L＜Gk (*para*-[1], *doxa* opinion)］
pàr·a·dóx·i·cal *a* 逆説の, 逆説的な; 逆説を好む; 普通でない, 異常な. ♦ ～**·ly** *adv* 逆説的に; 逆説的なことに. ～**·ness** *n* **pàr·a·dòx·i·cál·i·ty** *n*
paradóxical sléep〖生理〗逆説睡眠 (＝*REM sleep*)《正常睡眠中に数回周期的に生じる, 大脳活動・眼球運動が活発化し夢を見る状態; cf. ORTHODOX SLEEP》.
par·a·dox·ure /pæ̀rədɑ́kʃər/ *n*〖動〗パームシベット (palm civet).
pár·a·dòxy *n* 不合理, 逆説的なこと.
pára·dròp *n, vt* 空中投下(する) (air-drop).
par·af·fin /pǽrəfən/, **-fine** /-fən, -fìn; -fìːn/ *n*〖化〗パラフィン; パラフィン族炭化水素 (alkane); パラフィン蠟 (＝～ wax); "灯油 (paraffin oil). ► *vt* パラフィンで処理する, …にパラフィンを塗る[染み込ませる]. ♦ **pàr·af·fín·ic** *a* ［G＜L＝having little affinity (*parum* little, *affinis* related)］
páraffin·ìze *vt* PARAFFIN.
páraffin òil パラフィン油《滑潤油》; "灯油 (kerosine*).
páraffin sèries〖化〗METHANE SERIES.
páraffin wàx 石蠟, パラフィン蠟 (paraffin).
pára·fòil *n*〖空〗《四角く操縦可能な》翼型パラシュート, パラフォイル. ［*para*chute＋air*foil*］
pára·form /-fɔ̀ːrm/ *n* PARAFORMALDEHYDE.
pàra·formáldehyde *n*〖化〗パラホルムアルデヒド《殺菌消毒薬》.

pàra·génesis *n* 〘地質〙共生. ◆ **-genétic** *a* **-genétical·ly** *adv*

pára·glìder *n* パラグライダー《**1**) 屈伸自在の翼のある三角の凧(㊂)型装置; 宇宙船・ロケットの着陸時の減速などに使う **2**) paragliding 用の操作性の高い parafoil などのパラシュート》; PARAGLIDING をする人[愛好者].

pára·glìding *n* パラグライディング《専用のパラシュート (paraglider) を装着して山の斜面や飛行機から飛び立ち, 空中を滑空するスポーツ》. ◆ **pára·glide** *vi*

pa·rag·na·thous /pərǽgnəθəs, pæ-/ *a* 〘鳥〙上下のくちばしが同じ長さの.

par·a·go·ge /pæ̀rəgóuʤi/ *n* **1** 〘言〙語尾音添加《無意味の字音を付加すること, 例 amid*st*; cf. PROSTHESIS》. **2** 〘医〙整骨. ◆ **pàr·a·góg·ic** /-gáʤ-/ *a* [Gk=derivation]

par·a·gon /pǽrəgàn, -gən; -gən/ *n* **1** 模範, 手本, かがみ: *a* ~ *of* beauty 美の典型[化身], 絶世の美人. **2 a** パラゴン《100 カラット以上の完全なダイヤモンド》. **b** 丸く大粒の良質真珠. **c** 〘印〙パラゴン《20 ポイント活字; ⇨ TYPE》. ► *vt* 比較する ‹A *with* B›, 対抗させる; …と競う; …に匹敵する; 《廃》…にまさる; 《廃》模範とする. ◆ **~·less** *a* [F<It<Gk=whetstone]

pa·rag·o·nite /pərǽgənàɪt/ *n* 〘鉱〙ソーダ雲母. ◆ **paràg·o·nít·ic** /-nít-/ *a*

para·graph /pǽrəgræ̀f; -grɑ̀:f/ *n* **1 a** 《文章の》節, 項, 段落, パラグラフ《略 par(a)., *pl* par(a)s.》. **b** 段落標 (paragraph mark) 《¶》. **2** 《新聞の》小記事; 小論説, 短評: an editorial ~ 社説. ► *vt* ‹文章を›段落に分ける; …について短い記事を書く, 新聞だねにする. ► *vi* 短い(新聞)記事を書く. ◆ **~·er, ~·ist** *n* 《新聞の》小記事[小論説]執筆者. [F or L<Gk=short stroke marking break in sense (*para*-[1])]

para·graph·ia /pæ̀rəgrǽfiə; -grɑ́:f-/ *n* 〘精神医〙書字錯誤, 錯書(症).

para·graph·ic /pæ̀rəgrǽfɪk/, **-i·cal** *a* 段落の, 段落に分けた; 小記事の; 書字錯誤の.

páragraph lòop 〘スケート〙パラグラフループ《途中でターンが何回かはいるループ》.

páragraph màrk [sỳmbol] 〘印〙段落標, パラグラフマーク[記号]《¶》.

Par·a·guay /pǽrəgwàɪ, -gwèɪ/ *n* **1** パラグアイ《南米中部の国; 公式名 Republic of ~ (パラグアイ共和国); ☆Asunción; 略 Para.》. **2** [the] パラグアイ川《ブラジル・パラグアイを南流して Paraná 川に合流する》. ► *a* パラグアイ風の. ◆ **Pàr·a·guáy·an** *a, n*

Paraguáyan cát 〘猫〙パラグアイネコ《南米産の小型のネコ》.

Páraguay téa MATÉ.

pàra·hýdrogen *n* 〘化〙パラ水素《水素分子で, 2 個の陽子のスピンが逆方向を向いたもの》.

Par·a·í·ba /pærəí:bə/ **1** パライバ《**1**) ブラジル北東部の州 **2**) JOÃO PESSOA の旧称》. **2** [the] パライバ川《**1**) ブラジル南東部を北東に流れて大西洋に注ぐ; 別称 Paraíba do Sul /-́- də sú:l/ **2**) ブラジル北東部を東流して大西洋に注ぐ; 別称 Paraíba do Nor·te /-́- də nɔ́:rti/》.

pàra·influénza (vìrus) パラインフルエンザウイルス《ヒト・牛・馬・豚などに呼吸疾患を起こす》.

pàra·jóurnal·ìsm *n* パラジャーナリズム《主観主義的報道を特色とするジャーナリズム》. ◆ **-ist** *n* **-journalístic** *a*

par·a·keet, par·ra- /pǽrəkì:t/ *n* 〘鳥〙インコ, パラキート《尾が長くほっそりした各種の小型インコの総称》; 《俗》プエルトリコ人. [OF; cf. PARROT]

par·a·ke·lia, -kee·lya /pæ̀rəkí:ljə/ *n* 〘植〙パラキーリア《オーストラリア内陸産スベリヒユ科マツゲボタン属の多肉質の草本》.

pàra·kinésia *n* 〘医〙運動錯誤.

para·kite /pǽrəkàɪt/ *n* パラカイト《parakiting 用の落下傘のはたらきをする凧(㊂)》; 《気象観測用の》尾のない凧.

pára·kìt·ing *n* パラカイティング《モーターボートや車などに引かせてパラシュートで飛ぶスポーツ》.

para·la·lia /pæ̀rəléɪliə/ *n* 言語錯誤《意図した音が別の音に置き換わってしまう障害》.

pára·lànguage *n* 〘言〙パラ言語《言語構造の範囲外で行なわれる伝達行為; 発話に伴う声の調子など》.

par·áldehyde /pær-/ *n* 〘化〙パラアルデヒド《アセトアルデヒドの三量体; 催眠薬・鎮静薬に用いる》.

para·legal* *a* /-́- -́-/ 弁護士補助職の. ► *n* /-́- -́-/ 弁護士補助職員, パラリーガル.

Paraleipomenon ⇨ PARALIPOMENON.

par·a·leip·sis /pæ̀rəláɪpsəs/, **-lep-** /-lép-/, **-lip-** /-líp-/ *n* (*pl* **-ses** /-siz/) 〘修〙逆言法《述べないと言って述べる論法;「…については何も言うまい」といった類》. [*para*-[1]]

para·lex·ia /pæ̀rəléksiə/ *n* 〘心〙錯読(症).

para·lim·ni·on /pæ̀rəlímniɑ̀n, -ən/ *n* 《湖の》周辺湿地部《根のある植物の生えている範囲》.

pàra·linguístics *n* パラ言語学《PARALANGUAGE の研究》. ◆ **-linguístic** *a*

Par·a·li·pom·e·non /pæ̀rələpɑ́mənɑ̀n, -laɪ-/, **-lei-** /-laɪ-/ *n* (*pl* **-na** /-nə/) 〘ドゥエー聖書〙歴代志 (Chronicles)《列王紀から省かれている部分を含んでいる》; [paralipomena] 補遺.

par·al·lac·tic /pæ̀rəlǽktɪk/ *a* 視差 (parallax) の[による].

par·al·lax /pǽrəlæ̀ks/ *n* 〘天〙視差; 〘写〙視差, パララックス《ファインダーの視野と実際に映る範囲とのずれ》. [F, <Gk=change (*allos* other)]

par·al·lel /pǽrəlèl, -ləl/ *a* **1 a** 平行した, 平行の; 〘楽〙平行の; 〘スキー〙スキー板を平行にした, パラレルの: run ~ *to* [*with*]…と平行する / in a ~ motion *with*…と平行の運動をして / ~ fifths 〘楽〙平行 5 度. **b** 同方向の, 同目的の ‹*to, with*›; 相等しい, 類似した, 対応する ‹*to, with*›: a ~ case [instance] 類例. **2** 〘電〙並列の; 同時に行なわれる, 〘電算〙《データの伝送・演算が》並行の, 並列の (cf. SERIAL): ~ running 〘工〙並列運転.
► *adv* ‹…と›平行して ‹*with, to*›.
► *n* **1** 平行線[面], 平行するもの; 平行状態; 〘軍〙並行壕; 〘電〙並列回路; 並行処理; 〘印〙並行標《‖》; 緯度圏, 緯線 (=~ of latitude): the 38th ~ (of latitude) 38 度線《朝鮮を南北に二分する線》. **2** 相似(するもの), 類似(点); 匹敵(するもの), 対等(者) ‹*to*›; 比較, 対比 (comparison); 〘修〙PARALLELISM: a triumph without (a) ~ 匹敵するもののない大勝利. ● **draw a ~ between** (two things) (二者)を比較する, 並べて[なぞらえて]論じる. **in ~** 並行して, 同時に ‹*with*›; 並列式で; 〘電〙並列に (opp. *in series*).
► *vt* (**-l-** | **-ll-**) **1** …に平行する[させる]: The road ~*s* the river. 道路は川と平行している. **2** …に近似[類似]する, …の類例である[となる]; …と平行して起こる, …対応[相応, 相関]する; 同様[類似]のものとして示す[挙げる]; 比べる ‹*with*›; …に匹敵[比肩]する: His experiences ~ mine. 彼の経験はわたしのと似ている.
[F, <Gk=alongside one another]

párallel áxiom 〘数〙PARALLEL POSTULATE.

párallel bárs *pl* [the] 〘体操〙平行棒.

párallel cáble 〘電算〙並行ケーブル《PARALLEL PORT 用のケーブル》.

párallel círcuit 〘電〙並列回路.

párallel computátion 〘電算〙並行処理[計算].

párallel compúter 〘電算〙並列式計算機.

párallel connéction 〘電〙並列接続.

párallel cóusin 〘人・社〙並行いとこ, パラレルカズン《父親どうしが兄弟または母親同士が姉妹であるいとこ; cf. CROSS-COUSIN》.

párallel distríbuted pròcessing 〘電算〙並列分散処理《複数の分散された処理ユニットが同時並行的に情報処理を行なうこと; 略 PDP》; CONNECTIONISM 2.

par·al·lel·epi·ped /pæ̀rəlèləpáɪpəd, -píp-, -lèlépəpèd/, **-lelo·pip·ed** /-lèləpáɪpəd, -píp-/, **-e·pip·e·don** /-əpípədɑ̀n, -páɪ-, -dn/ *n* 平行六面体.

párallel evolútion 〘生〙平行進化 (parallelism).

párallel fórces *pl* 〘理・機〙平行力.

párallel ímport 〘商〙並行輸入《総代理店 (sole agent) などメーカーが承認した販売経路以外の経路を通る輸入(品)》; [*pl*] 並行輸入品. ◆ **párallel impórting** *n*

párallel·ìsm *n* 平行; 類似 ‹*between*›; 比較, 対応; 〘哲〙並行論; 〘生〙平行進化 (=*parallel evolution*); 〘生態〙《単系統的に分かれた 2 系統間の》平行現象; 〘修〙並列体[法]; 〘電算〙PARALLEL COMPUTATION. ◆ **~·ís·tic** *a*

párallel·ist *n* 比較する人; 並行論者.

párallel·ize *vt* 平行にする; 対応させる, 比較する; 〘電算〙並列化する. ◆ **-izátion** *n*

párallel mótion 〘楽〙平行進行, 平行《2 声部が同一方向に同じ音程で進行すること; cf. SIMILAR MOTION》.

párallel of áltitude 〘天〙等高度線 (almucantar).

párallel of látitude 等緯度線 (parallel).

par·al·lelo·gram /pæ̀rəléləgræ̀m/ *n* 平行四辺形.
◆ **-gram·mat·ic** /pæ̀rəlèləgrəmǽtɪk/, **pàr·al·lèlo·grám·mic** *a*

parallélogram làw [rùle] [the] 〘理〙平行四辺形の法則《2 つのベクトルの加算法則》.

parallélogram of fórces 〘理〙力の平行四辺形.

párallel párking **1** 平行[縦列]駐車《車を道路の縁石と平行に駐車すること》. **2***《俗》性交, セックス.

párallel pórt 〘電算〙パラレルポート《同時に複数のビットを伝送する出入力ポート》.

párallel póstulate [the] 〘数〙平行線公準.

párallel prócessing 〘電算〙並列処理 (=*concurrent processing*)《いくつかのデータ項目を同時に処理するコンピューターの処理方式; cf. SEQUENTIAL PROCESSING》.

párallel projéction 〘数・製図〙平行射影[投影]《ある 1 方向に平行な方向への投影; cf. CENTRAL PROJECTION》.

párallel résonance 〘電〙並列共振.

párallel rúler 平行定規.

párallel sáiling 〘海〙距等圏航法.

párallel slálom 〘スキー〙パラレルスラローム《ほぼ同じ条件のコースを 2 人の競技者が同時にすべる》.

párallel sphére〔天〕平動球《北極ないし南極を中心とする天球の日周運動状態》.
párallel túrn〔スキー〕パラレルターン (christie).
párallel-véined *a*〔植〕葉脈の平行した, 平行脈の (cf. NET-VEINED).
pàra·lógical *a* 偽推理 (paralogism) の, 非論理的な. ◆ **~·ly** *adv*
pa·ral·o·gism /pərǽlədʒɪ̀z(ə)m/ *n*〔論〕偽(*)推理《論者自身の気づかない誤った推論》. ◆ **-gist** *n* **pa·rál·o·gìze** *vi* 論過を犯す, 偽推理をする.
Par·a·lym·pi·an /pæ̀rəlímpiən/ *n* パラリンピック出場選手.
Par·a·lym·pic /pæ̀rəlímpɪk/ *a* パラリンピック (Paralympic Games) の. ► *n* [the ~s] PARALYMPIC GAMES.
Paralýmpic Gámes *pl* [the] 国際身体障害者スポーツ大会, パラリンピック. [*para*plegic+*Olympics*; 近年の障害者への配慮から「並行」「同目的」「相等しい」の意の *para*llel に読みかえた]
pa·ral·y·sis /pərǽləsəs/ *n* (*pl* **-ses** /-sì:z/)〔医〕(完全)麻痺; 《交通などの》麻痺; 無力, 無気力, 無能, 停滞: infantile ~ 小児麻痺 / moral ~ 道義心の麻痺 / a ~ of trade 取引の麻痺状態 [L<Gk *para*-[1](*luō* to loosen)=to loosen (i.e. disable) on one side]
parálysis ág·i·tans /-ǽdʒətæ̀nz/〔医〕震顫(しんせん)麻痺 (=*Parkinson's disease* [*syndrome*], *shaking palsy*).
par·a·lyt·ic /pæ̀rəlítɪk/ *a* 麻痺(性)の; 無力な; ᴵᴵ《口》ぐでんぐでんの. ► *n* 麻痺患者. ◆ **-i·cal·ly** *adv*
paralýtic rábies〔医〕麻痺性狂犬病 (dumb rabies).
par·a·lyze | **-lyse** /pǽrəlàɪz/ *vt* 麻痺させる; 無力[無効]にする; 《恐怖などで》(立ち)すくませる, 動けなくする; 啞然とさせる. ◆ **-lỳz·er** *n* **pàr·a·ly·zá·tion** *n* [F (逆成)<*paralysis*]
pár·a·lỳzed *a* 麻痺した; 《恐怖などで》身動きできなくなった; *《俗》べろんべろんの.
pàra·mágnet *n*〔理〕常磁性体.
pàra·magnétic *a*〔理〕常磁性(体)の. ◆ **pàra·mágnet·ism** *n* **-magnétical·ly** *adv*
paramagnétic résonance〔理〕常磁性共鳴 (electron spin resonance).
Par·a·mar·i·bo /pæ̀rəmǽrəbòu/ パラマリボ《スリナムの首都》.
Par·am·at·man /pɑ̀rəmɑ́:tmən/ *n*〔ヒンドゥー教〕大我, 最高の我. [Skt=highest atman]
par·a·mat·ta, par·ra- /pæ̀rəmǽtə/ *n* パラマッタ《横糸が梳毛, 縦糸が綿または絹の上質の綾織物》. [*Par*(*r*)*amatta* オーストラリア New South Wales 州の産地]
par·a·me·ci·um | **-moe·ci·um** /pæ̀rəmí:ʃ(i)əm, -siəm/ *n* (*pl* **-cia** /-ʃ(i)ə, -siə/, **~s**)〔動〕ゾウリムシ《ゾウリムシ属 (*Paramecium*) の各種の原生動物》.
pàra·médic[1] *n* 落下傘部隊軍医; 落下傘(降下)医《へんぴな所に行く救急医》. [*para*-[3]]
paramedic[2] *n* 医療補助者《看護師・検査[X 線]技師など》; 救急医療士, パラメディク《病院への移送時に広範囲の救急医療を施す資格のある医療技術者》. ► *a* PARAMEDICAL. [↓]
pàra·médical *a* 専門医を補佐する, 医療補助の, パラメディカルの. ► *n* PARAMEDIC[2].
pàra·ménstruum *n*〔医〕パラ月経期《月経直前の 4 日と月経の最初の 4 日》. ◆ **-ménstrual** *a*
par·a·ment /pǽrəmənt/ *n* (*pl* **~s, -men·ta** /pæ̀rəméntə/) 室内装飾品; 《宗教上の》祭服, 祭式装飾, 法衣. [L (*paro* to prepare)]
pa·ram·e·ter /pərǽmətər/ *n*〔数〕パラメーター, 助変数, 媒介変数;〔統〕母数; 特質, 要素, 要因 ‹*of*›; [ᵁ*pl*]《口》限定要素, 制限(範囲), 限界, 制約, 枠組 ‹*for*›. ◆ **pàra·mét·ric, -ri·cal** *a* **-ri·cal·ly** *adv* [NL (*para*-[1], *-meter*)]
parámeter·ìze, pa·ram·e·trize /pərǽmətràɪz/ *vt*〔数〕パラメーターで表示する. ◆ **paràmeter·izátion, pa·ràm·e·tri·zá·tion** *n*
para·me·tri·al /pæ̀rəmí:triəl/ *a*〔解〕子宮近くにある.
paramétric ámplifier〔電子工〕パラメトリック増幅器《リアクタンスを変調することによる増幅器》.
paramétric équalizer〔音響〕パラメトリックイコライザー《帯域通過フィルターの特定周波数・帯域・振幅を制御する装置》.
paramétric equátion〔数〕助[媒介]変数方程式《曲線上の点の座標を 1 つの変数の関数で表わす》.
para·met·ron /pæ̀rəmétrɑ̀n, -rən/ *n*〔電子工〕パラメトロン《リアクタンスが周期的に変化する共振回路》.
pàra·mílitary *a* 準軍事的組織の, 警備[憲兵]隊の, 治安部隊の; 私兵[民兵]組織の, 武装集団の. ► *n* [ᵁ*pl*] 憲兵, 治安部隊員; 私兵, 民兵.
par·am·ne·sia /pæ̀ræ̀mní:ʒə, ᴵᴵ-ziə/ *n*〔心〕記憶錯誤, 《特に》既視感 (déjà vu).
par·a·mo /pǽrəmòu/ *n* (*pl* **~s**) パラモ《南米北部・西部の高山の樹木のないイネ科植物などを主とする地帯》. [AmSp]
paramoecium ⇨ PARAMECIUM.
pára·mòrph *n*〔鉱〕同質仮像;〔生〕《データ不足などによって模式系列からずれている》副模式標本. ◆ **pàra·mórphic, -mórphous** *a* **-mórphism** *n* 同質仮像形成[現象].
pàra·mórphine *n* THEBAINE.
pára·mòtor *n* パラモーター, 動力付きパラグライダー《パラシュートのほかにプロペラ付きエンジンを背負う》. ◆ **~·ing** *n*
par·a·mount /pǽrəmàunt/ *a* 最高の, 主要な; 主権を有する; 卓絶した; すぐれた ‹*to*›: LADY PARAMOUNT / the lord ~ 最高権者, 国王 / of ~ importance 最も重要な. ► *n* 最高の人; 首長. ◆ **~·ly** *adv* **~·cy** *n* 最高権, 主権; 至上, 卓絶. [AF (*par* by, *amont* above; cf. AMOUNT)]
par·amour /pǽrəmùər/ *n*《文》情人, 愛人. [F *par amour* by or through love]
par·am·y·lum /pærǽmələm/ *n*〔生化〕パラミロン《ミドリムシ植物の貯蔵物質で不溶性炭水化物》.
pàra·mýosin *n*〔生化〕パラミオシン《軟体動物などの筋肉に含まれる構造タンパク質で不溶性炭水化物》.
pàra·mýxo·vìrus *n* パラミクソウイルス《一本鎖 RNA ウイルスのパラミクソウイルス科 (Paramyxovirus) のウイルスの総称; 麻疹・流行性耳下腺炎などの原因となる》.
Pa·ra·ná /pæ̀rənɑ́:/ **1** パラナ《(**1**) ブラジル南部の州; ☆Curitiba (**2**) アルゼンチン東部, Paraná 川に臨む市; 同国の首都 (1853–62)》. **2** [the] パラナ川《ブラジル南部で Rio Grande と Paranaíba 川が合流してでき, アルゼンチンでラプラタ川 (Río de la Plata) に合流する》.
Pa·ra·na·í·ba /pɑ̀:rənəí:bə/ [the] パラナイバ川《ブラジル南部を西または南西に流れる川; Rio Grande と合流して Paraná 川となる; 旧称 **Pa·ra·na·hi·ba** /pɑ̀:rənəí:bə/》.
Paraná pine /ーーー́ ー̀/〔植〕ブラジルマツ, パラナマツ.
pàra·néphric *a*〔解〕副腎の.
para·neph·ros /pæ̀rənéfrɑ̀s; -rəs/ *n* (*pl* **-neph·roi** /-rɔ̀ɪ/)〔解〕副腎 (adrenal gland).
pa·rang[1] /pɑ́:ræ̀ŋ, *-rɑ̀:ŋ/ *n* パーラン, マレー山刀《マレーシア・インドネシアなどで用いられる大型の重い短刀》. [Malay]
pa·rang[2] /pərɑ́:ŋ; pæréŋ/ *n* パラン《トリニダードの民族音楽; クリスマスにグループが家々を巡って演奏する》. [Creole<Sp *parranda* spree, binge]
par·a·noia /pæ̀rənɔ́ɪə/ *n*〔精神医〕偏執症, 妄想症, パラノイア; 《口》《根拠のない》強い恐れ[疑い]. ◆ **pàr·a·nói·ac** /-nɔ́ɪæ̀k, -nɔ́ɪɪk/, **-nóic** /-nɔ́ɪ(ɪ)k, -nóuɪk/ *a*, *n* 偏執症の(患者). **-nói·a·cal·ly, -nói·cal·ly** *adv* [Gk (*paranous* distracted (*para*-[1], NOUS))]
par·a·noid /pǽrənɔ̀ɪd/ *a* 偏執[妄想]性の; 偏執症患者の; 偏執的な, 被害[誇大]妄想的な ‹*about*›; ひどくおびえた[うろたえた]. ► *n* 偏執症患者. ◆ **pàr·a·nói·dal** *a*
páranoid schizophrénia〔精神医〕妄想型統合失調症.
pàra·nórmal *a* 科学的に説明のつかない, 超常的な. ► *n* [the] 超常現象《集合的》. ◆ **~·ly** *adv* **-normálity** *n*
pára·nỳmph *n*《古・詩》花婿[花嫁]の付添い.
pàra·parésis *n*〔医〕不全対(つい)麻痺《特に 下肢の部分的麻痺》. ◆ **-parétic** *a*
para·pente /pǽrəpɑ̀:nt/ *n* パラパント, パラグライダー. ► *vi* パラグライダーで飛ぶ. ◆ **-pènt·er** *n* **-pènt·ing** *n* [F *pente* slope]
par·a·pet /pǽrəpət, -pèt/ *n* 欄干, ひめがき (=~ **wàll**); 《壁上の》手すり壁;〔軍〕胸土, 胸墻(きょうしょう). ● **keep one's head below the ~** ᴵᴵ危険を回避する. **put** [**stick**] **one's head above the ~** ᴵᴵあえて危険を冒す. ◆ **~·ed** *a* 欄干[胸土]のある. [F or It=breast-high wall (*para*-[2], *petto* breast)]
par·aph /pǽrəf/ *n* 署名の終わりの飾り書き (flourish)《もと偽筆を防ぐため》.
para·pha·sia /pæ̀rəféɪʒ(i)ə/ *n*〔医〕錯語(症), 不全失語(症)《会話不能になるくらいことばを間違える》. ◆ **para·pha·sic** /pæ̀rəféɪzɪk/ *a*
par·a·pher·na·lia /pæ̀rəfərnéɪljə/ *n pl* [ˢ⟨*sg*⟩] **1 a** 身のまわり品, 《個人の》持物;〔法〕妻の所有品《主に衣服・装身具として夫が与えた物品の総称》. **b**《あれこれ必要な》用具, 装具 (equipment),《俗》麻薬をやるのに必要な道具[物]; 付属品, 設備 (furnishings). **2** 煩雑な手続き. [L<Gk (*para*-[1], *phernē* dower)]
para·phil·ia /pæ̀rəfíliə/ *n*〔精神医〕性欲倒錯(症). ◆ **para·phil·i·ac** /pæ̀rəfíliæ̀k/, **-phíl·i·c** /-fílɪk/ *a*, *n* [*para*-[1]]
para·phrase /pǽrəfrèɪz/ *vt, vi*《わかりやすく》言い換える, パラフレーズする (cf. METAPHRASE). ► *n* 言い換え, パラフレーズ; パラフレーズ法《作品の勉強法》; 《スコットランド教会で用いる》聖書の文句を韻文に訳した賛(美)歌: in ~ パラフレーズで. ◆ **-phràs·able** *a* **-phràser** *n* [F or L<Gk (*para*-[1], *phrazō* to tell)]
para·phrast /pǽrəfræ̀st/ *n* PARAPHRASER.
para·phras·tic /pæ̀rəfrǽstɪk/, **-ti·cal** *a* わかりやすく言い[書き]換えた, 説明的な. ◆ **-ti·cal·ly** *adv*
pàra·phýsics *n* パラ物理学《parapsychology で扱われる諸現象の物理的側面を扱う分野》.
pa·raph·y·sis /pərǽfəsəs/ *n* (*pl* **-ses** /-sì:z/)《子嚢菌・コケ類・シダ類などの》側糸(そくし), 糸状体. ◆ **pa·ráph·y·sate** /-sət, -sèɪt/ *a*
para·ple·gia /pæ̀rəplí:dʒ(i)ə/ *n*〔医〕対(つい)[両側]麻痺. ◆ **-plé-**

gic *a*, *n* 対[両側]麻痺の; 対麻痺患者. [NL＜Gk (*para-*[1], *plēssō* to strike)]

par·a·po·di·um /pærəpóudiəm/ *n* (*pl* **-dia** /-diə/) 〔動〕《環形動物などの》疣足(いぼあし), 《節足動物の》亜脚; 《腹足類の》側足(そくそく). ♦ **-pó·di·al** *a*

pàra·polítical *a* 擬似政治的な.

pàra·práxis *n* (*pl* **-práxes**) 〔医〕失錯行為, 錯行(症) (＝**pàra·práx·ia** /-præksiə/) 《意識的意図に反した欠陥行動で, 物の置き違い・言い[書き]違いなど; 無意識的意図によるともされる》. [NL (Gk *praxis* action)]

P

pàra·proféssion·al *n*, *a* 専門職補佐員(の), 《特に》教師[医者]の助手(の).

pàra·prótein *n* 〔生化〕副タンパク質, パラプロテイン.

pàra·pròtein·émia *n* 〔医〕パラプロテイン血(症).

pàra·psýchic *a* 超心理学的な (parapsychological).

pàra·psychólogy *n* 超心理学《予知能力・念力・テレパシー・心霊現象などを扱う》. ♦ **-gist** *n* **-psychológical** *a* **-psychológical·ly** *adv* [*para-*[1]]

par·a·quat /pǽrəkwɑ̀t/ *n* 〔化〕パラコート《除草剤; 肝・腎・肺に遅延毒性がある》. [*para-*[1], *quaternary*]

par·a·quet /pǽrəkèt/ *n* PARAKEET.

pára·rèscue *n* 落下傘による救助. ♦ **～·màn** /, -mən/ *n* **-rès·cu·er** *n*

Pará rhatany /⸺⸺/ 〔植〕ブラジルラタニア《ブラジル産クラメリア科の低木》; ブラジルラタニアの乾燥根《かつて収斂剤として用いた》.

pára·rhỳme *n* 〔韻〕パラライム, 不完全韻 (slant rhyme)《特に相互の語の子音の型は同じで母音が異なるもの; 例 fight—fate》. [*para-*[1]]

pàra·rosániline *n* 〔化〕パラローズアニリン《赤色染料》.

Pará rúbber 弾性ゴム; PARA RUBBER TREE.

Pará rúbber trèe 〔植〕パラゴムノキ (＝*hevea*)《南米原産; 弾性ゴムの原料作物》.

pàra·rúminant *n* 〔動〕準反芻動物.

par·as /pǽrəz/ *n pl* 《口》PARATROOPS.

pára·sàil *vi* パラセールをする (cf. PARASAILING). ► *n* パラセール《パラセール用パラシュート》.

pára·sàil·ing *n* パラセール, パラセーリング《パラシュートを付け, 自動車・モーターボートなどに引かせ空中に舞い上がるスポーツ》. [*para-*[3]]

par·a·sang /pǽrəsæ̀ŋ/ *n* パラサング《古代ペルシアの距離単位; 諸説あるが, 通説は 3–3.5 マイル》.

para·scend·ing /pǽrəsèndɪŋ/ *n* パラセンディング《開いたパラシュートを装着して自動車・モーターボートで引かせ十分な高度に達したのち舞い降りるスポーツ》. ♦ **-scènd** *vi* **-scènd·er** *n*

pàra·scíence *n* 超科学.

para·se·le·ne /pæ̀rəsəlíːni/ *n* (*pl* **-nae** /-niː/) 〔気・天〕幻月 (＝*mock moon*)《月暈(つきがさ)に現われる光輪; cf. PARHELION》. ♦ **-se·lé·nic** *a*

pàra·séxual *a* 〔生〕擬似有性的な〈生活環など〉, 擬似有性生殖の. ♦ **-sexuálity** *n* 擬似有性.

pa·ra·shah /pɑ́ːrəʃɑː; pǽrə-/ *n* (*pl* **-shoth** /⸺ ʃòut/, **-shi·oth** /-ʃióut/) 〔ユダヤ教〕安息日・祭日にシナゴーグでの礼拝時に読まれる律法 (Torah) の一部分. [Heb＝explanation]

Par·a·shu·ra·ma /pærəʃʊrɑ́ːmə/ *n* 〔ヒンドゥー教〕パラシューラーマ (RAMA).

par·a·site /pǽrəsàɪt/ *n* **1 a** 寄生者, 寄生体[生物, 虫] (opp. *host*); 〔植〕寄生植物, やどりぎ. **b** 〔鳥〕他の鳥の巣に卵を産む鳥, 托卵鳥《ホトトギスなど》. **2** いそうろう, 食客; 《古代ギリシアの食席に出て冗談を言う職業の》伴食者, 太鼓持ち, おべっか使い. **3** 〔言〕寄生音, 寄生字《drowned*d* の d のような》. [L＜Gk＝one who eats at another's table (*para-*[1], *sitos* food)]

párasite dràg [resìstance] 〔空〕有害抗力[抵抗].

par·a·sit·e·mia /pæ̀rəsàɪtíːmiə, -sə-/ *n* 〔医〕寄生虫血(症)《特に臨床的徴候のない場合についていう》.

par·a·sit·ic /pæ̀rəsítɪk/ *a* **1** 寄生的な; 寄生物[虫]の, 〔生〕寄生体[質]の (cf. SYMBIOTIC, FREE-LIVING); 〈病気が〉寄生虫性の. **2** 寄食[いそうろう]する; おべっか使いの. **3** 〔電〕渦流の; 〔電子工〕寄生(振動)の; 〔言〕寄生の, 寄生音[字]の. ► *n* 〔電子工〕寄生振動 (parasitic oscillation). ♦ **-i·cal** *a* **-i·cal·ly** *adv*

par·a·sit·i·cide /pæ̀rəsítəsàɪd/ *n* 殺寄生虫薬, 駆虫薬, 虫下し. ► *a* 殺寄生虫の, 寄生虫駆除の. ♦ **-ci·dal** /pæ̀rəsìtəsáɪdl/ *a*

parasític mále 〔動〕寄生雄《同一種の雌に寄生する雄; チョウチンアンコウの一種の雄など; cf. DWARF MALE》.

par·a·sit·ism /pǽrəsətìz(ə)m, -sàɪ-/ *n* 〔生態〕寄生(生活) (cf. SYMBIOSIS); 《他人への》寄生, いそうろう; 〔医〕PARASITOSIS.

par·a·sit·ize /pǽrəsətàɪz, -sàɪ-/ *vt* [°*pass*] …に寄生する; 〈他種の鳥の巣〉に卵を産む, 托卵する. ♦ **par·a·sit·iza·tion** /pæ̀rəsətəzéɪʃ(ə)n, -sàɪ-; -taɪ-/ *n*

par·a·sit·oid /pǽrəsətɔ̀ɪd, -sàɪ-/ *n* 〔生〕捕食寄生者, 擬寄生虫[者]《他の昆虫の体内で成長して宿主を殺す昆虫; 特に寄生バチ》. ► *a* 捕食寄生する.

par·a·si·tol·o·gy /pæ̀rəsàɪtɑ́ləʤi, -sə-/ *n* 寄生虫[体]学. ♦ **-gist** *n* **-to·log·i·cal** /-sàɪt(ə)lɑ́ʤɪk(ə)l, -sɪt-/, **-ic** *a* **-i·cal·ly** *adv*

par·a·sit·osis /pæ̀rəsàɪtóusəs, -sə-/ *n* (*pl* **-oses** /-sìːz/) 〔医〕寄生虫症.

par·a·sol /pǽrəsɔ̀(ː)l, -sɑ̀l; -sɔ̀l/ *n* パラソル, 《婦人用》日傘; 〔空〕パラソル単葉機; 〔植〕PARASOL MUSHROOM. [F＜It (*para-*[2], *sole* sun)]

párasol mùshroom 〔菌〕カラカサタケ《食用キノコ》.

pàra·státal *a*, *n* 準国営の, 半官の(団体).

pa·ras·ti·chy /pərǽstɪki/ *n* 〔植〕《葉序・鱗片などの》斜列(線). ♦ **pa·rás·ti·chous** *a*

pàra·súicide *n* 自殺類似行為, パラ自殺《自傷の企図またはその実際の行為で, 死のうという純粋な欲求に動機づけられていない場合》; 自殺類似行為を実行する人.

pàra·symbiósis *n* 〔生〕パラシンビオシス《菌または地衣植物が別の地衣植物に寄生し, その藻と共生している関係》. ♦ **-symbiótic** *a* **-sýmbiont** *n*

pàra·sympathétic *n*, *a* 〔解・生理〕副交感神経(系)(の).

parasympathétic (nérvous) sýstem 〔解・生理〕副交感神経系 (cf. SYMPATHETIC (NERVOUS) SYSTEM).

pàra·sympathomimétic *a* 〔生理〕〈薬品など〉副交感神経(様)作用[作動]の.

pàra·synápsis *n* 〔生〕平行対合[接合] (SYNAPSIS).

pàra·sýnthesis *n* 〔言〕併置総合《複合語からさらに派生語をつくること: great heart に -ed を添えて greathearted とする類》. ♦ **-synthétic** *a* **-ical·ly** *adv*

para·syn·the·ton /pæ̀rəsínθətɑ̀n/ *n* (*pl* **-ta** /-tə/) 〔言〕併置総合語《parasynthesis でつくられた語》.

para·tac·tic /pæ̀rətǽktɪk/, **-ti·cal** *a* 〔文法〕並列の, 並列的な. ♦ **-ti·cal·ly** *adv*

para·tax·ic /pæ̀rətǽksɪk/ *a* 〔心〕パラタクシックな《ほぼ同時に生ずるが論理的関係のないできごとの間に因果関係を想定する思考についていう; cf. PROTOTAXIC》.

para·tax·is /pæ̀rətǽksəs/ *n* 〔文法〕並列《たとえば I came—I saw—I conquered. のように, 接続詞なしに文・節・句を並べること; opp. *hypotaxis*》. [*para-*[1]]

pa·ra·tha /pərɑ́ːtə, -rɑːtɑ́ː/ *n* パラーター《インド料理で, ロティ (roti) の両面にギー (ghee) を塗ってあぶった食べ物; ジャガイモなどの詰め物をすることもある》. [Hindi]

para·thi·on /pæ̀rəθáɪən, -ɑ̀n/ *n* パラチオン《毒性がきわめて強い有機リン系殺虫剤》. [*thio*phosphate]

par·a·thor·mone /pæ̀rəθɔ́ːrmòun/ *n* 〔生化〕副甲状腺ホルモン, パラトルモン, 上皮小体ホルモン.

pàra·thýroid 〔解〕 *a* 甲状腺に隣接した; 上皮小体の. ► *n* PARATHYROID GLAND.

pàra·thỳroid·éctomy *n* 〔医〕上皮小体摘出(術). ♦ **-éc·to·mìzed** *a*

parathýroid glànd 〔解〕上皮小体, 傍[副]甲状腺.

parathýroid hòrmone PARATHORMONE.

pàra·tolúidine *n* 〔化〕パラトルイジン《染料の原料・有機合成用》.

pàra·tónic *a* 〔植〕外的刺激によって起こる (cf. AUTONOMIC): ～ movement 刺激運動.

pàra·tránsit *n* 《都市の》補助交通機関《car pool やタクシー[小型バス]の相乗りなど》.

pára·tròops *n pl* 落下傘部隊. ♦ **pára·tròop** *a* **pára·tròop·er** *n* 落下傘兵. [*para*chute]

pàra·tuberculósis *n* パラ結核(症)《**1**) 結核菌によらない, 結核様の疾患 **2**) 獣医学で, JOHNE'S DISEASE》.

pára·tỳpe *n* 〔生〕従基準標本, 副模式標本.

pàra·týphoid *n* 〔医〕パラチフス (＝～ **fèver**). ► *a* パラチフスの; チフス様の.

par·a·vail /pæ̀rəvéɪl/ *a* 〔封建法〕(最)下級の.

par avance /*F* paravɑ̃ːs/ 前もって, あらかじめ.

pára·vàne *n* 機雷ケーブル切断器, 防雷具.

pàra·ventrícular núcleus 〔解〕《視床下部の》室傍核.

par avion /*F* paravjɔ̃/ 航空便で (by air mail)《航空郵便物表記》. [F＝by airplane]

pára·wìng *n* PARAGLIDER. [*para*chute＋*wing*]

para·zo·an /pæ̀rəzóuən/ *n*, *a* 〔動〕側生動物(の).

par·boil /pɑ́ːrbɔ̀ɪl/ *vt* 半ゆでにする, 湯がく, 湯通しする; [*fig*] 〈人を〉熱いめにあわせる, …に汗を出させる. [OF＜L＝to boil thoroughly (*par-*＝*per-*); 現在の意味は *part* との混同による]

pár·bòiled *a**《俗》酔っぱらった (cf. BOILED): get ～.

par·buck·le /pɑ́ːrbʌ̀k(ə)l/ *n* 《樽など円筒形の重い物を上げ下げする》掛け縄. ► *vt* 掛け縄で上げる[下げる].

Par·cae /pɑ́ːrsìː, -kàɪ/ *n pl* (*sg* **Par·ca** /-kə/) 〔ロ神〕パルカたち, パルカイ《運命の三女神; ⇨ FATE》.

par·cel /pɑ́ːrs(ə)l/ *n* **1** 包み (package), 小包, 小荷物; 〔商〕《商品の》ひと包み: ～ paper 包み紙 / wrap up a ～ 小包を作る. **2** 一群, 一組, ひと塊り; 〔法〕一筆(いっぴつ)[一区画]の土地; 《古》一部分: a ～ of air 空気塊 / a ～ of rubbish つまらない[ばかげた]こと / by ～s 少しず

つ / PART and ～. ► *vt* (-l- | -ll-) **1**《特に 売却のために》分ける, 区分[分割]する〈*off*〉; 分配する〈*out*〉. **2** ᵁ包みにする, 小包にする〈*up*〉; ひとまとめにする; 〘海〙帆布でおおう[巻く, うずめる]. ► *adv*《古》部分的に, いくらか: ～ blind 半盲の / ～ drunk 少し酔った. ► *a* 部分的な, パートタイムの. [OF<L (変形)< PARTICLE]

párcel bòmb 小包爆弾《テロなどの》.
párcel-gìlt *a, n* 部分金めっきの(器).
párcel·(l)ing *n* 〘海〙《索に巻きつけるためタールを塗った》帆布; 包むこと, 分配, 区分け.
párcel póst 小包郵便; 郵便小包《第 4 種》: by ～.
párcel póst zòne《米国を 8 区分した》小包料金同一地帯.
par·ce·nary /pɑ́ːrs(ə)nèri; -nəri/ *n* 〘法〙相続財産共有 (coparcenary). [AF<L; ⇨ PARTITION]
par·ce·ner /pɑ́ːrs(ə)nər/ *n* COPARCENER.
parch /pɑ́ːrtʃ/ *vt*〈穀粒・豆などを〉いる, あぶる, 焦がす; 乾ききらせる〈*with*〉, 寒さでひからびさせる,〈人〉に(のどの)渇きを覚えさせる; 乾燥して〈穀粒・豆などを〉保存する. ► *vi* 干上がる〈*up*〉; 焼ける, 焦げる〈*up*〉. ◆ **～ed** *a* ひからびた; のどがからからの; 炒った: ～ rice 焼き[炒り]米. [ME<?]
Par·chee·si /pɑːrtʃíːzi/ 〘商標〙パーチージ《PACHISI を簡単にしたゲーム》.
párch·ing *a* 乾ききらせる, 焼く[焦がす]ような: ～ heat 炎暑, 灼熱. ◆ **～·ly** *adv*
parch·ment /pɑ́ːrtʃmənt/ *n* 羊皮紙; 羊皮紙の文書[証書, 写本]; 修了証書;《海軍俗》《素行・能力などの》証明書; PARCHMENT PAPER, まがい羊皮紙,《特に》コーヒーの実の皮; 薄黄緑, 灰味黄: virgin ～《子ヤギ皮製の》上等羊皮紙. ◆ **～y** *a* [OF<L *pergamina* (*Pergamum* トルコの古代都市)+*Parthica pellis* Parthian skin, scarlet dyed leather]
párchment pàper パーチメント紙《防水・防脂用の硫酸紙》.
pár cléarance* 〘商〙《小切手の》額面交換.
par·close /pɑ́ːrklòuz/ *n* 〘建〙《寺院主要部と礼拝堂などとの間の》ついたて, 柵. [OF]
pard[1] /pɑ́ːrd/ *n* ヒョウ (leopard). ◆ **párd·ine** /-dàɪn, dìːn, -dən/ *a* [OF<L<Gk]
pard[2] *n**《俗》仲間, 相棒. [*pard*ner]
pardah ⇨ PURDAH.
par·da·lote /pɑ́ːrd(ə)lòut/ *n* 〘鳥〙ホウセキドリ (diamond bird)《同属の小鳥の総称; 豪州産》.
par·di(e), -dy /pɑːrdíː/ *int*《古》まことに, 全く, 本当に.
pard·ner /pɑ́ːrdnər/ *n**《方》仲間, 相棒 (partner).
par·don /pɑ́ːrdn/ *n* ゆるすこと, 容赦, 許し, 許容; 〘法〙恩赦, 特赦; 恩赦状; 〘カト〙免償 (indulgence) (を授ける祭): ask for ～ 許しを乞う / beg sb's ～ for...のことで人に許しを乞う / general ～ 大赦. ● (**I**) **beg your** ↘ **～.**=↘ **P～.** (**1**) ごめんなさい, 失礼しました[します]《思わず犯した小さな過失・無礼などに対するわびことば, また 人込みの中を進むときにいう》 (**2**) 失礼ですが, おことばですが(ね), 何ですって《見知らぬ人に言いかけるとき, また他人と意見を異にした場合に(時におこって)自説を述べるときにいう》. (**I**) **beg your** ↗ **～?**=↗ **P～?** おそれいりますがもう一度《問い返すときのことば》. ► *vt* 容赦する, 大目に見る; 〘法〙赦免する, 特赦する;〈債務〉の支払いを免除する: *P～ me for* interrupting you. おじゃましてすみません / *P～ my* [*P～ me for*] contradicting you. おことばを返してすみません / *P～ me* (*for*) my ignorance. わたしの無知をお許しください / *P～ me.*=I beg your PARDON. / if you'll ～ the expression こう言っちゃ下品だが, きたないことばで恐縮だが / There is nothing to ～. どういたしまして / *P～ me all to hell.*《俗》[*iron*] 悪うございましたね. ● **P～ me** (**for living** [**existing, breathing**])!《相手の非難におこって》生きていて悪うございました, これはこれは迷惑をかけましたね. ◆ **～·able** *a* **～·ably** *adv* **～·able·ness** *n* [OF<L *perdono* (*per-*, *dono* to give)=to concede, remit]
párdon·er *n* 許す人; 〘史〙免償状売り.
Par·du·bi·ce /pɑ́ːrdəbìtsə/ パルドゥビツェ《チェコ中部 Bohemia 地方の Elbe 川に臨む市》.
pardy ⇨ PARDIE.
pare /péər/ *vt* **1**〈爪などを〉切り整える,〈縁・かどなどを〉削り取る〈*off, away*〉,〈果物〉の皮をむく: ～ nails to the quick 深爪する / ～ and burn 野焼きをする《灰肥をつくるため》. **2**〈経費などを〉削減する, 切り詰める〈*down, back*〉: ～...to the bone 徹底的に切り詰める. [OF =to prepare, trim<L *paro*]
Pa·ré /*F* pare/ パレ **Ambroise** ～ (1510–90)《フランスの外科医; 近代外科手術の先駆者》.
pa·re·cious /pəríːʃəs/ *a* 〘植〙PAROICOUS.
páred-dówn *a* 切り詰めた: a ～ version 縮約版.
par·e·gor·ic /pæ̀rəgɔ́(ː)rɪk, -gɑ́r-/ *n* 〘薬〙アヘン安息香チンキ (=～ elíxir)《鎮痛・鎮静剤, (小児用)下痢止め》. ► *a* 鎮痛[鎮静](性)の. [L<Gk=soothing (*para-*[1], *-agoros* speaking)]
pa·rei·ra (bra·va) /pəréərə (brɑ́ːvə)/ パレーラ《ブラジル産ツヅラフジ科コンドロデンドロン属のつる植物の根で利尿剤・矢毒》. [Port]
paren. (*pl* **parens.**) parenthesis.
pa·ren·chy·ma /pəréŋkəmə/ *n* 〘解・動〙実質(組織); 〘植・動〙柔組織. ◆ **pa·rén·chy·mal** /, pæ̀rənkáɪ-/ *a* **par·en·chym·a·tous** /pæ̀rənkímətəs, -káɪm-/ *a* **-tous·ly** *adv*
par·ent /péərənt/ *n* 親, [*pl*] 両親; 後見人; 先祖; 創始者, 創業者;《動植物の》親,《交配の》原種, 母体; 母体となる団体; PARENT COMPANY; 元, 原因, 根源; 〘理〙親核(おやかく), 親(おや)《崩壊する前の核種》: our first ～*s* アダムとエバ. ► *a* PARENTAL. ► *vt, vi* (...の)親となる; 生み出す. ◆ **～·less** *a* [OF<L (*pario* to bring forth)]
párent·age *n* 親であること[地位]; 生まれ, 家柄, 血統; 由緒, いわれ: come of good ～ 家柄がよい.
pa·ren·tal /pəréntl/ *a* 親の, 親らしい, 親としての; 〘遺〙《雑種を生じる前の》親の: ～ authority 親権. ◆ **～·ly** *adv*
paréntal generátion 〘遺〙親世代《P_1, P_2 などで表わす》.
paréntal léave 親の休暇《子供の看病などのための休暇》, 育児休暇.
paréntal únits *pl* *《俗》両親, 親 (parents, units).
párent còmpany [**fìrm**] 親会社 (cf. HOLDING COMPANY).
párent·cràft *n* 子育て術, 育児法.
par·en·ter·al /pæréntərəl, pə-/ *a* 〘医〙腸管外の, 非経口(的)の〈注射・投与・感染など〉. ◆ **～·ly** *adv* [*para-*[1]]
pa·ren·the·sis /pərénθəsəs/ *n* (*pl* **-ses** /-sìːz/) [ᵁ*pl*] 括弧《通例 丸括弧 ( )》; 〘文法〙挿入語句; 余談, 挿話, [*fig*] 合間: by way of ～ ちなみに / in *parentheses* 括弧に入れて, ちなみに. [L<Gk (*para-*[1], *en-*, THESIS)]
pa·ren·the·size /pərénθəsàɪz/ *vt* (丸)括弧に入れる; 挿入句にする, ...に挿入句を入れる;〈話など〉に交える〈*with* jokes〉.
par·en·thet·ic /pæ̀r(ə)nθétɪk/, **-i·cal** *a* 挿(入)句の[を用いた], 挿入句的な; 挿話的な. ◆ **-i·cal·ly** *adv*
párent·hòod, -shìp *n* 親であること; 親子関係.
pa·rén·ti·cìde /pəréntə-/ *n* 親殺し《行為・人》.
párent·ing *n* 育児, 子育て; 生殖, 妊娠.
párent-in-làw *n* (*pl* **párents-in-làw**) 義理の親《配偶者の親》.
párent mètal 〘工・冶〙母材 (base metal).
Párents Anónymous 〘英〙ペアレンツアノニマス《子供への対応に問題を抱える親に電話相談サービスを行なっている地域ボランティアグループの連合組織; 略 PA》.
párent-téach·er associàtion [ᵒP~-T~A~] 〘教育〙保護者と教師の会, PTA.
pa·reo /pɑ́ːreɪòu, -reɪùː/ *n* (*pl* **-re·òs**) PAREU.
par·er /péərər/ *n* 皮をむく人; 皮むき器, 削り刀.
par·er·gon /pærə́ːrgɑ̀n/ *n* (*pl* **-ga** /-gə/) 副次[付随]的なもの; 添え飾り, アクセサリー; 副業. [L<Gk (*para-*[1], *ergon* work)]
pa·re·sis /pəríːsəs, pǽrəsəs/ *n* (*pl* **-ses** /-sìːz/) 〘医〙不全麻痺; GENERAL PARESIS.
par·esthésia /pæ̀r-/ *n* 〘医〙感覚異常(症), 触覚性錯覚, 知覚異常. ◆ **-es·thet·ic** /pæ̀rɛsθétɪk/ *a*
pa·ret·ic /pərétɪk, -ríː-/ *a* 〘医〙麻痺(性)の. ► *n* (不全)麻痺患者.
Pa·re·to /pəréɪtou/ パレート **Vilfredo** ～ (1848–1923)《イタリアの経済学者・社会学者; その思想はイタリアファシズムの理論的源流となった;『一般社会学概論』(1916)》.
pa·reu /pɑ́ːreɪùː/ *n* LAVALAVA; パレウ, パレオ《ポリネシア人の腰布》. [Tahitian]
pa·re·ve /pɑ́ːrəvə, pɑ́ːrvə/, **par·ve** /pɑ́ːrvə/ *a* 〘ユダヤ教〙パルヴェの《肉・牛乳・乳製品のいずれにも分類されない[いずれも用いない]; cf. FLEISHIG, MILCHIG》. [Yid]
par ex·cel·lence /pɑːréksəlɑ̀ːns; *F* parɛksɛlɑ̃ːs/ *adv* 一段とすぐれて, (中でも)特に. ► *a* [後置] 最優秀の. [F=by excellence]
par ex·em·ple /*F* parɛgzɑ̃ːpl/ たとえば (for example)《略 p. ex.》.
par·fait /pɑːrféɪ/ *n* パフェ《果物・シロップ・クリームなどを混ぜて凍らせたデザート, またはアイスクリーム・果物・シロップ・クリームを層にしたサンデー》. [F PERFECT]
parfáit glàss パフェグラス《短い脚付きで背が高い》.
par·fleche* /pɑ́ːrflèʃ/ *n*《野牛などの》生皮; 生皮製品《箱・袋・外衣など》. [CanF]
par·fócal /pɑːr-/ *a* 〘光〙焦点面が同一の〈レンズを備えた〉. ◆ **～·ize** *vt* **-cal·i·ty** /pɑ̀ːrfoukǽləti/ *n*
par·fu·me·rie /pɑːrfjúːm(ə)ri/ *n* 香水店[売場]; 香水製造所. [F]
par·ga·na, per·ga·na, per·gun·nah /pərgɑ́nə/ *n* 〘インド〙パルガナー《いくつかの町村からなる行政地区; zillah の下位》. [Urdu =district]
par·gas·ite /pɑ́ːrgəsàɪt/ *n* 〘鉱〙パーガス閃石, パーガサイト. [*Pargas* フィンランドの町]
parge /pɑ́ːrdʒ/ *n, vt* PARGET. ◆ **párg·ing** *n* [↓]
par·get /pɑ́ːrdʒət/ *n* 石膏 (gypsum), しっくい; モルタル; しっくい飾り. ► *vt* (-t- | -tt-) ...にしっくい[モルタル]を(装飾的に)塗る, 飾り塗りにする;〈煉瓦積み・石造物など〉に目塗りをする. ◆ **párget·(t)ing** *n* [OF *pargeter* (*par* all over, *jeter* to throw)]

par·gy·line /pá:rʤəli:n/ *n* 〖化〗パルギリン《降圧薬・抗鬱薬として用いる》.

par·he·lic /pɑ:rhí:lɪk, -hél-/, **-he·li·a·cal** /pɑ̀:rhɪláɪək(ə)l/ *a* 幻日の.

parhélic círcle [ríng] 〖気〗幻日環.

par·he·lion /pɑ:rhí:ljən/ *n* (*pl* **-lia** /-ljə/) 〖気・天〗幻日 (=*mock sun, sun dog*) (cf. PARASELENE).

pari- /pǽrə/ *comb form*「等しい」 [OF (L PAR¹)]

Pa·ria /pá:riə/ ■ the **Gúlf of ～** パリア湾《ベネズエラ北東部本土, Paria 半島, Trinidad 島に囲まれた海域》.

pa·ri·ah /pəráɪə, pǽriə/ *n* **1** パリア《(1) 南部インドの最下層民; cf. UNTOUCHABLE (2) =OUTCASTE》. **2**《一般に》社会ののけ者. [Tamil=hereditary drummer]

paríah dòg パリア犬《インド・アフリカなどの半野生犬》.

Par·i·an /pέəriən/ *a* PAROS 島の; [p-] パロス島大理石製の; [p-] パリアン磁器の. ► *n* パロス島の人; [p-] パリアン磁器《白色陶磁器》.

Párian wàre パリアン磁器 (parian).

Pária Península [the] パリア半島《ベネズエラ北東部の大西洋に突き出た半島; 南側は Paria 湾》.

Pa·ri·cu·tín /pərì:kutí:n/ パリクティン《メキシコ中西部 Michoacán 州の火山 (2810 m); 1943–52 年噴火して成長し, Paricutín 村を埋めた》.

Pa·ri·da /pərí:ðə/ [La] (ラ・)パリーダ《Cerro BOLÍVAR の旧称》.

pa·ri·es /pέəriì:z/ *n* (*pl* **pa·ri·e·tes** /pəráɪətì:z/) [ᵁ*pl*] 〖生〗《臓器または体腔の》壁. [L *pariet- paries* wall]

pa·ri·e·tal /pəráɪət(ə)l/ *a* 〖生・解〗壁の, 体(腔)壁の; 頭頂(部)の; 〖植〗側膜の; 壁面の; 〖考古〗先史時代の壁画の; *大学構内の生活[秩序]に関する,《特に》寮の異性訪問者に関する規則の. ► *n* parietal な部分,《特に》頭頂骨; [ᵁ*pl*] *異性訪問者に関する寮の規則. [F or L (↑)]

paríetal bòne 〖解・動〗頭頂骨.

paríetal cèll 〖動〗壁(へき)[傍]細胞《哺乳類の胃腺の塩酸分泌細胞》.

paríetal lòbe 〖解・動〗《脳の》頭頂葉.

paríetal placentátion 〖植〗《ケシ・スミレなどの》側膜胎座.

pari-mu·tu·el /pæ̀rɪmjú:ʧ(u)əl/ *n* パリミュチュエル方式《勝馬に賭けた人びとが手数料を差し引いて全賭け金を分ける》; PARI-MUTUEL MACHINE. [F=mutual stake]

pari-mútuel machíne 賭け金[配当金, 払戻金]表示器 (totalizer, totalizator).

par·ing /pέərɪŋ/ *n* 皮をむくこと, 削ること,《爪などを》切ること; [*pl*] むき[削り, 切り]くず; [*pl*] 小麦粉の篩(ふるい)くず; わずかなたくわえ, へそくり.

páring ìron 《蹄鉄工の用いる》爪切り刀.

páring knìfe 皮むきナイフ.

pa·ri pas·su /pǽrɪ pǽsu/ *adv, a* 同じ歩調で[の], 足並みをそろえて[た], 相並んで[だ] (side by side); 公正で偏らず[ない]. [L=with equal step]

pàri·pínnate *a* 〖植〗相対[偶数]羽状の.

Par·is¹ /pǽrəs/ **1** パリ《フランスの首都; 県をなす; 古称 Lutetia》. **2** パリス **Matthew ～** (1200?–59)《英国の年代記作者》. **3** /pɑ:rí:s, pə-/ パリス (**Bruno-Paulin-**)**Gaston ～** (1839–1903)《フランスのロマンス語文献学者・中世文学者》. ■ the **Tréaty of ～** パリ条約《(1) 1763 年英国・フランス・スペインの間で結ばれ, 七年戦争を終結 (2) 1783 年米国独立戦争を終結 (3) 1898 年米西戦争を終結》. the **Univérsity of ～** パリ大学《フランスにある世界でも最高水準の総合大学; 中世の Notre Dame 寺院学校の中から生まれ, 1170 年以来修士号を授与; 1253 年創立の Sorbonne は同大学で最も有名な学寮であった; Napoleon 時代に近代的大学として再編, 1970 年 13 の独立した大学に改編された》.

Paris² 〖ギ神〗パリス《トロイア王 Priam の子で, スパルタの Menelaus 王の妃 Helen を奪いトロイア戦争の原因を作った》.

Páris blúe パリスブルー, 紺青(こんじょう).

Páris Clùb パリクラブ, (主要先進)債権国会議《国家の公的債務の返済について, 当初の返済計画の見直しが債務国から債権国に要請された際に, 先進債権国が Paris で非公式に行なう会議; 債務返済不能の場合は包括的債務救済措置を採る; また GROUP OF TEN の通称として用いる》.

Páris Cómmune パリコミューン (⇨ COMMUNE²).

Páris Convéntion [the] パリ条約《1883 年に成立した産業財産(権)の保護に関する国際的な取決め (International Convention for the Protection of Industrial Property)》.

Páris dóll «古»《洋裁店の》人台(じんだい), マネキン人形.

Páris gréen 〖化〗パリスグリーン《酢酸亜ヒ酸銅を主成分とする有毒な顔料・殺虫剤》; あざやかな黄緑.

par·ish /pǽrɪʃ/ *n* **1 a** 教会区, 小教区, 〖カト〗聖堂区《教区 (diocese) の下位区分で, それぞれの教会と聖職者[牧師]を有する》. **b**《伝道・宣教などの担当範囲を有する》地域[地元]教会. **c** 全教会区民, *一教会の全信徒; 地元教会を中心とする共同体. **2 a** 〖英〗地方行政区 (=civil ～)《特に イングランドの地方に多い行政上の最小単位で, しばしば本来の教会区と一致; 貧民救助法や課税などのために設けた救貧区》. **b** 〖米〗《Louisiana 州の》郡《他の州の COUNTY¹ に相当》. **3**"«口» **a**《警官・タクシー運転手などの》担当[受持ち]地区, 持場. **b** よく知っている分野[仕事], なわばり. **4** 〖カーリング〗HOUSE. ● **on the ～**"«古» 教区[公費]の援助を受けて; «口» わずかばかり支給されて, 貧乏な. **the world is one's ～** 人の興味・活動範囲がとても広い, 人が各地を回って見聞を広めている《John Wesley の *Journal* から》. [OF<L *parochia*<Gk=sojourning, neighbor (*para*-¹ beside, *oikos* house)]

pa·ri·shad /pʌ́rɪʃəd/ *n* 《インドの》集会, 議会. [Hindi]

párish chúrch 教会区教会.

párish clérk 教会の庶務係.

párish cóuncil 〖英〗地方行政区会《parish の自治機関》.

párish hòuse 教会区会館.

pa·rish·io·ner /pəríʃ(ə)nər/ *n* 教会区民.

párish lántern "«方» 月 (moon).

párish príest 教会区司祭《略 PP》.

párish-púmp" *a* 〈政治などが〉地元優先の, 地方的な, 視野の狭い, 偏狭な.

párish púmp 田舎の共同ポンプ《井戸端会議の場で田舎根性のシンボル》.

párish régister 《洗礼・婚姻・埋葬などの》教会区記録.

Pa·ri·sian /pəríʒən, -rí:-; -rízɪən/ *a* パリ(人)の, パリ風の; 標準フランス語の. ► *n* パリ人, パリ市民, パリっ子, パリジャン;《フランス語の》パリ方言,《パリ方言に基づく》標準フランス語. [F]

Pa·ri·si·enne /*F* parizjɛn/ *n* パリっ子《女性》, パリジェンヌ.

par·i·son /pǽrəsən/ *n* パリソン《炉から出して瓶に似た形にしたガラス塊》. [F *paraison*]

Páris whíte 白亜《陶器の》.

pàri·syllábic *a* 〈ギリシア語・ラテン語の名詞が〉すべての格で同数の音節を有する.

par·i·ty¹ /pǽrəti/ *n* **1** 等価, 等量; 同等, 同格, 平衡; 対応, 類似: ～ of treatment 均等待遇 / be on a ～ with…と均等である / stand at ～同位[同格]である / by ～ of reasoning 類推で. **2** 〖経〗平価; *平衡(価格), パリティー. **3** 〖理〗《素粒子などの》偶奇性, パリティー; 〖数〗奇偶性; 〖電算〗奇偶, パリティー; PARITY BIT. [F or L *paritas* (PAR¹)]

parity² *n* 〖産科・遺〗経産(回数), 出産経歴[児数, 順位]. [*-parous, -ity*]

párity bìt 〖電算〗パリティービット, 奇偶検査ビット.

párity chèck 〖電算〗パリティー[奇偶]検査, パリティーチェック.

park /pá:rk/ *n* **1 a** 公園, 広場;《公有の》自然環境保全区域, 公園; *遊園地; "[the P-] HYDE PARK: a national ～ 国立公園 / CENTRAL PARK. **b**《地方在住の貴族・大地主などの邸宅を囲む》庭園. **2 a** 運動場, 競技場, *球場, [the]"«口» サッカー場. **b** 〖英法・史〗《王の特許による》狩猟園 (cf. CHASE¹, FOREST). **3** *駐車場; 〖車〗《AT 車の自動変速機の》駐車位置, パーク. **4**《特定用途に使うように設計された》地区, …街: INDUSTRIAL PARK / shopping ～ ショッピング街. **5** 〖軍〗廠(しょう); 廠に整備された車両・砲・資材など. **6**《カキの》養殖場 (oyster park). **7** *«西部» 山間の広い谷, 林間の空き地[草地]. ► *vt* **1** 公園にする. **2**〈自動車を〉駐車する;〈飛行機を〉駐機する;〈人工衛星などを〉一時的な軌道に乗せる;〈砲車などを〉一か所に並べて[まとめて]置く, 待機させておく; «口» 置いておく, 預ける: Where are you ～*ed*? 車はどこにとめてある, どこに駐車してる? / *P*～ your hat on the table. / ～ *oneself* «口» すわる / *P*～ *yourself* there. «口» そこにいてよ. ► *vi* 駐車する; «口» すわる, 落ちつく; *«俗»《車の中で》ネッキングをする, カーセックスをする. ● **～ it** [ᴼ*impv*] *«俗»《じゃまにならないように》腰をおろす, すわる. **～ one** «野球俗» ホームランをたたき込む. ♦ **～·like** *a* [OF<Gmc; cf. PADDOCK¹]

Park パーク **Mungo ～** (1771–1806)《スコットランドのアフリカ探検家》.

par·ka /pá:rkə/ *n* パーカ《極地方の先住民などが着るフード付き毛皮プルオーバー式ジャケット》; ヤッケ, アノラック, パーカ《フード付きスポーツジャケット》. [Aleutian]

par·kade /pɑ:rkéɪd/ *n* «カナダ» 立体駐車場. [*park* (v)+*arcade*]

párk-and-ríde *n* パークアンドライド《車と電車[バス]を乗り継ぐ方式》.

Párk Ávenue パーク街《New York 市 Manhattan の高級オフィス・アパート街; 中央に緑地帯が設けられている》.

párk bènch òrator *«俗» 公けのことについてよく発言をする人.

párk cáttle *pl* 庭園牛, 公園牛 (=*white park cattle*)《英国のいくつかの邸宅の大庭園において半野生状態で飼われている原種に近い白牛; 耳と鼻口部が黒っぽい》.

Park Chung Hee /pá:rk ʧúŋ hí:/ 朴正熙(パクチョンヒ)(ぼくせいき) (1917–79)《韓国の軍人; 大統領 (1963–79); 暗殺された》.

Par·ker /pá:rkər/ パーカー (1) **Alan William ～** (1944–)《英国の映画監督; *The Commitments* (ザ・コミットメンツ, 1991)》 (2) **Alton B**(**rooks**) **～** (1852–1926)《米国の法律家; 1904 年大統領選に民主党候補として出馬, 現職の Theodore Roosevelt に敗退》 (3) **Bonnie ～** ⇨ BONNIE AND CLYDE (4) **'Charlie' ～** [**Charles Christopher ～, Jr.**] (1920–55)《米国のジャズアルトサックス奏者・作曲家; bop スタイルの開拓者; 愛称 'Bird', 'Yardbird'》

(5) **Dorothy** ~ (1893–1967)《米国の作家; 旧姓 Rothschild》(6) Sir (**Horatio**) **Gilbert** (**George**) ~, Baronet (1862–1932)《カナダ生まれの英国の小説家》(7) **Matthew** ~ (1504–75)《イングランドの聖職者; Elizabeth 1 世治下の Canterbury 大司教》.

Párker Hòuse [párker·hòuse] róll* パーカーハウスロール《円盤状のパン種を二つ折りにして焼いたロールパン》. [*Parker House* Boston 市のホテル]

Párker·ìze *vt* 〔商標〕〈鉄鋼〉にパーカライジング法を施す《リン酸塩皮膜をつけて防錆する; 米国 Parker Rust-Proof 社が開発》. ♦ **~d** *a* **Párker·ìz·ing** *n*

Parkes /pá:rks/ パークス Sir **Henry** ~ (1815–96)《英国生まれのオーストラリアの政治家; New South Wales 州首相を 5 期つとめた (1872–75, 78–82, 87–89)》.

párk hòme パークホーム《永住用住宅として用地に据え付けられた大型の移動式住宅》.

Párk·hurst (prìson) /pá:rkhə̀:rst(-)/ パークハースト(刑務所)《イングランド Wight 島にある既決囚刑務所》.

par·kin ‖/pá:rkən/ *n* パーキン《オートミール・ショウガ・糖蜜で作るケーキ[ビスケット]》. [人名か]

párk·ing *n* 駐車用地;《公園内の》緑地;《自動車の》駐車: No ~ (here).《掲示》駐車禁止 / a ~ space 駐車スペース.

párking bràke 駐車[サイド]ブレーキ, EMERGENCY BRAKE.

párking dìsk《駐車した車の中の》駐車時間表示板 (disk).

párking lìght《自動車の》駐車灯, 車幅灯 (sidelight).

párking lòt* 駐車場 (car park‖).

párking mèter 駐車メーター.

párking òrbit〔宇〕待機軌道.

párking ràmp〔空〕APRON;《方》駐車場.

párking tìcket 駐車違反切符.

Par·kin·son /pá:rkəns(ə)n/ パーキンソン (1) **C**(**yril**) **Northcote** ~ (1909–93)《英国の歴史家・経済学者; ⇨ PARKINSON'S LAW》(2) **James** ~ (1755–1824)《英国の医師; 王の薬剤師》.

Par·kin·so·ni·an /pà:rkənsóuniən, -njən/ *a* パーキンソン症候群の; パーキンソンの法則の.

Párkinson·ìsm *n* **1**〔医〕**a** PARKINSON'S DISEASE. **b** パーキンソニズム, パーキンソン症候群《パーキンソン病様の臨床症状を示す神経障害》. **2** パーキンソン (C. N. Parkinson) 主義.

Pár·kin·son's *n* PARKINSON'S DISEASE.

Párkinson's disèase〔医〕パーキンソン病 (=*paralysis agitans*)《主として中年以降に発症する進行性の神経変性疾患; 中脳黒質のドーパミン細胞の変性・脱落がみられ, 安静時震顫, 固縮, 無動, 姿勢反射障害などを特徴とする》. [James *Parkinson*]

Párkinson's láw パーキンソンの法則《C. Northcote Parkinson が発表したもの; 第 1 法則「役人の数は仕事の量に関係なく一定率で増える」, 第 2 法則「政府の支出は収入に応じて増えていく」》.

Párkinson's sýndrome〔医〕**a** PARKINSONISM. **b** PARKINSON'S DISEASE.

párk kèeper‖ 公園管理人.

párk·lànd *n* 公園用地; ‖大邸宅のまわりの庭園; [ˢ*pl*] 樹林草原《ところどころにまばらな樹林や雑草のある草原》.

Párk Láne パークレーン《London の Hyde Park の東側を南北に走る通り; 高級ホテルが多い》.

par·kour /pɑ:rkúər, ⏑ ⏑/ *n* パルクール《環境の中にある障害物を, 走る・跳ぶ・登る・転がるなどの身体運動を駆使して越えていくスポーツ, またそうした方法による心身の鍛練法》. [F]

párk rànger *(国立)公園管理人[職員], パークレンジャー.

park-ride ⇨ PARK-AND-RIDE.

Parks /pá:rks/ パークス (1) **Gordon** (**Roger Alexander Buchanan**) ~ (1912–2006)《米国の著述家・写真家・映画監督; アフリカ系米国人の生活の記録を残した》(2) **Rosa** ~ (1913–2005)《米国の公民権運動の活動家; アフリカ系; 1955 年 Alabama 州 Montgomery で市バスの座席を白人男性に譲らず逮捕されたのをきっかけに同市のアフリカ系市民が 1 年にわたって市バス乗車を拒否, この運動が公民権運動の時代への第一歩を画した》.

párk savánna 木が点々とするサバンナ.

párk·wày *n**公園道路, パークウェー《道の両側または中央に造園工事を施した広い道路; 通例トラックその他の重車両の通行は禁止されている》; パークウェー《広い駐車設備のある駅という意味で駅名の一部として用いる》: Bristol *P*~.

párky¹ *a*‖《口》〈空気・天候・朝など〉冷たい.

parky² *n*‖《俗》PARK KEEPER.

Parl. parliament ♦ parliamentary.

par·lance /pá:rləns/ *n* **1** 話しぶり, 口調, (特有な)語法; 言語: in legal ~ 法律用語で / in common ~ 俗なことばでは. **2**《古》話, 討論. [OF (PARLEY)]

par·lan·do /pɑ:rlá:ndou, -lǽn-/ *a, adv*〔楽〕パルランド(で), 話すように[に]. [It]

par·lan·te /pɑ:rlá:nteɪ/ *a* パルランテ (PARLANDO). [It]

Par·la·ry /pəlá:ri, pɑ:r-/ *n* POLARI.

par·lay* /pá:rleɪ, -li; -li/ *vt, vi* 〈元金と賞金を〉さらに賭ける, 増やす, 拡張する;《口》〈資産・才能を〉活用[利用]する, 発展させる 〈*into*〉. ▶ *n* 元金と賞金を繰り越して続けて賭けていくこと. [変形〈F *paroli*]

parle /pá:rl/ *v, n*《古》PARLEY.

par·le·ment /pá:rləmənt/ *n*〔フランス史〕高等法院;《廃》PARLIAMENT.

par·ley /pá:rli/ *n* 討議,《特に 戦場で敵との》交渉, 会見, 会談, 談判; 話し合い: a cease-fire ~ 停戦交渉 / hold a ~ with…と談判する. ● **beat** [**sound**] **a** ~《太鼓またはらっぱを鳴らして》敵軍に(平和)交渉申し込みの合図をする. ▶ *vi* 会談する, 交渉する 〈*with*〉. ▶ *vt* 〈特に 外国語を〉話す; ペラペラしゃべる; 交渉する, 会談する. [OF *parler* to speak]

par·ley-voo /pà:rlivú:/《口》[*joc*] *n* フランス人[語]. ▶ *vi* フランス語[外国語]を話す. ▶ *vt* 話す, わかる. [F *parlez-vous* (*français*)? Do you speak (French)?]

par·lia·ment /pá:rləmənt/ *n* **1 a** [ᵁP-] 議会, 国会; 下院;《英国・カナダ・オーストラリア・自治領などの》議会 (cf. CONGRESS, DIET²): convene [dissolve] a ~ 議会を招集[解散]する / enter [go into] *P*~ 下院議員となる / open *P*~ 〈国王が〉議会の開会を宣する / MEMBER of *P*~ / LONG PARLIAMENT, SHORT PARLIAMENT. **b**《フランス革命前の》高等法院 (parlement). **c**《古》《公式の》討議会, 会議, 会合. **2** PARLIAMENT CAKE. **3**〔トランプ〕FAN-TAN. [OF=speaking (PARLEY)]

Párliament Áct [the]〔英〕議院法《1911 年上院の権限を制限したもの》.

par·lia·men·tar·i·an /pà:rləmɛ̀ntέəriən, -mən-/ *a* 議会(派)の. ▶ *n* 議院法学者, 議院法規[議会政治]に通じた人, 議会人; [ˢP-]〔英〕下院議員; [P-]〔英史〕議会党員 (⇨ ROUNDHEAD). ♦ **~·ism** *n* PARLIAMENTARISM.

par·lia·men·ta·rism /pà:rləmέnt(ə)rìz(ə)m/ *n* 議会政治[主義], 議院制度.

par·lia·men·ta·ry /pà:rləmέnt(ə)ri/ *a* **1** 議会の; 議会で制定した; 議院法の[による];〔英史〕議会党(員)の. **2** 〈ことばが〉議会に適した, 丁重な.

parliaméntary ágent〔英〕政党顧問弁護士;〔英〕議院代弁人《院内で建議案・請願書を起草し庶務を代弁する》.

parliaméntary bórough〔英〕国会議員選挙区.

Parliaméntary Commíssioner for Adminis·trátion [the]〔英〕国会行政監察官《政府の OMBUDSMAN の正式名称; 略 PCA》.

parliaméntary góvernment 議会政治.

parliaméntary láw 議院法規.

parliaméntary prívate sécretary〔英〕大臣私設秘書議員《大臣を補佐する, 通例 若手の下院議員; 略 PPS》.

parliaméntary prívilege〔英〕国会[議員]特権《議会と国会議員に認められている特権; 議場での発言についての不問責など》.

parliaméntary sécretary〔英〕政務次官《主務大臣が Minister または Chancellor の場合》.

parliaméntary tráin《19 世紀の英国の》議会列車《1844 年, 各鉄道会社が三等車を 1 マイルにつき 1 ペニー以下の運賃で少なくとも一日 1 往復するよう議会で定められた》.

parliaméntary undersécretary〔英〕PARLIAMENTARY SECRETARY《主務大臣が Secretary of State の場合》.

párliament càke ショウガ入りのクッキー.

Párliament Híll 1 パーラメントヒル《カナダの首都 Ottawa の国会議事堂のある丘》. **2** カナダ議会.

párliament hìnge 長羽根蝶番(ちょうつがい).

par·lor | par·lour /pá:rlər/ *n* **1** 店, 営業所;《カリブ》《菓子・清涼飲料水を売る》小売店: an ice-cream ~ アイスクリームパーラー / a tonsorial ~ [ᴼ*joc*] 理髪店 / a shoeshine ~ 靴磨き所 / FUNERAL PARLOR. **2** 客間, 居間 (living room);《修道院などの》面会室;《ホテル・クラブなどの》特別休憩[談話]室《LOBBY や LOUNGE のように開放的でないもの》. **3**‖搾乳所. **4***《鉄道俗》《貨物列車の》車掌車 (caboose). ▶ *a* 客間(用)の; 口先だけの, 空論をもてあそぶ: ~ tricks お座敷芸, 隠し芸 / a ~ pink サロン的進歩派. [AF; ⇨ PARLEY]

párlor bòarder‖ 特別寄宿生《校長家族と同居》.

párlor càr*〔鉄道〕特等客車 (chair car).

párlor gàme 室内ゲーム《クイズなど》.

párlor grànd〔楽〕パーラーグランド《CONCERT GRAND よりも小さく, BABY GRAND より大きいグランドピアノ》.

párlor hòuse*《俗》高級売春宿.

párlor jùmper《俗》押入り強盗.

párlor·màid *n*《個人の家で応接・給仕などを担当する》小間使, 女中;《ホテルなどの》メイド.

párlor pàlm〔植〕テーブルヤシ《メキシコ産の小型のヤシ》.

parlour ⇨ PARLOR.

par·lous /pá:rləs/ *a*《文》危険な, あぶなっかしい; 扱いにくい, 抜け目のない: in a ~ state 危険な状態で. ▶ *adv* きわめて, とても. ♦ **~·ly** *adv* **~·ness** *n* [ME (変形)〈*perilous*]

Par·lya·ree /pəljá:ri, pɑ:r-/ *n* POLARI.

Par·ma /pá:rmə/ **1** パルマ《イタリア北部 Emilia-Romagna 州の市》. **2** パーマ《Ohio 州北東部の市》.

P

Párma hám パルマハム《イタリア産の生ハムの一種》.

Párma víolet〔植〕パルマスミレ《八重咲きで甘い香りのするスミレの園芸種》.

Par·men·i·des /pɑːrménədiːz/ パルメニデス《イタリアの Elea に生まれた紀元前 5 世紀のギリシアの哲学者》.

Par·men·tier /pάːrmɑntjèɪ; *F* parmɑ̃tje/ *a* ジャガイモを材料にした[添えた], パルマンティエの. [Antoine A. *Parmentier* (1737–1813) フランスでジャガイモ栽培を広めた園芸家]

Par·me·san /pάːrməzὰːn, -zæ̀n, -zən; pὰːrməzǽn, ⌐—⌐/ *a* パルマ (Parma) の. ► *n* パルメザンチーズ (=~ **chéese**)《Parma 産の匂いの強い硬質チーズ》. [F<It]

par·mi·gia·na /pὰːrmiʤάːnə/, **-no** /-noʊ/ *a* パルメザンチーズ入りの[をかけた]: veal ~ 子牛のパルミジャーナ《パルメザンチーズをかけた子牛のカツレツ》. [It]

Par·mi·gia·ni·no /pὰːrmɪʤɑníːnoʊ/, **Par·mi·gia·no** /-məʤάːnoʊ/ パルミジャニーノ (1503–40)《イタリアのマニエリスム初期の画家; 本名 Girolamo Francesco Maria Mazzola》.

Par·na·í·ba, Par·na·hy·ba /pὰːrnaíːbə/ [the] パルナイバ川《ブラジル北東部を北東に流れて大西洋に注ぐ》.

Par·nas·si·an /pɑːrnǽsiən/ *a* **1** Parnassus の. **2** 詩の, 詩的な; 高踏的な; [the, 〈*n*〉] 高踏派《1860 年代フランスでロマン派に代わって台頭, 没個性・形式の完全性を重んじた》. ► *n* 高踏派の詩人,《一般に》詩人. ♦ **~·ìsm** *n* 高踏主義[趣味].

Par·nas·sus /pɑːrnǽsəs/ **1** パルナッソス (ModGk **Par·nas·sós** /pὰːrnəsɔ́ːs/)《英雄 Parnassus がふもとにデルポイの神託所を開いたギリシア中部の山 (2457 m); Apollo と Muses の霊地》. **2** 詩歌の世界; 詩歌その他創造活動の中心地; 詩集, 文学全集. ● **(try to) climb ~** 詩歌の道にいそしむ.

Par·nell /pɑːrnél, pάːrnl/ パーネル **Charles Stewart ~** (1846–91)《アイルランドの独立運動指導者; 自治獲得運動を推進》. ♦ **~·ìte** *n, a*

Párnell·ìsm *n* アイルランド自治政策《C. S. Parnell が提唱》.

pa·ro·chi·aid* /pəróʊkièɪd/ *n*《政府の》教会区学校に対する補助金. [*parochi*al+*aid*]

pa·ro·chi·al /pəróʊkiəl/ *a* 教会区[小教区] (parish) の; *宗教団体の援助を受けた; 町村の; 地方的な (provincial); [*fig*]〈考えなど〉狭い, 偏狭な. ♦ **~·ly** *adv* **pa·ro·chi·al·i·ty** /pəròʊkiǽləti/ *n* [OF<L (parish)]

paróchial chúrch cóuncil〔英国教〕教会区教会協議会《牧師・教会委員・選出された信徒からなる教会区の管理組織; 略 PCC》.

paróchial·ìsm *n* 教会区制; 町村制; 地方根性, 郷党心; 偏狭. ♦ **-ist** *n*

paróchial·ìze *vt* …に教会区制をしく; 地方的にする; 偏狭にする. ► *vi* 教会区で働く.

paróchial schóol《米・スコ》パローキアルスクール《宗教団体経営の小・中・高等学校; 通例はカトリック》.

par·o·dist /pǽrədɪst/ *n* parody の作者. ♦ **pàr·o·dís·tic** *a* パロディー的な.

par·o·dos /pǽrədὰs/ *n* (*pl* **-doi** /-dɔ̀ɪ/)《ギリシア劇で》パロドス《コロス (chorus) が登場する時に歌う歌》. [Gk]

par·o·dy /pǽrədi/ *n*《文芸・演劇・音楽などの》諷刺[諧謔, 嘲笑]的もじり(作品), パロディー; 本物[実物]のまねごと, へたな模倣〈*of*〉: a ~ *of* a trial 裁判のまねごと, 茶番じみた裁判. ► *vt* 滑稽に[誇張して]まねる, もじる, パロディー化する; へたにまねる. ♦ **pa·rod·ic** /pərάdɪk/, **-i·cal** *a* **-i·cal·ly** *adv* [L or Gk=satirical poem (*para*-¹, ode)]

pár of exchánge [the]〔経〕為替平価, 法定平価.

pa·roi·cous /pərɔ́ɪkəs/ *a*〔植〕〈コケなど〉雌雄併生の, 雌雄(列立)同株の.

pa·rol /pəróʊl, pǽrəl/ *n*〔法〕/《古》訴答書面; [今は次の成句で] ことば. ● **by ~** 口頭で. ► *a* 口頭の, 口述の: ~ evidence 証言, 口頭証拠. [OF *parole* word]

pa·role /pəróʊl/ *n* **1**〔法〕仮釈放(許可証), 仮出獄;《精神病院からの》仮退院;《米国の移民法で》臨時入国許可;〔法〕parol: eligible for ~ 仮釈放の資格を得て / ~ violation 仮釈放条件違反. **2 a** 誓言; *〔軍〕捕虜宣誓 (=~ **of hónor**)《釈放後も一定期間戦線に立たぬ, または逃亡しないと誓う》. **b** *〔軍〕合いことば, 暗号. **3**〔言〕パロール《具体的言語行為; ⇨ langue》. ● **break one's ~** 仮釈放期間が過ぎても刑務所に戻らない. **on ~** 宣誓釈放[仮釈放]されて;《口》監視されて. ► *a* 宣誓[仮]釈放(人)の. ► *vt* 宣誓[仮]釈放する;《米国で》〈外国人〉に臨時入国を許可する. ♦ **pa·ról·able** *a* [F *parole (d'honneur)* word (of honor)<L parable]

pa·rol·ee /pəròʊlíː, ⌐—⌐/ *n* 仮釈放者.

par·o·mo·my·cin /pæ̀rəmoʊmáɪs(ə)n/ *n*〔薬〕パロモマイシン《抗生物質; 硫酸塩を抗アメーバ剤として用いる》.

par·o·no·ma·sia /pæ̀rənoʊméɪʒ(i)ə, -ziə/ *n*〔修〕掛けことば; 地口, しゃれ. ♦ **pàr·o·no·más·tic** /-mǽstɪk/ *a* **-ti·cal·ly** *adv* [L<Gk (*onoma* name)]

par·o·nych·ia /pæ̀rəníkiə/ *n*〔医〕爪囲(そう)炎, 爪郭炎.

par·o·nym /pǽrənɪm/ *n*〔文法〕**1** 同源[同根]語, 縁語 (cognate)《use と utilize など》. **2**《語義・つづりの異なる》同音語《hair と hare など》. **3** 外国語から新造した語. ♦ **pa·ron·y·mous** /pərάnəməs/, **pàr·o·ným·ic** *a*

par·o·quet /pǽrəkɛ̀t/ *n* parakeet.

Par·os /péərὰs, pǽr-/ パロス (ModGk **Pá·ros** /pάːrɔ̀ːs/)《エーゲ海南部のギリシア領 Cyclades 諸島の島; 1000 B.C. 以前から古代ギリシア史を大理石に記した「パロスの年代表」が発見された地 (1627)》.

par·os·mia /pærάzmiə/ *n*〔医〕嗅覚錯誤, 錯嗅覚. [*para*-¹, Gk *osmē* smell]

pa·ro·tic /pərάtɪk, -róʊ-/ *a* 耳の付近の, 耳辺の.

pa·rot·id /pərάtəd/〔解〕*a* 耳下腺(近く)の. ► *n* parotid gland. [F or L<Gk (*para*-¹, *ōt- ous* ear)]

parótid dùct〔解〕耳下腺管.

parótid glànd〔解〕耳下腺.

pa·rot·i·di·tis /pərὰtədáɪtəs/ *n* parotitis.

par·o·ti·tis /pæ̀rətáɪtəs/ *n*〔医〕耳下腺炎, mumps. ♦ **pàr·o·tít·ic** /-tít-/ *a*

pa·ro·toid /pəróʊtɔ̀ɪd, -rάt-/ *n* 耳腺 (=~ **glànd**)《ヒキガエルなどの後頭にある毒液を分泌する隆起》. ► *a* 耳下腺 (parotid gland) 様の.

par·ous /pǽrəs, péərəs/ *a* 子を産んだ, 経産の.

-p·a·rous /⌐p(ə)rəs/ *a comb form*「生み出す」「分泌する」 [L (*pario* to bring forth)]

Pa·rou·sia /pərúːziə, -siə, pὰːrusíːə/ *n*〔神学〕《キリストの》再臨 (the Second Advent).

par·ox·e·tine /pərάksətiːn/ *n*〔薬〕パロキセチン《セロトニンの作用を高める薬品; 通例 塩酸塩 (~ hydrochloride)を抗鬱薬とする》.

par·ox·ysm /pǽrəksɪz(ə)m/ *n*〔医〕《寒けなどの周期的な》発作;〔医〕痙攣(けいれん); 激発〈*of* laughter etc.〉; 発作的活動, 激動. ♦ **pàr·ox·ýs·mal** *a* 発作の; 発作性の. [F, <Gk (*paroxunō* to goad <*oxus* sharp)]

par·ox·y·tone /pærάksətòʊn, pə-/ *a, n*〔ギリシア文法〕パロクシトーン(の)《末尾から 2 番目の音節に強勢を有する(語)》.

parp /pάːrp/《口》*n* 車の警笛音, ブーッという音. ► *vi* ブーッと鳴らす. [imit]

par·pen /pάːrpən/, **-pend** /-pənd/ *n* perpend².

par·quet /pάːrkèɪ, —⌐/ *n* **1** 寄せ木(張り); *《劇場の》平土間. **2**《Paris 証券取引所の》公認ディーラー (dealers) (の取引する場所);《フランスなどの》検事局. ► *vt*〈床を〉寄せ木張りにする,〈部屋〉に寄せ木の床を張る. ♦ **~·ed** *a* 寄せ木張りの. **par·que·try** /pάːrkətri/ *n* 寄せ木細工,《床の》寄せ木張り. [F=small enclosure floor (dim) <*parc* park]

párquet círcle*《劇場の》平土間後方席《二階桟敷の下の部分》.

parr /pάːr/ *n* (*pl* ~, ~s)〔魚〕《まだ降海しない》サケの幼魚; タラなどの幼魚. [C18<?]

Parr パー (1) **Catherine ~** (1512–48)《イングランド王 Henry 8 世の 6 番目の妃》(2) **Thomas ~** ⇨ Old Parr.

parrakeet ⇨ parakeet.

parramatta ⇨ paramatta.

Par·ra·mat·ta /pæ̀rəmǽtə/ パラマッタ《オーストラリア南東部 Sydney の西郊外, Port Jackson 湾に流入する Parramatta 河畔の市》.

par·rel, -ral /pǽrəl/ *n*〔海〕パーレル《マストの上部の軽帆桁をマストに寄せつけている索・鎖・鉄帯など》.

par·ri·cide /pǽrəsàɪd/ *n* 親[首長, 主人, 近親]殺し《人・行為》; 反逆者. ♦ **pàr·ri·cí·dal** *a* [F or L=killer of a close relative <?; L pater, *parens* parent と連想]

par·ridge /pǽrɪʤ/, **-ritch** /-rɪʧ/ *n*《スコ》porridge.

Par·rish /pǽrɪʃ/ パリッシュ **Maxfield (Frederick) ~** (1870–1966)《米国のイラストレーター・壁画装飾家》.

par·ro·quet, -ket /pǽrəkɛ̀t/ *n*〔鳥〕parakeet.

par·rot /pǽrət/ *n*〔鳥〕オウム(鸚鵡)《熱帯原産; psittacine *a*》; 口まね[猿まね]屋. ● **(as) sick as a ~**"《口》がっくりきて, 落ち込んで. **pissed as a ~**=《俗》pissed as a newt. ► *a* オウムの(ような). ► *vi, vt* 機械的に繰り返す[まねる], おうむ返しにする;〈人〉におうむ返しに言わせる. ♦ **párrot·ry** *n* おうむ返し, 卑屈な模倣, 受売り. **pár·roty** *a* [F (dim) <*Pierre* Peter]

párrot·bìll *n*〔鳥〕**a** ダルマエナガ《同科の鳴鳥の総称; 南アジア・中国産》. **b** ムネアカコウカンチョウ《中米産》.

párrot·càge *n* オウム籠. ● **have a** mouth **like the bottom of a ~.**

párrot cróssbill〔鳥〕ハシブトイスカ《ユーラシア北部産》.

párrot-crỳ *n* おうむ返しのことば[叫び].

párrot disèase parrot fever.

párrot-fàshion *adv*"《口》おうむ返しに, 棒[まる]暗記して.

párrot fèver〔獣医〕オウム病 (psittacosis).

párrot fìnch〔鳥〕**a** セイコウチョウ(青紅鳥)《カエデチョウ科セイコウチョウ属の総称; 熱帯アジア・オーストラリア産》. **b** イスカ (crossbill).

párrot fìsh〔魚〕《サンゴ礁をかみ砕くのに適応したがんじょうなくちばし状の口をもつ色あざやかな》ベラ亜目の数種の魚: **a** ブダイ《同科の魚の総称》. **b**《豪》ベラ《同科の魚の総称》.

párrot('s)-bèak, párrot's-bill *n*〔植〕kaka beak.

párrot's pérch おうむ責め《拷問(具)の一種; 逆さ吊りにして前腕だけで体を支えさせる》.

par·ry /pǽri/ *vt* 受け流す, はずす; 《フェンシングなどで》かわす; 〈質問などを〉はぐらかす, 軽くいなす. ► *vi* 攻撃を受け流す. ► *n* 受け流し, かわし; 逃げ口上. ♦ **pár·ri·er** *n* [?F<It *parare* to ward off]

Parry パリー Sir **William Edward** ~ (1790–1855)《英国の海軍軍人・北極探検家》.

parse /pɑ́ːrs; pɑ́ːz/ *vt* 〈文・語句を〉文法的に説明する, 解剖する (analyze); 〘電算〙構文解析する; 〈問題などを〉分析する, 批判的に[詳しく]検討する. ► *vi* 文法的に説明する, 解剖する; 〈文・語句が〉文法的に説明できる, 解剖される. [?ME *pars* parts of speech<OF *pars* parts]

par·sec /pɑ́ːrsèk/ *n* 〘天〙パーセク《天体の距離を示す単位: 3.26 光年; 略 pc》. [*parallax*+*second*[2]]

párs·er *n* 文[語句]を文法的に説明する人; 〘電算〙構文解析プログラム[ルーチン], 解釈プログラム[ルーチン], パーサー《データを規則にしたがって解釈の単位となる部分に分解するプログラム[ルーチン]》.

par·sha /pɑ́ːrʃə/ *n* PARASHAH.

Par·si, Par·see /pɑ́ːrsi, pɑːrsíː/ *n* パールシー (1) 8 世紀にペルシアからインドにのがれたゾロアスター教徒の子孫; 主として Mumbai 付近に住む (2) パールシー教典に用いられたペルシア語》. ♦ **~·ism** *n* パールシー教. [Pers=Persian]

Par·si·fal /pɑ́ːrsəf(ə)l, -fɑ̀ːl; *G* párzifal/ パルジファル《Wagner の楽劇 (初演 1882)》; 〘ドイツ伝説〙PARZIVAL.

par·si·mo·ni·ous /pɑ̀ːrsəmóuniəs/ *a* 極度に倹約する; けちな, しみったれた; 乏しい, ごく少ない. ♦ **~·ly** *adv* **~·ness** *n*

par·si·mo·ny /pɑ́ːrsəmòuni; -məni/ *n* 極度の倹約, 節減; けち (stinginess); むだの排除, 簡潔. ● **principle of ~** LAW OF PARSIMONY. [L (*pars- parco* to spare)]

pars·ley /pɑ́ːrsli/ *n* 〘植〙パセリ, オランダゼリ; セリ科植物: FOOL'S PARSLEY, STONE PARSLEY. ► *a* パセリで風味をつけた, パセリを添えた (parsleyed). [OF, <Gk (*petra* rock, *selinon* parsley)]

pars·leyed, -lied /pɑ́ːrslid/ *a* パセリをあしらった, パセリ風味の: ~ potatoes.

pársley fàmily 〘植〙セリ科 (Umbelliferae).

pársley férn 〘植〙リシリシノブ《高山産のシダ》.

pársley píert /-píərt/ 〘植〙ノミノハゴロモグサ, イワムシロ《欧州から中央アジア原産バラ科の一年草》.

pársley sàuce パセリソース《ホワイトソースにパセリのみじん切りを添えたもの; 魚料理用》.

pars·nip /pɑ́ːrsnəp/ *n* 〘植〙アメリカボウフウ, パースニップ《根部は蔬菜》; パースニップに近縁・類似の植物 (cf. COW PARSNIP): Fine [Kind, Soft] words butter no ~s. 《諺》口先ばかりでは何の役にも立たない. [OF<L *pastinaca*; 語形は *nep* turnip に同化したもの]

par·son /pɑ́ːrs(ə)n/ *n* **1** 教区牧師《rector や vicar など, 英国教会の禄付きの聖職者の称》; 《口》《一般に》聖職者, 《特にプロテスタント教会の》牧師. **2** 黒い動物. ♦ **par·son·ic** /pɑːrsɑ́nɪk/, **-i·cal** *a* [OF<L PERSON]

párson·age *n* 牧師館; 《古》《教区牧師の》聖職禄.

párson bìrd 〘鳥〙エリマキミツスイ (TUI).

párson·ess *n* 《口》牧師の妻.

Par·so·ni·an /pɑːrsóuniən/ *a* Talcott PARSONS の社会学理論の.

Par·sons /pɑ́ːrs(ə)nz/ パーソンズ (1) Sir **Charles Algernon** ~ (1854–1931)《英国の技術者; William ~ の四男; 最初の蒸気タービンを制作, タービン駆動の蒸気船を建造》 (2) **Elsie Clews** ~ (1875–1941)《米国の社会学者・人類学者; Pueblo 族をはじめとする先住民を研究した》 (3) **Tal·cott** /tɔ́ːlkɑ̀t, tǽl-/ ~ (1902–79)《米国の社会学者》 (4) **William** ~, 3rd Earl of Rosse (1800–67)《アイルランドの天文学者; 19 世紀最大の反射望遠鏡 'Leviathan' を建造した (1845)》.

párson's nóse 《口》POPE'S NOSE.

Pársons tàble [°p- t-] パーソンズテーブル《四角い面板の四隅からまっすぐ脚が伸びたテーブル》.

pars pro to·to /pɑ́ːrs prou tóutou/ 全体に代わる[を代表する]一部分. [L=part (taken) for the whole]

part /pɑ́ːrt/ *n* **1 a** 部分, 一部(分), 若干: He spent the greater ~ *of* his vacation in Canada. 休暇の大部分をカナダで過ごした / (a) ~ of ⇨ 成句. **b** [(a) ~] 重要部分, 要素, 成分; [[u]*pl*] 資質, 才能 (abilities): Music is (a) ~ of his life. / a man of (many [good, excellent]) ~*s* 多才な人, 有能な人. **c** 部分品, 《予備の》部品, パーツ; [*pl*] 体の部分, 器官, [the ~s] 局部, 陰部 (private [privy] parts): automobile ~*s* 自動車の部品. **d** 《書物・戯曲・詩などの》部, 篇, 巻; 〘楽〙音部, 声部, パート (cf. PART MUSIC), パート譜. **2** [*pl*] 地方, 地域: in these [those] ~*s* / travel in foreign ~*s* 外地を旅行する. **3** 関係, 関与; 《仕事などの》分担, 役目, 本分; 《俳優の》役割, 役, せりふ; 《台本の》書抜き: have some ~ in…に関係している / have neither ~ nor lot in… 《古》…には少しも関係がない / ACT a ~ / ACT one's ~ / ACT the ~ of…. **4** 一方, 側, 味方 (side): an agreement between Jones on the one ~ and Brown on the other (~) ジョーンズ側とブラウン側との間の協定. **5** *頭髪の分け目. **6 a** 《序数詞に添えて; 今は通例 略す》…分の一: a third (~) 3 分の 1 / two third ~*s* 3 分の 2 (=*two thirds*). **b** 《基数詞に添えて》全体を一つ多い数で割った値: two [three, four, etc.] ~*s*=2/3 [3/4, 4/5 など]. **c** 約数, 因数. **d** 《調合などの》割合: 3 ~*s* (*of*) sugar to 7 (~*s*) (*of*) flour 砂糖 3 に粉 7 の割合 / a guy who is equal ~*s* politician and gangster なかば政治家でなかばやくざである男. ● **(a) ~ of**…の一部(分) (1) この場合の part はしばしば無冠詞で用いられる (2) この句は通例, あとに単数名詞を従えるときは単数扱い, 複数名詞のときは複数扱いにする): Only (*a*) ~ *of* the report is true. 報告は一部分しか真実でない / *P*~ [*A* ~] *of* the students live in the dormitory. 学生の一部は寮に住んでいる. **dress [be dressed for] the ~** 役割[その場]にふさわしい服装をする. **feel the ~** それらしく感じる. **for one's (own) ~**…としては. **for the most ~** 大部分は, たいてい, 大体(は) (mostly): The firm is run, *for the most* ~, by competent men. 会社はだいたい有能な人たちによって経営されている. **in ~** 一部分, いくぶん, ある程度まで (partly). **in good [great, large] ~** 大部分, 主として. **in ~s** (1) 分けて; 分冊で. (2) ところどころ. **look the ~** それらしく見える. **not want any ~ of**…=**want no ~ of**…とはかかわりたくない. **on the ~ of** sb =**on sb's ~**…の方[側]では: There is no objection *on* my ~. わたしとしては異存はない. **~ and parcel** (…にとって)切り離せないこと, 付き物; 重要部分 〈*of*〉. **~ of the** FURNITURE. **play a ~** (1) 役を演じる, 関与する 〈*in*〉: She *played a* ~ *in* the play. その劇に出演した / Salt *plays an* important ~ *in* the function of the body. 塩は体の機能に重要な役割を果たす. (2) [*fig*] 芝居をする, しらばくれる. **play [do] one's ~** 本分を尽くす, 役目を果たす. **take …in good [ill, evil, bad] ~** ″…を善意[悪意]にとる, …をおこらない[おこる]. **take ~ in** 〈sth, do*ing*〉…に加わる, 貢献する: *take* ~ *in* the Olympics オリンピックに参加する. **take ~ with**…=**take the ~ of**…に味方する. **take sb's ~** 人の肩をもつ, 支持する. **the ~ that went over the fence last** *《俗》調理した鳥肉の尾のついた部分; *《口》《動物の》しっぽ, 《人の》尻.

► *a* 一部分(のみ)の, 部分的な, 不完全な: a ~ reply to the question.

► *adv* 一部分は, いくぶん, ある程度 (partly): The bird is ~ red, ~ white. その鳥は一部が赤く一部が白い.

► *vt* **1** 分ける; 〘海〙〈ロープ・ケーブルなどを〉切る, 切断する, 切られる; 《空間的に》隔てる; 〈けんかしている人を〉引き離す 〈*from*〉; 離間する; 〈頭髪を〉分ける 〈one's hair〉; 〘冶〙分金する. **2** 〈人〉に〈金などを〉手放させる 〈*from*〉: He's not easily ~*ed from* his money. 金離れがよくない. **3** 《古》…から離れる; ″《方》放棄する. ► *vi* **1** 〈ものが〉分かれる, 裂ける, 割れる. **2** 〈人が〉別れる, 手を切る, 関係が切れる 〈*from*〉; 去る; 死ぬ: The best of friends must ~. 《諺》どんな親友でもいつかは別れる時がくる / There I ~*ed from* him. そこで彼と別れた / Let us ~ friends. 仲よく別れましょう. **3** 《口》金を払う; 《古》分配する, 分ける. ● **be ~ed** 〈愛する者と〉別れる, 引き離される 〈*from*〉 (cf. *vi* 2). **~ company** 絶交する; 別れる; 意見を異にする 〈*with*〉. **~ with**…を手放す; 《まれ》…と別れる (=~ from): A good advertisement will make a person decide to ~ *with* his money. 金を出してもいいという気にさせる.

[F<L=to share (*part- pars* piece, portion)]

part. participial ♦ participle ♦ particular.

par·take /pɑːrtéɪk, *pər-/ *v* (**-took** /-tʊ́k/; **-tak·en** /-téɪk(ə)n/) *vi* **1** 共にする, 参加する 〈*of, in*〉; (飲食の)お相伴(しょうばん)をする (share), いくぶんかを飲む[食べる] 〈*of*〉: I hope you will ~ *of* our joy. わたしといっしょに喜んでいただきたいと思います. **2** 《口》すっかり飲む[食べる] 〈*of*〉. **3** いくらか(…の)性質がある, 気味がある 〈*of*〉: His words ~ *of* regret. 彼のことばに後悔していることがうかがえる. ► *vt* 《古》共にする, …にあずかる (take part in), …のお相伴をする. ♦ **par·ták·er** *n* 分担者, 相伴者; 関係者, 〈苦楽などを〉共にする人 〈*of, in*〉. [逆成< *partaker*=*part taker*]

par·tan /pɑ́ːrtn/ *n* 《スコ》〘動〙ヨーロッパイチョウガニ《食用》. [ScGael]

párt·ed *a* **1 a** 分かれた, 裂けた; ばらばらの; 部分に分かれた; 〘紋〙中央で縦に分けた. **b** [[u]*compd*] 〘植〙〈葉が〉深裂の: a 3-~ corolla. **2** 《古》逝った, 死せる. ★ ⇨ be PARTED.

párt·er *n* [数字のあとに付けて]「…部[篇, 巻]からなる本[番組など]」

par·terre /pɑːrtέər/ *n* パルテール《いろいろな形・大きさの花壇を配置した庭》; *PARQUET CIRCLE. [F *par terre* on the ground]

párt-exchánge″ *vt* 下取りに出す.

párt exchánge″ 下取り: give…in ~ 下取りに出す.

par·then- /pɑ́ːrθən/, **par·the·no-** /pɑ́ːrθənou, -nə/ *comb form*「処女」 [Gk (*parthenos* virgin)]

pártheno·càrpy *n* 〘植〙単為結実. ♦ **pàrtheno·cár·pic** *a* **-cár·pi·cal·ly** *adv*

pàrtheno·génesis *n* 〘生〙単為[処女]生殖, 単為発生; 処女受胎. ♦ **-genétic, -génic** *a* **-genétical·ly** *adv*

par·the·nog·e·none /pɑ̀ːrθənɑ́dʒənòun/ *n* 処女生殖可能な生物[人間], 単為生殖生物.

Par·the·non /pɑ́ːrθənɑ̀n, -nən/ パルテノン《アテナイの Acropolis 丘上にある, 女神 Athena の神殿》.

Par·the·no·pae·us /pὰːrθənoupíːəs/ 〘ギ神〙 パルテノパイオス《Atalanta の息子で, SEVEN AGAINST THEBES の一人》.
Par·then·o·pe /pɑːrθénəpi/ 〘ギ神〙 パルテノペー《海に身を投げたセイレーン (siren); 遺体は今の Naples の岸に打ち上げられたという》. ♦ **Pàr·then·o·pé·an** *a*
Par·the·nos /páːrθənɑ̀s/ パルテノス《Athena など女神名の前に付ける 'virgin' を意味する形容辞》. [Gk]
P **pártheno·spòre** *n* 〘生〙 単為胞子《接合を行なわないで単為生殖的に形成される胞子》.
par·the·note /páːrθənòut/ *n* 〘生〙 単為発生体《未受精卵から発生する個体; 初期の胚の段階までしか発達できない》. [*partheno*genesis+zy*gote*]
Par·thia /páːrθiə/ パルティア《西アジアの, 現在の北部イラン地方にあった古王国; 中国史上の「安息」》.
Pár·thi·an *a* **1** パルティア(人)の. **2**《パルティア人騎兵が退却するとき後ろ向きに矢を射たことから》別れ際に放つ: a ~ glance 別れの一瞥(いちべつ) / PARTHIAN SHOT [SHAFT]. ► *n* パルティア人; パルティア人の用いたペルシア語.
Párthian shót [**sháft**] 最後の一矢; 捨てぜりふ.
par·ti /pɑːrtíː/ *n* (*pl* **~s** /-(z)/)《結婚の》似合いの相手; 党派; 選択, 決断. [F]
par·tial /páːrʃ(ə)l/ *a* **1** 一部分の, 一局部の; 部分的な, 不完全な; 〘数〙 偏…; 〘植〙 次生の, 二次の: a ~ leaf 後生葉. **2** 不公平な, 偏頗(へんぱ)な; 〈…を〉えこひいきする 〈*to, toward*〉; 大好きな 〈*to*〉: ~ *to* melons メロンに目がない. ► *n* 〘楽〙 部分音 (=~ tone); 〘数〙 PARTIAL DERIVATIVE; 《口》 PARTIAL DENTURE. ► *vt* [ᵁ~ out]《統計上の相関で》〈関連する変数の影響を取り除く. ♦ **~·ness** *n* [OF<L (PART)]
pártial-bírth abòrtion 〘医〙 部分分娩中絶 (dilation and extraction).
pártial dénture 〘歯〙 部分(床)義歯[入れ歯].
pártial derívative 〘数〙 偏導関数.
pártial differéntial 〘数〙 偏微分.
pártial differéntial equátion 〘数〙 偏微分方程式《未知関数の偏導関数を含む微分方程式》.
pártial differentiátion 〘数〙 偏微分.
pártial eclípse 〘天〙 部分食 (cf. TOTAL ECLIPSE).
pártial fráction 〘数〙 部分分数.
par·tial·i·ty /pὰːrʃiǽləti, *pɑːrʃǽl-/ *n* **1** 部分的なこと, 局部性. **2** 偏頗; 不公平, えこひいき, 偏愛; 特別に好むこと (fondness): have a ~ *for* sweets 甘党である.
pártial·ly *adv* 部分的に, 一部分は; 《古》 不公平に, 偏見をもって, えこひいきして.
pártially órdered *a* 〘数〙 半順序の.
pártially síghted *a* 弱視の. ♦ **pártial síght** *n*
pártial préssure 〘理・化〙 分圧.
pártial próduct 〘数〙 部分積《数列の初項から第 *n* 項までの積》.
pártial reinfórcement 〘心〙 部分強化《期待どおりの反応をしても, ある場合には報酬を与えないでおく, イヌなどの訓練法》.
pártial súm 〘数〙 部分和《数列の初項から第 *n* 項までの和》.
pártial tòne 〘楽〙 部分音.
pártial vérdict 〘法〙 一部評決《罪名の一部について有罪と認めるもの》.
par·ti·ble /páːrtəb(ə)l/ *a* 〘主に法〙 分割[分離]できる. ♦ **pàr·ti·bíl·i·ty** *n*
par·tic /pərtík/ *a* ᴴ《俗》 好みがやかましい (particular).
par·ti·ceps cri·mi·nis /páːrtəsèps krímənəs/ 〘法〙 共犯者 (accomplice in crime). [L]
par·tic·i·pa·ble /pɑːrtísəpəb(ə)l, *pər-/ *a* 関与しうる, 共有しうる.
Par·tic·i·pAC·TION /pɑːrtìsəpǽkʃ(ə)n/ 〘カナダ〙 パーティシパクション《健康増進の奨励を目的とする非営利組織》. [*particip*ation+*action*]
par·tic·i·pance /pɑːrtísəpəns/, **-cy** *n* PARTICIPATION.
par·tic·i·pant *a* たずさわる, 共にする, 関係する 〈*of*〉. ► *n* 参加者, 参与者, 関係者, 協同者 〈*in*〉.
partícipant observátion 参加[参与]観察(法)《調査者自身が研究対象集団に参加しながらデータを収集する方法》. ♦ **partícipant obsérver** *n*
par·tic·i·pate /pɑːrtísəpèɪt, *pər-/ *vi* **1** あずかる, 関係する, 参加する 〈*in* sth, *with* sb〉. **2** 〈特性を〉いくぶん有する, 〈…の〉気味がある 〈*of*〉. ► *vt* 《古》 共にする 〈sth *with* sb〉. ♦ **par·tìc·i·pá·tion** *n* 参与, 関係, 参加 〈*in*〉; 〘哲〙 感応; 分配を受けること. **par·tíc·i·pà·tive** *a* **par·tíc·i·pà·tor** *n* [L (*particip- particeps* taking PART)]
par·tíc·i·pàt·ing insùrance 〘保〙 利益配当付き保険.
participátion·al *a* 観客[聴衆]参加の〈芝居・展示会〉.
participátion spòrt 参加する[やって楽しむ]スポーツ (cf. SPECTATOR SPORT).
par·tic·i·pa·to·ry /pɑːrtísəpətɔ̀ːri, pər-; pɑːtìsəpéɪt(ə)ri/ *a* (個人)参加(方式)の: ~ democracy 参加民主主義.
partícipatory théater 観客参加演劇.
par·ti·cip·i·al /pὰːrtəsípiəl/ 〘文法〙 *a* 分詞の. ► *n* 分詞形容詞; PARTICIPLE. ♦ **~·ly** *adv* 分詞として.
par·ti·ci·ple /páːrtəsìp(ə)l/ *n* 〘文法〙 分詞《略 p., part.》: PRESENT [PAST] PARTICIPLE. [OF *participe, participle*<L; ⇨ PARTICIPATE]
par·ti·cle /páːrtɪk(ə)l/ *n* **1 a** 粒子, 微粒子; 小片; 〘理〙 素粒子; 〘理〙 質点: ~*s* of dust 細かいほこり, 粉塵. **b** 極小量, みじん 〈*of*〉: There is not a ~ *of* doubt in his story. 彼の話には少しの疑いもない. **2** 〘文法〙 **a** 不変化詞, 小辞《語形変化のない冠詞・前置詞・接続詞・間投詞・副詞など》. **b** 小辞《明確な意味をもった接辞》(un-, out-, -ness, -ship など). **3** 〘カト〙 聖餅(せいへい)[ホスティア]の小片《聖杯に入れ聖体拝領に用いる》. **4** 《古》 文書の一節, 条項, 箇条. [L (dim) ‹ *pars* PART]
párticle accèlerator 〘原子物理〙 粒子加速器.
párticle bèam 〘理〙 粒子線, 粒子ビーム.
párticle-bèam wèapon 粒子ビーム兵器.
párticle·bòard *n* パーティクルボード《細かい木片を合成樹脂などで固めて造った建築用合板》.
párticle mòvement 〘変形文法〙 不変化詞移動 (PARTICLE SEPARATION).
párticle phỳsics (素)粒子物理学 (high-energy physics). ♦ **-phỳsicist** *n*
párticle separàtion 〘変形文法〙 不変化詞分離《句動詞を構成する不変化詞を目的語の後ろに移動する規則; たとえば put out the cat → put the cat out》.
párticle velòcity 〘理〙《媒質粒子などが音波で振動する瞬間の》粒子速度 (cf. GROUP VELOCITY, PHASE VELOCITY).
pár·ti-còlor /páːrti-/ *a* 雑色の, まだらの, ぶちの, 染め分けの; [*fig*] 多彩な, 波乱の多い. ► *n* 雑色, まだら.
párti-còlored, par·ty- /páːrti-/ *a* PARTI-COLOR.
par·tic·u·lar /pərtíkjələr/ *a* **1** 特にこの[その], 特定の, 特殊の (opp. *general*); 特別な, ほかにないほどの, 独特の; 〘論〙 特称的な (opp. *universal*) (cf. SINGULAR), 特殊的な (opp. *general*): in this ~ case この場合は(ほかと違って) / on that ~ day その日に限って / for no ~ reason これという理由もないのに / a ~ proposition 特称命題. **2 a** 詳細な: a full and ~ account 詳細な説明. **b** きちょうめんな; 好みがうるさい, 気むずかしい, こだわって 〈*about, over*〉: He's very ~ *about* food. 食べ物にとてもやかましい / Mr. *P*~ やかまし屋さん, おやかま氏 / I'm not ~. 《口》 何[どう]でもいいよ. **3** 個々の, 各自の, 〘法〙 部分不動産権(保有者)の; 《廃》 部分的な, 一部の; 《廃》 個人の, 個人的な. ► *n* **1 a** (…の)件, 事項, (…の)点, 箇条: exact in every ~ このうえなく正確な. **b** [*pl*] 詳細, 細目, 顛末, 明細書(類): give ~*s* 詳述する / go [enter] into ~*s* 詳細にわたる / take down sb's ~*s* 人の名前・住所などを書き留める. **c** 《古》《全体の》一部, 構成要素, 部分. **2** 特色; 〘論〙 特称(命題), 特殊; 名物: LONDON PARTICULAR. ● **in ~** 特に, とりわけ; 詳細に; 具体的には: no one *in* ~ 別にだれということもなく. [OF<L (PARTICLE)]
partícular affírmative 〘論〙 特称肯定《「若干の s は p である」たとえば「ある人間は正直である」という形式の命題; 記号 I; cf. PARTICULAR NEGATIVE》.
partícular áverage 〘海保〙 単独海損《略 PA》.
Partícular Báptist 《17–19 世紀の英国の》特定バプテスト《Calvin 的な特定主義 (particularism) を採った浸礼派》.
partícular·ìsm /, *pɑːr-/ *n* 地方[排他]主義, 自己(中心)主義; (連邦の)各州自主独立主義, 分邦主義; 〘社〙 個別主義《複雑な社会現象[組織]を単一の要因によって説明しようとする考え方; cf. UNIVERSALISM》, 〘神学〙 特定(神寵[贖罪])主義《神の恩寵または贖罪は特別の個人に限られるという説》. ♦ **-ist** *n, a* **par·tìc·u·lar·ís·tic** *a*
par·tic·u·lar·i·ty /pərtìkjəlǽrəti, *pɑːr-/ *n* **1 a** 特別, 独特; 特殊性; 私事, 内輪事; [ᵒ*pl*] 特殊事情. **b** 〘神学〙 特殊性《神は特定の時と場所と人物 (イエス) を選んで顕現したとの説》. **2** 詳細; 精密, 入念; [ᵒ*pl*] 詳細の事項. **3** 気むずかしさ, きちょうめん.
partícular·ìze /, *pɑːr-/ *vt, vi* 特殊化する; 詳細に述べる, 列挙する. ♦ **particular·izátion** *n*
Partícular Júdgment [the] 〘キ教〙 私(し)[個別]審判《人が死後直ちに受ける審判》.
partícular·ly /, *pɑːr-/ *adv* **1** 著しく, 格別に: Do you want to go?—No, not ~. きみは行きたいかね—いえ, 別に. **2**《他と比べて》特に; 詳しく: I ~ mentioned that point. 特にその点に触れた.
partícular négative 〘論〙 特称否定《「若干の s は p でない」たとえば「ある人間は正直でない」という形式の命題; 記号 O; cf. PARTICULAR AFFIRMATIVE》.
Partículars of Cláim *pl* 〘英法〙 訴訟明細読み上げ《州裁判所において, 原告が訴訟の根拠とそれに対する救済を求めて最初に読み上げる訴状》.
par·tic·u·late /pərtíkjələt, -lèɪt, *pɑːr-/ *a* (微)粒子 (particles) の[からなる], 粒状の. ► *n* 《特に 大気汚染源となる》微粒子.
partículate inhéritance 〘遺〙 粒子遺伝.
par·tie car·rée /*F* parti kare/《男女 2 人の》四人組. [F=square party]

párt·ing *n* **1** 別れ, 告別, 別離, 死去: on ～ 別れに臨んで. **2** 分割, 分離; 〘冶〙分金; ʺ頭髪の分け目 (part*); 分岐点, 分界, 分割線; 〘鉱〙裂開. ● **a [the] ～ of the ways** 分かれ道; 岐路, 訣別, 分裂. ▶ *a* **1** 去り行く, 暮れ行く; 別れの, 告別の; 最後の; 臨終の: the ～ day 夕暮れ / a ～ present [gift] 餞別 / drink a ～ cup 別れの杯を酌む / his ～ words 彼の臨終のことば. **2** 分ける, 分割する, 分離する.

párting shót PARTHIAN SHOT.

párting strìp 《上げ下げ窓の分銅の道の》仕切り板.

Par·ting·ton /pɑ́ːrtɪŋtən/ [Mrs *or* Dame] パーティントン夫人《Devon 州 Sidmouth が 1824 年の暴風雨で浸水したときモップで浸水と闘った女性》. ● **like Mrs ～ mopping up the Atlantic** 益ない努力を試みる.

par·ti pris /pɑ́ːrtìː príː/ (*pl* **par·tis pris** /-(z)/) 先入観, 先入主, 偏見. ▶ *a* 偏見をもった. [F=part taken]

Par·ti Qué·be·cois /*F* parti kebɛkwa/ 〘カナダ〙ケベック党《フランス系住民が 3/4 を占める Quebec 州の分離独立を要求する政党》.

par·ti·san[1], **-zan** /pɑ́ːrtəzən, -sən; pɑ̀ːtɪzǽn, ─ ─ ─/ *n* **1** 徒党, 一味の者; 狂信的支持者[党員]. **2** 別働兵, 遊撃兵; ゲリラ隊員, パルチザン. ▶ *a* **1** 党派心の強い, 偏向した: a ～ spirit 党派心, 党派根性. **2** 別働[遊撃]隊の; ゲリラ隊員の, パルチザンの. ♦ **～·ism, ～·ship** *n* 党派性, 党派心, 党人根性, 閥. **～·ly** *adv* [F <OIt (*parte* faction < PART)]

par·ti·san[2], **-zan** /pɑ́ːrtəzən/ *n* 〘史〙長矛(ほこ). [F<It=halberd; ⇨ PART]

par·ti·ta /pɑːrtíːtə/ *n* (*pl* **～s, -te** /-teɪ/) 〘楽〙パルティータ (17–18 世紀に用いられた組曲, または一連の変奏曲). [It]

par·tite /pɑ́ːrtàɪt/ *a* [ᵘ*compd*] …に分かれた; 〘植〙深裂した〈葉〉. [L *partit- partior* to divide]

par·ti·tion /pɑːrtíʃ(ə)n, pər-/ *n* **1** 仕切ること, 分割; 〘法〙共有物分割; 〘政〙《国家の》分割; 〘数〙分割; 仕切り, 間仕切り, 隔壁 (=～ wall) 《通例 天井を支えない》, 《可動の》衝立(ついたて); 仕切り間(ま). **2** 《分割された》部分; 〘電算〙パーティション《メモリー・ディスクなどの領域を論理的に分割し, 独立して使用できるようにした部分の一つ》; 〘修〙《古典的弁論形式における》第二段《中心となる考えを発表する》. **3** 〘化〙《相接する二液体間への溶質の》分配. ▶ *vt* 〈部屋などを〉仕切る 〈*off*〉; 分割する. ♦ **～ed** *a* **～·er** *n* [OF<L (PARTITE)]

partítion coeffìcient 〘化〙分配係数《2 つの相接する液体に溶質をとかして分配が平衡に達したときの両者の濃度の比》.

partítion·ist *n* 分割主義者.

partítion lìne 〘紋〙《盾の紋章の》仕切り線 (=*boundary line*).

par·ti·tive /pɑ́ːrtətɪv/ *a* 区分の, 区分する; 〘文法〙部分を示す. ▶ *n* 〘文法〙部分詞. ♦ **～·ly** *adv*

pártitive génitive 〘文法〙部分属格.

partizan ⇨ PARTISAN[1,2].

part·let[1] /pɑ́ːrtlət/ *n* パートレット《16 世紀に流行した婦人用の襟付き胸飾り》. [変形 < ME *patelet* <OF]

partlet[2] *n* 《古》めんどり, [ᴼDame P-] 《固有名詞として》めんどりさん. [OF *Pertelote*]

párt·ly *adv* 部分的に, 一部分は, 少しは, いくぶんか, ある程度までは.

párt mùsic 〘楽〙和声的楽曲.

part·ner /pɑ́ːrtnər/ *n* **1 a** 配偶者, 伴侶《夫, 妻》; 同棲相手, 恋人; 《ダンス・食事などの》相手, 《ゲームなどの》相棒, パートナー; [男性から男性への呼びかけ] 《古風・方》きみ, あんた; 仲間, 同僚, 協力者 〈*with* sb, *in* [*of*] sth〉; 《古》共に分かち合う人: sb's ～ in crime [ᴼ*joc*] 共犯者, 悪友 / TRADING PARTNER. **b** 〘法〙(出資)組合員, 社員; 共同経営[出資](者) 〈*in*〉: an acting [an active, a working] ～ 勤務社員 / GENERAL [SILENT, SLEEPING, LIMITED] PARTNER. **2** [*pl*] 〘海〙《マストなどの通る甲板の穴の》補強枠. ▶ *vt* 組ませる, 仲間にする 〈*up* [*off*] *with*〉; …と組む, …の組合員[社員, パートナー]である, …と組んで踊る. ▶ *vi* 組む, partner をつとめる 〈*up* [*off*] *with*〉. ♦ **～·less** *a* [変形 < *parcener*; 語形は *part* にならったもの]

pártners(') [**pártnership**] **dèsk** 対面共用机《足もとの空間が共通で, 双方にひきだしがあるような, 2 人が向かい合って使える机》.

pártner·shìp *n* **1 a** 共同, 協力, 提携 〈*between*〉; 組合営業. **b** 〘法〙組合(契約); 合名会社, パートナーシップ: GENERAL [LIMITED] PARTNERSHIP / go [enter] into ～ with…と提携する, 共同経営者になる/ take sb into ～ 人を共同経営者にする. **2** 〘クリケット〙パートナーシップ (=stand) 《2 人の打者のいずれかがアウトになるまでの間; その間の得点に関連して使う語》. ● **in ～ with**…と合名[合資]で; …と協力して.

part·oc·ra·cy /pɑːrtɑ́krəsi/ *n* 〘政〙一党制, 一党政治, 一党独裁[支配], 一党政体.

párt-òff *n* 《カリブ》《食堂などの》間仕切り.

párt of spéech 〘文法〙品詞.

par·ton /pɑ́ːrtɑ̀n/ *n* 〘理〙パートン《核子の構成要素とされた粒子; 現在の理論の quark, gluon に当たる》.

Par·ton /pɑ́ːrtn/ パートン **Dolly** (**Rebecca**) ～ (1946–) 《米国のカントリー・アンド・ウェスタン歌手・女優》.

partook *v* PARTAKE の過去形.

párt-ówn *vt* 共同所有する.

párt òwner 〘法〙共同所有者, 《特に》船舶共有者.

par·tridge /pɑ́ːrtrɪdʒ/ *n* **1** (*pl* **～, ～s**) 〘鳥〙**a** シャコ(鷓鴣)類《ヨーロッパヤマウズラ・アカアシシャコの類の猟鳥; 旧世界産》. **b** *《南部・中部》コリンウズラ (bobwhite) 《北米産》. **c** 《ニューイング》エリマキライチョウ (ruffed grouse). **d** シギダチョウ (tinamou). **2** PARTRIDGEWOOD. **3** 黄褐色. ♦ **～·lìke** *a* [OF *perdriz*, <Gk *perdic- perdix*; *-dge* は cf. CABBAGE]

Partridge パートリッジ **Eric** (**Honeywood**) ～ (1894–1979) 《ニュージーランド生まれの英国の辞書編集者・著述家; *A Dictionary of Slang and Unconventional English* (1937, 8th ed. 1984)》.

pártridge·bèrry *n* 〘植〙**a** ツルアリドオシの近縁種 (=*boxberry*, *twinberry*) 《北米原産アカネ科の匍匐する常緑の多年草; 赤い果実をつける》. **b** ヒメコウジ (wintergreen).

pártridge·wòod *n* 《熱帯アメリカ産マメ科アンジラノキからとる》斑(ふ)入りの赤い堅材《家具・ステッキ用》.

párt-sìng·ing *n* 〘楽〙重唱(法).

párt-sòng *n* 合唱曲《四部で無伴奏のものが多い》.

párt-tìme *a* パートタイムの, 非常勤の, アルバイトの, 定時制の (cf. FULL-TIME): a ～ teacher 時間[非常勤]講師 / a ～ high school 定時制高等学校 / on a ～ basis 時間給[時給]で. ▶ /─ ─/ *adv* パートタイム[非常勤, 定時制学校の生徒]で〈働くなど〉. ♦ **párt-tímer** *n* パートタイマー, アルバイト労働者, バイト; 定時制学校の生徒.

párt tíme 全時間 (full time) の一部, パートタイム.

par·tu·ri·ent /pɑːrt(j)ʊ́riənt; -tjʊ́ə-/ *a* **1** 子を産む, 分娩[出産]の; 臨月の; 分娩に関する. **2** 〈思想・文学作品などを〉包蔵した, 産み出そう[発表しよう]としている. ♦ **-en·cy** *n* [L (*part- pario* to bring forth)]

par·tu·ri·fa·cient /pɑːrt(j)ʊ̀rəféɪʃ(ə)nt; -tjʊ̀ə-/ 〘医〙*a* 分娩を促進する. ▶ *n* 分娩促進薬.

par·tu·ri·tion /pɑ̀ːrtəríʃ(ə)n, -ʧə-, -tjʊ-; -tjʊə-/ *n* 分娩.

par·tu·ri·unt mon·tes, nas·ce·tur ri·di·cu·lus mus /pɑːrtʊ́riʊ̀nt mɔ́ːntèɪs nɑːskéɪtʊ̀r rɪdíkulʊ̀s múːs/ 大山鳴動してネズミ一匹. [L]

párt·wáy *adv* 途中で; ある程度まで, いくぶん, 一部分.

párt·wòrkʺ *n* 分冊形式で配本される出版物.

párt wrìting 〘楽〙各声部の進行に配慮した作曲, 《特に》対位法.

par·ty[1] /pɑ́ːrti/ *n* **1 a** 《社交上の》会, 集まり, パーティー 〈*for*〉: give [have, hold, throw] a ～ 会を催す / make up a ～ 集まって会をやる / a card ～ トランプ会. **b** *《俗》《ひとしきりの》セックス, ネッキング (: have ～); *《俗》底抜け[どんちゃん]騒ぎ; ʺ《軍俗》交戦, 戦闘, 作戦, ドンパチ. **2 a** 一行, 連中, 仲間; 味方, 側; 一味, 共犯者 〈*to*〉; 〘軍〙分遣隊, 部隊. **b** 〘法〙当事者, 相手方; 《一般に》関係者, 当事者 〈*to*〉: ～ interested [concerned] 〘法〙利害関係人, 訴訟関係者 / be (a) ～ *to*…に関係する, …の当事者である / THIRD PARTY. **3 a** 派, 党派, 政党; [the P-] 《特に》共産党: ～ government 政党政治 / a ～ government 政党内閣. **b** 派閥, 党派心. **4** 《口》[*joc*] (問題の)人: an old ～ 老人 / He's quite a crafty old ～. なかなか食えないおやじだ. ● **make one's ～ good** 自己の主張を通す[立場をよくする]. **P～ on!** *《俗》そうそう, そのとおり, 言えてる. **The ～'s over.** 《口》お楽しみはおしまい. ▶ *a* **1** [*pred*] 〈…と〉関係する, 関与する 〈*to*〉. **2** [*attrib*] 共有[共用]の: a ～ verdict 共同意見[答申]. **3** 政党の, 党派(心)の. **4** パーティーにふさわしい; 社交好きの, 社交かぶれの. ▶ *vi* *《口》パーティーへ出かける[を催す]; *《俗》はめをはずして遊ぶ, 底抜け騒ぎをする, (仲間と)酒を飲む[クスリをやる], 楽しくやる. ▶ *vt* *《俗》パーティーでもてなす. [OF<Romanic (to PART)]

party[2] *a* 〘紋〙〈紋地が〉2 つに分かれた, 二分の. [OF<L (to PART)]

párty ànimal 《俗》パーティー大好き人間, パーティー好き.

párty bòwl *《俗》回し飲みが可能な大きいマリファナパイプ.

párty bòy *《俗》遊び暮らす男子学生.

party-colored ⇨ PARTI-COLORED.

párty fàvor* [ᵘ*pl*] **1** パーティーの景品《子供に与える紙の帽子・おもちゃなど》. **2** *《俗》違法薬物.

párty gàme パーティーで行なわれるゲーム.

párty gìrl 《パーティーなどで》客の接待に雇われる女, 《特に》売春婦; *《俗》パーティーに出たりして遊び暮らす女子学生.

párty·gò·er *n* パーティー好き.

párty hàt 《パーティー用の》紙の(とんがり)帽子; *《俗》《パトカー・救急車のルーフ上の》警光灯, 赤灯(あかとう); *《俗》コンドーム, ゴム.

párty-hèarty *vi* *《俗》大いに楽しむ, 陽気にやる.

párty·ism *n* 党派心; [ᴼ*compd*] …政党主義: one-～ 一政党主義. ♦ **-ist** *n*

párty lìne **1** 〘電話〙おしゃべり電話 (=*party wire*) 《同時に多人数で話せる》. **2** 《隣接地との》境界線. **3** /─ ─/ 《政党の》公表政策線, 政治路線; [ᵘthe] 共産党の政策, 党綱領, 党路線: follow [toe] *the* ～ (*on*). ♦ **párty-líner** *n* 《特に 共産党の》党政策[党路線]に忠実な人; おしゃべり電話参加者.

párty lìst 《比例代表制選挙の》政党名簿: the ～ system 名簿方式《個々の候補者ではなく政党に投票する選挙方法; list system ともいう》.

párty màn 党人, 政党の忠実な支持者.
párty pìece [one's] 得意の出し物, 持ち歌, 宴会芸, おはこ.
párty polítical *a* 党派政治の. ► *n* 政見放送 (=**párty polìtical bróadcast**).
párty pólitics 党のための政治(行動), 党派政治, 党略.
párty pòop(er) 《俗》 座をしらけさせる[ノリの悪い]やつ (killjoy, spoilsport, wet blanket). ♦ **párty-pòop·ing** *n*
párty pòpper 《ひもを引いてパンと破裂させる》クラッカー.
párty spírit 党派心, 愛党心; パーティー熱[のノリ], お祭り気分.
párty wáll 〔法〕界壁, 《隣地との》共有壁.
párty whíp 〔議会〕院内幹事.
párty wìre 〔電話〕PARTY LINE.
pár·u·la wàrbler /pǽr(j)ələ-/ 〔鳥〕アサギアメリカムシクイ《北米産》.
pa·ru·lis /pərú:ləs/ *n* (*pl* **-li·des** /-lədì:z/) GUMBOIL.
pa·rure /pərúər/ *n* 《身に着ける》ひとそろいの宝石[装身具].
parv·albúmin /pà:rv-/ *n* 〔生化〕パルブアルブミン《脊椎動物の筋肉に分布するカルシウム結合タンパク質》.
pár válue 《証券などの》額面価格 (face value).
Par·va·ti /pá:rvəti/ 〔ヒンドゥー教〕パールヴァティー (Devi)《Siva の配偶神》.
parve ⇨ PAREVE.
par·ve·nu /pá:rvən(j)ù:/ *n* (*fem* **-nue** /—/) 成金; 成り上がり者 (upstart). ► *a* 成り上がり者の; 成金式[風]の. [F (pp)<*parvenir* to arrive<L (*venio* to come)]
par·vi·fóliate, -fólious /pà:rvə-/ *a* 〔植〕《茎に比して》葉が小さい.
par·vis, -vise /pá:rvəs/ *n* 教会[寺院]の前庭[玄関]; 《教会入口前の》柱廊; 柱廊二階《教会入口の上にある部屋》. [OF<L PARADISE; 中世ローマの St. Peter's 大聖堂前広場を指した]
par·vo /pá:rvou/ *n* (*pl* ~**s**) PARVOVIRUS.
par·vo·line /pá:rvəlì:n, -lən/ *n* 〔化〕パルボリン《腐肉・コールタールなどに存在する》.
par·vo·vírus /pà:rvou-/ *n* パルボウイルス《一本鎖 DNA からなる小型球形ウイルス; ほとんどの種が宿主特異的で, 脊椎動物に感染する》; 〔獣医〕パルボウイルス腸炎[感染症]《パルボウイルスによるイヌの伝染性腸炎; 嘔吐が起こり, 高熱を発し, 出血を伴う下痢が続く》.
par·y·lene /pǽrəlì:n/ *n* 〔化〕パリレン《パラキシレンから導かれるプラスチック》.
Par·zi·val /*G* pártsifal/ 〔ドイツ伝説〕パルツィファル《聖杯伝説の騎士; 中世ドイツの宮廷詩人 Wolfram von Eschenbach の叙事詩》. [G<OF=he who breaks through valley]
pas /pá:/ *n* (*pl* ~ /-z/) 優先権, 上席; 舞踏[バレエ]のステップ; 舞踏: give the ~ to…に上席を譲る / take [have] the ~ of…の上席に着く, …に先んずる. [F=step]
PAS para-aminosalicylic acid パラアミノサリチル酸, パス《結核治療薬》♦ POWER-ASSISTED steering.
Pas·a·de·na /pæ̀sədí:nə/ パサデナ《California 州南西部 Los Angeles の東にある市; cf. ROSE BOWL》. ♦ **Pàs·a·dé·nan** *n*
Pa·sar·ga·dae /pəsá:rgədì:/ パサルガダエ《Persepolis の北東にある, アケメネス朝ペルシアの古代遺跡; Cyrus 大王が建設したもの》.
Pa·say /pá:sàı/ パサイ《フィリピンの Luzon 島中部 Manila の南にある市; 別称 Rizal》.
pas·cal /pæskǽl/ *n* **1** 〔理〕パスカル《圧力の SI 組立単位: = 1 newton/m², =10 μ bar; 記号 Pa, Pas., pas》. **2** [P- or PASCAL] 〔電算〕パスカル《Algol の流れを汲むプログラム言語》. [↓]
Pascal パスカル **Blaise** ~ (1623–62)《フランスの数学者・物理学者・哲学者; *Pensées* (1670)》. ♦ **~·ian** *a*
Pascál's tríangle 〔数〕《二項係数を順次積み重ねた》パスカルの三角形.
Pascál's wáger 〔哲〕パスカルの賭け《*Pensées* の中で, 神を信じるか信じないか, 理性的証明には限界があるから信じるほうに賭けても失うものはなく, 信じないほうに賭ければ, 永遠の生命がもしあるとすれば, 失うものは大きいと主張した》.
Pasch /pǽsk; pá:sk/, **Pas·cha** /pǽskə; pá:skə/ *n* 過越し (PASSOVER); 復活祭 (EASTER). [L<Gk<Aram]
pas·chal /pǽsk(ə)l, pá:s-/ *a* [ᴾP-]《ユダヤ人の》過越し (Passover) の; 復活祭 (Easter) の. [OF (↑)]
páschal flòwer 〔植〕PASQUEFLOWER.
páschal fúll móon 《教会暦で》過越しの満月《3 月 21 日(以後)の太陰月の 14 日目》.
páschal lámb [ᴾP-] 過越しの小羊《過越しの祭の時にいけにえとして食べる子羊》; [P- L-] 神の小羊 (LAMB of God); 神の小羊の像 (Agnus Dei).
Pas·cua /pá:skwə/ ■ **Is·la de ~** /í:zla: də-/ パスクア島《EASTER ISLAND のスペイン語名》.
pas·cu·al /pǽskjuəl/ *a* 牧草地に生える.
pas de basque /pá: də bǽsk/ (*pl* ~) 〔バレエ〕パ・ド・バスク《片足を横に振って跳び, 他方の足をそれに振りあてるステップで, 横移動の技の一つ》. [F=Basque step]
pas de bour·rée /pá: də buréı/ (*pl* ~, ~**s** /-(z)/) 〔バレエ〕パ・ド・ブーレ《つまさき立ちで小刻みに横に走る[歩く]ステップ》. [F=bourrée step]
Pas-de-Ca·lais /*F* pad(ə)kalɛ/ パ-ド-カレ《フランス北部 Nord-Pas-de-Calais 地域圏の県; ☆Arras; Dover 海峡 (Pas de Calais) に臨む》.
pas de chat /pá: də ʃá:/ (*pl* ~) 〔バレエ〕パ・ド・シャ《猫のような前方への跳躍》. [F=cat's step]
pas de deux /pá: də dá:, -dú:/ (*pl* ~) 〔バレエ〕対舞, 二人舞踏, パ・ド・ドゥ (cf. DUET); [*fig*]《二者間の》複雑な関係, もつれ合い, からみ. [F=step for two]
pas de qua·tre /pá: də kǽt(rə)/ (*pl* ~) 〔バレエ〕四人舞踏, パ・ド・カトル. [F=step for four]
pas de trois /pá: də trwá:, -trəwá:/ (*pl* ~ /-z/) 〔バレエ〕三人舞踏, パ・ド・トロア. [F=step for three]
pas du tout /*F* pa dy tu/ 全然[少しも]…でない.
pa·se /pá:seı/ *n* 〔闘牛〕パセ《赤い布で牛をあしらう技》.
pa·seo /pa:séıou/ *n* (*pl* **-se·os**) (晩の)散策; 公道, 広い並木路; 《闘牛士入場の》入場行進(曲). [Sp]
pas glissé /—́ —́/ 〔バレエ〕GLISSÉ.
pash¹ /pǽʃ/ 《俗》 *n* 《少女めいた》熱中, お熱 ‹*for*›; 熱を上げている対象, アイドル: have a ~ *for* ‹先生など›に夢中になっている. ► *vi* 《豪》 激しく愛撫する. [*passion*]
pash² 《方》 *n* 激しく打つこと, ドシン[ドスン]と落ちること. ► *vt* 投げ[たたき]つける (smash). ► *vi* ‹雨・波が›激しく降る, たたきつける. [ME *passhen* to throw with violence]
pash³ *n* 《方》 頭 (head). [C17<?]
pa·sha, -cha /pá:ʃə, pǽʃə, pəʃá:/ *n* [ᴼP-]《昔のトルコ・エジプトの》州知事, 軍司令官, パシャ《称号として名前のあとに付けた》. [Turk (*baş* head, chief)]
pa·sha·lic, -cha·lic, -lik /pəʃá:lık, pá:ʃəlık/ *n* PASHA の管区[管轄権].
pash·ka /pǽʃkə/ *n* パスハ《復活祭の時に食べるチーズ・クリーム・アーモンドなどのはいったロシア風デザート》.
pashm /pʌ́ʃəm/ *n* パシム《チベット産ヤギの下毛; ショールを作る》. [Pers]
pash·mi·na /pʌ̀ʃmí:nə/ *n* パシュミナ《高級カシミヤ織物》; パシュミナショール. [Pers]
Pash·to /pʌ́ʃtou/, **-tu** /-tu/ *n* パシュトー語 (=*Afghan*)《パシュトゥーン族 (Pashtuns) の言語; 印欧語族イラン語派に属し, アフガニスタンの公用語の一つ》. [Pers]
Pash·tun /pʌ̀ʃtú:n/ *n* (*pl* ~**s**, ~) パシュトゥーン族 (=*Pathan*)《アフガニスタン東部・南部とパキスタン北西部に住む, アーリア系で, スンニー派のイスラム教徒》.
Pa·šić /pá:ʃıʧ/ パシッチ **Nicola** ~ (1845–1926)《セルビア・ユーゴスラヴィアの政治家; 1891 年よりセルビア王国首相を 5 度; セルビア人・クロアチア人・スロヴェニア人王国首相 (1921–24, 24–26)》.
Pa·sig /pá:sıg/ [the] パシグ川《フィリピンの Luzon 島中央部を北北西に流れ Manila 湾へ注ぐ》.
Pa·sio·na·ria /pà:sjouná:ria:/ **La** /la:/ ~ ラ・パシオナリア (1895–1989)《スペインの女性政治家・共産党指導者; 本名 Dolores Ibarruri》.
Pa·siph·aë /pəsífəì:/ 〔ギ神〕パーシパエー《Minos の妻; 牡牛と交わって Minotaur を生んだ》.
pa·so do·ble /pá:sou dóubleı, pǽsou-/ (*pl* ~**s** /-z/) パソ・ドブレ《**1)** 闘牛士の入場時などに奏される活発な行進曲 **2)** これによるラテンアメリカのツーステップの踊り》. [Sp=double step]
Pa·so·li·ni /pà:zoulí:ni/ パゾリーニ **Pier Paolo** ~ (1922–75)《イタリアの映画監督》.
pas op /pá:s ὰp/ *int* 《南ア》 気をつけろ.
pas·pa·lum /pǽspələm/ *n* 〔植〕イネ科スズメノヒエ属 (*P*-) の各種の一年草・多年草《南米原産の丈夫な牧草; 豪州でも広く利用されている》. [NL<Gk *paspalos* millet]
pásque·flòwer /pǽsk-/ *n* 〔植〕(セイヨウ)オキナグサ. [F *passe-fleur*; 語形は *pasque*=*pasch* Easter に同化]
pas·quil /pǽskwəl/ *n* PASQUINADE.
pas·quin·ade /pæ̀skwənéıd/ *n* 落首 (lampoon); 諷刺, 皮肉 (satire). ► *vt* 諷刺で攻撃する, 皮肉る. [It (*Pasquino* ローマにある像で, 年に一度落首などを貼る)]
pass /pǽs; pá:s/ *vi* **1 a** 通る, 進む, 通行する, 過ぎる, 通過する ‹*along, through*, etc.›; ‹車などが›追越しをする; ‹時が›経つ, 経過する: Please ~ on. どうぞお通りください / No ~*ing*. *追越し禁止《道路標識》. **b** 移る, 変化する, 変形する, ‹…と›なる ‹*to, into*›; 〔空〕亜音速から超音速に移る: purple ~*ing into* pink ピンクに移ってゆく紫 / ~ *into* a deep sleep 深い眠りにはいる / ~ *into* a proverb ことわざになる. **2** (しだいに)消失[消滅]する ‹*from*›; やむ, 終わる; 死ぬ; 《口》 気絶する: The storm ~*ed*. あらしは去った. **3** ‹事が›起こる, ‹ことば・視線が›交わされる; 実施される: Nothing ~*ed* between us. わたしたちの間には何事も起こらなかった. **4 a** 合格[及第]する; ‹議案などが›通過する: It will ~. 合格だ, それでよし. **b** 通用する (be current); ‹…と›みなされる, 認められる, ‹…として›通る ‹*as, for*›; *‹黒人の血を引く人が›白人として通る; 大目に見られる, 気づかれない (⇨ let…PASS); *なんとか役に立つ[通用する]. **5 a** 〈財産などが〉渡る 〈*to, into*〉; 《順序・権利などによって当然》帰属する 〈*to*〉; 渡る, 広まる, 伝わる. **b** 〘サッカー・アイスホッケーなど〙ボール[パック]を渡す, パスする 〈*off*〉. **6 a** 〈判決が〉下される 〈*for, against*〉, 〈意見などが〉述べられる, 〈鑑定が〉下される. **b** 〈陪審員が〉審理に立ち会う, 意見を述べる, 〈法廷が〉判決を下す 〈*on*〉. **7 a** 〘トランプ〙パスする《棄権して次の番へまわす》, 下りる; 《試験・クイズなどで》回答しない, パスする 〈*on* a question〉; «口» 《質問に対して》パスします, わかりません; *«口» 《穏やかに》断わる, 辞退する 〈*on doing*〉. **b** 〘医〙排便する. **c** «古» 〘フェン〙突きを入れる 〈*on*〉.

► *vt* **1 a** 通り過ぎる, 通り越す; 通り抜ける, 越える, 横切る; 〈車が〉追い越す; 《テニスで》〈相手〉のわきを抜く. **b** 通す 〈*through*〉, 通過させる; 〈軍隊などを〉行進して通らせる; 〘野〙《四球で》〈打者を〉歩かせる. **2** 〈時を〉過ごす, 〈日を〉送る, 暮らす; 経験する: ~ (the) time ひまをつぶす. **3** 動かす, 〈手を〉やる, なでる: ~ one's hand over one's face 手で顔をなでる / ~ one's eye over…にざっと[さっと]目を通す. **4 a** …に合格[及第]する; 〈法案が議会を〉通過する. **b** 〈議案を〉承認する, 可決する; 〈試験官が受験者を〉合格とする; 大目に見る, 見のがす. **5 a** (手)渡す, 引き渡す, 〈財産などを〉譲る, 《食卓などで》〈物を〉回す 〈*along, forward*〉; 運搬する, 輸送する; 流通[通用]させる; 〈情報を〉警察[敵など]に流す; 〈にせ金を〉使う, 〈不渡り小切手を〉うまく換金する; 〘球技〙〈ボール・パックを〉送る, パスする 〈*off*〉: *P~* me the salt, please. [will you?] 塩を回していただけませんか. **b** 〈情報・命令などを〉送る, 伝える; 〈判決を〉宣告する, 〈判断を〉下す 〈*on*〉, 〈意見を〉述べる 〈*on*〉, 〈ことばを〉発する; 誓う: ~ (a) comment *on* [*about*]…について論評する / ~ a remark 批評する 〈*about*〉; 話す, 言う 〈*about*〉 / ~ remarks 当事者の前で個人的なことを言う, 悪口を言う / ~ one's word 誓う. **6** 超える, 〈ある数値を〉超過する, …にまさる: It *~es* belief. それは信じられない / ~ one's understanding [comprehension] 人の理解を超えている. **7** 飛ばす, 省く, 支払わない; 拒絶する, はねつける, 無視する: ~ a dividend *配当を一回抜かす, 無配にする. **8** 排泄する: ~ water (on the road) (立ち)小便をする. **9** 《手品で》すり替える.

● **let…~** …を見のがす, 不問にする: He made some rude remarks, but *let it ~*. 彼は少々無礼なことを言ったがそれは聞かなかったことにしよう. **~ along** バスの中ほどへはいる, 奥へ詰める《バスの車掌がつかう》; 〈伝言などを〉伝える. **~ around** 〈物を〉次々に回す. **~ away** (*vi*) 消え去る, 消滅する; 終わる; 〈人が〉亡くなる, 逝く; 〈時が〉過ぎ去る; すたれる: the heavens shall ~ *away* with a great noise 天は激しい音をたてながら消えうせるだろう《*2 Pet* 3:10》. (*vt*) 〈時を〉過ごす; 譲渡する. **~ back** (人に手渡して)〈物を〉戻す 〈*to*〉. **~ by** (*vi*) 素通りする, 〈時が〉過ぎ去る. (*vt*) 大目に見る; …の名で通る; …を素通りする; 〈事が〉〈人〉の前を素通りする, 〈人〉に気づかれない(で終わる); 見落とす, 知らないふりをする (ignore); 〈難問などを〉飛ばす, 避ける: He felt as if life was *~ing* him *by*. 人生がいたずらに過ぎて行くように感じた. **~ by on the other side** 道の向こう側を通り過ぎる; 人を助けない, 同情[情け]をかけない《*Luke* 10: 31》. **~ by [under] the name of**…という名で通る, と呼ばれている. **~ down** (次々に)回す, 渡す; 代々伝える (hand down); 遺贈する 〈*to*〉; PASS along. **~ for…** ⇨ *vi*; *«俗» …の勘定をもつ, おごる. **~ forward** 〘ラグビー〙前方にパスする《反則》. **~ from among**…の仲間から抜ける; …を残して死ぬ. **~ go (with…)** *«俗» (困難[危険]なことを)うまくやり遂げる, やり通す《卓上ゲーム Monopoly の用語から》. **~ in** 〈答案・宿題などを〉提出する. **~ in** REVIEW. **~ into…** ⇨ *vi*; …への試験に合格する. **~ off (1)** (*vi*) 〈感情などが〉しだいに消えていく; 〈物質が〉ガス[蒸気]になって噴き出る; ᵘ〈行動などが〉経過する, 終わる: The meeting of the strikers *~ed off* quietly. **(2)** (*vt*) 〈にせものなどを人に〉つかませる 〈*on* [*to*] sb; *as*〉; 〈…で〉通す: He *~ed himself off as* a doctor. 医者になりすました. **(3)** (*vt*) 〈その場を〉つくろう, 言い紛らす, 取るに足らないこととする: ~ *off* an awkward situation. **(4)** (*vt*) 〈物質を〉ガス[蒸気]として噴出する. **~ on** (*vi*) 通り過ぎる, 進む; 〈次に〉移る 〈*to*〉; 〈財産など〉人手に渡る 〈*to*〉; 〈人が〉亡くなる; 時間が経つ. (*vt*) 次へ回す, 伝える; 譲る; 遺贈する 〈*to*〉; 〈病気などを〉うつす, 遺伝させる; 〈値下げ分・値上げ分などを〉回す, 転嫁する 〈*to*〉; 〈依頼人などを〉〈別人に〉差し向ける, 照会させる 〈*to*〉; 〈警告・提案などを〉放置[無視]する; 欺く: *P~* it *on to* your neighbor. お隣の方にお回しください. **~ on**…に判断を下す; …を承認する (cf. *vi* 6b). **~ out** 出て行く, 去る; [*fig*] 死ぬ; «口» 意識を失う, 酔いつぶれる; 分かつ, 配る 〈*to*〉; 〘トランプ〙〈ブリッジの勝負を〉流す, ノーゲームとする; ᵘ陸軍士官学校[警察学校]を卒業する[させる]. **~ out cold** *«俗» 酔いつぶれる (pass out). **~ over** 横切る, 通り越す; 経過する; 亡くなる; 〈ハープなどを〉かき鳴らす; 〈時日を〉過ごす; 引き渡す, 譲る; 目を通す, ざっと振り返って見る; 略す, 省く; 除外する, [ᵒ*pass*] 〈人を〉〈昇任などで〉候補からはずす 〈*for*〉; 無視する, 避けて通る; 大目に見る, 見のがす; 見落とす; *«口» 〈黒人の血を引く人が〉白人として通る. **~ round** = PASS around. **~ one's lips** 〈ことばなどが〉口をついて出る; 〈食べ物などが〉口へはいる. **~ the chair** 〈議長・市長などの〉椅子を去る, 任期を完了する. **~ the** HAT. **~ the** TIME OF DAY. **~ the word** 命令を伝える. **~ through** (*vi*) 通り抜ける[過ぎる, かかる], (途中で)(〈ある場所〉に)一時留まる; 〈学校〉の課程を修了する; 経験する. (*vt*) 突き通す. **~ up** 〈機会などを〉のがす, 〈申し出などを〉断わる, 辞退する; 無視[除外]する; *…のそばを通り過ごす. **They shall not ~.** やつらを通すな, 通してなるものか《抵抗運動などのスローガン; フランスの Pétain 元帥が 1916 年 Verdun 防衛時に言ったとされる 'Ils ne passeront pas.' より》.

► *n* **1 a** 通行, 通過 (passage); 〘空〙上空飛行, 急降下飛行; 〘機〙一工程, サイクル, パス《圧延ロールを材料が 1 回通過することなど》; 〘電算〙パス《データ全体・プログラムを一度通して処理すること》; 《ある過程における》段階, 情報処理の工程. **b** 《試験の》合格 〈*in*〉, 〘英大学〙《優等 (honours) でない》普通及第; 合格証[証明]. **c** 〘野〙四球 (base on balls); 〘球技〙送球, パス(されたボール[パック]); 〘テニス〙パス, パッシングショット; 〘フェン〙突き (thrust); 《クラップスで》勝ちを決めるダイスのひと振り; 〘トランプ〙パス《棄権して次の人に回すこと》; *«俗» 断わること, 辞退: I'll take a ~ *on* that one. それはパスだ. **d** *«俗» 麻薬を買い取る[売り渡す]こと, 薬の売買. **e** 《奇術師・催眠術師の》手の動き, 按手; 手品, ごまかし. **2** [ᵘfree ~] パス, 無料乗車券 〈*on, over* a railroad etc.〉; 定期(乗車)券; 旅券; 通行[入場]許可証 〈*to*〉; 〘軍〙出入許可証, (臨時)外出許可証; 〘南ア〙PASSBOOK: a ~ check 入場券, 再入場券. **3** 道, 山道; 峠, …越え; 〘軍〙要害地, 関門; 水路, 河口, 水道; 渡し; 渡渉点 (ford); 横道, 小路; 《簗(やな)の上に設けてある》魚道. **4** ありさま, 形勢; 危機, はめ (crisis): at a fine ~ とんだ事になって / come to [reach] a pretty [nice, fine, sad] ~ 大変な[困った]事になる / That is a pretty ~. それは困ったことだ. **5** 試み, 努力; «口» 言い寄ること, モーション; «古» 気のきいた発言. **6** *«俗» 旅客列車. **7** 〘闘牛〙PASE. ● **bring…to ~** …をなし遂げる; «文» …をひき起こす. **come to ~** «文» 〈事が〉起こる (happen): It *came to* ~ that…ということになった. **hold the ~** 主義[利益]を擁護する. **make a ~ at**…のすぐ上[そば]を飛ぶ; …を(試しに)やってみる; «口» 〈人〉にモーションをかける[ちょっかいを出す], 言い寄る. **make ~es** 《催眠術で手を動かして》術を施す. **sell the ~** 地位を譲る; 主義に背く, 仲間を裏切る《古代アイルランドで, ある要塞の警備隊が金をもらって敵を通過させた故事にちなむ》. [OF<Romanic (L *passus* PACE[1])]

pass. passage ♦ passenger ♦ passive.

páss·able *a* **1 a** 通行できる: a ~ stream 渡れる川. **b** 通用[流通]する〈貨幣〉; 可決[通過]できる〈法案〉; 合格できる. **2** まずまずの, 一応満足できる. ♦ **-ably** *adv* まずまず, 一応. **~·ness** *n*

pas·sa·ca·glia /pɑ̀ːsəkɑ́ːljə, pæ̀s-, -kǽl-; pæ̀səkɑ́ː-/ *n* 〘楽〙パッサカリア《**1)** 古いイタリアまたはスペインの舞曲 **2)** 3 拍子の静かな変奏曲 **3)** パッサカリアに合わせた舞踏》. [C17 *passacalle*<Sp=step (i.e. dance) in the street]

pas·sade /pəséɪd/ *n* 〘馬〙回転歩《馬が同一か所を往復駆けまわること》; 束(つか)の間の情事, いちゃつき. [F<It]

pas·sa·do /pəsɑ́ːdoʊ/ *n* (*pl* **~s, ~es**) «古» 〘フェン〙《片足を踏み込んで行なう》突き. [Sp or It]

pas·sage[1] /pǽsɪʤ/ *n* **1 a** 通行, 通過, 通航; 移住, 移動; 輸送, 運搬; 旅行, 航海, 渡航 〈*to*〉; 通行[通航]権, 渡航権, 通行料: force a ~ through a crowd 群衆を押し分けて進む / make a ~ 航海する / Did you have a smooth ~? 海路は静かでしたか / ROUGH PASSAGE / book ~ by air 航空券を予約する / ~ money 運賃, 乗船[乗車]賃. **b** 経過, 推移, 変遷: the ~ of time 時の経過. **c** 《議案の》通過, 可決 (passing) 〈*through*〉. **2** 通路, 抜け道; 水路, 航路; 出入口; ᵘ廊下, ロビー; 《体内の》管, 通路. **3** 《引用などの》一節, 一句; 〘楽〙楽節, ROULADE; 〘美〙《絵画などの》部分, 一部; 時期, 期間: a ~ from the Bible 聖書から引用の一節. **4** «まれ» 打ち合い, 論争; 《男女間で》気が通い合うこと, 情交; [*pl*] 内々の意見の交換, 密談; できごと, 事件. **5** 〘医〙便通 (evacuation), 排便; 死去. **6** 〘医・生〙継代(接種[培養]). ● **a ~ of [at] arms** 打ち合い, けんか; 論争. **on ~** 〘海〙荷を積んで目的地に往航中で. **work one's ~** 船賃の代わりに乗船中働く. ► *vi* **1** 進む, 横切る; 通過する, 航海する. **2** 斬り合いをする; 言い合う. ► *vt* 〘医・生〙継代(接種[培養])する. [OF (*passer* to PASS)]

passage[2] 〘馬〙*vi, vt* 〈馬が[を]〉パッサージュで進む[進ませる]. ► *n* パッサージュ《歩幅を狭め, 脚を高く上げる速歩》. [F<It=to walk; ⇨ PASS]

pássage bìrd 渡り鳥 (bird of passage).

pássage cèll 〘植〙通過細胞.

pássage gràve 〘考古〙パッセージグレーヴ《墓室と羨道(せんどう)部をもつ石室墓 (chamber tomb)》.

pássage hàwk, pás·sag·er hàwk /pǽsɪʤər-/ 渡りの時期に捕えた若い鷹.

pássage·wày *n* 通路, 連絡通路, 廊下.

pássage·wòrk *n* 〘楽〙パッセージワーク《主題の間に現われる橋渡し的で技巧的な速い経過句》.

páss·alòng *n* 次々に渡していくこと; *《コスト上昇分の価格への》転嫁.

Pas·sa·ma·quod·dy /pæ̀səməkwɑ́di/ *n* **a** (*pl* **~, -dies**) パサマクウォディ族《米国 Maine 州とカナダ New Brunswick 州にはさまれた Passamaquoddy 湾地方に住む先住民》. **b** パサマクウォディ語《Algonquian 語族の一つ》.

Passamaquóddy Báy パサマクウォディ湾《カナダ New Brunswick 州と米国 Maine 州間の Fundy 湾にある St. Croix 河口の入江》.

pas·sant /pǽs(ə)nt/ *a* 〘紋〙〈ライオンなどが〉(向かって左方に)右前足を上げている歩態の (⇨ RAMPANT).

pas·sa·ta /pəsɑ́:tə/ *n* パサータ《イタリア料理に使うトマトピューレ》. [It]
páss·bànd *n* 〔電〕《ラジオ回路・濾波器の》通過帯域.
páss-bànd fìlter 〔電子工〕BAND-PASS FILTER.
páss·bòok *n* 銀行通帳, 預金通帳 (bankbook); 掛け売り通帳, 通い帳; ″住宅金融共済組合の通帳; 〔南ア〕《アパルトヘイト時代に非白人が携帯することになっていた》身分証明書 (=*pass*).

P

Pass·chen·dae·le /pɑ́:s(ə)ndà:lə; pǽʃ(ə)ndèɪl/, **Pass·en·da·le** / ; pǽs(ə)n-/ パッセンダーレ《ベルギー北西部の町; 第一次大戦の激戦地 (1917)》.
páss degrèe 〔英大学〕普通学位 (cf. HONOURS DEGREE).
pas·sé /pæséɪ, ━━/ *a* (*fem* **-sée** /―/) 古めかしい, 時代遅れの; 過去の, 盛りを過ぎた: a *passée* belle うば桜. [F (pp)< *passer* to PASS]
pássed *v* PASS の過去・過去分詞. ► *a* 過ぎ去った; 通過した; 〈試験に〉合格した; 〔証券〕〈配当が〉未払いの.
pássed bàll 〔野〕《捕手の》パスボール.
pássed máster 大家, 巨匠 (past master).
pássed páwn 〔チェス〕行手をさえぎるポーンのないポーン.
pass·ee /pæsí:; pɑ:-/ *n* 休暇パス所有者, 無料入場[乗車]券所有者.
pas·seg·gia·ta /pæsədʒɑ́:tə/ *n* (*pl* **-te** /-teɪ/) 《特にイタリアで》夕方[仕事のあと]の散歩[そぞろ歩き]. [It]
pas·sel /pǽs(ə)l/ *n**《口・方》(かなり)大きな数[集団].
passe·men·terie /pæsmɛ́nt(ə)ri/ *n* 金[銀]モール, 《衣服の》金銀飾り, 珠飾り. [F]
Passendale ⇨ PASSCHENDAELE.
pas·sen·ger /pǽs(ə)ndʒər/ *n* 乗客, 旅客, 船客; ″《口》《ある集団内の》困り者, 足手まとい, お客さん; 通行人: ～ side 《車の》助手席側. [OF *passager* (PASSAGE); *-n-* は cf. MESSENGER]
pássenger càr 客車; 乗用車.
pássenger lìst 《旅客機・客船の》乗客名簿.
pássenger-mìle *n* 座席マイル (=*seat mile*)《鉄道・バス・航空機の有料旅客 1 名 1 マイルの輸送量単位》.
pássenger pìgeon 〔鳥〕リョコウバト《北米で空が暗くなるほどの大群で移動していたが, 食料とするために乱獲したので 1914 年までに絶滅》.
pássenger sèat 《自動車の》助手席.
pássenger tràin 旅客列車.
passe-par·tout /pæ̀spərtú:, -pɑ̀:r-/ *n* 台紙 (mat); パスパルトゥー《絵や写真をガラス板と裏板ではさんで粘着テープなどでへりを貼りつけた額縁》; パスパルトゥー用の粘着テープ; 親鍵 (master key). [F]
passe·pied /pɑ:spjéɪ/ *n* (*pl* ～**s** /-(z)/) パスピエ《17-18 世紀にフランスで流行した 3/8 または 6/8 拍子の活発な舞曲》. [F (*pied* foot)]
páss·er *n* 通行人, 旅人; 試験合格者; 〔球技〕ボールをパスする人; 《製品の》検査官, 検査合格証; 《俗》にせ金使い; 《異民族集団に》受け入れられた人; 薬品違法販売人; 手錐(てぎり).
pàss·er·bý /, ━━━/ *n* (*pl* **pàss·ers·bý**) 通行人, 通りがかりの人.
pas·seri·form /pǽsərəfɔ̀:rm/ *a* 〔鳥〕スズメ目[燕雀(えんじゃく)目] (Passeriformes) の.
pas·ser·ine /pǽsəràɪn, -rì:n, -rən/ *a* 〔鳥〕スズメ目の, 燕雀目の. ► *n* スズメ目[鳴禽類]の鳥《ほとんどの鳴鳥を含む》. [L (*passer* sparrow)]
Pas·se·ro /pɑ́:səròu/ [Cape] パッセロ岬《イタリア Sicily 島南東端にある岬》.
pas seul /*F* pɑ sœl/ (*pl* ～**s** /―/) 〔バレエ〕一人舞い, パスール (solo dance).
páss-fáil *n*, *a* 《段階評価でなく》合否成績評価方式(の).
Páss·fìeld [Baron] パスフィールド男爵 (⇨ Sidney WEBB).
pas·si·ble /pǽsəb(ə)l/ *a* 感動[感受]できる[しやすい]. ♦ **pàs·si·bíl·i·ty** *n* 感動性, 感受性.
pas·si·flo·ra·ceous /pæ̀səflɔréɪʃəs/ *a* 〔植〕トケイソウ科 (Passifloraceae) の.
pas·sim /pǽsəm, -sìm/ *adv* 〈引用書などの〉諸所に, 方々に. [L (*passus* scattered < *pando* to spread)]
páss·ing *n* **1** 通行, 通過; 《議案の》通過, 可決; 《試験の》合格; 渡し, 渡河点 (ford). **2** 《時の》経過 〈*of*〉; [*euph*] 消滅, 死. **3** 見落とし, 見のがし. **4** 《事件などの》発生. ● **in** ～ ついでに, ちなみに. ► *a* **1 a** 通行[通過]する, 通りがかりの, 過ぎ行く: with each [every] ～ day 日一日と, 日増しに. **b** たまたまの, ふと[ちょっと]した: ～ mention. **2** 現在の, さしあたりの; 一時の, 束(つか)の間の: ～ events 時事 / ～ history 現代史 / a ～ joy. **3** 合格の, 及第の; 《古》SURPASSING: the ～ grade* [mark″] (on the exam) (試験の)合格点. ► *adv* すばらしく, たいそう (very). ♦ ～**·ness** *n*
pássing bèll 死[葬儀]を報ずる鐘, 弔鐘 (=*death bell*); [*fig*] 終焉の兆し.
pássing chòrd 〔楽〕経過和音.
pássing làne 〔道路〕追越し車線.
páss·ing·ly *adv* 一時的に; ついでに, 粗略に; 《古》はなはだ, いたく.
pássing modulátion 〔楽〕一時的転調 (transient modulation).
pássing nòte 〔楽〕経過音.
páss·ing-óut *a* 〈試験・祝典が〉課程[訓練]終了時に行なわれる.
pássing shòt [stròke] 〔テニス〕パッシングショット, パス《ネット際にいる相手のわきを抜くショット》.
pássing tòne PASSING NOTE.
pas·sion /pǽʃ(ə)n/ *n* **1 a** 熱情, 激情, 情念《強烈な love, desire, hate, anger, fear, grief, joy, hope など; それらを集合的に ～*s* で表わすこともある》; 激情の発作: burst [break] into a ～ of tears ワッと泣き出す / in a ～ of grief 悲しみのあまり / CRIME of ～. **b** 激怒, かんしゃく: be in a ～ 激怒している / fall [get, work one*self* up] into a ～ おこり出す / fly into a ～ かっとおこり出す / put sb into a ～ 人を激怒させる. **c** 情欲, 恋情, 愛欲; 情欲の対象: tender ～ 恋情 / conceive a ～ *for* sb 人に恋情をいだく. **d** 強い好み, 情熱; 熱愛するもの: He has a ～ *for* gambling. ばくちが大好きだ / Music was her ～ [became a ～ with her]. 音楽は彼女の大好きなものだった[となった]. **e** 〔哲〕情念. **2 a** 受動《外的要因[力]に影響をうけること》; 《古》殉教; 《廃》受苦, 悲哀. **b** [the, the P-] 《Gethsemane の園および十字架上の》キリストの受難; キリスト受難曲 (=P~ music): the St. Matthew *P~* 《Bach 作曲の》『マタイ受難曲』. ● **with a purple** ～*《口》激しく, ひたすら〈憎むなど〉.
► *vi* 《詩》情熱を感ずる[表わす].
[OF<L=suffering (*pass- patior* to suffer)]
pássion·al *n* 聖人殉教者受難物語. ► *a* 情熱的な; 激情による; おこりやすい; 渇望の; 情欲の, 恋愛の.
pássion·àry / ; -əri/ *a* PASSIONAL.
pas·sion·ate /pǽʃ(ə)nət/ *a* 激しやすい, すぐかっとなる, 激情の; 激怒した; 熱烈な, 情熱的な, 激しい 〈*about*〉; 情欲の, 熱愛の: a ～ rage 激怒 / a ～ advocate of socialism 社会主義の熱烈な唱道者. ♦ ～**·ly** *adv* ～**·ness** *n* [L (PASSION)]
pássion·flòwer *n* 〔植〕トケイソウ《同属の草本の総称》.
pássion frùit 〔植〕パッションフルーツ《トケイソウの食用果実; cf. GRANADILLA》.
Pássion·ist *n* 〔カト〕《18 世紀初めイタリアに創始されたキリスト受難追念の》御受難会修道士, パッショニスト.
pássion·less *a* 熱情のない; 冷静な, 落ちついた.
pássion pìt *《俗》ドライブイン映画劇場《カップルが necking をするのに絶好の場》; *《俗》ペッティングにかっこうの場所.
pássion plày 《宗教界・精神界の偉大な指導者の》受難劇; [°P-] キリスト受難劇.
Pássion Súnday 受難の主日《四旬節の第 5 日曜日》.
Pássion·tìde *n* 受難の聖節《Passion Sunday に始まる 2 週間》.
pássion wàgon 《俗》短期休暇に兵隊たちを街[歓楽街]へ運ぶトラック; 《俗》ティーンエージャーが女の子を乗せて口説く[カーセックスする]ための車[ヴァン].
Pássion Wèek 受難週, 聖週間 (HOLY WEEK); 受難週の前週《Passion Sunday に始まる復活祭の前々週》.
pas·siv·ate /pǽsɪvèɪt/ *vt* 〔冶〕[″*pp*] 〈金属を〉不動態化する《化学反応を起こさないよう表面に保護膜を生じさせる》; 皮膜で保護する. ♦ **pàs·si·vátion** *n* **pás·si·và·tor** *n*
pas·sive /pǽsɪv/ *a* **1** 受動的な, 受身の, 消極的な; 無抵抗の, 言いなりになる; 〔文法〕受動(態)の, 受身の (opp. *active*); 〔言〕〈語彙などが〉受容の《理解できるが活用できない; opp. *active*》. **2 a** 活動的でない, 活気のない, 休息した, 手ごたえのない; 動かない, 止まった; 〔化〕容易に化合しない, 不動の; 〈探知が〉受動的な《物体が発する音などを利用する》; 〈レーダー・人工衛星が〉受動型の《みずから信号は発しない》; 出資者が積極参加しない; 〔医〕受身の, 受動の: ～ state 〔化〕不動態. **b** 〈借金が〉無利息の. **3** 〔空〕発動機を用いない; 〔電子工・通信〕〈回路・素子が〉受動の (opp. *active*); 太陽熱単純利用の. ► *n* [the] 〔文法〕受動態 (=～ **vóice**); 受動態の動詞, 受動構文. ♦ ～**·ly** *adv* ～**·ness** *n* [OF or L; ⇨ PASSION]
pássive artículator 〔音〕受動調音器官《上歯・口蓋など》.
pássive bélt 〔車〕自動シートベルト.
pássive euthanásia 消極的安楽死《積極的治療をせず臨死患者を死に導くこと》.
pássive hóming 〔空〕受動ホーミング《目標からの赤外線[電波]の放射を利用するミサイルの誘導》.
pássive immúnity 受動[受身]免疫《抗体注入などによる免疫; cf. ACTIVE IMMUNITY》. ♦ **pássive immunizátion** 〔医〕受動[受身]免疫(化).
passive-matrix LCD /━━ ━ èlsì:dí:/ 〔電子工〕パッシブマトリックス(型)液晶表示装置, 単純マトリックス(型) LCD《格子状の電極を通じて各ピクセルを制御する》.
pássive obédience 絶対服従, 黙従.
pássive resístance 《政府・占領軍官権に対する》消極的抵抗《非協力など》.
pássive resíster 消極的抵抗者.
pássive restráint 《車の》自動防護装置《自動ベルトやエアバッグなど》.

pássive sátellite 受動衛星《電波を反射するだけの通信衛星; opp. *active satellite*》.
pássive smóking 《他人のタバコの煙を吸ってしまう》受動[間接]喫煙 (=*secondhand smoking*).
pássive terminátion 〖電算〗受動終端《機器のデージーチェーンの末端を単純に終端する, 一般的な終端法》.
pássive tránsfer 〖医〗受動[受身]伝達《アレルギー体質者の血清を正常者に注射して皮膚感度を転移させる》.
pás·siv·ìsm *n* 受動的態度, 受動主義; 受動的抵抗主義. ♦ **-ist** *n*
pas·siv·i·ty /pæsívəti/ *n* 受動性; 不活動, ものぐさ; 無抵抗; 忍耐; 冷静; 〖化〗不動態.
pas·siv·ize /pǽsəvàɪz/ *vi, vt* 〖文法〗受動態になる[する]. ♦ **pàs·siv·izá·tion** *n*
páss·kèy *n* 親鍵 (master key); 合い鍵 (skeleton key); 私用の鍵; 《表ドアの》掛金の鍵 (latchkey).
páss làw 〖南ア〗パス法《黒人に対して身分証明書 (pass) の所持を義務づけた法律; 1986 年廃止》.
páss·less *a* 道のない, 通れない (impassable).
páss·màn /, -mən/ *n* 〖英大学〗《pass degree を取って卒業する》普通及第学生 (cf. CLASSMAN); ″《俗》監房を出ることを許された囚人.
páss màrk 合格最低点, 及第点.
pas·som·e·ter /pæsámətər/ *n* 歩数計 (cf. PEDOMETER).
páss·òut*《俗》*n* 分配; 酔いつぶれること; 酔いつぶれた人.
Páss·òver *n* **1** 過越しの祭《ユダヤ暦の Nisan 月 14 日の晩に始まりその後 8 日間(現イスラエルおよび改革ユダヤ教徒の間では 7 日間)続くユダヤ人の祭で, 先祖がエジプトの奴隷身分から救出されたことを記念する; ヤハウェがエジプトのすべての初子を襲ったとき, イスラエル人の家を通り過ぎたことにちなむ; *Exod* 12》. **2** [p-] 過越しの祭の小羊 (paschal lamb), 神の小羊 (Christ). [*pass over*]
Pássover càke [brèad] 過越しの祝いのパン《MATZO のこと》.
páss·pòrt *n* 旅券, パスポート; 《外国人に対する》国内通行許可証; 通行証; 《船舶の》航海券; 《携帯を義務づけられた》許可証; [*fig*]《ある目的のための》手段, 《成功への》'切符': a ~ *to* his favor 彼に取り入る手段. [F *passeport* (PASS, PORT¹)]
pássport contròl 《空港などでの》入国審査; パスポート検査窓口[局].
páss the párcel 〖ゲーム〗包み渡し《輪になってすわった人が何重にも包装した包みを順に渡し, 音楽が終わったところで持っている人から包装を 1 枚ずつ開き, 最後の包装を開けた人がそれを賞品としてもらう》.
páss-thròugh *n* **1** コスト上昇分の最終消費者への転嫁. **2**《台所と食堂の間などの》壁面の開口部, 四角い壁穴《食器・食物の出し入れをする》; 通り抜けの道, 通路. **3**〖証券〗PASS-THROUGH SECURITY.
páss-through secùrity [certìficate]*〖証券〗パススルー証券《モーゲージ担保証券 (mortgage-backed security, MBS) の一種; 融資条件の似たモーゲージのプールに対する持ち分を証するもので, モーゲージ債務者が返済する元本や利子は持ち分に応じて証券所有者に支払われる》.
pas·sus /pǽsəs/ *n* (*pl* ~, ~**·es**) 《物語や詩の》節, 篇 (canto). [L=step (PACE¹)]
páss·wòrd *n* 《敵味方を見分ける》合いことば (watchword); 通過を可能にするもの, 容認されるための手段; 〖電算〗パスワード: demand [give] the ~ 合いことばを求める[言う].
pássword protèction 〖電算〗パスワード保護, パスワードプロテクション.
pas·sy /pǽsi/ *n**《俗》《赤ちゃんの》おしゃぶり (pacifier).
Pas·sy /*F* pasi/ パッシー (1) **Frédéric** ~ (1822–1912)《フランスの経済学者・政治家; 列国議会同盟 (Inter-Parliamentary Union) 設立に参加 (1889); Jean-Henri Dunant と共に第 1 回ノーベル平和賞 (1901)》 (2) **Paul-Édouard** ~ (1859–1940)《フランスの音声学者; Frédéric の息子; 国際音声学協会 (IPA) を創立した》.
past /pǽst; pá:st/ *a* **1 a** 過ぎ去った, 昔の, これまでの; 終わった; 過ぎたばかりの; 〖文法〗過去の: for some time ~ ここしばらくの間; かねてから / in ~ years 先年 / the ~ month 前月; この一か月 / the ~ tense 過去時制. **b** 任期を終わった, 元の: a ~ chairman 前[元]議長. **2** 年季のはいった, 老練な: PAST MASTER. ► *n* 過ぎ去ったこと, 昔の話; [″the] 過去, 既往; 履歴, 《特に》(知られたくない)経歴, 過去; 〖文法〗過去(形): a thing of *the* ~ 過去のこと[もの], 時代遅れ / a woman with a ~ 過去のある[いわくつきの]女性 / in *the* ~ 昔は, かつて(は), 従来《現在完了時制と共に用いうる》/ It's all in *the* ~. それは全部もう終わったことだ, みんな昔のことだ / Put *the* ~ behind you and move on! 過ぎたことは忘れて先へ進みなさい / LIVE¹ in *the* ~. ► *prep* /pæst; pɑ:st/ **1** 〈時間〉が過ぎて, 〈…時〉過ぎに (opp. *to*)《★ 目的語を略すことがある: at 10 ~ (the hour) (毎時) 10 分に》; 〈…歳〉を越して. **2** …を通り過ぎて, 〈人〉とすれ違って: Our office is ~ the police station. **3** …以上, …の及ばない, …の限界を超えて; 《廃》《数量の点で》…より多く (more than): a pain ~ bearing 我慢できない痛さ / ~ all belief まるで信用できない / He is ~ PRAYing for. / be ~ caring ⇨ CARE *vi*. ● **go** ~ **oneself** ″《俗》自分の限度を超える. ~ **it** 《口》もう年で, 役に立たなくなって, ガタがきて. **would not put it** ~ sb (**to** do)《口》人が…をやりかねないと思う. ► *adv* 通り越して, 過ぎて: go [walk] ~ 行き[歩き]過ぎる / The train is ~ due. 列車は遅れて到着です. [(pp)‹*pass*]
pas·ta /pá:stə, pǽstə/ *n* 麵類, パスタ《スパゲッティ・マカロニなど; それを使った料理》. [It=PASTE¹]
pást définite 〖文法〗定過去 (=*past historic*)《過去のある時期に完了した一時的な動作を表わす時制》.
paste¹ /péɪst/ *n* **1** 糊(のり). **2 a** 練り粉, ペースト, パスタ《製菓用》; 練り物; 《製陶用の》練り土, ペースト; 軟膏; 泥膏(でいこう), パスタ; 練り歯磨 (toothpaste). **b** すりつぶしたもの, ペースト; 《釣りの》練り餌: bean ~ 味噌 / fish ~ 魚のすり身, フィッシュペースト. **c** 鉛ガラス (strass)《人造宝石製造用》, 人造宝石. ► *vt* **1 a** …に糊をつける, 糊で貼る[くっつける] ‹*up, on, down, together*, etc.›; 糊貼りしておおう ‹*with* paper etc.›; …に紙を貼る; ぴったり貼りつける: ~ *in* 書物の中に貼り込む / ~ *up* 壁などに貼り出す; 糊づけにして閉じる; 《写真製版・印刷などのために》貼り込む / His shirt was ~*d* to his body. 《汗で》シャツが体にくっついてしまった. **b** 〖電算〗〈データを〉ファイルにコピーする, 貼り付ける (cf. COPY, CUT). **c***《俗》〈罪を〉なすりつける, 負わせる ‹*on*›. **2** 糊[ペースト]状にする. ● ~ **over the** CRACKS. [OF‹L *pasta* lozenge, dough‹Gk]
paste² 《口》*vt* 打つ, たたく, なぐる; 猛砲撃する, 猛爆撃する; 《試合などで》(完全に)負かす, 打ち破る, のす: ~ sb one 人に一撃を加える, 一発見舞う. ● ~ **on**…*《俗》…のせいにする, 非難する. ► *n* 《顔面などへの》強打. [変形‹*baste* to beat]
páste·bòard *n* **1** 合板紙, ボール紙; 《俗》名刺; 《俗》トランプ札; 《俗》切符, 入場券. **2***パンこね台; 経師屋の糊づけ台. ► *a* ボール紙製の; 実質のない, 薄っぺらな; にせの: a ~ pearl 人造真珠.
past·ed /péɪstəd/ *a**《俗》《酒や麻薬に》酔っぱらった; *《俗》ぶちのめされた, こてんぱんにされた.
páste·dòwn *n* 《本の》見返しの外葉《表紙に貼り付ける側》.
páste jòb 《糊とはさみの》切り貼り細工; やっつけ仕事.
pas·tel¹ /pæstél, ⌐⌐/ *n* パステル; 淡くやわらかな色調, パステルカラー; パステル画(法); 《文芸の》小品, スケッチ. ► *a* パステル(画)の; 〈色が〉淡くやわらかな, パステル風の; 淡い, 繊細な. ♦ **pastél·(l)ist** *n* パステル画家. [F or It (dim)‹PASTA]
pastel² *n* 〖植〗ホソバタイセイ (woad); 大青《ホソバタイセイから採る染料》. [OF‹L (↑)]
páste·pòt *n* 糊容器, 糊入れ. ► *a* 《口》にわか仕立ての.
past·er /péɪstər/ *n* (ゴム糊付き)貼り付け用紙《切手など》; 糊づけする人[もの].
pas·tern /pǽstərn/ *n* 繋(つなぎ)(ᵏ)《馬など有蹄類のひづめと足の球節との間の部分》; 骹(あく) (=~ **bòne**)《特に 馬の繋の部分にある 2 種の骨》: great [large, long, upper] ~ bone 基骨, 繋骨, 第一指[趾]骨, 大骹 / small [short, lower] ~ bone 中節骨, 冠骨, 第二指[趾]骨, 小骹. [OF (*pasture* a hobble‹L *pastorius* of a shepherd); 'shepherd が足かせをするところ' の意]
Pas·ter·nak /pǽstərnæ̀k/ パステルナーク **Boris (Leonidovich)** ~ (1890–1960)《ソ連の詩人・作家; 革命後のロシア最大の詩人の一人で, 未来派; ノーベル文学賞 (1958, 当局の圧力で辞退)》.
páste·ùp *n* 〖印〗貼込み校了紙 (mechanical), 校了紙に貼り込むこと; COLLAGE.
Pas·teur /pæstə́:r/ パストゥール **Louis** ~ (1822–95)《フランスの化学者・細菌学者》. ♦ **~·ian** *a*
pas·teu·rel·lo·sis /pæ̀stərəlóusəs/ *n* (*pl* **-ses** /-si:z/) 〖獣医〗パスツレラ病[症] (=*hemorrhagic septicemia*)《細菌 *Pasteurella multocida* によるスイギュウ・ウシなどの出血性敗血症》. [-OSIS]
pas·teur·ism /pǽstʃərìz(ə)m, pǽstə-; pǽstə-, pá:s-/ *n* パストゥール接種(法)《特に 狂犬病の》; 《牛乳の》低温殺菌(法); 放射線殺菌(法). [*Pasteur*]
pas·teur·ize /pǽstʃəràɪz, -stə-; pǽstə-, pá:s-/ *vt* …に低温殺菌を行なう; 《ガンマ線などで》〈果物・魚など〉に放射線殺菌を行なう; 《まれ》…にパストゥール接種を行なう: ~*d* milk 低温殺菌牛乳, パスチャライズ(ド)牛乳. ♦ **-ìz·er** *n* ⁺殺菌機. **pàs·teur·izá·tion** *n* 低温殺菌(法); 放射線殺菌(法). [PASTEUR]
Pastéur tréatment パストゥール接種(法) (pasteurism).
pást históric 〖文法〗PAST DEFINITE.
pas·tic·cio /pæstí:tʃou, -tíʧ-/ *n* (*pl* **pas·tic·ci** /-tʃi/, ~**s**) PASTICHE. [It]
pas·tiche /pæstí:ʃ, pɑ:s-/ *n* **1**《他作品のスタイルをまねた》模倣作品, パスティーシュ; 《諸作品からの借用からなる》寄せ集め作品, 混成曲[歌, 絵画など]; 《一般に》ごたまぜのもの. **2**《スタイル上の》模倣; 《制作手段としての》寄せ集め(法). ► *vt, vi* 〈作家〉の模倣をする. ♦ **pas·ti·cheur** /pæ̀stiʃə́:r, pɑ̀:s-/ *n* [F‹It (L PASTA)]
pastie ⇨ PASTY².
past·ies /péɪstiz/ *n pl* 《ストリッパーの》乳首隠し, スパンコール. [PASTY¹]
pas·tille /pæstí:l, -tíl; pǽst(ə)l/, **pas·til** /pǽst(ə)l/ *n* **1**《燻蒸用の》芳香剤, 香錠; トローチ剤. **2** 火輪花火; 〖医〗パステル《X 線などの照射をうけると変色する紙の小円盤》. **3** パステル(製のクレヨン) (pastel). [F‹L=small loaf (*panis* bread)]
pastílle-bùrn·er *n* 《陶磁器の》香炉.
pas·time /pǽstàɪm; pá:s-/ *n* 娯楽, 遊戯, 気晴らし, レクリエーショ

ン, 遊び: play cards as a ～ トランプをして遊ぶ. [*pass, time*; OF *passe-temps* の訳]

pas·ti·na /pɑːstíːnə/ *n* パスティナ《スープに入れる小さなパスタ》.

past·ing[1] /péɪstɪŋ/ *n*〘電算〙貼り付け, コピーペースト.

pasting[2]《口》*n* なぐること, 強打; きびしい非難, 酷評, こきおろし; (ひどく)打ち負かす[負かされる]こと, 大敗.

pas·tis /pæstíːs/ *n* パスティス《aniseed で香りをつけたリキュール》. [F]

pas·ti·tsio /pæstítsiòu/ *n* パスティツィオ《ギリシア料理で, ミンスしたラムとトマトソース・チーズを入れたパスタ製のパイ》.

pást máster《組合・協会などの》前会長《など》; 大家, 名手, 老練家〈*in, at, of*〉. ◆ **pást místress** *n fem*

pást·ness *n* 過去であること, 過去性;《記憶にまつわる, 人それぞれの》なつかしさ.

pas·tor /pǽstər; pɑ́ːs-/ *n* 牧者, 牧師, 牧会者, (主任)司祭 (cf. MINISTER); 精神[宗教]的指導者;《米南西部・古》牧夫, 羊飼い;〘鳥〙バライロムクドリ《ユーラシア産》. ► *vt*〈教会〉の牧師をつとめる, 司牧する. ◆ **～·shìp** *n* [OF<L=shepherd (*past- pasco* to feed)]

pas·to·ral /pǽst(ə)rəl; pɑ́ːs-/ *a* **1 a** 田園生活の, 田舎の; 田園生活を描いた; 牧歌的な: a ～ poem 牧歌, 田園詩 / ～ life [scenery] 田園生活[風景]. **b** 牧畜の,〈土地が〉牧畜に適した. **2** 牧羊者の; 牧者[牧師, 司祭]の; 精神的指導の. ► *n* **1** 牧歌, 田園詩[曲, 歌劇], 田園生活を主題とする美術品《絵画・彫刻など》. **2** 牧者の職責論; 司教教書《司教が教区の聖職者[信徒]に与える公開状》; [the P-] 牧会書簡《PASTORAL EPISTLES の一つ》. **3** PASTORAL STAFF. ◆ **～·ly** *adv* **～·ness** *n*

pástoral cáre《宗教・教育上の指導者が行なう》助言,《精神生活上の》カウンセリング.

pas·to·rale /pæ̀stərɑ́ːl, -rɑ́ːli/ *n* (*pl* **～s, -li** /-li/)〘楽〙牧歌曲, 田園曲, パストラル;《16-17 世紀の》田園劇; 田園文学《詩・劇など》. [It=PASTORAL]

Pástoral Epístles *pl*〘聖〙牧会書簡《新約聖書中の Timothy への第一・第二の手紙 および Titus への手紙》.

pástoral·ìsm *n* 牧畜(生活); 田園趣味; 牧歌体.

pástoral·ist *n* 田園詩人, パストラル作曲家;《豪》牧羊[牧牛]家[業者]; [*pl*] 牧畜民. ► *a* 牧羊[牧牛]家の, 羊[牛]飼いの.

pástoral stáff 《bishop の》牧杖(ぼくじょう), 司教杖 (crosier).

Pástoral Sýmphony [the] 田園交響曲《Beethoven の交響曲第 6 番 (1808)》.

pástoral theólogy 牧会(神)学, 司牧神学.

pástor·ate *n* 牧師の職(務)[任期, 管区], 司牧のつとめ; 牧師団; 牧師館 (parsonage).

pas·to·ri·um /pæstɔ́ːriəm; pɑːs-/ *n**《南部》《主にプロテスタントの》牧師館. [*pastor, -orium*]

pást párticiple〘文法〙過去分詞.

pást pérfect *n, a*〘文法〙過去完了時制(の), 過去完了(形).

pas·tra·mi, -tromi /pəstrɑ́ːmi/ *n* パストラミ《香辛料を効かせた燻製[塩漬け]牛肉》. [Yid]

pas·try /péɪstri/ *n* 練り粉, 生地 (paste); 練り粉菓子(類), ペストリー《pie, tart, turnover など》;《広く》焼いた菓子(類)《ケーキなど》. [*paste*[1], *-ry*]

pástry bàg しぼり(出し)袋《漏斗形で, クリームなどをしぼり出すのに使う》.

pástry blènder ペストリーブレンダー《固いバターなどを小麦粉に混ぜ込むのに使う, 下部に何本かのスリットをもつ U 字形の器具》.

pástry bòard《生地をこねる》のし板.

pástry brùsh ペストリーブラシ《練り粉菓子類にバターや卵などを塗るための小さなはけ》.

pástry clòth 生地こね用の敷布[シート].

pástry·còok *n* 練り粉菓子[ペストリー]職人.

pástry créam《エクレアなどに入れる》クリーム状カスタード, ペストリークリーム.

pástry cùstard PASTRY CREAM.

pástry màrble 大理石製の PASTRY BOARD.

pást ténse〘文法〙過去時制.

pás·tur·age *n* 牧草; 牧草地, 放牧場, 牧場; 放牧, 牧畜(業);《スコ》放牧権.

pas·ture /pǽstʃər; pɑ́ːs-/ *n* 牧草地, 放牧地, 牧場, 牧野; 牧草; 放牧;〘法〙放牧権;《俗》野球場(の外野). ● (**fresh fields and**) **～s new** 新天地《Milton の詩 *Lycidas* (1637) より》. GREENER PASTURES. **put** [**send, turn**] (**out**) **to ～**=put out to GRASS. ► *vt*〈家畜を〉放牧する;〈家畜が牧草を〉食う;〈土地を〉放牧地に用いる. ► *vi* 草を食う. ◆ **pás·tur·able** *a* 牧場に適した. **pás·tur·er** *n* 牧場主. [OF<L; ⇨ PASTOR]

pásture·lànd *n* 放牧地, 牧草地, 牧野.

pasty[1] /péɪsti/ *a* 糊[こね粉, 練り物]のような; ゆるんだ, 気力のない; 青白い. ► *n* [*pl*] PASTIES. ◆ **pást·i·ness** *n* 糊状, 練り粉質; 青白さ. [*paste*[1]]

pas·ty[2], **-tie** /pǽsti/ *n* 肉入りパイ (meat pie); 折り返したパイ (turnover). [OF<L (PASTE[1])]

pásty-fáced *a* 青白い顔をした, 顔色のすぐれない.

PA system /píːéɪ ―/ PUBLIC-ADDRESS SYSTEM.

pat[1] /pǽt/ *v* (-tt-) *vt*《てのひら・平たいもので》軽くたたく[打つ]; パタパタたたいて平らにする[押える]〈*down*〉; なでる: ～ a boy *on* the head=～ a boy's head. ► *vi* 軽くたたく〈*upon, against*〉; 軽く速くタップを踏む; 軽い足音で歩く[走る]. ● **～ down**〈人〉のボディーチェック[身体検査]をする. **～ sb on the back**《ほめて[励まして, 賛成して]》人の背をたたく, 人をほめる[励ます], 人にお祝いを言う: ～ *oneself on the back* 自分をほめる, 得意になる. ► *n* 軽くたたくこと[音]; [通例 pat pat と重ねて] ポンポン, パタパタ《軽く手でたたく》, イイコイイコ, ナデナデ; さする[なでる]こと; 軽い足取り;《通例 四角で平たい, バターなどの》小さい塊り: a ～ of butter. ● **a ～ on the back** 賞賛, 激励. [imit]

pat[2] *a* おあつらえむきの, ぴったり合った, 適切な, 好都合の〈*to*〉; 達者[手堅, 無難]すぎる, うますぎる; 型にはまった, ありきたりの; 頑固な. ► *adv* しっくりと, ぴったりと; うまく, すらすらと〈しゃべる〉: The story came ～ *to* the occasion. 話がぴったりとその場に合った. ● **have… (down** [**off**]) **～**《口》=**know…～** …をすっかり知っている, 憶え込んでいる. **stand ～**《ポーカーなどで》初手を引っ込めない, 手を変えようとしない; *〈決意・方針などを〉固守する〈*on*〉(cf. STANDPAT). ◆ **～·ly** *adv* **～·ness** *n* [?*pat*[1] の副詞用法 (=with a light stroke)]

Pat 1 パット《**1**) 男子名; Patrick の愛称 **2**) 女子名; Patricia, Martha, Matilda の愛称》. **2**《口》[°*derog*] アイルランド人《あだ名; cf. PADDY》. ● **on one's p～**《豪口》ひとりで, 自分から《韻俗 *Pat* Malone (=alone) より》.

pat. patent(ed). **PAT**〘医〙paroxysmal atrial tachycardia ◆〘アメフト〙°point after touchdown.

pa·ta·ca /pətɑ́ːkə/ *n* パタカ《マカオの通貨単位: =100 avos; 記号 P》.

pát-a-càke *n* 'Pat a cake, pat a cake, baker's man!' で始まる童謡に合わせて両手をたたく子供の遊戯.

pa·ta·gi·um /pətéɪdʒiəm/ *n* (*pl* **-gia** /-dʒiə/)〘動〙《コウモリ・ムササビなどの》飛膜, 翼膜;《鳥の》翼と胴の付け根のひだ;〘昆〙頸板《特に蛾の翅の基部の硬皮》. ◆ **-gi·al** *a*

Pat·a·go·nia /pæ̀təgóunjə, -niə/ パタゴニア《南米大陸南部, およそ南緯 40° 以南の Andes 山系と大西洋岸の間の地域; アルゼンチン南端部とチリ南端部とからなり, 時に Tierra del Fuego も含む》. ◆ **Pàt·a·gó·ni·an** *a, n*

Patagónian cávy [**háre**]〘動〙MARA.

Patagónian tóothfish〘魚〙TOOTHFISH.

Pa·tan /pɑ́ːtən/ パータン《ネパール東部 Kathmandu の南にある市》.

pata·phýsics /pæ̀tə-/ *n* 科学のパロディーを目指すナンセンスな学問. ◆ **-phýsical** *a* **-physícian** *n* [フランスの作家 Alfred Jarry の造語 *pataphysique* より]

pa·tás mònkey /pətɑ́ː-/〘動〙パタスモンキー《西アフリカに分布する地上生活の傾向が強い赤褐色のサル》. [Senegalese F]

Pa·táu('s) sỳndrome /pɑːtáu(z)-/〘医〙パトー症候群《13 番染色体が 1 本多く 3 本ある染色体異常による全前脳症; 中枢神経の欠損がみられ, 脳内奇形・口唇裂・小眼症・多指症・内臓奇形などの多発奇形を伴い, 生後 1 年以内に約 90% が死亡する》. [Klaus *Patau* (1908-75) ドイツ生まれの米国の遺伝学者]

Pat·a·vin·i·ty /pæ̀təvínəti/ *n*《ローマの歴史家 Livy の文体にみられる》Padua 地方の方言的特徴; 方言(の使用).

pát·bàll *n* パットボール (rounders)《野球に似た英国の球技》;《口》へたなテニス[クリケット].

patch[1] /pǽtʃ/ *n* **1 a**《つぎはぎ用の》布片, つぎ;《補綴用の》板きれ;《器具修理の》当て金. **b** ばんそうこう; ひと貼りの膏薬, 貼付剤(ちょうふざい), NICOTINE PATCH,《patch test 用の》貼布; 眼帯 (=*eyepatch*); つけぼくろ (beauty spot)《17-18 世紀に, 主に女性が顔の美しさを示したりきずあとを隠したりするため顔に貼り付けた黒絹の小片など》. **c**《飾りまたは認識のため袖に縫い付けた》布きれ,〘軍〙袖章 (shoulder patch); "《俗》《囚人服に縫い付ける》目立つ色の目印, 追跡用マーク: in ～*es* マーク付きの囚人服姿で. **d**《patchwork 用の》布きれ. **2** 断片, 一部;《小さなまたは不規則な》斑点;〘生〙葉(よう);《石材中の》ぼさ: ～*es* of blue sky 雲間にのぞく青空. **3**《耕作した》小地面, 一区画; 一畑の作物; "《口》《警察官などの》担当地区, なわばり, 地元 (: home ～): a cabbage ～ キャベツ畑. **4** 時期, 期間. **5**〘電算〙パッチ《プログラムミスの局所的な訂正》;《電話中継などの》臨時接続. **6**《電子楽器の》パッチ《初期設定, あるいはあらかじめ組み込まれた音色》. **7***《俗》《サーカスの開催のための》仲介[周旋]屋 (fixer), 弁護士. ● **go through** [**strike, hit, be in**] **a bad** [**rough, sticky,** etc.] **～** 憂きめを見る, 不運なめにあう. **in ～es** 部分的に, ところどころ. **lay a ～***《俗》lay RUBBER[1]. **not a ～ on…** "《口》…と比べものにならない, …の足元にも及ばない. ► *vt* **1 a** …につぎ[金属片など]を当てる〈*up*〉; 寄せ集めて[はぎ合わせて]作る: ～ a quilt. **b** [°*pass*] …に斑点をつける, まだらにする〈*with*〉;〈顔を〉付けぼくろで飾る. **2 a** 一時的に取りつくろう[修繕する], でっちあげる〈*together, up*〉;〈けんかなどを〉収拾する,〈意見の相違などを〉調停する〈*up*〉: ～ things [it] *up* with…と仲直り[和解]する. **b**〘電算〙〈プログラム〉に局所的な訂正をする[パッチを入れる];〈電話回線などを〉臨時に接続する;〈人などを〉(臨時に)通信回線に接続する. ● **～ up** ⇨ *vt*; 〈人・傷〉に(応急)手当てをする. ◆ **～·er** *n* ［?OF (dial) ＜ PIECE］

patch² *n* 《宮廷などの》道化(師); 《口》ばか, まぬけ. ［? It (dial)］

Patch パッチ **Sam** ～ (1807?–29) 《米国のダイビングの名手; Rochester の Genesee 滝で失敗して死亡》.

pátch·bòard *n* 〖電子工〗《patch cord で回路接続をする》プラグ盤, 配線盤, パッチ盤 (＝*patch panel*).

pátch còrd 〖電〗パッチコード《両端に差し込みの付いた臨時接続用コード》.

pátch·ery *n* つぎはぎ(細工); つぎはぎ材料; 取りつくろい.

pátch lèad /-lìːd/ 〖電〗PATCH CORD.

patch·ou·li, -ly, pach·ou·li /pǽtʃəli, pətʃúːli/ *n* 〖植〗パチョリ《1) インド・ミャンマー原産のシソ科ヒゲオシベ属[ポゴステモン属]の亜低木 2) その葉から作る香料》. ［(Madras)］

pátch pànel PATCHBOARD.

pátch pócket 〖洋裁〗縫付けポケット, パッチポケット.

pátch rèef 離礁《孤立して散在する小さなサンゴ礁》.

pátch tèst 〖医〗貼布(ちょう)試験, パッチテスト《アレルギーの皮内反応の代わりに小布に抗原を付けて貼り 発赤の有無などをみる試験; cf. SCRATCH TEST》.

pátch-ùp *n* つぎ当て, 補修. ► *a* つぎはぎ的な, 補修の.

pátch·wòrk *n* パッチワーク《いろいろな形・色の布や皮のはぎ合わせ細工》; 寄せ集め, ごたまぜ; やっつけ仕事; 取りつくろい, 弥縫(びほう)策. ◆ **～ed** *a*

pátchwork quílt **1** パッチワーク(で作った)キルト. **2** 寄せ集め, ごたまぜ (patchwork).

pátchy *a* つぎはぎだらけの, 寄せ集めの, とぎれとぎれの; むらのある, 一様でない, ばらばらの; 小土地を寄せ集めた: a ～ garden / ～ fog 《天気予報で》所により霧. ◆ **pátch·i·ly** *adv* **-i·ness** *n*

patd patented.

pát-dòwn *n* ボディーチェック (frisk).

pate /péɪt/ *n* 頭; 脳天; [ᵁ*derog*] おつむ, 頭脳: an empty ～ あほう / a bald ～ はげ頭, やかん頭. ［ME＜?］

pâte /*F* pɑːt/ *n* 糊 (paste); 〖窯〗粘土.

pâ·té /pɑːtéɪ, pæ-; pǽtèɪ; *F* pɑte/ *n* **1 a** パテ《鶏肉・レバーなどに香辛料を加えてペースト状にしたもの; 通例 薄切りにして前菜とする》. **b** 肉[魚など]入り小型パイ. **2** 〖城〗馬蹄状護堤堡(ほう). ［F＝PASTY²］

páte bri·sée /*F* pɑːt brize/ パート・ブリゼ《タルトの台などに用いる敷き込み用パイ生地》. ［F＝broken pastry］

pat·ed /péɪtəd/ *a* [ᵁ*compd*] 頭が…の, …頭の: curly-～ 縮れ毛頭の / ADDLEPATED, FEATHERPATED.

pâ·té de foie gras /*F* pɑte də fwa grɑ/ (*pl* **pâ·tés de foie gras** /—/) 〖料理〗フォアグラのパテ.

pa·tel·la /pətélə/ *n* (*pl* **-lae** /-li, -làɪ/, **～s**) 〖解〗膝蓋(しつがい), ひざがしら; 〖解〗膝蓋骨; 〖動・植〗皿状[杯状]部; 〖考古〗小皿. ◆ **pa·tél·lar** *a* ［L＝pan (dim) ＜ PATEN］

patéllar réflex 〖生理〗膝蓋(腱)反射 (knee jerk).

pa·tel·late /pətélət, -èɪt/ *a* 膝蓋(骨) (patella) を有する; 吸盤を有する; 〖植〗PATELLIFORM.

pa·tél·li·fòrm /pətélə-/ *a* 〖植〗小皿[小盤]状の; 〖解〗膝蓋状の.

pat·en /pǽtn/ *n* 〖教会〗聖体皿, パテナ; 《金属製の薄い》円皿. ［OF or L PATINA²］

pa·ten·cy /péɪt(ə)nsi, pǽt-/ *n* 明白; 開放(性); 〖音〗声道の開放度; 〖医〗開存[開通]性《便通などがあること》.

Patenier ⇨ PATINIR.

pat·ent /pǽt(ə)nt, péɪ-/ *n* **1 a** 特許(権), パテント; (専売)特許証, 特許状 〈*for, on*〉; (専売)特許品: apply for [obtain] a ～ 特許を出願する[取る] / ～ application 特許の出願. **b** *公有地譲渡[下付]証書. **c** 特権, 免許. **2** 独特のもの[やり方]; しるし, 特徴. **3** エナメル革 (patent leather); [*pl*] エナメル革の靴. ► *vt* **1 a** …の(専売)特許を取る[与える]; …に特許権を与える: ～ an invention 発明品の特許を取る. **b** 自己のものとして確立する. **2** *公有地譲渡証書により譲渡する. **3** 〖冶〗〈鋼線〉にパテンティングをする《変態点以上に加熱し, 次いで冷間加工できるように冷却する》. ► *a* **1 a** (専売)特許の[に関する], 特許権をもつ; 商標登録された. **b** 《口》新奇な, 独特の, 独自の (patented). **2** 〖医〗開存[開通]性の; 開放されている, 利用できる; 〖動〗開いた, 展開した, 〖植〗広がる, 開出の: LETTERS PATENT. **3** 明白な, 明らかな, 歴然たる, 判然とした, 見え透いた; 〖医〗《寄生虫感染について》組織[便]から寄生虫が検出される段階の, 顕性の; 《古》さらされた. **4** 〈板ガラスが〉両面磨き上げた. ◆ **～·able** *a* 特許権を受けられる, 特許性のある. **～·abílity** *n* 特許資格, 特許性. ［OF＜L (*pateo* to lie open); (n) は *letters patent* open letters から］

pátent àgent 弁理士.

pátent ambigúity 〖法〗明白なる意味不明瞭《公式文書の文言自体によるあいまい性; cf. LATENT AMBIGUITY》.

pátent attòrney* 弁理士.

pátent·ed *a* **1** 特許で保護された: a ～ invention 特許発明. **2** 独自の, 独特の, (その人)ならではの.

pat·en·tee /pæ̀t(ə)ntíː, pèɪ-/ *n* 特許権(所有)者.

pátent fástener 《アイル》SNAP FASTENER.

pátent flóur パテント粉《極上小麦粉》.

pátent léather エナメル革, パテントレザー《表面を塗装仕上げして光沢を出した(人造)皮革》.

pátent lóg 〖海〗曳航(えいこう)測程器, パテントログ.

pátent·ly *adv* 明らかに; 公然と (openly).

pátent médicine 特許医薬品; 売薬.

pátent òffice [ᴼthe P- O-] 特許局[庁]《略 PO, Pat. Off.; 米国での公式名称は the Patent and Trademark Office》.

pat·en·tor /pǽtntər, *pæ̀tntɔ́ːr, ᴴpéɪ-/ *n* 特許権授与者; 《誤用》PATENTEE.

pátent rìght (発明)特許権.

pátent ròlls *pl* 〖英〗開封勅許状簿《一年分の letters patent の公式記録簿》.

pátent stíll パテントスチル《連結式の蒸留器》.

pátent théatre 〖英〗特許劇場《女王の勅許証をもつ》.

pátent tròll パテントトロール, 特許ゴロ《休眠特許を多数買い取り, 将来他の企業が知らずに使用した場合に訴訟を起こして巨額の賠償金や契約金を得ようとするあこぎな企業》.

pa·ter /péɪtər/ *n* ᴴ《古風》おやじ, 父 (cf. MATER) 《パブリックスクールの生徒がつかう》; 〖人〗法律上の父親 (cf. GENITOR); /, pάːtər, *pǽtər/ [ᴼP-] 主の祈り (Paternoster). ［L］

Pater ペイター **Walter (Horatio)** ～ (1839–94) 《英国の批評家・随筆家・小説家; 芸術至上主義を唱えた; *Studies in the History of the Renaissance* (1873), *Marius the Epicurean* (1885)》. ◆ **Pàter·ésque, Pa·ter·i·an** /peɪtériən, -tíər-/ *a*

pat·era /pǽtərə/ *n* (*pl* **-er·ae** /-tərìː/) **1** パテラ《古代ローマで神酒などを入れた浅い皿》. **2** 〖建〗皿飾り, パテラ《円形の浮彫り装飾》. **3** 〖天〗パテラ《広くて浅いクレーター状の地形》.

pa·ter·fa·mil·i·as /pèɪtərfəmíliəs, pæ̀tər-/ *n* (*pl* **pa·tres-** /pèɪtrìːz-/) 家父, 家長 (cf. MATERFAMILIAS); 〖ローマ法〗家父長(権); 〖ローマ法〗《他人の家父長権下にない》自(主)権者; 《運動・学問などの》創始者. ［L＝father (i.e. master) of the household］

pa·ter·nal /pətɔ́ːrn(ə)l/ *a* 父の, 父らしい, 父としての (opp. *maternal*); 父方の, 父系の; 父親譲りの; 世襲の: be related on the ～ side 父方の親類である. ◆ **～·ly** *adv* 父らしく, 父親として. ［L (PATER)］

patérnal·ìsm *n* 父親的温情主義[干渉], パターナリズム. ◆ **-ist** *a, n* **pa·tèr·nal·ís·tic** *a* **-ti·cal·ly** *adv*

pa·ter·ni·ty /pətɔ́ːrnəti/ *n* 父たること, 父性; 父としての義務; 父系; [*fig*] 《一般に考えなどの》起源, 根源: recognition of ～ 父性[父子関係]の認知. ［OF or L (PATER)］

patérnity lèave 父親の育児休暇.

patérnity sùit 〖法〗父子関係確定訴訟.

patérnity tèst 《DNA などによる》実父確定検査, 親子鑑定.

pa·ter·nos·ter /pǽtərnὰstər, pὰːtər ⌐—, *péɪt-, *⌐—⌐—/ *n* **1** [ᴼP-] 《特に ラテン語の》主の祈り (Lord's Prayer) (cf. DEVIL'S PATERNOSTER); 祈りのことば, 呪文; 《数珠の》主の祈りの珠(たま) 《珠をつまぐりながら祈り, この珠に来た時に主の祈りを繰り返す》. **2 a** ロザリオ, 数珠 (rosary). **b** 数珠形のもの; 〖釣〗一定間隔に針とおもりを付けた釣糸 (＝～ **line**); 循環エレベーター《停止しないので動いている間に乗降する》; 〖建〗玉縁繰形(くりかた). ［OE＜L *pater noster* our father］

Pa·ter Pa·tri·ae /pάːtər pάːtriàɪ/ 祖国の父《もと Cicero の添え名; 略 PP》. ［L］

Pat·er·son /pǽtərs(ə)n/ **1** パターソン (**1**) **A**(**ndrew**) **B**(**arton**) ～ (1864–1941) 《オーストラリアのジャーナリスト・詩人; ニックネームは 'Banjo' Paterson; 有名な歌 'Waltzing Matilda' の作者》 (**2**) **William** ～ (1658–1719) 《英国の財政家; スコットランド生まれ; Bank of England を設立 (1694)》. **2** パターソン《New Jersey 州北東部の市》.

Páterson's cúrse 《豪》〖植〗エキウム[シベナガムラサキ, シャゼンムラサキ]属の帰化植物, 《特に》シャゼンムラサキ《ふつう家畜に有毒な雑草とされている; cf. SALVATION JANE》. ［William *Paterson* (1755–1810) この草をもたらしたといわれる New South Wales 州 Albury の植木職人］

path /pǽθ; pάːθ/ *n* (*pl* **～s** /pǽðz, -θs; pάːðz/) **1** 踏み分け道, けもの道; 道, 路, 小路, 《車の通れない》小道, 散歩道; 競走路; 通路, 経路, 通り道, 行く手 〈*of* a comet〉; 'あみだ' のルート. **2** 《人生の》行路, 進路; 方針. **3** 〖数〗道《点や図形が与えられた条件の下で動いた時にできる道》. **4** 《神経刺激の》経路; 神経系. **5** 〖電算〗パス《ファイルシステムの大元から階層構造をたどって特定のファイルに至る経路》. ● **beat a ～** 踏み分けて[踏み固めて]道を作る, 道を切り開く; 殺到する, ひきもきらずにやって来る 〈*to* sb's door〉. **cross sb's ～**＝**cross the ～ of** sb 人に出会う; 人の行く手を動く, 人の計画を妨害する. **the ～ of least resistance**＝the line of least RESISTANCE. ［OE *pæth*; cf. G *Pfad*］

path- /pǽθ/, **patho-** /pǽθoʊ, -θə/ *comb form* 「病気」「感情」 ［Gk (*pathos* suffering, emotion)］

-path /pæ̀θ/ *n comb form* 「…療法医」「…病[症]患者」「…感応者」 ［逆成＜G *-pathie* -pathy］

path. pathological ♦ pathology.

Pa·than /pətάːn/ *n* パターン族 (PASHTUN). ［Hindi］

páth·brèak·er *n* 開拓者, 先達, 先駆.

páth·brèak·ing *a* 道を切り開く, 開拓者[先達]的な.

pa·thet·ic /pəθétɪk/, **-i·cal** *a* **1 a** 哀愁に満ちた, 哀れを誘う, 悲しい; 感傷的な: a ~ scene 愁嘆場. **b** 感情 (feeling) の; 情緒的な (emotional); 《廃》 感情を左右する. **2** 《口》 なさけない, ひどい, おそまつな. **3** ばかげた, おかしな. ◆ **-i·cal·ly** *adv* 悲痛に, あわれな[痛々しい]ほど. ［F, ＜Gk; ⇨ PATHOS］

pathétic fállacy [the] 感傷的虚偽《無生物も感情をもつとする考え方・表現法: the cruel sea など》.

pa·thét·ics *n pl* 感傷的表現[行為].

Pa·thet Lao /pá:θət lá:ʊ/ ラオス愛国戦線, パテトラオ《1950 年 Souphanouvong らが組織したラオスの左派勢力; 75 年全土を支配, 王政を廃止してラオス人民民主共和国を成立させた》.

páth·fìnd·er *n* 探検者 (explorer), 開拓者, 草分け; 《目的地点まで主力編隊を導く》誘導機, 先導機(操縦者); 〘空軍〙 航空機[ミサイル]誘導用レーダー. ◆ **páth·fìnd·ing** *n, a*

-path·ia /pǽθiə/ *n comb form* 「…症[病] (=*-pathy*)」 ［NL -PATHY］

path·ic /pǽθɪk/ *n* CATAMITE, MINION, VICTIM.

-path·ic /pǽθɪk/ *a comb form* 「…感応の」「…症の」「…療法の」 (cf. -PATHY): tele*pathic*, homeo*pathic*. ［L＜Gk］

páth·less *a* 道のない, 前人未踏の, 未開拓の. ◆ **~·ness** *n*

páth·nàme *n* 〘電算〙《ファイルをその所在と共に表わす》パス名.

patho- /pǽθoʊ, -θə/ ⇨ PATH-.

pàtho·biólogy *n* 病理生物学 (pathology).

patho·gen /pǽθəʤən, -ʤèn/, **-gene** /-ʤì:n/ *n* 病原体.

pàtho·génesis, pa·thog·e·ny /pəθáʤəni/ *n* 病原(論), 病因(論).

pàtho·genétic *a* PATHOGENESIS の; PATHOGENIC.

pàtho·génic *a* 発病させる; 病原(性)の; PATHOGENETIC. ◆ **-i·cal·ly** *adv* **-gén·i·ty** /-ʤénəti/ *n*

patho·ge·nic·i·ty /pæ̀θəʤənísəti/ *n* 〘医〙 病原性.

pa·thog·e·nous /pəθáʤənəs/ *a* PATHOGENIC.

pa·thog·no·mon·ic /pæ̀θə(g)noʊmánɪk/ *a* 〘医〙 (疾病)特徴的な, 病徴的な.

pa·thog·no·my /pəθágnəmi/ *n* 感情(表出)の研究.

pa·thog·ra·phy /pəθágrəfi/ *n* 〘(精神)医〙 病跡(学), 病誌, パトグラフィー; 不幸な面 (病苦など) を強調した伝記, 哀史.

pathol. pathological ◆ pathology.

patho·log·i·cal /pæ̀θəláʤɪk(ə)l/, **-ic** *a* 病理学(上)の; 病気による[に伴う]; 《口》 病的な, 異常な; 治療の. ◆ **-i·cal·ly** *adv*

pa·thol·o·gize /pəθáləʤàɪz/ *vt* 《特に 精神的に》病的とみなす, 病理化する. ◆ **pa·thòl·o·gi·zá·tion** *n*

pa·thol·o·gy /pəθáləʤi/ *n* 病理学; 病理; 病状; 《物などの》異常; 《社会などの》乱れ, 弊害, 病い. ◆ **-gist** *n* 病理学者, 病理医. ［F or L (*patho-*, *-logy*)］

pa·thom·e·ter /pəθámətər/ *n* パソメーター《体の導電率の変化を測定する装置; うそ発見器として用いる》.

pàtho·morphólogy *n* 病理形態学. ◆ **-morphológical, -ic** *a*

pàtho·physiólogy *n* 異常[病態]生理学; 〘医〙 特定の病気・症候群に伴う機能上の変化. ◆ **-physiológical, -ic** *a* **-physio-lógical·ly** *adv*

pa·thos /péɪθàs, *-θɔ̀:s, *-θòʊs/ *n* 哀れを誘う力[もの, 調子]; 悲哀(感), ペーソス; 〘哲〙 情念, パトス; 《古・詩》 悲痛. ［Gk=suffering (*paskhō* to suffer)］

pátho·tỳpe *n* 病原型.

páth·wày *n* 小道, 細道 (path); 〘生化〙 経路; 神経系: biosynthetic [metabolic] ~ 生合成[代謝]経路.

-p·a·thy /⌐pəθi/ *n comb form* 「苦痛」「感情」「感応」「…症[病]」「…療法」: tele*pathy*, homeo*pathy*, osteo*pathy*. ［L (Gk *patheia* suffering)］

Pa·ti·a·la /pʌ̀tiá:lə/ パティアラ (1) インド北西部の旧州; 現在は Punjab 州の一部 2) Punjab 州東部の市, 旧パティアラ州の州都》.

pa·tience /péɪʃ(ə)ns/ *n* **1** 忍耐, 辛抱強さ, 根気, 堅忍, がんばり; 《廃》 容認: *P*~ is a virtue. 《諺》 忍耐は美徳なり / Have ~! 我慢しなさい; まあまあしばらく / the ~ of Job (ヨブのような)並はずれた忍耐. **2** ″〘トランプ〙 一人遊び[占い] (solitaire*). **3** 〘植〙 ワセスイバ (=~ **dòck**) 《タデ科ギシギシ属の多年草; 以前 蔬菜として栽培された》. **4** [P-] ペイシェンス《女子名; 愛称 Patty, Pattie》. ● **have no ~ with [toward]**…には我慢がならない. **lose (one's) ~** 我慢できなくなる, キレる 〈*with*〉. **My ~!** 《俗》 おやおや, しまった. **out of ~ with**…に愛想をつかして. **try [test] sb's ~** 人をいらいらさせる. ［OF＜L (↓)］

pá·tient *a* **1** 忍耐[辛抱, 我慢]強い; 気長な, 慎重な; 《英では古》 耐えられる 〈*of*〉: He is ~ *with* others. 人に寛容だ / Sailors are ~ *of* hardships. 船乗りは苦難によく耐える. **2** 許容する, 余地がある 〈*of*〉: The fact is ~ *of* two interpretations. この事実は二通りの解釈が可能だ. ► *n* 《医者からみた》患者, 病人, 受診者; 《美容院などの》客; 受動者 (opp. *agent*); 《古》 受難者, 犠牲者 (sufferer). ◆ **~·ly** *adv* 根気よく, 気長に. **~·hòod** *n* 患者であること[状態]. ［OF＜L; ⇨ PASSION］

pátient-dáy *n* 患者日《医療機関における患者 1 人に要する 1 日当たりの経費》. ［*man-day* にならったもの］

pátient dùmping 《病院による》患者の厄介払い, ダンピング《低所得者や保険未加入者の診療を拒否すること》.

pat·in /pǽtn; pǽtɪn/ *n* PATEN.

pat·i·na[1] /pǽt(ə)nə, pətí:-/ *n* (*pl* **~s, -nae** /pǽt(ə)nì:, pətí:-, -nàɪ/) **1** 青さび, 緑青(ろくしょう); パチナ《岩石表面にできる薄膜》. **2** 《年代を経た家具などの》古つや, 古色, さび; 《長い間にそなわった》風貌, 風格, 趣き, 雰囲気, オーラ: a ~ of success 成功者然とした感じ. ［It =coating＜L; ⇨ PATEN］

patina[2] *n* (*pl* **~s, -nae**) 〘カト〙 PATEN; 〘古ロ〙 浅い大皿. ◆ **pat·i·nous** /pǽt(ə)nəs/ *a* ［L＜Gk=plate］

pat·i·nate /pǽt(ə)nèɪt/ *vt, vi* (…に) PATINA[1] をつける[がつく]. ◆ **pát·i·nàt·ed** *a*

pat·i·na·tion /pæ̀t(ə)néɪʃ(ə)n/ *n* さび, 古色; 《人為的に》さび[古色]をおびさせること.

pa·tine /pətí:n/ *n* PATEN; PATINA[1]. ► *vt* PATINATE.

Pa·ti·nir, Pa·ti·nier, Pa·te·nier /pɑ̀:təníər/ パティニール Joachim (de) ~ (c. 1485–1524)《フランドルの画家; 西洋で最初にもっぱら風景を描いた画家といわれる》.

pat·i·nize /pǽt(ə)nàɪz/ *vt, vi* PATINATE.

pat·io /pǽtiòʊ, pá:-/ *n* (*pl* **pát·i·òs**) スペイン風中庭, パティオ (inner court); パティオ《庭の家寄りに食事・喫茶などのできるようにしたテラス》. ［Sp］

pátio dòor パティオドア《パティオ・庭・バルコニーに通じるガラスの引戸》.

pátio ròse 〘植〙 パティオローズ《小型のフロリバンダ (floribunda) 種のバラ》.

pa·tis·se·rie /pətísəri, -tí:-/ *n* 《フランス風の》ペストリー (French pastry) (の店), ケーキ屋, パティスリ. ［F＜L=pastry; ⇨ PASTE[1]］

pâ·tis·sier, pa·tis·sier /pɑ:tɪsjéɪ/ *n* ケーキ屋[職人], パティシエ. ［F］

pat·ka /pʌ́tkɑ:, -kə/ *n* パトカ《シク教徒の若者が頭に巻くターバン》. ［Punjabi＜Skt］

Pát Malóne /-məlóʊn/ [次の成句で]: **on one's ~** 《豪口》 ひとりで (alone)《しばしば pat と略される; cf. PAT》.

Pat·more /pǽtmɔ̀:r/ パトモア **Coventry (Kersey Dighton)** ~ (1823–96)《英国の詩人; *The Angel in the House* (1854–62)》.

Pat·mos /pǽtməs/ パトモス《エーゲ海の Dodecanese 諸島北西部の島; St John が流刑になり,「黙示録」を書いたと伝えられた; *Rev* 1: 9》.

Pat·na /pǽtnə, pʌ́t-/ パトナー《インド北東部 Bihar 州の州都; 米作地帯の中心》.

Pátna ríce パトナ米(まい)《インド原産の細長い硬質米》.

pa·to /pá:toʊ/ *n* (*pl* **~s**)*《俗》 ホモ. ［Sp=duck[1]］

Pat. Off. °Patent Office.

pa·tois /pǽtwɑ:, pá:-/ *n* (*pl* ~ /-z/) 《特に フランス語の》国なまり, 方言, 俚言(りげん); 《特定集団の》仲間ことば, 隠語. ［F=rustic speech＜?OF *patoier* to treat roughly］

Pa·ton /péɪtn/ ペイトン **Alan (Stewart)** ~ (1903–88)《南アフリカの作家; 長篇小説 *Cry, the Beloved Country* (1948) でアパルトヘイトの悲惨さを訴えた》.

pa·toot /pətú:t/ *n**《俗》 尻 (patootie). ［potato (=man) を使って *sweet potato* を sweetheart の代わりにしたものか］

pa·too·tie /pətú:ti/*《俗》 *n* **1** 恋人, 女の子, かわい子ちゃん. **2** 尻 (buttocks). ● BET **one's sweet ~.**

Pa·tos /pǽtəs/ ■ **La·góa dos** /ləgóʊə dəs/ **~** パトス湖《ブラジル南端の大西洋岸にある潟湖(せきこ); 北端に港湾都市 Pôrto Alegre, 南端に Rio Grande 港がある》.

pat. pend. patent pending.

patr- /pǽtr, péɪtr/, **pat·ri-** /pǽtrə, péɪtrə/, **pat·ro-** /pǽtroʊ, -rə/ *comb form* 「父」 (cf. MATR-). ［L＜Gk (PATER)］

Pat·raï·kós Kól·pos /pɑ̀:traɪkɔ́:s kɔ́:lpɔ:s/ パートレ[パトラス]湾 (=**Gúlf of Patrás**)《ギリシア中西部の Ionian 海に臨む湾; 東方の Corinth 湾と Lepanto 海峡でつながる; 湾岸に Patras 市がある》.

Pa·tras /pətrǽs, pǽtrəs/ パートレ, パトラス (ModGk **Pá·trai** /pá:trɛ/)《ギリシア南部 Peloponnesus 半島の市・港町; パートレ湾に臨む; 古代名 **Pa·trae** /péɪtri, pá:traɪ/》.

patresfamilias *n* PATERFAMILIAS の複数形.

pa·tri·al /péɪtriəl/ *a* 母国の; ″《英国生まれの(祖)父母の関係で》英国居住権をもつ; 《語が》《国名・地名に由来して》国民[種族]を示す. ► *n* ″英国居住権をもつ人. ◆ **pa·tri·al·i·ty** /pèɪtriǽləti/ *n*

pa·tri·arch /péɪtriɑ̀:rk/ *n* **1 a** 家父長, 族長; 長老, 古老 (cf. MATRIARCH). **b** [*pl*] 〘聖〙 族長 (1) イスラエル人の祖としての Abraham, Isaac, Jacob および彼らの祖先 2) イスラエル 12 支族の祖としての Jacob の 12 人の子たち》. **c** 大祖 (antediluvian patriarchs) 《Adam から Noah までの人類の祖》. **2** 《教団・学派などの》創始者, 開祖, 鼻祖. **3 a** 〘カト〙 ローマ教皇, 総大司教. **b** 〘キ教〙 総主教《5 世紀以後 Constantinople, Alexandria, Antioch, Jerusalem, Rome の大主教; のち Rome は教皇と呼ぶようになった; 現在 東方正教会ではロシア・ルーマニア・セルビアなどの主教も指す; またコプト・アルメニア・シリア教会などの総主教). **c**〘モルモン教〙(大)祝福師. ◆ **pà·tri·ár·chic** *a* ［OF, <Gk (*patria* family, *arkhēs* ruler)］

pa·tri·ar·chal /pèɪtriɑ́:rk(ə)l/ *a* PATRIARCH の; PATRIARCHY の; 家父長[族長]のような, 長老[古老]らしい. ◆ **~·ly** *adv*

patriárchal cróss 総大司教十字(☨ 形).

pátriarch·ate *n* PATRIARCH の位[職権, 任期, 管区, 公邸]; PATRIARCHY.

pá·tri·àr·chy *n* 家父長[父権]制, 家父長[父権]政治; 父権社会. ◆ **-àrch·ism** *n*

pa·tri·ate /péɪtrièɪt/ *vt* 《カナダ》〈憲法を〉改正する権限をイギリス政府からカナダ連邦政府に委譲する.

pa·tri·cén·tric /pæ̀trə-, pèɪ-/ *a* 父親中心の.

Pa·tri·cia /pətríʃ(i)ə, -trí:-/ パトリシア, パトリーシャ《女子名; 愛称 Paddy, Pat, Patty, Pattie》. ［L (fem); ⇨ PATRICK］

pa·tri·cian /pətríʃ(ə)n/ *n* **1**〘古ロ〙**a** 貴族, パトリキウス (cf. PLEBEIAN). **b**《Constantine 帝以後の皇帝が授けた》貴族《ビザンティン皇帝によってイタリア・アフリカ総督に任じられた》. **2**《中世イタリア諸共和国・ドイツ自由都市の》貴族. **3**《一般に》高位者, 貴族; 育ちのよい人, 名門の士. ► *a* 貴族の; 高貴な; 貴族らしい[にふさわしい]; 寡頭政治的な. ◆ **~·ship** *n* ［OF<L *patricius* having noble father (PATER)］

pa·tri·ci·ate /pətríʃiət, -èɪt/ *n* 貴族階級 (aristocracy), 貴族社会; 貴族の地位;〘古ロ〙PATRICIAN の地位[階級].

pat·ri·cide /pǽtrəsàɪd/ *n* 父(親)殺し《犯罪; その犯人; cf. MATRICIDE》. ◆ **pàt·ri·cí·dal** *a* ［L; ⇨ PARRICIDE］

Pat·rick /pǽtrɪk/ **1** パトリック《男子名; 愛称 Pat, Paddy》. **2** [Saint] 聖パトリック (389?–?461)《アイルランドの守護聖人, 祝日 3 月 17 日; アイルランドから毒虫と蛇を追放したと伝えられる》: the cross of St. ~ 白地に赤の X 形十字《アイルランドの旗章》/ SAINT PATRICK'S DAY. ［L=noble or patrician］

Pátrick Spéns [Spénce] [Sir] パトリック・スペンス《同名の伝承バラッドで歌われる, スコットランドの船長; スコットランド王の遣いとしてノルウェーに赴いたが, 帰途に難破して乗組員もろとも行方不明となる》.

pàtri·clínous *a* PATROCLINOUS.

pàtri·fócal *a* 父親中心の (patricentric).

pàtri·láteral *a* 父方の (paternal).

pàtri·líneage *n* 父系.

pàtri·líneal *a* 父系(制)の, 父方の. ◆ **~·ly** *adv*

pàtri·línear *a* PATRILINEAL.

pàtri·lócal *a*〘人〙父方居住の《夫婦が夫の家族または親族と共にあるいはその近くに居住する; cf. MATRILOCAL》. ◆ **-locálity** *n*

pat·ri·mo·ni·al /pæ̀trəmóuniəl/ *a* 先祖伝来の, 世襲の (hereditary). ◆ **~·ly** *adv*

patrimónial wáters [séa] 領海《通例 沿岸から 200 マイルの間》.

pat·ri·mo·ny /pǽtrəmòuni; -məni/ *n* 世襲財産, 家督; 家伝のもの, 遺伝, 伝承; 歴史的遺産; 教会[寺院]基本財産. ［OF<L (PATER)］

Pátrimony of St. Péter [the] (聖)ペテロ世襲領《教皇領 (Papal States) の別称; 聖ペテロ大聖堂に寄進されたローマ教会の世襲領としての領地がその起源となっていることから; 狭義には教皇領のうちローマ周辺部のみを指す》.

pa·tri·ot /péɪtriət, *-ɑ̀t, ᴵᴵpǽtriət/ *n* **1** 愛国者, 志士, 憂国の士《時に 米国の militia など反政府組織の自称》. **2** [P-]〘軍〙パトリオット《米国の地対空ミサイル(システム); 1976 年初試射; 全長 5.18 m》. ［F, <Gk (*patris* fatherland)］

pa·tri·ot·ic /pèɪtriɑ́tɪk; pæ̀t-, pèɪ-/ *a* 愛国の, 愛国的な; 愛国心の強い. ◆ **-i·cal·ly** *adv*

pátriot·ìsm *n* 愛国心.

Pátriots' Dày〘米〙愛国記念日《4 月 19 日; Maine, Massachusetts 両州の祭日; 1775 年の Lexington および Concord の戦いを記念》.

pàtri·potéstal *a*〘人〙父権(制)の (opp. *matripotestal*).

pa·tris·tic /pətrístɪk/, **-ti·cal** *a*《初代キリスト教の》教父の; 教父の著書研究の, 教父学の. ◆ **-ti·cal·ly** *adv*

pa·trís·tics *n* 教父学.

patro- /pǽtrou, -rə/ ⇨ PATR-.

pàtro·clínous, -clínal *a* 傾父遺伝の.

Pa·tro·clus /pətróukləs, -trɑ́k-/〘ギ神〙パトロクロス, パトロクレース《Achilles の友; Hector に殺された》.

pa·trol /pətróul/ *n* **1** 巡察, 巡視, 警邏(けいら), 偵察, 哨戒, パトロール. **2** 斥候(せっこう), 警戒兵, 巡査, 見まわり人; 哨戒艇, 哨戒機; 巡視[偵察, 警邏]隊; PATROL WAGON;〘ボーイスカウト・ガールスカウト〙班《6–8 名からなる》; ᴵᴵ《子供が道路を横断するところにいる》交通係. ● **on ~** 巡察[巡視, 警邏, パトロール]中の. ► *vi, vt* (**-ll-**) 巡察[パトロール]する; 一団となって歩く. ◆ **pa·tról·ler** *n* ［G *patrolle*<F (*patrouiller* to paddle in mud)］

patról càr パトロールカー, パトカー (squad car).

patról·man /-mən/ *n* (*pl* **-men** /-mən/) 巡視者; *外勤巡査, パトロール警官《受持ち区域を巡回する》, *巡査 (constableᴵᴵ) (⇨ POLICE); ᴵᴵ道路パトロール員《路上で困っている運転者を助ける》.

pa·trol·o·gy /pətrɑ́lədʒi/ *n*〘キ教〙教父(文献)学; 教父遺書[原典]集(成). ◆ **-gist** *n* **pàt·ro·lóg·i·cal** /pæ̀t-/ *a*

patról wàgon *囚人護送車 (=*Black Maria, paddy* [*pie*] *wagon, police wagon*).

patról·wòman *n* 婦人警邏官, 婦人パトロール警官.

pa·tron /péɪtrən/ *n* **1** 後援者, 支援者, パトロン, 保護者, 奨励者, 恩人. **2**《商店・旅館などの》客, 顧客, ひいき客, 常連, お得意;《図書館など施設の》利用者. **3** PATRON SAINT;〘古ロ〙《法廷で平民の》弁護人;〘古ロ〙隷属平民 (client) を保護する貴族;〘古ロ〙《解放奴隷の》旧主人;〘英国教〙聖職授与権者. **4**《フランスなどでホテルの》主人, 所有者; 友愛組合の支部長《男》. ◆ **pátron·ess** *n fem* ［OF<L =defender < PATER］

pá·tron·age /pǽtrə-, péɪ-/ *n* **1 a** 後援, 支援, 保護, 奨励, 引立て, 後見(的)行為, 寵遇;《商店などに対する》ひいき, 愛顧: under the ~ of…の後援[賛助]の下に, …御用(で). **b** 上位者[庇護者]ぶったふるまい[親切]. **2 a** [ˢ*derog*]《特に 官職の》任命権, 叙任権, 官職推挙権; 聖職授与権, 聖職者推挙権. **b** 役職[恩典]の分配. **c** 分配された役職《集合的》.

pátron·al /; pətróunl/ *a* 後援者[パトロン]の; 守護聖人 (patron saint) の.

pátron·ìze /; pǽtrə-/ *vt* 保護[守護]する, 後援[支援]する (support), 奨励する;〈店などを〉ひいきにする, しばしば訪れる, …のお得意さんである; …に対して上位者[上役, 庇護者]ぶってふるまう. ◆ **-ìz·er** *n* **pàtron·izátion** *n*

pát·ron·ìz·ing *a* 後援[支援]する, ひいきにする; 上位者[庇護者]ぶった, 相手を下に見ていたわる(ような)[親しげな] (condescending), 偉そうな. ◆ **~·ly** *adv*

pátron sáint 守護[保護]の聖人, 守護聖人, 守護神, 守り本尊;《政党などの》創始者, 始祖.

pat·ro·nym·ic /pæ̀trənímɪk/ *a, n* 父親[父系祖先]の名から採った(名), 父称(の)《John*son* (=son of John), William*s* (=son of William), *Mac*aulay (=son of Aulay), *O'*Connor (=son of Connor), *Fitz*Gerald (=son of Gerald) など; cf. MATRONYMIC》; 姓, 名字 (family name). ［L<Gk (*patr-, onoma* name)］

pa·troon /pətrú:n/ *n*〘米史〙パトルーン《元来オランダ治下の New York および New Jersey で荘園領主的特権を得ていた地主》; 《古》船長.

pat·sy[1] /pǽtsi/ *《俗》*n* あざけり[非難]の的にされる者, 貧乏くじを引くやつ; だまされやすいやつ, お人よし, カモ,《人の罪をかぶる》身代わり,《犠牲にされる》捨てゴマ. ［?It *pazzo* fool］

patsy[2] *a* *《俗》文句なしの, (なかなか)いい, 悪くない.

Pátsy Clíne 《韻俗》線状に盛ったコカイン (line). ［Patsy CLINE］

pat·tée /pætéɪ, ⸗⸗, pǽti/ *a*〘紋〙〈十字が〉4 つの腕がそれぞれカーブを描きながら先の広がった形の. ［PATY］

pat·ten /pǽtn/ *n* [ᵘ*pl*] パッテン《鉄輪の歯をつけたりして底を高くしたぬかるみ用の靴[オーバーシューズ]》;〘建〙柱脚, 壁脚. ［OF *patin* (*patte* paw)］

Patten パッテン **Chris**(**topher Francis**) ~, Baron ~ of Barnes (1944–)《英国の政治家; 最後の香港総督 (1992–97)》.

pat·ter[1] /pǽtər/ *vi* パラパラと降る, パタパタと音をたてる 〈*against, on*〉; パタパタと小刻みで走る. ► *vt* …にパラパラと音をたてさせる. ► *n* パタパタ[パラパラ]という音(をたてること). ● **the ~ of tiny feet** [ᵘ*joc*]《家庭における》幼児の走りまわる音《生まれてくる子供について用いる; Longfellow の詩 'The Children's Hour' より》. [*pat*[1]]

patter[2] *n*《ある社会の》符牒, 隠語; [ᵘconjuror's ~]《魔法使い・手品師の》呪文;《客引きの》呼び込み; 早口のおしゃべり;《コメディアンなどの》早口の語り; PATTER SONG. ► *vt, vi* 早口にしゃべる[ネタを語る]; 〈お祈りなどを〉早口に唱える;《俗》隠語をしゃべる. ◆ **~·er** *n* ［ME *pater*=PATERNOSTER］

patter[3] *n* PAT[1] する人[もの].

pat·tern /pǽtərn/ *n* **1** 図案, 図形, 模様, 縞柄(しまがら);〘軍〙射弾散布型, 標的上の弾痕, パターン;〘テレビ〙TEST PATTERN. **2** 型, 種類, タイプ; 行動[思考]様式, パターン;〘言〙パターン, 秩序, 配列: a machine of a new ~ 新型の機械. **3**《洋服・鋳物などの》原型, 模型 (model), ひな型, 鋳型, 木型,〘洋裁〙型紙, *一着分(の服地): a paper ~ 型紙. **4** 見本 (sample); 模範, 手本, かがみ;〘空〙着陸パターン《着陸接近中の航空機の着陸航空路》;〘アメフト〙攻撃パターン: She is a ~ of virtue. 婦徳のかがみである / [〈*a*〉] a ~ wife 模範的な細君. **5***《俗》《麻薬による》幻覚(症状). **6**《アイル》守護聖人の祭. ► *vt* 型[手本]にならってつくる 〈*after, on*〉; …に模様をつける; 《まれ》まねる, かたどる: ~ sth *after* [*on*] a model / ~ oneself *on* sb 人をまねる[手本とする]. ► *vi* 模倣する 〈*after, on*〉;〘言〙パターンをなす,《一定の型に》配列される. ◆ **~ed** *a* 模様[柄]のはいった 〈*with*〉. **~·less** *a* ［PATRON=example; 現在の意味・語形は 16–17 世紀より］

páttern bòmbing AREA BOMBING.

páttern glàss パタングラス, 装飾模様付きガラス製品.

páttern·ing *n* 模倣; 企画, デザイン; 芸術的パターン, 模様, 柄,紋;〖社〗《慣習などの》様式;〖医〗パタニング《筋運動からのフィードバックによる精神遅滞児などに対する物理療法》.

páttern·màker *n* ひな型[鋳型, 模型]製作者, 鋳型メーカー; 図案家.

páttern ròom [shòp] 《鋳物工場の》鋳型作成場.

pátter sòng 《ミュージカルなどの》滑稽味を出すために単純な調子の早口ことば[せりふ]を盛り込んだ歌.

Pat·ti /pǽti, pá:ti/ パッティ **Adelina** ～ (1843–1919)《スペイン生まれのイタリアのコロラトゥーラソプラノ》.

Pat·ti·son /pǽtəs(ə)n/ パティソン **Mark** ～ (1813–84)《英国の著述家・教育者》.

Pat·ton /pǽtn/ パットン **George S**(**mith**) ～ (1885–1945)《米国の将軍; 戦車軍団の指揮者》.

pat·tu, pat·too, put·too /pátu/ *n* (*pl* ～**s**) パツー《インド北部のカブールヤギの毛を用いたツイードに似た織物》; パツーの毛布. [Hindi]

pat·ty[1], **pat·tie** /pǽti/ *n* 小型のパイ; *パティ《(**1**) 挽肉などを薄い円形に成型したもの (**2**) 薄い円形の砂糖菓子》; PATTY SHELL. [F PÂTÉ; 語形は *pasty*[2] の影響]

patty[2] *n**《俗》白人 (paddy).

Patty, Pattie パティー《女子名; Patience, Patricia, Martha, Matilda の愛称》.

pátty-càke *n* PAT-A-CAKE.

pátty mèlt* パティメルト《牛肉のパティにチーズを載せて焼いたもの; パンに載せて食べる》.

pátty·pàn *n* 菓子鍋; パイ焼き鍋;〖植〗パティパン (=*cymling*) (=～ **squàsh**)《ペポカボチャ (summer squash) の一品種; 平たくて縦溝があり, 縁がホタテガイの殻のようにみえる》.

pátty shèll 〖料理〗《肉・魚・野菜・果物・クリームなどを詰める》パイ地のケース.

pa·tu /pá:tu/ *n* 《NZ》パトゥ《石・木・鯨骨製のマオリ族の短い棍棒型の武器; 端が末広がりの両刃となっている; 現在は儀式用》. [Maori]

pat·u·lous /pǽtʃələs; pǽtjʊ-/ *a* 口を開いた, 広がった;〖植〗開出の, 散開した. ♦ **～·ly** *adv* **～·ness** *n*

pa·tu·tu·ki /pá:tutù:ki/ *n* 《NZ》トラギス科の海産食用魚 (blue cod).

paty /pǽti/ *a* 〖紋〗末端が広くなった形の (=*formée*).

pat·zer /pá:tsər, pǽtsər/ *n* 《俗》へぼチェスプレーヤー.

Pau /*F* po/ **1** ポー《フランス南西部 Pyrénées-Atlantiques 県の県都》. **2** [the] ポー川 (F **Gave de Pau** /ga:vd(ə)-/)《Hautes-Pyrénées 県に発し Pau 市を通って北西に流れる》.

PAU °Pan-American Union.

paua /páʊə/ *n* 〖貝〗ヘリトリアワビ《ニュージーランド産; 貝殻は飾り・釣針として用いられる》. [Maori]

pau·ci- /pɔ́:sə/ *comb form* FEW[1], LITTLE の意. [L (*paucus* little)]

pau·cis ver·bis /páukì:s wérbì:s/ 少しのことばで; 要約すれば, かいつまんで. [L=in few words]

pau·ci·ty /pɔ́:səti/ *n* 少数, 少量; 不足, 払底, 不十分. [OF or L (*paucus* few)]

Paul /pɔ́:l/ **1** ポール《男子名》. **2 a** (**1**) ポール **'Les'** ～ (1915–2009)《米国のポップジャズギタリスト・ギター製作者・録音技術者; 本名 Lester Polfus》 (**2**) **Lewis** ～ (d. 1759)《英国の発明家; John Wyatt と協力して回転ローラーによる紡績機を考案した》. **b** [°Saint] パウロ (d. A.D. 67?)《もとの名は Saul; キリスト教徒の迫害者から転じて熱烈な布教者となり, 小アジア・ギリシアに伝道旅行をした; 新約聖書のパウロの手紙の著者; 祝日 6 月 29 日》. **c** 《ローマ教皇》パウルス (**1**) ～ **III** (1468–1549)《在位 1534–49; 俗名 Alessandro Farnese; イングランド王 Henry 8 世を破門, 反宗教改革を推進, イエズス会設立を承認し, Trent 公会議を開催した》 (**2**) ～ **V** (1552–1621)《在位 1605–21; 俗名 Camillo Borghese》 (**3**) ～ **VI** (1897–1978)《在位 1963–78; 俗名 Giovanni Battista Montini》. **d** パウル (**1**) **Jean** ～ ⇨ Johann ～ Friedrich RICHTER (**2**) **Wolfgang** ～ (1913–93)《ドイツの物理学者; イオンを一定の空間に閉じ込める方法を開発, 精密な観測を可能にした; ノーベル物理学賞 (1989)》. **e** パーヴェル ～ **I** (1754–1801)《ロシア皇帝 (1796–1801); ロシア語の本名 Pavel Petrovich; Catherine 2 世の息子で, 後継者》. **f** パウロス ～ **I** (1901–64)《ギリシア国王 (1947–64); Constantine 1 世の子》. [L=little]

Pau·la /pɔ́:lə/ ポーラ《女子名》. [G (fem); ↑]

Paul-Bon·cour /*F* pɔlbɔ̃ku:r/ ポール-ボンクール **Joseph** ～ (1873–1972)《フランスの政治家・外交官; 首相兼外相 (1932–33)》.

Pául Bún·yan /-bʌ́njən/ **1** ポール・バニヤン《米国の伝説上の巨人で, とてつもない力持ちのきこり; Babe という青い牛を連れている》. **2** 大力無双の大男.

paul·dron /pɔ́:ldrən/ *n* 《よろいの》肩鎧(けんがい)(かたよろい), 肩甲.

Pau·lette /pɔ:lét/ ポーレット《女子名》. [F (fem dim)<PAUL]

Pau·li /pɔ́:li, páuli/ パウリ **Wolfgang** ～ (1900–58)《オーストリア生まれの米国の物理学者; パウリの排他原理を発見 (1925); ノーベル物理学賞 (1945)》.

Páuli exclúsion prìnciple 〖量子力学〗パウリの排他原理 (exclusion principle). [↑]

Pau·li·na /pɔ:láɪnə, pə-/ ポーライナ《女子名》. [L (fem dim)<PAUL]

Paul·ine[1] /pɔ́:laɪn/ *a* **1** 使徒 PAUL (の著作)の; パウロの教えの[に従った]: the ～ Epistles〖新約〗パウロの手紙. **2** 《London の》St. Paul's School の. ► *n* St. Paul's School の生徒. [L (*Paulus* PAUL)]

Pau·line[2] /pɔ:lí:n, ˈˈ-ˊ-/ ポーリーン《女子名》. [F (fem dim)]

Pau·ling /pɔ́:lɪŋ/ ポーリング **Linus** (**Carl**) ～ (1901–94)《米国の化学者; 化学結合の性質の研究, 核実験反対運動で知られる; ノーベル化学賞 (1954), 平和賞 (1962)》.

Paul·in·ism /pɔ́:lənìz(ə)m/ *n* パウロ主義《使徒 Paul の教えによる思想; 信仰義認を中心とする》.

Pau·li·nus /pɔ:láɪnəs/ [Saint] 聖パウリヌス (d. 644)《ローマからのイングランドへの伝道者; 最初の York 大司教, のち Rochester 大司教》.

Páuli prìnciple PAULI EXCLUSION PRINCIPLE.

Pául·ist *n* **1**〖カト〗パウロ会員[会士]《1858 年 New York 市でカトリック司祭 I. T. Hecker (1819–88) によって設立された使徒パウロ伝道会 (Missionary Priests of St. Paul the Apostle) の会員》. **2** 《インドで》Goa の St. Paul 教会から来たイエズス会士.

Pau·lis·ta /pɔ:lístə/ *n* サンパウロ市民. [BrazilPort]

Pául Jónes ポールジョーンズ《一定の動作に従ってパートナーを替えていくダンス; パートナーを替えること》. [John Paul JONES]

pau·low·nia /pɔ:lóʊniə/ *n* 〖植〗キリ(桐).

Pául Prý 執拗にせんさくする人. [英国の劇作家 John Poole (1786–1872) の劇 *Paul Pry* (1825) 中の人物]

Pau·lus /pɔ́:ləs/ **1** ポーラス《男子名》. **2** /páuləs/ パウルス **Friedrich** ～ (1890–1957)《ドイツの陸軍元帥; Stalingrad でソ連の捕虜となり, 反 Hitler 宣伝に協力》. **3** パウルス **Julius** ～ (c. 190–c. 225)《ローマの法学者》. [L; ⇨ PAUL]

Pau·mó·tu Archipélago /paʊmóʊtu-/ [the] TUAMOTU ARCHIPELAGO.

paunch /pɔ́:ntʃ, *pá:ntʃ/ *n* **1** 太鼓腹, 布袋(ほてい)腹; 腹, 腹部;〖動〗瘤胃, ルーメン (=*rumen*)《反芻動物の第一胃》. **2**〖海〗当てむしろ;〖海〗すれ止め (=rubbing ～)《摩擦を防ぐためマストにつける保護材》. ► *vt* …の腹を切り裂く, …の腸[内臓]を抜く. ♦ **páunchy** *a* [*joc*] 太鼓腹の. **páunch·i·ness** *n* [AF *pa*(*u*)*nche*<L *pantic- pantex* bowels]

pau·per /pɔ́:pər/ *n* 〖史〗《救貧法の適用をうける》貧困者, 生活保護者; 貧者, 細民; 乞食;〖法〗《訴訟費用を免除される》貧民. ♦ **～·dom** *n* 貧窮; 貧民, 細民. **～·ìsm** *n* 《救済の必要のある》貧困状態. [L=poor]

páuper cósts *pl* 〖法〗貧民の訴訟費用 (opp. *dives costs*).

páuper·ìze *vt* 貧困化する. ♦ **pàuper·izátion** *n*

pau·piette /poʊpjét, -piét/ *n* ポーピエット《詰め物を薄い肉[魚]で巻いた料理》. [F]

pau·ro·metábolism /pɔ̀:roʊ-/ *n* 〖昆〗小変態《典型的な不完全変態》. ♦ **-me·táb·o·lous** /-mətǽbələs/ *a* **-metabólic** *a*

pau·ro·pod /pɔ́:rəpɑ̀d/ *n* 〖動〗少脚綱 (Pauropoda) の節足動物.

Pau·sa·ni·as /pɔ:séɪniəs/ パウサニアス《紀元 2 世紀のギリシアの旅行家・地誌学者;『ギリシア案内記』》.

pause /pɔ́:z/ *vi* 小休止する, 立ち止まる; 一時停止する; とぎれる; ためらう, 思案する; 待つ ⟨*for*⟩. ● **～ upon**…の所でしばらく止まる[思案する]; ⟨音⟩を続ける, 引く. ► *vt* 立ち止まらせる; ⟨CD などを⟩一時停止する. ► *n* 中止, 小休止(する理由), 《機械などの》一時停止(ボタン); 絶え間, とぎれ, ポーズ; 息つぎ; 句切り, 句読, 段落;〖韻〗休止;〖楽〗延声(記号)(𝄐 または 𝄑): a ～ to take breath 息をつく間 / make a ～ 小休止する; ひと息つく / in [at] ～ 中止[小休止]して; 躊躇して / without ～ 躊躇[中休み]しないで. ● **give** sb **～** (**for thought**) 人に躊躇させる, 再考を促す. ♦ **páus·er** *n* [OF or L *pausa*<Gk (*pauō* to stop)]

pav /pǽv/ *n* 《豪口》PAVLOVA.

pav·age /péɪvɪdʒ/ *n* 舗装(工事); 舗道税; 舗道税徴収権.

pa·vane /pəvá:n, -vǽn, pǽvən/, **pav·an, pav·in** /pǽvən/ *n* パヴァーヌ《宮廷風の優美な 16–17 世紀の舞踏(曲)》. [F<Sp (*pavon* peacock)]

Pav·a·rot·ti /pæ̀vərɑ́ti, pà:vɑ:rɔ́:ti/ パヴァロッティ **Luciano** ～ (1935–2007)《イタリア生まれのテノール》.

pave /péɪv/ *vt* **1** ⟨道路などを⟩舗装する, ⟨道路⟩に⟨砂利・煉瓦などを⟩敷く ⟨*with*⟩; ⟨…の表面を⟩おおう: ～ *with* stones 石畳を敷く / STREET ～*d with* gold / The road to HELL is ～*d with* good intentions. **2** ⟨道を⟩整える, 開く, …につなげる: ～ the way for [to] peace. **3** ⟨煉瓦などが⟩⟨道路・表面を⟩おおう. ● **～ over** ⟨土地を⟩一面に舗装する. ► *n* 舗道. [OF<L *pavio* to ram]

pa·vé /pəvéɪ, pǽveɪ; pǽveɪ/ *n* 舗装, 舗道;〖宝石〗パヴェ《地金が見えないように宝石をぎっしりはめ込むこと》. ► *a* 〖宝石〗パヴェの. [F (pp)<*paver* PAVE]

paved /péɪvd/ *a* 舗装された; PAVÉ.

pa·vé(e)d /pəvéɪd, pǽveɪd/ *a* PAVÉ.

páve·ment *n* 舗道 (opp. *dirt road*); ˈˈ《特に 舗装した》人道, 歩道 (sidewalk*); *車道 (roadway); 舗装, 舗床(用材); 舗石状の構

造部《密生した歯列など》. ● **hit the ～** *《俗》 歩き始める, 外へ[街へ]出かける (hit the bricks); *《俗》 ストをする. **on the ～** 往来を歩いて; 宿無しで, 捨てられて. POUND[3] **the ～**. [OF＜L＝hard floor; ⇨ PAVE]

pávement àrtist 大道画家 (**1**) [U]舗道にチョークで絵を描いて金をもらう人; 舗道で似顔を描いて金をもらう人 (sidewalk artist*) **2**) *歩道で自作の絵を売る人》.

pavement café /ˊ— —ˋ/ 歩道にテーブルを一部出しているレストラン.

pávement lìght 舗道窓《地下室へ採光するため舗道に埋め込んだガラス》.

pávement prìncess «CB 無線俗» 《時に無線で客を求める》 売春婦, 夜の女, 街娼.

pav·er /péɪvər/ *n* 舗装工; 舗装機械, ペーバー; 舗装材料.

Pa·ve·se /pɑːvéɪseɪ/ パヴェーゼ **Cesare ～** (1908–50) 《イタリアの作家·翻訳家》.

Pa·via /pəvíːə/ パヴィア 《イタリア北部 Lombardy 州の市; 古代名 Ticinum; 中世の教会·城が残っていて, '百の塔の都' といわれる》.

pav·id /pǽvəd/ *a* 臆病な, おずおずした (timid). [L]

pa·vil·ion /pəvíljən/ *n* **1 a** 《博覧会などの》 展示館, パヴィリオン; *ホール, スタジアム; 《公園·庭園の》 休憩所, あずまや; 大型テント, 大天幕. **b** [U]《野外競技場などの》 観覧席, 選手席[控室], 舞踏者席. **c** 《本館から突き出た》 別館, 別病棟, 〖建〗 パヴィリオン, 張出し. **2** «文» 天蓋 (canopy), 天空. **3** 〖宝石〗 パヴィリオン 《ブリリアント形宝石の girdle より下の面; cf. CROWN》. **4** 〖解〗 耳介. ► *vt* …にテントを張る, 大型テントでおおう; テント(など)に入れる. [OF＜L *papilion- papilio* butterfly]

pavílion ròof 〖建〗 《ピラミッド状の》 方形(ほうぎょう)屋根.

pa·vil·lon /*F* pavijɔ̃/ *n* 〖楽〗 《管楽器先端の》 朝顔.

pavin ⇨ PAVANE.

pav·ing /péɪvɪŋ/ *n* 舗床, 舗装(工事[用材]); [*pl*] 敷石; 舗道.

páving brìck 舗道煉瓦, 敷煉瓦.

páving stòne [slàb] 敷石 《舗装用》.

pav·ior | pav·iour /péɪvjər/ *n* 舗装工 (paver); 舗床機; 舗装用材; 堅焼きの建築用煉瓦. [*pave, -ier* -er]

pav·is(e) /pǽvəs/ *n* 〖史〗 《全身を守るための中世の》 大盾.

pav·is·er, pav·i·sor /pǽvəsər/ *n* 〖史〗 大盾をもつ弓兵[歩兵].

Pav·lov /pǽvlɔ̀(ː)f, pɑ́ːv-, -v/ パヴロフ **Ivan Petrovich ～** (1849–1936) 《ロシアの生理学者; 条件反射について研究, 大脳生理の解明に貢献; ノーベル生理学医学賞 (1904)》. ♦ **Pav·lov·ian** /pævlóːviən, -lóʊ-/ *a*

pav·lo·va /pævlóʊvə/ *n* [ᴼP-] パヴロヴァ 《もとはオーストラリア·ニュージーランドの, クリーム·フルーツを載せたメレンゲ菓子》. [↓ にちなんで命名]

Pav·lo·va /pævlóʊvə, pǽvləvə/ パヴロヴァ **Anna (Pavlovna) ～** (1881–1931) 《ロシアのバレリーナ》.

Pa·vo /péɪvoʊ/ 〖天〗 くじゃく座(孔雀座) (Peacock).

pav·o·nine /pǽvənàɪn, -nən/ *a* クジャクの(ような); 玉虫色の (iridescent). [L *pavon- pavo* peacock]

Pav·u·lon /pǽvjəlɑ̀n/ 〖商標〗 パブロン 《パンクロニウム (pancuronium) 製剤》.

paw[1] /pɔ́ː/ *n* 《犬·猫などの》 かぎづめのある足, 《広く》 動物の足; «口» [*joc/derog*] 《ごつい, または不器用な》 人の手; «古» 筆跡. ► *vi, vt* 〈動物が〉前足でかく[打つ]; 〈馬が〉ひづめでかく[打つ]; «口» 手荒く[不器用に]扱う, いじる, 〈人〉にやたらに[べたべた]さわる, いやらしくなでまわす, おさわりする; (…に)乱暴につかみかかる[打ちかかる]; かきまわして探す 〈*through*〉. ● **～ about [around]** いじくりまわす. ♦ **～·er** *n* [OF *poue*＜Gmc (G *Pfote*)]

paw[2] *n* «方·口» 父ちゃん (papa). [*pa*[1]]

pawky /pɔ́ːki/ «スコ·北イング» *a* とぼけた; 抜け目のない, ずるい. ♦ **páwk·i·ly** *adv* **-i·ness** *n* [*pawk* (Sc, north E) trick＜?]

pawl /pɔ́ːl/ *n, vt* 〖機〗 つめ[歯止め](で止める); 〖海〗 キャプスタン[車地]や揚錨機の歯止め. [LG and Du *pal*]

pawn[1] /pɔ́ːn/ *n* 《動産の》 質(しち); 抵当物, 質物; 人質; 保証; 入質: give [put] sth in ～ 物を質に入れる / use sb as a ～ 人を人質として使う. ► *vt* 質に入れる; [*fig*] 〈生命·名誉を〉かけて誓う, 賭する (risk): ～ one's word 言質(げんち)を与える. ● **～ off** 〈にせものなどを〉ごまかしてつかませる, 〈いやな人などを〉押しつける 〈*on; as*〉 (palm off); 売り込む, 吹き込む. ♦ **páwn·er, páwn·nor** *n* 質入れ主. [OF *pan* pledge, security＜Gmc (G *Pfand* pledge)]

pawn[2] *n* 〖チェス〗 ポーン 《将棋の歩(ふ)に近い; 略 P》; [*fig*] 人の手先 (tool). [AF *poun*＜L *pedon- pedo* foot soldier]

páwn·age *n* 質入れ, 入質.

páwn·bròker *n* 質屋, 質店営業者. ♦ **páwn·bròking** *n* 質店業.

pawn·ee /pɔːníː/ *n* 質物を取る人, 質権者.

Paw·nee /pɔːníː, *pɑː-/ *n* **a** (*pl* ～, ～**s**) ポーニー族 《19 世紀後半まで Nebraska 州の Platte 河畔に居住していたインディアン; 今は Oklahoma 州に住む》. **b** ポーニー語.

páwn·shòp *n* 質店, 質屋 《看板は 3 つの金色の玉》.

páwn tìcket 質札.

paw·paw /pɔ́ːpɔː, pəpɔ́ː/ *n* 〖植〗 **a** ポーポー (**1**) バンレイシ科植物の一種; 北米原産 **2**) その果実》. **b** PAPAYA. [Sp and Port *papaya* ＜Carib]

pax /pǽks, pɑ́ːks/ *n* **1 a** 〖カト〗 聖像牌(はい) 《キリストやマリアの像のついた牌で, かつてミサの前に聖職者や信徒が接吻した》. **b** 《荘厳ミサでの》 親睦の接吻 (kiss of peace). **2 a** [P-] 〖ロ神〗 パークス 《平和の女神; ギリシアの Irene に当たる》. **b** [ᵁP-] 《特定国の支配による国際的》 平和: PAX AMERICANA. **c** [ᵁ〈*int*〉] [U]«学生俗» 友情 (friendship): make [be] ～ with…と親しくなる[親しい] / *P~! P~!* 《けんかはもう》 よせよせ, 仲直りだ; 《特に 子供のゲーム中に》 タイム, たんま. [L＝PEACE]

Páx Americána パクス アメリカーナ 《米国の支配による平和; 第一次大戦後の国際秩序》. [L]

Páx Bri·tán·ni·ca /-brɪtǽnɪkə/ パクス ブリタニカ 《英国の支配による平和; 19 世紀の国際秩序》. [L]

Páx Ro·má·na /-roʊméɪnə/ パクス ローマーナ (**1**) ローマの支配による平和 **2**) 一般に 強国の強制による平和 **3**) 国際カトリック学生連盟》. [L]

Páx So·vi·ét·i·ca /-sòʊviétɪkə, -sɑ̀v-/ パクス ソヴィエティカ 《ソ連の支配による平和》. [L]

Pax·ton /pǽkstən/ パクストン Sir **Joseph ～** (1801–65) 《英国の建築家; 水晶宮 (Crystal Palace) を設計》.

páx vo·bís·cum /-voʊbískəm/ 平和が汝らと共に(あらんことを). [L]

pax·wax /pǽkswæ̀ks/ *n* «方» 頸靭帯(じんたい).

pay[1] /péɪ/ *v* (**paid** /péɪd/) *vt* **1** 〈給料·賃金·代金などを〉支払う, 支給する (cf. PAY *out*, PAID[1]); 〈人〉に〈報酬を〉支払う; 〈人〉に〈借金を〉弁済する: I *paid* ten dollars *for* this book. この本(を買うの)に 10 ドル払った / I'll ～ you the money next week. 金は来週支払います. **2** …にとって引き合う, ペイする, …に〈…の〉利益を与える: It wouldn't ～ me to take that job. その仕事を引き受けたのでは割に合わない / That stock *paid* me four percent. その株から 4 パーセントの収益が上がった. **3** 〈訪問などを〉する; 〈尊敬·敬意·注意などを〉払う: He has called to ～ his respects. 挨拶に見えたのです / *P~* more attention *to* your driving. 運転にもっと注意をしなさい. **4** 〈人〉にお返しをする, 返報する, 懲らしめる 〈*back, off, out*〉; 〈罰を〉うける: He that serves everybody is *paid* by nobody. 《諺》 だれにも仕える者はだれからも報いられることがない / He *paid* her *for* her insults by causing her trouble. 彼女を困らせてうけた侮辱の仕返しをした / The one who does wrong must ～ the penalty. 悪いことをした者は罰をうけねばならない. **5** «豪口» …を正しいと認める. **6** (ˢ**～ed**) 〖海〗 〈ロープ·鎖を〉繰り出す 〈*away, out*〉.

► *vi* **1** 支払いをする, 代金を払う 〈*for, on*〉; 借金(など)を返す; 弁済[弁償]する: The artist could not ～ *for* a regular model. 職業モデルを頼む金がなかった. **2** 〈仕事などが〉もうかる, 引き合う, ペイする; 骨折りがいがある 〈*to* do〉: It ～**s** to advertise. 広告は損にならない. **3** 罰をうける, 償いをする, 苦しむ (suffer): She had to ～ *for* her hasty engagement. 軽はずみな婚約に苦しまねばならなかった / Who breaks ～*s*. 悪いことをすれば罰がある; 天罰てきめん. **4** 〖海〗 《帆走中に》 船首が風下に落ちる 〈*off*〉.

● HELL **to ～.** **～ as you go** *(信用借りせず)現金払い[その都度払い]でやっていく, 出費を現金収入内に制限する; 税金を源泉払いする. **～ away** 〈金を〉費やす; 〖海〗 ⇨ *vt* 6. **～ back** 払い戻す, 〈人〉に金を返す; …に返報する 〈*for*〉; お返しにやる[する] 〈*for*〉. **～ dearly** 〈…で〉高くつく, ひどいめにあう 〈*for*〉. **～ down** その場で[即金で]支払う; 《分割払いの》 頭金として払う (cf. DOWN PAYMENT); 《分割払いなどで》 〈負債を〉減らしていく. **～ for itself** 〈購入品·投資が〉元が取れる. **～ home** 存分に復讐する. **～ (…) in** (金を)銀行(口座)に払い込む. **～ in kind** ⇨ in KIND[1]. **～ (…) into…** (金を)〈銀行口座など〉に払い込む. **～ off** (*vt*) 全額払う, 完済する; …に全部支払う; 給料を渡して解雇する; 料金を払って〈タクシーなど〉を帰す; …に金をつかませる, 買収する; «口» …に復讐する; 〖海〗 〈船首を〉風下に向ける, 〈ロープ·鎖を〉繰り出す. (*vi*) 〈船が〉風下に回る; 利益をもたらす, 引き合う; 成果をあげる, うまくいく. **～ out** (**1**) (大金を)支払う 〈*for, to*〉; 〈積立金を〉払い戻す; [U]…に仕返しをする, うんと懲らしめる 〈*for*〉. (**2**) 〖海〗 ⇨ *vt* 6. **～ over** 〈金を〉支払う. **～ one's college** 苦学して大学を卒業する. **～ one's DUES.** **～ one's (own) way** 借金せずにやっていく; 自分で自分の費用を払う, 応分の負担をする; 投資に見合う利益を出す, もうかる. **～ through the** NOSE. **～ up** (しぶしぶ)全部払う, 皆済する, 全額払い込む (cf. PAID-UP). **put** PAID[1] **to.**

► *n* **1** 支払い; 雇用, 給料, 給与, 俸給, 賃金, 報酬, 手当; «まれ» 支払い能力のある人; [U]«軍俗» 主計官 (paymaster): full [half] ～ 現[退]職給 / good ～ 高給 / He is good [poor, bad] ～. 彼は払いがよい[悪い]. **2** 償い, 罰. **3** 《有望な》 鉱脈, 鉱石 《特に 金鉱》; 含油層. ● **in the ～ of**…に雇われて, …に使われて 《しばしば悪い意味》. **without ～** 無報酬の[で], 名誉的な[に].

► *a* **1** 〈鉱脈·鉱石などが〉収益性がある. **2** 〈電話·トイレ·テレビなどが〉料金投入式の; 支払いを管理担当する; 有料の.

[OF (L *paco* to appease, pacify); ⇨ PEACE]

pay[2] *vt* (**～ed, paid**) 〖海〗 〈船底·継ぎ目〉にタールを塗る. [OF＜L (*pic- pix* PITCH[2])]

páy·able *a* 支払うべき (due) 〈*to*〉; 支払える; 〈鉱山など〉採算のとれ

る, もうかりそうな; 〘法〙支払い満期の. ► *n* [*pl*] 買掛金, 支払勘定 (accounts payable). ♦ **-ably** *adv* 有利に.

páy-and-displáy *n* 料金を払って駐車券をフロントガラスに掲示する方式(の駐車場).

páy-as-you-éarn" *n* 源泉課税[徴収].

páy-as-you-gó *a, n* その都度払い方式(の); 現金払い(の); プリペイド方式(の); 源泉徴収(の).

páy·bàck *n, a* 払い戻し(の); 見返り(の); 元金回収(の); 返報(の), 報復(の) 〈*for*〉: ～ period 返済期間; 《投資額の》回収期間 / ～ time 仕返しの時; 過去の報いをうけるべき時.

páy bèd" 《病院の》自己負担[有料]ベッド.

Páy Bòard 〘米〙《政府の》賃金査定委員会《日本の人事院に当たる》.

páy·bòb *n*"《俗》PAYMASTER.

páy·bòx" *n* 勘定場; 切符売場.

páy-càble* *n* 有線有料テレビ放送.

páy·chèck *n* 給料(支払い)小切手; 給料: ～ to ～ かつかつで〈暮らす〉, やっとのことで〈食べていく〉.

páy clàim 賃上げ[賃金支払い]要求.

páy·dày *n* 給料日, 支払日; "《株式市場の》清算日. ● **make a** ～ *《俗》臨時収入を得る.

páy dìrt* **1 a** 《有用鉱物に富む》富化土[鉱], 引き合う砂金採取地. **b** *《口》掘出し物, めっけもの, 金づる, 'やま'. **2** 《アメフト俗》END ZONE. ● **hit** [**strike**] ～ *《口》めっけものをする, 'やま' をあてる, 成功する; *《口》基本的事実[決め手]をつかむ.

PAYE" pay-as-you-earn.

pay·ee /peɪíː/ *n* 《手形・小切手などの》払受人, 支払先, 受取人.

páy ènvelope *給料袋 (pay packet"); 給料.

páy·er *n* 支払人; 払渡人.

pay·ess* /péɪɪs/ *n pl* ペイエス《正統派ユダヤ教徒の男性のカールさせた長いもみあげ》. [Yid＜Heb]

páy·gràde *n* 〘軍〙《軍人の》給与等級.

páy gràvel" PAY DIRT 1.

páy·ing *a* 支払う; 金のもうかる, 引き合う, 有利な.

páying guést [*euph*] 下宿人 (boarder) 《略 PG》.

páy·ing-in bòok" 預金入金帳, 預金入金つづり.

páying-ín slìp" 預金入金票 (deposit slip*).

páying lòad 有料荷重 (payload).

páy·lòad *n* **1** 《会社などの》給料支払用経常負担(金). **2** 料金徴収荷重, 有料[有償]荷重[搭載量]《乗客・貨物類の重量のように直接収入を生じる荷重》; 〘電算〙ペイロード《**1**) ヘッダーなどを除いた伝送データ **2**) 感染機能を除いたウイルスの動作内容》. **3** 〘宇・軍〙有効搭載量, ペイロード《ミサイルの弾頭, 宇宙衛星の機器・乗組員, 爆撃機の搭載爆弾, 輸送機の兵員・兵器・物量など; その荷重》; ミサイル弾頭[搭載爆弾]の爆発力.

páyload spècialist 《宇宙船内で実験を行なう》搭乗科学技術者, 宇宙船実験専門家, ペイロードスペシャリスト.

páy·màster *n* 支払主任, 会計部長[課長]; 〘軍〙主計官; "PAYMASTER GENERAL; [°*pl*] [*derog*] 金を払って人を思いどおりに使う人.

Páymaster Géneral (*pl* **Páymasters Géneral**) [the] 〘米〙《陸海軍の》主計総監; [the] 〘英〙財務省主計長官.

páy·ment *n* **1 a** 支払い, 納入, 払い込み; 弁済, 償還, 弁償 (compensation): ～ by installments 分割払い / ～ in [at] full 皆済 / ～ in part [on account] 内払い, 一部払い / ～ by results 業績給, 能率給 / make (a) ～ 支払う, 払い込む / in ～ for…の支払い[代償]に / on ～ of…支払い時点で, 支払いありしだい. **b** 支払額, 支払高, 報酬. **2** 報復, 報い, 懲罰, 復讐 〈*for*〉. ● **stop** ～ 支払い不能[破産]宣言をする.

páyment bìll 〘商〙支払手形.

Paym. Gen. °Paymaster General.

páy·mìstress *n* 《女性の》支払主任, 会計部長[課長].

pay·nim /péɪnəm/ 《古》*n* 異教徒, 《特に》イスラム教徒; 異教国. [OF＜L *paganismus*; ⇨ PAGAN]

páy·òff *n* **1 a** 支払い(日), 利益の分配[山分け](の時), 支払う金[金額], 《ギャンブルなどの》配当金, 払い戻し, 《解雇時に払う》給料, 退職金; 《口》贈賄, 賄賂, 口止め料, みかじめ料, 裏金. **b** 《口》利益, もうけ, 報い, 報酬, 成果. **c** 《俗》《最初に勝たせておいて最後にしぼりとる》いかさま(ばくち)[詐欺]. **2 a** 《口》《一切の》清算 (settlement), 返報, 報復. **b** 《口》《思いがけない》結末 (end), 《事件などの》クライマックス, やま, 大団円; 決定的事実[要素], 決め手. ► *a* 《口》決定的な (decisive), 《最後に》結果を生じる.

páyoff màn 《俗》ペテン師, いかさま師; 《俗》《犯罪組織の》会計[帳簿]係, 金庫番, 経理屋.

pay·o·la /peɪóʊlə/ *n* 《口》付け届け, 賄賂, 《レコード会社が曲をかけてくれる DJ などに払う》リベート, 裏金, 口利き料. [*pay*[1], *-ola* (cf. Victrola); 一説に＜*payoff*]

pay·or /péɪər, peɪɔ́ːr/ *n* PAYER.

páy·òut *n* 支払い(金), 支出(金).

páyout ràtio 〘証券〙配当性向《配当金の総額を利益で除したもの》.

páy pàcket" 給料(袋) (pay envelope*).

páy-per-clíck *n, a* 〘広告〙ペイパークリック方式(の)《クリック数に応じて広告主に課金される方式》.

páy-per-víew *n, a* 〘テレビ〙ペイパービュー方式(の)《視聴した番組の本数に応じて料金を支払うケーブルテレビ方式; 略 ppv, PPV》.

páy phòne 公衆電話 (pay station*).

páy ràise*[**rìse**"] 賃上げ.

páy·ròll *n* 給与[賃金]台帳; 従業員名簿; 《従業員の》給与[賃金]総額; 従業員数, 店員数. ● **on the** ～ 雇われて, 雇用されて. **off the** ～ 解雇されて.

páyroll tàx 〘米〙給与税《従業員の給与台帳を課税基準にして雇用者が支払う税》; 給与源泉徴収税.

pay·sage /peɪzáːʒ/ *n* 風景, 《特に》田園風景; 風景画. ♦ **pay·ság·ist** *n* [F (*pays* country)]

Pay·san·dú /pàɪsàːndúː/ パイサンドゥ《ウルグアイ西部の Uruguay 川に臨む港町》.

páy scàle 賃金(率)表.

Pays de la Loire /*F* pei də la lwaːr/ ペイ・ド・ラ・ロアール《フランス西部 Biscay 湾に臨む地域圏; Loire-Atlantique, Maine-et-Loire, Mayenne, Sarthe, Vendée の 5 県からなる》.

páy sèttlement 賃金交渉の妥結.

páy shèet" PAYROLL.

páy·slìp *n* 給与明細スリップ.

páy spìne 《職能給や年齢給を組み合わせた》給与(等級)体系, 賃金表 (pay scale) 《単に spine ともいう》.

páy stàtion* 公衆電話 (pay phone).

páy·stùb* *n* 給与明細(票).

payt. payment.

Pay·ton /péɪtn/ ペイトン **Walter** (**Jerry**) ～ (1954–99) 《アメリカンフットボールの選手; Chicago Bears のランニングバックとして活躍 (1976–87)》.

páy tòne 〘電話〙料金追加の指示をする合図音.

pay TV /―́ tìːvíː/, **páy tèlevision** 有料テレビ.

páy·wàre *n* 〘電算〙有料ソフト.

páy wìng* 《俗》ピッチャーの利き腕.

Paz /páːs, -z/ パス **Octavio** ～ (1914–98) 《メキシコの詩人・批評家・外交官; メキシコ文化論『孤独の迷宮』(1950), 詩集『太陽の石』(1957); ノーベル文学賞 (1990)》.

pa·zazz /pəzǽz/ *n* PIZAZZ.

pa(z)·za·za /pəzǽzə/ *《俗》*n* PIAZZA; 金 (money).

pb paperback. **Pb** 〘化〙[L *plumbum*] lead. **Pb, PB** 〘電算〙petabyte(s). **PB** °personal best ♦ °Plymouth Brethren ♦ °power brakes ♦ °Prayer Book.

PB&J peanut butter and jelly.

PBB /píːbìːbíː/ *n* POLYBROMINATED BIPHENYL.

PBI "《口》poor bloody infantry(man) ♦ 〘医〙proteinbound iodine. **PBR** 〘英〙pre-budget report プレバジェット・リポート《財務省が予算案に先立って毎年 11–12 月に国会に提出する経済・財政状況などの報告書》. **PBS** 〘米〙Public Broadcasting Service.

PBX /píːbìːéks/ *n* 《電話の》構内交換機. [*p*rivate *b*ranch *ex*change]

PC[1] /pìːsíː/ *n* (*pl* ～**s**, ～**'s**) PERSONAL COMPUTER.

PC[2] *n* *《空俗》パイロットの操縦技術と体力の定期審査 (pilot check).

pc 〘天〙parsec. **p.c.** percent ♦ °petty cash ♦ °postal card ♦ postcard ♦ 〘処方〙[L *post cibos*] after meals, [L *post cibum*] after a meal ♦ °price current. **PC** °Panama Canal ♦ °Peace Corps ♦ percent ♦ percentage ♦ "Police Constable ♦ °political correctness, °politically correct ♦ 〘英〙°Prince Consort ♦ 〘電算〙°printed circuit ♦ 〘英〙°Privy Council [Counsellor] ♦ 〘米〙°professional corporation ♦ 〘カナダ〙°Progressive Conservative ♦ purified concentrate 精製濃縮物[薬]. **P/C, p/c** percent ♦ °petty cash ♦ °price current. **PCA** °Parliamentary Commissioner for Administration. **PCAS** /píːkæs/ 〘英〙Polytechnics Central Admissions System (⇨ UCAS).

PCB °polychlorinated biphenyl ♦ 〘電算〙°printed-circuit board.

PC board /píːsìː ―́/ 〘電算〙PRINTED-CIRCUIT BOARD.

PCC °parochial church council.

PC card /píːsìː ―́/ 〘電算〙PC カード (⇨ PCMCIA).

PCE °pyrometric cone equivalent.

P-Celtic /píː―́/ *n, a* 〘言〙P ケルト語(の)《ガリア語 (Gaulish), ブリソン語 (Brythonic) がこれに属し, 印欧基語の唇口蓋音 k^w が p となった; cf. Q-CELTIC》.

PCI /píːsìːáɪ/ *n* 〘電算〙PCI《拡張バスの規格; プラグアンドプレイをサポートする高速バスで, VESA や EISA に代わるものとされる》. [*P*eripheral *C*omponent *I*nterconnect]

PCL °posterior cruciate ligament.

pcm per calendar month《家賃の表示などに用いて》1 か月につき.

PCM 《E メールなどで》please call me; °protein-calorie malnutrition ♦ 〘通信〙°pulse code modulation.

PCMCIA /píːsìːèmsìːàɪéɪ/ *n* 〘電算〙PCMCIA《ノート型パソコンなどの拡張に用いるクレジットカード大くらいのカード (PC card) の規格を制定した機関》. [*P*ersonal *C*omputer *M*emory *C*ard *I*nterna-

tional *A*ssociation [*A*rchitecture]]
PCN Personal Communications Network パーソナル通信ネットワーク《デジタル携帯電話方式》.
PCP /píːsìːpíː/ *n* 〔薬〕 PHENCYCLIDINE. [*p*henyl, *c*ycl-, *p*iperidine]
PCP pentachlorophenol ♦ °pneumocystis carinii pneumonia ♦ primary care physician [provider]. **PCR** 〔生化〕°polymerase chain reaction. **PCS** Personal Communications Services パーソナル通信サービス《米国のデジタル携帯電話方式の総称》. **PCSO** 〔英〕 police community support officer. **pct.** percent ♦ percentage. **PCT** 〔英〕 Primary Care Trust プライマリーケアトラスト《地域ごとに置かれた国民健康保険 (NHS) 下の公益法人て, 医療サービスの監督や予算編成を行なう》. **PCU** °palliative care unit. **PCV** passenger-carrying vehicle.
PCV valve /píːsìːvíː ─́─/ 〔機〕 クランク室換気装置のバルブ. [*p*ositive *c*rankcase *v*entilation]
p'd /píːd/ *a* [°~ off] *《俗》 [*euph*] かんかんになって (pissed off).
pd paid. **p.d.** °per diem ♦ 〔理〕°potential difference. **Pd** 〔化〕 palladium. **PD** °per diem ♦ °Police Department ♦ postal district ♦ °potential difference ♦ °program director ♦ °public defender ♦ °public domain ♦ 〔電算〕°public-domain software. **PDA** °personal digital assistant ♦ public display of affection 人前でのいちゃつき. **PDAD** 〔英〕°Probate, Divorce, and Admiralty Division. **PDB** 〔化〕 paradichlorobenzene. **PDC** program delivery control 番組配信制御《ビデオデッキなどに正しく録画できるようにテレビ番組の開始および終了時に信号を流すサービス》.
PDF /píːdìːɛ́f/ *n* 〔電算〕 PDF《システムを問わず, 体裁を保ったまま文書を交換するための Adobe 社によるファイルフォーマット》. [*p*ortable *d*ocument *f*ormat]
PDP 〔電算〕°parallel distributed processing ♦ °plasma display panel.
PDQ, pdq /píːdìːkjúː/ *adv* 《俗》 直ちに, 大至急 (*p*retty *d*amn *q*uick); 《俗》 すごくかわいい (*p*retty *d*amn *c*ute).
P/D ratio /píːdíː ─́─/ 株価配当率 (price-dividend ratio).
PDSA 〔英〕 People's Dispensary for Sick Animals.
PDT °Pacific daylight time.
pe /péɪ/ *n* ペー《ヘブライ語アルファベットの第 17 字》. [Heb]
p.e. °personal estate ♦ 〔印〕°printer's error.
PE Peru ♦ °physical education ♦ °physical examination ♦ °Port Elizabeth ♦ °potential energy ♦ °Prince Edward Island ♦ °printer's error ♦ 〔統〕°probable error ♦ professional engineer ♦ Protestant Episcopal ♦ 〔医〕 pulmonary embolism 肺(動脈)塞栓症.
pea[1] /píː/ *n* (*pl* ~**s**, (古・英方) **pease** /píːz/) **1** 〔植〕 **a** エンドウ; エンドウに似たマメ科植物: shell ~*s* エンドウのさやをむく / (as) like [alike] as two ~*s* (in a pod) まるでうりふたつで. **b** エンドウに似た(小さな)もの; *《俗》《野球・ゴルフの》ボール. **c** [〈*a*〉] エンドウの(ような), 豆粒状の, 豆粒大の: PEA-BRAIN, PEA CRAB. **2** [the] 《豪口》 本命, 成功間違いない人. [PEASE; -*se* を複数語尾と誤ったもの; cf. CHERRY]
pea[2] *n* 〔海〕 BILL[2]. [*peak*[1]]
pea[3] *n* *《俗》 PEE[2].
péa àphid 〔昆〕 エンドウヒゲナガアブラムシ《マメ科植物に寄生する大型のアブラムシ》.
péa bèan 〔植〕 インゲンマメの一種《白豆》.
Pea·body /píːbàdi, -bədi/ **1** ピーボディー **George** ~ (1795–1869)《米国の商人・銀行家・慈善家》. **2** ピーボディー《Massachusetts 州北東部 Salem の西にある市》.
Péabody bird 〔鳥〕 ノドジロシトド (white-throated sparrow). [imit]
péa-bràin *n* 《口》 ばか, パー, 脳タリン. ♦ **~ed** *a*
peace /píːs/ *n* **1 a** 平和, 泰平 (opp. *war*): in time of ~ 平時には / in ~ and war 平時にも戦時にも / smoke the PIPE OF PEACE / ~ at any price《特に 英国議会での》絶対平和主義 / If you want ~, prepare for war. 《諺》 平和を望まば戦争に備えよ. **b** [°P-] 和平, 講和, 和睦, 講和[平和]条約 (= ~ treaty): the *P*~ of Paris パリ講和条約 / sign ~ [the *P*~] 講和条約に調印する / ~ with honor 名誉ある講和. **c** PEACE SIGN. **2** [ᵘthe] 治安, 秩序, 無事: break [keep] *the* ~ 治安を乱す[守る] / disturb *the* ~ 治安を妨害する / *the* king's [queen's] ~ ᴴ治安 / public ~ 治安. **3** 平穏, 無事; 安心, 平安; 静けさ, 沈黙: ~ of mind 心の平和[安らぎ] / ~ of conscience 心にやましいところがないこと / (There is) no ~ for the WICKED. / *P*~ be with you! きみのご無事を祈る / *P*~ to his ashes [memory, soul]! 願わくは彼の霊よ安かれ / let [leave] sb in ~ 人のじゃまをしない / Do let me have a little ~. しばらくじゃまをしないでくれ. **4** [the] 〔キ教〕 KISS OF PEACE に代わる握手などの行為. ● **at ~** 平和で; 安心して, 心が安らいで; [*euph*] 死んで. **be sworn of the ~** 保安官の職に就く. **hold** [**keep**] **one's ~** 沈黙を守る, 抗議しない: Speak now, or forever *hold your* ~. 言う[異議を唱える]なら今だ《祈禱書による結婚式の式文より》. **let sb go in ~** 人を放免する. **make ~** 和睦する 〈*with*〉; 仲裁する 〈*between*〉. **make one's ~ with**…と仲直りする. **~ and quiet**《喧噪のあとなどの》静けさ. ► *int* [P-!] ごきげんよう, ご無事て, ようこそ; *《俗》 じゃあね, またな, 元気でな. ► *vi* [命令法以外は《廃》] 静かになる: *P*~! *P*~! 静かに! [OF<L *pac- pax* peace]
Peace [the] ピース川 (⇨ PEACE RIVER).
péace·able *a* 平和を好む; おとなしい, 温和な; 泰平[無事]な, 平和な, 穏やかな; 平和の, 講和のための. ♦ **-ably** *adv* 平和に, 穏やかに. **~·ness** *n*
péace bònd 〔法〕《治安破壊者ないしは破壊のおそれのある者からの》平和保証証書.
péace·brèak·er *n* 平和を破壊する者, 治安妨害者.
péace càmp ピースキャンプ《平和運動家グループが, 軍備増強に対する抗議運動を続けるために, 軍事施設などの外に設置したキャンプ》.
péace cònference 平和[講和]会議.
Péace Còrps [the] 平和部隊《米国から開発途上国に派遣される産業・農業・教育などの援助者たち; J. F. Kennedy 大統領の提唱》.
péace dìvidend 平和の配当《冷戦終結・軍事費削減によって福祉・教育などに振り向けられると期待される予算・支出》.
péace dòve 《口》 公職にあって平和(主義)を唱える人, ハト派議員.
péace fòoting 平時体制: on a ~ 平時体制で.
péace·ful *a* 平和な, 泰平な; 〈国民などが〉平和を好む; 穏やかな, 温和な; 平時(用)の; 平和的な: ~ picketing スト破りの見張り. ♦ **~·ly** *adv* 平和的[平和裡]に, 穏やかに: die ~*ly* 安らかな最期を遂げる, 大往生する. **~·ness** *n*
péaceful coexístence 平和共存.
péace·kèep·er *n* 平和維持者, 和平調停者; 平和維持軍の兵士; [P-] 〔米軍〕 ピースキーパー (⇨ MX).
péace·kèep·ing *n* 平和維持《特に 国家・地域間の休戦状態を国際的監視によって維持すること》. ► *a* 平和を維持する: a ~ force 平和維持軍.
péace-lòving *a* 平和を愛する, 友好的な.
péace·màker *n* 調停者, 仲裁人, 調停団; [*euph*] *ピストル (revolver). ♦ **péace·màking** *n*, *a*
péace màrch 平和運動のデモ行進. ♦ **péace màrcher** *n*
péace·mònger *n* [*derog*] (売名的)平和論者, 平和運動屋.
péace mòvement 平和運動(団体).
peace·nik /píːsnɪk/ *n* 《口》 [°*derog*] 反戦運動家, 平和運動屋, 平和ばか.
péace offènsive 平和攻勢《旧東側諸国などの》.
péace òffering 和平[和解]の贈り物; 《古いユダヤの》 酬恩祭の犠牲, 和解のいけにえ[ささげ物]《*Lev* 3》.
péace òfficer 保安官, 治安官, 警察官.
Péace of Gód [the] 〔史〕 神の平和 (*L* Pax Dei)《10 世紀末以降の教会の主導による, 聖職者・商人・農民などの非戦闘員を武力行為に巻き込まないという西欧封建貴族間の誓約; cf. TRUCE OF GOD》.
Péace Pèople ピースピープル《1976 年 Mairéad Corrigan-Maguire と Betty Williams によって設立された北アイルランドにおけるカトリック・プロテスタント両派からなる平和運動組織; the Community of [for] the ~ ともいう》.
péace pìll *《俗》 ピースピル《LSD と Methedrine を混ぜ合わせた錠剤または PCP (phencyclidine) 錠》.
péace pìpe CALUMET.
péace pròcess 和平交渉.
Péace Ríver [the] ピース川《カナダ British Columbia 州中東部から Alberta 州を北東に流れて Athabasca 湖の近くで Slave 川に合流する》.
péace sìgn 平和の合図《**1**) V サイン **2**) =PEACE SYMBOL》.
péace stùdies 平和研究.
péace sỳmbol 平和のしるし《*N*uclear *D*isarmament の頭文字の手旗信号を図案化した ☮ のしるし》.
péace tàb(let) *《俗》 PEACE PILL.
péace·tìme *n*, *a* 平時(の) (opp. *wartime*): ~ industries 平時産業.
péace wòmen *pl* GREENHAM COMMON の平和運動家の女性.
peach[1] /píːtʃ/ *n* **1** 〔植〕 モモ; モモの木 (= ~ tree); 桃色, 黄みがかったピンク. **2** 《口》 すてきな人[もの], 魅力的な女の子, いいやつ[子]: a ~ of a cook すばらしい料理人. ● **~es and cream** (**1**) 〈顔の肌が〉血色がよくすべすべした. (**2**) *《口》 何の問題もない状態, 順調. ► *a* 桃色の. ♦ **~-like** *a* [OF<L *persica* Persian (apple)]
peach[2] *vi* 《口》 密告[告げ口]する 〈*against, on*〉. ► *vt* 《まれ》 密告する, 裏切る. [*appeach* (obs) to IMPEACH]
péa chaparràl 〔植〕 CHAPARRAL PEA.
péach-bàrk bòrer 〔昆〕 PEACH TREE BORER.
péach blòom 紫紅色, 黄味ピンク; 紫紅色のうわぐすり[陶器].
péach·blòw *n* うす黄だいだい; PEACH BLOOM; ピーチブロー《19 世紀後半に米国で作られた紫紅色の工芸ガラス》.
péach brándy ピーチブランデー《桃の果汁から造ったリキュール》.
péach còlor 桃色, 黄みがかったピンク. ♦ **péach-còlored** *a* 桃色の.
peach·er·i·no /pìːtʃəríːnoʊ/, **peach·e·rine** /-ríːn/,

peach·e·roo /-rúː/ *n* (*pl* ~**s**)*《俗》すてきな人[もの], かわいい女の子. [? *peach*[1], It *-ino* (dim suffix)]
péach fùzz 桃の FUZZ[1]; *《口》《特に 少年のほおなどの》うぶ毛, 和毛(にこげ).
péa·chìck *n* クジャクのひな; 見えを張る若者. [*peacock*]
péach lèaf cùrl 〔植〕《モモの》縮葉(しゅくよう)病.
péach Mél·ba /-mélbə/ [°p- m-] PÊCHE MELBA.
péach trèe bòrer 〔昆〕コスカシバの一種《幼虫が桃の木などに穴をあけるスカシバガ科の蛾》.
péachy *a* モモのような, 桃色の; 《口》[°*iron*] すてきな, かわいい, 文句なしの, 最高の. ♦ **péach·i·ness** *n*
péachy kéen *a**《口》[°*iron*] すばらしい, ずばぬけた: It's not that ~. そうすばらしいものってわけじゃない.
péa còal エンドウ大無煙炭《直径 9/16–13/16 インチ大; ⇨ ANTHRACITE》.
péa·còat *n* PEA JACKET.
péa·còck *n* (*pl* ~, ~**s**) **1 a** 〔鳥〕雄のクジャク (cf. PEAHEN), 《一般に》クジャク (peafowl) 《PAVONINE *a*》: (as) PROUD as a ~ / play the ~ 見えを張る, いばる. **b** [the P-] 〔天〕くじゃく座 (孔雀座) (Pavo). **2** 見えっ張り, 見え坊. ► *vi* 見えを張る, いいところを見せる; 《これみよがしに》いばって[気取って]歩く. ► *vt* 〈身を〉飾りたてる; 《豪俗》〈ある地域の〉一等地ばかり買う. ♦ **~·ery** *n* 見せびらかし, 虚栄, めかし. **~·ish, ~·lìke** *a* クジャクのような, 見えを張る. **péa·còcky** *a* PEACOCKISH; これみよがしの. [*pea* (OE *pēa* peafowl < L *pavo*), COCK[1]]
Peacock ピーコック **Thomas Love** ~ (1785–1866) 《英国の小説家・詩人; *Nightmare Abbey* (1818)》.
péacock blúe ピーコックブルー 《**1**) 光沢のある緑みがかった青色 **2**) その印刷インキ用顔料》.
péacock bùtterfly 〔昆〕クジャクチョウ《旧世界産》.
péacock chàir 孔雀椅子《円形の高い背がついた枝編みの肘掛け椅子》.
péacock còal 孔雀炭《虹色の光沢を有する》.
péacock flòwer 〔植〕**a** ホウオウボク (royal poinciana). **b** オウコチョウ (pride of Barbados).
péacock òre 〔鉱〕孔雀銅鉱.
péacock phèasant 〔鳥〕コクジャク《同属の数種の総称; ミャンマーからフィリピンにかけて分布》.
péacock's-tàil *n* 〔植〕熱帯産アミジグサ科ウミウチワ属の海藻.
péacock wòrm 〔動〕ケヤリ(ムシ) (FEATHER-DUSTER WORM).
péa cràb 〔動〕カクレガニ《雌は二枚貝中にすむ》.
péa·fòwl *n* 〔鳥〕クジャク《キジ科; 雌雄ともにいう総称》.
peag, peage /píːg/ *n* WAMPUM. [Algonquian]
péa gréen 黄緑色.
péa·hèad *n**《俗》ばかなやつ, 脳タリン (pea-brain).
péa·hèn *n* 〔鳥〕クジャクの雌.
péa jàcket ピージャケット (=*peacoat*) 《水兵などが着用する厚手ウールのダブルのコート》. [C18 ?Du *pijjekker* (*pij* coat of coarse cloth, *jekker* jacket)]
peak[1] /píːk/ *n* **1** 《屋根・ひげなどの》尖端; 山頂, 頂; 孤峰, 《海底の》海峰: the highest ~ of…の最高峰. **2** 絶頂, 頂点, 最高点, ピーク; 〔電・機〕ピーク《波形の急増部の最上昇点》: Traffic reaches a ~ about 5 o'clock. 交通量は 5 時ごろピークに達する / a voltage ~ ピーク電圧. **3 a** 突出部; 《帽子の》まびさし, つば; 《髪の》生え際, WIDOW'S PEAK. **b** 岬 (promontory). **c** 〔海〕斜桁(しゃこう)尖端, 船首[船尾]の船艙狭尖部, いかりつめ. **d** 〔音〕《音節の》核 (nucleus). ● **~s and valleys** 《大きな》起伏. ► *vi* **1** 最高点に達する, 絶頂になる 〈*out*〉. **2** とがる, そびえる; 〈鯨が〉尾を揚げる. ► *vt* **1** 最高度[地点]まで上げる. **2** 〔海〕〈帆桁・オールなどを〉直立させる, 縦にする; 〈鯨が尾を〉揚げる. ► *a* 最高の, 絶頂の, ピークの. ♦ **~·less** *a* [?逆成 < *peaked* < *picked* (dial) pointed < PICK[1]; 一説に < ?*pike*[1]]
peak[2] *vi* やせる, 病みやつれる; 憔悴する. ● **~ and pine** (恋わずらいで)やせ衰える, やつれる. [C16<?]
Péak Dìstrict [the] ピーク地方 (=the **Péak**) 《イングランド中北部 Derbyshire 北部, Pennine 山脈南端にある高原地帯; 国立公園; 最高点 Kinder Scout /kíndər-/ (636 m)》.
Peake /píːk/ ピーク **Mervyn** (**Laurence**) ~ (1911–68) 《英国のさしえ画家・小説家・詩人; 中国生まれ》.
peaked[1] /píːkt, *-əd/ *a* とがった, 尖頂のある, まびさしのある. ♦ **~·ness** *n*
peak·ed[2] /píːkəd, píːk-; píːkt/ *a* 《病気などで》やつれた, やせ衰えた.
péak expérience 〔心〕至高体験.
péak flów mèter 〔医〕最大流量計《喘息患者などの肺呼気容量の変化を測定する器具》.
péak hours *pl* [the] 《交通量・電力消費などの》ピーク時, 最高時; 《テレビの》ゴールデンアワー.
péak lòad 〔電・機・鉄道〕《一定時間内の》ピーク負荷, 絶頂荷重, 最大輸送量 (cf. BASE LOAD).
péak óil 石油産出量のピーク《21 世紀に達すると想定される, 産油量の減り始める峠》.
péak prógram mèter 〔電〕ピークプログラムメーター《電気音響信号のピークレベルを監視する計器; 略 PPM, ppm》.
péak shàving 天然液化ガスのピーク時の供給.
péak tíme" ピーク時《テレビ放送など特定のサービスに対する需要が最大となる時間》; 《テレビの》ゴールデンアワー (prime time).
péaky[1] *a* 峰の多い; 峰をなす, 峰のような, とがった. ♦ **péak·i·ness** *n*
peaky[2] *a* 《口》やつれた, 病みほうけた.
peal[1] /píːl/ *n* **1** 《鐘・雷・大砲などの》響き, 《笑声・拍手などの》とどろき: a ~ of thunder 雷鳴 / ~*s* of laughter 哄笑, 爆笑. **2** ピール《音楽的に調子を合わせた一組の鐘; その鐘の奏鳴楽》: in ~ 〈鐘声が〉調子を合わせて. ► *vt* 鳴り響かせる 〈*out, forth*〉; ほめたてる; とどろかせる, 〈うわさなどを〉広める; 《廃》…の耳を聾する. ► *vi* とどろく, 鳴り響く 〈*out*〉. [ME *pelen* < *apelen* to appeal]
peal[2]" *n* 〔魚〕GRILSE. [C16<?]
péa·lìke *a* 《形・堅さなどが》エンドウ豆のような; 〈花が〉(派手な)蝶形をした.
péal rìnging 〔鳴鐘〕CHANGE RINGING.
pe·an[1] /píːən/ *n* PAEAN.
pean[2] /píːn/ *n* 〔紋〕黒地に金の斑をつけて sable に似せた毛皮模様. [C16<?]
Pe·a·no /peɪáːnoʊ/ ペアノ **Giuseppe** ~ (1858–1932) 《イタリアの数学者・言語学者》.
Peáno àxioms [pòstulates] *pl* 〔数〕ペアノの公理[公準] (=**Peáno's áxioms, Peáno's póstulates**) 《自然数が論理的に定義される 5 つの公理系》. [↑]
péa·nùt *n* **1** 〔植〕ラッカセイ(落花生); 落花生《その実》, ナンキン豆, ピーナッツ. **2** 《俗》つまらないやつ, ちび公; [*pl*] つまらないこと, くだらないもの, カス; [*pl*] 《口》わずかな額, はした金: for ~*s* 《口》はした金で[をもらって], ただ同然で / If you pay ~*s*, you get monkeys." 給料がピーナッツじゃ猿しか来ない《金をけちっていてはろくな人材は集まらない》. **3** STYROFOAM の粒《詰め物として使われる》. **4** [P-s] 『ピーナッツ』《Charles Schulz の新聞連載漫画; 主人公は Charlie Brown とビーグル犬の Snoopy》. ► *a* 《俗》つまらない, くだらない, おそまつな: ~ politics.
péanut bùtter ピーナッツバター. ● **have ~ in** one's **ears** 《CB 無線俗》無線を聴いていない.
péanut gàllery*《口》劇場の最上階最後部席.
péanut hèad*《俗》あほ, ばか, ボケ.
péanut òil 落花生油, ピーナッツオイル.
péanut ròaster*《俗》小型機関車.
péanut wòrm 〔動〕ホシムシ(星虫) (=*sipunculid*) 《星口動物門 (Sipuncula) の海中にすむ無脊椎動物の総称》.
péa pàtch 豆畑. ● **tear up the ~***《俗》あばれる, 大活躍する, はちゃめちゃだ, 元気いっぱいだ.
péa·pòd *n* 《Maine 州沿岸の》エンドウのさや形の釣舟.
pear /péər/ *n* 西洋ナシ, 洋梨(ようり); 西洋ナシの木. [OE *pere*, *peru* < L *pirum*]
péar dròp 西洋ナシ形のペンダント; 西洋ナシ形(で西洋ナシの香味の)キャンディー.
pearl[1] /pə́ːrl/ *n* **1 a** 真珠《6 月の BIRTHSTONE》; [*pl*] 真珠の首飾り: an artificial [a false, an imitation] ~ 模造真珠 / CULTURED PEARL / a rope of ~*s* ひとつなぎの真珠. **b** 真珠層. **c** 真珠色 (pearl blue, pearl white). **2** 真珠のようなもの《涙・露・歯など》; 微片, 粒; 〔印〕パール《5 ポイント活字; ⇨ TYPE》. **3** 貴重なもの[人], 珠玉; 典型, 精華: ~*s* of wisdom 賢明な忠告, 金言. **4** [P-] パール《女子名》. ● **a ~ of great price** 非常に価値のある人[もの] (*Matt* 13: 45–46). **cast** (one's) **~s before swine** 豚に真珠を与える《真価を理解しない者に価値あるものを与える; *Matt* 7: 6》. ► *a* 真珠の, 真珠色[光]の; 真珠をちりばめた; 真珠状の.
► *vt* **1** 真珠で飾る; …に真珠をちりばめる; …に真珠色[光沢]を着ける. **2** 〈露・汗などが〉…に玉となって着く[したたる]; 〈大麦などを〉小粒にする, 搗(つ)く, 精白する. ► *vi* 玉になる, 玉のようにたれる, 真珠状[色]になる; 真珠を採取する; 〈サーフボードが〉波間に突っ込む: go ~*ing*. ♦ **~·ing** *n* 真珠採り.
[OF < Romanic *perla* (dim) < L *perna* leg (of sea mussel)]
pearl[2] *vt, n* PURL[2]; "〔洋裁〕ピコ (picot).
Pearl **1** [the] パール川《Mississippi 州南部を南流してメキシコ湾に注ぐ》. **2** [the] 珠江 (⇨ ZHU).
péarl àsh 真珠灰《木灰から採る不純炭酸カリウム》.
péarl bàrley 精白玉麦《小球状の搗(つ)麦; スープ用》.
péarl blúe パールブルー《光沢のある淡灰青色》.
péarl bùlb PEARL LAMP.
péarl bútton パールボタン《真珠[真珠貝などの真珠層]で作ったボタン》.
péarl dánio 〔魚〕パールダニオ《東南アジア原産コイ科の熱帯魚》.
péarl dìver 真珠貝採取潜水夫 (=*pearl fisher*); 《俗》《レストランの》皿洗い係.
pearled /pə́ːrld/ *a* 真珠で飾った[をちりばめた]; (真珠のような)玉になった; 真珠色の, 真珠色[真珠光沢]をおびた.
péarled bárley PEARL BARLEY.
péarl·er *n* 真珠採取者[船]; 《豪口》とびきりいいもの.

pearl·es·cent /pə̀:rlέs(ə)nt/ *a* 真珠光沢のある. ♦ **-cence** /-s(ə)ns/ *n*
péarl èssence 真珠箔, パールエッセンス《ニシンなどの魚の銀色のうろこにある半透明物質; 模造真珠・ラッカーなどの製造に用いる》.
péarl everlásting〘植〗PEARLY EVERLASTING.
péarl fìsher PEARL DIVER.
péarl fìshery PEARL FISHING; 真珠貝採取場.
péarl fìshing 真珠採取業.
péarl gráy パールグレー《真珠のような青みをおびた[明るい]灰色》.
Péarl Hárbor 1 真珠湾, パールハーバー《Hawaii 州 Oahu 島南岸の軍港; 米国太平洋艦隊の司令部がある; 1941 年 12 月 8 日(現地時間 7 日)日本海軍の攻撃をうけた》: Remember ～. パールハーバーを忘れるな《太平洋戦争中に米国が戦意高揚のために使ったスローガン》. **2** 大損害を与える奇襲.
pearl·ite /pə́:rlàɪt/ *n*〘冶〙パーライト《フェライトとセメンタイトとの共析晶組織》;〘岩石〙PERLITE. ♦ **pearl·it·ic** /pə̀:rlítɪk/ *a*
pearl·ized /pə́:rlàɪzd/ *a* 真珠様光沢(仕上げ)の.
péarl làmp つや消し電球 (=*pearl bulb*).
péarl mìllet〘植〙**a** トウジンビエ, パールミレット (=*African millet*). **b** モロコシ (common sorghum).
péarl ónion パールオニオン《極小種[真珠大]のタマネギ; ピクルスにして料理のつまなどに用いる》.
péarl òyster 真珠貝《アコヤガイ・クロチョウガイなど》.
péarl shèll 真珠貝 (pearl oyster); 真珠層 (mother-of-pearl).
péarl spàr〘鉱〙真珠光沢のある白雲石の一種.
péarl tapióca 小球状タピオカ (⇨ TAPIOCA).
péarl·wàre *n* パールウェア《白地で光沢のある陶器》.
péarl wédding 真珠婚式《結婚 30 周年記念; ⇨ WEDDING》.
péarl whíte *n*《真珠箔 (pearl essence) や真珠層など人造真珠製造に用いる》真珠光沢の物質; 次硝酸ビスマス, 鉛白; 真珠色 (pearl). ► *a* 真珠のように白い.
péarl·wòrt *n*〘植〙ツメクサ (=*sealwort*)《同属の総称; ナデシコ科》.
péarly *a* 真珠の(ような), 真珠状の, 真珠光沢の; 真珠で飾った; 真珠を生じる, 真珠の多い; とても貴重な. ► *n* **1** ″[*pl*]《呼び売り商人の》真珠貝ボタン付きの衣服(のボタン); PEARLY KING [QUEEN]; [*pl*]《俗》歯 (pearly whites). **2** [the pearlies]《俗》《演奏前のヴァイオリニストなどの》(弓を持つ)利き腕の震え《《韻俗》pearly whites＝frights より》. ♦ **péarl·i·ness** *n*
péarly everlásting〘植〙ヤマハハコ《真珠色の総苞をもつキク科の多年草; 北米原産》.
péarly gátes *pl* **1** [ᵘP- G-]《口》真珠の門《天国の 12 の門; *Rev* 21: 21》. **2** ″《俗》歯 (teeth).
péarly kíng″ パーリーキング《祝祭などの折に多数の真珠貝ボタンをちりばめた華美な衣装 (pearly) を着た London の呼び売り商人》.
péarly náutilus〘動〙オウムガイ (nautilus).
péarly quéen″ パーリークイーン《PEARLY KING の妻》.
péarly whíte *a*, *n* 真珠のように白く光沢のある(色); [*pl*]《俗》(まっ白な)歯 (teeth).
pear·main /péərmèɪn/ *n*〘園〙ペアメイン《リンゴの一品種》.
péar psỳlla〘昆〙ヨーロッパナシキジラミ《果樹の大害虫》.
Pears /píərz/ ピアーズ Sir **Peter** (**Neville Luard**) ～ (1910–86)《英国のテノール》.
péar-shàped *a* 洋ナシ形の, ぽってり型の; 〈声が〉豊かな, 朗々たる. ● **go ～** ″《口》うまくいかなくなる, おかしくなる.
Pear·son /píərs(ə)n/ ピアソン **(1) Karl** ～ (1857–1936)《英国の数学者; 近代的統計学の基礎を築いた》 **(2) Lester B(owles)** ～ (1897–1972)《カナダの政治家・外交官; 首相 (1963–68); ノーベル平和賞 (1957)》.
peart /píərt/*《方》*a* 健全な, 元気のよい, 快活な; 利口な (clever). ♦ **～·ly** *adv* [変形 ‹ *pert*]
péar·wòod *n* 梨材《装飾品・家具・楽器などに使われる》.
Pea·ry /píəri/ ピアリー **Robert Edwin** ～ (1856–1920)《米国の北極探検家; 北極点に到達 (1909)》.
Péary Lánd ピアリーランド《グリーンランド北部の北極海に臨む半島地域》.
peas·ant /péz(ə)nt/ *n* 農民, 小農, 小百姓, 小作農 (cf. FARMER);《口》粗野な人, 無骨者, 田舎者. ► *a* 農民(風)の; 〈衣服が〉農民服を模した, 農民スタイルの. ♦ **～y** *a* [AF *paisant* (*pais* country)]
Péasant Bárd [the] 農民詩人《スコットランドの詩人 Robert Burns の異名》.
péasant ecónomy《家族を単位とする》小農経済.
péasant propríetor 小自作農. ♦ **péasant propríetor·ship** *n*
péasant·ry *n* [ᵘthe] 農民, 小作農, 小作人階級; 農民[小作人]の地位[身分]; 田舎風, 粗野.
Péasants' Revólt [the]〘英史〙農民[百姓]一揆《1381 年; cf. TYLER, BALL》.
pease /pí:z/ *n* (*pl* **péas·es**)《古・英方》エンドウ (pea); [‹*a*›] エンドウの: ～ meal エンドウの粗粉. [OE *pise* pea＜L *pisa*; cf. PEA¹]
péase-bròse *n*《スコ》ピーズブローズ《エンドウ豆のひき割り粉で作ったブローズ》.
péase·còd *n* **1** エンドウのさや (pea pod). **2** ピーズコッド《16 世紀の doublet の綿を入れた[キルティングにした]前身ごろ》.
péase púdding″ 豆粉プディング《ハム[豚肉]に添える》.
péa·shòot·er *n* 豆鉄砲;《俗》小口径のピストル; *《俗》戦闘機(のパイロット).
péa sòup ピースープ《干しエンドウ (split peas) で作る濃厚なスープ》;《口》黄色の濃霧 (pea-souper).
péa-sóup·er *n*《口》黄色の濃霧 (pea soup)《かつて London の名物とされた》;《カナダ》[*derog*] フランス系カナダ人. ♦ **péa-sòupy** *a*《口》〈霧が〉黄色で濃い; 黄色くかすんだ.
péa-stìck *n* エンドウの支柱.
peat¹ /pí:t/ *n* 泥炭, ピート; 泥炭塊《燃料用》. [?Celt; cf. PIECE]
peat² *n*《古》[*derog*] 女; [*voc*]《廃》いとしい女, 陽気な女, かわいい娘. [C16＜?]
peat³ ⇨ PETE.
-peat /pí:t/ *n comb form* [数字のあとに付けて]「…連覇」: three-～, eight-～. [re*peat*]
péat bòg 泥炭湿地[湿原], 泥炭地.
péat·ery *n* 泥炭産地; PEAT BOG.
péat hàg 泥炭を切り出した跡[穴] (hag).
péat·lànd *n* [ˢ*pl*] ピート地帯.
péat mòor PEAT BOG.
péat mòss《泥炭より炭化度の低い》草炭(ᵗ̌ᵃ̌ⁿ); ピートモス,《特に》ミズゴケ (sphagnum); ″PEAT BOG.
péat pòt〘園〙泥炭製植木鉢, ピート鉢.
péat-rèek *n* 泥炭の煙; ピートリーク《**1)** 麦芽乾燥に泥炭を燃料としたウイスキー **2)** これに特有な香味》.
péaty *a* 泥炭質の; 泥炭の多い.
peau de soie /pòu də swá:/ ポー・ド・ソワ《表面[両面]に横畝のあらわれている, 丈夫で柔らかな絹布》. [F＝skin of silk]
pea·vey, -vy* /pí:vi/ *n* 木回し《丸太を動かすのに用いる先がとがった鉤棹》.
péa wèevil〘昆〙エンドウゾウムシ《マメゾウムシ科; エンドウマメの害虫》.
peb /péb/ *n*《豪俗》きかん気のやつ (PEBBLE).
peba /pébə/ *n*〘動〙ココノオビアルマジロ《米南部・中米産》. [Port＜Tupi]
peb·ble /péb(ə)l/ *n* **1 a**《水の作用などでかどのとれた》丸石, 小石, 円礫(ᵉ̌ᵏⁱ), 中礫 (=～**·stòne**): a ～ in the ocean《影響力のない》ささやかな存在, 微々たるもの / There are plenty of other ～*s* on the beach [shore].《諺》浜辺にはもっとたくさんの小石がある《機会はいくらでもある》. **b** 小石大の塊り. **2 a** 瑪瑙 (agate). **b** 水晶, 水晶製のレンズ;《口》分厚い[瓶底の]眼鏡レンズ. **3 a** PEBBLEWARE. **b**《皮革・紙などの表面に加工した》石目; 石目のついた革 (=～ **lèather**). **4**《豪俗》困った[頑固な, きかん気の]やつ[動物], 根性のある野郎 (=*peb*). ● **(as) game as a ～**《豪俗》勇気のある; 〈馬が〉スタミナのある. **be not the only ～ on the beach** 数ある中の一つにすぎない, ほかに人がいないわけではない《誇る[悲観する]に足りない; cf. 1a 諺》. ► *a*《口》分厚い[瓶底の]〈眼鏡(レンズ)〉. ► *vt* **1** …のきめを粗くする; 〈革・紙など〉に石目をつける. **2** …に小石を投げつける, 小石で打つ; 小石でおおう, 小石で舗装する. ♦ **～d** *a* 小石でおおわれた; 瓶底(レンズ)の; 石目の. **péb·bly** *a* 小石の多い, 小石だらけの; 石目の. [OE *papol-stān* pebble stone (*papol-* (?imit))]
pébble dàsh〘建〙《外壁モルタルの乾かないうちに細石をくっつける》小石打込み[埋込み]仕上げ (=*rock dash*). ♦ **pébble-dàshed** *a*
pébble·wàre *n* ペブルウェア《まだら色に焼き上げたウェッジウッド (Wedgwood) 焼き; 陶器》.
péb·bling *n*〘カーリング〙ペブリング《リンクに湯をかけてでこぼこをつくり, 石と氷の摩擦が増すようにすること》.
pé·brine /peɪbrí:n/ *n*《蚕などの》微粒子病. [F]
pec, peck /pék/ *n* [ᵘ*pl*]《口》胸の筋肉, 胸筋 (pectoral muscle).
p.e.c., PEC °photoelectric cell.
PEC °Protestant Episcopal Church.
pe·can /pɪkǽn, -ká:n, pí:kæ̀n, -kən/ *n*〘植〙ペカン《**1)** 米国中部・南部地方の HICKORY の一種 **2)** その長楕円形の堅果[乾果]; 仁は食用 **3)** その材》. [Algonquian]
pec·ca·ble /pékəb(ə)l/ *a* 罪を犯しやすい, あやまちをしやすい. ♦ **pèc·ca·bíl·i·ty** *n* [F＜L (*pecco* to sin)]
pec·ca·dil·lo /pèkədílou/ *n* (*pl* **～es, ～s**) 微罪, ちょっとしたあやまち. [Sp]
pec·can·cy /pékənsi/ *n* 病的なこと; 罪 (offense).
péc·cant *a* 罪を犯す, 犯罪の; おちどのある,《道徳的に》誤った;〘医〙病的な, 病気を起こす. ♦ **～·ly** *adv* **～·ness** *n* [F or L; ⇨ PECCABLE]
pec·ca·ry /pékəri/ *n*〘動〙ヘソイノシシ, ペッカリー《南北アメリカ産》; ペッカリー皮 (=～ **lèather**). [Carib]
pec·ca·vi /pɛká:vi, -kéɪ-/ *n* 懺悔 (confession): cry ～ 罪を告白する, 懺悔する. [L＝I have sinned]
pêche Mel·ba /pí:ʧ mélbə, péʃ-/ ピーチメルバ《シロップで煮た半

割の桃をバニラアイスクリームに添えて raspberry のソースをかけたデザート). [F]

Pe·chen·ga /péʧəŋgə/ ペチェンガ (*Finn* Petsamo) 《ロシア最北西部 Barents 海の入江に臨む港町; Murmansk の西に位置; 1920–44 年フィンランド領》.

Pe·cho·ra /pəʧɔ́:rə/ [the] ペチョラ川 《ヨーロッパロシア北東部 Ural 山脈から北流して, Barents 海のペチョラ湾 (the **～ Séa**) に注ぐ》.

peck[1] /pék/ *n* ペック《体積の単位: ＝8 quarts, 1/4 bushel: 〘英〙約 9 liters, 〘米〙約 8.8 liters》; たくさん ‹*of*›: He's a ～ *of* fun. とてもおもしろい人だ. [AF＜?]

peck[2] *vt* **1** くちばしでつつく, ついばむ ‹*up*›; くちばしでつついて‹穴を›あける; 《つるはしなどで》こわす. **2** «口» 少しずつ[うまくもなさそうに]食べる. **3** «口» …に軽くキスする. ▶ *vi* **1** くちばしでつつく[つつこうとする], ついばもうとする ‹*at*›; «口» 少しずつ[少しだけ]食べる ‹*at*›. **2** うるさく小言を言う ‹*at*›. ● **～ out** つついて(取り)出す; ‹文字・文書を›ぽつぽつタイプする. ▶ *n* **1** 《くちばしなどで》つつくこと; つつき穴; «口» 軽いキス. **2** «俗» 食い物, 餌 (food); *«鉄道俗» 食事のためのわずかな時間. **3** *«黒人俗» [*derog*] 白人 (peckerwood). [? MLG *pekken* to jab with the peak＜?; cf. PICK[1]]

peck[3] ⇨ PEC.

peck[4] *vi* ‹馬が›つまさきで着地してよろめく, つんのめる. [変形‹ *pick* (obs) fix in the ground (とがったものを地面に打ち込む)]

Peck ペック (**Eldred**) **Gregory ～** (1916–2003) 《米国の映画俳優; Hollywood の代表的な二枚目スター》.

péck·er *n* **1** つつく鳥, 《特に》キツツキ (woodpecker). **2** つつく人[もの], つるはし (pickax), ペッカー《くわ (hoe) の一種》; くちばし, 鼻; *«卑» つっつき棒 (penis). **3** ″«口» 元気 (courage). ● **Keep your ～ up.** ″«口» 気を落とすな, 元気を出せ. **put** [**get**] **sb's ～ up** ″«口» 人をいやなめにあわせる, いらだたせる.

pécker chècker *«俗» 性病検査[治療]担当の軍医[衛生兵], M 検医; *«俗» 泌尿器科医, チンポコ医者.

péck·er·hèad *n* *«俗» いやな野郎; *«卑» 亀頭.

pécker tràcks *pl* «俗» ズボンについた精液のしみ, 精液のしたたりの跡.

péck·er·wòod *«俗» *n* キツツキ (woodpecker); [*derog*] 《南部の》貧乏白人, 白人の田舎者.

péck(·ing) òrder 《鳥の社会で》つつきの順位《一般に順位の高いほうが低いほうをつつく》; 《人間社会の》序列, 上下関係.

péck·ings *n pl* *«俗» 食い物.

Peck·in·pah /pékənpà:/ ペキンパー **Sam ～** (1925–84) 《米国の映画監督; 西部劇で知られる》.

péck·ish «口» *a* ″少し腹のすいた, 空腹ぎみの; *おこりっぽい, 気短かな. ◆ **～·ly** *adv* **～·ness** *n*

Péck's Bád Bóy * 無鉄砲者, 暴れん坊, 悪童. [米国の作家 George Wilbur Peck (1840–1916) の *Peck's Bad Boy and His Pa* (1883) より]

Peck·sniff /péksnìf/ ペックスニフ《Dickens の小説 *Martin Chuzzlewit* (1843–44) 中の偽善者》. ◆ **Peck·sníff·ian** *a* ペックスニフ流の, 偽善的な.

pécky *a* ‹材木などが›(古くなって)斑点のはいった, 朽ち跡のある; ‹穀類が›しみのある[しなびた]粒のまじった.

pe·co·ri·no /pèɪkərí:noʊ, pèk-/ *n* (*pl* **～s**) ペコリーノ《イタリアの羊乳から造るチーズ》. [It]

Pe·cos /péɪkəs/ [the] ペーコス川《New Mexico 州中北部から南西に流れて Rio Grande に合流》.

Pécos Bíll ペーコス・ビル《米国伝説の超人的カウボーイ; Texas 州の Pecos 川流域の出身で, Rio Grande を掘ったと伝えられる; 愛馬は Widow-maker》.

pecs *n* PEC の複数形.

Pécs /péɪʧ/ ペーチ《ハンガリー南西部の工業都市》.

pec·tase /péktèɪs, -z/ *n* 〘生化〙ペクターゼ《凝結作用酵素; 熟した果実から得られる》. [*pectin*]

pec·tate /péktèɪt/ *n* 〘化〙ペクチン酸塩[エステル].

pec·ten /péktən/ *n* (*pl* **pec·ti·nes** /-tənì:z/, **～s**) 〘動〙《鳥類・爬虫類の眼の》櫛(くし)状突起, 櫛膜; 〘貝〙イタヤガイ.

pec·tic /péktɪk/ *a* 〘生化〙ペクチン (pectin) の.

péctic ácid 〘生化〙ペクチン酸.

pec·tin /péktən/ *n* 〘生化〙ペクチン《水溶性のペクチニン酸》. ◆ **pec·ti·na·ceous** /pèktənéɪʃəs/ *a* [Gk (*pēgnumi* to make solid)]

pec·ti·nate /péktənèɪt/, **-nat·ed** /-nèɪtəd/ *a* 櫛状の.

pèc·ti·ná·tion *n* 櫛(くし)状構造; 櫛状部.

pèctin·ésterase *n* 〘生化〙ペクチンエステラーゼ《ペクチンを加水分解してペクチン酸とメタノールを生成する反応を触媒する酵素》.

pec·ti·nose /péktənòʊs/, **péctin sùgar** *n* ARABINOSE.

pec·tize /péktàɪz/ *vt* 〘化〙ゲル化する. ◆ **pèc·ti·zá·tion** *n* ゲル化, ペクチゼーション.

pec·to·lite /péktəlàɪt/ *n* 〘鉱〙ソーダ珪灰石(けいかいせき), ペクトライト.

pec·to·ral /pékt(ə)rəl/ *a* **1** 胸の; 胸筋の; 胸病の[に効く]; 胸を飾る; 〘音〙胸声(のような). **2** 主観的な; 熱烈な. ▶ *n* 《特にユダヤ高僧の》胸飾り; 胸当て; 〘医〙肺病薬[療法]; PECTORAL CROSS; 〘魚〙胸びれ (pectoral fin); 〘解〙胸筋 (pectoral muscle). [OF＜L (*pector-pectus* chest)]

péctoral árch PECTORAL GIRDLE.

péctoral cróss 《監督・司教・大修道院長などが着ける》佩用(はいよう)十字.

péctoral fín 〘魚〙胸びれ.

péctoral gírdle 〘解〙上肢帯, 肩帯, 胸帯, 胸弓 (＝*pectoral arch, shoulder girdle*).

péctoral múscle 〘解〙胸筋.

péctoral sándpiper 〘鳥〙アメリカウズラシギ (＝*grass snipe, jacksnipe*) 《南米・北米の海岸地方を移住する》.

pec·tose /péktòʊs, -z/ *n* 〘生化〙ペクトーゼ (PROTOPECTIN). [*pectic*]

pects /pékts/ *n pl* *«口» 胸筋 (PECS).

pec·u·late /pékjəlèɪt/ *vt* ‹公金や受託金を›使い込む, 横領する (embezzle). ◆ **pèc·u·lá·tion** *n* 公金[委託金]費消[横領]; 官物[受託物]私用. **péc·u·là·tor** *n* [L (PECULIUM)]

pe·cu·liar /pɪkjú:ljər/ *a* **1** 独特の, 特有の ‹*to*›; 特別の, 特殊の, 特異な; 奇妙な, 一風変わった: a style ～ *to* Dickens ディケンズ独特の文体 / ～ velocity 《星や銀河の》固有速度 / a ～ fellow 変わり者. **2** «口» 気分がすぐれない. ▶ *n* 私有財産, 特権; ″〘教会〙《裁治権者 (ordinary) の管轄権の及ばない》特別教会[教区]; PECULIAR PEOPLE 派の人; ″〘印〙特殊活字 (special sort). [L (PECULIUM)]

pecúliar gálaxy 〘天〙特異銀河《異常な形の銀河》.

pecúliar institútion [the] 〘米史〙黒人奴隷制度 (Negro slavery) 《「南部に特有の制度」としての名称》.

pe·cu·li·ar·i·ty /pɪkjù:liǽrəti/ *n* 特色, 特性, 特有性, 特有のもの; 特権; 癖, 奇癖, 奇習, 風変わり.

pecúliar·ly *adv* 個人的に; 特に, 格別に; 独特に; 奇妙に, 異様に.

pecúliar péople *pl* **1** [the] 神の選民《ユダヤ人; キリスト教徒》. **2** [the P- P-] ピキュリアーピープル(派)《祈りと塗油のみで病気が治せる (cf. *James* 5:15) と信じたプロテスタントの一派; 1838 年 英国で創始》.

pe·cu·li·um /pɪkjú:liəm/ *n* 私有財産; 〘ローマ法〙《奴隷・妻・子供などに与えられた》個人財産. [L＝private property ‹ *pecu* cattle]

pe·cu·ni·ary /pɪkjú:nièri; -niəri/ *a* 金銭(上)の; 罰金(刑)の: ～ embarrassment 財政困難 / ～ legacy 金銭遺贈 / a ～ offense 罰金刑を科せられる犯罪 / a ～ penalty 罰金刑. ◆ **pe·cù·ni·ár·i·ly** /; pɪkjú:niərəli/ *adv* [L (*pecunia* money ‹ *pecu* cattle)]

pecúniary advántage 〘法〙《不正に得た》金銭上の利益[利得].

ped /péd/ *n* 団粒《自然の土壌生成過程で形成された粒子の集合体》. [Gk *pedon* earth]

PED °personal electronic device.

ped-[1] /péd, pí:d/, **ped·i-** /pédɪ, pí:dɪ/, **ped·o-** /pédoʊ, pí:doʊ, -də/ *comb form*「足 (foot)」 [L PES]

ped-[2] /péd/, **ped·o-** /pédoʊ, pí:doʊ, -də/ *comb form*「土壌」 [Gk *pedon* ground]

ped-[3] /pí:d, *péd/ ⇨ PAED-.

-ped /pèd/, **-pede** /pì:d/ *n comb form*, *a comb form*「…の足をもつ(生物)」: quadru*ped*, centi*pede*. [L]

ped·a·gese, -guese /pèdəgí:z, -s/ *n* *«口» 教師[学者]ことば.

pedagog ⇨ PEDAGOGUE.

ped·a·gog·ic /pèdəgáʤɪk, -góʊ-/, **-i·cal** *a* 教育学的な, 教育学上の; 衒学的な (pedantic). ◆ **-i·cal·ly** *adv*

pèd·a·góg·ics *n* 教育学, 教授法 (pedagogy).

ped·a·gogue, «米» **-gog** /pédəgɔ̀(:)g, -gàg/ *n* 教師, 先生, 教育者, 《特に》衒学者, うるさ型の教師. [L＜Gk (*paid- pais* boy, *agō* to lead)]

péd·a·gòg(u)·ism *n* 教師気取り, 先生かたぎ; 衒学.

ped·a·go·gy /pédəgòuʤi, -gàʤi, ″-gɔ̀gi/ *n* 教育学, 教授法; 教育, 教授; 教職.

pedaguese ⇨ PEDAGESE.

ped·al /pédl/ *n* 《ミシン・自転車などの》踏板, ペダル; 〘楽〙ペダル《ピアノの響止を上げる loud ～, または消音器をかける soft ～》; 《ハープ・パイプオルガン・チェンバロなどの》足鍵盤, ペダル; 《エレキギターの》ペダルエフェクター; 〘楽〙PEDAL POINT; 〘数〙垂足線[面]. ● **put the ～ to the metal** *«俗» 全速力で車を運転する, アクセルをグーッと踏み込む. **take one's foot off the ～** «口» リラックスする, 肩の力を抜く. **with the ～ to the metal** *«口» アクセルをいっぱいに踏み込んで, 全力で. ▶ *vt, vi* (**-l-** | **-ll-**) (…の)ペダルを使う[踏む]; 自転車に乗る. ▶ *a* /, pí:-/ 〘動・解〙足の; 〘数〙垂足線の; ペダル(式[推進])の: a ～ curve 垂足線 / ～ extremities 足. [F＜It＜L (PES)]

pédal bìn ″ペダルでふたをあけるごみ箱.

pédal bòat PEDALO.

pédal bòne COFFIN BONE.

pédal cỳcle 自転車 (bicycle).

pédal dìsk 〘動〙足盤《刺胞動物のポリプが他物に付着するために板状に広がった部分》.

pédal·er *n* «口» 自転車乗り, 自転車利用者.

pe·dal·fer /pədǽlfər/ *n* 〘地質〙ペダルファー《湿潤な地方の, 鉄アル

ミナ土壌). ♦ **-fer·ic** /pèdælférɪk/ *a* [*ped-*², *al*umen, *fer*rum iron]

pédal-nòte 〖楽〗 *n* ペダル音 《金管楽器の最下音域の音: 通常音域の 1 オクターブ下》; PEDAL POINT.

ped·alo, -al·lo /pédəlòu/ *n* (*pl* ~s, ~es) 足踏み[こぎ]ボート (=*pedal boat*) 《娯楽用の足踏み推進式の舟[いかだ]》.

pédal piàno 〖楽〗 ペダルピアノ 《ペダルで音を調節する》.

pédal pòint 〖楽〗 持続音, ペダルポイント, オルゲルプンクト; 持続音の現われる楽句.

pédal pùsher 《口》 自転車乗り, サイクリスト; [*pl*] ペダルプッシャー 《七分丈の女性用スポーツズボン; 元来は自転車乗り用》.

pédal stéel, pédal stéel guitàr ペダルスチールギター 《ペダルで調弦を変える方式の電気スチールギター》.

ped·ant /pédnt/ *n* 学者ぶる人, 衒学者, 知識をひけらかす人; 融通のきかない[杓子(しゃくし)定規の]人, 空論家, 教条主義者; 《廃》 男性教師. ♦ **pe·dan·tic** /pədǽntɪk/, **-ti·cal** *a* 学者ぶった, 衒学的な, 知識をひけらかす; 想像力のない. **-ti·cal·ly** *adv* [F<It=teacher]

pe·dan·ti·cism /pədǽntəsìz(ə)m/ *n* PEDANTRY.

ped·an·toc·ra·cy /pèdntákrəsi/ *n* 衒学者たちによる支配; 《支配者としての》 衒学者連.

pédant·ry *n* 学者ぶること, 衒学, 知識のひけらかし; つまらない規則や形式へのこだわり.

ped·ate /pédèɪt/ *a* 〖動〗 足のある; 足状の, 趾状の, 足の用をする; 〖植〗 〈複葉が〉鳥足状の. ♦ **~·ly** *adv*

pe·dati- /pədǽtə, -déɪ-/ *comb form* 「足状」 [L]

pe·dat·i·fid /pədǽtəfəd, -déɪ-/ *a* 〖植〗 〈葉が〉鳥足(状)分裂の.

ped·dle /pédl/ *vi, vt* **1 a** 行商[呼び売り]する, 売り歩く; 小売りする; 〈麻薬を〉密売する, 売りつける, さばく. **b** 〈考え・計画などを〉人に押しつけようとする; 〈うわさなどを〉小出しに言い触らす, 切り売りする: ~ one's influence 《賄賂をもらって》 口利きする (cf. INFLUENCE PEDDLER). **2** つまらないことにこだわる. ● **~ out** *《俗》 古物商に売り払う. **~ one's papers** [°*impv*] *《俗》 おせっかいをしない. [逆成く *pedlar*; 'trifle' の意は< *piddle*]

péd·dler *n* 行商人; 麻薬を売る人, 売人; 《うわさ・知識などを》 言い触らす[切り売りする]人; *《俗》 各駅停車の貨物列車. [PEDLAR]

péddler's Frénch 盗賊仲間の符牒; ちんぷんかんぷん (gibberish).

péd·dlery *n* 行商; 行商の品; [*fig*] 安ピカ物.

péd·dling *a* 行商の, 売り歩く; くだらない; つまらないことにこだわる. ► *n* 行商.

-pede ⇨ -PED.

ped·er·ast, paed- /pédəræ̀st, píː-/ *n* 《少年を相手にする》 肛門性交者, 男色家. ♦ **pèd·er·ás·tic** *a* **-ti·cal·ly** *adv* [NL<Gk (*paed-*, *erastēs* lover)]

péd·er·àsty *n* 肛門性交, 男色, 鶏姦, ペデラスティー.

Pe·der·sen /pédərsən/ ペダーセン **Charles John** ~ (1904–89) 《米国の化学者; 金属イオンなどをえり好みして取り込む環状化合物クラウンエーテル (crown ether) を合成, ノーベル化学賞 (1987)》.

pedes *n* PES の複数形.

ped·es·tal /pédəst(ə)l/ *n* 《胸像などの》 台, 基台, 台座, ペデスタル; 柱脚; 《フロアランプ・テーブルなどの》 支柱; 《両袖机の》 袖; 《レーダーアンテナなどの》 架台; 〖機〗 軸受台; 基礎, 基盤, 根拠 (foundation). ● **knock** sb **off** his ~ 人を尊敬されている立場からひきずりおろす. **set** [**place, put**] sb **on a** ~ 〈人を〉たてまつる, 尊敬する, あがめる. ► *vt* (-l- | -ll-) 台に載せる, 土台で支える. [F *piédestal*<It=foot of stall]

pédestal tàble 一脚テーブル 《中央の一脚で支える》.

pe·des·tri·an /pədéstriən/ *n* 歩行者; 徒歩旅行者, 足達者な人, 競歩者, 徒歩好きな人. ► *a* **1** 徒歩の, 歩行の; 歩行者(用)の. **2** 〈文体・演説などが〉散文的な, 平凡[単調]な, さえない, 陳腐な: a ~ speech 月並みな演説. ♦ **~·ly** *adv* [F or L=going on foot; ⇨ PES]

pedéstrian cróssingǁ 横断歩道 (crosswalk*).

pedéstrian·ìsm *n* 徒歩(好き); 《文体などの》 単調.

pedéstrian·ìze *vt* 〈道路を〉歩行者(専)用にする. ► *vi* 徒歩旅行をする, 徒歩で行く. ♦ **pedèstrian·izátion** *n*

pedéstrian máll* [**précinct**ǁ] 《繁華街などの》 歩行者専用道路.

Pedi /pédi/ *n* **a** (*pl* ~, ~s) ペディ族 《南アフリカ共和国 Transvaal 地方北東部に住む Sotho 族》. **b** ペディ語.

pedi- /pédɪ, píːdɪ/ ⇨ PED-¹.

pédi·àrchy *n* 小児支配の社会, 小児文化.

pe·di·at·ric, pae- /pìːdiǽtrɪk/ *a* 小児科(学)の.

pe·di·a·tri·cian, pae- /pìːdiətríʃ(ə)n/ *n* 小児科医.

pè·di·át·rics, pàe- *n* 小児科学.

pè·di·át·rist, pàe- *n* PEDIATRICIAN. [*paed-*, Gk *iatros* physician]

pédi·càb /pédɪ-/ *n* 《東南アジアなどの 3 輪の》 輪タク.

ped·i·cel /pédəsèl, -səl/ *n* 〖生〗 《植物の》 小花柄, 小柄, 小花梗, 小果柄; 《腎臓の足細胞などの》 小足, 台細胞, 茎; 〖解・動〗 柄, 柄部, 茎, 肉茎 (peduncle), 〖昆〗 腹柄(節) (petiole); 〖昆〗 梗(節) 《触角の第 2 節》. ♦ **ped·i·cel·late** /pèdəsélət, -eɪt, pédəsə-/ *a* [L (dim) < PES]

ped·i·cle /pédɪk(ə)l/ *n* PEDICEL. ♦ **~d** *a*

pe·dic·u·lar /pɪdíkjələr/ *a* シラミの; シラミのわいた; 〖生〗 柄の, 茎の.

pe·dic·u·late /pɪdíkjələt, -lèɪt/ *a, n* PEDICELLATE; 〖魚〗 有柄類 [アンコウ類] (Pediculati) の(魚).

pe·díc·u·li·cìde /pədíkjələ-/ *n* シラミ撲滅剤.

pe·dic·u·lo·sis /pɪdìkjəlóusəs/ *n* (*pl* **-ses** /-sìːz/) 〖医〗 シラミ(寄生)症.

pe·dic·u·lous /pɪdíkjələs/ *a* シラミのわいた (lousy).

ped·i·cure /pédɪkjùər/ *n* ペディキュア 《足の美爪術》; 足治療; 足療治医 (chiropodist). ► *vt* …にペディキュアを施す. ♦ **~d** *a* **-cùr·ist** *n* [F (L *ped-*¹, *curo* to care)]

péd·i·fòrm /pédə-/ *a* 足状の〈触角など〉.

ped·i·gree /pédəgrìː/ *n* **1** 系図, 家系図; 家系, 系統, 血統; 由緒ある家柄 (birth); 《家畜・作物などの》 血統(表), 系統図, 'つる'; 《口》 来歴, 経歴, 《特に》 犯罪歴, 前科. **2** 《言語の》 由来, 語源; ことの背景. ► *a* 血統の明らかな: ~ cattle 純種の牛. ♦ **~d** *a* 由緒ある, 血統の明らかな, 純種の〈馬・犬〉; 《俗》 前科のある, マエのある. **~·less** *a* 系図のない. [ME *pedegru*<F *pied de grue* crane's foot; つるの足と家系図の類似より]

Pédigree Chúm 〖商標〗 ペディグリーチャム 《缶入りドッグフード; 猫用もある》.

ped·i·ment /pédəmənt/ *n* 〖建〗 ペディメント 《(**1**) ギリシア・ローマ建築で, コーニスの上の三角形の部分 **2**) ドアや窓の上につけた三角形の部分》; 〖地質〗 山麓緩斜面, ペディメント. ♦ **ped·i·ment·ed** /pédəmèntəd, -mən-/ *a* **ped·i·men·tal** /pèdəméntl/ *a* [C16 *periment* < ? PYRAMID]

pedi·palp /pédəpæ̀lp/ *n* 〖動〗 脚鬚(きゃくしゅ) 《サソリ・クモなど鋏角類の第 2 対の頭部付属肢》.

ped·lar, -ler /pédlər/ *n* PEDDLER. ♦ **péd·lary, -lery** /-ləri/ *n* [*pedder* (obs) < *ped* (dial) pannier<?]

pedo-¹ /píːdou, *pédou, -də/ ⇨ PAED-.

pedo-² /pédou, píːdou, -də/ ⇨ PED-¹,².

pèdo·báptism, pàe- *n* 幼児洗礼. [*paed-*]

pèdo·báptist, pàe- *n* 幼児洗礼論者.

ped·o·cal /pédəkæ̀l/ *n* 〖土壌〗 ペドカル 《乾燥・半乾燥地帯の石灰土壌》. ♦ **pèd·o·cál·ic** *a*

pèdo·chémical *a* 土壌化学の.

pe·do·don·tics /pìːdədántɪks/ *n* 小児歯科(学). ♦ **-tist** *n* 小児歯科医.

pèdo·génesis¹ *n* 〖地質〗 土壌生成(論). ♦ **-génic, -genétic** *a*

pedogenesis² *n* PAEDOGENESIS.

pe·dol·o·gy¹ /pɪdálədʒi, pɛ-/ *n* 土壌学 (=*soil science*). ♦ **-gist**¹ *n* **pe·do·log·ic**¹ /pìːdəládʒɪk/, **-i·cal**¹ *a* [Russ (*ped-*²)]

pedology² *n* 育児学, 小児(科)学. ♦ **-gist**² *n* **-logic**², **-ical**² *a* [*paed-*]

pe·dom·e·ter /pɪdámətər/ *n* 歩程[歩数]記録計, 歩数計 (cf. PASSOMETER). [F (*ped-*, *-meter*)]

pedomorphic, pedomorphism, pedomorphosis ⇨ PAEDOMORPHIC, PAEDOMORPHISM, PAEDOMORPHOSIS.

pédo·phìle, páe- *n* 小児(性)愛者 《子供を性愛対象とする性的倒錯者》.

pèdo·phília, pàe- *n* 〖精神分析〗 小児(性)愛, ペドフィリア 《大人が子供を性愛対象とする性的倒錯》. ♦ **-phíl·i·ac** /-fíliæ̀k/ *a, n* **-phílic** *a*

ped·or·thics /pədɔ́ːrθɪks/ *n* 臨床足装具学. ♦ **-thic** *a* **-thist** *n*

péd·ràil /péd-/ *n* 〖機〗 無限軌道(車).

pe·dro /píːdrou, péɪ-, péd-/ *n* (*pl* ~s) 〖トランプ〗 ペドロ 《切り札の 5 が 5 点になる seven-up の一種》; 切り札の 5. [Sp; ⇨ PETER]

Pe·dro /píːdrou, péɪ-, péd-/ **1** ペドロ 《男子名》. **2** /péɪdrou, -dru/ ペドロ (**1**) ~ **I** (1798–1834) 《ブラジルの初代皇帝 (1822–31); 一度ポルトガル王 Pedro 4 世として即位 (1826), すぐ娘 Maria に譲位》 (**2**) ~ **II** (1825–91) 《ブラジル最後の皇帝 (1831–89); Pedro 1 世の子; 共和革命が起こってポルトガルに亡命》.

pédro sáncho SANCHO PEDRO.

pe·dun·cle /pɪdʌ́ŋk(ə)l, *píːdʌŋ-/ *n* 〖植〗 (総)花柄, 花梗 (flower stalk); 〖植〗 《葉状体の子実体を支持する》 柄, 果柄; 〖動〗 《腕足類・蔓脚(まんきゃく)類の》 肉茎; 〖解〗 《脳の》 脚; 〖医〗 《腫瘍・ポリープの》 茎. ♦ **~d** *a* peduncle のある. **pe·dún·cu·lar** *a* **pe·dún·cu·late** /-lət, -lèɪt/, **-lat·ed** /-lèɪtəd/ *a* peduncle を有する[に生じる], 有柄の. [NL (PES); cf. PEDICEL]

pedúnculate óak 〖植〗 ENGLISH OAK.

pe·dun·cu·lot·o·my /pɪdʌ̀ŋkjəlátəmi/ *n* (脳)脚切開 《パーキンソン病の震顫を除くための脳脚の切開》.

pee¹ /píː/ 《口》 *vi* おしっこする. ► *vt* おしっこでぬらす; [~ *-self*] おしっこをもらす: ~ one*self* laughing ちびるほど笑う. ● **~ down** [it

を主語として]"ジャージャー降りとなる. **～ (in) one's pants** 《俗》おしっこをちびるほど笑う[びびる]. ► *n* おしっこ(をすること), しょんべん: go for [have, take] a ～. ● **～ and vinegar**＝PISS and vinegar. [(euph)＜*piss*]

pee[2] *n* **1**《アルファベットの》P [p]. **2** (*pl* ～) "PENNY; *《俗》PESO, PIASTRE《など》. **3***《俗》ペヨーテ (peyote)《書くときは普通 P.》; *《俗》純度の高い (pure) ヘロイン, 強力なヘロイン; *《俗》PCP, PHENCYCLIDINE.

P

Pee·bles /pí:b(ə)lz/ ピーブルズ《**1**) スコットランド南東部の旧州(＝**Péebles·shire** /-ʃɪər, -ʃər/); Tweeddale ともいう **2**) スコットランド南東部 Tweed 川河畔の街; 旧 Peebles 州の州都》.

pee'd /pí:d/ *a**《俗》酒に酔って (pissed). ● **～ off**《俗》ひどくおこって, かんかんで (pissed off).

pee·die /pí:di/ *a*《スコ》小さな; 幼い. [変形＜*peerie*[2]]

pée-èye *n**《俗》PIMP.

pée-hèad /pí:-/ *n**《俗》PEAHEAD.

pee·jays /pì:ʤéɪz/ *n pl**《俗》パジャマ (pajamas) (cf. PJ's).

peek /pí:k/ *vi* **1** こっそり見る, そっとのぞく〈*in, into, out* (*of*), *through*〉; ちょっと見る〈*at*〉; 〈物が〉ちらっとみえる, のぞく〈*out, through*〉. **2**《競馬俗》3 着にはいる. ● **～ over**...にざっと目を通す. ► *n* **1** のぞき見; 少しだけ見ること: have [take] a ～ のぞく / steal a ～ 垣間見る / ～*s* of sun《天気予報で》時々晴. **2**《競馬俗》3 着. [ME＜?; cf. Du *kike* to peek]

peek·a·boo /pí:kəbù:, ⌣⌣⌣/ *n* いないいないバー (bopeep). ► *a* ピーカブーの《ドレスの胸や脇に穴をあけた》; すけすけの生地で作った; 前髪[ウェーブ]が片目にかかる〈髪型〉; ちらっと見せる; ピーカブー方式の《カードの特定位置にあけた穴を通る光によって求める文書を得る情報検索システム》. [C16 (*peek*＋*boo*[1])]

peek·a·poo /pí:kəpù:/ *n* (*pl* **～s**)〘犬〙ピーカプー《ペキニーズとミニアチュアプードルの交雑種》. [*pek*ingese＋*cock*a*poo*]

péek frèak*《俗》のぞき魔.

péek·hòle *n* PEEPHOLE.

peel[1] /pí:l/ *vt* **1** ...の皮をむく; 〈皮・おおい・殻などを〉はぐ, はがす, はぎ取る, 剥離する〈*away, back, off*〉; 集団[編隊]から引き離す〈*off*〉; 《口》〈衣服を〉脱ぐ〈*off*〉: ～ a banana [potatoes, etc.] / Please ～ me a peach [a peach *for* me]. 桃の皮をむいてください / ～ *off* a skin 皮膚を引きはがす / ～ the bark *from* trees to make canoes 木の皮をはいでカヌーを作る. **2**〘クロッケー〙〈人の球を〉hoop に打ち入れる. ► *vi* 〈皮・ペンキ・表面が〉はげて落ちる, 剥離する〈*off*〉; 〈動物の体が〉脱皮する; 《口》脱ぐ〈*off*〉; 離れる, 立ち去る〈*off, away*〉, 集団[編隊]から離脱する〈*off*〉: My skin ～*ed* after I got sunburnt. 日焼けして皮膚がむけた / The paint was ～*ing off*. ペンキがはげ落ちかけていた. ● **keep one's eyes ～ed** ⇨ EYE[1]. **～ out***《俗》《タイヤの跡がつくほど》急発進する; *《俗》突然去る[離れる]. **～ rubber [tires]** *《俗》PEEL out. ► *n* 果物[野菜など]の皮, 果皮; CHEMICAL PEEL: candied ～《オレンジ・レモンなどの》果皮の砂糖漬; 断片, 剝片《顕微鏡で調べるため薬品を使って化石などの表面から分離したもの》. ♦ **～·able** *a* [OE *pilian*＜L *pilo* to strip of hair (*pilus* hair)]

peel[2] *n*〘英史〙ピール (**～ tòwer**)《16 世紀にイングランドとスコットランドの境界地方に侵略に対する要塞として建てられた小塔》. [OF *piel* stake＜L PALE[2]]

peel[3] *n* 長柄の木べら《パンなどのオーブンへの出し入れ用》. [OF＜L *pala* spade]

Peel ピール Sir **Robert ～** (1788–1850)《英国の政治家; Tory 党を保守党として刷新; 首相 (1834–35, 41–46); 内務大臣として警察制度を整備したので, 巡査を bobby (＜Robert) という俗称ができた; cf. PEELITE》.

Peele /pí:l/ ピール **George ～** (1556–96)《英国の劇作家; 詩人; *The Arraignment of Paris* (1584), *The Old Wives' Tale* (1595)》.

péel·er[1] *n* "《古俗》警官, おまわり (policeman);〘史〙アイルランドの警官隊員. [Sir Robert *Peel*]

peeler[2] *n* 皮をむく人; 皮むき器[ナイフ], ピーラー; 脱皮期のカニ; 活動家, やり手; むきベニヤ材; 《俗》ストリッパー. [*peel*[1]]

péel·ing *n* 皮むき, 剝皮, ピーリング; [*pl*]《特にジャガイモの》むいた皮; 《塗料などの》はがれ.

Peel·ite /pí:làɪt/ *n*〘英史〙ピール党員, ピール支持派議員《1846 年 Robert PEEL の穀物税廃止法案に賛成した保守党員》.

pee·ly-wal·ly, pee·lie-wal·lie /pí:liwàli, ⌣⌣⌣⌣/ *a*《スコ》顔色が悪い, 青白い.

peen, pein /pí:n/ *n* 金槌[ハンマー]の頭《平らな打つ面 (face) の反対側; くさび形・半球形など》. ► *vt* peen でたたく, 引き抜く, 曲げる; 〘冶〙SHOT-PEEN. [C17 *pen*＜Scand; cf. G *Pinne*]

Pee·ne /*G* pé:nə/ [the] ペーネ川《ドイツ北東端を東流し, Oder 河口部に注ぐ》.

Pee·ne·mün·de /*G* pe:nəmʏ́ndə/ ペーネミュンデ《ドイツ北東部 Mecklenburg-West Pomerania 州北東部 Peene 川河口部の島にある村; 第二次大戦中ドイツ軍のロケット・ミサイル開発施設があった》.

pee·nie /pí:ni/ *n**《卑》ペニス, おちんちん. ● **pound one's ～** *《卑》マスをかく.

peep[1] /pí:p/ *vi* **1** のぞき見する, のぞく, 盗み見する〈*at, in, into, out* (*of*), *over, through, under*〉; ちらっと見る〈*at*〉. **2** 現われる, 〈草花・太陽・月などが〉出始める, のぞく〈*through, out, from*〉. ► *vt* ...をのぞかせる. ► *n* **1** のぞき見, 垣間見ること; のぞき穴: take [get, have] a ～ *at*...をちらと見る. **2** 見え始めること, 出現: (at) the ～ *of* day [dawn] 夜明け(に). [ME＜?; cf. PEEK]

peep[2] *n, vi* **1** ピーピー[チーチー](鳴く); ピーッ《機械的・電子工学的に発する高ピッチの音》; 《口・幼児》ブブー, ビーッ, ピピー《自動車の鳴らす音》: give (it) a ～ ブブーと鳴らす / give sb a ～ 人にブブーとクラクションを鳴らす. **2** 小声(で話す), 小言, 物音; 便り: not a ～ 一語も〈発しない〉, コトリとも〈音がしない〉/ Not another ～! もう一言も(文句を)言うな[聞きたくない]. **3***小シギ. [imit]

peep[3] *n**《陸軍俗》JEEP.

péep-bò *n* BOPEEP

pée-pèe[1]* *n* ピヨピヨ《ひよこ, ジャマイカでは七面鳥のひな》.

pee-pee[2] *n, vi*《幼児》PEE[1]; チンポコ.

péep·er[1] *n* ピーピー[チーチー]鳴く鳥[動物], ひな; *アマガエル, 《特に》トリゴエアマガエル, サエズリアマガエル (＝spring ～)《北米産の褐色のアマガエル; 早春に雄が鳥のような声で鳴く》. [*peep*[2]]

peeper[2] *n* のぞき見する人, 《特に》のぞき魔 (voyeur); せんさく好きな人; *《俗》私立探偵; [°*pl*]《俗》目; [*pl*]《俗》めがね, *サングラス; 《口》鏡; 《口》小型望遠鏡 (spyglass). [*peep*[1]]

péep·hòle *n* 節穴, のぞき穴[窓].

Péep·ing Tóm [°p- T-] 性的好奇心でのぞき見をする者, 出歯亀, のぞき魔《ひとり Tom だけが GODIVA の姿をのぞいたという伝説から》. ♦ **Péeping Tóm·ism** *n*

péep-of-dáy bòys *pl* [the]〘英史〙黎明団《武器類を見つけようと夜明けにカトリックの家を捜索したアイルランドのプロテスタント組織 (1785–95)》.

peeps /pí:ps/ *n pl*《俗》人びと (people).

péep shòw のぞき見ショー (raree-show); いかがわしいショー, のぞき部屋.

péep sìght《銃の》穴照門 (cf. OPEN SIGHT).

péep·tòe(d) *a* 〈靴などが〉つまさきの見える.

pee·pul /pí:p(ə)l/ *n* PIPAL.

peer[1] /píər/ *n* **1** 同じ地位にある人, (仕事)仲間, 同僚: without (a) ～ 無比の, 無類の **2** 貴族, 《特に》英国の貴族《爵位は上位から順に DUKE (公), MARQUESS (侯), EARL (伯), VISCOUNT (子), BARON (男) の 5 つ》. ► *a* 年齢[地位など]を同じくする集団の. ► *vt*《古》...に匹敵する; 《口》貴族に列する. ► *vi*《古》匹敵する〈*with*〉. [OF ＜L *par* equal]

peer[2] *vi* 透かしてじっと見る, 凝視する, 熟視する〈*at, in, into, out, over, through, under*〉; かすかに現われる, おぼろに見えてくる. ● **～ about** まわりを見まわす. [C16 *pire*, LG *pīren*; 一部 *appear* の頭音消失]

péer·age *n* [the] 貴族, 貴族階級[社会]; 貴族の爵位; 貴族名鑑: be raised to [on] *the* ～ 貴族に列せられる.

péer·ess *n* 貴族の夫人[未亡人]; 有爵夫人, 婦人貴族 (peeress in her own right).

péer gròup 仲間集団, ピアグループ《年齢・地位のほぼ等しい, 同一価値観をもつ社会学上の集団; cf. PEER PRESSURE》.

Peer Gynt /píər gínt/ ペール・ギュント《Ibsen の同名の劇詩 (1867) の主人公; Peer を愛する Solveig を捨てて空想的冒険旅行を続けるが結局彼女のもとに帰る》.

peer·ie[1], **peery** /pí:ri/ *n*《スコ》西洋ナシ形[円錐形]のこま. [*pear* のスコ発音から]

peerie[2] *a*《スコ》小さな; ちっぽけな, ささいな.

péer·ing *n*〘電算〙《インターネットプロバイダー間の》対等な相互接続, ピアリング.

péer·less *a* 無比の, 無双の, 比類のない, 無類の. ♦ **～·ly** *adv*

péer of the réalm (*pl* **péers of the réalm**)〘英〙成年になれば上院 (House of Lords) に列する権利が生じる貴族.

péer prèssure 仲間圧力, ピアプレッシャー《成員に同一行動をとるように仕向ける仲間集団からの社会的圧力》.

péer review ピアレビュー, 同僚評価, 査読《同分野の専門家による評価[審査]》. ♦ **péer-review** *vt*

péer-to-péer nètwork〘電算〙ピアートゥピアーネットワーク《ネットワークを構成する各ノードが同等の機能と資格を有するネットワーク》.

peery ⇨ PEERIE[1].

peet ⇨ PETE.

pee·ties /pí:tiz/ *n**《俗》《鉛などを詰めた》いかさまさいころ.

peet·weet* /pí:twì:t/ *n*〘鳥〙アメリカイソシギ (spotted sandpiper). [imit]

peeve /pí:v/《口》*vt* じらす, おこらせる. ► *n* じらすこと; いらだち, 怒り; 苦情, 不平, しゃくのたね. [逆成＜*peevish*]

peeved /pí:vd/ *a* [°～ off]《口》いらいらして, 腹を立てて.

pee·ver /pí:vər/ *n* [°*pl*]《スコ》HOPSCOTCH.

pee·vish /pí:vɪʃ/ *a* 気むずかしい, だだをこねる, おこりっぽい (cross); 不機嫌そうな〈身振り・ことばなど〉; ひねくれた, 強情な. ♦ **～·ly** *adv* **～·ness** *n* [ME＝spiteful＜?]

pée-wàrm·er *n**《俗》快いもの, 愉快なもの.

pee·wee /pí:wì:/ *n*〘鳥〙PEWEE; 《豪》ツチスドリ (magpie lark);

《同類のうちで》小型の動物[家畜] (runt); ちっちゃな人[もの], ちび; *《スポーツの》子供レベル; *子供リーグの一員; 小さいビー玉; 《幼児》おしっこ, シーシー (pee). ► *a* ひどく小さい, ちびの; *子供レベルの: a ~ league. [imit]

peewit ⇨ PEWIT.

peg /pɛ́g/ *n* **1 a** 釘, 木[竹]釘, 合い釘, 木栓, …掛け釘, ペグ; "洗濯ばさみ (clothes-peg); 〘登山〙ハーケン, ピトン; 《楽器の弦を張る》糸巻, ペグ (tuning peg); 《テントの》杭, ペグ, 《境界を示す》杭; 〘クロッケー〙杭; 〘クリケット〙《wicket の》柱; 〘釣・射撃〙《競技参加者の》割当て場所《釘で示される》; 《俗》《鉄道の》腕木信号機; ひっかき棒, 突き棒; 《口・方》《特に子供の》歯; 《卑》肉棒 (penis): a hat ~ 帽子掛け. **b** [*fig*] 理由, 言いわけ, 口実 (pretext): a good ~ *to hang* a grievance *on* 苦情を持ち出すのによい口実. **2** "飲み物, 《特に》強い酒, ブランデー[ウイスキー]ソーダ; 《インド》ペグ《蒸留酒の計量単位: 約 56 ml》. **3** 《口》足, 《木製の》義足(の人); [*pl*] *《俗》ズボン: still on his ~*s* at 80 80 歳でもまだ元気で出歩いて. **4** 《口》《評価の》等級 (degree). **5** 《口》〘野〙《矢のような》送球, 牽制球. **6** 《為替レートなどの》設定[固定]水準. ● **buy** clothes **off the ~** "つるし[既製, できあい]の服を買う. **come down a ~ (or two)** 《口》高慢の鼻をへし折られる, 身のほどを知らされる. **put** sb **on the ~** 《軍俗》《罰するために》上官の前に引っ立てる. **a round ~ in a square hole**=**a square ~ in a round hole** 不適任者, お呼びでないやつ (square peg). **take [bring, knock]** sb **down a ~ (or two)** 《口》人の高慢の鼻をへし折る, 人に身のほどを教えてやる. ► *a* 上が広く下がすぼんだ, 〈ズボンなどが〉先細の. ► *v* (**-gg-**) *vt* **1 a** …に木釘を打つ, 木釘で締める[留める]; "〈洗濯物を〉洗濯ばさみで留める 〈*down, in, out, up*, etc.〉. **b** 〈採鉱権利地・家屋・庭園などの境界を〉杭で明らかにする 〈*out*〉; 〘狩〙〈犬に獲物の落ちた場所を〉指示する. **c** *《俗》〈ズボンを〉裾のところでしぼる. **2 a** 〘証券〙〈株価などを〉安定させる; 〘財〙〈通貨・価格を〉釘付けにする, 一定させる 〈*down, at, to*〉. **b** 《口》《妥当性・裏付けを与えるために》〈話などを〉…と関連づける 〈*to*〉. **c** 《口》(…だと)判断する, 認める, 見抜く, 目星[見当]をつける 〈*as, for*〉. **3** 〘トランプ〙〈得点を〉記録棒でつける. **4** *《俗》けなす, …の悪口を言う. **5** 《口》〈ボール・石などを〉投げる 〈*to, at*〉; 〘主に野〙〈ボールを〉矢のように投げる; 〈打者・走者を〉送球でアウトにする. ► *vi* **1** 《口》せっせと働く, 熱心にやる 〈*along, away* (*at*), *on*〉; 《方・口》せかせか歩く 〈*along, away, off*〉. **2** 《口》送球する. **3** 〘トランプ〙記録棒で得点をつける: LEVEL PEGGING. ● **~ back** (1) 〈物価・給料を〉抑える. (2) 〘スポ〙〈相手〉の勝ち[リード]を許さない. **~ down** ペグを打って〈テントを〉張る; 〈規則などに〉拘束する 〈*to* rules etc.〉. **~ out** (1) 杭で〈境界などを〉画する. (2) 《口》〈物が〉尽きる, なくなる; 尽きさせる, なくす. (3) "《口》倒れる, 死ぬ. (4) 〘クロッケー〙一勝負の打止めに球を目標の杭にあてて勝つ, 〈相手の球を〉ペグにあてててアウトにする; 《cribbage で》得点して勝つ. [?LDu]

Peg ペグ《女子名; Margaret の愛称》.

PEG °polyethylene glycol.

Peg·a·sus /pégəsəs/ **1 a** 〘ギ神〙ペーガソス《Perseus が Medusa を退治したときその頸または血から生まれた有翼の天馬で詩神 Muses の乗馬; cf. BELLEROPHON》. **b** 〘紋〙翼のある天馬. **c** 〘天〙ペガスス座 (Winged Horse). **d** [*P-*] 〘魚〙テングノオトシゴ属. **2** 詩的感興. ● **mount one's ~** 詩を書き始める. ♦ **Peg·a·se·an** /pègəsíːən, pɪgéɪsiən/ *a*

pég·bòard *n* **1** 釘差し盤《釘を差し込むための穴のあいた板; 特に cribbage の得点をつける板や展示物や道具を掛けるハンガーボードなど》. **2** ペッグボード《釘差し盤を用いてするゲーム》.

Pég-Bòard 〘商標〙ペッグボード《穴あきハードボード, そこにものを掛けるための金具》.

pég·bòx *n* 《弦楽器の》糸倉(いとぐら).

pég bòy 《卑》《船員などに連れ去られて》愛玩[同性愛]の対象にされる少年, お稚児(ちご).

pég clìmbing AID CLIMBING.

pegged /pɛ́gd/ *a* PEG.

Peg·got·ty /pégəti/ ペゴティ《Dickens の小説 *David Copperfield* に登場する Yarmouth の漁師一家; Clara は主人公 David の忠実な乳母》.

Peg·gy[1] /pégi/ ペギー《女子名; Margaret の愛称》; [°p-] "《海軍俗》雑用係水兵, 《船の》賄い長[係].

Peggy[2] *n* *《俗》片足の人[乞食]; 《幼児》歯. [*peg*]

pég·hòuse *n* **1** *《俗》男娼の売春宿, ホモ淫売宿, 稚児屋; *《俗》《ホモ行為の多い》刑務所, 《ホモの集まる》発展場(はってん). [客待ちの間肛門を広げるためベンチの杭 (peg) に腰かけていることから] **2** "《俗》パブ, 居酒屋 (cf. PEG *n* 2).

pég lèg 《口》《木製の》義足(の人); [*pl*] 《口》先細ズボン.

peg·ma·tite /pégmətàɪt/ *n* 巨晶花崗岩, ペグマタイト. ♦ **pèg·ma·tít·ic** /-tít-/ *a* [Gk=thing joined together]

pég-tòp, pég-tòpped *a* 上が広く下がすぼんだ, 先細の, ペッグトップの (peg).

pég tòp 《西洋ナシ形の》こま; [*pl*] こま形ズボン, ペッグトップトラウザーズ; ペッグトップスカート.

Pe·gu /pɛgúː/ ペグー《ミャンマー南部の市》.

peh /péɪ/ *n* ペイ《ヘブライ語アルファベットの第 17 字》. [Heb]

Peh·le·vi /péɪləvìː, pél-/ PAHLAVI[2].

Pei /péɪ/ ペイ **I**(**eoh**) **M**(**ing**) ~ (1917–　)《中国生まれの米国の建築家》.

PEI °Prince Edward Island.

Peigan ⇨ PIEGAN.

peign·oir /péɪnwɑ̀ːr, pɛ́n-, ⌐⌐/ *n* ペニョワール《髪をくしけずるときや, 入浴のあとに女性が着用する化粧着》. [F]

pein ⇨ PEEN.

peine forte et dure /péɪn fɔ́ːrt eɪ d(j)ʊ́ər; *F* pɛn fɔrt e dyːr/ 〘史〙苛酷拷問《1772 年廃止》.

Pei·ping /péɪpíŋ/ 北平(ペイピン)《BEIJING の旧称》.

Peip·si /péɪpsi/ ペイプシ《PEIPUS 湖のエストニア語名》.

Pei·pus /páɪpəs/ ペイプス《ロシアとエストニアの境界にある湖; ロシア語名 Chudskoye Ozero》.

Peiraiévs ⇨ PIRAEUS.

Peirce /pə́ːrs, píərs/ パース **Charles Sanders ~** (1839–1914)《米国の論理学者・哲学者・数学者; プラグマティズム・記号論の創始者》. ♦ **Péirc·ean** *a*

peise /péɪz, píːz/ "《方》*vt* …の目方を計る; 圧迫する.

Peisistratus ⇨ PISISTRATUS.

pej·o·rate /pédʒərèɪt, píː-/ *vt* 悪化[堕落]させる.

pèj·o·rá·tion *n* 悪化, 墜落; 〘言〙《語義の》悪化 (opp. *amelioration, melioration*).

pe·jo·ra·tive /pɪdʒɔ́(ː)rətɪv, -dʒɑ́r-, píːdʒ(ə)rətɪv/ *a* 軽蔑[侮辱]的な. ► *n* 〘言〙軽蔑語, 軽蔑(的接尾)辞《poetaster の -aster など》. ♦ **~·ly** *adv* [F<L (*pejor* worse)]

pek·an /pékən/ *n* 〘動〙フィッシャー (fisher)《米国産のテン》. [CanF<Algonquian]

Pekanbaru ⇨ PAKANBARU.

peke /píːk/ *n* [°P-] 《口》〘犬〙PEKINGESE.

pe·ke·poo /píːkəpùː/ *n* (*pl* **~s**) 〘犬〙PEEKAPOO.

Pe·kin /pɪkín, píːkìn/ *n* PEKING; 〘畜〙ペキン(種)《中国原産の卵肉兼用の白色アヒル》; [p-] ペキン《縦縞の(絹)織物》.

Pe·kin·ese /pìːkəníːz, -s/ *a, n* (*pl* ~) PEKINGESE.

Pe·king /píːkíŋ/ **1** 北京(ペキン) (⇨ BEIJING). **2** 北京《中国製の中型乗用車》.

Péking dúck 〘中国料理〙ペキンダック, 北京烤鴨(カオヤー).

Pe·king·ese /pìːkəníːz, -kɪŋ-, -s/ *a* 北京の; 北京人の. ► *n* **1 a** (*pl* ~) 北京人. **b** 北京方言[語]. **2** 〘犬〙ペキニーズ《狆(ちん)と同系の毛の長い中国原産の愛玩犬》.

Péking mán 〘人〙北京原人《華北周口店で発掘》.

Pe·king·ol·o·gy /pìːkɪŋɑ́lədʒi/, **Pe·kin·ol·o·gy** /-nɑ́l-/ *n* 北京研究, 北京学, ペキノロジー《中国政府の政治・(外交)政策などの研究》. ♦ **-gist** *n*

pe·koe /píːkoʊ, pék-/ *n* ペコー《小枝の一番葉までで製する上等紅茶; スリランカ・インド産》. [Chin 白毫]

pel·age /pélɪdʒ/ *n* 〘動〙毛衣《哺乳動物の体表部の毛のある外皮; 毛皮・羊毛など》. [F (*poil* hair)]

pe·la·gian /pəléɪdʒ(i)ən/ *a* 遠洋の, 外洋の (pelagic). ► *n* 遠洋動物.

Pelagian *n* ペラギウス派 (⇨ PELAGIUS). ► *a* ペラギウス(派)の. ♦ **~·ism** *n* ペラギウス主義.

pe·lag·ic /pəlǽdʒɪk/ *a* 海洋の; 遠海の, 遠洋にすむ, 外洋性の; 漂泳区の; 遠洋で行なう: ~ fishery 遠洋漁業 / ~ fish 浮き魚, 游泳魚. ► *n* 遠洋[外洋]性堆積物《遠洋性生物の遺骸・火山灰・隕石塵などの深海堆積物》; 浮き魚, 外洋鳥. [L<Gk (*pelagos* sea)]

Pe·lá·gie Íslands /pɛláːdʒɛ-/ *pl* [the] ペラジエ諸島《チュニジアとマルタの間にあるイタリア領の島群》.

Pe·la·gi·us /pəléɪdʒ(i)əs/ ペラギウス (c. 354–after 418)《ローマに学んだ英国の修道士・神学者; 原罪説を否定し自由意志を強調し, 後世異端宣告を受けた》.

pel·ar·gón·ic ácid /pèlɑ̀ːrgɑ́nɪk-, -góʊ-; pèlə-/ 〘化〙ペラルゴン酸.

pel·ar·go·ni·um /pèlɑ̀ːrgóʊniəm, pèlər-; pèlə-/ *n* 〘植〙ペラルゴニウム属[テンジクアオイ属] (*P-*) の植物《フウロソウ科; 俗称 geranium》. [NL<Gk *pelargos* stork]

Pe·las·gi /pəlǽzdʒi/ *n pl* ペラスギ人 (the Pelasgians).

Pe·las·gi·an /pəlǽzdʒ(i)ən, -giən; pɛ-/ *n* **a** ペラスギ人《先史時代にギリシア・小アジア・エーゲ海の諸島に住んだとされる》. **b** ペラスギ語. ► *a* ペラスギ人[語]の.

Pe·las·gic /pəlǽzdʒɪk, -gɪk; pɛ-/ *a* PELASGIAN.

pele /píːl/ *n* 〘英史〙PEEL[2].

Pe·lé /péleɪ/ ペレ (1940–　)《ブラジルのサッカー選手; 本名 Edson Arantes do Nascimento; 同国代表チームの中心としてワールドカップで 3 度の優勝を達成 (1958, 62, 70)》.

pel·e·can·i·form /pèləkǽnəfɔ̀ːrm/ *a* 〘鳥〙ペリカン目 (Pelecaniformes) の《ペリカン・ウなどの水鳥で, 4 本の趾すべてが水かきでつながっている》.

pe·lécy·pòd /pəlésə-/ *n* 〘動〙斧足類の動物 (lamellibranch)《二枚貝の類》. [NL (Gk *pelekus* axe, *-pod*)]

Pe·lée /pəléɪ/ [Mount] ペレー山《西インド諸島 Martinique 島北部の火山 (1463 m)》.

pel·er·ine /pèlərí:n; ⏤⏤⏤/ *n* ペルリーヌ《婦人用の細長い肩掛け》. [F (fem)＜*pèlerin* PILGRIM]
Péle's háir /péɪleɪz-, pí:liz-/ 〘地質〙 ペレーの毛, 火山毛《溶岩が風に吹かれて羊毛状のガラス繊維になったもの》. [*Pele* Hawaii の火山の女神]
Péle's téars *pl* 〘地質〙 ペレーの涙, 火山涙《溶岩飛沫が固結してできたガラス状の粒》. [↑]
P **Pe·leus** /pí:ljù:s, -liəs, ᴴpéliəs/ 〘ギ神〙 ペーレウス《Aeacus の子で Achilles の父》.
Pe·lew /pəlú:/ ペルー《PALAU の旧称》.
pelf /pélf/ *n* [*joc/derog*] 金銭, 不浄の財[富]. [OF＝spoils＜?; cf. PILFER]
pel·ham /péləm/ *n* 《馬のくつわの》大勒(たいろく)はみ.
Pe·li·as /pí:liəs, pél-; pí:liæs/ 〘ギ神〙 ペリアース《Poseidon の子でイオルコス (Iolcos) 市の王; Jason に金の羊毛を取りに行かせた》. [L＜Gk＝grey one]
pel·i·can /pélɪkən/ *n* 〘鳥〙 ペリカン《ペリカン属の各種》; ᴴPELICAN CROSSING; [ºP-]*《俗》ルイジアナ州人 (Louisianan); [ºP-]*《俗》皮肉っぽい女; [ºP-]*《俗》大食漢. [OE *pellican*, OF, ＜Gk (?*pelekus* ax); そのくちばしの形から]
pélican cróssingᴴ 押しボタン信号式の横断歩道 (cf. ZEBRA CROSSING). [*pe*destrian *li*ght *con*trolled *crossing*]
pélican hòok 〘海〙 すべり鉤, ペリカンフック.
Pélican Stàte [the] ペリカン州《Louisiana 州の俗称》.
Pe·li·on /pí:liən/ ペリオン (ModGk **Pí·lion** /pí:ljɔ̀:n/)《ギリシア中東部 Thessaly 地方東部の山 (1547 m); ギリシア神話では centaurs の住む地》. ● **pile [heap] ～ on [upon] Ossa** 困難に困難を重ねる, むなしい努力を続ける《神話で巨人がこの二つの山を重ねさらにそれを Olympus に重ねて天へ登ろうとした故事から》.
pe·lisse /pəlí:s, pɛ-/ *n* ペリース《婦人・子供が着用する絹[木綿]のマント類》; 《竜騎兵の》毛裏付き外套. [F＜L *pellicia* (cloak) of fur (*pellis* skin)]
pe·lite /pí:làɪt/ *n* 〘地質〙 泥質岩. ♦ **pe·lit·ic** /pɪlítɪk/ *a*
Pel·la /pélə/ ペラ《ギリシア北部の古代都市; Philip 2 世治下の Macedonia の首都》.
pel·la·gra /pəléɪgrə, -lǽg-/ *n* 〘医〙 ニコチン酸欠乏症候群, ペラグラ《皮膚紅斑, 消化器・神経系の障害を伴う》. ♦ **pel·lá·grous** *a* [It *pelle* skin; *podagra* にならったもの]
pel·la·grin /pəléɪgrən, -lǽg-/ *n* ペラグラ患者.
pel·le·kar /péləkà:r/ *n* PALIKAR.
Pel·les /péliz/ [King] 〘アーサー王伝説〙 ペレス王《Elaine の父で, Galahad の祖父》.
pel·let /pélət/ *n* **1** 球粒, 《紙・蠟などを丸めた》小球; 石つぶて《もと飛び道具》; 小弾丸, 《空気銃などの》弾, 散弾; 小丸薬, ペレット(剤); 《野球・ゴルフなどの》ボール; 〘畜〙 固形飼料. **2** 〘鳥〙 ペリット (＝*cast, casting*)《鷹・フクロウなどが吐き出す, 骨・羽毛などの不消化物の団塊》; 〘動〙《ウサギ・ネズミなどの》糞, 糞粒. **3** 貨幣面の円形浮彫り. ► *vt* …に pellet をぶつける; 小さく丸める. ♦ **～·al** *a* [OF *pelote* ＜Romanic (dim)＜L *pila* ball]
péllet bòmb ボール爆弾 (canister bomb).
péllet gùn 空気銃 (air gun).
Pelle·tier /*F* pɛltje/ ペルティエ **Pierre-Joseph ～** (1788–1842)《フランスの化学者》.
péllet·ìze *vt* 小球状にする; 《特に》〈微細な〉鉱石を〉小球状にする. ♦ **-iz·er** *n* **pèllet·izátion** *n*
pel·le·tron /pélətrɑ̀n/ *n* 〘理〙 ペレトロン《粒子加速器の一種; 金属小球 (pellet) を並べて絶縁体で分離したもので電流ベルトをつくる》. [*pellet, -tron*]
pel·li·cle /pélɪk(ə)l/ *n* 薄膜, 薄皮; 〘動〙《原生動物の》外皮, 外被, ペリクラ; 〘植〙 キノコの傘の表皮; 《液体表面の》薄膜, 菌膜; 〘光〙 ペリクル《光の一部を反射し, 一部を透過させるフィルム》. ♦ **pel·lic·u·lar** /pəlíkjələr/, **pel·líc·u·late** /-lət, -lèɪt/ *a* [F＜L (dim)＜*pellis* skin]
pel·li·to·ry /pélətɔ̀:ri; -t(ə)ri/ *n* 〘植〙 **a** ピレトリウム (＝～**-of-Spáin**)《南欧原産キク科植物》; ピレトリウム根《かつて催唾液薬》. **b** ヒカゲミズ (＝～**-of-the-wáll**)《イラクサ科》. [変形＜*pelytyr* PYRETHRUM]
pell-mell /pélmél/ *adv, a* 乱雑に[な], めちゃくちゃに[な]; あたふたと(した), むこうみずに[な]. ► *n* 乱雑; ごちゃまぜ; てんやわんや; 乱闘. ► *vt* ごちゃまぜにする. ► *vi* あたふたと急いで行く. [F *pêle-mêle*; *mesle* (*mesler* to mix) の加重]
pel·lu·cid /pəlú:səd/ *a* 澄んだ, 透明な, 清澄な; 玉虫色の, 〈文体・表現が〉明晰な, 明瞭な, すっきりした (clear, lucid); 頭がさえた. ♦ **～·ly** *adv* 透き通って; 明瞭に. **pel·lu·cid·i·ty** /pèljəsídəti/ *n* [L (*per*-)]
Pel·man·ism /pélmənìz(ə)m/ *n* ペルマン式記憶術《元来英国の教育機関 Pelman Institute が開発した》; 〘トランプ〙 神経衰弱 (concentration).
Pelman·ize /pélmənàɪz/ *vt* ペルマン式記憶術で暗記する.
pel·me·ny, -ni /pélməni/ *n pl* 〘ロシア料理〙 ペリメニ《牛や羊・豚のミンチ肉とタマネギなどを小麦粉で作った皮でギョーザのように包んだもので, ゆでたり揚げたりスープに入れたりして供される; もとはシベリア料理》. [Russ]
pel·met /pélmət/ *n* 《カーテンの》金具おおい. [?F PALMETTE]
Pe·lop·i·das /pəlɑ́pədəs/ ペロピダス (d. 364 B.C.)《テーバイの将軍》.
Pel·o·pon·ne·sian /pèləpəní:ʒ(ə)n, -ʃ(ə)n/ *a* PELOPONNESUS (の住民)の. ► *n* ペロポンネソスの住民.
Peloponnésian Wár [the] ペロポンネソス戦争《アテナイとスパルタ間の戦い (431–404 B.C.)》.
Pel·o·pon·ne·sus, -sos /pèləpəní:səs/, **-nese** /-ní:z, -s/ ペロポンネソス《ギリシア本土南部の半島; 中世名 Morea》.
Pe·lops /pí:lɑ̀ps, pél-/ 〘ギ神〙 ペロプス《Tantalus の子; 父に殺され神々の料理に供されたが神々の力でよみがえった》.
pe·lo·ria /pəlɔ́:riə/ *n* 〘植〙 正化《不整正花の整正変態など》; 整正花. ♦ **pe·lór·ic** /-lɔ́(:)r-, -lɑ́r-/ *a* [Gk＝monstrous]
pe·lo·rus /pəlɔ́:rəs/ *n* 〘海〙《羅針盤上の》方位盤, ダムコンパス (＝*dumb compass*). [Hannibal の案内人の *Pelorus* からか]
pe·lo·ta /pəlóutə, -lɑ́tə/ *n* ペロタ《スペイン・中南米などで行なわれる handball の一種; jai alai に発展》; JAI ALAI; ペロタ[ハイアライ]のボール. [Sp＝ball (augment)＜*pella* (L *pila*); cf. PELLET]
Pe·lo·tas /pəlóutəs/ ペロタス《ブラジル南部 Rio Grande do Sul 州の市》.
pel·o·ton /pélətɑ̀n, ⏤⏤⏤; *F* p(ə)lɔtɔ̃/ *n* プロトン(ガラス) (＝～ **glàss**)《表面にまだらに金属被膜をつけ, しゅす光沢処理し, 対照色の縞(しま)を重ねたヨーロッパの装飾ガラス》; 《自転車競技の》主集団.
pelt[1] /pélt/ *vt* 連打する, 激しく打つ; …に続けざまに投げつける; [*fig*] 〈質問・悪口などを〉浴びせかける; 〈石などを〉投げつける: ～ sb *with* stones 人に石つぶてを浴びせる. ► *vi* 連打する; 《石などを》投げつける 〈*at*〉; 〈雨・風が〉激しくたたき[吹き]つける 〈*down*; *on* sb; *against* the roof〉; 《まれ》悪口を浴びせる; 急ぐ, 疾走する, 突進する 〈*along, down*〉. ► *n* 投げつけること; 強打, 連打, 連発; 《雨などの》激しい降り, 《風の》吹きつけ; 急速度, 速力; 激怒. ● **(at) full ～** 全速力で, まっしぐらに. [C16＜?; 一説に＜?PELLET]
pelt[2] *n* 《毛皮獣の》生皮, 毛皮《毛を付けたままの 通例 未処理の皮》; 裸皮(らひ), ペルト《脱毛処理を施した, なめし前の皮》; 皮衣; [*joc*] 人の皮膚, 素肌: in one's ～ 裸で. ► *vt* 〈動物〉の皮をはぐ. [*pellet* (obs) skin (dim)＜*pel*＜OF, または(逆成)＜*peltry*]
pel·ta /péltə/ *n* (*pl* **-tae** /-tì:, -tàɪ/) 〘古ギ・古ロ〙《歩兵の用いた》軽い小楯, ペルタ; 〘植〙 楯形構造《葉など》; 〘動〙《trichomonad などの》楯(たて)状部[小体], ペルタ. [L]
pel·tast /péltæst/ *n* ペルタ (pelta) を持った兵士.
pel·tate /péltèɪt/ *a* 〈葉が〉葉柄を中央にもつ, 楯形(たてがた)の, 楯着(じゅんちゃく)の: a ～ leaf 楯形(じゅんけい)葉. ♦ **～·ly** *adv*
pélt·er *n* 投げつける人[もの]; [*joc*] 鉄砲, ピストル; 《口》土砂降り; 《口》足の速い馬; *《口》駄馬. ● **in a ～** 激昂して.
Pél·tier effèct /péltjeɪ-/ 〘理〙 ペルティエ効果《異種の金属の接触面を弱い電流が通ったとき熱が発生または吸収される現象》. [J. C. A. *Peltier* (1785–1845) フランスの物理学者]
Péltier èlement 〘電子工〙 ペルティエ素子《ペルティエ効果を利用した電子冷凍などに用いる熱電素子》.
pelt·ing /péltɪŋ/ *a* 《古》取るに足らぬ.
Pél·ton whèel /pélt(ə)n-/ ペルトン水車《高速の水を羽根車のバケットにあてる方式の水力タービン》. [Lester A. *Pelton* (1829–1908) 米国の技術者]
pel·try /péltri/ *n* 裸皮, 生皮, 毛皮《集合的》; [º*pl*] 《一枚の》毛皮. [AF (L *pellis* skin)]
pe·lu·do /pəlú:dou/ *n* (*pl* **～s**) 〘動〙 ムツオビアルマジロ《アルゼンチン産》. [AmSp]
pel·vic /pélvɪk/ *a* 〘解〙 骨盤 (pelvis) の; 骨盤内[近く]の, 下腹部の. ► *n* 骨盤 (＝～ bone); 〘魚〙 腹びれ (pelvic fin).
pélvic árch PELVIC GIRDLE.
pélvic fín 〘魚〙 腹びれ (＝*ventral fin*).
pélvic flóor 〘解〙 骨盤底.
pélvic gírdle 〘動・解〙《脊椎動物の》腰帯(ようたい), 後肢帯; 《人の》下肢帯.
pélvic inflámmatory disèase 〘医〙 骨盤内炎症性疾患《IUD 使用者に多い, 卵巣・卵管, さらには近傍の組織の炎症; 特に淋菌感染のものが多い; 不妊症の主な原因; 略 PID》.
pel·vim·e·try /pɛlvímətri/ *n* 〘医〙 骨盤計測(法).
pel·vis /pélvəs/ *n* (*pl* **～·es, -ves** /-vì:z/) 〘解・動〙 骨盤; 骨盤腔; 腎盂, 腎盤 (renal pelvis); 《骨盤を含む》下腹部, 腰(のあたり): the ～ major [minor] 大[小]骨盤. [L＝basin]
pel·y·co·saur /pélɪkəsɔ̀:r/ *n* 〘古生〙 盤竜, ペリコサウルス類《ペルム紀の単弓類》. [Gk *pelyx* wooden bowl]
Pem·ba /pémbə/ ペンバ《アフリカ東海岸 Zanzibar 島の北にあるタンザニア領の島; チョウジ (clove) の主産地》.
Pem·broke /pémbrʊ̀k, *-bròuk/ **1** ペンブルック《ウェールズ南西部の Milford Haven 湾南岸の町; Henry 7 世の生まれた 11 世紀建造の古城がある》. **2** 〘犬〙 PEMBROKE WELSH CORGI; PEMBROKE TABLE.
Pem·broke·shire /pémbrʊ̀kʃɪər, -ʃər/ ペンブルックシャー《ウェー

ﾙｽﾞ南西部の州; ☆Haverfordwest; 略 **Pembs**).

Pémbroke tàble たれた翼板を上げて広げるテーブル.

Pémbroke Wélsh córgi 〘犬〙 ペンブロークウェルシュコーギー《耳がとがって立ち, 前足がまっすぐで, 尾が短い Welsh corgi》.

pem·(m)i·can /pémɪkən/ *n* **1 a** ペミカン《(1) 野牛肉などを切干しにして砕き, 果実や脂肪をつき混ぜて固めたインディアンの食品 2) 肉の乾燥粉末と脂肪の混合物》. **b** 非常用・携帯用保存食品. **2** [*fig*] 摘要, 要綱 (digest). [Cree]

pem·o·line /pémәli:n/ *n* 〘薬〙 ペモリン《精神興奮薬; MAGNESIUM PEMOLINE は記憶増進用》.

pem·phi·goid /pémfәgɔ̀ɪd/ *a* 〘医〙 類天疱瘡の.

pem·phi·gus /pémfɪgәs, pɛmfáɪ-/ *n* 〘医〙 天疱瘡. [Gk *pemphig- -phix* bubble]

pen[1] /pén/ *n* **1** ペン先, 《ペン先およびペン軸を含めて》ペン; 万年筆; ボールペン; 鵞(が)ペン (quill), 筆; 〘電算〙 入力ペン, 電子ペン, STYLUS: write with ～ and ink ペン[インク]で書く / drive a ～ 書く / put [set] ～ to paper＝take up one's ～ 《文》筆を執る / wield one's ～ 健筆をふるう. **2** [the] 文体, 文筆(の業); [the] 筆跡; 書家, 文筆家, 作家: *The* ～ is mightier than the sword. 《諺》文は武よりも強し / a knight of *the* ～ [*joc*] 文士. **3** イカの甲[舟] (cuttlebone); 《古》羽根, 羽茎 (quill); 《鳥の》初毛(うぶ) (pinfeather); [*pl*] 翼 (wings). ● **draw one's ～ against**…を文筆で攻撃する. **push a ～** 《口》事務の仕事をする, PENCIL PUSHER として(あくせく)働く. ► *vt* (**-nn-**) 〈手紙などを〉書く, したためる, 〈詩文などを〉作る, 著わす. [OF ＜L *penna* feather; cf. PIN]

pen[2] *n* **1** 《牛・羊・鶏などの》おり, 囲い, (追い込み)畜舎; 畜舎の中の動物[家畜]; 小さな囲い; PLAYPEN. **2** 《食料品などの》貯蔵所; 潜水艦待避所; 〘野〙 ブルペン, 救援投手陣; 《カリブ》農場, 農園. ► *vt* (**pent** /pént/; **pén·ning**) おり[囲い]に入れる; 閉じ込める, 監禁する 〈*in, up*〉; [ᵘ*pass*] 〈人〉に閉塞感を感じさせる 〈*in*〉; 〈家禽・ウサギなどを〉囲いに入れて展示する. [OE *penn*＜?]

pen[3] *n* 白鳥の雌 (opp. *cob*). [C16＜?]

pen[4] *n* *《俗》刑務所, ムショ (penitentiary).

Pen ペン《女子名; Penelope の愛称》.

pen- ⇨ PENE-.

pen. peninsula ◆ penitentiary. **Pen.** Peninsula.

PEN /pén/ (International Association of) Poets, Playwrights, Editors, Essayists and Novelists 国際ペンクラブ.

pe·nal /pí:nl/ *a* 刑罰の, 刑の; 刑罰としての; 刑事上の, 刑法上の; 刑罰を受くべき, 刑に相当する; 刑場としての; 〈税金・利息など〉過酷な: a ～ offense 刑事犯罪 / a ～ institution 受刑施設 (prison) / a ～ colony [settlement] 犯罪者植民地. ◆ **～·ly** *adv* 刑として, 刑罰で; 刑法上, 刑事上. [OF or L (*poena* penalty)]

pénal còde [the] 〘法〙 刑法典.

pé·nal·ìze /pí:n(ә)làɪz, *pén(ә)l-/ *vt* **1** 罰する 〈*for*〉; …に有罪を宣告する; 〈競技の反則者〉に罰則を適用する, …にペナルティーを科す: The team was ～*d* five yards. そのチームは 5 ヤードのペナルティーをつけられた. **2** 不利にする, 困らせる 〈*for*〉. ◆ **pènal·izátion** *n*

pénal sérvitude 〘英法〙 《重労働の》懲役(刑) 《もと 流刑に代えて科したもの》: do (ten years') ～ (10 年の)懲役をつとめる / ～ for life 終身刑.

pénal súm 〘商〙 違約金(額).

pen·al·ty /pén(ә)lti/ *n* **1** 罰, 制裁, 刑罰, 罰金, 科料, 制裁金, 違約金; 因果応報, たたり; 〘競技〙 ペナルティー《反則の罰点》; [ᵘ*pl*] 〘ブリッジ〙 罰点: The ～ *for* disobeying the law was death. その法律に違反すれば死刑だった. **2** 《ある行為・状態に伴う》不利; 《前回の勝者に課する》ハンディキャップ: the ～ *of* old age 老年に伴う不便. ● **on [under] ～ of**… 違反すれば…の刑に処する条件で. **pay the ～** 罰金を払う, 罰[報い]をうける. [AF＜L (PENAL)]

pénalty àrea 〘サッカー〙 ペナルティーエリア《この区域内での守備側の反則は相手側にペナルティーキックを与える》.

pénalty bòx 〘アイスホッケー〙 ペナルティーボックス《反則競技者の罰則時間が解けるまで, 競技から隔離しておくために用意された場所》; 〘サッカー〙 PENALTY AREA.

pénalty clàuse 《契約書の》違約条項.

pénalty gòal 〘サッカー・ラグビー〙 ペナルティーゴール《penalty kick による得点》.

pénalty kìck 〘サッカー・ラグビー〙 ペナルティーキック.

pénalty kìller 〘アイスホッケー〙 ペナルティーキラー《ペナルティーで味方が手薄になった時に(特に 守りとして)出場する, とっておきの選手》. ◆ **pénalty kìlling** ペナルティーで味方が手薄になった状態で行なう防戦.

pénalty lìne 〘サッカー〙 ペナルティーライン《penalty area の境界線》.

pénalty pòint **1** [ᵘ*pl*] ᴵᴵ交通違反点数. **2** 〘ゲーム・スポ〙 反則点, 罰点.

pénalty ràte 《豪》罰則賃金率《時間外労働などに対する賃金の割増率》.

pénalty shóot-out 〘サッカー〙 SHOOT-OUT.

pénalty shòt 〘アイスホッケー〙 ペナルティーショット.

pénalty spòt 〘サッカー〙 ペナルティースポット《ペナルティーキックを蹴る位置; 単に spot ともいう》.

pénalty trỳ 〘ラグビー〙 ペナルティートライ《相手側の攻撃によってタッチダウンが妨げられたときに与えられるトライ》.

pen·ance /pénәns/ *n* 罪の償い(としての苦行[罰]), 罪滅ぼし; 耐え忍ぶべきこと, '苦行'; 〘カト〙 悔悛[告解(こっかい)]の秘跡, 悔い改め, 悔悛, 悔悟: do ～ *for*… 〈罪〉の償い[悔い改め]をする, …の罪滅ぼしをする. ► *vt* …に償いの苦行を課する; 罰する. ◆ **～·less** *a* [OF＜L PENITENT]

pén-and-ínk *a* ペンで書いた; 筆写した: a ～ sketch.

pén and ínk 《韻俗》いやなにおい, 悪臭 (stink).

Penang ⇨ PINANG.

pe·náng-láwyer /pɪnǽŋ-/ *n* 頭にこぶのあるステッキ; 《その材をとる》ゴヘイヤシの一種《東南アジア産》. [*Pinang*]

pen·an·nu·lar /pɛnǽnjәlәr/ *a* 準環状[輪状]の. [*pene-*]

pe·na·tes /pәná:tiz, -néɪ-/ *n pl* [ᵒP-] 〘ロ神〙 ペナーテース《家庭の食料入れ戸棚の神々》; 家庭で大事にされている備品: LARES AND PENATES.

pén-bàsed *a* 〈コンピューターが〉ペン入力の.

pence *n* PENNY の複数形.

pen·cel, pen·cil /péns(ә)l/ *n* PENNONCEL.

pench·ant /pénʧәnt; pɔ̃ʃɔ̃/ *n* 傾向; 趣味, 好み (liking) 〈*for*〉. [F (pres p)＜*pencher* to incline]

Penchi 本渓 (⇨ BENXI).

pen·cil[1] /péns(ә)l/ *n* **1 a** 鉛筆; 石筆; 《古》絵筆; [*fig*] 画法, 画風: write with a ～ [in ～] 鉛筆で書く. **b** 鉛筆形の物; ペンシル型まゆずみ (eyebrow pencil), 棒紅; 《卑》ペニス, 筆: have LEAD[2] in one's ～. **2** 〘理〙 光線束, ペンシル《特に 一点に集束[から発散]する》; 〘数〙 束: a ～ of light 一条の光. ● **have the ～ put on** one 《俗》警察に通報される. **push a ～**＝push a PEN[1]. ► *vt* (**-l-** | **-ll-**) 鉛筆で書く[描く, しるしをする]; 《鉛筆などで》…に色を塗る; 〈まゆを〉引く; 〘競馬〙 賭け帳に〈馬の名を〉記入する. ● **～ in** 一応予定[候補]に入れておく 〈*for*〉. ◆ **pén·cil·(l)er** *n* ᴵᴵ《俗》BOOKMAKER. **～·like** *a* [OF *pincel*＜L *penicillum* paint brush (dim)＜PENIS]

pencil[2] ⇨ PENCEL.

péncil càse 鉛筆入れ, 筆箱.

péncil drìver 《口》PENCIL PUSHER.

pén·ciled *a* 鉛筆[まゆずみ]で書いた; 〈家禽の羽が〉一点集中的な細い色線を有する; 光束状の.

pen·cíl·i·fòrm /pɛnsílә-, pénsәlә-/ *a* 鉛筆状の; 平行な〈光線など〉.

péncil·ing *n* 鉛筆書き; 細線書き; 鉛筆書き風模様.

péncil mustáche 細い口ひげ.

péncil pùsher *《口》[ᵒ*derog*] 小役人, 職員, 事務員[屋], 物書き, 記者, 書記, 簿記係.

péncil shàrpener 鉛筆[クレヨン]削り.

péncil shòver 《俗》PENCIL PUSHER.

péncil skìrt ペンシルスカート《裾が細くなっていくタイトスカート》.

pén compùter 〘電算〙 ペンコンピューター《入力ペンで入力する携帯型コンピューター》.

pend[1] /pénd/ *vi* **1** ぶらさがる; 《方》依存する (depend) 〈*on*〉. **2** 未決のままである, 係争中である, 係属している. [F or L; ⇨ PENDANT]

pend[2] *n* 《スコ》アーチ天井のかかった道. [F]

Pen·da /péndә/ ペンダ (d. 655) 《Mercia の王; 非キリスト教徒; Northumbria と絶えず交戦した》.

Pen·da·flex /péndәflὲks/ 〘商標〙 ペンダフレックス《米国製の書類ばさみ; キャビネット内に吊り下げる形式》.

pen·dant /péndәnt/ *n* **1 a** たれさがったもの; 《特に ネックレス・ブレスレット・イヤリングなどの》たれ飾り, ペンダント; 〘建〙 吊束(つりづか), たれ飾り; 《懐中時計の》吊り輪; 吊りランプ, ペンダントランプ, シャンデリア; 〘海〙 《下檣頭などから垂下する, 端に滑車などの付いた》短索 (＝*pennant*); 〘英海軍〙 三角旗 (pennant). **b** 付録, 付属物. **2** 《絵画などの》対(つい)の一方, 《一般に》片方, 相手 〈*to*〉. ► *a* PENDENT. [OF (pres p)＜*pendre* to hang＜L]

péndant clòud 〘気〙 漏斗雲 (tuba).

péndant pòst 〘建〙 吊束(つりづか).

Pen·del·i·kón /pὲndɛlɪkɔ́:n/ ペンデリコン《PENTELICUS 山の別称》.

pen·den·cy /péndәnsi/ *n* 垂下, 懸垂; 未決, 未定, 宙ぶらりん; 〘法〙 訴訟係属: during the ～ of…が未定の間.

pén·dent *n* PENDANT. ► *a* たれさがる, 垂下の; 張り出した; 〈訴訟・問題など〉未決[未定]の, 宙ぶらりんの (pending); 今にも起こりそうな, 差し迫った (impending); 〘文法〙 構文の不完全な, 〈分詞が〉懸垂的な. ◆ **～·ly** *adv*

pen·den·te li·te /pɛndénti láɪti/ 〘法〙 *adv* 訴訟(係属)中に; 訴訟の結果により[応じて]. [L＝while the lawsuit is pending]

pen·den·tive /pɛndéntɪv/ *n* 〘建〙 ペンデンティブ, 隅(すみ)折り上げ, 穹隅(きゅうぐう)《正方形の平面の上にドームをかけるとき, ドームの下四隅に築く球面三角形の部分》. ● **in ～** 〘印〙 〈活字が〉逆三角形組みの.

Pen·de·rec·ki /pὲndәrétski/ ペンデレツキ **Krzysztof ～** (1933–)《ポーランドの作曲家》.

pénd·ing *a* たれさがっている; 未決定の, 決定待ちの, 宙ぶらりんの; 切迫した, 〘法〙 係争中の, 係属中の: Patent ～ 新案特許出願中 /

the ～ lawsuit. ► *prep* …の間, …中 (during); …までは (until): ～ his return 彼が帰るまで. [cf. F PENDANT]

pénding trày 未決書類入れ.

pen·drag·on /pɛndrǽgən/ *n* [ºP-] 古代ブリテン[ウェールズ]の王侯, 王 (king); [P-] UTHER PENDRAGON. [Welsh=chief war-leader (*pen* chief)]

pen·du·lar /péndʒələr; -djʊ-/ *a* 振子の[に関する].

pen·du·late /péndʒəlèɪt; -djʊ-/ *vi* 振子のように揺れ動く; [*fig*] 心が定まらない, 揺れ動く.

pen·dule /péndʒùːl; -djʊl/ *n* 〘登山〙 PENDULUM; 振子時計《特に小型で装飾の施されたもの》.

pen·du·line /péndʒələn, -làɪn; -djʊ-/ *a* 〈鳥が〉吊り巣を作る. [F <L; ⇨ PENDULOUS]

pénduline tít [títmouse] 〘鳥〙 ツリスガラ(吊巣雀)《欧州・アジアの温帯産》.

pen·du·lous /péndʒələs; -djʊ-/ *a* ぶらさがった; ゆらゆら[ぶらぶら]する; 〘植〙〈茎などが〉垂下の; 《まれ》 心がぐらつく, ためらう; 《古》 宙に漂う. ♦ **～·ly** *adv* **～·ness** *n* [L (*pendeo* to hang)]

pen·du·lum /péndʒələm; -djʊ-/ *n* 《時計などの》振子, ねじり振子; 《振子運動的に激しく》動揺するもの; 心の定まらない人; 〘登山〙 振子トラバース. ● **the swing of the ～** 振子の運動; 《政党などの》勢力の移動[浮沈]; 《人心・世論などの》激しい変動. [L (↑)]

pe·ne- /píːnɪ, pénɪ/, **pen-** /pén/ *pref* 「ほぼ」「ほとんど (almost)」 [L (*paene* almost)]

pe·nec·to·my /pɪnéktəmi/ *n* 〘医〙 陰茎切除(術).

Pe·ne·dos de São Pe·dro e São Pau·lo /pənéɪðus ðə sãʊ̃(m) péɪðru eɪ sãʊ̃(m) páʊlu/ サンペドロ・エ・サンパウロ岩礁 《SAINT PAUL'S ROCKS のポルトガル語名》.

Pe·nel·o·pe /pənéləpi/ **1** ペネロピー《女子名; 愛称 Pen, Penny》. **2 a** 〘ギ神〙 ペーネロペー, ペーネロペイア《ODYSSEUS の妻; 夫の 20 年に及ぶ不在中貞節を守りつづけた》. **b** 貞節な妻. [Gk=? weaver]

péne·plàin, -plàne *n* 〘地質〙 準平原.

penes *n* PENIS の複数形.

pen·e·tra·ble /pénətrəb(ə)l/ *a* 浸透[透入, 貫入, 貫通]できる 〈*to*〉; 見抜かれる, 看破できる. ♦ **pèn·e·tra·bíl·i·ty** *n* はいり込めること, 貫通できること, 浸透性, 貫通性. **-bly** *adv*

pen·e·tra·lia /pènətréɪliə/ *n pl* いちばん奥[内部], 最奥部, 《神殿などの》奥殿, 奥の院; 秘密の事柄. [L]

pen·e·tra·li·um /pènətréɪliəm/ *n* 最も秘密とされる[隠されている]部分. [逆成<↑]

pen·e·tram·e·ter /pènətrǽmətər/ *n* (X 線)透過度計.

pen·e·trance /pénətrəns/ *n* 〘発生〙《遺伝子の》浸透度《その形質が発現する割合; cf. EXPRESSIVITY》.

pén·e·trant *a, n* 浸透[貫通]する(もの); 〘発生〙〈遺伝子が〉浸透する; 〘動〙 貫通刺胞; 浸透剤.

pen·e·trate /pénətrèɪt/ *vt* **1** 通す, 通る (get through), 貫く, 貫通[突破]する; …に突入する; 〈人〉の膣[肛門]に陰茎を挿入する. **2 a** …にはいり[染み]込む, 達する; …に浸透[進出, 潜入]する: Nationalism ～*d* the whole country. 民族主義が全国に浸透した. **b** …の心に染み込ませる 〈*with*〉; 徹底させる, 印象づける: ～ sb *with* discontent 不満を骨身に染み込ませる. **3** 〈闇を〉見通す; 〈人の心・真意・真相・偽装などを〉見抜く, 洞察[理解]する: ～ sb's disguise 人のうそ[正体]を見破る / ～ a mystery 秘密を見抜く. ► *vi* **1** 通る, 貫く, 浸透する, 染み込む, 看破[透徹]する 〈*into, through, to*〉; 〈声などが〉よく通る. **2** 人の心を深く感動させる, 人を感銘させる; 〈情報が〉(すんなり)頭にはいる, (よく)わかる, 目にとまる. ♦ **-trà·tor** *n* はいり込む人[もの]; 洞察者, 看破者; 〘理〙 針入度針. [L (*penitus* interior)]

pén·e·tràt·ing *a* **1** 浸透する; 〈声などがよく通る, かん高い (shrill); 貫通[穿通]性の〈傷など〉. **2** 洞察力のある, 鋭い, 透徹した. ♦ **～·ly** *adv* **～·ness** *n*

pen·e·tra·tion /pènətréɪʃ(ə)n/ *n* **1 a** 浸透, 貫通, 透過; 《膣などへの》挿入; 浸透力; 〘軍〙《敵陣への》侵入, 侵攻, 進攻, 〘空軍〙 突破《航空機が敵の防御を破って, 目標地点を攻撃すること》; 〘政〙 勢力浸透[伸長]《文化工作》: peaceful ～ 《貿易などによる》平和的勢力伸長; 《思想などの》平和的浸透. **b** 《弾丸の》侵徹深度; 〘光〙 被写界深度 (depth of field); 《アスファルトなどの》針入度; 〘商〙 市場浸透度. **2** 透徹(力), 透視力; 看破, 眼識, 洞察(力): a man of ～ 洞察力のある人.

pén·e·trà·tive /, -trət-/ *a* 浸透[貫通, 挿入, 突破]する; 眼力の鋭い, 鋭敏な; 人を感銘させる〈弁士など〉: ～ sex 挿入性交. ♦ **～·ly** *adv* **～·ness** *n*

pen·e·trom·e·ter /pènətrɑ́mətər/ *n* 〘理〙《半固体物質の》針入度計, 硬度計; PENETRAMETER.

Pe·ne·us /pəníːəs/ [the] ペネウス川 (*ModGk* Piniós)《ギリシア北部 Thessaly 地方を東流し, Salonika 湾に注ぐ; 別称 Salambria》.

pén fèather ペン羽根 (quill feather).

pén·frìendᴵᴵ *n* 《外国の》文通友だち, ペンパル (pen pal).

pén·fùl *n* ペン一杯(のインク).

Peng·hu /pʌ́ŋhúː/ 澎湖(ほう)(ポンフー)諸島《台湾海峡の小群島; 英語名 Pescadores》.

pen·gö /péŋgəːr, -gø/ *n* (*pl* ～, ～**s**) ペンゴ《1925–46 年のハンガリーの通貨単位》. [Hung=jingling]

Pengpu 蚌埠 (⇨ BENGBU).

pen·guin /péŋgwən, pén-/ *n* **1** 〘鳥〙 ペンギン; 《廃》 オオウミガラス (great auk). **2** 〘空〙 練習用地上滑走機; 《俗》《空軍の》地上勤務員; *《俗》 盛装したエキストラ; *《俗》 修道女, 尼僧《特にカトリックの教区学校の生徒が用いる》. **3** [P-] 〘商標〙 ペンギン(ブックス)《英国の Penguin Books 社が刊行するペーパーバック; ペーパーバックの元祖的存在》. [C16=great auk<?; cf. Welsh *pen gwyn* white head]

pénguin sùit 《俗》 夜会服; 《俗》《宇宙飛行士の着る》宇宙服.

pén·hòld·er *n* ペン軸; ペン掛け; 〘卓球〙 ペンホルダー(グリップ) (=～ **grìp**).

-pe·nia /píːniə/ *n comb form* 「…の不足[欠乏]」 [NL (Gk *penia* poverty, need)]

pe·ni·al /píːniəl/ *a* ペニス[陰茎] (penis) の.

pen·i·cil /pénəsɪl/ *n* 〘動〙《毛虫などの》ふさ毛.

pen·i·cil·la·mine /pènəsíləmìːn/ *n* 〘生化〙 ペニシラミン《ペニシリンから得るアミノ酸; シスチン尿症・鉛中毒などの治療用》.

pen·i·cil·late /pènəsílət, -èɪt/ *a* 〘植・動〙 ふさ毛のある, 毛筆状の. ♦ **～·ly** *adv* **pèn·i·cil·lá·tion** *n*

pèn·i·cíl·li·fòrm /pènəsílə-/ *a* PENICILLATE.

pen·i·cil·lin /pènəsílən/ *n* 〘薬〙 ペニシリン. [*Penicillium*]

pen·i·cil·lin·ase /pènəsílənèɪs, -z/ *n* 〘生化〙 ペニシリナーゼ《ペニシリンを不活性化する酵素》.

pen·i·cil·li·um /pènəsíliəm/ *n* (*pl* ～**s**, **-lia** /-liə/) 〘菌〙 アオカビ属 (*P-*) のカビ《ペニシリンの原料》. [NL (L PENCIL¹)]

pe·nile /píːnàɪl/ *a* ペニスの, 陰茎の, 男根の.

pe·nil·li·on, pen·nil- /pəníljən/ *n pl* (*sg* **pe·nill** /pəníl/, **pen·nill** /pénɪl/) 〘ウェールズ〙 ペンニル《ハープに合わせて歌う即興詩; またそのスタンザ》. [Welsh=verses (*penn* head)]

pe·nin·su·la /pənínsj(j)ələ/ *n* 半島; 半島状突出物; [the P-] IBERIA 半島; [the P-] GALLIPOLI 半島. [L (*pene-*, *insula* island)]

pe·nín·su·lar *a, n* 半島の(住民); 半島(状)の. ♦ **pe·nin·su·lar·i·ty** /pənìns(j)əlǽrəti/ *n* 半島状[性]; 島国根性, 偏狭.

Penínsular Maláysia 半島マレーシア (=*West Malaysia*)《マレーシアの一部; マレー半島南部を占める; 以前 マラヤ連邦を構成した地域》.

Penínsular Stàte [the] 半島州《Florida 州の俗称》.

Penínsular Wár [the] 半島戦争《Wellington が率いる英軍がポルトガル・スペインと連合して, Iberia 半島から Napoleon 軍を駆逐 (1808–14) した》.

pe·nin·su·late /pənínsj(j)əlèɪt/ *vt* 半島化する.

pe·nis /píːnəs/ *n* (*pl* **-nes** /-niz/, ～**·es**) 陰茎, ペニス. [L=tail, penis]

pénis brèath *《俗》 ペニス野郎, くそったれ, クズ, カス.

pénis ènvy 〘精神分析〙 ペニス羨望《男根を所有したい[男性になりたい]という女性の意識的・無意識的欲求》.

pen·i·tence /pénət(ə)ns/ *n* 後悔, 悔悟, 悔悛.

pén·i·tent *a* 後悔[悔悟, 悔悛]した. ► *n* 悔悟[悔悛]者; 〘カト〙 悔悛者; [ºP-] 〘カト〙 痛悔者《13–16 世紀に盛んであった, 会則によって会員に悔い改めと慈善とを義務づけた信心会の会員》. ♦ **～·ly** *adv* [OF<L (*paeniteo* to repent)]

pen·i·ten·tial /pènəténʃ(ə)l/ *a* 悔悟[悔悛]の. ► *n* PENITENT; 〘カト〙 告解規定書, 悔悛総則. ♦ **～·ly** *adv*

peniténtial psálm 〘聖〙 悔罪[痛悔]詩篇《悔い改めの気持を表わす詩篇第 6, 32, 38, 51, 102, 130, 143 の各篇; 教会の礼拝に用いられる》.

pen·i·ten·tia·ry /pènəténʃ(ə)ri/ *n* **1** 〘カト〙 教誨(きょう)師; 《教皇庁の》内赦院; GRAND PENITENTIARY; 悔罪所, 苦行所. **2** 刑務所, 懲治監, 感化院, *《州・連邦の》(重罪犯)刑務所; ᴵᴵ《売春婦の》更生所. ► *a* 後悔の; 懲治の; *〈罪が〉刑務所行きの. [L; ⇨ PENITENT]

Penki 本渓 (⇨ BENXI).

pén·knìfe *n* 折りたたみ式小型ナイフ《昔 鵞ペンを削った》.

pén·lìght, -lite /-làɪt/ *n* ペンライト《ペン型懐中電灯》.

pen-loaf ⇨ PAN-LOAF.

pén·man /-mən/ *n* 筆者, 筆記者; 字を書く人; 習字の先生; 書家; 文士, 作者; 《俗》 偽造者; *《俗》 親になりすまして欠席届にサインをする高校生, 通知表に自分でサインをする高校生: a good [poor] ～ 能[悪]筆家.

pénman·shìp *n* 書道, 習字; 書法, 筆跡.

pén·màte *n* 《豪口》 同じ囲いの羊を刈る同僚[仲間].

Penn /pén/ ペン (**1**) **Irving** ～ (1917–2009)《米国の写真家; ファッション・民族衣裳・肖像写真で知られる》 (**2**) **Sir William** ～ (1621–70)《イングランドの提督》 (**3**) **William** ～ (1644–1718)《英国のクエーカー教徒の指導者; Sir William の息子; Pennsylvania (Penn's woodland の意) 植民地を創設した》.

Penn. Pennsylvania.

pen·na /pénə/ *n* (*pl* **-nae** /-niː/) 〘鳥〙 大羽(おおばね). ♦ **pen·na·ceous** /pənéɪʃəs/ *a* 大羽の(ような). [L *penni-* *penna* feather]

Penna. Pennsylvania.
pén nàme ペンネーム, 筆名, 雅号.
pen·nant /pénənt/ *n* 《就役艦が掲げる》三角形[燕尾形]の長旗; 小旗; 〘海〙短索 (pendant); 《米·豪》《特に 野球の》優勝旗, ペナント; 選手権, 優勝; *〘楽〙《音符の》フック (hook): ～ chasers プロ野球チーム / win the ～ 優勝する. [*pendant*+*pennon*]
pénnant-wìnged níghtjar 〘鳥〙 **a** ラケットヨタカ《アフリカ産》. **b** フキナガシヨタカ《アフリカ産》.
pen·nate /pénèɪt/, **pen·nat·ed** /-nèɪtəd/ *a* 〈配列が〉羽状の; 羽[翼]のある; 羽の形をした.
pen·ne /pé(n)neɪ/ *n* (*pl* ～) ペンネ《筒状のパスタを斜めに切ってペン先のような形にしたパスタ》. [It]
pen·ni /péni/ *n* (*pl* **pen·nia** /-niə/, ～, ～**s**) ペニ《フィンランドの旧通貨単位: =1/100 markka》. [Fin; ⇨ PENNY]
pén·ni·fòrm /pénə-/ *a* 羽状の.
pén·ni·less *a* 無一文の, ひどく貧乏な, 赤貧の. ♦ ～**·ly** *adv* ～**·ness** *n*
pennill, pennillion ⇨ PENILLION.
Pén·nine Álps /pénàɪn-/ *pl* [the] ペンニンアルプス《スイスとイタリアの国境にある Alps 山脈の一部》.
Pen·nines /pénàɪnz/ [the] ペナイン山脈 (=the **Pénnine Cháin**)《イングランド北部のスコットランドとの境界付近から Derbyshire や Staffordshire へ南北に連なる高地; 北イングランドの主要河川の水源; 最高峰 Cross Fell (893 m)》.
Pénnine Wáy [the] ペナイン道《英国の自然歩道; 1965 年開設; イングランド中北部の Derbyshire から Pennines 山脈に沿って北上し, スコットランド南東部の Scottish Borders に至る; 全長 402 km に及ぶ》.
pen·ni·nite /pénənàɪt/ *n* 〘鉱〙苦土緑泥石. [G *Pennin* Pennine (Alps)]
pen·non /pénən/ *n* 《三角形または燕尾形の》槍旗(ぞう); 《就役艦の》長旗 (pennant); 《一般に》旗, のぼり; 《詩》翼, 羽. ♦ ～**ed** *a* [OF<L *penna* feather]
pen·(n)on·cel /pénənsèl/ *n* 《中世の重騎兵が槍の先に付けた》細長い小旗; 《中世の船が用いた》小旗《長旗 (pennant) よりひとまわり小さい》. [OF=little PENNON]
pen·north, penn'orth /pénərθ/ *n* ‖《口》PENNYWORTH.
Penn·sy /pénsi/ *《俗》PENNSYLVANIA; ペンシルヴェニア鉄道 (Pennsylvania Railroad); ペンシルヴェニア大学の学生[教授, 卒業生].
Penn·syl·va·nia /pènsəlvéɪnjə, -niə/ ペンシルヴェニア《米国北東部の州; ☆Harrisburg; 略 Pa., Penn(a)., PA》. ■ the **Univérsity of** ～ ペンシルヴェニア大学《Philadelphia にある私立大学; 1740 年創立; Ivy League の一つ》. [William PENN]
Pennsylvánia Ávenue ペンシルヴェニア通り《Washington, D.C. のメインストリート; 議会から 1600 番地の White House までの約 2 km は, 大統領の就任祝賀パレードのルートになっている》: 1600 ～ White House の所在地; 米国大統領官邸.
Pennsylvánia Dútch **1** [the, 〈*pl*〉] ペンシルヴェニアダッチ《18 世紀に渡米, 移住したドイツ人の子孫で, 主として Pennsylvania 州東部に住む; 特有な料理, 建築·家具装飾様式を保持している》. **2** ペンシルヴェニアドイツ語 (=**Pennsylvánia Gérman**)《17-18 世紀に Pennsylvania 州東部に移住した南部ドイツ人とスイス人の子孫が用いる高地ドイツ語の一方言》. ♦ **Pennsylvánia-Dútch** *a* **Pennsylvánia Dútchman** *n* [*Dutch* は G *Deutsch* German がなまったもの]
Pènn·syl·vá·ni·an *a* ペンシルヴェニア州(民)の; 〘地質〙ペンシルヴェニア紀[系]の. ► *n* **1** ペンシルヴェニア州民. **2** [the] 〘地質〙 **a** ペンシルヴェニア紀《北米で石炭紀の後半に相当する地質時代; cf. MISSISSIPPIAN》. **b** ペンシルヴェニア系.
Pennsylvánia sálve *《俗》リンゴペースト (apple butter).
pen·ny /péni/ *n* (*pl* (個数) **pén·nies**, (価格) **pence** /péns/) **1 a** ペニー (=new ～)《英国の通貨単位: =1/100 pound; 記号 p; ⇨ POUND¹》: a 50 *pence* 50 ペンス白銅貨《1971 年からの貨幣》. **b** ペニー (=old ～)《英国の旧通貨単位: =1/12 shilling, =1/240 pound; 記号 d., ⇨ DENARIUS》; 1 ペニー青銅貨: A ～ saved is a ～ earned. 《諺》一銭の節約は一銭のもうけ / In for a ～, in for a pound. 《諺》やりかけたことはなにがなんでもやり通せ, '毒食わば皿まで' / *P*～ plain, twopence colored. 《諺》色のないのは 1 ペニー, 色のついたのは 2 ペンス, 見かけは違っても中身は同じ《安っぽいのに変わりはない》/ Take care of the *pence* [*pennies*], and the pounds will take care of themselves. 《諺》小銭を大切にすれば大金はおのずとたまる, 小事をおろそかにしなければ大事は自然と成る. ★ (1) twopence /tʌ́p(ə)ns/, threepence /θrép(ə)ns, θríp-/, fóurpence から twélvepence までと twéntypence は /-p(ə)ns/ と弱く, その他は 2 語に書いて /-péns/ と発音する. (2) 数字のあとでは 6*d*. (=sixpence) のように略記する. (3) *pennies* は個々の銅貨にいう: He gave me my change in *pennies*. **c** ペニー《アイルランドの旧通貨単位: =1/100 pound》. **d** ペニー《オーストラリア·ガンビア·アイルランド·ニュージーランド·ナイジェリアの旧通貨単位: =1/240 pound》. **2** 《米口·カナダ口》(*pl* **-nies**) 1 セント銅貨. **3** [*neg*] わずかな金, 一銭, 一文; 《一般に》金銭; 〘聖〙古代ローマの銀貨 (denarius); ペニー《釘の長さの単位; もと, 各サイズ 100 本の値段から; ⇨ FOUR-[FIVE-, SIX-, EIGHT-, TWELVE-, etc.]PENNY NAIL》. **4** *《俗》おまわり (policeman)《copper の「銅貨」と「警官」の意味をふまえたしゃれ》.
● **A ～ for your thoughts.**=《俗》**A ～ for 'em.** なにをぼんやり考えているのか. **a pretty ～** 《口》大金. BAD PENNY. **count (the) pennies** 小銭を勘定する, 費用を細かく計算する, 出費を切り詰める. **cut** sb **off with [without] a ～** ⇨ SHILLING. GOD'S PENNY. **have not a ～ (to bless** one**self with)** きわめて貧しい. **not have [without] one ～ to rub against another**=**not have two pennies to rub together** 《口》びた一文持っていない. **not know where** one**'s next ～ is coming from** ⇨ MEAL¹. **pennies from heaven** 天与の[思いがけぬ]幸い. **one's last ～** 残った所持金のすべて, 最後の 1 ペニー[一銭]. **spend a ～** ‖《口》トイレに行く, 用を足す. **The ～ (has) dropped.** ‖《口》やっとわかった, うまくいった. **think** one**'s ～ silver** うぬぼれる. **turn [earn, make] an honest ～** ‖律義に働いて金をもうける, まじめに稼ぐ. **two [ten] a ～** ‖《口》ありふれた, つまらない, 二束三文の. **watch every ～** 出費の前によく考える, 出費に注意する.
► *a* 1 ペニーの; 安物の. ● **in ～ numbers** 少しずつ.
[OE *penig, penning*; cf. PAWN¹, G *Pfennig*]
Penny ペニー《女子名; Penelope の愛称》.
-pen·ny /pèni, ‖p(ə)ni/ *a comb form* 「…ペニーの価の」: an eight*penny* nail. [*penny*]
pénny-a-líne *a* 1 行 1 ペニーの; 〈原稿·著作が〉文学的な価値の低い, 安っぽい. ♦ **pénny-a-líner** *n* 三文文士 (hack writer).
pénny-ánte *a* 《口》取るに足りない, ちっぽけな.
pénny ánte 《小額な賭け金で行なう》けちくさいポーカー; 《俗》小口取引, けちな商売.
pénny arcáde 《コインで遊びやゲームが楽しめる》娯楽アーケード, ゲームセンター.
pénny bláck ペニーブラック《英国で 1840 年に発行された最初の郵便切手; 1 ペニーで, 暗い地に Victoria 女王の横顔が描かれている》.
pénny blóod ‖《俗》PENNY DREADFUL.
pénny·bòy *n* 《アイル俗》《使い走りなどをする》使用人.
pénny bún 〘菌〙CEP.
pénny càndy 安い菓子, 駄菓子.
pénny·cress *n* 〘植〙グンバイナズナ (=*stinkweed*).
pénny-dòg *《方》*vt* …にたかる, 取り入る. ► *n* 炭鉱夫の班長.
pénny dréadful 《冒険·犯罪を扱った》三文小説[雑誌] (cf. SHILLING SHOCKER). ♦ **pénny-dréadful** *a*
pénny-fárthing ‖*n* ペニーファージング《大前輪と小後輪からなる昔の自転車》.
pénny gáff ‖《俗》《低級な》演芸場, 安劇場.
pénny-hálfpenny *n* THREE-HALFPENCE.
pénny-in-the-slót ‖*a* (1 ペニー)コインの投入で作動する〈機械〉; 《一般に》自動の.
pénny lòafer ペニーローファー《甲に硬貨をはさみ込めるローファーシューズ》.
pénny-pìnch·er *n* 《口》すごいけちんぼ, どけち(なやつ). ♦ **pénny-pìnch·ing** *n, a*
pénny-pláin ‖ *a* 簡素な, 飾りけのない.
pénny pòol *《俗》つまらない事柄, けちな話: play ～ つまらないことにかかわる.
pénny pòst ‖《古》1 ペニー郵便制.
pènny·róyal *n* 〘植〙 **a** メグサハッカ, ペニーロイヤルミント《ヨーロッパ原産の葉に芳香があるハッカ》. **b** アメリカペニーロイヤル《精油を民間療法·防虫剤に用いる》. [*penneryal* (変形) ?‹ *pulyole riall*<AF<OF *pouliol* thyme, *real* royal]
pénny stòck* [**share**‖] *〘証券〙投機的低位株《1 株の価格が 1 *ドル[‖ポンド]未満の株式》.
pénny·wèight *n* **1** ペニーウェート《英国の金衡: =24 grains = 1.5552 g; 略 dwt, pwt》. **2** *《俗》宝石類, ダイヤモンド, 石.
pénny whístle ブリキ[プラスチック]製の小さな 6 穴横笛 (=*tin whistle*); おもちゃの笛.
pénny wìsdom 一文惜しみ.
pénny-wíse *a* 一文惜しみの: *P*～ and pound-foolish. 《諺》一文惜しみの百失い, '安物買いの銭失い'.
pénny·wòrt *n* 〘植〙葉が円い数種の植物, 《特に》 **a** ウチワゼニクサ, タテバチドメグサ (=marsh ～)《欧州原産セリ科の多年草; 湿地や水中に群生する》. **b** ギョクハイ(玉盃) (=wall ～) (=*navelwort*)《英国から南西アジアにかけて分布; ベンケイソウ科の多肉質の多年草》.
pénny·wòrth /, ‖pénəθ/ *n* (*pl* ～, ～**s**) 1 ペニー分(のもの), 1 ペニーで買える高, 少額; 僅少; [one's] 《議論への》発言; 取引(高); 買物; 《古》得な取引[買物]. ● **a good [bad] ～** 有利[不利]な取引[買物]. **get** one**'s ～**=get one's MONEY's worth. **not a ～ of** … 少しも…がない.
Pe·nob·scot /pənábskàt, -skət/ *n* **1** [the] ペノブスコット川《Maine 州北部を南流して大西洋の Penobscot 湾に注ぐ川》. **2 a** (*pl* ～, ～**s**) ペノブスコット族《Maine 州の Penobscot 川流域に住む北米インディアン》. **b** ペノブスコット語.

pe·no·che /pənóuʧi/ *n* 〘菓子〙 PENUCHE.
pe·nol·o·gy /pɪnálədʒi/ *n* 刑罰学, 刑務所管理学. ♦ **-gist** *n* **pè·no·lóg·i·cal** /pìːnə-/ *a* [L *poena* penalty]
penoncel ⇨ PENNONCEL.
pen·orth /pénərθ/ *n* PENNYWORTH.
pén pàl 《外国の》文通友だち, ペンパル[フレンド].
pén pìcture [pòrtrait] ペン画; 《人物・事件などの》大ざっぱな描写, 簡単な記述.
P
pén pòint ペン先 (nib); ボールペンの先, ボールポイント.
pén pùsher 《口》 [°*derog*] PENCIL PUSHER.
pén règister 《電話局にある》加入者の電話利用状況記録装置.
Pen·rose /pénròuz, ━╯/ ペンローズ Sir **Roger** ～ (1931–)《英国の数学者・宇宙物理学者; ブラックホールの研究に貢献した》.
Pen·sa·co·la /pènsəkóulə/ *n* (*pl* ～, ～**s**) ペンサコラ族《Florida 州の Pensacola 湾付近の Muskogean 系インディアン》.
Pensacóla Báy ペンサコラ湾《Florida 州北西部のメキシコ湾に臨む入江》.
pen·sée /*F* pɑ̃se/ *n* (*pl* **-sées** /—/) 考え, 思想 (thought), 沈思, 回想; [*pl*] 瞑想[感想]録; [*P-s*] 《Pascal の》『瞑想録』『パンセ』.
pén shèll ハボウキガイ科の貝《鷲ペン状の二枚貝》.
pen·sil /péns(ə)l/ *n* PENCEL.
pen·sile /pénsàɪl/ *a* (ぶらりと)たれさがった, 揺れる; 吊り巣をもつ[作る]: a ～ bird. [L (*pens- pendeo* to hang)]
pen·sion /pénʃ(ə)n/ *n* **1** 年金, 恩給; 老齢年金 (=old-age ～); 扶助料; 《芸術家・科学者などへの》奨励金, 助成金 (bounty); 《雇人などの臨時の》手当: draw one's ～ 年金を受ける / retire [live] on (a) ～ 年金をもらって退職する[生活する]. **2** 〘英〙《London の》Gray's Inn 協会の評議会. **3** /F pɑ̃sjɔ̃/ 《ヨーロッパ, 特に フランス・ベルギーなどの》賄い付き下宿屋[貸間], ペンション; 寄宿学校; 寄宿料; 《古》労賃: EN PENSION. ► *vt* 〈人〉に年金(など)を与える; 年金を与えて退職させる, 〈古くなったものを〉お払い箱にする 〈*off*〉. ♦ **～·less** *a* [OF<L=payment (*pens- pendeo* to weigh, pay)]
pénsion·able *a* 年金受給資格のある, 年金のもらえる[つく]〈年齢・仕事〉; 年金の掛け金控除の対象となる, 年金額算定の基礎となる〈収入など〉. ♦ **-abílity** *n*
pénsion·àry / ; -əri/ *a* 年金(など)を受ける; 年金で生活する; 年金の. ► *n* 年金受給者; 雇人, 雇兵, 手下.
pénsion bòok 〘英〙 年金手帳.
pen·si·o·ne /pènsióuneɪ/ *n* 《フランス・ベルギーなどの》賄い付き下宿屋[貸間] (pension). [It ; ⇨ PENSION]
pen·sion·éer trùstee /pènʃəníər-/ 〘英〙《内国歳入庁の許可を受けた》年金基金運用管理者.
pénsion·er *n* **1 a** 年金受給者; 恩給生活者; 《Cambridge 大学の》自費生 (cf. COMMONER). **b** 雇人, 手先. **2** ペンションの住人[利用者]; 寄宿生. **3** 《廃》儀杖(ぎじょう)の衛士 (gentleman-at-arms); 《廃》家来.
pénsion fùnd 年金基金《年金制度により積み立てられる資金; 多くは証券投資に向けられる》.
pénsion mòrtgage 年金基金住宅抵当貸付け《年金基金制度の加入者への住宅ローン》.
pénsion plàn [schème] 年金プラン.
pen·sive /pénsɪv/ *a* 考え込んだ, 物思わしげな; 憂いに沈む, もの悲しい, 哀愁的な. ♦ **～·ly** *adv* **～·ness** *n* [OF (*penser* to think)]
pen·ste·mon /pɛnstíːmən, pénstə-/ *n* 〘植〙 ペンステモン属[イワブクロ属] (*P-*) の各種の多年草[低木]《ゴマノハグサ科; 主として北米に分布》. [NL (*penta-*, Gk *stēmōn* stamen)]
pen·ster /pénstər/ *n* 《特に 下働きの》物書き, 三文文士.
pén·stòck *n* 《水力発電所の》水圧管; 《水車への》導水路; 水門 (sluice); *消火栓 (hydrant).
pent /pént/ *v* PEN² の過去・過去分詞. ► *a* 閉じ込められた. [(pp) < *pend* (obs) to PEN²]
pen·ta- /péntə/, **pent-** /pént/ *comb form* 「5」 [Gk (*pente* five)]
pènta·bórane *n* 〘化〙 ペンタボラン《ロケット・ミサイル用高エネルギー燃料》.
pènta·chlòro·phénol *n* 〘化〙 ペンタクロロフェノール《木材防腐剤・農薬; 略 PCP》.
pen·ta·chord /péntəkɔ̀ːrd/ *n* 五弦琴; 〘楽〙 五音音階. [Gk=five-stringed]
pen·ta·cle /péntɪk(ə)l/ *n* 五芒(ぼう)星, 五線星形《一筆書きの ☆; 古くから神秘的図形とされ, 魔除けにも用いられた; また, これに似た星じるし, 特に Solomon's seal など六芒星を指すこともある》; [～s] 〘トランプ〙 五芒星《タロットカードにおける組札の一; コイン (coins) に同じ》.
pen·tad /péntæd/ *n* 《数字の》5; 5 個一組; 5 年間; 〘化〙 5 価の元素[基]. [Gk (*pente* five)]
pen·ta·dac·tyl /pèntədǽkt(ə)l/ *a* 五指[五趾]の; 五指状の. ♦ **～·ism, -dác·ty·ly** *n* 五指状, 五指性.
pen·ta·dec·a·gon /pèntədékəgɑ̀n/ *n* 十五角形.
pènta·dèca·péptide *n* 〘生化〙 ペンタデカペプチド《アミノ酸 15 個からなるペプチド》.
pènta·erýthritol *n* 〘化〙 ペンタエリトリトール《アルキド樹脂・殺虫剤の原料》.
pentaerýthritol tetranítrate 〘化〙 四硝酸ペンタエリトリトール《白色結晶性化合物; 高性能爆薬, 狭心症の治療にも用いる; 略 PETN》.
pènta·gástrin *n* 〘生化〙 ペンタガストリン《胃酸分泌を促進するペンタペプチド》.
pen·ta·gon /péntəgɑ̀n/ *n* **1** 五角形, 五辺形 (⇨ TETRAGON); 〘城〙 五稜堡(ほ). **2** [the P-] ペンタゴン 《**1**) Virginia 州 Arlington にある外郭五角形の庁舎; 陸軍司令部・国防総省がある **2**) 米国国防総省・米軍当局の俗称》. [F or L<Gk (*penta-*, *-gon*)]
pen·tag·o·nal /pɛntǽgən(ə)l/ *a* 五角の, 五辺の; 断面[底面]が五角形の. ♦ **～·ly** *adv*
Pen·ta·gon·ese /pèntəgəníːz, *-s/ *n* 軍関係者のことば, 国防省式文体.
Pen·ta·go·ni·an /pèntəgóuniən/ *n* Pentagon の職員.
pen·tag·o·noid /pɛntǽgənɔ̀ɪd/ *a* 五角形様の[に似た].
Péntagon Pápers *pl* [the]『国防総省秘密報告書』『ペンタゴン・ペーパーズ』《米国国防長官 Robert S. McNamara の命令で編まれ 1969 年に完成した, 1945–68 年の米国のインドシナ介入に関する極秘文書; *New York Times* 紙に漏洩, 1971 年 6 月連載が始まったため司法省は掲載中止を要請したが同月最高裁判所はこれを却下; cf. PLUMBER》.
pénta·gràm *n* 五芒星, 五線星形 (PENTACLE).
pen·tag·y·nous /pɛntǽdʒənəs/ *a* 〘植〙 5 本の雌蕊(ずい)をもつ.
pènta·hédron *n* (*pl* ～**s**, **-dra**) 五面体 (⇨ TETRAHEDRON). ♦ **-hédral** *a*
pènta·hýdrate *n* 〘化〙 ペンタ水和物.
pén·tàil, pén·tàiled trée shrèw *n* 〘動〙 ハネオツパイ《マレーシア周辺産; 樹上生活をする小型のツパイで, 尾の先端に毛の房がある》.
pen·tal·o·gy /pɛntǽlədʒi/ *n* 《相互に関連する》5 個一組.
pen·ta·mer /péntəmər/ *n* 〘化〙 五量体, ペンタマー. ♦ **pen·ta·mer·ic** /pèntəmérɪk/ *a*
pen·tam·er·al /pɛntǽmərəl/ *a* 〘動〙〈相称が〉五放射の《ヒトデなどの棘皮動物が典型》. ♦ **～·ly** *adv* **pen·tám·ery** *n*
pen·tam·er·ous /pɛntǽmərəs/ *a* 5 部分に分かれた[からなる]; 〘植〙 花輪が 5 (の倍数)からなる, 五数花の. ♦ **pen·tam·er·ism** /pɛntǽmərɪz(ə)m/ *n*
pen·tam·e·ter /pɛntǽmətər/ 〘韻〙 *n* 五歩格 (⇨ METER[1]), 弱強五歩格 (heroic verse); ELEGIAC PENTAMETER. ► *a* 五歩格の. [L<Gk (*penta-*, *-meter*)]
pent·ámidine /pɛnt-/ *n* 〘薬〙 ペンタミジン《アフリカ眠り病の初期段階の治療に用いる; また カリニ肺炎予防薬とする》.
pen·tan·drous /pɛntǽndrəs/ *a* 〘植〙 5 本の雄蕊(ずい)をもつ; 〈植物が〉五数花の: ～ flowers 五数花.
pen·tane /péntèɪn/ *n* 〘化〙 ペンタン《パラフィン炭化水素; 麻酔作用を有する》.
pen·tan·gle /péntæ̀ŋg(ə)l/ *n* PENTACLE.
pen·tan·gu·lar /pɛntǽŋgjələr/ *a* 五角(形)の.
pen·ta·nó·ic ácid /pèntənóuɪk-/ 〘化〙 ペンタン酸 (VALERIC ACID).
pen·ta·nol /péntənɔ̀(ː)l, -nòul, -nɑ̀l/ *n* 〘化〙 ペンタノール (AMYL ALCOHOL).
pènta·péptide *n* 〘生化〙 ペンタペプチド《5 つのアミノ酸を含むポリペプチド》.
pénta·plòid 〘生〙 *a* 〈染色体数が〉五倍性の, 五倍体の. ► *n* 五倍性, 五倍体. ♦ **pénta·plòidy** *n* 五倍性.
pen·tap·o·dy /pɛntǽpədi/ *n* 〘韻〙 五歩格.
Pen·tap·o·lis /pɛntǽpələs/ ペンタポリス《古代のイタリア中北部アドリア海岸 (Rimini ほか)・小アジア・キレナイカ (Cyrenaica) のそれぞれにおける 5 つの都市をまとめて呼んだ名》.
pénta·prìsm *n* 〘光〙 ペンタプリズム, 五角プリズム《入射光と射出光との間に 90 度の定偏角を与える; 像は上下左右とも反転しない》.
pen·ta·quine /péntəkwìːn/, **-quin** /-kwən/ *n* 〘薬〙 ペンタキン《マラリア治療剤》.
pen·tarchy /péntɑ̀ːrki/ *n* 五頭政治; 五頭政府; 五国連合. ♦ **pen·tár·chi·cal** *a* [Gk]
pen·ta·stich /péntəstɪk/ *n* 〘韻〙 五行詩[連].
pénta·stỳle *n, a* 〘建〙 五柱式(の).
pénta·sỳllable *n* 五音節語. ♦ **pènta·syllábic** *a*
Pen·ta·teuch /péntət(j)ùːk/ *n* [the] (モーセの)五書《聖書の初めの 5 書: 創世記・出エジプト記・レビ記・民数記・申命記; ユダヤ教ではこれを律法 (Torah) とする; 同様に初めの 6, 7, 8 書は Hexateuch, Heptateuch, Octateuch》. ♦ **Pèn·ta·téu·chal** *a* [Gk (*penta-*, *teukhos* book)]
pen·tath·lete /pɛntǽθlìːt/ *n* 五種競技選手.
pen·tath·lon /pɛntǽθlən, -lɑ̀n/ *n* 五種競技 《**1**) 古代ギリシアでは幅跳び・競走・格闘・円盤投げ・槍投げ; 近代では構成が変わり, 最近では 60 m 障害・走り高跳び・走り幅跳び・砲丸投げ・800 m 走 (もと 200 m 走) からなる女子の室内陸上競技種目 **2**) MODERN PENTATH-

LON; cf. DECATHLON, HEPTATHLON》. ♦ **~·ist** *n* 五種競技選手. [Gk (*penta-*, *athlon* contest)]

pen·ta·tom·ic /pὲntətámɪk/ *a* 〘化〙五原子の.

pènta·tónic *a* 〘楽〙五音の.

pen·ta·ton·i·cism /pὲntətánəsìz(ə)m/ *n* 〘楽〙五音音階の使用, 五音音階主義.

pentatónic scále 〘楽〙五音音階.

pen·ta·ton·ism /péntətounìz(ə)m/ *n* PENTATONICISM.

pènta·válent *a* 〘化〙5 価の.

pen·taz·o·cine /pɛntǽzəsì:n/ *n* 〘薬〙ペンタゾシン《コールタールから製する合成鎮痛薬; モルヒネより習慣性がない》.

Pen·te·cost /péntɪkɔ̀(:)st, -kàst/ *n* **1** 聖霊降臨日[祭] (=*Whitsunday*)《Easter 後の第 7 日曜日; 聖霊が使徒たちの上に降ったことを記念する日 (*Acts* 2); 略 Pent.》;〘ユダヤ教〙五旬節[祭], ペンテコステ (SHABUOTH). **2** ペンテコスト《太平洋南西部のヴァヌアツに属する島》. [OE and OF, <Gk=fiftieth (day)]

Pèn·te·cós·tal *a* PENTECOST の; ペンテコステ派の《20 世紀初め米国に始まった fundamentalist に近い一派; 聖霊の直接の感応を説き, 異言 (glossolalia), 神による治癒を重んじる》. ► *n* ペンテコステ派の人. ♦ **~·ism** *n* **~·ist** *a, n*

Pen·tel·i·cus /pɛntélɪkəs/, **-kon** /pɛntélɪkən, -kàn/ ペンテリクス, ペンテリコン《ギリシア南東部 Athens 北東にある山 (1109 m); 白い大理石が産出し, 古代 Athens の彫像・建造物に利用された》.

pen·tene /péntì:n/ *n* 〘化〙ペンテン (AMYLENE).

Pen·the·si·le·ia, -si·lea /pὲnθəsəlí:ə, -léɪə/ 〘ギ神〙ペンテシレイア《トロイアを助けた Amazons の女王; Achilles に刺された》.

Pen·the·us /pénθiəs, -θ(j)ù:s/ 〘ギ神〙ペンテウス《Cadmus の孫; Dionysus 崇拝に反対し, 母を含む bacchantes に八つ裂きにされた》.

pént·hòuse *n* **1** 高層部[最上階]の高級アパート; ビル屋上のアパート; 塔屋《ビル屋上のエレベーター機械室・階段室など》;《建物の》袖, 翼(よく). **2** 差掛け屋根[小屋]; ひさし, 軒(のき); 機能がひさしに似たもの《eyebrow など》. **3** [P-]『ペントハウス』《米国の男性向け月刊誌; 1965 年 London で創刊》. [OF *apentis*<L (⇨ APPEND); 語形は *house* に同化]

pen·tice /péntəs/ *n* PENTHOUSE.

pen·ti·men·to /pὲntəméntou/ *n* (*pl* **-ti** /-ti/) 〘画〙重ね塗り以前の形象(が現われること), ペンティメント. [It=repentance]

Pen·ti·um /péntiəm/ 〘商標〙Pentium (ペンティアム)《Intel 社製のマイクロプロセッサー》.

Pént·land Fírth /péntlənd-/ [the] ペントランド海峡《スコットランドと Orkney 諸島の間の海峡; 荒海で有名》.

Péntland Hílls *pl* [the] ペントランド山地《スコットランド南東部の Edinburgh 南西方面に広がる山地; 最高地点 Scald Law /skɔ́:ld lɔ́:/ 山 (579 m)》.

pent·land·ite /péntləndàɪt/ *n* 〘鉱〙硫鉄ニッケル鉱, ペントランド鉱. [Joseph B. *Pentland* (1797-1873) アイルランドの科学者]

pen·to·bárbital /pὲntə-/ *n* 〘薬〙ペントバルビタール《バルビツール酸誘導体; ナトリウム[カルシウム]塩を鎮静・催眠・鎮痙薬として用いる》. [*pent*ane]

pen·to·bárbitone‖ /pὲntə-/ *n* PENTOBARBITAL.

pen·tode /péntòud/ *n* 〘電〙五極(真空)管. [*-ode*[2]]

pen·tom·ic /pɛntámɪk/ *a* 〘米軍〙《核攻撃などにおける》5 戦闘グループ単位の; 5 師団編成の. [*atomic*]

pen·tom·i·no /pὲntámənou/ *n* (*pl* **~es, ~s**) ペントミノ《5 個の正方形を組み合わせてできる図形》.

pen·ton /péntàn/ *n* 〘生化〙ペントン《アデノウイルスの構成要素; 5 個のタンパク質鎖からなり HEXON の二十面体の頂点に会する 5 つの HEXON キャプソメアを結ぶ》.

Pén·ton·ville Príson /pént(ə)nvìl-/ ペントンヴィル刑務所《London 北部に 1842 年に開設された大きな男子専用刑務所; 地区名にちなむ》.

pén·tòp *a* 〈コンピューターが〉ペントップの《入力用にキーボードと電子ペンの両方を用いる》.

pen·to·san /péntəsæ̀n/ *n* 〘生化〙ペントサン《加水分解によってペントースを生じる多糖類》.

pen·tose /péntòus, -z/ *n* 〘化〙五炭糖, ペントース《炭素原子 5 個の単糖類》. [*penta-*, *-ose*]

pen·to·side /péntəsàɪd/ *n* 〘化〙ペントシド《ペントースとプリンまたはピリミジン塩基がグリコシド結合したもの》.

Pen·to·thal /péntəθɔ̀:l, -θæ̀l/ 〘商標〙ペントサル《チオペンタール製剤》.

pent·ox·ide /pɛntáksàɪd/ *n* 〘化〙五酸化物.

pén trày ペン皿.

pént ròof 〘建〙差掛け屋根, 片流れ屋根, ひさし (=*shed roof*).

pent·ste·mon /pɛntstí:mən, péntstə-/ *n* 〘植〙PENSTEMON.

pént-úp *a* 閉じ込められた; 鬱積した: ~ fury [rage] 鬱憤 / ~ feelings.

pen·tyl /pént(ə)l; -tàɪl, -tɪl/ *n* 〘化〙ペンチル(基) (=~ **ràdical** [**gròup**])《アルキル基の一種》. [*pentane*, *-yl*]

péntyl ácetate 〘化〙酢酸ペンチル (amyl acetate).

pen·tyl·ene·tet·ra·zol /pὲnt(ə)lì:ntétrəzɔ̀(:)l, -zòul, -zàl/ *n* 〘薬〙ペンチレンテトラゾール《中枢神経興奮薬, また精神障害の痙攣療法に使用する》.

pe·nu·che, -chi /pənú:ʧi/ *n* 〘菓子〙パヌーチ《木の実・黒砂糖・バターとクリームまたはミルクで作る fudge》; PANOCHA. [MexSp PANOCHA]

pe·nuch·le, -nuck- /pí:nʌ̀k(ə)l/ *n* PINOCHLE.

pe·nult /pɪnʌ́lt, pí:nʌ̀lt, pɛ́-/ *n* 語尾から 2 番目の音節; 終わりから 2 番目のもの. ► *a* PENULTIMATE. [*penult*imate or L *paenultimus*]

pe·nul·ti·ma /pɪnʌ́ltəmə/ *n* PENULT.

pe·nul·ti·mate /pɪnʌ́ltəmət/ *a* 終わり[最後]から 2 番目の; 語尾から 2 番目の音節の, 次末音節の: the ~ game of the season シーズン最後から 2 番目のゲーム. ► *n* PENULT. ♦ **~·ly** *adv* [L (*pene-*, *ultimus* last); *ultimate* にならったもの]

pe·num·bra /pənʌ́mbrə/ *n* (*pl* **-brae** /-bri, -bràɪ/, **~s**) **1** 〘天〙半影《**1**) 太陽黒点周辺の半暗部 **2**) 食で本影 (umbra) の周囲の少し明るい部分》. **2** 周縁部; 〘画〙明暗濃淡の境[部分]. **3** おおい(隠すもの). **4** 〘法〙半影的権利《憲法が黙示的に保証すると考えられる諸権利》. ♦ **-bral** *a* [NL (*pene-*, UMBRA)]

pe·nu·ri·ous /pən(j)ʊ́əriəs/ *a* 貧窮の; 窮乏した 〈*of*〉; けちな (stingy); 乏しい, 不足して. ♦ **~·ly** *adv* **~·ness** *n* [OF (L *penuria* penury)]

pen·u·ry /pénjəri/ *n* 貧窮, 赤貧; 窮乏; 《まれ》吝嗇(りんしょく). [L]

Pe·nu·ti·an /pənú:tiən, -ʃ(ə)n/ *n* 〘言〙ペヌーティ大語族《米国 California, Oregon 両州, カナダ British Columbia 州に分布するインディアンの諸語》.

pén·wìper *n* ペンふき《通例 布》; 《俗》ハンカチ, 汗ふき.

pén·wòman *n* 女性作家.

pen yen /pén jén/ *n* 《俗》アヘン. [Chin 片煙]

Pen·za /pénzə/ ペンザ《ヨーロッパロシア中南部 Samara の西方にある市》.

Pen·zance /pɛnzǽns/ ペンザンス《イングランド南西端 Cornwall 州の港町・リゾート地》.

Pen·zhín·ska·ya Báy /pɛnʒínskəjə-/, **Pén·zhina Báy** /pénʒənə-/ ペンジナ湾《ロシア北東部本土と Kamchatka 半島間の海域の最奥部》.

Pen·zi·as /péntsiəs/ ペンツィアス **Arno** (**Allan**) ~ (1933-)《ドイツ生まれの米国の電波天文学者; 宇宙背景放射を発見, ビッグバン理論の確立に貢献; ノーベル物理学賞 (1978)》.

pe·o·la /pióʊlə/ *n**《黒人俗》肌の色が薄い黒人の女の子.

pe·on /pí:ən, -àn/ *n* **1** (*pl* **~s, -o·nes** /peɪóuniz/)《中南米で》労働者, 日雇い人; 《メキシコ・米国南西部で》借金返しに奴隷として働く人; 《中南米で》小作農, 馬[ラバ]の番人; 闘牛士の助手. **2** /, pjú:n/ 《インド・スリランカで》歩兵, 土民兵, 従者, 小使, 《インド人の》巡査; 不熟練[搾取される]労働者; 奉公人; 貧乏人. [Port and Sp<L=walker, foot soldier; cf. PAWN[2]]

péon·age, péon·ìsm *n* PEON たること; 借金返しの奴隷労働; 《囚人の》奴隷的服従[労働].

pe·o·nied /pí:ənid/ *a**《俗》酒に酔って (pee'd).

pe·o·ny, pae- /pí:əni/ *n* **1** 〘植〙シャクヤク, ボタン《ボタン科ボタン属の各種; Indiana 州の州花; 多年草のシャクヤク類と落葉低木のボタン類とに分けられる; cf. TREE PEONY》: blush like a ~ 顔をまっ赤にする. **2** 暗い赤. [OE *peonie*<L<Gk (*Paiōn* physician of the gods)]

peo·ple /pí:p(ə)l/ *n* **1** [〈*pl*〉] **a** 《一般に》人びと, 《その場にいる》みんな, 一同: of all ~ 人もあろうに, よりによって, ほかの者はともかく. ★ persons の代用とされることが多い: five ~ 5 人 (five persons). **b** [不定代名詞用法] 世人 (they): *P~* say (=They say=It is said) *that* ...の由, ...のうわさだ / as ~ go 世間並みから言えば. **c** [〈*pl*〉]《ほかの動物と区別して》人, 人間 (human beings). **d***《口》...な人 (a person): good [fine] ~. **2** [a ~, *pl* ~s] 国民; 民族: a warlike ~ 好戦国民 / the ~*s* of Asia アジアの諸国民 / English-speaking ~*s* 英語使用諸国民. **3** [通例 the または所有格を付けて; 〈*pl*〉] **a** 《一地方の》住民, 《ある階級・団体・職業などの》人びと, ...(業)界の人[連中]: *the* village ~ 村民 / *the* best ~ 上流社会の人びと. **b** [the] 《選挙権を有する市民としての》人民, 国民; [the] 庶民, 人民, 下層階級 (=common ~): government of *the* ~, by *the* ~, for *the* ~ 人民による, 人民のための人民統治《Lincoln の GETTYSBURG ADDRESS 中の文句》/ a man [woman] of *the* ~ 庶民の味方, 大衆政治家. **c** [one's]《口》家族, 親(兄弟)《など》; [one's] 教区民; [sb's] 従者, 仲間, 同僚, 部下, 支持者(たち): *my* ~ at home 郷里の者たち, 近親, 一家. **d** [the]*《麻薬俗》KILO CONNECTION. **4** [P-] *〘法〙《刑事裁判の》検察側, 訴追側: *P~* v. John Smith (検察側対)ジョン・スミス事件. **5** 《分類学上の》一群の動物 (creatures); 《詩》生き物: the monkey ~ of Japan. **6** [P-]『ピープル』《米国の娯楽写真週刊誌; 1974 年創刊》; [The P-]『ピープル』《英国の日曜大衆紙; 1881 年創刊》. ● **go to the ~** 《政治指導者が》国民の信を問う.

► *vt* **1** ...に人を住まわせる, 植民する, 人[動物 など]で満たす: ~ a place *with* animals / be ~*d with* [*by*] ...がひしめいている. **2** ...に住む (inhabit); 〈無生物が場所などを〉とる (occupy): a thickly [sparsely] ~d country 人口密度の高い[低い]国. [AF<L *populus*]

péople càrrier'' ピープルキャリアー (minivan*).

péople·hòod *n* 《政治的でなく文化的社会的一体感を強調して》民族性, 民族意識.

péople jòurnalism 有名人の写真を中心としたジャーナリズム.

péople·less *a* 人のいない, 無人の.

péople mèter ピープルメーター《視聴率調査のため調査対象家庭のテレビ受像機にセットされたモニター装置》.

péople mòver ピープルムーバー《空港や都心の動く歩道, 無人運転車両など各種の(自動)旅客輸送システム》; ''PEOPLE CARRIER.

péople pèrson «口» 社交的な人.

Péople's Chárter 〘英史〙 人民憲章 (⇨ CHARTISM).

Péople's Cómmissar 《ソ連の》人民委員《1946 年まで; 以後は minister》.

péople's cómmune 人民公社《中国の計画経済の末端組織 (1958-83)》.

Péople's Dáily [the]『人民日報』.

péople's demócracy 人民民主主義.

péople's frónt [the] POPULAR FRONT.

péople skìlls *pl* 人とじょうずに接する能力, 如才なさ.

péople snìffer 人間かぎあて機《隠れている人を匂いによって探知する装置》.

Péoples of the Séa *pl* [the] SEA PEOPLES.

péople's párk* 人民公園《当局から規制をうけずに自由使用できる公園》.

Péople's Párty [the] 〘米史〙 人民党 (Populist Party) (1891-1904)《主に農民の利益を代表し, 金銀貨の無制限鋳造·諸公共施設の公営化·土地私有禁止などを主張; cf. POPULISM》.

péople's repúblic [°P- R-] 人民共和国《通例 共産[社会]主義国》; ''[*joc*] 革新自治体.

péople-wàtch·ing *n* 人間観察[ウォッチング]《駅など公共の場所での行動観察》.

Pe·o·ria[1] /piɔ́ːriə/ *n* **1 a** (*pl* ~, ~s) ピオリア族《Iowa 州の北東部, のちに Illinois 州の中央部に居住した北米先住民の森林部族》. **b** ピオリア語《Algonquian 語族に属する Illinois 語の方言》. **2** ピオリア《**1**) Arizona 州中南西部 Phoenix の北西にある郊外都市 **2**) Illinois 州中北部の Illinois 川に臨む市; 平均的·典型的なアメリカの都市として, しばしば引き合いに出される》. ● **play in ~** *«口» 《映画·商品·政策などが》広く一般に受け入れられる, 地方でうける[うまくやる].

Peoria[2] *n* *«俗» わずかばかりの野菜くずや肉のはいった水っぽいスープ. [PURÉE]

pep /pép/ «口» *n* 元気, 気力, 活気: full of ~ 元気いっぱいの / PEP BAND / PEP RALLY / PEP SQUAD / PEP TALK. ► *vt* (**-pp-**) 元気[活気]づける; 《飲食物を》ピリッとさせる ‹*up*›. ♦ **~·less** *a* [*pepper*]

PEP /pép/ °personal equity plan ♦ 〘英〙 Political and Economic Planning.

pép bànd ペップバンド《試合·集会などを盛り上げる小編成バンド》.

pep·er·i·no /pèpəríːnou/ *n* 〘鉱〙 ペペリノ《柔軟な不粘結性の黄灰色凝灰岩》. [It (*pepere* pepper)]

pep·er·o·mia /pèpəróumiə/ *n* 〘植〙 ペペロミア《熱帯から温帯に分布するコショウ科サダソウ[ペペロミア]属 (*P*-) の常緑の多年草または一年草; 熱帯アメリカ原産のものが観葉植物として栽培される》. [Gk *peperi* pepper, *homoios* like]

peperoni ⇨ PEPPERONI.

Pep·in /pépən/ ピピン ~ **III** (714?-768)《フランク王国の王; 通称 the Short (小ピピン); Charles Martel の子で Charlemagne の父; カロリング朝を創始》.

pe·pi·no /pəpíːnou/ *n* (*pl* ~s) ペピーノ《アンデス山脈原産のナス科植物; 各地で栽培される; その果実》.

pep·los, -lus /pépləs/ *n* 〘古ギ〙 ペプロス《上体から長くたらすようにして着用した女性用外衣》. [Gk]

pep·lum /pépləm/ *n* (*pl* ~s, **-la** /-lə/) ペプラム《婦人服の胴部やジャケットのウエストからたらした短いフレアーやひだ飾りのはいった部分》. ♦ **~ed** *a* [L (↑)]

pe·po /píːpou/ *n* (*pl* ~s) 〘植〙 瓜(うり)状果, 瓜果(かか). [L=pumpkin]

pepped /pépt/ *a* [°~ up] *«俗» 酒に酔って (perked). ● **~ out** *«俗» 疲れきって.

pep·per /pépər/ *n* **1 a** 胡椒(こしょう)《香辛料》; 〘植〙 コショウ《コショウ属の総称》; 〘植〙 コショウに類した辛い実·葉をつける植物《サンショウ (Japanese pepper), ミツバハマゴウ (wild pepper) など》: ⇨ BLACK [WHITE] PEPPER / round ~ 皮付きのコショウ. **b** 唐辛子《香辛料》; 〘植〙 トウガラシ属の各種 (CAPSICUM), 《特に》トウガラシ《ピーマン·パプリカ·シシトウガラシなどさまざまな栽培品種に分けられる》: ⇨ HOT [SWEET] PEPPER. **2** 刺激性(のもの); 辛辣(なもの), 痛烈な批評; 短気. **3** 〘野〙 PEPPER GAME; 〘野〙 速球を投げ合うキャッチボール. **4** *«俗» [*derog*] メキシコ人. ► *vt* **1 a** …にコショウを振りかける, コショウで風味をつける. **b** 《文章などを》引き締める, ピリッとさせる. **2** …に一面に振りかける, 斑点を付ける; 《スピーチなど》にちりばめる: His face is ~*ed with* freckles. あちこちにそばかすがある. **3** …に《弾丸·質問などを》浴びせる ‹*with*›; あざける; 攻撃する, 懲らしめる, 激しくやっつける; «野球俗» …に速球を投げる; *«俗» 《ボールを》鋭く打つ, 強打する. ♦ **~·er** *n* **~·ish** *a* 少しピリッとする; やや短気な. [OE *pipor*<L *piper*<Gk<Skt=berry, peppercorn]

pépper-and-sált *a* 霜降りの《服地》, ごましおの《髪》. ► *n* 霜降りの服地; 霜降り.

pépper·bòx *n* «古» コショウ入れ[瓶]; [*joc*] 小塔; ''《Eton で》fives のコートのぎざぎざした控え壁; 短気者; ペッパーボックス銃《18 世紀後半の連発銃; 蓮根状の銃口をもつ》.

pépper càster [càstor] コショウ入れ, 《調味料台の》コショウ瓶.

pépper·còrn *n* (干した)コショウの実; [*fig*] つまらないもの; PEPPERCORN RENT. ► *a* 《毛髪が》もじゃもじゃに縮れた《Khoikhoi などに特徴的な髪》.

péppercorn rént 中世に地代の代わりに納めた干しコショウの実; 《一般に》名目地代[家賃].

pép·pered móth 〘昆〙 オオシモフリエダシャク.

pépper fàmily 〘植〙 コショウ科 (Piperaceae).

Pépper Fòg 〘商標〙 ペッパーフォッグ《pepper gas》.

pépper gàme 〘野〙 トスバッティング.

pépper gàs ペッパーガス《催涙ガスの一種》.

pépper·gràss *n* 〘植〙 コショウソウ《サラダ用野菜》.

pep·per·idge /pépərɪʤ/ *n* 〘植〙 ヌマミズキ (black gum).

pépper mìll ペッパーミル《手回し式のコショウひき》.

pépper·mìnt *n* **1** 〘植〙 セイヨウハッカ, コショウハッカ, ペパーミント《シソ科》; 《セイヨウハッカに近縁の数種の》ハッカ; はっか油 (=~ òil); はっか精, はっか錠[剤], ペパーミント; ペパーミントキャンディー[ドロップ]. **2** «豪» 芳香のあるユーカリノキ. ♦ **~y** *a*

péppermint stìck 《紅白の》ハッカ入りねじりあめ.

pep·per·o·ni, pep·er- /pèpəróuni/ *n* (*pl* ~s, ~) ペパロニ《堅くて香辛料の強いイタリアソーセージ》. [It]

pépper pòt'' コショウ入れ (pepper shaker*); ペッパーポット《**1**) 唐辛子などで調理した西インド諸島の肉のシチュー **2**) 牛などの胃と野菜などの辛いスープ》.

pépper shàker *コショウ入れ (pepper pot''); «CB 無線俗» 灰まき車《凍結路面に灰を散布するトラック》.

pépper spràу ペッパースプレー《トウガラシから抽出したオレオレジンのはいったエアゾール; 皮膚や粘膜を強く刺激し, 催涙ガスと同じように使われる》.

pépper stèak ペッパーステーキ《**1**) ピーマン·タマネギ·トマトと共に醤油で炒めたステーキ **2**) STEAK AU POIVRE》.

pépper·trèe 〘植〙 *n* コショウボク《熱帯アメリカ原産; ウルシ科の常緑高木》; ニュージーランド原産コショウ科の低木(kawakawa).

pép·per-úp·per *n* «口» 元気を出させるもの[人]; *«俗» アンフェタミン錠[カプセル]; «口» 食べ物に味を加えるもの, 香味料. [*pep up*]

pépper·wòrt *n* 〘植〙 **a** PEPPERGRASS. **b** デンジソウ《水生シダ》.

pép·pery *a* コショウの, コショウのような[効いた]; ピリッとする, 痛烈な; 辛辣な, 短気な, いらいらする. ♦ **pép·per·i·ly** *adv* **-i·ness** *n*

pép pìll «口» 覚醒剤[興奮剤]の錠剤[カプセル]《アンフェタミンなど》.

pép·py *a* «口» 元気いっぱいの, 張り切った, 活発な; *«俗» 《エンジン·車などが》加速が速い, 高速運転ができる; *«俗» 酒に酔った (pepped). ♦ **pép·pi·ly** *adv* **-pi·ness** *n* [*pep*]

pép ràlly *«口» 気勢をあげるための集会, 決起集会.

Pép·si(-Cóla) /pépsi(-)/ 〘商標〙 ペプシ(コーラ)《米国 PepsiCo 社製の清涼飲料》.

pep·sin /pépsən/ *n* 〘生化〙 ペプシン《胃液中に存するタンパク質分解酵素》; ペプシン剤. [G (Gk *pepsis* digestion)]

pep·sin·ate /pépsənèɪt/ *vt* ペプシン処理する, ペプシンを混入[注入]する.

pep·sin·o·gen /pɛpsínəʤən/ *n* 〘生化〙 ペプシノゲン《ペプシンの酵素原》.

pép squàd 《試合·集会などに登場する》チアリーダー集団.

pep·stat·in /pɛpstǽtən/ *n* 〘生化〙 ペプスタチン《タンパク質を分解するある種の酵素の作用を抑制する化合物; ストレプトミセス属の放線菌から得る》.

pép tàlk «口» 激励演説[のことば], 檄(げき), はっぱ. ♦ **pép·tàlk** *vi, vt*

pep·tic /péptɪk/ *a* 消化(性)の; ペプシンの: ~ juice 消化液. ► *n* 消化(促進)剤; [*pl*] 消化器官.

péptic glànd 〘解〙 ペプシン(分泌)腺, 胃腺.

péptic úlcer 〘医〙 《胃·十二指腸の》消化性潰瘍.

pep·ti·dase /péptədèɪs, -z/ *n* 〘生化〙 ペプチダーゼ《ペプチドをアミノ酸に分解する酵素》.

pep·tide /péptàɪd, -təd/ *n* 〘生化〙 ペプチド《α-アミノ酸 2 個以上がペプチド結合したもの; 加水分解でアミノ酸を生じる》. ♦ **pep·tid·ic** /pɛptídɪk/ *a* **-i·cal·ly** *adv* [*peptone*, *-ide*]

péptide bònd 〘生化〙 ペプチド結合《peptide linkage における炭素元素と窒素元素の化学結合》.

péptide lìnkage 〘生化〙 ペプチド結合《アミノ酸どうしがアミノ基と炭酸基とで —NHCO— 結合していること》.

pep·tid·er·gic /pèptàɪdə́:rdʒɪk/ *a* 〘生化〙短鎖ペプチドの[で活性化された], ペプチド作用[作動](性)の.

pep·ti·do·glýcan /pèptədoʊ-/ *n* 〘生化〙ペプチドグリカン (=*mucopeptide, murein*)《多糖類の短いペプチド鎖が結合した化合物で細菌の細胞壁にみられる》.

pep·tize /péptàɪz/ *vt* 〘化〙解膠(かいこう)する. ♦ **-tìz·er** *n* ペプタイザー. **pèp·ti·zá·tion** *n* 解膠, ペプチゼーション.

Pep·to-Bis·mol /pèptoʊbízmɔ̀(:)l, -mòʊl, -mɑ̀l/ 〘商標〙ペプトビズモル《消化薬》.

pep·tone /péptòʊn/ *n* 〘生化〙ペプトン《タンパク質がペプシンによって加水分解したもの》. [G<Gk (*peptos* cooked)]

pep·to·nize /péptənàɪz/ *vt* 〘生化〙ペプトン化する; ペプシンなどを混ぜて〈食物を〉人工的に消化させる. ♦ **pèp·to·ni·zá·tion** *n*

Pepys /pí:ps, pépəs/ ピープス **Samuel** ~ (1633–1703)《イングランドの海軍大臣となった文官; 多難の時代を克明に記録した日記 (1660–69) で有名》. ♦ **Pépys·ian** *a*

pé·quiste /peɪkí:st/ *n, a* [ᵒP-]〘カナダ〙ケベック党 (Parti Québecois) の(党員) (cf. INDÉPENDANTISTE). [Parti Québecois の略 P.Q. のフランス語読み, *-iste* -ist]

Pe·quod /pí:kwɑ̀d/ [the] ピークオッド号《Melville, *Moby-Dick* に出てくる捕鯨船; 船長は Ahab》.

Pe·quot /pí:kwɑ̀t/ *n* **a** (*pl* ~, ~**s**) ピーコット族《現在の Connecticut 州に居住していたインディアン》. **b** ピーコット語.

per *prep* /pər, pə̀:r/ **1** …につき[ごとに]: $5 ~ head [week] 1 人[1 週]につき 5 ドル / the crops ~ acre エーカー当たりの収穫 / ~ each《口》1 個につき (for each) / PER ANNUM. **2** …で, …によって; …に託して: ~ post [rail, steamer] 郵便[鉄道, 汽船]で / ~ bearer 使いに持たせて. **3** …によれば; 《口》…に従って: ~ inventory (在庫)目録によれば / ~ your advice ご忠告どおり(に). **4**〘紋〙…に分けて《紋章の分割図形を表現する用語》. ● **as** ~ …により: *as* ~ enclosed account 同封計算書どおり(に). **as** ~ USUAL. ► *adv* /pə́:r/ 1 個につき, 各. [L=through, by, for, for each]

per- /pər, pə̀:r, pə́:r/ *pref* [ラテン語系の語に添えて]「すっかり」「あまねく(…する)」; 「きわめて」「はなはだ」; 〘化〙「過…」: *per*fect, *per*vade; *per*fervid; *per*oxide. [L (↑)]

per. period ♦ person.

Pe·ra /péərə/ ペラ《BEYOĞLU の旧称》.

per·ac·id /pərǽsəd/ *n* 〘化〙過酸, ペル酸.

pér·advènture /pə́:r-, pér-, ⌐⌐⌐—/ *adv*《古》偶然に; 《古》もしや, ひょっとして. ● **if [lest]** ~ もし…すると(いけないので). ► *n* 懸念; 疑問; 偶然, 不安; 推測: beyond [without] (all [a]) ~ 疑い(も)なく, 必ずや. [OF=by chance (PER, ADVENTURE)]

Pe·raea, Pe·rea /pərí:ə/ ペレア《古代パレスティナの Jordan 川・死海の東の地域》.

pe·rai /pərάɪ/ *n* 〘魚〙PIRANHA.

Pe·rak /péərə, píərə, pérǽk/ ペラ《マレーシア北西部 Malacca 海峡に臨む州; スズ鉱石を産出》.

per·am·bu·late /pərǽmbjəlèɪt/ *vt* **1** 歩きまわる, 散歩[漫歩]する; 〈森林・地所などを〉歩いて巡回[巡視]する, 踏査する. **2** ᴵᴵ〈赤んぼを〉乳母車に乗せて押して行く. ► *vi* ぶらつく; 曲がりくねって進む; 巡視する. ♦ **per·ám·bu·la·tò·ry** /; -lèɪt(ə)ri/ *a* 巡回[巡視, 踏査]の. [L *per-*(*ambulo* to AMBLE)]

per·àm·bu·lá·tion *n* 巡回, 巡視, 踏査; 巡回[踏査, 測量]区; 踏査報告書.

per·ám·bu·là·tor *n* 巡視者, 踏査者; 測距離車 (odometer); /, *prǽm-/ ᴵᴵ乳母車 (baby carriage*)《略 pram》; *《鉄道俗》《貨物車の》車掌車 (caboose).

per an·gus·ta ad au·gus·ta /pɛr ά:ngùstə ɑ:d áʊgùstə, pɛr ά:ŋ-/ 困難を経て尊厳に. [L]

per an·num /pər ǽnəm/ *adv* 1 年につき, 1 年ごとに (yearly)《略 p.a.》. [L]

per ar·dua ad as·tra /pɛr ά:rdʊə ɑ:d ά:strə/ 艱難(かんなん)を経て星へ《RAF の標語; cf. AD ASTRA PER ASPERA》. [L]

P/E ratio /pí:ì: ⌐—/ 株価収益率 (price-earnings ratio).

per·bórate /pər-/ *n* 〘化〙過ホウ酸塩.

perbóric ácid 〘化〙過ホウ酸.

per·brómate /pər-/ *n* 〘化〙過臭素酸塩[エステル].

per·bró·mic ácid /pərbróʊmɪk-/ 〘化〙過臭素酸.

perc[1] /pə́:rk/ *n* 《口》PERK[2].

perc[2] *vi, vt, n* 《口》PERK[3].

perc. perchloroethylene ♦ percolation.

per·cale /pərkéɪl, pə́:rkèɪl, pərkǽl/ *n* パーケール《緻密な上物綿布; シーツなど用》. [F<?]

per·ca·line /pə̀:rkəlí:n/ *n* パーケリン《光沢のある平織りの綿布; 裏地・装丁用》.

per cap·i·ta /pər kǽpətə/, **per ca·put** /-kéɪpət, -kǽpət/ *adv, a* 一人当たり(の) (per head), 頭割りで. [L]

per·céiv·able *a* 感知[知覚, 認知]できる. ♦ **-ably** *adv*

per·ceive /pərsí:v/ *vt*《五感で》知覚する, 認める, 気づく, わかる; 《心で》了解する, 〈…と〉考える, 受け止める 〈*as*; *to* be〉; 看取する, 〈意味・真相などを〉つかむ: ~*d* arrogance 傲慢と受け取られた態度[言動]. ♦ **per·céiv·er** *n* [OF<L PER*cept- -cipio* to seize, understand]

per·céived nóise dècibel PN デシベル《知覚騒音レベルの単位; 略 PNdB, PNdb》.

per·cent, per cent /pərsént/ *n* (*pl* ~, ~**s**) **1** パーセント《記号 %; 略 p.c.》: 5 ~ 100 分の 5, 5 分 / a [one] hundred ~=cent ~ 100 パーセント / interest at 5 ~ [5%] 5 分の利息. **2**《口》PERCENTAGE; [*pl*; 利率を示す数字を前に付けて]〘英〙(何分)利付公債. ► *a* 百分の, パーセントの: get 5 ~ interest 5 分の利息を得る / a ten ~ increase 1 割の増加 / make 10 ~ discount for cash 現金には 1 割引きする. ► *adv* 100 につき: at a rate of 25 cents ~ 100 につき 25 セントの割合で. [PER, CENT]

percént·age *n* **1** 百分率[比], パーセンテージ; 割合, 歩合, 率 (proportion). **2**《百分率の》手数料, 口銭; 《口》利益, 効用, うまみ. **3** [*pl*]《口》《勝つ》見込み, 勝ち目; [〈*a*〉]〈ゲームが〉楽勝の見込みの. ● **no** ~ 利益ゼロ: there is *no* ~ in…してみてもなんの得にもならない. **play the ~s** 先を見越して行動する.

percéntage pòint パーセント: increase by two ~*s* 2 ポイント[パーセント幅]上がる.

-percént·er *n comb form*「…パーセントの人」「…パーセントの手数料を取る人」: FIVE-PERCENTER.

per·cent·ile /pərséntàɪl/ *n, a* 〘統〙百分順位(の), 百分位数(の) (cf. QUARTILE).

per cen·tum /pər séntəm/ PERCENT. [L]

per·cept /pə́:rsèpt/ *n* 知覚対象; 知覚表象.

per·cep·ti·bil·i·ty /pərsèptəbíləti/ *n* 知覚[認知]できること[状態, 性質]; 《まれ》知覚(力), 理解力.

per·cep·ti·ble /pərséptəb(ə)l/ *a* 知覚[認知]できる; 気づかれる(ほどの), 目立つほどの, かなりの. ♦ **-bly** *adv* [OF or L; ⇨ PERCEIVE]

per·cep·tion /pərsépʃ(ə)n/ *n* 知覚; 認知, 《鋭い》理解(力), 直覚(力); 心像, 概念, イメージ, 見方, とらえ方 〈*of*〉; 〘法〙《賃借料などの》取立て; 《廃》CONSCIOUSNESS: the public ~ *of* GM 世間の GM に対するイメージ. ♦ ~·**al** *a* PERCEPTIVE.

per·cep·tive /pərséptɪv/ *a* 知覚する, 知覚のある; 知覚の鋭い; 理解のある, 洞察力のある. ♦ ~·**ly** *adv* ~·**ness** *n* **per·cep·tiv·i·ty** /pə̀:rsəptívəti/ *n* 知覚(力).

per·cep·tu·al /pərséptʃuəl/ *a* 知覚(力)の, 知覚のある. ♦ ~·**ly** *adv*

percéptual defénse 〘心〙知覚的防衛《望ましくないものを無意識的に見聞きしないこと》.

Per·ce·val /pə́:rsəv(ə)l/ **1** パーシヴァル《男子名; 愛称 Percy》. **2** PERCIVALE. **3** パーシヴァル **Spencer** ~ (1762–1812)《英国の法律家・政治家; 首相 (1809–12); 暗殺》. [PERCIVAL]

perch[1] /pə́:rtʃ/ *n* **1**《鳥の》とまり木 (roost); [*fig*] 高い地位, 安全な席, 高い席, [*joc*] 席; 《ものを掛ける[下げる]》さお, 釘: take one's ~ 〈鳥が〉とまる; 降りる. **2**《馬車などの》御者台; 運転台; 〘織〙《検反のための》布掛け台; 〘織〙検反機. **3**《車の》連桿; 《弾薬車の》車尾; 《軽業用の》長い棒, 釣合い棒; 《古・方》棒, 棹《など》. **4** パーチ《**1**) 長さの単位 (=rod): =$5\frac{1}{2}$ yards **2**) 面積の単位 (=square ~): =$30\frac{1}{4}$ 平方ヤード **3**) 石の体積の単位: =$5\frac{1}{2}$ yards × 1 foot × $1\frac{1}{2}$ feet, =0.7 m^3》. ● **Come off your ~.** お高くとまるのはよせ. **hop [tip over, drop off] the ~**《口》死ぬ. **knock sb off his ~** 人をやっつける, 高慢の鼻をへし折る. ► *vi* 〈鳥が〉とまる 〈*on*〉; 高い所にすわる[いる, ある] 〈*on*〉; 《俗》ネッキングする. ► *vt* **1** とまり木にとまらせる 〈*on*〉; 高い所に置く[載せる] 〈*on*〉; [*pass*] 〈建物が〉高所[崖などの縁]に建つ 〈*on*〉; 《俗》…と[に]ネッキングする: ~ one*self on* a high stool 高い椅子に腰かける. **2** 〈織物を〉検査する, 検反する. [OF<L *pertica* pole]

perch[2] *n* (*pl* ~, ~·**es**) 〘魚〙パーチ《スズキの類の食用淡水魚, 欧州産》. [OF<L *perca*<Gk]

per·chánce /pər-/《古・文》*adv* あるいは; 偶然に. ● **if [lest]** ~ 万一…したら(いけないので). [AF (*per* by, CHANCE)]

pérch·er *n* 《特に》木にとまる鳥.

Per·che·ron /pə́:rtʃərɑ̀n, -ʃə-/ *n* 〘馬〙ペルシュロン (=**~ Nòrman**)《フランス北部, Paris 盆地西部のペルシュ地方 (Perche) 原産の強大な重輓馬(じゅうばんば)》.

pérch·ing bìrd PASSERINE.

per·chlórate /pər-/ *n* 〘化〙過塩素酸塩[エステル].

per·chlóric ácid /pər-/ 〘化〙過塩素酸.

per·chlóride /pər-/ *n* 〘化〙過塩化物.

per·chlòro·éthylene /pər-/, **per·chlòr-** /pər-/ *n* TETRACHLOROETHYLENE.

per·chrómic ácid /pər-/ 〘化〙過クロム酸.

per·cia·tel·li /pèərtʃəté(l)li, pə̀:r-/ *n* ペルチャテッリ《スパゲッティより少し太めの長い管状パスタ》. [It]

per·ci·form /pə́:rsəfɔ̀:rm/ *a, n* 〘魚〙スズキ目 (Perciformes) の(魚). [NL<L (PERCH[2], -IFORMES)]

per·cip·i·ence /pərsípiəns/, **-en·cy** *n* 知覚力.

per·cíp·i·ent *a* 知覚力のある; 炯眼(けいがん)の. ► *n* 知覚者; 千里眼, 霊通者. ♦ ~·**ly** *adv* [L (PERCEIVE)]

Per·ci·val /pə́:rsəv(ə)l/ **1** パーシヴァル《男子名; 愛称 Percy》. **2**

PERCIVALE. [OF=to pierce+valley]
Per·ci·vale /pə́:rsəv(ə)l/ 〖アーサー王伝説〗パーシヴァル《円卓騎士団の一人で, 聖杯探索に出かける》.
Per·co·dan /pə́:rkədæ̀n/ 〖商標〗ペルコダン《アスピリン・オキシコドン・カフェインなどを含有する鎮痛剤》.
per·coid /pə́:rkɔ̀ɪd/, **-coi·de·an** /pərkɔ́ɪdiən/ *a, n* 〖魚〗スズキ亜目 (Percoidea) の(各種の魚); PERCH² に似た.
P **per·co·late** /pə́:rkəlèɪt/ *vt* 濾(こ)す, 濾過する; …に浸透する, 染みとおる, 染み出る; 〈コーヒーを〉パーコレーターでいれる[沸かす]. ► *vi* **1** 浸透する, 染みとおる; [*fig*] 徐々に広まる, 浸透する 〈*through*〉; 濾過される; 〈コーヒーが〉パーコレーターで沸く. **2** *«口» 活発になる, 活気づく; 《表面下で》くすぶる; *«俗» スムーズに動く. **3** *«俗» ぶらぶら歩く, 散歩する (saunter); *«俗» ゆっくり動く. ► *n* /, -lət/ 濾過液, 〖薬〗浸出液. ♦ **pér·co·làt·ed** *a* **pèr·co·lá·tion** *n* 濾過; 浸透. [L (*colum* sieve)]
pér·co·là·tor *n* **1** 濾過者[器]; 濾過装置付きコーヒー沸かし, パーコレーター; *«俗» CARBURETOR. **2** *«俗» パーティー, 《特に 主催者のための》家賃援助パーティー (shake).
per con·tra /pər kántrə/ *adv* これに反して (on the contrary); 他方, 一方; 相手方に; 〖簿〗対照[見返り]として. ► *n* 反対の立場. [It]
per cu·ri·am /pər k(j)ʊ́əriæ̀m/ *adv, a* 〖法〗全裁判官(一致)により[よる] (by the court)《無記名の判決・所見についていう》: a ~ decision. [L]
per·cuss /pərkʌ́s/ *vt, vi* たたく; 〖医〗打診する.
per·cus·sion /pərkʌ́ʃ(ə)n/ *n* **1** 衝撃, 衝突; 撃発(装置); 振動; 激動; 音響, 響き; 〖医〗打診(法). **2** 〖楽〗たたいて演奏すること, 打奏; 打楽器, パーカッション《集合的》, [the] 《楽団の》打楽器セクション. ► *a* 振動の; 振動による; 打楽器の. [F or L (PERcuss- *-cutio* to strike)]
percússion càp 雷管.
percússion drìll 〖機〗HAMMER DRILL.
percússion fùse 撃発信管.
percússion ìnstrument 打楽器.
percússion·ist *n* 打楽器[パーカッション]奏者.
percússion lòck 雷管装置, 撃発栓.
per·cus·sive /pərkʌ́sɪv/ *a* 衝撃の; 衝撃力の強い; 〖医〗打診(法)の; 打楽器の, 打奏的な. ♦ **~·ly** *adv* **~·ness** *n*
per·cús·sor *n* 〖医〗打診槌 (plexor).
pèr·cutáneous *a* 〖医〗皮膚を通しての, 経皮的な〈注射など〉. ♦ **~·ly** *adv* [L *per cutem* through the skin]
Per·cy /pə́:rsi/ **1** パーシー《男子名; Perceval, Percival の愛称》. **2** パーシー (1) Sir **Henry** ~ (1364–1403)《イングランドの軍人; 異名 'Harry Hotspur'; Henry 4 世に反逆して戦死》 (2) **Walker** ~ (1916–90)《米国の小説家; *The Moviegoer* (1961)》. **3** «俗» **a** [*derog*] 軟弱な男《兵役を拒否する者 (conscientious objector) など》, なよなよした男, 《軍隊で》武官, '教養人'. **b** [ºp-] おちんちん, 息子. ● **point ~ at the porcelain** «英俗・豪俗» 〈男が〉小便する.
Pércy bòy [pànts] *«俗» めめしい男の子, 軟弱な男 (sissy). [↑]
per·den·do·si /pərdéndousì:/ *a, adv* 〖楽〗しだいに消えるような[に], ペルデンドシの[で]. [It=losing itself]
Per·di·do /pərdí:dou/ [Mount] ペルディド山 (*F* Mont Perdu)《スペイン北東部 Pyrenees 山脈中部, フランス国境に臨む山 (3348 m)》.
per·die /pərdí:/ *int* PARDIE.
per di·em /pər dí:əm, -dáɪ-; pə dí:èm, -dáɪ-/ *adv* 一日につき, 日割りで. ► *a* 一日当たりの, 日割りの; 日当制の. ► *n* 日当, 旅費日当; 日給; 一日当たりの賃借[賃貸]料. [L]
per·di·sulfúric ácid /pərdàɪ-/ 〖化〗二過硫酸 (peroxydisulfuric acid).
Per·di·ta /pə́:rdɪtə/ **1** パーディタ《女子名》. **2** パーディタ《Shakespeare, *Winter's Tale* の主要人物で, Sicily 王 Leontes と王妃 Hermione の娘》. [L=lost]
per·di·tion /pərdíʃ(ə)n/ *n* 破滅, 永遠の死; 悪者の果て, 地獄行き, 堕地獄; 地獄; «古» 完全な破滅, 全滅; «廃» 損. [OF or L (PERdit- *-do* to destroy)]
per·du, -due /pərd(j)ú:/ *a* 隠れて; 潜伏した: lie ~ 潜伏[待伏せ]する. ► *n* /pə́:rdju, pərd(j)ú:/ «廃» 決死隊(員); 偵諜, 歩哨. [F (pp) < *perdre* to lose]
Per·du /*F* pɛrdy/ [Mont] モンペルデュ《PERDIDO 山のフランス語名》.
per·dúrable /pər-/ *a* もちのよい, 永続する; 不変の, 不朽の. ♦ **-dú·ra·bly** *adv* **per·durabílity** /pər-/ *n*
per·dure /pərd(j)ʊ́ər/ *vi* 続く, 耐える. [L (*dure*)]
père /péər; *F* pɛ:r/ *n* (*pl* **~s** /-z; *F* —/) 父 (opp. *fils*); [P-] …師《神父の尊称》: Jones ~ 父のジョーンズ / Dumas ~ 大デュマ, デュマペール. [F=father]
Perea ⇨ PERAEA.
per·eant qui an·te nos nos·tra dix·e·runt /péreɑ̀:nt kwi ɑ̀:ntɛ nóus nɔ́:stra: dikséirʊ̀nt/ われわれより先にわれわれのことを語った人びとは滅亡するように. [L]
Père David('s) deer /péər —́ —́/ 〖動〗シフゾウ (四不像)《フランス人宣教師 *Père Armand David* (1826–1900) が北京の南苑で発見した大型で灰色の鹿; 野生種は絶滅》.
per·e·gri·nate /pérəgrənèɪt/ *vi, vt* (徒歩で)旅行する, 遍歴する; 外国に住む. ► *a* 外遊[海外生活]を匂わせる[鼻にかけた]. ♦ **pèr·e·gri·ná·tion** *n* 旅行, 遍歴; [*pl*] 旅行記, 紀行. **pér·e·gri·nà·tor** *n* «古» 旅行[遍歴]者. [L (↓)]
per·e·grine /pérəgrən, -grì:n, -gràɪn/ *a* 流浪性の; 巡回の; 〖生〗広く分布している; «古» 外国の, 異国風の; «古» 遍歴中の. ► *n* **1** 海外居住者, 《特に》古代ローマの外国人居住者; 〖鳥〗PEREGRINE FALCON; «古» 旅行[遍歴]者. **2** [P-] ペリグリン《男子名》. [L=foreign (*per* through, *ager* field)]
péregrine fálcon 〖鳥〗ハヤブサ《汎世界的に分布》.
pe·rei·on /pəráɪɑ̀n, -réɪ-/, **-re·on** /-rí:ɑ̀n/ *n* 〖生〗甲殻類の胸部.
pe·reio·pod /pəráɪəpɑ̀d/, **-reo-** /-rí:-/ *n* 〖生〗甲殻類胸部の付属肢, 胸脚, 胸肢.
Pe·rei·ra /pɛréɪrɑ:/ ペレイラ《コロンビア中西部の市》.
pe·réi·ra (bàrk) /pəréərə(-)/ 〖植〗ペレイロ皮(ひ)《ブラジル原産のキョウチクトウ科の木の樹皮; 強壮・解熱剤》. [Jonathan *Pereira* (1804–53) 英国の薬理学者]
Per·el·man /pérəlmən, pə́:rəl-, pə́:rl-/ ペレルマン **S(idney) J(oseph)** ~ (1904–79)《米国のユーモア作家》.
pe·remp·to·ry /pərém(p)t(ə)ri, *pérəmptɔ̀:ri/ *a* うむを言わせぬ, 断固たる〈命令など〉; 〖法〗決定的な, 絶対の; 圧制的な, 独断的な, 横柄な. ♦ **pe·rémp·to·ri·ly** *adv* **-ri·ness** *n* [AF<L=deadly, decisive (*perempt- perimo* to destroy)]
perémptory chállenge 〖法〗専断的忌避, 理由不要の忌避《理由を示さずに一定数までの陪審員候補を忌避できる権利》.
perémptory excéption [pléa] 〖法〗決定的答弁.
perémptory wrít ‖〖法〗絶対[無条件]令状《召喚状》.
pe·ren·nate /pérənèɪt, pərénèɪt/ *vt* 何年も生き延びる. ♦ **pè·ren·ná·tion** *n*
pe·ren·ni·al /pəréniəl/ *a* 四季を通じてある; 多年続く; 〖植〗多年生の, 宿根性の (cf. ANNUAL, BIENNIAL); 越年する〈昆虫〉; 永久の; 絶え間ない, 恒常的な; 繰り返し起こる; 〈流れ・泉など〉一年中涸れない: a ~ student 絶えず学びつづける人, 学習意欲を失わない人. ► *n* 〖植〗多年生植物; (長年)続くもの, 再発するもの: HARDY PERENNIAL. ♦ **~·ly** *adv* **pe·ren·ni·al·i·ty** /pərèniǽləti/ *n* [L (*annus* year)]
perénnial rýegrass 〖植〗ホソムギ, ペレニアルライグラス《牧草》.
pe·ren·ni·ty /pərénəti/ *n* 永続性.
pe·ren·tie, -ty /pərénti/ *n* 〖動〗オーストラリアオオトカゲ《オーストラリア北部・中部の砂漠にすむ体長 2 m 余, 胴まわり 40 cm を超えるオーストラリア最大のトカゲ》.
pereon ⇨ PEREION.
pe·re·on·ite /pərí:ənàɪt/ *n* 〖生〗甲殻類の胸部 (pereion) の胸節.
pereopod ⇨ PEREIOPOD.
Per·es /pérɛz/ ペレス **Shimon** ~ (1923–)《イスラエルの政治家; ポーランド生まれ; 首相 (1984–86, 95–96), 大統領 (2007–); ノーベル平和賞 (1994)》.
per·e·stroi·ka /pèrəstrɔ́ɪkə/ *n* ペレストロイカ《ソ連の Gorbachev 政権が推し進めた経済・政治・社会およびその他の領域における改革》. ♦ **pèr·e·stról·kan** *a* [Russ=restructuring]
per·eunt et im·pu·tan·tur /pérɛʊ̀nt ɛt ìmputɑ́:ntʊ̀r/ 時間は過ぎ行きわれらの負債として記入される. [L]
Pé·rez /pérəs/ ペレス **Carlos Andrés ~ Rodríguez** (1922–2010)《ベネズエラの政治家; 大統領 (1974–79, 89–93)》.
Pérez de Cué·llar /—́ də kwéɪjɑ:r/ ペレス・デ・クエヤル **Javier** ~ (1920–)《ペルーの外交官; 国連事務総長 (1982–91)》.
Pérez Gal·dós /—́ gɑ:ldóus/ ペレス・ガルドス **Benito** ~ (1843–1920)《スペインの作家・劇作家》.
perf. perfect ♦ perforated ♦ performance.
perf·board /pə́:rfbɔ̀:rd/ *n* ハンガーボード《器具などを掛ける穴のあいたパネル板》. [*perf*orated *board*]
per·fect /pə́:rfɪkt/ *a* **1** 完全(無欠)な, 完璧な, 申し分のない 〈*for*〉; 熟達した 〈*in*〉; 正確な, 寸分たがわぬ; 純粋な; 合法的な; 〖楽〗《音程・終止が》完全の; 〖昆〗成虫の; 〖植〗〈花が〉完全花の《ひとつの花に雄蕊(ずい)と雌蕊(ずい)を共に備えた》: a ~ day《終日楽しかった》申し分のない一日 / ~ fourth [fifth] 〖楽〗完全 4 [5] 度. **2** «口» 非常な, はなはだしい, 全くの: a ~ stranger あかの他人 / ~ nonsense [follies] 全くのでたらめ[愚行]. **3** 〖文法〗完了の: the ~ tenses 完了時制. **4** ‖«方» 確かな; «廃» 満足した; «廃» 正気の; «廃» 〈年齢が〉大人に達した. ► *n* 〖文法〗完了時制(の動詞形). ► *vt* /pərfékt/ 仕上げる; 遂行する; 熟達[習熟]させる, 完成する; 改善[改良]する; 〖印〗〈印刷済みの表面〉の裏面を印刷する, 両面刷りにする: ~ oneself in…に熟達する. ♦ **~·ly** *adv* 完全に, 完璧に, 申し分なく; 全く. **~·ness** *n* PERFECTION, 《特に》道徳的完成. [OF<L PERfect- *-ficio* to complete]
per·fec·ta* /pərféktə/ *n* 〖競馬〗連勝単式(のレース) (=*exacta*) (cf. QUINIELA, TRIPLE). [AmSp *perfecta* (*quiniela*)]

pérfect bínding〘製本〙無線綴じ《糸や針金を用いず, 接着剤のみで接合する》. ♦ **pérfect-bóund** *a*
pérfect cádence〘楽〙完全終止.
pérfect competítion〘経〙完全競争.
perféct·er *n* 完成する人; PERFECTING PRESS.
pérfect gáme〘野〙完全試合《無安打・無四死球・無失策》;〘ボウル〙パーフェクト《12 回連続ストライク 300 点満点》: pitch a ～〈投手が〉完全試合を達成する.
pérfect gás〘理〙完全気体, 理想気体 (ideal gas).
perféct·ible *a* 完全にする[なる]ことができる, 完成できる. ♦ **perfèct·ibílity** *n*
perféct·ing prèss〘印〙両面刷り印刷機械.
pérfect ínterval〘楽〙完全音程《1 度・4 度・5 度・8 度がある》.
per·fec·tion /pərfɛ́kʃ(ə)n/ *n* **1** 完全(無欠), 完璧; 完備; 仕上げ, 完成; 熟達, 完徳, 円満; 極致, 理想; 卓越: be the ～ of…の極致である / COUNSEL OF PERFECTION. **2** 完全な人[もの]; [*pl*] 才芸, たしなみ. ● **to ～** 完全に, 完璧に (perfectly).
perféction·ìsm *n*〘哲〙完全論《宗教上・道徳上・社会的な完全性は達成可能とする》; 完全[完璧]主義, 凝り性.
perféction·ist *n* 完全論者; 完全[完璧]主義者, 凝り性の人; [P-] ONEIDA COMMUNITY の会員. ► *a* 完全[完璧]主義の. ♦ **per·fèc·tion·ís·tic** *a*
per·fec·tive /pərfɛ́ktɪv/ *a*〘文法〙完了[完結]を示す;《古》完全にするのに役立つ; 向上[進歩]途上の. ► *n*〘文法〙完了相(の動詞). ♦ **～·ly** *adv* **～·ness** *n* **per·fec·tiv·i·ty** /pərfɛ̀ktívəti, pə̀ːrfɪk-/ *n*
pérfect númber〘数〙完数, 完全数《それ自身を除く約数 (1 を含む) の総和がそれ自身に等しい自然数: 例 6 (＝1＋2＋3), 28 (＝1＋2＋4＋7＋14)》.
per·fec·to /pərfɛ́ktoʊ/ *n* (*pl* **～s**) パーフェクト《両端のとがった中型葉巻》. [Sp＝perfect]
per·fec·tor /pərfɛ́ktər/ *n* PERFECTING PRESS.
pérfect párticiple PAST PARTICIPLE.
pérfect pítch〘楽〙絶対音感 (absolute pitch).
pérfect rèam PRINTER'S REAM.
pérfect rhýme〘韻〙**1** 完全韻 (full rhyme)《強勢のある母音とそれに続く子音または子音と母音が同一で, その前にくる子音が異なるもの: 例 sound と ground, carry と tarry》. **2** 同韻 (rime riche)《同音[同つづり]で意味の違う語による韻: 例 sea と see, fine (罰金) と fine (すばらしい)》.
pérfect squáre〘数〙完全平方《整数の 2 乗になっている数: 例 1, 4, 9, 25 など》.
pérfect stórm 最悪の状況[めぐり合わせ, タイミング].
pérfect yéar〘ユダヤ暦〙355 日の平年, 385 日のうるう年.
per·férvid /pər-/ *a*《文》熱烈な, 灼熱[白熱]の.
per·fide Al·bion /*F* pɛrfid albjɔ̃/ 不誠実な英国.
per·fid·i·ous /pərfídiəs/ *a*《文》誠実でない, 不実な, 不信の, 二心ある. ♦ **～·ly** *adv* **～·ness** *n*
per·fi·dy /pə́ːrfədi/ *n*《文》背信[不実, 裏切り](行為). [L *per*-(*fides* faith)＝treacherous]
per·fins /pə́ːrfənz/ *n pl* PERFORATED INITIALS.
per·flu·bron /pərflúːbràn/ *n* ペルフルブロン《臭化ペルフロロオクチルの一般名; 消化管の MRI 用の造影剤》.
per·flùoro·chémical /pər-/ *n*, *a* 水素をフッ素で置換した化合物(の)《人工血液用》.
per·fóliate /pə̀ːr-, ―́―/ *a*〘植〙〈葉が〉貫生の, 突き抜きの (cf. AMPLEXICAUL);〈植物が〉貫生葉をもつ;〘昆〙〈触角が〉葉状の: a ～ leaf 貫生葉《ツキヌキニンドウの葉など》. ♦ **per·foliátion** /pə̀ːr-, ―́―/ *n*
per·fo·rate /pə́ːrfərèɪt/ *vt* …に穴をあける; うがつ;〈紙など〉にミシン目[目打ち]を入れる; 貫通する, 貫く. ► *vi* 貫く, うがち入る〈*into*, *through*, etc.〉. ► *a* /-f(ə)rət, *-rèɪt/ 貫通された; ミシン目のある;〘生〙〈巻貝が〉臍孔(せいこう)がある. ♦ **per·fo·ra·ble** /pə́ːrf(ə)rəb(ə)l/ *a* **pér·fo·rà·tor** *n* 穴をあける人, 穴あけ器, 打抜き器, 目打ち器; 切符切りはさみ. [L PERforat- -*foro* to pierce through]
pér·fo·ràt·ed *a* 穴のある; ミシン目[目打ち]のある〈紙, 切手〉;〘切手〙20 ミリの単位区間に(特定数の)目打ちがある《略 perf.》;〘医〙穿孔した: a ～ ulcer.
pérforated inítials *pl* 切手に目打ちしてある企業名などのイニシャル; イニシャル(など)を目打ちした切手.
pérforated tápe* 穿孔テープ (paper tape).
per·fo·ra·tion /pə̀ːrfəréɪʃ(ə)n/ *n* **1** 穴をあけること, 穿孔; 打ち抜き; 貫通. **2** ミシン目, 切取り点線;《切手の》目打ち, パーフォレーション, パーフ.
perforátion gàuge《切手の》目打ちゲージ.
per·fo·ra·tive /pə́ːrfərèɪtɪv/ *a* (たやすく)穴あけ[目打ち, 貫通]する.
per·force /pərfɔ́ːrs/ *adv*《文》必然的に, いやおうなしに;《廃》力ずくで. ► *n* [次の成句で]: **by ～** いやおうなしに, 力ずくで. **of ～** 必要に迫られて, 必然的に. [OF *per force* by FORCE[1]]
per·fo·rin /pə́ːrfərən/ *n*〘生化〙パーフォリン《キラー細胞に存在するタンパク質で, 侵襲性細胞の膜に穴をあけてこれを破壊する》. [*perforate*＋-*in*[2]]
per·form /pərfɔ́ːrm/ *vt* する, なす, 行なう;〈儀式など〉執り行なう;〈任務・約束などを〉果たす, 実行する; なし遂げる, 遂行する; 実演する,〈劇を〉公演する,〈役を〉演じる; 演奏[弾奏]する: ～ an operation 手術を行なう / ～ a promise 約束を果たす / ～ miracles (*on* sth) (あることで)めざましい成果を上げる. ► *vi* **1** する, 行なう; 実行する;《契約などを》履行する;《俗》セックス(関連行為)をやる. **2** 演じる, 奏する, 弾(ひ)く, 吹く〈*on*〉;〈動物が〉芸当をする;《俗》騒ぎたてる;《豪俗》怒り狂う. **3** 機能する, 性能を発揮する. ★ do に比べて努力・注意・熟練を要することにいう. **4**〈投資などが〉利益[収益]を生む. ♦ **～·able** *a* **～·ability** *n* [AF＜OF (*per*-, FURNISH); 語形は *form* に同化]
perfórm·ance *n* **1 a** する[行なう]こと, 実行, 履行, 成就; 仕事, 作業, 動作, ふるまい;〘言〙言語運用(能力) (cf. COMPETENCE). **b** 善行, 功績, 偉業. **2** 実演[公演, 演奏, 演技](の手際[巧拙, でき]); 興行, 余興; 芸当: give a ～ 実演[上演, 公演]する. **3**《発動機の》運転,《機械などの》性能, 能力; 成績, 成果, (投資)運用実績; [〈*a*〉] 高性能の〈車など〉; 目標達成機能, パフォーマンス;〘遺・農・畜〙生産力. **4** [[u]a ～]《口》大騒ぎ, ひと騒動, 面倒な手続き, ひと苦労: What a ～!
perfórmance appràisal 業績評価, 勤務評定.
perfórmance àrt〘芸術〙パフォーマンスアート《肉体の行為を音楽・映像・写真などを通じて表現しようとする 1970 年代に始まった芸術様式; body art, video art など》. ♦ **perfórmance àrtist** *n*
perfórmance bònd〘法〙履行保証証書《契約を時機を失せず履行する旨の保証証書》.
perfórmance còntract* パフォーマンスコントラクト《教育企業が有料で公立学校の生徒の学力水準の維持向上に責任を負う契約》.
perfórmance-enhàncing *a*〈薬物などが〉運動能力[体力]増強作用のある.
perfórmance pày 能力給《作業効率に応じた追加賃金》.
perfórmance pòetry《しばしば即興的要素を伴う》パフォーマンス詩, 演じる詩. ♦ **perfórmance pòet** *n*
perfórmance-relàted *a*〈賃金などが〉能力による, 能力(給)関連の.
perfórmance revìew PERFORMANCE APPRAISAL.
perfórmance tèst〘心〙作業検査《道具を用いて行なう, 非言語式知能検査》;〘遺・農・畜〙《生産量などの》能力検定.
perfórmance thèater〘劇〙パフォーマンスシアター《戯曲ではなく俳優を中心につくられる実験演劇の一種》.
per·for·ma·tive /pərfɔ́ːrmətɪv/〘哲〙*n* 遂行文《その文を発することがその文の表わす行為の遂行となる文; 例 I promise to marry you.》. ► *a* 遂行的な: ～ verbs 遂行的動詞《promise, sentence, christen など》.
per·for·ma·to·ry /pərfɔ́ːrmətɔ̀ːri; -t(ə)ri/ *a* PERFORMATIVE; 実行[演技]の.
perfórm·er *n* 実行[履行, 遂行, 成就]者; 名人, 選手〈*at* the wicket〉; 実演家, 芸人, 演者, 演奏家, 歌い手, 軽業師; [形容詞を伴って] 成績[業績]の…な人[もの]: a poor ～ へたな演奏家; 成績のふるわない人《学生など》/ the star ～ of the energy industry エネルギー産業のトップ企業.
perfórm·ing *a* 演技の, 演奏の, 公演の; 芸当のできる〈動物〉; 演技による.
perfórming árts *pl* [the] 舞台芸術《演劇・音楽・舞踊など》.
perf. part. [°]perfect participle.
per·fume *n* /pə́ːrfjùːm, *pərfjúːm/ 香水, 香料; 芳香, におい, 香り. ► *v* /pərfjúːm, *pə́ːrfjùːm/ *vt* …に香水をつける; 香りで満たす; 匂わせる. ► *vi* 芳香を発する. ♦ **～d** *a* よい香りの(ついた), かぐわしい. **pér·fumy** *a* [F＜It *parfumare* to smoke through (FUME)]
per·fúm·er /, *pə́ːrfjùːmər/ *n* 香料商, 香料製造(業)者, 調香師; よい匂いのする人[もの]; 匂い袋[箱など]《寝室・トイレ・タンスなどにつるしたり入れたりしておく》.
per·fúm·ery *n* 香水類, 香料; 香水; 香料製造[調合](業); 香料製造[販売]所.
per·func·to·ry /pərfʌ́ŋkt(ə)ri/ *a* おざなりの, いいかげんな, 機械的な, うわべだけの; やる気のない, 不熱心な. ♦ **-ri·ly** *adv* **-ri·ness** *n* [L＝careless; ⇨ FUNCTION]
per·fus·ate /pərfjúːzèɪt, -zət/ *n*〘医〙灌流液.
per·fuse /pərfjúːz/ *vt* …の一面に注ぐ[まく], …にみなぎらせる〈*with*〉; まき散らす;〘医〙〈器官・組織〉を灌流する〈*with*〉. ♦ **per·fú·sive** *a* 振りまく, 散水用の. [L (FUSE[2])]
per·fú·sion *n* まき散らすこと; 散水(洗礼); 散布液;〘医〙灌流, 局所灌流.
perfúsion·ist *n*〘医〙灌流技師《開心術中に血液の酸素化と人工心肺などの管理をする医療技師》.
Per·ga /pə́ːrgə/ ペルガ《古代小アジア南部 Pamphylia の都市; トルコの Antalya の北東に遺跡がある》.
per·ga·me·ne·ous /pə̀ːrgəmíːniəs/ *a* 羊皮紙のような.
Per·ga·mum /pə́ːrgəməm/, **-mus** /-məs/ ペルガモン (Gk **Per·ga·mon** /-màn/, **-mos** /-məs, -màs/) **(1)** 小アジア北西部の古代都

P

市; 現代名 Bergama 2) これを中心としたヘレニズム時代の王国》.

pergana ⇨ PARGANA.

per·go·la /pə́ːrgələ, pərgóu-/ *n* パーゴラ《つる植物などをはわせた棚を屋根としたあずまや》; パーゴラ風の柱廊. ［It＜L＝projecting roof］

Per·go·le·si /pɜ̀ːrgəléɪzi, pɛ̀ərgəléɪsi/ ペルゴレーシ **Giovanni Battista** ～ (1710–36)《イタリアの作曲家; インテルメッツォ『奥様になった女中』(1733)》.

pergunnah ⇨ PARGANA.

per·haps /pərhǽps, «口» prǽps/ *adv* **1** あるいは, ことによると, ひょっとして; …ぐらい[ほど] (maybe): *P*~ that's true. それは本当かもしれない / ～ his best おそらくは彼の最高傑作 / ～ a dozen 1 ダースかそこら. **2**［丁寧な依頼・提案などに用いて］できましたら, よろしければ, もしかして: *P*~ you'd like some tea. なんでしたらお茶でも. ► *n* 仮定, 偶然のこと: fearful of ～*es* 不確実なことを恐れて. ［*per*, *hap*[1], *-s*］

pe·ri /píəri/ *n*〖ペルシア神話〗美しい妖精; 妖精のような人. ［Pers＝fairy, genius］

per·i- /pérə, péri/ *pref*「近い」「まわり[周囲]の」［Gk *peri* around, about］

per·i·a·gua /pèriáːgwə/ *n* «古» PIRAGUA.

peri·anth /périæ̀nθ/ *n*〖植〗花被 (floral envelope)《特に 萼(がく)と花冠とが見分けにくいもの》. ［F (Gk *anthos* flower)］

pèri·ápsis *n*〖天〗近点.

peri·apt /périæ̀pt/ *n* お守り(のブレスレット[ネックレス など]), 護符. ［F＜Gk (*aptō* to fasten)］

peri·as·tron /pèriǽstrən, -trɑ̀n/ *n*〖天〗近星点《連星の軌道上で, 伴星が主星に最も近づいた点; cf. APASTRON》.

péri·blàst〖生〗*n* 周縁質《胚盤の周囲にある多核の細胞質》; CYTOPLASM. ♦ **pèri·blástic** *a*

peri·blem /pérəblɛ̀m/ *n*〖植〗原[原初]皮層.

pèri·cárdial, -cárdiac *a*〖解〗心膜 (pericardium) の; 心臓周囲の.

pèri·càrdio·centésis *n*〖医〗心膜穿刺(術).

pèri·carditis *n*〖医〗心膜炎.

peri·car·di·um /pèrəkɑ́ːrdiəm/ *n* (*pl* **-dia** /-diə/)〖解〗心膜, (囲)心嚢. ［L＜Gk (*kardia* heart)］

peri·carp /pérəkɑ̀ːrp/ *n*〖植〗果皮. ♦ **pèri·cár·pi·al, -cár·pic** *a* ［F or NL＜Gk (*carpos* fruit)］

péri·cènter *n*〖理〗近点《引力の中心に最も近い軌道上の一点》.

peri·chae·ti·um /pèrəkíːtiəm/ *n* (*pl* **-tia** /-tiə/)〖植〗花葉《コケ, 特に 蘚(せん)類の生殖器官を保護する; 狭義では造卵器の雌花葉[雌花序]を指す》.

peri·chon·dri·um /pèrəkɑ́ndriəm/ *n* (*pl* **-dria** /-driə/)〖解〗軟骨膜. ♦ **-chón·dri·al** *a*

peri·clase /pérəklèɪs, -z/ *n*〖鉱〗ペリクレース《天然マグネシア》. ［NL (Gk *peri* exceedingly, *klasis* breaking)］

Per·i·cles /pérəklìːz/ ペリクレス (c. 495–429 B.C.)《アテナイの政治家; 民主政を発展させる一方, デロス同盟を強化してアテナイの全盛時代をもたらした》. ♦ **Per·i·clé·an** /-klíːən/ *a*

peri·cli·nal /pèrəkláɪnl/ *a*〖植〗〈細胞壁が〉並側の;〖植〗〈細胞分裂が〉並側に起こる;〖植〗〈キメラ (chimera) が〉周縁部の;〖地質〗QUAQUAVERSAL. ♦ **～·ly** *adv*

peri·cline /pérəklàɪn/ *n*〖鉱〗ペリクリン《曹長石の一種》: ～ twinning ペリクリン双晶. ［Gk＝sloping on all sides］

pe·ric·o·pe /pərɪ́kəpi/ *n*《引用・抜粋などの》短章句, 節, 聖書からの引用章句, 聖書抜抄句, ペリコーペ《聖務日課・礼拝で朗読する》. ［Gk (*kopē* cutting)］

pèri·cránial *a* 頭を取り巻いている; PERICRANIUM の.

peri·cra·ni·um /pèrəkréɪniəm/ *n* (*pl* **-nia** /-niə/)〖解〗頭蓋骨膜; «古» [*joc*] 頭蓋骨, 脳 (brain); «古» [*joc*] あたま, 知力, 機知. ［NL (Gk *kranion* skull)］

péri·cycle *n*〖植〗内鞘. ♦ **pèri·cýclic** *a*

peri·cyn·thi·on /pèrəsɪ́nθiən/ *n* PERILUNE.

péri·dèrm *n*〖植〗周皮《茎や根の表皮下に形成される二次組織》;〖動〗《刺胞動物の》胞皮;〖発生〗胎児表皮, 周皮. ♦ **pèri·dérmal, -dérmic** *a*

pe·rid·i·um /pərɪ́diəm/ *n* (*pl* **-ia** /-diə/, **～s**)〖植〗《菌類の子実体の外壁を構成する》子殻, 皮殻. ♦ **pe·ríd·i·al** *a* ［NL (Gk *pēra* leather bag)］

per·i·dot /pérədɑ̀t/ *n* ペリドット《緑色半透明の橄欖(かんらん)石; 8 月の BIRTHSTONE》. ♦ **pèr·i·dót·ic** *a* ［F＜?］

per·i·do·tite /pèrədóutàɪt, pərɪ́dətàɪt/ *n*〖鉱〗橄欖岩. ♦ **pèr·i·do·tít·ic** /-tít-/ *a*

peri·ge·an /pèrəʤíːən/, **-ge·al** /-ʤíːəl/ *a* 近地点の.

peri·gee /pérəʤìː/ *n*〖天〗近地点《月や人工衛星が軌道上で地球に最も近づく位置; opp. *apogee*》. ［F＜NL＜Gk (*gē* earth)］

pèri·glácial *a* 氷河周辺の, 周氷河の.

peri·gon /pérəgɑ̀n; -gən/ *n*〖数〗周角《360 度》.

Pé·ri·gord /*F* perigɔːr/ ペリゴール《フランス南西部の歴史的地方; ほぼ今日の Dordogne 県に当たる; ☆Périgueux》.

Per·i·gor·di·an /pɛ̀rəgɔ́ːrdiən/ *a* ペリゴール文化(期)の. ► *n* [the] ペリゴール文化《フランス後期旧石器文化》. ［*Périgord*］

Pé·ri·gueux /*F* perigø/ *n* ペリグー《フランス南西部 Dordogne 県の県都; 旧 Périgord 地方の中心都市》. ► *a*〖料理〗〈ソースが〉ペリグー風の, トリュフのはいった.

pe·rig·y·nous /pərɪ́ʤənəs/ *a*〖植〗〈雄蕊(ずい)・花弁・萼片・花が〉子房周位[中位]の. ♦ **pe·ríg·y·ny** *n* 子房周位.

peri·he·lion /pɛ̀rəhíːljən/ *n* (*pl* **-lia** /-ljə/)〖天〗近日点《太陽系の天体が太陽に最も近づく位置; opp. *aphelion*》. ♦ **-hé·lial** *a* ［L (Gk *hēlios* sun)］

peri·kary·on /pɛ̀rəkǽriɑ̀n, -ən/ *n* (*pl* **-karya** /-kǽriə/)〖生〗《神経形質の》核周(囲)部, 周核体. ♦ **-kár·y·al** *a*

per·il /pérəl/ *n* 危険, 危難《danger よりも差し迫って起こる可能性のある大きな危険》; 冒険; 危険物, 危険のもと: the ～*s* of the sea〖保〗海の危険. ● **at one's ～** 危険を承知[覚悟]のうえで. **at the ～ of**…を賭けて: Do it *at the ～ of* your life. それをやったら命があぶないぞ. **in [at] ～ of**…の危険にさらされて; …を危険にさらして. ► *vt* (-l- | -ll-) あやうくする (imperil). ［OF＜L *periculum* trial, *danger*］

pe·ril·la /pərɪ́lə/ *n*〖植〗シソ《シソ属 (*P*-) の各種一年草; 観葉植物にする》.

perílla òil 紫蘇油, 荏(え)の油.

péril·ous *a* 危険な, 冒険的な. ♦ **～·ly** *adv* 危険なほどに: come ～*ly* close to… あやうく…(しそう)になる. **～·ness** *n*

péril pòint〖経〗臨界点, 臨界税率《国内産業を阻害しない限度の最低関税率》.

peri·lune /pérəlùːn/ *n*〖天〗近月点《月を回る人工衛星などの軌道で月に最も近い点; opp. *apolune*》.

péri·lỳmph *n*〖解〗《内耳の》外リンパ. ♦ **pèri·lymphátic** *a*

Pe·rim /pərɪ́m, -ríːm/ ペリム《イエメン南西部 Aden の西方の紅海入口にある島; 昔 船舶給炭港があった》.

pèri·ménopause *n*〖医〗閉経周辺期, 周閉経期. ♦ **pèri·menopáusal** *a*

pe·rim·e·ter /pərɪ́mətər/ *n* **1**《二次元図形の》周, 周長;《一定地域の》外辺部, 境界線;〖軍〗《陣地などの》外辺部《監視所・防御施設のある》; [°*pl*]《広く》限界 (outer limits). **2**〖眼〗(周辺)視野計. **3**〖バスケ〗ペリメーター《ゴールからやや離れたフリースローレーンもしくはスリーポイントラインの周辺》. ♦ **pe·rím·e·try** *n*《視野計による》視野測定. **pèri·mét·ric, -ri·cal** *a* **-ri·cal·ly** *adv* ［F, ＜Gk (*-meter*)］

péri·mòrph *n*〖鉱〗外囲鉱物《他の鉱物を中に包んだ鉱物; cf. ENDOMORPH》. ♦ **pèri·mórphic** *a*

per im·pos·si·bi·le /pɛ̀r ɪmpɑsíbəlɛ̀r, -lìː, pɜ̀ːr ɪmpɑsíbəlìː/ *adv* 事実上不可能な手段によって. ［L］

peri·my·si·um /pɛ̀rəmɪ́ziəm/ *n* (*pl* **-sia** /-ziə/)〖解〗筋周膜. ♦ **-si·al** *a* ［NL (*mus* mouse)］

pèri·nátal *a*〖産科〗周産期の,〖内科〗周生期の. ♦ **～·ly** *adv*

pèri·na·tól·o·gy /-neɪtɑ́ləʤi/ *n* 周産期[周生期]医学. ♦ **-gist** *n*

per in·cu·ri·am /pɛ̀r ɪnkjúəriəm, pɜ̀ːr-/ *adv*〖法〗《裁判官などの》不注意のために. ［L＝by oversight］

peri·neph·ri·um /pɛ̀rənéfriəm/ *n* (*pl* **-ria** /-riə/)〖解〗腎周組織.

per·i·ne·um /pɛ̀rəníːəm/ *n* (*pl* **-nea** /-níːə/)〖解〗会陰(えん)(部). ♦ **pèr·i·né·al** *a* ［L＜Gk］

pèri·neurítis *n*〖医〗神経周囲炎.

peri·neu·ri·um /pɛ̀rən(j)úəriəm/ *n* (*pl* **-ria** /-riə/)〖解〗神経周膜. ♦ **-ri·al** *a*

pèri·núclear *a*〖生〗核周囲の.

pe·ri·od /píəriəd/ *n* **1 a** 期間, 間;《学校の》時限 (class hour);《試合の》ひと区切り, ピリオド《前半・後半など》: at stated ～*s* 定期に / for a [the] ～ of six years＝for a six year ～ 6 年間 / a study ～ 勉強[自習]時間. **b** …時, 時代; 時期; [the] 現代, 当世;〖地質〗紀《年代区分の一単位で, epoch (世) より大きく era (代) より小さい》: at no ～ かつて…ない, 決して過去に…ない / the ～ of Renaissance 文芸復興時代 / the custom of *the* ～ 当時[現代]の風習. **c**《発達過程の》段階;〖医〗過程, 周期, 段階. **2 a**〖理〗周期;〖天〗自転[公転]周期 (＝～ of rotation [revolution]): a natural ～〖理〗自然周期. **b** 月経 (menses): miss a ～ 生理が来ない. **c**〖化〗周期;〖数〗《循環小数・周期関数の》周期;《桁数の大きい数字において》コンマで区切られた一組の数字《たとえば 6,529,301 には 3 つの periods がある》. **3**〖楽〗楽節;〖古典韻律〗2 つ以上の cola からなる韻律単位. **4** *終止点[符], 省略点, ピリオド (full stop)《.》;《文末の》休止; 結末, 最後の締め; «廃» 目的: come to a ～ 終わる / put a ～ to…を終結させる. **5**〖修〗PERIODIC SENTENCE; 完全文《終止符で終わる文》; 総合文《数節からなるバランスのとれた文》; [*pl*] 美文, 名調子. ► *a* 〈特に家具・衣裳・建築などが〉ある(過去の)時代の[に関する]: a ～ novel [play] 時代小説[劇] / PERIOD INSTRUMENT. ► *int*［陳述の終わりに用いて］«口» 以上, 終わり, それだけのことさ, 絶対[とにかく]…なんだ: I won't allow that, ～. そんなことは絶対に許さない, だめだったらだめだ. ［OF＜L＝cycle＜Gk＝circuit (*hodos* way)］

per·íodate /pə̀ːr-/ *n* 〘化〙過ヨウ素酸塩[エステル].
pe·ri·od·ic[1] /pɪ̀əriádɪk/ *a* 周期的な; 〘天〙周期運動をする, 周期的な; 定期[定時]の; 間欠[断続]的な; 〘修〙完全文の; 長文の; 掉尾(とうび)文の: a ～ wind 〘海〙季節風. ［F or L＜Gk (PERIOD)］
per·iódic[2] /pə̀ːr-/ *a* 〘化〙過ヨウ素酸の[から誘導した].
periódic ácid 〘化〙過ヨウ素酸.
pe·ri·od·i·cal /pɪ̀əriádɪk(ə)l/ *a* 定期刊行の; 定期刊行物(用)の; 周期的な; 定時の; 時おり起こる. ▶ *n* 《日刊新聞を除く》定期刊行物, 雑誌. ◆ **～·ly** *adv* 定期[周期]的に; しばしば.
periódical cicáda 〘昆〙シュウキ(周期)ゼミ (SEVENTEEN-YEAR LOCUST).
periódical·ìsm *n* 定期刊行物[雑誌]執筆[出版]業.
periódic fúnction 〘数〙周期関数.
pe·ri·o·dic·i·ty /pɪ̀əriədísəti/ *n* 周期[定期]性; 周期数, 周律; 〘天〙定期現出[帰来]; 〘医〙《発作などの》周期性; 〘電〙周波; 〘化〙《元素の》周期性.
periódic láw 〘化〙《元素の》周期律.
periódic mótion 〘理〙周期運動.
periódic séntence 〘修〙掉尾(とうび)文《多くの節を含み文尾に至って初めて文意が完成; opp. *loose sentence*》.
periódic sýstem 〘化〙周期系.
periódic táble 〘化〙《元素の》周期表.
periódic variátion 〘天〙周期変化.
per·íodide /pə̀ːr-/ *n* 〘化〙過ヨウ化物.
périod ìnstrument 〘楽〙時代楽器, '古楽器'《作曲年代に用いられていた様式の楽器》.
pe·ri·od·iza·tion /pɪ̀əriədəzéɪʃ(ə)n; -daɪ-/ *n* 《歴史などの》時代区分. ◆ **pe·ri·od·ize** /píəriədàɪz/ *vt* 〈歴史上の時間を〉区切る, 時代に分ける.
périod of gráce 猶予期間 (grace period).
peri·odon·tal /pèrioudántl/ *a* 〘歯〙歯周(囲)[歯根膜]の[に起こる]. ◆ **～·ly** *adv*
periodóntal mémbrane 〘解〙歯根膜.
peri·odon·tics /pèrioudántɪks/, **-odon·tia** /-ʃiə/ *n* 〘歯〙歯周治療学, 歯周病学. ◆ **-tic** *a* **-tist** /-tɪst/ *n*
peri·odon·ti·tis /pèrioudàntáɪtəs/ *n* 〘歯〙歯周炎, 歯根膜炎.
peri·odon·ti·um /pèrioudánʃiəm/ *n* (*pl* **-tia** /-ʃiə/) 〘歯〙歯周組織, 歯根膜組織.
peri·odon·tol·o·gy /pèrioudàntáləʤi/ *n* 〘歯〙歯周療法学[術].
périod pàin 生理痛.
périod pìece 歴史上の一時代の特色を表わす作品, 時代物《絵画・小説・建築など》; 《口》[*derog/joc*] 旧式の人[もの].
peri·onych·i·um /pèriouníkiəm/ *n* (*pl* **-ia** /-iə/) 〘解〙ペリオニヒウム, 爪床縁.
pèri·óperative *a* 手術前後の, 周術期の.
per·i·ost- /pèriást/, **per·i·os·te-** /pèriásti/, **per·i·os·teo-** /pèriástiou, -ə/ *comb form* 「骨膜 (periosteum)」
peri·os·te·al /pèriástiəl/ *a* 〘解〙骨周囲の; 骨膜(性)の.
peri·os·te·um /pèriástiəm/ *n* (*pl* **-tea** /-tiə/) 〘解〙骨膜. ［NL (Gk *osteon* bone)］
peri·os·ti·tis /pèriàstáɪtəs/ *n* 〘医〙骨膜炎. ◆ **pèri·òs·tít·ic** /-títɪk/ *a*
peri·os·tra·cum /pèriástrəkəm/ *n* (*pl* **-ca** /-kə/) 《軟体動物の》殻皮層.
peri·otic /pɛrióutɪk, -átɪk/ *a* 〘解〙耳[内耳]周囲の.
peri·pa·tet·ic /pèrəpətétɪk/ *a* 歩きまわる; 渡り歩く, 巡回する; 〈教師が〉2つ以上の学校を掛け持つ, 巡回して教える; [P-] 〘哲〙逍遥[アリストテレス]学派の. ▶ *n* **1** [*joc*] 旅行者; 行商人, 旅商人; 巡回教師; [P-] 逍遥学派の学徒. **2** [*pl*] 逍遥, 行ったり来たり. ◆ **-i·cal·ly** *adv* ［OF or L＜Gk (*pateō* to walk)］
Peri·pa·tet·i·cism /pèrəpətétəsɪ̀z(ə)m/ *n* 逍遥学派の説, ペリパトス学派の哲学《Aristotle が Lyceum の園を逍遥しながら門弟に教えたことから》; [p-] 逍遥癖; [p-] 遍歴.
pe·rip·a·tus /pəripətəs/ *n* 〘動〙有爪(ゆうそう)動物, カギムシ.
per·i·pe·teia, -tia /pèrəpətíːə, -táɪə/ *n* 《文学作品における》事態の激変; 《一般に》運命の急変. ［Gk (*peri-*, *pet-*＜*piptō* to fall)］
pe·rip·e·ty /pərípəti/ *n* PERIPETEIA
pe·riph·er·ad /pərífəræ̀d/ *adv* PERIPHERY の方へ.
pe·riph·er·al /pəríf(ə)rəl/ *a* 周囲の, 周辺の, 周縁の; 外面の, 外側の; あまり重要でない, 末梢的な 〈*to*〉; 〘解〙末梢(性)の; 補助的な; 〘電算〙周辺(装置)の. ▶ *n* PERIPHERAL DEVICE. ◆ **pe·rìph·er·ál·i·ty** *n* **～·ly** *adv*
perípheral devíce [únit] 〘電算〙周辺装置[機器]《入出力装置・プリンター・ディスク装置など》.
perípheral·ìze *vt* 周辺に置く; 周辺的な地位に追いやる, 軽視する. ◆ **perìpheral·izátion** *n*
perípheral nérvous sỳstem 〘解〙末梢神経系.
perípheral vísion 周辺視野《視線のすぐ外側の範囲》; 周辺視(力).
pe·riph·ery /pəríf(ə)ri/ *n* 《円・多角形などの》周囲; 《物体の》表面, 外面; 外辺, 周辺, 周縁部; 《政治・社会グループの》周辺層; 〘解〙《神経の》末梢. ［L＜Gk＝to carry around (*pherō* to bear)］
pèri·phónic *a* 無指向性サウンドシステムの.
peri·phrase /pérəfrèɪz/ *vt, vi* まわりくどく言う, 遠まわしに言う. ▶ *n* PERIPHRASIS.
pe·riph·ra·sis /pərífrəsəs/ *n* (*pl* **-ses** /-sìːz/) 迂言(法) (**1**) 〘修〙ことば数を多く使って間接的に遠まわしに表現すること **2**) 〘文法〙一つの文法形態に対して2語以上の語を用いて表わすこと; cleverer の代わりに more clever とするなど); 迂言的表現, 冗長な表現. ［L＜Gk (PHRASE)］
peri·phras·tic /pèrəfræ̀stɪk/ *a* 遠まわしの, 冗長な; 迂言的な: a ～ conjugation 〘文法〙助動詞の助けを借りる活用《went の代わりの did go》/ a ～ genitive 前置詞による所有格《Caesar's の代わりの of Caesar など》. ◆ **-ti·cal·ly** *adv*
pe·riph·y·ton /pərífətàn/ *n* 〘生態〙植物表面生物, 付着[固着]生物《水中の基物・水草などに付着》. ◆ **peri·phyt·ic** /pèrəfítɪk/ *a*
péri·plàsm *n* 〘生〙ペリプラズム, (細胞)周辺腔《グラム陰性菌にみられる細胞質膜と細胞壁の間の空間》. ◆ **pèri·plás·mic** *a*
péri·plàst 〘生〙*n* 原形質膜 (plasma membrane); 《ミズカビなどの》周辺質; 〘植〙外被.
peri·plus /pérəpləs/ *n* (*pl* **-pli** /-plàɪ, -plìː/) 周辺航海, 周航; 周航記. ［L＜Gk (*plous* voyage)］
peri·proct /pérəpràkt/ *n* 〘動〙囲肛(こう)部《ウニなどの肛門を囲む部分》.
pe·rip·ter·al /pəript(ə)rəl/ *a* 〘建〙周囲に柱を建て連ねた, 周柱[繞柱]式の.
pe·rip·tery /pərípt(ə)ri/ *n* 〘建〙周柱式建築; ペリプテリー《運動する物体のまわりで空気が影響をうけ, 風が起こる範囲》.
pe·rique /pəríːk/ *n* ペリーク《Louisiana 州産の, 強い黒色のミックスタバコ》. ［LaF 初めて栽培したアメリカ人 Pierre Chenet のあだ名か］
peri·sarc /pérəsàːrk/ *n* 〘動〙《刺胞動物の》囲皮, 包皮, 外鞘. ◆ **pèri·sár·cal, -sár·cous** /-kəs/ *a*
peri·scope /pérəskòup/ *n* 潜望鏡, 展望鏡.
peri·scop·ic /pèrəskápɪk/, **-i·cal** *a* 四方に展望のきく; 周辺視力[視野, 視覚]の; 潜望鏡の[のような, による]. ◆ **-i·cal·ly** *adv*
periscópic léns 均等屈折レンズ, ペリスコ(プ)レンズ《顕微鏡・眼鏡などの周辺視野像をゆがめない》.
peri·se·lene /pèrəsəlíːn/ *n* PERILUNE.
peri·se·le·ni·um /pèrəsəlíːniəm/ *n* PERILUNE.
per·ish /pérɪʃ/ *vi* **1** 《災害などで》死ぬ, 非業の死を遂げる; 《空腹などで》死にそうな思いをする 〈*with*〉: ～ in battle 戦死する / ～ by the sword 剣にて滅ぶ, 剣難にあう (cf. SWORD《諺》). **2** "枯れる, 腐る; 消え去る, 消滅する; 《精神的に》腐敗[堕落]する. ▶ *vt* "だめにする, 痛める, 傷つける; [ᵘ*pass*] "《口》非常に困らせる; 《スコ》浪費[消費]する: ～*ed* rubber ぼろぼろにいたんだゴム / We were ～*ed* with hunger [cold]. われわれは空腹[寒さ]で弱りきっていた. ● **P～ the thought!** よしてくれ, とんでもない, 滅相もない. ▶ *n* 《豪口》窮乏状態: do a ～ 死ぬ, 死にそうになる. ◆ **～·less** *a* 消えることのない, 不滅の. ［OF＜L PERe*o* to pass away］
pérish·able *a* 腐敗しやすい; 破れやすい; 死滅[枯死]しやすい. ▶ *n* [*pl*] 腐敗しやすいもの, 《特に》食物, 生鮮食品. ◆ **～·ness** *n* **pèr·ish·abíl·i·ty** *n*
pérish·er *n* 死滅する[させる]もの; "《俗》むこうみずのばくち打ち, ばか者; "《俗》いやな[うるさい]やつ[子供].
pérish·ing *a* **1** 死ぬ, 滅びる, 枯れる, 腐る; "《口》いやな, うるさい. **2** "《口》〈天気などが〉とても寒い, 〈寒さなどが〉ひどい, べらぼうな. ▶ *adv* "《口》ひどく, べらぼうに (very). ◆ **～·ly** *adv*
peri·sperm /pérəspə̀ːrm/ *n* 〘植〙周乳, 外乳, 外胚乳.
peri·spo·me·non /pèrəspóumənən, -nàn/ *n, a* (*pl* **-na** /-nə/) 〘ギリシア文法〙最後の音節に circumflex accent (^) のある語(の). ［Gk］
péri·spòre *n* 〘植〙胞子(外)膜[外壁], 周皮, 外被層.
pe·ris·so·dac·tyl /pərìsoudǽkt(ə)l, ―́―――/ *a* 〘動〙奇蹄目の. ▶ *n* 奇蹄目の動物. ◆ **-dác·ty·lous** *a* ［Gk *perissos* extraordinary］
Pe·ris·so·dac·ty·la /pərìsoudǽktələ/ *n pl* 〘動〙奇蹄目[類]《バク・サイ・ウマなど; cf. ARTIODACTYLA》.
pe·ris·so·dac·ty·late /pərìsoudǽktələt/ *a* PERISSODACTYL.
pe·ris·ta·lith /pəríst(ə)lìθ/ *n* 〘考古〙《墓の周囲の》輪形石柱.
peri·stal·sis /pèrəstɔ́ːlsəs, *-stǽl-/ *n* (*pl* **-ses** /-sìːz/) 〘生理〙蠕動(ぜんどう). ◆ **pèri·stál·tic** *a* 蠕動の[に似た]. **-ti·cal·ly** *adv*
peristáltic púmp 蠕動ポンプ《弾力性のある管を波状に収縮させて流体を送るポンプ》.
pe·ris·te·rite /pərístəràɪt/ *n* ペリステライト《宝石として用いられる曹長石の一種》.
peri·stome /pérəstòum/ *n* 〘植〙《コケ類の》縁歯(えんし), 蒴歯(さくし); 〘動〙《無脊椎動物の》囲口部, 《ウニ類の》周口部, 口囲, 《巻貝などの》殻口縁. ◆ **pèri·stó·mi·al** *a* **-stó·mal** *a*
peri·style /pérəstàɪl/ 〘建〙*n* 周柱式; 列柱郭《列柱のある場所; 中庭など》. ◆ **peri·sty·lar** /pèrəstáɪlər/ *a* ［F］

peri·the·ci·um /pèrəθíːsiəm, -ʃiəm/ *n* (*pl* **-cia** /-siə, -ʃiə/) 〘菌〙《真正子嚢菌類の》被子器, 子嚢殻. ♦ **-thé·ci·al** *a* 被子器[子嚢殻]の.

per·i·ton- /pèrət(ə)n/, **per·i·to·ne-** /pèrət(ə)níː/, **per·i·to·neo-** /pèrət(ə)níːoʊ, -ə/ *comb form*「腹膜 (peritoneum)」

peri·to·ne·um /pèrət(ə)níːəm/ *n* (*pl* **~s, -nea** /-níːə/) 〘解〙腹膜. ♦ **-né·al** *a* **-al·ly** *adv* [L<Gk (*peritonos* stretched round)]

peri·to·ni·tis /pèrət(ə)náɪtəs/ *n* 〘医〙腹膜炎.

pèri·tónsillar ábscess 〘医〙扁桃周囲膿瘍.

péri·tràck *n* TAXIWAY.

pe·rit·ri·chate /pərítrɪkət, -rəkèɪt/ *a* 〘生〙周毛性の〈バクテリア〉(peritrichous).

pe·rit·ri·chous /pərítrɪkəs/ *a* 周毛[繊毛]性の《**1**)〘生〙全身一様に鞭毛のある〈バクテリア〉 **2**)〘動〙口器周囲に渦巻状に繊毛のある〈原生動物〉》. ♦ **~·ly** *adv* [Gk *thrix* hair]

pe·ri·tus /pəríːtəs/ *n* (*pl* **-ti** /-tiː/) 専門家,《特に ローマカトリックの》相談役となる神学者. [L]

pèri·typhlítis *n* 盲腸周囲炎.

pèri·váginal *a* 〘解〙膣周囲の.

pèri·ventrícular *a* 〘解〙室周囲の.

peri·wig /pérɪwìg/ *n* 《lawyer のかぶる》かつら (peruke). ♦ **-wìgged** *a* [変形<PERUKE]

peri·win·kle[1] /pérɪwìŋk(ə)l/ *n* 〘植〙ヒメツルニチニチソウ; ツルニチニチソウ; ROSY PERIWINKLE; 明るい青紫 (=**~ blúe**). [AF<L *pervinca*]

periwinkle[2] *n* 〘貝〙**a** タマキビガイ. **b** イボニシ, レイシガイ《など》. [C16<?]

per·jink /pərʤíŋk/ 《スコ》 *a* 正確な, きちんとした; きちょうめんな, 気むずかしい. [C19<?]

per·jure /pə́ːrʤər/ *vt* [ᵛ~ *-self*] 偽誓させる: ~ *oneself* 偽誓[偽証]する. ♦ **~d** *a* 誓いを破った, 偽証した; 偽証の. **pér·jur·er** *n* [OF<L (*juro* to swear)]

per·ju·ri·ous /pərʤʊ́əriəs/ *a* 偽誓の, 偽証の. ♦ **~·ly** *adv*

per·ju·ry /pə́ːrʤ(ə)ri/ *n* 〘法〙偽誓, 偽証(罪); 誓約[約束]を破ること; 大うそ.

perk[1] /pə́ːrk/ *vi* 首をピンと立てる;《自信ありげ[尊大]に》そり身になる; ピンと立つ; 元気になる, 自信を取り戻す〈*up*〉; おもしろくなる, 活気づく〈*up*〉;〈価格などが〉上がる. ► *vt* きちんとする, こぎれいにする〈*up*〉; 元気にさせる, 活気づける〈*up*〉; おもしろくする〈*up*〉;〈価格などを〉上げる〈*up*〉; ピンと立てる: ~ *oneself up* そり身になる; つんとする. ● **~ it** いばる, でしゃばる. ► *a* 気取った; 意気揚々とした. [? *perch*[1]; cf. AF *perquer*]

perk[2] *n* [ᵘ*pl*] 《口》PERQUISITE.

perk[3] *vi, vt* 《口》〈コーヒーが〉パーコレーターで沸く,〈コーヒーを〉パーコレーターでいれる[沸かす]; *《俗》スムーズに進む〈*along*〉;《豪口》吐く, ゲーッとやる (puke)〈*up*〉. ● **~ along** ⇨ *vi*; *《俗》ゆっくり進む[歩く]. **~ over** *《俗》ゆっくり動く,〈モーターなどが〉アイドリングする. ► *n* 《口》PERCOLATOR; パーコレーターでいれたコーヒー. [*percolate*]

perk[4] *n* [ᵘ*pl*] *《俗》ペルコダン (Percodan) 錠.

perked /pə́ːrkt/ *a* [ᵖ~ up] 《俗》酒に酔った.

per·ker-up·per /pə́ːrkərʌ́pər/ *n* *《俗》PEPPER-UPPER.

Perk·mei·ster /pə́ːrkmàɪstər/ *n* *《口》《政府・政治団体の便宜供与などの》仕切り役, 元締, 幹事長, '金庫番'. [*perk*[2]+G *Meister* master]

pérky *a* 元気のよい, 快活な, きびきびとした; 意気揚々とした, そり身になった; 生意気な. ♦ **pérk·i·ly** *adv* **-i·ness** *n*

Perl[1] /pə́ːrl/ *n* 〘電算〙パール《テキストファイルの検索・整形などのためのスクリプト言語》. [*P*ractical *E*xtraction and *R*eport *L*anguage]

Perl[2] パール **Martin Lewis ~** (1927–2014)《米国の物理学者; タウ粒子 (tau particle) を発見, ノーベル物理学賞 (1995)》.

per·le·mon /pèərləmán/ *n* 《南ア》ABALONE.

Per·lis /péərləs, pə́ːr-/ ペルリス《マレーシア北西部 Andaman 海に臨む州》.

per·lite /pə́ːrlàɪt/ *n* 〘岩石〙真珠岩; パーライト《含水ガラス質火山岩を焼成して多孔質にしたもので, 断熱材・土壌改良用》. ♦ **per·lit·ic** /pərlítɪk/ *a* [F *perle* pearl]

Perl·man /pə́ːrlmən/ パールマン **Itzhak ~** (1945–)《イスラエルのヴァイオリン奏者》.

Perl·mut·ter /pə́ːrlmʌ̀tər/ パールマッター **Saul ~** (1959–)《米国の物理学者; 遠方の超新星観測による宇宙の膨脹加速の発見によりノーベル物理学賞 (2011)》.

per·locútion /pə̀ːr-/ *n* 〘哲・言〙発語媒介行為.

pèr·locútion·àry /; -n(ə)ri/ *a* 〘哲・言〙発語媒介の《説得する, おもしろい話をする, など発語行為を通じて聞き手になんらかの影響を与える場合の発話行為についていう》.

perm[1] /pə́ːrm/ 《口》 *n* パーマ (permanent wave). ► *vt, vi* (…に)パーマをかける.

perm[2] ″《口》 *n* 《サッカーくじで》選び出したチームの組合わせ. ► *vt* 〈チームを〉選んで組み合わせる. [*permutation*]

Perm /pə́ːrm, péərm/ ペルミ《ロシア西部 Ural 山脈西麓の Kama 川に臨む市; 旧称 Molotov》.

pér·ma·cùlture /pə́ːrmə-/ *n* パーマカルチャー《資源維持・自足を意図した農業生態系の開発》. [*perma*nent+agri*culture*]

pér·ma·fròst /pə́ːrmə-/ *n* 《寒帯・亜寒帯の》永久凍土層. [*perma*nent+*frost*]

perm·al·loy /pə́ːrmælɔ̀ɪ, pə̀ːrmǽlɔɪ/ *n* パーマロイ《ニッケルと鉄の高透磁率の合金》. [*perm*eable+*alloy*]

per·ma·nence /pə́ːrmənəns/ *n* 永久, 恒久不変, 耐久性, 永続性.

pér·ma·nen·cy *n* PERMANENCE; 不変の[永久的な, 永続する]人[もの, 地位], 終身官.

pér·ma·nent *a* 永続する, 永久の, 不変の, 恒久的な; 耐久の; 常置の (opp. *temporary*): a ~ address 定住所 / ~ staff 常勤職員, 正社員 / a ~ committee 常設委員会. ► *n* 永久不変のもの; *《口》パーマ (permanent wave). ♦ **~·ly** *adv* 永久に, 無期限に, 不変に, 恒久的に. **~·ness** *n* **~·ìze** *vt* [F or L PER*maneo* to remain to the end]

Pérmanent Cóurt of Arbitrátion [the] 常設仲裁裁判所《1899 年のハーグ平和会議で採択された国際紛争平和処理協約に基づき 1901 年オランダの The Hague に設置; 常設の裁判官名簿から当事国が協議して裁判官を選び紛争解決を付託する; 略 PCA》.

Pérmanent Cóurt of Internátional Jústice [the] 常設国際司法裁判所《1921 年国際連盟の付属機関としてオランダの The Hague に設置; 第二次大戦後, 国際司法裁判所 (International Court of Justice) ができたので廃止》.

Pérmanent Fíve [ᵖp- f-]《国連の安全保障理事会の》5 つの常任理事国, パーマネントファイブ《略 P5》.

pérmanent gás 〘理〙永久ガス《圧縮だけでは液化できない気体》.

pérmanent hárdness 〘化〙永久硬度《煮沸しても残る水の硬度; cf. TEMPORARY HARDNESS》.

pérmanent mágnet 〘理〙永久磁石.

pérmanent préss パーマネントプレス(加工); パーマネントプレスした生地[状態]. ★ durable press ともいう. ♦ **pérmanent-préss** *a*

Pérmanent Sécretary 〘英〙事務次官《大臣 (Secretary of State) を補佐する各省庁官僚のトップ; cf. PERMANENT UNDERSECRETARY》.

pérmanent sét 〘理〙永久ひずみ.

pérmanent tíssue 〘植〙永久組織《細胞分裂の終わった組織; cf. MERISTEM》.

pérmanent tóoth 永久歯.

Pérmanent Undersécretary 〘英〙事務次官《Permanent Secretary の正式名》; 〘英〙事務次官補《Permanent Secretary の次位》.

pérmanent wáve パーマネントウェーブ, パーマ.

pérmanent wáy ″〘鉄道〙軌道.

per·mánganate /pər-/ *n* 〘化〙過マンガン酸塩.

per·mangánic ácid /pə̀ːr-/ 〘化〙過マンガン酸.

Perma-Prest /pə́ːrməprèst/ 〘商標〙パーマプレスト《PERMANENT PRESS 加工をした衣服》.

pér·ma·tàn″ /pə́ːrmə-/ *n* 年中変わらない日焼け(風メイク). ♦ **-tànned** *a* [*perma*nent+*tan*]

per·me·abil·i·ty /pə̀ːrmiəbíləti/ *n* 透水[浸透, 透過]性; 〘理〙透磁性, 透磁率 (magnetic permeability); 浸透[透過]率;《気球ガスの》浸出量.

per·me·abil·ize /pə́ːrmiəbəlàɪz/ *vt* 透水[浸透, 透過]性にする. ♦ **pèr·me·abil·i·zá·tion** *n*

per·me·able /pə́ːrmiəb(ə)l/ *a* 浸透[透過]させる, 透水[浸透, 透過]性の〈*to*〉. ♦ **-ably** *adv* **~·ness** *n*

per·me·ance /pə́ːrmiəns/ *n* 透水, 浸透; 〘理〙透磁度, パーミアンス.

pér·me·ant *a* 染みとおる, 浸透する.

per·me·ase /pə́ːrmièɪs, -z/ *n* 〘生化〙透過酵素, ペルミアーゼ《生体膜の選択的透過に関係するタンパク質成分》.

per·me·ate /pə́ːrmièɪt/ *vt, vi* 染みとおる, 浸透する;〈気体が〉広がる, 充満する; 普及する, 行き渡る〈*in, into, among, through*〉. ♦ **pèr·me·á·tion** *n* 浸透; 普及. **pér·me·à·tive** *a* [L PER*meat- -meo* to pass through]

pér·me·àtor *n* 逆浸透装置《逆浸透 (reverse osmosis) により不純物を除去する装置》.

per men·sem /pər ménsəm/ *adv* 一か月につき, 月…, 月に. [L=by the month]

per·meth·rin /pərméθrən/ *n* 〘薬〙ペルメトリン《合成ピレトリン; 殺虫剤》. [*per-*, *meth*yl, pyre*thrin*]

Per·mi·an /pə́ːrmiən/ *a* 〘地質〙二畳紀[系]の, ペルム紀[系]の. ► *n* **1** [the] 〘地質〙二畳紀[系], ペルム紀[系] (⇨ PALEOZOIC). **2** 〘言〙ペルム諸語《フィン-ウゴル語派に属する》. [*Perm*]

per mil(l) /pər míl/, **per mílle** *adv* 千について, 千分の. [L]

per·mil·lage /pərmílɪʤ/ *n* 千分率, パーミル (cf. PERCENTAGE).

per·mis·si·ble /pərmísəb(ə)l/ *a* 許容される, 許された, さしつかえ

ない (allowable). ◆ **-bly** *adv* **～·ness** *n* **per·mìs·si·bíl·i·ty** /, ˈpə̀:mɪs-/ *n*

per·mis·sion /pərmíʃ(ə)n/ *n* 許可, 許容;《公式の》許諾, 認可: with your ～ お許しを得て / without ～ 許可なく / ask for [grant] ～ 許可を乞う[与える] / I give you ～ to go.＝You have my ～ *to* go. 行ってもよろしい. ［OF or L; ⇨ PERMIT[1]］

per·mis·sive /pərmísɪv/ *a* 許す, 許可する; 大目に見る, 寛大な, 寛容な, 許容する; きびしさに欠ける, 甘い; 許された, 許可に基づく;〘法〙随意の, 任意の;〘法〙土地所有者の許可[許容]に基づき通行できる〈道〉;〘生〙複製を許容する: the ～ society《性などについて》寛大な社会. ► *n* PERMISSIVIST. ◆ **～·ly** *adv* **～·ness** *n*

permíssive legislátion〘法〙消極的立法《権限を付与するが, 行使を命じない制定法》.

per·mís·siv·ist *n* 許容主義者. ◆ **-ism** *n*

per·mit[1] *v* /pərmít/ (-tt-) *vt* 許す, 許可する; …させておく, 黙認[容認, 許容]する; …に移動を許す〈*in, into, out* (*of*), *through, up*〉;〈事情が〉…を可能にする, 容れる: Parking is not *permitted* here. ここでは駐車禁止になっている / *P*～ me. ちょっと失礼《特に 男性が進んで女性を手助けするときに用いる; ドアを開ける際など》/ *P*～ me to explain. 説明[釈明]させてください / Circumstances do not ～ my helping [～ me to help] you. 事情があってお力添えできかねます. ► *vi* 許す, さしつかえない, 認める, 容れる: if circumstances ～ 事情が許せば / The situation ～*s of* no delay. 事態は遅滞を許さない / WEATHER *permitting*. ► *n* /pə́:rmɪt, ˈpərmít/ 許可証, 免許状〈*for, to* do〉; 証明書; PERMISSION: LEARNER'S PERMIT. ◆ **per·mit·tee** /pərmɪtì:, pə̀:rmɪtí:/ *n* **per·mít·ter** *n* ［L PER*miss- -mitto* to allow］

per·mit[2] /pə́:rmɪt, pərmít/ *n*〘魚〙コバンアジの一種《カリブ海産》. ［Sp］

per·mit·tiv·i·ty /pə̀:rmɪtívəti, -mə-/ *n*〘電〙誘電率 (dielectric constant)《記号 ε》.

per·mono·sulfúric ácid /pə̀:rmànou-/〘化〙一過硫酸 (peroxymonosulfuric acid).

per·mu·tate /pə́:rmjətèɪt, pərmjú:tèɪt/ *vt* 入れ[並べ]替える.

per·mu·ta·tion /pə̀:rmjutéɪʃ(ə)n/ *n* **1**〘数〙順列 (cf. COMBINATION);〘数〙《一つの順列から他の順列への》置換. **2** 交換, 入れ替え; 並べ替え; 変更; ˈ《特に サッカーくじのチームの》組合わせ (cf. PERM[2]). ◆ **～·al** *a* ［OF or L PER*mutat- -muto* to change thoroughly］

permutátion gròup〘数〙置換群.

per·mute /pərmjú:t/ *vt* 変更[交換]する, 入れ替える; …の順序を変える;〘数〙置換する. ◆ **per·mú·table** *a* **per·mút·er** *n*

Per·mu·tit /pə́:rmjətɪt/〘商標〙パームチット《PERMUTITE を用いたイオン交換物質[装置]》. ［G］

per·mu·tite /pə́:rmjətàɪt, pərmjú:-/ *n* パームチット《イオン交換に用いる合成ゼオライト》.

pern /pə́:rn/ *n*〘鳥〙ハチクマ (honey buzzard). ［NL *Pernis*＜Gk *pternis*］

per·nam·bu·co /pə̀:rnæmb(j)ú:kou, pèərnəmbú:ku/ *n* ペルナンブコ (＝～ **wòod**)《ブラジル産のブラジルスオウ(蘇芳)から採れる堅くて赤みをおびた木材; ヴァイオリンの弓や赤色色素として用いられる》. ［↓］

Pernambuco ペルナンブコ《(1) ブラジル北東部の州 2) その州都 RECIFE の旧称》.

per·ni·cious /pərníʃəs/ *a* 有害な, 破壊[致命]的な, 悪質な,〘医〙悪性の;《古》邪悪な. ◆ **～·ly** *adv* **～·ness** *n* ［L (*pernicies* ruin)］

pernícious anémia〘医〙悪性貧血.

per·nick·e·ty /pərníkəti/ *a* ˈ《口》PERSNICKETY.

Per·nik /pέərnɪk/ ペルニク《ブルガリア西部の町; 旧称 Dimitrovo》.

per·noc·ta·tion /pə̀:rnɑktéɪʃ(ə)n/ *n* 徹夜; 通夜勤行(ごんぎょう) (all-night vigil). ◆ **per·noc·tate** /pərnάktèɪt; pə́:nɔk-/ *vi*

Per·nod /pεərnóu, pə̀:r-; ˊ-ˋ/〘商標〙ペルノ《フランス原産のリキュール》.

pe·ro·gi /pəróugi/ *n pl* PIROGI.

Pe·rón /peɪróun, pə-/ ペロン (1) **Eva** (**Duarte de**) ～ (1919–52)《Juan の 2 度目の妻; 生名 María Eva Duarte, 通称 'Evita'; 夫の最初の大統領在任中に活発な政治活動を展開, 下層労働者階級の支持を集めた》(2) **Isabel** (**Martínez de**) ～ (1931–)《Juan の 3 度目の妻; 生名 María Estela Martínez Cartas; アルゼンチンの大統領 (1974–76); クーデターで失脚》(3) **Juan** (**Domingo**) ～ (1895–1974)《アルゼンチンの軍人・政治家; 大統領 (1946–55, 73–74); 独裁的手法によって労働者の保護, 工業化・国有化, 自主外交を基本とする改革を推進した》.

per·o·ne·al /pèrəní:əl, pəróuniəl/ *a*〘解〙腓骨の. ［L *perone* fibula］

Pe·ro·nism /pəróunìz(ə)m/, **Pe·ro·nis·mo** /pèrənízmou/ *n* ペロン主義, ペロニスモ《Juan Perón およびその政権の全体主義的政治思想・政策》.

Pe·ro·nist /pəróunɪst/, **Pe·ro·nis·ta** /pèrənístə/ *n* ペロン主義者, ペロニスタ. ► *a* ペロン主義者の.

per·oral /pərɔ́:rəl/ *a*〈免疫などが〉経口の; 口の周囲の. ◆ **～·ly** *adv*

per·orate /pέrərèɪt, ˈpə́:r-/ *vi* (長々しい)演説を締めくくる, 結びのことばを述べる; 詳述する, 熱弁をふるう. ► *vt* 熱心に弁じる. ◆ **-orà·tor** *n* ［L (*oro* to speak)］

pèr·orá·tion *n* 熱弁の結論[締めくくり], 結び; 大げさな弁説, 長広舌. ◆ **～·al** *a*

Pe·rot /pəróu/ ペロー **H**(**enry**) **Ross** ～ (1930–)《米国の実業家; 1992 年大統領選に出馬, 既成政党の枠外の候補者として善戦した》.

pe·rov·skite /pərάvskàɪt, -rάf-/ *n*〘鉱〙灰(かい)チタン石, ペロブスカイト. ［Count L. A. *Perovsky* (1792–1856) ロシアの政治家］

per·ox·i·dase /pərάksədèɪs, -z/ *n*〘生化〙ペルオキシダーゼ《動植物組織にありグアヤコールを酸化する酵素》. ［*peroxide*］

per·ox·i·da·tion /pərὰksədéɪʃ(ə)n/ *n*〘化〙過酸化.

per·ox·ide /pərάksàɪd/ *n*〘化〙過酸化物;《通俗に》過酸化水素 (hydrogen peroxide) (＝～ **of hýdrogen**);《口》PEROXIDE blonde. ► *vt*〈髪を〉過酸化水素で漂白する. ► *a* 過酸化水素で漂白した: a ～ blonde《口》[*derog*] 髪を脱色した女. ◆ **per·ox·id·ic** /pərὰksídɪk, pə̀:rὰk-/ *a* ［*per-, -oxide*］

per·ox·i·dize /pərάksədàɪz/ *vt, vi*〘化〙過酸化物にする[なる].

per·óxi·sòme /pərάksə-/ *n*〘生〙ペルオキシソーム (＝*microbody*)《過酸化水素を生成・分解する酵素を含む細胞質内の小顆粒》. ◆ **per·òxi·sóm·al** *a*

per·oxy /pərάksi/ *a*〘化〙ペルオキシ基を含む. ［↓］

per·oxy- /pərάksi/ *comb form*「ペルオキシ基を含む」［*per-, oxy-*］

peròxy·acétyl nítrate〘化〙硝酸過酸化アセチル《スモッグに含まれる毒性の強い要素》.

peróxy ácid〘化〙ペルオキシ酸《酸素酸の酸素原子の 1 つをペルオキシ基で置換した酸》.

peròxy·bórate *n*〘化〙ペルオキシホウ酸塩 (perborate).

peròxy·bóric ácid〘化〙ペルオキシホウ酸.

peròxy·dì·sulfúric ácid〘化〙ペルオキシ二硫酸.

peròxy·mòno·sulfúric ácid〘化〙ペルオキシ一硫酸.

peróxy ràdical [**gròup**]〘化〙ペルオキシ基.

peròxy·sulfúric ácid〘化〙ペルオキシ硫酸 (persulfuric acid).

perp /pə́:rp/ *n*ˈ《俗》犯人, ホシ (perpetrator).

perp. perpendicular.

per·pend[1] /pərpέnd/ *vt, vi* 熟考する. ［L＝to weigh carefully (*pendo* to weigh)］

per·pend[2] /pə́:rpənd/〘建〙*n* 突抜(つきぬけ)石, 通控(とおしびかえ) (＝*through stone*)《壁を貫いて両側に現われる, つなぎ石の役をする石[煉瓦]》;《それを用いた》通控壁, 薄い壁;《煉瓦積みなどの》竪目地(たてめじ). ［OF *perpain*＜?］

per·pen·dic·u·lar /pə̀:rpəndíkjələr/ *a* 垂直の, 直立した;〘数〙〈ある線[面]に対して〉直角をなす〈*to*〉; [P-]〘建〙垂直式の; 切り立った, 非常に険しい; [*joc*] 突っ立ったままの. ► *n* **1 a** 垂線; 垂直, 垂直の位置[姿勢]; 錘重(すいじゅう), さげふり《垂直を示す用具》;〘海〙《船首尾の》垂線: out of (the) ～ 傾斜して, 傾いて. **b** 急斜面, 絶壁; 垂直面. **2** 品行の方正; ˈ《俗》立食[立飲み](パーティー). ◆ **～·ly** *adv* **pèr·pen·dìc·u·lár·i·ty** *n* ［L *perpendiculum* plumb line (*pendo* to hang)］

Perpendícular stýle〘建〙垂直式《英国ゴシック末期の様式; ⇨ GOTHIC》.

per·pent /pə́:rpənt/ *n* PERPEND[2].

per·pe·trate /pə́:rpətrèɪt/ *vt*〈悪事などを〉犯す, 行なう, なす, しでかす, はたらく〈*on* [*against*] sb〉: ～ a pun [joke]《口》《場所柄も考えず》駄じゃれを飛ばす. ► *vi*ˈ《俗》気取る, かっこつける. ◆ **pèr·pe·trá·tion** *n* **pér·pe·trà·tor** *n* 犯罪実行者. ［L PER*petrat- -petro* to perform］

per·pet·u·al /pərpέtʃuəl, ˈ-tju-/ *a* 永続する, 永久の; 終身の; 絶え間ない;《口》年がら年中の〈小言・けんかなど〉;〘園〙四季咲きの; 永久運動機構の;〈投資が〉満期日設定なしの: ～ punishment 終身刑. ► *n*〘園〙四季咲きの植物,《特に》四季咲きバラ, パーペチュアル; 多年草. ◆ **～·ly** *adv* 永久[永続的]に; やまずに;《口》年がら年中. ［OF＜L (*perpetuus* continuous)］

perpétual cálendar 万年暦, 万年カレンダー.

perpétual chéck〘チェス〙千日手, 永久王手.

perpétual mótion〘理〙《機械の》永久運動.

perpétual mótion machìne〘理〙永久機関.

perpétual scréw ENDLESS SCREW.

perpétual spínach〘野菜〙SPINACH BEET.

per·pet·u·ate /pərpέtʃuèɪt, ˈ-pέtju-/ *vt* 永存[永続]させる; 不朽[不滅]にする: ～ the memory of a great man 偉人の名を永久に伝える. ◆ **per·pét·u·ance** *n* **per·pèt·u·á·tion** *n* 永続[永久, 不朽]化, 永久保存. **-à·tor** *n*

per·pe·tu·i·ty /pə̀:rpət(j)ú:əti/ *n* **1** 永続, 永存, 不滅, 永劫. **2** 永続物, 永代物; 終身位階; 永久年金; 満期日設定なしの有価証券. **3**〘英法〙財産永久拘束; 永代所有権; 単利が元金と同一になる時期. ● **in** [**to, for**] ～ 永久に, 不朽に: a lease *in* ～ 永代借地権. ［OF＜L; ⇨ PERPETUAL］

per·pet·u·um mo·bi·le /pərpɛ́tʃuəm móubəlì:, -lèɪ, ‖-pɛ́tju-/ 〘理〙 PERPETUAL MOTION; 〘楽〙 MOTO PERPETUO. [L = perpetual moving (thing)]

per·phe·na·zine /pərfí:nəzì:n, -fén-/ *n* 〘薬〙 ペルフェナジン《精神安定剤》.

Per·pi·gnan /*F* pɛrpiɲɑ̃/ ペルピニャン《フランス南部 Pyrénées-Orientales 県の県都; 古くから Roussillon 地方の中心地》.

P

per·plex /pərplɛ́ks/ *vt* 困らせる, 当惑させる; 混乱させる, まごつかせる, 悩ませる; [ᵘ*pp*] こんがらからせる: be ~*ed with* the question その問題で困っている / Don't ~ the problem. 問題をややこしくするな. ► *n* 《古》 PERPLEXITY. [OF or L PER*plexus* involved (*plecto* to plait)]

per·pléxed *a* 困った, 途方に暮れた, まごついた; 複雑な, わかりにくい, 面倒な. ♦ **-pléx·ed·ly** /-səd-, -st-/ *adv*

perpléx·ing *a* 困惑させる; ややこしい. ♦ **~·ly** *adv*

per·plex·i·ty /pərplɛ́ksəti/ *n* 途方に暮れること, 当惑; 紛糾, 混乱; 困った事, 難問, 難事, 難局: in ~ 当惑して / to one's ~ 困ったことには. [OF or L (PERPLEX)]

per pro·cu·ra·ti·o·nem /pər prɑ̀kjərèɪʃióunɛ̀m/ *adv* 代理にて[として] (by proxy) 《略 **per pro.**, pp》: A *per pro.* B A に代わりて B 代署す. [L]

per·qui·site /pə́:rkwəzət/ *n* 《職務から生じる》給与以外の利得[福利, 便宜], 手当, 役得; 心付け, チップ; 特権, 専有物. [L PER*quisit*- *-quiro* to search diligently for]

per·qui·si·tion /pə̀:rkwəzíʃ(ə)n/ *n* 徹底捜査.

per quod /pər kwɑ́d, pɛər kwóud/ *adv, a* それによって[よる]. [L =whereby]

Per·rault /pəróu, pɛ-; ─́─, ─ ─́/ ペロー **Charles** ~ (1628-1703) 《フランスの詩人・童話作家; *Contes de ma mère l'Oye* (1697) には *Little Red Riding Hood, The Sleeping Beauty, Puss in Boots* などがはいっている》.

Per·ri·er /pɛ́rièɪ/ 〘商標〙 ペリエ《フランス産の発泡性の天然ミネラルウオーター》. [Source *Perrier* (ペリエの泉) フランス南部 Gard 県 Nîmes 南西郊外の町 Vergèze にある泉]

Per·rin /pərǽ(n), pɛ-/ ペラン **Jean(-Baptiste)** ~ (1870-1942) 《フランスの物理学者; ノーベル物理学賞 (1926)》.

per·ron /pɛ́rən/ *n* 〘建〙 外階段《玄関前の少し高くなっているところ(への階段)》. [OF]

per·ry‖ /pɛ́ri/ *n* ペリー《洋ナシを発酵させた酒》. [OF *peré*; ⇨ PEAR]

Perry **1** ペリー《男子名》. **2** ペリー (**1**) **Fred(erick John)** ~ (1909-95)《英国のテニスおよび卓球の選手; 卓球の世界チャンピオン (1929) となったのち, テニスでも成功, Wimbledon で優勝 (1934-36); 引退後スポーツウェアメーカーを経営》 (**2**) **Matthew C(albraith)** ~ (1794-1858)《米国の海軍将校・東インド艦隊司令官; 1853 年浦賀に来航して開国を要求, 翌年日米和親条約を締結した》 (**3**) **Oliver Hazard** ~ (1785-1819)《米国の海軍軍人; Matthew の兄; Erie 湖で英艦隊を破った (1813)》. [ME=pear tree]

Pérry Máson ペリー・メイスン《E. S. Gardner の一連の推理小説 (1933-65) の主人公である敏腕弁護士》.

pers. person ♦ personal ♦ personnel. **Pers.** Persian.

pér·sàlt /pə́:r-/ *n* 〘化〙 過酸塩.

perse /pə́:rs/ *a, n* 濃青[紫]色の(服地). [OF<L<?]

Perse /*F* pɛrs/ **Saint-John** ~ /*F* sɛ̃dʒɔn-/ サンジョン・ペルス《Alexis Saint-Léger LÉGER の筆名》.

per se /pər séɪ, -sí:/ *adv* それ自体が[で], 本質的に: illegal ~ それ自体で違法な. ► *a* 本質的な. [L]

per·sea /pə́:rsiə/ *n* 〘植〙 ワニナシ属 (*P*-) の各種の常緑樹(の果実)《熱帯主産, クスノキ科; avocado を含む》. [L]

pèr sécond pèr sécond *adv* 〘理〙 毎秒毎秒《加速度にいう》.

per·se·cute /pə́:rsɪkjù:t/ *vt* 〈特に 異端者などを〉迫害する (oppress), 虐げる 〈*for*〉; うるさく悩ます, 困らせる, しつこくせがむ: ~ a man *with* [*by*] questions 人を質問で悩ます. ♦ **per·se·cu·tee** /pə̀:rsɪkjù:tí:/ *n* **pér·se·cù·tive, -cù·to·ry** /-kjù:t(ə)ri, *-kjutɔ̀:ri, *pə̀:rsɪkjú:t(ə)ri/ *a* 苦しめる, 迫害する. **pér·se·cù·tor** *n* 迫害者, 虐待者. [OF<L *per-*(*sequot- sequor* to follow)=to pursue]

per·se·cu·tion /pə̀:rsɪkjú:ʃ(ə)n/ *n* 《特に 宗教上の》迫害; しつこくせがむこと: suffer ~ 迫害をうける / the ~*s* of Christians by the Romans ローマ人のキリスト教徒迫害.

persecútion còmplex [mània] 迫害[被害]妄想.

Per·se·ids /pə́:rsiədz/ *pl* [the] 〘天〙 ペルセウス座流星群《毎年 8 月 12-13 日ごろをピークに出現する》.

Per·seph·o·ne /pərsɛ́fəni/ **1** 〘ギ神〙 ペルセポネー《Zeus と Demeter の娘で, 冥界の王 Hades の妻; ローマの Proserpina に当たる》. **2** 春(の女神)《擬人化》.

Per·sep·o·lis /pərsɛ́pələs/ ペルセポリス《イラン南西部にあるアケメネス朝ペルシアの首都遺跡》.

Per·se·us /pə́:rsiəs, -s(j)ù:s/ 〘ギ神〙 ペルセウス《Zeus の子で Medusa を退治した英雄》; 〘天〙 ペルセウス座《北天の星座; 変光星 Algol がある》.

per·se·ver·ance /pə̀:rsəvíərəns/ *n* **1** 忍耐, 忍耐力, 堅忍(不抜)《patience と異なり動的・積極的》. **2** 〘神学〙 窮極の救済, 堅忍《臨終まで神の恩恵に浴しつづけ永遠の救いに至ること》. ♦ **pèr·se·vér·ant** *a* 堅忍不抜の, へこたれない.

per·sev·er·ate /pərsɛ́vərèɪt/ *vi* 異常に長く行動する; 〘心〙 (異常な)反復行動をする. ♦ **per·sèv·er·á·tion** *n* 〘心〙 固執, 保続(症). **per·sév·er·à·tive** *a*

per·se·vere /pə̀:rsəvíər/ *vi* 忍耐[辛抱]する; 屈せずにやり通す, うまず努める, へこたれずにがんばる 〈*in, at, with*; *in doing*〉. ► *vt* 維持する, 支える. [OF<L (SEVERE)]

pèr·se·vér·ing *a* 辛抱強い, 根気のよい. ♦ **~·ly** *adv*

Per·shing /pə́:rʃɪŋ, -ʒɪŋ/ **1** パーシング **John J(oseph)** ~ (1860-1948)《米国の軍人; 第一次大戦における米国の海外派遣軍の司令官》. **2** パーシング《米国陸軍の野戦用の火力支援用弾道ミサイル》.

Per·sia /pə́:rʒə, -ʃə/ ペルシア (**1**) IRANの旧称; 1935 年 改称; 今も非公式には用いる **2**) PERSIAN EMPIRE).

Pér·sian *a* ペルシア(帝国)の; イランの; ペルシア人[語]の; ペルシア小羊の. ► *n* ペルシア人; ペルシア語《印欧語族 Iranian 語派の一つ》; ペルシア絹織物; [*pl*] PERSIAN BLINDS; PERSIAN CAT; PERSIAN LAMB.

Pérsian ammóniac AMMONIAC.

Pérsian blínds *pl* 〘建〙 PERSIENNES.

Pérsian blúe ペルシャンブルー《明るい淡青色》.

Pérsian cárpet PERSIAN RUG.

Pérsian cát ペルシア猫《頭が丸く長毛》.

Pérsian Émpire [the] ペルシア帝国《紀元前 6 世紀 Cyrus 大王が建国, 前 4 世紀 Alexander 大王によって滅亡》.

Pérsian gréyhound 〘犬〙 SALUKI.

Pérsian Gúlf [the] ペルシア湾, アラビア湾.

Pérsian Gúlf Státes *pl* [the] ペルシア湾沿岸諸国 (GULF STATES).

Pérsian lámb ペルシア子羊《若い karakul; その毛皮》.

Pérsian lílac 〘植〙 ペルシアハシドイ; 暗い紫味ピンク.

Pérsian mélon 〘園〙 ペルシアメロン《果肉がオレンジ色のマスクメロン》.

Pérsian rúg ペルシアじゅうたん[緞通] (=*Persian carpet*)《毛織りの高級品》.

Pérsian víolet 〘植〙 旧世界熱帯産リンドウ科ベニヒメリンドウ属の数種の植物《インド洋 Socotra 島原産のエキザカムは葉に光沢があり, 花は青紫色で芳香があり, 鉢植えにされる》.

Pérsian wálnut 〘植〙 ペルシアグルミ (English walnut).

Pérsian whéel 揚水用の水車の一種.

per·si·car·ia /pə̀:rsəkǽriə/ *n* 〘植〙 タデ属 (*P*-) の植物.

per·si·cary /pə́:rsəkèri; -k(ə)ri/ *n* PERSICARIA.

per·si·ennes /pə̀:rziɛ́nz; -si-/ *n pl* 〘建〙 《板すだれ式の》日よけよろい戸, 巻上げブラインド《窓の外に出す》; VENETIAN BLINDS; [〈*sg*〉] 綿[絹]プリント[彩色]生地. [F=Persian]

per·si·flage /pə́:rsəflɑ̀:ʒ, pɛ́ər-/ *n* 軽口, 茶化し; からかい, 冗談, ひやかし. [F (*siffler* to whistle)]

Per·sil /pə́:rsəl/ 〘商標〙 パーシル《洗剤》.

per·sim·mon /pərsímən/ *n* 〘植〙 カキノキ属の各種の木; 柿の実. [Algonquian]

Per·sis /pə́:rsəs/ **1** ペルシス《現在のイラン南西部にあった地域; アケメネス朝の支配者が出た地》. **2** パーシス《女子名》. [Gk=Persian woman]

per·sist /pərsíst, *-zíst/ *vi* 固執する, あくまでも…する 〈*in, with*; *in doing*〉, やり通す; しつこく繰り返す[言いつづける], 食い下がる; 持続[存続]する, 消えずに残る, 続く; 《廃》…のままでいる. ♦ **~·er** *n* [L PER*sisto* to stand firm]

persíst·ence, -cy *n* 頑固, 固執, しつこさ, 根強さ; 永続, 持続性, しっかりした忍耐; [-ence] 《刺激がなくなったあとの感覚の》残留(性); 〘生〙 《有害遺伝子の》残存(率).

persístence of vísion 残像.

persíst·ent *a* 固執する, 不屈の, 頑固な, しつこい; 持続性の, 永続性の; 不変の; 〘植〙 枯れたあとも脱落しないで残る, 永存性の, 宿存の (opp. *deciduous, caducous, fugacious*); 〘動〙 〈特に 通常は幼形に特徴的な構造が〉機能・構造を変えずに存続する, 永続性の (opp. *deciduous*); 〈有害化学物質が〉分解されにくい; 〈ウイルスなど〉媒介生物の潜伏期間を過ぎても感染力を持続する. ♦ **~·ly** *adv* 根気強く, うまずたゆまず, 頑固に, しつこく; 持続的に. [PERSIST; または *insistent* にならって *persistence* から]

persístent crúelty 〘英法〙 《配偶者に対する》永続的虐待.

persístent orgánic pollútant 残留性有機汚染物質《ダイオキシン, PCB など; 略 POP》.

persístent végetative státe 〘医〙 遷延(せんえん)性植物状態《生命維持に必要な機能は保っているが大脳機能は全く示さない植物状態; 略 PVS》.

Per·sius /pə́:rʃiəs, -siəs/ ペルシウス **Aulus ~ Flaccus** (A.D. 34-62)《ローマの諷刺詩人; ストア哲学の影響がみられる作品を残した》.

per·snick·e·ty /pərsníkəti/ *《口》 *a* ささいな事にうるさい, ひどく細かい[口やかましい], 気むずかしい; 横柄な, 偉そうな; 扱いにくい, 骨の

折れる. ♦ **-ti·ness** *n*

per·son /pə́:rs(ə)n/ *n* (★ *pl* は普通は people を用い, ～s は〔法〕または《文》) **1 a** 人, 《物・下等動物と区別して》人間; 《英ではしばしば軽蔑的に 身分などの低い》者 (man, woman, child); 《口》(…の好きな)人, …型人間, …派: Who is that ～? あいつはだれだ / a dog ～ 犬好きな人 / a city ～ 都会派 / NIGHT PERSON / YOUNG PERSON. **b** 人物, 人格; 重要人物; 《古》《劇などの》登場人物, 《小説の》人物: a very interesting ～ とても興味のある人物 / as a ～ 一個人として, 人間的に. **2 a** 身体; [*euph*] (男)性器: exposure of ～〔法〕公然猥褻. **b** 《古》容姿, 風采. **3**〔文法〕人称: FIRST [SECOND, THIRD] PERSON. **4**〔法〕人: ARTIFICIAL [LEGAL] PERSON / the natural ～ 自然人. **5**〔神学〕ペルソナ, 位格: the three ～*s* of the Godhead 《三位一体論の》神の三位《父 (First P~) と子 (Second P~) と聖霊 (Third P~)》. ● **in ～** (**1**) 《写真などに対して》実物で: see…*in* ～ 本人と顔を合わせる, じきじきにお目にかかる. (**2**) 《代理でなく》自分で, 本人が (opp. *by attorney*): He had better go *in* ～. 本人が行ったほうがよい. **in one's own [proper] ～**＝in PERSON (2). **in the ～ of**…役で, …という人として; …の形で; …の代わりに: He found a good friend *in the* ～ *of* Mr. Smith. スミス氏というよい友[味方]を得た / I acted *in the* ～ *of* him. 彼に代わってふるまった. **on [about] one's ～** 身に着けて, 携帯して. [OF＜L PERSONA]

-per·son /pə̀:rs(ə)n/ *n comb form* -man, -woman, -lady の代わりに用いる: chair*person*, sales*person*, etc. ★ 主に nonsexist の用法. [*person*]

per·so·na /pərsóunə/ *n* (*pl* **-nae** /-ni, -nàɪ/, **～s**) 人, 人物; [*pl*] 《劇・小説の》登場人物; 《文学作品中の》作者の代弁者; (*pl* **～s**)〔心〕ペルソナ《特に Jung の分析心理学における, 外界への適応に必要な表面的・社会的なパーソナリティー; cf. ANIMA》, 《有名人などの外面的な》印象, イメージ, '顔', 《社会的な》役割. [L＝actor's mask]

pérson·able *a* **1** 容姿[器量, 性格]のよい, 人柄のよい, 人好きのする. **2**〔法〕(法的)能力を有する. ♦ **-ably** *adv* **～·ness** *n* [*person*]

pérson·age *n* 名士, 偉い人; 人, 個人; 《歴史上の》人物; 《劇・小説などの》役, 登場人物; 《古》/[*joc*] 容姿, 風采.

persóna grá·ta /-grá:tə, *-grǽtə/ (*pl* **～, persónae grá·tae** /-ti, -tàɪ/) 意にかなう人, お気に入り (opp. *persona non grata*);〔外交〕接受国[政府]にとって容認できる人[外交官]. [L＝acceptable person]

pérson·al *a* **1 a** 個人の, 自分の, 一身上の, 私の; 個人に関する: a ～ matter 私事 / ～ ERROR / for ～ reasons 一身上の都合で. **b** 特定の人にあてた; 人身攻撃の: a ～ letter 親展書; 私信 / ～ remarks 人身攻撃 / become [get] ～ 人身攻撃[人物批評]をする / Nothing ～. 別に文句があるわけじゃないけど(あしからず) / Don't take it ～. ムキになるなよ, 君のことを言ってるんじゃないんだ. **2** 本人の, 当人の; 個人間の: one's ～ experience 直接体験 / a ～ example 身をもって示す範例 / a ～ interview 個人面接. **3** 《物と区別して》人の; 人格的な, 人格をそなえた;〔法〕対人の, 人的な, 動産の (opp. *real*): ～ factor(s) 人間的要素, 人情 / a ～ name 人名; 《surname に対する》名 (⇨ NAME) / a ～ security 保証人. **4** 身体の, 身なりの, 容姿の: ～ security 生命身体の安全 / ～ appearance 風采, 容姿 / ～ beauty 容姿の美しさ. **5**〔文法〕人称の. **6** 個人向け[使用]の. ► *n* **1** [the ～s] *《新聞・雑誌の》個人消息(欄); 個人広告 (＝～ **ád**); 人物批評. **2** [*pl*]〔法〕動産 (personal property). **3** 《口》PERSONAL FOUL. **4**〔文法〕PERSONAL PRONOUN. [OF＜L (PERSON)]

pérsonal áction〔法〕人的訴訟《契約違反者・不法行為者などに対する権利者の訴え》.

pérsonal ád [advertísement] 《新聞の》個人広告《特に恋人募集広告》.

pérsonal allówance[ǁ] 《個人の所得税に関する》基礎控除.

pérsonal assístant 個人秘書《略 PA》.

pérsonal bést 自己最高記録, 自己ベスト《略 PB》.

pérsonal cáll[ǁ] 指名通話 (person-to-person call).

pérsonal còlumn 《新聞・雑誌の》個人消息[広告]欄.

pérsonal compúter パーソナルコンピューター, パソコン《略 PC》.

pérsonal dígital assístant 携帯[個人]情報端末, PDA 《電子手帳などの(ペン入力式)小型コンピューター》.

pérsonal effécts *pl*〔法〕所持品, 身のまわり品.

pérsonal electrónic devíce 携帯用電子機器《携帯電話やノートパソコンなど; 略 PED》.

pérsonal equátion〔天〕《観測上の》個人誤差; 《一般に》個人的傾向[個人差]による判断[方法]の相違.

pérsonal équity plàn〔英〕個人株式投資プラン《一定限度額までの個人株式投資のキャピタルゲインや配当金は無課税; 1999 年 individual savings account に統合; 略 PEP》.

pérsonal estáte PERSONAL PROPERTY.

pérsonal exémption* 《所得税などの》控除額, 基礎控除 (personal allowance[ǁ]).

pérsonal fináncе 個人向け融資: a ～ company 消費者金融会社.

pérsonal flotátion devíce* 一人用浮漂用具《救命胴着など; 略 PFD》.

pérsonal fóul〔バスケなど〕パーソナルファウル《相手選手の体に触れた反則; cf. TECHNICAL FOUL》.

pérsonal hýgiene みずからを清潔に保つ[身ぎれいにする]こと, 衛生観念.

pérsonal identificátion nùmber PIN.

pérsonal informátion mànager〔電算〕個人情報管理ソフト《メモ・電話帳・スケジュール表などを扱う; 略 PIM》.

pérsonal ínjury〔法〕《財産的損害・名誉毀損に対して》身体への権利侵害, 人身被害.

pérson·al·ìsm *n*〔哲〕人格[個性]主義; 個人特有の言動; 主観性; 《党や主義よりも》政治指導者個人への傾倒. ♦ **-ist** *n, a* **pèr·son·al·ís·tic** *a*

per·son·al·i·ty /pə̀:rs(ə)nǽləti/ *n* **1 a** 《人に印象を与える表にあらわれた》個性, 人格, 人柄, 性格, パーソナリティー; 人好きのすること; 魅力: DUAL PERSONALITY / develop a fine ～ りっぱな人柄になる. **b** [[u]*pl*] 個人攻撃, 人物批評. **2** 個人, 人間; 特異な人; 《ある方面の》有名人, 名士, パーソナリティー: a TV [radio] ～. **3** 《場所・ものなどの》雰囲気;〔地理〕地域の特性. **4** 《ある人物の》実在, 正体; 人としての存在, 人間: I doubt the ～ of Shakespeare. シェイクスピアという人が実在したかを疑う. **5** 《まれ》動産 (personalty). [OF＜L (PERSONAL)]

personálity cùlt 個人崇拝.

personálity disòrder〔精神医〕人格障害.

personálity ìnventory〔心〕人格目録票, 性格特性項目表, パーソナリティーインベントリー《行動や態度に関する多くの質問項目に対する回答から客観的に得点を出して性格を調べようとするテスト》.

personálity tèst〔心〕性格検査.

personálity tỳpe〔心〕性格型.

pérson·al·ìze *vt* 〈問題など〉の個人的側面を強調する, 個人的問題にすりかえる; 個人の注文[ニーズ, 好み]に合わせる; 〈便箋など〉に名前を入れる, イニシャルを付ける; 人格[性格]化する; 擬人化する (personify). ♦ **pèrson·al·izátion** *n*

pérson·al·ly *adv* (みずから)親しく, じきじきに (in person); 個人にあてつけて; 一個の人間[私人]として; 自分としては: He took my remarks ～. 彼はわたしのことばを自分への批判と解した / *P*~, I don't care to go. わたしとしては行きたくない.

pérsonal órganizer システム手帳, 電子手帳.

pérsonal pénsion 個人年金: a ～ plan 個人年金プラン《略 PPP》.

pérsonal prónoun〔文法〕人称代名詞.

pérsonal próperty〔法〕動産, 人的財産.

pérsonal representátive〔法〕人格代理人《遺言執行人または遺産管理人》.

pérsonal réscue enclòsure*〔宇〕BEACH BALL.

pérsonal ríghts *pl*〔法〕対人権, 個人的権利.

pérsonal sérvice〔法〕交付送達.

pérsonal shópper 《デパートなどの》買物相談係《客の品物選択の助言や電話[郵便]注文の応受を行なう》.

pérsonal stáff〔軍〕指揮官専属幕僚.

pérsonal stéreo ミニカセット [CD] プレーヤー.

pérsonal táx 対人税 (＝*direct tax*).

pérsonal tráiner 《一対一で指導する》個人トレーナー[コーチ].

pérson·al·ty *n*〔法〕動産 (personal property) (opp. *realty*). [AF＜PERSONALITY]

pérsonal vídeo recòrder デジタルビデオレコーダー《略 PVR》.

pérsonal wátercraft 水上バイク, ジェットスキー《オートバイのようにまたがって乗る一人用モーターボート》.

persóna nòn grá·ta /-nɑn grá:tə, *-grǽtə/ (*pl* **～, persónae nòn grá·tae** /-ti, -tàɪ/) 好ましからざる人物 (opp. *persona grata*);〔外交〕接受国[政府]にとって容認できない人[外交官]. [L]

per·son·ate *v* /pə́:rs(ə)nèɪt/ *vt* …の役をつとめる[演じる], …に扮する; 〈他人〉の風を装う, 〈人〉の名をかたる, 詐称する; 擬人化する; 〈劇場・作品など〉に個性を出す, 〈人〉に…の性格を与える. ► *vi* 役を演じる. ► *a* /-nət, -nèɪt/ 仮装[変装]の;〔植〕仮面状の〈花冠〉; 変態の; 《古》見せかけの. ♦ **-à·tor** *n* 劇の役を演じる者, 俳優; 身分詐称者. **pèr·son·á·tion** *n* 役を演じること; 人名[身分]詐称. **pér·son·à·tive** *a* 役割を演じる. [L (PERSON)]

pérson-dày *n*〔経営〕人日(にんにち)《1 人の人が普通の活動をする平均的な 1 日を示す時間の単位》.

pérson·hòod *n* 個性.

pérson-hòur *n*〔経営〕人時(にんじ), マンアワー, 工数《1 人 1 時間分の仕事量の単位》.

per·son·i·fi·ca·tion /pərsɑ̀nəfəkéɪʃ(ə)n/ *n* 擬人(化), 人格化,〔修〕擬人法; 体現, 具現; [the] 権化, 化身: He is *the* ～ *of* selfishness. 彼は利己主義の権化だ.

per·son·i·fy /pərsɑ́nəfàɪ/ *vt* 擬人化する, 人格化する, …に人格[人性]を与える; 具体化する (embody); 象徴する (typify); …の化身[典型]となる. ♦ **per·són·i·fì·er** *n*

pérson·kìnd *n* 人間, 人類《集合的; 性差別を避けるために mankind の代わりに用いられる語》.

pérson-mònth *n* 〖経営〗人月(にんげつ).

per·son·nel /pə̀ːrs(ə)nél/ *n* 《官庁・会社・軍などの》人員, 全職員 (cf. MATÉRIEL); [〈*pl*〉] 人びと (persons); 《会社・役所などの》人事担当部局, 人事部[課]: the ~ of the new cabinet 新内閣の顔ぶれ / a ~ carrier 兵員輸送車 / five ~ = five people / the ~ department 人事課 / a ~ manager 人事担当管理職, 人事部長 / service ~ 《メーカー・ディーラーなどの》サービス担当者; 軍人 / 230 US service ~ 230 人のアメリカの軍人. [F=personal]

pérson-to-pérson *a* 〈長距離電話が〉指名通話の《指定の相手との通話が開始して初めて料金が課せられる; cf. STATION-TO-STATION》; 個人対個人[マンツーマン]の, 差し向かいの: a ~ call 指名通話. ► *adv* 《長距離電話を》指名通話で; 面と向かって, 差し向かいで.

pérson-yèar *n* 〖経営〗人年(にんねん).

per·sorp·tion /pərsɔ́ːrpʃ(ə)n, -zɔ́ːrp-/ *n* 〖理・化〗過吸着.

per·spec·tive /pərspéktɪv/ *n* **1 a** 遠近法, 透視画法; 透視図, パース. **b** 配景, 遠近感; 《見たうえの》釣合い, 配合. **c** 知覚される音の空間的配置. **2** 《物事を考察する際の》遠近法(による相互関係); バランスのとれた見方, 広い視野; 視点, 観点, 見地: from my ~ わたしの見るところでは. **3** 遠景(の見通し), 眺め, 眺望; 前途, (将来の)見通し, 展望: a bright [dismal] ~ 明るい[暗い]前途. **4** 《廃》光学レンズ《拡大鏡・望遠鏡》. ● **in** ~ 遠近法によって〈絵を描く〉; 正しい相関[位置]関係で, (真相を)正しく, 客観的に〈とらえる〉; 見込まれて: see [look at]...*in* its right [wrong] ~ バランスのとれた[偏った]見方をする / to put...*in* ~ ...を大局的に見ると, 総合的に判断して. **out of** ~ 遠近法によらないで[が狂って]; 物の見方を間違えて. ► *a* **1** 遠近法によった; 透視画法の: ~ representation 透視[遠近]画法. **2** 《廃》視力を助ける: a ~ glass. ♦ **~·ly** *adv* 遠近法によって. **per·spec·tiv·al** /pərspéktɪv(ə)l, pə̀ːrspɛktáɪ-/ *a* [L (PER*spect*- -*spicio* to look through)]

per·spec·tiv·ism /pərspéktɪvɪ̀z(ə)m/ *n* [ºP-] 〖哲〗遠近法主義; 《文学批評・美術などにおける》遠近法の手法[使用]. ♦ **-ist** *n*

Per·spex /pə́ːrspɛ̀ks/ 〖商標〗パースペックス《透明な熱可塑性合成樹脂; 航空機の窓・風防ガラスに使用される樹脂》. [*perspective*]

per·spi·ca·cious /pə̀ːrspəkéɪʃəs/ *a* 先見の明[洞察力]のある, 明敏な; 《古》目の利く. ♦ **~·ly** *adv* **per·spi·cac·i·ty** /pə̀ːr-spəkǽsəti/, **~·ness** *n* [L; ⇨ PERSPECTIVE]

per·spic·u·ous /pərspíkjuəs/ *a* 〈話し方・文体が〉明快な, 明瞭な; 〈人が〉ことばがはっきりした; PERSPICACIOUS. ♦ **~·ly** *adv* **per·spi·cu·ity** /pə̀ːr-spəkjúːəti/, **~·ness** *n* [ME=transparent< L; ⇨ PERSPECTIVE]

per·spi·ra·tion /pə̀ːrspəréɪʃ(ə)n/ *n* **1** 汗をかくこと, 発汗; 蒸散; 汗《SWEAT の婉曲語》. **2** 骨折り, 奮闘, 努力.

per·spi·ra·to·ry /pərspáɪərətɔ̀ːri, pə́ːrsp(ə)rə-; -t(ə)ri/ *a* 汗の; 発汗(作用)の: ~ glands 汗腺.

per·spire /pərspáɪər/ *vi, vt* 汗をかく, 発汗する《SWEAT の婉曲語》; 蒸散させる[する]; にじみ出る. [F<L (*spiro* to breathe)]

per stir·pes /pər stə́ːrpiz, pɛər stíərpeɪs/ *adv, a* 〖法〗代襲によって[よる]《相続人が死亡した場合にその子が相続にあずかること》. [L=by stocks]

per·suade /pərswéɪd/ *vt* 説きつける, 説得する, 勧めて...させる (opp. *dissuade*) 〈*into, out of*〉; 納得[承服]させる; 〈物事が〉〈人を〉...させる根拠となる; 《古》〈人〉に促す[嘆願する]: ~ sb *to* do 人に説いて...させる / try to ~ sb *to* do 人に...するよう説得する / How can I ~ you *of* my plight? どうしたらわたしの窮状をわかってもらえるだろうか / He ~*d* the farmers *that* they should plant peanuts. 落花生を栽培するように説き伏せた / The success ~*d* me to turn pro. その成功でわたしはプロになることに決めた. ● **be ~d** 確信している: I *am* ~*d of* his innocence [*that* he is innocent]. 彼の無罪を確信している. ~ one**self** 確信する: He could not ~ him*self that* the moment would ever come. その機会が到来することがあるとは信じる気になれなかった. ♦ **per·suád·able** *a* **per·suàd·abíl·i·ty** *n* [L PER*suas*- -*suadeo* to induce]

per·suád·er *n* 説得者; 《口》うむを言わせぬもの《銃・むちなど》.

per·sua·si·ble /pərswéɪzəb(ə)l, -sə-/ *a* PERSUADABLE.

per·sua·sion /pərswéɪʒ(ə)n/ *n* **1** 説得; 説得力. **2 a** 納得; 確信, 信念 (belief); 信仰, 信条. **b** 宗旨, 教派; 《口》[*joc*] 種類, 階級, 性別: He is of the Roman Catholic ~. カトリック信者だ / a man of the Jewish ~ ユダヤ人 / the male ~ 男性. [L; ⇨ PERSUADE]

per·sua·sive /pərswéɪsɪv/ *a* 説得力のある, 口のうまい. ► *n* 人を説得する[信服させる]もの; 動機, 刺激, 誘因. ♦ **~·ly** *adv* **~·ness** *n*

per·súlfate /pə̀ːr-/ *n* 〖化〗過硫酸塩.

per·sulfúric ácid /pə̀ːr-/ 〖化〗過硫酸.

pert /pə́ːrt/ *a* **1** 小生意気な, こしゃくな, でしゃばりな; 活発な, 敏捷な, きびきびした; ピリッとした, 小気味がいい, 《廃》機敏な. **2** 〈服などが〉いきな, しゃれた; 〈尻・鼻が〉かっこうのいい, 魅力的な. ♦ **~·ly** *adv* **~·ness** *n* [ME=open, bold< OF *apert*<L (pp) 〈*aperio* to open]

PERT /pə́ːrt/ program evaluation and review technique パート《各作業の順序関係をダイヤグラムで表わして複雑なプロジェクトを計画・管理する手法》.

per·tain /pərtéɪn/ *vi* 付属する, 属する, 伴う 〈*to*〉; 適する, 似合う 〈*to*〉; 関係する 〈*to*〉; 《文》《特定の場所[時]に》生じる, 存在する. [OF<L PER*tineo* to belong to]

Perth /pə́ːrθ/ パース《**1**) オーストラリア Western Australia 州の州都 **2**) スコットランド中部の市 **3**) スコットランド中部の旧州 (=**~·shire** /-ʃɪər, -ʃər/); ☆Perth; 今は **Pérth and Kinróss** の一部》.

per·ti·na·cious /pə̀ːrt(ə)néɪʃəs/ *a* 不屈の, 堅忍不抜の; しつこい, 頑固な. ♦ **~·ly** *adv* **~·ness** *n* PERTINACITY. [L *pertinax*; ⇨ TENACIOUS]

per·ti·nac·i·ty /pə̀ːrt(ə)nǽsəti/ *n* 不撓不屈; しつこさ, 執着力, 頑固.

per·ti·nen·cy /pə́ːrt(ə)nənsi/, **-nence** *n* 適切, 適当.

pér·ti·nent *a* 直接関係のある, 適切な, 当を得た, しっくりした 〈*to*〉. ► *n* [ᵘ*pl*] 〖スコ法〗付属物[品]. ♦ **~·ly** *adv* [OF<L (PERTAIN)]

per·turb /pərtə́ːrb/ *vt* (...の心を)かき乱す, 動揺させる, 混乱[狼狽]させる, 不安にする; 〖天・理〗...に摂動を起こさせる. ♦ **~·ed·ly** *adv* **~·able** *a* **~·er** *n* **~·ing·ly** *adv* [OF<L (*turbo* to disturb)]

per·tur·ba·tion /pə̀ːrtərbéɪʃ(ə)n, -tə̀ːr-/ *n* 心の動揺, 狼狽, 不安, 心配; 不安[心配]の原因; 《外因による》変動, (常態からの)逸脱; 〖理・天〗摂動(せつどう). ♦ **~·al** *a*

per·tur·ba·tive /pə́ːrtərbèɪtɪv, pərtə́ːrbə-/ *a* 《古》乱す, 動揺させる; 〖天・理〗摂動の.

per·tus·sis /pərtʌ́səs/ *n* 〖医〗百日咳 (whooping cough). ♦ **per·tús·sal** *a* 百日咳の. **-tús·sòid** *a* 百日咳様の. [NL (*tussis* cough)]

Pe·ru /pərúː/ ペルー《南米西岸の国; 公式名 Republic of ~ (ペルー共和国); ☆Lima》. ● **from** CHINA **to ~.**

Perú bálsam BALSAM OF PERU.

Perú Cúrrent [the] ペルー海流 (=*Humboldt Current*)《南米太平洋岸に沿って北上する寒流》.

Pe·ru·gia /pərúːdʒ(i)ə, peɪ-/ **1** ペルージア《イタリア中部 Umbria 州の市; 絵画におけるウンブリア派の中心, エトルリア・ローマの古代遺跡がある》. **2** [Lake (of) ~] ペルージア湖《TRASIMENO 湖の別称》.

Pe·ru·gi·no /pɛ̀rədʒíːnoʊ/ [Il ~] ペルジーノ (c. 1446 or 50–1523)《イタリアの画家; 本名 Pietro Vannucci; Raphael の師》.

pe·ruke /pərúːk/ *n* 《17–18 世紀の男性の》かつら (wig). ♦ **pe·rúked** *a* [F<It=hair, wig<?; cf. PERIWIG]

pe·ruse /pərúːz/ *vt* 読む, 熟読[精読, 閲読]する; ざっと目を通す, 読み流す; 精査する, 吟味する. ♦ **pe·rús·al** *n* **pe·rús·er** *n* [ME=to use up<?(*per*-, USE)]

Pe·rutz /pérəts, pərúːts, -rúts/ ペルツ, ペルーツ **Max Ferdinand** ~ (1914–2002)《オーストリア生まれの英国の生化学者; X 線回折法によってヘモグロビンの構造を解明; ノーベル化学賞 (1962)》.

Pe·ru·vi·an /pərúːviən/ *a* ペルー(人)の. ► *n* ペルー人. [L *Peruvia* Peru]

Perúvian bárk キナ皮 (CINCHONA).

Perúvian mástic trèe 〖植〗コショウボク (PEPPERTREE).

Perúvian rhátany 〖植〗ペルーラタニア《**1**) 南米産マメ科の小低木 **2**) その根; 収斂薬用》.

Pe·ruz·zi /pərúːtsi, peɪ-/ ペルッツィ **Baldassare (Tommaso)** ~ (1481–1536)《イタリアの建築家・画家》.

perv /pə́ːrv/ 《豪俗》*n* PERVERT; エロチックな[いやらしい]目つき. ► *vi* エロチックな[いやらしい]目つきで見る. ♦ **pérvy** *a*

per·vade /pərvéɪd/ *vt, vi* (...に)全面的に広がる, 普及する, 浸透する; 勢力をふるう, 幅をきかせる; 《まれ》...のどこにでも行く. ♦ **per·vád·er** *n* **per·vá·sion** *n* **per·vá·sive** *a* **-vá·sive·ly** *adv* **-sive·ness** *n* [L PER*vas*- -*vado* to penetrate]

perve /pə́ːrv/ *vi* 《豪俗》PERV.

per·verse /pərvə́ːrs, *pə́ːrvə̀ːrs/ *a* **1 a** つむじまがりの, 片意地な, ひねくれた, あまのじゃくの, 強情な; おこりっぽい, すねた. **b** 証拠[判事の指示]に逆らった〈評決〉. **c** 思いどおりにならない, あいにくの〈情況・天気など〉. **2** 邪悪な; 〈態度が〉正道を踏みはずした, 誤っている, 悪い, よこしまな. **3** 倒錯した, 変態の. ♦ **~·ly** *adv* **~·ness** *n* **per·vér·si·ty** *n* [OF<L (PER*vers*- -*verto* to turn the wrong way)]

per·ver·sion /pərvə́ːrʒ(ə)n, -ʃ(ə)n/ *n* 曲解, こじつけ; 濫用, 悪用, 逆用; 悪化, 堕落; 倒錯(症), 変態: a ~ of the facts 事実の曲解 / a ~ of justice 正義の逆用 / sexual ~ 性(的)倒錯.

per·ver·sive /pərvə́ːrsɪv/ *a* 邪道に導く, 人を誤らせる; 逆用[曲解]的な 〈*of*〉.

per·vert *vt* /pərvə́ːrt/ **1** 誤解[曲解]する; 逆用[悪用]する: ~ one's talents 才能を悪用する. **2** 邪道に導く, 誤らせる, 誘惑する. ► *n* /pə́ːrvə̀ːrt/ 邪道に陥った人, 背教者; 倒錯者, 変質者. ♦ **~·ible** *a* **~·er** *n* [OF or L (PERVERSE)]

pervért·ed *a* 異常の, 変態の, 倒錯の; 《一般に》邪道に陥った, 誤った, ゆがんだ. ♦ **~·ly** *adv* **~·ness** *n*

per·vi·ous /pə́ːrviəs/ *a* 浸透[透過]させる, 通らせる 〈*to*〉; 〈人の心が〉受け容れる, 感じる 〈*to* reason〉. ♦ **~·ness** *n* 浸透性, 透過性.

[L=passable (*via* road)]
pes /píːz/ *n* (*pl* **pe·des** /píːdiz, pédìːz/) 〘解・動〙 足, 足部, 足状部[器官]. [L *ped- pes* foot]
Pe·sa(c)h /péɪsàːx/ *n* 〘ユダヤ教〙 PASSOVER.
pe·sade /pəséɪd, -záːd; pɛsáːd/ *n* 〘馬〙 プサード《後脚で立つ動作》. [F]
pe·san·te /peɪsáːnteɪ/ *adv, a* 〘楽〙 重厚に[な]. [It]
Pe·sa·ro /péɪzəròu/ ペーザロ《イタリア中東部のアドリア海に臨む市; 海水浴場》.
Pes·ca·do·res /pèskədɔ́ːriz, *-rəs/ *pl* [the] 澎湖(ほう)(ボン)諸島 (⇨ PENGHU).
Pe·sca·ra /pɛskáːrə/ ペスカラ《イタリア中東部のアドリア海に臨む市; 海水浴場》.
pes·ca·tar·i·an, -ce- /pèskətéəriən/ *n* 魚菜主義者《肉は避けるが魚は食べる》. [It *pesce* fish]
pe·se·ta /pəséɪtə/ *n* ペセタ《**1**) スペイン・アンドラの euro になる前の通貨単位: =100 centimos; 記号 pta, P **2**) 昔のスペインの銀貨》. [Sp (dim) < PESO]
pes·e·wa /pəséɪwə/ *n* ペセワ《ガーナの通貨単位: =1/100 cedi》. [(Ghana)]
Pe·sha·war /pəʃáːwər, -ʃáuər; -ʃɔ́ːr, -ʃáuər/ ペシャーワル《パキスタン北部 Khyber 峠の東にある市; Khyber Pakhtunkhwa 州の州都; 古代 Gandhara 地方の中心地》.
Pe·shit·ta /pəʃíːtə/, **Pe·shi·to** /pəʃíːtou/ ペシッタ《シリア語訳の公認聖書》.
pesh·wa /péɪʃwaː/ *n* 〘インド〙 ペーシュワー《マラーター王国の宰相の称号》. [Hindi and Marathi]
pes·ky /péski/ *a**《口》 厄介な, 面倒な, いやな. ♦ **pés·ki·ly** *adv* **-ki·ness** *n* [C18 <?**pesty* < PEST]
pe·so /péɪsou/ *n* (*pl* ~**s**) **1** ペソ《**1**) チリ・コロンビア・キューバ・メキシコの通貨単位: =100 centavos; 記号 $, P **2**) フィリピン・ドミニカ共和国の通貨単位: =100 centavos; 記号 P **3**) ウルグアイの通貨単位: =100 centesimos; 記号 $ **4**) アルゼンチンの通貨単位: =100 centavos》. **2** ペソ貨 (=*piece of eight*)《スペインおよび南米の古い銀貨); *《俗》 米ドル. [Sp=weight<L; ⇨ POISE[1]]
pes·sa·ry /pés(ə)ri/ *n* 〘医〙 膣坐薬, 膣坐剤; ペッサリー《位置矯正用・避妊用の膣腔内器具》. [L (Gk *pessos* oval stone)]
pes·si·mism /pésəmìz(ə)m/ *n* **1** 悲観(論) (opp. *optimism*); 厭世(主義[観]), 最悪説, ペシミズム《**1**) この世は最悪であるとする考え **2**) 究極的には悪が善を駆逐するとの考え》. **2**《古》 最悪の状態. ♦ **-mist** *n* [L *pessimus* worst; *optimism* にならったもの]
pès·si·mís·tic *a* 厭世[悲観]的な 〈*about*〉: take a ~ view of ...を悲観する. ♦ **-ti·cal·ly** *adv*
pes·si·mum /pésəməm/ *n* (*pl* ~**s, -ma** /-mə/) 最悪の[最も不利な]量[程度, 状態, 環境, 条件].
pest /pést/ *n* **1** 害虫, 病害虫, 有害生物[小動物]; 《まれ》 悪疫, 疫病, ペスト: a garden ~ / *P*~ on him! あんなやつ疫病にでもかかってしまえ! **2**《口》 厄介者, 困り者; 面倒なこと, 迷惑: a regular ~ of the neighborhood 近所の厄介者. ♦ **~y** *a* うるさい, 厄介な, じゃまくさい. [F or L *pestis* plague]
Pes·ta·loz·zi /pèstəlátsi/ ペスタロッチ **Johann Heinrich** ~ (1746–1827)《スイスの教育改革者; 個人の自然な発達の順序に沿った教授法を説いた》. ♦ **~·an** *a*
pes·ter /péstər/ *vt* **1**《要求などで》悩ませる, 困らせる, 苦しめる: be ~*ed with*...で悩まされる / She ~*ed* Jim *into* [*out of*] *getting* the job. ジムにうるさく言って仕事に就かせた[仕事に就くのをやめさせた] / He ~*ed* me *for* money [*to* help]. わたしに金をせびった[助力をせがんだ]. **2**《廃》 ...にたくさん詰め込む, 混雑させる. ● **~ the life out of** sb《口》 人に大変な迷惑をかける, 耐えがたい思いをさせる. ► *n* じゃま, 妨害; 厄介者. ♦ **~·er** *n* [C16 ? *impester*<F *empestrer* to encumber; *pest* の影響]
péster pòwer おねだり力(りょく)《親にせがんで, 欲しい物を買わせる子供の力》.
pést·hòle *n* 伝染病の発生しやすい場所.
pést·hòuse *n*《古》《(ペスト性)伝染病患者の》隔離病院.
pés·ti·cìde /péstə-/ *n* 農薬《殺虫剤・殺菌剤・除草剤・殺鼠剤など》. ♦ **pès·ti·cí·dal** *a*
pes·tif·er·ous /pɛstíf(ə)rəs/ *a* 伝染病の, 感染しやすい; 疫病にかかった; 有害な, 危険な; 《口》 [*joc*] 厄介な, 困った. ♦ **~·ly** *adv* **~·ness** *n* [L; ⇨ PEST]
pes·ti·lence /pést(ə)ləns/ *n* 悪疫, 疫病, 流行病 (epidemic), 《特に》腺ペスト; 弊害, 害毒.
pés·ti·lent *a* 伝染する, 悪疫を生じる; 致命的な; 有害な, 弊害の多い; 《口》 厄介な, いやな. ♦ **~·ly** *adv* **~·ness** *n*
pes·ti·len·tial /pèst(ə)lénʃ(ə)l/ *a* 疫病を発生させる, 伝染する; ペスト性の; 有害な, 弊害の多い; 厄介な, いやな. ♦ **~·ly** *adv*
pes·tle /pés(ə)l, péstl/ *n* 乳棒; すりこぎ, れんぎ, きね; 圧砕機; ″《方》《肉用動物の》脚. ► *vt, vi* pestle でする[つく]. [OF<L *pistillum* (*pist- pinso* to pound)]
pes·to /péstou/ *n* (*pl* ~**s**) ペスト《バジリコ・ニンニク・オリーブ油などで作るパスタにかけるソース》. [It=pounded]
pes·tol·o·gy /pɛstálədʒi/ *n* 害虫学, ペストロジー.
pet[1] /pét/ *n*《小型の》愛玩動物, ペット; 寵児, お気に入り; 溺愛された[わがまま放題の]子供; 《口》 すてきなもの《女性語》; [*voc*] いい子; 《スコ・アイル・カナダ》 PET DAY: make a ~ of...をかわいがる. ► *a* 愛玩の, 手飼いの, ペットの; 愛情を表わす; お気に入りの; 得意の, おはこの: a ~ dog 愛犬 / a ~ subject 得意な題目, おはこ / one's ~ theory 持論 / PET NAME. ● **one's ~ aversion(s) [dislike(s), hate]** [*joc*] 大嫌いな人[もの], 目のかたき. PET PEEVE. ► *v* (**-tt-**) *vt* かわいがる, 愛撫する, なでる; 甘やかす; 《口》 抱擁して接吻[愛撫]する, ペッティングする. ► *vi*《口》 いちゃつく, ペッティングする. ♦ **pét·ter** *n* [C16 Sc and northern Eng<?; 一説に<?ME *pety* small]
pet[2] *n* 不機嫌, すねる[じれる]こと; かんしゃく: be in a ~ むっとする / take (the) ~ (理由もなく)おこる, じれる. ► *vi* (**-tt-**) すねる (sulk), ふくれる. [C16<?]
pet. petroleum.
Pet. 〘聖〙 Peter.
PET /pét/ 〘化〙 polyethylene terephthalate ポリエチレンテレフタレート《ポリエチレン樹脂; 特に 飲料の容器に使用される; 日本語のペットボトルの'ペット' はこれのことだが英語では普通 plastic bottle という》♦ 〘医〙°positron-emission tomography.
peta- /pétə/ *comb form* (**1**) 〘単位〙 ペタ《=10^{15}; 記号 P》. (**2**) 〘電算〙 ペタ《=2^{50}; 約1千兆; 記号 P》. [?*penta-*]
péta·bỳte *n* 〘電算〙 ペタバイト《**1**) 2^{50} bytes=1024^5 bytes **2**) 10^{15} bytes; 略 PB》.
Pe·tah Tiq·wa /pétə tíkvə/ ペターティクヴァ《イスラエル中央部 Tel Aviv の東にある市》.
Pé·tain /peɪtǽŋ; *F* petɛ̃/ ペタン (**Henri-)Philippe(-Omer)** ~ (1856–1951)《フランスの元帥・政治家; ナチスに協力した Vichy 政府の国家元首; 戦犯として獄死》.
pet·al /pétl/ *n* 〘植〙 花弁, 花びら. ♦ **~·like** *a* [NL<PETALON]
-pe·tal /pətl/ *a comb form* 「...の方へ動く」「...を求める」: centri*petal*. [NL *-petus* (L *peto* to seek), *-al*[1]]
petala *n* PETALON の複数形.
pet·al·if·er·ous /pèt(ə)líf(ə)rəs/ *a* 〘植〙 花弁のある.
pet·al·ine /pét(ə)lən, -làɪn; -làɪn/ *a* 〘植〙 花弁 (petal) の[に付着した]; 花弁状の.
pét·al(l)ed *a* 〘植〙 花弁のある; [*compd*] ...弁の: six-~.
pet·a·lo·dy /pét(ə)lòudi/ *n* 〘植〙 弁化《雄蕊(ずい)・雌蕊・萼片などが花弁(状)に変態すること》.
pet·al·oid /pét(ə)lɔɪd/ *a* 〘植〙 花弁状[様]の; 〘動〙 花紋状の〈歩帯〉《不正形ウニ類の》.
pet·a·lon /pét(ə)làn/ *n* (*pl* **pet·a·la** /pétlə/)《ユダヤ教高僧の》miter 前部の黄金の板. [Gk=leaf]
pétal·ous *a* 〘植〙 花弁のある.
-pet·al·ous /pét(ə)ləs/ *a comb form* 「...花弁の」: mono*petalous*. [↑]
pé·tanque /*F* petɑ̃ːk/ *n* ペタンク《鉄球を用いてする bowls に似たフランス起源のゲーム》.
pe·tard /pətáːrd/ *n* 〘史〙 爆発火具《城門・城壁などの破壊用》; 爆竹 (firecracker). ● **hoist with [by] one's own ~** 自縄自縛で[になって]《Shak., *Hamlet* 3. 4. 207》. [F (*péter* to break wind)]
Pe·ta·re /petáːreɪ/ ペタレ《ベネズエラ北部 Caracas の東南東にある市》.
pe·ta·ry /píːtəri/ *n* PEATERY.
pet·a·sus, -sos /pétəsəs/ *n* ペタソス《古代のギリシア人・ローマ人がかぶった山の低いつば広の帽子; 特に 絵画・彫刻などにおける Hermes または Mercury のかぶる翼のある帽子》. [L<Gk]
pe·tau·rist /pətɔ́ːrɪst/ *n* 〘動〙 FLYING PHALANGER.
pét·còck *n* 〘機〙《ボイラーなどの》豆[小]コック.
pét dày《スコ・アイル・カナダ》《冬のさなかなど天候不順の季節には珍しい》快晴の[気持のよい]日.
pete, peet, peat /píːt/ *n*《俗》 金庫. [*peter*[2]]
Pete /píːt/ ピート《男子名; Peter の愛称》. ● **for ~'s** SAKE[1]. **for the** LOVE **of ~.**
péte bòx*《俗》 PETE.
pe·te·chia /pətíːkiə/ *n* (*pl* **-chi·ae** /-kiìː/) 〘医〙 点状出血; 溢血点. ♦ **pe·té·chi·al** *a* **-chi·ate** /-kiət, -kièɪt/ *a* [It]
péte·man /-mən/ *n* (*pl* **-men**)*《俗》 金庫破り (safecracker).
pe·ter[1] /píːtər/ *vi* **1**《鉱脈・水流などが》細くなる, 尽きる 〈*out, away*〉; しだいに消滅する 〈*out*〉; 〈需要などが〉なくなる. **2** 疲れはてる, へとへとになる, バテる 〈*out*〉. **3** 〘ブリッジ〙 ECHO する. ► *n* 〘ブリッジ〙 ECHO. [C19<?]
peter[2] *n*《俗》 監房, 独房; 《俗》 金庫, 銭箱; 《俗》 トランク, 手荷物; 《俗》《法廷の》証人席; 《俗》 ペニス; *《俗》《peterman が金品を盗むために使用する》しびれ薬, 眠り薬. ► *vi*《俗》 しびれ薬[眠り薬]を飲まされる, 一服盛られる. ► *vt*《俗》 〈金庫を〉爆破して開ける[破る]. [? *Peter*]
Peter **1** ピーター《男子名; 愛称 Pete》. **2 a** [°Saint] ペテロ (d. A.D. 67?)《もと Galilee の漁夫; 十二使徒の一人; Simon Peter ともいう; 祝日 6月29日; ローマカトリック教会では初代教皇とされる》. **b** ペテロ書《新約聖書の First [Second] Epistle General of ~ (ペテロの第

一[第二]の手紙); 略 Pet.》. **3** ピョートル (**1**) ～ **I** (1672–1725)《ロシア皇帝 (1682–1725; 1696 年まで異母兄と共同統治); 通称 '～ the Great' (大帝); 西欧的諸改革を断行し, ロシアを近代化, 首都 St. Petersburg を建設, 絶対主義を確立した》 (**2**) ～ **III** (1728–62)《ロシア皇帝 (1762); Peter 1 世の孫; 妃 (のちの Catherine 2 世) の率いるクーデターで廃され, 暗殺された》. **4** ペータル (**1**) ～ **I** (1844–1921)《セルビア王 (1903–21); 第一次大戦後セルビア人・クロアチア人・スロヴェニア人王国の王 (1918–21)》 (**2**) ～ **II** (1923–70)《ユーゴスラヴィア王 (1934–45); Alexander 1 世 (Peter 1 世の子) の子; 議会が共和制を宣告したために廃位 (1945)》. ● **for ～'s** SAKE[1]. **rob ～ to pay Paul** 一人から奪って他人に与える, 借金して借金を払う. [L<Gk (*petros* stone)]

Pe·ter·bor·ough /píːtərbə̀ːrə, -bʌ̀rə, -b(ə)rə; -b(ə)rə, -bʌrə/ **1** ピーターバラ (**1**) イングランド中東部の市・一元的自治体; 地理的には Cambridgeshire に含まれる **2**) カナダ南東部 Ontario 州南東部の市》. **2** ピーターバラ《樺の皮製または全体が木製のカヌー; もとはカナダ Ontario 州の Peterborough で作られた》. ■ **the Sóke of ～** ソークオヴピーターバラ《英国 Peterborough 地域にあった旧州; 1965 年 Huntingdon 州と合併, のちに Cambridgeshire に含まれたが現在は独立した市の一部》.

Péter Clá·ver /-kláːvər/ [Saint] 聖ペドロ・クラベル, 聖ペトルス・クラヴェル (1581–1654)《スペインの聖職者・聖人; '黒人の使徒' と呼ばれる; イエズス会士》.

péter-èat·er *n* 《卑》フェラチオをするやつ, ホモ.

Péter Fúnk 《俗》《競売会場で値を吊り上げる》競売人の協力者, サクラ.

Péter Grímes /-gráɪmz/ ピーター・グライムズ《George Crabbe の同名の詩 (1810) の主人公; 次々に少年徒弟を虐待して殺し, 最後に気が狂う漁夫; Benjamin Britten の歌劇 (1945) がある》.

Pe·ter·hof /*G* péːtərhoːf/ ペーターホーフ《PETRODVORETS のドイツ語風の旧称》.

Péter Jáy*《黒人俗》警官, おまわり, マッポ.

Péter Lómbard ペトルス・ロンバルドゥス (c. 1095–1160)《イタリアの神学者; 中世に標準的な神学の教科書とされた『命題論集』を著わした》.

Pé·ter·loo Mássacre /píːtərlùː-/ ピータールーの虐殺《1819 年 Manchester の St. Peter 広場で議会改革運動支援の労働者が官憲の襲撃をうけて死亡・負傷した事件; Peterloo は Waterloo のもじり》.

péter·man /-mən/ *n* 漁夫; 《俗》泥棒, 夜盗, 眠り薬などを飲ませて金品を盗む泥棒, 昏睡強盗; 《俗》手荷物泥棒, 置引き; 《俗》金庫破り.

Péter·mann Péak /píːtərmən-/ ペーテルマン山《Greenland 東部の山 (2930 m)》.

Péter Pán /-pǽn/ **1** ピーター・パン《J. M. Barrie の同名の児童劇 (1904) や童話の主人公で, 魔法の島 Never-Never Land に住む永遠に生後 7 日のままの少年; ⇨ WENDY, CAPTAIN HOOK》. **2** いつまでも子供みたいな人. **3** PETER PAN COLLAR.

Péter Pàn cóllar ピーターパンカラー《婦人・子供服の小さな丸襟》.

Péter pènce [pènny] PETER'S PENCE.

Péter Píper ピーター・パイパー《英国の伝承童謡の主人公; この童謡は 'Peter Piper picked a peck of pickled pepper' で始まり, 頭韻を踏んだ早口ことばになっている》.

Péter Prìnciple [the] [°*joc*] ピーターの法則《階層社会の構成員は各自の能力を超えたレベル ('level of incompetence') まで出世するというもの》. [米国の教育学者 Laurence J. *Peter* (1919–90) の著書の名]

Péter Rábbit ピーター・ラビット《Beatrix Potter の *The Tale of Peter Rabbit* (1900) をはじめとする一連の童話の主人公であるいたずら者のウサギ》.

Pe·ters /péɪtərs/ ペータース **Carl** ～ (1856–1918)《ドイツの探検家・植民地政治家》.

Pe·ters·burg /píːtərzbə̀ːrg/ ピーターズバーグ《Virginia 州南東部の市; 南北戦争末期 (1864–65) に長期戦が続いた地》.

Péter's físh 〘魚〙 SAINT PETER'S FISH.

pe·ter·sham /píːtərʃəm, -ʃæ̀m/ *n* ピーターシャム (**1**) 紡毛オーバーコート地; そのコート **2**) ベルトやハットバンド用の細幅の厚地》. [Viscount *Petersham*, the 4th Earl of Harrington (1790–1851) 英陸軍将校]

Pe·ter·son /píːtərs(ə)n/ ピーターソン (**1**) **Oscar** (**Emmanuel**) ～ (1925–2007)《カナダのジャズピアニスト・シンガー》 (**2**) **Roger Tory** ～ (1908–96)《米国の鳥類学者・画家; *A Field Guide to the Birds* (1934)》.

Péter's pénce [⟨*sg*⟩] ペテロ献金 (**1**) 中世イングランドで土地所有者が 1 戸につき 1 ペニーを毎年教皇庁に納付したもの; 宗教改革で廃止 **2**) 今ではカトリック教徒が毎年教皇庁へ納める任意の献金》.

Pé·ters' projéction /péɪtərs-/ 〘地図〙 ペータース図法《第三世界を強調するために Mercator 図法を改良した図法》. [Arno *Peters* (1916–2002) ドイツの歴史家]

Péter the Hérmit ペトルス・アミアネシス (c. 1050–1115)《フランスの修道士; 第 1 回十字軍の唱道者》.

pét fórm 《名前を変形した》愛称(形): Megan is a Welsh ～ *for* Margaret.

peth·i·dine /péθədìːn/ *n* ″〘薬〙 ペチジン (meperidine). [? *piperidine, ethyl*]

pé·til·lant /*F* petijɑ̃/ *a* ⟨ワインが⟩少し泡立つ, 準[微弱]発泡性の.

pet·i·o·lar /pétiələr/ *a* 〘植〙 葉柄の[に支えられた].

pet·i·o·late /pétiəlèɪt, -lət/, **-lat·ed** /-lèɪtəd/ *a* 〘植・動〙 有柄の, 葉柄の.

pet·i·ole /pétiòul/ *n* 〘植・動〙 葉柄 (=*leafstalk*), 柄, 柄部 (pedicel, peduncle), 〘昆〙 腹柄(節)《アリなどの胴体のくびれ部分》. ♦ **～d** *a* [F<L=little foot]

pet·i·o·lule /pétiouljùːl, píːt-, pètióuljul/ *n* 〘植〙《複葉の小葉基部の》小葉柄.

Pe·ti·pa /pétipɑ̀ː, ーーー/ ペティパ **Marius** ～ (1818–1910)《フランス生まれのロシアの舞踊家・振付家; 現代古典バレエの創始者》.

pet·it /péti/ *a* 小さい; 重要でない. ★ 主に法律用語で複合語の一要素として用いられる (opp. *grand*). [F=little; *petty* と二重語]

Pe·tit /pətíː/ プティ **Roland** ～ (1924–2011)《フランスの舞踊家・振付家》.

pe·tít bóurgeois /pətíː-, péti-/ *n* (*pl* **pe·títs bóurgeois** /—/) 小市民, プチブル(ジョア); プチブルジョア階級 (petite bourgeoisie). ► *a* プチブルジョア(階級)の. ♦ **petíte bóurgeoise** *n fem*

petít bourgeoisíe PETITE BOURGEOISIE.

pe·tite /pətíːt/ *a* ⟨女性が⟩小柄な. ► *n* 《婦人服の》小柄サイズ, プチサイズ. [F (fem)<PETIT]

petíte bourgeoisíe [the] [⟨*sg/pl*⟩] プチブルジョア階級 (lower middle class). [F]

pe·tite si·rah /pətít sɪráː/ [°P- S-] プティット・シラー (**1**) 主に California 州で生産される辛口赤ワイン **2**) その原料のブドウ》.

pe·tit four /péti fɔ́ːr/ (*pl* **pe·tit(s) fours** /péti fɔ́ːrz/) プチフール《ひと口大のケーキ》. [F=small oven]

pet·it·grain /pétigrèɪn/ *n* 〘化〙 プチグレン《ダイダイ (sour orange) などの葉や小枝から採る芳香をもつ黄色の精油; 香水・石鹸などに用いる》. [F *petit grain* little seed]

pe·ti·tion /pətíʃ(ə)n/ *n* 請願, 嘆願, 懇請, 陳情; 申請, 申し立て; 嘆願事項; 請願[嘆願, 陳情]書, 訴状: a ～ in [of] bankruptcy 破産の申し立て / a ～ of appeal 控訴状, 訴願状 / a ～ of revision 〘法〙 訂正申請書 / right to [of] ～ 〘法〙 請願権 / get up a ～ 請願を起こす. ► *vt* …に請願する, 申請[懇請]する ⟨*for* sth, *to* do, *that* …(should) be done⟩. ► *vi* 請願する, 懇請する, 申し立てる, 訴える ⟨*for* sth *to* be allowed to do⟩. ♦ **petítion·àry** /; -(ə)ri/ *a* **～·able** *a* [OF<L (*petit- peto* to ask)]

petítion·er *n* 請願者, 申立人, 《特に》離婚申立人; 《訴訟の》原告; [ˢP-] 〘英史〙 請願派《1679 年 Charles 2 世に対する議会召集の請願に署名した人びと; cf. ABHORRER》.

Petítion of Ríght [the] 〘英史〙 権利の請願《1628 年議会から国王 Charles 1 世に請願したもの》; [p- of r-] 〘英法〙 対政府権利回復訴願《1947 年廃止》.

pe·ti·tio prin·ci·pii /pətíʃiòu prìnsípiàɪ/ 〘論〙 先決問題要求の虚偽《理由なく前提を立てることによる虚偽; cf. BEG[1] *the question*》. [L]

pétit júry 〘法〙 小陪審 (=*petty jury*)《12 人の陪審員からなる; cf. GRAND JURY》.

pétit lárceny PETTY LARCENY.

pe·tit-maî·tre /*F* pətimɛtr/ *n* (*pl* **pe·tit(s)-maîtres** /—/) だて男, ハイカラ男, しゃれ者. [F=little master]

pe·tit mal /pətíː mǽl, péti-/ 〘医〙《癲癇の》小発作 (cf. GRAND MAL). [F=small illness]

pe·tit pain /*F* pəti pɛ̃/ (*pl* **pe·tits pains** /—/) 小型ロールパン, プチパン.

pétit pòint プチポアン (TENT STITCH; cf. GROS POINT); プチポアンによる刺繍. [F]

pe·tits che·vaux /*F* pəti ʃəvo/ [⟨*sg*⟩] 小競馬《玩具の馬を機械で動かして勝馬にかける賭博の一種》.

pe·tits pois /*F* pəti pwa/ *pl* 小粒のグリーンピース.

pétit tréason 〘法〙《領主・高位聖職者・主人・夫など目上の者を殺す》軽叛逆罪 (cf. HIGH TREASON).

pe·tit verre /*F* pəti vɛːr/ 小型グラス《リキュール用》. [F=small glass]

PETN °pentaerythritol tetranitrate.

pét náme 愛称《William を *Bill*, Thomas を *Tom*, Katherine を *Kate* と呼ぶ類》.

pét·nàp(p)ing *n* ペットの誘拐. ♦ **pét·nàp(p)er** *n* ペット誘拐犯.

Pe·tő·fi /pétəfi/ ペテーフィ **Sándor** ～ (1823–49)《ハンガリーの詩人・革命家》.

pét péeve 常に不平[しゃく]のたねとなるもの, とりわけいやな[腹の立つ]もの[こと], 目のかたき.

Pë·tr /pjóutr(ə), -tər/ ピョートル《男子名》. [Russ; ⇨ PETER]

petr- /pétr/, **pet·ri-** /pétrə/, **pet·ro-** /pétrou, -rə/ *comb form*

「石」「岩」「石油」「《側頭骨の》錐体部の」 [Gk (*petros* stone or *petra* rock)]

Pe·tra /píːtrə, pétrə/ ペトラ《ヨルダン南部の古代都市; ヘレニズム・ローマ時代のアラブ人の王国の中心》.

pe·trá·le (sòle) /pətrá:li(-)/ 〘魚〙 エオプセッタヨルダン, ペトレルカレイ《北米の太平洋産のムシガレイ属の魚; 全長 70 cm; 食用になり, ヒレ (fillet) として最適》.

Pe·trarch /píːtrɑ̀ːrk, pét-; pét-/ ペトラルカ (It **Francesco Pe·trar·ca** /peɪtrá:rkə/) (1304–74)《イタリアの詩人》. ◆ **Pe·trárch·an** /pi-, pɛ-; pétrɑːr-/ *a*

Petrárchan sónnet 〘韻〙《Petrarch が創始した》イタリア式ソネット (⇨ ITALIAN SONNET).

pet·rel /pétrəl/ *n* 〘鳥〙 ミズナギドリ《ミズナギドリ目ミズナギドリ科・ウミツバメ科・モグリウミツバメ科の各種の海鳥; ヒメウミツバメ (storm petrel) など》. [C17<?]

pé·tri dìsh /píːtri-/ [ºP-] **1** ペトリ皿, シャーレ《細菌培養用》. **2** 《進歩・発展などの》出所, 源. [R. J. *Petri* (1852–1921) ドイツの細菌学者]

Pe·trie /píːtri/ ピートリー Sir (**William Matthew**) **Flinders** ~ (1853–1942)《英国のエジプト学者・考古学者》.

pet·ri·fac·tion /pètrəfǽkʃ(ə)n/ *n* 石化(作用); 石化物; 茫然自失, 無気力. ◆ **pèt·ri·fác·tive** *a* 石化する, 石化力のある. [*stupefaction* にならって petrify から]

pet·ri·fi·ca·tion /pètrəfəkéɪʃ(ə)n/ *n* PETRIFACTION.

Pétrified Fórest Nátional Párk ペトリファイドフォレスト国立公園《Arizona 州東部の国立公園; 石化した木々の広がる区域がある》.

pet·ri·fy /pétrəfàɪ/ *vt, vi* **1** 石質にする, 石化する. **2** 石のように硬くする, こわばらせる; 無情[頑固, 無神経]にする[なる], 硬化[硬直]させる[する]; びっくり仰天させる[する], すくませる[すくむ]; 正気を失わせる[失う]; 沈滞させる[する]. ◆ **-fied** *a* ⁺*《俗》泥酔した, 酩酊状態の. [F<L (*petra*<Gk=rock)]

pétrify·ing líquid 〘美〙 石化液《油結水彩の下地の目止め用》.

Pe·trine /píːtràɪn, -trən/ *a* **1** 使徒ペテロ (Peter) (の教義)の; 《教皇が使徒ペテロから受け継いだとされる》教会における至上権の. **2** ピョートル大帝 (Peter the Great) (の治世)の.

pe·tris·sage /pètrɪsáːʒ/ *n* 揉捏(じゅうねつ)(法)《筋肉のマッサージ》. [F < *pétrir* to knead]

petro- /pétrou, -rə/ ⇨ PETR-.

pètro·chémical *n* 〘化〙 石油化学製品. ► *a* 石油化学(製品)の; 岩石化学の.

pètro·chémistry *n* 石油化学《石油・石油製品・天然ガスなどを扱う》; 岩石化学.

pétro·dòllar *n* [ᵘ*pl*] オイルダラー[マネー] (=*oil dollar* [*money*])《原油輸出によって獲得した外貨; 特に 産油国の輸出代金から消費財や資本財などの輸入代金を引いた余剰資金》.

Pe·tro·dvo·rets /pètrədvaréts/ ペトロドヴォレツ《ロシア北西部 St. Petersburg の西, フィンランド湾の南岸にある市; 1944 年までの旧称 Peterhof》.

pètro·génesis *n* 〘地質〙 岩石生成. ◆ **-genétic** *a*

pet·ro·glyph /pétrəglìf/ *n* 岩面陰刻[線画]《特に 有史前になされたもの》. ◆ **pèt·ro·glýph·ic** *a*

Pet·ro·grad /pétrəgræ̀d/ ペトログラード《ST. PETERSBURG の旧称 (1914–24)》.

pétro·gràph *n* PETROGLYPH.

pe·trog·ra·phy /pətrágrəfi/ *n* 記載岩石学 (cf. LITHOLOGY). ◆ **pe·tróg·ra·pher** *n* **pèt·ro·gráph·ic, -i·cal** *a* **-i·cal·ly** *adv*

pet·rol /pétr(ə)l/ *n* ᴵᴵガソリン (gasoline*); 《古》石油 (petroleum); PETROL BLUE: a ~ pump《自動車の》給油ポンプ. [F *pétrole*<L PETROLEUM]

pet·ro·la·tum /pètrəléɪtəm, -láː-/ *n* 〘化〙 ペトロラタム, ワセリン.

pétrol blúe ペトロールブルー, ペトロブルー《緑がかった灰青色》.

pétrol bòmbᴵᴵ 火炎瓶 (Molotov cocktail). ◆ **pétrol-bòmb** *vt*

pe·tro·le·um /pətróuliəm/ *n* 石油; ガソリン: crude [raw] ~ 原油. [NL (Gk *petra* rock, L *oleum* oil)]

petróleum éngine GASOLINE ENGINE.

petróleum éther 石油エーテル.

petróleum jélly PETROLATUM.

petróleum spírit [ᵘ*pl*] 〘化〙 石油スピリット, ミネラルスピリット.

pétrol·hèad *n* 《口》熱烈な自動車愛好家[マニア], カーキチ.

pe·trol·ic /pətrálɪk/ *a* 石油[ガソリン]の; ガソリンエンジンの, 自動車の.

pet·ro·lif·er·ous /pètrəlíf(ə)rəs/ *a* 石油を産する, 産油…, 含油….

pe·trol·o·gy /pətrálədʒi, pɛ-/ *n* 岩石学. ◆ **-gist** *n* **pèt·ro·lóg·ic, -i·cal** *a* **-i·cal·ly** *adv*

pétrol pùmpᴵᴵ《ガソリンスタンドの》給油装置, 給油機.

pétrol stàtionᴵᴵ ガソリンスタンド (filling station, gas station*).

pétrol tànkᴵᴵ《車などの》ガソリンタンク (gas tank*).

pétro·mòney *n* オイルマネー.

pet·ro·nel /pètrənél; ⌐⌐⌐/ *n* 胸当て銃《カービン銃に似た 15–17 世紀の大口径の短銃》. [F (*poitrine* chest)]

pet·ro·nel·la /pètrənélə/ *n* **1** ペトロネラ《スコットランドの民族舞踊》. **2** [P-] ペトロネラ《女子名》. [L (fem dim)<*Petronius*; ⇨ PETER]

Pe·tro·ni·us /pətróuniəs/ ペトロニウス **Gaius** ~ (d. A.D. 66)《ローマの諷刺作家; しばしば '~ Arbiter' (趣味の審判者) といわれる》. ◆ **Pe·tró·ni·an** *a*

Pet·ro·pav·lovsk /pètrəpǽvlɔ̀ːfsk, -páːv-/ ペトロパヴロフスク《カザフスタン北部の市》.

Petropávlovsk-Kam·chát·sky /-kæmtʃǽtski/ ペトロパヴロフスク-カムチャツキ《ロシア東部 Kamchatka 半島南部の太平洋岸の港町; 海軍基地がある》.

Pe·tró·po·lis /pətrápələs/ ペトロポリス《ブラジル南東部 Rio de Janeiro 州の市; 避暑地》.

pètro·pólitics *n* 《産油国による》石油政治[外交].

pétro·pòwer *n* 石油を産出する国々の経済力[政治力]; 石油産出国, 産油国.

pe·tro·sal /pətróusəl/ *a* 岩様の; 〘解〙《側頭骨》錐体の. ► *n* 〘解〙《側頭骨》錐体.

Pe·tro·syan /pɪtróuʒən/ ペトロシャン **Tigran V**(**artanovich**) ~ (1929–84)《ソ連のチェスプレーヤー; 世界チャンピオン (1963–69)》.

pet·rous /pétrəs, píː-/ *a* 岩様の; 〘解〙《側頭骨》錐体の.

Pe·trovsk /pətrɔ́ːfsk/ ペトロフスク《MAKHACHKALA の旧称》.

Pet·ro·za·vodsk /pètrəzəváːtsk/ ペトロザヴォツク《ロシア北西端, Karelia 共和国の首都; Onega 湖に臨む》.

Pe·tru·chio /pətrúːkiòu, -tʃiòu/ ペトルーキオ《Shakespeare, *The Taming of the Shrew* の中で, じゃじゃ馬娘 Katharina に求婚する Verona の快男児》.

pe-tsai /béɪtsáɪ; péɪ-/ *n* 白菜 (=~ **càbbage**) (Chinese cabbage). [Chin]

Pet·sa·mo /pétsəmòu/ ペッツァモ《PECHENGA のフィンランド語名》.

PET scan /pét ─/ 〘医〙 PET スキャン《陽電子放射断層撮影による画像・検査》. ◆ **PET scanner** /─ ─/ *n* **PET scanning** /─ ─/ *n*

pét sìtting ペットの世話の代行(業). ◆ **pét sìtter** *n*

petti *n* PETTO の複数形.

pet·ti·coat /pétikòut/ *n* **1 a** ペチコート《女性用の下着; スカートの形を整えるために着用; かつてはドレス用のスカートも意味した》; スリップ; 《古》《女性の》乗馬用スカート; [*pl*] 小児服, 婦人服. **b** スカート形のもの; 〘電〙 碍子(がいし)の下部, はかま; 〘弓〙 ペチコート《標的の白輪より外側の部分; 無得点》. **2** 女, 娘, [*pl*] 女性; [ºthe] 女の勢力, 女の社会. ● **wear** [**be in**] **~s** 女[幼児]である, 女らしくふるまう. ► *a* 女性の, 女流の, 女性的な; 女性による: a ~ affair《特に》つや話 / ~ government 女[かかあ]天下, 女性優位, 婦人政治. ◆ **~·ed** *a* ペチコートを着けた; 女らしい. **~·ism** *n* 女の勢力, 女天下. **~·less** *a* [*petty coat*]

pétticoat ínsulator 〘電〙 はかま型碍子.

Pétticoat Láne ペティコートレーン《London の東部にある Middlesex 通りの通称; 日曜日に古物市が立つ》.

pétticoat narcíssus 〘植〙 ペチコートスイセン《漏斗状副花冠をもつ黄または白の花をつけるスイセン; 地中海地方原産》.

pet·ti·fog /pétifɔ̀(ː)g, -fàg/ *v* (**-gg-**) *vi* 屁理屈をこねる; 詭弁的弁護をする. ► *vt* 〈事件を〉詭弁的に弁護する. ◆ **-fòg·ger** *n* いんちき弁護士, 三百代言; 屁理屈を言う者. **pét·ti·fòg·gery** *n* いんちき弁護, 三百代言的手段. **pét·ti·fòg·ging** *n, a* 三百代言(式の), ごまかし(の); 卑劣な; つまらない. [逆成<*pettifogger* (*petty*+*fogger* underhand dealer); cf. *Fugger* 15–16 世紀 Augsburg の商家]

pét·ting pàrty *《俗》ひとしきりのペッティング.

pétting zòo 《動物にさわれる》子供[触れ合い]動物園.

pet·ti·pants* /pétipæ̀nts/ *n pl* ペティパンツ《ひざ上までの長い婦人用パンティー》.

pét·tish *a* すねた, すぐふくれる, 気むずかしい, おこりっぽい. ◆ **~·ly** *adv* **~·ness** *n* [*pet*²]

pet·ti·skirt /pétiskə̀ːrt/ *n* ペチスカート《スカートの下にはく下着》, ペチコート (petticoat).

pet·ti·toes /pétitòuz/ *n pl* 豚足《食用》; 子供の足(指).

pet·tle /pétl/ *vt* 《スコ》愛撫する, かわいがる (pet).

pet·to /pétou/ *n* (*pl* **pet·ti** /-ti/) 胸: IN PETTO. [It]

pétt whín 〘植〙 **a** NEEDLE FURZE. **b** RESTHARROW.

pet·ty /péti/ *a* **1** 小さい, わずかな, 微々たる; 劣った, 小規模の, ちゃちな, 二流の; 〘法〙 軽微な (opp. *grand*): ~ expenses 雑費 / ~ farmers 小農. **2** 取るに足りない, つまらない, ささいな; 狭量な, 了見の狭い, けちな: ~ officials 小役人. ◆ **pét·ti·ly** *adv* **pét·ti·ness** *n* [F PETIT]

Petty ペティー Sir **William** ~ (1623–87)《イングランドの経済学者・統計学者》.

pétty apártheid 〘南ア〙 小アパルトヘイト《かつての南アフリカ共和国における日常的な人種差別的慣行; バスや競技場の座席を分離するなど; cf. GRAND APARTHEID》.

pétty áverage 〘法〙 小海損.

pétty bóurgeois PETIT BOURGEOIS.
pétty bourgeoisíe PETITE BOURGEOISIE.
pétty cásh こづかい銭; 小口現金.
pétty cásh bòok こづかい帳; 小口現金支払帳.
pétty críme 軽微な犯罪.
pétty júry PETIT JURY.
pétty lárceny こそ泥《行為》; 〔法〕 軽窃盗罪 (cf. GRAND LARCENY).
pétty ófficer 〔英海軍〕 二等兵曹; 〔米海軍・米沿岸警備隊〕 兵曹 (⇨ NAVY).
pétty òfficer fírst cláss 〔米海軍・米沿岸警備隊〕 二等兵曹 (⇨ NAVY).
pétty òfficer sécond cláss 〔米海軍・米沿岸警備隊〕 三等兵曹 (⇨ NAVY).
pétty òfficer thírd cláss 〔米海軍・米沿岸警備隊〕 四等兵曹 (⇨ NAVY).
pétty prínce 小国の君主.
pétty sèssions *pl* 〔英法〕 小治安裁判(法廷)《治安判事によって陪審なしに開かれ, 軽微な事件を扱う》.
pétty tréason PETIT TREASON.
pet·u·lance /péʧələns; -tjʊ-/ *n* かんしゃく, すねること, 短気, 不機嫌(な言動).
pét·u·lan·cy *n* 《古》 PETULANCE.
pét·u·lant *a* おこりっぽい, すぐ不機嫌になる[すねる], だだっ子のような; 《廃》 不遜な, 無礼な; 《廃》 不埒(ふらち)な. ♦ **~·ly** *adv* [F<L (*peto* to attack)]
pe·tu·nia /pɪt(j)úːnjə; -tjúːniə/ *n* 〔植〕 ペチュニア, ツクバネアサガオ《ナス科ツクバネアサガオ属 (*P-*) の草花の総称》; 紫色, 暗紫色. [NL<F *petun* tobacco<Tupi]
pe·tun·(t)se, -tze /pətúntsə, -tʌ́ntsi/ *n* 白不(はくとん)子《中国産の陶磁器用粘土》. [Chin]
peu à peu /*F* pø a pø/ 少しずつ.
peu de chose /*F* pø də ʃoːz/ わずかなもの, 些細なこと.
Peu·geot /pə́ːrʒoʊ, *p(j)uʒóʊ; *F* pøʒo/ *n* (*pl* **~s** /-z; *F* —/) プジョー《フランス Peugeot 社製の自動車》. [*Peugeot* フランスの技術者一家]
Peul, Peuhl /p(j)úːl/ *n* プル族[語] (FULANI).
Pevs·ner /pévznər/ ペヴスナー (**1**) **Antoine ~** (1886–1962)《ロシア生まれのフランスの構成主義の彫刻家・画家; Naum Gabo の兄》 (**2**) Sir **Nikolaus Bernhard Leon ~** (1902–83)《ドイツ生まれの英国の建築史家; *The Buildings of England* (1951–74)》.
pew[1] /pjúː/ *n* 《教会の》 信徒席, 会衆席, 腰掛け; ‖《口》《広く》 椅子, 席: a family ~ 《教会の》 家族席 / take [have] a ~ 着席する. ► *vt* …に座席を備え付ける; 囲う. ♦ **~·less** *a* [OF<L PODIUM]
pew[2] *int* (うっ)臭い, くせっ!
péw·age *n* 《教会の》 全信徒席; 教会座席料.
pe·wee /píːwi/ *n* 〔鳥〕 モリタイランチョウ, ピーウィー《タイランチョウ科モリタイランチョウ属の数種; アメリカ大陸森林産》. [imit]
péw·hòld·er *n* 教会の指定席借主[所有者].
pe·wit, pee·wit /píːwɪ̀t, pjúːət/ *n* 〔鳥〕 タゲリ (lapwing); ユリカモメ (black-headed gull); pewit の鳴き声; *PEWEE. [imit]
péw òpener 《教会の》 信徒席案内人.
péw rènt 教会の指定席使用料.
pew·ter /pjúːtər/ *n* 白目(しろめ), ピューター《スズを主体とする鉛などとの合金》; 白目製器物《集合的》; ‖《俗》《白目の》 賞杯, カップ, 賞金, 金銭; 青みがかった灰色. ► *a* 白目(製[細工])の: a ~ mug 白目製マグ《ビール用》. ♦ **~·er** *n* 白目細工師. [OF *peutre*<?]
p.ex. °par exemple.
-pexy /pɛ̀ksi/ *n comb form* 「固定」 [L<Gk (*pēxis* solidity)]
pe·yo·te /peɪóʊti/, **-yotl** /-tl/ *n* 〔植〕 ウバタマサボテン《アメリカ産のウバタマサボテン属のサボテンの総称》, 《特に》 ウバタマ, ペヨーテ (mescal); ペヨーテ《peyote button から得る幻覚剤》. [AmSp<Nahuatl]
peyóte bùtton [ᵁ*pl*] ペヨーテボタン《ウバタマの頂部を乾燥してボタン状にしたもの; 幻覚剤》.
pe·yó·tism *n* ペヨーテ教《キリスト教と土着信仰を融合したアメリカインディアンの宗教; ペヨーテを宗教行為に用いる》.
Péy·ton Pláce /péɪtn-/ ペイトンプレイス《米国の小説家 Grace Metalious (1924–64) の同名の小説の舞台である New Hampshire 州の架空の田舎町; 映画化 (1957) で有名になった》.
pey·tral, -trel /péɪtrəl/ *n* POITREL.
pez /pɛ́z/ *n**《俗》 濃い頭髪; 口ひげ, やぎひげ.
pf 〔スポ〕°personal foul ♦ pfennig ♦ 〔楽〕 pianoforte.
pf. perfect ♦ 〔証券〕 preferred.
p.f. 〔楽〕 [It *più forte*] a little louder. **pF** picofarad(s).
PF [F *Polynésie Française*]°French Polynesia ♦ 〔電〕°power factor ♦ 〔スコ法〕°procurator fiscal ♦ 〔商〕°pro forma.
PFA 〔英〕 Professional Footballers' Association.
Pfalz /*G* pfálts/ プファルツ《PALATINATE のドイツ語名》.
PFC, Pfc 〔米〕°Private First Class.
PFD °personal flotation device ♦ *《学生俗》 potential formal date 公けの行事に連れて行くのにふさわしい異性.
PFDJ People's Front for Democracy and Justice 民主正義人民戦線《エリトリアの政党; 旧称 EPLF》.
pfef·fer·nuss /féfərnùːs, -nʊ̀s; *G* pféfərnʊs/ *n* (*pl* **-nüs·se** /-nùːsə, -nʊ̀s; *G* -nʏsə/) プフェッファーヌス《香辛料がたくさんはいった小さいクリスマス用クッキー》. [G *Pfeffer* pepper]
Pfeif·fer /fáɪfər/ ファイファー **Michelle ~** (1958–)《米国の映画女優》.
pfen·nig /fénɪg, -nɪk; *G* pfénɪç/ *n* (*pl* **~, ~s, -ni·ge** /-nɪgə, -nɪjə/) プフェニヒ, ペニヒ《ドイツの旧通貨単位: =1/100 deutsche mark; 記号 pf, Pf》. [G; cf. PENNY]
pfft /fːt/ *int* プスッ, プチッ, ポン, チョン, チョボッ, コテッ (phut)《急な終末・消滅を表わす》. ►*《俗》 *a* 終わって, おだぶつ[パー, おじゃん]で; 酔っぱらって. ● **go ~** 終わる, おだぶつになる, だめになる, こわれる, ポシャる. ► *vi* [通例 無変化]*《俗》 終わる, 〈夫婦などが〉 別れる. [imit]
PFI 〔英〕 private finance initiative 民間資金活用による社会資本[公共施設]整備.
p53 /píːfɪftiθríː/ *n* 〔医〕 *p53* 遺伝子《ヒトの癌抑制遺伝子の一つ》.
P5 °Permanent Five.
P45 /píːfɔ̀ːrtifáɪv/ *n* 〔英〕 P45《退職者の雇用期間中の通算収入・納税額, 国民保険に納めた額を証明する書類; 再就職時に雇用者に提出する》.
Pforz·heim /(p)fɔ́ːrtshàɪm/ プフォルツハイム《ドイツ南西部 Baden-Württemberg 州の市》.
pfui /fúːi/ *int* PHOOEY. [G]
PG /pìːʤíː/ 〔証明商標〕 PG《一般向きだが, 子供には保護者の指導が望ましい映画; ⇨ RATING[1]》. [*p*arental *g*uidance]
pg picogram. **pg.** page.
PG °Papua New Guinea ♦ 〔英〕 parental guidance (⇨ RATING[1]) ♦ °paying guest ♦ Postgraduate ♦ *《口》 pregnant ♦ °Procter & Gamble ♦ 〔生化〕 prostaglandin.
PGA Professional Golfers' Association ♦ 〔生化〕°pteroylglutamic acid.
PGCE /píːʤìːsìːíː/ *n* 〔英〕 教育学専攻科(修了証)《大学院に設けられている 1 年の課程(を修了することによって認定される公立学校教員資格)》. [*p*ost*g*raduate *c*ertificate of *e*ducation]
PGP /píːʤìːpíː/ *n* 〔電算〕 PGP《送信内容を暗号化するプログラム》. [*p*retty *g*ood *p*rivacy]
PGR °psychogalvanic reflex [reaction, response].
PG-13 /píːʤìːθə̀ːrtíːn/ 〔証明商標〕 PG-13《13 歳未満の子供には保護者の指導が望ましい映画; ⇨ RATING[1]》. [⇨ PG]
PG Tips /píːʤìː típs/ 〔商標〕 PG ティップス《英国製の紅茶》. [*Pre-Gestee*;「消化前に飲むもの」の意で, 同製品の旧名]
pH /pìːéɪʧ/ *n* 〔化〕 ペーハー, ピーエイチ, pH《水素イオン指数》. [*po*tential of *h*ydrogen]
ph pharmacopoeia ♦ phosphor ♦ 〔理〕 phot.
PH °pinch hit ♦ °pinch hitter ♦ °public health ♦ 〔米軍〕°Purple Heart. **PHA** phytohemagglutinin.
pha·ce·lia /fəsíːliə/ *n* (*pl* **-li·as**) 〔植〕 ファセリア《主に北米西部原産のハゼリソウ科ハゼリソウ属 (*P-*) の青紫色・青・白などの花をつける草本の総称; 数種が観賞用に栽培される》. [NL (Gk *phakelos* bundle)]
phàco·emulsificátion /fæ̀koʊ-/ *n* 〔医〕 水晶体超音波吸引(術). [Gk *phakos* lentil]
phaco·lite /fǽkəlàɪt/ *n* 〔鉱〕 ファコライト《斜方沸石 (chabazite) の一種で, 無色六角形のもの》; 〔地質〕 PHACOLITH.
phac·o·lith /fǽkəlɪ̀θ/ *n* 〔地質〕 ファコリス《褶曲地層の向斜[背斜]部に貫入したレンズ状岩体》.
Phae·a·cian /fiéɪʃən/ *n* 〔ギ神〕 パイアーケス人《Odysseus が帰途に寄った Scheria という島の住民》.
Phae·dra /fíːdrə/ 〔ギ神〕 パイドラー《Theseus の妻で, HIPPOLYTUS の義母》.
Phae·drus /fíːdrəs/ **1** パイドロス《紀元前 5 世紀のギリシアの哲学者; Socrates, Plato の同時代人》. **2** フェイドロス (c. 15 B.C.–c. A.D. 50)《寓話をラテン文で記したローマの作家》.
Pha·e·thon /féɪəθən/ 〔天〕 パエトン《小惑星の一つ》.
Pha·ë·thon /féɪəθən/ 〔ギ神〕 パエトーン《日の神 Helios の子; 父の馬車を御しそこなって地球に接近しすぎ大火事になるところを Zeus が電光で殺した》. [Gk=a shining]
pha·e·ton, pha·ë·ton /féɪət(ə)n; féɪtn/ *n* 《昔の》 二頭四輪馬車; TOURING CAR. [F, ‹ *Phaëthon*]
phag- /fǽg/, **phago-** /fǽgoʊ, -gə/ *comb form* 「食う」 [Gk *phagō* to eat]
phage /féɪʤ/ *n* 〔菌〕 ファージ (bacteriophage).
-phage /fèɪʤ, fɑ̀ːʒ/ *n comb form* 「食べるもの」「細胞を潰滅する細胞」: bacterio*phage*. [Gk]
phag·e·de·na, -dae·na /fæ̀ʤədíːnə/ *n* 〔医〕 侵食潰瘍. ♦ **-den·ic** /-dénɪk, -díːn-/ *a*
-pha·gia /féɪʤiə/ *n comb form* 「食欲」; -PHAGY. [L<Gk]

phágo·cỳte *n* 〘生理〙食細胞《白血球など》. ♦ **phàgo·cýt·ic** /-sít-/ *a* ［*phag-*, *-cyte*］

phagocýtic índex 〘生理〙食細胞指数.

phágo·cyt·ize /-sàɪtaɪz, *-sə-/ *vt* 〘生理〙食菌する.

phágo·cy·tose /-sàɪtòus, *-sə-, -z/ *vt* PHAGOCYTIZE.

phàgo·cy·tó·sis /-saɪtóusəs, *-sə-/ *n* (*pl* **-ses** /-sì:z/) 〘生理〙《食細胞の》食(菌)作用, 食細胞活動, 貪食. ♦ **-tót·ic** /-tát-/ *a*

phàgo·mánia *n* 貪食症.

phàgo·phóbia *n* 恐食症.

phágo·sòme *n* 〘生〙食作用胞, 貪食(液)胞, ファゴソーム.

-ph·a·gous /ˊ-fəgəs/ *a comb form*「〈ある種の食物を〉食べて生きている」: anthropo*phagous*. ［L＜Gk］

Pha·gun /pá:gun/ *n* 〘ヒンドゥー暦〙十二月, パーグン《グレゴリオ暦の2–3月; ⇨ HINDU CALENDAR》. ［Skt］

-ph·a·gy /ˊ-fəʤi/ *n comb form* 〘生・医〙「〈ある食物を〉常食とすること」: anthropo*phagy*. ［Gk］

phal·ae·nop·sis /fæ̀lənápsəs/ *n* (*pl* ～, **-ses** /-sì:z/) 〘植〙コチョウラン(胡蝶蘭), ファレノプシス《コチョウラン属のランの総称; ヒマラヤから豪州にかけて分布》. ［NL＜Gk *phalain* moth, -OPSIS］

pha·lan·gal /fəlǽŋg(ə)l/ *a* PHALANGEAL.

pha·lange /féɪlænʤ, fəlǽnʤ, feɪ-; fǽlænʤ/ *n* 〘解・動〙指趾骨, 指骨, 指[趾]節骨 (phalanx); 〘昆〙棘跗節, 節; [P-]《レバノンの》ファランヘ党 (Falange).

pha·lan·ge·al /fèɪlənʤí:əl, fæ̀l-, fəlǽnʤiəl, feɪ-; fəlǽnʤiəl/ *a* PHALANX の; PHALANGES の: a ～ joint 指関節.

pha·lan·ger /fəlǽnʤər, *féɪlæ̀n-/ *n* 〘動〙クスクス (cuscus), ユビムスビ《オーストラリア区の有袋類クスクス科 (Phalangeridae) の各種; cf. FLYING PHALANGER》. ［F＜Gk *phalaggion* spider's web; 後ろ足の指間膜から］

phalanges *n* PHALANX [PHALANGE] の複数形.

Pha·lan·gist /fəlǽnʤɪst/ *n* ファランジスト《レバノンのファランヘ (Falange) 党の党員; キリスト教徒が中心の右派政党; スペインの Falange 党にちなんで命名》.

phal·an·stery /fǽlənstèri; -st(ə)ri/ *n* ファランステール《Charles Fourier の理想とする社会主義的生活共同体; その共同住宅》; ファランステールに類似した共同体(の住宅). ♦ **phal·an·ste·ri·an·ism** /fæ̀lənstíəriənìz(ə)m/ *n* **-stér·i·an** *a*, *n* ［F; *monastère* monastery にならって *phalanx* から］

pha·lanx /féɪlæ̀ŋks, fǽl-; fǽl-/ *n* (*pl* ～**·es**, **pha·lan·ges** /fəlǽnʤiz, feɪ-, féɪlæn-; fælǽn-/) **1 a** 方陣, ファランクス《古代ギリシアの重装歩兵密集隊形》; 《一般に》密集隊形, 密集軍. **b**《人・動物・物の》密集. **2**《人間の》組織的集団, 同志の集まり; 1 つのファランステール (phalanstery) を形成する人間集団《約 1800 人》. **3**〘解・動・昆〙PHALANGE; 〘植〙雄蕊(ずい)束. ● **in** ～ (同志)結束して. ［L＜Gk］

phal·a·rope /fǽlərὸup/ *n* (*pl* ～**s**, ～) 〘鳥〙ヒレアシシギ《総称》. ［F＜L (Gk *phalaris* coot, *pous* foot)］

phalli *n* PHALLUS の複数形.

phal·lic /fǽlɪk/ *a* 男根崇拝の; 陰茎の; 男根状の, 男根を象徴する; 〘精神分析〙男根期[性格]の: the ～ phase [stage] 男根期. ♦ **phál·li·cal** *a* **-li·cal·ly** *adv*

phal·li·cism /fǽləsìz(ə)m/, **phal·lism** /fǽlìz(ə)m/ *n* 男根崇拝. ♦ **phál·li·cist, phál·list** *n*

phal·lo·céntric /fæ̀lə-/ *a* 男性中心主義的な(見方の), 男性本位の. ♦ **-centrícity, -céntrism** *n*

phal·loc·ra·cy /fælákrəsi/ *n* 男性優位の社会[システム], 男性優越主義.

phal·lo·crat /fǽləkræ̀t/ *n* 男性優越主義者. ♦ **phàl·lo·crát·ic** *a*

phal·loi·din /fælɔ́ɪd(ə)n/ *n* 〘化〙ファロイジン《タマゴテングタケ (death cup) (*Amantia phalloides*) から得られる毒性の強いペプチド》.

phal·lus /fǽləs/ *n* (*pl* **-li** /-làɪ, -lì:/, ～**·es**) 《生殖力の象徴としての》男根像, 金精; 〘解〙(勃起)陰茎, 陰核, ファルス. ［L＜Gk＝penis］

Pha·nar·i·ot /fənǽriὰt/ *n* 〘史〙ファナリオット《Constantinople のギリシア人居住区ファナル地区 (Phanar) のギリシア人; トルコ支配下で官吏として特権をふるった》.

-phane /fèɪn/ *n comb form*「〈ある種の〉形態・性質・外観を有するもの」: hydro*phane*. ［Gk］

phan·er- /fǽnər/, **phan·ero-** /fǽnərou, -rə/ *comb form*「可視の」「明瞭な」「顕性の」 ［Gk (*phaneros* visible)］

phànero·crýstalline *a*〈火成岩・変成岩が〉顕晶質の《肉眼で構成鉱物がはっきりと見える》.

phan·ero·gam /fǽnərəgæ̀m/ *n* 〘植〙顕花植物 (cf. CRYPTOGAM). ♦ **phàn·ero·gám·ic, phan·er·og·a·mous** /fæ̀nərágəməs/ *a* ［F (*gamos* marriage)］

phánero·phyte *n* 〘植〙地上[地表]植物.

Phan·ero·zo·ic /fæ̀nərəzóuɪk/ *a*, *n* 〘地質〙顕生(累)代(の)《古生代・中生代・新生代からなる》.

phanon ⇨ FANON.

phantasize ⇨ FANTASIZE.

phan·tasm, fan- /fǽntæ̀z(ə)m/ *n* まぼろし, 幻影, 幻想; 《死者・不在者の》幻像, 幽霊; 〘哲〙《実在物の》心象. ［OF＜PHANTASMA］

phan·tas·ma /fæntǽzmə/ *n* (*pl* ～**s**, **-ma·ta** /-tə/) まぼろし, 幻影; 幽霊, 亡霊 (phantasm). ［L＜Gk (*phantazō* to make visible＜*phainō* to show)］

phan·tas·ma·go·ria, fan- /fæ̀ntæ̀zməgɔ́:riə/ *n* 次々に変わりゆく[走馬灯的]光景[幻想]; 魔術幻灯, 走馬灯《幻灯の仕掛けによって映像を近づけたり遠ざけたりするなどして変化させる見世物》; 不思議な組合わせ[集まり]. ♦ **-go·ric** /-gɔ́(:)rɪk, -gár-/, **-gó·ri·cal** *a* ［F (*phantasm, -agorie*＜?)］

phan·tas·ma·go·ry /fæntǽzməgɔ̀:ri/ *n* PHANTASMAGORIA.

phan·tas·mal /fæntǽzm(ə)l/, **phan·tas·mic** /-mɪk/ *a* まぼろしの, 幽霊の; 空想の.

phan·tast /fǽntæ̀st/ *n* FANTAST.

phantasy ⇨ FANTASY.

phan·tom, fan- /fǽntəm/ *n* **1** まぼろし; 幽霊, 化け物; 幻影; 錯覚, 妄想; 像, あらわれ 〈*of*〉. **2** 見せかけだけのもの[人]; *《俗》偽名で雇われている人; *《俗》やらない[やらなくてもよい]仕事で給料をもらっている人. **3**〘医〙《人体またはその一部の》模型, ファントム. ► *a* 見せかけの, 架空の; 幻影の, 錯覚の: a ～ ship 幽霊船 / ～ pregnancy 想像妊娠. ♦ ～**·lìke** *adv*, *a* ［OF, ＜Gk PHANTASMA］

phántom círcuit 〘電〙重信回線《2 対の実回線の各対から 1 本ずつ取った線路がなす第 3 の回線》.

phántom límb 〘医〙幻(想)肢《切断後手足がまだあるような感じ; 時に **phántom límb pàin** (幻(想)肢痛, 幻覚肢痛) となる》.

phántom órder 〘米〙仮注文《武器・飛行機などの戦時生産のために米国政府が事業所と結ぶ仮契約; 平時の事前準備, 認可に基づく即時実行について規定がある》.

-pha·ny /ˊ-fəni/ *n comb form*「出現」「具現」「顕現」: Christo*phany*, theo*phany*. ［Gk］

phar. pharmacopoeia ♦ pharmacy.

pha·raoh /féərou, *férou, *féɪ-/ *n* [ºP-] パロ, ファラオ《歴代の古代エジプト王の称号》; 《一般に》専制的な国王, 酷使者. ［OE＜L＜Gk＜Heb＜Egypt＝great house］

pháraoh ànt, pháraoh's ánt 〘昆〙イエヒメアリ《家庭の害虫》.

Pháraoh's chícken [hén] 〘鳥〙EGYPTIAN VULTURE.

Pháraoh's sérpent ファラオの蛇, 蛇玉《チオシアン酸第二水銀; 火をつけると燃えてヘビ状になる花火》.

Phar·a·on·ic /fὲəreɪánɪk, ᴴfὲərɔ́n-/, **-i·cal** *a* パロ (Pharaoh) の(ような); 巨大な.

Phar·i·sa·ic /fæ̀rəséɪɪk/, **-i·cal** *a* パリサイ人[主義]の; [p-] 形式にこだわる, 偽善の. ♦ **-i·cal·ly** *adv* **-i·cal·ness** *n*

Phar·i·sa·ism /fǽrəsèɪìz(ə)m/ *n* パリサイ主義[派]; [p-] 形式主義, 偽善. ♦ **-ist** *n*

Phar·i·see /fǽrəsi/ *n* パリサイ人(びと)《紀元前 2 世紀ごろから紀元後にかけて活動したユダヤ教の一派; 律法を厳格に遵守し, 成文律法だけでなく口述律法も重視した》; [p-] 形式主義者, 偽善者, 独善家. ♦ ～**·ism** *n* PHARISAISM. ［OE and OF＜L＜Gk＜Aram＜Heb＝separated］

pharm pharmaceutical ♦ pharmacist ♦ pharmacy.

phar·ma /fá:rmə/ *n* [ºbig ～] 製薬企業《集合的》, 製薬業界; 製薬会社.

phar·ma·cal /fá:rmək(ə)l/ *a* PHARMACEUTICAL.

phar·ma·ceu·ti·cal /fὰ:rməsú:tɪk(ə)l; -s(j)ú:-/, **-tic** *a* 製薬(学)の, 薬事の; 薬剤の. ► *n* [ᵘpharmaceuticals] (医)薬品, 薬剤, 薬; [pharmaceuticals] 製薬業界. ♦ **-ti·cal·ly** *adv* ［L＜Gk; ⇨ PHARMACY］

phàr·ma·céu·tics *n* 薬剤学; 調剤; 化学療法.

phar·ma·cist /fá:rməsɪst/, **phar·ma·ceu·tist** /fὰ:rməsú:tɪst; -s(j)ú:-/ *n* 製薬者; 薬剤師.

phar·ma·co- /fá:rməkou/ *comb form*「薬」 ［Gk (PHARMACY)］

phàrmaco·dynámics *n* 薬力学. ♦ **-dynámic** *a* **-dynámical·ly** *adv*

phàrmaco·genétics *n* 薬理遺伝学. ♦ **-genétic** *a*

phàrmaco·genómics *n* 薬理ゲノミクス[ゲノム学]《ゲノム情報に基づいて個々の患者の薬理反応を推定する》.

phar·ma·cog·no·sy /fὰ:rməkágnəsi/ *n* 生薬学. ♦ **-sist** *n* **-cog·nos·tic** /-kὰgnástɪk/, **-ti·cal** *a*

phàrmaco·kinétics *n* 薬物動態(学)《薬物の体内での吸収・分布・代謝・排泄(の研究)》. ♦ **-kinétic** *a*

phar·mac·o·lite /fɑ:rmǽkəlàɪt, fá:rməkə-; fá:məkə-/ *n* 〘鉱〙毒石. ［Gk］

phar·ma·col·o·gy /fὰ:rməkáləʤi/ *n* 薬理(学). ♦ **-gist** *n* **phàr·ma·co·lóg·i·cal, -ic** *a* **-i·cal·ly** *adv*

phar·ma·co·poe·ia, -pe·ia /fὰ:rməkəpí:ə/ *n* 薬局方; 薬種, 薬物類 (stock of drugs). ♦ **-p(o)e·ial** /-pí:əl/ *a* ［NL＜Gk; ⇨ PHARMACY］

phàrmaco·thérapy *n* 〘医〙《特に 精神疾患の》薬物療法.

phar·ma·cy /fɑ́ːrməsi/ *n* 薬剤術, 薬学; 調剤[製薬]業; (調剤)薬局, 調剤部; 薬屋 (cf. DRUGSTORE); 薬種, 薬物類 (pharmacopoeia). ［OF, ＜Gk (*pharmakon* drug)］

PharmD ［L *Pharmaciae Doctor*］ Doctor of Pharmacy.

pharm·ing /fɑ́ːrmɪŋ/ *n* **1**〘薬〙ファーミング《遺伝子操作を行なった動植物を利用した医薬品製造; farming に pharmaceuticals をかけた造語》. **2**〘電算〙ファーミング《信頼できる企業の偽のウェブサイトにユーザーを誘導することによる詐欺の一種; PHISHING にならった造語で, farming の綴り変え》.

phar·os /fɛ́ərɑ̀s/ *n* **1** 灯台, 航路標識, 望楼. **2** [the P-] ファロス, パロス《エジプト北部 Alexandria 湾内の島; 昔 有名な灯台があった; ⇨ SEVEN WONDERS OF THE WORLD》.

Phar·sa·lia /fɑːrséɪljə/ ファルサリア《古代ギリシアの Pharsalus を中心とする地域》.

Phar·sa·lus /fɑːrséɪləs/ ファルサロス (ModGk **Phar·sa·la** /fɑ́ːrsələ/)《ギリシア中東部 Thessaly 地方の古代の町; Caesar が Pompey に勝利した地 (48 B.C.)》.

pha·ryng- /fəríŋ/, **pha·ryn·go-** /fəríŋgoʊ, -gə/ *comb form*「咽頭 (pharynx)」 ［Gk (*pharugg- pharugx*)］

pha·ryn·gal /fəríŋg(ə)l/ *a* PHARYNGEAL.

pha·ryn·ge·al /fəríndʒ(i)əl, fæ̀rəndʒíːəl/ *a*〘解〙咽頭の: ～ catarrh 咽頭カタル. ► *n*〘音〙咽頭音.

pharýngeal·ìze, pharýngal·ìze *vt*〘音〙咽頭(音)化する.

pharýngeal póuch〘発生〙咽頭囊 (BRANCHIAL POUCH).

pharýngeal tónsil〘解〙咽頭扁桃 (＝*adenoid*).

phar·yn·gi·tis /fæ̀rəndʒáɪtəs/ *n* (*pl* **-git·i·des** /-dʒítədìːz/)〘医〙咽頭炎.

pharýngo·cele /-sìːl/ *n*〘医〙咽頭瘤.

phar·yn·gol·o·gy /fæ̀rəŋgɑ́lədʒi/ *n*〘医〙咽頭学.

pharýngo·plégia *n* 咽頭麻痺.

pharýngo·scòpe *n*〘医〙咽頭鏡. ♦ **phar·yn·gos·co·py** /fæ̀rəŋgɑ́skəpi/ *n* 咽頭鏡検査(法).

phar·yn·got·o·my /fæ̀rəŋgɑ́təmi/ *n*〘医〙咽頭切開(術).

phar·ynx /fǽrɪŋks/ *n* (*pl* ～**·es**, **pha·ryn·ges** /fəríndʒiz/)〘解·動〙咽頭. ［NL＜Gk＝throat］

phase /féɪz/ *n* **1**《変化·発達の》段階, 状態, 形勢;〘医〙《反応などの》時期, 期, 相: enter upon a new ～ 新段階にはいる. **2** 相, 形相; 局面, 方面;〘理·電〙相, 位相, フェーズ;〘化〙相;〘生〙《有糸[減数]分裂の》相;〘動〙色相;〘天〙相, 位相《new moon, half moon, full moon などはそれぞれ a ～ of the moon (月相)》. ● **in** [**out of**] ～《運動·振動の》位相が同じで[異なって], 動きが同期して[ずれて]; 同調して[しないで]. ► *vt* **1** 段階的に実行する; 情勢を見ながら段階的に企画調整する; 漸次導入する: a ～*d* withdrawal of troops 軍隊の段階的撤退. **2**〘理〙調整して…の位相を等しくする, 同期させる. **3**〈エレキギターなどの電気楽器〉に phasing をかける. ● ～ **down** 段階的に縮小する, 漸減する. ～ **in** 段階的に導入する[組み込む]. ～ **out** 段階的に取り除く, 徐々に撤去[廃止, 削減]する 〈*of*〉. ［F, ＜Gk *phasis* appearance］

pháse àngle〘天〙位相角《惑星から太陽および地球に向かって引いた両直線のなす角》;〘理〙位相角.

pháse-còntrast *a* 位相差顕微鏡の[を用いた].

pháse-còntrast mícroscope〘光〙位相差顕微鏡 (＝**pháse mìcroscope**).

phased ⇨ PHAZED.

phásed-arráy *a*〘電〙整相列の, フェーズドアレイの.

pháse dìagram〘化〙状態図《化合物·混合物·溶液など同一物質の異なる相における平衡関係をグラフで示したもの》.

pháse·dòwn *n* 段階的縮小, 漸減.

pháse-ìn *n* 段階的導入[実施] (opp. *phaseout*).

pháse-lòck *vt*〘電子工〙〈レーザー·発振器〉の出力信号の位相を標準信号の位相に一致させる, …の位相をロック[固定]する.

pháse modulàtion〘電〙位相変調.

pháse·òut *n* 段階的除去[撤去, 廃止] (opp. *phase-in*).

phas·er /féɪzər/ *n* フェイザー《エレキギターなどの音に phasing をかけるエフェクター》;〘SF〙光線銃.

pháse rùle〘理·化〙相律(そう).

pháse shìft〘理〙位相変化.

pháse spàce〘理〙位相空間《力学系の運動の状態を表わす空間で, 一般化座標とそれに共役な一般化運動量を座標軸とする》.

pháse velòcity〘理〙《波の》位相速度 (＝*wave velocity*) (cf. GROUP VELOCITY, PARTICLE VELOCITY).

-pha·sia /féɪʒ(i)ə; -ziə/ *n comb form*「《ある種の》言語不全」［Gk (*phasis* utterance)］

pha·sic /féɪzɪk/ *a* 局面[形勢]の; 相 (phase) の, 相性の, 位相[一過, 相動]性の; 段階的に作用する.

phas·ing /féɪzɪŋ/ *n* **1** 段階分け. **2** 各位相間の関係; 位相調整, 整相, 位相同期. **3** フェイジング《エレキギターなどの音を位相変化させ, その音を原音とミックスして音色に変化をつけること》.

pha·sis /féɪsəs/ *n* (*pl* **-ses** /-sìːz/) PHASE. ［L］

phas·mid /fǽzməd/〘昆〙*a* ナナフシ目 (Phasmatodea syn. Phasmida) の. ► *n* ナナフシ《ナナフシ目の昆虫の総称》.

pha·sor /féɪzər/ *n*〘理〙フェーザー《電圧·電流などの振幅と位相に対応するベクトル》.

phat /fǽt/ *a*〘印〙《空白が多くて》植字しやすい〈原稿など〉; *《俗》すごい, カッコいい, イケてる. ［*fat*］

PHAT, phat *《俗》pretty hips and thighs.

phat·ic /fǽtɪk/ *a*〘言〙交感的な: ～ communion 交感的言語使用《意思伝達でなく交際の雰囲気づくりのための言語使用: 挨拶など》. ♦ **-i·cal·ly** *adv* ［Gk *phatos* spoken］

phazed, phased /féɪzd/ *a**《俗》マリファナで酔った.

PhB ［L *Philosophiae Baccalaureus*］ Bachelor of Philosophy.

PhD ［L *Philosophiae Doctor*］°Doctor of Philosophy.

pheas·ant /féz(ə)nt/ *n* (*pl* ～**s**, ～)〘鳥〙**a** キジ (雉, 雉子); キジ属の各種《アジア主産》,《普通は》コウライキジ (高麗雉): shoot the sitting ～ 無力の者を撃つ. **b** *《中南部》RUFFED GROUSE. ［OF *faisan*, ＜Gk (*Phasis* 生息する川の名)］

phéasant-éyed *a*〈花が〉キジの羽状の斑点のある.

phéasant·ry *n* キジ飼い場.

phéasant's-èye *n*〘植〙**a** アキザキフクジュソウ (秋咲き福寿草). **b** クチベニズイセン (口紅水仙).

phéasant-tàiled jácana〘鳥〙レンカク (蓮角) (＝*Indian jacana*)《インド·南アジア·東アジア·日本産》.

phe·be /fíːbi/ *n* PHOEBE.

Phebe フィービ (女子名). ［⇨ PHOEBE］

phe·din·kus /fədíŋkəs/ *n**《俗》ばかげた話, たわごと.

pheeze, feeze /fíːz/ *vt**《俗》〈学生を〉学生社交クラブ会員と認定する.

Phei·dip·pi·des /faɪdípədìːz/ フェイディッピデス《Marathon の戦い (490 B.C.) の前に Sparta に援軍を乞うため約 240 km を 2 日で走破したといわれるアテナイ人; しばしば勝利を伝えたアテナイの兵士と混同される》.

phel·lem /féləm, -lɛ̀m/ *n*〘植〙コルク組織 (cork).

phél·lo·dèrm /félə-/ *n*〘植〙コルク皮層. ♦ **phèl·lo·dér·mal** *a*

phel·lo·gen /félədʒən/ *n*〘植〙コルク形成層 (cork cambium). ♦ **phèl·lo·genétic, -génic** *a*

phe·lo·ni·on /fəlóʊniən/ *n*〘東方正教会〙上祭服.

Phelps /félps/ フェルプス **Edmund S**(**trother**) ～ (1933–)《米国の経済学者; ノーベル経済学賞 (2006)》.

Phe·mie /fíːmi/ フィーミー《女子名; Euphemia の愛称》.

phen- /fíːn/, **phe·no-** /fíːnoʊ, -nə/ *comb form* (1)「見えている」「顕性の」(2)「ベンゼン(環)の」「フェノールの」［Gk (*phainō* to show)］

phe·na·caine, phe·no·cain /fíːnəkèɪn, fén-/ *n*〘薬〙フェナカイン《局所麻酔薬, 特に眼科用》.

phen·ac·e·tin /fənǽsətən/ *n* ACETOPHENETIDIN.

phe·na·gle /fənéɪg(ə)l/ *vt, vi*《口》FINAGLE.

phen·a·kite /fénəkàɪt/, **-cite** /-sàɪt/ *n*〘鉱〙フェナサイト《ガラス光沢があり結晶は時に宝石とされる》. ［G＜Gk *phenax* deceiver; 石英と見誤りやすいための命名］

phen·an·threne /fənǽnθrìːn/ *n*〘化〙フェナントレン《無色の結晶; 染料·薬品などの合成原料》.

phe·nate /fíːnèɪt/ *n*〘化〙石炭酸塩 (PHENOXIDE).

phen·azine /fénəzìːn/ *n*〘化〙フェナジン《黄色針状晶》.

phe·naz·o·cine /fənǽzəsìːn, -sən/ *n*〘薬〙フェナゾシン《強力な鎮痛薬》.

phen·cyc·li·dine /fɛnsíklədìːn, -sáɪ-, -dən/ *n*〘薬〙フェンシクリジン (＝*PCP*, *angel dust*)《麻酔薬; 麻薬としても用いられる》.

phen·el·zine /fén(ə)lzìːn/ *n*〘薬〙フェネルジン《抗鬱薬》.

phe·neth·i·cil·lin /fənɛ̀θəsílən/ *n*〘薬〙フェネチシリン《経口用の合成ペニシリン》.

phe·net·ics /fɪnétɪks/ *n*〘生〙表現学, 表型学《進化の過程を無視して諸特徴の外面的な全体的類似性に基づく分類を行なう》. ♦ **-nét·ic** *a* **-i·cist** /-əsɪst/ *n*

phe·net·i·dine /fənétədìːn/ *n*〘化〙フェネチジン《無色の液体; 染料の原料およびフェナセチン (phenacetin) 製剤用》.

phen·e·tol(e) /fénətɔ̀(ː)l, -tòʊl, -tɑ̀l/ *n*〘化〙フェネトール《芳香のある無色の液体》.

phen-fen /fénfɛ̀n/ *n* FEN-PHEN.

phen·for·min /fɛnfɔ́ːrmən/ *n*〘薬〙フェンフォルミン《糖尿病用の経口血糖降下剤》.

phen·gite /féndʒàɪt/ *n*〘鉱〙フェンジャイト《鉄·マグネシウムを含む白雲母》. ［G＜L＜Gk］

Phenicia(n) ⇨ PHOENICIA(N).

phenies ⇨ PHENNIES.

phenix ⇨ PHOENIX.

phen·met·ra·zine /fɛnmétrəzìːn/ *n*〘薬〙フェンメトラジン《肥満症治療用の食欲抑制剤; 陶酔性があり, しばしば濫用される》.

phen·nies, phen·ies /féniz/ *n pl**《俗》フェノバルビタール (phenobarbital) の錠[カプセル, 溶液].

phe·no /fíːnoʊ/ *n**《俗》PHENOBARBITAL 錠(の常用者).

pheno- /fíːnoʊ, -nə/ ⇨ PHEN-.

phéno·bàrb /-bɑ̀ːrb/ *n**《俗》PHENOBARBITAL 錠.

phèno·bárbital *n*〘薬〙フェノバルビタール (phenobarbitone‖)《催眠剤・鎮静剤》.
phèno·bárbitone‖ *n* フェノバルビトン (phenobarbital).
phéno·còpy *n*〘遺〙表型[表現型]模写.
phe·no·cryst /fíːnəkrìst, fénə-/ *n*〘岩石〙斑晶. ♦ **phè·no·crýs·tic** *a*
phéno·gràm *n*〘生〙表型的樹状図, 表現図, フェノグラム《生物分類において表型的類縁関係を示す樹枝状図; cf. CLADOGRAM》.
phe·nol /fíːnɔ̀(ː)l, -nòʊl, -nàl, fɪ-ˊ-/〘化〙*n* フェノール, 石炭酸 (=*carbolic acid*); フェノール類. [F (*phène* benzene < *pheno-*)]
phe·no·late /fíːn(ə)lèɪt/〘化〙*n* フェノラート (phenoxide). ► *vt* 石炭酸で処理する. ♦ **phé·no·làt·ed** *a*
phe·nol·ic /fɪnálɪk, *-nóʊl-/〘化〙*a* 石炭酸[フェノール類]の. ► *n* PHENOLIC RESIN.
phenólic résin〘化〙フェノール樹脂《通例 熱硬化性》.
phe·no·lize /fíːn(ə)làɪz/ *vt* PHENOLATE.
phe·nol·o·gy /fɪnáləʤi/ *n* 生物季節学, 花暦学, フェノロジー. ♦ **-gist** *n* **phe·no·log·i·cal** /fìːn(ə)láʤɪk(ə)l/ *a* **-i·cal·ly** *adv* [*pheno*mena, *-logy*]
phènol·phthálein *n*〘化〙フェノールフタレイン《pH 指示薬・下剤》.
phénol réd〘化〙フェノールレッド (=*phenolsulfonphthalein*)《赤色の結晶化合物で, pH 指示薬》.
phènol·sùlfon·phthálein *n*〘化〙フェノールスルホンフタレイン (PHENOL RED)《略 PSP》.
phe·nom /fíːnàm, fɪnám/ *n**《口》PHENOMENON,《特に》非凡な人, 奇才.
phenomena *n* PHENOMENON の複数形.
phe·nom·e·nal /fɪnámən(ə)l/ *a* 驚くべき, 驚異的な; 現象の, 現象に関する, 現象的な; 認知[知覚]できる, 外観上の. ♦ **~·ly** *adv* 現象的に(は); 著しく, すばらしく.
phenómenal·ìsm *n*〘哲〙現象論《実在論に対して》. ♦ **-ist** *n, a* **-nòm·e·nal·ís·tic** *a* **-ti·cal·ly** *adv*
phenómenal·ìze *vt* 現象的に扱う, 現象として考える; 現象として示す.
phe·nom·e·nis·tic /fɪnàmənístɪk/ *a* PHENOMENALISTIC.
phe·nom·e·no·log·i·cal /fɪnàmən(ə)láʤɪk(ə)l/ *a* 現象学の; 現象(上)の (phenomenal); 現象論の. ♦ **~·ly** *adv*
phe·nom·e·nol·o·gy /fɪnàmənáləʤi/ *n*〘哲〙現象学; 現象論[主義]《超経験的存在よりも人知の直接の対象としての現象とその考察を重視する哲学的立場の総称》. ♦ **-gist** *n*
phe·nom·e·non /fɪnámənàn, -nən/ *n* (*pl* **-e·na** /-mənə, -nàː/, **~s**) 現象, 事象;〘哲〙現象 (opp. *noumenon*); 事件; (*pl* **~s**) 驚嘆すべきもの[こと], 異例のこと, 非凡な人: an infant ~ 神童. [L< Gk (*phainō* to show)]
phèno·sáfranine *n*〘化〙フェノサフラニン《写真の減感色素》.
phèno·thíazine *n*〘薬〙フェノチアジン《**1**) 殺菌・駆虫薬 **2**) フェノチアジン誘導体; 精神安定剤として統合失調症などの治療に用いる》.
phéno·tỳpe〘遺〙*n* 表現型《遺伝子(群)によって発現された形質の型》; 共通の表現型をもつ個体群. ♦ **phèno·týpic, -ical** /-típ-/ *a* **-ical·ly** *adv*
phen·óxide /fɪn-/ *n*〘化〙フェノキシド《フェノール類の金属塩》.
phen·oxy- /fɪnáksi/ *comb form*〘化〙「フェノキシ基を含む」[*phen*yl, *oxy*-]
phenòxy·bén·za·mine /-bénzəmìːn/ *n*〘薬〙フェノキシベンザミン《塩酸塩の形で血管拡張薬にする》.
phen·ter·mine /féntərmìːn/ *n*〘薬〙フェンテルミン《食欲抑制薬; 塩酸塩を肥満の治療に使う》.
phen·tol·amine /fentáləmìːn, -mən/ *n*〘薬〙フェントラミン《クロム親和(性)細胞腫の診断に用いる》.
phen·yl /fén(ə)l, fíː-; fíːnàɪl, fénɪl/ *n*〘化〙フェニル(基) (=~ **ràdical** [**gròup**]). ♦ **phe·nyl·ic** /fɪnílɪk/ *a* [*phen-*, *-yl*]
phényl ácetate〘化〙酢酸フェニル.
phènyl·álanine *n*〘生化〙フェニルアラニン《芳香族アミノ酸の一種》.
phènyl·amíne *n*〘化〙フェニルアミン (aniline).
phènyl·bú·ta·zone /-bjúːtəzòʊn/ *n*〘薬〙フェニルブタゾン《関節炎・痛風用の鎮痛・解熱・消炎剤; 俗称 bute》.
phen·yl·ene /fén(ə)lìːn, fíː-/ *n*〘化〙フェニレン(基) (=~ **ràdical** [**gròup**]).
phènyl·éph·rine /-éfrìːn, -rən/ *n*〘薬〙フェニレフリン《塩酸塩の形で血管収縮薬・瞳孔散大薬として用いる》.
phènyl·èthyl·ámine *n*〘生化〙フェニルエチルアミン《アンフェタミンに似たアミン》.
phènyl·èthyl·màlonyl·uréa *n*〘薬〙PHENOBARBITAL.
phènyl·kèton·úria *n*〘医〙フェニルケトン尿(症)《遺伝性代謝疾患で幼児期に知能障害がみられる; 略 PKU》. ♦ **-úric** *a, n* フェニルケトン尿症の(患者).
phényl méthyl kétone ACETOPHENONE.
phènyl·pro·pa·nól·amìne /-pròʊpənɔ́(ː)l-, -nóʊl-, -nál-/ *n*〘薬〙フェニルプロパノラミン《塩酸塩 (~ hydrochloride) を血管収縮薬・中枢神経興奮薬・食欲抑制薬にする》.
phényl salícylate〘化〙サリチル酸フェニル (=*salol*).
phènyl·thìo·cárbamide, phènyl·thìo·uréa *n*〘化〙フェニルチオカルバミド, フェニルチオ尿素《略 PTC》.
phe·nyt·o·in /fənítouən/ *n*〘薬〙フェニトイン (=*diphenylhydantoin*)《抗痙攣薬》.
pheo·chro·mo·cy·to·ma /fìːəkròʊməsətóʊmə, -saɪ-/ *n* (*pl* **~s, -ma·ta** /-tə/)〘医〙クロム親和[好クロム](性)細胞腫.
Phe·rae /fíəri/ ペライ《ギリシア北東部 Thessaly 地方南東部にあった古代の町; 神話で Admetus 王の町とされる》.
phe·ren·ta·sin /fəréntəzən, -sən/ *n*〘生化〙フェレンタジン《高血圧患者の血液中に存在する昇圧アミン》.
phe·re·sis /fəríːsəs/ *n* (*pl* **-ses** /-sìːz/)〘医〙フェレーシス《供血者の体から採血し, 特定の血液成分を分離して残りの血液成分を供血者に返却する操作; cf. PLASMAPHERESIS, PLATELETPHERESIS》. [*plasmapheresis* を *plasma*, *-pheresis* と誤分析したものか]
pher·o·mone /férəmòʊn/ *n*〘生化〙フェロモン《動物体内で生産され, 体外に分泌されて同種の他個体に行動や発生上の特定の反応を起こさせる活性物質》. ♦ **phèr·o·món·al** *a* **-al·ly** *adv* [Gk *pherō* to convey, *-mone* (< *hormone*)]
phew /(p)ɸ, fjúː/ *int* チェッ, フー, やれやれ, エッ, ヘー《いらだち・不快・安堵・疲れ・驚きなどを表わす口笛に近い音》. [imit]
phfft /fːt/ *int, a, vi* PFFT.
PhG Graduate in Pharmacy.
phi /fáɪ/ *n* **1** フィー《ギリシア語アルファベットの第 21 字 Φ, φ》. **2** PHI MESON. **3**〘数〙平面角; [φ]〘数〙極座標の方位角.
phi·al /fáɪ(ə)l/ *n* 小型ガラス瓶, 小瓶,《特に》薬瓶 (vial);〘聖〙鬱憤. ► *vt* 薬瓶に入れる[保存する]. [OF *fiole*, <Gk]
Phí Béta Káppa〘米大学〙ファイベータカッパ《**1**) 成績優秀な学生からなる米国最古の学生友愛会 (1776 年設立); 終身会員制; 略 *ΦBK* **2**) その会員》. [Gk *philosophia biou kubernētēs* philosophy (the) guide of life の頭文字から]
Phí Béte /-béɪt/ *《口》PHI BETA KAPPA (の会員).
Phid·i·as /fídiəs; -æs/ フェイディアス《紀元前 5 世紀の Athens の彫刻家; Parthenon を造営》. ♦ **Phid·i·an** /fídiən/ *a*
Phi·dip·pi·des /faɪdípədìːz/ PHEIDIPPIDES.
Phil /fíl/ フィル《男子名; Phil(l)ip の愛称》.
phil- /fíl/, **philo-** /fíloʊ, -lə/ *comb form*「愛する」「…に親和的な」「…びいき」(opp. *mis-*). [Gk (↓)]
-phil /fɪl/, **-phile** /faɪl/ *n comb form, a comb form*「…を愛する人」「…の好きな人」「…に親和力をもつ物質」(opp. *-phobe*);「…に友好的な」「…を好む」「…に親和力をもつ」: Franco*phil(e)*, biblio*phile*, acido*phil(e)*. [Gk (*philos* dear, loving)]
Phil. Philadelphia ♦ Philharmonic ♦〘聖〙Philippians ♦ philosophy.
philabeg ⇨ FILLEBEG.
Phil·a·del·phia /fìlədélfiə/ フィラデルフィア《**1**) Pennsylvania 州南東部 Delaware 川に臨む港湾都市; 1681 年にクエーカー教徒らの手で建設, 独立宣言 (1776) 署名の地; 米国の首都 (1790–1800); 略 Phil., Phila.; 愛称 Philly **2**) AMMAN の古代名》. ♦ **-phian** *a, n*
Philadélphia bánkroll*《俗》高額紙幣で包んだ 1 ドル札の束.
Philadélphia chrómosome〘医〙フィラデルフィア染色体《慢性骨髄性白血病患者の培養白血球にみられる微小な染色体》.
Philadélphia láwyer*《口》[°*derog*] やり手の法律家, すご腕の弁護士,《特に》法的な技巧を弄するのが得意な弁護士.
Philadélphia pépper pòt〘料理〙辛味の強い味付けをした反芻動物の胃・野菜などの濃厚なスープ.
phil·a·del·phus /fìlədélfəs/ *n*〘植〙バイカウツギ属 (*P*-) の各種花木 (=*mock orange, syringa*)《ユキノシタ科》. [L<Gk]
Phi·lae /fáɪli/ フィラエ《エジプト南部 Nile 川にあった川中島; 古代 Isis 信仰の中心; Aswan High Dam 建設により水没したが, 神殿は近くの島に移された》.
phi·lan·der /fəlǽndər/ *vi* 〈男が〉恋をあさる, 戯れの恋[女遊び]をする 〈*with*〉. ► *n*《まれ》PHILANDERER. ♦ **~·er** *n* [Gk *phil-* (*andr- anēr* man)=fond of men]
phil·an·thrope /fílənθròʊp/ *n*《古》PHILANTHROPIST.
phil·an·throp·ic /fìlənθrápɪk/, **-i·cal** *a* 博愛(主義)の, 人道主義の; 慈善の[を施す, を受ける]. ♦ **-i·cal·ly** *adv*
phi·lan·thro·pist /fəlǽnθrəpɪst/ *n* 博愛主義者; 博愛家, 慈善家. ♦ **-pism** /-pɪ̀z(ə)m/ *n*
phi·lan·thro·pize /fəlǽnθrəpàɪz/ *vi* 慈善を施す; 慈善事業に従事する. ► *vt* …に慈善を施す.
phi·lan·thro·poid /fəlǽnθrəpɔ̀ɪd/ *n**《口》慈善事業家[団体]の支出担当者.
phi·lan·thro·py /fəlǽnθrəpi/ *n* 博愛(主義), 慈善; 慈善[博愛]行為[事業, 団体], 慈善の贈り物. [L<Gk *phil-* (*anthrōpos* human being)]
phi·lat·e·list /fəlǽt(ə)lɪst/ *n* 切手蒐集[研究]家, 郵趣家.
phi·lat·e·ly /fəlǽt(ə)li/ *n* 切手蒐集[研究, 愛蔵], 郵趣; 切手蒐集家たち. ♦ **phil·a·tel·ic** /fìlətélɪk/, **-i·cal** *a* **-i·cal·ly** *adv*

[F (Gk *atelēs* tax-free); 手紙受取人は消印付切手をただで手に入れることから]

Phil·by /fílbi/ フィルビー **'Kim' ～** (1912–88)《英国の二重スパイ; 本名 Harold Adrian Russell ～; 1963 年ソ連に亡命》.

-phile ⇨ -PHIL.

Phi·le·mon /fəlí:mən, faɪ-; -mɔ̀n/ **1** フィレモン《男子名》. **2**〖ギ神〗ピレーモーン《老妻 Baucis と共に, 変装した Zeus と Hermes をもてなし, その礼に農家をりっぱな神殿に変えて贈られた貧しい農夫》. **3 a** ピレモン《Paul による回心者》. **b**〖聖〗ピレモン書《新約聖書の Epistle of Paul to ～ (ピレモンへの手紙); 略 Phil., Philem.》. [Gk＝affectionate]

phil·har·mon·ic /fìl(h)ɑːrmánɪk, filər-/ *a* 音楽協会の, 《特に》交響楽団の; 音楽愛好の. ► *n* 《音楽協会の催す》音楽会; 音楽協会; 交響楽団. [F＜It (HARMONIC)]

philharmónic pítch〖楽〗フィルハーモニックピッチ《イを 450 振動とする, 英国で始まった標準音》.

phil·hel·lene /fɪlhélì:n/ *a* ギリシア(人)崇拝[賛美]の. ► *n* ギリシア(人)崇拝[賛美]者;〖史〗ギリシア独立の主張者[支持者]. ♦ **phil·hel·len·ic** /fɪlhɛlénɪk, -lí:-/ *a* **phil·hel·len·ism** /fɪlhélənɪ̀z(ə)m/ *n* **-hél·len·ist** *n* [Gk (HELLENE)]

Phil. I. °Philippine Islands.

-phil·ia /fíliə/ *n comb form*「…の傾向」「…の病的愛好」(opp. *-phobia*): necro*philia*. [NL (Gk *philia* friendship); ⇨ -PHIL]

-phil·i·ac /fíliæ̀k/ *n comb form*「…の傾向のある者」「…を異常に愛好する者」: hemo*philiac*, copro*philiac*. ► *a comb form*「…を異常に好む」「…びいきの」 [↑, *-ac*]

philibeg ⇨ FILLEBEG.

-phil·ic /fílɪk/ *a comb form*「…好きな」: biblio*philic*. [*-philia*, *-ic*]

Phil·ip /fíləp/ **1** フィリップ《男子名; 愛称 Phil, Pip》. **2 a** ピリポ《(**1**) キリストの十二使徒の一人 (⇨ APOSTLE), 祝日 5 月 1 日 (**2**) 1 世紀の初代教会の伝道者 (＝～ the Evangelist) (**3**) Herod 大王の子; Palestine 東北方の地方の領主 (＝～ the Tetrarch) (4 B.C.–A.D. 34)》. **b** フィリッポス ～ **II** (382–336 B.C.)《マケドニアの王 (359–336); Alexander 大王の父》. **c** フィリップ (**1**) ～ **II** (1165–1223)《'～ Augustus' (尊厳王); フランスのカペー朝の王 (1180–1223)》 (**2**) ～ **IV** (1268–1314)《'～ the Fair' (端麗王); フランス王 (1285–1314); 教皇庁を Avignon に移して支配》 (**3**) ～ **VI** (1293–1350)《フランスのヴァロア朝最初の王 (1328–50); 在位中に百年戦争 (1337–1453) が始まった》 (**4**) ～ **III** (1396–1467)《ブルゴーニュ公 (1419–67); 通称 'le Bon' /*F* lə bɔ̃/ (善公)》 (**5**) [King] フィリップ王 (c. 1638–76)《Wampanoag インディアンの首長 Metacom(et) の英語名; Massasoit の子; ニューイングランド植民地人との **Kìng Phílip's Wár** (フィリップ王の戦争, 1675–76) で戦死》 (**6**) フィリップ Prince ～, Duke of Edinburgh (1921–)《英国の女王 Elizabeth 2 世の夫君》. **d** フェリペ (**1**) ～ **II** (1527–98)《スペイン王 (1556–98), Philip 1 世としてポルトガル王 (1580–98); カトリック教徒で反宗教改革の中心人物; 絶対王政絶頂期のスペインを支配》 (**2**) ～ **V** (1683–1746)《スペイン王 (1700–46); スペインでブルボン王朝を創始; 即位に際してスペイン継承戦争が起こった》. ● **appeal from ～ drunk to ～ sober** 再考を求める《ある意見・判断などが気まぐれであることを匂わす句; 酒に酔ったマケドニア王 Philip 2 世の裁断を不服として, 王の酔いがさめるのを待って再び訴えると言う婦人がいたという故事に基づく》.
[Gk＝lover of horses]

Philip Marlowe ⇨ MARLOWE.

Phi·lip·pa /fəlípə; fílɪpə/ フィリッパ《女子名; 愛称 Pippa》. [(fem)〈PHILIP]

Phi·lippe·ville /fíləpvìl, fɪlì:pví:l/ フィリップヴィル《SKIKDA の旧称》.

Phi·lip·pi /fíləpàɪ, fəlípàɪ/ フィリピ《Macedonia の古都; Caesar を暗殺した Brutus と Cassius を Antony と Octavian の連合軍が撃破した (42 B.C.) 地》: Thou shalt see me at ～. 今に恨みを返すぞ《Shak., *Caesar* 4.3.283》. ● **meet at ～** 危険な約束を忠実に守る.

Phi·lip·pi·an /fəlípiən/ *a* フィリピ(風)の. ► *n* **1** フィリピの住民. **2** [～s, 〈*sg*〉]〖聖〗ピリピ書《新約聖書の Epistle of Paul the Apostle to the ～s (ピリピ人への手紙); 略 Phil.》.

Phi·lip·pic /fəlípɪk/ *n* Demosthenes のマケドニア王 Philip 攻撃演説; Cicero の Antony 攻撃演説; [p-] きびしい攻撃演説, 罵倒演説. [L＜Gk (*Philip*)]

phil·ip·pi·na /fìləpí:nə/, **phil·ip·pine** /fíləpì:n/ *n* PHILOPENA.

Phil·ip·pine /fíləpì:n, ⌐–⌐/ *a* フィリピン(諸島)の, フィリピン人の. ► *n* **1** [the ～s] PHILIPPINE ISLANDS. **2** [the ～s] フィリピン《フィリピン諸島からなる東南アジアの国; 公式名 Republic of the ～s (フィリピン共和国); ☆Manila》.

Phílippine Íslands *pl* [the] フィリピン諸島.

Phílippine mahógany フィリピンマホガニー《真マホガニー類似の材が採れる数種の木; その材》.

Phílippine Séa [the] フィリピン海《西太平洋の一部で, フィリピンの東および北に広がる》.

Phil·ip·pop·o·lis /fìləpápələs/ フィリッポポリス《PLOVDIV のギリシア語名》.

Phil·ips /fíləps/ **1** フィリップス《男子名》. **2** フィリップス **Ambrose ～** (1674–1749)《英国の詩人; *Pastorals* (1710); 'namby-pamby' は彼のあだ名から出た語》. [L *Philippus*; ⇨ PHILIP]

Phílip the Góod フィリップ善公 (PHILIP III).

Phil. Is. °Philippine Islands.

Phi·lis·tia /fəlístiə/ フィリスティア《地中海東岸にあったペリシテ人の古国》.

Phil·is·tine /fíləstàɪn, *-tì:n/ *n* **1** ペリシテ人, フィリスティア人《昔 Palestine の南西部にいた住民; イスラエル人の敵》. **2 a** [ᵘp-] 俗物, 実利主義者, 教養も美的情操もない者, 蒙昧(もうまい)な者 (cf. BARBARIAN). **b** [ˢp-]《古》/[*joc*] 残忍な敵《執行官・批評家など》: fall among ～*s* ひどいめにあう. ► *a* ペリシテ人の; [ᵘp-] 俗物の, 平凡な, 教養のない. ♦ **phil·is·tin·ism** /fíləstənɪ̀z(ə)m/ *n* げす根性, 俗物根性, 実利主義, 無教養. [F or L＜Gk＜Heb]

Phil·lip /fíləp/ フィリップ《男子名; 愛称 Phil》. [⇨ PHILIP]

Phil·lips[1] /fíləps/ *a* 十字[プラス]ねじの, 十字ねじまわしの: a ～ head screw [screwdriver] 十字ねじ[ねじまわし]. [米国人技術者 Henry F. Phillips (1890–1958) にちなむ 商標から]

Phillips[2] フィリップス **William D(aniel) ～** (1948–)《米国の物理学者; ノーベル物理学賞 (1997)》.

Phíllips cúrve〖経〗フィリップス曲線《失業率とインフレ率の関係を示す》. [A. W. H. *Phillips* (1914–75) 英国の経済学者]

Phil·lis /fíləs/ フィリス《女子名》. [⇨ PHYLLIS]

phil·lu·men·ist /fɪlú:mənɪst/ *n* マッチ箱(のレッテル)蒐集家. ♦ **-me·ny** /-məni/ *n* [L *lumen* light]

Phil·ly, Phil·lie* /fíli/ *n* フィリー《PHILADELPHIA 市の俗称》. ► *a* Philadelphia 市の.

philo- /fílou, -lə/ ⇨ PHIL-.

philo·bib·list /fìləbíblɪst/ *n* 愛書家 (bibliophile).

Phi·loc·te·tes /fɪláktətì:z, fìlaktí:tiz, fìlək-/〖ギ神〗ピロクテーテース《トロイア戦争で Paris を射殺した弓の名手》.

philo·den·dron /fìlədéndrən/ *n* (*pl* **～s, -dra** /-drə/) フィロデンドロン《同属 (*P-*) の(観葉)植物; サトイモ科; 熱帯アメリカ原産》.

phi·log·y·ny /fəláʤəni/ *n* 女好き (opp. *misogyny*). ♦ **-nist** *n* 女好きの人. **phi·lóg·y·nous** *a* [*-gyny*]

Phi·lo Ju·dae·us /fáɪlou judí:əs, -déɪ-/ ユダヤ人のフィロン (c. 13 B.C.–A.D. 45 to 50)《Alexandria 生まれの哲学者; ユダヤ思想とギリシア哲学を融合させようとした》.

phi·lol·o·gize /fəláləʤàɪz/ *vt, vi* 言語学[文献学]的に考察する; 言語学の研究をする.

philo·logue, -log /fíləlɔ̀(:)g, -làg/ *n* PHILOLOGIST.

phi·lol·o·gy /fəláləʤi/ *n* **1** 言語学 (linguistics); 文献学: COMPARATIVE PHILOLOGY / English ～ 英語学. **2**《古》学問好き. ♦ **-gist, philo·lo·gi·an** /fìləlóuʤiən/ *n* **phil·o·log·i·cal** /fìləláʤɪk(ə)l/, **-log·ic** *a* **-i·cal·ly** *adv* [F, ＜Gk＝love of learning; ⇨ LOGOS]

phil·o·math /fíləmæ̀θ/ *n* 学問好き, 学者, 《特に》数学者.

Phil·o·mel /fíləmèl/《詩》NIGHTINGALE.

Phil·o·me·la /fìləmí:lə/ **1**〖ギ神〗ピロメーラー《アテナイ王 Pandion の娘, Procne とは姉妹; Procne の夫 Tereus に犯され舌を切られ, nightingale になって悲運を嘆きつづけて鳴く》. **2** [p-]《詩》NIGHTINGALE.

Phil·o·me·na /fìləmí:nə/ フィロミーナ《女子名》. [Gk (friend＋power)＝strong in friendship]

phil·o·pat·ric /fìləpǽtrɪk/ *a*〖動〗〈動物種・個体が〉本拠地に戻る[とどまる]傾向のある, 生地回帰(性)の. ♦ **phil·op·a·try** /fəlápətri/ *n* 生地回帰(性), 定住性, フィロパトリー. [Gk *patra* fatherland]

phil·o·pe·na /fìləpí:nə/ *n* **1** さねが 2 個あるクルミの類の木の実. **2** 2 個のさねを分け合った 2 人が取決めをして次に会った時 'philopena' と先に言ったほうが贈り物をもらうドイツ起源の遊び; その贈り物. [G *Philippchen* little Philip]

phìlo·progénitive *a* 多産の; 子供好きの, 自分の子[子孫]を愛する. ♦ **～·ness** *n* 多産; 子煩悩.

philos. philosophy.

phil·o·sophe /fìləzáf/ *n* 《18 世紀フランスの》(啓蒙)哲学者, フィロゾフ. [F, ＜Gk; cf. PHILOSOPHY]

phi·los·o·pher /fəlásəfər/ *n* 哲学者, 思想家; 哲人, 賢人; 達観者, 諦観者, 悟りを開いた人; 理論家; 《古》錬金術師: a moral ～ 道徳哲学者, 倫理学者 / You are a ～. 哲学者だねえ《達観している, 人間通である, など》. [AF (↑)]

philósophers' [philósopher's] stóne [the] 賢者の石《卑金属を黄金に化したり寿命を延ばしたりする力があると考えられた物質で, 中世錬金術師たちが捜し求めた; cf. ELIXIR》.

philósopher's wòol〖古化学〗亜鉛華.

philo·soph·i·cal /fìləsáfɪk(ə)l/, **-ic** *a* **1** 哲学(上)の; 哲学に通じた; 《古》自然科学の, 理学の. **2** 《特に 困った立場・情況で》冷静な, 平然とした, 達観した, 悟りきった. ♦ **-i·cal·ly** *adv*

philosóphical análysis〘哲〙哲学的分析 (=*analytic philosophy, linguistic analysis*)《哲学的な問題の解決を命題や文の分析という言語現象に求める, 主に英米で顕著な方法》.

phi·los·o·phism /fəlɑ́səfɪ̀z(ə)m/ *n* えせ哲学; 曲学, 詭弁. ◆ **-phist** *n* えせ哲学者; 詭弁家.

phi·los·o·phize /fəlɑ́səfàɪz/ *vi* 哲学者的に説く[思索する, 考察する], 哲学を語る ‹*about*›. ► *vt* 哲学的に考察[説明]する. ◆ **-phìz·er** *n* **phi·lòs·o·phi·zá·tion** *n*

phi·los·o·phy /fəlɑ́səfi/ *n* **1 a** 哲学《略 philos.》; 哲学体系[研究]; 哲学書; MORAL PHILOSOPHY; 《主に DOCTOR OF PHILOSOPHY で》学問, 科学, 《原義で》愛智, 知の追求. **b**《古》NATURAL PHILOSOPHY. **2**《一般に》哲理, 原理: the ～ of grammar 文法の原理. **3** 見解, 観点, 見方, 人生観; 哲学的精神, 哲人的態度; 《困った立場・状況での》冷静, 悟り, 達観. [OF, <Gk *philo-(sophia* wisdom)=lover of wisdom]

philósophy of life 人生哲学, 人生観; 生の哲学《人生または生一般を強調する哲学》.

philo·téchnic *a* 工芸[技術]好きの.

-ph·i·lous /-f(ə)ləs/ *a comb form*「…を好む」「…に親和的な」: photo*philous*. [Gk *philos* loving; cf. PHIL-]

phil·ter | -tre /fíltər/ *n* ほれ薬, 媚薬; 《一般に》魔法の薬 (magic potion). ► *vt* ほれ薬[霊薬]でうっとりさせる. [F<L<Gk (*phileō* to love)]

phil·trum /fíltrəm/ *n* (*pl* **-tra** /-trə/)〘解〙人中(にんちゅう)《鼻と口との間の縦溝》; 媚薬 (philter). [NL<Gk]

-ph·i·ly /-fəli/ *n comb form*「…愛好」「好…性」「親…性」: toxo*phily*, anemo*phily*, entomo*phily*, hydro*phily*, photo*phily*. [*-philia*, *-y*¹]

phí méson〘理〙ファイ中間子.

phi·mo·sis /faɪmóʊsəs/ *n* (*pl* **-ses** /-sì:z/)〘医〙包茎, 《時に》膣閉鎖症, 鎖膣. ◆ **-mot·ic** /-mɑ́t-/ *a* [Gk=muzzling]

Phin·e·as /fíniəs; -æ̀s/ フィニアス《男子名》. [Heb=?serpent's mouth or oracle]

phí phenòmenon〘心〙ファイ現象《実際は動かない映画フィルム画面などを連続して見たときに知覚される見かけの運動》.

phish·ing /fíʃɪŋ/ *n* フィッシング《金融機関などのメール・ウェブサイトを装って暗証番号などを詐取すること》. ◆ **phísh·er** *n*

phiz /fíz/, **phiz·og, fiz·zog** /fízɑ̀g/ *n*《口》[*joc*] 顔, 面相, 顔つき. [*phys*iognomy]

Phiz フィズ《Hablot Knight BROWNE の筆名; Dickens の小説の挿画家》.

phizz·er /fízər/ *n*《豪俗》FIZZ².

phleb- /flí:b, fléb/, **phle·bo-** /flí:boʊ, fléb-, -bə/ *comb form*「静脈」 [Gk (*phleb- phleps* vein)]

phle·bi·tis /flɪbáɪtəs/ *n*〘医〙静脈炎. ◆ **phle·bit·ic** /flɪbítɪk/ *a*

phlébo·gràm *n*〘医〙《造影剤注射後の X 線撮影などによる》静脈波曲線.

phle·bog·ra·phy /flɪbɑ́grəfi/ *n*〘医〙静脈造影[撮影](法). ◆ **phlèbo·gráph·ic** *a*

phle·bol·o·gy /flɪbɑ́ləʤi/ *n*〘医〙静脈学. ◆ **-gist** *n*

phlèbo·sclerósis *n*〘医〙静脈硬化(症).

phlèbo·thrombósis *n*〘医〙静脈血栓症《炎症を伴わない場合》.

phle·bot·o·mize /flɪbɑ́təmàɪz/ *vt, vi*〘医〙瀉血(しゃけつ)する, 静脈切開する.

phle·bó·to·mus féver /flɪbɑ́təməs-/〘医〙パパタシ熱 (SANDFLY FEVER). [NL *Phlebotomus* sandfly の属名]

phle·bot·o·my /flɪbɑ́təmi/ *n*〘医〙瀉血, 静脈切開 (venesection). ◆ **-mist** *n*

Phleg·e·thon /flégəθɑ̀n/ **1**〘ギ神〙プレゲトーン《冥界の火の川》. **2** [ˢp-] 火の(ように光る)流れ. [Gk (↓)]

phlegm /flém/ *n* **1** 痰(たん); 〘中世医学〙粘液《粘液的性質の原因とされた; ⇨ HUMOR》. **2 a** 粘液質, 遅鈍, 無感覚, 冷淡, 無気力. **b** 冷静, 沈着. ◆ **～·less** *a* **phlégmy** *a* 痰の(ような), 痰を含む[生じる]. [OF, <Gk *phlegmat- phlegma* inflammation (*phlegō* to burn)]

phleg·mat·ic /flɛgmǽtɪk/, **-i·cal** *a* 痰の多い; 粘液質の, 冷淡な, 無気力の; 冷静[沈着]な: a ～ temperament 粘液質. ◆ **-i·cal·ly** *adv* **-i·cal·ness** *n*

phleg·mon /flégmɑ̀n; -mən/ *n*〘医〙蜂窩織(ほうかしき)炎, 蜂巣(ほうそう)炎, フレグモーネ. ◆ **phleg·mon·ic** /flɛgmɑ́nɪk/, **phleg·mon·ous** /flégmənəs/ *a*

phlo·em, phlo·ëm /flóʊèm/ *n*〘植〙篩部(しぶ). [G]

phlóem necròsis〘植〙《特にアメリカニレの》篩部壊死(えし).

phlóem ràу〘植〙篩部放射組織.

phlo·gis·tic /floʊʤístɪk; flɔ-/ *a*〘古化学〙フロギストンの; 〘医〙炎症(性)の; 《廃》火[炎]の.

phlo·gís·ti·cat·ed áir /floʊʤístəkèɪtəd-/〘古化学〙フロギストン(化した)空気《窒素》.

phlo·gis·ton /floʊʤístən, -tɑ̀n; flɔ-/ *n*〘古化学〙燃素, 熱素, フロギストン《酸素発見まで, 燃焼素と考えられていた架空元素》. [NL <Gk (PHLOX)]

phlog·o·pite /flɑ́gəpàɪt/ *n*〘鉱〙金雲母.

phlo·ri·zin, -rhi·zin /flɔ́(:)rəzən, flár-, fləráɪzən/, **-rid·zin** /flərídzən/ *n*〘生化〙フロリジン《リンゴ・サクラなどの果樹の幹や根から採る配糖体》.

phlox /flɑ́ks/ *n* (*pl* ～, ～·**es**)〘植〙クサキョウチクトウ属[フロックス属] (*P-*) の各種の草花《ハナシノブ科》. [L<Gk *phlog- phlox* flame]

phlóx fàmily〘植〙ハナシノブ科 (Polemoniaceae).

phlyc·te·na, -tae- /flɪktí:nə/ *n* (*pl* **-nae** /-nì:/)〘医〙PHLYCTENULE.

phlyc·ten·ule /flɪktén(j)ù:l, flíktən(j)ù:l/ *n*〘医〙フリクテン《結核アレルギーによる結膜・角膜の発疹》. ◆ **-ten·u·lar** /-ténjələr/ *a*

pH meter /pì:éɪʧ ―/ pH 計, pH メーター (acidimeter).

PHN public health nurse 保健師.

Phnom Penh, Pnom Penh /(pə)nɔ́(:)m pén, -nám-/ プノンペン《カンボジアの首都》.

-phobe /fòʊb/ *a comb form, n comb form*「…を恐れる(者)」「…に反対する(者)」(opp. *-phil(e)*): Germano*phobe*. [F, <Gk; ⇨ -PHOBIA]

pho·bia /fóʊbiə/ *n* 病的恐怖, 恐怖(症). [↓]

-pho·bia /fóʊbiə/ *n comb form*「…恐怖(症)」「…嫌い」(opp. *-philia*): Anglo*phobia*, hydro*phobia*. [L<Gk (*phobos* fear)]

pho·bic /fóʊbɪk/ *a* 恐怖症の. ► *n* 恐怖症患者.

-pho·bic /fóʊbɪk/, **-ph·o·bous** /-fəbəs/ *a comb form*「…恐怖症の」「…が嫌いな」「親和性の欠けた」 [*-phobia, -ic, -ous*]

phóbic reáction〘精神医〙恐怖反応《恐怖症を主たる症状とする神経症》.

Pho·bos /fóʊbɑ̀s, fɑ́b-/〘天〙フォボス《火星の第 1 衛星; cf. DEIMOS》.

Pho·caea /foʊsí:ə/ フォカエア《小アジア西岸 Ionia 地方最北の古代の港町》. ◆ **Pho·cáe·an** *a, n*

pho·cine /fóʊsàɪn/ *a* アザラシ (seal) の(ような).

Pho·ci·on /fóʊʃiɑ̀n/ フォキオン (c. 402–318 B.C.)《アテナイの将軍・政治家; Alexander 大王の死後 (323 B.C.), マケドニアの勢力下で一時アテナイの実質的独裁者となった》.

Pho·cis /fóʊsəs/ フォキス《ギリシア中部 Corinth 湾に臨む古代の地域; Delphi の神託所の所在地》.

pho·co·me·lia, -ko- /fòʊkəmí:liə/, **pho·com·e·ly** /foʊkɑ́məli/ *n*〘医〙アザラシ肢症[状奇形], フォコメリー (=*seal limb(s)*). ◆ **-me·lic** /-mí:lɪk/ *a* [Gk *phōkē* seal, *-melia*]

Pho·cus /fóʊkəs/〘ギ神〙ポーコス《Aeacus と Psamathe の子; 異母兄弟の Telamon と Peleus に殺された》.

phoe·be /fí:bi/ *n*〘鳥〙フェーベ《タイランチョウ科ツキヒメハエトリ属の数種の小鳥; 北米産》, 《特に》ツキヒメハエトリ, ツキタイランチョウ. [PEEWEE; 形は↓の影響]

Phoebe **1 a**〘ギ・ロ神〙ポイベー《月の女神; ARTEMIS, DIANA の呼称の一つ》. **b**《詩》月 (moon). **2**〘天〙フェーベ《土星の第 9 衛星》. **3** フィービ《女子名》. **4** *《俗》《craps で》5, 5 点. [Gk=shining]

Phoe·bus /fí:bəs/ **1**〘ギ神〙ポイボス《「輝ける者」の意で Apollo の呼称の一つ》. **2** [p-]《詩》太陽. [L<Gk *Phoibos*]

Phoe·ni·cia, Phe- /fɪníʃ(i)ə, -ní:-/ フェニキア《現在のシリアとレバノンの地域にあった地中海沿岸の古代都市国家》.

Phoe·ní·cian, Phe- *a* フェニキアの; フェニキア人[語]の; フェニキア文字の. ► *n* フェニキア人; フェニキア語.

phoe·nix, phe- /fí:nɪks/ *n* **1** [ˢP-]〘エジプト神話〙不死鳥, フォイニクス《アラビアの荒原に 500[600] 年ごとにみずから燃料を積み重ねて焼死し, その灰の中から再び若い姿となって現われるという不死の霊鳥》. **2** 不死の象徴; 死[破滅]の状態からよみがえった人[もの]; 《永遠の》大天才, 大著名人, 絶世の美人《など》; 模範, 手本. **3** [(the) P-]〘天〙ほうおう座(鳳凰座). ◆ **～·like** *a* [OE, OF<Gk=Phoenician, purple]

Phoenix フェニックス《Arizona 州の州都》.

Phóenix Íslands *pl* [the] フェニックス諸島《太平洋の中央に散在する 8 個のサンゴ礁島群; キリバス (Kiribati) に属する》.

phokomelia ⇨ PHOCOMELIA.

pho·las /fóʊləs/ *n* (*pl* **-la·des** /-lədì:z/)〘貝〙ニオガイ (piddock). [NL<Gk=that lurks in a hole]

phon /fɑ́n/ *n*〘理〙フォン, ホン《音の強さの単位》. [PHONE²]

phon- /fóʊn/, **pho·no-** /fóʊnoʊ, -nə/ *comb form*「音」「声」「言語」 [Gk PHONE²]

pho·nate /fóʊnèɪt; ―́/ *vi* 声を出す; 〘音〙発音する. ◆ **pho·ná·tion** *n* 発音, 発声. **phó·na·tò·ry** /; -t(ə)ri/ *a*

phon·áuto·gràph /foʊn-/ *n* フォノートグラフ《振動板に付けた針で回転式シリンダーに音の波形を記録する装置》.

phone¹ /fóʊn/《口》*n* 電話(器), 受話器 (telephone); EARPHONE. ● **hold the ～** ちょっと待つ (cf. HANG *on*); ちょっと待ってと言う. **talk on [to] the big** WHITE PHONE. ► *vi, vt* 電話をかける ‹*to*›; 電話で呼び出す ‹*up*›. ● **～ back** 電話をかけなおす; ‹人›に折り返し電話をかける. **～ in** (1)《職場などに》電話を入れる, …を電話で伝える; 《番組に》電話で問い合わせる[意見を伝える]. (2) [°～ it in]《口》

おざなり[いいかげん]にすませる, 手を抜いてする. **～ in sick** 病気で休むと電話を入れる. **～ round**" あちこちに電話をかける, 〈何人もの人など〉に電話をかける. **～ through** 〈情報を〉電話で伝える 〈*to*〉. ★ 用法については TELEPHONE も参照.

phone[2] *n* 〖音〗音, 単音《母音または子音》. [Gk *phōnē* voice, sound]

-phone /fòun/ *n comb form* (1)「音」「声」: micro*phone*, ear*phone*. (2) …語話者: Franco*phone*. ► *a comb form*「…語を話す」: Franco*phone*. [Gk (PHONE[2])]

P

phóne bànk* 《コールセンター・選挙運動本部などの》電話機の列[集合].

phóne bòok TELEPHONE BOOK.

phóne bòoth [bòx"] 電話ボックス.

phóne càll 通話, 電話: get [have, receive] a ～ 電話をもらう[受ける] 〈*from*〉/ make a ～ 電話する 〈*to*〉. ● **be ～ away** 《口》(電話一本で接触できるほど)すぐ近くに[身近]にいる[ある].

phóne·càrd" *n* テレホンカード (cf. CARDPHONE).

phone freak ⇨ PHONE PHREAK.

phóne-ìn" *n, a* 視聴者が電話で参加する(番組) (call-in*): ～ donation 電話による寄付.

pho·ne·mat·ic /fòunimǽtɪk/ *a* 〖音〗 PHONEMIC.

phò·ne·mát·ics *n* 〖音〗 PHONEMICS, 《特に》分節音素論 (segmental phonemics).

pho·neme /fóuni:m/ *n* 〖音〗 **1** 音素, フォニーム《音声学上は異なる音であるが, 一言語中で普通同一音として扱う一群の類似音; *k*een, *c*old, *c*ool の最初の子音は音素 /k/; cf. ALLOPHONE, TONEME》. **2** 《一言語の》音素組織. [*-eme*]

pho·ne·mic /fəní:mɪk, fou-/ 〖音〗 *a* 音素の; 音素論の; 異なる音素の. ♦ **-mi·cal·ly** *adv*

pho·ne·mi·cist /fəní:məsɪst, fou-/ *n* 音素論学者.

pho·ne·mi·cize /fəní:məsàɪz, fou-/ *vt* 音素に分析する; 音素表記する. ♦ **pho·nè·mi·ci·zá·tion** *n*

pho·né·mics 〖音〗 *n* 音素論; 音素体系.

pho·nén·do·scòpe /founéndə-/ *n* 拡声聴診器.

phóne nùmber 電話番号.

phóne phrèak [frèak] 《口》電話を無料でかけられるように改造する者. [*phreak* は *phone* の影響で *freak* の変化したもの]

phóne sèx テレホンセックス.

pho·nes·theme | -naes- /fóunəsθi:m/ *n* 〖言〗音感覚素. ♦ **phò·nes·thé·mic** *a*

pho·nes·the·sia | -naes- /fòunəsθí:ziə/ *n* 〖言〗音感覚《特定の音(の連続)に共通の意味を認めること; たとえば kid, chit, imp などの /ɪ/ が「小さい」, slime, slush, slobber などの /sl/ が「ぬるぬる」などを連想させるとする》. ♦ **phò·nes·thét·ic** /-θétɪk/ *a*

phò·nes·thét·ics | -naes- *n* 〖言〗音感覚学.

phóne tàg TELEPHONE TAG.

phóne-tàpping *n* 電話の盗聴.

pho·net·ic /fənétɪk/, **-i·cal** *a* 音声(上)の; 音声学の; 音声を表わす: INTERNATIONAL PHONETIC ALPHABET / ～ notation 音声標記法 / ～ value 音価. ♦ **-i·cal·ly** *adv* 発音どおりに; 音声学上. [NL<Gk (*phōneō* to speak)]

phonétic álphabet 《一式の》音標文字; 〖通信〗フォネチックアルファベット《音声による伝達において, 文字の確認のために使用される標準単語の一式; cf. COMMUNICATIONS CODE WORD》.

pho·ne·ti·cian /fòunətíʃ(ə)n/ *n* 音声学者.

pho·net·i·cism /fənétəsìz(ə)m/ *n* 音標つづり字主義[法].

pho·net·i·cist /fənétəsɪst/ *n* PHONETIST.

pho·net·i·cize /fənétəsàɪz/ *vt* 音声どおりに表わす, 表音式につづる.

phonétic láw 〖言〗音法則《Grimm's law など》.

pho·nét·ics *n* 音声学; 《特定言語の》音組織, 音声体系.

phonétic válue 〖音〗音価《個々の文字や音声記号が表わす実際の音》.

pho·ne·tist /fóunətɪst/ *n* PHONETICIAN; 表音式つづり字法論者.

phoney ⇨ PHONY[1].

-pho·nia /fóuniə/ *n comb form* -PHONY;「言語障害」 [*-phony*, *-ia*[1]]

phon·ic /fánɪk, fóu-/ *a* 音の; 音声の, 発音上の; 有声の (voiced); PHONICS の[に関する]. ♦ **-i·cal·ly** *adv*

-phon·ic /fánɪk, fóu-/ *a comb form* (1)「音の」「声の」: micro*phonic*. (2)「…語を話す」「…語話者の」: Franco*phonic*. (3)「音響の」: stereo*phonic*. [*-phone*, *-ic*]

phón·ics *n* フォニックス《初心者を対象につづり字と発音の関係を教える語学教授法》; 音響学 (acoustics); 音声学 (phonetics).

pho·no /fóunou/ *n* (*pl* ～**s**) PHONOGRAPH. ► *a* 〖電〗フォノの: PHONO PLUG / a ～ socket.

phono- /fóunou, -nə/ ⇨ PHON-.

phòno·angiógraphy *n* 〖医〗血管音検査(法).

phòno·cárdio·gràm *n* 〖医〗心音図《心音記録器による心臓の音の記録図》.

phòno·cárdio·gràph *n* 〖医〗心音計. ♦ **-cardiógraphy** *n* 心音図検査(法). **-cardiográphic, -ical** *a* **-ical·ly** *adv*

phóno·gràm *n* 表音文字 (cf. IDEOGRAM); 速記の表音字; レコード; 電話電報; 同音文字列《さまざまな単語の中で同一の発音を有する文字列; たとえば eat, meat, treat の eat の部分》. ♦ **phòno·grám·(m)ic** *a* **-(m)i·cal·ly** *adv*

phóno·gràph *n**レコードプレーヤー (gramophone"); "蠟管式蓄音器.

phòno·gráph·ic *a* (蠟管式)蓄音器の[による]; 表音速記法の. ♦ **-i·cal·ly** *adv*

pho·nog·ra·phy /fənágrəfi, fou-/ *n* 表音式つづり[書き]方; 表音速記法[術]. ♦ **-pher, -phist** *n*

phóno·lìte *n* 〖岩石〗響岩(きょうがん), フォノライト (=*clinkstone*).

pho·nol·o·gy /fənáləʤi, fou-/ *n* 音韻論; 音韻組織. ♦ **-gist** *n* 音韻学者. **pho·no·log·i·cal** /fòun(ə)láʤɪk(ə)l/, **-ic** *a* **-i·cal·ly** *adv*

pho·no·mánia /fòunə-/ *n* 殺人マニア[狂, 鬼]. [Gk *phonos* murder, *-mania*]

pho·nom·e·ter /fənámətər/ *n* 測音器《音の強度を測定する》. ♦ **pho·nóm·e·try** *n* 測音(法); 音分析.

pho·non /fóunàn/ *n* 〖理〗音響量子, 音子, フォノン. [*-on*]

pho·no·phore /fóunəfɔ̀:r/, **-pore** /-pɔ̀:r/ *n* 電信電話共通装置.

phóno plùg 〖電〗フォノプラグ《オーディオ機器などに用いる同軸コネクター》.

phòno·recéption *n* 〖生理・生〗音(おん)受容. ♦ **-recéptor** *n* 音受容器(官).

phóno·rècord *n* レコード盤 (phonograph record).

phóno·scòpe *n* 顕微音器, 楽音自記器; 〖楽〗検弦器.

phòno·táctics *n* 〖言〗音素配列論. ♦ **-táctic** *a*

phóno·tỳpe *n* 〖印〗音標活字(で印刷したもの).

phóno·typy /-tàɪpi/ *n* 表音式速記法.

pho·nus bo·lo·nus [ba·lo·nus] /fóunəs bəlóunəs/ 《俗》ナンセンス, にせもの; 《俗》いんちき, ペテン. [*phony*, *boloney*]

pho·ny[1], **-ney** /fóuni/ 《口》 *a* だましの; ペテンの, 詐欺的な; 疑わしい, うそくさい; 事実無根の; にせの; 偽善的な; 見かけだけの: a ～ name 偽名. ● **～ as a three-dollar bill***《俗》まるでいんちきな, 完全にうそっぱちの. ► *n* にせもの, いんちき, まやかし(品), 銀流し; ペテン師, 偽善者; 偽名. ► *vt* 偽造する, ごまかす, でっちあげる 〈*up*〉. ♦ **-ni·ly** *adv* **-ni·ness** *n* [C20<?]

phony[2] *n**《俗》いたずら電話, 《出るとすぐ切れる》無言電話. [↑ と *phone*[1] からか]

-pho·ny /fəni, fòuni; fəni/ *n comb form*「音」「声」: tele*phony*. [Gk *-phonia* (PHONE)]

phóny-balóney, phóney-balóney *a* 偽善的な, 見かけだけの (phony).

phóny·màn *n* 《俗》模造宝石売り.

phóny wár 見かけの戦争, 膠着戦《**1**) 第二次大戦初期の非戦闘状態 **2**) 平時における戦争状態》; [*fig*] にらみ合い.

phoo /fú:/ *int* PHOOEY. [imit]

phoo·ey /fú:i/ *int* ペッ, チェッ, ゲッ, オエッ, ヒェーッ, フン, なーんだ, ばかな, くそくらえ, おもしろくもない, やーだね《拒絶・軽蔑・嫌悪・うんざりなどの発声》: *P*～ on that. 《口》お断わりだ, とんでもない, 何言ってやがる, 冗談言うな!《強い拒絶を表わす》. ► *n* たわごと, ナンセンス (nonsense). [imit]

pho·rate /fɔ́:rèɪt/ *n* 〖化〗ホレート《種子処理用の殺虫剤として用いる強毒性有機リン化合物》.

phor·bol /fɔ́:rbɔ̀:l/ *n* 〖化〗ホルボール《4 つの環をもつ化合物; ホルボールエステルはクロトン油に含まれ, 発癌促進作用がある》. [Gk *phorbē* fodder]

-phore /fɔ̀:r/ *n comb form*「…を支える[運ぶ]もの」: chromo*phore*, gameto*phore*. [Gk (*pherō* to bear)]

-pho·re·sis /fərí:səs/ *n comb form* (*pl* **-ses** /-sì:z/)「…伝達」: electro*phoresis*. [Gk (↑, *-sis*)]

phor·e·sy /fɔ́:rəsi/ *n* 〖動〗便乗, 運搬(共生)《ある動物が他の動物の体に付着して移動のための利益を得ていること》. ♦ **pho·rét·ic** /fərétɪk/ *a*

phor·mi·um /fɔ́:rmiəm/ *n* 〖植〗ニューサイラン[フォルミウム]属 (*P*-) の常緑多年草, 《特に》ニューサイラン, マオラン, ニュージーランドアサ《フォルミウム科またはリュウゼツラン科; ニュージーランドと豪州 Norfolk 島に各一種》.

pho·ro·nid /fərόunəd/ *n* 〖動〗ホウキムシ.

-ph·o·rous /-ˊf(ə)rəs/ *a comb form*「…を支える」「…を持つ (bearing)」 [Gk (-PHORE)]

phos- /fás/ *comb form*「光」 [Gk *phōs* light]

phos·gene /fázʤi:n/ *n* 〖化〗ホスゲン《酸化クロール炭素; 第一次大戦では毒ガスとして用いた》. [Gk *phōs* light, *-gen*]

phos·gen·ite /fázʤənàɪt/ *n* 〖鉱〗ホスゲン石.

phosph- /fásf/, **phos·pho-** /fásfou, -fə/ *comb form*「リン酸(塩)」「リン」 [*phosphorus*]

phos·pha·gen /fásfəʤən/ *n* 〖生化〗ホスファゲン《生体内で高エネ

ルギー-リン酸を貯蔵する化合物).

phos·pham·i·don /fɑsfǽmədɑ̀n/ *n* 〘化〙 ホスファミドン《有機リン殺虫剤》.

phos·pha·tase /fɑ́sfətèɪs, -z/ *n* 〘生化〙 ホスファターゼ《リン酸エステル・ポリリン酸の加水分解を触媒する酵素: **1**) ALKALINE PHOSPHATASE **2**) ACID PHOSPHATASE》.

phos·phate /fɑ́sfèɪt/ *n* 〘化〙 リン酸塩[エステル]; リン酸肥料; 一種の炭酸水《リン酸を少量含む》. ► *vt* リン酸(塩)で処理する. [F (*phosph-*)]

phósphate gròup 〘化〙 リン酸基.

phósphate róck 燐灰岩.

phos·phat·ic /fɑsfǽtɪk/ *a* リン酸塩の[を含む]: ～ fertilizer リン酸肥料.

phos·pha·tide /fɑ́sfətàɪd/ *n* 〘生化〙 リン脂質, ホスファチド (phospholipid). ♦ **phòs·pha·tíd·ic** /-tíd-/ *a*

phos·pha·ti·dyl /fɑ̀sfətáɪd(ə)l, fɑsfǽtəd(ə)l/ *n* 〘化〙 ホスファチジル基.

phosphatìdyl·chóline *n* 〘生化〙 ホスファチジルコリン (LECITHIN).

phosphatìdyl·ethanólamine *n* 〘生化〙 ホスファチジルエタノールアミン (=*cephalin*)《血漿および脳と脊髄の白質に含まれるリン脂質》.

phosphatìdyl·sérine *n* 〘化〙 ホスファチジルセリン《哺乳類の細胞にみられるリン脂質》.

phos·pha·tize /fɑ́sfətàɪz/ *vt* リン酸塩にする; PHOSPHATE. ♦ **phòs·pha·ti·zá·tion** *n*

phos·pha·tu·ria /fɑ̀sfət(j)ʊ́əriə/ *n* 〘医〙 リン酸塩尿(症). ♦ **-tú·ric** /-t(j)ʊ́ərɪk/ *a* [*-uria*]

phos·phene /fɑ́sfiːn/ *n* 〘生理〙 眼内閃光, 眼閃.

phos·phide /fɑ́sfàɪd/ *n* 〘化〙 リン化物: hydrogen ～ リン化水素.

phos·phi·nate /fɑ́sfənèɪt/ *n* 〘化〙 ホスフィン酸塩[エステル].

phos·phine /fɑ́sfiːn/ *n* 〘化〙 ホスフィン《**1**) 気体状リン化水素 **2**) リン化水素化合物の有機誘導物 **3**) アクリジン(塩基性)染料》. ♦ **-phin·ic** /fɑsfínɪk/ *a*

phosphínic ácid 〘化〙 ホスフィン酸.

phos·phite /fɑ́sfàɪt/ *n* 〘化〙 亜リン酸塩[エステル].

phospho- /fɑ́sfoʊ, -fə/ ⇨ PHOSPH-.

phòspho·créatine *n* 〘生化〙 クレアチンリン酸, ホスホクレアチン (=*creatine phosphate*)《脊椎動物の筋肉中に存在し, 筋運動のエネルギー源》.

phòspho·dì·ésterase /-dàɪ-/ *n* 〘生化〙 ホスホジエステラーゼ《ヘビ毒・血清などに含まれる phosphatase の一種》.

phòspho·dí·èster bónd [línkage] 〘生化〙 リン酸ジエステル[ホスホジエステル]結合.

phòspho·enòl·pyrúvate /-ənɔ̀ːl-, -ənòʊl-/ *n* 〘生化〙 ホスホエノールピルビン酸塩[エステル].

phòspho·enòl·pyrúvic ácid 〘生化〙 ホスホエノールピルビン酸《炭水化物代謝の中間生成物》.

phòspho·fruc·to·kínase /-frʌ̀ktoʊ-, -frʊ̀k-/ *n* 〘生化〙 ホスホフルクトキナーゼ《果糖に加リンさせる酵素》.

phòspho·glùco·mútase *n* 〘生化〙 グルコースリン酸ムターゼ, ホスホグルコムターゼ.

phòspho·glỳcer·áldehyde *n* 〘生化〙 ホスホグリセルアルデヒド.

phòspho·glýc·er·ate /-glísərèɪt/ *n* 〘化〙 ホスホグリセリン酸塩[エステル].

phòspho·glycéric ácid 〘化〙 ホスホグリセリン酸.

phòspho·kínase *n* 〘生化〙 ホスホキナーゼ (KINASE).

phòspho·lípase *n* 〘生化〙 ホスホリパーゼ (=*lecithinase*)《リン脂質を加水分解する酵素》.

phòspho·lípid, -lípide *n* 〘生化〙 リン脂質.

phospholípid bílayer 〘生〙 リン脂質二重層 (=*lipid bilayer*).

phòspho·mòno·ésterase *n* 〘生化〙 ホスホモノエステラーゼ《リン酸モノエステルの加水分解を触媒する酵素》.

phos·pho·nate /fɑ́sfənèɪt/ *n* 〘化〙 ホスホン酸塩[エステル].

phos·phón·ic ácid /fɑsfɑ́nɪk-/ 〘化〙 ホスホン酸.

phos·pho·ni·um /fɑsfóʊniəm/ *n* 〘化〙 ホスホニウム《1 価の原子団 PH_4》. [*-onium*]

phòspho·núclease *n* 〘生化〙 NUCLEOTIDASE.

phòspho·prótein *n* 〘生化〙 リンタンパク質《リン酸を含む複合タンパク質》.

phòspho·pyrúvate *n* 〘生化〙 PHOSPHOENOLPYRUVATE.

phos·phor /fɑ́sfər/ *n* **1** 蛍燐光体, 燐光体, 蛍光体[物質]. **2** [P-] **a** 〘ギ神〙 ポースポロス (=*Phosphorus*)《明けの明星; Eos の息子; ローマの Lucifer に当たる》. **b** 《詩》 明け[暁]の明星. ► *a* 《古》 PHOSPHORESCENT. [L<Gk=light bringer (PHOSPHORUS)]

phos·phor- /fɑ́sfər/, **phos·pho·ro-** /fɑ́sfəroʊ, -rə/ *comb form* 「リン (phosphorus)」「リン酸」 [L<Gk]

phos·pho·rate /fɑ́sfərèɪt/ *vt* 〘化〙 リンと化合させる, …にリンを加える[含ませる]; …に燐光を放たせる.

phósphor brónze 燐青銅《機械用の合金》.

Phos·phore /fɑ́sfɔ̀ːr/ *n* 《詩》 明けの明星 (Phosphor).

phos·pho·resce /fɑ̀sfərés/ *vi* 燐光を発する.

phòs·pho·rés·cence *n* 燐光(を発すること); 青光り.

phòs·pho·rés·cent *a* 燐光を発する; 燐光性の. ♦ **～·ly** *adv*

phos·pho·ret·(t)ed /fɑ́sfərètəd/ *a* リンと化合した: ～ hydrogen リン化水素 (phosphine).

phos·phor·ic /fɑsfɔ́(ː)rɪk, -fɑ́r-, fɑ́sf(ə)rɪk/ *a* 《特に 5 価の》リンの[を含む], リン (V)の.

phosphóric ácid 〘化〙 リン酸.

phosphóric anhýdride 〘化〙 無水リン酸 (phosphorus pentoxide).

phos·pho·rism /fɑ́sfərìz(ə)m/ *n* 〘医〙 リン中毒.

phos·pho·rite /fɑ́sfəràɪt/ *n* 燐灰土; 燐灰岩. ♦ **phòs·pho·rít·ic** /-rít-/ *a*

phos·pho·rize /fɑ́sfəràɪz/ *vt* PHOSPHORATE.

phos·pho·rol·y·sis /fɑ̀sfərɑ́ləsəs/ *n* 〘化〙 加リン酸分解. ♦ **-ro·lyt·ic** /-roʊlítɪk/ *a*

phósphoro·scòpe *n* 〘理〙 燐光計.

phos·pho·rous /fɑ́sf(ə)rəs, *fɑsfɔ́ːrəs/ *a* 《特に 3 価の》リンの[を含む], リン(III)の; PHOSPHORESCENT.

phósphorous ácid 〘化〙 亜リン酸.

phos·pho·rus /fɑ́sf(ə)rəs/ *n* **1 a** 〘化〙 リン《非金属元素; 記号 P, 原子番号 15》. **b** 《まれ》 燐光体. **2** [P-] 《文》 PHOSPHOR. [L=morning star<Gk (*phōs* light, *-phoros* bringing)]

phósphorus pentóxide 〘化〙 五酸化リン.

phos·pho·ryl /fɑ́sfərɪ̀l/ *n* 〘化〙 ホスホリル(基) (=～ **ràdical [gròup]**).

phos·phor·y·lase /fɑsfɔ́(ː)rəlèɪs, -fɑ́r-, fɑ́sf(ə)rə-, -z/ *n* 〘生化〙 ホスホリラーゼ《加リン酸分解を触媒する酵素》.

phos·phor·y·late /fɑsfɔ́(ː)rəlèɪt, -fɑ́r-/ *vt* 〘化〙 リン酸化する. ♦ **-là·tive** *a* **phòs·phor·y·lá·tion** *n*

phòspho·tránsferase *n* 〘生化〙 ホスホトランスフェラーゼ《リン酸基の転移を触媒する酵素の総称》.

phos·phu·ret·(t)ed /fɑ́sfjərètəd/ *a* PHOSPHORETTED.

phós·sy jáw /fɑ́si-/ 〘医〙 リン顎《顎骨などのリン壊死(えし)》.

phot /fóʊt, fɑ́t/ *n* 〘光〙 フォト《照明の単位: 1 cm^2 につき 1 lumen; 記号 ph》. [Gk (↓)]

phot- /fóʊt/, **pho·to-** /fóʊtoʊ, -tə/ *comb form* 「光」「写真」「光電」「光化学」「光子」 [Gk (*phōt-* *phōs* light)]

pho·tic /fóʊtɪk/ *a* 光の, 光に関する; 〈海層が〉太陽光線が届く深さの; 〘生〙 光の影響[生物発光]に関する. ♦ **-ti·cal·ly** *adv*

phótic dríver フォティックドライバー《ストロボ光と超音波を用いる治安対策用武器》.

phótic région [zóne] 有光層, 透光層[帯]《海などの太陽光線浸透帯で生物が光合成しうる水中の最上層部》.

phó·tics *n* 光(こう)学 (cf. OPTICS).

pho·ti·no /foʊtíːnoʊ/ *n* 〘理〙 フォティーノ《光子 (photon) に対する超対称粒子》. [*-ino*]

pho·tism /fóʊtɪ̀z(ə)m/ *n* 〘心〙 フォティズム《音など他種の刺激による視覚的知覚》. [Gk; ⇨ PHOT-]

pho·to /fóʊtoʊ/ 《口》 *n* (*pl* **～s**) 写真. ► *vt, vi* 写真を撮る[に映る]. ► *a* 写真の. [*photo*graph]

photo- ⇨ PHOT-.

phòto·actínic *a* 〘理〙 光化学線を発する.

phòto·áctive *a* 光活性のある, 光能動的な.

phòto·áging *n* 光老化, 光線加齢《紫外線による肌の老化》.

phòto·áuto·tròph *n* 〘生〙 光合成独立[光(こう)独立]栄養生物.

phòto·àuto·tróphic *a* 〘生〙 光合成独立[光(こう)独立]栄養の. ♦ **-i·cal·ly** *adv*

phòto·báth·ic /-bǽθɪk/ *a* 太陽光線の届く深さの.

phòto·biólogy *n* 光生物学《光などの放射エネルギーの生物に対する影響の研究》. ♦ **-gist** *n* **-biológical, -ic** *a*

phòto·biótic *a* 〘生〙 生存に光を必要とする, 光生性の.

phóto bòoth 証明[スピード]写真ボックス, (自動)証明写真機.

phòto·bótany *n* 光植物学.

phóto·càll[U] *n* PHOTO OPPORTUNITY.

phòto·catálysis *n* 〘化〙 光化学触媒作用, 光触媒作用.

phòto·cáthode *n* 〘電子工〙 光電陰極《光などの放射エネルギーにより電子を発する》.

Photo CD /—— sìːdíː/ フォト CD《**1**) 写真を CD 上に記録する Kodak 社のフォーマット **2**) その CD》.

phóto·cèll *n* 〘理〙 光電セル, 光電池 (photoelectric cell).

phòto·chémical *a* 光化学作用の[による]; 光化学の: ～ smog [haze] 光化学スモッグ. ♦ **～·ly** *adv*

phòto·chémistry *n* 光化学; 光化学的性質[作用]. ♦ **phò·to·chémist** *n*

phòto·chrómic *a* 〈ガラスなど〉光互変性の; 光互変に関する[を利用した]. ► *n* [ᵘ*pl*] 光互変性物質.

phòto·chrómism *n* 〘理〙 光互変(ごへん), フォトクロミズム《ある種の物質が光の照射によって色を変え, 再びもとの色に戻る現象》.

phóto·chro·my /-kròumi/ *n* 《昔の》天然色写真術.
phòto·chróno·gràph *n* 動体写真(機); フォトクロノグラフ《細く絞った光束の感光面上の軌跡から微小時間間隔を計測する装置》.
phòto·chronógraphy *n* 動体写真法.
phòto·coagulátion *n* 〔医〕光凝固(術)《レーザー光線などにより瘢痕組織をつくる; 眼疾の治療などに用いる》. ♦ **-coágulative** *a* **-coágulator** *n* 光凝固装置.
P
phòto·compóse *vt* 写真植字する.
phòto·compóser *n* 写真植字機.
phòto·composítion *n* 写真植字.
phòto·condúction *n* 〔理〕光伝導.
phòto·condúctive *a* 〔理〕光伝導[光導電]性の. ♦ **-condúctor** *n* 光伝導体.
photocondúctive céll 〔理〕光伝導[光導電]セル.
phòto·conductívity *n* 〔理〕光伝導[光導電]性.
phóto·còpier *n* 写真複写機, コピー機.
phóto·còpy *n, vt, vi* 写真複写(する), コピー(する): ～ well《字などが》きれいにコピーできる, コピーしても読みやすい. ♦ **phóto·còpiable** *a*
phóto·cùbe *n* フォトキューブ《各面に写真を入れられるようになっているプラスチックの立方体》.
phóto·cùrrent *n* 〔理〕光電流.
phòto·dè·composítion *n* PHOTOLYSIS.
phòto·degrádable *a* 光分解性の〈プラスチック·殺虫剤など〉.
phòto·degráde *vt, vi* 光によって分解する.
phòto·detéctor *n* 〔電子工〕光検出器《感光性半導体素子·光電管·光電池など光電効果を用いて放射エネルギーを電気信号に変える装置》.
phòto·díode *n* 〔電子工〕感光性半導体素子, フォトダイオード.
phòto·dis·integrátion *n* 〔理〕《原子核の》光崩壊, 光壊変. ♦ **-dis·íntegrate** *vt*
phòto·dissociátion *n* 〔理〕光解離. ♦ **-dissóciate** *vt* **-dissóciative** *a*
phóto·dràma *n* 劇映画. ♦ **phòto·dramátic** *a*
phòto·dúplicate *n, vt* PHOTOCOPY. ♦ **-duplicátion** *n* 写真複写.
phòto·dynámic *a* 光力学的な. ♦ **-ical·ly** *adv*
phòto·dynámics *n* 光力学.
phòto·elástic *a* 〔理〕光弾性の.
phòto·elastícity *n* 〔理〕光弾性.
phòto·eléctric, -trical 〔理〕*a* 光電子の; 光電効果の. ♦ **-trical·ly** *adv*
photoeléctric céll 〔理〕光電池, 光電セル; 〔理〕光電管.
photoeléctric cúrrent PHOTOCURRENT.
photoeléctric efféct 〔理〕光電効果.
phòto·electrícity *n* 〔理〕光電気; 光電気学.
photoeléctric méter 〔写〕光電(露光)計.
phòto·elèctro·chémical céll 〔化〕光電気化学電池.
phòto·eléctrode *n* 〔理〕光電極.
phòto·eléctron *n* 〔理〕光電子. ♦ **-electrónic** *a*
phòto·eléctro·tỳpe *n* 〔印〕写真電鋳版.
phòto·emíssion *n* 〔理〕光電子放出. ♦ **-emíssive** *a* **-emítter** *n* 光電子放出物質.
phòto·engráve *vt* 〔印〕…の写真版を作る, 写真製版する. ♦ **-engráving** *n* 写真製版[凸版]. **-engráver** *n*
phòto·envíronment *n* 〔生態〕光環境, 明環境.
phóto·èssay *n* フォトエッセイ (=*photostory*)《あるテーマ·ストーリーを一連の写真で表現するもの》.
phòto·excitátion *n* 〔理〕光励起《放射エネルギーの吸収による被験物質の原子·分子の励起》. ♦ **phò·to·ex·cít·ed** *a* 光励起状態の.
phòto·fabricátion *n* 〔電子工〕写真凸版による集積回路の製作.
phóto fínish 《レースで》写真判定を必要とするゴールイン; 大接戦. ♦ **phóto-fínish** *a*
phòto·fínish·ing *n* 〔写〕現像·焼付け·引伸ばし(業), DPE. ♦ **-fínish·er** *n*
phòto·físsion *n* 〔理〕光分裂.
Pho·to·fit" /fóutoufit/ 〔商標〕フォトフィット《モンタージュ写真作成法》.
phóto·flàsh *a* 閃光電球の[による]. ► *n* 閃光電球(による写真).
phótoflash lámp 閃光電球.
phótoflash photógraphy FLASH PHOTOGRAPHY.
phóto·flòod *a* 溢光(いっこう)灯の[による]. ► *n* 溢光灯(による写真).
phótoflood lámp [búlb] 溢光灯, フラッドランプ.
phòto·flúoro·gràm *n* X 線蛍光撮影写真.
phòto·fluorógraphy *n* X 線蛍光撮影[透視](法)《X 線により蛍光スクリーンに映像を映す》. ♦ **-fluorográphic** *a*
pho·tog /fətág/ *n**《口》写真家, カメラマン (photographer).
phòto·gélatin *a* 写真[感光]ゼラチンの.
photogélatin pròcess COLLOTYPE.
phóto·gène *n* 残像 (afterimage); 《廃》写真.
phòto·génic *a* 〈人·ほほえみなどが〉写真うつりのよい, 写真向きの; 〔生〕発光性の; 〔医〕光によって起こる, 光原性の; 〔写〕感光性の. ♦ **-i·cal·ly** *adv*
phòto·geólogy *n* 写真地質学《航空写真を調べて地質学的特徴をつかむ》. ♦ **-geólogist** *n* **-geológic, -ical** *a*
pho·to·glyph /fóutəglìf/ *n* 写真彫刻板.
phóto·gràm *n* フォトグラム《感光紙と光源との間に物を置いてレンズを用いずにつくるシルエット写真》; 《絵画調の》写真.
pho·to·gram·me·try /fòutəgrǽmətri/ *n* 写真測量[製図]法. ♦ **-grám·me·trist** *n* **-gram·met·ric** /-grəmétrɪk/ *a*
phóto·gràph *n* 写真: take a ～ of…の写真を撮る / have [get] one's ～ taken 写真を撮らせる[撮ってもらう]. ► *vt* …の写真を撮る; 鮮明にことばで表わす; …の印象を深く刻む. ► *vi* 写真を撮る; 写真にうつる: ～ badly [well] 写真うつりが悪い[よい].
pho·tog·ra·pher /fətágrəfər/ *n* 撮影者, 写真家[屋].
pho·to·graph·ic /fòutəgrǽfɪk/ *a* **1** 写真(術)の: ～ paper 印画紙, 感光紙 / a ～ studio 撮影所. **2** 写真のような, 詳密な, 鮮明な; 芸術味のない: a ～ memory 写真のように精確な記憶(力). ♦ **-i·cal·ly** *adv* 写真(術)によって; 写真のように.
pho·to·graph·i·ca /fòutougrǽfɪkə/ *n pl* 写真愛好家の蒐集品.
photográphic mágnitude 〔天〕《天体の》写真等級《青色光に極大感度を有する乾板を用いて測る》.
pho·tog·ra·phy /fətágrəfi/ *n* 写真術, 写真撮影; 映画撮影 (cinematography); [ºthe] 写真《集合的》.
phòto·gravúre *n, vt* グラビア印刷(する).
phòto·hélio·gràph *n* 〔天〕太陽写真機.
phòto·indúced *a* 〔生〕光の作用に感応した〈開花など〉. ♦ **-indúction** *n* **-indúctive** *a*
phòto·interpretátion *n* 写真解読(法), 写真解析《特に軍事情報機関で行なう空中写真の解読; 略 PI》. ♦ **-intérpret·er** *n*
phòto·ion·izátion *n* 〔理〕光電離, 光(こう)イオン化.
phòto·ísomer·ìze *vt* 〔化〕光異性化する. ♦ **-ìsomer·izátion** *n*
phòto·jóurnal·ism *n* 写真報道中心のジャーナリズム. ♦ **-jóurnal·ist** *n* 報道写真家. **-journalístic** *a*
phòto·kinésis *n* 〔生〕光活動性. ♦ **-kinétic** *a*
pho·to·litho /fòutəlíθou/ *n* (*pl* **-líth·os**) PHOTOLITHOGRAPHY; PHOTOLITHOGRAPH. ► *a* PHOTOLITHOGRAPHIC.
phòto·lithógraphy *n* 写真石版(術), 写真平版(術); 〔電子工〕フォトリソグラフィー《感光性の回路基盤に回路図を写し, 化学処理をして集積プリント配線回路を製作する過程》. ♦ **-lítho·gràph** *n, vt* 写真平版(にかける). **-lithógrapher** *n* **-lìtho·gráph·ic** *a* **-i·cal·ly** *adv*
phòto·luminéscence *n* 〔理〕光冷光, 光[フォト]ルミネセンス《光の吸収による発光》. ♦ **-cent** *a*
pho·tol·y·sis /foutáləsəs/ *n* 〔化·植〕光分解. ♦ **pho·to·lyt·ic** /fòut(ə)lítɪk/ *a* **-i·cal·ly** *adv*
pho·to·lyze /fóut(ə)làɪz/ *vt, vi* 光分解する. ♦ **-lỳz·able** *a*
phòto·mácro·gràph *n* 拡大写真 (macrophotograph). ♦ **-mac·rog·ra·phy** /-mækrágrəfi/ *n* 拡大写真術.
phóto·màp *n, vt, vi* 《航空撮影による》写真地図(を作る).
phóto·màsk *n* フォトマスク《PHOTOLITHOGRAPHY などで, 基板表面に密着させて露光を行なう回路パターンを描いたフィルム; 単に mask ともいう》.
phòto·mechánical *a* 写真製版法の: the ～ process 写真製版(法). ♦ **～·ly** *adv*
phòto·méson *n* 〔理〕光中間子《光子と原子核との反応により生成される中間子》.
pho·tom·e·ter /foutámətər/ *n* 光度計, 測光器; 〔写〕露出計, 露光計.
pho·to·met·ric /fòutəmétrɪk/, **-ri·cal** *a* 光度計の; 測光(法)の: ～ units 測光単位. ♦ **-ri·cal·ly** *adv*
pho·tom·e·try /foutámətri/ *n* 光度測定(法), 測光(法[学]).
phòto·mícro·gràph *n* 顕微鏡写真, 微小写真. ♦ **-micrógraphy** *n* 顕微鏡写真術[法]. **-micrográphic, -ical** *a*
phòto·mícro·scòpe *n* 顕微鏡写真機《顕微鏡·カメラ·光源を組み合わせたもの》. ♦ **-microscópic** *a*
phòto·montáge *n* フォトモンタージュ(作製法); 合成写真.
phòto·mòrpho·génesis *n* 〔生〕光形態形成《光などの放射エネルギーに支配される形態発生》. ♦ **-génic** *a*
phòto·mosáic *n* モザイク写真, 集成写真《ある地域の航空写真·衛星写真をつないで作製した連続写真》.
phòto·múltiplier *n* 〔理〕光電子増倍管 (=～ **tùbe**).
phòto·múral /ˌ―ˈ―/ *n* 《壁の全面を飾る》壁面写真.
pho·ton /fóutàn/ *n* 〔理〕光子, 光量子; 〔眼〕フォトン (=*troland*)《網膜における光の強さの単位》. ♦ **pho·tón·ic** *a* [*-on*; electron にならったもの]
phóto·nas·ty /-næsti/ *n* 〔植〕光傾性, 傾光性.

phòto·négative *a* 〖生〗負の光走性[光屈性]を示す; 〖理〗光の吸収によって電気伝導度の低下する.

phòto·néutron *n* 〖理〗光中性子《原子核の光崩壊でできる中性子》.

pho·ton·ics /foutɑ́nɪks/ *n* 光通信学, フォトニクス《光を用いた情報伝達を扱う研究・技術》.

phóto·nòvel *n* 写真小説《対話が漫画の吹出しの形ではいっている》.

phòto·núclear *a* 原子核に対する光子の作用の[に関する]: ～ reaction 光核反応.

phòto-óff·sèt *n, vt, vi* 〖印〗《写真製版による刷版を用いる》写真オフセット印刷(で印刷する).

phóto òp /-ɑ̀p/ PHOTO OPPORTUNITY.

phóto opportùnity* 《政府高官や有名人の》カメラマンとの会見, 写真撮影の(割当て)時間 (photocall").

phòto·oxidátion *n* 〖化〗光酸化《光の影響による酸化》. ♦ **-óxidative** *a* **-óxidize** *vt, vi*

pho·top·a·thy /foutɑ́pəθi/ *n* 〖生〗感光性,《生物が示す》顕著な負の光走性[屈光性]; 〖医〗光線障害, 光線性疾患. [*-pathy*]

phòto·périod *n* 〖生〗光周期,《特に》明期, 日長. ♦ **-periódic** *a* **-ical·ly** *adv*

phòto·périod·ìsm, -periodícity *n* 〖生〗光周性[律], 日長効果《光周期に対する生物体の反応; cf. THERMOPERIODISM》.

phóto·phàse *n* LIGHT REACTION; 〖生〗《光周期の》明期; 〖植〗感光相[期].

phòto·phílic, pho·toph·i·lous /foutɑ́fələs/, **phóto·phìle** *a* 〈植物などが〉光を好む, 好光性の; 〖生理〗明所嗜好の, 好光性の (opp. *scotophil*). ♦ **pho·toph·i·ly** /foutɑ́fəli/ *n* 好光性.

phòto·phóbia *n* 〖医〗羞明(しゅうめい), まぶしがり(症)《光に対する異常不耐性》; 〖精神医〗輝所恐怖(症).

phòto·phóbic *a* 〈昆虫など〉光を避ける; 減光した所で最もよく育つ; 羞明の, まぶしがり(症)の; 輝所恐怖(症)の.

phóto·phòne *n* 光線電話(機).

phóto·phòre *n* 〖動〗《深海魚などの》発光器.

phòto·phosphorylátion *n* 〖生化〗光リン酸化.

pho·to·pia /foutóupiə/ *n* 〖眼〗明所視《対光眼調節》. ♦ **pho·top·ic** /foutɑ́pɪk, -tóu-/ *a* [*-opia*]

phòto·pìgment *n* 〖生化〗光色素.

phóto·pìle *n* 太陽光電池.

phóto·plàte *n* 写真乾板.

phóto·plày *n* 劇映画 (photodrama).

phóto·plày·er *n* 映画俳優.

phòto·polarímeter *n* 望遠写真偏光計《望遠鏡・写真機・偏光計を合わせた天体観測装置》.

phòto·pólymer *n* 〖印〗《刷版の製作に用いる》感光性樹脂[プラスチック].

phòto·pósitive *a* 〖生〗正の光走性[光屈性]を示す; 〖理〗光の吸収によって電気伝導度の増加する.

phóto·prìnt *n* 写真印画; 写真製版による印刷物.

phòto·próduct *n* 光化学反応の生成物.

phòto·prodúction *n* 〖理〗光生成《原子核に光子が作用して中間子などを生じる現象》; 光化学反応による生成.

phòto·próton *n* 〖理〗光陽子《原子核の光崩壊でできる陽子》.

phòto·reáction *n* 光化学反応.

phòto·reactivátion *n* 〖生化〗光回復《光による細胞内[《特に》DNA]の損傷の回復》. ♦ **-reáctivating** *a*

phòto·réal·ism *n* フォトリアリズム, スーパーリアリズム《写真をもとに都市や人物を精密・克明に描写する絵画のスタイル; 1960–70 年代の芸術運動》. ♦ **-réal·ist** *n, a* **-realístic** *a*

phòto·récce /, -ríki/ *n**《口》PHOTORECONNAISSANCE.

phòto·recéption *n* 〖生・生理〗光(ひかり)(こう)受容. ♦ **-recép·tive** *a*

phòto·recéptor *n* 〖生・生理〗光受容器[体].

phòto·recónnaissance *n* 〖軍〗航空写真(撮影を行なう)偵察.

phòto·redúction *n* 〖化〗光還元《光化学的還元》. ♦ **phòto·redúce** *vt*

phòto·refráctive keratéctomy 〖医〗レーザー屈折矯正角膜切除(術)《近視矯正手術の一種; 略 PRK》.

phóto relìef フォトレリーフ《北西方向から光をあてた地形モデルを写真撮影して地形を示す方法》.

phòto·rè·prodúction *n* 写真複写, コピー (photocopy).

phòto·resíst *n* フォトレジスト《露光によってさまざまな程度に硬膜をつくる物質》.

phòto·respirátion *n* 〖植〗光呼吸《光合成中二酸化炭素をつくる酸化》.

phóto·scàn *n* 〖医〗フォトスキャン《フォトスキャナーで得た写真》. ► *vt, vi* (…に)フォトスキャンを行なう.

phóto·scànner *n* 〖医〗フォトスキャナー《注入した放射性物質の分布を写真で示す装置》. ♦ **-scànning** *n*

phòto·sénsitive *a* 感光性の, 光電性の, 光感応性の: ～ glass 感光ガラス. ♦ **-sensitívity** *n* 感光性, 光電感度.

phòto·sensitizátion *n* 感光性にすること, 光増感, 光増感.

phòto·sénsitize *vt* 感光性にする, 光増感する. ♦ **-sénsi·tizer** *n*

phóto·sènsor *n* 光センサー, 感光装置.

phóto sèssion [shòot] 《広告・出版物用の》(人物写真)撮影.

phóto·sèt *vt* 〖印〗写真植字する (photocompose). ♦ **-sètter** *n* 写真植字機. **-sètting** *n*

phóto·shòp *vt* 〈写真画像を〉編集ソフトで加工する. [Adobe *Photoshop* 代表的なフォトレタッチソフト]

phòto·spéctro·scòpe *n* 分光写真器 (spectrograph).

phóto·sphère *n* 〖天〗《太陽・恒星などの》光球; [*fig*] 光の球. ♦ **phòto·sphéric** *a*

phóto·stàge *n* 〖植〗《生長過程の》感光期, 光段階.

Pho·to·stat /fóutəstæ̀t/ *n* 〖商標〗フォトスタット《写真複写装置; 現在は製造されていない》; [°p-]《フォトスタットで作製した》複写物,《一般に》コピー. ► *vt, vi* [p-] フォトスタットで複写する. ♦ **phò·to·stát·ic** *a* [*-stat*]

phóto·stòry *n* フォトストーリー (photo-essay).

phóto·sùrface *n* 感光面.

phòto·sýn·thate /-sínθèɪt/ *n* 〖生化〗光合成産物.

phòto·sýnthesis *n* 〖生化〗光合成. ♦ **-sýnthesize** *vi, vt* **-synthétic** *a* **-ical·ly** *adv*

photosýnthesis bactèria *pl* 光合成細菌.

phóto·sỳstem *n* 〖生化〗《葉緑体の》光化学系《**1**) 光化学系 I (=～ **I** /-— wʌ́n/): 長波長の光が関与し $NADP^+$ の還元に関連する反応系 **2**) 光化学系 II (=～ **II** /-— túː/): 短波長の光が関与し水の解離と酸素の生成に関連する反応系》.

phòto·táxis, phóto·tàxy *n* 〖生〗光走性, 走光性 (cf. HELIOTAXIS). ♦ **phò·to·tác·tic** *a* **-i·cal·ly** *adv*

phòto·téle·gràph *n* 写真電送機; 電送写真. ♦ **-tele·gráphic** *a*

phòto·telégraphy *n* 写真電送.

phòto·téle·phòne *vt* 〈写真などを〉電話ファックスで送る.

phòto·thérapy, -therapéutics *n* 光線療法 (light therapy). ♦ **-thérapist** *n*

phòto·thérmal, -thérmic *a* 光と熱との[に関する], 光熱の.

phóto·tìmer *n* 〖写〗露出タイマー; レース勝者判定用撮影装置.

pho·tot·o·nus /foutɑ́t(ə)nəs/ *n* 〖生〗光緊張. ♦ **pho·to·ton·ic** /fòutətɑ́nɪk/ *a* [*tonus*]

phòto·topógraphy *n* 写真測量, 写真製図.

phòto·tóxic *a* 光毒性の《**1**) 特に紫外線に対して皮膚を過敏にする物質についていう **2**) そのような物質によってひき起こされた》. ♦ **phòto·toxícity** *n*

phóto·tòxin *n* 〖生化〗フォトトキシン《さわったり食べたりするとアレルギー反応をひき起こす植物毒》.

phòto·transístor *n* 〖電子工〗フォトトランジスター《感光性半導体素子 (photodiode) とトランジスターの機能を兼備する装置》.

phóto·troph /-tràf/ *n* 〖生〗光合成[光栄養]生物.

phòto·tróphic *a* 〖生〗光栄養の, 光合成の.

pho·tot·ro·pism /foutɑ́trəpìz(ə)m; fòutoutróupìz-/ *n* 〖生〗光屈性, 屈光性; 〖化〗光可逆変色, 光互変. ♦ **pho·to·trop·ic** /fòutətróupɪk, -trɑ́p-/ *a* **-i·cal·ly** *adv* [*-tropism*]

phóto·tùbe *n* 〖電子工〗光電管 (photomultiplier).

phóto·tỳpe *n, vt* 〖印〗フォトタイプ(で印刷する)《コロタイプおよび写真凸版法, 凸版写真の異称》. ♦ **-typy** /-tàɪpi/ *n* フォトタイプ術.

phòto·týpe·sètting *n* 〖印〗写真植字 (photocomposition)《特に鍵盤式またはテープ操作によるものをいう》. ♦ **-týpe·sètter** *n* 写真植字機.

phòto·typógraphy *n* 〖印〗写真植字印刷, 写真凸版術. ♦ **-tỳpo·gráphic** *a*

phòto·voltáic *a* 〖理〗光起電性の.

photovoltáic céll 〖理〗光電池.

photovoltáic effèct 〖理〗光起電力効果.

phòto·vol·tá·ics /-voultéɪɪks/ *n* 〖理〗光(こう)起電力学; [〈*pl*〉] 光起電装置.

phòto·zincógraphy *n* 〖印〗写真亜鉛凸版(術).

phpht /ft/ *int* PHT. [imit]

phr. phrase.

phrag·mi·tes /frægmáɪtiz/ *n* (*pl* ～) 〖植〗ヨシ属 (*P-*) の数種の大型の多年草《水湿地に生える》,《特に》ヨシ (葦)《イネ科》. [Gk= growing in hedges]

phrág·mo·plàst /frǽgmou-/ *n* 〖植〗隔膜形成体.

phras·al /fréɪz(ə)l/ *a* 句[成句] (phrase) の. ♦ **～·ly** *adv*

phrásal vérb 句動詞 (look forward to, use up など).

phrase /fréɪz/ *n* **1** 〖文法〗句, フレーズ; 成句, 熟語, 慣用句; 語法, 表現法, ことばづかい, 言いまわし; 名言, 警句; CATCHPHRASE; 語; 〖修〗《前後に休止を置く》強調語句; [*pl*] くだらぬ文句, 空言: felicity of ～ ことばづかいの巧みさ / a turn of ～ 言いまわし / turn a ～ うまい言い方をする. **2** 〖楽〗楽句; 〖ダンス〗《一つの型をなす》一連の動き.

► *vt* ことば[句]で表わす; …と呼ぶ; ほめる, こびる; 〘楽〙各楽節に分ける. [L<Gk (*phrazō* to tell)]

phráse bòok 《旅行者用などの》外国語表現集.

phráse·màker *n* 名言家, 警句の名人; PHRASEMONGER. ♦ **-màking** *n*

phráse màrker 〘文法〙句構造標識《文の PHRASE STRUCTURE を示したもの》.

phráse·mònger *n* (空虚な)美辞麗句を並べる人. ♦ **~·ing** *n*

phrá·seo·gràm /fréɪziə-/ *n* 《速記術などの》句を表わす符号, 句文字.

phrá·seo·gràph /fréɪziə-/ *n* PHRASEOGRAM の表わす句; PHRASEOGRAM.

phrà·se·ól·o·gist *n* 語法専門家; 造語の名人; PHRASEMONGER.

phra·se·ol·o·gy /frèɪziálədʒi/ *n* 文体; ことばづかい, 語法; 術語, 専門語; 語句, 表現. ♦ **phrà·seo·lóg·i·cal** *a* もったいぶった(言い方をする); ことばづかいの, 語法(上)の, 語句の. **-i·cal·ly** *adv*

phráse strùcture 〘文法〙句構造《文の成分の配列》.

phráse-strùcture gràmmar 〘文法〙句構造文法《句構造規則または書き換え規則のみからなる文法; 変形文法以前の大部分の文法》.

phráse-strùcture rùle 〘文法〙句構造規則.

phras·ing /fréɪzɪŋ/ *n* 語法, ことばづかい, 言いまわし; 〘楽〙(楽句)句切り法, フレージング; 話しことばの区切り(方).

phra·try /fréɪtri/ *n* 〘古ギ〙胞族, フラトリア《PHYLE の下位区分》; 〘社〙フラトリー, 胞族. ♦ **phrá·tric, phrá·tral** *a* [Gk (*phratēr* clansman)]

phreak /fríːk/ *n* PHONE PHREAK. ► *vt, vi* 電話を改造して(通話を)無料で行なう. ♦ **~·er** *n* [*freak* の異形]

phréak·ing *n* フリーキング《電話回線網の不正使用; 一般にネットワークなどへの侵入; cf. PHREAK》.

phre·at·ic /friǽtɪk/ 〘地質〙*a* 地下水面より下の自由地下水層の, 浸潤層の; 地下水からの蒸気の爆発の[による].

phre·áto·phỳte /friǽtə-/ *n* 〘生態〙地下水植物《地下水やそのすぐ上の地層から水を得る根の深い植物》. ♦ **phre·àto·phýt·ic** /-fít-/ *a* [Gk *phreat-* *phrear* well]

phren- /frén/, **phreni-** /frénə/, **phreno-** /frénoʊ, -nə/ *comb form*「心」「精神」「横隔膜」「横隔神経」 [L<Gk (*phrēn* mind, diaphragm)]

phre·net·ic /frɪnétɪk/ *a* FRENETIC. [F, <Gk]

-phre·nia /fríːniə/ *n comb form*「精神障害状態」: hebe*phrenia*. [L<Gk; ⇨ PHREN-]

phren·ic /frénɪk/ *a* 〘解〙横隔膜の; 〘生理〙心的な. [F (Gk PHREN-)]

phre·ni·tis /frɪnáɪtəs/ 《まれ》*n* 〘医〙脳炎; 精神錯乱. ♦ **phre·nít·ic** /-nít-/ *a* [Gk=delirium; ⇨ PHREN-]

phre·nol·o·gy /frɪnálədʒi/ *n* 骨相学. ♦ **-gist** *n* **phre·no·log·i·cal** /frènəládʒɪk(ə)l, frì:-/ *a*

phren·sy /frénzi/ *n, vt* FRENZY.

Phrix·us /fríksəs/, **-os** /-səs/ 〘ギ神〙プリクソス《Athamas と Nephele の息子で, Helle の兄; Zeus へのいけにえにされるところを妹と共に金の羊毛 (Golden Fleece) をもった雄羊に乗って Colchis にのがれ, そこで雄羊を Zeus にささげ, 金の羊毛は Colchis の王 Aeëtes に与えた》.

Phryg·ia /frídʒiə/ フリュギア, フリギア《小アジア中部にあった古王国》.

Phrýg·i·an *a* フリュギア(人)の. ► *n* フリュギア人[語].

Phrýgian cáp [bónnet] フリギア帽《昔フリュギア人がかぶった先が前に折れ下がる円錐帽; 近代では自由の象徴として liberty cap と同一視される》.

Phrýgian mòde 〘楽〙フリギア旋法《**1**) ギリシア旋法の一つ; ピアノの白鍵でニ–ニの下行音列 **2**) 教会旋法の一つ; ピアノの白鍵でホ–ホの上行音列》.

Phry·ne /fráɪni/ フリュネー《前 4 世紀の美貌で有名なアテナイのヘタイラ (hetaera)》.

PHS 〘米〙°Public Health Service.

pht /ft/ *int* チェッ, フン《軽い怒り・いらだちの発声》. [imit]

phthal·ate /θǽlèɪt, fθǽl-/ *n* 〘化〙フタル酸塩[エステル], フタラート.

phthal·ein /θǽliən, θǽlìːn, θéɪl-, fθǽl-/ *n* 〘化〙フタレイン《キサンテン染料》.

phthál·ic ácid /θǽlɪk-, fθǽl-/ 〘化〙フタル酸. [na*phthalic*]

phthálic anhýdride 〘化〙無水フタル酸.

phthal·in /θǽlən, fθǽl-/ *n* 〘化〙フタリン《フタレインを還元してできる化合物》.

phtha·lo·cýanine /θæloʊ-, θèɪ-, fθæl-/ *n* 〘化〙フタロシアニン《青緑色系顔料》.

phthi·o·col /θáɪəkɔ̀(ː)l, -kòʊl, -kàl/ *n* 〘生化〙フチオコール《結核菌から得られるビタミン K に似た構造の色素》.

phthi·ri·a·sis /θəráɪəsəs, θaɪ-/ *n* 〘医〙シラミ(寄生)症 (pediculosis). [Gk *phtheir* louse]

phthis·ic /tízɪk, θíz-; (f)θáɪsɪk, táɪ-/ *a* 〘医〙癆(ろう)の, 肺結核の; 結核患者のような. ► *n* 癆, 肺結核 (phthisis); 結核患者; 《廃》のど[肺]の病気《喘息など》. ♦ **phthís·i·cal** *a* **phthís·icky** *a*

phthi·sis /θáɪsəs, táɪ-, θís-, tís-/ *n* (*pl* **-ses** /-sìːz/) 〘医〙癆, 《特に》肺結核. [L<Gk (*phthinō* to decay)]

Phu·ket /púːkét/ プーケット《**1**) タイの Malay 半島西岸の島で, 県をなす **2**) 同島南端の市, 県都》.

phul·ka·ri /pʊlkáːri/ *n* 《インド》プルカリ《木綿地に着色絹糸で花柄などの刺繍を施したもの; 女性の装身具・花嫁衣裳などに用いる》. [Hindi *phūla* flower]

phumfed /fʌ́m(p)ft/ *a**《俗》薬(やく)に酔って.

phut(t), fut /fʌ́t/ ᴵᴵ《口》*n, adv* パン[プスッ, ポン, コテッ](という音) (pfft)《しばしば 間投詞的に用いてあっけない終末・失望・落胆を表わす》. ● **go [be gone] ~** 終わる, つぶれる, だめになる, こわれる, ポシャる; 疲れる; 〈タイヤが〉パンクする. [Hindi *phatnā* to burst]

phutz /fʌ́ts/ *n, vi, vt**《俗》FUTZ.

phwoah /fwɔ́ːə/, **phwoor, phwoar** /fwɔ́ːr/ *int* ᴵᴵ《口》《セクシーな人を見て》ワォー, たまんない, ムラッとくる.

phy /fáɪ/ *n* ᴵᴵ《俗》ファイ (PHYSEPTONE).

phyc- /fáɪk/, **phy·co-** /fáɪkoʊ, -kə/ *comb form*「海藻」「藻類」 [Gk (↓)]

-phyce·ae /fáɪsiːː, fís-/ *n pl comb form*「藻類」: Chloro*phyceae* 緑藻類. [NL (Gk *phukos* seaweed)]

phỳco·bí·lin /-báɪlən, -bíl-/ *n* 〘生化〙フィコビリン《藻類の細胞に存在する色素; 光合成にかかわる; 色素タンパク質として phycocyanin や phycoerythrin などの形をとる》. [*phyc-*, *bil-* (L *bilis* bile), *-in*[2]]

phỳco·bíont *n* 〘植〙共生藻(体), フィコビオント《地衣を構成する藻類; cf. MYCOBIONT》.

phỳco·cýanin *n* 〘生化〙フィコシアニン《海藻中の青緑色の色素タンパク質》.

phỳco·ér·y·thrin /-ɛ́rɪθrən/ *n* 〘生化〙フィコエリトリン《海藻中の紅色の色素タンパク質》.

phy·col·o·gy /faɪkálədʒi/ *n* 藻類学, 藻学 (algology). ♦ **-gist** *n* **phỳ·co·lóg·i·cal** *a*

phỳco·mýcete /, -màɪsíːt/ *n* 〘植〙藻菌類の菌, 藻菌. ♦ **-my·ce·tous** /-màɪsíːtəs/ *a* 藻菌(類)の[に関する].

Phyfe /fáɪf/ ファイフ **Duncan** ~ (1768–1854)《スコットランド生まれの米国の家具製作者; ⇨ DUNCAN PHYFE》.

phyl- /fáɪl/, **phy·lo-** /fáɪloʊ, -lə/ *comb form*「種族, 部族」「門」「系統」 [L<Gk PHYLE and PHYLUM]

phyla *n* PHYLON, PHYLUM の複数形.

phy·lac·tery /fəlǽkt(ə)ri/ *n* **1 a** [ᵁ*pl*] 〘ユダヤ教〙聖句箱 (=*tefillin*)《聖句を書いた羊皮紙を納めた 2 つの黒い革の小箱; ユダヤ人の男子が週日の朝の祈りの際に 1 つは額に 1 つは左腕に装着するもので, 律法を忘れないための礼拝具》. **b** 《初期キリスト教で》聖人の遺物を入れた容器. **2 a** 思い出させる人[もの]. **b** 戒律遵守の誇示. **c** お守り, 魔除け. ● **make broad the [one's] ~ [phylacteries]** 〘聖〙聖句箱を大きくする《義人ぶる; *Matt* 23: 5》. [OF, <Gk (*phulassō* to guard)]

phy·lar /fáɪlər, -làːr/ *a* PHYLUM の[に関する].

phy·le /fáɪli/ *n* (*pl* **-lae** /-lìː/) 〘古ギ〙部族, フュレー《仮想的親縁関係で国民を分類した政治上の大単位》. [Gk=tribe, clan]

phy·le·sis /faɪlíːsəs, fáɪlə-/ *n* 〘生〙進化[系統発生]的発達過程.

phy·let·ic /faɪlétɪk/ *a* 〘動〙門 (phylum) の; 〘生〙系統発生的な; 種族の: ~ line 系統. ♦ **-i·cal·ly** *adv*

phyll- /fíl/, **phyl·lo-** /fíloʊ, -lə/ *comb form*「葉」「葉状体」「葉緑素」 [Gk (*phullon* leaf)]

-phyll /fìl/ *n comb form*「植物内の…色素」「…な葉」: sporo*phyll*. [F<Gk (↑)]

phyl·la·ry /fíləri/ *n* 〘植〙総包片.

Phyl·lis /fíləs/ **1** フィリス《女子名》. **2 a** ピュリス《Vergil の *Eclogae* (牧歌集) の田舎娘》. **b** 《牧歌的世界を描いた文学で》田舎娘, 恋人. [Gk=green leaf or leafy shoot]

phyl·lite /fílaɪt/ *n* 〘岩石〙千枚岩(せんまいがん). ♦ **-lit·ic** /fɪlítɪk/ *a*

phyl·lo /fíːloʊ, fáɪ-/ *n* (*pl* **~s**) フィロ (=*filo*, *fillo*)《**1**) 小麦粉を水で練って紙のように薄く延ばした生地 **2**) フィロ生地を層状に重ねて焼くなどしたパイ状のペストリー》.

phyllo- /fíloʊ, -lə/ ⇨ PHYLL-.

phyl·lo·clade /fíləklèɪd/, **-clad** /-klæd/ *n* 〘植〙《サボテンなどの》葉状枝[茎]. ♦ **-cla·di·oid** /fìləkléɪdiɔ̀ɪd/ *a*

phyl·lode /fílòʊd/ *n* 〘植〙《アカシアなどの》仮葉, 偽葉.

phyl·lo·di·um /fɪlóʊdiəm/ *n* (*pl* **-dia** /-diə/) PHYLLODE.

phyl·loid /fílɔ̀ɪd/ *a* 葉状の. ► *n* 《植物の》葉状部.

phyl·lome /fílòʊm/ *n* 〘植〙フィロム《葉(よう)的器官》. ♦ **phyl·lom·ic** /fɪlámɪk, -lóʊ-/ *a*

phyl·loph·a·gous /fɪláfəgəs/ *a* 〘動〙葉食の.

phýllo·plàne *n* 〘生態〙葉面《微生物などの生息環境としての葉の表面》.

phyl·lo·pod /fíləpàd/ *n, a* 〘動〙葉脚類の(動物). ♦ **-lop·o·dan** /fɪlápəd(ə)n/ *a, n* **-lóp·o·dous** *a*

phỳllo·quínone *n* 〘生化〙フィロキノン《ビタミン K_1》.

phyllo·sílicate *n* 〘鉱〙層状ケイ酸塩, フィロケイ酸塩《SiO_4四面

体の頂点の共有が二次元的に広がった層状構造をなしているもの).
phýllo·sphère *n* 〘生態〙 葉圏 《植物の葉の表面または地上部分全体の表面》.
phyl·lo·stome /fíləstòʊm/ *n* 〘動〙 ヘラコウモリ《顔面に鼻葉をもつ》.
phýllo·tàxy, phỳllo·táxis *n* 〘植〙 葉序; 葉序研究. ♦ **phỳl·lo·tác·tic, -ti·cal** *a*
-phyl·lous /fíləs/ *a comb form* 「…な葉[葉状部]をもった」「葉に対して…な関係にある」: di*phyllous*. [*-phyll, -ous*]
phyl·lox·e·ra /fìlɑ̀ksíərə, fəlɑ́ksərə/ *n* (*pl* **-rae** /-ri/, ~**s**) 〘昆〙 ネアブラムシ属 (*P-*) の各種. ♦ **-e·ran** *a, n* [Gk *xēros* dry]
phylo- /fáɪloʊ, -lə/ ⇨ PHYL-.
phylo·génesis *n* PHYLOGENY.
phylo·genétic *a* 系統発生(論)の. ♦ **-ical·ly** *adv*
phylogenétic classificátion 〘生〙 系統発生的分類.
phylo·génic *a* PHYLOGENETIC.
phy·log·e·ny /faɪlɑ́ʤəni/ *n* 〘生〙 系統発生(論), 系統(学) (opp. *ontogeny*); 《ことばや文化などの》 史的推移[発展]: Ontogeny recapitulates ~. 個体発生は系統発生を繰り返す.
phy·lon /fáɪlɑ̀n/ *n* (*pl* **-la** /-lə/) 〘生〙 種族《発生的に親縁関係にある集団》. [NL<Gk *phulon* race]
phy·lum /fáɪləm/ *n* (*pl* **-la** /-lə/) 〘動〙《分類の》門 (⇨ CLASSIFICATION); 〘言〙 大語族. [NL<Gk (↑)]
-phyre /fàɪər/ *n comb form* 「斑岩」: grano*phyre*. [Gk]
phys. physical ♦ physician ♦ physics ♦ physiological.
phy·sa·lis /fáɪsələs, fís-, faɪséɪləs/ *n* 〘植〙 ホオズキ《ナス科ホオズキ属 (*P-*) の植物の総称》.
phys. ed. /fíz ɛ́d/ °physical education.
Phy·sep·tone /faɪsɛ́ptòʊn/ 〘商標〙 ファイセプトン《メタドン (methadone) 製剤》.
physi- /fízə/, **phys·io-** /fízioʊ, -ə/ *comb form* 「天然」「身体」「物理」「生理学の」 [Gk (PHYSIS)]
phys·iat·rics /fìziǽtrɪks/ *n* 物療医学 (physical medicine); *理学療法, 物理療法 (physical therapy).
phys·iat·ry /fiziǽtri/ *n* PHYSIATRICS. ♦ **-rist** *n*
phys·ic /fízɪk/ *n* 薬, 《特に》下剤; 《古》 医術, 医業; 《古》 自然科学. ► *vt* (**-ick-**) …に薬を飲ませる, 《特に》…に下剤を用いる; 治療する. [OF<L<Gk=(knowledge) of nature (PHYSIS)]
phys·i·cal /fízɪk(ə)l/ *a* **1 a** 自然の, 天然の; 地形の, 地勢の; 物質の, 物質的な (opp. *spiritual, moral, mental*); 有形の; 形而下(けいじか)の (opp. *metaphysical*): the ~ world 物質界. **b** 物理学(上)の, 理学的な; 自然科学の; 自然法則の[による]: ~ property 物理的性質. **2** 身体の, 肉体の, 体の (opp. *mental, psychic*); 肉欲の[にとらわれた], 性的な, (べたべた)さわりがたる; 荒っぽい, 乱暴な: ~ beauty 肉体美 / a ~ checkup 健康診断 / ~ constitution 体格 / ~ exercise 体操, 運動 / ~ force 腕力 / ~ strength 体力 / a ~ relationship 肉体関係. ● **get ~** 《俗》 手荒なまねをする, 暴力をふるう; 《俗》 体を求める, 肉体関係をもつ, 情事に及ぶ. ► *n* **1** 身体検査, 《特に》健康診断, 検診: have a ~. **2** [ᵘ*pl*] 〘商〙 現物. ♦ ~·**ly** *adv* 自然の法則に従って; 物理的に; 物質的に; 身体[肉体]的に; 《口》 全く〈不可能で〉. ~·**ness** *n* [L (↑)]
phýsical anthropólogy 自然[形質]人類学《人類学のうち主として形質・遺伝・生理などを研究する部門; cf. CULTURAL ANTHROPOLOGY》. ♦ **-gist** *n*
phýsical chánge 〘化〙 物理(的)変化.
phýsical chémistry 物理化学.
phýsical dóuble (stár) 〘天〙 物理的二重星 (BINARY STAR).
phýsical educátion [tráining] 体育(学)《略 PE, phys. ed. [PT]》.
phýsical examinátion 理学的診断, 身体検査.
phýsical fórmat 〘電算〙 物理フォーマット (LOW-LEVEL FORMAT).
phýsical geógraphy 自然地理学.
phýsical·ism *n* 〘哲〙 物理(学)主義. ♦ **-ist** *n, a* **phỳs·i·cal·ís·tic** *a*
phys·i·cal·i·ty /fìzəkǽləti/ *n* physical な性質[状態], 身体性; 肉体第一主義, 肉体志向.
phýsical·ìze *vt* 体で表現する, 表に出す: ~ one's anger. ♦ **phỳsical·izátion** *n*
phýsical jérks *pl* ᴵᴵ《口》/[*joc*] 体操, 運動.
physically chállenged* *a* [*euph*] 身体に障害をもつ: the ~ 身体障害者《集合的》.
phýsical médicine 物療(医)学.
phýsical péndulum 〘理〙 物理振子, 実体振子.
phýsical science 《生命科学を除く》自然科学《物理学・化学・天文学など》. ♦ **phýsical scíentist** *n*
phýsical thérapy 物理療法, 理学療法 (physiotherapy). ♦ **phýsical thérapist** 理学療法士.
phýsical tórture 《俗》 体操, 運動, トレーニング.
phýsical training ⇨ PHYSICAL EDUCATION.
phýsic gàrden 薬草園.
phy·si·cian /fəzíʃ(ə)n/ *n* 医者, 医師 (doctor); 内科医 (cf. SURGEON); 《魂などを》いやす人, 《国家などの》救済者. [OF (PHYSIC)]
physícian-assìst·ed súicide 医師幇助自殺《安楽死の一種》.
physícian's [physícian] assístant 医師助手 (=*PA*) 《免許をもつ医師の監督のもとで問診・簡単な診療など基礎的医療サービスを行なう訓練をうけ, 認定された人》.
phys·i·cist /fíz(ə)sɪst/ *n* 物理学者; 《古》 自然科学者; 唯物論者 (materialist); 《特に》物活論者 (hylozoist).
phys·icky /fízəki/ *a* 薬のような; 薬によって生じた.
phys·i·co- /fízɪkoʊ, -kə/ *comb form* PHYSICAL の意.
phýsico·chémical *a* 物理的および化学的な; 物理化学の. ♦ ~·**ly** *adv*
phýs·ics *n* 物理学; 物理的現象[過程]; 物理的特性[組成]; 《古》 自然科学 (natural science). [L *physica* (pl)<Gk=natural things; ⇨ PHYSIC]
phys·io /fíziòʊ/ *n* (*pl* **-i·òs**) 《口》 PHYSIOTHERAPIST; PHYSIOTHERAPY.
physio- /fízioʊ, -ə/ ⇨ PHYSI-.
phys·i·oc·ra·cy /fìziɑ́krəsi/ *n* 〘経〙 重農主義《18 世紀の François Quesnay の学説》.
phys·io·crat /fíziəkræ̀t/ *n* [°P-] 重農主義者. ♦ **phỳs·io·crát·ic** *a* [°P-] 重農主義(者)の.
phys·i·og·nom·ic /fìziə(g)nɑ́mɪk/, **-i·cal** *a* 人相(学)の. ♦ **-i·cal·ly** *adv*
phys·i·og·no·my /fìziɑ́(g)nəmi/ *n* 人相[相貌]学, 観相学[術]; 人相, 顔つき, 相貌; 地形, 地勢; 〘生態〙 相観; 《物などの》外的特徴, 外観. ♦ **-mist** *n* [OF, <Gk; ⇨ PHYSIC, GNOMON]
physiográphic clímax 〘生態〙 地形的極相 (cf. EDAPHIC CLIMAX).
phys·i·og·ra·phy /fìziɑ́grəfi/ *n* 地文学, 自然地理学 (physical geography); 地形学 (geomorphology); 記述的自然科学. ♦ **-pher** *n* **phỳs·io·gráph·ic, -i·cal** *a*
physiol. physiologist ♦ physiology.
phys·i·ol·a·try /fìziɑ́lətri/ *n* 自然崇拝.
phys·io·log·i·cal /fìziəlɑ́ʤɪk(ə)l/, **-ic** *a* 生理学(上)の; 生理的な. ♦ **-i·cal·ly** *adv*
physiológical phonétics 生理学的音声学.
physiológical psychólogy 生理学的心理学 (psychophysiology).
physiológical sáline [sált solùtion] 〘生理〙 生理的塩類溶液, 《特に》生理(的)食塩液[水], 生食液[水].
phys·i·ol·o·gy /fìziɑ́ləʤi/ *n* 生理学; 生理機能. ♦ **-gist** *n* 生理学者. [F or L=natural science]
phýsio·pathólogy *n* 生理病理学. ♦ **-pathológical, -ic** *a*
phýsio·psychólogy *n* 生理心理学 (physiological psychology). ♦ **-psychológical** *a*
phýsio·thérapy *n* 物理[理学]療法. ♦ **-thérapist** *n* **-therapéutic** *a*
phy·sique /fəzíːk/ *n* 体格; 地形: a man of strong ~ 体格強健な人. ♦ **phy·síqued** *a* [F; ⇨ PHYSIC]
phy·sis /fáɪsəs/ *n* (*pl* **-ses** /-sìːz/) 自然の生長[変化]の原理; 生長[変化]の源としての自然; 生長するもの. [Gk=nature]
phy·so·clis·tous /fàɪsəklístəs/ *a* 〘魚〙 うきぶくろと消化管が連絡しない.
phy·so·stig·mine /fàɪsoʊstígmìːn, -mən/ *n* 〘生化〙 フィソスチグミン《カラバル豆に存在するアルカロイド; 医薬用》.
phy·sos·to·mous /faɪsɑ́stəməs/, **phy·so·stom·a·tous** /fàɪsəstɑ́mətəs/ *a* 〘魚〙 うきぶくろと消化管が連絡した.
phyt- /fáɪt/, **phy·to-** /fáɪtoʊ, -tə/ *comb form* 「植物」 [Gk (PHYTON)]
phy·tane /fáɪtèɪn/ *n* 〘化〙 フィタン《化石化した植物中に見いだされるイソプレン系炭化水素》.
-phyte /fàɪt/ *n comb form* 「…な習性[特徴]をもつ植物」「病的増殖[形成]」: epi*phyte*, litho*phyte*. [Gk PHYTON]
-phyt·ic /fítɪk/ *a comb form* 「植物のような」: holo*phytic*, epi*phytic*. [*-phyte, -ic*]
phý·tic ácid /fáɪtɪk-/ 〘化〙 フィチン酸《穀類の種子にフィチン (phytin) として在存するイノシトール六リン酸》.
phy·tin /fáɪt(ə)n/ *n* **1** 〘生化〙 フィチン《フィチン酸のカルシウム塩またはマグネシウム塩; リン酸貯蔵物質として植物の果実・塊茎・根茎に存在する》. **2** [P-] 〘商標〙 ファイティン《フィチンを含む強壮剤の商品名》.
phỳto·aléxin *n* 〘生化〙 フィトアレキシン《病原菌などに冒されたとき, 植物組織によって産出される抗菌性物質》.
phỳto·chémical *a* 植物化学の; 植物性化学物質の. ► *n* 植物性化学物質[化合物]. ♦ ~·**ly** *adv*
phỳto·chémistry *n* 植物化学. ♦ **-ist** *n*
phỳto·chròme *n* 〘生化〙 フィトクロム《植物に存在し, 環境の光条件を感知して開花や生長を調節する色素タンパク質》.
phỳto·éstrogen *n* 〘生化〙 植物(性)エストロゲン, フィトエストロゲン《植物に由来するある種の特異的なフラボノイド様化合物; ステロイドでないにもかかわらず発情ホルモン活性をもつ).
phyto·flágellate *n* PLANTLIKE FLAGELLATE.
phyto·génesis *n* 植物発生(論). ♦ **-genétic, -ical** *a*
phyto·génic *a* 植物発生の, 植物性の.
phy·tog·e·ny /faɪtάʤəni/ *n* PHYTOGENESIS.
phyto·geógraphy *n* 植物地理学 (=*geobotany*). ♦ **-geógrapher** *n* **-geográphical, -ic** *a* **-ical·ly** *adv*
phy·tog·ra·phy /faɪtάgrəfi/ *n* 記述植物学. ♦ **-pher** *n*
phyto·hèm·agglútinin *n* 〘生化〙植物性赤血球凝集素, フィトヘマグルチニン《略 PHA》.
phyto·hórmone *n* PLANT HORMONE.
phy·tol /fáɪtɔ̀(:)l, -tòʊl, -tὰl/ *n* 〘化〙フィトール《クロロフィルの加水分解から誘導される不飽和第一アルコール; ビタミン E と K_1 の合成に用いる》. [*phyt-*, *-ol*]
phyto·lìte, -lith *n* 植物岩(がん), 植物化石.
phy·tol·o·gy /faɪtάləʤi/ *n* BOTANY. ♦ **phy·to·log·ic** /fàɪtəlάʤɪk/, **-i·cal** *a*
phyto·men·a·dí·one /-mɛ̀nədáɪòʊn/ *n* 〘生化〙フィトメナジオン (phytonadione).
phy·to·mer /fáɪtəmər/ *n* 〘植〙フィトマー《植物体の構造単位》.
phy·ton /fáɪtὰn/ *n* 〘植〙フィトン《**1**) 葉とこれと関連した茎の一部からなる植物の構造単位; PHYTOMER **2**) 切り取ってもこれから完全な植物体を生じる最小単位》. ♦ **phy·tón·ic** *a* [Gk *phuton* plant (*phuō* to grow)]
phyto·na·dí·one /-nədáɪòʊn/ *n* 〘生化〙フィトナジオン (VITAMIN K_1). [*phyt-*, *na-* (*naphthoquinone*), *-dione*]
phyton·cide *n* フィトンチッド《植物から得られる殺菌性物質》. ♦ **phyton·cídal** *a*
phyto·nútrient *n* 植物栄養素《人体の栄養となり, 特定の病気を予防するといわれる植物由来化学物質の総称》.
phyto·páthogen *n* 植物に寄生する病原菌, 植物病原体. ♦ **-pathogénic** *a*
phyto·pathólogy *n* 植物病理学 (plant pathology). ♦ **-pathológic, -ical** *a*
phy·toph·a·gous /faɪtάfəgəs/ *a* 〘動〙植食性の. ♦ **-gy** /-ʤi/ *n* 植食(性).
phyto·plánkter *n* プランクトン植物.
phyto·plánkton *n* 植物プランクトン (cf. ZOOPLANKTON). ♦ **-planktónic** *a*
phyto·plásma *n* 〘生〙ファイトプラズマ (=*mycoplasma-like organism*)《細胞壁を欠き, ウイルスと細菌の中間の性質をもつ点はマイコプラズマと同様だが, 人工培養が極度に困難》.
phyto·remediátion *n* ファイトレメディエーション《カドミウムなどの重金属や有機化合物などに汚染された土壌に, 汚染物質を吸収する植物を栽培して土壌・地下水を浄化する技術; 生物的環境修復 (bioremediation) の一つ》.
phyto·sánitary *a* 《特に 農産物に関する》植物衛生の: a ~ certificate 植物検査証明書.
phyto·sociólogy *n* 植物社会学. ♦ **-gist** *n* **-sociológical** *a* **-ical·ly** *adv*
phy·tos·te·rol /faɪtάstərɔ̀(:)l, -ròʊl, -rὰl/ *n* 〘生化〙植物ステロール, フィトステロール.
phy·tot·o·my /faɪtάtəmi/ *n* 植物解剖学.
phyto·tóxic *a* 植物毒素の; 植物に有毒な. ♦ **-toxícity** *n* 殺草性, 植物毒性, 《植物に対する》薬害.
phyto·tóxicant *n* 植物に有害な物質.
phyto·tóxin *n* 植物毒素.
phyto·tròn *n* 人工気象室, ファイトトロン《植物用 BIOTRON》.
phyto·zóon *n* ZOOPHYTE.
pi[1] /páɪ/ *n* **1** パイ《ギリシア語アルファベットの第 16 字; Π, π》. **2**〘数〙パイ《円周率: ≒ 3.1416; 記号 π》; [Π] (連乗)積: PI BOND / ~ electron [orbital] π(パイ)電子[軌道] / PI-MESON. [Gk]
pi[2] *a*《俗》信心家ぶった: PI-JAW. [*pi*ous]
pi[3], **pie** /páɪ/ 〘印〙*n* (*pl* **píes**) ごちゃまぜの活字; [*fig*] 混乱; 母型庫にない活字. ► *a* 最終的には印刷されない; 母型庫にない. ► *v* (**píed; pí·ing, píe·ing**) *vt* 〈活字を〉ごちゃまぜにする, ひっくり返す. ► *vi* ごちゃごちゃになる. [C17; F PATÉ pie[1] の訳か]
PI °Philippine Islands ♦ °private investigator ♦ °programmed instruction.
pia /páɪə/ *n* 〘解〙PIA MATER.
Pia·cen·za /pjɑ:ʧɛ́ntsə, pì:ə-/ ピアチェンツァ (*L* Placentia)《イタリア北部 Emilia-Romagna 州の市》.
pi·ac·u·lar /paɪǽkjələr/ *a* 罪滅ぼしの; 罪深い; 言語道断の. ♦ **~·ly** *adv* **~·ness** *n* [L (*piaculum* expiation)]
Piaf /pí:ὰ:f; *F* pjaf/ ピアフ **Edith** ~ (1915–63)《フランスの歌手; 本名 Edith Giovanna Gassion; piaf は俗語で「雀」の意》.
piaffe /pjǽf/ *n* 〘馬〙信地速歩(しんちはやあし), ピヤッフェ《脚を高く上げる, だく足より少し鈍い足踏み》. ► *vi* ピヤッフェをする; ピヤッフェのような足踏みで動く. ► *vt* …にピヤッフェをさせる. [F *piaffer* to strut]
piaf·fer /pjǽfər/ *n* PIAFFE. [F]
Pia·get /pjɑ:ʒéɪ; *F* pjaʒɛ/ ピアジェ **Jean** ~ (1896–1980)《スイスの心理学者; 特に児童心理学の研究で有名》. ♦ **Pia·get·ian** /pì:əʤétiən, pjɑ:ʒéɪən/ *a, n*
pi·al /páɪ(ə)l, pí:əl/ *a* PIA MATER の[に関する].
pia máter 〘解〙《脳・脊髄の》軟膜《単に pia ともいう; cf. ARACHNOID, DURA MATER》. [L=tender mother]
pi·an /piǽn, pjά:n/ *n* 〘医〙イチゴ腫 (yaws).
pi·a·nette /pì:ənέt/ *n* PIANINO.
pi·a·ni·no /pì:əní:noʊ/ *n* (*pl* **~s**) 〘楽〙ピアニーノ《低い小さな竪型ピアノ》. [It]
pi·a·nism /pí:ənìz(ə)m, piǽnìz(ə)m/ *n* ピアノ演奏技術, ピアニズム; ピアノのための編曲.
pi·a·nis·si·mo /pì:ənísəmòʊ/ 〘楽〙*adv, a* きわめて弱く[弱い], ピアニシモで[の]《略 pp》. ► *n* (*pl* **-mi** /-mi/, **~s**) ピアニシモの楽句. [It (*-issimo* superl)]
pi·an·ist /piǽnɪst, pí:ə-; píənɪst/ *n* ピアノを弾く人; ピアニスト; 《俗》無線技師.
pi·a·nis·tic /pì:ənístɪk/ *a* ピアノの[に関する]; ピアノ演奏のうまい[に適した]. ♦ **-ti·cal·ly** *adv*
pi·ano[1] /piǽnoʊ, pjǽn-/ *n* (*pl* **-án·os**) 〘楽〙ピアノ《鍵盤楽器》; *《俗》SPARERIB. [*piano*forte]
pi·a·no[2] /piά:noʊ; pjά:-/ 〘楽〙*adv, a* 弱く[弱い], やわらかに[な], ピアノで[の]《略 p; opp. *forte*》. ► *n* (*pl* **~s, pi·a·ni** /-ni/) ピアノの楽句[音]. [It<L *planus* flat, (of sound) soft]
piáno accòrdion 〘楽〙ピアノアコーディオン《鍵盤式》.
piáno bàr ピアノバー《ピアノの生演奏を聴かせるバー》.
piáno bènch 《ベンチ型の》PIANO STOOL.
pi·ano·for·te /piæ̀nəfɔ́:rti, -ὰ:-/ *n* PIANO[1]; FORTEPIANO. [It *piano* (*e forte*) soft (and loud)]
piáno hìnge 連続蝶番, ピアノヒンジ.
pi·a·no·la /pì:ənóʊlə/ *n* [P-]〘商標〙ピアノラ《自動ピアノ》; たやすいこと, 〘トランプ〙造作もない手. [? (dim) < *piano*[1]]
pia·no no·bi·le /pjά:noʊ nó:bilèɪ/ 〘建〙主階, ピアノ・ノビーレ《イタリア(風)の大邸宅にみられる, 主要な部屋のある階; 通例二階》. [It =noble floor]
piáno òrgan 手回しオルガン (barrel organ).
piáno plàyer ピアノ奏者 (pianist); 自動ピアノ.
piáno ròll ピアノロール《自動ピアノ用穴あきロール》.
piáno stòol ピアノ椅子, ピアノスツール.
piáno trío 〘楽〙ピアノ三重奏(曲)《ピアノ・ヴァイオリン・チェロで構成》.
piáno wìre ピアノ線《張力の強い炭素鋼線》.
pi·as·sa·va /pì:əsά:və/, **-ba** /-bə/ *n* ピアサバ《ヤシから採るロープ・ブラシ・帆など用の繊維》; 〘植〙ピアサバを採るヤシの木, 《特に》ブラジルゾウゲヤシ, レオポルドヤシ. [Port<Tupi]
pi·as·tre, pi·as·ter /piǽstər, -ά:s-/ *n* **1** ピアストル《エジプト・シリア・レバノンの通貨単位: =1/100 pound》. **2** PIECE OF EIGHT. [F<It]
pi·at /páɪæ̀t/ *n* 対戦車(迫撃)砲. [*p*rojector *i*nfantry *a*nti*t*ank]
Pi·auí /pjaʊí:, pìaʊí:/ ピアウイ《ブラジル北東部の州; 旧称 **Pi·au·hy** /—/》.
Pia·ve /pjά:veɪ, piά:-/ [the] ピアヴェ川《イタリア北東部を流れアドリア海に注ぐ; 第一次大戦のイタリア軍防衛線》.
pi·az·za /piǽzə, -ά:zə; -ǽtsə, -ά:t-/ *n* (*pl* **~s, -az·ze** /piǽtseɪ, -ά:t-/) **1** /ᴵᵁpiǽtsə, -ά:t-/ 《特に イタリア都市の》広小路, 辻, 市場. **2** 《屋根付きの》回廊 (gallery), 拱廊(きょうろう); *《方》ベランダ, ポーチ. [It<L PLACE]
pi·bal* /páɪbəl/ *n* 検風気球(による観測). [*pi*lot *bal*loon]
pi. bal. °pilot balloon.
pí bònd 〘化〙《原子の》π 結合.
pi·broch /pí:brὰk, -brὰx/ *n* 風笛(ふうてき)曲《スコットランド高地人の勇壮な曲; cf. BAGPIPE》. [Gael=art of piping]
pic[1] /pík/ 《口》*n* (*pl* **~s, pix** /píks/) 写真, 絵 (picture); 映画 (motion picture). [*pic*ture]
pic[2] /pík, pí:k/ *n* ピカドール (picador) の槍. [Sp (*picar* to prick)]
pi·ca[1] /páɪkə/ *n* **1 a** 〘印〙パイカ《12 ポイント活字; ⇨ TYPE, SMALL PICA》. **b** 〘印〙パイカエム《パイカ活字の高さ (≒1/6 インチ) で, 活字寸法の基準とする》. **c** 〘タイプライター〙パイカ《1 インチに 10 字; cf. ELITE》. **2** 〘教会〙掟(おきて)集. [L=collection of church rules; ⇨ PIE[2]]
pica[2] *n* 〘医〙異食[異味]症; [*P*-]〘鳥〙カササギ属. [L=magpie]
Pi·ca·bia /*F* pikabja/ ピカビア **Francis** ~ (1879–1953)《フランスの画家》.
pi·ca·dil·lo /pìkədíloʊ/ *n* ピカディーヨ《トマト・ニンニク・タマネギ・オリーブ・ケーパーの挽肉あえ; スペイン・中南米の料理》 [Sp=ground meat]
pic·a·dor /píkədɔ̀:r/ *n* (*pl* **~s, pic·a·do·res** /pìkədɔ́:riz/) 〘闘牛〙ピカドール《2–3 人騎馬で出場し槍で牛の首を突いて弱らせる役; ⇨ MATADOR》. [Sp; ⇨ PIC[2]]
pic·a·nin·ny /píkənìni/ *n* PICKANINNY.
pi·can·te /pɪkǽnteɪ/ *a* 辛い, ピリッとした. [Sp=pricking]
pic·a·ra /pí:kɑ:rὰ:/ *n* PICARO の女性形. [Sp]
Pi·card[1] /pɪkά:rd; —–; *F* pika:r/ ピカール **Jean** ~ (1620–82)《フランスの天文学者; 子午線の正確な測定をした》.

Pic·ar·dy /píkərdi/ ピカルディー (F **Pi·car·die** /F pikardi/)《(1) フランス北部の地方・旧州; 第一次大戦の激戦地 2) 同地方を中心とするフランス北部の地域圏; Aisne, Oise, Somme の 3 県からなる》.
♦ **Picard**[2] /píkà:rd, ─ ╱/ *a, n*

Pícardy thírd 〖楽〗ピカルディーの三度《本来短 3 主和音をもつ短調の終止に使用される長 3 和音の長 3 度》.

pic·a·resque /pìkərésk/ *a* 悪漢の; 〈小説などが〉悪漢[(愛すべき)ワル]を題材とした. ► *n* [ᵘthe] 悪漢もの, ピカレスク. [F<Sp (↓)]

pic·a·ro /pí:kɑ:ròu/ *n* (*pl* ~**s**) 悪漢, 無頼の徒, ボヘミアン. [Sp =rogue]

pic·a·roon, pick·a·roon /pìkərú:n/ *n* 悪漢, 盗賊, 山賊; 海賊(船). ► *vi* 盗賊をする, 山賊をはたらく. [Sp (augment)〈*picaro*]

Pi·cas·so /pɪkɑ́:sou; -kǽsəu/ ピカソ **Pablo** (**Ruiz Y**) ~ (1881–1973)《スペイン生まれのフランスの画家・彫刻家》. ♦ **~·ésque** *a*

pic·a·yune* /pìki(j)ú:n/ *n* **1 a** ピカユーン《スペインの 1/2 real の小硬貨; 昔 Florida, Louisiana などで流通》. **b** 小銭《5 セント白銅貨など》. **2** つまらないもの[人]: not worth a ~ 全くつまらない. ► *a* つまらない, 無価値の, ちっぽけな; けちくさい, 了見が狭い. ♦ **pìc·a·yún·ish** *a* [F *picaillon* Piedmontese coin]

Pic·ca·dil·ly /pìkədíli/ ピカディリー《London の大通り; Hyde Park 南東隅の Hyde Park Corner と Piccadilly Circus を両端とする》.

Píccadilly Círcus ピカディリーサーカス《London の繁華街の中心・劇場街》.

Piccadílly commándo 《俗》ロンドンの売春婦.

pic·ca·lil·li /pìkəlíli, ─ ─ ╲ ─/ *n* ピカリリー《野菜のカラシ漬け; インド東部起源》. [C18<?; *pickle*+*chilli* か]

pic·ca·nin /píkənìn, ╲ ─ ╱/ *n* 《南ア口》[ᵘ*derog*] 黒人の子供.

piccaninny ⇨ PICKANINNY.

Pic·card /pɪkɑ́:rd; *F* pika:r/ ピカール (1) **Auguste** ~ (1884–1962)《スイスの物理学者》 (2) **Jacques-Ernest-Jean** ~ (1922–2008)《ベルギー生まれのスイスの海洋学者; Auguste の息子》 (3) **Jean-Félix** ~ (1884–1963)《スイス生まれの米国の化学者・航空技術者; Auguste と双生児》.

pic·ca·ta /pəkɑ́:tə/ *n* ピカタ《子牛などの薄肉を焼いてレモン汁とバターソースをかけた料理》. [It (*piccare* to prick)]

pic·co·lo /píkəlòu/ *n* (*pl* ~**s**) 〖楽〗ピッコロ《高音横笛》; 《卑》《尺八の対象の》陰茎; *《俗》ジュークボックス. ► *a* 《普通サイズより》小型の〈楽器〉. ♦ **~·ist** *n* ピッコロ奏者. [It=small (flute)]

píccolo plàyer *《卑》尺八吹き《フェラチオをする[好む]者》.

pic·cy /píki/ *n* 《口》写真 (picture).

pice /páɪs/ *n* (*pl* ~) パイス《インド・パキスタンの旧通貨単位: =1/64 rupee》; PAISA.

Pi·ce·num /paɪsí:nəm/ ピケーヌム《古代イタリア中東部のアドリア海に面した地域; cf. ASCOLI PICENO》.

pic·e·ous /písiəs, páɪ-/ *a* ピッチ (pitch) の(ような); 可燃性の; 〖主に動〗光沢のある黒褐色の.

pich·i·ci·a·go /pìtʃisiá:gou, -éɪ-/, **-e·go** /-éɪgou/ 〖動〗 *n* (*pl* ~**s**) **a** ヒメアルマジロ (=*fairy armadillo*)《南米南部産アルマジロ科ヒメアルマジロ属の一種》. **b** チェコアルマジロ. [AmSp<Guarani]

pi·cho·line /pì:ʃoulí:n/ *n* ピコリーヌ《フランス産グリーンオリーブの塩水漬け》. [F]

pick[1] /pík/ *vt* **1** 突く, つつく; 〈土・穴などを〉掘る; 〈歯・耳などを〉ほじる: ~ rocks 岩を掘りくずす / ~ one's teeth [nose] 歯[鼻]をほじくる. **2 a** 〈骨〉から肉を取る; しゃぶり[つつき]取る: ~ a bone / ~ the meat *from* [*off*] the bone. 骨から肉をしゃぶり取る. **b** 〈餌を〉ついばむ; 拾う, つまみ[持ち]上げる; 〈人が〉(少しずつ)食べる. **c** 〈果物・草花などを〉摘む, もぐ, 採集する. **d** 〈鳥〉の羽毛をむしり取る: ~ a chicken. **3** 《先のとがったもので》ほぐす, ほどく, 分ける; 抜き取る; 〈トランプの札を〉引く; 《鍵以外の道具を用いて, 通例 不法に》〈錠を〉こじあける, ピッキングする: ~ a lock with a hairpin ヘアピンで錠をあける (cf. PICKLOCK) / ~ sb's pocket (*of* a purse) 人のポケットから(財布を)する / ~ two of the club クラブの 2 を引く. **4** 指で鳴らす, つまびく: ~ (the strings *of*) a banjo. **5** 選ぶ, 選び出す, 選び取る (choose) 〈*from*; *as, for, to* do〉: ~ one's words carefully ことばづかいに十分注意する / ~ sb *to* do… 人を選んで…させる / ~ a winning horse at the races 競馬で勝馬を選びあてる (cf. pick a WINNER). **6** 〈けんかを〉仕掛ける; …のきっかけをつくる; 〈人のあらを〉探す, 捕える: ~ a quarrel [fight] *with* sb 人にけんかをふっかける. ► *vi* **1** 突く, ほじる, つつく, ついばむ 〈*at*〉; 精選する (select); 《少しずつ》食べる 〈*at*〉: She only ~*ed at* her food. (上品に[まずそうに])少し食べただけだった. **2** 〈果実などが〉(摘み)取れる. **3** 盗む, ちょろまかす.

● One **can really** [**sure knows how to**] ~ **'em.** *《俗》[ᵘ*iron*] 人が本当に目が高い[肥えている]. ~ **a** HOLE **in** (**sb's coat**). ~ **and choose** 念入りに選ぶ, えりすぐる, えり好みする. ~ **and steal** こそこそ盗む. ~ **apart**=pick…to PIECES. ~ **at**… ⇨ *vi* 1; 《口》…のあら探しをする, …に小言を言う, いじめる; 《指などで》…を引っ張る[いじくる]. ~ **away** もぎ取る, つまみ取る. ~…**clean** …からすべてを取り去る, 根こそぎ持って行く, すべてはがす: The dog ~*ed* the bone clean. ~ **'em** *《俗》《賭け率などの》五分五分. ~ **'em up and lay 'em down** *《俗》踊る; *《俗》速く走る. ~ **it up** 《口》《ぐずぐずせずに》急ぐ, もっとさっさとする[動く, 働く]. ~ **off** 《一人[一匹, 一羽]ずつ》ねらい撃つ; もぎ取る, むしり取る; 〖アメフト〗インターセプトする; 〖野〗牽制で刺す; 〖自動車レース〗追い抜く. ~ **on**…を選ぶ; 《口》…を悩ませる, いじめる, からむ, …のあら探しをする, …にがみがみ言う, いちゃもんをつける: Go ~ *on* somebody your own size. きみと同じくらいの体格の人に当たりなよ(弱い者いじめはやめて). ~ **out** 選ぶ; 見つける, 見分ける; 掘り出す, つつき出す, つまみ出す; 《別の色などで》目立たせる, 際立たせる, 飾る 〈*in, with*〉; 〈照明が〉照らし出す; 〈意味を〉解する; 〈曲などを〉聞き憶えのまま弾く, ぽつんぽつんと[たどたどしく]弾く. ~ **over** 《選び出すために》一つ一つ調べる, えり抜く; 〈不快なことを〉話し[考え]つづける; すぐ使えるように用意する. ~ **sb's** BRAINS. ~ **oneself up** 《倒れたりしたあとで》起き上がる, 《失敗・失望などから》立ち直る. ~ **spirit** 元気を取り戻す. ~ **one's way** 足もとに注意しながら進む; 注意深く読む, 細かく調べる 〈*through*〉. ~ **through**…の中をくまなく探す; 一つ一つ調べる (PICK over). ~ …**to** PIECES. ~ **up** (*vt*) (1) 拾い上げる, 取り[持ち, 抱え]上げる; 〖編物など〗〈目を〉拾う; 採集する, 集める; 〈物を〉取ってくる[いく] 〈*from*〉; 《口》〈女・男〉に近づく, ひっかける; 見つける, 聞きつける, かぎつける; 〈病気〉にかかる; 《受信器・探照灯などで》とらえる, 発見する, 受信する. (2) 理解する, わかる; 《口》収入として得る; 買う, (安く)手に入れる; 偶然手に入れる; 《口》〈賞などを〉取る, さらう, ものにする; 《他チームから》〈選手を〉獲得する. (3) …に抜け目がない, …ができる; 〈健康を〉回復する, 〈勇気などを〉取り戻す; 〈人を〉元気にする, 励ます; 〈商売などを〉好転させる; 〈ペースを〉上げる, 〈スピードを〉出す; 〈曲〉のテンポを速める. (4) 〈知識を〉得る; 〈外国語などを〉聞き[習い]おぼえる. (5) 〈見失ったもとの道〉へ出る; 〈話などを〉再び続ける, また始める; 〈習慣を〉身につける, 取り入れる. (6) 〈人〉と落ち合う, 〈人・貨物を〉途中で乗せる, 拾う, 〈車で人を〉迎えに行く; 〈車を〉拾う; 〈預けたものなどを〉受け取る; 〈海難にあった人を〉救い上げる, 救助する; 抱き起こす. (7) 《口》捕える, 逮捕[連行]する, 挙げる; 〖スポ〗〈相手方プレーヤー〉のガードに立つ; きびしい姿勢で調べる, 追及する, しかる, 正す. (8) 〈荷物などを〉まとめる, 〈部屋などを〉片付ける. (9) 〈費用などを〉負担する, 持つ: ~ *up* the TAB[1] (成句). (10) 〈硬い土などを〉つるはしで起こす, 砕く. (*vi*) (11) 回復[好転]する, 活発[多忙]になる; スピードを上げる; 〈風が〉強まる, 勢いが増す; 〈エンジン・モーターが〉(再び)動き出す; 再開する, 《中断後に》続ける, また始める: ~ *up* where we left off 前回中断したところから始める (cf. pick up the THREADS). (12) 整頓する, 片付ける; 〈散らかした人の〉あと片付けをする 〈*after* sb〉. (13) 電話をとる. (14) 〖ゴルフ〗《特にコンシード[OK パット]で》球を(打たずに)手で拾う. (15) 偶然知り合いになる, (また)つきあい始める 〈*with*〉. (16) 〖競技〗《攻撃・守備の》サイドを交替で選ぶ. ~ **up and leave** 《口》荷物をまとめてさっさと帰る[突然出て行く]. ~ **up heart** [**one's courage**] 元気づく. ~ **up one's feet** 《足をひきずったりせず》しっかり歩く, 足を上げて歩く. ~ **up on**…を理解する; …に気づく; …に反応[注目]する; …を(再び)採り上げる, 〈先ほどの話〉に付け加える, …をさらに論じる. ~ sb **up on**…のことで人に注意する[人をたしなめる]. ~ **up the** PIECES (成句). One **sure knows how to ~ 'em.** ⇨ One can really PICK 'em.
► *n* **1 a** 《摘み取った》収穫量; 選択(権); 《口》選ばれた[指名された]人[物]; 精選されたもの, えり抜き, 精鋭. **b** *《俗》蓄音器. **2 a** ひと突き, ひと打ち. **b** 《ギターなどの》義甲, ピック (plectrum); つるはし (pickax); [ᵒ*compd*] つつく道具; 《俗》つまようじ (toothpick); ピック《アフロヘアや癖毛用の歯が長く目の粗いくし》. **3** 〖画〗縺い; 〖印〗汚点, しみ, 活字のよごれ. **4** 〖バスケ〗スクリーンプレー (screen). **5** 〖フィギュア〗トウ(ピック)《ブレード (blade) の前端にあるぎざぎざの歯; ジャンプなどの支えになる》. ● **have the ~ of the basket** 良いものを選び取る. **take** [**have**] **one's ~** 〈…の中から〉好きなのを選ぶ 〈*from, of*〉. **the ~ of the** BUNCH.
♦ **~·able** *a*
[ME *piken*; F *piquer* to pierce の影響あり]

pick[2] *vt* 〖紡〗〈杼(ᵒ)を〉打つ; ᴴ《方》投げる, ほうる. ► *vi* 杼を打つ, 打ち込みをする. ► *n* 《一定時間当たりのまたは織物の一定の長さ当たりの》打ち込み数; 横糸 (filling); ᴴ《方》投げること; ᴴ《方》投げられたもの. [変形〈ME PITCH[1]]

pick·a·back /píkəbæ̀k/ *adv, a, n, v* PIGGYBACK.

pick-and-mix ⇨ PICK'N'MIX.

píck-and-róll *n* 〖バスケ〗ピックアンドロール《ボールを持つ味方プレーヤーと相手のディフェンスプレーヤーとの間にはいって, その味方からパスを受けるためにすばやくゴールに切り込んでいく戦法》.

píck-and-shóvel *a* つるはしとシャベルでやる(ような); 骨の折れる.

pick·a·nin·ny | pic·ca- /píkənìni, ╲ ─ ─ ╱ ─/ *n* [ᵘ*derog*] 黒人の子供, 《南ア・豪》先住民の子供. ► *a* とても小さい, わずかな. [WInd Negro<Sp *pequeño* little]

pickaroon ⇨ PICAROON.

píck·àx(e) *n* つるはし (pick). ► *vt, vi* つるはしで掘る[を使う]. [OF *picois*; cf. PICK[1]; 語形は *axe* に同化]

picked[1] /píkt/ *a* 精選した, えり抜きの; むしり取った; きれいにした.

píck·ed[2] /-əd, -t/ *a* 《古・方》針[とげ]のある; とがった.

pick·eer /pɪkíər/ 《古》*vi* 《軍団の》前哨をつとめる; 斥候をする, 偵察する. [? F *picorer* to maraud]

pick·el /pík(ə)l/ *n* ピッケル《登山用砕氷杖》. [G]

pick·el·hau·be /píkəlhàubə/ *n* (*pl* **-hau·ben** /-bən/, ～**s**)《19世紀ドイツ兵の》スパイク付き鉄かぶと, つのかぶと. [G]

píck·er[1] *n* つつく人[鳥]; ほじくる人, 摘み手, 拾い手, 選別する人, 手選(しゅせん)(てせん)夫; 収穫機, ピッカー《果実や野菜の収穫用機械[道具]》; スリ (pickpocket), 泥棒; 《綿・羊毛の》さばき[むしり取り]機械; 《鶏などの》抜羽機; 《俗》《バンジョーなどを》つまびく人; *《俗》のぞき屋 (voyeur).

picker[2]〖紡〗*n* 杼(ひ)を打つ道具, 杼受け革, ピッカー; 機(はた)織り《人》.

pick·er·el /pík(ə)rəl/ *n* (*pl* ～, ～**s**)〖魚〗**a** *小さいカワカマス, ‖カワカマスの幼魚. **b** WALLEYE. [(dim)＜*pike*[3]]

píckerel fròg〖動〗アメリカトノサマガエル《背に四角い斑紋がある北米東部産のアカガエル属のカエル》.

píckerel·wèed *n*〖植〗**a** ナガバミズアオイ《北米東部原産ミズアオイ科ポンテデリア属の水草; 花は青紫色》. **b** ヒルムシロ・ヤナギモの類の水草.

Pick·er·ing /pík(ə)rɪŋ/ ピカリング **Edward Charles** ～ (1846–1919), **William Henry** ～ (1858–1938)《米国の天文学者兄弟》.

píck·er-úpper *n* PICK[1] up する人; 元気づける食べ物[飲み物].

pick·et /píkət/ *n* **1** 歩哨, 哨兵; 小哨, 警戒隊; 前哨艦[機]; スト破り監視員, ピケ隊(員); ピケ; デモ隊(員);〖アメフト〗ピケット《ボールキャリアーを囲むブロック側選手の壁》. **2** とがった杭;〖史〗杭刑《片足でとがった杭の上に立たせる》. ► *vt* **1** …に小哨を配置する; …の歩哨に立つ; 〈人を〉歩哨につかせる; 〈商店・工場・労働者を〉監視する, …にピケを張る. **2** …に柵をめぐらす; 〈馬などを〉杭につなぐ; 杭刑に処する. ► *vi* 歩哨になる; 監視役をする, ピケを張る. ♦ **～·er** *n* スト破り監視員 (picket). **～·ing** *n* ピケを張るスト, ピケッティング. [F=pointed stake (*piquer* to prick)]

pícket·bòat *n* 哨戒艇.

pícket fénce〖建〗杭垣. ★ 米ではかつて中産階級の豊かな生活の象徴とされた: a white ～ life 満ち足りた生活.

pícket lìne〖軍〗哨戒線, 警戒線, 哨線; ピケ(ライン); 繋馬(けいば)索 (tether).

pícket shìp〖軍〗前哨艦[機], 哨戒艦[機].

Pick·ford /píkfərd/ ピックフォード **Mary** ～ (1893–1979)《カナダに生まれた米国の無声映画時代の女優; 旧名 Gladys Smith》.

pick·in /píkən/ *n*《西アフリカ》[ᵁ*derog*] 子供, ガキ. [Port *pequeno* small]

píck·ing *n* **1**《つるはしなどで》掘ること; 《特殊工具を使って施錠などを》こじあけること, ピッキング; 選抜; 《鉱石の》粗択(そたく), 手選;〖印〗電気版仕上げ. **2** 取得[採集](物), 収穫; こそ泥; [*pl*] 盗品, 贓品(ぞうひん) (stolen goods); 不正入手品; [*pl*] 利益, もうけ: slim ～*s* 乏しい収穫[選択の余地] / easy [rich] ～*s* ぬれ手で粟(の大もうけ), よりどりみどり(の獲物). **3 a** [*pl*] 摘み残し(量); 落ち穂, 残物, 食べ残し; [*pl*]《歩道に敷く》貝殻粉. **b** 半焼き煉瓦.

pick·le[1] /pík(ə)l/ *n* **1 a** [ᵒ*pl*]《塩・酢の》漬け物, ピクルス《特に 米国ではキュウリの》; *《海軍俗》魚雷; *《俗》銃弾, 弾丸. **b**《野菜などを漬ける》漬け汁; 《鋳物などを洗う》希薄酸水; ‖《俗》小便. **2**《口》困った[まずい]立場, 窮境: be in a (sad [sorry, nice, pretty]) ～ 困っている, 苦境にある. **3** ‖《口》いたずら小僧. ● **have a** ROD **in** ～ **for**…. **in** ～ 用意して[した]; たくわえて[た]; 準備ができて. **～ in the middle**=PIG[1] in the middle. ► *vt* **1**〈野菜などを〉塩水[酢]に漬ける (cf. DRY-CURE); 〈鋳物などを〉酸洗いする; 《漂白や着色などによって》〈家具を〉明るい色に仕上げる. **2**〈画〉に古色をおびさせる. **3**〖海〗〈むち打ってできた傷〉に塩[酢]をこすりつける; 《俗》だいなしにする, つぶす. [MDu and MLG *pekel*＜?; cf. G *Pökel* brine, pickle]

pickle[2]《スコ》*n* 穀粒; 微量, 少量《この意味では of などの前置詞を従えないで, 形容詞的に名詞を修飾》. [?Sc *pickle* to trifle, pilfer; cf. PICK[1]]

píck·led *a* 塩[酢]漬けの; 《俗》酔っぱらった.

píckle·ment *n*《口》苦境, 窮境 (pickle).

píckle pàrk *《俗》道路沿いの休憩所, ドライブイン.

píckle·pùss *n* *《俗》むっつりしたやつ, 陰気なやつ, 泣き出しそうな子.

pick·ler /pík(ə)lər/ *n* PICKLE[1] する者[材料]; *《俗》大酒飲み, アル中.

píckle wèed *n*〖植〗鱗片状の葉をもつ数種の多肉質の植物: **a** アッケシソウ (glasswort)《ピクルスにされる》. **b**《米国南西部の塩水性湿地に産する》アカザ科の低木. **c** バティス・マリティマ (saltwort).

píck·lòck *n*《鍵以外の道具で》錠をあける人, 泥棒; 錠前あけの道具.

píck·man /-mən/ *n* つるはしを使う労働者.

píck-me-ùp《口》*n* 元気を回復させる食べ物[飲み物], 軽食, おやつ《スナック・コーヒーなど》; 疲労回復薬, 強壮剤, アルコール飲料, (景気づけの)軽い一杯; 愉快なこと, よい知らせ.

pick·ney /píkni/ *n*《黒人俗》子供. [短縮＜*pickaninny*]

pick'n'míx /pík(ə)n-/, **pick-and-míx** *n*, *a* ごちゃまぜ(の), 《菓子など》各種取りまぜた(もの), お好みの組合わせ(が選べる).

píck·òff *n*〖野〗牽制による刺殺;〖アメフト〗ピックオフ《インターセプトすること》.

píck·òff *n*〖電子工〗ピックオフ《機械運動を信号に変える感知装置》.

píck·pòcket *n* スリ《人》. ► *vt, vi* (〈人〉から)する. ♦ **～·ing** *n*

píck·próof *a* 不正解錠[ピッキング]防止の〈錠〉.

Píck's disèase〖医〗ピック病《大脳・特に 前頭葉の進行性退化で記憶喪失や情緒不安定を生じる》. [Arnold *Pick* (1851–1924) ボヘミアの精神科医]

píck·thànk *n*《古》おべっか使い (sycophant).

píck·ùp *n* **1** 拾い[取り]上げること; 《客・ヒッチハイカーを》乗せること, 拾うこと, 迎え, 《貨物・郵便物などの》積み込み, 収集, 集荷; 《口》《異性を》ひっかけること, ハント, ナンパ(テクニック); 《麻薬などを》受け取ること; 《口》逮捕;〖球技〗ショートバウンドのボールを打つ[捕る]こと; 《俗》強盗, 盗み. **2 a**《口》ふとした知り合い, 拾った女[男], 行きずりの相手《しばしば情事のための》; 《他チームからの》獲得選手; 乗客, 《拾われた》ヒッチハイカー, 積荷. **b** 掘出し物; 間に合わせの買物; 《口》間に合わせの食事; 寄せ集めチームによる試合; 遺失物. **c**〖会計〗繰越残高;〖ジャーナリズム〗すくい上げ, 組置き原稿; *《口》聞き込み, 情報. **d**〖楽〗上拍. **3** ピックアップ (=～ truck)《無蓋小型トラック》; 《収穫後の》集草装置. **4** ピックアップ《**1**) 音の再生過程で, 機械的振動を電気信号に変換すること **2**) レコードプレーヤーなどでその変換を行なう装置》; ピックアップ《**1**) マイクやカメラが音声や映像を拾うこと; またそのマイクやカメラ **2**) 近接する回路から電気的な干渉を受けること; 混信》; 《放送用映像の》収録現場; 《スタジオ外で収録された番組の》中継システム. **5**〖釣〗ピックアップ, ベール(アーム)《スピニングリールのスプールに糸を導き押える装置; 半円形の取っ手 (bail[4]) で操作するものが普通》. **6**《口》勢いを盛り返すこと, 上向くこと, 進歩, 改良, 《景気などの》回復, 好転; 《口》元気の回復, 《麻薬使用後の》高揚; 《口》PICK-ME-UP; 加速(能力), 発進力. ► *a* **1** pickup 用の〈場所など〉; 〈料理などが〉ありあわせの, 即席の; 寄せ集めの[居合わせた]人たちによる〈試合など〉; ふとした〈知り合い〉. **2** つまみ[吊り]上げるための: ～ tongs つまみやっとこ.

píckup àrm TONE ARM.

píckup màn《口》《手荷物などを盗む》泥棒, 置引き; 《口》《馬券屋などの賭け金の》徴収係, 集金[取立て]屋.

píckup pòint《集団で車に乗り込むときの》集合場所, 《送迎車の》乗り場.

píckup ròpe《グライダーの》離陸用牽引ロープ.

pick-ùp-stìcks *n* 積み木取り《木片を積んだ中から一片ずつ他を動かさずそっと取り去って行くゲーム》.

píckup trùck ピックアップトラック (PICKUP); ‖TOW TRUCK.

píckup tùbe〖電子工〗撮像管 (camera tube).

pick·wick /píkwìk/ *n* ランプの灯芯をつまみ上げる道具.

Pickwick ピックウィック Mr. **Samuel** ～《Dickens の小説 *Pickwick Papers* の主人公; Pickwick Club 会長で, 善良で滑稽で元気な太っちょ老人; 失言を言い紛らすので有名》.

Pick·wick·ian /pɪkwíkiən/ *a* ピックウィック流の, 善良で寛容な; 〈用語が〉特殊[婉曲]な意味の: in a ～ sense 特殊[滑稽]な意味で. ► *n* ピックウィッククラブ員; ピックウィックペーパーズ愛読者.

pícky *a*《口》えり好みする, こうるさい: a ～ eater 偏食の[好き嫌いの多い]人. ♦ **píck·i·ness** *n*

pick-your-own ⇨ PYO.

pi·clo·ram /píklərǽm, pár-/ *n*〖化〗ピクロラム《強力で持続性の高い枯れ葉剤; 米軍がヴェトナム戦争で使用》. [*aminotrichloropicolinic acid* の 3 つの部分の逆つづり]

pic·nic /píknɪk/ *n* **1**《野外で食事をする》遠足, 行楽, 遊山, ピクニック; 野外[庭など]でのくつろいだ食事: go on [for] a ～ 遠足[遊山]に行く / go to a ～《持ち寄りの》野外パーティーに行く / have [eat] a ～ ピクニックをする, 屋外[野外]で食事をする. **2 a**《口》愉快なこと, 満足な体験, 楽な仕事 (: It's no ～.); *《俗》お楽しみ《性交・いちゃつきなど》, お楽しみの相手. **b**《豪口》困った状態, いやな経験. **3** 豚の肩肉 (=～ **shóulder [hám]**). ► *vi* (-nick-) 遠足する, ピクニックに行く[参加する]; ピクニック式に食事をする. ♦ **píc·nick·er** *n* ピクニックをする人, 行楽者. **píc·nicky** *a* ピクニック式の, 行楽的な. [F *piquenique*＜?]

pícnic àrea ピクニックエリア《道路沿いや公園・サービスエリアの一角などに設けられたピクニックのできる場所》.

pícnic bàsket [hàmper] ピクニック用バスケット.

pícnic ràces *pl*《豪》草競馬.

pícnic tàble ピクニックテーブル《野外, 特にピクニックエリアに設置されたピクニック用のテーブル》.

picnometer ⇨ PYCNOMETER.

pi·co- /pí:kou, -kə/ *comb form* (1)〖単位〗ピコ《$=10^{-12}$; 記号 p》. (2)「極小の」 [Sp *pico* small quantity, odd number, peak]

pìco·cúrie *n*〖理〗ピコキュリー《$=10^{-12}$ curie》.

Pi·co del·la Mi·ran·do·la /pí:kou dèlə mərǽndələ, -rá:n-/ ピコ・デラ・ミランドラ Count **Giovanni** ～ (1463–94)《イタリアの人文主義者》.

píco·fárad *n*〖電〗ピコファラド《$=10^{-12}$ farad; 記号 pF》.

píco·gràm *n*〖理〗ピコグラム《$=10^{-12}$ gram; 記号 pg》.

pic·o·line /píkəlì:n, pár-/ *n*〖化〗ピコリン《コールタール・骨油中の悪臭のある液体; 溶媒・有機合成用》.

píco·mòle *n*〖化〗ピコモル《$=10^{-12}$ mole》.

pic·ong /pìkɔ̀ŋ/ *n*《カリブ》愚弄, あざけり.

pi·cor·na·vírus /pikɔ̀:rnə-/ *n* ピコルナウイルス《RNA をもつ小型

のウイルス: enterovirus, rhinovirus など). [*pico-*, *RNA*+*virus*]

pìco·sécond *n* 〖理〗 ピコセカンド, ピコ秒 (=10^{-12} 秒).

pi·cot /pí:koʊ, pikóʊ/ *n* 〖洋裁〗 ピコ (レース・リボンなどの環状へり飾りの小さな輪). ► *vt* …にピコを付ける. [F (dim) < *pic* peak, point]

pic·o·tee /pìkətí:/ *n* 〖園〗 (カーネーション・バラ・チューリップなどの) 覆輪花. [F (pp) < *picoter* to make with points (↑)]

pic·quet[1] /pɪkéɪ/ *n* 〖トランプ〗 PIQUET[1].

pic·quet[2]‖ /píkət/ *n, vt, vi* PICKET.

picr- /píkr/, **pic·ro-** /píkroʊ, -rə/ *comb form* 「苦い」「ピクリン酸」 [Gk (*pikros* bitter)]

pic·rate /píkrèɪt/ *n* 〖化〗 ピクリン酸塩[エステル].

píc·ric ácid /píkrɪk-/ 〖化〗 ピクリン酸.

pic·rite /píkràɪt/ *n* 〖岩石〗 ピクライト (橄欖(かんらん)石 (olivine) に富む (50–70%) 火山岩).

pìcro·tóxin *n* 〖薬〗 ピクロトキシン (苦味のある猛毒の結晶; 解毒用).

Pict /píkt/ *n* ピクト人 (スコットランド東部・北東部に住んだ古代人). [L=painted men (*pict- pingo* to paint)]

Píct·ish *a* ピクト人の(ような). ► *n* ピクト語.

píc·to·gràm /píktə-/ *n* PICTOGRAPH.

píc·to·gràph /píktə-/ *n* (古代・先史時代の) 岩壁画; 象形文字, 絵文字, ピクトグラム, 絵記号; 絵グラフ. ♦ **pic·tog·ra·phy** /pɪktágrəfi/ *n* 絵文字記述法. **pìc·to·gráph·ic** *a* [L *pict- pingo* to paint]

Pic·tor /píktər/ [°the] 〖天〗 がか座(画架座). [↓]

pic·to·ri·al /pɪktɔ́:riəl/ *a* 絵[絵画, 写真]の; 画家の; 絵[写真]で表わした; 絵のような, 生きいきとした〈描写など〉; 絵[写真]入りの: ～ art 絵画(術) / a ～ puzzle 判じ絵, 絵捜し. ► *n* 画報, 絵[写真]入り雑誌[新聞]; (雑誌の) グラビア. ♦ **～·ly** *adv* 絵(入り)で. **～·ness** *n* [L *pictor* painter; ⇨ PICTURE]

pictórial·ism *n* 絵画[影像]の使用[創作]. ♦ **-ist** *n*

pictòrial·izátion *n* 絵画化, 絵画による表現[説明].

pictórial·ize *vt* 絵画化する, 絵画で表現[説明]する.

pic·ture /píkʧər/ *n* **1** 絵, 絵画; 肖像; 写真; 活人画 (living picture); (テレビの) 映像, 画像; *《俗》(トランプの) 絵札: (as) pretty as a ～ とてもきれいで / sit for one's ～ 肖像を描いてもらう / One ～ is worth a thousand words. 《諺》 百聞は一見にしかず. **2** 映画; [the ～s]‖映画(館): silent ～*s* 無声映画 / go to *the* ～*s* 映画を見に行く. **3** 絵のように美しい人[もの], 美観; 光景; 生き写し, 化身; 極致; 象徴: Our tulips are [look] a ～ this year. うちのチューリップは今年はすばらしい見ものだ / His face was [looked] a ～. やつの顔のすごかったのなんの (驚き・怒り) / He is *the* (very) ～ *of* his father. おやじそっくりだ / He is *the* ～ *of* health. 健康そのものだ. **4 a** あざやかな叙述, 実写; 心[頭]に描いた像[姿], イメージ; 〖理〗 描像: build up a ～ はっきりと思い描く, 事態を把握する. **b** [ᵘthe] 情況, 事態; 〖医〗 臨床像, 病像 (=clinical ～): a larger ～ より重要な事態[問題]. ● BIG PICTURE. BLACKEN **the ～**. **come [enter] into the ～** 関与する, おもしろくなってくる. **draw [paint] a ～** 描写する, 描き出す; わかりやすく説明する, ひと目でわからせる. **get the ～** 理解する, のみ込む, わかる; 事態を察知する, 情況に気づく. **give a ～ of…** を描写する. **in ～s** *《口》 映画に出て. **in the ～** 現われて; 目立って; 重要で, 関係して, からんで; 十分に知らされて, 事情に通じて; *《口》 (実現の)可能性のある, あり[でき]そうな: put…*in the* ～ …に情報を提供する, 事情を知らせる; …を含める, 考えに入れる. **look a ～** 絵のように美しい, すばらしい[すごい]見ものだ. **out of the ～** 関係がない, お門違いで; 重要でない; 事情を知らされずに, 仲間はずれで; *《俗》 いなくなった, 死んだ (dead). **see ～s in the fire** 暖炉で燃える石炭の火を眺めてあれこれ思い描く, ぼんやりと炎を見る. **take ～s** 《CB 無線俗》(スピード違反取締まりのために) レーダー式速度測定器を使う, ネズミ捕りをやる. **the wider ～** 包括的な展望, 全体像 (big picture). ► *vt* **1** 描く, 絵にかく, 写真に撮る, 絵[写真]で示す; 写実的に描写する, 生きいきと述べる; 心に描く, 想像する 〈*to oneself*〉: ～ Rob *as* young [a doctor] ロブを若者[医者]と想像する / ～ *oneself* (*sitting*) in a car 自分が車に乗っているところを想像する. **2** 絵で飾る. [L (*pict- pingo* to paint)]

pícture-bòok *a* 絵本ふうの, 絵本に出てくるような, 絵のようにきれいな; 完璧な (picture-perfect).

pícture bòok 絵本.

pícture càrd (トランプの) 絵札 (face card).

pícture·dom *n* 映画界 (filmdom).

pícture gàllery 絵画陳列室, 美術館, 画廊; *《俗》(サーカスで余興をやる) 入墨男; *《俗》 犯人の写真一覧 (rogues' gallery).

pícture·gò·er‖ *n* 映画ファン (moviegoer).

pícture hàt ピクチャーハット (羽根や花で飾ったつばの広い婦人帽).

pícture hòuse 映画館 (cinema).

pícture mèssaging (携帯電話による) 写真付きメッセージ通信.

pícture mòld [mòlding] 額長押(がくなげし) (壁に付けた水平材で釘を打って額縁などをつるすためのもの).

pícture pàlace‖《古》 映画館 (cinema).

pícture-pérfect *a* 全く欠点のない, 完璧な (perfect), 絵にかいたようにみごとな.

Pícture·phòne 〖商標〗 ピクチャーフォン (テレビ電話).

pícture plàne 〖数〗 画面 (投影図法における投影画).

pícture-póst·càrd *a* 絵はがき[絵]のような, 美しい (picturesque); 絵はがき[絵本]ふうの (picture-book).

pícture póstcard 絵はがき.

pícture pùzzle *n* JIGSAW PUZZLE.

pícture ràil PICTURE MOLD.

pícture shòw 画展, 絵画展覧会; *《口》 映画(館).

pic·tur·esque /pìkʧərésk/ *a* 絵のような, 美しい, 画趣に富む; 〈ことば・文体が〉生きいきした, イメージを喚起する; 〈人が〉個性に富む, 独創的な, おもしろい. ♦ **～·ly** *adv* **～·ness** *n* [F<It (*pittore* painter < PICTORIAL); 語形は *picture* に同化]

pícture tèlephone テレビ電話 (videophone).

pícture thèater‖ 映画館.

pícture tùbe 〖テレビ〗 受像[ブラウン]管 (kinescope).

pícture wíndow ピクチャーウインドー (見晴らしのよい場所につけた 1 枚ガラスのはめ殺し窓).

pícture wrìting 絵画記録(法); 絵[象形]文字.

pic·tur·ize /píkʧəràɪz/ *vt* 絵にする, 絵で示す; 映画化する. ♦ **pìc·tur·izá·tion** *n*

pic·ul /pík(ə)l/ *n* ピクル, 担(たん) (中国・タイの重量単位: 約 60 kg).

pic·u·let /píkjələt/ *n* 〖鳥〗 ヒメキツツキ (尾羽がやわらかく支えにならないヒメキツツキ属などの小型のキツツキ).

pícul stìck かつぎ棒, ろくしゃく.

PID °pelvic inflammatory disease.

pid·dle /pídl/ *vi* だらだら時を過ごす 〈*around*〉; 《口》 おしっこをする. ► *vt* 〈時間・金などを〉浪費する, むだに使う[する] 〈*away*〉. ► *n* 《口》 おしっこ(をすること). ♦ **píd·dler** *n* [? *peddle*; 'urinate' の意は *piss*+*puddle* か]

píd·dling, pid·dly /pídli/ *a* 《口》 わずかな, ささいな, つまらない (trifling).

pid·dock /pídək/ *n* 〖貝〗 ニオガイ. [OF]

pid·gin /píʤən/ *n* 混合語, ピジン (cf. CREOLE); [P-] TOK PISIN; PIGEON[2]. ♦ **～·ìze** *vt* **pìdgin·izátion** *n* [*business* のなまり]

pídgin Énglish [°P- E-] ピジン英語 (**1**) 中国語・ポルトガル語・マレー語などを混合した中国の通商英語 **2**) メラネシア・西アフリカなどで用いる同様の混合語). [*business English*]

pí-dòg ⇨ PYE-DOG.

pie[1] /páɪ/ *n* **1** パイ (肉または果物などを小麦粉の生地に入れて焼いたもの); *フルーツパイ (tart); クリームサンド, ジャムサンド: a meat ～ 肉入りパイ, ミートパイ / (as) easy [simple] as ～ 《口》 とてもたやすく, いとも簡単で, 朝めし前で / (as) nice as ～ 《口》 上機嫌で, とても愛想よく. **2** *《口》 とてもいいもの, すごく簡単なこと; *《俗》(政治的) 不正利得. **3** (分け合うべき収益・経費などの) 全体, 総額: a slice [share, piece] of the ～ 取り分, 分け前, (利益)配分. **4** *《俗》(セックスの対象としての) 女; *《卑》(女性の) 外陰部. ● **cut a ～** *《口》 (余計な)手出しをする, おせっかいをやく. **cut the ～ up** 《口》 分割する, 山分けする. **have [put] a [one's]** FINGER **in every [the] ～**. **～ in the sky** 《口》 絵空事, 空手形, 妄想, 絵に描いた餅; 天国, 極楽, ユートピア, 天の恵み. ♦ **～·lìke** *a* [C14<?; *pie*[2] が雑多なものを集めることからか]

pie[2] *n* 〖鳥〗 カササギ (magpie); まだら[色分かれ]の動物; 《古》 おしゃべり(人). [F<L PICA[2]]

pie[3] *n* パイ (インド・パキスタンの旧通貨単位: =1/192 rupee). [Hindi<Skt=a fourth]

pie[4], **pye** /páɪ/ *n* 赤黒文字典礼法規 (宗教改革以前のイングランドで用いられた当日の聖務日課を記した法規書). [L PICA[1]]

pie[5] *n, a, v* ⇨ PI[3].

pie[6] *a* [次の成句で]: **be ～ on…** 《NZ口》 …がじょうずだ. [Maori]

píe àlley 〖ボウル〗 ストライクがよく出るレーン[ボウリング場].

píe and másh‖ パイアンドマッシュ (小さなミートパイとマッシュポテト; 安い料理).

píe·bàld *a* 白と黒の駁毛(ぶち)の (黒い部分が多ければ青(あお)駁毛, 白が多ければ駁青毛と呼ぶ; cf. SKEWBALD); 混合した. ► *n* (白と黒の)まだらの動物 (特に 馬); 雑種動物; 混血の人. [*pie*[2]+*bald*]

píebald skín 〖医〗 斑状皮膚.

píe càrt 《NZ》 パイカート (温かい飲食物の売店[販売車]).

piece /pí:s/ *n* **1 a** (全体の) 一部, 一片, 断片, 破片 (fragment, bit). **b** 〈機械などの〉部分, 部品 (part) 〈*of*〉. **2** [不可算名詞と共に助数詞として] **a** 一片, 一部分, 一個, 一枚, 一篇, 一節, 一つ (portion, bit), 〈動作・できごと・性質などの〉一例 (instance, specimen) 〈*of*〉: a ～ *of* bread 一切れのパン / a ～ of fruit 果物一個 / a ～ *of* chalk チョーク一本 / a ～ *of* furniture 家具一点 / a ～ *of* string 一本の糸 / a ～ *of* money 硬貨一枚 (a coin) / a ～ *of* ordnance 大砲一門 / a ～ *of* poetry 一篇の詩 (a poem) / a fine ～ *of* painting (一枚の)りっぱな絵 / several ～*s of* advice いくつかの忠告 / a ～ *of* folly 愚かな行為 / a ～ *of* (good) luck 一つの幸運, 幸運なできごと / a strange ～ *of* news (ある)不思議なニュース / a ～ *of* work ⇨ 成句

P

/ write many ～*s of* music たくさんの曲をかく. **b** 《土地の》一区画; 《米・方》わずかな距離; 《方》しばらくの時間: a ～ *of* land 一区画の土地 / a bad ～ *of* road 道路の悪い所[部分], 悪路 / I've walked quite a ～ today. きょうはずいぶん歩いた / He waited for a ～. 彼は少し待った. **c** 《量の一定したものの単位としての》一片, 一定量; *《俗》(1 オンスの)麻薬, ひと包みの薬: a ～ *of* linen リンネル 1 反《13 ヤール》/ a ～ *of* wallpaper 壁紙一巻《12 ヤール》/ PIECE GOODS. **3 a** 一篇の作品[詩, 散文, 作曲, 劇], 一枚の絵, 一個の彫刻《など》; 小曲, 《新聞などの》小記事, ニュース; 《俗》《地下鉄車両などに描かれた》らくがき. **b** 硬貨 (coin): a penny ～ ペニー銅貨 1 枚 / PIECE OF EIGHT. **c** 〖軍〗銃, 砲; *《俗》ピストル: FIELDPIECE / FOWLING PIECE / PACK[1] a ～. **4** [°*compd*] 《一組をなすものの》一個, 一人: a dinner service of 50 ～*s* 50 個一組の正餐用食器 / a six-～ band 6 重奏楽団 / a three-～ suit 三つぞろいのスーツ. **5** [the] 《仕事の》出来高: pay a workman *by* [*on*] *the* ～ 職人に出来高払いをする / PIECEWORK. **6** 《ゲームの》コマ, 数取り; 〖チェス〗ポーン (pawn) 以外のコマ. **7** 《卑》性交, 一発, 性交の相手, 女, いい女, 《時に》男. **8** 《方》(バターなどを塗った)パン切れ, サンドイッチ, 間食, おやつ. **9** 《口》分け前, 利権 (＝a PIECE of the action). **10** *《俗》《男の》ポニーテール. **11** [*pl*] 《豪》裾毛から分離した羊毛のくず.

● **across the ～** 全体[全般, 全域]にわたって. **(all) of a [one] ～ with**…と同種[同質]の[で]; …と首尾一貫して. **all to ～s** ばらばらに; 《口》完全に, 十分に; 《口》すっかり, さんざん. **a ～ of a**… 《廃》…のようなもの: He is *a* ～ *of a* poet. 詩人のはしくれだ. **a ～ of** CAKE. **a ～ of change [jack]** *《俗》かなりの金. **a ～ of flesh** 人間, 《特に》女, あま. **a ～ of the action** 《口》《活動・利益に》あずかること, 分け前, 利権: I want a ～ (*of the action*). おれも(もうけ話などに)一枚加わりたい. **a ～ of trade** *《俗》売春婦, 売女, 《セックスの対象としての》女. **a ～ of water** 小さな湖. **a ～ of work** 作品; 仕事; 困難な仕事; 《口》騒ぎ; 《口》(いやな)やつ: a NASTY ～ *of work*. **come [fall] to ～s** ばらばらになる; 挫折する; go to PIECES. **for thirty ～s** 賄賂とひきかえに (*Matt* 26: 15). **give sb a ～ of** one's MIND. **go to ～s** ばらばら[めちゃめちゃ]になる, くずれる; 健康を失う, 参る, 自制心を失う, 取り乱す, 泣きくずれる, すさむ, 神経衰弱になる. **in one ～** 単一のものからなる, 一体となって; 《口》無傷で, 無事に〈帰る〉. **in ～s** ⇨ to PIECES. **pick [pull]…to ～s** …を分解する; …をずたずたに裂く; 《口》酷評する, ぼろくそに言う. **pick up the ～s** 事態を収拾する, あと始末をする, 復旧作業をする. **～ by ～** ひとつひとつ, 少しずつ. **speak [say, state] one's ～** 《口》自分の意見[見解]を言う; 不平[不満]を言う; 求婚する. **take (…) to ～s** 分解する; 分解できる: His bicycle was *taken to* ～*s*. 自転車はばらばらに分解された. **tear off a ～** *《俗》性交する. **tear [rip]… to ～s [bits, shreds]** …をずたずたに引き裂く; 《細かく見て》…をこきおろす. **to [in] ～s** 切れぎれに, ばらばらに, こなごなに, 分解して, ばらして; 《口》とことん, すっかり; 自制心をなくして.

► *vt* 継ぐ, 繕う, 継ぎはぎする, 接合する〈*up*〉; 結合する, 継ぎ合わせる, 組み立てる, まとめ上げる, 総合する, つなぎ合わせて完成させる[…の全容を明らかにする]〈*together*〉; 〈糸など〉つなぐ〈*up*〉; 付け加える. ► *vi* 《方・口》間食する. ● **～ down** 継ぎ当てして〈衣服〉の丈[幅]を伸ばす[広げる]. **～ in** 挿入する. **～ off** *《俗》〈人〉の仕事に対して自分の給料の一部から支払う; 〈人〉に賄賂を渡す; 〈人〉にわずかな金を貸す. **～ on** 接合する. **～ out** 《補って》完全にする, 補強する, 拡充[(再)構成, 再現]する〈*with*〉; 《長く着られるように》〈衣服〉に継ぎ当てする, (ちびちび使って)長くもたせる. **～ up** *《俗》山分けする.

♦ **～·able** *a* [AF＜?Celt (Breton *pez* piece, Welsh *peth* portion)]

pièce à thèse /*F* pjɛs a tɛ:z/ (*pl* **pièces à thèse** /—/) 問題劇.

píece bròker 《古》小切れ商人.

pièce de ré·sis·tance /*F* pjɛs də rezistɑ̃:s/ (*pl* **pièces de ré·sis·tance** /—/) 《食事の》主菜, メインディッシュ (principal dish); 顕著な項目[事件], 傑作. [F＝piece (i.e. means) of resistance]

pièce d'oc·ca·sion /*F* pjɛs dɔkazjɔ̃/ (*pl* **pièces d'oc·ca·sion** /—/) とっておきの品物; 掘出し物.

píece-dỳe *vt* 織って[編んで]から染める, 反(たん)染めする (opp. *yarn-dye*). ♦ **píece-dỳed** *a*

píece gòods *pl* 測り売りされる生地 (yard goods).

pièce jus·ti·fi·ca·tive /*F* pjɛs ʒystifikati:v/ 〖法〗証拠書類.

píece·mèal *adv* 少しずつ; 漸次に; ばらばらに, まとまりなく. ► *a* 少しずつの; 漸次の; 断片的な, ちぐはぐな: ～ rate 出来高払い / in a ～ fashion 少しずつ, 徐々に. ► *n* [通例 次の成句で] 少し. ● **by ～** 少しずつ, 徐々に. [*piece*＋*meal*[1]]

pièce mon·tée /*F* pjɛs mɔ̃te/ 豪華に飾りつけた料理, 《特に》ピエスモンテ《何段も重ねたデコレーション菓子・ケーキ》.

piece·ner /pí:snər/ *n* 〖織〗PIECER.

píece of éight 《昔のスペインの》ペソ銀貨《8 reals》.

piec·er /pí:sər/ *n* 継ぎ[繕い]をする人; 〖織〗糸継ぎ工.

píece ràte 出来高給[賃金]; 単価.

píece·wìse *adv* 〖数〗区分的に: ～ continuous functions 区分的連続関数.

píece·wòrk *n* 出来高給[請負い]作業 (cf. TIMEWORK). ♦ **～·er** *n* 出来高払いの職人[労働者].

píe chàrt パイ図表, 円グラフ (cf. BAR CHART).

píe·crùst *n* パイ皮: Promises are like ～, made to be broken. 《諺》約束はパイ皮のごとし《すぐ破れる》.

píecrust tàble 《パイ皮をおもわせる縁の》小型円型テーブル.

pied /páɪd/ *a* まだらの, 色の分かれた, 部分部分で色が異なる; まだら[色分かれ]の服を着た. [*pie*[2]]

pied-à-terre /*F* pjetatɛ:r/ *n* (*pl* **pieds-** /—/, ～) 仮宿《出張の多い人が出張先の町に確保したアパートなど》. [F＝foot to earth]

píed-bìlled grébe 〖鳥〗オビハシカイツブリ《南北アメリカ産》.

piedfort ⇨ PIEFORT.

píed lémming 〖動〗クビワレミング《キヌゲネズミ科》.

pied·mont /pí:dmɑ̀nt/ *n, a* 山麓地帯(の). [↓ (イタリア)]

Piedmont 1 [the] ピードモント《米国大西洋岸の海岸平野とアパラチア山脈との間の高原地帯; New Jersey 州から Alabama 州に至る》. **2** ピエモンテ (*It* Piemonte) 《イタリア北西部の州; ☆Turin》.

Pied·mon·tese /pì:dmɑntí:z, -mɑn-, -s/ *n* (*pl* ～) ピエモンテ地方の住民. ► *a* ピエモンテ地方(の住民)の.

pied·mont·ite /pí:dmɑ̀ntàɪt, -mən-/ *n* 〖鉱〗紅簾(こうれん)石. [*Piedmont* 2 Piemonte]

pied noir /*F* pje nwa:r/ (*pl* **pieds noirs** /—/) 植民地時代のアルジェリアに在住したフランス人; アルジェリア独立後に帰還したフランス人. [F＝black foot]

píe-dog ⇨ PYE-DOG.

Píed Píper 1 [the] 〖ドイツ伝説〗ハーメルンの笛吹き男 (＝the **Píed Píper of Hámelin**) 《笛の妙音でネズミの大群を町 (*G* Hameln) から誘い出して水死させたが, 約束の報酬がなかったので子供たちを山中に隠してしまった男; 染め分け服のような着衣で描かれる; Robert Browning の詩 (1842) でも有名》. **2** 人を巧みに誘い込む者; 無責任な約束をする指導者; カリスマ的な人.

Pie·dras Ne·gras /pjéɪdrəs néɪgrəs, piéɪ-/ ピエドラスネグラス《メキシコ北東部の Rio Grande 河畔の市; メキシコ国鉄の北の終点》.

píed wágtail 〖鳥〗ホクオウハクセキレイ (＝*water wagtail*) 《英国など西欧産のハクセキレイの亜種》.

píe-èat·er *n* 《豪口》取るに足らない人物, 小物.

píe-èyed 《俗》*a* 酔っぱらった, とろんとした; 空想的な, 非現実的な; 《驚いて》目を大きく見開いて, 仰天して, 唖然として.

píe fàce 《口》ばか, あほう, まぬけ(づら).

píe-fàced *a* 《口》のっぺりした[間の抜けた]丸顔の.

pie·fort, pied·fort /pieɪfɔ́:r/ *n* ピエフォール《普通より地金の厚いフランスなどの試用硬貨》. [F]

Pie·gan /pigǽn/, **Pei-** /pí:gən/ *n* (*pl* ～, ～**s**) ピーガン族《北米先住民 Blackfoot 族の中の一部族》. [Blackfoot]

píe·hòle *n* 《俗》口 (mouth).

píe-in-the-ský 《口》*a* 極楽的な, ユートピア的な; 絵に描いた餅のような, 棚ぼたを望んでいる (⇨ PIE[1] *in the sky*).

píe·man /-mən/ *n* パイを作る[売る]人.

Pie·mon·te /pjeɪmóunteɪ/ ピエモンテ (PIEDMONT のイタリア語名).

píe pàn [plàte] パイ皿.

píe·plànt* *n* 〖植〗ダイオウ (⇨ RHUBARB).

pier /píər/ *n* **1** 桟橋, 埠頭《しばしば飲食・娯楽施設がある》; 《飛行機の》搭乗橋. **2** 橋脚, 迫持(せりもち); 〖建〗窓間(まど)壁; 《門戸を支える》支柱; 角柱; 《望遠鏡などの》石製の支え台. ● **shoot the ～** 〖サーフィン〗突堤の杭の間をサーフィンで通る. ♦ **～·age** *n* 桟橋料, 埠頭税. [L *pera*＜?]

pierce /píərs/ *vt* **1 a** …に穴をあける; 刺し[突き]通す; 貫通[突入]する; 無理に通る, …に強引にはいり込む: A tunnel ～*s* the mountain. トンネルが山を貫通している. **b** 〈寒さ・苦痛・悲しみなどが〉身にしみる; 〈悲鳴・銃声などが静寂などを〉つんざく, 〈光が〉さす, 通る; 深く感動させる: Beethoven's music ～*s* the soul. ベートーヴェンの音楽は魂をゆさぶる. **2** 洞察する: I can't ～ his thoughts. 彼の考えが見抜けない. ► *vi* はいる, 通る, 貫く〈*into, through, to*〉; 心にこたえる[響く]. [OF *percer*＜L PER(*tus- tundo* to strike)＝to bore through]

Pierce 1 ピアス《男子名》. **2** ピアス **Franklin** ～ (1804–69) 《米国第 14 代大統領 (1853–57); 民主党; Kansas-Nebraska 法の成立 (1854) 後, 激化する南北の対立を収拾するのに失敗した》. [⇨ PETER]

pierced /píərst/ *a* 穴のあいた, 《特に》飾り穴のついた〈装身具など〉; ピアス用に穴をあけた〈耳など〉; ピアス用の; 〖紋〗紋の中央に穴をあけた: ～ earrings ピアス.

pierc·er /píərsər/ *n* 刺し通す人[物]; 穴あけ器, きり; 《古》(射通すような)鋭い目 (keen eye); 《昆虫の》放卵管.

pierc·ing /píərsɪŋ/ *a* 刺し通す; 耳をつんざく; 〈風・寒さが〉身にしみる, 身を切るような; 〈目・視線などが〉見通しているような; 辛辣な, 痛切な. ► *n* ピアス(飾り). ♦ **～·ly** *adv* **～·ness** *n*

píer glàss [mìrror] 大きくて丈の高い鏡; 〖建〗《窓と窓の間の壁面(いっぱい)に張った》大きな鏡, 窓間鏡.

píer·hèad *n* 埠頭の突端.

Pi·e·ria /paɪíəriə, -ɛ́r-/ ピーエリア《古代マケドニアの一地方; Olym-

pus 山北麓, Salonika 湾の西の地域で, ムーサたち (the Muses) の崇拝の中心地だった》.
Pi·eri·an /paɪíəriən, -ér-/ *a* **1** ピーエリアの. **2** Muse 女神の; 学芸[詩歌]の; (詩的)霊感の.
Piérian Spríng ピーエリアの泉《飲むと霊感を得るという》; 詩の源泉.
Pi·e·ri·des /paɪíərədì:z, -ér-/ *pl* 〘ギ神〙ピーエリデス《(**1**) MUSES の呼称 **2**) テッサリア (Thessaly) の 9 人の乙女; Muses と歌を競い, 敗れて magpie に変えられた》.
pi·er·i·dine /paɪérədàɪn, -dən/ *a* 〘昆〙シロチョウ科 (Pieridae) の.
pi·er·is /píərɪs, páɪə-/ *n* 〘植〙ツツジ科アセビ属 (*P*-) の常緑低木《ピンクや赤の若葉が美しい》. [NL<L=Muse; ⇨ PIERIA]
Pie·ro /pjéərou/ ピエロ《男子名》. [It; ⇨ PETER]
Pièro dèl·la Francésca /-dèlə-/ ピエロ・デラ・フランチェスカ (c. 1420–92)《イタリアの画家》.
Piéro di Có·si·mo /-di kɔ́:zimòu/ ピエロ・ディ・コジモ (1462–1521)《イタリアの画家; 神話的主題で知られる》.
pie·ro·gi /pɪróugi/ *n* (*pl* ～, ～**es**) PIROGI. [Pol]
Pierre[1] /pjéər/ ピエール《男子名》. [F; ⇨ PETER]
Pierre[2] /píər/ ピア《South Dakota 州の州都》.
pi·er·rot /pí:əròu; píə-/ *n* (*fem* **pier·rette** /pìərét/) [ºP-] ピエロ《フランスの無言劇に登場し, おしろいを塗り円錐帽をかぶり大きなボタンのだぶだぶの白服を着る》; 《ピエロの服装をした》道化役[者], 仮装舞踏者. [F (dim)‹*Pierre* PETER]
Piers /píərz/ ピアズ《男子名》. [⇨ PETER]
Píers Plówman 農夫ピアズ《14 世紀の詩人 Langland の作とされる頭韻法による長詩; また 同詩の登場人物で, 高徳理想の人》.
píer tàble 窓間壁の前[窓間鏡の下]に置く小テーブル.
píe sàfe 《装飾的に通気孔をあけたブリキパネル付きの》食品戸棚, 食器棚.
Pies·por·ter /pí:zpɔ̀:rtər/ *n* ピースポーター《ドイツ西部 Moselle 川流域の Piesport 地区に産する白ワイン》.
pi·et /páɪət/ 《スコ・北イング》 *n* カササギ (magpie). ► *a* まだらの.
pie·tà /pì:eɪtá:, pjer-; pì:ɛtá:/ *n* [ºP-] ピエタ《キリストの死体を(ひざに)抱いて嘆く聖母マリアの絵[像]》. [It=PIETY]
pi·e·tas /páɪətɑ̀:s, piéɪtɑ:s/ *n* 先祖[祖国, 慣習]への敬意. [L=piety]
Pie·ter·mar·itz·burg /pì:tərmǽrətsbə̀:rg/ ピーターマリッツバーグ《南アフリカ共和国東部 KwaZulu-Natal 州の市; 同州の州都; 旧 Natal 州の州都》.
Pie·ters·burg /pí:tərzbə̀:rg/ ピーターズバーグ《POLOKWANE の旧称》.
píe tìn PIE PAN.
pi·e·tism /páɪətɪ̀z(ə)m/ *n* 敬虔 (piety); 信心家ぶること; [P-] 敬虔主義《17 世紀末ドイツのルター派内に起こり信仰の内面化・敬虔化を主張した》. ♦ **-tist** *n* **pì·e·tís·tic, -ti·cal** *a* **-ti·cal·ly** *adv*
piet-my-vrou /pí:tmèɪfróu, pít-/ *n* 《南ア》チャムネカッコウ (RED-CHESTED CUCKOO). [Afrik=Peter my wife (imit)]
pie·tra du·ra /piéɪtrə dú:rə/ ピエトラドゥーラ《半貴石を用いたモザイク画》. [It=hard stone]
Pie·tro da Cor·to·na /pjétrou dɑ: kɔ:rtóunɑ:/ ピエトロ・ダ・コルトナ (1596–1669)《イタリアの画家・建築家》.
pi·e·ty /páɪəti/ *n* 敬虔, 敬神, 信心; 孝心 (filial piety); 敬愛; 愛国心; 敬虔な行為[ことばなど]; 正統的慣行. [OF<L=dutifulness‹PIOUS]
píe wàgon *《俗》(囚人)護送車 (patrol wagon).
pi·e·zo /paɪí:zou, piéɪ-/ *a* 〘理〙PIEZOELECTRIC.
pi·e·zo- /paɪí:zou, piéɪ-, -zə/ *comb form*「圧 (pressure)」 [Gk *piezō* to press]
pièzo·chémistry *n* 高圧化学.
pièzo·eléctric *a* 〘理〙圧電性の: the ～ effect 圧電効果 / ～ crystal 圧電性結晶. ► *n* 圧電性物質. ♦ **-tri·cal·ly** *adv*
pièzo·electrícity *n* 〘理〙圧電気.
pièzo·mágnetism *n* 〘理〙圧磁性《圧力などによって生じる磁気的性質(の変化)》. ♦ **-magnétic** *a*
pi·e·zom·e·ter /pì:əzɑ́mətər, pièɪtsɑ́m-; pàɪɪzɔ́m-/ *n* ピエゾメーター《圧力, 特に圧縮率を測る装置》. ♦ **pì·e·zóm·e·try** *n* 圧力[圧縮率]測定. **pi·e·zo·met·ric** /pièɪzəmétrɪk, pièɪtsə-; paɪì:zəu-/ *a*
piff /píf/ *vt* [過去形のみで用いて]*《俗》殺す, やる (pift).
piffed /píft/*《俗》*a* 死んだ, くたばった; 酔っぱらった.
pifficated ⇨ PIFFLICATED.
pif·fle /píf(ə)l/ 《口》 *vi* つまらないことをする[しゃべる, 書く]. ► *n* つまらない話, たわごと; [‹*int*›] くだらん, つまらん. ♦ **píf·fler** *n* [C19 (imit); cf. *puff*, 一説に, *piddle*+*trifle*]
píf·fled *a**《俗》酔っぱらった. [↑]
pif·fli·cat·ed /píflɪkèɪtəd/, **pif·fi-** /pífɪkèɪtəd/ *a**《俗》酔っぱらった.
píf·fling *a* 《口》つまらない, くだらない.
pí fònt 〘電算〙パイフォント《通常の英数字のフォントセットに含まれない, ギリシア文字などの文字・記号のフォント》. [*pi*[1]]
pift /píft/ *vt* [過去形のみで用いて]*《俗》殺す, 消す (piff).
pift·ed /píftəd/ *a* 死んだ (piffed).
pig[1] /píg/ *n* **1** 豚《PORCINE, SUILLINE *a*》; *子豚; 豚肉, 豚 (pork), 《特に 体重 60kg 以下の》子豚の肉; PIGSKIN: roast ～ 焼き豚 / ～ between sheets *ハムサンドイッチ. **2 a** 《口》豚のような人[動物], うすぎたない人, 食いしんぼ, 貪欲者, 頑固者; 《俗》ポリ公; *《黒人俗》白人, 白んぼ; 《俗》自堕落な女, デブ, ブス; *《俗》だめな競走馬. **b** ʺ《口》困難[不快]なこと(: a ～ of a job いやな仕事); *《俗》革の財布. **3** 金属[鉄, 鉛]の鋳塊, なまこ, 金属塊; 銑鉄 (pig iron); 装甲車. **4** [‹*adv, a*›; 強意] まるっきり(の), てんで: ～-ignorant, ～-sick. **5** [～'s] 《韻俗》ビール (beer) (=*pig's ear*). **6** ピグ《内部の清掃・検査用, また栓として石油[ガス]のパイプラインに挿入される》. ● **bleed like a (stuck) ～** 多量に出血する. **bring [drive] one's ～s to a fine [a pretty, the wrong] market** 売り損をする, やまがはずれる. **buy a ～ in a poke** 品物を見もしないで[その価値も知らずに]買う; 安請合いする. **drive one's ～s to market** 大いびきをかく. **go to ～s and whistle** 《俗》道楽する, 破滅する. **in a [the] ～'s eye [ear, ass]** 《俗》決して…しない, とんでもない: *In a ～'s eye*, I will! やってたまるか! **in ～** ‹雌豚が›はらんでいる; 《俗》ガキをはらんで. **make a ～ of oneself** 欲ばる; 《口》大食する. **make a** PIG'S EAR **(out) of....** **on the ～'s back** 《豪口》成功して, 運に恵まれて. **～ [piggy] in the middle** 板ばさみになっている人《3 人でやるボール遊び(のまん中の人)の呼び名から》. **～ in the python** ヘビに飲み込まれた豚《主に米国のベビーブーム世代を表わす人口ピラミッド中のふくらみ》. **P～s may fly.=P～s might [could] fly (if they had wings).** 何が起きても不思議はないけど…, そんなことはありえない. PLEASE **the ～s.** **sweat like a ～** 《口》大汗をかく.
► *int* [～s]《豪俗》[軽蔑・嘲笑を表わす] クソー, ばかな, ケッ, あほくさ, とんでもない, ばか言え, うそこけ, 絶対…(し)ない, …なわけがない: *P～s* to you! くそくらえだ!
► *v* (**-gg-**) *vi* **1** ‹豚が›子を産む; 豚のように群がる; 豚同然の生活をする. **2** 《石油[ガス]パイプラインの内部で》ピグを動かす. ► *vt* ‹豚が子を›産む; 《口》がつがつ食う: ～ one*self on*...をばか食いする. ● **～ it** 豚同然の[ごたごたいっしょの, むさくるしい]生活をする; *《俗》走るのをやめる, 走る速度が落ちる, のろのろ走る. **～ off** ʺ《口》‹人›にいやな思いをさせる. **～ out** 《口》がつがつ食う, ばか食いする ‹*on*›.
♦ **～·like** *a* [ME *pigge*<OE **picga*, **pigga*<?]
pig[2] *n* 《スコ》土器, 陶器, 壺, 水差し. [ME *pygg*]
píg bèd 〘冶〙鋳床(いどこ).
píg bìn [bùcket] 《豚に食わせるための》台所ごみバケツ.
píg bòard 〘サーフィン〙前部が細く後部が広がったボード.
píg·bòat *n**《俗》潜水艦.
píg dòg 《豪》野豚狩り犬.
pi·geon[1] /pídʒən/ *n* **1 a** ハト《イエバト・ドバト・伝書バトなど; cf. DOVE[1]》; *《俗》STOOL PIGEON; 〘射撃〙CLAY PIGEON. **b** 濃紫灰色. **2** 若い女性, 女の子; 《口》だまされやすい人, カモ (dupe); *《俗》当たり馬券[くじ]として売られる[換金される]はずれ馬券[くじ]. ● **pluck a ～** 金銭をたかり取る. **set [put] the** CAT[1] **among the ～s.** ► *vt* ‹人›から巻き上げる, だまして取る ‹sb *of* sth›. [OF *pijon*<L *pipion- pipio* (imit)]
pigeon[2] *n* [非専門語法] PIDGIN; 《口》仕事, 商売, 関心事: That's not my ～. おれの知ったことか.
pígeon blòod 深紅色 (=*pigeon's blood*).
pígeon brèast 〘医〙鳩胸 (chicken breast) (opp. *funnel chest*). ♦ **pígeon-bréast·ed** *a*
pígeon chèst 〘医〙PIGEON BREAST.
pígeon dròp *《俗》信用詐欺.
pígeon Ènglish [非専門語法] PIDGIN ENGLISH.
pígeon-èyed *a**《俗》酔っぱらった.
pígeon fàncier ハト飼育者, ハト飼い. ♦ **pígeon fàncying** *n*
pígeon·gràm *n* 伝書バトの運ぶ書信.
pígeon guíllemot 〘鳥〙ウミバト《北太平洋産》.
pígeon hàwk 〘鳥〙**a** 《北米産の》コチョウゲンボウ (merlin). **b** SHARP-SHINNED HAWK.
pígeon·héart·ed *a* 気の弱い, 臆病な.
pígeon·hòle *n* **1** 鳩小屋の仕切られた巣箱; 狭苦しい部屋; 鳩の出入り穴; 〘海〙ピジョンホール《索具を通すためのいくつも並んでいる穴》. **2** 《机・キャビネットなどの》小仕切り, 分類[整理]棚, 《集合ポスト式の》連絡書類入れ, 連絡用ボックス; 《雑[乱暴]な》区分け, 種類, 部類, 分類, 'レッテル'. ► *vt* **1 a** ‹書類などを›整理棚に入れる; 分類整理する; (…と)みなす, レッテルを貼る ‹*as*›. **b** あとまわしにする, 棚上げにする. **2** ‹机など›に整理棚を設ける. ♦ **-hòl·er** *n*
pígeon hòuse 鳩小屋 (dovecote).
pi·geon·ite /pídʒənàɪt/ *n* 〘鉱〙ピジョン輝石.
pígeon-lìvered *a* おとなしい, 気の弱い.
pígeon pàir ʺ男と女のふたご, 《一家の》男女の二人っ子.
pígeon pèa 〘植〙キマメ, リュウキュウマメ (=*dhal*).
pígeon plòver 〘鳥〙ダイゼン (black-bellied plover).
pígeon pòst 伝書鳩による通信, 鳩通信.
pígeon pòx 鳩痘(きゅうとう).

pígeon·ry *n* 鳩小屋, 鳩舎(きゅうしゃ) (dovecote).
pígeon's blòod PIGEON BLOOD.
pígeon('s) mìlk ハト乳《ハトがひなを養うために出す乳状液》; "[*joc*]《All Fools' Day に》人をだまして取りにやらせるありもしないもの.
pígeon-tòed *a* 内股の.
pígeon·wìng *n* ハトの翼(のような翼); *〘スケート〙旋曲滑走型,〘ダンス〙仮装ダンスの変形ステップの一つ《跳び上がって両足を打ちつける》.
píg·fàce *n*〘植〙豪州産メセンブリアンテマ類ディスフィマ属およびカルポブロトゥス属の多肉植物《ピンクの大きな花をつける》.
píg·fìsh *n*〘魚〙イサキ(の類の魚),《西部大西洋産の》クロホシイサキ属の食用魚.
píg·gery *n* "豚舎, 豚小屋 (pigsty); 豚《集合的》; 不潔(な場所); 軽蔑すべき行為; 貪欲.
píg·gie *n*《口・幼児》ブーちゃん, ブタさん, 子豚 (piggy).
pig·gin /pígən/ *n*《方》片手桶. [C16<?]
píg·gish *a* 豚のような, 強欲な, 強情な, 不潔な. ◆ **~·ly** *adv* **~·ness** *n*
Pig·gott /pígət/ ピゴット **Lester** (**Keith**) ~ (1935–)《英国の騎手; ダービー9回を含む4000以上のレースで優勝》.
píg·gy 《口・幼児》 *n* ブーちゃん, ブタさん, 子豚;《足の》指; "棒打ち (tipcat). ● **~ in the middle** ⇨ PIG[1] 成句. ► *a* PIGGISH,〈子供が〉もっと食べたがる;〈豚が〉子をはらんで.
píggy·bàck *a* **1** 肩[背]に乗った. **2** ピギーバック(方式)の《**1**)〘鉄道〙貨物をトレーラー[コンテナ]に積載したまま低床貨車で輸送する **2**)〘宇〙輸送機[ロケットなど]に載せてそこから打ち上げる[輸送する] **3**)〘広告〙同一コマーシャル時間内に相乗りさせて放送する》. **3** 付加の, 追加の. ► *adv* 肩[背]に乗って[載せて], 肩車[おんぶ]して[で];〘鉄道・宇・広告〙ピギーバック方式で. ► *n* 肩車, おんぶ;〘鉄道〙ピギーバック方式. ► *vt* 背[肩]で運ぶ; ピギーバック方式で輸送する; 余分に負わせる, 便乗させる, 抱合わせにする〈*on*〉. ► *vi* トレーラー[コンテナ]をピギーバック方式で輸送する; もたれ掛かる, おんぶする, 便乗する〈*on*〉. [C16 *a pick pack*<?; cf. PICKABACK]
píggy bànk (小豚型)貯金箱《子供用》; 貯金, 蓄え, 備蓄;《CB 無線俗》《有料道路の》料金所: dip into the ~ 貯金に手をつける.
píggy·wìg(·gy) /-wìg(i)/ *n*《童謡の中で》小豚, きたならしい子供; 棒打ち (tipcat).
píg·hèad *n* 頑固者, 石頭, 強情っぱり.
píg·hèad·ed *a* 強情な, 頑固な, 頑愚な, つむじまがりの. ◆ **~·ly** *adv* **~·ness** *n*
píg hèaven *《黒人俗》ブタの天国《警察署のこと》;《俗》極楽, 天国 (hog heaven).
pigh·tle /páɪtl/ *n* "《方》小さな畑[囲い地]. [ME<?]
píg ìron〘冶〙銑鉄(せんてつ); 鋳鉄; *《方》安物ウイスキー.
Píg Ìsland(s) (*pl*)《豪俗》NEW ZEALAND《Captain Cook によって豚が持ち込まれたところ》.
píg-jùmp 《豪俗》*vi, n*〈馬が〉四足ではねる(こと).
píg Làtin ピッグラテン《語頭の子音(群)を語末にまわし, /eɪ/ という音を加えてつくる子供の隠語; 例 oybay=boy, eakspay=speak》.
píg lèad /-lèd/ 鉛地金, なまこ鉛.
píg·let, píg·ling *n* 小さい豚,《特に》子豚.
pigm(a)ean ⇨ PYGMAEAN.
píg mèat "豚肉, ハム, ベーコン; *《俗》女, 淫乱女, 淫売, メス豚; *《俗》老いぼれ.
pig·ment /pígmənt/ *n* 顔料;〘生〙色素. ► *vt, vi* /, -mènt/ PIGMENTIZE. ◆ **~·al** /pɪgméntl/ *a* **pig·men·tary** /pígməntèri; -t(ə)ri/ *a* **~·ed** *a* [L (*pingo* to paint)]
pig·men·ta·tion /pìgməntéɪʃ(ə)n, -mèn-/ *n* 染色, 着色;〘生〙色素形成;〘生理〙色素沈着.
pígment cèll〘生〙色素細胞.
pígment·ize *vt* 着色[彩色]する (pigment). ► *vi* 色がつく, 染まる.
píg·mobìle *n*《俗》パトカー (cf. PIG[1]).
pigmy ⇨ PYGMY.
pi·gno·li(a) /pɪnjóʊli(ə)/ *n* 松果 (pine nut). [It *pignolo*; ⇨ PINE[2]]
pig·no·rate /pígnərèɪt/ *vt* 質に入れる, 質入れする.
pig·nus /pígnəs/ *n* (*pl* **pig·no·ra** /pígnərə/)〘ローマ法〙質;〘法〙担保. [L=pledge, stake]
píg·nùt *n*〘植〙**a** ヒッコリーの木(の実), ペカン《北米産; クルミ科》. **b** 欧州産セリ科コノポディウム属[ヒカゲミツバ属]の多年草(の塊根) (earthnut).
píg-òut *n*《俗》ばか食い, 大食らい.
píg·pèn* *n* 豚舎 (pigsty); きたない場所;《鉄道俗》円形の機関車用車庫 (roundhouse);《電算俗》メッシュ《#》.
píg ràt〘動〙オニネズミ (bandicoot).
píg-ròot *vi*《豪俗》〈馬が〉背を曲げてはね上がる (buck).
Pigs /pígz/ ■ the **Báy of ~** ピッグズ湾《キューバ西部南岸 Cienfuegos の西方の小湾; 1961年4月17日米国に支援された反 Castro 軍が上陸を企てて失敗; 別称 Cochinos Bay, スペイン語名 Bahía de Cochinos》.
píg sàlve *《方》ラード.
píg's árse "《卑》PIG'S EAR 1.
píg's bréakfast "《俗》PIG'S EAR 1.
píg's éar 1 "《口》雑な仕事, めちゃくちゃ, 大失敗 (mess): make a ~ (out) of…をめちゃくちゃ[だいなし]にする, ドジる, しくじる. **2**《韻俗》ビール (beer)《通例 pig's と短縮される》. ● **in a ~** ⇨ PIG[1].
píg·shìt *n*《卑》がらくた, くそたわごと, ばかげたこと (bullshit). ● **stronger than ~** とてつもなく強くて, 超強力で.
píg·skìn *n* 豚の皮[なめし革], 豚革; カピバラ[ペッカリー]皮;《口》鞍 (saddle); *《口》アメリカンフットボールのボール.
píg·stìck·er *n* 猪狩りをする人, 猪狩り用の馬;《俗》槍, (大型の)ナイフ;《方・俗》豚の屠殺人.
píg·stìck·ing *n* 馬に乗り槍を使う猪狩り; 豚の屠殺. ◆ **píg-stìck** *vi*
píg·stỳ *n* 豚舎, 豚小屋; きたない住居[部屋].
píg's wásh PIGSWILL.
píg swèat *《俗》ビール, 安酒.
píg·swìll *n* 豚にやる残飯; 薄くてまずいスープ[コーヒーなど].
píg·tàil *n* おさげ,《頭の後ろにたらした》きつく編んだ髪,《昔の中国人の》弁髪; ねじりタバコ;〘電〙ピグテール《編んだ[撚り合わせた]短く柔らかい電線》. ◆ **píg·tàiled** *a* おさげ髪の.
píg-tàiled ápe [macáque, mónkey]〘動〙ブタオザル《マレー半島産》.
píg·wàsh *n* PIGSWILL.
píg·wèed *n*〘植〙ヒユ・アカザの類の雑草《シロザ, アオゲイトウなど》;《豪》スベリヒユ.
pí-jàw /páɪ-/ "《俗》*n*《長ったらしい》お談義, お説教. ► *vt*〈人〉にお説教する. [*pious*]
PIK payment in KIND[1].
pi·ka /páɪkə, pí:-/ *n*〘動〙ナキウサギ (=*mouse hare, piping hare, rock rabbit*)《北半球の高山にすむ》. [Tungus]
pi·ka·ke /pí:kəkèɪ/ *n*〘植〙マツリカ(茉莉花)《モクセイ科ソケイ属の低木》. [Haw]
pi·kau /pí:kàʊ/ 《NZ》*n* ナップサック, リュックサック. ► *vt* 背負って[ナップサックで]運ぶ.
pike[1] /páɪk/ *n*《槍の》穂先; 先金の付いた杖 (pikestaff); "《方》つるはし (pickax);《方》《乾草用の》熊手;《方》とげ, 針. [OE *pīc* point, prick<?]
pike[2] *n*《北イング》《湖水地方の》峰のとがった山. [*pike*[1]]
pike[3] *n* 矛(ほこ),《17世紀末までの》槍. ► *vt* 矛で刺し貫く[殺す]. [OE (*piquer* to pierce)]
pike[4] *n* (*pl* ~, ~**s**)〘魚〙カワカマス《カワカマス科同属の淡水魚の総称; 北半球温帯産》,《特に》キタカワカマス (=northern ~). [*pike*[1]; そのとがった口から]
pike[5] *n*《有料道路の》料金所;《有料道路の》通行料金;《通例 公営の》有料道路; 鉄道(路線). ● **come [be] down the ~** *《口》現われる, 出てくる, 起こる. [turn*pike*]
pike[6] 《口》*vi* 不意に去る; 速く[急いで]行く, 進む〈*along*〉; 死ぬ; ためらう, あとずさりする〈*on*〉. ● **~ out**《豪口》すっぽかす, ネグる. [ME<?*pike*[1]]
pike[7] *n*《飛込み・体操などの》えび型. [?*pike*[4]]
Pike パイク **Zebulon Montgomery** ~ (1779–1813)《米国の陸軍将校・探検家; Pikes Peak を発見した》.
piked[1] /páɪkt/ *a* PIKE[1] の付いた; 先のとがった.
piked[2] *a* えび型 (pike) で[の姿勢をとる].
pike·let[1] " /páɪklət/ *n* ホットケーキの一種 (crumpet). [Welsh *bara pyglyd* pitchy bread]
pikelet[2] *n*〘魚〙若い[小さい]カワカマス.
píke·man[1] /-mən/ *n* 槍兵, 矛兵; つるはしを使う労働者.
pikeman[2] *n*《有料道路の》料金徴収員. [*pike*[5]]
píke·mìnnow *n*〘魚〙SQUAWFISH a.
píke pèrch〘魚〙カワカマスに似たパーチ科 *Stizostedion* 属の淡水魚《欧州, 北米産の食用魚; zander, walleye, sauger など》.
pik·er /páɪkər/《口》*n* 用心深いけちな賭博者;《株式市場の》小口筋; しみったれ, けちんぼう, 臆病者;《米・豪》なまけ者, サボり屋, 横着者 (shirker);《豪俗》野生の雄牛. [*pick*[1]]
Píkes Péak /páɪks-/ パイクス山《Colorado 州中部, Rocky 山脈中にある山 (4301 m); Z. M. PIKE にちなむ》.
píke·stàff *n* (*pl* ~**s**, **-stàves**) (歩兵用の)槍の柄; 先金の付いた杖《昔 徒歩旅行者が用いた》: (as) plain as a ~ よく目立つ; きわめて明白な; 器量がよくない.
pik·ey /páɪki/ *n* "《俗》[*derog*] 放浪者, ジプシー. [*pike*[5]]
pi·ki /pí:ki/ *n* ピーキー《米国南西部のホピ (Hopi) インディアンが作るパン; ひき割りトウモロコシ粉を薄く延ばして石の上で焼く》. [Hopi]
pi·king /páɪkɪŋ/ *a*《俗》いんちきな, ペテンの, ずるい, 詐欺まがいの.
Pik Po·be·dy /pì:k pəb(j)édi/ ポベダ峰《POBEDA PEAK のロシア語名》.
pil-[1] /páɪl/, **pi·li-** /páɪlə, pílə/, **pi·lo-** /páɪloʊ, -lə/ *comb form*「髪」「毛」[L PILUS]
pil-[2] /páɪl, píl/, **pi·lo-** /páɪloʊ, píloʊ, -lə/ *comb form*「毛氈(もうせん) (felt)」[Gk (*pilos*)]
pi·laf, pi·laff /pɪlá:f, -lɔ́:f; pí:læf/, **pi·lau, pi·law** /pɪlóʊ,

-lɔ́:, píːloʊ, pɪláʊ/, **pu·lao** /pəláʊ/ *n* 〘料理〙ピラフ. ［Turk］

pi·lar /páɪlər/ *a* 毛の, 毛でおおわれた. ［L *pilus* hair］

pi·las·ter /pɪlǽstər/ *n* 〘建〙《壁の一部を張り出した》柱形, 片蓋柱. ♦ **～ed** *a* ［F＜It＜L (PILE¹)］

Pi·late /páɪlət/ **1** 〘聖〙ピラト, ピラトゥス **Pon·tius** /pánʃəs, pán-/ ～《キリストを処刑したローマの Judea 総督 (A.D. 26– ?36); 処刑判決に際しみずからに責任のないしるしとして手を洗ったとされる; *Matt* 27: 19, 24–25》. **2** 道徳的責任を回避する人. ［L＝armed with javelins］

Pi·la·tes /pəlɑ́ːtiz/ 〘商標〙ピラティス《ドイツ人 Joseph Pilates (1880–1967) が考案したトレーニング法》.

pi·la·to·ry /paɪléɪt(ə)ri/ *a* 毛髪の生長を刺激する, 養毛の. ► *n* 養毛[植毛]剤.

Pi·la·tus /pɪlɑ́ːtəs/ ピラトゥス《スイス中部 Lucerne の南西にある山; 山にあった湖に Pilate の死体が横たわっていたという伝説に基づく名》.

pilau, pilaw ⇨ PILAF.

piláu ríce 〘料理〙ピラウライス《インド風ピラフ》.

pilch /pílʧ/ *n* 皮[革, ウール]の上着; おむつカバー. ［OE＜L PELISSE］

pil·chard /pílʧərd/, **-cher** /-ʧər/ *n* 〘魚〙**a** ピルチャード, サーディン, ニシイワシ, ヨーロッパマイワシ《西ヨーロッパ産のニシン科の食用魚》. **b** マイワシ《太平洋産》. ［C16＜?］

Pil·co·ma·yo /pìlkəmáɪoʊ/ [the] ピルコマヨ川《ボリビア中西部から南東に流れてアルゼンチンとパラグアイの国境をなし, Asunción で Paraguay 川に合流する》.

pile¹ /páɪl/ *n* **1 a** 《特に 平たいものの》積み重ね; 〘軍〙叉銃(さじゅう) (stack of arms); 《加工用の》鉄棒の束 (fagot); 火葬の積み薪; 〘理〙パイル, 原子炉 (atomic pile): a ～ of bricks [lumber] 煉瓦[材木]の山. **b** 〘電〙電堆, 電池: a dry ～ 乾電池. **2** «口» 大量, …の山; «口» 大金, 財産: a ～ of [～*s* of] work どっさりある仕事 / make a [one's] ～ 大金をためる[つくる], 財をなす. **3** 大建築物, 建物群: a noble ～ 堂々たる大建築物. ● **a ～ on a pillow** *«食堂俗» ロールパンのハムサンドイッチ. **at the bottom [top] of the ～** 《社会などの》底辺[頂点]に, 最低[最高]の地位に. ► *vt* **1** 積み重ねる (heap) ‹*up, on, onto*›, ためる; 《だんだんに》作り上げる ‹*up*›; …に山と積む; ‹髪を›盛り上げる; 〘軍〙叉銃する: The cart was ～*ed* high with straw. 荷車はわらをうずたかく積んでいた / *P*～ arms! 〘軍〙組め銃(つつ)! **2** 詰め込む, 《車などに》押し込む ‹*in, into*›. ► *vi* 積もる, 山積する, たまる ‹*up*›; ドヤドヤとはいる[出る], 群がり進む ‹*in, into, out, off, on*›; *«俗» 猛然と走る, すばやく追いかける. ● **～ in [into]** ⇨ *vt, vi*; «口» 激しく攻撃する, がつがつ食う; [～ into] ‹車が›…に衝突する, 突っ込む. **～ in on** sb ‹不幸などが›人をどっと襲う. **～ it on (thick)** «口» 大げさに言う. **～ on** ⇨ *vt, vi*; ‹体重などが›(急に)増える; ‹体重などを›増やす, 《相手に対して》‹指示・圧力などを›いっそう増大させる; *«口» いっしょになって悪口を言う: ～ *on* the pounds ‹人が›太る. **～ on the** AGONY. **～ on the agony [pressure]** ''«口» 《競技などで》相手を不利な状況に追い込む, 圧倒する. **～ up** ⇨ *vt, vi*; ‹船を›坐礁させる, ‹船が›坐礁する; «口» ‹車が›衝突する; ‹車両・航空機を›衝突[墜落]させる ‹*in*›. ［OF＜L *pila* pillar, pier, mole］

pile² *n* [ᵘ*pl*] 杭, パイル; 〘弓〙矢じり; 古代ローマ歩兵の投げ槍; 〘紋〙下向きのくさび形. ► *vt* …に杭を打ち込む, 杭で補強する[支える]; …に穂先[矢じり]を付ける. ［OE＜L *pilum* javeline］

pile³ *n* 軟毛, 綿毛; 羊毛, 毛皮; 毛並み; パイル《じゅうたん・ビロードなどのループ, またはカットしたけば》. ♦ **～·less** *a* ［?AF＜L *pilus* hair］

pile⁴ *n* [ᵘ*pl*] 〘医〙痔核, 痔(疾) (hemorrhoids): blind ～*s* いぼ痔. ［?L *pila* ball］

pile⁵ *n* «古» 硬貨の裏; CROSS AND [OR] PILE. ［*pile¹* lower die of minting apparatus］

pi·lea¹ /páɪliə, píliə/ *n* 〘植〙ピレア《イラクサ科ミズ属 (*P*-) の総称; とげはなく観葉植物として栽培されるものが多い》. ［L *pileus* felt cap］

pilea² *n* PILEUM の複数形.

pi·le·ate /páɪliət, -èɪt, píl-/, **-at·ed** /-èɪtəd/ *a* 〘植〙PILEUS を有する; 〘鳥〙‹鳥が›頭頂に冠毛[とさか]を有する.

píleated wóodpecker 〘鳥〙エボシクマゲラ, カンムリキツツキ (＝*cock of the wood*) 《北米産》.

piled /páɪld/ *a* パイル[けば]のある(ビロードなど).

píle drìver 杭打ち機(を操作する人); すごい力であてる[たたく]人; 〘レス〙脳天杭打ち; «口» 猛打, 強打; «俗» 《勃起した》陰茎, 立ちマラ. ♦ **píle-drìving** *n, a*

píle dwèlling 《特に 水上の》杭上(こうじょう)住居, (高床式)水上住宅. ♦ **píle dwèller** *n*

píle èngine 杭打ち機 (pile driver).

píle fènder 〘海〙FENDER PILE.

pi·le·ous /páɪliəs/ *a* 毛の多い, 毛でおおわれた.

píle shòe 杭沓(くいぐつ)《杭の先端にかぶせる金属》.

pi·le·um /páɪliəm/ *n* (*pl* **-lea** /-liə/) 〘鳥〙頭頂《くちばしから首まで》. ［L］

píle·ùp «口» *n* 山積, いくつも重なること; 折り重なった人間[車など]; いくつかのものをつぶすこと, 何台もの車をまとめてつぶすこと; 《車の》玉突き衝突.

pi·le·us /páɪliəs, píl-/ *n* (*pl* **-lei** /-liàɪ/) 〘植〙菌傘(きんさん), 傘; 《古代ローマ人の》ピレウス《フェルトなどの密着帽》; 〘動〙《クラゲの》傘; 〘気〙ずきん雲《積雲の上のずきん状の雲》. ［L＝felt cap］

píle·wòrt *n* 〘植〙**a** ヒメリュウキンカ (lesser celandine)《欧州・西アジア原産のウマノアシガタの一種》. **b** 米国産のゴマノハグサ属の多年草. **c** ダンドボロギク《北米原産》.

pil·fer /pílfər/ *vi, vt* 《常習的に》こそ泥をはたらく, 《特に 職場の金・売り物などを》ちょろまかす, くすねる ‹*from*›. ♦ **～ed** *a* *«口» 酔っぱらった. **～·able** *a* **～·er** *n* こそ泥《人》. **～·pròof** *a* 盗難防止装置付きの. ［OF *pelfre* booty; cf. PELF］

pílfer·age *n* こそ泥《行為》; 盗品.

pil·gar·lic /pɪlgɑ́ːrlɪk/ «方» *n* はげ頭(の人); [*derog/joc*] あわれなやつ[お人]. ● **poor P～** 自分, わたくしめ (＝poor I [me]). ♦ **-gár·licky** *a* ［*pilled* (or *peeled*) *garlic*］

pil·grim /pílgrəm/ *n* 巡礼者, 霊場参拝者; 放浪者 (wanderer), 旅人; [P-] 最初の入植者; 新転入[入植]者; 〘米史〙ピルグリム《Pilgrim Fathers の一人》. ► *vi* 巡礼する; 流浪する. ［Prov＜L PEREGRINE; n → m は cf. BUCKRAM, GROGRAM］

pílgrim·age *n* 巡礼の旅; 行脚, 長途の旅; [*fig*] 人生行路, 精神的遍歴: go on (a) ～＝go in ～ 諸国行脚に出かける ‹*to*› / make one's ～ *to*…に参詣する. ► *vi* 巡礼[行脚]に出る.

Pílgrimage of Gráce [the] 〘英史〙恩寵の巡礼《Henry 8 世の宗教改革に対してイングランド北部に起きた反乱 (1536)》.

pílgrim bòttle 《ひもを通す耳の付いた》腰下げ用水筒.

Pílgrim Fáthers *pl* [the] 〘米史〙巡礼始祖, ピルグリムファーザーズ《1620 年 Mayflower 号でアメリカ大陸に渡り Plymouth に居を定めたピューリタンの一団》.

pílgrim·ìze *vi* 巡礼[行脚]をする. ► *vt* 巡礼者にする.

Pílgrim's Prógress [The]『天路歴程』《John Bunyan の寓意物語 (1678, 84)》.

pi·li¹ /pilíː/ *n* 〘植〙**a** フィリピンカンラン, ピリナッツツリー《フィリピン原産カンラン科の高木》. **b** ピリナッツ (＝**～ nùt**) 《その美味な種子》. ［Tagalog］

pili² *n* PILUS の複数形.

pili- /páɪlə, pílə/ ⇨ PIL-¹.

pi·lif·er·ous /paɪlíf(ə)rəs/ *a* 〘植〙毛の生えた; 毛を生ずる.

píl·i·fòrm /pílə-/ *a* 毛髪のような.

pil·ing /páɪlɪŋ/ *n* 杭打ち(工事); 杭材で造った構造物; 杭, 杭材 (piles).

Pílion ⇨ PELION.

Pi·li·pi·no /pìləpíːnoʊ, pìː-/ *n, a* FILIPINO.

pill¹ /píl/ *n* **1 a** 丸薬, 丸剤, 錠剤; [the, the P-] ピル《経口避妊薬》; [*fig*] '苦い薬': BITTER PILL / go [be] on *the* ～ «口» ピルを服用し始める[常用している]. **b** *«俗» 鎮静剤[覚醒剤など]の錠剤[カプセル], Nembutal のカプセル; «俗» アヘン粒; «俗» 両切りの巻きタバコ, マリファナタバコ: cook up a ～ «俗» 吸飲用アヘンを作る. **c** «俗» 球形のもの, 《特に 野球・ゴルフ・ビリヤード・サッカーなどの》ボール; 投票用小球; «俗» 弾丸, 爆弾; [*pl*] «俗» 睾丸, きんたま; [*pl*] «俗» たわごと. **2** «俗» いやな[うっとうしい]やつ, くそったれ (pillock). **3** [*pl*] ''«俗» ビリヤード・サッカー《など》. **4** «俗» 医者 (physician). ● **a ～ to cure an earthquake** 無益な対策. **sugar [sugarcoat, sweeten, gild] the ～** いやなものをいくらかましに見せる, いやなことの苦しみを和らげる. ► *vt* **1** 丸薬に作る; …に丸薬を飲ませる. **2** *«俗» …に反対投票をする, 排斥する, 除名する; «俗» ‹受験者を›落とす. ► *vi* ‹セーターなどが›毛玉になる. ［MDu and MLG＜?L; ⇨ PILULE］

pill² *vi* «方» 薄くはがれる. ► *vt* «古» (…を襲って)強奪[略奪]する; ‹樹皮などを›はぎ取る; «廃» …の毛を抜く. ［OE **pilian*; F *piller* (↓) の影響］

pil·lage /pílɪʤ/ *n* 《戦中の》略奪(品), ぶんどり(品), 戦利品. ► *vt, vi* 略奪する, 強奪する, ぶんどる. ♦ **píl·lag·er** *n* ［OF (*piller* to plunder)］

pil·lar /pílər/ *n* **1 a** 〘建〙柱, 標柱, 台脚; 記念柱; 〘鉱〙鉱柱; 〘時計〙《2 枚の地板間で機械部を支えている》柱. **b** 《国家・活動などの》中心となるもの[人物], 支え, 柱, 柱石 ‹*of*›: a ～ *of* strength [support]＝a TOWER¹ of strength. **2** 柱状のもの; 《からだの》柱状部; 火柱(ひばしら), たつまき; ''PILLAR BOX: a ～ of (a) cloud [of fire] 雲[火]の柱, 神の指導《*Exod* 13: 21, *Ps* 105: 39》/ a ～ of salt 塩の柱《*Gen* 19: 26》. ● **from ～ to post＝from post to ～** ここかしこへ(あてもなく), 次から次へと: send sb *from* ～ *to post* 人をたらい回しにする. ► *vt* 柱で飾る[支える]; …の柱[柱石]となる. ♦ **～ed** *a* **～·less** *a* ［AF *piler*＜Romanic (L PILE¹)］

píllar bòx'' 柱状郵便ポスト. ♦ **píllar-bòx**'' *a* 郵便ポストの(ような); 鮮紅色の.

pil·lar·et /pìlərèt/ *n* 小さな柱, 小柱.

Píllars of Hércules *pl* [the] **1** ヘラクレスの柱《Gibraltar 海峡の東端に海峡をはさんでそびえる 2 つの岩山; ヨーロッパ側の Rock of Gibraltar とアフリカ側の Jebel Musa》. **2** [*fig*] 地の果て, ぎりぎりの地点.

Píllars of Íslam *pl* [the] 〘イスラム〙五行, 五柱(ごちゅう) (＝*Five Pillars of Islam*) 《信仰告白 (shahada), 礼拝 (salat), 喜捨 (zakat), 断食 (sawm), メッカ巡礼 (hajj)》.

píll bèetle〘昆〙マルトゲムシ《マルトゲムシ科の甲虫; 触角と脚を引っ込めることができる》.
píll·bòx *n*《ボール紙の》丸薬[丸剤]箱; ˈˈ[*joc*] 小型の乗物, マッチ箱のような家;〘軍〙トーチカ; 浅い縁なし(婦人)帽.
píll bùg〘動〙(オカ)ダンゴムシ《ワラジムシ類》.
píll dròpper《口》PILL POPPER.
píll frèak*《俗》PILLHEAD.
P **píll·hèad** *n*《俗》覚醒剤[精神安定剤]の丸薬[カプセル]の常用者.
pil·lion /píljən/ *n*《オートバイなどの》後部座席;〘史〙軽い鞍《特に婦人用》; 鞍の後ろに付けたクッション《同乗者用》: a ~ passenger オートバイ同乗者. ► *adv* pillion に〈乗る〉: ride ~ (on a motorcycle)(オートバイの)後ろに相乗りする. [Gael *pillean* small cushion (L *pellis* skin)]
pil·li·winks /píləwìŋks/ *n* [〈*sg*/*pl*〉]〘史〙手指を押しつぶす責め道具. [ME *pyrwykes*＜?]
pil·lock /pílək/ ˈˈ《俗》*n* ばか, バー; [*pl*] たわごと, ナンセンス. [変形〈*pillicock* (obs) penis]
pil·lory /píl(ə)ri/ *n* さらし台《板に設けた穴から頭と手とを突き出させ, 固定してさらしものにする昔の刑具》; [*fig*]《世間の》嘲弄, 物笑い: in the ~ 世の笑いものとなって. ► *vt* さらし台にさらす; [*fig*] 笑いものにする. [OF＜?]
pil·low /pílou/ *n* 枕; 枕の用をするもの《クッションなど》; LACE PILLOW;〘海〙《bowsprit の》基台; PILLOW BLOCK; *《俗》ボクシンググラブ; *《野球俗》ベース, 塁. ● **hit the ~** 枕に触れる; 床につく, 寝る: He fell asleep as soon as his head *hit the* ~. 床につくとすぐ寝入ってしまった / I'm going to *hit the* ~. もう寝ます. **take counsel of [consult with] one's ~** 一晩寝てよく考える. ► *vt* 〈頭を〉載せる; …の枕となる,《枕のように》支える: ~ one's head on one's arm 手枕をする. ► *vi* 頭を枕に載せる. [OE＜L *pulvinus* cushion; cf. G *Pfühl*]
píllow blòck〘機〙軸受.
píllow bòok《日本の古典文学における》枕草紙(まくらぞうし), 日記, 随筆.
píllow·càse *n* 枕カバー (＝*pillow slip*).
píl·lowed *a**《俗》妊娠した, 腹ぼての.
píllow fìght 枕合戦; くだらぬ争い.
píllow làce BOBBIN LACE.
píllow làva 枕状溶岩.
píllow pùncher*《俗》《ホテルの》客室係のメイド.
píllow shàm* 装飾用の枕掛け.
píllow slìp 枕カバー (pillowcase).
píllow tàlk 寝室の会話, 睦言(むつごと), 寝物語.
píl·lowy *a* 枕のような; 柔らかくてへこむ.
píll pàd*《俗》麻薬中毒者のたまり場.
píll pèddler《俗》医者;《俗》薬剤師.
píll pòol KELLY POOL.
píll pòpper《口》《覚醒剤・精神安定剤などの》丸薬[錠剤]の常用者,《一般に》丸薬[錠剤]常用者. ♦ **píll-pòpping** *a*, *n*
píll pùsher《俗》PILL PEDDLER.
píll ròller《俗》PILL PEDDLER.
Pills·bury /pílzbèri; -b(ə)ri/ ピルズベリー(社) (The ~ Co.)《米国の食品メーカー; 乾燥穀類・冷凍食品や小麦粉の製造販売のほか, ファーストフードレストランを経営》.
píll shòoter《俗》PILL PEDDLER.
pillule ⇨ PILULE.
píll·wòrt *n*〘植〙デンジソウ科ピルラリア属の水草《欧州産》.
pilo- ⇨ PIL-[1,2].
pi·lo·car·pine /pàiləká:rpì:n, -pən, pìlou-/ *n*〘薬〙ピロカルピン《発汗・瞳孔収縮・利尿剤》.
pi·lo·mótor /pàilə-/ *a*〘生理〙毛髪運動の, 立毛筋の.
pi·lo·ni·dal /pàilənáidl/ *a*〘医〙毛巣の: a ~ cyst 毛巣嚢胞《尻の割れ目の上側に形成される毛のはいり込んだ嚢胞》.
Pí·los /pí:lò:s/ ピロス《PYLOS の現代ギリシア語名》.
pi·lose /páilòus; -z/ *a* 軟毛[毛]におおわれた. ♦ **pi·los·i·ty** /pailásəti/ *n* [L (PILUS)]
pi·lot /páilət/ *n* **1 a**〘空〙操縦士[者], パイロット: a test ~ 試験飛行操縦士. **b** 水先案内人, 水先人;《古》舵手(だしゅ): In a calm sea every man is a ~.《諺》静かな海ならばだれでもが水先案内になれる, '疾風に勁草(けいそう)を知る'. **c**《航路》案内書, 水路誌, 羅針盤正誤器. **2 a** 指導者, 案内人 (guide); *《俗》《スポーツチームなどの》監督; *《俗》騎手. **b** 指南, 指針. **3** PILOT LAMP;〘機〙案内棒, パイロット; *《機関車の》排障器 (cowcatcher); PILOT BURNER. **4** [ᵁ*attrib*] 試行, 試験的実施;《テレビなどの》試験的番組, パイロット番組, PILOT FILM [TAPE]. **5**〘通信〙パイロット信号《制御・同調の基準として本来の信号に添加して送信される非変調信号》. ● **drop the ~** よい忠告者[指導者]を退ける. ► *vt* 〈船〉の水先案内をする;〈航空機を〉操縦する; 案内する; [*fig*] 巧みに導く〈*through*〉; 試験的に導入[実施]する, 試行する: ~ down [up] a river 水先案内をして川を下る[上る] / ~ in [out] 水先案内をして入港[出港]する / He has ~*ed* several bills *through* Parliament. 議会でいくつかの法案を通過させた. ► *a* 指導[案内]の; 表示[指標]の[となる]. [F＜L (Gk *pēdon* oar)]
pílot·age *n* 水先案内; 指導; 水先案内料; 航空機操縦(術); *操縦士の給料[手当].
pílot ballòon〘気〙《風向・風速観測用の》測風気球.
pílot bìrd〘鳥〙アンナイドリ《トゲハシムシクイ科; 豪州産; 高い声でさえずる》.
pílot bìscuit [brèad] 堅パン (hardtack).
pílot bòat 水先案内船, 水先船.
pílot bùrner《再点火のためにともしておく》口火[種火](用の火口(ほくち)).
pílot cèll 表示電池《多数の電池の全体の能力を調べるためのテスト用電池》.
pílot chùte PILOT PARACHUTE.
pílot clòth パイロットクロス《紺色の船員用服地》.
pílot èngine《線路の安全確認用の》先駆機関車.
pílot fìlm [tàpe, èpisode]〘テレビなど〙《スポンサー獲得ないし視聴者の反応を見るために製作する》番組見本, パイロット[試作]版.
pílot fìsh〘魚〙ブリモドキ《アジ科; 黒い横帯がある; サメを餌のある所へ導くという》.
pílot flàg〘海〙水先旗《水先人を要することを示す》.
pílot·hòuse *n*〘海〙操舵室.
pílot·ing *n*《船舶・航空機の》陸地近くで陸標・浮標などにより進路方向を定めること; pilot の仕事.
pi·lo·ti(s) /pıláti, pì:ləti:/ *n* ピロティ《地表を開放して建築するときの支柱》. [F]
pílot jàck 水先旗 (pilot flag) として掲げる union jack《英国では白地で囲んだ英国旗》.
pílot jàcket PEA JACKET.
pílot làmp 表示灯, パイロットランプ (pilot light).
pílot·less *a* PILOT のいない: a ~ aircraft 無人機.
pílot lìght PILOT BURNER; 表示灯, パイロットランプ.
pílot òfficer〘英〙空軍少尉 (⇨ AIR FORCE).
pílot pàrachute《主パラシュートを引き出して開かせる》誘導傘, 補助傘.
pílot plànt《新生産方式などの》試験[実験]工場.
pílot stùdy 予備[試験]的研究, パイロットスタディ.
pílot tape ⇨ PILOT FILM.
pílot whàle〘動〙ゴンドウクジラ (BLACKFISH).
pi·lous /páiləs/ *a* PILOSE.
Pils /pílz, -s/ *n* ピルズ《pilsner の別名, またはそれに似たドイツのラガービール》.
Pil·sen /*G* pílzn/ ピルゼン《PLZEŇ のドイツ語名》.
pil·sner, -sen·er /pílz(ə)nər, -s(ə)nər/ *n* [°P-] ピルスナー《ホップの効いた軽いビール》; ピルスナーグラス (＝~ **glàss**). [G＝of Pilsen]
Pił·sud·ski /pılsú:tski, -zú:-/ ピウスーツキ **Józef** (**Klemens**) ~ (1867–1935)《ポーランドの軍人・政治家; ロシアからの独立で国家主席 (1918–22), 1926 年議会に抗してクーデターを起こし, 軍部による独裁体制をとった》.
Pílt·down màn /píltdàun-/〘人〙ピルトダウン人《有史前人類の頭蓋骨としてイングランド East Sussex 州の Piltdown で 1912 年に発見されたが, 1953 年ににせものと判明》.
pil·u·lar /píljələr/, **-lous** /-ləs/ *a* 丸薬[丸剤](状)の.
pil·ule, pill·ule /píljul/ *n* 小丸薬[剤]. [F＜L (dim)〈*pila* ball]
pi·lus /páiləs/ *n* (*pl* **pi·li** /-lài/)〘動・植〙毛,《バクテリアなどの》(ピリ)繊毛. [L＝hair]
pily /páili/ *a*〘紋〙〈盾形の地が〉PILE[2] に分割された.
PIM /pí:àiém, pím/ °personal information manager.
pi·ma /pí:mə, pímə/ *n* [ˢP-] ピーマ綿 (＝~ **cótton**)《エジプト綿を米南西部で高強度繊維用に改良したもの》. [↓]
Pi·ma /pí:mə/ *n* **a** (*pl* ~, ~**s**) ピマ族《Arizona 州南部・メキシコ北部のインディアン》. **b** ピマ語《Uto-Aztecan 語族》.
Pí·man *a* ピマ族の (⇨ PIMA);〘言〙ピマ語群の; ピマ語の.
pi·men·to /pəméntou/〘植〙*n* (*pl* ~**s**, ~) PIMIENTO; ALLSPICE.
piménto chéese ピメントチーズ《ピミエントの粉入り》.
pí-méson *n*〘理〙パイ中間子 (pion)《電子質量の約 273 倍 (π^+, π^-) または 264 倍 (π^0) の静止質量をもつ中間子》.
pi·mien·to /pəm(j)éntou/ *n* (*pl* ~**s**) スペイントウガラシ, ピミエント《欧州原産の多肉甘味種のトウガラシ》. [Sp＜L PIGMENT]
Pim·li·co /pímlıkòu/ ピムリコー《London 市南西部 Westminster 南端の Thames 北岸地域; 北西に高級住宅街 Belgravia が隣接する》.
Pimm's /pímz/〘商標〙ピムス《ジンをベースにしたリキュール; レモネードやソーダ水で割り, フルーツ片を添えて飲む; 英国で夏のスポーツイベントのおりに愛飲される》.
pimp /pímp/ *n* 女を取り持つ男, 売春仲介屋, ポン引き, ヒモ; 悪党, いやなやつ;《豪俗》告げ口屋; *《俗》《牧場・鉱山などで》雑用をする若者. ► *a**《俗》めめしい, 柔弱な. ► *vi* ポン引き[売春仲介屋]をする; 人に依存して生きる, たかる;《豪俗》告げ口をする〈*on*〉. ► *vt* 〈人〉にたかる, 依存する;《口》飾りたてる, 目立つように改造する〈*out*, *up*〉. ♦ **~·ing**[1] *n* [C17＜?]

pim·per·nel /pímpərnèl, -n(ə)l/ *n* 〘植〙ルリハコベ《サクラソウ科ルリハコベ属の草本》,《特に》アカバナルリハコベ (scarlet pimpernel). [OF＜Romanic (L *piper* PEPPER)]

pimp·ing² /pímpɪŋ, pímpən/ *a* 取るに足らない, けちな; «主に方» ひよわな, 弱々しい, 病弱な. [C17＜?]

pímp·ish *a* ポン引き[ヒモ]風の, 派手な.

pim·ple /pímp(ə)l/ *n* にきび; 吹出物; [*joc*] 不釣合いに小さくておかしいもの; «俗» 頭; «俗» 丘, 小山; *«俗» 鞍 (saddle). ♦ **~d, pím·ply** *a* 吹出物だらけの, にきびのできた. [ME＜?; cf. OE *piplian* to break out in spots]

pímple lìght *«俗» トラックトラクターの駐車灯.

pímp·mobile *n* *«俗» 《pimp が乗るような》派手な装飾をした大型高級車.

pímp stìck *«俗» 《手巻きでなく》機械巻きのタバコ.

pin /pín/ *n* **1 a** ピン, 止め針, 飾り針; 安全ピン, ヘアピン, BOBBY PIN; ピン付きの記章, 襟留め, (ピン)バッジ, ブローチ: bright [clean, neat] as a new ~ / It was so quiet [still] you could hear a ~ drop. とても静かでピンの落ちる音でも聞こえそうであった. **b** [ᵁ*neg*] つまらないもの, 少量: *not* care *a* ~ [two ~*s*] ちっともかまわない / There is *not a* ~ to choose between the two. その二つに差はない. **2** 栓 (peg); かんぬき (bolt); 鍵の錠にはいる部分; 《弦楽器の》糸巻 (peg), 《楽器の》栓; 干し物留め; くさび; 〘木工〙あり (dovetail); 〘電〙《コネクターの》ピン; *«俗» 《列車・トレーラーなどの》連結ピン (cf. *pull the* PIN); 《手榴弾の》安全ピン (safety pin); 〘海〙索止め栓 (belaying pin), 櫂栓 (thole); 《軸受の支える》軸; 〘外科〙ピン《骨折骨端を固定する釘》; *«俗» 極細の[とても短い]マリファナタバコ; «廃» 《標的の中心の》釘, 図星, 中心 (center). **3 a** 麺棒 (rolling pin); 《輪投げの》標的の棒; 〘ゴルフ〙ピン《hole を示す標柱》; 《bowling などの》ピン, 柱; ᴴ4½ ガロン入りのビール樽. **b** [ᵁ*pl*] «口» 脚 (leg): be quick [slow] on one's ~*s* 足が速い[おそい]. **4** *«俗» 《犯罪組織の》重要人物, 親玉, 黒幕 (kingpin). **5** 〘チェス〙ピン《コマの釘付け》; 〘レス〙フォール (pinfall). ● **be on one's last ~s** 死にかけている. **be on one's ~s** 立っている; 達者[元気]である. **for two ~s** 万に一つでもチャンスがあれば, すぐにでも. **in (a) merry ~** 上機嫌で. KNOCK…**off sb's ~s.** PINS AND NEEDLES. **pull the ~** *«俗» 《列車などを》切り離す《原義》; *«俗» 仕事を辞める, 町を去る; *«俗» 妻[家族など]を棄てる, 縁を切る. **stick ~s into** sb 人を刺激する, 悩ませる.

► *a* ピンの; 〈革が〉きめが粒状になった, ぽつぽつのある.

► *vt* (**-nn-**) **1 a** ピン[釘など]で留める 〈*down, up, together; on, onto, to*〉; 刺し通す; 釘付けにする, 身動きできなくさせる, 押えつける 〈*down, against, under*〉; 〈信頼・希望などを〉おく, かける 〈*on, to*〉; 〘チェス〙〈相手のコマ〉を身動きがとれないようにする; 〘レス〙〈相手〉をフォールする; *«俗» 〈異性を〉追いかける; «俗» 〈女〉と性交する; UNDERPIN. **b** *«俗» 〈人を〉…と判断する, 見定める 〈*as*〉; *«俗» 調べる. **2** *«俗» 《愛情・仮婚約のしるしとして》〈女子学生〉に自分の友愛会バッジ (fraternity pin) を与える. **3** «豪俗» だます, 困らす, 面倒をかける. ● **~ back** 後ろに留める; 後方に押えつける. **~ down** ⇨ *vt*; 《集中砲火を浴びせて》〈軍隊などを〉釘付けにする; 〈人を〉縛りつける, 束縛する 〈sb *to* a promise etc.〉; 〈人〉に明確な態度をとらせる, 問いただす 〈*on*〉; 〈物事を〉明確にする, 突きとめる, 〈人を〉確認する, 見分ける; 〈予定などを〉取り決める. **~ in** 〈隙間などを〉埋める. **~…on** sb «口» 人に…の責任を負わせる, 人に〈証拠を〉突きつけて責任を問う: *P~* it *on* a dead man. それは死人のせいにしたらいいさ. **~ one on(…)** «俗» HANG one on(…). **~ one's ears back** 注意深く聴く, 耳を傾ける. **~ sb's ears back** 人をなぐり[しかり]つける; «俗» 人を打ち負かす. **~ up** ⇨ *vt*; 〈衣服の裾・髪を〉上げてピンで留める.

[OE *pinn*＜L *pinna* wing, feather; cf. PEN¹]

PIN /pín/ *n* 個人識別番号, PIN (＝*PIN number*)《銀行などが ATM 用に顧客に付与する暗証番号》. [*p*ersonal [*p*rivate] *i*dentification *n*umber]

pi·ña /píːnjə/ *n* PIÑA CLOTH; 《ラテンアメリカで》パイナップルの飲み物. [Sp]

pi·na·ceous /paɪnéɪʃəs/ *a* 〘植〙マツ科 (Pinaceae) の.

píña clòth パイナップル繊維で織った布.

pin·a·coid /pínəkɔ̀ɪd/ *n* 〘晶〙卓面: a basal ~ 底面に平行な卓面.

píña co·lá·da /-kouláːdə/ ピニャコラーダ《パイナップルジュース・ココナッツミルク・ラムを氷と混ぜたアルコール飲料》. [Sp＝strained pineapple]

pin·afore /pínəfɔ̀ːr/ *n* エプロン; エプロンドレス (＝~ **drèss**). ♦ **~d** *a* [*pin*＋*afore*; 前をピンで留めたことから]

Pi·nang, Pe·nang /pənǽŋ/ ピナン, ペナン (**1**) Malay 半島西岸 Malacca 海峡の島 **2**) Pinang 島とその対岸からなるマレーシアの州 **3**) Pinang 州の州都; 別称 George Town》.

Pi·nar del Río /pɪnáːr dɛl ríːou/ ピナル・デル・リオ《キューバ西部の市》.

pi·nas·ter /paɪnǽstər, pɪ-/ *n* 〘植〙カイガンショウ(海岸松), オニマツ《地中海沿岸地方原産の松の一種》.

pi·ña·ta, -na- /pinjáːtə/ *n* ピニャータ《キャンディー・果物・景品などを入れて天井からつるした壺で, メキシコでクリスマスの余興に割る》. [Sp＝pot]

Pi·na·tu·bo /pìːnətúːbou/ [Mount] ピナトゥボ山《フィリピンの Luzon 島中部にある火山 (1660 m); 1991 年に 20 世紀最大級の噴火があった》.

pín·bàll *n* ピンボール[スマートボール](の玉), コリントゲーム(の玉). ► *vi* 《はじかれた玉のように》急に[あちこち]動く, うろうろ[右往左往]する.

pínball machìne [gàme]* ピンボール遊戯機, スマートボール台.

pin blòck 〘楽〙《ピアノの》ピン板 (＝*wrest block* [*plank*])《調律ピンの保持板》.

pín·bòard *n* 《ピンで紙類を留める》コルクボード, 掲示板.

pín·bòne *n* 《四足獣の》無名骨, 寛骨 (hipbone).

pín bòy 〘ボウル〙ピン係, ピンボーイ.

pince-nez /pǽnsnèɪ, píns-; *F* pɛ̃sne/ *n* (*pl* ~ /-(z); *F* —/) 鼻めがね. ♦ **~ed** *a* [F＝pinch nose]

píncer attàck 挟撃.

píncer·lìke *a* PINCERS のような.

pin·cers /pínsərz/ *n* [〈*sg/pl*〉] やっとこ, ペンチ (nippers), 釘抜き, 毛抜き (＝a pair of ~), 〘動〙《カニなどの》はさみ; [〈*sg/pl*〉] 〘軍〙PINCERS MOVEMENT; [〈*pl*〉] «俗» 目. [AF (OF PINCH)]

píncer(s) mòvement 挟撃(作戦) (＝*pincers*).

pin·cette /pænsét/ *n* ピンセット (tweezers). [F]

pinch /píntʃ/ *vt* **1** つねる, つまむ, かむ, はさむ; はさみつぶす; 〈粉などを〉ひとつまみ入れる; 《分枝を促すために》〈若芽を〉摘み[切り]取る, 止める 〈*back, down, off, out*〉; 〈帽子・靴などが〉締めつける; 狭くする, 圧迫する: She ~*ed* her little finger in the window. 窓に小指をはさんだ / The shoes ~ my toes. 靴がきつくて足が痛い / ~ one*self* 《夢かと思って》自分をつねってみる. **2** 困らす, 苦しめる, 制約する; 衰えさせる; 《寒さ・苦痛で》縮み上がらせる; 《不安・緊張などで》〈唇を〉固く結ぶ, 〈顔を〉こわばらせる; 〈霜などが植物を〉凍えさせる, しなびさせる, 枯らす; 減らす; 困窮させる 〈sb *in* [*of, for*] food etc.〉: a face ~*ed by* [*with*] hunger 飢えでやつれた顔 / He is ~*ed for* money. 金に窮している / The people were ~*ed with* poverty. 貧乏で苦しんでいた. **3** 奪い取る 〈money etc. *from* [*out of*] sb〉; «口» 盗む, くすねる; «口» 逮捕する, ぱくる 〈*for*〉. **4** 〈競走馬を〉せきたてる (urge); 〘海〙詰め開きに〈ボートなど〉の舵をとる; 〘機〙〈重いものを〉(台付き)てこで動かす. ► *vi* 締めつける, 〈靴が〉きつく当たる, (圧迫して)苦痛を与える; けちけちする; 〈道など〉狭く[細く]なる; 〘海〙風上に詰めすぎる. ● **know where the** SHOE **~es.** **~ and save [scrape]** 爪に火をともすように倹約する, けちけちしてたくわえる. **~ pennies** けちけち[出し惜しみ]する 〈*on*〉.

► *n* **1 a** ひねり, つまみ, はさみ; ひとかみ; «口» 《警察の》急襲, 手入れ; «俗» 逮捕; «俗» 盗み. **b** ひとつまみ; 少し: add a ~ of salt 塩をひとつまみ加える. **2 a** [the] 圧迫; 難儀, 困難; 不足; 危機, ピンチ, 非常事態; 刺すような痛み, 激痛: *the* ~ of poverty 貧乏のつらさ / at [in] a ~ いざとなれば, 困った時には / when it comes to *the* ~ まさかの時には. **b** ᴴTRAM PINCH; 〘鉱〙ピンチ《鉱脈・層が薄くなること》. **3** PINCH BAR. ● **feel the ~** 経済的苦境に陥る. **with a ~ of** SALT¹.

► *a* 〘野〙代わりの; ピンチヒッターの: PINCH HITTER [RUNNER] / a ~ homer 代打ホームラン.

[OF (F *pincer*)＜L *punct- pungo* to prick]

pínch bàr こじり棒, 台付きてこ.

pinch·beck /píntʃbèk/ *n* 金色銅《銅と亜鉛の合金; 金の模造用》; 安宝石類; にせもの, まがいもの. ► *a* 金色銅製の; いんちきの, まがいものの, 金ピカの. [Christopher *Pinchbeck* (1670?–1732) 英国の時計製造人]

pínch·bòttle *n* 酒類などを入れる胴のくぼんだ瓶.

pínch·còck *n* ピンチコック《管を圧して流量を調節する》.

pin·che /píːntʃeɪ/ *n* 〘動〙ワタボウシパンシェ, ワタボウシタマリン《白い冠毛をもつ tamarin の一種; 南米 Colombia 北西部などの森林帯にすむ》. [F＜AmSp]

pín·chèck *n* 〘織〙ピンチェック (**1**) 非常に小さな格子縞 **2**) その織物》.

pinch effèct 〘理〙ピンチ効果《電流・プラズマなどが自己のつくる磁場などによって細く絞られる現象》.

pinch·er *n* つまむ[はさむ, 摘む]人[もの]; [*pl*] ペンチ (pincers).

pínch·gùt *n* «俗» けちんぼ.

pínch-hít *vi* 〘野〙代打に立つ 〈*for*〉; *(急場に) 代役をつとめる 〈*for*〉. ► *vt* 〘野〙〈ホームランなどを〉代打で打つ.

pínch hít 〘野〙代打ヒット.

pínch hítter 〘野〙代打, ピンチヒッター; [*fig*] 《急場の》代役, 身代わり.

pínch·pènny *n* しみったれ(人). ► *a* しみったれた.

pínch pòint 《道路の》渋滞(多発)箇所.

pínch-rún *vi* 〘野〙代走に出る 〈*for*〉.

pínch rúnner 〘野〙代走, ピンチランナー.

Pinck·ney /píŋkni/ ピンクニー (**1**) **Charles Cotesworth ~** (1746–1825)《米国の政治家; 合衆国憲法制定会議の委員 (1787)》 (**2**) **Thomas ~** (1750–1828)《米国の政治家; Charles Cotesworth ~ の弟; 米国と南のスペインとの領土の境界を定めた San Lorenzo 条約 (別名 Pinckney 条約, 1795) の交渉を行なった》.

pín clòver 〘植〙オランダフウロ (alfilaria).

pín-compátible *a* 〔電子工〕〈チップが〉ピン互換の《ほか[他社]のチップと同じソケットに入れて使える》.
pín cùrl ピンカール《ピンで留める巻き毛》.
pín·cùshion *n* 針差し, 針山, ピンクッション; 〔光〕 PINCUSHION DISTORTION.
píncushion distòrtion 〔光〕 糸巻形ひずみ (cf. BARREL DISTORTION).
píncushion flòwer 〔植〕 マツムシソウ, スカビオサ (scabiosa, scabious).
pin·dan /píndæn/ *n* 《豪》《オーストラリア西部の》半乾燥地帯(の低木の茂み). [(Austral)]
Pin·dar /píndər/ ピンダロス (c. 522–c. 438 B.C.)《ギリシアの抒情詩人》.
Pin·da·ri /pɪndɑ́:ri/ *n* 《17–19 世紀の》インドの馬賊. [Hindi]
Pin·dar·ic /pɪndǽrɪk/ *a, n* PINDAR (風)の; [ᵘ*pl*] ピンダロス(風)の詩; 韻律の凝った[不規則な](詩).
Pindáric óde 〔韻〕 ピンダロス風オード (regular ode)《Pindar がよくした凱旋歌の形式にならったもの》.
pin·dling /pín(d)lɪŋ, -lən/ *a**《方》 ちっぽけな, 弱々しい; 《方》 おこりっぽい. [C19 ?*spindling*]
pín·dòwnᴴ *n* 《青少年の矯正施設における》仕置き, 虐待《隔離・衣食の制限など》.
Pin·dus /píndəs/ *pl* [the] ピンドス (=the **∼ Móuntains**)《ギリシア中部を南北に連なる山脈》.
pine[1] /páɪn/ *vi* 思いこがれる, 恋い慕う, 切望する 〈*for, after, over; to* do〉; やつれる, やせ衰える, 嘆き暮らす 〈*away, out*〉; 《古》 いらだつ. ► *vt* 《古》 嘆く. ► *n* 《古》 切望. [OE *pīnian* (*pīn* pain, punishment<L *poena*)]
pine[2] *n* 〔植〕 マツ, 松の木 (=**∼ trèe**); 松材, パイン材 (cf. DEAL[2]); マツに似た木 (: SCREW PINE); 〔スポ〕 控え選手席, ベンチ; 《口》 PINEAPPLE. [OE *pīn*, OF *pin*<L *pinus*]
pi·ne·al /páɪniəl, paɪní:-/ *a* 松毬状の; 〔解〕 松果体の. ► *n* 〔解〕 PINEAL GLAND.
píneal apparátus 〔動〕 松果器官, 松果体.
pi·ne·al·ec·to·my /pàɪniəléktəmi, paɪnì:ə-/ *n* 〔医〕 松果体切除(術). ♦ **pì·ne·al·éc·to·mìze** /, paɪnì:ə-/ *vt* …に松果切除(術)を施す.
píneal éye 〔動〕 松果眼.
píneal glànd [bòdy, òrgan] 〔解〕《脳の》松果体[腺] (epiphysis cerebri).
pine·ap·ple /páɪnæ̀p(ə)l/ *n* 〔植〕 パイナップル (ananas)《二年草; その果実》; 《軍俗》 爆弾, 手榴弾; [the] 《俗》 失業手当. ● **get the rough end of the ∼** 《豪口》=get the dirty end of the STICK[1].
píneapple clòth PIÑA CLOTH.
píneapple fàmily 〔植〕 パイナップル[アナナス]科 (Bromeliaceae).
píneapple guàva 〔植〕 アナナスガヤバ, フェイジョア《南米原産フトモモ科の低木; 緑色の果実は美味; cf. FEIJOA》.
píneapple sàge 〔植〕 パイナップルセージ《葉にパイナップルに似た香りのある赤いサルビアの一種; メキシコ・グアテマラ原産》.
píneapple wèed 〔植〕 コシカギク.
Pi·neau /*F* pino/ *n* (*pl* **-neaux** /—/) PINOT.
píne bàrren 松類荒原《米国東部・南部などの, マツ類の林が広がる砂質地帯》.
píne bèauty 〔昆〕 マツキリガ《幼虫が松を食害; ヤガ科》.
píne cárpet 〔昆〕 幼虫が松を食害するシャクガ科ナミシャク亜科 *Thera* の 2 種の蛾.
píne·còne *n* 松毬, まつぼっくり.
píne dràpe*《俗》 お棺, ひつぎ.
píne·dròps *n* (*pl* ∼) 〔植〕 **a** イチヤクソウ科[シャクジョウソウ科]の白い花をつける葉のない腐生植物《菌根をもつ多年草; 北米産》. **b** BEECHDROPS.
píne fàmily 〔植〕 マツ科 (Pinaceae).
píne fìnch 〔鳥〕 PINE SISKIN.
píne grósbeak 〔鳥〕 ギンザンマシコ《北米・シベリア・北海道産》.
píne·lànd /, -lənd/ *n* マツの自然植生におおわれた土地.
píne màrten 〔動〕 マツテン (=*baum marten*)《欧州・北米・アジア産》.
pi·nene /páɪnì:n/ *n* 〔化〕 ピネン《terpene の一種》.
píne nèedle [ᵘ*pl*] 松葉.
píne nùt 松果, 松の実《食用となる各種の松の種子; cf. PIÑON》.
píne òvercoat*《俗》 安っぽい棺.
Pi·ne·ro /pəníərou, pənɛ́ərou/ ピネロ Sir **Arthur Wing ∼** (1855–1934)《英国の劇作家; *The Second Mrs. Tanqueray* (1893), *Trelawny of the Wells* (1898)》.
pin·ery /páɪnəri/ *n* 松林; パイナップル栽培園(内の温室).
Pines /páɪnz/ ■ the **Ísle of ∼** ピノス島 (*Sp* Isla de Pinos)《JUVENTUD 島の旧称》. ★ ⇨ ÎLE DES PINS.
píne·sàp *n* 〔植〕 シャクジョウソウ属の各種《シャクジョウソウなどの腐生植物; 北米産》.
píne sìskin 〔鳥〕 マツノキヒワ (=*pine finch*).
píne snàke 〔動〕 パインヘビ, ネズミクイ (BULL SNAKE).
píne stràw*《特に 乾いた》松の葉, (乾燥)松葉.
píne tàr 松根タール, パインタール《松材を乾留して採るタール; 屋根材・皮膚病薬》.
píne tòp*《方》 ウイスキー.
Píne Trèe Stàte [the] 松の木州《Maine 州の俗称》.
pi·ne·tum /paɪní:təm/ *n* (*pl* **-ta** /-tə/)《各種の松の木を集めた》松栽培園, 松樹園. [L=pine grove]
píne wàrbler 〔鳥〕 マツアメリカムシクイ《松林に多い》.
píne·wòod *n* 松材, パイン材; [°∼s, 〈*sg/pl*〉] 松林.
piney ⇨ PINY.
pín-èyed *a* 小さい眼をもつ, 眼のような点をもつ; 〔植〕〈サクラソウなどの二形花が〉花冠ののどに柱頭が見える《雄蕊は管に隠れている; cf. THRUM-EYED》.
píney wòods *pl* 松類林, 松樹林《米国南部のマツ類が優勢な森林地》.
pín·fàll *n* 〔レス〕 ピンフォール《両肩が 3 カウントの間マットにつけられること》.
pín·fèather *n* 〔鳥〕 筆毛《生え始めでまだ羽鞘に収まっている羽毛》. ♦ **-fèathered, -fèathery** *a*
pín·fìre *a* 針打ち装置の: a ∼ cartridge 針打弾薬筒. ► *vt* 〈脚の病気にかかっている馬を〉麻酔をして電気針で治療する.
pín·fìsh *n* 〔魚〕 背に針状突起をもつ各種の魚, 《特に》ピンフィッシュ (=*yellowtail*)《大西洋沿岸産のタイ科の魚》.
pin·fold /pínfòuld/ *n* 《迷った家畜を入れる》おり; 《一般に羊・牛などの》おり, 囲い; 監禁所. ► *vt* おりに入れる, 閉じ込める. [OE *pundfald* (POUND[2], FOLD[2])]
ping /píŋ/ *n* ピューン《銃弾が空中を飛ぶ音》; ピーン, ピシッ, カチーン《銃弾が金属にあたる音など》; 〔放送〕 ピーン《時報の最後の音; cf. PIP[7]》; キーン, ブーン《カの鋭い羽音》; 《内燃機関の》ノック(音) (knock); 《海軍俗》 ピコーン《ソナーなどの発信音》, PINGMAN; 〔インターネット〕 PING メッセージ. ► *vi* ピーンと音を出す, ピューと飛ぶ; *PINK[4]. ► *vt* ピーンと鳴らす; 〔インターネット〕《接続を確認するために》…に PING メッセージを送る; 《口》 …にメール(などの電子メッセージ)を送る. [imit]
Ping [the] ピン川《タイ西部を南南東に流れる川; Nan 川と合流して Chao Phraya 川になる》.
PING 〔インターネット〕 PING《インターネットへの接続を確認するツール》. [*P*acket *In*ternet *G*roper]
pin·ga /píŋgə/ *n**《卑》 陰茎. [Sp]
píng·able *a* 〔インターネット〕〈サイトが〉生きている《PING に応答する》.
píng·er *n* 《水中の定位表示用などの》波動音発振装置, ピンガー; 《海軍俗》 PINGMAN; タイマーの付いたベル.
píng jòckey*《俗》 警報機[探知機など]のモニター係.
píng·man /-mən/ *n* 《海軍俗》 PING JOCKEY《特に ソナーの》.
pin·go /píŋgou/ *n* (*pl* ∼**s**, ∼**es**) ピンゴ《北極地方の氷を核とする火山状の小丘》. [Eskimo]
ping-pong /píŋpɔ̀(:)ŋ, -pɑ̀ŋ/ *n* [Ping-Pong] 〔商標〕 ピンポン《卓球 (table tennis) の商品名》; [*fig*] やりとり. ► *vi, vt* 《口》 [*fig*] 行ったり来たりする, やったりとったりする, たらい回しにする. [imit]
pín gràss 〔植〕 オランダフウロ (alfilaria).
pin·guid /píŋgwəd/ *a* 油のような, 油ぎった; 肥えた〈土壌〉. ♦ **pin·guid·i·ty** /pɪŋgwídəti/ *n* [L *pinguis* fat]
pin·guin /píŋgwən/ *n* 〔植〕 パイナップル科ブロメリア属の大型の多年草《熱帯アメリカ・西インド諸島産; 果実は食用; 丈夫な繊維が採れる》. [C17<?]
ping-wing /píŋwìŋ/ *n**《俗》 麻薬注射.
pín·hèad *n* ピンの頭; [*fig*] ちっぽけな[つまらない]もの; 《口》 まぬけ, ばか者, 脳タリン; *《俗》 皮下注射を使う麻薬常習者.
pín·hèad·ed *a* 《口》 頭の悪い, ばかな. ♦ **∼·ness** *n*
pín·hìgh *a* 〔ゴルフ〕 ピンハイの (HOLE-HIGH).
pín·hòld·er *n* 《切り花を刺す》剣山.
pín·hòle *n* 小さい穴, 針で作った孔; ピンホール《小さなふくれ・孔などの材料の欠陥》; 〔写〕 ネガ上の透けた小さな点, 写真上の黒い点; 〔弓〕 金的.
pínhole càmera ピンホールカメラ, 針穴写真機《レンズの代わりに暗箱に小孔をあけた箱型写真機》.
pin·ion[1] /pínjən/ *n* 《鳥の》翼の先端部, 羽交(はがい); 飛び羽, 主翼羽 (flight feathers); 翼の羽毛; 羽; 《詩》 翼; 〔彫〕 前翼. ► *vt* 〈翼〉の羽交を切る, 〈両翼を〉縛る; 〈鳥〉の羽交を切る, 〈鳥〉の両翼を縛る; 〈人〉の両手をくくる[縛る]; 束縛する, 縛りつける 〈*to*〉. ♦ **∼ed** *a* [OF <Romanic (augment)<L PIN]
pinion[2] 〔機〕 *n* 小歯車, ピニオン (cf. RACK-AND-PINION); 歯のついた軸: a lazy ∼ 遊び歯車. [F (L *pinea* PINECONE)]
pin·ion[3] /pínjən, pí:njòun, pinjóun/ *n* PIÑON.
Pi·niós /pɪnjó:s/ [the] ピニオン川《PENEUS 川の現代ギリシア語名》.
pin·ite /pínàɪt, pí:-, páɪ-/ *n* 〔鉱〕 ピナイト《変成により生じる雲母状鉱物にかつて使われた称》. [*Pini* ドイツ Saxony 地方の鉱山]
pi·ni·tol /páɪnətɔ̀(:)l, -tòul, -tɑ̀l/ *n* 〔化〕 ピニトール《北米産砂糖松の松やにから採る白色結晶化合物》.

pín jòint〖機〗ピン継手.

pink[1] /píŋk/ *n* **1**〖植〗セキチク, ナデシコ. **2 a** 石竹色, ピンク色(の衣服);《狐狩りをする人などの》上衣の深紅色, 深紅色の上衣(の服地)(=hunting ～); 狐狩りをする人; [*pl*]《かつて米陸軍将校が着用した》明るい色のズボン;《黒人俗》白人;《豪》安ワイン;*《俗》自動車所有権証書, [*fig*] 運転資格. **b** [ºP-]《口》左翼[アカ]がかった人 (cf. RED[1]). **3** 模範[手本]となる人, 権化, かがみ; [ºthe] 典型, 精華, 極致, …の華 ‹*of*›: the ～ of perfection 完全の極致. **4** おしゃれ, めかし屋; エリート. **5***《俗》LSD;*《俗》セコナール (Seconal) 剤. ● **in the ～ (of condition [health])**《口》とても元気[健康]で;*《俗》酔って. ► *a* 石竹色の, ピンク色の;*《俗》赤毛の;《口》左翼[アカ]がかった, 左寄りの;《俗》ホモの (gay), カマっぽい; 興奮した;《俗》全くの, すごい: have a ～ fit 全く頭にくる; すごくどぎまぎする. ● **be** TICKLE**d ～.** STRIKE **me ～!** ► *vi* ピンク色になる ‹*up*›. ► *vt*《豪口》地肌が見えるように‹羊›の毛を刈り込む. ♦ **～·ness** *n* [?*pink-eyed* (obs) having small eyes]

pink[2] *vt* 刺す, 突く; ‹皮革など›に穴をあける ‹*out*›; ‹布・革などを›ぎざぎざ[ジグザグ]に切る (cf. PINKING SHEARS); 飾る ‹*out, up*›;《とげのあることば・あざけりで》傷つける. ► *n* 小穴; 目. [?LDu; cf. LG *pinken* to strike, peck]

pink[3‖] *n* サケの子 (young salmon);《方》MINNOW. [ME<?]

pink[4] *vi* ‹エンジンが›ノックする (knock); PING. [imit]

pink[5] *n* 船尾の細くとがった船 (=*pinkie*). [MDu<?]

pink[6] *n* 黄みがかったレーキ (lake) 顔料《白をベースに植物色素を混ぜて作る》. [C17<?]

Pink *n**《俗》(Pinkerton 探偵社の)探偵 (Pinkerton).

pínk bóllworm〖昆〗ワタキバガの幼虫.

pínk bútton《俗》株式売買業者[会社]の事務員[社員].

pínk champágne ロゼシャンパン.

pínk chórd*《俗》楽譜の読み間違い, 即興演奏のミス.

pínk cóat 狐狩りをする人の深紅色の上衣 (pink).

pínk-cóllar *a* ピンクカラーの《伝統的に女性の占める職種に従事している労働者階層に関して用いる》.

pínk diséase〖医〗桃色病, 先端疼痛《乳児の疾患; 水銀中毒》.

pinked /píŋkt/ *a**《俗》ほろ酔いの.

pínk élephants *pl*《口》《酒・麻薬による》幻覚, 震顫譫妄 (delirium tremens): see ～ 幻覚を見る.

pínk·en *vi* ピンク色になる.

Pin·ker·ton /píŋkərt(ə)n/ **1** ピンカートン **Allan ～** (1819–84)《スコットランド生まれの米国の私立探偵; 米国で最初に探偵事務所を設立 (1850)》. **2**(ピンカートン探偵社の)私立探偵; [～s] ピンカートン探偵社.

pínk·èye *n* **1** 馬のインフルエンザ;《人の》結膜炎, はやり目. **2**《米俗・豪俗》安物ウイスキー;《俗》変性アルコール, 安物赤ワイン;《米俗・豪俗》変性アルコール常用者, 安酒飲み.

pínk-èye, pínk-hi /-hàɪ/ *n*《豪》《先住民の》祝祭日.

pínk fàmily〖植〗ナデシコ科 (Caryophyllaceae).

Pínk Flóyd /-flɔ́ɪd/ ピンクフロイド《英国の progressive rock の代表的なグループ (1965–96, 2005)》.

pínk-fòot·ed góose〖鳥〗コザクラバシガン《ヨーロッパ北部産の脚がピンク色のガン; ヒシクイの亜種とされることもある》.

pínk gín ピンクジン《ジンにビターズを混ぜた飲み物》.

pínk-hèad·ed dúck〖鳥〗バライロガモ《インド東部に生息したが, ほぼ絶滅とみられる国際保護鳥》.

Pin·kiang /bíndʒiáːŋ/ 浜江(ひんこう)(ピンキャン)《満洲国時代の HARBIN の旧称》.

pin·kie[1] /píŋki/ *n*《幼児・口》ちっちゃなもの,《特に》小指 (=little ～). ► *a*《スコ》ちっちゃい (small)《幼児語》. [Du (dim)<*pink*[5]]

pink·ie[2] *n*〖海〗PINK[5].

pinkie[3] *n*《俗》PINKY[1].

Pink·ie *n**《俗》(Pinkerton 探偵社の)探偵 (Pinkerton).

pínk·ing shèars [scìssors] *pl*〖洋裁〗ピンキングばさみ《布のほつれ止めにぎざぎざに切る》.

pínk ínk*《俗》《エロティックな》ロマンス[恋愛]小説《集合的》: (as) GAY as ～.

pínk·ish *a* 桃色[ピンク]がかった; 左翼がかった. ♦ **～·ness** *n*

pínk lády **1** ピンクレディー《ジン・ブランデー・レモン果汁・グレナディン (grenadine) と卵白を混ぜるカクテル》. **2***《俗》バルビツール剤,《特に》セコナール (Seconal) カプセル;*《俗》ダルボン (Darvon) カプセル.

pínk·ly *adv* ピンク色に.

pínk nóise〖理〗ピンクノイズ《WHITE NOISE のオクターブごとのエネルギーを一定にしたもの》. [赤みがかった光と同様のエネルギー分布を示すことから]

pín knòt〖材木〗直径 1/2 インチ以下のこぶ.

pinko /píŋkou/ *n* (*pl* **pínk·os, -oes**)《俗》[*derog*] アカがかったやつ (pink). ► *a*《俗》《特に メチルアルコールで》酔っぱらった;*《俗》左翼[アカ]がかった. [*pink*[1]]

Pínk Pánther **1** [The]『ピンクの豹』《Blake Edwards 監督, Peter Sellers 主演の米国映画 (1963); Sellers 扮するフランス人警部 Jacques CLOUSEAU のおかしな活躍を描いたコメディー》. **2** [the] ピンクパンサー《映画・テレビアニメのキャラクター; 常に無言で, 頭の切れるスマートなピンク色のヒョウ; もともとは上記の映画のタイトルバックに使われた》.

pínk púffer*《俗》やせた肺気腫患者.

pínk rhododéndron〖植〗CALIFORNIA ROSEBAY.

pínk·ròot *n*〖植〗スピゲリア (=*Carolina pink, wormroot*)《熱帯アメリカ原産マチン科の多年草; 根は駆虫剤》.

pínk róot〖植〗紅色根腐れ病《タマネギ・ニンニクの根が紅色を呈する病気》.

pínk sálmon〖魚〗カラフトマス (humpback salmon).

pínk shéet〖米証券〗《特に NASDAQ が扱わない小企業の》店頭株(株価表), ピンクシート.

pínk slíp*解雇通知;*《俗》自動車所有権証書: get the ～ 首になる / give sb the ～ 首にする. ♦ **pínk-slìp** *vt* 解雇する.

pínk spíders *pl*《俗》《アルコール中毒などによる》幻覚 (cf. PINK ELEPHANTS): see ～ 酩酊する, 幻覚を見る.

pínk spót〖医〗ピンクスポット《統合失調症患者の尿中に発見と報告された 3,4-ジメトキシフェネチルアミン; ペーパークロマトグラフィーでピンク色の斑点となって現われる》.

Pink·ster, Pinx·ter /píŋ(k)stər/ *n**《方》WHITSUNTIDE. [Du=Pentecost]

pinkster flòwer PINXTER FLOWER.

pínk stèrn〖海〗とがった船尾.

pínk téa*《口》正式のパーティー, 気取ったお茶の会;*《口》エリートだけの集まり.

pínk·tòes*《黒人俗》*n* (*pl* ～) 肌の色の薄い黒人女; 白人女[娘].

Pínk 'Un /-ən/‖《俗》ピンク色の紙に印刷された新聞《特に *Financial Times*》.

pinky[1] *a* PINKISH. ► *n*《米俗・豪俗》変性アルコール, 安赤ワイン;*《俗》肌の色の薄い黒人娘;《黒人俗》白人;*《俗》赤毛《人》;《俗》左翼がかった人.

pinky[2] *n, a* PINKIE[1].

pinky[3] *n*〖海〗PINK[5].

pínky-cròok·er *n**《俗》きざなやつ, 気取ったやつ.

pín màrk《活字の》ピンマーク《ボディー側面上部の円形のくぼみ》.

pín mòney《かつて男が妻や娘に与えた》こづかい銭;《一般に 私用に使う》小金, (稼いだ)こづかい, 小額の金.

pinn- /pín/, **pin·ni-** /pínə/ *comb form*「羽」「ひれ」[L (↓)]

pin·na /pínə/ *n* (*pl* ～**s, -nae** /-nìː, -nàɪ/)〖動〗羽, 翼, ひれ(状物);〖解〗耳介 (=*auricle*);〖植〗《複葉の》羽片. ♦ **pín·nal** *a* [L=feather, wing, fin; ⇨ PIN]

pin·nace /pínəs/ *n*〖海〗艦載ボート;〖史〗《親船に随行した》小型帆船. [F; '*pine*[2] の *navis* ship' の意か]

pin·na·cle /pínɪk(ə)l/ *n*〖建〗小尖塔, ピナクル; 小尖塔状のもの; 尖峰, 高峰,《サンゴ礁の》(小)尖礁; [the] 最高点, 頂点, 絶頂. ► *vt* 高所に置く; …に尖塔をつける, 尖塔(状)にする. ♦ **～d** *a* [OF<L (PINNA)]

pin·nate /pínèɪt, -nət/, **-nat·ed** /-èɪtəd/ *a*〖植〗羽状の;〖動〗翼[ひれ]のある. ♦ **～·ly** *adv* [L=feathered]

pin·nati- /pənǽtə/ *comb form*「羽状の (pinnately)」[L; ⇨ PINNA]

pin·nat·i·fid /pənǽtəfəd/ *a*〖植〗‹葉が›羽状中裂の.

pinnàti·lóbate *a*〖植〗‹葉が›羽状浅裂の.

pin·na·tion /pənéɪʃ(ə)n/ *n*〖植〗羽状組織.

pinnàti·pártite *a*〖植〗‹葉が›羽状深裂の.

pinnáti·pèd *a* ‹鳥が›弁足の.

pinnáti·sèct *a*〖植〗‹葉が›羽状全裂の.

pinned /pínd/ *a* ピンで留められた;*《俗》‹瞳孔が›麻薬のために収縮した, ヘロイン中毒で瞳孔が収縮した;*《俗》《友愛会バッジ (fraternity pin) のやりとりを行ない》正式な交際をして.

pín·ner *n* ピンで留める人;‖《口》PINAFORE; [º*pl*] ピンナー《17–18世紀の, 長い lappets の付いた婦人のかぶりもの》.

pinni- ⇨ PINN-.

pin·ni·grade /pínəgrèɪd/ *a, n*〖動〗ひれ足で動く(動物).

pin·ni·ped /pínəpèd/〖動〗*a* ひれ足類[亜目] (Pinnipedia) の. ► *n* ひれ足動物《アザラシ・セイウチなど》. ♦ **pìn·ni·pé·di·an** /-píː-/ *a*

pin·nu·la /pínjələ/ *n* (*pl* **-lae** /-lìː, -làɪ/)〖植・動〗PINNULE;〖鳥〗羽枝 (barb). ♦ **pín·nu·lar** *a*

pin·nu·late /pínjəlèɪt/, **-làt·ed** *a* PINNULES のある.

pin·nule /pínjul/ *n*〖植〗《二回羽状複葉の》小羽片;〖動〗小びれ (finlet);〖動〗《ウミユリ類の》羽枝;〖測〗《alidade の》後視準板. [L (dim)<PINNA]

PIN number /pín ─/ PIN.

pin·ny /píni/《幼児・口》PINAFORE.

pín òak〖植〗アメリカガシワ, アメリカナラ《米国北東部原産コナラ属の落葉高木; 樹形は円錐形で, 葉は羽状に深裂し, 秋に紅葉する》.

Pi·noc·chio /pɪnóukiòu, -nák-/ ピノッキオ《Carlo Collodi の物語の主人公の木の人形; うそをつくと鼻が伸びる》.

Pi·no·chet /pìːnouʃéɪ/ ピノチェト(・ウガルテ) **Augusto ～ Ugarte** /ugáːrteɪ/ (1915–2006)《チリの軍人; クーデターにより Allende 政権を倒し (1973), 大統領 (1974–90)》.

pi·noc(h)·le /píːnʌ̀k(ə)l/ *n* 〘トランプ〙ピナクル ⑴ 各スーツの A, K, Q, J, 10, 9 を 2 組, 計 48 枚で行なう花札に類似のゲーム **2)** このゲームでスペードのクイーンとダイヤのジャックの組合わせ: 40 点). ［C19＜?］
pínochle sèason *《俗》衣料産業のオフシーズン.
pi·no·cy·to·sis /pìnəsətóusəs, pàɪ-, -sàɪ-/ *n* (*pl* **-ses** /-siːz/) 〘生〙飲(ᵢₙ)作用, ピノサイトーシス《生細胞が外界の溶液を摂取する現象の一》. ◆ **pi·no·cy·tót·ic** /-tát-/, **-cýt·ic** /-sít-/ *a* (細胞)飲作用の. **-i·cal·ly** *adv*
pi·no·le /pɪnóuli/ *n* ピノーレ《炒(ᶦ)ってひいたトウモロコシ粉・小麦粉など; メキシコ・米国南西部で甘味・香味をつけミルクを混ぜて食べる》. ［AmSp］
pi·ñon, pin·yon /pínjòun, -jàn, pínjən, pɪnjóun/ *n* (*pl* **~s, -ño·nes** /pɪnjóuniz/) 〘植〙種子が食用になる各種のマツ (nut pine)《ピニョンマツ, メキシコショクヨウマツなど; 北米西部産》; 《その種の》マツの種子[実]. ［AmSp＜Sp＝pine nut］
Pi·not /píːnou, pinóu; *F* pino/ ピノ ⑴ ワイン醸造用のブドウの品種; PINOT BLANC, PINOT NOIR をはじめ, 白ワイン用の白ブドウ **~ Char·don·nay** /*F* -ʃardɔnɛ/, 白ワイン用の黒ブドウ **~ Gris** /*F* -gri/ など多くの種類がある **2)** それで造ったワイン). ［F (*pin* PINE²)］
pin·ot·age /pínətàːʒ/ *n* 《南ア》ピノタージュ《Pinot Noir に他の品種を掛け合わせた赤ワイン用のブドウ; それで造ったワイン》. ［*Pinot* (*Noir*)＋Hermit*age* (ブドウの品種名)］
Pinot Blanc /— blɑ̃ː/ ピノブラン《白のブルゴーニュワインやシャンパン用のピノ種のブドウ; それで造った白ワイン》.
Pinot Gri·gio /— gríːʤ(i)ou, -ʒ(i)ou/ ピノグリジオ《白のイタリアワイン用のピノ種のブドウ; それで造った白ワイン》.
Pinot Noir /— nwáːr/ ピノノワール《赤のブルゴーニュワインやシャンパン用のピノ種のブドウ; それで造った赤ワイン》.
pín·òut *n* 〘電子工〙ピンアウト, ピン説明図《集積回路の各ピンの配置と機能を示す図表》.
pín pàllet 〘時計〙ピンレバー脱進機《アンクルのつめに貴石に代えて鋼製のピンを使ったもの》.
pín·pòint *n* 針[ピン]の先端; 極微の点, 鋭い[とがった]もの; [*fig*] ごくつまらないもの, わずか, 少量; 正確[精密]な位置づけ; ピンポイント[精密照準]爆撃, 一点爆撃 (＝**~ bòmbing**). ► *a* 正確に目標を定めた; 精密な; ごく小さい. ► *vt* ピンを刺して…の位置を示す; 正確に…の位置を示す; 正確に指摘する; 精密爆撃する; 目立たせる, 際立たせる.
pín·prìck *n* 針で刺すこと, 針で突いた(ような)穴[点], 刺し跡; ごく少量; 意地悪, こうるさいこと. ► *vt, vi* 針で刺す; チクチク責める.
pín·ràil *n* 〘海〙ピンレール《belaying pin を通すための索留め座》.
PINS /pínz/ *n* 〘米〙監督を必要とする者 (Person(s) In Need of Supervision)《問題児; cf. CINS, JINS, MINS》.
píns and néedles *pl* 手足がしびれてピクピクする感じ: be on ~ *びくびく[ひやひや]している.
pin·scher /pínʃər/ *n* 〘犬〙ピンシャー《Doberman pinscher, miniature pinscher, affenpinscher などの一群の犬種の総称》.
pín sèal ピンシール《若いアザラシからとったアザラシ革》.
pín·sètter *n* 〘ボウル〙ピンセッター《倒れたピンを払い, 残りのピンをセットする機械[人]》.
pín·shòt *n**《俗》安全ピンと目薬容器による麻薬注射.
Pinsk /pínsk/ ピンスク《ベラルーシ南西部の市》.
pín·spòt *n* 〘劇〙ピンスポット《局所を照らすスポットライト》.
pín·spòtter *n* PINSETTER.
pín·strìpe *n* 〘織〙ピンストライプ《服地の細い縦縞》; [°*pl*] ピンストライプのスーツ (＝**~ súit**)《伝統的に実業家が着用》. ◆ **pín-strìped** *a*
pín·strìp·er *《俗》*n* 《ピンストライプのスーツを着た》実業家, ビジネスマン[ウーマン]; [P-] ピンストライパー《New York Yankees の選手; ピンストライプのユニフォームを着ている》.
pint /páɪnt/ *n* パイント (1/2 quart; 略 pt **1)** 液量の単位: ᴴ約 0.57 リットル, *約 0.47 リットル **2)** 乾量の単位: ᴴ約 0.57 リットル, *約 0.55 リットル); 1 パイントの容器; ᴴ《口》1 パイントのビール[ミルク]. ［OF ＜?; cf. L *pincta* marks used in measuring liquids］
pin·ta¹ /píntə/ *n* 〘医〙熱帯白斑性皮膚病, ピンタ《中南米に多い斑点病》. ［AmSp＜Sp＝spot (L *pictus* painted)］
pin·ta² /páɪntə/ *n*ᴴ《口》1 パイントの牛乳[ビールなど]. ［*pint of*］
Pin·ta /píntə/ [the] ピンタ号《Columbus が率いた 3 隻の船の一隻; ⇨ SANTA MARIA》.
pín tàbleᴴ PINBALL MACHINE.
pin·ta·de·ra /pìntədɛ́ərə/ *n* 〘考古〙ピンタデラ《地中海東部やアメリカの新石器文化にみられる粘土でできた装飾スタンプ》. ［Sp］
pin·ta·do /pɪntáːdou/ *n* (*pl* **~s, ~es**) 〘鳥〙マダラフルマカモメ (Cape pigeon) (＝**~ pètrel**); 〘魚〙CERO. ［Port］
pín·tàil *n* (*pl* ~, ~s) 〘鳥〙**a** オナガガモ (＝**pín-tàiled dúck**)《欧州・アジア・北米産》. **b** アカオタテガモ (ruddy duck)《北米産》. **c** PIN-TAILED SANDGROUSE. **d** ホソオライチョウ (sharp-tailed grouse).
pín-tàiled 〘鳥〙*a* 尾の中羽が長く突き出た; 尾羽のとがった (⇨ PINTAIL).
pín-tàiled sándgrouse 〘鳥〙ノドグロサケイ《欧州・アフリカ・アジア産》.
pin·ta·no /pɪntáːnou/ *n* (*pl* **~s**) 〘魚〙SERGEANT MAJOR. ［AmSp］
Pin·ter /píntər/ ピンター **Harold ~** (1930–2008)《英国の劇作家; *The Caretaker* (1960), *The Homecoming* (1965), *Landscape* (1968); ノーベル文学賞 (2005)》. ◆ **Pìnter·ésque** *a*
pin·tle /pínt(ə)l/ *n* ピントル《舵や砲車などの旋回支軸棒》. ［OE＝penis＜?］
pin·to /píntou/ *a**《白と黒などの》ぶちの, まだらの. ► *n* (*pl* **~s, ~es**) *まだら馬; PINTO BEAN; PINTA¹; *《方》棺. ［AmSp＝painted］
pínto bèan 《米国南西部に多い》ぶちインゲンマメ.
pínt pòt 1 パイント(計量)ポット[ジョッキ]《通常 白目(ˢᵒ)製; cf. QUART¹》.
Píntsch gás /píntʃ-/ ピンチガス《頁岩(ᵉⁿ)油や石油から製した照明用ガス; もと 浮標・灯台・列車などに用いた》. ［Richard *Pintsch* (1840–1919) ドイツの発明家］
pínt-sìze, pínt-sìzed *a* 《口》小さい, 小型[ちび]の, ちっぽけな.
pín tùck 〘洋裁〙ピンタック《細長い縫いひだ》.
Pin·tu·pi /píntəpi/, **-bi** /-bi/ *n* **a** (*pl* ~, **~s**) ピントゥピ族《オーストラリアの Northern Territory に住む先住民》. **b** ピントゥピ語.
Pin·tu·ric·chio /pìntəríːkiòu/ ピントゥリッキオ (c. 1454–1513)《イタリアの画家; 本名 Bernardino di Betto di Biago; 装飾性の豊かなフレスコ画を描いた》.
pín·ùp 《口》*n* ピンナップ《壁にピンで留める美女などの写真》; ピンナップ向きの美女[男]; 壁灯. ► *a* ピンナップ(向き)の; 〈電灯などが〉壁掛け用の.
pínup gírl ピンナップ向きの美女; ピンナップガール; ピンナップ写真.
pín·wàle *a* うねの細かい〈織物〉.
pín·wèed *n* 〘植〙**a** オランダフウロ (alfilaria). **b** ハンニチバナ科 *Lechea* 属の植物.
pín·whèel *n* 回転花火; *風車(ᵏᵃᶻᵃᵍᵘʳᵘᵐᵃ); 〘機〙ピン歯車; 風車状のもの《星雲など》. ► *vi* 風車のように回る.
pín·wòrk *n* 〘刺繍〙ピンワーク《模様を浮き上がらせるため三日月形に刺すステッチ》.
pín·wòrm *n* 〘動〙蟯虫(ᵍʸᵒᵘᶜʰᵘ)《特に 子供に寄生する》; 〘昆〙《トマトなどを食害する》キバガ科の蛾の幼虫(に似た寄生虫).
pín wrènch ピン付きスパナ, かに目スパナ.
pinx·it /píŋksɪt/ *v* 《名前のあとに用いて》…画[作, 筆]《略 pnxt., pinx.》. ［L＝he [she] painted it］
Pinxter ⇨ PINKSTER.
pínx·ter flòwer /píŋ(k)stər-/ 〘植〙北米東部原産の淡紅色の花をつけるツツジの一種.
piny, piney /páɪni/ *a* 松 (pines) の(茂った); 松のような.
Pin·yin /pínjín/ *n* [°p-] 拼音(ᵖⁱⁿⁱⁿ)《中国語のローマ字つづりの一方式; cf. WADE(-GILES) SYSTEM》.
pinyon ⇨ PIÑON.
Pin·zón /pɪnzóun/ ピンソン ⑴ **Martín Alonso ~** (c. 1441–93)《スペインの航海者; Columbus の第 1 回西航のとき Pinta 号の船長として同行した》⑵ **Vicente Yáñez ~** (c. 1460?–c. 1523?)《スペインの航海者; Martín の弟; Niña 号の船長として Columbus の第 1 回西航に同行》.
pi·o·let /pìːəléɪ; pjouléɪ/ *n* 小型ピッケル. ［F］
pi·on /páɪàn/ *n* 〘理〙パイオン (PI-MESON). ◆ **pi·ón·ic** *a*
pi·o·neer /pàɪəníər/ *n* **1** 開拓者; 先駆者, 草分け, パイオニア 〈*in, of*〉; 主唱者, 先鋒; 〘生態〙《裸地に最初に侵入定着する》先駆動物[植物]. **2** 〘軍〙工兵 (engineer); [P-] 〘ソ連〙ピオネール《10–15 歳の共産少年団員》; [P-] 《アイル》Pioneer Total Abstinence Association の会員, 絶対禁酒者. **3** [P-] パイオニア《米国の惑星探測機》. ► *a* 初期の; 開拓者の: the ~ days 草創期. ► *vt, vi* 開拓する, 〈道路などを〉開く; (…の)先駆者となる; 率先する, 主唱する. ◆ **~·ing** *a* 先駆的な. ［F *pionnier* foot soldier; ⇨ PAWN²］
Pionéer Dày 開拓者の日《Utah 州の法定休日 (7 月 24 日); 1847 年 Brigham Young が今の Salt Lake City の地に到着した日を記念するもの》.
pi·os·i·ty /paɪásəti/ *n* 過度の敬虔さ, 敬虔気取り, 信心ぶること.
Pio·tr·ków Try·bu·nal·ski /pjɔ́ːtərkùːf trɪbunáːlski, piɔ́ːt-, -kùv-/ ピョートルクフトリブナルスキ《ポーランド中央部 Łódź の南南東の市》.
piou·piou /pjupjúː/ *n* 《俗》(典型的な)フランス兵, 戦列兵, 歩兵. ［F (幼児語)＝small chicken］
pi·ous /páɪəs/ *a* **1 a** 敬虔な, 神を敬う, 信心深い (religious); 宗教的な (opp. *secular*); 《古》忠実な, 孝行な. **b** 宗教[敬神]にかこつけた〈詐欺など〉(⇨ FRAUD), 偽善的な. **2** 高潔な; りっぱな, 価値のある〈企て・努力など〉. **3** [特に次の句で] (実現)見込みのない: a ~ hope. ◆ **~·ly** *adv* **~·ness** *n* ［L *pius* dutiful, pious］
pip¹ /píp/ *n* 《リンゴ・ナシ・オレンジ・ブドウなど果実の》種子, 種; *《俗》並はずれた[すごい]人[もの]. ● **squeeze** sb **until** [**till**] **the ~s squeak** 《口》〈人を〉音(ⁿᵉ)を上げるまで締めつける. ► *a**《俗》すばらしい. ► *vt* (**-pp-**) 〈果物〉の種を出す[取る]. ◆ **~·less** *a* ［*pip*-pin］
pip² *n* [the] 《家禽の》舌病; 《舌病による》かさぶた, 偽膜; [the] 《口》

[*joc*] 軽い病気, 不調; [the] 《口》 不快, 不機嫌: get [give sb] *the* ～ 気分が[を]悪くなる[させる] / have *the* ～ 気分[機嫌]が悪い.
► *vt, vi* (-pp-) ″《俗》 不機嫌にする[なる]. [MDu, MLG＜WGmc＜?L *pituita* slime]

pip[3] *n* 《トランプ札・さいころなどの》点, 星, 目; 《英陸軍の肩章の》星; 〔園〕《スズランなどの》一根茎; 《パイナップルの表皮の》小仕切り; 《グラフなどの》突出部; 《レーダースクリーン上の》光点 (blip); 《俗》にきび, 吹出物. [C16＜?]

pip[4] *v* (-pp-) ″《口》 *vt* …に反対投票する, 排斥する; 弾丸[飛び道具]で撃つ; 〈計画などを〉くじく, じゃまだてする; 〈…争いで〉僅差で〈人を〉負かす 〈*for, to*〉; 〈人を〉落第させる; 〈試験に〉落第する. ► *vi* 死ぬ 〈*out*〉. ● **～ at [on, to] the post** 最後のところで打ち負かす, どたんばで(逆転)勝利する. [*pip*[1] or *pip*[3]]

pip[5] *v* (-pp-) *vi* 〈ひなが〉ピヨピヨ鳴く; 殻を破って出る; 〈卵が〉破れる. ► *vt* 〈ひななどが卵の殻を〉破って出る. [imit]

pip[6]″ *n* 《信号で》p の字 (⇨ PIP EMMA).

pip[7] *n* 《時報・通話中の信号音などの》ピッ(という音) (cf. PING): the six ～*s* of the time signal. [imit]

Pip ピップ《男子名; Philip の愛称》.

PIP *n* *《口》《機械などに取って代わられた》脱工業時代の人間. [*p*ost*i*ndustrial *p*erson]

pi·pa /píːpə/ *n* 〔動〕コモリガエル (Surinam toad); [*P*-] コモリガエル属. [Surinam Negro]

pi·pa /píːpáː/ *n* 琵琶. [Chin]

pip·age, pipe·age /páɪpɪʤ/ *n* 《油・ガスなどの》パイプ輸送; 輸送管《集合的》; パイプ輸送賃.

pi·pal /páɪp(ə)l, píː-/ *n* 〔植〕インド[テンジク]ボダイジュ (＝*bo* [*bodhi*] *tree, sacred fig*) (＝～ **trèe**) 《クワ科の落葉高木; 釈迦がこの木の下で正覚を成道したという》. [Hindi]

pipe /páɪp/ *n* **1 a** 管, 導管, 筒, パイプ; 〘アイスホッケー〙ゴールポスト. **b** 導管《生体内の》; 〔植〕茎; 〔鉱〕管状鉱脈; 〔地質〕岩筒, 鉱筒; 〔地質〕火山筒; 《鋳物の頭部の》円錐形のくぼみ. **c** 《ワイン・油などを入れる》大樽; 大樽一杯の液量, パイプ (*126 gallons, ″150 gallons). **2** 《タバコ・マリファナなどを吸う》パイプ; 《タバコなどの》一服(分); 《俗》マリファナ常用者: have [smoke] a ～ 一服やる / light a ～ 一服つける / HIT the ～. **3 a** 笛, 管楽器; パイプ《英国で中世に用いられたリコーダーに似た楽器; 左手で操作し, 右手は tabor を奏する》; 《パイプオルガンの》パイプ (organ pipe) (: FLUE [REED] PIPE); 〔海〕《水夫長・掌帆長の》号笛, 呼び子(の音); [*pl*] BAGPIPES. **b** [*pl*] 《口》気管, 声帯, 声. **c** 《古》《鳥または幼児の》ピーピーいう声, 笛の声. **4** 《俗》簡単な仕事, 確実なこと, 《大学の》楽な科目; 《サーフィン俗》大波の内側. **5** *《俗》手紙, メモ; *《俗》《商売上・社交上の》会話; *《俗》電話; 《俗》PIPE DREAM. **6** 〔電算〕パイプ《複数のプロセスを先のプロセスの出力が直ちに次のプロセスの入力となるように結合すること》. ● **a set of ～s** *《口》朗々とした声. **bang ～s** *《俗》実地経験を積む, 《オフィスに閉じこもらずに》現場に出る[で働く]. CUT **up (the) ～s. lay ～ [tube]** *《俗》セックスする, ねじ込む; *《俗》はっきりと言う. **pull at one's ～** パイプを吸う; 《卑》マスをかく. **put sb's ～ out** 人の成功を妨げる. **Put that in your ～ and smoke it.** とくと考えてごらん, そのつもりでいてもらうほかないね《小言などを言ったあと》. **one's ～ and slippers** パイプとスリッパ《きびしい一日の仕事を終えてくつろぐ時に使用するとされるもの》. **take the ～** *《俗》ガス管をくわえる, ガス自殺する (take the gas pipe); *《俗》《スポーツ競技会などで》びびる, あがって実力が出せない.
► *vi* **1** 笛を吹く; 〔海〕号笛で合図する; ピーピーさえずる, 声をたてて泣く; 声高に話す; 鋭い音を出す; 〈風が〉ヒューヒュー鳴る. **2** 〔鉱〕管状に掘る; 〔鋳〕くぼみができる. ► *vt* **1 a** 笛で吹く; 歌う, さえずる; かん高い声[金切り声]で言う. **b** 笛で誘う[導く], 〔海〕〈船員を〉呼び子で呼ぶ, 〈将官などを〉号笛で迎える: ～ the captain *aboard*. **2 a** …に管をつける, 配管する; 〈植物を〉幹の関節部で切り離して繁殖させる; 〈衣服〉に玉縁[パイピング]をつける; 《ケーキなどの飾りつけに》〈クリームなどを〉しぼり出す; 〈ケーキなど〉にクリームなどをしぼり出す. **b** *《俗》パイプでなぐる. **3 a** 管で運ぶ[流す] 〈*away, in, into*〉; パイプ輸送する 〈*from, to*〉. **b** 〈ラジオ・テレビ番組, 音楽などを〉有線放送する; *《俗》手紙で伝える, 知らせる. **4** 《俗》〈珍しいものなどを〉見る (look at), 気づく (notice).
● **～ away** 〔海〕呼び子を吹いて…に出発を命じる. **～ down** 《口》低い声で話す; [°*impv*] 《口》黙る, 静かに[おとなしく]なる; 〔海〕《呼び子を吹いて》終業を命じる. **～ off** *《俗》〈人を〉ブラックリストに載せる; 〈人を〉警察に訴える. **～ one's** EYE[1]. **～ up** 吹奏し[歌い]始める; 不意に声を張りあげる, 話に割り込む 〈*with*〉; 〈風が〉つのる.
♦ **～·less** *a* **～·lìke** *a* pipe [piping] に似た.
[OE *pīpe*＜Gmc (G *Pfeife*)＜Romanic (L *pipo* to chirp)]

pípe bànd″ バグパイプの楽隊, バグパイプ隊.

pípe bòmb 鉄パイプ爆弾.

pipe-clày *vt* パイプ白色粘土で漂白する; [*fig*] 磨きたてる, 整頓する.

pípe clày パイプ白色粘土《パイプ (clay pipe) を作り, また 皮革を磨く》; 《軍隊で》服装[教練]への厳格さ.

pípe clèaner パイプクリーナー《特に タバコパイプ掃除用モール》.

pípe cùtter パイプ切断機.

piped /páɪpt/ *a* **1** パイプで送られる; 有線放送の: ～ music 《レストラン・ホテルなどの》有線放送のBGM. **2** *《俗》酔った, 酩酊した.

pípe drèam 《口》《麻薬によって起こるような》夢想, 非現実的な考え, とっぴな話, 大ぶろしき.

pípe·fìsh *n* 〔魚〕ヨウジウオ《同科の総称》.

pípe fìtter PIPELAYER.

pípe fìtting 管継手, カップリング; 導管敷設, 配管.

pipe·fùl *n* 《タバコの》一服分.

pípe-jòckey *n* *《空軍俗》ジェット戦闘機のパイロット.

pípe·lày·er *n* 《水道管・ガス管の》配管工.

pípe lìght パイプ点火用こより.

pípe·lìne *n* 《石油・ガスなどの》輸送管路, 配管, パイプライン; 補給線; 流通経路, 製造[処理]過程; 伝達経路, 情報ルート; 〔電算〕パイプライン (⇨ PIPELINING); 《サーフィン俗》大きな波の内側, 大きな波の打ち寄せる海岸. ● **in the ～** 〈商品が〉発送中で; 進行[準備, 製作]中で; 《口》〈財源が〉認可されたが未使用の; 《サーフィン俗》大きな波の内側に乗って, トンネルにはいって. ► *vt* 導管で送る[補給する]; 〔電算〕〈処理システム[命令]を〉 pipelining の方式で設計[実行]する. ► *vi* 導管を取り付ける.

pípe·lìn·ing *n* **1** パイプラインの敷設[敷設技術, 敷設業]. **2** 〔電算〕パイプライン処理《**1**) ある処理の出力を次の処理の入力とすること **2**) 一つの演算を終了する前に次の演算の処理を開始することによる高速処理方式》.

pípe májor 《バグパイプ隊の》首席バグパイプ奏者.

pip em·ma /píp émə/ *adv, n* ″《口・古風》午後. [*p.m.*]

pípe of péace CALUMET: smoke the ～ (together) 〈インディアンが〉和睦のしるしにタバコを回し飲みする.

pípe òpener 準備運動.

pípe òrgan 〔楽〕パイプオルガン.

pípe pìlot 《俗》ジェットパイロット.

pip·er /páɪpər/ *n* 笛を吹く人; BAGPIPER; 〔魚〕《欧州産の》ホウボウ科の魚; 息切れのする馬: (as) drunk as a ～ 《口》すっかり酔っぱらって. ● **pay the ～ [fiddler]** 費用を負担する; 報いをうける: He who *pays the* ～ calls the tune. 《諺》笛吹きに金を払う者には曲を注文する権利がある,「金を出せば口も出せる」/ They that dance must *pay the* ～ [*fiddler*]. 《諺》踊る者は笛吹き[ヴァイオリン弾き]に金を払わねばならぬ.

pip·er·a·ceous /pìpəréɪʃəs, pàɪ-/ *a* 〔植〕コショウ科 (Piperaceae) の.

pípe-ràck *a* 〈商店が〉店内装飾などを簡素にして安価で商品を提供する, パイプラック方式の.

pípe ràck 《タバコの》パイプ立て, パイプラック.

pi·pe·rade /*F* piperad, -pə-/ *n* ピペラード《スペインの, Basque 地方のトマト・ピーマンのはいったオムレツ[炒り卵]》.

pi·per·a·zine /paɪpérəzìːn, pɪ-, pípə-/ *n* 〔化〕ピペラジン《痛風治療・農薬などに使う針状結晶》. [L *pipper* pepper, *azine*]

pi·per·i·dine /paɪpérədìːn, pɪ-, pípə-/ *n* 〔化〕ピペリジン《無色の液体; 有機合成・医薬用》. [L *piper* pepper, *-ide, -ine*[2]]

pi·per·ine /pípərìːn, -ràɪn/ *n* 〔化〕ピペリン《無色の結晶アルカロイド; コショウの辛味の主成分》. [L ↑]

pípe·ròlls *n pl* 〔英史〕財務府(大)記録《12–19 世紀の財務府 (Exchequer) の会計監査記録》.

pi·per·o·nal /paɪpérənæl, pɪ-, pípərə-/ *n* 〔化〕ピペロナール《香水原料》.

pi·per·o·nyl bu·tox·ide /paɪpérənɪl bjutáksàɪd, pípərə-/ 〔化〕ピペロニルブトキシド《殺虫剤の共働薬》.

pípes of Pán *pl* パーンの笛 (panpipes).

pípe·stèm *n* パイプの軸, 《キセルの》ラオ; やせた細い脚[腕].

pípe·stòne *n* パイプ石《アメリカ先住民がパイプを作る硬赤粘土》.

pípe stòp 《オルガンでフルートの音色を出す》唇管音栓.

pi·pet(te) /paɪpét; pɪ-/ *n* 〔化〕ピペット. ► *vt* (-tt-) ピペットで取る[移す]. [F (dim) ＜ PIPE]

pípe vìne 〔植〕DUTCHMAN'S-PIPE.

pípe·wòrk *n* 配管.

pípe·wòrt *n* 〔植〕ホシクサ属の多年草《アイルランド西部・スコットランドの Hebrides 諸島・米国東部の湿地に産する》.

pípe wrènch パイプレンチ (STILLSON).

pi·pi[1] /píːpi/ *n* 〔貝〕**a** ミナミチドリマスオガイ《ニュージーランドで食用とする二枚貝; チドリマスオガイ科》; ヌノメオオハナガイ(など)《食用二枚貝; ニュージーランド産》. **b** ビビガイ《豪州南部産の食用二枚貝; ナミノコガイ科》. [Maori]

pipi[2] *n* 《幼児》おしっこ, シー (urine).

pip·ing /páɪpɪŋ/ *n* **1** 笛を吹くこと; 管楽 (pipe music); 笛の音, 泣き声, かん走った声; 《小鳥の》さえずり. **2** 管, 配管; 管状になったもの; 〔服〕玉縁, パイピング; 《ケーキのしぼり袋からしぼり出した》飾りのクリーム[砂糖衣]. ► *a* **1** 笛[牧笛]を吹く; 《古》《軍楽隊の太鼓・笛ではなく》平和の笛の音がする, のどかな, 太平の; かん高い. **2** 《口》シューシューと煮える; 焼き[煮え]たての. ● **～ hot** 〈飲食物などが〉非常に熱い: serve a dish ～ *hot* できたてのほやほやの料理を出す. **the ～ time(s) of peace** 太平の世 (Shak., *Rich III* 1.1.24).

píping crów 〔鳥〕カササギフエガラス (＝*crow shrike*) 《豪州・ニューギニア産》.

píping háre 〘動〙ナキウサギ (PIKA).
píping plóver 〘鳥〙フエコチドリ, フエチドリ《北米東部産》.
pip·is·trel(le) /pìpəstrél/ *n* 〘動〙アブラコウモリ.
pip·it /pípət/ *n* 〘鳥〙セキレイ, 《特に》タヒバリ (＝*titlark*). [C18＜?imit]
pip·kin /pípkən/ *n* 小土瓶, 小土鍋; *《方》(片)手桶.
Pip·pa /pípə/ ピッパ《女子名; Philippa の愛称》.
P **pipped** /pípt/ *a* [°～ up] 《俗》酔っぱらった.
pip·pe·roo /pìpərú:/ *n* (*pl* **～s**) *《俗》すばらしい人[もの] (pip).
pip·pin /pípən/ *n* 生食用リンゴの一種; 《リンゴ·ミカンなどの》種子 (pip); 《俗》すばらしいもの[人] (pip). [OF＜?]
pip-pip /pì(p)píp/ *int* ″《俗》さよなら, じゃあね, あばよ (good-bye). [自転車·自動車の警笛の音 *pip*[7] か]
pip·py-poo /pípipù:/ *a**《俗》小さな, わずかな.
pip·sis·se·wa /pɪpsísəwɔ̀:/ *n* 〘植〙(オオ)ウメガサソウ (＝*wintergreen*)《葉は強壮剤·利尿剤》. [Cree]
píp·squèak *n* 短くかん高い音[声], (ピピーッという)警笛; 《口》ちび公, ガキ, つまらないやつ, ざこ, いくじなし, 弱虫, くだらないもの; 《俗》《第一次大戦でドイツ軍が用いた》特殊な音を発して飛ぶ小型高速砲弾; 《俗》《航空機の位置確認のための》無線装置. [imit]
pipy /páɪpi/ *a* 管状の, 円筒状の; かん高い.
pi·qua·da /pɪká:də/ *n* 拷問用電気針.
pi·quance /pí:kəns, -kwəns/ *n* PIQUANCY.
pi·quan·cy *n* ピリッとすること; 辛辣; 痛快.
pi·quant /pí:kənt, -kà:nt, píkwənt/ *a* ピリッとする, 辛い; 《古》辛辣な; 関心[好奇心]をそそる, 刺激的な, 痛快な. ◆ **～·ly** *adv* **～·ness** *n* [F (presp)＜PIQUE[1]]
pique[1] /pí:k/ *n* 立腹, 不興, 不平, 不機嫌; 《古》相互の不和, 反目: in a fit of ～＝out of ～ 腹立ちまぎれに / take a ～ *against*…に悪感情をいだく. ► *vt* …の感情を害する, じらす, 立腹させる; 刺激する, むっとさせる, …がしゃくにさわる; 〈好奇心·興味を〉そそる; [～ *-self*] 自慢する 〈*on*〉: be ～*d at*…に腹を立てる. ► *vi* 人の感情を害する, おこらせる. [F (*piquer* to prick, irritate)]
pique[2] *vt, vi, n* ピケット (piquet) で 30 点を得る(こと). [F＜?]
pi·qué, pi·que[3] /pí:keɪ, *pɪkéɪ/ *n* ピケ《うね織りにした織物》; ピケ, ピクエ《鼈甲(べっこう)に金銀·真珠母貝などを象眼した細工》. [F (pp)＜PIQUE[1]]
pi·quet[1] /pɪkét, *-kéɪ/ *n* 〘トランプ〙ピケット (＝*picquet*)《pinochle 系の古いフランスのゲーム; 1–6 の札を除く 32 枚の札でする二人ゲーム》. [F＜?]
piquet[2] *n* PICKET.
pi·quette /pɪkét/ *n* ピケット《ワインのしぼりかすに砂糖や水を加えて造る安酒》. [F]
PIR passive infrared 受動赤外線.
pir·ac·e·tam /pàɪərǽsətæ̀m/ *n* 〘薬〙ピラセタム《脳機能改善薬》.
pi·ra·cy /páɪərəsi/ *n* 海賊行為; 《海賊版による》著作権[特許権]侵害; もぐり行為《海賊放送など》; 〘水文〙CAPTURE: literary ～ 剽窃. [⇨ PIRATE]
Pi·rae·us /paɪrí:əs, -réɪ-/ ピレウス, ピレエフス (ModGk **Pi·rai·évs, Pei·rai·évs** /pì:rɛέfs/)《ギリシア南東部 Athens に隣接する市·港町》.
pi·ra·gua /pərá:gwə, -rǽg-/ *n* 丸木舟; 二本マストの平底船. [Sp]
Pi·ran·del·lo /pìrəndélou/ ピランデルロ **Luigi** ～ (1867–1936)《イタリアの小説家·劇作家; ノーベル文学賞 (1934)》. ◆ **-del·li·an** /-déliən/ *a*
Pi·ra·ne·si /pìrənéɪzi/ ピラネーシ **Giambattista** ～ (1720–78)《イタリアの銅版画家·建築家》.
pi·ra·nha /pərá:n(j)ə, *-rǽn(j)ə/ *n* 〘魚〙ピラニア (＝*caribe*)《数種の総称》. [Port＜Tupi＝scissors]
pi·ra·ru·cu /pɪrá:rəkù:, ー ー ー ー́/ *n* 〘魚〙ピラルクー (＝*arapaima*)《Amazon 川に生息する世界最大級の淡水魚; 食用》. [Tupi＝red fish]
pi·rate /páɪərət/ *n* 海賊; 海賊船; 盗む人, 略奪者; 剽窃者, 著作権[特許権]侵害者, 海賊版製作[販売]者; もぐりのバス《他車の乗客を横取りしたり不当な運賃を取るなどする》, 海賊放送者[局]: a ～ radio station 海賊ラジオ局. ► *vt, vi* 海賊をはたらく; 略奪する; 剽窃する, (…の)著作権[特許権]を侵害する, 無断で販売する; (他社の従業員を)引き抜く: a ～*d* edition 偽版, 海賊版, 違法コピー. [L＜Gk (*peiraō* to attempt, assault)]
pi·rat·ic /paɪərǽtɪk, pə-/, **-i·cal** *a* 海賊の, 海賊をはたらく; 著作権[特許権]侵害の, 剽窃の. ◆ **-i·cal·ly** *adv*
pi·ra·ya /pərá:jə/ *n* 〘魚〙PIRANHA.
Pi·rél·li cálendar /pɪréli-/ ピレッリカレンダー《イタリアのタイヤメーカー Pirelli 社が毎年発行しているヌード写真のカレンダー》.
PIRG public interest research group.
piriform ⇨ PYRIFORM.
Pi·ri·ne·os /pì:rinéɪous/ *pl* ピリネオス《PYRENEES 山脈のスペイン語名》.
pir·i·piri /píripìri/ *n* 〘植〙ピリピリ《ニュージーランド産のいが (bur) のついたバラ科アカエナ属の数種の多年草》. [Maori]
piri-piri /píripìri/ *n* ピリピリ《激辛のチリソース》. [Ronga＝pepper]
Pi·rith·o·üs /paɪríθouəs/ 〘ギ神〙ペイリトオス《ラピテース族 (Lapithae) の王; 親友 Theseus と共に Persephone を得ようと地下の国に下ったが果たさなかった》.
Pir·ma·sens /*G* pírmazəns/ ピルマゼンス《ドイツ西部 Rhineland-Palatinate 州南部の市》.
pirn /pə́:rn/ 《スコ·英方》*n* 《織機の横糸を巻き取る》横糸木管, パーン《これを杼(ひ)の中に入れる》; /, píərn/《釣りざおの》リール. [ME＜?]
Pir·na /*G* pírna/ ピルナ《ドイツ東部 Saxony 州, Dresden の南東の Elbe 河畔にある市》.
pi·ro·gi /pɪróugi/, **-gen** /-gən/ *n pl* ピローギ, ピエロギ (pierogi) (＝*perogi*)《マッシュポテトやチーズを詰めた餃子に似た東欧料理》; PIROSHKI. [Russ]
pi·rogue /pɪróug, pí:ròug/ *n* 丸木舟; カヌー型ボート. [F＜Sp＜Carib]
piro·plasm /pírəplæ̀z(ə)m/, **-plas·ma** /pìrəplǽzmə/ *n* (*pl* **píro·plàsms, -plas·ma·ta** /pìrəplǽzmətə/) 〘動·獣医〙ピロプラズマ (BABESIA). [L *pirum* pear]
piro·plas·mo·sis /pìrəplæ̀zmóusəs/ *n* (*pl* **-ses** /-sì:z/) 〘獣医〙ピロプラズマ病 (＝*babesiasis*).
pi·rosh·ki, -rozh- /pɪrɑ́ʃki, pìrəʃkí:/ *n pl* ピロシキ《肉などを詰めて揚げたロシア風のパイ》. [Russ＝small tart]
pir·ou·ette /pìruét/ *n, vi* 〘ダンス〙つまさき旋回(する); 〘馬〙急転回(する). [F＝spinning top]
Pi·sa /pí:zə/ ピサ《イタリア中西部 Tuscany 州, Arno 河畔の古都; 斜塔 (the Leaning Tower of Pisa) で名高い》. ◆ **Pí·san** *a, n*
pis al·ler /pì:zæléɪ; pì:zæleɪ/ (*pl* **～s** /(-z)/) 最後の手段, 便法. [F (*pis* worse, *aller* to go)]
Pi·sa·nel·lo /pì:sɑ:nélou/ ピサネロ **Antonio** ～ (c. 1395–1455)《イタリアの画家·メダル作家; 本名 Antonio Pisano; 国際ゴシック様式の代表的存在》.
Pi·sa·no /pisá:nou, -zá:-/ ピサーノ (**1**) **Andrea** ～ (c. 1270–?1348)《イタリアの彫刻家; Andrea da Pon·te·de·ra /-dɑ: pòunteɪdέrɑ:/ とも呼ばれる; Giotto の死後 Florence 大聖堂の仕事を引き継ぎ, 洗礼堂に洗礼者ヨハネの物語を浮彫りしたブロンズの扉を制作した (1336)》 (**2**) **Giovanni** ～ (c. 1250–after 1314)《イタリアの彫刻家·画家·建築家; イタリアゴシック様式を確立した彫刻家》 (**3**) **Nicola** ～ (c. 1220–78 or 84)《イタリアの彫刻家; Giovanni の父; ルネサンスの先駆的存在》.
pis·ca·ry /pískəri/ *n* 〘法〙《他人の漁区内の》漁業権 (⇨ COMMON OF PISCARY); 漁場.
pis·ca·tol·o·gy /pìskətɑ́lədʒi/ *n* 《まれ》漁法(学).
pis·ca·tor /pəskéɪtər, pískətər/ *n* 釣人 (fisherman).
pis·ca·to·ry /pískətɔ̀:ri; -t(ə)ri/, **pis·ca·to·ri·al** /pìskətɔ́:riəl/ *a* 漁夫の; 魚釣りの, 漁業の; 漁を業とする. ◆ **-ri·al·ly** *adv* [L (*piscator* fisherman＜PISCES)]
Pis·ce·an /písiən, páɪ-, pískiən/ *a* 〘占星〙うお座(生まれ)の. ► *n* うお座生まれの人 (Pisces).
Pis·ces /páɪsiz, písì:z, pískèɪs/ *n pl* 〘動〙魚類; [〈*sg*〉] 〘天〙うお座 (魚座)《星座》, 《十二宮の》双魚宮 (Fishes) (⇨ ZODIAC); うお座生まれの人. [L (pl)＜*piscis* fish]
pis·ci- /páɪsə, pís(k)ə/ *comb form*「魚」 [L (↑)]
písci·cìde *n* 《ある水域の》魚類の絶滅; 殺魚剤. ◆ **pìs·ci·cí·dal** *a*
písci·cùlture *n* 養魚(法), 水産養殖. ◆ **pìsci·cúlturist** *n* 養魚家. **pìsci·cúltural** *a* [*agriculture* などの類推で L *piscis* fish より]
písci·fòrm *a* 魚の形をした, 魚形の.
pis·ci·na /pəsí:nə, *-sáɪ-/ *n* (*pl* **-nae** /-ni, -nàɪ/, **～s**) 養魚池; 《古代ローマの》浴場; 〘教会〙《儀式で洗浄に用いた水を流す》聖水廃棄盤. [L (*piscis* fish)]
pis·cine[1] /pís(k)àɪn, *páɪsì:n/ *a* 魚の, 魚類の, 魚に関する. [L *piscis* fish, *-ine*[1]]
pis·cine[2] /pəsí:n/ *n* PISCINA.
Pis·cis Aus·tri·nus /písəs ɔ:stráɪnəs, páɪsəs-/, **Píscis Aus·trá·lis** /-ɔ:stréɪləs/ 〘天〙みなみのうお座(南魚座) (Southern Fish).
pis·ci·vore /písəvɔ̀:r, *páɪ-/ *n* 〘動〙魚食動物.
pis·civ·o·rous /pəsív(ə)rəs, *paɪ-/ *a* 〘動〙魚食性の. [*pisci-*, *-vorous*]
pis·co /pískou/ *n* (*pl* **～s**) ピスコ《ペルー産ブランデー》. [Sp]
pi·sé /pizéɪ/ *n* 〘建〙粘り土. [F (*piser* to pound)]
Pis·gah /pízgə/ **1** [Mount] ピスガ山《Jordan 川の東の山; Moses がその頂上 Mt Nebo から約束の地を望んだ; *Deut* 3: 27, 34: 1–4》. **2** 未来を望みうる機会[場所].
pish *int* /pʃ, píʃ/ ヘン, フン《軽蔑·不快》. ► *vi, vt* /píʃ/ (…に)フンと言う: ～ away [down] けなす, 一笑に付す. [imit]
pish·er /píʃər/ *n**《俗》くだらないやつ, 若造, 青二才. [Yiddish＝pisser]
pi·shogue /pɪʃóug/ *n* 《アイル》魔術, まじない.

Pish·pek /pɪʃpék/ ビシペク《BISHKEK の別称》.
Pi·sid·ia /pəsídiə, paɪ-/ ピシディア《小アジア南部の古代国家》. ♦ **Pi·síd·i·an** *a*
pí·si·fòrm /páɪsə-/ *a* エンドウ豆状[大]の: ～ bones 豆状骨. ► *n*〘動〙豆状骨. ［L *pisum* pea］
Pi·sis·tra·tus, Pei- /paɪsístrətəs, pə-/ ペイシストラトス (600?–527 B.C.)《アテナイの僭主》.
pis·ky, -key /píski/ *n* ʺ《方》小妖精 (pixie).
pis·mire /písmàɪər, píz-/ *n* アリ (ant); くだらんやつ. ［*piss* (蟻塚の匂い), *mire* (obs) ant］
pís·mo clám /pízmoʊ-/〘貝〙メキシコハマグリ《北米南西海岸産; 食用》. ［*Pismo Beach*: California の地名］
pi·so /píːsoʊ/ *n* (*pl* **～s**) ペソ (peso)《フィリピンの通貨単位》.
pi·so·lite /páɪsəlàɪt, píz-/ *n* 豆石, ピソライト《水成岩中の同心円構造のエンドウ豆大の石》. ♦ **pì·so·lít·ic** /-lít-/ *a*
piss /pís/《卑》*n* 小便, おしっこ; ʺ安物のビール;《豪》ビール: a ～-pot おまる, しびん / take [have, do] a ～ しょんべんする. ● **a piece of ～** わけないこと. **go on the ～** ʺ深酒をする, のんだくれる. **～ and vinegar** 元気, 活発さ: full of ～ *and vinegar* 元気いっぱいで. **～ and wind** 中身のない[屁のような]話, 大言壮語, こけおどし. **take the ～ (out of…)** (…を)からかう, おちょくる. **the ～ out of…** 大いに, ひどく, むちゃくちゃ, やたら(…する)《the SHIT out of… の類似表現》: frighten [scare, etc.] *the* ～ *out of* sb ちびるほどこわがらせる. ► *int* チョッ《嫌悪を示す》. ► *a* ひどい, まるでだめな. ► *adv* すげえ, とんでもねえ. ► *vi, vt* (…に)しょんべんをする; 小便で〈血などを〉出す; 小便でぬらす; 土砂降りである〈*down* (with rain)〉; [ºˈ～ and moan] 文句を言う, 不満をたらす: ～ one*self* ちびる(くらい笑う[びびる, おこるなど]). ● **Go ～ up a** ROPE. **～ about [around]** だらだら過ごす, ちんたらする; 悪ふざけする; いいかげんに扱う, 適当にあしらう; 〈…を〉めちゃくちゃにする〈*with*〉. **～ away** むだづかいする, たれ流す. **～ in [into, against] the wind** むだに時間[労力]をつかう, ばかなまね[悪あがき]をする. **～ off** ʺ[ᵁ*impv*] さっさと立ち去る[出て行く, 消えちまう]; おこらせる, いらいらさせる, うんざりさせる (cf. PISSED). **～ on** …にひどい扱いをする, 見捨てる, 恥をかかせる, こてんぱんにする: *P～ on* him! あんなやつどうにでもなれ[知るか, くたばれ]. **～ on** ICE. **～ up** だいなし[めちゃくちゃ, ぶちこわし]にする. **～ up a** STORM. **He should be ～ed on from the great height.** うんとしかってやれ, 軽蔑にも値しないやつだ. ［OF＜Romanic (imit)］
piss- /pís/ *comb form*《卑》「ものすごく」「ひどく」「むちゃくちゃ」: PISS-ELEGANT / PISS-UGLY.
piss·a·bed /písəbèd/ *n*《方》利尿草,《通例》タンポポ (dandelion);《卑》寝しょんべんたれ. ［? *piss*＋*abed*］
pis·sa·la·dière /*F* pisaladjɛːr/ *n*〘料理〙ピサラディエール《タマネギ・アンチョビー・黒オリーブなどのプロヴァンス風ピザ》. ［F＜Prov *pissaladiero*＜*pissala* salt fish］
píss·ànt *《卑》*n* くだらんやつ, ざこ, カス, クズ. ► *a* つまらん, くだらん, しょうもない. ► *vi* [次の成句で]: **～ around** おどおどと動きまわる, やたら慎重にする.
Pis·sa·ri·des /pisɑːríːdis/ ピサリデス **Christopher A(ntoniou) ～** (1948–　)《キプロス生まれの英国の経済学者; ノーベル経済学賞 (2010)》.
Pis·sar·ro /pəsɑ́ːroʊ; *F* pisaro/ ピサロ **Camille ～** (1830–1903)《フランスの印象派の画家》.
píss àrtist ʺ《卑》酒飲み, のんべえ; ʺ《卑》役立たず, ぐず, ろくでなし.
píss-àss *a**《卑》上品ぶった, 気取った (piss-elegant).
píss càll *《海軍卑》起床らっぱ, 起床の合図.
píss cùtter *《卑》すばらしい人[もの], 切れ者, できるやつ, やり手, すぐれもの.
pissed /píst/《卑》*a* [ºˈ～ up] 酔っぱらって; [ºˈ～ off] 腹を立てて, うんざりして, くさりきって: ～ out of one's mind [head] ぐでんぐでんになって / ～ *up* to the eyebrows べろんべろんで.
píss-élegant *a**《卑》えらくおしとやか[お上品]な, 優雅さを装った, かまととの, もったいぶった, これみよがしの.
píss·er《卑》*n* ちんこ, まんこ; すばらしいやつ, すごいもの; いやな[やっかいな]こと[やつ]; すごくおもしろいやつ, こっけいなこと; やつ, 野郎; *トイレ; *すばらしいパーティー. ● **pull sb's ～** 人をからかう, おちょくる, 人に一杯食わせる.
piss fàctory《卑》飲み屋, 酒場, しょんべん工場.
píss·hèad《卑》*n**いやなやつ, どじ, くそったれ; 飲み助, のんだくれ.
píss·hòle《卑》*n*ʺ(公衆)便所; いやな場所. ● **eyes like ～s in the snow** ⇨ EYE[1]. ► *a* つまらない; へたくそな.
píss-hòuse *n*《卑》便所.
píss·ing《卑》*a* わずかな, くだらない, ちっぽけな, しょうもない; どえらい, ひでえ. ► *adv* やけに, ひどく, むちゃくちゃ, くそ….
píssing còntest [màtch] *《卑》議論, 口論, いがみ合い, 口げんか.
píss-òff *n*《卑》かんかんにおこること, 激怒, むかっ腹.
pis·soir /*F* piswaːr/ *n* (*pl* **～s** /—/) 《ヨーロッパの国々の道路わきにある》公衆小便所.
píss·póor《卑》*a* てんでだめな, どうしようもない, 最低の; すかんぴんの, すっからかんの.
píss-tàke *n*《卑》おどけた物まね, おちょくり, あざけり, からかい. ♦ **-tàker** *n* **-tàking** *n* ［*take the* PISS］
píss-úgly *a*《卑》まったく醜い, ぞっとするほど不快な, どブスの, 見られたつらじゃない, むかつく, いやったらしい.
píss-ùp ʺ《卑》*n* へま, しくじり; 酒盛り, 痛飲, どんちゃん騒ぎ. ● **not be able to organize a ～ in a brewery** でくのぼうだ, 要領が悪い.
píss-wárm *a*《卑》なまぬるい, なまあったかい.
pissy /písi/《卑》*a* 小便の, おしっこくさい, しょんべんもらした, しょんべんまみれの; 酔っぱらった; くだらない, アホくさい; 気取った, かっこつけた (piss-elegant).
píssy-àss *a*《卑》つまらない, だめな, 役立たずの; 気取った, おつにすました (piss-elegant).
pis·tache /pəstǽʃ/ *n* PISTACHIO.
pis·ta·chio /pəstɑ́ːʃiòʊ, *-tǽʃ-/ *n* (*pl* **-i·òs**)〘植〙ピスタシオノキ, ピスタチオ《南欧・小アジア原産のウルシ科トネリバハゼノキ属の落葉高木》; ピスタチオ(ナッツ), ピスタシオ(ナッツ) (=～ **nùt**)《その実; 食用》; 薄黄緑色 (=～ **grèen**). ［Sp and It＜L＜Gk＜Pers］
pis·ta·reen /pìstəríːn/ *n* ピスタレーン《18 世紀まで西インド諸島や米国で用いられたスペインの peseta 硬貨》. ► *a*《廃》無価値の, つまらない. ［?変形＜*peseta*］
piste /píːst/ *n* 踏み固められた道《けもの道など》;〘スキー〙ピスト《固めた滑降コース》;〘フェン〙ピスト《試合の行なわれる面》. ［F＝racetrack］
pis·teur /pistə́ːr/ *n*〘スキー〙ピスト整備係. ［F］
pis·til /píst(ə)l/ *n*〘植〙雌蕊(しずい), めしべ (cf. STAMEN); 雌蕊群. ♦ **pis·til·lary** /pístəlèri; -ləri/ *a* ［F or L PESTLE］
pis·til·late /píst(ə)lət, -lèɪt/ *a*〘植〙雌蕊のある; 雌蕊のみをもつ: ～ flowers 雌花.
pis·til·lif·er·ous /pìstəlíf(ə)rəs/ *a* PISTILLATE.
pis·til·line /pístəlàɪn, -lən/ *a*〘植〙雌蕊の(ある).
Pi·sto·ia /pɪstɔ́ɪə, -tóʊjə/ ピストイア《イタリア中部 Tuscany 州の市》.
pis·tol /píst(ə)l/ *n* **1** 拳銃, ピストル《現在は通例 revolver か automatic pistol》: a revolving ～ 輪胴式ピストル. **2** *《俗》すばらしい人[もの, こと], 切れる[できる]やつ. **3** *《俗》激辛のパストラミ《食後 腹を撃たれたような気になることから》. ● **hold a ～ [gun] to sb's head** 人をおどす. **(as) hot as a three-dollar ～**《口》とても熱くて[暑くて];《口》興奮して, 熱狂して. **P～, shoot it all the way.** *《食堂俗》フレンチフライとコールスロー付きのホットパストラミ 1 丁. ► *vt* (**-l-** | **-ll-**) ピストルで撃つ. ♦ **～-like** *a* ［F＜G＜Czech＝pipe］
pis·tole /pɪstóʊl/ *n* ピストール《1) スペインの 2 escudos 古金貨 2) これとほぼ等価であったヨーロッパ各地の古金貨》. ［F *pistolet*＜?］
pis·tol·eer, -tol·ier /pìst(ə)líər/ *n*《古》ピストル使用者, ピストル武装兵[者].
pis·to·le·ro /pìstəlέəroʊ/ *n* (*pl* **～s**)《中南米などで》GUNMAN. ［Sp］
pístol grìp ピストル形の握り,《小銃銃床の》握り.
pístol Péte *《俗》女好き, 色事師, 女殺し.
pístol shòt ピストルから発射された弾丸; ピストルの射程.
pístol-whìp *vt* ピストルでなぐる[たたく].
pis·ton /pístən/ *n*〘機〙ピストン;《管楽器の》ピストン; *《俗》トロンボーン. ［F＜It (augment)＜PESTLE］
píston èngine〘空・機〙ピストンエンジン《ピストンがシリンダー内を往復する構造のエンジン》. ♦ **píston-èngined** *a*
píston pìn〘機〙ピストンピン (wrist pin).
píston rìng〘機〙ピストンリング.
píston ròd〘機〙ピストン棒, ピストンロッド.
píston slàp サイドノック, ピストンスラップ《摩耗したピストンがシリンダー壁にぶつかること[音]》.
pis·tou /*F* pistu/ *n* ピストゥー《ニンニク・香料・細いパスタ・チーズ・ピューレのはいった野菜スープ》.
pit[1] /pít/ *n* **1 a** 穴, くぼみ; 落とし穴 (pitfall); 不慮の危険. **b**〘鉱〙あな, 立坑 (cf. ADIT), 炭坑, 採石場; 自動車整備作業用の穴, ピット;〘園〙《特に 地下の》室(む). **c** 穴蔵; ʺ[*joc*] 寝床, 寝室, (きたない)ねぐら: in my ～. **d**《俗》ポケット: coat ～. **2**《物の表面の》くぼみ;《身体などの》小窩(しょうか); あばた;〘植〙《細胞壁の》壁孔; [ᵁ*pl*]《口》わきのした (armpit). **3** [ºthe ～s]〘自動車レース〙ピット《給油・タイヤ交換などの場所》; ピット《高跳びなどで着地する砂場》. **4** 闘犬場, 闘鶏場《など》,《動物園などの》猛獣のおり. **5 a** [the] ʺ《劇場の》一階席(の観客),《今では特に一階後部; cf. STALL[1]》. **b**《劇場の》オーケストラ席, ピット《舞台のすぐ前》. **6 a** *《取引所の》仕切り売場, 立会場 (floor); 穀物取引所をまねたトランプゲーム: a grain ～ 穀物売場. **b**《カジノの》ギャンブル用テーブルのある場所. **7 a** [the] 地獄, 奈落, 墓穴: *the* bottomless ～＝*the* ～ of darkness [hell] 地獄, 奈落. **b**《プロ野球リーグの》最下位; [the ～s]《俗》最悪(のこと[もの, 場所, 事態]), 最低, どん底: Life is *the* ～*s*. 人生は最悪 / He's in *the* ～*s*. 完全に落ち込んでいる, がっくりきている. ● **be at the ～'s brink** 死にかけている. **dig a ～ for…** を陥れようとする. **shoot [fly] the ～**《闘鶏・人などが》逃げかかる. **the ～ of the stomach** みぞおち;《気持を感じ取る場としての》肚の底, 体の奥深いところ.
► *v* (**-tt-**) *vt* **1 a** へこます, …に穴をあける, 痕をつける; …にあばたをこしらえる: a face *pitted* with smallpox あばたづら. **b**〈野菜などを〉穴にたくわえる; 落とし穴に落とす. **2**〈鶏・犬などを〉闘わせる, 取り組ませる 〈*against*〉; 〈人・力・知恵などを〉競争させる 〈*against*〉: The little man *pitted* his brains [wits] *against* the big man's strength. 小男は知恵で大男の力に対抗した. ► *vi* **1** くぼみができる,〘医〙〈皮膚・組織が〉《指や器具で押したあとで》くぼんだままになっている, 陥凹形成[ピッティング]する. **2**〘自動車レース〙車をピットに入れる, ピットインする. [OE *pytt*; cf. G *Pfütze*, L *puteus* well]

pit[2] 《米・南ア》 *n* 《モモなどの》種, 核 (stone). ► *vt* (-tt-) 〈果物〉の核を除く. [?Du; cf. PITH]

pi·ta[1] /píːtə/ *n* アロー繊維, ピータ《網類などに用いる》; ピータを採る植物《リュウゼツラン・イトランなど》. [Sp<Quechua]

pita[2] *n* ピタ(パン) (=~ **brèad**)《地中海・アラブ諸国の円く平たいパンで, 袋状に開いて肉などを詰めて食べる》. [Heb (dim)<*pat* loaf]

PITA PAIN in the ass.

pit·a·haya /pìtəháɪə/, **pi·taya** /pətáɪə/ *n*〘植〙ピタハヤ, ピタヤ《米国南西部・メキシコ産のサボテン; その多汁質の果実》,《特に》ベンケイチュウ (saguaro). [Sp<Taino]

pit-a-pat, pit·a·pat /pìtɪpǽt/, **pit-pat** /pítpæ̀t/ *n* ドキドキ[パタパタ]いう音. ► *adv, a* ドキドキして, パタパタと: go ~〈胸が〉ドキドキする; 小走りする. ► *vi* (-tt-) ドキドキする; パタパタと走る. [imit; cf. PITTER-PATTER]

pít bòss《カジノの》賭博台の元締; *《俗》《鉱山の》現場監督, 班長.

pít bùll **1**〘犬〙ピットブル《American Staffordshire terrier など, 闘犬用につくられて力・スタミナが強い数種の犬あるいはそれらとの雑種の総称》. **2**《口》積極果敢な人物, すごいやり手, 野心家.

pít bùll térrier〘犬〙PIT BULL;〘犬〙AMERICAN STAFFORDSHIRE TERRIER.

Pít·cairn Ísland /pítkɛ̀ərn-/ ピトケアン島《南太平洋にある英領の島; ⇨ BOUNTY》.

pitch[1] /pítʃ/ *vt* **1** 投げる, ほうる 〈*at, away, in, into, out* (*of*), *over*〉;《ゲームで》〈コインなどを〉投げる; 〈ごみなどを〉投げ捨てる, 〈考えなどを〉放棄する;〘野〙〈試合〉でピッチャーをやる, 登板する, 〈完全試合などを〉達成する, 〈人を〉先発登板させる;〘ゴルフ〙ピッチショットで打つ: *P*~ out the drunkard. 酔っぱらいを放り出せ. **2** 適当な位置[角度]に据える;《地に》突っ込む, 〈杭などを〉打ち込む, 〈テントなどを〉張る, 〈住居を〉定める; 〈道路に石を〉敷く;《廃》…に固定する: ~ wickets〘クリケット〙三柱門を立てる. **3 a**〈品物を〉市場に出す, 〈商品などを〉陳列する; 〈広告などを〉〈…に〉向ける 〈*at*〉; 〈商品・企画などを〉売りつける, 売り込む, セールス[プレゼン]する 〈*to*〉; 〈人〉に〈…を〉売り込む 〈sb *on* sth〉; *《俗》〈パーティーを〉開く. **b**〘トランプ〙〈切り札を〉定める;《廃》〈戦陣を〉整える. **4** あるレベル[質]に定める 〈*at*〉;〘楽〙〈声などを〉ある高さにする, 〈旋律などを〉ある調に決める; あるスタイルで[感情をこめて]述べる; 上っ調子で[いいかげんに]しゃべる. ► *vi* **1** 投げる;〘野〙〈投手が〉投球[登板]する;〘ゴルフ〙ピッチショットをする. **2 a** まっさかさまに落ちる[倒れる] 〈*on, into*〉; [it ~es]ˈ《南西部》雪が降り積もる;〘クリケット〙〈ボールが〉バウンドする. **b** 下方[一方]に傾く; 〈船・航空機が〉縦揺れする (cf. ROLL); よろめく, 急に傾く; つんのめる 〈*forward*〉; 〈馬が〉背を曲げて跳びはねる (buck). **3** テントを張る, 野営する; 商い[売り込み]をする, 〈契約・顧客の〉獲得をはかる 〈*for*〉. **4**《よく考えずに》選ぶ, 決定する 〈*on*〉;《古》落ちつく. **5** *《俗》異性にモーションをかける, 口説く, 言い寄る; *《俗》大げさに言う, ほらを吹く. **6** *《ホモ俗》肛門に挿入する, 掘る. ● **in there ~ing** *《口》がんばって, よくやって (⇨ in THERE). **~ sb against…**〈人を〉…と戦わせる. **~ and toss** 激しく揺れ動く. **~ around**〘野〙はずして投球する. **~ a yarn** [**a tale, a line**]ˈ《俗》作り話をする, ほらを吹く. **~ in**《口》参加する, 協力する 〈and help *with* sth〉;《口》懸命にやり出す, がつがつ食べ始める;《口》意見を述べる, アイディアを出す 〈*with*〉. **~ into…**《口》…を激しくやっつける, しかりとばす; …をがむしゃらにやり出す; 〈食べ物〉をかき込む. **~** sb **into…**〈人を〉〈ある状況に〉追い込む. **~ it strong**《口》大ぼらを吹く. **~ on…**を(無造作に)選定する; …に(偶然)出会う. **~ out**《口》追い出す, 捨てる;〘野・アメフト〙PITCHOUT する. **~ up**〘クリケット〙〈ボールを〉打者の近くでバウンドさせる; ˈ《口》やって来る, 姿を現わす. **~** woo.

► *n* **1 a** 投げる[ほうる]こと; 投げられた[ほうられた]量;〘野〙投球(ぶり), ピッチ;〘ゴルフ〙PITCH SHOT;〘アメフト〙PITCHOUT. **b**《航空機・船の》縦揺れ, 上下動 (cf. ROLL, YAW). **2 a** 固定位置;《大道商人などの》店張り場, 店, ショバ;〘野〙投球位置[距離];〘クリケット〙ピッチ《ウィケットとウィケットの間》. **b** ˈ《サッカー・ホッケーなどの》競技場, ピッチ: on a football ~ サッカーの試合に出場して. **c**〘登山〙ピッチ《ルートにおける確保できる支点から支点まで》. **3 a** 程度, 度;《古》点, 頂点, 限界; 高さ;《鷹などが》飛び上がる高さ: fly a high ~ 高く舞い上がる. **b**〘楽〙調子, 音の高低, ピッチ (cf. CONCERT PITCH); 音感 (cf. PERFECT PITCH). **c**〘ボート〙ピッチ, 漕調; 調子, 情況. **4** 傾斜地, 下り坂; 傾斜度, 勾配;〘地質〙ピッチ (plunge). **5**〘機〙ピッチ, 心距;〘空〙ピッチ《**1**) プロペラの一回転で進む距離 **2**) プロペラの羽根の角度》;《のこぎりの》目の粗さ; ピッチ《カーペットで 27 インチ間の縦糸の本数》; ピッチ《ワープロなどで 1 インチ間に打てる文字数(に基づくタイプ幅の単位)》. **6**《口》強引な売込み(口上), 宣伝(文句), プレゼン, キャッチフレーズ, コマーシャル, 勧告; *《俗》《性的な》ちょっかい, モーション, 口説き;《俗》やり方, 手口; *《俗》大道[呼び売り]商人 (pitchman). **7** [the]《口》論点 (point), 問題点, 状況. **8**〘トランプ〙ピッチ《**1**) 打出しの札を切り札とする seven-up **2**) AUCTION PITCH》. ● **make a** [**one's**] **~**《口》ことば巧みに(自分を)売り込む, 宣伝する 〈*for*〉; 気をひこうとする, 口説く, (…に)言い寄る 〈*with*〉. **on the ~** *《口》野心に満ちて, 野望にあふれて. QUEER **the ~ for** sb. **take up** one's **~** 分を守る.

[ME *pi*(*c*)*chen*<?OE **picc*(*e*)*an*; cf. PICK[2]]

pitch[2] *n* **1** ピッチ《タール・石油・油脂などを蒸留して残る黒(褐)色の物質》; ピッチ状の物質: (as) black [dark] as ~=PITCH-BLACK [-DARK] / He that touches ~ shall be defiled.《諺》ピッチにさわればよごれる, 朱に交われば赤くなる. **2** やに, 松やに. ● **touch ~** うしろぐらい事にかかわる, 怪しげな者と交わる. ► *vt* …にピッチを塗る. ♦ **~·like** *a* [OE *pic*; cf. G *Pech*, L *pic- pix*]

pítch àccent〘音〙《日本語などの》高さ[高低]アクセント.

pítch-and-pútt *n*〘ゴルフ〙ピッチ・アンド・パット《**1**) アプローチ・パットだけできる 通例 9 つのホールをもつ小規模なコース **2**) そのコースで行なわれる試合》; [*fig*] わずかな距離.

pítch-and-tóss *n* コインを的に投げ最も的の近くに落ちた者が全部を上に投げて落ちた硬貨の中で表の出たものを取るゲーム.

pítch·bènd *n* ピッチベンド《シンセサイザーで演奏中の楽音のピッチを変えること》.

pítch-bláck *a* ピッチのように黒い, まっ黒な; PITCH-DARK.

pítch·blènde *n*〘鉱〙瀝青ウラン鉱, ピッチブレンド《ウラン・ラジウムの主原鉱》.

pítch cìrcle〘機〙《歯車の》ピッチ円, 刻み円.

pítch còal 亜瀝青炭, 瀝青亜炭.

pítch còne〘機〙ピッチ円錐《かさ歯車のピッチ面をなす円錐》.

pítch-dárk *a* まっ暗闇の, まっ黒な. ♦ **~·ness** *n*

pitched /pítʃt/ *a* 〈屋根が〉傾斜した (cf. HIGH-PITCHED, LOW-PITCHED).

pítched báttle 互角の激戦;《両軍とも事前の作戦・布陣による》会戦 (opp. *skirmish*);《口》《多人数の議論などの》大衝突.

pítch·er[1] *n* **1 a** 投げる人;〘野〙投手, ピッチャー;《麦・乾草などを車上に》投げ上げて積む人: the ~'s plate ピッチャーズプレート. **b**〘ゴルフ〙ピッチャー (=*number seven iron*)《IRON の 7 番》. **2** ˈ敷石; ˈ露天商人. [*pitch*[1]]

pitcher[2] *n* 水差し, ピッチャー《取っ手と口の付いたもの》; PITCHERFUL;〘植〙嚢状葉 (ascidium): Little ~*s* have long ears.《諺》子供は早耳 / *P*~*s* have ears.《諺》壁に耳あり / The ~ goes (once) too often to the well.=The ~ goes so often to the well that it is broken at last.《諺》悪事も続くと最後にはばれる / Whether the ~ strikes the stone, or the stone the ~, it is bad for the ~.《諺》どっちからけんかを売っても弱いほうの負け. ♦ **~·lìke** *a* [OF<L (変形)<*bicarium* BEAKER]

pítcher·fùl *n* (*pl* ~s, **pítchers·fùl**) 水差し一杯分.

pítcher plànt〘植〙嚢状葉植物 (=*monkey cup, trumpet*)《北米産のヘイシソウ属, 東南アジアのウツボカズラ属などの筒状の葉をもつ食虫植物》.

pítch-fàced *a*〘石工〙野面(のら)の, こぶ出しの《目地に沿った部分だけきれいに仕上げた》.

pítch fàrthing CHUCK-FARTHING.

pítch·fòrk *n* ピッチフォーク《乾草などを投げたりするのに用いる長柄の三叉[二叉]》; 音叉(おんさ). ● **It rains ~s.** 雨が土砂降りに降る. ► *vt* ピッチフォークで投げる[上げる]; 〈人を〉急に[無理に]追い込む 〈*into*〉.

pitchi /pítʃi/ *n*《豪》《先住民の女性が用いる》浅い舟形の大きな木製容器, ピッチ《食糧・水, 時には幼児を入れて運ぶ》. [(Austral)]

pítch·ing *n* 敷石; 石畳;〘空〙縦揺れ (cf. ROLL).

pítching machìne〘野〙打撃練習用投球機, ピッチングマシン.

pítching nìblick〘ゴルフ〙ピッチングニブリック (=*number eight iron*)《IRON の 8 番》.

pítching tòol 石工の荒削り用のみ.

pítch invàsion《サッカーなどの観客の》場内乱入.

Pítch Láke ピッチ湖《Trinidad 島南西部にある小湖; 天然アスファルトが堆積している》.

pítch lìne〘機〙PITCH CIRCLE;《ラックの》ピッチ線;《ビー玉遊びで》順番を決めるためにそこから玉を投げる線 (cf. LAG LINE).

pítch·man */-mən/ *n*《街頭・カーニバル・遊園地などでの》大道[呼び売り]商人, 露天商;《口》《テレビ・ラジオなどで》宣伝する人.

pitch·om·e·ter /pɪtʃɑ́mətər/ *n* 船のスクリューのピッチを計る計器.

pítch·òut *n* ピッチアウト《**1**)〘野〙投手が盗塁・スクイズを見越して打者に遠い球を投げること **2**)〘アメフト〙クォーターバックからランニングバックへの下手からの長いパス》.

pítch-pérfect *a* 完璧な, ぴったりきまった.

pítch pìne 松やにの採れる松,《特に》リギダ[ミツバ]マツ.

pítch pìpe〘楽〙《弦楽器の基音を定める》調子笛.

pítch·pòle *vi, vt* 〈小舟など〉波であおむけにひっくり返る[ひっくり返す].

pítch shòt〘ゴルフ〙ピッチショット《ボールが着地の際あまりころがらないように逆回転をつけて高く打ち上げるショット》.

pítch·stòne *n* 松脂岩(しょうしがん), ピッチストーン.

pítch whèel〘機〙大歯車 (gear wheel).

pítch·wòman* *n* 《口》商品の宣伝をする女性.

pítchy *a* PITCH² の多い[ような], 粘る; ピッチを塗布した; ピッチ色の, 黒い; まっ暗な. ♦ **pítch·i·ness** *n*

pít còal 坑口(こうこう)炭, 石炭 (opp. *charcoal*).

pit·e·ous /pítiəs/ *a* あわれな, 悲惨な; 悲しげな; 《古》情け深い. ♦ **~·ly** *adv* **~·ness** *n* [OF＜Romanic; ⇨ PITY]

Pi·teș·ti /pɪtéʃt(i)/ ピテシュティ《ルーマニア中南部の工業都市》.

pít·fàll *n* 落とし穴; [*fig*] 思いがけない危険, 陥穽, 誘惑.

pith /píθ/ *n* **1 a** 〖植〗髄; 《オレンジなどの》果皮の内側の柔組織, 'わた'; 《骨などの》髄, 芯; 《古》脊髄. **b** 心髄, 核心, 要点; 重要さ, 重み; 実質, 実(じつ): the ~ (and marrow) of a speech 演説の骨子. **2** 力, 元気, 体力; 《文章などの》力, 勢い: a man of ~ 精力家. ● **of (great) ~ and moment** きわめて重要な. ► *vt* …の髄[芯]を取り去る; 脊髄を切って〈家畜を〉殺す; 《脊柱管を穿刺して》〈カエルなど〉の脊髄[中枢神経系]を破壊する. ♦ **~·less** *a* [OE *pitha*; cf. MLG *pit*]

pít·hèad *n* 〖鉱〗立坑坑口(こうこう).

pith·e·can·thrope /pìθɪkǽnθròup/ *n* 〖人〗PITHECANTHROPUS.

pith·e·can·thro·pine /pìθɪkǽnθrəpàɪn/ *a, n* 〖人〗ピテカントロプス(の).

pith·e·can·thro·poid /pìθɪkǽnθrəpɔ̀ɪd, -kənθróupɔ̀ɪd/ *a, n* 〖人〗ピテカントロプスに似た(ヒト).

pith·e·can·thro·pus /pìθɪkǽnθrəpəs, -kænθróu-/ *n* (*pl* **-thro·pi** /-pàɪ, -pìː/) 〖人〗ピテカントロプス, ジャワ猿人[原人], 直立猿人《*P*~ 属の化石人類; cf. JAVA MAN》. [NL (Gk *pithēkos* ape, *anthrōpos* man)]

Pithecánthropus eréctus /-ɪréktəs/ 〖人〗ピテカントロプス・エレクトゥス, 直立猿人 (=*Java man*).

pithe·coid /píθəkɔ̀ɪd, pɪθíː-; pɪθíː-/ *a* 猿[類人猿]の(ような).

píth hèlmet SOLA TOPEE.

pi·thos /píθɑs, páɪ-/ *n* (*pl* **-thoi** /-θɔɪ/) 〖考古〗大甕(おおがめ), ピトス. [Gk]

píth ràу 〖植〗放射組織 (medullary ray).

píthy *a* 髄の(ある); [*fig*] 〈表現などが〉簡にして要を得た, 簡潔な, きびきびした. ♦ **píth·i·ly** *adv* **-i·ness** *n*

piti·able /pítiəb(ə)l/ *a* あわれな, かわいそうな, 不憫(ふびん)な; なさけない (pitiful); 卑しむべき, あさましい. ♦ **-ably** *adv* **~·ness** *n* [OF (PITY)]

píti·er /píti-/ *n* あわれむ人, 気の毒がる人.

piti·ful /pítɪfəl/ *a* かわいそうな, みじめな; あわれむべき, あさましい, ひどい (pathetic); 情けないほどの, とてもわずかな; 《古》あわれみ[情け]深い. ♦ **~·ly** *adv* **~·ness** *n*

piti·less /pítɪləs/ *a* 無慈悲な, 薄情な, 冷酷な, 容赦ない. ♦ **~·ly** *adv* **~·ness** *n*

Pitj·an·tja·tjara /pɪ̀tʃəntʃətʃǽrə/, **Pitj·an·tjara** /pɪ̀tʃənʤǽrə/ *n* **a** (*pl* ~, ~**s**) ピチャンチャチャラ族《South Australia の砂漠地帯に住む先住民》. **b** ピチャンチャチャラ語.

pít lìzard*《俗》自動車レーサーの女性ファン.

pít·man /-mən/ *n* **1** (*pl* **-men** /-mən/) 鉱員, 坑夫, 《特に》炭坑夫 (collier); PIT SAWYER; 《自動車レースの》ピットマン. **2** (*pl* ~**s**)* 〖機〗連接棒; WALKING BEAM.

Pitman ピットマン Sir **Isaac** ~ (1813–97)《表音速記術を発明した英国人》.

Pi·to·cin /pɪtóusən/ 〖商標〗ピトシン《オキシトシン (oxytocin) 製剤》. [*pit*uitary＋oxy*tocin*]

pi·ton /píːtɑ̀n; *F* pitɔ̃/ *n* 〖登山〗ハーケン, ピトン; 鋭峰 (sharp peak). [F=eyebolt]

pí·tot (tùbe) /píːtòu (―⌣―), ―⌣(-)/ [°P-] 〖理〗**a** ピトー管《流体の流速測定に使う》. **b** ピトー静圧管 (=**pítot-státic tùbe**). [Henri *Pitot* (1695–1771) フランスの物理学者・技師]

pit·pan /pítpæ̀n/ *n* 《中米で用いる》平底の丸木舟. [Miskito]

pit-pat ⇨ PIT-A-PAT.

pít pònyᴵᴵ《昔 坑内で石炭運搬に使用した》坑内用ポニー.

pít·pròp *n* 坑道の支柱, 抗木.

pít ròad 《自動車競走場のトラックとピットを結ぶ》ピットロード.

pít sàw 縦挽き大のこぎり《丸太の上とその下または穴の中で 2 人で挽く; cf. SAWPIT》.

pít-sàwn *a* 〈材が〉pit saw で挽いた.

pít sàwyer 《大のこぎりの》下挽き人.

pít stòp 1 〖自動車レース〗ピット入り, ピットイン; 《給油・休憩などのための》途中停車[停泊](地), 一時[トイレ]休憩; 寄り道; 飲食店. **2** *《俗》わきが止め, におい消し《arm*pit* odor を *stop* することから》.

Pitt /pít/ ピット **William** ~《英国の政治家父子 1st Earl of Chatham=the Elder ~ (1708–78); the Younger ~ (1759–1806)》.

pit·ta¹ /pítə/ *n* 〖鳥〗**a** ヤイロチョウ(八色鳥) (=*ground thrush, ant thrush*)《同属の総称; アフリカ・南アジア主産》. **b** ジアリドリ《中米・南米産》. [Telugu=bird]

pitta² *n* PITA². [ModGk=cake]

pit·tance /pítns/ *n* わずかな食物[手当, 収入]; 少量; 〖史〗《修道院などへの》寄進, 施し. [OF＜Romanic; ⇨ PITY]

pít·ted¹ *a* あばた[小穴]のある; 〖植〗孔紋[凹点]…. [*pit*¹]

pítted² *a* 核を除いた. [*pit*²]

pit·ter-pat·ter /pítərpæ̀tər/ *n* パラパラ[パタパタ, ドキドキ]という音 (=*pit-a-pat*)《雨の降る音・人の駆ける音・胸の鼓動など》. ► *adv, a* パラパラ[パタパタ]と, ドキドキして. ► *vi* パラパラと音をたてる[落ちる]. [imit]

pít·ting *n* 点食, 孔食, ピッティング《金属表面の被膜破損箇所から進む腐食》; ペンキの表面の穴, くぼみ; あばた《集合的》; 《闘鶏で》鶏を向き合わせること.

pit·titeᴵᴵ /pítàɪt/ *n* 《劇場の》二階下土間客.

pít tòmb 〖考古〗竪穴式墳墓 (=*shaft grave* [*tomb*]).

pit·tos·po·rum /pətɑ́spərəm/ *n* 〖植〗トベラ属 (*P*-) の常緑樹. [Gk *pitta* pitch², *sporos* seed]

Pitt-Riv·ers /pítrívərz/ ピットリヴァーズ **Augustus Henry** ~ (1827–1900)《英国の軍人・考古学者》.

Pitts·burgh /pítsbə̀ːrg/ ピッツバーグ《Pennsylvania 州南西部の工業都市; Allegheny 川と Monongahela 川が合流して Ohio 川となる地点に位置》. ♦ **~·er** *n* [William *Pitt* (父) にちなむ]

Píttsburgh féathers *pl* *《俗》ピッツバーグの羽ぶとん《放浪者が貨車に泊まるときの床となる石炭》.

Pítt Strèet fàrmer [gràzier] 《豪口》ピットストリートの農場主《Sydney の町なかに住んでいるが, 税金対策のために田舎に農地などを所有する実業家・医師・弁護士など; ⇨ COLLINS STREET COCKY》. [*Pitt Street* Sydney のビジネスの中心街]

pit·ty·pat /pítipæ̀t/, **-pat·ty** /-pæ̀ti/ *adv, n, vi* PIT-A-PAT.

pi·tu·i·tary /pət(j)úːətèri; pɪtjúːɪt(ə)ri/ *a* 〖解〗下垂体(性)の; 《古》PITUITOUS. ► *n* 〖解〗下垂体; 〖薬〗下垂体製剤. [L (*pituita* phlegm)]

pitúitary bòdy [glànd] 〖解〗下垂体 (=*hypophysis*).

pitúitary éxtract 〖医〗下垂体エキス.

pi·tu·i·tous /pət(j)úːətəs/ *a* 粘液(性)の.

pi·tu·i·trin /pət(j)úːətrən/ *n* [°P-] ピツイトリン《下垂体後葉ホルモン薬》.

pit·u·ri /pítʃəri/ *n* ピチュリ《**1**) ニコチンを含む豪州産ナス科の低木 **2**) その乾燥葉; 先住民はこれをかんで麻薬とする》. [(Austral)]

pít vìper 〖動〗《赤外線を感じるピット器官をもつ》マムシ亜科の各種の毒ヘビ, ピットバイパー《マムシ・ハブ・ガラガラヘビなど; クサリヘビ科》.

pity /píti/ *n* あわれみ, 同情; 同情心; 惜しいこと, 残念なこと, 遺憾なこと: It is a ~ [a thousand *pities*] [The ~ is] that…は気の毒[遺憾千万]なことだ / feel ~ *for*…をあわれむ, 気の毒に思う / The ~ of it! 残念なことに; かわいそうに / What a ~ (that…)! (…とは)実にかわいそうだ[残念だ] / have [take] ~ on…を気の毒がる / The more [More] is the ~. なおさら残念だ, 残念ながら (unfortunately) / for ~'s SAKE¹ / in ~ of…を気の毒に思って / out of ~ 気の毒に思って 〈*for*〉 / It is [was] ~ of them. 《古》彼らはかわいそうだ[だった]. ► *vt, vi* あわれむ. [OF＜L PIETY]

píty·ing *a* あわれみを表わす[感じる], あわれむような, 気の毒そうな. ♦ **~·ly** *adv*

pit·y·ri·a·sis /pɪ̀tɪráɪəsəs/ *n* 〖医〗粃糠疹(ひこうしん). [Gk=scurf]

più /pjúː/ *adv* 〖楽〗さらに, いっそう (more); いくぶん (somewhat): ~ allegro もっと速く / ~ forte もっと強く / ~ mosso もっと速く. [It]

piu·piu /píːupìːu, pjúːpjùː/ *n* (*pl* ~, ~**s**) 《NZ》ピウピウ《亜麻の葉で作ったマオリ族のスカート; 儀礼用》.

Piu·ra /pjúərə/ ピウラ《ペルー北西部の市; 1532 年 Pizarro が建設した》.

Pi·us /páɪəs/ 《ローマ教皇》ピウス (**1**) ~ **II** (1405–64)《在位 1458–64; 筆名 Aeneas Silvius, 俗名 Enea Silvio (de') Piccolomini》 (**2**) ~ **IV** (1499–1565)《在位 1559–65; 俗名 Giovanni Angelo de' Medici; Trent 宗教会議を終結》 (**3**) Saint ~ **V** (1504–72)《在位 1566–72; 俗名 Michele Ghislieri; Trent 宗教会議の決定事項を実行, イングランド女王 Elizabeth 1 世を破門 (1570), トルコ軍を Lepanto で破った (1571); 聖人, 祝日 4 月 30 日 (もと 5 月 5 日)》 (**4**) ~ **VII** (1742–1823)《在位 1800–23》 (**5**) ~ **IX** (1792–1878)《在位 1846–78》 (**6**) Saint ~ **X** (1835–1914)《在位 1903–14; 聖人, 祝日 8 月 21 日 (もと 9 月 3 日)》 (**7**) ~ **XI** (1857–1939)《在位 1922–39; 俗名 Achille Ratti; Lateran 条約に署名 (1929), Vatican City が独立国として認められた》 (**8**) ~ **XII** (1876–1958)《在位 1939–58》.

Piute ⇨ PAIUTE.

piv·ot¹ /pívət/ *n* **1** 〖機〗軸頭, 旋回軸, ピボット; 《臼などの》ほぞ; 中心点, 要点, かなめ. **2** 肝腎かなめの人; 〖スポ〗中心となる選手[位置]《バスケットボールのセンターなど》; 〖軍〗軸兵. **3** ピボット《**1**) 〖ゴルフ〗スイングにおける体の回転 **2**) 〖バスケ〗片足を軸にして他方の足で回転すること **3**) 軸足から他方の足に体重を移し替えるようにするステップ》. ► *a* 軸となる; 《軸を中心に》回転[旋回]する: a ~ man 《方向変換の》軸兵. ► *vt* ピボット上に置く; …にピボットを付ける. ► *vi* 《軸を中心として》旋回[回転]する, 揺れる 〈*on*〉, 回れ右する; [*fig*] 〈…で〉決する, 〈…に〉かかる 〈*on*〉. ♦ **~·able** *a* **~·ability** *n* [F＜?]

pivot² *n* *《陸軍俗》兵卒 (private). [*pvt* private]

pívot·al *a* ピボットの(ような); 中枢の, 中心的な〈役割・人物など〉; 必要不可欠の, きわめて重要な 〈*to*〉. ♦ **~·ly** *adv*

pívot brìdge ピボット(旋開)橋《スパンが鉛直軸のまわりに回転する》.

P

pívot gràmmar〘心〙軸文法《子供の二語文をつかさどる文法; 文は軸語と開放クラス (open class) の単語からなるとする》.

pívot jòint〘解〙車軸関節.

pívot·màn *n* 中軸選手《特に バスケットボールのセンター》.

pívot tòoth [cròwn]〘歯〙枢軸冠, 有釘陶歯《歯根に金属ピンを差し込んで付けた人工歯冠[継ぎ歯]》.

pix[1] *n* PIC[1] の複数形.

pix[2] /píks/ *n, vt* PYX.

pix[3] *n**《俗》ホモ. [*pixie*[2]]

pix·el /píksəl/ *n* 《テレビ画像などを構成する》画素, ピクセル;〘電算〙ピクセル《光学センサーとして用いる電荷結合素子》. [*pix*[1]＋*el*ement]

pix·el·ate, -el·late, -il·ate /píksəlèɪt/ *vt*〘電算〙画素 (pixel) に分解する, ピクセル化する;〈画像〉にモザイクをかける, モザイク処理する. ♦ **píx·el·àt·ed** *a* **pix·el·á·tion** *n*

pix·ie[1] /píksi/ *n* ピクシー《女性の極端に短いヘアスタイル; 1950 年代に流行した》. [↓]

pixie[2], **pixy** /píksi/ *n* 小妖精; 小柄で快活な女性; *《俗》ホモ (fairy). ► *a* いたずら好きな, おちゃめな. ♦ **～·ish** *a* **píxi·ness** *n* [C17<?]

píxie cáp [hát] ピクシーハット《妖精がかぶるようなとんがり帽》.

píxie hóod ピクシーフード《とがったフード》.

pixilate ⇨ PIXELATE.

pix·i·lat·ed, -il·lat-, pix·o- /píksəlèɪtəd/ *a* 頭がおかしい, ぼんやりした; とぼけた, 風変わりな, ふざけた; 当惑した (bewildered), 混乱した; 酔った. ♦ **pix·i·lá·tion** *n* [*titillated* にならって *pixy* からか]

Pi·zar·ro /pəzá:roʊ/ ピサロ **Francisco ～** (c. 1475–1541)《インカ帝国を征服したスペインの軍人》.

Piz Bernina ⇨ BERNINA.

pize /páɪz/ *vt* 《ヨークシャー方言》〈人を〉なぐる.

pizz.〘楽〙pizzicato.

piz·za /pí:tsə/ *n* ピザ, ピッツァ (＝～ pie): a ～ parlor ピザの店 / a ～ cutter [wheel]《車輪型の》ピザカッター, パイ皮切り. ♦ **～·lìke** *a* [It＝pie]

pízza-fàce *n**《俗》ひどいニキビ面(づら)(のやつ), ピザ面.

Pízza Hùt ピザハット《米国のピザレストランチェーン》.

piz·zazz, pi·zazz /pəzǽz/ 《俗》*n* 元気, 活気; 才気, ひらめき; 華麗, はなやかさ. ♦ **-zázzy** *a* [imit]

piz·ze·ria /pì:tsərí:ə/ *n* ピザ屋[レストラン]. [It]

piz·zi·ca·to /pìtsɪká:toʊ/〘楽〙《略 pizz.》*n* (*pl* **-ti** /-ti/, **～s**) つまびきの楽節, ピッツィカート, ピチカート. ► *adv, a* ピッツィカートで[の]. [It (pp)〈 *pizzicare* to twitch]

piz·zle /píz(ə)l/ *n* 獣[《特に》雄牛]の陰茎《昔 むちを作った》; 《卑》《人間の》ペニス. [LG *pesel* (dim)<MLG *pēse*]

PJ °police justice.

pj's, PJ's /pì:ʤéɪz/ *n pl**《口》パジャマ (pajamas).

PK /pì:kéɪ/ *n* PSYCHOKINESIS.

pk pack ♦ peak ♦ peck(s)《単位》♦ pike. **pk, Pk** park.

PK Pakistan ♦ preacher's kid《しつけがきびしくお上品な》牧師[聖職者]の子. **pkg** package. **pkt** packet.

PKU phenylketonuria (: a ～ test).

pkunzip /pì:kèɪʌ́nzɪ̀p/ *n*〘電算〙pkunzip (⇨ PKZIP).

pkwy, pky parkway.

pkzip /pì:kéɪzɪ̀p/ *n*〘電算〙pkzip《DOS 用のデータ圧縮ソフトウェア; これによるファイルは pkunzip を用いて復元する》.

pl. plate ♦〘軍〙platoon ♦ plural. **pl., Pl.** place.

PL °Poet Laureate ♦ Poland ♦ °Primrose League ♦ private line ♦ °product liability ♦ °programming language ♦ °public law ♦ °Public Library. **P/L** °profit and loss.

PLA〘中国〙People's Liberation Army 人民解放軍 ♦ °Port of London Authority.

plac·a·ble /plǽkəb(ə)l, pléɪ-/ *a* なだめやすい, 温和な, 寛容な, 寛大な. ♦ **-bly** *adv* **plàc·a·bíl·i·ty** *n* [OF or L (*placo* to appease)]

plac·ard /plǽkà:rd, *-kərd/ *n* 貼り紙, 掲示, プラカード, ポスター (poster), ビラ, 看板; 荷札, 名札. ► *vt* 掲示する; 掲示で知らせる; …にビラを貼る; …の看板を出す. ♦ **～·er** *n* [OF (Du *placken* to glue)]

pla·cate /pléɪkèɪt, plǽk-; pləkéɪt/ *vt* なだめる, 慰める, 懐柔する. ♦ **plá·cat·er** /; pləkéɪ-/ *n* **plá·cat·ing** /; pləkéɪ-/ *a* **plá·cat·ing·ly** /; pləkéɪ-/ *adv* **pla·cá·tion** *n* **pla·ca·tive** /pléɪkèɪtɪv, plǽk-; plǽkətɪv, pləkéɪ-/ *a* **pla·ca·to·ry** /pléɪkətɔ̀:ri, plǽk-; plǽkət(ə)ri, pləkéɪ-/ *a* [L (*placo* to appease)]

place /pléɪs/ *n* **1 a** 場所, 所;〘劇〙場所 (⇨ DRAMATIC UNITIES): One cannot be in two ～*s* at once. 《諺》一時に 2 か所にはいられない《何かをしないための言いわけ》. **b** 部分, 箇所, 局部;《本などの》一節, くだり;《音楽の》一節, 楽句: find [lose] one's ～ 読んで[論じて]いた箇所を見つける[見失う]. **c** 地方; 市, 町, 村. **d** 空間, 余地: leave ～ *for*…の余地を残す. **2 a**《特定の目的に使用される》場所, 建物, …場[店, 屋]; 室, 事務室: one's ～ of work 職場 / a ～ of worship 礼拝所. **b** 田舎屋敷,《田舎の》別荘, 館; 住所, 住居, 家, 住まい, 宅: *at* our ～ わが家では / They have a ～ in the country. 田舎に別荘をもっている / Nice ～ you have here. いいお住まいですね. **c***《俗》たまり場. **3** [地名の一部として; P-] 広場, 広小路; 通り, 街: Portland *P*～ ポートランド街《London の通り; BBC がある》. **4** 立場, 環境, 境遇: If I were in your ～, I wouldn't go. きみの立場にあったらとても行かないのだが. **5 a** 地位, 身分, 順位, 座; 高い地位; 官職, 役, 公職; 仕事, 勤め口 (job): know [keep] one's ～ 自分の身のほどを心得ている, 目上に丁重にする / learn one's ～ 身のほどをわきまえるようになる / teach sb his ～ 人に身のほどを思い知らせる / take a ～ beside…《重要性において》…と並ぶ, …に劣らない / look for a ～ 職を捜す / lose one's ～ 職を失う / change [swap, trade] ～*s* with…と立場を替える[入れ替わる] (cf. 6a). **b** 職務; 本分 (duty): It is not my ～ to criticize. 批評はわたしのすべきことではない. **6 a** 席, 座席, 定位置, (列の)順番, ポジション,《学校・講座・チームなどの》籍, (定員の)空き;《本来あるべき》場所, しかるべき場所, 正しい(作動)位置: take one's ～ at (the) table 食卓で設けの席に着く / lay [set] ～*s* for five 5 人分の食卓を用意をする / I changed ～*s* with him. 彼と席を代わった (cf. 5a) / A ～ for everything, and everything in its ～. 《諺》物にはその物の置場がある《整理整頓の教え》. **b** ふさわしい時〈*to* do〉; もっともな理由; (存在)価値, 使い道〈*for*〉. **7 a** 順序: in the first [second, last] ～ 第一[第二, 最後]に. **b** ″〘競技〙着順《競馬などで通例 1, 2, 3 着, 時に 4 着まで》; *《競馬などで》2 着(以内), 賞 (cf. WIN[1], SHOW): get a ～ 3 着以内にはいる; *2 着(以内)にはいる / win (a) first ～ 1 着に入賞する. **c***《口》成功, 上首尾. **8**〘数〙けた, 桁: Calculate it to three ～*s* of decimals [three decimal ～*s*] 小数点以下 3 位まで計算せよ.

● **all over the ～** そこいら中, あっちこっちで; 乱雑に, ごたごた[混乱]して; 取り乱して. **another ～** ″[*joc*] あちら(さん)《下院からみた上院, または その逆 (the other PLACE)》. **any old ～ [where]**《口》任意の場所, どこでも (anywhere). **as if [though] one owned the ～** 我が物顔で, 無遠慮に. **be no ～ for**…の出る場所ではない; …の余地がない: It *is no* ～ *for* you. きみのいるべき所でない. **click into ～** かちっとはまる, 〈事が〉つじつまが合う, はっきりする (fall into ～). **fall [fit] into [in] ～** 〈物が〉あるべき所におさまる; 〈できごと・話などが〉つじつまが合う, すべて納得がいく, はっきりする; うまくいく, 軌道に乗る. **from ～ to ～** あちらこちらに, ところどころに. **get a ～** 職[地位]を得る; 《学校に》合格する. **give ～ to**…に席[地位]を譲る; …に代わられる, …へと移り変わる. **go ～s**《口》あちこち[方々]旅行する, 遊び歩く; 《口》成功する, 出世する. **have a ～ (in**…に)位置を占める, 存在する[できる]: *have* no ～ お呼びでない, 出る幕がない, 相手にされない. **in high ～s** 高い地位の人びとの間で: have friends *in high* ～*s* 有力なコネがある. **in ～** 本来のところに, しかるべき所に, 定位置に (opp. *out of place*); 用意されて, 設置されて, すぐ使える状態で, 実施されて; 適切な; 同じ場所で, その場で; 正しい順番で: run *in* ～《一点にとどまったまま》駆け足足踏み[その場駆け足]をする. **in ～ of** sb [sth]＝**in** sb**'s** [sth**'s**] **～** …の代わりに (cf. 4, 6a). **in ～s** ところどころに. **keep** sb **in** his **～** 人をつけあがらせない. **make ～ for**…《まれ》…のために場所をあける; …に席を譲る; …に取って代わられる. NO PLACE. **out of ～** 置き違えて, 場違いの (opp. *in place*); 不適当な; 失業して: feel *out of* ～ 場違いの感じをもつ. PRIDE **of ～**. **put** sb **in** his **～** 人の出すぎをたしなめる, 人に分際を分からせる. **put** one**self in** sb**'s ～** 人の立場に立って考える. **scream the ～ down** ″《口》《危険などを》大声で知らせる; 《人目をひくほど》大声でわめく, 猛抗議する. **take first ～** 最重要の扱いをうける, 最優先される (cf. take second PLACE). **take ～** 起こる, 催される (happen): The Norman Conquest *took* ～ in 1066. **take second ～** 優先されない, 二の次の扱いをうける. **take** one**'s ～** いつもの[特定の]位置につく; 《ある特定の》地位を占める, …と考えられる. **take the ～ of**…に代わる, …の代理をする: Mechanical power *took the* ～ *of* manual labor. **the other ～** 《天国に対して》もう一つの世界, 地獄; ″[*joc*] あちら(さん)《**1)** Oxford 大学からみた Cambridge 大学, または その逆 **2)** 上院 (House of Lords) からみた下院 (House of Commons), またはその逆》. **Your ～ or mine?***《俗》《セックスは》きみんちでそれともぼくんちで?

► *vt* **1 a** 置く, 据える; 命中させる; 配置する, 整頓する, 配列する; 〈広告を〉新聞[雑誌]に入れる[出す]; 《審議などのため》〈計画などを〉提出する, 議題として出す, 〈問題を〉提起する. **b** 投資する; 〈注文を〉出す; …の注文を出す, 申し込む; 〈電話を〉かける; 〈商品・株などを〉売りさばく: He ～*d* $1000 *in* government securities. 公債に 1000 ドル投資した / We have ～*d* an order *for* 20 copies *with* the publisher. 出版社に 20 部の注文を出した / ～ a person-to-person call 指名通話を申し込む. **c** …の場所[等級, 価値]を定める; 《ある立場・状況に》置く, あずける, ゆだねる; 〈人〉に仕事[家]を見つけてやる: He was ～*d* *in* the sales department. / ～ sb [sth] *among*… 人[もの]を…同然と考える / ～ money *above* [*before*] one's family 家族より金を重要視する / How are you ～*d for* money? お金はだいじょうぶ[足りてる]? / ～ sb *with* a law firm 人に法律事務所の職を斡旋する. **2** 〈信頼を〉おく, 〈希望などを〉かける: They ～*d* confidence in [*on*] their leader. 指導者を信頼した. **3** 見分ける, 思い出す (identify): Finally I ～*d* her *as* a former neighbor. 彼女が昔の隣人だとわかった. **4** 〈勝馬など〉の入賞順位を決める: His horse was not ～*d*. 入賞しなかった

《通例英国では 2 ないし 3 位以内, 米国では 2 位以内にはいらない場合; cf. *n* 7b》. **5**《発声器官とよく共鳴するように》〈声を〉声域に合わせる. **6**〘アメフト・ラグビー・サッカー〙〈ゴールを〉placekick で得る. ► *vi* …番になる; 《レースで》3 着[4 着]以内にはいる; *《特に 競馬で》2 着になる. ● **~...at** 〈事を〉…と推定する; 〈人・物〉が…にいた[あった]と考える. **~ back** 後方へ移す; もとの場所へ戻す. **~ out** *《学生俗》〈科目を〉免除される 〈*of*〉. ♦ **~·able** *a* ［OF＜L *platea* broad way ＜Gk］

place aux dames /*F* plas o dam/ ご婦人方に道をあけて[席をお譲り]ください.

pláce bèt〘競馬〙複勝式勝馬投票法《米国では 2 着(以内), 英国では 3 着以内にはいるとして賭ける》.

pla·ce·bo *n* (*pl* **~s, ~es**) **1** /platʃéɪboʊ/〘カト〙死者のために唱える聖務の晩課. **2** /plasíːboʊ/ **a**〘医〙《薬として患者に投与される, 有効成分のない》偽薬, プラセボ, プラシーボ《心理効果用・新薬テストの対照剤用》. **b** 慰撫, 気休め, 機嫌取り. ［L＝I shall be acceptable (*placeo* to please)］

placébo effèct〘医〙プラセボ[プラシーボ]効果《偽薬の投与による心理効果などで実際に患者の容態がよくなること》.

pláce brìck《かまどの風上にあった》生焼け煉瓦.

pláce càrd《宴席などの》座席札.

pláce hìtter〘野〙ねらった方向へ打てる打者, プレースヒッター. ♦ **pláce hìtting** *n*

pláce·hòld·er *n* プレースホルダー《**1**)〘数・論〙ある集合の任意の元の名称で置き換えうる数式[論理式]内の記号 **2**) あとで入れるデータの場所を確保しておくための文字や記号》.

pláce·kìck〘アメフト・ラグビー・サッカー〙*n* プレースキック《ボールを地上に置いてするキック; cf. PUNT[3], DROPKICK》. ► *vt, vi* プレースキックする, プレースキックで〈得点を〉得る. ♦ **~·er** *n*

pláce·less *a* 定まった場所のない; 局所に限定されない; どこにでもあるような; 失業中の, 職に就いていない. ♦ **~·ly** *adv* **~·ness** *n*

pláce·man[‖] /-mən/ *n* [°*derog*]《政治家などの言いなりの》役人, 官吏, 《いばる》小役人.

pláce màt プレース[テーブル]マット《食卓で一人分の食器類一式の下に敷く布や紙製の小型マット》.

pláce·ment *n* 置くこと, 配置, 設置; 職業紹介, 就職[住居]斡旋[手配], 受け入れ[編入](先); ‖実習, (実地)研修 (＝work ~); PLACEKICK (するためボールを地上に置くこと), その位置, プレースメント; 〘テニスなど〙プレースメント, 球さばき《相手が打ち返せないような場所へのショット》.

plácement tèst《新入生のクラス分けのための》実力試験, クラス分け試験.

pláce-nàme *n* 地名.

pla·cen·ta /plaséntə/ *n* (*pl* **~s, -tae** /-tiː/)〘動・解〙胎盤;〘植〙胎座. ［L＜Gk＝flat cake］

pla·cén·tal *a*〘動・解〙胎盤の[を有する, による]; 有胎盤(哺乳)類の (eutherian). ► *n* 有胎盤(哺乳)類 (eutherian).

placénta pré·via [prae·via[‖]**]** /-príːviə/〘医〙前置胎盤. ［NL＝previous placenta］

pla·cen·tate /pləsénteɪt/ *a*〘動・解〙胎盤[胎座]を有する.

plac·en·ta·tion /plæ̀sənteɪ́ʃ(ə)n/ *n*〘動・解〙胎盤形成; 胎盤構造;〘植〙胎座配列, 胎座形式.

Pla·cen·tia /pləsénʃ(i)ə/ プラケンティア《PIACENZA のラテン語名》.

pla·cen·tog·ra·phy /plæ̀s(ə)ntágrəfi/ *n*〘医〙《X 線による》胎盤造影(法).

pláce plàte SERVICE PLATE.

plac·er[1] /pléɪsər/ *n* 置く人; 入賞者 (cf. PLACE); 《豪俗》ひとつ所から動かない羊; ‖《俗》故買仲介人: the third-~ 3 位入賞者.

plac·er[2] /plǽsər/ *n* 砂鉱; 砂鉱床, 砂金採取所: ~ gold 砂金. ［AmSp; cf. AmSp *placel* sandbank］

plácer mìning 砂鉱採鉱 (cf. HYDRAULIC MINING).

pláce sètting《食事の時に並べる》一人分の食器具;〘商〙一人分食卓用食器具セット.

pla·cet /pléɪsət; -sèt, -sət/ *n* 賛意の表明; 賛成(票): non ~(*s*) 不賛成(票). ［L＝it pleases (*placeo* to please)］

pláce vàlue〘数〙桁の値《例: 532 で 3 のある桁の値は 10》.

plac·id /plǽsəd/ *a* 穏やかな, 静かな; 落ちついた; 満悦した. ♦ **pla·cid·i·ty** /pləsídəti, plæ-/ *n* **~·ly** *adv* **~·ness** *n* ［F or L (*placeo* to please)］

plac·ing /pléɪsɪŋ/ *n*《競技などの》順位; 《処分説明・経過報告なしの一会社の》資本売出し.

plack·et /plǽkət/ *n*《スカートなどの》わきあき, プラケット; 《古》《スカートの》ポケット; 《古》ペチコート; 《古》女. ［変形く *placard*］

pláco·dèrm /plǽkə-/ *n*〘古生〙板皮(ばんぴ)綱 (Placedermi) の脊椎動物《シルル紀から石炭紀にかけて生息》.

plac·oid /plǽkɔ̀ɪd/ *a*〈うろこが〉板金状の: ~ scale 楯鱗(じゅんりん);〘魚〙楯鱗魚類 (Placoidei) の[に関する]. ► *n* 楯鱗魚. ［Gk *plak- plax* flat plate］

pla·fond /pləfán/ *n*〘建〙飾り天井, 見上げ面;〘トランプ〙プラフォン《CONTRACT BRIDGE の前身》. ［F (*plat* flat)］

pla·gal /pléɪg(ə)l/ *a*〘楽〙変格の (cf. AUTHENTIC)《**1**)〈教会旋法が〉終止音の下に 4 度, 上に 5 度を音域とする **2**)〈終止が〉下属和音から主和音へ進行する》. ［L (*plaga*; ⇨ PLAGI-)］

plágal cádence [clóse]〘楽〙変格終止.

plage /pláːʒ/ *n* 浜辺, 《特に》海岸の行楽地;〘天〙プラージュ《太陽表面の光輝域; 通例 黒点の周囲にみられ, 水素・電離カルシウムからなる》. ［F］

pla·gi- /pléɪdʒi, plǽdʒi/, **pla·gio-** /pléɪdʒioʊ, plǽdʒ-, -dʒ(i)ə/ *comb form*「斜…」［Gk (*plagios* oblique)］

pla·gia·rism /pléɪdʒ(i)ərìz(ə)m/ *n* 剽窃, 盗作; 剽窃物. ♦ **-rist** *n* 剽窃者. **plà·gia·rís·tic** *a*

pla·gia·rize /pléɪdʒ(i)əràɪz/ *vt, vi* 〈人の文章・説などを〉盗む, 剽窃する, 盗用する. ♦ **-riz·er** *n*

pla·gia·ry /pléɪdʒ(i)əri, *-dʒìəri/ *n* PLAGIARISM; 《古》PLAGIARIST. ［L＝kidnapper］

plàgio·céphaly *n*〘医〙斜頭(蓋)症.

plágio·clàse *n*〘鉱〙斜長石.

plàgio·clíma *n*〘生態〙偏向的極相.

plàgio·clímax *n*〘生態〙偏向的極相《人為などなんらかの外的要因の干渉の結果, 動植物の群集の一次遷移系列がゆがめられて安定した極相》.

plàgio·trópic *a*〘植〙斜行する, 傾斜屈性の, 斜立[斜生]の. ♦ **-i·cal·ly** *adv* **pla·gi·ot·ro·pism** /plèɪdʒiátrəpìz(ə)m; -dʒiəʊtráʊ-/ *n* 傾斜屈性.

plague /pléɪg/ *n* **1** 疫病, 伝染病, 悪疫, [ᵘthe]〈腺〉ペスト: *the* black ~ ペスト / *the* white ~ 肺結核 / avoid...like the ~ 嫌いて[こわくて]…に決して近寄らない, とにかく…を避ける / *the* London ~ ＝the GREAT PLAGUE OF LONDON. **2** 災害, 禍, 天災, 天罰; 呪い (curse), 災厄; 《口》厄介者, 面倒: (A) ~ on it [him, etc.]! ＝*P*~ take it [him, etc.]! 《古》いまいましい, ちくしょう! / A ~ on both your houses. 両方ともいいかげんにしろ《Shak., *Romeo* 3. 1. 106; けんかで刺された Mercutio 臨終のせりふ》/ What a [the] ~! 一体全体, まあ! **3**《害虫などの》異常発生, 大襲来: a ~ of locusts イナゴの大発生. ► *vt* [°*pass*] 疫病[災いなど]をもたらす, 悩ませる, 苦しめる; 《口》うるさく困らせる 〈*with*〉: be ~*d* to death うるさく(つきまとわれ)てほとほとうんざりしている / be ~*d* by [with]... 〈悩みなどを〉抱えている, …に泣かされている / strike-~*d* ストに悩まされている. ♦ **plá·guer** *n* ［L *plaga* stroke, infection］

plágue·some *a* 《口》厄介な, うるさい.

plágue spòt 悪疫[ペスト]発疹; 悪疫[疫病]流行地; [*fig*] 悪徳[弊風]の中心地.

plágue-strìcken *a* 悪疫の流行している: a ~ district [region] 悪疫流行地.

plágu·ey, pláguy 《方・口》*a* うるさい, 厄介な, しゃくにさわる; はなはだしい, ひどい. ► *adv* うるさく, ひどく. ♦ **plágu·i·ly** *adv*

plaice /pléɪs/ *n* (*pl* **~, pláic·es**)〘魚〙**a** プレイス《欧州産のツノガレイ属の一種》. **b** グリーンランドアカガレイ《アメリカ産》. ［OF＜L *platessa*＜?Gk *platus* broad］

plaid /plǽd/ *n* プレード《スコットランド高地人の格子縞のラシャ》; 格子縞; 長い肩掛け. ► *a* 格子縞の. ♦ **~·ed** *a* PLAID を着た; 格子縞の. ［Gael＜?］

Plaid Cym·ru /pláɪd kʌ́mri/ ウェールズ民族党《ウェールズの英国からの独立を目標とする政党; 1925 年結成》. ［Welsh］

plain[1] /pléɪn/ *a* **1 a** 明白な, 明瞭な; 平易な, 簡単な, わかりやすい: ~ meaning 明白な意味 / in ~ view はっきり見えて, 明視できて / (as) ~ as day [the nose on your face] きわめて明白で / It is ~ that he will fail. 失敗するのはわかりきっている / make it ~ that...＝make one*self* ~ (考えを)はっきり言う / PLAINTEXT. **b** 全くの, 徹底した, (ただ)単なる. **2** 単純[簡単]な; 質素な, 地味な, 簡素な; 単調な, 平凡な, 並みの: ~ living and high thinking 質素な暮らしと高尚な思考《Wordsworth から》. **3** 装飾[模様, 彩色]のない, 凝っていない (opp. *fancy*), 無地の, 平織りの; 〈紙が〉無罫の; 平編みの; まぜ物のない, 純粋な; 〈食べ物など〉あっさりした;〘トランプ〙切り札でない, 絵札でない. **4** 腹蔵のない, 率直な, 飾り[ごまかし]のない; 気取らない. **5** 特別な地位[肩書]をもたない, ただの; 無骨な, 教養のない; [*euph*]〈女が〉不器量な, 十人並みの: a ~ woman 不美人, お多福. **6**《古》平たい, 平坦な; さえぎる物のない, 広々とした. ● **in ~** ENGLISH. **in ~ words [terms, speech]** 平易なことばで, 平たく[有り体に]言えば. **~ and simple** [後置] 全くの (pure and simple), 要するに. **to be ~ with you** 率直に言えば. ► *adv* **1** はっきりと, 明瞭に, わかりやすく; 率直に, さっぱりと; 全く (absolutely): ~ foolish 全く愚かな. **2** 平らに. ● **~ and simple** 全く; 明瞭に, わかりやすく. ► *n* **1 a** 平地, 平野, 平原, 広野; [the P-s]《特に 北米の》大草原; 果てしなく続くもの; 《詩》戦場. **b** [the P-]〘フランス史〙平原党《革命時代の, 国民議会の穏健派》. **2** 飾りけのないもの; 無地の織物; PLAIN KNITTING;〘玉突〙《イングリッシュビリヤードで使用される》黒点のない白い手球(を使用する競技者). ♦ **~·ly** *adv* はっきりと, あからさまに, 率直に, 飾りなく, あっさり(と); 質素に, 簡素に. **~·ness** *n* ［OF＜L *planus*］

plain[2] 《古・方》*vi* 嘆く, 悲しむ; かこつ. ［OF *plaindre*; ⇨ PLAINT］

pláin·chànt *n* PLAINSONG.

pláin chócolate[II]《ミルクのはいらない》ブラックチョコレート.
pláin·clóthes *a* 私服の〈警官など〉.
pláin clóthes *pl* 私服, 平服 (opp. *uniform*).
pláin·clóthes·man /-mən, -mæ̀n/ *n* 私服の刑事[警官].
pláin déaler 率直な人, 駆け引きをしない人, うそのない人.
pláin déaling *n, a* 率直な[正直な, 公正な](取引[関係]).
pláin·er «方» *n* 乞食, 浮浪者; 文句の多い人.
pláin flóur[II] ベーキングパウダーを含まない小麦粉 (cf. ALL-PURPOSE FLOUR).
pláin-Jáne *a* «口» 質素な, 地味な, 普通の.
pláin Jáne «口» 魅力のない[さえない, 十人並みの]女.
pláin knítting [knít] 平編み, 天竺編み, メリヤス編み, プレーンニッティング.
pláin-láid *a* 〈縄が〉平撚(ﾖ)りの.
Pláin Pèople *pl* 〔キ教〕簡素派, プレーンピープル《平服を着て簡素な生活を営み旧習を守る the Amish, the Mennonites, the Dunkers など》.
Plains /pléɪnz/ *a* PLAINS INDIAN の.
pláin sàil 〔海〕普通帆, 並帆《平常時に使用する帆; topgallant sail, royal, flying jib など》.
pláin sáiling PLANE SAILING; [*fig*] 順調な進行[進展]; 順風満帆, 容易なこと, とんとん拍子に運ぶこと.
Pláins Ìndian プレーンズインディアン《もと大平原 (Great Plains) に住み野牛を追う遊放生活をしていた》.
pláins·man /-mən/ *n* 《Great Plains などの》平原の住民.
Pláins of Ábraham *pl* [the] アブラハム高原《カナダ東部 Quebec 市西部の St. Lawrence 川を見おろす高原; 七年戦争で英軍がフランス軍に決定的な勝利をあげた戦場 (1759)》.
pláin·sòng *n* 《古くから教会で用いられている, 無伴奏の》単旋聖歌, プレーンソング (=*plainchant*)《特に GREGORIAN CHANT を指す》; 定旋律 (cantus firmus); 素朴で単調な調べ[メロディー].
pláin·spóken *a* 遠慮のない, 率直に言う, あからさまな (outspoken). ♦ **~·ness** *n*
pláin sùit 《ブリッジなどで》プレーンスーツ《切り札以外の組札》.
pláins vizcàcha 〔動〕ビスカーチャ, ビスカチャ (=*vizcachon*)《南米南部草原産のチンチラ科の齧歯動物》.
plaint /pléɪnt/ *n* 〔英法〕告訴状, 訴訟申し立て; 苦情 (complaint); «詩» 悲しみ, 嘆き. [OF＜L *planct- plango* to lament]
pláin tàble PLANE TABLE.
pláin tèa プレーンティー (low tea*)《紅茶とバター付きパンだけの出るティー》.
pláin·tèxt *n* 平文, 生文《CIPHERTEXT の原文》; 〔電算〕プレーンテキスト《TEXT FILE の内容》.
pláint·ful *a* 悲しみの, 嘆きの (mournful).
plain·tiff /pléɪntəf/ *n* 〔法〕原告《略 plf, plff; opp. *defendant*》.
pláin tíme 規準内労働時間.
plain·tive /pléɪntɪv/ *a* 悲しげな, 哀調に満ちた, 悲しみに沈んだ. ♦ **~·ly** *adv* **~·ness** *n*
pláin tùrkey 〔鳥〕オーストラリアオオノガン《ノガン科; 豪州産》.
pláin-vanílla *a* «口» 装飾のない, シンプルな, ごく普通の (basic): ~ family cars ごく普通のファミリーカー.
pláin wànderer 〔鳥〕クビワミフウズラ《豪州産》.
pláin wéave [wéaving] 平織り.
pláin (whíte) wrápper «CB 無線俗» 覆面パトカー.
pláin-wóven *a* 平織りの.
plais·ter /pléɪstər; plɑ́ːs-/ *n, v* PLASTER.
plait /plǽt, *pléɪt/ *n* 編み下げ, おさげ, 弁髪; (麦わら)さなだ (braid); 組み縄; ひだ (pleat). ► *vt* …にひだをとる (pleat), 〈髪・むしろなどを〉編む, 組む, たたむ (fold). ♦ **~·er** *n* [OF *pleit* fold (L *plico* to fold)]
pláit·ing *n* 編むこと; 編んだもの; プリーツ《集合的》.
plan /plǽn/ *n* **1** 計画, 企画, 案, 考え; 方式, 手順; 目標, 意図; 《保険・年金, また電話サービスなどの》型, プラン: a five-year ~ 5 か年計画 / make ~*s for* the summer vacation 夏休みの計画を立てる / They laid their ~*s of* escap*ing* from the country. 国外逃亡の計画を立てた / go according to ~ 計画どおりに進む / AMERICAN [EUROPEAN] PLAN / MEAL PLAN / PENSION PLAN. **2** 図面, 図, 〔建〕平面図; 略図; 《小地域の》大縮尺地図, 詳細図; 《機械などの》図, 図解; 《家・庭園などの》設計図; 《遠近画法の》透視面: in ~ 平面図として / a perspective ~ 透視図 / a working ~ 工作図, 作業図 / draw a ~ 図面を引く. ► *v* (-nn-) *vt* **1** 計画[立案]する; 工夫する; もくろむ, 〈…する〉つもりである 〈*to* do〉: ~ (*out*) a military campaign 軍事作戦を立てる / ~ *to* visit America アメリカ旅行をしようと計画する[をするつもりである]. **2** 〈建物など〉の設計図を書く, 設計する: ~ a house [garden] 家[庭]の設計をする. ► *vi* 計画する: ~ ahead 前もって計画する, 考慮に入れる. ● **~ for**…に備える, …を考慮して準備する. **~ on**…するつもりである 〈*doing*〉; …をあてにする, 予期する. [F PLANT; 意味上 It *pianta* plan of building の, また F *plant* → *plan* は *plan* plane[1] の影響]
plan-[1] /plǽn/, **plano-** /plǽnoʊ, -nə/ *comb form*「動きまわる」「自動力のある」 [Gk; ⇨ PLANET[1]]
plan-[2] /pléɪn/, **pla·no-** /pléɪnoʊ, -nə/ *comb form*「平たく」「平面の」 [L PLAIN[1]]
pla·nar /pléɪnər, -nɑ̀ːr/ *a* 平面の; 二次元の. ♦ **pla·nar·i·ty** /pleɪnǽrəti/ *n*
pla·nar·ia /plənɛ́əriə/ *n* PLANARIAN.
pla·nar·i·an /plənɛ́əriən/ *n* 〔動〕プラナリア《三岐腸類の, 特にプラナリア属 (*Planaria*) の渦虫の総称》.
plánar prócess 〔電子工〕プレーナープロセス《半導体装置に拡散接合を形成する一方法》.
pla·nate /pléɪnèɪt/ *a* 平面状の.
pla·na·tion /pleɪnéɪʃ(ə)n, plə-/ *n* 〔地質〕平坦化[均平]作用; 〔植〕《シダの葉などの》平面化.
Plan B /―́ bíː/ «口» 《第一案が失敗したときの》第二案, 代案, 副案.
planch /plǽnʧ; plɑ́ːnʃ/ *n* 《エナメルがまの》敷台《金属板・耐火煉瓦など》; [II]«方» 床 (floor), 板 (plank).
planche /plɑ́ːnʧ, plɑ́ːnʃ/ *n* 〔体操〕プランシェ《腕の支えだけで体を床と平行に保つ姿勢》. [F＝plank]
plan·chet /plǽnʧət; plɑ́ːnʃɪt, -ʧɪt/ *n* 硬貨地板《型押しする前の硬貨の形をした平金》; 小金属[プラスチック]円盤.
plan·chette /plænʃét; plɑːnʃét/ *n* プランシェット《心臓形[三角形]の小板に 2 個の小輪と一本の鉛筆の脚ないし指針を付けたもの; 指を軽く載せると自動的に文字を書くか指す; cf. OUIJA》. [F (dim)＜PLANK]
Planck /plɑ́ːŋk, plǽŋk; *G* plɑ́ŋk/ プランク **Max (Karl Ernst Ludwig)** ~ (1858–1947)《ドイツの理論物理学者; 量子論を確立; ノーベル物理学賞 (1918)》.
Pláneck('s) cónstant 〔理〕プランク定数《記号 *h*》.
Pláneck('s) radiátion làw 〔理〕プランクの放射法則 (＝**Pláneck's láw**).
plane[1] /pléɪn/ *n* **1** 平面, 水平面, 《結晶体の》面: a horizontal ~ 水平面 / an inclined ~ 斜面. **2** 《思想・品位などの》程度, 水準 (level), 段階 〈*of*〉; 局面, 調子: on the same ~ as…と同列[同程度]で / on a HIGHER ~. **3** 〔空〕翼板; 飛行機 (airplane), 水上機 (hydroplane): a rear ~ 尾翼 / an elevating [a supporting] ~ 昇降[支持]翼 / by ~＝in [on] a ~ 飛行機で, 空路で. ► *a* 平らな (flat), 平坦な; 平面(図形)の: a ~ surface 平面. ► *vi* 〈グライダーなど〉滑空する, 〈水上機が〉離水する, 〈快速モーターボート・水上滑走艇など〉滑水する; «口» 飛行機で行く[旅行する] 〈*to*〉. ♦ **~·ness** *n* [L (*planus* PLAIN[1])]
plane[2] *n* かんな, 鉋; 平削り盤; ならしごて. ► *vi* かんなをかける; かんなの役を果たす; なだらか[水平]に広がる. ► *vt* …にかんなをかける; 削る, 削り落とす 〈*away, down, off*〉; 平ら[なめらか]にする. [OF＜L (↑)]
plane[3] *n* 〔植〕スズカケノキ, プラタナス (＝*buttonwood, plane tree, sycamore*)《スズカケノキ属の各種》. [OF＜L *platanus*＜Gk (*platus* broad)]
pláne ángle 〔数〕平面角.
pláne chárt 《plane sailing で用いる》平面海図.
pláne fígure 〔数〕平面図形.
pláne geómetry 〔数〕平面幾何学.
pláne iron かんな身《かんなの刃》.
pláne·lòad *n* 飛行機一機分の搭載量[乗客, 貨物].
pláne of polarizátion 〔光〕偏光面《光の進行方向と磁気ベクトル (磁界の振動方向) を含む面》.
pláne polarizátion 〔光〕平面偏光《偏光面が同一平面に含まれる光》.
pláne-pólarized *a* 〔光〕平面偏光の.
plan·er /pléɪnər/ *n* かんな工; 電動かんな, 平削り盤, プレーナー; 〔印〕ならし木, 平ら木.
pláner sàw かんなのこ.
plá·ner trèe /pléɪnər-/ 〔植〕ミズニレ《米国南部の湿地産のニレ科の小木》. [Johann J. *Planer* (1743–89) ドイツの植物学者]
pláne sáiling 〔海〕平面航法; PLAIN SAILING.
pláne·side *n, a* 飛行機のそば[わき](での).
pláne survéying 平面測量.
plan·et[1] /plǽnət/ *n* **1** 〔天〕惑星《太陽系の惑星は従来 Mercury (水星), Venus (金星), Earth (地球), Mars (火星), Jupiter (木星), Saturn (土星), Uranus (天王星), Neptune (海王星), Pluto (冥王星) だったが, 2006 年に冥王星は dwarf planet と定義された; cf. MAJOR [MINOR] PLANET》; [the] 地球 (the earth); 《もと》天球上を移動する天体《月・太陽も含まれた》; 〔占星〕運星《人間の運命を左右するとされる》: PRIMARY [SECONDARY] PLANET / extrasolar ~ (太陽)系外惑星 / He is (living) on another ~.＝What ~ is he on [from]? [*joc*] あいつは宇宙人だ[浮世離れしてる] / all over the ~ 世界中で. **2** 先覚者, 《知的》指導者; 《先駆となる》りっぱ[偉大]なもの. [OF, ＜Gk＝wanderer]
planet[2] *n* 上祭服 (chasuble). [L *planetica* (*vestis*) traveler's (cloak)]
pláne tàble 〔測〕平板. ♦ **pláne-tàble** *vt, vi* 平板測量する.
plan·e·tar·i·um /plæ̀nətɛ́əriəm/ *n* (*pl* **~s, -ia** /-iə/) プラネタリ

ウム《(1) 太陽系儀 2) 星座投影機 3) 天文教育用の天文館》. [*-arium*]

plan·e·tary /plǽnətèri; -t(ə)ri/ *a* **1 a** 惑星の; 惑星のような[に似た]; 惑星の作用による;〖占星〗惑星の影響をうけた: ～ motions 惑星運動. **b** 漂浪する, 不定の;〖機〗遊星歯車式の;〈電子が〉原子核の周囲を回る; 広大な, きわめて大きい. **2** 地球の, この世の; 世界的な (global). ► *n* PLANET WHEEL. [PLANET[1]]

plánetary géar PLANET WHEEL.

plánetary nébula〖天〗惑星状星雲.

plánetary scíence〖天〗惑星学 (planetology). ♦ **plánetary scíentist** *n*

plánetary wáve〖気〗惑星波, プラネタリー波《偏西風の長波長・大振幅の振動》.

plánetary whéel PLANET WHEEL.

plan·e·tes·i·mal /plæ̀nətésəm(ə)l/ *n, a* 微惑星体(の).

planetésimal hypóthesis〖天〗微惑星説《太陽系の惑星や衛星は無数の微小天体が集まってできたとする》.

plánet gèar PLANET WHEEL.

plan·et·oid /plǽnətɔ̀ɪd/ *n*〖天〗小惑星 (ASTEROID). ♦ **plàn·et·ói·dal** *a*

pla·net·o·khod /plənétəxɔ̀:t/ *n* プラネットホート《ソ連の惑星探査車》. [Russ]

plan·e·tol·o·gy /plæ̀nətálədʒi/ *n*〖天〗惑星学. ♦ **-gist** *n* **plàn·e·to·lóg·i·cal** *a*

pláne trèe〖植〗スズカケノキ, プラタナス (plane).

pláne trigonómetry〖数〗平面三角法.

plánet-strìcken, -strùck《古》*a* 惑星にあてられた, 呪われた (blasted); 恐怖におびえた; 狼狽した.

plánet whèel〖機〗遊星歯車 (=*planet gear, planetary gear* [*wheel*]).

plánet·wíde *a* 惑星全体にわたる[かかわる].

plán·fòrm *n*〖空〗平面図形《翼などの上からみた輪郭》.

plan·gent /plǽndʒənt/ *a*〈波などが〉激しく打ち寄せる; (もの悲しく)鳴り響く, 鳴る. ♦ **～·ly** *adv* **plán·gen·cy** *n* [L (presp)< PLAINT]

plán·hòld·er *n* 年金加入者.

pla·ni- /pléɪnə, plǽnə/ *comb form*「平らな」「平面」 [L (*planus* level, PLAIN[1])]

pláni·fòrm *a* 扁平な.

plan·i·fy* /plǽnəfàɪ/ *vt*〈経済などを〉計画化する. ♦ **plàn·i·fi·cá·tion** *n*

plan·i·gale /plǽnəgèɪl, plæ̀nəgéɪli/ *n*〖動〗プラニガーレ《オーストラリア・ニューギニアに生息する同属 (*P*-) の肉食有袋動物; 小型でネズミに似ており長い尾をもつ》. [NL]

plá·ni·gràm /pléɪnə-, plǽnə-/ *n*〖医〗(X 線)断層撮影写真. [*plani-*]

pla·nim·e·ter /pleɪnímətər, plə-; plæ-/ *n* 面積計, プラニメーター《平面図形の周をなぞることによってその面積を計る器具》.

pla·ni·met·ric /plèɪnəmétrɪk, plæ̀nə-; plæ̀nə-/, **-ri·cal** *a* 面積測定の;《起伏を示さない》平面図の〈地図〉. ♦ **-cal·ly** *adv*

pla·nim·e·try /plənímətri; plæ-/ *n* 面積測定 (cf. STEREOMETRY).

plán·ing hùll /pléɪnɪŋ-/〖海〗浮上性船体.

pláning mìll《平削り盤や縁取りのこぎりを使う》材木仕上げ工場.

plan·ish /plǽnɪʃ/ *vt*〈金属を〉平らにする,〈木〉にかんなをかける;〈金属を〉磨く; つや出しする. ♦ **～·er** *n*

pla·ni·sphere /pléɪnəsfɪ̀ər, plǽn-; plǽn-/ *n* 平面球形図;〖天〗平面天球図, 星座早見(盤). ♦ **pla·ni·spher·ic** /plèɪnəsfírɪk, plæ̀nə-, -sfér-; plæ̀nəsférɪk/ *a*

plank /plǽŋk/ *n* **1** 厚板《特に厚さ 2–8 インチ, 幅 8 インチ以上のもの》; 厚板材; 厚板で作ったもの; 頼みとなるもの. **2**《政党の》綱領の項目 (cf. PLATFORM);《政策などの》主要事項. **3**[||]《口》ばか, まぬけ, 脳タリン. ● **walk the ～** 舷側から突き出した板の上を目隠しで歩かされて海に落ちる《17 世紀ごろ海賊が捕虜を殺したやり方》; 強制されて辞職する; 罰[制裁]をうける. ► *vt* **1** …に板を張る〈*over*〉. **2***〈肉・魚を〉《樫などの》板の上で焼く[上に載せて出す];〈肉などを〉たたいて柔らかくする. **3**《口》ドサリと置く〈*down*〉;《口》その場で支払う〈*down, out, up*〉: She ～*ed down* her money. 即金で支払った. **4**《卑》…とセックスする, 寝る. ● **～ it** 板の間[地べた]に寝る. ♦ **～·lìke** *a* [OF<L *planca* board]

plánk béd《刑務所などの》マットレスなしの板ベッド.

plánk·er *n**《口》ステーキ (steak).

plánk·ing *n* 板張り; 張板,〖造船〗外板.

plánk òwner*《俗》艦船の就役以来の船員.

plánk-shèer *n*〖造船〗《木造船の》船鍔(ふなばた)材.

plank·ter /plǽŋ(k)tər/ *n*〖生〗プランクトン生物.

plank·tic /plǽŋ(k)tɪk/ *a* PLANKTONIC.

plank·tiv·o·rous /plæŋ(k)tív(ə)rəs/ *a*〖動〗プランクトン食の.

plank·ton /plǽŋ(k)tən, -tàn/ *n*〖生〗プランクトン, 浮遊生物 (cf. NEKTON). ♦ **plank·ton·ic** /plæŋ(k)tánɪk/ *a* [G (Gk *plagktos* wandering)]

plank·to·tróphic /plæ̀ŋ(k)toʊ-/ *a*〖動〗プランクトン食の.

plán·less *a* 図面のない; 無計画の, 計画的でない. ♦ **～·ly** *adv* **～·ness** *n*

plánned *a* 計画的な, 計画[予定]した.

plánned ecónomy 計画経済 (cf. FREE ECONOMY).

plánned obsoléscence 計画的旧式化《買い換えを促すため次々とモデルチェンジすること》.

Plánned Párenthood〖サービスマーク〗家族計画, 産児調節《Planned Parenthood Federation of America による避妊についての研究, 知識の普及活動》.

plán·ner *n* 立案者, 企画者, 都市計画立案者; コンサルタント, アドバイザー (cf. CFP); 予定[計画]表(作成ソフト);〈システム〉手帳.

plán·ning *n*《特に 経済的・社会的な》計画, 立案.

plánning blìght 開発計画による不動産価値の下落.

plánning permìssion [**consènt**]〖英〗計画許可《不動産開発や建物の建築の際に地方自治体レベルの機関などから得なくてはならない許可》.

plano- ⇨ PLAN-[1,2].

pla·no-cóncave /plèɪnoʊ-/ *a*〈レンズが〉平凹(へいおう)の.

pla·no-cónvex /plèɪnoʊ-/ *a*〈レンズが〉平凸(へいとつ)の (convexo-plane).

plano·gam·ete /plǽnəgəmì:t/ *n*〖生〗運動(性)配偶子, 動配偶子.

pla·nog·ra·phy /pleɪnágrəfi, plə-/ *n*〖印〗平版(へいはん)(印刷) (= *surface printing*). ♦ **plá·no·gràph** /pléɪnə-, plǽnə-/ *n, vt* 平版; 平版印刷する. **plà·no·gráph·ic** *a*

pla·nom·e·ter /plənámətər; plæ-/ *n*〖機〗平面計.

pla·no·sol /pléɪnəsɔ̀(:)l, -sòʊl, -sàl/ *n*〖土壌〗粘土盤土壌, プラノゾル.

plàno·spíral *a*〖貝〗一面だけ渦を巻いた, 平巻きの. ♦ **～·ly** *adv*

plán posítion ìndicator《レーダーなどの》平面位置表示器《略 PPI》.

plant /plǽnt; plá:nt/ *n* **1** 植物, 草木 (cf. PLANT KINGDOM); 草 (herb) (opp. *tree*); 苗(木); 挿し木(用切り枝); 作物, 収穫 (crop);《植物の》生育 (growth);《俗》ペヨーテ (peyote)《サボテン》: in ～ 生育して; 葉を生じて / lose ～ 枯れる / miss ～ 生えそこねる. **2** 機械装置, 工場設備; 機械一式; 製造工場, プラント; 発電所 (power plant);《研究所・大学・病院などの》設備, 建物;《豪》《家畜商人・牧場・修理班などの》設備と人員, 装備: a manufacturing ～ 製造工場 / an isolated ～ 私設発電所 / PILOT PLANT. **3** 姿勢 (pose). **4**《俗》計略, 策略, 詐欺, ごまかし, ペテン;《俗》探偵,《警察の》まわし者;《俗》《聴衆の中の》サクラ;《俗》落とし穴, わな;《俗》意図的に流された情報, でっちあげ(の証拠品);《俗》隠れ家;《俗》盗品の隠し場所, 隠してある盗品;《俗》麻薬(用品)の隠し場所;〖劇〗伏線(となるせりふ[人物, 事件など]). **5**〖玉突〗プラント (=*set*)《snooker で手球を中間の球にあてて他の球をポケットに入れること》.

► *vt* **1 a**〈木を〉植える,〈種を〉まく〈*in*〉; …に植え込みをする〈*with*〉; 移植する: ～ a garden *with* tulips 庭にチューリップを植える. **b**〈ある環境に〉〈動物を〉放つ,〈稚魚を〉放流する, 持ち込む;〈外来種などを〉移入[導入]する: ～ oysters *in* the bay / ～ the lake *with* trout. **c**《俗》〈死体などを〉埋める;《俗》《買手を誘うため》〈金塊・砂金などを〉埋めておく (cf. SALT[1]). **2**〈思想など〉の種子をまく, 植え付ける〈*in*〉; 教え込む. **3 a** 置く, 立てる, 据える, 備え付ける, 配置する: Posts were ～*ed* along the road. 道に沿って柱が立てられた / ～ a policeman on every corner 曲がり角ごとに警官を配置する / ～ one*self* 地位を占める; しっかりと立つ. **b**〈人を〉配備する,《特に》スパイとして配置する;〈爆発物・盗聴器などを〉仕掛ける;《俗》《何かおもわくをからめて》〈情報を〉流す;《俗》《人に嫌疑がかかるよう》〈盗品・にせの証拠品などを〉こっそり置く[入れる, 仕込む]〈*on, in*〉;《俗》〈詐欺を〉たくらむ;《俗》〈人を〉見捨てる: ～ sth *on* sb にせものなどを人につかませる. **4** 打ち込む, 突き刺す〈*in, on*〉; ねらって打つ,《俗》〈一発〉くらわせる,〈キスを〉する. **5** …に植民する,〈人を〉植民させる;〈都市・教会などを〉創立[建設]する. ► *vi* 木を植える, 移植する; 植民する. ● **～ out**〈苗を〉移植する;〈苗木を〉間隔を置いて植え付ける; 植物を植えて目隠しにする. **～ over**〈場所〉の全面に木[植物]を植える〈*with*〉. **～ up**〈容器・鉢などを〉植木でいっぱいにする.

♦ **～·able** *a* 植えられる; 植民できる; 建設[開拓]できる. [OE *plante* and OF<L *planta* sprout, sprig, slip]

Plan·tae /plǽnti/ *n pl*〖生〗植物界. [L (pl)<*planta* plant]

Plan·tag·e·net /plæntǽdʒ(ə)nət/ *n*〖英史〗プランタジネット王家の人《Henry 2 世から Richard 3 世まで (1154–1485); Richard 2 世 (1399 年退位) までとし, 続く LANCASTER, YORK 両家を分離して扱うこともある》. [OF=sprig of broom (L *planta*+*genista* broom); その紋章から]

plan·tain[1] /plǽnt(ə)n/ *n*〖植〗オオバコ. [OF<L *plantago* (*planta* sole of foot; その葉の形から)]

plantain[2] *n*〖植〗プランテイン, リョウリバショウ《熱帯地方産バショウ科の多年生草本》; プランテインの実, 料理用バナナ《大型で硬く, 煮たり焼いたりして食べる》. [Sp]

plántain èater〖鳥〗エボシドリ (touraco).

plántain lìly〖植〗ギボウシ (=*hosta, funkia*).

P

plan·tar /plǽntər, -tὰːr/ *a* 〘解・動〙足底 (sole) の.

plántar wárt 〘医〙足底(そくてい)いぼ (verruca plantaris).

plan·ta·tion /plæntéɪʃ(ə)n/ *n* **1 a** 栽培場, 農園, プランテーション《特に 熱帯・亜熱帯地方の, 労働者住込みの大規模なもの; cf. FARM》: a coffee [rubber, sugar] ~ コーヒー[ゴム, 砂糖]栽培場. **b** ¹¹植林[造林]地, 人工林; 《まれ》播種(はしゅ), 植え付け (planting). **2** 《植民地などの》建設; 移民; 〘史〙植民(地).

plantátion sòng 農園歌, プランテーションソング《米国の大農園で黒人が歌った歌》.

Plantátion Sóuth プランテーションサウス《米国の方言区画で南部大西洋沿岸地域》.

plánt cùtter 〘鳥〙**a** クサカリドリ《南米産》. **b** エボシドリ (touraco)《アフリカ産》.

plánt·er *n* **1 a** 植える人, 耕作者; (大)農園主. **b** 播種(はしゅ)器[機], 点播き機. **c** 植物栽培容器, プランター. **2 a** 〘米史〙初期の移民, 植民者 (colonist). **b** 〘アイル史〙17 世紀に没収地へ移民したイングランド[スコットランド]人, 19 世紀に追放された農民の土地に移り住んだ人, プランター. **3** *隠れ木《川床に突き立った木; cf. SAWYER》.

plánter's púnch プランターズパンチ《ラム酒・ライム[レモン]果汁・砂糖・水[ソーダ水]および時にビターズを加えて作るパンチ》.

plánt fòod 植物の栄養物; 肥料 (fertilizer).

plánt hìre¹¹ 大型機械の賃借.

plánt hòrmone 植物ホルモン (phytohormone).

plan·ti·grade /plǽntəgrèɪd/ 〘動〙*a* 足裏を地につけて歩く, 蹠行(しょこう)性の. ► *n* 蹠行動物《クマなど》.

plant·i·mal /plǽntəməl/ *n* 〘生〙プランティマル《植物細胞の原形質と動物細胞の原形質を融合させてできた細胞》.

Plan·tin /*F* plɑ̃tɛ̃/ プランタン **Christophe** ~ (c.1520–89)《フランスの印刷業者》.

plánt·ing *n* 植え付け, 植栽; 植樹造林, 造林, 植林; 植物栽培園[農園](の作物[花卉(かき)類]); 種まき; 〘建〙基礎底層; 一団の工場施設の設計; 《俗》葬式.

plánt kìngdom [the] 植物界 (=*vegetable kingdom*) (cf. ANIMAL KINGDOM, MINERAL KINGDOM).

plánt·let *n* 小さな植物; 苗木.

plánt·lìke *a* 《サンゴのように》〈動物が〉植物のような.

plántlike flágellate 〘生〙植物性鞭毛虫 (=*phytoflagellate*)《色素体を有する鞭毛虫》.

plánt lòuse 〘昆〙アリマキ (aphid); アリマキに似た習性をもつ昆虫《キジラミなど》.

plan·toc·ra·cy /plæntɑ́krəsi/ *n* 農園主の支配階級; 農園主支配.

plánt pathòlogy 植物病理学.

plánt physiòlogy 植物生理学.

plánt pòt¹¹ 植木鉢 (flowerpot).

plánts·man /-mən/ *n* (*pl* **-men** /-mən/) 養樹園主 (nurseryman); 草花栽培者, 植木職人, 園芸家 (horticulturist); 植物愛好家. ♦ **plánts·wòman** *n fem*

plánt stànd 植木鉢台, 鉢置き台.

plan·u·la /plǽnjələ/ *n* (*pl* **-lae** /-lìː, -làɪ/) 〘動〙プラヌラ《刺胞動物の幼生形》. ♦ **plán·u·lar** *a* **-loid** /-lɔ̀ɪd/ *a* [L (fem dim) < *planus* flat]

planx·ty /plǽŋksti/ *n* プランクスティ《アイルランドの 3 拍子のハープ曲; それに合わせて行なうダンス》. [C18<?]

plaque /plǽk; plɑ́ːk/ *n* 《金属・焼物・象牙などの》額, 飾り板; 《壁にはめ込む》記念銘板; 小板状のブローチ[バッジ]; 《カジノで用いられるカード状の》(高額)代用貨幣; 〘医・菌〙(溶菌)斑, プラ(ー)ク; 〘歯〙プラーク, 歯垢, 歯苔 (dental plaque); アテローム性硬化病変部; 《脳の組織の》(老人)斑《脳の老化を示す; 特にアルツハイマー病では多発する》; 〘解〙血小板 (blood platelet). [F<Du *plak* tablet]

pla·quette /plækét/ *n* 小さな PLAQUE.

plash¹ /plǽʃ/ *n* ザブン[ザバッ, バシャッ, ピチャッ, パシャッ]という音 (splash); 水たまり (puddle); 《光・色などの》斑点, しみ. ► *vi* ザブザブ音がする[をさせる], ザーザー[バシャバシャ]いう[いわせる]. ► *vt* 〈水〉の表面を乱してピチャピチャと音をたてる; …に液体をはねかける[振りかける]. ♦ **pláshy** *a* 水たまりの多い; 泥だらけの; じめじめした; ザーザー[ザブザブ]いう (splashing). [OE *plæsc* (imit); cf. Du *plassen* (v)]

plash²¹¹ *vt* PLEACH. [OF<L PLEACH]

-pla·sia /pléɪʒ(i)ə; pléɪziə/, **-pla·sy** /plèɪsi, plæ̀si/ *n comb form* 「形成 (formation)」「生長, 発達 (growth)」: hypo*plasia* / homo*plasy*. [↓]

-pla·sis /pléɪsəs/ *n comb form* (*pl* **-ses** /-sìːz/) 「造形 (molding)」 [Gk *plasis* molding; ⇨ PLASMA]

plasm /plǽz(ə)m/ *n* PLASMA.

plasm- /plǽzm/, **plas·mo-** /plǽzmoʊ, -mə/ *comb form* PLASMA の意.

-plasm /plæ̀z(ə)m/ *n comb form* 〘生〙「形成されたもの」「形成するもの」: meta*plasm*, neo*plasm*, proto*plasm*. [Gk (↓)]

plas·ma /plǽzmə/ *n* 〘解〙血漿, プラズマ; 筋漿 (muscle plasma)《筋組織に含まれる液体》; 〘生〙原形質 (protoplasm); 乳漿, ホエー (whey); 〘鉱〙半透明の緑玉髄; 〘理〙プラズマ, 電離気体《原子核と電子が分離したガス状態》; プラズマディスプレー (: a ~ screen); プラズマテレビ; *《俗》ロケット燃料. ♦ **plas·mat·ic** /plæzmǽtɪk/, **plas·mic** /plǽzmɪk/ *a* [L=mold<Gk *plasmat- plasma* (*plassō* to shape)]

plásma cèll 〘生〙形質細胞, プラズマ細胞.

plásma (displáy) pànel プラズマパネル《ガスを詰めた管を点滅させる方式でピクセルを構成する表示盤; 略 PDP》.

plásma èngine 〘機〙プラズマエンジン《plasma jet の噴射で動く》.

plásma·gèl *n* 〘生〙《アメーバの》原形質ゲル.

plásma·gène *n* 〘生〙細胞質遺伝子, プラスマジーン. ♦ **plàs·ma·gén·ic** /-ʤén-, -ʤíː-/ *a*

plásma jèt プラズマジェット《**1**) プラズマによる高温高速のガス気流; 金属加工などに利用 **2**) =PLASMA ENGINE》.

plàsma·lémma *n* 〘生〙原形質膜, 細胞膜.

plásma mémbrane 〘生〙原形質膜.

plásma·pàuse *n* 〘地物〙プラズマ境界面.

plàsma·phér·e·sis /-fférəsəs, -fəríːsəs/ *n* 〘医〙血漿交換, 血漿瀉血[搬出], プラスマフェレーシス.

plásma phýsics プラズマ物理学. ♦ **plásma phýsicist** プラズマ物理学者.

plásma·sòl *n* 〘生〙《アメーバの》原形質ゾル.

plásma·sphère *n* 〘地物〙プラズマ圏.

plásma tòrch プラズマトーチ《気体を電気的に加熱して高温作業用プラズマをつくる装置》.

plas·mid /plǽzməd/ *n* 〘遺〙プラスミド《染色体とは独立に増殖できる遺伝因子》.

plas·min /plǽzmən/ *n* 〘生化〙プラスミン (=*fibrinolysin*)《血漿中のタンパク質分解酵素》.

plas·min·o·gen /plæzmínəʤən, -ʤèn/ *n* 〘生化〙プラスミノゲン《プラスミンの前駆体》.

plasmo- /plǽzmoʊ, -mə/ ⇨ PLASM-.

plas·mo·des·ma /plæ̀zmədézmə/, **-desm** /plǽzmədèz(ə)m/ *n* (*pl* **-des·ma·ta** /-dézmətə/, **-des·mas** /-dézməz/) 〘生〙原形質連絡, 細胞間橋, プラスモデスム. [G (Gk *desma* bond, chain)]

plas·mo·di·um /plæzmóʊdiəm/ *n* (*pl* **-dia** /-diə/) 〘生〙変形(多核)体, プラスモディウム; SYNCYTIUM; 〘動〙マラリア(病)原虫. ♦ **-di·al** *a*

plas·mog·a·my /plæzmɑ́gəmi/ *n* 〘生〙細胞質[原形質]融合, プラスモガミー.

plas·moid /plǽzmɔ̀ɪd/ *n* 〘理・天〙プラズマ状物質, プラズモイド.

plas·mol·y·sis /plæzmɑ́ləsəs/ *n* 〘植・動・医〙原形質分離[溶解]. ♦ **-mo·lyt·ic** /plæ̀zməlítɪk/ *a* **-i·cal·ly** *adv*

plas·mo·lyze /plǽzməlàɪz/ *vt, vi* 〘植〙原形質分離させる[する]. ♦ **-lỳz·able** *a*

plas·mon /plǽzmɑ̀n/ *n* 〘発生〙プラスモン《一細胞中の全細胞質遺伝子》; 〘理〙プラズモン《電子ガスの縦波の量子》. [G]

plas·mo·quine /plǽzməkwàɪn/ *n* PAMAQUINE.

plásmo·sòme 〘生〙*n* 真正仁, 真正核小体 (true nucleolus); MICROSOME.

Plas·sey /plǽsi/ プラッシー《インド北東部 West Bengal 州の村; 1757 年 Clive の東インド会社軍がフランスと土侯の連合軍に勝ち, 英国のインドにおける支配権を決定的なものにした》.

-plast /plæ̀st/ *n comb form* 〘生〙「形成されたもの」: bio*plast*, chromo*plast*, proto*plast*. [Gk; ⇨ PLASM]

plas·teel /plǽstìːl/ *n* 〘SF〙プラスチール《超強力な非金属材料》. [*plastic*+*steel*]

plas·ter /plǽstər; plɑ́ːs-/ *n* **1** しっくい, 壁土; 粉末石膏; ギプス; 焼き石膏 (plaster of Paris): a ~ figure 石膏模型 / in ~ ギプスをはめて. **2** 〘医〙硬膏, 膏薬; ¹¹ばんそうこう (sticking plaster). **3** *《俗》1 ドル札; *《俗》尾行者; *《俗》召喚状, 逮捕状, 'キップ', 'お札(ふだ)'. ► *vt* **1 a** …にしっくいを塗る ⟨*over, up*⟩; 塗りつける, 塗りたくる ⟨*on, onto*⟩, …の一面[そこらじゅう]に貼り付ける ⟨*with*⟩; [*pp*] ⟨ニュースなどを⟩書きたてる, でかでかと扱う; (おおい)隠す; ⟨髪をなでつける, ぺったりさせる ⟨*down, to* one's head⟩: ~ butter *on* バターをたっぷりと塗る / hands ~*ed with* mud 泥だらけの手 / ~ the city *with* posters 町中にポスターを貼る / He ~*ed* her *with* praise. 彼女をべたぼめした. **b** …にばんそうこう[膏薬]を貼る, …にギプスをあてがう; ⟨痛みを⟩軽くする. **c** 石膏[焼き石膏]で処理する. **2** 《俗》《集中攻撃で》…に大きな被害を与える, 大敗させる, 猛爆する, やっつける, ぶちのめす. ► *vi* しっくいを塗る. ♦ **~·er** *n* 左官; 石膏細工人. **plás·tery** *a* [OE and OF<L (*em*)*plastrum*<Gk]

pláster·bòard *n* 石膏ボード, プラスターボード (=*gypsum* (*wall*) *board*)《石膏を芯にした板紙; 壁下地用》.

pláster cást 石膏模型[像]; 〘医〙ギプス包帯.

plás·tered *a* 《俗》酔っぱらって: pleasantly ~ 《俗》ほどほど[ここちよく]酔って, ほろ酔いで. ● **~ to the wall** 《俗》ひどく[ぐでんぐでんに]酔っぱらって.

plásterer's pútty 左官(工事)用パテ (⇨ PUTTY¹).

pláster·ing *n* しっくい塗り; 左官工事; (ワインに)焼き石膏粉を加えること; 《口》大敗.

pláster of Páris [**páris**] 焼き石膏.

pláster sáint [°*iron*]《非の打ちどころのない》りっぱな人, 聖人君子.

pláster·wòrk *n* しっくい仕上げ[上塗り].

plas·tic /plǽstɪk/ *a* **1** 形を造る, 形成力のある;〘生〙生活組織を形成する, 形成的な;〘外科〙形成の. **2 a** 思いどおりの形に作れる, 可塑性の; 塑性の, 適応性のある, 柔軟な;〘生〙可塑性の(ある) (⇨ PLASTICITY); プラスチック[ビニール, ポリエチレン]の;〘美〙塑造の, 造形的な; 創造力がある: a ~ bag ポリ袋, ビニール袋 / a ~ bottle プラスチックの瓶, PET ボトル / a ~ mac'' ビニール合羽(かっぱ). **b** 温順な, 感じやすい, 教えやすい. **3** 人工的な, 合成された, 作り物の; にせものの, えせ…; 非人間的な. **4**《口》クレジットカードの, クレジットカード使用の[による]: ~ credit / ~ debt. ► *n* プラスチック, ビニール, 合成樹脂;《口》クレジットカード(によるクレジット); [~s, ‹*sg/pl*›] PLASTIC SURGERY. ♦ **-ti·cal·ly** *adv* **plás·ticky** *a* [F or L<Gk (*plastos* molded; ⇨ PLASMA)]

-plas·tic /plǽstɪk/ *a comb form*「促進[形成]する」; -PLASM, -PLAST, -PLASTY の形容詞形: thrombo*plastic* / neo*plastic*. [Gk (↑)]

plástic árt [ᵘthe] 彫塑; [°*pl*] 造形芸術《詩・音楽などの書く芸術に対して, 絵画・彫刻・映画などの視覚芸術》.

plas·ti·cat·ed /plǽstəkèɪtəd/ *a* 合成の, 人工的な.

plástic bómb プラスチック爆弾.

plástic brónze〘冶〙プラスチックブロンズ《鉛の含有量が高い青銅; 軸受用》.

plástic búllet プラスチック弾《暴動鎮圧用》.

plástic cárd プラスチックカード《クレジットカード・デビットカードの類》.

plástic cláy 塑性粘土.

plástic explósive 可塑性爆薬; PLASTIC BOMB.

plástic flów [**deformátion**]〘理〙塑性流動[変形].

plástic fóam EXPANDED PLASTIC.

plástic híppie *《俗》たまにヒッピーふうを装う者.

Plas·ti·cine /plǽstəsìːn/〘商標〙プラスティシーン《塑像用粘土》.

plas·tic·i·ty /plæstísəti/ *n* 可塑性, 塑性; 柔軟性, 適応性;〘生〙可塑性《異なった環境条件に適応できる生物の能力》,〘生〙(シナプス)可塑性《シナプスの変化により, 刺激が消えても保持する性質》;〘美〙描写対象が三次元であることの再現性, 立体感.

plas·ti·cize /plǽstəsàɪz/ *vt* …に可塑性を与える, 可塑化する; プラスチックで処理する. ♦ **~d** *a* **plàs·ti·ci·zá·tion** *n*

plás·ti·cìz·er *n* 可塑剤.

plástic mémory 塑性復原, プラスチックメモリー《軟化する以前の形に戻ろうとするプラスチックの性質》.

plástic móney クレジットカード.

plástic operátion 形成手術, 形成術.

plástic púnk *《俗》営利目的のパンクロック, いんちきパンク.

plástic súrgery 形成外科, 整形手術. ♦ **plástic súrgeon** 形成[整形]外科医.

plástic·wàre *n* プラスチック製品[器具, 容器, 食器].

Plástic Wòod〘商標〙プラスチックウッド《スチロール樹脂などに発泡剤を入れて成形した擬似木材; 家具・調度品の修理・成形部材として使用する》.

plástic wráp *食品包装用フィルム, ラップ (clingfilm'').

plas·tid /plǽstəd/ *n*〘生〙色素体, プラスチド《細胞のような基本的構成単位》. ♦ **plas·tíd·i·al** /-tíd-/ *a* [G]

plas·tique /plæstíːk/ *n*《ダンス・パントマイムなどで》彫像がゆっくり動くような動作(をする技法); PLASTIC BOMB. [F]

plas·ti·sol /plǽstəsɔ̀(ː)l, -sòul, -sàl/ *n* プラスチゾル《樹脂と可塑剤の混合物》. [*plastic, sol*⁴]

plas·to- /plǽstou, -tə/ *comb form*「形成」「発達」「可塑性」「細胞質」「プラスチド」[Gk; ⇨ PLASMA]

plàsto·cýanin *n*〘生化〙プラストシアニン《光合成の電子伝達系の一員としてはたらく銅タンパク質》.

plas·tog·a·my /plæstágəmi/ *n* PLASMOGAMY.

plásto·gène *n*〘生〙色素体遺伝子.

plas·tom·e·ter /plæstámətər/ *n* 可塑度計. ♦ **plas·tóm·e·try** *n* **plas·to·met·ric** /plæ̀stəmétrɪk/ *a*

plàsto·quinóne *n*〘生化〙プラストキノン《緑色植物や藻類に存在するビタミン K に関する物質で, 光合成でリン酸化作用をする》.

plas·tron /plǽstrən/ *n* プラストロン《**1**) 婦人服の胸飾り **2**) シャツの胸部をおおう糊のついた布》; プロテクター, プラストロン《フェンシング用の革の胸当て》;〘動〙《カメなどの》腹甲;〘医・動〙胸板, プラストロン;〘史〙鋼鉄製胸当て. ♦ **plás·tral** *a* [F<It (augment)‹*piastra* breast plate]

-plas·ty /plæ̀sti/ *n comb form*「形成外科」: auto*plasty*. [Gk (-PLAST)]

-plasy ⇨ -PLASIA.

plat¹ /plǽt/ *n*《仕切った》地面,《花壇などに用いる》小地面; *土地測量図, 土地図; *地図; 図面に描かれた土地. ► *vt* (-tt-) *…の図面[地図]を作る (plot). [*plot*¹]

plat² *n, vt* (-tt-) PLAIT.

plat³ /plɑ́ː; *F* pla/ *n*《食べ物を盛った》一皿. [F=dish, flat surface‹*plat* flat; cf. PLATE]

plat- /plǽt/ ⇨ PLATY-.

plat. plateau ♦〘軍〙platoon.

Pla·ta /plɑ́ːtə/ **Río de la** /ríːou dɛ lə/ ~ ラプラタ川 (*E* the (River) Plate)《アルゼンチンとウルグアイの間を流れる》.

Pla·taea /plətíːə/, **Pla·tae·ae** /-tíːiː/ プラタイア《古代ギリシアの Boeotia 地方南部にあったアテナイの同盟都市; 第 2 回ペルシア戦争でギリシア軍がペルシア軍に勝利をあげた地 (479 B.C.)》. ♦ **Pla·táe·an** *a, n*

plat·an, -ane /plǽt(ə)n/ *n*〘植〙スズカケノキ, プラタナス (plane).

pla·tan·na /plətǽnə/ *n*〘動〙アフリカツメガエル《雌に妊婦の尿を注射すると 24 時間後に産卵するので妊娠の診断に用いられる》. [Afrik (?*plat-hander* flat-handed one)]

plat du jour /plɑ́ː də ʒúər/ (*pl* **plats du jour** /—/)《レストランの》本日の(特別)料理. [F=dish of the day]

plate /pléɪt/ *n* **1 a**《浅い》皿, 銘々皿, 取り皿 (cf. DISH); 皿類, 食器類《金銀製, またはめっき器具》;〘教会〙献金受皿(に集まった金); COMMUNION PLATE;《細菌の》培養皿: a china [paper, plastic] ~ 陶器[紙, プラスチック]皿 / family ~ 紋章の刻印がある金銀食器《家伝の宝物》. **b** 一皿に盛った料理[*メインコース], 一品; 一皿(分) (plateful); 料理一人前;《豪》《パーティーなどへ持ち寄った》菓子[サンドイッチなど]の一皿. **c**《競馬などの》金[銀]賞盃; PLATE RACE; 貴金属; 銀の延べ棒;《古》銀貨. **d** *《俗》レコード, 'お皿' (platter). **2 a**《金属などの》板; 板金, 延金; 金属めっき層; 板ガラス (plate glass). **b**〘写〙感光板 (cf. ROLL FILM, DRY [WET] PLATE); 金属版, 電気版, ステロ版; 木[金属]版画;〘印〙版; *〘電子工〙陽極;〘電〙極板: a negative ~〘写〙原板, ネガ. **c** 一ページ大さしえ, 図版, プレート. **d** [the]〘野〙本塁 (home plate), ピッチャーズプレート (pitcher's plate). **3 a** 標札,《特に》医者の看板; 蔵書票; ナンバープレート, LICENSE PLATE: put up one's ~ 看板を出す, 医者を開業する. **b** 仕事の予定(表). **4**《爬虫類・魚などの》甲, 鱗甲 (scute); 板金よろい (=~ *armor*);〘歯〙義歯床 (dental plate);《口》義歯; 歯列矯正器 (brace);《競馬の》軽い蹄鉄. **5 a**〘地質〙殻板, プレート《地殻を構成する固い岩石層の一つ》. **b** 敷桁, 軒桁《垂木(たるき)・間柱を支える横材》; ''PLATE RAIL. **6**〘牛肉〙ともばら. **7** *《俗》流行の服できめた人 (fashion plate); *《俗》魅力的な女性 (dish). **8** [*pl*]《韻俗》足 (feet) (=~s of méat). ● **hand** [**give**] sb sth **on a ~** ''《口》人にお膳立てをして渡す[与える], あとが楽なようにして渡す[与える]. **have a lot** [**enough, too much,** etc.] **on one's ~**《口》やるべきことが山ほど[十分に, ありすぎるほど]ある. **have one's ~ full** = have one's HANDS full. **off one's ~** *《俗》もはや自分の責任外で, 関心のない問題で. **read one's ~**《俗》食前の祈りをする; 黙々と食う,《罰として》話をせずに食べる. **step up to the ~** *〘野〙《打者がホームプレートに進み出て》バッターボックス[打席]に立つ[はいる]; [*fig*] 真剣に[本気で]取り組む, 逃げずに勝負する.

► *vt* **1** …にめっきをする; ‹金属を›めっきする; 板金でおおう, ‹船を›装甲する; 板で固定する; …に板金よろいをきせる, うろこ[甲]でおおう;〘印〙…から[…用に]版を作る. **2** 打って板に延べる; ‹刃物類を›たたいて表面をなめらかにする;〘紙〙‹紙›に光沢をつける. **3** ‹微生物を›培養基で培養する. **4**〘野〙‹得点を›あげる, ‹走者を›ホームインさせる. **5** ‹料理を›皿に盛りつける.

♦ **~·less** *a* **~·lìke** *a* [OF<L *platta* (*plattus* flat)]

Plate [the (River) ~] プレート川《Río de la PLATA の英語名》.

pláte àrmor 甲鉄板, 装甲板; 板金よろい.

pla·teau /plætóu, ⌐⌐/ *n* (*pl* **-teaux** /-z/, **~s**) 高原, 台地;《深海底の》海台; 大皿, 盆, 飾り額; 頂部の平らな婦人帽;《グラフの》平坦部;〘心〙(学習)高原, プラトー; 安定期. ► *vi* 安定水準[期, 状態]に達する. [F<OF *platel* (dim)‹PLAT³]

Plateau プラトー《ナイジェリア中部の州; ☆Jos》.

pláte-bàsket'' *n* 食器かご《スプーン・フォーク類入れ》.

pláte bàttery〘電〙陽極電池 (B battery).

pláte blòck〘郵〙縁に通し番号のついた切手シート.

pláte càlender〘紙〙PLATER.

pláte clùtch DISK CLUTCH.

plat·ed /pléɪtəd/ *a* 板金でおおわれた,〘軍〙装甲の; [°*compd*] めっきした;〘編物〙(表は)毛糸と(裏は)綿糸で編んだ.

pláted amberína 炎光または白色の裏打ちの上をアンバリーナで包んだ工芸ガラス.

pláte·fùl *n* 皿一杯分; 大[山]盛り; 大量, たくさん.

pláte·glàss *a* 板ガラスの《1950 年代以降に創立された英国の大学についていう; cf. OXBRIDGE, REDBRICK》.

pláte gláss《上質の》板ガラス (cf. SHEET GLASS).

pláte·hòld·er *n*〘写〙取枠《乾板などをカメラに取り付ける遮光ケース》.

pláte·lày·er'' *n*《鉄道の》線路工手, 保線員[係] (tracklayer*).

pláte·let *n* 小板;〘解〙血小板 (blood platelet).

plàtelet·pherésis /, -fέrəsəs/ *n*〘医〙血小板フェレーシス《血小板を採取するフェレーシス》.

pláte·màker *n*《特に オフセット印刷用の》製版機. ♦ **-màking** *n* 製版.

pláte màrk 金銀器などの刻印《製造者名・純度証印など》; 〘印〙 プレートマーク《凹版によって紙の端にできるくぼみ》.

plat·en /plǽtn/ *n* 《印刷機の》圧盤; 〘機〙《平削り盤などの》テーブル; 《タイプライターの》ゴムローラー. [OF=flat piece (PLATE)]

pláte prìnting 銅版[凹版]印刷.

pláte pròof 〘印〙 鉛版校正(刷り).

plat·er /pléɪtər/ *n* めっき師 (gilder); 金属版工; 〘紙〙 光沢機 (plate calender); plate race 用の馬; 劣等な競走馬, 駄馬; SELLING-PLATER.

pláte ràce"《stake race に対し》賭け金より賞杯などを争う[一定賞金額の]競馬.

pláte ràck"《水切り用の》皿立て.

pláte ràil 〘建〙 皿や装飾品などを飾る壁上部の横木; "〘鉄道〙 板レール《脱輪しないように外側が立ち上がった初期の鉄板レール》.

pláte resìstance 〘電〙 陽極内部抵抗.

plat·er·esque /plæ̀tərésk/ *a* [ºP-] プレテレスコ風の《16 世紀スペイン建築様式で, 銀器類のような入念な装飾が特色》.

pláter pòwder 《銀食器などの》磨き粉.

pláte tectónics 〘地物〙 プレートテクトニクス《地球の表層部を構成しているいくつかの岩板 (plates) の移動によって地殻変動が起こるとする説》; プレートの動き. ♦ **pláte-tectónic** *a*

pláte tràcery 〘建〙《ゴシック建築の》板石狭間(はざま), プレートトレーサリー.

plat·form /plǽtfɔ̀ːrm/ *n* **1** 《駅の》乗降場, (プラット)ホーム; [the] 《米では客車の, 英では主にバスの》乗降段, 出入り台, デッキ: a departure [an arrival] ~ 発車[到着]ホーム. **2** 壇, 演壇, 教壇, 講壇; [the] 演説, 講演; [the] 壇上の講演者; 発言の場[機会]. **3** 《階段の》踊り場; 高台, 台地, 展望台; «廃»《建物壁の頂上の》歩道, テラス. **4** プラットホーム《海底油田・ガス田の掘削装置が設置される構造物》; 小桟橋; 〘軍〙 台, 砲座; プラットホーム《特定の活動・目的のためのまたは特定の機器を輸送する衛星・飛行機など》; 〘宇〙 プラットホーム《宇宙船の位置を制御する装置》. **5** 〘海〙 平底船, 平甲板 (flat). **6** PLATFORM SOLE; PLATFORM SHOE. **7** 政綱, 綱領 (cf. PLANK); 主義, «まれ» 教義; 《行動・決定などの》基盤, 根拠, 基準; *政綱の宣言[発表]. **8** 平面図, 地図. **9** 〘電算〙 プラットフォーム《基盤となるシステム》. ► *vt* 載せる, 置く; …に壇を設ける. ► *vi* 演壇に立って論じる. [F *plateforme* ground plan; ⇨ PLATE, FORM]

plátform bàlance PLATFORM SCALE.

plátform bèd プラットホームベッド《台の上にマットレスを載せたベッド》.

plátform càr 〘鉄道〙 FLATCAR.

plátform gàme, plátform·er プラットホームゲーム《はしごや段をキャラクターが上り下りして進んでゆくコンピューターゲーム》.

plátform ròcker*固定台付き揺り椅子.

plátform scàle 台ばかり (=*platform balance*).

plátform shòe プラットフォームシューズ《厚底靴》.

plátform sòle 《コルク・革製などの》台状の厚い靴底.

plátform tènnis プラットフォームテニス《金網で囲んだ木製台の上で行なうパドルテニス (paddle tennis)》.

plátform tìcket"《鉄道駅の》入場券.

Plath /plǽθ/ プラス **Sylvia** ~ (1932–63)《米国の詩人; Ted Hughes の妻; 女としての性(さが), 死などをうたった》.

plat·in- /plǽt(ə)n/, **plat·i·no-** /plǽt(ə)noʊ, -nə/ *comb form* 「白金 (platinum)」 [NL]

plat·i·na /plǽt(ə)nə, plətíːnə/ *n, a* PLATINUM(色の).

plat·ing /pléɪtɪŋ/ *n* 金[銀]めっき, 金[銀]被(き)せ; めっき(法), 《金属(板)による》表面被覆, 防護(壁); めっき用金属; 《船体をつくる》板, 外板, 《軍艦の》装甲; 〘金属加工〙 焼付け; 懸賞競馬[競技]; 〘生〙《細胞などの》平板[平面]培養, プレーティング.

pla·tin·ic /plətínɪk/ *a* 〘化〙 (第二)白金の, 白金(IV)の.

plat·i·nif·er·ous /plæ̀t(ə)níf(ə)rəs/ *a* 白金を含む.

plàtin·irídium *n* 〘冶〙 白金イリジウム.

plat·i·nize /plǽt(ə)nàɪz/ *vt* …に白金をかぶせる, 白金との合金にする. ♦ **plàt·i·ni·zá·tion** *n* **plát·i·nìzed** *a*

plátinized asbéstos 白金石綿.

platino- /plǽt(ə)noʊ, -nə/ ⇨ PLATIN-.

plàtino·cyánic ácid 〘化〙 シアン化白金酸.

plàtino·cýanide *n* 〘化〙 シアン化白金酸塩《蛍光物質》.

plat·i·noid /plǽt(ə)nɔ̀ɪd/ *a* 白金状[様]の, 白金類似の. ► *n* プラチノイド《**1**) 洋銀の一種; 銅・ニッケル・亜鉛・タングステン[アルミニウム]などの合金 **2**) 白金属の金属》.

plátino·tỳpe *n* 白金タイプ《写真印画(法)》.

plat·i·nous /plǽt(ə)nəs/ *a* 〘化〙 (第一)白金の, 白金(II)の.

plat·i·num /plǽt(ə)nəm/ *n* 〘化〙 白金, プラチナ《金属元素; 記号 Pt, 原子番号 78》; プラチナ色《銀色よりやや青みがかった明るい灰色》; *«口» PLATINUM DISC. ► *a* プラチナ色の; 〈レコード・CD などが〉プラチナディスクに値する (⇨ PLATINUM DISC). ● **go** ~ プラチナディスクを達成する. [NL<Sp *platina* (dim)‹ *plata* silver]

plátinum bláck 〘化〙 白金黒(こく)《粉末; 触媒用》.

plátinum blónde *n, a* プラチナブロンド(の), 白金色(の)〈髪〉; プラチナブロンドの髪の女性《染めた場合が多い》.

plátinum dìsc プラチナディスク《**1**) レコード・CD 売上げが特定数 (たとえば 100 万枚) 以上を達成したアーティスト・グループに贈られるフレームにはいったプラチナのディスク **2**) そうした大ヒットとなったレコード・CD》.

plátinum métal 白金属《osmium, iridium, palladium など》.

plátinum thermòmeter 白金温度計《白金線を用いた抵抗温度計》.

plat·i·tude /plǽtət(j)ùːd/ *n* 平凡, 陳腐, 月並み; 平凡な説[意見], きまり文句. [F; ⇨ PLATE; *certitude* などにならったもの]

plat·i·tu·di·nal /plæ̀tət(j)úːd(ə)nəl/ *a* PLATITUDINOUS.

plat·i·tu·di·nar·i·an /plæ̀tət(j)ùːd(ə)néəriən/ *a, n* 陳腐なことを得意げに話す(人), 平凡[陳腐]な(人).

plat·i·tu·di·nize /plæ̀tət(j)úːd(ə)nàɪz/ *vi* 陳腐なことを言う, 平凡なことを述べる.

plat·i·tu·di·nous /plæ̀tət(j)úːd(ə)nəs/ *a* 月並みなことを言う, 平凡な, つまらない. ♦ **~·ly** *adv* **~·ness** *n*

Pla·to /pléɪtoʊ/ **1** プラトン (427?–?347 B.C.)《Socrates の弟子; Academe を開きイデア論を説いた古代ギリシアの哲学者》. **2** プラトー《月面第 2 象限のクレーター》.

Pla·ton·ic /plətánɪk, pleɪ-/ *a* PLATO の, プラトン哲学[学派]の; [ˢp-] 純精神的な, 友愛的な; [ˢp-] 精神的恋愛をする[信奉する]; 理想的な, 非実行的な. ► *n* PLATONIST; [*pl*] 精神的恋愛感情[行為]. ♦ **Pla·tón·i·cal·ly** *adv*

platónic bódy [sólid] 〘数〙 プラトンの立体《正多面体; tetrahedron, cube, octahedron, dodecahedron, icosahedron の 5 種だけしかない》.

Platónic lóve プラトン的愛, 理想主義的愛; [ˢp-] 精神的恋愛, プラトニックラブ.

Platónic yéar 〘天〙 プラトン年 (=*great year*)《歳差運行が一巡する約 25,800 年の周期》.

Pla·to·nism /pléɪt(ə)nìz(ə)m/ *n* プラトン哲学[学派]; プラトン主義; [ˢp-] 精神的恋愛. ♦ **-nist** *n, a* **Plà·to·nís·tic** *a*

Pla·to·nize /pléɪt(ə)nàɪz/ *vi* プラトンの学説を奉ずる[唱える]; プラトン流に論じる. ► *vt* プラトン哲学を基として説く; プラトン風にする; 理想化する.

pla·toon /plətúːn/ *n* **1 a** 〘軍〙《歩兵・工兵・警官隊の》小隊 (⇨ ARMY); (旧制)歩兵半中隊. **b** 一隊の人, 一団 〈*of*〉. **2 a** 〘アメフト〙 プラツーン《攻撃[防御]専門集団; 攻撃が終わって守備に移る際には攻撃班全員が退き, 防御班と交替する》. **b** 《野球などで》一つのポジションを交替で守る複数の選手: the two-~ system. ► *vt* 小隊に分ける; 〈選手を〉別の選手と交替で一つのポジションにつかせる; *«俗» 専門のポジションを守らせる, 特定の試合専門に出す. ► *vi* 一つのポジションを別の選手と交替で守る; 一つのポジションに交替で選手を用いる; *«俗» 専門のポジションを守る, 特定の試合専門に出る. ♦ **~·ing** *n* [F *peloton* (dim)‹ *pelote* PELLET]

platóon sérgeant 〘米陸軍〙 小隊軍曹 (⇨ ARMY).

Platt·deutsch /plǽtdɔ̀ɪtʃ, plɑ́ːt-/ *n, a* 《北ドイツの》低地ドイツ方言(の) (Low German). [G]

Platte /plǽt/ [the] プラット川《Nebraska 州南部を東流して Missouri 川に合流する川; 同州 North Platte 市で North Platte 川と South Platte 川が合流したもの》.

platte·land /plɑ́ːtlɑ̀ːnt, -lænd/ *n* [the] «南ア» 田舎, 地方. ♦ **~·er** /-lændər/ *n* [Afrik<Du=flat land]

Plat·ten·see /*G* plátnzeː/ プラッテンゼー《BALATON 湖のドイツ語名》.

plat·ter /plǽtər/ *n* 《浅い楕円形の》大皿; 大皿料理, 盛合わせ料理; 《レコードプレーヤーの》ターンテーブル; *«俗» レコード, 'お皿'; 〘電算〙 プラター《ハードディスクのデータ記録部分である磁性体をコーティングした円盤》, ハードディスク; *«俗»《スポーツ用の》円盤; [the] «野球俗» ホームベース; *«俗» 駄馬 (plater); [*pl*] «韻俗» 足 (feet) (=~**s of méat**). ● **hand [give]** sb sth **on a (silver)** ~ 人に物をやすやすと渡す[与える]. ♦ **~·fùl** *n* [AF *plater*; ⇨ PLATE]

platy[1] /pléɪti/ *a* PLATE に似た; 〘地質〙 板状の.

platy[2] /plǽti/ *n* (*pl* ~, **plát·ys, plát·ies**) 〘魚〙 プラティ (=~-**fìsh**), バリアトゥス (=*moon platy*)《メキシコ原産カダヤシ科の卵胎生の熱帯魚 2 種; 体色が多種多様で美しい》. [NL *platypoecilus* (以前の属名)]

platy- /plǽti/, **plat-** /plǽt/ *comb form* 「広い」「平らな」 [Gk (*platus* broad)]

plàty·cephálic *a* 〘人〙 扁平頭蓋の.

plàty·hélminth *n* 〘動〙 扁形動物 (flatworm). ♦ **-helmín·thic** *a*

plàty·kúr·tic /-kəːrtɪk/ *a* 〘統〙 緩尖(かんせん)の《正規分布に比べて平均値あたりに集中度が低く平たい度数分布曲線についていう; cf. LEPTOKURTIC, MESOKURTIC》. [Gk *kurtos* curved]

platy·pus /plǽtɪpəs/ *n* (*pl* ~**·es, -pi** /-pàɪ, -pìː/) 〘動〙 カモノハシ (=*duckbill, duckbilled platypus, duckmole, water mole*)《豪州, Tasmania 産》. [Gk=flat foot (*pous* foot)]

plat·yr·rhine /plǽtɪràɪn/ *a* 〘人〙 扁平鼻の, 広鼻の; 〘動〙 広鼻猿類の. ► *n* 鼻が幅広く低い人; 広鼻猿類のサル. ♦ **-rhi·ny** /-ràɪni/ *n* [Gk *rhin- rhis* nostril]

pla·tys·ma /plətízmə/ *n* (*pl* ~**s**, **-ma·ta** /-tə/) 〖解〗広頸筋《頸部の筋膜から下顎の口周辺の皮膚につながる板状筋》. [NL＜Gk=flat piece]

plau·dit /plɔ́:dət/ *n* [^{u}*pl*] 喝采, 拍手; 賞賛. [L (impv)＜*plaus- plaudo* to clap]

Plau·en /pláuən/ プラウエン《ドイツ東部 Saxony 州の市》.

plau·si·bil·i·ty /plɔ̀:zəbíləti/ *n* もっともらしさ; もっともらしい事[話].

plau·si·ble /plɔ́:zəb(ə)l/ *a* 〈説明・議論などが〉信頼できそうな, 妥当[もっとも]と思われる, うなずける; もっともらしい, まことしやかな; 口先のうまい. ◆ **-bly** *adv* **~·ness** *n* [L=deserving applause; ⇨ PLAUDIT]

plau·sive /plɔ́:sɪv, -zɪv/ *a* 賞賛[賛意]を表わす; 《廃》快い; 《古》PLAUSIBLE.

Plau·tus /plɔ́:təs/ プラウトゥス **Titus Maccius** ~ (c. 254–184 B.C.)《ローマの喜劇作家; 略 Plaut.》. ◆ **Plau·tine** /plɔ́:taɪn/ *a*

play /pléɪ/ *vi* **1 a** 遊ぶ, ふざける, じゃれる〈*about, around*〉; 楽しむ; 《仕事をしないで》遊ぶ, 休む, 無為に暮らす (opp. *work*). **b** しゃれを言う, 地口を使う. **2 a** (軽やかに)飛びまわる, おどる, 飛びかう; 〈想像が〉あちこちへ飛ぶ; そよぐ, ゆらゆら[ちらちら]する; 翻る; 〈光線が〉さす, 降り注ぐ〈*on, over, along*〉; 静かに過ぎる: A breeze ~*ed on* the water. そよ風が水面を揺らした / A faint smile ~*ed on* her lips. かすかに彼女の口もとがほころんだ. **b** 〈機械など〉自由に動く, 運転する (work); 〈泉が〉噴出する〈*on, over*, etc.〉, 〈ホースが〉水を放射する〈*at*〉; 〈銃が〉発射される: The machine guns ~*ed on* the building. その建物めがけて発射された. **3 a** 競技[試合]を行なう[に出る]: *P~!* 〖球技〗試合開始! / ~ *against* sb 人と対戦する / ~ *for*…のチームで[代表として]プレーする / ~ deep 〈野手が〉深く守る. **b** 〈競技場が〉試合に向く: The ground ~*ed well* [*badly*]. グラウンドの状態がよかった[よくなかった]. **c** ばくちを打つ, 賭けをする (gamble); 宝くじを買う: ~ *at* cards トランプで賭けをする / ~ *for* money [love] 金を賭けて[賭けずに]勝負事をする. **4 a** 演奏する, 吹奏する, 弾く; 〈楽器・音楽が〉演奏される, 鳴る, 響く; 出演する; 芝居をする; 〈映画が〉上映される, 〈芝居が〉上演される; 〈脚本が〉上演できる; 〈録音・録画・ビデオなどが〉再生される, かかる: ~ *in* an orchestra / The old man ~*ed* well *on* the flute. 老人はじょうずに笛を吹いた / He has often ~*ed in* theatricals. よくしろうと芝居に出演している / Now *Playing*. 《掲示》上映[上演]中. **b** 演技する, ふるまう (behave), …のふりをする; 《俗》言われたとおりにする: ~ sick 仮病をつかう / She ~*ed like* a doctor. 《口》医者のふりをした. **5** 〈考えなど〉受け入れられる, 認められる; *《口》うまくいく, 成功する, 〈…に〉うける〈*with*〉. **6** 絶えず[繰り返し]作用する[影響を及ぼす].

► *vt* **1 a** 〈遊戯・試合などを〉する, して遊ぶ: ~ a good [poor] game じょうず[へた]にやる / ~ tennis テニスをする / ~ bridge ブリッジをやる / ~ catch キャッチボールをする / ~ POLITICS. **b** 〈球を〉打つ, 蹴る, 放つ, たたき込む; 〈球・パックを〉リバウンドさせる; 〖チェス〗〈コマを〉動かす; 〖トランプ〗〈札を〉出す, 切る; [*fig*] 〈有利な手を〉利用する; 〈打球を〉捕る: ~ the race card '人種' の切り札を使う. **2 a** 〈人を〉競技に用いる, 組[チーム]に入れる; 〈ポジションを〉守る, つとめる; 〈相手〉に応じて守備する: We are going to ~ Bill *in* the next game. 今度の試合にビルを出そうと思っている. **b** 《試合・遊戯で》…と争う, 相手とする; 〈人を〉争わせる〈*against*〉; もてあそぶ, あしらう, いいように扱う: Will you ~ me *at* chess? チェスをやりませんか. **3** 〈金を〉賭ける (bet); …に賭ける (bet on), 投資する: He ~*ed* his last few dollars. 最後の数ドルを賭けた / He ~*ed* the horses. 競馬に賭けた. **4 a** 〈いたずらなどを〉仕掛ける, 〈冗談などを〉言いかける, 〈詐欺などを〉はたらく: He ~*ed* tricks *on* me [~*ed* me tricks]. わたしにいたずらをした / I ~*ed* a joke [prank] *on* her. 彼女をからかった / I *was* ~*ed* a mean trick. きたない手を使われた. **b** …に基づいて行動する, …にたよる: ~ a hunch 勘にたよる. **5 a** 〈楽器を〉奏する, 〈ラジオ・CD を〉かける, 〈音楽・映像を〉再生する, 見る, 聴く: ~ the piano, violin, flute, etc. **b** 〈曲を〉弾く, 演奏する: He was ~*ing* a sonata *on* the piano. / Will you ~ me some Mozart [~ some Mozart *for* me]? モーツァルトを何か弾いてくださいませんか. **c** 音楽を演奏して案内する[送り出す]〈*in, out*〉: ~ the New Year *in* with a tune on the bagpipes バグパイプを演奏して新年を迎える. **6 a** 〈劇を〉演じる; 〈人物〉に扮する, …の役をつとめる: ~ *Twelfth Night*「十二夜」を演じる / He ~*ed* Caesar. シーザーに扮した. **b** …の役割を果たす, 〈本分などを〉尽くす: ~ the hostess (*with*…) (人に対して)女主人役をつとめる / play a PART. **c** …らしくふるまう, …ぶる: ~ the man [fool] 男らしく[ばかみたいに]ふるまう. **d** …のふりをする, …ごっこをする (cf. *vi* 4b, PLAY *at*): ~ HOUSE. **7** *…で上演[演奏]する, …で公演[試合]を行なう: ~ New York [Carnegie Hall] ニューヨーク[カーネギーホール]で公演する. **8** 〈道具などを〉せっせと使う; 〈光を〉ゆらゆら[ちらちら]させる, ひらめかす; 浴びせる, 〈砲を〉発射する; 〖釣〗〈かかった魚を〉遊ばせる《弱らせるため》: They were ~*ing* the hoses *on* the burning building. 燃える建物にホースで水をかけていた / The searchlight was ~*ed on* the river [*along* the road]. 探照灯が川[路上]を照らした / We ~*ed* our guns *on* the fortress. 要塞に銃火を浴びせた. **9** 〈記事・写真などを〉《特定の仕方で》扱う; みなす〈*as*〉: ~ the news big on the front page 第一面に大きく扱う. **10** *《俗》…とデートする, つきあう; *《俗》ひいきにする, …の顧客になる.

● **~ along** いっしょに演奏する〈*with*〉; 〈…と〉(とりあえず)協力する, 同意のふりをする〈*with*〉; (その気もないのに)じらす, (その気にさせて)もてあそぶ, あやつる. **~ around** [**about**] 遊びまわる; ぶらぶらする, 〈人の〉時間を浪費させる〈*with* sb〉; いいかげんに扱う, からかう, もてあそぶ〈*with*〉; 考えをめぐらす〈*with*〉; 〈異性と〉節操なく関係をもつ, 遊びまわる〈*with* sb〉; 〈…を〉あれこれ検討する〈*with*〉. **~ at**… (**1**) …をして遊ぶ, …ごっこをする: ~ *at* soldiers [keeping shop] 兵隊[お店屋さん]ごっこをして遊ぶ. (**2**) 〈勝負事を〉争う. (**3**) …を道楽半分にやる, やってみる, もてあそぶ; …をいい加減にやる: What are you ~*ing at*? 何やってんだ《ばかなことやあぶないことをやっている者に向かって言う》. **~ away** 〈金などを〉賭博で失う; 〈財産を〉使いはたす; 〈時を〉浪費する. **~ back** 〈録音・録画を〉再生する; 〈ボールを〉返す; 〖クリケット〗後方へ引いて打つ. **~** BALL[1]. **~ both ends** (**against the middle**) 両敵を互いに争わせて自分の利に導く, 漁夫の利を得る. **~ down** たいしたもの[こと]でないように言う, 矮小化する, 〈スキャンダル・批判などの〉押え込み[もみ消し]をはかる; 軽く扱う, 宣伝しない (cf. PLAY *up*); 《迎合して》調子を落とす, こびる〈*to*〉. **~ fair** 正々堂々とやる. **~ false** [**foul, foully**] 不正な勝負をする. **~** FAST[1] **and loose.** **~** sb **for**…のため人を利用[搾取]する; 《口》〈人を〉…である[…を持っている]と考える[扱う]: ~ sb *for* a fool [sucker] 人をばかにする[からかう]. **~ for** SAFETY. **~ for time** 引き延ばして時間をかせぐ. **~ forward** 〖クリケット〗前へ出るようにして打つ. **~** HARD. **~ into the hands of** sb=**~ into** sb**'s hands** 人を利するように行動する, 人の術中に陥る. **~ it**…にふるまう: ~ *it* cool 落ちつきはらっている, 冷静にふるまう / ~ *it* smart *スマート[賢明]にふるまう / ~ *it* RIGHT. **~ it** [**things**] **by** EAR[1]. **~ it** (**low**) **on**…=**~** (**low**) **down on**… *《俗》…の弱みにつけこむ. **~** (**it**) **safe** 安全[慎重]なやり方をする, 大事をとる. **~ Man on**… *《俗》しごく, いたぶる (play on). **~ off** (手品などして)偽る; 〈人〉に恥をかかせる; 対比する; (〈同点試合など〉の)決定戦をする, プレーオフをする. **~** sb **off against** another 甲と乙を対抗させて漁夫の利を占める. **~ on** 試合を続行する. **~ on**… 〈人の恐怖心・信じやすさなど〉につけこむ, …を利用する; …に影響を与える; …でしゃれる, ごろ合わせをする (: ~ *on* words); *《俗》…を手荒に扱う, いたぶる; 〖クリケット〗味方の wicket に球を打ってアウトになる; 〖サッカー〗〈選手を〉オンサイドに入れる. **~ on down** *《俗》《ある場所から》〈別の場所へ〉行く, 移る〈*to*〉. **~ out** (*vt*) 最後まで演じる[競技する]; 〈ある期間〉の最後まで競技する; 使い切る; 疲れはてさせる; 〈綱などを〉繰り出す; [^{u}*pass*] 〈事態を〉引き起こす, 展開させる; 《実生活で》〈場面・役などを〉演じる. (*vi*) 尽きる, 終わる; 疲れはてる; 〈物事・状況が〉進展[展開]する; 〈糸巻の糸など〉長々と繰り出される: ~ *itself out* 〈事態が〉生じる; 〈危機などが〉終息する. **~ out time** 〖スポ〗〈守勢のチームが〉相手に得点を許さずにゲームの最後まで持ちこたえる. **~ over** 〈録音などを〉再生する; 〈競技などを〉やりなおす. **~ oneself in** 《クリケットなどで》体を慣らして徐々に調子を上げる. **~ through** 〈曲などを〉最後まで(通して)演奏する[かける]; 《ゴルフで》《前の組より》先にプレーして進む, パスさせてもらう. **~ up** 強調する, (誇大)宣伝する (cf. PLAY *down*); 誇張する; 演奏を始める; 奮闘する, [*impv*] がんばれ; 苦しめる, 迷惑をかける; 〈機械など〉調子が悪い, ǁ〈子供が〉図に乗って騒ぐ, 悪ふざけ[いたずら]をする. **~ up to**…に助演[助力]する, 支持する, 後援する; 《口》…にこびへつらう, ごまをする, つけこむ. **~ with**…で[と]遊ぶ; …をもてあそぶ, おもちゃにする; からかう, ちょっかいを出す; *《俗》…と協力する (play ball with): money to ~ *with* 自由になる金, 懐の余裕 (cf. WITH *prep* 3a) / ~ *with* FIRE. **~ with oneself** 《卑》自慰をする (masturbate). **the** WAY[1] **it ~s.**

► *n* **1 a** 遊び, 戯れ; 遊戯; 気晴らし, 娯楽; いたずら, おどけ; 冗談, しゃれ; いちゃつき; 《廃》性交: at ~ 遊んでいる / PLAY OF WORDS / PLAY ON WORDS. **b** 勝負事, 競技, ゲーム; 賭博; *《俗》賭け金(の総額). **2** 試合ぶり, 試合の進行; 《フットボール・野球などの》わざ, プレー; 《チェスなどで》番, 手; やり方, 策; 取引, 事業, 投資, 投機, 株の売り買い; 行為, 仕打ち, 態度: FAIR [FOUL] PLAY / It's your ~. 〖チェス〗きみの番だよ / deep [high] ~ 大ばくち. **3** 戯曲, 劇, 脚本, (テレビ[ラジオ])ドラマ; 芝居, 演劇; 上演: go to the ~ 芝居見物に行く / (as) good as (a) ~ (芝居のように)おもしろい. **4** 《光・表情などの》動き, ちらつき; はたらき, 作用; 《筋肉の》随意運動, 自在のはたらき: the ~ of colors 《ダイヤモンドの面などの》七色閃耀. **5** 《機械などの》動きのゆとり, あそび; 自由活動, 活動(範囲), はたらき; 《方》失業, 休み (cf. WORK), 休業, 罷業: give (free) ~ to…を自由にはたらかせる, …にふける, …をほしいままにする. **6** 《新聞・報道などでの》強調, 注目, 扱い, 取り上げ方; 放送, 放映; 《CD・動画などの》再生 (playback): press [click] '*P~*' (button) 再生(ボタン)を押す[クリックする]. **7** [特に複合語の第 2 構成要素として] 《軽々と[すばやく]》振るう[あやつる]こと, …さばき: SWORDPLAY. ● **bring…into ~** 〈会社(の株)を〉買収の対象にする, 買収に追い込む. **bring** [**call**]**…into ~** …を利用する, 活動させる. **come into ~** 活動し始める, 効果を示す; 役をつとめる. **give** [**allow**] **free ~ to**…を自由に動かす[表現する]ことを許す. **give…full ~** …に完全な活動[表現]の自由を与える, 十分に活動[表現]させる. **hold** [**keep**] sb **in ~** 人を働かせておく. **in full ~** 盛んに活動して[運転中で]; 試合中で. **in ~** 戯れに, ふざけて; 〖球技〗試合中で, 〈ボールが〉生きて; はたらいて, 影響を及ぼして; *《証券俗》〈会社が〉買収の候補にあがって, 〈株が〉買収の候補にあがっている会社の. **make a** [**one's**] **~ for**… 《口》〈職などを〉得ようとことさらに努める; 〈女などの〉気をひこうとする. **make great** [**much**, etc.] **~ with**

[of]…を大げさに吹聴する, ことさらに強調する, 見せびらかす. **make ～**〘競馬・狩〙追っ手をじらして苦しめる; 盛んに働く; 効果的にやる;〘ボク〙敵を猛撃する; 急いで進む. **make ～ with**…を適当にあしらう; make great PLAY with…. **out of ～** 失職して;〘球技〙アウトになって: go *out of* ～〈ボールが〉ラインの外に出る. **the** STATE **of ～.** [OE (n) *plega*, (v) *plegan*; cf. G *Pflege, pflegen* to care for, nurse]

pla·ya /pláɪə, plɑ́ːjə/ *n*〘地理〙プラーヤ《砂漠の窪地の平原で, 雨期には浅い湖になるが蒸発すれば底に粘土・塩・石膏などの沈積物を残す; 米国西部に多い》. [Sp=shore]

pláy·able *a*〈遊戯・勝負など〉行なえる; 演奏[操作, プレー, 再生]できる[しやすい]; 演劇に適する;〈競技場など〉競技ができる. ♦ **plày-abílity** *n*

pláy·àct *vi* 演じる; 見せかける, ふりをする, 演技する; 大げさな身振りをする. ► *vt* 実演する, 劇化する. ♦ **～·ing** *n*

pláy-àction *n*〘アメフト〙プレーアクション(パス) (=**～ páss**)《クォーターバックがランニングバックにボールを手渡すふりをして, 防御チームを欺くフェイクからタイミングよくレシーバーに通すパス》.

pláy·àctor *n* [ᵁ*derog*] 俳優, 役者.

pláy·bàck *n*《特に 録音[録画]直後の》再生, プレイバック;《録音・録画の》再生装置 (=**～ machìne**);《あらかじめ録音された》カラオケ, 打ち込みの演奏;《相手からの》反応, 意見, 感想. [*play back*]

pláyback sìnger《映画(特に インド映画)の歌唱場面専門の》吹き替え歌手, プレイバックシンガー.

pláy·bìll *n* 演劇のビラ[番付]; *《劇の》プログラム; [P-]〘商標〙プレービル《New York の Broadway の劇場入場者に無料配布される月刊演劇プログラム・情報誌》.

pláy·bòok *n* 脚本;〘アメフト〙プレーブック《チームのすべてのプレーと作戦・戦術をファイルした極秘資料ブック》;《得意な》戦略, 作戦, 方針.

pláy·bòy *n* **1** 遊び人, 道楽者, プレイボーイ;《アイル》食わせ者, したたか者. **2** [P-]『プレイボーイ』《米国の男性向け月刊誌; Hugh Hefner が 1953 年に創刊》.

pláy-by-pláy *a* 試合の実況を詳しく報じる; 順を追って説明する. ► *n* 実況放送.

pláy-cènter *n*《児童の》遊び場, 遊戯場;《NZ》PLAYGROUND.

pláy·clòthes *n pl* 遊び着.

pláy·dàte *n* 日時を指定した上演[放映];《幼児の親同士が取り決める》子供を遊ばせる約束.

pláy·dày *n*《日曜以外の》休校日; 非公式試合; ᴵᴵ炭鉱員の休業日;《劇・芝居の》上演日.

pláy dèbt《古》賭博の借金.

pláy dòctor〘劇〙上演前に脚本の手入れを頼まれる人.

Play-Doh /pléɪdòu/〘商標〙プレイドー《子供用の合成粘土, 型・工作具》.

pláy dòugh 工作粘土.

pláy·dòwn *n*《カナダ》決勝試合 (play-off).

pláyed《口》*a* [°～ out] 疲れはてた, へとへとになった; 能力を使い切った; 使い古された; すっからかんの.

play·er /pléɪər/ *n* **1 a** 遊ぶ人[動物]; なまけ者; 道楽半分にやる人〈*at* farming〉; ばくち打ち (gambler); *《俗》プレーボーイ[ガール]; *《俗》ポン引き; *《俗》麻薬の売人; *《俗》麻薬使用者[常用者]. **b** 選手, 競技(参加)者, プレーヤー;〘英史〙《クリケットなどの》プロの選手 (professional). **c** 俳優; 演奏者. **d**《競争がきびしい分野の主要な》関係者[団体, 組織], 当事者, '役者': a global ～ 大国, 世界的企業 / a major [minor] ～ in politics 政界の大物[小物]. **2**《自動ピアノなどの》自動演奏装置;《CD などの》プレーヤー.

Player プレーヤー **Gary (Jim) ～** (1935–)《南アフリカ共和国のプロゴルファー》.

pláy·er-mánager *n*《野球などの》監督兼選手, プレーイングマネージャー.

pláyer piáno〘楽〙自動ピアノ.

Play·er's /pléɪərz/〘商標〙プレイヤーズ《紙巻きタバコ》.

pláy·fèllow *n* 遊び友だち (playmate).

pláy·fìeld *n* 運動場, 競技場.

pláy·ful *a* 遊び好きな, ふざけたがる, よくじゃれる, ちゃめっけのある, 陽気な; 冗談の, 戯れの, おどけた. ♦ **～·ly** *adv* **～·ness** *n*

pláy·gàme *n* 遊戯; 児戯.

pláy·gìrl *n* 遊びまわる女性, プレイガール (cf. PLAYBOY).

pláy·gò·er *n* 芝居[観劇]の常連. ♦ **-gò·ing** *n, a*

pláy·gròund *n*《学校などの》運動場; 遊び場 (playland); レクリエーションの場, 行楽地; 活動の場[舞台]: the ～ of Europe＝Switzerland《俗称》.

pláy·gròup *n* プレイグループ《定期的に集まって監督者の下で遊ぶ就学前の幼児のグループ[自主保育活動]; 1960 年代英国で盛んになる》;〘社〙遊び仲間.

pláy·hòuse *n* 劇場; 子供の家; *おもちゃの家.

pláy·ing càrd《トランプなどの》カード.

pláying fìeld 運動場, グラウンド《草地》; 競技場《主に 競技が実際に行なわれるエリア》. ● **a flat [level] ～**《参加条件などの》公平さ. **level the ～** 参加[参入]の条件を公平[同一]にする.

pláy·lànd *n* 遊び場, 遊園地;《娯楽・遊興中心の》観光都市, プレイランド.

pláy·let *n* 小劇, 寸劇《通例 一幕物》.

pláy·lìst *n*《ラジオの》放送用選曲リスト; プレイリスト《曲・動画の再生順をリストにしたもの》. ► *vt*〈曲を〉放送用選曲リストに載せる.

pláy·lùnch *n*《豪》プレーランチ, おやつ(の時間)《子供が軽食・菓子・果物・ジュースなどを学校に持ってきて 10 時ごろの遊び時間に取る》.

pláy·màker *n*《バスケットボール・ホッケーなどで》味方の攻撃の先導役をする選手, '司令塔'. ♦ **-màking** *n*

pláy·màte *n* 遊び友だち;《口》恋人, セックスフレンド.

pláy-òff *n*《引分け・同点の時の》決勝(再)試合;《シーズン終了後の》優勝決定戦シリーズ, プレーオフ.

pláy of wórds《古》ことばの戯れ[あや], 詭弁.

pláy on wórds ごろ合わせ, しゃれ, 地口 (pun).

pláy·pàrk *n* 遊び場, 遊園地.

pláy·pèn *n* ベビーサークル《柵で囲った赤ちゃんの遊び場》.

pláy·pìtᴵᴵ *n* 小さな砂場.

pláy·rèad·er *n* 脚本を読んで上演価値を評価する人.

pláy·ròom *n* 遊戯室 (rumpus room).

pláy·schème *n*〘英教育〙子供(体験)教室《夏休みなどに児童・学童が参加してスポーツや工芸などのレクリエーション活動をする催し》.

pláy·schòol *n* 保育園, 幼稚園; ᴵᴵPLAYGROUP.

pláy·some *a* じゃれつく, 戯れる.

pláy·sùit *n* 運動服, 遊び着《特に 婦人・子供用のショートパンツとシャツなどの組合わせ[つなぎ]服》;《仮装用の》着ぐるみ; ボディースーツ, CORSELET².

pláy thèrapy〘精神医〙遊戯療法, 遊び療法.

pláy·thìng *n* 遊び道具, おもちゃ; 玩弄物, 慰みもの, 軽んじられる人.

pláy·tìme *n* 遊び時間, 放課時間; 興行時間, 上映時間.

pláy·wèar *n* 遊び着, レジャー着.

pláy·wrìght *n* 脚本家, 劇作家.

pláy·wrìting *n* 劇作.

pláy yàrd PLAYPEN.

pla·za /plɑ́ːzə, plǽzə/ *n*《都市・町の》広場, 公共空間,《特に スペインの都市の》辻; 市場 (marketplace); ショッピングセンター, ショッピングプラザ; *《高速道路の》サービスエリア (service plaza); *《有料道路などの》プラザ《料金所など一時停止箇所へのアプローチで道幅が広がった部分》. [Sp<L *platea* PLACE]

plc, PLC〘英〙°public limited company.

PLC °product life cycle.

plea /plíː/ *n* **1** 嘆願, 請願, 訴え; 祈り: make a ～ for…を嘆願する; …を主張する / ～ in bar ⇨ BAR¹ *n* 2c. **2** 弁解, 口実, 言い抜け;〘法〙《被告の》最初の訴答, 被告第一訴答, 訴答, 答弁, 抗弁 (cf. DECLARATION);〘主にスコ法〙訴訟: on [under] the ～ of [that]…を[…ということを]口実に[申し立てて] / enter a ～ of guilty＝PLEAD guilty / hold ～*s* 訴訟を扱う. ● **cop a ～** *《俗》〈犯罪者が〉《plea bargaining で刑を軽くするために, 罪状のうちの》軽いほうの罪を自白する[認める]. **～ of tender**〘法〙履行提供の答弁. [AF *plaid* agreement, discussion<L *placitum* decree (pp)<PLEASE]

pléa bàrgain PLEA BARGAINING による合意事項.

pléa bàrgaining〘法〙答弁取引, 司法取引《軽い求刑など検察側による譲歩とひきかえに被告側が有罪を認めたり, 他者に対する証言をしたりする取引》. ♦ **pléa-bàrgain** *vi*

pleach /plíːtʃ/ *vt*《生垣・木陰道などを作るために》〈枝などを〉組み合わせる;〈生垣〉の木の枝を編んで修理する;〈髪を〉編む: a ～*ed* alley 両側に生垣のある小道. [OF<L; ⇨ PLEXUS]

plead /plíːd/ *v* (**～·ed, plead** /pléd/,《米・スコ》**pled** /pléd/) *vt* 弁論する, 弁護する; 抗弁する;〘法〙〈訴訟事実などを〉申し立てる; 言いわけ[口実]にする,〈苦痛などを〉訴える: ～ ignorance of the law 法律を知らなかったと弁解する / ～ the cause of sb 人のために弁論[弁護]をする. ► *vi* **1** 嘆願する, 誠心誠意頼む[訴える]〈(*with* sb) *for* [*against*] sth〉: ～ *with* sb *to* come back 人に戻るように懇願する / ～ *to* be allowed to go 行かせてと頼み込む. **2** 弁論する, 説きつける;〘法〙弁論する, 答弁する;〈若さなどが〉言いわけになる;《廃》〘法〙訴訟を起こす: ～ *against*…を反駁する, …せぬよう人に説く / ～ *for*…を弁護する, …のために弁じる, …の支持を訴える / How do you ～? どう申し開きをするのか,《裁判官が被告に向かって》起訴[公訴]事実を認めますか[に異議はありませんか]. ● **～ guilty [not guilty]**〈刑事被告人が〉罪を認める[認めない]〈*to* smuggling〉. **～ the** FIFTH. **～ to**…〈罪状〉を認める. ♦ **～·er** *n* **～·able** *a* [AF *pleder*<PLEA]

pléad·ing *n* 弁論, 弁解;〘法〙訴答手続き; [ᵘ*pl*]〘法〙訴答(書面); 懇願, 嘆願. ► *a* 申し立てをする; 嘆願するような. ♦ **～·ly** *adv* 嘆願するように.

pleas·ance /pléz(ə)ns/ *n* **1**《大邸宅付属の》遊園, 遊歩道. **2**《古》愉快, 享楽, 満足. **3** [P-] プレザンス《女子名》. [OF (↓)]

pleas·ant /pléz(ə)nt/ *a* (**more ～, ～·er; most ～, ～·est**) **1** 愉快な, 楽しい, 気持のよい, いい感じの,〈天気などが〉さわやかな: have [spend] a ～ evening 一夕を楽しく過ごす / The book is ～ to read. 読んで楽しい本だ. **2** 快活な, 陽気な, 愛想のよい, 愛すべき; ᴵᴵ《古》滑稽な, ひょうきんな. ♦ **～·ly** *adv* 愉快に, 楽しく, 気持よく;

快活に; 愛想よく. **～·ness** *n* ［OF (pres p)＜PLEASE］

Pléasant Ísland プレザント島《NAURU の旧称》.

pléasant·ry *n* 上機嫌; 滑稽; 冗談, ふざけ; [ᵘ*pl*] 社交辞令; 《古》楽しみ.

pleas·aunce /plέz(ə)ns/ *n* PLEASANCE.

please /plíːz/ *vt* **1** 喜ばせる, 楽しませる, 満足させる; …の気に入る: His answer ～*d* me. 彼の答えが気に入った / He is hard [a difficult man] to ～. 彼は機嫌の取りにくい[気むずかしい]人だ / His boss *was* very much ～*d with* his work. 社長は彼の仕事に大いに満足した / be ～*d with* oneself 得意[満足]げだ, したり顔だ / I am ～*d for* you. よくやった, おめでとう, よかったね / You cannot ～ everybody. みんなを満足させることはできない, あちら立てればこちらが立たぬ / I *was* ～*d at* find*ing* him so well. 彼があんなに元気なのを見てうれしかった / I *am* ～*d* (*that*) you have come. ようこそおいでくださいました. **2** [it を主語として] …の喜び[希望]である, …の選ぶ[好む]ところである: *It* ～*d* him to go. 彼は喜んで行った / *It* never ～*d* him to answer my letters. 彼はわたしの手紙に返事をする気にならなかった. **3** [as, what などの導く関係詞節内で] …したいと思う, よいと思う (like) (cf. *vi* 2): Take as many *as* you ～. いくつでも好きなだけお取りください (cf. 成句) / Do *what* you ～. なんなりと好きなことをなさい. ► *vi* **1** 人の気に入る, ここちよい: She never fails to ～. 決して人の気をそうさない. **2** 好む, 気に入る, したいと思う (cf. *vt* 3); 《古》親切にも…する 〈*to* do〉: Do *as* you ～. 好きなようにしなさい. **3** [副詞的に命令文などに添えて依頼を表わす] どうぞ, お願い: *P*～ come in. どうぞおはいりください / May I come in, ～? はいってよろしいでしょうか / Two coffees, ～. コーヒーを2つお願いします / *P*～ don't forget to post the letter. 手紙を出すのを忘れないでください / Can you go now, ～? 今行っていただけますか / Yes, ～. はい, お願いします《申し出を受けるときなど》/ Would you ～? お願いできますか, そうしてもらえますか《依頼する時など》. **4** [呼びかけて] あのう, 失礼ですが, すみませんが, [P-] お先にどうぞ; [P-!]《相手の拒絶・しつこい行為に対して》どうかそんなこと言わないで[しないで, やめて], お願い!; [ᵒp-lease /pəlíːz/] ちょっと勘弁してよ, そんなわけないって.

● **(as)…as you ～** 《口》とっても[まったく]…, すごく… (very). **be ～d to** (do…) **(1)** 喜んで…する, …してうれしい《敬語》: I shall *be* very ～*d to* see you tomorrow. あすお目にかかれることを楽しみにしています / (I'*m*) ～*d to* meet you. お会いできてうれしく思います. **(2)** [ˢ*iron*] かしこくも…なさる: Her Majesty *was* ～*d to* give us audience. 女王はわれわれに拝謁を賜わった. **if you ～** **(1)** どうぞ, どうか, すみませんが: Pass me the salt, *if you* ～. 塩を回してくださいませんか. **(2)** お許しがあれば, ご免こうむって: I will have another cup, *if you* ～. すみませんがもう一杯いただきましょう. **(3)** [皮肉な口調] 驚いたことには: Now, *if you* ～, he expects me to pay for it! そしてどうでしょう, あの人はわたしがその支払いをするものと思っているんですよ. **(May it) ～ you** 《古》おそれながら(申し上げますが). **～ God** 《文》神もし許したまわば, 順調にいけば; 場合によったら. **～ oneself** 満足する; 《口》勝手[気まま]に行動する, 好きなようにする. **～ the pigs** 《俗》/[*joc*] PLEASE God. **pretty ～ (with sugar on it)!** *《口》ねえ(一生の)お願いだから! **We aim to ～.** [ˢ*joc*] お客さまに喜んでいただくのがわたくしどものモットーです, 喜んでいただければ幸いです.

［OF *plaisir*＜L *placeo* to please, satisfy］

pleased /plíːzd/ *a* 喜んだ, 満足した, うれしい (cf. PLEASE *vt* 1 および成句): a ～ expression 満足げな表情 / look ～ 満足そうである, うれしそうに見える / (as) ～ as Punch ⇨ PUNCH². ♦ **pléas·ed·ly** /-ədli/ *adv*

pleas·ing /plíːzɪŋ/ *a* 愉快な, ここちよい, 満足な; 愛敬のある, 愛想のよい, 人好きのする. ♦ **～·ly** *adv* **～·ness** *n*

plea·sur·able /plέʒ(ə)rəb(ə)l/ *a* 愉快な, 楽しい, うれしい, 満足な, 気持のよい. ♦ **-ably** *adv* 楽しく, 満足して. **～·ness** *n* **plèa·sur·abíl·i·ty** *n*

plea·sure /plέʒər/ *n* **1 a** 喜び, 愉快, 楽しみ, 満足, 快感: show ～ うれしい顔をする / The compliment gave him ～. ほめられて彼はうれしかった. **b** 楽しいこと, 喜びのたね; 《特に》肉体的快楽, 放縦, 淫奔; 慰み, 娯楽, [〈*a*〉] 娯楽用の, レジャーの: It is a ～ to talk to her. 彼女と話をするのは楽しい / Stolen ～*s* are sweetest. 《諺》盗んだ[隠れた]快楽は最も甘い / a man of ～ 道楽者, 放蕩者 / a woman of ～ 快楽を追う女, 自堕落な女 / a lady of ～ 売春婦. **2** [ᵒone's] 好み, 希望, 意向, 欲求: ask a visitor's ～ 客の来意を聞く / consult sb's ～ 人の都合を聞く. ● **at Her [His] Majesty's ～** ᴴ英国の刑務所にはいって, 収容されて. **at (one's) ～** 随時に, 随意に. **do** sb **(a) ～** 人の気に入るようにする, 喜ばせる: Will you *do* me *the* ～ *of* coming to dinner with me? ご会食お願いできましょうか. **during** sb's **～** 気の向いている間(に). **for ～** 慰みに, 好き[趣味, 道楽]で: travel *for* ～ 観光旅行をする / read *for* ～ 好きな本を読む, 読書を楽しむ. **give ～ to**…を喜ばせる. **have the ～ (of** sth [do*ing*])… (すること)を満足[光栄]に思う, …を請う《敬語》: May we *have the* ～ *of* your presence [company]? ご臨席願えるでしょうか / May I *have the* ～ (*of* the next dance)? 次にわたしと踊っていただけませんでしょうか / *Have* I *the* ～ *of* address*ing* Mr. Brown? ブラウンさんでいらっしゃいましょうか / I don't believe I've had the ～. お初にお目にかかりますが, どうもはじめまして《of seeing you などの省略された表現》. **It is our ～ to** do…することを望む《君主の文句》; 《俗》われわれは喜んで…する. **(It's) a [my] ～.** こちらこそ, どういたしまして《礼を言われたときの丁寧な返事》; お会いできてうれしく思います, 光栄です. **take [find] (a) ～ in**…を楽しむ: I *take* ～ *in* send*ing* you a copy. 一部お送り申し上げます. **take one's ～** [*euph*] 肉欲にふける, 楽しむ. **with ～** 喜んで; [快諾の返事] いいですとも, かしこまりました. ► *vt* 満足させる, 楽します (please), 《特に》…に性的快感を与える. ► *vi* 楽しむ (delight) 〈*in* sth, *in* do*ing*, *to* do〉; 《口》《休暇などをとって》娯楽を求める, 遊ぶ.

♦ **～·ful** *a* ［OF *plaisir* to PLEASE を名詞として用いたもの］

pléasure bèach ᴴ 海岸の遊園地.

pléasure bòat [cráft] 遊覧船; プレジャーボート《個人がレジャー用に使う小型船舶》.

pléasure dòme 大娯楽施設, '歓楽宮'; 行楽地.

pléasure gròund 遊園地, 公園.

pléasure jòlt *《俗》《非常用者がやる》少量の麻薬, 楽しむための一服.

pléasure·less *a* 楽しみのない[を与えない].

pléasure prìnciple 〘精神分析〙快感[快楽]原則《快を求め, 不快を回避しようとする傾向》.

pléasure-sèek·er *n* 快楽[娯楽]を求める人; 休暇中の人, 行楽客 (holidaymaker).

pleat /plíːt/ *n* ひだ, プリーツ; 編み下げ, おさげ (plait). ► *vt* …にひだをつける; 編む (plait): a ～*ed* skirt プリーツスカート. ♦ **～·er** *n* ひだをとる人; 《ミシンの》ひだとり装置. **～·less** *a* ［変形＜*plait*］

pleath·er /plέðər/ *n* プレザー《人工[合成]皮革》. ［*pl*astic＋*leather*］

pleb /plέb/ 《口》*n* PLEBEIAN; *PLEBE.

pléb·by *a* ᴴ《口》PLEBEIAN.

plebe /plíːb/ *n* *《士官学校・兵学校の》最下級生, 新入生; 〘古ロ〙平民 (the plebs).

ple·be·ian /plɪbíːən/ *n* 〘古ロ〙平民 (cf. PATRICIAN); 庶民; 下賤の者, 野卑な者. ► *a* 平民の; 下層階級の; 下等な, 卑しい, 卑俗な, 普通の. ♦ **～·ism** *n* 平民であること, 平民気質[風]. **～·ize** *vt* 平民にする, 俗化する. **～·ly** *adv* ［L (PLEBS)］

pleb·i·scite /plέbəsàɪt, -sət/ *n* 国民[住民, 一般]投票 (referendum); 〘ローマ法〙平民会による制定法. ♦ **ple·bis·ci·tary** /pləbísətὲri; -t(ə)ri/ *a* ［F＜L (*scisco* to vote for)］

plebs /plέbz/ *n* (*pl* **ple·bes** /plíːbiz, pléɪbèɪs/) [the] 〘古ロ〙平民, プレブス; 庶民, 大衆; 《共同体の》住民意思の表明; 〘古ロ〙民会で議決した法律. ［L＝common people; ⇨ PLEBEIAN］

ple·cop·ter·an /plɪkάptərən/ 〘昆〙*n* カワゲラ (stone fly). ► *a* カワゲラ類[積翅(せきし)目] (Plecoptera) の.

plec·tog·nath /plέktὰgnæ̀θ/ *a, n* 〘魚〙癒顎類 (Plectognathi) の(魚)《フグ・カワハギ・マンボウなど》.

plec·tron /plέktrὰn/ *n* PLECTRUM.

plec·trum /plέktrəm/ *n* (*pl* ～**s**, **-tra** /-trə/) 〘楽〙義甲, プレクトラム, ピック (pick)《弦楽器演奏用のつめ》. ［L＜Gk (*plēssō* to strike)］

pled *v* 《米・スコ》PLEAD の過去・過去分詞.

pledge /plέʤ/ *n* **1** 誓約, 言質, 〘政〙《政党・選挙などの》公約; 約束; 《慈善などに対する》寄付の約束, 《そうした》寄付(金); *《友愛会などへの》入会約束[誓約]; *入会約束[誓約]者, 未公認[見習い]会員: make a ～ 誓約[公約]をする; 寄付を約束する[申し出る] / give a ～ for…に言質を与える / be under ～ 誓いを立てている / take a ～ 誓う. **2** 質入れ, 抵当; 質物, 担保品; 抵当契約; 〘法〙動産質; 《廃》人質; 《廃》保釈保証人: be in ～ 入質してある / give [lay, put]…to [in] ～ …を担保に入れる; 質におく / redeem a ～《借金と利息を返済し》担保物を受け戻す / take…out of ～ …を質受けする. **3** 保証, 《友情などの》しるし; 愛児; 挑戦のしるし (gage)《手袋・帽子など》: a ～ of love [affection, union] 愛のくさび《二人の間にできた子》. **4** 乾杯 (toast). ● **break the ～** 禁酒の誓いを破る. **take [sign] the ～** 禁酒の誓いを立てる. ► *vt* **1 a** 言質として与える, 誓約する, 確約する; 〈施設・基金などに〉…を与える[提供する]約束をする 〈*to*〉: I ～ (you) my honor. 名誉にかけて誓います / *P*～ (me) your word. わたしに誓いなさい. **b** 誓約させる 〈*to*〉; *〈新入生を〉友愛会に未公認会員として入会させる; *〈友愛会〉に入会の約束をする, 見習い会員となる, : ～ one*self to* secrecy [to do] 固く秘密を[…することを]誓う. **2** 質におく, 担保[抵当]に入れる. **3** …のために乾杯する (toast): ～ the bride and bridegroom 新郎新婦の前途を祝って乾杯する.

♦ **～·able** *a* 質[抵当]に入れられる; 保証[誓約]できる; 祝すべき. **～·less** *a* ［OF＜L *plebium* security＜Gmc; cf. PLIGHT¹］

pledg·ee /plɛʤíː/ *n* 〘法〙(動産)質権者.

Plédge of Allégiance [the] 忠誠の誓い《米国民の自国に対する誓約; 小学校の始業時などに国旗に向かって斉唱する: I pledge allegiance to the flag of the United States of America, and to the Republic for which it stands, one nation under God, indivisible, with liberty and justice for all.》.

pledg·er /plέʤər/, **pled·g(e)or** /plɛʤɔ́ːr/ *n* 質入れ主; [pledgor] 〘法〙質権設定者; 《禁酒などの》誓約者; 祝杯をあげる人, 乾杯者.

pled·get /pléʤət/ *n* 〘医〙綿撒糸(めんさんし), ガーゼ; 〘海〙まいはだ(槇皮), 索状オーカム (oakum).

-ple·gia /plí:ʤ(i)ə/, **-ple·gy** /plí:ʤi/ *n comb form* 〘医〙「麻痺 (paralysis)」: hemi*plegia*, para*plegia*. ◆ **-plé·gic** *a, n* [Gk *plēgē* blow]

Ple·iad /plí:əd, pláɪəd, pléɪ-; pláɪəd/ PLEIADES の一人[一星]; [the] プレイヤード[七星](詩)派 (*F* la Pléiade)《16 世紀ルネサンス期の Ronsard を中心としたフランスの 7 人の詩人》; [p-] 七星《通例 7 人または 7 個の著名な一団》.

Ple·ia·des /plí:ədì:z, pláɪ-, pléɪ-; pláɪ-/ *pl* [°the] **1** 〘ギ神〙プレイアデス《Atlas の 7 人の娘: Maia, Electra, Celaeno, Taygeta, Merope, Alcyone, Sterope; Zeus によって星に変えられた》. **2** 〘天〙プレイアデス星団, すばる, 昴《おうし座 (Taurus) 中の散開星団》. [L＜Gk]

pléin áir /pléɪn-, plɛ́n-/ *a* 外光の[による]; 〘美〙外光派の, 戸外主義の (open-air). ◆ **plèin·áir·ism** *n* **-ist** *n* [F]

pleio- /pláɪou, -ə/, **pleo-** /plí:ou, -ə/, **plio-** /pláɪou, -ə/ *comb form*「さらに (more)」 [Gk *pleiōn, pleōn* more]

Pleiocene ⇨ PLIOCENE.

pléio·tàxy *n* 〘植〙多数軸.

plèio·trópic *a* 〘遺〙多面発現性の〈遺伝子〉《1 個の遺伝子が 2 つ以上の結果を生む》. ◆ **-i·cal·ly** *adv* **plei·ot·ro·py** /plaɪátrəpi/, **plei·ót·ro·pìsm** *n* 多面[多形質]発現, 多面作用, 多向性.

plèio·týpic *a* 〘生〙多面的な《一つの刺激が細胞から機構的には関連のない多くの反応をひき起こす過程についていう》.

Pléis·to·cène /pláɪstə-/ *a* 〘地質〙更新世[統]の. ► *n* [the] 更新世[統]. [Gk *pleistos* most, *-cene*]

Ple·kha·nov /pləká:nɔ̀:f, -v/ プレハーノフ **Georgy Valentinovich** ～ (1856–1918)《ロシアの哲学者・革命家》.

plena *n* PLENUM の複数形.

ple·na·ry /plí:nəri, plɛ́n-/ *a* 完全な, 絶対的な; 全員出席した; 全権を有する, 全権の; 〘法〙正式の, 本式の (opp. *summary*): a ～ session [meeting] 本会議, 総会. ► *n* 本会議, 総会 (plenary session); 聖餐式で朗読される福音書[使徒書簡]と説教を載せた書. ◆ **plé·na·ri·ly** *adv* [L (*plenus* full)]

plénary indúlgence 〘カト〙全免償.

plénary inspirátion 〘神学〙全面的神感《聖書の扱うすべての問題が神感によるものとする》.

plench /plɛ́ntʃ/ *n* プレンチ《無重力状態のもとで使用する pliers と wrench を組み合わせた道具》.

ple·nip·o·tent /plənípət(ə)nt/ *a, n* PLENIPOTENTIARY. ◆ **-tence** *n* 全権.

pleni·po·ten·ti·ary /plɛ̀nəpətɛ́nʃ(ə)ri, *-ʃièri/ *a* 全権を有する; 全権委員[大使]の; 全権を付与する; 〈権力など〉絶対的な: an ambassador extraordinary and ～ 特命全権大使 / the minister ～ 全権公使. ► *n* 全権委員, 全権大使. [L; ⇨ PLENUM, POTENT[1]]

plen·ish /plɛ́nɪʃ/《スコ》*vt* 満たす, 補充する; 〈家〉に家具調度を備え付ける; 〈農場〉に家畜を入れる. ◆ **～·ment** *n*

ple·nism /plí:nìz(ə)m/ *n* 充実論《すべての空間には物質が充満しているとする説; cf. VACUISM》. ◆ **-nist** *n* [L *plenus* full]

plen·i·tude /plɛ́nət(j)ù:d/ *n* 十分, 完全; 充実, 充満; 〘医〙満腹; 豊富(さ): the moon in her ～ 〘紋〙満月. [OF＜L (↑)]

plen·i·tu·di·nous /plɛ̀nət(j)ú:d(ə)nəs/ *a* 十分な, 充実した; 肥えた, 太った.

ple·no ju·re /plé:nou júərɛ/ 十分な権限をもって, 全権をもって. [L＝with full authority]

plen·te·ous /plɛ́ntiəs/《詩》*a* 豊穣[豊潤]な〈*in, of*〉; 豊富な. ◆ **～·ly** *adv* **～·ness** *n*

plén·ti·ful *a* たくさんの, 豊富な, たっぷりの; 豊饒な, 豊富に生じる: a ～ harvest 豊作. ◆ **～·ly** *adv* 豊富に, たくさん. **～·ness** *n*

plen·ti·tude /plɛ́ntət(j)ù:d/ *n* PLENITUDE.

plen·ty /plɛ́nti/ *n* たくさん, 豊富, 多量; 十分: a year of ～ 豊年 / I've had ～. もう十分いただきました / GOD'S PLENTY / HORN OF PLENTY. ● **in ～** たくさん, 豊富に: The country has natural resources *in* ～. **～ more** まだたくさん〈*of*〉: There is [We have] still ～ *more* (*of*) food in the kitchen. 台所に食べ物はまだたくさんある. **～ of**… たくさんの…: You'll arrive there in ～ *of* time. 十分間に合いますよ. ★(1) 疑問・否定構文では通例 enough を用いる: Is there *enough* food? (2) 疑問・否定構文で plenty of…を用いるのは《米》. ► *a* [°*pred*]《口》たくさんで[の], 十分で[な], 多い; *《俗》すごい, すばらしい, 抜群の: (as) ～ as blackberries とてもたくさんで / Six will be ～. 6 つあれば十分だろう / ～ time. ► *adv*《口》たっぷり, とっても: ～ good enough 全く十分に / It's ～ large enough. それなら大きさは十分だ. [OF＜L *plenitas*; ⇨ PLENUM]

Plenty ■ the **Báy of ～** プレンティー湾《ニュージーランド北島の北東岸にある湾》.

ple·num /plí:nəm, *plɛ́n-/ *n* (*pl* **～s, -na** /-nə/) 物質が充満した空間 (opp. *vacuum*); プレナム《閉じた空間の空気圧が外部の大気圧よりも高い状態》; 充実, 充満; 《通例 法人・立法府の》総会. ► *a* 完全利用の. [L (neut)〈*plenus* full]

plénum sỳstem 強制換気システム《大気圧よりも高い空気による空調法》.

pleo- /plí:ou, -ə/ ⇨ PLEIO-.

pleo·chro·ic /plì:əkróuɪk/ *a* 〘晶〙〈異方結晶体が〉多色性の.

pleochróic hálo 〘鉱〙多色性ハロー《放射性鉱物による球状の変色帯; 岩石の年代決定に利用される》.

ple·och·ro·ism /pliákrouìz(ə)m/ *n* 〘晶〙多色性《ある種の透明な結晶中を通る光の方向によって種々の色を示すこと》.

plèo·mórphism *n* 〘動・植〙多態性, 多形態性, 多型; 〘晶〙POLYMORPHISM. ◆ **-mórphic** *a* **-mórphous** *a*

pléo·mòrphy *n* PLEOMORPHISM.

ple·o·nasm /plí:ənæ̀z(ə)m/ *n* 〘修〙冗言法; 冗長; 重複語《a false lie など》; 冗長表現. ◆ **plè·o·nás·tic** *a* **-ti·cal·ly** *adv* [L＜Gk (*pleiōn* more)]

ple·oph·a·gous /pliáfəgəs/ *a* 〘動〙多食[漸食]性の; 〘生〙〈寄生動植物が〉一宿主に限定されない, 多宿主性の.

pléo·pòd *n* 〘動〙《甲殻類の腹体節の》腹脚, 腹肢.

ple·ro·cer·coid /plìərousə́:rkɔ̀ɪd/ *n* 〘動〙擬充尾虫, プレロセルコイド《広節裂頭条虫などの第 2 中間宿主内における幼生形の一つ》.

ple·ro·ma /pləróumə/ *n* 充満, プレーローマ《**1)** グノーシス主義における神の世界の概念 **2)** 〘神学〙キリストにおける神性をいう語》. ◆ **ple·ro·mat·ic** /plìərəmǽtɪk/ *a* [Gk〈*plere* to fill]

ple·si- /plí:si, -zi/, **ple·sio-** /plí:siou, -ziou, -ə/ *comb form*「近接した」 [Gk (*plēsios* near)]

plésio·sàur, plèsio·sáurus *n* (*pl* **-ri**) 〘古生〙首長竜, 長頸竜, プレシオサウルス.

ples·sor /plɛ́sər/ *n* 〘医〙PLEXOR.

Ples·sy v. Fer·gu·son /plɛ́si və̀:rsəs fə́:rgəs(ə)n, -vì:-/ 〘米史〙プレッシー対ファーガソン事件《1896 年合衆国最高裁判所が下した人種差別に関する判決; 鉄道の黒人客に対し「分離するが平等な」(separate but equal) 施設を提供することは合衆国憲法第 14 修正の「法律の平等な保護」(equal protection of the laws) の条項に違反しない, というもの; 1954 年ブラウン対教育委員会事件 (Brown v. Board of Education of Topeka) で最高裁が人種差別を禁じる判決を下した時点で破棄された》.

pleth·o·ra /plɛ́θərə/ *n* 〘医〙多血(症); 過多, 過量, 過度, 過剰; 多量: a ～ of… おびただしい量の[あり余るほどの]…. [L＜Gk＝fullness]

ple·thor·ic /pləθɔ́(:)rɪk, plɛ-, -θár-, plɛ́θə-/ *a* 多血(症)の, 多血性の; 過多の; ふくれ[はれ]あがった. ◆ **-i·cal·ly** *adv*

ple·thýs·mo·gràm /plɛθízmə-, plə-/ *n* 〘医〙体積[容積]曲線, プレチスモグラム.

ple·thýs·mo·gràph /plɛθízmə-, plə-/ *n* 〘医〙体積(変動)記録器, 肢体容積計, プレチスモグラフ. ◆ **ple·thỳs·mo·gráph·ic** *a* **-i·cal·ly** *adv* **pleth·ys·mog·ra·phy** /plɛ̀θɪzmágrəfi/ *n*

pleur- /plúər/, **pleu·ro-** /plúərou, -rə/ *comb form*「体側 (side)」「胸膜 (pleura)」「肋骨 (rib)」 [Gk (PLEURA[1])]

pleu·ra[1] /plúərə/ *n* (*pl* **-rae** /-rì:, -ràɪ/, **～s**) 〘解〙胸膜; 〘動〙体側: a costal [pulmonary] ～ 肋骨[肺]胸膜. [Gk＝rib]

pleura[2] *n* PLEURON の複数形.

pleu·ral /plúərəl/ *a* 〘解〙胸膜 (pleura) の; 〘動〙体側 (pleura) の; 〘動〙側板 (pleuron) の.

pléural cávity 〘解〙胸膜腔, 胸腔.

pleu·ri·sy /plúərəsi/ *n* 〘医〙胸膜炎: dry [moist] ～ 乾[湿]性胸膜炎. ◆ **pleu·rit·ic** /pluərítɪk/ *a* [OF, ＜Gk; ⇨ PLEURA[1]]

pléurisy ròot 〘植〙ヤナギトウワタ (butterfly weed) (の根)《根はかつて胸膜炎治療に用いた》.

pleuro- /plúərou, -rə/ ⇨ PLEUR-.

plèuro·cárpous, -cárpic *a* 〘植〙〈コケ植物が〉腋果(えきか)の, 側果(そっか)性の, 側生果を有する《雌雄の生殖器官が茎に沿って, または短い側枝上に生じる》.

pléur·odònt 〘解・動〙(cf. ACRODONT, THECODONT) *a* 〈歯が〉面生の; 〈動物が〉面生歯をもつ. ► *n* 面生歯動物.

pleu·ro·dyn·ia /plùəroudíniə/ *n* 〘医〙胸膜痛, 刺側.

pleu·ron /plúərɑ̀n/ *n* (*pl* **-ra** /-rə/) 〘動〙《節足動物の》側板.

plèuro·peritonéal *a* 〘解〙胸膜腹膜の.

plèuro·pneumónia *n* 〘医〙胸膜肺炎; 〘獣医〙ウシ肺炎, 牛(ぎゅう)肺疫《マイコプラズマによる家畜の胸膜肺炎》.

plèuro·pneumónia-lìke órganism 〘生〙牛肺疫菌様(微)生物 (MYCOPLASMA)《略 PPLO》.

pleu·rot·o·my /pluərátəmi/ *n* 〘医〙胸膜切開(術).

pleus·ton /plú:stən, -stɑ̀n/ *n* 〘生態〙浮表生物, プロイストン《水面に生活するウキクサ・カツオノエボシなど》. ◆ **pleus·ton·ic** /plustánɪk/ *a* [Gk *pleusis* sailing, *-ton* (plank*ton*)]

Plev·en[1] /plévən/, **Plev·na** /plévnə/ プレヴェン, プレヴナ《ブルガリア北部の市》.

Ple·ven[2] /*F* plevɛn/ プレヴェン **René(-Jean)** ～ (1901–93)《フランスの政治家; 首相 (1950–51, 51–52)》.

plew /plú:/ *n*《米西部・カナダ》ビーバー皮. [CanF]

plex, 'plex /plɛ́ks/ *n* MULTIPLEX.

-plex /plèks/ *comb form* (1)「(ある数)の部分[単位]をもつ」「(ある数)の部分[空間]からなる建物」: quad*plex*, four*plex*. (2)〘数〙「…乗の数」: googol*plex*. [com*plex*]
pléxi·fòrm /pléksə-/ *a* 網状の; 込み入った.
Plexi·glas /pléksɪglæ̀s; -glɑ̀:s/〘商標〙プレキシグラス《飛行機の風防や窓ガラスなどに用いるアクリル樹脂》. [Gk *plēxis* percussion]
plex·im·e·ter /plɛksímətər/ *n*〘医〙打診板.
plex·or /pléksər/ *n*〘医〙打診槌 (plessor).
plex·us /pléksəs/ *n* (*pl* ~·es, ~)〘解〙《神経・血管・繊維などの》叢(そう); 網状構造, もつれ: the vascular ~ 脈管脈叢. [L *plex- plecto* to plait]
plf plaintiff.
pli·able /pláɪəb(ə)l/ *a* 曲げやすい, 柔軟な, よくしなう; 柔順な (docile), 言いなりになる; 融通のきく. ♦ **-ably** *adv* **plì·abíl·i·ty,** **~·ness** *n* 柔軟(性); 柔順. [F; ⇨ PLY[2]]
Pliable プライアブル《Bunyan, *The Pilgrim's Progress* 中の人物; Christian に従っていたが Slough of Despond で引き返した》.
pli·ant /pláɪənt/ *a* PLIABLE. ♦ **~·ly** *adv* **-an·cy, ~·ness** *n*
pli·ca /pláɪkə/ *n* (*pl* **pli·cae** /-sì:, -kì:/)〘解・動〙ひだ, 褶壁;〘医〙ポーランド糾髪(きゅう)症 (=~ **po·lón·i·ca** /-pəlánɪkə/)《汚れと寄生虫によって生じる頭髪のもつれ》. ♦ **plí·cal** *a* [L=a fold; ⇨ PLAIT]
pli·cate /pláɪkèɪt, -kət/, **pli·cat·ed** /-kèɪtəd/ *a*〘植〙〈葉が〉扇だたみの;〘動〙ひだのある;〘地質〙褶曲のある. ♦ **plícate·ly** *adv* **plícate·ness** *n*
pli·ca·tion /plaɪkéɪʃ(ə)n/ *n* 折りたたみ (folding), ひだ;〘地質〙《層のある岩の》褶曲;〘医〙ひだ形成(術).
plic·a·ture /plíkətʃər/ *n* 折りたたみ, ひだ (plication).
plié /pliéɪ/ *n*〘バレエ〙プリエ《背筋をまっすぐにしたまま両ひざを曲げる動作》. ► *vi* プリエを行なう. [F (pp)〈*plier* to bend; ⇨ PLY[2]]
pli·er /pláɪər/ *n* 曲げる人[もの]; [~s, 〈*sg/pl*〉; °a pair of ~s] やっとこ, プライヤー, ペンチ. [*ply*[2]]
plight[1] /pláɪt/ *vt* 《古》誓う, 《特に》…に結婚を誓約する: ~*ed* lovers 言い交わした恋人どうし / ~ one's faith [promise, words, honor] 固く約束する / ~ one's TROTH / ~ *oneself* [be ~*ed*] *to* sb 人と婚約する[している]. ► *n* 《文》誓い (pledge), 婚約. ♦ **~·er** *n* [OE (v)〈(n) *pliht* danger; cf. G *Pflicht* duty]
plight[2] *n* 《通例 悪い》状態, 苦境, 窮状, 惨状: in a miserable [piteous, sorry, woeful] ~ 目もあてられないありさまで / What a ~ to be in! まあとんだことになったものだ. [AF *plit* PLAIT; 語形・意味上↑の影響]
plim /plím/ ″《方》*vt, vi* (**-mm-**) ふくらませる, ふくれる (swell); 太らせる, 太る 〈*out*〉.
plim·soll /plíms(ə)l, -sɔ̀(:)l, -sàl/, **-sole** /-səl, -sòʊl/ *n* [*pl*] ″スニーカー, ズック, 運動靴 (sneakers*). [靴底の側面が *Plimsoll line* に似ることから]
Plimsoll プリムソル **Samuel** ~ (1824–98)《英国の社会改良家・政治家; 商船の満載喫水の制限を定めた商船法の成立 (1876) に尽力》.
Plímsoll màrk [lìne]〘海〙プリムソル標, 乾舷標, 満載喫水線標. [↑]
pling /plíŋ/ *vi, vt**《俗》(…に)物乞いする, たかる.
Pli·ni·an /plíniən/ *a*〘地質〙〈噴火が〉ガス・火山灰などを空高く噴出する. [PLINY, the Younger が描いた Vesuvius 山の噴火の情景から]
plink /plíŋk/ *vi, vt* ポロン(ポロン)[カチン(カチン), カラン(カラン)]と鳴る[鳴らす]; 《遊び・練習として》撃つ. ► *n* ポロン(ポロン)[カチン(カチン), カラン(カラン)]と鳴る音. ♦ **~·er** *n* **~y** *a* [imit]
plinth /plínθ/〘建〙*n* 柱礎, 台座; 《花瓶・像などの》台座; 土台回り; 幅木. [F or L〈Gk=tile]
plin·thite /plínθàɪt/ *n* プリンサイト《煉瓦赤色の粘土》.
Pliny /plíni/ プリニウス (**1**) (A.D. 23–79)《ローマの博物誌家; ラテン語名 Gaius Plinius Secundus; 通称 '~ the Elder';『博物誌』(77)》 (**2**) (A.D. 61 or 62–c. 113)《ローマの作家・政治家; ラテン語名 Gaius Plinius Caecilius Secundus; the Elder の甥, 通称 '~ the Younger'》.
plio- /pláɪoʊ, -ə/ ⇨ PLEIO-.
Plío·cène, Pléio-〘地質〙*a* 鮮新世[統]の. ► *n* [the] 鮮新世[統].
Plio·film /pláɪəfɪlm/〘商標〙プライオフィルム《透明防水シート》.
plío·sàur *n*〘古生〙プリオサウルス《中生代の *Pliosaurus* 属の海生爬虫類; プレシオサウルス (plesiosaur) に近いが, 首が短くて頭が大きい》.
plique-à-jour /plì:kɑ:ʒúər/ *n* 省胎七宝(しょうたいしっぽう)《金属製透かし細工の隙間に透明のエナメルを溶かし込んでステンドグラス風の効果を出す七宝の技法》. [F=braid that lets in the daylight]
plis·kie, -ky /plíski/ *n* 《スコ》トリック, 悪い冗談.
plis·sé, -se /plɪséɪ/〘織〙*n* プリッス (**1**) 苛性ソーダ溶液によるクレープ効果 **2**) プリッス加工をした生地). ► *a* プリッス加工をした. [F =pleated]
PLO °Palestine Liberation Organization.
ploat /plóʊt/ *vt* 《スコ》〈鶏〉の羽根をむしる.
plock /plák/ *n, vi* カツン[コツン, カタッ, カチッ, コン, ポコン](と鳴る)《固いものがぶつかるときの音》. [*imit*]
Płock /pwɔ́:tsk/ プウォツク《ポーランド中部 Warsaw の西北に位置する Vistula 川に臨む町》.
plod /plád/ *v* (**-dd-**) *vi* 《ゆっくりと重い足取りで》一歩一歩足を運ぶ 〈*on, along, through*, etc〉; のろのろと(同じペースで)進む, だらだら続く 〈*on, along*〉; こつこつ働く[勉強する] 〈*on, along*; *away* (*at* sth), *through* one's work〉. ► *vt* [~ one's way] 一歩一歩歩む, たどる. ► *n* **1** 一歩一歩足を運ぶ歩み; 重い足音(に似た音); こつこつ働くこと, 労苦. **2** ″《俗》[″*joc/derog*] 警官, ポリ《PC P~ ともいう》, [the] 警察, サツ. ♦ **plód·der** *n* 働き者だが要領の悪い人. **plód·ding** *a* 着実だがのろい, 遅々とした, 地道な, 愚直な; 単調な, 退屈な. **plód·ding·ly** *adv* [C16〈?imit]
plodge /pládʒ/ *vi, n* 《方》水の中を渡る(こと).
Plo·eş·ti /plɔjéʃt(i)/ プロイェシュティ《ルーマニア南東部の市》.
-ploid /plɔ̀ɪd/ *a comb form*〘生〙「染色体数が…の」: di*ploid*, ha*ploid*.
ploi·dy /plɔ́ɪdi/ *n*〘生〙《染色体の》倍数性, 倍数関係.
PL/1 /pí:èlwʌ́n/〘電算〙PL/1《汎用プログラム言語の一つ》. [*pro*gramming *l*anguage (version) *1*]
plon·geur /*F* plɔ̃ʒœ:r/ *n* 《レストラン・ホテルの》皿洗い係, 雑用係. [F〈*plonger* to plunge]
plonk[1] ⇨ PLUNK[1].
plonk[2] /pláŋk/ *n* 《英口・豪口》安ワイン, 安酒. [? *plonk*[1] or ?F (*vin*) *blanc* white (wine); もと《豪》]
plonk[3] *n* *《俗》退屈なやつ, 世慣れないやつ. [?]
plonked /pláŋkt/ *a* [°~ up] *《俗》酔っぱらって.
plonk·er /pláŋkər/ 《俗》*n* ″ばか, うすのろ, とろいの; ″愛人を仲間と共有している男; 《豪・軍》砲弾; ″ペニス; ″音をたててするキス: pull one's ~ マスをかく.
plonko /pláŋkoʊ/ *n* (*pl* **plónk·os**) 《豪俗》のんだくれ, アル中(患者).
plook /plú:k/ *n* 《スコ》PLOUK.
ploot·ered /plú:tərd/ *a* 《俗》酔っぱらった.
plop /pláp/ *vi, vt* (**-pp-**) ドブン[ポチャン, ドサッ, ドテッ, バタン, ドタン, ストン]と落ちる[倒れる, 落とす, 置く, ほうる]; 体をドスンとおろす: ~ *it* down ドスンとすわる. ● **~ down***《口》〈金を〉ポンと払う. ► *n* [°〈*int*〉] ドブン, ポチャン, ポトン, ストン, ドテッ《音》; ドブン[ポチャン]と落ちること. ► *adv* ドブン[ポチャン]と; だしぬけに. [imit]
plo·sion /plóʊʒ(ə)n/ *n*〘音〙破裂 (explosion).
plo·sive /plóʊsɪv, -zɪv/ *n, a*〘音〙破裂音(の). [ex*plosive*]
plot[1] /plát/ *n* **1 a** 陰謀(事件); 策略, 計画. **b** 《詩・小説・脚本などの》筋, 構想, 趣向: The ~ THICKENS. **2** 小地面, 小区画, 《墓地などの》一区画; 《生態学などの》調査区: a garden ~ 庭地. **3**〘軍〙《図上の》砲撃目標の表示; ″《空軍俗》《レーダーに映った》一群の敵機; *地区[敷地]図, 平面図; 図表; プロット《2 変数間の関係を示すグラフ》. ● **lose the ~** ″《口》状況がわからなくなる[を見失う], 迷走状態に陥る, おかしくなる. ► *v* (**-tt-**) *vt* **1 a** 謀る, 計画する, たくらむ 〈*to* do〉: ~ a crime 悪事をたくらむ. **b** 〈詩・小説など〉の筋を作る, 構想する. **2** 〈地域・土地を〉区分[区画]する 〈*out*〉. **3** …の図をかく[設計図を作る]; 〈飛行機・船などの位置・進路を〉図上に記入する; 《方眼紙上などで》寸法[座標]によって〈点を〉決定する; 《点をつないで》〈曲線を〉描く; 曲線で〈式を〉表示する; グラフで〈計算を〉する; 設計する 〈*out*〉: ~ a diagram 図表で記す[表わす]. ► *vi* **1** 謀る, たくらむ; 徒党を組む 〈*for, against*〉; (文学的)構想を組む. **2** 座標によって位置が決定する. ● **~ it** たくらむ. ♦ **~·ful** *a* [OE *plot* and OF *complot* secret plan〈?]
plot[2] *n* 《北イング》Guy Fawkes Day (11 月 5 日) の大かがり火. [↑; cf. GUNPOWDER PLOT]
Plo·tin·i·an /ploʊtíniən/ *a*〘哲〙プロティノス (Plotinus) 派の[主義の].
Plo·ti·nism /plóʊt(ə)nìz(ə)m, ploʊtáɪnìz(ə)m/ *n* プロティノス主義. ♦ **-nist** *n*
Plo·ti·nus /ploʊtáɪnəs/ プロティノス (205?–270)《エジプト生まれのローマの新プラトン主義哲学者》.
plót·less *a* 計画のない; 〈小説など〉(これといった)筋[プロット]のない. ♦ **~·ness** *n*
plót·lìne *n* 《劇・小説などの》筋 (plot); [″*pl*] 《演劇・映画で》ストーリーを展開させるせりふ.
plot·tage /plátɪdʒ/ *n* 敷地; 《土地の》合筆(ごうひつ).
plót·ter *n* 陰謀者; 計画者, 構想を練る人; 製図道具; 作図装置, プロッター.
plót·ting *n* 製図; 区画整理.
plótting bòard〘海〙位置記入図板;〘軍〙射撃板;〘軍〙位置測定板.
plótting pàper 方眼紙, グラフ用紙 (graph paper).
plót·ty *a* 《口》〈小説など〉筋の入り組んだ. ♦ **-ti·ness** *n*
plotz /pláts/ *《俗》*vi* どっかとすわる; ぶらぶら過ごす; 破裂する, かっとなる. [Yid〈G *platzen* to burst]
plotzed /plátst/ *《俗》*a* 酔っぱらって; くたくたになって.
plough ⇨ PLOW.

plóugh·man's (lúnch) /pláumənz(-)/ プラウマンズランチ《主として英国のパブで昼に出される軽食; チーズとバター付きパンにトマト·レタス·セロリなどのサラダとピクルスが付くのが普通》.
plouk /plúk/ *n* 《スコ》吹出物, にきび, おでき.
plou·ter /pláutər/ 《スコ》*vi* 水[泥]の中を歩いて行く, パチャパチャとはねかす; ぐずぐずする, ぶらぶらする; 《俗》性交する. ► *n* 水[泥]の中を歩くこと; はねかし, バシャッ, ザブン, ザブザブ. [imit]
Plov·div /plɔ́:vdɪf, -dɪv/ プロヴディフ (*Gk* Philippopolis)《ブルガリア南部の市; マケドニアの Philip 2 世に征服された (341 B.C.); ローマ時代 Thracia の首都》.
plov·er /plʌ́vər, *plóuvər/ *n* (*pl* ～, ～**s**)〔鳥〕チドリ《総称》. [AF<Romanic (L *pluvia* rain)]
plow | plough /pláu/ *n* **1** すき(鋤, 犂), プラウ; すきに似たもの, 雪かき, 除雪機[車] (snowplow), 《線路の》排障器 (cowcatcher*); 溝つきかんな; 《昔の暗渠電路式市街電車で》(集電)プラウ《暗渠のケーブルから集電する》: beat [follow, hold] the ～ 農耕を業とする. **2** "耕(作)地, 田畑 (arable country): fifty acres of ～. **3** [the P-]〔天〕北斗七星 (Big Dipper), おおぐま座. **4** "《俗》落第: take a ～ 落第する. ● **go to one's ～** 自分の仕事をする. **put [set] one's hand to the ～** 仕事を始める, 仕事に取りかかる《*Luke* 9: 62》. **under the ～** 〈土地が〉耕作してある.
► *vt* **1** 耕す, すく; 〈溝を〉掘る; …に溝を作る; 〔木工〕…に溝を掘る; 〈顔などに〉しわを寄せる 〈*up*〉; 〈女を〉はらませる (impregnate); 《卑》〈女〉と性交する, やる: ～ *in* the fertilizer 肥料をすき込む. **2** 〈道を〉骨を折って進む; 〈水面·波を〉切って走る; 〈街路の〉除雪をする: I ～*ed* my way through the heavy rain. 大雨の中をやっと進んで行った. **3** "《俗》落第させる, 〈試験〉に落第する. **4** 〈大金を〉つぎ込む, (再)投資する 〈*in, into*〉. ► *vi* **1** 耕す; 〈土地が〉耕作に適する. **2**《ぬかるみや雪の中を》骨折って進む, かき分けて進む 〈*through, into, on*〉; 水面を切って進む; 激しくぶつかる, 突っ込む 〈*into*〉: A car ～*ed through* the crowd. 群衆の中を縫って来た / ～ *through* a book 苦労して本を読む. **3** "《俗》落第する. ● **～ ahead** 〈計画などを〉(無理に)押し進める 〈*with*〉. **～ a lonely** FURROW. **～ around** *《俗》探りを入れる. **～ back** 〈草などを〉(また もとの)畑にすき込む; 〈利益を〉〈事業などに〉再投資する 〈*into*〉. **～ into**… ⇨ *vt* 4, *vi*; 《口》…を襲撃する; 〈仕事を〉どしどし始める; 〈車などが〉…に突っ込む, ぶつかる. **～ out** 〈根·株などを〉すき起こす, すき[掘り]出す. **～ the** SAND(**s**). **～ under** 〈作物を〉土地にすき込む, 埋める; 《口》消滅[埋没]させる, 圧倒[破壊]する. **～ up** すき[掘り]返す; 偶然掘り出す; 〈土地の〉表面をでこぼこにする[荒らす]. **～ with sb's heifer** 他人の財産を横領[利用]する, 不正な手段で得た情報を利用する《*Judges* 14: 18》.
♦ **～·able** *a* [OE *plōh*<ON; cf. G *Pflug*]
plów·bàck *n*〔経〕《利益の》再投資; 再投資金.
plów bèam 犂柱(りちゅう), プラウビーム《すきを引く長柄》.
plów·bòy *n* すきを付けた牛[馬]を引く少年[男]; 農園労働者, 農夫; 田舎者.
plowed /pláud/ *a* [°～ under]《俗》酔っぱらって.
plów·er *n* 耕す人, 耕作者; 《古》PLOWMAN.
plów·hèad *n* すき先, プラウヘッド《すきの U 字型かぎ》.
plów·lànd *n* 耕作適地, 耕地, 田畑; 〔英史〕一すきの耕地《一年間に一すきで耕作できる地積》; 地積名目《約 120 エーカー》.
plów·man /-mən, -mæ̀n/ *n* すきで耕作する人; 農夫, 田舎者.
plówman's-spìkenard *n*〔植〕欧州産キク科オグルマ属の草本《散房花序をつける》.
Plów Mónday すきの月曜日《Epiphany (1 月 6 日) 後の第 1 月曜日; もと英国では行列ですきを引いて耕作開始を祝った》.
plów·shàre *n* すき先, すき刃, 犂刀(りとう).
plów·shòe *n* プラウシュー《すき先を保護するおおい》.
plów sòle すき床《何度も同じ深さにすきを入れた結果固くなったあぜの底》.
plów·stàff *n* 棒先に小さなすき状のものを付けたもの《すきべらについた土を取り除くのに使う》; すきの柄.
plów·tàil *n* すきの後部[柄]; [*fig*] 農耕: be at the ～ 耕作に従事している.
plow·ter /pláutər/ *vi, n* 《スコ》PLOUTER.
plów·wrìght *n* すきを作る[修理する]職人.
ploy[1] /plɔ́ɪ/ *n* 駆引き, 策略, 作戦, '手'; 気晴らし, 娯楽, 浮かれ騒ぎ, はしゃぐこと; 仕事. [C18 (Sc)<?]
ploy[2] *vt, vi* 《軍古》横隊から縦隊にする[なる]. [?逆成 <*deploy*]
PLP 〔英〕Parliamentary Labour Party.
PLR °public lending right. **pls** 《E メールなどで》please.
PLSS /plís/ 〔宇〕portable life support system 携帯生命維持装置.
PLU /pí:èljú:/ *a* 《俗》りっぱな, すぐれた《英国の上流階級の表現》. [*p*eople *l*ike *u*s]
PLU price [product] lookup.
pluck[1] /plʌ́k/ *vt* **1 a** 引き抜く 〈*out, up*〉, 〈羽を〉むしり取る (pick); 〈鶏などの〉羽[毛]をむしる; 〈まゆげを〉抜いて整える; 〈花を〉摘む, 〈果物を〉もぎ取る: ～ a chicken 鶏の羽をむしる / ～ *away* 引きちぎる / ～ *off* 裂き[むしり, つまみ]取る. **b** 引っ張る, ぐいと引く, 引きのける 〈*away, off, out, up, down*〉; 〈弦楽器を〉かき鳴らす. **2 a** 〈人を〉引き抜く, 引っ張り[救い]出す; 《俗》…からひったくる, 奪う, 詐取する: ～ a pigeon まぬけをだまして金を取る. **b** 《卑》…とやる (fuck). **3** "《古》落第させる: get ～*ed* 落第する. ► *vi* ぐいと引く[引っ張る], 捕えようとする, つまみ取る 〈*at*〉; 楽器をかき鳴らす. ● **～ down** 引きずり下ろす, 取りこわす (cf. 1b). **～ up** 根こぎにする (cf. 1); 元気になる; 〈勇気などを〉奮い起こす: ～ *up* one's courage [heart, spirits] 勇気を出す.
► *n* **1** 引きむしること, (急に)引くこと: give a ～ at…をぐいと引く. **2** 胆力, 勇気, 元気, 決意. **3**《動物の》臓物, もつ. **4** "《古》落第.
♦ **～·er** *n* **～·less** *a* [OE *pluccian, pluccian*; cf. G *pflücken*]
pluck[2] *n* *《俗》酒, 安酒, 安ワイン.
plucked /plʌ́kt/ *a* 《口》胆力[勇気]のある: hard-～ 無慈悲な, 無情な.
plúcky *a* 勇気のある, 元気のよい, 果敢な, 気丈な. ♦ **plúck·i·ly** *adv* 勇敢に, 元気よく, 気丈に(も). **-i·ness** *n*
plu, plue /plú:/ *n* PLEW.
plug[1] /plʌ́g/ *n* **1 a** 栓, 栓子, くさび, 詰め物, 埋め木; 〔建〕《ねじのゆるみを防ぐ木栓などの》詰め物, (カール)プラグ, アンカー (⇨ RAWLPLUG); 《歯の》詰め物; 《止血用の》脱脂綿: a bath [sink] ～ 浴槽[流し]の栓. **b** 消火栓 (fireplug); 〔軍〕火門栓, 銃口蓋; 〔機〕点火栓, プラグ (spark plug); 船底栓; 《口》《水洗トイレの》放水機構 (cf. pull the PLUG 成句); *《俗》《機関車の》スロットルバルブ[レバー]; 〔地質〕岩栓《死火山の火口をふさいでいる硬化火成岩》; *《口》PLUG HAT; *《口》おしゃぶり. **c** 〔電〕プラグ, 差し込み. **d** 《口》コンセント, 差し込み口. **e** (切り取った[くりぬいた])芯, 中身, 断片. **2** かみ[固形]タバコ (=～ to-bàcco). **3** *《俗》廃馬, やくざ馬 (jade), 疲れきった馬, 駑馬(どば); おとなしい[よくなれた]雑種の(軽量)馬; *《俗》パッとしないボクサー, だめ人間, なさけないやつ; 《口》店(たな)ざらし品, 売れ残り, 売れない本; *《俗》1 ドル銀貨; *《俗》偽造硬貨, にせ金. **4** 《口》《番組や雑誌記事にさしはさむ》紹介, 推薦, 宣伝. **5** 〔釣〕プラグ《小魚などを模したルアー》. **6** 《俗》一撃 (punch), 一発 (shot): take a ～ at…に一発ぶち込む. **7** *《俗》ビール一杯. ● **pull the ～** トイレの水を流す; プラグを抜いて〈…を〉突然止める 〈*on*〉; 生命維持装置をはずす 〈*on* sb〉; 《俗》〈潜水艦が〉潜水する; 《俗》打ち切る, 始末をつける, 手を引く, 《資金を引き上げて》終わらせる, 見捨てる 〈*on*〉; *《口》〈人の〉秘密をあばく 〈*on* sb〉; *《俗》面倒を起こす. **put [get] in a ～ for**… *《口》…のことをよく言う, ほめる, 売り込む. ► *a* *《俗》くずの, くだらん, しょうもない, 無価値な. ► *v* (**-gg-**) *vt* **1 a** …に栓をする, ふさぐ, 埋める, 詰める 〈*up*〉; …で栓をする, 〈穴などに〉はめる, はめ込む, 込める 〈*into*〉; 〈欠陥などを〉補う (: ～ a GAP). **b** 《俗》…にげんこつを食らわす, …に弾をぶち込む, 撃ち殺す; 《俗》…にはめ込む, …と性交する. **2** 《口》《ラジオ·テレビで》〈歌などを〉しつこく流す, 〈商品·政策を〉繰り返し紹介[宣伝]する, 売り込む. **3** …から栓状の芯を取り除く[取り出す, くりぬく]; 《熟し加減をみるために》〈スイカなどの〉一部を切り取る, えぐる. ► *vi* 〈穴·管などが〉ふさがる, 詰まる 〈*up*〉; 《口》こつこつ働く, しこしこ勉強する[取り組む], がんばる 〈*along, away at* work〉; 《俗》打つ, 撃つ 〈*at*〉; *《口》支持する, 応援する, しつこく売り込む[宣伝する] 〈*for*〉: (I'm) just *plugging along.* なんとかやってます《近況を尋ねられたときの返事》. ● **～ in** プラグで接続する[できる], (電源に)つなぐ(ことができる), 〈電気器具の〉プラグを差し込む; 《口》組み入れる, 含ませる, 付け加える, 含める; *《口》関与[参加]する[させる], はいり込む: be PLUGGED *in*. **～ into**… (*vt*) ⇨ *vt* 1 a; 〈電気器具の〉プラグを…に差し込む, 接続する; 《口》〈人を〉…に通じさせる, 敏感にする (⇨ PLUGGED); *《口》…に参加[関与]させる; *《俗》…を盗聴する: ～ one*self into* a computer network コンピューターネットワークに接続[アクセス]する. (*vi*) プラグで…に接続する[できる](ようになっている), …につないで使える; …に接続する, (うまく)つながる, はいり込む; *《俗》…を利用する, …につけこむ. ♦ **plúg·ga·ble** *a* **～-less** *a* **～·like** *a* [MDu (Du *plug*) and MLG<?; cf. G *Pflock*]
plug[2] *n* *《俗》PLUCK[2].
Plúg and ['n'] Pláy プラグ·アンド·プレイ《コンピューターに周辺機器などを接続すると自動的に認識·設定が行なわれ, すぐ使用できること; また それを実現する規格; 略 PnP》. ♦ **plúg-and-pláy** *a*
plúg·bòard *n* 〔電子工〕PATCHBOARD.
plúg-compàtible *a* 〔電算〕プラグが(共通で)互換性のある.
plúg gàge 〔機〕プラグゲージ《穴の寸法·形状を調べるために表面に目盛りがうってあるプラグ》.
plugged /plʌ́gd/ *a* 〈穴·管などが〉詰まった, ふさがった; 〈硬貨が〉卑金属を充填して変造した, にせの (⇨ PLUGGED NICKEL); *《俗》おこった. ● **～ in** *《俗》麻薬で興奮して, 薬に手を染めて (turned on). **～ in [into…]** *《口》(…と)つながり[コネ]がある, (…に)通じて, 気づいて, 敏感で (cf. PLUG[1] *in* [*into*]).
plúgged-ín *a* プラグで接続した; *《口》つながりのある, 通じている, 事情通の, よくわかっている.
plúgged níckel にせ 5 セント玉; [*neg*] 一文, 一銭(も…ない): *not* worth a ～ 一文の値打もない.
plúg·ger *n* 〔歯〕充填器, プラガー; *《口》こつこつ勉強する学生; *《口》熱烈な支持者, しつこく売り込む者; *《俗》殺し屋.
plúg·ging *n* 栓をすること; 〔歯〕充填, 填塞; 栓材, 充填材料.
plúg hát *《口》シルクハット, 山高帽.
plúg·hòle "*n* 水栓, 排水口; 《船の》栓穴(せんあな). ● **down the ～** = down the DRAIN.

plúg-in *a, n* プラグ接続式[差し込み式]の(電気製品); 〖電算〗プラグイン(式の)《機能拡張用のソフトウェア》.
plúg nìckel PLUGGED NICKEL.
Plug 'n' Play ⇨ PLUG AND PLAY.
plug·o·la /plʌgóʊlə/ *《俗》 *n* 放送中に特定の商品・人物をそれとなく宣伝・称揚すること; 《そのための》賄賂, 袖の下, 謝礼; 推薦のことば (plug). [*plug*[1]+pay*ola*]
plúg pùller *《鉄道俗》機関士.
plúg-ùgly *n* *《口》ならず者, よた者, ごろつき, チンピラ; *《俗》プロボクサー. ► *a* 《口》ひどく醜い.
pluke /plú:k/ *n* 《スコ》PLOUK.
plum[1] /plʌ́m/ *n* **1 a** 〖植〗(セイヨウ)スモモ(の木), プラム (cf. PRUNE[2]); プラムに類する実のなる木. **b** 《製菓用》干しブドウ; SUGARPLUM. **c** 深紫, 暗紫色 (deep purple). **2** いちばん良いもの, 精粋, 《特に 政治家が与える》割のいい仕事, 役職; [<a>] 望ましい, 有利な; 予期しない授かり物[もうけ(物)]; 厚意への見返り, ほうび, 贈り物; "《俗》10 万ポンド(の持主). **3** 〖建〗《コンクリート節約用》大石 (displacer). ● **have a ~ [marbles] in one's mouth** 上流気取りの話し方をする. ♦ **~-lìke** *a* [OE *plūme*<L; ⇨ PRUNE[2]]
plum[2] *a, adv* PLUMB.
plu·mage /plú:mɪʤ/ *n* 〖鳥〗羽衣(う)《体をおおう全羽毛》, 羽毛; 羽飾り; 美服. [OF (PLUME)]
plú·maged *a* (…の)羽衣のある: bright-~ 羽衣のあざやかな / full-~ 羽毛が生えそろった (full-fledged).
plu·mas·sier /plù:məsíər/ *n* 羽毛細工商. [F]
plu·mate /plú:mèɪt, -mət/ *a* 〖動・植〗《構造が》羽毛状の.
plumb /plʌ́m/ *n* 〖建〗下げ振り (plumb bob); 垂直, 鉛直; 《釣糸の》おもり: a ~ block 軸台, 軸受. ● **half a bubble off ~** *《俗》頭がおかしい, ちょっと変わっている. **off [out of] ~** 垂直でなく, ゆがんで(いる). ► *a* 垂直な; 〖クリケット〗〈ウィケットが〉水平の (level); 正確な; 《口》全くの, 完全な (sheer): ~ nonsense [foolishness]. ► *adv* 垂直に; 《口》正確に, きちんと; 直ちに; *《口》全く, すっかり: fall ~ down 垂直に落下する / ~ in the face of…の真正面に / ~ loco *《口》完全に狂って. ► *vt* **1 a** (下げ振りで)…の垂直度を調べる, 垂直にする 〈*up*〉; …の深さを測る, 測量する; [*fig*] …のどん底に落ちる (cf. DEPTH 2a 用例). **b** 見抜く, 了解する, 推し量る; 探る, 解明する. **2** 《口》…に配管する, …の配管修理工事をする; …に鉛のおもりを付ける; はんだで封じる. ► *vi* 垂直に立つ[ぶらさがる]; 《口》配管工として働く. ● **~ in** "〈洗濯機などに〉に給水[排水]管を取り付ける. ♦ **~·able** *a* **~·ness** *n* [OF<Romanic (PLUMBUM)]
plumb- /plʌ́mb/, **plum·bo-** /plʌ́mbou, -bə/ *comb form*「鉛」[L (↑)]
plum·bag·i·na·ceous /plʌ̀mbæʤənéɪʃəs/ *a* 〖植〗イソマツ科 (Plumbaginaceae) の.
plum·bag·i·nous /plʌ̀mbǽʤənəs/ *a* 黒鉛からなる[を含んだ], 黒鉛に似た.
plum·ba·go /plʌ̀mbéɪgoʊ/ *n* (*pl* **~s**) 〖鉱〗石墨, 黒鉛 (graphite); 石墨[黒鉛]で描いた絵; 〖植〗ルリマツリ属 (*P*-) の各種低木[多年草] (leadwort). [L; ⇨ PLUMBUM]
plum·bate /plʌ́mbèɪt/ *n* 〖化〗鉛酸塩《酸化鉛に基づく陰イオンを含む塩》. [*plumb-*, *-ate*[3]]
plúmb bòb 〖建〗下げ振り《PLUMB LINE に下げるおもり》.
plum·be·ous /plʌ́mbiəs/ *a* 鉛の[からなる, に似た]; 鉛色の; 鉛をかぶせた; 重い.
plúmb·er *n* 配管工; *《口》機密漏洩の阻止を工作する人, 鉛管工《Watergate 事件の実行犯たちの俗称; Pentagon Papers などの leak に対処したことから》; 《廃》鉛商, 鉛工; "《軍俗》兵器係, 機関将校. ► *vt* *《俗》だいなしにする, ぶちこわす.
plúmber's hélper [fríend] *《口》《排水管などの詰まりを除く》長柄付き吸引用ゴムカップ (plunger).
plúmber's snáke [áuger] *《口》《排水管などの詰まりを除く》長い鋼索[屈伸自在棒].
plúmb·ery *n* 鉛細工, 鉛工業; 鉛管職, 配管; 鉛工場, 鉛管製造所.
plum·bic /plʌ́mbɪk/ *a* 〖化〗鉛の, 《特に》第二鉛の, 鉛 (IV) の (cf. PLUMBOUS); 〖医〗鉛[鉛毒]による.
plum·bi·con /plʌ́mbəkɑ̀n/ *n* 〖テレビ〗プランビコン《酸化鉛を主材料とするターゲットをもった光導電形撮像管》.
plum·bif·er·ous /plʌ̀mbíf(ə)rəs/ *a* 鉛を含んだ[産する].
plúmb·ing *n* **1 a** 配管工事, (給排水)衛生工事; 鉛工事. **b** 鉛工業; 鉛管類製造. **2** 配管; 給排水, 水まわり. **3** 鉛管類; 《俗》トランペット, トロンボーン; 《口》消化管, 泌尿器, 性器, おなか; 《口》水洗トイレ(の設備): check out [visit] the ~ 《口》トイレに行く. **4** 水深測量.
plum·bism /plʌ́mbɪ̀z(ə)m/ *n* 〖医〗鉛中毒 (lead poisoning).
plúmb·less *a* 《文》測りがたい, 底知れぬ (fathomless).
plúmb lìne 下げ振り線 (cf. PLUMB BOB); 鉛直線; 測鉛線.
plúm bòok *《口》大統領が指名する連邦政府の役職における空席をリストにした政府刊行物.
plum·bous /plʌ́mbəs/ *a* 〖化〗鉛の[を含む], 《特に》第一鉛の, 鉛 (II) の (cf. PLUMBIC).
plúmb rùle 下げ墨, 下げ振り定規.
plum·bum /plʌ́mbəm/ *n* 〖化〗鉛 (lead) 《記号 Pb》. [L=lead]
plúm càke 干しブドウ菓子《婚礼用など》.
plúm dúff 干しブドウ入りプディング.
plume /plú:m/ *n* **1** 羽毛, 《目立つ》羽; CONTOUR FEATHER; 羽飾り, 《特にかぶとや帽子の》毛の前立て; 名誉のしるし; 《詩》PLUMAGE. **2** 〖植〗羽状部《冠毛 (pappus), 種髪 (coma) など》; 〖動〗羽毛状の構造, 《特に》ふさふさした尾; 羽毛をおもわせるもの《煙突の煙・吹き降ろす雪など》; 《原爆の水中爆発による》水柱; MANTLE PLUME. ● **borrowed ~s** 借り着; 他人の威信, 虎の威; 受け売りの知識. ► *vt* **1 a** [~ *-self*] 〈鳥が〉羽づくろいをする; 羽毛で飾る; [~ *-self*] 借り着で飾る. **b** …の羽毛をむしり取る. **2** [~ *-self*] 自慢する, 鼻にかける 〈*on* sth〉. ♦ **~·less** *a* **~·lìke** *a* [OF<L *pluma* downy feather]
plumed /plú:md/ *a* [°*compd*] 羽毛のある[で飾った]: white-~ 羽毛の白い.
plúme·let *n* 小羽毛; 〖植〗幼芽.
plúme mòth 〖昆〗トリバガ《トリバガ科 (Pterophoridae) の蛾の総称》.
plu·me·ria /plumíəriə/ *n* FRANGIPANI.
plúm·ery *n* 羽毛, 羽《集合的》.
plu·mi·corn /plú:məkɔ̀:rn/ *n* 〖鳥〗《ミミズクの》耳羽(じう).
plúm·mer (blòck) /plʌ́mər(-)/ 〖機〗軸受台, プランマーブロック.
plum·met /plʌ́mət/ *n* 急落; PLUMB, PLUMB LINE, PLUMB RULE; 《釣糸の》おもり; [*fig*] 重圧. ► *vi* まっすぐに落ちる, 飛び込む (plunge); 急に下がる, 急激に落ち込む 〈*to*〉; おもりの付いた糸で釣りをする: ~ to earth 《高いところから》落下[墜落]する. [OF (dim)<PLUMB]
plúm·my *a* スモモ (plum) の(ような); 干しブドウ入りの; 《口》好ましい, けっこうな, 最上の; 《口》〈ほおが〉丸くぽちゃぽちゃした; 暗紫色の; 《口》〈声が〉(わざとらしいくらい)豊かでやわらかみのある, 朗々とした, 気取った; 《口》気取った声をした, 上流階級の (cf. PLUM[1] 成句).
plu·mose /plú:mòus, -z/ *a* 羽毛をつけた; 羽毛(状)の. ♦ **~·ly** *adv* **plu·mos·i·ty** /plumɑ́səti/ *n*
plump[1] /plʌ́mp/ *a* ふっくら[ぽっちゃり]した, 豊満な, ふくよかな; 丸い, ふくらんだ; たっぷりの, 豊富な, 多額の. ► *vt, vi* 《はたいたりして》ふくらます, ふくらむ 〈*out, up*〉. ♦ **~·ly**[1] *adv* **~·ness**[1] *n* [ME *plomp* dull<MDu=blunt and MLG=shapeless]
plump[2] *vi* **1** ドシンと落ちる, ドサッとすわる, 急に飛び込む 〈*down, into, upon*〉; ドシンとぶつかる 〈*against*〉; *急に行く[来る]: ~ overboard 船からドブンと落ちる. **2** "《連記投票で自分の票を全部》…一人に投票する, 〈…に〉絶対的に賛成する 〈*for*〉; *強く[心から]支持[賛成]する 〈*for*〉; "《考えた末に》〈…を〉選ぶ, 〈…に〉決める 〈*for*〉. ► *vt* **1** ドシンと落とす[投げる, 置く] 〈*down*〉; 〈金を〉ポンと払う 〈*down*〉; 《口》だしぬけに言う 〈*out*〉. **2** ほめたたえる, 宣伝する. ► *adv* ドシンと, ザブンと, ばったり; まっすぐに, 真下に; 真正面に; だしぬけに; あからさまに, 露骨に, 正確に, まさに, ずばりと: Say it out ~! さっさと言ってしまえ. ► *a* いきなりの; 露骨な: a ~ lie (しらじらしい)大うそ. ► *n* ドシン[ザブン]と落ちること[音]. ♦ **~·ly**[2] *adv* 《婉曲表現や躊躇なしに》ずばりと. **~·ness**[2] *n* ずばりそのもの, 直感. [MLG and MDu<imit]
plump[3] *n* 《方・古》仲間, 組, 群れ: a ~ of spears 槍部隊. [ME <?]
plúmp·en *vi, vt* ふっくらする[させる] (plump).
plúmp·er[1] *n* 《ほおを形よく見せる》含み物.
plumper[2] *n* ドシン[ザブン]と落ちること, 落馬; "《連記投票の》ただ一人への投票(者); 《方》まっかなうそ.
plúmp·ie *n* *《口》おでぶちゃん.
plúmp·ish *a* 《ほどよく》肉付きのよい, ふっくらした.
plúm púdding プラムプディング (=*Christmas pudding*) 《刻んだスエット・干しブドウ・砂糖漬け果実皮・小麦粉・パン粉・黒砂糖・卵・香辛料・ブランデーなどをプディング型に詰めて蒸した菓子》; "《軍俗》迫撃砲弾.
plúm-pùdding dóg 〖犬〗ダルメシアン (dalmatian).
plúmpy *a* ぽっちゃりした, 肉付きのいい. ► *n* *《口》おでぶちゃん (plumpie).
plúm tomàto プラムトマト《長円形の果実をつけるチェリートマトの一種》.
plúm trèe 〖植〗(セイヨウ)スモモの木.
plu·mu·late /plú:mjəlèɪt, -lət/ *a* 柔毛の.
plu·mule /plú:mjul/ *n* 〖植〗幼芽; 〖鳥〗綿羽 (down feather). ♦ **plu·mu·lose** /plú:mjəlòus/ *a* **plú·mu·lar** /-lər/ *a*
plumy /plú:mi/ *a* 羽毛のある; 羽毛で飾った; 羽毛状の.
plun·der /plʌ́ndər/ *vt, vi* 〈場所・人びと〉から略奪[収奪]する, ぶんどる; 〈物を〉盗む; 〈他人の物を〉勝手に使う, 盗用[盗作]する. ► *n* 略奪(品); 《口》利益, もうけ; *《方》家財 (=house ~). ♦ **~·er** *n* **~·ous** *a* [LG *plündern* to rob of household goods (MHG *plunder* bedding, clothing)]
plúnder·age *n* 略奪; 〖法〗船上横領, 横領船荷.
plunge /plʌ́nʤ/ *vt* **1** 突っ込む, 投げ込む, 〈針などを〉(深く)突き刺す 〈*into, in*〉; 〖園〗〈植木鉢などを〉へりまで地面に埋める. **2** 〈ある状態・危険などに〉不意に陥れる, 突き落とす, 突入させる, 沈める 〈*into, in*〉: be

~*d into* darkness《停電などで》突然まっ暗になる / ~*d in* gloom ふさぎこんで. ► *vi* **1** 飛び込む, もぐる; 突進する 〈*into, in, up, down*〉; 〈船が〉縦に揺れる; 〈馬が〉あと足を上げて跳び上がる, はねまわる: ~ *to* one's death 飛び降りて死ぬ. **2** 急に下がる, 急落する: ~ *to* zero 〈温度が〉急激に下がって零度になる / The market ~*d.* 株式市場が急落した. **3** 突然[むこうみずに]始める, 陥る 〈*into, in*〉; «口» 大ばくちを打つ, 借金をこしらえる.

► *n* **1 a** 突っ込む[飛び込む]こと; 突進, 突入; 馬があと足を上げて跳ぶこと; 《船の》縦揺れ. **b** 飛込み, 水泳, プール; «口» ひと泳ぎ; *《プールなどの》飛込みのできる場所《深み》. **2** 《株などの》急落. **3** «口» 大ばくち, むちゃな投機. **4** 〘地質〙 プランジ《線構造と水平面とのなす角》. ● **take the ~** 思いきってやる; 結婚する. [OF＜Romanic＝to sound with plummet (PLUMB)]

plúnge bàth 大浴槽; 全身浴.

plúnge bòard 《水泳の》飛込台, 飛板.

plúnge pòol 滝壺; 《サウナなどの》水風呂, 小プール.

plung·er /plʌ́nʤər/ *n* **1** 飛び込む人, 潜水者, 突入者, 突進者; «口» むこうみずな賭博者[相場師]. **2** 《長柄の付いた》吸引用ゴムカップ, ラバーカップ, 通水カップ; 〘機〙《ピストンの》プランジャー, 《注射器の》ピストン, 押し子; 《後装銃の》撃針; 〘サーフィン〙 急にくずれる波.

plúng·ing fìre /plʌ́nʤɪŋ-/ 〘軍〙 瞰射(かんしゃ)《高所からの》.

plúnging [plúnge] néckline 〘服〙 プランジングネックライン《胸元を広くあけた婦人服の襟》.

plunk[1] /plʌ́ŋk/, **plonk** /plɔ́(:)ŋk, plʌ́ŋk/ *vt* **1** 〈弦などを〉ポロンと鳴らす, はじく. **2** ポンと放り出す 〈*down*〉; バタンと[ボトッと]倒す 〈*down*〉; «口» 不意に打つ[押す], ぐいと突く; «俗» なぐる, 撃つ: ~ coins *down* on a table / ~ *oneself down* on a bench ベンチにドスンとすわる. ► *vi* ポトッ[ドスン, ザブン]と落ちる 〈*down*〉; ポロンと鳴る; «口» 支持(を表明)する 〈*for*〉. ● **~ down** ⇨ *vt, vi*; *ポンと支払う (plank down). ► *n* ポトッ[ドスン, バタン, ポロン]という音; *ドスンと置くこと; *«口» 強打; ポロンと鳴らすこと[鳴る音]; [〈*int*〉] ポトッ, ドスン, バタン, ザブン, ポロン; *«俗» 1 ドル. ► *adv* ポトッ[ドスン, バタン, ポロン]と; «口» ちょうど, まさしく. ♦ **~·er** *n* [imit]

plunk[2] *n* «俗» PLONK[2].

Plun·ket /plʌ́ŋkət/ «NZ» *n* [the] PLUNKET SOCIETY; [〈*a*〉] プランケット協会の育児法による[で育てられた]〈看護師・クリニック・赤ちゃんなど〉.

Plúnket Socíety [the] プランケット協会《ニュージーランドの児童福祉団体 The Royal New Zealand Plunket Society の通称; 初代会長, ニュージーランド総督夫人 Lady Plunket の名から》.

plu·per·fect /plùpə́:rfɪkt/ *n, a* 〘文法〙 大過去(の), 過去完了(の); «俗» [強意] 全くの, どえらい: ~ tense 過去完了時制. [NL (*plus quam perfectum* more than perfect)]

plur. plural ♦ plurality.

plu·ral /plúərəl/ 〘文法〙 *a* 複数(形)の (cf. SINGULAR); 複数の; 複数の一方の; 混成の, 多元的な: the ~ number 複数. ► *n* 複数; 複数形(の語) (cf. DUAL, TRIAL[2]). ♦ **~·ly** *adv* 複数(形)で, 複数として[に]. [OF＜L (PLUS)]

plu·ra·lia tan·tum /pluréɪliə tǽ:ntum/ *pl* (*sg* **plu·rá·le tán·tum** /-leɪ-/) 〘文法〙 絶対複数《常に複数形で用いられる語; たとえば pants, scissors, news》.

plúral·ìsm *n* 〘哲〙 多元論 (cf. MONISM, DUALISM); 社会的多元性《一国内に人種・宗教などを異にする集団が共存する状態》; 社会的多元主義; 〘教会〙《2 つ以上の(禄付き)聖職の》兼職; 複数性: cultural ~ 〘社〙 文化(的)多元主義. ♦ **-ist** *n, a* **plù·ral·ís·tic** *a* **-ti·cal·ly** *adv*

plu·ral·i·ty /pluərǽləti/ *n* **1** 過半数, (大)多数; *《票の》相対多数, 《相対多数の》次点者との得票差 (cf. MAJORITY). **2 a** 複数であること, 複数状態; 多数であること, 多数状態; 多数, 多量: a ~ of… 多数の…. **b** 数職兼任; 〘教会〙 兼職(として保有される聖職位).

plúral·ize *vt* 複数(形)にする; 増やす; 多元化する. ► *vi* 複数になる; 兼職[兼任]する; 2 つ以上の(禄付きの)聖職を兼職する. ♦ **-ìz·er** *n* **plùral·izátion** *n*

plúral márriage 複婚, 《特に かつてのモルモン教徒の》一夫多妻.

plúral socíety 複合社会《複数の人種からなる社会》.

plúral vóte 複投票(権)《1) 2 票以上の投票(権) 2) 2 つ以上の選挙区での投票権》. ♦ **plúral vóting** *n*

plu·ri- /plúəri, -rə/ *comb form* 「多数[複数]の (several)」 [L PLUS]

plùri·áxial *a* 〘植〙 複軸の.

plùri·líteral *a* 《ヘブライ語文法で》語根に 3 文字以上含む.

plu·rip·o·tent /pluərípət(ə)nt, plùərəpóut(ə)nt/ *a* 〘生〙 多能(性)の, 多分化能の.

plùri·présence *n* 〘神学〙 複所同時存在.

plur·ry /plə́:ri, plʌ́ri; plʌ́ri/ *a* «豪俗» BLOODY.

plus /plʌ́s/ *prep* **1** …を加えて[加えた]; «口» …を加えて, …を着けた, …をもうけて: Two ~ two is four. 2＋2＝4 / the debt ~ interest 利子を加えた負債 / He was ~ a coat. 上着を着ていた. **2** *«口» …に加えて (besides). ► *adv* *«口» そのうえ (besides). ► *conj* *«口» AND; さらに, 加えて. ► *a* **1** プラスの, 正の (opp. *minus*); 〘電〙 陽の (positive); 〘植〙〈菌糸体が〉雄性の: on the ~ side of the account 〘商〙 貸方に. **2** 余分の (extra); 以上の, プラスの[になる], 有利な〈要素〉; [後置] …の上位の; [後置] «口» プラスアルファの, 並はずれた: All the boys are 10 ~. 10 歳以上である / a B ~ rating B プラスの評価 / She has beauty ~. 彼女には美しさにプラスアルファがある. ● **~ or minus** プラスマイナス[上下]…の(範囲の), …内外の, だいたい, ほぼ. ► *n* (*pl* **plús·es, plús·ses**) **1** 〘数〙 プラス(記号), 加号 (plus sign); 正量, 正数. **2** 添え物, プラスアルファ; 余り; 好ましい要素, 有利なこと, 利益, 利点, 長所; 〘ゴルフ〙 ハンディキャップ. ● **~es and minuses** 《もの・ことの》プラス(面)とマイナス(面), 長所と短所, 利点と欠点. ► «口» *vt* 加える, 得る; 増す. [L *plur- plus* more]

-plus *suf* 「…を越える」「…以上の」: three-hour-*plus* film.

plus ça change(, plus c'est la même chose) /*F* ply sa ʃɑ̃:ʒ (ply sɛ la mɛm ʃo:z)/ 見かけはいくら変わっても(結局同じものである), たいして変わらない.

plús fóurs *pl* プラスフォアーズ《スポーツ用のゆるいニッカーズ》. [通常のものより 4 インチ長いことから]

plush /plʌ́ʃ/ *n* プラッシュ, フラシ天《ビロードの一種で長いけばがある》; [*pl*] プラッシュズボン; *«俗» 豪華な場所[もの]. ► *a* プラッシュ製の, プラッシュの(ような); «口» 〈部屋・備品などが〉豪華な; 朗々とした, 芳潤な. ► *vi* *«俗» 豪華に暮らす. ♦ **~·ly** *adv* **~·ness** *n* [F＜L PILE[3]]

plush·ery /plʌ́ʃəri/ *n* *«俗» 豪華なホテル[ナイトクラブなど].

plúsh vèlvet プラッシュベルベット《けばが短くて密な, ベルベットのようなプラッシュ》.

plúshy *a* プラッシュの(ような), プラッシュでおおった; «口» 豪華な, 高価な. ♦ **plúsh·i·ly** *adv* **-i·ness** *n*

plús/mínus sìgn [sỳmbol] プラスマイナス記号 (±).

plús-óne *n* 《パーティーなどの》同伴者.

plus roy·a·liste que le roi /*F* ply rwajalist kə lə rwa/ 王以上に王党派; 他人のことを当人以上に気にかける.

plus·sage /plʌ́sɪʤ/ *n* ほかと比べて多い量, プラス分.

plús sìght 〘測〙 正視.

plús sìgn 〘数〙 プラス記号, 加号 (＋).

plús sìze* 《婦人服の》特大サイズ. ♦ **plús-sìze** *a*

plús twós *pl* プラストゥーズ《PLUS FOURS よりも短く細いニッカーズ》.

Plu·tarch /plú:tɑ̀:rk/ プルタルコス (c. 46–after 119)《ギリシアの伝記作家・歴史家; *Parallel Lives of Illustrious Greeks and Romans* (英雄伝); 略 **Plut.**》. ♦ **Plu·tárch·an, -ian** *a*

plu·tar·chy /plú:tɑ:rki/ *n* PLUTOCRACY.

plute /plú:t/ *n* *«俗» PLUTOCRAT. ♦ **plút·ish** *a*

plu·te·us /plú:tiəs/ *n* (*pl* **-tei** /-tiàɪ/) 〘動〙 プルテウス《ウニ・クモヒトデの浮遊性幼生》. [L]

Plu·to[1] /plú:toʊ/ **1** 〘ギ神〙 **a** プルートーン《冥界の神 HADES の呼称; ローマの Dis に当たる》. **b** プルートー《ニンフ; Tantalus の母》. **2** 〘天〙 冥王星 (cf. PLANET[1]). **3** プルートー《1) MICKEY MOUSE の犬の名 2) E. A. Poe, *The Black Cat* に出る黒猫の名》. [L＜Gk (giver of riches)]

Pluto[2], **PLUTO** プルートー《1944 年連合軍がノルマンディー上陸作戦のためイギリス海峡の下に敷設した英仏間燃料補給パイプラインのコードネーム》. [*p*ipe *l*ine *u*nder *t*he *o*cean]

plu·toc·ra·cy /plutɑ́krəsi/ *n* 金権政治[支配, 主義]; 金権政体[国家, 社会]; 富豪階級, 財閥. ♦ **plu·to·crat** /plú:təkræ̀t/ *n* 金権(政治)家; 富豪. **plù·to·crát·ic, -i·cal** *a* **-i·cal·ly** *adv* [Gk *ploutos* wealth]

plu·tol·a·try /plutɑ́lətri/ *n* 黄金崇拝, 拝金(主義).

plu·tol·o·gy /plutɑ́ləʤi/ *n* 理財(学), (政治)経済学 (political economy). [*-logy*]

plùto·mánia *n* 異常な富裕願望; 長者[富者]妄想.

plu·ton /plú:tɑ̀n/ *n* 〘地質〙 プルトン《マグマによる深成岩体》.

Plu·to·ni·an /plutóuniən/ *a* PLUTO[1] の, 冥界[下界]の(ような); [p-] 冥王星の; [°p-] 〘地質〙 PLUTONIC.

Plu·ton·ic /plutɑ́nɪk/ *a* PLUTO[1] の (Plutonian); [p-] 〘地質〙 地下深所でできた, 深成の; [p-] 〘地質〙 火成論の.

plutónic róck 〘地質〙 深成岩 (＝*abyssal rock*).

plu·to·nism /plú:t(ə)nìz(ə)m/ *n* **1** 〘地質〙 深成論, 火成論《岩石の生成は地球深部の高温によるとする; cf. NEPTUNISM》. **2** 〘医〙 プルトニウム中毒(症). ♦ **-nist** *n*

plu·to·ni·um /plutóuniəm/ *n* 〘化〙 プルトニウム《放射性元素; 記号 Pu, 原子番号 94》. [*Pluto*[1]]

plu·ton·o·my /plutɑ́nəmi/ *n* 政治経済学 (political economy); 経済学 (economics).

Plu·tus /plú:təs/ 〘ギ神〙 プルートス《富の神》.

plu·vi·al[1] /plú:viəl/ *a* 雨の, 雨の多い, 多雨の; 〘地質〙 雨水作用による. ► *n* 多雨期. [L (*pluvia* rain)]

pluvial[2] *n* 《聖職者の》大外衣, カッパ (cope). [L (↑)]

plu·vi·om·e·ter /plù:viɑ́mətər/ *n* 雨量計 (rain gauge). ♦ **plù·vi·óm·e·try** *n* 雨量測定(法). **plu·vio·met·ric** /plù:viəmétrɪk/, **-ri·cal** *a*

Plu·vi·ôse /plú:viòus/ *n* 雨月《フランス革命暦の第 5 月: 1 月 20 日–2 月 18 日; ⇨ FRENCH REVOLUTIONARY CALENDAR》. [F]

plu·vi·ous /plú:viəs/, **-ose** /-viòus/ *a* 雨の, 雨の多い, 多雨の.

♦ **-os·i·ty** /plùːviásəti/ *n*

ply[1] /pláɪ/ *vt* **1** …に精を出す, 勉強する; 〈商売などを〉営む; 〈武器・道具などを〉せっせと動かす[使う]: ～ one's book 熱心に本を読む / ～ one's needle せっせと針を動かす / ～ an oar 力漕する. **2**〈人〉にしきりに勧める, 強いる 〈sb *with* food etc.〉; 〈人〉に〈質問などを〉浴びせる 〈sb *with* questions〉, 盛んに攻撃する; 〈火〉に盛んにくべる 〈a fire *with* fuel〉. **3**〈船[飛行機]が川[空]を〉定期的に往復する, 通う. ► *vi* **1** 〈船・バスなどが〉定期に往復する, 通う 〈*between* two places; *from*…*to* …〉; 〈船頭・赤帽・タクシーなどが〉客待ちする 〈*at* a place; *for* hire〉; 売り歩く 〈*in* streets〉: a ～*ing* taxi 流しのタクシー. **2** せっせと働く; 急ぐ, 突進する; 〖海〗間切る, 風に逆航する; 《詩》〈船が〉進路をとる, 進む: ～ with the oars せっせとこぐ. ［ME *plye*＜*apply* to APPLY］

ply[2] *n* **1** ひだ, 層, …重(え); 《綱の》絢(こ), 撚(よ)り: a three-～ rope 三つ撚りの綱. **2** 傾向 (bias): take a ～ 癖がつく, 傾向をもつ. ► *vt* 〈糸を〉撚る; 曲げる (bend), たたむ (fold). ► *vi* 《廃》曲がる. ［F *pli* (L *plico* to fold); cf. PLAIT］

Plym·outh /plíməθ/ プリマス《**1**) イングランド南西部 Devon 州の港市; 軍港 **2**) Massachusetts 州南東部 Boston 近郊の町; 1620 年 Pilgrim Fathers がここに上陸し, ニューイングランドにおける最初の植民地 **～ Còlony** を建設した **3**) 米国 Chrysler 社製の自動車》.

Plýmouth Bréthren *pl* [the] プリマス同胞教会, プリマスブレズレン《1830 年ごろに英人 John Darby (1800–82) が始めた Calvin 派の一派; ピューリタン的な性格が強い; 略 PB》.

Plýmouth Róck **1** プリマスロック《Massachusetts 州 Plymouth にある岩; Pilgrim Fathers の乗船 *Mayflower* 号のアメリカ到着記念史蹟》. **2**〖鶏〗プリマスロック《米国産出の中型の卵肉兼用種》.

plyo·met·rics /plàɪəmétrɪks/ *n* [〈*sg*/*pl*〉] プライオメトリックス《筋肉の収縮とストレッチをすばやく繰り返し行なうことによる筋力増強トレーニング》. ♦ **-mét·ric** *a*

plý·wòod *n* 合板《俗にいうベニヤ板; cf. VENEER》.

Plzeň /pálzèn(jə)/ プルゼニ (*G* Pilsen)《チェコ西部 Bohemia の工業都市》.

pm. premium. **p.m.** 〖電〗°phase modulation.

p.m., PM ［L *post meridiem*］午後の (⇨ A.M.).

Pm 〖化〗promethium.

PM °Past Master ♦ Paymaster ♦ °permanent magnet ♦ °Police Magistrate ♦ Postmaster ♦ postmortem ♦ °Prime Minister ♦ °Provost Marshal ♦ °push money.

P marker /píː ―/〖言〗PHRASE MARKER.

PMB private mailbox《民営の》私設私書箱.

PMG °Paymaster General ♦ °Postmaster General.

PMJI 《電算俗》Pardon my [me for] jumping in. 割込み失礼《パソコン通信の対話などに部外者が加わる時に》.

pmk postmark.

PMS /píːèmés/ *n* 〖電算〗PMS《出力機器によらない色を実現する方式》. ［*P*antone *m*atching *s*ystem］

PMS 〖医〗°premenstrual syndrome. **pmt** payment.

PMT 〖医〗°premenstrual tension.

p.n., P/N, PN 〖商〗°promissory note.

PNdB °perceived noise decibel(s).

-pnea, -pnoea /(p)níːə/ *n comb form*「呼吸」: hyper*pnea*. ［Gk］

pneum- /n(j)úːm/, **pneu·mo-** /n(j)úːmoʊ, -mə/ *comb form*「空気, 気体」「肺」「呼吸」「肺炎」［Gk (↓)］

pneu·ma /n(j)úːmə/ *n* 〖哲〗プネウマ《空気・息を意味する; 生命の原理・存在の原理》; 精神, 霊; 〖神学〗聖霊 (Holy Ghost). ［Gk＝wind, breath］

pneu·mat- /n(j)úːmət, n(j)ʊmǽt/, **pneu·ma·to-** /n(j)úːmətoʊ, n(j)ʊmǽtoʊ, -tə/ *comb form*「空気」「呼吸」「精霊」［Gk (↑)］

pneu·mat·ic /n(j)ʊmǽtɪk/ *a* **1** 気体の; 空気のはいった, 圧搾空気を満たした; [*joc*] 豊満な, 胸の豊かな. **2** 空気の(作用による), 空気式の; 気(力)学の; 〖動〗気腔[気嚢]を有する, 含気(性)の; 〖神学〗霊的な (spiritual): a ～ pump 気圧ポンプ / ～ bones 含気骨. ► *n* 空気タイヤ; 《古》空気タイヤ付き自転車[自動車]. ♦ **-i·cal·ly** *adv* **pneu·ma·tic·i·ty** /n(j)ùːmətísəti/ *n* ［F or L＜Gk (PNEUMA)］

pneumátic bráke 空気ブレーキ (air brake).

pneumátic cáisson 空気ケーソン.

pneumátic convéyor 〖機〗空気コンベヤー.

pneumátic dispátch 気送《信書・電報・小包などを気送管 (pneumatic tube) で発送する》.

pneumátic dríll 空気ドリル.

pneumátic dúct 〖魚〗呼吸管, うきぶくろ気管.

pneumátic hámmer AIR HAMMER.

pneu·mát·ics *n* 気学, 気力学 (pneumodynamics).

pneumátic súbway* 空気地下鉄《圧縮空気を動力とする》.

pneumátic tíre 空気タイヤ.

pneumátic tróugh 〖化〗ガス採取用の水槽.

pneumátic túbe 気送管 (cf. PNEUMATIC DISPATCH).

pnéumato·cỳst *n* 〖生〗気胞(体), 浮嚢.

pneu·ma·tol·o·gy /n(j)ùːmətáləʤi/ *n* 霊物学; 〖神学〗聖霊論; 《古》心理学; 《廃》気(力)学. ♦ **-gist** *n* **pnèu·ma·to·lóg·ic, -i·cal** *a*

pneu·ma·tol·y·sis /n(j)ùːmətáləsəs/ *n* 〖地質〗気成作用. ♦ **-to·lyt·ic** /n(j)ùːmət(ə)lítɪk, n(j)ʊmæ̀t-/ *a*

pneu·ma·tom·e·ter /n(j)ùːmətámətər/ *n* 〖医〗呼吸圧計. ♦ **-tóm·e·try** *n* 呼吸圧測定(法).

pneumáto·phòre /, n(j)úːmətə-/ *n* 〖植〗呼吸[通気]根; 〖動〗気胞[気泡]体. ♦ **pneu·màto·phór·ic** /-fɔ́(ː)rɪk, -fár-/ *a*

pnèumato·thérapy *n* 〖医〗変圧空気療法.

pneu·mec·to·my /n(j)uméktəmi/ *n* 〖医〗肺切除(術) (pneumonectomy).

pneumo- /n(j)úːmoʊ, -mə/ ⇨ PNEUM-.

pnèumo·bacíllus *n* (*pl* **-bacílli**) 〖菌〗肺炎桿菌(かんきん).

pnèumo·cóccus *n* (*pl* **-cócci**) 〖菌〗肺炎双球菌. ♦ **-cóccal, -cóc·cic** /-káksɪk/ *a*

pneu·mo·co·ni·o·sis /n(j)ùːməkòunióʊsəs/ *n* (*pl* **-ses** /-sìːz/) 〖医〗塵肺(症).

pneu·mo·cýs·tic pneumónia /n(j)ùːməsístɪk-/ 〖医〗PNEUMOCYSTIS CARINII PNEUMONIA.

pneu·mo·cys·tis /n(j)ùːməsístəs/ *n* [*P*-] 〖生〗ニューモシスチス属《分類上の位置の不明な微生物の一属》; 〖医〗PNEUMOCYSTIS CARINII PNEUMONIA. ［cf. *pneum-*, *-cyst*］

pneumocýstis ca·rí·nii pneumónia [pneumonítis] /-kəráɪniìː-/ [°P-] 〖医〗(ニューモシスチス)カリニ肺炎 (＝**pneumocýstis pneumónia**)《病原微生物 *Pneumocystis carinii* による高度の伝染性をもつ流行性の間質性形質細胞性肺炎; エイズ患者によくみられる; 略 PCP》. ［NL］

pnèumo·dynámics *n* PNEUMATICS.

pnèumo·encéphalo·gràm *n* 〖医〗気脳図《脳室に空気[酸素]を注入して撮影する脳レントゲン写真》.

pnèumo·gástric 〖解〗*a* 肺と胃との; 迷走神経(性)の (vagal). ► *n* 迷走神経 (vagus nerve) (＝**～ nérve**).

pnéumo·gràph *n* 〖医〗呼吸(曲線)記録器.

pneu·mon- /n(j)úːmən/, **pneu·mo·no-** /n(j)úːmənoʊ, -nə/ *comb form*「肺」［Gk (*pneumōn* lung)］

pneu·mo·nec·to·my /n(j)ùːmənéktəmi/ *n* 〖医〗肺切除(術).

pneu·mo·nia /n(j)ʊmóʊnjə/ *n* 〖医〗肺炎: acute ～ 急性肺炎 / croupous [lobar] ～ クループ[大葉]性肺炎 / single [double] ～ 片側[両側]肺炎. ［NL＜Gk; ⇨ PNEUMON-］

pneu·mon·ic /n(j)ʊmánɪk/ *a* 肺炎の; 肺の.

pneu·mo·ni·tis /n(j)ùːmənáɪtəs/ *n* (*pl* **-nit·i·des** /-nítədìːz/) 〖医〗肺(臓)炎.

pnèumono·co·ni·ó·sis /-kòunióʊsəs/ *n* (*pl* **-ses** /-sìːz/) 〖医〗PNEUMOCONIOSIS.

pnèumono·ùltra·mìcro·scòpic·sìlico·volcàno·co·ni·ó·sis /-kòunióʊsəs/ *n* 塵肺(症)《作為的につくられた長い単語》.

pnèumo·thórax *n* 〖医〗気胸(症); 気胸(術): artificial ～ 人工気胸.

pnèumo·trópic *a* 肺組織の方へ向かう, 肺向性の〈伝染力〉. ♦ **pneu·mot·ro·pism** /n(j)ʊmátrəpɪ̀z(ə)m/ *n*

PNF proprioceptive neuromuscular facilitation.

PNG °Papua New Guinea ♦ °persona non grata.

p-n junction /píːén ―/〖電子工〗《半導体の》pn 接合.

-pnoea ⇨ -PNEA.

Pnom Penh ⇨ PHNOM PENH.

PNP /píːènpíː/ *a* 〖電子工〗〈半導体素子が〉PNP 構造の《n 型 (n-type) 領域が 2 つの p 型 (p-type) 領域にはさまれる形の》.

PnP 〖電算〗°Plug and Play.

PNR °point of no return.

PNTR 〖米〗permanent normal trade relations 恒久的通常貿易関係《包括通商法に基づいて中国に対しては人権侵害がないことを確認したうえで毎年更新することにしていた通常貿易関係 (NTR) を 2000 年の米中関係法で恒久化したもの》.

pnxt pinxit.

po /póʊ/ *n* (*pl* **pós**) 《英口・豪口》しびん, おまる (chamber pot). ［*pot*; フランス語発音］

Po [the] ポー川《イタリア最長の大河; 同国北西部 Viso 山から東流し, Venice の南方でアドリア海に注ぐ; 古代名 Padus》.

p.o. 〖処方〗［L *per os*］through the mouth ♦ °postal order.

Po 〖化〗polonium.

PO °Patent Office ♦ °petty officer ♦ °pilot officer ♦ °postal order ♦ °Post Office ♦ °post-office box ♦ purchase order.

poa /póʊə/ *n* 〖植〗ナガハグサ属[イチゴツナギ属] (*P*-) の各種草本《イネ科》.

POA 〖英〗Prison Officers' Association 刑務所職員連合《労働組合; 現在は Professional Trades Union for Prison, Correctional and Secure Psychiatric Workers》.

po·a·ceous /poʊéɪʃəs/ *a* 〖植〗イネ科 (Poaceae) の (gramineous). ［Gk *poa* grass］

poach[1] /póʊʧ/ *vt* **1 a** 密猟[密漁]する; 《密猟・密漁のため》〈人の土地など〉に侵入する; 〈人の考え・労働者・客などを〉不正に得る, 横取りする; 〘競技〙〈有利な位置を〉不正手段によって占める: ～ hares 野ウサギを密猟する. **b** 〘テニスなど〙〈パートナーの打つべきボールを〉横から飛び出して打つ, ポーチする. **2** 〈地面を〉踏み荒らしてぐしゃぐしゃ[穴だらけ]にする; 〈粘土など〉に水を加えて均質にする; ʺ《方》〈指・棒などを〉突き刺す 〈*into*〉. ► *vi* **1** 密漁[密猟]する; 〈土地・禁猟地などを〉侵害する, 〈なわばりを〉侵す 〈*on*〉; 〘テニス〙ポーチする: go out ～*ing* 密猟[密漁]に出る / ～ *for* game 猟獣[猟鳥]の密猟をする / ～ *on* a neighbor's land 隣人の土地に侵入する. **2** 〈道などが〉踏みつけられてぬかる[穴などができる, へこむ]; 〈足などが〉ぬかるみに沈む. [C16 *poche*<?F *pocher* to put in pocket (↓)]

poach[2] *vt* 〈卵を〉ポーチする《割って, 沸騰させない程度の湯[牛乳, だし汁など]の中でゆでる, または POACHER[2] で蒸す》, 〈魚などを〉煮る: ～*ed* eggs ポーチトエッグ, 落とし卵. [OF (*poche* POKE[2])]

póach·er[1] *n* **1** 密猟[密漁]者; 侵入[乱入]者, 《商売の》なわばり荒らし; 〘サッカー〙GOAL POACHER: An old ～ makes the best keeper [gamekeeper]. 《諺》密猟者は最高の番人(になる), 蛇の道はヘビ. **2** 〘魚〙トクビレ (＝*sea poacher*)《カサゴ目トクビレ科に属する海産魚の総称》. ● **～ turned gamekeeper** 密猟者転じて猟場番 (cf. GAMEKEEPER *turned poacher*).

poacher[2] *n* 煮魚用鍋; ポーチトエッグ用鍋《浅いカップ(状のへこみ)がいくつか付いたプレートを湯を張った鍋の中に置き, そのカップの中で卵を蒸す》.

póachy *a* 水浸しになった, 湿地の. ♦ **póach·i·ness** *n*

POB °post-office box.

Po·bé·da Péak /poʊb(j)édə-, pə-/ ポベダ峰 (*Russ* Pik Pobedy) 《キルギスと中国新疆ウイグル自治区の境にある天山山脈の最高峰 (7439 m)》.

po·bla·ci·ón /pɔ̀ːblɑ̀ːsióːn/ *n* (*pl* **-o·nes** /-óːneɪs/) 《フィリピンで, 市町村の》中心地区, 行政の中心; 《チリの》スラム街. [Sp＝population, town]

po·bla·dor /pɔ̀ːblɑ̀ːdɔ́ːr/ *n* (*pl* **-do·res** /-dɔ́ːreɪs/) POBLACIÓN の住人.

po·bla·no /poʊblɑ́ːnoʊ/ *n* (*pl* **～s**) ポブラノ《大きめでマイルドな辛さのトウガラシ; 特に新鮮で緑色をしているもの; cf. ANCHO》. [MexSp＝of Puebla].

PO Box /píːòʊ ―/ POST-OFFICE BOX.

po' boy /póʊ ―/ POOR BOY.

POC, p.o.c. °port of call.

Po·ca·hon·tas /pòʊkəhɑ́ntəs/ ポカホンタス (c. 1595–1617)《アメリカインディアンの女性; Powhatan の娘; Jamestown 植民地の指導者 John Smith がインディアンの捕虜となった時, 彼を救ったといわれる; タバコ栽培を改良した John Rolfe と結婚》.

po·cas pa·la·bras /póʊkɑːs pɑːlɑ́ːvrɑːs/ 少ないことば, 寡言. [Sp]

po·chard /póʊʧərd/ *n* (*pl* **～s, ～**) 〘鳥〙ハジロガモ族のカモ《カモ亜科の一族で, 脚が後方にある潜水ガモ類》: **a** ホシハジロ《ユーラシア産》. **b** アカハシハジロ《欧州産》. **c** アメリカホシハジロ. [C16<?]

po·chette /poʊʃét/ *n* **1** ポシェット《**1)** チョッキの小さなポケット **2)** 肩から斜め掛けにしたりベルトに付けたりする小型のバッグ》. **2** 〘楽〙KIT[2]. [F; cf. POCKET]

po·chis·mo /poʊʧíːzmoʊ/ *n* (*pl* **～s**) ポチスモ《メキシコのスペイン語に借用された英語; それを使った話し方》. [AmSp]

Po Chü-i /bóʊ ʤúːíː; póʊ ʧúːíː/ 白居易 (⇨ BAI JUYI).

pock /pɑ́k/ *n* 痘疱, あばた, ポック (⇨ POX); 《卑》梅毒; 《方》小袋 (poke). ► *vt* …にあばた印をつける, あばたのようにぼつぼつと穴をあける[傷をつける] 〈*with* dents〉. ♦ **～ed** *a* [OE *poc*; cf. G *Pocke*]

pock·et /pɑ́kət/ *n* **1 a** ポケット, 小袋, 金入れ; 《農産物用の》袋; 所持金, POCKET MONEY; 資力, '懐(ふところ)': an empty ～ 文無し(の人) / hit ～*s* 財布に応える, 金銭[財政]的負担となる / pay out of one's ～ 自腹を切って払う / suit every ～ 〈品ぞろえなどが〉予算に応じてそろっている. **b** 〘動〙《カンガルーなどの》袋; 〘海〙ポケット《帆に帆布を取り付けた袋状のもの, 帆をピンとさせるため当て木などを入れる》. **2 a** 〘玉突〙ポケット《テーブルの四隅および中央にある玉受け》; 《柱などの》承口(うけぐち); 〘野〙《ミット・グローブの》ポケット《球受けの部分》. **b** 鉱石塊; 鉱穴, 鉱脈瘤. **3 a** くぼみ, 囲まれた場所, 袋小路; *谷, 山あい; 〘空〙AIR POCKET. **b** 〘競馬・競走〙ポケット《ほかの馬[人]に囲まれて不利な位置》; 〘アメフト〙ポケット《パス攻撃のとき, クォーターバックのまわりにつくられるブロックの壁》; 〘豪式フット〙ポケット《サイドの位置》; 周囲から孤立したグループ[地区]; 〘軍〙敵占領下の孤立[局地的抵抗]地帯; 〘ボウル〙ポケット《ヘッドピンとその隣りのピンの間》. **4** 《ホップ・羊毛などの》一袋《168–224 ポンド》. ● **be [live] in each other's ～s** ʺ《口》〈二人が〉いつもいっしょにいる; 《二人暮らしで》狭苦しい. BURN **a hole in one's ～.** DEEP POCKET. DIG **(deep) into one's ～. have…in one's ～** 〈人〉を完全に支配[掌握]している, 抱き込んでいる; …(の勝利)を手中にしている, 勝ったも同然だ. **in ～** もうけて; 手元に持って. **in sb's ～** 金銭的に人をたよって; 人に完全に支配されて, 人の言いなりになって; 人とべったりした関係で. **in the ～** *《俗》《麻薬で》すっかり陶酔して. **keep one's hands in one's ～s** 働かずにいる, なまけている. **line one's (own) ～s [purse]** 《他の犠牲で》もうける, 私腹を肥やす. **out of ～** 金がなくて, 資金不足で; 損をして; *不在で, いなくて. **out of the ～** *不在で (out of pocket). **pick a ～** スリをはたらく. **put [dip] one's** HAND **in one's ～. put one's pride in one's ～** 自尊心を抑える[表に出さない]. **suffer in one's ～** 《金銭上の》損をする.
► *a* **1** ポケット用の, ポケットサイズの; 小型の: a ～ glass 懐中鏡. **2** 金銭的な; ポケットに入れて持ち運ぶ, 小額の: ～ change 少額の金, 小銭. **3** ひそかな, 押し殺した; 《集団でなく》ばらばらの.
► *vt* **1 a** ポケットに入れる, 隠す, しまい込む; 貯蔵する; 自分のものとする, 着服する; 〈賞金・利鞘(りざや)〉を稼ぐ, 獲得する; 〘玉突〙〈球を〉ポケットに入れる; 〘機〙箱[穴]に入れる. **b** *〈議案などを〉握りつぶす (cf. POCKET VETO); 〘競馬・競走〙取り囲んでじゃまする. **2** 〈侮辱などを〉我慢する; 〈感情を〉隠す, 抑える. **3** …にポケットをつける. ● **～ one's pride**＝put one's pride in one's POCKET. ♦ **～·able** *a* ポケットにはいる. [AF (dim)〈POKE[2]]

pócket báttleship 小型軍艦.

pócket bìlliards [ᵘ〈*sg*〉] **1** 〘玉突〙ポケットビリヤード (POOL[2]). **2** ʺ《俗》POCKET POOL.

pócket·bòok *n* 紙入れ, 札入れ; 資力; 金銭的利害; *《肩ひもの付いていない》ハンドバッグ; [ᵒpocket book] *ポケット判の本[ペーパーバック], ポケットブック; 手帳 (notebook). ► *a* 金銭的な.

pócket bòrough 〘英史〙ポケット自治都市, ポケット選挙区(自治)都市《特定の個人または一族が議員選出の実権を牛耳る選挙区である自治都市; 1832 年選挙法改正で廃止; cf. ROTTEN BOROUGH》.

pócket brèad PITA[2].

pócket cábbage *《俗》金 (money), お札.

pócket cálculator ポケット計算機 (minicalculator).

pócket dòor ポケットドア《開けると壁の中に納まる引戸》.

pócket edìtion ポケット判の本; 小型版.

pócket·fùl *n* (*pl* **～s, póckets·fùl**) ポケット一杯; 《口》たくさん: a ～ of money 相当の金高, 一財産.

pócket gòpher 〘動〙ホリネズミ (gopher).

pócket-hándkerchief *n* ハンカチ; 小さなもの: a ～ garden.

pócket·knìfe *n* ポケットナイフ《折りたたみ式のナイフ》.

pócket·less *a* ポケットのない.

pócket léttuce *《俗》金, お札 (lettuce).

pócket lìtter *《俗》ポケットの中の小物.

pócket mòney ポケットマネー; ʺ《子供に与える一週間分の》こづかい銭.

pócket mòuse 〘動〙ポケットネズミ《北米西部産》.

pócket párk 《高層ビルの並ぶブロックにある》ミニ公園.

pócket pìece 《お守りに懐中に入れる》縁起銭.

pócket pìstol 《懐中用》小型ピストル; 《口》[*joc*]《ウイスキーなどの》ポケット瓶.

pócket pòol *《俗》タマころがし《ズボンのポケットに手を入れて睾丸をもてあそぶこと》: play ～.

pócket protèctor ポケットプロテクター《シャツの胸ポケットに入れておき, ペンを差す時に服地を保護するビニールケース; ジョークなどで, オタク (nerd) のシンボルとされる》.

pócket ràt 〘動〙**a** POCKET GOPHER. **b** POCKET MOUSE. **c** KANGAROO RAT.

pócket sécretary 多機能札入れ, マルチポケットブック《普通 革製の細長いケースで, クレジットカード・紙幣・名刺などの収納ポケットが多数あるもの》.

pócket-sìze, -sìzed *a* ポケット型[サイズ]の; 《口》[*fig*] 狭い, 小さな〈市場〉.

pócket vèto* *n* 法案握りつぶし《議会休会直前に署名を求められた法案を大統領・知事が休会まで保留することにより不成立とすること》. ► *vt* 〈議案を〉握りつぶす.

pócket wàtch 懐中時計.

póck·ety *a* 〘鉱〙鉱脈瘤の.

póck·màrk *n* あばた; 《物の表面の》へこみ, 傷, しみ. ► *vt* …にあばた(のような穴)をつくる. ♦ **-màrked** *a*

póck púdding 《スコ》袋に入れて作ったプディング.

pócky *a* あばた (pocks) の(ある). ♦ **póck·i·ly** *adv*

po·co /póʊkoʊ/ *adv, a* 〘楽〙少し(の): ～ largo ややおそく / ～ presto やや速く. [It＝little]

póco a póco /-ɑː-/ *adv* 〘楽〙徐々に, 少しずつ. [It]

po·co·cu·ran·te /pòʊkoʊk(j)ʊrǽnti; -kjuː-/ *a* のんきな, 無頓着な. ► *n* 無頓着な人, のんき者. ♦ **-rán·tìsm, ～·ìsm** *n* のんき, 無頓着. [It＝little caring]

Po·co·ma·nia /pòʊkəméɪniə/ *n* ポコマニア《ジャマイカの民間信仰; キリスト教と土着宗教との混交》. [?]

Pó·co·no Móuntains /póʊkənòʊ-/ *pl* [the] ポコノ山脈《Pennsylvania 州東部の山地; リゾート地》.

po·co·sin /pəkóʊsən/ *n* ポコシン《米南東部海岸地帯の高台・サバンナの沼沢(地)》. [AmInd]

póc·u·li·fòrm /pɑ́kjələ-/ *a* カップの形をした.

pod[1] /pɑ́d/ *n* **1 a** 《エンドウなどの》莢(さや) (＝*seedpod*), 豆果. **b** カワカマス (pike) の子; 《イナゴの》卵袋; 《蚕の》繭(まゆ); 《首の締まった》ウナギ網; 《口》腹 (belly); 〘地質〙さや状鉱体[岩体, 堆積物]; 〘空〙ポッド《エンジン・荷物・機銃などを納めるための翼[胴体]につるす流線型の容器; 宇宙船の取りはずし可能な区画); ポッド《船舶・航空機の乗員[動力装置, 器具類]用の区画》: an engine ～ エンジンポッド, エンジン収納筒. **c** *《俗》マリファナ. **2**《オットセイ・サメ・鳥などの》小群, 群れ. ● **in ～**《俗》妊娠して. ► *v* (**-dd-**) *vi* さやになる, さやが実る; さやのようにふくれる. ► *vt* …のさやをむく[殻を除く]; 〈アザラシ・鳥などを〉追い集める. ● **～ up**《俗》はらんでふくれる. ♦ **pód·ded** *a* さやを生じる, さやになる; [*fig*] 居ごこちのよい. **～·lìke** *a* [逆成 < *podware, podder* (dial) field crops < ?]

pod² *n* 《繰子錐(くりこぎり)・丸のみなどの》縦溝. [?*pad*¹]

pod- /pád/, **podo-** /pádoʊ, -də/ *comb form* 「足 (foot)」「蹄」「茎」 [Gk (*pod- pous* foot)]

-pod /pàd/, **-pode** /pòʊd/ *n comb form, a comb form* 「足」「…な[…本の]足をもつ(もの)」: cephalo*pod*, deca*pod*, mega*pode*. [Gk (↑)]

p.o.'d, P.O.'d /pì:óʊd/ *a* *《俗》かんかんになって, キレて (pissed off).

POD payable on death 〈保険など〉死後払いの ♦ 〖商〗 pay on delivery 現物引替払い, 着払い ♦ Pocket Oxford Dictionary ♦ 〖医〗 postoperative day 術後日.

-p·o·da /ㄥpədə/ *n pl comb form* 〖動〗「…の足を有する動物」: Cephalo*poda* 頭足類. [Gk; ⇨ -POD]

po·dag·ra /pədǽgrə/ *n* 〖医〗 足部痛風. ♦ **po·dág·ral, po·dág·ric, po·dág·rous** *a*

pód·càst *n* ポッドキャスト《ポータブルメディアプレーヤーやコンピューターにダウンロードして視聴するコンテンツ》. ► *vt* ポッドキャストとして配信する. ♦ **～·able** *a* **～·er** *n* **～·ing** *n* [*iPod*＋broad*cast*]

pód còrn 〖植〗 有稃(ゆうふ)モロコシ, ポッドコーン《一粒ごとに殻に包まれたもの》.

pod·dy /pádi/ *n* **1**《豪口》《まだ焼き印のない》子牛; 《豪口》《個別給餌の》子牛, 子羊, 子馬. **2**ᵘ《俗》出っ腹の人.

póddy-dòdger *n* 《豪口》焼き印のない牛の泥棒.

-pode ⇨ -POD.

po·des·ta, -tà /pòʊdəstá:/ *n* 《中世イタリア自治都市の》行政官, 執政官, 都市長官; 《ファシスト党から任命された》市長《ただし Rome と Naples を除く》; 《イタリアの一部の町の》行政副長官. [It＝power]

podge /pádʒ/ᵘ《口》*n* ずんぐりした人[もの]; 贅肉, 《余分な》脂肪.

podg·er /pádʒər/ *n* ポッジャー《一方の端がレンチで, もう一方の端がとがっている金属製の工具》.

Pod·go·ri·ca, -tsa /pádgɔ̀:ritsɑ:/ ポドゴリツァ《モンテネグロの首都; 旧称 Titograd (1946–92)》.

Pod·gor·ny /pədgɔ́:rni/ ポドゴルヌイ **Nikolay Viktorovich ～** (1903–83)《ソ連の政治家; 最高会議幹部会議長 (1965–77)》.

podgy /pádʒi/ *a* ずんぐりした, ぽちゃぽちゃとした (pudgy). ♦ **pódg·i·ly** *adv* **-i·ness** *n*

po·di·a·try /poʊdáɪətri, pə-/ *n* 足治療, 足病学 (chiropody). ♦ **-trist** *n* **-at·ric** /pòʊdiǽtrɪk/ *a*

pod·ite /pádàɪt/ *n* 〖動〗《節足動物の》肢節. ♦ **po·dit·ic** /pɑdítɪk/ *a*

-p·o·dite /ㄥpədàɪt/ *n comb form* 「肢節」: endo*podite*. [↑]

po·di·um /póʊdiəm/ *n* (*pl* **～s, -dia** /-diə/) **1 a** 演壇, 《オーケストラの》指揮台 (dais); 聖書台. **b** 〖建〗 最下部の土台石, 腰壁; amphitheater の闘技場 (arena) 周囲の腰壁; 仕切り壁. **2** 〖動〗 足; 〖植〗 葉柄. [L (Gk *podion* (dim) < *pod- pous* foot)]

-po·di·um /póʊdiəm/ *n comb form* (*pl* **-po·dia** /póʊdiə/) 「…な足を有するもの」「足状の部分(を有するもの)」: pseudo*podium*. [L (↑)]

podo- /pádoʊ, -də/ ⇨ POD-.

podo·car·pus /pàdəká:rpəs/ *n* 〖植〗 マキ属 (*P*-) の各種常緑樹《マキ科》.

Po·do·lia /pədóʊliə, -ljə/ ポドリア (*Russ* Podolsk)《ウクライナ西南部の Dniester 川中流左岸地域の旧称》.

Po·dolsk /pədɔ́:lsk/ ポドリスク《**1**) ヨーロッパロシア中西部 Moscow の南にある市 **2**) PODOLIA のロシア語名》.

pódo·mère *n* 〖動〗《節足動物の》肢節.

podo·phyl·lin /pàdəfílən/ *n* 〖薬〗 ポドフィリン (＝**～ résin**)《podophyllum から得る黄色樹脂剤; 下剤用》.

podo·phyl·lum /pàdəfíləm/ *n* (*pl* **-phyl·li** /-fílàɪ/, **～s**) ポドフィルム《メギ科ポドフィルム属 (*P*-) の薬用植物 (mayapple またはヒマラヤハッカクレン) の地下茎・小根を乾燥したもの; 下剤・胆汁流動促進剤として用いる》.

-p·o·dous /ㄥpədəs/ *a comb form* 「…な足を有する」: hexa*podous*. [*-pod, -ous*]

pód pèople *pl* *《口》無感情・無表情の愚か者, (宇宙人みたいな)気色悪いやつら.

Pod·snap /pádsnæ̀p/ ポドスナップ《Dickens, *Our Mutual Friend* に出る自己満足に陥っている男》. ♦ **Pod·snáp·pery** *n* ポドスナップ的生活態度[行為].

pód·spèak *n* *《口》機械的[形式的]で無内容なことば, ありきたりな文句.

Po·dunk /póʊdʌ̀ŋk/ *《口》*n* ちっぽけな田舎町, 片田舎. ► [ᵘp-] *a* 僻地の, 片田舎の, ちっぽけな: ～ U. 田舎大学, 駅弁大学. [Massachusetts 州の村または Connecticut の地方の名]

pod·zol /pádzɔ̀(:)l, -zòʊl, -zàl/, **-sol** /-sɔ̀(:)l, -sòʊl, -sàl/ *n* 〖土壌〗 ポドゾル《湿潤寒冷気候の針葉樹林下に典型的に発達する土壌で, 堆積腐食層の下に灰白色の漂白層, その下に暗い色を呈する鉄・アルミニウム・腐食の集積層がある》. ♦ **pod·zól·ic** *a* [Russ]

pòdzol·izátion, -sol- *n* 〖土壌〗 ポドゾル化《湿潤寒冷気候のもとで, 土壌の表層において塩基や鉄・アルミニウムが溶脱し, これらが浸透水とともに下層に運ばれて集積する作用》. ♦ **pódzol·ìze** *vt, vi*

poe /póʊi/, **póe·bìrd** *n* 〖鳥〗 TUI.

Poe /póʊ/ ポー **Edgar Allan ～** (1809–49)《米国の詩人・批評家・短篇小説家; 怪奇・幻想小説を書き, 推理小説の分野を開拓 (⇨ DUPIN); 詩・詩論でフランス象徴派に大きな影響を与えた; 詩 'The Raven' (1845), 短篇集 *Tales of the Grotesque and Arabesque* (1840), 短篇 'The Murders in the Rue Morgue' (1841)》.

POE port of embarkation ♦ °port of entry.

po·em /póʊəm/ *n* 《一篇の》詩 (cf. POETRY); 韻文; 詩的文章; 詩趣に富むもの: compose [write] a ～ 詩を作る[書く] / a lyric ～ 抒情詩 / an epic ～ 叙事詩 / PROSE POEM / a ～ of five VERSES. [F or L < Gk (*poieō* to make)]

poe·na /pí:nə/ *n*ᵘ《学童俗》罰(として課される課題), お仕置き.

po·e·sy /póʊəzi, *-si/ *n* 《古・詩》詩 (poems, poetry), 韻文; 《古・詩》作詩(法); 《古・詩》詩才; 《廃》詩 (a poem); 《廃》銘 (posy). [OF, < Gk; ⇨ POEM]

po·et /póʊət/ *n* 詩人. ♦ **póet·ess** *n fem* [OF, < Gk＝maker; ⇨ POEM]

po·eta nas·ci·tur, non fit /pɔ:éɪtɑ: ná:skɪtʊ̀r noʊn fít/ 詩人は生まれるものでつくられるものではない. [L]

póet·àster *n* へぼ詩人, 三文詩人, 亜流詩人.

po·ète mau·dit /*F* pɔɛt modi/ (*pl* **po·ètes mau·dits** /—/) 呪われた詩人《同時代の人に認められない不運な詩人》. [F＝cursed poet]

po·et·ic /poʊétɪk/ *a* 詩の, 詩的な; 詩の材料となる; 〈場所など〉詩にうたわれた, 詩で有名な; 詩人(肌)の; 詩を好む; 韻文で書いた; ロマンチックな; 創造的な: ～ diction 詩語, 詩語法. ► *n* POETICS.

po·ét·i·cal *a* POETIC; 理想化された. ♦ **～·ly** *adv* **～·ness** *n*

Poétic Édda [the]『歌謡エッダ』(⇨ EDDA).

po·et·i·cism /poʊétəsìz(ə)m/ *n* 《散文中の》詩的語法, 古風[陳腐]な表現.

po·et·i·cize /poʊétəsàɪz/ *vt* 詩に作る, 詩的に(表現)する, 詩化する. ► *vi* 詩を作る; 詩的に書く[話す].

poétic jústice 詩的正義《物語の中での因果応報》.

poétic lícense 詩的許容《文芸作品, 特に詩において許容される文法・形式などに違反する自由》.

po·ét·ics *n* 詩論, 詩学; 《一篇の》詩論; [The P-]『詩学』《劇詩を中心とした Aristotle の詩論》; 詩的感情[表出].

po·et·i·cule /poʊétəkjul/ *n* 小詩人 (poetaster).

póet·ìze *vt, vi* POETICIZE. ♦ **-iz·er** *n*

póet láureate (*pl* **póets láureate, ～s**) [°P- L-] 桂冠詩人《**1**) 詩神 Muses の月桂冠をいただくに値する大詩人の意味で, 有名詩人に与えられた称号 **2**) 〖英〗 国王任命の王室付きの詩人で, 以前は王室および国家の慶事・葬祭などについて国民感情を表出する詩を作ることが任務とされた; 最初の桂冠詩人は Ben Jonson **3**) 地域[集団]の最も代表的な詩人 **4**) 〖米〗 議会図書館の詩の顧問に与えられる公式称号》.

póet·ry *n* 韻文, 詩, 詩歌 (cf. POEM); 作詩(法); 歌ごころ, 詩心, 詩情. [L (POET); *geometry* などにならったものか]

Póets' Córner [the] 文人顕彰コーナー, ポエツコーナー《London の Westminster Abbey の一部で大詩人の墓と記念碑がある》; [*joc*] 《新聞の》詩歌欄.

pó-fàced /póʊ-/《英口・豪口》*a* [*derog*] まじめくさった, しかつめらしい; とりすました, 無表情な, しらっとした.

po·gey, po·gie, po·gy /póʊgi/ *n* **1** *《俗》福祉施設, ホーム; *《俗》監獄; 《カナダ俗》《政府の》失業対策事務所, 救済資金, 失業手当[保険など]. **2** *《俗》《寄宿生・兵士・囚人などに親が送るなどした》(差し入れの)食べ物, 菓子, 甘いもの. **3** *《俗》若いホモ (pogue). [C20＝workhouse < ?; cf. POCKY]

pógey [pógie, pógy, póggie] bàit *《俗》甘いもの, キャンディー, お菓子.

pogge /pág/ *n* 〖魚〗 トクビレ科の魚, 《特に》ヨロイトクビレ (＝*armed bullhead*)《北大西洋産》.

pog·gie /pági/ *n* *《俗》新兵. [cf. POGEY]

pog·gle /pág(ə)l/, **pug·gle** /pʌ́g(ə)l/ *a* POGGLED. [Hind]

póg·gled, púg·gled *a* *《俗》狂った, 気違いの; 《俗》《正体もなく》酔っぱらった; 《俗》疲れはてた (exhausted), 当惑した (bewildered).

póg·gy bàit /pági-/ *《俗》POGEY BAIT.

pogie¹ ⇨ POGY¹.

pogie² ⇨ POGEY.

pogie³ /póʊgi/ *n* *《卑》あそこ (vagina).

P

po·go /póugou/ *n* (*pl* ~**s**) ポーゴー (POGO STICK). ► *vi* 《口》《一つ所で》音楽に合わせて跳びはねる.

Pogo ポゴ《米国の漫画家 Walt Kelly (1913–73) の描いた想像力と諷刺に富んだ新聞連載漫画 'Pogo' (1948–75) の主人公であるフクロネズミ》.

po·gon- /póugən/, **po·go·no-** /póugənou, -nə/ *comb form* 「ひげ (beard) (に似たもの)」 [Gk (*pōgōn* beard)]

po·go·nia /pəgóuniə/ *n* 〔植〕トキソウ属 (*P-*) の各種ラン科の草本.

pog·o·nip /págənìp/ *n**《西部》細氷まじりの濃霧《Sierra Nevada 山脈などの冬に多い》. [AmInd]

po·go·nol·o·gy /pòugənáləʤi/ *n* ひげ (beards) の研究.

po·go·noph·o·ran /pòugənáfərən/ *a*, *n* 〔動〕有鬚(ゆうしゅ)動物門 (Pogonophora) の; 有鬚動物.

po·go·not·o·my /pòugənátəmi/ *n* ひげをそること.

po·go·not·ro·phy /pòugənátrəfi/ *n* ひげを生やすこと.

pógo stìck ホッピング, ポーゴースティック《下部にばねと足載せの付いた一本棒; これに乗って跳びはねて遊ぶ》. [*Pogo* もと商標]

po·grom /pəgrám, póugrəm; pɔ́grəm/ *n* 《組織的な》大量[集団]虐殺, 《特に》ユダヤ人虐殺. ► *vt* 組織的に大虐殺[破壊]する. ♦ ~**·ist** *n* [Russ=devastation]

pogue[1] /póug/ 《俗》*n* バッグ, 財布; 金.

pogue[2] *n**《軍俗》いくじのない若造, 青二才, ガキ; 《俗》若いホモ, 稚児. [短縮〈*pogey*]

po·gy[1], **po·gie** /póugi/ *n* 〔魚〕MENHADEN.

pogy[2] ⇨ POGEY.

Po Hai 渤海 (⇨ Bo HAI).

Pohn·pei /póunpèɪ/, **Po·na·pe** /póunəpèɪ/ ポーンペイ, ポナペ《太平洋西部にある Caroline 諸島東部の島(を中心とする島群); ミクロネシア連邦の一州をなし, 首都 Palikir がある》.

po·hu·tu·ka·wa /pouhù:təká:wə/ *n* 〔植〕ニュージーランドクリスマスツリー《真紅の花をつけるニュージーランド原産のフトモモ科オオフトモモ[ムニンフトモモ]属の常緑高木》. [Maori]

poi[1] /pɔ́ɪ, póui/ *n* (*pl* ~, ~**s**) ポイ《Hawaii 諸島のサトイモ料理》. [Haw]

poi[2] *n* (*pl* ~, ~**s**) ポイ《マオリ人が歌・ダンスに合わせ糸を付けて振りまわす小さなボール; 麻・アシなどが普通》. [Maori]

-poi·e·sis /pɔɪí:səs/ *n comb form* (*pl* **-ses** /-sì:z/)「産出」「生成」「新生」: hemato*poiesis*. [Gk (POESY)]

-poi·et·ic /pɔɪétɪk/ *a comb form*「生み出す (creative)」 [Gk; ⇨ POEM]

poi·gnance /pɔ́ɪnjəns, -nəns/ *n* POIGNANCY.

pói·gnan·cy *n* 痛切, 痛烈, 辛辣; 痛切なこと, 胸を刺すできごと.

poi·gnant /pɔ́ɪnjənt, -nənt/ *a* **1** 強く胸を刺す, 痛切な, 胸にこたえる, 切々とした; 〈皮肉などが〉鋭い, 痛烈な, 辛辣な. **2** 〈匂い・味が〉ピリリとする, 辛い, 舌[鼻]を刺激する. **3** 痛快な; 適切な, 核心をついた. ♦ ~**·ly** *adv* 刺すように, 哀切な[胸を打つ]調子で. [OF (pres p) 〈*poindre* (L POINT)]

poi·kil- /pɔɪkí:l, -kíl, pɔ́ɪkəl/, **poi·kilo-** /-lou, -lə/ *comb form* 「さまざまな」「変化のある」 [Gk *poikilos*]

poikílo·cỳte *n* 〔医〕変形[異型]赤血球.

poikílo·thèrm *n* 〔動〕変温動物, 冷血動物.

pòikilo·thérmic, -thérmal *a* 〔動〕環境に応じて体温が変化する, 変温性の, 冷血の (cold-blooded, hematocryal) (opp. *homeothermic*). ♦ **-thér·mìsm** *n*

poi·lu /pwɑ:l(j)ú:, ーー; *F* pwaly/ *n* 《第一次大戦で》フランス兵. [F=hairy, haired]

Poin·ca·ré /pwæ̀:ŋkɑ:réɪ; pwǽŋkæreɪ; *F* pwɛ̃kare/ ポアンカレ (1) (**Jules-**)**Henri** ~ (1854–1912)《フランスの数学者》 (2) **Raymond** ~ (1860–1934)《フランスの政治家; Henri のいとこ; 首相 (1912–13, 22–24, 26–29), 大統領 (1913–20)》.

poin·ci·ana /pɔ̀ɪnsiǽnə, -énə/ *n* 〔植〕ホウオウボク属 (*P-*) の各種常緑高木[低木]《マメ科; 熱帯産》, 《特に》ホウオウボク (royal poinciana). [M. de *Poinci* (1583–1660) フランス領 Antilles の総督]

poind /pɔ́ɪnd/ 《スコ》*vt* 〈債務者の財産を〉差し押えて競売する, 〈財産などを〉没収[押収]する; 〈迷い牛などを〉囲いに入れる. ► *n* 動産差し押え (distraint). [OE *pyndan* to impound]

poin·dex·ter /pɔ́ɪndèkstər/ *n**《俗》本の虫, 優等生.

poin·set·tia /pɔɪnsét(i)ə/ *n* 〔植〕ポインセチア《特にクリスマスの装飾用》. [J. R. *Poinsett* (1779–1851) 米国の外交官でアマチュア植物学者]

point /pɔ́ɪnt/ *n* **1 a** 尖頭, 剣先, 刃先, 切っ先, 穂先, 針頭; 〔彫〕針; 《ワクチンの》接種針; *《俗》《麻薬の》注射針; 〔編物〕編み針; POINT LACE; 〔考古〕尖頭器; 《廃》とがった武器. **b** 先端, 先; あごの先《ボクサーの急所》; *ペン先; 《弦楽器の弓の》弓先. **c** 突き出たもの, 突端, 岬, 崎 (=~ of land)《しばしば地名》. **d** 尖端, 端, 《特に 動物の肉などについて》端肉《rump に対する婉曲語》; 《鹿の枝角の》尖(せん); 《フォークの》歯, 叉. **e** 〔軍〕路上斥候《尖兵の前方または後衛尖兵の後方を前進する》; *〔軍〕縦隊[くさび形隊形]の先頭位置; *《俗》《犯罪行為時の》見張り番; 《銃剣による》突き, 刺突: give the ~ 〔フェン〕突きを入れる. **f** 〔電〕接点, ポイント; ⁿコンセント, ソケット. **2 a** 《小さな》点, しるし; 〔文法〕句読点, 終止符 (period); 《文字の》DIACRITIC, VOWEL POINT; 小数点 (decimal point); 〔楽〕点, 符, 《対位法による曲などの》短い楽句; 《点字法の》点. **b** ほんの少し. **3 a** 一点, 部分, 局部, 地点, 箇所; 場所, 地位; 《backgammon 盤上の》ポイント《12 の三角形の一つ》; 〔クリケット〕ウィケット右側の少し前方の野手(の位置); 《ラクロスなど》野手(の位置); 〔アイスホッケー〕敵のブルーラインのすぐ内側の位置; 〔機〕《機械各部の運動の》点, ポイント; 《口》停車場, 停留所. **b** 〔天・数〕点; 《遠近法の》点; 〔競馬〕標点; 《猟犬が示す》獲物の方向指示; 〔バレエ〕つまさき立った姿勢, ポアント (pointe), [*pl*] つまさき, トウ. **4** 《発展の》ある段階, 局面, 程度; 《時間の》ある特定の時, 時点; 瞬間: at that ~ あの時(に) / at this ~ 今 / at the ~ of death 死に際に / POINT IN TIME. **5 a** 《個々の》事項, 点; 問題, 事柄; 論点, 問題点, 主張, 意見: That's a very interesting ~. / ~*s* of disagreement 意見の食い違ういくつかの点 / a ~ of controversy 争点 / make a [one's] ~ ⇨ 成句 / a ~ of conscience 良心の問題 / POINT OF HONOR / POINT OF ORDER. **b** [ᵘthe] 問題の点, 主眼点, 眼目, 力の入れどころ, 核心; 《話・警句などの》急所, 勘所, おち, 妙味, 真意; 《口》暗示, 示唆 (hint, suggestion): keep [stick] to *the* ~ 要点をはずさない / miss *the* ~ 要点[勘所]がわからない / That brings me to the (main) ~. そこで肝心な点だが (cf. to the POINT (成句)) / That's a ~. まさにそこが問題だ, そのとおりだ. **c** 特徴, 特質; 《動物の鑑別判断の基準となる》外的[品種的]特徴, 採点標準. **d** [ᵘ〈*neg*/*inter*〉] 目的, 趣旨, 意味: There is *not* much ~ in giving him advice. 彼に忠告してもあまり意味がない. **e** 《古》結末, 結論. **6** 《試合・ゲームなどの》得点, ポイント, 点; 〔トランプ〕《ピケット (piquet) で》ポイント《手札の中で最も長い組札の枚数; 8 枚まで》; 〔豪式フット〕BEHIND; クラップス (craps) の第 1 回の投げで出た勝負なしの数 (4, 5, 6, 8, 9, 10); 〔米教育〕履修単位 (credit); 〔米軍〕従軍点数; 配給の点数: win [lose, be beaten] on ~*s* 〔ボク〕判定で勝つ[負ける]. **7 a** 〔海〕ポイント (1) 羅針盤の方位の 32 点の一つ (2) 2 つのポイントをはさむ角度: =11°15′ (3) 針が示す方位》: the ~*s* of the compass 羅針盤の 32 方位《N, NbE, NNE, NEbN, NE, NEbE, ENE, EbN, E, EbS, ESE, SEbE, SE, SEbS, SSE, SbE, S, SbW, SSW, SWbS, SW, SWbW, WSW, WbS, W, WbN, WNW, NWbW, NW, NWbN, NNW, NbW》. **b** 〔紋〕盾の表面の紋章を示す 9 つの場所の一つ. **8 a** 《目盛の上の》度, 目; 《温度の》度 (cf. BOILING [FREEZING] POINT). **b** 〔印〕ポイント《活字の大きさの単位: 1 インチの約 1/72》. **c** 〔商〕《商品価格・株式相場などの》変動単位, ポイント《米国では, 株式は 1 ドル, 綿・コーヒーは 1/100 セント, 油・穀物・豚肉などは 1 セント》; [*pl*] *融資額の額面から差し引かれる手数料《通例 1%》; 事業の利幅. **d** 〔宝石〕ポイント (=1/100 carat). **e** ポイント《紙の厚さの単位: =1/1000 inch》. **9** [ᵘ*pl*] ⁿ〔鉄道〕ポイント, 転轍器 (switch*). **10** [*pl*] 《馬・犬・豚などの》四肢, 耳, 尾《など》; 《四肢・尾などの》斑紋. **11** 《16–17 世紀ごろ衣服各部の合わせ目に用いた》先金具付きの留めひも; 〔海〕縮帆索. **12** 《クロスカントリーで》走ること. **13** 《廃》状態, 具合 (condition).

● **at all ~s** どの点においても, 徹底的に. **at the ~ of** (an action [do*ing*]) …の[…する]間際に, 今にも…しようとして. **beside the ~** 的はずれて, 無関係[見当違い]で. **beyond a certain ~** いったんある線を越えると. **carry one's ~** 目的を達する, 主張[意見]を通す. **come to a ~** 〈猟犬が〉立ち止まって獲物の方を見つめる; 先がとがる. **come [get] to the ~** いざという時[正念場]になる; 要点に触れる, 本題にはいる. **from ~ to ~** 逐次; 詳細に. **gain a ~** 1 点を得る, 優勢になる. **gain one's ~**=carry one's POINT. **give ~s to** sb=**give** sb **~s** 人に勝ち[歩(ぶ)]を与える; [*fig*] 人にまさる; 人に助言を与える. **have a ~** 一理ある: You might *have a* ~ there. その点では君の言うこともわからなくはない. **have (got) one's ~s** 長所をもつ, 美点[利点]がある. **in ~** 適切な: a CASE[1] *in* ~. **in ~ of** FACT. **make a ~** (1) prove a POINT. (2) 主張をする, (大事な)意見を述べる. (3) 《賭博俗》成功する, うまく目的を達する. **make a ~ of** (doing)…=**make it a ~ to** (do)…を強調[重視]する, 懸命に[念を入れて, わざわざ]…する, つとめて…する, 必ず…するのを忘れない. **make [score] ~s** 《俗》(1) (上の者に)取り入る, '点数を稼ぐ' 〈*with*〉. (2) 《ある分野で》成績を上げる, 進歩する. **make one's ~** (1) carry one's POINT. (2) 主張をする, 意見を述べる. (3) 〔狩〕〈キツネなどが〉一直線に目指す方へ走る. **make the ~ that…** ということを主張[強調, 重視, 指摘]する. **not to put too** FINE[1] **a ~ on it.** **off the ~** 的をはずれた[て]. **on ~** *当を得た. **on the ~** 〔政〕《選挙前に》トップの人気で. **on the ~ of** (an action [do*ing*])=at the POINT of. **~ by ~** いちいち, 逐一. **~ for ~** 逐一[いちいち]比較して. POINT OF ACCUMULATION [NO RETURN, VIEW, etc.]. **press [push] the ~** 《わかっているはずのことを》あらためて主張する. **prove a [one's] ~** 《議論などで》主張の正しいことを示す, 人を承服させる. **score a ~ off [against, over]…**=SCORE ~s off…. **stand upon ~s** 細かいことにこだわる, きちょうめんすぎる. **strain [stretch] a ~** 拡大解釈をする, 特別扱いをする, 例外を認める. **take [see]** sb**'s ~** 人の話の趣旨を理解する, 人の主張を認める: *P~ taken.* きみの言うとおりだ. **to the ~** 適切な, 的を射た, 当[要]を得た: more *to the* ~ さらに肝心なのは. **to the ~ of**…と言ってもよい程度まで. **up to a ~** ある程度(は).

► *vt* **1** とがらせる, 鋭くする, 削る (sharpen): ~ a pencil. **2** …に句読点を打つ; 〈数字〉に小数点をつける; 〈文字・テキストなど〉に発音区別

符号 (vowel point) をつける; 〈聖書の詩篇の聖歌など〉に詠唱用の付点を付ける. **3** 〈忠告・教訓などを〉強調する, …に力[勢い, 辛辣さ]を加える 〈*up*〉: ～ a MORAL. **4 a** 向ける; 〔バレエ〕〈足(先)を〉ポアント (pointe) する: I ～*ed* my camera *at* him. カメラを彼に向けた (⇨ POINT-AND-SHOOT) / He ～*ed* his forefinger *at* me reprovingly (⇨ ～ (a) FINGER at…). **b** 〈人〉の注意を向けさせる: He ～*ed* her *to* the seat. 彼女にすわるように席を指さした. **c** 〈道・進路・指針などを〉(指し)示す (: ～ the way); 〈猟犬が獲物を〉ポイントする《獲物の方を向いて鼻・背・尾を一直線にして体をこわばらせる; cf. POINTER》. **5** 〔石工〕〈煉瓦積み・壁など〉の目地(めじ)にしっくい[セメント]を塗る 〈*up*〉. **6** 〔海〕詰め開きで帆走させる. ► *vi* **1 a** 指さす, 指す, (指し)示す 〈*at, to*〉; 〔電算〕〈対象を〉ポインター (pointer) で指す, ポイントする 〈*to, at*〉《GUI で, 対象の位置にポインターを移動する》: He ～*ed to* the sails on the horizon. / The magnetic needle ～*s to* the north. / She ～*ed at* a dark corner of the cave. **b** 〈ある方向に〉向いている 〈*to, toward*〉; 《試合を目指して》猛練習する 〈*for*〉: The signboard ～*ed south* [～*ed to* the south]. 掲示板は南向きに立っていた. **c** (…の)傾向にある, (…と)なりそうである 〈*to*〉; ねらう. **d** 〈猟犬が〉立ち上がって獲物の位置を示す, ポイントする; 〔バレエ〕つまさき[ポアント]で立つ. **2** 〈できものなどが〉うんで口を開きそうになる. **3** 〔海〕詰め開きで帆走する 〈*up*〉.
● **～ off** コンマで区切る; …に点[符]をつける. **～ out** (指し)示す, 《一団の中から》見分ける, 選び出す; 〈事実などを〉指摘する. **～ to…** ⇨ *vi*; …を指摘[強調]する; …の証拠となる, …を表わす[暗示する]. **～ up** 強調する, 際立たせる.
♦ **～·able** *a* [F<L (*punct- pungo* to prick); cf. PUNGENT]

póint àfter*《俗》POINT AFTER TOUCHDOWN.

póint àfter tóuchdown 〔アメフト〕ポイントアフタータッチダウン (=*extra point*)《タッチダウンに続いてプレースキック・ラン・パスのいずれかにより追加される得点》.

póint-and-clíck *a* 〔電算〕マウスだけで操作できる, クリック式の.

póint-and-shóot *a* 〈カメラが〉(被写体に向けてシャッターを)押すだけの, 全自動の; 〔電算〕POINT-AND-CLICK.

póint-blánk *a, adv* **1** 直射の[で]; 至近距離の[から]: a ～ shot 直射 / ～ range. **2** あけすけな[に], 率直な[に], 単刀直入な[に]: a ～ refusal そっけない拒絶 / He asked me ～. わたしにずばり尋ねた.

póint brèak 〔サーフィン〕ポイントブレイク《岬がある海岸に特有の左右に砕ける波》.

Póint Còok ポイントクック《オーストラリア南東部 Victoria 州南部 Port Phillip 湾に臨む Royal Australian Air Force College の通称》.

póint còunt 〔ブリッジ〕得点計算; 〔ブリッジ〕《個人の》総得点.

point cou·pé /*F* pwɛ̃ kupe/ ポワンクッペ (=*cutwork*)《レース地の一部をカットしてその部分に模様をはめ込む手法》.

point d'Alen·çon /*F* pwɛ̃ dalɑ̃sɔ̃/ ALENÇON LACE.

point d'ap·pui /*F* pwɛ̃ dapɥi/ (*pl* **points d'appui** /―/) 支点; 根拠地, 作戦基地; 《議論などの》根拠. [F=point of support]

póint dèfect 〔晶〕点欠陥.

Póint de Gálle /-də-/ ポイント・デ・ガル《GALLE の旧称》.

point de re·père /*F* pwɛ̃ d(ə) rəpɛːr/ 目標, 目印, point of REFERENCE.

point-de·vice, -de·vise /pɔ̀ɪntdɪváɪs/ 《古》*a, adv* 完全無欠な[に], 極端に正確な[に], ひどくきちんと(した). [*devis* fixed]

point distance ⇨ POINT RANGE.

póint dùty"《交通巡査の》立ち番, 交通整理勤務: on ～ till 3 p.m. 午後 3 時まで立ち番勤務で.

pointe /pɔ́ɪnt; *F* pwɛ̃ːt/ *n* 〔バレエ〕トウティップ(で立つこと), ポアント《つまさきで体の平均を保つ姿勢》; ポアントで演じられる踊り (=〜wòrk). [F=POINT]

Pointe-à-Pi·tre /*F* pwɛ̃tapitr/ ポアンタピートル《西インド諸島にあるフランス海外県 Guadeloupe の Grande-Terre 島にある市・港町》.

póint·ed[1] *a* **1** とがった, 鋭い; 〔建〕先細の: a ～ arch とがりアーチ, 尖頭アーチ (opp. *round arch*). **2** 辛辣な, (人に)あてつけた (aimed); 〈ことばなどが〉きびきびした; 強調した; 明白な, むきだしの; 〈注意力など〉集中した, 一心の. **3** 適切な, 要領を得た. **4** 〈動物が〉ぶちの.
♦ **～·ly** *adv* あてつけに; 明白に. **～·ness** *n*

pointed[2] *a* 《廃》定められた, 特定の (appointed).

póinted fóx 銀ギツネに見せかけた赤ギツネの毛皮《毛を黒く染めさらにアナグマなどの毛をにかわ付けしてある》.

póinted héad*《俗》からっぽ頭, 脳なし頭; *《俗》知識人, インテリ.

poin·telle /pɔɪntél/ *n* ポインテル《(1) 杉綾模様などとがった形のオープンワークのデザイン (2) このデザインの, しばしば アクリルを素材とするレース様の生地》. [*point* point lace]

Pointe-Noire /*F* pwɛ̃tnwaːr/ ポアントノアール《コンゴ共和国南部の市・港町》.

póint·er *n* **1 a** 指す人[もの]; 指標, めやす, しるし 〈*to*〉; 〔犬〕ポインター《陸鳥用猟犬; cf. POINT *vt* 4c》; 《時計・はかりなどの》針, 指針; 《教師・講演者などが地図・黒板などを指すための》棒; 〔電算〕ポインター《マウスなどの位置指示装置 (pointing device) と連動して動く入力位置を示す矢印形などのシンボル》. **b** [the P-s] 〔天〕指極星《おおぐま座の α, β の 2 星, この 2 星間の距離を柄の方からみて左に 5 倍延ばすと北極星の位置》. **c** 《口》助言, 指示, ヒント. **2** [*pl*] 男性 (men) (cf. SETTERS). **3** 〔鉄道〕転轍器の柄. **4** 〔軍〕照準手; 〔米海軍〕仰角を合わせる照準手 (cf. TRAINER). **5** 〔米軍〕従軍点数を稼いだ兵士; [P-] 〔米〕WEST POINT 陸軍士官学校生徒. **6** 〔電算〕ポインター《プログラミングにおいて, データの所在地を格納する変数》.

póint èstimate 〔統〕点推定(POINT ESTIMATION による推定値).

póint estimàtion 〔統〕点推定.

Póint Fóur Prògram ポイントフォアプログラム《第二次大戦後の米国の開発途上国援助計画; Truman 大統領が 1949 年の年頭教書で掲げた 4 番目の政策であったことから》.

póint·ful *a* 迫力[効果]のある, 適切な, 意味のある (opp. *pointless*). ♦ **～·ness** *n*

póint gròup 〔晶〕点群 (crystal class).

póint guàrd 〔バスケ〕ポイントガード《攻撃の指示を行なうガードの選手》.

póint·hèad*《俗》*n* ばか, 無知なやつ; 知識人, インテリ.

poin·til·lé /*F* pwɛ̃tije/ *a* 《本が》金の斑点で飾られた; 点描画法の〈絵〉. [F]

poin·til·lism /pwǽnt(ə)lìz(ə)m, pɔ́ɪn-/ *n* 〔美〕《フランス印象派の》点描画法, ポワンティイスム (cf. DIVISIONISM). ♦ **-list** /-lɪst/ *n, a* 点描画家; 点描画家[画法]の. **pòin·til·lís·tic** /pɔ̀ɪn-/ *a*

póint·ing *n* とがらすこと; 指示; 句読法; 〔建〕目地仕上げ(材); 〔海〕綱の端を細くすること; 〔楽〕ポインティング《Anglican chant で強調[休止]を示す記号を付けること》.

póinting device 〔電算〕ポインティングデバイス《画面を通して入力を行なう場合の位置指定と入力操作をするための装置; マウス・ライトペンなど》.

póinting stìck 〔電算〕ポインティングスティック (=*nipple, trackpoint*)《キーボード中央の短棒状のポインティングデバイス》.

póint in tíme*《特定の》時, 時点: at that ～ あの時, あの時点で (then).

póint làce 手編み[針編み]レース (needlepoint); 《これをまねた》ボビンレース.

póint·less *a* 先のない, 鈍い; 迫力[効果]のない, むだな, むなしい, 不毛な; 無意味な, 要領を得ない; 〔植〕芒(のぎ)のない; 〔競技〕双方無得点の. ♦ **～·ly** *adv* **～·ness** *n*

póint màn **1** 偵察隊の先頭に立つ斥候兵; *《俗》《犯罪行為の際の》見張り番 (point). **2** 《経済・政治問題などで》先頭に立って働く人, 先鋒. **3***《俗》よく得点する選手, ポイントゲッター.

póint mutàtion 〔遺〕点突然変異.

póint of accumulátion 〔数〕LIMIT POINT.

póint of cóntact 〔数〕接点; [*fig*] 《相談などの》窓口.

póint of depárture 《議論などの》出発点; 〔海〕起程点.

póint of hónor 面目[名誉]にかかわる問題.

póint of infléction 〔数〕変曲点 (inflection point).

póint of láw 〔法〕法律上の論点《訴訟で争われる法律問題》.

póint of nó retúrn 〔空〕《残余燃料では出発点へ帰還不能となる》最遠引返し点; もはやあとへ引けない段階.

póint of órder 議事進行上の問題[に関する異議]: on a ～ (しかるべき)議事手続きにのっとって[を求めて].

póint of présence 〔電算〕⇨ POP.

póint of púrchase 《消費者からみた》売場, 店頭 (point of sale) 《略 POP》. ♦ **póint-of-púrchase** *a*

póint of sáiling 〔海〕《風向との関係でいう》帆船の方位.

póint of sále 売場, 店頭: at the ～. ♦ **póint-of-sále** *a* ⁺販売時点情報管理(システム)の, POS の《バーコードなどによる店頭販売時点での自動在庫・売上げ情報管理システムについていう》.

póint-of-sérvice* *a* 〈健康保険が〉一部自由診療の《保険会社の指定していない医師を一部自己負担で選択できる》.

póint of víew 見地, 観点, 立場; 考え方, 意見, ものの見方 (viewpoint): from my ～ わたしの見るところ.

póint pèrson 先頭に立つ人, 先鋒.

póint ránge [dístance] 直接弾道距離.

póint sèt 〔数〕点集合.

póint sèt topòlogy 〔数〕点集合論的位相学.

póint-shàving *n**《俗》八百長, なれあい勝負.

póint shòes *pl* BLOCKED SHOES.

póint-slòpe fòrm 〔数〕点・勾配形式 (*m* を勾配, (x_1, y_1) を線上の特定の点の座標とするとき, $y-y_1=m(x-x_1)$ の形で示される直線の方程式; cf. SLOPE-INTERCEPT FORM).

póints·màn" /, -mən/ *n* 〔鉄道〕転轍手 (switchman) (cf. SHUNTER); 《交通整理の》立ち番巡査.

póint sòurce 〔理・光〕点源, 点光源; 汚染源.

póint sprèad*《フットボールやバスケットボール試合の賭けで本命チームが弱いチームを破る際の》予想点差, ハンディキャップポイント (=*spread*)《これを弱いチームの点数に加算して勝敗の率を五分にする》; 〔理〕点拡がり, 点拡散, 点像分布《撮像系による一点の拡がり》; 〔生理〕点源からのエネルギーの拡散.

póints sỳstem"《公営住宅入居資格審査のための》点数制度.

póint-swìtch *n* 〔鉄道〕転轍器.

póint sỳstem〘印〙ポイント式《活字の大きさをいうときの》;〘教育〙単位進級制;〘経営〙《作業評価の》点数制; *《ドライバーに対する罰則の》点数制;《盲人の》点字法.
point ti·ré /*F* pwɛ̃ tire/ DRAWNWORK. [F]
póint-to-póint *a*〘電算〙ポイントツーポイントの, 二地点間の (opp. *multipoint*)《2つの端末だけを接続する》.
póint-to-póint (ràce) クロスカントリー競馬. ◆ **póint-to-póint·er** *n* **póint-to-póint·ing** *n*
póinty *a* やや先とがりの; 鋭い[とがった]点のある; あちこちとがったところのある.
póinty-hèad *《俗》*n* [ᴰ*derog*] インテリ; ばか, とんま. ◆ **póinty-hèad·ed** *a*
Poi·rot /pwɑ́:rou; *F* pwaro/ ポワロ **Hercule** ～《Agatha Christie の推理小説 (1920–75) に登場する名探偵; 大きな口ひげを生やし服装などにうるさく, いつも自信たっぷりな小柄の老ベルギー人》.
poise[1] /pɔ́ɪz/ *vt* **1 a** 釣り合わせる, …の均衡をとらせる; (ある姿勢に) 身構える, 保つ (balance): ～ one*self* on one's toes つまさき立ちする / ～ a water jug on the head 頭の上に水がめをバランスよく載せる / The head is ～*d* forward. 頭が前に出ている. **b** [～ *-self/pass*] 用意を整える: *be* ～*d for* attack [*to* start] すぐにも攻撃できる[出発する]用意をしている. **c** [～ *-self/pass*] 宙にかかる, 浮く: The earth *is* ～*d* in space. 地球は空間に浮いている. **2**《古》熟慮する, はかりにかける. ► *vi* 準備が整う; 釣り合う;〈空の鳥などが〉停空翔翔する (hover) 〈*over*〉. ► *n* **1 a** 釣合い, 平衡, バランス; 身の構え[身のこなし], 物腰;《心の》平静, 落ちつき, 自制(心). **b**《まれ》宙ぶらりん[どっちつかず]の状態,《鳥などの》停空[静止]飛翔. **2** 分銅, おもり. [OF＜L (*pens- pendo* to weigh)]
poise[2] /pwɑ́:z/ *n*〘理〙ポアズ, ポイズ《粘度の cgs 単位; 記号 P》. [J. L. M. *Poise*uille (1799–1869) フランスの生理学者]
poised /pɔ́ɪzd/ *a* 落ちついた, 落ちつきはらった;〈…の狭間で〉揺れ動いて 〈*between*〉; 宙に浮かんだ,《すぐにも動ける状態で》静止している 〈*over, above*〉; 態勢ができている, 身構えている 〈*for*〉 (⇨ POISE[1] *vt* 1b).
pois·er /pɔ́ɪzər/ *n* 釣合いをとるもの[人];〘昆〙平均棍 (halter).
poi·sha /pɔ́ɪʃə/ *n* (*pl* ～) ポイシャ《バングラデシュの通貨単位 PAISA の別名》.
poi·son /pɔ́ɪz(ə)n/ *n* **1 a** 毒, 毒物, 毒薬;《口》酒, 'しびれ薬': a deadly ～ 劇毒 / Name [Pick, Choose] your ～.＝What's your ～?《口》酒は何にする? **b** 害毒, 弊害, 有害な主義[説, 影響]; 嫌悪の対象, 嫌いなもの: a ～ *to* morals＝a moral ～ 風紀を乱すもの. **2 a**〘原子物理〙ポイズン《中性子を吸収し原子炉の反応度を下げる物質: ホウ素など》. **b**〘化〙触媒[酵素]の作用を阻害する物質: a catalyst ～ 触媒毒. ● **hate…like** ～ …をひどく忌み嫌う. ► *a* 有毒[有害]な, 毒を含んだ, 悪意のある; 毒を塗った[入れた]: a ～ fang 毒牙. ► *vt* **1** …に毒を入れる[塗る] 〈*with*〉;《有害物質で》汚染する; …に毒を盛る, 毒殺[薬殺]する 〈*with*〉. **2** …に偏見をいだかせる; …に悪影響を与える, 毒する; だめにする: He ～*ed* her mind *against* me. 彼女にわたしに対する偏見を植え付けた. **3**〘化〙〈触媒・酵素〉の作用を阻害する. [OF＜L＝drink, POTION]
póison béan〘植〙ツノクサネムの一種《北米南部産; マメ科》; その種子《有毒》.
póison cláw《ムカデの》毒腺顎脚[顎肢], 毒あご, 毒爪.
póison dárt [árrow] fróg〘動〙ヤドクガエル (＝*arrow-poison frog*)《中南米熱帯産ヤドクガエル科のあざやかな色をした小型のカエル; 先住民が皮膚の分泌物を吹き矢の毒に用いた》.
póison dógwood [élder]〘植〙POISON SUMAC.
pói·soned chálice《栄誉のように見えるが》命取りになりかねない重責,《他人に押しつける》やっかいな仕事.
póison·er *n* 害毒を与える者[もの], 毒殺者.
póison gás 毒ガス.
póison hémlock〘植〙**a** ドクニンジン. **b** ドクゼリ (water hemlock).
póison·ing *n* 中毒: gas [lead] ～ ガス[鉛]中毒.
póison ívy〘植〙ウルシ《ウルシ属の数種で, 触れるとかぶれる》,《特に三枚葉で緑色の花と灰色の実をつける》ツタウルシ; うるしかぶれ: have ～ うるしにかぶれる.
póison óak 1〘植〙**a** POISON IVY. **b** POISON SUMAC. **2** うるしかぶれ《poison ivy, poison sumac による発疹》.
póison·ous *a* 有毒[有害]な; 悪臭を放つ; 悪意ある;《口》不快きわまる. ◆ **～·ly** *adv* **～·ness** *n*
póison-pén *a*〈手紙などが〉悪意で書かれた, 匿名で中傷する.
póison pìll 1 即効性毒薬粒《スパイが自殺用に持ち歩く青酸カリなど》. **2**〘金融〙毒薬錠, ポイズンピル《企業買収の防衛策; 特に 現株主に株式配当の形で転換優先株を発行することにより買収コストを高くすること》.
póison súmac〘植〙北米南東部の沼沢地に生育するウルシ属の有毒な低木 (＝*poison dogwood [elder, oak]*)《触れるとかぶれる》.
póison·wòod *n*〘植〙Florida および西インド諸島産のウルシ科の有毒樹《触れるとかぶれるが, 有用樹脂が採れる》.
Pois·son /pwɑ:sóun; *F* pwasɔ̃/ ポアソン **Siméon-Denis** ～ (1781–1840)《フランスの数学者》.
Poissón distribùtion〘統〙ポアソン分布. [↑]
Poissón's rátio〘理〙ポアソン比《伸びのひずみと横方向に収縮するひずみとの比率》. [*Poisson*]
Poi·tier /pwɑ:tjéɪ/ ポワティエ **Sidney** ～ (1927–)《米国の映画俳優・監督; *Lilies of the Field* (野のユリ, 1963, 黒人初のアカデミー主演男優賞)》.
Poi·tiers /pwɑ:tjéɪ, pwɑ́tièɪ/ ポアティエ《フランス中西部 Vienne 県の県都; フランク王国とサラセン軍の戦い (732), イングランドとフランスの戦い (1356) の地》.
Poi·tou /*F* pwatu/ ポアトゥー《フランス中西部の旧州; ☆Poitiers》.
Poi·tou-Cha·rentes /*F* pwatuʃarɑ̃:t/ ポアトゥー-シャラント《フランス中西部の Biscay 湾に臨む地域圏; Charente, Charente-Maritime, Deux-Sèvres, Vienne の4県からなる》.
poi·trel /pɔ́ɪtrəl/ *n*〘甲冑〙《馬よろいの》胸当, 鞅(むながい).
poi·trine /pwɑ:trí:n/ *n* 胸, 美しい豊かな胸. [F]
poke[1] /póuk/ *vt* **1 a**《指・棒などの》先端で突く, つつく, 突っ込む 〈*in, up, down*〉; 突き刺す; せっつく, 駆り立てる;〈うずみ火などを〉かきたてる 〈*up*〉,〈穴・進路などを〉つついてあける 〈*in, through*〉;《卑》〈女〉と性交する: ～ sb in the ribs ⇨ RIB[1] / ～ one's way 突き進む. **b**《口》げんこつでなぐる;〈パンチを〉くらわす;《野球俗》《〈ポテン〉ヒットを》打つ. **2**〈角・鼻・棒などを〉突きつける, 突き出す 〈*out*〉;〈冗談などを〉向ける: He ～*d* his head from the window. 窓からひょいと顔を出した. **3**《口》窮屈な所に閉じ込める 〈*up*〉. **4** *《俗》〈家畜を〉集める. **5**《FACEBOOK のあいさつ機能で》〈友だち〉に「よう」と言う. ► *vi* **1 a** つつく 〈*at*〉; こづく; 突き出る 〈*out, through*〉; ちょっかいを出す, でしゃばる 〈*into*〉. **b** 探る, 捜しまわる 〈*around, about*〉; せんさくする 〈*around, about*〉. **2** *《口》ぐずぐずする, のらくらする, ぶらぶらする 〈*along, around*〉;〘クリケット〙ゆっくり慎重に競技する. ● **～ and pry** せんさくする. **～** FUN **at** …. **～ one's** NOSE **into.** ► *n* **1** 突き, つつき 〈*in the eyes*〉; ひじで突くこと;《FACEBOOK 上での》あいさつ;《口》げんこつでなぐること; 辛辣なことば;《卑》性交, (性交の相手として見た)女;《野球俗》ヒット. **2** 妨害物付き首輪《動物がおりを破るのを防ぐ》; POKE BONNET. **3** *《口》のろま, ぐず (slowpoke); *《俗》カウボーイ; *《俗》雇われ者: an old ～ 野暮天. **4** *《俗》マリファナタバコの一服 (toke). **5** ‖《俗》力,《車の》馬力, 加速力. ● BETTER[1] **than a ～ in the eye. have a ～ around**《口》探してまわる, …についてせんさくする. **take a ～ at** sb 人をなぐりつける;《口》人をくそみそにけなす. [MDu, MLG *poken*＜?]
poke[2] *n*《米中部・スコ》小袋;《古》ポケット; *《俗》紙入れ, 財布;《俗》有り金. ● **buy a** PIG[1] **in a ～.** [OF (dial); cf. POUCH]
poke[3] *n*〘植〙POKEWEED.
póke·bèrry / , -b(ə)ri/ *n*〘植〙POKEWEED (の実).
póke bònnet 前ブリムが突き出たボンネット; ボンネットの前に突き出たブリム.
póke chèck〘アイスホッケー〙ポークチェック《相手のパックをスティックで押すチェック》.
poke·lo·gan /póuklòugən/ *n*《カナダ》《河川・湖から枝分かれした》流れのゆるい沼沢的分流 (＝*bogan, logan*). [? Algonquian]
póke-òut *《俗》*n*《裏口で物乞いする浮浪者に与える》食べ物の包み;《木や木炭を燃料として行なう》屋外での食事(パーティー), 野外食事をするハイキング[キャンプ旅行].
pok·er[1] /póukər/ *n* **1** 突く人[もの]; 火かき棒; 焼き絵用具; [ˢhot ～]《俗》突き棒, こね棒 (penis): (as) STIFF as a ～ 堅苦しい不動の姿勢で, 四角張って, 直立して. **2** ‖《学生俗》大学副総長の前を権標をささげて行く下役人, 副総長権標. ● **by the holy ～** 誓って, 断じて. ► *vt*〈図案を〉焼き絵で仕上げる. [*poke*[1]]
po·ker[2] *n*〘トランプ〙ポーカー. ★ ポーカーのでき役の順位は高いものから次のとおり: (1) five of a kind (2) royal flush (3) straight flush (4) four of a kind (5) full house (6) flush (7) straight (8) three of a kind (9) two pairs (10) one pair. [C19＜?; cf. F *poque* card game, G *pochen* to brag]
póker dìce ポーカーダイス《さいころの目に点でなくトランプの ace, king, queen, jack, ten, nine の印をつけたもの》; ポーカーダイスを使うゲーム.
póker fàce《口》無表情な顔つき(をした人), ポーカーフェイス. ◆ **póker-fáced** *a* ポーカーフェイスの.
po·ke·ri·no /pòukərí:nou/ *《俗》*n* (*pl* ～**s**)《賭け金の少ない》安賭けポーカー; けちなゲーム[取引], ちんけなやつ.
póker machìne《豪》スロットマシン (fruit machine‖).
póke·ròot *n*〘植〙POKEWEED.
póker wòrk ‖PYROGRAPHY.
poke·sy /póuksi/ *a* のろい, のんきな.
póke·wèed *n*〘植〙ヨウシュ[アメリカ]ヤマゴボウ (＝*poke, pokeroot*)《根は薬用》.
po·key[1], **poky**[1] /póuki/ *n* *《俗》ブタ箱 (jail). [*poky*[2]]
pok·ie /póuki/ *n*《豪口》POKER MACHINE.
poky[2], **pok·ey**[2] /póuki/ *a*《口》のろい; [ᴼ～ little]〈場所などが〉狭苦しい, ちっぽけな;〈服装などが〉みすぼらしい;《俗》〈特に車が〉馬力のある, 加速のいい. ◆ **pók·i·ly** *adv* **-i·ness** *n* [*poke*[1]]
pol /pɑ́l/ *n* *《口》[*derog*] 政治家 (politician).
pol. political ◆ politics. **Pol.** Poland ◆ Polish.
POL〘軍〙petroleum, oil, and lubricants.

Po·la /póʊlə/ ポーラ《PULA のイタリア語名》.

Po·lab /poʊláːb/ *n* ポラーブ人 (Polabian).

Po·la·bi·an /poʊláːbiən, -léɪ-/ *n* **a** ポラーブ人《Elbe 川下流域, ドイツのバルト海沿岸に住んでいたスラヴ人》. **b** ポラーブ語《西スラヴ語に属する死語》.

po·lac·ca[1] /poʊlǽkə/ *n* POLACRE.

polacca[2] *n* 〔楽〕ポラッカ (POLONAISE). [It]

Po·lack /póʊlæk, *-lɑ̀ːk/ *n* *《俗》[ᵁ*derog*] ポーランド系人; 《廃》ポーランド人 (Pole).

po·la·cre /poʊláːkər/ *n* 地中海の3本マストの帆船.

Po·land /póʊlənd/ ポーランド《ヨーロッパ中東部, バルト海に臨む国; 公式名 Republic of ～ (ポーランド共和国); ☆Warsaw; 略 Pol.; ポーランド語名 Polska》. ♦ **～·er** *n* ポーランド人 (Pole).

Póland Chína 〔豚〕ポーランドチャイナ種(の豚)《黒白まだらの大豚; 米国原産》.

Po·lan·ski /pəlǽnski/ ポランスキー **Roman** ～ (1933–)《ポーランド出身の映画監督》.

Po·lan·yi /pɔ́ːlɑːnji/ ポランニー **John C(harles)** ～ (1929–)《カナダの化学者; ノーベル化学賞 (1986)》.

po·lar /póʊlər/ *a* **1** 極の, 極地の; 極地的な[からの], 〈軌道が〉極の上を通る; 〈衛星が〉極軌道を回る; 《磁石・電池などの》極の[を有する], 極性の; 〔化〕イオン化した; 〔数〕極線の, 極座標系の. **2** 〈性格・傾向・行動など〉正反対の, 両極端の; 中枢の, 中心的な; 《北極星のように》道しるべとなる, 指導してくれる. ► *n* 〔数〕極線. [F or L (POLE[2])]

pólar áir (màss) 〔気〕寒帯気団《polar continental, polar maritime に大別される》.

pólar áxis 〔数〕原線, 始線《極座標系の基線》; 〔生・遺〕極性軸.

pólar bèar 〔動〕ホッキョクグマ, シロクマ (=*white bear*).

pólar bódy 〔生〕極体, 極細胞《減数分裂で生じる卵以外の3つの娘細胞》.

pólar cáp 〔地質〕極冠《両極地の氷でおおわれた地域》; 〔天〕極冠《火星の両極にある白い部分; 火星の季節によって増減する》.

pólar círcle [the] 《南・北の》極圏.

pólar continéntal 〔気〕寒帯大陸気団.

pólar coórdinate 〔数〕極座標.

pólar cúrve 〔数〕極曲線.

pólar dístance 〔天〕極距離 (codeclination).

pólar equátion 〔数〕極方程式.

pólar frònt 〔気〕極前線.

Po·la·ri /pəláːri, pɔː-/ *n* ポラーリ (=*Palari, Parlary, Parlyaree*)《18世紀以来演劇・サーカス関係の人びと, のち同性愛者の間で用いられてきた英語の隠語; ことに役者にはゲイが少なくなかったことから役者の間で生き残った; イタリア語系の語彙を特徴とする》.

po·lar·im·e·ter /pòʊlərímətər/ *n* 偏光計; POLARISCOPE. ♦ **pò·lar·ím·e·try** *n* 偏光分析[測定]. **po·lar·i·met·ric** /poʊlæ̀rəmétrɪk/ *a*

Po·lar·is /pəlǽrəs, -láː-/ **1** 〔天〕北極星, ポラリス (North Star). **2** 〔米海軍〕ポラリス《潜航中の潜水艦からでも発射できる中距離弾道弾》. [L=heavenly]

po·lár·i·scòpe /poʊlǽrə-/ *n* 〔光〕偏光器. ♦ **po·làr·i·scóp·ic** /-skáp-/ *a*

po·lar·i·ty /poʊlǽrəti/ *n* 有極性; 〔理・生〕極性; 《主義・性格などの》正反対, 対立; 《思想・感情などの》傾向, 傾き: magnetic ～ 磁極性.

polárity thèrapy ポラリティーセラピー《人体の磁場の極性を利用してエネルギーの流れを整えることによって心身の健康をはかるホリスティックな療法》.

pòlar·izátion *n* 〔理・生〕極性を生じる[得る]こと, 極性化, 分極, 偏り; 〔光〕偏光; 分極化, 対立.

pólar·ìze *vt* **1** 〔理〕…に極性を与える, 分極する; 〔光〕偏光させる; (一点に)集中させる: ～*d* light 偏光 / *polarizing* action 〔電〕成極作用, 分極作用. **2** …に特殊の意味をもたせる; 分極化[分裂, 偏向, 対立]させる 〈*into*〉. ► *vi* 極性をもつ, 偏光する; 分極化[分裂, 偏向, 対立]する. ♦ **-ìz·er** *n* 偏光子, 偏光プリズム. **-ìz·able** *a* **pò·lar·ìz·abíl·i·ty** *n* 分極性; 分極率.

pó·lar·ized *a* 極性を示す, 極性が与えられた, 分極された; 〈プラグ・コンセントが〉互いに一方向にしか接続できない, 有極の.

pó·lar·ìz·ing mícroscope 〔光〕偏光顕微鏡.

pólar líghts *pl* [the] 極光 (cf. AURORA AUSTRALIS, AURORA BOREALIS).

pólar·ly *adv* 極(地)のように, 極の方向に; 磁気をもって; 陰陽の電気をもって; 対極線をもって; 正反対に.

pólar máritime 〔気〕寒帯海洋気団.

pólar mólecule 〔化〕有極分子.

pólar núcleus 〔生〕《胚嚢中央部の》極核.

Po·láro·gràph /poʊlǽrə-/ 〔商標〕ポーラログラフ《polarography 用器具》. [*polarization*]

po·lar·og·ra·phy /pòʊlərágrəfi/ *n* 〔理〕ポーラログラフィー《電気分解自記法》. ♦ **po·laro·graph·ic** /poʊlæ̀rəgrǽfɪk/ *a* **-i·cal·ly** *adv*

Po·lar·oid /póʊlərɔ̀ɪd/ 〔商標〕**1** ポラロイド《人造偏光板の商品名》; [*pl*] ポラロイドめがね. **2** ポラロイドカメラ (=～ **cámera**, ～ **Lánd Càmera**); ポラロイド写真 (=～ **prínt**). [*polarize*]

po·lar·on /póʊləràn/ *n* 〔理〕ポーラロン《結晶格子の変形を伴う運動を行なっている, 結晶中の伝導電子》.

pólar órbit 極軌道.

Pólar Régions *pl* [the] 極地方《Arctic Circle および Antarctic Circle 内の地域》.

pólar sátellite 極軌道衛星.

pólar séquence 〔天〕天の北極付近の一連の光度標準星.

pólar stár [the] 北極星 (polestar, North Star).

pólar wándering 〔地質〕極移動, 極運動《地質学的時間における地球の自転軸の極の地表に対する相対的な移動》.

pólar whàle 〔動〕ホッキョククジラ (Greenland whale).

po·la·touche /pòʊlətúːʃ/ *n* 〔動〕タイリクモモンガ《欧州北部・アジア産の小型のモモンガ (flying squirrel)》. [F<Russ]

Po·la·vi·sion /póʊləvìʒ(ə)n/ 〔商標〕ポーラヴィジョン《露出したあとの映画フィルムをカートリッジ内で自動的に現像するシステム》.

pol·der /póʊldər, pál-/ *n* 《オランダなどの》干拓地, ポルダー. [? MDu]

pole[1] /póʊl/ *n* **1** 棒, さお, 柱; 《棒高跳びの》ポール; 《スキーの》ストック (ski pole); 《船の》マスト; 立木《胸の高さで幹の直径が 10–30 cm のもの》; 《電車の》ポール《集電用》; BARBER'S POLE; 《馬車・牛車の》ながえ; *《俗》バット; 《卑》ペニス, さお. **2 a** 〔競馬〕ハロン棒《走路の内側にあって 1/8 [1/16] マイルごとにゴールまでの距離を示す棒》. **b** 〔競技〕《トラックの》最前列いちばん内側のスタート位置, ポールポジション (pole position). **c** ポール《(1) 長さの単位: =5.03 m (2) 面積の単位: =25.3 m²》. ● **climb up the** GREASY POLE. **under bare ～s** 〔海〕《暴風で》帆を揚げずに; 裸で. **up the ～** "《口》進退きわまって, 苦境に陥って, 困りはてて; "《口》気が狂って; "《口》酔っぱらって; "《俗》妊娠して. **wouldn't** TOUCH…**with a ten-foot ～.** ► *vt* **1** 棒で支える; …に棒[柱]を備え付ける; 棒[さお]でかつぐ. **2** 棒で押す 〈*off*〉, 〈舟などを〉さおで進める; 棒で跳ぶ; 《野球俗》〈安打を〉飛ばす; 〔冶〕〈溶解槽[銅]などを〉生木の棒でかきまわす: ～ a hit. ► *vi* 棒[さお, ストック]を使う[さばく]; さおで舟を進める, さおさす; 《豪口》たかる 〈*on*〉; *《俗》ガリ勉する. ♦ **～·less** *a* [OE *pāl*<L PALE[2]; cf. G *Pfahl*]

pole[2] *n* **1** 《地球など天体の》極; 極地; 北極星; 〔理〕《電極・磁極などの》極; 《電池などの》極板, 極線; 〔数〕極《解析関数が無限大になる点の一》; 〔生〕極; 〔晶〕極; 〔解〕《神経細胞中の》極: the North [South] *P*～ 北[南]極 / ～*s* of a circle of a sphere 〔数〕球面上の円の極《球面上の円の中心を通り円に垂直な直線が球面と交わる2点》. **2** 対極; 極端, 正反対; 《関心などの》中心. ● **be ～s apart [asunder]** 〈意見・利益などが〉極端に違っている, 正反対である. **from ～ to ～** 世界中に[で]. [L<Gk=axis, pivot]

Pole[1] *n* ポーランド人 (cf. POLISH); ポーランド系人 (cf. POLACK). [G<Pol=field dwellers]

Pole[2] /póʊl, púːl/ プール, ポール **Reginald** ～ (1500–58)《イングランドの枢機卿 (1536–58); 教皇特使として Mary 1 世の旧教復帰 (1554) を助けた; カトリックとしては最後の Canterbury 大司教 (1556–58)》.

póle·àx | póle·àxe *n* 〔史〕戦斧(せんぷ), まさかり, ほこ; 《屠殺用の》おの; 《昔 海戦で用いた》先端に鉤のついたおの《敵船に乗り込んだり索具を切断したりするとき使用》. ► *vt* 戦斧[おの]でなぐり倒す[切り倒す, 殺す]; びっくりさせる, …にショックを与える. [MDu, MLG (POLL[1], AXE)]

póle bèan* つる性のインゲンマメ (cf. BUSH BEAN).

pole·cat /póʊlkæ̀t/ *n* (*pl* **～s, ～**) 〔動〕ケナガイタチ, ヨーロッパケナガイタチ (=*fitchet*)《欧州産》; *〔動〕スカンク (skunk); 卑劣なやつ, いかがわしいやつ, げす野郎, 売春婦. ● **stink like a ～** 《口》いやな匂いがする, 匂う. [C14<?; OF *pol* cook を襲う *cat* の意か]

pol. econ. °political economy.

póle dàncing ポールダンス《床から天井に立てた金属の棒に女性が身体をからめて踊るダンスまたはエクササイズ》. ♦ **póle dànce** *n, vi* **póle dàncer** *n*

póle hàmmer 戦槌(せんつい) (war hammer).

póle hòrse 《4頭立馬車の》後馬(あとうま) (wheeler).

poleis *n* POLIS[1] の複数形.

póle jùmp [jùmping] 〔陸上〕棒高跳び (pole vault). ♦ **póle-jùmp** *vi* **póle-jùmp·er** *n*

póle làmp 柱上灯.

póle làthe 〔機〕ポール[さお]旋盤《ペダルとさおをつなぐひもを工作物に巻きつけ, ペダルを踏むこととさおの反発力の利用とで工作物を回転させる原始的な旋盤》.

pol·e·march /páləmɑ̀ːrk/ *n* 〔ギ史〕陸軍指揮官, 《特にアテナイで》第三アルコン職 (third archon). [Gk]

póle màst 〔海〕《1本の棒よりなる》棒マスト, 棒檣(ぼうしょう).

po·lem·ic /pəlémɪk/ *a* 議論の, 議論[論争]好きな: a ～ writer 論客. ► *n* 論争, 論駁(ろんばく); 論争術 (polemics); 論客. ♦ **-i·cal** *a* **-i·cal·ly** *adv* [L<Gk (*polemos* war)]

po·lem·i·cize /pəléməsàɪz/ *vi* POLEMIZE.

po·lém·ics *n* 論争術, 論証法; 論争学《教会関係の問題の論争およびその歴史を扱う神学の一部門》.

pol·e·mist /pálәmɪst, pәlέm-/, **po·lem·i·cist** /pәlέmәsɪst/ *n* 《特に神学上の》論客.
pol·e·mize /pálәmàɪz/ *vi* 議論[論争, 反論]する.
po·le·mol·o·gy /pòulәmálәʤi/ *n* 戦争学. ♦ **-gist** *n* **po·lem·o·log·i·cal** /pәlὲmәláʤɪk(ә)l/ *a*
pol·e·mo·ni·a·ceous /pàlәmòuniéɪʃ(ә)s/ *a* 〘植〙ハナシノブ科 (Polemoniaceae) の.
pol·e·mo·ni·um /pàlәmóuniәm/ *n* 〘植〙ハナシノブ属 (*P-*) の各種の草本.
po·len·ta /poulέntә, pә-/ *n* ポレンタ《大麦・トウモロコシ・栗粉などで作る一種のかゆないしペースト; またポレンタ用のトウモロコシ粉》. [It<L=pearl barley]
Po·len·ta /poulέntɑ:/ **Francesca da** ～ ⇨ FRANCESCA DA RIMINI.
póle of eclíptic [the]〘天〙黄道の極.
póle pièce〘電〙磁極片, 極片.
póle posítion 《レースで》ポールポジション (pole); [*fig*] 有利な立場.
pol·er /póulәr/ *n* POLE[1] する人[もの]; POLE HORSE; *《俗》ガリ勉屋; 《豪俗》たかり屋, なまけ者.
póle·stàr *n* [the; °the Pole Star]〘天〙北極星 (Polaris, North Star); 指針[道しるべ]となるもの, 指導原理; 注目の的.
póle-vàult *vi* 棒高跳びをする. ♦ **～·er** *n*
póle vàult [the]〘陸上〙棒高跳び.
póle·ward(s) *adv, a* 極[極地]へ(の).
po·ley /póuli/ *a* 《米・英方・豪》〈牛が〉角のない, 角を落とした.
po·leyn /póulèɪn/ *n*〘甲冑〙ひざ当て.
po·li- /póuli/, **po·lio-** /póuliou, -liә/ *comb form*「灰白質」[Gk *polios* gray]
po·lice /pәlí:s/ *n* **1** 警察; [the] 警察官《集合的》, 警官隊《個別的には police officer, policeman, policewoman》; 警察庁: harbor [water] ～ 水上警察 / go to *the* ～ 警察に通報する / *The* ～ are on his track. 警察は彼を追跡している / have *the* ～ after 警官に尾行される / Several ～ are patrolling the neighborhood. 警官が何人も近所をパトロールしている. **2** 治安, 保安, 公安 (public order); 《一般に》警備[保安]隊[組織], 取締まり組織, 監視集団; [〈*pl*〉] 警備(隊)員. **3**〘米陸軍〙《兵舎・基地内などの》清掃整頓, [〈*pl*〉] 清掃整頓係兵士 (cf. KITCHEN POLICE). ★ 米英の警察の階級は下から順に次のとおり《括弧内の訳語は一応のめやす》(1) 米国《州または都市により階級制度が異なる; 次はその一例である》: police officer, patrolman (巡査)—sergeant (巡査部長)—lieutenant (警部補)—captain (警部)—deputy inspector (警視)—inspector (警視正)—deputy chief of police (本部長補佐)—assistant chief of police (副本部長)—chief of police (警察本部長)《inspector の上が deputy superintendent (副本部長)—superintendent (警察本部長) となる場合もある》. (2) 英国: constable (巡査)—sergeant (巡査部長)—inspector (警部補)—chief inspector (警部)—superintendent (警視)—chief superintendent (警視正)——この上は, (1) Metropolitan Police Force (首都警察, ロンドン警視庁) では, commander (警視長)—deputy assistant commissioner (副警視監)—assistant commissioner (警視監)—deputy commissioner (警視副総監)—Commissioner of Police of the Metropolis (警視総監). (2) City of London Police Force (ロンドン市警察) では, commander (警視長)—assistant commissioner (副本部長)—Commissioner of Police (警察本部長). (3) ほかの自治体[地方]警察では, assistant chief constable (警察次長)—deputy chief constable (本部長補佐)—chief constable (警察本部長).
► *vt* …に警察を置く; …の治安を維持する, 警備する; 管理[支配]下に置く, 監視[規制]する, 取り締まる; *〈兵舎などを〉清掃する〈*up*〉; 《古》統治する.
♦ **～·less** *a* 無警察(状態)の. [F<L POLICY[1]]
políce àction 《軍隊の》治安活動《国際平和・秩序を乱す人びとに対する宣戦布告なしの局地的軍事行動》.
políce àrtist 《警察の》似顔絵捜査官.
políce càr パトカー (squad car).
políce commissioner〘米〙《市の》警察部長, 市警本部長;〘英〙警視総監;〘スコ〙警察事務監督委員.
políce cónstable〘英〙巡査, 警官《最下級; 略 PC》.
políce còurt 警察裁判所《軽犯罪の即決裁判・被疑者拘留などを行なう》.
políce depàrtment* 《特に市の》警察, 市警《略 PD》.
políce dòg 警察犬, 《特に》GERMAN SHEPHERD.
políce fòrce 警察, 警官隊.
políce fòrk さすまた(刺股).
políce inspéctor〘米〙警視正;〘英〙警部補 (⇨ POLICE).
políce jústice [**júdge**] POLICE MAGISTRATE.
políce lòck ドアと床の間につっかい棒のように渡す金属性のドアロック.
políce mágistrate 警察裁判所判事 (⇨ MAGISTRATE).
políce·man /-mәn/ *n* 警察官, 警官, 巡査; 監視官, 目付け役: a ～ on guard 護衛巡査. ♦ **～·lìke** *a*
políceman bìrd〘鳥〙BLACK-NECKED STORK.
políceman's hèlmet〘植〙オニツリフネソウ, ロイル[ダキバ]ツリフネソウ《暗紫色の花をつけるヒマラヤ原産のツリフネソウ科の植物; 欧州・北米で野生化》.
Políce Mòtu ピジン化したモツ語《元来 主として警察官が使用; ⇨ MOTU》.
políce offènse 違警罪《police court が審理する軽犯罪》.
políce òffice" 《市・町の》警察署.
políce òfficer 警察官, 警察職員, *巡査 (⇨ POLICE).
políce·pèrson *n* 警察官.
políce pòwer 福祉権能, 規制権限, ポリスパワー《一般の安全・健康・道徳・福祉のために, 法律で禁じられていない範囲で, 法域内の人びと・財産にある程度の規制を行使することを可能にする政府の固有権》.
políce procédural 《警察の捜査活動を現実的に扱った》警察小説, 警察映画[ドラマ].
políce repòrter 警察担当記者.
políce stàte 警察国家.
políce stàtion 地方[地区]警察本署.
políce superinténdent〘米〙警察本部長;〘英〙警視 (⇨ POLICE).
políce wàgon* 囚人護送車 (patrol wagon).
políce·wòman *n* 女性警察官, 婦人警官, 婦警.
po·li·cier /pòulisjéɪ/ *n* 《小説・映画の》探偵[推理]もの, ミステリー. [F *roman policier* police novel]
po·líc·ing *n* 治安維持[警察]活動, 警備, 取締まり, 監視, 規制.
pol·i·clin·ic /pàliklínɪk/ *n* 《病院の》外来患者診療室; 《かつて医学生の研修を兼ねた私宅の》診療室.
pol·i·cy[1] /pálәsi/ *n* 政策, 方針; やり方, 手段, 方法; 賢明, 深慮, 知謀; 《古》抜け目なさ, 狡猾; 《古》政治(形態); 《スコ》《田舎屋敷周辺の》遊園. [OF<L *politia* POLITY; '遊園' の意は 'improvement of estate' と L *politus* polished との混同]
policy[2] *n* **1** 保険証券[証書]: an endowment ～ 養老保険証券 / take out a ～ on one's life 生命保険をつける[にはいる]. **2** *くじ番号賭博《どんなくじ番号が出るかにかける賭博》; *《新聞の特定の統計数字を当てる》数当て賭博 (numbers game): play ～ 数当て賭博をやる. [F *police* certificate<L (Gk *apodeixis* proof)]
pólicy·hòld·er *n* 保険証券所持者.
pólicy lòan〘保〙証券担保貸付.
pólicy·màking *n* 政策立案. ♦ **-màker** *n*
pólicy scíence 政策科学《政府・企業などの高次元の政策立案を扱う社会科学》.
pol·i·me·tri·cian /pàlәmәtríʃ(ә)n/ *n* 計量政治学者.
pól·ing bòard /póulɪŋ-/ 堰板(せきいた)《穴掘りのときの土止め用継板》.
po·lio /póuliòu/ *n* (*pl* **-li·òs**) ポリオ (POLIOMYELITIS).
polio- /póuliou, -liә/ ⇨ POLI-.
pòlio·encephalítis *n*〘医〙灰白脳炎.
pòlio·myelítis *n*〘医〙(急性)灰白髄炎, 小児麻痺 (=acute anterior ～) (=*infantile paralysis*). ♦ **-myelític** *a*
pólio vàccine 《口》ポリオ[小児麻痺]ワクチン.
pólio·vìrus *n* ポリオウイルス.
po·lis[1] /pálәs, póu-/ *n* (*pl* **po·leis** /-laɪs, -lèɪs/) ポリス《古代ギリシアの都市国家》; ポリス的国家[社会]. [Gk=city]
polis[2] *n* 《スコ・アイル》POLICE.
-p·o·lis /-p(ә)lәs/ *n comb form*「都市」: metro*polis*, megalo*polis*. [POLIS[1]]
Po·li·sa·rio /pòulәsá:riou/ *n* ポリサリオ戦線 (=～ **Frònt**)《西サハラの独立を目指すゲリラ組織》; (*pl* **-ri·òs**) ポリサリオ戦線のメンバー.
poli sci /páli sàɪ/ 《学生俗》政治学 (political science).
pol·ish /pálɪʃ/ *vt* 磨く, 研く, …のつやを出す; …に仕上げを施す[磨きをかける], 上品にする〈*up*〉; 洗練する, 凝らす: ～ a set of verses 詩を練る. ► *vi* つやが出る; 上品になる. ● **～ off** 《口》〈仕事を〉すばやく片付ける[済ませる], 〈食べ物を〉さっさと平らげる; 《口》〈相手などを〉手早くやっつける, 楽勝する, 《俗》消す (kill). **～ up** 仕上げる, …に磨きをかける (improve); つやが出る. ► *n* **1** 磨き粉, 光沢剤, つや出し剤, ワニス, うるし; マニキュア (nail polish): shoe [boot] ～ 靴墨. **2** 光沢, 磨き; 磨き上げた表面; 《態度・作法などの》洗練, 上品, 優美.
♦ **～·able** *a* 磨ける, 光沢の出る. **～·er** *n* 磨く人; つや出し器[剤]. [OF<L *polit- polio*]
Po·lish /póulɪʃ/ *a* ポーランドの, ポーランド人[語]の. ► *n* ポーランド語; [the, 〈*pl*〉] ポーランド人. [*Pole*[1]]
Pólish Córridor [the] ポーランド回廊《Versailles 条約 (1919) でバルト海への出口としてドイツからポーランドに割譲された細長い地域; ドイツ本国と東プロイセンを分断する形になり, ドイツの不満を高めた》.
pól·ished *a* 磨き[研ぎ]上げた, 光沢のある; 上品な, 洗練された, あかぬけした, しとやかな; 完璧な, 巧みな; 精白した〈米〉; [°～ up] *《口》酔っぱらった, できあがった.
Pólish notátion〘論・電算〙ポーランド記法《数式の記法の一つ; 演算子を演算数の前に置く記法; 例: +12 (一般の中置記法では 1+2 と書かれる)》.
pólish remòver マニキュア除光液.
polit. political ♦ politician ♦ politics.
pol·it·bu·ro /pálәtbjùәrou/ *n* (*pl* ～**s**) 《共産党の》政治局; [p-]

権力の集中した機関. [Russ]

po·lite /pəláɪt/ *a* 丁寧な, 礼儀正しい; 〈文章などが〉洗練された, 優雅な; 上品な, 教養のある (opp. *vulgar*); 儀礼的な, 社交辞令としての: say something ～ about…をお世辞にほめる / ～ arts 美術 / ～ letters [literature] 純文学 / ～ society [company] 上流社会 / the ～ thing 上品な態度 / ～ conversation 儀礼的な会話 / just to be ～ ただの社交辞令で. ◆ **～·ly** *adv* 丁寧に; 上品に; 礼儀として, 儀礼的に: to put it ～*ly* 上品な言い方をすると. **～·ness** *n* [L *politus* (pp)＜POLISH]

polit. econ. °political economy.

pol·i·tesse /pɑ̀lɪtés/ *n* 《特に形式的な》礼儀正しさ, 上品 (politeness). [F＝POLISHed state]

Po·li·tian /pəlíʃən/ ポリツィアーノ (1454–94) 《イタリアの人文主義者·詩人; イタリア語名 Angelo Poliziano, 本名 Angelo Ambrogini; ルネサンスの代表的古典学者》.

pol·i·tic /pálətɪk/ *a* **1** 思慮のある, 賢い; 策を弄する, ずるい (artful); 巧妙な, 適宜な, 時宜を得た; 政策的な. **2** [主に次の句で] 政治上の: BODY POLITIC. ► *vi* POLITICK. ► *n* 政治力学, 力関係. ◆ **～·ly** *adv* 狡猾に, 巧妙に; 抜け目なく. [OF＜L＜Gk; ⇨ POLITY]

po·lit·i·cal /pəlítɪk(ə)l/ *a* 政治(上)の; 政治的な; 政治にたずさわる; 政治学の; 政治組織を有する; 政党(政治)の; 政略(上)の; 国家の[に関する], 行政に関する[関与する]; 反政府[反体制]運動にかかわる: a ～ view 政見 / a ～ office [officer] 行政官庁[行政官] / a ～ map 政治地図《地形図などに対し国境·都市などを主に示す》, 行政(区分)地図, (政治)勢力図. ► *n* 国事犯, 政治犯; 〖英史〗POLITICAL AGENT. ◆ **～·ly** *adv* 政治上, 政治的に; 政略上; 賢明に. [L *politicus* (↑), *-al*]

polítical áction commìttee 〖米〗政治活動委員会《企業·組合などが, 自分たちの利益を高めてくれそうな候補者の選挙運動資金を調達·献金するために結成する団体; 略 PAC》.

polítical ágent 〖英史〗インド駐在官.

polítical ánimal 政治的動物, 政治家的な人間.

polítical asýlum 政治的亡命者に対する保護: seek ～ 政治的保護[亡命]を求める.

polítical corréctness [[s]*derog, joc*] 政治的公正《従来の欧米の伝統的価値観や文化が西欧·白人·男性優位であったことの反省に立ち, 女性や, アジア系·アフリカ系·ラテンアメリカ系などの住民, アメリカインディアン, 同性愛者などの社会的少数派の文化·権利·感情を公正に尊重し, 彼らを傷つける言動を排除しようとすること; 略 PC》.

polítical críme 政治[国事]犯罪 (＝*political offense*).

polítical ecónomy 政治経済学; 《19 世紀の》経済学 (economics). ◆ **polítical ecónomist** *n*

polítical fóotball いっこうに解決されない政治問題; 政争の具.

polítical geógraphy 政治地理学《政治[行政]地域を扱う》.

polítical·ìze *vt* 政治的にする. ◆ **polìtical·izátion** *n*

polítical líberty 政治的自由《個人が政治的意見をもち表明する自由》.

polítically corréct *a* 政治的に公正[妥当]な, 差別[偏見]を排除(しようと)した《略 PC; ⇨ POLITICAL CORRECTNESS》.

polítically incorréct *a* 政治的に正しくない (opp. *politically correct*). ◆ **polítical incorréctness** *n*

polítical machíne 《ボス政治家が牛耳る》支配集団[組織].

polítical offénse POLITICAL CRIME.

polítical párty 政党.

polítical prísoner 政治囚, 政治犯.

polítical résident POLITICAL AGENT.

polítical ríght 政治的権利, 国政参与権.

polítical scíence 政治学 (politics). ◆ **polítical scíentist** 政治学者.

polítical vérse 政治詩《音節の長短によらず強弱によるビザンツ·近代ギリシアの詩》.

pol·i·ti·cian /pɑ̀lətíʃ(ə)n/ *n* 政治家; 政党政治家; 策士.

po·lit·i·cize /pəlítəsàɪz/ *vt* 政治的性格をおびたものにする, 政治的争点とする; …の政治意識を高める. ► *vi* 政治にたずさわる, 政治を論じる; 政治化する. ◆ **po·lìt·i·ci·zá·tion** *n*

pol·i·tick /pálətɪk/ *vi* 政治(運動)に従事する, 政治を論じる. ◆ **～·ing** *n* 政治工作, 政治の駆引き. **～·er** *n*

po·lit·i·co /pəlítɪkòu/ *n* (*pl* **～s, ～es**) 職業的政治家, 政治屋 (politician). [Sp＝POLITIC]

po·lit·i·co- /pəlítɪkou, -kə/ *comb form* 「政治」 [Gk; ⇨ POLITIC]

pol·i·tics /pálətɪks/ *n* **1** [〈*sg*/*pl*〉] 政治, 政治学; 政治運動, 政界[党員]活動; 政策, 政略, 駆引き; 《党派的·個人的な》利害, 動機, 目的; [〈*pl*〉] 政綱, 政見; 《社会における》力関係: What are your ～? きみの政見は? **2** [〈*pl*〉] 《司法·立法に対して》行政; [〈*pl*〉] 《軍機能に対して》政府の文民職能. **3** [〈*sg*〉] 経営: The ～ of a corporation is complex. 法人の経営は複雑なものだ. ● It is **not** (**practical**) **～.** (あまり実際から離れていて)論じる価値がない. **play ～** 党利本位に行動する, 〈…を〉政治の道具にする 〈*with* foreign policy〉; 政治的に画策する, 私利をはかる.

pol·i·ty /páləti/ *n* 政治(組織); 政治組織体, 国家, 政府, 政体; 政策: civil [ecclesiastical] ～ 国家[教会]行政組織. [L＜Gk (*politēs* citizen＜POLIS[1])]

Pol·it·zer /pálətsər/ ポリツァー **H**(**ugh**) **David** ～ (1949–) 《米国の理論物理学者; 強い相互作用理論における漸近的自由の発見によりノーベル物理学賞 (2004)》.

pol·je /póuljɛ/ *n* 〖地理〗ポリエ《スロヴェニアなどのカルスト (karst) 地域の広大な溶食盆地》. [Serbo-Croat]

Polk /póuk/ ポーク **James K**(**nox**) ～ (1795–1849) 《米国第 11 代大統領 (1845–49); 民主党》.

pol·ka /póu(l)kə; pɔ́l-/ *n* ポルカ《二人組み舞踏; その曲》; ポルカ《通例 毛編みのぴったりした婦人用ジャケット》. ► *vi* ポルカを踊る. [F and G＜Czech＝half step]

pólka dòt ポルカドット《中位の大きさの水玉; その水玉模様(の織物)》. ◆ **pólka-dòt, -dòt·ted** *a*

poll[1] /póul/ *n* **1 a** 《選挙などの》投票; 得票集計; 投票結果, 投票数; 被課税者[選挙人]名簿(登録者); *選挙投票時間; [*pl*] 投票所: a heavy [light] ～ 投票多数[少数] / at the head of the ～ (投票)最高点で / declare the ～ 選挙結果を公表する / go to the ～*s* 投票所へ行く; 選挙に打って出る. **b** 世論調査(の質問表); 《一般に》数え上げること: GALLUP POLL. **2 a** 頭, 頭の頂《頭髪のある部分》, 後頭部, 首筋; 《馬の》うなじ; 《金槌·斧などの》頭. **b** 人頭税 (poll tax). **3 a** 角なし種の牛. **b** [〈*a*〉] 角のない. ► *vt* **1** 人名簿に登録する; …の世論調査をする; 〈…票〉の票を得る; 〈票を〉投じる; 〈選挙人〉に投票を命じる; [*pass*] 〈特定選挙区〉の票を集計する; *〈陪審·委員会など〉のひとりひとりに評決[票決]の言明を求める, 〈陪審 (jury)〉に評決確認手続きを行なう. **2 a** 〈草木〉の芯を止める; 〈家畜〉の角を切り取る[短く切る]; …の毛を刈る; 〈毛を〉刈る. **b** 〖法〗〈証書など〉の切取り線を平らに切る. **3** 〖電算〗ポーリングする《サービスを要求している端末を見極めるためなど, 順次各端末に呼びかけを行なう》. ► *vi* 投票する 〈*for, against*〉; 〈候補者が〉《ある数の》得票をする. ◆ **～·able** *a* 刈り込める, 先が摘める; 角を切り取れる; 投票できる. **～·er** *n* [? LDu *polle* (hair of) head]

poll[2] /pál/ 《ケンブリッジ大学俗》 *n* [the P-] 普通学位を取る学生 (passmen); [the] POLL DEGREE: go out in *the P*～ 普通で卒業する. [? *polloi*]

Poll /pál/ **1** ポル《女子名; Mary の愛称》. **2** [p-] 《俗》売春婦. **3** [p-] 《口》オウム, インコ《呼び名; cf. POLL PARROT》; [p-] [*fig*] POLL PARROT.

pol·lack, -lock /páləkl/ *n* (*pl* **～, ～s**) 〖魚〗**a** セイス, シロイトダラ (＝*bluefish, coalfish, saithe*) 《「黒いタラ」と呼ばれる, 北大西洋産の重要な食用魚》. **b** "ポラック《セイスに近縁の欧州の海産食用魚; 釣りの対象とされる》. **c** *スケトウダラ (walleye pollack). [*podlock* (Sc)＜?]

Pollack ポラック **Sydney** ～ (1934–2008) 《米国の映画監督》.

Pol·lai·uo·lo /pòulaɪwɔ́:lou/ ポライウォロ (**1**) **Antonio** ～ (1432?–98) 《Florence の画家·彫刻家·金工家·版画家》 (**2**) **Piero** ～ (1443?–96) 《Florence の画家·彫刻家, Antonio の弟》.

pol·lan /pálən/ *n* (*pl* ～) 〖魚〗アイルランドの湖のサケ科シロマス属の一種. [C18; cf. Ir *poll* lake]

pol·lard /pálərd/ *n* 芯を止めた[坊主に刈り込んだ]樹木; 角を落とした鹿; 角なし種の牛[羊, ヤギなど]; 小麦粉を含んだふすま. ► *vt* …の枝を刈り込む. ◆ **～·ed** *a* [*poll*[1]]

póll·bòok *n* 選挙人名簿.

póll degrèe /pál-/ 《ケンブリッジ大学俗》普通学位.

polled /póuld/ *a* 〈木など〉坊主に刈り込んだ; 〈牛·鹿など〉角のない, 角を切った[落とした]; 《古》丸坊主の.

poll·ee /poulí:/ *n* 世論調査の対象者.

pol·len /pálən/ *n* 〖植〗花粉; 〖昆〗粉《体表にみられる花粉状の物質》. ► *vt* 授粉する (pollinate). ◆ **～·less** *a* [L＝fine flour, powder]

Pollen ポレン **Daniel** ～ (1813–96) 《アイルランド生まれのニュージーランドの政治家; 首相 (1876)》.

póllen anàlysis 花粉分析, 花粉学 (palynology).

póllen·àte *vt* POLLINATE. ◆ **pòl·len·átion** *n*

póllen bàsket 〖昆〗《ミツバチの》花粉かご (＝*corbicula*).

póllen cóunt 《特定の時間·場所の一定量[1 立方ヤード]の空気中の》花粉数.

póllen gràin 〖植〗花粉粒《花粉中にあって種子植物の雄の配偶子を生じる顆粒状小胞子》.

pol·len·iz·er /pálənàɪzər/ *n* 花粉の供給源となる植物, 授粉樹; 授粉者《昆虫など》.

póllen móther cèll 〖植〗花粉母(ぼ)細胞.

pollenosis ⇨ POLLINOSIS.

póllen sàc 〖植〗花粉嚢.

póllen tùbe 〖植〗花粉管.

póll èvil 〖獣医〗《馬の》項腫.

pol·lex /pálɛks/ *n* (*pl* **pol·li·ces** /páləsì:z/) 第一指, 親指 (thumb). ◆ **pol·li·cal** /pálɪk(ə)l/ *a* [L]

pol·li·ce ver·so /pɔ́:lɪkɛ wέrsou/ 親指を下に向けて《古代ローマで, 敗れた剣闘士に対する死刑の合図》; 断罪のしぐさで. [L]

pol·lic·i·ta·tion /pəlìsətéɪʃ(ə)n/ *n* 〘民法〙正式に承諾をうけていない約束《解約可能》.
pollie ⇨ POLLY[3].
pol·lin- /pálən/, **pol·li·ni-** /pálənə/ *comb form*「花粉 (pollen)」[L]
pol·li·nate /pálənèɪt/ *vt* 〘植〙…に授粉する.
pòl·li·ná·tion *n* 〘植・生〙授粉[受粉](作用), 花粉媒介, 送粉.
pól·li·nà·tor *n* 受粉[花粉]媒介者, 授粉者《昆虫など》; 花粉の供給源となる植物.
poll·ing /póʊlɪŋ/ *n* **1** 投票. **2** 世論調査. **3**〘電算〙ポーリング (⇨ POLL[1]).
pólling bòoth 《投票場の》投票用紙記入所 (voting booth*).
pólling dày 投票日.
pólling plàce* 投票所.
pólling stàtion" 投票所 (polling place*).
Pol·li·ni /poʊlí:ni/ ポリーニ **Maurizio** ~ (1942–)《イタリアのピアニスト》.
pol·lin·ic /pəlínɪk/ *a* 花粉の.
pol·li·nif·er·ous /pàlənífə(ə)rəs/ *a* 〘植〙〈植物が〉花粉を有する[生じる];〘動〙花粉を運ぶのに適した.
pol·lin·i·um /pəlíniəm/ *n* (*pl* **-lin·ia** /-niə/)〘植〙《ラン科植物などの》花粉塊.
pol·li·nize /pálənàɪz/ *vt* POLLINATE.
pol·li·niz·er /pálənàɪzər/ *n* POLLENIZER.
pol·li·nose /pálənòʊs/ *a* 〈昆虫が〉粉 (pollen) でおおわれた (pruinose).
pol·li·no·sis, -le- /pàlənóʊsəs/ *n* (*pl* **-ses** /-sì:z/)〘医〙花粉症 (HAY FEVER). [*-osis*]
Pol·lio /páliòʊ/ ポリオ **Gaius Asinius** ~ (76 B.C.–A.D. 4)《ローマの軍人・雄弁家・政治家・詩人》.
pol·li·wog, -ly- /páliwàg/ *n* *《方》オタマジャクシ (tadpole); 《口》船で初めて赤道を越え赤道祭を体験する人 (cf. SHELLBACK). [ME *polwygle* (⇨ POLL[1], WIGGLE)]
pollock ⇨ POLLACK.
Pol·lock /pálək/ ポロック (**1**) Sir **Frederick** ~ (1845–1937)《英国の法学者》(**2**) (**Paul**) **Jackson** ~ (1912–56)《米国の画家; アクションペインティングの中心人物; えのぐを上からたらす 'drip painting' の技法を展開した》.
pol·loi /pəlɔ́ɪ/ *n pl* HOI POLLOI.
póll pàrrot /pál-/ 《かごに飼った》インコ, オウム (cf. POLL); [*fig*] 人のことばを繰り返す人, あたりまえのことしか言わない人.
póll·ster *n* 《口》《職業的な》世論調査員[屋].
póll tàx [the] 人頭税; COMMUNITY CHARGE《蔑称》.
póll-tàx·er*《口》*n* 人頭税制度支持者; 人頭税制度のある州の国会議員.
pol·lu·cite /pəlú:sàɪt, páljə-/ *n* 〘鉱〙ポルサイト《セシウムの原料鉱物》. [L; castor, castorite という鉱物と関係づけられて, CASTOR AND POLLUX にからめたもの]
pol·lu·tant /pəlú:t(ə)nt/ *n, a* 汚染物質(の).
Pollútant Stándards Ìndex* 汚染基準指標.
pol·lute /pəlú:t/ *vt* よごす, 不潔にする; 汚染する〈*with*〉; 冒瀆する; 堕落させる. ♦ **pol·lút·er** *n* **pol·lút·ive** *a* [L *pollut- polluo* to defile]
pol·lút·ed *a* よごれた; 汚染された; 堕落した; 《俗》酔っぱらった.
pol·lu·tion /pəlú:ʃ(ə)n/ *n* よごすこと, よごれ, 汚染, 環境汚染, 公害, 汚濁, 不潔; 汚染物質 (pollutant); 堕落, 汚穢(おわい);〘医〙遺精; 《俗に》《男性の》自慰: air ~ 大気汚染 / nocturnal ~ 夜間遺精, 夢精.
pollútion tàx 環境汚染税.
Pol·lux /páləks/ **1**〘ギ神〙ポリュデウケース《Zeus と Leda の息子; ⇨ CASTOR AND POLLUX》. **2**〘天〙ポルックス《ふたご座 (Gemini) の β 星》.
póll wàtcher 《選挙の際の》投票立会人.
pol·ly[1] /páli/ *n*"《口》《一瓶[一杯]の》アポリナリス水 (Apollinaris)《ミネラルウォーター》.
polly[2] *n**《俗》《録音にはいる》余分なエコー. [*poly*phony]
polly[3], **pol·lie** /páli/ *n* 《米俗・豪俗》POLITICIAN.
Polly **1** ポリー《女子名; Molly の変形, Mary の愛称》. **2** ポリー《オウムにつける名; cf. POLL》; [p-]*《俗》おしゃべり女, 太ったいやなばあさん.
Pol·ly·an·na /pàliǽnə/ ポリアンナ, パレアナ《米国の作家 Eleanor Porter (1868–1920) のベストセラー小説 *Pollyanna* (1913), 続篇 *Pollyanna Grows Up* (1915) の主人公; いつも何かしら喜ぶべきことを見つける明朗で楽天的な少女》; 底抜けの楽天家. ♦ **~·ism** *n*
Pollyánna·ish, -an·nish /-ǽnɪʃ/ *a* POLLYANNA のような, 底抜けに楽天的な.
pólly sèed 《口》ヒマワリの種. [*Polly* オウムのあだ名, オウムがこれを食べることから]
pollywog ⇨ POLLIWOG.
po·lo /póʊloʊ/ *n* ポロ《馬に乗った競技者がチームに分かれ, スティックで木のボールを打ちゴールに入れる競技》; WATER POLO; POLO NECK [SHIRT]. ♦ **~·ist** *n* [Balti=ball]
Polo[1] ポーロ **Marco** ~ (1254–1324)《ヴェネツィアの旅行家; 中国各地を歴訪,『東方見聞録』を口述》.
Polo[2]〘商標〙ポロ《小さいドーナツ形のペパーミントキャンディー》.
pólo·còat *n* ポロコート《キャメル地の高級カジュアルコート; もとポロ競技観戦用》.
pólo·crosse /-krɔ̀(:)s, -kràs/ *n* ポロクロス《先にネットの付いた棒を持って行なう馬上球技》. [*polo*+*lacrosse*]
pó·lo·cỳte /póʊlə-/ *n*〘生〙極細胞 (polar body).
po·loi·dal /poʊlɔ́ɪdl/ *a* 〘理〙《磁場などが》極方向の, ポロイダルな《極座標において, 天頂角の変化する方向 (地球でいえば経線方向) を表わす; cf. TOROIDAL》.
Po·lo·kwa·ne /pàləkwá:ni/ ポロクワネ《南アフリカ共和国北部 Limpopo 州の市・州都; 旧称 Pietersburg》.
pol·o·naise /pàlənéɪz, *pòʊ-/ *n* **1**〘楽〙ポロネーズ《ポーランドの3拍子のゆるやかな舞踊; その舞曲》. **2** ポロネーズ《18 世紀に着用した婦人服; ぴったりした胴着と前裾を斜めに切り落としたスカートの組合わせ》. **3** ポロネーゼ《堅ゆで卵の黄身のみじん切り・パン粉・パセリをかけたポーランド風(野菜)料理》. ► *a* 〈料理が〉ポロネーゼの. [F (POLE[1])]
pólo nèck" とっくり襟(のセーター) (turtleneck). ♦ **pólo-nècked** *a*
Po·lo·nia /pəlóʊniə/ *n* 在外ポーランド系人.
po·lo·ni·um /pəlóʊniəm/ *n* 〘化〙ポロニウム《放射性元素; 記号 Po, 原子番号 84》. [L *Polonia* Poland]
Po·lo·ni·us /pəlóʊniəs/ ポローニアス《Shakespeare, *Hamlet* 中の人物; Laertes と Ophelia の父; 饒舌で子煩悩な内大臣; Claudius と人違いした Hamlet に殺される》.
po·lo·ny" /pəlóʊni/ *n* ポークの燻製ソーセージ. [? BOLOGNA or *Bolognian sausage*]
pólo pòny ポロ用の小馬.
pólo shìrt ポロシャツ.
pólo stìck ポロ用打球槌, ポロスティック.
Pol Pot /pál pát/ ポル・ポト (1925–98)《カンボジアの政治家; 生名 Saloth Sar; 民主カンボジア首相 (1976, 77–79), 共産党書記 (1963–81); 国民を大量虐殺, ヴェトナム軍侵攻によって政権を追われた (1979)》.
pol. sci. °political science.
Pol·ska /pɔ́:lska:/ ポールスカ《POLAND のポーランド語名》.
Pol·ta·va /pəltá:və/ ポルタヴァ《ウクライナ中東部の市; Peter 大帝の率いるロシア軍が Charles 12 世のスウェーデン軍を破った地 (1709)》.
pol·ter·geist /póʊltərgàɪst; pól-/ *n* 騒霊, ポルターガイスト《家の中の原因不明の音やできごとをひき起こすものといわれる》. [G (*poltern* to be noisy, *Geist* GHOST)]
pólt·fòot /póʊlt-/ *n, a* 《古》かま足 (clubfoot) (の).
Pol·to·ratsk /pàltərá:tsk/ ポルトラツク《ASHGABAT の旧称》.
pol·troon /paltrú:n/ *n* 無気力な臆病者[卑怯者], 腰抜け. ► *a* とても臆病な, 卑怯な, 怯懦(きょうだ)な; 卑劣な, なさけない. ♦ **~·ery** *n* 臆病, 卑怯, 怯懦. **~·ish** *a* 腰抜けの. **~·ish·ly** *adv* [F<It (*poltro* sluggard)]
poly[1] /páli/ 《口》*n* (*pl* **pól·ys**) ポリマー (polymer); ポリエチレン (polyethylene); ポリエステル (polyester) 繊維[生地, 衣服]; 多形核球 (polymorphonuclear leukocyte).
poly[2] *n*"《口》POLYTECHNIC.
poly- /páli/ *comb form*「多くの」「複」「ポリマー」(cf. MON-). [Gk (*polus* much, many)]
poly. polytechnic.
poly(A) /—éɪ/〘生化〙ポリ A (=*polyadenylic acid*)《RNA 中の物質; アデニンを含むヌクレオチドの連鎖からなる》.
pòly·acrýlamide *n* 〘化〙ポリアクリルアミド《白色固体; 濃化剤・懸濁剤》.
polyacrýlamide gèl 〘化〙ポリアクリルアミドゲル《特に電気泳動に用いる》.
pòly·acrylonítrile *n* 〘化〙ポリアクリロニトリル《合成繊維をつくるのに用いられる; 略 PAN》.
pòly·adélphous *a* 〘植〙〈雄蕊(ずい)が〉多体の,〈花が〉多体雄蕊の (cf. DIADELPHOUS, MONADELPHOUS): ~ stamens 多体雄蕊.
poly·ad·e·nyl·ate /pàliædnílèɪt, -ədénəlèɪt/ *n* 〘生化〙POLY(A). ♦ **pòly·àd·e·nýl·àt·ed** *a* **pòly·àd·e·nyl·átion** *n* [*polyadenyl*ic acid, *-ate*[3]]
pòly·adenýlic ácid 〘生化〙ポリアデニル酸 (poly(A)).
poly·ad·ic /pàliǽdɪk/ *a* 〘論・数〙ポリアディックの《複数 [3つ以上] の量・要素・独立変数[変項]などを含む》.
pòly·álcohol *n* 〘化〙多価アルコール《2つ以上の水酸基をもつアルコール》.
pòly·alphabétic substitútion 〘暗号〙多表換字法《複数の暗号表を用い, 原文の文字を次々と異なる暗号に置換する換字法; cf. MONOALPHABETIC SUBSTITUTION》.
pòly·ámide *n* 〘化〙ポリアミド《ナイロン・アミラン・タンパク質など酸アミド基が長鎖状につながった化合物》.
poly·amine /páliəmì:n, pàliǽmì:n/ *n* 〘生化〙ポリアミン《アミノ基を2つ以上含む化合物》.

poly·am·ory /pɑ̀liǽməri/ *n* ポリアモリー《一度に複数のオープンな恋愛関係をもつこと》. ◆ **-ám·or·ist** *n* **-ám·o·rous** *a*
poly·an·dry /pɑ́liæ̀ndri, ⌣—⌣—/ *n* 一妻多夫 (cf. MONANDRY),《動物の》一雌多雄;〘生〙多精核融合,〘植〙多雄蕊(性). ◆ **pòly·án·drist** *n* 多夫を有する女. **pòly·án·drous** *a* **pòly·án·dric** *a* [Gk (*andry*)]
pòly·ángular *a* 多角の.
poly·an·tha /pɑ̀liǽnθə/ *n* 〘植〙ポリアンサバラ (=～ **ròse**)《ふさ咲き小輪バラ; ノイバラとコウシンバラの交雑種; 重要な台木となる》.
poly·an·thus /pɑ̀liǽnθəs/ *n* (*pl* ～**·es, -thi** /-θàɪ, -θìː/) 〘植〙 **a** プリムラ·ポリアンサ, ポリアンサス, ポリアンサ《サクラソウ属の一種》. **b** フサザキスイセン (=～ **narcìssus**). ['多くの花 (⇨ ANTH-[2]) をもつ' の意]
poly·ar·chy /pɑ́liɑ̀ːrki/ *n* 多頭政治 (opp. *oligarchy*).
pòly·atómic *a* 〘化〙多原子の[からなる], 多価の.
pòly·básic *a* 〘化〙多塩基の. ◆ **-basícity** *n*
poly·ba·site /pɑ̀libéɪsàɪt/ *n* 〘鉱〙輝安銅銀鉱, 雑銀鉱.
Po·lyb·i·us /pəlíbiəs/ ポリュビオス (c. 200–c. 118 B.C.)《ギリシアの歴史家; 人質としてローマに送られ Scipio Aemilianus の保護をうけた;『歴史』(40 巻); 略 Polyb.》.
pòly·bró·min·àt·ed biphényl 〘化〙ポリ臭化ビフェニル《毒性の強い汚染物質; 略 PBB》.
pòly·butadíene *n* 〘化〙ポリブタジエン《合成ゴム; 耐摩耗性が高く, 特にタイヤの材料とする》.
pòly·cárbonate *n* 〘化〙ポリカーボネート《透明で丈夫な熱可塑性物質》.
pòly·carboxýlic *a* 〘化〙分子中に 2 個以上のカルボキシル基を含む: ～ acid ポリカルボン酸.
Pol·y·carp /pɑ́likɑ̀ːrp/ [Saint] 聖ポリュカルポス (A.D. 69?–?155)《小アジアの Smyrna の司教·殉教者; 聖人, 祝日 2 月 23 日 (もと 1 月 26 日)》.
pòly·cárpellary *a* 〘植〙多心皮の (cf. MONOCARPELLARY): a ～ pistil 多心皮雌蕊(しべ).
pòly·cárpous, -cárpic 〘植〙*a* 多結実の《繰り返して結実する》; 多子房の雌器を有する; POLYCARPELLARY. ◆ **póly·càrpy** *n*
pòly·céntric *a* 〈染色体が〉多動原体の;〘植〙多心性の; 多中心主義 (polycentrism) の.
pòly·céntrism *n* 《社会主義諸国間の》多中心[多極]主義. ◆ **-trist** *n, a*
poly·chaete /pɑ́likìːt/ *n, a* 〘動〙多毛類 (Polychaeta) の(環形動物)《ゴカイ·イソメなど》. ◆ **pòly·cháe·tous, -cháe·tan** *a*
poly·cha·sium /pɑ̀likéɪziəm, -ʒ(i)əm/ *n* (*pl* **-sia** /-ziə, -ʒ(i)ə/) 〘植〙多出集散花序 (cf. MONOCHASIUM, DICHASIUM).
pòly·chlórinated biphényl 〘化〙ポリ塩化ビフェニル《熱可塑性重合体; 利用価値は高いが有毒な汚染源となる; 略 PCB》.
pòly·chlòro·bi·phényl *n* 〘化〙POLYCHLORINATED BIPHENYL.
poly·chot·o·mous /pɑ̀likɑ́təməs/ *a* 多くの部分[枝, 類]に分かれた. ◆ **-chót·o·my** *n*
pòly·chrómate *n* 〘化〙ポリクロム酸塩《クロム酸が 2–4 個縮合したものの塩》.
pòly·chromátic *a* 多色の〈放射など〉; 多染性の〈赤芽球〉. ◆ **-chrómatism** *n*
pòly·chromàto·phília *n* 《酸性·アルカリ性染料などの》2 種以上の染料で染まる性質, 多染性. ◆ **-phílic** *a*
póly·chròme *n* 多彩色(のもの). ► *a* 多彩色の, 多色刷りの. ► *vt* …に多色彩飾を施す. ◆ **～d** *a* **póly·chrò·my** *n* 多色彩飾; 多色画法. **-chròmous** *a*
pòly·chrómic *a* POLYCHROMATIC.
pòly·cistrónic *a* 〘生化〙多[ポリ]シストロン性の《複数シストロンによる遺伝情報をもつ》.
pòly·clínic *n* 総合診療所, 総合病院.
Pol·y·cli·tus, -clei- /pɑ̀lɪkláɪtəs/ ポリュクレイトス《紀元前 5 世紀のギリシアの彫刻家·建築家》.
pòly·clónal *a* 〘生〙多クローン(性)の.
pòly·condensátion *n* 〘化〙重縮合《分子量の大きい化合物を生じる縮合》.
pòly·cónic *a* 多円錐の.
polycónic projéction 〘地図〙多円錐図法.
póly·cot /-kɑ̀t/, **póly·còtyl** *n* POLYCOTYLEDON.
póly·còtton /, —⌣—/ *n* ポリコットン《ポリエステルと綿の混紡》.
pòly·cotylédon *n* 〘植〙多子葉植物. ◆ **～·ous** *a*
Po·lyc·ra·tes /pəlíkrətìːz/ ポリュクラテス (d. ?522 B.C.)《ギリシアの Samos 島の僭主》.
pòly·crýstalline *a* 多結晶(質)の. ◆ **póly·crỳstal** *n* 多結晶質.
pòly·cúlture *n* 混作; 混種飼育.
pòly·cýclic *a* 〘化〙多環式の〈化合物〉;〘電〙多周波の;〘生〙《輪虫などの》雄虫が年 2 回以上出現する, 多輪廻(りんね)の;〘植〙多環の. ► *n* 〘化〙多環式化合物.
polycýclic aromátic hydrocárbon 〘化〙多環芳香族炭化水素《縮合ベンゼン環をもつ炭化水素の総称; benzopyrene などの発癌性物質を含む; 略 PAH》.
pòly·cyésis *n* 〘医〙多胎妊娠, 多妊娠, 多妊.
pòly·cýstic *a* 〘医·生〙多嚢胞(性)の: a ～ kidney 多発性嚢胞腎 / ～ disease 多嚢胞性疾患.
polycýstic kídney disèase 〘医〙多発性嚢胞腎《両方の腎臓に多数の嚢胞が形成される遺伝性疾患》.
polycýstic óvary [ovárian] sỳndrome 〘医〙多嚢胞性卵巣症候群《排卵障害, 月経異常, 多毛, 肥満, 不妊などを伴う》.
pòly·cy·thé·mia | -tháe- /-saɪθíːmiə/ *n* 〘医〙赤血球増加(症). ◆ **-mic** *a*
polycythémia vé·ra /-víərə/ 〘医〙真性赤血球増加(症).
pòly·cytidýlic ácid 〘生化〙ポリシチジル酸《シチジル酸残基のみからなる RNA またはその一部分; mRNA として機能するときはプロリン残基からなるポリペプチド鎖の鋳型となる》.
pòly·dác·tyl /-dǽkt(ə)l/ 〘動·医〙*a* 多指[多趾]の. ► *n* 多指の人, 多趾動物. ◆ **～·ìsm, -dác·ty·ly** *n* 多指[多趾](症). **-dác·tyl·ous** *a*
pòly·dáemon·ìsm *n* 多魔神信仰, 多邪神教.
poly·dem·ic /pɑ̀lidémɪk/ *a* 《まれ》〘生態〙複数の地方に分布する, 多地方分布性の. [*poly*-+*endemic*]
Pol·y·deu·ces /pɑ̀lɪd(j)úːsiz/ ポリュデウケース《POLLUX のギリシア語名》.
pòly·díp·sia /-dípsiə/ *n* 〘医〙《糖尿病などに併発する》煩渇多飲(症), 多飲(症). ◆ **-díp·sic** *a*
pòly·dispérse *a* 〘理·化〙大きさの異なる粒子を含むゾルの, 多分散系の. ◆ **-dispérsity** *n*
Pol·y·do·rus /pɑ̀lɪdɔ́ːrəs/ **1** ポリュドーロス《紀元前 1 世紀のギリシア Rhodes 島の彫刻家で, ラーオコオーン (Laocoön) 群像制作者の一人》. **2** 〘ギ神〙ポリュドーロス《(1) テーバイ市を創建した Cadmus と Harmonia の子 (2) Priam の末子; Homer によると Achilles に殺された; 他説では Polymnestor に殺害された》.
pòly·drúg *a* 多種の薬物を同時に使用する, 多種薬物使用の〈薬物濫用など〉.
pòly·eléctro·lỳte 〘化〙*n* 多価電解質; 高分子電解質.
pòly·ém·bry·o·ny /-émbriəni/ *n* 〘発生〙多胚現象, 多胚(形成[生殖]). ◆ **-embryónic** *a*
poly·ene /pɑ́liìːn/ *n* 〘化〙ポリエン《多数の二重結合をもつ有機化合物》. ◆ **pòly·énic** *a*
póly·èster *n* 〘化〙ポリエステル《多価アルコールと多塩基酸が重縮合した高分子化合物》; ポリエステル繊維 (=～ **fíber**); ポリエステル樹脂 (=～ **résin [plástic]**). ► *a* ポリエステル[化繊]服を好む; 変化に乏しい, 個性[風情]のない, 画一的な, 安っぽい. ◆ **pòly·esterificátion** *n* ポリエステル化.
pòly·éstrous *a* 〘動〙多発情性の《年 2 回以上発情》.
poly·eth·ene /pɑ̀liéθìːn/ *n* 〘化〙ポリエテン (POLYETHYLENE).
pòly·éther *n* 〘化〙ポリエーテル《(1) 主鎖にエーテル結合を含む重合体 (2) これを用いてつくったポリウレタンフォーム》.
pòly·éthylene *n* 〘化〙ポリエチレン《エチレンの重合体》.
polyéthylene glýcol 〘化〙ポリエチレングリコール《水溶性の高分子化合物; 乳化剤·可塑剤·洗剤に用いる; 略 PEG》.
polyéthylene terephthálate 〘化〙ポリエチレンテレフタレート (⇨ PET).
póly·fòil *n* 〘建〙MULTIFOIL.
po·lyg·a·la /pəlígələ/ *n* 〘植〙ヒメハギ属 (*P*-) の各種の草本[半低木] (milkwort). [Gk *gala* milk]
poly·ga·la·ceous /pɑ̀lɪgəléɪʃəs/ *a* 〘植〙ヒメハギ科 (Polygalaceae) の.
pòly·gámic *a* POLYGAMOUS. ◆ **-i·cal** *a* **-i·cal·ly** *adv*
po·lyg·a·mous /pəlígəməs/ *a* 一夫多妻の;〘植〙雌雄混株の, 雑居性の;〘動〙多婚性の: ～ flowers 雑性花. ◆ **～·ly** *adv*
po·lyg·a·my /pəlígəmi/ *n* 複婚, 《特に》一夫多妻;〘植〙雌雄混株(性), 雑居性;〘動〙多婚性, 一雄多雌. ◆ **-mist** *n* 複婚を行なっている人, 多妻の人. **-mize** /-màɪz/ *vi* [Gk (*gamos* marriage)]
póly·gène *n* 〘生〙多遺伝子, ポリジーン《個別的には作用が弱いが多数が補足し合い量的形質の発現に関係する遺伝子》. ► *a* 〘地質〙2 種以上の成因による, 多成因性の.
pòly·génesis *n* **1** 〘生〙多原発生説《2 つ以上の原種から生物の種 (species) や品種 (race) が発生するという説; cf. MONOGENESIS》. **2** POLYGENISM. ◆ **-gén·e·sist** *n*
pòly·genétic *a* 〘生〙多原発生の (polyphyletic); 多元の: ～ dyestuff 多色染料. ◆ **-ical·ly** *adv*
pòly·génic *a* 〘化〙2 種以上の原子価をもつ;〘地質〙POLYGENE; POLYGENY の;〘生〙POLYGENE の. ◆ **-génically** *adv*
polygénic inhéritance 〘遺〙ポリジーン遺伝《ポリジーン系によって支配される遺伝現象》.
po·lyg·e·nism /pəlíʤənìz(ə)m/ *n* (人類)多原発生説《人種は多数の異なる祖から発生したとする; cf. MONOGENISM》. ◆ **-nist** *n*
po·lyg·e·nous /pəlíʤənəs/ *a* 多起源の, 多要素の;〘地質〙〈岩石などが〉多種の形成物からなる;〘化〙POLYGENIC.
po·lyg·e·ny /pəlíʤəni/ *n* 《人類の》多祖発生; POLYGENISM.

pòly·glándular *a* いくつもの腺の[に関係する], 多腺性の.

póly·glas(s) tíre /páliglæs-; -glà:s-/ ポリグラスタイヤ《ポリエステル繊維コードとグラスファイバーブライベルトで強化したタイヤ》.

poly·glot /páliglàt/ *a* 数か国語で書いた; 数か国語(対訳)の, 数か国語からなる; 数か国語を話す[書く]; いくつもの言語集団を含む; 数か国にまたがる: ～ cuisine 多国籍料理. ► *n* **1** 数か国語に通じた人, ポリグロット. **2** 数か国語対訳書, 数か国語で記した書物 [《特に》聖書]; 数か国語の混合. ♦ **póly·glòt·(t)ìsm** *n* **pòly·glót·tal, -glót·tic, -glót·tous** *a* [Gk (*glōtta* tongue)]

Pol·yg·no·tus /pàlıgnóʊtəs/ ポリュグノトス (c. 500–c. 440 B.C.)《ギリシアの画家》.

poly·gon /páligàn/ *n* 多角形, 多辺形 (⇨ TETRAGON): a regular ～ 正多角形 / the ～ of forces〖理〗力の多角形. ♦ **po·lyg·o·nal** /pəlígənl/ *a* **-nal·ly** *adv*

po·lyg·o·na·ceous /pəlìgənéıʃəs/ *a*〖植〗タデ科 (Polygonaceae) の.

po·lyg·o·num /pəlígənəm/ *n*〖植〗タデ属 (*P*-) の各種一年[多年]草《イブキトラノオ・イタドリ・アイなど》.

póly·gràph *n* 複写器; 多(方面)作家;〖医〗多用途(記録)計, ポリグラフ (cf. PATHOMETER); うそ発見器 (lie detector) (による検査). ► *vt* うそ発見器にかける. ♦ **pòly·gráph·ic** *a*

po·lyg·ra·pher /páligræ̀fər, pəlígrəfər; -grà:fər/, **-phist** /-fıst/ *n* ポリグラフ[うそ発見器]を操作する人.

po·lyg·ra·phy /pəlígrəfi/ *n*《文筆による》多作.

pòly·gy·nóe·cial /-ʤəní:ʃ(i)əl, -gàı-/ *a*〖植〗いくつものめしべ群からなる, 融合雌蕊(ずい)の.

po·lyg·y·nous /pəlíʤənəs/ *a* 一夫多妻の;〖植〗多雌蕊(ずい)(植物)の.

po·lyg·y·ny /pəlíʤəni/ *n* 一夫多妻;〖植〗多雌蕊;〖動〗一雄多雌, 多雌性;〖動〗多卵核融合. [Gk *gunē* wife]

polyhédral àngle〖数〗多面角.

pòly·hédron *n* (*pl* ～**s**, **-dra**) 多面体 (⇨ TETRAHEDRON);〖生〗多角体. ♦ **-hédral, -hé·dric** *a* [Gk (*hedra* base)]

poly·he·dro·sis /pàlihidróʊsəs/ *n* (*pl* **-ses** /-sì:z/)〖昆〗多角体病《ウイルスの感染による》.

pòly·hidrósis *n*〖医〗多汗(症).

poly·his·tor /pàlihístər/, **poly·his·to·ri·an** /-hıstɔ́:riən/ *n* 博識家 (polymath). ♦ **-tor·ic** /-hıstɔ́(:)rık, -tár-/ *a* [Gk (*histōr* wise man)]

pòly·hýdric *a*〖化〗多水酸基の: ～ alcohol [phenol] 多価アルコール[フェノール].

pòly·hydróxy *a*〖化〗多水酸基の (polyhydric).

Poly·hym·nia /pàlihímniə/, **Po·lym·nia** /pəlímniə/〖ギ神〗ポリュヒュムニアー, ポリュームニアー《賛歌をつかさどる女神; ムーサたち (nine Muses) の一人》.

poly I:C /páli àısí:/〖生化〗ポリ IC《インターフェロン生産を促進する合成リボ核酸》. [*poly*inosinic-poly*c*ytidylic acid]

pòly·ímide *n*〖化〗ポリイミド《耐熱性の樹脂》.

pòly·inosínic ácid〖生化〗ポリイノシン酸.

poly I:poly C /páli áı pàli sí:/ POLY I:C.

pòly·ísoprene *n*〖化〗ポリイソプレン《イソプレンの重合体》.

poly·ke·tide /pàlikí:tàıd/ *n*〖化〗ポリケチド, ポリケタイド《微生物などが脂肪酸合成に似た経路で合成する代謝物質; エリスロマイシン・テトラサイクリンなどは抗生物質として利用される》.

póly·lìne *n*〖電算〗多角形《描画プログラムで, 線分からなる閉じた図形; またその描画ツール; cf. POLYGON》.

poly·logue /pálilɔ̀(:)g, -làg/ *n* 多人数会話[討論].

pòly·lýsine *n*〖生化〗ポリリシン《リシン分子のペプチド連鎖からなるポリペプチド》.

pòly·más·ti·gote /-mǽstəgòʊt/ *a*〖動・植〗多鞭毛の.

poly·math /pálimæ̀θ/ *n*, *a* 博識家 (polyhistor) (の). ♦ **pòly·máth·ic** *a* **po·lym·a·thy** /pəlíməθi/ *n* 博学. [Gk *math-manthanō* to learn]

poly·mer /páləmər/ *n*〖化〗重合体, ポリマー (cf. MONOMER). [逆成く*polymer*ic]

poly·mer·ase /páləmərèıs, -z/ *n*〖生化〗ポリメラーゼ《DNA, RNA 形成の触媒となる酵素》.

pólymerase cháin reàction〖生化〗複製[ポリメラーゼ]連鎖反応《DNA 鎖の特定部位のみを繰り返し複製し増幅する反応; DNA 2 本鎖の解離, オリゴヌクレオチドとのアニーリング (annealing), DNA ポリメラーゼを利用しての相補鎖合成の 3 反応を繰り返すことにより微量の DNA を 10^6 程度まで増幅する; 略 PCR》.

poly·mer·ic /pàləmérık/ *a*〖化〗重合の, 重合による, 重合体の;〖遺〗多因子の: ～ genes 同義遺伝子. ♦ **-i·cal·ly** *adv* [Gk (*meros* part)]

po·lym·er·ism /pəlímərìz(ə)m, pálə-/ *n*〖化〗重合;〖生〗多部分からなること, 多数性;〖植〗複合輪生.

pólymer·ìze /, pəlím-/ *vi*, *vt*〖化〗重合する[させる]. ♦ **-ìzable** *a* **pòlymer·izátion** /, pəlìm-/ *n* 重合.

po·lym·er·ous /pəlímərəs/ *a*〖生〗多部分からなる;〖植〗〈花が〉複合輪成体の.

pòly·metállic *a* 多金属の〈鉱床〉, 数種の金属を含む.

pòly·méthyl methácrylate〖化〗ポリメタクリル酸メチル.

Pol·ym·nes·tor /pàləmnέstər/〖ギ神〗ポリュムネーストール, ポリュメーストール《トラキア王; トロイア戦争時に Priam が Polydorus に持たせた莫大な宝に目がくらんで Polydorus を殺害》.

Polymnia ⇨ POLYHYMNIA.

póly·mòrph *n*〖動・植・化〗多形, 多型;〖晶〗同質異像;〖解〗多形核球 (polymorphonuclear leukocyte).

pòly·mórphism *n*〖晶〗多形, 同質異像;〖動・植〗多形性, 多型(性) (pleomorphism). ♦ **-mórphic** *a* **-mór·phi·cal·ly** *adv*

pòly·mòrpho·núclear〖解〗*a* 多形核の[を有する]. ► *n* 多形核(白血)球 (＝～ **léukocyte**).

pòly·mórphous *a* 多様な形[性質, 様式]をもつ, 多形[多型]の. ♦ **～·ly** *adv*

polymórphous pervérsity〖精神医〗多形倒錯《幼児性欲があらゆる倒錯的傾向を発現しやすいこと》. ♦ **polymórphously pervérse** *a*

pòly·myosítis *n*〖医〗多発(性)筋炎《複数の随意筋の同時炎症》.

poly·myx·in /pàlimíksən/ *n*〖薬〗ポリミキシン《土壌菌から得る抗生物質; グラム陰性菌, 特に細菌性眼炎に有効》.

Poly·ne·sia /pàləní:ʒə, -ʃə; -ziə/ ポリネシア《太平洋中南部に広がる島々; Hawaii, Line, Tuvalu, Phoenix, Tonga, Cook, Samoa の各諸島, Easter 島などを含む》. [Gk *nēsos* island]

Pòly·né·sian *a* ポリネシア(人[語派])の;〖生物地理〗ポリネシア亜区の. ► *n* ポリネシア人;〖言〗《オーストロネシア語族の》ポリネシア語群[語派].

pòly·neurítis *n*〖医〗多発(性)神経炎. ♦ **-neurític** *a*

polynia ⇨ POLYNYA.

Pol·y·ni·ces /pàlənáısiz/〖ギ神〗ポリュネイケース《Oedipus と Jocasta の息子; ⇨ ETEOCLES》.

pòly·nó·mi·al /-nóʊmiəl/ *n*〖数〗多項式;〖動・植〗《3 語以上からなる》多名式学名. ► *a* 多名式の〈命名法〉;〖数〗多項(式)の: a ～ expression 多項式.

pòly·núclear, -núcleate *a*〖理・生〗多核の.

polynúclear aromátic hydrocárbon〖化〗多核芳香族炭化水素 (polycyclic aromatic hydrocarbon).

pòly·núcleotide *n*〖生化〗ポリヌクレオチド《ヌクレオチドが鎖状に重合したもの》.

po·lyn·ya, -ia /pàlənjá:/ *n* 氷湖, 氷に囲まれた水域, ポリニヤ《一般に定着氷》. [Russ]

poly·ol /páliɔ̀(:)l, -òʊl, -àl/ *n*〖化〗多価アルコール, ポリオール. [al-coh*ol*]

pòly·ólefin *n*〖化〗ポリオレフィン《オレフィンの重合によってつくられる樹脂状物質》.

poly·óma(·vìrus) /pàlióʊmə(-)/ *n* ポリオーマウイルス《齧歯動物に種々の癌を起こさせる》.

poly·om·i·no /pàliámənòʊ/ *n* (*pl* ～**es**, ～**s**) ポリオミノ《いくつもの正方形を組み合わせてできる多角形》. [*domino*]

poly·on·y·mous /pàliánəməs/ *a* 数個の名のある, 多名の. ♦ **pòly·ón·y·my** *n* 多名(使用).

pòly·ópia *n*〖医〗多視(症).

pol·yp /páləp/ *n*〖動〗ポリプ《刺胞動物の基本的な形態で, 固着生活をする時期のもの》;《群体を構成する》個虫 (zooid);〖医〗茸腫(じょう), ポリープ《外皮・粘膜などの突出した腫瘤; 喉頭・胃・腸などにしばしば見られる》. [F POLYPUS]

pólyp·àry /; -əri/, **poly·par·i·um** /pàlipέəriəm/ *n*〖動〗ポリプ母体.

póly·pèd *a*, *n* 多くの足をもった(もの), 多足の(もの).

pòly·péptide *n*〖生化〗ポリペプチド《多くのアミノ酸がペプチド結合した化合物》. ♦ **-pep·tid·ic** /-pεptídık/ *a*

pòly·pétal·ous *a*〖植〗多弁[離弁]の〈花〉.

poly·pha·gia /pàliféıʤ(i)ə/ *n*〖動〗多食[雑食]性《多くの科の生物を食すること》;〖医〗多食(症). ♦ **po·lyph·a·gous** /pəlífəgəs/ *a*

po·lyph·a·gy /pəlífəʤi/ *n* POLYPHAGIA.

pòly·phármacy *n* 多剤投与, 多剤併用《特に同時に多数の薬を投与する療法》.

póly·phàse *a*〖電〗多相の: a ～ current 多相電流 / a ～ dynamo [motor] 多相発電[電動]機.

pòly·phásic *a* 2 つ以上の相からなる, 多相の.

Poly·phe·mus /pàləfí:məs/〖ギ神〗ポリュペーモス《一つ目巨人 Cyclopes の首長; Odysseus に盲にされた》.

polyphémus móth〖昆〗ポリフェムスヤママユ《北米産; ヤママユガ科》.

pòly·phénol *n*〖化〗ポリフェノール, 多価フェノール《水酸基が 2 個以上あるフェノール》. ♦ **-phenólic** *a*

pòly·philo·progénitive *a* (きわめて)多産の (philoprogenitive).

póly·phòne *n*〖音〗多音字《read の *ea* (/i:/, /ε/) など》.

pòly·phónic, po·lyph·o·nous /pəlífənəs/ *a* 多音の; 韻律[律格]変化のある;〖楽〗2 つ以上の独立した声部をもつ, 多声(音楽)の,

ポリフォニックの;〘音〙多音を表示する. ◆ **-phón·i·cal·ly, -nous·ly** *adv*

polyphónic próse 詩的散文《厳密な韻律はないが, 頭韻・類韻・脚韻などを踏む》.

po·lyph·o·ny /pəlífəni/ *n* 〘音〙多音;〘楽〙多声音楽, ポリフォニー (cf. HOMOPHONY). ◆ **-nist** *n* 多声音楽作曲家.

pòly·phosphóric ácid 〘化〙ポリリン酸.

pòly·phylétic *a* 〘生〙多種の祖先型から発生した, 多元性の, 多系の (opp. *monophyletic*): a ~ group 多元的集団, 多系統群. ◆ **-i·cal·ly** *adv* **-phy·lét·i·cìsm** *n*

poly·phy·odont /pàlifáɪədànt/ 〘動〙*a* 多換歯[多生歯]性の《歯を何度でも更新する》. ► *n* 多換歯[多生歯]性動物.

polypi *n* POLYPUS の複数形.

pol·yp·ide /páləpàɪd/ *n* 〘生〙《コケムシ類の》個虫.

po·lypi·dom /pəlípədəm/ *n* 《古》 POLYPARY.

póly·plòid 〘生〙*a* (多)倍数性[体]の《基本数の数倍の染色体数を有する》. ► *n* (多)倍数体. ◆ **-plòidy** *n* (多)倍数性.

po·lyp·nea, -noea /palípniə, pə-/ *n* 〘医〙多呼吸. ◆ **po·lýp·ne·ic** /-niɪk/ *a*

póly·pòd *a, n* 〘動〙多足[腹脚]をもつ(動物).

poly·po·dy /páləpòudi/ *n* 〘植〙エゾデンダ《ウラボシ科エゾデンダ属のシダ類》: the common ~ オオエゾデンダ.

pólyp·òid *a* 〘動・医〙ポリ(ー)プ状の.

póly·pòre *n* 〘植〙PORE FUNGUS.

pòly·po·sis /pàlɪpóusəs/ *n* (*pl* **-ses** /-sì:z/) 〘医〙ポリープ症, ポリポ(ー)シス《多数の腫瘍[ポリープ]の形成》. [*polyp, -osis*]

pólyp·ous *a* 〘動・医〙ポリ(ー)プの[に関する, 状の].

pòly·própylene *n* 〘化〙ポリプロピレン《合成樹脂・合成繊維の原料》.

pòly·pro·tic /pàlipróutɪk/ *a* 〘化〙〈酸・塩基が〉多陽子の《2 個以上の陽子を供与または受容する》.

pòly·pró·to·dont /-próutədànt/ *a, n* 〘動〙多門歯類の(動物)《有袋動物: opossum, bandicoot など》.

pol·yp·tych /páləptɪk, pəlíptɪk/ *n* ポリプティック《聖壇の背後などの 4 枚以上のパネルをつづり合わせた画像[彫刻]; cf. DIPTYCH, TRIPTYCH》. [Gk=with many folds]

poly·pus /páləpəs/ *n* (*pl* **-pi** /-pàɪ/, **~·es**) 〘医〙POLYP. [Gk (*pous* foot)]

póly·rhỳthm *n* 〘楽〙ポリリズム《対照的リズムの同時的組合わせ》. ◆ **pòly·rhýthmic** *a* **-mical·ly** *adv*

pòly·rìbo·núcleotide *n* 〘生化〙ポリリボヌクレオチド《RNA ポリメラーゼの作用で合成されるポリヌクレオチド》.

pòly·ríbo·sòme *n* 〘生化〙ポリリボソーム《数個から数十個のリボソームが 1 本の messenger RNA に結合したもの》. ◆ **-rìbo·sóm·al** *a*

pòly·sáccharide *n* 〘化〙多糖 (cf. MONOSACCHARIDE).

pòly·sáccharose *n* 〘化〙POLYSACCHARIDE.

pòly·saprόbic *a* 〘生態〙分解した有機質が多く遊離酸素がない水の中で生活する, 多腐生水中生活の.

pòly·sé·mic /-sí:mɪk/ *a* POLYSEMOUS.

pòly·sé·mous /-sí:məs, pəlísə-/ *a* 多義の. ◆ **póly·sè·my** *n* 多義(性). [L (Gk *sēma* sign)]

pòly·sépalous 〘植〙*a* 萼片の分離した; 多萼片の.

pòly·séxual *a* 多様な性的傾向が混在した, 汎性欲的な (pansexual).

póly·sòme *n* 〘生化〙ポリソーム (POLYRIBOSOME).

pòly·sómic *a* 〘遺〙多染色体性の. ► *n* 多染色体生物.

pòly·sórbate *n* 〘化〙ポリソルベート《薬剤・食品調製用の表面活性剤》.

po·lys·ti·chous /pəlístɪkəs/ *a* 〘植〙多列生の.

póly·stỳle 〘建〙*a* 多柱式の. ► *n* 多柱式建築(物).

pòly·stýrene *n* 〘化〙ポリスチレン《スチレンの重合体; 成形品・発泡ポリスチレン[発泡スチロール]・シート材料などとして用いる; cf. STYROFOAM》.

polystýrene cemént ポリスチレン接着剤《プラスチックの接着用》.

pòly·súlfide *n* 〘化〙多硫化物;《有機で》ポリスルフィド.

pòly·súlfone *n* 〘化〙ポリスルホン《耐酸・耐アルカリ・耐酸化性のあるポリマー; 電器製品などに使用》.

pòly·syllábic, -ical *a* 多音節の; 多音節語の多い〈言語・文章〉. ◆ **-ical·ly** *adv*

póly·sỳllable *n* 多音節語《3 音節以上》.

pòly·sýllogism *n* 〘論〙複合三段論法.

pòly·synáptic *a* 〘生理〙《中枢神経の》2 つ以上のシナプス (synapse) の関与する: ~ reflex 多シナプス反射. ◆ **-ti·cal·ly** *adv*

pòly·sýn·de·ton /-síndətàn/ *n* 〘修〙連辞畳用《文中に接続詞を多用すること; cf. ASYNDETON》.

pòly·sýnthesis *n* 〘言〙POLYSYNTHESISM.

pòly·sýn·the·sism /-sínθəsìz(ə)m/ *n* 多くの要素の統合[総合];〘言〙多総合性.

pòly·synthétic, -ical *a* 多くの要素を統合[総合]する;〘言〙多総合的な: a ~ language 多総合的言語《言語の類型分類の一つ; アメリカインディアンの言語のように, すべての構成要素が密に結合していて分析のできない全体をなし 1 語で文をなす言語; cf. SYNTHETIC language》.

polytech. polytechnic.

pòly·téchnic *a* 諸工芸の, 科学技術の: a ~ school 工芸学校. ► *n* 工芸学校, 科学技術専門学校;〘英〙ポリテクニック《大学レベルの総合技術専門学校; 1992 年に university として認定され, この名は公式名としては廃止された》.

pòly·téchnical *a* POLYTECHNIC.

poly·tene /pálitì:n/ *a* 〘生〙多糸の《染色体の縦列分裂で分離せず平行する束になったものにいう》. ◆ **-te·ny** /-tì:ni/ *n*

pòly·tètra·flùoro·éthylene *n* 〘化〙ポリテトラフルオロエチレン《テトラフルオロエチレンの重合体; パッキング・パイプ・絶縁材料などに使用; 略 PTFE》.

póly·theìsm *n* 多神教[論], 多神崇拝 (cf. MONOTHEISM). ◆ **-thèist** *n* 多神教信者, 多神論者. **pòly·theístic, -tical** *a* **-tical·ly** *adv*

poly·theneǁ /páləθì:n/ *n* 〘化〙POLYETHYLENE.

pòly·thét·ic /-θétɪk/ *a* 〘生〙多形質的な《ある類に属するかどうかを複数の形質を共有することによって決める分類法についていう; cf. MONOTHETIC》. [*poly-*+Gk *thetos* placed, arranged+*-ic*]

po·lyt·o·cous /pəlítəkəs/ *a* 〘動〙一度に多くの卵[子]を産む, 多胎の.

pòly·tónal·ìsm *n* 〘楽〙多調主義.

pòly·tonálity *n* 〘楽〙多調性《2 つ以上の異なる調性を用いること》. ◆ **pòly·tónal** *a* **-nal·ly** *adv*

pòly·tróphic *a* 〘生〙多種栄養の〈細菌など〉.

póly·tùnnel *n* 〘農〙ビニールハウス.

póly·tỳpe *n* ポリタイプ《多形体結晶構造》. ◆ **-tỳp·ism** *n*

pòly·týp·ic /-típɪk/, **-i·cal** *a* 〘生〙〈種などが〉多型の《下位の分類階級に分割される場合; opp. *monotypic*》: ~ evolution 多型的進化《同時に 2 か所以上の場所に生じる種の分岐》.

pòly·ùn·sáturate *n* 〘化〙多価不飽和脂肪(酸).

pòly·ùn·sáturated *a* 〘化〙〈脂肪・脂肪酸が〉不飽和結合の多い, 多価不飽和の.

pòly·úrethane, -úrethan *n* 〘化〙ポリウレタン《主鎖にウレタン結合をもつ高分子化合物; 合成繊維・合成ゴム用》.

pòly·úria *n* 〘医〙多尿(症). ◆ **-úric** *a*

pòly·uridýlic ácid 〘生化〙ポリウリジル酸《ウリジル酸残基のみからなるポリヌクレオチド》.

pòly·válent *a* 〘化〙多価の (multivalent);〘生化〙《血清をつくるのに》種々の菌を混合した, 多価の〈抗体・ワクチン〉(cf. MONOVALENT); 多機能[多形態, 多面]的な. ◆ **pòly·válence, -válency** *n*

pòly·vér·si·ty /-vá:rsəti/ *n* MULTIVERSITY.

pòly·vínyl *n, a* 〘化〙ポリ[重合]ビニル(の).

polyvínyl ácetate 〘化〙ポリ酢酸ビニル《略 PVA》.

polyvínyl chlóride 〘化〙ポリ塩化ビニル《略 PVC》.

pòly·vinýlidene *a* 〘化〙重合ビニリデンの[に関する].

polyvinýlidene chlóride 〘化〙ポリ塩化ビニリデン.

polyvínyl résin 〘化〙ポリビニール樹脂.

póly·wàter *n* 〘化〙重合水, ポリウォーター (=*superwater*).

Po·lyx·e·na /pəlíksənə/ 〘ギ神〙ポリュクセネー《トロイア王 Priam の娘; Achilles の魂を鎮めるため人身御供にされた》.

poly·zo·an /pàlizóuən/ *a, n* コケムシ(の) (bryozoan).

poly·zo·ar·i·um /-zouέəriəm/ *n* (*pl* **-ar·ia** /-riə/) 〘動〙コケムシ群体[骨格].

pòly·zóic 〘動〙*a* 多くの個虫 (zooid) からなる;〈胞子虫が〉多くの種虫を生産する.

pom[1] /pám/ *n* 〘犬〙POMERANIAN.

pom[2] *n* [ˢP-] 《豪俗》POMMY.

pom. pomological ♦ pomology.

POM prescription-only medicine [medication].

Po·ma /póumə/ 〘商標〙ポマ《J-bar に似たリフト》.

pom·ace /pʌ́məs, pá-/ *n* 《リンゴの》しぼりかす;《魚油・ひまし油などの》しぼりかす《肥料》. [L=cider (*pomum* apple)]

pómace flỳ 〘昆〙ショウジョウバエ (fruit fly).

po·ma·ceous /pouméɪʃəs, pa-/ *a* リンゴの; ナシ状果 (pome) のような.

po·made /pouméɪd, -má:d/ *n* ポマード (=*pomatum*). ► *vt* …にポマードをつける: ~*d* hair. [F<It (POMACE); もとリンゴが原料]

po·man·der /póumændər, ―⌐―/ *n* ポマンダー (**1**) 防臭または疫病除けのため, 細かい穴のあいた袋や金属製の小箱に入れて携帯した匂い玉 **2**) 匂い玉として使うチョウジを刺したオレンジ[リンゴ]》;《金属製の》匂い玉入れ. [C15 *pom(e)amber*<AF<L *pomum de ambra* apple of ambergris]

pó·ma·rine jáeger* /póuməràɪn-, -rən-/ 〘鳥〙トウゾクカモメ.

pómarine skúaǁ 〘鳥〙トウゾクカモメ.

po·ma·tum /pouméɪtəm, -má:-/ *n, vt* POMADE.

Pom·bal /poumbá:l/ ポンバル Marquês **de** ~ (1699–1782)《本名 Sebastião José de Carvalho e Mello; ポルトガルの政治家; 1750–

77 年独裁的に支配し, 啓蒙専制主義の確立に努めた》.

pom·be /pámbɛ/ *n* ポンベ《中央アフリカ・東アフリカの雑穀で造る酒》. [Swahili]

pome /póʊm/ *n* 〔植〕ナシ状果, 仁果《リンゴ・ナシ・マルメロなど》; 金属球; 《詩》リンゴ. [OF＜Romanic (pl)＜*pomum* fruit, apple]

pome·gran·ate /pám(ə)grænət, pʌ́m-, ⌣(⌣)⌣⌣/ *n* 〔植〕ザクロ(の実); 暗赤色, ざくろ色; 《豪俗》POMMY. [OF *pome grenate*＜Romanic＝many-seeded apple (POME)]

pom·e·lo /páməlòʊ/ *n* (*pl* ～**s**) ザボン (shaddock); グレープフルーツ (grapefruit). [C19＜?; cf. Du *pompelmoes* shaddock]

Pom·e·rán·chuk thèorem /pàmərǽnʧək-/ 〔理〕ポメランチュクの定理《高エネルギーのもとではある粒子とその反粒子の同じ標的粒子に対する断面積はほとんど同一であるというもの》. [Isaak Y. *Pomeranchuk* (1913–66) ソ連の理論物理学者]

Pom·er·a·nia /pàməréɪniə/ ポメラニア (*G* Pommern, *Pol* Pomorze)《バルト海沿岸部の Oder 川から Vistula 川に至る地域の歴史的名称; 現在大部分がポーランド領, 一部がドイツ領 Mecklenburg-West Pomerania 州北東部》.

Pòm·er·á·ni·an *a* ポメラニアの. ▶ *n* ポメラニア人; 〔犬〕ポメラニアン《ドイツ原産の小型で毛の長い愛玩犬》.

Pom·er·e·lia /pàmərí:liə, -ljə/ ポメレリア (G **Pom·me·rel·len** /*G* pɔmərέlən/)《ポーランド Vistula 川西部のバルト海沿岸地域の古代名; もと Pomerania の東端部》.

pom·e·ron /páməràn/ *n* 〔理〕ポメロン《反応粒子の全断面積が定数になるとの帰結につながる, 高エネルギー状態で優勢になる散乱振幅の極 (pole)》. [*Pomer*anchuk theorem, *-on*]

pom·fret[1] /pámfrət, pʌ́m-/ *n* (*pl* ～) 〔魚〕**a** シマガツオ《同科の魚の総称; 北太平洋産のシマガツオ(別名 エチオピア), 北大西洋産のニシシマガツオなど; 肉は白く美味》. **b** マナガツオ《同属の数種; 太平洋・インド洋産のマナガツオ, シナマナガツオなど》. **c** クロアジモドキ《太平洋・インド洋産; アジ科》. [変形＜*pamflet*＜?F *pample*]

pomfret[2] *n* ポムフレットケーキ (＝**～ càke**)《イングランド West Yorkshire の Pontefract (かつての Pomfret) で作る, 小さく円い甘草(かんぞう)入り菓子》.

pómi·cùlture /pámɪ-/ *n* 果実栽培.

po·mif·er·ous /poʊmíf(ə)rəs, pam-/ *a* 〔植〕ナシ状果 (pome) を結ぶ.

Pom·mard /poʊmá:rd/ *n* ポマール《**1**) ブルゴーニュ地方のワイン産地 **2**) 辛口の赤ワイン》.

pom·mée /paméɪ/ *a* 〔紋〕〈十字が〉先端のまるい. [F (pp)＜*pommer* to end in a round end]

pom·mel /pám(ə)l, pʌ́m-/ *n* 《鞍の》前橋(ぜんきょう); 《剣の》柄頭(つかがしら); 〔体操〕《鞍馬の》ハンドル, ポンメル. ▶ *vt* (-l- | -ll-) PUMMEL. [OF (dim)＜L POME]

pómmel hòrse 〔体操〕鞍馬 (＝*side horse*).

Pommerellen ⇨ POMERELIA.

Pom·mern /*G* pɔ́mərn/ ポンメルン《POMERANIA のドイツ語名》.

pommes frites /*F* pɔm frit/ *pl* フレンチフライ, フライドポテト (＝*frites*). [＜F *pommes de terre frites*＝fried potatoes]

pom·my, -mie /pámi/ [°P-] 《豪口》[°*derog*] *n* 英人 (＝*pom*), 英国からの移民. ▶ *a* 英人の, 英国の. [C20＜?; 一説に *pomegranate* と *immigrant* の blend (その赤ら顔より), または *p*risoner *o*f *m*other *E*ngland (流刑人について)]

po·mo /póʊmoʊ/ 《口》*a* POSTMODERN. ▶ *n* POSTMODERNISM.

Pomo *n* **a** (*pl* ～, ～**s**) ポモ族《California 州北西部の Russian 川流域および近隣の海岸部のインディアン; 精巧なかご作りで有名》. **b** ポモ語.

pomol. pomological ♦ pomology.

po·mol·o·gy /poʊmáləʤi, pa-/ *n* 果樹園芸学. ♦ **-gist** *n* **pò·mo·lóg·i·cal** *a* **-i·cal·ly** *adv*

Po·mo·na[1] /pəmóʊnə/ 〔ロ神〕ポーモーナ《果実の女神》.

Pomona[2] **1** ポモナ《California 州南西部 Los Angeles の東にある市》. **2** ポモナ《Orkney 諸島の MAINLAND の別称》.

Po·mo·rze /pɔ:mɔ́:ʒeɪ/ ポモージェ《POMERANIA のポーランド語名》.

pomp[1] /pámp/ *n* はなやかさ, 華麗, 壮観; ものものしさ; [*pl*] 見せびらかし, 虚飾, 虚栄; 《古》華麗な行列: the ～*s* and vanities of this world この世の虚飾と空虚さ / ～ and CIRCUMSTANCE. [OF,＜Gk＝procession]

pomp[2]* *n* POMPADOUR《髪型》; 《俗》短い髪型.

Pom·pa·dour /pámpədɔ̀:r, -dùər; *F* pɔ̃padu:r/ *n* **1** ポンパドゥール夫人 Marquise **de** ～ (1721–64)《フランス王 Louis 15 世の愛人; 本名 Jeanne-Antoinette Poisson; 文学・芸術のパトロン》. **2** [p-] **a** ポンパドゥール《**1**) 髪を全部とき上げて豊かにふくらませた女性の髪型 **2**) *前頭部の髪を盛り上げてバックにした男性の髪型 **3**) 襟を低く四角に切り落とした婦人用胴着 **4**) 小さな花柄(の絹[木綿]地)》. **b** ローズピンク. ♦ **～ed** *a* 《髪を》ポンパドゥールにした.

pom·pa·no /pámpənòʊ/ *n* (*pl* ～, ～**s**) 〔魚〕**a** コバンアジ属の一種《北米南部の大西洋産; 食用》. **b** 北米 California 近海産のマナガツオ科ニシマナガツオ属の食用魚. [Sp＜L]

Pom·pe·ian, -pei- /pampéɪən, -pí:-; -pí:-/ *a* POMPEII の; 〔美〕ポンペイ壁画風の. ▶ *n* ポンペイ人.

pompéian réd [°P-] 灰色がかった赤.

Pom·peii /pampéɪ, -péɪi:; -péɪi:/ ポンペイ《西暦 79 年 Vesuvius 山噴火のため埋没した Naples 近くの古都》.

pom·pel·mous, -moose /pámpəlmù:s/ *n* 〔植〕ザボン (shaddock). [Du]

Póm·pe's diséase /pámpəz-/ 〔医〕ポンペ病《糖原病の一つ》. [Johannes L. C. *Pompe* (1829–1908) オランダの医師]

Pom·pey[1] /pámpi/ ポンペイウス (106–48 B.C.)《ローマの軍人・政治家; ラテン語名 Gnaeus Pompeius Magnus, 通称 '～ the Great'; triumvirate に加わるが, Caesar と対立して Pharsalus で敗れ殺された》.

Pompey[2] 《俗》《イングランドの港町》PORTSMOUTH.

Pom·pi·dou /pámpədù:; *F* pɔ̃pidu/ ポンピドゥー **George(-Jean-Raymond)** ～ (1911–74)《フランスの政治家; 首相 (1962–68), 大統領 (1969–74)》.

Pómpidou Cèntre [the] ポンピドゥーセンター《Paris にあるフランスの総合文化センター; Pompidou 大統領によって創設が決定され, 1977 年開館; フランス語名 Centre Pompidou》.

póm·pi·er (ládder) /pámpɪər(-)/ 先端に鉤(かぎ)のある消防はしご. [F *pompier* fireman]

pom·pi·lid /pámpələd/ *n* 〔昆〕ベッコウバチ《ベッコウバチ科 (Pompilidae) のハチ》.

pom-pom /pámpàm/ *n* (自動)高射砲, 対空速射砲, ポンポン砲; 《もと》(自動)機関銃; ポンポン (pompon); 《軍卑》性交: a ～ girl パンパン(ガール). [imit]

pom·pon /pámpàn/ *n* ポンポン (pom-pom)《帽子・短靴・スリッパなどの, 丸い飾りのふさ[リボン]; チアガールなどの持つ飾り玉》; 《軍帽の》前立て; 〔植〕ポンポン咲きのダリア[キク]. ♦ **～ed** *a* 飾り玉[前立て]のついた. [F＜?]

pom·pos·i·ty /pampásəti/ *n* はなやかさ, もったいぶり, 尊大; 尊大ぶる人; 尊大[大げさ]な言動.

pom·po·so /pampóʊsoʊ/ *a, adv* 〔楽〕荘重な[に]. [It]

pómp·ous *a* もったいぶった, 尊大な; 気取った, 大げさな; はなやかな, 豪華な. ♦ **～·ly** *adv* **～·ness** *n* [OF＜L (POMP[1])]

'pon, pon /pàn, pən/ *prep* UPON: ～ my word.

Ponape ⇨ POHNPEI.

Pon·ca /páŋkə/ *n* **a** (*pl* ～, ～**s**) ポンカ族《スー語族に属する北米先住民の部族》. **b** ポンカ語.

ponce /páns/ 《俗》*n* 《売春婦の》ヒモ (pimp); にやけた男, ホモ(みたいな男). ▶ *vi* ヒモ暮らしをする 〈*on* [*off*] a prostitute〉; なよなよとふるまう, のらくら[ぶらぶら]する 〈*about, around*〉. ▶ *vt* 飾り立てる 〈*up*〉; [～ *-self*] めかしこむ 〈*up*〉. ● **～ off**… 〈人〉に《金などを》無心する, ねだる. ♦ **pon·cey, poncy** /pánsi/ *a* 気取った, ちゃらちゃらした. [C19＜?*pounce*[1]]

Pon·ce /pɔ́:nseɪ/ ポンセ《プエルトリコ南部の市・港町》.

pon·ceau /pansóʊ; ⌣⌣/ *n* ひなげし色, 鮮紅色; ポンソー《コールタールから採る赤色のアゾ染料》. [F]

Ponce de Le·ón /páns də lí:ən, pánsə deɪ lióʊn/ ポンセ・デ・レオン **Juan** ～ (1460–1521)《スペインの探検家; 最初 Puerto Rico に植民 (1508), 不老長寿の島を探すうちに Florida 半島を発見した (1513)》.

Pon·ce·let /*F* pɔ̃slɛ/ ポンスレー **Jean-Victor** ～ (1788–1867)《フランスの数学者; 射影幾何学を研究》.

Pon·chi·el·li /pàŋkiέli/ ポンキエッリ **Amilcare** ～ (1834–86)《イタリアのオペラ作曲家》.

pon·cho /pánʧoʊ/ *n* (*pl* ～**s**) ポンチョ《**1**) 中南米で使われる, まん中に頭を通すあきのある毛織布 **2**) これに似たフードつきの袖なしレインコート》. [AmSp＜Araucanian＝woolen material]

pond /pánd/ *n* 池; 泉水; 生簀(いけす); [the] [*joc*] 海, 《特に》大西洋: *the* BIG POND / *the* HERRING POND / across [on the other side of] *the* ～ 海のあちら[向こう]では《英国から米国を, または米国から英国を指して》. ▶ *vt* 《せき止めて》池にする; 〈流れを〉せき止める 〈*up, back*〉. ▶ *vi* 池になる; たまる. [*pound*[2]]

pónd·age *n* 《池の》湛水(たんすい)力, 貯水量.

pónd àpple 〔植〕イヌバンレイシ, イケリンゴ《熱帯アメリカ原産バンレイシ科の常緑小高木; 通例 果樹の台木用》; その実《卵形・帯黄色; 食用》.

pon·der /pándər/ *vt, vi* (あれこれ)じっくり考える, 熟考[思案]する 〈*on* [*over*] the question〉. ♦ **～·er** *n* **～·ing·ly** *adv* 考えながら. [OF＜L *pondero* to weigh (*ponder- pondus* weight)]

pónder·able *a* 量られる, 重みのある; 一考の価値がある. ▶ *n* [°*pl*] 重みのあるもの. ♦ **pònder·abílity** *n*

pon·der·a·tion /pàndəréɪʃ(ə)n/ *n* 思量, 考量, 熟考.

pon·der·ó·sa (píne) /pàndəróʊsə(-), -zə(-)/ 〔植〕ポンデローサマツ (＝*bull pine, Western white* [*yellow*] *pine*)《北米西部原産; Montana 州の州木》; ポンデローサマツ材《赤材》.

pónder·ous *a* 非常に重い, 重々しい, どっしりした; のろのろした, 鈍重な; 重くてかさばった[扱いにくい], 重そうな; 〈談話・文など〉重苦しい, 冗長な, ぎこちない. ♦ **pònder·ósity** *n* **～·ly** *adv* **～·ness** *n* [L; ⇨ PONDER]

Pon·di·cher·ry /pàndəʧéri, -ʃéri/ ポンディシェリー《**1**) インド南東

部の連邦直轄地; 1954 年フランスからインドへ行政権が移管され, 62 年直轄地となった 2) その中心都市).

Pondichérry éagle 〔鳥〕 BRAHMINY KITE.

Pondichérry vúlture 〔鳥〕ミミハゲワシ《インド・ミャンマー産》.

pónd lìfe 池にすむ(無脊椎)動物.

pónd lìly 〔植〕スイレン (water lily).

Pon·do /pándou/ *n* **a** (*pl* ~, ~**s**) ポンド族《アフリカ南部の主に Pondoland に住む黒人》. **b** ポンド語《Bantu 諸語の一つ》.

pon·dok·kie /pandáki, ⏑⏑⏑⏑/, **pon·dok** /pándɑ̀k/ *n* 《南アフリカ》 粗末な小屋, バラック. [Afrik＜Malay]

Póndo·lànd ポンドランド《南アフリカ共和国南部 Eastern Cape 州東部の Pondo 族居住地域》.

pónd scùm 1 よどんだ水面に皮膜状に浮く緑色の藻類, 《特に》アオミドロ (spirogyra). **2** 《俗》卑しいやつ, かす.

pónd skàter 〔昆〕アメンボ (water strider).

pónd snàil 〔貝〕池にすむ巻貝, 《特に》モノアラガイ科モノアラガイ属の巻貝《水槽の掃除役として利用される》.

pónd·wèed *n* 〔植〕ヒルムシロ《ヒルムシロ科ヒルムシロ属の水生植物》; ヒルムシロと近縁の科の水生植物《CANADIAN PONDWEED, HORNED PONDWEED など》.

pone[1] /póun/ *n**《南部・中部》《楕円形の》パンの塊り, 《特に》トウモロコシパン (=~ **brèad**) (corn pone). [Algonquian=bread]

pone[2] *n* 〔トランプ〕親; 親と組んだ人《通例 親の右手》. [L (2nd sg impv)＜*pono* to place]

pong /páŋ/ *n, vi* ‖《口》悪臭(を放つ) (stink). ♦ **~y** *a* [C20＜?; cf. Romany *pan* to stink]

Pong *n* 《豪俗》 [*derog*] 中国(系)人, シナ人.

ponga /páŋə/ *n* 〔植〕シルバーファーン (=*silver fern*)《ニュージーランド産のヘゴ属の大型木生シダ; 葉裏は銀白色で, 幹は 10 m 以上に達する》. [Maori]

pon·gal /páŋgəl/, **pon·gol** /páŋgɑ̀l/ *n* ポンガル《1) 新年に行なわれる南インドの祭礼; 新米を炊いて祝う 2) 炊いた米》. [Tamil=boiling]

pon·gee /pɑ̀nʤíː, ⏑⏑/ *n* 絹紬(けんちゅう), ポンジー《柞蚕(さくさん)糸で織った薄地の平織物》; 絹紬に似た綿[レーヨン]織物. [Chin]

pon·gid /pánʤəd, -gəd/ *n, a* 〔動〕ショウジョウ科 (Pongidae) の(類人猿)《ゴリラ・チンパンジー・オランウータン, 時にテナガザル》. [Kongo]

pon·go /páŋgou/ *n* (*pl* ~**s**) 〔動〕類人猿, 《特に》オランウータン (orangutan); 《俗》 [*derog*] 黒人, 有色人, 外国人, サル, エテ公; 《豪俗》 [*derog*] イギリス人; ‖《軍俗》《特に英国海軍[空軍]の中で》兵士; 《俗》陸軍将校. [Congolese]

pon·iard /pánjərd/ *n, vt* 短剣[懐剣](で刺す). [F *poignard* dagger (L *pugnus* fist)]

po·nor /póunɔ̀ːr/ *n* ポノール (=*swallow hole*)《石灰岩地域で地表から地下に通じる水の吸込み穴》. [Serbo-Croat]

pons /pánz/ *n* (*pl* **pon·tes** /pántiːz/) 〔解〕橋《1) 延髄と中脳の間の脳橋 (=~ Varolii) 2) 同一器官の 2 部分を結合する構造》. [L *pont- pons* bridge]

Pons /pánz; *F* pɔ̃ːs/ ポンス **Lily** ~ (1904–76)《フランス生まれの米国のソプラノ; 本名 Alice-Joséphine ~》.

póns asi·nó·rum /-æ̀sənɔ́ːrəm/ ASSES' BRIDGE; 初心者にとっての難問題[きびしい試練]; STUMBLING BLOCK. [L=bridge of asses]

póns Va·ró·lii /-vəróuliàɪ/ (*pl* **póntes Varólii**) 〔解〕脳橋 (pons). [NL=bridge of Varoli; Costanzo *Varolio* (1543–75) イタリアの外科医・解剖学者]

pont /pánt/ *n* 《南ア》《ケーブルを伝って通う》渡し舟.

Pon·ta Del·ga·da /pántə dɛlgáːdə/ ポンタ・デルガダ《Azores 諸島東部 São Miguel 島の市・港町》.

Pont·char·train /pánʧərtrèɪn/ [Lake] ポンチャトレーン湖《Louisiana 州南東部 New Orleans の北に隣接する浅い汽水湖; 南北に横断する 39 km の橋 (causeway) がある》.

Pon·te·fract /pántɪfræ̀kt/ ポンテフラクト《イングランド北部 West Yorkshire の町; Richard 2 世が幽閉され殺された (1400) 城がある》.

Póntefract càke‖ POMFRET CAKE.

pontes *n* PONS の複数形.

Pon·te·ve·dra /pɑ̀ntəvéɪdrə/ ポンテベドラ《1) スペイン北西部 Galicia 自治州の県 2) その県都・港町; ローマ時代の 12 アーチの橋 (the Pons Vetus) に由来する名》.

Pon·ti·ac /pántiæ̀k/ **1** ポンティアック (c. 1720–69)《北米インディアンの Ottawa 族の族長; 諸部族を統合して五大湖地方の英国人勢力に抵抗した (Pontiac's War 1763–65)》. **2** ポンティアック《General Motors 社の乗用車; 製造中止》.

pon·ti·a·nak /pɑ̀ntiáːnək/ *n* 《マレー民話で》吸血女.

Pontianak ポンティアナク《インドネシア Borneo 島西岸の市》.

Pon·tic /pántɪk/ *a* 黒海 (Pontus Euxinus) の; 古王国ポントス (Pontus) の.

pon·ti·fex /pántəfɛ̀ks/ *n* (*pl* **-tif·i·ces** /pantífəsìːz/) **1** 〔古ロ〕大神官《Pontifical College の一員》. **2** PONTIFF. [L *pontific- pontifex* priest]

Póntifex Máx·i·mus /-mæ̀ksəməs/ **1** 〔古ロ〕《Pontifical College を統轄する》最高神官. **2** 〔カト〕ローマ教皇 (Pope)《称号》.

pon·tiff /pántəf/ *n* 《ユダヤの》大祭司, 司祭長; 司教, 主教, 監督 (bishop), [the] ローマ教皇 (Pope); 〔古ロ〕大神官 (pontifex); 《一般に》高位聖職者: the Supreme [Sovereign] *P*~ 最高の司教, ローマ教皇. [F (PONTIFEX)]

pon·tif·i·cal /pantífɪk(ə)l/ *a* **1** 司教[主教, 監督] (bishop) の; 大神官の. **2** 威厳のある; 尊大な; 教条主義的な, 非常に独断的な. ► *n* 〔カト・英国教会〕司教定式(じょうしき)書, 司教式目《式次第の典礼書》; [*pl*] 《司教の》祭服記章: in full ~*s* 司教の正装で. ♦ **~·ly** *adv* 司教らしく; 司教として, 司教の教権をもって.

Pontífical Cóllege 〔古ロ〕大神官団; 〔カト〕《教皇庁の》直属神学校; 〔カト〕《教会の》最高聖職者会議.

pon·tif·i·ca·lia /pɑntìfəkéɪliə/ *n pl* 司教祭服.

Pontífical Máss 〔カト〕司教盛儀ミサ.

pon·tif·i·cate /pantífɪkət, -fəkèɪt/ *n* PONTIFF の職[位, 任期]. ► *vt, vi* /-fəkèɪt/ PONTIFF として〈儀式を〉執行する; …て pontiff の役をつとめる; もったいぶって話す; 尊大にふるまう. ♦ **-cà·tor** *n* **pon·tìf·i·cá·tion** *n*

pontifices *n* PONTIFEX の複数形.

pon·til /pántɪl, *-tl/ *n* PUNTY.

pon·tine /pántàɪn/ *a* 橋の; 〔解〕脳橋 (pons) の.

Pón·tine Íslands /pántàɪn-, -tìːn-/ *pl* [the] ポンツァ諸島《PONZA ISLANDSの別称》.

Póntine Márshes *pl* [the] ポンティノ平原[湿原]《Rome の南東にあり, マラリアの発生源だったが Mussolini 時代に干拓された》.

Pontius Pilate ⇨ PILATE.

Pont l'É·vêque /pánt ləvɛ́k; *F* pɔ̃ levɛk/ ポンレヴェク《フランス Normandy 地方の町 Pont l'Évêque 産の全乳製チーズ; 中身が軟らかで風味がよい》.

pont·lev·is /pantlɛ́vəs; *F* pɔ̃ləvi/ *n* はね橋 (drawbridge).

Pon·toise /*F* pɔ̃twaːz/ ポントアーズ《フランス北部 Val-d'Oise 県の県都》.

pon·ton /pánt(ə)n/ *n* PONTOON[1].

pon·ton·ier, -eer /pɑ̀nt(ə)níər/ *n* 架橋兵; 舟橋架設者.

pon·toon[1] /pantúːn/ *n* 〔海・土木〕ポンツーン《自航力のない箱船》; 〔軍〕《渡河用などの》鉄舟; PONTOON BRIDGE; 《水上機の》フロート (float); 《沈没船引揚げの》浮揚函(かん). ► *vt* 〈川〉に舟橋を架する; 舟橋で渡る. [F＜L *ponton- ponto* to punt (PONS)]

pontoon[2]‖ *n* 〔トランプ〕二十一 (BLACKJACK). [?*vingt-et-un*]

póntoon brìdge (鉄)舟橋, 浮橋.

Pon·top·pi·dan /pantápədæ̀n/ ポントピダン **Henrik** ~ (1857–1943)《デンマークの小説家; ノーベル文学賞 (1917)》.

Pon·tor·mo /pountɔ́ːrmou/ ポントルモ **Jacopo da** ~ (1494–1557)《イタリアの画家; 本名 Jacopo Carrucci》.

Pon·tus /pántəs/ **1** ポントゥス《男子名》. **2** ポントス《黒海南岸に沿う小アジア北東部にあった古王国》. **3** PONTUS EUXINUS. [L＜Gk =open sea]

Póntus Eux·í·nus /-jùːksáɪnəs/ ポントス・エウクセイノス《黒海 (Black Sea) の古代名》.

Pon·ty·pool /pɑ̀ntəpúːl/ ポンティプール《ウェールズ南東部の町; 18 世紀に鉄器の塗物で知られた》.

Pon·ty·pridd /pɑ̀ntəpríːð/ ポンティプリーズ《ウェールズ南部の町》.

po·ny /póuni/ *n* **1 a** ポニー《通例 体高 4.7 フィート以下の小型種の馬》; BRONCO, MUSTANG; [*pl*] 《俗》競走馬 (racehorses): bet on the *ponies* 競馬に賭ける. **b** 小型のもの; 《リキュール・ビールなどを入れる》小型グラス, 小型グラスにはいる量《通例 1 オンス》; 小型機関車[自動車など]. **2***《俗》《外国語テキストの》虎の巻 (trot), カンニングペーパー; *《俗》コーラスガール, ヌードダンサー; ‖《俗》25 ポンド《主に賭博用語》. ► *a* 普通よりも小さい, 小型の. ►*《俗》*vi, vt* 清算する, 支払う〈*up*〉; 提出する; 虎の巻を使って訳す. [?F *poulenet* foal]

póny càr スポーツカータイプの 2 ドアハードトップの小型車. [小型馬の品種名をつけたものが多いことから]

Póny Clùb [the] ポニークラブ《英国のポニー乗馬クラブ; 1929 年設立》.

póny èngine 《車両入換え用の》小型機関車.

póny expréss 〔米史〕ポニー(乗継ぎ)速達便《Missouri 州 St. Joseph と California 州 Sacramento を往復した; 電信システムの完成により 1860 年 4 月からわずか 18 か月間営業したのみ》.

póny·tàil *n* ポニーテール《後ろで結んでたらすヘアスタイル》. ♦ **pó·ny·tàiled** *a*

póny-trèkking‖ *n* ポニーによる旅行. ♦ **póny-trèkker** *n*

Pón·za Íslands /póuntsə-/ *pl* [the] ポンツァ諸島《イタリア南西部 Naples 沖の Tyrrhenian 海にある島群; 主島 Ponza; 古代の, また Mussolini 時代の流刑地; 別名 Pontine Islands》.

Pon·zi /pánzi/ *n* ポンジー (=~ **schème**)《利殖性の高い架空の投資対象を考え出し, それに先に投資した人があとから投資する人の投資金によって利を得る方式の詐欺》. [Charles A. *Ponzi* (1882–1949) イタリア生まれの米国の詐欺師]

pon·zu /pánzu/ *n* ポン酢. [Jpn]

poo[1] /púː/ *a* HOT-POO. ► *n* HOT-POO; POOH; 《俗》たわごと, ナンセンス. ► *int* POOH. ► *vi* POOH.

poo[2] *n* 《口》シャンパン (champagne). ［sham*poo* 泡立つシャンパン］
poo[3] *vi* [次の成句で]: **～ out** ＝《口》POOP[3] out.
-poo /pù:, pú:/ *suf*「小さい[ちっぽけな]もの」: cutesy-*poo*. ［?］
POO ″Post Office order.
poo-bah ⇨ POOH-BAH.
pooch[1] /pú:ʧ/ *n* 《口》犬, ワンちゃん. ● **screw the ～**＝*《卑》fuck the DOG. ［C20＜?］
pooch[2] *vt, vi* 《方》突き出す, ふくれる (bulge) ‹*out*›. ［*pouch*］
póochy *n* POOCH[1]. ► *a* DOGGY.
pood /pú:d/ *n* プード《ロシアの古い重量単位: ＝16.38 kg》. ［Russ; ⇨ POUND[1]］
poo·dle /pú:dl/ *n* **1**〘犬〙プードル《愛玩用には毛を刈り込むことが多い; 大型 (standard ～), 中型 (miniature ～), 小型 (toy ～) の3種に大別される》; ″[*fig*] こびる者, 追従者: be sb's ～ 人の言いなりになる. **2**〘織〙プードル, プードルクロス (＝**～ clòth**)《プードルの被毛に似た節玉のある毛織地》. ► *vt* ‹犬›の毛を刈り込む. ► *vi* ″《口》ゆっくり行く[進む]. ［G *Pudel(hund)*＜LG *pud(d)eln* to splash in water; cf. PUDDLE］
póodle cùt プードルカット《髪を全体に短くしてカールした女性のヘアスタイル》.
póodle-fàker 《俗》*n* 女とつきあうのに熱心な男, 女のご機嫌を取る男; 若い新任将校. ♦ **póodle-fàking** *n, a*
poof[1] /pú:f, púf/ *int* フッ, パッ, ポッ《突然の消失・出現》,《強く息を吹きかけて》プーッ; POOH. ► *n* フッ[プーッ]という音; プッと吹くこと. ［imit］
poof[2] *n* (*pl* **～s, pooves** /pú:vz/) 《英俗・豪俗》[*derog*] なよなよした男, ホモ. ♦ **póofy** *a* ［C19＜?; cf. *puff* braggart］
poof·ter /pú:ftər, púf-/, **poof·tah** /pú:ftə, púf-/ *n* ″《俗》POOF[2].
poo·gie /pú:gi/ *n* *《俗》POKEY[1], POKY[1].
poo·gye /pú:ʤi/ *n* PUNGI.
pooh /pú:, pú/ *int* フーン, フン, ヘン, ヘッ, ばかな《軽蔑・不信・いらだち》; ″PEW[2]. ► *n* フーン[ヘン]と言うこと; 《口》うんこ, うんち. ● **in the ～**＝in the SHIT. ► *vt, vi* POOH-POOH; 《口》うんこする. ［imit］
Pooh (クマの)プーさん (＝**～ Béar**) (WINNIE-THE-POOH).
poo(h)-bah /pú:bà:, -bɔ̀:; pù:bá:/ *n* [°Poo(h)-Bah] 多数の役を兼ねる人; (肩書の多い)偉い人, 大官; 尊大な人物. ［Gilbert and Sullivan の劇 *The Mikado* の登場人物の名から］
póo·hèad *n* *《俗》POOPHEAD.
poohed /pú:d/ *a* [°～ out] POOPED.
pooh-pooh /pupú:, pú:pu/ 《口》*vt, vi* あざける, 鼻先であしらう, フフンと言う. ► *int* POOH. ［imit］
Póoh·stìcks *n* [°p-] プーの枝流し, プースティックス《橋から上流に向かって木の枝を投げ落とし, だれの枝が一番早く下流側で見られるかを競う子供たちの遊び》. ［このゲームが登場する童話 *Winnie-the-Pooh* から］
pooja ⇨ PUJA.
poo·ka /pú:kə/ *n* プーカ《アイルランドの民間伝承に出てくるいたずら好きの化け物》. ［Ir］
pool[1] /pú:l/ *n* **1** 水たまり;《人工の》池,《ダムで》せき止められた水; (水泳)プール (swimming pool);《流れの》淵, とろ; [*fig*] たまり, よどみ, 深み; [the P- (of London)] ″プール《Thames 川の London Bridge のすぐ下流の水域, 外洋船はここまで航行できる》: a ～ of sunlight 日だまり. **2**《液体の》たまり; プール《水成岩中の単一の油層[ガス層]》: a ～ of blood 血の池. ► *vt* 水たまりにする. ► *vi* 水たまりになる; 鬱血する. ［OE *pōl*; cf. G *Pfuhl*］
pool[2] *n* **1 a** 企業連合; カルテル;〘金融〙買占め連合; 共同出資[投資]; 共同計算, 共同管理. **b**《共同目的のために》出し合ったもの[金], 共同資金, プール;〘医〙プール《**1)** 体内にあって, 機能したり代謝の要求を満たしたりするのに使える特定物質の全体 **2)** あとの使用に備え集められた血液など》;《共同で利用し合う》要員[便宜などの]のたくわえ; 共同で利用し合うグループ; GENE POOL: metabolic ～ 代謝プール / the labor ～《共同で利用し合う》労働要員 / CAR POOL / TYPING POOL. **2 a**《勝負事の》賭け金; グループの賭け金総額; いっしょに賭けたグループ; 賭け金入れ. **b** [the ～s] ″サッカーくじ, トトカルチョ; ″賭け玉突き. **3**〘玉突〙プール, ポケットビリヤード《1個の手球と15個の的球を使って行なう競技》;〘フェン〙プール(戦)《両チームの全選手の総当たり戦》. ● **scoop the ～** 賭け金をさらう; 栄誉[もうけ, 成功など]をひとり占めする. ► *vt, vi* 共同利用のためにたくわえる, 共同出資[負担]する, プールする; 共同の利権とする; 《豪口》‹人を›巻き込む, 密告する: ～*ed* security〘政〙集団保障 / ～*ing* of capital 資本の合同. ［F *poule* stake, (orig) hen］
Pool [the] ″《俗》LIVERPOOL.
Poole /pú:l/ プール《イングランド南部の市・港町》.
póol hàll〘玉突〙POOLROOM.
póol-hòpping *n* *《俗》《夜間・営業時間外に》ひそかにプールにはいること.
Pool Malebo ⇨ MALEBO.
póol·ròom* *n* 賭けの玉突場; 賭博場; 馬券売場《特に bookmaker の》.
póol·sìde *n*《水泳プールの》プールサイド. ► *a, adv* プールサイドの[で].
póol tàble*《6つのポケットのある》ビリヤード台.
poon[1] /pú:n/ *n*〘植〙テリハボク, ヤラボ《熱帯アジア産オトギリソウ科の常緑高木; 材は船材・飾りだんす材など用》. ［Malayalam］
poon[2] 《豪俗》*n* まぬけ, 低能. ► *vi* [次の成句で]: **～ up** めかしこむ. ［C20＜?］
poon[3] *n* *《俗》POONTANG.
Poo·na, Pu·ne /pú:nə/ プーナ《インド中西部 Maharashtra の市; 18世紀 Maratha 王国の中心地》.
poonce /pú:ns/ 《豪俗》*n* ホモ; のろま, まぬけ.
poon·tang /pú:ntæ̀ŋ/ *《俗》*n*《セックスの対象としての》女, 黒人女;《女の》あそこ (vagina); 性交. ［F *putain* prostitute］
poop[1] /pú:p/〘海〙*n* 船尾楼; POOP DECK; POOP CABIN; 《廃》船尾 (stern). ► *vt* ‹波が›…の船尾を打つ; ‹波を›船尾にうける. ［OF *pupe*＜L *puppis*］
poop[2] *n* 《俗》ばかなやつ, しけたやつ, 役立たず. ［nincom*poop*］
poop[3] 《口》*vt* 息切れさせる, 疲れさせる ‹*out*› (cf. POOPED). ● **～ out** ⇨ *vt*; 疲れる, へたばる;《かったるくなって》やめる, おじけづく, ‹人を›すっぽかす; 動かなくなる, だめになる. ［C20＜?］
poop[4] *n* *《俗》(最新の)情報, 内情, 内幕. ［C20＜?］
poop[5] 《俗》*n* うんち, くそ, 脱糞; おなら, 屁. ● **in deep ～** 《口》困りはてて, 苦境に陥って. ► *vi* うんちする; おならする. ［ME (imit)］
poopbutt ⇨ POOTBUTT.
póop càbin〘海〙船尾楼甲板の下に当たる船室.
póop·chùte *n* *《俗》尻穴, けつめど.
póop dèck〘海〙船尾楼甲板.
pooped /pú:pt/ *a* [°～ out] 《俗》疲れきって, へとへとになって; 《俗》酔っぱらって. ［*poop*[3]］
póop·er scòop·er プーパースクーパー《犬などの糞をすくうスコップ状の道具》.
póop·hèad *n* *《俗》ばか, あほ, くそったれ, タコ. ［*poop*[2]］
poopie ⇨ POOPY[1].
poop·ied /pú:pid/ *a* *《俗》酔っぱらった.
Po·o·pó /pòuəpóu/ [Lake] ポオポ湖《ボリビア南西部》.
poo-poo /pú:pù:/ 《口》*n* うんち (poop). ► *vt* ばかにする, 鼻であしらう[笑う] (pooh-pooh). ► *vi* うんちする.
póop-òrnament *n* ″《俗》見習い船員. ［*poop*[1]］
póop scòop [scòoper] POOPER SCOOPER.
póop shèet 《俗》データ一覧, 説明書, 通知書.
poop·sie, -sy /pú:psi/ *n* *《俗》あなた, おまえ《恋人・赤ん坊・子供などへの呼びかけ》.
póop-stìck *n* 《俗》ばか, 役立たず (cf. POOP[2]).
póopy[1], **póop·ie** 《俗・幼児》*n* うんち. ● **in deep ～**＝in deep POOP[5]. ► *int* [°poopies] やれやれ, 困ったもんだ. ► [poopy] *a* びくびくした, びびった; *うんちでよごれた. ［*poop*[5]］
poopy[2] *a* *《俗》ちまちました, こうるさい, しょうもない, チンケな, ショボい. ［*poop*[2]］
poor /púər, ″pɔ́:r/ *a* **1** 貧乏な (opp. *rich*); [the, ‹*n pl*›]《救済を必要とするような》貧民, 貧困層 (poor people): (as) ～ as Job [Job's turkey, a church mouse, Lazarus] きわめて貧しい / ～ but clean [°*derog*] 貧しくても清廉で, 清貧で / Rich and ～ aspire to happiness. 富者も貧者も幸福を願う / the ～ man's side (of the river) ″《口》《London で Thames 川の》南岸《Surrey 側》/ POOR MAN'S / The ～ are always with us.《諺》いつの世も貧しい暮らしをする者がいるものだ《*John* 12: 5–8 より》. **2** 乏しい, 不十分な, 貧弱な; (…に)乏しい, (…の)不足した ‹*in*›; みすぼらしい, 貧相な; できの悪い, 粗末な, 劣等な; ‹土地が›やせた, 不毛の; 卑しい, 見下げはてた; 好意的でない; つまらない, 取るに足らない, パッとしない, 見劣りする: a ～ crop 不作 / a ～ three days' holiday たった3日の休暇 / a country ～ *in* natural resources＝a resource-～ country 資源小国 / a ～ eyesight 弱い視力 / a ～ cook へたな料理人, 料理のへたな人 / a ～ EXCUSE for sth / take a ～ VIEW of… / in my ～ opinion 卑見では. **3** [同情などを示して] かわいそうな; 哀れな, 不幸な, 気の毒な; 故人となった, (今は)亡き, 亡… (lamented); 気力のない, 不健康な, やせた: my ～ father 亡き父 / The ～ little boy was drowned. 気の毒なことに男の子は溺死した / *P*～ fellow [soul, thing]! かわいそうに! ● **～ old…** 気の毒な…, かわいそうな…, 哀れな…. ♦ **～·ish** *a* **～·ness** *n* ［OF *povre*＜PAUPER］
póor-àss *a* *《卑》みじめな, ひでえ.
póor bòx《教会の門前などに備えた》救貧箱, 慈善箱.
póor-bòy *vt* [次の成句で]: **～ it** *《俗》極貧に追いやられる, とことんしぼり取られる.
póor bòy *サブマリン(サンド) (SUBMARINE) (＝**póor-bòy sándwich**); 体にぴったりしたうね編みのセーター.
Póor Cláre クララ童貞会の修道女《同会は, アッシジの St Clare が St Francis of Assisi の指導の下に創始した女子修道会で, フランシスコ会の第2会》.
póor fàrm〘米史〙救貧農場.
póor·hòuse *n*〘史〙救貧院 (workhouse). ● **in the ～** とても貧しい.

poo·ri /púəri/ *n* (*pl* ～, ～s) PURI.
póor làw 貧民救助法, 救貧法《英国では National Assistance Act (国民救助法) の制定とともに 1947 年廃止》.
póor-làw únion 〘英史〙救貧区連合 (union).
póor·ly *adv* 貧しく; 乏しく, 不十分に; 不成功に; 不完全に, まずく, へたに; みすぼらしく, あさましく: ～ paid 薄給の / ～ off 暮らしが貧しい; 〈…が〉不足がちで 〈*for*〉 / think ～ of…をよく思わない, …に(は)感心しない / a ～ built house ぞんざいな建て方の家 / She skates ～. スケートがへただ / ～ dressed みすぼらしいなりをして. ▶ *pred a* 《口》気分がすぐれない, 体調が悪い (unwell): She is [feels] ～. 気分が悪い.
póor màn 貧乏人; 《NZ》POOR MAN'S ORANGE.
póor màn's *a* 高級品[一流人]の代わりとなる, お徳用の, 安物の, 小型版の, 亜流の: a ～ Porsche 貧乏人のポルシェ《本物より廉価なスポーツカー》.
póor màn's órange 《NZ》質のよくない[小さい]グレープフルーツ (＝*poor man*)《マーマレード用》.
póor màn's wéatherglass 〘植〙アカバナルリハコベ, ベニバナルリハコベ (SCARLET PIMPERNEL)《雨の前や曇天時に花を閉じる》.
póor-mòuth /-θ, -ð/ *vi, vt* 貧乏を口実[言いわけ]にする; こぼす, かこつ; 卑下して言う; けなす, こきおろす. ♦ **～·er** *n*
póor mòuth /-θ/《口実・弁解として》貧しさを強調すること[人]; わが身の貧しさをかこつこと[人]: make [put on, put up] a ～ 自分には財産がないと言う, 金がないといつもぐちる.
póor ràte 〘英史〙救貧税《地方税》.
póor relátion 《同類の中で》劣っている人[もの], 二流どころ, 格下 〈*of*〉.
póor relíef 〘英史〙貧民救済.
Póor Ríchard's Álmanack『貧しきリチャードの暦』《Benjamin Franklin が編んだ随所に金言のはいった暦 (1732–57); 勤勉と節倹の徳を説いて大いに人気を得た》.
póor-spírit·ed *a* 気の弱い, 気概のない, 臆病な. ♦ **～·ly** *adv*
poort /pɔ́ːrt/ *n* 《南ア》山越えの道, 山道 (pass).
poor·tith /púərtìθ/ *n* 《スコ》貧乏, 貧困 (poverty).
póor whíte [°*derog*]《特に米国南部および南アフリカの》貧乏白人.
póor white trásh [*derog*] 貧乏白人ども (poor whites).
poor·will /púərwìl/ *n* 〘鳥〙プアーウィルヨタカ《ヨタカ科; 北米産》. [imit]
poot /púːt/ *《卑》*n* くそ, 糞便; 卑劣漢, くず; 屁, おなら. ▶ *vi* 屁をこく. ● **～ around** *《俗》ぶらぶら過ごす, ちゃらんぽらんにする.
póot·bùtt, póop·bùtt *《黒人俗》*n* 青二才, ひよっこ; ブー太郎.
Poo·ter·ish /púːtərɪʃ/ *a* 気取った, 上品ぶった, 俗物的な. [George and Weedon Grossmith の *Diary of a Nobody* (1892) の主人公 Charles Pooter より]
poo·tle /púːtl/ *vi* ‖《口》ゆっくり行く[進む]. ● **～ about [around]**《好きなことをして》のんびり過ごす. **～ along**《車などで》ゆっくり進む. [*poodle*＋*tootle*]
poove /púːv, púv/ *n* ‖《俗》POOF[2]. ♦ **póov·ey, póovy** *a*
pop[1] /páp/ *v* (**-pp-**) *vi* **1 a** ポン(ポン)と鳴る, パンと爆発する, ポン[パン, パチン]とはじける[はずれる]; 撃つ, 発砲する 〈*at*〉; 《口》子を産む; 〈耳が〉《気圧の変化で》キーンとなる. **b** 〘野〙ポップフライを上げる 〈*up, out*〉; 〘クリケット〙〈投げたボールが〉変なふうにはね返る 〈*up*〉. **2** ひょいとはいる[はいって来る, 来る, 現われる, 出る, 出て行く, 出かける, 行く, 立ち寄る] 〈*in, into, off, out, over, up, upon,* etc.〉; 《口》求婚する; 《驚きで》〈目が〉飛び出す, まんまるになる (cf. POP EYE); [通例 進行形で] *《俗》〈変わったことが〉起こる, 持ち上がる: What's *poppin'*? (⇨ 成句). **3** 《俗》払う, おごる 〈*for*〉; 《俗》麻薬を飲む, 打つ. ▶ *vt* **1** ポン(ポン)[パーン]といわせる[爆発させる, 割る]; 〈栓を〉ポンと抜く 〈*out*〉; 〈缶飲料などを〉ポンと開ける; 〈トウモロコシなどを〉焼いてはじけさせる (cf. POPCORN); 撃つ, 発砲する; 《口》なぐる, たたく; 〘野〙〈ボールを〉打って凡フライにする 〈*up*〉, 〈フライを〉高く上げる; *《俗》みごとになし遂げる: ～ sb on the chin あごに一発くらわす. **2** 急に[サッと]動かす, ポンと置く, 放り込む, ぐいと押す[突く, 押し上げる] 〈sth *in, into, on, onto, out, down*〉, 〈服などを〉さっと着る[身に着ける, 取り去る] 〈*on, off*〉, 〈やかんを〉(火に)かける 〈*on*〉; ひょいと言い出す, 急に申し込む; ‖《口》質に置く: Just ～ this bottle *into* the cupboard. この瓶を食器棚に入れてくれ / ～ one's head *into* the room [*round* the door] 部屋に[戸口から]顔をのぞかせる / ～ the lid *on* ふたをポン[パチン]と閉める. **3** 《俗》〈丸薬を〉(やたらと)飲む, 〈クスリを〉やる (⇨ PILL POPPER); 《俗》〈麻薬を〉うつ; 《口》絶え間なく[やたらに]食べる, パクつく. **4** *《卑》…と性交する. **5** *《俗》つかまえる. ● **～ a vein** 《俗》麻薬を静脈にうつ. **～ back** ちょっと戻る. **～ in [by, around, over, down] (for a visit)** 《口》ひょっこり[ちょっと]訪ねる, 立ち寄る. **～ off** 《口》さっと立ち去る, 急いで行く; 《口》(ぽっくり)死ぬ; 《俗》殺す; 《俗》寝つく; *《口》ポンポン[あけすけに]言う, まくしたてる 〈*about…, at* [*to*] sb〉; 《口》かんかんになる, かっとなる. **～ off the hooks** 《俗》死ぬ. **～ out** ⇨ *vi, vt*; 急死する; 《口》〈ことばが〉口をついて出る. **～ one's cork**＝BLOW[1] one's top. **～ the question** 《口》結婚を申し込む, プロポーズする. **～ to** *《俗》さっと気をつけの姿勢をとる. **～ up** ⇨ *vi, vt*; ふっと[突如]現われる, ポンと飛び上がる, 持ち上がる; 〈ふたなどを〉ポンとはずす. **What's poppin'?** 《口》どうした, どうだい (What's happening?).
▶ *n* ポン[パン, パチン]という音; [〈*int*〉] ポン, パン, パチン, パッ; 《口》炭酸飲料, ソーダ水, シャンパン《など》; 《俗》ひと包みの麻薬; 発砲; 《口》ピストル; 《自動車レース俗》《引火性を高めるための》燃料添加物《特にニトロメタン》; [a ～] 1 回, 1 個, 1 点, 一つ〈いくらで〉; 《俗》麻薬注射; 〘野〙POP FLY; 《ボールを打つ》破壊力; ‖《口》質入れ; *《俗》取引, 商談; *《卑》性交: in ～ ‖《口》質にはいって. ● **take [have] a ～ (at …)** *《俗》(…を)試みる, やってみる; 《俗》(人を)打つ, なぐる, やっつける, けなす.
▶ *adv* ポンと, だしぬけに. ● **go ～** ポンと鳴る[破れる]; 死ぬ. ▶ *a* 《口》不意の, いきなりの, 予告なしの: POP QUIZ. [imit]
pop[2] 《口》*a* ポピュラー(音楽)の, ポップスの; 大衆[通俗]的な; ポップアート[カルチャー](調)の: a ～ group [singer, song] / ～ psychology 通俗心理学. ▶ *n* ポピュラー音楽 (＝～ **músic**); POP ART; POP CULTURE; [～s, ᵁ〈*sg*〉] ⇨ POPS[2]: top of the ～*s* ポップスのベストセラー曲; [*fig*] いちばん人気がある人[もの]. [*pop*ular]
pop[3] 《口》*n* とうさん, パパ, おやじ; おじさん. [PAPA[1]; cf. POPPA]
pop[4] *n* *《口》アイスキャンディー, 棒つき氷菓 (cf. POPSICLE).
Pop ポップ《Eton 校の社交討論クラブ》.
pop. popular(ly) ♦ population.
POP, PoP 〘電算〙point of presence《広域ネットワークで, 市内電話回線でアクセスできるサーバーの '現地'》.
POP °persistent organic pollutant ♦ °point of purchase (＝**p.o.p.**) ♦ ‖Post Office preferred 郵便局推奨の《封筒のサイズなど》♦〘電算〙Post Office Protocol《メールサーバーに E メールが届いているかどうかを確認し, 届いていれば手元のコンピューターにダウンロードする方式》♦〘写〙printing-out paper.
pop·a·dam, -dom, -dum /pápədəm/, **pa·pad(·dam)** /páːpəd(əm)/ *n* 〘インド〙パーパル《豆類の粉や小麦粉を味付けして作った薄い円板状の食べ物; 火であぶるか油で揚げて食べる》. [Hindi＜Tamil]
póp árt ポップアート《1950 年代後半米国を中心におこった美術; 広告・漫画など大衆文化の産物を使用する》. ♦ **póp ártist** *n*
póp bòttle *《俗》安物レンズ.
póp càr *《鉄道俗》保線車《保線作業員が使う無蓋車》.
póp cóncert 《オーケストラの》ポップスコンサート.
póp·còrn *n* ポップコーン (popped corn); 《ポップコーンの材料となる》爆裂種のトウモロコシ.
póp cúlture 大衆文化, ポップカルチャー.
pope[1] /póup/ *n* [°P-] (ローマ)教皇[法王]; 最高権威とみなされる[をもって自任する]人 〈*of*〉; 〘東方正教会・コプト教会〙《Alexandria の》総主教; 〘東方正教会〙司祭 (priest); 〘魚〙RUFF[3]. ● **Is the P～ Catholic [Italian, Polish]?** 《口》答えは(イエスだと)わかりきってるじゃないか, あたりまえだろ《Polish は John Paul II より》. ♦ **～·dom** *n* 教皇の職[権限, 在位期間, 管区]; 教皇政治. **～·less** *a* [OE *papa*＜L＝bishop, pope＜Gk *papas* father]
pope[2] *n* 腿(もも)の急所: take sb's ～ 人の腿の急所を打つ. ▶ *vt* …の腿の急所を打つ.
Pope ポープ **Alexander ～** (1688–1744)《英国の詩人; *The Rape of the Lock* (1712–14), *The Dunciad* (1728, 42), *Moral Essays* (1731–35), *An Essay on Man* (1733–34), *Imitations of Horace* (1733–38)》. ♦ **Póp·ian, Póp·ean** *a*
Pópe Jóan 〘トランプ〙ポープジョーン《ダイヤの 8 を除いて行なうゲーム》.
pópe·mobíle /-məbìːl/ *n* [°P-] 《口》教皇専用車《教皇が公式訪問時に使用する防弾ガラスで囲まれた席が設けられた車》.
póp·ery /póup(ə)ri/ *n* [ˢP-] [*derog*] 教皇制, カトリック教.
pópe's-éye *n* 《牛・羊の》腿部リンパ腺.
pópe's héad 《古》《天井掃除に使う》長柄の羽根ぼうき.
pópe's nóse 《口》《料理した》カモ[ガチョウ]の尻[尾座] (＝*parson's nose*).
póp èye 飛び出した目, 《驚き・興奮などで》見開いた目.
Pop·eye /pápài/ ポパイ《米国の漫画家 Elzie Segar (1894–1938) の漫画 (1929) の主人公; いつもコーンパイプをくわえ, ホウレンソウを食べると怪力無双となる船乗り》; *《口》ホウレンソウ. [*pop*[1]＋*eye*]
póp-éyed *a* 《驚きや興奮などで》目の飛び出した, 出目の; *《俗》眼がとろんとした, 酔った; 《口》悔やまれる, いやな, ひどい.
póp féstival ポップミュージックなどのフェスティバル.
póp flý 〘野〙凡フライ.
póp goes the wéasel 〘ダンス〙ポップ・ゴーズ・ザ・ウィーズル, 'イタチがピョンと跳んで出る'《19 世紀に英国で流行したダンス》. [伝承童謡の一節から]
póp·gùn *n* 紙豆[コルク]鉄砲; 役立たずの銃.
póp·hòle *n* 《フェンス・仕切りなどにあけた》動物の通り抜け穴.
pop·in·jay /pápənʤèɪ/ *n* おしゃべりな者, うぬぼれ屋 (fop); 《古》オウム (parrot); 〘史〙棒先につけたオウムの形の的; 〘鳥〙ヨーロッパアオゲラ (GREEN WOODPECKER). [OF *papingay*＜Sp＜Arab; 語尾は *jay* に同化]
pop·ish /póupɪʃ/ *a* [ˢP-] [*derog*] カトリックの. ♦ **～·ly** *adv* **～·ness** *n*
Pópish Plót [the] 〘英史〙カトリック陰謀事件《カトリック教徒が Charles 2 世を暗殺してカトリック復活を企図したという架空の陰謀

P

(1678); Titus Oates が捏造したもので, 35 人の無実の人びとが処刑された》.

pop·lar /pɑ́plər/ *n* 〘植〙 **a** ポプラ《ヤナギ科ヤマナラシ属[ハコヤナギ属]の木の総称》. **b** *ユリノキ (tulip tree). ♦ **~ed** *a* [AF (L *populus*)]

Poplar ポプラー《London の East End にあった metropolitan borough; 現在は Tower Hamlets 区の一部》.

P **Póplar·ìsm** *n* ポプラリズム《**1**) Poplar 区の救貧委員会 (Board of Guardians) が 1919 年ごろ以降実施した過度の貧民救済策 **2**) 同様の政策; 地方税の負担が大きくなる》.

Po·ple /póup(ə)l/ ポープル Sir **John A**(**nthony**) ~ (1925–2004)《英国出身の化学者; 量子化学における計算科学的方法の開発によりノーベル化学賞 (1998)》.

pop·lin /pɑ́plən/ *n* ポプリン《うね織りの柔らかな布地; 昔は絹·羊毛製, 今は木綿·レーヨンなどが普通》: double [single] ~ 厚地[薄地]ポプリン. [F *papeline*]

pop·lit·e·al /pɑplítiəl, pɑ̀plətí:əl/ *a* 〘解〙 膝窩(しっか)(部)の, ひかがみの.

pop·lit·e·us /pɑplítiəs, pɑ̀plətí:əs/ *n* (*pl* **-lit·ei** /-lítiàı, -lətí:àı/) 〘解〙 膝窩(しっか), ひかがみ; 膝窩筋. [L=of the ham]

Pòp·mobílity *n* ポップモビリティー《ポップミュージックに合わせて行なうフィットネス体操》.

po-po /póupòu/*《俗》 *n* サツ (the police); ポリ公, デカ (police officer).

Po·po·ca·té·petl /pòupəkǽtəpèt(ə)l, -kætəpét(ə)l/ ポポカテペトル《メキシコ中南部 Mexico City の南東にある火山 (5452 m)》.

póp-òff *n* *《口》《不平などを軽率[感情的]に》ポンポン言う者, あけすけに言うやつ.

póp-òut *n* 《俗》 大量生産のサーフボード.

póp-òut *n* 〘野〙 ポップフライによるアウト. ► *a* 取りはずし可能な.

Po·pov /pɑːpɔ́:f/ ポポフ **Aleksandr Stepanovich** ~ (1859–1905 or 06)《ロシアの物理学者·電気技術者; 無線通信の先駆者》.

póp·òver *n* **1** *マフィンに似た中空のパン; "ヨークシャープディング (Yorkshire pudding). **2** ポップオーバー《頭からかぶって着るゆったりしたふだん着》.

pop·pa /pɑ́pə/*《口》 *n* とうさん, パパ; おじさん; 《女性に優しい》おじさま. [cf. POP³]

pop·pa·dom, -dum /pɑ́pədəm/ *n* POPADAM.

póp pàrty 《俗》 麻薬パーティー.

póppa stòp·pa /-stɑ̀pə/*《黒人俗》 (抜け目のない)老人, (たよれる)おやじさん.

popped /pɑ́pt/*《俗》 *a* 逮捕されて, ぱくられて; 酔っぱらって.

póp·per *n* **1 a** ポンポンいう[いわせる]もの[人]; 《口》 花火, 鉄砲, ピストル《など》; 《口》 射手, 砲手; *《俗》 缶ビール. **b** *ポップコーンを作る容器[鍋]; "《口》《服の》スナップ (press stud", snap fastener*). **2** ひょっこり来る[行く]人; "《俗》 入質する人. **3** 《俗》 亜硝酸アミル[亜硝酸ブチル]のアンプル[錠剤, カプセル]《興奮剤; 開けるとき 'pop' と音がすることから》. **4** 《口》 PILL POPPER. [*pop*¹]

Pop·per /pɑ́pər/ ポッパー Sir **Karl** (**Raimund**) ~ (1902–94)《オーストリア生まれの英国の哲学者》. ♦ **Pop·per·ian** /pɑpíəriən/ *n, a*

pop·pet /pɑ́pət/ *n* **1** "[*voc*] かわい子ちゃん; *《中部》 人形; 《廃》 MARIONETTE. **2** 〘海〙 ポペット《**1**) 進水の際船首尾を支える抱台(だきだい) **2**) ボートの gunwale の櫂座(かいざ)のへこみに差し込む木片》; 〘機〙 心受台 (poppethead); 〘機〙 POPPET VALVE. [L *pu(p)pa* doll]

póppet·hèad *n* 〘機〙《旋盤の》心受(しんうけ)台; "〘鉱〙 立坑上部の滑車を支持する枠組.

póppet vàlve 〘機〙 ポペット弁 (lift valve).

póp·pied *a* ケシの花で飾った; ケシの生い茂った; 麻酔した, 眠気を催す, だるい, ものうげな.

póp·ping crèase 〘クリケット〙 打者線.

pópping plùg 〘釣〙 ポッピングプラグ (CHUGGER¹).

pop·ple¹ /pɑ́p(ə)l/ *n* 《方》〘植〙 POPLAR.

popple² *vi* 沸き立つ, 泡立つ, 波立つ. ► *n* 荒波, 波動. ♦ **póp·ply** *a* [imit; cf. MDu *popelen* to bubble, throb]

póp pollói *pl* [the] 民衆, 大衆, 一般の人 (hoi polloi).

pop·py¹ /pɑ́pi/ *n* 〘植〙 ケシ《同属の総称; ヒナゲシ (corn poppy) など》; ケシのエキス《薬用》, 《特に》アヘン; オレンジがかった赤色 (=~ **réd**); FLANDERS POPPY; 〘建〙 POPPYHEAD. ♦ **~·lìke** *a* [OE *popig, papæg*<L *papaver*]

poppy² *a* 〈音楽が〉ポップス風の.

póppy·còck *n* 《口》 ばかげた話, たわごと; [〈*int*〉] ばかな, くそっ. [Du (dial) *pappekak* soft excrement]

Póppy Dày ケシの日《**1**) 〘英〙 休戦記念日 (Remembrance Sunday); 造花の赤いヒナゲシ (Flanders poppy) を身につけて第一次·第二次大戦の戦死者を追悼する **2**) 〘米〙 傷病退役軍人扶助のために造花のヒナゲシを売る戦没将兵記念日 (Memorial Day) の前の週の日; また Memorial Day》.

póppy fàmily 〘植〙 ケシ科 (Papaveraceae).

póppy·hèad *n* ケシの蒴果; 〘建〙 けし飾り, 《特に 教会の座席の側板の》頂華.

póppy sèed ケシの実, ケシつぶ《パン·菓子用》.

póp quìz* 抜き打ち(小)テスト.

póp rivet ポップリベット《穴に挿入したあと心棒を引き抜いて固定する管状のリベット》. ♦ **póp-rìvet** *vt* ポップリベットで固定する.

póp-ròck *n* ポップロック《ロック風のポピュラー音楽》.

pops¹ /pɑ́ps/ *n* *《口》 とうさん, おじさん, おっちゃん (pop).

pops² *a* ポップスの《セミクラシック音楽やポピュラー音楽を編曲した作品またはそれらを演奏するオーケストラについていう》. ► *n* [〈*sg/pl*〉] ポップスオーケストラ, ポップスコンサート. [*pop*²]

póps còncert POP CONCERT.

póp·shòp *n* "《俗》 質屋 (pawnshop).

Pop·si·cle /pɑ́psìk(ə)l/ 〘商標〙 ポプシクル《棒に刺したアイスキャンディー》.

pop·sie /pɑ́psi/ *n* 《口》 POPSY; *《俗》 亜硝酸アミル (amyl nitrite) のアンプル (popper).

póp·skùll *n* *《俗》 密造酒, 強い酒, 品質の悪いウイスキー.

póp·sòck" *n* 《膝下丈の》ショートストッキング.

póp stàr ポップスター《ポップス界のスター》.

póp·ster *n* ポップミュージックのミュージシャン; ポップアートの芸術家.

pop·sy /pɑ́psi/ *n* 《口》 [°*derog*] セクシーな若い女, 女友だち, かわい子ちゃん. [(dim) < *pop* < POPPET]

pop·tas·tic /pɑptǽstık/ *a* "《口》 すごくいい, すばらしい. [*pop*+fan*tastic*]

póp tèst *《学生俗》 POP QUIZ.

póp-tòp *a* 〈缶が〉引き上げぶた式の. ► *n* 引き上げぶた式の缶; 引き上げぶた; 引き上げたタブ[リング]; 《口》 ポップトップ《ポップアップ式の天井をもつ小型ヨット·キャンピングカー》.

pop·u·lace /pɑ́pjələs/ *n* 大衆, 民衆, 市民 (common people); 全住民 (population); [*derog*] 烏合の衆. [F<It (PEOPLE, *-accio* pejorative suf)]

pop·u·lar /pɑ́pjələr/ *a* **1** 評判のよい, 人気のある, うけがよい 〈*with, among*〉: Tom is ~ *with* other children. 子供仲間に人気がある. **2 a** 庶民の, 民衆の; 世間一般の, よくある〈思い込み·誤解〉; 民間に普及している, ポピュラーな (⇨ POP²); 民間伝承の: ~ superstitions 民間の迷信 / ~ ballads 民謡 / ~ music ポピュラー音楽. **b** 大衆的な, 通俗な, 平易な; [*euph*] 安い: ~ science 通俗科学 / in ~ language 平易なことばで / a ~ lecture 通俗講話 / at ~ prices 大衆料金で, 安く, 廉価で. ► *n* "大衆紙[誌]; 《古》 POP CONCERT. [AF or L (*populus* PEOPLE)]

pópular cápitalism 大衆資本主義《国民の中産階級化と大衆を資産所有者にすることを目的とする 1980 年代の英国保守党の政策》.

pópular edítion 普及版, 廉価版.

pópular eléction 普通選挙.

pópular etymólogy FOLK ETYMOLOGY.

pópular frónt [the; °the P- F-] 人民戦線 (the people's front).

pópular·ìsm *n* 通俗語[表現]; 民衆主義 (populism).

pópular·ist *a* 俗うけをねらう.

pop·u·lar·i·ty /pɑ̀pjəlǽrəti/ *n* 人気, 人望, うけのよさ, 俗うけ, 通俗性; 流行: enjoy ~ 人気がある / win ~ 人気を得る, 流行する.

pópular·ìze *vi* 大衆のレベルに合わせる. ► *vt* 大衆[通俗]化する; 普及させる, …の人気を高める. ♦ **-ìz·er** *n* **pòpular·izátion** *n*

Pópular Látin 俗ラテン語 (⇨ LATIN).

pópular·ly *adv* 大衆的に, 一般に, 民衆によって; 一般から; 俗に; 平易に: ~ elected 一般投票で選ばれた / ~ known as…という俗称[通称]の, 俗にいう….

pópular préss [the] 大衆紙.

pópular sóng 流行歌, はやり歌, ポピュラーソング.

pópular sóvereignty 主権在民主義; 〘米史〙 住民主権(論)《南北戦争以前の, 準州の住民は連邦政府の干渉なしに奴隷制を採用するかしないかを決定する権利を有すべしとする主張》.

pópular vóte 〘米〙 一般投票《一般有権者が大統領選挙人を選ぶ; cf. ELECTORAL VOTE》; 一般投票《選ばれた代理人による投票に対して一般有権者による直接選挙や住民[国民]投票など》.

pop·u·late /pɑ́pjəlèıt/ *vt* …に住む, 存在[登場]する; 〈ある場所〉に居住[棲息]させる, 植民する; 〘電算〙〈データベースなど〉にデータを追加[蓄積]する; 〘電子工〙〈プリント回路基板〉に部品を装着する; 〈データを〉付け加える: a densely [sparsely] ~*d* district (人·動物が)多く住む[まばらな]地域. [L; ⇨ POPULAR]

pop·u·la·tion /pɑ̀pjəléıʃ(ə)n/ *n* **1 a** 人口, 住民数; [the] 《一定地域の》全住民, 特定階層の人びと: a rise [fall] in ~ 人口の増加[減少] / This city has a ~ of 50,000. この市の人口は 5 万である / What is the ~ of New York? ニューヨークの人口はいくらか. **b** 〘統〙 母集団; 〘生·遺〙《ある地域内などの》個体群, 個体数, 集団; 〘天〙 種族《恒星の分布·年齢などによる分類概念》; 〘理〙 粒子数 (: POPULATION INVERSION). **2** 植民. ♦ **~·al** *a*

populátion biólogy 集団[個体群]生物学.

populátion cènter 人口重心[中心] ((mean) center of population); 人口集中地域.

populátion dènsity 人口密度; 〘生·遺〙 個体群[集団]密度.

populátion dynàmics 〘生·遺〙 個体群ダイナミックス, 個体群動態学[論], 集団動態.

populátion explòsion 急激な人口増加, 人口爆発.
populátion genètics 集団遺伝学.
populátion invèrsion 〘理〙 反転分布《レーザーで, エネルギーの低い準位より高い準位のほうが粒子数が多いこと》.
populátion paràmeter 〘統〙 母数《母集団分布の特性値; 平均・分散など》.
populátion pỳramid 人口ピラミッド《人口の性・年齢別構成図》.
pop·u·lism /pápjəlìz(ə)m/ *n* 人民[民衆]主義, ポピュリズム《人民[民衆]の利益の増進を目指す政治哲学; 一般の人びとの考えを代表すると称する政治》; [P-] 〘米史〙 人民党 (People's Party) の主義[政策]; [P-] 〘ロシア史〙 人民主義《ナロードニキの思想》.
pop·u·list /pápjəlɪst/ *n* [°P-] 人民党員; 人民主義者. ► *a* **1** [°P-] 人民主義の. **2** 一般大衆の, 一般向きの.
pop·u·lis·tic /pàpjəlístɪk/ *a* POPULIST.
Pópulist Pàrty PEOPLE'S PARTY.
pop·u·lous /pápjələs/ *a* 人口稠密な; 人口の多い; 数が多い; 込んだ, おびただしい. ♦ **~·ly** *adv* **~·ness** *n* [L (PEOPLE)]
Pop·u·luxe /pápjəlàks/ *n* ポピュラックス《1954–64 年ころに流行したはなやかな装飾様式; 自動車・器具などの日常的なものに豪華な感覚を出すためにパステルカラーや未来派的な輪郭線を用いた》. [*popul*ar+de*luxe*]
póp·ùp *a* **1** (自動的に)ポンと上がる型の, 飛び出し式の; 〈本・カードなどが〉開くと絵の飛び出す: a ~ toaster. **2** 〘電算〙 ポップアップ式の《プログラム実行中にウインドーを開いて作業メニューを画面上に呼び出す方式》: a ~ window. ► *n* 〘野〙 POP FLY; 開くと絵が飛び出す本, 飛び出す絵本; 〘電算〙 ポップアップウインドー[メニュー, 広告].
Póp Wárner Fòotball ポップ・ワーナー・フットボール《米国の少年フットボール (7–16 歳) の各連盟を統轄する全国組織; 1929 年結成, 34 年名コーチ 'Pop' Warner の名を冠した; 本部 Pennsylvania 州 Langhorne》.
póp wìne* ポップワイン《香りをつけた甘口の低価格のワイン》.
por. portrait.
po·rangi /pɔ́:ræŋi/ *a* «NZ口» 気が狂った.
por·bea·gle /pɔ́:rbì:g(ə)l/ *n* 〘魚〙 ニシネズミザメ, ニシモウカサメ《ネズミザメ科》. [C18 (Corn dial)<?]
p orbital /pí:—/ 〘理・化〙《電子の》p 軌道(関数). [p については ⇨ s]
por·ce·lain /pɔ́:rs(ə)lən, -lèɪn/ *n* 磁器; [*pl*] 磁器製品, 《俗に》衛生陶器, 便器; [〈*a*〉] 磁器の; 〘歯〙 ポーセレン, 陶材. ● **kiss the ~** GOD. **point** PERCY **at the ~. ride the ~ Honda**=ride the ~ BUS. WIN[1] **the ~ hairnet.** ♦ **~·lìke** *a* **~·ous** *a* PORCELANEOUS. [F=cowrie, shell, porcelain<It (dim)〈*porca* female pig; 雌豚の vulva と貝の類似より]
pórcelain cláy 陶土 (KAOLIN).
pórcelain enámel* 琺瑯(ほうろう) (vitreous enamel).
pórcelain·ìze *vt* 磁器(のよう)にする; *…に琺瑯がけする, 琺瑯加工する.
pórcelain shéll 〘貝〙 タカラガイ, コヤスガイ (cowrie).
por·ce·la·ne·ous, -cel·la- /pɔ̀:rsəléɪniəs/ *a* 磁器の(ような), 磁器製の.
por·ce·lan·ic, -cel·lan- /pɔ̀:rsəlǽnɪk/ *a* 磁器のような.
por·ce·la·nous, -cel·la- /pɔ́:rsələnəs, pɔ̀:rsəléɪ-, -sélə-/ *a* PORCELANEOUS.
porch /pɔ́:rʧ/ *n* **1** 《建物本体とは別の屋根の付いた》張出し玄関, 車寄せ, 入口, ポーチ; «廃» 柱廊, ポルチコ (portico); *ベランダ (veranda). **2** [the P-] **a** 昔アテナイで Zeno が弟子を集めて哲学の講義をした柱廊. **b** ストア学派, ストア哲学. ♦ **~ed** *a* 車寄せ[ポーチ]のある. [OF<L PORTICO]
pórch clìmber*«口» 二階に忍び込むこそ泥.
por·cine /pɔ́:rsàɪn, *-sən/ *a* 豚の; 豚に似た; 不潔な, 意地きたない (swinish). [F or L (PORK)]
por·ci·ni /pɔ:rʧí:ni/ *n* (*pl* ~, ~**s**) 〘菌〙 ヤマドリタケ, ポルチーニ (cep). [It]
por·ci·no /pɔ:rʧí:noʊ/ *n* (*pl* **-ni** /-ni/) 〘菌〙 PORCINI.
por·cu·pine /pɔ́:rkjəpàɪn/ *n* 〘動〙 ヤマアラシ; 多くの針を備えた機械; *«空軍俗» すりきれたワイヤロープ. ♦ **-pìn·ish, -pìny** *a* [OF *porc espin* pig with spines; ⇨ PORK, SPINE]
pórcupine ánteater 〘動〙 ハリモグラ (echidna).
pórcupine fìsh 〘魚〙 ハリセンボン科の各種, 《特に》ネズミフグ.
pórcupine gràss 〘植〙 **a** ヤマアラシガヤ《米国西部産のハネガヤ属の牧草》. **b** オーストラリア産イネ科トリオディア属の雑草 (spinifex).
pórcupine ràt 〘動〙 アメリカトゲネズミ (spiny rat).
pore[1] /pɔ́:r/ *n* 孔, 毛穴, 気孔, 気門, 細孔, 《キノコなどの》管孔; 《土壌の粒子間などの》隙間. ● **air one's ~s** «俗» 毛穴に風を入れる, 裸になる. ♦ **~d** *a* 有孔の. **~·like** *a* [OF, <Gk *poros* passage, pore]
pore[2] *vi* 熟読する, 詳細に調べる 〈*over, through*〉; 見つめる, 熟視する 〈*at, on, over*〉; «古» 熟考する 〈*on, upon, over*〉. ► *vt* 〈目などを〉酷使して…にする: ~ one's eyes out 過度の読書で眼が疲れる. [ME<?; cf. PEER[2]]
póre fùngus [mùshroom] 〘植〙 多孔菌, 管孔菌 (=*polypore*)《内面に子実層のある管孔をかさの裏に密生するイグチ科またはサルノコシカケ科の菌類の総称》.
porge /pɔ́:rʤ/ *vt* 〘ユダヤ教〙《儀式として》〈特に腰部の筋や脂を除いて食肉を〉清める. [Judeo-Sp<L PURGE]
por·gy /pɔ́:rgi/ *n* 〘魚〙 タイ, 《特に》ヨーロッパマダイ; 《広く》タイに似た魚. [C18<?; cf. Sp *pargo* porgy]
Po·ri /pɔ́:ri/ ポリ (*Swed* Björneborg)《フィンランド南西部 Bothnia 湾に臨む市・港町》.
po·rif·er·an /pɔ:ríf(ə)rən/ 〘動〙 *a, n* 海綿動物; 海綿動物門 (Porifera) の. ♦ **po·ríf·er·al** *a*
po·rif·er·ous /pɔ:ríf(ə)rəs/ *a* 穴のある, 多孔の; 〘動〙 海綿動物門の.
po·ri·na /pəráɪnə, -rí:-/ *n* «NZ» 牧草地を荒すコウモリガ科の蛾の幼虫.
po·ri·on /pɔ́:riàn/ *n* (*pl* **-ria** /-riə/, ~**s**) 〘解〙 ポリオン《外耳孔の上縁上の中点》.
po·rism /pɔ́:rìz(ə)m/ *n* 〘数〙《ギリシア人が立てた》不定命題. ♦ **po·ris·mat·ic** /pɔ̀:rɪzmǽtɪk/, **po·ris·tic** /pɔ:rístɪk/ *a*
pork /pɔ́:rk/ *n* 豚肉; «古» 豚 (hog, swine); *人気取りのための助成金[官職など]; *«俗» 警察, サツ (PIG[1] の変形). ● **~ and***«食堂俗» ポークビーンズ (pork and beans). ► *vt, vi* «卑» (女と)やる, ファックする. ● **~ out (on…)** «口» (…を)食いすぎる, 腹いっぱい食う (pig out). ♦ **~·ish** *a* **~·like** *a* [OF<L *porcus* pig]
pórk bàrrel **1** 豚肉保存用の樽. **2***人気取りのための助成金[事業など] (pork); ばらまき法案[政策].
pórk-bàrrel·ing *n* ばらまき行政.
pórk bèlly 保蔵処理をしていない豚の脇腹肉.
pórk·bùrger *n* 豚の挽肉(のハンバーグ); ポークバーガー《パンに豚肉のハンバーグをはさんだもの》.
pórk bùtcher 豚肉専門店.
pórk·chòp *n* 豚肉の切り身, ポークチョップ; 〘新聞・印〙 新聞の半段の顔写真; *«俗» 白人より低い身分に甘んじる黒人.
pórk·chòpper *n**«俗» 仕事をせずに報酬を得ている組合幹部[政治家の関係者など].
pórk·er *n* 肥えた子豚, 食用豚, 肉豚; [*joc*] 豚; *«俗» デブ, ブタ.
pórk·et /-ət/, **pórk·ling** *n* 子豚.
pork·ey, porky /pɔ́:rki/ *«俗» *a* ひどく悪い[みすぼらしい]; おこった.
pórk·fìsh* *n* 〘魚〙 クロオビダイ《中南米の大西洋海域産の金と黒の縦縞のあるイサキ科アツクチイサキ属の魚》.
pórk·ie *n* «韻俗» PORKY[1].
Pórk·ka·la Península /pɔ́:rkələ-, -là:-/ ポルカラ半島《フィンランド南部 Helsinki の西方の Finland 湾に突き出た小さな半島》.
pórk píe, pórk·pìe" ポークパイ《豚の挽肉入りパイ》; 頂が平らなフェルトの中折帽 (=**pórkpie hát**); «韻俗» うそ (lie).
pórk·pìg *n* 肉豚.
pórk rìnds*, **pórk scrátchings**" *pl* 豚の皮をカリカリに揚げたスナック.
pórky[1] *a* 豚(肉)のような; «口» お肉のついた, でぶの; *«俗» 生意気な, 無遠慮な. ► *n* «韻俗» うそ (lie) (pork pie). ♦ **pórk·i·ness** *n* [*pork*]
porky[2] *n* PORCUPINE.
porky[3] ⇨ PORKEY.
Pórky Píg ポーキー・ピッグ《米国の漫画映画の楽天家のブタ; 1935 年初登場》.
Por·la·mar /pɔ̀:rləmá:r/ ポルラマル《ベネズエラ北東岸沖 Margarita 島の中心となっている港町》.
porn /pɔ́:rn/, **por·no** /pɔ́:rnoʊ/ «口» *n* (*pl* ~**s**) ポルノ (pornography); ポルノ作家; マニア向けの番組[本]: a war-~ 戦争マニア映画《など》/ a gastro-~ 食マニア本. ► *a* ポルノの.
pórn·ie *n* «俗» ポルノ映画.
por·noc·ra·cy /pɔ:rnákrəsi/ *n* 娼婦政治《特に 10 世紀前半のローマにおけるもの》.
por·nog·ra·phy /pɔ:rnágrəfi/ *n* 好色[エロ, 猥褻]文学, ポルノ(グラフィー); エロ本, 猥本, ポルノ写真 [映画], 春画, 淫画; 売春婦風俗誌; 煽情的描写: the ~ *of* violence. ♦ **-pher** *n* 好色[エロ]本作者, ポルノ作家[制作者], 春画家. **pòr·no·gráph·ic** *a* **-i·cal·ly** *adv* [Gk (*pornē* prostitute, *graphō* to write)]
porny /pɔ́:rni/ *a* «口» ポルノの.
po·ro·mer·ic /pɔ̀:rəmérɪk/ *a* 極微孔性の, ポロメリックの. ► *n* ポロメリック《多孔性合成皮革; 靴の甲革用》.
po·ro·plás·tic /pɔ̀:roʊ-/ *a* 〘外科〙〈副木用フェルトなど〉多孔可塑性の.
po·rose /pɔ́:ròʊs/ *a* 小孔のある (porous), 《特に》小孔が(渦巻状の)列に並んだ〈キノコの子実層など〉.
po·ros·i·ty /pɔ:rásəti/ *n* 有孔[多孔]性; 〘地質・農〙 間隙(かんげき)[孔隙]率; (小)孔 (pore).
po·rous /pɔ́:rəs/ *a* 小孔のある[多い], 多孔(性)の, 有孔の; 染みとおる; [*fig*] 穴だらけの, 《敵などが》侵入しやすい: ~ waterproof 通気性防水. ♦ **~·ly** *adv* **~·ness** *n* [OF<L (PORE[1])]

pórous céll [**cúp**] 〖電〗素焼瓶《一次電池の》.

por·phyr·a·tin /pɔːrfírətən/ *n* 〖生化〗ポルフィラチン《金属とポルフィリンの化合物》.

por·phyr·ia /pɔːrfíriə, -fáɪ-/ *n* 〖医〗ポルフィリン症《ポルフィリン代謝異常による疾患》.

por·phy·rin /pɔ́ːrfərən/ *n* 〖生化〗ポルフィリン《葉緑素・ヘモグロビンから得られるピロール無鉄誘導体》. [haemato*porphyrin*]

por·phy·rog·e·nite /pɔ̀ːrfəráʤənàɪt/ *n* 父帝の即位後に誕生した皇子; 王家の一員. [L<Gk (PURPLE, *gennētos* born)]

por·phy·roid /pɔ́ːrfərɔ̀ɪd/ *n* ポーフィロイド《斑状変成岩; 斑岩(porphyry) 類似の岩石》. ► *a* 斑状組織がみられる.

por·phy·rop·sin /pɔ̀ːrfərápsən/ *n* 〖生化〗ポルフィロプシン, 視紫(し)紅《淡水魚の網膜にある紫色の視物質》.

por·phy·ry /pɔ́ːrf(ə)ri/ *n* 〖岩石〗斑岩(はんがん); 古代エジプトで産出した赤地に長石結晶を含んだ硬い岩石. ♦ **pòr·phy·rít·ic** /-fərít-/ *a* [L<Gk; ⇨ PURPLE]

Porphyry ポルフュリオス (L **Por·phyr·i·us** /pɔːrfíəriəs/) (c. 234–c. 305)《ギリシアの哲学者》.

por·poise /pɔ́ːrpəs/ *n* (*pl* ~, **-pois·es**) **1**〖動〗**a** ネズミイルカ《くちばしがないイルカの総称; cf. DOLPHIN》. **b**《広く数種の》イルカ (dolphin). **2** ᴵᴵ《俗》でぶ, 太っちょ. **3** ᴵᴵ《軍俗》《潜水艦の》急潜水,《飛行機の》激しく揺れる着水. ► *vi*《もぐったりはね上がったりして, 水面を》イルカのように動く; 上がったり下がったりする. ♦ **~·like** *a* [OF<Romanic (PORK, L *piscis* fish)]

por·ra·ceous /pɔːréɪʃəs/ *a*《古》LEEK GREEN.

por·rect /pərékt, pɑ-/ *vt*〖教会法〗提出する, 授与する;〖動〗〈体の一部を〉伸ばす. ► *a* 前方に伸びた.

por·ridge /pɔ́(ː)rɪʤ, pár-/ *n* ポリッジ《オートミールや穀類を水か牛乳で煮て作ったかゆ》;《マレーシアで》米がゆ; ᴵᴵ《俗》刑務所, 入獄, 刑期: a CHIP[1] in ~. ● **do (one's)** ~ ᴵᴵ《俗》服役する, 臭いめしを食う. **save** [**keep**] **one's** BREATH **to cool one's** ~. ♦ **~·like** *a* **pór·ridgy** *a* [C16 (変形)<*pottage*; ME *porray* の影響]

por·rin·ger /pɔ́(ː)rənʤər, pár-/ *n* 浅い小型のボウル《主として子供のかゆ・スープなど用の, 取っ手が 1 つ付いた(金属の)深皿》. [C16 *pottinger*<OF; cf. POTTAGE; *-n-* は *messenger* など参照]

Pór·ro prìsm /pɔ́(ː)roʊ-, pár-/ ポロプリズム《直角プリズムを 2 個組み合わせて像の向きの上下・左右を反転させるプリズム; 双眼鏡・望遠鏡に用いられる; cf. ROOF PRISM, DOVE PRISM》.

Por·sche /pɔ́ːrʃ, pɔ́ːrʃə/ ポルシェ《ドイツ Porsche 社製のスポーツカー・ツーリングカー》. [Ferry *Porsche* Porsche 社の創設者 Ferdinand Porsche (1875–1951) の息子 (1909–98)]

Por·se·na /pɔ́ːrsɪnə/, **Por·sen·na** /pɔːrsénə/ ポルセンナ **Lars** ~《紀元前 6 世紀の伝説的なエトルリア王; Tarquinius Superbus を王位に回復させようとローマを包囲したが失敗したという》.

Por·son /pɔ́ːrs(ə)n/ ポーソン **Richard** ~ (1759–1808)《英国の古典学者; Aeschylus と Euripides の校訂者》.

port[1] /pɔ́ːrt/ *n* 港, 商港, 貿易港;《特に 税関のある》港町, 港湾都市 (=~ town [city]) (cf. HARBOR); 避難港; 避難所, 休息所; 空港 (=*airport*); PORT OF ENTRY: clear a ~=leave (a) ~ 出港する / a close ~ ᴵᴵ川の上流にある港 / enter [make] (a) ~=arrive in ~=come [get] into ~ 入港する / in ~ 入港して, 停泊中の / FREE PORT, OPEN PORT, OUTPORT, PORT OF CALL. ● **any ~ in a storm** 窮余の策, 急場しのぎ, 次善策. **a ~ after stormy seas** 奮闘のあとの休養. ♦ **~·less** *a* [OE<L *portus*]

port[2] *n* **1**〖海〗荷役口; 舷窓; 舷窓 (porthole);《監視・受渡し用の》小窓;〖海軍〗砲門;〖機〗《ガス・水などの》出入口, 穴, 蒸気口;〖電〗《回路中の》引込み口, 引出し口;〖電算〗ポート《コンピューター本体と周辺機器・外部回線とのデータの受渡しのための本体側の接合部》;《古》荷役口[舷窓]のふた: an exhaust ~ 排気口, 排気ポート / STEAM PORT. **2**《スコ》門, 城門, 市門;《ある種のはみ (bit) の》屈曲部. ► *vt*〖電算〗〈プログラムを〉移植する. [OF<L *porta* gate]

port[3] *n*〖海〗左舷 (=*larboard*) (opp. *starboard*),〖空〗《航空機の》左側: put the helm to ~ 左舷にとる. ► *a* 左舷の. ► *vt, vi* 左舷に向ける[向く]: *P~* (the helm)! 取舵(とりかじ)!《1930 年ごろまでは反対に「面舵(おもかじ)」を指した; cf. STARBOARD》. [ʻside turned towards PORT[1]ʼ の意か]

port[4] *n* **1**〖軍〗控え銃(つつ) (PORT ARMS) の姿勢: at the ~ 控え銃の姿勢で. **2** 態度 (bearing), 挙動, 身のこなし; 様子, 風采;《古》暮らしぶり, 豪奢な暮らし. ► *vt*〖軍〗控え銃にする: *P~* arms!《号令》控え銃! [F<L *porto* to carry]

port[5] *n* ポルト, ポートワイン (=*port wine*)《ポルトガル北部 Douro 川上流の法定地域内で産出され Oporto 港から積み出される上等の酒精強化ワイン; ほかで産出するこれに似たワイン》. [*Oporto*]

port[6] *n*《豪俗》旅行かばん (portmanteau).

port. portable ♦ portrait. **Port.** Portugal ♦ Portuguese.

por·ta /pɔ́ːrtə/ *n* (*pl* **-tae** /-tìː/)〖解〗門《脈管・神経が出入りする器官の開口部》.

por·ta- /pɔ́ːrtə/ *comb form*「《しばしば商品名の一部として》移動[持ち運び]可能な」: *Porta*crib.

por·ta·bel·la /pɔ̀ːrtəbélə/, **-bel·lo** /-béloʊ/ *n* (*pl* ~**s**) PORTOBELLO.

por·ta·bil·i·ty /pɔ̀ːrtəbíləti/ *n* 携帯できること, 軽便さ;《私的年金制度における》通算の可能性;〖電算〗《プログラムの》移植(可能)性.

por·ta·ble /pɔ́ːrtəb(ə)l/ *a* 持ち運びできる, 携帯用の, 移動式の; 軽便な;《異なる職種間で》通算可能な年金制度の;〖電算〗〈プログラムが〉《異なる機種に》移植可能な;《古》我慢できる. ► *n* 携帯用器具, ポータブル《ラジオ・コンピューターなどの機器》. ♦ **-bly** *adv* **~·ness** *n* [OF or L (PORT[4])]

pórtable dócument〖電算〗可搬(文書)ファイル (cf. PDF).

pórtable párking lòt《CB 無線俗》自動車輸送車, キャリアカー.

Pórta·crìb〖商標〗ポータクリブ《折りたたみ式で持ち運び可能なベビーベッド》.

pórt addrèss〖インターネット〗ポートアドレス (PORT NUMBER).

Pòrt Ádelaide ポートアデレード《オーストラリア South Australia 州 Adelaide の外港都市》.

pórt ádmiral〖英海軍〗鎮守府司令長官.

por·tage /pɔ́ːrtɪʤ/ *n* 運搬, 輸送;《2 つの水路間の》連水陸運(路); 運賃, 輸送費; 運搬物, 貨物. ► *vt, vi* 〈船・貨物を〉連水陸路で運ぶ.

Por·ta·kab·in /pɔ́ːrtəkæ̀bən/〖商標〗ポータキャビン《英国 Portakabin Ltd. 製のプレハブ式の輸送可能な建物, その建材部品》.

por·tal /pɔ́ːrtl/ *n* **1**《特に 堂々とした》表玄関, 入口, 正門; [*pl*]《物事の》始まり, 門戸, 入口;《インターネットの》ポータルサイト《最初に見るべき情報や機能をもつウェブサイト》. **2**〖土木〗門形ラーメン (=~ **frame**);《鉱山・橋・トンネルなどの》入口, 坑門. **3**〖解〗PORTAL VEIN. ►〖解〗*a* 肝門(部)の; 門脈の. [OF<PORT[2]]

Portal ポータル **Charles Frederick Algernon** ~, 1st Viscount ~ of Hungerford (1893–1971)《英国の空軍元帥; 空軍参謀総長 (1940–45)》.

pórtal cirrhósis〖医〗門脈性肝硬変 (Laennec's cirrhosis).

Pórta·lòo〖商標〗ポータルー《移動式[仮設]トイレ》.

pórtal sỳstem〖解〗門脈系.

pórtal-to-pórtal páy 拘束時間(払い)賃金《職場への入所から退出までの時間に対して払う》.

pórtal vèin〖解〗門脈,《特に》HEPATIC PORTAL VEIN.

por·ta·men·to /pɔ̀ːrtəméntoʊ/ *n* (*pl* **-ti** /-ti/, ~)〖楽〗ポルタメント《1) 一音から他になめらかに移ること 2) legato と staccato の中間の奏法によるピアノ演奏》. [It]

por·tance /pɔ́ːrt(ə)ns/ *n*《古》態度, 身ごなし, 姿勢. [OF=action of carrying]

por·ta·pak, -pack /pɔ́ːrtəpæ̀k/ *n* 携帯型のビデオテープレコーダーとカメラのセット. [*porta*ble+*pack*[1]]

Por·ta Pot·ti /pɔ́ːrtə pɑ̀ti/〖商標〗ポータポッティ《移動式[仮設]トイレ》.

pórt árms〖軍〗控え銃(つつ)《銃口を左上にして銃を斜めに体の正面にささげ持つ姿勢; その命令》.

Pòrt Árthur ポートアーサー《1) Tasmania 島南東端の Tasman 半島南岸に 19 世紀にあった流刑地 2) LÜSHUN (旅順) の旧称》.

Pòrt Árthur tuxèdo *《俗》カーキ服地の作業服.

por·ta·tive /pɔ́ːrtətɪv/ *a* PORTABLE; 運搬(力)の. ► *n* PORTATIVE ORGAN.

pórtative órgan ポータティヴオルガン《14–15 世紀に行進などに用いられた, 持ち運びできる小型パイプオルガン》.

Port-au-Prince /pɔ̀ːrtoʊpríns; *F* pɔrtoprɛ̃ːs/ ポルトープランス《ハイチの首都; 天然の良港がある》.

pórt authòrity 港湾当局, 港湾管理委員会《港湾・空港・道路・橋梁・トンネルなど港湾部の交通全般を管理する機関》.

Pòrt Bláir ポートブレア《インド連邦直轄地 Andaman and Nicobar 諸島の中心都市; Andaman 諸島の South Andaman 島南東岸にあり, かつての流刑地》.

pórt chàrges *pl* 港税, 入港税, 屯税(とんぜい).

pórt·cráyon *n*《デッサン用》クレヨン[木炭]ばさみ. [F]

port·cul·lis /pɔːrtkʌ́ləs/ *n*《城門の》落とし格子, つるし門; [P-]《英国紋章院の》紋章官補《pursuivants の一人》. ♦ **~ed** *a* 落とし格子をもった[で閉まる];〖紋〗落とし格子紋の. [F=sliding door (PORT[2], *coleice* sliding)]

port de bras /*F* pɔr də bra/〖バレエ〗ポール・ド・ブラ《腕の動かし方の技術・練習》. [F=carriage of the arms]

Port du Sa·lut /pɔ́ːr də salúː/ PORT SALUT.

Porte /pɔ́ːrt/ [the]〖高き〗門, 御門, (オスマン)トルコ政府《オスマントルコ政庁の公称を仏訳したもので, より正式には the Sublime [Ottoman] Porte》.

porte co·chere, porte-co·chere, -chère /pɔːrtkoʊʃéər, -kɑ-, -kə-/《建物を貫く》中庭への通路; *(屋根付きの)車寄せ. [F]

Pòrt Elízabeth ポートエリザベス《南アフリカ共和国南部 Eastern Cape 州南西部の市・港町; 略 PE》.

porte-mon·naie /pɔ́ːrtmʌ̀ni; *F* pɔrtmɔnɛ/ *n* 紙入れ (pocketbook), 財布 (purse).

por·tend /pɔːrténd/ *vt* …の前兆になる, …の警告を与える;《古》意味する: Black clouds ~ a storm. 黒雲はあらしの前兆. [L *portent- portendo* (*pro-*², TEND¹)]

por·tent /pɔ́ːrtɛ̀nt/ *n* 《凶事・重大事の》兆し, 前兆, 前触れ (omen), 先触れ ‹*of*›; 《前兆的な》意味; 驚異的なもの[人]. [L=sign, omen (PORTEND)]

por·ten·tous /pɔːrténtəs/ *a* 前兆の, 不吉な, 凶兆のある; 恐るべき, 驚異的な, 信じられない; 重大な; 尊大な, ものものしい, もったいぶった. ♦ **~·ly** *adv* **~·ness** *n*

por·ter¹ /pɔ́ːrtər/ *n* **1 a** 運搬人, かつぎ人夫 (carrier); 《駅・空港・ホテルで荷物を運ぶ》ポーター, 赤帽 (redcap), ボーイ; 《病院の》器具・患者などの移動係 (=hospital ~); *《寝台車などの》(鉄道)客室係; 《ビル・事務所などの》清掃員, 用務員; «東アフリカ» 肉体労働者. **b** «古» 運搬器, 支持物. **2** ポーター《焦がした麦芽をつかった黒ビール》; もとは London の荷役夫が好んで飲んだ). ● **swear like a ~** どなりちらす. ► *vt* ポーターとして運ぶ. ► *vi* ポーターをする. [AF<L; ⇨ PORT⁴]

porter² *n* ᵁ《ホテル・集合住宅・大学などの》守衛, 門番, 受付; 〖カト〗守門 (=*doorkeeper*): the ~*'s* lodge 門衛詰所. [OF<L; ⇨ PORT²]

Porter ポーター (**1**) **Cole** (**Albert**) ~ (1891-1964)《米国のポピュラーソング・ミュージカルの作詞家・作曲家》 (**2**) **George** ~, Baron ~ of Luddenham (1920-2002)《英国の化学者; 超高速化学反応(閃光光分解)の研究でノーベル化学賞 (1967)》 (**3**) **Katherine Anne** ~ (1890-1980)《米国の作家》 (**4**) **Peter** (**Neville Frederick**) ~ (1929-2010)《オーストラリア生まれの英国の詩人》 (**5**) **Rodney Robert** ~ (1917-85)《英国の生化学者; 抗体の化学構造を決定; ノーベル生理学医学賞 (1972)》 (**6**) **William Sidney** ~《O. HENRY の本名》.

pórter·age *n* 運搬; 運搬業; 運び賃, 運搬費.

pórter·ess *n* PORTRESS.

pórter·hòuse *n* ポーターハウス (=**~ stéak**)《牛のショートロインの腰寄りのステーキ, T 字形の骨付きで大きめ; cf. T-BONE》; «古»《黒ビールなどを飲ませた昔の》居酒屋; «古» 安料理店.

pórter's knòt ᵁ荷かつぎ人が用いる肩当て.

pórt·fìre *n* 火器[花火]点火装置, 〖鉱〗発破点火装置.

port·fo·lio /pɔːrtfóuliòu/ *n* (*pl* **-li·òs**) **1 a** 紙ばさみ, 折りかばん; 政府省庁の書類を運ぶかばん. **b** 《紙ばさみ式の》画集, 画帳; 《書物の》帙(ちつ); 《画家などの》代表作品選集; 〖教育〗ポートフォリオ《個々の生徒が自分でノート・レポート・テストなどをまとめて作る成績評価用資料》. **c** 〖金融〗ポートフォリオ《特定の個人・機関投資家が保有する各種有価証券(の明細一覧表)》; 《提供する製品・サービスなどの》一覧, 品ぞろえ. **2** 大臣[閣僚]の地位[職務]: a minister without ~ 無任所大臣. [C18 *porto folio*<It *portafogli* sheet carrier (*portare* to carry)]

portfólio wòrker ポートフォリオワーカー《自分の都合に合わせて複数の職場や業種を掛け持ちするフリーランス労働者・契約社員》.

portfólio wòrking [**carèer**] フリーランス稼業.

Port-Gen·til /pɔ̀ːrʒɑːntíː; -ʒɔn-/ ポールジャンティ《ガボン西部の市・港町》.

Pòrt Hár·court /-háːrkərt, -kɔ̀ːrt/ ポートハーコート《ナイジェリア南部 Niger デルタに臨む Rivers 州の州都・港町》.

Pòrt Héd·land /-hédlənd/ ポートヘッドランド《オーストラリア Western Australia 州北西部の港町》.

pórt·hòle *n* 〖海〗舷窓; 〖空〗機窓; 砲門, 銃眼; 荷積み口; 〖機〗蒸気口, 《ガス・水などの》出入口; 《炉口の開閉戸などの》のぞき窓.

Por·tia /pɔ́ːrʃ(i)ə/ **1** ポーシャ《女子名》. **2 a** ポーシャ《(**1**) Shakespeare, *The Merchant of Venice* の女性主人公 **2**) Shakespeare, *Julius Caesar* で Brutus の妻》. **b** 女性弁護士. [L]

por·ti·co /pɔ́ːrtɪkòu/ *n* (*pl* **~es, ~s**) 〖建〗ポルチコ, ポーチコ《屋根付き・吹放ちの玄関先の柱廊》: philosophers of the ~ ストア派の哲学者たち (⇨ PORCH). [It<L *porticus* porch (*porta* passage, PORT²)]

por·tiere, -tière /pɔːrtjɛ́ər, pɔ́ːrtiər/ *n* 《戸口などの》仕切りのカーテン. [F (PORT²)]

Por·ti·le de Fier /pɔːrtsíːlə də fjɛ́ər/ [the] 鉄門《IRON GATE のルーマニア語名》.

por·tion /pɔ́ːrʃ(ə)n/ *n* 一部, 部分 (part); 分け前 (share); 《食物の》一人前; 〖法〗分与産, 相続分; 持参金 (dowry); «文» 運命 (lot): a ~ of land 少しばかりの土地 / one's ~ in life 人の運命. ► *vt* ‹土地などを›分割する, 分配する ‹*out*›; 分与産[持参金, 寡婦産]として与える; ‹人›に分け前を与える; …にある運命を与える. ♦ **~·less** *a* 分け前のない, 分与産[持参金]のない. [OF<L *portion- portio*]

pórtion·er *n* 分配者, 配当者; 配当受領者; 〖教会〗共同牧師 (=**pórtion·ist**)《牧師職を分担して教会の分け前を受ける》.

Pòrt Jáckson ポートジャクソン《オーストラリア南東部にある天然の良港; 南に Sydney 市が広がる; 1788 年, 英国の第 1 次囚人移民団が上陸した植民地を開設した地》.

Port·land /pɔ́ːrtlənd/ **1** [Duke of ~] ポートランド公爵 (⇨ William Henry Cavendish BENTINCK). **2** ポートランド《(**1**) Oregon 州北西部の港市 **2**) Maine 州南西部の都市》. ♦ **~·er** *n* ■ **the Ísle of ~** ポートランド島《イングランド南部 Dorset 州の半島; 本土とは細長い砂洲で連絡している; 南端 Portland Bill には灯台がある; Portland stone を産出》.

pórtland cemént [ᵁP-] ポルトランドセメント《人造セメントで普通にいうセメント》. [Isle of *Portland*]

Pórtland stóne ポートランド石《ポートランド島 (Isle of Portland) 産の建築用石灰岩》.

Port·laoi·se, Port Laoi·se, Port·laoigh·i·se /pɔ̀ːrtléɪəʃə, -líː-/ ポートレイイシェ, ポートリーシェ《アイルランド中部 Laois 県の町・県都》.

port·let /pɔ́ːrtlət/ *n* 〖電算〗ポートレット《インターネットのポータルサイトで, クライアントからの要求に応じて情報を返すアプリケーション》. [*port*al+app*let*]

Pòrt Lóuis /-lúːəs, -lúːi/ ポートルイス《モーリシャスの首都》.

pórt·ly *a* でっぷりした, かっぷくのいい; 堂々とした, 押し出しのりっぱな, 威厳のある. ♦ **-li·ness** *n* [*port*⁴]

Port Lyau·tey /*F* pɔr ljɔte/ ポールリョーテー《KENITRA の旧称》.

Pòrt Ma·hón /-məhóun/ ポートマホン《MAHÓN の英語名》.

port·man·teau /pɔːrtmǽntou/ *n* (*pl* **~s, -teaux** /-z/) 《両開きの》大型旅行かばん, スーツケース; PORTMANTEAU WORD. ► *a* 2 つ以上の用途[性質]を兼ねた, 複合[多面]的な. [F; ⇨ PORT⁴, MANTLE]

portmánteau wòrd 〖言〗かばん語, 混成語 (blend)《2 語の音と意味とを含ませてつくった合成語; brunch, motel, smaze, smog など》.

Pòrt Móres·by /-mɔ́ːrzbi/ ポートモレスビー《パプアニューギニアの首都》.

pórt nùmber 〖インターネット〗ポートアドレス (=*port address*)《サーバー上で FTP などのアプリケーションの所在を示す数字》.

Por·to /pɔ́ːrtu/ ポルト《OPORTO のポルトガル語名》.

Pôr·to Ale·gre /pɔ́ːrtou əlégrə/ ポルトアレグレ《ブラジル南部 Rio Grande do Sul 州の州都》.

por·to·bel·lo /pɔ̀ːrtəbélou/ *n* (*pl* **-los**) 〖菌〗ポルトベロ(マッシュルーム) (=**~ mùshroom**)《傘の大きな香りの強い褐色の食用キノコで, ツクリタケの栽培品; portabella, -bello ともつづる》.

Pór·to·bel·lo Róad /pɔ́ːrtəbèlou-/ [ᵒthe] ポートベローロード《London にある骨董品店街; 土曜日に市が立つ》.

Por·to·be·lo /pɔ̀ːrtəbélou/ ポルトベロ《パナマのカリブ海側の小港; 植民地時代には南米における最重要港だった》.

pórt of cáll 《燃料補給・修理などのための》寄航地[港]; 《旅の》立ち寄り先, 目的地; よく行く所, 行きつけの場所.

pórt of éntry 《入国者・輸入品の》通関手続地, 通関港, 入国管理事務所のある港[空港].

Pórt of Lóndon Authórity [the] ロンドン港管理公団[委員会]《1910 年以来 London の港のドックの運営に当たっている非政府機関; 略 PLA》.

Pórt of Spáin ポートオヴスペイン《Trinidad 島の港町, トリニダード・トバゴの首都; 植物園が有名》.

por·to·lan /pɔ́ːrtəlæ̀n/ *n* PORTOLANO.

por·to·la·no /pɔ̀ːrtəláːnou/ *n* (*pl* **~s, -la·ni** /-ni/) 〖史〗《海図のはいった中世の》航海案内書. [It]

Por·to-No·vo /pɔ́ːrtənóuvou/ ポルトノヴォ《ベナンの首都・港町》.

Por·to Ri·co /pɔ́ːrtə ríːkou/ ポルトリコ《PUERTO RICO の旧称》.

Pôr·to Ve·lho /pɔ́ːrtu véljuv/ ポルトヴェリョ《ブラジル西部 Madeira 川に臨む, Rondônia 州の州都》.

Pòrt Phíllip Báy ポートフィリップ湾《オーストラリア南東部, Melbourne 港を擁する湾》.

por·trait /pɔ́ːrtrət, -trèɪt/ *n* **1** 肖像(画), 似顔(絵), 肖像[人物]写真, ポートレート; 塑像, 胸像; 《ことばによる》(詳細な)描写 ‹*of*›. **2** 類似物; 類形. ► *a, adv* 縦長の, 縦長に《本・さしえ・コンピューターのディスプレーなどについていう; cf. LANDSCAPE》. ♦ **~·ist** *n* 肖像画家. [(pp)<OF PORTRAY]

por·trai·ture /pɔ́ːrtrətʃər, *-tʃùr, -t(j)ùər/ *n* 肖像画法; 人物描写; 肖像画: in ~ (肖像画に)描かれた.

por·tray /pɔːrtréɪ/ *vt* ‹人物・風景を›描く, …の肖像を描く; 《ことばなどで》描写する; ‹役・人物を›演じる: ~ sb *as* a mean character 人をいやな人物として描く. ♦ **~·able** *a* **~·er** *n* [OF *portraire* to depict]

portráy·al *n* 描画, 描写; 記述; 肖像(画); 《登場人物などの》描き[とらえ]方, 解釈, 演技.

port·reeve /pɔ́ːrtrìːv/ *n* 〖英史〗市長 (mayor); 町役人.

por·tress /pɔ́ːrtrəs/ *n* 《アパート・女子修道院の》女性の門番, 受付; 《ビルの》掃除婦.

Port-Roy·al /pɔːrtrɔ́ɪ(ə)l; *F* pɔrrwajal/ ポールロアイヤル《Paris の西にあったシトー修道会の女子修道院; 17 世紀にヤンセン派の中心; 論理学と言語学の研究で有名》.

Pòrt Róyal **1** ポートロイヤル《(**1**) ジャマイカ南東部, 初期植民地時代の首都 **2**) カナダの ANNAPOLIS ROYAL の旧称》. **2** PORT-ROYAL.

Port Róyal·ist ポールロアイヤル派《17 世紀フランスの Port-Royal のヤンセン派の一員[支持者]》.

Port Sa·id /pɔ̀ːrt saːíːd, -sáɪd/ ポートサイド《エジプト北東部, Suez 運河の北端の, 地中海に臨む市・港町》.

P

Pórt Sàint Lúcie /-lúːsi/ ポートセントルーシー《Florida 州東部 Okeechobee 湖の東北東にある市; リゾート・退職者の住宅地》.

Port Sa·lut /pɔ̀ːr səlúː/ ポール・サリュー《黄色がかった甘口の全乳チーズ; もと西フランスの Port du Salut 修道院で造られた》.

pórt·sìde *n* 〘海〙左舷. ► *a, adv* 左側の[に]; 《俗》左利きの. [*port*³]

pórt·sìd·er *《口》 *n* 左利きの人 (SOUTHPAW); 左腕投手.

Ports·mouth /pɔ́ːrtsməθ/ ポーツマス《**1**) イングランド南部の市・港町; 英国海軍の主要基地; Dickens, Meredith の生地 **2**) Virginia 州南東部, Elizabeth 川に臨む市・港町 **3**) New Hampshire 州の港町, 原子力潜水艦建造の軍事都市; 日露講和条約締結地 (1905)》.

Port Stanley ⇨ STANLEY.

Pórt Sudán ポートスーダン《紅海に臨むスーダンの市・港町》.

Pòrt Tálbot ポートトールボット《ウェールズ南部の港町; 大規模な製鉄所がある》.

Por·tu·gal /pɔ́ːrʧəgəl/ ポルトガル《ヨーロッパ南西部の国; 公式名 Portuguese Republic (ポルトガル共和国); 略 Port.; ☆Lisbon》.

Por·tu·guese /pɔ̀ːrʧəgíːz, ⌐⌐⌐, *-s/ *a* ポルトガル(人[語])の. ► *n* (*pl* ~) ポルトガル(系)人; ポルトガル語.

Pórtuguese Èast África ポルトガル領東アフリカ《MOZAMBIQUE の旧称》.

Pórtuguese Guínea ポルトガル領ギニア《GUINEA-BISSAU の旧称》.

Pórtuguese Índia ポルトガル領インド《インド西岸の旧ポルトガル領土; 1962 年インドが併合; Goa および Daman, Diu からなる》.

Pórtuguese màn-of-wár 〘動〙カツオノエボシ, 《俗に》デンキクラゲ《クダクラゲの一種で刺胞毒が強い》.

Pórtuguese párliament ‖《海軍俗》騒々しい議論, ガヤガヤ, ワイワイ.

Pórtuguese Tímor ポルトガル領ティモール《1975 年までポルトガル領, のちインドネシア支配下にあった TIMOR 島の東半分の旧称; 現在の東ティモール》.

Pórtuguese wáter dòg 〘犬〙ポルトガルウォータードッグ《水泳の巧みな中型の使役犬; 水かきのついた足をもつ》.

Pórtuguese Wèst África ポルトガル領西アフリカ《ANGOLA の旧称》.

por·tu·laca /pɔ̀ːrʧəlǽkə, -léɪ-/ *n* 〘植〙スベリヒユ属 (*P*-) の各種の一年[多年]草《スベリヒユの栽培品種ハナスベリヒユ(ポーチュラカ)など》, 《特に》マツバボタン. ♦ **por·tu·la·ca·ceous** /pɔ̀ːrʧələkéɪʃəs/ *a* [L=purslane]

Pòrt-Víla ポート ヴィラ《VILA の別称》.

pórt wíne ポートワイン (PORT⁵).

pórt-wíne stàin [màrk] 〘医〙ぶどう酒様血管腫《皮膚表面の紫色の血管腫; 通例 母斑》.

Porz am Rhein /*G* pɔ́rts am ráɪn/ ポルツ・アム・ライン《ドイツ西部 North Rhine-Westphalia 州, Cologne 市東南東郊外の Rhein 川に臨む町》.

pos. position ♦ positive.

POS point-of-sale ♦ point-of-service.

po·sa·da /pəsáːdə, pɔ-/ *n* 《スペイン語圏の》旅館, 宿屋; クリスマスのろうそく行列の祝い. [Sp=place for stopping]

pose¹ /póuz/ *vi* 〈モデルが〉姿勢をとる, ポーズをとる; 〈ある〉態度をとる 〈*as*〉, 装って見せる, 気取った見せかけをする: She ~*d for* her portrait [*for* the painter]. 肖像画を描いてもらうためにポーズをとった[画家のモデルになった] / She is always *posing*. いつも気取った態度をしている / He ~*d as* an authority on that subject. その問題の権威者を装った. ► *vt* **1** 《絵・写真のために》…にポーズをとらせる; 適当に配置する; 《古》置く: The artist ~*d* her on a sofa. 画家は彼女にソファーの上でポーズをとらせた / The group was well ~*d* for the photograph. 写真を撮るためうまく配置された. **2** 〈要求などを〉提示する, 〈問題などを〉提起する, 投げかける, 〈困難な情況などを〉ひき起こす, 〈脅威を〉もたらす: Three problems must be ~*d* here. ここに必然的に 3 つの問題が生じてくる. ► *n* **1** 姿勢, ポーズ; 気構え (mental attitude); 気取った様子[態度]; 見せかけ: take the ~ *of* being an invalid 病人であるような様子をする. **2** 〘ドミノ〙第 1 のドミノを場に出すこと[権利]. ● **strike a ~** 気取った態度をとる, ポーズをつくる. [F<L *pauso* to PAUSE; 一部 L *posit- pono* to place と混同; cf. COMPOSE]

pose² *vt* 《難問で》困らせる, まごつかせる; 《古》…に質問して調べる, 問いただす. [ap*pose* (obs)<OF *aposer* to OPPOSE]

Po·sei·don /pəsáɪd(ə)n, ‖pɔ-/ **1** 〘ギ神〙ポセイドン《Zeus に次ぐオリュムポスの神で海の支配者; ローマの Neptune に当たる》. **2** 〘米海軍〙ポセイドン《Polaris に次いで開発された潜水艦発射弾道ミサイル》.

Pos·ei·do·nia /pàsàɪdóuniə, pòu-/ ポセイドニア《PAESTUM のギリシア人入植者自身による呼称》.

Po·sen /*G* póːzn/ ポーゼン《POZNAŃ のドイツ語名》.

pos·er¹ /póuzər/ *n* 難問; 《古》難問提出者, 試験官.

poser² *n* ポーズをとる人, POSEUR. ♦ **~·ish** *a* POSEY.

po·seur /pouzə́ːr/ *n* 気取り屋, てらい屋. [F (POSE¹)]

pos·ey, posy /póuzi/ 《口》 *a* 気取った, てらった; 知ったかぶりの.

posh¹ /pɑ́ʃ/ 《口》 *a* 〈ホテル・レストランなどが〉豪華[豪奢]な, 高級な, 〈服装などが〉スマートな, おしゃれな; ‖[ˢ*derog*] 上流階級(風)の, (お)上品な. ► *adv* ‖上流階級アクセントで: talk ~. ► *vt* おしゃれ[派手]に決める, めかしこむ 〈*up*〉. ♦ **~·ly** *adv* **~·ness** *n* [?*posh* (sl) money, a dandy; 一説に *p*ort *o*ut, *s*tarboard *h*ome]

posh² *int* フン, ヘン《軽蔑の発声》. [imit]

posho¹ *n* (*pl* **pósh·os**) ‖《口》POSH¹ なやつ, セレブ[上流]気取り.

posho² /pɑ́ʃou/ *n* 《東アフリカ》CORNMEAL. [Swahili]

pos·i·grade /pɑ́zəgrèɪd/ *a* 〘宇〙前進加速する(ロケットの). [*pos*itive+retro*grade*]

pós·ing pòuch ‖ /póuzɪŋ-/ 《男性ボディビルダー用の》ビキニパンツ, ビルダーパンツ.

pos·it /pɑ́zət/ *vt* 置く, 据える; …を〈ある前提に〉基づかせる 〈*on*〉; 〘論〙肯定的に仮定する, 断定する (cf. SUBLATE); 提案する. ► *n* 仮定. [L *posit- pono* to place]

pos·i·tif /pɑ́sɪtɪf/ *n* CHOIR ORGAN.

po·si·tion /pəzíʃ(ə)n/ *n* **1 a** 位置; 場所, 所, 所在地; 適所; 《社会的な》境遇, 立場, 地位, (高い)身分; 勤め口, 職 (job); 順位: persons of ~ 地位[身分]のある人たち / one's ~ in life 人の社会的地位, 身分 / He got a ~ as a college lecturer. 大学講師の口を見つけた. **b** 〘競技〙守備位置, ポジション; 《チェス・軍隊などの》配置, 布陣; 〘軍〙陣地; 〘楽〙(和音[和声]の)位置; 2 つ以上の子音の前の短母音の位置《長音節になる》. **2** 姿勢, 体位; 心的態度; 状勢, 局面; 《問題などに対する》立場, 態度; 見解, 論拠; 〘論〙命題; 立論: obstetrical ~ 分娩位 / in an awkward [a difficult] ~ 困った立場[窮地]に立って / my ~ on the question 問題に対するわたくしの意見 / take up the ~ that…という意見を主張する, …の立場をとる. **3** 〘証券〙持ち高. ● **be in a ~ to** do…することができる: I'm sorry that I'm not *in a* ~ *to* help you. 残念ながらご助力できかねます. **in ~** 正しい[所定の]位置にある, 所を得ている. **maneuver [jockey] for ~** 〘ヨット〙《駆引きで》有利な位置をとろうとする; 優位を占めようと策する. **out of ~** 所を得ないで; 位置からはずれて, 狂って. **take a ~** 〈証券業者が〉買持ちをする. **take up a ~** 《有利な》陣地[論拠]を定める. ► *vt* 適当な[正しい]場所に置く; 〈商品を〉特定の購買者にねらいをつけて市場に出す; 〘軍〙配置する; 《まれ》…の位置を定める: well ~*ed* to do …するのに有利な立場で. ♦ **~·er** *n* [OF or L; ⇨ POSIT]

posítion·al *a* 位置(上)の; 地位の; 前後関係[周囲の条件]に依存する; 比較的動きの少ない. ♦ **~·ly** *adv*

posítional notátion 《数字の》位取り表記法《X (十), C (百), M (千) などに対し, 10, 100, 1000 のように位置に値を与える記数法》.

posítion àudit 《企業体質・経営環境などの》ポジション監査, 現状調査.

posítion effèct 〘遺〙位置効果《遺伝子の座位の違いによる表現型の変化》.

posítion lìght 〘空〙位置灯《航空機の所在または進行方向を示す》.

posítion pàper ポジションペーパー《特定の問題について政治団体・政府・労組などがその立場を詳細に述べた文書》.

posítion vèctor 〘数〙位置ベクトル.

pos·i·tive /pɑ́zətɪv/ *a* **1 a** 決定的な, 明確な, 疑いのない, 否定しがたい; 〈約束・規則などが〉明確に定めた; 絶対的な, 無条件の; *〈政府などが〉統制的な, 〈品物などが〉統制下の: ~ proof=proof ~ 確証. **b** 《口》完全な, 全くの: a ~ fool 大ばか / a ~ nuisance 全くの厄介もの. **2** 確信している (quite certain); 自信をもちすぎる, 自信過剰の (too sure): I am ~ *about* [*of*] it. それを確信する, 間違いない / I am ~ *that* Mary is innocent. メアリーは絶対に無実だと思っている. **3 a** 肯定的な, 積極的な (opp. *negative*); 前向きの〈考え方〉, 建設的な〈批判など〉; 増加に向かう, 向上する, プラス方向の; 好ましい: a ~ response 肯定的な[いろよい]反応 / think ~ 前向きに考える, プラス思考をする. **b** 実際的な, 現実的な; 実在の; 〘哲〙実証的な, 経験主義の (empirical): a ~ good 現実の善 / a ~ mind 実際家 / ~ morals 実践道徳 / a ~ term 実名辞《人・家・木などの名辞》/ ~ virtue 実行によって示す徳. **4 a** 〘数・理・電〙正の, プラスの, 陽の, 《磁石の》北極の; 〘化〙塩基性の; 〘写〙陽画[ポジ]の; 〘医〙陽性の; 〘光〙〈レンズが〉実像を結ぶ, 正の: a ~ charge 陽電荷 / a ~ number 正数 / ~ conversion 〘医〙陽転 / be [test] HIV ~ HIV 陽性である[という検査結果が出る]. **b** 〘機〙確実動作の. **5** 〘文法〙原級の (cf. COMPARATIVE, SUPERLATIVE): the ~ degree 原級. ► *n* **1 a** 肯定的な面, プラス面, 強み; 実在するもの; 実在; 確実性; 〘哲〙実証できるもの. **b** 〘写〙陽画, ポジ; 〘数〙正量, 正符号; 〘電〙陽極板. **c** 〘医〙陽性(反応): false ~ 偽陽性. **2** 〘文法〙原級 (=~ degree), 《形容詞・副詞の》原級形. **3** POSITIVE ORGAN; POSITIF. ♦ **~·ness** *n* [OF or L; ⇨ POSIT]

pósitive accelerátion 〘理〙正の加速度.

pósitive áction ‖ 積極的差別是正措置 (positive discrimination).

pósitive chárge 〘理〙正電荷, 陽電荷.

pósitive cránkcase ventilàtion 〘車〙ポジティブクランクケースベンティレーション《排気ガス浄化装置の一種; 略 PCV》.

pósitive définite *a* 〘数〙正値の, 正定値の: ~ quadratic form 正定値二次形式.

pósitive discriminátionᴵᴵ 前向きの差別 (AFFIRMATIVE ACTION).
pósitive electrícity 〔電〕陽電気, 正電気.
pósitive eléctron 〔理〕POSITRON.
pósitive eugénics 〔生〕積極的優生学《好ましい形質をもたらす遺伝子の増加の要因・手段を研究する》.
pósitive euthanásia ACTIVE EUTHANASIA.
pósitive féedback 〔電子工〕正帰還, 正のフィードバック.
pósitive láw 実定法 (cf. NATURAL LAW).
pósitive·ly *adv* 明確に; 肯定的に; 積極的に; 前向きに, プラス方向に; «口» 全く, 実に, 断然; 陽電気を帯びて: think ～ 前向きに考える / His conduct is ～ shocking. 彼の行動は全くけしからん / Are you going to the party? —*P~!* [ºㅡㅡ́ㅡ́] 会へ出ますか—出ますとも!
pósitive òrgan 〔楽〕ポジティブオルガン《1 段の手鍵盤のみの室内オルガン》; 〔楽〕CHOIR ORGAN.
pósitive philósophy 〔哲〕POSITIVISM.
pósitive pláte 〔電〕陽極板.
pósitive polárity 〔文法〕肯定極性《通例 意味[統語]的に肯定の文脈でのみ用いられる語句の特性》.
pósitive póle 〔電〕陽極; 《磁石の》北極, N 極.
pósitive rày 〔理〕陽極線.
pósitive sígn 〔数〕正号 (plus sign).
pósitive vétting ポジティヴ・ヴェッティング《英国政府・軍などの機密に関与する職員が受ける個人的背景についてのきびしい審査; 略 PV》.
pós·i·tiv·ìsm *n* 〔哲〕実証哲学, 実証論, 実証主義 (Comtism); 〔哲〕LOGICAL POSITIVISM; 〔法〕実証主義; 積極性, 明確性; 確信; 独断(論). ♦ **-ist** *n, a* **pòs·i·tiv·ís·tic** *a* **-ti·cal·ly** *adv*
pos·i·tiv·i·ty /pàzətívəti/ *n* 確実(なもの); 確信; 積極性.
pos·i·tron /pázətràn/ *n* 〔理〕陽電子 (=*positive electron*). [*positive electron*]
pósitron-emìssion tomògraphy 〔医〕陽電子放射断層撮影(法)《略 PET》.
pos·i·tro·ni·um /pàzətróuniəm/ *n* 〔理〕ポジトロニウム《一対の電子と陽電子からなり百万分の 1 秒で消失する短命な電子対; 化学的には水素原子と同じ》. [*positron, -ium*]
po·so·le, po·zo·le /pousóuleı/ *n* ポソーレ《メキシコ・米国南西部の豚肉煮込み料理》. [MexSp]
po·sol·o·gy /pəsálədʒi, -zál-/ *n* 〔医〕薬量学. ♦ **poso·log·ic** /pàsəládʒık/, **-i·cal** *a* [F (Gk *posos* how much)]
poss[1] /pás/ *vt* 〈衣服を〉長い棒などでかきまわして洗う. [?]
poss[2] *a* «口» POSSIBLE.
poss. possessive ♦ possible.
pos·se /pási/ *n* **1** *POSSE COMITATUS; 《治安維持のためなどに法的権限をもつ》武装[保安]隊, 警官隊; 《臨時に組織された》捜索隊; «口»《共通の関心をもつ》群衆, 集団; «口»《若者の》仲間, 友人グループ; «俗»《麻薬密売にかかわる》ギャング, 暴力団. **2** [次の句で] 可能性, 潜在力: IN POSSE. [L=to be able]
pósse com·i·tá·tus /-kàmətá:təs, -téı-/ 〔法〕《治安維持・犯人逮捕・法執行などのため 15 歳以上の男子を治安官が召集する》民兵隊壮年団. [L=force of the county]
pos·sess /pəzés/ *vt* **1 a** 所有する (own); 〈能力・性質などを〉もつ, そなえている; 占有する; 手に入れる, 手中に収める; 〈女を〉ものにする; «古» 捕える, 獲得する: ～ courage 勇気がある. **b** 思いのままにする, 御する, 〈言語を〉マスターする. **c** じっと抑える, 自制する: *P~ yourself* [your mind] in patience. じっと抑えて辛抱しなさい. **2** [ᵘ*pass*] 〈悪魔などが〈人〉に取りつく 〈*with, by, of*〉; 〈考えなどが〈人を〉とらえる: He *is ～ed with* the idea that someone is persecuting him. だれかに迫害されているという考えに取りつかれている / He *was ～ed by* envy. 嫉妬のとりことなった / What ～ed her to act like that? どういう気であんなふるまいをしたのだろうか. **3** «古» …に知らせる; «廃» 与える. ● **be ～ed of…** «文» …を所有している, 有する: He *is ～ed of* great wealth. 大きな富を所有している. **～ oneself of…** …を自分のものにする: He *～ed himself of* another's lands. 他人の土地を横領した. [OF<L *possess- possideo* (*potis* able, *sedeo* to sit)]
pos·séssed *a* **1** 取りつかれた, 狂気の, 夢中になった 〈*by, of, with*〉. **2** 落ちついた. **3** «廃» 所有された. **4** [The P-]『悪霊』《Dostoyevsky の小説 (1871–72)》. ● **like one** [***all**] **～** 憑(つ)かれたように, 猛烈[熱心]に. ♦ **pos·séss·ed·ly** /-ədli, -tli/ *adv* **-séss·ed·ness** /-ədnəs, -tnəs/ *n*
pos·ses·sion /pəzéʃ(ə)n/ *n* **1 a** 所有, 所持; 占有, 占領; 入手; 所有[占有]権; 〔スポ〕ボール[パックなど]の保持[支配]; «口» 麻薬[銃]の不法所持: be in ～ of…を所有している / be in the ～ of…に所有されている, …が所有している / come into sb's ～ 〈物が〉人の手にはいる / come into ～ of sth 〈人が〉物を手に入れる / get [take] ～ of…を手に入れる, 占有[占領]する / rejoice in the ～ of… 幸いにも…を有する / *P~* is nine tenths [points"] of the law. «諺» 占有は九分の勝ち目. **b** 所有物, 所持品; [*pl*] 財産; 領地, 属国: a man of great ～*s* 大財産家 / lose one's ～*s* 全財産を失う / the French ～*s* in Africa アフリカのフランス領. **2** 魅入られていること, 魔のつくこと; 憑依(ひょう); 《考えなどに》取りつかれること; こびりついた感情[考え]; 憑(つ)きもの, 憑依霊. **3** «まれ» 沈着, 自制 (selfpossession). ♦ **～·al** *a* **～·less** *a* [OF or L; ⇨ POSSESS]
posséssion òrderᴵᴵ 〔法〕占有回復命令《占拠者[占有者]を立ち退かせるなどして所有者に占有を回復させる裁判所命令》.
pos·ses·sive /pəzésıv/ *a* 所有の; 所有[独占, 支配]欲の(強い); 〔文法〕所有の, 所有を表わす: ～ instinct 所有欲 / the ～ case 所有格. ► 〔文法〕*n* 所有格; 所有代名詞[形容詞]. ♦ **～·ly** *adv* 所有物として, 我が物顔に; 所有格として; 所有代名詞[形容詞]として. **～·ness** *n*
posséssive ádjective 〔文法〕所有形容詞 (POSSESSIVE DETERMINER).
posséssive detérminer 〔文法〕所有限定詞《my, their など; cf. POSSESSIVE PRONOUN》.
posséssive prónoun 〔文法〕所有代名詞《mine, theirs など; cf. POSSESSIVE DETERMINER》.
pos·sés·sor *n* 所有主; 〔法〕占有者.
pos·ses·so·ry /pəzés(ə)ri/ *a* 所有(者)の; 〔法〕占有から生じる, 所有に基づく; 所有権のある.
pos·set /pásət/ *n* ミルク酒《熱い牛乳をワイン[ビール]で凝乳とし砂糖・香料を入れた飲料》. ► *vi* 〈乳児が〉飲んだ乳[ミルク]を吐く. [ME *poshote*<?]
pos·si·bi·list /pásəbılıst/ *n* 〔政〕現実的改革主義者. ♦ **-lìsm** *n*
pos·si·bil·i·ty /pàsəbíləti/ *n* あり[起こり]うべきこと, 可能性; [º*pl*] 見込み, 発展の可能性, 将来性 〈*for*〉; 可能性のある人 〈*for*〉; «古» あらん限りの力[能力]: a bare ～ 万一の可能性 / There is a ～ *of* earlier examples existing. もっと早い例の見つかる可能性もある / beyond ～ とても不可能で / be within the bounds [range] of ～ ありうることだ. ● **by any ～** 万が一にも; [*neg*] とても.
pos·si·ble /pásəb(ə)l/ *a* **1** 可能な, 実行できる(かぎりの); ありうる, 起こり[考え]うる: It is ～ to cure cancer. 癌治療の可能性はある / the highest ～ speed 全速力 / with the least delay ～ できるだけ早く / It is ～ that he went. 彼は行ったかもしれない. **2** [*attrib*] 見込み[可能性]のある: a ～ solution to the problem 問題の解決策になりうる[なるかもしれない]もの / a ～ candidate 候補者となりうる人. **3** «口» かなりの, 我慢できる, まあまあの. ● **as…as ～** できるだけ…に (=as…as one can): *as* quickly *as* ～ できるだけ速く. **if ～** できるなら: Start at once, *if* ～. できたらすぐ出発しなさい. ► *n* [the] 可能なことすべて, 可能性; [*pl*] ありうる事; 《射撃などの》最高点; 候補者, 候補となる物. [OF or L (POSSE)]
pós·si·bly *adv* **1** あるいは, ひょっとしたら (perhaps, maybe). **2** [can に伴い] どうしても, できるかぎり; [依頼などで]もしよろしければ(…していただけませんか); [*neg*] どうあっても, とても…(ない); [疑問文で can とともに] いったい(どうやって), そもそも, はたして: Do it as soon as you ～ *can* なんとかしてできるかぎり早くやりなさい / *Could* [*Can*] you ～ lend me 50 dollars? 50 ドル貸していただけませんか / can*not* ～ do it とてもできない. / *How could* you ～ speak to me like that? 私に対してよくもそんな口がきけますね.
pos·sie, pos·sy /pási/, **poz·zy** /pázi/ *n* «豪俗» 位置 (position), 場所, 地位, 仕事.
POSSLQ /pás(ə)lkjù:/ person of the opposite sex sharing living quarters 異性の同居者.
pos·sum /pásəm/ «口» *n* 〔動〕OPOSSUM; «豪» PHALANGER. ● **play ～** 眠った[死んだ]ふりをする; 知らないふりをする, 仮病をつかう.
Possumᴵᴵ *n* ポッサム《身体障害者による電話・タイプライターなどの操作を可能にする電子装置》.
póssum bèlly *«俗» 《車両の》床下収納庫.
post[1] /póust/ *n* **1** 柱; 標柱, 門柱, さお, 標, 杭, 束(つか); [the] 〔競馬〕出発[決勝]標 (starting [winning] post); GOALPOST; 〔アメフト〕ポスト(パターン)《レシーバーがサイドライン近くを直進後に斜め前のゴールポスト方向へ向かうパスプレー》; ピアスピン《ピアスの留め金具》; 〔電〕《電池の》電極, 端子: ～ and rail(s) «豪» 柱と横棒の垣根 / (as) DEAF as a ～ / beat sb at [on] the ～ 《競走で》胸一つの差で勝つ / be first past the ～ 《特に競馬で》一着になる / be left at the ～ 最初からおくれをとる. **2** 堅い岩層; 〔鉱〕炭柱, 鉱柱. **3** 〔電算〕ポスト[掲載, 掲示]された情報[メッセージ, 画像], 投稿. ● **be on the wrong** [**right**] **side of the ～** 行動を誤る[誤らない]. **from ～ to** PILLAR. **past ～** «競馬俗» レースが終了して. PIP[4] **at** [**on**] **the post.** ► *vt* 〈ビラなどを〉柱[壁]に貼る 〈*up*〉; 掲示[告示, 公示, 広告]する; 〔電算〕〈情報・メッセージ・画像を〉掲載[掲示, 投稿]する, ポストする; *〈地所に〉侵入禁止の札を揚げる; 言い触らす; 掲示により弾劾する; "〈不合格者〉の名を公表する; 〈船・人を〉行方不明と発表する; 〔競技〕〈得点を〉記録する: *P~* (=Stick") no bills. *貼り紙禁止 / The notice was ～*ed up* at the street corner [on the bulletin board]. 告示は街角[掲示板]に貼り出された / The wall was ～*ed* over *with* placards. 壁には一面にポスターが貼ってあった. [OE<L *postis*]
post[2] *n* **1 a** 地位 (position), 持ち場; 勤め口, 職; 〔バスケ〕ポスト《攻撃時に軸となるプレーヤーの位置; フリースローレーンのすぐ外側; cf. LOW POST》; 〔英海軍〕もと 20 門以上の砲を備えた軍艦の艦長の地位 (: POST CAPTAIN): at one's ～ 任地で, 持ち場で / die at one's ～

殉職する / keep the ～ 持ち場を守る. **b**〘軍〙部署, 哨所, 警戒区域; 軍隊駐屯地. **c**《未開地先住民との》交易場 (trading post);〘証券〙ポスト (trading post); *《在郷軍人会の》支部. **2** 哨兵, 衛兵; 駐屯部隊; *守備隊. **3**〘英軍〙就床らっぱ: FIRST [LAST] POST. ► *vt* **1**〈衛兵・見張りなどを〉配置する ⟨*at*⟩; 配属する ⟨*to*⟩;〘軍〙司令官[艦長, 大佐]に任じる; 別の部隊[司令部]に転属させる;〈国旗を〉《指定の場所まで》粛然と運ぶ. **2** *〈保釈金などを〉支払う, 供託する: ～ bail 保釈金を払う[積む]. ● **～ up**〘バスケ〙(*vt*)〈守備側の選手〉に対してポストアップする《ゴールを背にしてポストに位置をとる》. (*vi*) ポストアップする. [F＜It＜L; ⇨ POSIT]

post[3] *n* **1 a** ″郵便 (the mail*), 郵便制度; 郵便物《集合的》, [the]《一便の》郵便物収集[配達]: catch [miss] the morning ～ 朝の便に間に合う[合わない] / The ～ hasn't come yet. まだ郵便は来ない / in the ～ 郵送中で[に], 郵送済みで, 郵送されて. **b** 郵便局 (post office); 郵便箱, ポスト (mailbox*): Take these letters to the ～, please. この手紙をポストに入れてください. **c**《廃》飛脚, 急使, 早打ち; ″《方・古》郵便配達員. **d** …新聞; [the P-] WASHINGTON POST. **2**《古》宿駅《郵便物などを運搬する人馬を交替させる駅》;《古》宿駅間の距離. **3** ポースト **(1)** $19\times15\frac{1}{4}$ インチ, $18\frac{1}{2}\times14\frac{1}{2}$ インチ (pinched post), $16\frac{1}{2}\times21$ インチ (large post) などの紙判 **(2)** 約 8×5 インチ (post octavo), $10\frac{1}{4}\times8\frac{1}{4}$ (post quarto) などの書籍の判》. ● **by ～** 郵便で;《古》早馬で, 飛脚で. **by** RETURN **of ～.** ► *vt* **1** ″郵送する, 投函する (mail*) ⟨*to* sb, *off*⟩,《口》郵便受に入れておく;《古》急派する: *P*～ this letter, please. この手紙を投函してください. **2**〘簿〙《仕訳帳から元帳に》転記する, (仕訳して)記帳する,〈元帳など〉に必要事項を全部記入する: ～ (*up*) checks [bills] 勘定書を記帳する. **3** [ᵘ*pp*]《口》…に(最近の)情報[消息]を知らせる: He is well ～*ed* (*up*) *in* current politics. 今日の政情に通じている / keep sb ～*ed* 人に連絡[報告]を怠らない, 欠かさず[逐次]知らせる. ► *vi* 急行する, 急ぐ;〈騎手が〉trot に合わせて腰を上下する;〘史〙早馬で旅行する. ► *adv*《古》早馬[早打ち]で, 早飛脚で; 大急ぎで. [F＜It *posta*; ⇨ POSIT]

post[4]《俗》*n* 剖検, 検死解剖. ► *vt* …の検死(解剖)をする. [*post*mortem]

Post ポスト **Emily** ～ (1872–1960)《米国の著述家; 旧姓 Price; *Etiquette* (初版 1922) はたびたび改訂を重ね, エチケットの権威とされる》.

post- /pòust/ *pref*「のちの」「次の」「後ろの」(opp. *ante-*, *pre-*). [L *post* (adv, prep)]

POST〘電算〙Power-On Self Test《コンピューターの起動時に自動的に行なわれるテスト動作; メモリー各部への読み書きや, 接続機器の確認など》.

póst·age *n* 郵便料金; 郵便切手; 郵送: ～ due [free] 郵税不足(分)[無料] / ～ and handling [packing]《商品などの》郵送取扱い料, 送料.

póstage-dúe stàmp《郵便局で貼る》不足料金分の切手《受渡し直前に受取人が不足分を払う》.

póstage mèter*《料金別納郵便物などの》郵便料金メーター (＝*postal meter*)《証印をおし料金を集計する機械》.

póstage-stàmp *a* 切手大の, とても小さい, 箱庭[猫の額]のような.

póstage stàmp 郵便切手, 切手代わりの押印;《口》狭い場所.

póst·al *a* 郵便の, 郵便局の; 郵便による〈選挙・チェス・教育など〉: a ～ delivery 郵便物の配達 / ～ matter 郵便物 / ～ savings 郵便貯金 / POSTAL SERVICE / ～ system 郵便制度. ● **go ～**《俗》気が狂う, キレる, お手上げ[かんかん]になる. ► *n* *POSTCARD. ♦ **～·ly** *adv*

póstal càrd* 官製はがき; POSTCARD.

póstal còde POSTCODE.

póstal cóurse″ 通信(教育)講座.

póstal delívery zòne* 郵便区 (zone).

póstal mèter POSTAGE METER.

póstal nòte《米・豪》POSTAL ORDER.

póstal òrder″ 郵便為替 (money order)《略 PO》.

póstal sávings bànk 政府が業務を各郵便局に委託して運営する貯蓄銀行.

póstal sèrvice 郵便業務; [the] 郵政省, [the (US) P- S-] (米国)郵政公社《1971 年 Post Office に代わって誕生》.

póstal stàtionery〘郵趣〙切手部分が印刷された政府発行の郵便封筒・はがき類.

póstal ùnion 国際郵便の取扱いについての国際協定 (cf. UNIVERSAL POSTAL UNION).

póstal vòte 郵便投票《不在者投票の一形態》.

póst-and-béam *a*〘建〙《柱と梁で建築の骨組を作っていく》軸組工法の.

póst-and-ráil *a*〈柵が〉支柱に横木を通した;《豪口》〈茶が〉茎などでいれた《19 世紀の粗製の茶; 浮いた茎や葉が柵を連想させた》.

pòst·atómic *a* 原子力が放出されたあとの; (最初の)原爆投下後の: the ～ world [age] 原子力世界[時代].

pòst·áxial *a*〘解・動〙軸後[軸背]の, 腕[脚]の中軸より後部の. ♦ **～·ly** *adv*

póst·bàg″ *n* 郵便行嚢(こう), 郵袋 (mailbag*);《一度に受け取る》一束の郵便物.

pòst·bél·lum /-béləm/ *a* 戦後の (⇨ ANTEBELLUM), *《特に》南北戦争以後の.

póst bòat″ 郵便船 (mailboat).

póst·bòx *n* ″郵便ポスト (mailbox*); 郵便受.

póst·bòy *n* ″郵便配達人; POSTILION.

pòst·bréed·ing *a*《動物の雄の》生理的生殖適合期後の.

póst·bùs *n* ポストバス《英国の僻地にみられる郵便バス; 郵便物と乗客をいっしょに輸送する》.

póst càptain〘英海軍〙大佐艦長.

póst·càrd *n* 官製はがき; *私製はがき,《特に》絵はがき (＝picture ～), はがき.

post·ca·va /pòus(t)kéɪvə/ *n*〘動〙《肺魚以上の高等脊椎動物の》後大静脈. ♦ **-cá·val** *a*

póst cháise〘史〙《4–5 人乗り四輪の》駅馬車.

post·ci·bal /pòus(t)sáɪbəl/ *a*〘医〙食後の.

pòst·clássic, -clássical *a*〈芸術・文学が〉古典時代後の.

póst·còde《英・豪》*n* 郵便番号 (zip code*). ► *vt* …に対する郵便番号を決める; …に郵便番号を書く. ♦ **póst·còd·ed** *a* 郵便番号が書かれた.

póstcode lòttery″ 郵便番号くじ《地域の自治体ごとに(特に医療関係の)行政サービス水準に当たりはずれがあること; 地域によって異なる郵便番号をくじになぞらえたもの》.

pòst·cóital *a* 性交後の. ♦ **～·ly** *adv*

pòst·colónial *a* 植民地独立後の; ポストコロニアルの《植民地主義や帝国主義の文化的遺産・影響を扱った研究や文芸作品についていう》.

pòst-commúnion *n* [ᴾPost- Communion]〘カト〙聖体拝領後の祈り.

pòst·concíliar *a* ヴァチカン公会議 (1962–65) 後の.

pòst·consonántal *a*〘音〙子音の直後の[にくる].

pòst·consúmer *a* 使用済みの; リサイクルされた.

pòst·cránial *a* 頭部より後方の, 頭蓋後方の. ♦ **～·ly** *adv*

pòst·dáte *vt*〈文書・小切手・手紙・できごとなど〉の日付を実際より遅らせる, …に先日付を書く; …のあとに続く: a ～*d* check 先日付小切手《実際の振出日よりあとの日付の小切手》. ► *n* 遅れた日付, 先日付, 事後日付.

pòst·déb *n*《口》POSTDEBUTANTE.

pòst·débutante *n* 社交界へのデビューを済ませた若い女性.

pòst·detérminer *n*〘文法〙後決定詞《DETERMINER のあとに現われる; 例 first, few》.

pòst·dilúvian *a*, *n* ノアの洪水 (the Deluge) 後の, 洪水後の; 洪水後の人[もの]. ♦ **-dilúvial** *a*

pòst·dóc /-dák/《口》*n* 博士課程修了後の研究[研究者, 研究奨学金]. ► *a* POSTDOCTORAL.

pòst·dóctoral *a* 博士課程修了後の研究の[に関する]. ► *n* 博士課程修了の研究者 (＝～ fellow).

pòst·dóctorate *a*, *n* POSTDOCTORAL.

póst·ed príce 公示価格.

pòst·embryónic, -embrýonal *a*〘発生〙後胚(期)の: ～ development 後胚発生.

pòst·emérgence *n*, *a*《農作物の》苗から成熟するまでの(段階).

pòst·éntry *n*〘簿〙追加記帳;《植物類の輸入許可が下りたあとの》検疫隔離期間.

póst èntry〘競技〙締切間際の参加申し込み.

póst·er[1] *n* ポスター, ビラ広告, 貼り札;《特別大型の》慈善シール (＝～ **stàmp** [**sèal**]); ビラ貼り人;〘電算〙《メッセージの》投稿者. ► *vt* …にビラ[ポスター]を貼る. ► *a*《口》柱のある. [*post*[1]]

poster[2] *n* 簿記係書記[事務員];《手紙の》投函者;《古》飛脚, 急ぎの旅人, 駅馬. [*post*[3]]

póster child [**bòy, gìrl**]*《募金の宣伝用ポスターなどに登場する障害児などの》イメージキャラクター;〈…の〉シンボル, '顔', 見本, 典型, お手本, 代表 ⟨*for*⟩.

póster còlor ポスターカラー (＝*poster paint*, *tempera*).

poste res·tante″ /pòust rɛstá:nt; -rɪstǽnt/〘郵〙局渡し, 局留め (general delivery*); 局渡取扱課. [F＝letter(s) remaining]

pos·te·ri·ad /poustíəriæ̀d, pas-/ *adv*《体の》後方へ (posteriorly).

pos·te·ri·or /pastíəriər/ *a* あとの, 次の ⟨*to*⟩ (opp. *prior*); 後ろの, 後方の (opp. *anterior*);〘植〙後ろ側の;〘産科〙臀位 (breech presentation) の. ● **～ to**…よりもあとに. ► *n*《体の》後部, 後方; [ᴾ*pl*] [*joc*] 臀部, 尻 (buttocks). ♦ **～·ly** *adv* [L (compar) ‹ *posterus* coming after; ⇨ POST-]

postérior crúciate lígament《膝の》後十字靱帯《前十字靱帯 (anterior cruciate ligament) と交叉して膝十字靱帯を構成する; 略 PCL》.

pos·te·ri·or·i·ty /pastìəriɔ́(:)rəti, -ár-/ *n*《位置・時間的に》あと[次]であること (opp. *priority*); 後天性.

postérior pitúitary〘解〙脳下垂体後葉;〘薬〙下垂体後葉剤.

pos·ter·i·ty /pastérəti/ *n* 子孫 (opp. *ancestry*); 後代: hand down…to ～ …を後世に伝える. [OF＜L; ⇨ POSTERIOR]

pòster·izátion *n* ポスタリゼーション《分解ネガを使って連続的なトーンまたは色調の写真などから不連続なトーンまたは色調の複製をつくる技法》. ♦ **póster·ize** *vt*

pos·tern /pástərn, póus-/ *n* 裏門, からめ手, 裏口;〔城〕地下道: a privy [private] ~ 通用門, 勝手口. ► *a* 裏の, 後ろにある, 裏口の. [OF<L; ⇨ POSTERIOR]

pos·tero- /pástərou, -rə/ *comb form*「後部と」「後部に」[*posterior, -o-*]

pòstero·láteral *a* 後側部の, 後側方の.

póster pàint POSTER COLOR.

póster sèssion ポスターセッション, ポスター発表《学会などで研究内容を大判の紙にまとめて展示し, 自由に閲覧・質問できるようにする発表形式》.

póst exchànge〔米陸軍〕駐屯地売店, 酒保《略 PX》.

pòst·exílic, -exílian *a*《ユダヤ人の》バビロニア捕囚 (Babylonian captivity) 以後の.

post·face /póustfəs, -fèis/ *n* あとがき, 跋文(ばつぶん) (cf. PREFACE).

póst·fàde *n* ポストフェード《テープレコーダーの消去ヘッドを作動および停止させる機構》.

pòst·féminist *a* フェミニズム運動隆盛期後の[に生じた]. ► *n* フェミニズム運動後のイデオロギーの信奉者, ポストフェミニスト. ♦ **pòst·féminism** *n*

pòst·fígurative *a* 大人[老人]の価値観が支配的な (cf. COFIGURATIVE, PREFIGURATIVE).

póst·fix *n*《まれ》接尾辞. ► *a*〔数〕後置の《演算子を演算数のあとに置く》. ► *vt* /ˌ—ˈ—/ 語尾に添える;〔医・生〕〈標本などを〉後固定する《異なる固定液で再処置する》.

póstfix notátion REVERSE POLISH NOTATION.

pòst-Fórd·ìsm *n* ポストフォード主義《20 世紀の第 3 四半期までの大量生産主義に取って代わった, ロボットや情報工学に基づく小規模多種生産の考え方》. ♦ **-ist** *n*

pòst·fórm *vt*〈可塑性の薄板など〉にあとで形をつける, 二次形成する.

póst-frée *a* 郵便料金無料の; ''郵便料金前納の (postpaid). ► *adv* ''郵便料金前払いで.

pòst·fróntal *n*〔動〕後前頭骨《一部の脊椎動物で眼窩の後ろにある骨》.

pòst·gangliónic *a*〔解〕(神経)節後の: ~ fibers 節後繊維.

pòst·glácial *a*〔地質〕氷河期後の, 後氷期の.

pòst·grád *a, n* POSTGRADUATE.

pòst·gráduate *a* 大学卒業後の; 大学研究科の, ''大学院の (graduate); (高校卒業後)大学進学勉強(中)の; *大学院修了後の: the ~ course 大学院課程 / the ~ research institute 大学院. ► *n* ''大学院学生, 研究(科)生; 大学進学準備中の学生; POSTDOCTORAL*.

pòst·hárvest *a*《作物の》収穫(期)後の.

póst·háste *adv* 大急ぎで, 急行で, 大至急. ► *a*《古》急行[大急ぎ]の. ► *n*《古》《早馬・伝令の》大急ぎ: in ~.

post hoc /póust hák/ *adv, a* このあとで[の], このあとに[の], 事後の;《post hoc, ergo propter hoc 式に》因果関係をこじつけた. [L]

post hoc, er·go prop·ter hoc /pó:st hòuk èrgou pró:ptər hòuk, póust hák ɔ́:rgou práptər hàk/ このあとに, ゆえにこのために《時間の前後関係を因果関係と混同した虚偽の論法》. [L]

póst·hòle *n* 垣根の杭用に掘った穴, 杭穴.

póst hòrn ポストホルン《金管楽器; もとは 18–19 世紀の馬車の御者が用いたらっぱ》.

póst-hòrse *n*《昔の》駅馬, 早馬《postriders の》.

póst·hòuse *n*《駅馬の》駅舎, 宿駅;《古》郵便局.

post·hu·mous /pástʃəməs/ *a* 父の死後生まれた; 死後出版の; 死後の, 死後生じた: a ~ child 遺児, 忘れがたみ / one's ~ name おくり名 / a ~ work 遺著, 遺作 / confer ~ honors 贈位[追叙]する 〈*on*〉. ♦ **~·ly** *adv* 死後に; 遺作として. **~·ness** *n* [L *postumus* last; *-h-* は L *humus* ground との連想]

pòst·hypnótic *a*〈暗示などが〉後催眠の《催眠後に効果を表わす》.

pos·ti·cal /pástɪk(ə)l/ *a*〔植〕POSTICOUS, POSTERIOR.

pos·tiche /pɔ(:)stí:ʃ, pas-/ *a* にせの, 模造の;〈建築などの装飾が〉余計に付け加えた. ► *n* 偽造物, 模造品; 見せかけ, 虚偽; 人工頭髪《かもじ・付け前髪など》. [F<It]

pos·ti·cous /pastáɪkəs, -tí:-/〔植〕*a* 後ろ(側)にある (posterior), 腹面の; 花糸の外側にある〈外向葯(やく)〉.

post·ie /póusti/ *n*《口》POSTMAN.

pos·til /pástəl/ *n* 注解,《特に 聖書の》傍注; 説教集. ► *vt*《廃》〈聖書〉に注解をつける. [OF<L *postilla*]

pos·til·ion, -til·lion /poustíljən, pas-, pəs-/ *n*《馬車で》(第一列)左馬騎手[御者]. ► *vt*《俗》〈セックスの相手〉の肛門を指で刺激する, 菊座を責める. [F<It=postboy]

Pòst·impréssion·ìsm *n*〔美〕後期印象主義《Cézanne, Gauguin, Van Gogh, Seurat など後期印象派の画法・画論》. ♦ **-ist** *n, a* **-impressionístic** *a*

pòst·indústrial *a* 大規模産業[工業]支配後の (opp. *preindustrial*): a ~ society 脱工業化社会. ♦ **~·ìsm** *n*

póst·ing[1] *n*〔簿〕《仕訳(しわけ)帳から元帳への》転記(した記録); 登記. [*post*[3]]

posting[2] *n* 地位[部署, 部隊, 土地]への任命, 配属, 転任. [*post*[2]]

posting[3] *n* 掲示, 告示, 公示, 公告;〔電算〕《ネット上の》メッセージ, 投稿(記事);〔レス〕ポスティング《リングの支柱にたたきつける攻撃》. [*post*[1]]

pòst·irradiátion *a* (X 線)照射後に生じる.

Póst-ìt〔商標〕ポストイット《付箋》.

pòst-júvenal *a*〔鳥〕〈換羽などが〉幼羽期後の.

pòst·Kánt·ian *a* カント後の《Fichte, Schelling, Hegel などについていう》.

post·lap·sar·i·an /pòustlæpsέəriən/ *a*《特に 人類の》堕落後の, 堕罪後の;〔神学〕INFRALAPSARIAN. [*-lapsarian* (L *lapsus* a fall)]

post·li·min·i·um /pòustləmíniəm/, **post·lim·i·ny** /-límәni/ *n*〔国際法〕財産回復《戦時中敵国に奪われた人や物件が自国統治下に戻った時に復活する権利》. [L *limin- limen* threshold]

pòst·líterate *a* 電子メディア導入以後の, 活字文化以後の, 電子メディアの.

post·lude /póustlù:d/ *n* 後奏曲《教会で礼拝の終わりに奏されるオルガン独奏》;〔楽〕曲の終結部, 最終楽章; [*fig*]《文学作品などの》結尾, 完結する部分, あとがき. [*prelude, interlude* にならって *post-* から]

post·lu·di·um /poustlú:diəm/ *n* 後奏曲 (postlude).

post·man /póus(t)mən, -mæ̀n/ *n* 郵便配達人, 集配人, 郵便屋 (mailman*);《廃》急便. ♦ **-wòman** *n fem*

póst màn〔バスケ〕ポストマン《ポスト (post) を守る選手》.

Póstman Pát ポストマン・パット《英国の児童書・テレビ漫画の主人公; 猫の Jess と郵便配達をする》.

póstman's knóck'' POST OFFICE《遊戯》.

pòst·márital *a* 婚姻解消後の.

póst·màrk *n*《郵便の》消印. ► *vt*〈郵便物〉に消印をおす, 消印する: ~ a letter.

póst·màster *n* 郵便局長《略 PM》;《古》駅馬仕立人, 宿駅長;《Oxford 大学の》マートン学寮 (Merton College) の給費生. ♦ **~·shìp** *n*

póstmaster géneral (*pl* **póstmasters géneral, póstmaster génerals**)〔米〕郵便公社総裁,〔英〕郵政公社総裁;〔米〕《1971 年までの》郵政長官《閣僚の一人》,〔英〕《1969 年までの》逓信大臣.

pòst·matúre *a*〔産科〕過熟の.

pòst·mediéval *a* 中世よりあとの.

pòst·menopáusal *a* 月経の閉止した; 閉経後の: ~ bleeding [syndrome] 閉経後出血[症候群]. ♦ **~·ly** *adv* **-ménopause** *n* 閉経後(期).

pòst·merídian *a* 午後の, 午後に起こる.

pòst me·ríd·i·em /-məríd iəm/ *a* 午後の (opp. *ante meridiem*)《略 p.m., PM》. [L=after noon]

póst-mìll *n* 一本柱に支持され風によって向きが変わる風車.

pòst·millenárian·ìsm *n* POSTMILLENNIALISM. ♦ **-millenárian** *a, n*

pòst·millénnial *a* 至福一千年後の. ♦ **~·ly** *adv*

pòst·millénnial·ìsm *n* 後(こう)千年王国[至福]説《至福一千年後にキリストが再臨するという説》. ♦ **-ist** *n*

póst·mìstress *n* 女性郵便局長.

pòst·módern *a* ポストモダニズムの[的な], ポストモダンの; (流行)最先端の, 今どきの, 今ふうの. ♦ **-modérnity** *n*

pòst·módern·ìsm *n* ポストモダニズム《モダニズムに対する反動として, 美術・建築・文学などの分野で起こった運動; 異質な要素の折衷, 過去の作品の引用などを典型的特徴とする》. ♦ **-ist** *n, a* **-modérnity** *n*

pòst·módifier *n*〔文法〕後置修飾語(句)《被修飾語よりあとに来るもの; sleep *well*, Japan *proper*, woman *in white* など》.

post·mor·tem /pòus(t)mɔ́:rtəm/ *a* 死後の (opp. *antemortem*); 事後の; 検死(用)の. ► *n* POSTMORTEM EXAMINATION; 事後の検討[分析, 評価];《口》《特にトランプの》勝負決定後の検討. ► *vt* 検死解剖する. [L]

postmórtem examinátion 剖検, 死体解剖; 検死, 検死解剖.

pòst·násal *a*〔解・医〕後鼻部の[に位置する, に起こる].

postnásal dríp〔医〕後鼻漏(ろう).

pòst·nátal *a* (出)生後の, (出)産後の; 出生直後の産児の. ► *n* 出産後の母親の検査. ♦ **~·ly** *adv*

postnátal depréssion'' 産後鬱病 (postpartum depression*).

pòst·necrótic cirrhósis〔医〕壊死後(性)肝硬変.

pòst·nèo·nátal *a* 新生児期後の, 零歳児の.

pòst·núptial *a* 結婚後の;〔動〕交尾期後の. ♦ **~·ly** *adv*

P

póst oàk 〔植〕米国東部・中部産のコナラ属の木《耐湿性の材を垣の柱に用いる》.
pòst-óbit 〔法〕 *n* POST-OBIT BOND. ► *a* 《人の》死後に効力を生じる. [*post-obitum*]
pòst-óbit bònd 〔法〕死後支払い捺印金銭債務証書.
post ob·itum /pɔ:st ó:bɪtùm/ 死後. [L]
pòst-óbject àrt ポストオブジェクトアート (=*anti-object art*)《芸術家の理念や人間を強調し, 芸術の対象性を抑える傾向をもつ芸術》.
póst-òffice *a* 郵便局の; 郵政公社[省]の: a ~ annuity 郵便年金 / a ~ savings bank 郵便貯金局.
póst òffice 1 郵便局; [the] 郵政省, [the P- O-]〔英〕郵政公社 (the P- O- Corporation)《1969 年までは逓信省; 現在は Royal Mail などを含む企業に改編》. **2** *郵便局ごっこ (postman's knock[‖])《郵便が来てるよといって異性を郵便局つまり別室に呼んでキスをする遊戯》. **3** «俗»《スパイ情報などの》連絡係, 中継係[場所]. [*post*[3]]
póst-òffice bòx 私書箱《略 POB》; 〔電〕PO 箱《ブリッジ法による抵抗測定箱》.
Póst Òffice Depàrtment [the]〔米〕郵政省《1971 年廃止され United States Postal Service が創設された》; [the]〔英〕逓信省 (the Post Office).
póst-òffice òrder[‖]《受取人通知式》郵便為替《略 POO》.
post-op /póustàp/ «口» *a, adv* POSTOPERATIVE, POSTOPERATIVELY. ► *n* 手術後の回復室[病棟].
pòst·óperative *a* 〔医〕手術後の, 術後(性)の: ~ care 術後処置 / ~ complications 術後合併症. ♦ **~·ly** *adv*
pòst·órbit·al *a* 〔解・動〕眼窩後部の.
pòst·páid *a, adv* 郵便料金前納の[で]; 〈商品注文用のはがき・封筒などが〉返信受取人払いの[で].
pòst-páint·er·ly *a* 絵画的以後の《ハードエッジ (hard edge) などの抽象絵画を描くのに伝統的な色彩・形態などを用いたスタイルについていう》.
pòst·par·tum /pous(t)pá:rtəm/ *a, adv* 〔医〕分娩後の[に]: ~ care 産後の看護. [L]
postpártum depréssion* 産後鬱病 (postnatal depression[‖]).
pòst·pitúitary *a* 〔解〕脳下垂体後葉から生じる.
pòst-pólio sỳndrome 〔医〕ポリオ後症候群《ポリオ回復後数十年にわたる筋力低下・痛み・疲労など》.
post·pone /pous(t)póun, [‖]pəspóun/ *vt* 延期する (put off), あとまわしにする; 《本来の位置よりも》あとに置く, 文尾(近く)に置く; 次位に置く 〈*to*〉: be ~*d* until the following day 翌日まで延期される. ♦ **post·pón·able** *a* 延期できる. **~·ment** *n* 延期, あとまわし. **post·pón·er** *n* [L *post*-(*pono* to place)]
pòst·póse *vt* 〔文法〕〈語・句・接辞などを〉後置する.
pòst·posítion 〔文法〕 *n* 後置; 後置詞. ♦ **~·al** *a* **~·al·ly** *adv*
pòst·pósitive 〔文法〕 *a* 後置の. ► *n* 後置詞. ♦ **~·ly** *adv*
pòst-póst·script *n* 《手紙の》再追伸《略 PPS》.
post·prándial *a* 〔医〕食後の: ~ hypotension 食後低血圧 / a ~ nap《おどけた表現》. ♦ **~·ly** *adv*
pòst·prócess·ing /, ⌐⌐⌐⌐/ *n* 〔電算〕後処理《ひととおりの処理が終わったあとで自動的に行なわれる定型処理; プリンター用データへの変換, エミュレーション用データの変換など》.
pòst·prócessor *n* 〔電算〕後処理ルーチン.
pòst·prodúction /, ⌐⌐⌐/ *n* ポストプロダクション, ポスプロ《撮影・レコーディング後上映[放映, 発売]までの編集・加工作業》.
póst ràce 〔競馬〕ポースト競争《厩舎が出走させたい馬をすべて登録し, レースの前になって出走馬を指定するもの》.
pòst·revolútion·àry /; -(ə)ri/ *a* 革命後の.
póst·rìder *n* 《昔の》早打ち, 駅馬乗り; 騎馬郵便配達人.
póst ròad 駅馬車街道; 郵便物輸送道路[水路, 空路, 鉄道]; 《市中の》郵便集配巡路.
póst ròom 《会社などの》郵便物の出入りを扱う部署, 郵便集配室.
pos·trorse /pástrɔ̀:rs/ *a* RETRORSE.
post·script /póus(t)skrɪpt/ *n* 《手紙の》追伸《略 PS》; 《論文・書籍の》後記, 跋(ばつ), 跋文, 補遺 (supplement); 〈事の〉後日談 〈*to*〉. [L; ⇨ SCRIBE]
Póst·Scrìpt 〔商標〕PostScript (ポストスクリプト)《電算機用ページ記述言語》.
pòst·sécondary *a* 中等教育 (secondary education) 後の.
pòst-strúctural·ìsm *n* ポスト構造主義. ♦ **pòst-strúctural** *a* **-ist** *n, a*
pòst·súrgical *a* POSTOPERATIVE. ♦ **~·ly** *adv*
pòst·synáptic *a* 〔生理〕SYNAPSIS 後部の[に起こる], シナプス後の〈電位・抑制〉. ♦ **-ti·cal·ly** *adv*
pòst-sýnc(h) /-síŋk/ *vt* POSTSYNCHRONIZE. ► *n* POSTSYNCHRONIZATION.
pòst·sýnchronize *vt* 〈音声を〉あとから画像に重ねる. ♦ **pòst·synchronizátion** *n*
póst-tàx *a* 税引き後の.
pòst·ténsion *vt* コンクリートの硬化後〈補強鋼材〉に引張力を加える, ポストテンション法で強める.
póst·tèst *n* 事後テスト《教育指導の成果を試すテスト》.
póst tìme* 〔競馬〕《レースの》出走予定時刻.
póst tòwn 郵便局のある町; [‖]郵便集配局のある町.
pòst·transcríption·al *a* 〔遺〕転写後の.
pòst·transfúsion 〔医〕 *a* 輸血により生じる; 輸血後の.
pòst·translátion·al *a* 〔遺〕翻訳後の.
pòst·traumátic *a* 〔医〕外傷後の: ~ amnesia 外傷後健忘(症).
pòst-traumátic stréss disòrder [sỳndrome] 〔精神医〕(心的)外傷後ストレス障害 (=*delayed-stress syndrome* [*disorder*])《大きな苦悩を与えるできごとや経験にあった人にみられる一連の症状; 憂鬱・焦燥感・罪の意識・恐怖・悪夢・性格変化など; 略 PTSD; cf. COMBAT FATIGUE》.
pòst·tréat·ment *a, adv* 治療[処置]後の[に]. ► *n* 治療後[術後]処置.
pos·tu·lant /pástʃələnt; -tjʊ-/ *n* 請願者; 志願者, 《特に》修道志願者, 聖職志願者[候補生]. ♦ **-lan·cy, -lance** *n* 志願(期).
pos·tu·late /pástʃəlèɪt; -tjʊ-/ *vt* 《自明なこととして》仮定する, 《論理展開のために》前提とする, 公準として立てる; 要求する 〈*to do*〉; 〔教会〕《上位機関の認可を条件に》聖職に任命する: the claims ~*d* 要求事項. ► *n* /-lət, -lèɪt/ 仮定; 前提[必要]条件; 〔論・数〕公準, 要請. ♦ **-là·tor** *n* 〔カト〕列聖[列福]調査請願者 (cf. DEVIL'S ADVOCATE). **pòs·tu·lá·tion** *n* **pòs·tu·lá·tion·al** *a* [L *postulat- postulo* to demand]
pos·ture /pástʃər/ *n* **1 a** 姿勢, 体位, 身の構え, 《モデルなどの》ポーズ; 〔動〕《鳥などが特定の行動をする前の》身構え; 見せかけの態度, ポーズ; 相対的な位置(関係); 《書体の》傾き: in a sitting [standing] ~ すわった[立った]姿勢で / the ~ of the earth to the sun 太陽に対する地球の位置. **b** 心構え; 態度. **2** 立場; 状況, 態勢: the nuclear ~ 核に関する基本的立場 / in the present ~ of affairs 目下の状勢では. ► *vi* ある姿勢[態度]をとる, 身構える; ポーズをとる; 気取る, …の風[ふり]をする 〈*as*〉. ► *vt* …にある姿勢をとらせる. ♦ **pós·tur·er** *n* **pós·tur·al** *a* posture の; ORTHOSTATIC. [F<It<L; ⇨ POSIT]
pós·tur·ing *n* 《見せかけの》ポーズ, そぶり, 芝居, ジェスチャー.
pos·tur·ize /pástʃəràɪz/ *vt, vi* POSTURE.
pòst·víral *a* 〔医〕ウイルス(感染)後の.
postvíral (fatígue) sỳndrome 〔医〕ウイルス後(疲労)症候群 (MYALGIC ENCEPHALOMYELITIS).
pòst·vocálic *a* 〔音〕母音の直後の[にくる].
pòst·wár *a* 戦後の, 《特に》第二次大戦後の (opp. *prewar*).
pósty *n* «口» POSTMAN.
po·sy[1] /póuzi/ *n* 花; 花束; «古»《指輪の内側などに刻む》銘. [*poesy*]
posy[2] ⇨ POSEY.
pot[1] /pát/ *n* **1 a** ポット, 壺, 鉢, 瓶, 甕, 深鍋 (cf. PAN[1]); 《ビールなどの》マグ(一杯); «豪» ビールを計る升《Victoria および Queensland では 10 oz》; 植木鉢 (flowerpot); 室内便器, しびん, おまる (chamber pot); [the]*«俗» トイレ (toilet); 煙突頂部の通風管 (chimney pot); るつぼ (melting pot); 《魚・エビなどを捕る》筌(うけ); *«俗» キャブレター; *«俗»《車の》エンジン; *«俗» 機関車: ~*s* and pans 鍋釜, 炊事用具 / TEAPOT, MUSTARD POT, etc. / A little ~ is soon hot. «諺» 小器はすぐ熱くなる, 小人はおこりやすい / A watched ~ never boils. «諺» 待つ身は長い《あせってはだめ; A watched kettle never boils. ともいう》/ The ~ calls the kettle black. «諺» 自分のことは棚に上げて人を責める, '目くそ鼻くそを笑う'. **b** 《壺などの》一杯分; 《酒の》一杯分; 酒, 飲み物; *«俗» 安[密造]ウイスキー; «俗» [?AmSp *potiguaya*] マリファナ: smoke ~ マリファナを吸う / POT PARTY. **2 a** «口»《競技などの》(銀)賞杯, «俗» 賞品; *«口»《poker などで》一回の勝負(での総賭け金); 共有の基金; [°*pl*] «口» 大金; *«俗» 寄付金を集める入れ物[帽子, かご など]; [the][‖]«俗» 人気馬, 本命: put the ~ on…に大金を賭ける / make a ~ [~*s*] of money 大金をもうける. **b** 《トランプテーブルで》賭け金置き場. **3 a** «口» 太鼓腹 (potbelly). **b** «口» 要人, お偉方, 大物 (big pot); «口» 人, やつ (⇨ FUSSPOT); *«俗» 年配の偉ぶった女; *«俗» パッとしない女の子; «俗» 酒飲み, のんべえ. **4** 〔狩〕POTSHOT; [‖]〔玉突〕ポット《スヌーカーで, 的球をポケットに入れるショット》; 《主にラグビーで》ドロップゴール: take ~*s* at birds 鳥を手当たりしだいにねらい撃ちする. **5** 《洋紙の》ポット判《375×312 mm》. ● **boil the ~=make the ~ boil** 暮らしを立てる. **go (all) to ~** «口» 破滅する, おちぶれる, だめになる, 死ぬ. **have one's ~s on** «俗» 酔っぱらっている. **in one's ~s** 酔って. **keep the ~ boiling** 暮らしを立てていく, 景気よく[どうにか]続けていく. **make a ~ at**…に顔をゆがめる. **not have [without] a ~ to piss in** «俗» 非常に貧しい, すかんぴんである. **pee in the same ~** [‖]«俗» 同類である. **put sb's ~ on** 人を密告する. **Shit [Piss], or get off the ~!** «卑» さっさとやるなり降りるなりしろよ, さっさと肚を決めなよ! **sweeten the ~=feed the** KITTY[2].
► *v* (**-tt-**) *vt* **1 a** 《保存のため》ポット[瓶, 壺]に入れる; 鍋で煮る; 鉢植えにする 〈*up*〉; 〈陶器を〉製作する; «口» 〈幼児を〉おまるに載せる; [‖]〔玉突〕POCKET; 《主にラグビーで》〈ドロップゴールを〉決める; 〔電〕〈素子などを>絶縁体の中に埋め込む. **b** 〈獲物を〉捕える; 《口》手に入れる (secure). **c** 《豪俗》密告する, さす, 《裁判のために》引き渡す. **2** 《食用に》〈獲物を〉手当たりしだいに撃つ; *《俗》げんこつでなぐる, 〈ボールを〉打つ. ► *vi* **1** 手当りしだいにねらい撃つ 〈*at*〉. **2** *《俗》酒をがぶがぶ飲む. ● **～ on** 〈植物を〉より大きな鉢に移す, 鉢替えする. **～ out** *《俗》〈エンジンが〉止まる, かからない. [OE *pott*＜L **pottus*; cf. L *potus* a drink, MLG *pot* pot]

pot[2] *n* 《スコ》深穴. [?*pot*[1] or ?Scand (Swed (dial) *putt* water hole, pit)]

pot. potential ♦〔電〕potentiometer.

po·ta·ble /póutəb(ə)l/ *a* [*joc*] 飲用に適した. ► *n* [Upl] 飲み物, 酒. ♦ **～·ness** *n* **pò·ta·bíl·i·ty** *n* [F or L (*poto* to drink)]

po·tage /poutáːʒ, pɔː-/ *n* ポタージュ. [F; 'POT[1] の中味']

pot·a·ger /pátədʒər/ *n* 家庭[自家]菜園. [F 〈 *jardin potager*＝vegetable garden]

pót àle 《ウイスキーなどの》蒸留かす, ポットエイル《豚の飼料》.

po·tam·ic /pətǽmɪk/ *a* 河川の; 河川航行の. [Gk *potamos* river]

pot·a·mol·o·gy /pàtəmálədʒi/ *n* 河川学.

pot·ash /pátæ̀ʃ/ *n* あく, 灰汁; カリ《木炭から採る炭酸カリウム, POTASSIUM HYDROXIDE, 酸化カリウム, 農業・工業用のカリ化合物など》; POTASSIUM. [Du; ⇨ POT[1], ASH[2]]

pótash álum 〔化〕カリミョウバン.

pótash wàter 炭酸水.

pot·ass /pátæs/ *n* POTASH; POTASSIUM.

po·tas·sic /pətǽsɪk/ *a* カリウムの[を含む].

po·tas·si·um /pətǽsiəm/ *n* 〔化〕カリウム《金属元素; 記号 K, 原子番号 19》; *《学生俗》バナナ《カリウムが摂取できることから》. [L *potassa* POTASH]

potássium ácid tártrate 〔化〕POTASSIUM BITARTRATE.

potássium ántimonyl tártrate 〔化〕TARTAR EMETIC.

potássium-árgon *a* カリウム-アルゴン(年代測定)法の.

potássium-árgon dàting カリウム-アルゴン年代測定(法)《カリウムのアルゴンへの放射性崩壊に基づく考古学[地質学]的試料の年代測定法》.

potássium bicárbonate 〔化〕重炭酸カリウム.

potássium bitártrate 〔化〕酒石酸水素カリウム, 重酒石酸カリウム, 酒石英 (cream of tartar).

potássium brómide 〔化〕臭化カリウム《白色結晶性粒子[粉末]; 鎮静剤・写真材料》.

potássium cárbonate 〔化〕炭酸カリウム《白色粒状粉末; ガラス・石鹸製造に用いる》.

potássium chlórate 〔化〕塩素酸カリウム《有毒の結晶; マッチ・花火・爆薬の酸化剤》.

potássium chlóride 〔化〕塩化カリウム《無色の結晶[粉末]; 肥料》.

potássium cýanide 〔化〕シアン化カリウム, 青酸カリ《猛毒の結晶; 冶金・めっき・分析試薬に用いる》.

potássium dichrómate 〔化〕重クロム酸カリウム《赤橙色の結晶; 染色・写真・酸化剤に用いる》.

potássium féldspar 〔鉱〕カリ長石《アルカリ長石のうちカリウムを主体とするもの》.

potássium ferricýanide 〔化〕フェリシアン化カリウム (＝*red prussiate of potash*)《赤色の結晶; 顔料・青写真用紙に用いる》.

potássium ferrocýanide 〔化〕フェロシアン化カリウム (＝*yellow prussiate of potash*)《黄色の結晶; 冶金・染色に用いる》.

potássium flúoride 〔化〕フッ化カリウム《無色の結晶; 殺虫剤・殺菌剤》.

potássium hydróxide 〔化〕水酸化カリウム, 苛性カリ《白色潮解性の固体; 石鹸製造・試薬に用いる》.

potássium íodide 〔化〕ヨウ化カリウム, ヨードカリ《無色の結晶; 食品添加物・写真材料・医薬》.

potássium nítrate 〔化〕硝酸カリウム, 硝石《無色の結晶; 花火・黒色火薬・肉の保存料・医薬・肥料》.

potássium óxalate 〔化〕シュウ酸カリウム (＝*salt(s) of lemon*)《しみ抜きに用いる》.

potássium permánganate 〔化〕過マンガン酸カリウム《暗紫色の結晶; 酸化剤・漂白剤・消毒薬・収斂剤などに用いる》.

potássium phósphate 〔化〕リン酸カリウム《白色の粉末; ガソリン精製・石鹸製造・肥料に用いる》.

potássium sódium tártrate 〔化〕ROCHELLE SALT.

potássium sórbate 〔化〕ソルビン酸カリウム《食品保存剤》.

potássium súlfate 〔化〕硫酸カリウム《無色の結晶; カリ肥料・ガラス原料》.

po·ta·tion /poutéɪʃ(ə)n/ *n* 飲む[吸い込む]こと; [Upl] 飲酒, 深酒; 《酒の》ひと飲み, 一杯; 酒. [OF＜L; ⇨ POTION]

po·ta·to /pətéɪtou/ *n* (*pl* **～es**) **1 a** ジャガイモ (white [Irish] potato); サツマイモ (sweet potato). **b** 《俗》頭; *《俗》醜い顔; [*pl*] *《俗》金 (money), ドル (dollars); *《俗》《野球の》ボール; ‖《俗》《靴下の, 特に かかとの》穴. **2** [Uthe] 《口》おあつらえむきのもの: quite *the* ～ まさにもってこいのもの. ● **drop** sth [sb] **like a** HOT **～**. **like a sack of ～es** ぶかっこうな; 見苦しく. SMALL POTATOES. [Sp *patata* 〈 BATATA]

potáto bèan 〔植〕アメリカホドイモ (groundnut).

potáto bèetle [bùg] 〔昆〕ジャガイモハムシ, 《特に》コロラドハムシ (Colorado potato beetle).

potáto blìght 〔植〕ジャガイモ胴枯れ[葉枯れ]病.

potáto chìp [Upl] *ポテトチップス《薄切りのジャガイモのから揚げ》; ‖FRENCH FRIED POTATO.

potáto crìsp ‖[Upl] ポテトチップス (potato chip*).

potáto dìgger *《俗》いやなやつ.

potáto fàmily 〔植〕ナス科 (Solanaceae).

Potáto Fàmine [the] 〔アイル史〕ジャガイモ飢饉《1847–51 年アイルランドでジャガイモの不作により起こった飢饉; 飢餓とそれに起因する病気によって 100 万人に及ぶ死者を出し, 80–100 万人が主として米国に移民した》.

potáto·hèad *n* *《俗》ばか, まぬけ, とんま, おたんこなす.

potáto léafhopper 〔昆〕ジャガイモヒメヨコバイ《米国の東部・南部でジャガイモに大害を与えるヨコバイの一種》.

potáto màsher ジャガイモつぶし器.

potáto mòth 〔昆〕ジャガイモガ, ジャガイモキバガ《キバガ科の蛾; 幼虫は特にジャガイモとタバコの葉と茎を食害し, 通例 ジャガイモの塊茎中で越年する》.

potáto ònion MULTIPLIER ONION.

potáto pàncake ポテトパンケーキ《ジャガイモをすりおろして作るパンケーキ》.

potáto pàtch *《俗》寝たきり患者 (fruit salad).

potáto pèeler 《ジャガイモの》皮むき器; 《豪韻俗》女 (sheila).

potáto psỳllid 〔昆〕トマト・ジャガイモを食いウイルス病を伝染させるキジラミの一種.

potáto rìng 《18 世紀にアイルランドで用いられた, 通例 銀の》碗[皿]立て.

po·ta·to·ry /póutətɔ̀ːri; -t(ə)ri/ *a* 飲酒の, 飲酒にふける; 《まれ》飲料に適している, 飲める. [L (*poto* to drink)]

potáto sàlad ポテトサラダ.

potáto sòup ジャガイモのスープ; *《口》ウオツカ.

potáto-tràp *n* *《俗》口 (mouth).

potáto túber·wòrm 〔昆〕《ジャガイモ・タバコの葉を食べ茎に穴をあける》ジャガイモ(キバ)ガ(の幼虫).

potáto vìne 〔植〕ツルハナナス《ブラジル原産のナス科の常緑つる性低木; 青色をおびた白い花が美しく, 観賞用に植えられる》.

pot-au-feu /*F* pɔtofø/ *n* (*pl* ～) 〔フランス料理〕ポトフ《肉と野菜を大鍋で煮込んだスープ》; ポトフ用鍋. [F＝pot on the fire]

Pot·a·wat·o·mi /pàtəwátəmi/ *n* **a** (*pl* **～, ～s**) ポタワトミ族《17 世紀に現在の Wisconsin 州北東部に住んでいたインディアン; のち Michigan, Wisconsin, Illinois, Indiana 地方に分散した》. **b** ポタワトミ語《Algonquian 語族に属する》.

pót·bèllied *a* 太鼓[布袋]腹の; 〈容器が〉下ぶくれの.

pótbellied píg 〔動〕ミニブタ, ポットベリーピッグ《ヴェトナムの小型豚を改良した愛玩用豚》.

pót·bèlly *n* 太鼓腹, 布袋腹(の人); だるまストーブ (＝**pótbellied** [**pótbelly**] **stóve**).

pót·bòil·er *n* 《口》金もうけのためのお粗末な作品(を作る作家[画家]); 《古》POTWALLOPER. ♦ **pót·bòil** *vi, vt*

pót-bòund *a* 〈鉢植え植物が〉根詰まりになった (root-bound); 発展の余地のない.

pót·bòy *n* 《居酒屋などの》ボーイ, 給仕.

potch[1] /pátʃ/ *n* 《豪俗》色の変化がなくて値打のないオパール. [C20 ＜?]

potch[2] *n, vt* 《俗》〈お尻などを〉ピシャッとたたく(こと). [Yid]

pót chèese* COTTAGE CHEESE.

Potch·ef·stroom /pátʃəfstròum/ ポチェフストルーム《南アフリカ共和国 North-West 州南東部の町; 同国一の家畜生産地》.

potch·ger /pátʃgər/ *vi* *《俗》だらだら時間を費やす (potchky) 〈*around*〉.

potch·ky, -kee, -kie /-ki/, **pots·ky** /pátski/ *vi* *《俗》ぶらぶらする, いじくる, もてあそぶ 〈*around*〉.

pót-compànion *n* 《古》飲み友だち, 飲み仲間.

pót cùlture マリファナ文化《マリファナ飲用者の生活様式; 「鉢植え栽培」の意とのしゃれ》.

po·teen /pətíːn, -tʃíːn; pɔ-/, **-theen** /pətíːn, -tʃíːn, -θíːn/ *n* 《アイル》密造ウイスキー. [Ir *poitín* (dim) 〈 POT[1]]

Po·tem·kin /pətjɔ́ːm(p)kən, poutém(p)-/ ポチョムキン **Grigory Aleksandrovich ～** (1739–91)《ロシアの軍人・政治家; Catherine 2 世の寵臣》.

Po·tém·kin víllage /pətém(p)kən-/ 好ましくない事実や状態を隠すためのりっぱな外観.

po·tence[1] /póutns/ *n* はりつけ用十字架, 磔柱(たくちゅう). [POTENT[2]]

pó·ten·cy, potence[2] *n* 力, 潜在力; 権力, 権威; 勢力; 《薬などの》効能, 有効性; 勢力を及ぼす人[もの]; 《男性の》性的[性交]能力. [L＝power; ⇨ POSSE]

pó·tent[1] *a* 〈薬が〉よく効く; 〈酒などが〉強い, 濃い; 人を信服させる, 説得力のある, (精神的)影響を及ぼす; 〈男性が〉性的[性交]能力のある (opp. *impotent*); 《文》 有力な, 力強い, 勢力[権威]ある. ◆ **～·ly** *adv* **～·ness** *n* [L *potent- potens*; ⇨ POSSE]

potent[2] 〔紋〕 *a* [後置] **1** 〈十字が〉各先端が丁字形の. **2** 〈毛皮模様が〉T 形が正逆交互に並んだ. ► *n* T 形が正逆交互に並んだ毛皮模様. [OF *potence* crutch<L (↑)]

P

po·ten·tate /póutntèɪt/ *n* 有力者; (専制)君主, (独裁的)支配者. [L=power]

po·ten·tial /pətɛ́nʃ(ə)l/ *a* **1** 可能性のある, 潜在する, 潜在的な, 将来性のある; ありうる, 可能な (possible); 〔文法〕 可能を表わす; 《古》 有力な, 力強い (potent): a ～ threat 潜在的脅威 / a ～ genius 天才を秘めた人 / a ～ share 権利株 / the ～ mood 〔文法〕 可能法. **2** 〔理〕 位置の (cf. DYNAMIC); 電位の: a ～ transformer 変圧器. ► *n* 可能性 〈*for*, *to* do〉; 潜在性, 将来性, 潜在能力, 潜勢(力), 素質; 〔文法〕 可能法; 〔数・理〕 ポテンシャル; 〔理〕 電位(差): war ～ 戦力 / to one's full ～ 精いっぱい, 最大限まで. [OF or L; ⇨ POTENT[1]]

poténtial ádversary 仮想敵国.

poténtial bárrier 〔電〕 電位壁; 〔理〕 ポテンシャル障壁 《ポテンシャルエネルギーの高い領域》.

poténtial dífference 〔理〕 電位差 《略 p.d.》.

poténtial divìder VOLTAGE DIVIDER.

poténtial énergy 〔理〕 位置[ポテンシャル]エネルギー.

po·ten·ti·al·i·ty /pətɛ̀nʃiǽləti/ *n* 強力なこと; 潜勢力; 可能性, (潜在)能力; 可能性[潜勢力]を有するもの.

poténtial·ize *vt* 可能性をもたせる; 潜在的にする.

poténtial·ly *adv* (実現の)可能性を秘めて, 潜在的に; もしかすると (…かもしれない).

poténtial sóvereignty 潜在主権.

poténtial wèll 〔理〕 ポテンシャル井戸, 井戸型ポテンシャル 《力の場で位置エネルギーが急に減少する領域》.

po·ten·ti·ate /pətɛ́nʃièɪt/ *vt*, *vi* 力[効力]を増す; 強化する, 増強する; …の薬効を相乗的に増す. ◆ **-à·tor** *n* **po·tèn·ti·á·tion** *n*

po·ten·til·la /pòut(ə)ntílə/ *n* 〔植〕 バラ科キジムシロ属 (*P*-) の各種草本[低木] (cinquefoil). [*-illa* (dim)]

po·ten·ti·om·e·ter /pətɛ̀nʃiɑ́mətər/ *n* 〔電〕 電位差計; 分圧器 (voltage divider). ◆ **po·tèn·ti·o·mét·ric** *a* **po·tèn·ti·óm·e·try** *n* 電位差測定.

pótent·ìze *vt* 《ホメオパシーで》〈薬〉の効能を希釈震盪により高める. ◆ **pòtent·izátion** *n*

po·tes·tas /poutéstɑ̀:s, -tæ̀s/ *n* (*pl* **-tes·ta·tes** /pɑ̀təstéɪtiz, pòutèstɑ́:tèɪs/) 〔ローマ法〕 家父権. ◆ **po·tes·tal** /poutéstl/ *a* [L=power]

pót·fùl *n* ひと鍋[ひと壺, ひと鉢](の量); たくさん: a ～ of....

pót glàss るつぼガラス 《TANK GLASS に対して, るつぼで溶かしたガラス》.

pót·gùt *n* 《口》 太鼓腹, 出っ腹(の人) (potbelly).

pót hát 山高帽子 (derby); 《もと》 シルクハット (top hat).

pót·hèad *n* 《俗》 マリファナ常用者. [*pot*[1]]

poth·e·cary /pɑ́θəkèri; -k(ə)ri/ *n* 《古・方》 APOTHECARY.

potheen ⇨ POTEEN.

poth·er /pɑ́ðər/ *n* 雲煙, 立ちこめる雲[煙, 砂煙]; 騒動, 騒ぎ; 《些細な事で》騒ぎたてること; 精神的動揺: be in a ～ 騒いでいる / make [raise] a ～ 騒ぎたてる 〈*about*〉. ► *vt* 悩ます, 困らせる. ► *vi* 大騒ぎする. [C16<?]

pót·hèrb *n* 煮て食べる野菜[山菜]; 《ハッカ・パセリなど》 香味用草本, 香味野菜.

pót·hòld·er *n* 《熱い鍋を持つ》 鍋つかみ; *《俗》 短くなったマリファナタバコを吸うためのホルダー (roach clip).

pót·hòle *n* 深い穴; 《舗装道路の》 穴ぼこ, 大穴; 陶土を掘り取ったあとの地面の穴; 《熱い鍋などを上げる》 鉤の付いた長ひばし; 上面に開口する深い縦穴; 〔地質〕 甌穴(おうけつ) 《渦流で回転する小石が岩石河床につくる》; *自然の窪地に水が集まってできた池; 小さな問題[障害]: hit a ～. ► *vi* 《スポーツ[趣味]として》 洞穴を探検する. ◆ **～d** *a* **pót·hòl·er** *n*

pót·hòl·ing *n* 《スポーツ・趣味としての》 洞穴探検.

pót·hòok *n* 《S 字型の》 自在かぎ; 《習字練習の》 S 字形の筆づかい; 走り書き; [*pl*] *《俗》 拍車: ～*s* and HANGERS.

po·thos /póuθɑ̀s/ *n* 〔植〕 ポトス, オウゴンカズラ 《サトイモ科のつる性の観葉植物》.

pót hòund *《俗》 マリファナをかぎ出すよう訓練された犬, 麻薬犬 (=*pot sniffer*).

pót·hòuse" *n* [*derog*] 一杯飲み屋, 居酒屋.

pót·hùnt·er *n* 《食用に》 手当たりしだいに撃つ狩猟家; 賞品目当ての競技参加者; 《採集上の心得を守らない》 しろうと考古品採集家; 《捨てられた農場・ゴーストタウンなどで》 廃品をあさる者. ◆ **pót·hùnt·ing** *n*

po·tiche /poutí:ʃ; pɑ-/ *n* (*pl* **-tích·es** /, -tí:ʃ/) ふたの付いた細首の壺. [F (*pot* pot)]

po·tion /póuʃ(ə)n/ *n* 《水薬・毒薬・霊薬の》 一服; 《まれ》 飲み物. [OF<L (*poto* to drink)]

Pot·i·phar /pɑ́təfər/ 〔聖〕 ポテパル 《Joseph を奴隷として買ったエジプトの高官; Joseph を誘惑しようとして失敗した妻の中傷を信じて彼を投獄した; *Gen* 39: 1–20》.

pot·latch /pɑ́tlæ̀tʃ/ *n* ポトラッチ 《北米北西岸のインディアンの間で富・権力の誇示として行なう冬の祭礼時の贈り物分配行事》; *《口》 《贈り物の出る》 パーティー. ► *vt* 〈種族〉のためにポトラッチの行事を行なう; 《見返りを期待して》〈贈り物を〉与える. ► *vi* potlatch の行事を行なう[催す]. [Chinook]

pót·lèad /-lɛ̀d/ *vt* 〈ボート〉に黒鉛を塗る.

pót lèad /-lɛ̀d/ 《レース用ボートの底に塗る》 黒鉛.

pot·lick·er, -lik·ker /pɑ́tlìkər/ *n* *《南部・中部》 POT LIQUOR.

pót lìmit 〔賭博〕 それまでの総賭け金と同額を賭ける権利, 全賭けの権利.

pót·lìne *n* 《アルミニウム精製に使う》 電解槽の列.

pót lìquor 《肉・野菜を煮たあとの》 煮出し汁.

pót·lùck *n* 《来客に出す》 ありあわせの料理; 《なんにせよ》 その時出されたもの[手にはいる]もの, 偶然(のチャンス); *[〈*a*〉] 料理持ち寄りの〈パーティー・昼食会〉. ● **take ～** 〈予期していなかった客が〉ありあわせの料理で食事をする; 出たとこ勝負でいく, 運を天にまかせる: Come and *take* ～ with us. ありあわせでよかったらうちに食べにおいで.

pót·man" /-mən/ *n* 飲み仲間; POTBOY.

pót màrigold 〔植〕 キンセンカ 《頭花は調味用》.

pót màrjoram 〔植〕 ハナハッカ (wild marjoram).

pót massàger 《口》 鍋洗い人, 皿洗い(係).

pót mètal 銅と鉛の合金; 鍋造り用の鋳鉄; るつぼの中で融解中のガラス; 融解中に色着けをした色ガラス.

Pót Nòodle 〔商標〕 ポットヌードル 《英国製の即席麺》.

Po·to·mac /pətóumək/ [the] ポトマック川 《米国東部 West Virginia 州から東流し, Maryland 州との州境および Virginia, Maryland 両州州境をなし, Washington, D.C. を通って Chesapeake 湾に注ぐ》.

Potómac féver ポトマック熱 《Washington, D.C. にうごめく政府の有力な地位を手にしようという欲望を熱病にたとえたもの》.

po·tom·e·ter /poutɑ́mətər/ *n* 〔植・気〕 ポトメーター, 吸水計 《植物の蒸散量を測る》. [Gk *poton* drink]

po·too /poutú:/ *n* (*pl* **～s**) 〔鳥〕 タチヨタカ 《同属の数種; 南米・西インド諸島産》. [imit]

po·to·roo /pòutərú:/ *n* (*pl* **～s**) 〔動〕 RAT KANGAROO. [(Austral)]

Po·to·sí /pòutəsí:/ ポトシ 《ボリビア南部の市; 海抜 約 4000 m の地点にある》.

pót pàrty *《俗》 マリファナパーティー. [*pot*[1]]

pót·pìe *n* ミートパイ 《上面だけ堅焼き》; ポットパイ 《深皿に入れた肉と野菜の煮込みに, パイ皮をかぶせて天火で焼く》.

pót plànt 鉢植え植物, 鉢物; *《口》 インド大麻.

pot·pour·ri /pòupurí:, ⌐―⌐, poupúəri/ *n* ポプリ 《部屋・洋服ダンス・トイレ・ひきだしなどに香りを漂わせるためにバラなどの花弁を乾燥させ香料と混ぜて壺などに入れたもの》; 〔料理〕 OLLA PODRIDA; 〔楽〕 接続曲, ポプリ, メドレー; 寄せ集め, 《文学・歌などの》 雑集. [F=rotten pot]

po·tre·ro /pətréərou/ *n* 《米国南西部・南米の》 牛馬の放牧場; 《米国南西部の》 細長い切り立った台地. [Sp (*potro* colt)]

pót-ròast *vt* 鍋の中で蒸し焼きにする.

pót ròast ポットロースト 《焼き目をつけてから蒸し焼きにした牛肉の塊り; その料理》.

POTS plain old telephone system [service] 《普通の電話システム[サービス]のこと》.

Pots·dam /pɑ́tsdæ̀m/ ポツダム 《ドイツ北東部 Brandenburg 州の州都; Berlin 市の南西に隣接する; 旧離宮 Sans Souci 所在地》.

Pótsdam Agréement [the] ポツダム合意 《第二次大戦の戦勝国である英国・フランス・ソ連によるドイツの分割統治に関する合意》.

Pótsdam Declarátion [the] ポツダム宣言 《1945 年 7 月 Potsdam で開かれた米・英・ソ 3 国の巨頭会談で決定, 同 26 日, 米・英・中の 3 国首脳の名で発表された共同宣言; 日本に無条件降伏を要求した; ソ連は 8 月 8 日の対日宣戦でこれに参加》.

pots de vin /*F* po də vɛ̃/ 賄賂. [F=pots of wine]

pót sèine POUND NET.

pót·shèrd *n* 《考古発掘物の》 陶器の破片, 陶片.

pót·shòt *n* 《食用に獲物さえ殺せばよいといわんばかりの》 不心得な銃撃, 《待伏せ場所からなど》 近距離からのねらい撃ち, 手当たりしだいの射撃; 思いつくままの批評, 言いたい放題; 行き当たりばったり: take a ～ at …をやたらに中傷する. ► *vt*, *vi* (**-shòt, -shòt·ted; -shòt·ting**) 手当たりしだいに撃つ[攻撃する]. ► *a* 《俗》 酔っぱらった.

potsky ⇨ POTCHKY.

pót-slìng·er *n* *《俗》 料理人 (cook).

pót snìffer *《俗》 POT HOUND.

pót stìcker 〔料理〕 焼き餃子, 鍋貼.

pót stìll 《ウイスキーなどの》 単式蒸留器, ポットスチル.

pót·stòne *n* ポットストーン 《石鹸石[凍石]の一種; 先史時代以来種々の器物を作った壺類製造用》.

pots·ville /pɑ́tsvìl/ *a*, *n* *《俗》 マリファナに酔った(状態).

pot·sy[1] /pátsi/ *n**《東部》石蹴り遊び (hopscotch) (の石).
potsy[2] *n**《俗》《警官の》バッジ, 身分証明書.
pot·tage /pátɪʤ/ *n*《古》あつもの (thick soup); POTAGE: a CHIP[1] in ～ / a MESS of ～. ［OF POTAGE］
pót·ted *a* 鉢植えの; 壷[瓶]に入れた; かんづめの; 〈電気部品[回路]が絶縁材で覆われた; ˈˈ《口》手軽に[安直に]要約した; [°～ up]*《俗》酔った; ˈˈ《俗》録音した (canned): a ～ tree 鉢植えの木 / ～ meat かんづめの味付けこま切れ肉 / ～ plays 寸劇.
pót·ter[1] *n* 陶工, 焼物師. ［OE (POT[1])］
potter[2ˈˈ] *vi, vt, n* PUTTER[3] (すること), ぶらぶら歩き. ♦ **～·ing·ly** *adv* ［(freq)‹*pote* (dial) to push＜OE *potian*］
Potter 1 ポッター (1) **Dennis** (**Christopher George**) ～ (1935–94)《英国の脚本家》(2) (**Helen**) **Beatrix** ～ (1866–1943)《英国の児童文学作家·さしえ画家; ⇨ PETER RABBIT》. **2** ポッテル **Paul** [**Paulus**] ～ (1625–54)《オランダの画家; 動物画で知られる》.
pótter·er *n* やたらと動きまわる[忙しがる]人; のらくら(仕事を)する人; 行動に一貫性のない人; やたらと臭跡をかぎまわる猟犬.
Potteries ⇨ POTTERY.
pótter's ásthma〔医〕陶工性喘息(ぜんそく).
pótter's clày [**èarth**] 陶土 (＝*argil*).
pótter's fíeld《貧民·身元不明者などの》共同墓地, 無縁墓地 (*Matt* 27: 7).
pótter's whèel 陶工ろくろ.
pótter wàsp〔昆〕MASON WASP.
pot·tery /pátəri/ *n* 陶器(類); 陶器製造(法[業]), 窯業; 陶器製造所; [the Potteries] 陶器生産地《イングランド中部 Staffordshire の北部にある陶器製造の盛んな地域》.
pót·ting cómpost 鉢植え用コンポスト.
pótting shèd ˈˈ鉢植え·園芸器具などの収納小屋.
pótting sòil 鉢植え用土.
pot·tle /pátl/ *n* ポトル《昔の液量[乾量]単位: ＝1/2 gallon＝*1.789 liters, ˈˈ2.273 liters》; 容量 1 ポトルの容器; 1 ポトルのワイン(など); ˈˈ《イチゴなどの》果物かご. ［OF＝small POT[1]］
pot·to /pátou/ *n* (*pl* ～s)〔動〕**a** ポットー, ポト (＝～ **gìbbon**)《西アフリカ産のロリス科のサル》. **b** ANGWANTIBO. **c** KINKAJOU. ［Niger-Congo］
pot·trie /pátri/ *n**《俗》《陶器に似た》ビー玉の一種.
Pótt's disèase /páts-/〔医〕ポット病, 脊椎カリエス. ［Percivall *Pott* (1714–88) 英国の外科医］
Pótt's frácture〔医〕ポット骨折《腓骨(ひこつ)下部の骨折》. ［↑］
pot·ty[1] /páti/ *a* [°～ little] ˈˈ《口》取るに足らない; ˈˈ《口》ばかな, 気違いじみた, いかれた, 熱をあげた ‹*about*›; 《口》SNOBBISH. ♦ **pót·ti·ness** *n* ［C19＜?; *pot*[1] からか］
potty[2] *n*《口》幼児用便器[便座], おまる; 《幼児》トイレ (toilet); *《俗》《poker の》POT[1]: go ～ うんち[おしっこ]する, トイレに行く. ► *vi*《幼児》トイレに行く. ［*pot*[1]］
pótty-chàir *n*《幼児用の》椅子式おまる.
pótty mòuth *《俗》場所柄をわきまえずに下品なことを言うやつ, 口ぎたないやつ. ♦ **pótty-mòuthed** *a*
pótty-tràin *vt*〈幼児〉におまるが使えるようしつける, 用便のしつけをする. ♦ **pótty tràining** *n*
POTUS /póutəs/ president of the United States.
pót-vàliant *a* 酒の勢いで大胆な. ♦ **～·ly** *adv*
pót-vàlor *n* 酒の勢い(による勇気[大胆さ]).
pot·wal·ler /pátwɔ̀lər/ *n*〔英史〕POTWALLOPER.
pot·wal·lop·er /pátwɔ̀ləpər/ *n*〔英史〕戸主選挙権保有者《1832 年選挙法改正以前, 自分のかまど·鍋で食事を作ることにより独立の戸主として選挙権を有した者》; 《俗》鍋洗い人, 皿洗い係; *《俗》《きこり小屋の》料理係. ［*wallop* to boil furiously］
pót-wrèstler *n**《俗》コック長 (chef).
pot·zer /pátsər/ *n*《俗》PATZER.
pouch /páutʃ/ *n* **1** 小袋,《小物を入れる》ポーチ; 取りはずしできる上着の外側のポケット; 《スコ》ポケット; タバコ入れ; 小銭入れ, 巾着(きんちゃく); 《革製の》弾薬入れ; 《錠付きの》郵袋 (mailbag), 《外交文書送達用の》外交嚢; 《食品·液体などを密閉パッケージする》パウチ. **2** 袋[物入れ]に似たもの; 目の下のたるみ; 〔動〕《有袋類などの》嚢, 袋, 《ペリカンの》咽袋(のどぶくろ); 〔植〕嚢状胞. ► *vt* **1** 袋[懐中]に入れる; 《錠付きの》郵袋に入れる; 〈鳥·魚が〉のみ込む (swallow); 《口》手に入れる; 『クリケット』〈ボールを〉捕る; ˈˈ《俗》…に心付けをする. **2** 袋のようにたらす. ► *vi* 袋(形)になる; ふくれる (swell out); 郵便物·連絡文書を錠付き郵袋で輸送する. ［OF; ⇨ POKE[2]］
pouched /páutʃt/ *a* 袋のある; 袋状の: ～ animals 有袋動物[類].
póuched dóg〔動〕フクロオオカミ (Tasmanian wolf).
póuched mármot〔動〕ジリス (ground squirrel).
póuched móuse〔動〕ポケットネズミ (pocket mouse).
póuched rát〔動〕《アフリカの》ホリネズミ (pocket gopher) (＝**póuched góphe**r), カンガルーネズミ (kangaroo rat), アフリカオニネズミ《など》.
póuched stórk〔鳥〕ハゲコウ (adjutant bird).
póuch of Dóuglas〔解〕ダグラス窩 (cul-de-sac of Douglas)《腹膜のひだが直腸と子宮の間に落ち込むことによって形成されたくぼみ》. ［James *Douglas* (1675–1742) スコットランドの解剖学者］
pou·chong /púːʃɔ́(ː)ŋ, -ʃáŋ/ *n* 包種茶, プーチョン《発酵が浅く花の香りのある中国茶》. ［Chin 包種(茶葉を紙に包んだことから)］
póuchy *a* 袋のある; ふくらんだ, たるんだ, ぶくぶくした.
poud /púːd/ *n* POOD.
pou·dreuse /*F* pudrøːz/ *n* 小型化粧台[鏡台].
pouf[1], **pouff**(**e**) /púːf/ *n* プーフ《18 世紀後半の高く飾りたてた女性の髪型》; 《服や髪飾りの》ふくらみ, パフ (puff); OTTOMAN; 《椅子代用の》厚いクッション; ˈˈ《俗》同性愛の男 (poof). ♦ **póuf**(**f**)**ed** *a* ［F＜(imit)］
pouf[2] *int* POOF[1].
Pough·keep·sie /pəkípsi, pou-/ ポキプシー《New York 州南東部 Hudson 河畔の市; Vassar College の所在地》.
poui /púːi/ *n* (*pl* ～, ～s)〔植〕西インド諸島·熱帯アメリカ産ノウゼンカズラ科タベブイア属の木《ラッパ形の花をつけ, 材が有用》. ［Trinidad の現地語］
Pouil·ly /*F* puji/ プイイ (＝**Pouilly-sur-Loire** /*F* -syːrlwaːr/)《フランスの Burgundy の村; 白のテーブルワインの名品を産する》.
Pouilly-Fuis·sé /*F* -fɥise/ *n* プイイ-フュイッセ《Burgundy 産の辛口白ワイン》. ［*Fuissé* Burgundy の村］
Pouilly-Fu·mé /*F* -fyme/ *n* プイイ-フュメ《フランスの Loire 渓谷産の辛口の白ワイン》. ［*fumé* (pp)‹*fumer* to smoke］
Pou·jad·ism /púːʒɑːdìz(ə)m/ *n* プジャード主義《フランスの書店主 Pierre Poujade (1920–2003) が提唱した保守反動的な政治思想; 彼は 1954 年商人·手工業者防衛同盟を結成して反税務闘争を行なった》. ♦ **-ist** *n, a*
pou·lard(**e**) /puláːrd/ *n* 卵巣を除去して食用に太らせた若いめんどり (cf. CAPON); 《一般に》肥えた若いめんどり. ［F＝fatted pullet］
poule /púːl/ *n*《俗》若い(尻軽)女, 売女(ばいた), 売春婦. ［F＝hen］
poule de luxe /*F* pul də lyks/《俗》売春婦. ［F＝hen of luxury］
Pou·lenc /*F* pulɛ̃ːk/ プーランク **Francis** ～ (1899–1963)《フランスの作曲家》.
poulp, poulpe /púːlp/ *n*〔動〕タコ (octopus). ［F］
poult[1] /póult/ *n*《家禽·猟鳥, 特に 七面鳥の》ひな. ［PULLET］
poult[2] /púːlt; *F* pu/ *n* POULT-DE-SOIE.
poult-de-soie /*F* pudswa/ *n* プードソア《絹のうね織りの一種; 通例 無地染め》. ［F＜?］
poul·ter·er /póultərər/ *n*ˈˈ家禽[猟鳥]商, 鳥(肉)屋. ［*poulter*; ⇨ POULT[1]］
póul·ter's méasure /póultərz-/〔韻〕鳥屋律《12 音節の行と 14 音節の行とが交替する韻律》.
poul·tice /póultəs/ *n* パップ(剤); 湿布; 《豪俗》大金《特に 借金》, 競馬に賭けた大金. ► *vt* …にパップを当てる, 湿布する. ［L *pultes* (pl)‹*puls* pottage］
poul·try /póultri/ *n* [‹*pl*›] (卵·肉用の)飼鳥類, 家禽《鶏·アヒル·ガチョウ·七面鳥など》; 鳥肉, 鶏肉. ［OF; ⇨ POULT[1]］
póultry·man /-mən/ *n* (*pl* **-men** /-mən/) 養禽[養鶏]家; 家禽商 (poulterer); 《ホテルなどの》鳥肉の下ごしらえ人.
pounce[1] /páuns/ *vi* 急に飛びかかる, 急に襲う ‹*on, at*›; 突然やって[飛び込んで]くる ‹*into* a room›; [*fig*] のがさず責めたてる, 《弱みなどに》乗ずる ‹*on*›. ► *vt* 飛びかかってわしづかみにする. ► *n*《猛禽の》かぎづめ; 武器; 急襲; 《方》《注意を促すための》こづき (poke): make a ～ (*on*…に)飛びかかる, つかみかかる / be on the ～ 今にも飛び[つかみ]かかろうとしている. ♦ **póunc·er**[1] *n* ［C17＜?; *puncheon*[1] または ME *punson* pointed tool からか］
pounce[2] *n*《かつてインクの散るのを防いだ》にじみ止め(粉)《イカの甲の粉末など》; 色粉《打ち抜いた型によってデザイン転写を行なうために振りかけたり吹き付けたりするチョークや木炭の粉末》; 色粉袋 (＝～ **bàg**)《これでたたいて転写する》. ► *vt* …ににじみ止め[色粉]を振りかける; 色粉で〈布地など〉に刷る; 〈帽子〉の表面を紙やすりでこすって仕上げる. ♦ **póunc·er**[2] *n* ［F＜L PUMICE］
pounce[3] *vt*〈金属·靴·布など〉に穴をあける; 打出し模様をつける. ［OF *poinçonner* to stamp; *pounce*[1] と同語源か］
póunce bòx にじみ止め粉[色粉]箱《ふたに小穴があいていてこれで振りかける》.
póun·cet-bòx /páunsət-/《古》*n*《ふたに小穴のあいた》匂い箱, 香水箱 (pomander); POUNCE BOX.
pound[1] /páund/ *n* (*pl* ～s, ～) **1 a** ポンド, 封度 **1)** 常用ポンド; 質量の単位; 記号 lb; 常衡は 16 オンス, 約 454 グラム; 金衡は 12 オンス, 約 373 グラム **2)** 力の単位; 1 常用ポンド重》. **b***《俗》1 ポンドのマリファナ. **2 a** ポンド; [the] イギリスポンド制: by the ～ 1 ポンドいくらで〈売るなど〉/ in the ～ 1 ポンドにつき〈いくら支払うなど〉. ★ (1) 英貨ポンド (pound sterling) に対する記号は数字の前に付ける £ が普通であるが, 数字のあとに付ける l. を用いることもある (2) 英貨 1 ポンド (£1 stg.) はもと＝20 shillings, ＝240 pence; 1971 年 2 月より＝100 pence: £4 4 ポンド / a ～ [five-～] note 1[5] ポンド紙幣 (3) 旧制度の英貨では £4. 5 s. 6 d. [£4–5–6, £4/5/6] (＝four pounds five shillings six pence) (4 ポンド 5 シリング 6 ペンス) のように用いたが, 十進法になってからは £1.07 (1 ポンド 7 ペンス), £6.10 (＝six pounds ten (new) pence) (6 ポンド 10 ペンス) のように用い, 2 p or £0.02, 15

P

p or £0.15, 64½ p or £0.64½ などと書く. また, たとえば 2½ は two and a half (new) pence と読む. **b** ポンド《通貨単位 (1) エジプト (£E): ＝100 piastres, ＝1000 milliemes (2) レバノン (L£), シリア (£S): ＝100 piastres (3) スーダン, 南スーダン: ＝100 piasters (4) スリナム: ＝100 cents (5) euro になる前のアイルランド: ＝100 pence (6) euro になる前のキプロス (£): ＝100 cents (7) 旧トルコ (£T): ＝1000 piaster [kurus] (8) 旧イスラエル (I£): ＝100 agorot (⇨ SHEKEL) (9) 旧アイルランド, 旧ナイジェリア, 旧マラウィ, 旧ガンビア: ＝20 shillings (10) 旧リビア: ＝100 piasters (11) 旧スーダン: ＝10 dinar》. **c**《もとスコットランドの》ポンド (⇨ POUND SCOTS). **d** *《俗》5 ドル(紙幣); *《俗》5 ドル分のヘロイン; [*pl*] *《黒人俗》ドル, 金. **3**〖聖〗ミナ (mina)《セム族の通貨単位》. ● **a ～ to a penny**《口》ありそうなこと, 起こりうること. **get one's ～'s worth**‖《口》get one's MONEY's worth. **～ and pint**《古俗》《船員の》(一日分の)糧食. **～ for [and] ～** 等分に. **～ of flesh** 合法的だが苛酷な要求《Shak., *Merch. V.* 4.1.99, 308》. **～s, shillings, and pence** 金銭 (£.s.d.).
► *vt*‖〈貨幣〉の重量を検査する.
[OE *pund*; cf. G *Pfund*, L *pondo* pound]

pound[2] *n*《無鑑札の犬, 差押え家畜などの》動物収容所; 野獣をわなにかけるための囲い; 留置(場); 押収物[レッカー移動した駐車違反車などの]保管所; 生簀(いけす). ► *vt* おりに入れる; 閉じ込める, 拘留する 〈*up*〉. [OE **pund*; cf. PINFOLD]

pound[3] *vt* **1 a** ドシンドシンと[さんざん]打つ[たたく], ぶちのめす 〈*down, in, into*〉; つき砕く, 粉にする; たたきつぶす[こわす], 爆撃[砲撃]する 〈*out, up*〉; 力をこめて動かす[投げる, 飛ばす]: He *～ed* the door *with* his fist. ドアをこぶしでドンドンたたいた / She *～ed* her fist *on* [*against*] his chest. 彼の胸をこぶしでたたいた / be *～ed to* pieces こっぱみじんになる. **b** 〈ピアノ・タイプライターなどを〉ボンボンたたく; ピアノなどをボンボン鳴らして〈曲を〉演奏する, タイプライターなどをたたいて〈小説・記事などを〉作る 〈*out*〉: ～ *out* a tune on the piano. **c**《卑》…と性交する. **2** 繰り返し教え込む, たたき込む 〈*in*〉. **3**《口》重々しく進む, ドタドタと歩きまわる: ～ the pavement(s) [sidewalks, streets]《口》《仕事を捜すなどして》街を歩きまわる; 〈警官が〉歩いてパトロールする / ～ the BEAT. **4** *《俗》〈ビールなどを〉ぐっと飲む. ► *vi* **1** 強く打つ, 連打[乱撃]する 〈*at, on*〉; 猛(砲)撃する 〈*at, on, away*〉; ドンドン鳴らす, ガンガン鳴り響く, ドタドタと歩く 〈*along, among*〉; 〈心臓が〉ドキンドキンと打つ, 〈頭が〉ガンガン[ずきずき]する; 〈船が〉波にもまれて動揺する: sb's heart *～s* どきどき[はらはら]する; 胸が高鳴る. **2** 懸命に取り組む, がんばる 〈(*away*) *at, on*〉. ● **Go ～** SALT[1] **[sand]!** **～ brass** *《俗》電鍵をたたいて無線通信する. **～ one's ear**《俗》眠る. **～ the books**《俗》ガリ勉する (hit the books). ► *n* 打つこと; 連打; 強打; 打つ音, [°〈*int*〉] ドシン, ゴツン, ドンドン, トントン, ボンボン. [OE *pūnian*; cf. Du *puin* rubble, LG *pün* rubbish]

Pound パウンド **Ezra (Loomis)** ～ (1885–1972)《米国の詩人; 欧州各国を移り住み imagism などの詩運動を推進; 代表作は連作長篇詩 *The Cantos* (1925–70)》. ♦ **～·ian** *a*

póund·age[1] *n*《金額・重量》1 ポンド当たりの料金[手数料, 税金], (純益)歩合; ポンドの単位による重量, ポンド数; (多すぎる)体重; 〖英史〗ポンド税 (⇨ TONNAGE AND POUNDAGE).

poundage[2] *n*《家畜などの》収容; 留置, 収監, 監禁; 《収容家畜の》釈放手数料. [*pound*[2]]

póund·al *n*〖理〗ポンダル《質量 1 ポンドの物体に作用し 1 フィート毎秒毎秒の加速度を起こす力; 略 pdl》.

póund càke 1 パウンドケーキ《カステラ風の味の濃厚な菓子; もと卵に小麦粉・砂糖・バターを 1 ポンドずつ混ぜて作った》. **2**《俗》美女, モノにしたくなるような女.

póund·er[1] *n* 打つ[つく]人; きね; *《俗》警官, おまわり; 《サーフィン俗》大波. [*pound*[3]]

pounder[2] *n* [ᵘ*compd*] …ポンドあるもの[人]; …ポンド砲; …ポンドを支払う人; …ポンドの資産[収入]のある人.

póund-fóol·ish *a* (一文を惜しんで)百文失うような (cf. PENNY-WISE).

póund-fórce *n*〖理〗ポンド重《1 ポンドの質量にはたらく重力の大きさに等しい力; 略 lbf》.

póund·ing *n* たたく[打つ]こと[音]; 《口》ひどい打撃[攻撃]: take a ～ ぼろ負けする, こっぴどくやられる[たたかれる].

póund kèy《プッシュホン・キーボードの》# のボタン[キー], シャープキー.

póund mìle ポンドマイル《1 ポンドの郵便物[急送品]を 1 マイル輸送すること》.

póund nèt 立ち網, 張切り網《漁獲用》.

póund nóte 1 ポンド紙幣.

póund-nòte·ish *a*《俗》貴族ぶった, 気取った.

póund Scóts〖史〗スコットランドポンド《＝1 s. 8 d.》.

póund sìgn ポンド記号《**1**》£ 記号 **2**》# 記号; pound(s) (量)を表わす記号》: 50# bond paper stock 50 ポンドのボンド紙の在庫.

póund stérling 英貨 1 ポンド (⇨ POUND[1] 2 a ★).

pour /pɔ́ːr/ *vt* **1 a** 注ぐ, つぐ, 流す 〈*in, into, out, on, onto, over*〉; 〈建物などが群集を〉吐き出す; 〈金・時間などを〉つぎ込む 〈*into*〉; 《口》〈人〉に〈ぴったりした服を〉着せる 〈*into*〉: ～ *out* the tea お茶をつぐ / ～ the milk *from* [*out of*] the bottle 瓶から牛乳をあける / I *～ed* him a glass of wine. ワインを一杯ついでやった. **b** [it を主語として] *〈雨などが〉降り注ぐ (cf. *vi* 1b): It's *～ing* rain outside. 外は土砂降りだ. **2 a** 〈光・熱などを〉注ぐ, 放射する; 〈銃弾・嘲笑・軽蔑などを〉浴びせる, 〈魅力などを〉振りまく, 見せつける 〈*on*〉. **b** 〈ことば・音楽などを〉発する, のべつしゃべる[歌う], まくしたてる; 打ち明ける, 吐露する 〈*out, forth*〉: ～ *out* one's tale of misfortunes 長々と不幸な身の上話をする / ～ *forth* one's opinion とうとうと意見を述べる. ► *vi* **1 a** 流れ出る 〈*forth, out, down, over*〉; 流れ込む 〈*in, into*〉. **b** [主に it を主語として] 〈雨が〉激しく降る 〈*down*〉: It's *～ing* (*with* rain) outside. 外は土砂降りだ / It never rains but it *～s*.＝When it rains, it *～s*. 《諺》降れば必ず土砂降り, 不幸[物事]は重なるもの, 二度あることは三度. **2** [*fig*] 流れるように移動する, 押し寄せる, 殺到する 〈*along, down, in, into, out*〉; 〈不満などが〉口をついて出る 〈*out*〉: Honors *～ed upon* him from different countries. 彼のもとへ各国から続々と名誉の表彰が贈られた. ● **～ in** 〈得点を〉どんどん入れる. **～ it on**《口》(**1**) [°～ it on thick] *やたらとお世辞を言う[ほめる], しきりに機嫌を取る; 大げさに言う. (**2**) *努力に努力を重ねる; *《試合で》得点を続ける. (**3**) *スピードを出す. **～ itself** 〈川が〉注ぐ 〈*into* the sea〉. **～ oneself into**…に没頭する; 〈きつい衣服〉を《やっと》着込む. ► *n* 注ぐこと, 流出; 豊富な[盛んな]流れ; 《口》豪雨, 土砂降り; 鋳込み《溶解金属などを型に移すこと》, 鋳込み量.
♦ **～·er** *n* 注ぐ人[器具]. **～·able** *a* **～·ing** *a* 流れるような; 土砂降りの; 注ぐための. **～·ing·ly** *adv* [ME<?]

pour ac·quit /*F* puːr aki/ 領収済み; 領収証.

pour·boire /*F* purbwaːr/ *n* (*pl* **～s** /—/) 酒手(さかて), チップ. [F ＝(money) for drinking]

pour en·cou·rager les au·tres /*F* pur ɑ̃kuraʒe lezotr/ 他人を力づけるために. [F＝to encourage the others]

póuring bàsin〖冶〗堰鉢(せきばち), 掛堰(かけぜき), 湯溜(ゆだまり).

pour le mé·rite /*F* puːr lə merit/ 勲功により.

pour·par·ler /pùrpɑːrléɪ; puəpɑ́ːlèɪ/ *n* [ᵘ*pl*] 下相談, 予備交渉. [F<OF＝to discuss]

pour·point /púərpɔ̀ɪnt/ *n*〖史〗プールポワン《刺子(さしこ)にした綿入れ胴着》.

póur pòint /pɔ́ːr-/〖化〗流動点《物体が流動する最低温度》.

pourpresture ⇨ PURPRESTURE.

pour rire /*F* puːr riːr/ 冗談で, お笑いぐさで. [F＝in order to laugh]

pour·ri·ture no·ble /F purityr nɔbl/ 貴腐, プリチュール・ノーブル (＝*noble rot*)《フランスのワイン用語; 白ブドウが *Botrytis cinerea* というカビ菌によって糖分が濃縮されたブドウ果になる現象》; 貴腐ワイン《そのブドウから造る天然の甘口ワイン》. [F＝noble rot]

pousse-ca·fé /pùːskæféɪ/ *n* プースカフェ《**1**》ディナーの席でコーヒーと共に[のあとに]出すリキュールの小杯 **2**》*層をなすように比重の違うリキュールをついだカクテル》. [F＝coffee pusher]

pous·sette /pusét/〖ダンス〗*n* プセット《手を握り合って半円形に並んで踊る踊り方》. ► *vi* プセットを[で]踊る. [F]

pous·sin /*F* pusɛ̃/ *n* 肉用のひな鶏.

Poussin プッサン **Nicolas** ～ (1594–1665)《フランスの画家; 古典派の巨匠》.

pou sto /púː stóʊ/《文》立脚地, 活動の根拠. [Gk＝where I may stand]

pout[1] /páʊt/ *n* (*pl* **～, ～s**)〖魚〗大頭の魚《ナマズ・ゲンゲ・イソギンポなど》, 《特に》フランスダラ (bib). [OE **puta*; cf. OE *ǣlepūta* eel-pout]

pout[2] *vi* 口をとがらす[すぼめる], (セクシーに)唇を突き出す; ふくれる, ふくれっつらをする, すねる 〈*about*〉; 〈口が〉とがる. ► *vt* 〈唇を〉とがらす; 口をとがらせて言う. ► *n* 口をとがらすこと; [*pl*] 不機嫌: be in [have] *the ～s* ふくれっつらをしている. ♦ **～·ing·ly** *adv* [ME<? OE **pūtian*; cf. Swed (dial) *puta* inflated]

póut·er *n* ふくれっつらする人, すねる人; 〖鳩〗パウター《嗉嚢(そのう)が大きく突き出し, これをふくらませて鳴く家バト; 18 世紀初めに英国で作出》.

póut·ing‖*n*〖魚〗フランスダラ (BIB[1]).

póut-òut *n* *《俗》《hot rod で》エンスト.

póuty *a* ふくれた (sulky); すぐふくれる[すねる]; すぼめた, 突き出した, ふっくらした〈唇〉.

POV〖映〗point of view 観点《場面の素材に対する監督・作家の態度を表わしている撮影法についていう》.

pov·e·ra /pávərə/ *a* ポヴェラの《でき上がった作品より理念や過程を重視する芸術形式についていう》. [It (*arte*) *povera* impoverished (art)]

pov·er·ty /pávərti/ *n* **1** 貧乏, 貧困 (opp. *wealth*); 〖キ教〗清貧《聖職者として物を私有しないこと》: live in ～ 貧乏暮らしをする / be born to ～ 貧家に生まれる / fall into ～ 貧乏になる / When ～ comes in at the door, love flies out at [of] the window. 《諺》貧乏が戸口からはいってくると愛は窓から飛び出して行く, '金の切れ目が縁の切れ目' / *P～* is no sin. 《諺》貧乏は罪にあらず《しかし耐えがたいもの》. **2**《特定要素の》欠如, 不足, 貧弱, 劣悪 〈*of, in*〉; 栄養失調; 《土地の》不毛: ～ *of* blood 貧血 / suffer from a ～ *of* medical supplies 医療品の不足に悩む. [OF<L (PAUPER)]

póverty dátum lìneᴵᴵ POVERTY LINE.

póverty làwyer《poverty line 以下の人のための》無料弁護士, '国選弁護人' (legal services lawyer).

póverty lìne [lèvel] [the] 貧困線《貧困であるか否かを区分する最低収入》.

póverty pìmp*《俗》生活補助金をくすねて私腹を肥やす役人.

póverty-strìcken *a* 非常に貧乏な; みすぼらしい.

póverty tràp 貧困のわな《低所得者が収入増のために生活保護などの対象外となり結果的に収入の増加に結びつかない状況》.

pow[1] /póu, páu/ *n*《スコ》頭 (head). [変形<*poll*[1]]

pow[2] /páu/ *n* **1** [°〈*int*〉] ボカッ, ドカッ, バーン, パーン, パン, バン《打撃・破裂の音》. **2**《俗》圧力, 影響力. [imit]

pow[3] /páu/ *n*《スコ》流れのゆるやかな小川, 入江.

POW °Prince of Wales♦°prisoner of war.

pow·an /póuən/ *n* (*pl* ~, ~**s**)〖魚〗《スコットランドの湖に産する》サケ科シロマス属の一種. [Sc POLLAN]

pow·der[1] /páudər/ *n* **1** 粉, 粉末; 粉おしろい (face powder), 歯磨粉 (tooth powder), 髪粉; 粉末薬, 散薬, 散剤, 散, 末; 粉末食品, …粉(こ); POWDER BLUE;〖スキー〗粉雪, パウダー (=~ **snòw**): grind (…) into ~ (…を)ひいて粉にする / put on ~ おしろいをつける; 粉を振りかける. **2** 火薬 (gunpowder);〖競技〗《打撃に加える》力; *《俗》酒一杯. **3***《俗》逃走, とんずら. ● **keep one's ~ dry** 万一に備える. **~ and shot** 弾薬, 軍需品; 費用, 労力: not worth (*the*) ~ *and shot* 骨折りがいがない. **put ~ into**…に力をこめる. **smell ~** 実戦の経験をする. **take a ~***《俗》逃げる, ずらかる, 高飛びする. ► *vt* **1** 粉にする, 打ち砕く, つき砕く; 激しく攻撃する; *《俗》〈野球のボールを〉強打する. **2**〈塩・薬味などを〉振りかける; …におしろい[髪粉など]をつける; …に粉のように振りかけて装飾する, 〈…で〉おおう〈*with*〉. ► *vi* 粉になる, 砕ける; おしろい[髪粉]をつける; *《俗》去る, ずらかる. ● **~ sb's jacket**ᴵᴵ《俗》人をぶんなぐる[ひっぱたく] (dust sb's jacket). **~ one's nose [face, puff]** [*euph*]〈女性が〉お手洗に立つ. **~ up***《俗》痛飲する, 酔っぱらう. ♦ **~·er** *n* [OF (L *pulver- pulvis* dust)]

powder[2]ᴵᴵ《ロ・方》*n* 突進: in [with] ~ すごい勢いで. ► *vi* 突進する. [C16<?]

pówder bàg 薬包, 薬嚢; *《海軍俗》掌砲兵曹.

pówder blúe〖化〗粉末花青紺; 淡青色. ♦ **pówder-blúe** *a* 淡青色の.

pówder bòy POWDER MONKEY.

pówder bùrn 火薬による火傷, 発砲による焼け焦げ.

pówder chàrge〖軍〗発射火薬 (propellant).

pówder-cìty *a*《野球俗》〈投手が〉速球を投げて, 球が走って, ボールの走りがいい.

pówder-còat *vt* 粉体塗装する《粉末状塗料を付着させて加熱により被膜を作る》.

pówder compact コンパクト (compact)《化粧用》.

pówder dòwn〖鳥〗《サギ・オウムなどの》粉(こ)綿羽.

pow·dered /páudərd/ *a* 粉にした, 粉末状の; 粉をつけた; [°~ up] *《俗》酔っぱらって.

pówdered mílk 粉乳, 粉ミルク (dried milk).

pówdered súgar* 粉砂糖, 粉糖, パウダーシュガー.

pówder flàsk〖史〗《携帯用》火薬入れ, 火薬筒.

pówder hòrn 角(つの)製火薬入れ;〖植〗ミミナグサ.

pówder kèg 火薬樽; [*fig*]《爆発を起こしやすい》危険な状況, (一触即発の)火種: be sitting on a ~ 危険な状況に臨んでいる, 今にも爆発しそうだ.

pówder magazìne 火薬庫, 弾薬庫.

pówder mètallurgy〖冶〗粉末冶金.

pówder mìll 火薬工場.

pówder mònkey《昔の軍艦の》弾薬運びの少年; *《鉱山などの》ダイナマイト係, 爆薬管理者.

pówder-pùff *a*〈男性のものとされてきた競技が〉女性による, 女子…. ► *vt**《俗》〈ボクサーが〉〈相手を〉軽快な動きでかわす.

pówder pùff おしろいばけ, パフ;〖植〗タカサゴマル (=**pówder pùff càctus**)《メキシコ北・中部原産のサボテン》;《俗》弱虫, ちょろい競争相手; *《俗》動きの軽快なボクサー.

pówder ròom《女性または来客用の》化粧室, 手洗.

pówder tàble POUDREUSE.

pów·dery *a* 粉の, 粉末状の; 粉だらけの, 粉をまぶしたような; 粉になりやすい, すぐぼろぼろになる.

pówdery míldew〖植・菌〗ウドンコ病(菌), 白渋病(菌) (cf. DOWNY MILDEW).

Pow·ell /páuəl/ パウエル (**1**) **Adam Clayton ~, Jr.** (1908–72)《米国の牧師・政治家; アフリカ系; リベラル派連邦下院議員として社会関係の法律を多数成立させた》(**2**) **Anthony** (**Dymoke**) ~ (1905–2000)《英国の小説家; *A Dance to the Music of Time* (1951–75)》(**3**) **Cecil Frank** ~ (1903–69)《英国の物理学者; 湯川秀樹が予言したパイ中間子を発見; ノーベル物理学賞 (1950)》(**4**) **Colin L**(**uther**) ~ (1937–)《米国の軍人; アフリカ系初の統合参謀本部議長 (1989–93), 国務長官 (2001–05)》(**5**) (**John**) **Enoch** ~ (1912–98)《英国の政治家; ⇨ POWELLISM》(**6**) **John Wesley** ~ (1834–1902)《米国の地質学者; 合衆国民族学局初代局長; アメリカインディアンの言語の分類を最初に発表した》(**7**) **Lewis Franklin ~, Jr.** (1907–98)《米国の法律家; 合衆国最高裁判所陪席裁判官 (1971–87)》(**8**) **Michael** (**Latham**) ~ (1905–90)《英国の映画監督・制作者・脚本家》(**9**) **William** (**Horatio**) ~ (1892–1984)《米国の映画俳優; 'Thin Man' シリーズで, 洗練されウィットをもつ探偵 Nick Charles の役を演じた》.

Pówell·ism *n* パウエリズム《Enoch Powell が主張した, 自由競争経済と英国への移民禁止などの政策》. ♦ **Pówell·ite** *n, a*

pow·er /páuər/ *n* **1 a** 力 (force); 能力; [°*pl*] (特殊な)能力, 体力, 知力; 力, 活力, 精力;〖野〗長打力: the ~ of nature 自然の力 / the ~ *to* see the future 未来を予見する能力 / have the ~ *of* hold*ing* one's audience 聴衆をひきつけておく力がある / His ~*s* are failing. 体力が衰えてきた / a man of great mental ~*s* 知力のすぐれた人. **b**〖機〗動力, 工程力, 性能; 物理的[機械的]エネルギー源,《特に》電力;〖理〗仕事率; *《俗》爆薬: mechanical [motive] ~ 機械[原動]力 / electric [water] ~ 電力[水力] / the mechanical ~*s* 単純機械 (simple machines) / without ~ 電力なしで; 停電で. **2** 権力, 勢力, 支配力, 権限〈*over*〉; 政権 (=political ~), 体制; 委任された権力, 委任(状): the ~ of Congress [the law] 議会[法律]の権力 / The ~*s* of the President 大統領の権力 / The Swiss executive has no ~ *to* veto. スイスの行政部には拒否権がない / come to [into] ~ 政権を握る, 勢力を得る / fall from ~ 政権[権力]を失う / have ~ *over* …を支配する[自由にする] / put into ~ 政権につかせる / POWER OF APPOINTMENT [ATTORNEY]. **3** 有力な人[もの], 権力者, 強国;《古》軍隊; [°*pl*] 神; [*pl*] 能天使《九天使中の第 6 位; ⇨ CELESTIAL HIERARCHY》: a ~ in politics 政界の実力者 / the Great *P*~*s* of the world 世界の列強 / treaty ~*s* 締盟国 / Merciful ~*s*! どうか神さま! / the ~*s* of darkness [evil] 悪魔. **4**《ロ・方》多数, 多量: a ~ *of* people [work] たくさんの人びと[仕事] / A breath of fresh air will do you a ~ *of* good. 新鮮な空気を吸えば気分がすっきりする. **5**〖数〗冪(べき), 累乗;〖数〗集合数, カージナル数 (cardinal number);〖統〗検出力;〖光〗《レンズの》倍率: raise to the second [third] ~ 2 [3] 乗する / the third ~ of 2 2 の 3 乗. ● **a ~ in the land** 国の有力者, 国民に大きな影響を及ぼす権力. **beyond [out of] one's ~(s)** 力の及ばない, 不可能な; 権限外で. **in [out of] ~** 政権を握って[離れて], 権限のある[ない]: the party *in* [*out of*] ~ 政府[在野]党, 与党[野党]. **in one's ~** 手中[支配下]に; できるだけの: We did everything *in* our ~ to beat them. やっつけるためにできることは何でもした. **More ~ to you [your elbow, your arm]!** 健闘[成功]を祈る, がんばれ, えらいぞ, よくやった! **~ behind the throne** 陰の実力者, 黒幕. **the ~s that be** [°*joc*] 当局, その筋,《時の》権力者 (=those in ~)《*Rom* 13: 1》. ► *a* 権力の; 電力[原動機]で作動する, 電動[動力]の; 発電の, 送電の;《ロ》力を誇示する, 有力者の[が関係する, に特有の]; 有力な, 大物の: a ~ struggle 権力争い / a ~ cord 電気コード / POWER BREAKFAST [LUNCH] / POWER DRESSING. ► *vt* …に動力を供給する[発動機を備える], 動かす〈*with*〉; 促進する, 拍車をかける, 駆りたてる, 〈ボールを〉たたき込む. ► *vi* 動力を使って進む; 力強く進む, 疾走する. ● **~ down**〈宇宙船〉のエネルギー消費量を下げる;〖電算〗電源を切る[落とす]. **~ up** (エンジンなどを)始動させる, 電源を入れる, 作動させる[する]; 〈…に備えて〉力をつける[つけさせる], 訓練[トレーニング]する〈*for*〉; 〈宇宙船〉のエネルギー消費量を上げる. [AF *poer*<L; ⇨ POSSE]

pówer àmplifier〖電〗電力増幅器, パワーアンプ.

pówer-assist·ed *a*〈ステアリング・ブレーキなどが〉操作を動力で行なう: ~ steering=POWER STEERING.

Pówer·bàll〖商標〗パワーボール《米国で行なわれる番号当ての宝くじ》.

pówer bàse《政治運動・政策の》支持母体,《政治家の》地盤.

pówer blòck《まとまった政治力を構成する》(大国を中心とした)国家集団, パワーブロック.

pówer·bòat *n* 発動機艇, モーターボート (motorboat). ♦ **~·er** *n* **~·ing** *n*

pówer bràke〖車〗パワーブレーキ, 動力ブレーキ.

pówer brèakfast《会議[商談]を兼ねた, 有力者による》朝食会.

pówer bròker《政財界の》大物(調停役), フィクサー, 有力者, 黒幕. ♦ **pówer-bròking** *n, a* 裏で圧力をかける(こと), 口きき.

pówer càble 電力ケーブル.

pówer cènter 権力中枢; 権力者; *パワーセンター《category killer を集めた郊外の大型ショッピングセンター》.

pówer chàin〖機〗動力チェーン, ピッチチェーン.

pówer chòrd〖楽〗パワーコード《基音と 5 度の音からなるロックで使われる和音》.

pówer cùt 送電停止, 停電.

pówer dìve〖空〗動力急降下《エンジンの力ではずみをつけた急降下》. ♦ **pówer-dive** *vi, vt*

pówer drèssing パワードレッシング《ビジネス社会などでの地位と能力を印象づけるような服装・ファッション; 特に女性について用いる》. ♦ **pówer drèsser** *n*

pówer drìll 〘機〙 動力ぎり[ドリル], パワードリル.
pówer-drìven *a* 動力駆動の.
pów·ered *a* [°*compd*] (…の)動力を備えた, …で動く; 〈レンズなどが〉倍率…の, …倍の.
pówer ègg 《俗》 《飛行船の》 ゴンドラ.
pówer elìte [the] 《軍や政財界の》 パワーエリート 《えり抜きの権力者たち》.
pówer fàctor 〘電〙 力率 《交流回路の平均実効電力と皮相電力の比; 略 PF》.
pówer fàilure 停電; 電源異常; 動力故障.
pówer fórward 〘バスケ〙 パワーフォワード (=*strong forward*) 《主にリバウンドボールを捕る屈強なプレーヤー》.
pówer·ful *a* **1** 強力な; 勢力ある, 有力な; 効果的な; 〈薬など〉効能のある. **2** 《方》 たくさんの: a ~ lot of たくさんの, おびただしい. ► *adv* 《方》 大いに (very). ♦ **~·ly** *adv* 大いに; 強く; 有力に; 《方》 たくさん, はなはだしく. **~·ness** *n*
pówer fùnction 〘統〙 検出力関数; 〘数〙 冪(べき)関数.
pówer gàme 権力[支配力]獲得競争, 権力争い[抗争], パワーゲーム.
pówer gàs 動力ガス.
pówer·hèad *n* パワーヘッド 《エンジンなどの動力供給部分》.
pówer hítter **1** 〘野〙 長距離打者, パワーヒッター. **2** *《俗》 《深く吸い込めるように》 マリファナの煙を集める道具; *《俗》 マリファナの煙を他人の口に吹き込んでやる者.
pówer·hòuse *n* 発電所; [*fig*] 原動力, 精力的な人, 強力な選手, 強力なチーム[組織など], 《勝利の》 決め手, 強み: an economic ~ 経済大国.
pówer làthe 〘機〙 動力旋盤, 動力ダライ盤.
pówer·less *a* 無力な, 無能な 〈*to* do〉; たよりない, 弱い, 無気力な, 権力のない; 効能のない. ♦ **~·ly** *adv* **~·ness** *n*
pówer·lìft·ing *n* 〘重量挙〙 パワーリフティング 《squat, bench press, dead lift で競い合う》. ♦ **pówer·lìft·er** *n*
pówer lìne 電力線, 送電線.
pówer lòading 〘空〙 馬力荷重.
pówer lòom 力織機 (opp. *handloom*).
pówer lùnch 《会議[商談]を兼ねた, 有力者による》 昼食会, パワーランチ.
pówer mànagement 〘電算〙 電力管理, パワーマネージメント 《ノート型コンピューターなどの省電力機構》.
pówer mòwer 動力芝刈り機.
pówer nàp *n* 《職場などでする》 短い昼寝, 仮眠. ► *vi* 仮眠を取る.
pówer of appóintment 〘法〙 《授与者の財産の権利帰属先の》 指名権, 権利帰属者指名権.
pówer of attórney 〘法〙 (代理)委任状 (=*letter of attorney*).
pówer pàck 〘電子工〙 電源函, パワーパック 《電源からの電力を装置に給電するのに適した電圧に変換するユニット》; ポータブル電源.
PowerPC /ˊ—pì:sí:/ 〘商標〙 PowerPC 《RISC プロセッサー》.
pówer plànt 発電所 《諸施設を含む》; 《ロケット・自動車などの》 動力装置.
pówer plày **1** パワープレー 《外交・軍事・行政・経済活動などにおける力を背景にした行動[工作]》. **2** パワープレー 《(1) 〘アメフト〙 ボールキャリアーの前にブロッカー (blockers) を出すランプレー (2) 〘アイスホッケー〙 ペナルティーのため一方のチームのリンク内の選手が他方より多い状態; その間に行なう集中攻撃》.
Pówer·Pòint 〘商標〙 パワーポイント 《Microsoft 社製のプレゼンテーション用図表などの作成プログラム》.
pówer pòint" 壁付けソケット, 壁コンセント.
pówer pólitics [〈*sg/pl*〉] 武力外交, 権力政治, パワーポリティックス.
pówer reàctor 動力炉.
pówer sèries 〘数〙 冪(べき)級数.
pówer sèt 〘数・論〙 冪(べき)集合 《一つの集合の部分集合全体からなる集合》.
pówer-shàring *n* 権力分担 《特に 北アイルランド統合における新旧両教徒によるそれをいう》.
pówer shòvel 動力[パワー]ショベル, ユンボ.
pówer shòwer パワーシャワー 《電動ポンプによる強力なシャワー》.
pówer stàtion 発電所.
pówer stéering 〘車〙 パワーステアリング, パワステ 《動力によってハンドル操作を軽くする機構》.
pówer strìp 〘電〙 テーブルタップ.
pówer stròke 〘機〙 動力[仕事]行程 《4 サイクルエンジンで, 点火された混合気が膨張してシリンダーに動力を与える行程》.
pówer strùcture 権力側, 体制(側); 権力構造.
pówer swèep 〘アメフト〙 パワースイープ 《両ガードがブロックのためにオープンへ展開し, その後ろをランニングバックが走るランニングプレー》.
pówer táke-òff 動力取出し装置 《トラクター・トラックにあるエンジンの力でポンプ・鋸などを作動させるための補助伝導装置; 略 PTO》.
pówer tòol 電動工具; *《口》 ガリ勉屋.
pówer tòwer 太陽エネルギー発電所.
pówer tràin 《エンジンから推進機(を動かす心棒)へ動力を伝える》 伝導機構.
pówer trìp 《口》 権力の誇示[ひけらかし], 親分風[気取り].
pówer-ùp *n* POWER up すること.
pówer ùser パワーユーザー 《コンピューターのハードウェア・ソフトウェアの機能を熟知して最大限に活用する使用者》.
pówer-wàlk·ing *n* パワーウォーキング, 速歩 《体力作りが目的の速足によるウォーキング法》. ♦ **pówer-wàlk** *n, vi* 速歩(する). **pówer-wàlk·er** *n*
pówer wòrker 電力業界の労働者.
Pow·ha·tan /pàu(h)ətǽn, pauhǽtn/ *n* **1 a** (*pl* ~, ~**s**) パウハタン族 《Virginia 州東部にいた Algonquian 語系のインディアン》. **b** パウハタン語. **2** パウハタン (1550?–1618) 《Powhatan 族の長; インディアン語名 Wa-hun-sen-a-cawh, Wahunsonacock; Pocahontas の父》.
pow·wow /páuwàu/ *n* 《北米インディアンの》 祈禱医師; 病気平癒・戦勝祈願の儀式; 《北米インディアンとの[同士の]》 交渉, 協議; 集会; 会議. ► *vi* まじない[祈禱]をする; *協議する 〈*about*〉; しゃべる. ► *vt* …にまじない(による治療)をする. [Algonquian; 'he dreams' の意から=magician]
Pow·ys /póuəs/ **1** ポーイス (**1**) **John Cow·per** /kú:pər/ ~ (1872–1963) 《英国の小説家・随筆家・詩人; 小説 *Wolf Solent* (1929), *A Glastonbury Romance* (1932), *Owen Glendower* (1940)》 (**2**) **Llewelyn** ~ (1884–1939) 《英国の小説家・随筆家; John Cowper ~, T. F. ~ の弟》 (**3**) **T**(**heodore**) **F**(**rancis**) ~ (1875–1953) 《英国の小説家; John Cowper ~ の弟, Llewelyn ~ の兄; *Mr Weston's Good Wine* (1927) など》. **2** ポーイス 《ウェールズ中東部の州; ☆Llandrindod Wells》.
pox /páks/ *n* (*pl* ~, ~·**es**) 痘(とう), 痘瘡, 水痘; [the] 《口》 かさ, 梅毒; 〘植〙 瘡痂(そうか)病: A ~ on [of] sb [sth]! 《古》 〈人・もの〉に呪いあれ, こんちくしょう! / What a ~! 一体全体, まあ! ► *vt* 《古》 POX [《特に》 梅毒]に感染させる; 《俗》 だいなし[めちゃくちゃ]にする, ぶちこわす. [POCKS]
póx-dòctor *n* 《俗》 性病(専門)医, かさ医者. ● **dressed up** [**got up**] **like a ~'s clerk** 《俗》 けばけばしい服を着て, 満艦飾で.
póx·vìrus *n* ポックスウイルス 《痘瘡などを起こす》.
poxy /páksi/ 《口》 *a* 痘瘡病みの, かさっかきの; [*fig*] いやな, きたない, ひどい, しょうもない, 役立たずの.
POY 〘織〙 partially oriented yarn.
Po·yang /póujá:ŋ; póujǽŋ/ 鄱陽(はよう)(ポーヤン)湖 (**Póyáng Hú** /-hú:/) 《江西省にある中国第 2 の湖》.
Poyn·ting /pɔ́ıntıŋ/ ポインティング **John Henry** ~ (1852–1914) 《英国の物理学者》.
Póynting's thèorem 〘理〙 ポインティングの定理 《ある領域の電磁エネルギーの出入りをポインティングベクトル (Poynting vector) を使って表わす定理》. [↑]
Póynting vèctor 〘理〙 ポインティングベクトル 《電場ベクトルと磁場ベクトルの外積で表わされるベクトル; 電磁エネルギーの流れを表わす》. [↑]
Poz·i·driv /pázədràıv/ 〘商標〙 ポジドライヴ 《プラスねじとそのねじ回し; Phillips ねじの改良版》.
Poz·nań /póuznæ̀n, pɔ́:z-, -nà:n/ ポズナン, ポズナニ (*G* Posen) 《ポーランド西部の市; ドイツ支配への抵抗運動が繰り返された》.
Poznań Riot /ˊ—ˋ—/ ポズナン暴動 《1956 年 6 月, Poznań で発生した労働者を中心とする反政府暴動; この結果統一労働者党は, ソ連の圧力を排して Gomułka を第一書記に選出した》.
pozole ⇨ POSOLE.
Po·zsony /póuʒòunjə/ ポジョニー 《BRATISLAVA のハンガリー語名》.
poz·zo·la·na /pàtsəlá:nə/, **-lan** /pátsələn/ *n* ポゾラン 《コンクリートの混和材の一種; これで強度・耐久性が増す》. ♦ **-la·nic** /pàtsəlǽnık, -lá:-/ *a* [It (↓の土)]
Poz·zuo·li /pɔ:tswɔ́:li/ ポッツォーリ 《イタリア南部 Campania 州のポッツォーリ湾に臨む港町; 古代名 Puteoli》. ■ **the Gúlf of ~** ポッツォーリ湾 《Naples 湾の支湾》.
pozzy[1] ⇨ POSSIE.
poz·zy[2] /pázi/ *n* 《軍俗》 ジャム, マーマレード.
pp [L *per procurationem*] by proxy ♦ 〘楽〙 pianissimo.
pp. pages.
p.p. °parcel post ♦ °past participle ♦ per person ♦ °per procurationem ♦ postpaid ♦ prepaid.
PP °parcel post ♦ °parish priest ♦ °Pater Patriae.
PPARC 〘英〙 Particle Physics and Astronomy Research Council.
ppb parts per billion ピーピービー 《微量物質の濃度の単位で, 10^{-9} を表わす》.
PPC [L *Patres Conscripti*] °Conscript Fathers ♦ pour prendre CONGÉ.
ppd postpaid ♦ prepaid.
PPE philosophy, politics, and economics 《Oxford 大学の学位取得コースの一つ》. **ppi** 〘電算〙 pixels per inch.
PPI /pí:pì:áı/ *n* PPI 《探知レーダーの受信信号をブラウン管に表示する

装置). [*p*lan *p*osition *i*ndicator]

PPL 《E メールなどで》people.

P-plate /pí:—/ *n* 〘豪〙初心者マーク《仮免許取得者が車に付ける P (provisional または probationary の意) という文字のプレート; cf. L-PLATE》.

PPLO /pí:pì:èlóu/ *n* (*pl* ～) MYCOPLASMA. [*p*leuro*p*neumonia-*l*ike *o*rganism]

ppm 〘電算〙pages per minute ♦ parts per million ピーピーエム《微量物質の濃度の単位で, 10^{-6} を表わす》. **PPO** °preferred-provider organization. **ppp** 〘楽〙pianississimo.

PPP /pí:pì:pí:/ *n* 〘インターネット〙PPP《モデムとシリアル回線 (電話回線) を使って IP 接続するための通信手順; SLIP より完成度が高いとされる》. [*P*oint to *P*oint *P*rotocol]

PPP Pakistan People's Party パキスタン人民党 ♦ PERSONAL PENSION plan ♦ °public-private partnership ♦ 〘経〙°purchasing power parity. **ppr., p.pr.** °present participle.

PPS 〘英〙°parliamentary private secretary ♦ [L *post postscriptum*] additional postscript. **ppt** parts per thousand ♦ parts per trillion. **ppt.** 〘化〙precipitate.

PPTP 〘電算〙Point-to-Point Tunneling Protocol《ノード間の接続の一部にインターネットを利用する VPN において通信の安全性を確保するためのプロトコル》.

PPU Peace Pledge Union 平和の誓い同盟《1936 年に英国で結成された平和運動組織》.

ppv, PPV 〘テレビ〙pay-per-view. **pq** 〘議会〙°previous question. **PQ** °Parti Québecois ♦ Province of Quebec.

PR /pì:á:r/ *vt**《口》PR する.

pr pair ♦ per. **pr.** price ♦ printed. **p.r.** 〘処方〙per rectum 直腸から, 経直腸の. **Pr** 〘化〙praseodymium.

PR payroll ♦ personal record ♦ °prize ring ♦ °proportional representation ♦ °public relations ♦ °Puerto Rico.

PRA 〘医〙plasma renin activity 血漿レニン活性 ♦ 〘獣医〙progressive retinal atrophy 進行性網膜萎縮《イヌの遺伝性疾患; 夜盲から全盲に至る》.

praam /prá:m/ *n* PRAM².

pra·cha·rak /prəʧá:rək/ *n* 《インドで》主義主張の宣伝拡大の先兵. [Hindi]

prac·tic /prǽktɪk/ *a, n* 《古》PRACTICAL.

prac·ti·ca·ble /prǽktɪkəb(ə)l/ *a* **1** 実行できる, 実際的な, 実利的な; 実用向きの, 有用な: a ～ solution 実行できる解決策. **2** 〈道・浅瀬などが〉通行可能の; 〘劇〙〈大道具・小道具が〉実際に使用できる, 本物の: a ～ window《舞台の》開閉できる窓. ♦ **-bly** *adv* 実行できるように, 実用向きに. **pràc·ti·ca·bíl·i·ty** *n* 実行可能性; 実用性; 実行可能な事柄. **～·ness** *n*

prac·ti·cal /prǽktɪk(ə)l/ *a* (opp. *impractical*) **1 a** 実地の, 実際的な (opp. *theoretical*), 実行上の, 実施上の (opp. *abstract*); 実際に役立つ, 実用的な, 応用的な, 役に立つ; 〘劇〙PRACTICABLE: ～ knowledge 実地から得た知識 / ～ experience 実地の経験 / ～ English 実用英語. **b** 実地に向いている, 行動的な; 実地[場数]を踏んだ, 経験に富んだ, 経験的な; 手先の器用な; 事務的な, 散文的な; [*derog*] 実利しか考えない: a ～ teacher 老練な教師 / a ～ mind [man] 実際的な考え方の人. **2** 実質的な, 事実上の: Our success was a ～ failure. 実質的には失敗であった / with ～ unanimity ほとんど満場一致で / a ～ certainty まず確かなこと. ● **for (all) ～ purposes** 《理論は別として》実際[実質]的には, 実質上, 実務上, ほぼ. **not ～** POLITICS. ► *n* ″実技試験; ″実技[実習]の授業; [*pl*] 実際家. ♦ **～·ness** *n* [*practic*; ⇨ PRACTICE]

práctical àrt [ᵘ*pl*] 実用的技術《手芸・木工など》.

práctical astrónomy 実地天文学.

pràc·ti·cál·i·ty /-kǽl-/ *n* 実地的[実際的]であること, 実現性, 実用性; 実務的手腕[能力]; [*pl*] 実際的な事柄, 現実的な問題.

práctical jóke 《口だけでない》悪ふざけ, いたずら《ひっかかった人が実際に迷惑するもの》. ♦ **práctical jóker** *n*

práctical·ly *adv* **1** 実際に, 事実上(は); 《口》ほとんど (almost), …も同然: ～ useless 事実上役に立たない / ～ speaking 実際は / There is ～ nothing left. ほとんどなにも残っていない. **2** 実用的に, 実際の立場から, 実地の上で: think ～ 実地の面から考える.

práctical núrse* (registered nurse より下位の) 実地[付添い]看護師, 《特に》准看護師 (licensed practical nurse).

práctical réason 《カント哲学で》実践理性《道徳行為において, 意志を規定する理性》.

práctical theólogy 実践神学《説教・典礼学・教会運営などの制度化された宗教活動の研究》.

prac·tice, -tise /prǽktəs/ *n* **1** 実施, 実行, 実践, 実際; 経験: THEORY and ～ / put [bring]…into [in] ～ …を実行する. **2 a** 《個人の》習慣; 《社会の》慣行, 慣例, ならわし (custom): a matter of common [daily] ～ 日常茶飯の事 / the ～ *of* rising early 早起きの習慣 / labor ～*s* 労働[労使]慣行. **b** 〘教会〙礼拝(式)式: Christian [Catholic] ～*s* キリスト教[カトリック]の礼拝(式). **c** [ᵘ*pl*] 《古》策略, 陰謀, 常套手段: SHARP PRACTICE. **3 a** 練習, 実習, 稽古: daily piano ～ 毎日のピアノの稽古 / do ～ (*in*…の)稽古をする / *P*～ makes perfect. 《諺》実践を重ねれば完全の域に達する. **b** 熟練 (skill), 手腕. **4 a** 《医師・弁護士などの》業務, 事務, 営業; 事務所, 診療所: ～ of law 法実務, 法律事務 / a dental ～. **b** 患者, 事件依頼人: have a large ～ 〈医師・弁護士が〉はやっている. **c** 〘法〙訴訟手続き. ● **in ～** 実際(に)は, 実際問題として (cf. *in* THEORY); 練習を続けて, 熟練して; 開業して: The idea did not work *in* ～. その考えは実行に移そうとしたがだめだった / *In* ～ it is not easy to distinguish between needs and wants. 実際面では必要と欲求を区別するのは容易でない. **make a ～ of** doing…するのを常とする, いつも(きまって)…する. **out of ～** 練習不足で, 腕が落ちて: be [get] *out of* ～ へたである[になる].
► *v* (《英》では **-tise**) *vt* **1 a** 日常的に行なう, 実行する; 〈信仰・理念などを〉実践する, 信奉する: *P*～ what you PREACH. / ～ one's religion. **b** 業とする: ～ medicine [law] 医者[弁護士]をしている / ～ magic 魔術を行なう. **2 a** 練習[稽古, 実習]する: ～ the piano / ～ batting [running, singing, etc.]. **b** しつける, 訓練する: ～ one*self* 独習する. **3** ″〈悪事を〉企てる, はたらく 〈*on* sb〉. ► *vi* **1** 日常的に[習慣的に]行なう, 実行する; 実践する; 医者[弁護士など]をする. **2** 練習[稽古, 実習]する 〈*at* [*on*] typing, the piano, etc.; *with* the rifle〉. **3** だます, ペテンにかける, つけこむ 〈*on*〉; 《古》陰謀を企てる.
♦ **prác·tic·er, -tis·er** *n* [(n) は *advice, device* などにならって *practise* より; (v)<OF or L (Gk *praktikos*)]

prác·ticed, -tised *a* 練習を積んだ, 経験のある, 熟練した (skilled); 練習で身につけた: a ～ driver 熟練ドライバー / a ～ liar うその名人.

práctice-tèach *vi* 教生として教える, 教育実習をする.
♦ **práctice tèaching** *n*

práctice tèacher 教育実習生, 教生 (student teacher).

prac·ti·cian /præktíʃ(ə)n/ *n* 実行者, 実際家; 従事者; 熟練者, 経験者; PRACTITIONER.

prác·tic·ing, -tis- *a* 《特定の職業などに従事して》活動している; 《生き方・宗教などを》実践している: a ～ physician 現役の医師 / a ～ Catholic.

prac·ti·cum /prǽktɪkəm/ *n* 《教師・臨床医養成のための》実習課目.

practise ⇨ PRACTICE.

prac·ti·tion·er /præktíʃ(ə)nər/ *n* 従業者, 開業者, 実務家, 現場の人, 《特に》医師, 弁護士; 〘クリスチャンサイエンス〙信仰治療師: GENERAL PRACTITIONER / a legal ～ 法実務家, 弁護士. [(古形) 〈*practician*]

prac·to·lol /prǽktəlɔ̀(:)l, -lòul, -lɑ̀l/ *n* 〘薬〙プラクトロール《抗アドレナリン作用薬》.

prad /prǽd/ *n* 《豪俗》馬 (horse). [Du *paard*]

Prá·der-Wíl·li sỳndrome /prá:dərvíli-/ 〘医〙プラダー-ウィリー症候群《性腺不全・筋緊張低下・知能低下・肥満を特徴とする遺伝性疾患》. [Andrea *Prader* (1919–2001), Heinrich *Willi* (1900–71) ともにスイスの小児科医]

Pra·desh /prədéɪʃ, -déʃ/ *n* 《インド》《特に インド連邦 (the Union of India) の》県, 州. [Hindi]

Pra·do /prá:dou/ [the] プラード《スペインの Madrid にある国立美術館》.

Pra·do Ugar·te·che /prá:dou ù:gɑ:rtéɪʧeɪ/ プラド・ウガルテチェ **Manuel** ～ (1889–1967)《ペルーの政治家; 大統領 (1939–45, 56–62)》.

prae- /prì:/ ⇨ PRE-.

prae·ci·pe, pre- /présəpì:, prí:s-/ 〘法〙*n* 《裁判所に提出する》関係事項申立書; 下知令状. [L]

prae·di·al /prí:diəl/ *a* PREDIAL.

praefect ⇨ PREFECT.

prae·lect /prɪlékt/ *vi* PRELECT.

prae·mu·ni·re /prì:mjunáɪəri/ *n* 〘英史〙教皇尊信罪《ローマ教皇が英国国王に優越すると主張した王権蔑視罪》; 教皇尊信罪糾問令状; 教皇尊信罪に対する懲罰. [L]

prae·no·men, pre- /prinóumən; -mèn/ *n* (*pl* **～s, -nom·i·na** /-námənə, -nóu-/) 〘古ロ〙第一名, 個人名《例: Gaius Julius Caesar の *Gaius*; cf. COGNOMEN, NOMEN¹》; 《生物の学名などの》第一名. [L (*pre-*, NOMEN)]

prae·pos·tor, pre- /pripástər/ *n* 《パブリックスクールの》監督生 (prefect).

Prae·se·pe /praɪsí:pi/ 〘天〙プレセペ《かに座にある微光星からなる散開星団》.

prae·sid·i·um /prɪsídiəm/ *n* PRESIDIUM.

praeter- ⇨ PRETER-.

prae·tor, pre- /prí:tər, ″-tɔ:r/ *n* 〘古ロ〙法務官, プラエトル《主に裁判を担当する, consul の次位の高級官職; もとは consul の称号》.
♦ **～·ship** *n* **prae·to·ri·al** /pritɔ́:riəl/ *a* [F *préteur* or L (*prae-*, *it- ire* to go から か)]

prae·to·ri·an, pre- /pritɔ́:riən/ *n, a* 〘古ロ〙法務官(の); [P-] 近衛兵(の).

Praetórian Guárd 《古代ローマ皇帝の》近衛兵(団)《のちに強大化して皇帝の任命・暗殺にも関与した》.

Prae·to·ri·us /*G* prɛtóːriʊs/ プレトリウス **Michael** ~ (1571–1621) 《ドイツの作曲家・音楽学者》.

prag·mat·ic /prægmǽtɪk/ *a* **1** 実際的な, 実用[実務, 事務, 現実]的な (practical); 〖哲〗実用主義の, プラグマティズムの; 語用論 (pragmatics) の; 〖史〗《因果的関連に着目して》歴史的事実を体系的に扱う, 実用主義的な: ~ philosophy プラグマティズム[実用主義]哲学 / ~ lines of thought 実用主義的な考え方. **2** 〖史〗国務の, 内政の; 《古》忙しい, 活動的な; 《古》干渉する, おせっかいな; 《古》独断的な, うぬぼれた, 頑固な. ▶ *n* 〖史〗PRAGMATIC SANCTION; おせっかい屋, 独断家, 頑固者. [L<Gk (*pragmat- pragma* deed)]

P

prag·mát·i·cal *a* 《まれ》おせっかいな, 尊大な, 独断的な, 専制的な; 実践[実際, 実務, 現実]的な; 〖哲・史〗PRAGMATIC. ◆ **~·ly** *adv*

prag·mat·i·cism /prægmǽtəsìz(ə)m/ *n* 実際[実用, 実務]性; 〖哲〗《米国の哲学者 C. S. Peirce の》プラグマティシズム (cf. PRAGMATISM). ◆ **-cist** *n*

prag·mát·ics *n* 語用論《**1**) 記号を使用者の立場から研究するもので, 記号論の一分科 **2**) 言語使用と言語使用の言語構造および社会的文脈との関係を論じる》; [*<pl>*] 実際的な考慮[気配り], 実際面(のこつ).

pragmátic sánction 〖史〗国本勅諚(ちょくじょう), 国事詔書《国家元首[国王]が発布し, 国家の基本法となる詔勅; 1713 年神聖ローマ皇帝 Charles 6 世が定めた Hapsburg 家の家憲が有名で, これによって男子のいない Charles は娘 Maria Theresa による相続を確保しようとした》.

prag·ma·tism /prǽgmətìz(ə)m/ *n* **1 a** 〖哲〗プラグマティズム《米国の C. S. Peirce, William James たちが基礎づけた, 観念の意味や真理性は, それを行動に移した結果の有効性から明らかになるとする立場》. **b** 実用主義, 実際的な考え方[見方]. **2** おせっかい, ひとりよがり, 頑固; 学者ぶること.

prág·ma·tist *n* 実用[現実]主義者, 実際家, プラグマティスト; おせっかいな人, 世話やき. ▶ *a* PRAGMATISTIC.

pràg·ma·tís·tic *a* プラグマティズムの, 実用主義の.

prag·ma·tize /prǽgmətàɪz/ *vt* 〈想像上の事物を〉現実化する, 〈神話を〉合理化する.

Prague /práːg/ プラハ (Czech **Pra·ha** /práːhɑː/) 《チェコの首都; 中央 Bohemia の中心都市で Vltava 川に臨む; もとチェコスロヴァキアの首都》.

Prágue Spríng [the] プラハの春《1968 年 1 月に成立した Alexander Dubček 政権下でチェコスロヴァキア全土をおおった一連の自由化のうねり; 同年 8 月のソ連など 5 か国のワルシャワ条約機構軍の介入により崩壊し, 翌年 Gustáv Husák 政権が誕生した》.

prahu ⇨ PRAU.

Praia /práɪə/ プライア《カボヴェルデの首都; São Tiago 島にある港町》.

Prai·ri·al /prέəriəl; *F* prɛrjal/ *n* 牧月(ぼくげつ)《フランス革命暦の第 9 月: 5 月 20 日–6 月 18 日; ⇨ FRENCH REVOLUTIONARY CALENDAR》.

prai·rie /prέəri/ *n* 大草原, プレーリー《特に米国 Mississippi 川から Rocky 山脈までの草原地帯; Mississippi 川流域では土壌が肥沃で米国一の農業地帯となっている》; *《俗》悪いゴルフコース; *《方》空き地. [F, <Romanic (L *pratum* meadow)]

práirie brèaker 長いすきべら付きの犂(すき).

práirie chìcken [fòwl, gròuse, hèn] 〖鳥〗**a** ソウゲンライチョウ《北米産; 複雑な求愛行動をする》. **b** ホソオライチョウ (sharp-tailed grouse) 《北米産》.

práirie dòg [màrmot] 〖動〗プレーリードッグ (=*barking squirrel*) 《北米大草原にすむ marmot の一種》.

práirie fàlcon 〖鳥〗ソウゲンハヤブサ《北米西部産》.

práirie òyster 1 プレーリーオイスター《生卵の卵黄に塩・コショウ・酢などで味をつけた飲み物; 病人・二日酔い用》. **2** 《食用にする》小牛の睾丸 (cf. MOUNTAIN OYSTER).

Práirie Próvinces *pl* [the] プレーリー諸州《カナダの Manitoba, Saskatchewan, Alberta 州の総称; 穀倉・油田地帯》.

práirie róse 〖植〗北米原産の紅花のツルバラ《North Dakota 州の州花》.

práirie schòoner [wàgon]* 《植民時代の移住民が大草原横断に用いた》大型幌馬車.

práirie skìrt プレーリースカート《丈の長いティロル農婦風のスカート; 時に 裾襞に縁取りがしてあったり裏地が付いていたりして下にペチコートを着けているように見せる》.

práirie sòil プレーリー土(ど)《アメリカ中西部の草原下の成帯性土壌》.

Práirie Stàte [the] プレーリー州《Illinois 州の俗称》.

práirie tùrnip 〖植〗BREADROOT.

práirie wòlf 〖動〗コヨーテ (COYOTE).

praise /préɪz/ *n* ほめること, 賞賛, 称揚; (神を)たたえること, 賛美, 崇拝; 称賛すべき人[もの]; 《古》賞すべき点[理由]: be loud [warm] in his ~(*s*) 彼を絶賛する / beyond all ~ ほめることばもないほど / *P*~ makes good men better and bad men worse. 《諺》ほめれば善人はいっそうよくなり悪人はさらに悪くなる / *P*~ without profit puts little in the pot. 《諺》実益のないほめことばはたいした足しにはならぬ / *P*~ be (to God)! 神をほめたたえよ[賛美せよ]《感謝の表現》. ● **in ~ of**…をほめたたえて. **sing sb's ~s = sing the ~s of** sb 人をほめそやす[ほめちぎる]: *sing* one's own ~*s* (自画)自賛する. ▶ *vt* 称賛する 〈*for*〉; 〈神を〉賛美する: God be ~*d!* 神に賛美あれ! / *P*~ the Lord and pass the ammunition. 神をたたえて弾薬を回せ《真珠湾攻撃の際に従軍牧師が言ったとされることばに曲をつけてた第二次大戦中の愛国歌》 ◆ **práis·er** *n* **práis·able** *a* PRAISEWORTHY. [OF *preisier*<L (*pretium* price); cf. PRIZE[1]]

práise·ful *a* 賛辞に満ちた, ほめそやす, 称賛的な.

práise·wòrthy *a* ほむべき, 感心な, 殊勝な, あっぱれな. ◆ **-wòrthily** *adv* **-iness** *n*

Praj·adh·i·pok /pràɪ(j)ɑːdɪpɔ́ːk, prətʃáːtɪpùk/ プラチャーティポック (1893–1941) 《タイ国王 (1925–35); Rama 7 世とも呼ばれる》.

praj·na /prʌ́dʒnə/ *n* 〖仏教〗智慧(ちえ), 般若(はんにゃ). [Skt]

Pra·krit /práːkrɪt, -krət/ *n* 〖言〗プラークリット語《Sanskrit 以外のインド古代・中世の方言》. [Skt=unrefined]

pra·line /práːlìːn, préɪ-, prɔ́ː-/ *n* プラリーヌ, プラリネ《**1**) 炒ったアーモンドのカラメルがけ; 時に 砕いたり すりつぶしたりして使う **2**) 赤砂糖・ペカンナッツで作った薄く小さな菓子》. [Marshal de Plessis-*Praslin* (1598–1675) フランスの軍人; その料理人が考案したもの]

prall·tril·ler /práːltrìlər/ *n* 〖楽〗プラルトリラー (=*inverted mordent*) 《主要音から 2 度上の音を経て, すぐ主要音に戻る装飾音》. [G (*prallen* to bounce, TRILL)]

pram[1]″ /prǽm/ *n* 《口》乳母車 (baby carriage*); 牛乳配達用手押し車 (handcart). [*perambulator*]

pram[2] /práːm, prǽm/ *n* 《オランダの一種の》平底船, プラム. [MDu, MLG<OSlav]

Pra·moe·dya Anan·ta Toer, Pra·mu·dya Anan·ta Tur /prɑːmúːdjɑː ɑːnáːntɑː túər/ プラムディア・アナンタ・トゥル (1925–2006) 《インドネシア Java の小説家・短篇作家》.

prám pàrk″ 乳母車置場.

pra·na /práːnə/ *n* 〖インド哲学〗プラーナ《宇宙の生気・最高原理としての気息》. [Skt]

pra·na·ya·ma /prɑ̀ːnəjáːmə/ *n* プラーナヤーマ《ヨガの呼吸法》. [Skt ↑, *āyāma* restraint]

prance /prǽns; práːns/ *vi* 〈元気な馬などが〉おどりはねる 〈*around*〉, おどりはねて進む 〈*along*〉; いばって馬をおどらせて進む 〈*about*〉; [*fig*] いばって歩く (swagger), 〈人が〉はねまわる 〈*about, around*〉. ▶ *vt* 〈馬を〉おどらせて進める. ▶ *n* 跳躍; いばった歩きぶり. ◆ **pránc·er** *n* おどりはねる人[馬], 元気な馬. **pránc·ing·ly** *adv* おどりはねるように; 意気揚々と. [ME<?; cf. G *prangen* to be in full splendor]

pran·di·al /prǽndiəl/ *a* [[U]*compd*] [[O]*joc*] 食事の, 《特に》昼食[ディナー]の: PREPRANDIAL, POSTPRANDIAL. [L *prandium* a meal]

prang /prǽŋ/″《俗》*vt* 〈標的を〉うまく爆撃する; 〈飛行機・乗物を〉墜落[衝突, 不時着]させる; 〈自動車などに〉衝突する; 衝撃で破壊する. ▶ *vi* 飛行機[乗物]を墜落[衝突, 不時着]させる. ▶ *n* 衝突, 墜落; 爆撃. [C20 (imit)]

prank[1] /prǽŋk/ *n* 《たちの悪い》いたずら, 悪ふざけ, 戯れ; 《機械などの》いたずら, 気まぐれ: play [pull] ~*s* on …をからかう. ▶ *vi* ふざける, 戯れる. [C16<?]

prank[2] *vt* 飾りたてる, 派手に飾る 〈*out, up*〉. ▶ *vi* これみよがしにふるまう, ひけらかす, いばる. [MDu *pronken* to strut, Du *pronk* finery; cf. G *Prunk*]

pránk·ish *a* 戯れの; ふざける, いたずらする, じゃれる. ◆ **~·ly** *adv* **~·ness** *n*

pránk·ster *n* いたずら者[好き], (悪)ふざけ屋.

prao ⇨ PRAU.

pra·sa·dam /prəsáːdəm/, **pra·sad** /prəsáːd/ *n* 〖ヒンドゥー教〗プラサダム《神または聖者にささげる食べ物, 特に果物; これを食べる人は祝福と清めをうける》. [Skt]

prase /préɪz/ *n* 緑石英, プレーズ. [F, <Gk *prasios* leek-green]

pra·seo·dym·i·um /prèɪzioʊdímiəm/ *n* 〖化〗プラセオジム《希土類元素; 記号 Pr, 原子番号 59》. [G (Gk ↑, G *Didym* didymium)]

prat /prǽt/ 《口》*n* 尻, けつ (buttocks) (cf. PRATFALL); *尻ポケット; ″ばか, うすのろ, まぬけ. ▶ *vi* ″ばかなことをする, だらだら[うろちょろ]する 〈*about*〉.

prát dìgger*《俗》スリ《人》. ◆ **prát-dìg·ging** *n*

prate /préɪt/ *vi, vt* ペラペラ[ペチャクチャ]しゃべる 〈*about*〉. ▶ *n* おしゃべり, むだ口. ◆ **prát·er** *n* **prát·ing·ly** *adv* [MDu, MLG *praten*<? imit]

prát·fàll *n* 《笑劇などで笑いを誘うための》しりもち; しくじり, へま, 災難; *《俗》危険, 陥穽(かんせい), 落とし穴. [*prat*]

pra·tie /préɪti/ *n* 《アイル》ジャガイモ (potato). [転訛]

prat·in·cole /prǽtɪŋkòʊl, préɪt-/ *n* 〖鳥〗ツバメチドリ《旧世界産》. [L=meadow inhabitant]

pra·tin·co·lous /prətíŋkələs/ *a* 〖動〗草地にすむ.

pra·tique /prætíːk, ⁻⁻/ *n* 〖商〗《検疫後に与えられる》検疫入港許可(証), 検疫済み証. [F<L PRACTICE]

prát kìck*《俗》ズボンの尻ポケット.

Pra·to /prάːtoʊ/ プラト《イタリア中部 Tuscany 州の市; Florence の北西に位置》.
pratt /prǽt/ *n* 《俗》 PRAT.
prátt·fàll *n* PRATFALL.
prat·tle /prǽtl/ *vi, vt* むだ話を[に]する, …をペラペラ話す; 片言を[で]言う; 〈水流など〉さざめく. ► *n* むだ話; 片言; サラサラ(流れる音), 水音. ♦ **prát·tling·ly** *adv* **prát·tler** *n* おしゃべり; 片言を言う者, 《特に》子供. [MLG *pratelen*; ⇨ PRATE]
prau /práʊ/, **pra·hu** /práʊ, prάːhu/, **prao** /práʊ/, **proa** /próʊə/ *n* プラフ船《インドネシア地方の快走帆艇》.
prav·a·stat·in /prǽvəstæ̀tən/ *n* 〔薬〕プラバスタチン《高脂血症治療薬》.
Prav·da /prάːvdə/ プラウダ《もとソ連共産党中央機関紙; 1991 年廃刊; cf. IZVESTIYA》. [Russ=truth]
prav·i·ty /prǽvəti/ *n* 《古》堕落, 《食物などの》腐敗.
prawn /prɔ́ːn, *prάːn/ *n* 〔動〕テナガエビ・クルマエビの類のエビ《特に LOBSTER より小さく SHRIMP より大きいもの》; LANGOUSTINE. ● **come the** RAW PRAWN **with** sb. ► *vi* エビを捕る; エビを餌にして釣りをする. ♦ **~·er** *n* [ME<?]
práwn cócktail エビのカクテル (=*shrimp cocktail*)《前菜》.
práwn cràcker 《中華料理といっしょに出される》エビせんべい.
prax·e·ol·o·gy, prax·i- /præ̀ksiάlədʒi/ *n* 人間行動学. ♦ **pràx·e·o·lóg·i·cal** *a* [C20 *praxiology* (↓)]
prax·is /prǽksəs/ *n* (*pl* **prax·es** /-sìːz/, **~·es**) 練習, 実習; 習慣; 理論の応用; 〔文法〕練習問題(集). [Gk=deed, action]
Prax·it·e·les /præksít(ə)lìːz/ プラクシテレス《前 4 世紀のギリシアの彫刻家》. ♦ **Prax·it·e·lé·an** *a*
pray /préɪ/ *vi* **1** 《神をたたえて, 告白して, また 感謝して》祈る; 懇願する, 請う; 祈りを通して神と霊的交渉をもつ: ~ twice a day 日に 2 回お祈りをする / ~ *for* sb [sb's safety] 人のために[人の安全のために]祈る / ~ *for* rain 雨乞いする / ~ *over* dinner 食事の祈りをささげる / ~ earnestly *to* the gods *for* mercy あわれみをたれたまうようにと祈る / He ~*ed* to God *to* help him in his troubles. 苦難から助けてくださるようにと祈った. **2** 《古》[I ~ の省略] どうぞ, どうか, 願わくは, もし, ねえ (Please): *P*~ come with me. どうぞいっしょにおいでください / What's the use of that, ~? ねえ, それはなんの役に立つの / *P*~ don't mention it. [応答] どういたしまして. ► *vt* …に祈願[懇願]する; 祈って…の状態に至らせる: ~ God's forgiveness 神の許しを求めて祈る / She ~*ed* God for strength in her troubles. 困っている自分に力を添えてくださるようにと神に祈った / I ~ you *to* help me. お願いです, どうかお助けください / He ~*ed* (*to*) God *that* he might be forgiven. 自分を許してくださるようにと神に祈った. ● **be past ~ing for** 改心[回復]する見込みがない; 修理[改良]不可能である, 救いがたい. **~ in aid** (**of**…の)助力を頼む. ♦ **~·ing** *n* 祈り, 祈禱. **~·ing·ly** *adv* [OF<L *precor* to entreat]
prayer[1] /préər/ *n* **1 a** 祈り, 祈禱; 祈りのことば, 祈禱文句; [*pl*] 祈禱式: the house of ~ 教会 / kneel down in ~ ひざまずいて祈る / be at one's ~*s* 祈禱をしている / say a ~ for success 成功を神に祈る / say [give, tell] one's ~*s* お祈りをする / LORD'S PRAYER, COMMON PRAYER, WORLD DAY OF PRAYER, etc. **b** 嘆願, 願い事; 〔法〕嘆願(書の内容): an unspoken ~ ひそかな願い. **2** [*neg*] *《口》わずかな見込み[チャンス]: *not* have a ~ to succeed. ♦ **~·less** *a* [OF<L; ⇨ PRECARIOUS]
pray·er[2] /préɪər, préər/ *n* 祈る人, 祈り手. [*pray*]
práyer bèad /préər-/ [*pl*] 《祈禱用の》数珠(じゅず), 《特に》ロザリオ (rosary); 〔植〕ジュズダマ (Job's tears).
práyer bònes /préər-/ *pl* 《俗》ひざ (knees).
práyer bòok /préər-/ 祈禱書; [P- B-] BOOK OF COMMON PRAYER.
práyer brèakfast* /préər-/ 朝食会を兼ねた祈禱集会, 祈禱朝食会.
práyer·ful /préər-/ *a* よく祈る, 信心深い; 祈りの気持の, 祈りをこめた. ♦ **~·ly** *adv* **~·ness** *n*
práyer mèeting [sèrvice] /préər-/ 祈禱会; 〔プロ〕水曜日の礼拝式.
práyer plànt /préər-/ 〔植〕ベニヒョウモンショウ《ブラジル原産クズウコン科クズウコン属の観葉植物; 葉脈が赤く浮き出ているのが特徴で, 葉は夜間に閉じる》.
práyer rùg [màt] /préər-/ 《イスラム教でひざをつくための》礼拝用敷物.
práyer shàwl /préər-/ 〔ユダヤ教〕TALLITH.
práyer whèel /préər-/ 《ラマ教で》地蔵車, マニ車(ぐるま)《経文の記された回転式の礼拝器》.
práy-in *n* 集団抗議祈禱, 集団祈り込み.
práying mántis [mántid] 〔昆〕カマキリ (mantis).
PRB PRE-RAPHAELITE Brotherhood.
PRC People's Republic of CHINA.
pre-, prae- /prìː, pri/ *pref* 「…以前の」「あらかじめ」「予備的な」「…の前部にある」(opp. *post-*). [L *prae* (adv, prep) before]
preach /príːtʃ/ *vi* 説教をする 〈*to* the congregation *about* [*on*] sth〉; 伝道する; お説教する 〈*at* [*to*] sb〉: ~ against…に反対の説教をする / ~ to deaf ears 馬の耳に念仏である. ► *vt* 説教する, 〈道を〉伝える; 説く; 勧告する; 唱道する, 宣伝する; 説教で〈ある状態に〉する: ~ the Gospel 福音を説く / ~ temperance *to* people 人びとに禁酒を説く / Don't ~ me a sermon. お説教はよしてくれ / Practice what you ~. 《諺》説くことをなせ, 人に説くことは自分でも実行せよ. ● **~ down** 非難する, 弾劾する; 説き伏せる. **~ up** ほめそやす (praise). ► *n* 《口》説教, 法話 (sermon). ♦ **~·able** *a* **~·ing·ly** *adv* [OF<L *prae-*(*dico* to declare)=to proclaim in public; cf. PREDICATE]
préach·er *n* 説教者, 伝道者, 牧師; 警醒者, 訓戒者; 宣伝者; [the P-] 伝道者《SOLOMON のこと; cf. *Eccles* 1: 1》; [the P-] 〔聖〕「伝道者の書」(the Book of Ecclesiastes). ♦ **~·shìp** *n* 説教者であること; 説教者の役.
preach·i·fy /príːtʃəfàɪ/ *vi* 《口》くどくどと説教する.
préach·ing *n* 説教; 説法; 説教のある礼拝: a ~ shop *《俗》教会.
préach·ment *n* (長ったらしい)説教, 長説法.
préachy 《口》*a* お説教好きの; 説教じみた, 飽きあきする. ♦ **préach·i·ly** *adv* **-i·ness** *n* お説教好き, お談義好き.
prè·acquáint *vt* 予告する.
prè·adámic *a* アダム (Adam) 以前の.
pre·ádam·ìte *a, n* アダム以前の(人); アダム以前に人間がいたと信じている人(の).
prè·adaptátion *n* 〔生〕前適応《重要でなかった器官や性質が生活様式の変化などによって重要な価値を生じること》; 前適応的性質. ♦ **prè·adápt·ed** *a* **-adáptive** *a*
pre·áddict* *n* 麻薬経験者《潜在的中毒患者》.
prè·adjúst·ment *n* 事前調整.
prè·admónish *vt* 前もって訓戒[忠告]する. ♦ **prè·admoní·tion** *n*
prè·adoléscence *n* 〔心〕前青年期《特に 9 歳から 12 歳までの時期》. ♦ **-adoléscent** *a, n*
prè·adúlt *a* 〔心〕前成人期の.
prè·agricúltural *a* 農耕以前の.
Préak·ness Stákes /príːknəs-/ [the, 〈*sg*〉] 〔競馬〕プリークネスステークス《米国三冠レースの一; 3 歳馬による距離 $1^{3}/_{16}$ マイル (約 1900 メートル) のレースで, 毎年 5 月中ごろに Maryland 州 Baltimore のピムリコ (Pim·li·co /pímlɪkòʊ/) 競馬場で開催される》.
prè·allót·ment *n* 前もって与えられる割当て.
pre·áltar *a* 祭壇の前の.
pre·am·ble /príːæmb(ə)l; ―⌐―/ *n* 前口上, 序言, 序文; 《法律・条約などの》前文 〈*to, of*〉, [P-] 米国憲法の前文; 《特許請求項の》前提部; 序幕, 前兆, 前触れ. ► *vi* 前口上《など》を述べる. ♦ **pre·am·bu·lar** /prìːǽmbjələr/ *a* 前口上の, 序文の, 前置きの. [OF<L=going before (*pre-*, AMBLE)]
pre·ámplifier *n* 〔電〕前置増幅器, プリアンプ (=**pré·àmp**)《パワーアンプへ送り込む信号電圧をつくる》. ♦ **-ám·plified** *a*
prè·anesthétic 〔医〕*a* 前麻酔(誘導)の, 麻酔前の. ► *n* 前麻酔薬.
prè·annóunce *vt* 予告する, 予報する. ♦ **~·ment** *n*
prè·appóint *vt* 前もって命ずる[定める]. ♦ **~·ment** *n*
prè·arránge *vt* 前もって…の手はずを整える, 打ち合わせる; 予定する. ♦ **~·ment** *n* 予定; 打合わせ.
prè·assígned *a* 前もって割り当てた[選定した].
prè·atmosphéric *a* 大気形成以前の.
prè·atómic *a* 原子力[原爆](使用)以前の, 核以前の.
pre·áudience *n* 〔英法〕《法廷で弁護士の》先述権.
pre·áxial *a* 〔解〕軸の前に位置する, 軸前の. ♦ **~·ly** *adv*
preb. prebendary.
preb·end /prébənd/ *n* 主教[司教]座聖堂参事会員 (canon) の聖職給; 聖職給を生み出す土地; 受給聖職者の職; PREBENDARY (の職). ♦ **pre·ben·dal** /prɪbéndl, prébən-/ *a* 聖職給の; 受給聖職者の. [OF<L=pension (*praebeo* to grant)]
prebéndal stáll 《大聖堂の》受給聖職者席; 聖職給, 聖職禄.
preb·en·dary /prébəndèri; -d(ə)ri/ *n* 受給有資格聖職者; 〔英国教〕主教座聖堂名誉参事会員. ♦ **~·shìp** *n*
prè·bínd *vt* 《貸出し文庫用などに》〈本を〉堅牢な材料で製本する.
prè·biológical, -ic *a* 生物以前の, 生命の起源の前駆物の[に関する]〈分子など〉.
prè·biótic *a* PREBIOLOGICAL. ► *n* プレバイオティクス《消化されずに大腸まで届き, 腸内環境を整えるのに役立つ食品成分》.
prebiótic sóup PRIMORDIAL SOUP.
pre·bóard *vt* 〈特別の乗客を〉一般乗客よりも前に[定刻前に]搭乗させる. ► *vi* 前もって搭乗する.
pre·bóok *vi, vt* 事前予約する. ♦ **~·able** *a* **~ed** *a*
Pre·bo·re·al /pribɔ́ːriəl/ *a* 〔地質〕プレボレアル期の《北ヨーロッパで後氷期の第 1 気候期; 約 10,000–9000 年前の冷涼期》.
pre·bórn *a* まだ生まれていない, 出産前の. ► *n* [the, 〈*pl*〉] [*euph*] 中絶胎児.
pre·but·tal /príːbʌ̀tl, pribʌ́tl/ *n* 《政治家などが非難を予想して言っておく》先制反論, 予防線. [*pre-*+*rebuttal*]

pre·cálculus *a, n* 微積分学を学ぶ前に必要な(事項).

Pre·cámbrian 〘地質〙 *a* 先カンブリア時代[界]の. ► *n* [the] 先カンブリア時代[界]《古生代の始まる前》.

pre·cáncel *vt* 《米・仏などで》〈切手〉にあらかじめ消印をおす《郵便物を大量に差し出すときなど》. ► *n* その消印をおした切手, プリキャンセル. ♦ **prè·cancellátion** *n*

pre·cáncer·ous *a* 〘医〙 前癌性の.

pre·cápillary /; prì:kəpíləri/ *a* 〘解〙 毛細血管の動脈側に隣接する, 前毛細血管の.

P

prè·carcínogen *n* 〘医・化〙 発癌(性)物質前駆体.

pre·car·i·ous /prıkέəriəs/ *a* あてにならない, 不安定な (uncertain); 危険な, あぶない, けんのんな; 根拠の不確かな, あてずっぽうの〈推定など〉; 人(の気持)しだいの, 人頼みの: make a ~ living その日暮らしの生活をする / a ~ mountain track 危険な山道 / ~ reasoning 根拠の不確かな推論. ♦ **~·ly** *adv* **~·ness** *n* [L *precarius* obtained by begging (*prec- prex* prayer); ⇨ PRAY]

prè·cást *a* /, ⌐⌐/ 〈コンクリートが〉前もって成形された, 成形済みの. ► *vt* 〈コンクリートを〉あらかじめ成形する.

prec·a·tive /prékətıv/ *a* 祈願の, 懇願の.

prec·a·to·ry /prékətɔ̀:ri; -t(ə)ri/ *a* 嘆願の, 懇願の, 懇願的な.

précatory trúst 〘法〙 懇願的信託《信託意思が懇願的文言 (precatory words) で表示されている信託》.

précatory wórds *pl* 〘法〙 懇願的文言《beg, desire, hope, request, wish などの語; 遺言で用いると, 信託の目的・対象が明確な場合を除き, 財産権処分の法的効力は通常否定される》.

pre·cau·tion /prıkɔ́:ʃ(ə)n/ *n* 用心, 警戒; 予防措置, [*pl*] 《口》避妊: as a (measure of) ~ = by way of ~ 用心のため / take ~*s* against …の予防措置を講ずる. ► *vt* 〈人〉に前もって警告する. [F<L (*prae-*, CAUTION)]

precáution·àry /; -(ə)ri/, **-al** *a* 予防の, 用心の: ~ measures 予防策 〈*against*〉 / the ~ principle 予防原則《科学的に因果関係が十分証明されない場合でも, リスクを回避するため未然に対策を取るという考え方》.

pre·cau·tious /prıkɔ́:ʃəs/ *a* 用心深い; 用心[警戒]の.

pre·ca·va /prikéıvə/ *n* (*pl* **-vae** /-vì:/) 〘解〙 前[上]大静脈 (superior vena cava). ♦ **-cá·val** *a* [L]

pre·cede /prısí:d/ *vt* **1** 〈案内者が〉…の先に立つ, 先導する (opp. *follow*); …に先んじる; …より先[前]に起こる. **2** …の上席に着く, …にまさる: This duty ~*s* all others. この義務は他のすべての義務に優先する. **3** …の前に置く[来る], …の先を行かせる, …に序文を付ける, 〈…の〉前置きで始める 〈*by, with*〉. ► *vi* 先立つ, 先行する, 先にある: the words that ~ その前にある語句. ♦ **pre·céd·able** *a* 先立ちうる, 前に起こりうる; 上位につける. [OF<L (*prae-*, CEDE)]

prec·e·dence /présəd(ə)ns, prısí:-/ *n* 《時間・順序などで》先立つこと (priority), 先行, 先在; 上席, 上位; 優先権; 模範となる人[もの]; 《廃》先例: personal ~ 家柄による席次 / the order of ~ 席次. ● **give** sb **the ~** 人の優位を認める. **in order of ~** 順次に. **take** [**have**] **~ of** [**over**] …に優先する, …の上に立つ. ♦ **préc·e·den·cy** /, prısí:-/ *n*

pre·ce·dent[1] /prısí:d(ə)nt, présə-/ *a* 先立つ (preceding), 先行の, 以前の: CONDITION PRECEDENT. [OF; ⇨ PRECEDE]

prec·e·dent[2] /présəd(ə)nt/ *n* 先例, 前例; 〘法〙 判決例, 判例; 慣例: make a ~ of sth ある事を先例とする / set [create] a ~ for… の先例をつくる / without ~ 先例[前例]のない / a binding ~ 〘法〙 拘束力をもつ先例 / DOCTRINE OF PRECEDENT. [OF (↑)]

précedent·ed *a* 先例のある (opp. *unprecedented*); 先例で支持される.

prec·e·den·tial /prèsədénʃ(ə)l/ *a* 先例となる; 先行の.

precédent·ly *adv* 前に, 以前, 先に, あらかじめ.

pre·céd·ing *a* 先立つ, 先行の; 以前の, 前の; 前述の, 上記の: the ~ year その前年 / immediately ~ 直前の.

pre·cénsor *vt* 〈出版物・映画などを〉事前検閲する. ♦ **~·shìp** *n*

pre·cent /prısént/ *vi* 《聖歌の》前唱者をつとめる. ► *vt* …の前唱をつとめる, 前唱する. [逆成く↓]

pre·cen·tor /prıséntər/ *n* (*fem* **-trix** /-trıks/) 《教会聖歌隊の》前唱者; 大聖堂の音楽監督. ♦ **~·shìp** *n* **pre·cen·to·ri·al** /prì:sèntɔ́:riəl/ *a* [F or L (*prae-*, *cano* to sing)]

pre·cept /prí:sèpt/ *n* **1** 教訓, 教え, 戒律; 格言 (maxim); 《行動・考え方の》指針, 規範; 《技術的な》指示, 規則: Practice [Example] is better than ~. 《諺》 実行[実例]は教訓にまさる. **2** 〘法〙 命令書, 令状; 〘法〙 sheriff の選挙命令書; 〘英〙 地方税徴収命令書(による地方税). [L=maxim, order (*prae-*, *capio* to take)]

pre·cep·tive /prıséptıv/ *a* 教訓の, 教訓的な; 命令的な. ♦ **~·ly** *adv*

pre·cep·tor /prıséptər/ *n* 教訓を授ける者, 教師; 校長; 《病院で医学生を指導する》指導医師; 〘史〙 テンプル騎士団 (Knights Templars) の地方支部長. ♦ **pre·cép·tress** *n fem* **~·shìp** *n* preceptor の地位; preceptor の指導下にある状態[期間].

pre·cep·to·ri·al /prìsèptɔ́:riəl, prì:-/ *a* 教訓者の, 教師の[による]. ► *n* 《大学の上級課程での, 教師との個人面接・小人数での討議などを重視する》個人指導課目.

pre·cep·to·ry /prıséptəri, prí:sèp-/ *n* 〘史〙 テンプル騎士団 (Knights Templars) の地方支部(の領有地).

pre·cess /prısés, prí:sès/ *vi, vt* 前進する[させる]; 〘理・天〙 歳差運動をする. [逆成く*precession*]

pre·ces·sion /prıséʃ(ə)n/ *n* 前進(運動); 〘理・天〙 歳差運動; PRECESSION OF THE EQUINOXES. ♦ **~·al** *a* [L (PRECEDE)]

precéssion of the équinoxes 〘天〙 春分点歳差.

pre-Chéllean *a* 〘考古〙 《前期旧石器時代の》シェル文化(期)以前の.

pre-Chrístian *a* 西暦紀元前の[に関する]; キリスト教布教[伝来]以前の: the ~ centuries.

pré·cieuse /*F* presjø:z/ *a, n* (*pl* **~s** /—/) このうえなく洗練された(女性); 気取った(女). [F=precious]

pré·cieux /*F* presjø/ *a, n* (*pl* ~ /—/) このうえなく洗練された(男性); 気取った(男).

pre·cinct /prí:sìŋ(k)t/ *n* **1** *選挙区; (警察)管区; 校区; 行政管区; 所轄警察署, 分署; 《歩行者天国・買物通りなど》指定地区. **2 a** 構内, "《教会・修道院などの》境内; [*pl*] 周囲, 付近; 境界. **b** [°*pl*] 《思考などの》限られた範囲. [L *prae-*(*cinct- cingo* to gird)=to encircle]

pre·ci·os·i·ty /prèʃiásəti/ *n* 気むずかしさ, 気取り, とりすますこと, 凝り性.

pre·cious /préʃəs/ *a* **1 a** 尊い, 貴重な, 高価な; 尊敬すべき; かわいい, ありがたい 〈*to*〉: ~ words 金言. **b** [*iron*] けっこうな; 凝った, 気取った〈ことば〉. **2** 《口》全くの, 実にひどい, 大変な, 大の; ほとんど価値のない: He is a ~ rascal. あいつは大変な悪党だ / a ~ deal すこぶる / make a ~ mess of it (それを)めちゃくちゃにする / a ~ sight more than… よりはるかに多く / your ~ raffle tickets きみの '大事な' 富くじ. ► *adv* 《口》とても, ひどく, えらく (very): ~ cold [little, few, etc.]. ► *n* 《口》最愛の人, かわいい人. ♦ **~·ly** *adv* 高価に; 気むずかしく, いやに気取って; 《口》大いに, 非常に. **~·ness** *n* [OF<L (*pretium* price)]

précious córal RED CORAL.

précious métal 貴金属《金・銀・白金など》.

précious stóne 貴石, 宝石用原石 (gemstone).

precipe ⇨ PRAECIPE.

prec·i·pice /prés(ə)pəs/ *n* 絶壁, 断崖, 崖っぷち; 危地, 危機: be [stand] on the brink [edge] of a ~ 危機に瀕している. [F or L= falling headlong; ⇨ PRECIPITOUS]

pre·cip·i·ta·ble /prısípətəb(ə)l/ *a* 沈澱させられる, 沈澱性の. ♦ **pre·cip·i·ta·bíl·i·ty** *n*

pre·cip·i·tan·cy /prısípət(ə)nsi/, **-tance** *n* 大急ぎ, 大あわて; [*pl*] 軽率, 早計.

pre·cíp·i·tant *n* ことの原因; 〘心〙 《ある状態を促す》原因, 刺激; 〘化〙 沈澱剤. ► *a* PRECIPITATE. ♦ **~·ly** *adv* まっしぐらに; 軽率に(も). **~·ness** *n*

pre·cip·i·tate /prısípətèıt/ *vt* **1** 〈不都合な事態を〉突然引き起こす, 促進する; 〈ある状態に〉突き落とす 〈*into*〉: The war ~*d* the ruin. 戦争が没落を早めた / He ~*d* himself *into* new troubles. また面倒なことに巻き込まれた / ~ one*self into* debt 《急に》負債をつくる / ~ one*self upon* [*against*] the enemy 敵を猛攻する. **2** まっさかさまに落とす, 投げ落とす; 〘化〙 沈澱させる 〈*into*〉; 〘気〙 〈水蒸気を〉凝結[降水]させる. ► *vi* まっさかさまに落ちる; 〈ある状態に〉陥る 〈*into*〉; あわてる, はやまる; 〘化〙 沈澱する 〈*into*〉; 〘気〙 〈空中の水蒸気が〉凝結する, 降水する. ► *n* /-tət, -tèıt/ 〘化〙 沈澱(物); 〘免疫〙 沈降(物); 凝結した水分[雨, 露 など]; 《行動・過程などの》結果. ► *a* /-tət, -tèıt/ まっさかさまの, まっしぐらに進む; 早計な, 軽挙の, そそっかしい, 無鉄砲な; 突然の, 急な. ♦ **~·ly** *adv* まっさかさまに; まっしぐらに; 大あわてて, 性急に; 突然に. **~·ness** *n* [L=to throw headlong; ⇨ PRECIPITOUS]

precípitate cópper 浸出銅《原鉱を浸出液に浸して得られる純度 60–90% の銅》.

pre·cip·i·ta·tion /prısìpətéıʃ(ə)n/ *n* **1** 投下, 落下; 〘気〙 降水(量), 降雨量; 沈積; 〘理・化〙 沈澱(物); 〘理・化〙 析出; 〘免疫〙 沈降; 〘心霊〙 霊が肉体をもって出現すること. **2** 急激, 驀進; 大急ぎ, 大あわて; 軽挙; 促進: with ~ 大あわてで, あたふたと.

precipitátion hàrdening 〘冶〙 析出硬化.

pre·cip·i·tà·tive /; -tətıv/ *a* 加速的な, 促進的な.

pre·cip·i·tà·tor *n* 促進するもの, 促進者; 降水を促すもの; 〘化〙 沈澱剤[器, 槽].

pre·cip·i·tin /prısípətən/ *n* 〘免疫〙 沈降素.

pre·cip·i·tin·o·gen /prısìpətínəʤən/ *n* 〘免疫〙 沈降原《沈降素を生じさせる抗原》. ♦ **-gen·ic** /-tìnəʤénık/ *a*

pre·cip·i·tous /prısípətəs/ *a* 切り立った, 険しい, 絶壁をなす; 急勾配の; 性急な, 無謀な; 急速な, 急激な. ♦ **~·ly** *adv* **~·ness** *n* [F<L=headlong (*prae-*, *caput* head)]

pré·cis, pre·cis /preısí:, préısi/ *n* (*pl* ~ /-z/) 大意, 概略, 抜粋, 要約 (summary): ~ writing 大意[要点]筆記. ► *vt* …の大意を書く, 要約[摘要]する (summarize). [F PRECISE]

pre·cise /prısáıs/ *a* 正確な, 精密な (exact); 正味の, 寸分違わな

い; まさにその (very); 規則どおりの, きちょうめんな, やかましい: at the ～ moment ちょうどその時 / prim and ～ in one's manner きちょうめんで堅苦しい. ♦ **～·ness** *n* ［F (L *prae-(cis- cido)*＝to cut short)］

precíse·ly *adv* 精密に, 正確に, 明確に, きちょうめんに; まさに, ちょうど, [返事に用いて] まさにそのとおり.

pre·ci·sian /prɪsíʒ(ə)n/ *n* 《宗教的·道徳的な》規範にこだわる人, やかまし屋; 清教徒 (Puritan). ♦ **～·ìsm** *n* きちょうめん, 形式主義.

pre·ci·sion /prɪsíʒ(ə)n/ *n* 正確, 精密 〈*in*〉; きちょうめん; 《特に電算機が行なう数値演算の》精度《正確さ (accuracy) と区別して, より多くの桁数を扱えるものをより精度が高いとする》; 〘電算〙 RELEVANCE; 〘修〙 精確: arms of ～ 照尺や照準補整器付きの火器. ► *a* 精密な; 正確に行なう: a ～ apparatus [instrument] 精密器械 / double ～ 〘電算〙 (二)倍精度 / ～ tools 精密工作器械. ♦ **～·al** *a* ［PRECISE］

precísion bómbing 〘軍〙 精密照準爆撃.

precísion dánce ラインダンス.

precísion·ist *n* 《ことば·作法などに》きちょうめんな人.

precísion-máde *a* 精密に作った.

pre·ci·sive /prɪsáɪsɪv/ *a* 《一人·一個だけを》他から区別する, 限定する.

pre·clássical *a* 〈芸術·文学が〉古典期以前の.

pre·cléar *vt* …の安全性を事前に保証する.

pre·clínical *a* 〘医〙 病状発現前の[に関する], 臨床前の; 前臨床課程の; 臨床試験前の: ～ study 〘薬〙 前臨床試験. ► *n* 前臨床課程《解剖·生理学などの》.

pre·clude /prɪklúːd/ *vt* 《あらかじめ》排除する, 除外する (exclude); 《古》〈通路を〉はばむ, 妨げる: This ～*s* him *from* escaping. これで彼も逃げ出せない. ♦ **pre·clú·sion** *n* 除外; 防止; じゃま. **pre·clú·sive** *a* 除外する 〈*of*〉; 防止する, 予防的な. **pre·clú·sive·ly** *adv* ［L PRAE*cludo*; ⇨ CLOSE[1]］

pre·co·cial /prɪkóʊʃ(ə)l/ 〘鳥〙 *a* 生まれてすぐ独り立ちする, 早成の (opp. *altricial*). ► *n* 早成鳥《鶏·アヒルなど》.

pre·co·cious /prɪkóʊʃəs/ *a* 早熟の, ませた; 早発の〈月経など〉; 〘植〙〈植物などが〉早咲きの, 早なりの; 〘植〙〈花が〉葉より先に出る. ♦ **～·ly** *adv* **～·ness, pre·coc·i·ty** /prɪkɑ́səti/ *n* 早熟; 早咲き, 早なり. ［L *praecoc- praecox* early ripe (*coquo* to cook)］

prè·cognítion *n* 予知, 前知, 事前認知; 〘スコ法〙 証人予備尋問. ♦ **pre·cógnitive** *a* 前もって知らせる.

pre·cóital *a* 性交に先立つ, 性交前の, 前戯の: ～ play 前戯 / ～ technique 前戯技法. ♦ **～·ly** *adv*

pre·cóllege *a* 大学進学前の, 大学への準備の.

prè·colónial *a* 植民地時代前の.

prè-Colúmbian *a* コロンブス(のアメリカ大陸発見)前の.

prè·compóse *vt* あらかじめ作る, 前もって作成しておく.

prè·concéive *vt* 前から考える, 予想する, …について先入観をもつ: ～*d* opinions 先入観.

prè·concéption *n* 予想; 先入観; 偏見.

prè·concért *vt* 《協定·打合わせなどして》あらかじめ決める.

prè·concért·ed *a* あらかじめ決めた, 前もって協定[打合わせ]した. ♦ **～·ly** *adv* **～·ness** *n*

prè·concíliar *a* ヴァチカン公会議 (1962–65) 前の.

prè·condémn *vt* 《証拠なく》前もって有罪と決める.

prè·condítion *n* 前提条件. ► *vt* あらかじめ調整する, あらかじめ…の条件[気分]を整える. ♦ **～·ing** *n*

pre·cónference *n* 予備会談.

pre·co·nize /príːkənàɪz/ *vt* 宣言する, 声明する; 公布する; 指名召喚する; 〘カト〙〈教皇が〉〈新任司教の名および任地を〉裁可公表する. ♦ **prè·co·ni·zá·tion** *n*

pre·cónquest *a* 占領[征服]前の; 〘英史〙 NORMAN CONQUEST (1066) 前の.

pre·cónscious *a, n* 〘精神分析〙 前意識(の). ♦ **～·ly** *adv* **～·ness** *n*

prè·considerátion *n* あらかじめする考慮, 予考, 予察.

prè·consonántal *a* 〘音〙 子音の直前の.

pre·cóntact *a* 先住民が外部の文化と接触する以前の.

pre·cóntract *n* 先約, 予約; 〘教会法〙 先契約. ► *vt, vi* /ˌ—ˌ—ˊ—/ 予約する; 先契約する.

prè·convéntion *a* 代表者[政党]大会前の.

pre·cóok *vt* あらかじめ加熱調理する.

pre·cóoked *a* 加熱調理済みの; あらかじめ準備した, 前もって録音した.

pre·cóol *vt* 〈果物·野菜·肉類などを〉発送[出荷]前に人工的に冷やす[冷凍する], 予冷する.

pre·cóol·er *n* 〘機〙 予冷器《使用前に流体の温度を下げる装置》.

pre·cópulatory *a* 交接[交尾]前の[に先立つ].

pre·cor·di·um /prìːkɔ́ːrdiəm/ *n* (*pl* **-dia** /-diə/) 〘解〙 前胸部《心臓や胃の位置に相当する胸郭》. ♦ **prè·cór·di·al** *a* ［L (*sg*)＜*praecordia* diaphragm, entrails］

pre·cóstal *a* 〘解〙 肋骨の前にある, 肋骨前[前方]の.

pre·crítical *a* 〘医〙 発症前の, 危機前の; 批判的能力発達以前の.

pre·cur·sive /prɪkə́ːrsɪv/ *a* 先駆の; 前兆の, 予報的な.

pre·cur·sor /prɪkə́ːrsər, *príːkə̀ːr-/ *n* 先駆者《特にキリストに対する John the Baptist》, 先鋒; 先任者, 先輩; 前兆; 〘生化〙 先駆[前駆]物質. ［L (PRAE*curs-* *-curro* to run before)］

pre·cur·so·ry /prɪkə́ːrsəri/ *a* 先駆の, 先鋒の 〈*of*〉; 前兆の, 準備となる.

pre·cút *vt* 《適切な寸法·形に》あらかじめ切る, プレカットする; 〈家〉の部材をプレカットする《現場で組み立てるため》.

pred. predicate ♦ predicative(ly) ♦ prediction.

pre·da·cious, -ceous /prɪdéɪʃəs/ *a* 〘動〙 《他種の動物を》捕食する; 強欲な, 貪欲な; [*joc*] 《自己の快楽や欲望のために》人を食い物にする. ♦ **～·ness** *n* **pre·dac·i·ty** /prɪdǽsəti/ *n* 強欲, 貪欲. ［L *praeda* booty; cf. AUDACIOUS］

prè-Darwínian *a, n* ダーウィン(の進化論)前の(考えをもつ者).

pre·dáte[1] *vt* 実際より…の日付を早くする (antedate); 《時間的に》…に先立つ[先行する], …より前にさかのぼる. ► *n* /ˊ—ˌ—/ 実際の発行日より後の日付のはいった新聞.

pre·da·tion /prɪdéɪʃ(ə)n/ *n* [ᵁ*pl*] 強奪, 略奪; 〘動〙 捕食. ♦ **pre·dáte**[2] *vt*

predátion prèssure 〘生態〙 捕食圧《弱小動物がこれを食する捕食者のために種の保存をおびやかされること》.

pred·a·tism /prédətìz(ə)m/ *n* 〘動〙 捕食(性).

pred·a·tor /prédətər/ *n* 略奪者, 《人を食い物にする》搾取者, 乗っ取り屋[企業]; 〘動〙 捕食者[動物]: a sexual ～ 人を性的に食い物にする者, 性犯罪者. ［L＝plunderer; ⇨ PREDACIOUS］

pred·a·to·ri·al /prèdətɔ́ːriəl/ *a* PREDATORY.

pred·a·to·ry /prédətɔ̀ːri; -t(ə)ri/ *a* 略奪する; 略奪[搾取, 乗っ取り]を目的[事]とする; 獲物をねらうような〈目つき〉; 〘動〙 他種の動物を捕って食う, 捕食性の; 捕食に適した. ♦ **prèd·a·tó·ri·ly** /; prédət(ə)rɪli/ *adv* **-ri·ness** *n*

prédatory prícing 〘商〙 略奪的価格設定《競争相手を市場から追い出す目的で行なう低価格設定》.

pré·dàwn /, ˊ—ˊ—/ *n, a* 夜明け前(の).

prè·decéase *vt* 〈ある人[«まれ» できごと]〉より先に死ぬ. ► *vi* 先に死ぬ, 先立つ. ► *n* «まれ» 先に死ぬ[先立つ]こと.

pred·e·ces·sor /príːdəsèsər, préd-, ˌ—ˌ—ˊ—/ *n* 前任者 (opp. *successor*); 先輩; 前のもの; «古» 先祖 (ancestor). ［OF＜L (*decessor* retiring officer; ⇨ DECEASE)］

pre·décimal *a* 十進法(導入)以前の《特に 硬貨についていう》.

prè·defíne *vt* あらかじめ定義する[定める]. ♦ **～d** *a*

pre·del·la /prɪdélə/ *n* (*pl* **-le** /-li, -leɪ/) 〘教会〙 祭壇の飾台[最上段](の垂直面上の絵画[彫刻]). ［It＝stool, step＜?OHG *bret* board］

pre·désignate *vt* あらかじめ指定する; 〘論〙 数量詞を前置して〈名辞·命題〉の量を示す. ♦ **pre·designátion** *n*

pre·des·ti·nar·i·an /prɪdɛ̀stənéəriən/ *a* 〘神学〙 (運命)予定説の; 宿命論的な. ► *n* (運命)予定説信奉者. ♦ **～·ism** *n* (運命)予定説.

pre·des·ti·nate /prɪdéstənèɪt/ *vt* 〘神学〙〈神が〉…の運命を前もって定める, 予定する 〈sb *to*, *to* do〉; «古» 予定する. ► *a* /-nət, -nèɪt/ 予定された, 運命の. ♦ **-nà·tor** *n* 予定者; «古» 予定説信奉者 (predestinarian).

pre·des·ti·na·tion /prɪdɛ̀stənéɪʃ(ə)n/ *n* 予定; 運命, 前世の約束, 宿命; 〘神学〙 予定(説).

pre·déstine *vt* 〈神が〉〈人〉の運命を定める, 予定する; 〈結果·成り行きを〉運命づける. ♦ **～d** *a*

prè·detérminate *a* 予定の (foreordained).

prè·detérmine *vt* あらかじめ決める, 規定[設定]する; 《運命として》予定する; …の方向[傾向]を予定する 〈*to*〉. ► *vi* あらかじめ決める[解決する]. ♦ **-detérminable** *a* **-determinátion** *n* ⁺〘遺〙 前決定. **-detérminative** *a* ♦ **～d** *a*

prè·detérminer *n* 〘文法〙 前決定詞《DETERMINER の前に現われる; 例 both, all》.

prè·diabétes *n* 〘医〙 糖尿病前症, 前糖尿病. ♦ **-diabétic** *a, n*

pre·di·al /príːdiəl/ *a* 農地の, 農産物の; 土地の, 不動産の; 土地に従属する; 〈十分の一税が〉物納の: a ～ serf 農奴. ► *n* 農奴.

prédial sérvitude 〘法〙 土地付随役権.

pred·i·ca·ble /prédɪkəb(ə)l/ *a* 断定しうる, 属性として断定できる 〈*of*〉. ► *n* 断定できるもの; 属性 (attribute); [*pl*] 〘論〙 客位語; [the] 根本的な概念. ♦ **prèd·i·ca·bíl·i·ty** *n*

pre·dic·a·ment /prɪdíkəmənt/ *n* 状態, 《特に》苦境, 窮地; /, *prédɪk-/ 断定されたもの, 種類, 〘哲·論〙 範疇 (category): be in a ～ 苦境にある. ♦ **pre·dìc·a·mén·tal** /-méntl/ *a* 範疇の. ［L; ⇨ PREDICATE］

pred·i·cant /prédɪkənt/ *n* 説教師; 〘史〙 《ドミニコ会の》説教師, ドミニコ会士; PREDIKANT. ► *a* 説教する〈義務·教団〉.

pred·i·cate /prédɪkət/ *n* 〘文法〙 述部, 述語 (cf. SUBJECT); 〘論〙 述語, 賓辞; 属性. ► *attrib a* 〘文法〙 述部の, 述語の: a ～ adjective 叙述形容詞《例 He is *dead*. / I made him *happy*.》/ a ～ noun 叙述名詞《例 He is a *fool*. / I made him a *servant*.》. ► *v* /prέdəkèɪt/ *vt* **1 a** 断定[断言]する (affirm); 属性として断定する, 〖論〗賓述する ‹*about*, *of*›; 〖文法〗《主語について》叙述する; 《古》PREACH; 《口》PREDICT: Most religions ～ life after death. 大抵の宗教は来世を真実として説く / We ～ goodness *of* God. 神の属性を善であると説く. **b** 意味する, 内包する. **2** [°*pass*] ‹根拠・理念などに›基づかせる, 依拠させる ‹*on*›. ► *vi* 断定[断言]する. [L PRAE*dicat*- -*dico* to declare]

P

prédicate cálculus 〖論〗述語計算 (=*functional calculus*)《命題計算 (propositional calculus) 用の記号のほかに量記号 (quantifier) および命題の主語・述語の記号をも用いる》.

prédicate nóminative 〖文法〗述語主格《ギリシア語やラテン語などの主格の述語名詞または述語形容詞》.

pred·i·ca·tion /prèdəkéɪʃ(ə)n/ *n* 断定, 断言; 《古》説教; 〖文法・論〗述語的叙述; 述語. ♦ **～·al** *a*

pred·i·ca·tive /prέdɪkətɪv, -dəkèɪ-; prɪdíkətɪv/ *a* 断定的な; 〖文法〗叙述的な, 述語的な (cf. ATTRIBUTIVE); 〖論・哲〗述語的な, 可述的な: Most of the *a*-adjectives are ～ only. a- の付く形容詞はほとんどが叙述的のみである. ► *n* 〖文法〗述語, 述詞《普通に補語 (complement) といわれているもの》. ♦ **～·ly** *adv*

pred·i·ca·tor /prέdəkèɪtər/ *n* 〖文法〗述語動詞《述語の主要部をなす動詞》.

pred·i·ca·to·ry /prέdɪkətɔ̀:ri; -dəkèɪtəri, ⌐⌐⌐⌐/ *a* 説教の, 説教的な, 説教する, 説教に関する.

pre·dict /prɪdíkt/ *vt, vi* 予言[予報, 予測, 予想]する: ～ the result of …の結果を予想する / ～ rain for tomorrow あすは雨と予報する / ～ *that* it will be fine. [L PRAE*dict*- -*dico* to foretell]

predíct·able *a* 予言[予想]できる; [*derog*] ‹人が›意外性に欠ける, 想像力の乏しい, 変わりばえのしない. ♦ **-ably** *adv* 予想どおり, 案の定. **predìct·abílity** *n*

pre·dic·tion /prɪdíkʃ(ə)n/ *n* 予報, 予言, 予測, 予想.

pre·dic·tive /prɪdíktɪv/ *a* 予言[予報]する, 予言的な, 前兆となる ‹*of*›; 〖電算〗予測入力の《最初の数文字から入力しようとしている語句を自動的に予測して候補を表示し, その中から選択して入力できる方式》. ♦ **～·ly** *adv* **～·ness** *n*

pre·díc·tor *n* 予言者, 予報者; 〖統〗予測量, 予測変数 (=～ **vàriable**); 〖軍〗高射照準算定装置.

pre·dic·to·ry /prɪdíktəri/ *a* 《古》PREDICTIVE.

prè·digést *vt* ‹食物を›消化しやすいように調理する; ‹書物などを›使用[理解]しやすいように簡単にする, 読みやすくする. ♦ **prè·digéstion** *n*

pre·di·kant /prèɪdɪkǽnt, -kά:nt/ *n* 説教師, 《特に 南アフリカの》オランダ改革派教会の牧師. [Du PREDICANT]

pred·i·lec·tion /prèdəlέkʃ(ə)n, prì:-; prì:-/ *n* 先入的愛好, 偏愛, ひいき ‹*for*›. [F<L (PRAE*diligo* to prefer); cf. DILIGENT]

prè·dispóse *vt* 前もって処置[処分]する; …の素因をつくる, …に傾かせる ‹*to*, *toward*›; ‹人を›‹病気に›罹患しやすくする ‹*to*›: be ～*d to*…になり[走り]やすい, …の傾向[きらい]がある / A cold ～*s* a person *to* other diseases. かぜは万病のもと. ► *vi* 罹患しやすくする ‹*to*›. ♦ **-dispósal** *n*

prè·disposítion *n* 傾向, 性向, 質(たち) ‹*to* do›; 〖医〗疾病素質, 素因 ‹*to* malaria›. ♦ **～·al** *a*

pred·nis·o·lone /prεdnísəlòʊn/ *n* 〖薬〗プレドニゾロン《エステル・メチル誘導体にして関節炎の消炎剤などに用いる》. [↓, -*ol*]

pred·ni·sone /prέdnəsòʊn, -zòʊn/ *n* 〖薬〗プレドニゾン《関節炎の消炎剤などに用いる》. [*pregnate*+*diene*+*cortisone*]

pre·dóctoral *a* 博士号を受ける前の研究(水準)の.

pre·dom·i·nance /prɪdάmənəns/**, -cy** *n* 優越, 優位, 卓越, 優勢 ‹*over*›; 支配, 優占 ‹*over*›.

pre·dóm·i·nant *a* 優勢な, 有力な, 支配的な; すぐれた, 卓越した; 広く行なわれる: the ～ color [idea] 主色[主意].

predóminant·ly *adv* 大部分は, 大体は, 主に.

pre·dom·i·nate /prɪdάmənèɪt/ *vi* 主権を握る, 支配力を有する, 優位を占める, 優勢である, 卓越する ‹*over*›; 目立つ, 際立つ. ► *vt* 支配する, …よりすぐれる. ► *a* /-nət/ PREDOMINANT. ♦ **～·ly** *adv* **pre·dòm·i·ná·tion** *n* PREDOMINANCE. **pre·dóm·i·nà·tor** *n*

pre·dóom 《古》*vt* 前もって…の運命を定める, 運命づける ‹*to*›; ‹罰を›予定する.

pre·dórsal *a* 背面(部分)の前にある.

prè·dynástic *a* 《特に エジプトの》(第一)王朝前の, 先王朝の.

pree /prí:/ *vt* 《スコ》…の味見をする, 試食する. ● **～ the mouth of**… 《スコ》…と接吻する (kiss). [*preve* (obs) to prove]

pre·écho *n* 《レコードの》前エコー; 予兆, 前兆. ► *vt* 予示する.

prè·eclámpsia *n* 〖医〗子癇前症. ♦ **-eclámptic** *a*

prè·elect *vt* 予選する.

prè·eléction *n* 予選; PREDESTINATION. ► *a* 選挙前の[に起こる].

preem /prí:m/ *n, vt, vi**《俗》PREMIERE.

prè·émbryo *n* 〖生〗前期胚子. ♦ **prè·embryónic** *a*

prè·emérgence, -emérgent *a* 雑草発芽前の[に用いる] ‹除草剤›.

pree·mie, pre·mie /prí:mi/ *n**《口》早産(児), 未熟児, 月足らず. [*premature*, -*ie*]

pre·em·i·nence /priέmənəns/ *n* 抜群, 卓越, 傑出: bad ～ 悪評.

pre·ém·i·nent *a* 抜群の, 秀でた ‹*in*›; 顕著な, すばらしい. ♦ **～·ly** *adv*

prè·emplóy·ment *a* 採用[雇用]前の‹面接など›. ► *n* 本採用前の見習い期間.

pre·empt /priέm(p)t/ *vt* **1** 先買権によって獲得する; *‹公有地を›先買権を得るため占有する; [*fig*] 先取りする; 私物化する. **2** 差し替える, …に優先する[代わる]; …において優位に立つ. **3** 防止する, 阻止する. ► *vi* 〖ブリッジ〗高く競り上げて相手を封じる. ► *n* 〖ブリッジ〗PREEMPTIVE bid. ♦ **pre·émp·tor** *n* 先買権獲得[所有]者. **pre·emp·to·ry** /priέm(p)t(ə)ri/ *a* 先買(権)の. [逆成く↓]

pre·emp·tion /priέm(p)ʃ(ə)n/ *n* 〖法〗先買(権); 優先買取権; *先買権を得るための公有地占有; 〖国際法〗先買権《自国を通過する外国人の商品を抑留し買い取りうる国家の権利; 現在では戦時のみ, しかも目的国の手に移ると自国に著しく不利益となるおそれがある場合のみ認められる》; [*fig*] 先取り; 〖ブリッジ〗封じ込めの競り上げ. [L *prae*-(*empt*- *emo* to buy)]

pre·emp·tive /priέm(p)tɪv/ *a* 〖軍〗先制の; 先買の; 先買権のある; 新株引受権を与える: a ～ strike 先制攻撃 / a ～ bid 〖ブリッジ〗先制ビッド《相手を封じるほどの高い競り上げ》/ ～ right 先買権, 《有償増資時に株主に与えられる》新株引受権. ♦ **～·ly** *adv* 機先を制して; 先を見越して, 事前に.

preémptive múltitasking 〖電算〗プリエンプティブマルチタスキング, 占有権割り当て式マルチタスキング《OS が複数のアプリケーションの処理を適宜切り替えながら行なうマルチタスキング; cf. COOPERATIVE MULTITASKING》.

pree·my /prí:mi/ *n**《口》PREEMIE.

preen[1] /prí:n/ *vt* ‹羽[毛]を›くちばし[舌]で整える, 羽づくろいする; [～ -*self*] おめかし[おしゃれ]する, 服[髪]を整える; [～ -*self*] 得意になる, 喜ぶ ‹*on*›. ► *vi* しゃれる; 得意になる. ♦ **～·er** *n* [↓の影響で *prune*[3] からか]

preen[2] 《スコ》*n* ピン, 留め針; ブローチ. ► *vt* ピンで留める. [OE *prēon* pin; cf. Du *priem* bodkin]

prè·engáge *vt* 予約[先約]する; …の先入主となる; 先取する; (結婚の)先約で縛る; …の心を傾かせる. ♦ **～·ment** *n* 予約, 先約.

prè·enginéered *a* 組立て式規格モジュールからなる‹建物›.

préen glànd 〖鳥〗尾腺, 脂腺, 尾脂腺.

pre-Énglish *n, a* 英語の先祖にあたる西ゲルマン語の方言(の); アングロサクソン時代以前の Britain 島で行なわれていた諸言語(の).

prè·estáblish *vt* 前もって設立[制定, 確立]する; 予定[先定]する.

prè·exámine *vt* 前もって調査[試験, 検査]する. ♦ **prè·examinátion** *n*

prè·exílian *a* ユダヤ人のバビロン捕囚 (Babylonian captivity) 前の.

prè·exílic *a* PREEXILIAN.

prè·exíst *vi* 既に存在する. ► *vt* …より先に存在する.

prè·exíst·ing *a* 以前からある[存在する], 既存の: a ～ (medical) condition 〖保険〗既存病態, 契約前発病《将来の健康障害をもたらすかもしれない病歴, 既往症》

prè·exíst·ence *n* 《霊魂の》先在; 前世. ♦ **-ent** *a*

pref. preface(d) ♦ preference ♦ preferred ♦ prefix.

pre·fab /prifǽb, prí:⌐/ 《口》*n, a* プレハブ(の). ► *vt* PREFABRICATE.

pre·fábricate *vt* ‹家屋を›組立て式工法[建築法]で作る; ‹部品などを›前もって作る; ‹小説の筋などを›紋切り型に展開させる: a ～*d* house 組立て式住宅, プレハブ住宅. ♦ **prè·fabricátion** *n*

pref·ace /préfəs/ *n* 序文, 緒言, はしがき; 《話の》前置き; 〖教会〗《ミサの》序誦; 端緒, 序章 ‹*to*›: write a ～ *to* a book 書物の序文を書く / a proper ～ 〖英国教〗聖餐序式. ► *vt* **1** 序文として付ける ‹*to*›; …に‹前置きを›付ける, 始める ‹*with*›; ‹書物›に‹序文を›付ける ‹*with*›. **2** …の前に立つ[ある]; …の端緒となる[口火を切る], …に先立つ. ► *vi* 序文を書く, あらかじめ言っておく. ♦ **préf·ac·er** *n* [OF<L PRAE*fatio* (*fat*- *for* to speak)]

pre·fáde *vt* ‹新しい生地・衣服を›色あせて見えるようにする.

pref·a·to·ri·al /prèfətɔ́:riəl/ *a* PREFATORY. ♦ **～·ly** *adv*

pref·a·to·ry /préfətɔ̀:ri; -t(ə)ri/ *a* 序文の, 前口上の; 前に位置を占めた. ♦ **prèf·a·tó·ri·ly** /; préfət(ə)rɪli/ *adv* 序文[前口上]として; 前口上的に. [PREFACE]

pre·fect, prae- /prí:fεkt/ *n* **1** 〖ローマ史〗《特に 属州の》長官; 《フランス・イタリアなどの》知事; 《Paris の》警視総監 (=～ of police); ‖《public school の》監督生 (monitor)《上級生; cf. HEAD BOY [GIRL]》. **2** 〖カト〗《教会経営の学校の》学事長; 〖カト〗《教皇庁の》聖省 (congregation) 長官; PREFECT APOSTOLIC. ♦ **～·ship** *n* **pre·fec·to·ral** /prifέkt(ə)rəl/**, prè·fec·tó·ri·al** *a* [OF<L (PRAE*fect*- *ficio* to set in authority over)]

préfect apostólic〘カト〙知牧《布教地の一地区の司教に準じる管轄権をもつ聖職者; 略 PA》.

pre·fec·ture /prí:fɛ̀ktʃər/ *n* PREFECT の職[管轄権, 任期]; 県, 府; 県庁, 府庁; 知事官舎. ◆ **pre·féc·tur·al** *a*

préfecture apostólic〘カト〙知牧区.

pre·fer /prɪfə́:r/ *vt* (-rr-) **1** むしろ…のほうを好む, むしろ…を選ぶ, …が気に入っている; 〈…と〉希望する, …だといい 〈*that*〉: ～ coffee *to* tea 紅茶よりコーヒーのほうが好き / ～ one's eggs hard-boiled 卵は堅ゆで派だ / I ～ you not to take risks. 危険なまねはしてもらいたくない / I ～ to stay home (rather than go out). (外出せずに)家にいたい / I'd ～ it if you didn't smoke. すみませんがタバコはご遠慮願えますか / I ～ not to. 気が進まない, やめておく. **2**〘法〙〈債権者など〉に優先権を与える. **3**《古》昇進[昇任]させる, 登用する, 推挙[抜擢]する《特に教会用語》. **4**〈訴訟を〉起こす 〈*against*〉; 提起[提案]する; 《古》推薦する: ～ a claim to property 財産の権利を主張する / ～ charges 起訴[告発]する 〈*against* sb〉. ◆ **pre·fér·rer** *n* [OF＜L *prae-*(*lat- fero* to bear)＝to carry in front]

pref·er·a·ble /préf(ə)rəb(ə)l/ *a* 選ぶべき, ましな, 好ましい, 望ましい: Poverty is ～ *to* ill health. 貧乏は不健康よりはましだ. ◆ **-bly** *adv* 好んで, むしろ, できれば, なるべくなら. **～·ness, prèf·er·a·bíl·i·ty** *n*

pref·er·ence /préf(ə)rəns/ *n* 好み; 選択; 選好; ひいき, 優先; 好物, 選択物, 選好物; 〘法〙《債務の支払いなどにおける》優先権; 〘商〙特恵; 〘法〙偏頗(へんぱ)行為: his ～ of A *to* [*over, above*] B B より A を喜ぶ彼の趣味[嗜好] / His ～ is *for* beef rather than pork. 豚肉より牛肉のほうが好きだ / have a ～ *for*…を好む, 選ぶ / have the ～ 選ばれる, 好まれる / His ～ *in* reading is a novel. 彼の読書の好みは小説だ / in ～ to…に優先して, …よりはむしろ / give [show, offer, afford] (a) ～ 優先権[特恵]を与える, 優遇する. ● **by** [**for**] **～** 好んで, なるべくなら.

préference bònd″優先公債証書.

préference stòck [**shàre**]″[°P- S-] 優先株 (preferred stock*) (cf. ORDINARY STOCK [SHARE]).

pref·er·en·tial /prèfərénʃ(ə)l/ *a* 優先の, 優先権のある; 選択的な; 偏頗(へんぱ)的な, 差別制の; 〈関税法など〉特恵の; 組合員優遇の; ″英国とその自治領に特恵を与える. ◆ **～·ism** *n* 特恵(主義). **～·ist** *n* 特恵論者. **～·ly** *adv*

preferéntial shóp〘労〙組合員優先工場.

preferéntial táriff 特恵関税.

preferéntial vóting 順位付き連記投票, 選好投票.

prefér·ment *n* 昇進, 昇級; 推挙, 抜擢, 高位, 栄誉のある地位[官職]; 優先[先取]権; 告訴.

pre·férred *a* 優先権のある, 優先の; 抜擢された, 昇進した; 好ましい. ► *n**PREFERRED STOCK.

preférred-províder organizàtion 医療者選択会員制団体健康保険《任意加入の団体健康保険で, 会員は複数の提携医師・病院の中から好きなところを選んで低料金で医療サービスが受けられる; 略 PPO》.

preférred stóck [**sháre**]*優先株 (cf. COMMON STOCK).

pre·fétch *vt*〘電算〙〈CPU などが〉〈データを〉先読み[プリフェッチ]する.

pre·figurátion *n* 予想, 予測; 予表, 前兆, 原型.

prè·fígurative *a* 予示する, 予表の; 予想の (prefiguring); 若者の価値観が支配的な (cf. COFIGURATIVE, POSTFIGURATIVE). ◆ **～·ly** *adv* **～·ness** *n*

prè·fígure *vt* …の形[型]を前もって示す, 予表[予示]する; 予想する. ◆ **～·ment** *n* 予示, 予想; 予想像[図].

pre·fix /prí:fɪks/ *n*〘文法〙接頭辞; 氏名の前に付ける尊称《Sir, Mr. の類》; 《コード番号などの頭に付ける》識別[分類]コード, プレフィックス《電話の市外[市内]局番, ナンバープレートの国[地域]別コードなど》. ► *a*〘数〙前置の《演算子を演算数の前に置く》. ► *vt* /ˈ―ˌ―, ˌ―ˈ―/ 〈…の〉前に置く 〈*to*〉, …の前に付ける 〈*with*〉; 〘文法〙〈…に〉接頭辞として付ける 〈*to*〉; 《まれ》あらかじめ決める: We ～ Mr. *to* a man's name. 男子名の前には Mr. を付ける. ◆ **pre·fix·a·tion** /prì:fɪkséɪʃ(ə)n/ *n*

préfix·al *a* 接頭辞の, 接頭辞をなす. ◆ **～·ly** *adv*

pre·fix·ion /prifíkʃ(ə)n/ *n* 接頭辞を用いること.

pre·fix·ture /prifíkstʃər/ *n* 接頭辞を用いること; 序文.

pre·flíght *a* 飛行前に起こる, 飛行に備えた. ► *vt* 〈航空機〉の飛行準備をする, 飛行前点検[プレフライトチェック]をする. ► *n* 飛行前点検.

pre·fócus *vt* 〈取付け前のヘッドライトなどを〉前もって焦点を合わせる.

pré·fòrm *vt* /ˌ―ˈ―/ [°*pp*] 前もって形成する[決める]. ► *n* 予備的形成品《プレス用レコード盤原料塊 (biscuit) など》.

prè·formátion *n* 前もっての形成; 〘生〙前成説《生殖細胞には完成有機体があらかじめ存在していて, それが個体発生において成長するにすぎないとする; opp. *epigenesis*》. ◆ **～·ist** *n, a*

pre·fórmative *a* 前もって形成する, 予造する; 〘言〙《語形成の要素として》接頭された〈音節・文字〉. ► *n*〘言〙接頭要素.

pre·fróntal *a, n*〘解〙前額骨の前にある, 前頭葉前部(の).

prefróntal córtex〘解〙前頭前野, 前前頭皮質《額の内側にある脳の中枢部》.

preg /prég/ *a*《口》妊娠した, はらんだ (pregnant).

prè·galáctic *a* 銀河形成前の.

prè·gangliónic *a*〘解〙(神経)節前の.

pre·génital *a*〘精神分析〙前性器期の; 〘動〙生殖器の前にある.

preg·gers /prégərz/ *a*《俗》妊娠して (pregnant).

preg·go /prégou/ 《豪口》*a* 妊娠して (pregnant). ► *n* 妊婦.

preg·gy /prégi/ 《俗》*a* 妊娠した (pregnant), 腹ぼての. ► *n* 妊婦.

Pregl /préɪgəl/ プレーグル **Fritz** ～ (1869–1930)《オーストリアの化学者; 有機化合物の微量定量分析法を確立した; ノーベル化学賞 (1923)》.

pre·glácial *a*〘地質〙氷河期前の, 前氷河期の《特に 更新世 (Pleistocene) より前の》.

preg·na·ble /prégnəb(ə)l/ *a* 征服できる, 占領しやすい; 攻撃できる, 攻撃されやすい. ◆ **prèg·na·bíl·i·ty** *n*

preg·nan·cy /prégnənsi/ *n* 妊娠; 妊娠期間; 豊富; 内容充実, 含蓄(に富むこと), 意味深長: a ～ test 妊娠テスト.

prég·nant[1] *a* **1** 妊娠した, 身重の 〈*of, with*〉; [*fig*] 多産の, 豊饒な (prolific) 〈*in*〉: become [fall″] ～ (*with* child) 妊娠する / be six months ～ 妊娠 6 か月である / You can't be half ～. [*fig*] どっちつかず[中途半端]は許されない, あれかこれかだ / a ～ year 豊年. **2 a** 〈…に〉満ちた 〈*with*〉: an event ～ *with* grave consequences 重大な結果をはらむ事件. **b** 意味深長な, 示唆的な, 含み[含蓄]のある, 味わうべき〈ことばなど〉; 可能性に富んだ, 重大な結果をはらんだ: a ～ construction 含蓄構文[表現]. **c** 創意[工夫]に富む; 賢明な, 機転のきく: a ～ mind 想像力豊かな心. **3**《廃》よく受け入れる. ◆ **～·ly** *adv* **～·ness** *n* [F or L (*prae-*, *nascor* to be born)]

pregnant[2]《古》*a* 説得力のある; 明らかな. [OF (pres p)＜*preindre* to press＜L *premo*]

prégnant dúck*《俗》RUPTURED DUCK.

prégnant róller skàte《CB 無線俗》フォルクスワーゲン (Volkswagen car).

preg·nen·o·lone /prɛgnén(ə)lòun/ *n*〘生化〙プレグネノロン《ステロイドホルモン生成経路の一中間体》. [*pregnene, -ol, -one*]

prego /prégou/*《俗》*n* 妊娠したティーンエージャー. ► *a* 妊娠して (pregnant).

pre·héat *vt*《操作[使用]に》先立って熱する, 予熱する. ◆ **～·er** *n* 予熱装置.

pre·hen·si·ble /prɪhénsəb(ə)l/ *a* 把握できる.

pre·hen·sile /prɪhéns(ə)l, -sàɪl; -sàɪl/ *a*〘動〙〈足・尾などが〉物をつかむのに適している, 把握力のある; 理解力[洞察力]をもった; 貪欲な. ◆ **pre·hen·sil·i·ty** /prihènsíləti/ *n* [F (L PREhens- -*hendo* to seize)]

pre·hen·sion /prihénʃ(ə)n/ *n*〘動〙捕捉, 把握; 〘哲〙把握《知覚ではあるが必ずしも認知ではない》; 理解, 会得 (apprehension).

prè·Hispánic *a*《中南米における》スペイン征服以前の.

prè·históric, -ical *a* 有史前の, 先史の; 文献以前の言語の[に関する]; 《口》大昔の, 時代遅れの. ◆ **-ical·ly** *adv*

pre·hístory *n* 先史学; 有史前(のできごと); 《ある事件・状況に至るまでの》いきさつ, 経緯. ◆ **prè·histórian** *n*

prè·hóminid *n, a* 先行人類(の)《ヒト科 (Hominidae) 出現の直前の祖先とされる》.

pre·hórmone *n*〘生化〙前[前駆]ホルモン.

pre·húman *a, n* 人類(出現)以前の(動物); 〘人〙先行人類の.

Prei·gnac /prənjǽk/ *n* [°p-] プレニャック《フランスの Bordeaux 地方のプレニャック村で産する白ワイン》.

prè·ignítion *n*《内燃機関の》過早(かそう)点火.

prè·implantátion *a*〘医〙着床前の.

pre-Íncan *a* インカ帝国に先立つ, インカ前の.

prè·incubátion *n*〘生化〙《反応させる前の》前保温. ◆ **-íncubate** *vt*

prè·indúction *a* 入隊前の, 徴兵前の. ► *n*〘医〙前誘発.

prè·indústrial *a* 大規模産業発達前の時代の; 産業革命前の: ～ society 前工業社会.

pre·instáll *vt*〘電算〙〈ソフトウェアを〉プレインストールする, 標準搭載する. ◆ **-installátion** *n*

pre·íntimate *vt* あらかじめ知らせる.

Prejevalsky's horse ⇨ PRZHEVALSKI'S HORSE.

pre·júdge *vt* …に早まった判断を下す, 早計に判断する; 審理せずに…に判決を下す. ◆ **-júdger** *n* **-júdgment, ～·ment** *n*

pre·ju·di·ca·tion /pridʒù:dɪkéɪʃ(ə)n/ *n* 予断; 判例.

prej·u·dice /prédʒədəs/ *n* **1** 偏見; 先入観: be free from ～ 偏見をもたない / have a ～ against [in favor of]…を毛嫌い[えこひいき]する. **2**〘法〙侵害, 損傷 (injury): legal ～ 法的権利侵害. ● **in** [**to the**] **～ of**…の侵害[損傷]となるように. **terminate** [**dismiss**, etc] **with extreme ～***《俗》殺す, 暗殺する, 始末する. **without ～** 偏見なしに, 偏見のない; 〘法〙実体的効果をもつことなく, 権利関係に不利益を与えることなく: dismissal *without* ～ 実体的効果を伴わぬ訴えの却下. **with ～**〘法〙実体的効果を伴う, 権利関係に不利

益を与える; dismissal *with* ~ 実体的効果を伴う訴えの棄却.
► *vt* **1** 〈人〉に偏見をもたせる, ひがませる: They are ~*d* against us. わたしたちにいわれなき反感をもっている / These facts have ~*d* me in his favor. これらのことでわたしは彼をひいき目で見るようになった. **2** 〈権利・利益などを〉害する, 傷つける; …に損害を与える. ♦ **~·less** *a* [OF<L *prae-* (*judicium* judgment); ⇨ JUDGE]

préj·u·diced *a* (先入主的)偏見をもった, 偏頗な: a ~ opinion 偏見.

prej·u·di·cial /prèʤədíʃ(ə)l/ *a* 偏見をいだかせる; 有害な, 侵害[不利]となる, そこなう (hurtful) 〈*to*〉. ♦ **~·ly** *adv* **~·ness** *n*

prej·u·di·cious /prèʤədíʃəs/ *a* PREJUDICIAL. ♦ **~·ly** *adv*

pre-K /—kéɪ/ *n* PREKINDERGARTEN.

pre·kíndergarten *n* 保育園 (nursery school); 〘米〙幼稚園前クラス.

prel·a·cy /préləsi/ *n* 高位聖職《制度・職務など》; [the] 高位聖職者たち (prelature); [°*derog*] 《高位聖職者の》監督制 (prelatism). [AF<L PRELATE]

pre·lap·sar·i·an /prì:læpsέəriən/ *a* 転落[堕落]前の, 《特に Adam と Eve の罪による》人類堕落前の.

prel·ate /prélət/ *n* 高位聖職者《bishop, archbishop, abbot など》. ♦ **~·ship** *n* 高位聖職者の職務[地位]. [OF<L (PREFER)]

prélate nul·lí·us /-nʊlí:əs/ (*pl* **prélates nullíus**) 〘カト〙独立高位区長《いずれの司教管区からも独立した地区の管轄権をもつ高位聖職者》. [L=prelate of no (diocese)]

prel·at·ess /prélətəs/ *n* 女子修道院長.

pre·lat·ic /prɪlǽtɪk/, **-i·cal** *a* [ᵁ-ic] 高位聖職(者)の; [ᵁ-ical] [°*derog*] 監督制支持の.

prel·a·tism /prélətìz(ə)m/ *n* [*derog*] 《教会の》監督制(支持). ♦ **-tist** *n*

prel·a·tize /prélətàɪz/ *vt* 〈人を〉監督制支持者にする; 〈教会を〉監督制のもとに置く. ► *vi* 監督制を支持する.

prel·a·ture /préləʧər/ *n* 高位聖職者の身分[威厳, 聖職禄, 管轄区]; [the] 高位聖職者たち.

pre·láunch *a* 発射用意[準備]中の〈宇宙船など〉.

pre·láw* *a, n* 法科大学院 (law school) 入学準備(中)(の).

pre·lect /prɪlékt/ *vi* 《特に大学講師として》講義[講演]する 〈*to* students *on* a subject〉. ♦ **-léc·tor** *n* 《特に大学の》講師 (lecturer). **pre·léc·tion** *n* 講義. [L *prae-*(*lect- lego* to read)]

pre·léxical *a* 〘変形文法〙語彙挿入前の.

pre·li·ba·tion /prì:laɪbéɪʃ(ə)n/ *n* 前もって味わうこと.

pre·lim /prí:lìm, prɪlím/ 《口》 *n, a* PRELIMINARY; [*pl*] ᵁ《書物の》前付 (front matter).

pre·lim·i·nary /prɪlímənèri; -n(ə)ri/ *a* 予備的な; 序文の; 仮の: a ~ examination 予備試験 / ~ expenses 〘商〙創業費 / a ~ hearing 〘法〙予備審問 / ~ remarks 序文, 緒言. ● **~ to**…に先立って. ► *n* 予備行為, 準備; 《学位取得などの》予備試験; [*pl*] PRELIMS; 《競技の》予選; 《ボクシングなどの》前座試合: without *preliminaries* 前置きなしに, 単刀直入に. ♦ **pre·lìm·i·nár·i·ly** /; prɪlímɪn(ə)rɪli/ *adv* [F or L (*limin- limen* threshold)]

pre·língual *a* 《人類の》言語発達前の; 《子供の》言語習得前の. ♦ **~·ly** *adv* 言語習得前から.

prè·linguístic *a* PRELINGUAL.

prè·líterate *a* 文字使用以前の〈民族・文化〉; (現在)文字を使用していない. ► *n* 文字を知らない人. ♦ **-líteracy** *n*

pré·lòad *vt, n* 〘電算〙プレインストール(する) (preinstall).

Pre·log /prélòʊg/ プレローグ **Vladimir** ~ (1906–98) 《ボスニア生まれのスイスの化学者; ノーベル化学賞 (1975)》.

pre·lóved *a* [*euph*] 中古の (secondhand).

prels /prélz/ *n pl* 《俗》プレルーディン (Preludin) 錠.

prel·ude /prél(j)ù:d, *préɪ-, *prí:-/ *n* 〘楽〙前奏曲, 序曲, プレリュード《教会では礼拝の前に奏するオルガン独奏》; 前置きとなる事, 前座; 序幕; 序文, 前口上 〈*to, of*〉; 前兆 〈*to*〉. ► *vt, vi* …の前奏曲となる[序曲を奏する]; …に前置きをする[述べる]; …の露払い[先駆け]をする; (…の)前兆[先導]となる 〈*to*〉. ♦ **prél·ud·er** *n* 先導するもの[人]. **pre·lú·di·al** *a* [F or L *prae-*(*lus- ludo* to play)]

Pre·lu·din /prɪlú:dn; -l(j)ú:dɪn/ 〘商標〙プレルーディン《フェンメトラジン (phenmetrazine) 製剤》.

prél·ud·ìze *vi* PRELUDE を奏する[書く].

pre·lu·sion /prɪljú:ʒ(ə)n/ *n* PRELUDE.

pre·lu·sive /prɪljú:sɪv, -zɪv/, **-so·ry** /-s(ə)ri/ *a* 前奏曲の; 序幕の; 序言の 〈*to*〉; 先駆[前兆]となる. ♦ **-sive·ly, -so·ri·ly** *adv*

prem /prém/ *n* 未熟児 (premature baby).

prè·malígnant *a* 〘医〙悪性になる前の, 前癌状態の (precancerous).

pre·mán /, ⏑—/ *n* PREHOMINID.

pre·márital *a* 結婚前の, 婚前の: ~ sex 婚前交渉. ♦ **~·ly** *adv*

premárital cóntract PRENUPTIAL AGREEMENT.

pre·márket·ing *a* 市場に出す前の.

pre·mátch *a* 試合前の.

prè·matúre /, *⏑—/ *a* 早すぎる, 早まった, 早発の, 早産の; 〈結論などが〉時期尚早の, 性急な: a ~ death 早すぎる死 / a ~ baby 未熟児, 早産児 / a ~ birth 早産 / a ~ decay 早老. ► *n* 早産児; 早発砲弾. ♦ **~·ly** *adv* **~·ness** *n* **prè·matúrity** *n* 早熟; 早咲き; 早計. [L *prae-*(MATURE)=very early]

prematúre delívery 未熟分娩, 早産《妊娠 28 週以後; cf. MISCARRIAGE》.

prematúre ejaculátion 〘医〙(精液)早漏, 早発[早期]射精.

prematúre lábor 早期分娩《通例 妊娠 28–37 週で出産させる分娩》.

prè·maxílla *n* 〘解・動〙前上顎骨. ♦ **pre·máxillary** /; ⏑⏑—⏑—/ *a, n*

pre·med /primέd, prí:mὲd/ 《口》 *n* 医進(課程), 医進課程学生; PREMEDICATION. ► *a* PREMEDICAL.

pre·médian, -médial *a* 中心部の前にある.

pre·médic *n* PREMED.

pre·médical *a, n* 医学部進学課程(の), 医科大学予科(の).

pre·medicátion *n* 〘医〙《麻酔前の》前投薬, プレメディケーション.

prè·mediéval *a* 中世に先立つ, 中世前の.

pre·méditate *vt, vi* 前もって熟慮[工夫, 計画]する, 予謀する. ♦ **pre·méditator** *n*

pre·méd·i·tàt·ed *a* 前もって計画した, 予謀した, 計画的な: ~ murder [homicide] 謀殺. ♦ **~·ly** *adv*

pre·meditátion *n* あらかじめ考えること, 前もって計画すること; 〘法〙予謀.

pre·méditative *a* 思慮深い; 計画的な.

prè·meiótic *a* 〘生〙《細胞核の》減数分裂の前の.

pre·ménstrual *a* 月経(期)前の. ♦ **~·ly** *adv*

preménstrual sýndrome [ténsion] 〘医〙月経前症候群, 月経前緊張《月経周期に伴い, 周期的に予定月経の 7–10 日前より発生する多様な身体的・精神的症状からなる愁訴症候群; 略 PMS, PMT》.

pre·métro *n* 市街電車用の地下道.

premie ⇨ PREEMIE.

pre·mier[1] /prɪm(j)ír, -mí:ər, prí:miər; prémiər, prí:-/ *n* 首相 (prime minister) 《特に 新聞用語》; 《カナダ・オーストラリアの》州首相 《連邦政府の首相は prime minister; cf. GOVERNOR》; [*pl*] 《豪》 premiership の優勝チーム: the *P~s'* Conference 英連邦の首相会議. ► *a* 第一位の, 首位の, 最高の, トップの; 第一級の, 一流の; 最初の, 最古参の: take [hold] the ~ place 首位[首席]を占める. [OF=first<L PRIMARY]

pre·mier[2] /prɪmír, -mí:ər, -mjέr; prémièər, -miər/ *vt, vi* PREMIERE.

pre·mier cru /*F* prəmje kry/ (*pl* **pre·miers crus** /—/) プルミエ・クリュ《フランスの一級格付けワイン, またそれを産する畑》. [F=first growth]

pre·mier dan·seur /*F* prəmje dɑ̃sœ:r/ (*pl* **pre·miers danseurs** /—/) 〘バレエ〙主役の男性ダンサー.

pre·miere /prɪmír, -mí:ər, -mjέr; prémièər, -miər/ *n* 《演劇・映画の》初日, 初演, 封切り; 主演女優. ► *vt* 初演[初公開]する. ► *vi* 初めて上演[公開]される; 初めて主演する[大役を演じる]. ► *a* PREMIER[1]. [C19 ↓]

pre·mière /prɪmír, -mí:ər, -mjέr; prémièər, -miər/ *n, v, a* PREMIERE. [F (fem) 〈 PREMIER[1]]

première dan·seuse /*F* prəmjɛ:r dɑ̃sø:z/ PRIMA BALLERINA.

Premíer Léague [the] プレミアリーグ《イングランドのプロサッカーの最上位リーグ (1992–　)》.

premíership *n* 首相の職[任期]; チーム対抗選手権大会(における優勝); [the P-] PREMIER LEAGUE.

prè·millenárian·ìsm *n* PREMILLENNIALISM.

prè·millénnial *a* 千年至福[王国]前の, キリスト再臨前の; 千年至福説の[を支持する]. ♦ **~·ly** *adv*

prè·millénnial·ism *n* 前千年王国[至福]説《千年至福期 (millennium) 前にキリストが再臨するとの説》. ♦ **-ist** *n*

Prem·in·ger /prémənʤər; -mɪŋgər/ プレミンガー **Otto (Ludwig)** ~ (1906–86) 《オーストリア生まれの米国の映画監督・制作者》.

prem·ise /préməs/ *n* **1** 《議論などの》前提, 《三段論法の二つの》前提 (cf. MAJOR [MINOR] PREMISE). **2** [*pl*] 前述の言, 〘法〙既述事項, 前記財産, 《証書の》頭書; [*pl*] 〘法〙《エクイティーの訴状における》訴えの事実. **3** [*pl*] 土地, 家屋; [*pl*] 家屋敷《土地および付属物付きの》, 構内, 屋敷, 建物: No alcohol may be consumed on the ~*s*. 店内[敷地内]での飲酒を禁ずる. ► *vt, vi* /, prɪmáɪz/ 前置きする[として述べる]; 前提(条件)とする, 仮定する: be ~*d* on …を前提としている. [OF<L PRAE*missa* set in front (*miss- mitto* to send)]

prem·iss /préməs/ *n* PREMISE. [↑]

pre·mi·um /prí:miəm/ *n* **1** 賞, 賞金, 賞品; 奨励金, 割増(金); おまけ, 景品. **2** 打歩(うちぶ), プレミアム, 額面超過額. **3** 保険料, 掛け金. **4** 〘証券〙品借り料, 逆日歩. **5** 〘商〙オプション価格[料], プレミアム. **6** 〘金融〙プレミアム《直物相場より先物相場が高い場合》. **7** 謝礼, 指導料. ● **at a ~** プレミアム付きで, 額面以上に (opp. *at a discount*);

大需要があって, 珍重されて, 入手しにくい, 貴重な, 不足した; 重んじられて. **put [place] a ～ on**…に高い価値を付ける[置く], …を重視する[重宝がる]; …を奨励する[促す]; …に高値を付ける, …を入手しにくくする. ► *a* 〈商品が〉高級な, 高価な, プレミア(ム)の〈ガソリン〉; 〈価格が〉高い. [L=reward (*emo* to buy, take)]

Prémium Bònd 1 〘英〙 くじ付き国債 (=**Prémium Sávings Bònd**) (=*savings bond*) 《利子の代わりに抽選による賞金が付く》 **2** [p- b-]*プレミアム付き債券 《売出し価格が額面価額より高い債券》.

prémium nòte 〘保〙 保険料支払い約束手形.

pre·míx *vt* 使用前に混合する. ► *n* /ˊ–ˋ–/ 前もって混ぜてあるもの, 「…の素(もと)」. ♦ **～·er** *n*

prè·módifier *n* 〘文法〙 前置修飾語(句) 《被修飾語より前に来るもの; 通常の形容詞など》. ♦ **prè·módify** *vt* 〈被修飾語を〉前置修飾する. **prè·modificátion** *n*

pre·mólar *n* 小臼歯, 臼前歯 (=**～ tóoth**). ► *a* 小臼歯の, 臼前歯の.

pre·mon·ish /primánɪʃ/ *vt, vi* 《まれ》 前もって警告する (forewarn), 予告[予戒]する. ♦ **～·ment** *n*

pre·mo·ni·tion /prìːmənɪ́ʃ(ə)n, prèm-/ *n* 予告; 徴候, 前兆; 予感. [F or L *prae-(monit- moneo* to warn)]

pre·mon·i·tor /prɪmánətər/ *n* 予告するもの, 予告者, 予戒者; 徴候, 前兆.

pre·mon·i·to·ry /prɪmánətɔ̀ːri; -t(ə)ri/ *a* 予告の; 前兆の; 〘医〙 前駆の: a ～ symptom 前駆症状. ♦ **pre·mòn·i·tó·ri·ly** /; prɪmɔ́nət(ə)rɪli/ *adv*

Pre·mon·stra·ten·sian /prìːmànstrətɛ́nʃən; -siən/ 〘カト〙 *n* プレモントレ会士 《プレモントレ修道会は 1120 年フランスの Prémontré において St Norbert (1085?–1134) によって創設された》. ► *a* プレモントレ修道会の.

pre·morse /prɪmɔ́ːrs/ *a* 〘植〙 〈葉・根が〉(先端を)かみ切られたような, 不規則切形(せっけい)の.

pre·mótion *n* 人間の意志を決定する神の所為, 神による人間行動の事前決定, 霊感.

pre·múndane *a* 世界創造以前の.

pre·mune /primjúːn/ *a* PREMUNITION の.

pre·mu·ni·tion /prìːmjunɪ́ʃ(ə)n/ *n* 〘医〙 相関免疫 《病気の原因となるものが既に存在することによる病気[伝染]に対する抵抗力[免疫性]》; 《古》 事前の備え[防御]. [L (*munio* to fortify)]

pré·nàme *n* 《姓に対して》 名 (forename) (⇨ NAME).

pre·nátal *a* 〘医〙 出生前の, 胎児期の; 出産前の〈医療〉. ► *n* 《口》 胎児検診, 出生前診断. ♦ **～·ly** *adv*

prenomen ⇨ PRAENOMEN.

pre·nóminal *a* 〈形容詞が〉名詞を前から修飾する; PRAENOMEN の. ♦ **～·ly** *adv*

pre·nóminate 《廃》 *a* 前述の. ► *vt* 前に述べる[言及する]. ♦ **-nominátion** *n* 《廃》 既述.

pre·nótion *n* 予感; 先入観.

pren·tice /prɛ́ntəs/ 《古》 *n, vt* APPRENTICE. ► *a* 年季奉公人の; 未熟な, 洗練されない: try one's ～ hand at… 未熟ながら…をやってみる. ♦ **～·shìp** *n* [ap*prentice*]

pre·núbile *a* 結婚適齢期前の.

pre·núclear *a* 核兵器時代前の; 〘生〙 見える核のない.

pre·nup /príːnʌ̀p/ *n* PRENUPTIAL AGREEMENT.

pre·núptial *a* 婚姻前の; 〘動〙 交尾前の: ～ play 〘動〙 《求愛の》 婚姻前戯. ► *n* PRENUPTIAL AGREEMENT

prenúptial agréement 〘法〙 婚姻前夫婦財産合意 《婚姻後の夫婦の財産権の確定, 離婚または死別した場合の財産分与などをあらかじめ定める婚姻前の取決め》.

pre·óccupancy *n* 先占, 先取(権); 没頭, 夢中.

pre·occupátion *n* 先取, 先占; 先入主, 偏見; 没頭, こだわり, 執着 〈*with*〉; なにより大切な仕事, 第一の任務; (重大)関心事.

pre·óccupied *a* 夢中になった, 頭がいっぱいの, 気をとられた 〈*with*〉; 先取りされた; 〘生〙 〈種名などが〉使用済みで(使用できない).

pre·óccupy *vt* 先取する, 占領する; 〈人〉の心を奪う, 〈人〉の頭から離れない. ♦ **pre·óccupier** *n*

pre·ócular *a* 〘動〙 眼の前の, 眼よりも前についた〈触角など〉.

pré·óp *a* PREOPERATIVE.

pre·óperative *a* 手術前の[に行なう]; 手術をうけていない. ♦ **～·ly** *adv*

pre·óption *n* 第一番選択権.

pre·óral *a* 〘動〙 口の前にある.

pre·órbit·al *a* 軌道に乗る前の.

prè·ordáin *vt* 予定する, あらかじめ…の運命を定める. ♦ **～·ment** *n* **pre·ordinátion** *n*

prè·ovipositíon *a* 《昆虫などの》 産卵前の.

pre·óvulatory *a* 排卵前(期)の.

pre·ówned *a* 中古の (secondhand).

prep /prɛ́p/ 《口》 *n* PREPARATION; PREPARATORY SCHOOL; PREPPY; 《競馬の》 試走. ► *a* 準備(用)の, PREPARATORY. ► *v* (*-pp-) *vi* *preparatory school で学ぶ; 予備訓練をうける, 準備する, 備える. ► *vt* PREPARE; 〈患者・受診者〉に手術[検査, 出産など]の準備処置を施す; …に試験[課題など]の準備をさせる. [*prep*aratory]

prep. preparation ♦ preparatory ♦ prepare ♦ preposition.

pre·páck *vt* PREPACKAGE. ► *n* /ˊ–ˋ/ prepackage した製品[パッケージ].

pre·páckage *vt* 〈食品・製品などを〉出荷時に包装[パック]する; まとめていくらで売る, あらかじめパッケージに組む.

pre·páckaged, -pácked *a* 包装済みの, パック[容器]入りの〈食品・製品など〉; あらかじめできている, 事前調整した.

pre·páid *v* PREPAY の過去・過去分詞. ► *a* *前払いの, 支払い済みの, プリペイド式の: a ～ envelope 料金前納封筒.

prep·a·ra·tion /prèpəréɪʃ(ə)n/ *n* **1 a** 準備[用意](すること), 備え; 《文書などの》 作成; [ᵘ*pl*] 準備(したこと[もの]), 手はず 〈*for*〉; ᴵᴵ下調べ 〈*for*〉, 予習(時限), 宿題; 〘楽〙 予備(音) 《不協和音の調整(音)》: in (course of) ～ 準備中で / in ～ *for* …の用意に, …に備えて; …の準備ができて / My ～*s* are complete. 準備は万端整っている / make ～*s* 準備を整える 〈*for*〉. **b** 《心の》 用意, 覚悟; [ᴾP-] ミサの前の祈禱, 秘跡を受ける前の祈り; 〘聖〙 準備の日 《安息日の前の金曜日》. **2 a** 調製[調理](法), 製剤; 製品, (調)合剤, 調合薬 〈*for*〉, 調製品; 《でき上がった》 料理. **b** 組織標本, プレパラート, 標品. ♦ **～·al** *a*

pre·par·a·tive /prɪpǽrətɪv/ *n* 予備[準備](となるもの); 〘軍〙 用意の合図 《太鼓・らっぱなど》. ► *a* PREPARATORY. ♦ **～·ly** *adv* 準備[用意]として.

pre·par·a·tor /prɪpǽrətər/ *n* 《特に組織標本などの》 調製者.

pre·par·a·to·ry /prɪpǽrətɔ̀ːri, -pɛ́ər-, prɛ́p(ə)r-; -pǽrət(ə)ri/ *a* 予備の, 準備の, 前置きの 〈*to*〉; 予習の; *大学受験準備の; ᴵᴵpublic school 入学準備の. ● **～ to** [副詞句として] …の準備として, …に先立って. ► *n* PREPARATIVE. ► *adv* preparatorily. ♦ **-ri·ly** *adv* 予備的に; 準備として.

prepáratory schòol 〘米〙 大学進学校 《通例 9–12 学年男女のための高度な教育内容の寄宿制私立学校》; 〘英〙 public school 進学校 《7–13 歳の児童のための主として寄宿制の私立初等学校》.

pre·pare /prɪpɛ́ər/ *vt* **1** 準備する, 用意する, 整える, 調える; …の下ごしらえをする, 作る 〈food *for* dinner〉; 立案する, 作成する; 〈薬などを〉調製[調合]する; 〘楽〙 〈不協和音を〉緩和する, 予備する: ～ the table 食事の支度をする / ～ the ground [way] 基礎[土台]を築く, 道を開く, 地ならしする 〈*for*〉 / ～ a report 報告書を作成する. **2 a** …の支度を整えさせる; 〈…に向けて〉訓練[教育]する, 〈受験生・学生を〉教えて準備させる 〈*for* a college〉. **b** 〈人〉に心の準備をさせる: ～ one*self* [sb] *for* [*to* receive] bad news 悪い知らせを聞く覚悟をする[させる]. ► *vi* 準備[用意]する 〈*for*, *to* do〉; 覚悟する 〈*for*〉: ～ for the worst 最悪の事態に備える[を覚悟する]. ♦ **pre·pár·er** *n* [F or L *prae-(paro* to make ready)]

pre·páred *a* 用意[準備, 覚悟]ができた, …する意思がある 〈*to* do, *for*〉; 調製[調理]された, 調理済みの; (前もって)準備した, 対策を講じた 〈*for*〉. ● **Be P～.** 常に備えよ 《ボーイスカウトの標語》. ♦ **-par·ed·ly** /-pɛ́ərəd-, -pɛ́ərd-/ *adv*

pre·par·ed·ness /prɪpɛ́ərədnəs, -pɛ́ərd-/ *n* 準備[覚悟](のできていること), 《特に》 戦時への備え, 軍備 〈*for*〉.

prepáred piáno 〘楽〙 プリペアードピアノ 《弦に異物をつけて普通と異なる音を出すようにしたピアノ》.

pre·páy *vt* 〈料金・利子などを〉前払いする, 前納する; 〈ローンなどを〉期限前に弁済する. ► *a* PREPAID. ♦ **～·able** *a* **～·ment** *n* 前払い, 前納; 期限前弁済[返済].

prepd prepared.

pre·pense /prɪpɛ́ns/ *a* [後置] 熟考のうえでの, 故意の: MALICE PREPENSE. ♦ **～·ly** *adv* [OF *purpensé* premeditated; cf. PENSIVE]

prepg preparing.

pre·plán *vt, vi* 事前に(…の)計画を立てる. ♦ **～ed** *a*

prè·plánt(·ing) /, ˊ–ˊ(–)/ *a* 植え付け前の: ～ soil fertilization.

prè·pólymer *n* 〘化・工〙 初期重合体, プレポリマー 《反応を調節され部分的に重合したプラスチック樹脂などの中間体》.

pre·pon·der·ance /prɪpánd(ə)rəns/**, -cy** *n* 重さ[力, 重要性, 数量など]でまさること, 優勢, 優位; 多数 (majority): ～ of (the) evidence 〘法〙 証拠の優越 《証拠の証明力が相手方のものよりまさっていること》.

pre·pón·der·ant *a* 重さ[力, 影響力, 数など]でまさる; 優勢な, 圧倒的な 〈*over*〉. ♦ **～·ly** *adv*

pre·pon·der·ate /prɪpándərèɪt/ *vi* 重さ[数量, 力量, 勢力など]でまさる; [*fig*] 幅をきかす 〈*over*〉; 《古》 〈天秤の皿などが〉下がる. ► *vt* 《古》 …にまさる; 《古》 〈天秤の一方を〉下げる. ► *a* /-rət/ PREPONDERANT. ♦ **～·ly** *adv* **pre·pòn·der·á·tion** *n* [L (*ponder- pondus* weight)]

pre·pone /pripóun/ *vt* 《インド》 …の時期を早める, 前倒しする (cf. POSTPONE).

pre·pose /prɪpóuz/ *vt* 〘文法〙 前置する.

prep·o·si·tion /prèpəzɪ́ʃ(ə)n/ *n* 〘文法〙 前置詞 《略 prep.》. [L (PRAE*posit- -pono* to place before)]

prepositíon·al *a* 〘文法〙 前置詞の, 前置詞的な, 前置詞を含む:

P

a ～ object 前置詞の目的語 / a ～ phrase 前置詞句《in front of など》; 前置詞付きの句《in the room など》. ♦ **～·ly** *adv*

pre·pos·i·tive /pripáz(ə)tɪv/ 〘文法〙 *a* 前置された. ► *n* 前置語. ♦ **～·ly** *adv*

pre·pos·i·tor /pripáz(ə)tər/ *n* PRAEPOSTOR.

prè·posséss *vt* 〈感情・観念などを〉あらかじめ〈人〉にいだかせる 〈*with*〉; [ᵁ*pass*]〈人〉に先入観をいだかせる; [ᵁ*pass*]〈人〉に好印象を与える; 《廃》先取りする: He is ～*ed with* a queer idea. 彼は妙な考えにとらわれている / His manner ～*ed* me against the present school education. 彼の態度から現在の学校教育はよくないという考えをもった / She ～*ed* me in her favor. 彼女が気に入った / You *are* ～*ed* in his favor. きみは初めから彼をひいき目で見ている / I *was* quite ～*ed* by his appearance. 彼の風采に好感をもった.

prè·posséss·ing *a* [ᴼ〈*neg*〉] 人好きのする, 魅力のある, 好感をいだかせる; 《古》偏見を起こさせる. ♦ **～·ly** *adv* **～·ness** *n*

prè·possés·sion *n* 先入観; ひいき目, 《よい意味で》偏愛; 《古》先取.

pre·pos·ter·ous /prɪpást(ə)rəs/ *a* 途方もない, ばかげた, 非常識な; 不合理な; 《まれ》前後転倒の, あべこべの. ♦ **～·ly** *adv* **～·ness** *n* [L *prae-*(*posterus* following)=reversed, absurd]

prepostor ⇨ PRAEPOSTOR.

pre·po·tence /pripóutns/ *n* PREPOTENCY.

pre·pó·ten·cy *n* 優勢; 〘生〙優性遺伝(力), 遺伝的優位性《今は疑問視されている》.

pre·pó·tent *a* 非常に優勢な; 〘生〙優性遺伝力を有する. ♦ **～·ly** *adv*

prép·per *n**《俗》予備チーム(の一員); 《俗》PREPARATORY SCHOOL.

prep·py, -pie /prépi/*《口》*n* PREPARATORY SCHOOL の生徒[卒業生], プレッピー《金持の子が多い》; プレッピー風の人. ► *a* プレッピー(風)の; プレッピースタイルの《クラシックでこざっぱりした服装についていう》. ♦ **prép·pi·ly** *adv* **-pi·ness** *n* [*prep*, *-ie*]

pre·prándial *a* 食事前の, 食前の: a ～ drink 食前の飲み物.

pre·préferenceᴵᴵ *a* 最優先の〈株・請求権など〉.

pre·preg /prì:prég, ⸗⸗/ *n* プレプレッグ《成型する以前のガラス繊維などに樹脂を含浸させたもの》. [*pre-*, im*preg*nated]

prè·prepáre *vt* 前もって準備する, あらかじめ作っておく. ♦ **～ed** *a* 〈料理が〉できあいの.

pré·préss *a* 〈組版などが〉印刷にかかる前の.

pre·prímer *n* 初歩入門書.

pré·prìnt /, ⸗⸗⸗/ *n* 《演説・論文などの公表前の》前刷り; 《掲載誌の本文より》前に印刷したもの《広告など》. ► *vt* /⸗⸗⸗/ preprint として印刷発行する; [ᵁ*pp*]《あとで使うため》前もって印刷する.

pre·prócess *vt* 〈資料などの〉予備的処理をする. ♦ **pre·pró·cessor** *n* 予備処理をする装置[プログラム].

prè·prodúction *a* 生産[制作]開始以前の; 試作品 (prototype) の. ► *n* 《劇・映画などの》制作に先立つ時期, 制作準備.

prè·proféssion·al *a* 専門職用特定研究[専門職開業]前の.

prè·prógram *vt* 事前に…のプログラムを作る.

prè·prógrammed *a* 前もってプログラムされた, あらかじめ据え付けられた, 前もって決められた.

prè·pro·hórmone *n* 〘生化〙プレプロホルモン《プロホルモンの前駆物質》.

prè·pro·ínsulin *n* 〘生化〙プレプロインスリン《プロインスリンのプレプロホルモン》.

prép schòol 《口》PREPARATORY SCHOOL.

prè·psychótic *a* 精神病前の. ► *n* 精神病の素質のある人.

prepub prepublication.

pre·púberal, pre·púbertal *a* 思春期前の. ♦ **～·ly** *adv*

pre·púberty, prè·pubéscence *n* 思春期前の時期.

prè·pubéscent *a*, *n* PREPUBERAL (の人).

prè·publicátion *a* 出版[刊行]前の. ► *n* 先行出版.

pre·puce /prí:pjù:s/ *n* 〘解〙《陰茎・陰核の》包皮. ♦ **pre·pu·tial** /pripjú:ʃ(ə)l/ *a* [L *praeputium* foreskin]

pre·púnch *vt* …に事前に穴をあける; 〈データなどを〉前もって打ち込む.

pre·quálify *vi* 競技への参加資格を獲得する, 予選を通過する. ♦ **-quálifier** *n*

pre·quel /prí:kwəl/ *n* 先行篇, 前日談[譚]《以前の作品より内容的にさかのぼる書物・映画など》. [*pre-*, *sequel*]

Pre-Ráphael·ìte *n*, *a* 〘美・文芸〙ラファエル前派の(芸術家)《1848 年に英国の画家 W. H. Hunt, D. G. Rossetti, J. E. Millais などがつくった芸術革新運動の一派; Raphael 前のイタリア巨匠を範とする; 略 PRB》; ラファエロ前の画家; ラファエル前派の絵画から抜け出たような〈女性〉《長く豊かでウェーブのかかった赤褐色の髪に色白の肌》. ♦ **Pre-Rá·pha·el·ìt·ism** *n*

prè·recórd *vt* 〘ラジオ・テレビ〙前もって録音[録画]しておく; PRESCORE.

prè·recórd·ed *a* 〈テープなど〉《販売前などに》あらかじめ録音[録画]してある.

prè·registrátion *n* 予備登録. ♦ **pre·régister** *vi*

prè·reléase *n* 一般公開[発売]前の作品[ソフトウェアなど]; 封切前上映, 試写会, 事前公開. ► *a* 一般公開[発売]前の; 《容疑者・囚人の》釈放前の[に行われる].

pre·réquisite *a* 前もって必要な, 欠くことのできない 〈*to*, *for*〉. ► *n* 前もって必要なもの, 前提[必要]条件 〈*to*, *for*, *of*〉; 基礎必須科目.

pre·rog·a·tive /prɪrágətɪv/ *n* 《英国の》国王大権 (＝royal ～); 《一般に》特権, 権限; 優先投票権; 《廃》優先権; すぐれた特徴, 能力: the ～ of mercy 赦免権. ► *a* 大権[特権]を有する, 特権の; 〘ロ史〙優先投票権のある: ～ right 特権. ♦ **-tived** *a* [OF or L ＝privilege (PRAE*rogo* to ask first); 'tribe with the right to vote first' の意]

prerógative còurt 〘英史〙大主教特権裁判所《遺言事件を扱った》; 〘英史〙大権裁判所《Privy Council (枢密院) を通じて, 国王大権に基づき裁判権を行使した各種裁判所》; 〘米史〙《New Jersey 州の》遺言裁判所.

prerógative órder 〘英法〙大権命令《下位裁判所・審判所その他の機関を監督する目的で高等法院が発給する命令; 移送令状 (certiorari), 職務執行令状 (mandamus), 禁止令状 (prohibition)》.

pres /préz/ *n* [ᴼP-]《俗》PREZ.

pres. present♦president.

Pres. President.

pre·sa /préɪsə; présə, -ɑ:/ *n* (*pl* **-se** /-seɪ/) 〘楽〙手引き記号《:s:, ＋, ※》. [It＝a taking up]

pres·age /présɪʤ/ 《文》*n* 前兆 (omen); 虫の知らせ, 予感, 予覚; 《古》予言, 予想: of evil ～ 不吉な, 縁起の悪い. ► *vt*, *vi* /, prɪséɪʤ/ (…の)前兆となる, 予言する; 《古》虫が知らせる, 予感がする. ♦ **～·ful** *a* **prés·ag·er** *n* 《古》予言するもの. [F＜L (*prae-*, *sagio* to perceive keenly)]

pré·sàle *n* 一般販売に先立つ特別販売.

pre·sánctified *a* 〈聖餐の要素 (Eucharistic elements) が〉前もって清められた.

Presb. Presbyterian.

pres·by- /prézbi, *prés-/, **pres·byo-** /prézbioʊ, -ə, *prés-/ *comb form*「老年」[Gk (*presbus* old)]

pres·by·cu·sis /prèzbəkjú:səs, *près-/, **-a·cu·sia** /-əkjú:ʒ(i)ə/, **-cou·sis** /-kú:səs/ *n* 〘医〙老人性難聴.

pres·by·ope /prézbiòʊp, *prés-/ *n* 老視[老眼]の人.

pres·by·opia /prèzbióʊpiə, *près-/ *n* 〘医〙老視, 老眼 (cf. HYPEROPIA). ♦ **près·by·óp·ic** /-áp-, -óʊ-/ *a*

pres·by·ter /prézbətər, *prés-/ *n* 《初期キリスト教会の》長老; 《長老教会の》長老 (elder); 《監督教会の》司祭 (priest)《bishop と deacon の間の聖職》. ♦ **～·shìp** *n* 長老[司祭]職[の任期].

pres·byt·er·al /prɛzbít(ə)rəl, *prɛs-/ *a* PRESBYTERIAL. [L＜Gk＝elder; ⇨ PRESBY-]

pres·byt·er·ate /prɛzbítərət, *prɛs-, -rèɪt/ *n* 長老の役目[身分]; 長老会 (presbytery).

pres·by·te·ri·al /prèzbətíəriəl, *près-/ *a* 長老[司祭] (presbyter) の; 長老制の; 長老政治の. ► *n* [ᴼP-] 長老教会婦人団体[組織]. ♦ **～·ly** *adv*

Pres·by·te·ri·an /prèzbətíəriən, *près-/ *n* 長老派の人[信徒]. ► *a* [ᴼp-] 長老制[派]の; 長老教会の. ♦ **～·ism** *n* 長老制度, 長老教会主義; 全長老教会. **～·ize** *vt* 長老派[長老制]にする.

Presbytérian Chúrch [the] 長老(派)教会《カルヴァン主義に基づき, 長老が支配するプロテスタント諸教会》.

pres·by·tery /prézbətèri, prés-; -t(ə)ri/ *n* 《長老教会の》長老会, 中会《地区の全教会の牧師と長老からなる評議会》; 長老会管轄区[教区](内の全教会); 聖職席《教会堂の聖所東側にある》, 内陣 (sanctuary); 〘カト〙司祭館.

pré·schòol /, ⸗⸗⸗/ *a* 就学前の. ► *n* /⸗⸗⸗/ 保育園, 幼稚園 (kindergarten). ♦ **pré·schòol·er** *n* 就学前の幼児, 未就学児童《通例 2 歳より 5, 6 歳まで》; 保育園児, 幼稚園児.

pre·sci·ence /prí:ʃ(i)əns, préʃ-, -siəns; présiəns/ 《文》*n* 《神の》全知; 先見, 達識, 洞察 (foresight). ♦ **pré·sci·ent** *a* 予知する; 先見の明ある, 先見性のある, 達識の. **-cient·ly** *adv* [L PRAE*scio* to know before]

prè·scientífic *a* 近代科学発生以前の, 科学以前の.

pre·scind /prɪsínd/ *vt* …の一部分を早めに[突然]切り放す, 取り除く 〈*from* whole〉; 引き離して考える, 抽象する. ► *vi* 注意[考え]をそらす 〈*from*〉, 考慮しない.

pre·scóre *vt* 〘映〙撮影に先立って〈音・背景音楽などを〉録音する; 〈ボール紙など〉に《曲げるための》切れ目[折り目]をあらかじめつける.

Pres·cott /préskət, -kàt/ **1** プレスコット《男子名》. **2** プレスコット (1) **Edward C(hristian)** ～ (1940–　)《米国の経済学者; ノーベル経済学賞 (2004)》 (2) **William Hickling** ～ (1796–1859)《米国の歴史家; スペインとその植民地の研究で知られる》. [OE＝priest's cottage]

pre·scréen *vt* 前もってふるいにかける; 試写する.

pre·scribe /prɪskráɪb/ *vt* **1** 命令する, 指図する; 規定する; 〈薬・療法などを〉処方[指示]する: ～*d* textbooks 指定教科書 / ～ a long rest 長期安静を指示する / ～ a new medicine *for* this disease こ

の病気に新薬を処方する. **2**〘法〙時効にする, 時効によって取得する. ► *vi* **1** 命令[指図, 規定]する; 処方を書く. **2**〘法〙消滅時効(による取得)を主張する 〈*to, for*〉; 時効になる. ◆ **pre·scrib·able** *a* **pre·scrib·er** *n* ［L PRAE*script*- -*scribo* to direct in writing］

pre·script *n* /príːskrɪpt/ 規定, おきて; 指令, 法令, 政令. ► *a* /prɪskrípt, príːskrɪpt/ 規定[指令, 指図]された.

pre·scrip·ti·ble /prɪskríptəb(ə)l/ *a* 規定[時効]を受ける; 規定[時効]に基づく[から生じる].

pre·scrip·tion /prɪskrípʃ(ə)n/ *n* **1 a** 規定, 規範, おきて, 法規, 訓令. **b** 処方; 処方箋, 処方箋調剤, 処方薬; 勧告, 方策: fill [make up] a ~ 処方箋に従って調剤する / on [by] ~ 処方箋を提示して《prescription drug を買うとき》. **2**〘法〙時効, 取得時効; 長年の使用[慣習](に基づく権利[権威]): negative [positive] ~ 消滅[取得]時効.

prescríption chàrge"[ᵘ*pl*]《国民健康保険 (NHS) で薬を買う場合の》薬代の患者負担分.

prescríption drùg《医師の処方箋がなければ入手できない》要指示薬, 処方薬 (cf. OVER-THE-COUNTER).

pre·scrip·tive /prɪskríptɪv/ *a* 規定する, 命令する, 規範的な; 〘法〙時効による, 慣例の: a ~ right 時効取得された権利. ◆ **~·ly** *adv* **~·ness** *n*

prescríptive grámmar 規範文法《ある言語の正用法を指示する文法; cf. DESCRIPTIVE GRAMMAR》.

pre·scrip·tiv·ìsm *n*〘言〙規範主義;〘倫〙規範主義《道徳的言明は真理値をもたず他に対する態度を規定し話者の信念を表明するものであるとする》. ◆ **-ist** *n, a* ⁺規範文法の(支持者), 規範文法家(的な).

prese *n* PRESA の複数形.

pre·séason *a*《観光・スポーツなどの》シーズン前の. ► *n* /ˌ- ˌ--/ シーズン前, プレシーズン.

prè·seléct *vt* 前もって選ぶ. ► *vi* PRESELECTOR として用いる[となる]. ◆ **-seléction** *n*

prè·seléctive *a*〘車〙前もって選択・かみ合わせのできる, 自動変速の〈ギア〉.

prè·seléctor *n*《ラジオの受信回路とアンテナの間にある, 感度を上げるための》前増幅器;《自動車の》ギア比を前もって選ぶための変速装置.

pre·séll *vt* 〈顧客〉にあらかじめ売り込む, 〈商品を〉前もって売り込む, 前宣伝する; 事前に売る, 完成前に売る[売り出す], 前売り[予約販売]する.

pres·ence /préz(ə)ns/ *n* **1 a** (opp. *absence*) 存在, 現存, 実在; 《軍隊の》駐留;〘音響〙臨場感;〘植〙《群落内の特定種の》常在度, 出現度: the ~ of danger 危険の存在, 身近な危険. **b** 出席, 臨場, 参列: Your ~ is requested. 御出席を請う. **c** 面前, 人前; [the] "御前;《廃》PRESENCE CHAMBER: be admitted to [banished from] *the* royal ~ 拝謁を許される[御前から退けられる]. **2 a** 存在感[意義],《存在することから生じる》影響力, プレゼンス: a strong military ~ 強力な軍事的影響力. **b** 風采, 押し出し; 風格,《役者などの》貫禄: a man of (a) noble ~ 気高い風采の人 / have a poor ~ 風采が上がらない / have (a) ~ 風格[貫禄]がある / stage ~ 舞台上での貫禄[存在感]. **3 a** 居る人, 在るもの, 堂々たる風采の人物;《古》出席者たち, 会衆. **b** 霊気; 幽霊, 妖怪, 物の怪(ᵍ). ● **in the ~ of**… の面前で, …の立ち会いのもとで; …の存在下で. **make one's ~ felt** 人に自分の存在[重要性]を認めさせる, 実力を見せつける, 一目置かれる.

présence chàmber 謁見室.

présence of mínd《危機に臨んでの》平静, 沈着 (opp. *absence of mind*): lose one's ~ あわてる.

pre·sénile *a* 老年期前の, 初老(期)の; 早老の.

presénile deméntia 初老(期)痴呆[認知症].

prè·senílity *n* 早老; 老年期前の時期, 初老期.

pres·ent[1] /préz(ə)nt/ *a* **1 a** [ᵘ*pred*] 居る, 在る; 出席している, 参列した (opp. *absent*): the ~ company 出席者, 一座の人びと / ~ company EXCEPTed / the members ~ 出席会員 / *P*~, sir [ma'am]. はい《点呼の返事》. **b** 〈心などに〉ある 〈*to*〉, 胸に浮かんでいる: ~ *to* the mind 心に浮かんで, 忘れ(られ)ないで. **2** [*attrib*] **a** 現在の, 現…, 今の, 今日の; 当面の;〘文法〙現在(時制)の: at the ~ time [day]=in the ~ day 現今では / ~ members 現会員 / the ~ case 本件, この場合 / the ~ volume 本書 / the ~ writer 筆者《this writer ともいう》. **b**《古》即座の, 応急の;《廃》注意を怠らない: a very ~ help 早速の援助 ● ALL **~ and correct.** ► *n* **1** [ᵒthe] 現今, 現在;〘文法〙現在時制, 現在形(の動詞): at ~ 目下, 現今は / this ~ 現今 / up to *the* ~ 今に至るまで / live in *the* ~《過去や将来のことを考えずに》今を生きる / (There is) no time like *the* ~.《諺》今よりいい時はない《するなら今だ》. **2 a** [these ~s]〘法〙本文, 本証書, この書類: Know all men by *these* ~*s* that…. 本書により…であることを証する《証書文句》. **b**《廃》当面の問題. ● **for the ~** 当分, さしあたり. ◆ **~·ness** *n* ［OF<L *praesent- praesens* (pres p) 〈 *prae-(sun* to be)=to be before, at hand］

present[2] *n*《誕生日・クリスマスなどの》贈り物, プレゼント, みやげ《通例 親しい者どうしの贈り物; gift は通例 個人[団体]に対する正式の贈り物》: make a ~ of sth to sb=make [give] a ~ to sb 人に物を贈る. ［OF (↑); 一説に OF *mettre un chose en present à quelqu'un* put a thing in the presence of someone の *en present* が *en don* as a gift の意で用いられたことから］

pre·sent[3] /prɪzént/ *vt* **1 a** 贈る, 贈呈する, 与える 〈sth *to* sb, sb *with* sth〉; 〈敬意などを〉ささげる 〈*to*〉; 述べる: *P*~ my compliments [humble apologies] *to* him. 彼によろしく《伝言[言いわけ]の依頼》. **b** 提出する, 差し出す 〈*to*〉; 〈受領証などを〉(手)渡す 〈*to*〉;〘商〙〈手形などを〉呈示する;〘法〙告発[告訴]する 〈*to*〉: ~ a petition *to* the authorities 当局へ請願書を提出する. **2** 〈人を〉紹介する 〈*to*〉, 拝謁させる, 披露する;〘劇〙〈俳優を〉出演させる, 〈劇を〉上演する, 〈役を〉演じる; 〈映画を〉公開する; "〈番組〉の司会(者)をつとめる; 〈新製品・新説を〉発表する; "〘教会〙〈聖職者を〉推薦する 〈*to*〉: May I ~ Mr. Smith (*to* you)? スミスさんをご紹介しましょう / be ~*ed* at Court 宮中で拝謁を賜わる / ~ one*self* 〈人が〉出席[出頭]する, 到着する; 診察をうけに行く. **3** 見せる 〈*to*〉, 描く, 触れ込む 〈*as*〉; 〈資質などを〉示す, 呈する; 〈問題などを〉起こす, 〈危険を〉はらむ: The new City Hall ~*s* a fine appearance. 新市役所は堂々たる外観を呈している / ~ an appearance of…の印象を与える, …の観を呈する / ~ it*self* 〈機会などが〉到来する, 現われる, 〈考えなどが〉心に浮かぶ / ~ one*self as*…のようにふるまう[見せかける]. **4** 〈武器を〉向ける 〈*at*〉, …のねらいをつける;〘軍〙ささげ銃(ﾂﾂ)にする: ~ a pistol *at* sb 人にピストルを向ける / *P*~ arms!《号令》ささげ銃! ► *vi* **1** 聖職禄者推薦をする. **2** 武器を向ける. **3** 〘医〙〈胎児の一部が〉子宮口に現われる, 先進する; 〈症状が〉現われる; 〈患者が〉(病気で)診察をうけにくる 〈*with*〉. **4**《口》〈よい・悪いなどの〉印象を与える, …のように見える, …な感じがする. ► *n* ささげること, 向けること; ねらった時の銃の位置;〘軍〙PRESENT ARMS: at (the) ~ ささげ銃をして. ［OF<L=to exhibit, offer: ⇨ PRESENT[1]］

presént·able *a* 人前に出せる, 見苦しくない, 恥ずかしくない, ちゃんとした; 押し出しのよい, 体裁のよい; 紹介[推薦]できる; 呈示[表現]できる; 上演可能な〈劇〉: make one*self* ~ 人前に出られるような服装をする. ◆ **-ably** *adv* **~·ness** *n* **presènt·abílity** *n*

presént árms〘軍〙ささげ銃(ﾂﾂ)の姿勢[号令]《体の正面で垂直に持つ; cf. PRESENT[3] *vt* 4》;〘軍〙《武装していない軍隊の》挙手の礼.

pres·en·ta·tion /prèz(ə)ntéɪʃ(ə)n, *prìː-, *prìːzèn-/ *n* **1** 贈呈, 捧呈 〈*of* credentials〉, 授与; 授与式; 贈り物, 贈呈品. **2** 紹介, 披露, おひろめ; 拝謁, 伺候 〈*at* court〉; 提示, 提出, 発表, プレゼン(テーション); 説明(方法), 売込み方,《商品などの》見た目; 公開, 上演; 〘商〙《手形などの》呈示;〘教会〙聖職推薦(権); [ᵒP-]〘教会〙聖マリアの御奉献(の祝日)《11 月 21 日》, キリスト奉献(の祝日) (CANDLEMAS). **3** 体裁, 押し出し;《何かを表わす》しるし, 像;《病気などの》症状;〘哲・心〙表象《知覚による外界対象の, 感覚的・具体的な像》. **4**〘医〙胎位.

presentátion·al *a* 表象的な;〘言〙概念を表象する (notional): ~ skills《人前での》発表[プレゼン]のスキル. ◆ **~·ly** *adv*

presentátion còpy 贈呈本, 献本.

presentátion·ìsm *n*〘哲〙表象実在論《知覚表象と実在を同一視する認識論的立場》. ◆ **-ist** *n, a*

pre·sen·ta·tive /prɪzéntətɪv, *préz(ə)ntèɪt-/ *a*〘哲・心〙表象的な;〘教会〙聖職推薦権のある.

présent-dáy *attrib a* 現代の, 現今の, 今日の.

pres·en·tee /prèz(ə)ntíː, prɪzèn-/ *n*〘教会〙聖職禄付きの職に推薦された人; 受贈者, 受領者; 拝謁者.

presentée·ism《点数稼ぎのために行なう》自主的な残業[休日出勤], 忠勤(主義) (cf. ABSENTEEISM).

presént·er *n* 贈与者; 提出[発表]者; 申告者, 告訴者; 推薦者, 任命者; "(ニュース)番組総合司会者, キャスター, アンカー (anchorman*).

pre·sen·tient /prɪsénʃ(i)ənt, -zén-/ *a* 予感的な; 予感する 〈*of*〉.

pre·sen·ti·ment /prɪzéntəmənt/ *n* (不吉な)予感, 虫の知らせ 〈*of* danger〉. ◆ **pre·sèn·ti·mén·tal** /-méntl/ *a* ［F (*pre*-)］

présent·ìsm *n* 現在[今日]中心の見方[考え方], 現在主義. ◆ **-ist** *n, a*

pre·sen·tive /prɪzéntɪv/ *a*〘哲・言〙〈語が〉表象の, 対象や概念を直接表わす, 直覚の (opp. *symbolic*).

présent·ly *adv* **1** ほどなく, やがて (soon);《古》直ちに (at once): He will be here ~. 今にやって来ましょう. **2**《米・スコ》現在, 目下 (at present): He is ~ in America. 今米国にいる.

presént·ment *n* **1** 表示, 陳述, 叙述, 描写 〈*of*〉; 絵;〘哲・心〙表象, 表出. **2** 上演, 演出; 提出, 呈示; 展示物[法];〘法〙大陪審の告発[告訴];〘教会〙陳情, 推薦;〘商〙《手形などの》呈示. ［*present*[3]］

présent párticiple〘文法〙現在分詞(形).

présent pérfect *n, a*〘文法〙現在完了(時制)(の), 現在完了形.

présent ténse〘文法〙現在時制[時相].

présent válue 現在価値 (=**présent wórth**)《将来に受け取る[支払う]金額を適当な割引率で割り引いて求められた現在の価値》.

présent wít 機転, 頓知.

pres·er·va·tion /prèzərvéɪʃ(ə)n/ *n* 保存, 保蔵, 貯蔵, 保護, 保管, 保存状態; 維持: a ~ order《歴史的建造物・文化財などの》保存[保全]命令 / be in good [a good state of] ~ 保存状態がよい.

P

preservátion·ist *n* 《野生の動植物·歴史的文化財などの》保存[保護]主義者.

pre·serv·a·tive /prɪzə́ːrvətɪv/ *a* 保存の, 保存力のある; 防腐用の. ► *n* 予防法; 保存薬, 保存料, 防腐剤, 保健剤, 予防剤, …よけ〈*from, against*〉.

pres·er·va·tor /prézərvèɪtər/ *n* 自然観光資源保護官.

pre·serve /prɪzə́ːrv/ *vt* **1 a**〈危害·腐朽などから〉保護する〈*from, against*〉, 保存する;〈ある状態を〉維持する, 保つ; 禁猟(地)とする: Saints [God] ~ us! 聖人たちよ[神よ]われらを守りたまえ《しばしば驚きの発声》/ a well-~*d* man 老いをみせない人 / Ice ~*s* food *from* decay. 氷は食物を腐らせず長持ちさせる. **b** 保蔵する, 塩[砂糖]漬けにする, かんづめ[瓶詰め]にする; 貯蔵する: ~ fruit in [with] sugar. **2** 心に留める, 忘れない,〈名前·記憶などを〉残しておく, しまっておく, ためておく, 失わない〈*for*〉. ► *vi* 保存食品にする; 保存に適する; 禁猟地にする. ► *n* **1** [ᵘ*pl*] 保存食品, 砂糖漬け, ジャム (jam), かんづめ[瓶詰め]の果物. **2** 禁猟地[流域]; *自然資源保護区域; 生簀(いけす); [*fig*]《特定の人(たち)の》領分, 分野: a male ~ 男性だけが関与する領域, 男性中心の世界. **3** [*pl*] 遮光[ちりよけ]めがね (goggles). ♦ **pre·sérv·able** *a* 保存[保管, 保護, 貯蔵]できる. [OF<L *prae-*(*servo* to keep)=to keep safe in advance]

pre·sérved *a* 保存された; *《俗》酔っぱらった.

pre·sérv·er *n* 保存者; 保護者, 維持者; 砂糖漬け[かんづめ]業者; 猟鳥獣保護者, 禁猟地管理人;《木材の》防腐剤 (preservative).

pre·ses /príːsiːz/ *n* (*pl* ~) 《スコ》議長, 座長.

pre·sét *vt* 前もってセットする[据え付ける, 調節する]. ► *a* 前もってセット[調節]された. ► *n* 前もってセットされたもの;《オーディオ機器などの》プリセット[一発選局]つまみ[ボタン]. ♦ **-sét·ta·ble** *a*

presh /préʃ/ *n, a* 《俗》PRECIOUS.

pre·shrínk *vt* [°*pp*]〈布地など〉に防縮加工を施す《洗濯によって縮むことのないように, 仕立てる前にあらかじめ縮ませる》.

pre·side /prɪzáɪd/ *vi* 議長[座長]をする, 司会する; 主人役をつとめる, 主宰する〈*at, over*〉; 統轄する, 管理する,〈…の〉責任者である〈*over*〉;《口》《演奏の中心として》奏者をつとめる〈*at* the organ, piano, etc.〉: ~ *at* the meeting 司会する / The chairman ~*s* *over* the conference. 議長が協議会を主宰する. ♦ **pre·síd·er** *n* 主宰者; 司会者. [F<L *prae-*(*sedeo* to sit)=to superintend]

pres·i·den·cy /prézəd(ə)nsi/ *n* PRESIDENT の職[地位, 任期, 政権, 体制]; 統轄, 主宰; [P-]《昔のインドの》州;〘モルモン教〙三人評議会《地方統治機関》;〘モルモン教〙大管長会 (=First P~)《最高統治機関》: assume the ~ of Oxford オックスフォード大学の総長に就任する / the Swedish EU *P~* 閣僚理事会の議長国スウェーデン運営下の EU 体制.

prés·i·dent *n* [°P-] 大統領,《中国などの》国家主席; 社長, *頭取; 総裁; 学長, 総長; 議長, 会長; 座長, 司会者;《州·植民地などの》長官, 知事;〘キ教〙聖餐式の司式者. ★ アメリカ大統領[もと大統領]に対する敬称は Mr. President. ♦ **~·shìp** *n* [OF<L (PRESIDE)]

président-eléct *n* 《就任前の》次期 PRESIDENT.

président-for-lífe *n* LIFE PRESIDENT.

pres·i·den·tial /prèzədénʃ(ə)l/ *a* PRESIDENT [PRESIDENCY] の; 主宰[支配, 監督, 指揮]する: a ~ timber *大統領になる貫禄十分な人. ♦ **~·ly** *adv* ⁺大統領によって: ~*ly* appointed officials 大統領任命の高官.

presidéntial búg [*joc*]《大統領の座を渇望する》権力欲, 大統領熱.

presidéntial góvernment 大統領制《大統領が立法府から憲法上独立している政治政体》.

Presidéntial Médal of Fréedom MEDAL OF FREEDOM.

presidéntial prímary*《各政党の》大統領予備選挙《州ごとに各政党の大統領候補者または党全国大会に出席する代議員を決める選挙》.

presidéntial yéar 米国大統領選挙の年《西暦年数が 4 で割り切れる年》.

président pro témpore [tém]〘米〙上院議長代行《副大統領 (上院議長を兼任) が不在の際に上院議長を代行する上院議員; 通常は多数党の院内総務》.

Présidents' Dày〘米〙大統領の日《2 月の第 3 月曜日; 別名 Washington's Birthday; 今日多くの州では Lincoln's Birthday と合わせて一つの法定休日とする》.

pre·sid·i·al /prɪsídiəl, -zíd-/ *a* 地方の; 要塞の, 守備隊の; 大統領の.

pre·sid·i·ary /prɪsídièri; -əri/ *a* 要塞の, 守備隊の.

pre·síd·ing *a* 主宰[統轄]する; 司会する: a ~ judge 裁判長 / a ~ officer《投票[試験]場などの》監督官;《議会などの》議長.

pre·si·dio /prɪsídiòʊ, -síːd-/ *n* (*pl* **-di·òs**) 《スペイン·南米の》とりで, 要塞;《スペインの》囚人植民地. [Sp<L (↓)]

pre·sid·i·um, prae- /prɪsídiəm/ *n* (*pl* **-ia** /-iə/, ~**s**) [the P-]《ソ連の》最高会議幹部会; [the, °the P-]《他の共産主義国家の》常任幹部会;《非政府機関の》理事会. [Russ<L; ⇨ PRESIDE]

pre·sígnify *vt* …について予告する; …の前兆をなす.

Pres·ley /présli, préz-/ プレスリー **Elvis (A(a)ron)** ~ (1935–77)《米国のロックンロールシンガー; ヒット曲 'Heartbreak Hotel' (1956), 'Love Me Tender' (1956) など; 映画にも多数出演》.

pre·sóak *vt*〈洗濯物·種子などを〉前もって浸す, 予浸[浸種]する, つけおきする. ► *n* /⌐—⌐/《洗濯物を前もって浸す時に用いる》つけおき用洗剤; 前もって浸すこと, 予浸.

prè-Socrátic *a* ソクラテス前(の哲学者)の. ► *n* ソクラテス前の哲学者.

pre·sórt *vt*〈郵便物を〉郵便局に出す前に郵便番号に従って分ける.

pres. part. °present participle.

pre·squáwk *vt**《俗》正式な検査に先立って点検する.

press[1] /prés/ *vt* **1** 圧する, 押す; 押し込む; プレス(加工)する;〈CD などを〉プレス[型抜き]して作る: ~ flowers 押し花をする / ~ the BUTTON / *P~* the clothes with an iron. 衣服にアイロンをかけなさい / ~ (*down*) the accelerator pedal アクセルをぐっと踏む / We ~*ed* ourselves *against* the wall. 体を塀に押しつけた / He ~*ed* a sticker *on* [*onto*] the bumper. バンパーにステッカーを貼った. **2** 締めつける, 押しつぶす, しぼる, 圧搾する;〈手を〉握りしめる; ひしと抱く;〘史〙《拷問として》圧迫する〈*to death*〉: ~*ed* beef (かんづめ用)圧搾牛肉 / ~ grapes ブドウを圧搾する / ~ the oil *out of* the seeds 種から油をしぼり取る / He ~*ed* her *to* him [his side]. 彼女をひしと抱き寄せた / ~ one's lips *together* くちびるを強く結ぶ. **3** せきたてる, 強いる, 問い詰める; …にせがむ, 懇願する;〈意見などを〉押しつける, 押し通す; 言い張る, 強調する; 無理に受けさせようとする: It is no good ~*ing* him. 彼をせきたててもむだだ / He ~*ed* me *for* consideration. わたしに熟考を迫った / We ~*ed* our guest *to* stay overnight. 客に泊まっていくように強く勧めた / ~ charges 告訴[告発]する〈*against* sb〉/ I won't ~ my opinion *upon* you. わたしの意見を押しつけるつもりはない / I ~*ed* the money *on* him. 無理にも金を受け取らせようとした. **4**〈行動を〉(一気に)遂行する, 急ぐ: ~ an attack 強襲する. **5** 攻める, 襲う, …に攻め寄せる; 圧迫する, 苦しめる; [*pass*] 窮させる〈*for*〉;《古》…に押し寄せる, 群がる: *be ~ed for* money [time] 金に窮して[時間に迫られて]いる / be HARD pressed / HARD-PRESSED. **6**〘重量挙〙プレスで挙げる.

► *vi* **1** 押す, 圧迫する〈*against, on*〉; ボタン[スイッチ]を押す, ペダルを踏む; アイロンがけする,〈布地が〉(うまく)アイロンできる, アイロンがきく; 押し寄せる, どっと群がる; 押しのけて進む, 突進する, 急ぐ;〘バスケ〙プレスディフェンスをかける;〘ゴルフ·テニスなど〙力む, 力んで打つ: ~ *down on* the lever レバーを押し下げる / ~ *for* service ボタンを押して係を呼ぶ / They ~*ed against* the barricades. 彼らはバリケードへどっと押しかけた / The boys ~*ed round* their teacher. 教師のまわりにどっと集まった / ~ into…に押し込む, 侵入する / ~ *through* the crowd 人込みの中を押しのけて進む. **2** 切迫する, 急を要する; 迫る, 催促する; 努力する, 取り組む; 重くのしかかる: if time ~*es* 時間の余裕がなければ / ~ *for* payment [an answer] 支払い[回答]を迫る / ~ hard *upon*… に肉薄する, …を追及する / *P~* ahead [forward, on, onward] *with* your work. 休まずどんどん仕事を続けなさい / The responsibility ~*ed* heavily *upon* me. 責任が心に重くのしかかった / Anxiety ~*ed* *down on* us. 不安が重くのしかかってきた.

► *n* **1** 圧迫, 圧搾, 押し;《口》《アイロンによる》プレス; 握りしめること; 圧搾[圧縮]機, …しぼり; 押型機, 型抜き機; プレス工場[業]; 押しボタン;《ラケットなどの》そり防止用締め(金)具, プレス;〘重量挙〙プレス《いったん肩の高さまで挙げたあと, 頭上に押し挙げる; cf. CLEAN AND JERK, SNATCH》;〘バスケ〙プレスディフェンス: a ~ of the hand 手を握りしめること / give a light ~ 軽く押す / a wine [cider] ~ ブドウ[リンゴ]しぼり器 / a bell ~ ベルの押しボタン. **2** 押し寄せること, 突進; 人込み, 群集; ひしめき, 雑踏; 火急, 切迫; 忙しさ, 繁忙: the ~ of business [one's daily life] 仕事[日常生活]の忙しさ. **3 a** 印刷機 (printing press); CYLINDER; 印刷(術); 印刷所, 発行所, 出版部[局, 社]: be at [in, on] (the) ~ 印刷中である / be hot off the ~ 印刷したてで, 印刷が終わったばかりで / correct the ~ 校正する / out of ~ 絶版で, 売切れで / send [go] to (the) ~ 印刷にまわす[付される] / go to ~ *with* a book〈人が〉本を印刷にまわす / stop [hold] the ~(*es*)〘新聞〙《ニュースが飛び込んできたため》輪転機を止める (cf. STOP PRESS); [*fig*]《緊急事態発生のため》進行中の作業[手続き]を中断する. **b** [the] 出版物, 定期刊行物, 新聞, 雑誌; [the] 報道機関, マスコミ; [the] 記者団, 報道関係者, 報道陣; 新聞·雑誌に出る批評, (マスコミの)論評, 論調, 報道, ニュース: the freedom [liberty] of *the* ~ 出版[報道]の自由 / give…to *the* ~ …を新聞で公表する / have (a) good [bad] ~ 新聞·マスコミで好評を博する[たたかれる] / No ~. (掲示で) 取材お断り. **4** 戸棚; 洋服だんす; 書棚.
[OF<L (freq)〈*press- premo* to press]

press[2] *vt, vi* 徴用する; 急場に使う, 代用する;〘史〙〈人を〉兵役に服させる: ~ a disused car into service 廃車を出して無理に使う.
► *n*〘史〙《水兵·兵士の》強制徴募; 強制徴募令状. [逆成〈*prest*[2]]

préss àgency 通信社 (news agency).

préss-àgent *vt, vi* (…の)プレスエージェントをつとめる.

préss àgent 《芸能人·スポーツ選手·団体などの, 雇われた》広報宣伝係[担当者, 業者], プレスエージェント《略 PA》. ♦ **préss-àgentry** *n*

préss assocìation 1 通信協会, 通信社《地方記事以外のニュースを会員の各新聞社に配給する組織; 略 PA》; 出版社[新聞社]協会. **2** [the P- A-] プレスアソシエーション《英国のニュースエージェント; 1868 年設立; 全国・地方紙, BBC, ITN などに国内ニュースを提供している; 略 PA》.
préss bàron «口» 新聞王 (=*press lord*).
préss·bòard *n* プレスボード《光沢仕上げにした板紙; 絶縁材料として, また印刷物のつや付けに用いる》; 《袖用》アイロン台.
préss bòx 《競技場などの》記者席.
préss bùreau 報道[広報]部[局]; 広報業務.
Press·burg /*G* présburk/ プレスブルク《BRATISLAVA のドイツ語名》.
préss-bùtton *a* PUSH-BUTTON.
préss campàign 新聞による世論喚起.
préss clìpping 新聞の切り抜き (press cutting").
préss clòth 当て布《アイロンをかけるときに服の上に置く》.
préss còde プレスコード《**1**) 権力者が発する報道規制条項 **2**) [the P- C-] 第二次大戦後 GHQ が日本の新聞・出版に強制した編集規範》.
Press Compláints Commìssion [the] 〘英〙新聞苦情(調査)委員会《1953 年に新聞の自由と規準維持のための協議会 Press Council として発足, 91 年に現在の形に改組された独立団体; 新聞・雑誌の報道活動に対する苦情を調査し, 調査結果を公開している; 略 PCC》.
préss cònference 記者会見 (=*news conference*).
préss còpy 《手紙などの》謄写版刷り.
préss còrps [the] 記者団.
préss cùtting" PRESS CLIPPING.
pres·sé /*F* prɛse/ *n* プレッセ《生しぼりの果汁を水などで割り, 好みで砂糖を加えて飲む飲み物》. [F=pressed, squeezed]
préssed cóokie 型押しクッキー《cookie press などで押し型をつけたクッキー》.
préssed dúck プレストダック《**1**) アヒルの胸と脚のあぶり肉; ほかの部分をしぼった汁を用いたソースを添える **2**) アヒルを蒸して骨を抜き圧縮して揚げる中国料理》.
préssed gláss 押型ガラス(器具), プレスガラス.
préss·er *n* 圧搾する人[もの], 圧搾機(係), プレッサー; アイロンかけ職人.
présser fòot 《ミシンの》押え (foot).
préss fìt 〘機〙圧力[プレス]ばめ, 圧入《ねじや水圧プレスによるはめ合い》. ♦ **préss-fìtted** *a*
préss gàllery 《特に 英国下院の》新聞記者席; 《そこの》議会記者団.
préss-gàng *n* 〘史〙水兵[兵士]強制徴募隊. ► *vt* 強制徴募する, 無理強いする ‹*into*›.
pres·sie, prez·zie /prézi/ *n* «英上流・豪口» 贈り物, プレゼント. [*present*]
préss·ing *a* 差し迫った, 緊急の, 火急の; ‹人が›しきりにせがむ, 懇願する, ‹要請が› 熱心な, たっての. ► *n* 圧すること, 圧(お)をすること; 圧搾物; プレスされたもの《レコードなど》; 同時にプレスしたレコード《全体》. ♦ **~·ly** *adv* 火急に; しつこく.
préssing bòard 〘製本〙締め板《製本済みまたは製本中の図書を締めつけるときに締め機に挿入する板》.
préss kìt プレスキット《記者会見などで報道陣に配布される資料一式》.
préss làw [ᵘ*pl*] 新聞条令, 出版法.
préss lòrd PRESS BARON.
préss·man /-mən, -mæ̀n/ *n* プレス工; 印刷工; "新聞記者, 報道員 (newspaperman).
préss·màrk" *n* 〘図書〙《蔵書の》書架番号 (cf. CALL NUMBER).
préss mòney «古» PREST MONEY.
préss òffice 《政府・大企業などの》報道[広報]課.
préss òfficer 《政府・企業などの》報道[広報]官, 広報担当者.
préss of sáil [cánvas] 〘海〙張れるかぎりたくさんの帆: under a ~ 満帆を揚げて.
préss-òn *a* アイロンで付けられる.
pres·sor /présər, -sɔ̀ːr/ *a* 〘生理〙機能亢進の, 血圧増進の, 昇圧の; 血管を収縮させる.
préssor nérve 〘医〙昇圧神経.
préss pàck 《企業などの》広報[宣伝]資料(一式), プレスキット; 《有名人・重要行事担当の》報道陣, 取材陣.
préss·pèrson *n* «インド» 新聞記者 (pressman).
préss pròof 〘印〙校了刷り, 校了紙.
préss relèase 新聞発表, プレスリリース (=(*news*) *release*)《報道関係者に対する発表》.
préss ròll *«俗» プレスロール《ゆるく持ったスティックをドラムの皮に押しつけて震動させるスネアドラムの連打》.
préss·ròom* *n* 《印刷所内の》印刷室 (machine room"); 《White House などの》記者室.
préss·rùn *n* 《一定部数を刷るために必要な》連続印刷(時間); 《その》連続印刷部数.
préss sècretary 《米国大統領などの》報道(担当)官, 広報担当者.
préss-shòw *vt* 《一般公開前に》報道関係者に公開する.
préss stùd" SNAP FASTENER.
préss tìme 《新聞・雑誌などの》印刷開始時刻.
préss-ùp" *n* 腕立て伏せ (push-up).
pres·sure /préʃər/ *n* **1 a** 圧する[押す]こと; 押し寄せること; 圧縮, 圧搾; «古» 刻印. **b** 圧力(度), 〘機〙圧度, 〘電〙電圧, 〘気〙気圧: high [low] ~ 高[低]圧, 高[低]気圧, 高[低]血圧. **2** 圧迫, 強制, 圧制; 心を圧迫すること, 困難, プレッシャー; [*pl*] 窮境: under the ~ of hunger [poverty] 飢え[貧]に迫られて / MORAL PRESSURE / pile the ~ on sb 人に圧力をかける / put ~ [bring ~ (to bear)] on sb to do… 人に圧力をかけて…させる / financial ~ 財政難, 金融逼迫 / ~ *for* money 金詰まり / ~ *of* the times 時代の影響. **3** 緊急; 多忙, あわただしさ. ● **at high [low] ~** 非常に激しく[ゆっくり]: work *at high* ~ 大車輪で働く. **(the) ~ be on**…に精神的[政治的]圧力がかかっている. **under ~** 迫られて, 強制されて; プレッシャー[重圧]を感じて; 加圧されて. ► *vt* *圧迫する, …に圧力を加える, プレッシャーをかける ‹sb *into* resign*ing* [*to* resign]›; 加圧する; 加圧調理する. ♦ **~·less** *a* [L; ⇨ PRESS¹]
préssure altìmeter 〘気〙気圧高度計.
préssure àltitude 〘気〙気圧高度.
préssure càbin 〘空〙与圧室.
préssure cènter 〘気〙気圧系の中心.
préssure còntour 〘気〙等圧線.
préssure còoker 圧力鍋[釜]; [*fig*] 圧力をうけるところ, プレッシャーがかかっている状態. ♦ **préssure-còok** *vt*, *vi* 圧力鍋[釜]で調理する, 加圧調理する. **préssure-còok·ing** *n*, *a*.
préssure dràg 〘空〙圧力抗力[抵抗].
préssure gàuge 圧力計; 爆圧計《銃腔内の爆発時の圧力を計る》.
préssure gràdient 〘気〙気圧傾度, 〘空〙圧力勾配.
préssure gròup 圧力団体.
préssure hèad 〘理〙圧力水頭, 圧力ヘッド.
préssure hùll 《潜水艦の》気密室.
préssure mìne 水圧機雷.
préssure pòint **1** 〘医〙圧点《**1**) 止血点 **2**) 圧力に特に敏感な皮膚上の点》. **2** [*fig*] 痛いところ, 弱点.
préssure sòre 床ずれ (bedsore).
préssure sùit 〘空〙与圧服 (=*pressurized suit*)《高空[宇宙]飛行中に起こる気圧の低下から飛行士を保護する》.
préssure-trèat·ed *a* ‹木材が›圧力を用いて薬品処理された, 加圧[圧力]処理された《防腐・防虫のため》.
préssure tùrbine 〘機〙圧力タービン (reaction turbine).
préssure vèssel 〘機〙圧力容器.
préssure wàve 圧力波《音波や地震の P 波 (P wave) のように, 伝搬する擾乱が媒体にかかる圧力の強弱である[媒体の体積変化を伴う]波》.
pres·sur·ize /préʃəràɪz/ *vt* 〘空〙《高空飛行中に》‹与圧室›の気圧を一定度に保つ, 与圧[加圧]する (: a ~*d* cabin 与圧客室); ‹人›に圧力をかける ‹*into* doing›; ‹気体・液体を›加圧する; ‹容器を›加圧密閉する; ‹油井›にガスを圧入する; ‹食品を›加圧調理する; 圧力に耐えうるように作る. ♦ **près·sur·i·zá·tion** *n* 与圧[加圧](によってできる状態). **-ìz·er** *n*
prés·sur·ìzed súit 〘空〙与圧服 (pressure suit).
préssurized wáter reàctor 加圧水(型原子[軽水])炉《略 PWR》.
préss·wòrk *n* 印刷工程(を終えてできた印刷物); プレス加工.
prest¹ /prést/ *a* «古» 用意のできた, 待ち構えている, 反応の速い. [OF‹L=ready to hand; cf. PRESTO]
prest² «廃» *n* 貸付金; PREST MONEY. [OF *prester*‹L *prae-*(*sto* to stand)=to furnish]
Prés·ter Jóhn /préstər-/ プレスター ジョン《中世の伝説上のキリスト教修道士でアジアまたはアフリカの国王》.
pre·stérnum *n* 〘解・動〙《哺乳動物の》胸骨柄 (manubrium); 〘昆〙前復板.
pres·ti·dig·i·ta·tion /prèstədìʤətéɪʃ(ə)n/ *n* 手品, 奇術. ♦ **près·ti·díg·i·tà·tor** *n* 手品[奇術]師. [F (*preste* PRESTO, DIGIT)]
pres·tige /prɛstíːʒ, -ʤ, préstɪʤ/ *n* 威信, 威光, 名声, 信望, 声望, (高い)評価, (高い)格式: national ~ 国威 / loss of ~ 威信[面目]の失墜. ► *a* 威信[名声]ある, 羨望の(的となる), 高級な: a ~ school 名門校 / a ~ car [hotel]. [F=illusion‹L=feats of juggling, tricks]
prestíge·ful *a* 威信[名声]のある (prestigious).
pres·tig·i·ous /prɛstíʤ(i)əs, -tíːʤ(i)əs/ *a* 威信[名声, 信望, 令名]のある (prestigeful); «古» 手品の, 錯覚の. ♦ **~·ly** *adv* **~·ness** *n* [C16=deceptive]
pres·tis·si·mo /prɛstísəmòʊ/ *adv*, *a* 〘楽〙非常に速く[速い], プレスティッシモで[の]. ► *n* (*pl* **~s**) プレスティッシモの楽節[楽章]. [It (superl)‹PRESTO]

prést mòney «古»《英国陸海軍が徴募兵士に与えた》前払い金 (=*press money*).

pres·to /préstou/ *adv, a* 〘楽〙きわめて速く[速い], プレストで[の]; 直ちに, 早速 (at once): "Hey ~! =*P*~!《手品を行なう直前に》そーれ, あーら不思議 / "hey ~ =* ~ 魔法みたいに, たちまち, あっという間に. ► *n* (*pl* ~s) プレストの楽節[楽章]. [It<L *praestus* quick]

présto chán·go /-ʧéɪnʤou/ *int* すぐ変われ!《奇術師の掛け声》. [*chango* (*change* に↑の -*o* が付いたもの)]

Pres·ton /préstən/ プレストン《イングランド北西部 Lancashire の州都》. ● **every ~ Gild [Guild]** "«口» ごくたまに, まれに.

pre·stréss *vt* 《PC 鋼線などを入れて》〈コンクリート〉に圧縮応力を与える. ► *n* /ˊ-ˋ-, ˋ-ˊ-/ プレストレスを与えること[与えた状態]; プレストレス《その圧縮応力》. ♦ **~ed** *a* **~·ing** *n*

pre·stréssed cóncrete 鋼弦コンクリート, プレストレストコンクリート.

Prest·wich /préstwɪʧ/ プレストウィッチ《イングランド北西部 Greater Manchester 州の町》.

Prest·wick /préstwɪ̀k/ プレストウィック《スコットランド南西部, Ayr の北方の町・保養地; ゴルフコース・国際空港がある》.

pre·súm·able *a* 仮定[推定]できる, ありそうな.

pre·súm·ably *adv* 思うに, おそらく, たぶん (probably): The report is ~ correct. その報道はおそらく正確であろう.

pre·sume /prɪzúːm; -z(j)úːm/ *vt* **1 a** 推定する, 思い込む; 〘法〙《反証がないとき》真実と推定する (cf. ASSUME): The court ~*d* the death of the man that disappeared during the war. 法廷は戦争中に行方不明になった男を死亡と推定した / We must ~ her (*to be*) dead. 彼女は死んだものと推定せざるをえない / A person is ~*d* innocent until proven guilty. 有罪が立証されるまでは無罪と推定される (⇨ PRESUMPTION OF INNOCENCE). **b** 想像する, …と思う, 考える: I ~ *that* you want to have the goods insured. 品物を保証付きにしたいとお考えでしょう. **c** 想定する, 前提とする, 含意する. **2** あえて[大胆にも]…する[と言う]: I won't ~ *to* trouble you. お手数かけるつもりなどありません / May I ~ *to* tell you that you are wrong? 失礼ですがお考え違いではないでしょうか. ► *vi* **1** 推測する: Mr. Smith, I ~? スミスさんでいらっしゃいますか《初対面にこちらから》. **2** でしゃばる, つけあがる, つけこむ 〈*on*〉: ~ *on* sb's kindness 人の親切につけこむ / You ~. さしでがましい, 生意気だよ. ♦ **pre·súm·er** *n* 推定者, 想定者; でしゃばり屋. [OF<L PRAE*sumpt*- -*sumo* to anticipate]

pre·súmed *a* 当然のことと思われている (assumed).

pre·súm·ed·ly /-ədli/ *adv* PRESUMABLY.

pre·súm·ing *a* PRESUMPTUOUS. ♦ **~·ly** *adv*

pre·sump·tion /prɪzʌ́m(p)ʃ(ə)n/ *n* **1** 想定, 推定, 臆測; 〘法〙《他の事実からの》(事実)推定; 推定の根拠; ありそうなこと, 見込み: ~ of fact《既知の事実に基づく》事実上の推定 / There is a general ~ *that*…. …ということが一般的に想定されている / on the ~ *that* he knew it 彼がそれを知っていたとの想定[推定]に基づき. **2** 僭越, でしゃばり, ずうずうしさ, 無礼: a great piece of ~ 失礼千万なこと / He had the ~ to criticize my work. 生意気にもわたしの作品を批判した. [OF<L (PRESUME)]

presúmption of ínnocence 〘法〙無罪の推定《何人も有罪が証明されるまでは無罪であるというたてまえ》.

presúmption of láw 〘法〙法律上の推定《1) 反証がないかぎり真実とする推定 2) 事実のいかんにかかわらず規則によって真実とする推定》.

pre·sump·tive /prɪzʌ́m(p)tɪv/ *a* **1** 仮定の, 推定に基づく; 推定の根拠を与える. **2** 〘生〙予定運命の《正常発生で, 将来いかなる組織・器官を形成するかという運命の予定される》. **3** PRESUMPTUOUS. ♦ **~·ly** *adv*

presúmptive évidence 〘法〙推定的証拠 (CIRCUMSTANTIAL EVIDENCE).

presúmptive héir HEIR PRESUMPTIVE.

pre·sump·tu·ous /prɪzʌ́m(p)ʧuəs/ *a* 押しの強い, 生意気な, でしゃばりな, 無遠慮な; «廃» PRESUMPTIVE: It is ~ of him to give orders. 彼が命令を下すなんて生意気だ. ♦ **~·ly** *adv* **~·ness** *n* [OF<L; ⇨ PRESUME]

prè·suppóse *vt* 前もって推定[予想]する; 前提条件として必要とする, 前提とする, 想定する: Let us ~ that he wants money. 彼は金が欲しいのだと仮定してかかろう / An effect ~*s* a cause. 結果は原因を前提とする《原因あっての結果》.

pre·supposítion *n* 仮定, 想定, 前提(要件). ♦ **~·al** *a*

prè·surmíse *n* 事前の臆測[推量]. ► *vt* 事前に臆測する.

prè·synáptic *a* 〘生理〙《神経の》シナプス (synapse) 前(部)の. ♦ **-ti·cal·ly** *adv*

pret. preterit(e).

pret-a-por·ter, prêt-à-por·ter /prɛ̀taːpɔːrtéɪ; *F* prɛtapɔrte/ *n* 既製服, プレタポルテ. [F=ready to wear]

pre·táx *a, adv* 税金支払い[課税]前の[で], 税込みの[で].

prè·téach *vt* 前もって教える, 予習させる.

prè·téen /ˋ-ˊ-/ *n* 思春期直前の子供《10-12 歳》. ► *a* 思春期直前の子供(向き)の; 思春期直前の.

pre·téen-ag·er *n* PRETEEN.

pretence ⇨ PRETENSE.

pre·tend /prɪténd/ *vt* **1** 口実とする, 《偽って》…だと言う, …である[…する]ふりをする; 装う, …だと触れ込む 〈*to do, to* be, *that*…〉: ~ illness 仮病をつかう / ~*ed* illness 仮病 / She ~*ed* ignorance of the whole affair. そらとぼけた / She ~*ed* not *to* know me. わたしを知らないふりをした / ~ *to* be sleeping たぬき寝入りする. **2** あえて…する, …しようとする 〈*to do*〉: I cannot ~ *to* advise you. あなたに忠告しようなどという気はない. ► *vi* **1** ふり[まね]をする. **2** 要求する; 主張する 〈*to*〉; 自任する 〈*to*〉; «古» 求婚する 〈*to*〉: ~ *to* the throne [Crown] 王位をねらう / James Stuart ~*ed to* the English Crown. ジェームズ・スチュアートは英国の王位継承を主張した / ~ *to* great knowledge 大学者だと自負する. ► *a* 想像上の, 架空の; 模造の; うそっこの, ごっこ遊びの. [F or L PRAE*tent*- (later -*tens*-) -*tendo* to stretch in front of (like curtain); ⇨ TEND[1]]

preténd·ed *a* 偽りの, うわべだけの, 真偽の疑わしい, …と言われる. ♦ **~·ly** *adv*

preténd·er *n* ふりをする人; 衒学者; 詐称者; 主張者, 《特に》王位をねらう者, 僭称者 (⇨ OLD [YOUNG] PRETENDER); 要求者 〈*to*〉.

preténd·ing *a* うわべを飾る, 偽りの, 偽って言い触らす; 王位をねらう.

pre·tense | pre·tence /prɪténs, príːtɛ̀ns/ *n* **1 a** 見せかけ, 仮面, ふり, まね, 虚偽, ポーズ; 見せびらかし, てらい 〈*to*〉《この意味では pretension が普通》: It's all ~. みんな見せかけだ / make a ~ of… のふりをする / a man without ~ てらいのない人 / abandon all [any] ~ うわべを装うのをやめる. **b** 口実, 言いわけ, かこつけ: on the slightest ~ ほんのわずかの口実で[にかこつけて] / under [on] (the) ~ of… を口実として. **2** 主張, 要求 〈*to*〉; 不当な主張[要求]をすること; «廃» 目的, 意図: I have [make] no ~ *of* being a genius [*to* genius]. 自分が天才だなどとは申しません. ● **by [under] false ~s** 偽って, 偽りの口実で. **in ~** 〘紋〙《権利(要求)を示すために》盾の中央に配した. [AF<L (PRETEND)]

pre·ten·sion[1] /prɪténʃ(ə)n/ *n* **1 a** 要求 (claim), 主張, 権利; 真偽のほどが疑わしい主張; 口実. **b** [°*pl*] 暗黙の要求; 自任, 自負; 野心, 意志: He has no ~(*s*) *to* learning [*to* being a scholar]. 学者気取りはない / She makes no ~*s to* beauty. 美人ぶらない. **2** 仰々しさ, 見せかけ, てらい, 気取り: without [free from] ~ 地味な[に]; もったいぶらない(で). ♦ **~·less** *a* [L (PRETEND)]

pre·ténsion[2] *vt* PRESTRESS; …にあらかじめ張力を加える.

pre·ten·sive /prɪténsɪv/ *a* «カリブ» PRETENTIOUS.

pre·ten·tious /prɪténʃəs/ *a* もったいぶった, うぬぼれた, 気取った; 見えを張る; 偽りの; 野心的な. ♦ **~·ly** *adv* **~·ness** *n* [F; ⇨ PRETEND]

pre·ter-, prae·ter- /prìːtər/ *comb form*「過」「超」 [L *praeter* beyond]

prèter·húman *a* 人間以上の, 超人的な.

pret·er·ist /prétərɪst/ *n* 〘神学〙聖書 [《特に》ヨハネ黙示録]の預言が既に成就されたと信じている人.

pret·er·it(e) /prét(ə)rət/ *a* 〘文法〙《特にゲルマン語文法で》過去(時制)の; «古» 過去の, 過ぎ去った. ► *n* 〘文法〙過去(時制); 過去形. [F or L *praeteritum* past]

préterit(e)-présent *a, n* 過去現在動詞形(の)《元来 過去形であったものが, 現在形として使われている can, may, shall など》.

préterit(e) ténse [the] 〘文法〙過去時制.

pret·er·i·tion /prɛ̀tərɪ́ʃ(ə)n/ *n* 看過, 省略, 脱落; 〘修〙PARALEIPSIS; 〘法〙《遺言人の》相続者黙過[脱漏]; 《カルヴァン神学で》神の選びに漏れて救われない[永遠に滅びる]こと. [L=passing over]

pre·ter·i·tive /prɪtérətɪv/ *a* 〈動詞が〉過去形しかない; 過去を表わす.

pre·térm /ˋ-ˊ-/ *a, adv* 出産予定日前の[に], 早産の[で]: ~ labor. ► *n* 早産児, 未熟児.

pre·términal *a* 死の前[末期]の[に起こる].

pre·ter·mis·sion /prìːtərmɪ́ʃ(ə)n/ *n* 黙過; 中絶.

pre·ter·mit /prìːtərmɪ́t/ *vt* (-tt-) 怠る; 除外[無視]する, …に言及しない; 保留[中断]する.

prèter·nátural *a* 超自然的な; 並はずれた, 超人的な, 不可思議な, 異様な, 不気味な; 心霊的な, 超常現象の. ♦ **~·ism** *n* 超自然主義[信仰]. **~·ly** *adv* **~·ness** *n*

prèter·sénsual *a* 超感覚的な.

pré·tèst *n* 《製品などの精密検査前の, また学生が上級課程についていけるかを調べる》予備試験[検査]. ► *vt, vi* /ˋ-ˊ-/ 予備検査する.

pre·text /príːtɛ̀kst/ *n* 口実, 弁解: He used his migraine as a ~ *for* his absence. 片頭痛を口実に欠席した / on some ~ or other なんとかかこつけて / on [under] the ~ of…[that…] …を口実にして. ► *vt* /ˋ-ˊ-/ 口実として申し立てる, 口実とする. ♦ **pre·téx·tu·al** *a* [L=outward display (*prae*-, TEXT)]

pré·tèxt·ing *n* プリテキスティング《個人的な情報を入手するために他人になりすますこと》.

pretéxtual arrést 〘法〙別件逮捕.

pré·tòne *n* 強勢[アクセント]のある音節の前の音節[母音]. ♦ **prè·tónic** *a*

pretor, pretorian ⇨ PRAETOR, PRAETORIAN.
Pre·to·ria /prɪtɔ́ːriə/ プレトリア《南アフリカ共和国 Gauteng 州の市, 同国の行政上の首都 (cf. CAPE TOWN)》.
Pretória-Wítwatersrand-Veréeniging プレトリア-ヴィトヴァーテルスラント-フェレーニヒング《南アフリカ共和国 Gauteng 州の 1993–95 年の名称; ☆ Johannesburg》.
Pre·to·ri·us /prɪtɔ́ːriəs/ プレトリウス (1) **Andries (Wilhelmus Jacobus)** ~ (1798–1853)《南アフリカのオランダ系入植者·軍人; Great Trek の指導者の一人; Pretoria は彼の名にちなむ》 (2) **Marthinus Wessel** ~ (1819–1901)《南アフリカの政治家·軍人; 前者の子; 南アフリカ共和国初代大統領 (1857, 64, 69), オレンジ自由国初代大統領 (1859–63)》.
pre·tréat *vt* 前もって処理する.
pre·tréat·ment *n* 前処理, 予措. ► *a* 処理前の.
pré·trìal *n*, *a*《争点などを整理するための裁判官·仲裁裁定委員主宰の》公判前の会合[手続き](の); 公判前の.
pret·ti·fy /prítɪfàɪ/ *vt* きれいにする; [*derog*] きれいに[体裁よく]見せる, (表面的に)美化する. ♦ **-fì·er** *n* **prèt·ti·fi·cá·tion** *n*
pret·ti·ly /prítɪli/ *adv* きれいに, 美しく, みごとに; かわいらしく; 〈子供など〉行儀よく, 上品に; 適切に.
prét·ti·ness *n* きれいさ, かわいらしさ; こぎれいさ; かわいらしいしぐさ[ことば, 品物 など].
pret·ty /príti/ *a* **1 a** きれいな, かわいらしい, 可憐な; 〈物·場所など〉きれいな, こぎれいな, 美しい: a ~ girl かわいらしい女の子 / make oneself ~ おめかしする. **b** 〈男が〉しゃれた, いきな; 〈男が〉にやけた. **2 a**《見た目·耳に》ここちよい, 気持のよい, おもしろい; けっこうな, すてきな, みごとな, うまい; *《俗》sitting PRETTY; 《古·スコ》勇敢な, 男らしい: a ~ house すてきな家 / *P*~ is as ~ does.《諺》見目よくするのが見目よいもの《見かけよりふるまいが大事》/ not a ~ sight (二目と)見られたもんじゃない. **b** [*iron*] とんでもない, ひどい: This is a ~ mess! 大変なことだ! **3**《口·方》〈数量·範囲など〉かなりの: It will cost you a ~ penny. 金は相当かかるぜ. **4** 技巧的な, 巧妙な; 最適の, おあつらえむきの. ● **not be just a ~** FACE. ► *n* [*voc*] いい子[人, 女], かわいい子; [*pl*] *きれいなもの《衣服·下着·装身具など》; 〘ゴルフ〙 FAIRWAY; "《コップの》溝飾り: My ~! ねえおまえ / up to the ~ コップ[グラス]の溝飾りのところまで《約 1/3 位まで》. ● **do the ~** 《口》ばか丁寧にふるまう[する]. ► *adv* /ˌ–ˊ–/ かなり, ずいぶん (rather); すごく, とっても; 《古·方·俗》PRETTILY. ● **~ much [well, nearly]** ほとんど, ほぼ. **sitting ~**《口》《経済的·社会的に》成功して, 裕福で; (たいした努力もせず)有利な立場にいて, ぬくぬくとして. ► *vt* きれいにする[見せる], 美しく[快く]する 〈*up*〉: ~ one*self* for a party パーティーへ行くのにおめかしする. ♦ **~·ism** *n*《様式などの》計算されたきれいさ, きれい主義. [OE *prættig* tricky, clever (*præt* trick); 現在の意味は 15 世紀から]
prétty bóy《口》にやけた男, 色男, (かわいい)坊や[若いの], 女みたいな男, ホモ; *《俗》用心棒.
prétty éar *《俗》何度もなぐられてつぶれた耳.
prétty·ish *a* こぎれいな, ちょっとかわいい, ちょっと気持のいい; よさそうな.
prétty-prètty *a* 飾りすぎた, 気取った, きざな; にやけた. ► *n* 無用の飾り, 安ピカ物.
prè·tubérculous, -tubércular *a*〘医〙結核(の明確な病巣のできる)前の; 結核になりそうな.
pre·týpify *vt* 前もって代表する, 予示する (prefigure).
pret·zel /prétsəl/ *n* プレッツェル《棒状または結んで B 字状にした塩味のクラッカー[パン]; ビールのつまみによい》; *《俗》フレンチホルン; *《俗》ドイツ人, ドイツ系の人. ► *vt* *ねじる, 曲げる, ゆがめる. [G]
prétzel bènder *《俗》変わり者; *《俗》フレンチホルン奏者; *《俗》レスラー; *《俗》のんべえ.
Preus·sen /prɔ́ɪs(ə)n; *G* prɔ́ʏsn/ プロイセン《PRUSSIA のドイツ語名》.
preux che·va·lier /*F* prø ʃ(ə)valje/ (*pl* **~s** /—/) 勇ましい騎士. [F=gallant knight]
prev. previous(ly).
pre·vail /prɪvéɪl/ *vi* **1** 勝つ, うち勝つ, 克服する, まさる 〈*over*, *against*〉; 〘法〙勝訴する. **2** 優勢である, 流行する, 普及する, はびこる: Sadness *~ed* in my mind. 胸は悲しみでいっぱいだった / That custom still *~s*. その習慣は今も行なわれている. **3** 功を奏する, 首尾よくいく, うまくいく, 効く. **4** 説き伏せる 〈*on*, *with*〉: I could not ~ *with* her. 彼女を説き伏せることはできなかった / I was *~ed upon* to go with him. 説き伏せられて同行した. ♦ **~·er** *n* [L PRAE*valent*- *-valeo* to be superior in strength; ⇨ AVAIL]
prevái·ling *a* 広く行なわれる, 流行する, 一般の, 普通の; 勢力のある, 支配的な, 有力な, 功を奏する: the ~ wind〘気〙卓越風《地域的·季節的に最も優勢な風》. ♦ **~·ly** *adv* 一般に, 広く, 主に. **~·ness** *n*
prev·a·lence /prév(ə)ləns/, **-cy** *n* 行き渡り, 流行, 普及; 優勢, 有力; 普及率; 有病率, 罹患率.
prév·a·lent *a* 一般に行なわれ(ている), 流行する, はやっている; 優勢な, 有力な; 《まれ》効果のある. ► *n* prevalent なもの. ♦ **~·ly** *adv* [L=very powerful (PREVAIL)]
pre·var·i·cate /prɪvǽrəkèɪt/ *vi* 言い紛らす, 言いのがれる, ごまかす, [*euph*] うそをつく (lie). ♦ **-cà·tor** *n* **pre·vàr·i·cá·tion** *n* [L=to walk crookedly (*varus* bent)]
pré·ve·nance /*F* prɛvnɑ̃ːs, prev-/ *n*《人が求めているものに対する》行き届いた心づかい, 思いやり.
pre·ve·nience /prɪvíːnjəns/ *n* PRÉVENANCE; 先行.
pre·vé·nient *a* 見越しての; 先行の; 予防的な; 人間行動に先立つ. ♦ **~·ly** *adv*
prevénient gráce〘神学〙先行的恩恵[恩寵].
pre·vent /prɪvént/ *vt* **1 a** 防ぐ, 妨げる, 予防する, 妨げて…させない, 止める: I cannot ~ him *from going* [his go*ing*, 《口》him go*ing*]. 彼が行くのを止めることはできない. **b**《古》前もって処理[準備]する, …に先手を打つ, …に先行する. **2**《古》〈神が〉守る, 保護する. ► *vi* 妨げる, じゃまをする. ♦ **~·able, ~·ible** *a* 止められる, 妨げられる, 予防できる. **~·abílity** *n* [ME=to anticipate<L PRAE*vent*- *venio* to come before, hinder]
pre·ven·ta·tive /prɪvéntətɪv/ *a*, *n* PREVENTIVE. ♦ **~·ly** *adv*
pre·vent defense /príːvènt díːfɛns, prɪvént-/〘アメフト〙プリベントディフェンス《ロングパスを防止するためにラインバッカーおよびバックスが普通より深く守ること》.
prevént·er *n* 予防者, 防止者; 予防法[策, 薬], 防止装置; 妨害(者); 〘海〙補助具《綱·桁など》.
pre·ven·tion /prɪvénʃ(ə)n/ *n* 止めること, 防止 〈*of* fire〉; 予防; 予防法[策] 〈*against*〉; じゃま, 妨害: *P*~ is better than cure.《諺》予防は治療にまさる / An ounce of ~ is worth a pound of cure.《諺》少しの予防は多くの治療に相当する, 'ころばぬ先の杖' / by way of ~ 予防法として; 妨げるために.
pre·ven·tive /prɪvéntɪv/ *a* 予防的な, 防止的な, 止める, 妨げる; 先制(攻撃)の; "《密輸取締まりにかかわる》税関[沿岸警備隊]の: be ~ of…を予防する / ~ measures 予防策. ► *n* 予防法[策, 薬] 〈*for*〉, 避妊薬; 《口》避妊具, 《特に》コンドーム; 防止者[物], 妨害物. ♦ **~·ly** *adv* **~·ness** *n*
prevéntive deténtion 1〘英法〙予防拘禁《常習者の犯罪を予防するため, 矯正的措置として判決により拘禁すること》. **2**〘米法〙予防拘留《容疑者の犯罪を予防するため, 裁判以前に保釈せず拘留すること》.
prevéntive médicine 予防医学.
Prevéntive Sérvice [the]〘英〙《密輸取締まりの》沿岸警備隊.
prevéntive wár 予防戦争《他国の敵対行動に先んじて攻撃する》.
pre·ven·to·ri·um /prìːvəntɔ́ːriəm/ *n* (*pl* **-ria** /-riə/, **~s**) 予防所《通例 結核の危険にさらされている子供を予防のために収容する施設》. [*prevent*, *-orium*]
pre·vérbal *a*〘文法〙動詞の前の; 言語能力習得前の〈子供など〉.
pre·vert /príːvərt/ *n*《俗》変態 (pervert).
Pré·vert /preɪvέər/ プレヴェール **Jacques(-Henri-Marie)** ~ (1900–77)《フランスの詩人·シナリオ作家》.
pre·víable *a*〘産科〙〈胎児が〉(子宮の外で)生存できるようになる前の, 成育可能以前の.
pré·vìew *n* 試写(会), 試演, 内覧 (cf. PRIVATE VIEW); 《映画·テレビの》予告編 (=*trailer*), 《新聞などの》映画[番組]評[案内], 《催しなどの》直前特集記事; 予告となるもの; 下見, 下検分; 〘放送〙下稽古; 〘電算〙《前もって印刷内容などを確認する》プレビュー(画面). ► *vt* …の試写[試演]を見る[見せる]; *事前に簡単な説明[解説]をする; 予備調査する, 下見[試用]する. ♦ **~·er** *n*
préview mònitor〘テレビ〙プリビューモニター《ディレクターが映像を切り換える際に次に送出する映像の状態を見る監視用のスクリーン》.
Pre·vin /prévən/ プレヴィン **André** ~ (1929–)《ドイツ生まれの米国の指揮者·ピアニスト·作曲家》.
pre·vi·ous /príːviəs/ *a* 先の, 以前の; 前もっての, あらかじめの, 先行する; 《口》早まった, せっかちな: on the ~ evening その前の晩に / He was a little too ~. 少し早まった. ● **~ to**…の前に, …に先立って (before): ~ *to* the conference 会議に先立って / three days ~ *to* his arrival 到着より 3 日前(に). ♦ **~·ness** *n* [L PRAE*vius* leading the way (*via* way)]
prévious convíction 過去の有罪決定, 前科.
prévious examinátion [the]〘ケンブリッジ大学〙BA 学位第一次試験 (little go) (cf. RESPONSIONS).
prévious·ly *adv* 以前に[は]; あらかじめ: three days ~ (その)3 日前に《before と同じ用法》/ *P*~ on… 前回までのあらすじ《テレビドラマなどのナレーション》.
prévious quéstion〘議会〙先決問題《当該問題の即時採決をするか否かの採決をあらかじめ求める動議; 略 pq》.
pre·vise /prɪváɪz/ *vt* 予知する, 見抜く; 前もって知らせる.
pre·vi·sion /prɪvíʒ(ə)n/ *n* 予知, 先見, 予見; 予知能力. ► *vt* 予見する (foresee). ♦ **~·al, ~·àry** /; -(ə)ri/ *a* 先見の明のある, 予知する; 前もって知れた, 見越した.
prè·vocálic *a*〘音〙母音の直前の[に来る].
prè·vocátion·al *a* 職業学校 (vocational school) 入学前の, 職業教育前の.
Pré·vost d'Ex·iles /*F* prevo dɛgzil/ プレヴォ·デグジル

Antoine-François ~ ['Abbé **Prévost**'] (1697–1763)《フランスの小説家; *Manon Lescaut* (1731)》.

pre·vue /príːvjùː/ *n, vt* PREVIEW.

pré·wár *a, adv* 戦前の[に] (opp. *postwar*).

pré·wàsh *n* 前洗い, 予備洗い; 前洗い液, 予洗液, つけおき洗剤《よごれのひどい部分に, 洗濯前につけておく洗剤》. ► *vt* /ー ─́/ 前洗い[予備洗い]する; プレウォッシュ加工する《ジーンズなどの布地を柔らかくし着込んだ感じを出すために販売前に洗濯する》. ♦ **pre·wáshed** *a* プレウォッシュ加工した.

pré·wrìting *n* 執筆[書く]前に考えをまとめること.

prexy, prex·ie /préksi/, **prex** /préks/ *n* [ºP-]*《俗》大学総長, 学長. [短縮変形 ‹ *president*]

prey /préɪ/ *n* **1** えじき; 餌動物, 被食者; 犠牲, 食い物: an easy ~ えじきになりやすい動物; 簡単にだまされる人, いいカモ / be a ~ *to* passion 激情のとりこである / become [fall] a ~ *to*…の犠牲となる / make a ~ of…をえじきにする. **2** 捕獲, 奪取, 捕食;《古》略奪品, 戦利品, 獲物;〘聖〙ぶんどった物《*Jer* 21: 9》: a bird [an animal, a beast] of ~ 猛禽[猛獣]. ► *vi* 捕食する, 食い物にする ‹*on*›; 略奪する, しぼり取る, ‹人を›食い物にする ‹*on*›; 苦しめる, しだいにそこなう: ~ *on* small animals 小動物を捕食する. ● **~ on sb's mind** 人の心を絶えず苦しめる: Care *~ed on* her *mind*. 心配で心を痛めた. ♦ **~·er** *n* [OF (L *praedor* to make booty ‹ *praeda* booty)]

Prey /práɪ/ プライ **Hermann** ~ (1929–98)《ドイツのバリトン》.

prez /préz/ *n* [ºP-]《俗》PRESIDENT.

prezzie ⇨ PRESSIE.

prf proof.

pri·al /práɪəl/ *n*〘トランプ〙PAIR ROYAL.

Pri·am /práɪəm/〘ギ神〙プリアモス《トロイア戦争のトロイアの王; Hecuba の夫で, Hector, Paris, Cassandra の父》.

Pri·a·pe·an /pràɪəpíːən/ *a* PRIAPIC.

pri·ap·ic /praɪǽpɪk, -éɪp-/ *a* [P-] プリアーポス (Priapus) の; 男根(崇拝)の; 男根を強調した; 男根を連想させる; 男らしさを強調した, 男の性欲に関する;〘医〙‹男性が› PRIAPISM の.

pri·a·pism /práɪəpɪz(ə)m/ *n*〘医〙《性欲によらない病的な》(有痛性)持続勃起(症); みだらな行為[身振り].

pri·a·pus /praɪéɪpəs/ *n* 男根, 陰茎 (phallus); [P-]〘ギ・ロ伝説〙プリアーポス《男根で表わされる豊穣の神; 庭園やブドウ園の守護神》. [Gk *Priapos*]

Príb·i·lof Íslands /príbəlɔ̀ːf-/ *pl* [the] プリビロフ諸島《Alaska 半島西方 Bering 海にある米国領の島群; オットセイの繁殖地; 別名 Fur Seal Islands》.

price /práɪs/ *n* **1 a** 価格, 代価, 値段; 相場, 市価, 物価: a set [fixed] ~ 定価 / a reduced ~ 割引き値 / make [quote] a ~ 値段を言う / put a ~ to…の値踏みをする / You can't put a ~ on…は金では買えない[何ものにも替えがたい] / set [put] a ~ on sb's head 人の首に賞金をかける / A thing you don't want is dear at any ~.《諺》欲しくないものはいくらでも高いもの. **b**《古》貴重なこと, 値打 (value): of (great) ~ (非常に)価値のある / set high [little] ~ on…を重んじる[あまり重んじない]. **2** 代償, 代価, 犠牲; 報償, 懸賞金; 買収金, 贈与物: Every man has his [their] ~. どんな人間でも買収できるもの / at the ~ of…を犠牲にして; …という代価を払って / pay the ~ 代償[犠牲]を払う ‹*for*› / The ~ is worth paying. 犠牲を払う価値がある. **3**《賭け事で》賭け金の歩合, 比率 (odds);《競馬などの》払戻金; STARTING PRICE. ● **above [beyond, without] ~**《値の知れないほど》高価な (priceless). **at any ~** どんな代価[犠牲]を払っても, ぜひとも, [*neg*] 絶対, 断じて(…しない). **at [for] a ~** 相当の高値で; かなりの犠牲を払って. **What ~…?** ″《口》(**1**)《人気馬などの》勝ち目[見込み]はどうだ. (**2**) [*fig*] …をどう思うか;《失敗を冷笑的に》…はなんというざまだ: *What* ~ fine weather tomorrow? あすの天気は晴れだと思うか / *What* ~ clean election? 公明選挙が聞いてあきれる. (**3**) なんの役に立つか: *What* ~ isolation? 孤立政策がなんになる? ► *vt* …に値段[値札]をつける; 評価する;《口》…の値段を聞く[調べる, 比べる]. **~ down** 値引きする. **~…[oneself] out of the market** …[自分(の商品)]に法外な高値をつけて買手[雇い手]がつかなくなる, 高値を付けすぎて市場から締め出される. **~ up** 値上げする. [OF‹L *pretium* price, value; cf. PRAISE, PRIZE[1]]

Price プライス (**Mary**) **Le·on·tyne** /liántìːn, líːən-, léɪən-/ ~ (1927–)《米国のソプラノ; 黒人》.

príce contròl〘経〙価格[物価]統制.

príce cúrrent (*pl* **príces cúrrent**) 当日価格; [º*pl*] 時価表, 相場付け.

príce cùtting《販売競争による》価格切下げ, 割引[値引き](販売), 安売り. ♦ **príce-cùtter** *n* 安売り業者.

priced /práɪst/ *a* 定価付きの: high-[low-]~ 高価[安価]な / a ~ catalog(ue) 定価付きカタログ / plainly ~ 正札付きの.

príce discriminàtion〘経〙価格[売値]差別《同じ商品・サービスを相手によって違う値段で売ること》.

príce-éarn·ings ràtio [mùltiple]〘証券〙株価収益率[倍数]《株の時価と1株当たりの利益との比率》.

príce-fìx·ing *n*《政府や業者による》価格操作[固定, 決定, 協定]. ♦ **príce fìxer** *n*

príce ìndex〘経〙物価指数.

príce lèadership 価格先導制, プライスリーダーシップ《ある産業内の一社が主導権をとって価格を決定し, それに他社が従う現象》.

príce·less *a* 値踏みのできない, 値が付けられない, きわめて貴重な;《口》とてもおもしろい, [*iron*] ばかばかしい. ♦ **~·ly** *adv* **~·ness** *n*

príce lìst 時価表, 相場付け, 価格表.

príce pòint 設定価格, (標準)小売価格.

pric·er /práɪsər/ *n* 値踏みする人, 値を付ける人;《値段を聞くだけの》ひやかし客; 値を聞く商売がたき;《株式値の問い合わせに答える》株式市況係.

príce rìng 価格維持を目的とする業者の同盟.

príces and íncomes pòlicy〘経〙所得政策《インフレ対策として, 賃金の上昇を政府説得などにより抑制しようとする政策》.

príce suppòrt*《経済政策による》価格支持.

príce tàg 値札; 価格, 値段; 費用, 経費. ● **put a ~** 値札をつける; 値踏みする; 経費を見込む ‹*on*›.

príce wàr《小売商間の》値引き競争.

pricey, pricy /práɪsi/ *a*《口》高価な (expensive),《不当に》高い. ♦ **príc·i·ly** *adv* **príc·ey·ness, príc·i-** *n*

pric·ing /práɪsɪŋ/ *n* 価格設定[表示]: DUAL PRICING.

prick /prík/ *vt* **1 a** チクリと刺す, 突く; チクチク痛ませる; 突いて‹穴を›あける, ‹風船などに›穴をあけてつぶす; 釘を‹馬›のひづめの生き身に打ってびっこにする; ‹馬の尾›の根部を切開する: tears ~ one's eyes 涙目になる, 目がしらが熱くなる. **b** ‹良心などが›さいなむ, 苦しめる. **c**《古》突き棒で駆る, ‹馬›に拍車を入れる;《古》刺激する, 励ます. **2** 突いて‹輪郭を›描く ‹*off, out*›; …に穴をあけて輪郭をつける;〘海〙《海図上で》‹距離などを›コンパスで測る ‹*off*›. **3 a** ‹名簿・表など›にしるしをつける, しるしをつけて選び出す; ″‹sheriff を›選ぶ. **b**〘園〙苗床から‹苗を›移植する ‹*in, out, off*›. **4** ‹馬・犬が耳を›そばだてる ‹*up*›; ‹ウサギなど›の跡を追う. ► *vi* **1 a** チクリと刺す; チクチク痛む; 酸っぱくなる; ‹良心などが›うずく, 気がとがめる. **b**《古》拍車を当てる, 速駆けで行く ‹*on, forward*›. **2** ‹耳が›ピンと立つ; ‹尖塔などが›そびえ立つ ‹*up*›. ● **~ a [the] bladder [bubble]** 気泡[シャボン玉]を突いて破る; 化けの皮をはぐ. **~ down** 選択する. **~ up** (*vt*) …に下塗りする; 着飾らせる: ~ *up* oneself 着飾る, めかす. (*vi*)〘海〙‹風が›強まる; そびえ立つ. **~ up one's ears** 聞き耳を立てる. ► *n* **1**《針で》刺すこと; 刺した穴, 突き傷; うずき;《心の》とがめ ‹*of* conscience›;《生物の》針, とげ; 昔の拍車のとげ; 串;《古》《牛を追う》突き棒;《廃》先のとがった道具[武器];《卑》ペニス;《卑》くだらないやつ, いやなやつ. **2**《ウサギなどの》足跡;〘楽〙点譜楽曲;《廃》点, ぽつ. ● **a spare ~**《俗》無能なやつ, 余計者: feel like *a spare* ~ at a wedding《社交の場などで》お呼びでないように感じる. KICK[1] **against the ~s.** **step on one's ~** ⇨ DICK[4] (成句). [OE *pric(c)a* point; cf. Du *prik*, Icel *prik* short stick]

príck èar《犬などの》立ち耳;《特に Roundheads の》髪を短く刈り上げて露出した耳.

príck-èared *a* 立ち耳の‹犬›; 人目につく耳をもった; 短く刈り上げた, 坊主頭の‹男›.

príck·er *n* 刺す人[もの]; 針, とげ; 小錐; 騎手; 軽騎兵. ● **get [have] the ~**《豪俗》おこる, 頭にくる.

prick·et /príkət/ *n* 燭台(のろうそく差し); 2歳の雄鹿《角が未分岐; cf. BROCKET》: a ~'s sister 2歳の雌鹿.

príck·ing *n* 突く[刺す]こと; キリキリとうずく痛み, チクチク痛む感じ. ● **by the ~ of one's thumbs** 虫の知らせで《Shak., *Macbeth* 4.1.44–45》.

príck·ish *a* すぐ腹を立てる, おこりっぽい; *《俗》いやな, けたくそわるい.

prick·le[1] /prík(ə)l/ *n* 針, とげ状のもの,《植物の》とげ,《ハリネズミなどの》針; 刺すような痛み, 刺痛. ► *vt, vi* 刺す, 突く; チクチク[ジンジン]痛む[痛ませる]; 針[刺針]のように立つ; 気色ばむ ‹*at*›. [OE *pricel*; cf. G *Prickel*]

prickle[2] *n* 柳細工のかご. [C17‹?]

príck·ly *a* とげだらけの, 針のある; チクチク[ジンジン]痛む; 厄介な, 面倒な; おこりっぽい, 過敏な. ♦ **príck·li·ness** *n*

príckly ásh〘植〙アメリカサンショウ (=*angelica tree, toothache tree*)《ミカン科》.

príckly cómfrey〘植〙オオハリソウ《ロシアからイラン原産; ムラサキ科ヒレハリソウ属》.

príckly héat 紅色汗疹, あせも.

príckly péar〘植〙**a** ウチワサボテン[オプンチア] (opuntia) (=*nopal*) (の果実)《果実は食用》. **b** NOPAL.

príckly póppy〘植〙アザミゲシ《中米原産; 世界の熱帯に広く帰化》.

príckly rhúbarb〘植〙GUNNERA.

príckly thríft〘植〙イソマツ科 *Acantholimon* 属の植物の総称《葉が針状; 地中海沿岸東部から中央アジア産》.

príck sòng《古》《歌い継がれた曲・即興の曲を》明確に書き記した歌曲.

príck·spùr *n* とげが一個だけの昔の拍車.

príck-tèaser *n*《卑》COCKTEASER.

pricky /príki/ *a* PRICKLY.

pricy ⇨ PRICEY.

pride /práɪd/ *n* **1 a** 自尊心, 誇り, プライド, 矜恃(きょう), 自恃 (=proper ～): family ～ 家柄に対する誇り / swallow one's ～ 自尊心を抑える, 恥を忍ぶ. **b** うぬぼれ, 高慢, 傲慢, 驕慢, 思い上がり (=false ～): *P*～ goes before destruction [a fall].=*P*～ will have a fall. 《諺》おごる者は久しからず《*Prov* 16: 18》. **2** 得意, 満足, 自慢; 自慢のたね: take (a) ～ *in*…を自慢する / He is the ～ *of* his parents. 両親の自慢のたねだ. **3 a** 最良の部分, 頂上, 全盛; 《古・文》壮麗, 壮観; 《古》装飾: in the ～ *of* one's life [years] 全盛期に / in the ～ *of* manhood 男盛りで. **b** 《古》《馬の》元気, 血気; 《廃》《特に 雌の動物の》発情. **4** 《ライオンなどの》群れ; 《派手な[仰々しい]人たちなどの》一団: a ～ *of* lions [peacocks, etc.] ライオン[クジャクなど]の群れ. ● **a peacock in his ～** 〖紋〗羽を広げた孔雀. **～ of life [the world]** 〖聖〗浮世の栄華, 虚栄《*1 John* 2: 16》. **～ of place** 最高位, 第一位; 高慢. **one's ～ and joy** とても大事にしている人[もの], 自慢のたね. **the ～ of the morning** 日の出時の霧[にわか雨]《晴天の前兆》. ► *vt* [～ *-self*] 自慢とする, 誇る 〈*on, in*〉; 《まれ》自慢する: She ～*s* her*self on* (=is proud of) her skill in cooking. 料理自慢である / He ～*d* him*self on* be*ing* a member of parliament. ◆ **～·less** *a* [OE *prȳde* ‹ *prūd* PROUD]

Pride プライド Sir **Thomas** ～ (d. 1658) 《イングランドの軍人; ピューリタン革命で議会軍に投じ, 部隊を率いて下院の長老派議員を追放 (～'s Purge, 1648), Charles 1 世の死刑執行令状に署名した (1649)》.

príde·ful *a* 高慢な; 誇り高き; 大喜びした. ◆ **～·ly** *adv* **～·ness** *n*

príde of Barbádos 〖植〗オウコチョウ (黄胡蝶) 《マメ科ホウオウボク属の低木》.

príde-of-Índia, príde of Chína *n* 〖植〗センダン (chinaberry).

prie-dieu /pridjə́ːr; *F* pridjø/ *n* (*pl* **～s, -dieux** /-(z); *F*—/) 祈禱台; 祈禱椅子. [F=pray God]

pri·er /práɪər/, **prý·er** *n* せんさくする人, あれこれ(細かく)知りたがる人.

priest /príːst/ *n* **1 a** 《宗教的儀式を執り行なう》聖職者, 司祭; 《カトリック・英国教系・東方正教会の》司祭 (clergyman); 〖聖〗祭司; 《諸宗教の》聖職者, 神官, 僧侶. **b** 奉仕者, 擁護者: HIGH PRIEST / a ～ of science 科学の使徒. **2** 〖釣〗弱った魚を殺す槌. **3** [°P-] 〖鳩〗プリースト《鑑賞用ハトの一種; 頭がはげている》. ► *vt* 司祭[聖職者]に任命する. ◆ **～·less** *a* **～·lìke** *a* [OE *prēost*, ‹L PRESBYTER]

príest·cràft *n* 司祭[聖職者]としての知識と技能; [*derog*] 《俗界に勢力を広めようとする》聖職者の政略.

príest·ess *n* 女司祭, 尼, 《キリスト教以外の》みこ.

príest hòle, príest's hòle 〖英史〗司祭隠し《16–17 世紀のカトリックが禁じられていたころの住居内にあったカトリック司祭の隠れ場所[部屋]》.

príest·hòod *n* 司祭職, 聖職; [the] 司祭, 聖職者《集合的》; 〖聖〗祭司制; 〖聖〗祭司職; えり抜きの人びと, エリート.

príest-in-chárge *n* (*pl* **príests-**) 〖英国教〗《聖職禄保有者として正式任命はされていないが特定の教区を預かる》教区担当牧師

Priest·ley /príːstli/ プリーストリー (1) **J**(**ohn**) **B**(**oynton**) ～ (1894–1984) 《英国の作家・劇作家・批評家; *The Good Companions* (1929), *Angel Pavement* (1930)》 (2) **Joseph** ～ (1733–1804) 《英国の化学者・神学者; 酸素を発見 (1774) し, ソーダ水を発明 (1772) した》.

príest·ling *n* 若い司祭; 小坊主; 司祭べったりの者.

príest·ly *a* 司祭の, 聖職(者)の; 僧侶の; 司祭にふさわしい; 坊主臭い: ～ vestments 聖職服. ◆ **príest·li·ness** *n*

príest-rìdden *a* 司祭[聖職者]の支配下にある[が幅をきかす, に左右される].

priest's hole ⇨ PRIEST HOLE.

priest vìcar 〖英国教〗大聖堂下級参事会員.

prig[1] /príg/ *n* 堅苦しい人, やかまし屋; 気取り屋, 学者[道徳家, 教育家]ぶる人; 《古》しゃれ者 (fop); 《古》やつ, 人. [C18 (cant)=tinker‹?]

prig[2] *n* ᴵᴵ《俗》こそ泥, スリ. ► *v* (**-gg-**) *vt* ᴵᴵ《俗》くすねる, こそ泥をはたらく. ► *vi* ᴵᴵ《俗》くすねる; 《スコ》しつこく値切る; ᴵᴵ《口》懇願する. [C16‹?]

príg·gery *n* PRIGGISHNESS.

príg·gish *a* 堅苦しい, やかましい; 生意気な, きざな. ◆ **～·ly** *adv* **～·ness** *n* 堅苦しさ, 気取り, 生意気; きざ.

príg·gism[1] *n* PRIGGISHNESS.

priggism[2] *n* 《古》狡猾, 欺瞞, 詐欺. [PRIG[2]]

Pri·go·gine /prəgɔ́ːʒən, -góu-; *F* prigozin/ プリゴジン **Ilya** ～ (1917–2003) 《ロシア生まれのベルギーの化学者; 非平衡熱力学に業績を残した; ノーベル化学賞 (1977)》.

prill /príl/ *vt* 《融解して筒口から出し, 落下中に凝固させて》〈金属などを〉小球にする. ► *n* 《prill して作った》小球. ◆ **～ed** *a*

prim /prím/ *a* (**prím·mer; prím·mest**) きちょうめんな, しかつめらしい, [°～ and proper] 〈特に女性が〉とりすました, つんとした; 手入れのよい, 整然とした. ► *vt, vi* (**-mm-**) きちょうめんにする, とりすます, 〈口を〉きゅっと結ぶ; お上品な服を着せる 〈*up, out*〉. ◆ **～·ly** *adv* **～·ness** *n* [C17 (cant), ‹OF=excellent; ⇨ PRIME[1]]

prim. primary ♦ primate ♦ primitive.

pri·ma /príːmə/ *a* 第一の (first), 主なる, 首位の. [It (fem) ‹ PRIMO]

príma ballerína プリマバレリーナ《バレエ団最高位の女性ダンサー; 主役を演じソロを踊る》. [It]

P

pri·ma·cy /práɪməsi/ *n* 第一, 首位; 卓越; 〖キ教〗教皇[大主教, 大司教]の職, 首位権. [OF‹L; ⇨ PRIMATE]

pri·ma don·na /prímə dánə, príː-; príː-/ (*pl* **～s**) プリマドンナ《歌劇の主役[花形]女性歌手》; 自尊心[虚栄心]の強い人, 気まぐれ屋, わがまま[身勝手]なやつ, '女王さま'. ◆ **príma dónna-ish** *a* [It=first lady]

primaeval ⇨ PRIMEVAL.

pri·ma fa·cie /práɪmə féɪʃi, -ʃə, -si/ *adv, a* 一見したところでは[の]; 明白な[に], 自明の. [L=first appearance]

príma fàcie cáse 〖法〗《反証がないかぎり申し立てどおりになる》一応の証明がある事件, 一応有利な事件.

príma fàcie évidence 〖法〗《反証がないかぎり事実の立証・推定に十分とされる》一応の証拠.

pri·mage /práɪmɪʤ/ 〖海〗 *n* 運賃割戻金; 船長謝礼金.

pri·mal /práɪm(ə)l/ *a* 第一の, 最初の; 原始の, 原初的な, 動物[本能]的な; 主要な; 根本の, 根源的な; 〖精神医〗原…. ► *n* 《PRIMAL SCREAM THERAPY における》幼児期の抑圧された感情の解放. ◆ **～·ly** *adv* [L; ⇨ PRIME[1]]

pri·mal·i·ty /praɪmǽləti/ *n* 〖数〗素数性.

prímal scréam 〖精神医〗PRIMAL SCREAM THERAPY (における患者の叫び).

prímal scréam thèrapy 〖精神医〗プライマル(スクリーム)療法 (=**prímal thérapy**) 《幼児期の外傷体験を再体験させて神経症を治療する精神療法; 抑圧された怒り・欲求不満が叫び・ヒステリー状態などによって表現される》.

pri·ma·quine /práɪməkwìːn/ *n* 〖薬〗プリマキン《マラリア治療に用いる》. [*prima-* (⇨ PRIMUS), *quinoline*]

pri·mar·i·ly /praɪmérəli, práɪmèrə-; práɪmərɪ-/ *adv* 第一に, 最初に; 主として; 初めは, 本来 (originally).

pri·mary /práɪmèri, -m(ə)ri; -məri/ *a* **1** 首位の, 主たる, 第一位の, 第一次の; 〖化〗第一級の〈アルコール・アミン〉; 〖電〗一次の. **2** 最初の, 原始的な; 初歩の, 初等の, 予備の; 初等教育の; プライマリーケアを行なう; 〖医〗(第)一期の; 〖医〗原発性の; 〖生〗発達の第一段階にある; 〖地質〗〈鉱物が〉初生の; 〖地質〗始原の《古生代以前の》; 〖鳥〗〈羽が〉初列の. **3** 本来の, 根本の, 基本的な; 直接的な; 〖文法〗語根の; 一次語の; 〖文法〗一次時制の《現在・未来などについていう》; 〖言〗第一強勢の. ► *n* **1** 第一[最初, 主要]の事物; 第一原理; 〖電〗一次コイル; 〖鳥〗初列風切り羽(かざきり) (=*primary feather*). **2** 〖米政治〗予備選挙 (=*primary election*) 《公職候補者や政党の代表・役員などの指名・推薦が行なわれる》; 地区党員集会 (caucus). **3** 原色 (primary color); 〖天〗《衛星をもつ》惑星; 〖天〗主星《二重星・連星系で明るいほうの星; opp. *companion*》; 〖文法〗一次語(句)《名詞および名詞相当語句: a furiously barking dog における dog; cf. SECONDARY, TERTIARY》. [L *primarius* chief; ⇨ PRIMUS]

prímary áccent 〖音〗第一アクセント《本辞典では prímary または /práɪmɛri/ のように / ´ / で示す》.

prímary amputátion 〖外科〗第一次切断《炎症が広がる前に行なわれる手術》.

prímary atýpical pneumónia 〖医〗原発(性)異型[非定型]肺炎.

prímary báttery 〖電〗一次電池《2 個以上の primary cell からなる》.

prímary cáche 〖電算〗1 次キャッシュ《マイクロプロセッサー内部のキャッシュメモリー》.

prímary cáre 〖医〗一次医療[診療], プライマリーケア.

prímary céll 〖電〗一次電池.

prímary cóil 〖電〗一次コイル.

prímary cólor 原色《えのぐでは赤・黄・青のうちの一つ; 光では赤・緑・青のうちの一つ》.

prímary consúmer 〖生態〗第一次消費者《草食動物》.

prímary cóvert [ᵘ*pl*] 〖鳥〗覆主翼羽, 初列雨おおい(羽).

prímary derívative 〖文法〗一次派生語《直接構成素がともに拘束形態である語; 例 telegram》.

prímary educátion 初等教育.

prímary elèction 〖米政治〗PRIMARY.

prímary eléctron 〖理〗一次電子《固体表面に衝撃を加えて, 二次放出をひき起こす電子》.

prímary féather 〖鳥〗初列風切り羽 (primary).

prímary gróup 〖社〗第一次集団《家族など直接的接触関係の中に生活する人びと; cf. SECONDARY GROUP》.

prímary héalth càre 〖医〗一次医療[診療] (primary care) 《略 PHC》.

prímary héalth wòrker BAREFOOT DOCTOR.

prímary índustry 〘経〙 第一次産業.
prímary inténtion 〘スコラ哲学〙 FIRST INTENTION.
prímary márket 〘証券〙 発行市場《証券の新規公募が行なわれる市場; cf. SECONDARY MARKET》.
prímary méeting 地区党員集会 (caucus).
prímary méristem 〘植〙 一次分裂組織.
prímary plánet 〘天〙《衛星と区別して》惑星.
prímary prócesses *pl* 〘精神分析〙 一次過程《欲求の充足と本能衝動の発散をはかる心的活動; cf. SECONDARY PROCESSES》.
prímary próduct 〘経〙 一次産品《農業・鉱業などの産品で, 未加工または加工度の低いもの》.
prímary prodúction 〘生態〙 一次生産《光合成生物による有機物の生産》.
prímary quálity 〘哲〙 第一性質《延長・個体性・運動などのように, 知覚と共通に物体自身にそなわっていると John Locke などが考えた性質; cf. SECONDARY QUALITY, TERTIARY QUALITY》.
prímary róot 〘植〙 主根, 一次根.
prímary schòol 初等学校《〘英〙 5 歳から 11 歳まで; 一般的には infant school と junior school に分かれる; 〘米〙 elementary school の下級 3[4] 学年で構成され, 時に幼稚園も含む》; ELEMENTARY SCHOOL.
prímary stréss 〘音〙 PRIMARY ACCENT.
prímary strúcture 《物質などの》一次[基本]構造《タンパク分子のアミノ酸配列など》; 〘空〙 一次構造《破壊されると直接的に航空機の安全性が失われる主要構造部分》. ♦ **prímary strúcturist** *n*
prímary sýphilis 〘医〙 第一期梅毒.
prímary tóoth 〘解〙 一次歯, 乳歯 (milk tooth).
prímary wáll 〘植〙《細胞膜の》一次膜.
pri·mate /práɪmèɪt/ *n* [°P-] / , -mət/ 〘英国教〙 首席主教, 〘カト〙 首座司教; 大主教, 大司教; 《古》 首長, 指導者; 〘動〙 霊長類 (Primates) の動物: the *P*~ of All England 全イングランドの首位聖職《Canterbury 大主教の称号》/ the *P*~ of England イングランドの首位聖職《York 大主教の称号》. ♦ **~·shìp** *n* [OF<L *primat- primas* chief, leader < PRIMUS]
pri·ma·tial /praɪméɪʃ(ə)l/ *a* 大主教[大司教] (primate) の; 第一番の, 首位の.
pri·ma·tol·o·gy /pràɪmətɑ́lədʒi/ *n* 〘動〙 霊長類学. ♦ **-gist** *n* **prì·ma·to·lóg·i·cal** *a*
pri·ma·ve·ra /prì:məvέərə/ *n* 〘植〙 オウゴンジュ, プリマヴェラ《明るい黄色の花をつける中米産ノウゼンカズラ科の高木》; プリマヴェラ材《家具材》. ► *a* [通例 後置] 春野菜の〈パスタ〉.
prime[1] /práɪm/ *a* **1** 首位の, 主な, 最重要な, 最有力な; 優良の, 最良の, 第一等の; 〈牛肉が〉極上の; すばらしい (excellent), 申し分ない; 〘金融〙 信用等級が最高の: a ~ example よい見本, 典型 / PRIME RIBS / ~ fish 上魚 (opp. *offal*). **2 a** 第一の, 最初の; 原始的な, 根本(的)の; 〘数〙 素数の, 素因数の: the ~ agent 主因. **b** 青春の, 血気盛りの. ► *n* **1 a** [ᵁthe] 青春, 全盛, 盛時: *the* ~ of youth 青春の盛り《およそ 21–28 歳ごろ》/ He was at *the* ~ of his success. 成功の絶頂にあった / in *the* ~ of life [manhood] 壮年に, 血気盛りの時に / past one's ~ 盛時を過ぎて. **b** 精華, 最良部 〈*of*〉; 最上等[極上]のもの; *極上《肉, 特に牛肉の等級》. **2** 初期; 日の出時, 夜明け; 春; [°P-] 〘カト〙 一時課(の時刻)《午前 6 時, または 日の出時; ⇨ CANONICAL HOURS》: the ~ of the moon 新月 / the ~ of the year 春 / be cut off in one's ~ 若死にする; 〈計画が〉初期の段階で中止になる. **3 a** 〘数〙 素数 (prime number); 〘言〙《それ以上分割できない》最小単位, 《特に》音素; 〘フェン〙 第一の構え (⇨ GUARD); 〘楽〙 主音, 一度(同音), ユニゾン (unison); 〘金融〙 PRIME RATE: TWIN PRIMES. **b** プライム記号, ダッシュ《′; アクセント記号, 数学の A′ や角度の 25′ などの》; 分《角度》. **4** 〘自転車レース〙《山間部など》コース中の特別区間《そこでの成績に応じてボーナスが与えられる》. ♦ **~·ly** *adv* 最初に; 《口》 すばらしく, 最高に, すてきに. **~·ness** *n* [OF<L PRIMUS; (n) L *prima* (*hora*) first (hour)]
prime[2] *vt* **1 a** 〈爆発物など〉に雷管[導火線]をつける, 〈銃〉に火薬を詰める; 〈ポンプ〉に呼び水を差す; 〈内燃機関のシリンダーや気化器〉にガソリンを注入する; 〈実験動物〉にホルモンなどを投与[接種]する: I ~*d* the lamp *with* oil. ランプにいっぱい油をついだ. **b** 満たす, 〈人〉に十分食わせる[飲ませる] 〈*with*〉 (⇨ PRIMED): He was well ~*d with* liquor. 酒をたらふく飲んでいた. **2** …の用意[準備]をする; 〈画面・壁などを〉下塗りする. **3** 〈人〉に前もって教え込む, …に入れ知恵する 〈*with*〉: be well ~*d with* information 情報を十分提供されている. **4** 刺激する; …に抗原刺激をする, 抗原を接種する; 〘生化〙 〈重合反応〉の出発物質となる. ► *vi* 雷管[導火線]を装置して発火用意をする; 〈ボイラーが〉水を蒸気と共に汽筒に通す; 最高の状態になる. ● **~ the pump** 《あるものの》生長[はたらき]を促進する処置をとる; 《特に》政府支出により景気[経済活動]の刺激[てこ入れ]をはかる (cf. PUMP PRIMING). ► *n* 《銃の》点火薬 (priming). [C16<?; *prime*[1] からか]
príme cóst 〘会計〙 素原価 (first cost[ᴵᴵ])《直接材料費と直接労務費の合計》.
primed /práɪmd/ *a**《俗》 酔っぱらって, できあがって, (ヤクで)ラリって (⇨ PRIME[2]). ● **~ to the ears [muzzle]** すっかり酔っぱらって.
príme fáctor 〘数〙 素因数.
príme ínterest ràte 〘金融〙 PRIME RATE.
príme merídian [the] 本初子午線, グリニッジ子午線 (=*first meridian*)《英国 Greenwich を通る子午線》.
prìme mínister 総理大臣, 首相, 内閣首班 (premier)《略 PM》. ♦ **prìme ministérial** *a* **prìme mínistry, prìme mínister·shìp** 首相の地位[職権, 任期].
Prìme Mínister's quéstion tìme 〘英〙 首相への質疑応答時間《毎週, 通例 水曜に首相が下院に出向き, 議員からの質問に答える時間; ラジオ・テレビでもしばしば放送され, 時に議論が白熱して怒号が飛びかう》.
príme móver 〘機〙 原動力《風・水・電力など》; 原動機《風車・水車・内燃機関など》; 大砲牽引車《牛馬・トラクターなど》; [*fig*] 原動力, 主導者; 《アリストテレス哲学で》第一運動者; [the P- M-] 〘哲〙 神 (God).
príme númber 〘数〙 素数.
prim·er[1] /prímər; práɪ-/ *n* 初歩読本; 入門書; 《宗教改革前の》小祈禱書; /prím-/ 《NZ》 小学校低学年のクラス(の児童); /prím-/ 〘印〙 プリマー活字 (⇨ GREAT PRIMER, LONG PRIMER). [AF<L; ⇨ PRIMARY]
prim·er[2] /práɪmər/ *n* 雷管, 導火線; 装薬者; 〘機〙 プライマー《内燃機関のシリンダーや気化器にガソリンを注入する小型ポンプ》; 《ペンキなどの》下塗り(原料); 〘生化〙 プライマー《同種の分子が複製されるときのもとになる分子》. [*prime*[2]]
príme ráte /, ᴵᴵ— — —/ 〘金融〙 プライムレート《優良顧客に対する(最)低レベルの貸付金利, 特に 米国大銀行の優良企業に対する短期貸付金利》.
príme ríbs *pl* 上肋肉(ろく)《腰肉のすぐ前の 7 つの骨付きあばら肉からなる極上牛肉》.
pri·me·ro /prɪméərou, -míə-/ *n* (*pl* **~s**) プリメロ《16–17 世紀に英国で流行した賭けトランプ遊びの一種》. [Sp]
príme tíme /, ᴵᴵ— — —/ 〘テレビ〙 プライムタイム, ゴールデンアワー(の番組)《通例 午後 7–11 時》; 稼ぎ時, 書入れ時; トップレベル[クラス].
♦ **príme-tíme** *a*
pri·me·val, -mae- /praɪmí:v(ə)l/ *a* 原始時代の; 太古からある; 根源[本能]的な: a ~ forest 原生林, 原始林. ♦ **~·ly** *adv* [L (PRIMUS, *aevum* age)]
priméval sóup PRIMORDIAL SOUP.
príme vértical 〘天〙 卯酉(ぼう)線, 東西圏《天頂を通り子午線に直交する大円》.
pri·mi·done /práɪmədòun/ *n* 〘薬〙 プリミドン《抗癲癇(てんかん)薬》.
pri·mi·ge·ni·al /pràɪmədʒí:niəl/ *a* PRIMOGENIAL.
pri·mi·grav·i·da /pràɪməgrǽvədə/ *n* (*pl* **~s, -dae** /-dì:/) 〘医〙 初妊婦.
pri·mine /práɪmən/ *n* 〘植〙 外珠皮.
prim·ing /práɪmɪŋ/ *n* **1 a** 雷管取付け; 点火薬, 起爆剤; 《ポンプの》呼び水; 《ビール熟成時に加える》濃厚な糖液. **b** 《絵などの》下塗り, 下地. **c** 《知識の》急速な詰め込み (cramming). **2** 《ボイラーの》水気立ち, プライミング.
príming of the tíde 潮早《小潮から大潮にかけて起こる潮流の加速; cf. LAG OF THE TIDE》.
pri·mip·a·ra /praɪmípərə/ *n* (*pl* **~s, -rae** /-rì:, -ràɪ/) 〘医〙 初産婦; 一回産婦 (cf. MULTIPARA, NULLIPARA). [*-para*]
pri·mip·a·rous /praɪmípərəs/ *a* 初産の; PRIMIPARA の.
♦ **pri·mi·par·i·ty** /pràɪməpǽrəti/ *n*
prim·i·tive /prímətɪv/ *a* **1 a** 原始の, 初期の; 太古の, 昔の; 古風な, 旧式の; 〘地質〙 始原の: a ~ man 原始人. **b** 原始的な, 素朴な; 幼稚な; 〘人〙 未開民族[文化]の; 独学の; 独学者による; 〘生〙 初生の, 原始形態の (opp. *definitive*): ~ weapons 原始的な武器《弓・槍など》. **c** 根源[本能]的な. **2** 根本の, 基本の; 一次の; 語根の; 祖語の, 基語の: ~ colors 原色 (PRIMARY COLORS) / the ~ line 〘数〙 原線 / a ~ word 本源語. ► *n* **1** 原始人; 素朴な人; ルネサンスより前の画家(の作品); (独学の)素朴な画風の作品, 地方画家(の作品); 素朴な[手作りの]装飾品; [P-] PRIMITIVE METHODIST. **2** 〘言〙 語根語 (opp. *derivative*); 〘数〙 原線; 〘数〙 原始関数, 基関数; 〘電算〙 基本要素, プリミティブ《コンピューターグラフィックスによる図形生成の構成単位》. ♦ **~·ly** *adv* 原始的に, 素朴に; 元来, もとは. **~·ness** *n* **prìm·i·tív·i·ty** *n* [OF or L=earliest of its kind (PRIMUS)]
prímitive área 《米国国有林内の》原生林保護地域《防火措置以外の一切の人工処置をしない地域》.
Prímitive Báptist 原始バプテスト派信者《19 世紀初めに起こったバプテスト保守派; 伝道や日曜学校に反対する》.
prímitive céll 〘晶〙 単純格子, 単一格子.
prímitive chúrch [°the P- C-] 原始教会《普通はキリストの死後, Jerusalem に成立してからの約 70 年間のキリスト教会をいう》.
Prímitive Germánic 〘言〙 ゲルマン基語[祖語] (Proto-Germanic).
Prímitive Méthodist 原始メソジスト派《1810 年イングランドで組織され米国にも広がったメソジスト保守派》.
prímitive stréak 〘発生〙 原始線条, 原条《胚盤葉にみられる原口から発達した白い線》.
prím·i·tiv·ìsm *n* 〘哲・美〙 原始主義, 尚古主義; 原始性; 未開状

態. ♦ **-ist** *n, a* **prì·mi·tiv·ís·tic** *a*

pri·mo[1] /príːmou, práɪ-/ *adv, a* 第一に[の]《記号 1°; cf. SECUNDO》; 《俗》最高級の. [L; ⇨ PRIMUS]

pri·mo[2] /príːmou/ *n* (*pl* ~**s**, **-mi** /-mi/)〘楽〙《二重奏・三重奏などの》第一部, 主要部 (cf. SECONDO). ► *a**《俗》第一級[最高級, トップクラス]の, 極上の, すごい. [It; ⇨ PRIMUS]

Pri·mo de Ri·ve·ra /príːmou ðeɪ rɪvέərə/ プリモ・デ・リベラ (1) **José Antonio** ~ (1903–36)《スペインの政治家; 独裁政党ファランヘ党の創立者; 内戦で処刑された》 (2) **Miguel** ~ (**y Orbaneja** /-iː ɔ̀ːrbənéɪhɑː/), Marqués de Estella (1870–1930)《スペインの独裁者 (1923–30); 前者の父》.

pri·mo·ge·ni·al /pràɪmouʤíːniəl/ *a* 最初の, 原始の.

pri·mo·gen·i·tor /pràɪmouʤénətər/ *n* 先祖 (ancestor); 始祖.

pri·mo·gen·i·ture /pràɪmouʤénəʧər, -ʧùər, -ət(j)ùər/ *n* 長子であること, 長子の身分; 〘法〙長子相続(制[権]) (cf. ULTIMOGENITURE). ♦ **prì·mo·gén·i·tàry** /; -t(ə)ri/, **-gén·i·tal** *a* [L (PRIMUS, *genitura* birth)]

pri·mor·di·al /praɪmɔ́ːrdiəl/ *a* 〘生〙原始の, 原生の; 原始(時代)からある; 最初の, 初生の; 根本的な. ► *n* 基本原理, 根本. ♦ ~**·ly** *adv* **pri·mor·di·al·i·ty** /praɪmɔ̀ːrdiǽləti/ *n* [L; ⇨ PRIMORDIUM]

primórdial sóup [bróth] 原生液, 原始スープ《地球上に生命を発生させた有機物の混合溶液》.

pri·mor·di·um /praɪmɔ́ːrdiəm/ *n* (*pl* **-dia** /-diə/)〘発生〙原基 (ANLAGE). [L (PRIMUS, *ordior* to begin)]

Pri·mor·sky Kray /prɪmɔ́ːrski kráɪ/ プリモルスキー地方, 沿海地方《ロシア極東の日本海に面する行政区; ☆Vladivostok; 英語名 Maritime Territory》.

Pri·mo·rye /prɪmɔ́ːrjə/ プリモーリエ (PRIMORSKY KRAY).

primp /prímp/ *vt* 着こなす; [°~ and preen]〈髪などを〉整える: ~ *oneself up* めかす. ► *vi* めかす, しゃれる 〈*up*〉. [変形 (dial) < *prim*]

prim·rose /prímròuz/ *n* 〘植〙サクラソウ(の花); 〘植〙マツヨイグサ (evening primrose); PRIMROSE YELLOW; 最盛期, 活躍期. ► *a* サクラソウの(多い); はなやかな, 陽気な; 淡(緑)黄色の. ♦ **prím·ròsy** *a* [OF and L=first rose]

Primrose 1 プリムローズ《女子名》. 2 プリムローズ **Archibald Philip** ~ ⇨ 5th Earl of ROSEBERY. 3 プリムローズ Dr **Charles** ~《Goldsmith, *The Vicar of Wakefield* の主人公である人情味のある楽天的な牧師》. [↑]

Prímrose Dày 〘英〙サクラソウの日《サクラソウの賞翫(しょうがん)者 Benjamin DISRAELI の命日: 4 月 19 日》.

prímrose fàmily 〘植〙サクラソウ科 (Primulaceae).

Prímrose Híll プリムローズヒル《London の Regent's Park の北側にある丘; かつては狩猟場; 高さ 60 m 余あって, ここから London の中心部が一望できる》.

Prímrose Léague [the]〘英〙サクラソウ団《DISRAELI を追慕して 1883 年に結成された保守党の団体》.

prímrose páth [wáy] [the] 歓楽の暮らし, 快楽の道; いちばん楽な道, 安易な道, 転落[破滅]の道《Shak., *Hamlet* 1.3.50, *Macbeth* 2.3.20–21》.

prímrose péerless (narcíssus) 〘植〙ウスギズイセン《南欧原産》.

prímrose yéllow 淡い緑がかった黄色; 淡黄色.

prim·u·la /prímjələ/ *n* 〘植〙サクラソウ属 (*P*-) の各種の草本, プリムラ. [L (fem dim) < PRIMUS]

prim·u·la·ceous /prìmjəléɪʃəs/ *a* 〘植〙サクラソウ科 (Primulaceae) の.

pri·mum mob·i·le /práɪməm móubəli, príː-, -mɑ́b-/ (*pl* ~**s**) 〘天〙第十天《中世天文学で, 地球を取り巻く同心円球の最も外側の層; すべての恒星はこれに固着し, 地球のまわりを 24 時間で 1 周しているとされた; 第九天とも称した》; [*fig*] 原動力 (prime mover). [L=first moving]

pri·mum non no·ce·re /príːmum nòun nɔːkéɪreɪ/ まず第一に[肝心なのは]害をなさぬことだ. [L]

pri·mus /práɪməs/ *a* 第一の, 首位の; ᵘ《男子の学校で同姓生徒中》1 番目の, 最年長[最古参]の. ★ secundus (2nd), tertius (3rd), quartus (4th), quintus (5th), sextus (6th), septimus (7th), octavus (8th), nonus (9th), decimus (10th). ► *n* **1** [°P-]《スコットランド監督派教会の》監督長. **2** [P-]〘商標〙プライマス《携帯用石油こんろ》. [L=first; cf. PRIMO[1]]

prímus ìn·ter pá·res /-ìntər pǽriz; -pɑ́ːriz/ 同輩中の首席[第一人者]《英国では総理大臣 (Prime Minister) が他の大臣 (minister) と法律上は同等で特別の地位は認められないことを示す; cf. FIRST among equals》. [L]

prin. principal(ly) ♦ principle(s).

prince /príns/ *n* **1 a** 王子, 皇子, 親王, プリンス (=~ **of the blóod**) (*fem* PRINCESS); 王家[皇族]の男子: the manners of a ~ みやびやかな態度, 上品さ / (as) happy as a ~ きわめて幸福な[楽しい] / live like ~*s* [a ~] ぜいたくに暮らす / CROWN PRINCE / the *P*~ of Denmark デンマークの王子《Hamlet》. **b***《口》気前がよくて魅力のある人物, 気持のいい男, いいやつ: You are a ~. きみはほんとにいいやつだ. **2**《英国以外の》公爵 (cf. DUKE); 《公文書などで》英国の duke, marquess, earl に対する敬称. **3 a**《公国・小国の》君主, 公 (cf. PRINCIPALITY); 《封建時代の》君主, 諸侯; 《文》《一般に》王, 君主; [*The P*-]『君主論』(*Il Principe*) (1513)《Machiavelli の政治論》: the Grand [Great] *P*~ 大公 / the *P*~ of Monaco モナコ国王. **b** 大家, 第一人者 〈*of, among*〉: a merchant ~ 豪商 / the ~ *of* bankers 銀行王. **4** [P-] プリンス《男子名》. ● **a P~ of the Church** 〘カト〙教会の君子《枢機卿(けい) (cardinal) の称号》. HAMLET **without the P~ (of Denmark)**. ♦ ~**·lìke** *a* ~**·shìp** *n* [OF < L *princip- princeps* first man, chief; ⇨ PRIMUS]

Prìnce Álbert 1 プリンスアルバート (=**Prìnce Álbert cóat**)《ダブルの長いフロックコート; Prince Albert Edward (のちの英国王 Edward 7 世) が流行させた》; [*pl*]《豪俗》《放浪者が靴下代わりにする》足に巻く布. **2**〘商標〙プリンス・アルバート《手巻き用・パイプ用のタバコ葉》; *《俗》Prince Albert のタバコの缶にはいったマリファナ, 《広く》大麻. ★ ⇨ ALBERT.

Prìnce Álbert Nátional Párk プリンスアルバート国立公園《カナダ Saskatchewan 州中部の国立公園》.

Prìnce Chárming 理想の花婿[男性]《Cinderella 物語の王子から》.

prìnce cónsort (*pl* **prínces cónsort**) 女王[女帝]の夫君《称号》; [P- C-] Prince ALBERT.

prínce·dom *n* PRINCE の位[地位, 身分, 領土]; [*pl*] 権天使 (=*principalities*).

Prìnce Édward Ísland プリンスエドワード島《カナダ St. Lawrence 湾にあり, 同国最小の州をなす》.

prínce impérial 皇太子 (CROWN PRINCE).

prínce·kin /-kən/ *n* 小国の君主, 小君主; 幼君, 小公子.

prínce·let *n* PRINCELING.

prínce·li·ness *n* 気品のある行ない[性格]; 壮麗, りっぱさ, 気品.

prínce·ling *n* 幼い[若い]王子, 小公子; [ᵘ*derog*] 小国の君主.

prínce·ly *a* 皇子の, 王子としての, 王侯の; 王侯然とした, 皇子らしい; 気高い, 威厳のある; 気前のよい, 鷹揚(おうよう)な; 広大な〈敷地〉: a [the] ~ sum [°*joc*] 大金, 大枚. ► *adv* 王侯[王子]らしく; 気高く.

Prínce of Dárkness [the] 暗黒の君[長(おさ)], 悪魔 (Satan).

Prínce of Péace [the]〘聖〙平和の君《Jesus Christ のこと; *Isa* 9: 6》.

Prínce of thís wórld [the] この世の長(おさ), 悪魔.

Prínce of Wáles 1 [the] プリンス・オヴ・ウェールズ《英国国王の法定推定継承人である長男に国王によって授けられる皇太子の称号; もともとはウェールズのケルト族の首長の称号だったが, 現用の意味はウェールズを征服した Edward 1 世がのちの Edward 2 世にこの称号を授けた (1301) ことに由来する》. **2** [Cape] プリンス・オヴ・ウェールズ岬《Alaska 州西端にあり, 北米大陸の最西端: 168°05′W》.

Prínce of Wáles Ísland プリンス・オヴ・ウェールズ島 (1) カナダ北部 Northwest 準州の Victoria 島と Somerset 島の間にある島 2) Alaska 州南東部 Alexander 列島最大の島 3) オーストラリア北東部 Queensland 州北部, Torres 海峡にある島 4) PINANG 島の旧称》.

prin·ceps /prínsèps/ *a* 第一の, 最初の; 〘解〙《特に親指・頸動脈について》主要な: EDITIO PRINCEPS, FACILE PRINCEPS. ► *n* (*pl* **prin·ci·pes** /prínsəpìːz/) 主要なもの; 君主, 族長; 初版(本). [L PRINCE]

prínce régent 摂政の宮; [P- R-] 摂政の宮 George (1811–20)《精神を病んだ George 3 世の長子, のちの George 4 世》.

prínce róyal (*pl* **prínces róyal**) 国王[君主]の長男子, 《一般に》皇太子.

Prìnce Rúpert プリンスルーパート《カナダ西部 British Columbia 州西岸の港町》.

Prìnce Rúpert's dróp [ᵘ*pl*] RUPERT'S DROP.

Prìnce Rúpert's Lánd プリンスルーパーツランド (=*Rupert's Land*)《カナダ西部および北部の鉱物資源の豊かな広大な Hudson 湾集水域の旧称》.

Prìnce Rúpert's métal PRINCE'S METAL.

prínce's-féather *n* 〘植〙**a** ハンスイ(繁穂)ヒユ《ヒユ属の栽培植物; 種子を食用にする》, ホソアオゲイトウ《赤花》; スギモリゲイトウ. **b** オオケタデ.

Prínces in the Tówer *pl* [the] 塔の中の二王子《イングランド王 Edward 5 世 (1470–?83) とその弟 Richard (1472–?83); おじの Gloucester 公 (のちの Richard 3 世) によって London 塔に幽閉され, 殺害されたとされる悲劇の貴公子; Shakespeare をはじめ多くの作家に取り上げられた》.

Prínce's métal 王金《銅 75% と亜鉛 25% の合金》.

prínce's píne 〘植〙PIPSISSEWA.

prin·cess /prínsəs, -sès; prɪnsés/ *n* (PRINCE の女性形) 王女, 内親王 (=~ **of the blóod**); 《古》女王; 王妃, 親王妃; 《英国以外の》公爵夫人; [*fig*] 第一人者, '女王' 〈*of, among*〉; *わがまま[生意気]な娘: the ~ *of* American pop アメリカポップス界の女王. ★ *P*~ Alexandra のように人名に付けるときは《英》でも /prínsès/. ■ **the P~ of Wáles** 英国皇太子妃. ► *a* 〘服〙プリンセススタイルの《ウエストで

分かれず, 縦の切替えで体に沿わせて裾を開いた型); 体にぴったり合うように襟からフレアスカートまですべて三角布 (gore) で作られた: a ～ dress [gown, robe] プリンセスドレス《ワンピース》. ♦ ～·ship *n* ～·like *a* ～·ly *a*

prin·cesse /prínsɛ̀s, ─ ́/ *a* PRINCESS; 〘料理〙アスパラガスを添えた.

príncess régent 摂政内親王; 摂政の宮夫人.

príncess róyal (*pl* **príncess·es róyal**) 《英国・プロイセンの》第一皇女[王女]《国王から授与される終生の称号》.

Prínces Strèet プリンセズストリート《スコットランド Edinburgh 市の新市街地区のメインストリート; Prince George (のちの George 4 世) にちなむ名称》.

Prince·ton /prínstən/ プリンストン《New Jersey 州の中西部の町; Princeton 大学の所在地》.

Prínceton Plán* プリンストンプラン《選挙の年に大学生に休暇を与え, 自分の選んだ候補者のために運動できるようにする案》.

Prínceton Univérsity プリンストン大学《New Jersey 州 Princeton にある私立大学; 1746 年創立; Ivy League の一つ》.

Prínce Váliant 勇敢な王子《カナダ生まれの米国の漫画家 Harold Foster (1892–1982) の同名の写実的劇画の主人公; Arthur 王の円卓の騎士の一人になっている; 1937 年初登場》.

Prìnce Wílliam Sóund プリンスウィリアム湾《Alaska 州南部の Alaska 湾に臨む入江; 北東岸に Valdez がある》.

prin·ci·pal /prínsəp(ə)l, -s(ə)pəl/ *a* 主な, 主たる; 第一の, 先頭に立つ; 重要な; 主体の; 〘文法〙主部の; 〘商〙元金[元本]の: the ～ mountains of the world 世界の主な山々 / a ～ cause 主要な原因 / ～ penalty 主刑. ► *n* **1** 頭(かしら) (chief), 長, 長上, 支配者, 上役, 上司; 社長, 会長, 業主, 店主; 校長, 《特に 英国で college の》学長; 長官; 〘英〙大臣 (Secretary) の下の役人. **2 a** 主役, 独演者; 《オーケストラで第一ヴァイオリンを除くセクションの》首席奏者, 《コンサートの》独奏者. **b** 決闘の(片方の)本人 (cf. SECOND[1]); 〘法〙《代理人に対して》本人; 〘法〙正犯, 主犯 (opp. *accessory*); 〘法〙主[第一]債務者: the ～ offender 主犯者 / the ～ and accessory 〘法〙正犯と共犯 / the ～ in the first [second] degree 第一級[第二級]正犯. **3** [a ～] 〘商〙元金, 元本; 基本財産, 《株などの》額面価格; 〘法〙主物, 主件: ～ and interest 元利. **4** 〘楽〙プリンシパル《オルガンの主要音栓》, 《フーガの》主題 (opp. *answer*); 〘建〙主構, 主材. ♦ ～·ship *n* [OF＜L＝first, chief; ⇨ PRINCE]

príncipal áxis 〘理〙主軸.

príncipal bóy [gírl] [the] 《英国のパントマイムで》主役の男役[女役]を演じる女優 (cf. DAME).

príncipal cláuse 〘文法〙《複文の》主節 (main clause).

príncipal diágonal 〘数〙主要項《正方行列 (square matrix) の左上から右下への項》.

príncipal fócus 〘理〙焦点 (focal point).

principal girl ⇨ PRINCIPAL BOY.

prin·ci·pal·i·ty /prìnsəpǽləti/ *n* **1 a** 《PRINCE の統治する》公国, 侯国; [the P-]"ウェールズ (Wales) の俗称. **b** 公国君主の地位; 主権; prince による小国[属国]の支配; 校長の地位[責務]. **2** 〘キ教〙霊力; [*pl*] 〘キ教〙権天使《天使の第 7 階級; ⇨ CELESTIAL HIERARCHY》. **3** 首位; 《廃》卓越, 傑出.

príncipal·ly *adv* 第一に, 主として, 主に, もっぱら.

príncipal merídian 《土地測量時に規準とする》主経線.

príncipal nórmal 〘数〙主法線《空間曲線の法線でその接触平面上にあるもの》.

príncipal párts *pl* [the] 〘文法〙《動詞の活用の》主要形《たとえば英語動詞の不定詞・過去形・過去分詞》.

príncipal póint 〘光〙主点.

príncipal ráfter 〘建〙合掌.

príncipal séntence 〘文法〙主文.

príncipal súm 〘保〙《支払われる保険金の》最高額.

prin·ci·pate /prínsəpèɪt, -pət/ *n* 首(長)たる権力[地位]; 公国(領); 元首政, プリンキパトゥス《ローマ帝政前半の政体》.

Prín·ci·pe /prínsəpə/ プリンシペ《アフリカ西岸のギニア湾にある島; サントメ-プリンシペに属する》.

principes *n* PRINCEPS の複数形.

prin·cip·i·al /prɪnsípiəl/ *a* 最初の, 第一の; 主義[原理]の[に基づく].

prin·cip·i·um /prɪnsípiəm/ *n* (*pl* **-ia** /-iə/) 原理, 原則; 起源, 基礎; 〘古ロ〙《露営地での》将軍宿舎. [L＝source, beginning, (pl) foundations; ⇨ PRINCE]

prin·ci·ple /prínsəp(ə)l, -s(ə)pəl/ *n* **1** 原理, 原則; 〘哲〙原理; 〘理・化〙原理, 律, 法則: FIRST PRINCIPLES / the ～*s* of economics 経済学の原理. **2** 主義, 根本方針; 道, 正道, 正義; [°*pl*] 道義, 節操: as a matter of ～ 主義として / by ～ 主義として / stick to [live up to] one's ～*s* 主義を貫く / a man of ～ 節操のある人. **3 a** 本源, 本質; 生来の傾向, 性向; 〘化〙元素, 精, 素; 動因, 素因; 《廃》起源, 発端: the vital ～ 活力, 精力 / BITTER PRINCIPLE / coloring ～ 染色素. **b** [P-] 〘クリスチャンサイエンス〙原理 (God). ● **in** ～ 原則として, だいたい. **on** ～ 主義として, 主義[原則]に従って, 道徳的見地から. [AF (↑)]

prín·ci·pled *a* 理[徳義]にかなった, 主義[原則]に基づいた; [*compd*] …主義の, 主義が…な: high-[loose-]～ 主義の高潔[無節操]な.

príncíple of causálity [the] 因果律.

príncíple of léast áction [the] 〘理〙最小作用の法則.

prin·cox /prínkɑ̀ks/, **prin·cock** /-kɑ̀k/ *n* 《古》生意気な若者, 気取った青年 (coxcomb).

prink /príŋk/ *vt, vi* めかしこむ, 飾りたてる 〈*oneself up*〉; 〈鳥が羽を〉そろえる, 羽づくろいする (preen); おめかしをする 〈*up*〉. ♦ ～·er *n* [C16＜?; cf. PRANK[2]]

print /prínt/ *vt* **1 a** 印刷する 〈*up*〉; 出版[刊行]する; プリントアウトする (print out); 画面に表示する: ～ money 《インフレ時に》紙幣を濫発する / the ～*ed* word 新聞[書物など]に書かれたこと / ～ one's lectures [have one's lectures ～*ed*] 講演を出版する. **b** 活字体で書く 〈*out*〉: *P*～ your name in the box. 枠内に名前を活字体で書きなさい. **2 a** …に押印する, 印する 〈*with*〉; 〈型を〉押しつける 〈*on, in*〉; 〈サラサなど〉に捺染(なっせん)する, 模様をつける; 〈模様を〉プリントにする; 〈写真を〉焼き付ける 〈*off, out*〉; 《俗》〈人〉の指紋をとる: ～*ed* goods サラサ / ～*ed* china 《転写で絵付けした》陶磁器/ ～ (*off* [*out*]) a negative ネガを焼き付ける. **b** (しっかり)印象づける (impress): The scene is ～*ed on* my memory. その光景はわたしの脳裡に焼き付いている. ► *vi* **1** 印刷を業とする; 印刷をする; 刊行する. **2** 〈活字・フィルム・用紙などが〉出る, 写る: This negative [type] ～*s* well. このネガ[活字]は写真[字]がよく出る. **3** 活字体で書く: Please ～. 活字体でお願いします. ● ～ **off** 〈本を…部〉増刷する; PRINT OUT…. ～ **out**… 〘電算〙…の PRINTOUT をつくる, プリントアウト[印刷]する. ► *n* **1 a** 印刷(業); 印刷の字体 (cf. SCRIPT); 印刷部数, '版': put …in(to) ～ …を印刷に付する / in large ～ 太字[大活字](印刷)で / FINE PRINT. **b** 印刷物, プリント; *出版物, 《特に》新聞, 新聞印刷用紙. **2 a** 《写真製版による芸術作品の》複製; 版画, エッチング, 石版画《など》; 絵草紙; 〘写〙《ネガから焼き付けた》陽画 (positive), プリント; 《映画の》上映用フィルム. **b** 《布などの》捺染; 捺染布, プリント地; プリントの服. **3** 跡, 痕跡; 印象, なごり; 指紋 (fingerprint). **4 a** 模様を印刷するもの, スタンプ; 母型, 鋳型. **b** 押して作ったもの, 押し固めたバター. ● **in cold** ～ 活字で印刷して; 変更できない状態となって. **in** ～ 活字になって, 印刷[出版]されて; 〈本が〉入手可能で, 絶版でない: see one's name *in* ～ 自分の意見[作品など]が新聞[書籍]に掲載される / books *in* ～. **out of** ～ 〈本が〉絶版で. **rush into** ～ 〈著者が〉あわてて本を出す[新聞に発表する], 急いで活字にする; 〈本などを〉急いで印刷する.
► *a* 活字媒体[メディア]の,
[OF *priente* (L *premo* to PRESS[1])]

prínt·able *a* 印刷できる; 出版[印刷]する価値のある; 出版[印刷]してもさしさわりのない; 焼付けできる; 型押し[捺染]のできる. ♦ **print·abílity** *n*

prin·ta·nier /*F* prɛ̃tanje/, **prin·ta·nière** /*F* prɛ̃tanjɛːr/ *a* 〘料理〙春野菜の, 春野菜を付け合わせた. [F＝of springtime]

prínt bàr 印字[活字]バー《印字用の文字の形が縦に並べて彫られた棒》.

prínt·clòth *n* プリント布地《捺染用の灰色の綿布》.

prínt·ed círcuit プリント[印刷]配線回路.

prínt·ed-círcuit bòard 〘電算〙プリント[印刷]回路[配線]基板 (＝*PC board*).

prínted mátter 《特別料金で郵送できる》印刷物.

prínted pápers" *pl* PRINTED MATTER.

prínted préss* PRINT PRESS.

prínted wórd [the] 活字になったことば, 印刷物.

prínt·er *n* **1** 印刷業者; 印刷労働者, 植字工; 型押し人, 捺染工. **2** 印刷機; 〘写〙(印画紙)焼付け機, 〘映〙フィルム焼付け機; 〘電算〙印刷機, プリンター.

prínter fònt 〘電算〙プリンターフォント《プリンター出力用の(高精細度の)フォント; cf. SCREEN FONT》.

prínter pòrt 〘電算〙プリンターポート《プリンター接続用のポート》.

Prínters' Bíble [the] プリンターズ聖書《1702 年ごろの版で詩篇 119: 161 の Princes が Printers となっている聖書の俗称》.

prínter's dévil 印刷所の見習い工.

prínter's dózen" 13.

prínter's érror 誤植《略 PE, p.e.; cf. AUTHOR'S ALTERATION》.

prínter shàrer 〘電算〙プリンター切替え機.

prínter's ínk PRINTING INK; 印刷物. ● **spill** ～ 書いたものを印刷に付する.

prínter's màrk 印刷所の標章, 印刷所[出版社]マーク.

prínter's píe 活字のごちゃまぜ; 混乱.

prínter's réader 校正係.

prínter's [prínters'] rèam 〘紙〙印刷業者連《一連が 516 枚》.

prínter swítch bòx 〘電算〙プリンター切替え機.

prínt·ery* *n* PRINTING OFFICE; 《布地印刷の》捺染所.

prínt hànd 印刷風の書体.

prínt·hèad *n* 〘電算〙《プリンターの》印字ヘッド, (プリント)ヘッド.

print·ing *n* **1** 印刷(術), 印刷業; 印刷物[部数]; [*pl*] 印刷用紙; 《同一の版による》(第…)刷 (cf. EDITION). **2** 型付け, 捺染, 印捺; 〘写・映〙焼付け: silver ～ 硝酸銀焼付け. **3** 活字体で書いた文字.
prínting ìnk 印刷インキ.
prínting machìneǁ 動力印刷機.
prínting òffice 印刷所: the Government *P*~ *O*~ 〘米〙政府印刷局 (略 GPO).
prínting pàper 〘写〙印画紙.
prínting prèss 印刷機, 《特に》動力印刷機.
prínt jòurnalism 出版・新聞ジャーナリズム.
prínt·less *a* 跡を残さない, 跡[痕跡]のない.
prínt lètter 活字風の文字.
prínt·màker *n* 版画制作者. ♦ **prínt·màking** *n*
prínt mèdia [the] 活字メディア, 印刷媒体.
prínt·òut *n* 〘電算〙印刷出力, プリントアウト(した紙), ハードコピー.
prínt prèss* 《ラジオ・テレビ業界に対して》出版・新聞業界, 活字メディア.
prínt prèview 〘電算〙印刷プレビュー.
prínt quèue 〘電算〙《プリンター印刷の順番を待つ文書データの》印刷待ち行列.
prínt rùn 《本・新聞などの》1 回の刷り[製作]部数.
prínt·sèll·er *n* 版画商.
prínt shòp 版画店; *《口》(小)印刷所.
prínt-through *n* 〘電算〙プリントスルー《磁気テープデータ媒体において, 接近した部分間で, 記録データが他方に移ってしまうこと》.
prínt ùnion 印刷労働者組合.
prínt·whèel *n* 《電動タイプライターの》プリントホイール (DAISY WHEEL).
prínt·wòrks *n* (*pl* ～) 捺染(なっせん)工場.
pri·on[1] /práiɑ̀n/ *n* 〘鳥〙クジラドリ《同属の数種; 南極海域産; ミズナギドリ科》. [NL<Gk=saw[1]; くちばしの形から]
pri·on[2] /príːɑ̀n/ *n* 〘生〙プリオン《クロイツフェルト-ヤコブ病 (Creutzfeldt-Jakob disease) など神経系を冒す感染症の病原体とされる核酸をもたないタンパク質性粒子》. [*pro*teinaceous, *in*fectious, *-on*[2]]
pri·or[1] /práiər/ *a* **1** 前の, 先の, 先行の, 事前の (opp. *posterior*): a ～ engagement 先約. **2** 〈…より〉前の, 重要な, 優先的な 〈*to*〉. ► *n* *《俗》前科, まえ. ► *adv* より前[上席]に. ● **～ to**…より前に, より先に (before): *P*~ *to* the advent of the printing press, they used to copy by hand. 印刷機の出現以前は筆写が行なわれていた. ♦ **～·ly** *adv* [L=earlier, elder (compar)<OL *pri* before]
prior[2] *n* 修道院副長; (小)修道院長 (priory の長); 修道会(副)長; プリオーレ《フィレンツェなど中世イタリアの共和国の行政長官》. ♦ **príor·ess** *n fem* **～·ship** *n* [OE and OF<L=administrator (↑)]
Prior プライアー **Matthew** ～ (1664–1721)《英国の詩人・外交官》.
príor árt 〘特許法〙先行技術《発明が出願される前に知られていたあるいは知ることが可能であった同様の技術》.
príor·ate *n* PRIORSHIP; PRIORY.
pri·or·i·tize /praiɔ́(ː)rətàiz, -ár-, práiə-/ *vt* 〈計画・目標〉に優先順位をつける; 優先させる. ► *vi* 優先順位を決定する. ♦ **pri·or·i·ti·za·tion** /praiɔ̀(ː)rətəzéiʃ(ə)n, -àr-, pràiə-; -tai-/ *n*
pri·or·i·ty /praiɔ́(ː)rəti, -ár-/ *n* 重要度, 優先度, 優先性, 優位, プライオリティ 〈*over*〉; 《譲渡抵当・発明などの》先順位; 〘法〙優先権; 《自動車などの》優先(通行)権; *《不足物資配給などの》優先権; 優先事項; 前[先]であること (opp. *posteriority*): according to ～ (優先)順位によって / as a matter of ～ 最優先事項として, まっさきに, 大至急 / a creditor by ～ 優先債権者 / give ～ *to*…に優先権を与える / have [take] ～ *over*…よりも優先権をもっている[重要である] / a top ～ 最優先事項. ● **get one's priorities right** [**wrong**] 優先順位を正しく見極める[誤る].
priórity màil 〘米〙優先郵便《12 オンスを超える第一種郵便物および 8 オンスを超える航空郵便で, 第一種郵便料金で扱う》.
príor restráint* 事前抑制《裁判の進行を妨害したり, 国家の安全を侵害すると裁判所が認めた資料や手続きの公開を禁じる裁判所の命令》.
pri·o·ry /práiəri/ *n* 小修道院 (ABBEY の下位). [L (PRIOR[2])]
Prip·et /prípèt, -ət/ [the] プリピャチ川 (Russ **Pri·pyat** /prípjət/)《ウクライナ北西部, ベラルーシ南部を広大なプリピャチ沼沢地 (～ **Márshes**) をつくって東流し, Dnieper 川に合流する》.
pri·sage /práizidʒ, prizáːʒ/ *n* 〘英史〙輸入葡萄酒税《1809 年廃止》. [AF (OF *prise* PRIZE[3])]
Pri·scian /príʃ(i)ən/ プリスキアヌス (*L* Priscianus Caesariensis)《6 世紀の Constantinople のラテン語文法家》.
Pris·cil·la /prisílə/ プリシラ《女子名》. [L (dim)‹*Priscus* former, ancient]
prise ⇨ PRIZE[4].
pri·sere /práisiər/ *n* 〘生態〙一次遷移系列《植物の全くない状態から極相に至るまで; cf. SUBSERE》. [*pri*mary+*sere*[1]]
prism /príz(ə)m/ *n* 〘光〙プリズム《分光・反射用》; [*pl*] 7 色; 〘晶〙柱(ちゅう); 〘晶〙底面(ぴん); 〘数〙角柱; カットグラス製品; 物事をゆがめる[偏向させる]もの, '色めがね'. ♦ **pris·mal** /prízm(ə)l/ *a* [L<Gk=anything sawn]
pris·mat·ic /prizmǽtik/ *a* プリズムの, プリズム状の; 虹色の; 多彩な; 〘数〙角柱の; 〘晶〙斜方晶系の: ～ colors スペクトルの 7 色. ♦ **-i·cal·ly** *adv*
pris·mát·i·cal *a* 《古》PRISMATIC.
prismátic cómpass 〘測〙プリズムコンパス.
pris·ma·toid /prízmətɔ̀id/ *n* 〘数〙擬角柱《頂点がすべて 2 つの平行な平面にある多面体》. ♦ **prìs·ma·tói·dal** *a*
prísm binòculars [**glàsses**] *pl* プリズム双眼鏡.
pris·moid /prízmɔ̀id/ *n* 〘数〙角錐台 (=*frustum of a pyramid*). ♦ **pris·mói·dal** *a*
prísmy *a* PRISMATIC.
pris·on /príz(ə)n/ *n* 刑務所, 監獄《★《米》では特に 州刑務所 (state prison) をいう》; 拘置所, 監禁所; 禁固, 監禁, 幽閉: be [lie] in ～ 刑務所にはいっている / break (out of) ～ 脱獄する / cast into [put in] ～ =send [take] to ～ 投獄する / ～ without bars 格子なき牢獄《犯罪人が身体的拘束はうけないが出ることを許されない地域》/ the ～ service 刑務所制度[運営], [the P- S-] 〘英〙刑務局《刑務所を管理する》. ► *vt* 《詩・方》投獄[監禁]する (imprison). [OF<L (*prehendo* to seize)]
príson báse PRISONER'S BASE.
príson bìrd 囚人, 常習犯 (jailbird).
príson brèach [**brèaking**] 〘法〙脱獄.
príson brèak 脱獄, 牢破り.
príson brèaker 脱獄者.
príson càmp 捕虜[政治犯]収容所; 《公共事業の作業をする》模範囚労働者収容所 (=*work camp*).
príson·er *n* 《留置場に》拘束された者, 刑事被告人, 在監者, 囚人; 捕虜 (prisoner of war); 捕えられた[自由を奪われた]者: a ～ of State=POLITICAL PRISONER / hold sb ～ 人を捕虜にしておく / make [take] sb ～ 人を捕虜にする / a ～*s'* camp 捕虜収容所 / a ～ *to* one's room [bed] 部屋[ベッド]から離れられない人[病人] / the ～ of Jesus Christ 〘聖〙キリスト・イエスの囚人《パウロが自身を呼んだことば; *Ephes* 3: 1》. ● **take no ～s** 捕虜をとらない, 敵を皆殺しにする; いっさい妥協しない, とことんやり抜く (cf. TAKE-NO-PRISONERS). [AF (PRISON)]
prísoner of cónscience 良心の囚人《暴力的活動はしていないが, 特に政治上・宗教上の信念にかかわる理由から不当な拘束をうけている人》.
prísoner of wár 捕虜 (略 POW).
Prísoner of Zénda /-zéndə/ [The]『ゼンダ城の虜(とりこ)』(Anthony Hope の冒険小説 (1894); Ruritania 国を訪れていた英国人青年 Rudolf Rassendyll は国王にうりふたつに似ていたことから, Zenda 城に幽閉中の国王に扮して王位簒奪の悪計をくじく》.
prísoner's báse 「陣取り」に似た子供のゲーム.
prísoner's dilémma 〘経〙囚人のジレンマ《隔離取調べ下の 2 人の共犯者が相手の出方不明の中で自白と黙秘といずれが有利かの選択に迷うゲームの理論のモデル; 個々の経済主体の利益追求が必ずしも集団にとっての最適結果とはならないことを示す原理とされる》.
príson fèver 発疹チフス (typhus).
príson hòuse 《文・詩》牢獄 (prison).
príson òfficerǁ 《刑務所の》看守, 刑務官.
príson populàtion 刑務所人口, 在監[収監]者数.
príson vánǁ 犯人護送車.
príson vísitor 刑務所査察官[視察官]; ǁ《ボランティアの》囚人面会者[慰問者].
priss /prís/*《口》*n* 潔癖なやつ[女]. ► *vi* いやにきちんとする, とりすます. [逆成‹*prissy*]
pris·sy /prísi/ 《口》*a* こうるさい, 神経質な; とりすました; めめしい. ► *n* こうるさい人, 潔癖屋. ♦ **prís·si·ly** *adv* **-si·ness** *n* [?*prim*+*sissy*]
pris·tane /prístèin/ *n* 〘化〙プリスタン《サメ肝油中などに存在するイソプレノイド炭化水素》. [L *pristis* shark]
Priš·ti·na /príːʃtinàː/ プリシュティナ《コソヴォの首都》.
pris·tine /prístìːn, *─ ́, ǁprístàin/ *a* もとの (original), 原初の, 始原の, 原始の (primitive); 素朴な, 俗塵に汚されていない; 真新しい, 新品同様の. ♦ **～·ly** *adv* [L *pristinus* former]
prith·ee, pryth·ee /príði/ *int* 《古》願わくは, どうか (please). [(I) *pray thee*]
prit·tle-prat·tle /prítlprǽtl/ *n* たわごと. ► *vi* たわごとを言う, おしゃべりする. [*prattle* の加重]
priv. private(ly).
pri·va·cy /práivəsi, ǁprív-/ *n* **1 a** 他者の同伴[観察, 監視]がない状態; 私生活, プライバシー: an invasion of one's ～ プライバシーの侵害 / in the ～ of one's thoughts 心の奥底で / in ～ 隠れて〈暮らすなど〉, ひそかに. **b** 人の耳目をはばかる状況, 内密; 個人的な秘め事: in strict ～ 極秘に, 内々で. **2** 《古》隠居所, 隠遁所. [*private*, *-cy*]
Pri·vas /*F* privɑ/ プリヴァ《フランス南東部 Ardèche 県の県都》.
pri·vat·do·zent, -cent /priváːtdoutsɛ̀nt/ *n* [°P-] 《ドイツ語

圏の大学の》員外講師《大学からは俸給を受けずに学生から謝礼をもらう》. ［G］

pri·vate /práɪvət/ *a* (opp. *public*) **1** 私の, 個人に関する[属する]; 個人的な, 私用の: ～ business 私用 / a ～ room 私室, 個室 / a ～ door 勝手口 / a ～ house 民家 / a ～ letter 私信, 親展書 / one's ～ life 私生活 / ～ property 私有財産, 私(有)物. **2 a** 秘密の, 内密の; 秘密を守る: keep…～ …を内密にしておく / for your ～ ear ここだけの話ですが, どうか内密に. **b** 非公式の, 公開されない, 私有(地)の, 専用の, (無断)立入り[使用]禁止の, 内輪[仲間うち](だけ)の, 会員制の; 隠遁した, 人目につかない: PRIVATE VIEW / a ～ retreat 人目につかない隠れ家 / We can be ～ here. ここなら人にじゃまされない[2人きりになれる]. **c**〈人が〉人と交わらない, ひとりを好む. **3** 官職をもたない, 平民の, ″〈下院議員が〉平の, 非閣僚の; 兵士[兵卒]の; 民間の, 私営の, 私立[私設]の;〈医療などが〉自己負担の: a ～ citizen《官職をもたない》普通の市民, 一般人, 私人 / a ～ railway 私鉄 / ～ education 私教育. ● **go ～** 私有[民営, 非公開]化する; 保険のきかない医者[私立病院]にかかる. ► *n* **1 a** 兵士, 兵卒. ★〔英陸軍〕では下士官の下;〔米陸軍〕では PRIVATE FIRST CLASS の下で recruit の上の階級;〔米海兵隊〕では最下位の階級; ⇨ ARMY, MARINE CORPS. **b**《古》公職に就いていない人, 私人. **2** [*pl*]《口》陰部 (private parts). **3**《廃》PRIVACY. ● **in ～** 内々で, 当事者だけで; 私生活において. ◆ **～·ness** *n* ［L＝taken away (from public affairs) (pp)＜*privo* to deprive, bereave］

prívate áct〔法〕私法律《特定個人·法人に対してのみ適用する法律; cf. PUBLIC ACT》.

prívate attórney〔法〕《私個人に依嘱された》代理人.

prívate bár″ パブの個室 (cf. PUBLIC BAR).

prívate bíll〔法〕私法律案《特定個人·法人に関する法案; cf. PUBLIC BILL》.

prívate bránd 商業者[自家]商標, プライベートブランド (＝*private label*)《販売業者がつけて売り出す商標; cf. NATIONAL BRAND》.

prívate cár〔鉄道〕私有車両; 高級職員専用車.

prívate cómpany〔英〕私会社《株式の譲渡が制限され, 社員数50人以下で, 株式や社債の公募が禁じられている; cf. PUBLIC COMPANY》.

prívate detéctive 私立探偵.

prívate énterprise 民間[個人]企業, 私企業; CAPITALISM; 進取の気性.

prívate équity 未公開株式.

pri·va·teer /pràɪvətíər/ *n*〔史〕私掠船《戦時敵船捕獲免許を得た民有武装船》; PRIVATEERSMAN; 私企業の擁護者; *《カーレースの》個人参戦者. ► *vi* 私掠船として行動する[で航行する]. ◆ **～·ing** *n* 私掠船で巡邏すること, 商船捕獲. ［-*eer*］

privatéers·man /-mən/ *n* 私掠船の船長[乗組員].

prívate éye 1《口》私立探偵 (private detective). **2** [P- E-]『プライベートアイ』《英国の隔週誌; 1961年創刊; 政治諷刺と王室や政財界関係のスキャンダル暴露で知られる》.

prívate first cláss〔米陸軍〕上等兵《略 PFC, Pfc; ⇨ ARMY》;〔海兵隊〕一等兵 (⇨ MARINE CORPS).

prívate héalth〔英〕個人負担医療《National Health Service の対象外の医療サービス; 費用はすべて個人負担》.

prívate hotél″《知人·紹介者以外は泊めない》民宿, しろうと下宿;《豪》酒類販売許可を受けていないホテル.

prívate íncome 私的源泉からの収入, 不労所得《勤労所得以外の投資·不動産·相続などからの収入》.

prívate invéstigator PRIVATE DETECTIVE.

prívate kéy SECRET KEY.

prívate lábel PRIVATE BRAND.

prívate lánguage〔哲·精神医〕《使用者しか理解できない》私的言語.

prívate láw 私法.

prívate límited cómpany″ 有限(責任)私会社, 非公開有限(責任)会社《株主の責任が所有株式の額面金額に限られる有限責任会社で, public limited company でないもの; 株式を公募することはできず, 株式の譲渡には制限がある; 社名の末尾に Limited または Ltd(.) を付ける》.

prívate·ly *adv* 内密に, 非公式に, 私的に, 内輪で; 個人[私人]としては, 内心では: I want to talk to you ～. 2人きりで話したい / a ～ financed corporation 民間資本による法人.

prívate méans *pl* 不労所得 (＝*independent means*)《投資による収入など》.

prívate mémber [°P- M-]《英国下院の》非閣僚議員, 平議員.

prívate mémber's bíll 議員提出法案《一般議員 (private member) によって出される法案; 通過はまれ》.

prívate núisance〔法〕私的不法妨害 (cf. PUBLIC [MIXED] NUISANCE).

prívate párts *pl* 陰部 (parts, privy parts).

prívate pátient〔英〕《国民健康保険が適用されない》個人[自己]負担の患者.

prívate práctice《private health を扱う医師などの》個人営業[開業, 経営](の事務所[医院]): in ～ 自営(業)で, 独立(開業)して.

prívate préss《利益よりむしろ趣味のために仕事をする》個人印刷所[出版社].

prívate prosecútion〔英〕私的訴追《検察官以外の者が提起する刑事訴追》.

prívate ríght〔法〕私権.

prívate schóol 私立学校 (cf. PUBLIC SCHOOL).

prívate sécretary (個人)秘書; 政府高官の補佐官.

prívate séctor〔経〕民間部門, 私企業部門, 私的セクター《企業や家計などのことで, PUBLIC SECTOR と共に経済全体を構成する》.

prívate sóldier 兵卒 (private).

prívate státute PRIVATE ACT.

prívate tréaty 財産の個人売却 (cf. AUCTION).

prívate víew(ing)《美術品などの一般公開前の》招待展示内覧 (cf. PREVIEW).

prívate wár 私闘《1) 個人·家族間で行なわれる戦争行為 2) 自国政府の承認なしに他国の成員と始める戦争行為》.

prívate-wíre sỳstem 私設電話[テレックス]回線網.

prívate wróng〔法〕私的権利の侵害.

pri·va·tion /praɪvéɪʃ(ə)n/ *n* 喪失;《衣食住における》窮乏, 欠乏, 不自由;〔論〕性質欠如, 欠性; 奪うこと, 剝奪, 没収: die of ～ 窮乏して死ぬ / suffer ～*s* いろいろ困苦を経験する. ［L; ⇨ PRIVATE］

pri·va·tism* /práɪvətìz(ə)m/ *n* 私的利害のあること以外には関与しないこと, 私生活中心主義.

prì·va·tís·tic *a* 私生活中心主義の, 引きこもりがちの; 私企業制度を認める[に基づく].

priv·a·tive /prívətɪv/ *a*《ある性質の》欠如を示す, 欠乏の; 消極的な (negative); 奪い取る;〔文法〕〈接辞などが〉欠性を示す, 否定の. ► *n*〔文法〕欠性語, 欠性辞《属性の欠如を示す dumb, voiceless など; また un-, -less など》;〔論〕欠如概念. ◆ **～·ly** *adv*

pri·va·tize /práɪvətàɪz/ *vt* **1**〈公的なものを〉私的目的に使う, 私物化する. **2**〈公有[国有]の企業·財産などを〉民営[民有]化する, 私営[私有]化する. ◆ **prì·va·ti·zá·tion** *n* **prí·va·tì·zer** *n* 民営化論者[実行者].

priv·et /prívət/ *n*〔植〕イボタノキ属の常緑[落葉]樹,《特に》ヨウシュイボタノキ《生垣に多い》. ［C16＜?］

prívet hàwk〔昆〕エゾコエビガラスズメ《幼虫が privet を食害するスズメガ》.

priv·i·lege /prív(ə)lɪʤ/ *n* **1**《官職·地位などに伴う》特権, 特典, 特別扱い; [the] 大権;《個人的な》恩典,《またとない》恩恵, 名誉;〔法〕ABSOLUTE PRIVILEGE; *〔証券〕OPTION: the ～*s* of birth 名門の特権 / WRIT OF PRIVILEGE / It was a ～ to attend the ceremony. 式典に列席できたのは望外のしあわせだった. **2** [the]《基本的人権による》権利: *the* ～ of citizenship [equality] 公民[平等]権. **3**〔法〕秘匿特権;〔史〕《専売権·独占権などの形での》特権[免責]の付与. ► *vt* …に特権[特典]を与える; ほかより重視する, 尊ぶ;〈禁じられているものを〉特別に認可[許可]する; 特典として免除する (exempt) 〈*from*〉: He was ～*d to* come at any time. 彼にはいつ来てもよい特権が与えられていた / I feel ～*d* to work with him. 彼と仕事ができるのを誇りに思う / ～ sb *from* some burden ある負担から人を特に免除する. ［OF＜L＝bill or law relevant to rights of an individual (PRIVY, *leg- lex* law)］

prívilege cáb″《特に駅の》構内タクシー.

prív·i·leged *a* 特権[特典]のある, 特別許可[免除]された;〔法〕免責特権の〈発言·情報〉;〔法〕証言拒否できる;〔海〕〈船舶が〉優先通行権をもつ: the ～ classes 特権階級 / the least [less] ～ 恵まれない人びと.

prívileged áltar〔カト〕特権付き祭壇《そこでミサを行なえば死者に全免償 (plenary indulgence) が与えられる》.

prívileged communicátion〔法〕CONFIDENTIAL COMMUNICATION.

priv·i·ly /prívəli/ *adv*《古》ひそかに, こっそり, 内密に.

priv·i·ty /prívəti/ *n* **1 a** 内々に関与[関知]すること 〈*to* a plot〉; 内々の知識: without the ～ of…に知らせずに. **b**〔法〕当事者関係, 同一の権利に対する相互の関係. **2** [*pl*] 陰部 (privy parts). ［OF *priveté*; ⇨ PRIVATE］

priv. pr. privately printed 私家版, 私版.

privy /prívi/ *a* 〈…に〉内々関与[関知]する 〈*to*〉; 知られていない, 隠れた; 内密の (secret); 一個人の; 私的な: I was made ～ *to* it. 内々その事情を明かされていた. ► *n* 屋外便所; 水洗トイレ (toilet);〔法〕当事者, 利害関係者. ［OF *privé*＜L PRIVATE］

prívy chámber 宮廷の私室;《古》専用室.

Prívy Cóuncil [the]〔英〕枢密院《国王に助言を与える機関; 全閣僚のほか国王が任命する高官からなる; 司法委員会 (Judicial Committee) を除けば, 現在では権限は形式的なもの, 略 PC》; [p- c-]《行政府·国王などの》顧問団[会議], 諮問機関; [p- c-]《古》私的諮問機関.

prívy cóuncil(l)or [cóunsellor] 私的問題に関する顧問[相談役]; 顧問(官); [ᵘP- C-]〔英〕枢密顧問官《略 PC》.

prívy párts *pl*《古》陰部 (parts).

prívy pùrse [the; °P- P-]〔英〕国王手許金, 内帑(ない)金《国王の個人的用途に当てる金》; [the; °P- P-] 国王手元金管理官 (＝the

Keeper of the P- P-).

prívy séal **1**〘英史〙**a** [the] 王璽(ｵｳｼ)《国璽 (the Great Seal) を受ける前, または国璽を必要としない文書に用いた重要印章; 略 PS》. **b** 王璽をおした文書. **2** [the P- S-] 王璽尚書 (＝the Keeper of the P- S-)《今は Lord Privy Seal と呼ばれる》.

prix /*F* pri/ *n* PRIZE[1].

prix fixe /prí: fí:ks, -fíks/ 定食 (table d'hôte); 定食の料金. [F ＝fixed price]

Prix Gon·court /*F* pri gɔ̃ku:r/ ゴンクール賞《Goncourt 兄弟の遺志によって創設された Académie Goncourt が毎年その年のフランスの小説の最優秀作品に対して授ける賞; 1903 年創設》.

prize[1] /práɪz/ *n* **1 a** 賞, 褒美, 賞品; 懸賞金, 《くじなどの》景品; 《買物の》おまけ; 獲物: the first ～ 一等賞 / be awarded [given] a ～ *for* perfect attendance 皆勤賞を授けられる / win a ～ 賞を得る / draw a ～ in the lottery 当たりくじを引く / (There are) no ～*s* for guessing...はわかりきった[言うまでもない]ことだ, 推して知るべしだ. **b** 《競争·努力の》目的物: the ～*s* of life 人生の目的物《名誉·富など》. **2** 《口》すばらしいもの, 貴重なもの: Good health is an inestimable ～. 健康は測り知れないほど貴重な宝だ. **3** 《古》競争, 試合. ● **play** one's **～** 私利をはかる. **run ～s** 《賞品[賞金]を得ようとして》試合[競争]に出る. ► *a* 賞として与えられた; [°*iron*] 賞(品を得る)にふさわしい, 非常に尊敬される, 《同種の中で》目立つ, すばらしい; 入賞[入選]した; 懸賞付きの: a ～ cup 賞杯 / a ～ medal 優勝メダル / a ～ idiot 《褒美でもやりたいほどの》大ばか / ～ cattle 入賞[りっぱな]牛 / a ～ novel [poem] 入選小説[詩]. [ME *pris* prize[1], PRICE]

prize[2] *vt* 重んじる, 尊ぶ; ありがたく思う, 大切にする; 評価する, 値踏みする: ～ freedom *above* riches 富より自由を重んじる. [OF PRAISE]

prize[3] *n* 捕獲物, 戦利品; 拿捕(ﾀﾞﾎ)船, 捕獲財産; 捕獲, 拿捕 (seizure); [*fig*] 掘出し物: become (the) ～ *of* [to]...に捕獲される / make (a) ～ *of*...を捕獲する. ► *vt* 捕獲[拿捕]する. [OF *prise* a capture, booty (L *prehendo* to seize)]

prize[4], **prise**‖ /práɪz/ *vt* てこで揚げる[動かす], こじあける, 引きはがす, むしり取る〈*up, off, out; open, apart*〉. ● **～ sth from [out of] sb** 人から〈秘密などを〉探り出す[聞き出す]; 人から〈金品を〉むりやり取る[むしり取る]. **～ out** 〈石·釘などを〉苦労して取り除く, 取り出す. ► *n* てこ(の柄); てこ作用. [ME and OF *prise* levering instrument (↑)]

príze còurt 戦時捕獲審判所. [*prize*[3]]

príze crèw 拿捕(ﾀﾞﾎ)船回航員.

prízed *a* 貴重な, 大切な, かけがえのない.

príze dày 年間の学業成績優秀者の表彰日.

príze fèllow 〘英大学〙PRIZE FELLOWSHIP 受給学生.

príze fèllowship 〘英大学〙試験成績優秀者奨学金.

príze·fìght *n* 《昔 素手で拳闘をした》懸賞試合; プロボクシング試合. ♦ **～·er** *n* 懸賞拳闘選手; プロボクサー. **～·ing** *n*

príze-gìving‖ *n* 成績優秀者表彰式, 授賞式.

príze·man /-mən/ *n* (*pl* **-men** /-mən/) 受賞者; 〘英大学〙大学の賞の受賞者.

príze màster 拿捕(ﾀﾞﾎ)船回航指揮官.

príze mòney 捕獲賞金《もと捕獲船を売却して捕獲者に分配した》; 《一般に》賞金.

príze pàckage 思いがけなくよいもの[こと], 望外のもの.

príz·er[1] /práɪzər/ *n* 《古》懸賞金目当ての競技者.

prízer[2] *n* 《古》APPRAISER.

príze rìng プロボクシングのリング; プロボクシング界; [the] プロボクシング.

príze·wìnner *n* 賞(金)獲得者, 入賞者; 受賞作(品).

príze·wìnning *a* 受賞[入賞]した.

Prjevalsky's horse ⇨ PRZHEVALSKI'S HORSE.

PRK °photorefractive keratectomy.

PRM personal radiation monitor ♦ Puerto Rican male.

p.r.n., PRN 〘処方〙°pro re nata.

pro[1] /próʊ/ 《口》*n, a* (*pl* **～s**) 本職(の), くろうと(の), プロ向け[並み]の; 職業選手(の), プロ(の); [the ～s] プロのリーグ[世界]: an old [real] ～ ベテラン, 達人. [*pro*fessional]

pro[2] *n* 《俗》売春婦, くろうと女. [*pro*fessional, *pro*stitute]

pro[3] *adv* 賛成して, 支持して. ● **～ and con [contra]** 賛否ともどもに; 賛成および反対の; ...に賛否を表明して[表明する] (for and against). ► *n* (*pl* **～s**) 賛成(論); 賛成投票; 賛成者: weigh up the ～*s* and cons 賛否両論をはかりにかける. ► *prep* /proʊ/ ...に賛成して. [L＝for, on behalf of]

pro[4] 《俗》*n* 保護観察 (probation); 保護観察中の人.

pro[5] *n* 《俗》PROPHYLACTIC, コンドーム.

pro-[1] /próʊ/ *pref* (1)「...の代わり(に)」「副...」: *pro*cathedral. (2)「...賛成の」「...支持の」「...ひいきの」(opp. *anti-*): *pro*-communist, *pro*slavery / *pro*-Japanese (group) 知日派. [L]

pro-[2] /prə, proʊ, prɑ/ *pref* (1)「前へ」: *pro*duce, *pro*ceed. (2)「前」: *pro*fane. (3)「公けに」: *pro*claim, *pro*nounce. (4)「...に応じて」: *pro*portion. (5)「前...」《学術用語》: *pro*drome, *pro*gnathous. [OF＜L and Gk *pro*]

PRO °Public Record Office ♦ public relations office ♦ PUBLIC RELATIONS officer.

proa ⇨ PRAU.

prò·abórtion *a* 妊娠中絶支持の. ♦ **～·ist** *n*

pro·áctive *a* **1**〘心〙順向[前進]の《前に記憶[学習]したことによって次の記憶[学習]が妨害されること》. **2** 先を見越して行動する[行なう]. ♦ **-áction, -actívity** *n* **～·ly** *adv*

pro-am /próʊǽm/ *a, n* プロとアマの両方が参加する(競技); プロ-アマ混合(競技)の.

pro aris et fo·cis /proʊ á:rì:s ɛt fó:kì:s/ (われらの)祭壇と炉辺のために; (われらの)宗教と祖国のために. [L＝for altars and firesides]

prob /prɑ́b/ *n* 《口》PROBLEM: No ～*s*. 問題ない, だいじょうぶ.

prob. probable ♦ probably ♦ probate ♦ problem.

prob·a·bil·i·o·rism /prɑ̀bəbíliərìz(ə)m/ *n* 〘カト〙厳格[厳密]蓋然説. ♦ **-rist** *n*

prob·a·bi·lism /prɑ́bəbəlìz(ə)m/ *n* 〘哲〙蓋然論; 〘カト〙蓋然説. ♦ **-list** *a, n*

pròb·a·bi·lís·tic *a* 蓋然論[説]の; 見込みの[に基づく]. ♦ **-ti·cal·ly** *adv*

prob·a·bil·i·ty /prɑ̀bəbíləti/ *n* **1** あり[起こり]そうなこと, 見込み, 公算, 〘哲〙蓋然性, 〘数〙確率(論): Is there any ～ *of* his com*ing*? 来る見込みはありますか? / It lacks ～. それは起こりそうもない / There is every [no] ～ *that* he will take our side. 彼が味方につくということは大いにありそうなことだ[とてもありそうもないことだ] / There is *a* (＝some) ～ *that* school will close a week earlier than usual. 学校が例年よりも 1 週間早く終わりそうだ. ★ 実現性の度合いについては ⇨ PROBABLE. **2** あり[起こり]そうな事柄: It is a ～. 起こりそうなことだ / The ～ is that she'll forget it. どうも彼女は忘れそうだ / The *probabilities* are against us [in our favor]. こちらに不利[有利]らしい. ● **in all ～** たぶん, きっと, 十中八九は (most probably).

probabílity cùrve 〘統〙確率(密度)曲線; 〘統〙正規曲線 (normal curve).

probabílity dènsity 〘統〙確率密度.

probabílity dènsity fùnction 〘統〙確率密度関数《確率分布の導関数》.

probabílity distribùtion 〘統〙確率分布.

probabílity fùnction 〘統〙確率関数.

probabílity thèory 〘数〙確率論.

prob·a·ble /prɑ́bəb(ə)l/ *a* ありそうな, まず確実な, 蓋然的な, ...しそうな, もっともらしい, 有望な: a ～ cost 費用の見積もり / ～ evidence 〘法〙蓋然証拠 / It is [is not] ～ that he will succeed. 成功しそうである[にない]. ★ だいたい possible, likely, probable と順次に確実度が高くなる. ► *n* 何かしそうな[できそうな]人; 起こりそうな事件, できそうなもの, 有望な候補者, 本命; 新人, 補欠; 破壊したことがほぼ確実な攻撃目標, 推定撃墜機, 推定撃沈艦. [OF＜L; ⇨ PROVE]

próbable cáuse 考えられる原因; 〘法〙《犯罪を処罰しあるいは訴権の存在を認めるに足る》相当の根拠, 相当な理由.

próbable érror 〘統〙確率誤差, 蓋然誤差.

prob·a·bly /prɑ́(bə)bli/ *adv* たぶん, 十中八九(は) (very likely): The case will ～ be dropped for lack of evidence. 事件は証拠不十分のためたぶん却下されるだろう.

pro·band /próʊbæ̀nd, ⌐⌐/ *n* 系図の出発点に選ばれた人; 発端者 (propositus)《遺伝形質の家系調査をする場合, 家系を発見するきっかけとなった個人》. [L (PROVE)]

pro·bang /próʊbæ̀ŋ/ *n* 〘医〙咽喉[食道]消息子, プロバング (cf. PROBE). [変形く *provang*; Walter Rumsey (1584–1660) ウェールズの判事でその発明者の造語 (＜?)]

pro·bate /próʊbèɪt, -bət/ *n* 〘法〙(遺言)検認(権); 検認済遺言書. ► *vt* *〈遺言書を〉検認する, 〈遺言書〉の検認を受ける; 保護観察に付する. ► *a* 遺言検認(裁判所)の. [L *probat- probo* to PROVE]

próbate còurt 〘法〙(遺言)検認裁判所.

Próbate, Divórce, and Ádmiralty Divìsion [the] 〘英〙検認·離婚·海事部《高等法院 (High Court) の一部門; 1970 年の法令により廃止され, Family Division がその後身として創設された》.

próbate dùty 〘法〙相続動産税.

pro·ba·tion /proʊbéɪʃ(ə)n/ *n* **1** 試験, 検定; 見習い(期間), 仮採用(期間), 試用(期間); 〘神学〙試練. **2 a** 〘法〙保護観察《保護観察官の監督の下における刑の判決や執行の条件付きの猶予》: place [put] an offender on [under] two years' ～ 犯罪者を 2 年間保護観察に付す. **b** *《労働者の》解雇猶予期間, 《失格·処罰学生の》仮及第期間. **3** 《古》証明. ● **on ～** 試験のため; 見習いに; 保護観察下に; *解雇を猶予されて, 仮及第で. ♦ **～·ship** *n* [OF＜L (PROBATE)]

probátion·al *a* PROBATIONARY. ♦ **～·ly** *adv*

probátion·àry /; -(ə)ri/ *a* 試みの, 試験の, 見習い[試用期間]中の (cf. P-PLATE); 保護観察(下)の.

probátion·er *n* 見習い[訓練, 候補]生, 看護師試補《最初の 1 年間》; 仮入会者; 牧師補; 《スコ》伝道試験中の神学生; 保護観察に付された者. ♦ **～·ship** *n*

P

probátion hòstel〘英〙プロベーションホステル《地方自治体が運営する, 保釈中の人に宿泊その他の便宜をはかる施設; cf. BAIL HOSTEL》.
probátion òfficer〘法〙保護観察官.
pro·ba·tive /próubətɪv, prάb-/ *a* 試す; 証明[立証]する, 証明力のある: ～ evidence〘法〙証明力のある証拠.
pro·ba·to·ry /próubətɔ̀:ri; -t(ə)ri/ *a* PROBATIVE.
probe /próub/ *n* **1 a**〘医〙探針, 消息子 (bougie), ゾンデ (cf. PROBANG);〘電子工〙探針, プローブ;《大気圏外などの調査に用いられる》探測機, SPACE PROBE; 探測装置, 探り棒[具], 探触子, プローブ: a temperature ～《挿入式の》温度計 / lunar ～*s*. **b**〘空〙プローブ《空中給油用受油パイプ; cf. DROGUE》. **c**〘生・化〙プローブ《特定部位[物質]の検出・観測指標となる物質》, DNA PROBE. **2** 探測;〘軍〙探査, 偵察; 試験, 試み;《不正行為摘発などのための》徹底的調査. ► *vt* probe で探る; 厳密に調べる, 探す ‹*for*›, ‹場所・敵情などを›探査[偵察, 探測]する, …に探りを入れる. ► *vi* 厳密に調べる, 究明する: ～ *into* the causes of crime 犯罪の原因を探る. ♦ **prób·er** *n* **prób·ing** *n, a* 探りを入れる(こと). **próbing·ly** *adv* [L *proba* proof, investigation; ⇨ PROVE]
pro·ben·e·cid /proubénəsəd/ *n*〘薬〙プロベネシド《痛風性関節炎の治療に用いる》.
pro·bie /próubi/ *n*《口》見習い, 新入り消防士. [*probationary* または *probation*, *-ie*]
pro·biótic *n, a*〘医〙プロバイオティック(の)《乳酸菌などのいわゆる善玉菌を含むサプリメント; その菌》.
prob·it /prάbət/ *n*〘統〙プロビット《確率を計る一単位》.
pro·bi·ty /próubəti/ *n* 高潔, 廉潔, 誠実. [F or L (*probus* good)]
prob·lem /prάbləm/ *n* 問題, 難問, 支障, 障害;《口》扱いにくい人物, 難題;〘理・数〙問題, 課題;〘数〙問題, 作図題;〘論〙三段論法に包含された問題;《チェス・ブリッジなどの》《詰め手などの》問題: discuss [solve] a ～ 問題を検討[解決]する / No ～(with that).《口》お安いご用さ, 承知した, ああいいよ, オーケー《依頼に対する快諾の返答》;《口》《礼・謝罪に対して》どういたしまして, いいってことよ, かまわんよ / What's the [your] ～? どうした, どうかしたの? / That's your ～. (こっちの)知ったことじゃない. ● **have a ～ [have ～s] with**…のことで困っている, …の調子が悪い; …を受け入れがたく[どうかと]思う, すぐ賛成はしかねる: Do you *have a ～ with* that? 何かそのことで問題でもあるのですか, 文句あるか? ► *a* 道徳的・社会的問題を扱った; 問題の多い, 手に負えない, 指導しにくい: a ～ novel [play] 問題小説[劇] / a ～ page《新聞などの》悩み相談(欄) / a ～ child 問題児, 扱いにくい子供. [OF or L＜Gk＝something put forward (*ballō* to throw)]
prob·lem·at·ic /prὰbləmǽtɪk/, **-i·cal** *a* 問題のある[を含む], 疑問の; 不確定な,〘論〙蓋然的な; 疑わしい, はっきりしない: ～ judgment 蓋然判断. ► *n* [-ic] 問題の多い[不確定な]事柄.
♦ **-i·cal·ly** *adv*
prob·le·ma·tique /*F* prɔblematik/ *n*《先進技術社会における公害・インフレなどの》入り組んだ問題.
prob·le·ma·tize /prάbləmətàɪz/ *vt* 問題にする, 問題視する.
♦ **pròb·lem·a·ti·zá·tion** *n*
próblem·ist *n* チェスの問題の研究家, プロブレム研究家.
pro bo·no /pròu bóunou/ *a, adv* 公共の利益のための[に], 公益のために活動する; 公共の利益のために寄贈された, *無料(奉仕)の[で]《特に弁護活動についていう》. [↓]
prò bóno púb·li·co /-pάblɪkòu/ *a, adv* 公共の利益[公益]のための[に]; *無料(奉仕)の[で] (pro bono). [L＝for the public good]
pro·bos·ci·date /proubάsədèɪt/ *a* PROBOSCIS を有する.
pro·bos·cid·e·an, -i·an /pròubəsídiən, prəbὰsədí:ən/ *a* 長鼻の; 長鼻のある; 長鼻目(ᵏ)[ゾウ目] (Proboscidea) の. ► *n*〘動〙長鼻類《象・マンモスなど》.
pro·bos·ci·dif·er·ous /proubὰsədíf(ə)rəs/ *a* PROBOSCIDATE.
pro·bos·cid·i·form /pròubəsídəfɔ̀:rm, -bὰ-/ *a* 鼻[吻(ᶠⁿ)] (proboscis) に類似した形の.
pro·bos·cis /prəbάsəs, -bάskəs/ *n* (*pl* ～**·es, -ci·des** /-sədì:z/)《象などの》鼻;《昆虫などの》吻(ᶠⁿ), 口先;《口》[*joc*]《人間の》大きい鼻. [L＜Gk (*boskō* to feed)]
probóscis mónkey〘動〙テングザル (＝*nose ape* [*monkey*])《Borneo 島産》.
pró·búsing *a* BUSING に賛成している.
proc. procedure(s) ♦ proceedings ♦ process.
pro·caine /próukèɪn, ─́─/ *n*〘薬〙プロカイン《通例 塩酸プロカイン; 局所麻酔薬》.
pro·cámbium *n*〘植〙前形成層《維管束系に分化する部分》.
♦ **-cámbial** *a*
pro·car·ba·zine /prouká:rbəzì:n, -zən/ *n*〘薬〙プロカルバジン《抗腫瘍薬》.
pro·carp /próukὰ:rp/ *n*〘植〙プロカルプ《紅藻類の雌性生殖器官; 造果器・受精系・助細胞》.
pro·cary·ote /proukǽriòut/ *n* PROKARYOTE.
prò·cathédral *n* 臨時司教座聖堂《一時的に大聖堂の代わりとする教区教会》.
pro·ce·dur·al /prəsí:ʤ(ə)rəl/ *a* 手続き(上)の. ► *n* 特定の手続きに焦点を合わせた犯罪小説,《特に》POLICE PROCEDURAL.
♦ **～·ly** *adv*
procédural dúe prócess DUE PROCESS.
procédural lánguage〘電算〙手続き型言語《制御手順などの手続きを明示的に指定する, Fortran, Pascal, C などの伝統的プログラミング言語; cf. DECLARATIVE LANGUAGE》.
pro·ce·dure /prəsí:ʤər/ *n*《行動・状態・事情などの》進行;《進行上の》手順; 手続き, 訴訟手続き, 議事手続き; 処置;〘電算〙SUBROUTINE: follow the ～ 手続きに従う / legal ～ 訴訟手続き / summary ～ 略式裁判手続き / the code of civil [criminal] ～ 民事[刑事]訴訟法. [F (↓)]
pro·ceed *vi* /prəsí:d, prou-/ **1 a** 前進する, 赴く (go on) ‹*to, against*›; ‹ほかの題目などへ›移る ‹*to*›; (さらに)‹…し›始める ‹*to* do›: We ～*ed to* business. 仕事に取りかかった / He ～*ed to* light his pipe. パイプに火をつけにかかった. **b**〘英大学〙学位を取る: ～ *to* (the degree of) MA 修士の学位を取る. **2** 続行する ‹*with, in*›, (中断のあと)続けて言う: *P～ with* your story. お話を続けてください / Let's ～ *with* our lesson. 授業を続けましょう. **3 a** ‹事が›行なわれる, 進行する. **b** 発する, 生じる, 由来する ‹*from, out of*›: All these evils ～ *from* war. これらの諸悪は戦争から生まれる. **4** 手続きをとる, 処分する ‹*in, with*›;〘法〙訴訟手続きをとる; 訴える ‹*against*›: ～ *against* sb 人を訴える. ► *n* /próusì:d/ [*pl*] ⇨ PROCEEDS. [OF＜L *pro*-[2] (*cess- cedo* to go)＝to advance]
procéed·ing *n* **1** 進行; 行動; 行為, やり方; 処置, 取引; 法的[訴訟]手続き; [*pl*]《一連の》できごと, 成り行き: an illegal ～ 不法処置 / summary ～*s* 略式裁判手続き / take [start] ～*s* 訴訟を起こす ‹*against*›. **2** [*pl*] 議事(録), (講演)集録, 会報.
pro·ceeds /próusì:dz/ *n pl*《取引・投資などによる》収入, 収益, 上がり; 結果, 売上高; 正味手取金.
proc·e·leus·mat·ic /prὰsəlù:zmǽtɪk, -lù:s-/ *n*〘韻〙四短音節格. ► *a* ‹歌が›鼓舞する;〘韻〙四短音節格の[からなる]. [L＜Gk (*prokeleusma* exhortation)]
prò·cephálic *a*〘解・動〙前頭部の;〘韻〙頭初に余分な 1 音節を有する.
pro·cer·coid /prousə́:rkɔɪd/ *n*〘動〙前擬(充)尾虫, プロセルコイド, プロケルコイド《広節裂頭条虫などの第一中間宿主内における幼生》.
pro·cess[1] /prάsès, próu-; próu-/ *n* **1** 進行, 過程, 経過, プロセス ‹*of*›; 変遷, 成り行き; 作用: the ～ *of* history 歴史の進行. **2 a** 方法, 手順, 工程, 製法; 処置, 操作;〘印〙写真製版法,〘映〙背景を合成する映画手法; *CONK[4] (黒人用語): the three-color ～ 3 色印刷法. **b**〘法〙訴訟手続き;〘法〙被告召喚令状: serve a ～ on…に令状を送達する. **3**〘解・動・植〙突起, 隆起: the alveolar ～ 歯槽突起. **4**〘電算〙プロセス《プログラムの実行を管理する上での OS の制御単位; プログラムの実行とその管理情報からなる》. ● **in the ～** その最中に[過程で], それと同時に. **in (the) ～ of**…中で, 進行中で: *in* ～ *of* construction 建築[工事]中で / *in* ～ *of* time 時が経つにつれて. ► *a* 加工処理した; 製造過程で生じる‹熱・蒸気など›; 写真製版の[による];〘映〙特殊効果を出すのに用いる. ► *vt* **1** ‹食品を›加工処理する; ‹カラーフィルムなどを›現像する; ‹請求などを›処理する; ‹書類などを›複写する; *CONK[4]. **2 a** ‹資料などを›調査分析する, 処理する,〘電算〙‹データを›処理する. **b** ‹人びとを›一定の手順で扱う. **3**〘法〙訴える;〘法〙‹人›への召喚令状を請求する[出す]. [OF＜L (PROCEED)]
pro·cess[2] /prəsés/ *vi*《行列をつくって》しずしずと進む, 練り歩く. [逆成＜*procession*]
prócess·able *a* PROCESSIBLE. ♦ **pròcess·abílity** *n*
prócess árt CONCEPTUAL ART.
prócess [pró·cessed] bútter プロセスバター《一度溶融して精製したバター》.
prócess [prócessed] chéese プロセスチーズ《2 種以上のナチュラルチーズを加熱溶融し香味料などを加えて保蔵性を増したチーズ》.
prócess cinematògraphy〘映〙プロセスシネマトグラフィー《主場面に別の場面を重ね合わせて特別の視覚効果を出す撮影法》.
prócess contròl プロセス制御《自動制御の一部門》.
prócess còsting〘会計〙総合[工程別]原価計算.
prócess·ible *a* PROCESS[1] できる[するのに適した].
♦ **pròcess·ibílity** *n*
prócess·ing tàx〘米〙《特に 農産品の》加工税.
pro·ces·sion /prəséʃ(ə)n/ *n* **1 a** 行列 (parade), 行進; 連続, 連なり; [*fig*] 順位が変わらない退屈なレース: a wedding [funeral] ～ 婚礼[葬儀]の行列 / the ～ of the choir 聖歌隊の行進 / walk in ～ through the streets 行列をつくって市街を練り歩く. **b**《行列の》進行, 前進;〘神学〙《聖霊の》発出: the ～ of the seasons 季節の進行. **c**〘教会〙行列で進みながら唱える祈り[聖歌]. **2** ″《口》《クリケットで》楽勝. ► *vi, vt* 行列をつくって(…を)進む, 練り歩く. ♦ **～·ist** *n* [OF＜L; ⇨ PROCEED]
procéssion·al *a* 行列の, 行列用の: a ～ chant〘キ教〙行列聖歌 / a ～ cross 行列用十字架《行列の先頭に運ぶ》. ► *n*〘キ教〙行

列式書; 行列聖歌(集); 儀式として行なわれる行列, 祝賀パレード. ♦ **～·ly** *adv*

procéssion·àry /; -(ə)ri/ *a* 行列の (processional).

procéssionary mòth, procéssion mòth〘昆〙ギョウレツケムシガ《幼虫が行列をつくって移動する》.

pro·ces·sor /prásɛ̀sər, próʊ-; próʊ-/ *n* 加工[処理]業者, 取扱者, 担当者; 現像係; 加工[処理]装置; FOOD PROCESSOR; COMPUTER;〘電算〙処理装置, プロセッサー (=*central processing unit*); PROCESS ART の芸術家.

prócess prìnting 原色製版法, プロセス印刷法.

prócess sèrver〘法〙令状送達吏, 執達吏.

prócess shòt〘映〙プロセスショット《バックになる映像を映写しているスクリーンの前に被写体を置いて撮影するショット》.

pro·ces·sual /prəsɛ́ʃuəl; -sjuəl/ *a*《個々の事象ではなく》過程の[に関する]. [*process*[1]]

pro·cès-ver·bal /*F* prɔsɛvɛrbal/ *n* (*pl* **-ver·baux** /*F* -vɛrbo/)《議事》報告書, 公式記録;〘フランス法〙調書.

pro·chein ami /próʊʃɛ̀n æmíː/〘法〙近友 (next friend). [AF]

pro-chóice *a* 妊娠中絶合法化支持の (opp. *pro-life*). ♦ **pro-chóic·er** *n*

pro·chro·nism /próʊkrənɪ̀z(ə)m, prák-/ *n*《年代・年月日などを実際より前とする》時日[日付, 年代]前記.

pro·claim /proʊkléɪm, prə-/ *vt* **1 a**《公けに》宣言する, 公布[布告]する; 高らかに言う, 標榜する; 言い触らす; 〈君主〉の即位を宣する: ～ (a state of) war 宣戦する / The people ～*ed* him king. 国民は彼を王と宣言した / Critics ～*ed* him to be [～*ed* that he was] the best Hamlet ever. 批評家たちは彼を史上最高のハムレットと宣言した. **b** 罪人であると布告する; 非難する;《古》〈地域など〉に禁令をしく, 〈集会など〉の禁止を宣告する. **c**《公然と》賛美する, 賞揚する. **2** 〈もの・事が〉はっきりと示す: The conduct ～*ed* him [～*ed* that he was] a fool. その行動で彼はばか者だとわかった. ► *vi* 宣言[布告, 声明]する. ♦ **～·er** *n* 宣告者. [L *pro*-[2](CLAIM)=to cry out]

proc·la·ma·tion /pràkləméɪʃ(ə)n/ *n* 宣言, 布告, 発布; 声明書, 宣言書, 布告書: the ～ of war 宣戦布告 / issue [make] a ～ 声明(書)を出す.

pro·clam·a·to·ry /prəklǽmətɔ̀ːri; -t(ə)ri/ *a* 宣言[布告]の; 宣言[声明]書の[に関する]; 宣言的な.

pro·clímax *n*〘生態〙準極相《単極相説における極相類似の相》.

pro·clit·ic /proʊklítɪk/〘文法〙*a* 〈単語などが〉後接(的)の (cf. ENCLITIC). ► *n* 後接語《みずからにアクセントがなく次の語に密着して発音される単音節語; 冠詞・前置詞・助動詞など》. ♦ **-i·cal·ly** *adv* [NL=leaning forwards; *enclitic* にならったもの]

pro·cliv·i·ty /proʊklívəti/ *n*《好ましくない》性癖, 気質, 傾向 〈*to* or *toward* vice, *for* saying the wrong thing, *to* steal〉. [L (*clivus* slope)]

Pro·clus /próʊkləs, prák-/ プロクロス (410?–485)《ギリシアの新プラトン主義哲学者》.

Proc·ne /prákni/〘ギ神〙プロクネー《アテナイ王 Pandion の娘, Philomela とは姉妹; 夫 Tereus が Philomela を犯したことに復讐するため自分の息子の肉を夫に食わせた; のちにツバメに変えられた》.

prò·coágulant〘医〙*a* 凝血促進性の. ► *n* 凝血原.

pro·con·sul /proʊkáns(ə)l/ *n* **1**〘古ロ〙属州総督, プロコンスル;《現代の》植民地総督; 副領事. **2**《*Dryopithecus* 属の》プロコンスル亜属 (*P-*) の化石類人猿《ケニアの中新世の》. ♦ **pro·cón·su·lar** *a* プロコンスル(管下)の. **pro·cón·su·late** /-lət/ *n* プロコンスルの職[任期, 統轄区域]. **～·shìp** *n*

Pro·co·pi·us /prəkóʊpiəs/ プロコピウス (490?–?562)《ビザンティンの歴史家》.

pro·cras·ti·nate /proʊkrǽstənèɪt, prə-/ *vi, vt* ぐずぐずする, 先に延ばす, 先送りにする. ♦ **-nà·tor** *n* 因循な人, ぐず. **pro·crás·ti·nà·tive, pro·crás·ti·na·to·ry** /-nətɔ̀ːri; -t(ə)ri/ *a* ぐずぐずする, 延引する, 因循な. [L=to postpone until tomorrow (*cras* tomorrow)]

pro·cràs·ti·ná·tion *n* ぐずぐずすること, 先延ばし; 延期: *P~* is the thief of time.《諺》先延ばしは時間泥棒である《できるうちにやらないとあとで時間が足りなくなる》.

pro·cre·ant /próʊkriənt/ *a* PROCREATIVE.

pro·cre·ate /próʊkrièɪt/ *vt, vi* 〈子供を〉産む; 生じる. ♦ **prò·cre·átion** *n* 出産; 生殖. **pró·cre·àtive** *a* 出産[生殖]力のある; 出産[生殖]の. **pró·cre·àtor** *n* 生む人 (generator), (男)親. [L; ⇨ CREATE]

Pro·cris /próʊkrəs, prák-/〘ギ神〙プロクリス《アテナイ王 Erechtheus の娘; 夫と獲物を追っている時に, 獲物と誤った夫の槍で殺された》.

Pro·crus·te·an /proʊkrʌ́stiən, prə-/ *a* [°p-] プロクルーステースの[を思わせる]; [°p-] 乱暴に規準に合わせようとする, 個差[個々の事情]を無視した. [*Procrustes*]

Procrústean [Procrústes] béd [°p-] むりやりに押しつける体制[方針, 主義], 杓子定規.

Pro·crus·tes /proʊkrʌ́stiz, prə-/〘ギ神〙プロクルーステース《捕えた旅人をむりやり自分の寝床につけ, 長すぎる足は切り短かすぎる足は引き延ばした強盗》.

pro·crýptic *a*〘動〙保護色の.

proct- /prákt/, **proc·to-** /práktoʊ, -tə/, **proc·ti-** /práktə/ *comb form*「肛門」「直腸」[Gk *prōktos* anus]

Prócter & Gámble /práktər-/ プロクター・アンド・ギャンブル(社) (The ～ Co.)《米国の大手家庭用品メーカー; 1837 年創業; 略 P & G, PG》.

proc·ti·tis /praktáɪtəs/ *n*〘医〙直腸炎. [*proct-*, *-itis*]

proc·to·dae·um, -de- /pràktədíːəm/ *n* (*pl* **-daea** /-díːə/, ～s)〘発生〙肛門陥, 肛(門)道, 原始肛門. ♦ **-dáe·al, -dé-** *a*

proc·tol·o·gy /praktálədʒi/ *n* 直腸[肛門]病学, 肛門科. ♦ **-gist** *n* **pròc·to·lóg·ic, -i·cal** *a*

proc·tor /práktər/ *n*〘法〙代理人, 代訴人;〘史〙《教会裁判所・海事裁判所での》代訴人《のちに solicitor に統合》;《特に Oxford, Cambridge 大学の》学生監; *試験監督官;〘英国教〙《聖職者会議の》代議員. ► *vt, vi* 見張る, 監視[監督]する. ♦ **～·shìp** *n* **proc·to·ri·al** /praktɔ́ːriəl/ *a* [短縮 < *procurator*]

próctor·ìze *vt* 〈学生監が学生を〉処罰する. ► *vi*《古》学生監の職務を行なう.

prócto·scòpe *n*〘医〙直腸鏡. ♦ **proc·tos·copy** /praktáskəpi/ *n* 直腸鏡検査(法). **pròc·to·scóp·ic** /-skáp-/ *a*

pro·cum·bent /proʊkʌ́mbənt/ *a* 平伏した, うつむいた;〘植〙地に伏した, 伏地性の, 平伏の.

proc·u·ra·cy /prákjərəsi/ *n*《古》代理職.

pro·cur·al /proʊkjʊ́ərəl/ *n* PROCUREMENT.

pro·cur·ance /proʊkjʊ́ərəns/ *n* 獲得; 調達; 斡旋, 周旋 (procurement).

proc·u·ra·tion /pràkjəréɪʃ(ə)n/ *n* **1** 獲得; 売春婦周旋(罪); 貸金周旋(料), 手数料;〘英国教〙《教区教会が巡回の聖職者に贈った》巡錫(じゅんしゃく)費. **2** 委任; 委任された権限, 代理権; 委任状;《古》代理, 代行: by [per] ～ 代理で《略 per pro(c).》.

proc·u·ra·tor /prákjərèɪtər/ *n*〘法〙(訴訟)代理人;〘スコ法〙弁護士, 代訴人;〘古ロ〙行政長官, 地方収税官, プロクラトル;〘イタリア〙知事: a chief public ～ =PUBLIC PROSECUTOR. ♦ **～·ship** *n* **proc·u·ra·to·ri·al** /pràkjərətɔ́ːriəl/ *a* 代理人の, 代訴の. [OF or L; ⇨ PROCURE]

prócurator físcal〘スコ法〙地方検察官《検死官 (coroner) の役割も果たす; 略 PF》.

prócurator géneral〘英〙財務省法規課長.

proc·u·ra·to·ry /prákjərətɔ̀ːri; -t(ə)ri/ *n*〘法〙代理命令; 委任権 (power of attorney). ► *a* PROCURATOR [PROCURATION] の.

pro·cure /prəkjʊ́ər, proʊ-/ *vt* 手に入れる (get, obtain) 〈*from, for*〉;《苦労して》調達する, 獲得する; 〈売春婦を〉置く, 周旋する; 達成する, なし遂げる;〘法〙《勧めて》〈人〉に…させる 〈*to* do〉;《古》/〘法〙来たす, 致す, 招来する, かもす: ～ sb's death 人手を介して人を死に至らしめる. ► *vi* 売春を周旋する. ♦ **pro·cúr·able** *a* [OF<L *pro*-[2] (*curo* to look after)=to take care of, manage]

procúre·ment *n* 獲得, 調達; 周旋;《政府の》買上げ.

pro·cúr·er *n* 獲得者; 周旋人,《特に》売春周旋屋, ポン引き (pander). ♦ **pro·cúr·ess** *n fem*

Pro·cy·on /próʊsiàn, prás-, -siən; préʊsiən/〘天〙プロキオン《こいぬ座 (Canis Minor) の α 星》.

prod[1] /prád/ *n* 突き棒, 刺し棒; (棒での)ひと突き, ひと刺し; [*fig*] 刺激, 促し,《思い出させるための》注意, 催促; *《麻薬俗》皮下注射(針). ● **on the ～** *《西部俗》おこって, かっかときて. ► *v* (-dd-) *vt* 突き刺す, 突く, つつく; [*fig*] 刺激する, …の注意[記憶]を喚起する 〈sb *to* do [*about* sth]〉; 〈人を…へと〉仕向ける, 促す, せっつく 〈sb *into* (*doing*) sth〉: need *prodding* 人から言われないと行動しない, 自発的にやろうとしない. ► *vi* 突く, つつく 〈*at*〉. ♦ **pród·der** *n* [C16<?; imit か]

prod[2]* *n* 神童. [*prodigy*]

Prod *n*《アイル俗》[*derog*] PROTESTANT.

prod. product ♦ production.

Pród·dy *a, n*《アイル俗》[*derog*] プロテスタント(の) (Protestant).

Próddy dòg《アイル俗》[*derog*] プロテスタント (Proddy).

prod·e·li·sion /pràd(ə)líʒ(ə)n; prəʊ-/ *n* 頭母音の発音省略[脱落]《I am を I'm とするなど》. [*prod-* PRO-[2], *elision*]

prod·i·gal /prádɪg(ə)l/ *a* 金づかいの荒い, 浪費する 〈*of*〉; 惜しみなく与える, 気前のよい; 豊富な, あり余る: be ～ *of* money [*with* smiles] 金を惜しみなく与える[笑顔を振りまく] / ～ praise 手離しの賞賛, べたぼめ. ► *n* 浪費者; PRODIGAL SON [DAUGHTER] (のような帰って来た放浪者). ● **play the ～** 道楽[放蕩]をする. ♦ **～·ly** *adv* **prod·i·gal·i·ty** /pràdəgǽləti/ *n* [L (*prodigus* lavish)]

pródigal dáughter《prodigal son にならって》帰郷した放蕩娘.

pródigal·ìze *vt, vi* 浪費する, 濫費する.

pródigal són [the]〘聖〙《キリストのたとえ話の》帰郷した放蕩息子《*Luke* 15: 11–32》, 悔い改めた罪人.

pro·di·gious /prədídʒəs/ *a* 巨大な, 莫大な, 桁はずれの; 奇妙な, 不思議な; 驚異的な;《古》異常な;《廃》不吉な. ♦ **～·ly** *adv* **～·ness** *n* [L (↓)]

prod·i·gy /prɑ́dədʒi/ *n* 非凡, 偉業; 天才, 《特に》神童 (＝child ～); 驚異 (wonder), 不思議[不可解]なもの, 偉観, 怪物; 《古》 OMEN. ［L *prodigium* portent］

prodn production.

pród·nòse ˈˈ《口》 *n, vi* せんさくする(やつ), おせっかい屋, かぎまわる(やつ), 探偵(する).

pro·dro·mal /proʊdróʊm(ə)l, prɑ́drə-/, **pro·drom·ic** /proʊdrɑ́mɪk/ *a* 先駆の (precursory); 〘医〙前駆症状[前徴] (prodrome) の.

P

pro·drome /próʊdròʊm/ *n* 〘医〙前駆症(状), 前徴. ［F, ＜Gk ＝forerunner］

pró·drùg *n* 〘薬〙プロドラッグ《そのままでは薬効は示さないが, 体内または投与部位で酵素その他の化学物質などの作用により薬に変わる物質》.

pro·duce *v* /prəd(j)ú:s, proʊ-/ *vt* **1 a** 生じる, 産する, 結実する; 製造[生産]する 〈*from*〉; 〈作品を〉創作[制作]する, 作り出す, 〈絵を〉描く, 〈詩を〉作る; 〈研究を〉産む; 〘経〙〈利子などを〉生む. **b** ひき起こす, 招来する: The musical has ～*d* a great sensation. そのミュージカルは大評判になった. **2 a** 取り出す; 呈示[提出]する, 示す, 出す: ～ a railway ticket 乗車券を見せる / *P*～ your proof. 証拠を見せたまえ. **b** 〈劇・映画・番組・雑誌・CD・本など〉世に出す, 上演する, 制作[プロデュース]する; 〈人・演者を〉世に出す, …のプロデューサーをつとめる; ˈˈ演出する. **3** 〘数〙〈線などを〉延長する, 結ぶ: ～ a line to a point 点まで線を引く. ► *vi* 産出する; 制作する, 創作する: a *producing* lot *映画制作所. ► *n* /prɑ́d(j)us, *próʊ-/ 生産額[高]; 天然の産物, 農産物; 製品; 作品; 結果; 《雌の動物の》子《集合的》: organic ～ 有機農産物[野菜]. ♦ **pro·dúc·ible** *a* **pro·dùc·ibíl·i·ty** *n* ［L *pro*-²(*duct- duco* to lead)＝to bring forward］

pro·dúced *a* 一方向へ長く延びた, ひょろ長い.

pro·dúc·er *n* 生産者 (opp. *consumer*), メーカー; 《演劇・映画・テレビなどの》制作者, プロデューサー《企画・スタッフ編成・制作・上演から経済上の責任まで負う人》; ˈˈ演出家, 監督 (director); 〘生態〙生産者 (cf. CONSUMER, DECOMPOSER); 〘化〙(ガス)発生炉.

prodúcer gàs 発生炉ガス (＝*air gas*).

prodúcer [prodúcer's] gòods *pl* 〘経〙生産財 (＝*auxiliary* [*instrumental*, *intermediate*] *goods*)《消費財を生産するのに使用する財貨; cf. CAPITAL GOODS, CONSUMER GOODS》.

prod·uct /prɑ́dəkt/ *n* 産(出)物, 物産, 生産品, 製造物, 製品; 所産; 結果, 成果; 〘化〙生成物 (opp. *educt*); 〘数〙積; 〘論〙積《連言 (conjunction) の別称》: natural ～*s* 天産物 / ～*s* of farm and factory 農場や工場の生産品 / the ～*s* of genius 天才の作品 / the ～ of one's labor 労働の成果 / He is a true ～ of his time. 彼はまことにその時代の所産[申し子]である. ［L PRODUCE］

pro·duc·tion /prədʌ́kʃ(ə)n/ *n* **1 a** 生産 (opp. *consumption*), 産出, 製造, 著作, 制作; [*<a>*] 《車などの》量産〈モデル〉. **b** 製品, 生産物; 著作物, 制作物, 作品, 研究の結果; 生産高[量]; 〘生態〙(生物学的)生産(量). **2** 提供, 提出, 呈示; 上演, 制作, プロデュース; 《口》大げさにすること; 〘教育〙《理解 (recognition), 受容 (reception) に対して》発表: make a (big) ～ (out) of… 《口》…のことで仰々しく騒ぎたてる[めくじらを立てる], …を大々的にやる / on (the) ～ of… 《身分証などの》呈示のうえで. **3** 《線などの》延長; 〘数〙延長線. ♦ **～·al** *a*

prodúction contròl 生産[工程]管理.

prodúction gòods *pl* PRODUCER GOODS.

prodúction lìne 《流れ作業などの》工程線 (line).

prodúction nùmber 〘劇〙《ミュージカルコメディーなどで》配役総出演の歌[ダンス].

prodúction reàctor 生産用原子炉, 生産炉.

prodúction vàlues *pl* 〘映〙プロダクションバリュー《映画の照明・装飾・音響など映画制作における技術的要素; 特に 観客に対するアピールを高めるために強化した要素》.

pro·duc·tive /prədʌ́ktɪv/ *a* 生産的な, 生産力を有する; 多産の, 豊かな; 実りある, 有意義な; 〘経〙利益を生じる, 営利的な; 生じる 〈*of*〉; 〘言〙造語力のある〈接辞など〉《たとえば un-, -ness》; 〘医〙〈咳が〉痰のからんだ: a ～ society 生産組合 / Poverty is sometimes ～ *of* crimes. 貧困は時に犯罪を生む. ♦ **～·ly** *adv* **～·ness** *n*

pro·duc·tiv·i·ty /pròʊdəktívəti, prɑ̀d-; prɔ̀dʌk-/ *n* 多産(性), 生産力, 生産性.

productívity bàrgaining 生産性交渉《生産性の上昇の見返りに賃金の増加を目指す交渉》.

próduct·ìze *vt* 〈アイディアなどを〉商品化する. ♦ **pròduct·izá·tion** *n*

product liability ⇨ PRODUCTS LIABILITY.

próduct lífe cỳcle 製品ライフサイクル《商品が市場に売り出されてから経過する段階; 略 PLC》.

próduct lìne 《製造または販売する》全製品, 製品群, 製品ライン.

próduct màrk 製品マーク《単一の製品にだけ使われる商標; cf. HOUSE MARK, LINE MARK》.

próduct plàcement プロダクトプレイスメント《映画・テレビ番組などで商品を使用してもらいイメージアップ効果をねらう広告手法》.

próduct(s) liability 製造物責任《略 PL》.

pro·em /próʊèm, -əm/ *n* 緒言, 序文 (preface); 開始, 発端 (prelude). ♦ **pro·emi·al** /proʊí:miəl, -ém-/ *a* ［OF or L＜Gk＝prelude］

pro·émbryo *n* 〘植〙前胚《受精卵が分裂を始めてから, その一部が胚をつくるために分化するまで》.

pro·énzyme *n* 〘生化〙プロ酵素, 酵素前駆体 (zymogen).

pro·éstrus *n* 〘動〙発情前期《発情期の直前の時期; cf. METESTRUS》.

pro·ette /proʊét/ *n* 《ゴルフの》女子プロ選手. ［PRO¹］

prò-Européan *a, n* 西ヨーロッパ統一主義の(人); ヨーロッパ共同体加盟支持の(人).

prof /prɑ́f/ *n* 《口》先生 (professor).

prof. professional. **Prof.** Professor.

prò-fámily *a* (伝統的)家庭擁護の; 中絶禁止法支持の, 反妊娠中絶の (cf. PRO-LIFE).

prof·a·na·tion /prɑ̀fənéɪʃ(ə)n/ *n* 神聖を汚すこと, 冒瀆, 不敬; 濫用 (misuse).

pro·fan·a·to·ry /prəfǽnətɔ̀:ri; -t(ə)ri/ *a* 冒瀆的な (profaning), 神聖を汚す (desecrating).

pro·fane /prəféɪn/ *a* 神聖を汚す, 不敬の, 冒瀆する; 下品な, 《聖に対して》俗な, 世俗的な (opp. *sacred*); 凡俗の, しろうとの; 神聖ならざる; 異教の; 外道の: ～ language 不敬な[冒瀆的な, 下品な]ことば / ～ history 俗史 / the ～ (crowd) 俗衆. ► *vt* …の神聖を汚す; 汚す, …の品位を落とす: ～ the name of God 神の名を汚す. ♦ **～·ly** *adv* **～·ness** *n* **pro·fán·er** *n* ［OF or L＝before (i.e. outside) the temple (*fanum*)］

pro·fan·i·ty /prəfǽnəti/ *n* 神聖を汚すこと, 冒瀆, 不敬; [ᵒ*pl*] 神聖を汚すような[ばちあたりな, 下品な]ことば[行為], 悪態, 毒舌.

pro·fert /próʊfərt/ *n* 〘法〙《公開法廷での》記録[書類]などの提出, (書証の)申し出.

pro·fesh /prəféʃ/ *n* 《俗》《特に俳優の》PROFESSION.

pro·fess /prəfés/ *vt* **1 a** 公言[明言]する, 告白する: He ～*es* a great dislike for me. わたしが大嫌いだとはっきり言っている / He ～*ed himself* a supporter of the Jacobites. 自分はスチュアート王家派の支持者だと公言した / She ～*ed herself* convinced. 納得したとはっきり言った. **b** 《偽って》…と称する: I don't ～ *to* know the whole story. すべてわかっているなどとは申しません / He ～*ed* ignorance. 《知っているのに》知らないと言い張った[言ってはばからなかった]. **c** 〈信者が〉…への信仰を告白する, 信仰する; 教団に正式に入会させる, 宗門に入れる: Christians ～ Christ and the Christian religion. キリストとキリスト教への信仰を告白する. **2** …を職とする; …の教授となる, 教授する; 《古》…の知識[技能]がある(と主張する): ～ law [medicine] 弁護士[医師]を職業とする / Dr Daniels ～*es* the Japanese language. ダニエルズ博士は日本語の教授です. ► *vi* **1** 公言[告白]する; 宣誓して宗門にはいる; 《廃》友人であることを公言する. **2** 大学教授をする. ［L PRO²*fess*- *-fiteor* to declare］

pro·féssed *a* 公言した, 公然の; 本職の; 誓約して修道会にはいった; 見せかけだけの, 偽りの, 自称….

pro·féss·ed·ly /-ədli, -féstli/ *adv* 公然と, 公言して; 自称では, 表向きは, 偽って.

pro·fes·sion /prəféʃ(ə)n/ *n* **1 a** 《頭脳を用いる》専門的職業, 知的職業, 《一般に》職業《もとは神学・法学・医学の3職業を the (learned) ～*s* といった》; 本業: He is a lawyer *by* ～. 職業は弁護士です. **b** [the] 同業者連, 《劇場俗》俳優仲間: *the* medical ～ 医者仲間. **2 a** 公言, 宣言, 告白; 偽りの感情, 口先: in practice if not in ～ 公言しないまでも事実上. **b** 信仰告白, 誓言して宗教団にはいること; 告白した信仰: make one's ～ 聖職者になる誓いを立てる, 《修道会の》誓願を立てる. ● **the oldest ～** [*joc*] (人類)最古の職業, 売春. ［OF＜L＝public declaration (PROFESS)］

profésssion·al *a* **1** (専門的[知的])職業の[にふさわしい], プロ意識をもった, 職業上の; (専門的[知的])職業に従事する, 専門職の: ～ education 職業[専門]教育 / ～ etiquette 同業者間の礼儀 / ～ skill 専門技能, 特技 / A lawyer or a doctor is a ～ man. 弁護士や医師は専門職[知的職業人]である. **2** 職業的な, くろうとの, プロの; [*derog*] 商売でやっているような, 常習的な, 根っからの; 〘スポ〙[*euph*] 〈ルール違反が〉故意の: ～ football / a ～ golfer / a ～ playwright 本職の劇作家 / a ～ politician 政治を商売にしている人, 政治屋. ► *n* (専門的[知的])職業人, (技術)専門家; 本職, くろうと, 職業選手, プロ (opp. *amateur*); 《ある分野の》熟達者; 《口》商売女, 売春婦, くろうと: turn [go] ～ プロになる, プロ入りする / She is a real ～ in the kitchen. 彼女は料理の達人だ. ♦ **～·ly** *adv* 職業的に, 職業上, 職業面では; プロによって, 本職の手で, 本格的に, りっぱに: play ～*ly* プロとして活動する.

proféssional corporátion 〘法〙専門職法人《医師・弁護士など免許を受けて営業する個人が専門のサービスをし, そのうえ税制上の優遇措置を受けるために設立する法人; 略 PC》.

proféssional devélopment 職能開発(研修), スキルアップ.

proféssional devélopment dày 《カナダなどで》教員研修日.

proféssional fóul 〘サッカーなど〙プロフェッショナルファウル《相手側の得点を阻止するためのファウル》.

proféssion·al·ism *n* 専門職業意識, プロ精神[根性], 専門家

[プロ]かたぎ, プロの手腕; 専門家[プロ]であること; 〘スポ〙[*euph*] ファウルで得点を阻止すること.
profession·al·ize *vt, vi* 職業化[専門化, プロ化]する. ◆ **profèssion·al·izátion** *n*
proféssional órganizer 《家庭やオフィスの整理・効率化について助言する》生活[業務]改善コンサルタント[アドバイザー, プランナー].
pro·fes·sor /prəféśər/ *n* **1 a** 教授, 正教授 (=full ～); 《associate ～ や assistant ～ をも含む》教授 《肩書として姓名の前では Prof. D(aniel) Jones のように略すが, 姓だけのときは Professor Jones とし, 略さない; ⇨ INSTRUCTOR》: an extraordinary ～ 員外教授 / a ～'s chair 講座. **b** 《口》(男の)教師 (teacher); 師匠, 先生 《芸能・スポーツ・技芸のすぐれた人に対する大げさな呼称》. **c** *《俗》眼鏡をかけた人; *《俗》オーケストラのリーダー; *《俗》《酒場などの》ピアニスト; *《俗》賭博師; *《俗》勉強家. **2** 公言者; 信仰告白者. ◆ **～·ship** *n* 教授の職[地位]. [OF or L; ⇨ PROFESS]
proféssor·ate /-rət/ *n* 教授の職[任期, 地位]; 教授会, 教授団 (professoriat).
pro·fes·so·ri·al /pròufəsɔ́:riəl, prɑ̀f-; prɔ̀f-/ *a* 教授の, 教授らしい; 学者ぶった; 独断的な. ◆ **～·ly** *adv*
pro·fes·so·ri·at(e) /pròufəsɔ́:riət, prɑ̀f-; prɔ̀f-/ *n* 教授会, 教授団; 大学の教職, 教授職.
prof·fer /prɑ́fər/ *vt* 申し出る; 提供する, 進呈する (offer). ► *n* 《文》提供(物), 申し出, 贈り物. [OF (*pro-*², OFFER¹)]
pro·fi·cien·cy /prəfíʃənsi/ *n* 習熟度, 堪能さ, 能力, 技能 (skill) 〈*in*〉; 向上, 上達: a ～ test (*in* English) (英語の)能力試験.
pro·fí·cient *a* 熟達した, 堪能な, じょうずな, うまい 〈*in* [*at*] an art, *in* doing〉. ► *n* 達人, 大家 (expert) 〈*in*〉. ◆ **～·ly** *adv* [L PRO²*fect*- -*ficio* to advance]
pro·file /próufàil/ *n* 横顔, プロフィール, 半面像, 《彫像の》側面; 〘地質〙断面(図); 輪郭 (outline); 〘劇〙切出し《ある輪郭に切った舞台背景》; 概観図, 大略; 《人物・会社などの》概要, 紹介(記事), 横顔; 〘電算〙プロファイル《特定のユーザーなどの設定情報》; 〘建〙縦断面(図), 側面(図); 《世間への》露出(度), 注目[知名]度 (cf. HIGH [LOW] PROFILE); 《データを図式化した》グラフ, 《特に心理テストなどに基づく》性格特性図[表]. ● **in ～** 横顔で, 側面からみて. **keep [maintain] a** LOW PROFILE. ► *vt* …の輪郭を描く; …の側面図を描く; 半面像に造る; 〘工〙カッターで…の輪郭をかたどる; …の人物紹介を書く; …の人物像[特徴]を調査[分析]する: The island is ～*d* like a turtle. その島は亀のような形をしている. ► *vi* *《俗》これみよがしに[気取って]歩く. ◆ **pró·fìl·er** *n* 《警察などの》犯人像割り出しの専門家, プロファイラー: a former FBI *profiler*. [It *pro*-²(*filare* to spin)=to draw in outline]
prófile dràg 〘空〙《翼の》断面抵抗.
prófìl·ing *n* 人物像調査, プロファイリング; 《固定観念による》差別 (cf. RACIAL PROFILING).
prof·it /prɑ́fət/ *n* **1** [°*pl*] 収益, もうけ, 利益, 利潤, 利得, 収益金; 利益率: clear [net] ～ 純益金 / GROSS PROFIT, PROFIT AND LOSS / make [turn] a ～ *on* (the sales of) used cars 中古車(の販売)でもうける / sell it *at* a ～ (of ten dollars) それを売って(10ドルの)もうけを出す / He did it *for* ～. もうけるためにそれをした. **2** 得, 益 (advantage): gain [get] ～ 得るところがある / make one's ～ *of*…を利用する / I have read it with ～ [*to* my great ～]. 読んで益する[大いに得る]ところがあった / There is no ～ *in* complain*ing* [complaint]. 不平を言ってもなんの得にもならない. ► *vi* 利益を得る, 得をする; 役に立つ, 利益を与える; 教訓を得る, 学ぶ 〈*by, from*〉; 《廃》前進する, 進歩する: ～ *by* counsel 知恵を借りる / A wise person ～*s by* [*from*] his mistakes. 《諺》賢い人はあやまちも利益とする《ころんでもただでは起きない》. ► *vt* …の利益[ため]になる: What will it ～ you? それがきみになんの利益になろう. [OF<L *profectus* advance, progress; ⇨ PROFICIENT]
prófit·able *a* 有利な, 収益[もうけ]の多い; ためになる, 有益な. ◆ **-ably** *adv* **～·ness** *n* **pròfit·abílity** *n* 収益性, 利潤率: return (…) to *profitability* 黒字に戻る[戻す].
prófit and lóss 〘会計〙損益: ～ account [point] 損益勘定[分岐点].
prófit cènter 〘経営〙プロフィットセンター《**1**) 企業の中核となる高収益部門 **2**) 事業部など会社の中で利益計算上独立とみなされているときの責任単位; 利益責任単位》.
prof·i·teer /prɑ̀fətíər/ *vi* 《物資不足に乗じて》暴利をむさぼる. ► *n* 悪徳商人, 不正利得者. ◆ **～·ing** *n* 暴利をむさぼること, あこぎな[あくどい]商売.
pro·fit·er·ole /prəfítəròul/ *n* プロフィトロール《小型のシュークリーム》. [F (dim)< PROFIT]
prófit·less *a* 利益[もうけ]のない; むだな. ◆ **～·ly** *adv* **～·ness** *n*
prófit-màking *a* 営利の; 利益の出る, もうかる, うまみのある.
prófit màrgin 〘商〙売上(高)利益率; 売上総利益, 粗(あら)利益, 利幅, 利鞘(りざや).
prófit shàring 利益分配(制). ◆ **prófit-shàring** *a*
prófit sỳstem FREE ENTERPRISE.
prófit tàking 〘証券〙利食い.
prófit wàrning, prófits- 《企業決算などの》減益予想, 業績下方修正.
prof·li·ga·cy /prɑ́flɪgəsi/ *n* 放蕩, 不品行; 浪費; おびただしさ, 豊富.
prof·li·gate /prɑ́flɪgət, -lәgèɪt/ *a* 放蕩の, 不品行な; 浪費の激しい, 金づかいの荒い. ► *n* 放蕩者, 道楽者; 浪費家. ◆ **～·ly** *adv* **～·ness** *n* [L PRO²*fligat*- -*fligo* to strike down, ruin]
prof·lu·ent /prɑ́flù:ənt, próu-, prouflú:-/ *a* とうとうと流れる, よどみない. ◆ **próf·lu·ence** *n*
pró-fòrm *n* 〘文法〙代用形.
pro for·ma /prou fɔ́:rmə/ *a, adv* 形式上(の), 形式として(の), 型どおりの; 〘商〙見積もりの, 仮の. ► *n* 規格文書, 標準書式; 〘商〙見積もり送り状 (=**pro fórma ínvoice**). [L=according to form]
pro·found /prəfáund/ *a* **1** 〈人が〉深みのある, 造詣の深い; 〈学問などが〉深い, 深遠な. **2 a** 〈同情などが〉心からの, 深い, 深甚な; 〈変化・影響などが〉甚大な, 深刻な. **b** 〈ため息が〉深い, 〈病気などが〉根深い, 重度の; 〈眠り・沈黙などが〉深い. **3 a** 《文》深い: a ～ abyss. **b** 腰を低くかがめた〈お辞儀〉; うやうやしい. ► *n* [the] 《文》深み, 深所 〈*of* soul〉, 深海 (ocean). ◆ **～·ness** *n* [OF<L *pro*-²(*fundus* bottom)=deep]
profóund·ly *adv* 深く; 深遠に; 心から, 切に, 大いに: be ～ moved 大いに感動する / be ～ affected 多大な影響をうける / be ～ grateful 心から感謝する.
Pro·fú·mo Affàir /prəfjú:mou-/ [the] 〘英〙プロヒューモ事件《1963年 Macmillan 内閣の陸相 John D. Profumo (1915–2006) とショーガールとの関係が明るみに出て, 彼女がソ連大使館の武官とも関係があったことから, スパイに利用された疑いがもたれ, 政権の崩壊につながった事件》.
pro·fun·di·ty /prəfʌ́ndəti/ *n* 深いこと, (奥)深さ; 深み, 深遠; 幽玄; 知的な深み; [°*pl*] 深い思想, 深遠な事柄.
pro·fuse /prəfjú:s/ *a* 豊富な, おびただしい; 気前のよい, ぜいたくな 〈*in, of*〉: ～ thanks 大層な感謝のことば / be ～ *with* [*of*] one's money 金づかいが荒い. ◆ **～·ly** *adv* 豊富に, 大量に, 存分に; むやみに. **～·ness** *n* [L *pro*-²(*fus*- *fundo* to pour)=to pour forth]
pro·fu·sion /prəfjú:ʒ(ə)n/ *n* 豊富; 濫費, ぜいたく: *a* ～ *of*… 多量[多数]の…, たくさんの…. ● **in ～** 豊富に, ふんだんに.
pro·fu·sive /prəfjú:sɪv/ *a* 惜しみない, 気前のよい.
prog[1] /prɑ́g/ ‖《俗》*n* 《Oxford, Cambridge 大学の》学生監. ► *vt* (-gg-) 〈学生を〉学生監の職権で処罰する. [*proctor*]
prog[2] 《方・俗》*n* 食べ物, 《旅行・遠足用の》食糧. ► *vi* (-gg-) あさり歩く (forage), うろつく (prowl). [C17<?]
prog[3] *n, a* ‖《口》進歩的な(人) (progressive); 〈ロックミュージックが〉プログレッシブの.
prog[4] /próug/ *n* ‖《口》PROGRAM.
prog. program(me) ◆ progress ◆ progressive.
pro·gámete /, pròugəmí:t/ 〘生〙*n* 前配偶子; 卵母細胞 (oocyte); 精母細胞 (spermatocyte).
pro·gen·i·tive /prouʤénətɪv/ *a* 生殖力のある, 繁殖する (reproductive). ◆ **～·ness** *n*
pro·gen·i·tor /prouʤénətər/ *n* 《直系の》先祖; 親; 《政治・学問などの分野での》創始者, 鼻祖, 先輩; 《動植物の》原種, 祖先; 原本; 《一般に》元祖. ◆ **pro·gèn·i·tó·ri·al** *a* **～·ship** *n* **pro·gén·i·trix** /-trɪks/, **pro·gén·i·tress** *n fem* [OF<L (*progigno* to beget)]
pro·gen·i·ture /prouʤénətʃər/ *n* 子孫を生むこと; 子孫 (progeny).
prog·e·ny /prɑ́ʤ(ə)ni/ *n* 子孫, 後代, 子供《集合的》; 後継者《集合的》; 結果, 所産, 申し子 (outcome). [L=lineage; ⇨ PROGENITOR]
pro·ge·ria /prouʤíəriə/ *n* 〘医〙早老(症), プロジェリア. [NL (Gk *gēras* old age)]
prò·gestátion·al 〘医〙*a* 妊娠前の; プロゲステロンの.
pro·ges·ter·one /prouʤéstəròun/ *n* 〘生化〙プロゲステロン《主要な黄体ホルモンの一種》.
pro·ges·tin /prouʤéstən/ *n* 〘生化〙プロゲスチン《黄体ホルモン, 特に PROGESTERONE》.
pro·ges·to·gen, -ta- /prouʤéstəʤən/ *n* 〘生化〙プロゲストゲン《黄体ホルモン物質; 月経の周期異常の治療用》. ◆ **-to·gen·ic** /prouʤèstəʤénɪk/ *a*
prog·gins /prɑ́gənz/ *n, vt* ‖《俗》PROG[1].
pro·glot·tid /prouglɑ́təd/ *n* 〘動〙片節《多節条虫類の各節の一つ》. ◆ **pro·glót·tic, pro·glot·tid·e·an** /pròuglɑ̀tídiən/ *a*
pro·glot·tis /prouglɑ́təs/ *n* (*pl* **-glot·ti·des** /-tədì:z/) PROGLOTTID.
prog·na·thous /prɑ́gnəθəs, prɑgnéɪ-/, **prog·nath·ic** /prɑgnǽθɪk/ *a* 顎(骨)前突の, 《特に》下顎(骨)前突の (opp. *opisthognathous*); 〘昆〙前口(式)の. ◆ **prog·na·thism** /prɑ́gnəθɪz(ə)m, prɑgnéɪ-/ *n* 顎骨前突症, 《特に》下顎前突. [Gk *gnathos* jaw]
prog·nose /prɑgnóus, -z/ *vt, vi* 予知する.

P

prog·no·sis /prɑgnóusəs/ *n* (*pl* **-ses** /-sì:z/) 予知, 予測; 〘医〙予後. [L＜Gk＝knowledge beforehand (*gignōskō* to know)]

prog·nos·tic /prɑgnástɪk/ *a* 前兆となる〈*of*〉; 〘医〙予後の. ► *n* 前兆, 徴候 (symptom); 〘医〙予後; 予知, 予想. ♦ **-ti·cal·ly** *adv*

prog·nos·ti·cate /prɑgnástəkèɪt/ *vt, vi* 《前兆によって》予知する; 予言する, …の徴候を示す. ♦ **prog·nòs·ti·cá·tion** *n* 予知, 予測, 予言; 前兆, 徴候. **-ti·ca·ble** *a* 予知しうる. **-cà·tive** /, -kətɪv; -kətɪv/, **-ca·tò·ry** /-kətɔ̀:ri; -t(ə)ri/ *a* **-cà·tor** *n*

pró·gràde *a* 〘天〙《衛星などについて》中心天体の自転と同方向に回る運動の, 順行する (direct) (cf. RETROGRADE); 〘地質〙〈変成が〉温度[圧力]の上昇による. ► *vi* /─́─̀/〘地質〙〈海岸線が〉堆積物によって海側に進む. ♦ **prò·gradátion** *n* 〘地質〙進均作用.

pro·gram | **-gramme** /próugræ̀m, *-grəm/ *n* **1** 計画, 予定(表), 事業; プログラム, パンフレット, 番組(書), 次第(書); 〘教育〙《自動的学習の》プログラム, 学習計画; 学習課程, シラバス; [-gram] 〘電算〙プログラム; 〘生〙《生物体内の》プログラム: I have a full ～. 予定が詰まっている / What's the ～ *for* today? «口» 今日の予定はどうなっていますか. **2** 《政党の》綱領, 政綱. **3** «廃» 公示. ● **get with the ～** [ᵘ*impv*] *«口» 予定[取決め, きまり]を守る, 仕事をきちんとこなす, 務めを果たす; 新しいものを受け入れる. ► *v* (**-gràmmed,** ***-gràmed; -gràm·ming,** ***-gràm·ing**) *vt* …のプログラムを作る, 計画する; プログラムに組み込む; [-gram]〈機器〉にプログラムを供給する; 〈特定の動作〉のプログラムを入れる; プログラムによってコントロールする; 〘生〙《先天的に》生物体内プログラムに組み込む, …に生物学的プログラムを与える; …の思考[行動など]をあらかじめ決定する, (…するよう)しむける, 慣らす, 教える, 訓練する, しつける. ► *vi* プログラムを作る; 計画[予定]どおりにする. [L＜Gk＝to write (*graphō*) publicly]

prógram dirèctor 〘ラジオ・テレビ〙番組編成責任者, 編成局長.

prógram lànguage 〘電算〙プログラム言語.

pro·gram·ma·ble, «米» **-gram·able** /próugræ̀məb(ə)l, prougrǽm-/ *a* プログラム(化)できる[可能な]. ► *n* 使用者指定の仕事をするようあらかじめプログラムできる電気製品, プログラム可能な器具[計算機]. ♦ **pro·gràm·ma·bíl·i·ty** *n*

pro·gram·mat·ic /pròugrəmǽtɪk/ *a* プログラムの; 標題音楽 (program music) の. ♦ **-i·cal·ly** *adv*

programme ⇨ PROGRAM.

pró·gràmmed *a* プログラム学習の(形をした).

prógrammed céll dèath 〘生〙プログラム細胞死 (APOPTOSIS).

prógrammed cóurse 〘教育〙プログラム学習課程.

prógrammed instrúction 〘教育〙プログラム学習法による教授.

prógrammed léarning 〘教育〙プログラム学習.

pró·gràm·mer, «米» **-gràm·er** *n* プログラム作製者, プログラマー; プログラム作製装置[器].

pro·gram·met·ry /próugræ̀mətri/ *n* 〘電算〙プログラム効率測定.

pró·gràm·ming, «米» **-gràm·ing** *n* 番組編成[制作]; 《編成された》番組; プログラム学習; プログラム作成, プログラミング: automatic ～ 自動プログラミング.

prógramming lànguage PROGRAM LANGUAGE.

prógram mùsic 標題音楽 (cf. ABSOLUTE MUSIC).

prógram nòte プログラムに載っている解説.

prógram pìcture 《二本立ての》添え物映画.

prógram tràding 〘証券〙プログラム売買《コンピューターの指示による株式売買の取引手法; 先物取引の発達とともに急速に普及した》.

prog·ress¹ /prágrès, -rəs; próu-/ *n* **1 a** 進行, 前進; 進捗, はかどり; 進歩, 向上, 発達, 進化; 発展, 増進, 普及. **b** 成り行き, 経過, 推移. **2** ᵃ《国王などの》公的旅行, 巡幸. ● **in ～** 進行中で, 起こって. **make ～** 進行[前進]する; 進歩[上達]する: *make* good [great, little, rapid, slow, etc.] ～. [↓]

pro·gress² /prəgrés/ *vi* 前進する; 〈ある段階へ〉進む〈*to*〉; はかどる, 〈仕事などを〉進める〈*with*〉; 進歩[発達, 上達]する〈*in, toward*〉. ► *vt* 前進[進捗]させる; [ᵘ*pp*] 〘占星〙〈天宮図・惑星を〉(出生時の位置から)進行させる. [L PRO²*gress- -gredior* to go forward]

prógress chàser 《工場などの》進捗監督者.

pro·gres·sion /prəgréʃ(ə)n/ *n* 進行, 前進; 連続; 工程, 経過; 進歩, 発達; 〘天〙《惑星の》順行運動; 〘占星〙《惑星や天宮図の出生時の位置からの》進行, プログレッション; 〘数〙数列 (⇨ ARITHMETIC [GEOMETRIC, HARMONIC] PROGRESSION); 〘楽〙進行. ● **in ～** しだいに. ♦ **～·al** *a*

progréssion·ist *n* 《人類・社会についての》進歩論者; 〘生〙進歩的進化論者. ► *a* 〘生〙進歩的進化論(者)の.

prógress·ìsm *n* 《政治的・社会的な》進歩主義, 革新主義. ♦ **-ist** *n* PROGRESSIONIST; 進歩主義政党員.

pro·gres·sive /prəgrésɪv/ *a* **1 a** 前進[進歩]する; 連続的な, 漸進性の; 〘文法〙進行を表わす, 進行形の; 《トランプ・ダンスなどで》順次パートナーが代わる. **b** 〈課税が〉累進的な; 〈病気が〉進行性の: ～ paralysis 進行性麻痺. **2** 進歩[革新]主義の, 進歩[革新]的な (opp. *conservative*); [ᵒP-]〘米史・カナダ史〙革新党の, 進歩党の. **3** 〘音〙〈同化が〉進行の《前の音が後続の音に影響を与える; cf. REGRESSIVE》. ► *n* **1** 進歩的な人, 革新主義者; [P-]〘米史・カナダ史〙革新党員, 進歩党員. **2** 〘文法〙進行相[形]. ♦ **～·ly** *adv* 前進的に, 進歩的に; 累進的に; 徐々に (gradually). **～·ness** *n* [F or L; ⇨ PROGRESS]

Progréssive Consérvative *a, n* PROGRESSIVE CONSERVATIVE PARTY の(党員) (略 PC).

Progréssive Consérvative Pàrty [the] 〘カナダ〙進歩保守党《CONSERVATIVE PARTY の旧称》.

progréssive educátion 進歩主義教育《学童の個性・自主性を尊重する教育法》.

progréssive jázz プログレッシブジャズ《1950 年代のハーモニー重視のジャズ》; モダンジャズ.

progréssive léns プログレッシブレンズ《二重または多重焦点レンズで, どの距離でもはっきり見えるように焦点距離が少しずつ異なっているもの》.

Progréssive Párty [the] 革新党《(**1**)〘米史〙1912 年に共和党から分離して結成, Theodore Roosevelt を大統領候補に立て, 上院議員の直接選挙, 独占の規制強化, 関税改革などを主張 **2)**〘米史〙1924 年に Robert M. La Follette を大統領候補として結成 **3)**〘米史〙1948 年に Henry A. Wallace を大統領候補として結成》; 〘カナダ史〙進歩党《1920 年代に勢力のあった, 農民の利益を代表する政党で, 低関税・鉄道国有化・直接民主制を主張》.

progréssive róck プログレッシブロック《複雑なフレージングと即興を採り入れた前衛的ロックミュージック》.

progréssive táx 累進税.

pro·grés·siv·ìsm *n* 進歩主義, 革新主義; 進歩主義教育理論; [P-]〘米史〙革新党の政策[原則]. ♦ **-ist** *n, a* **pro·grès·siv·ís·tic** *a*

pro·gres·siv·i·ty /pròugrɛsívəti/ *n* 進歩性; 《課税の》累進性.

prógress pàyment 《工事などの》出来高(部分)払い.

prógress repòrt 進行(状況)報告, 経過報告.

pro·gua·nil /pròugwá:nl; -nɪl/ *n* 〘医〙プログアニル《ビグアニド (biguanide) から誘導される抗マラリア薬》.

pro hac vi·ce /prou há:k wíkɛ/ この時[この折]のために. [L＝for this occasion]

pro·hib·it /prouhíbət/ *vt* 禁じる; 妨げる: ～*ed* articles [goods] 禁制品 / The sale of intoxicants is ～*ed*. 酒類の販売は禁じられている / *P*～ him *from* coming.＝*P*～ his coming. 彼を来させるな / We are ～*ed from* smoking on school grounds. 校内では禁煙になっている / ～ children *from* a dangerous area 子供たちを危険な場所に近づけない / Poverty ～*ed* improvements in the country's welfare system. その国は貧しくて福祉制度を改善できない. ♦ **～·er, -i·tor** *n* [L PRO²*hibit- -hibeo* to hold before, prevent]

prohíbit·ed degrée 〘法〙FORBIDDEN DEGREE.

pro·hi·bi·tion /pròu(h)əbíʃ(ə)n/ *n* **1** 禁止, 禁制〈*against* smoking〉; 禁止令; 〘法〙禁止令状《上級裁判所から下級裁判所に出す事件処理を禁じる令状》: WRIT OF PROHIBITION. **2** 酒類醸造販売禁止; 〘米〙禁酒法 (cf. EIGHTEENTH AMENDMENT); [ᵘP-]〘米〙禁酒法時代[期間] (1920–33). ♦ **～·àry** /; -(ə)ri/ *a*

prohibítion·ist *n* 酒類醸造販売禁止主義者; [P-] 禁酒党 (Prohibition Party) の党員.

Prohibítion Pàrty [the] 〘米〙禁酒党《酒類の醸造販売禁止を政綱として 1869 年結成》.

pro·hib·i·tive /prouhíbətɪv/ *a* 禁止する, 禁制の; 〈値段が〉ひどく高い, 法外な, 手が出ない, 〈税が〉極端に重い; 〈本命が〉圧倒的な, 無敵の. ♦ **～·ly** *adv* **～·ness** *n*

pro·hib·i·to·ry /prouhíbətɔ̀:ri; -t(ə)ri/ *a* PROHIBITIVE.

pro·hórmone *n* 〘生化〙プロホルモン《ホルモンの前駆物質; cf. PREPROHORMONE》.

pro·ínsulin *n* 〘生化〙プロインスリン《インスリンの前駆物質》.

proj. project ♦ projector.

proj·ect¹ /prádʒèkt, -dʒɪkt/ *n* 計画, 企画, 設計《特に野心的で広範なもの》; 《政府などによる》事業, プロジェクト; 研究計画; 〘教育〙研究課題, 課題学習〈*on*〉; *計画住宅群 (housing project); «廃» 考え, 思考: form [carry out] a ～ to do…する計画を立てる[実施する] / an irrigation ～ 灌漑計画[事業] / a home ～ 《家庭科の》家庭実習. [↓]

pro·ject² /prədʒékt/ *vt* **1 a** 突き出す, 突き出させる; 投げ出す, 発射する, 放出する〈*into*〉; 〘化〙投入する〈*into, on*〉. **b** 投影[投射]する, 映す〈*on* [*onto*] a screen〉; 〘心〙〈観念・情緒などを〉投影する〈one's feelings *onto* [*on*] sb〉; 〘数〙投影する: ～ one*self into* the future 未来に身を置いてみる. **2** 生きいきと伝える; 〈声を〉はっきりと出す, 届かせる; 〈印象を〉与える; 提示する, 明らかにする: ～ one*self as*…を演じてみせる, …として売り込む[ふるまう]. **3** [ᵒ*pass*] 計画[予定]する, 案出する; 予想する, 予測する, 見積もる〈*that*; *to do*〉: the President's ～*ed* visit to Chile 大統領のチリ訪問予定 / a ～*ed* winner 勝利[当選]確実の候補. ► *vi* 突出する, 出っ張る〈*into*〉; 生きいきと伝わる; はっきりと声を出す; 勘ぐる. ♦ **～·able** *a* [L PRO²*ject- -jicio* to throw forth]

pro·jec·tile /prədʒékt(ə)l, -tàɪl; -tàɪl/ *a* 投射[発射]する, 推進する; 〘動〙〈触手・魚のあごなどが〉突き出せる, 伸びる: a ～ weapon 飛び道具. ► *n* 投射物; 発射体《特に弾丸・ロケットなど》. [NL＝jut-

ting forward (PROJECT)]
projéctile vómiting 〖医〗噴出(性)嘔吐《吐き気を伴わない突然の嘔吐》.
projéct·ing *a* 突き出た: ～ eyes 出目 / a ～ forehead おでこ. ♦ **～·ly** *adv*
pro·jec·tion /prəʤékʃ(ə)n/ *n* **1 a** 突出; 突出物, 突起; 投射, 発射, 放射. **b** 映写, 映像; 上映; 《声の》とおり; 〖製図〗投影(法[図]), 投象; 〖地図〗投影(法[図]); 〖数〗射影. **c** 〖心〗主観念の客観化; 〖精神分析〗投影《自己の観念・情緒などを他人や物に属するものとして知覚する機制》. **2** 計画, 工夫; 予測, 見通し: (the) ～*s* are that… 今後予想されるのは…である. **3** 〖錬金術〗卑金属から貴金属への変質. ♦ **～·al** *a*
projéction bòoth 《映画館などの》映写室.
projéction·ist *n* 地図製作者; 映写[テレビ]技師.
projéction machìne 映写機.
projéction prìnt 引伸ばし写真.
projéction ròom PROJECTION BOOTH; 《私的に映画を見る》映写室.
projéction télevision プロジェクションテレビ《テレビ画像を拡大映写するディスプレーシステム》.
pro·jec·tive /prəʤéktɪv/ *a* 射影の; 突き出た; 〖心〗投影の; 〖数など〗投影法の[による]: the ～ power of the mind 想像力. ♦ **～·ly** *adv* **prò·jèc·tív·i·ty** /pròu-/ *n*
projéctive geómetry 射影幾何学.
projéctive próperty 〖数〗射影的性質《射影によっても不変な幾何学的性質》.
projéctive tést 〖心〗投影検査法《あいまいな図形や文章などに対する被験者の反応からその性格特性に迫ろうとするテスト; Rorschach test など》.
próject mànagement 《特任チームによる》プロジェクト管理.
próject mèthod 〖教育〗構案教授法《生徒の頭脳活動と作業を要求する実物教授》.
pro·jéc·tor *n* 計画者; 設計者; 《幽霊会社の》発起人; 投光器, 映写機, プロジェクター; 〖数〗射影作用素.
pro·jec·tu·al /prəʤékʧuəl/ *n* 映写教材.
pro·jet /prouʒéɪ, ⌐⌐/ *n* (*pl* ～**s** /-(z)/) 計画, 設計 (project); 《条約・法律などの》草案 (draft). [F PROJECT]
pro·jo, pro Joe /próuʤòu/ *n**《陸軍俗》発射体, 砲弾 (projectile).
pro·kary·ote /proukǽriòut/ *n* 〖生〗原核生物《主に細菌・藍藻; cf. EUKARYOTE》. ♦ **prò·kary·ót·ic** /-át-/ *a*
pró-kìt *n**《軍俗》性病予防キット. [*pro*phylactic *kit*]
Pro·kof·iev /prəkɔ́:fjəf, -jèf, -jèv/ プロコフィエフ **Sergey (Sergeyevich)** ～ (1891–1953)《ソ連の作曲家》. ♦ **～·ian** /prəkɔ̀:fjéviən/ *a*
Pro·ko·pyevsk /prəkɔ́:pjəfsk/ プロコピエフスク《西シベリア Kuznetsk 盆地にある市; 石炭採掘の中心地》.
prol. prologue.
pro·lac·tin /proulǽktən/ *n* 〖生化〗黄体刺激ホルモン, プロラクチン《乳汁分泌を促す下垂体前葉ホルモン》.
pro·la·min /próuləmən, proulǽmən/, **-mine** /-mì:n/ *n* 〖生化〗プロラミン《小麦などの胚乳などの単純タンパク質》. [*proline* に *am*ide を挿入]
pro·lan /próulæn/ *n* 〖生化〗プロラン《妊婦の尿中に含まれる生殖腺刺激ホルモン; 濾胞成熟ホルモン (～ A) と黄体形成ホルモン (～ B) がある》. [G (L *proles* progeny)]
pro·lapse /proulǽps, ⌐⌐/ 〖医〗*n* 《子宮・直腸の》脱出(症), 脱. ► *vi* /⌐⌐/ 〈子宮・直腸が〉脱出する, 脱する. ♦ **pro·lápsed** *a* 脱(出)した. [L (LAPSE)]
prolápsed (intervértebral) dísk 〖医〗SLIPPED DISK.
pro·lap·sus /proulǽpsəs/ *n* PROLAPSE.
pro·late /próulèɪt/ *a* 〈まるいものが〉上下の両極方向に延びた; 〖数〗扁長の (opp. *oblate*); 〖文法〗PROLATIVE. ♦ **～·ly** *adv* **～·ness** *n* [L=brought forward]
pro·la·tive /prouléɪtɪv/ *a* 〖文法〗叙述補助の: the ～ infinitive 叙述補助不定詞《たとえば must go, willing to go の go, to go など動詞・形容詞と結んで叙述を拡充する》.
prole /próul/ *a, n* 《口》[*derog*] プロレタリア(の); 決まりきった仕事に従事する者, 下級[単純]労働者. [*prole*tarian]
pró·lèg *n* 〖昆〗前脚《昆虫の幼虫時代だけにある歩行用の腹脚》.
pro·le·gom·e·nary /pròulɪgámənèri/ *a* 序言の (prolegomenous).
pro·le·gom·e·non /pròulɪgámənàn, -nən/ *n* (*pl* **-na** /-nə/) 序文, 序言; [°-na, 〈*sg/pl*〉] 序論, 序 〈*to*〉. [L<Gk (*legō* to say)]
pro·le·gom·e·nous /pròulɪgámənəs/ *a* 序言の, 序文の; 前置きが長い.
pro·lep·sis /prouléрsəs/ *n* (*pl* **-ses** /-sì:z/) 予期, 予想; 〖修〗予弁法《反対論を予期して反駁しておく法》; 予期的表示《未来の事柄を現在または過去のこととして記すこと》; 〖文法〗予期的品辞法《drain the cup dry の dry のように結果を表わす形容詞を予期して用いること》. ♦ **pro·lép·tic** *a* **-ti·cal·ly** *adv* [L<Gk=anticipation]
pro·le·tar·i·an /pròulətéəriən/ *a, n* プロレタリア(の), 無産階級の(人) (cf. BOURGEOIS[1]); 〖古ロ〗最下層階級の(人): the dictatorship of the ～ プロレタリアの独裁[執権]. ♦ **～·ìsm** *n* 無産主義; 無産階級政治; 無産者の境遇[身分]. **～·ly** *adv* [ローマ時代 国家への貢献は *proles* offspring を生産するだけとされた]
proletárian·ìze *vt* プロレタリア化する. ♦ **proletàrian·izá·tion** *n*
pro·le·tar·i·at, -ate /pròulətéəriət, -æt/ *n* [ᵁthe, 〈*sg/pl*〉] 労働者階級, 無産階級, プロレタリアート (cf. BOURGEOISIE); 〖古ロ〗最下層階級. [F (L PROLETARIAN)]
pro·le·tary /próulətèri; -t(ə)ri/ *n, a* PROLETARIAN.
pro·let·cult, -kult /proulétkʌ̀lt/ *n* 無産階級教育; [P-]〖ソ連〗プロレトクリト《純プロレタリア文化の創造を目指した機関》. [Russ]
pro·li·cide /próuləsàɪd/ *n* わが子を殺すこと, 子殺し.
pro-lífe /prou-/ *a* 妊娠中絶合法化に反対する (opp. *pro-choice*). ♦ **pro-líf·er** *n*
pro·lif·er·ate /prəlíf(ə)rèɪt/ *vt, vi* 〖生〗《分芽・細胞分裂などで》増殖[繁殖]する; 急激に増す. ► *a* /-rət, -rèɪt/ 〖植〗〈花が〉貫生の; 数[量]の増加した. ♦ **pro·lìf·er·á·tion** *n* 増殖, 《植物の》無性芽繁殖; 《核兵器などの》拡散; 〖植〗貫生; 多数: a *proliferation* of cells. **pro·líf·er·à·tive** *a* **pro·líf·er·à·tor** *n* ⁺核兵器を拡散させる人[国]. [逆成‹*proliferation*<F *prolifère* proliferous; ⇨ PROLIFIC]
pro·lif·er·ous /prəlíf(ə)rəs/ *a* 〖植〗《球芽・匍匐(ほふく)枝などで》繁殖する; 〖動〗分枝繁殖する; 〖医〗増殖する. ♦ **～·ly** *adv*
pro·lif·ic /prəlífɪk/ *a* 子を産む, 実を結ぶ; 多産の, 〈地味が〉肥えた, 豊かな; 〈気候などが〉生長[多産]をたすける; 〈作家などが〉多作の, 業績の多い, 精力的な, 〈選手が〉得点力が高い; たくさんある[いる]; 〈…に〉富む 〈*in, of*〉; 〈…の〉原因となる 〈*of*〉: (as) ～ as rabbits 実に多産で / a ～ scorer 〖スポ〗点取り屋, エース(ストライカー), '稼ぎがしら'. ♦ **-i·cal·ly** *adv* **-i·ca·cy, -i·cal·ness, ～·ness** *n* [L (*proles* offspring)]
pro·li·fic·i·ty /pròuləfísəti/ *n* 多産力, 多産性.
pro·line /próulì:n, -lən/ *n* 〖生化〗プロリン (*α*-アミノ酸の一種; アルコールに可溶).
pro·lix /proulíks, ⌐⌐/ *a* 冗長[冗漫]な, くどい. ♦ **～·ly** *adv* [OF or L=poured forth, extended]
pro·lix·i·ty /proulíksəti/ *n* 冗長, 冗漫, くどさ.
prolly 《E メールなどで》probably.
pro·loc·u·tor /proulákjətər/ *n* 《古・文》代弁者, スポークスマン; 議長, 司会者; 〖英国教〗《聖職者会議 (Convocation) の》下院議長. ♦ **～·ship** *n*
PROLOG, Pro·log /próulɔ̀(:)g, -làg/ *n* 〖電算〗プロローグ《非手順的プログラミング言語の一つ; 述語論理式の記述に基づく推論を行なうような処理に適する》. [*pro*gramming *log*ic]
pro·log·ize /próulɔ̀(:)gàɪz, -là-/, **pro·logu·ize** /-gàɪz/ *vi* 序 (prologue) を書く, 前口上を述べる.
pro·logue, 《米》**-log** /próulɔ̀(:)g, -làg/ *n* (opp. *epilogue*) プロローグ, 序言, 序幕, 前口上, 《詩などの》序詞 〈*to*〉; 前触れ, 序幕的事件[行動], 発端 〈*to*〉; 前口上を述べる俳優. ► *vt* …に前口上を述べる; …の発端となる. [OF, <Gk; ⇨ LOGOS]
pro·long /prəlɔ́(:)ŋ, -láŋ/ *vt* 《時間的に》長くする (extend), (引き)延ばす, 長引かせる; 延長する, 拡大する; 長く発音する. ♦ **～·er** *n* [OF and L (*longus* long)]
pro·lon·gate /prəlɔ́(:)ŋgèɪt, -láŋ-/ *vt* PROLONG.
pro·lon·ga·tion /proulɔ̀(:)ŋgéɪʃ(ə)n, -làŋ-/ *n* 延長; 延長部; 延長形.
pro·longe /proulánʤ/ *n* 〖軍〗曳索(ひきなわ)《鉤と留木の付いたロープ; 車両や砲車を引く》.
pro·longed /prəlɔ́(:)ŋd, -láŋd/ *a* 長引く, 長期の. ♦ **～·ly** *adv*
prolónged-áction *a* 〖化・薬〗長時間作用性の (SUSTAINED-RELEASE).
prolónge knòt 曳索結び.
pro·lo·thérapy /pròulou-/ *n* 〖医〗増殖療法《新細胞を増殖させて靭帯・腱などの機能を回復させる》.
pro·lu·sion /proulú:ʒ(ə)n/ *n* 前口上, 前座, 序幕, 序楽; 試演; 緒論, 緒言; 予備演習, 準備運動. ♦ **pro·lu·so·ry** /-lú:s(ə)ri, -z(ə)ri/ *a* [L (*lus- lude* to play)]
prom /prám/ 《口》*n* ᴴPROMENADE; ᴴPROMENADE CONCERT; [the P-s] プロムス (the PROMENADE CONCERTS); *《大学・高校などで行なう, 特に卒業[進学]記念の》舞踏会, ダンス(パーティー): the senior ～ *《特に高校の》卒業ダンスパーティー《その 1 年前に junior ～ をする高校も多い》.
prom. promontory.
PROM /prám/ 〖電算〗programmable read-only memory.
pro me·mo·ria /próu məmɔ́:riə/ 覚えとして《長期間消滅している権利を思い起こさせるために使う外交用語》. [L=for memory]
prom·e·nade /pràmənéɪd, -ná:d; -ná:d/ *n* **1 a** 遊歩, 散歩; 乗馬, ドライブ (drive); 行列; 舞踏会開始の際の全員の行進; 〖スクエアダンス〗プロムナード《カップルが輪になって一周すること》. **b** *PROM; PROMENADE CONCERT. **2** 《海岸の》遊歩道[場]. ► *vi* 散歩する, 遊歩する; 練り歩く; プロムナードを踊る; 馬[車]を駆る: ～ about 気取って[すまして]練り歩く. ► *vt* 〈人を〉見せびらかしに連れ歩く; …を散歩する. ♦ **-nád·er** *n* 遊歩[乗馬, ドライブ]する人; ᴵᴵ《口》プロムナードコンサートの常連[立見客]. [F (*promener* to take for a walk)]

prómenade còncert ᴵᴵプロムナードコンサート《観客の一部が立見席で聞く音楽会》; [the P- C-s] プロムナードコンサーツ《毎年 7 月中旬から 8 週間 London の Royal Albert Hall で催される BBC 主催の一連のクラシックコンサート; 通称 'the Proms'; 最終日の夜は愛国的な曲と歌で締めくくる》.

promenáde dèck 遊歩甲板《一等船客用》.

pro·meth·a·zine /proumέθəzìːn/ *n* 〔薬〕プロメタジン《抗ヒスタミン剤・制吐剤・精神安定剤》. [*propyl*＋*methyl* ＋*azine*]

Pro·me·the·an /prəmíːθiən/ *a* プロメーテウスの(ような), きわめて独創的な: ～ agonies プロメーテウスのような(刑罰の)苦痛. ► *n* プロメーテウスのような人.

Pro·me·the·us /prəmíːθiəs, -θjùːs/ 〔ギ神〕プロメーテウス《巨人神の一人; 水と泥から人間を創った; 天の火を盗み人類に与えた罰として Zeus によって岩に鎖でつながれ, 毎日ハゲワシに肝臓を食われ, Hercules に救われるまで苦しみつづけた》. [L＜Gk＝forethinker]

pro·me·thi·um /prəmíːθiəm/ *n* 〔化〕プロメチウム《希土類元素; 記号 Pm, 原子番号 61》. [*Prometheus*, *-ium*]

Pro·min /próumən/ 〔商標〕プロミン《グルコスルホンナトリウム (glucosulfone sodium) 製剤; 特にハンセン病の治療に用いられた抗菌剤》.

pro·mine /próumìːn/ *n* 〔生化〕プロミン《体内に微量含まれる細胞成育促進物質; cf. RETINE》. [*promote*, *-ine*]

prom·i·nence /prám(ə)nəns/ *n* 目立つこと, 顕著, 卓越, 傑出, 卓立(性); 突起, 突出, 浮彫り; 目立つ場所; 〔天〕《太陽の》紅炎, プロミネンス; 〔音〕卓立, プロミネンス: come into ～ 〈人が〉著名になる / give ～ 注目[重視]する. ♦ **próm·i·nen·cy** *n*

próm·i·nent *a* 目立った, 顕著な, 卓越[傑出]した; 著名な; 重要な, 中心的な; 〔音〕卓立の; 突起した, 浮彫りの: a ～ writer すぐれた作家 / ～ teeth 出っ歯. ► *n* 〔昆〕シャチホコガ科の蛾 (＝～ **móth**) 《総称; 前翅の後縁に毛のふさを有し, 背方に突出する》. ♦ **～·ly** *adv* [L PRO²*mineo* to project]

prom·is·cu·ity /pràməskjúːəti, pròu-/ *n* ごたまぜ, 乱雑; 相手を特定しない性行為, 乱交.

pro·mis·cu·ous /prəmískjuəs/ *a* 乱雑な, 混雑した, ごたまぜの, (玉石)混交の; 無差別の, めちゃくちゃな; 相手を特定せずに性的関係をもつ, 乱交の; 《口》でたらめの, 気まぐれな: ～ eating habits 不規則な食事習慣. ♦ **～·ly** *adv* **～·ness** *n* [L (*misceo* to mix)]

prom·ise /práməs/ *n* **1** 約束, 契約, 約束した事[もの]; 保証, 裏付け: A ～ is a ～. 約束は約束《守らねばならない》/ break a [one's] ～ 約束を破る / keep one's ～ 約束を守る / make [give] a ～ 約束する / He claimed my ～. 約束を果たせと言った. **2** 見込み; 末頼もしさ, 有望: show ～ of…の見込みがある, …の徴候を示す / a writer *of* great ～ 大いに有望な作家 / be full of ～ 前途有望である / give ～ *of* future greatness 将来を嘱望させる. ● **P～s, ～s!** 《口》またいつもの「約束するよ」かい, 約束ばかりで守ったことがないじゃないか. ► *vt* **1** 約束[契約]する 〈*to* sb, *to* do, *that*〉; 《口》断言する, 請け合う; [*pass*] 《古》婚約させる 〈*to*〉: She ～*d* me a reward. わたしにお礼をすると約束した / I ～*d* myself a holiday. 休日を期待していた / He ～*d* the money *to* me, not *to* you. その金をあなたにではなくわたしにくれると約束したのだ / *P～* not *to* tell [*P～ that* you won't tell] anyone. だれにも言わないと約束してください / I ～*d* him *to* be there at one. 彼に 1 時にそこへ行くと約束した / PROMISED LAND. **2** …の見込み[望み]がある; 〈…し〉そうだ 〈*to* do〉: The rainbow ～*s* fair weather tomorrow. 虹が出てあすは天気になりそうだ / His boyhood did not seem to ～ much. 彼の少年時代はあまり将来に希望をいだかせるようなものではなかった / It ～*s to* be fine this evening. 夕方には晴れそうだ. ► *vi* **1** 約束する, 請け合う: It is one thing to ～ and another to perform. **2** 見込みがある 〈*well*, *fair*〉: The scheme ～*s well*. 計画はうまくいきそうだ. ● **…, I ～ you** 《口》きっと…だ, 請け合うよ. **～ the earth** [**moon**] 途方もない[調子のいい]約束をする. [L *promiss- promitto* to send forth; ⇨ MISSILE]

Prómised Lánd 1 [the] **a** 〔聖〕約束の地 (＝*the Land of Promise*) 《神が Abraham とその子孫に約束したカナン (Canaan) のこと; *Gen* 12: 7 etc.》. **b** 天国 (Heaven). **2** [p- l-] あこがれの地[状態].

prom·is·ee /pràməsíː/ *n* 〔法〕受約者 (opp. *promisor*).

próm·is·er *n* PROMISOR.

próm·is·ing *a* 将来有望な, 期待できそうな, 見込みがある (hopeful): The weather is ～. 晴れそうだ / a ～ youth 有望な青年. ● **in a ～ state** [**way**] 見込みのある; 快方に向かって; 妊娠して. ♦ **～·ly** *adv* **～·ness** *n*

prom·i·sor /pràməsɔ́ːr, ⸗⸗⸗/ *n* 〔法〕約束者, 約諾者, 契約者 (opp. *promisee*).

prom·is·so·ry /práməsɔ̀ːri; -s(ə)ri/ *a* 約束の; 〔商〕支払いを約束する; 《古》〈…を〉約束する, 〈…の〉見込みが十分にある 〈*of*〉.

prómissory nóte 〔商〕約束手形《略 p.n.》.

prom·mer /prámər/ *n* ᴵᴵ《口》プロムナードコンサートの客 (promenader).

pro·mo /próumou/ *《口》*a* PROMOTIONAL. ► *n* (*pl* **～s**) 宣伝広告, 宣伝用フィルム[CD, 推薦文など], プロモーション(ビデオ), 《テレビ・ラジオの》番組予告.

prom·on·to·ry /prámənt̀ɔːri; -t(ə)ri/ *n* 岬 (headland); 低地を見おろす崖; 〔解〕岬(こう), (仙骨)岬角. [L]

pro·mote /prəmóut/ *vt* **1 a** 昇進[昇格, 進級]させる (opp. *demote*); 〔スポ〕〈チームを〉リーグ上位の部[ディビジョン]に昇格させる; 〔教育〕進級させる 〈*to*〉: He has been ～*d* major [*to* be major, *to* the rank of major, *to* majority]. 少佐に昇進した. **b** 〔チェス〕成らせる. **2 a** 進める, 増進[促進]する, はかどらせる; 奨励する; 鼓舞する; 〈方法・結果を〉助長する; 〈法案〉の通過に努める; 《広告宣伝で》〈商品〉の販売を促進する; 〔化〕〈添加剤が〉〈触媒〉の活性を向上させる. **b** 〈会社を〉発起する, 立ち上げる. **3** *《俗》詐取する, せしめる; *《俗》…にせがむ; *《俗》乞い求める. ♦ **pro·mót·able** *a* **pro·mòt·abíl·i·ty** *n* [L PRO²*mot- -moveo* to move forward]

pro·mót·er *n* **1 a** 増進者, 増進するもの, 助長者; 後援者, 奨励者; 煽動者; 張本人. **b** 《新会社の》発起人, 創立者; 《ボクシング試合などの》興行主, プロモーター; 《廃》検察官. **2** 〔化〕助触媒; 〔遺〕プロモーター《オペロン中の部位で, 構造遺伝子の機能が発現されるために不可欠の部分》; 〔生〕《発癌などの》促進因子.

promóter of the fáith DEVIL'S ADVOCATE.

pro·mo·tion /prəmóuʃ(ə)n/ *n* **1** 昇進, 昇格, 進級; 〔スポ〕(チームの)リーグ上位の部[ディビジョン]への昇格: *P～* goes by seniority [merit]. 栄進は年功[功績]による / get [obtain, win] ～ 昇進する / be on one's ～ 欠員ありしだい昇進することになっている; 昇進目当てに身を慎む. **2 a** 助長, 増進, 振興, 奨励; 煽動; 販売促進, プロモーション, 販売促進商品; 宣伝用資料, 広告. **b** 主唱, 発起, (会社)創立: ～ expenses 創立費. **c** 《発癌などの》促進. ♦ **～·al** *a*

pro·mo·tive /prəmóutɪv/ *a* 進める, 増進する; 奨励の; 販売促進の. ♦ **～·ness** *n*

pro·mo·tor fi·dei /proumóutər fáidiàɪ/ DEVIL'S ADVOCATE.

prompt /prám(p)t/ *a* 迅速な, 機敏な; 時間どおりに着く; すぐ[喜んで]…する 〈*to* do〉; てきぱきして, 即座の; 〔商〕即時[直(じき)]払いの; 〔劇〕プロンプター(用)の: a ～ reply 即答 / be ～ *to* obey 即座に従う / He is ～ *in* paying rent. 家賃の払いがよい / for ～ cash 即時払いで. ► *adv* きっかり, 正確に: at six o'clock ～. ► *vt* **1** 〈人を〉刺激する, 鼓舞する (inspire), 促して[おだてて]…させる 〈*to* an action, *to* do〉; ひき起こす, …の誘因[きっかけ]となる: What ～*ed* him *to* say that? 何がきっかけで彼はああ言ったのだろうか. **2** 思いつかせる, 〈思想・感情を〉吹き込む; 〔劇〕〈俳優など〉にせりふを付ける, 後見する, 〈学習者〉にそばから注意してやる. ► *vi* 〔劇〕せりふを付ける, 後見する. ► *n* (*pl* **～s** /prám(t)s, prámps/) **1** 〔商〕《延べ取引の》引渡し日[契約]; 〔商〕即時払い(手形). **2** 刺激する[促す]もの; 助言, 注意; 《せりふを忘れた俳優への》せりふ付け, 後見: take a ～ 付けぜりふで演じる. **3** 〔電算〕入力促進(記号[文]), プロンプト《コンピューターが操作者に対して入力を要求していることを示す端末スクリーン上の記号[文]》. ♦ **～·ly** *adv* 敏速に, すばやく, 即座に, 直ちに; きっかり(の時刻に), ちょうど. **～·ness** *n* 敏速, 機敏. [OF or L＝ready, prompt]

prómpt·bòok *n* 〔劇〕後見用の台本.

prómpt bòx 〔劇〕《舞台上の》後見の隠れている場所.

prómpt còpy PROMPTBOOK.

prómpt·er *n* 激励者, 鼓舞者; 〔劇〕せりふの付け役, 後見, プロンプター; プロンプター《司会者や演技中の俳優に原稿やせりふを伝えるための装置》.

prómpt·ing *n* 激励, 鼓舞, 煽動; 吹き込むこと, 鼓吹; 〔劇〕せりふ付け, 後見.

promp·ti·tude /prám(p)tət(j)ùːd/ *n* 迅速, 機敏, 敏速 (promptness); 即決; 時間厳守: with ～ 敏速に.

prómpt nèutron 〔理〕即発中性子.

prómpt nòte 〔商〕即時払い手形.

prómpt sìde 《劇場の》後見のいる側《客席に向かって, 米では右手, 英では左手; 略 PS; その反対側を opposite prompt (side) という》.

Proms ⇨ PROM.

próm-tròtter *《俗》*n* 《ダンスパーティーによく参加する》つきあいが広い女子学生; 学生生活の社交面で活躍する男子学生; 女たらし.

prom·ul·gate /práməlgèɪt, *proumʌ́lgèɪt/ *vt* 〈法令を〉公布する, 公表[発布]する; 〈信条などを〉広める, 宣伝する; 〈秘密などを〉世間にばらまく, 公表する. ♦ **-gà·tor** /, *proumʌ́lgèɪtər/ *n* **pròm·ul·gá·tion** *n* [L (*mulgeo* to milk, cause to issue forth)]

pro·mulge /proumʌ́ldʒ/ *vt* 《古》PROMULGATE.

pro·mycélium *n* (*pl* **-lia**) 〔植〕前菌糸体.

pron. pronoun ♦ pronounced ♦ pronunciation.

pro·na·os /prounéɪɑs/ *n* (*pl* **-na·oi** /-ɔɪ/) 〔建〕《古代ギリシア・ローマの神殿の》前室, プロナオス《ケラ (cella) の前にある部屋》. [Gk (NAOS)]

pro·nase /próunèɪs, -z/ *n* 〔生化〕プロナーゼ《放線菌の一種から得られるタンパク質分解酵素》.

pro·nátal·ìsm *n* 出生率増加支持. ♦ **-ist** *n*, *a*

pro·nate /próunèɪt/ *vt*, *vi* 〔生理〕〈手などを[が]〉下向きにする[なる], 回内させる[する] (opp. *supinate*). ♦ **pro·ná·tion** *n* 《手・足の》回内. [L＝to bend forward]

pró·na·tor /, ─ ─́ ─/ *n* 〘解〙回内筋.

prone /próun/ *a* **1** 〈…の〉《好ましくない》傾向がある, 〈…し〉がちな, 〈…を〉こうむりがちな 〈*to*〉, …しやすい (liable) 〈*to* do〉: be ～ *to* anger [*to* get angry] おこりっぽい, かっとしやすい / ACCIDENT-PRONE. **2** うつむいた, 平伏した, 前かがみの (cf. SUPINE[1]); 屈伏[屈従]した; てのひらを伏せた; 〈土地が〉傾斜した, 険しい, 下り坂の: fall [lie] ～ うつ伏せに倒れる[伏す, 寝そべる]. ♦ **～·ly** *adv* **～·ness** *n* [L *pronus* bent forward ‹ *pro* forwards]

pro·neph·ros /prounéfrəs, -ràs/ *n* (*pl* **-roi** /-rɔ̀ɪ/, **-ra** /-rə/) 〘発生〙前腎 (cf. MESONEPHROS, METANEPHROS). ♦ **-néph·ric** *a*

pro·neth·al·ol /prounέθəlɔ̀(:)l, -lòul, -làl/ *n* 〘薬〙プロネタロール《ベータアドレナリン遮断剤》.

pro·neur /prounə́:r/ *n* 人をほめる人, 賞賛者. [F]

prong /prɔ́(:)ŋ, práŋ/ *n* とがった先[器具]; 爪, 留め金, 角, 突起; 《フォークなどの》叉 (tine); フォーク, 熊手 (rake), 乾草すき; 《計画などの》段階, 面; *《中南部》《川の》支流; 《卑》ペニス. ► *vt* 刺す, 貫く; 掻(か)く, 〈土を〉掘り返す; …にとがったものを付ける; 《卑》〈女〉と一発やる. [ME<?; cf. MLG *prang* stake]

próng·bùck *n* 〘動〙**a** スプリングボック (springbok)《南アフリカ産のガゼル》. **b** PRONGHORN.

pronged *a* [°*compd*] …の叉がある; …の部分[面]からなる: three-～ 三叉の; 三段階の, 三段構えの.

próng·hòrn *n* (*pl* **～s**, ～) 〘動〙プロングホーン (=**prónghorn** [**próng-hòrned**] **ántelope**)《北米西部産の羚羊》.

próng kèy PIN WRENCH.

próng-òn *n* 《卑》勃起 (hard-on).

pronk[1] /práŋk/ *vi* 《南ア》《springbok がするように》(ピョーンピョーンと)はねまわる. [Afrik]

pronk[2] *n*ᴵᴵ《俗》弱虫, ばか.

pro·no·grade /próunəgrèɪd/ *a* 〘動〙体を地面に平行にして歩く, 伏位歩行の (cf. ORTHOGRADE).

pro·nom·i·nal /prounámən(ə)l/ *a* 代名詞の, 代名詞的な: a ～ adjective [adverb] 代名詞的形容詞[副詞]. ► *n* 代名詞的語句. ♦ **～·ly** *adv* [L (PRONOUN)]

pronòminal·izátion *n* 〘文法〙代名詞化. ♦ **pronóminal·ìze** *vt*

pro·nótum *n* 〘昆〙前胸背板.

pro·noun /próunàun/ *n* 〘文法〙代名詞《略 pron.》. [*pro-*[1], NOUN; F *pronom*, L *pronomen* にならったもの]

pro·nounce /prənáuns/ *vt* **1** (正しく)発音する; 音読する; 発音記号で表記する: *P*～ your words more clearly. ことばをもっとはっきり発音しなさい. **2** 宣言する, 言明する, 表明する 〈*on, for, against*〉; 断言する, 公言する 〈*to* be〉: The judge ～*d* sentence of death *on* the criminal. 裁判官は犯人に死刑の宣告を下した / The patient was ～*d to* be out of danger. 患者は危険を脱したと言われた / I now ～ you man [husband] and wife. 二人が夫と妻であることを宣言します《結婚式で司祭が言う》. ► *vi* 発音する; 意見を述べる, 判断を下す 〈*on*〉: The judge ～*d* against [for, in favor of] him. 彼に不利[有利]な判決を下した. ♦ **～·able** *a* **～·abílity** *n* **pro·nóunc·er** *n* [OF<L (*nuntio* to announce)]

pro·nóunced *a* 口に出し(て表明され)た; 明白な; 著しい; きっぱりした, 決然たる (decided). ♦ **-nóunc·ed·ly** /-sədli, -stli/ *adv* 明白に; きっぱりと.

pronóunce·ment *n* 公告, 宣言, 発表, 《意見の》表明, 断言; 意見, 決定, 判決.

pro·nóunc·ing *a* 発音の[を示す]: a ～ dictionary 発音辞典.

pron·to /prántòu/ *adv* 《口》直ちに, 速やかに. [Sp<L PROMPT]

pron·to·sil /prántəsɪ̀l/ *n* 〘薬〙プロントジル《化膿性細菌による病気に対する特効薬》.

pro·núclear[1] *a* 〘発生〙PRONUCLEUS の. [*pro-*[2]]

pronuclear[2] *a* 原発推進派の, 核兵器支持派の. [*pro-*[1]]

pro·núcleus *n* 〘発生〙前核, 生殖核.

pro·nun·ci·a·men·to /prounʌ̀nsiəméntou/ *n* (*pl* **～s**, **～es**) 宣言書; 《特にスペイン語諸国の》革命党の宣言. [Sp; ⇨ PRONOUNCE]

pro·nun·ci·a·tion /prənʌ̀nsiéɪʃ(ə)n/ *n* 発音, 発音法; 発音記号表記. ♦ **～·al** *a* [OF<L (PRONOUNCE)]

pro·núncio /prou-/ *n* 代大使《ローマ教皇大使に他の大使に対する優位を与えない国に派遣される教皇大使》. [*pro-*[2]]

pro·óestrus *n* PROESTRUS.

proof /prú:f/ *n* **1 a** 証明, 立証; 〘数・論〙証明: positive ～＝～ positive 確証 / afford ～ of …を証明するに足る / in ～ of…の証拠に. **b** 証拠《evidence よりも意味が強い》; 〘法〙証明, 証拠; [*pl*] 〘法〙証拠書類, 証言: give a ～ of one's loyalty [affection] 忠誠[愛情]の真実であるあかしを示す. **2 a** 《製品などの》試験, テスト, 吟味 (trial); 〘数〙検算; 〘スコ法〙《陪審に代わる》判事による審理; 《廃》経験. **b** 試験所; 試験管. **c** 試験済みの強度[品質]; 《古》《よろいなどの》耐力, 不貫通性: armor of ～ 堅牢な[不貫通]のよろい / have ～ of shot 弾丸が通らない. **3** 〘印〙校正[ゲラ]刷り, 《版画などの》試験刷り, プルーフ; 書籍の未截紙端; 〘写〙《ネガからの》試し焼き; PROOF COIN: read the ～ 校正する / author's ～ 執筆者用校正刷り. **4** プルーフ《酒類のアルコール含量の強度の単位: 100% アルコールを米国では 200°, 英国では 175° と示す》: above [below] ～ 標準強度以上[以下]で (cf. PROOF SPIRIT). ● **put** [**bring**]…**to the ～** …を試す. ► *a* **1** 試験を経た; 検査済みの, 保証付きの; 試験用の, 基準となる. **2** …の効かない 〈*to, against*〉; …に耐える, 《水などを》通さない《この意味で複合形容詞をつくる》: ～ *against* bribery [flattery] 賄賂[お世辞]の効かない / FIREPROOF, FOOLPROOF, WATERPROOF, etc. **3** 〈酒類が〉標準強度の (cf. PROOF SPIRIT). ► *vt* **1** 〈製品などを〉試験[テスト]する; 校正する (proofread); *校正刷りを刷る (prove). **2** 〈繊維質の物を〉耐久的にする, 〈布を〉防水[防虫など]にする, 防弾にする. **3** 〈イースト〉を水・砂糖・ミルクと混ぜて活性化する; 〈パン生地〉にイーストを加えて盛り上がらせる. **4** [ᵁ*pp*] *《俗》CARD[1]. [OF<L *proba*; ⇨ PROVE]

próof còin 試鋳硬貨, プルーフコイン《新発行硬貨の蒐集家用限定版》.

próof·ing *n* 《防水などの》加工, 補強; 《この工程に用いる》補強薬品.

próof·less *a* 証拠のない, 証明されてない.

próof·lìke *a* 《特別に磨き上げた》PROOF COIN に似た.

próof·màrk *n* 《銃などの》試験済みを示す刻印, 検印.

próof-of-púrchase *n* (*pl* **próofs-of-**) 購入証明物《実際に購入したことを証明するレシート・ラベル・箱の上蓋など; 払い戻しや割戻し, 景品への応募の時に呈示・送付する》.

próof plàne 検算板, 試験板《物体の帯電性を調べる》.

próof·rèad /-rì:d/ *vt, vi* (**-rèad** /rèd/) 校正する.

próof·rèad·er *n* 校正者, 校正係: ～s' [～'s] marks 校正記号. ♦ **próof·rèad·ing** *n* 校正.

próof·ròom *n* 校正室.

próof sèt プルーフコインセット (⇨ PROOF COIN).

próof shèet 校正[ゲラ]刷り.

próof spìrit プルーフスピリット《標準強度のアルコール飲料: 米国では 100°＝50%, 英国では 100°＝57.1%; cf. PROOF 4》.

próof strèss 〘機〙耐力《引っ張り試験片に力をかけて引っ張るとき一定の (通例 0.2%) の永久ひずみを生じるような応力》.

próof thèory 〘数〙証明論.

prop[1] /práp/ *n* 支柱, 突っ張り, つっかい棒; [*pl*] 脚 (legs); 支持者, 後援者; 〘ラグビー〙プロップ《スクラム最前列両端のフォワード》; 《豪》《馬の》急停止: the main ～ *of* a state 国家の柱石 / A son is a ～ *for* one's old age. 息子は老後の支えである / a ～ and stay 杖とも柱とも頼む人. ● **knock the ～s out from under**… 〈人〉の自信をなくさせる, 〈立場などを〉根底から覆す. ► *v* (**-pp-**) *vt* 支える, 助ける 〈*up*〉; …に支柱を施す 〈*up*〉; 寄せ[立て]掛ける 〈*up*; *against*〉. ► *vi* 《豪》〈馬などが〉前脚を突っ張ってぴたりと止まる. ♦ **～·less** *a* [MDu＝vine-prop, support; cf. G *Pfropfen*]

prop[2] *n* 〘劇〙小道具 (property); [～s, 〈*sg*〉] PROPERTY MAN.

prop[3] *n* 《口》〘空〙PROPELLER.

prop[4] *n* PROPOSITION.

prop[5] *n* *《俗》げんこ, こぶし (fist). [? *prop*[3]]

prop[6] *n*ᴵᴵ《俗》ダイヤ, 宝石, 石.

prop- /próup/ *comb form* 〘化〙「プロピオン酸に関連のある」 [*propi*onic (acid)]

prop. propeller ♦ proper(ly) ♦ property ♦ proposition ♦ proprietor.

pró·pàck *n* *《軍俗》性病予防パック (pro-kit).

pro·pae·deu·tic /pròupɪd(j)ú:tɪk/ *a* 初歩の, 予備の. ► *n* 準備研究; 《芸術・科学の》予備知識, 基礎訓練, 入門教育. ♦ **-déu·ti·cal** *a*

prop·a·gan·da /pràpəgǽndə, pròu-/ *n* **1** 《主義・思想の》宣伝, 宣伝活動[工作], プロパガンダ; 宣伝機関[団体]; 宣伝内容: make ～ for…を宣伝する. **2** [the P-] 〘カト〙《ローマの》布教聖省; [the (College of) P-] 布教神学校, プロパガンダ大学《教皇ウルバヌス (Urban) 8 世設置》. [NL *congregatio de propaganda fide* congregation for propagation of the faith; ⇨ PROPAGATE]

prop·a·gan·dism /pràpəgǽndìz(ə)m, pròu-/ *n* 伝道, 布教; 宣伝, 普及運動.

pròp·a·gán·dist *n* 伝道者, 布教者; 宣伝者. ► *a* 伝道(者)の; 宣伝(者)の. ♦ **pròp·a·gan·dís·tic** *a* **-ti·cal·ly** *adv*

prop·a·gan·dize /pràpəgǽndàɪz, pròu-/ *vt, vi* 宣伝する; 布教する, 伝道する. ♦ **-diz·er** *n*

prop·a·gate /prápəgèɪt/ *vt* 繁殖[増殖]させる, 増やす; 〈思想などを〉普及させる, 宣伝する; 〈音響・電波などを〉伝搬する, 伝達する; 〈性質などを〉遺伝させる; 蔓延させる. ► *vi* 繁殖[増殖]する; 広がる; 普及する; 伝搬する. ♦ **próp·a·ga·ble** /-gəb(ə)l/ *a* **-gà·tive** *a* [L *propagat- propago* to increase (plants) by cuttings]

prop·a·ga·tion /pràpəgéɪʃ(ə)n/ *n* 繁殖, 増殖; 普及, 伝播; 伝搬, 伝達; 《ひび割れなどの》広がり, 伸張. ♦ **～·al** *a*

próp·a·gà·tor *n* 繁殖者; 《思想などの》宣伝者, 布教者 (propagandist); 育苗箱, 育苗器.

prop·a·gule /prápəgjù:l/ *n* 〘植・生〙零余子(むかご), 胎芽, 珠芽 (bulbil), 栄養(分)体, 貫性[繁殖]体, 《藻類の》無性芽.

pro·pag·u·lum /proupǽgjələm/ *n* (*pl* **-la** /-lə/) PROPAGULE.

pro·pane /próupèɪn/ *n* 〖化〗プロパン《メタン系炭化水素の一種; 液化ガスは燃料・エーロゾルなど用》. [*propionic* (acid), *-ane*]

pro·pa·nil /próupənìl/ *n* 〖化〗プロパニル《稲田に用いる除草剤》.

pro·pa·nó·ic ácid /pròupənóuɪk-/ PROPIONIC ACID.

pro·pa·nol /próupənɔ̀(:)l, -nòul, -nàl/ *n* 〖化〗プロパノール. [*propane, -ol*]

pro·pa·none /próupənòun/ *n* 〖化〗プロパノン《特に 異性体 2-〜 (acetone)》.

pro·par·oxy·tone /pròupəráksətòun, -pæ-/ *a, n* 〖ギリシア文法〗最後から第 3 音節目に鋭アクセント (´) のある(語).

pro pa·tria /prou pá:trià:/ 祖国のために. [L=for (one's) country]

Prop 8* /—éɪt/ PROPOSITION EIGHT.

pro·pel /prəpél/ *vt* (**-ll-**) 推進する, 進ませる, 押し出す, 押し進める; 駆りたてる: 〜 a boat by rowing こいでボートを進める / be *propelled* by ambition 野心に駆られる / *propelling* power 推進力. [ME=to expel<L (*puls- pello* to drive)]

pro·pél·lant, -lent *n* 推進させるもの, 推進体; 〖軍〗放射薬, 発射火薬; 《ロケットなどの》推進剤, 推薬《燃料と酸化剤》; 《スプレー用の》高圧ガス. ► *a* 推進する, 推進用の.

pro·pél·ler, -lor *n* 推進物[者]; 推進器, プロペラ, 《特に》らせん推進器, スクリュー[ねじ]プロペラ.

propéller-hèad *n* 《口》コンピューターおたく, メカ狂い.

propéller shàft プロペラ軸《端にスクリュープロペラが付いている》; 〖車〗プロペラシャフト《変速機から駆動車軸まで動力を伝える》.

propéller túrbine èngine TURBO-PROPELLER ENGINE.

pro·pél·ling péncilᴵᴵ シャープペンシル (mechanical pencil).

pro·pend /proupénd/ *vi* 《廃》INCLINE.

pro·pene /próupì:n/ *n* 〖化〗プロペン (PROPYLENE).

prop·e·nó·ic ácid /pròupɪnóuɪk-/ 〖化〗プロペン酸 (acrylic acid).

pro·pe·nol /próupənɔ̀(:)l, -nòul, -nàl/ *n* 〖化〗プロペノール (ALLYL ALCOHOL).

pro·pense /proupéns/ *a* 《古・文》〈…の〉傾向のある, 〈…し〉がちの 〈*to, to* do〉. ♦ **〜·ly** *adv* **〜·ness** *n* [L=inclined (*pendo* to hang)]

pro·pen·si·ty /prəpénsəti/ *n* 傾向, 性質, 性癖 (inclination) 〈*for, to* do〉; 《廃》ひいき: criminal 〜 犯罪性向 / have a 〜 *for* exaggeration [*to* exaggerate]. 大げさに言う癖がある.

pro·pe·nyl /próupənìl/ *n* 〖化〗プロペニル(基) (=〜 **ràdical** [**gròup**]). ♦ **prò·pe·nýl·ic** *a* [*propene, -yl*]

prop·er /prápər/ *a* **1 a** 適当[適切, 適格, 妥当]な, 相応な, ほどよい, 正しい: 〜 for the occasion 時宜に適した / as you think 〜 しかるべく, 適宜に / THINK[1] 〜 to. **b** 礼儀正しい, 端正な, ちゃんと[きちんと]した, お行儀がよい, すましかえった; 《古・方》りっぱな, すばらしい; 《古・方》姿のよい, 美しい: prim and 〜 あまりにきちょうめんな, とりすました. **2 a** 独特の, 固有の, 〈…に〉特有の 〈*to*〉; 〖文法〗固有の, 固有名詞的な (opp. *common, appellative*); 〖紋〗自然色の; 〖カト〗〈祈りなど〉ある日に特定の; 《古》自分の: Ferocity is 〜 *to* tigers. 残忍さは虎の本性だ / with my (own) 〜 eyes 《古》まさしくこの目で. **b** 正確な, 厳密な; [後置] 厳格な意味での, 狭義の, 本来の, 本当の; 〖数〗真の, 固有の: in the 〜 sense of the word その語本来の意味で / Japan 〜 日本本土 / music 〜 音楽そのもの. **3**ᴵᴵ《口》全くの〈悪党・冗談など〉: be in a 〜 rage かんかんになっている. ► *adv* 《方・口》ちゃんと, きちんと; 全く, 完全に, 徹底的に, いやというほど. ● **good and 〜** 適当な, しかるべき; 《口》完全に, たっぷりと. ► *n* 〖教会〗固有文《ミサのうち典礼暦に従って変動する部分》; 《聖節のための》特定礼拝式, 特禱: the 〜 for Christmas クリスマス特別聖餐. ♦ **〜·ness** *n* [OF<L *proprius* one's own]

próper ádjective 〖文法〗固有形容詞《固有名詞からつくられた形容詞》.

pro·per·din /proupə́:rd(ə)n/ *n* 〖生化〗プロパージン《殺菌力・赤血球溶解力のある血清タンパク》. [L *perdo* to perish]

próper fráction 〖数〗真分数.

pro·per·i·spom·e·non /pròupèrəspámənàn; -spóumɪnən/ *a, n* (*pl* **-e·na** /-nə/) 〖ギリシア文法〗最後から第 2 音節目に曲折アクセント (ˆ) のある(語). [Gk (*pro-*[2])]

próp·er·ly *adv* **1 a** 適切に, 適正に; 当然: He very 〜 refused. 断わったのは全く当然だ. **b** 正確に, 本式に, 正しく; りっぱに, 礼儀正しく, 行儀よく: 〜 speaking=speaking 〜=to speak 〜 正確に言えば. **2** 《口》全く, 徹底的に (thoroughly): He got himself 〜 drunk. 完全に酔っぱらった.

próper mótion 〖天〗固有運動.

próper nóun [**náme**] 〖文法〗固有名詞.

próper súbset 〖数〗真部分集合.

próp·er·tied *a* 財産のある: the 〜 class(es) 有産[地主]階級.

Pro·per·tius /proupə́:rʃ(i)əs/ プロペルティウス **Sextus** 〜 (c. 50–c.15 B.C.) 《ローマの詩人》.

prop·er·ty /prápərti/ *n* **1 a** 財産, 資産, 所有物 (possessions); 所有地, 地所 (estate); 不動産, 物件; 《豪》牧場, 農場: a man of 〜 資産家 / The secret is common 〜. その秘密はだれでも知っている / PERSONAL [REAL] PROPERTY / He has a 〜 in the country. 田舎に土地をもっている / the 〜 market 不動産市場 / the 〜 price 不動産価格. **b** 道具; 〖劇〗小道具《英では衣裳も含む; cf. SCENERY》; 〖劇〗《上演・上映のための》劇, 脚本. **c** 《口》《契約している》俳優, 選手《など》. **2** 所有, 所有本能, 物欲, 〖法〗財産権, 所有権 (ownership): 〜 in copyright 著作権所有. **3** 《ものに固有の》性質, 特性, 性状; 効能; 〖論〗固有性: the *properties* of metal 金属の特性. **4** 〖電算〗プロパティー《ファイルオブジェクトの属性などに関する情報》. ♦ **〜·less** *a* **〜·less·ness** *n* [OE<L *proprietas*; ⇨ PROPER]

próperty dámage insùrance 財物損壊保険《自動車などで他人の財産に与えた損害に対する保険》.

próperty devèloper 不動産[宅地]開発業者.

próperty màn [**màster, mìstress**] 〖劇〗小道具方[係], 衣裳方[係] (=*propman, props*).

próperty qualificàtion 〖史〗土地所有に基づく(公職就任や権利行使の)資格.

próperty rìght 〖法〗財産上の権利, 財産権.

próperty tàx 〖法〗財産税.

prop·fan /prápfæn/ *n* 〖空〗プロップファン《ジェットエンジンで駆動する 8 枚羽根のプロペラ》. [*propeller*+*fan*]

próp fórward 〖ラグビー〗PROP[1].

próp gàmeᴵᴵ《俗》《不必要な修理をして法外な金を取る》家屋修繕詐欺. [*property*]

próp-gètter *n*ᴵᴵ《俗》スリ, 宝石泥棒 (=*propman*).

pro·phage /próufeɪʤ, -fà:ʒ/ *n* 〖菌〗プロファージ《細菌細胞内の, 非感染性の形のファージ》.

pró·phàse /próu-/ 〖生〗*n* 《有糸分裂または減数第一分裂の》前期. ★ 以下 metaphase (中期), anaphase (後期), telophase (終期). ♦ **-pha·sic** /proufeɪzɪk/ *a*

proph·e·cy, -sy[1] /práfəsi/ *n* 預言, 神のお告げ(を宣すること[能力]); 予言: have the gift of 〜 預言[予言]の才がある / His 〜 has come true. 予言があたった. [OF, <Gk (PROPHET)]

proph·e·sy[2] /práfəsàɪ/ *vt, vi* 預言する; 予言する (predict); 《古》〈聖書を〉解釈する: *P*〜 upon these bones... これらの骨に向かって預言せよ《*Ezek* 37: 4》/ The gypsy *prophesied* her a happy marriage. ジプシーは彼女に幸福な結婚を予言した. ♦ **próph·e·sì·er** *n*

proph·et /práfət/ *n* **1 a** 神意[啓示]を告げる人, 預言者, [ᵒP-] 《旧約聖書の》預言者; [the P-] ムハンマド, マホメット (Muhammad); [the P-] 《モルモン教の開祖》Joseph SMITH: A 〜 is not without honor, save in his own country, and in his own house. 預言者が敬われないのは, その故郷, 家族の間だけである《*Matt* 13: 57》/ Is SAUL also among the 〜*s*? **b** [the P-s] 《旧約聖書の》預言書 (⇨ MAJOR PROPHETS, MINOR PROPHETS); [the P-s] 《ヘブライ語聖書の》預言書 (=*Nebiim*) 《三大区分の 2 番目; ほかの 2 つは律法 (the Law) と諸書 (the Hagiographa); ⇨ FORMER PROPHETS, LATTER PROPHETS》. **2** 予言者, 予報者 (predictor), 占い師; 《主義などの》提唱者, 先駆者; 慧眼の士, (霊感をうけた)詩人; 《俗》《競馬などの》予想屋. ● **〜 of doom** 不吉なことばかり言う人. ♦ **〜·ess** *n fem* **〜·hòod, 〜·shìp** *n* **〜·ism** *n* 預言者の行ない[慣行]. [OF, <Gk *prophētēs* spokesman]

pro·phet·ic /prəfétɪk/, **-i·cal** *a* 預言(者)の, 預言(者)的な; 予言的な (predictive): be 〜 of...を予言する. ♦ **-i·cal·ly** *adv*

pro·pho /práfou/ *n* (*pl* **próph·os**) 《俗》性病の予防(法), コンドーム. [*prophylaxis, -o*]

pro·phy·lac·tic /pròufəlǽktɪk, pràf-; prɔ̀f-/ *a* (病気を)予防する, 予防的な. ► *n* 〖医〗予防薬[器具]; CONDOM; 予防法[措置]. ♦ **-ti·cal·ly** *adv* [F<Gk (↓)]

pro·phy·lax·is /pròufəlǽksəs, pràf-; prɔ̀f-/ *n* (*pl* **-lax·es** /-lǽksì:z/) 〖医〗《病気などの》予防(法), 防御; 〖歯〗《歯石除去のための》歯の掃除. [NL (Gk *phulaxis* a guarding)]

pro·pine /prəpí:n/ 《スコ》*vt* 《特に 友情のしるしとして》贈り物をする; 乾杯する. ► *n* お返しの贈り物. [OF<L *propino* to pledge]

pro·pin·qui·ty /prəpíŋkwəti/ *n* 《時・場所の》近いこと, 近接, 近所; 近似, 類似; 《血統の》近いこと, 近親 (kinship). [OF or L (*prope* near)]

pro·pi·o·nate /próupiənèɪt/ *n* 〖化〗プロピオン酸塩[エステル].

pro·pi·ón·ic ácid /pròupiánɪk-/ 〖化〗プロピオン酸《刺激臭のある無色・油性・水溶性の液体; 香料・殺菌剤用》. [*pro-*[2], Gk *piōn* fat]

pro·pio·phe·none /pròupioufí:noun, -fénoun/ *n* 〖化〗プロピオフェノン《芳香のある化合物; 香水・薬剤・有機化合物の合成に用いる》.

pro·pi·ti·ate /prəpíʃièɪt/ *vt* なだめる; …の機嫌を取る; 和解させる: 〜 the gods 神々の怒りをなだめる. ♦ **pro·pí·ti·able** *a* **pro·pí·ti·àtor** *n* [L; ⇨ PROPITIOUS]

pro·pi·ti·a·tion /prəpìʃiéɪʃ(ə)n/ *n* なだめること, 和解; 〖神学〗贖罪; なだめるための(贈り)物.

pro·pi·ti·ative /prəpíʃièɪtɪv/ *a* なだめる, 和解的な.

pro·pi·tia·to·ry /prəpíʃ(i)ətɔ̀:ri; -t(ə)ri/ *a* なだめる, 和らげる, 機嫌取りの; 和解の; 償いの. ► *n* 〖聖〗贖罪所 (MERCY SEAT).

◆ **pro·pì·ti·a·tó·ri·ly** /; -píʃiətərili/ *adv*

pro·pi·tious /prəpíʃəs/ *a* 〈神が〉好意を有する, 親切な; 幸運な, さい先のよい, 好都合の 〈*to, for*〉: a ～ sign [omen] 吉兆. ◆ **～·ly** *adv* **～·ness** *n* ［OF or L *propitius* favorable］

próp·jèt *n* 〘空〙 TURBOPROP.

própjet èngine TURBO-PROPELLER ENGINE.

pro·plástid *n* 〘生〙 原[前]色素体, プロプラスチド《葉緑体などの色素体の前駆体》.

próp·màn *n* PROPERTY MAN; ″《俗》 PROP-GETTER.

prop·o·lis /prápələs/ *n* 蜂蠟, 蜂にかわ, プロポリス (＝*bee glue*)《ミツバチが巣の隙間を詰める油性物質》. ［Gk (*pro-*[2], *polis*)］

pro·pone /prəpóun/ 《スコ》 *vt* 提議[提案]する; 〈弁解などを〉持ち出す. ［L; ⇨ PROPOSE］

pro·po·nent /prəpóunənt/ *n* 提議[提案]者; 弁護[支持]者 (opp. *opponent*); 〘法〙 (遺言)検認申出人.

Pro·pon·tis /prəpántəs/ プロポンティス《MARMARA 海の古代名》.

pro·por·tion /prəpɔ́ːrʃ(ə)n/ *n* **1** 割合, 比 (ratio); 〘数〙 比例 (＝geometrical ～), 比例算 (rule of three); 《古》 比較, 類比: ～ of three *to* one 3 対 1 の割合 / in the ～ of…の割合で / simple [compound] ～ 単[複]比例 / in ～ to his success 成功するに比例して (as he succeeds), 成功の度合いに比べて[の割に] / DIRECT PROPORTION, INVERSE PROPORTION. **2** 釣合い, 調和, 均斉: bear no ～ to…と釣合いがとれない / out of (all) ～ to…と(全く)釣合いを失って, …に比べ過大[過少]で / blow…out of (all) ～ 〈話・事柄を〉ゆがめる, 誇張する, 針小棒大に扱う / keep…in ～ …を冷静に判断する[扱う] / sense of ～ 平衡[バランス]感覚. **3** 割り前, 割当て, 部分, 分: a large ～ of…の大部分. **4** [*pl*] 空間的な大きさ, 広さ; [*fig*] 程度, 規模: a ship of fine ～*s* 堂々とした船. ► *vt* **1** 釣り合わせる, 比例[調和]させる 〈*to, with*〉: ～ one's expenditure *to* one's income 出費を収入に釣り合わせる. **2** 割り当てる, 配当する. ◆ **～ed** *a* 比例した, 釣合いのとれた, 合うように寸法を加減した. **～·less** *a* ［OF or L＝for one's portion (*pro-*[2], PORTION)］

propórtion·able *a* 《古》 釣り合った. ◆ **-ably** *adv*

propórtion·al *a* 比例した 〈*to*〉; 釣り合った, 均衡のとれた; 〘数〙 比例の: be directly [inversely] ～ *to*…に正[反]比例する. ► *n* 〘数〙 比例項: MEAN PROPORTIONAL. ◆ **～·ly** *adv* 比例して, 釣り合って; 比較的に. **pro·por·tion·al·i·ty** /prəpɔ̀ːrʃənǽləti/ *n* 比例, 釣合い, 均衡(性).

propórtional cóunter 〘理〙 比例計数管.

propórtion·al·ist *n* 比例代表制論者.

propórtional párts *pl* 〘数〙 比例部分.

propórtional representátion 比例代表制 (略 PR).

propórtional táx 比例税, 定率税《税起算額のいかんにかかわらず税率を固定しておく税》.

propórtion·ate *a* /-nət/ 比例した, 釣り合った 〈*to*〉; 適当な 〈*to*〉. ► *vt* /-nèɪt/ 釣り合わせる 〈*to*〉. ◆ **～·ly** *adv* 比例して, 釣り合って. **～·ness** *n*

propórtion·ment *n* 比例, 釣合い, 均斉 (symmetry).

pro·pos·al /prəpóuz(ə)l/ *n* **1** PROPOSE すること; 提案, 提議; 計画, 案, もくろみ: have [make, offer] ～*s of* [*for*]…の提案を受ける[する]. **2** 申し込み, 申し出, 《特に》結婚の申し込み, プロポーズ: have a ～ 〈女性が〉結婚を申し込まれる / make a ～ *to* a woman 女性に結婚を申し込む.

pro·pose /prəpóuz/ *vt* **1** 提案する, 発議する 〈*to*〉; 《(…を祝して)乾杯を》提案する; 申し込む, 申し出る: ～ a motion 動議を提出する / I ～*d* that we (should) take turns. 順番にやることを提案した / ～ a toast / ～ sb's health 人の健康を祝して乾杯の音頭をとる / ～ marriage *to* a woman 女性に結婚を申し込む. **2** もくろむ, 企てる 〈*to* do, do*ing*〉: She ～*d to* save half her salary. 給料の半分を貯蓄しようと考えた. **3** 推薦する, 指名する: Mr. Smith was ～*d* as president of the society. スミス氏は会長に指名された. ► *vi* 提案する, 発議する; 結婚を申し込む, プロポーズする 〈*to* a woman〉; 《廃》 討議する: Man ～*s*, God disposes. 《諺》 人は計画し神は成否を決する. ◆ **pro·pós·er** *n* 申込人, 提議[提案]者. ［OF *proposer*＜L PRO[2]*pono* to put forth; cf. POSE[1]］

pro·pos·i·ta /proupázətə/ *n* (*pl* **-tae** /-tìː/) 女性 PROPOSITUS.

propositi *n* PROPOSITUS の複数形.

prop·o·si·tion /prɑ̀pəzíʃ(ə)n/ *n* **1** 提案, 提議, 発議, 建議; *《住民投票にかける》提案, 条例案; 計画, 案, 企画; 《口》《セックスの》誘い. **2** 陳述, 主張; 〘論・数〙 命題, 〘修〙 主題; 信条. **3** 《口》 **a** *企業, 事業; 《扱うべき》事, 仕事, 目的, 問題; 相手, やつ: a paying ～ もうかる仕事 / He is a tough ～. 手ごわい相手だ. **b** *提供品, 商品. ● **be not a ～** 見込みがない. **make sb a ～** 人に提案する; 人に誘いをかける. ► 《口》 *vt* 〈人〉に提案する, 取引を持ちかける; 誘惑する, 口説く, 言い寄る. ◆ **～·al** *a* **～·al·ly** *adv*

propositional cálculus 〘論〙 命題計算 (＝*sentential calculus*) (cf. PREDICATE CALCULUS).

propositional fúnction 〘論〙 命題関数.

Proposition 8*/-̶ ̶ éɪt/ 提案 8 号《同性婚を禁止する法または法案; 2008 年 California 州で住民投票にかけられて承認され, 州憲法に追加された》.

Proposition 13*/-̶ ̶ θəːrtíːn/ 提案 13 号《固定資産税を課税する権限を縮小する法または法案; 1978 年 6 月 California 州で住民投票にかけられ, 州憲法を改正した》.

pro·pos·i·tus /prəpázətəs/ *n* (*pl* **-ti** /-tàɪ/) 〘法〙《家系の》創始者; 当該者, 本人; 《遺伝調査などの》発端者(法) (proband).

pro·pound /prəpáund/ *vt* 〈学説・問題・なぞなどを〉提出する, 提議[提起]する; 〘法〙〈遺言状を〉提出する. ◆ **～·er** *n* ［C16 *propo(u)ne*＜L PROPONE; -d は *compound, expound* 参照］

P

pro·poxy·phene /proupáksəfìːn/ *n* 〘薬〙 プロポキシフェン《鎮痛薬; 塩酸塩の形で経口投与する》.

próp·per *n* 支える人[もの], 支持物 (supporter); *《俗》 アンフェタミンの錠剤[カプセル] (lidpropper).

pro·prae·tor, -pre- /prouprí:tər/ *n* 〘古ロ〙 前法務官, プロプラエトル《PRAETOR をつとめた人が属州の長になったときの名称》.

pro·pran·o·lol /proupræ̀nəlɔ̀(ː)l, -lòul, -lɑ̀l/ *n* 〘薬〙 プロプラノロール《不整脈・狭心症などの治療に用いる》.

pro·pri·e·tary /prəpráɪətèri; -t(ə)ri/ *a* 所有者の, 所有権者の; 財産のある; 〈態度などが〉所有者然とした, 我が物顔の; 独占[専有]の; 専売の; 私営の; 登録商標[著作権]をもつ: the ～ classes 資産家階級, 地主階級 / a ～ club 私営クラブ / ～ medicine 特許売薬, 専売薬 / a ～ name [term] 《商品の》登録商標, 商標名 / ～ rights 所有権. ► *n* 所有者, 所有権者, 所有者団体; 所有権; 財産; 〘米史〙 PROPRIETOR; 専売薬品; *CIA の秘密企業: the landed ～ 地主連. ［L; ⇨ PROPERTY］

propríetary cólony 〘米史〙 領主植民地《英国王によって植民地特許状を与えられた英国貴族が封建領主的特権をもって支配した》.

propríetary cómpany 管理会社, 親会社《他会社の株式のほとんど全部を所有する》; ″土地(興業)会社; 〘豪・南ア など〙 私会社《英国の private company に相当する》.

pro·pri·e·tor /prəpráɪətər/ *n* 持主, 所有者, 所有権者, 経営者, 事業主; [the] 家主, 《旅館の》亭主, 《学校の》校主《など》; 〘米史〙《proprietary colony の》領主: a landed ～ 地主. ◆ **～·shìp** *n* **pro·prí·e·tress** /-trəs/ *n fem* ［変形＜*proprietary*］

pro·pri·e·to·ri·al /prəpràɪətɔ́ːriəl/ *a* 所有(者)の, 所有権(者)の; 所有者然とした (proprietary): ～ rights 所有権. ◆ **～·ly** *adv* 所有権者として, 所有権により.

pro·pri·e·trix /prəpráɪətrɪks/ *n* PROPRIETRESS.

pro·pri·e·ty /prəpráɪəti/ *n* **1** 礼儀正しさ; 《特に 男女間の》品行, 節操, 身持ち; [*pl*] 礼儀作法: a breach of ～ 無作法 / observe the *proprieties* 礼儀作法を守る, 社交界の慣例に従う. **2** 妥当, 適当, 適正, 正当; 適否 〈*of* the term〉: with ～ 正しく, 適当に, 作法どおりに. **3** 《廃》 本性; 《古》 特性; 《廃》 財産, 資産. ［ME＝ownership, peculiarity＜OF PROPERTY］

pro·pri·o·cep·tive /pròupriəséptɪv/ *a* 〘生理〙 自己刺激に感応する, 固有受容の. ◆ **-cép·tion** *n*

pro·pri·o·cep·tor /pròupriəséptər/ *n* 〘生理〙 固有[自己]受容体《自己刺激を感応する末梢神経》.

pro·pri·um /próupriəm/ *n* (*pl* **-pria** /-priə/) 〘論〙 PROPERTY.

pro·próctor *n* 〘オックスフォード・ケンブリッジ大学〙 副学生監, 学生監代理.

próp ròot 〘植〙《トウモロコシ・イチジクなどの茎に生じる》支柱(気)根, 支持根 (＝*brace root*).

props /prάps/ 《俗》 *n* [〈*sg*〉] 一人前の[まっとうな]扱い; (ちゃんとした)評価, 敬意《元来はヒップホップなどで proper (respect) の意》: give ～ 一目置く, 《実力・功績を》認めてやる / ～ to…を忘れちゃいけない, …のおかげだ.

próp·shàft *n* PROPELLER SHAFT.

prop·to·sis /prɑptóusəs/ *n* (*pl* **-ses** /-sìːz/) 〘医〙《器官, 特に眼球の》突出(症). ［Gk＝falling forward］

pro·pul·sion /prəpʌ́lʃ(ə)n/ *n* 推進(力), 動力. ◆ **pro·púl·sive, pro·púl·so·ry** *a* 推進力のある, 推進する. **pro·púl·sive·ly** *adv* ［PROPEL］

propúlsion reàctor 〘理〙《原子力船などの》推進用原子炉.

pro·pul·sor /prəpʌ́lsər/ *n* 推進力を与えるもの, 《飛行機などの》推進機[装置].

pro·pyl /próupəl/ *n* 〘化〙 プロピル(基) (＝～ **ràdical** [**gròup**])《プロパンから誘導する 1 価の基》. ◆ **pro·pyl·ic** /proupílɪk/ *a* ［*propionic, -yl*］

propyla *n* PROPYLON の複数形.

prop·y·lae·um /prɑ̀pəlíːəm, pròu-/ *n* (*pl* **-laea** /-líːə/) [°*pl*] 《古代ギリシア・ローマの, 神殿などへの》入口(の門); [°the Propylaea] 《特に Acropolis への》入口, プロピュライア. ［L＜Gk (*pulē* gate)］

própyl álcohol 〘化〙 プロピルアルコール《芳香のある無色の液体; 溶剤・有機合成用》.

pro·pyl·ene /próupəlìːn/ 〘化〙 *n* プロピレン《エチレン列炭化水素の一つ; 有機合成用》; プロピレン(基) (＝～ **ràdical** [**gròup**]).

própylene glýcol 〘化〙 プロピレングリコール《粘りのある無色の液体; 不凍剤・潤滑剤[油]・有機合成用》.

prop·y·lite /prάpəlàɪt/ *n* 変朽[粒状]安山岩, プロピライト.

prop·y·lon /prάpəlɑ̀n/ *n* (*pl* **-la** /-lə/, ～**s**) 《古代エジプトの, 神殿の入口前にある》記念門. ［Gk (*pulē* gate)］

pròpyl·páraben *n* 〖化〗プロピルパラベン《薬剤・化粧品の防腐剤として用いられる結晶性エステル》.

pro ra·ta /proυ réιtə, -rá:-/ *adv* 比例して, 案分に. ► *a* 比例した. [L=in proportion]

pro·rate /prouréιt, ⌐⌐/ *vt, vi* 比例配分する, 案分する, 割り当てる: on the ~*d* daily basis 日割り計算で. ♦ **pro·rát·able** *a* **pro·rá·tion** *a*

P

pro re·ge, le·ge, et gre·ge /proυ réιgè léιgè εt gréιgè/ 王, 法律および民衆のために; 支配者, 支配および被支配者のために. [L=for the king, the law, and the people]

pro re na·ta /próυ réι ná:tɑ/ 〖処方〗臨機応変に; 必要に応じて《略 p.r.n.》. [L=for the occasion that has arisen]

pro·ro·gate /pró:rəgèιt/ *vt* PROROGUE. ♦ **pròro·gá·tion** *n*

pro·rogue /prəróυg/ *vt* 《特に 英国で》〈議会を〉閉会にする《首相の助言により国王[女王]が宣する》; 《まれ》延期する. ► *vi* 〈議会が〉閉会になる. [OF<L *prorogo* to extend]

pros ⇨ PROSS.

pros- /prás/ *pref* 「…の方へ」「…近くに」「その上に」「…の前に」: *pros*elyte, *pros*encephalon, *pros*ody. [L<Gk]

pro·sage /próυsιʤ/ *n* プロセージ《肉の代わりに純粋植物性タンパク質でつくったソーセージ》.

pro·sa·ic /prouzéιιk/, **-i·cal** *a* 散文(体)の; 殺風景な, 没趣味の, おもしろくない; 活気のない, 単調な, 平凡な. ♦ **-i·cal·ly** *adv* **-ic·ness** *n* [F or L; ⇨ PROSE]

pro·sa·ism /próυzeιιz(ə)m, ⌐⌐⌐⌐/, **-sa·i·cism** /-zéιə-sìz(ə)m/ *n* 散文体; 散文的表現; 平凡さ.

pro·sa·ist /prouzéιιst, próυzeιιst/ *n* 散文家; 平凡で単調な人, 没趣味な人物.

pro·sa·teur /pròυzətə́:r/ *n* 散文作家. [F; ⇨ PROSE]

Pros. Atty °Prosecuting Attorney.

pro·sáuropod *n* 〖古生〗プロサウロポッド《三畳紀の大型草食恐竜; 竜脚類サウロポッド (sauropod) の先祖とみられる》.

pro·sce·ni·um /prousí:niəm/ *n* (*pl* **-nia** /-niə/, ~**s**) プロセニアム《**1**) 前舞台 **2**) 舞台と客席を区別する扉口; アーチ形をなし, 幕が全体をおおうようになっている》; プロスケニオン《古代ギリシア・ローマの劇場の演技する場所》; 《絵画などの》前景; 最も目立つ位置, 前面, 表. [L<Gk (SCENE)]

proscénium àrch 舞台前迫持(せりもち), プロセニアムアーチ.

pro·sciut·to /prouʃú:tou/ *n* (*pl* **-ti** /-ti/, ~**s**) プロシュート, プロシュット《香辛料の効いたイタリアハム; しばしば極薄切りにしてメロンを添えて出す》. [It=dried beforehand]

pro·scribe /prouskráιb/ *vt* …に対する法律の保護を奪う (outlaw), 追放する; 《特に法律で》禁止する, 非合法化する; 非難する; 〖ローマ法〗〈人〉の死刑(および財産没収)を布告する: a ~*d* organization 非合法組織. ♦ **pro·scríb·er** *n* [L=to publish in writing (*pro-*[1], SCRIBE)]

pro·scrip·tion /prouskrípʃ(ə)n/ *n* 追放[死刑, 財産没収]人名の公表; 破門, 追放, 排斥; 禁止, 規制. ♦ **pro·scríp·tive** *a* 人権を奪う; 追放の; 禁止の. **-tive·ly** *adv*

prose /próυz/ *n* **1 a** 散文, 散文体 (opp. *verse*); 口語, 日常語; 〖カト〗続唱 (sequence); ″外国語への翻訳練習問題. **b** 無趣味の言, 長談義, くだらぬ論. **2** 平凡, 単調. ► *a* 散文の, 散文からなる; 散文的な, 平凡な, 単調な. ► *vt* 散文体に書く; 〈詩を〉散文にする; 平凡に述べる. ► *vi* 散文を書く; 無趣味な[散文的な]話し方[書き方]をする. ♦ **~·lìke** *a* [OF<L *prosa* (*oratio*) straightforward (discourse)]

pró sé /-séι, -sí:/ *a, adv* 自身のための[に], 弁護人なしの[で]. [L=for oneself]

Pro·sec·co /prousékou/ 〖商標〗プロセッコ《イタリア Veneto 地方で産する発泡白ワイン》. [*Prosecco* イタリア Trieste 近くの町]

pro·sect /prousékt/ *vt* 〖医〗《実習のために》〈死体を〉解剖する. [逆成 ‹ *prosector*]

pro·sec·tor /prouséktər/ *n* 《解剖学実習などのための》死体解剖者. ♦ **pro·sec·to·ri·al** /pròυsεktó:riəl/ *a*

pros·e·cute /prásιkjù:t/ *vt* **1** 起訴する, 訴追する ‹*for*›; 〈要求を〉裁判に持ち込む; 《検察官として》〈事件を〉担当する. **2** 遂行する, やりぬく; 〈特許出願〉の手続きを遂行する[進める]; 〈商売などを〉営む, 〈研究など〉に従事する; 実行する: ~ a war 戦争を遂行する. ► *vi* 起訴する; 《検察官として》事件を担当する. ♦ **prós·e·cùt·able** *a* [L *prosecut- prosequor* to pursue; ⇨ SUE]

prós·e·cùt·ing attórney [P- A-] 〖米法〗検察官.

pros·e·cu·tion /pràsιkjú:ʃ(ə)n/ *n* **1** 〖法〗犯罪訴追手続き, 起訴, 告発; [the] 起訴者側, 検察当局 (opp. *defense*): a criminal ~ 刑事訴追 / a malicious ~ 誣告(ぶこく) / the director of public ~*s* 〖英〗公訴局 (CPS) 長官 (public prosecutor). **2** 遂行, 実行; 続行, 追求; 《特許出願の》手続きの遂行; 従事 ‹*of* a trade›; 《廃》追跡.

prós·e·cù·tor *n* 遂行者; 〖法〗起訴[告発]者, 訴追者, 検察官: PUBLIC PROSECUTOR. ♦ **-cù·trix** *n fem*

pro·se·cu·to·ri·al /pràsιkjutó:riəl/ *a* PROSECUTOR [PROSECUTION] の.

Próse Édda [the] 『散文エッダ』(⇨ EDDA).

pros·e·lyte /prásəlàιt/ *n* 《特に ユダヤ教への》改宗者; 変節者, 転向者. ► *vt, vi* PROSELYTIZE. ♦ **prós·e·lỳt·er** *n* [L<Gk=stranger, convert]

pros·e·ly·tism /prás(ə)lətìz(ə)m, -làι-/ *n* 改宗; 改宗の勧誘.

pros·e·ly·tize /prás(ə)lətàιz/ *vt, vi* 改宗[変節, 転向]させる, 改宗[転向]を勧めて説く, (しつこく)布教する; *《団体・チームなどのために》メンバー[選手]をスカウトする. ♦ **-ly·tìz·er** *n* **pròs·e·ly·ti·zá·tion** *n*

pro·séminar* *n* プロゼミ(ナール)《学部学生の参加できるゼミナール》.

pròs·encéphalon *n* 〖解〗前脳 (forebrain). ♦ **-encephál·ic** *a*

pros·en·chy·ma /prɑséŋkəmə/ *n* (*pl* **-chym·a·ta** /pràsεŋ-kímətə/, ~**s**) 〖植〗紡錘組織. ♦ **-chym·a·tous** /pràsεŋkímə-təs, -káι-/ *a* [*parenchyma* にならったもの]

próse pòem 《一篇の》散文詩. ♦ **próse pòetry** 散文詩《集合的》. **próse pòet** *n*

pros·er /próυzər/ *n* 散文家, 散文作家; 無趣味に[くどくど]書く[話す]人.

Pro·ser·pi·na /prousə́:rpənə/, **Pro·ser·pi·ne** /prousə́:r-pəni; prásərpàιn/ 〖ロ神〗プロセルピナ《Jupiter と Ceres の娘で, Dis に連れ去られ冥界の女王にされた, 四季の神; ギリシアの Persephone に当たる》.

pró shòp プロショップ《ゴルフなど特定のスポーツ用品をそのスポーツのプロが販売する店》.

pros·i·fy /próυzəfàι/ *vi* 散文を書く. ► *vt* 散文に変える; 平凡化する.

pro·sim·i·an /prousímiən/ *n, a* 〖動〗原猿(類の)《キツネザル・メガネザルなど》.

pro·sit /próυzət, -sət/, **prost** /próυst/ *int* 乾杯, おめでとう《特にドイツ人などの間で健康・成功を祝するときのことば》. [G<L=may it benefit]

pro·slávery *n, a* 奴隷制度支持(の).

pro·so /próυsoυ/ *n* (*pl* ~**s**) 〖植〗キビ (millet). [Russ]

proso·branch /prásəbræ̀ŋk/ *n, a* 〖動〗前鰓(ぜんさい)類 (Prosobranchia) の(各種腹足類) (cf. OPISTHOBRANCH).

pros·o·deme /prásədì:m/ *n* 〖言〗韻律素《音の pitch (高低), stress (強勢), juncture (連接) の総称》.

pro·so·di·ac /prəsóυdiæ̀k/ *a* PROSODIC.

pro·so·di·al /prəsóυdiəl/ *a* PROSODIC.

pro·sod·ic /prəsádιk/, **-i·cal** *a* 作詩法の[にかなった]; 〖言〗韻律的な, 韻律素 (prosodeme) の: a ~ phoneme 韻律的音素, 韻律素. ♦ **-i·cal·ly** *adv*

pros·o·dy /prásədi/ *n* 作詩法, 詩形論, 韻律学; 〖言〗韻律《強勢と抑揚の型》. ♦ **-dist** *n* 詩形学者, 韻律学者. [L<Gk (*pros* to, ODE)]

pro·so·ma /prousóυmə/ *n* 〖動〗《無脊椎動物の》前体部《サソリ類などでは mesosoma (中体部), metasoma (後体部) と 3 部に分かれる》, 《特に一部の甲殻類・クモ類の》頭胸部 (cephalothorax). ♦ **pro·só·mal** *a* [*pro-*[2], *-soma*]

pros·op·ag·no·sia /pràsəpægnóυʒ(i)ə/ *n* 〖医〗相貌失認(症)《顔の認知ができない失認》.

pros·o·pog·ra·phy /pràsəpágrəfi/ *n* 《歴史・文学上の》人物研究; 人物の記述(集). ♦ **-pher** *n* **pròs·o·po·gráph·i·cal** *a*

pro·so·po·poe·ia, -pe·ia /prousòυpəpí:ə, pràsəpə-/ 〖修〗*n* 擬人法 (personification); 活喩法《死者[架空人物など]が話したり行動したりするように表現すること》.

pros·pect /práspèkt/ *n* **1** 予想, 期待, 見通し ‹*of* success›; [*pl*] 《成功・利潤・繁昌などの》見込み, めど: There is no [little, not much] ~ *of* his success. 成功する見通しは全く[あまり]ない. **2 a** 期待できるもの; *顧客になりそうな人, 寄付しそうな人; *〈地位・職などに〉有望な候補者, 有力候補 ‹*for*›. **b** 〖鉱〗採鉱有望地; 試掘(された鉱山); 鉱石見本; 鉱石産出予想: strike a good [gold] ~ よい鉱脈[金脈]を掘りあてる. **3 a** 眺望, 見晴らし, 景色; 見晴らしがいい所; 《家の》向き; 《古》スケッチ, 景色描写; 《廃》様子: The hill commands a fine ~. その丘は眺望がいい / The house has a fine [southern] ~. 家は見晴らしがいい[南向きである]. **b** 観察, 考察. ● **in** ~ 予想[予期]されて, 見込まれて: have…*in* ~ …を予期する, もくろんで[企画して]いる / *in* ~ of…を見込んで, 予想して. ► *v* /; prəspékt/ *vi* 探鉱する ‹*for* gold›; [*fig*] 探す, 調べる; 鉱石産出の見込みがある: The mine ~*s* well [ill]. この鉱山は見込みがある[ない]. ► *vt* 〈地域を〉探査する, 探鉱する, 〈鉱山を〉試掘する; [*fig*] 調査[探査]する. ♦ **~·less** *a* [L *prospect- prospicio* to look forward]

Prospect 〖英〗専門職国家公務員組合, プロスペクト《2001 年設立; 本部 London》.

pro·spec·tive /prəspéktιv/ *a* **1** 予想される, 将来の, …になる予定の (: a ~ employer [client, buyer]); 見込みの(ある); 〈法律などが〉将来についての, 遡及効果をもたない: a ~ statute 不遡及的制定法. **2** 先見の明のある. ♦ **~·ly** *adv* 将来を見越して, 将来(に関して). **~·ness** *n*

prospéctive adaptátion 〘生〙予期適応《将来の適応を可能ならしめるような形質の獲得》.

pros·pec·tor /práspɛ̀ktər, prəspék-; prəspéktər/ *n* 《鉱山の》試掘者, 探鉱者; 投機者.

pro·spec·tus /prəspéktəs/ *n* 《設立・創立・発行などの》趣意書, 発起書, 目論見書, 《事業・計画などの》綱領, 《発行計画中の文学作品などの》内容紹介パンフレット; ˈˈ学校案内. 〔L＝prospect〕

pros·per /práspər/ *vi* 繁栄する, 〈富・利益を〉得る 〈*from*〉, 〈事業など〉成功する; よく育つ, 繁殖する. ► *vt* 《古》繁栄[成功]させる: May God ～ you! あなたに神の幸あれ! 〔OF or L *prospero* to cause to succeed; ⇨ PROSPEROUS〕

Prosper プロスパー《男子名》. 〔↑〕

pros·per·i·ty /prɑspérəti/ *n* 繁栄, 繁盛, 好況, 好景気, 成功, 幸運, 幸福, 富裕.

Pros·pero /práspəròu/ プロスペロ《Shakespeare, *The Tempest* の主人公; 弟の策略で追放されて無人島に漂着し, 魔法を体得した Milan の公爵》.

prósper·ous *a* **1** 繁栄する (thriving), 富裕な; 成功した; 繁茂した: He looks ～. 景気がよさそうだ, 元気そうだ. **2** 好都合の, 順調な, しあわせな: in a ～ hour 折よく, 好都合に. ♦ **～·ly** *adv* 栄えて; 好都合に, 順調に. **～·ness** *n* 〔OF＜L＝favorable〕

pros·pho·ra /prásfərà:/ *n* (*pl* **-rae** /-rèi, -rì:/) 〘東方教会〙聖パン, プロスフォラ《聖餐準備のために祝福されたパン》.

pross, pros /prás/, **pros·sie, pros·sy** /prási/ *n* 《俗》淫売 (prostitute).

prost ⇨ PROSIT.

Prost /prɔ́(:)st, prást/ プロスト **Alain** ～ (1955–)《フランスのレーシングドライバー; F1 世界チャンピオン (1985, 86, 89, 93)》.

pros·ta·cy·clin /prɑ̀stəsáɪklən/ *n* 〘生化〙プロスタサイクリン《動脈壁でプロスタグランジンから産し, 抗凝血作用・血管拡張作用があるホルモン様物質》. 〔↓, *cyclic*, *-in*²〕

pros·ta·glan·din /prɑ̀stəglǽndən/ *n* 〘生化〙プロスタグランジン《動物の組織中にある脂溶性カルボン酸; 強力なホルモン(様)物質で, 子宮筋収縮・血圧降下などの作用がある》. 〔*prostate*, *gland*, *-in*²〕

pros·tate /prástèɪt/ *n, a* 〘解〙前立腺(の). ♦ **pro·stat·ic** /prɑstǽtɪk/ *a* 〔F＜Gk *prostatēs* one who stands before〕

pros·ta·tec·to·my /prɑ̀stətéktəmi/ *n* 〘医〙前立腺切除(術).

próstate glànd 〘解〙前立腺 (＝*prostate*).

próstate-specífic ántigen 〘医〙前立腺特異抗原《前立腺上皮細胞で産生される糖タンパク質; 前立腺異常の指標となる; 略 PSA》.

prostátic útricle 〘解〙前立腺小室.

pros·ta·tism /prástətɪ̀z(ə)m/ *n* 〘医〙前立腺(肥大)症.

pros·ta·ti·tis /prɑ̀stətáɪtəs/ *n* 〘医〙前立腺炎.

pro·stérnum *n* 〘昆〙前胸腹板《前胸腹部の一節片》.

pros·the·sis /prásθəsəs/ *n* (*pl* **-ses** /-sì:z/) **1** /, prɑsθí:səs/ 〘医〙人工器官, 人工(補)装具, プロテーゼ《欠損した身体器官を補う人工物; 義歯・義眼・義足など》; 《まれ》補綴術 (prosthetics). **2** 〘言〙語頭音添加《例 beloved の be-, defend の de-; cf. PARAGOGE》. 〔L＜Gk＝placing in addition〕

pros·thet·ic /prɑsθétɪk/ *a* 〘医〙補綴(学)の, 〈義手・義眼などが〉人工の; 〘化〙置換の: ～ limbs 義肢. ♦ **-i·cal·ly** *adv*

prosthétic gròup 〘生化〙配合団, 補欠分子団[族]《複合タンパク質の非タンパク質部分》.

pros·thét·ics *n pl* **1** [〈*pl/sg*〉] 〘医〙補綴(ほてつ)術[学], (補)装具学. **2 a** 〘医〙人工器官[装具] (prostheses). **b** 《役者が人相を変えるための》変装用素材. ♦ **-the·tist** /prásθətɪst/ *n*

pros·thi·on /prásθiɑ̀n/ *n* 〘解〙歯槽点 (alveolar point).

pros·tho·don·tia /prɑ̀sθədánʃ(i)ə/ *n* PROSTHODONTICS.

pros·tho·don·tics /prɑ̀sθədántɪks/ *n* 歯科補綴学, 義歯学. ♦ **-tic** *a* **-dón·tist** *n* 補綴歯科医, 義歯専門家.

prostie ⇨ PROSTY.

pros·ti·tute /prástət(j)ù:t/ *n* 売春婦, 売笑婦, 醜業婦, 娼婦, 淫売; 男娼, ホモ売春者 (＝male ～); 節操を売る者. ► *a* 売春の; 金銭ずくの. ► *vt* 売春させる; 〈名誉などを〉利益などのために売る, 〈才能などを〉卑しい目的に供する, 切り売り[安売り]する: a ～*d* child 売春をさせられている子供. ● **～ oneself** 売春をする, 春をひさぐ; 利益のために迎合する, 言いなりになる. ♦ **-tù·tor** *n* 〔L *pro*-²(*stitut-* *stituo*＝*statuo* to set up)＝to offer for sale〕

pros·ti·tu·tion /prɑ̀stət(j)ú:ʃ(ə)n/ *n* 売春; 堕落, 《才能の》切り売り.

pro·sto·mi·um /proustóumiəm/ *n* (*pl* **-mia** /-miə/) 〘動〙《環形動物の》口前葉. ♦ **pro·stó·mi·al** *a*

pros·trate /prástrèɪt/ *a* 《屈従・崇拝を示して》ひれふした, 平伏した; 横たわった; 敗北[屈服]した; ˈうちひしがれた 〈*with* grief〉, へたばった 〈*with* fatigue〉; 〘植〙地をはう, 匍匐(ほふく)性の. ► *vt* /; prɑstréɪt/ 倒す; [～ *-self*] ひれふす; 参らす, 疲労困憊させる: be ～*d by* the heat 暑さに負ける. ♦ **prós·trà·tor** *n* **prós·tra·tive** /-trə-/ *a* 〔L PRO-²(*strat-* *-sterno* to throw in front)〕

pros·tra·tion /prɑstréɪʃ(ə)n/ *n* 平伏, 伏し拝むこと, 伏礼; 疲憊(ひはい), へばり, 衰弱, 意気消沈, 虚脱: ～ *before* the altar 祭壇の前にひれふすこと / general [nervous] ～ 全身[神経]疲憊.

pros·ty, pros·tie /prásti/ *n** 《俗》淫売 (prostitute).

pro·style /próustàɪl/ *a, n* 〘建〙前柱式の(建物).

prosy /próuzi/ *a* 散文体の; 平凡な, 無趣味な, 散文的な; 〈話など〉長たらしい, 単調な, 退屈な. ♦ **prós·i·ly** *adv* **-i·ness** *n* 〔PROSE〕

prot- /próut/, **pro·to-** /próutou, -tə/ *comb form* 「第一」「主要な」「原始的」「最初の」「最低の」; [P-] 〘言〙「…の基語たる」: *proto*lithic / *proto*plasm / *Proto*-Indo-European 印欧基語. 〔Gk (*prōtos* first)〕

Prot. Protestant.

pròt·actínium *n* 〘化〙プロトアクチニウム《放射性希金属元素; 記号 Pa, 原子番号 91》.

pro·tag·o·nist /proutǽgənɪst/ *n* 《演劇の》主役 (cf. DEUTERAGONIST, TRITAGONIST); 《小説・物語の》主人公; 《一般に》主役; 《主義・運動の》主唱者, リーダー (opp. *antagonist*); 〘解〙主働筋. 〔Gk (*prot-*, *agōnistēs* actor)〕

Pro·tag·o·ras /proutǽgərəs; -ræ̀s/ プロタゴラス (c. 485–410 B.C.)《ギリシアの哲学者, ソフィストの祖; 「人間は万物の尺度である」とした》. ♦ **Pro·tàg·o·ré·an** /-rí:ən/ *a*

prót·amìne *n* 〘生化〙プロタミン《強塩基性単純タンパク質》.

prot·an·drous /proutǽndrəs/ *a* 〘生〙雄性先熟の, 〘植〙雄蕊(ずい)先熟の《雄性生殖器官が雌性生殖器官より先に成熟する; cf. PROTOGYNOUS》. ♦ **prot·án·dry** *n*

pròt·anómaly *n* 〘眼〙第一色弱《赤色色弱; cf. DEUTERANOMALY, TRICHROMAT》. ♦ **-anómalous** *a*

pro·ta·nope /próutənòup/ *n* 〘医〙第一色盲者. 〔逆成＜*protanopia*〕

pro·ta·no·pia /pròutənóupiə/ *n* 〘医〙第一色盲《赤色盲》. ♦ **prò·ta·nóp·ic** /-náp-/ *a*

pro tan·to /prou tǽntou/ *adv, a* その程度まで(の). 〔L＝for so much, to a certain extent〕

prot·a·sis /prátəsəs/ *n* (*pl* **-ses** /-sì:z/) 〘文法〙《条件文の》条件節, 前提節 (cf. APODOSIS); 〘劇〙《古代演劇の》導入部 (cf. CATASTASIS, CATASTROPHE, EPITASIS); 《物語詩の》前提部. ♦ **pro·tat·ic** /prɑtǽtɪk, prou-/ *a* 〔L＜Gk＝a proposal〕

pro·te- /próuti/, **pro·teo-** /próutiou, -tiə/ *comb form* 「タンパク質」 〔F〕

pro·tea /próutiə/ *n* 〘植〙プロテア属 (*P-*) の各種低木《包葉と松かさ状の頭状花をもつ; ヤマモガシ科》.

pro·te·an¹ /próutiən, proutí:ən/ *a* 変幻自在な, 多様性のある; いくつもの役をこなす; [P-] PROTEUS の(ような).

pro·te·an² /próutiən/ *n* 〘生化〙プロテアン《グロブリンを水・酵素・希酸で加水分解した最初の生成物である誘導タンパク質》. 〔*prote-*, *-an*〕

pro·te·ase /próutièɪs, -z/ *n* 〘生化〙タンパク質分解酵素, プロテアーゼ.

prótease inhìbitor 〘薬〙プロテアーゼ阻害薬《エイズ治療薬》.

pro·te·a·some /próutiəsòum/ *n* 〘生化〙プロテアソーム《細胞内の不要なタンパク質を分解する酵素の複合体》.

pro·tect /prətékt/ *vt* **1 a** 保護[防護]する, 守る 〈*against*, *from*〉; 〈ゴールを〉防御する, 守る (defend); 〈生活・権利などを〉守る; 〈地位などを〉保つ; 〈国内産業を〉保護する; [°*pp*] 〈稀少な動植物種を〉法律で保護する (: a ～*ed* species 保護種); 〈保険契約が〉保障する 〈sb *against* fire〉: ～ one's eyes *from* the sun 太陽(の直射)から目を護る / ～ oneself *against* the enemy 敵から身を護る. **b** 〘機〙〈機械〉に保護装置を施す: a ～*ed* rifle 安全装置付き小銃. **2** 〘商〙〈手形・ローン〉の支払い準備をする. ► *vi* 保護する, 防ぐ 〈*against*〉. ♦ **～·able** *a* 〔L PRO-¹(*tect-* *tego* to cover)〕

protéct·ant *n* 保護剤.

protéct·ing *a* 保護する: ～ agent 保護剤. ♦ **～·ly** *adv*

pro·tec·tion /prətékʃ(ə)n/ *n* **1 a** 保護, 擁護, 庇護, 防護 〈*against*, *from*〉; 〘登山〙《ザイルなどによる》安全確保; 〘電算〙保護, プロテクト《ファイルの全部または一部を変更できないようにすること》: a WRIT OF PROTECTION. **b** 保護する人[もの]; 〘保〙担保範囲 (coverage); 〘経〙保護貿易制度[論, 策] (cf. FREE TRADE); 《口》《暴力団に支払う》保護料, みかじめ料 (＝～ **mòney**), 《暴力団員が警察・政治家などに渡す》目こぼし料; *《俗》避妊具[薬]: a ～ *against* cold 防寒具. **2** 通行券, 旅券; *国籍証明書; 《安全・免責などを保証する》保護令状[免状], お墨付き, 許可証. ● **under the ～ of**…の保護をうけて; 〈女が男〉の世話になって[めかけとして]: take…*under* one's ～ …を保護する. ♦ **～·ism** *n* 保護貿易主義[政策]. **～·ist** *n, a* 保護貿易主義の(人); 野生動物保護を唱える(人).

protéction ràcket 《俗》冥加金取立て《暴力団が '保護' を名目に商店・飲食店などから金をゆする行為》.

pro·tec·tive /prətéktɪv/ *a* 保護する, 保護のための; …を保護しよう[守ろう]とする 〈*of*〉; 〘経〙保護貿易(政策)に基づく. ► *n* 保護するもの; 避妊具, 《特に》コンドーム. ♦ **～·ly** *adv* **～·ness** *n*

protéctive clóthing 防護衣[服]《炎・放射線などから身を護る》.

protéctive colorátion [cóloring] 〘動〙保護色.

protéctive cústody〘法〙保護拘置《被告などの身の安全をまもるためのもの》.
protéctive fóods *pl*《欠乏疾患を防ぐ》栄養食品.
protéctive reáction* 防御反応《自衛・報復を目的とした爆撃》.
protéctive sérvices [⟨*sg*⟩]《児童・老人の虐待を防止する》保護局.
protéctive sỳstem〘経〙保護貿易制.
protéctive tariff 保護関税 (cf. REVENUE TARIFF).
pro·téc·tor *n* **1** 保護者, 擁護者; 後援者;〘英史〙摂政 (regent); [the P-]〘英史〙護国卿 (⇨ PROTECTORATE, LORD PROTECTOR). **2** 保護するもの, 保護[安全]装置, プロテクター: a point ～ 鉛筆のキャップ. ♦ **～·al** *a* **～·ship** *n* **pro·téc·tress** /-trəs/ *n fem*
protéctor·ate /-rət/ *n*《大国と小国の》保護関係; 保護国, 保護領; 摂政の職[任期, 政治]; [P-]〘英史〙《Oliver & Richard Cromwell 父子の》護国卿政治 (1653–59).
pro·tec·to·ry /prətékt(ə)ri/ *n* 少年教護院, 少年院.
pro·té·gé /próutəʒèɪ, *ー―ー/ *n* (*fem* **-gée** /―/) 被保護者, 子分, 目をかけられている者, 秘蔵っ子, 愛(まな)弟子. [F (pp)⟨*protéger* ＜L PROTECT]
pro·teid /próutì:d, -tiəd/, **-te·ide** /-tàɪd, -tiàɪd/ *n* PROTEIN.
pro·té·i·fòrm /proutí:ə-/ *a*〘動〙自由に形を変える, 多変形の, PROTEAN[1].
pro·tein /próutì:n, -tiən/ *n*〘生化〙タンパク質;《もと》《動植物に分布する》窒素物質. ♦ **pro·tein·aceous** /pròut(ə)néɪʃəs, -tì:(ə)-/ *a* **pro·tein·ic** /proutí:nɪk, -tíɪn-/ *a* **pro·tei·nous** /proutí:nəs/ *a* [F and G＜Gk (*prōtos* first)]
pro·tein·ase /próut(ə)nèɪs, -tì:(ə)-, -z/ *n*〘生化〙プロテイナーゼ《タンパク質を加水分解する酵素》.
pro·tein·ate /próut(ə)nèɪt, -tì:(ə)-/ *n* タンパク質化合物.
prótein-càlorie malnutrìtion タンパク質-カロリー栄養失調.
prótein clòck〘生〙タンパク質時計《生物のタンパク質の進化の速度を調節する仮説的な生体内の機構》.
prótein còat〘生〙タンパク膜 (CAPSID[1]).
prótein engineèring〘生化〙タンパク質工学, プロテインエンジニアリング《酵素や抗体などのタンパク質の構造を変化させ, 新しい機能を与えたり改良したりする技術; または特定の構造をもつタンパク質を新たに合成する技術》.
prótein kínase〘生化〙プロテインキナーゼ, タンパク質リン酸化酵素.
protein kinase C /―― ―― sí:/〘生化〙プロテインキナーゼ C《カルシウム依存性のプロテインキナーゼ》.
pro·tein·oid /próutì:(ə)nɔ̀ɪd, próut(ə)n-/ *n*〘生化〙プロテイノイド《アミノ酸混合物を加熱して重縮合することによって得られるポリアミノ酸で, タンパク質様の性質を示すもの》.
prótein sỳnthesis〘生化〙タンパク質合成《タンパク質が mRNA 内に含まれる遺伝情報に従ってリボソーム上で合成される過程》.
pro·tein·uria /pròut(ə)n(j)úriə, -tì:(ə)-; -tì:(ə)-/ *n*〘医〙タンパク尿. ♦ **-uric** /-(j)úərɪk/ *a*
pro tem /prou tém/ *a, adv*《口》PRO TEMPORE.
pro tem·po·re /prou témpəri/ *adv, a* 一時的に(選任された), 臨時に[の], 暫定的に[な], 当座(の), さしあたって(の)《略 p.t.》. [L＝for the time being]
pro·tend /prouténd/《古》*vt* (前に)延ばす;《時間的に》引き延ばす (prolong). ► *vi* 突き出る.
pro·ten·sive /prouténsɪv/ *a*《古》縦に[時間的に]延びた. ♦ **～·ly** *adv*
proteo- /próutiou, -tiə/ ⇨ PROTE-.
pro·teo·clas·tic /pròutiəklǽstɪk/ *a* PROTEOLYTIC.
pròteo·glýcan *n*〘生化〙プロテオグリカン《タンパク質を結合した多糖の総称で, 多糖鎖が主体の分子群》.
pro·te·ol·y·sis /pròutiáləsəs/ *n*〘生化〙タンパク質(の)分解《さらに単純な同種化合物に加水分解すること》.
pro·teo·lyt·ic /pròutiəlítɪk/ *a* タンパク質分解の[を生じる]. ♦ **-i·cal·ly** *adv*
pro·te·ome /próutiòum/ *n*〘生〙プロテオーム《ゲノム情報に基づいて発現するすべてのタンパク質; ゲノム (genome) に対する造語》.
pro·te·o·mics /pròutióumɪks/ *n* プロテオミクス, プロテオーム解析《ある細胞・組織・生物の遺伝子が産生するすべてのタンパク質 (proteome) の構造・機能・相互作用を大規模解析するバイオテクノロジーの一分野; ゲノムを研究する genomics と対応する語》. ♦ **prò·te·ó·mic** *a*
pro·te·ose /próutiòus/ *n*〘生化〙プロテオース《酵素などによるタンパク質の加水分解物質で, 誘導タンパクの一つ》.
prot·er- /prátər, próu-/, **prot·ero-** /prátərou, próu-, -rə/ *comb form*「以前の」「…より前の」 [L＜Gk]
prot·er·an·thous /pràtərǽnθəs, pròu-/ *a*〘植〙葉よりも先に花の出る. ♦ **prót·er·àn·thy** *n*
Prot·ero·zo·ic /pràtərəzóuɪk, pròu-/〘地質〙*a* 原生代[界]の. ► *n* [the] 原生代[界].
pro·test *v* /prətést/ *vt* **1** *…に異議を申し立てる;〘商〙⟨約束手形など⟩の拒絶証書を作る, 支払いを拒絶する. **2** 断言する, 主張する; 証言する, 誓う: ～ friendship 友情(の変わらぬこと)を誓う. **3**《古》証人とする, …に訴える. ► *vi* **1** 抗議する, 異議を申し立てる ⟨*about*, *against*⟩. **2** 言い張る, 断言する;《古》言う. ● **～ too much**《真意が疑わしく思われるほど》むきになって言い張る[否定する]. ► *n* /próutèst/ **1 a** 異議申し立て, 抗議 ⟨*against*⟩;〘スポ〙抗議(書), プロテスト;〘法〙《税金取立てなどに対する》異議留保;〘商〙《約束手形などの》拒絶(証書): enter [make, lodge] a ～ *against* the verdict 評決に抗議を申し込む / without ～ 異議を唱えずに, 反対もしないで / a ～ demonstration [march] 抗議デモ. **b**〘法〙海難報告書, 抗議書;〘英上院〙《通過議案に対する》少数意見書. **2** 断言, 確言. ● **under ～** 異議を申し立てて, しぶしぶ, いやいや. ♦ **protést·able** *a* **protést·er, pro·tés·tor** *n* [OF＜L *protestor* to declare formally]
Prot·es·tant /prátəst(ə)nt/ *n, a* **1 a**〘キ教〙プロテスタント(の), 新教徒(の). **b** プロテスタント《1529 年の Speyer 国会で「抗議書」(*Protestatio*) を提出した福音主義を奉じる帝国諸侯》. **2** [p-] 異議を申し立てる(者). [NL (↑)]
Prótestant Epíscopal Chúrch [the] 米国聖公会, プロテスタント監督教会 (⇨ EPISCOPAL CHURCH).
Prótestant éthic プロテスタンティズムの倫理 (＝*Protestant work ethic*)《労働への献身・倹約・労働の成果を上げることを強調する; 資本主義社会の支配的エートス》.
Prótestant·ism *n*〘キ教〙プロテスタント主義, プロテスタンティズム; プロテスタント(教会)《集合的》.
prótestant·ìze *vt, vi* [ˢP-] 新教[プロテスタント]化する; 新教徒にする[なる]. ♦ **pròtestant·izátion** *n*
Prótestant Reformátion [the] 宗教改革 (⇨ REFORMATION).
Prótestant wórk èthic プロテスタントの労働倫理[労働観] (Protestant ethic).
prot·es·ta·tion /pràtəstéɪʃ(ə)n, pròu-, -tès-/ *n* 断言, 言明, 主張 ⟨*of*, *that*⟩; 抗議, 異議; 異議の申し立て ⟨*against*⟩.
protést·ing *a* 不承知の, 抗議[異議申し立て]する. ♦ **～·ly** *adv*
prótest sòng プロテストソング《主として政治的抗議のメッセージを歌詞に込めた曲》.
Pro·te·us /próutiəs, -t(j)ù:s/ **1 a**〘ギ神〙プローテウス《**1)** 変幻自在な姿と予言力とを有した海神 **2)** Euripides によるとエジプトの王で Psamathe の夫》. **b** [ˢp-]《姿・性質・考えなどの》変わりやすいもの[人], 気まぐれ者. **2** [p-] **a** (*pl* **-tei** /próutiàɪ/)〘菌〙プロテウス属 (*P*-) の腸内細菌. **b**〘動〙ホライモリ (olm). [L＜Gk＝first]
pro·tha·la·mi·on /pròuθəléɪmiən, -àn/, **-mi·um** /-miəm/ *n* (*pl* **-mia** /-miə/) 結婚の前祝いの歌[詩], 祝婚歌. [*pro-*[2], epi*thalamion*: Spenser の造語]
pro·thal·li·um /prouθǽliəm/ *n* (*pl* **-lia** /-θǽliə/)〘植〙前葉体《シダ植物の配偶体》;《一部の裸子植物の》雌性配偶体. ♦ **-thál·li·al** *a* **-thál·loid** /-θǽlɔ̀ɪd/ *a* 前葉体様の.
pro·thal·lus /prouθǽləs/ *n* (*pl* **-li** /-θǽlàɪ/) PROTHALLIUM.
proth·e·sis /práθəsəs/ *n* (*pl* **-ses** /-sì:z/) **1**〘言〙添頭音, 添頭字《splash, squeeze の s など》. **2**〘東方正教会〙奉献礼儀; 奉献台; 奉献物準備所. ♦ **pro·thet·ic** /prəθétɪk/ *a* [L＜Gk＝a putting before]
prothe·tely /práθətèli/ *n*〘動〙プロセテリー, 後期発育段階形質出現《特に昆虫の体の一部に, 通常よりも進んだ発育段階の形質が現われること》. ♦ **pròthe·tél·ic** *a*
pro·thon·o·tary /prouθánətèri, pròuθənóutəri; -t(ə)ri/, **pro·ton·o·tary** /proutánətèri, pròut(ə)nóutəri; -t(ə)ri/ *n*《裁判所の》首席書記;〘カト〙教皇庁書記長《7 人の最高記録官の一人》;〘東方正教会〙Constantinople の総主教の秘書長. ♦ **pro·tho·no·tar·i·al** /prouθɑ̀nətéəriəl/ *a* [L＜Gk (NOTARY)]
prothónotary [protónotary] apostólic(al) [ᵒP- A-]〘カト〙使徒座書記官《教皇庁の最高記録官; 略 PA》.
prothónotary wárbler〘鳥〙オウゴンアメリカムシクイ《北米産》.
prothorácic glànd〘昆〙前胸腺《脱皮ホルモンを生成・分泌する内分泌腺》.
pro·thórax *n*〘昆〙前胸《第一胸節》. ♦ **prò·thorácic** *a*
pro·thrómbin *n*〘生化〙プロトロンビン (＝*thrombogen*)《血液凝固因子の一つ》.
pro·tist /próutɪst/ *n* (*pl* **～s**)〘生〙原生生物《生物の大分類上の, 動物・植物に次ぐ第 3 の界 Protista をなす》. ♦ **pro·tis·tan** /proutístən/ *a, n*
Pro·tis·ta /proutístə/ *n pl*〘生〙原生生物界. [Gk＝primary]
pro·tis·tol·o·gy /pròutɪstáləʤi/ *n* 原生生物学.
pro·ti·um /próutiəm/ *n*〘化〙プロチウム《水素の同位元素; 記号 ^{1}H, H[1]》. [NL (*proto-*)]
proto- /próutou, -tə/ ⇨ PROT-.
pròto·actínium *n*〘化〙プロトアクチニウム《PROTACTINIUM の旧名》.
Pròto-Algónquian *n*〘言〙アルゴンキン基語[祖語].

prò·to·bíont *n* 原始生物《始原の有機体》.

pròto·biótic sóup PRIMORDIAL SOUP.

pro·to·cer·a·tops /pròutəsérətàps/ *n* 〔古生〕プロトケラトプス《白亜紀に生息していたプロトケラトプス属 (*P-*) の小型の草食性角竜 (ceratopsian) の一種; トリケラトプスに似るが角はほとんどない》.

pròto·chórdate *a, n* 〔動〕原索動物門 (Protochordata) の(動物).

pro·to·col /próutəkɔ̀(:)l, -kòul, -kàl, -kəl/ *n* **1** 外交儀礼, 典礼, 儀典; [the P-]《フランス外務省の》儀典局; 習慣, 慣例, しきたり, 決まり. **2**《文書の》原本; 条約案; 議定書;《条約・協定の》付随書;《ローマ教皇の勅書などの冒頭・末尾の》定式文. **3** *実験[剖検・治療などの]計画案[記録]; 〔電算〕プロトコル《対話に必要な通信規約》; 〔哲〕プロトコル命題 (＝**～ stàtement, ～ sèntence**). ► *vt, vi* (**-l-** | **-ll-**) (…の)議定書を作る. [OF, ＜Gk＝flyleaf glued to binding of book (*kolla* glue)]

pròto·cóntinent *n* 始原大陸 (supercontinent).

próto·dèrm *n* 〔植〕前表皮, 原表皮 (＝*dermatogen*); 〔動〕原胚葉. ♦ **pròto·dérmal** *a*

pròto·gálaxy *n* 〔天〕原始銀河.

pròto·génic[1] *a* 〔植・地〕早期[初期]形成の.

pro·to·génic[2] /pròutə-/ *a* 〔化〕プロトンを生成する, プロトン(供与)性の (opp. *protophilic*).

Pròto-Germánic *n, a* 〔言〕ゲルマン基語[祖語](の).

pro·to·gine /próutədʒì:n/ *n* 《Alps にみられる》プロトジン花崗岩.

pro·to·gy·nous /pròutədʒáinəs, -gáɪ-; -tɔ́dʒɪ-/ *a* 〔生〕雌性先熟の, 〔植〕雌蕊(ずい)先熟の《雌性生殖器官が雄性生殖器より先に成熟する; cf. PROTANDROUS》. ♦ **pro·tog·y·ny** /proutádʒəni/ *n*

pròto·hístory *n* 原史《文献的歴史時代の直前の歴史》. ♦ **-histórian** *n* **-históric** *a*

pròto·húman *a, n* 原生人[前人](の[に似た]).

Próto-Ìndo-Européan *n, a* 印欧基語[祖語](の).

pròto·lànguage *n* 〔言〕共通基語, 祖語.

pròto·líthic *a* 原始石器時代の.

próto·màrtyr *n* 最初の殉教者《特に St Stephen》.

pròto·mórphic *a* 〔生〕原始的性質[構造]の, 原態の.

pro·ton /próutàn/ *n* 〔理・化〕陽子, プロトン.

pro·ton·ate /próutənèɪt/ 〔理〕*vt* …に陽子を加える. ► *vi* 《余分の》陽子を得る. ♦ **prò·ton·átion** *n*

próton decáy 〔理〕《大統一理論が予言する》陽子崩壊.

pro·to·ne·ma /pròutəní:mə/ *n* (*pl* **-ma·ta** /-ní:mətə, -ném-/) 〔植〕《シダ植物・コケ植物の》原糸体, 糸状体. ♦ **-né·mal** *a* **-ma·tal** /-ní:mət(ə)l, -ném-/ *a* [Gk *nēma* thread]

pròto·nephrídium *n* 〔動〕《蠕虫(ぜんちゅう)などの》原腎管.

pro·ton·ic /proutánɪk/ *a* プロトンの, プロトンに特徴的な; 〔化〕〈酸・溶媒が〉プロトンを生成[供与]する, プロトン性の (protogenic), 〈分子中の水素原子が〉プロトン化にあずかることができる.

próton nùmber ATOMIC NUMBER.

Pròto-Nórse *n* 〔言〕ノルド基語[祖語]《700 年ごろまで》.

protonotary ⇨ PROTHONOTARY.

próton pùmp inhìbitor 〔薬〕プロトンポンプ阻害薬《胃酸の分泌を抑制する》.

próton-sỳnchrotron *n* 〔理〕陽子シンクロトロン (＝*bevatron, cosmotron*)《陽子を超高エネルギーに加速する装置》.

próto·nỳmph *n* 〔動〕第一若虫期のダニ (cf. DEUTONYMPH, TRITONYMPH). ♦ **pròto·nýmph·al** *a*

pròto-óncogene *n* 〔遺・医〕原腫瘍(形成)遺伝子, 癌原遺伝子, プロトオンコジーン《腫瘍(形成)遺伝子へ変化する可能性をもつ遺伝子》.

pròto·páth·ic *a* 〔生理〕〈皮膚感覚など〉原始的な, 原発性の (opp. *epicritic*): ～ sensation 原始(性)感覚.

pròto·péctin *n* 〔生化〕プロトペクチン (＝*pectose*)《植物細胞壁内の, 水に不溶性のペクチン質》.

pro·to·phílic /pròutə-/ *a* 〔化〕プロトンと親和性のある, 親プロトン性の, プロトン受容性の (opp. *protogenic*).

pròto·phlóem *n* 〔植〕原生篩部(しぶ).

próto·plànet *n* 〔天〕原始惑星. ♦ **-plànetary** *a*

próto·plàsm *n* 〔生〕原形質; 《もと》細胞質 (cytoplasm). ♦ **pròto·plásmic, pròto·plasmátic** *a*

próto·plàst *n* 最初に創造[形成]されたもの (prototype); 〔生〕原形質体, プロトプラスト; 〔生〕ENERGID. ♦ **pròto·plástic** *a*

pro·top·o·dite /proutápədàɪt/ *n* 〔動〕《甲殻類の》原節.

pròto·pórcelain *n* プロト磁器《焼成温度が低いため真磁器のもつ透光性をもたない初期の磁器状の器物》.

pròto·pórphyrin *n* 〔生化〕プロトポルフィリン《赤紫色のポルフィリン酸》.

Pròto-Semític *n, a* 〔言〕セム基語[祖語](の).

próto·stàr *n* 〔天〕原始星《1 個の恒星へと進化すべき星間ガスや塵の集まり》. ♦ **pròto·stéllar** *a*

próto·stèle *n* 〔植〕原生中心柱. ♦ **prò·to·sté·lic** *a*

próto·stòme *n* 〔動〕旧口動物, 前口動物《発生過程で原口が口になり, のちに肛門ができる無脊椎動物》.

próto·sùn *n* 〔天〕原始太陽 (PROTOSTAR)《特に 輝き始めたもの》.

pròto·táx·ic /-tǽksɪk/ *a* 〔心〕プロトタクシックな《自己認識および時間の持続の知覚が欠如している思考についていう; cf. PARATAXIC》.

Pro·to·the·ria /pròutəθíəriə/ *n pl* 〔動〕原獣類[綱]《卵生で, ハリモグラ・カモノハシなど》. ♦ **-thé·ri·an** *a, n*

próto·tròph *n* 〔生〕原栄養体, プロトトロフ.

pròto·tróphic *a* 〔生〕原栄養の《(1) 無機物から栄養を得る (2) 通常の代謝・繁殖に特別な栄養を必要としない; 特に 各種カビの野生型についていう》. ♦ **-tro·phy** /proutátrəfi/ *n*

pro·to·type /próutətàɪp/ *n* 原型, 基本型; 試作品, プロトタイプ; 模範, 見本; 典型; 〔生〕原型, 始原型(だ). ► *vt* …の原型[試作モデル]をつくる. ♦ **pró·to·týp·al** *a* **prò·to·týp·i·cal** /-típɪk(ə)l/, **-týp·ic** *a* **-i·cal·ly** *adv* [F or L＜Gk]

pròto·vírus *n* 原型ウイルス, プロトウイルス《同種のもののモデルとなるウイルス》.

prot·óxide *n* 〔化〕初級酸化物《同系酸化物中, 含まれる酸素の数の少ないもの》.

pròto·xýlem *n* 〔植〕原生木部.

pro·to·zoal /pròutəzóuəl/ *a* 〔動〕PROTOZOAN. [NL (*prot-*, Gk *zōion* animal)]

pro·to·zo·an /pròutəzóuən/ *a, n* 〔動〕原生動物(の).

pròto·zóic *a* PROTOZOAN.

pròto·zoólogy *n* 原生動物学, 原虫学. ♦ **-gist** *n* **-zoológical** *a*

pròto·zóon *n* (*pl* **-zóa**) PROTOZOAN.

pro·tract /proutrǽkt, prə-/ *vt* 長引かせる, 長くする, 延ばす; 前に伸ばす, 突き出す; 〔測〕《比例尺に合わせて》製図する; 《分度器で》図取りする; 《古》遅らせる. ♦ **pro·trác·tive** *a* 長引く, 遅延する. [L (*tract- traho* to draw)]

protráct·ed *a* 長引いた, 長期にわたる, 延々と続く: ～ negotiations 延々と続く交渉. ♦ **～·ly** *adv* **～·ness** *n*

protrácted méeting 〔キ教〕ある期間続けられる信仰復興伝道集会, 延長集会.

pro·trac·tile /proutrǽkt(ə)l, prə-, -tàɪl/ *a* 〔動〕〈器官などが〉伸ばせる.

pro·trac·tion /proutrǽkʃ(ə)n, prə-/ *n* 長引かせること, 引延ばし, 延長, 延期; 《体の一部を》伸ばすこと; 図取り, 《比例尺に合わせた》製図.

pro·trác·tor *n* 長引かせる人[もの]; 〔測〕分度器; 〔解・動〕伸出筋, 挙足筋; 〔外科〕異物摘出器.

pro·trep·tic /proutréptɪk/ *a, n* 勧告[指示, 説得, 説教]の(ことば).

pro·trude /proutrú:d, prə-/ *vt, vi* 突き[押し]出す[出る], はみ出す[出る] 〈*from, beyond*〉. ♦ **pro·trúd·able** *a* PROTRUSIBLE. [L (*trus- trudo* to thrust)]

pro·trúd·ent *a* 突き出た.

pro·tru·si·ble /proutrú:səb(ə)l, prə-/ *a* 押し出せる, 突き出せる.

pro·tru·sile /proutrú:sàɪl, prə-, -səl/ *a* 〔動〕《手足・カタツムリの目などのように》突き出せる, 押し出せる, 伸びて出る.

pro·tru·sion /proutrú:ʒ(ə)n, prə-/ *n* 突き出すこと, 突出, はみ出し, 〔医〕突出(症); 突出部[物], 隆起(部[物]).

pro·tru·sive /proutrú:sɪv, prə-/ *a* 突き出た; おしつけがましい; 《古》突き出す, 押し出す. ♦ **～·ly** *adv* **～·ness** *n*

pro·tu·ber·ance /prout(j)ú:b(ə)rəns, prə-/ *n* 隆起, 突起; 突出[突起]物, こぶ, 結節 〈*on a tree*〉: solar ～ 《太陽の》紅炎 (prominence). ♦ **-an·cy** *n* 《古》PROTUBERANCE.

pro·tú·ber·ant *a* 突出[突起]した, 盛り上がった, 隆起した; 顕著な. ♦ **～·ly** *adv* [L; ⇨ TUBER[1]]

pro·tu·ber·ate /prout(j)ú:bərèɪt, prə-/ *vi* ふくらむ, ふくらみ出る, 隆起する (bulge).

pro·tyle /próutàɪl/, **-tyl** /-təl/ *n* 原質《昔の化学で, あらゆる元素の根源物質と考えられたもの》. [*prot-*, Gk *hulē* matter]

proud /práud/ *a* **1 a** 誇り高い, 自尊[自負]心のある, 見識のある. **b** 高慢な, お高くとまっている, 偉ぶる, いばる, 尊大な (opp. *humble*): too ～ to ask questions プライドがじゃまして質問をしない. **2 a** 誇る, 自慢にする, 得意な 〈*of*〉; 満足に思う, 光栄[誇り]とする, *《中南部・南部》うれしい 〈*to* know sb〉; 誇らしげな: a ～ father 《よい息子などをもって》得意の父 / I am ～ *of* being born Japanese [～ *that* I am a Japanese]. 日本人として生まれたことを誇りとする / I hope you feel ～ of yourself! 《口》《行儀作法などがよくなかった相手に》さぞかし得意[満足]だろうね, 恥ずかしくないのか / The publisher is ～ to present…《本の前書で》小社は…を世に出すことを誇りとする / (as) ～ as Punch [a peacock, a turkey] 大得意で. **b** 《古》勇敢な; 〈馬など〉元気にあふれた; 《方・古》〈雌が〉発情した. **3** 〈事・ものが〉誇るに足る, 誇らしい気持にさせる, みごとな, りっぱな, 堂々とした: a ～ achievement 輝かしい業績 / ～ cities 堂々たる都市. **4** 増水した, ふくれあがった; ″〈表面・端が〉盛り上がった, 突き出た.

► *adv* [次の成句で]: **do** sb **～** 《口》(1) 人に面目を施させる: It will *do* me ～. それでわたしは非常に満足です / You *do* me ～. おまえがよくやったので誇らしいよ / *do oneself* ～ あっぱれなふるまいをする. (2) 人を盛んにもてなす. ♦ **～·ness** *n* [late OE *prūd*＜OF *prud* valiant＜L *prode* be of value, useful]

próud flésh〖医〗《切り傷・潰瘍のあとの》肉芽隆, 贅生(ぜいせい)肉芽.

próud·ful *a*《方》誇り高い.

próud·héart·ed *a* 高慢な, 尊大な.

Prou·dhon /*F* prudɔ̃/ プルードン **Pierre-Joseph** ~ (1809–65)《フランスの社会主義思想家》.

próud·ly *adv* いばって, 高慢に; 誇りをもって, 得意げに; 堂々と, みごとに.

Proust /prú:st/ プルースト (1) **Joseph-Louis** ~ (1754–1826)《フランスの化学者》 (2) **Marcel** ~ (1871–1922)《フランスの小説家; *A la recherche du temps perdu* (1913–27)》. ♦ **~·ian** *a, n*

proust·ite /prú:stàɪt/ *n*〖鉱〗淡紅銀鉱. [J. L. *Proust*]

prov. province ♦ provincial ♦ provisional.

Prov.〖聖〗Proverbs ♦ Province ♦ Provincial ♦ Provost.

prov·able /prú:vəb(ə)l/ *a* 証明[立証]できる. ♦ **-ably** *adv* **~·ness** *n* **pròv·abíl·i·ty** *n*

pro·váscular *a*〖植〗前形成層 (procambium) の.

prove /prú:v/ *v* (**~d; ~d, prov·en** /prú:v(ə)n/) *vt* **1 a** 立証[証明]する: These papers will ~ *to* you that he is innocent. この書類で彼の潔白が証明されよう / I'll ~ the truth of the theory [that the theory is true, the theory (to be [*as*]) true]. 理論が真実なことを証明しよう / What does that ~? それがどうした, それが何の証拠になる? / He ~*d* him*self* (to be [*as*]) a capable businessman. 敏腕な実業家となってみせた / have something to ~ 実力を示す必要がある, 力が試されている / The EXCEPTION ~*s* the rule. **b**〖法〗〈遺言〉の検証をうける, 検認する. **2 a** 試す; 実験する, 〈器材を〉試験する;〖数〗検算する;〖印〗…の校正刷りをとる: ~ a new gun 新銃の試験をする. **b**《古》経験する. **3**《製パンなどで》〈生地 (dough) を〉発酵させる. ► *vi* **1 a** 〈…であることが〉わかる, 〈…と〉判明する (turn out) 〈*to* be〉; 立証[証明]される: The allegation ~*d* false. 申し立ては誤りであることが判明した. **b**《古》試す, 試験する. **2** 〈パンの生地が〉発酵する. ● **It goes to ~ (that**…ということの)証明になる. **~ out** 希望[期待, 標準]にかなう; うまくいく. **~ up** *《ある要求権を得る》条件を完了する 〈*on* a claim〉; *PROVE out. [OF＜L *probo* to test, approve (*probus* good)]

próved resérves *pl* 確定鉱量, 確定[確認]埋蔵量.

prov·en /prú:v(ə)n/ *v*《文・米・スコ》PROVE の過去分詞《主に法律用語》. ► *a* 証明された, 立証された, 間違いない: NOT PROVEN. ♦ **~·ly** *adv*

prov·e·nance /prάv(ə)nəns/ *n*《特に文学・芸術作品などの》起源, 出所, 由来, 来歴 〈*of*〉: of doubtful ~ 出所の疑わしい. [F (*provenir* to originate)]

Pro·ven·çal /pròuvənsά:l, pràv-; prɔ̀vɑ̃:(n)-, -vɔn-; *F* prɔvɑ̃sal/ *n* プロヴァンス人; プロヴァンス語《南フランスの方言群の総称で, Romance 諸語の一つ; Occitan ともいう; troubadours の文学伝統を担う; 略 Pr., Prov.》;《プロヴァンス語の》プロヴァンス方言. ► *a* Provence の; プロヴァンス人[語]の;〖料理〗PROVENÇALE. [F PROVINCIAL]

Pro·ven·çale /pròuvənsά:l, pràv-; prɔ̀vɑ̃:(n)-, -vɔn-; *F* prɔvɑ̃sal/ *a* PROVENÇAL の女性形; [後置]〖料理〗プロヴァンス風の《オリーブ油・ニンニク・トマトなどをたっぷり用いる》.

Pro·vence /prəvά:ns; prɔvɑ̃:(n)s/ プロヴァンス《フランス南東部の地方, また古代の州; 中世に多くの抒情詩人 troubadours を生み騎士道を賞揚した》.

Pro·vence-Alpes-Côte d'Azur /*F* prɔvɑ̃salpko:t dazy:r/ プロヴァンス-アルプ-コートダジュール《フランス南東部の地域圏; Alpes-Maritimes, Hautes-Alpes, Alpes-de-Haute-Provence, Var, Bouches-du-Rhône, Vaucluse の 6 県からなる》.

prov·en·der /prάvəndər/ *n* かいば《主に乾草とひき割り穀物》, 飼料;《口》[*joc*] 食物, 食料. ► *vt* …にかいばをやる. [OF *provende* PROVEND (PREBEND) の変形]

pro·ve·nience /prəví:njəns, -niəns/ *n* PROVENANCE.

próven resérves *pl* PROVED RESERVES.

pro·ven·tric·u·lus /pròuventríkjələs/ *n* (*pl* **-li** /-làɪ, -lì:/)〖動〗《鳥・昆虫の》前胃,《ミミズの》素嚢, 嗉嚢(そのう), 胃.

prov·er /prú:vər/ *n* 試験器[装置];〖印〗校正[ゲラ]刷りをとる印刷工;《古》証明者.

prov·erb /prάvə̀:rb/ *n* **1 a** ことわざ, 諺, 金言, 格言, 教訓; 語りぐさ: as the ~ goes [runs, says] ことわざに言うとおり / pass into a ~ ことわざになる; 評判になる, 語りぐさになる / to a ~ ことわざ[評判]になるくらい / He is punctuality *to a* ~. ＝His punctuality is *a* ~. ＝He is *a* ~ *for* punctuality. 彼のきちょうめんさには定評がある. **b** ことわざ劇; [~s, 〈*sg*/*pl*〉] ことわざあてゲーム《鬼以外の全員で決めたことわざを, 質問と答を繰り返し, その中に含まれたヒントから鬼にあてさせるゲーム》. **2**〖聖〗寓話, 比喩; [P-s, 〈*sg*〉]〖聖〗箴言(しんげん)《旧約聖書中の一書; 略 Prov.》. ► *vt* ことわざ風に言い表わす; 語りぐさにする;《廃》…にことわざを与える. [OF or L＝adage (*verbum* word)]

pró-vèrb /próu-/ *n*〖文法〗代動詞 (⇨ DO[1]).

pro·ver·bi·al /prəvə́:rbiəl/ *a* ことわざの, ことわざにある, ことわざらしい, 世に言う, いわゆる; よく言われる, かの有名な, 名高い: a ~ phrase [saying] ことわざ風の文句. ► *n*"《口》あまり口に出せないもの, あそこ, ナニ《shit, ass などの婉曲語》. ♦ **~·ist** *n* よくことわざを使う人; ことわざを作る人; ことわざ研究者. **~·ly** *adv* ことわざどおりに; 一般に, 広く(知られて). **pro·vèr·bi·ál·i·ty** /-biǽləti/ *n*

pró-více-chancellor *n*《大学の》副学長[副総長]補佐[代理].

pro·vide /prəváɪd/ *vt* **1** 供給する, 提供する (supply); …に支給する, あてがう; 〈雰囲気などを〉かもしだす;《古》準備[用意]しておく: We ~ everything *for* [*to*] our customers. お客さまのため一切ご用立ていたします / Sheep ~ us *with* wool. 羊から羊毛が採れる / They ~*d* us food and drink. *飲食物を用意[支給]してくれた / A complete outfit of modern machinery had to be ~*d*. 近代的な機械類一式をそろえねばならなかった / ~ one*self* 自弁する. **2** 規定する: Our club's rules ~ *that* dues must be paid monthly. 会則によれば会費は月ごとに納めなければならないことになっている. **3** 任命する, 補欠牧師として指命する: ~ sb *to* a benefice 人を禄付きの牧師に任命する. ► *vi* **1** 備えをする, 準備する, 予防手段をとる 〈*for, against*〉: We ~*d for* our guests. 接待の準備をした / ~ *against* accidents 事故に備える. **2** 必要物を供給する, 賄う, 扶養する 〈*for*〉: ~ *for* a large family 大家族を食べさせていく. **3** 規定する 〈*for*〉. [L PRO²*vis-* -*video* to see ahead, foresee]

pro·víd·ed *conj* [~ that…の形で] …との条件で, もし…とすれば《if よりも文語的で強意, providing と同じく that を略すこともある》: I will come ~ (*that*) I am well enough. 体の具合がよければ来ましょう. ● ALWAYS ~.

províded schóol〖英〗州立学校 (council school).

prov·i·dence /prάvəd(ə)ns, *-dɛ̀ns/ *n* **1 a** [°P-] 摂理, 神意, 神慮, 天意: by divine ~ 神の摂理[はからい]で / a special ~ 神慮(による天祐), ご加護. **b** [P-] 神 (God): a visitation of *P*~ 天災, 不幸 / *P*~ is always on the side of the big BATTALIONS. **2** 先見(の明), 用心; 倹約;《まれ》用意, 予備. ● TEMPT ~.

Providence プロヴィデンス《Rhode Island 州の州都・港市; Brown 大学所在地》.

próv·i·dent *a* 先見の明のある, 用心深い, 慎重な; 倹約な 〈*of*〉. ♦ **~·ly** *adv* **~·ness** *n* [L; ⇨ PROVIDE]

próvident clùb"《大型店・通信販売組織などの》分割払い方式による販売組織.

próvident fùnd《特に東南アジアで》退職金積立基金《雇用者・被雇用者, 時に国家が拠出しあうもの》.

prov·i·den·tial /prὰvədénʃ(ə)l/ *a* 摂理の[による], 神の, 神意による; 幸運な; 折よい;《古》慎重な. ♦ **~·ly** *adv* 天祐神助[神のはからい]によって, 幸いにも.

próvident society" 共済組合 (friendly society); PROVIDENT CLUB.

pro·víd·er *n* 供給[提供]者, 販売業者[会社];《家族を》扶養する人, 大黒柱, 稼ぎ手; 準備者, 設備者;〖電算〗プロバイダー, 接続業者 (service provider): a good ~ 家族に楽な生活をさせる(甲斐性のある)人 / the LION's ~ / a universal ~ 雑貨屋[人]; よろず屋 / INFORMATION PROVIDER / a health care ~ 医療従事者[機関].

pro·víd·ing *conj* …との条件で, …という場合には (⇨ PROVIDED).

prov·ince /prάvəns/ *n* **1 a**《カナダ・オーストリア・スペイン・中国・旧日本などの行政区分》州, 省, 県, 国, 道;《英領インドの》州: the *P*~ of Alberta アルバータ州《カナダの》. **b** [the P-]"アルスター, 北アイルランド;《もと》《英領カナダ・米国独立以前の一部の》英領植民地;〖ローマ史〗属州, プロウィンキア《イタリア国外の, 政務官の管区》. **c**《教会・修道会の》管区. **2 a** [the ~s]《首都・大都会に対して》地方, 田舎: London and *the* ~*s* 首都ロンドンと地方 / The company is now touring *the* ~*s*. 一座は今地方巡業中である / in *the* ~*s* 地方で, 田舎で. **b**《動植物地理上, 区 (region) の下位区分としての》地方, 区;〖地理〗地形区. **3**《学問の》範囲, 分野; [one's] 知識[興味, 責任]のある領域, 専門, 本分, 腕の見せ所: in the ~ of mathematics 数学の分野で. [OF＜L *provincia* official charge, conquered territory]

Próvince·tòwn プロヴィンスタウン《Massachusetts 州南東部, Cape Cod 先端の村; Pilgrim Fathers が最初に上陸した地 (1620)》.

próvince·wíde *a, adv* 州全域に及ぶ[及んで].

pro·vin·cial /prəvínʃ(ə)l/ *a* **1 a** 州[省, 県, 国] (province) の; 領土の;〖史〗北米英領植民地の: the ~ government 州政府. **b**《教会・修道会の》管区の. **2 a**《首都・大都市に対して》地方の, 田舎の (cf. LOCAL[1]); 地方民の: ~ taxes 地方税 / ~ newspapers 地方新聞. **b** 地方的な, 田舎じみた; 粗野な, 偏狭な, 視野の狭い;〖美〗〈家具など〉地方様式の: ~ manners 粗野な作法. ► *n* 州[省, 県, 国]民;《古代ローマの》属州人; 地方民, 田舎者, 野暮[偏狭]な人; [*pl*] "地方新聞[紙];〖教会〗管区長. ♦ **~·ly** *adv* [OF (PROVINCE)]

províncial·ism *n*〖政〗地方第一主義; 田舎ぶり, 野卑, 偏狭; お国なまり, 方言; 地方的感情;〖生態〗動植物分布の局地化度 (cf. PROVINCE 2b)

províncial·ist *n* PROVINCE の住民; 地方第一主義者.

pro·vin·ci·al·i·ty /prəvìnʃiǽləti/ *n* PROVINCIALISM.

províncial·ìze *vt* 地方的にする; 田舎風にする; 偏狭[粗野]にする; 州[省, 県など]にする; 州[省など]の管轄下に置く. ♦ **provin·cial·izátion** *n*

Províncial stándard tìme 〘カナダ〙 ATLANTIC STANDARD TIME.

próv·ing gròund /prúːvɪŋ-/ 《武器・車などの》性能試験場, 実験場; 《理論などの》実験の場, 実験台, 《新人などの》腕試し[修業]の場.

próving stànd 〘空〙《ロケットエンジンなどの》性能試験台[試験架].

pro·vírus *n* プロウイルス《宿主細胞内にあって, 細胞に傷害を与えないウイルス》. ♦ **pro·víral** *a*

pro·vi·sion /prəvíʒ(ə)n/ *n* **1** 供給, 支給, 提供; 支給量; [*pl*] 糧食, 食料(の備え), 貯蔵品: a ~ of food 糧食一定量 / *P*~*s* are plentiful [scarce]. 食糧は十分である[乏しい] / run out of [short of] ~*s* 食糧がなくなる. **2** 用意, 準備, 設備 ‹*for, against*›; 〘会計〙《貸倒れなどへの》引当金: make ~ 準備する / make ~(*s*) *for* the future 将来に備える. **3**〘法〙規定, 条款; 〘法〙条項; 但し書き; 〘教会〙聖職(給)叙任. ► *vt* …に糧食を供給する. ► *vi* 〘会計〙引当金を計上する. ♦ **~·er** *n* **~·ment** *n* **~·less** *a* [OF<L (PROVIDE)]

provísion·al *a* **1** 仮の, 暫定的な, 臨時の, 応急の: a ~ disposition 仮処分 / a ~ treaty 仮条約 / a ~ government 臨時政府. **2** [°P-] IRA 暫定派の (cf. OFFICIAL). ► *n* **1** 《通常切手が切れているときの》臨時郵便切手 (cf. DEFINITIVE). **2** [°P-] IRA 暫定派のメンバー《過激派》. ♦ **~·ly** *adv* 暫定的に, 仮に, 条件付きで. **~·ness** *n* **pro·vì·sion·ál·i·ty** *n*

provísional lícenceᴵᴵ《自動車運転の》仮免許証 (learner's permit*).

provísion·àry /; -(ə)ri/ *a* PROVISIONAL.

pro·vi·so /prəváɪzoʊ/ *n* (*pl* **~s, ~es**) 但し書き, 条件; 条件付き規定: make it a ~ that…を条件とする / with (a) ~ 条件付きで, 但し書き付きで. [L=it being provided; ⇨ PROVIDE]

pro·vi·sor /prəváɪzər/ *n* 《軍隊・教会などの》(食糧の)調達者; 〘教会〙《前任者の退職を見込んで》聖職(給)後任者に叙せられた人.

pro·vi·so·ry /prəváɪz(ə)ri/ *a* 条件付きの; 仮の, 暫定的な: a ~ clause 但し書き. ♦ **-ri·ly** *adv* 仮に, 一時的に.

pro·vítamin *n* 〘生化〙プロビタミン《動物体内でビタミンに変わる物質》.

pro·vo, Pro·vo[1] /próʊvoʊ/ *n* (*pl* **~s**) 《オランダなどの》過激派青年, プロボ. [F PROVOCATEUR]

Provo[2] *n* (*pl* **~s**) 《口》PROVISIONAL.

Provo[3] プロヴォ《Utah 州北部 Salt Lake City の南にある市; Brigham Young University (1875) の所在地》.

pro·vo·ca·teur /prəvɑ̀kətə́ːr/ *n* 《警察の》おとり(捜査官), AGENT PROVOCATEUR; 挑発者. [F=agitator; ⇨ PROVOKE]

prov·o·ca·tion /prɑ̀vəkéɪʃ(ə)n/ *n* おこらすこと, じらすこと; 挑発, 刺激(となるもの), 誘発; 〘刑法〙挑発; 〘医〙誘発(試験): angry at [on] the slightest ~ 些細なことでおこって / feel ~ おこる, 挑発される / give ~ おこらせる / under ~ 挑発されて, 憤慨して / without ~ 《挑発もされないのに》一方的に, いわれなく‹暴行[攻撃]するなど›.

pro·voc·a·tive /prəvɑ́kətɪv/ *a* 《怒り・関心・性欲などを》刺激するような, 刺激的な, 挑発的な ‹*of* anger, curiosity, laughter›; 誘発する, 惹起する: a ~ remark 挑発的な[人をおこらせる]ことば. ► *n* おこらせるもの, 挑発するもの; 刺激; 興奮剤. ♦ **~·ly** *adv* 挑発的に. **~·ness** *n*

pro·voke /prəvóʊk/ *vt* **1** おこらせる, じらす (vex); 挑発する, 刺激する, ‹男›の気をひこうとする; 《古》…の心を動かす: ~ sb *to* anger [*to* do, *into* doing] 人をおこらせる[挑発して…させる]. **2** ひき起こす, 誘発する; 《廃》…に呼びかける: ~ indignation [laughter] 怒り[笑い]をひき起こす / ~ a riot 暴動をひき起こす. ♦ **pro·vók·er** *n* **pro·vók·able** *a* [OF or L PRO[2]*voco* to call forth]

pro·vók·ing *a* 挑発的な, 腹の立つ, しゃくにさわる, じれったい, うるさい. ♦ **~·ly** *adv*

pro·vo·lo·ne /pròʊvəlóʊni/ *n* プロヴォローネ (=~ **chéese**)《通例 燻製の固くて淡色のイタリアチーズ》. [It]

prov·ost /prɑ́vəst, *próʊvòʊst/ *n* 〘英大学〙学長, 学寮長; 〘米大学〙学務担当副学長; 《スコットランドの》市長; 〘史〙《ヨーロッパの町の》首長, 町長; 〘教会〙主席司祭, 聖堂参事会長; 〘カト〙教務院長, 修道院長 (dean); 《ドイツなどの都市のプロテスタントの》大教会牧師; 《中世荘園の》荘官, 執事; 《廃》典獄; /próʊvoʊ; prəvóʊ/ 〘軍〙PROVOST MARSHAL. ♦ **~·shìp** *n* provost の職[地位, 任期]. [OE and AF<L *propositus* (*pono* to place)]

próvost còurt /próʊvoʊ-; prəvóʊ-/ 軍事裁判所《占領地域内の軽犯罪を即決する》.

próvost guàrd /próʊvoʊ-; prəvóʊ-/ 〘軍〙憲兵隊.

próvost màrshal /próʊvoʊ-; prəvóʊ-/ 〘陸軍〙憲兵司令官, 憲兵隊長; 〘海軍〙未決監長.

próvost sèrgeant /próʊvoʊ-; prəvóʊ-/ 憲兵軍曹.

prow[1] /práʊ/ *n* 船首, へさき; 突出部, 《航空機の》機首; 《詩》船. [F *proue*<L *prora*<Gk]

prow[2] *a* 《古》勇ましい, 勇敢な (brave). [OF; ⇨ PROUD]

prow·ess /práʊəs/ *n* 武勇, 勇敢; 並はずれた腕前, 実力, 力量. ♦ **~ed** *a* [OF PROW[2]]

prowl /práʊl/ *vi* 《獲物などをねらって》うろつく, さまよい歩く ‹*about, around*›. ► *vt* ‹町を›うろつく; 《俗》‹場所を›調べる, 探る, 《盗みの》下見をする; *《俗》ボディーチェックする. ► *n* 《口》うろつき: be [go] on the ~ 《獲物をねらって》うろつきまわる, 男[女]をあさる, ナンパしてまわる ‹*for*› / take a ~ うろつく. ♦ **~·er** *n* うろつく人[動物]; 不審者, 空き巣ねらい, こそ泥《など》. [ME<?]

prówl càr* パトロールカー (squad car).

prox. proximo. **prox. acc.** °proxime accessit.

Prox·ar /prɑ́ksər/ 〘商標〙プロクサー《近接撮影に用いる補助レンズ》.

prox·e·mics /prɑksíːmɪks/ *n* プロクセミックス《人間が他者との相互的なかかわりの場においてとる対人距離を研究対象とする学問》. ♦ **prox·é·mic** *a*

Prox·i·ma /prɑ́ksəmə/ 〘天〙プロクシマ《ケンタウルス座にある太陽系に最も近い恒星; 距離は 4.3 光年》.

prox·i·mal /prɑ́ksəm(ə)l/ *a* 最も近い, 隣接する (proximate); 〘生〙体の中央に近い, 基部[動原体]に近い, 基部(方向)の, 近位の (cf. DISTAL); 〘歯〙隣接(面)の. ♦ **~·ly** *adv*

próximal (cónvoluted) túbule 〘解〙近位曲(尿)細管.

prox·i·mate /prɑ́ksəmət/ *a* とても近い, 直近の, 直前[直後]の; 差し迫った; 近似の (approximate): the ~ cause 近因; 〘法〙主因. ♦ **~·ly** *adv* **~·ness** *n* **pròx·i·má·tion** *n* 近接 (proximity); 近似 (approximation). [L (*proximus* nearest)]

prox·i·me ac·ces·sit /prɑ́ksəmì: æksésət/ (*pl* **-me ac·ces·se·runt** /-æksɛsíərənt/) 《試験・競争などの》次点者, 次席: I was [He got a] ~. 次点者になった. [L=he [she] came very near]

prox·im·i·ty /prɑksíməti/ *n* 近接 ‹*to*›: in close ~ きわめて接近して / in the ~ of a town 町の付近に / ~ of blood 近親. [F or L; ⇨ PROXIMATE]

proxímity fùze [fùse] 〘軍〙近接(自動[電波])信管 (=radio ~) (=*variable time fuze, VT fuze*)《弾頭部に装着した電波装置のはたらきで目標に近づくと爆発する》.

proxímity tàlks *pl* 近距離交渉《近接した場所にいる当事者の間を仲介者が行き来して進める外交交渉》.

prox·i·mo /prɑ́ksəmòʊ/ *a* 来月の《通例 商業文や公文書で用いる; 略 prox.; cf. ULTIMO, INSTANT》: on the 5th ~ 来月 5 日に. [L *proximo mens* in the next month; ⇨ PROXIMATE]

prox·i·mo- /prɑ́ksəmoʊ, -mə/ *comb form*「近位の」 [L *proximus* nearest, next]

proxy /prɑ́ksi/ *n* 代理(権); 委任状; 代理人; 代用となるもの; 代用データ ‹*for*›: vote either in person or *by* ~ 本人みずからあるいは代理をもって投票する / act as ~ *for* sb 人の代理として行動する. ► *a* 代理の[による]: a ~ vote 委任[代理]投票 / a ~ war 代理戦争. [ME *procuracy* procuration; ⇨ PROCURE]

próxy màrriage 代理[委任]結婚.

próxy sèrver プロクシサーバー《LAN 内の端末からの要求により WAN へのアクセスを代行するサーバー; 要求の選別をしたり, 重複を調整して能率を上げたりする》.

Pro·zac /próʊzæk/ 〘商標〙プロザック《フルオキセチン (fluoxetine) 製剤; 抗鬱薬》.

pr.p. °present participle. **PrP** prion protein. **PRS** Performing Rights Society ♦〘英〙President of the Royal Society.

PRT personal rapid transit 個人用高速輸送システム.

prude /prúːd/ *n* 《特に 性的な事柄に》慎み深さを装う人, 淑女ぶる女, かまとと. [F *prudefemme*; ⇨ PROUD]

pru·dence /prúːd(ə)ns/ *n* **1** 思慮分別, 慎重, 用心, 抜け目なさ, 倹約《通例 用心・警戒・節約の意を暗示する》: in common ~ 当然の用心として. **2** [P-] プルーデンス《女子名; 愛称 Prue》.

prú·dent *a* 用心深い, 細心な, 慎重な (cautious); 分別のある, 賢明な; 打算的な (self-interested). ♦ **~·ly** *adv* [OF or L *prudent- prudens* (短縮)‹ PROVIDENT]

prúdent avóidance 慎重なる回避《危機管理における予防原理; 影響がよくわからないものに対しては, わかるようになるまで予防のために回避しておこうという考え方》.

pru·den·tial /prudénʃ(ə)l/ *a* **1** 慎重な, 細心な; 分別のある, 万全を期する. **2 a** 《商取引などで》自由裁量の権限をもつ. **b** 諮問[勧告]の: the ~ committee 諮問委員会. ► *n* [*pl*] 慎重な考慮, 慎重を要する事柄, *慎重に扱うべき行政[財政]上の事柄. ♦ **~·ly** *adv* **~·ìsm** *n* 慎重にすること, 事なかれ主義. **~·ist** *n* 慎み深い人, 細心な人.

Pru·den·tius /prudénʃ(i)əs/ プルデンティウス **Aurelius Clemens** ~ (348–410)《スペインに生まれたローマのキリスト教詩人》.

prud·ery /prúːd(ə)ri/ *n* 上品[淑女]ぶり; [*pl*] 上品ぶったことば[ふるまい]. [C18 ‹ PRUDE]

Prúd·hoe Báy /prúːd(h)oʊ-, prʌ́d-/ プルドーベイ《Alaska 州北部, Barrow 岬東南東側の入江; アメリカ最大級の油田の中心地》.

Pru·d'hon /*F* prydɔ̃/ プリュドン **Pierre-Paul** ~ (1758–1823)《フランスの画家》.

prud·ish /prúːdɪʃ/ *a* 上品[淑女]ぶる, とりすます, いやに内気ぶる, 《性的に》潔癖すぎる. ♦ **~·ly** *adv* **~·ness** *n*

Prue /prúː/ プルー《女子名; Prudence の愛称》.

pru·i·nose /prúːənòʊs/ *a* 〘植・動〙白い粉でおおわれた, 霜をかぶった(ような). [L (*pruina* hoarfrost)]

prune[1] /prúːn/ *vt* ‹余分の枝を›おろす; ‹木を›刈り込む, 剪定(せんてい)する

〈*away, off, down*〉; 〈余分なものを〉取り除く; 切り詰める; *《俗》《ドラッグレースで》〈ほかの車を〉抜く: ～ dead branches *off* [*from*] the tree =～ the tree *of* dead branches / heavy *pruning* 強(きょう)剪定. ► *vi* 余分なものなどを取り除く. ► *n* 刈り込み, 剪定. ♦ **prún·er** *n* 植木の剪定をする人[道具]. [F *proignier*<Romanic=to cut to ROUND[1] shape]

prune[2] *n* **1 a** 干しスモモ, プルーン; *《干しスモモ用》スモモ; 《廃》スモモ, セイヨウスモモ《木》. **b** プルーン色, 赤みがかった濃紫色. **2** 《俗》まぬけ, 嫌われ者; *《俗》とりすました人, 堅物; *《俗》男, やつ. ● **full of ～s** *《俗》全く間違って, でたらめで; *《俗》元気いっぱいで. **～s and prisms** [**prism**[11]] 気取ったことばづかい[動作]《Dickens, *Little Dorrit* から》; 半可通の教養. [OF<L *prunum*<Gk]

prune[3] *vt, vi* 《古》PREEN[1].

pruned /prú:nd/ *a* *《俗》酔っぱらった.

prúne·fàce *n* *《俗》パッとしない顔の人《あだ名に用いる》.

pru·nel·la[1] /prunélə/ *n* プルーネラ《**1**) 以前弁護士などのガウンに用いた絹[毛]織物 **2**) 綾の毛織物 **3**) 婦人靴の上張りに用いた毛織物》. [?F=sloe (dim)<*prune*[2]; その色から]

prunella[2] *n* 〔植〕ウツボグサ属 (*P-*) の各種多年草, 《特に》ウツボグサ (self-heal) 《シソ科》. [NL=quinsy]

pru·nelle /prunél/ *n* 《皮と枝を除いた》上等の干しスモモ; プリュネル《スモモで造ったリキュール》; PRUNELLA[1]. [F]

pru·nel·lo /prunélou/ *n* (*pl* ～**s**) 上等の干しスモモ (prunelle); PRUNELLA[2].

prúne-pìck·er *n* *《俗》カリフォルニア州人.

prún·ing hòok /prú:nɪŋ-/ 刈り込み鎌, 高枝切り《長柄の先に鉤状の刃がついている》.

prúning knìfe 剪定刀, 刈り込みナイフ.

prúning shèars *pl* [°a pair of ～] 剪定ばさみ.

pru·no /prú:nou/ *n* *《俗》発酵させたスモモ[果物]ジュース.

pru·nus /prú:nəs/ *n* 〔植〕サクラ属 (*P-*) の植物《スモモ・サクラ・アンズなど; バラ科》.

pru·ri·ent /prúəriənt/ *a* 好色の, 性的関心過剰な, 淫乱な; 色情をそそる, わいせつな; 《欲望・好奇心で》うずうずする; むずがゆい. ♦ **prú·ri·ence, -en·cy** *n* 好色, 色欲; 熱望. **～·ly** *adv* [L *prurio* to itch]

pru·rig·i·nous /pruərídʒənəs/ *a* 〔医〕痒疹の(ような), 痒疹にかかった, かゆみ性の. [L (*prurigin-* PRURIGO)]

pru·ri·go /pruəráɪgou, -rí:-/ *n* (*pl* ～**s**) 〔医〕痒疹(ようしん).

pru·rit·ic /pruərítɪk/ *a* 瘙痒(そうよう)症の[を起こす].

pru·ri·tus /pruəráɪtəs, -rí:-/ *n* 〔医〕かゆみ(症), 瘙痒(症).

pru·shun, -shon /prʌ́ʃən/ *《俗》*n* 浮浪者に代わって物乞いをする浮浪児; 浮浪者と暮らす若いホモ.

prus·ik /prʌ́sɪk/ 〔登山〕*a* プルージック式の《(**1**) 力をかけると締まり, 力をかけないとゆるくなるようにザイルに巻きつけた 2 つのループを使ってザイルを登り下りする方法についていう **2**) この結び方・ループについていう》. ► *vi* プルージック法で登山する. ♦ **～·ing** *n* [Karl *Prusik* (1896–1961) 考案したオーストリアの登山家]

Pru·si·ner /prú:zənər/ プルジナー **Stanley B**(**en**) ～ (1942–) 《米国の神経学者・生化学者; prion の発見によりノーベル生理学医学賞 (1997)》.

Prus·sia /prʌ́ʃə/ プロイセン, プロシア (*G* Preussen) 《(**1**) バルト海南東岸の歴史的地域 **2**) ドイツ北部・ポーランド西部を支配した王国 (1701–1918); ☆Berlin **3**) ヴァイマル共和国成立で設置された州 (1918–47)》.

Prús·sian *a* プロイセンの, プロイセン人の; プロイセン風の, 訓練の厳格な. ► *n* プロイセン人; OLD PRUSSIAN. ♦ **～·ìsm** *n* プロイセン主義《Bismarck 風の軍国主義》.

Prússian blúe プルシアンブルー, ベレンス, 紺青(こんじょう) (iron blue) 《顔料》; 紺青色.

Prússian brówn 紺青から得た褐色顔料.

Prússian cárp CRUCIAN CARP.

prússian·ìze *vt* [°P-] プロイセン風にする, 軍国主義化する. ♦ **prùssian·izátion** *n*

prus·si·ate /prʌ́ʃièɪt, -ət/ 〔化〕*n* シアン化物 (cyanide); FERROCYANIDE; FERRICYANIDE.

prus·sic /prʌ́sɪk/ *a* 紺青の; 〔化〕青酸の.

prússic ácid 〔化〕青酸 (hydrocyanic acid).

prut /prʌ́t/ *《俗》*n* ごみ, くず《掃き出されたものなど》; [〈*int*〉] くず! 《軽蔑・不信などを表わす》. [cf. CRUT]

Prut /prú:t/ [the] プルート川《ウクライナの Carpathian 山脈から南流して Danube 川に合流; ルーマニアとモルドヴァ・ウクライナの国境をなす》.

pru·ta(**h**) /prutá:/ *n* (*pl* **-tot**(**h**) /-tóut, -tóuθ, -tóus/, ～, ～**s**) プルーター《イスラエルの旧通貨単位: =1/1000 pound》.

pry[1] /práɪ/ *vi* のぞく (peep), 様子をうかがう 〈*into*〉, のぞきまわる 〈*around, about*〉; せんさくする 〈*into*〉. ► *n* のぞき見; せんさく好き《人》. [ME<?]

pry[2*] *vt* てこで上げる[動かす, 引き放す] 〈*off, out, up*〉; 苦労して[やっと]引き出す[引き離す], 口を割らせる: ～ open こじあける / ～ a secret *out of* [*from*] sb 人の秘密をやっと探り出す. ► *n* てこ, かなてこ, バール, 釘抜き (=～ bar); LEVERAGE. ★《英》では主に prize, prise を用いる. [PRIZE[4] を *pries* (3 sg) と誤ったもの]

pryer ⇨ PRIER.

prý·ing *a* のぞく, じろじろ見る; せんさく好きな: away from ～ eyes 好奇の目からのがれて, こっそり. ♦ **～·ly** *adv*

Prynne /prín/ プリン **William** ～ (1600–69) 《イギリス革命期のピューリタン指導者; 小冊子で Charles 1 世と妃を誹謗した》.

pryt·a·ne·um /prìt(ə)ní:əm/ *n* (*pl* ～**s, -nea** /-ní:ə/) 〔古ギ〕貴賓館, 迎賓館《外国使臣や国家の功労者などをねぎらうための公館》. [L<Gk]

prythee ⇨ PRITHEE.

Prze·myśl /p(ə)ʃémɪʃ(əl)/ プシェミシュル《ポーランド南東部の市》.

Przhe·vál·ski's [**Prze·wál·ski's, Pre·je·vál·sky's, Prje·vál·sky's**] **hórse** /pə:rʒəvá:lskiz-, (p)ʃə-/ 〔動〕プシヴァルスキーウマ《中央アジア産の野生馬》. [Nikolay Mikhalovich *Przhevalsky* (1839–88) ロシアの軍人・探検家]

ps 〔理〕picosecond(s).

Ps., Psa. Psalm ♦ 〔聖〕Psalms.

PS °Permanent Secretary ♦ °phrase structure ♦ Police Sergeant ♦ postscript ♦ °power steering ♦ power supply 動力[電力]供給, 動力源, 電源 ♦ °private secretary ♦ °Privy Seal ♦ 〔劇〕°prompt side ♦ °Public School.

PSA 〔医〕°prostate-specific antigen ♦ °public-service announcement.

psalm /sá:(l)m; sá:m/ *n* 賛美歌, 聖歌 (hymn), 聖詩, 《特に 聖書の》詩篇の各篇; [the P-s, 〈*sg*〉] 〔聖〕詩篇《旧約聖書の Book of P~s; 作者はダビデ (David) 王と伝えられる; 略 Ps., Psa., Pss》. ► *vt* 賛美歌で祝う, 聖歌を歌って賛美する. ♦ **psálm·ic** *a* [OE<L *psalmus*<Gk=(song sung to) twanging of harp (*psallō* to pluck)]

psálm·bòok *n* 《礼拝用の》聖歌集[本]; 《古》詩篇(書) (Psalter).

psálm·ist *n* 賛美歌作者, 詩篇作者, [the P-] ダビデ王; 賛美歌係.

psal·mo·dist /sá:mədɪst, sǽl-, *sá:l-/ *n* 詩篇[聖詩]作者, 賛美歌作者 (psalmist); 聖歌詠唱者.

psal·mo·dize /sá:mədàɪz, sǽl-, *sá:l-/ *vi* 聖詩[賛美歌]を詠唱する.

psal·mo·dy /sá:mədi, sǽl-, *sá:l-/ *n* 聖詩詠唱; 聖詩編成; 賛美歌《集合的》; 賛美歌集. ♦ **psal·mod·ic** /sɑ:mádɪk, sæl-, *sɑ:l-/, **-i·cal** *a* [L<Gk (PSALM, ODE)]

Psal·ter /sɔ́:ltər, *sá:l-, ''sɔ́l-/ *n* [the] 詩篇 (the Book of Psalms); [ˢp-] 《礼拝用の》詩篇書, 詩篇集, 聖詩集. [OE (*p*)*saltere* and AF, OF, <Gk=psaltery]

psal·te·ri·um /sɔ:ltíəriəm, *sɑ:l-, ''sɔl-/ *n* (*pl* **-ria** /-riə/) 〔動〕葉胃(ようい), 第三[重弁]胃 (omasum). ♦ **psal·té·ri·al** *a* [L (PSALTER); 形の類似から]

psal·tery /sɔ́:lt(ə)ri, *sá:l-, ''sɔ́l-/, **-try** /-tri/ *n* 〔楽〕プサルテリウム《zither に似た古代の弦楽器》; [P-] PSALTER.

Psam·a·the /sǽməθì:/ 〔ギ神〕プサマテー《(**1**) ネーレウスの娘の一人 (Nereid); Aeacus と交わって Phocus を生んだ; のちに Proteus の妻となった **2**) Argos 王の娘; Apollo との間に Linus を得た》.

psam·mite /sǽmàɪt/ *n* 砂(質)岩. ♦ **psam·mit·ic** /sæmítɪk/ *a*

psam·mon /sǽmàn/ *n* 〔生態〕砂地間隙生物群集, 砂地生物群《淡水の水際の砂粒の隙間にすむ水生生物》.

psám·mo·phỳte /sǽməfàɪt/ *n* 〔植〕砂地植物.

p's and q's /pí:z(ə)nkjú:z/ *n* 行儀, 作法, 言行; 慎み深い[慎重な]言行: watch [mind] one's ～ 言行を慎む / be on one's ～ つとめて神妙にしている.

Psappho ⇨ SAPPHO.

PSAT 〔米〕Preliminary Scholastic Aptitude Test《SAT の予備試験と育英奨学金選考試験を兼ねる》.

PSB °photosynthesis bacteria.

PSBR 〔英〕public sector borrowing requirement 公共部門借入需要, 公共部門財政赤字《政府・地方自治体・国営企業が財政赤字を補填するために必要とする額で, 手持ち公債・財務省証券などの売却や通貨増発を通じて賄われる》.

psc 〔英軍〕passed STAFF COLLEGE.

pschent /(p)sként/ *n* 古代エジプトの王の二重の冠《上エジプト・下エジプトの支配の象徴》.

psec 〔理〕picosecond(s).

psel·lism /sélɪz(ə)m/ *n* 〔医〕吃訥(きつとつ)症, どもり. [Gk]

pse·phism /sí:fɪz(ə)m/ *n* 〔古ギ〕《アテナイなどの人民集会で投票によって通過した》法令.

pse·phite /sí:fàɪt/ *n* 礫質(れきしつ)岩. ♦ **-phit·ic** /sifítɪk/ *a*

pse·phol·o·gy /sifálədʒi; sɪ-, sɛ-/ *n* 選挙学. ♦ **-gist** *n* **pse·pho·log·i·cal** /sì:fəládʒɪk(ə)l/ *a* [Gk *psēphos* pebble, vote]

pseud /sú:d; sjú:d/ ''《口》*a* 偽りの, にせものの, ぶった. ► *n* 見せかける人, にせ者; えせインテリ, 専門家気取り, 知ったかぶり. [*pseudo*]

pseud- /sú:d; sjú:d/, **pseu·do-** /sú:dou, -də; sjú:-/ *comb form* 「偽りの」「仮の」「擬似の」 [Gk; ⇨ PSEUDO]

pseud. pseudonym ♦ pseudonymous.
psèud·arthrósis〔医〕*n* 偽関節症; 偽関節.
pseud·áxis *n*〔植〕仮軸 (sympodium).
pseud·épi·gràph *n*《旧約聖書の》偽典, 偽書.
pseud·epig·ra·pha /sù:dɪpígrəfə; sjù:d-/ *n pl* (*sg* **-phon** /-fɑ̀n/) [ˢP-]《特に旧約聖書の正典 (canonical books) および外典 (Apocrypha) のいずれにも含まれない》偽典, 偽書; APOCRYPHA.
psèud·epígraphy *n*《作品に》偽りの記者[著者]名を付すること.
pseu·do /sú:doʊ; sjú:-/ *a* 偽りの, にせの, えせ…, まがいものの; 物知り顔の. ► *n* (*pl* **~s**)《口》見せかける人, にせ者. [Gk (*pseudēs* false)]
pseudo- /sú:doʊ, -də; sjú:-/ ⇨ PSEUD-.
psèudo·alléle *n*〔発生〕偽対立遺伝子. ♦ **-allélic** *a* **-allélism** *n*
psèudo·álum *n*〔化〕擬ミョウバン.
psèudo·anoréxia *n*〔医〕仮性[偽性]食欲不振《食欲不振を訴えながらひそかに食べている状態》.
psèudo·aquátic *a*〔植〕水中ではなく湿地に生える, 偽水生の.
psèudo·archáic *a* 擬古調の.
psèudo·aromátic〔化〕*a* 擬似芳香族の《環状共役 π 電子系構造をもつにもかかわらず, 芳香族的な性質を示さない化合物についていう》. ► *n* 擬似芳香族化合物. ♦ **psèudo·aromatícity** *n*
psèudo·arthrósis *n*〔医〕PSEUDARTHROSIS.
pséudo·càrp *n*〔植〕偽果, 仮果 (accessory fruit). ♦ **psèu·do·cárpous** *a*
psèudo·cholinésterase *n*〔生化〕偽コリンエステラーゼ (⇨ CHOLINESTERASE).
psèudo·clássic, -clássical *a, n* 擬古典的な(作品). ♦ **-clássicism** *n* 擬古典主義, 擬古体.
pséudo-clèft séntence〔文法〕擬似分裂文《たとえば, Tom likes wine. に対し, what を使ってこれを分離した What Tom likes is wine. をいう; cf. CLEFT SENTENCE》.
pséudo·còde *n*〔電算〕擬似コード《プログラムの概要を自然言語も交えて示したもの》.
pséudo·còel *n*〔動〕擬体腔.
psèudo·cóelomate *a, n*〔動〕擬体腔のある(動物).
psèudo·copulátion *n*〔生〕擬似交接.
pseu·do·cy·e·sis /sù:dousaɪí:səs; sjù:-/ *n*〔医〕偽妊娠, 想像妊娠 (＝*false pregnancy, pseudopregnancy*)《妊娠したと思い込み, 妊娠時のような身体的症候やホルモン変化を示す状態》.
psèudo·ephédrine *n*〔薬〕偽エフェドリン《鼻詰まり緩和薬に用いるエフェドリンの異性体》.
psèudo-evént *n*《耳目を集めるように》仕組まれたできごと[事件], やらせのできごと.
pséudo·gène *n*〔遺〕偽遺伝子《遺伝子と類似性が高いが, 遺伝子としての機能を失っている DNA の領域》.
pséudo·gràph *n* 偽書, 偽作, 偽造文書.
psèudo·hálogen *n*〔化〕擬ハロゲン《ハロゲンに似た性質を示す基; シアン・シアン酸イオン・チオシアンなど》.
psèudo·hermáphrodite *n* 偽半陰陽の人[動物], 偽雌雄同体. ♦ **-hermáphroditism, -dism** *n* 偽半陰陽, 偽雌雄同体現象[同体性]. **-hermaphrodític** *a*
psèudo·intelléctual *a* えせインテリの, 学問的に見せかけた. ► *n* えせインテリ, インテリもどき, 知的半可通.
psèudo-intránsitive *a*〔文法〕擬似自動詞の《例: Mary *is cooking*. / These potatoes *cook* well.》.
psèudo·lánguage *n*〔電算〕擬似言語《PSEUDOCODE の書き方をある程度体系化したもの》.
psèudo·léarned /-lə́:rnəd/ *a* いいかげんな知識の; 衒学的な, 好古趣味の.
psèudo·mónad *n*〔菌〕シュードモナス《*Pseudomonas* 属のグラム陰性の桿菌》.
psèudo·mónas *n* (*pl* **-mónades**) PSEUDOMONAD.
pséudo·mòrph *n*〔鉱〕仮像; 偽形, 不正規形. ► *vt* …に取って代わり仮像を形成する. ♦ **psèudo·mórphic, -mórphous** *a* **-mórphism** *n*
psèudo-mutuálity *n*〔心〕偽相互性《家族間などにおいて意見・見解の相違による葛藤を無視する形で関係が成立している場合》.
psèudo·mycélium *n*〔植〕偽菌糸. ♦ **-mycélial** *a*
pseu·do·nym /sú:d(ə)nìm; sjú:-/ *n* 偽名, 匿名,《特に》筆名, ペンネーム, 雅号《略 pseud.》. [F＜Gk (*onuma* name)]
pseu·do·nym·i·ty /sù:d(ə)níməti; sjù:-/ *n* 偽名で書く[書かれている]こと, ペンネーム[雅号]使用.
pseu·don·y·mous /sudɑ́nəməs; sju-/ *a* ペンネーム[雅号]の[を用いて書く, を用いた]. ♦ **~·ly** *adv* **~·ness** *n*
psèudo·parénchyma *n*〔植〕偽柔組織《異形菌糸組織》. ♦ **-parenchýmatous** *a*
pseu·do·pod /sú:dəpɑ̀d; sjú:-/ *n*《アメーバなど》仮足をもつ原生動物; PSEUDOPODIUM. ♦ **pseu·dop·o·dal** /sudɑ́pədl; sju-/, **psèu·do·pó·di·al** *a*
pseu·do·po·di·um /sù:dəpóʊdiəm; sjù:-/ *n* (*pl* **-dia** /-diə/)〔動〕《アメーバ型生活相の細胞の》偽足, 仮足;〔植〕《ミズゴケ類の》偽柄.
psèudo·prégnancy *n* PSEUDOCYESIS;《哺乳類動物の》偽妊娠. ♦ **-prégnant** *a*
psèudo·rábies *n*〔獣医〕偽[仮性]狂犬病 (＝*mad itch*)《ウイルスによるウシ・ウマ・ブタなどの急性感染症; 激しい瘙痒(そうよう)のあと, 中枢神経系組織の炎症を起こす》.
psèudo·rándom *a*〔統〕擬似乱数の: ～ numbers 擬似乱数.
pséudo·sàlt *n*〔化〕擬似塩《化学式は塩と相似しているがイオン化されていない化合物》.
psèudo·scálar *n*〔理・数〕擬スカラー.
psèudo·scíence *n* 擬似[えせ]科学. ♦ **-scientífic** *a* **-scíentist** *n*
pséudo·scòpe *n*《凹凸を逆に見せる》偽影鏡, 反影鏡.
psèudo·scórpion *n*〔動〕カニムシ《蛛形(ちゅけい)綱カニムシ目 (Pseudoscorpiones) の節足動物の総称》.
psèudo·sophisticátion *n* 偽りの洗練, わけ知りぶること. ♦ **-sophísticated** *a*
psèudo·tuberculósis *n*〔獣医〕偽結核(症), 偽性結核《齧歯類 (特に モルモット・ウサギ) やヒツジなどにみられる致死性疾患; 種々の臓器の乾酪性腫脹と結節を生じる》.
psèudo·úridine *n*〔生化〕プソイドウリジン《転移 RNA に存在するウリジンの異性体》.
psèudo·véctor *n*〔理・数〕擬ベクトル.
psèudo·vírion *n*〔医〕偽[擬]ビリオン, 偽[擬]ウイルス粒子《宿主の核酸を取り込んだ virion》.
psf pounds per square foot.
PSG °platoon sergeant.
pshaw *int, n* /ʃɔ́:; pɸ:, pʃɔ́:/ フン, ヘン, チェッ, 何だ, ばかな《軽蔑・不快・性急などの叫び》. ► *vi, vt* /ʃɔ́:; (p)ʃɔ́:/《まれ》フン[ヘン, チェッ]と言う ‹*at*›; フフンと鼻であしらう. [imit]
PSHE〔英教育〕personal, social and health education 人格・社会・健康教育《健全な社会生活や人づきあいに必要な技能・道徳などを学ぶ教科》.
psi /psáɪ, sáɪ, psí:/ *n* **1** (*pl* **~s**) プシー《ギリシア語アルファベットの第 23 字; Ψ, ψ で発音は /ps/》. **2** プシー《透視・テレパシー・念力などの超常的な現象; cf. PSYCHIC》; PSI PARTICLE.
psi pounds per square inch ポンド毎平方インチ《タイヤ圧などの単位: ≒6.8 kilopascal》.
PSI Personalized System of Instruction 個性化授業法 (⇨ KELLER PLAN).
psil·an·thro·py /saɪlǽnθrəpi/, **-pism** /-pìz(ə)m/ *n* キリスト凡夫論《キリストはただの人間であるとしてその神性を否定する説》. ♦ **-pist** *n* **psil·an·throp·ic** /sàɪlænθrɑ́pɪk/ *a*
psi·lo·cin /sáɪləsən/ *n*〔化〕サイロシン《ある種のキノコから採れる幻覚剤》.
psi·lo·cy·bin /sàɪləsáɪbən/ *n*〔化〕シロシビン《メキシコなどのキノコから採れる, LSD に似た幻覚剤》. [Gk *kubē* head]
psi·lom·e·lane /saɪlɑ́məlèɪn, sɪ-/ *n*〔鉱〕硬マンガン鉱, サイロメレーン. [Gk *melan* black]
psí·lo·phỳte /sáɪlə-/ *n*〔植〕古生マツバラン. ♦ **psì·lo·phýt·ic** /-fít-/ *a*
psi·lo·sis /saɪlóʊsəs/〔医〕*n* (*pl* **-ses** /-sì:z/) 脱毛(症), 抜け毛 (depilation); スプルー (sprue)《熱帯性下痢》.
psi·on /sáɪɑn/ *n* PSI PARTICLE.
psi·on·ic /saɪɑ́nɪk/ *a* 超能力[超常現象]の[を利用した]. ♦ **-i·cal·ly** *adv*
psí pàrticle〔理〕J/PSI PARTICLE.
psit·ta·ceous /sətéɪʃəs/ *a* PSITTACINE.
psit·ta·cine /sítəsàɪn, -sən/ *a, n*〔鳥〕オウム科 (Psittacidae) の(鳥); オウムに似た[のような]. ♦ **~·ly** *adv*
psit·ta·co·sis /sìtəkóʊsəs/ *n*〔医〕オウム病《細菌 *Chlamydia psittaci* が媒介する鳥類の病気; ヒトに伝染すると高熱を伴う肺炎を起こす》. ♦ **psit·ta·cót·ic** /-kɑ́t-/ *a*
P60 /pí:síksti/ *n*〔英〕P60《雇用者から被雇用者に毎年手渡される, 被雇用者の年間の総収入・納税額と国民保険に納めた額を証明する書類》.
Pskov /pəskɔ́:f, -kɔ́:v/ **1** プスコフ (Pskov 湖南東岸の近くにある市; ロシアで最古の都市の一つ). **2** [Lake] プスコフ湖《ロシアとエストニアの国境にある Peipus 湖の南の部分》.
PSL private sector liquidity (⇨ M4, M5).
PSNI〔英〕Police Service of Northern Ireland 北アイルランド警察《2001 年 RUC の後身として設立された北アイルランドの治安警察》.
pso·as /sóʊəs/ *n* (*pl* **pso·ai** /-àɪ/, **pso·ae** /-ì:/)〔解〕腰筋: ～ magnus /mǽgnəs/＝～ major 大腰筋 / ～ parvus /pɑ́:rvəs/＝～ minor 小腰筋. [Gk (acc pl)‹*psoa*]
pso·cid /sóʊsəd/ *n*〔昆〕チャタテムシ《総称》.
pso·ra /sɔ́:rə/〔医〕*n* 乾癬 (psoriasis); 疥癬(かいせん) (scabies). [Gk＝itch]
pso·ra·len /sɔ́:rələn/ *n*〔生化〕ソラレン《植物中に含まれる物質で, 皮膚に対する光感作作用がある》.

P

P

pso·ri·a·sis /sərάɪəsəs/ *n* 〘医〙乾癬. ♦ **pso·ri·at·ic** /sɔ̀ːriǽtɪk/ *a, n* 乾癬の; 乾癬にかかった(人). ［NL＜Gk (PSORA)］
PSRO 〘米〙professional standards review organization 医療基準調査委員会《医師たちの方法および決定を再調査する医師団》.
Pss Psalms.
psst, pst /pst/ *int* ちょっと, もし《遠慮がちに[目立たないように]人の注意をひく》. ［imit］
PST 〘米・カナダ〙°Pacific standard time.
PSTN /píːèstìːέn/ PSTN《音声やデータの送受信のための国際的な電話システム; cf. ISDN》. ［*P*ublic *S*witched *T*elephone *N*etwork］
PSV public service vehicle.
psych, psyche /sάɪk/ «口» *vt* **1** PSYCHOANALYZE; 心理的に分析する, 解明する ‹*out*›; ‹相手›の心理[意図]を見抜く, 先を読む, 出し抜く ‹*out*›. **2** 動揺させる, びびらせる, おどす びくつかせる ‹*out*›. ► *vi* 意気阻喪する, おじける ‹*out*›; 気が変になる(ふりをする) ‹*out*›; [ᵘpsyche]〘ブリッジ〙空(から)の (psychic) ビッドを行なう. ● **～ up** …に心構えをさせる, 気合いを入れる. ► *n* PSYCHOLOGIST, PSYCHIATRIST; PSYCHOLOGY (の講座), PSYCHIATRY; [ᵘpsyche]〘ブリッジ〙空の (psychic) ビッド. ► *int**ただの冗談だよ, なーんちゃって. ［*psycho*analyze］
psych- /sάɪk-/, **psy·cho-** /sάɪkoʊ, -kə/ *comb form*「霊魂」「精神」「心理」 ［Gk (PSYCHE)］
psych. psychology.
psỳch·asthénia *n* 〘精神医〙精神衰弱. ♦ **psỳch·asthénic** *a, n*
psyche[1] ⇨ PSYCH.
psy·che[2] /sάɪki/ *n* **1** [P-]〘ギ神・ロ神〙プシューケー《霊魂の人格化で蝶の羽をつけた美少女; Eros [Cupid] に愛された》. **2** [the *or* one's]《肉体に対して》魂, 精神, 心;〘心〙精神, プシケ (＝*mind*)《意識的・無意識的精神生活の全体》. ［Gk *psukhē* soul, mind］
psyched /sάɪkt/ «口» *a* [°～ out] 興奮して, 動揺して, キレて; [°～ out] 酔っぱらって; [°～ up] 心の準備ができて, 気合いがはいって.
psy·che·de·lia /sàɪkədíːliə, -déːl-/ *n pl* 幻覚剤の世界; 幻覚剤によってひき起こされる効果を連想させる品物; サイケ調《音楽》.
psy·che·del·ic /sàɪkədélɪk/ *a* サイケデリックな《高度に快適な幻覚的・創造的陶酔状態の》; サイケデリック薬剤の《LSD など》; サイケ調の; サイケ文化の. ► *n* 幻覚剤, 幻覚剤常用者; サイケ文化を志向する人. ♦ **-i·cal·ly** *adv* ［PSYCHE, Gk *dēlos* clear］
psy·che·del·i·cize /sàɪkədéləsàɪz/ *vt* サイケ調にする.
Psýche knòt 頭の後ろで束ねる女の結髪型.
psy·chi·a·ter /səkάɪətər, saɪ-/ *n* «古» PSYCHIATRIST.
psy·chi·at·ric /sàɪkiǽtrɪk/ *a* 精神医学の[で用いる]; 精神科の: ～ disorders 精神障害 / a ～ clinic 精神科クリニック. ♦ **-ri·cal·ly** *adv*
psychiátric hòspital 精神病院.
psychiátric sócial wòrk 精神医学[精神科]ソーシャルワーク. ♦ **psychiátric sócial wòrker** 精神医学[精神科]ソーシャルワーカー, 精神保健福祉士.
psy·chi·a·trist /səkάɪətrɪst, saɪ-/ *n* 精神科医.
psy·chi·a·try /səkάɪətri, saɪ-/ *n* 精神医学. ［*psych-*, Gk *iatros* physician］
psy·chic /sάɪkɪk/ *a* **1 a** 精神の, 精神的な, 心理的な, 心的な (opp. *physical*): a ～ trauma 精神外傷《精神ショック》. **b**〘ブリッジ〙‹競り高の宣言が›空(から)の《敵を攪乱させるため, 通常は宣言できない手で行なう場合》. **2** 霊魂の, 心霊の, 心霊現象の (supernatural); 心霊作用をうけやすい, 霊感の強い; 超常的な知覚[洞察]をもった, 千里眼的な, テレパシーが使える: ～ force 心霊[霊能]力 / a ～ phenomenon 心霊現象 / ～ research 心霊研究. ► *n* 超能力者, 霊能者, 市子(いち), 巫(み), 霊媒; 心霊現象. ♦ **-chi·cal** *a* **-chi·cal·ly** *adv* ［Gk (PSYCHE)］
psýchic detérminism 〘心〙《Freud の》心的決定論《すべての心理現象は因果関係で説明できるとする》.
psýchic énergizer*〘医〙精神賦活[興奮]薬 (＝*antidepressant*)《抑制された精神機能を高める》.
psýchic héaler 心霊療法家.
psýchic númbing 精神的無感覚《受け容れがたい現実に対する防衛として生じたもの》.
psý·chics *n* 心霊研究;《俗に》心理学 (psychology).
psy·chism /sάɪkìz(ə)m/ *n* 心霊説.
psých-jòckey *n**«口» 人生相談番組のホスト[コンサルタント].
psy·cho /sάɪkoʊ/ «口» *n* (*pl* **～s**) **1** 精神分析, 心理学; 心理学者; 精神病質[異常]者, 変質者. **2** [P-]『サイコ』《米国映画 (1960); Alfred Hitchcock 制作・監督作品; 異常心理を扱った, いわゆるショッカー (shocker) の秀作; ⇨ Norman BATES》. ► *a* 心理学の, 精神分析の; 精神病質の. ► *vt* 精神分析する. ［*psycho*analysis］
psycho- /sάɪkoʊ, -kə/ ⇨ PSYCH-.
psỳcho·acóustics *n* 音響心理学. ♦ **-acóustic, -tical** *a*
psỳcho·áctive *a* ‹薬物が›精神に影響を及ぼす, 精神活性の.
psỳcho·análysis *n* 精神分析(学)《略 **psychoanal.**》.
psỳcho·ánalyst *n* 精神分析学者, 精神分析専門医.
psỳcho·analýtic, -ical *a* 精神分析の. ♦ **-ical·ly** *adv*
psỳcho·ánalyze *vt* 精神分析する.
psỳcho·bàbble *n* «口» 心理学のジャーゴン[ごたく], ちんぷんかんぷんな心理学用語. ♦ **-bàbbler** *n*
psỳcho·biógraphy *n* 《個人の性格[精神]形成を記した》性格分析的伝記; 性格分析. ♦ **-biógrapher** *n* **-biográphical** *a*
psỳcho·biólogy *n* 精神生物学《生物学的方法で研究する心理学》. ♦ **-gist** *n* **-biológical, -ic** *a*
psỳcho·chémical *n* 精神に影響を及ぼす化学薬品《戦場で用いられる毒ガスなど》. ► *a* psychochemical の.
psy·cho·del·ic /sàɪkoʊdélɪk/ *a* PSYCHEDELIC.
psỳcho·diagnóstics *n* 精神診断学.
psỳcho·dràma *n* 〘精神医〙心理劇, サイコドラマ《心理療法の一つとして演じさせる集団的即興劇》; 心理描写(的作品), 心理劇; 心理的葛藤(の表現). ♦ **psỳcho·dramátic** *a*
psỳcho·dynámics *n* 精神力学, 精神力動(論);《特に 無意識の》誘因, 欲求. ♦ **-dynámic** *a* **-ical·ly** *adv*
psỳcho·educátion·al *a* 《知能テストなど》学習能力評価に用いる心理学的方法の.
psỳcho·energétic *a* 心霊エネルギーの.
psỳcho·galvánic *a* 精神電流の.
psychogalvánic réflex [reáction, respónse] 精神電流反射[反応]《精神的・情緒的刺激に反応して起こる汗腺の活動による皮膚における見かけの電気抵抗の一時的な低下; 略 PGR》.
psỳcho·génesis *n* 精神発生(学);〘心・医〙心理起因, 心因. ♦ **-genétic** *a*
psỳcho·génic *a* 〘心〙心因性の. ♦ **-i·cal·ly** *adv*
psỳcho·geriátric *a* 老人の精神病[障害]の; 老いて精神を病んでいる. ► *n* 老人精神病患者.
psỳcho·geriátrics *n* 老年精神医学.
psy·chog·no·sis /sàɪkəgnóʊsəs, saɪkάgnəsəs/, **psy·chog·no·sy** /saɪkάgnəsi/ *n* (*pl* **-no·ses** /-nóʊsìːz, -nəsìːz/, **-no·sies**) 精神診断(法).
psýcho·gràph *n* **1**〘心〙心誌, サイコグラフ《性格特性図[表]》; PSYCHOBIOGRAPHY. **2** 心霊書写の道具; 心霊により写真乾板[印画紙]に念写された像.
psỳ·cho·gráph·ic *a* PSYCHOGRAPH の; PSYCHOGRAPHY の; PSYCHOGRAPHICS の. ♦ **-i·cal·ly** *adv*
psỳcho·gráphics *n* 〘市場調査〙サイコグラフィックス《潜在顧客を分類する際に用いられる消費者のライフスタイル・態度・価値観・信条などの測定の技術; 消費者の態度[価値観]》. ［*psycho-*, *demographics*］
psy·chog·ra·phy /saɪkάgrəfi/ *n* 〘心〙心誌[サイコグラフ]法; 心霊書写;《心霊による》念写法.
psỳcho·hístory *n* 心理歴史学; PSYCHOBIOGRAPHY. ♦ **-histórian** *n* **-histórical** *a*
psýcho·kìck *n**«俗» 強烈なオルガスム.
psycho·ki·né·sia /-kəníːʒ(i)ə, -kaɪ-/ *n* 爆発性の精神的発作.
psỳcho·kinésis *n* 念力, 念動, 観念動力, サイコキネシス《精神力によって物体を操作する[動かす]超能力; 略 PK》; PSYCHOKINESIA. ♦ **-kinétic** *a* **-i·cal·ly** *adv*
psychol. psychological ♦ psychologist ♦ psychology.
psỳcho·linguístics *n* 心理言語学, 言語心理学. ♦ **-linguístic** *a* **-línguist** *n*
psýcho·lòg *n* 《自己の印象・連想などの》精神カルテ.
psy·cho·log·i·cal /sàɪkəlάʤɪk(ə)l/, **-log·ic** *a* 心理学(上)の; 心理学的な; 心理の, 精神の; «口» ‹病気が›心因性の; «口» 精神病の, 精神障害の (mental). ♦ **-i·cal·ly** *adv*
psychológical blóck 《思考の流れの》途絶 (block).
psychológical hédonism 心理学的快楽主義《人間行動はすべて快楽の追求と苦痛の回避に基づくとする説》.
psychológical móment [the]《目的達成上》心理的効果が最大の時機: at *the* ～ 絶好の機会に, 潮時に.
psychológical nóvel 心理小説.
psychológical préicing 心理学的価格決定《90 ドルの商品を 98 ドルとして 100 ドルより値引きしたと思わせるなど》.
psychológical wárfare 心理戦争, 神経戦.
psy·chol·o·gism /saɪkάləʤìz(ə)m/ *n* [*derog*] 心理学主義, 心理学[精神分析学]用語使用;〘哲〙心理主義.
psy·chol·o·gize /saɪkάləʤàɪz/ *vt, vi* 心理学的に考究[解釈, 説明]する.
psy·chol·o·gy /saɪkάləʤi/ *n* 心理学; 心理(状態); 心理学の論文[体系]; 心理的駆引き, 心理作戦; «口» 人の心理を読む力. ♦ **-gist** *n* ［*psycho-*, *-logy*］
psy·cho·ma·chia /sàɪkoʊméɪkiə/, **psy·chom·a·chy** /saɪkάməki/ *n* 魂の葛藤.
psýcho·màncy *n* 精神感応, 霊通.
psy·cho·met·ric /sàɪkəmétrɪk/ *a* 精神[心理]測定(学)の; サイコメトリー (psychometry) の. ♦ **-ri·cal·ly** *adv*
psy·cho·me·tri·cian /sàɪkəmətríʃ(ə)n/, **psy·chom·e-**

trist /saɪkámətrɪst/ *n* 〘心〙精神測定(学)者.
psỳ·cho·mét·rics *n* 〘心〙精神[心理]測定(学).
psy·chom·e·try /saɪkámətri/ *n* サイコメトリー《ある物に触れたり近づいたりすることによってその物あるいは所有者に関する事実を読み取る行為》; PSYCHOMETRICS.
psỳcho·mimétic *a* 精神病に近い状態にする. ► *n* 精神作用薬, 向精神薬.
psỳcho·mótor *a* 精神運動(性)の.
psy·chon /sáɪkàn/ *n* サイコン《神経インパルスまたはエネルギーの仮説的単位》. ♦ **psy·chon·ic** /saɪkánɪk/ *a* [*psych-*, *-on²*]
psỳcho·nèuro·immunólogy *n* 〘医〙精神神経免疫学《免疫システムに対して神経システムと精神状態が及ぼす影響を研究する》. ♦ **-gist** *n* **-immunológical** *a*
psỳcho·neurósis *n* 精神神経症. ♦ **-neurótic** *a*, *n*
psy·cho·nom·ics /sàɪkənámɪks/ *n* 〘心〙サイコノミックス《精神発達と物理的·社会的環境条件との影響関係の研究》. ♦ **-nóm·ic** *a*
psy·cho·path /sáɪkəpæ̀θ/ *n* 精神病質者; PSYCHO.
psy·cho·path·ic /sàɪkəpǽθɪk/ *a* 精神病質の. ► *n* PSYCHOPATH. ♦ **-i·cal·ly** *adv*
psychopáthic personálity 〘精神医〙精神病質人格; 精神病質人格者.
psy·chop·a·thist /saɪkápəθɪst/ *n* 精神病(専門)医.
psỳcho·pathólogy *n* 精神病理学; 精神病理; 精神[行動]障害. ♦ **-gist** *n* **-pathológic, -ical** *a* **-ical·ly** *adv*
psy·chop·a·thy /saɪkápəθi/ *n* 精神病; 精神病質 (psychopathic personality).
psỳcho·pharmacéutical *n* 向精神薬.
psỳcho·pharmacólogy *n* (神経)精神薬理学. ♦ **-gist** *n* **-pharmacológical, -ic** *a*
psỳcho·phýsical *a* 精神物理学の; 精神的·物質的な特質を共有する. ♦ **-ica·lly** *adv*
psychophýsical párallelism 精神物理的並行論, 心身平行説.
psỳcho·phýsics *n* 精神物理学. ♦ **-phýsicist** *n*
psỳcho·physiólogy *n* 精神生理学. ♦ **-gist** *n* **-physiológical, -ic** *a* **-ical·ly** *adv*
psy·cho·pomp /sáɪkoupàmp/, **-pom·pos** /-pàmpəs/ *n* 〘ギ神〙霊魂を冥界に導く者《Hermes, Charon など》; 生者の魂への霊的指導者. [Gk (*pompos* conductor)]
psỳcho·prophyláxis *n* 〘産科〙精神的予防(法)《無痛分娩法の一つ》.
psýcho·quàck *n* 《口》いんちき心理学者, もぐり精神科医. ♦ **~·ery** *n*
psỳcho·séxual *a* 精神性的な, 性心理の. ♦ **~·ly** *adv*
psỳcho·sexuálity *n* 性の心理的諸要素.
psy·cho·sis /saɪkóusəs/ *n* (*pl* **-ses** /-sìːz/) 精神病.
psỳcho·sócial *a* 心理社会的な. ♦ **~·ly** *adv*
psỳcho·somátic *a* 精神身体の, 心身の; 精神身体症の, 心身症の; 〈疾患が〉心因性の. ► *n* 精神身体症[心身症]患者. ♦ **-i·cal·ly** *adv*
psychosomátic médicine 精神身体医学, 心身医学 (psychosomatics).
psỳcho·somátics *n* 心身医学.
psy·cho·so·mat·ry /sàɪkousóumətri/ *n* 精神と身体の相互作用.
psỳcho·súrgery *n* 〘医〙精神外科. ♦ **-súrgeon** *n* **-súrgical** *a*
psỳcho·sýnthesis *n* 〘精神医〙精神総合(療法)《イタリアの精神科医 Roberto Assagioli (1888–1974) による, 瞑想など東洋の方法と精神分析を組み合わせた心理療法》.
psỳcho·téchnics *n* 精神技術《経済学·社会学などの問題における心理学的方法の応用》. ♦ **-téchnical** *a*
psỳcho·technólogy *n* PSYCHOTECHNICS.
psỳcho·therapéutics *n* 精神治療学[法] (psychotherapy). ♦ **-therapéutic** *a* **-tical·ly** *adv*
psỳcho·thérapy *n* 精神[心理]療法. ♦ **-thérapist** *n* 精神[心理]療法士.
psy·chot·ic /saɪkátɪk/ *a* 精神病の, 精神異常の. ► *n* 精神病患者, 精神異常者. ♦ **-i·cal·ly** *adv*
psy·choto·gen /saɪkátəʤən/ *n* 精神病発現薬. ♦ **psy·chòto·génic, -genétic** *a*
psy·choto·mimétic /saɪkàtou-/ *a* 精神異常に似た状態をひき起こす. ► *n* 精神異常発現薬. ♦ **-i·cal·ly** *adv* [*psychosis*, *-o-*; *psychotic* にならったもの]
psỳcho·tóxic *a* 精神または人格に有害な《麻薬ではないが濫用すると有害なアンフェタミン·アルコールなどに関していう》.
psycho·tron·ic /-tránɪk/ *a* 〈映画が〉B 級 SF [ホラー, カルト]的な; PSYCHOTRONICS の.
psỳcho·trónics *n* サイコトロニクス, 精神[意識]工学《生体が放つエネルギー·力が物質に影響を及ぼすと考える超心理学の一派》.
psỳcho·trópic *a* 精神に影響を与える, 向精神性の〈薬剤〉. ► *n* 向精神薬《精神安定剤·幻覚剤など》.
psých-òut *n* 《口》精神的に動揺を与えること, 心理的に出し抜くこと.
psy·chro- /sáɪkrou, -krə/ *comb form*「冷たい」 [Gk (*psukhros* cold)]
psy·chrom·e·ter /saɪkrámətər/ *n* 乾湿球湿度計, 乾湿計. ♦ **-chróm·e·try** *n* 《乾湿計による》湿度測定. **psy·chro·met·ric** /sàɪkrəmétrɪk/ *a*
psỳchro·phílic *a* 〘生〙好冷の: ～ organisms 好冷生物. ♦ **psýchro·phìle** *n* 好冷菌.
psỳchro·tólerant *a* 耐冷性の.
psyl /sáɪl/ *n**《俗》シロシビン (psilocybin).
psyl·la /sílə/ *n* 〘昆〙キジラミ. [Gk=flea]
psyl·lid /síləd/ *n*, *a* 〘昆〙キジラミ (psylla) (の).
psyl·li·um (sèed) /síliəm(-)/ 〘医〙オオバコ種子, シャゼンシ(車前子)《オオバコ類の成熟した種子; 緩下剤として利用》. [Gk (PSYLLA)]
psy·ops /sáɪàps/ *n pl* 《口》《心理戦における》心理操作. [*psycho*logical *op*eration*s*]
psy·toc·ra·cy /saɪtákrəsi/ *n* 心理政治《大衆の行動を心理的に統制する専制政治》.
psý·wàr /sáɪ-/ *n* 《口》心理戦 (psychological warfare).
PT /pìːtíː/ *n* PT BOAT.
pt part ♦ 〘医〙patient ♦ payment ♦ pint(s) ♦ point ♦ port.
p.t. °past tense ♦ °post town ♦ °pro tempore. **Pt** 〘化〙platinum ♦ Point. **Pt.** 〘聖〙Peter. **PT** 〘米·カナダ〙°Pacific time ♦ part-time ♦ °physical therapist ♦ °physical therapy ♦ °physical training ♦ °pupil teacher ♦ °purchase tax.
pta (*pl* **ptas**) peseta.
PTA Parent-Teacher Association ♦ 〘英〙Passenger Transport Authority.
Ptah /ptáːx/ 〘エジプト神話〙プタハ《Memphis の氏神である創造の神》.
ptar·mi·gan /táːrmɪgən/ *n* (*pl* ～, ～**s**) 〘鳥〙ライチョウ (=*snow grouse*). [Gael; *p-* は *pt-* で始まる Gk にならった添え字]
PT boat* /piːtíː ─/ 快速哨戒魚雷艇, MOTOR TORPEDO BOAT《単に PT ともいう》. [*p*atrol [*p*ropeller] *t*orpedo *boat*]
PTC /píːtìːsíː/ *n* PHENYLTHIOCARBAMIDE.
Pte 〘英軍〙Private.
PTE 〘英〙Passenger Transport Executive.
pter- /tér/, **ptero-** /térou, térə/ *comb form*「羽翼」 [Gk *pteron* wing, feather]
pter·an·o·don /tərǽnədàn/ *n* 〘古生〙プテラノドン属 (*P-*) の翼竜.
pter·id- /térəd/, **pte·ri·do-** /tərídou, térədou, -də/ *comb form* 〘植〙「シダ (fern)」 [Gk *pterid- pteris*]
pter·i·dine /térədìːn/ *n* 〘化〙プテリジン《黄色の結晶をなす二環の塩基; 動物の色素にみられる》.
pter·i·doid /térədɔ̀ɪd/ *a* シダ (fern) の, シダ様の.
pter·i·dol·o·gy /tèrədáləʤi/ *n* 〘植〙シダ学. ♦ **-gist** *n* シダ学者. **ptèr·i·do·lóg·i·cal** *a*
pterído·phỳte /, térədou-; térɪdəu-/ *n* 〘植〙シダ植物. ♦ **-phyt·ic** /tərìdəfítɪk, tèrədou-; tèrɪdəu-/ *a*
pterído·spèrm /, térədou-; térɪdə-/ *n* 〘植〙SEED FERN.
pter·in /térən/ *n* 〘化〙プテリン《プテリジンを含有する化合物の総称》.
pteri·on /tériàn, tíər-/ *n* 〘解〙プテリオン《蝶形骨の大翼·側頭骨·前頭骨·頭頂骨が結合する頭蓋計測点》.
ptéro·brànch /-bræ̀ŋk/ *n* 〘動〙フサカツギ《翼鰓(よくさい)綱 (Pterobranchia) に属する半索動物の総称; 棲管 (tube) を作り深海底で群体をなす》.
ptèro·cárpous *a* 〘植〙翼果を有する.
ptèro·dác·tyl /-dǽkt(ə)l/ *n* 〘古生〙翼手竜《翼竜の一種》; 《広く》翼竜 (pterosaur). ♦ **-dac·ty·loid** /-dǽktəlɔ̀ɪd/, **-dáctylous** *a*
pte·ró·ic ácid /təróuɪk-/ 〘化〙プテロイン酸《葉酸の加水分解によって得られる微晶アミノ酸》.
ptero·pod /térəpàd/ *a*, *n* 〘動〙翼足類 (Pteropoda) の(腹足類). ♦ **pte·rop·o·dan** /tərápədən/ *a*, *n*
ptéro·sàur *n* 〘古生〙翼竜.
-p·ter·ous /⸗pt(ə)rəs/ *a comb form* 〘動·植〙「…の翼をもつ」: di*pterous*. [Gk; ⇨ PTER-]
ptér·o·yl·glutámic ácid /térouìl-/ 〘生化〙プテロイルグルタミン酸, 葉酸 (folic acid)《略 PGA》.
pte·ryg·i·um /tərídʒiəm/ *n* (*pl* ～**s, -ia** /-rídʒiə/) 〘医〙翼状片; 〘医〙表皮爪膜; 〘動〙鰭(ひれ). ♦ **pte·rýg·i·al** *a*
pter·y·goid /térəgɔ̀ɪd/ *a* 翼状の; 〘解〙翼状突起の. ► *n* 〘解〙翼状突起部《骨·神経·筋》.
ptérygoid bòne 〘解〙翼状骨.
ptérygoid pròcess 〘解〙翼状突起.
pter·y·la /térələ/ *n* (*pl* **-lae** /-lìː, -làɪ/) 〘鳥〙《おおばね (penna) の》羽域(うい), 翼区(よく). [Gk *hulē* forest]
PTFE polytetrafluoroethylene.
ptg printing.

ptis·an /tíz(ə)n, tɪzǽn; tɪzǽn/ *n* 滋養煎出し汁《もと麦湯》;《広く》TEA, TISANE. ［OF, ＜Gk＝barley groats］
PTO, pto please turn over 裏[次ページ]へ続く.
PTO parent-teacher organization ♦〖米〗Patent and Trademark Office ♦°power take-off.
pto·choc·ra·cy /toukákrəsi/ *n* 貧民政治.
Ptol·e·ma·ic /tàləméɪɪk/ *a* PTOLEMY (の天動説)の (opp. *Copernican*); プトレマイオス王(時代)の.
Ptolemáic sýstem [théory] [the]〖天〗プトレマイオス(体)系《Ptolemy の唱えた天動説》.
Ptol·e·ma·ïs /tàləméɪəs/ プトレマイス《**1**) エジプト南部 Nile 川左岸にあった古代都市; その南東にテーバイがあった **2**) リビア北東部地中海沿岸の現 Tolmeta 村の地にあった Cyrenaica の古代都市 **3**) イスラエルの ACRE 市の新約聖書における名称》.
Ptol·e·ma·ist /tàləméɪɪst/ *n* プトレマイオス説[天動説]信奉者.
Ptol·e·my /táləmi/ **1** プトレマイオス (*L* Claudius Ptolemaeus)《紀元 2 世紀の Alexandria の天文・地理・数学者; 天動説を唱えた》. **2** プトレマイオス (**1**) ～ **I** (367?–283 B.C.)《エジプト王 (323–285 B.C.); Alexander 大王の武将で, 王の死後エジプトでプトレマイオス王朝を開いた》(**2**) ～ **II** (309–246 B.C.)《1 世の子, エジプト王 (285–246 B.C.); エジプト文化の最盛期を現出した》.
pto·maine /tóumèɪn, ―́―/ *n*〖化〗死(体)毒, プトマイン《動物の死体などが腐敗したときにタンパク質の分解によって産生される有機塩基; 有毒なものがある; cf. LEUCOMAINE》. ♦ **pto·máin·ic** *a* ［F (Gk *ptōma* corpse)］
ptómaine-domàin, -pàlace *n**《俗》食堂 (mess hall, cafeteria).
ptómaine póisoning プトマイン中毒;《広く》食中毒.
pto·sis /tóusəs/ *n* (*pl* **-ses** /-sì:z/)〖医〗下垂(症),《特に》眼瞼下垂(症). ♦ **ptot·ic** /tátɪk/ *a* ［Gk＝a falling］
P trap /pí: ―/〖配管〗P トラップ.
PTSD °post-traumatic stress disorder.
PTV〖米〗°public television.
P2P /pí:təpí:/〖電算〗peer-to-peer ♦ person-to-person.
Pty〖豪・南アなど〗Proprietary《社名のあとに付けて, proprietary company であることを示す》.
pty·a·lin /táɪələn/ *n*〖生化〗唾液澱粉酵素, プチアリン.
pty·a·lism /táɪəlìz(ə)m/ *n*〖医〗唾液(分泌)過多, 流涎(りゅうぜん)(症). ［Gk *ptualon* spittle］
Pty Co. °Proprietary Company.
p-type /pí: ―/ *a*〖電子工〗〈半導体・電気伝導が〉p 型の《電気伝導主体[多数キャリヤー]が正孔の; cf. N-TYPE》.
P.U. /pì:jú:/ *int**《俗》臭いっ, くっせえ《phew を大げさにいったもの》.
Pu〖化〗plutonium. **PU** pickup.
pub /pʌ́b/ ″《口》*n* 酒場, 居酒屋, 飲み屋, パブ, バー《即金制で酒を飲ませ, 社交機関の役も兼ねる》;《豪》ホテル. ► *vi* パブに通う[行く]: go *pubbing*. ［*pub*lic house］
pub. public ♦ publication ♦ publicity ♦ published ♦ publisher ♦ publishing.
púb cràwl ″《俗》はしご酒.
púb cràwler ″《俗》はしご酒をする者. ♦ **púb-cràwl** *vi*
pube /pjú:b/ *n*《口》陰毛 (pubic hair).
pu·ber·tal /pjú:bərtl/, **pu·ber·al** /pjú:b(ə)rəl/ *a* PUBERTY の[に関する].
pu·ber·ty /pjú:bərti/ *n* 思春期, 春機発動期;〖植〗開花期: arrive at ～ 年ごろになる / the age of ～ 結婚適齢(期)《合法的に結婚できる年齢: 男子 14 歳, 女子 12 歳; cf. ADOLESCENCE》. ［OF or L (*puber* adult)］
pu·ber·u·lent /pjubér(j)ələnt/ *a*〖動・植〗軟毛[柔毛]におおわれた.
pu·bes[1] /pjú:biz, ″pjú:bz/ *n* (*pl* ～) 陰部; 陰毛, 恥毛. ［L］
pu·bes[2] *n* PUBIS の複数形.
pu·bes·cence /pjubés(ə)ns/ *n* 思春期に達していること, 年ごろ;〖植・動〗軟毛[柔毛]におおわれた状態; 軟毛, 柔毛.
pu·bés·cent *a* 思春期の;〖植・動〗軟毛[柔毛]におおわれた. ► *n* 思春期の若者. ［L; ⇨ PUBES[1]］
pu·bic /pjú:bɪk/ *a* 陰部の, 恥骨の: the ～ region 陰部 / the ～ bone 恥骨 (pubis) / ～ hair 陰毛.
púbic sýmphysis〖解〗恥骨結合.
pu·bis /pjú:bəs/ *n* (*pl* **pu·bes** /-biz/, **-bi·ses** /-bəsì:z/)〖解〗恥骨. ［L *os pubis*］
publ. publication ♦ published ♦ publisher ♦ publishing.
pub·lic /pʌ́blɪk/ *a* (opp. *private*) **1** 公けの, 公的な, 公共の, 公衆の, 人民の, (国民)一般の; 公立の; 普遍的な, 国際的な: ～ affairs 公共の事柄, 公事 / ～ good [benefit] 公益. **2** 公設の, 公開の; 人通りの多い, 人目につく; (世間)周知の, 評判の, 公然の, 知れわたっている; 有名な, 著名な (prominent); 目に見える, 具体的な: a ～ scandal だれもが知っている醜聞 / ～ image 対外的イメージ, 外聞 / make a ～ protest 公然と抗議する 〈*against*〉/ in the ～ EYE[1]. **3**〖英大学〗大学全体の, 全学の《各学寮に対して》: a ～ lecture 全学共通講義. ● **go** ～ 〈会社が〉(株を)公開する;《秘密などを》公表する, おおっぴらにする 〈*with*〉. **make** ～ 公表[公刊]する. **take** sth ～ 〈事を〉公表する; 〈会社〉の株を公開する. ► *n* **1** [the, 〈*sg/pl*〉] 人民, 国民, 公衆, 社会, 世間: *the* British ～ 英国民 / *the* general ～ 一般の人びと, 一般市民 / *The* ～ is [are] requested not to enter the premises. 構内に立ち入らないようお願いします. **2**《ある階層の》人びと, …界: the musical ～ 音楽ファン層 / the reading ～ 読書界 / The book appealed to a large ～. その本は広く世人に訴えた. **3** ″《口》PUBLIC HOUSE. ● **in** ～ 公然と, 人前で (opp. *in private*). ♦ **～·ness** *n* ［OF or L *publicus* (PUBES[1]＝adult); 一説に(変形)＜*poplicus* (*populus* people)］
públic áccess パブリックアクセス《**1**) 一般人が特定の地域に自由に出入りしたり, 特定の情報を自由に入手したりできること **2**) 番組放送のために一般視聴者にケーブルテレビのチャンネルなどのテレビ放送設備が提供されること》.
públic-àccess télevision パブリックアクセステレビジョン《地域共同体や独立団体の非商業的な放送のための(ケーブル)テレビのチャンネル》.
públic accóuntant* 公共会計士.
públic áct 公法律《一般的に適用される; cf. PRIVATE ACT》.
públic-addréss sỳstem《ホール・劇場などの》拡声[音響]装置, PA (＝*PA system*).
pub·li·can /pʌ́blɪkən/ *n*《英・豪》パブ (pub) の主人;《豪》ホテルのオーナー[支配人];〖ローマ史〗収税吏, 取税人;《貢税・料金などの》取立人, 徴収員.
públic ánalyst″ 食品分析官.
públic assístance〖米〗公的扶助《貧困者・障害者・老齢者などへの政府の補助》.
pub·li·ca·tion /pʌ̀bləkéɪʃ(ə)n/ *n* 出版, 刊行, 発行; 刊行物, 出版物; 発表, 公表; 公布, 公示;〖法〗名誉を毀損する事項を第三者に表示すること. ［OF; ⇨ PUBLISH］
públic bár″《パブの》一般席 (cf. SALOON BAR).
públic bíll 公共関係法律案 (cf. PRIVATE BILL).
públic bódy 公共団体.
públic chárge 生活保護者.
públic cómpany〖英〗公開会社《株式が証券取引所を通して公開されている会社; cf. PRIVATE COMPANY》.
públic convénience″《駅などの》公衆便所.
públic corporátion〖法〗公法人, 公共団体; 公共企業体, 公社, 公団; *PUBLIC COMPANY.
públic débt 公共負債, 公債《国家[中央政府]の, また政府・地方自治体すべてを含めての公共の負債》.
públic defénder* 公費選任[公設, 国選]弁護人 (assigned counsel)《特に 公選弁護を専門とする常設の》.
públic domáin〖米〗公有地《政府, 特に 州政府の》; パブリックドメイン《特許・著作などの権利消滅[不在]状態》: in the ～ 〈情報などが〉公開[発表]されて, 周知で; パブリックドメインで.
públic-domáin sóftware〖電算〗パブリックドメインソフトウェア《著者が著作権を放棄するなどした結果, 著作権で保護されていないソフトウェア; 略 PD》,《俗に》SHAREWARE.
públic educátion 公教育, 学校教育; ″PUBLIC SCHOOL 式の教育.
públic énemy 社会[公衆]の敵, 公敵, 公開捜査中の犯人;《交戦中の》敵国: ～ number one 諸悪の根源[元凶], 大悪党, 大敵 (cf. DILLINGER).
públic énterprise 公企業.
públic expénditure 公共支出 (＝*public spending*)《国・地方自治体やその機関などによる支出》.
públic fígure 公人, 公的人物, 有名人.
públic fóotpath″《一般人に通行権 (right-of-way) のある》散策用公道, ハイキング用通行路.
públic fúnds″ *pl* [the] 公債, 国債.
públic gállery《議会の》傍聴席 (＝*stranger's gallery*).
públic héalth 公衆衛生(学)《略 PH》: a ～ inspector〖英〗公衆衛生監視員.
Públic Héalth Sèrvice〖米〗公衆衛生総局, 公衆衛生部門《厚生省 (HHS) 内で Surgeon General などが管轄する各種衛生行政機関の総称; 元来 Surgeon General が総局長として統轄していたが, 現在はより広範囲に分掌されている; 略 PHS》.
públic hóliday 公休日, 祭日, 祝日.
públic hóuse /; ―́―́/″酒場, パブ (pub); *宿屋, イン (inn).
públic hóusing*《低所得者向けの》公営[公共]住宅.
públic inquíry《事件などの》公式調査;《公的機関への》情報照会[請求].
públic ínterest 公共の利益, 公益; 社会的関心: in the ～ 公益のためになって.
públic ínterest gròup《主に米》公益団体《議会に対するロビー活動を行なう消費者団体・環境保護団体など》.
públic-ínterest làw* 公益法《公共の利益を保護するための集団訴訟その他の法的手続きを扱う法律分野》.
pub·li·cist /pʌ́bləsɪst/ *n* 政治評論家, 政治記者; 宣伝係, 広報担当;《まれ》国際法学者. ♦ **púb·li·cìsm** *n* 国際法論, 公論; 政論. **pùb·li·cís·tic** *a*

pub·lic·i·ty /pəblísəti/ *n* 知れわたること, 周知 (opp. *privacy*); 広報, 公表, パブリシティー; 宣伝, 広告, PR; 世間[マスコミなど]の注目[関心, 評判]: avoid [shun] ～ 世評を避ける / court [seek] ～ 自己宣伝をする, 売名に努める / give ～ to…を公表[発表]する; …を公告する.
publícity àgent 広告代理業者, 広告取扱人.
publícity stùnt 売名行為, スタンドプレー.
pub·li·cize /pʌ́bləsàɪz/ *vt* 公表[広告, 宣伝]する. ♦ **pùb·li·ci·zá·tion** *n*
públic kéy 公開鍵《public key cryptography で用いる暗号化または解読用の鍵で, 公開されているほう》.
públic kéy cryptògraphy 公開鍵暗号法《暗号化と解読に別の鍵[方式]を用いる安全性の高い暗号法; 送信者は公開されている鍵で暗号化し, 受信者が秘密鍵 (secret key) で復号する; 逆に秘密鍵で暗号化し, 公開鍵で復号すれば電子署名に用いられる》.
públic lánd《特に 米国の公有地払い下げ法により処分される》公有地.
públic láw 公法; 《まれ》国際法.
públic lénding rìght [°P- L- R-]〖英〗公貸(こうたい)権《公共図書館における貸出しに対し著者が補償を要求できる権利; 略 PLR》.
públic liabílity insùrance 一般(損害)責任保険.
públic líbel〖法〗公表された文書誹毀(ひき)[誹毀文書].
públic líbrary 公共[公開]図書館.
públic lífe 公人[有名人]としての活動.
públic límited cómpany〖英〗公開有限(責任)会社《株主の責任が所有株式の額面金額に限られる有限責任会社で, 授権資本が5万ポンド以上あり株式が公開市場で取引される会社; 社名の末尾に public limited company または 略語 plc などを付けなければならない》.
públic·ly *adv* 公けに, 公的に, 公然と, おおっぴらに; 世論で, 世間一般に; 政府によって, 公的に, 《まれ》公費で.
públic-mínd·ed *a* 公共の利益優先を心がけている.
públic núisance〖法〗《個人でなく地域社会全体に対する》公的不法妨害《公道の通行妨害・騒音公害など; cf. PRIVATE [MIXED] NUISANCE》; 《口》みんなの厄介者.
públic óffice 官公庁[署], 官庁; 公職, 官職.
públic ófficer《選出[任命]されて公職を担当する》公務員, 公職者 (cf. PUBLIC SERVANT); ‖《株式会社などの》役員.
públic opínion 世論.
públic órator [the]〖英大学〗大学代表弁士《公的行事の際に通例ラテン語で演説する》.
públic ównership 公有(制), 国有化.
públic pólicy 公けの[国の]政策, 公共政策; 〖法〗公序(良俗), 公益, 公の秩序.
públic-prívate pártnership《公共的な事業における》官民協力[パートナーシップ].
públic próperty 公共物[財産], 公有地; 公開情報; ゴシップねた(になる有名人), セレブ.
públic prósecutor 検察官, 〖英〗公訴局長官 (Director of Public Prosecutions).
públic púrse [the] 国庫.
Públic Récord Òffice [the]《London の》公文書館《略 PRO; ⇨ RECORD OFFICE》.
públic relátions [‖⟨*sg*⟩] 広報(活動[業務]), PR, 売込み; 《企業などの》対社会関係, イメージ; 広報部, 広報担当組織: a ～ officer 広報官[係], 広報部職員《略 PRO》/ ～ exercise 宣伝(活動), 売名.
públic ròom《ホテル・船内の》出入り自由のラウンジ.
públic sále 公売, 競売 (auction).
públic schóol **1**〖英〗パブリックスクール《上流子弟などの大学進学または公務員養成の 通例 全寮制の私立中等学校; 人格教育を重視し, しばしば 生徒が訓育に参与する; Eton, Harrow, Rugby, Winchester など》. **2** /, ⸺ ⸺/〖米・スコ・カナダなど〗公立学校《初・中・高等学校; cf. PRIVATE SCHOOL》.
públic séctor〖経〗公共部門, 公的セクター《混合経済で, 中央政府と地方公共団体による経済活動の総体; cf. PRIVATE SECTOR》.
públic sérvant 公務員, 公僕 (cf. PUBLIC OFFICER).
públic sérvice 公益事業, 公共サービス《ガス・電気・水道・電話・鉄道・福祉などの》; 社会奉仕(活動); 公務, 行政事務; [the] 公務員《集合的》.
públic-sérvice annòuncement*〖放送〗公共広告, 公報《略 PSA》.
públic-sérvice bròadcasting 公共放送《BBC など》.
públic-sérvice corporàtion* 公益事業会社.
públic spéaking 人前での話し方, 話術, 弁論術; 演説.
públic spénding 公共支出 (PUBLIC EXPENDITURE).
públic spírit 公共心.
públic-spírit·ed *a* 公共心のある. ♦ **～·ness** *n*
públic télevision 公共[非商業]テレビ放送.
públic tránsport‖ [**transportátion***] 公共輸送[交通]機関《バス・電車など》.
públic trúst 公共信託.
públic trustée〖英〗公的受託官.
públic utílity 公益事業[企業]; [*pl*] 公益企業株.
públic wórks *pl* 公共建設物, 公共(建設)事業《道路・港湾・ダム・学校など(の建設事業)》.
públic wróng〖法〗公的権利の侵害, 公的違法行為.
pub·lish /pʌ́blɪʃ/ *vt* **1**〈書籍・雑誌などを〉出版する, 発行する; 〈作家〉の作品を出版する. **2 a** 発表[公表, 掲載]する, 広める; 披露する; *〈にせ金などを〉使う. **b**〈法令・布告などを〉公布する, 〈遺言を〉認証[公示]する; 〖法〗〈名誉毀損となる言説を〉発表する. ► *vi* 出版する; 著作を発表する. ● **P～ and be damned.** 公表するならご随意に《あとは知らないよ》, 恐喝には乗らないぞ. **～ or perish** 発表するか死ぬか《研究を次々に発表しなければ職を失いかねない米国の大学教師のつらい立場を表わす》. ♦ **～·able** *a* 発行[公表]価値のある; 公けにできる. [OF *publier*＜L *publico* to make PUBLIC]
públish·er *n* 発表者; 出版(業)者, 発行者, 出版社; [°～s] *新聞業者, 新聞社主.
públisher's bínding EDITION BINDING.
públish·ing *n* 出版(業). ► *a* 出版(業)の.
públishing hòuse 出版社[所].
públish·ment *n* 《古》PUBLICATION.
Pub·li·us /pʌ́bliəs/ パブリアス《男子名》. [*Acts* 28: 7]
Puc·ci·ni /puʧíːni/ プッチーニ **Giacomo** ～ (1858–1924)《イタリアの歌劇作曲家; *La Bohème* (1896), *Tosca* (1900), *Madame Butterfly* (1904)》. ♦ **Puc·cí·ni·an** *a*
puc·coon /pəkúːn/ *n* 北米に産する根から赤色[黄色]染料を採る植物《bloodroot, goldenseal, gromwell など》; その赤色[黄色]染料. [NAmInd]
puce /pjúːs/ *n, a* 暗褐色(の), 赤紫(の). [F (L *pulex* flea)]
Puch'ŏn 富川 (⇨ BUCHEON).
puck[1] /pʌ́k/ *n* **1** [P-] パック (＝*Hobgoblin, Robin Goodfellow*)《英国民話中のいたずら好きな妖精; Shak., *Mids ND* 2.1》. **2** いたずら小僧; いたずらな妖精[小鬼] (imp); 《古》悪鬼 (evil spirit). ♦ **～·lìke** *a* [OE *pūca*＜?; cf. ON *púci*, Welsh *pwca*]
puck[2] *vt* ‖《方》打つ, たたく, なぐる. ► *n* **1** パック《アイスホッケー用のゴム製平円盤》; 〖電算〗パック《デジタイズ用タブレットの位置指示具》, カーソル. **2** ‖《方》打つ[なぐる]こと, 《hurling で》ボールを打つこと.
pucka ⇨ PUKKA.
puck·er /pʌ́kər/ *vt* …にしわを寄せる, 〈唇を〉すぼめる, 〈顔を〉しかめる, 〈布〉にひだをとる ⟨*up*⟩. ► *vi* ひだになる, しわが寄る, 〈口などが〉すぼむ, 〈顔が〉くしゃくしゃ[泣きつら]になる ⟨*up*⟩; 〈人が〉唇をすぼめる ⟨*up*⟩. ► *n* ひだ, しわ, 縮み; 《口》当惑, 動揺, 恐怖; *《俗》唇, 口: in ～*s* しわ[ひだ]になって. ● **in a ～** 当惑[狼狽]して, そわそわして. [? *poke*[2]]
púcker-àssed *a* *《卑》臆病な, いくじのない.
puck·er·oo, puk- /pʌ̀kərúː/ 《NZ俗》*a* 役に立たない, こわれた. ► *vt* こわす, だめにする (ruin).
púck·ery *a* しわ[ひだ]を生じる, しわの多い.
púck·ish *a* いたずら好きの妖精のような, いたずらっぽい; 気まぐれな. ♦ **～·ly** *adv* **～·ness** *n*
pud[1] /pʌ́d/ *n* 《口》おてて, 《犬・猫の》前足. [C17＜?]
pud[2] /pʊ́d/ *n* ‖《口》プディング (pudding); 《卑》ペニス (pudding); *《俗》たやすいこと, 《特に》《大学の》楽勝コース. ● **pull one's ～**＝《卑》pull one's PUDDING.
PUD pickup and delivery.
pud·den /pʊ́d(ə)n/ *n* ‖《口・方》PUDDING 2b.
pud·den·ing‖ /pʊ́d(ə)nɪŋ/ *n* 〖海〗PUDDING.
pud·ding /pʊ́dɪŋ/ *n* **1 a** プディング《**1**) 牛乳と卵を混ぜて蒸すなどした柔らかい[クリーム状の]デザート **2**) 穀類をベースに蒸したり焼いたりした食べ物; Yorkshire pudding など **3**) スエット (suet) と小麦粉をこねたものに肉などを包んで蒸したもの》; ‖《コース料理の》デザート (dessert): The proof of the ～ is in the eating. 《諺》実際に試さなければ真価はわからない, '論より証拠' / (as) fit as a ～ きわめて適当な[ふさわしい]. **b** どろどろしたもの; *《俗》わけないこと. **2 a** ‖BLOOD SAUSAGE; 《俗》《泥棒が犬にやる》毒を入れた肝臓《など》. **b** 《口》太った小男, 太っちょ; 《口》のろま, とんま, まぬけ. **c** 《卑》ペニス. **3**《praise に対して》物質的報酬, 実のあるもの; *《俗》お金: more praise than ～ 空(から)世辞 / ～ rather than praise '花よりだんご'. **4**〖海〗プディング《**1**) 防舷物として用いられるロープと帆布でできた紡錘状の当て物 **2**) 防腐用として金属環に巻いたもの》. ● **in the ～** CLUB. **pull one's [sb's] ～** 《卑》マスをかく, 手でいかせる (masturbate). ♦ **～·lìke** *a* [OF *boudin*＜L *botellus* sausage]
púdding bàsin *n*《深鉢形の》プディング型; プディング型に似た帽子. ► *a* プディング型を伏せたような〈髪型〉.
púdding clòth プディングを包んで蒸したりする布.
púdding clùb [次の成句で]: **in the ～** ‖《俗》妊娠して.
púdding fáce 《口》丸々したのっぺり顔. ♦ **púdding-fáced** *a*
púdding·hèad *n* 《口》まぬけ, ばか, あほ. ♦ **～·ed** *a*
púdding stòne 礫岩(れきがん) (conglomerate).
púd·dingy *a* プディングのような; のろまな; 太った.
pud·dle /pʌ́dl/ *n* **1**《きたない または濁った》水たまり; 《液体の》たまり; 《rowing で》オールをひとかきしたあとの渦巻いた水; ‖《口》海, 大西洋: this side of the ～ 海のこちら側《イギリス》. **2**《粘土と砂を水でこねた》

こね土; 《植木の根を浸す》薄い泥水; 《口》ごたごた, めちゃくちゃ. ► *vt* **1** こね土にする; 〈粘土・砂利〉に水を加えてかきまわし金[オパール]を取り出す; 〈溶鉄を〉攪錬(かくれん)[パドル]する; 〈土壌〉を固める. **2** …にこね土を塗る; 〈穴〉にこね土を詰める; よごす, 〈水を〉濁す, 泥だらけにする; …に水たまりをつくる; 〈植木〉の根を植える前に薄い泥水にちょっと浸す; ごちゃまぜにする, 混乱させる. ► *vi* 泥[水たまり]をかきまわす, 水遊びをする 〈*about, around, in*〉; [*fig*] かきまわす; こね土をつくる; 〈液体が〉溜まりを作る, 溜まる; 《口》ぶらぶら[のらくら]過ごす 〈*about, around*〉. ♦ **púd·dler** *n* 錬鉄者; 攪錬器; パッドル炉. **púd·dly** *a* [(dim) <OE *pudd* ditch; cf. G (dial) *P(f)udel* pool]

púd·dled *a* 《俗》頭の混乱した, おかしい.

púddle dùck 〔鳥〕DABBLING DUCK.

púddle-jùmp *vi* 《口》軽飛行機を飛ばす.

púddle jùmper *《俗》軽飛行機; *《俗》ぽんこつ車.

púd·dling *n* こね土; こね土をつくる[塗る]こと; (溶鉄の)攪錬, (銑鉄の)精錬, 錬鉄(法).

púddling fùrnace 攪錬鉄炉, パッドル炉.

pud·dock /pʌ́dək/ *n* 《スコ》PADDOCK[2].

pu·den·cy /pjúːd(ə)nsi/ *n* はにかみ, 内気. [L (*pudeo* to be ashamed)]

pu·den·dic·i·ty /pjùːdəndísəti/ *n* OBSCENITY.

pu·den·dum /pjudéndəm/ *n* (*pl* **-da** /-də/) [*pl*] 〔解〕《通例 女性の》外陰部. ♦ **pu·dén·dal** *a* [L *pudenda membra* shameful parts; ⇨ PUDENCY]

pu·deur /*F* pydœːr/ *n* 遠慮, 慎み; 《性的な事柄に対する》羞恥, はじらい.

pudge /pʌ́ʤ/ *n* 《口》ずんぐりした人[動物, もの]; *《おなかの》贅肉(ぜいにく), 脂肪.

púdgy *a* ずんぐりした, まるまる太った. ♦ **púdg·i·ly** *adv* **-i·ness** *n*

pu·di·bund /pjúːdəbʌ̀nd/ *a* 慎み深い, 上品[淑女]ぶる (prudish).

pu·dic /pjúːdɪk/ *a* 〔解〕外陰部の (pudendal).

pu·dic·i·ty /pjudísəti/ *n* 慎み, 貞節.

Pu·dov·kin /pudɔ́(ː)fkɪn, -dɑ́f-/ プドフキン **Vsevolod Illarionovich** ～ (1893–1953)《ソ連の映画監督》.

púd-pùll·ing *n* 《卑》マスかき, せんずり (⇨ PUD[2]).

pu·du /púːdùː/ *n* 〔動〕プーズー《南米アンデス山脈南部の深い森林に生息するシカ科中最小のシカ; 肩高 38 cm, 体重 8 kg ほど; 枝分かれしない短い角をもつ》. [Sp<Mapuche]

Pueb·la /pwéblə, puéb-/ プエブラ《(**1**) メキシコ中南東部の内陸州 **2**) その州都; 公式名は ～ **de Za·ra·gó·za** /-də zæ̀rəgóuzə/ といい, 1862 年この地でフランス軍を破った Ignacio Zaragoza 将軍 (1829–62) にちなむ》.

pueb·lo /pwéblou, puéb-/ *n* **1** (*pl* ～**s**) **a** プエブロ《Arizona, New Mexico 州などにみられる石や adobe 造りのインディアンの集合住宅》. **b** 《ラテンアメリカで》町, 村; 《フィリピン諸島で》町, 郡区. **2** [P-] (*pl* ～**s**, ～) プエブロインディアン《Arizona, New Mexico 州などに居住する先住民; pueblo に住んでいたことにちなむ呼称》; [P-] プエブロ語. [Sp=people, village]

pu·er·ile /pjúərəl, -ràɪl; -ràɪl/ *a* 小児の, 子供の; 子供っぽい, 幼稚な. ♦ **～·ly** *adv* [F or L (*puer* child)]

púerile bréathing 〔医〕小児呼吸.

pu·er·il·ism /pjúərəlìz(ə)m, -ràɪl-; -ràɪl-/ *n* 幼稚な行為; 〔精神医〕小児性[症], 幼稚性[症].

pu·er·il·i·ty /pjùəríləti/ *n* 〔民法〕幼年《男子は 7–14 歳, 女子は 7–12 歳》; 幼稚, おとなげないこと, 稚気(ちき).

pu·er·per·al /pjuə́ːrp(ə)rəl/ *a* 〔医〕産床[産褥]の. [L (*puer* child, *pario* to bear)]

puérperal féver 〔医〕産床[産褥]熱 (=*puerperal sepsis, childbed fever*).

puérperal psychósis 〔精神医〕産褥精神病.

puérperal sépsis 〔医〕産床[産褥]敗血症 (puerperal fever).

pu·er·pe·ri·um /pjùːərpíəriəm/ *n* (*pl* **-ria** /-riə/) 〔医〕産床[産褥](期).

Puer·to Bar·rios /pwéərtou bɑ́ːriòus/ プエルトバリオス《グアテマラ東部ホンジュラス湾岸の港町》.

Puérto La Crúz /-lə krúːz, -s/ プエルト・ラクルス《ベネズエラ北部 Barcelona の北東にある市》.

Puerto Limón /─ ─/ プエルトリモン (LIMÓN).

Puérto Móntt /-mɔ́ːnt/ プエルトモント《チリ南部の港町; チリ南部鉄道の終点》.

Puer·to Ri·can /pwéərtə ríːkən, *pɔ́ːrtə-, ‖pwɔ́ːtəu-/ *a* プエルトリコ(人)の. ► *n* プエルトリコ人.

Puer·to Ri·co /pwéərtə ríːkou, *pɔ́ːrtə-, ‖pwɔ́ːtəu-/ プエルトリコ《西インド諸島の大アンティル諸島東端の島; 米国の自治領; 公式名 Commonwealth of Puerto Rico; ☆San Juan; 旧称 Porto Rico》.

Puérto Val·lár·ta /-vəlɑ́ːrtə/ プエルトバヤルタ《メキシコ中西部 Jalisco 州の市; 太平洋岸の保養地》.

PUFA polyunsaturated fatty acid.

Pu·fen·dorf /G púːfndɔrf/ プーフェンドルフ **Samuel** von ～, Freiherr von ～ (1632–94)《ドイツの法学者・哲学者・歴史家》.

puff /pʌ́f/ *n* **1 a** ブッと吹くこと[音]; ひと吹き(の量), 《ポッと吹き出た》煙, 香り《など》; 《タバコなどの》ひと吸い, 一服; ‖《口》大麻, マリファナ; 息 (breath): a ～ of the wind 一陣の風 / take a ～ at one's cigarette タバコを吹かす. **b** 《本の広告・批評などで》大げさな賞賛, 宣伝 (=*puff piece*): a ～ job べたぼめ / get a good ～ *of* one's book 著書をうんとほめられる. **2 a** ふくらみ, こぶ; 《袖などの》ふくらみ (pouf); 綿毛入りベッドカバー, 掛けぶとん, 羽ぶとん; 《パッドの上に軽く巻いた》ロール巻き髪; 〔生〕(染色体)パフ; 《方》PUFFBALL. **b** 《化粧用の》パフ (powder puff); パフ, シュークリーム (cream puff). **3** ‖《俗》軟弱な男, ホモ. **4** 《俗》《金庫破り用の》火薬, 爆薬. ● **in all one's ～** ‖《口》生まれてこのかた, およそこれまでに. **out of ～** 《口》息を切らして, あえいで. ► *vi* **1** 〈風などが〉さっと吹く; 吹き出す; ブップッと吹く[出る] 〈*out, up*〉, タバコ[麻薬など]を吹かす; ハーハー[ハッハッ]いう, 息を切らす, あえぐ, あえぎながら言う; ふくれる 〈*up, out*〉; ブッブッ[ハーハー]といいながら動く[進む] 〈*along*〉; 《古》フンと鼻であしらう: ～ (away) *at* a beach ball ビーチボールに息を(ブッブッ)吹き込む / ～ (away) *at* [*on*] one's pipe パイプを(スパスパ)吹かす / ～ and blow [pant] ぜえぜえあえぐ, 肩で息をする. **2** 《パフで》おしろいをつける. **3** *《俗》酔っぱらう. ► *vt* **1 a** 〈ちり・煙などを〉吹く 〈*out, up, away*〉, ブップッと吹く; 〈タバコ・麻薬・パイプを〉ぷかぷか吹かす; 《俗》息切れさせる, あえがせる 〈*out*〉. **b** …にパフでおしろいをつける; 〈おしろいを〉パフでつける. **2 a** ふくらませる; 〈髪を〉軽くロール巻きにセットする: ～ *out* one's cheeks ほおをふくらませる / sails ～*ed up with* wind 風をはらんだ帆. **b** 《競売でサクラを使って》…の値を吊り上げる. **3** 得意がらせる, のぼせあがらせる 〈*up*〉; ほめたてる, 吹聴する; 宣伝する: He is ～*ed up with* self-importance. 自分が偉いつもりで思い上がっている. ♦ **～·ing·ly** *adv* [imit]

Puf·fa /pʌ́fə/ 〔商標〕パッファ《英国製のスポーツウェア, 特にダウンジャケット》.

púff àdder 〔動〕**a** パフアダー《アフリカ産の猛毒のヘビ; おこると体をふくらませる》. **b** HOGNOSE SNAKE.

púff àrtist 《口》誇大に宣伝する人, べたぼめ屋, ちょうちん持ち.

púff·bàck *n* 〔鳥〕フクレヤブモズ (=～ **shrike**)《同属の数種; アフリカ産; 背や腰の羽毛をふくらませる》.

púff·bàll *n* 〔植〕ホコリタケ; 冠毛のあるタンポポなどの頭; 〔服〕パフボール (=～ **skírt**)《裾をしぼってウエストとの間をふくらませた短いスカート》.

púff·bìrd *n* 〔鳥〕オオガシラ (=*barbet*)《同科のキツツキ類; 中米・南米産》.

púff bòx パフ入れ, 粉おしろい箱.

puffed /pʌ́ft/ *a* [^{s}～ up] ふくらんだ, ふくらませた; [^{s}～ out] ‖《口》息が切れた: ～ wheat パフウィート《ふくらませた小麦; シリアル食品》.

púffed sléeve 〔服〕PUFF SLEEVE.

púff·er *n* ブッと吹く人[もの]; 《口》吸入器 (inhaler); やたらにほめたてる人; 《競売人の》サクラ; PUFFER FISH; 《幼児》汽車ポッポ; *《俗》心臓; *《俗》葉巻 (cigar).

púffer fìsh 〔魚〕フグ (=*blowfish, globefish, swellfish*).

púff·ery *n* 《口》《広告などで》大げさな賞賛.

puf·fin /pʌ́fən/ *n* **1** 〔鳥〕ツノメドリ《ウミスズメ科》, 《特に》ニシツノメドリ《北大西洋産》. **2** [P-] 〔商標〕パフィン《Penguin Books 社が刊行する児童向きのペーパーバック》. [ME<?]

púffin cróssing ‖ 赤外線センサー式横断歩道《歩行者がいないことをセンサーが確認して初めて車側の信号が青に変わる》. [*p*edestrian *u*ser *f*riendly *in*telligent *crossing*; 鳥の名へのつづり変えは PELICAN CROSSING と同様]

púff·i·ness *n* はれ, ふくれ; 〔医〕腫脹, 肥満; 誇張; 自慢.

púff·ing àdder 〔動〕HOGNOSE SNAKE.

Púffing Bílly 《口》蒸気機関車.

púff pàste [**pàstry**] パフペースト《パイ・タルト生地用練り粉》.

púff pìece 《口》大げさな称賛文, ヨイショ記事, 誇大広告.

púff pìpe 《排水管の》通気パイプ.

púff-pùff ‖ *n* ポッポ(という音); 《幼児》汽車ポッポ.

púff sléeve 〔服〕パフスリーブ (=*puffed sleeve*)《袖付けと袖口にギャザーを入れてふくらませた短い袖》.

Púff the Mágic Drágon 魔法の竜パフ《英国の伝承童謡の竜》.

púffy *a* **1** ふくれた, はれた, はれぼったい; ふわふわした〈雲など〉: ～ eyes. **2** 〈風が〉ピューッと吹く, ひと吹きの, 一陣の; 息の短い, 息切れのしている. **3** 思い上がった, 気取った; 誇大な; えらく好意的な[持ち上げた], 追従的な. ♦ **púff·i·ly** *adv*

pug[1] /pʌ́g/ *n* 〔犬〕パグ (=～-**dòg**)《ブルドッグに似た顔の, ずんぐりした短毛の中国原産の小型犬》; PUG NOSE; 《愛称》キツネ, サル; ‖小型機関車; 《古俗》大家の召使頭; 《BUN[1] 状の》束髪; 〔昆〕シャクガ科の小型の蛾《体の真横に伸びる細い翅が特徴》. ♦ **púg·gish, púg·gy** *a* ずんぐりした. [C16<?; cf. *pug* (obs) hobgoblin, monkey]

pug[2] *n* こね土. ► *vt* (-gg-) …に粘土[こね土]を詰める; …に防音材を詰める; [^{U}*pp*] 水を入れて〈粘土を〉つくる[こねる]; ‖〈牛などが〉〈地面を〉踏みつけて粘土状[ぬかるみ]にする. [C19<?; cf. POKE[1]]

pug[3] 《主にインド》*n* 《特に 野生の哺乳動物の》足跡. ► *vt* (-gg-) …の足跡をたどる. [Hindi]

pug[4] 《俗》*n* プロボクサー; *荒くれ者, ならず者 (plug-ugly). [*pugilist*]

Pu·ga·chov /pùgətʃɔ́:f/ プガチョフ **Yemelyan Ivanovich** ～ (1742?–75)《大規模なロシアの農民反乱 (1773–75) の首領; 処刑された》.
Pú·get Sóund /pjú:dʒət-/ ピュージェット湾《Washington 州北西部の入江》.
pug·(g)a·ree /pʌ́gəri/, **pug·(g)ree** /pʌ́gri/ *n*《インドで》ターバン;《日よけ帽に巻き, 首の後ろにたらす》軽いスカーフ. [Hindi]
púg·ging *n* 土こね, こね固め;〔建〕防音材, 音響止めしっくい.
puggle, puggled ⇨ POGGLE, POGGLED.
púg·gy *a*ᴵᴵ《方》ねばねばする, 粘土状の.
pugh /p(j)ú:, pí:jú:; pjú:/ *int* フン, フーン, ヘン, エヘン《軽蔑·憎悪·反感などを表わす》. [imit]
pu·gi·lism /pjú:dʒəlìz(ə)m/ *n* 拳闘, ボクシング. ♦ **pù·gi·lís·tic** *a* **-ti·cal·ly** *adv* [L *pugil* boxer]
pú·gi·list *n* 拳闘家,《特に》プロボクサー.
pú·gil stìck /pjú:dʒəl-/ 軍事訓練で銃剣に擬して用いる当て物をした棒.
Pu·glia /pú:ljɑ:/ プーリア《APULIA のイタリア語名》.
púg·màrk *n* PUG³.
púg mìll 土こね機, 混和機, パグミル.
pug·na·cious /pʌ̀gnéɪʃəs/ *a* けんか好きな, けんかっぱやい. ♦ **～·ly** *adv* **～·ness** *n* **pug·nac·i·ty** /pʌ̀gnǽsəti/ *n* [L *pugnac- pugnax* (*pugno* to fight)]
púg nóse しし鼻 (snub nose). ♦ **púg-nòsed** *a*
pugree ⇨ PUGGAREE.
púg-úgly *《俗》*a, n* ひでえつらした(やつ), 不細工な (plug-ugly), 人三化七, どブス, 鬼瓦. [*pug*¹]
Púg·wash Cónferences /pʌ́gwɑ̀ʃ-/ *pl* [the] パグウォッシュ会議《核兵器廃絶·世界平和などを討議する国際科学者会議; 1957 年 Bertrand Russell, Albert Einstein などの提唱で Nova Scotia の Pugwash にて第 1 回の会議が開かれた; 会長 Joseph Rotblat と共にノーベル平和賞 (1995)》.
pu·ha /pú:hɑ:, -hə/ *n*《NZ》ノゲシ《野菜として食用にする》. [Maori]
puh-leeze /pəlí:z/ *int*《口》いやいや[おいおい]冗談じゃないぞ, ちがうってば, とんでもない, やめてよ《PLEASE *vi* 4 の発音つづり》.
P'u-i ⇨ PUYI.
puir /p(j)ʊ́ər/ *a*《スコ》POOR.
puir·tith /p(j)ʊ́ərtɪ̀θ/ *n*《スコ》貧乏, 貧困 (poverty).
puis·ne /pjú:ni/ *a*〔法〕下位の; 後輩の, 年下の;〔法〕あとの, その次の ⟨*to*⟩: a ～ judge〔英〕普通裁判官; 陪席裁判官. ▶ *n* 下位の人; 後輩; 陪席裁判官. [OF=younger (*puis* after, *né* born); cf. PUNY]
púisne mórtgage〔英法〕権原証書不寄託譲渡抵当(権)《未登録の土地に対する第二位以下の譲渡抵当(権); 権原証書は第一位の譲渡抵当権者が保管する》.
pu·is·sance /pjú:əs(ə)ns, pwís-, pjuís-/ *n*《古·文》権力, 勢力, 元気;〔馬〕障害飛越(ひえつ)競技.
pu·is·sant /pjú:əs(ə)nt, pwís-, pjuís-/ *a*《古·文》権力[勢力, 元気]ある. ♦ **～·ly** *adv* [OF＜Romanic; ⇨ POTENT¹]
pu·ja, -jah, poo·ja(h) /pú:dʒə/ *n*〔ヒンドゥー教〕礼拝; 祭式, 祭礼; ささげ物, 供物. [Skt]
pu·ja·ri /pudʒɑ́:ri/ *n*〔ヒンドゥー教〕祭式をつかさどる僧. [Hindi＜Skt (↑)]
pu·ka¹ /pú:kə/ *n* プーカ《Hawaii の海岸に多い白い貝殻; ひもを通してネックレス·ブレスレットにする》. [Haw]
puka² *n*《俗》ひそかにものを隠す場所[穴];《卑》あそこ, 女性性器. [Maori]
Pu·ka·pu·ka /pù:kəpú:kə/ プカプカ《太平洋中部 Cook 諸島北部 Danger 諸島の主島で環礁島; ニュージーランド領》.
puke /pjú:k/《口》*vt, vi* ゲーッと吐く, もどす ⟨*up*⟩. ▶ *n* 嘔吐; [the ～s] 吐き気, むかつき; ヘド, ゲロ; むかつくやつ[もの]: get [have] *the* ～*s* 吐きそうな気分になる, オエッとなる. [C16 (?imit)]
púke hòle *《俗》口 (mouth); *《俗》便器, トイレ (toilet); *《俗》飲み屋, バー.
pu·ke·ko /pukéɪkoʊ/ *n* (*pl* ～**s**)〔鳥〕オーストラリアセイケイ. [Maori]
puk·er /pjú:kər/ *n*《口》ゲーッとやるやつ, ゲロるやつ;《古》吐剤 (emetic); *《太平洋岸北西部俗》チャーターした釣船.
pukeroo ⇨ PUCKEROO.
pukey ⇨ PUKY.
puk·ish /pjú:kɪʃ/ *a*《俗》吐き気を催した, むかむかした.
puk·ka(h), pucka /pʌ́kə/《インド》*a* 目方の十分な; 真正の; 信用すべき, 本当の;⟨家などが⟩本建築の, 永久的な; 一級[最高級]の: a ～ sahib りっぱな紳士《先住民がインド在住の英国人に対する尊称として用いた》. [Hindi=cooked]
puk·oid /pjú:kɔɪd/ *a*《俗》PUKY.
puk·ras /pʌ́krəs/ *n*〔鳥〕ミノキジ (=*koklas*) (=～ **phèasant**)《インド北部·ヒマラヤ産》. [(India)]
pu·ku¹ /pú:ku/ *n*〔動〕プークー《南アフリカ産の羚羊》. [(Afr)]
pu·ku² /pʊ́ku/ *n*《NZ俗》腹, 胃 (stomach).
puky, puk·ey /pjú:ki/ *a*《口》不快な, いやな, きたない, 気持悪い, むかつく.
pul /pú:l/ *n* (*pl* ～**s, pu·li** /-li/) プル《アフガニスタンの通貨単位: =1/100 afghani》. [Pers]
pu·la /p(j)ú:lə/ *n* (*pl* ～) プラ《ボツワナの通貨単位: =100 thebe; 記号 Pu》. [Setswana=rain]
Pu·la /pú:lə/ プーラ (*It* Pola)《クロアチア西部 Istria 半島南端の港町》.
pulao ⇨ PILAF.
Pu·las·ki /pəlǽski, pju-/ プラスキー《後方に手斧状の鍬(くわ)が延びた斧》. [Edward C. *Pulaski* (1868–1931) 米国の森林警備員]
Pu·łas·ki /pulɑ́:ski/ プラスキ, プワスキ **Kazimierz** ～ (1747–79)《ポーランドの貴族; 英語式では Casimir Pu·las·ki /pəlǽski, pju-/; 渡米して大陸騎兵隊の指揮官となり, Charleston を防衛 (1779 年 5 月) するが, Savannah の攻撃で致命傷を負った》.
púl·chri·cìde /pʌ́lkrə-/ *n* 美の破壊(者).
pul·chri·tude /pʌ́lkrət(j)ù:d/ *n*《文》見目うるわしさ, 容姿端麗 (physical beauty). ♦ **pùl·chri·tú·di·nous** *a* 見目うるわしい. [L (*pulcher* beautiful)]
Pul·ci /pú:ltʃi/ プルチ **Luigi** ～ (1432–84)《イタリアの詩人; *Il Morgante*》.
Pul·ci·nel·la /pù:ltʃənélə/ プルチネッラ《COMMEDIA DELL'ARTE に登場するかぎ鼻のせむし男; PUNCH-AND-JUDY SHOW の主人公はこれに由来》.
pule /pjú:l/ *vi* ギャーギャー[ヒーヒー]泣く (whine), 悲しげに泣く;《古》ピヨピヨ鳴く. ♦ **púl·er** *n* [imit]
pu·li¹ /púli, pjú:-/ *n* (*pl* **-lik** /-lɪk/, ～**s**)〔犬〕プリ《ハンガリー原産の牧羊犬; もつれやすい毛におおわれている中型犬》. [Hung]
puli² *n* PUL の複数形.
pú·li·cìde /pjú:lə-/ *n* ノミを殺す薬剤, ノミ取り.
pulik *n* PULI¹ の複数形.
pul·ing /pjú:lɪŋ/ *a* いくじのない; 弱々しい.
Pul·it·zer /púlətsər, pjú:-/ ピューリツァー **Joseph** ～ (1847–1911)《ハンガリー生まれの米国のジャーナリスト·新聞経営者; St. Louis, New York 市で新聞を発行, Pulitzer 賞の基金を遺贈した》; PULITZER PRIZE.
Púlitzer príze /ᴵᴵ―́― ―́―/ [ºP- P-] ピューリツァー賞《Joseph Pulitzer の遺言で設立された賞; Columbia 大学新聞学部 (Pulitzer の基金で創設) の委員会により選考され, 毎年米国人のジャーナリズム·文学·音楽上の業績に対して贈られる》.
Pul·ko·vo /pú:lkəvə, -vòʊ/ プルコヴォ《ロシアの St. Petersburg 市の南にある村; 1839 年に建設されたプルコヴォ天文台がある》.
pull /pʊ́l/ *vt* **1 a** 引く, 引き寄せる, 引っ張る (opp. *push*);⟨飴を⟩伸ばして練る;⟨車などを⟩持ってくる, まわす;⟨筋肉などを⟩無理をして痛める, 伸ばしてしまう;《俗》逮捕する, 手入れする: ～ the bell 綱を引いて鐘を鳴らす / He ～*ed back* his foot. 足を引っ込めた / He ～*ed* my hand [me *by* the hand]. わたしの手を引っ張った / They ～*ed* the sled *up* the hill. そりを引いて丘を登った / ～ one's chair *to* the fire 椅子を炉火に引き寄せる / *P*～ your cap *over* your ears. 帽子を深くかぶって耳をおおうようにしなさい / ～...into shape ...を引っ張って形を整える; ...を整える. **b**⟨オールを⟩引く,⟨ボートを⟩こぐ;⟨ボートが...本のオールを⟩備えている: He ～*s* a good oar. ボートがうまくこげる / The boat ～*s* four oars. そのボートは 4 人こぎだ. **c**〔ゴルフ·クリケット·野〕⟨ボールを⟩引っ張って打つ;〔競馬〕手綱を引いて⟨馬⟩のスピードを故意に落とす, 引っ張る;〔ボク〕⟨パンチ⟩に手心を加える (cf. ～ one's *punches* ⇨ PUNCH¹). **2 a**⟨果実·花などを⟩もぐ, 摘む, 引き抜く;⟨歯·栓などを⟩抜く ⟨*out*⟩;⟨毛·羽などを⟩むしる,⟨生皮⟩の毛をむしり取る;⟨鳥⟩のはらわたを出す; 引き裂く;《口》⟨ピストル·ナイフなどを⟩抜く, 突きつける ⟨*on* sb⟩: I ～*ed* (*out*) weeds in our garden. 庭の雑草を抜いた. **b**⟨ビールを⟩樽などから出す[つぐ];⟨酒を⟩一杯飲む,⟨一杯の酒を⟩飲む;⟨タバコ·パイプを⟩吸う, 吹かす. **3**⟨人の後援を⟩得る,⟨顧客などを⟩ひきつける, ᴵᴵ《俗》⟨異性を⟩口説き落とす;⟨票を⟩集める;⟨成績を⟩あげる, 得る, 取る. **4**⟨さまざまな顔を⟩する;⟨笑いを⟩浮かべる: ～ a face [faces] しかめっつらをする / ～ a long [wry] face 浮かぬ[不機嫌な]顔をする (⇨ LONG FACE). **5**〔印〕刷る: ～ a proof 試し刷りをする, ゲラを出す. **6** 取り除く;《口》⟨催しなどを⟩中止する,⟨広告などを⟩引っ込める. **7**《口》⟨詐欺などを⟩行なう, はたらく, やらかす ⟨*on* sb⟩;《口》⟨任務を⟩遂行する, 果たす: ～ a trick *on* sb 人をだます, 引っかける / ～ a narrow escape きわどい脱出をやってのける. **8**⟨地位·特権を⟩かさに着る: ～ (one's) RANK¹ *on* sb. **9**《口》⟨特定の人⟩のようにふるまう: ～ a Clint Eastwood クリントイーストウッドを気取る[になりきる]. **10**〔電算〕⟨データを⟩スタックのいちばん上から取り出す.
▶ *vi* **1 a** 引く, 引っ張る ⟨*at, on*⟩;⟨人が⟩(ボートを)こぐ (row);〔ゴルフ·クリケット·野〕引っ張って打つ;⟨馬が⟩言うことを聞かない; 銃を抜く: ～ *at* a rope ロープをぐっと引く / ～ *at* a tie ネクタイを引いて締める. **b** 引ける, 抜ける, 引っ張られる. **2 a**《引かれて[駆動力で]》動く,⟨船が⟩こがれる,⟨車·運転者などが⟩進む ⟨*around, away, in, into, off, out, up,* etc.⟩: The train ～*ed into* [*out of*] the station. 列車が駅にはいった[から出て行った] / The boat ～*ed for* the ship. ボートは船に向かって進んだ / A pickup ～*ed into* our driveway. トラックが一台家の道にはいってきた / ～ *off* the road 車を道路わきにつける; 道路からはずれる. **b** 骨折って進む 〈*for, toward, through, in*〉; 〘アメフト〙〈攻撃側のラインマンが〉プルアウトする《ボールキャリアーのブロックをするためフォーメーションの端を回り込む》: ～ *up* the hill 丘を登って行く. **3** 〈パイプ・タバコなどを〉吸う, 〈瓶から〉酒をぐいと飲む 〈*at, on*〉. **4** 後援を得る; 客をひきつける; 《就職などの際に》引いてやる; 協力する. **5** *《卑》 オナニーをする. **6** *《俗》《ボクシングなどで》攻撃を手加減する (pull one's punches).

● **～ about** 引っ張りまわす; 乱暴に扱う; 《俗》〈人を〉苦しめる. **～ a** FAST ONE. **～ ahead** 《レース・選挙などで》前に出る, リードする 〈*of*〉. **～ alongside** (《口》**of**)…のわきに並ぶ, …につける. **～ apart** 《引っ張って》ばらばらにする[できる], 引きちぎる[ちぎれる]; 引き離す; 〈けんか中の人[動物]を〉引き分ける[離す]; こきおろす, …のあらを探す; 〈人を〉ひどく苦しめる. **～ around** 引っ張りまわす (pull about); 車(など)をもってくる[まわす] 〈*to*〉. **～ aside** 〈カーテンなどを〉引く, 〈ベールを〉はぐ; 《話をするため》〈人を〉わきへ連れ出す. **～ at…** 〈多くのことが〉…の注意を必要とする. **～ away** (身を)引き離す, のがれる 〈*from*〉; 引き出す, 救い出す 〈*from*〉; 〈ある場所から〉離れる, 立ち去る, 退く 〈*from*〉; 出て行く, 発(た)つ; 〈…を〉引き離す, リードする 〈*from*〉; こぎつづける. **～ back** 引き戻す (cf. *vt* 1a); 後ろへ下がる, のがれる 〈*from*〉; 引き返す; 退却する[させる]; 〈前言などを〉撤回する 〈*from*〉; 〈出費を〉手控える, 節約する 〈*on*〉; 〘楽〙 テンポがおそくなる; ″《試合で》〈点を〉取り返す, 《得点して》盛り返す. **～ caps** [**wigs**] 《古》 つかみ合いをする, けんかする. **P～ devil, ～ baker**! = **P～ dog, ～ cat**! どっちも負けるな《綱引きなどの声援》. (*n*) 力闘, 決戦. **～ down** 引き下ろす; 〈家などを〉取りこわす, 解体する; 〈政府などを〉倒す; 〈価値を〉下落させる; 〈人〉の席次[地位, 成績]を下げる; 〈人〉の評判を落とす, 面目を失わせる; 〈獲物を〉追い詰める; 弱らせる, 意気消沈させる; *《口》《給料として》〈金を〉稼ぐ, 〈評点を〉取る; *《口》〈ボールを〉懸命に走って捕る. **～ foot** = **～ it** 《俗》逃げる. **～ for…** 《口》 …を支持する, 応援する: We're *～ing for* you. **～ in** (*vt*) (中へ)引っ張り入れる; 〈首などを〉引っ込める, 後退させる; 〈綱・魚などを〉引き[釣り]上げる; 〈大金を〉稼ぐ; 〈観衆などを〉ひきつける; [^{U}*pass*] 〈人を〉説得して引き入れる; 《手綱を引いて》〈馬を〉制止する; 〈費用を〉切り詰める; 《口》 逮捕する, 警察へ連行する, しょっぴく. (*vi*) はいり込む; 〈列車などが〉はいって来る, 到着する; 〈車が〉道路わきに寄る, 〈船が〉岸に寄る; 〈ドライブイン・給油所などに〉寄る, 止まる 〈*at*〉; 節約する. **～ (…) into…** 〈人を〉説得して…に引き入れる; 〈車・運転者が〉〈片側・レストランなど〉へ寄る, 進入する. **～ in with…**と協力する. **P～ in your ears.** *《俗》 気をつけろ; *《俗》 いきりたつな, 考え直せ, まあ落ちつけ; *《俗》 聞き耳を立てるな (opp. *prick up your ears*). **～ off** (*vt*) 取りはずす, もぎとる; 〈情報を〉〈ネットなどから〉手に入れる, 得る; 〈衣服・靴などを〉急いで脱ぐ; 〈賞を〉得る, 〈競争〉に勝つ; 〈船を〉出す; 《口》 うまくやってのける; *《卑》 射精させる, いかせる, 抜く: ～ it *off* うまくやり遂げる. (*vi*) 去る, 離れる, 逃げる; 車を道路わきにつける (cf. *vi* 2a); *《卑》 せんずりをこく. **～ on** ⇨ *vt, vi*; 《引っ張って》〈服を〉着る, 〈手袋を〉はめる, 〈靴下を〉履く; こぎつづける. **～ out** 引き[取り]出す; 〈歯・栓などを〉抜く (cf. *vt* 2a); 〈書物の一部を〉抜粋する; 〈答え・情報などを〉引き出す; 引き延ばす; 〈話などを〉長引かせる; 〈列車などが〉出て行く, 〈船が〉岸を離れる, 〈人が〉立ち去る; 〈自動車が〉道路に出ていく, 追越し車線にはいる; 撤退する[させる], 手を引く[引かせる] 〈*of*〉; 〈ひきだしなどが〉抜ける; 立ち直る, 回復する[させる] 〈*of*〉; 《口》 全力を尽くす; 〘空〙〈急降下・着陸姿勢〉から機首を戻す, 引き起こす 〈*of*〉. **～…out of the** FIRE. **～ over** 〈セーターなどを〉頭からかぶって着る; 〈テーブルなど〉ひっくり返す; (車を)道路の片側に寄せる. **～ round** 反対方向に向かせる[向く]; 〈人〉の気持を変えさせる; …の健康[意識]を回復させる; 健康[意識]を回復する; 不振から立ち直らせる[立ち直る]. **～ oneself in** 《直立して》腹を引っ込める. **～ oneself together** 病気が回復する; 気を静める, 自制心をはたらかす; 盛り返す; 〈持物を〉まとめる. **～ oneself up** 背筋を伸ばす; 自制する; 急にやめる. **～ one's** WEIGHT. **～ the other leg** [**one**] (**, it's got bells on it**) [*impv*] (見え透いているよ,) もっともっともらしいことを言え, その手は食わないぞ. **～ through**(**…**) (*vt*) (引いて…を)通過させる; 〈人〉に(難局[病気]を)切り抜けさせる; …の銃身の手入れをする. (*vi*) (…を)切り抜ける; 全快する. **～ to** 〈カーテン・ドアなどを〉閉める. **～ together** 引き合わせる; 〈カーテン・ドアなどを〉《引き寄せて》閉める; 協力して働く, 力を合わせる; 〈組織などを〉立て直す, まとめる; 復旧作業をする; 《かき集めて》〈食事を〉作る. **～…to** PIECES. **～ under** 〈流れが〉(水面の)下に引き込む; 破産[倒産]させる. **～ up** (*vt*) 引き上げる[寄せる]; 〈車・馬などを〉止める; 〈人〉の行為[話]を急にやめさせる, 立ち止まらせる, さえぎる; 引き抜く; 根絶する; …の席次[成績]を上げる; 〈…のことで〉しかる, 非難する 〈*on*〉; 〈飛行機を〉急上昇させる, 〈機首を〉引き上げる. (*vi*) 〈…の方へ〉寄る 〈*to*〉; 自制する; 〈馬・車などが〉(ぐっと)止まる; 車を止める, 乗りつける; 到着する; 《競争などで》前へ出る, 躍進する: *～ up* to [with]…に追いつく, …と並ぶ / *～ up* SHORT (*adv*). **～ wigs** ⇨ PULL caps. **P～ your head in.** 《豪口》 黙れ, 引っ込んでろ!

► *n* **1 a** ひと引き; 引くこと; 引っ張る力, 引力; 〘トランプ〙 札を抜くこと; 〘競馬〙《負けるため》故意に手綱を引くこと; 〘ゴルフ・クリケット・野〙 引っ張って打つこと. **b** ひとこぎ; 《前進のための》骨折り, がんばり: have a ～ ひとこぎする, のがれる **c** 肉離れ, 靭帯損傷. **2** 引き手, 取っ手, 引き綱. **3** 《酒などの》一杯, ひと飲み, 《タバコの》一服 〈*at* a pipe〉; ″《酒場で》おまけの酒を出すこと: have [take] a ～ *at* [*on*] the bottle 一杯ひっかける / LONG PULL. **4** 〘印〙 手刷り; 校正[ゲラ]刷り. **5** 《口》 魅力; 優位, 強み; 《口》 コネ, てづる, 引き, 影響力, '顔': have ～ [not much ～] *with* the company 会社に縁故[コネ]がある[あまりない] / through ～ コネで《就職するなど》. **6** ″《俗》 逮捕 (arrest); ″《俗》 ナンパ(の相手): on the ～ ナンパ中で, (相手を)ひっかけようとして.

● **have a** [**the**] **～ over** [**of, on**] sb 人よりまさる, 人より有利である.

[OE *pullian* to pull, pluck; cf. MDu *polen* to shell, Icel *pūla* to beat]

púll·bàck *n* 引き戻すこと, 《特に 軍隊の》計画的撤退; 《需要などの》低下, 後退; 障害(物), じゃま(もの); 引戻し装置.

púll dàte 《乳製品などの》店頭販売期限.

púll-dòwn *a* 〈椅子・ベッドなどが〉折りたたみ式の.

púll-dòwn mènu 〘電算〙 プルダウンメニュー (=*drop-down menu*) 《通例 画面上部にあるアイテムをマウスなどで選択したときに, アイテムの下にそれを引き出したかのように表示されるメニュー》.

púlled bréad パンの塊り (loaf) から中身をむしり取って焼きなおしたパンきれ.

púlled fígs *pl* 《箱詰め前に》平たくつぶしたイチジク.

púll·er *n* 引く人[もの]; 摘み[むしり]手; 引き抜く道具; 《船の》こぎ手; はみに逆らう馬; *《俗》 密輸業者; *《俗》 マリファナを吸う者.

púll·er-ín *n* (*pl* **púll·ers-**) 《商店・興行の》客引き.

pul·let /púlət/ *n* 《特に 1 歳に満たない》若めんどり, 初年鶏. [OF (dim) ‹ *poule* <L *pullus* chicken]

pul·ley /púli/ *n* 〘機〙 ベルト車, せみ, 滑車, プーリ; [*pl*] *《俗》 ズボン吊り (suspenders): a compound ～ 複滑車 / a driving ～ 主動滑車 / a fast [fixed] ～ 固定滑車. ► *vt* …に滑車を付ける; 滑車で引き上げる. [OF *polie*; cf. POLE²]

púll hìtter 〘野〙 引っ張る打者, プルヒッター.

pul·li·cat /pálɪkət, -ləkæ̀t/, **-cate** /-lɪkət, -ləkèɪt/ *n* BANDANNA. [*Pulicat* インド南東岸の町]

púll-ìn″ *n* 《道路わきの車の》待避所 (lay-by); 《トラック運転手用の》道路わきの食堂, ドライブイン (drive-in*).

púll·ing pòwer″ 《人・物の》魅力, 集客力.

Pull·man /púlmən/ *n* **1** プルマン **George M**(**ortimer**) ～ (1831–97) 《米国の発明家・実業家; 鉄道車両に改良を加え, 寝台車, 食堂車, parlor car などを開発》. **2** 〘鉄道〙 プルマン車両 (=～ **càr** [**còach**]) 《快適な設備のある寝台車・客車》; プルマン車両を連結した列車. **3** [^{o}p-] プルマンケース (=～ **càse**) 《開くと平らになり中に蝶番式の仕切りがあるスーツケース》. ► *a* プルマン車両(用)の; [^{s}p-] 長くて四角い.

Púllman kítchen* [^{o}p-] 《アパートなどで壁のくぼみを利用した》簡易台所.

púllman slìpper 《旅行用の》折りたたみ室内履き.

púll-òn *n* プルオン《引っ張って身に着けるセーター・手袋など》. ► *a* 引っ張って身に着ける.

pul·ló·rum disèase /pəlɔ́:rəm-/ 〘獣医〙 ひな白痢 (=*white diarrhea*) 《サルモネラ菌の一種により卵から伝染してひなを殺す家禽伝染病の一種》.

púll·òut *n* 撤退, 移動, 引揚げ; 《新聞・雑誌の》保存用ページ, 〘製本〙 折り込み; 〘空〙 引き起こし《急降下後水平飛行[上昇]に移ること》. ► *a* 引き[取り]出せる, 引き出し式[折りたたみ]の〈ベッドなど〉.

púll·òver *n* プルオーバー《頭からかぶって着るセーター・シャツなど》. ► *a* 頭からかぶって着る.

púll-quòte* *n* 抜粋見出し《新聞・雑誌の記事・コラムで本文中の印象的な句・行を引用してページの冒頭や中段に大きな活字で配置したもの》.

púll tàb* プルタブ (ring-pull″) 《缶・容器をあけるための引き手》.

púll-thròugh *n* 銃身手入れ綱《一端におもりを他端にぼろを付けたもの》; ″《俗》 やせたやつ, 骨皮筋右衛門.

pul·lu·late /páljəlèɪt/ *vi* 発芽[繁殖]する; 〈教義などが〉発展する; 急増する; 群がる, たかる 〈*with*〉. ♦ **púl·lu·lant** *a* **pùl·lu·lá·tion** *n* [L *pullulo* to sprout]

púll-ùp *n* 〘空〙 引き起こし, 引上げ《回避[離脱]のための水平飛行からの急上昇》; 懸垂 (chin-up); ″ドライブイン (pull-in).

pul·lus /páləs/ *n* (*pl* **-li** /-làɪ/) ひな, ひよこ, 若鳥.

púlly-hàul *vt, vi* 力いっぱいぐいと引っ張る.

pul·mo- /pálmoʊ, púl-, -mə/ *comb form* 「肺」 [L (*pulmon-pulmo* lung)]

pul·mom·e·ter /pəlmámətər/ *n* SPIROMETER.

pul·mo·nar·ia /pàlmənέəriə/ *n* 〘植〙 プルモナリア (lungwort を含むムラサキ科ヒメムラサキ属 (*P-*) の多年草). [L]

pul·mo·nary /pálmənèri, púl-; -mən(ə)ri/ *a* 肺の; 肺(動脈)を冒す; 肺状の; 肺疾患の; 肺で行なう; 〘動〙 肺(状器官)を有する: ～ complaints [diseases] 肺疾患. [L; ⇨ PULMO-]

púlmonary ártery 〘解〙 肺動脈.

púlmonary circulátion 〘生理〙 肺循環, 小循環.

púlmonary emphyséma 〘医〙 肺気腫.

púlmonary tuberculósis 〘医〙 肺結核(症).

púlmonary válve 〘解〙 肺動脈弁.

púlmonary véin 〘解〙 肺静脈.

pul·mo·nate /pálmənèɪt, -nət/ 〘動〙 *a, n* 肺(状器官)を有する; 有肺類の(動物) 《マイマイ・ナメクジなど》.

pul·mon·ic /pʌ̀lmánɪk, pʊl-/ *a* 肺(動脈)の; 肺病の. ► *n* 《まれ》肺病患者.

pul·mo·nol·o·gist /pʌ̀lmənáləʤɪst/ *n* 〘医〙呼吸器[肺臓]専門医.

pul·mo·tor /pʌ́lmòutər, pʊ́l-/ *n* 呼吸(回復)装置, プルモーター《人工呼吸装置》.

Pu·log /pú:lɔ̀:g/ [Mount] プログ山《フィリピン Luzon 島の最高峰 (2934 m)》.

pulp /pʌ́lp/ *n* **1 a** 《柔らかい》果肉; 《リンゴなどの》しぼりかす; 軟塊, どろどろしたもの; 鉱泥, パルプ; どろどろの状態. **b** 《茎の》髄; 髄, 髄質, 《特に》歯髄 (dental pulp). **2** パルプ (wood pulp) 《製紙原料》; ざら紙を用いた大衆雑誌[本] (cf. SLICK); 低俗な[センセーショナルな]記事[作品]: ～ fiction パルプフィクション. ● **beat** sb **to** [**into**] **a ～** 人をぺしゃんこにやっつける. **be reduced to** (**a**) **～** どろどろになる; 綿のように疲れる. ► *vt* パルプにする, どろどろにする; 〈書物・新聞などを〉パルプにする, 再生する; 〈コーヒー豆〉から果肉を取り去る. ► *vi* パルプ(状)になる. ♦ **～·like** *a* [L=flesh]

púlp·al *a* PULP の, 《特に》歯髄の. ♦ **～·ly** *adv*

púlp càvity 〘歯〙歯髄腔.

púlp·er *n* パルプ製造機; 果肉除去機.

pulp·i·fy /pʌ́lpəfàɪ/ *vt* パルプにする, パルプ化する.

pul·pit /pʊ́lpɪt, *pʌ́l-/ *n* **1** 説教壇; 演壇; [the] 説教; [the] 説教師 (preachers); [the] 宗教界. **2** 〘海〙《ヨット船首の》手すり, 安全柵; 《捕鯨船の船首の》手すりで囲んだもりを投げるための台; 《製鋼所などの》高架制御室; ᴴ《空軍俗》操縦席, コックピット. [L=platform]

pul·pi·teer /pʊ̀lpətíər, *pʌ̀l-/ *n* [*derog*] 説教師[屋]. ► *vi* お説教する.

pulp·i·tis /pʌ̀lpáɪtəs/ *n* (*pl* **pulp·it·i·des** /pʌ̀lpítədì:z/) 〘歯〙歯髄炎. [*pulp, -itis*]

púlp·less *a* PULP のない; ひからびた, 乾燥した.

pulp·ot·my /pʌ̀lpátəmi/ *n* 歯髄切断(法), 断髄(法).

púlp·ous *a* PULPY.

púlp·wòod *n* パルプ材, 製紙用材.

púlpy *a* 果肉の, 果肉状[質]の; 柔軟な, どろどろの; 汁の多い (juicy). ♦ **púlp·i·ly** *adv* **-i·ness** *n*

pul·que /pú:lkèɪ, -ki, pʊ́l-/ *n* プルケ《maguey を原料としたメキシコの酒》: ～ brandy プルケブランデー. [MexSp]

pul·sant /pʌ́lsənt/ *a* 脈うつ, 拍動[脈動]する.

pul·sar /pʌ́lsà:r/ *n* 〘天〙パルサー《電波天体》. [*pulsating star*; *quasar* にならったもの]

pul·sate /pʌ́lsèɪt; ⌐⌐/ *vi* 〈脈などが〉うつ, (正しく)拍動する; ドキドキする, ピクピク震える; 〘電〙〈電流が〉脈動する; 〈興奮・熱狂で〉沸き立つ, 躍動する 〈*with*〉. ► *vt* 〈ダイヤモンドを〉ふるい分ける. ♦ **púl·sàt·ing** /; ⌐⌐⌐/ *a* 脈うつ, 脈動する. [L *pulso* (freq) < *pulspello* to drive, beat]

pul·sa·tile /pʌ́lsət(ə)l, -tàɪl; -tàɪl/ *a* 脈うつ, 拍動(性)の; ドキドキする; 打って鳴らす: ～ instruments 打楽器.

pul·sa·til·la /pʌ̀lsətílə/ *n* 〘植〙キンポウゲ科オキナグサ属 (*P-*) の数種の多年草 (pasqueflower) 《しばしばイチリンソウ属の一部とされる》; プルサチラ《そのエキス; 薬用》. [L (dim) < *pulsatus* beaten about (PULSATE); 「風に震える花」の意]

púlsàting stár 〘天〙脈動星.

pul·sa·tion /pʌlséɪʃ(ə)n/ *n* 脈拍, 拍動, 動悸; 波動; 《音の》振動, 《電流・地磁気の》脈動; 〘ローマ法〙《痛みを与えない程度の》殴打.

pul·sa·tive /pʌ́lsətɪv/ *a* 拍動[脈動]する. ♦ **～·ly** *adv*

púl·sà·tor /; ⌐⌐⌐/ *n* 拍動[鼓動]するもの, 脈うつもの; 〘機〙鼓動装置, 《電気洗濯機・採掘ダイヤモンド水洗機の》パルセーター.

pul·sa·to·ry /pʌ́lsətɔ̀:ri; -t(ə)ri/ *a* 脈うつ, 拍動[脈動, 鼓動]する.

pulse[1] /pʌ́ls/ *n* **1 a** 脈, 脈拍(数); 鼓動, 動悸; 《光線・音響などの》波動, 振動; 律動, 拍子; 〘電〙パルス《持続時間のきわめて短い電流または変調電波》. **b** 〘生化〙物質の《短時間の》適用量. **2** 《オールなどの》規則的な動き; 生気, 脈動, 活気, 感情; 意向, 動向. ● **feel** [**take**] **sb's ～** 人の脈をとる; 人の意向[反応]を探る. **have** [**keep**] **one's** FINGER **on the ～ of**…. **stir sb's ～**＝**get** [**send, set**] **sb's ～ racing** 人を興奮[熱狂, わくわく]させる. ► *vi* 脈うつ, 鼓動する; 沸きかえる, 熱狂する: ～ through… 〈血液・生命・電流などが〉《脈うって》…を流れる; 〈興奮などが〉…を伝わる. ► *vt* 〈血液などを〉拍動で送る 〈*in, out*〉; パルスにする; 〈機械〉にパルスを生じさせる, …を断続的に運転させる; 〈電磁波を〉パルスで変調する; 〘生化〙〈培養の細胞に同位体で識別された基質を〉適用する 〈*with*〉. ♦ **púls·er** *n* [OF<L=beating; ⇨ PULSATE]

pulse[2] *n* 〈*sg/pl*〉豆類, 豆《集合的》; 豆のなる植物. [OF<L *puls* porridge (of meal etc.); cf. POLLEN]

púlse·bèat *n* 脈動; 感情[意向]を示すもの, 気持の表われ.

púlse còde modulátion 〘通信〙パルス符号変調《略 PCM》.

púlse hèight ánalyzer 〘理〙(パルス)波高分析器.

púlse-jèt (**éngine**) 〘空〙パルスジェットエンジン《燃焼室の空気取入れ弁が絶えず開閉する》.

púlse·less *a* 脈拍のない, 無脈の; 生気[活気]のない.

púlse modulàtion 〘通信〙パルス変調.

púlse oxìmeter 〘医〙パルスオキシメーター, 脈波型酸素飽和度計《指先などに付けて動脈血中酸素飽和度を測定する装置》.

púlse prèssure 〘医〙圧脈拍, 脈圧《収縮期圧と拡張期圧の差》.

púlse ràdar パルスレーダー《パルス変調によるレーダー》.

púlse ràte 〘医〙脈拍数.

púlse-tàker *n* 《口》動向を探る人.

púlse-tàking *n* 《口》動向調査.

púlse tìme modulátion 〘通信〙パルス時変調.

púlse tràin 〘電〙パルス列.

púlse wàve 〘医〙脈波.

púlse wìdth modulàtion 〘通信〙パルス幅変調《パルスの幅の違いによってデータを表現する変調; 略 PWM》.

pul·sim·e·ter /pʌlsímətər/ *n* 〘医〙脈拍計.

pul·sion /pʌ́lʃ(ə)n/ *n* 推進 (propulsion); 〘医〙圧出.

pul·sive /pʌ́lsɪv/ *a* PROPULSIVE.

púl·so·jèt /pʌ́lsou-/ *n* PULSE-JET ENGINE.

pul·som·e·ter /pʌlsámətər/ *n* だるまポンプ, 真空ポンプ (vacuum pump); PULSIMETER.

pul·ta·ceous /pʌltéɪʃəs/ *a* 豆 (pulse) のとろ煮のような, 糊状の; 柔らかな, どろどろの.

pul·tru·sion /pʊltrú:ʒən, pəl-/ *n* 連続引抜成形, プルトルージョン《樹脂を加熱したダイを通して連続的に引き抜いて同じ断面をもつ部材を成形する成形法》. ♦ **pul·trúde** /-trú:d/ *vt* 〈強化プラスチック製品を〉連続引抜成形法で作る. [*pul*ling＋ex*trusion*]

pulv. [L *pulvis*] powder 粉末, 散剤.

pul·ver·a·ble /pʌ́lv(ə)rəb(ə)l/ *a* 粉にできる, 砕ける.

pul·ver·ize /pʌ́lvəràɪz/ *vt* 微粉状にする, 砕く; 〈液体を〉霧(状)にする; [*fig*] 〈議論などを〉粉砕する, 崩壊させる, 《俗》ぶんなぐる, ぶちのめす, 〈相手を〉めためたに負かす. ► *vi* 微粉になる, 砕ける. ♦ **púl·ver·ìz·able** *a* **pùl·ver·i·zá·tion** *n* ⁺《染色体の》細粉化. **púl·ver·ìz·er** *n* 微粉にする人[もの]; 微粉(砕)機; 噴霧器. [L (*pulver- pulvis* dust)]

pul·ver·u·lent /pʌlvér(j)ələnt; -vérʊ-/ *a* 微粉の, 粉のできた; 粉だらけの, ほこりだらけの; 微粉になる, 〈岩石が〉もろい. ♦ **-lence** *n*

pul·vil·lus /pʌlvíləs/ *n* (*pl* **-li** /-làɪ, -li/) 〘昆〙褥盤(じょくばん)《ハエなどの先跗節にある付着盤》. ♦ **-lar** *a* [L (dim) < PULVINUS]

pul·vi·nar /pʌlváɪnər/ *n* (*pl* **-nar·ia** /pʌ̀lvənéəriə/, **～s**) 《古代ローマの》その上に神々の像を置いて供物をしたクッション付き長椅子; 《円形競技場の》クッション付き座席; 〘解・動〙視床枕(まくら)(ちん). ► *a* クッションに似た; 葉枕 (pulvinus) の[に似た].

pul·vi·nate /pʌ́lvənèɪt/, **-nat·ed** /-nèɪtəd/ *a* クッション状の; 〘植〙葉枕 (pulvinus) のある; 〘昆〙褥盤 (pulvillus) のある; 〘建〙フリーズ (frieze) がふくらんだ. ♦ **～·ly** *adv*

pul·vi·nus /pʌlváɪnəs, -ví:-/ *n* (*pl* **-vi·ni** /-váɪnàɪ, -ví:ni/) 〘植〙《オジギソウの葉柄の基部にある》葉枕(ようちん), 枕(まくら) (＝*cushion*). [L ＝cushion]

pum ⇨ PUM-PUM.

pu·ma /p(j)ú:mə; pjú:-/ *n* (*pl* **～s**, **～**) 〘動〙ピューマ, アメリカライオン (cougar); ピューマの毛皮. [Sp<Quechua]

pum·e·lo /pʌ́məlòu/ *n* (*pl* **～s**) POMELO.

pum·ice /pʌ́məs/ *n* 軽石 (＝**～ stòne**). ► *vt* 軽石で磨く. [OF *pomis*<L *pumic- pumex*]

púm·iced sóle [**fóot**] 〘獣医〙浅蹄《蹄葉炎によるスポンジ状の馬蹄》.

pu·mi·ceous /pjumíʃəs, pʌ-/ *a* 軽石の; 軽石質の.

pum·ic·ite /pʌ́məsàɪt/ *n* 軽石 (pumice); 《研磨剤として用いる》火山塵.

pum·kin /pʌ́mkən/ *n* 《俗》頭, 脳天, どたま (pumpkin).

pum·mel /pʌ́m(ə)l/ *n* POMMEL. ► *vt* (**-l-** | **-ll-**) 《げんこつで》したたかになぐる[打つ], 打ち負かす; 〈災害などが〉襲う; こきおろす, 'たたく'.

pum·melled /pʌ́m(ə)ld/ *a* *《俗》酒に酔って.

pum·me·lo /pʌ́məlòu/ *n* (*pl* **～s**) POMELO.

pump[1] /pʌ́mp/ *n* **1 a** 吸水器, 揚水器, 圧出器, ポンプ; 《動物の》ポンプ器官, 《特に》心臓; PUMP GUN; *《俗》盛り上がった筋肉: a bicycle ～ 自転車の空気入れ / fetch a ～ ポンプに呼び水を差す. **b** ポンプのはたらき[水揚げ]; 〘理〙ポンプ, ポンピング《原子や分子を電磁波などで大量に高いエネルギー状態へ励起させること; その機構》. **c** 〘生理〙ポンプ《エネルギーを消費して濃度勾配に逆らって原子・イオン・分子を輸送する機構》. **2** 誘導尋問, かまをかけること; 情報を引き出す(のがうまい)人. ● **give sb's hand a ～** 手を上下に振って握手をする. **on ～** *《方》掛けて, 信用貸しで (on credit). PRIME[2] **the ～**. ► *vt* **1 a** 〈水を〉ポンプで揚げる[汲み出す] 〈*out, up*〉; …の水を汲み出す; 《stomach pump で》〈胃を〉洗浄する; 〘理〙ポンピングする; 〘生理〙〈イオンなどを〉pump によって輸送する: ～ a cistern dry 水槽を汲み干す / ～ (out) a ship 船のあかを汲み出す. **b** 〈人〉にしつこく質問して情報を聞き出す[聞き出そうとする]; しつこく尋ねて〈情報を〉聞き出す 〈*for*〉; 息切れさせる, 疲れさせる 〈*out*〉: be ～*ed out* 疲れきる. **c** 《口》〈製品・音楽などを〉大量に作り[生み]だす, 量産する. **2 a** 〈空気を〉ポンプで注入する 〈*in, into*〉; 〈タイヤ・ボールなどを〉空気入れ[ポンプ]でふくらませる 〈*up*〉. **b** 〈食物などを〉供給する; 〈資金・活気などを〉注ぎ込む 〈*in, into*〉; 〈事実・知識などを〉注入する, 詰め込む, 教え込む 〈*in, into*〉; 〈悪罵・弾丸などを〉浴びせる 〈*with*〉. **3** ポンプの取っ手のように動かす[上げ下げする]; レバー[ハンドル]をポンプの取っ手のように動かして…を操作する;《握手で》〈相手の手を〉上下に勢いよく振り動かす〈*up and down*〉. **4**《卑》〈女〉とセックスをする. ► *vi* **1** ポンプで水を揚げる[汲み出す]; ポンプを使う. **2** ポンプのように動く, 上下する, 鼓動する〈*away*〉; ポンプの作用をする; 〈晴雨計の水銀が〉急激に上下する; 断続的に噴出する. **3 a** しつこく質問して[かまをかけて]聞き出す. **b**《口》〈音楽などが〉大量に生み出される. **4**《卑》セックスをする. ● **~ sb full of…** 人に…を注入する. **~ up** (1) ⇨ *vt* 2a; 増大させる, 強化する; [°*pass*]《口》〈人に〉熱意を吹き込む, 気合いを入れる, やる気[その気]にさせる, のせる;《俗》誇張する, 大げさに言う. (2) ボディービルに熱心に取り組む (cf. pump IRON); *《俗》〈筋肉を〉盛り上げる. ♦ **~·able** *a* [ME<?imit; cf. G *Pumpe*, Du *pomp*]

pump[2] *n* パンプス《(1) ひもや留め金がなく, 甲のカットが浅い婦人靴 2) それに似た男子用礼装靴 3) 留め具のないダンス・体操用の運動靴》. [C16<?]

púmp-àction *a* 〈散弾銃・ライフルが〉ポンプ連射式のポンプアクションの《前床を前後させて, 空薬莢(からやっきょう)の排出・撃鉄の引き起こし・新弾の装填(そうてん)を行なう方式》.

púmp and dúmp パンプ・アンド・ダンプ詐欺《偽情報のスパムメールによってある企業の株価を吊り上げ, 自分だけ売り抜ける詐欺》.

púmp bòx《ポンプの》ピストン室.

púmp bràke ポンプの長柄 (brake)《多数で共働できる》.

pumped /pʌ́mpt/ *a* *《俗》妊娠して, 腹が出っ張って; [°~ up]《口》やる気になって, 気合いがはいって; [~ up]《俗》誇張された, わざとらしい, 大げさな.

púmped stórage 揚水発電装置《低電力消費時に貯水池に汲み上げた水で高電力消費時に発電を行なう》.

púmp·er *n* ポンプ使用者; PUMP[1] する人; ポンプ車《揚水装置のある消防自動車》; *《俗》心臓.

pum·per·nick·el /pʌ́mpərnìk(ə)l/ *n* プンパーニッケル《ふるいにかけないライ麦粉で作る酸味のある黒パン》. [G=lout, stinker<?]

púmp gùn ポンプ式散弾銃[ライフル銃], ポンプ銃.

púmp-hàndle *vt*《口》〈相手の手を〉大げさに上下する.

púmp hàndle ポンプの柄;《口》大げさな握手.

púmp jòckey《俗》ガソリンスタンドの店員.

pump·kin /pʌ́m(p)kən, *pʌ́ŋkən/ *n* **1 a** カボチャ,《特に》ペポカボチャ, ᴵᴵWINTER SQUASH (cf. SQUASH[2]); カボチャの茎[つる]. **b**《俗》頭. **2** [ᵁ(some) ~s] **a** *《口》りっぱな[ひとかどの]人物, 重要なこと[もの, 場所]. **b** [〈*a*〉] *《古・方》《愛情をこめて》なかなかの, ちょっとした; [*voc*] *《口》きみ, おまえ, 大事な人 (dear). **3** *《俗》田舎町. **4**《濃い》だいだい色, カボチャ色. [C17 *pompon*, *pumpion*<F POMPION; *-kin* に同化]

púmpkin hèad ばか, のろま. ♦ **púmpkin-hèad·ed** *a*

púmpkin ròller *《方》農夫, 百姓.

púmpkin·sèed *n* カボチャの種子;〔魚〕パンプキンシード《北米東部原産のサンフィッシュ科ブルーギル属の淡水魚》.

púmp·man *n* ポンプ係.

púmp prìming ポンプに呼び水を差すこと; [*fig*] 呼び水[誘い水]式経済政策《New Deal で景気回復のため公益土木事業を起こしたことから; cf. PRIME[2] *the pump*》. ♦ **púmp-prìme** *vt* 〈景気・経済活動〉の刺激[てこ入れ]をはかる. **púmp-prìmer** /-pràɪmər/ *n* 景気刺激策.

púmp ròom《温泉場の》鉱泉水飲み場; ポンプ室.

púmp·shìp *vi*, *n*《卑》しょんべん(する).

pum(-pum) /pʊ́m(pʊ̀m), pʌ́m(pʌ̀m)/ *n* ᴵᴵ《卑》《女の》あそこ, ボボ, おそそ. [Carib]

púmp wèll ポンプ井戸.

pun[1] /pʌ́n/ *n* 地口, 駄じゃれ, ごろ合わせ. ► *vi* (-nn-) 地口を言う, もじる〈*on*〉. ♦ **~·less** *a* **pún·ning** *a* **pún·ning·ly** *adv* [C 17<? *pundigrion* (obs); cf. It *puntiglio* fine point, quibble]

pun[2]《方》*vt* (-nn-) たたく, 続けざまに打つ; 〈土・小石を〉打ち固める. [POUND[3]]

pu·na /púːnə, -nɑː/ *n* プーナ《ペルーの Andes 山脈中の吹きさらしの乾性の荒原》;《ペルーの山間の》寒風; 高山病. [AmSp<Quechua]

Pu·na de Ata·ca·ma /púːnə deɪ æ̀təkáːmə, -àːt-/ アタカマ高原《アルゼンチン北西部とチリとの国境にある高山地帯 (3300–4000 m)》.

Pu·na·k(h)a /púːnəkə/ プナカ《ブータン中西部の, 同国の旧首都》.

pu·na·ni, -ny /punáːni/ *n*《黒人卑》女陰, まんこ,《セックスの対象としての》女. [?]

Pun·cak Ja·ya /púnʧàːk ʤáːjə/ ジャヤ山《インドネシア Papua 州 Sudirman 山脈の山で, ニューギニア島の最高峰 (5030 m); 旧称 Mount Carstensz》.

punce /pʌ́ns/ *vt*, *n*《北イング》ぶつ(こと), 蹴る(こと).

punch[1] /pʌ́nʧ/ *n* **1** 穴あけ器; 押抜き具, ポンチ;《切符などを切る》穴あけばさみ, パンチ (cf. BELL PUNCH);《大工の》釘締め (nail set);〔電算〕穿孔(機), パンチ; 打印器; 穴あけ, 穿孔. **2 a** げんこつで打つこと, パンチ: throw [land] a ~ パンチを食わせる / get a ~ on the nose 鼻先をぶんなぐられる / can [can't] take a ~ 打たれ強い[弱い]. **b**《口》力, 勢力, 活気, 辛辣, あてつけ,《話などの》効果, *《小説・劇などの》迫力, パンチ. ● **beat sb to the ~**《口》人の機先を制する. PACK[1] **a ~. pull** (one's) **~es**《口》〔ボク〕パンチを手加減する; [ᵁ*neg*]《批判などを》手加減する, 手控える, 遠慮する. ROLL **with the ~es. telegraph** one's **~es**〔ボク〕次のパンチを読まれる; *《俗》思わず意図を漏らす. ► *vt* **1** 〈金属・皮・切符など〉に穴をあける; 〈穴を〉あける, 打印する; 〈硬貨などを〉打ち抜く, 打ち出す〈*out*〉; 〈釘などを〉打ち込む〈*down, in*〉: ~ cards PUNCH CARD に穴をあける[パンチする] / ~ a (hole *out of* the) ticket 〈車掌が〉切符を切る, 入鋏(にゅうきょう)する. **2 a** …にげんこつ[パンチ]を食わせる, (こぶしで)なぐる〈sb *in* [*on*] the nose〉; 〈キー(ボード)・タイプライターなどを〉打つ, たたく, 〈文章などを〉タイプする, 書く, 作る,《キーをたたいて》〈情報を〉引き[呼び]出す〈*out*〉;《プッシュホンなどの》〈ボタン・番号を〉押す,《キーをたたいて》〈データを〉入力する, 打ち込む〈*in, out*〉; 棒で突く;〔野〕〈ボールを〉バットにコツンとあてる, 軽く打つ; 押し[たたき]込む〈*down, in*〉; *〈牛を〉(突いて)追う (drive, herd): ~ the air こぶしを宙に突き上げる, ガッツポーズをとる. **b**《口》〈ことば・楽句などを〉強調する. ► *vi* 強打する;《勢いよく》進む, はいる. ● **~ above** one's WEIGHT. **~ a [the] (time) clock** *タイムカードを押す. **~ in** ⇨ *vt*; *タイムカードを押して出勤時刻を記録する, 出勤する. **~ it**《口》車で飛ばす[急ぐ]. **~ out** ⇨ *vt*; 〈釘などを〉打ち出す; 押して(抜き)取る; *《口》なぐり倒す, たたきのめす; *タイムカードを押して退出する, 退社する;《口》去る, 出て行く; *《空軍俗》射出座席で脱出する; STRIKE out. **~ up**〈レジで金額を〉キーをたたいて登録する; 〈情報を〉キーをたたいて呼び出す; ᴵᴵ《口》なぐり合いをする;《口》強化する, 生きいきとさせる, よく[おもしろく]する, めりはりをつける; ふくらませる; *《俗》〈テープを〉再生開始部に合わせる. ♦ **~·less** *a* [POUNCE[3]; (n) は puncheon[1] か]

punch[2] *n* **1** ᴵᴵ《方》ずんぐりした人[もの]; ᴵᴵ足の短い太った荷馬[輓馬(ばんば)]. **2** [P-] パンチ《PUNCH-AND-JUDY SHOW に出てくる, せむし・かぎ鼻・しゃくれあごのグロテスクな主人公; 自分の妻と犬を殺し, (訪ねてくる医者を殴打し)自分の死刑執行人を逆に絞首刑にする》: (as) pleased [proud] *as P~* 大満足[大得意]で. **3** [P-] パンチ《英国の絵入り週刊諷刺雑誌 (1841–1992, 1996–2002)》. [*Punchinello*]

punch[3] *n* **1** パンチ, ポンチ《酒 (ワイン・スピリッツなど)・果汁・炭酸水・スパイスなどを混合して作る飲み物; 酒は入れないこともある》. **2** パンチグラス; パンチを飲み物に出す社交会. [C17<?; 一説に, 混ぜる種類の数 Hind *pānch* five から]

Púnch-and-Júdy shòw パンチとジュディー《滑稽なあやつり人形の見世物; PUNCH は主人公, Judy はその妻》.

púnch bàg PUNCHING BAG《ボクシング練習用》.

púnch·bàll *n* *パンチボール《テニスボールをこぶしで打つ野球》; ᴵᴵパンチボール《ボクシング練習用につるす, 詰め物をした革ボール》.

púnch·bòard* *n* パンチボード (=*pushcard*)《数字などを印刷した紙片がはいっていて, 穴がいくつもあいたゲーム盤; それぞれの穴に打ち出した紙の数によって景品などが当たる》;《俗》ふしだらな女, ズベ公, 尻軽女.

púnch bòwl 1 パンチボウル《パンチやレモネードを入れる大鉢; これから各人がカップに取り分ける》. **2** 山間の窪地, 小盆地《地名に多い》. [*punch*[3]]

púnch càrd 穿孔カード, パンチカード.

púnch-drùnk *a* 〈ボクサーなどが〉パンチをくらってふらふらになった (groggy);《口》目がくらんだ, ぼんやりした, 混乱した.

púnched càrd /pʌ́nʧt-/ PUNCH CARD.

púnched tápe, púnched páper tàpe〔電算〕穿孔テープ.

pun·cheon[1] /pʌ́nʧ(ə)n/ *n* 支柱, 間柱(まばしら); *《床板に代用する》割材; 刻印器, 穴あけ器. [OF=pointed tool]

puncheon[2] *n*〔史〕大樽《72–120 ガロン入り》; 大樽一杯の量. [OF<?]

púnch·er *n* 穴をあける[たたく, 突く]人, 穴あけ器を操作する人; *《口》COWBOY; *《俗》《電信の》通信手: a hard [strong] ~〔ボク〕ハードパンチャー.

Pun·chi·nel·lo /pʌ̀nʧənélou/ *n* (*pl* ~s, ~es) **1** パンチネロ《17世紀イタリアの喜劇 または あやつり人形の道化役; PUNCH の原型》. **2** [p-] ずんぐりした人, 変てこな姿の男[動物].

púnch·ing bàg *《ボクシング練習用の》サンドバッグ; たたかれ役 (scapegoat).

púnching prèss PUNCH PRESS.

púnch làdle パンチレードル《punch bowl からカップに取り分けるための一種の杓子(しゃく)》.

púnch lìne《急所をついて人を》あっといわせる文句, 聞かせどころ, さわり, 殺し文句,《笑い話の》おち.

púnch lìst 残工事リスト; たまっている懸案事項.

púnch-òut *n*《周囲を点線状の小穴で囲った》押抜き部分; *《俗》なぐり合い;〔野〕三振 (strikeout).

púnch prèss〔機〕《穴あけ用の》押抜き機, ポンチプレス.

púnch-ùp ᴵᴵ《口》*n* なぐり合い; 集団のけんか, 乱闘, でっちあい; [*fig*] やかましい議論, 激論.

púnchy *a* パンチのきいた, 力のある; *《俗》PUNCH-DRUNK. ♦ **púnch·i·ly** *adv* **-i·ness** *n*

punct. punctuation.

puncta *n* PUNCTUM の複数形.

punc·tate /pʌ́ŋkteɪt/, **-tat·ed** /-tèɪtəd/ *a* 小さな斑点[くぼみ]のある〈葉など〉; (斑)点状の〈皮膚病変など〉.

punc·ta·tion /pʌ̀ŋktéɪʃ(ə)n/ *n* 小さな斑点[くぼみ]のあること; 斑点.

púnc·ti·fòrm /pʌ́ŋktə-/ *a* 点状の.

punc·til·io /pʌ̀ŋktíliòu/ *n* (*pl* **-i·òs**) 《作法・手続きなどの》微細な点, 細目; 《作法・形式などの》こと細かな遵守, (つまらぬ)形式主義. [It and Sp (dim) < POINT]

punc·til·i·ous /pʌ̀ŋktíliəs/ *a* 細かいことに注意を払う, 形式[作法]をきちんと守る, きちょうめんな 〈*about*〉. ♦ **~·ly** *adv* **~·ness** *n*

punc·tu·al /pʌ́ŋktʃuəl/ *a* 時間[期限]を固く守る; 規則的な; 正確な; 〖数〗点の; 〖文法〗〈動詞が〉瞬間相の《ある瞬間に動作がなされることを示す; cf. DURATIVE》; 《古》きちょうめんな: (as) ~ as the clock 時間を厳守して / ~ to the minute 1 分もたがえず. ♦ **~·ly** *adv*

punc·tu·al·i·ty /pʌ̀ŋktʃuǽləti/ *n* 時間を守ること: *Punctuality* is the politeness of kings [princes]. 《諺》時間厳守は王[君主]の礼節. **~·ness** *n* [L; ⇨ POINT]

punc·tu·ate /pʌ́ŋktʃuèɪt/ *vt* …に句読点を付ける, …の句読を切る 〈*with*〉; [°*pass*] 間隔をおいて区切る, ところどころ中断する 〈*with, by*〉; 〈あることばなど〉に力を入れる, 強調する. ► *vi* 句読点を入れる. ♦ **-à·tor** *n* [L=to prick; ⇨ POINT]

púnctuated equilíbrium 〖生〗断続平衡《種の進化における主要な変化の多くは周辺的な小個体群で急速に生じ, 中心の個体群となっていくので, 長く比較的安定した期間と急速な種分化の期間とが交互に現われるとする説; cf. GRADUALISM》.

punc·tu·a·tion /pʌ̀ŋktʃuéɪʃ(ə)n/ *n* 句読, 句読法[点]; 中断; 対比[強調]するもの. ♦ **pùnc·tu·á·tive** *a*

punctuátion·al *a* 句読(法)[中断]の; 〖生〗《漸進的ではなくて》変化のほとんどない期間に時おり急激な変化のみられる. ♦ **~·ism** *n* **~·ist** *n*

punctuátion màrk 句読点.

punc·tu·late /pʌ́ŋktʃələt, -lèɪt/ *a* 一面に小斑点のある. ♦ **pùnc·tu·lá·tion** *n* (一面に)小斑点のある状態.

punc·tum /pʌ́ŋktəm/ *n* (*pl* **-ta** /-tə/) 〖生〗斑点 (spot); くぼみ. [L=point]

punc·ture /pʌ́ŋktʃər/ *vt* **1** 刺す; 貫く; …に穴をあける, 〈タイヤ〉に空気漏れさせる, パンクさせる: ~ a balloon 風船を刺す[に穴をあける] / a ~*d* wound 刺し傷. **2** 一挙にだめにする, 打ち砕く. ► *vi* 〈タイヤが〉《釘などで》空気漏れする, パンクする; だめになる. ► *n* 刺すこと, 穴あけ; 刺し穴, 点穴; 〖動〗微凹点; 〖医〗穿刺; ‖《タイヤの》空気漏れ(の穴), パンク (flat): I [My car] had a ~. 車がパンクした / have a slow ~ 〈タイヤが〉徐々に空気漏れする. ♦ **púnc·tur·able** *a* **~·less** *a* [L; ⇨ POINT]

púnc·tured *a* 表面が小さな斑点[くぼみ]でおおわれた.

púncture vìne, púncture·wèed 〖植〗ハマビシ (=*caltrop*) 《果実のヒシ状のとげがタイヤに刺さる》.

pun·dit /pʌ́ndət/ *n* インド人の賢者 (pandit); 《特定の分野の》識者, 専門家, 権威; 評論家, コメンテーター. ♦ **pun·dít·ic** /-dít-/ *a* [Hindi<Skt=learned]

pun·dit·oc·ra·cy /pʌ̀ndətákrəsi/ *n* 権威ある政治評論家[識者]たち.

púndit·ry *n* 識者の学識[やり方, 意見]; 識者たち《集合的》.

Pune ⇨ POONA.

pung /pʌ́ŋ/ *n* 《ニューイング・カナダ東部》《一頭の馬に引かせる》箱型そり. [*tom pung* toboggan]

punga /pʌ́ŋə/ *n* PONGA.

pun·gen·cy /pʌ́ndʒ(ə)nsi/ *n* ピリッとすること, 刺激, 辛辣さ, 鋭さ; 刺激的な臭気[味], 辛辣なことば[評言].

pún·gent *a* 刺激臭[味]のある, 舌を刺す, 鼻をつく, ピリッとする, つんとくる; 鋭い, 辛辣な; 心をピリッとさせる, 刺激する; 〖植〗とがった. ♦ **~·ly** *adv* [L=pricking (POINT)]

pun·gi /pú:ŋgi/ *n* プーンギ (=*poogye*)《ひょうたん形のインドの管楽器; 蛇使いの笛》. [Hindi]

pun·gle /pʌ́ŋg(ə)l/ *vt, vi* (金を)払う, 寄付する 〈*up*〉.

Pu·nic /pjú:nɪk/ *a* 《フェニキア人の植民地》カルタゴ (Carthage) (人) の; 信義のない, 裏切りの. ► *n* 古代カルタゴ語《フェニキア語の一方言》. [L *Punicus* Phoenician]

Púnic fáith 背信 (fides Punica) (opp. *Attic faith*).

Púnic Wárs *pl* [the] ポエニ戦争《カルタゴとローマ間の 3 回の大戦 (264–241 B.C., 218–201 B.C., 149–146 B.C.); ローマの勝利によってカルタゴは滅亡した》.

pun·ish /pʌ́nɪʃ/ *vt* **1 a** 〈人・罪を〉罰する, 懲らしめる, 刑をもって処する, 処罰[処分]する 〈*for* (*doing*) sth〉: ~ one*self* 自分を責める, 体を酷使する. **b** 〈相手を〉ひどいめにあわせる, 手荒に扱う, 酷使する; 《口》〈相手のミス〉に乗じる; 〖クリケット〗〈投球を〉痛打する; 〖ボク〗〈相手を〉強打する. **2** 《口》〈食べ物を〉平らげる. **3** 《俗》〈女〉と性交する, …に一発かます. ► *vi* 罰する, 懲らしめる. ♦ **~·er** *n* [OF<L *punio*; ⇨ PENAL]

púnish·able *a* 罰すべき, 処罰の対象となる: a ~ offense / ~ *by* death 死刑になりかねない〈罪〉. ♦ **pùnish·abílity** *n*

púnish·ing *a* 罰する, 懲らす; ひどい, きびしい, つらい; 〖スポ〗強打する: a ~ race 過酷な競走 / a ~ schedule ハードスケジュール. ♦ **~·ly** *adv*

púnish·ment *n* **1** 処罰, 処分, 刑罰 〈*for* a crime, *on* a criminal〉; 懲罰, 折檻; 〖心〗罰《行動を禁じたり習慣をやめさせるために与えられる不快な刺激》: disciplinary ~ 懲戒. **2** 《口》虐待, 酷使, 《ボクシングなどの》強打, 《競技などで》疲労させること.

pu·ni·tion /pjuníʃ(ə)n/ *n* 罰 (punishment).

pu·ni·tive /pjú:nətɪv/ *a* 罰の, 刑罰の, 懲罰的な, 制裁的な; 応報の; 過酷な: ~ justice 因果応報 / ~ taxes 重税. ♦ **~·ly** *adv* **~·ness** *n* [F or L; ⇨ PUNISH]

púnitive dámages *pl* 〖法〗懲罰的損害賠償金.

pu·ni·to·ry /pjú:nətɔ̀:ri; -t(ə)ri/ *a* PUNITIVE.

Pun·jab /pʌ̀ndʒá:b, -dʒǽb, ⌐⌐/ [°the] パンジャブ《**1**) インド亜大陸北西部 Indus 川と 5 つの支流の流域を占める地方; ☆Lahore; 英領インドの旧州; 1947 年インドとパキスタンで分割;「五河」地方の意 **2**) =EAST PUNJAB **3**) パキスタン北東部の州; ☆Lahore; 旧称 West Punjab **4**) インド北西部の州; ☆Chandigarh; 旧 Punjab 州 (East Punjab) の北部; 別称 Punjabi Suba》.

Pun·ja·bi /pʌ̀ndʒá:bi, -dʒǽbi/ *n* パンジャブ人; パンジャブ語《印欧語族 Indic 語派の一つ》. ► *a* パンジャブ(人[語])の.

Punjábi Sú·ba /-sú:bə/ パンジャブ州《インドの PUNJAB 州の別称》.

Púnjab Státes *pl* パンジャブ諸王国《旧英領インドの Punjab 州政府の管轄下にあった諸藩王国で, のち同州分割時にインドとパキスタンに分かれて併合, 現在の両国 Punjab 州などの一部となった》.

pún·ji stìck [stàke, pòle] /pʌ́ndʒi-/ 《ジャングル戦で敵兵の足に刺さるよう地面に隠して刺す》先のとがった竹杭.

punk[1]* /pʌ́ŋk/ *n* 朽ち木, つけ木, 火口(ほくち), 暖皮 (amadou); 《花火などの》点火用線香, 火つけ棒, 口火. [? SPUNK]

punk[2] *a* *《口》質の悪い, みじめな, 貧弱な, つまらない, さえない; 健康がすぐれない; パンクロックの; パンク調の. ► *n* **1 a** *《俗》青二才, 若造, ひよっこ; *《俗》チンピラ, ごろつき, 与太者; *《俗》パッとしないやつ, 役立たず; *《俗》《サーカスの》動物の子. **b** *《俗》ウェイター, ポーター; *《俗》稚児 (catamite); 《古》売春婦. **2** *《口》つまらない[くだらない]こと[もの], たわごと; 《俗》パン, バターを塗ったパン (=**~ and pláster**); *《俗》売薬; *《俗》質の悪いマリファナ. **3** PUNK ROCK(ER); パンクスタイル《鋲・鎖などをつけた黒い革ジャン, 派手に染めて逆立てた髪などを特徴とするパンクロックミュージシャンやファンのスタイル》; パンクスタイルの服装・髪型の人. ► *vi* [次の成句で]: **~ out** *《俗》おじけづく, しりごみする, びびる; *《俗》パンクロッカーになる, パンク調のスタイルをする. ► *vt* *《卑》…にアナルセックスをする, 掘る. ♦ **~·ish** *a* [C18<?; cf. ↑, *funk*]

pun·ka(h) /pʌ́ŋkə/ 《インド》 *n* 《ヤシの葉の》扇; 吊りうちわ《天井からつるして人または機械で動かす布製の物》, 《時に》扇風機. [Hindi]

púnk dày *《俗》子供無料開放日, 子供デー.

púnk·er *n* 《口》PUNK ROCKER; パンクスタイルの若者.

punk·ette /pʌ̀ŋkét/ 《口》 *n* 女性パンクロッカー; パンクスタイルの女の子.

pun·kie, pun·ky* /pʌ́ŋki/ *n* 〖昆〗ヌカカ (biting midge).

pun·kin /pʌ́ŋkən/ *n* *《口》PUMPKIN.

púnk kìd *《俗》若造, ガキ, 青二才.

púnk·òid *《俗》 *n, a* パンクスタイルの(人), パンクロッカー[ロック](の).

púnk pìll *《俗》鎮静剤, バルビツール剤.

púnk-pùsh·er *n* *《俗》《サーカスにおける》少年たちの監督.

púnk róck パンクロック《露骨で攻撃的なことばで社会に対する不満や怒りをぶちまけた単純なリズムのロックンロール》. ♦ **púnk róck·er** *n*

púnk sérgeant *《俗》食堂当番兵.

punky[1] ⇨ PUNKIE.

punky[2] /pʌ́ŋki/ *a* 火口(ほくち)の[に似た]; ゆっくり燃える, くすぶる. ♦ **púnk·i·ness** *n* [*punk*[1]]

punky[3] *a* 《俗》チンピラの, ごろつきの; パンクロック (punk rock) の, パンクロック狂いの. [*punk*[2]]

pun·ner[1] /pʌ́nər/ *n* 打ち固め器, 突き槌, たこ.

punner[2] ⇨ PUNSTER.

pun·net‖ /pʌ́nət/ *n* 《経木で編んだ》果物かご. [C19?(dim) < *pun* (dial) POUND[1]]

Pún·nett squàre /pʌ́nət-/ 〖遺〗パネットのスクエア《親の生殖細胞のかけ合わせによる接合体を作る際に, 種々の遺伝子型 (genotype) と表現型 (phenotype) の比率を数値的に明らかにするための碁盤目状の表》. [Reginald C. *Punnett* (1875–1967) 考案者である英国の遺伝学者]

pún·ning·ly *adv* しゃれて, ごろを合わせて.

pun·ny /pʌ́ni/ *a* 地口[ごろ合わせ]をなす〈標語など〉.

pún·ster, punner *n* しゃれ (pun) の名人, しゃれ好き.

punt[1]‖ /pʌ́nt/ *n* パント《平底で両端が方形の舟》; パントに乗る舟遊び. ► *vt* 〈パントを〉さおで動かす, こぐ; パントで運ぶ, パントに乗せる. ► *vi* パントで行く; 舟をさおで動かす. [MLG, MDu=ferryboat<L *ponto*]

punt[2] *vi* 《faro などのトランプで》親に対抗して賭ける; ‖《口》賭ける, 投機をする 〈*on*〉. ► *n* 親に対抗して賭ける人[こと]; 《faro などの》点. ● **take a ~** ‖《口》賭ける, 投機をする 〈*on*〉; 《豪口》やってみる 〈*at*〉. [F *ponter*]

punt[3] *vt, vi* 〖アメフト〗パント(キック)する《手から落としたボールが地に着く前に蹴る); *《学生俗》科目を放棄する, あきらめる; *《俗》《急場をしのぐため》やり方[発想]を変える, 別の手を使う. ● ～...off *《学生俗》忘れたふりをする, 無視する. ► n 〔アメフト〕パント(キック) (cf. DROPKICK, PLACEKICK). [C19 ?punt (dial) to push forcibly; cf. BUNT[1]]

punt[4] /pʊ́nt, pʌ́nt/ n プント《アイルランドポンド (pound)》. [Ir=pound]

P **Punt** /pʊ́nt/ プント《古代エジプト人が紅海南部沿岸地域について用いたと考えられる呼称》.

Pun·ta Are·nas /pú:ntə aréɪnəs/ プンタアレナス《チリ南部 Magellan 海峡に臨む世界最南の都市; 旧称 Magallanes》.

púnt·abòut n 〔ラグビー〕パント練習(用のボール).

Pun·ta del Es·te /pú:ntə dɛl ɛ́sti/ プンタ・デル・エステ《ウルグアイ南東部 Montevideo の東の同名の岬の基部にある観光地・保養地》.

Punta Gallinas ⇨ GALLINAS.

pun·tat /pʌ́ntæ̀t/ n 〔魚〕ヒレナマズ (=*Chinese catfish*)《中国南部・台湾・ルソン島に分布するナマズ; Hawaii の河川に移殖された》. [?]

púnt·er[1] n PUNT[1] をあやつる人.

punter[2] n 親に対抗して賭ける人 (punt); "《口》競馬で賭けをする人, 《一般に》賭け事をする人, 投機家; 《口》詐欺のカモ; 《俗》犯罪(幇助)者, 《スリなどの》共犯者, 仲間; 《口》売春婦の客, 女をあさる男; 《口》消費者, 客, 観客, 読者.

punter[3] n PUNT[3] する人.

púnt formàtion 〔アメフト〕パントフォーメーション《スクリメージラインより 10 ヤード後方からパントを上げる攻撃陣形》.

pun·til /pʌ́ntɪl, *-tl/ n PUNTY.

pun·to /pʌ́ntoʊ/ n (pl ～s) 〔フェン〕突き; 〔服〕《レース・刺繍の》一針 (stitch). [It or Sp POINT]

pun·ty /pʌ́nti/ n ポンティ, ポンテ竿(ざお)《溶解ガラスを取り扱うための鉄棒》.

pu·ny /pjú:ni/ a ちっぽけな; 発育の悪い; 微弱な, 取るに足らない (petty); 《廃》PUISNE. ♦ **pú·ni·ly** adv **pú·ni·ness** n [PUISNE]

PUO 〔医〕PYREXIA of unknown origin.

pup /pʌ́p/ n 《犬・キツネ・オオカミなどの》子, 子犬, 犬ころ; ひこばえ, 子株; 《口》(生意気な)青二才, 若造, チンピラ; 《俗》期待はずれ, 見込み違いのもの《投資など》; *《俗》小型の四輪貨物トレーラー; *《口》ホットドッグ; [pl] 《韻俗》足 (feet) (⇨ PUPPY). ● **buy a ～** 《口》だまされる, つかまされる. **have ～s** 《口》have KITTENS. **in [with] ～** 《雌犬が》はらんで. **sell sb a ～** 《口》《だまして》人につかませる. **The night's [day's] (only) a ～.** 《豪口》まだ宵の口だ. ► vt, vi (-pp-) 〈犬・アザラシなどが〉(子を)産む. [puppy]

pu·pa /pjú:pə/ n (pl **-pae** /-pi, -pàɪ/, ～s) 〔昆〕さなぎ, 蛹 (cf. CHRYSALIS). ♦ **pú·pal** a [L=doll, girl]

pu·par·i·um /pjupéəriəm/ n (pl **-ia** /-iə/) 〔昆〕囲蛹殻(いようかく)《さなぎを包む殻》. ♦ **pu·pár·i·al** a

pu·pate /pjú:pèɪt/ vi 〔昆〕さなぎになる, 蛹化(ようか)する. ♦ **pu·pá·tion** n 蛹化.

púp·fìsh n 〔魚〕パプフィッシュ《米国南西部淡水産のキプリノドン科キプリノドン属の数種の小魚》.

pu·pil[1] /pjú:p(ə)l/ n 生徒《多く小・中学生をいう; cf. STUDENT》; 弟子; 〔英〕見習い法廷弁護士; 〔法〕幼年者, 被後見者《保護者を有する者》. ♦ **～·less** a [OF or L *pupillus* ward, orphan]

pupil[2] n 〔解〕瞳孔. [L *pupilla*]

pu·pil·(l)age /pjú:p(ə)lɪʤ/ n 幼年者[生徒]の身分[期間]; 〔英〕法廷弁護士見習い期間.

pú·pil·(l)ar /pjú:pələr/ a PUPILLARY[2].

pu·pi(l)·lar·i·ty /pjù:pəlǽrəti/ n 〔ローマ法・スコ法〕幼年期, 被後見年齢.

pu·pi(l)·lary[1] /pjú:pəlèri; -l(ə)ri/ a 幼年者[被後見者, 生徒]の. [*pupil*[1]]

pupi(l)lary[2] a 〔解〕瞳孔 (pupil[2]) の: ～ membrane 瞳孔膜.

púpil téacher STUDENT TEACHER; 〔英史〕《小学校の》教生.

Pu·pin /p(j)upí:n/ ピューピン **Michael Idvorsky** ～ (1858-1935)《ハンガリー生まれの米国の物理学者・発明家; 自伝 *From Immigrant to Inventor* (1923)》.

pu·pip·a·rous /pjupíp(ə)rəs/ 〔昆〕a 蛹化した幼虫を産む, 蛹(よう)産性の, 蛹生の; 蛹生類 (Pupipara) の.

pup·pet /pʌ́pət/ n 指人形; MARIONETTE; 人形; 人の手先, 傀儡(かいらい); 〔機〕POPPETHEAD. ♦ **～·like** a [POPPET]

pup·pe·teer /pʌ̀pətíər/ n 人形師[つかい]. ♦ **～·ing** n 人形操作; [fig] 陰であやつること, 暗躍.

púppet góvernment 傀儡政府[政権].

púppet màster 傀儡師, 人形つかい.

púppet regíme PUPPET GOVERNMENT.

púppet·ry n あやつり人形芝居; (ひとそろいの)あやつり人形(の動作); 仮面宗教劇[舞踏]; 見え, 見せかけ; 《小説の》現実味のない人物, お人形.

púppet shòw [plày] 人形芝居.

púppet stàte 傀儡国家.

púppet válve 〔機〕ポペット弁 (lift valve).

Pup·pis /pʌ́pəs/ 〔天〕とも座 (船尾座) (Stern) (⇨ ARGO).

pup·py /pʌ́pi/ n **1**《特に 1 歳以下の》子犬, 犬の子; 《オットセイなどの》子. **2** 《口》生意気な青二才, ガキ, ひよっこ; *《俗》軟弱な人, うぶな男, 弱虫, いくじなし. **3** *《俗》もの, (...な)やつ (thing), 《ある物の》部分, 部品. **4** [pl] 《韻俗》足 (feet) (=～'s meat) (cf. DOGS). ♦ **～·hòod, ～·dom** n 子犬であること[時代]; 生意気時代[盛り]. **～·ish** a 子犬のような; 生意気な. **～·ìsm** n 生意気. **～·like** a [OF=doll, toy; ⇨ POPPET]

púppy dòg 子犬 (puppy), 犬っころ, ワンワン.

púppy-dòg fòot 《口》PUPPYFOOT.

púppy fàt 幼な太り《幼児期・思春期の一時的肥満》.

púppy·fòot 《口》n 《トランプの》クラブのエース; クラブの札.

púppy lòve 幼な恋 (=*calf love*).

púppy mìll [derog] 子犬工場《純血犬を量産的に繁殖させる犬舎》.

púp tènt 小型テント (SHELTER TENT)《形が犬小屋に似ている》; [pl] *《俗》オーバーシューズ.

pu·pu /pú:pù:/ n 〔料理〕ププ《ハワイ風オードブル・おつまみ》. [Haw=appetizer]

pur /pə́:r/ v, n (-rr-) 《古》PURR.

pur- /pə́:r, pər/ pref PRO-[1,2]. [AF, OF<L]

Pu·ra·cé /pùrəséɪ/ プラセー《コロンビア南西部にある活火山 (4756 m); 1949 年 5 月 26 日に大噴火した》.

Pu·ra·na /purɑ́:nə/ n [°p-] プラーナ《サンスクリットで書かれた古代インドの神話・伝説・王朝史を記したヒンドゥー教の聖典》. ♦ **Pu·rá·nic** a

Pur·beck /pə́:rbɛ̀k/ ■ the **Ísle of ～** パーベック半島《イングランド南部 Dorset 州のイギリス海峡に突き出た半島部》.

Púrbeck márble パーベック大理石《上質の Purbeck stone; 磨くと褐色の大理石に似る建築材料; Purbeck 半島の Purbeck Hills 産》.

Púrbeck stóne パーベック石灰岩《建材》.

pur·blind /pə́:rblàɪnd/ a 半盲の, かすみ目の; [fig] 愚鈍な (stupid), 鈍感な (obtuse); 《廃》全盲の. ► vt 半盲[愚鈍]にする. ♦ **～·ly** adv **～·ness** n [ME *pur(e)* (=utterly) *blind*; 語形は *pur-* に同化]

Pur·cell パーセル (**1**) /pərsɛ́l/ **E(dward) M(ills)** ～ (1912-97)《米国の物理学者; 核磁気共鳴の研究で業績をあげた; ノーベル物理学賞 (1952)》 (**2**) /pə́:rs(ə)l, pərsɛ́l/ **Henry** ～ (c. 1659-95)《イングランドの作曲家; *Dido and Aeneas* (1689), *The Fairy Queen* (1692)》.

Pur·chas /pə́:rʧəs/ パーチャス **Samuel** ～ (c. 1577-1626)《イングランドの旅行記編集者; イングランド人による探検航海の記録を蒐集し, 価値ある史料として残した》.

pur·chase /pə́:rʧəs/ vt **1 a** 買う (buy), 購入する, 仕入れる; 買収する; 〈金などが...を〉買える; 《古》獲得する: A million dollars could not ～ that masterpiece. 100 万ドル出してもあの傑作は買えないだろう. **b** 《努力や犠牲を払って》得る; 〔法〕《相続以外の方法で》取得する, 譲り受ける. **2** ...に滑車[てこ]をかける[きかせる]; 滑車[てこ]で揚げる[動かす]. ► n **1 a** 買入れ, 購入, 仕入れ; 〔英史〕将校職の購買; 取得, 獲得; 〔法〕《相続以外の方法による》譲り受け: make a good [bad] ～ 安く[高く]買う. **b** 購入物, 買物; 《廃》ぶんどり品 (booty). **2** 《土地などからの》上がり高, 年収; [fig] 価値: at ten years' ～ 10 年間の上がり高に相当する値で. **3 a** 増力[起重]装置, てこ(作用), 滑車, パーチェス. **b** 手掛かり, 足掛かり; 力添えになるもの, てづる, 引き: gain [get] a ～ on ...をしっかりつかむ[つかまえる]. ● **be not worth an hour's [a day's] ～** 〈命などが〉1 時間[1 日]ももちそうにない. ♦ **púr·chas·able** a 買うことのできる; 買収できる. **púr·chas·er** n 買手, 買主, 購買者; 〔法〕譲受人. [AF=to procure, seek (*pro-*[2], CHASE[1])]

púrchase mèthod *〔会計〕買収法, パーチェス方式 (=*acquisition accounting*")《企業買収の会計処理方式の一つ; 被買収会社の資産・負債を適正市場価格で再評価して買収会社の資産・負債に加え, 被買収会社の薄価との差額を買収会社の営業権として計上するもの》.

púrchase mòney [prìce] 買受代金[価格], 購入代価[価格].

púrchase tàx 〔英〕購買税《食料・燃料・書籍などの非課税品目以外の消費財の卸売価格に対して課された間接税》.

púr·chas·ing àgent *《工場などの》仕入部長, 購買係[主任]; 《依頼人のための》購買代理人[業者].

púrchasing associàtion 購買組合.

púrchasing pòwer 購買力《個人の, また 通貨の》.

púrchasing-pòwer bònd 購買力債券《購買力を示す指数にスライドさせて利子・償還額を変動させるもの》.

púrchasing pòwer pàrity (thèory) 〔経〕購買力平価(説)《為替相場の決定要因に関する学説の一つ; 2 国間の為替レートはそれぞれの国の通貨の対内購買力の比 (=購買力平価) で決まるとする; 略 PPP》.

pur·dah, par·dah /pə́:rdə; -dɑ:/ n パルダ《(**1**) イスラム教徒・ヒンドゥー教徒の女性の居室のカーテン (**2**) 女性を隔離する慣習[制度]》:

in ～ 〈女性が〉隔離されて; 身を隠して, 姿をくらまして. [Urdu＝screen, veil]

pur·do·ni·um /pərdóuniəm/ *n* 《室内用の》箱型石炭入れ. [*Purdon* 設計者名か]

pure /pjúər/ *a* **1 a** きれいな, 純粋な, まじりけのない, 同質の (opp. *mixed*), 純然たる, 《雑に対して》単一の; 汚れのない; 純血の, 生粋の: ～ gold 純金, 金無垢(く) / ～ white 純白. **b**【楽】純音の (: PURE TONE);【言】単(純)母音の《二重母音でない》;【ギリシア文法】〈母音が〉他の母音の次にくる, 〈子音が〉他の子音を伴わない, 〈語幹が〉母音で終わる. **2** 高潔な; 潔白な, 貞淑な; 〈文体などが〉上品な;【聖】払い清められた: ～ *from* sin 罪の汚れのない / ～ *of* [*from*] taint 汚れのない. **3** 〈学問などが〉純粋の, 理論的な (opp. *applied*), 純正の; 先験的な; 理論上の: ～ mathematics 純粋数学 / ～ literature 純文学. **4** 全くの, 単なる, ほんの (mere): It's ～ nonsense. 全くばかげたことだ / He did it out of ～ mischief. ほんのおもしろ半分にやったのだ. **5** 天性の; もって生まれた. ● **～ and simple** [通例 後置] 純然たる, 全くの; [〈*adv*〉] 全く, はっきりと: a scholar ～ *and simple* 純然たる学者. ♦ **～·ness** *n* [OF＜L *purus*]

púre·blòod *a, n* PUREBRED. ♦ **púre-blóod·ed** *a*

púre·bréd *a* 〈動物が〉純粋種の, 純血の. ► *n* /⌐—⌐—/ 純粋種.

púre cúlture 《微生物の》純粋培養.

púre demócracy 純粋[直接]民主主義《代表によらず人民が直接権力を行使する》.

pu·rée, -ree /pjuəréɪ, -ríː, pjúərèɪ/ *n* ピューレ《裏ごしした野菜[果物, 肉 など]》; ピューレをベースにしたスープ. ► *vt* …でピューレを作る, 裏ごしにする. [F＝made PURE]

Púre Fóod and Drúg Àct [the]【米史】純正食品・薬品法《不当表示をしたあるいは不純物を混入した食品・薬品の製造, ならびにそのような食品・薬品を州間・対外通商の対象とすることを禁止する法律 (1906)》.

púre·héart·ed *a* 心のきれいな, 清純な, 正直な〈人〉.

pure imáginary (númber)【数】純虚数《実数部がゼロの複素数》.

Púre Lánd【仏教】浄土; 浄土教.

púre líne【遺・畜】純系.

púre·ly *adv* きれいに, 純粋に; 無邪気に, 清く, 貞淑に; 単に (merely); 全く, 100 パーセント: ～ accidental 全く偶然の. ● **～ and simply** 掛け値なしに, 全く.

púre meríno 《豪俗》《囚人関係でない》初期の純移住民; 《豪俗》指導的豪州人.

púre pláy ピュアプレイ, 単線企業《1 種類の製品・サービスだけを扱う企業》; (インター)ネット専業会社: a ～ company.

púre réason【哲】《カントの批判哲学の》純粋理性.

púre témperament【楽】《音間の音程を数学的に精確に決める》純正調.

púre tóne 純音 (＝*simple tone*)《部分音を含まない》.

Pur·ex /pjúərèks/ *a* ピューレックスの《使用済核燃料を再処理してウランやプルトニウムを得る一方式についていう》.

pur·ey /pjúəri/ *n* 無地のガラスのおはじき.

pur·fle /pə́ːrf(ə)l/ *vt* …の縁を飾る; 《古》〈服〉に刺繍などで飾りべりをつける. ► *n* 《金属糸・レース・ビーズなどの》飾りべり, 《特に ヴァイオリンの》縁飾り (＝**púr·fling**).

pur·ga·tion /pəːrgéɪʃ(ə)n/ *n* **1** 浄化;【カト】《煉獄での》魂の浄化, 罪障消滅; 清潔にすること; 《下剤で》通じをつけること, 瀉下(しゃか), 利通. **2**【古英法】無罪の宣誓《宣誓または裁判法によって; cf. COMPURGATION》.

pur·ga·tive /pə́ːrgətɪv/ *a* 清める, 下剤の: a ～ medicine 下剤. ► *n*【医】瀉下(しゃか)薬, 下剤. ♦ **～·ly** *adv*

pur·ga·to·ri·al /pəːrgətɔ́ːriəl/ *a* 煉獄の; 浄罪的な.

pur·ga·to·ri·an /pəːrgətɔ́ːriən/ *a* PURGATORIAL.

pur·ga·to·ry /pə́ːrgətɔ̀ːri; -t(ə)ri/ *n*【カト】煉獄; 《一時的な》苦難, 懲罰, 苦行(の場). ► *a* 清める, 贖罪の. [AF＜L (↓)]

purge /pə́ːrdʒ/ *vt* **1 a** 〈悪いものを〉一掃する 〈*out, away, off*〉; 〈組織など〉から〈不要分子を〉粛清[追放]する 〈*of*〉; 〈人を〉〈…から〉追放する 〈*from*〉: The party was ～*d of* its corrupt members. 党は腐敗分子を一掃した. **b** …から〈不純物質・沈澱物などを〉取り除く 〈*of*〉; 〈…から〉取り除く 〈*from*〉;【医】…に下剤をかける: ～ the bowels 通じをつける. **2** 〈…を取り去って心・身を〉清める 〈*of, from*〉;【法】…の嫌疑を晴らす; 〈罪を〉あがなう: ～ the mind *of* false notions 心から誤った考えを一掃する / He was ～*d of* [*from*] sin. 彼は罪を清められた / ～ one*self of* suspicion 身のあかしを立てる. ► *vi* 清浄になる; 下剤をかける; 通じがつく; *《俗》吐く (vomit): the urge to ～ *《俗》吐き気. ► *n* **1** 清め, 浄化; 粛清, 追放, パージ. **2** 下剤. ♦ **púrg·er** *n* [OF＜L *purgat- purgo* to cleanse, make PURE]

purg·ee /pəːrdʒíː/ *n* 被追放者, 被粛清者.

púrg·ing càssia /pə́ːrdʒɪŋ-/【植】ナンバンサイカチ (DRUMSTICK TREE); CASSIA FISTULA.

púrging flàx【植】アマの一種《種子を煎じて瀉下薬・利尿薬とする欧州産のアマ》.

pu·ri /púəri/ *n* (*pl* ～, ～s) プーリー《無発酵の小麦粉生地を小さな円盤状にまとめ, 油で揚げてふくらませたインドのパン》. [Skt]

Puri プーリー《インド東部 Orissa 州の Bengal 湾に臨む市; 12 世紀の Juggernaut 寺院で有名》.

pu·ri·fi·ca·tion /pjùərəfəkéɪʃ(ə)n/ *n* 浄化, 精製;【宗】おはらい, 斎戒, 浄化, 清め;【カト】聖杯清め《ミサ後聖杯にぶどう酒を注いでこれを洗い司祭が飲む》; [the P-] PURIFICATION of the Virgin Mary: the *P*～ of the Virgin Mary 《イエス出産後の》聖マリアの清め《その後マリアはイエスを神殿にささげた; *Luke* 2: 22》; 童貞聖マリア清めの祝日 (CANDLEMAS).

pu·ri·fi·ca·tor /pjúərəfəkèɪtər/ *n* PURIFY するもの;【教会】聖杯(清め)布巾(ふきん).

pu·rif·i·ca·to·ry /pjuərífɪkətɔ̀ːri, pjúər(ə)fə-; pjúərɪfɪkèɪt(ə)ri/ *a* 清めの, 浄化の, 斎戒の; 精製の.

pu·ri·fy /pjúərəfàɪ/ *vt* 〈…を取り去って〉浄化する, 清める, 清潔にする 〈*of*〉; 精練[精錬]する, 精製する; 〈語句を〉洗練する, 〈ことばを〉純化する; 〈人〉の罪[汚れ]を清める: ～ sb *of* [*from*] sin 人の罪を清める. ► *vi* 浄化する, 清潔になる; 清らかになる. ♦ **pú·ri·fi·er** *n* 清める人; 精製者; 精練[精錬]用品; 清浄器[装置]: a water *purifier* 浄水器. [OF＜L; ⇨ PURE]

Pu·rim /púərɪm, puəríːm/ *n* プリム祭 (＝*Feast of Lots*)《Haman の姦計から救われたことを祝って, Adar (太陽暦の 2–3 月) に行なうユダヤ人の例祭; *Esth* 9》.

pu·rine /pjúərìːn/ *n*【化】プリン《尿酸化合物の原質》; PURINE BASE.

púrine bàse【生化】プリン塩基《核酸などに含まれるプリン核をもった塩基性化合物》.

pu·ri·ri /púːrəri, puríːri/ *n*【植】ニュージーランド産クマツヅラ科ハマゴウ属の高木《堅材がとれる》.

pur·ism /pjúərìz(ə)m/ *n* 《言語などの》純粋主義; [P-]【美】純粋主義, ピュリスム《1918 年ごろ cubism に反対してフランスで起こった運動で, 装飾性を排して科学のような精密さを追求した》; 《用語の》潔癖. ♦ **-ist** *n* 純粋主義者. **pu·rís·tic, -ti·cal** *a* **-ti·cal·ly** *adv* [F; ⇨ PURE]

Pu·ri·tan /pjúərət(ə)n/ *n* **1** 清教徒, ピューリタン《16–17 世紀に英国教内に現われたプロテスタントの一派; 厳格な信仰から教義・礼拝儀式の改革を要求し, 迫害されて一部は 1620 年 Pilgrim Fathers となってアメリカ大陸に移住》. **2** [p-] 厳格な人. ► *a* [°p-] 清教徒の(ような), 厳格な. [同語義であった廃語 *Catharan* (CATHAR, *-an*) にならって *purity* から]

Púritan Cíty [the] ピューリタンの市《Boston 市の俗称》.

Púritan éthic ピューリタンの倫理《勤労を善とする; cf. WORK ETHIC》.

pu·ri·tan·i·cal /pjùərətǽnɪk(ə)l/, **-ic** *a* [°P-] 清教徒的な; [*derog*] 厳格な, 禁欲的な. ♦ **-i·cal·ly** *adv*

Púritan·ìsm *n* 清教(主義), 清教徒気質, ピューリタニズム; [ᵘp-] 《特に 宗教上または道徳上の》厳格主義.

púritan·ìze *vt, vi* 清教徒にする; 清教徒風にする[なる].

Púritan Revolútion [the] 清教徒[ピューリタン]革命 (cf. ENGLISH CIVIL WAR).

Púritan wórk èthic ピューリタンの労働倫理[労働観] (Puritan ethic).

pu·ri·ty /pjúərəti/ *n* 清浄, 純粋; 清潔; 清廉, 潔白; 純潔; 《文体・語句の》正格, 純正;【化・光】純度. [OF＜L; ⇨ PURE]

Pur·kín·je cèll /pərkíndʒi-/【動】プルキニェ[プルキンエ]細胞. [Jan E. *Purkinje* (1787–1869) チェコの動物生理学者]

Purkínje fìber【動】プルキニェ[プルキンエ]繊維《プルキニェ細胞の連鎖からなる繊維状の網構造》. [↑]

Purkínje phenòmenon [shìft, effèct] [the]【生理】プルキニェ[プルキンエ]現象[効果]《照度を下げると, 明度が同じで異なる色が明度も異なって知覚される現象》. [↑]

purl[1] /pə́ːrl/ *vi* さらさらと流れる; 渦になって流れる. ► *n* さらさらと流れること[音]; 渦. [C16 (?imit); cf. Norw *purla* to bubble up]

purl[2] *vt* …に(金[銀]糸の)飾りべりをつける, (金[銀]糸で)刺繍する; 裏編みにする. ► *vi* 裏編みをする. ► *n* 《刺繍用》金糸[線], 銀糸[線]; 縫取りべり; PURL STITCH. ► *a* 裏編みの. [C16＜?; cf. Sc *pirl* twist]

purl[3] *n* パール《**1**)【史】ニガヨモギを入れて調味したビール, 強壮剤 **2**) ″ジンを入れて熱くしたビール》. [C17＜?]

purl[4] ″《口》*vt* 〈馬が人・鞍などを〉ひっくり返す, 転落[落馬]させる. ► *vi* 回転する; ひっくり返る. ► *n* 《馬が》乗馬者などをひっくり返すこと; 落馬. [? *pirl*; ⇨ PURL[2]]

púrl·er 《口》*n* ″落馬, 逆落とし, ″強力なパンチ; 《豪》とびきりのもの (pearler). ● **come [take] a ～** まっさかさまに落ちる. [*purl*[4]]

pur·lieu /pə́ːrl(j)uː/ *n*【法・史】森林の境界地; 自由に出入りできる場所; 行きつけの場所, なわばり; [*pl*] 近隣(地区); [*pl*] 《まれ》場末, 貧民街 (slums); 《都市などの》近郊, 隣接地区. [ME *purlew*＜AF *puralé* perambulation (*aller* to go); 語形は *lieu* に同化]

pur·lin, -line /pə́ːrlən/ *n*【建】母屋(もや)(桁)《屋根の垂木(たるき)などを支える水平材》. [L]

pur·loin /pərlɔ́ɪn, pə́ːrlɔ̀ɪn/ *vt, vi* 《文》/[*joc*] 盗み取る, 盗む, くすねる. ♦ **～·er** *n* [AF PUR*loigner* to put away (*loign* far)]

púrl stìtch〘編物〙裏目, 裏編みの, パールステッチ (cf. KNIT STITCH).

pu·ro·mýcin /pjùərə-/ *n*〘生化〙ピューロマイシン《土壌放線菌の培養濾液から得る抗生物質; タンパク質合成を妨げる》.

purp /pə́:rp/ *n**《口》PUP.

pur·ple /pə́:rp(ə)l/ *a* **1 a** 紫の, 紫色の; «詩» 深紅色の. **b** 帝王の; 高位の, 高官の (⇨ *n* 2). **2** 華麗な, 絢爛(けんらん)たる (⇨ PURPLE PASSAGE [PATCH]); どぎつい, 下品な. ● **with a ～** PASSION. ► *n* **1** 《赤みがかった特に濃い》紫色;〘史〙深紅色;〘貝〙深紅色の塗料を産する貝《アクキガイ科 *Purpura* 属の貝など》; 紫色の染料[顔料]; [*pl*] «古»《皮膚の》紫斑(はん). ★ ヘブライおよび古典文学では, アクキガイの類のシリアツブリボラなどから得た Tyrian purple で, 今日普通にいう紫色ではなく, 紫に近い深紅色 (crimson) であった. **2 a** 紫衣, 紫布《昔は高位高官者のみが用いた》. **b** [the] 王権, 帝位, 高位; [the] 皇帝[国王など]の地位[権力], 枢機卿の職[位]. **3** «麻薬俗» PURPLE HAZE, PURPLE HEART. ● **be born** [**cradled**] **in** [**to**] **the ～** 帝王[王侯貴族]の家に生まれる; [*fig*] 特権階級にいる. **be raised to the ～** 帝位につく; 枢機卿となる. **wear the ～** 皇帝である. ► *vt, vi* 紫色にする[なる]. ♦ **～·ness** *n* [OE＜L PURPURA; -r- の異化は ME 期]

púrple cóneflower〘植〙ムラサキバレンギク (echinacea).

púrple émperor〘昆〙イリスコムラサキ, チョウセンコムラサキ《開張すると 7.5 cm に達する, 南フランスに多い大型種》.

púrple fínch〘鳥〙ムラサキマシコ《北米産アトリ科の鳥; 雄の頭・胸などが赤紫色》.

púrple-fringed órchid [**órchis**]〘植〙北米産サギソウ属[ミズトンボ属]の 2 種の植物《紫色の裂片をもった花をつける》.

púrple gállinule〘鳥〙セイケイ《クイナ科》.

púrple gráckle〘鳥〙オオクロムクドリモドキ《北米産》.

púrple háze*«俗» LSD.

púrple·hèart *n* 紫材《南米産マメ科 *Peltogyne* 属の一種のベニヤ材; 紫色で耐久性に富む》.

Púrple Héart 1〘米軍〙名誉負傷章《略 PH》. **2** [p- h-] «口» デキセドリン (Dexedrine) 錠, ドリナミル (Drinamyl) 錠《覚醒剤》; [p- h-]*«俗» バルビツール剤 (barbiturate) (とモルヒネとの混合薬).

púrple lóosestrife〘植〙エゾミソハギ.

púrple mártin〘鳥〙ムラサキツバメ《北米産》.

púrple médic〘植〙ムラサキウマゴヤシ (alfalfa).

púrple mémbrane〘生〙紫膜《ハロバクテリアが生育するとき細胞膜に形成される紫色の膜》.

púrple móor gràss〘植〙ヨウシュヌマガヤ (moor grass)《イネ科の多年草》.

púrple of Cássius カシウス紫《塩化金の溶液に塩化スズの溶液を加えてつくる顔料; 陶磁器のうわぐすりなどに用いる》. [Andreas *Cassius* (1605–73) ドイツの医師]

púrple pássage [**próse**]《月並みな作品中の》すばらしい[華麗な]章句; ″《凝った》美文調.

púrple pátch 華麗な文章 (purple passage); «俗» 順調な時期, 好調.

púrple sándpiper〘鳥〙ムラサキハマシギ, ムラサキシギ《ユーラシア北海地方, 北米北東部産》.

púrple scále〘昆〙ミカンカキカイガラムシ.

púrple tríllium〘植〙北米東部産ユリ科エンレイソウ属の多年草《地下茎を収斂薬とした》.

púr·plish, púr·ply *a* 紫がかった.

pur·port *n* /pə́:rpɔ̀:rt/ 意味, 趣旨, 意図; 要点, 要旨; «まれ» 目的: ～ of a letter 文面. ► *vt* /pərpɔ́:rt, ″pə́:pət/ 意味する; …の趣旨を有する; …と称する, 主張する ‹*to* do›; «まれ» 志す, もくろむ: a letter ～*ing* that…という意味の手紙 / This supplement ～*s* [is ～*ed*] *to* be beneficial to your health. このサプリメントは健康によいとされている(が実際は疑わしい). ♦ **～·less** *a* [AF＜L (*pro*-[2], PORT[4])]

purpórt·ed *a* …という評判[うわさ]のある: a ～ foreign spy 外国のスパイだといわれている人. ♦ **～·ly** *adv* うわさによれば, その称するところでは.

pur·pose /pə́:rpəs/ *n* **1 a** 目的 (aim), 意図; 用途: for ～*s* of education 教育の目的のために / answer [serve] the [one's] ～ 目的(の達成)にかなう, 間に合う / bring about [attain, accomplish, carry out] one's ～ 目的を達する / fit for ～ 用途にかなった, 正しく機能する. **b** 趣旨, 意味; 論点: to this ～ この意味に / to the ～ 適切に[な] / from the ～ «古» 不得要領に. **2** 意志; 決心, 決意: renew one's ～ 決意を新たにする / weak of ～ 決意の弱い. **3** 成果, 効果: There is no ～ in opposing. 反対してもむだだ. ● **at** CROSS-PURPOSE**s**. **for** PRACTICAL **～s**. **of** (**set**) **～** はっきりした目的で, 計画的に. **on ～** 故意に, わざと (opp. *by accident*): accidentally *on* ～ 偶然を装って / *on* ～ to do…するつもりで. **to little** [**no**] **～** ほとんど[全く]むだに, 甲斐なく. **to some** [**good**] **～** かなり[よく]成功して. ► *vt* …しようと思う ‹*to* do, do*ing*, *that*…›; 決意する: ～ (*to* arrange) an interview. ● **be ～d to** do [do*ing*, *that*…] «古» …(しよう)と決意している. [OF＜L *propono* to PROPOSE]

púrpose-buílt, -máde *a* 特定目的用に建てられた[作られた], 専用の.

púrpose·ful *a* 目的のある, 有意義な, 目標のはっきりした; 意図された, 意図的な; ‹性格など›きっぱりした, 果断な, 決然[断固]とした; 意味深い, 重要な. ♦ **～·ly** *adv* **～·ness** *n*

púrpose·less *a* 目的のない; 無意味な, 無益な. ♦ **～·ly** *adv* **～·ness** *n*

púrpose·ly *adv* 故意に, わざと, わざわざ.

púrpose pìtch〘野〙バッターをかすめるように投げた球, ビーンボールまがいの投球.

pur·pos·ive /pə́:rpəsɪv/ *a* 目的[意図]のある; 決然とした; 目的にかなう[かなった]. ♦ **～·ly** *adv* **～·ness** *n*

pur·pres·ture /pərpréstʃər/, **pour-** /puər-/ *n*〘英法〙王領地侵奪《王領地・公道・河川などの不法な侵奪》.

pur·pu·ra /pə́:rp(j)ərə/ *n*〘医〙紫斑(はん)病. [L＜Gk＝shellfish yielding dye]

pur·pure /pə́:rpjər/ *n, a*〘紋〙紫色(の).

pur·pu·ric /pə̀:rpjúərɪk/ *a* 紫斑病の[にかかった].

purpúric ácid〘化〙プルプル酸.

pur·pu·rin /pə́:rpjərən/ *n*〘化〙プルプリン《アカネの根 (madder root) から採る赤色[だいだい色]の針状晶》.

purr /pə́:r/ *vi, vt* ‹猫などが›ゴロゴロとのどを鳴らす; 《満足して》のどを鳴らす[甘える]ように話す, やさしく言う; 意地悪そうに話す; ‹機械などが›(快調に)グルルル[ブルルル, ルルルル]とうなる[動く]; *«俗» 麻薬でいい気分になっている. ● **～ like a cat***«俗» ‹車などが›エンジンが快調に動く. ► *n* のどを鳴らす音[こと]; のどを鳴らすような音《エンジンの音など》. ♦ **～·ing·ly** *adv* [imit]

pur sang /*F* pyr sɑ̃/ *a, adv* [名詞・形容詞に後置] 生粋の, 正真正銘の[に]. [F (PURE, *sang* blood)]

purse /pə́:rs/ *n* **1** 財布, 金入れ, がま口; *ハンドバッグ (handbag); 金銭, 資力, 富; 《ボクシングなどの》賞金, 寄付金, 賞金総額: a long [fat, heavy] ～ 重い財布; 富裕 / a slender [lean, light] ～ 軽い財布; 貧乏 / a common ～ 共同資金 / be beyond [not within] one's ～ 資金が及ばない / make (up) a ～ for…のため寄付金を募る / open one's ～ 金を出す / put up [give] a ～ 賞金[寄付金]を贈る / Little and often fills the ～. «諺» 小銭も度重なれば財布を満たす / The ～ of the patient protracts the disease. «諺» 患者の財布が病気を長引かせる / A heavy ～ makes a light heart. «諺» 財布重けりゃ心は軽い / A light ～ makes a heavy heart. «諺» 財布が軽けりゃ心は重い / He that has a full ～ never wanted a friend. «諺» 金があれば友だちに不足はない / He that hath not silver in his ～ should have silk in his tongue. «諺» 金の無い者はことばはなめらかにせよ / You cannot make a silk ～ out of a sow's ear. «諺» 豚の耳で絹の財布は作れない《粗悪な材料でりっぱなものは作れない, 人間の本性[品性]は変えられない》. **2** 《動植物などの》嚢(のう) (pouch), 嚢状部. ● DIG (**deep**) **into one's ～**. **line one's ～** ⇨ line one's POCKETS. ► *vt, vi* ‹口・唇など›すぼめる[すぼむ], ‹まゆを›ひそめる ‹*up*›; しわが寄る. ♦ **～·lìke** *a* **～·less** *a* [OE＜L *bursa*＜Gk＝leather bag]

púrse bèarer 会計係;〘英〙儀式の際に大法官 (Lord Chancellor) の前で国璽(じ)を捧持する役人.

púrse cràb〘動〙ヤシガニ, マッカン (＝*palm* [*coconut, robber*] *crab*)《インド洋・太平洋の熱帯諸島産のオカヤドカリ科の甲殻類》.

púrse·ful *n* 財布一杯: a ～ of money 相当な金高.

púrse nèt きんちゃく網《**1**) ウサギなどを捕えるためのわな **2**) PURSE SEINE》.

púrse prìde 富を誇ること, 金自慢.

púrse-pròud *a* 金を鼻にかけた, 金(だけ)が自慢の.

purs·er /pə́:rsər/ *n* 《客船・旅客機の》事務長, パーサー. ♦ **～·ship** *n* **pùr·ser·étte** *n fem*

púrse sèine 《漁獲用の》きんちゃく網 (＝*purse net*). ♦ **púrse sèiner** きんちゃく網漁船. **púrse sèining** *n*

púrse-snàtch·er* *n* ハンドバッグをねらうひったくり《人》.

púrse strìngs *pl* 財布のひも: hold [control] the ～ 財布のひもを握る, 収支をつかさどる / loosen [tighten] one's [the] ～ 財布のひもをゆるめる[締める], 金を潤沢に出す[出ししぶる].

purs·lane /pə́:rslèɪn, -lən/ *n*〘植〙スベリヒユ.

púrslane fàmily〘植〙スベリヒユ科 (Portulacaceae).

pur·su·ance /pərsú:əns; -sjú:-/ *n* 追求, 遂行, 履行: in (the) ～ of …を遂行する目的で; …を遂行中に.

pur·sú·ant *a* 準じる, 従った, 拠った ‹*to*›; 追跡する, 追う. ► *adv* …に従って, 準じて ‹*to*›: ～ *to* Article 5 第 5 条により. ♦ **～·ly** *adv* 従って, ‹…に›準じて ‹*to*›.

pur·sue /pərsú:; -sjú:/ *vt* **1 a** 追跡する, 追う, 狩る; ‹スターなどを›追いかける; 言い寄る: ～ game [a fugitive] 獲物[逃亡者]を追跡する. **b** ‹いやな人物・不幸などが›…に付きまとう: Misfortune ～*d* him whatever he did. 何をやっても不運が付きまとった. **2** ‹目的を›追求する; ‹仕事・実験などを›遂行する, 従事する, 続行する; 続けて言う: ～ pleasure 快楽を追い求める. **3** ‹道を›たどる, とる; ‹方法›に従う. ► *vi* **1** 追う, 追跡する ‹*after*›; 訴える ‹*for*›. **2** (話し)続ける. ♦ **pur·sú·able** *a* [OF＜L PROSECUTE]

pur·sú·er *n* 追跡者, 追っ手; 追求者, 遂行者, 続行者, 研究者, 従事者; 〖教会法·スコ法〗原告 (plaintiff), 検察官 (prosecutor).

pur·suit /pərsúːt; -sjúːt/ *n* **1** 追跡, 追撃; PURSUIT RACE; 追求 ‹*of*›: in ~ *of*…を追って, …を得ようとして / in HOT PURSUIT of… / TEAM PURSUIT / the ~ *of* happiness [knowledge] 幸福[知識]の追求. **2** 続行, 遂行; 従事, 営み ‹*of*›; 職業, 仕事, 学業, 研究; 趣味, 楽しみ: daily ~*s* 日々の仕事 / by ~ 職業は. [OF (*pur*-, SUIT); ⇨ PURSUE]

pursúit plàne 追撃機, 《広く》戦闘機 《fighter の古い言い方》.

pursúit ràce 《自転車·スケートの》追抜き競走.

pur·sui·vant /pə́ːrs(w)ɪvənt; -sɪ-/ *n* 〖英〗紋章官補 《紋章院の, 紋章官 (herald) の下位の官》; 《もと》紋章官の従者; 〖史〗勅使; 《古·詩》従者 (follower, attendant). [OF (pres p) < PURSUE]

pur·sy[1] /pə́ːrsi/, **pus·sy** /pʌ́si/ *a* 《特に 肥満のため》息切れする; 太った (fat). ♦ **púr·si·ly** *adv* **-si·ness** *n* [AF *porsif* < OF *polsif* (L *pulso* to PULSATE)]

pursy[2] *a* しわのある; ‹口など›すぼんだ; 富裕な, 金自慢の. [*purse*]

pur·te·nance /pə́ːrt(ə)nəns/ *n* 《古》《屠殺動物の》内臓.

pur·ty* /pə́ːrti/ *a* 《発音つづり》 PRETTY.

pu·ru·lence, -cy /pjúər(j)ələns(i)/ *n* 化膿; 膿(うみ).

pú·ru·lent *a* 化膿性の, 化膿した; 膿状の. ♦ **~·ly** *adv* [L; ⇨ PUS]

Pu·rus /pərúːs/ [the] プルス川 《ペルー南東部の Andes 山中に発し, 北東に流れてブラジルで Amazon 川に合流》.

pur·vey /pərvéɪ/ *vt, vi* (食糧などを)供給する, 用達する ‹*for* sb›; ‹意見·情報などを›提供する, 伝える, 流す. [AF < L PROVIDE]

purvéy·ance *n* 《食糧などの》供給, 用達 ‹*for* the army›; 〖英史〗徴発権 《国王の強制買上げ権; 1660 年廃止》; 《古》調達物資.

purvéy·or *n* 供給者, 供給元, 納入業者; 御用商人; 《情報などの》提供者, 広め役 ‹*of*›; 〖英史〗(食料)徴発吏: a ~ *to* the Royal Household 〖英〗王室御用達.

Pur·vi·ance /pə́ːrviəns/ パーヴィアンス **Edna** ~ (1894–1958) 《米国の映画女優; Charlie Chaplin の多くの無声映画に出演した》.

pur·view /pə́ːrvjùː/ *n* **1** 《活動·行動·関心などの》範囲; 権限; 視界, 視野: within [outside] the ~ of…の範囲内[外]に. **2** 《法律の》本文 《前文·付則などを除いた基幹部分, 主部》; 《法律の》趣旨, 基本方針: fall within the ~ of Act 1 第 1 条に該当する. [AF (pp) < PURVEY]

pus /pʌ́s/ *n* 膿(うみ), 膿汁(のうじゅう). [L *pur- pus*]

Pus /pʊ́s/ *n* 〖ヒンドゥー暦〗十月, プース 《グレゴリオ暦の 12–1 月; ⇨ HINDU CALENDAR》. [Skt]

Pusan 釜山 (⇨ BUSAN).

pús bàg 《俗》卑劣なやつ, 不潔な野郎.

Pu·sey /pjúːzi/ ピュージー **E**(**dward**) **B**(**ouverie**) ~ (1800–82) 《英国の神学者; オックスフォード運動 (OXFORD MOVEMENT) の指導者の一人》.

Púsey·ìsm *n* [*derog*] ピュージー主義 (TRACTARIANISM).
♦ **Púsey·ite** *n, a*

pús-gùt* 《俗》 *n* 太鼓腹, ほてい腹; 太鼓腹の男.

push /pʊ́ʃ/ *vt* **1 a** 押す, 突く (opp. *pull*); 押し進める ‹*along, on*›, 押し[突き]動かす; *《俗》‹トラック·タクシーを›運転する; 〖野球〗‹ボールを›流して打つ; 〖聖〗角(つの)で突く, 攻撃する; *《俗》‹人を›殺す: ~ aside わきへ押しやる / ~ away 押しのける / ~ one*self* away (*from* the table テーブルから)離れる / ~ back 押し戻す, ‹敵などを›後退させる / ~ up [down] 押し上げる[下げる] / ~ in [out, forth] 押し込む[出す] / ~ open ‹戸などを›押し開く / ~ round the ale ビールを回す / ~ a door to ドアをきちんと閉める / ~ one's hand *against* the door ドアを手で押す / ~ it off the table テーブルから押しのける. **b** ‹道を›押し開いて進む; ‹限界などを›破ろうとする, 押し広げる; ‹目的·要求を›追求する: ~ one's way among the crowd 人込みの中を押し分けて進む / ~ one's way (in the world) 奮闘して出世する / ~ the ENVELOPE / ~ one's fortunes せっせと財産をつくる. **2 a** せきたてる, 強いる, せかす, せっつく, 追及する; [*pass*] 圧迫する, 困らす; ‹人を›後援する, あと押しする: He ~*ed* her *for* payment. 彼女にしきりに支払いを催促した / Mother ~*ed* me *to* do [*into* do*ing*] my duty. / I *am* ~*ed for* time [money]. 時間[金]がなくて困っている / *be* (hard) ~*ed* to do… なかなか…できない, …するのがひと苦労だ[むずかしい]. **b** ‹法案を›強引に通そうとする, ごり押しする; ‹商品などを›売り込む, 宣伝[推奨]する; 《口》‹麻薬などを›密売する, 売りつける, さばく; *《俗》密輸する; *《俗》‹にせ金·にせ小切手を›使う. **c** 〖写〗‹フィルムを›増感現像する, 押す. **3** [進行形] 《口》‹年齢·数›に近づく. ► *vi* **1** 押す, 突く ‹*against, on, round*›; 押し[突き]進む, 侵攻[進軍]する; 〖玉突〗プッシュする 《手球と的球がくっついているときに二度突きすること》; 突き出る ‹*out, into*›; ‹植物など›伸びる ‹*out*›: The dog ~*ed* up *against* him. 犬は彼に体を押しつけてきた. **2** 大いに努力する, がんばる, 強く要求する ‹*for*›; *《俗》推奨[あと押し]する, プッシュする ‹*for*›; ‹妊婦が›《分娩時に》息む, ふんばる ‹*down*›; 激しく行なう; 攻撃する. **3** 《俗》麻薬を売る; 《俗》ジャズを絶妙に演奏する.

● **~ across** *《俗》殺す; 《スポーツで》得点する. **~ ahead** 前へ押し出す[進める] ‹*of*›; どんどん進む ‹*to*›; ‹計画を›推進する ‹*with*›. **~ along** どんどん進む; 《口》‹客が›帰る, おいとまする. **~ around** [**about**] あちこち押し動かす ‹*in* a wheelchair›; こづきまわす; ‹人を›こき使う, いじめる, …になめたまねをする. **~ aside** ⇨ *vt* 1a; ‹いやなことを›忘れようとする. **~ at**…を押してみる. **~ away** ⇨ *vt* 1a; ‹考えなどを›払いのける; 押しつづける. **~ back** ⇨ *vt* 1a; ‹予定などを›延ばす, 遅らせる ‹*to, until*›; ‹人知などの境界を›押し広げる; ᵘ《俗》飲み込む. **~ by** [**past**] (…を)押しのけて行く. **~ down on**…を押し下げる. **~ forward** 人目につかせる, 目立たせようとする; 〖クリケット〗打者が球をプッシュする; PUSH ahead. **~ in** ⇨ *vt* 1a; (人が)押し入る, 割り込む; ‹船が›岸へ近づく. **~ into**… ‹人·物を›…にぶつからせる, ぶつける. **~ it** 《口》図に乗る (=push one's LUCK). **~ off** かいで岸を突いて(舟を)出す, ‹舟が›岸を出る ‹*on*›; 《口》立ち去る, 帰る, 失敬する, 尻を上げる; [ᵘ*impv*] ᵘ《口》行く, うせる; 《口》開始する; 押して取りはずす[落とす]; ‹仕事などを…に›押しつける ‹*on, onto*›; *《俗》殺す, 消す. **~ on** 急ぐ ‹*with*›; ‹人を›せかす, せきたてて…させる ‹*to* do›; ‹次に›進む ‹*to*›; PUSH ahead. **~…on** [**onto**]… ‹人に…を›押しつける. **~ out** ⇨ *vt* 1a; ‹人›に外へ出るように言う ‹*of*›; [ᵒ*pass*] (不当に)解雇する; かいで突いて(舟を)出す (push off); 突き出る, ふくらむ. **~ over** 押し倒す, ひっくり返す. **~ past** ⇨ PUSH by. **~ round** (…) ⇨ *vt* 1a; ‹人びとが›(…の)まわりに密集する. **~ one*self*** 体を押し出す, 押しのけて出る ‹*to*›; 《認めてもらうために》自分を売り込む; (必死に)努力する, 無理をする, がんばる, 自分を駆りたてて…する ‹*to* do›. **~ one's** LUCK. **~ through** (…) (*vt*) ‹提案などを›強引に(…を)通す; ‹仕事などを›なし遂げる; ‹人を›助けて(試験に)合格させる: ~ a bill *through* Congress 議会で法案を強引に通過させる. (*vi*) (…を)押し分けて進む, 突き抜ける, ‹葉などが›出る. **~ up** ⇨ *vt* 1a; ‹数量を›増大させる, ‹物価などを›上げる; 《競争などで》突き進む. **~ up on**…を押し上げる.

► *n* **1 a** (ひと)押し; (ひと)突き, 突くこと; 〖野〗流し打ち: give a ~ ひと突きする, 一撃を加える / at [with] one ~ ひと押しに, 一気に. **b** 〖軍〗攻撃, 侵攻, 進軍; 圧力, 圧迫; [the] ᵘ《口》解雇, 首, お払い箱, 肘鉄: at the first ~ 第一に; 最初の攻撃で / get *the* ~ ᵘ《口》解雇される, 首になる, ふられる / give sb the ~ ᵘ《口》解雇する, 首にする. **c** 〖玉突〗プッシュ; 押しボタン. **2 a** 押す力; 推進; ひとふんばり, 奮発, 押し, がんばり, 攻勢; 気力, 進取の気性, 押しの強さ: a man full of ~ and go 精力家 / make a ~ 奮発する, がんばる ‹*to do, at, for*›; 攻撃する ‹*on*›. **b** 推薦, 後援; 誘因, 刺激; 売込み, 宣伝, キャンペーン. **3** 切迫, 危機, 急場: come [bring, put] to the ~ 窮地に陥る[陥らせる]. **4** 《口》群衆, 仲間; 《英俗·豪俗》《泥棒·犯人の》一団, 一味, 一隊, 悪党ども, 徒党; *《俗》チンピラ同士のけんか, 出入り. **5** *《俗》《木材伐採人の》親方, 監督. **6** *《軍俗》無線周波数 《push button で同調させることから》. **7** 《口》だまされやすい人, すぐに寝る女 (pushover). **8** [‹*a*›] 〖電算〗プッシュ型の 《利用者からのはたらきかけを要しない, 放送のような情報提供方式》: PUSH TECHNOLOGY. ● **at a ~** いざとなれば, うまくすれば, どうにか. **be in the ~** 《口》順境にある. **when** [**if**] **it comes to the ~=when** [**if**] **~ comes to shove** 《口》いざ[ここぞ]という時には, せっぱつまれば.

► *a* **1** 押す; 押して動かす: PUSH BUTTON / PUSHCART / a ~ mower. **2** 《俗》やさしい, ちょろい.

[OF *poulser* < L PULSATE]

púsh·bàck* *n* 反発, 反感, 抵抗, 拒否.

púsh·bàll *n* プッシュボール 《直径 6 フィートの球を各 11 人からなる二組で押し合うゲーム; そのボール》.

púsh bìcycle PUSH-BIKE.

púsh-bìke *n* ᵘ《口》自転車 (opp. *motorbike*).

púsh bròom 《幅広で, 長い柄の付いた》押しほうき.

púsh-bùtton *a* 押しボタン式の; 遠隔操縦による, 《高度に機械化されて》ボタン[スイッチ]ひとつで動く[済む], 全自動の: a ~ telephone プッシュホン / ~ tuning 〖電子工〗押しボタン式同調 / ~ war(fare) 《発射ボタンなどを押すだけの》ボタン戦争.

púsh bùtton 押しボタン.

púsh càr 〖鉄道〗資材運搬用作業車.

púsh·càrd *n* PUNCHBOARD.

púsh·càrt *n* 手押し車 (barrow, handcart); ᵘ乳母車 (pram).

púsh·chàirᵘ *n* ベビーカー (stroller*).

púsh cỳcle PUSH-BIKE.

púsh·dòwn *n* 〖電算〗プッシュダウン (=**~ lìst** [**stàck**]) 《最も新しく記憶された情報が必ず最初に検索されるような情報記憶》.

pushed /pʊ́ʃt/ 《俗》*a* 酔っぱらって; 麻薬中毒で; 忙しい, 余裕がない (cf. PUSH *vt* 2a).

púsh èmail 〖電算〗プッシュ型 E メール 《受信側のメールソフトがサーバーに問い合わせしなくても届けられる E メール》.

púsh·er *n* **1 a** 押す人; 〖鉱〗坑口操車員 (=*headsman*); 押しの強い人, 強引な人; 《口》《麻薬の》売人; 《職人仲間の》親方. **b** 《俗》女, 娘, 売女(ばいた), 売春婦; *《俗》にせ金使い. **2 a** 押すもの[道具], あと押し; ᵘプッシャー 《ナイフとフォークの使えない幼児が食べ物をスプーンなどに押して載せる用具》; 《豪》PUSHCHAIR. **b** 〖空〗推進プロペラ; 〖空〗推進プロペラ飛行機 (=~ airplane); 推進器.

púsh fìt 〖機〗押しばめ.

púsh·ful *a* でしゃばりの; 進取の気性に富む. ♦ **~·ly** *adv* **~·ness** *n*

púsh hòe SCUFFLE HOE.

púsh-ìn crìme [jòb] *«俗» 押込み強盗《ドアを開けたとたんに被害者を襲う》.

púsh·ing *a* 進取の気性のある, 活動的な, 精力的な; 押しの強い, でしゃばる. ♦ **~·ly** *adv*

Push·kin /púʃkən/ **1** プーシキン **Aleksandr (Sergeyevich)** ~ (1799–1837)《ロシアの詩人·小説家》. **2** プーシキン《ロシア西部 St. Petersburg 市南郊外の住宅都市·保養地; 旧称 Tsarskoye Selo, Detskoye Selo》. ♦ **~·ian** /puʃkíniən/ *a*

P

push màil PUSH EMAIL.

push·mi-pull·yu /púʃmipúlju/ *n* «口» はたらきが完全に相補的[対照的]なこと, ちぐはぐ, どっちつかず《Dr. Dolittle 物語中の双頭動物の名 (邦訳ではオシツオサレツ) から》. [ʻpush me pull youʼ]

push mòney 《メーカーなどが小売店の販売員に支払う》特別報奨金《略 PM》.

púsh·òut *n**«口» 《学校·家·職場などから》追い出された人.

púsh·òver «口» *n* 朝めし前のこと, 楽勝; だまされやすい人, ちょろい相手; すぐ寝る女; 夢中になる人, ファン ⟨*for*⟩; 〖空〗急降下の始め; 〖ラグビー〗プッシュオーバートライ《スクラムで押し込んでのトライ》.

púsh·pìn *n* 鋲遊び《子供のゲーム》; 簡単[些細]なこと; *画鋲《紙を壁に留めたり, 地図上の一点を示したりするもの》.

púsh·pìt *n* 〖海〗《ヨット船尾の》手すり, 安全柵. [PULPIT のもじり]

púsh plàte 押板 (hand plate).

púsh pòll 有権者の投票行動を変えるための世論調査《偏向した質問を用いる見せかけの調査》. ♦ **púsh-pòll·ing** *n*

púsh-pròcess *vt* 〈フィルムを〉増感現像する. ♦ **~·ing** *n* 増感(現像).

púsh-púll *a* 押しても引いても動く; 〖電子工〗プッシュプル式の《2 個の電子管が一方が押すようにはたらくと他方が引くようにはたらく》. ► *n* 〖電子工〗プッシュプル増幅器.

púsh-pùsh *n**«俗» 性交, はめはめ, ぐいぐい.

púsh·ròd *n* 《内燃機関の》プッシュロッド, 押し棒.

púsh shòt 〖バスケ〗プッシュショット《バスケットからかなり離れた位置からボールを肩以上に上げて片手で行なうシュート》.

púsh-stàrt *vt, n* (自動車を)押しがけ(する).

púsh technòlogy 〖電算〗プッシュ技術, プッシュ型情報配信(技術)《ネットワークでユーザーが希望するジャンルの情報をサーバーが端末の要求なしに定期的に[必要に応じて]配信する技術》.

Push·to /páʃtou/, **-tu** /páʃtu/ *n* (*pl* ~s) PASHTO.

Push·tun /pàʃtú:n/ *n* (*pl* ~s, ~) PASHTUN.

púsh-ùp *n* 腕立て伏せ. ► *a* 〈窓など〉押上げ式の; 〈ブラジャーが〉パッドがはいっていて乳房を押し上げるように作られた, 寄せて上げる; 〈袖が〉肘から上にだぶつかせてたくし上げたスタイルの.

púshy «口» *a* 押しの強い, 強情な; 進取的な. ♦ **púsh·i·ly** *adv* **-i·ness** *n*

pu·sil·la·nim·i·ty /pjù:sələníməti/ *n* 小心, いくじなし, 臆病, 腰抜け.

pu·sil·lan·i·mous /pjù:səlǽnəməs/ *a* 小心な, いくじなしの, 臆病な, 小胆な. ♦ **~·ly** *adv* **~·ness** *n* [L (*pusillus* petty, ANIMUS)]

puss[1] /pús/ *n* ねこ(ちゃん) (cat); "野ウサギ (hare); «口·幼児» 少女, 女の子; «俗» 軟弱な若い男; «卑» PUSSY[1]. ● **~ in the corner** 隅(すみ)取り鬼ごっこ. ♦ **~·lìke** *a* [C16<?; cf. MLG *pūs*, Du *poes*]

puss[2] «方·俗» *n* 顔 (face); 口 (mouth); しかめっつら. [Ir *pus* lip, mouth]

púss bòot «カリブ俗» スニーカー, 運動靴.

Púss in Bóots 長靴を履いた猫《Charles Perrault の物語 (1697) の一話; 主人を助け王女と結婚させる牡猫》.

puss·l(e)y /pásli/ *n**«口» PURSLANE.

púss mòth 〖昆〗モクメシャチホコ《欧州産》.

pussy[1] /púsi/ *n* **1** «口» ねこちゃん, にゃんこ (pussycat); 猫のようなもの, ネコヤナギなどの花序; "«俗» 毛皮(服); «まれ» "TIPCAT. **2** «卑» あそこ (vulva), まんこ, 女, 性交. **3** お嬢ちゃん; «俗» 女みたいな男, ホモ, おかま; "«俗» レズの女役, ねこ; «俗» 弱い[人畜無害な, おとなしい]やつ, 弱虫, 軟弱者. ● **eat ~** «卑» クンニ[性交]をする, (女を)いただく. ► *a**«俗» 人畜無害な, おとなしい, 軟弱な. [*puss*[1], *-y*[3]]

pus·sy[2] /pási/ *a* 〖医〗膿(のう)(pus) の多い[のような].

pussy[3] ⇨ PURSY[1].

pússy bùtterfly /púsi-/ *«卑» 避妊リング, IUD.

pússy·càt /púsi-/ *n* «幼児» ねこちゃん (pussy); «口» 感じのいい人, おとなしいやつ, 軟弱な人, 小心者; «俗» 女, 女の子, 恋人, ʻ彼女ʼ; PUSSY WILLOW.

pússycat bòw /-bòu/ 〖服〗《女性用ブラウスの首元の》大きめの蝶形リボン.

pússy·fòot /púsi-/ «口» *vi* 忍び足で歩く, こそこそ歩く ⟨*around*⟩; 煮えきらぬ[及び腰の, 臆病な]態度をとる, コミットしない ⟨*around*, *about*⟩. ► *n* (*pl* ~s) 忍び足で歩く人; 煮えきらぬ[及び腰の]人; *禁酒(家) (prohibition(ist)). ♦ **~·er** *n*

pússy pòsse [squàd] /púsi-/ *«俗» 《警察の》売春取締まり班.

pússy·tòes /púsi-/, **pússy's-tòes** *n* (*pl* ~) 〖植〗深紅の花をつける北米産エゾノチチコグサ属の多年草.

pússy-whìp /púsi-/ *vt* [ᵁ*pass*] «俗» HENPECK.

pússy wíllow /púsi-/ 〖植〗カワヤナギ, ネコヤナギ.

pús·tle-gùt /pás(ə)l-/ *n**«俗» PUS-GUT.

pus·tu·lant /pásʧələnt; -tjʊ-/ *a* 膿疱(のうほう) (pustule) を生じる. ► *n* 膿疱形成剤, 発疱剤.

pus·tu·lar /pásʧələr; -tjʊ-/ *a* 膿疱(性)の; ぶつぶつのある, 粒生の.

pus·tu·late /pásʧəlèɪt; -tjʊ-/ *vt* …に膿疱を生じさせる. ► *vi* 〈皮膚などが〉膿疱を生じる. ► *a* /-lət, -lèɪt/ 膿疱におおわれた. ♦ **pús·tu·làt·ed** *a*

pus·tu·la·tion /pàsʧəléɪʃ(ə)n; -tjʊ-/ *n* 膿疱(を生じること).

pus·tule /pásʧul; -tjʊl/ *n* 〖医〗膿疱, プステル; 〖植·動〗いぼ. [OF or L]

pus·tu·lous /pásʧələs; -tjʊ-/ *a* 膿疱だらけの; 膿疱(性)の.

put[1] /pút/ *v* (~; **pút·ting**) *vt* **1 a** 《ある場所に》置く, 据える; 載せる; 入れる, 投じる ⟨*into, in*⟩, 加える; 寝かす, 横たえる: ~ a child *into* trousers 子供にズボンをはかせる / ~ a jacket *on* a child 子供にジャケットを着せる / not know where to ~ one*self* 身の置きどころがない. **b** 〈信任などを〉置く, 寄せる ⟨*in, into*⟩; 〈人·仕事などを〉預ける, ゆだねる ⟨*with*⟩; 〈責任を〉負わせる, 〈圧力を〉かける, 〈税などを〉課する ⟨*on*⟩. **c** 〈馬などに金を〉賭ける ⟨*on*⟩. **2** 《ある場所に》持って行く, 近づける; くっつける, 当てる ⟨*to*⟩; 《ある方向へ》動かす; 出動させる; 〖鉱〗〈石炭を〉運ぶ; 〖商〗〈ある契約条件で商品を〉引き渡す; 〖電〗接続する: ~ a finger *to* one's lips 口に指を当てる《黙るようにとの合図》. **3** 投げる, ほうる; 〈武器を〉突き出す, 突く ⟨*into*⟩; 〈弾丸を〉打ち込む: ~ the weight [shot] 砲丸を投げる. **4** 《ある状態に》する, 整える; 並べる; 陥らせる; 〈人を〉〈仕事などに〉就かせる, 追いやる ⟨*on*⟩: ~ a room in [out of] order 部屋を整頓する[散らかす]. **5 a** 〈舵を〉とる, (導いて)進める, 駆る: ~ the rudder *to* port 面舵(おもかじ)にする. **b** 〈身·心を〉入れる, 〈精神を〉集中する; 〈金·労力などを〉注ぐ ⟨*into*⟩. **6 a** 〈人をある状態·関係に〉至らせる, 〈人に苦痛などを〉うけさせる: ~ sb *to* torture 人を拷問にかける / ~ sb *into* a rage 人をおこらせる / ~ the enemy *to* flight 敵を敗走させる / His father ~ him *to* apprentice. 徒弟に出した / PUT sb through it. **b** 感じさせる; …せざるをえなくする. **c** 励ます, 刺激する. **7** 付ける, 与える, 定める; 〈馬を〉つなぐ ⟨*to*⟩; 〈動物を〉つがわせる ⟨*to*⟩: can't ~ a date to [on]…がいつだかはっきり言えない / ~ a NAME to …. **8 a** 書きつける, 記入する; 登録する. **b** 〈印などを〉おす, 署名する: ~ one's name *to* a document 書類に署名する. **c** 表明する, 述べる, 説明する, 陳述する: ~ one's feelings plainly 感じていることを率直に述べる / ~ simply=simply ~=to ~ it simply… 簡単に言うと…, 早い話(が)… / to ~ it MILDLY / Let me ~ it (in) another way. 言い方を変えてみよう. **d** ことばに移す, 翻訳する: ~ one's ideas *into* words 考えをことばで表わす / *P~* the following *into* English. 次を英訳しなさい. **e** 〈ことばなど〉に曲をつける, 〈歌詞〉に作曲する; 〈曲に〉〈歌詞を〉つける ⟨*to*⟩: ~ lyrics *to* music. **9** 〈問題などを〉提出する, 出す, 〈動議などを〉評決にかける: ~ a question *before* a committee 委員会に質問を提出する / I ~ it to you. お願いします / I ~ it to you that…ということですね(違いますか). **10** 〈…と〉見積もる, 推定する, みなす ⟨*as, at*⟩; 〈…に値を〉つける, 〈価値を〉認める ⟨*on*⟩: ~ the distance *at* 5 miles 距離を 5 マイルと推定する / He ~s a high value *on* her faithfulness. 彼女の誠実さを高く評価している. ► *vi* **1** 〈船などが〉進む, 向かう ⟨*to, for, back, in, out*⟩; *〈河水などが〉流れてゆく, 走る. **2** «方» 〈芽が〉出る. **3** *«口» 急いで立ち去る: ~ for home. **4** *«俗» 〈女が〉体を許す, やらせる.

● **be** HARD **~ (to it).** **~ about** (*vt*) (1) 〈船〉の針路を変える. (2) 〈うわさなどを〉広める, 公表する ⟨*that*⟩. (3) [ᵁ*pass*] «スコ» 困らせる, 混乱させる: Don't ~ your*self about*. くよくよするな. (4) [~ it [one*self*] about] "«俗» 〈女が〉尻軽である. (*vi*) (5) 〈船が〉針路を変える; 引き返す. **~…above…** 〈物事·人を〉…より上位に置く, 優先させる; 〈行動を〉〈人〉にふさわしくないと考える, 〈人〉がしないと思う. **~ across** (…) (1) (…を)横切って〈橋などを〉渡す, かける, 〈人を〉渡らせる: He ~ me *across* the river. 川を渡してくれた. (2) 〈相手に〉理解させる, わからせる ⟨*to*⟩; [~ it [this, one, etc.] across sb] «口» 人をだます, 信じ込ませる: ~ a new idea [one*self*] *across* (to the crowd) (群集に)新しい考え[自分の考え]を理解してもらう / You *can't* ~ that *across* me. そんなことを信じるわけにはいかない. (3) うまくやってのける. **~ ahead** 促進する, …の生育を速める; …の日付を早める; 〈時計〉の針を進める; 〈物事·人を〉〈…よりも〉重要視する ⟨*of*⟩. **~ apart**=SET apart. **~ around [round]** PUT about (2). **~ aside** 《一時》わきへやる, 片付ける; たくわえて[取って]おく (put by); 〈不和·憎しみなどを〉無視する, 忘れる. **~ away** (1) 《いつもの所へ》しまう, 片付ける; (将来のために)取っておく, たくわえる; *«俗» 分類する, 類別する: ~ a little money *away* 少し金をたくわえる. (2) «口» 刑務所[精神病院など]に入れる, 放り込む. (3) «口» 〈老犬などを〉殺す, 安楽死させる, *〈人を〉片付ける; 〈死者を〉葬る. (4) なぐって気絶させる, ノックアウトする; 〈相手を〉打ち負かす, 破る; «口» 〈ゴールを〉決める: «口» …での勝利を確かなものとする. (5) 〈考えなどを〉放棄する, 見捨てる. (6) «口» 〈飲食物を〉平らげる; "«俗» 質に入れる; «古» 〈妻を〉離縁する. (7) *«口» とても喜ばせる, 〈観客を〉どっと笑わせる, 沸かせる. **~ back** (1) もとへ返す, しまう; 後方へ移す[向ける]. (2) 〈時計〉の針を戻す; 後退[停滞]させる; 遅らせる, 延期する (put off); *落第させる: ~ the clock *back* five minutes. 時計を 5 分遅らせる / The earthquake ~ *back* railway transport. 地震で鉄道輸送が停滞した. (3)〈体重などを〉取り戻す, 回復する. (4)〈人にある額を〉費やさせる, かかる (cost). (5)〈船が[を]〉引き返す[させる]: The boat ～ *back to* shore. ボートは岸へ帰った. (6)《口》〈大酒を〉飲む, くらう.　～…**before**…〈物事・人〉を…の前に置く, …より優先させる; ⇨ *vt* 9.　～ **behind**(…の発育を)遅らせる.　～ **behind** one〈失敗などを〉《影響をうけないように》もう済んだこととする, 忘れる: *P*～ the whole thing *behind* you.　～ **by** わきへやる; 取っておく,〈金などを〉ためておく; 退ける, 無視する, 避ける: ～ *by* money for the future 将来に備えて金をためる / Jones was ～ *by* in favor of Smith. ジョーンズが退けられてスミスが採用された.　～ **down** (1) 下に置く[敷く, まく],《(トランプなどの)札を》出す,〈手などを〉下ろす,〈傘を〉たたむ;〈赤ん坊を〉ベッドに寝かせる;《通話中に突然に》〈受話器を〉置く,〈相手に対して〉〈電話を〉切る〈*on*〉. (2) ″〈乗客を〉降ろす;〈飛行機[士]が〉着陸する;〈飛行機を〉着陸させる. (3) たくわえて[しまって]おく, 保存する: ～ *down* vegetables in salt. (4)《力・権力で》押えつける, 静める, 黙らせる; 降格させる, 解任する;《口》けなす, こきおろす;《口》やりこめる;〖聖〗貶(けな)す: ～ *down* a strike ストライキを鎮める / ～ *down* a rabble やじ馬を黙らせる / ～ one*self down* 卑下する. (5) 切り詰める,〈値段などを〉下げる. (6) 書き記す, 記入する; …の名前を〈…の寄付[予約, 出場, 入学]申込者として〉記帳する〈*for*〉;〈人・物事を〉〈…という名目で〉記入する〈*as*〉; …の代金を〈…の勘定に〉つける〈*to*〉: *P*～ me *down for* 50 dollars. 50 ドルの(寄付)としてわたしの名前を書いておいてください / ～ sb *down to* run in the race 人をレースの出場者として登録する / *P*～ them *down to* my account. それをわたし(の勘定)につけておいてください. (7)〈…と〉考える, みなす〈*at, as, for*〉: I ～ the child *down at* nine. その子供を 9 歳とみている / They ～ him *down as* [*for*] an idiot. 彼をばかだと考えた. (8) 帰する (attribute)〈*to*〉: He ～ the mistake *down to* me. その誤りをわたしのせいにした. (9) 即金で支払う, 即時払いする,〈頭金を〉払う. (10)〈動物などを〉安楽死させる (put away). (11)《口》〈飲食物を〉平らげる. (12)〈仕事を〉やめる,〈本を〉読むのをやめる;〈人を〉見捨てる. (13)〈井戸などを〉掘り下げる. (14) ″〈動議・修正案を〉上程する, 審議に付す. (15)〈土地を〉〈ほかの作物の栽培用に切り換える〈*in, to, under, with*〉. (16) *〖ジャズ〗〈リズム・スタイルを〉確定する, 演奏する.　～…**down to** EXPERIENCE.　**Put'er there** ⇨ PUT it there.　～ **forth**《古》〈手などを〉差し出す;《文》〈芽・葉などを〉出す;〈実力などを〉存分に出す, 発揮する (exert);〈意見などを〉発表する, 提出する; 出版する; 出発する, 出港[出帆]する: We should ～ *forth* all our best efforts. 最善の努力をすべきだ.　～ **forward** (1) 前の方へ出す; 目立たせる; 推薦する: They ～ him *forward as* chairman [*for* the chairmanship, *to* chair the meeting]. 彼を議長に推薦した. (2)〈新説などを〉提唱する, 唱える. (3) 促進する; …の日付を早める;〈時計〉の針を進める.　～ **in** (*vt*) (1) 入れる, 差し込む; 取り付ける;〈作物を〉植え付ける,〈種を〉まく: He ～ his head *in* at the door. ドアから頭を出した. (2)〈句読点を〉挿入する;《書き物などに》付け加える, 含める;〈ことばなどを〉差しはさむ;〈電話を〉入れる, かける;〈…に金を〉出す, 醵出(きょしゅつ)[寄付]する〈*to*〉;〈打撃などを〉与える, 加える: ～ *in* a good word *for* one's friend 友人のために口添えしてやる. (3) (正式に)提出する, 申請する〈*for*〉;〈競技会・品評会などに〉参加(申し込み)させる[出品する], 登録する,〈…の候補に〉推す〈*for*〉: ～ *in* a claim *for* damages 損害賠償の請求を出す / He has ～ him*self in* (*for* the race). (レースに)出場の申し込みをした. (4) 任命する;〈政党を〉政権につかせる, 選出する;〈管理人・家庭教師などを〉置く. (5)〈品物を〉仕入れる. (6)〈仕事などを〉行なう;〈努力などを〉投入する, 費やす〈*on, to*〉. (7)〈時を〉つかう, 費やす: ～ *in* a sixty-hour week 週 60 時間の就労をする. (8)〖クリケット〗〈選手・相手チームを〉打席につかせる. (9)《俗》〈人を〉はめる, 密告する, 有罪にする, 刑務所へ送る. (*vi*) (10) 入港する; 立ち寄る,《避難・補給などのために》寄港する〈*at, to*〉.　～ **in for**…〈職など〉を申し込む, …を申請する, …に志願[立候補]する: ～ *in for* a transfer to another post 転任を請願する / ⇨ PUT in (*vt*) (2), (3).　～ **inside**《警察俗》刑務所にぶち込む.　～ **it across** sb ⇨ PUT across (2); 人に仕返しをする, やっつける.　～ **it** (**all**) **over on** sb ⇨ PUT over (*vt*); 人にまさる, 人を負かす.　**P～ it anywhere.**《口》どこでもいいからすわりなさい.　～ **it away**《口》ばか食い[飲み]する.　～ **it on**《口》[u～ it on thick] (1) 感情を大げさに表わす, いやに尊大ぶる; 大ぶろしきを広げる, 大ぼらを吹く. (2) 法外な値をふっかける. (3) 太る.　～ **it over** *《俗》〈ピッチャーが〉ストライクを投げる.　～ **it past** sb (**to** do) ⇨ would not ～ it PAST sb (to do).　**P～ it there!**《口》腰をおろしてくれ, すわりなさい;《口》《仲直り・合意などのしるしに》握手しよう《くだけて Put'er there. などともされる》.　～ **it to** sb ⇨ *vt* 9; *《俗》人とセックスする, やる; *《俗》人をだます, ひどいめにあわす.　～ **off** (…) (*vt*) (1) 取り去る, 脱ぐ, 捨てる《衣服を目的語とするときには take off のほうが普通》: You must ～ *off* your childish idea. (2) 延期する, 遅らせる〈*till, until, to*〉;〈人〉との会う約束を延ばす, …に訪問を見合わせるように言う, 待たせる: Don't ～ *off* answering the letter. 返事を延ばしてはいけない / We have to ～ the Robinsons *off until* Saturday. ロビンソンさんたちとの約束を土曜日まで延ばさなければならない. (3)《言いわけなどをして》〈人〉との接触を避ける, …からのがれる, はぐらかす: He is not to be ～ *off with* words. ことばなどでだまされはしない. (4)〈態度・匂いなどが〉…に(…に対する)興味[食欲]を失わせる, 嫌悪感をもたせる, (…を)いやがらせる;〈物事・人が〉(…に対する)…の意欲[気力]をなくさせる, うんざりさせる, …に〈…するのを〉思いとどまらせる〈*from*〉,〈人〉のじゃまをする, 気を散らす: The mere smell ～ me *off* (the food). 匂いをかいだだけで食欲がなくなった. (5)〈ボート・救命艇〉をおろす;〈乗客を〉〈乗物〉から降ろす. (6) 眠らせる, 麻酔にかける. (7) ″〈水・ガスなどを〉栓を閉めて止める,〈ライト・ラジオ〉を消す (turn off). (8)〈粗悪品などを〉売りつける, つかませる. (*vi*) (9)〖海〗〈船・乗組員が〉岸を離れる, 出発する: They ～ *off* from the pier on a long journey.　～ **on** (1) 載せる,《火などに》かける: ～ the kettle *on*. (2) 身に着ける, 着る,〈帽子を〉かぶる,〈ズボン・靴などを〉はく,〈指輪を〉はめる,〈眼鏡を〉かける (opp. *take off*),〈化粧品・軟膏などを〉つける;〈外観・態度などを〉身につける; (…の)ふりをする, 装う, ぶる: ～ *on* an Irish accent アイルランドなまりを身につける / His innocent air is all ～ *on*. 彼の無邪気な様子は見せかけにすぎない. (3)〈体重・スピードなどを〉増す;《競技などで》〈点を〉加える;〈時計を〉進める, 早める: ～ *on* the pace 足を速める / He is *putting on* weight. 体重が増えてきた / ～ *on* years《口》老けてくる / They ～ *on* 100 runs.《クリケットで》彼らは 100 点を稼いだ / The clock was ～ *on* one hour. 時計が 1 時間進められた《夏時間で》. (4)〈特別列車を〉仕立てる;〈劇などを〉上演する, 開催する,〈技能・わざなどを〉見せる;〈CD などを〉かける. (5)〈人を〉《試合・舞台などに》登場させる, 出す;《仕事などに》つける; (代わって)電話に出す, …の電話をつなぐ;〈…に〉紹介する (⇨ PUT on to);〖クリケット〗投手にする: ～ another man *on to* pitch 別の人に投球させる. (6)〈水・ガスなどを〉栓を開いて出す,〈ライト・ラジオなどを〉つける (turn on);〈食事〉の用意を始める;〈ブレーキを〉かける. (7)〈税金を〉課す;〈金を〉賭ける. (8) *《口》だます, からかう. (9) *《俗》〈人〉に大麻の(吸い方の)手ほどきをする.　～ (…) **on** (…) …に…を加える (⇨ *vt* 1b, c);〈人〉に〈治療など〉をうけさせる;〈…(の代金)を〉〈請求書など〉に追加する, つける; PUT upon….　～ sb **on to** [**onto**]… 人を…に取り次ぐ[紹介する], …に人の電話をつなぐ; 人について…に密告をする,〈有利な買物・勤め口など〉へ人の注意を向けさせる, …を人に教える.　～ **out** (*vt*) (1)〈手などを〉出す, 差し出す;〈芽などを〉ふく, 突き出す: I ～ my tongue *out* for the doctor. 医者に舌を出した《診てもらった》. (2) 外へ出す;《使用のため》〈衣服などを〉出す, 用意する,〈料理などを〉提供する;〈人・動物を〉よそへ出す. (3) 追い出す; 解雇する. (4) (…の関節を)はずす; そこねる: He ～ his ankle *out* during the match. 試合中に足首をくじいた. (5)〈明かり・火などを〉消す (turn out): ～ *out* the lights / The fireman soon ～ *out* the fire. (6)〈仕事を〉外注する〈*to*〉: We ～ *out* the washing. 家では洗濯物を洗濯屋へ出す. (7)〈金を〉貸し出す, 投資する〈*at, to*〉. (8) 生産する, 産出する (cf. OUTPUT);〈煙などを〉吐き出す. (9) 発表する, 発行する, 放送する; 伝える. (10)〈力を〉奮い起こす, 発揮する: ～ *out* one's best efforts 最善の努力を尽くす. (11) [通例 否定文・疑問文で] …に迷惑をかける, 煩わせる; [o*pass*] あわてさせる, 困らせる, じらす, おこらせる: feel ～ *out* 腹を立てる / The least sound ～*s* her *out*. ちょっとした音でも彼女はあわててしまう. (12)〈目を〉見えなくさせる, つぶす, えぐる;〈人を〉失神させる,《麻酔などで》…の意識を失わせる. (13) …に誤差を生じる,〈計算などを〉狂わせる. (14)〖野・クリケット〗〈打者・走者を〉アウトにする (cf. PUTOUT);《試合で》負かす, 破る. (*vi*) (15) 出帆する; 急いで去る. (16) 努力する. (17)《俗》〈女が〉〈セックスを〉やらせる〈*for*〉. (18)《口》大量に(生み)出す.　～ **over** (*vt*) 越えさせる; 延期する;〈相手に〉うまく伝える, 理解させる〈*to*〉;〈映画・演劇などを〉成功させる[うけさせる] (put across);《口》[～ one [a fast one, it, something, etc.] *over on* sb] 人をだます, かつぐ. (*vi*)〈船などが〉渡る.　～ one**self forward** でしゃばる; (自分から)立候補する〈*as*〉.　～ one**self out** 面倒をみる, 骨を折る〈*for* sb, *to* do〉.　～ one**self over**〈聴衆〉に自分の人柄を印象づける.　～ one**self to**…に精出す.　～ **through** (…) (1) (…を貫通して)…を通す;〈法案などを〉(議会などを)通過させる;〈人を〉たすけて(試験に)合格させる, (大学などを)卒業させる. (2)〈…に〉…の電話をつなぐ,〈電話を〉かける〈*to*〉;〈伝言などを〉伝える: Please ～ me *through to* 636–3136. 636 局 3136 番へつないでください. (3)〈仕事を〉やり遂げる, 成就する;〈申請(書)などを〉処理する: ～ *through* a new plan 新計画を成就する. (4) …に〈テストなど〉を受けさせる,〈動物〉に芸など〉をさせる; …に〈苦しみなど〉を経験させる.　～ sb **through it**《口》人にきびしい試練をうけさせる, 人をきびしく尋問する《罪などを白状させるため》.　～ **to** ″〈ドアなどを〉(しっかりと[おおよそ])閉める;〈船が[を]〉岸へ向かう[向かわせる].　～ **together** 寄せ集める, (いっしょに)合わせる; 組み立てる, 組織[編成]する, 作り上げる;〈考えなどを〉まとめる; 考え合わせる, 総合する: I ～ all this *together*, and I supposed that… これらのことをすべて考え合わせて…と推測した / more than all the others ～ *together* ほかの全部が束になってもかなわないほど / ～ TWO and two *together*.　～ sb **to it** [u*pass*] 人を困らせる, 苦労させる, 窮させる: be ～ *to it* 窮して[往生して]いる, (金に)困っている.　～ **toward**…〈金を〉…の費用〉に当てる.　～ sb **under**《麻酔・殴打などで》人の意識を失わせる.　～ **up** (*vt*) (1) 上げる,〈ミサイルなどを〉打ち上げる;〈帆・旗などを〉揚げる; 掲示する, 貼り出す;〈結婚予告 (banns) を〉発表する;〈傘を〉さす,〈かやを〉吊る,〈テントを〉張る;〈建物・彫像などを〉建てる,〈柵などを〉打ち立てる, 取り付ける;〈髪〉の形を整える, セットする: ～ one's feet *up*《口》足を投げ出して休む. (2)〈祈りを〉ささげる;〈嘆願(書)・提案を〉提出する,〈立場などを〉述べる;〈態度などを〉見せる, 装う;〈抵抗などを〉示す, 続ける;〈技能・わざなどを〉見せる: ～ *up* a bluff 虚勢を張る, はったりをかける / ～ *up* a brave front 大胆さを装

う / They have ~ *up* a long hard fight against the ocean. 彼らは大洋と長くきびしい戦いを続けてきた. (**3**)〈商品を〉売りに出す: ~ *up* furniture *for* auction 家具を競売に付する. (**4**)〈候補者を〉立てる, 推薦する: He was ~ *up for* the president of the club. (**5**)〈資金〉を提供する, 支払う, 寄付する; *《口》〈金を〉賞として賭ける 〈*on*〉. (**6**)〈値を〉上げる, 値上げする: ~ *up* the rent 家賃を上げる. (**7**)〈果物・野菜などを〉かんづめにする, 貯蔵する; 〈食料品・薬品などを〉包装する, 梱包する; 包装して用意する: This hotel will ~ you *up* snacks. ホテルでは軽食の用意をして持たせてくれる. (**8**) 片付ける, しまう; 〈刀を〉鞘(さや)におさめる. (**9**) 宿泊させる, 泊める 〈sb *at* a place, sb *with* a friend〉; 〈馬を〉小屋に入れる, 〈車を〉格納する. (**10**)〈劇を〉上演する. (**11**)〈獲物を〉狩り出す. (**12**)〈刑事被告人を〉法廷に召喚する. (**13**) [ᵁ*pass*] 《口》〈八百長などを〉仕組む, もくろむ (cf. PUT-UP). (**14**) なし遂げる; 〈得点を〉あげる, 入れる. (*vi*) (**15**) ᴵᴵ立候補する: ~ *up for* Parliament 議員に立候補する. (**16**) 宿泊する 〈*at* a hotel, *with* a friend〉. (**17**) 刀を鞘におさめる, 戦いをやめる. **~…up against…** 〈人を〉〈他者〉と競わせる. **~ upon…** 《口》〈人〉をだます, 利用する, …につけこむ; …を不当に扱う, …に迷惑をかける. **P~ up or shut up.** [*impv*] 《口》 (**1**) 賭けるか? そうじゃないんなら黙れ. (**2**) やって[言って]みろ, できないんなら黙れ. **~…up to…** (**1**)〈人〉に〈仕事など〉を教える; …に…を知らせる[警告する]: ~ the new maid *up to* her work 新しい女中に仕事を教える. (**2**)〈人〉をそそのかして…させる: Who ~ her *up to* (doing) the crime? (**3**)〈考えなどを〉…に提示する; 〈決定などを〉…にゆだねる. **~ up with…**を(じっと)我慢する: I had to ~ *up with* many inconveniences. **~** sb WISE[1]. TELL[1] sb **where to ~…. would not ~ it** PAST sb (**to** do).

► *n* **1**《砲丸などの》投げ, 投擲(とうてき); ᴵᴵ《方》押し, 突き. **2**《証券》売付け選択権, プットオプション (=~ **òption**)《特定の証券・通貨・商品などを一定期限までに所定の価格で売り付ける権利; cf. CALL》.

► *a* 《口》一か所にとどまった, じっとした (fixed): STAY[1] ~.

[ME *putten*; cf. OE *potian* to push, *putung* instigation, Norw, Icel *pota* to poke]

put[2] *n, v* ⇨ PUTT[1].

pu·ta /púːtə/ *n* 《俗》売春婦, だれとでもやる娘. [Sp]

pu·ta·men /pjutéɪmən/ *n* (*pl* **-tam·i·na** /-tǽmənə/)《植》《核果の》果核, さね. [L '*puto* prune したときそげ落ちるもの' の意]

pút-and-táke *n* 四角ごま[さいころ]の目によって賭け金を分ける運まかせのゲーム.

pu·ta·tive /pjúːtətɪv/ *a* 推定(上)の, 推定されている, うわさに伝わる, (…だと)思われている: his ~ parents 両親とみられる人. ◆ **~·ly** *adv* [OF or L (*puto* to think)]

pút-dòwn *n* 《口》けなす[おとしめる]こと, 人をへこますことば[行為], 酷評, 強烈な反駁; 《飛行機の》着陸.

Pu·te·o·li /p(j)utíːəlàɪ/ プテオリ《POZZUOLI の古代名》.

Pu·tin /púːtɪn/ プーチン **Vladimir Vladimirovich** ~ (1952–)《ロシアの政治家; 首相 (1999–2000, 2008–12), 大統領 (2000–08, 12–)》.

pút-ìn *n* 《ラグビー》プットイン《スクラムの中へボールを入れること》.

put·log /pútlɔ̀(ː)g, -lɑ̀g/, **pút·lòck** *n* 《建》《足場の》腕木, 横木.

Put·nam /pʌ́tnəm/ パトナム (**1**) **Hilary** ~ (1926–)《米国の哲学者》 (**2**) **Israel** ~ (1718–90)《独立戦争で活躍した米国の将軍》 (**3**) **Rufus** ~ (1738–1824)《独立戦争で活躍した米国の軍人; Israel のいとこ》.

pút-òff *n* 言いのがれ, 言いわけ; 延期.

pút-ón 《口》 *a* 気取った, 装った, うわべだけの: a ~ smile 作り笑い. ► *n* /ˊ–ˋ–/ うわべ, 装い; 気取った人; かつぐこと, 悪ふざけ; 《口》もじり, パロディー.

pút-òn àrtist 《俗》かつぐのがうまい人.

pu·tong·hua, p'u-t'ung hua /púːtɑ́ŋ(h)wɑ́ː/ *n* 普通話《MANDARIN の中国語名》.

put option ⇨ PUT[1] *n*.

pút·òut *n* 《野》《打者・走者を》アウトにすること.

put-put /pʌ́tpʌ́t, ˊ–ˊ/ *n* 《小型エンジンの》パッパッ[パッパッ, パタパタ]という音; 《口》小型ガソリンエンジン(の付いた車[ボートなど]). ► *vi* (**-tt-**) パッパッと音がする; パッパッという音をたてながら進む[運転する], パタパタと音をたてる車[ボートなど]で行く.

pu·tre·fa·cient /pjùːtrəféɪʃənt/ *a* PUTREFACTIVE.

pu·tre·fac·tion /pjùːtrəfǽkʃ(ə)n/ *n* 腐敗; 堕落.

pù·tre·fác·tive *a* 腐敗(作用)の; 腐敗させる.

pu·tre·fy /pjúːtrəfàɪ/ *vt* 腐らせる, 腐敗させる; 《医》…に壊疽(えそ)を生じさせる, 化膿させる. ► *vi* 腐る (rot); 《医》壊疽を生じる, 化膿する. ◆ **pú·tre·fì·er** *n* [L *putreo* to rot]

pu·trés·cence *n* 腐敗; 腐敗物.

pu·tres·cent /pjutrés(ə)nt/ *a* 腐りかかった; 腐敗(性)の.

pu·tres·ci·ble /pjutrésəb(ə)l/ *a, n* 腐敗しやすい(もの).

pu·tres·cine /pjutrésìːn, -sən/ *n* 《生化》プトレッシン《タンパク質の腐敗から生じる無色・悪臭のプトマイン》.

pu·trid /pjúːtrəd/ *a* 腐敗した; 悪臭を放つ, 臭い; きたない; 堕落した; 《口》不快な, おそまつな; 《俗》酔っぱらった: turn ~ 腐る. ◆ **pu·trid·i·ty** /pjutrídəti/ *n* 腐敗; 堕落. **~·ly** *adv* **~·ness** *n* [L (*puter* rotten)]

pu·tri·lage /pjúːtrəlɪʤ/ *n* 腐敗物.

putsch /pútʃ/ *n* 《突然の》反乱, 暴動, クーデター. ◆ **~·ist** *n* [Swiss G=thrust, blow]

putt[1], **put** /pʌ́t/《ゴルフ》*n* パット: sink the winning ~ 勝利のパットを沈める. ► *vi, vt* パットする. [*put*[1]]

putt[2] *vi* 《エンジンの音をたてながら》〈車が〉速く進む. [PUT-PUT]

put·ta·nes·ca /pùːtɑnéskɑː/ *a* [通例 後置]〈パスタが〉プッタネスカの, 娼婦風の《ニンニク・オリーブ・アンチョビーなどがはいったトマトソースをかけたもの》. [It *puttana* prostitute]

put·tee /pʌtíː; pʌ́ti/ *n* 巻きゲートル; *革ゲートル. [Hindi]

put·ter[1] /pútər/ *n* put する人[もの]; 運搬夫; SHOT-PUTTER.

putt·er[2] /pʌ́tər/ *n* 《ゴルフ》パター《クラブ》; パットする人. [*putt*]

put·ter[3]* /pʌ́tər/ *vi* だらだらやる; ぶらぶらする, うろつく 〈*over, about, along, around*〉 (potter[II]). ► *vt* 〈時間を〉浪費する, のんびり過ごす 〈*away*〉. ◆ **~·er** *n* [*potter*[2]]

put·ter[4] /pʌ́tər/ *n* 《小型エンジンの》パタパタという音. ► *vi* パタパタ音をたてる[音をたてて進む]. ● **~ out** 〈炎・ろうそく・エンジンなどが〉少しずつ燃焼の具合が悪くなる, 消えかかる. [imit]

put·ter-off·er /pútərɔ́(ː)fər/ *n**《俗》先延ばしする人.

putti *n* PUTTO の複数形.

put·tie /pʌtíː; pʌ́ti/ *n* PUTTEE.

pút·ti·er *n* パテ (putty) を使う人.

pútt·ing *n* 《ゴルフ》パッティング《(**1**) PUTT[1] すること **2**) 小さいコースで putting だけによって行なうゲーム, パターゴルフ》.

pútting grèen 《ゴルフ》パッティンググリーン《(**1**) ホール周囲のグリーン **2**) 公園などの putting ゲームを行なう草地, パット練習場》.

Putt·nam /pʌ́tnəm/ パットナム **David** (**Terence**) ~, Baron ~ (1941–)《英国の映画制作者; *Chariots of Fire* (炎のランナー, 1981), *The Killing Fields* (キリング・フィールド, 1984)》.

put·to /púːtou/ *n* (*pl* **put·ti** /-ti/) [ᵁ*pl*]《美》プット《ルネサンスの装飾的な絵画・彫刻でキューピッドなど裸の子供の像》. [It=boy<L *putus*]

puttoo ⇨ PATTU.

putt-putt[1] /pʌ́tpʌ́t, ˊ–ˊ/ *n, v* PUT-PUT.

putt-putt[2] *n* パター[パットパット]ゴルフ (MINIATURE GOLF).

put·ty[1] /pʌ́ti/ *n* **1 a** パテ《(**1**) 窓ガラスの取付けや木材などの目止め用の接合剤 (glaziers' putty) **2**) PUTTY POWDER **3**) 塗装工事用の石灰と水で練った砂のはいらないモルタル (plasterers' putty)》: (like) ~ in sb's hands 人の言いなりになって. **b** パテ色 (light brownish [yellowish] gray). **2** たやすくどうにでもなる人[もの]. ● **up to ~** 《豪俗》無価値の[で]. ► *vt* パテでつぐ, …にパテをつける[詰める], パテ止め[パテかい]する. [F *potée* POT[1]full]

put·ty[2] /pʌ̀tíː; pʌ́ti/ *n* PUTTEE.

pútty·hèad *n**《俗》ばか, とんま, まぬけ.

pútty knìfe パテ用こて, パテナイフ.

pútty mèdal ᴵᴵ[*joc*] わずかな労にふさわしい報酬.

pútty pòwder パテ粉 (=*jewelers' putty*)《ガラス・大理石・金属を磨くスズ[鉛]の粉末》.

pútty·ròot *n* 《植》北米産の褐色の花をつけるラン科植物の一種 (=*adam-and-eve*).

Pu·tu·ma·yo /pùːtəmáɪou/ [the] プトゥマヨ川《コロンビア南部に発し, ペルーとの国境を流れ, ブラジルで Amazon 川に合流; ブラジル名 Içá》.

p'u-t'ung hua ⇨ PUTONGHUA.

pút-ùp *a* 《口》あらかじめたくらんだ, 仕組んだ: a ~ job 八百長, 出来レース.

pút-upòn *a* つけこまれた, (いいように)利用された, 食い物にされた.

pút-yòu-úp *n* ᴵᴵ《口》ソファーベッド.

putz /púts/ *n**《俗》ペニス; ばか, やなやつ. ► *vi* ぶらぶら過ごす, だらだらやる 〈*around*〉. [G=decoration; Yid]

Pu·vis de Cha·vannes /*F* pyvis də ʃavan, pyvi-/ ピュヴィ(ス)・ド・シャヴァンヌ **Pierre(-Cécile)** ~ (1824–98)《フランスの画家》.

puy /pwíː; *F* pɥi/ *n* ピュイ《フランス Auvergne 地方に多い小火山丘》. [F<L *podium* balcony]

Puy-de-Dôme /*F* -doːm/ ピュイ-ド-ドーム《フランス中南部 Auvergne 地域圏の県; ☆Clermont-Ferrand》.

Puy de Dôme ⇨ DÔME.

Puy de Sancy ⇨ SANCY.

Pu·yi, P'u-i /púː(j)íː/ 溥儀(ふぎ) (1906–67)《満洲語名 Aisin Gioro (愛新覚羅) ~, のち西洋名で **Henry** ~ とも名のった清朝最後の皇帝, 宣統帝 (Xuantong) (1908–12); 日本の傀儡(かいらい)として満洲国皇帝 康徳帝 (Kangde) (1934–45)》.

puý lèntil ル・ピュイ産レンズマメ《小粒で緑に青の斑がはいる; 味のよいことで名高い》. [Le *Puy* フランス Auvergne 地方の町]

Pu·zo /púːzou/ プーゾ **Mario** ~ (1920–99)《米国の小説家・映画脚本家; *The Godfather* (ゴッドファーザー, 小説 1969, 映画 1972)》.

puz·zle /pʌ́z(ə)l/ *n* **1** 当惑, 混乱; 困らせる人[もの], 《特に》難問 (puzzler)《解決・説明に利発さ・工夫の才を必要とする事情・問題》: in a ~ 当惑して 〈*about*〉. **2** 考え物, 判じ物, なぞ, パズル: a ~ ring

知恵の輪《おもちゃ》. ► *vt* 途方に暮れさせる, 悩ます, 当惑させる; «古» もつれさせる: ～ one's head [brains] *about* [*over*]…に頭を悩ませる, 懸命に…を考える. ► *vi* 〈…について〉考え込む, 頭を悩ます〈*over*〉; 途方に暮れる, 戸惑う〈*about, over*〉. ● **～ out** 考え出す, 頭をしぼって〈なぞ·秘密を〉解く. **～ through** 手探りで通り抜ける. ♦ **púz·zled·ly** *adv* **-zled·ness** *n* [C16<?]

púzzle·hèad·ed *a* 頭[考え]の混乱した. ♦ **～·ness** *n*

púzzle·ment *n* 当惑, 閉口, 迷い; 当惑させるもの.

púzzle pàlace *«軍俗» 上級本部, 国防省 (Pentagon), '迷宮'; *«俗» ひそかに重大決定がなされる場所, '奥の院'.

púzzle·pàted *a* PUZZLEHEADED.

púz·zler *n* 困らせる人[もの], 《特に》難問; なぞを解く人, パズル狂.

púz·zling *a* まごつかせる, 困らせる, わけのわからない. ♦ **～·ly** *adv* **～·ness** *n*

puz·zo·la·na /pùtsəlɑ́:nə/ *n* POZZOLANA.

PV °page view ♦ photovoltaic ♦ polyvinyl ♦ °Priest Vicar.

PVA °polyvinyl acetate.

P value /pí: ─/ 〘統〙P 値《統計データから得られた差以上の差が偶然観察される確率; この値が十分小さければその差は有意であるとみなす》.

PVC °polyvinyl chloride.

PVO private voluntary organization.

PVR °personal video recorder.

PVS °persistent vegetative state ♦ Post-Vietnam Syndrome ヴェトナム後症候群《復員後の精神障害》♦ °postviral syndrome.

Pvt. private《企業名に用いる》♦〘軍〙Private.

PVT pressure, volume, temperature. **p.w.** per week.

PW ″policewoman ♦ °prisoner of war ♦ °public works.

PWA person [people] with AIDS エイズ感染者[患者] ♦《米》Public Works Administration 公共事業局 (1933–44).

P wave /pí: ─/ 〘地震〙P 波《地震波の実体波のうちの縦波; cf. S WAVE; P はラテン語 *primae* primary から》; PRESSURE WAVE.

PWC °personal watercraft.

PWM °pulse width modulation. **pwr** power.

PWR °pressurized water reactor. **pwt** pennyweight.

PX /pì:éks/ *n* 《米陸軍》駐屯地売店 (post exchange); [PXies, 〈*pl*〉] *«軍俗» 胸パッド (falsies).

PX please exchange.

py- /pái/, **pyo-** /páiou, páiə/ *comb form*「膿」 [Gk *puon* pus]

PY Paraguay.

pya /pjɑ́:, piɑ́:/ *n* ピヤ《ミャンマーの通貨単位: =1/100 kyat》.

pyaemia ⇨ PYEMIA.

Pya·ti·gorsk /piæ̀tıgɔ́:rsk/ ピャチゴルスク《ロシア南西部 Caucasus 山脈北山麓の台地にある Kuma 川の支流に臨む町; 鉱泉·サナトリウムのある保養·療養地》.

pycn- /píkn/, **pyc·no-** /píknou, -nə/ *comb form*「密な (dense)」「濃い (thick)」 [Gk *puknos* thick]

pycnic ⇨ PYKNIC.

pyc·nid·i·um /pıknídiəm/ *n* (*pl* **-nid·ia** /-diə/) 〘植〙《不完全菌類の》分生子殻, 粉(ふん)胞子器. ♦ **pyc·níd·i·al** *a*

pýcno·clìne *n* 比重躍層《海洋などで, 深さにつれて水の密度が急速に増加する領域》.

pyc·no·go·nid /pıknɑ́gənəd, pìknəgɑ́nəd/ *n* 〘動〙ウミグモ (sea spider).

pyc·nom·e·ter, pic- /pıknɑ́mətər/ *n* 比重瓶, ピクノメーター.

pyc·no·style /píknəstàıl/ *a, n* 〘建〙密柱式(の)《古典建築で柱間を柱の基部直径の 1.5 倍にする柱割り様式; cf. INTERCOLUMNIATION》; 密柱式の列柱[建物].

Pyd·na /pídnə/ ピュドナ《古代マケドニアの町; マケドニア軍がローマ軍に敗れた地》.

pye ⇨ PIE[4].

Pye /pái/ パイ **Henry James** ～ (1745–1813)《英国の詩人; 1790 年桂冠詩人となったが拙劣な作品を発表して嘲笑の的となった》.

pýe-dòg, pí(e)-dòg /pái-/ *n* 《インドなどの》半野生犬. [Hindi]

py·el- /páiəl/, **py·e·lo-** /páiəlou, -lə/ *comb form*「骨盤」「腎盂」 [Gk *puelos* trough]

py·e·li·tis /pàiəláitəs/ *n* 〘医〙腎盂(じんう)炎. ♦ **pỳ·e·lít·ic** /-lít-/ *a*

pýelo·gràm *n* 〘医〙《X 線写真の》腎盂像.

py·e·log·ra·phy /pàiəlɑ́grəfi/ *n* 〘医〙腎盂造影(法), 腎盂撮影(法).

pỳelo·nephrítis *n* 〘医〙腎盂腎炎. ♦ **-nephrític** *a*

py·emia, -ae·mia /paií:miə/ *n* 〘医〙膿血(症). ♦ **py·émic, -áe·mic** *a* [*py-, -emia*]

py·et /páiət/ *n, a* «スコ·北イング» PIET.

py·gal /páig(ə)l/ *a* 〘動〙臀部の.

py·gid·i·um /paıdʒídiəm/ *n* (*pl* **-gid·ia** /-dʒídiə/) 〘昆·動〙尾節, 尾(節)板《腹部末端の背板》, 《環形動物の》肛節, 肛触糸. ♦ **py·gíd·i·al** *a*

pyg·mae·an, -me-, pig- /pıgmí:ən/ *a* PYGMY.

Pyg·ma·li·on /pıgméıljən, -liən/ **1** 〘ギ神〙ピュグマリオーン《自作の象牙の女人像 Galatea に恋した Cyprus 島の王; 像は Aphrodite によって生命を与えられた》. **2**『ピグマリオン』《G. B. Shaw の喜劇 (初演 1913); 花売り娘 Eliza の cockney を矯正して淑女に仕立てた音声学教授 Higgins は彼女に求婚するが, 人間的にも成長した彼女はほかの青年と結婚する; ミュージカル *My Fair Lady* の原作》. ● **not ～ likely** [*euph*] not bloody LIKELY.

pyg·moid /pígmɔıd/ *a* ピグミーに似た, ピグミー様の.

pyg·my, pig- /pígmi/ *n* **1** [P-] ピグミー《アフリカ(·アジア)の赤道森林地帯の低身長の黒人種》. **2** [P-] 〘ギ·ロ神〙ピグマイオス《コウノトリと戦って滅亡したこびと族》. **3** こびと, 一寸法師 (dwarf); 取るに足らない人, ざこ; 小さな動物[もの]. ► *a* ピグミーの; こびとの; きわめて小さい, わずかの. [L<Gk *pugmaios* dwarf(ish)]

pýgmy chimpanzée 〘動〙ピグミーチンパンジー (bonobo).

pýgmy fàlcon 〘鳥〙コビトハヤブサ.

pýgmy gòose 〘鳥〙マメガン《同属の各種; 熱帯主産》.

pýgmy hippopòtamus 〘動〙コビトカバ, リベリアカバ《リベリア産》.

pýgmy·ish *a* こびとじみた, 矮小な.

pýgmy·ìsm *n* ピグミー[こびと]たること; 矮小, 矮性.

pýgmy màrmoset 〘動〙ピグミーマーモセット《南米産; 最も小型のサルの一種》.

pýgmy òwl 〘鳥〙スズメフクロウ (=*gnome owl*)《同属の数種》.

pýgmy pàrrot 〘鳥〙ケラインコ《同属の数種; New Guinea 周辺産; オウム目では最小》.

pýgmy pòssum 〘動〙マウスオポッサム (mouse opossum).

pýgmy shrèw 〘動〙**a** ヒメトガリネズミ《欧州·シベリア産》. **b** コビトトガリネズミ《北米産》.

pýgmy spérm whàle 〘動〙コマッコウ《4 m ぐらいの小型の鯨》.

pýgmy squìrrel 〘動〙ヒメリス《中米·南米産》.

py·in /páiən/ *n* 〘生化〙パイイン《膿中のアルブミン性成分》.

pyin·ka·do /piíŋkədòu, pjíŋ-/ *n* (*pl* **～s**) 〘植〙ピンカド《南アジア原産のマメ科の高木; 材は堅く, 耐久性に富む》. [Burmese]

pyjama ⇨ PAJAMA.

pyjamas ⇨ PAJAMAS.

pyk·nic, pyc·nic /píknık/ *a, n* 〘医·心〙肥満型の(人).

py kor·ry /paı kɔ́ri/ *int* «NZ俗» by GOLLY[1] の Maori ふう表記.

Pyle /páıl/ パイル **'Ernie' ～ [Ernest Taylor ～]** (1900–45)《米国のジャーナリスト; 戦線記事で Pulitzer 賞 (1944)》.

py·lon /páılɑ̀n, -lən/ *n* **1** 《高圧線用などの》鉄塔, 鉄柱, 支柱; 〘空〙《飛行場の》目標塔, パイロン, 《飛行機レースの》折返し標識; 〘空〙パイロン《(1) 燃料タンク·爆弾·ミサイルなどの懸吊(けんちょう)架 (2) エンジンポッドを翼に取り付ける支柱》. **2** 《古代エジプトの》塔門; 《街路などの入口わきの》塔; 《交通規制用の》コーン; 〘アメフト〙パイロン《end zone の四隅に立てるマーカー》. **3** 臨時義足. [Gk (*pulē* gate)]

py·lo·rec·to·my /pàılərέktəmi/ *n* 〘医〙幽門切除(術).

py·lor·ic /paılɔ́(:)rık, -lɑ́r-/ *a* 〘解〙幽門の.

py·lo·rus /paılɔ́:rəs/ *n* (*pl* **-ri** /-ràı, -ri/) 〘解〙幽門. [Gk= gatekeeper]

Py·los /páılɑ̀s/ ピュロス (*It* Navarino, *ModGk* Pílos)《ギリシア南西部 Peloponnesus 半島南西部の港町; ペロポンネソス戦争 (425 B.C.), また ギリシア独立戦争における Navarino の戦い (1827) の戦場》.

Pym /pím/ ピム **John** ～ (1583/84–1643)《イングランドの政治家; 短期議会で Charles 1 世の失政を攻撃, 長期議会で Strafford, Laud を弾劾》.

Pyn·chon /píntʃən/ ピンチョン **Thomas** ～ (1937–)《米国の小説家; *V.* (1963), *The Crying of Lot 49* (1966), *Gravity's Rainbow* (1973), *Vineland* (1990) など》. ♦ **～·ésque** *a*

pyo- /páiou, páiə/ ⇨ PY-.

pyo, PYO 《農園·作物など》pick-your-own 客が自分で収穫して買える, 取入れ自由[取り放題]の.

pỳo·dérma *n* 〘医〙膿疱性皮膚症, 膿皮症. ♦ **pỳo·dérmic** *a*

pyo·génesis *n* 〘医〙化膿, 醸膿.

pyo·génic *a* 〘医〙膿[うみ]の出る, 化膿性の.

py·oid /páiɔıd/ *a* 〘医〙膿(のう)の, 膿状の.

Pyong·yang /pjɔ́(:)ŋjɑ́:ŋ, piʌ́ŋ-, -jǽŋ, ─ ─/ 平壌(ピョンヤン)(へいじょう)《朝鮮民主主義人民共和国の首都》.

py·or·rhea, -rhoea /pàiərí:ə; -ríə/ *n* 〘医〙膿漏(症); PYORRHEA ALVEOLARIS. ♦ **-rhé·al, -rhóe·a** [*pyo-*]

pyorrhéa al·ve·o·lár·is /-ælviəlǽrəs/ 〘歯〙歯槽膿漏(症).

py·o·sis /paıóusəs/ *n* 〘医〙化膿.

py·ot /páiət/ *n, a* «スコ·北イング» PIET.

pyr- /páıər/, **py·ro-** /páıərou, -rə/ *comb form*「火」「熱」「熱作用による」「〘化〙焦性の」「〘鉱〙炎のような色の」 [Gk (PYRE)]

pyr·acanth /pírəkæ̀nθ, páırə-/ *n* 〘植〙トキワサンザシ, ピラカンサ (firethorn).

pyr·acan·tha /pàırəkǽnθə/ *n* 〘植〙ピラカンサ《トキワサンザシ属 (*P-*) の各種の常緑低木》.

py·ral·i·did /pırǽlədəd, paıə-/, **pyr·a·lid** /pírəlıd, paıərǽləd/ *n, a* 〘昆〙メイガ科 (Pyrali(di)dae) の(蛾).

pyr·a·mid /pírəmìd/ *n* **1 a** 《特に 古代エジプトの》ピラミッド, [the

(Great) P-s]《エジプトの Giza にある》大ピラミッド《Khufu 王のものが最大》(⇨ SEVEN WONDERS OF THE WORLD). **b** 尖塔状のもの; 〘解・動〙錐体; 《ウニの》顎骨; 〘数〙角錐《側面と底面をもつ》; 〘晶〙錐《ある角度の回転について対称な, 1 点に会するいくつかの側面からなる》; *《俗》底の非常に厚い靴: a regular [right] ～ 正[直]角錐. **2 a** ピラミッド状に乗った人[積まれたもの]; 〘社〙ピラミッド形の組織; CHAIN LETTER. **b** PYRAMID SCHEME; 〘証券〙利乗せ. **3** [～s, ‹sg›] 〘玉突〙ピラミッド《通例数字つきの白い的球 15 個を三角形に並べ, 赤い手球 1 個で突くゲーム (＝Russian ～)》. ■ the **Báttle of the Ṕ～s** ピラミッドの戦い《1798 年 7 月 21 日, Cairo へ進撃しようとする Napoleon が Nile 川西岸, Giza のピラミッドの近くで Mamluk 族の軍隊を撃破した戦闘》. ► *vi* ピラミッド状になる; ピラミッド式に徐々に増加する; 〘証券〙利乗せする《紙上利益を証拠金に充当して取引を拡大する》. ► *vt* ピラミッド状にする; 徐々に増やす; 〘証券〙‹利益を›利乗せに用いる; ‹税金・コストを›物価に上乗せする. ♦ **py·ram·i·dal** /pərǽmədl, pìrəmídl/ *a* pyramid の(ような); 巨大な; 〘解・動〙錐体の. **-dal·ly** *adv* **pỳr·a·míd·ic, -i·cal** *a* **-i·cal·ly** *adv* [C16 *pyramis*＜L＜Gk *puramid- puramis*＜?]

pyrámidal órchid 〘植〙ピンクがかった紫色の花を円錐花序につけるラン科の多年草《英国では石灰岩質土壌の草地に生育する》.

pyrámidal péak 〘地質〙氷食尖峰 (horn).

pyrámidal tràct 〘解〙錐体(すい)路, 錐体索.

pýramid·ist *n* [°P-] ピラミッド研究家.

pyr·a·mid·ol·o·gy /pìrəmɪdáləʤi/ *n* ピラミッド学《ピラミッドのオカルト的意味を研究する擬似科学》. ♦ **-gist** *n*

Py·ram·i·don /pərǽmədàn/ 〘商標〙ピラミドン《鎮痛・解熱剤 aminopyrine の商品名》.

pýramid schème ねずみ講(方式).

pýramid sèlling ネズミ講式販売.

Pyr·a·mus /pírəməs/ 〘ギ神〙ピューラモス《愛する Thisbe がライオンに殺されたと誤信して自殺した若者; Thisbe も彼の死体を見つけて自殺した》.

py·ran /páɪəræ̀n, ─ ́/ *n* 〘化〙ピラン《複素六員環化合物; 2 つの異性体がある》. [*pyr*one, *-an*[2]]

py·ra·noid /páɪərənɔ̀ɪd/ *a* 〘化〙ピラン様の.

pyr·a·nom·e·ter /pìrənámətər, pàɪər-/ *n* 全天日射計. [Gk PYRE]

py·ra·nose /páɪərənòus, -z/ *n* 〘化〙ピラノース《単糖類の環状異性体》.

py·ran·o·side /paɪrǽnəsàɪd/ *n* 〘化〙ピラノシド《ピラノイド環を含む配糖体》.

pyr·ar·gy·rite /paɪərá:rʤəràɪt/ *n* 〘鉱〙濃紅銀鉱.

pyr·azole /pírəzɔ̀(:)l, -zòul, -zàl/ *n* 〘化〙ピラゾール《無色針状晶; 複素五員環化合物》.

pyre /páɪər/ *n* 火葬用の薪, 火葬燃料; 燃やす物の山. [L＜Gk (*pur* fire)]

py·rene[1] /páɪərì:n, ─ ́/ *n* 〘植〙《核果の》たね, 核; 《広く》小堅果. [NL＜Gk＝pit[2]]

py·rene[2] /páɪərì:n/ *n* 〘化〙ピレン《コールタールから採れる淡黄色炭化水素》. [*pyr-*, *-ene*]

Pyr·e·ne·an /pìrəní:ən/ *a* ピレネー山脈の. ► *n* ピレネー山地の住民.

Pyrenéan móuntain dòg 〘犬〙ピレニアンマウンテンドッグ (GREAT PYRENEES).

Pyr·e·nees /pírənì:z; ─ ─ ́/ *pl* [the] ピレネー山脈 (F **Py·ré·nées** /*F* pirene/, *Sp* Pirineos)《フランスとスペインの国境をなして欧州西部を東西に走る》. ■ the **Peace of the ～** ピレネーの和約《フランス-スペイン戦争 (1648–59) を終結させた条約; フランスは Roussillon と Flanders の一部を獲得し, さらに Louis 14 世と Marie-Thérèse (スペイン王 Philip 4 世の娘) との婚約が決まった》.

Py·ré·nées-At·lan·tiques /*F* pirenezatlɑ̃tik/ ピレネザトランティク《フランス南西部 Aquitaine 地域圏の県; ☆Pau; 旧称 Basses-Pyrénées》.

Py·ré·nées-Ori·en·tales /*F* pirenezɔriɑ̃tal/ ピレネゾリアンタル《フランス南部 Languedoc-Roussillon 地域圏の県; ☆Perpignan》.

py·re·noid /paɪərí:nɔ̀ɪd, páɪərənɔ̀ɪd/ *n* 〘生化〙ピレノイド《藻類の葉緑体にあって, 澱粉の形成・貯蔵にかかわるタンパク質の塊り》.

py·re·thrin /paɪərí:θrən, -réθ-/ *n* 〘化〙ピレトリン《ジョチュウギクの殺虫成分; 除虫用》.

py·re·throid /paɪərí:θrɔ̀ɪd, -réθ-/ *n, a* 〘化〙ピレスロイド(の)《ピレトリン様の数種の殺虫剤》.

py·re·thrum /paɪərí:θrəm, -réθ-/ *n* 〘植〙ジョチュウギク(の近縁種), アカバナムシヨケギク, シロバナムシヨケギク《薬用・観賞用》; ジョチュウギク(粉)《殺虫剤》. [L＝pellitory＜Gk *purethron* feverfew]

py·ret·ic /paɪərétɪk/ *a* 〘医〙発熱(性)の. ► *n* 発熱薬. [NL＜Gk (*puretos* fever)]

pyr·e·tol·o·gy /pìrətáləʤi, pàɪərə-/ *n* 発熱学.

Py·rex /páɪərèks/ 〘商標〙パイレックス《耐熱ガラス》.

py·rex·ia /paɪəréksiə/ *n* 〘医〙発熱: ～ of unknown origin 原因不明熱《略 PUO》. ♦ **-réx·ic, -réx·i·al** *a*

pyr·ge·om·e·ter /pàɪərʤiámətər, pìər-; pə:-/ *n* 〘気・理〙夜間放射計《地表面から空間への放射量を測定する計器》. [*pyr-*]

pyr·heliómeter /pàɪər-, pìər-; pər-/ *n* 〘理〙日射計. ♦ **-heliométric** *a*

py·ric /páɪərɪk, pír-/ *a* 燃焼による.

pyr·id- /pírəd/, **pyr·i·do-** /pírədou, -də/ *comb form*「ピリジン (pyridine)」

pyr·i·dine /pírədì:n, -dən/ *n* 〘化〙ピリジン《可燃性の特異臭をもつ液体; 溶剤・アルコール変性剤・有機合成用》.

pyr·i·do·stíg·mine brómide /pìrədoustígmì:n-/ 〘薬〙臭化ピリドスチグミン《重症筋無力症の治療薬》.

pyr·i·dox·al /pìrədáksæ̀l/ *n* 〘生化〙ピリドキサル《ビタミン B_6 の作用をもつ天然物質》.

pyr·i·dox·amine /pìrədáksəmì:n/ *n* 〘生化〙ピリドキサミン《ビタミン B_6 の作用をもつ天然物質》.

pyr·i·dox·ine /pìrədáksì:n, -sən/, **-in** /-sən/ *n* 〘生化〙ピリドキシン《ビタミン B_6 の作用をもつ物質》.

pýr·i·fòrm, pír·i- /pírə-/ *a* 〘解・生〙洋ナシ (pear) 形の.

pyr·i·meth·amine /pàɪərəméθəmì:n/ *n* 〘薬〙ピリメタミン《マラリアなどの治療用》.

py·rim·i·dine /paɪərímədì:n/ 〘化〙 *n* ピリミジン《麻酔性刺激臭のある結晶塊》; ピリミジンの誘導体, ピリミジン塩基 (＝～ **bàse**) 《DNA, RNA の構成成分》.

py·rite /páɪəràɪt/ *n* 黄鉄鉱 (＝*iron pyrites, fool's gold*).

py·ri·tes /paɪəráɪtiz, pə-, páɪəràɪts/ *n* (*pl* ～)《各種金属の》硫化鉱, 《特に》PYRITE: COPPER [TIN, etc.] PYRITES. ♦ **py·rit·ic** /paɪərítɪk/, **-i·cal** *a* [L＜Gk; ⇨ PYRE]

py·rit·if·er·ous /pàɪəràɪtíf(ə)rəs/ *a* 硫化鉱を含む[生じる].

py·ri·ti·za·tion /pàɪəràɪtəzéɪʃ(ə)n/ *n* 〘地質〙黄鉄鉱化作用. ♦ **py·rit·ize** /páɪərətàɪz/ *vt* 黄鉄鉱に変える.

py·ri·tous /pəráɪtəs/ *a* PYRITIC.

py·ro /páɪərou/ 《口》 *n* (*pl* **～s**) 放火魔 (pyromaniac); パイロ (pyrogallol)《写真現像主薬》.

pyro- /páɪərou, -rə/ ⇨ PYR-.

pyro. pyrotechnic ♦ pyrotechnics.

pỳro·ácid *n* 〘化〙ピロ酸.

pỳro·cátechol, -cátechin *n* 〘化〙ピロカテコール, ピロカテキン《無色針状晶; 現像薬・有機合成用》.

pỳro·céllulose *n* 〘化〙ピロセルロース《無煙火薬に用いる》.

Py·ro·ce·ram /pàɪərousərǽm/ 〘商標〙パイロセラム《結晶構造を有するガラス; 強度・耐熱性にすぐれる》.

pỳro·chémical *a* 高温度化学変化の. ♦ **～·ly** *adv*

py·ro·chro·ite /pàɪərəkróuàɪt/ *n* 〘鉱〙水酸化マンガン.

pýro·clàst *n* 〘岩石〙火山砕屑(さいせつ)岩.

pyro·clástic *a* 〘地質〙火砕性の: a ～ flow 火砕流. ► *n* [～s] 〘岩石〙火砕岩.

pỳro·condensátion *n* 〘理〙高温縮合《強い熱によってもたらされる分子の凝結》.

pỳro·conductívity *n* 〘理〙熱導電性.

pỳro·crýstalline *a* 〘地質〙火成結晶質の.

pỳro·eléctric 〘理〙 *a* 焦電気の. ► *n* 焦電気物質.

pỳro·electrícity *n* 〘理〙焦電気, ピロ[パイロ]電気.

pỳro·gállate *n* 〘化〙焦性没食子(もっしょくし)酸塩[エステル].

py·ro·gál·lic ácid /pàɪərougǽlɪk-, -gɔ́:l-/ PYROGALLOL.

py·ro·gal·lol /pàɪərəgǽlɔ̀(:)l, -òul, -àl/ *n* 〘化〙焦性没食子(もっしょくし)酸, ピロガロール《現像主薬・羊毛媒染剤・皮膚病治療薬》. [*pyrogallic*, *-ol*]

py·ro·gen /páɪərəʤən/ *n* 発熱物質, 発熱原.

pỳro·génic, -genétic *a* 熱を生じさせる, 発熱性の; 熱によって生じる; 〘地質〙‹岩石など›火成の. ♦ **-ge·níc·i·ty** /-ʤənísəti/ *n*

py·rog·e·nous /paɪərάʤənəs/ *a* PYROGENIC.

py·rog·nos·tics /pàɪərəgnástɪks; -rɔg-/ *n* [‹sg/pl›] 加熱反応.

py·rog·ra·phy /paɪərágrəfi/ *n* 焼画術; 焼画. ♦ **-pher** *n* **pỳ·ro·gráph·ic** *a*

pỳro·gravúre *n* PYROGRAPHY.

py·ro·la /paɪəróulə/ *n* 〘植〙イチヤクソウ属 (*P-*) の各種多年草.

py·rol·a·try /paɪərálətri/ *n* 拝火 (fire worship). [*pyr-*, *-latry*]

pỳro·lígneous *a* 木材を乾留して得た; 焦木性の.

pyrolígneous ácid 〘化〙木酢(もくさく)(液).

pyrolígneous álcohol 木精アルコール (methyl alcohol).

py·ro·lu·site /pàɪəroulú:sàɪt, paɪərάljəsàɪt/ *n* 〘鉱〙軟マンガン鉱, パイロルーサイト.

py·rol·y·sate /paɪərάləzèɪt, -sèɪt/, **-zate** /-zèɪt/ *n* 〘化〙熱分解生成物.

py·rol·y·sis /paɪərάləsəs/ *n* 〘化〙熱分解. ♦ **py·ro·lyt·ic** /pàɪərəlítɪk/ *a* **-i·cal·ly** *adv*

py·ro·lyze /páɪərəlàɪz/ *vt* 熱分解する. ♦ **-lỳz·able** *a* **-lỳz·er** *n*

pỳro·magnétic *a* 〘理〙熱磁気の (thermomagnetic).

py·ro·man·cy /páɪərəmæ̀nsi/ *n* 火占い(術). ♦ **-màn·cer** *n*

py̆ro·mánia *n* 〘精神医〙放火癖. ♦ **-mániac** *n* 放火癖者, 放火魔. **py̆ro·maníacal** *a*
py̆ro·métallurgy *n* 《高温度を利用する》乾式冶金(法). ♦ **-metallúrgical** *a*
py·rom·e·ter /paɪərɑ́mətər/ *n* 〘理〙高温計. ♦ **py·róm·e·try** *n* 高温測定(法[学]). **py·ro·met·ric** /pàɪərəmétrɪk/ *a* **-ri·cal·ly** *adv* [*pyr-*]
pyrométric cóne SEGER CONE.
pyrométric cóne equìvalent 〘化〙耐火度《略 PCE》.
py·ro·mor·phite /pàɪərəmɔ́ːrfàɪt/ *n* 〘鉱〙緑鉛鉱, パイロモーファイト (=*green lead ore*).
py̆ro·mótor *n* 〘機〙熱[熱波]モーター.
py·rone /páɪəròʊn, ━́━/ *n* 〘化〙ピロン《複素環式ケトン》. [*pyr-*, *-one*]
py·ro·nine /páɪərənìːn/ *n* ピロニン(染料)《主に 生物用着色剤として用いるキサンテン染料》.
py·ro·nin·o·phil·ic /pàɪərənìːnəfílɪk/ *a* ピロニンでよく染まる, ピロニン好性の〈細胞など〉.
py·rope /páɪəròʊp/ *n* 〘鉱〙紅柘榴(ざくろ)石, パイロープ.
py̆ro·phóbia *n* 〘精神医〙火恐怖(症), 恐火症.
py·ro·phor·ic /pàɪərəfɔ́(ː)rɪk, -fár-/ *a* 〘化〙自然発火しうる, 自燃性の; 〈合金が〉摩擦で火花を発する.
py̆ro·phósphate *n* 〘化〙ピロリン酸塩[エステル] (=*diphosphate*). ♦ **-phosphátic** *a*
py̆ro·phosphóric ácid 〘化〙ピロ[焦性]リン酸.
py̆ro·photógraphy *n* 《ガラス・陶器の》焼付け写真術.
py̆ro·photómeter *n* 〘理〙光度高温計, 光高温計.
py·ro·phyl·lite /pàɪəroʊfílàɪt, -fáɪ-, paɪərɑ́fəlàɪt/ *n* 〘鉱〙葉蠟(ろう)石, パイロフィライト.
py·ro·sis /paɪəróʊsəs/ *n* 〘医〙胸やけ. [NL<Gk (*puroō* to set on fire); ⇨ PYRE]
py̆ro·stàt *n* 高温用温度調節器[サーモスタット]; 火災探知器.
py̆ro·stílp·nite /-stílpnàɪt/ *n* 〘鉱〙火閃銀鉱.
py̆ro·súlfate *n* 〘化〙ピロ硫酸塩[エステル] (=*disulfate*).
py̆ro·sulfúric ácid 〘化〙ピロ硫酸 (=*disulfuric acid*).
pyrotech. pyrotechnic(al) ♦ pyrotechnics.
py̆ro·téchnic *a* 花火(技術)の; はなばなしい. ► *n* 花火; 花火に似た装置, 火工品《ロケット点火装置・爆発装置など》; 花火用燃焼物. ♦ **-téchnical** *a* **-nical·ly** *adv*
py̆ro·téchnics *n* 花火技術; 花火の打上げ; 《弁舌・演奏などの》はなばなしさ.
py̆ro·techníician, -téch·nist /-téknɪst/ *n* 花火師.
py̆ro·tech·ny /-tèkni/ *n* 花火技術; 花火の打上げ; 〘史〙錬金術における火の使用.
py̆ro·tóxin *n* 〘生化〙発熱物質, ピロトキシン.
py·rox·ene /paɪərɑ́ksìːn, ━━́━; ━━━́/ *n* 〘鉱〙輝石. ♦ **py·rox·en·ic** /pàɪərɑ̀ksénɪk, -síː-/ *a* **py·rox·e·noid** /paɪərɑ́ksənɔ̀ɪd/ *a*, *n* [Gk *xenos* stranger; 火成岩の仲間でないと思われたため]
py·rox·e·nite /paɪərɑ́ksənàɪt/ *n* 〘岩石〙輝岩. ♦ **py·ròx·e·nít·ic** /-nít-/ *a*
py·rox·y·lin /paɪərɑ́ksələn/, **-line** /-lìːn, -ən/ *n* 〘化〙ピロキシリン《ニトロセルロース中の弱綿薬; コロジオン製剤用》.
Pyr·rha /pírə/ 〘ギ神〙ピュラー《DEUCALION の妻》.
pyr·rhic[1] /pírɪk/ *n*, *a* 〘韻〙短短格《◡◡》(の), 弱弱格《××》(の). [L<Gk]
pyrrhic[2] *n*, *a* 《古代ギリシアの》戦いの舞い(の). [L or Gk; *Purrhikhos* 考案者といわれる]
Pyrrhic *a* PYRRHUS 王の(ような).
Pýrrhic víctory ピュロスの勝利《非常な犠牲を払って得た, 引き合わない勝利; cf. CADMEAN VICTORY》.
Pyr·rho /píroʊ/, **Pyr·rhon** /pírɑ̀n/ ピュロン (c. 360–272 B.C.)《ギリシアの哲学者; 懐疑論の祖》.
Pyr·rho·ni·an /pɪróʊniən/, **Pyr·rhon·ic** /pɪrɑ́nɪk/ *a* ピュロン(の懐疑説)の. ► *n* ピュロニズム信奉者; (絶対)懐疑論者.
Pyr·rho·nism /pírənɪz(ə)m/ *n* 〘哲〙ピュロニズム《一切の判断を中止するピュロンの懐疑論》; (絶対)懐疑説. ♦ **-nist** *n*
pyr·rho·tite /pírətàɪt/, **-tine** /-tàɪn, -tìːn/ *n* 〘鉱〙磁硫鉄鉱 (=*magnetic pyrites*).
pyr·rhu·lox·ia /pìr(j)əlɑ́ksiə/ *n* 〘鳥〙ムネアカコウカンチョウ《米国南西部・メキシコ産》.
Pyr·rhus /pírəs/ **1** ピュロス (319–272 B.C.)《古代ギリシアのエペイロス (Epirus) の王 (306–272 B.C.); ローマ軍を破ったが多大の犠牲を払った (280 B.C.); ⇨ PYRRHIC VICTORY》. **2** 〘ギ神〙ピュロス《NEOPTOLEMUS の別名》.
pyr·role /píəròʊl, ━́/ *n* 〘化〙ピロール《**1**) 4 個の炭素原子と 1 個の窒素原子からなる環をもつ複素環式化合物; ポルフィリン・クロロフィルなど多くの生物学上重要な物質の構成成分 **2**) ピロールの誘導体》. ♦ **pyr·ro·lic** /pɪróʊlɪk/ *a* [Gk *purrhos* reddish, L *oleum* oil]
pyr·rol·i·dine /pəróʊlədìːn, -rɑ́l-, -dən/ *n* 〘化〙ピロリジン《ピロールを還元して得られる化合物で, 強い塩基性をもつ》.
pyr·ro·line /pírəlìːn, -lən/ *n* 〘化〙ピロリン《ピロール (pyrrole) を還元して得る塩基性物質》.
py·ru·vate /paɪərúːvèɪt/ *n* 〘化〙ピルビン酸塩[エステル].
py·rú·vic ácid /paɪərúːvɪk-/ 〘生化〙ピルビン酸, 焦性ブドウ酸《生物の基本的な代謝にかかわる物質》.
pyrúvic áldehyde 〘化〙ピルビンアルデヒド《刺激臭のある黄色の液体》.
Py·thag·o·ras /paɪθǽgərəs, pə-/ ピュタゴラス (c.580–c.500 B.C.)《ギリシアの哲学者・数学者》.
Pythágoras(') théorem 〘数〙PYTHAGOREAN PROPOSITION.
Py·thag·o·re·an /paɪθæ̀gəríːən, pə-/ *a* ピュタゴラス(の学説)の. ► *n* ピュタゴラス学派の人. ♦ **~·ìsm, Py·thág·o·rìsm** *n* ピュタゴラスの学説《霊魂の転生を信じ, 数を万物の根本原理とする》.
Pythagoréan proposítion [théorem] [the] 〘数〙ピタゴラスの定理.
Pythagoréan scále [the] 〘楽〙ピュタゴラス音階《純正 5 度と完全 8 度を基本要素とする》.
Pyth·e·as /píθiəs/ ピュテアス《紀元前 300 年ころのギリシアの航海者》.
Pyth·ia /píθiə/ 〘ギ神〙ピューティアー《Delphi の Apollo 神の巫子(みこ)》.
Pyth·i·ad /píθiæ̀d, -iəd/ *n* ピューティア紀《一回の Pythian Games から次回までの 4 年間》.
Pyth·i·an[1] /píθiən/ *a* DELPHI の, 《Delphi の》Apollo 神(の神託)の, PYTHIA の(ような); PYTHIAN GAMES の: the ~ oracle アポローンの神託. ► *n* デルポイ (Delphi) の住民; Apollo 神(のみこ); 神がかりの人.
Pythian[2] *n* KNIGHTS OF PYTHIAS の会員.
Pýthian Gámes *pl* [the] ピューティア祭《Delphi で 4 年ごとに行なわれた古代ギリシアの全民族的な競技祭; ⇨ OLYMPIAN GAMES》.
Pythias ⇨ DAMON AND PYTHIAS.
Pyth·ic /píθɪk/ *a* PYTHIAN[1].
py·thon /páɪθən, -θɑ̀n/ *n* **1** 〘動〙ニシキヘビ; 《獲物を締め殺す》大蛇. **2** [P-, °the P-] 〘ギ神〙ピュートーン《Apollo 神が Delphi で退治した大蛇》. **3** 《人に取りついて予言をさせる》心霊; 《心霊に取りつかれた》予言者. [L<Gk]
Pýthon·ésque *a* モンティー・パイソン的な《英国の人気テレビ番組 'Monty Python's Flying Circus' (1969–74) におけるギャグのような, ばかばかしくて奇妙で現実離れした》.
py·tho·ness /páɪθənəs, píθ-; -nès/ *n* 女神官[予言者], みこ, いちこ; 《Delphi の》Apollo 神のみこ.
py·thon·ic /paɪθɑ́nɪk/ *a* 神託の (oracular), 予言[預言]の (prophetic); ニシキヘビ[大蛇]の(ような).
py·uria /paɪjʊ́əriə/ *n* 〘医〙膿尿(症).
pyx /píks/ *n* 〘教会〙聖体容器, 聖体匣(こう); 《造幣局の》硬貨検査箱 (=~ **chèst**). ● **the trial of the ~** 《造幣局の》見本硬貨検査. ► *vt* pyx に入れる[で運ぶ]; 〈硬貨を〉見本検査する. [*pyxis*]
pyx·id·i·um /pɪksídiəm/ *n* (*pl* **-ia** /-iə/, **~s**) 〘植〙蓋果; 《コケ類の》胞子嚢 (capsule).
pyx·ie /píksi/ *n* 〘植〙**1** ピクシー (=~ **mòss**)《つる性のヒースに似たイワウメ科の常緑低木で白い星形花をつける; 米国東部産》. **2** 蓋果 (pyxidium).
pyx·is /píksəs/ *n* (*pl* **-i·des** /-sədìːz/) 〘古ギ・古ロ〙《化粧品などを入れる》小箱, (筒状の)小容器[花器]; 〘教会〙PYX; 〘植〙蓋果 (pyxidium); 〘解〙ACETABULUM; [P-] 〘天〙らしんばん座(羅針盤座) (Ship Compass) (⇨ ARGO). [L<Gk BOX]
pzazz /pəzǽz/ *n* 《俗》PIZZAZZ.
PZI protamine zinc insulin プロタミン亜鉛インスリン《糖尿病治療薬》.

Q

Q, q /kjúː/ *n* (*pl* **Q's, Qs, q's, qs** /-z/) **1** キュー《英語アルファベットの第 17 字; ⇨ J》; Q の表わす音; Q 字形(のもの);〘スケート〙Q 字形旋回; 17 番目(のもの): a reverse *Q* 逆 Q 字形旋回. ★ 普通 qu と結合してつづり /kw, k/ と発音される. **2** [Q]*《俗》 **a**《酒の》1 クォート (quart) 瓶. **b**《芸能人の》知名度. **c**《California 州の》サンクエンティン (San Quentin) 刑務所. **3** [Q]〘理〙Q《熱エネルギーの単位: $=10^{18}$ btu》.

q. quart ♦ quarter ♦ quartile ♦ quarto ♦ queen ♦ query ♦ question ♦ quire. **Q**〘理〙°electric charge ♦〘電子工〙°Q factor ♦ quarter《会計年度などの》四半期 (: *Q* 3 第 3 四半期) ♦ Queen ♦ [G *Quelle*]〘神学〙Q 資料《マタイ・ルカ両福音書の資料と推定される仮説上の資料》♦ question ♦ quetzal. **QA** °quality assurance.

Qaa·naaq /kɑːnáːk/ カーナーク《THULE 2 の別称》.

QAB〘英〙°Queen Anne's Bounty.

qa·ba·lah /kəbáːlə, *kǽbə-, ‖kæbáː-/ *n* [°Q-]〘ユダヤ教〙KABBALAH.

Qā·bis /káːbɪs/ *n* カビス《GABÈS のアラビア語名》.

Qa·boos bin Said /kəbúːs bɪn sɑːíːd/ カブース・ビン・サイド (1940–)《オマーンの首長 (1970–)》.

Qad·a·rite /kǽdəràɪt/ *n*〘イスラム〙カダル派の人《7 世紀末から 8 世紀中ごろに自由意志論を唱えた一派の人》. [Arab *qadar* fate, destiny, *-ite*]

Qad·da·fi, Qad·ha·fi /kədáːfi, ‖-dǽfi/ カダフィ **Muammar al-～** (1942–2011)《リビアの軍人・政治家; 1969 年クーデターにより政権獲得; 独裁を続けたが 2011 年内戦で政権が崩壊, 殺害された》.

qaddish ⇨ KADDISH.

qa·di, ca·di, ka·di /káːdi, kéɪ-/ *n* 法官, カーディー《イスラム世界の, 民事・刑事をつかさどる裁判官》. [Arab=judge]

Qa·jar /kɑːʤáːr, ⌐⌐/ *n* (*pl* ～, ～**s**) カージャール族《イラン北部のトルコ系部族; 1779–1925 年イランを支配した王朝を形成》.

qa·nat /kɑnáːt/ *n* カナート《山麓から村落に飲用水・灌漑用水を導く地下水路》. [Arab]

Q and A, Q&A question and answer 質問と回答, 質疑応答, 問答.

Qandahar ⇨ KANDAHAR.

Qan·tas /kwántəs/ カンタス(航空) (～ Airways Ltd.)《オーストラリアの航空会社; 1920 年 *Q*ueensland *a*nd *N*orthern *T*erritory *A*erial *S*ervices Ltd. として設立》.

Qa·ra·ghan·dy /kɑ̀ːrəgáːndi/ カラガンディ《カザフスタン中部の市; ロシア語名 Karaganda》.

Qar·ma·ti·ans /kɑːrméɪtiənz/, **Kar·ma·thi·ans, Car·ma·thi·ans** /-θiənz/ *n pl* カルマト派《イスラム教シーア派の一派; 9 世紀末にイラクの人 Hamden Qarmat を主導者として組織されたが, 11 世紀末には消滅》.

qat ⇨ KAT.

Qa·tar, Ka·tar /káːtər, gáːt-, kətáːr; kǽtɑ̀ːr, gǽt-, ⌐⌐, kətáːr/ カタール《アラビア半島東部の首長国; 公式名 State of Qatar (カタール国); ☆Doha》. ♦ **Qa·ta·ri, Ka·ta·ri** /kətáːri, gə-; kæ-, gæ-, kə-/ *a, n*

Qat·tá·ra Depréssion /kətáːrə-/ カタラ低地《エジプト北西部 Sahara 砂漠の一部を占める乾燥低地》.

qaw·wal /kəwáːl/ *n* カッワール《カッワーリー (qawwali) の歌手》.

qaw·wa·li /kəwáːli/ *n* カッワーリー《インド・パキスタン・バングラデシュの Sufism に基くイスラム音楽・歌謡》. [Hind＜Arab]

Qaz·vīn, Kaz·vin /kæzvíːn/ カズヴィーン《イラン北西部 Tehran の北西にある市; 16 世紀にはサファヴィー朝 (Safavids) の首都》.

QB, q.b.〘アメフト〙quarterback. **QB** °Queen's Bench ♦〘チェス〙°queen's bishop. **QBD** °Queen's Bench Division.

Q-boat /kjúː⌐/ *n* Q ボート《第一次大戦でドイツの潜水艦撃沈のため商船や漁船に仮装した英国のおとり船》; ‖《警察俗》覆面パトカー.

QC °quality control ♦ °Quartermaster Corps ♦〘郵〙Quebec ♦ °Queen's College ♦ °Queen's Counsel.

Q-car /kjúː⌐/ *n* Q カー《ロンドン警視庁の CID で用いたパトロールカー》.

QCD °quantum chromodynamics.

Q-Celtic /kjúː⌐⌐/ *n, a*〘言〙Q ケルト語(の) (Goidelic)《ゲール語・アイルランド語・マン島語がこれに属し, 印欧基語の k^w が k となった; cf. P-CELTIC》.

q.d. [L *quaque die*] daily. **QED** °quantum electrodynamics ♦ °quod erat demonstrandum. **QEF** °quod erat faciendum. **QEI** °quod erat inveniendum.

Qe·qer·tar·su·aq /kèkɛərtɑ̀ːrsúːɑːk/ ケケルタルスアク《DISKO の別名》.

Qeshm /kéʃəm/, **Qishm** /kíʃəm/ ケシュム, キシュム《**1**) Hormuz 海峡にあるイラン領の島 **2**) その中心の町》.

QE2 /kjúːìːtúː/ [the] QUEEN ELIZABETH 2.

QF〘空〙Qantas Airways ♦ quick-firing.

Q factor /kjúː ⌐/〘電子工〙Q ファクター《**1**) 共鳴の鋭さを表わす量 **2**)〘理〙核反応における反応熱》.

Q fever /kjúː ⌐/〘医〙Q 熱《リケッチア *Coxiella burnetti* による高熱・悪寒・筋肉痛・衰弱などを伴う病気》. [*Q*=query]

Q gauge /kjúː ⌐/ O GAUGE.

q.h.〘処方〙[L *quaque hora*] every hour.

qi 気 (⇨ CHI²).

Qi·a·na /kiáːnə/〘商標〙キアナ《ナイロン系の合成繊維》.

Qian·long /ʧiáːnlúŋ, ʧién-/, **Ch'ien-lung** /ʧiénlúŋ/ 乾隆(けんりゅう)帝 (1711–99)《清朝第 6 代の皇帝 (1735–95); 全盛期の清朝に君臨した》.

qib·la(h) /kíblə/ *n* KIBLAH.

q.i.d.〘処方〙[L *quater in die*] four times a day.

qi·gong /ʧíːgúŋ/ *n* 気功. [Chin]

Qi·lian Shan /ʧíːliénʃáːn, ʧíːliáːn-/, **Chi·lien-** /ʧíːlién-/ [the] 祁連山(きれんさん)(チーリエンシャン)《南山 (NAN SHAN) の別称》.

Qin, Ch'in /ʧín/〘中国史〙秦《中国最初の統一王朝 (221–207 B.C.)》.

qindarka *n* QINTAR の複数形.

Qing /ʧíŋ/〘中国史〙清 (=*Ching*) (1616–1912).

Qing·dao /ʧíŋdáu/, **Tsing·tao** /, (t)síŋtáu; tsíŋtáu/, **Ching·tao** /ʧíŋdáu; -táu/ 青島(チンタオ)《中国山東省の港湾都市》.

Qing·hai, Ching·hai /ʧíŋhái/, **Tsing-** /, (t)síŋ-; tsíŋ-/ 青海(チンハイ)《**1**) 中国西部の省; ☆西寧 (Xining) **2**) 同省北東部の塩湖; 別称 Koko Nor》.

qing·hao·su /ʧíŋháusúː/ *n* 青蒿素(チンハオスー)《ヨモギ属の一年草クソニンジンから抽出されるマラリア治療薬》.

Qing·yuan, Ching-yüan /ʧíŋjuáːn/, **Tsing-** /, (t)síŋ-; tsíŋ-/ 清苑(せいえん)(チンユワン)《保定 (Baoding) の旧称》.

Qin·huang·dao, Ch'in-huang-tao, Chin·wang·tao /ʧín(h)wáːŋdáu/ 秦皇島(しんのうとう)(チンホワンタオ)《中国河北省東端の勃海湾に臨む港湾都市》.

Qin·shi·huang·di /ʧínʃíːhwáːŋdíː/ 秦始皇帝 (SHI HUANGDI).

qin·tar /k(j)ɪntáːr/ *n* (*pl* **qin·dar·ka** /-dáːrkə/, ～**s, qin·dars** /-dáːrz/) キンタール《アルバニアの通貨単位: =1/100 lek》. [Alb]

Qióng·zhóu Stráit /ʧiúŋʤóu-/ 瓊州(けいしゅう)(チョンチョウ)海峡 (=*Hainan Strait*)《中国南東部, 広東省の雷州半島と海南島との間の海峡》.

Qi·qi·har /ʧíːʧíːháːr/, **Ch'i-ch'i-ha-erh** /ʧíːʧíːháːə́ːr/, **Tsi·tsi·har** /(t)síːtsihɑ̀ːr, ʧíːʧi-/ 斉斉哈爾(チチハル)《黒竜江省中西部の都市; 旧称 竜江 (Longjiang)》.

Qishm ⇨ QESHM.

Qi·shon /kíːʃòun, kiʃóun/ [the] キション川《イスラエル北部を北西に流れて地中海に注ぐ川》.

Qiu·shi /ʧiúːʃíː/『求是』(『紅旗』(Hongqi) に代わって 1988 年 7 月創刊された中国共産党中央委員会機関誌》.

qi·vi·ut /kíːviət, -ùːt/ *n* キヴィウート《**1**) ジャコウウシの下生えの毛; 淡褐色で柔らかく絹状 **2**) その紡ぎ糸》. [Eskimo]

qi·yas /kijáːs/ *n*〘イスラム〙キヤース《クルアーン (Koran) やスンナ (sunna) が明確に規定しない事項の法解釈における類推の原則》. [Arab]

QKt〘チェス〙°queen's knight. **q.l.**〘処方〙°quantum libet.

Qld Queensland. **q.m.** °quo modo. **QM** °quantum mechanics ♦ Quartermaster. **QMC** °Quartermaster Corps.

QMG °Quartermaster General. **QMS** °Quartermaster Sergeant. **QN**〘チェス〙°queen's knight.

Qom, Qum, Kum /kúm/ コム, ゴム, クム《イラン中北西部にある市; シーア派イスラム教徒の聖地で, 同派の学問の中心地》.

qoph, koph /kóuf/ *n* クォフ《ヘブライ語アルファベットの第 19 字》. [Heb]

qorma ⇨ KORMA.

q.p.〘処方〙°quantum placet. **QP**〘チェス〙°queen's pawn.

q.pl.〘処方〙°quantum placet. **QPM**〘英〙Queen's Police Medal. **QPR** °Queen's Park Rangers. **qq.** questions.

qq.v. °quae vide. **qr.** (*pl* **qrs.**) quarter(s)♦quire.

QR 〖チェス〗°queen's rook.

Q rating /kjúː ─⁄─/《タレント・番組などの》好感度. [*q*uotient]

q.s. 〖処方〗°quantum sufficit♦°quarter section.

QS °quarter sessions.

Q scale /kjúː ─⁄─/ Q スケール《地面の振動が沈静するまでの時間の尺度》.

Q-ship /kjúː─⁄─/ *n* Q-BOAT.

Q-sign /kjúː─⁄─/ *n**《俗》Q サイン《舌を出してぽっかり開いた死人の口; cf. O-SIGN》.

Q signal /kjúː ─⁄─/ 〖通信〗Q 符号《Q で始まる文字の符号で特定内容を伝えるもの》.

QSO /kjúːɛ̀sóʊ/ °quasi-stellar object.

Q-sort /kjúː─⁄─/ *n* 〖心〗Q 分類テスト《被験者に「好き」↔「嫌い」など一つの尺度に沿っていくつかの項目を相対的に並べさせて心理や性格などを統計学的に判定するテスト》.

QSRS °quasi-stellar radio source.

Q-switch /kjúː─⁄─/ *n* Q スイッチ《固体レーザーが高エネルギーのパルスを生じるようにする装置》. ► *vt* Q スイッチで〈固体レーザー〉に高エネルギーのパルスを生じさせる. ♦ **～·ing** *n*

Q-switched /kjúː─⁄─/ *a* Q スイッチで高エネルギーのパルスを生じうる.

qt quart(s). **qt.** quantity.

q.t., Q.T. /kjùːtíː/ *n*《口》QUIET. ● **on the** (**strict**) **～** (ごく)内密に, こっそり (cf. *on the* QUIET).

qtd quartered.

Q-tip /kjúː─⁄─/ 〖商標〗Q チップ《綿棒》.

qto quarto. **qtr** quarter. **qts** quarts.

Q2 /kjùːtúː/ *adv**《病院俗》2 時間ごとに.

qty quantity. **qu.** queen♦query; question.

qua /kwéɪ, kwáː/ *prep* …として(の) (as), …の資格で(の): the work of art ～ art 芸術としてみた芸術作品. [L＝(in the way) in which (abl fem sg)〈*qui* who]

Quaa·lude /kwéɪlùːd, kwáː-/ 〖商標〗クワルード《methaqualone 製剤》.

quá·bìrd /kwáː-/ *n* 〖鳥〗ゴイサギ. [*qua* (imit)]

quack[1] /kwǽk/ *vi*〈アヒルなど〉ガーガー鳴く; ギャーギャーむだ口[へらず口]をきく. ► *n* ガーガー, クワックワッ《アヒルなどの鳴き声》;《騒々しい》おしゃべり, むだ話, むだ口. [imit; cf. G *quacken* to croak, quack]

quack[2] *n* にせ医者, 医師詐称者, いんちき療法士 (＝～ doctor); ᴵᴵ《口》医者; 専門家を詐称する者, はったり屋, 食わせ者. ► *a* にせ医者の; いかがわしい, いかさまの: a ～ medicine [remedy] いんちき薬[療法]. ► *vi, vt* いんちき療法をする; ほらを吹く, 物知りぶる; 誇大に宣伝する. ♦ **～·ish** *a* にせ医者的な. **～·ish·ly** *adv* [*quack*-salver]

quáck·ery *n* にせ医者(的)行為, 詐称, はったり.

quáck gràss COUCH GRASS. [変形〈*quick grass*]

quáck-quáck *n*《アヒルの》ガーガー;《幼児》アヒル.

quack·sal·ver /kwǽksæ̀lvər/《古》*n* いんちき医者; 山師 (quack). [Du (*quack*[1], *salver* seller of salves, ointments)]

quack·u·punc·ture /kwǽkjəpʌ̀ŋktʃər/ *n* いんちき鍼(はり)療法. [*quack*[2]＋acu*puncture*]

quad[1] /kwád/ *n*《口》《大学などの》中庭, QUADRANGLE.

quad[2] *n*《口》QUADRANT.

quad[3] *n*《口》QUADRUPLET; 4 人乗りリフト; 〖通信〗カッド《1 対 (2 本) の銅線を 2 組 (4 本) より合わせたケーブルで, 電話ケーブルの基本単位》.

quad[4] *n*ᴵᴵ《俗》QUOD.

quad[5] *n* 〖印〗クワタ (＝*quadrat*)《空白の込め物の一種》. ► *vt* (-dd-)《鋳植で》…にクワタを詰める.

quad[6] *n*《俗》QUAALUDE.

quad[7] *n* クワド《熱量の単位: ＝10^{15} btu》. [*quad*rillion]

quad[8] *《俗》*n* 4 ヘッドライトの車, '四つ目'; [*pl*] 車の 4 個のヘッドライト. [L *quattuor* four]

quad[9]《口》*a* QUADRAPHONIC. ► *n* QUADRAPHONY.

quad[10] *a* 4 倍の広さの…《印刷紙について用いる》; QUADRUPLE.

quad[11] *n* [ᵁ*pl*]《口》四頭筋 (quadriceps).

quad[12] *n**《俗》ばか, まぬけ, どじなやつ.

quád bìke《オフロード用・レース用の》四輪バギー[バイク], ATV.

quad·dy /kwádi/ *n*《豪》QUADRELLA.

quád léft *a*《電算植字で》左そろえで.

quad·plex /kwádplɛ̀ks/ *a* 4 倍の, 4 重の; 4 つの部分からなる. ► *n* 四世帯集合住宅. [*quadru*plex]

quadr- /kwádr/ ⇨ QUADRI-.

quad·ra·ble /kwádrəb(ə)l/ *a* 〖数〗〈平面図形が〉同じ面積の正方形を作図できる.

quad·ra·ge·nar·i·an /kwɑ̀drəʤənéəriən/ *a, n* 四十代の(人)《40–49 歳》. ★ 五十代から九十代までは quinquagenarian, sexagenarian, septuagenarian, octogenarian, nonagenarian, 100 歳以上は centenarian. [L *quadragenarius*〈*quadrageni* forty each〈*quadraginta* forty]

Quad·ra·ges·i·ma /kwɑ̀drəʤésəmə/ *n* 四旬節 (Lent) の第一日曜日 (＝～ **Súnday**);《廃》四旬節《40 日間》. ★ 四旬節の前の第 1–3 日曜日はそれぞれ Quinquagesima, Sexagesima, Septuagesima. [L＝fortieth; Lent の 40 日から]

quad·ra·ges·i·mal /kwɑ̀drəʤésəm(ə)l/ *a*〈断食が〉40 日間続く; [Q-] 四旬節の (Lenten).

quadraminium ⇨ QUADROMINIUM.

quad·ran·gle /kwádræ̀ŋg(ə)l/ *n* 四角形, 四辺形;《建物に囲まれた, 特に 大学などの》中庭, 院; 中庭を囲む建物; 陸地区画《米国地質調査部の標準地図の一区画; 東西約 17–24 km, 南北約 27 km》. ♦ **qua·dran·gu·lar** /kwadrǽŋgjələr/ *a* [OF〈L (*quadr*-, ANGLE[1])]

quad·rans /kwádrænz/ *n* (*pl* **-ran·tes** /kwadrǽntìːz/) 〖古ロ〗クォドランス《1/4 as の青銅貨》. [↓]

quad·rant /kwádr(ə)nt/ *n* 〖数〗四分円(弧), 象限(しょうげん), 四半分; 四分儀, 象限儀《昔の天文観測機械》; 四分円形の機械の部品《など》. ♦ **qua·dran·tal** /kwadrǽntl/ *a* [L *quadrant- quadrans* quarter]

quadrántal corréctor 〖海〗《羅針儀の両側の》象限差修正具.

Qua·dran·tid /kwadrǽntəd/ 〖天〗りゅう座 (竜座) 流星《りゅう座流星群[旧称 しぶんぎ座 (四分儀座) 流星群]は毎年 1 月 3 日ごろ出現する》.

quad·ra·phónic /kwɑ̀drə-/ *a* 4 チャンネル方式の (cf. STEREOPHONIC). ♦ **-phón·i·cal·ly** *adv* [*quadri*-, stereo*phonic*]

quàd·ra·phónics *n* QUADRAPHONY.

qua·draph·o·ny /kwadrǽfəni/ *n*《録音・再生などの》4 チャンネル方式.

quad·ra·sónic /kwɑ̀drə-/ *a* QUADRAPHONIC.

quàd·ra·són·ics *n* QUADRAPHONY.

quad·rat /kwádrət, -ræ̀t/ *n* **1** 〖印〗クワタ (quad)《込め物の一種; ⇨ EM QUAD》; [～s, 〈*sg*〉] 印刷用の込め物をさいころの代わりに用いる遊戯. **2** 〖生態〗方形区, 枠, コドラート《植生調査などで設定される方形の単位地域》. [異形〈↓]

quad·rate /kwádrət, -rèɪt/ *a* 四辺形の, (ほぼ)正方形の; 〖動〗方(形)骨の; 〖紋〗〈十字が〉中央が四角い. ► *n* 正方形, 方形(の物[場所]); 〖動〗方(形)骨. ► *v* /kwádrèɪt; ─⁄─/ *vt* 一致[適合, 調和]させる〈*with, to*〉; (正)方形にする. ► *vi* 一致する〈*with*〉. [L (*quadro* to make square)]

quádrate lóbe [**lóbule**] 〖解〗《肝臓の》方形葉.

qua·drat·ic /kwadrǽtɪk/ *a* 〖数〗二次の; 正方形のような;《古》(正)方形の. ► *n* 〖数〗二次式, 二次方程式. ♦ **-i·cal·ly** *adv*

quadrátic equátion 〖数〗二次方程式.

quadrátic fórm 〖数〗二次形式.

quadrátic fórmula 〖数〗二次方程式の根の公式.

qua·drát·ics *n* 〖数〗二次方程式論.

quad·ra·ture /kwádrətʃər, -tʃʊ̀ər/ *n* 方形にすること; 〖数〗求積(法); 〖天・占星〗矩(く), 矩象(くしょう)《(1) 地球から見て, 月または外惑星が太陽から 90° 離れて見える場合の位置関係 (2) その場合の月[外惑星]の位置; 上矩 (または西方矩) と下矩 (または東方矩) の 2 つがある》; 〖電子工〗直角位相, 矩象. [F or L; ⇨ QUADRATE]

quádrature of the círcle [the] 〖数〗円積問題《「与えられた円と等積の正方形を作れ」という作図不能問題; cf. square the CIRCLE》.

qua·dra·tus /kwadréɪtəs/ *n* (*pl* **-ti** /-tàɪ/) 方形筋.

quad·rel·la /kwadrélə/ *n*《豪》《競馬で, 通例 最後の》4 レース; 4 レースの勝馬を予想する賭け.

qua·dren·ni·al /kwadréniəl/ *a* 4 年ごとの, 4 年間続く[に及ぶ]. ► *n* 4 年の期間; 4 年ごとの行事; 四周年記念日[祭]. ♦ **～·ly** *adv* [↓; cf. BIENNIAL]

qua·dren·ni·um /kwadréniəm/ *n* (*pl* **～s, -nia** /-niə/) 四年間. [L (↓, *annus* year)]

quad·ri- /kwádrə/, **quadr-** /kwádr/, **quad·ru-** /kwádrʊ/ *comb form*「4」「2 乗」[L (*quattuor* four)]

quad·ric /kwádrɪk/ 〖数〗*a* 二次の (quadratic). ► *n* 二次関数; 二次曲面.

quàdri·centénnial *n* 四百年記念日[祭]. ► *a* 四百周年の.

quad·ri·ceps /kwádrəsɛ̀ps/ *n* (*pl* ～, **～·es**) 〖解〗(大腿)四頭筋. ♦ **quàd·ri·cíp·i·tal** /-sípətl/ *a*

quádri·còlor *a* 四色の.

quádri·cỳcle *n* ペダル推進[足こぎ]式四輪車; 原動機付き四輪車.

quad·ri·en·ni·al /kwɑ̀drəéniəl/ *a* QUADRENNIAL.

quad·ri·fid /kwádrəfìd, -fəd/ *a* 〖植・動〗四裂の: a ～ leaf [petal] 四裂葉[花弁].

qua·dri·ga /kwadríːgə, -dráɪ-/ *n* (*pl* **-gae** /-dríːgàɪ, -dráɪʤìː, -gìː/) 〖古ロ〗クァドリガ《横四頭立ての二輪戦車》. [L (YOKE)]

quád ríght *a*《電算植字で》右そろえで.

quàdri·láteral *a* 四辺形の. ► *n* 四辺形;《四隅を要塞とした》四辺形要塞地. ♦ **～·ly** *adv*

quàdri·língual *a* 四か国語を用いる[からなる]; 四か国語に通じている.

qua·drille[1] /kwadríl, k(w)ə-/ *n* 〘トランプ〙カドリル《4 人が 40 枚のカードでするゲーム; 17–18 世紀に流行した》. [F<?Sp (*cuarto* fourth); 語形は↓に同化]

quadrille[2] *n* カドリーユ《方陣をつくって 4 人が組んで行なうフランス起源の古風な舞踊; その曲》. [F<Sp=troop, company (*cuadra* square)]

quadrille[3] *n, a* 方眼紙(状の). [F]

qua·dril·lion /kwadríljən/ *n, a* (*pl* ~**s**, (数詞のあと) ~) 1000 兆(の)《10^{15}; 英ではかつて 10^{24} を表わした》. ★ ⇨ MILLION. ♦ **-lionth** /-θ/ *a, n*

Q

quad·ri·no·mi·al /kwàdrənóumiəl/ 〘数〙*a* 四項の. ► *n* 四項式. [Gk *nomos* part]

quad·ri·par·tite /kwàdrəpá:rtàɪt/ *a* 4 部[4 人]からなる, 4 部に分かれている, 4 者[4 国]間の: a ~ pact 四国協定. ♦ ~**·ly** *adv*

quàdri·phónic *a* QUADRAPHONIC.

quàdri·phónics *n* QUADRAPHONY.

quad·ri·phony /kwádrəfàni/ *n* QUADRAPHONY.

quàdri·plégia *n* 〘医〙四肢麻痺 (=*tetraplegia*). ♦ **-plé·gic** *a, n* 四肢麻痺の(人).

quádri·pòle *n* QUADRUPOLE.

quad·ri·reme /kwádrərì:m/ *n* 《古代ローマの》四橈漕(どうそう)船《4 段オールのガレー船》.

quádri·sèct *vt* 四等分する.

quàdri·sónic *a* QUADRAPHONIC.

quádri·sỳllable *n* 四音節語. ♦ **quàdri·syllábic** *a*

quàdri·válent *a, n* TETRAVALENT. ♦ ~**·ly** *adv* **-válence, -cy** *n*

qua·driv·i·al /kwadríviəl/ *a* 四学 (quadrivium) の[に関する]; 一点から 4 本の道路が出ている, 〈道路・歩道などが〉4 方向に通じている.

qua·driv·i·um /kwadríviəm/ *n* (*pl* ~**s**, **-ia** /-iə/) 〘教育史〙四学, 四科《中世の大学の算術・音楽・幾何・天文学; cf. TRIVIUM》. [L (*via* road)]

quad·ro /kwǽdrou/ *n* (*pl* ~**s**) 《計画都市の》街区, 市区. [Port =square]

quad·ro·min·i·um, quad·ra- /kwàdrəmíniəm/ *n* 四世帯集合住宅 (quadplex). [cf. CONDOMINIUM]

qua·droon /kwadrú:n/ *n* 白人と半白人 (mulatto) との混血児, 四分の一黒人. [Sp (*cuarto* fourth)]

quad·ro·phónic /kwàdrə-/ *a* QUADRAPHONIC.

quàdro·phónics *n* QUADRAPHONY.

qua·droph·o·ny /kwadráfəni/ *n* QUADRAPHONY.

quadru- /kwádru/ ⇨ QUADRI-.

qua·dru·ma·na /kwadrú:mənə/ *n pl* 〘動〙四手(しゅ)類《手形の足を特徴とする, 人類以外の霊長類; ヒトを二手類 (bimana) として区別した古い分類》. ♦ **quad·ru·mane** /kwádrəmèɪn/ *a, n* 四手類の(動物). **qua·drú·ma·nous, -nal** *a* 四手(類)の. [L *manus* hand]

qua·drum·vir /kwadrʌ́mvər/ *n* QUADRUMVIRATE の一人.

qua·drum·vi·rate /kwadrʌ́mvərət, -rèɪt/ *n* 四頭政治; (指導的) 4 人グループ, 4 人組.

quad·ru·ped /kwádrəpèd/ *n* 〘動〙四肢動物, 四足獣《通例 哺乳類》. ► *a* QUADRUPEDAL. [F or L (*quadri-*, *-ped*)]

qua·dru·pe·dal /kwadrú:pədl, kwàdrəpédl, ˈˈ-pí:d(ə)l/ *a* 四足を有する; 四肢動物の; 四足歩行の, 四つんばいの. ♦ **quàd·ru·péd·al·ìsm** /-pédlìz(ə)m/ *n* 四足歩行.

qua·dru·ple /kwadrú:p(ə)l, kwádrə-/ *a* 4 倍の〈*of*, *to*〉, 4 重の; 4 つの部分からなる; 〘楽〙4 拍子の: a ~ tune 4 拍子の曲 / ~ time [rhythm] 4 拍子. ► *n* 4 倍(の量[数, 額]). ★ 5 倍から 10 倍は quintuple, sextuple, septuple, octuple, nonuple, decuple, 100 倍は centuple. ► *vt, vi* 4 倍[4 重]にする[なる]. ♦ **qua·drú·ply** *adv* [F<L (*quadri-*, *-plus* -fold)]

Quadrúple Allíance [the] 〘史〙四国同盟 (1815) (⇨ CONCERT OF EUROPE).

qua·drup·let /kwadrú:plət, -rʌ́p-, kwádrə-; kwɔ́drʊ-, kwɔdrú:-/ *n* 四つ子の一人, [*pl*] 四つ子, 四胎児; 四つ組[そろい]; 〘楽〙四連符; 4 人乗り自転車.

quad·ru·plex /kwádrəplèks, kwadrú:plèks/ *a* 4 倍の, 4 重の; 4 つの部分からなる; 〘通信〙《同一回路による》四重送信の; 〈ビデオテープレコーダーが〉4 ヘッド型の.

qua·dru·pli·cate /kwadrú:plɪkət, -kèɪt/ *a* 4 倍の, 〈文書など〉4 通に作成した; 〈複写など〉4 通目の. ► *n* 同じもの 4 つの 1 つ; 《複写などの》4 通目のもの; [*pl*] 《同じ写しの》4 通. ● **in** ~ 同じもの 4 通に. ► *vt* /-kèɪt/ 4 倍[4 重]にする; 〈文書などを〉4 通作成する, …の写しを 3 通とる. ♦ **qua·drù·pli·cá·tion** *n* [L (*quadri-*, *plico* to fold)]

quad·ru·plic·i·ty /kwàdrəplísəti/ *n* 四重性.

quad·ru·pole /kwádrəpòul/ *n* 〘電〙四重極, 四極子.

quád-spéed *a* 〘電算〙4 倍速の〈ドライブ〉(cf. DOUBLE-SPEED).

quae·re /kwíəri/ *vt* [*impv*] 問え (inquire), 疑義あり: It is most interesting, no doubt; but ~, is it true? 確かにおもしろいが問題は真実かどうかだ. ► *n* 疑問, 問題. [L (*quaero* to inquire)]

quaes·tor, ques- /kwéstər, kwí:s-/ *n* 〘ロ史〙審問官, 財務官. ♦ **-to·ri·al** /kwɛstɔ́:riəl, kwɪs-/ *a* ~**·shìp** *n* [L (↑)]

quae vide /kwaɪ wídɛ/ それらを見よ《略 qq. v.; cf. QUOD VIDE》. [L=which see]

quaff /kwáf, *kwǽf/ *vt, vi* ガブガブ[ゴクゴク]飲む, 一息に飲みほす: ~ a brew 《口》ビールを 1 杯飲む. ● ~ **off** [**out, up**] 飲みほす, 痛飲する. ► *n* 痛飲; 飲みほした飲み物; [〈*int*〉] ゴクゴク, ガブガブ: take a ~ of beer ビールをガブガブ[ゴクゴク]飲む. ♦ ~**·er** *n* [C16 <? imit]

quáff·able *a* 〈ワインが〉大量に飲むのに適している, どんどん飲めてしまう, 飲みやすい, 口当たりがよい.

quag /kwǽg, kwág/ *n* QUAGMIRE. [C16<?imit; cf. *quag* (dial) to shake]

quag·ga /kwǽgə, kwágə/ *n* 〘動〙クアッガ《1860 年ごろ絶滅した南アフリカ産の, シマウマに似た動物》. [Afrik]

quág·gy *a* 沼地[泥沼]のような; 軟弱な.

quag·ma /kwǽgmə/ *n* 〘理〙QUARK-GLUON PLASMA. [*magma* に似せてつくった頭字語]

quag·mire /kwǽgmàɪər, kwág-/ *n* 沼地, 湿地 (bog, marsh), ぬかるみ; [*fig*] あがきの取れない苦境, 泥沼. [*quag*+*mire*]

qua·hog, -haug /k(w)óuhɔ̀(:)g, kwɔ́:-, -hàg-; kwɔ́(:)hɔ̀g/ *n* 〘貝〙ホンビノスガイ (=*round clam, hard-shell, hard-shell(ed) clam*)《殻の厚い北米東岸原産の食用二枚貝; 東京湾にも定着,「大アサリ」とも呼ばれる》. [Narraganset]

quai /kéɪ/ *n* 水路の堤沿いに作られた道, 河岸(かし)《特に Paris の Seine 川両岸の通りをいう》; 《駅の》プラットホーム. [F=quay]

quaich, quaigh /kwéɪx/ *n* 《スコ》《通例 木製で取っ手の 2 つ付いた》酒杯. [Gael=cup]

Quai d'Or·say /kéɪ dɔ:rséɪ; *F* kɛ dɔrsɛ/ [the *or* le /*F* lə/] オルセー河岸, ケードルセー《Paris の Seine 川南岸沿いの街路; フランス外務省がある》; フランス外務省; フランス政府.

quail[1] /kwéɪl/ *n* **1** (*pl* ~, ~**s**) 〘鳥〙**a** ウズラ《鶉鳥; 欧州・アジア・アフリカ産》. **b** *《特に》コリンウズラ (bobwhite). **2** *《俗》(魅力のある)女, 女の子, 《共学の学校の》女子学生. **3** *《ジャズ俗》コルネット, トランペット. [OF<L<?imit]

quail[2] *vi* **1** 《方》衰える, 衰弱する, しぼむ; くずれる, 〈勇気などが〉くじける. **2** おののく, ひるむ, すくむ, たじろぐ〈*at, before, to, with*〉. ► *vt* 《古》おののかせる, ひるませる. [ME<?; cf. OF *quailler*<L COAGULATE]

quáil càll [pìpe] ウズラ寄せの声, ウズラ笛.

quaint /kwéɪnt/ *a* 風変わりでおもしろい, 古風で趣きのある; 奇妙な (odd); 《まれ》巧みな, 巧妙な[に作られた]; 《廃》〈人・服が〉典雅な, 優美な; 《廃》ずるい; 《廃》学識のある, ことばを巧みにあやつる, 弁舌にたけた. ♦ ~**·ly** *adv* ~**·ness** *n* [ME=wise, cunning<OF *cointe*<L (pp)〈*cognosco* to ascertain]

quair /kwɛ́ər/ *n* 《スコ》書, 本 (book). [QUIRE[1]]

quaiss ki·tir /kwáɪs kɪtíər/ *int* 《俗》けっこう, よろしい, だいじょうぶ. [Egypt Arab]

quake /kwéɪk/ *vi* 〈地面が〉揺れる, 震動する; 〈人が〉がたがた[ぶるぶる]震える, 身震いする〈*with* fear〉: ~ in one's boots 《こわくて》がたがた震える. ► *n* 揺れ, 震え, おののき; 《口》地震. [OE *cwacian*; cf. G *wackeln*]

quáke·pròof *a* 耐震性の. ► *vt* 耐震性をもたせる, 耐震構造にする.

quak·er /kwéɪkər/ *n* **1** 震える人[もの]. **2 a** [Q-] クエーカー《キリスト友会 (Society of Friends) の会員; George Fox の「主のことばに震える」('tremble at the word of the Lord') ということから付けられた呼び名で, 同派の信徒同士は Friend と称している》. **b** [Q-] クエーカー《Pennsylvania 州人のあだ名; ⇨ William PENN》; *QUAKER GUN. **3** 〘昆〙ヤガ (夜蛾) (=~ **mòth**); [ᵁ*pl*] 未成熟コーヒー豆《粗悪なコーヒーに混じっている》. ♦ **Quáker·ess** *n fem* ~**·ish** *a* 〈服装・言語などクエーカーのような, 謹厳な. ~**·ism** *n* クエーカー主義. ~**·ly** *a, adv*

quáker·bìrd *n* 〘鳥〙ハイイロアホウドリ (sooty albatross)《羽がクエーカー教徒の衣の色に似る》.

Quáker Cìty [the] クエーカー市《Philadelphia 市の俗称》.

Quáker gùn* クエーカー砲《船や要塞の木砲・偽砲のこと》. [クエーカーの平和主義より]

quáker-làdies *n pl* 〘植〙トキワナズナ, ヒナソウ (bluet).

Quáker mèeting クエーカー集会《聖霊に感応した会員が祈りを唱え出すまで皆が沈黙する》; 《口》《一般に》沈黙がちの集会, 話のはずまない会.

quak·ing /kwéɪkɪŋ/ *a* 〈沼地・砂地など〉足元が揺れるようで[もぐりそうで]歩きにくい.

quáking áspen 〘植〙アメリカヤマナラシ (American aspen).

quáking gràss 〘植〙コバンソウ属の数種の多年草[一年草] (=*dodder grass*)《イネ科》.

quaky /kwéɪki/ *a* 震える. ♦ **quák·i·ly** *adv*

qual /kwál/ *n* 《俗》定性分析 (qualitative analysis).

qual. quality.

qua·le /kwá:li, kwéɪ-/ *n* (*pl* **qua·lia** /-liə/)〘哲〙《物から抽象した独立・普遍的な》特質;〘哲〙感覚質, クオリア《感覚的経験に伴う質感》. [L=of what kind]

qual·i·fi·ca·tion /kwàləfəkéɪʃ(ə)n/ *n* **1** [°*pl*] 資格 ‹*for, to* do›; 資格付与[証明], 免許; 資格証明書, 免許状, 終了証: the right ~*s to* do the job その仕事にぴったりの資格 / property ~ 財産資格《選挙権などに関する》/ a medical ~ 医師免状. **2** 制限(を加えること), 条件(をつけること), 限定 (restriction), 留保, 但し書き: endorse a plan without ~ [with several ~*s*] 無条件で[いろいろ条件をつけて]計画に賛成する. **3** 性格づけ, 形容 ‹*of* sth *as*…›. **4**《古》性格, 性質 (nature);《廃》特質.

qual·i·fi·ca·tory /kwáləfəkèɪtəri, -kətɔ̀:ri; -kət(ə)ri, -kèɪt(ə)ri/ *a* 資格(上)の; 資格を付与する; 条件付きの.

quál·i·fìed *a* **1 a** 資格のある, 適任の (competent, fit) ‹*for, to* do›; 免許の, 検定を経た. **b**"《口》ひどい, 忌まわしい, きわめつきの: a ~ fool 大のばか者. **2** 制限[限定]された, 条件付きの; 手加減された: in a ~ sense 控えめな意味で / ~ acceptance〘商〙《手形の》制限引受け. ♦ **~·ly** *adv*

quál·i·fì·er *n* **1** 資格を得た人,《特に》予選通過者; 予選. **2** 限定するもの;〘文法〙性状詞, 修飾語(句)《形容詞(句)・副詞(句)など》.

qual·i·fy /kwáləfàɪ/ *vt* **1** …に資格[権限]を与える ‹*for, as, to* be, *to*›, 適任とする: I *qualified* myself *for* the office. その職の資格を獲得した / be *qualified as* [*to* be] a lawyer 弁護士の資格がある. **2 a** 制限する, 限定する (limit);〈陳述を〉(限定を加えるなどして)修正する;〘文法〙〈語〉の意味を限定する, 修飾する (modify); 性格づける, 形容する (describe) ‹*as*›: Adjectives ~ nouns. / Their actions may be *qualified as* irrational. 彼らの行動は不合理であるとみなされよう. **b**〈ことばづかいなどを〉和らげる (soften);〈酒などを〉弱める: ~ spirits *with* water 酒を水で割る. ► *vi* 資格を得る, 検定を取る, 免許[認可]を受ける; 資格がある, 適任である, 適格となる;〘スポ〙予選を通過する; 射撃で射手となるに足る得点をあげる: ~ *as* a doctor 医師としての資格を取る / ~ *for* the job その仕事に向いている / ~ *for* the semifinals 準決勝に進出する. ♦ **quál·i·fì·able** /, ‿‿‿‿‿/ *a* **~·ing·ly** *adv* [F<L (*qualis* such as, of what kind)]

quálify·ing *a* 適格者選抜のための, 予選の: a ~ examination [game, heat, match, round].

qual·i·ta·tive /kwálətèɪtɪv, "-tə-/ *a* 性質(上)の, 質的な, 定性的な (opp. *quantitative*). ♦ **~·ly** *adv* **~·ness** *n*

quálitative ádjective〘文法〙性質形容詞《pretty, small など》.

quálitative análysis〘化〙定性分析.

quálitative idéntity〘論〙質的同一性.

Qua·li·täts·wein /kwà:lɪtéɪtsvàɪn/ *n* クヴァリテーツヴァイン《ドイツのワイン法に定めた上級ワイン》. [G]

qual·i·ty /kwáləti/ *n* **1 a** 質, 素質, 資質, 品質,《品質の》良否 (opp. *quantity*): of good [poor] ~ 質の良い[悪い] / *Q*~ matters more than quantity. 量より質が大切 / ~ of life 生活の質《特に個人の生きがい・健康などを考慮した場合の》. **b** 高い質, 良質, 優良性 (excellence): have ~ すぐれている / give sb a taste of one's ~ 人に手腕[能力]をちらっと示す. **c**〘論〙《命題の》質;〘楽・音〙音質. **2** 特質, 本質, 性質, 特性, 特色: the *qualities* of gold [a king] 金[王者]のそなえるべき特性 / Is laughter a ~ of man? 笑いは人間の特質か. **3**《古》素養, 教養;《古》(高い)社会的地位; "高級紙[誌] (=~ (news)paper [magazine]); 社会的地位の高い人びと: a lady of ~ 貴婦人 / the ~ 上流社会(の人びと) (opp. *the common people*). **4**《色の》あざやかさ, 彩度;〘音〙《母音の》音色. ● **in (the) ~ of**…の資格で; …として. ► *a* 上流社会の, 貴族(的)の, 上流(向き)の; 良質の, 上質の, すばらしい (excellent): ~ people 上流人士 / ~ goods [meat, leather] 優良品[上肉, 上革]. [OF<L; ⇨ QUALIFY]

quálity assùrance〘経営〙品質保証《品質管理による; 略 QA》.

quálity cìrcle〘経営〙品質管理サークル, QC サークル《品質管理 (quality control) 上の問題検討・意見交換を定期的に行なう現場従業員の小グループ》.

quálity contròl 品質管理《略 QC》; 品質管理課[部]. ♦ **quálity contròller** *n*

quálity crèdit* GRADE POINT.

quálity fàctor〘生・理〙線質係数《電離放射線が生物に影響を及ぼす力の大きさ》.

quálity Jóe*《俗》犯罪を犯してない人, まっとうな男, 堅気の男.

quálity pàper [nèwspaper] 高級紙[新聞]《英国で, 知識層を読者として想定している新聞》.

quálity pòint* GRADE POINT.

quálity pòint àverage* GRADE POINT AVERAGE.

quálity time《配偶者・子供などと過ごす》上質の[大切な]時,《親子の》交流時間.

qualm /kwá:m, kwɔ́:m/ *n* (一時的な)めまい, 急な吐き気[むかつき]; 突然の不安, 懸念, 気がかり; [°*pl*] 良心のとがめ, 居ごこちの悪さ: have ~*s about* [*in*] do*ing*…することに不安[うしろめたさ]を覚える, 気がとがめる. ► *vt**《俗》いらだたせる, 心配させる. ♦ **quálmy** *a* [C16<?; cf. OE *cwealm* death or plague, OHG *qualm* despair]

quálm·ish *a* 吐き気がする, むかつく; 気[良心]がとがめる. ♦ **~·ly** *adv* **~·ness** *n*

quam·ash /kwámæʃ, kwəmǽʃ/ *n* CAMAS.

quan /kwán/ *n**《俗》定量分析 (quantitative analysis).

Quan Dao Hoang Sa /kwa:n daʊ hwa:ŋ sa:/ PARACEL ISLANDS のヴェトナム語名.

quan·da·ry /kwánd(ə)ri/ *n* 困惑, 板ばさみ(の境地), 苦境, 難局: be in a ~ (全く)決心がつかない ‹*about, over*›. [C16<?; cf. L *quando* when]

quand même /*F* kɑ̃ mɛm/ たとえ…でも; 何事が起ころうとも. [F=even though]

quan·dong /kwándàŋ/**, -dang** /-dàŋ/ *n* **1**〘植〙クァンドン《豪州産ビャクダン科の半寄生常緑低木》; クァンドンの果実, クァンドンの食用の堅果 (=~ **nùt**). **2**《豪俗》人を利用するやつ, 利己的なやつ, ちゃっかり屋. [(Austral)]

quan·go" /kwǽŋgoʊ/ *n* (*pl* **~s**) 特殊法人《政府から財政援助と上級職員の任命を受けるが独立した権限のある機関》. [*qu*asi-*a*utonomous *n*on*go*vernmental *o*rganization]

quant[1]" /kwánt, kwǽnt/ *n* 舟ざお《先が泥にはまり込まないように輪縁などをつけたもの; Norfolk あたりで平底の荷船の船頭が使う》. ► *vt, vi* 舟ざおで(舟を)進ませる,〈舟が〉舟ざおで進む. [C15<? L *contus*]

quant[2] /kwánt/ *n**《俗》定量分析 (quantitative analysis); *《俗》《市場・ビジネストレンドの》計量的分析の専門家 (=~ **jòck**).

Quant /kwánt/ クアント **Mary** ~ (1934–)《英国の服飾デザイナー; ミニスカートの創始者といわれ, 1960 年代 London のファッション界をリードした; cf. MARY QUANT》.

quanta *n* QUANTUM の複数形.

quan·tal /kwántl/ *a* 量子(力学)の; 非連続的[離散的]な値をとる,《全か無かの》二者択一の状態しかない. ♦ **~·ly** *adv* [*quantum*]

quán·ta·sòme /kwántə-/ *n*〘植〙クアンタソーム《葉緑体層に並ぶ粒子構造》.

quan·tic /kwántɪk/ *n*〘数〙同次多項式.

quan·ti·fi·ca·tion /kwàntəfəkéɪʃ(ə)n/ *n* 定量化, 数量化;〘論〙量化《賓辞・語・命題の論理量を定める》. ♦ **~·al** *a* **~·al·ly** *adv*

quán·ti·fì·er *n* **1**〘論〙量[限定, 特称]記号, 限定作用素;〘文法〙数量詞《some, any, all など》: EXISTENTIAL [UNIVERSAL] QUANTIFIER. **2**《データなどを》定量化する人, 数量化にすぐれる人.

quan·ti·fy /kwántəfàɪ/ *vt* …の量を決める[表示する, 計る], (定)量化する;〘論〙《all, every, some などを用いて》〈命題〉の量を定める, 量化する. ♦ **quán·ti·fì·able** *a* **quàn·ti·fì·abíl·i·ty** *n* [L; ⇨ QUANTITY]

quan·tile /kwántàɪl, -t(ə)l/ *n*〘統〙分位.

quan·ti·tate /kwántətèɪt/ *vt* 《特に 正確に》…の量を計る[見積もる]; 数量詞で表わす. ♦ **quàn·ti·tá·tion** *n*

quan·ti·ta·tive /kwántətèɪtɪv, "-tɪtə-/ *a* 量の, 量的な (opp. *qualitative*); 計量可能な; 言語音の長さに関する; 音の長短をリズムの基礎とする〈詩〉. ♦ **~·ly** *adv* **~·ness** *n*

quántitative ádjective〘文法〙数量形容詞《one, many など》.

quántitative análysis〘化〙定量分析;《証券投資などの際の》計量的分析.

quántitative genétics 量的遺伝学.

quántitative inhéritance〘遺〙量的遺伝.

quántitative linguístics 計量言語学.

quan·ti·tive /kwántətɪv/ *a* QUANTITATIVE. ♦ **~·ly** *adv*

quan·ti·ty /kwántəti/ *n* **1**《略 qt.》量 (opp. *quality*);《特定の》分量, 数量; 総数, 全量;〘論〙量《名辞の範囲》;〘数〙量, 数;〘音〙声量;〘韻〙音節の長短, 音量記号 (quantity mark);〘楽〙時価: a large [small] ~ of wine 多量[少量]のワイン / consume alcohol in large *quantities* アルコールを大量に消費する / extensive [intensive] ~ 外延[内包]量 / a known ~ 既知量[数] / a negligible ~〘数〙被省量; [*fig*] 無視できる人[もの] / an unknown ~〘数〙未知量[数]; [*fig*] 未知数の人[もの]. **2** [°*pl*] 多量, 大量, 多数: *quantities* of work 多量の仕事 / a ~ of… 多数[多量]の… / buy in ~ たくさん[大量に]買う. ► *a* 量的な, 数量の: ~ production 大量生産. [OF<L; ⇨ QUANTUM]

quántity màrk〘音〙《母音に付ける》音量記号《macron (¯), breve (˘) など》.

quántity of estáte〘法〙不動産権の存続期間.

quántity survèyor〘建〙積算士.

quántity thèory〘経〙貨幣数量説《物価水準が貨幣供給量に正比例すると考える》.

quan·tize /kwántàɪz/ *vt* 量子化する《**1**)〘電子工〙(デジタル)データを特定のきざみの倍数として表わすこと; MPEG などの圧縮に使われる **2**)〘理〙物理量などを量子力学的に表現する **3**)〘理〙量子力学において物理量を離散的にする》. ♦ **quán·tiz·er** *n* **quàn·ti·zá·tion** *n*

quán·tìzed búbble HARD BUBBLE.
Quán·tock Hílls /kwántək-/ *pl* [the] クウォントック丘陵《イングランド南西部 Somerset 州西部の低山地; 最高点 384 m》.
quan·tom·e·ter /kwɑntámətər/ *n* 〘工〙 カントメーター《分光(スペクトル)によって検体中の複数の金属の含有率を測定する装置》.
quan·tong /kwántɑ̀ŋ/ *n* QUANDONG.
quant. suff. 〘処方〙°quantum sufficit.
quan·tum /kwántəm/ *n* (*pl* **-ta** /-tə/) 量 (quantity, amount); 特定量; 総量; 分け前 (share); [°*neg*] ほんの少量; 〘理〙 量子. ► *a* 画期的な, 飛躍的な; 量子力学の[を適用する]. [L (neut)‹ *quantus* how much]
Q **quántum bìt** 〘電算〙 量子ビット (QUBIT).
quántum chémistry 量子化学.
quántum chromodynámics 量子色力学《クォークの相互作用に関する理論; 略 QCD》.
quántum compùter 〘電算〙 量子コンピューター《量子力学的な状態によって情報を表わし, 量子力学的な重ね合わせの効果によって本来的な形で並列計算を行なう計算機》. ♦ **quántum compùting** 量子計算.
quántum cryptógraphy 量子暗号(法)《鍵の配送に量子状態を使うことにより, 傍受されたら確実に検出して鍵生成をやりなおせるようにし, 盗聴の可能性を理論上限りなくゼロに近づけられる暗号方式》.
quántum effìciency 〘理·化〙 量子効率.
quántum electrodynámics 量子電磁力学《略 QED》.
quántum electrónics 量子エレクトロニクス.
quántum fíeld thèory 〘理〙 場の量子論《場(電磁場など)によって媒介される物質間の相互作用を粒子(光子など)の交換によるものとして記述する量子論》.
quántum flàvor·dynámics 〘理〙 量子フレーバー力学, 電弱理論 (electroweak theory).
quántum grávity 〘理〙 量子重力(理論).
quántum júmp 〘理〙 量子飛躍; [*fig*] 一大飛躍, めざましい前進[発展].
quántum léap QUANTUM JUMP.
quántum líb·et /-líbɛt/ 〘処方〙 所要量《略 q.l.》. [L=as much as you please]
quántum mechánics 〘理〙 量子力学《略 QM》. ♦ **quántum mechánical** *a* **quántum mechánical·ly** *adv*
quántum mé·ru·it /-méruət/ 彼[彼女]が受けるに値しただけ, 相当に. ► *n* 〘法〙 提供役務相当金額(の請求). [L=as much as he [she] deserved it]
quán·tum mu·tá·tus ab íl·lo /kwántum mutá:tus ɑ:b ílou/ かつての彼とはなんと変わったことか. [L=how changed from (what) he (once was)]
quántum nùmber 〘理〙 量子数.
quántum óptics 量子光学.
quántum phýsics 量子物理学.
quántum plá·cet /-pléisɛt/ 〘処方〙 任意量《略 q.p., q.pl.》. [L=as much as you please]
quántum státe 〘理〙 量子状態.
quántum statístics 〘理〙 量子統計.
quántum súf·fi·cit /-sʌ́fəkit/ 〘処方〙 十分量《略 q.s., quant. suff.》. [L=as much as suffices]
quántum teleportátion 〘理〙 量子テレポーテーション《量子力学を利用して, 物質の状態を精密にスキャンして遠隔地に再現する理論上の技術》.
quántum thèory 〘理〙 量子論; QUANTUM MECHANICS.
quántum vís /-vís/ 〘処方〙 所要量《略 q.v.》. [L=as much as you wish]
Quan·zhou, Ch'üan-chou, Chuan·chow /ʧuá:n-ʤóu/ 泉州(せんしゅう)(チュエンチョウ)《中国福建省南東部の港町》.
qua·qua·ver·sal /kwèɪkwəvá:rs(ə)l, kwà:-/ *a* 〘地質〙 〈地層が〉中心から四方に向かって傾斜する, ドーム状の. [L (*quaqua* wheresoever, *versus* toward)]
quar. quarterly.
quar·an·tine /kwɔ́(:)r(ə)ntì:n, *kwár-/ *n* **1 a** 《伝染病地からの旅行者·貨物に対する》隔離, 交通遮断; 検疫; 検疫(停船)期間《もと 40 日間》; 《まれ》 40 日間: in [out of] ~ 隔離中で[検疫済みで]. **b** 隔離所; 検疫停船港; 検疫局. **2** 《政治的·社会的な制裁としての》孤立化 (isolation), 社会的追放, 排斥, 絶交. ► *vt* **1** 〈船·乗客を〉検疫する; …に(検疫)停船を命じる. **2** 〈伝染病患者などを〉隔離する; 〈地域を〉検疫して隔絶する; [*fig*] 《政治的·経済的·社会的に》孤立させる, 排斥する. ► *vi* 検疫する. ♦ **quár·an·tìn·able** *a* [It =forty days (*quaranta* forty)]
quárantine flàg 〘海〙 検疫旗 (=*yellow flag, yellow jack*)《国際信号旗のうち, Q の文字を意味する方形の黄色旗; Q (旗 1 枚)で船に疫病のおそれがないので検疫交通許可証を求めていることを, QQ (2 枚)で船に疫病のおそれがあることを示す》.
quare /kwέər, kwá:r/ *a* 《方》 変な; 《方》 すごい; 《俗》 宣告を受けた. [? *queer*]
qua·re im·pe·dit /kwá:ri ímpədət, kwέəri-/ 〘英史〙 聖職推挙権妨害排除令状[訴訟]. [L=why does he [she] hinder?]
quar·en·den /kwárənd(ə)n/, **-der** /-dər/ *n* 〘園〙 イングランド Devon および Somerset 産の深紅のリンゴ.
quark[1] /kwɔ́:rk, kwá:rk; kwá:k, kwɔ́:k/ *n* 〘理〙 クォーク《hadron を構成する粒子》. [James Joyce の造語; *Finnegans Wake* 中の 'Three *quarks* for Muster Mark' を米国の物理学者 Murray GELL-MANN が転用して命名]
quark[2] *n* クワルク《脱脂乳を原料にした低脂肪非熟成の糊状チーズ; ドイツ産》. [G]
quark[3] *n* QUESTION MARK.
quárk-glúon plàsma 〘理〙 クォーク-グルーオン·プラズマ (=*quagma*)《高エネルギー状態において理論的に予想される, バリオンや中間子といった単位をなしていないクォークやグルーオンが集まった状態; 原子をなしていないイオンや電子の集合状態である plasma に擬した語》.
Quarles /kwɔ́:rlz, *kwá:rlz/ クォールズ **Francis** ~ (1592–1644)《イングランドの詩人; 詩集 *Emblems* (1635)》.
quar·rel[1] /kwɔ́(:)r(ə)l, kwár-/ *n* **1** 《口での》けんか, 口論, 言い争い, いさかい, いざこざ: have a ~ *with*…とけんかする / make up a ~ 和解する, 仲直りする / espouse [take up] sb's ~ 人のけんかの肩をもつ / fasten [fix] a ~ *on*…にけんかをふっかける / It takes two to make a ~. 《諺》 二人いなけりゃけんかにならない. **2** けんか[口論]の原因, 文句〈*against, with*〉, けんかの言い分: pick [seek] a ~ *with* sb 人にけんかを売る / in a good ~ 理由正しい争いで / find ~ in a straw ちょっとした事をとがめだてする / have no ~ *against* sth [*with* sb] 物[人]にはなにも文句[不服]はない. ► *vi* (**-l-** | **-ll-**) 言い争う, けんかする 〈*with* sb *about* [*for, over*] sth〉; 不和になる; [ᵁ*neg*] 文句をつける, 異議を唱える, 争う〈*with*〉: A bad workman ~*s with* his tools. 《諺》 へたな職人は道具に難癖をつける, '弘法は筆を選ばず' / Don't ~ *with* your bread and butter. 《諺》《腹立ちまぎれに》自分の職業を捨てるな, 生計の道を絶つようなふるまいをするな. ♦ **quár·rel·(l)er** *n* けんか好きの[口論する]人. [OF<L *querela* (*queror* to complain)]
quarrel[2] *n* 《crossbow 用の》四角い矢じりのついた矢; 《石工の》のみ (chisel); 四角[菱形]窓ガラス (quarry). [OF (dim)<L *quadrus* square]
quárrel·some *a* けんか[争論]好きな, すぐ言い争う, けんか腰の. ♦ **~·ly** *adv* **~·ness** *n*
quár·ri·er *n* 石切り工 (quarryman).
quar·ri·on, quar·ri·an, -ri·en /kwɔ́(:)riən, kwár-/ *n* 〘鳥〙 オカメインコ (cockatiel). [(Austral)]
quar·ry[1] /kwɔ́(:)ri, kwári/ *n* 石切り場, 採石場; [*fig*] 《知識·資料などの》源泉, 《引用句などの》出所: a ~ of information 知識の源[宝庫]. ► *vt* 〈石を〉切り出す〈*out*〉; …に石切り場を開く; 《古文書·書物などから》〈事実などを〉捜し出す, 〈記録などを〉探索する. ► *vi* 苦心して調べる: ~ in many manuscripts 多くの書類を調べる. [OF=squared stone (L *quadrum* square)]
quarry[2] *n* 《狩りの》獲物; 追求[攻撃]の対象, 餌食; 《廃》 仕留めた獲物(の山). [AF<L *cor* heart; 猟犬に与えた '獲物の臓物' の意; OF *cuir* leather, *curer* to disembowel の影響あり]
quarry[3] *n* 四角な[菱形の]ガラス[タイルなど]; 《廃》 四角い矢じりの矢 (quarrel). [QUARREL[2]]
quárry-fáced *a* 切り出したばかりの粗面の〈石材〉.
quárry·ing *n* 石切り(業), 採石.
quárry·man /-mən/ *n* 石切り工 (quarrier).
quárry tìle 砂岩調タイル《ざらっとした質感の床材》.
quart[1] /kwɔ́:rt/ *n* **1** クォート《容量の単位: 液量は 1/4 gallon, *約 0.95 liters, ''約 1.14 liters; 乾量は 1/8 peck, 2 pints, *約 1.10 liters, ''約 1.14 liters》: You cannot get a ~ into a pint pot. 《諺》 1 パイント入りの壺に 1 クォート入れることはできない. **2** 1 クォート入りの容器; 1 クォートのもの[ビール]. ● **put a ~ into a pint pot** 小さなものにたくさんの量を入れる, [*fig*] 不可能なことを試みる. [OF<L *quartus* fourth]
quart[2] *n* 〘フェン〙 QUARTE; 〘トランプ〙《特に PIQUET[1] で》同組の 4 枚続きの札 (cf. TIERCE, QUINT[1]): a ~ major 最高点の 4 枚札《同組の ace, king, queen, jack》/ a ~ minor 次高点の 4 枚札《king, queen, jack, 10》. [F (↑)]
quártal hármony 〘楽〙 4 度和音.
quar·tan /kwɔ́:rt(ə)n/ 〘医〙 *a* 4 日目ごとに起こる〈熱〉 (⇨ QUOTIDIAN). ► *n* 四日熱.
quar·ta·tion /kwɔ:rtéɪʃ(ə)n/ *n* 四分法《硝酸処理による分金法の予備として銀と金を 3: 1 の割合で合金すること》.
quárt bòttle クォート瓶《1/4 gallon 入りの酒瓶》.
quarte /ká:rt/ *n* 〘フェン〙 第 4 の構え (carte) (⇨ GUARD). ● **~ and tierce** フェンシングの練習. [F]
quar·ter /kwɔ́:rtər/ *n* **1 a** 4 分の 1 (fourth), 四半分: a ~ of a mile 1/4 マイル / a mile and a ~ 1 マイル 4 分の 1 / three ~*s* 4 分の 3 / for a ~ (of) the price=for ~ the price ⇨ QUARTER *a*. **b** 1 時間の 1/4《15 分》: at (a) ~ after [of] five 5 時 15 分過ぎ[前]に《英では past [to] を使う》/ strike the ~*s* 〈時計が〉 15 分ごとに打つ. **c** 一年の 1/4《3 か月》; 四半期, 一季《四季支払い期の一つ; cf. QUARTER DAY》; 四半期ごとの支払い; *学期《1 学期は 10–12 週間; 3

学期プラス1期(夏休みまたはサマースクール)で1学年となる; cf. SEMESTER). **d** «米・カナダ» 1/4ドル(25セント), 25セント硬貨[もと銀貨] (=two bits). **e** "クォーター (穀量の単位: =1/4 ton; =8 bushels). **f** 1/4ポンド (=4 ounces); 1/4 hundredweight (略 qr.; *25 lb., "28 lb.). **g** "1/4マイル; [the] «口» 1/4マイル競争(の距離): He has done *the* ~ in 50″. 彼は1/4マイルを50秒で走った. **h** 1/4ヤード (=9 inches); 〔海〕1/4 尋(ひろ). **i** 〔スポ〕クォーター (フットボール・バスケットボールなどの試合時間の1/4; 試合の前[後]半の半分); QUARTERBACK. **j** 獣[鳥]の四肢の一つ, 四分体; [*pl*] "(獣の) 後脚と臀部; [*pl*] (裏切り者の) 四つ裂き死体. **k** 〔紋〕盾の四分の一; 盾形の四分の一 (向かって左上四半分の紋); 盾上にいくつも配列した紋の一つ. **l** 〔天〕月の公転周期の1/4, 弦; (月の上弦・下弦の) 弦: the first [last] ~ 上[下]弦. **m** 〔機〕(部品の) 直交. **n** *«俗» 25ドル相当のドラッグ. **2 a** 方角; [ˢ*pl*] 方面, あたり, 人びと, (情報・援助などの) 出所: from all ~*s*=from every ~ 四方八方から / What ~ is the wind in? 風向きはどうか (比喩的にも用いる) / from a good [reliable] ~ 確かな[信ずべき]筋から. **b** (都市などの特定の) 地区, …街; (特定地区の) 居住者たち: the Jewish ~ ユダヤ人街 / the residential ~ 住宅地区 / the slum ~ 貧民街 / the manufacturing ~ 工場地帯. **3** [*pl*] **a** 〔軍〕宿舎, 宿営: married ~*s* 家族宿舎 / winter ~*s* 冬期用営舎, 冬の陣営. **b** 居所, 住居, 宿所 (lodgings); (インドで) (主人・政府から提供される) 宿舎: the servants' ~*s* 召使部屋 / live in close ~*s* 狭苦しい所にごちゃごちゃと住む. **c** 〔海〕(船上の) 部署 (post), 配置 (station). **4 a** 〔海〕船側後半部 (cf. QUARTERDECK); 〔海〕吊り索と桁端(こえ)の部分; 〔海〕船尾から水平に45°の方向. **b** (靴の) 腰革 (足の後部を包み前方でひもで締める部分); 〔獣医〕(馬蹄の) 蹄側. **c** (乳牛の) 乳房区. **d** 樽の半分 (胴部から上部[底部]の出縁(ふち)まで). **5** (敵に対する) 寛大, 慈悲 (clemency); (降伏者の) 助命: cry [ask (for)] ~ 〈敗戦者・捕虜が〉命乞いする / give no ~ to… [*fig*] …を容赦なく攻撃する / give [receive] ~ 助命を許す[受ける]. **6** «軍俗» QUARTERMASTER. ● **a bad ~ of an hour** 不愉快な[苦しい]ひと時. **at** CLOSE QUARTERS. **beat to ~s** 〔海〕〈乗組員を〉部署につかせる. **beat up the ~s of**…を奇襲する. **drop a ~** *«俗» 情報をかなり漏らす (drop a DIME のもじり). **on the ~** 〔海〕船尾の方に[で] (cf. on the BOW²). **take up** one's **~s** 宿をとる, 滞在する 〈*in, at, with*〉; 〔軍〕部署につく.

► *a* 4分の1の, 四半分の; [*compd*] 半分ほどにも達しない, 不十分な: a ~ mile 4分の1マイル / for ~ the price その値段の4分の1で.

► *vt* **1** 四(等)分する; (いくつかに) 分ける; 〈動物の体を〉四肢[四分体]に分かつ; 〈謀叛人を〉四つ裂きにする; 〔製材〕QUARTERSAW. **2** 〈兵隊を〉宿営[分宿]させる, 〈人に〉宿を用意する; 〔海〕部署につかせる: be ~*ed* in…に宿をとる. **3** 〈猟犬などが獲物を求めて〉…を縦横に駆けまわる. **4 a** 〔紋〕〈盾を〉(縦線と横線で) 四分する; 〈紋章を〉盾の四分区に配置する; 〈他の紋を〉自家の紋に加える; 〈紋章を〉他と対角線上の位置に配置する. **b** 〔機〕〈動輪の〉四分円をつくる位置に穴をあける, 〈クランクなどを〉直角に取り付ける. ► *vi* **1** 宿をとる 〈*in* a cheap hotel〉; 〈兵隊が〉宿営[分宿]する 〈*at, in, with*〉; 部署につく. **2** 〈猟犬などが〉(獲物を求めて) 縦横に駆けまわる; 〔海〕斜め後方から風をうけて走る; 〈風が〉船の斜後方から吹く (cf. QUARTER-WIND). **3** 〈月が〉新しい弦にはいる[移る].

[OF<L=fourth part (of a measure) < *quartus* fourth]

quárter-àcre blóck 1/4エーカー区画 (オーストラリア人が理想とする住宅用土地の面積).

quárter·age *n* (年金・給料などの) 四半期ごとの支払い; «まれ» (軍隊などの) 宿舎割当て, 宿舎費, 宿舎.

quárter·bàck *n* 〔アメフト〕クォーターバック (攻撃の司令塔; 略 QB, q.b.); 司令塔, 指導者: MONDAY MORNING QUARTERBACK. ► *vt, vi* クォーターバックをつとめる; 指揮[司令]する, 指導[経営]する.

quárterback snéak 〔アメフト〕クォーターバックスニーク (quarterback による中央突破).

quárter bèll (時計の) 15分ごとに鳴る鈴(りん).

quárter bìnding 〔製本〕背革[背布]装丁 (⇨ FULL BINDING).

quárter-blòke *n* "«軍俗» 補給屋 (補給係将校 (quartermaster), 補給部付き軍曹 (quartermaster sergeant)).

quárter-bóund *a* 背革[背布]装丁の.

quárter-brèed* *n* クォーター (1/4だけ異人種, 特にインディアンの血をうけた人).

quárter bùtt 〔玉突〕半バット (half butt) より短いキュー.

quárter cràck 〔獣医〕(馬の) つまわれ (sand crack).

quárter dày 四季支払い日. ★〔米〕は1月, 4月, 7月, 10月の各第1日. 〔英新式〕は Lady Day (3月25日), Midsummer Day (6月24日), Michaelmas Day (9月29日), Christmas Day (12月25日). 〔英旧式〕Lady Day (4月6日), Old Midsummer Day (7月6日), Old Michaelmas Day (10月11日), Old Christmas Day (1月6日). 〔スコ〕は Candlemas (2月2日), Whitsunday (5月15日), Lammas (8月1日), Martinmas (11月11日).

quárter·dèck *n* 〔海〕後甲板 (cf. QUARTER); (海軍艦艇の上甲板の) 儀典専用区域; [the] 高級船員, 士官 (officers).

quárter·dèck·er *n* «口» 口やかましい高級船員.

quár·tered *a* 四分した; 〈材木など〉四つ割りにした; 宿舎を与えられた; 〔紋〕〈盾を〉縦横線で四分した, 〈十字が〉中央が四角く抜いてある.

quàrter·fínal *n* 〔スポ〕準々決勝(の試合) (cf. SEMIFINAL). ► *a* 準々決勝(に進出)の. ◆ **~·ist** *n*

quárter gràin quartersaw してできた木目, 柾目(まさ).

quárter hòllow 〔建〕小えぐり.

quárter hòrse 〔馬〕クォーターホース (1/4マイルレース用に米国で改良した強壮な馬).

quárter hóur 15分間; (時計のある時刻の) 15分前[過ぎ]の時点; (年4学期制の学校の授業の) 単位. ◆ **~·ly** *a, adv*

quárter ìll (牛・羊の) 気腫疽.

quárter·ing *n* 四分すること, (特に) 四つ裂きにすること; 〔天〕月の上弦[満月, 下弦]への移行; 〔建〕間柱(まばしら)(使用); 〔軍〕(兵隊の) 宿舎割当て, 分宿; 〔紋〕盾の四つ割り(の一区), 四分区上に配置された紋章 (一区ごとに違った紋章を配し, 通例 姻戚関係を表わす); (りっぱな) 系図, 由緒ある家柄. ► *a* 直角に取り付けられた; 〔海〕〈風波が〉斜め後方から寄せる: a ~ wind 斜め後方から吹く風 (cf. QUARTER-WIND).

quárter-jàck *n* 15分を打つ時計の時打ちジャック人形; «軍俗» QUARTERMASTER.

quárter lìght "(馬車・自動車のドアの窓とは別の) わき窓; (自動車の換気・採光用の) 三角窓 (wing*).

quárter lìne 〔ラグビー〕クォーターライン (ゴールラインから22mラインまでの空間).

quárter·ly *a, adv* 年4回(の), 3か月おきの[に], 四半期ごとの[に]; 〔紋〕盾形を四つ割りにした[して]. ► *n* (*pl* **-lies**) 季刊誌.

Quárterly Méeting 四季会 (キリスト友会の組織単位; いくつかの Monthly Meetings からなる; ⇨ YEARLY MEETING).

quárterly quártered *a* 〔紋〕〈盾が〉1/16形の.

Quárterly Revíew [The]『クォータリー・レヴュー』(London の出版業者 John Murray が Whig 党の *The Edinburgh Review* に対抗して1809年創刊した Tory 党機関誌, 季刊; Sir Walter Scott などが寄稿した; 1967年廃刊).

quárter·màster *n* 〔陸軍〕補給係[需品係]将校 (宿舎割当て・糧食・被服・燃料・運輸などをつかさどる将校; 略 QM); 補給部隊員; 〔海軍〕操舵員.

Quártermaster Còrps **pl* 補給部隊 (略 QMC).

quártermaster géneral 〔軍〕補給局長, 主計総監 (略 QMG).

quártermaster sérgeant 〔軍〕補給部付き軍曹 (略 QMS).

quárter-míler *n* 1/4マイル走の走者.

quar·tern /kwɔ́ːrtərn/ *n* 4分の1; クォーターン (液量の単位: =1/4 pint, 1/4 gill; 穀量の単位: =1/4 peck, 1/4 stone; =1/4 pound; =1/4 ounce; "パンの重量を計る単位: =3½ lb.); "QUARTERN LOAF. [OF]

quárter nélson 〔レス〕クォーターネルソン (相手の首の後ろを背後から片手で押え, 別の腕を相手のわきのしたから通して自分の手首をつかんで締める; cf. FULL [HALF] NELSON).

quártern lóaf "4ポンドのパン塊; 4インチ四方のパン (サンドイッチ用).

quárter nòte *〔楽〕四分音符 (crotchet") (⇨ NOTE).

quárter-phàse *a* 〔電〕二相の (two-phase).

quárter pìpe クォーターパイプ (スノーボード・スケートボード・インラインスケートで使われる円筒を4分割したような形の傾斜路).

quárter-plàte *n* 〔写〕手札判の乾板[写真] (8.3×10.8 cm).

quárter pòint 〔海〕羅牌(らはい)の2点のなす角の1/4 (=2°48′45″).

quárter póunder 〔商標〕クォーターパウンダー (1/4ポンドの肉を使った McDonald's の大型ハンバーガー).

quárter rèst *〔楽〕四分休符.

quárter ròund 〔建〕(横断面が四半円形の) 四半円まんじゅう繰形(くりかた).

quárter·sàw *vt* 〈丸太を〉柾目(まさ)(の板)に引く (縦に四つにひき割りさらに板びきする). ◆ **quárter·sáwed, -sáwn** *a* 柾目の.

quárter séction *〔測〕クォーターセクション (政府測量の単位で1/4 section (=160 acres), 半マイル四方の土地; 略 q.s., QS).

quárter sèssions *pl* 〔英〕四季裁判所 (年4回開廷された記録裁判所; 1972年からは Crown Court がこれに代わった); 〔米〕(いくつかの州で) 3か月ごとに開かれた下級裁判所.

quárter·stàff *n* (*pl* **-stàves**) 六尺棒 (両端に鉄のはまった木の棒; もと英国農民の武器); 六尺棒競技.

quárter·strètch *n* HOMESTRETCH.

quárter tòne [stèp] 〔楽〕四分音(程).

quárter vènt "(自動車の) QUARTER LIGHT.

quárter-wàve plate 〔光〕四分の一波長板 (互いに垂直な方向に振動する直線偏光の間に1/4波長の光路差を生ずる複屈折板).

quárter-wìnd *n* 〔海〕斜め後方の風 (帆走に絶好の順風; cf. QUARTER *vi*, QUARTERING *a*).

quar·tet(te) /kwɔːrtét/ *n* 〔楽〕四重奏[唱], カルテット (⇨ SOLO); 四重奏[唱]曲; 四重奏[唱]団; 四人[四つ]組, 四つぞろい. [It]

quar·tic /kwɔ́ːrtɪk/ 〔数〕*a* 四次の. ► *n* 四乗冪(べき); 四次方程式.

quar·tier /kɑːrtjéɪ; *F* kartje/ *n* (フランスの都市の行政区画として

の》地区, カルチエ《たとえば Paris 市の各区はそれぞれ 4 地区に分かれる》. ［F＝quarter］

Quar·tier La·tin /F kartje latɛ̃/ ラテン区, カルティエラタン《LATIN QUARTER のフランス語名》.

quar·tile /kwɔ́ːrtàɪl, *-t(ə)l/ *a* 〘占星〙四分の一対座の, 矩象(くしょう)の《2 つの惑星が四分の一円 (90°) の間隔にある》; 〘統〙四分位の: a ～ aspect 四分の一対座 / the ～ point 四分位点. ► *n* 〘占星〙矩, クワドラトゥス (＝*quadrature*)《黄径座 90° の ASPECT》; 〘統〙四分位数《度数分布で変数値のとる幅を 4 等分する 3 つの変数値の一つ; cf. DECILE, PERCENTILE》.

Q **quar·to** /kwɔ́ːrtoʊ/ *n* (*pl* ～**s**) 四折判(の本[紙, ページ])《略 q., Q., qto; 4 to, 4° とも書く; ⇨ FOLIO》. ［L (↓)］

quar·tus‖ /kwɔ́ːrtəs/ *a* 《男子同姓生徒中》4 番目の (⇨ PRIMUS). ［L＝fourth］

quartz /kwɔ́ːrts/ *n* 〘鉱〙石英, クォーツ《無色透明で結晶形が明瞭なものは水晶と呼ばれる》; 水晶結晶板; 石英ガラス. ♦ **quártz·ose** /-oʊs/ *a* ［G＜Slav］

quártz bàttery STAMP MILL.

quártz clòck 水晶(発振式)時計, クォーツ時計 (＝**quártz-crýstal clòck**).

quártz crỳstal 〘電子工〙水晶結晶板.

quartzed /kwɔ́ːrtst/ *a**《俗》酔っぱらった (stoned).

quártz glàss 石英ガラス (vitreous silica).

quártz hèater 石英管式ストーブ.

quartz·if·er·ous /kwɔːrtsíf(ə)rəs/ *a* 石英を含有する, 石英からなる.

quártz-íodine làmp 石英ヨード灯, ヨウ素電球《石英ガラス管にヨードを入れた白熱灯》.

quartz·ite /kwɔ́ːrtsàɪt/ *n* 珪岩. ♦ **-it·ic** /kwɔːrtsítɪk/ *a*

quártz làmp 石英灯《石英ガラス管を用いた水銀灯》.

quártz móvement 〘時計〙水晶発振.

quártz plàte 〘電〙水晶板《水晶振動子の板》.

quártz wàtch 水晶(発振式)腕時計, クォーツ時計 (＝**quártz-crýstal wàtch**).

qua·sar /kwéɪzɑ̀ːr, -sɑ̀ːr/ *n* 〘天〙恒星状天体, 準星, クエーサー. ［*quasi-stellar*］

quash[1] /kwɑ́ʃ, *kwɔ́ːʃ/ *vt* 〈反乱などを〉鎮圧する, 抑える, 〈うわさなどを〉打ち消す, つぶす. ［ME＝to smash, ＜L *quasso* to shake violently, shatter］

quash[2] *vt* 〘法〙〈判決などを〉破棄する, 却下する. ［OF *quasser* to annul＜L (*cassus* null, void)］

Qua·shi(e) /kwɑ́ːʃi/ *n* 《カリブ》田舎者の黒人.

qua·si /kwéɪzàɪ, -sàɪ, kwɑ́ːzi, -si/ *adv* いわば; ある意味で, ある程度. ► *a* 類似した, 擬似の, ある意味での; 法運用[解釈]上の, 準…. ［L＝as if］

qua·si- /kwéɪzàɪ, -sàɪ, kwɑ́ːzi, -si/ *comb form*「ある程度」「ある意味で」「擬[準]…」: a *quasi*-conjunction 準接続詞. ［↑］

quàsi·átom *n* 〘理〙準原子《原子間衝突で原子核が互いに近づき原子の状態をつくったもの》.

quási cóntract 〘法〙準契約.

quàsi·crýstal *n* 〘晶〙準結晶《一定の合金を融液から急冷して得られる構造; 結晶と非結晶の中間的構造をなす》. ♦ **-crýstalline** *a*

quàsi·físsion *n* 〘核物〙準核分裂《衝撃をうけた原子核が, 新たなほぼ等しい 2 つに分裂するのではなく, もとの入射粒子および標的粒子を再生する核分裂》.

quàsi-governméntal *a* 準政府の《政府の援助は受けるが, 経営は独立している機関についていう》: a ～ agency 準政府機関.

quàsi-judícial *a* 準司法的な《**1**) 司法行為的な性質はあっても実際は行政官が行なう **2**) 裁判官が裁判官としての資格ではなく行なう》: a ～ act 準司法的行為》. ♦ ～**·ly** *adv*

quàsi-législative *a* 準立法的な(機能をもつ).

Qua·si·mo·do /kwɑ̀ːsɪmóʊdoʊ, -zɪ-/ **1** LOW SUNDAY. **2 a** カジモド《Victor Hugo 作の *Notre-Dame de Paris* (1831) 中のせむし男》. **b** 《サーフィン俗》カジモド《一方の腕を前, 他方を後ろにしてサーフボードにかがんだ姿勢で乗ること》. **3** /kwɑːzíːmədòʊ/ カジモド **Salvatore** ～ (1901–68)《イタリアの抒情詩人・批評家; ノーベル文学賞 (1959)》.

quàsi·mólecule *n* 〘理〙準分子《準原子どうしの結合によってできた系》.

quàsi·párticle *n* 〘理〙準粒子, 擬粒子.

quàsi·periódic *a* 準周期的な. ♦ **-periodícity** *n*

quàsi-públic *a* 準公(共)的な: ～ enterprises [corporations].

quàsi-quotátion *n* 〘論〙準引用《変数として扱う引用形; 「 」で囲んで示す》.

quási-stèllar óbject 〘天〙恒星状天体 (quasar)《略 QSO》.

quási-stèllar rádio sòurce 〘天〙恒星状電波源《略 QSRS》.

quas·qui·centénnial /kwɑ̀skwɪ-/ *n*, *a* 百二十五周年記念日[祭](の). ［L *quadrans* quarter; cf. SESQUICENTENNIAL］

quass ⇨ KVASS.

quas·sia /kwɑ́ʃ(i)ə/ *n* 〘植〙クワッシア《ニガキ科クワッシア属 (*Q*-), ニガキ属などの木本; 熱帯・亜熱帯産》; クワッシア《ニガキから採る苦味液; 強壮剤・駆虫剤》. ［Graman *Quassi* 18 世紀にその薬効を見いだしたスリナムの黒人］

quat·er- /kwɑ̀tər, kwèɪtər/ *comb form* 〔特に化合物の名に付けて〕「(基または分子が) 4 倍の」 ［L *quater* four times］

quat·er·centénary /kwɑ̀tər-; kwæ̀t-/ *a* 四百年記念の, 四百年祭の. ► *n* 四百年記念日, 四百年祭. (⇨ CENTENARY).

qua·ter·nary /kwɑ́tərnèri, kwətə́ːrnəri; kwətə́ːn(ə)ri/ *a* 4 要素からなる, 〘化〙4 基[元素]からなる; 4 つ一組の; 〘数〙四変数の; 4 番目の; [Q-]〘地質〙第四紀[系]の. ► *n* 4 部一組のもの; 4 番目[4 位]のもの; 数字の 4; [the Q-]〘地質〙第四紀[系]: the Pythagorean ～ ピタゴラスの四変数《1＋2＋3＋4 からなる神秘の数 10》. ［L (*quaterni* four each)］

quáternary ammónium còmpound 〘化〙第四アンモニウム化合物.

qua·ter·nate /kwɑ́tərnèɪt, kwətə́ːrnət; kwətə́ːnət/ *a* 〈ある種の葉など〉4 つの部分からなる.

qua·ter·ni·on /kwətə́ːrniən, kwɑ-/ *n* 4 つ一組, 四人組; 〘数〙四元数; [*pl*]〘数〙四元法算法.

qua·ter·ni·ty /kwətə́ːrnəti, kwɑ-/ *n* 4 つ[4 人]一組, 四人組, 《特に》[the Q-] 四位[四者]一体 (cf. TRINITY).

Quath·lam·ba /kwɑːtlɑ́ːmbə/ [the] クアトラムバ《DRAKENSBERG 山脈のズールー語名》.

qua·tor·zain /kətɔ́ːrzèɪn, kæ-, kǽtər-/ *n* 十四行詩. ［F］

qua·torze /kətɔ́ːrz/ *n* 〘トランプ〙エース[キング, クイーン, ジャック, 10]の四つぞろい《piquet で 14 点に数えられる》.

qua·train /kwɑ́trèɪn, ─́─/ *n* 四行連[詩]. ［F (↓)］

qua·tre /kǽtrə, kɑ́ːtər/ *n* 《トランプ・ドミノ・さいころなどの》4 (の札[目など]). ［F＝four］

Quatre Bras /F katr bra/ カトルブラ《ベルギーの Brussels 付近の村; 1815 年 6 月 Wellington が Waterloo に先立ってフランス軍を破った地》.

qua·tre·foil /kǽtərfɔ̀ɪl, kǽtrə-/ *n* 四つ葉, 四弁花; 〘建〙四つ葉[四弁花]飾り (⇨ TREFOIL); 〘紋〙四つ葉[四弁花]模様. ［AF (QUATRE, FOIL)］

quat·tro·cen·tist /kwɑ̀troʊʧéntɪst/ *n* [°Q-] 十五世紀のイタリアの美術家[文学者].

quat·tro·cen·to /kwɑ̀troʊʧéntoʊ/ *n* [°Q-]《イタリア芸術で》十五世紀; 十五世紀イタリア美術[文学]. ［It＝400; '1400 年代' の意で］

quat·tu·or·de·cil·lion /kwɑ̀tuɔ̀ːrdɪsíljən/ *n*, *a* クウァトゥオーデシリオン(の)《10^{45}; 英ではかつて 10^{84} を表わした》. ★ ⇨ MILLION.

qua·ver /kwéɪvər/ *vi* 震える (tremble, shake); 〈声・音が〉震える, 震動する (vibrate) 〈*with*〉; 声を震わす, 震え声で歌う[言う]. ► *vt* 声を震わせて[震え声で]歌う[言う] 〈*out*〉, 音を震わせて演奏する. ► *n* 震音, 震え声; ‖〘楽〙八分音符 (eighth note*) (⇨ NOTE). ♦ ～**·ing·ly** *adv* **quá·very** *a* ［(freq) ＜ *quave* (obs)＜? OE **cwafian* (imit)］

quáver rèst ‖〘楽〙八分休符 (eighth rest*).

quay /kíː, k(w)éɪ/ *n* 《特に岸に沿って構築した》埠頭(ふとう), 波止場, 河岸. ［OF＜Celt］

quáy·age *n* 埠頭税, 埠頭使用料 (wharfage); 波止場用地; 埠頭《集合的》.

quáy·side *n* 波止場地帯.

Qube /kjúːb/ 〘商標〙キューブ《視聴者参加ができるように送受信機能をもつ有線テレビ》.

qu·bit /kjúːbɪt/ *n* 〘理〙キュービット《量子力学的な状態を利用することで 0 と 1 のほかそれらの重ね合わせの状態もとりうる情報素子》. ［*quantum bit*］

Que. Quebec.

quean /kwíːn, kwéɪn/ *n* あつかましい女[少女], はすっぱ女, あばずれ; 売春婦; 《スコ》少女, 未婚の若い女; 《俗》ホモの男, ホモの女役 (queen). ［OE *cwene* woman＜Gmc; QUEEN と同語源］

quea·sy, quea·zy /kwíːzi/ *a* **1** 気持が悪い, 吐き気がする, むかむかする, 《気持が悪くなりそうで》不安な: feel a little ～ / a ～ stomach / ～ motion. **2 a** 気がかりな, わずかのことでも気になる, とがめる〈良心など〉. **b** 不安な, 居ごこちの悪い, 気が進まない 〈*about*, *at*〉. **3** 《やや古》不確かな, 心配な, あぶなっかしい. ♦ **quéa·si·ly, -zi-** *adv* **-si·ness, -zi-** *n* ［? AF and OF **coisi*; cf. OF *coisier* to hurt］

Que·bec /kwɪbék, kɪ-/, **Qué·bec** /F kebɛk/ **1** ケベック《**1**) カナダ東部の広大な州; 略 Que.; 旧称 Lower Canada; 住民の 80% がフランス系 **2**) その州都; St. Lawrence 川に臨む河港都市》. **2** [Quebec] ケベック《文字 q を表わす通信用語; ⇨ COMMUNICATIONS CODE WORD》. ♦ ～**·er, -béck·er** *n*

Que·be·cois, Qué-, Qué·bé- /kèɪbəkwɑ́ː, -bɛk-; F kebekwa/ *n*, *a* (*pl* ～ /-z; F ─/) (フランス系)ケベック人(の).

que·bra·cho /keɪbrɑ́ːʧoʊ/ *n* (*pl* ～**s**) **1** 〘植〙材の堅い南米産の数種の樹木: **a** (レッド)ケブラチョ (＝red ～) (＝*axbreaker*)《ウルシ科の落葉高木; 材からタンニンを採る》. **b** ケブラチョブランコ, ホワイトケブラチョ (＝white ～)《キョウチクトウ科の常緑高木; 樹皮は喘息など呼吸疾患の薬用, また樹皮・心材からタンニンを採る》. **2** ケブラチョの材[樹

皮]; ケブラチョの油出液《皮なめし·染料用》. [AmSp]
Que·chua, Ke- /kέtʃwə, kətʃúːə/, **Que·cha** /kέtʃə/ *n* **a** (*pl* ~, ~s) ケチュア族《ペルー中部の先住民族; かつてはインカ帝国の支配者層を構成した》. **b** ケチュア語《ケチュア族をはじめペルー·ボリビア·エクアドルなどのインディオによって話される》. ♦ **Que·chu·an, Ke-** /kέtʃwən, kətʃúːən/ *n, a*
Que·chu·ma·ran, Ke- /kὲtʃəmərάːn, kətʃùː-/ *n* 〔言〕ケチュマラ語族《Quechua 諸語と Aymara 語からなる大語族》.
queef /kwíːf/ *vi* *《俗》おならをする.
queen /kwíːn/ *n* **1** 女王《英国では現君主が女王の場合 成句中の KING は QUEEN となる》; 王妃, 皇后, きさき; 皇太后; 《神話的または伝説的》女王, 女神; 〔トランプ·チェス〕クイーン. **2** 女王のような女性; 女王になぞらえられる[女王格の]もの, 花形, 名花, (…の)女王; 美女, 《美人コンテストの》女王; 《俗》恋人, 情婦, 妻, '女王さま'; 雌猫《など》; 〔昆〕《ハチ·アリなどの》女王 (=~ bee [ant, etc.]): a ~ of beauty=a beauty ~ 美の女王. **3** 《俗》[°*derog*] ホモ, おかま, ホモの女役; 《俗》女装好きの男 (drag queen). **4** [Q-] クイーン《英国のロックグループ (1971–)》. ● **Q~ Anne is dead.** それは古い[陳腐な]話だ. **the ~'s weather** ''快晴. **to the** [**a**] **~'s** TASTE. ► *vt* **1** 女王[皇后]にする; 女王として支配する; 〔チェス〕〈ポーンを〉クイーンにならせる. **2** *《俗》〈女性を〉エスコートする. ► *vi* 女王として君臨する; *《俗》女性をエスコートする[とデートする]. ● **~ it** 女王らしくふるまう; 女王然と[お高く]ふるまう 〈*over*〉 (cf. LORD [KING] *it*); 〔チェス〕クイーンになる; *《俗》〈男が〉あからさまに女のようにふるまう 〈*up*〉. [OE *cwēn* <Gmc (OS *quān*, ON *kvæn*, Goth *qēns* wife); cf. QUEAN]
Queen, Ellery ⇨ ELLERY QUEEN.
Quéen Alexándra's bírdwing 〔昆〕アレクサンドラトリバネアゲハ《パプアニューギニア東部にすむ世界最大のチョウ》.
Quéen Ánne *a* 〈建築·家具などが〉アン女王朝様式の.
Quéen Ánne's Bóunty 〔英〕アン女王下賜金 (1704–1948) 《聖職禄補助の目的で国教会に与えた王室収入》.
Quéen Ánne's láce 〔植〕WILD CARROT.
Quéen Ánne's Wár 〔米史〕アン女王戦争 (1702–13) 《北米大陸の支配権を争った英仏間の戦争の第 2 回戦に当たる; ヨーロッパのスペイン継承戦争に並行して行なわれた》.
quéen ánt 〔昆〕女王アリ.
quéen bée 〔昆〕女王バチ; 女ボス, 女王様《思い上がった女性》.
quéen·càke *n* クイーンケーキ《currant レーズンのはいった小さい, 通例 ハート形のケーキ》.
Quéen Chárlotte Íslands *pl* [the] クイーンシャーロット諸島《カナダ西部 British Columbia 州西岸沖の約 150 の島からなる》.
quéen cónsort (*pl* **quéens cónsort**) 国王の妻, 王妃.
quéen·dom *n* 《kingdom に対して》女王国[領]; 女王の位.
quéen dówager 国王の未亡人, 皇太后 (cf. QUEEN MOTHER).
Quéen Elízabeth Háll [the] クイーンエリザベスホール《London の South Bank にある劇場; クラシック音楽のコンサートや映画などの催し物が主体; 1967 年開設; Southbank Centre のうちの一棟》.
Quéen Elízabeth Íslands *pl* [the] クイーンエリザベス諸島《カナダ北岸沖の北緯 74°30′ 以北にある諸島》.
Queen Elizabeth 2 /— — ðə sέkənd *or* — — — túː/ [the] クイーンエリザベス 2, QE2《英国の豪華客船; 夏期は Southampton–New York 間の客船として, 冬期は巡航船として就航; Cunard 社が 1967 年に建造, 2009 年引退; 略称 QE2》.
quéen·hòod *n* 女王の身分[位, 尊厳].
queen·ie /kwíːni/ 《口》 *n* ホモ, おかま (queeny). ► *a* ホモの, おかまっぽい.
Queenie クイーニー《女子名》. [(dim)<QUEEN]
quéen·ing *n* クイーニング《リンゴの種類》; 〔チェス〕ポーンがクイーンになること.
quéen·less *a* 女王のいない; 〈ミツバチが〉女王バチのいない.
quéen·lìke *a* 女王のような (queenly).
quéen·ly *a* 女王のような; 女王にふさわしい. ► *adv* 女王らしく[にふさわしく], 女王のように. ♦ **quéen·li·ness** *n*
Quéen Máb /-mǽb/ クイーンマブ《アイルランド·イングランド民話で, 人の夢をつかさどるいたずら好きの妖精; Shelley の同名の詩 (1813) に歌われている; Shak, *Romeo* 1.4.53 にも出る》.
Quéen Máry 1 [the] クイーンメリー号《Cunard 社が大西洋横断航路用に建造した大型客船; 1934 年進水, 67 年引退; Queen Mary 2 が 2004 年に就航》. **2** 《俗》低荷台の大型トレーラー車.
Quéen Máud Lánd /-mɔ́ːd-/ クイーンモードランド《南極大陸の大西洋側の部分》.
Quéen Máud Móuntains [**Ránge**] (*pl*) [the] クイーンモード山脈《南極大陸の Ross Dependency 南部, Ross 氷棚の南にある山脈》.
quéen móther [the] 《現君主の母である》先王の未亡人, 皇太后 (cf. QUEEN DOWAGER); 王子の母である女王.
Quéen Múm [the] ''《口》クイーンマム《Elizabeth 2 世の母 ELIZABETH 皇太后の愛称》.
quéen of héarts [the] 〔トランプ〕ハートのクイーン; 美人, 美女.
Quéen of Héaven [the] 天の女王《**1**) 聖母マリア (=**Quéen of Gráce** [**Glóry, Páradise**]) **2**) JUNO》.
Quéen of lóve [the] 愛の女神 (Venus).
Quéen of Máy [the] MAY QUEEN.
Quéen of níght [the] 夜の女王 (Diana); [the] 月 (moon).
quéen of púddings プディングの女王《カスタードとパン粉を材料にして焼きメレンゲをかぶせたプディング》.
Quéen of Scóts [the] スコットランド女王 (⇨ MARY).
Quéen of the Adriátic [the] アドリア海の女王《VENICE の美称》.
Quéen of the Máy [the] MAY QUEEN.
quéen of the méadow 〔植〕セイヨウナツユキソウ《シモツケソウ属; 欧州·西アジア原産》.
quéen of the níght 〔植〕タイリンチュウ (大輪柱), 夜の女王《サボテンの一種》.
Quéen of the Níght [the] 夜の女王《Mozart の歌劇 *The Magic Flute* の登場人物》.
quéen of the práirie 〔植〕アメリカシモツケソウ《ピンクの花をつけるシモツケソウ属の多年草; 北米東部原産》.
quéen of the séas [the] 七つの海の女王《かつての Great Britain》.
quéen òlive 〔植〕女王オリーブ《実は特に大きく芳香があり塩漬けなどに適する; スペインの Seville 産のものが有名》.
quéen·pin *n* 《俗》グループの中心となる女性.
quéen pòst 〔建〕対束(つい), クインポスト (cf. KING POST).
quéen régent (*pl* **quéens régent**) 摂政女王; QUEEN REGNANT.
quéen régnant (*pl* **quéens régnant**) 《QUEEN CONSORT に対し一国の君主である》女王, 女性君主.
Queens /kwíːnz/ クイーンズ《New York 市の自治区 (borough) で, Long Island の西端に位置する》.
Queen's /kwíːnz/ クイーンズ《LAOIS 県の旧称》.
Quéen's Awárd 〔英〕女王賞《英国の企業·研究機関·産業関連団体のすぐれた功績に対して与えられる賞; 1965 年創設; Queen's Award for Export Achievement, Queen's Award for Technological Achievement, Queen's Award for Environmental Achievement の 3 部門》.
Quéen's Bénch (**Divìsion**) [the] KING'S BENCH.
Queens·ber·ry /kwíːnzbὲri, -b(ə)ri; -b(ə)ri/ クイーンズベリー 8th Marquis of ~ ⇨ DOUGLAS.
Quéensberry rùles *pl* [the] クイーンズベリールール《英国の 8 代 Queensberry 侯 John Sholto DOUGLAS が 1867 年に定めたボクシングの規則で, 現在のルールの基礎となっている》; 《一般に》正しい競争のルール.
Quéen's Bírthday [the] 〔英〕女王誕生日《**1**) 4 月 21 日 (Elizabeth 2 世の誕生日) **2**) 女王の公式誕生日; ⇨ OFFICIAL BIRTHDAY》.
quéen's bíshop 〔チェス〕《ゲーム開始時の》クイーン側のビショップ.
Quéen's bóunty KING'S BOUNTY.
quéen scàllop 〔貝〕セイヨウイタヤ《ヨーロッパ産の小さな食用イタヤガイ》.
quéen's chámbers *pl* [the] グレートブリテン島の各岬間を結ぶ線に囲まれた海域《王の領海に属する》.
Quéen's Chámpion [the] KING'S CHAMPION.
Quéen's Cóllege [the] クイーンズカレッジ《**1**) Oxford 大学のカレッジの一つ; 1340 年創設 **2**) Cambridge 大学のカレッジの一つ; 1448 年創設》.
Quéen's cólour 〔英〕KING'S COLOUR.
Quéen's Cóunsel KING'S COUNSEL.
Quéen's Énglish [the] KING'S ENGLISH.
Quéen's évidence KING'S EVIDENCE.
Quéen's Guíde KING'S GUIDE.
Quéen's híghway KING'S HIGHWAY.
quéen·shìp *n* QUEENHOOD; QUEENLINESS.
Quéen's Hóuse [the] クイーンズハウス《London の Greenwich にある Palladio 様式の邸宅; Inigo Jones の設計 (1616–35) になる; 現在は国立海事博物館 (National Maritime Museum) の中心的建物》.
quéen·sìde *n* 〔チェス〕《ゲーム開始時の盤面の》クイーン側.
quéen-síze, -sìzed *a* 〈婦人服など〉クイーンサイズの, 特大の; *〈ベッドが〉クイーンサイズの《ほぼ 60×80 インチ (約 1.5×2 m); cf. FULL-[KING-, TWIN-]SIZE》; *クイーンサイズのベッド用の〈シーツなど〉.
quéen's knìght 〔チェス〕《ゲーム開始時の》クイーン側のナイト.
Quéens·lànd /, -lənd/ クイーンズランド《オーストラリア北東部の州; ☆Brisbane; 略 Qld》. ♦ **~·er** *n*
Quéensland blúe 1 〔犬〕クイーンズランドブルー (=**Quéensland blúe héeler**) (AUSTRALIAN CATTLE DOG). **2** クイーンズランドブルー《青みがかった灰色の品種のカボチャ; オーストラリア Queensland 州その他で栽培される》.
Quéensland cáne tòad 《豪》オオヒキガエル (CANE TOAD) 《Hawaii から Queensland へ移入された》.
Quéensland lúngfish 〔魚〕ネオセラトダス《オーストラリア Queensland 地方産の肺魚》.

Quéensland máple〖植〗クイーンズランドメープル《豪州産の, マホガニーに似た家具用材の採れる常緑樹》.

Quéensland nút MACADAMIA NUT.

quéen's mètal クイーンメタル《アンチモンとスズを含むブリタニア (britannia metal) に似た合金の旧称》.

Quéens-Mídtown Tùnnel [the] クイーンズ-ミッドタウン トンネル《Manhattan と Queens 区を結ぶ, East River の下をくぐる海底トンネル》.

Quéen's Òwn Híghlanders *pl* [the]〖英陸軍〗クイーンズ・オウン・ハイランダーズ《スコットランド師団 (Scottish Division) に属する連隊》.

Quéens Pàrk Rángers *pl* **1** [the] クイーンズパーク・レーンジャーズ《London に本拠を置くプロサッカーチーム; 略 QPR》. **2**《韻俗》他人, 知らない人たち (strangers).

quéen's páwn〖チェス〗《ゲーム開始時の》クイーンの前のポーン.

quéen's-pàwn ópenings [〈*sg*〉]〖チェス〗クイーンの前のポーンを最初の手で 2 つ前進させること《定石の一つ》.

Quéen's Príze [the] クイーンズプライズ《1860 年 Victoria 女王によって創設された, Bisley 射撃場でのライフル射撃大会, およびその賞》.

Quéen's Próctor KING'S PROCTOR.

Quéen's Regulátions *pl* KING'S REGULATIONS.

Quéen's Remémbrancer [the] KING'S REMEMBRANCER.

quéen's róok〖チェス〗《ゲーム開始時の》クイーン側のルーク《白から見て左側》.

Quéen's Scóut KING'S SCOUT.

quéen's shílling KING'S SHILLING.

Quéen's Spéech [the; ˢthe Q- s-]〖英〗KING'S SPEECH.

Queens·town /kwí:nztàun/ クイーンズタウン《COBH の旧称》.

Quéen Strèet fàrmer《NZ》クイーンストリートの農場主《節税などのために農場を経営する実業家》. [Auckland のビジネス街の名前から]

quéen sùbstance〖生化〗女王物質《女王バチが分泌し働きバチの卵巣の成長を抑制するフェロモンの一種》.

Quéen's Univérsity at Kíngston クイーンズ大学《カナダ Ontario 州 Kingston にある公立大学; 1841 年創立》.

quéen's wàre クイーンズウェア《クリーム色の Wedgwood 陶器; 英王室の御用陶器となったためこの名がある》.

quéen trùss〖建〗対束(ついづか)小屋組, クイントラス.

quéen wásp スズメバチの女王, 《一般に》女王バチ.

queeny /kwí:ni/ *n*, *a*《口》QUEENIE.

queer /kwíər/ *a* **1** 妙な, 奇妙な, 奇態な, 風変わりな (odd);《口》〈人・ふるまいが〉いかれた, 変てこな; いかがわしい, 怪しい: a ~ fish [card, customer] 変人 / ~ in the head 頭がおかしい / a ~ transaction 不正な取引. **2**《俗》**a** [ᵁ*derog*] ゲイの, ホモの, ヘンタイの. **b** 同性愛(者)の, 性的マイノリティーの[に関する], クィアの: ~ studies クィア研究《同性愛(者)・両性愛(者)・トランスジェンダーなどに関する理論的研究》/ QUEER THEORY. ★ 異性愛者が使う場合は依然として差別的に受け取られるのがふつうであるが, 同性愛者どうしが肯定的に使うこともしばしばある (cf. RECLAIMed words). また, 20 世紀末から性的マイノリティー一般の学術研究についてこの語が使われるようになった. **3** 少し気分が悪い, くらくらする, めまいがする (faint, giddy);《俗》《酒に》酔った: feel a little ~ 少しめまいがする. **4**《俗》悪い, 役に立たない, にせの: ~ money にせ金. **5** 妙にこだわる[関心がある]〈*on, about*〉; *《口》(妙に)…を好む, 欲する〈*for*〉. ● **in Q~ Street** [**~ street**]ᴴ《口》金に困って, 借金を抱えて, 窮境に陥って. **~ as a three-dollar bill** *《俗》まるきりインチキな; *《俗》見るからに[紛れもなく]ホモで. ► *vt*《口》めちゃくちゃにする, ぶちこわす, だめにする; 不利な立場におく; 〈人〉の気分を悪くさせる: That ~*ed* me *with* the teacher. それで先生ににらまれた. ● **~ the pitch for** sb＝**~ sb's pitch** 人の計画[段取り, 成功のチャンス]をぶちこわす.
► *n*《俗》[*derog*] 同性愛者, ホモ; 変人, 変わり者; [ᵁthe]《俗》にせ金[札], 偽造証券; *《俗》《禁酒法時代の》非合法の酒, 密造ウイスキー: shove *the* ~ にせ金をつかませる. ● **on the ~**《俗》にせ金を造って, 不正をはたらいて〈生活する〉.
♦ **~·ish** *a* 少し変わった[変な, 妙な]. **~·ly** *adv* 妙に, おかしく; 奇妙にも. **~·ness** *n* 風変わり; 妙なたち, 変わった[奇矯な]ふるまい; 不快. [C16<?G *quer* oblique〈THWART]

quéer-bàsh·ing *n*ᴴ《俗》ホモいじめ, ホモたたき, ホモ退治《ホモに対する暴行・威嚇・迫害》. ♦ **quéer-bàsh·er** *n*

quéer béer *n* **1** *《韻俗》アルコール度の低いビール, 質の悪いビール, ビールもどき《NEAR BEER と押韻》. **2** *《俗》変人, おかしな野郎; *《俗》同性愛者, ホモ. ► *a* *《俗》同性愛の, ホモの.

quéer dúckᴴ《俗》変人, 変わり者.

queered /kwíərd/ *a* *《俗》《酒に》酔った.

quéer thèory クィア理論《性や性同一性に関する伝統的な考え方に疑問を呈し, これを改めようとする文化・文芸批評理論》.

queeve /kwí:v/ *vi* *《俗》《スケートボードで》勢いがなくなる, 失速する.

que·lea /kwí:liə/ *n*〖鳥〗コウヨウチョウ《アフリカ産ハタオリドリ科コウヨウチョウ属 (*Q-*) の小鳥; しばしば大群をなして作物を食害する; 時に飼鳥とする》.

quell /kwél/ *vt*〈反乱などを〉鎮圧する; 〈恐怖などを〉抑える, 鎮める. ► *n*《古》鎮圧力; 《廃》虐殺. ♦ **~·er** *n* [OE *cwellan* to kill; cf. G *quälen*]

Quel·part /kwélpà:rt/ クエルパート《JEJU (済州) 島の別称》.

quel·que-chose /kèlkəʃóuz/ *n* KICKSHAW. [F]

Que·móy Ísland /k(w)ɪmɔ́ɪ-, kwí:mɔ̀ɪ-/ 金門《厦門のすぐ東の台湾海峡にある島; 台湾が支配; 中国語名 Jinmen Dao》.

quench /kwéntʃ/ *vt* **1**〈火・光などを〉消す (extinguish); …の火[光]を消す;〖理〗〈発光・放電を〉消滅させる, 消光する;〖電子工〗〈真空中の電子流などを〉消滅させる, 消光する. **2**〈熱した鉄などを〉水[油など]で急冷する, 焼入れする; 〈熱を〉冷ます. **3**〈欲望などを〉うせさせる, 終息させる, …に終止符を打つ; 力ずくで抑える, 排除する; 〈渇きを〉いやす. **4**《俗》〈反対者を〉黙らせる (shut up). ► *vi* 消える; 静まる. ● **~ the smoking flax**〖聖〗発展の望みを中途で絶つ《*Isa* 42: 3》. ► *n* quench すること, 急冷, 焼入れ(硬化). ♦ **~·able** *a* [OE -*cwencan* (caus)〈-*cwincan* to be extinguished]

quénch·er *n* QUENCH する人[もの]; 《口》渇きをいやすもの, のどしめし, 飲み物: a modest ~ ちょっと一杯.

quénch·less *a* 消せない; 抑えられない: ~ curiosity.

que·nelle /kənél/ *n*《味付けした肉や魚の》肉だんご. [F<? G *Knödel* dumpling<OHG *knodo* knot]

Quen·tin /kwént(ə)n/ クウェンティン《男子名》. [F<L *quintus* fifth]

Que pa·sa? /keɪ pá:sə/ *int* *《俗》やあどうした, 元気か, 何事だい. [Sp＝What happens?]

quer·ce·tin, -ci- /kwə́:rsətən/ *n*〖化〗クエルセチン《黄色染料》. ♦ **quer·cet·ic** /kwərsétɪk, -sí:-/ *a* [? L *quercetum* oak grove]

Quercia ⇨ JACOPO DELLA QUERCIA.

quer·cine /kwə́:rsən, -sàɪn/ *a* オーク (oak) の[に関する].

quer·ci·tol /kwə́:rsətɔ̀(:)l, -tòul, -tàl/ *n*〖化〗ケルシトール《オークの樹皮・果実に含まれるアルコール; 無色の結晶》.

quer·cit·ron /kwə́:rsɪtrən, ⌣ー⌣/ *n*〖植〗クロガシワ《米国東部・中部産の落葉高木; 樹皮にクエルシトロンが含まれる》; クエルシトロン《その樹皮から採った quercetin を含む染料》.

que·ren·cia /kɛrénθiə/ *n* ケレンシア《闘牛場での牛のなわばり》. [Sp]

Que·ré·ta·ro /kərétəròu/ ケレタロ《(1) メキシコ中部の内陸州 (2) その州都; 米西戦争の休戦条約締結地 (1848)》.

quer·i·mo·ni·ous /kwèrəmóuniəs/ *a* 不平を鳴らす, 不平たらたらの. ♦ **~·ly** *adv* **~·ness** *n*

que·rist /kwíərɪst/ *n* 質問者, 尋問者, 質疑者.

quern /kwə́:rn/ *n* 手びき臼, ひき臼. [OE *cweorn(e)*]

quérn·stòne *n* MILLSTONE.

quer·u·lous /kwér(j)ələs/ *a* 文句[泣きごと]ばかり言う, 不平たらたらの, ぐちっぽい, おこりっぽい; 〈声などが〉不満そうな, いらだった. ♦ **~·ly** *adv* **~·ness** *n* [L (*queror* to complain)]

que·ry /kwíəri/ *n* **1** 質問, クエリ, 問い, 疑問, 疑い, 疑義;〖印〗疑問符《校正などのときに付ける ?》. **2** [particle として疑問句の前に用い, 通例 qu., qy. と略す] あえて問う, はたしてそうか (Is this true?): *Q~* [*Qu.*], was the money ever paid? 問う, いったい金は払ったのか. ► *vt* …について問いただす, 尋ねる〈*whether, if*〉; 〈人〉に質問する[伺いを立てる];〖印〗…に疑問符を付ける. ► *vi* 質問する, (…と)問う, 尋ねる. ♦ **qué·ri·er** *n* [*quere*<L QUAERE (impv)]

ques. question.

que·sa·dil·la /kèɪsədí:ə/ *n* ケサディーヤ《トルティーヤを二つに折り, 中に肉などの詰め物をして揚げ, チーズを載せたメキシコの食べ物》. [Sp (dim)〈*quesada* cheese turnover]

Ques·nay /keɪnéɪ/ ケネー **François** ~ (1694–1774)《フランスの医師・経済学者; 重農主義の創始者》.

quest /kwést/ *n* **1** 探し求める[追い求める]こと, 探索, 探求 (search, pursuit)〈*for, of*〉; 《中世騎士物語などの》探求(の旅[冒険]); 探求の目標, 探求物; 《まれ》募金, 托鉢; 《廃》探索者[隊]. **2** 探ること, 調査 (investigation); 《方》検死 (inquest); 《まれ》検死の陪審. ● **in ~ of**…を求めて, 尋ねて. ► *vi* 跡をつけて捜す〈*about, after, for, out*〉; 〈猟犬が〉獲物の跡をつける, 獲物を捜す; 獲物を追ってほえる; 《まれ》施し物を集める, 托鉢する. ► *vt* 捜す, 追求する〈*out*〉; 求める, 要求する. ♦ **~·er** *n* **~·ing·ly** *adv* [OF (L *quaesit- quaero* to seek)]

ques·tion /kwéstʃ(ə)n/ *n* **1 a** 問い, 質問, 質疑 (opp. *answer*); 詮議, 探究 (inquiry); 審問, 尋問 (interrogation); 《古》拷問;〖文法〗疑問文: put a ~ to…に質問する / take ~*s* 質問を受ける[に応じる] / Ask no ~*s* and be told no lies.《諺》質問しなけりゃうそは聞かされない《子供にうるさく尋ねられるときなどにいう》/ Ask a silly ~ and you get a silly answer.《諺》ばかなことを聞けばばかな答が返ってくる, 愚問愚答《わかりきったことを質問されたときなどに言う》. **b** 疑義, 疑問(の余地); 可能性: There is no ~ *about* his honesty [*that* he is honest]. 彼の正直なことは疑いの余地がない / There is no ~ of him resigning. 彼がやめることはありえない. **2**《解決[論議, 検討]すべき》問題〈*over, as to, about*〉; 《軽い意味で》問題, 事, 事情 (matter)〈*of*〉; 《採決すべき》議題, 論点, 決議案; 採決;〖法〗案件, 尋問: the ~ at [in] issue 係争問題, 懸案 / the ~ of unemployment 失業問題 /

The ~ is…. 問題は…だ / It is only a ~ of time. ただ時間の問題だ《早晩来る》/ It's a ~ of whether…. それは…かどうかの問題だ / the ~ (of sth) arises (…という)問題が発生する / There are two sides to every ~. 《諺》いかなる問題にも二つの側面がある.
● BEG[1] **the ~.** **beside the ~** 本題をはずれて, 不適切な. **beyond (all) ~** 問うまでもなく, 疑いもなく, もちろん (certainly). **bring [call, throw]…into ~** …に疑問を投げかける. **come into ~** 論議される, 問題となる. GOOD QUESTION. **in ~** 問題の, 該…, 当の, くだんの; 問題になって: the person [matter] *in* ~ 当人[本件]. **make no ~ of**…を疑わない. **out of [past, without] ~**=beyond QUESTION. **out of the ~** 問題にならない, 全く不可能で. POP[1] **the ~.** **put the ~** 〈議長が〉決を採る. **put…to the ~** 〈人を〉拷問にかける; 討議に付する. **Q~!** 《集会などで弁士の脱線を注意して》問題に返れ, 異議あり! **~ and answer** 質疑応答, 問答.
► *vt* **1** …に質問する (ask), …について問う; 《まれ》尋問する (inquire of): ~ the governor *on* his politics 政策について質問する. **2** 疑問視する, 疑う〈*if* etc.〉, …に疑義を唱える: I ~ *whether* it is practicable. それが実行可能かどうか疑う / It cannot be ~*ed* that [but that] she is clever. 彼女が利口なことは確かだ. **3** 〈自然現象・本源などを〉探究[考察]する. ► *vi* 質問をする.
♦ **~·er** *n* 質問者, 尋問者. [OF<L (↑)]

quéstion·able *a* 疑わしい (doubtful), 問題のある; 不審な, いかがわしい, 怪しげな; 《廃》質問をまねくような; 《廃》裁判の対象となりそうな: It is ~ *whether*…かどうか疑わしい. ♦ **-ably** *adv* **~·ness** *n* **quèstion·abílity** *n*

quéstion·àry /; -əri/ *a* 質問の, 疑問の. ► *n* QUESTIONNAIRE. [L or F; ⇨ QUESTIONNAIRE]

quéstion·ing *a* 質問する(ような), 不審げな; 探究心の旺盛な; せんさく好きな. ► *n* 質問.

quéstion·ing·ly *adv* 不審そうに, いぶかしげに.

quéstion·less *a* 問題のない, 疑いのない, 明らかな; 問題にしない, 不審がらない. ► *adv* 問題なく, 疑いなく.

quéstion màrk 疑問符 (?); 不明な点[こと], 未知の[知りえない]こと; 《能力などが》未知数な人[選手].

quéstion màster" クイズ番組の出題[司会]者 (quizmaster).

ques·tion·naire /kwèsʧənéər, kwɛ̀ʃ-/ *n* 《参考資料を得るための》質問事項, 《箇条書きにした》質問表, 調査票, アンケート用紙; アンケート調査. ► *vt* …にアンケート調査をする. [F (*questionner* to QUESTION)]

quéstion of fáct 〔法〕事実問題 (cf. ISSUE OF FACT).

quéstion of láw 〔法〕法律問題 (cf. ISSUE OF LAW).

quéstion stòp QUESTION MARK.

quéstion tàg 〔文法〕付加疑問 (isn't it?, won't you? の類).

quéstion tìme 《英国下院の》質問時間《首相・大臣が議員の質問に答える時間; テレビ放映される》: PRIME MINISTER'S QUESTION TIME.

questor ⇨ QUAESTOR.

quetch /kwɛʧ/ *vi, n**《俗》KVETCH.

Qué·te·let /kɛtlé/ ケトレー (**Lambert**) **Adolphe** (**Jacques**) ~ (1796–1874)《ベルギーの統計学者・天文学者・社会学者》.

que·tor /kwíːtər/*《俗》*n* 25 セント (quarter); 25 セントのチップ(を渡す人).

quetsch /kwɛʧ, kvɛʧ/ *n* ケッチ《杏実を原料とするアルザスやドイツの蒸留酒》. [G *Zwetsche* plum の方言形]

Quet·ta /kwétə/ クエッタ《パキスタン西部 Baluchistan 州の州都》.

quet·zal /kɛtsáːl; kéts(ə)l, kwéts-/ *n* **1** (*pl* ~**s**, **-za·les** /kɛtsáːleɪs/)〔鳥〕カザリキヌバネドリ, ケツァール (=~ **bìrd**)《中央アメリカ産の尾の長い美しい鳥; マヤ人が崇拝した鳥で, グアテマラの国鳥》. **2** (*pl* **-zales**) ケッツァル《グアテマラの通貨単位: =100 centavos; 記号 Q》. [AmSp<Nahuatl]

Quet·zal·co·atl /kɛtsàːlkouáːtl; kèts(ə)lkəuǽtl/ ケツァルコアトル《メキシコの古代トルテカ族・アステカ族の神; Nahuatl 語で「quetzal の羽をもつ coatl (蛇)」の意で, 時に羽毛や羽冠をもつ蛇身 (feathered serpent) に描かれる》.

quet·zal·co·at·lus /kɛtsàːlkouáːtləs; kèts(ə)lkəuǽtləs/ *n* 〔古生〕ケツァルコアトルス《白亜紀後期の大型翼竜; アズダルコ科ケツァルコアトルス属 (*Q*-); 翼長が 15 メートルに及ぶ史上最大の飛翔動物》.

queue /kjúː/ *n* **1** 《1 本に編んだ》おさげ, 弁髪; 〔紋〕獣の尾. **2** "《順番を待つ人や乗物の》列, 行列 (line*); "《電話回線の》順番待ちリスト; 〔電算〕待ち行列: in a ~ 列をなして / form a ~ 列をつくる / ~ time 行列の待ち時間 / JUMP the ~. ► *v* (**quéu(e)·ing**) *vt* 〈髪を〉弁髪にする; 〔電算〕待ち行列に入れる. ► *vi* "列をつくる, 並んで順番を待つ〈*up*〉; 列に加わる〈*on*〉. ● **be queuing up for**…[**to do**] 〈多くの人が〉…を[をすることを]望んでいる. ♦ **quéu·er** *n* **quéu(e)·ing** *n* +〔電算〕待ち行列を形成[管理]すること. [F<L *cauda* tail]

quéu(e)ing sỳstem 《公共施設などの》順番待ち[表示]システム; 〔電算〕待ち行列管理システム.

quéu(e)ing thèory 待ち行列理論, 待合わせ理論《順番待ちの現象を数学的・統計的に扱う理論; 窓口の維持コストと利用者へのサービスの最効率化をはかるときなどに応用する》.

quéue-jùmp" *vi* 列に割り込む; 優先的に扱われる, 割り込む, 抜け駆けをする. ♦ **quéue-jùmp·ing** *n* **-jùmp·er** *n*

Que·ve·do y Vil·le·gas /kevéɪðou ìː viljéɪgɑːs/ ケベード・イ・ビリェーガス **Francisco Gómez de** ~ (1580–1645)《スペインの諷刺作家・詩人》.

que·zal /kɛsáːl/ *n* QUETZAL.

Que·zal·te·nan·go /kɛ(t)sàːltənáːŋgou/ ケサルテナンゴ《グアテマラ南西部の市》.

Qué·zon Cíty /kéɪsɔ̀ːn-, -sòun-; -zɔ̀n-, -sɔ̀n-/ ケソンシティー《フィリピンの Luzon 島南西部の市; 首都 Manila の北に隣接する; 1948–76 年同国の公式首都》.

Quézon (**y Mo·lí·na**) /(-ìː məlíːnə)/ ケソン(・イ・モリーナ) **Manuel** (**Luis**) ~ (1878–1944)《フィリピンの政治家; 独立準備期のフィリピンコモンウェルス (連邦) 大統領 (1935–44)》.

Q

Qu·fu, Ch'ü-fu /ʧúːfúː/, **Ch'ü-fou** /-fóu/ 曲阜(きょくふ)(チューフー)《中国山東省中南部西寄りの市; 周代は魯(ろ)の国の都で孔子の生地》.

quib·ble /kwíb(ə)l/ *n* ささいな難点, 難くせ; 言いのがれ (evasion), 逃げ口上, 屁理屈, こじつけ, あら探し, 揚げ足取り; 《古》地口, 駄じゃれ (pun). ► *vi* つまらぬことで議論をする〈*about, over*〉; 言いのがれる, 逃げ口上を言う, 屁理屈を言う; あら探しをする; 《古》PUN[1]. ► *vt* 〈要点を〉はぐらかす. ♦ **quíb·bler** *n* **quíb·bling** *a, n* **quíb·bling·ly** *adv* [? (dim) 〈*quib* (obs) quibble<L *quibus* (dat and abl pl) 〈*qui* who]

Qui·beron /*F* kibrɔ̃/ キブロン《フランス北西部 Brittany 半島南岸の半島; 七年戦争において, 同半島沖で英軍が仏軍を破った (1759)》.

quiche /kíːʃ/ *n* キッシュ《甘みのないパイの一種》: QUICHE LORRAINE. [F, <G *Kuchen* cake]

Qui·che /kiʧéɪ/ *n* **a** (*pl* ~, ~**s**) キチェ族《グアテマラ南部のマヤ族の一種族》. **b** キチェ語.

quíche lor·ráine /-ləréɪn, -lɔ(ː)-, -lɑ-/ [°q- L-] キッシュロレーヌ《パイ皮にチーズ・ベーコン・タマネギなどを入れ甘みのないカスタードをかけて焼いたもの》.

Quich·ua /kíːʧwə/ *n* (*pl* ~, ~**s**) QUECHUA.

quick /kwík/ *a* **1 a** 《動きなどが》すばやい, 敏捷な, 急速な, 迅速な; 短時間の, さっと済ませる, すぐ終わる: a ~ grower 生長の速い植物 / in ~ motion 迅速に / in ~ succession 次々と, 矢継ぎばやに / She was ~ *to* add that… 彼女は(言った後で)すぐに…と言い足した / He did a ~ mile. たちまち 1 マイルを走った / *Q*~ at meat, ~ at work. 《諺》速飯の人は仕事も速い / Be ~! 速く(しろ) / ~ on one's feet 足が速い / a ~ worker 仕事の速い人 / a ~ journey [visit]. **b** 《頭のはたらきなどが》すばやい, 理解が速い (opp. *slow*); 敏感な, 鋭い: ~ *to* learn 物おぼえが速い / ~ *of* apprehension わかりが速い / ~ *at* figures [learning] 計算[のみ込み]が速い / ~ *of* sight 目のよくきく. **c** せっかちな, おこりっぽい: a ~ temper 短気 (cf. QUICK-TEMPERED). **2** 急角度の, きつい〈曲がり角など〉; *《俗》〈服など〉きつい, ぴったりした. **3** 〈炎・熱など〉激しい; 〈オーブンが〉熱い; 《廃》辛辣な, 《廃》〈味などが〉刺激的な: in ~ agony 激しく苦悶して. **4 a** 《まれ》活発な, 元気のよい; 《古・方》生きている (living, alive); 《古》妊娠した: ~ water 流れる水 / ~ with child 《古》妊娠して胎動を感じている《もとは with ~ child》. **b** "生きた植物でつくった〈垣根〉(cf. QUICKSET); 〔鉱〕〈鉱脈が〉鉱石を含んだ, 生産的な; 〈土壌が〉水を含んでゆるんだ, 液状化した: a ~ hedge 生垣.
► *adv* [動詞のあとで] 速く, 急いで, すぐ (quickly); [特に 分詞と複合して] QUICKLY; *《俗》きつく, ぴったりと: Come ~! すぐ来なさい / Now then, ~! さあさあ速く / He wanted to get rich ~. 一攫(いっかく)千金を夢見た / (as) ~ as lightning [thought, a wink, a flash] 電光石火のごとく, 瞬く間に / ~ forgotten すぐに忘れられてしまう / pretty damn ~ 《俗》すぐに. ● **~er than hell***《俗》たちまち, すぐに, あっという間に.
► *n* **1 a** (*pl* ~) [*pl*] 生き物, 生物: the ~ and the dead 生者と死者. **b** 生身, 《特に 爪下の》生き身; 《傷口の》新肉, 《特に》(その)新しい生皮. **c** 感情の中枢, 急所, '痛い所'; 《物事の》中心: the ~ of the matter. **2** 《古》《ありのままの》生身, 実物. **3** QUICKSET; QUICKSILVER. ● **to the ~** (1) 生き肉にまで; 骨髄まで: cut [sting, touch, wound] sb *to the* ~ 人の胸にすごくこたえる, 人の感情をひどく害する. (2) 徹頭徹尾: a Tory *to the* ~ 根っからの保守党員. (3) 生きたように, 純然たる: be painted *to the* ~ 生き写しに描かれている.
► *vt* 《古》…に生気を与える, 活気(元気)づける.
[OE *cwic(u)* living; cf. G *keck* bold, L *vivus* living]

quíck-and-dírty **n* 《俗》ちゃちなレストラン, 安食堂. ► *a* 《口》速くていいかげんな, 間に合わせの, やっつけの〈仕事〉.

quíck ássets *pl* 〔会計〕当座資産.

Quíck·Bàsic *n* 〔電算〕クイックベーシック《コンパイラー付きの BASIC 言語の一つ; Visual Basic の前身》.

quíck brèad* クイックブレッド《すぐ焼けるようにふくらし粉を入れて焼いたパン; マフィン・トウモロコシパンなど》.

quíck búck*《口》FAST BUCK.

quíck-chánge *a* 〈芸人などが〉早変わりの; すばやく交換できる; 〈航空機が〉旅客機から輸送機に早変わりできる: a ~ artist 早変わりの芸人; 役割[意見など]をすぐ変えられる人.

quíck cláy 〘地質〙 クイッククレイ《スカンディナヴィア半島産の震動を加えるとすぐ液状に変わる海成粘土》.
quíck-éared *a* 早耳の.
quíck·en *vt* **1** 速める, 急がせる (hasten) 〈*up*〉. **2** 生き返らせる (revive); 活気づかせる, 刺激する (stimulate); 奮い起こす (arouse); 《古》 火をつける, 燃え上がらせる. **3** 〈湾曲部を〉急角度にする, 一層曲げる; 〈傾斜を〉より急にする. ► *vi* 速める; 速まる, 急速になる 〈*up*〉; 生命活動[生長]を始める, 生き返る, いきづく; 元気[活気]づく; 〈妊娠が〉胎動を感じるようになる, 〈胎児が〉胎動を始める; 輝き出す: sb's heart ～*s* 心が高鳴る, どきどきする. ♦ **～·ing** *a, n* 速める, 速くなる; 生き返らせる; 元気づける; 〘医〙 胎動初感. **～·er** *n*
Q
quíck-éyed *a* 目ざとい (sharp-sighted).
quíck-fíre *a* 速射の; 《口》 〈質問など〉ポンポン飛び出す, 矢継ぎばやの: a ～ gun 速射砲.
quíck fíre 〘軍〙 速射.
quíck-fírer *n* 速射砲.
quíck-fíring *a* QUICK-FIRE.
quíck fíx 《口》 手っ取り早い[急場しのぎの, 間に合わせの]解決(策), 応急処置. ♦ **quíck-fíx** *a*
quíck-fréeze *vt* 〈食料品を〉急速冷凍する (flash-freeze*). ► *vi* 食料品を急速冷凍する, 〈食料品が〉急速に冷凍になる.
quíck gràss 〘植〙 **a** COUCH GRASS. **b** ギョウギシバ. [変形く *quitch grass*]
quíck·hatch /kwíkhæ̀tʃ/ *n* 〘動〙 クズリ (wolverine).
quíck·ie 《口》 *n* サッ[パッ]とやってしまうもの, 急ごしらえのもの《映画・本など》; 速成研究[計画]; 急ぎの旅行; 山猫スト; キュッとやる一杯(の酒) (quick one); 短時間性交, クイックセックス. ► *a* 急ごしらえの, 急ぎの, 間に合わせの: a ～ divorce 速決離婚.
quíck kíck 〘アメフト〙 クイックキック《意表をつくパントキック》.
quíck·lìme *n* 生石灰 (=*burnt* [*caustic*] *lime, calcium oxide*).
quíck-lúnch *n* 軽食堂. ► *a* 軽食を売る.
quíck·ly *adv* 速く, 急いで; すぐに, 直ちに.
quíck màrch 〘軍〙 速歩行進; 《号令》 (速歩)行進!
quíck·ness *n* 敏捷, 機敏; 《運動などの》速さ, 急速, 迅速; 性急, せっかち, 短気.
quíck òne 《口》 キュッとやる一杯 (quickie); 《俗》 クイックセックス.
quíck ópener 〘アメフト〙 クイックオープナー《バックがクォーターバックからハンドオフを受け取り, ブロッカーによるラインのホールに向かって突っ込む攻撃プレー》.
quíck-òver *n**《俗》 急いで見る[見あらためる]こと, ざっと目を通すこと.
quíck púsh*《俗》 すぐだまされるやつ, カモ.
quíck-reléase *a* 〈装置が〉迅速解除のための, 急速解放のための.
quíck·sànd *n* [ᵒ*pl*] 流砂, クイックサンド《その上を歩こうとする人や動物などを吸い込む》; 危険で油断のならない状態[事態]. ♦ **～y** *a*
quíck·sèt *a*ᴵᴵ生垣の; QUICK-SETTING. ► *n*ᴵᴵ生垣用挿し木[苗]; 《特に サンザシ (hawthorn) の》生垣 (=～ **hèdge**).
quíck-sètting *a* 〈セメントなど〉急速に固まる, 急結する.
quíck-síght·ed *a* 目ざとい, 眼力の鋭い.
quíck·sìlver *n* 水銀 (mercury); 快活な性質, 移り気; 移り気な人. ► *a* 水銀の(ような); 変わりやすい, 動きの速い. ► *vt* 〈鏡用のガラス〉に水銀を塗る.
quíck·stèp *n* 速歩; 速歩行進曲; 〘ダンス〙 クイックステップ. ► *vi* 速歩で行進する; クイックステップを踊る.
quíck stúdy のみ込み[おぼえ]の速い人[俳優, 演奏家].
quíck-témpered *a* 短気な.
quíck·thòrn *n* 〘植〙 セイヨウサンザシ (hawthorn).
quíck tìme 〘軍〙 速歩《1 分間に 120 歩進む歩調で, 通常の行進歩調》.
quíck tríck 〘トランプ〙 《ブリッジの》早勝ち札《1 回目か 2 回目の勝負で必ず勝つ札; キングとクイーンの組, またはエース》; 早勝ち札による得点.
quíck-wítted *a* 機転のきく, 勘がいい, 頭の回転の速い. ♦ **～·ly** *adv* **～·ness** *n*
quícky *n, a* QUICKIE.
quid[1] /kwíd/ᴵᴵ《口》 *n* (*pl* ～, ～**s**) (英貨) 1 ポンド《もと金貨 (sovereign)》. ● **be not the full ～** 《豪俗》 脳みそが足りない, 低能だ. **be ～s in**ᴵᴵ《口》 ついている, 得する立場にある, もうかる. **get in one's ～'s worth**=put in one's TWO CENTS (worth). **like a** MILLION **～**. [C17<?; cf. *quid* nature of a thing<L *quid* what]
quid[2] *n* 《かみタバコなどの》ひと塊り, 一きれ, 一服(分). [(dial) < *cud*]
Quid·de /kvídə, kwídə/ クヴィッデ **Ludwig ～** (1858–1941) 《ドイツの政治家・歴史家; ノーベル平和賞 (1927)》.
quid·di·ty /kwídəti/ *n* 《物の》本質 (essence), 〘哲〙「何であるか」ということ, 通性原理; 屁理屈 (quibble), こじつけ; 変わっていること, 奇想. [L (*quid* what)]
quid·nunc /kwídnʌ̀ŋk/ *n* 《古》 《世間話・うわさなどを》聞きたがる人, せんさく好きな人. [L=what now?]
quid pro quo /kwíd pròu kwóu/ (*pl* **～s, quíds prò quó**) 対価, 見返り, 代償(物) 〈*for*〉; 相当物, 対応物; しっぺ返し: ～ sexual harassment 対価型性的いやがらせ《被用者が誘いを拒絶すれば免職させられるなどの場合》. [L=something for something]
¿quién sa·be? /kjeın sá:veı/ だれが知っているか; だれが知っているものか. [Sp=who knows?]
qui·es·cent /kwaıés(ə)nt, kwi-/ *a* 静止[休止]した; 〈感情が〉眠っている; 〈火山が〉静穏期の, 〈病気が〉鎮静期の, 無症状の; 〈字が〉発音されない. ♦ **～·ly** *adv* **qui·és·cence, -cy** *n* [L; ⇨ QUIET]
quiéscent tánk 《下水などの》沈澱槽.
qui·et /kwáıət/ *a* (**～·er; ～·est**) **1** 静かな, 音[声]をたてない, 静寂[静粛]な, ひっそりとした, 閑静な (opp. *noisy*): (as) ～as the GRAVE[1] / Be ～! 静かに / go ～ 黙る, しんとする. **2 a** 《激しい動き・活動などがなく》静かな, 穏やかな; 平穏な, 平和な: a ～sea / a ～ life. **b** 〘商〙 平静な, (取引が)不活発な (not busy): a ～ market. **3** 〈人・気質・態度などが〉静かな, 穏やかな, 落ちついた; おとなしい, 目立たない; 〈心が〉平静な, 乱されない: (as) ～as a mouse とても静かな[おとなしい]. **4** 内密の, ひそかな; 表に出ない, 内心の: a ～ word with sb 人との内密の話 / ～ resentment 内心の怒り. **5** 心静かに行なう[楽しむ, 過ごす], 乱されない: a ～ reading [smoke] / a ～ time 《祈りなどのための》静かな時 〈*for*〉. **6** 〈服装・色彩が〉地味な, おとなしい, 落ちついた (opp. *loud*); 簡素な, 形式ばらない: a ～ wedding. **7** 引っ込んだ(ところにある), 人目につかない: a ～ nook. ● **keep ～** 静かにしている; 黙っている, 口外しない 〈*about*〉. ► *n* 静けさ, 閑静, 静寂; 休養, 安静; 平静, 静穏, 平穏, 平和, 安らかさ. ● **at ～** 平静に, 平穏に. **on the ～** 《口》 こっそり, ひそかに (cf. *on the* Q.T.). ► *vt* **1 a** 静かにさせる 〈*down*〉; なだめる, 慰める, 安心させる (soothe) 〈*down*〉. **b** 〈騒ぎ・恐怖などを〉和らげる, 鎮める (pacify). **2** 〘法〙 《権原の瑕疵(かし)を取り除いて》〈(不動産)権原を〉平穏化する. ► *vi* 静まる, 穏やかになる 〈*down*〉; おさまる 〈*down*〉. ► *adv* 静か[穏やか]に. ♦ **～·ness** *n* QUIET. [(AF)<OF<L *quiet- quiesco* to become calm (*quies* quiet)]
quíet·enᴵᴵ *vt, vi* QUIET.
quíet·er *n* 静かにさせる人[もの]; 〘機〙 《内燃機関などの》防音装置.
quíet·ìsm *n* **1 a** 静寂主義《完徳と平安とは自我意志を無にして静かに神を念うことによって獲得されると教える, 17 世紀末の極端な神秘主義思想[運動]》. **b** 《一歩退いた》静観主義. **2** 《精神・生活の》平和, 平安, 静けさ, 落ちつき; 静止, 不活動. ♦ **quíet·ist** *n, a* 静寂主義者; 静寂主義(者)の. **qui·et·ís·tic** *a*
quíet·ly *adv* 静かに, そっと; 落ちついて; おとなしく; 平穏に; 地味に; 遠まわしに; ひそかに. ● **just ～** 《豪》 ここだけの話だが (between you and me).
quíet ròom 《精神病院の》拘束室.
qui·e·tude /kwáıət(j)ù:d/ *n* 静けさ, 静寂, 穏やかさ, 静穏. [L; ⇨ QUIET]
qui·e·tus /kwaıí:təs/ *n* 《債務などからの》最終的な解除, 解放, 清算; 生[活動]からの解放, 死; 終止[終息]させるもの, とどめ, 終止符; 休止状態: get one's ～ 死ぬ / give sb his ～ 人を殺す. [L *quietus* (*est* he is) quit; ⇨ QUIET]
qui fa·cit per ali·um fa·cit per se /kwi fà:kıt pèr á:lıùm fà:kıt pèr séı/ 他人を通じて行為する者は自身によって行為する《本人が代理人の行為の責任を負う》. [L=he who does (anything) through another does it through himself]
quiff[1ᴵᴵ] /kwíf/ *n* **1** クイッフ《前髪を突き出した[盛り上げた]リーゼントスタイル》. **2** 《俗》 巧妙な手段, うまい手[手口]. [C20<?]
quiff[2]* *n* タバコのひと吹き; フッ[サッ]と吹く風. [*whiff*]
quiff[3] *n* 《俗》 若い女, 娘, ふしだら女, スケ, 淫売. [C20<?]
quill /kwíl/ *n* **1 a** 《鳥の翼または尾にある》強くて丈夫な羽根, おおばね (=～**-fèather**); 〘鳥〙 羽柄(うへい), 翮(かく) 《管状の羽軸》. **b** 羽柄製のもの; 《鵞鳥の羽で作った》羽ペン, 鵞ペン (=～ **pèn**), 《一般に》ペン; つまようじ (toothpick); 《ハープシコード・リュートなどの弦をはじく》つめ (plectrum), クイル; 〘釣〙 羽茎で作った[羽茎状の]うき, クイル: drive the ～ ペンを走らせる, 書く. **2** quill に似たもの; 《ヤマアラシなどの》針; 管状の糸巻; 〘薬〙 《乾燥して小さく巻いた》一巻きの樹皮[肉桂皮など]; [*pl*] PENNE; 〘機〙 QUILL SHAFT; 《古》 《中空の茎で作った》笛; *《俗》 《鼻から麻薬を吸入するのに用いる》紙のストロー; 《俗》 《麻薬を隠すための》二つ折りにした紙マッチのカバー. **3** [ᵘthe pure ～] 最上のもの, 極上品, 本物. ► *vt* **1** 〈レースなど〉に管状のひだをつける; 〈糸を〉糸巻に巻く; 針などで(刺し)通す; 〈鳥〉の羽根を抜く. **2** 《俗》 …にこびる, ごまをする. [ME=hollow reed<?LG *quiele*]
quil·lai /kılάı/, **quil·laia** /kıláıə, kwıléıjə/, **-la·ja** /kwıléıjə, -dʒə/ *n* 〘植〙 キラヤ, セッケンボク (soapbark). [AmSp<Chilean]
quillái bàrk キラヤ皮 (soapbark).
quíll·bàck *n* (*pl* ～, ～**s**) 〘魚〙 クウィルバック (=～ **cárpsucker**) 《北米中部・東部産のサッカー科の魚》.
quíll-còverts *n pl* 〘鳥〙 翼覆(よくふく).
quíll-drìver *n* [*joc/derog*] せっせと物を書く者, 物書き, 下級書記.
Quil·ler-Couch /kwílərkú:tʃ/ クウィラークーチ **Sir Arthur Thomas ～** (1863–1944) 《英国の作家・批評家; 筆名 Q; *The Oxford Book of English Verse* (1900) の編者》.
quil·let /kwílət/ *n* 《古》 細かい区別立て, ごまかし, 逃げ口上, 言い抜け《Shak., *Hamlet* 5.1.108》: the ～ of the law 法律のせせこましさ. [C16<?]

quíll·ing *n* **1** クイリング《レース・リボンなどに管状のひだをとること; そのレース[リボン]》. **2** クイリング (paper filigree‖, quillwork*)《紙(時に繊維・ガラスなど)を素材にした細線[こより]細工》.
quil·lon /*F* kijɔ̃/ *n* [°*pl*]《刀身に対して十字をなす》鍔(つば)の片側.
quíll shàft 〖機〗中空シャフト, クイルシャフト.
quíll·wòrk* クイルワーク《(1) ヤマアラシの針や鳥の羽柄 (quills) を用いた装飾工芸 2) ⇨ QUILLING》.
quíll·wòrt *n* 〖植〗ミズニラ《水生シダ》.
Quil·mes /kí:lmèɪs, -mès/ キルメス《アルゼンチン東部の市; Buenos Aires 郊外の保養地》.
quilt /kwílt/ *n* キルト《2 枚の布の間に綿・毛・羽などを芯にして刺し縫いしたベッドカバー》; 《キルト状[模様]の》ベッドの上掛け, キルト; キルティングして作ったもの; 《廃》MATTRESS. ► *vt* **1 a** キルト縫いにして作る, キルティングする; キルト模様にする; 〈キルト模様を〉《重ねた布に》縫い付ける; 〈お金などを〉縫い込む. **b** 《キルトのように》…の間[内側]に詰め物をする. **c** …にふとんなどを掛ける. **2** 〈文学作品などを〉寄せ集めて編集する. **3** 《方》なぐる, むち打つ (thrash). ► *vi* quilt を作る. ♦ **～·er** *n* [OF *cuilte*＜L *culcita* cushion]
quílt·ed *a* キルトの, キルトにした[で作った].
quílt·ing *n* **1** キルト縫い[作り], キルティング(の作品); キルト縫いの材料[詰め物]. **2** *QUILTING BEE.
quílting bèe [pàrty]* キルト作りの集まり《女性たちがおしゃべりを楽しむ一種の懇親会》.
quim /kwím/ *n* 《卑》おまんこ (cunt); 女. [C18＜?]
quim·by /kwímbi/ *n**《俗》くだらない[いやな]やつ, ばか.
quimp /kwímp/ *n**《俗》ばかったれ, いやなやつ, くそ野郎.
Quim·per /*F* kɛ̃pɛ:r/ カンペール《フランス北西部 Finistère 県の県都》.
quin /kwín/ *n*‖《口》五つ子の一人 (quintuplet).
quin- /kwín/, **quino-** /kwínou, -nə/ *comb form*「キナの木[皮]」「キノン (quinone)」 [Sp (↓)]
qui·na /kí:nə/ *n* キナ (CINCHONA). [Sp *kina*＜Quechua]
quin·a·crine /kwínəkrì:n/, **quínacrine hydrochló·ride** *n* 〖薬〗キナクリン, アクリナミン《マラリア予防[治療]薬》. [*quinine*＋*acridine*]
quínacrine mùstard キナクリンマスタード《ヒトの Y 染色体を染めて蛍光を発するようにする化合物; 性の判定に用いる》.
qui·na·ry /kwáɪnəri/ *a* 5 (個)の, 5 部[個]からなる; 5 つずつの (quintuple), 5 番目の; 五進法の. ► *n* 5 からなる組. [L (*quini* five each)]
qui·nate[1] /kwáɪnèɪt/ *a* 〖植〗五小葉からなる. [L (↑)]
quin·ate[2] /kwáɪnèɪt, kwín-/ *n* 〖化〗キニン酸塩[エステル].
quince /kwíns/ *n* 〖植〗**a** マルメロ《バラ科マルメロ属の一種; カリンに似た洋ナシ形の芳香のある果実は堅くて生食に適さず, ジャム・ジェリー・砂糖漬などにする》. **b** マルメロに似た木《ボケ (Japanese quince) など》. ● **get on sb's ～** 《豪俗》人をいらいらさせる, おこらせる. [(*pl*)＜ *quoyn* (obs)＜OF＜L *coteneum* (Crete の *Cydonia* 産リンゴ)]
quìn·centénary *a* 五百年記念の, 五百年祭の. ► *n* 五百年記念日, 五百年祭 (⇨ CENTENARY). [L *quinque* five]
quìn·centénnial *a, n* QUINCENTENARY.
quin·cun·cial /kwɪnkʌ́nʃ(ə)l/, **quin·cunx·ial** /-kʌ́ŋ(k)siəl/ *a* 五の目型 (quincunx) の; 〖植〗五葉[五数]配列の. ♦ **～·ly** *adv*
quin·cunx /kwínkʌ̀ŋks/ *n* さいころの五の目形(のもの); 〖植〗五葉[五数]配列; 〖占星〗星が 150° 隔たっている星位. [L＝five twelfths (*uncia* OUNCE[1])]
Quin·cy /kwínzi, -si; -si/ クインシー《男子名》. [OF＜L *quintus* fifth]
quin·décagon /kwɪn-/ *n* 十五角形. [L]
quin·dec·a·plet /kwɪndékəplèt/ *n* 15 個からなる組; 15 個組のうちの 1 個.
quin·de·cen·ni·al /kwìndɪséniəl/ *a* 十五周年(記念)の. ► *n* 十五周年(祭).
quìn·decíllion *n, a* クウィンデシリオン(の)《10^{48}; 英ではかつては 10^{90} を表わした》. ★ ⇨ MILLION.
quine /kwáɪn, kwí:n/ *n* 《スコ》未婚の若い女, 娘, 女の子 (quean).
Quine /kwáɪn/ クワイン **Willard Van Orman ～** (1908–2000)《米国の哲学者・論理学者》.
qui·nel·la /kwɪnélə/, **qui·nie·la** /-njélə/ *n* 《競馬などの》連勝複式《1, 2 着を着順にかかわらず当てる; cf. PERFECTA, TRIPLE》. [AmSp]
quin·es·trol /kwɪnéstrɔ̀(:)l, -tròul, -tràl/ *n* 〖生化〗キネストロール《estrogen の一種》. [*quinic*, *estrogen*, *-ol*]
quin·gen·a·ry /kwɪnʤénəri, ‖-ʤí:-/ *n* 《まれ》QUINCENTENARY. ► 〖古ロ〗*a* 〈部隊が〉500 人編制の; 500 人隊用の.
quin·gen·ten·a·ry /kwìnʤènténəri, ‖-tí:-/ *n, a* QUINCENTENARY. [L *quingenti* five hundred; *centenary* にならったもの]
Qui Nhon /kwi njáŋ/ クイニョン《ヴェトナム南東部の, 南シナ海に臨む港町》.
quín·ic ácid /kwínɪk-/ 〖化〗キナ酸.
quin·i·dine /kwínədì:n, -dən/ *n* 〖薬〗キニジン《不整脈治療・抗マラリア薬》.
quiniela ⇨ QUINELLA.
qui·nine /kwáɪnàɪn; kwínì:n, ─ ╱/ *n* 〖薬〗キニーネ, キニン《(1) 南米原産のキナの樹皮に含まれるアルカロイド 2) その塩; 解熱薬・抗マラリア薬》. [*quina*]
quínine wàter* キニーネ水 (TONIC WATER).
quink /kwíŋk/ *n* 〖鳥〗コクガン (brant) (＝～ **gòose**).
Quinn /kwín/ **1** クイン《男子名》. **2** クイン **Anthony** (**Rudolph Oaxaca**) ～ (1915–2001)《メキシコ生まれの米国の映画俳優; *Zorba the Greek* (その男ゾルバ, 1964)》. [(dim); ⇨ QUENTIN]
quín·nat (sàlmon) /kwínət(-), -næ̀t(-)/ KING SALMON.
quino ⇨ KENO.
qui·noa /kí:nwà:, k(w)ɪnóuə/ *n* 〖植〗キノア, キヌア《Andes 高地産のアカザ属の植物; ヒエ状の実をペルーやボリビアで食用にする》. [Sp＜Quechua]
quin·oid /kwínɔ̀ɪd/ 〖化〗*a* QUINONOID. ► *n* キノノイド化合物, キノイド.
qui·noi·dine /kwɪnɔ́ɪdì:n, -dən/, **-din** /-dən/ *n* 〖薬〗キノイジン《キニーネ製造の副産物でキニーネの代用品》.
quin·ol /kwínɔ̀(:)l, -nòul, -nàl/ *n* 〖化〗HYDROQUINONE.
quin·o·line /kwín(ə)lì:n, -lən/ *n* 〖化〗キノリン《無色・特異臭の油状の液体; アルカロイド・キノリン染料製造用》.
quin·o·lone /kwínəlòun/ *n* 〖薬〗キノロン《合成抗菌薬; キノリンをヒドロキシ化した誘導体で, 細菌の DNA の複製を阻害する》.
qui·none /kwɪnóun, ─ ╱/ *n* 〖化〗キノン《黄色の結晶化合物; 写真・皮なめし用》; キノン化合物. [*quina*, *-one*]
quinóne dí·imìne /-dáɪ-/ 〖化〗キノンジイミン《無色の固体; インダミンなどの染料合成の中間体》.
quinóne imíne, qui·non·imine /kwɪnóunəmì:n, -mən/ *n* 〖化〗キノンイミン《無色の結晶化合物》.
quin·o·noid /kwínənɔ̀ɪd, kwɪnóunɔ̀ɪd/ *a* 〖化〗キノン (quinone) の[に似た, から誘導された], キノイド….
qui·no·vin /kwɪnóuvən/ *n* 〖化〗キノビン《キナ皮に含まれる配糖体》.
qui·no·vose /kwɪnóuvous/ *n* 〖生化〗キノボース《キノビン (quinovin) をなす糖》.
qui·nox·a·line /kwɪnáksəlì:n/ *n* 〖化〗キノキサリン《無色の結晶; 有機合成に用いる》.
quin·qua·ge·nar·i·an /kwìnkwəʤənέəriən, kwìŋ-; kwìŋ-/ *a, n* 五十代の(人) (⇨ QUADRAGENARIAN). [L (*quinquageni* fifty each)]
quin·quag·e·nary /kwɪnkwǽʤənèri, kwɪŋ-; kwɪŋkwǽʤɪn(ə)ri/ *n* 五十周年記念日.
Quin·qua·ges·i·ma /kwìnkwəʤésəmə, kwìŋ-; kwìŋ-/ *n* 〖カト〗五旬節(の主日), 〖英国教〗大斎前第一主日 (＝～ **Súnday**) (＝*Shrove Sunday*)《四旬節 (Lent) 前の日曜日, 復活祭より約 50 日前; ⇨ QUADRAGESIMA》. ♦ **-gés·i·mal** *a*
quin·que- /kwínkwə, kwíŋ-; kwíŋkwɪ-/, **quinqu-** /kwínkw, kwíŋkw; kwíŋkw/ *comb form*「5」: *quinque*valent. [L *quinque* five]
quìnque·centénary *n, a* QUINCENTENARY.
quìnque·centénnial *a, n* QUINCENTENARY.
quìnque·fóliolate *a* 〖植〗五(小)葉の, 五枚葉の.
quìnque·láteral *a* 側面が 5 つの (five-sided).
quin·quen·ni·ad /kwɪnkwéniæ̀d, kwɪŋ-; kwɪŋ-/ *n* QUINQUENNIUM.
quin·quen·ni·al /kwɪnkwéniəl, kwɪŋ-; kwɪŋ-/ *a* 5 年目ごとの; 5 年の, 5 年続く. ► *n* 5 年目ごとに起こるもの; 五周年(祭), 五年祭; 5 年の任期; 5 年間. ♦ **～·ly** *adv*
quin·quen·ni·um /kwɪnkwéniəm, kwɪŋ-; kwɪŋ-/ *n* (*pl* **～s**, **-nia** /-niə/) 5 年間. [L (*quinque* five, *annus* year)]
quìnque·pártite *a* 5 部(分)に分かれる[からなる]; 5 者による.
quin·que·reme /kwínkwərì:m; kwíŋ-/ *n* 《古代ローマの》五橈漕(そう)船《5 段オールのガレー船》. [L *remus* oar]
quin·que·va·lent, -qui- /kwìnkwɪvéɪlənt, kwìŋ-; kwìŋ-/ *a* 〖化〗PENTAVALENT. ♦ **-lence, -len·cy** *n*
quin·qui·na /kɪnkí:nə; kwɪŋkwáɪnə/ *n* 《古》CINCHONA.
quin·sy /kwínzi/ *n* 〖医〗扁桃(周囲)膿瘍. ♦ **-sied** *a* [OF＜L *quinancia*＜Gk (*kun-* dog, *agkhō* to throttle)]
quint[1] /kwínt/ *n* **1** 〖楽〗5 度音程; 5 度高オルガンストップ; 《ヴァイオリンの》E 線. **2** /; kínt, kwínt/ 〖トランプ〗同じ組の 5 枚続きの札 (cf. TIERCE, QUART[2]): a ～ major 最高点の 5 枚札《ace, king, queen, jack, 10》/ a ～ minor 次高点の 5 枚札《king 以下 9 まで [jack 以下 7 まで] の 5 枚》. [F＜L (QUINTUS)]
quint[2] *n**《口》五つ子の一人 (quintuplet).
quint[3] *n**《俗》バスケットボールのチーム. [*quintet*]
quin·ta /kíntə, kí:n-/ *n* 《スペイン・ポルトガル・ラテンアメリカなどの》田舎屋敷, 別荘, 田舎旅館; 《特にポルトガルの》ブドウ園. [Sp, Port＜L (QUINTUS); 貸借料が収入の 1/5 であった]
quin·tain /kwínt(ə)n/ 〖史〗*n* 槍的(やりまと)《片側に砂袋, 反対側に盾的のついている回転式横木を渡した柱》; 槍的突き《駆け抜けざまに馬上から盾的を突く武技》. [OF]
quin·tal /kwínt(ə)l/ *n* キンタル《重量単位: ＝*100 lb, ‖112 lb》;

〘メートル法〙100 kg(常衡で 220.46 lb).

quin·tan /kwínt(ə)n/ 〘医〙 *a* 5 日目ごとに起こる〈熱〉(⇨ QUOTIDIAN). ► *n* 五日熱.

Quin·ta·na Roo /kintá:nə róʊ/ キンタナロー《メキシコ南東部 Yucatán 半島東部の州; ☆Chetumal; 主にマヤインディオが居住》.

quinte /kǽnt; *F* kɛ̃:t/ *n* 〘フェン〙第五の構え(⇨ GUARD).

Quin·te·ro /kintéɪroʊ/ **1** ⇨ ALVAREZ QUINTERO. **2** キンテロ **José (Benjamín)** ~ (1924–99)《米国の演出家; 第二次大戦後の off Broadway の演劇ブームの火つけ役で, Eugene O'Neill 再評価のきっかけをつくった》.

Q

quin·tes·sence /kwɪntés(ə)ns/ *n* [the] 精, 精髄, 真髄; 究極, 典型 〈*of*〉; 〘古代哲学〙第五元素《四元素 (earth, air, fire, water) の外にあり万象に拡充して宇宙天体を構成すると考えられた要素》. ► *vt* 《まれ》…の精髄を抽出する. ♦ **quin·tes·sen·tial** /kwìntəsénʃ(ə)l/ *a* **-tial·ly** *adv* [OF (L *quinta essentia* fifth substance)]

quin·tet, -tette /kwɪntét/ *n* 〘楽〙五重奏[唱], クインテット (⇨ SOLO); 五重奏[唱]団; 五重奏[唱]曲; 五人組, 五つぞろい; *《口》バスケットボールチーム. [F<It (*quinto* fifth < QUINT[1])]

quin·tic /kwíntɪk/ *a* 〘数〙五次の. ► *n* 五次(方程)式.

quin·tile /kwíntàɪl/ *n* 〘占星〙2 星が黄道の 1/5 (すなわち 72°) 隔たっている星位; 〘統〙五分位数. ► *a* 〘占星〙quintile の.

Quin·til·ian /kwɪntíljən/ クウィンティリアヌス (*L* Marcus Fabius Quintilianus) (c. 35–c. 100)《ローマの雄弁家・修辞家; *Institutio oratoria* (弁論術教程)》.

quin·til·lion /kwɪntíljən/ *n, a* (*pl* **~s**, (数詞のあと) ~) クウィンティリオン(の), 100 京(けい)(の)(10^{18}; 英ではかつて 10^{30} を表わした). ★ ⇨ MILLION. ♦ **-lionth** /-θ/ *a, n*

Quin·tin /kwínt(ə)n/ クウィンティン《男子名》. [⇨ QUENTIN]

quin·tu·ple /kwɪnt(j)ú:p(ə)l, -tʌ́p-, kwíntə-/ *a* 5 倍の, 5 重の; 5 つの部分からなる; 〘楽〙5 拍子の. ► *n* 5 倍(の量[数, 額]); 《まれ》5 個の一組. ► *vt, vi* 5 倍[5 重]にする[なる]. ★ ⇨ QUADRUPLE. ♦ **-ply** *adv* [F (QUINT); *quadruple* にならったもの]

quin·tup·let /kwɪntʌ́plət, -t(j)ú:-, kwíntəp-; kwíntjʊplɪt, kwɪntjú:-/ *n* 五つ子の一人, [*pl*] 五つ子, 五胎児 (cf. QUIN, QUINT[2]); 5 個[人]一組; 〘楽〙五連符.

quin·tu·plex /kwínt(j)ʊplèks, kwɪnt(j)ú:-, kwɪntʌ́p-/ *a* QUINTUPLE.

quin·tu·pli·cate /kwɪnt(j)ú:plɪkət/ *a* 5 倍の, 5 重の, 5 連の; 《5 連複写の》5 枚目の. ► *n* 同じもの 5 つのうちの一つ, 5 連複写のうちの 1 通; 5 つ一組. ● **in ~** 5 通に. ► *vt* /-pləkèɪt/ 5 倍する; 〈文書などを〉5 通作成する, …の写しを 4 通とる. ♦ **quin·tù·pli·cá·tion** *n*

quin·tus[‖] /kwíntəs/ *a* 《男子同姓生徒中》5 番目の (⇨ PRIMUS). [L=fifth < *quinque* five]

qui·nu·cli·dine /kwɪn(j)ú:klədì:n/ *n* 〘化〙キヌクリジン《結晶性の二環式塩基》.

qui·nu·cli·di·nyl ben·zi·late /kwɪn(j)ú:klədì:nl bénzəlèɪt/ ベンジル酸キヌクリジニル (BZ).

quinze /*F* kɛ̃z/ *n* 〘トランプ〙十五.

quip /kwíp/ *n* 気のきいたことば, とっさの名言[迷言], 警句, 軽口; 辛辣なことば, 皮肉; 逃げ口上 (quibble); 奇異なもの[行動]: trade *~s* 軽口をたたき合う. ► *v* (-pp-) *vi* 名言[皮肉]を言う, からかう 〈*about, at*〉. ► *vt* からかう; …と皮肉[冗談, 至言, きついこと]を言う. ♦ **quíp·py** *a* **quíp·per** *n* [*quippy* (obs)<?L *quippe* forsooth]

quíp·ster *n* 皮肉屋, 奇抜なことを言う人.

qui·pu, quip·pu /kí:pu, kwípu/ *n* 結び縄文字《古代ペルー人の間で行なわれた記号法; 縄の種類・結び目・色合いなどの配列で意味を表示し記録・計算などに用いた》. [Sp]

quire[1] /kwáɪər/ *n* 《紙の》一帖(じょう)《1 REAM[1] の 1/20, 24 枚または 25 枚; 略 q., qr.》; 四列丁《四紙葉を二折にしたもの》; 《製本する時の》一折, 折丁. ● **in ~s** 〈印刷本が〉ばらで, 未製本で. [OF *qua(i)er*<L; ⇨ QUATERNARY]

quire[2] *n, v* 《古》CHOIR.

Quir·i·nal /kwírənl/ *n* [the] **1** クイリナリス《(1) SEVEN HILLS OF ROME の一つ (=the ~ **Híll**) 2) この丘にある宮殿; 旧イタリア王宮, 現在 大統領宮邸》. **2** イタリア政府. ► *a* クイリナリスの[にある]; QUIRINUS の.

Qui·ri·no /kɪrí:noʊ/ キリーノ **Elpidio** ~ (1890–1956)《フィリピンの政治家; 大統領 (1948–53)》.

Qui·ri·nus /kwɪráɪnəs, -rí:-/ 〘ロ神〙クウィリーヌス《戦争の神; のちに Romulus と同一視された》.

Qui·ri·tes /kwɪráɪtiz, -rí:-/ *n pl* 〘古ロ〙《政治・軍事上の資格と区別して》公民としてのローマ市民.

quirk /kwə́:rk/ *n* **1** 変なくせ, 奇癖; 気まぐれ; 急なねじれ; 《物事の》急転回; 濁しことば, 逃げ口上 (quibble); 《まれ》警句, しゃれ: by a ~ of fate 運命の気まぐれにより, 妙なめぐり合わせで. **2** 《書・画の》飾り書き (flourish); 〘建〙《繰形(くりがた)の》深い溝. **3**[‖]《空軍俗》**a** 新米飛行士. **b** 訓練機, 《スピードの出ない》堅実型の飛行機, 一風変わった飛行機. ► *vt* ねじる, よじらせる. ► *vi* よじる, ねじれる. ♦ **~·ish** *a*

quírky *a* くせのある, 一種独特の; ねじれ[ひねり]のある; ずるい (tricky). ♦ **quírk·i·ly** *adv* **-i·ness** *n* [C16<?]

quir·l(e)y /kwə́:rli/ *n* 《米俗・豪俗》紙巻きタバコ (cigarette).

quirt /kwə́:rt/ *n, vt* 編み革の乗馬むち(で打つ). [MexSp *cuerda* cord]

quis? /kwís/ 《学童俗》だれかこれ欲しい人《'Ego' (ぼく欲しい) と最初に答えた者がもらう》. [L=who]

quis cus·to·di·et ip·sos cus·to·des? /kwìs kustóudièt ípsòus kustóudèɪs, -kəstóudiət ípsòus kəstóudì:z/ だれが番人の番をするだろうか. [L=who will keep the keepers themselves?]

qui s'ex·cuse s'ac·cuse /*F* ki sɛksky:z saky:z/ 言いわけすれば心がとがめる. [F=he who excuses himself accuses himself]

quisle /kwíz(ə)l/ *vi* 《口》裏切る, 裏切り者になる. ♦ **quís·ler** *n* QUISLING. [逆成 <↓]

quis·ling /kwízlɪŋ/ *n* 裏切り者, 売国奴 (traitor). ♦ **~·ism** *n* **~·ite** *a, n* [ノルウェーのファシスト政治家 Vidkun *Quisling* (1887–1945) の第二次大戦中の行為から]

quis se·pa·ra·bit? /kwìs sèɪpərá:bɪt, -sèpəréɪbɪt/ だれがわれらを引き離すだろうか[ものか]《聖パトリック勲位の題銘》. [L=who shall separate (us)?]

quist /kwíst/ *n* (*pl* ~, **~s**)[‖]《方》WOOD PIGEON.

quit /kwít/ *v* (**quit, quít·ted; quít·ting**) *vt* **1** 〈仕事などを〉やめる, よす; 手放す, 放棄する, 明け渡す (let go): ~ complain*ing* ブツブツいうのをやめる / Don't ~ try*ing*. あきらめないでがんばれよ. **2** 去る (leave), …から離れ去る, 立ち退く; 〈人〉と別れる: ~ one's (own) country 故国を(見)捨てる. **3** [~ *-self*] 《古》**a** 免れる 〈*of*〉. **b** ふるまう (behave) 〈*well, like…*〉: Be strong, and ~ your*selves like* men. 《*1 Sam* 4: 9》. **4** 〈借金を〉返済する, 帳消しにする; 《詩》…に報いる (repay): ~ love *with* hate 愛に対して憎しみを返す / Death *~s* all scores. 《諺》死は万事を帳消しにする. ► *vi* 〈…のことがもとで〉仕事をやめる, よす, 辞職する 〈*over*〉; 立ち去る (go away), 〈借地人などが〉立ち退く; 降伏する, 屈する; 止まる, 故障する; *《俗》死ぬ: ~ as…をやめる / give [have] notice to ~ 立退き状[辞職勧告]を渡す[受け取る]. ● **~ hold of**…を手放す. **~ it***《俗》死ぬ. **~ on** sb 突然やめて[故障して]人を困らせる. **~ while** one **is ahead** 《口》うまくいっているうちにやめる[手を引く]. ► *a* 許されて, 放免されて (free); 〈責任などを〉免れて (rid) 〈*of*〉: I gave him money to be ~ *of* him. 彼に手切れ金を与えた. ● **be ~ for**…だけで済む[免れる]. **get ~ of**…を免れる, 脱する. The others can **go ~.** 他の者は放免. ► *n* 辞職, 退職; 離すこと, 放棄. [OF<L QUIET]

quítch (gràss) /kwítʃ(-)/ COUCH GRASS. [OE *cwice*]

quít·clàim 〘法〙 *n* 権利放棄; QUITCLAIM DEED. ► *vt* 〈土地などの〉権利を放棄する.

quítclaim dèed 〘法〙権利放棄捺印証書.

quite /kwáɪt/ *adv* **1 a** 全く, すっかり, まるっきり; 絶対に, 実に: ~ finished すっかり終わった / ~ another matter まるで別の事柄 / ~ certain 全く確実で / I was ~ alone. 全く一人ぼっちだった. **b** [not と共に部分否定に用いて] 完全に…とは言えない: I am *not* ~ well yet. まだ少し悪い / He [She] is*n't* ~. [‖]《口》ちょっと紳士[淑女]とはいえない《a gentleman [lady] を補う》. **2** 事実上, ほとんど, いわば, …も同然: He is ~ crazy about golf. 彼はゴルフ狂といってよいくらいだ / He [She] is ~ a man [woman]. もう一人前だ. **3 a***かなり, ずいぶん, とても (considerably): She is ~ a pretty girl. なかなかきれいな女の子だ. **b** 確かに[相当に]…(だがしかし) (more or less): She is ~ pretty, but uninteresting. 彼女は確かにきれいだがおもしろみがない. **c**[‖]一応, まずまず: ~ good but not perfect. **d** 《カリブ》はるばる (all the way), わざわざ. ★(1) 不定冠詞を伴う「形容詞+名詞」に付くときは, *quite* a(n)…と a *quite*…との二つの語順の場合がある. 本来, 前者は「a(n)+形容詞+名詞」の全体を修飾し, 後者は形容詞のみを修飾するが, 一般に後者は前者より形式ばった表現で概して《米》に多く用いられる (cf. RATHER): It is a ~ good book (=~ a good book[‖]). 全くよい本だ. (2) It's very cold today. は客観的に「非常に寒い」, It's ~ cold today. は比較的に「(今時分としては)なかなか寒い」. ● **~ a [an, some*]** 相当な, なかなかの, 大変な: She's ~ *a* girl. 大変な娘だ / I'm having ~ *a* time. なかなか楽しい[つらい]思いをしている. **~ a** BIT[2] [FEW[1]]. **~ right** よろしい; 故障なし, 無事 (all right). **Q~ (so).=Yes, ~.** まったくだ, そりゃそうだ. **~ something** たいしたもの[こと]. **~ the thing** はやっていること, 良いとされていること. [*quite* (obs a) quit]

quit·e·ron /kwítəràn/ *n* 〘電子工〙準粒子素子《超伝導体中の準粒子を利用して, 半導体素子と同じような動作をより低電力で行なう素子》. [*q*uasiparticle *i*njection, *t*unneling *e*ffect, *-tron*]

Qui·to /kí:toʊ/ キト《エクアドルの首都; 標高 2850 m にあり, インカ帝国の遺跡がある》.

qui trans·tu·lit sus·ti·net /kwi trá:nstulìt sústɪnèt/ 移植した者は(われらを)支持する《Connecticut 州の標語》. [L=he who transplanted sustains (us)]

quít·rènt *n* 〘史〙免役地代《freeholder, tenant などが奉仕義務代わりに納めた》.

quits /kwíts/ *pred a* 《返済・仕返しなどによって》五分五分で, あいこで

(on even terms): We're ～ now. これで五分五分だ / I will *be* ～ *with* him. (きっと)仕返し[報復]してやる. ● **call it [cry] ～** あいこにする, 引分けに同意する; やめ[打切り]にする, やめる. DOUBLE OR QUITS. ► *int* あいこ《引分けにしようとするときに言う》. [? L *quittus* QUIT]

quit·tance /kwítns/ *n* 《債務などの》免除, 免責, 解除 〈*from*〉; 《債務などの》免除証書, 債務消滅証書; 償い: Omittance is no ～. 催促せぬのは帳消しとは別もの《Shak., *As Y L* 3.5.133》. ● **give** sb his ～ 人に出て行くように言う.

quít·ter *n* 《口》《困難・危険にあうと》すぐあきらめる人, いくじなし, 腰抜け, 弱虫.

quit·tor /kwítər/ *n* 〔獣医〕《馬蹄などの》蹄軟骨瘻(ろう).

qui va là? /*F* ki va la/ だれか《番兵などの誰何(すいか)》. [F=who goes there?]

quiv·er[1] /kwívər/ *vi* 揺れ動く, 震える (tremble)〈*with* emotion, *at* the sound, *in* the wind〉. ► *vt* 揺する, 震えさせる; 〈鼻などを〉ひくひくさせる. ► *n* 震え, 振動; 震える音. ● **all of a ～** 《口》ぶるぶる震えて, びくびくして. ♦ **～·ing·ly** *adv* **quív·ery** *a* [*quiver* (obs) nimble; cf. QUAVER]

quiver[2] *n* 箙(えびら), 矢筒; 箙の矢. ● **have an arrow [a shaft] left in one's [the] ～** まだ手段[資力]は尽きてはいない. [AF＜Gmc (OE *cocor*, G *Köcher*)]

quiver[3] *a* 《古・方》すばしっこい, すばやい. [OE *cwifer*]

quíver·fùl *n* 箙いっぱいの矢; [*fig*] 大勢, たくさん: a ～ of children たくさんの子供たち, 大家族《*Ps* 127: 5》.

quíver trèe 〔植〕アロエ・ディコトマ《高さ 10 m, 幹の直径 1 m にもなる南アフリカ原産のアロエの一種; 中空の茎を矢筒に用いた》.

qui vive /ki víːv/ だれか《歩哨などの誰何(すいか)》. ● **on the ～** 警戒して, 見張って 〈*for*〉. [F=(long) live who? i.e. on whose side are you?]

Qui·xote /kwíksət, kɪ(h)óʊti/ *n* [°q-] ドンキホーテ (Don Quixote) 的人物《現実のわからない理想主義者》. [Sp *quixote* thigh armor]

quix·ot·ic /kwɪksátɪk/, **-i·cal** *a* ドンキホーテ的な, 騎士気取りの, 理想[夢]を求めすぎる, 空想的な, 非実際的な; 気まぐれな, 衝動的な. ♦ **-i·cal·ly** *adv*

quix·o·tism /kwíksətìz(ə)m/, **-o·try** /kwíksətri/ *n* ドンキホーテ的性格; ドンキホーテ的な行動[考え].

quiz /kwíz/ *n* (*pl* **quíz·zes**) **1** *試問, 試験, テスト《口頭または筆記による簡単なもの》; 《ラジオ・テレビの》クイズ; 質問, 尋問. **2** いたずら, 悪ふざけ; いたずら屋; 《古》からかう人, ひやかし手. **3** 《古》変わり者, 異様な風体(の人), 異様なもの. ► *vt* (**-zz-**) **1** 〈人〉に詳しく[しつこく]質問する, 尋問する, 問い詰める 〈*about*〉; *〈クラスなど〉に簡単なテストを行なう〈*on*〉. **2** 《古》〈人・ものを〉からかう, ひやかす; 《古》冷笑的に眺める, 珍しそうにじろじろ見る. ● **～ out (of…)** 《口》テストに合格して(科目の)受講をしないで済ます. [C18＜?]

quiz·ee, quiz·zee /kwɪzíː/ *n* 質問される人, クイズ番組参加者.

quíz gàme クイズ番組.

quíz kìd *《口》《難問に容易に答える》知的早熟児, 神童.

quíz·màster *n* クイズ番組の司会[質問]者 (question master").

quíz prògram [shòw] クイズ番組.

quíz·zee ⇨ QUIZEE.

quíz·zer *n* 質問者; QUIZ GAME, QUIZ PROGRAM.

quiz·zi·cal /kwízɪk(ə)l/ *a* 奇妙な, おかしな; とまどった[問いかける]ような, 不審そうな, いぶかしげな〈表情・目つき〉; からかう[ひやかす]ような. ♦ **～·ly** *adv* **～·ness** *n* **quiz·zi·cal·i·ty** /kwìzəkǽləti/ *n*

quíz·zing glàss 単眼鏡, 片めがね (monocle).

Qum ⇨ QOM.

Qum·ran /kʊmráːn/, **Khir·bát [Khir·bét] Qumrán** /kɪərbǽt ━━/ (キルバト[キルベト])クムラン《死海北西岸の近くにある遺跡で, ユダヤ教 Essene 派のものといわれる共同体の跡; 洞穴群から死海写本 (Dead Sea Scrolls) が発見された》.

Qungur ⇨ KONGUR.

quo ⇨ STATUS QUO.

quo·ad hoc /kwóʊæ̀d hák, kwɔ́ːàːd hóʊk/ このところまで; これに関しては. [L=as far as this]

quod /kwád/ *n, vt* (**-dd-**) "《俗》刑務所(に入れる): in [out of] ～ 入獄[出所]して. [C17＜?]

quód·dy (bòat) /kwádi(-)/ クウォディ(ボート)《Maine 州の海岸で漁に用いた小型帆船》.

quod erat de·mon·stran·dum /kwɔ̀ːd ɛ́ràːt dèmənstrǽndəm, -dèɪmɔ̀ːnstráːndʊ̀m/ そのことは証明されるべきことであった《略 QED; 特に数学などの証明の末尾で「証明終わり」の意で用いられる》. [L=which was to be demonstrated]

quòd érat fa·ci·én·dum /-fàːkiéndʊ̀m/ そのことはなされるべきことであった《略 QEF; 特に作図法(の正しいことの説明)の末尾に書く》. [L=which was to be done]

quòd érat in·ve·ni·én·dum /-ìnveniéndʊ̀m/ そのことは見つけらるべきことであった《略 QEI》. [L=which was to be found]

quod·li·bet /kwádləbɛ̀t/ *n* 《神学・哲学上の》微妙な論点, 機微の論点, 微妙な論議; 〔楽〕クオドリベット《周知の旋律や歌詞を組み合わせたユーモラスな曲》. ♦ **quòd·li·bét·ic** *a* **quod·li·be·tar·i·an** /kwàdləbətέəriən/ *n* [L (*quod* what, *libet* it pleases)]

quod sem·per, quod ubi·que, quod ab om·ni·bus /kwɔːd sέmpɛ̀r kwɔːd úbɪkwèɪ kwɔ̀ːd ɑːb ɔ́ːmnɪbʊ̀s, -kwɔ̀ːd ʊbíːkweɪ-/ いかなる時にも, いかなる所でも, いかなる人によっても(信じられたもの). [L=what (has been held) always, everywhere, by everybody]

quod vi·de /kwɔːd wídè, kwɑd váɪdi/ それを見よ, …参照《略 q.v.》. ★ 参照箇所が 2 つ以上のときは quae vide《略 qq.v.》. [L=which see]

quo·hog, -haug /k(w)óʊhɔ̀(ː)g, kwɔ́ː-, -hàg; kwɔ́(ː)hɔ̀g/ *n* QUAHOG.

quoin /k(w)ɔ́ɪn/ *n* 《壁・建物の》外角; 《部屋の》隅 (corner); 隅石(すみいし) (cornerstone); くさび形の支え[台木], くさび石, 《昔の大砲の角度調整・固定用にかませた》くさび; 〔印〕くさび《版面を締めつける》. ► *vt* …に隅石をつける; …にくさびを打つ, くさびで締める 〈*up*〉. [COIN]

quóin pòst 《運河の閘門(こうもん)の》水門柱, 閘門柱.

quoit /k(w)ɔ́ɪt, kwéɪt/ *n* 《金属・ロープ・ゴムなどの》輪投げ用の輪; [～s, 〈*sg*〉] 輪投げ; DOLMEN (の平らな天井石); 《豪俗》尻 (coit): DECK QUOITS / ring a ～《quoits で》輪を棒に投げ入れる. ► *vt* 輪投げのようにして投げる. ► *vi* 輪投げをする. [ME＜?]

quo ju·re? /kwoʊ júərɛ, -júəri/ 何の権利で. [L=by what right?]

quok·ka /kwákə/ *n* 〔動〕クアッカワラビー《Western Australia 産》. [(Austral)]

quoll /kwál/ *n* 〔動〕フクロネコ (=*dasyure, native cat*)《同属の数種の有袋類の総称; 豪州・ニューギニア産》. [(Austral)]

quo·mo·do /kwóʊmədòʊ/ *n* やり方, 方法.

quo mo·do /kwoʊ móʊdoʊ/《略 q.m.》どんな方法で (in what manner?); …の[と同じ]方法で (in the (same) manner that). [L]

quon·dam /kwándəm, -dæ̀m/ *a* 以前の, かつての: a ～ friend of mine わたしの昔の友. [L (adv)=formerly]

Quon·set* /kwánsət, -zət/ 〔商標〕クォンセット《かまぼこ型プレハブ建築; 兵舎・住宅・倉庫用; cf. NISSEN HUT》. [*Quonset* Point: Rhode Island 州の海軍航空基地で, その最初の建設地]

quor·ate" /kwɔ́ːrət/ *a* 定足数 (quorum) に達している.

Quorn /kwɔ́ːrn/ 〔商標〕クォーン《キノコからつくられた植物タンパク質; 肉同様の繊維組織があり, 代用食とされる》.

quo·rum /kwɔ́ːrəm/ *n* 《議事進行・議決に要する》定足数; 〔英史〕《治安判事が一定の権限を行使するのに不可欠な》必要員, 必要員治安判事, 《一般に》治安判事《集合的》; 選抜者集団; 〔モルモン教〕《同一位階者による》定員会. [L=of whom]

quo·rum pars mag·na fui /kwɔ́ːrʊm pàːrs màːgnaː fúi/ わたしはそのことで大きな役割を演じた. [L=of which I was a great part]

quos de·us vult per·de·re pri·us de·men·tat /kwoʊs déɪʊs wʊ̀lt pέrdərèɪ priʊs deɪméntàːt/ 神はその滅ぼさんとするものをまず狂わしめる. [L=those whom a god wishes to destroy he first drives mad]

quot. quotation ♦ quoted.

quo·ta /kwóʊtə/ *n* 分担分, 割当て; 《政府管理下での生産・輸出・輸入などの》割当て数[量]; 《受け入れる移民・会員・学生などの》割当て数, 定員; 《比例代表制の》当選基数; 〔英国教〕《教会区の基金のうちの》教区割当て金. ► *vt* 割り当てる, 割り振る. [L (fem)＜*quotus* (*quot* how many)]

quot·able /kwóʊtəb(ə)l/ *a* 引用価値のある, 引用に適する. ♦ **quòt·abíl·i·ty** *n* 引用価値. **-ably** *adv*

quóta ìmmigrant 〔米〕割当て移民《時の移民法によって政府の移民受け入れ制限を適用される移民》.

quóta sỳstem 割当て制度《1) 移民・輸入枠などの受け入れ枠・分担分などを定める制度 2) *教育や雇用において一定数[割合]の黒人や女性などを受け入れさせる制度》.

quo·ta·tion /kwoʊtéɪʃ(ə)n/ *n* **1** 引用; 引用文[句, 語, 部], 《しばしば引用される》名句, 名言 〈*from*〉. **2** 〔商〕相場(付け), 時価, 取引値, 現行価格; 《請負仕事の》見積もり; 〔証券〕上場: yen ～ 円相場. **3** 〔印〕込め物, クワタ.

quotátion màrks *pl* 引用符 (inverted commas): double ～ 《" "》/ single ～《' '》/ in ～ 引用符で囲まれて. ★ 概して " " の形を用い, 二重の引用がある時は " ' ' " または《英》ではしばしば逆に ' " " ' の形をとる.

quo·ta·tive /kwóʊtətɪv/ *a* 引用の; 引用をする, 引用癖のある.

quote /kwóʊt/ *vt* **1** 〈文章の一節などを〉引用する 〈*from*〉; 〈人・本などを〉引用する; 例証として挙げる, 引合いに出す; 〈ことばを〉引用符で囲む: He was ～*d as* saying that… 彼は…と語ったといわれている / Don't ～ me *on* this. わたしがこう言ってたって人に言わないでよ. **2** 〔商〕〈商品・株式など〉の取引値[相場, 現行価格]を言う, …に値をつける, 〈人に値[価格]を〉言う; 〈値段・費用などを〉見積もる; …について正確に知らせる: ～ sth *at* $10 …に 10 ドルの値をつける. ► *vi* 引用する 〈*from*〉; 値[相場]を言う, 見積もりを出す; 引用(文)を始める, 以下引用《★ 話しことばで, 人のことばをそのまま引用するとき, **quóte, …, únquote** のように引用部分を間にはさんで挿入的に用いるが, unquote を言わないこともあり, また引用部分の前置きとして quote, unquote と言うこともある》. ● **quote unquote** (1) ⇨ *vi* ★. (2) 括弧付きで(言うのだが), いわば, いわゆる (so to speak, so called)《しばしば不同意を表わす; cf. AIR QUOTES, SCARE QUOTES》. ► 《口》 *n* 引用文[句], 名句, 名言 (quotation); [ᵘ*pl*] 引用符 (quotation marks); 〘商〙相場, 取引値, 付け値, 見積もり: put…in ～*s* 〈語句を〉引用符でくくる. ♦ **quót·er** *n* [L *quoto* to mark with numbers (*quot* how many)]

Q

quóted cómpany (株式)上場会社 (listed company).

quóted sháres *pl* 〘証券〙上場株 (listed shares).

quóte·wòrthy *a* QUOTABLE.

quoth /kwóuθ/ *vt* 《古》言った (said)《第一・三人称直説法過去形で, 常に主語の前に置く》: "Very true," ～ he. [OE *cwæth* (past) ‹ *cwethan* to say; cf. BEQUEATH]

quotha /kwóuθə/ *int* 《古》確かに, なるほど, ほんとに, フフン!《軽蔑・皮肉; 引用のあとに用いる》. [*quoth he*]

quot ho·mi·nes, tot sen·ten·ti·ae /kwɔ́:t hɔ́:mɪnèɪs tɔ̀:t sɛntɛ́ntiàɪ/ 人の数だけ意見の数がある; 人が異なれば意見も異なる. [L=there are as many opinions as there are men]

quo·tid·i·an /kwoutídiən/ *a* 日々の, 日常の; 〘医〙毎日起こる; ありふれた, 平凡な: ～ fever [ague] 毎日熱. ★ この意味の関連語: tertian (1 日おきの, 《前後の発熱日を加えて》3 日目ごとの), quartan (4 日目ごとの), quintan (5 日目ごとの), sextan (6 日目ごとの), septan (7 日目ごとの), octan (8 日目ごとの). ► *n* 〘医〙毎日熱; 毎日繰り返すこと. [OF＜L (*quotidie* daily)]

quo·tient /kwóuʃ(ə)nt/ *n* 〘数〙商; 指数, 比率; 分担, 分け前 (quota): INTELLIGENCE QUOTIENT. [L *quotient- quotiens* how many times (*quot* how many)]

quótient gròup 〘数〙商群, 因子群 (=*factor group*).

quótient rìng 〘数〙商環.

quot·i·es /kwátiì:z/ *conj* 〘処方〙…度ごとに. [L]

quo va·dis? /kwòu wá:dɪs, -vá:dəs/ (主よ)あなたはどこへいらっしゃるのですか《*John* 16: 5》. [L=whither goest thou?]

quo war·ran·to /kwòu wɔ(:)rǽntou, -wɑr-, -wə-/ 〘法〙《もと英国で》権限開示令状《職権・特権などの不法保有・行使者に弁明を求めた令状》; 権限開示訴訟. [L=by what warrant]

Qŭqon ⇨ KOKAND.

Qu·raish, Qu·raysh, Ko·reish /kəráɪʃ/ *n* (*pl* ～, ～·es) クライシュ族《イスラム勃興期 Mecca に住み, 5 世紀来 Kaaba の管理権を有し, また 預言者 Muhammad を生んだアラブの有力部族》.

Qur'·an, Qu·ran /kərǽn, -rá:n, kʊ-/ *n* KORAN.

qursh /kúərʃ/, **qu·rush** /kúərəʃ/ *n* (*pl* ～) クルシュ《サウジアラビアの通貨単位: =1/20 riyal》.

q.v. 〘処方〙°quantum vis ♦ /kjú:ví:, (h)wítʃ sí:/ °quod vide.

Q.V. [次の成句で] QUI VIVE. ● **on the Q.V.**=on the QUI VIVE.

Q-value /kjú:—/ *n* 〘理〙Q 値《核反応などにおける反応熱に相当するエネルギー》.

QWERTY, qwer·ty /kwɔ́:rti/ *n* クワーティ(キーボード) (=～ **kéyboard**)《英字キーの最上列が q, w, e, r, t, y, u, i, o, p の順になっている一般的なもの》.

qy query.

Q-zone /kjú: —/ *n* [次の成句で]: **in the ～** *《俗》死んで, くたばって, あの世へ行って (cf. Q-SIGN).

R

R, r /ɑ́ːr/ *n* (*pl* **R's, Rs, r's, rs** /-z/) アール《英語アルファベットの第 18 字; ⇨ J》; R の表わす音; R 字形(のもの); 18 番目(のもの); [R]〘ローマ数字〙80; [R]《E メールなどで》are: THREE R's. ● **when there is an R in the month** 月の名前に r の字が含まれる間 (⇨ R MONTHS).
r〘数〙radius ♦〘統〙°correlation coefficient ♦ real. **r.** railroad ♦ railway ♦ rain ♦ range ♦ rare ♦〘印〙recto ♦ red ♦ repeat ♦ rerun ♦ right ♦ road ♦〘法〙rule ♦〘野・クリケット〙run(s). **R**〘証明商標〙R《未成年者 (たとえば 17 歳未満) は保護者の付添いが必要な映画; ⇨ RATING[1]》. **r, R**〘電〙resistance ♦〘理〙roentgen(s). **R., r.** ruble(s). **R** radial ♦〘化〙radical ♦ rand ♦ Rangers《スポーツチーム名で》♦〘理〙Rankine ♦〘数〙ratio ♦ Reaumur ♦ regular ♦〘車〙reverse ♦ river ♦〘サウジアラビア〙riyal(s) ♦ Romania ♦〘チェス〙rook ♦ rough ♦ Rovers《スポーツチーム名で》♦ rupee(s) ♦ R-value ♦〘理〙°gas constant. **R.** rabbi ♦ Radical ♦ recipe ♦ Regina ♦ Republic(an) ♦〘キ教〙response ♦ Rex ♦ river ♦ Royal. **R,** Ⓡ °registered trademark. **ra., Ra.** Range.
Ra /rɑ́ː/〘エジプト神話〙ラー (=*Re*)《太陽神・最高神で, Shu と Tefnut 兄妹を生んだ; 頭上に太陽の円盤とヘビ形章をつけたタカの頭をした人間の姿で表わされる》.［Egypt］
Ra〘化〙radium. **RA**〘英〙°Radio Authority ♦ °Rear Admiral ♦ °Regular Army ♦〘天〙°right ascension ♦〘英〙Royal Academician ♦〘英〙°Royal Academy ♦〘英〙Royal Artillery ♦ ″Rugby Association ♦ Argentina. **RAA** °Royal Academy of Arts.
raab /rɑ́ːb/ *n*〘野菜〙ITALIAN TURNIP.
RAAF Royal Australian Air Force オーストラリア空軍.
Rá·ba /rɑ́ːbə/ [the] ラバ川《オーストリア南東部・ハンガリー西部を東流し, Danube 川に合流する》.
ra·bat /rǽbi, rəbǽt/ *n* ラビ《カトリック・アングリカンの司祭のカラー付き胸当て》.
Ra·bat /rəbɑ́ːt/ ラバト《モロッコの大西洋岸にある同国の首都》.
ra·ba·to /rəbɑ́ːtoʊ/ *n* (*pl* ~**s**)〘服〙立て襟, ラバート《17 世紀ごろ流行した, 肩の上に折り曲げた幅広の襟》.［F］
Ra·baul /rəbáʊl, rɑː-/ ラバウル《Bismarck 諸島の New Britain 島東端の町; もとオーストラリア委任統治領 New Guinea の行政中心地》.
Rab·bah /rǽbə/, **Rab·bath** /rǽbəθ/〘聖〙ラバ《アンモン人(ひと)の国 (Ammon) の中心地; *2 Sam* 11:1; 現在の Amman》.
Rábbah [Rábbath] Ámmon〘聖〙RABBAH.
Rabbanite, Rabbanist ⇨ RABBINITE.
rab·bet /rǽbət/ *n*〘木工〙さねはぎの溝; さねはぎ (=~ **jòint**). ► *vt* さねはぎで継ぐ; 〈板など〉に溝を掘る. ► *vi* さねはぎにされる 〈*on, over*〉.［OF *rab(b)at* recess; cf. REBATE[2]］
rábbet plàne しゃくりかんな《さねはぎ用》.
rab·bi /rǽbaɪ/ *n* ラビ《1) ユダヤ教・ユダヤ人社会の宗教的指導者 2) ユダヤの律法学者 3) Talmud の作成者 4) ユダヤ人に対する敬称》; *《俗》有力な後援者, スポンサー.［L<Gk<Heb=my master］
rab·bin /rǽbən/ *n* ユダヤの律法博士 (rabbi); [the ~s] ユダヤの権威的律法学者《最も重要なのは 2–13 世紀の人びと》.［F (↑)］
rab·bin·ate /rǽbənət/ *n* RABBI の官職[身分, 任期]; ラビたち, ラビ団.
rab·bin·ic /rəbínɪk/ *a* RABBI の, ラビ風の; ラビを目指す; ラビの教義[著作, 語法]の; ラビ文字の[からなる]《方形ヘブライ文字より簡単な文字》; [R-] Talmud 期のラビの. ► *n* [R-] RABBINIC HEBREW.
rab·bín·i·cal *a* RABBINIC. ♦ **-i·cal·ly** *adv*
Rabbínic Hébrew《特に中世の RABBI が用いた》ラビ語, 後期ヘブライ語.
rab·bín·ics *n*《タルムード (Talmud) 期以後の》ラビ文献研究.
rábbin·ìsm *n* ユダヤの律法主義, ラッバン派ユダヤ教; ラビの教義[学説, 語法].
Rab·bin·ite, -ban- /rǽbənàɪt/, **Rab·bin·ist, -ban-** /rǽbənɪst/ *n* [°r-] ラビ・ユダヤ教徒, ラビ信奉者《PHARISEE の流れを汲み, TORAH のほかに TALMUD とラビの教えを信奉するユダヤ教主流派信徒》. ♦ **Ràb·bin·ít·ic** /-nít-/, **Ràb·bin·ís·tic** *a*
rab·bit[1] /rǽbət/ *n* **1 a** (*pl* ~, ~**s**) (アナ)ウサギ, 飼い[家]ウサギ《野ウサギの HARE よりも小型で地中に穴 (burrow) を掘って群居する》;《一般に》ウサギ; *野ウサギ; ワタオウサギ (cottontail): (as) scared [weak, timid] as a ~ ひどくこわがって[弱虫で, 臆病で]. **b** ウサギの毛皮《特に他種動物の高級品に似せたもの》; ウサギの肉. **2 a**〘ドッグレース〙うさぎ《犬に追わせるために機械で走らせるウサギをかたどったもの》. **b** ラビット, ペースメーカー《中長距離競走の序盤から中盤を速いペースで引っ張る走者》. **3** 臆病者, 弱虫; ″《口》《クリケット・ゴルフ・テニスなどが》へたな人, へぼ, 新米 (cf. TIGER). **4**《海俗・豪俗》盗品, 密輸品. **5** ″《口》おしゃべり. **6** WELSH RABBIT. **7**〘理〙ラビット《原子炉内で試料を移動するための空気圧または水圧で推進する小型容器》. **8** *《俗》野菜サラダ. ● **breed like ~s** たくさん子を生む. **pull [produce] a ~ out of a hat** 予想外の解決策を出す. ► *vi* ウサギ狩りをする; ″《口》(だらだら)しゃべる, くどくどと言う 〈*on, away; about*〉《RABBIT-AND-PORK から》;《俗》すっ飛んで行く, 急いで逃げる;《海俗・豪俗》拝借する, くすねる.［?OF; cf. Walloon *robète* (dim)<Flem *robbe* rabbit］
rabbit[2] *vt*《卑》呪う. ● **Odd ~ it!** こんちきしょう!［? *rat*[2]］
rábbit-and-pórk *vi* ″《韻俗》しゃべる, べしゃる (talk).
rábbit bàll ラビットボール《よくはずむ野球のボール; 現在の野球で使うボール》.
rábbit bàndicoot〘動〙ミミナガバンディクート (BILBY).
rábbit·bèrry *n* BUFFALOBERRY.
rábbit brùsh [bùsh]〘植〙北米西部産の黄花をつけるキク科植物.
rábbit bùrrow ウサギ穴《ウサギが子を育てるために掘る》.
rábbit-èared bándicoot〘動〙ミミナガバンディクート (BILBY).
rábbit èars *pl* **1** *《口》ラビットイヤアンテナ《V 字形をしたテレビ用室内アンテナ》. **2** [〈*sg*〉] *《俗》《審判や選手が》観客を過剰に意識すること, 意識過剰の審判[選手].
rábbit·er *n* ウサギ狩りをする人, ウサギ狩り業者.
rábbit·èye *n*〘植〙米国南東部産のコケモモの一種.
rábbit fèver〘獣医〙野兎(やと)病 (TULAREMIA).
rábbit·fìsh *n*〘魚〙口もとがウサギに似た魚: **a** マフグ (globefish). **b** ギンザメ. **c** アイゴの一種.
rábbit fòod *《俗》緑野菜, 生野菜.
rábbit-fòot *n* **1** ウサギの足《幸運のまじないとして持ち歩くウサギの左の後ろ足》. **2** *《俗》脱獄者. ► *vi* *《俗》逃亡する.
rábbit-fòot clóver〘植〙シャグマハギ《シャジクソウ属》.
rábbit hòle ウサギの巣穴.
rábbit hùtch ウサギ小屋.
rábbit kìller《豪》RABBIT PUNCH.
rábbit-móuthed, rábbit·mòuth *a* HARELIPPED.
rab·bit·oh, -bito /rǽbətòʊ/ *n* (*pl* **-òhs, -bit·òs**)《豪口》ウサギ肉行商人.
rábbit-pròof fénce ウサギ防止フェンス;《豪口》ウサギ防止フェンスのある州境.
rábbit pùnch〘ボク〙ラビットパンチ《後頭部への打撃; 反則》; *《俗》軽くすばやいパンチ. ♦ **rábbit-pùnch** *vt*
rábbit·ry *n* ウサギ飼育場; 養兎(よう)業; ウサギ《集合的》.
rábbit's-fòot *n*〘植〙シャグマハギ (rabbit-foot clover).
rábbit's fòot ウサギの足 (RABBIT-FOOT).
rábbit wàrren《ウサギが巣穴 (burrows) をつくって住む》ウサギ群生地; ウサギ飼育場; [*fig*] ごみごみした街.
ráb·bity *a* ウサギのような; ウサギの多い; 小心な.
rab·ble[1] /rǽb(ə)l/ *n* やじ馬連, 烏合(うごう)の衆; [the] [*derog*] 下層民, 賤民, 大衆, 衆愚; ごったまぜ. ► *a* 群れの, 群れをなした; 衆愚[群衆]にふさわしい. ► *vt* どっと群れをなして襲う.［ME=pack of animals<?; cf. MDu *rabbelen* to chatter, rattle］
rabble[2] *vt, vi* ″《方》BABBLE.
rabble[3] *n*〘冶〙《反射炉・焙焼炉などの》攪拌棒. ► *vt* 攪拌棒でかきまぜる[上澄みをすくい取る]. ♦ **ráb·bler** *n*［F<L=fire shovel (*rut- ruo* to rake up)］
rábble·ment *n*《やじ馬などの》騒ぎ (disturbance); RABBLE[1].
rábble-ròuse *vi* 民衆を煽動する. ♦ **rábble-ròusing** *a, n*［逆成く↓］
rábble-ròuser *n* 民衆煽動家 (demagogue).
Rab·e·lais /rǽbəlèɪ, ⸗⸗⸗/ ラブレー **François** ~ (c.1483–1553)《フランスルネサンスの代表的作家; *Gargantua* (1534), *Pantagruel* (1532, 46, 52, 62–64)》.
Rab·e·lai·sian, -lae- /rǽbəléɪʒən, -ziən/ *a* ラブレーの; ラブレー風の《野卑で滑稽な》. ► *n* ラブレー崇拝者[研究家], ラブレーばりの諷刺家. ♦ **~·ism** *n*
ra·bi /rʌ́bi/ *n*《インド・パキスタンなどで》春先に収穫する作物 (cf. KHARIF).［Urdu<Arab=spring］
Ra·bi[1] /rʌ́bi/, **Ra·bia** /rəbíːə/ *n*〘イスラム〙ラビー《RABI AL-AWWAL または RABI AL-THANI; ⇨ ISLAMIC CALENDAR》.
Ra·bi[2] /rɑ́ːbi/ ラービ **Isidor Isaac** ~ (1898–1988)《オーストリア生

まれの米国の物理学者; 磁気共鳴法で原子核の磁気モーメントを測定; ノーベル物理学賞 (1944)》.

Ra·bi·ah /rɑ́:biə/ ラービア (714?–801)《アラブの女性神秘主義思想家・詩人; 通称 '~ of Basra'》.

Rabi al-Aw·wal /rɑ́bi ɑ:ləwɑ́:l/〖イスラム〗ラビー・アルアッワル《イスラム暦 (⇨ ISLAMIC CALENDAR) の第 3 番目にあたる月》.

Rábi al-Tha·ní /-ɑ:ltɑ:ní:/〖イスラム〗ラビー・アッサーニー《イスラム暦 (⇨ ISLAMIC CALENDAR) の第 4 番目にあたる月》.

rab·ic /rǽbɪk/ *a* RABIES の.

rab·id /rǽbəd/ *a* 《信念・意見などが》狂信的な, 過激な; 激しい, 猛烈な (furious); 気違いじみた, 狂暴な; 狂犬病にかかった: a ~ dog 狂犬. ♦ **~·ly** *adv* **~·ness** *n* **ra·bid·i·ty** /rəbídəti/ *n* 猛烈, 過激; 狂犬病にかかっていること, 狂気. [L (*rabio* to rave)]

ra·bies /réɪbiz/ *n* (*pl* ~) 狂犬病, 恐水病 (hydrophobia). [L (↑)]

R

Ra·bin /rɑ:bí:n; ræbí:n/ ラビン **Yitzhak** ~ (1922–95)《イスラエルの軍人・政治家; 首相 (1974–77, 92–95); ノーベル平和賞 (1994)》.

Ra·bin·o·witz /rəbínəwɪ̀ts/ ラビノヴィッツ **Sholem** ~《Shalom ALEICHEM の本名》.

RAC 〖英〗Royal Armoured Corps ♦〖英〗°Royal Automobile Club.

ra·ca /rɑ́:kə, réɪ-/ *a* 役立たずの《古代ユダヤ人の軽蔑表現; *Matt* 5: 22》.

rac·coon, ra·coon /rækú:n, rə-/ *n* (*pl* ~, ~**s**)〖動〗アライグマ《北米・中米産; 夜行性で肉食・雑食性の小動物》; アライグマの毛皮; アライグマに似た[近縁の]動物, 《特に》CACOMISTLE, PANDA[1]. [AmInd]

raccóon dòg 〖動〗タヌキ《東部アジア産》.

race[1] /réɪs/ *n* **1 a** 速さ比べ, スピードの競い合い, レース《競走・競泳・ボート[ヨット]レース・競馬・ドッグレース・競輪・自動車レースなど》; 《スコ》疾走, 疾駆: ride a ~ 競馬[競輪]に出場する / have a ~ レースを行なう / run a ~ *with*…と競走[かけっこ]する / win [lose] a ~ レースに勝つ[負ける] / The ~ is not to the swift, nor the battle to the strong. 《諺》競走は足の速い者のものでもなく, 戦争は強者のものでもない, '勝負は時の運' (*Eccl* 9: 11). **b** [the ~s] 競馬, ドッグレース: go to *the* ~*s* 競馬に行く / play *the* ~*s* *競馬に賭ける / lose money *on the* ~*s* 競馬[競輪]で金をする. **2** 選挙戦; 《一般に》競争, 競り合い: primary ~*s*〖米政治〗予備選挙のための選挙戦 / a ~ *for* power 権力の争奪戦 / ARMS RACE / The ~ is on. 競争が始まった. **3** 《古》《太陽・月などの》運行; 《古》時の経過; 《古》人生行路, 経歴: His ~ is nearly run. 彼の寿命はほとんど尽きた. **4 a** 早瀬, 急流; 《潮流の衝突による》荒波, 激浪: The tide set with a strong ~. 潮は急流をなして流れた. **b**〖空〗プロペラ後流 (slipstream). **5 a** 《工業・水車用の》水路, 用水 (channel); 《水路の》水流. **b**〖機〗軌道輪, レース (=*raceway*)《ベアリングの玉の回る溝; 織機の梭(ひ)の走る道》. **c** 《豪》羊を群れから分けるのに用いる柵で囲んだ道路; 《豪》《フットボールの競技場で》控室からフィールドへ通ずる網を張った道路. ● **a ~ against time** 時間との競争. **be in the ~** [°*neg*]《豪》見込み[勝ち目]がある. **run the good ~** 最善を尽くす, 充実した生活[生涯]を送る.
► *vi* **1** レースで競う, レースに出場する, 競走する, 競争する 〈*against, with*〉; 急いで[全速力で, あたふたと]進む[移動する], 急行する, 疾走する: ~ home *for* one's hat 帽子を取りに大急ぎで戻る. **2** 競馬[競輪など]をする, 競馬などに凝る[を業とする]. **3** 〈エンジン・プロペラなどが〉高速で空(から)回りする, 空転する; 〈心臓が〉激しく鼓動する, 早鐘を打つ.
► *vt* **1 a** 競走させる; 〈馬・ハト・車などを〉レースに出場させる 〈*at* a meeting〉. **b** …と競走する[スピードを競う], 《走って》追い抜こうとする. **2** 全速力で走らせる; 大急ぎで運ぶ, 急送する, 〈議案などを〉大急ぎで通過させる 〈*through* the House〉. **3** 〈エンジンなどを〉高速で空回りさせる, 空吹かしする. ● **~ around [round]** 《通例 緊急の用件で》走りまわる 〈*after*〉. **~ away** 競馬[競輪]で〈財産を〉する. **~ into**…にぶつかる, 衝突する. **~ off** 《豪口》誘惑する. **~ through**…を大急ぎで済ませる. **~ up** 〈気温・出費などが〉〈…に(まで)〉急上昇する 〈*into, to*〉.
[ON *rás* running, race; OE *rǣs* rush と同語源]

race[2] *n* **1 a** 人種, 種族; 民族, 国民: the CAUCASOID [MONGOLOID, NEGROID] ~ / the black [white, yellow] ~ 黒[白, 黄]色人種 / the Japanese ~ 大和民族. **b** [the] 人類 (human race). **2** 氏族, 家族, 家系; 子孫; 血統, 家柄: of noble ~ 貴族の出で. **3** 《性向・関心・活動などを同じくする人の》集団, 仲間 〈*of* artists〉. **4** 《生き物の》類; 《動植物の》品種 (breed, variety), 亜種 (subspecies): the feathered [finny, fourfooted] ~ 鳥[魚, 四足]類. **5** 《特定の人種の》特性, 特徴; 《まれ》《酒・文体などの》特徴, 風味, 風格; きびきびしたところ; 《廃》気質. ► *a* *《俗》RACE MUSIC の. [F<It *razza* <?Arab]

race[3] *n* ショウガの根. [OF<L RADIX]

Race [Cape] レース岬《Newfoundland 島の南端》.

ráce·abòut* *n* レース用ヨット[自動車].

ráce-bàit·ing *n* [°〈*a*〉] 人種差別発言, 人種攻撃(発言).

ráce càr* RACING CAR.

ráce·càrd *n* 競馬[競輪, 競走など]番組表, 出馬[出走車, 出走者]表.

ráce·còurse *n* 競走路, 競馬場, レース場; 競艇水路; 水車の水路.

ráce gìnger ショウガの根 (gingerroot), 根ショウガ.

ráce·gò·er *n* 競馬[自動車レースなど]の常連, レースファン.

ráce hàtred 人種的憎悪.

ráce·hòrse *n* 競走馬; 《俗》急いで事[仕事]を済まそうとする人, 拙速の人.

ra·ce·mate /reɪsí:mèɪt, rə-; rǽsə-/〖化〗*n* ラセミ酸塩[エステル]; ラセミ化合物[混合物].

ra·ceme /reɪsí:m, rə-/ *n*〖植〗総状花序. [L=grape bunch]

ráce mèeting" 《一連の》競馬, 競馬会.

ráce mèmory 《潜在意識に受け継がれるとされる》人種[民族]的記憶.

ra·ce·mic /reɪsí:mɪk, rə-/ *a*〖化〗ラセミ体の《右旋性・左旋性の形が等量含まれ光学的に不活性な》; ラセミ酸の.

racémic ácid 〖化〗ラセミ酸, ブドウ酸《ラセミ体の酒石酸》.

rac·e·mif·er·ous /rǽsəmíf(ə)rəs/ *a*〖植〗総状花序をもつ.

ra·cé·mi·fòrm /reɪsí:mə-, rə-/ *a*〖植〗総状花序状の.

rac·e·mism /rǽsəmɪ̀z(ə)m/〖化〗*n* 不旋光性; ラセミ化.

ra·ce·mi·za·tion /reɪsɪ̀:məzéɪʃ(ə)n, rə-; rǽsəmaɪ-/ *n*〖化〗ラセミ化《旋光性の減少・喪失》; ラセミ化法《ラセミ化の度合いを測って行なう化石の年代決定法》. ♦ **ra·ce·mize** /reɪsí:màɪz, rə-; rǽsə-/ *vt, vi*

rac·e·mose /rǽsəmòʊs, *reɪsí:-, *rəsí:-/, **-mous** /-məs/ *a*〖植〗総状(花序)の;〖解〗蔓(つる)状の, ブドウ状の. ♦ **~·ly** *adv* [L; ⇨ RACEME]

rácemose glánd 〖解〗胞状腺, ブドウ状腺.

ráce mùsic* レースミュージック《1920–30 年代の, ブルースをベースとした黒人音楽; 初期のジャズまたはリズム・アンド・ブルース; 当時, 黒人種のための音楽として売り出されたことから》.

ráce nòrm·ing レースノーミング《雇用などに際し特定の(少数)民族に優先枠を設けたりして結果的に機会均等を実現させること》.

ráce prèjudice 人種的偏見.

ráce psychòlogy 人種心理学《民族心理学 (folk psychology), または人種間の比較心理学 (comparative psychology)》.

rac·er /réɪsər/ *n* 競走者, 競泳者, レーサー, 競走馬[犬], 競走用ヨット[自転車, 自動車など]; 動きの速い動物《ある種のヘビ・サケ・マスなど》,〖動〗ナミヘビ科のヘビ《black racer, blue racer など》;〖軍〗《大砲の》弧形砲床, 旋転台.

ráce relàtions *pl* 《一社会内の》人種関係; [〈*sg*〉] 人種関係論.

Ráce Relátions Àct [the]〖英〗人種関係法《1976 年国会を通過した法律; 英国では皮膚の色・人種・国籍のいかんにかかわらず人は平等に扱われるべきとし, 人種平等委員会 (Commission for Racial Equality) 設立を定めた》.

ráce rìot 人種暴動.

rácer's èdge 《自動車レースで》車の制御を失わずにコーナーを回りきれる最高速度.

ráce rùnner 〖動〗ハシリトカゲ, レースランナー (=*sand lizard, striped lizard*)《北米産》.

ráce sùicide 民族自滅《産児制限による人口漸減》.

ráce·tràck *n* 競馬場, ドッグレース場; 競走場, 走路, (レース)トラック.

ráce·tràck·er *n* 競馬ファン, 競馬の常連 (racegoer).

ráce·wàlk·ing *n* 競歩. ♦ **ráce·wàlk** *vi* **ráce·wàlk·er** *n*

ráce·wày *n**《鉱山などの》導水路, 《水車の》水路; 《魚養殖用の》水路;〖電〗レースウェイ《金属製の配線用ダクト》;〖機〗RACE[1]; 《繋駕(けいが)競走 (harness race), ドラッグレース (drag race) 用の》走路.

ra·chel /rəʃél/ *a, n* 肌色(の)《本来 おしろいの色についていったもの》. [Mlle *Rachel*]

Ra·chel /réɪtʃəl/ **1 a** レイチェル《女子名; 愛称 Rae》. **b**〖聖〗ラケル《Laban の次女; 姉 Leah に続いて Jacob の妻となり Joseph と Benjamin を産んだ; *Gen* 29–35》. **2** /rɑ:ʃél/ [Mademoiselle] ラシェル (1820 or 21–58)《フランスの悲劇女優; 本名 Élisa Félix》. **3** *《陸軍俗》《自動車の》高速ギア. [Heb=ewe]

rach·et /rǽtʃət/ *n, v* RATCHET.

ra·chi- /réɪki, rǽki/, **ra·chio-** /réɪkioʊ, rǽkioʊ, -kiə/ *comb form*「脊柱」 [Gk; ⇨ RACHIS]

ra·chil·la /rəkílə/ *n* (*pl* **-lae** /-lì:/)〖植〗小軸.

ra·chi·odont /réɪkiədɑ̀nt, rǽk-/ *a*〖動〗脊椎棘(きょく)が変化した歯をもつ: a ~ snake.

ra·chi·ot·o·my /rèɪkiɑ́təmi/ *n*〖医〗脊椎切除(術) (laminectomy).

ra·chis /réɪkəs, rǽk-/ *n* (*pl* ~**·es**, **rach·i·des** /rǽkədì:z, réɪ-/)〖植〗花軸;〖植〗葉軸, 中肋;〖動〗羽茎, 羽軸;〖解〗脊柱 (spinal column). ♦ **ra·chid·i·an** /rəkídiən/ *a* [Gk *rhakhis* spine]

ra·chi·tis /rəkáɪtəs/ *n*〖医〗佝僂(くる)病 (rickets). ♦ **ra·chit·ic** /rəkítɪk/ *a* [Gk (↑, *-itis*)]

Rach·ma·ni·noff /rɑ:kmɑ́:nənɔ̀:f; rækmǽnɪnɔ̀f/ ラフマニノフ **Sergey (Vasilyevich)** ~ (1873–1943)《ロシアの作曲家・ピアニスト》.

Rach·man·ism" /rǽkmənɪ̀z(ə)m/ *n* 家主によるスラムの住人に対

する搾取[いやがらせ]. ［Perec *Rachman* (1919–62) ポーランド生まれの英国人で London の地主］

ra·cial /réɪʃ(ə)l/ *a* 人種(上)の, 民族(間)の, 人種の違いに基づく[を理由とする]: ～ discrimination 人種差別 / ～ preference 人種的優先(措置). ◆ **～·ly** *adv* 人種的に, 人種上, 人種の点で. ［*race*[2]］

rácial engineéring" 人種間の機会均等化(措置).

rácial equálity 人種間の機会均等.

rácial·ism *n* RACISM. ◆ **-ist** *n* **rà·cial·ís·tic** *a*

rácial·ize *vt* 人種で分ける[区別する]; 人種差別的性格を与える; 人種的観点からとらえる[感じる].

rácial prófiling* レイシャルプロファイリング《特定の人種に対する偏ったイメージ; それに基づく逮捕などの差別》.

rácial uncónscious COLLECTIVE UNCONSCIOUS.

Ra·ci·bórz /rɑːtsíːbùʃ/ ラツィブシュ (*G* Ratibor)《ポーランド南西部, チェコとの国境近く, Odra 川沿岸にある町》.

rac·i·ly /réɪsəli/ *adv* きびきびと, ピリッと; 非常に興味深く; 風味よく (spicily). ［*racy*[1]］

Ra·cine /ræsíːn, rə-; *F* rasin/ ラシーヌ **Jean(-Baptiste)** ～ (1639–99)《フランス古典主義の代表的劇作家; 悲劇 *Andromaque* (1667), *Britannicus* (1669), *Bérénice* (1670), *Phèdre* (1677)》. ◆ **Ra·cin·ian** /ræsíniən, rə-/ *a*

rac·ing /réɪsɪŋ/ *n* 《趣味または職業としての》レース; 競馬. ► *a* 動きが速い; レース[競馬]の, レース用の: the ～ world 競馬界 / a ～ cup《競馬などの》賞杯 / a ～ person 競馬好き / a ～ pigeon レースバト. ● **a ～ certainty**"《口》確実なこと.

rácing càr 競走用自動車, レーシングカー.

rácing còlors *pl* 《馬主を示す》騎手の帽子と胴衣の色, 服色(ふくしょく).

rácing drìver カーレーサー.

rácing flàg レース旗《レース中のヨットがマストヘッドに掲げる識別旗》.

rácing fòrm 競馬新聞.

rácing gìg 2[3] 人乗りの細長いレース用ボート.

rácing hòmer 〘鳩〙 レースバト《レース用の伝書バト》.

rácing skàte スピードスケート用のスケート靴.

rácing skìff 1 人乗りの細長いレース用ボート.

rácing slìcks *pl* スリックタイヤ《幅広でトレッドがついていない, 自動車レース用のタイヤ》.

ra·ci·no /rəsíːnoʊ/ *n* (*pl* **～s**) ラシノ《カジノを併設した競馬場》. ［racetrack＋casino］

rac·ism /réɪsìz(ə)m/ *n* 人種主義《人種が人間の性質・能力を決定し, 特定人種が優秀であるとみなす》; 人種差別. ◆ **rác·ist** *n, a* ［*race*[2]］

rack[1] /rǽk/ *n* **1 a** …架, …掛け (cf. HAT RACK); …台; 《活字の》ケース台; 皿掛け (＝plate ～); 《戦闘機などの》(投下)架, ラック: a clothes ～ 衣服掛け / a gun ～ 銃架 / a letter ～ 状差し. **b** 《列車・バス・飛行機内などの》棚, 網棚, 格子(こう)棚; 《書類分類用の》箱戸棚; まぐさ棚. **c** 《修理のために》自動車を載せて持ち上げる装置, リフト. **d***〘玉突〙 ラック《試合前に球を並べるための三角形の木枠》; *〘玉突〙 ラックで並べた球; 《POOL[2] の》一勝負[試合]. **e** 《水門などの》ちりよけ格子[スクリーン]. **f** 〘楽〙 ラックエフェクター《ラック収納式の電気楽器用音質変換装置》. **2** 《鹿の》一対の枝角(えだづの). **3** 〘機〙 《小歯車 (pinion) とかみ合う》ラック, 《歯止め (pawl) を受ける》歯ざお (cf. RACK RAILWAY). **4 a** [the] 拷問台《中世の刑具; その上に人を寝かせ手足をろくろ仕掛けで反対方向に引っ張って関節をはずした》: put on [to] *the* ～ 拷問にかける. **b** 引っ張る[ねじ曲げる]こと; 拷問, 《肉体的・精神的な》大きな苦痛, 緊張; 激しい苦痛[苦悩]を与えるもの: the ～ of gout 痛風の苦しみ. **5***《俗》 **a** [the] ベッド. **b** 寝ること, 睡眠. **c** 部屋; 麻薬常用者の巣窟. ● **go to ～ and manger**＝go to RACK[2] and ruin. **(live [lie]) at ～ and manger** 《古》ぜいたく[裕福]に(暮らす). **off the ～** 〈衣服が〉つるしの, 既製の. **on the ～** [*fig*] ひどく苦しんで: put one's wits *on the* ～ 知恵をしぼる.

► *vt* **1 a** 拷問台にかける; 苦しめる, 悩ます, さいなむ 〈*with, by*〉; 〈小作人を〉搾取する; 〈小作料・地代を〉しぼり取る, 法外に上げる; *《俗》こきおろす, けなす. **b** 引っ張る, ねじ曲げる; 無理に使う; 〈土地を〉濫作でやせさせる: ～ one's BRAIN(s) (out). **2 a** 台[棚, 架]に載せる[で処理する]; *〘玉突〙 〈球を〉ラックに入れる 〈*up*〉. **b**"〈馬を〉まぐさ棚につなぐ 〈*up*〉; 〈馬のために〉まぐさ棚にまぐさを入れる 〈*up*〉. **3** 〘機〙 ラックを使って伸縮させる. **4** 〘海〙 《2 本のロープを》くくり合わせる. **5** 〘建〙 〈壁を〉段逃げにする《増築に備えて端を仕上げない》. ► *vi* ねじ曲がる; *《俗》寝る (sack) 〈*out*〉. ● **～ up** 《口》〈勝利などを〉達成する, 〈得点を〉あげる, 〈金などを〉ためる, 集める; …に(決定的な)勝利をおさめる; 打ちのめす; 〈映写機のフレームを〉まっすぐにする; *《俗》《酒に》酔っぱらう.

◆ **～·er** *n* **～·ful** *n* ［Du, MLG＝rail, framework ＜?*recken* to stretch; cf. OE *reccan*, G *recken* to stretch］

rack[2] *n* [主に次の成句で] 破壊, 荒廃. ● **go to ～ (and ruin)** 破滅する, 荒廃する, だめになる. ► *v* [次の成句で] **～ up***《俗》〈車などを〉ぶっこわす, 〈手・足を〉ひどく痛める. ［*wrack*[2]］

rack[3] *vt* 《おり (lees) を除くため》〈ワイン・りんご酒などの〉上澄みを取り出す[移し換える], おり引きする 〈*off*〉; 〈樽〉に(黒)ビールを詰める. ［Prov (*raca* stems and husks of grapes, dregs)］

rack[4] 〘馬〙 *n* 側対歩; 軽駆け《常歩と速駆けとの間》. ► *vi* 〈馬が〉側対歩で駆ける, 軽駆けする. ● **R～ off!** 《豪俗》行っちまえ, うせろ. ［? *rock*[2]; 一説に Arab *faras rikwa* easy-paced horse から］

rack[5] *vi* 〈雲などが〉風に吹かれて高空を飛ぶ. ► *n* 《風に吹かれて飛ぶ》ちぎれ雲. ［? Scand; cf. Norw and Swed (dial) *rak* wreckage (*reka* to drive), OE *wrecan* to drive］

rack[6] *n* 《羊・子牛・豚の》首肉; 《子羊の》肋肉; RACKABONES. ［? *rack*[1]］

rack[7] *n* ARRACK.

rack·a·bones* /rǽkəbòʊnz/ *n* [〈*sg/pl*〉] 骨と皮ばかりの人[動物], やせっぽち, 《特に》やせ馬.

ráck-and-pínion *a* 〘車〙 〈舵取り装置が〉ラックアンドピニオン式の.

ráck and pínion 〘機〙 ラックアンドピニオン《RACK[1] と PINION[2] をかみ合わせて回転運動を直線運動に変えまたはその逆のことをする装置》.

ráck-and-pínion ràilway RACK RAILWAY.

ráck càr 〘鉄道〙 枠付き長物車《自動車・材木・橋桁材などの輸送用》.

ráck dùty*《俗》SACK TIME.

racked /rǽkt/*《俗》*a* 掌握して, 成功間違いなしで; 疲れはてて, ぐったりして; 酒[ドラッグ]に酔って. ［*rack*[1]］

rácked óut *a**《俗》眠って, 寝て.

rácked úp*《俗》*a* ひどく緊張して; 酒[ドラッグ]に酔って (racked).

rack·et[1] /rǽkət/ *n* 《テニスなど》ラケット (＝*racquet*); [～s, 〈*sg*〉] RACQUETS; ラケット形スノーシューズ. ［F＜It＜Arab＝palm of hand］

racket[2] *n* **1** 騒ぎ, 騒音 〈*about* sth, *with* sb〉; 社交界の浮かれ騒ぎ, 底抜け騒ぎ, 遊興: the ～ of the London season ロンドン社交シーズンの浮かれ騒ぎ / What's the ～? どうしたのだ. **2 a** 《口》不正; 《口》いかがわしい商売[やり口], 密売, 詐欺, 脅迫, ゆすり, 横領; *《俗》《サーカス・お祭などの》場内売場, 売店: work a ～ 悪いことをする. **b** 《俗》職業, 仕事, 商売, 'しのぎ'; 《俗》楽なもうけ口, ぼろい商売: What's your ～? / It isn't my ～. わたしの知ったことじゃない. **3** [the] 苦しい経験, 試練; [the ～s] 組織的な非合法活動, 暴力団, シンジケート, マフィア. **4** 〘楽〙 ラケット《(**1**) ファゴットの前身となったルネサンスの管楽器 **2**) オルガンのピッチの低いリードストップ》. ● **be in on a ～** 不正な金もうけグループに加わっている. **go on the ～** 遊興[道楽]する. **make [kick up] a ～** 大騒ぎを起こす. **stand the ～** 試練に耐え抜く; 責任を負う; 勘定を払う. ► *vi* 浮かれ[遊び]暮らす 〈*about, around*〉; 騒音をたてる, 騒音を発して動く 〈*about, along, around*〉; *《俗》詐欺をはたらく, ゆする. ［C16＜?imit］

rácket·bàll *n* RACQUETBALL.

rack·e·teer /rækətíər/ *n* 不正な商売[詐欺, 恐喝 など]で利を得る者, ギャング, 暴力団員. ► *vi, vt* 不正な商売[やり口]で利を得る, 恐喝する, ゆする. ◆ **～·ing** *n* ［*racket*[2]］

rácket prèss ラケットプレス《テニスなどのラケットがゆがまないように入れておく枠》.

rácket·tàil *n* 〘鳥〙 ラケット状の尾をもつハチドリ.

ráck·et(·t)y *a* 騒々しい (noisy); 大騒ぎの好きな, 道楽好きな; 弱い (rickety); ぐらつく, 今にも壊れそうな (rickety).

Rack·ham /rǽkəm/ ラカム **Arthur** ～ (1867–1939)《英国のさしえ画家; 特に おとぎ話などのさしえで知られる》.

ráck·ing *a* 苛酷な; 〈痛みなどが〉激しい, 苦しい. ◆ **～·ly** *adv*

rack·le /rǽk(ə)l/ 《スコ》*a* 強情な, むこうみずな; がんじょうな.

ráck mòunting ラックマウンティング《電気器具・電子機器を規格化されたラックに収納して使用すること》. ◆ **ráck-móunt** *a* **ráck-móunt·ed** *a*

ráck ràil 歯軌条, ラックレール (cograil).

ráck ràilway 歯軌条[ラックレール]鉄道 (cog railway).

ráck ràte 《ホテルの部屋の》正規料金.

ráck-rènt *vt* …から法外な地代[家賃, 小作料]を取る.

ráck rènt 法外な地代[家賃, 小作料]; "全額地代《その土地の 1 年の収益金額に(ほとんど)等しい額の地代》.

ráck-rènt·er *n* 法外な地代を払う[取る]者.

ráck sàw 〘木工〙 広刃のこぎり.

ráck tìme*《俗》SACK TIME.

ráck whèel 〘機〙 GEAR WHEEL.

ráck·wòrk *n* 〘機〙 ラック機構, ラック仕掛け.

ra·clette /ræklét, rɑː-/ *n* ラクレット《ゆでたジャガイモに溶かしたチーズを添えたスイスの料理》; ラクレット(用)チーズ. ［F (*racler* to scrape)］

ra·con /réɪkɑ̀n/ *n* 〘通信〙 レーコン (RADAR BEACON).

ra·con·tage /*F* rakɔ̃taːʒ/ *n* うわさ話, 逸話. ［F (*raconter* to relate)］

rac·on·teur /rækɑ̀ntə́ːr/ *n* (*fem* **-teuse** /-tə́ːrz/) 巧みな語り手, 話しじょうず《人》. ［F (↑)］

racoon ⇨ RACCOON.

rac·quet /rǽkət/ *n* RACKET[1]; [～s, 〈*sg*〉] RACQUETBALL《球技》.

rácquet·bàll* *n* ラケットボール《4 面の壁と天井に囲まれた室内で 2 人ないし 4 人で行なう球技》; ラケットボール用のボール.

racy[1] /réɪsi/ *a* 独特の風味のある, 本場[本物]の, 一種独特の; 活気[生気]のある, 元気のよい; 〈文体・描写など〉生彩のある, ピリッとした;

〈話が〉きわどい, 興味をそそる: a ～ flavor 独特な風味. **● ～ of the soil** その土地特有の; 単純素朴な; 生気のある. **♦ rác·i·ness** *n* [*race*[2]]

racy[2] *a* レース向きの(からだつきをした); 〈動物が〉からだが長くやせた: a ～ sports car. [*race*[1]]

rad[1] /rǽd/ *n* 〔理〕ラド《吸収線量の単位; ⇨ GRAY[2]》. [*r*adiation *a*bsorbed *d*ose]

rad[2] «口» *n* 過激な人, 《政治上の》過激論者 (radical). ► *a* すごい, かっこいい, イケてる.

rad[3] *n* RADIATOR.

rad 〔数〕radian(s). **rad.** 〔数〕radical • radius • 〔数・解〕radix.

RAD 〔英〕Royal Academy of Dance.

RADA /rɑ́ːdə/ 〔英〕°Royal Academy of Dramatic Art.

ra·dar /réɪdɑ̀ːr/ *n* レーダー; 《速度違反車取締まり用の》速度測定装置. **● on [off] the ～ (screen)** 〈問題などが〉意識されて[されないで]. [*ra*dio *d*etection [*d*etecting] *a*nd *r*anging]

R

rádar astrònomy レーダー天文学.

rádar bèacon 〔通信〕レーダービーコン (＝*racon*)《航空機・船舶のレーダーからの信号を受け, 強い信号あるいはコード信号を送信する; 位置確認用》.

rádar gùn スピードガン《自動車などの速度の携帯型測定器》.

rádar·man /-mən/ *n* レーダー技師.

rádar·scòpe *n* レーダースコープ《レーダー信号の表示装置》. [*radar*＋oscillo*scope*]

rádar scrèen レーダー画面, レーダースクリーン.

rádar tèlescope レーダー望遠鏡.

rádar tràp 速度違反車取締まり[ネズミ捕り]レーダー.

RADC 〔英〕Royal Army Dental Corps.

Rad·cliffe /rǽdklɪf/ ラドクリフ (1) **Ann ～** (1764–1823)《英国の小説家; 旧姓 Ward; ゴシック小説 *The Mysteries of Udolpho* (1794)》 (2) **Paula** (1973–)《英国の女子長距離走者; マラソンで女子の世界最高記録 2 時間 15 分 25 秒を達成 (2003)》.

Rádcliffe Cóllege ラドクリフカレッジ《Massachusetts 州 Cambridge にあるリベラルアーツの全寮制女子カレッジ; Harvard 大学の一部; 1879 年創立》.

rad·dle[1] /rǽdl/ *n* RED OCHER. ► *vt* 代赭(たいしゃ)[べになど]を塗りたてる; 赤くする. [*ruddle*]

raddle[2] *vt* いっしょに合わせてよじる, 組む, 編む. ► «方» *n* 編み枝; 編み垣. [OF＝stout pole, rail of a cart＜?MHG *reitel*]

rád·dled *a* 混乱している, 落ちつきを欠いた; 打ち砕かれた; やつれた, くたびれた; こわれた; 荒れはてた.

Ra·detz·ky /rədétski/ ラデツキー **Joseph ～**, Graf ～ von Radetz (1766–1858)《オーストリアの軍人; 陸軍元帥》.

Rad·ford /rǽdfərd/ ラドフォード《男子名》. [OE＝red ford]

radge /rǽʤ/ *n, a* «スコ俗» 怒り狂った(やつ); いかれた(やつ).

ra·di- /réɪdi/, **ra·dio-** /réɪdioʊ, -diə/ *comb form*「放射」「輻射」「半径」「橈骨(とうこつ)」「放射性[能]」「ラジウム」「放射性同位元素」「無線」 [*radius, radio; radioactive, radiation*]

ra·di·al /réɪdiəl/ *a* **1** 光線の; 放射(状)の, 輻射状の, 中心から四方に広がる; 放射部のある; 〔解〕橈側(とうそく)の, 橈骨の; 〔動〕放射器官の; 〔植〕射出花の; 〔昆〕径脈 (radius) の. **2** 半径の. ► *n* 放射部; 光線 (ray); 〔解〕橈骨神経[動脈]; 〔魚〕FIN RAY; ラジアルタイヤ (radial tire); 〔機〕ラジアルボール盤 (＝～ **drílling machìne**). **♦ ～·ly** *adv* [L (RADIUS)]

rádial árm sàw RADIAL SAW.

rádial ártery 〔解〕橈骨動脈.

rádial cléavage 〔発生〕放射(型)卵割《動物の卵割で, 割球が卵軸に対して放射状の配列となるもの; 海綿・腔腸・棘皮(きょくひ)・原索動物や両生類の卵にみられる; cf. SPIRAL CLEAVAGE》.

ra·di·a·le /rèɪdiéɪli, -éɪ-, -ɑ́ː-/ *n* (*pl* **-lia** /-iə/) 〔解・動〕《橈骨につながる》手根(軟)骨, 《特にヒトの》舟状骨; 〔動〕《ウニの囲口部の》眼板, 輻板; 〔魚〕鰭輻(きふく)骨. [L RADIAL]

rádial éngine 〔機〕星形(ほしがた)機関[エンジン].

rádial-flów *a* 〔機〕〈タービンなどが〉半径流式の.

rádial·ìze *vt* 放射状に並べる.

rádial keratótomy 放射状角膜切開(術)《角膜に放射状の切開を行ない, 近視を矯正する手術; 略 RK》.

rádial(-plỳ) tíre ラジアルタイヤ《胴を構成するナイロン・レーヨンの層が周方向に対して直角に配列されている》.

rádial sáw 〔機〕ラジアル鋸盤 (＝*radial arm saw*)《いろいろな角度に調節可能な, カンチレバー付き丸鋸》.

rádial sýmmetry 〔生〕放射相称《クラゲ・ヒトデなどの構造; cf. BILATERAL SYMMETRY》. **♦ rádially symmétrical** *a*

rádial velócity 〔天〕視線速度《天体が観測者に対して前進または後退する速度》.

ra·di·an /réɪdiən/ *n* 〔数〕ラジアン《角度の単位; 記号 rad: π rad＝180°, 1 rad≒57.3°》.

ra·di·ance /réɪdiəns/, **-cy** *n* 発光, 光輝; 《目・顔の》輝き; 濃い紅色; 〔理〕放射輝度, ラジアンス; RADIATION.

rá·di·ant *a* **1** 光を放つ[反射する], 放射する; 〔理〕放射の, 放射される, 放射熱の; 〔生〕放射状の, 放散の. **2** 輝く(ばかりの), 燦然たる; 輝いた, 晴れやかな, うれしそうな, にこやかな. ► *n* 〔光〕光点, 光体; 〔天〕RADIANT POINT; ガス[電気]ヒーターの白熱する部分, 放射放熱部, 放射材. **♦ ～·ly** *adv* [L; ⇨ RADIUS]

rádiant effíciency 〔理〕放射効率.

rádiant énergy 〔理〕放射エネルギー.

rádiant éxitance 〔理〕放射発散度.

rádiant flúx 〔理〕放射束.

rádiant héat 〔理〕放射熱.

rádiant héater 放射暖房器.

rádiant héating 放射加熱; PANEL HEATING.

rádiant inténsity 〔理〕放射強度.

rádiant pòint 〔天〕放射点《多数の流星がそこを中心として四方に射出されるように見える天球上の一点》.

ra·di·ate *v* /réɪdièɪt/ *vi* **1** 〈熱・光などが〉放射する[される] 〈*from*〉; 〈太陽などが〉光を放つ; 〈魅力など〉発散される 〈*from*〉. **2** 〈中心から〉四方に広がる 〈*from*〉; 〔生〕〈動植物が〉広がる, 生息地[生環境]を広げる, 適応放散 (adaptive radiation) を起こす. ► *vt* **1** 〈熱・光などを〉放射する; 照らす. **2** 〈喜び・健康などを〉発散させる, まき散らす; 〈影響などを〉広く及ぼす. ► *a* /-ət, -èɪt/ 射出する; 放射状の; 〔植〕周辺花をもつ; 〔生〕放射相称の. **♦ ～d** *a* 放射状の模様がある《*radiated* tortoise (ホウシャガメ) など, 動物の名称に用いられる》. **～·ly** *adv* [L; ⇨ RADIUS]

ra·di·a·tion /rèɪdiéɪʃ(ə)n/ *n* 放射物[線, エネルギー]; 発光, 放熱; 〔理〕放射, 輻射; 伝播, 拡散; 放射状配列; 〔解〕《神経繊維のなす》放線; 〔生〕放散, 適応放散 (ADAPTIVE RADIATION); 放熱器 (radiator); 〔医〕放射線療法 (radiation therapy). **♦ ～·al** *a* **～·al·ly** *adv* **～·less** *a*

radiátion bèlt VAN ALLEN RADIATION BELT.

radiátion chémistry 放射線化学.

radiátion-fìeld photógraphy KIRLIAN PHOTOGRAPHY.

radiátion fòg 〔気〕放射霧(ぎり)《地表面の放射冷却によって発生する霧》.

radiátion pàttern 〔通信〕空中線指向性図.

radiátion pyròmeter 〔理〕放射高温計.

radiátion resìstance 〔電〕《送信用アンテナに生ずる》放射抵抗, 放射インピーダンス.

radiátion sìckness 〔医〕放射線宿酔(しゅくすい)《疲労・嘔吐・脱歯・脱毛・赤[白]血球の減少・内出血などを起こす》.

radiátion tèmperature 〔天〕放射温度《Stefan-Boltzmann の法則にあてはめて求める, 天体の表面温度》.

radiátion thèrapy [trèatment] RADIOTHERAPY.

ra·di·a·tive /réɪdièɪtɪv/ *a* 発光[放熱]する; 放射の.

rádiative cápture 〔理〕放射性捕獲《原子核が外部からの粒子をとらえて光子を放出すること》.

rádiative collísion 〔理〕放射性衝突《荷電粒子の衝突において運動エネルギーが一部電磁放射に変換される場合》.

rá·di·à·tor *n* 放射[射光]体, 放熱物; 《パイプ式の》暖房器, ヒーター; 放熱器, ラジエーター; 〔通信〕送信アンテナ.

rádiator grìlle 《自動車の》放熱器格子, ラジエーターグリル (grille).

ra·di·a·to·ry /réɪdiətɔ̀ːri; -t(ə)ri/ *n* RADIATIVE.

rad·i·cal /rǽdɪk(ə)l/ *a* **1** 根本的な, 基礎の; 本来[生来]の; 徹底的な, 大幅な. **2 a** 急進的な, 過激な (extreme), 抜本的変革を求める; [R-]〔英史〕急進派の, 〔米史〕共和党過激派の (⇨ *n* 1). **b** *«俗» すばらしい, サイコーの, かっこいい. **3** 〔数〕根の, 不尽根の; 〔言〕語根の; 〔植〕根の, 根生の (cf. CAULINE); 〔化〕基の; 〔楽〕根音の: a ～ expression 無理式 / a ～ word 語根語. **4** 〔医〕病根を除去する, 根治の, 根治的な (cf. CONSERVATIVE): a ～ operation 根治手術《患部の全切除[摘出]など》/ a ～ treatment 根治療法. ► *n* **1** 急進党員, 急進論者; [the R-s]〔英史〕《19 世紀初頭の》急進派, 〔米史〕《南北戦争後の》共和党過激派《南部諸州の連邦復帰にきびしい条件を課した》. **2** 根本, 基部; 根本原理, 基礎; 〔言〕語根; 《漢字の偏(へん)・旁(つくり)・冠の類の》部首; 〔化〕FREE RADICAL; 〔化〕基 (group); 〔楽〕根音; 〔数〕根基, 根号; 〔数〕無理式. **♦ ～·ly** *adv* 本来は; 徹底的に; 根本的に; 急進的に. **～·ness** *n* **rad·i·cal·i·ty** /rædɪkǽləti/ *n* [L＜RADIX]

rádical áxis 〔数〕根軸《2 円の 2 交点を通る直線》.

rádical chíc ラディカルシック《過激派や少数派に共感を示すこと[金持, 名士]; そのファッション》.

rádical empíricism 〔哲〕《William James の》根本的経験論.

rádical·ìsm *n* 根本的変革論[主義], 急進主義[性], 過激, ラディカリズム.

rádical·ìze *vt, vi* 急進的にする[なる], 根本的に改革する. **♦ ràdical·izátion** *n*

rádical léft NEW LEFT.

rádical ríght 極右(派). **♦ rádical ríghtism** *n* **rádical ríghtist** *n*

rádical sìgn 〔数〕根号 (√).

rad·i·cand /rǽdəkæ̀nd, ⏑–⏑–/ *n* 〔数〕被開法数. [L]

rad·i·cate /rǽdəkèɪt/ *vt* 根付かせる, 発根させる. [L *radico* to take root (*radix*)]

ra·dic·chio /rædíkiou, rə-, rɑː-/ *n* (*pl* **-chi·os**) 〘植〙ラディッキオ, 赤チコリー《にがみのある葉はサラダ用》. [It=chicory]
rad·i·cel /rǽdəsɛ̀l/ *n* 〘植〙小根 (rootlet), 幼根 (radicle).
radices *n* RADIX の複数形.
ra·di·ci·da·tion /rèɪdəsədéɪʃ(ə)n/ *n* 《食品に対する》放射線照射殺菌.
rad·i·cle /rǽdɪk(ə)l/ *n* 〘植〙幼根, 小根; 胚軸(と根); 〘解〙小根; 《古》〘化〙RADICAL. [L (dim) ‹ RADIX]
rad·ic·lib /rǽdɪklíb/ *n**《ロ》急進的自由主義者. [*radical-liberal*]
ra·dic·u·lar /rədíkjələr/ *a* RADICLE の; 〘医・解〙神経根[歯根]の[で起きる]: ～ pain 根痛, 根性(こんせい)痛, 神経根痛.
ra·di·esthésia /rèɪdi-/ *n* 放射感知《占い棒や振子を用いて, 隠されたものから発するエネルギーを感知する》; 《占い棒による》水脈探知 (dowsing); 放射感知の研究.
Ra·di·guet /*F* radigɛ/ ラディゲ **Raymond** ～ (1903–23)《フランスの小説家; *Le Diable au corps* (1923), *Le Bal du comte d'Orgel* (1924)》.
radii *n* RADIUS の複数形.
ra·dio /réɪdiòu/ *n* (*pl* **-di·os**) **1** 無線電信[電話] (wireless telegraphy [telephony]); 無電通信; ラジオ[無線]放送; ラジオ放送事業; ラジオ放送局; 無線局: hear the news on the ～ ラジオでニュースを聞く / listen (in) to the ～ ラジオを聴く / be on the ～ ラジオで放送して[に出演して]いる. **2** ラジオ受信機, 無線機. ► *a* **1** 放射エネルギーの, 放射性の; 周波数がおよそ 3kHz から 300GHz の電磁波の, 電波 (radio wave) の. **2** 無線電信[電話]の; ラジオ(放送)の; ラジオ技術専門の; 無線コントロールの. ► *vt* 無線電信[電話]で送る; (…に)無線で通信する. ► *vi* 無線通信する; ラジオ放送する. [*radiotelegraphy* etc.]
radio- /réɪdiou, -diə/ ⇨ RADI-.
ràdio·áctivate *vt* 放射性にする, 放射化する. ♦ **-acti·vá·tion** *n*
ràdio·áctive *a* 放射性の, 放射能を含む: ～ contamination 放射能汚染 / ～ rays 放射線. ♦ **～·ly** *adv*
radioáctive áge 〘理〙放射性年代.
radioáctive dáting 放射線年代測定《CARBON DATING など》.
radioáctive decáy 〘理〙放射性崩壊[壊変].
radioáctive displácement làw 〘理〙放射性崩壊に関する変位則《α 崩壊では原子番号は 2, 質量数は 4 減少, β崩壊では原子番号が 1 増し, 質量数は不変という法則》.
radioáctive fállout 放射性降下物《死の灰》.
radioáctive ísotope RADIOISOTOPE.
radioáctive séries 〘理〙放射性系列, 壊変系列.
radioáctive stándard 〘理〙標準放射性物質《放射線測定装置に用いる》.
radioáctive trácer 〘理〙放射性トレーサー.
radioáctive wáste 放射性廃棄物 (=*nuclear waste*).
ràdio·actívity *n* 〘理〙放射能: artificial ～ 人工放射能.
radioactívity anàlysis ACTIVATION ANALYSIS.
rádio alàrm ラジオ付き目覚まし時計 (clock radio).
ràdio·al·lèr·go·sórbent /-əlɜ̀ːrgou-/ *a* 〘医〙放射性アレルゲン吸着の《アレルギー反応検査のための血液分析の一種》: ～ tests 放射性アレルゲン吸着試験《略 RAST》.
rádio altímeter 〘空〙電波高度計.
ràdio·assáy *n* 放射定量法, ラジオアッセイ.
rádio astrómetry 電波天文測定学《電波源の位置や電波の強さなどを研究する電波天文学の一部門》.
rádio astrónomy 電波天文学. ♦ **rádio astrónomer** *n* **rádio astronómical** *a*
Rádio Authòrity [the] 〘英〙ラジオ オーソリティ, ラジオ公社《1991 年から Independent Broadcasting Authority に代わって民間ラジオ放送の認可・監督を行なった機関; 略 RA; ⇨ OFCOM》.
ràdio·áuto·gràph *n* ラジオオートグラフ (autoradiograph). ♦ **-autográphic** *a* **-autógraphy** *n*
rádio bèacon 無線標識, ラジオビーコン.
rádio bèam 電波ビーム.
ràdio·biólogy *n* 放射線生物学. ♦ **-gist** *n* **-biológical, -ic** *a* **-ical·ly** *adv*
ràdio·bróad·càst *vt* (～, ～·ed) ラジオで放送する. ♦ **～·er** *n* **～·ing** *n*
rádio bùtton 〘電算〙ラジオボタン《画面で複数の選択肢から 1 つを選ばせるボタン》.
rádio càb 無線タクシー.
rádio càr ラジオカー《連絡用短波無線装備の自動車》.
ràdio·cárbon *n* 〘化〙放射性炭素, 《特に》炭素 14.
radiocárbon dàting CARBON DATING. ♦ **radiocárbon-dáte** *vt*
ràdio·cárpal *a* 〘解〙橈骨(とうこつ)手根骨の.
rádio·càst *vt* (～, ～·ed) RADIOBROADCAST. ♦ **～·er** *n*
rádio chànnel 無線チャンネル.
ràdio·chémistry *n* 放射化学. ♦ **-chémist** *n* **-chémical** *a* **-ical·ly** *adv*
ràdio·chromáto·gràm *n* 〘化〙ラジオクロマトグラム《クロマトグラム上で放射能測定を行ないその測定値をグラフ表示したもの》.
ràdio·chromatógraphy *n* 〘化〙ラジオクロマトグラフィー《標識化合物の放射能を利用して行なう定量[定性]クロマトグラフィー》. ♦ **-chromatográphic** *a*
Rádio Cíty ラジオシティー《New York 市にある Rockefeller Center の一部; RCA ビルと Radio City Music Hall を含む》.
Rádio Cìty Músic Hàll ラジオシティーミュージックホール《1932 年 Radio City 内に造られた世界一の大劇場; アールデコの豪華なインテリアで有名; cf. ROCKETTES》.
ràdio·cóbalt *n* 〘化〙放射性コバルト, 《特に》コバルト 60.
rádio còllar 発信器付き首輪《野生動物の行動を追跡調査するのに用いる》. ♦ **rádio-còllar** *vt* 〈動物に〉発信器付き首輪を付ける.
rádio communicátion 無線通信.
rádio còmpass 無線方向探知機, ラジオコンパス.
rádio contról 無線制御[操縦]; 《パトカーやタクシーに対する》無線指令. ♦ **rádio-contrólled** *a*
ràdio·detéctor *n* 無線検波器: a crystal ～ 鉱石[結晶]検波器.
rádio diréction fìnder 無線方向探知機 (=*radio compass*)《略 RDF》.
rádio-ècho sòunding 電波音響測深法《高周波電波の反射により水深・氷層の厚みを測定する方法》.
ràdio·ecólogy *n* 放射線生態学《放射性物質と生物との関係を扱う》. ♦ **-gist** *n* **-ecológical** *a*
ràdio·élement *n* 〘化〙放射性元素.
rádio fíeld intènsity [strèngth] 電波強度; 電磁場の強さ.
Radio 5 Live /—́ fàɪv láɪv/ ラジオファイヴ (⇨ RADIO 1).
rádio fìx 無線位置.
Radio 4 /—́ fɔ́ːr/ ラジオフォー (⇨ RADIO 1).
rádio frèquency 無線[電波]周波数, 高周波《約 3kHz から 300GHz の周波数; 略 RF》.
rádio-frèquency héating 高周波加熱, 電子加熱.
rádio-frèquency wélding 高周波溶接 (=*high-frequency welding*).
rádio gàlaxy 〘天〙電波銀河.
ràdio·génic *a* 〘理〙放射能によってつくり出された; ラジオ放送向きの (cf. PHOTOGENIC). ♦ **-gén·i·cal·ly** *adv*
ràdio·goniómeter *n* DIRECTION FINDER.
rádio·gràm *n* 無線電報; RADIOGRAPH[1]; ‖ラジオ付きレコードプレーヤー.
ràdio·grámophone‖ *n* ラジオ付きプレーヤー (radiogram).
rádio·gràph[1] *n* 放射線写真, ラジオグラフ, 《特に》X 線[ガンマ線]写真. ► *vt* …のレントゲン写真を撮る.
radiograph[2] *vt* 〈人〉に電報を打つ. [tele*graph*]
ra·di·og·ra·phy /rèɪdiágrəfi/ *n* X 線撮影(法), ラジオグラフィー. ♦ **-pher** *n* **rà·dio·gráph·ic** *a* X 線撮影(法)の. **-i·cal·ly** *adv*
ràdio·ìmmuno·ássay /, -ɪmjùː-, -æséɪ/ *n* 〘医〙(放射性同位元素)標識免疫検定(法), 放射免疫検定(法), ラジオイムノアッセイ. ♦ **～·able** *a*
ràdio·immunólogy *n* 放射免疫学. ♦ **-immunológical, -lógic** *a*
rádio interferómeter 〘天〙電波干渉計.
ràdio·íodine *n* 〘化〙放射性ヨウ素《放射性のヨウ素同位体; 特に iodine 131 および iodine 125》.
ràdio·ísotope *n* 〘化〙放射性同位元素, 放射性同位体, ラジオアイソトープ. ♦ **ràdio·isotópic** *a* **-ical·ly** *adv*
radioísotope [radioisotópic] báttery 原子力電池, アイソトープ電池.
rádio knìfe 〘外科〙電気メス.
ràdio·lábel *vt* 放射性同位体を使って標識付けする (label). ► *n* 標識付けに用いる放射性同位体.
rádio·lànd *n**《俗》ラジオ聴取者の住む土地: Hello out there in ～. 聴取者の皆さんこんにちは.
ra·di·o·lar·ia /rèɪdiouléəriə/ *n pl* 〘動〙放散虫類.
ra·di·o·lar·i·an /rèɪdiouléəriən/ *n*, *a* 〘動〙放散虫(の).
rádio lìnk 無線リンク《2 点間の通信路を形成する無線通信系》.
ràdio·locátion *n* 電波[無線]測位(法).
rádio·lòcator‖ *n* RADAR.
ra·dio·log·i·cal /rèɪdiouládʒɪk(ə)l/, **-log·ic** *a* 放射線(医)学の; 核放射線の: ～ warfare 放射能戦(争). ♦ **-i·cal·ly** *adv*
ra·di·ol·o·gy /rèɪdiálədʒi/ *n* 放射線(医)学; 放射線医療. ♦ **-gist** *n*
ràdio·lúcent *a* 放射線[X 線]透過性の (cf. RADIOPAQUE, RADIOTRANSPARENT). ♦ **-lúcency** *n*
ràdio·luminéscence *n* 〘理〙放射線ルミネセンス《放射性物質の放射による発光》.
ra·di·ol·y·sis /rèɪdiáləsəs/ *n* (*pl* **-ses** /-sìːz/) 〘化〙放射線分解. ♦ **ra·dio·lyt·ic** /rèɪdiəlítɪk/ *a*

rádio·màn *n* 無電技師[技手].
ràdio·meteóro·gràph *n* RADIOSONDE.
ra·di·om·e·ter /rèɪdiάmətər/ *n* 〘理〙放射計, ラジオメーター.
♦ **rà·di·óm·e·try** *n* 〘理〙放射測定.
ràdio·métric *a* 放射計の[による]; 放射性炭素年代測定の; 放射分析の. ♦ **-rical·ly** *adv*
ràdio·micrómeter *n* 〘理〙熱電放射計.
rádio mícrophone 無線マイク, ワイヤレスマイク.
ràdio·mimétic *a* 〘理〙放射線様の: ~ effect.
rádio navigátion 〘空·海〙無線航法[航行].
ra·di·on·ics /rèɪdiάnɪks/ *n* ELECTRONICS; ラジオニクス《物質が発していると考えられる放射エネルギーの研究に基づく代替医療》.
ràdio·núclide *n* 〘理〙放射性核種.
Radio 1 /-— wʌ́n/ ラジオワン《英国 BBC 放送の全国向けラジオ放送; ポップ·ロック音楽が中心》. ★ Radio 1–5: BBC ラジオのアナログ·デジタルの両方で放送している 5 つのネットワーク. それぞれ分野が異なり, Radio 1 は若者向けのポピュラー音楽, Radio 2 は大人向けのポピュラー音楽, Radio 3 はクラシック音楽やアート, Radio 4 はニュース·時事·トピックス·ドラマ·詩など, Radio 5 Live はバラエティーに富む番組を放送.
ra·di·opaque /rèɪdioʊpéɪk/, **ràdio-opáque** *a* 放射線[X 線]不透過性の (cf. RADIOLUCENT, RADIOTRANSPARENT).
♦ **ra·di·opácity** *n*
ràdio·pár·ent /-péərənt, -pǽr-/ *a* 放射線透過性の.
ràdio·pharmacéutical *n, a* 〘薬〙放射性医薬品(の).
rádio·phòne *n* RADIOTELEPHONE; 〘理〙光線電話機. ► *vt, vi* RADIOTELEPHONE.
ràdio·phónic *a* 電子音楽の.
ràdio·phónics" *n* 電子音楽.
ràdio·phóno·gràph *n* ラジオ付きレコードプレーヤー.
ràdio·phóto *n* 無線電送写真, 無線写真電送.
ràdio·phóto·gràph *n* 無線電送写真.
ràdio·photógraphy *n* 無線写真電送.
ràdio·protéctive *a* 〘医〙放射線防護の. ♦ **-protéction** *n*
ràdio·protéctor, -pro·téc·tor·ant /-prətéktərənt/ *n* 放射線防護薬.
rádio proxímity fùze PROXIMITY FUZE.
rádio púlsar 〘天〙電波パルサー《可視光や X 線を出すパルサーと区別していう》.
rádio rànge 〘空〙無線航路標識.
rádio recéiver [**recéiving sèt**] ラジオ受信機.
rádio rélay 無線中継局.
ràdio·resíst·ance *n* 〘医〙放射線[放射能]抵抗性. ♦ **ràdio-resíst·ant** *a*
ràdio·sclerómeter *n* 放射硬度計, 透過度計 (penetrameter).
ràdio·scópe *n* 放射線測定器.
ra·di·os·co·py /rèɪdiάskəpi/ *n* X 線透視(法). ♦ **ra·dio·scop·ic** /rèɪdiouskάpɪk/ *a*
ràdio·sénsitive *a* 〘医〙放射線[放射能]感受性の〈癌細胞など〉.
♦ **-sensitívity** *n*
ràdio·sénsitizer *n* 〘医〙放射線[放射能]感受性増強物質.
♦ **-sén·si·tìz·ing** *a* **-sensitizátion** *n*
rádio sèt 無線送信[受信]機, 無線機, ラジオ.
rádio sìgnal 無線信号.
ra·di·os·i·ty /rèɪdiάsəti/ *n* 〘電算〙ラジオシティー《コンピューターグラフィックスで, すべての光源からの光量を反射光も含めて計算する方法; ray tracing と異なり, 視点に依存しない》.
rádio·sònde *n* ラジオゾンデ《気球に吊り下げたりして大気上層の気圧·気温·湿度などを測定して電波で地上に送信する発信機》. [G *Sonde* probe]
rádio sòurce 〘天〙電波源.
rádio spèctrum 無線周波スペクトル《無線通信に用いる電磁波の周波数帯》.
rádio stàr 〘天〙電波星, ラジオ星《宇宙電波源の一つ》.
rádio stàtion 無線局; ラジオ放送局.
ràdio·stérilize *vt* 放射線で殺菌する. ♦ **-sterilizátion** *n* 放射線殺菌.
ràdio·stróntium *n* 〘化〙放射性ストロンチウム, 《特に》ストロンチウム 90 (strontium 90).
ràdio·súrgery *n* 放射線外科.
ràdio·symmétrical *a* 〘植〙放射相称の, 《特に》ACTINOMORPHIC (⇨ RADIAL SYMMETRY).
rádio·tàg *vt* 〈動物〉に電波発信機を取り付ける.
ràdio·téle·gràm *n* 無線電報 (radiogram).
ràdio·téle·gràph *n* 無線電信. ► *vt* 無線電信で送る. ► *vi* 無線電信を打つ.
ràdio·telegráphic *a* 無線電信の, 無線電信による.
ràdio·telégraphy *n* 無線電信(術).
ràdio·telémetry *n* TELEMETRY; BIOTELEMETRY. ♦ **-telemétric** *a*
ràdio·téle·phòne *n* 無線電話機. ► *vt* 〈人〉に無線電話をかける. ► *vi* 無線電話をかける.
ràdio·teléphony *n* 無線電話. ♦ **-telephónic** *a*
rádio télescope 電波望遠鏡.
ràdio·téle·tỳpe *n* 無線テレタイプ(装置)《略 RTT, RTTY》.
ràdio·télex *n* 無線テレックス.
ràdio·therapéutics *n* RADIOTHERAPY. ♦ **-therapéutic** *a* **-tically** *adv*
ràdio·thérapy *n* 放射線[放射能]療法. ♦ **-thérapist** *n*
rádio·thèrmy *n* 〘医〙ラジオテルミー《放射線熱療法; 短波ジアテルミー》.
ràdio·thórium *n* 〘化〙ラジオトリウム《トリウムの崩壊によってできるその放射性同位体 ^{228}Th》.
Radio 3 /-— θríː/ ラジオスリー (⇨ RADIO 1).
Rádio Tímes [the]『ラジオタイムズ』《英国 BBC 放送が出しているラジオ·テレビ番組案内の週刊誌; 1923 年創刊》.
ràdio·tóxin *n* 放射性毒物[毒素]. ♦ **-tóxic** *a*
rà·dio·tox·o·lóg·ic /-tὰksəlάʤɪk/ *a* 放射性毒物[毒素]研究の.
rádio·tràcer *n* 〘化〙放射性追跡子, ラジオトレーサー.
ràdio transmítter 無線送信機.
ràdio·transpárent *a* レントゲン写真では全く見えない, 放射線透過性の (cf. RADIOLUCENT, RADIOPAQUE).
rádio tùbe 〘電子工〙真空管, 電子管 (tube).
Radio 2 /-— túː/ ラジオツー (⇨ RADIO 1).
ràdio·úlna *n* 〘解〙橈(とう)尺骨.
rádio vàlve 〘電子工〙電子管 (valve).
ràdio·vìsion *n* 《古》TELEVISION.
rádio wàve 電波.
rádio wìndow 〘天〙電波の窓, 電磁窓 (WINDOW).
rad·ish /rǽdɪʃ/ *n* 〘植〙ハツカダイコン, ラディッシュ; 《野球俗》ボール; *《俗》野球. ♦ **~·lìke** *a* [OE *rædic* and OF<L RADIX]
ra·di·um /réɪdiəm/ *n* 〘化〙ラジウム《放射性金属元素; 記号 Ra, 原子番号 88》. [L RADIUS]
radium A /-— éɪ/ 〘化〙ラジウム A《radon の放射性崩壊によって生じる物質; さらに崩壊して radium B となる》.
radium B /-— bíː/ 〘化〙ラジウム B《radium A の崩壊によって生じる鉛の同位体; これからさらに bismuth の同位体 radium C が生じ, radium C から radium D, radium E, radium F が順次生じる》.
rádium emanàtion 〘化〙RADON.
radium F /-— éf/ 〘化〙ラジウム F《polonium の同位体 ^{210}Po》.
rádium thèrapy ラジウム療法 (radiotherapy).
ra·di·us /réɪdiəs/ *n* (*pl* **-dii** /-diàɪ/, **~·es**) **1 a** 〘数〙半径 (cf. DIAMETER); 半径にはいる範囲; 範囲, 区域: the four-mile ~ ロンドンの Charing Cross から 4 マイル以内《この区域内は乗物料金が市内率》. **b** 《船·航空機などが》燃料を補給せずに戻ってこられる距離, 行動半径; [*fig*]《行動·影響の》範囲: a ~ of action 〘軍〙行動半径; 航続力[距離]. **2 a** 輻射線, 《車輪の》輻(や); 《六分儀·四分儀などの》腕, 針. **b** 〘昆〙径脈; 〘鳥〙小羽枝(こ); 〘解·動〙橈骨(とう); 〘植〙《キク科植物などの》射出花. **c** 放射対称面《放射相称の動物を類似の体部に分けると仮定される面》. **3** 〘機〙偏心距離. ► *vt* 〈角など〉に丸みを与える. [L=rod, spoke, ray]
rádius of cúrvature 〘数〙曲率半径.
rádius of gyrátion 〘理〙回転半径.
rádius véctor (*pl* **rádii vec·tó·res** /-vɛktɔ́ːriz/, **~s**) 〘数·天〙動径.
ra·dix /réɪdɪks/ *n* (*pl* **~·es, rad·i·ces** /réɪdəsìːz; rǽd-/) 〘哲〙根源; 〘植〙根 (root); 〘解〙《特に 脳[脊髄]神経の》根; 〘文法〙語根; 〘数〙《記数法の》基, 基数. [L *radic- radix* root]
rádix pòint 〘数〙基数点《十進法の decimal point など》.
RADM °Rear Admiral.
Rad·nor /rǽdnər, -nɔːr/, **Rádnor·shire** /-ʃɪər, -ʃər/ ラドナー(シャー)《ウェールズ中東部の旧州; 全域が現在の Powys 州内にはいる》.
Ra·dom /rάːdɔːm/ ラドム《ポーランド中東部の市》.
ra·dome /réɪdòʊm/ *n* レードーム《レーダーアンテナ用のドーム状保護おおい》. [*radar dome*]
ra·don /réɪdὰn/ *n* 〘化〙ラドン (=*radium emanation*)《ラジウムの崩壊で生じる不活性の放射性希ガス元素; 記号 Rn, 原子番号 86》. [*radium*, *-on*³]
rad·u·la /rǽʤələ/ *n* (*pl* **-lae** /-lìː, -làɪ/, **~s**) 〘動〙《軟体動物の》歯舌 (=*tongue*). ♦ **rad·u·lar** /rǽʤələr/ *a* [L=scraper]
rád·wàste /rǽd-/ *n* 《口》RADIOACTIVE WASTE.
Rae /réɪ/ **1** レイ《**1**) 女子名; Rachel の愛称 **2**) 男子名; Raymond, Ray の異形》. **2** レイ **John** ~ (1813–93)《スコットランドの探検家; カナダの極地方を踏査した》.
RAE 〘英〙°Royal Aircraft Establishment.
Rae·burn /réɪbərn/ レイバーン Sir **Henry** ~ (1756–1823)《スコットランドの肖像画家》.
Rae·der /réɪdər/ レーダー **Erich** ~ (1876–1960)《ドイツの提督; 海軍司令長官 (1928–43)》.
Rae·mae·kers /rάːmὰːkərz, -s/ ラマカース **Louis** ~ (1869–

1956)《オランダの政治漫画家・画家; 第一次大戦中, 反ドイツ的な漫画に健筆をふるった》.

Rae·tia /ríːʃ(i)ə/ RHAETIA. ♦ **Rae·tian** /ríːʃən/ *a, n*

RAF /rǽf/ °Royal Air Force.

Ra·fa·el /rǽfiəl, réɪ-/ ラファエル《男子名》. [Heb=God has healed]

ra·fale /rəfǽl; *F* rafal/ *n*〖軍〗《砲の》疾風射, 一斉射撃.

raff /rǽf/ *n* 社会のくず, 有象無象 (riffraff); 下層民; ᴵᴵ《方》くず, がらくた.

Raffaelesque ⇨ RAPHAELESQUE.

Ráf·fer·ty('s) rùles /rǽfərti(z)-/ *pl*《豪俗》《ボクシングなどで》無規則 (no rules at all). [C20<?; refractory の変形か]

raf·fia /rǽfiə/ *n*〖植〗ラフィア (=**∼ pàlm**),《特に》《マダガスカル島原産の》ウラジロラフィア《ヤシ科》; ラフィア《ラフィアの葉の繊維; ロープ・籠・帽子などを作る》; ラフィアの帽子. [Malagasy]

raf·fi·nate /rǽfənèɪt/ *n*〖化〗ラフィネート《石油を溶剤で処理したときの不溶解分》.

raf·fi·né /*F* rafine/ *a* 洗練された; 趣味のよい, 上品な. ► *n* しゃれ者. [F=refined]

raf·fi·nose /rǽfənòus, -z/ *n*〖生化〗ラフィノース《植物に多い三糖類》. [F *raffiner* to refine]

ráff·ish *a* 安っぽい, けばけばしい; 奔放な, 不良っぽい. ♦ **∼·ly** *adv* **∼·ness** *n* [*raff*]

raf·fle[1] /rǽf(ə)l/ *n* ラッフル《番号付きの券を大勢の人に売り, 当たった人に賞品を渡すくじ; しばしば慈善目的の資金集め》. ► *vi*《まれ》ラッフルに参加する: ∼ *for* a watch. ► *vt* ラッフルの賞品として…を出す[処分する]: ∼ *off* a house. ♦ **ráf·fler** *n* [OF *rafle* a dice game<?]

raffle[2] *n* 廃物, がらくた (rubbish);〖海〗《索類・帆布などの》もつれてごたごたしたもの. [?OF *ne rifle, ne rafle* nothing at all; または ?F *rafle* act of snatching, sweeping]

raf·fles /rǽf(ə)lz/ *n* [°R-] 紳士泥棒, しろうとの強盗. [英国の小説家 Ernest W. Hornung (1866–1921), *The Amateur Cracksman* (1899) の主人公から]

Raffles 1 ラッフルズ Sir (**Thomas**) **Stamford** ∼ (1781–1826)《英国の植民地行政官; Java, Sumatra 総督; シンガポールを買収して東洋の拠点としての基礎を築いた》. **2** [the] ラッフルズ《シンガポールにある, 英国植民地時代に建てられたホテル》.

raf·fle·sia /rəflíːʒ(i)ə, ræ-; -ziə/ *n*〖植〗ラフレシア属 (*R-*) の根茎から黄色の大花を生じる肉質の寄生植物《Sumatra 原産》. [Sir Stamford *Raffles*]

Raf·san·ja·ni /rɑ̀ːfsɑːnʤɑ́ːni; ræ̀fsæn-/ ラフサンジャニ (**Ali Akbar**) **Hashemi** ∼ (1934–)《イランの神学者・政治家; 大統領 (1989–97)》.

raft[1] /rǽft; rɑ́ːft/ *n* **1 a** いかだ, いかだ舟; 小型ゴムボート;《水泳場などの》浮き台;《ゴム製の》救命いかだ. **b**〖建〗べた基礎 (mat). **2**《航行を妨げる》流木, 浮氷《など》《集合的》; 水面に群がった水鳥. **3***《食堂俗》トースト: on a ∼ トーストに載せて. ► *vt* いかだに組む; いかだに組んで運ぶ; いかだで渡す[運ぶ];〈浮氷が有機物などを〉岸から海へ運ぶ. ► *vi* いかだで行く, いかだを用いる. [ON *raptr* RAFTER[1]]

raft[2] *n* 多量, 多数, たくさん 〈*of*〉: a ∼ *of* trouble [excuses] / a whole ∼ *of* people 大勢の人. [*raff* jumble]

raf·ter[1] /rǽftər; rɑ́ːftər/ *n*〖建〗たるき: Shout till the ∼*s* ring. たるきが鳴るまで叫べ《乾杯の歌の一節》. ► *vt* **1** …にたるきをつける; たるきにする. **2**ᴵᴵ《方》〈畑〉にうねを作る. ♦ **ráf·tered** *a* [OE *ræfter*; cf. *raft*[1]]

ráft·er[2] *n* いかだ師, いかだ流し, いかだ乗り; いかだで移動する人. [*raft*[1]]

rafter[3] *n*《特に 七面鳥の》群れ. [*raft*[2]]

ráft·ing *n* ラフティング《ゴムボートによる激流下り》.

ráfts·man /-mən/ *n* いかだ乗り, いかだ師.

ráft spìder〖動〗半水棲のハシリグモの一種《水面で水棲昆虫などを待ち伏せ, 水の上を走って捕食する欧州産の大型のクモ》.

rag[1] /rǽg/ *n* **1 a** ぼろ, ぼろきれ (tatter), 端切れ,《詰め物用の》ぼろ; [*pl*] ぼろい服, 'ぼろ'; [ᵁ*pl*]《種類・状態を問わず》服; [*pl*]〖紙〗ぼろ《原料》: in ∼*s* ぼろを着て[着た]; ぼろぼろで / (as) LIMP[2] as a ∼ / GLAD RAGS / new ∼*s* 新しい服 / worn to ∼*s* ぼろぼろになって. **b** [*pl*] ぼろくず同然のもの, ぼろっきれ《ハンカチ・手ぬぐい・旗・幕・帆・紙幣など》; [*derog*] ぼろっきれ; [*derog*] 新聞, 雑誌, '紙くず'. **c***《サーカス俗》テント; *《海軍俗》《合図用の》旗, 手旗;《野球俗》ペナント, 優勝旗; *《俗》トランプ札,《役に立たない》くず札; [the]《俗》生理用ナプキン, タンポン; [the]《俗》生理. **d** 卑しい人間, ぼろを着た人. **e***《鉄道俗》転轍(てんてつ)手. **2** 小片, 断片, かけら 〈*of*〉: a ∼ *of* cloud ちぎれ雲 / not a ∼ *of* decency これっぽっちの上品さもない. **3**〖植〗《柑橘(かんきつ)類の》袋の白いすじ, 薄皮. **4**《金属の切断面などの》ぎざぎざ. **5** [the R-]ᴵᴵ《俗》《London の》陸海軍人クラブ. ● CHEW **the ∼.** **feel like a wet ∼**《口》へとへとに疲れている. **from ∼s to riches** 赤貧から大金持に. **have the ∼ on***《俗》生理中である. **lose one's ∼**=**get one's ∼ out** [**up**]《口》かんしゃくを起こす. **on the ∼***《俗》生理中で; *《俗》機嫌が悪い, おこりっぽい. **∼, tag, and bobtail**=RAGTAG AND BOBTAIL. RED RAG. **take the ∼ off**…にまさる. ► *vi, vt* (-gg-) ぼろぼろになる[する]; *《俗》着飾る, 盛装する, めかしこむ 〈*out, up*〉. [?逆成<*ragged*]

rag[2] *v* (-gg-)《口》*vt* しかる, …に文句を言う; からかう, いじめる; 手荒く扱う; ᴵᴵ…に悪ふざけする; 〈人の部屋などを〉乱雑にする. ► *vi* ᴵᴵ騒ぎちらす; ᴵᴵ争う 〈*over*〉. ● **∼ on** sb *人をからかう, いじめる, 人にがみがみ言う. ► ᴵᴵ*n* 大騒ぎ, 騒動, ストーム; 悪ふざけ, いたずら;《慈善などのための》学生の仮装行列. [C18<?; cf. OIcel *ragna* to curse]

rag[3] *n*《一面[一端]が粗いままの》屋根ふき用のスレート; 粗硬岩《建築用の石灰岩などの堅い石》. [ME<?]

rag[4] *n* ラグ《ラグタイムのリズムで書かれた曲》; ラグタイム (ragtime). ► *v* (-gg-) *vt* ラグタイム風に演奏する. ► *vi* ラグタイムを演奏する; *《俗》ラグタイムに合わせて踊る.

ra·ga /rɑ́ːgə/, **rag**[5] /rɑ́ːg/ *n*〖楽〗ラーガ《インド音楽の旋法で, 7 音音階を基本としてさまざまなものがある; それに基づく即興演奏; cf. TALA[1]》. [Skt=tone, color]

rag·a·muf·fin /rǽgəmʌ̀fən/ *n* **1** ぼろを着た人, みすぼらしいなりをした子供. ★ しばしば普通の子供に親愛の情をこめて用いる. **2** RAGGA. ♦ **∼·ly** *a* うすぎたない. [*Piers Plowman* の悪魔 *Ragamoffyn*; cf. RAG[1]]

ràg-and-bóne mànᴵᴵ くず屋, がらくた屋.

rága-róck *n* ラーガロック《ラーガを採り入れたロック音楽》.

ra·gaz·za /*It* ragáddza/ *n* (*pl* **-ze** /*It* -ddze/) 若い女性. [It]

rág bàby ぬいぐるみの人形 (rag doll).

rág·bàg *n* ぼろ袋《端切れ・ぼろ布などを入れる》; ごたまぜ, あれやこれや 〈*of*〉;《俗》だらしない身なりの女.

rág bòlt〖機〗鬼(おに)ボルト.

rág bòok 布製本《破れないようにページを布で作った子供用の本》.

RAGC °Royal and Ancient (Golf Club of St. Andrews).

rág-chèw·ing *《俗》*n* (長い)おしゃべり; 長電話; 長談議.

rág dàyᴵᴵ《学生が行なう》慈善仮装行列の日.

rág dòll ぬいぐるみの人形; 種子発芽試験用に湿らせた布を巻いたもの.

Rag·doll /rǽgdɑ̀l, *-dɔ̀ːl/〖商標〗ラッグドル《イエネコの一品種》.

rage[1] /réɪʤ/ *n* **1 a** 激怒, 憤怒 (fury); 逆上行為: livid with ∼ 怒りで青くなって / be in [fly into] a ∼ かっとなっている[なる] / AIR RAGE / ROAD RAGE. **b** 激しさ, 猛烈, 猛威 (violence): the ∼ of Nature 大自然の猛威. **2 a** 激情, 熱狂, 渇望, 情熱; …狂 (mania): burst into a ∼ of tears [grief] ワッと泣き出す / He has a ∼ *for* (collect*ing*) first editions. 初版物(集め)に熱中している. **b**《詩》詩的[予言的]霊感;《古》狂気 (insanity). **c**《豪口》浮かれ騒ぎ, らんちきパーティー. **3** [the] 大流行(のもの), 大人気, はやり, ブーム. ● **be** (**all**) **the ∼** 大流行している. ► *vi* **1** 〈人が〉激怒する, あばれまわる; しかりとばす, ののしる 〈*about, over, at, against*〉;《豪口・米口》底抜け騒ぎをする, 大いに浮かれ騒ぐ: He ∼*d* (and fumed) *against* all of us. みんなにわめきちらした. **2** 〈あらし・疫病・火事・熱情などが〉猛威をふるう; 高調に達する; 盛んである: Fever ∼*d through* [*in*] the country. 熱病が国中で猛威をふるった. ● **∼ itself out** 〈あらしなどが〉吹きやむ. **∼ through**… おこった感じですばやく…をする[目を通す]. [OF<L RABIES]

rage[2] ⇨ RAGI.

ragee ⇨ RAGI.

ráge·ful *a* 激怒した, 怒り狂った.

rag·er /réɪʤər/ *n*《豪口》パーティー[遊び]好きの人.

Ra·ges /réɪʤəz/ ラゲス《RHAGAE の聖書における名称》.

rág fàir ぼろ市, 古着市.

rag·ga /rǽgə/ *n* ラガ《DJ が録音された伴奏に即興で歌詞をつけるレゲエとヒップホップの融合したダンス音楽の一種》; ラガ文化[ミュージシャン, ファン]. [*raga*muffin]

rag·ga·muf·fin /rǽgəmʌ̀fən/ *n* RAGAMUFFIN.

rag·ged /rǽgəd/ *a* **1 a** 破れた, ぼろぼろの, ずたずたの; ぼろを着た, みすぼらしい. **b** 手入れを怠った, 草ぼうぼうの〈庭など〉, ぼさぼさの〈髪〉, 毛むくじゃらの〈動物〉. **2 a** でこぼこした, ごつごつした, ぎざぎざの; ばらばらの, ふぞろいの, 不完全な〈行末・脚韻など〉; 不できな, まとまりのない, 雑な〈仕事など〉: in ∼ time ふぞろいに〈こぐ など〉. **b** 耳ざわりな〈声・音など〉. **3**《緊張・苦悩で》神経をすりへらした, くたくたの. ● **run** sb **∼**《口》〈人を〉くたくたにさせる. **talk** sb **∼***《俗》〈人〉にベラベラしゃべりまくる, (しゃべって)うんざりさせる. ♦ **∼·ly** *adv* 不調和に; ふぞろいに, 不規則に. **∼·ness** *n* [ON *roggvathr* tufted]

ragged-ass ⇨ RAGGEDY-ASS.

rágged édge* 崖っぷち; 縁, きわ. ● **on the ∼** 危機に瀕(ひん)して, 瀬戸際で.

rágged róbin〖植〗センノウの一種.

rágged schóol〖英史〗貧民学校.

rág·gedy *a*《口》RAGGED.

Rággedy Ánn〖商標〗ラゲディー・アン《古風で素朴な赤毛の女の子のぬいぐるみ人形; ボーイフレンドは **Rággedy Ándy**》.

rággedy-áss, rágged-áss, rággedy-pánts *a**《俗》ぼろっちい, みすぼらしい, ろくでもない.

raggee ⇨ RAGI.

rág·ger[1] *n**《俗》ラグタイムファン. [*rag*[4]]

ragger[2] *n**《俗》新聞記者. [*rag*[1]]

R

rag·gie /rǽgi/ *n* «海俗» 親友, 相棒.

rag·gle[1] /rǽg(ə)l/ *n* 〔建〕《雨押えなどの立上がり端を突っ込む》壁の水平決まり. [C19 *raggle* to cut a raggle in]

raggle[2] *n**«俗» 魅力的な女[娘], セクシーな女, 情婦, いろ.

rag·gle-tag·gle /rǽg(ə)ltæ̀g(ə)l/ *a* 寄せ集めの, 雑多な, ごちゃごちゃの. [*ragtag*]

rág gòurd ヘチマの実 (luffa).

raggy[1] ⇨ RAGI.

rág·gy[2] *a* «口» RAGGED.

rág·hèad «俗» [*derog*] *n* ターバン野郎, 頭にターバンを巻いたやつ《ヒンドゥー教徒・アラブ人など》; ジプシー (gypsy).

ra·gi, rage, ra·gee, rag·gee, rag·gy /rǽgi, rá:-/ *n* 〔植〕シコクビエ (=*African millet*, *finger millet*)《イネ科オヒシバ属の一年草で, インドおよびアフリカで重要な穀物》. [Hindi]

rag·ing /réɪdʒɪŋ/ *a* 激怒した; 荒れ狂う, 猛威をふるう; ひどく痛む; 途方もない, 非常な. ◆ **~·ly** *adv*

rag·lan /rǽglən/ *n* ラグラン《ラグラン袖の付いたゆるやかなオーバーコート》. ► *a* ラグラン袖の(付いた). [↓]

Raglan ラグラン **Fitzroy James Henry Somerset**, 1st Baron ~ (1788–1855)《英国の陸軍元帥; クリミア戦争で英軍を率いた》.

ráglan sléeve ラグランスリーブ[袖]《襟ぐりから袖下にかけて斜めの切替線のはいった袖》.

rág·màn /, -mən/ *n* くず屋, くず拾い.

rágman ròll 〔英史〕ラグマン誓約状《1296 年にスコットランドの諸侯がイングランド国王 Edward 1 世に対する忠誠を誓った誓約状》.

Rag·na·rok /rá:gnəràk/**, -rök** /-rœ̀k/ *n* 〔北欧神話〕ラグナレク (TWILIGHT OF THE GODS)《原義は「神々の黄昏」》.

ra·gout /rægú:/ *n* ラグー《肉や魚と野菜の煮込み》; 混合物, ごたまぜ. ► *vt* (**~ed**; **~·ing**) 煮込みにする. [F (*ragoûter* to revive taste of 〈*re-*, GUST[2])]

rág pàper 〔紙〕ぼろ布パルプ製の紙《最高級紙》.

rág·pìck·er *n* くず拾い, くず屋.

rág-ròll·ing *n* 〔建・美〕ラグローリング《丸めた布などを刷毛代わりに使って不規則な模様をつける塗装仕上げ法》. ◆ **rág-ròll** *vt*

rág-ròof *n**«俗» 折りたたみ式幌屋根の車 (ragtop).

rág rùg ラッグラグ, 裂き織りマット《ぼろきれを織り交ぜた敷物》.

rág shòp ぼろ屋, くず屋, 古着店.

rág·stòne *n* 〔建〕《硬質の》砂岩, 石灰岩《など》, 砂岩[石灰岩]スレート, RAG[3].

rágs-to-ríches *a* 貧しい身から出世した(人に関する), ぼろから金持への: a ~ story.

rág·tàg *n* RAGTAG AND BOBTAIL. ► *a* ぼろの, みすぼらしい; 寄せ集めの, ごたまぜの, 混成の (motley).

rágtag and bóbtail [the] 社会のくず, 下層民, ならず者, 烏合(ごう)の衆.

rág·tìme *n* ラグタイム《(1) シンコペーションを効かせて演奏される多くは 2/4 拍子の楽曲; 19 世紀末から 1920 年代にかけて米国の黒人ピアニストの演奏で流行したもので, 代表的演奏・作曲家は Scott Joplin (2) そのリズム》. ► *a* ラグタイムの(ような); "«俗» 乱れた, なってない, 評判のよくない; "«俗» 楽しい, ちゃらんぽらんな, のんきな. [?*ragged time*]

rág·tòp *n**«俗» 折りたたみ式幌屋根の車 (convertible).

rág tràde [the] «口» 服飾産業[業界], アパレル業《特に 婦人服を扱う》. ◆ **rág tràder** *n*

rag·u·ly /rǽgjəli/ *a* 〔紋〕〈分割線などが〉斜めになった凸部が規則的に並んだ. [*nebuly* にならって ragged からか]

Ra·gu·sa /rəgú:zə/ ラグーザ《(1) イタリア領 Sicily 島南東部の市 (2) DUBROVNIK のイタリア語名》.

rág·wèed *n* **1** 〔植〕 **a** ブタクサ《花粉症の原因となることがある》. **b** サワギク, 《特に》ノボロギク (groundsel). **2***«俗» 低品質のマリファナ.

rág wèek"《学生の》慈善仮装行列の行なわれる週.

rág whèel 〔機〕鎖歯車, スプロケット.

rág wòrm 釣餌とする水生動物《アカムシ・ゴカイなど》.

rág·wòrt *n* 〔植〕サワギク《セネシオ属の各種草本; 多くの動物に有害》.

rah /rá:, *rɔ́:/ *int*, *n*, *v* HURRAH. ► *a* RAH-RAH.

RAH °Royal Albert Hall.

Ra·hab /réɪhæ̀b/ 〔聖〕ラハブ《Jericho の遊女; Joshua の斥候をかくまい逃がした; *Josh* 2: 1–21》.

Rahman ⇨ ABDUL RAHMAN.

ráh-ràh *a* «口» 愛校心[チーム意識]むきだしの, 応援団[チアガール]的な, 熱狂的な.

ráh-ràh skìrt ラーラースカート《女子チアリーダーがはくような, ひだ飾りのある短いスカート》.

rai /ráɪ/ *n* ライ《アルジェリアを中心にマグレブ諸国で盛んなポップ音楽; アラブとアルジェリアの民族音楽と西洋音楽の様式が融合したもの》. [? Arab]

ra·ia /rá:jə, ráɪə/ *n* RAYA.

raid /réɪd/ *n* **1** 《戦争行為として, または略奪・加害目的の》襲撃, 急襲, 押込み(強盗) 〈*on*, *against*〉; 《警察などの》手入れ, 踏み込み, 急襲, 強制捜査 〈*on*〉; «口» 《冷蔵庫などを》あさること: make a ~ *on*… を襲撃[急襲]する / AIR RAID. **2** 人材引き抜き. **3** 〔商〕売り崩し《相場下落を目的とする一斉売り》; 《乗っ取り目的の》株買占め. **4** 公金流用. **5** [R-]〔商標〕レイド《家庭用殺虫剤》. ► *vt* …を襲撃[急襲]する, 〈警察が〉…に踏み込む, 強制捜査を行なう; 〈コンピューターシステム〉に侵入する; «口» 〈冷蔵庫などを〉あさる. ► *vi* 襲撃する 〈*on*〉. [Sc<OE *rād* ROAD]

RAID 〔電算〕redundant array of inexpensive [independent] disks《効率化・事故対策のために一連のハードディスクを連動して使用すること》.

ráid·er *n* 侵略者, 急襲者; 侵入(飛行)機《など》; 商船の妨害をする軽武装快速船; 特別電撃隊員; (企業)乗っ取り屋, レイダー (corporate raider); 市場荒らし; コンピューターシステム侵入者, ハッカー.

Raikes /réɪks/ レークス **Robert ~** (1736–1811)《英国の出版人, 日曜学校運動の先駆者》.

rail[1] /réɪl/ *n* **1 a** 横に渡した棒, 横木 (bar), 横桁; 《物を掛けるための》横棒; 手すり; 欄干 (railing); 〔建〕《ドアなどの》横がまち, 横桟 (cf. STILE[2]); 〔海〕舷墻(げんしょう)上部: a towel ~ タオル掛け / (as) straight as a ~ ピンと(まっすぐ) / over the ~ 船の手すりにもたれて. **b** 垣, (囲い)柵 (fence), [the ~s] 馬場柵; レール《サーフボードなどの側面》; レール《ビリヤードテーブルの外枠》. **2** レール; 線路, 軌道; 鉄道; [*pl*] 鉄道株: by ~ 鉄道で. **3** ドラッグレース用特殊車《後輪が大型タイヤ, 前輪が自転車タイヤで, シャシーは強化した 2 本のレールからなる》. **4** 〔電子工〕レール《増幅器などで固定された電位に維持される線路》. **5** [*pl*] *«俗» レール《鼻で吸うため, 線状に並べたコカインの粉末》. ● **catch a ~** «俗» take GAS[1]. JUMP **the ~s**. **keep on the ~s** しきたりどおりに行動する[させる]. **off the ~s** 〈列車が〉脱線して; [*fig*] 常道をはずれて, 混乱して; 狂って: go [run] *off the ~s* 脱線する; 常道をはずす, 混乱する, おかしくなる, 不正に走る. **on the ~s** 軌道に乗って, 順調で; 正道をたどって; 〈競走馬・騎手が〉内柵にいちばん近い. **ride sb (out) on a ~***人を横木の上に載せて町の外へ運ぶ《私刑》; [*fig*] 社会から葬る. **sit on the ~** どちらにも加担しない. ► *vt* 横木[手すり]で囲う 〈*off*, *in*〉; …にレールを敷く; "鉄道で輸送する. ► *vi* 〔ウィンドサーフィン〕ボードをエッジに乗せる. [OF *reille* iron rod<L *regula* RULE]

rail[2] *vi* ののしる, 毒づく 〈*at*, *against*〉. ► *vt* 〈人を〉ののしってある状態にする 〈*into*〉. ◆ **~·er** *n* [F *railler* to mock]

rail[3] *n* (*pl* ~, ~s) 〔鳥〕クイナ (=*meadow hen*)《クイナ属[《広く》クイナ科]の鳥の総称》. [OF<?imit]

rail[4] *n* [°the]*«俗» RAL.

ráil·age *n* 鉄道運賃; 鉄道運輸.

ráil·bird[1] *«口» *n* 《馬場の柵からレースや練習を見る》競馬狂; 《自動車レース・ゴルフなどの》観戦者; 傍観者, 評論家.

railbird[2] *n* 〔鳥〕クイナ (rail), 《特に》カオグロクイナ.

ráil·bùs *n* 軌道バス, レールバス.

ráil·càr *n* 気動車; *鉄道車両.

ráil·càrd *n* 〔英〕レールカード《障害者, 若者, 高齢者などに発行される鉄道運賃割引証明書》.

ráil fènce* 横木を並行に渡した垣[柵].

ráil gàuge 〔鉄道〕軌間, ゲージ (gauge)《レールとレールとの間隔》.

ráil gùn 〔軍〕電磁砲, レールガン《運動エネルギー兵器の一種; 2 本の滑走レールに弾体をのせ, これを介してレールに大電流を瞬間的に流し, 発生する強大な磁界と, 弾体を通る大電流との間にはたらく反発力により, 高初速を与える》.

ráil·hèad *n* **1** 鉄道の始点[終点]; 〔軍〕《軍需品の》鉄道輸送終点《その先は道路輸送》; 《敷設中の》鉄道線路の末端; [*fig*] 一番遠い点, 末端. **2** 〔鉄道〕軌条頭, レール頭《レールの頂部; 車輪に接し荷重をうける部分》.

ráil·ing[1] *n* [°*pl*] 手すり, 欄干, 柵, 垣, レール; 手すり[レール]の材料. [*rail*[1]]

ráiling[2] *n* 罵倒, 暴言. [*rail*[2]]

rail·lery /réɪləri/ *n* からかい, ひやかし, たわむれ(のことば). [F; ⇨ RAIL[2]]

ráil·less *a* レールのない, 無軌道の, 手すりのない.

ráil·lìnk" *n* 連結鉄道, レールリンク《都心と空港や大都市間を結ぶ鉄道》: a high-speed ~.

ráil lùgger 〔競馬〕内柵沿いのコースを好んで走る馬.

ráil·man /-mən/ *n* ドックの積荷合図係; 鉄道(従業)員; 鉄道会社所有者[経営者].

ráil mòtor 電動車, 気動車.

ráil·pàss *n* 鉄道周遊券[切符].

ráil·ròad *n****1 a** 鉄道線路, 鉄道 (railway"): a ~ accident 鉄道事故 / a ~ carriage 客車 / a ~ line 鉄道線路. **b** 鉄道施設; 鉄道会社[産業]《略 RR》; [*pl*] 鉄道株. **2** 〔ボウル〕SPLIT. ● **a hell of a [no] way to run a ~***«俗» まずいやり方, へたな方法. ► *vt* **1***…に鉄道を敷く; 鉄道で輸送する. **2** «口» **a** せかして[強引に]〈人〉に…させる[〈人を〉移らせる, 追いやる] 〈*into* decision [*doing*]; *to* a place etc.〉; 〈議案を〉強行採決する 〈*through* (a committee)〉. **b** 適正手続きを踏まずに投獄する[有罪とする]. ► *vi**鉄道で働く; 鉄道で旅行する.

ráil·ròad·er* *n* 鉄道員; 鉄道所有者[経営者, 事業家].

ráilroad flàt [apàrtment]* 鉄道式アパート《狭い部屋が一線

に並び各部屋が奥の部屋への通路を兼ねる安アパート》.
ráil·ròad·ing* *n* 鉄道敷設事業[作業]; 鉄道事業; 鉄道旅行; 《口》人[事]を急がせること, 強引な議案通過.
ráilroad màn* RAILROADER.
ráilroad pèn* 《製図用の》複線からす口.
ráilroad stàtion* 鉄道駅 (depot).
ráilroad tràck 1 *鉄道線路 (railway line"). 2 [*pl*] *《俗》 a 歯列矯正器. b 《腕の静脈上に》並んで走る皮下注射のあと. c 陸軍大尉 (captain) の階級章の 2 本線.
ráilroad wòrm 〔昆〕 a APPLE MAGGOT. b 南米・中米産のホタル科とホタルモドキ科の中間的甲虫の幼虫.
ráil-splìtter *n* 垣根用の欄材を挽(ᵒ)く人; [the Rail-Splitter] 横木挽き《Abraham LINCOLN のあだ名》.
Ráil·tràck レールトラック《英国国鉄民営化の一環として 1994 年につくられた基盤整備会社; 英国全土の鉄道線路, 駅などを保有したが破綻, 2002 年 Network Rail に引き継がれた》.
ráil·wày *n* "鉄道 (railroad*); *軽便[市街, 高架, 地下鉄]軌道: a ~ line [track] 鉄道線路 / a ~ station 鉄道駅 / ~ shares 鉄道株 / at ~ speed 大急ぎで / What a way to run a ~! 《口》なんてむちゃなやり方なんだろう. ► *vi* 鉄道旅行する.
ráilway cròssing" 鉄道踏切.
ráilway cùrve 雲形定規.
ráil·wày·màn /, -mən/ *n* 鉄道員 (railroader*).
ráilway rúg" 鉄道旅行用のひざ掛け.
ráilway stàtion" RAILROAD STATION.
ráilway thìnking* 《俗》歴史は繰り返すという考え方.
ráilway yàrd" 鉄道操車場.
rai·ment /réɪmənt/ *n* 《古・詩》衣類, 衣服. [*arrayment* (obs); ⇨ ARRAY]
Rai·mon·di /raɪmándi, -móun-/ ライモンディ **Marcantonio** ~ (c. 1480–c. 1534)《イタリアの彫版師; 単に Marcantonio とも呼ばれる; ルネサンス時代の代表的な線彫り師》.
rain /réɪn/ *n* 1 雨; 降雨, 雨天 (rainy weather); 雨水; 大雨; [the ~s] 《熱帯などの》雨季: *R~* came down in torrents. 雨が土砂降りに降ってきた / be caught in the ~ 雨に降られる / go out in the ~ 雨の中を[雨をついて]出て行く / Come in out of the ~. 雨宿りをしなさい / It looks like ~. 雨模様だ / a heavy ~ 大雨, 豪雨 / *R~* before seven, fine before eleven. 《諺》7 時前に降れば 11 時には晴れる, そのうちによくなるさ / The ~ falls on the just and the unjust. 《諺》雨は正しい者にも正しくない者にも降る, 有徳の人物にも災難は降りかかる《*Matt* 5: 45》. 2 [*fig*] (…の)雨: a ~ *of* ashes [blows, telegrams] 灰[打撃, 電報]の雨. ● **(as)** RIGHT **as ~. come in out of the ~** 《口》分別のある[現実的な]行動をする (cf. 1). **have enough sense [imagination, intelligence] to come in from [out of] the ~=know enough to come in out of the ~** [ᵁ*neg*] 《口》常識がある. **~ or shine [fine]=come ~, come shine=come ~ or (come) shine** 晴雨を問わず, 降っても照っても; どんな事があっても. **the Séa of Ráins** 〔天〕雨の海 (Mare Imbrium). ► *vi* 1 [it を主語として] 雨が降る; 雨を落とす: *It* is ~*ing* hard. 激しく降っている / *It* never ~*s* but it POURS. / ~ CATS AND DOGS / *It* ~*ed in.* 《家の中などに》雨が降り込んだ / The clouds [sky] began to ~. 雲[空]が雨を降らせ始めた. 2 〈ものが〉雨と降る; 〈贈り物・賛辞などが〉どっと寄せられる 〈*on*〉: Tears ~*ed down* her cheeks. 涙が雨のようにほおを流れた / Sparks ~*ed down* (*on* us) from the burning roof. 燃えている屋根から火の粉が降り注いできた. ► *vt* 雨と降らす (pour down); 〈賛辞などを〉浴びせる 〈*on*〉: It has ~*ed* itself out. 雨がやんだ / It ~*ed* blood [invitations]. 血[招待状]が雨と注いだ / Her eyes ~*ed* tears. 彼女の目から涙の雨が流れ落ちた / I ~*ed* (*down*) blows *on* him. 彼にげんこの雨を浴びせた. ● **be ~ed on** 雨に降られる. **~ on** ⇨ *vi, vt*; *《俗》…に文句をたらす, ぐちる; *《俗》ぶちこわしにする, …にけちをつける[不運をもたらす]; *《俗》苦しめる, 殺す. **~ on sb's parade** *《俗》人のせっかくの機会をぶちこわしにする, 人の楽しみに水を差す. **~ out*[off"]** [ᵁ*pass*] 雨で中止[延期]にする. [OE *regn*; cf. G *Regen*]
ráin·bànd *n* レインバンド《大気中の水蒸気によって太陽スペクトルの黄色部に現われる黒帯》; 降雨帯, レインバンド《帯状に広がる雨雲》.
ráin·bìrd *n* 鳴き声が雨の前触れと信じられている各種の鳥《rain crow や英国で green woodpecker, ドイツでチドリ類, オーストラリアでハイイロフエガラスなど》.
ráin bòot 雨靴, レインブーツ.
rain·bow /réɪnbòu/ *n* 1 a 虹《red, orange, yellow, green, blue, indigo, violet の 7 色; indigo を除いて 6 色とすることもある》; 色とりどりの配列, 多種多様, 全域: all the colors of the ~ あらゆる種類の色. b はかない望み《虹と大地との接点には, 壺いっぱいの黄金が埋まっているという言い伝えがあるが, 行けども行けどもそこには到達できないことから; ⇨ GOLD 成句》. 2 〔魚〕RAINBOW TROUT; 《俗》RAINBOW PILL. 3 *《口》がにまた《あだ名; 呼びかけにも用いる》. ★ 大洪水後に神が Noah に虹を見せたという聖書の話 (*Gen* 9) に基づき, 虹は「(神と人との)和解」「神のゆるし」の象徴とされる. ● **chase (after) ~s** 見果てぬ夢を追い求める. **over the ~** 《口》大喜びして. **somewhere, over the ~** いつかどこかで《映画 *The Wizard of Oz* (1939) の挿入歌から》. ► *a* 虹色の, 七色の; 色とりどりの, 多彩な; 多人種の, 多文化の. ► *vt* …に虹をかける, 虹のようにする. ► *vi* 虹のように見える. ♦ **ráin·bòwy** *a* 虹のような. **~·lìke** *a* [OE *regnboga*; ⇨ RAIN, BOW³]
Ráinbow Brídge レインボーブリッジ《Utah 州南部の Arizona 州境近くにある天然の砂岩橋; 河床の上 94 m, 長さ 85 m, 幅 10 m; 国定記念物に指定されている》.
ráinbow càctus 〔植〕タイヨウ (太陽)《米国南西部・メキシコ原産のあざやかなピンクの花を咲かせる, 櫛状棘が美しいサボテン》.
ráinbow chàser 夢想家 (visionary).
ráinbow coalìtion 虹の連合《政治運動などで, さまざまな民族・政治・宗教的背景の人びとからなる集団》.
ráinbow-còlored, -tìnt·ed *a* 虹色[七色]の; 多色の.
ráinbow fìsh 〔魚〕虹色の魚[熱帯魚], 《特に》GUPPY¹.
ráinbow guìde レインボーガイド《最年少部門のガールガイド団員 (5–7 歳)》.
ráinbow lórikeet 〔鳥〕ゴシキセイガイインコ《ポリネシア原産》.
ráinbow nátion 虹の国《多様な人種からなる国》.
ráinbow pèrch 〔魚〕北米太平洋沿岸産の赤・オレンジ・淡青色の明るい縞のあるウミタナゴ科の魚.
ráinbow pìll 《俗》虹色の錠剤[カプセル]《特にアモバルビタール・セコバルビタールのナトリウム誘導体がはいった片側が赤, もう一方が青のカプセル》.
ráinbow quàrtz 〔鉱〕彩虹水晶, レインボークォーツ (IRIS).
ráinbow rùnner 〔魚〕ツムブリ《暖海にすむアジ科の大型の魚; 青と黄の食用魚; 釣りの対象》.
ráinbow snàke 〔動〕レインボースネーク (=*hoop snake*)《北米東部産の土中にすむ赤・青・黄の美しい体色のヘビ》.
ráinbow tròut 〔魚〕ニジマス《北米太平洋岸原産》.
ráin bòx 〔劇〕雨箱《雨の音を出す仕掛け》.
ráin chèck* *n* 《雨で中止となった場合の》振替券(となる入場券の半券); またの機会に招待(など)するという保証[申し出]; 《売切れの場合などの》後日物品[サービス]を提供するという保証. ● **give [get, take] a ~** 後日改めて招待すると約束をする[招待に応じる] 〈*on*〉: I'll *get* [*take*] *a ~ on* your invitation. せっかくのご招待だが都合で行けない(のであしからず), ご縁があればまたいつかお誘いを. ► *vt* 延期する.
ráin clòud 雨雲.
ráin·còat *n* レインコート; *《俗》コンドーム. ♦ **~·ed** *a*
ráin cròw 〔鳥〕 a くちばしの黒い[黄色い]カッコウ. b ナゲキバト (mourning dove) (⇨ RAINBIRD).
ráin dànce 《かつてハワイで行なわれた, あるいはアメリカ先住民などの》雨乞いの踊り; *《俗》盛大な政治的接待, 歓迎[歓待]の宴, 大饗応.
ráin dàte 雨天振替[予備]日《屋外行事の当日が雨天の場合の変更日》.
ráin dòctor 雨乞い師《魔術で雨を降らせる人》.
ráin·dròp *n* 雨滴, 雨つぶ, 雨だれ.
ráin·fàll *n* 降雨; (降)雨量, 降水量.
ráin·flỳ* *n* 《テントの》フライシート (fly sheet).
ráin fòrest 〔生態〕多雨林, 降雨林 (=*tropical rain forest*).
ráin gàuge 雨量計.
Rai·ni·er¹ /rənír, ræ-, reɪ-; réɪnièr; *F* rɛnje/ レニエ ~ **III** (1923–2005)《モナコ大公 (1949–2005); ⇨ Grace KELLY》.
Rai·nier² /rəníər, reɪ-, "réɪniə/ [Mount] レーニア山《Washington 州中西部にある山; 同州および Cascade 山脈の最高峰 (4392 m); 旧称 Tacoma 山; 一帯は国立公園に指定されている》.
ráin·less *a* 雨のない, 乾燥しがちな. ♦ **~·ness** *n*
ráin lòcker 《CB 無線俗》シャワー室.
ráin·màker *n* 魔術で雨を降らせる人《特に アメリカインディアンの占い師》; 《口》人工降雨専門家[学者], 人工雨の種をまく航空機のパイロット; *《俗》やり手営業マン[弁護士]; 《各界の》大物. ♦ **ráin·màking** *n*
ráin·òut *n* *雨天中止(の行事), 雨で流れた行事 (cf. RAIN *out*); 〔理〕放射性水滴の降下.
ráin pìe" 〔鳥〕アオゲラ (green woodpecker).
ráin·pròof *a* 〈生地・コートなどが〉防水の. ► *n* 防水のコート. ► *vt* …に防水加工する.
ráin ràdar レインレーダー《雨滴の数・大きさを測る》.
ráin scàld 〔獣医〕レインスコールド《放線菌に感染して発症するウマの皮膚病; 雨続きのときにかかりやすい》.
ráin shàdow 〔気〕雨の陰《山または山脈の風下側で, 風上側に比べて著しく降水量が少ない地域》.
ráin·shòwer *n* 〔気〕驟雨(しゅう), にわか雨.
ráin·spòut *n* 樋 (gutter); 縦樋(たて).
ráin·squàll *n* 雨まじりのスコール.
ráin stòne 雨石《未開人が雨乞いの儀式のまじないに用いる小石》.
ráin·stòrm *n* 暴風雨.
ráin·sùit *n* 上下組合わせの雨着, レインスーツ.
ráin·swèpt *a* 風雨に見舞われた, しばしば風雨にさらされる.
ráin·tìght *a* 雨を通すほどの隙間もない: a ~ window 建て付けのしっかりした窓.
ráin trèe 〔植〕アメリカネム (monkeypod).

ráin·wàsh *n*〘地質〙雨食, 洗食《雨水による浸食》; 雨で流されたもの《土砂など》.

ráin·wàter *n* 雨水 (cf. SPRINGWATER, SURFACE WATER).

Rainwater レインウォーター (**Leo**) **James** ～ (1917–86)《米国の物理学者; 原子核構造理論に貢献; ノーベル物理学賞 (1975)》.

ráinwater pìpe" DOWNPIPE.

ráin·wèar *n* 雨着, レインウェア.

ráin·wòrm *n* ミミズ; 《バッタなどに寄生する》糸片虫目の線虫の一種.

ráiny *a* 雨の, 雨降りの; 雨がちの; 雨にぬれた; 雨を含んだ〈風など〉.
♦ **ráin·i·ly** *adv* **ráin·i·ness** *n*

ráiny dáy 雨降りの日; [*fig*]《将来の》困窮時, 金が必要となる時, まさかの時. ● **for a ～** まさかの時に備えて: save (up) *for a* ～.
♦ **ráiny-dáy** *a*

ráiny séason《熱帯地方の》雨季; 《日本の》梅雨.

Rai·pur /ráɪpʊ̀ər/ ライプル《インド中東部 Chhattisgarh 州の州都》.

Rais, Rays /*F* rɛ/ レ **Gilles de** ～ (1404–40)《フランスの軍人; 陸軍元帥 (1429); 悪魔主義・誘拐・幼児殺害の罪が露見して刑死; その名はのちに Bluebeard の物語と結びつけられた》.

raise /réɪz/ *vt* **1 a** 上げる, 揚げる; 高く掲げる; 引き揚げる, 浮揚させる; 〈痰を〉咳で出す: *R*～ your right hand. 右手を挙げなさい / He ～*d* his glass to his lips. グラスを口に持っていった (cf. *raise a* [one's] GLASS) / ～ one's HAND against [to]… / ～ one's HAT to sb / ～ one*self* 伸び上がる (cf. 2b). **b** 〈倒れた人・物・柱などを〉起こす, 立たせる, 立てる; 〈建築物・記念碑などを〉建てる (build, erect). **c** 〘織〙〈布〉のけば (nap) をかき起こす, 起毛する; 〈パン生地・パンを〉ふくらませる; 〈水ぶくれ・みみずばれなどを〉生じさせる; 浮彫りにする. **2 a** 増す, 高める, 〈値段などを〉上げる; 《ポーカーなどで》…より多く賭ける, 〈人の賭け金を〉競り上げる; 〘ブリッジ〙〈パートナー〉より高いビッドをする; 〘数〙累乗する: ～ the rent 家賃を上げる / ～ a check *小切手の額を高額に改竄(かいざん)する[書き変える] / I'll ～ you five dollars. 君より 5 ドル高く賭ける / ～ 5 *to* the 4th power 5 を 4 乗する / 10 ～*d* to the power of 3 is 1000. **b** 昇進[進級]させる, …の位を高める; 向上させる 〈sb *from* his poverty〉; [～ *-self*] 身を起こす, 出世する: ～ a salesman to manager 外交員を支配人に昇進させる / ～ one*self* from poverty. **c**〘染〙〈色を〉明るくする; 〘音〙〈母音を〉より高い位置で発音する; 〘カーリング〙〈ストーンを〉別のストーンでティーの方へ押しやる. **3** 〈子供を〉育てる, 養育する (bring up); 飼養[飼育]する (breed); 栽培する (grow); 〘医〙〈抗体などを〉産生させる 〈*against*〉; 《まれ》産する, 〈子を〉もうける, なす. **4** 〈軍隊を〉集める, 募集[召集]する (muster); 〈金を〉調達する, 工面する; 〈請求書などを〉作成する: ～ money on…をかたに金を調達する. **5 a** 〈ほこりなどを〉立てる; 〈獲物を〉飛び立たせる: ～ a DUST. **b** 〈人を〉奮い立たせる; 〈反乱などを〉起こす; 〈ある気持を〉起こさせる, 〈笑いなどを〉催させる; 〈期待の気持などを〉高まらせる; 《スコ》おこらせる: ～ doubts 疑念を生じさせる / ～ fond memories of…のことをなつかしく思い起こさせる / ～ a blush on her cheeks ほおを赤くさせる. **c** 〈声を〉たてる, 張りあげる; 〈問題を〉提起する, 持ち出す, 〈抗議などを〉提出する; 〈提案などを〉〈上位者に〉上げる 〈*with*〉; 〘法〙〈訴訟を〉起こす: ～ one's voice against…に抗議する / ～ the question [issue] of…という問題を提起する / ～ an objection 異議を唱える. **6 a** 生き返らせる; 〈目を〉さまさせる; 〈霊魂などを〉呼び出す, 出現させる: ～ sb from the dead 生き返らせる / The Lord ～*d* up a deliverer. 主はひとりの救済者を立てた《*Judg* 3: 9》. **b** …と無線で交信にはいる, 呼び出す. **c** 《口》〈求めていた人などを〉見つける. **7**〘海〙〈陸地・他船など〉の(はっきり)見える所まで来る, 水平線上にとらえる (opp. *lay*). **8** 〈包囲・禁止などを〉解く, 〈キャンプ・攻撃などを〉中止する, 切り上げる, やめにする. **9** *任命する. ► *vi* **1**《方》RISE, ARISE; 賭け金を増やす. **2***《俗》立ち去る, 行く, ずらかる. ● **～ Cain** [**the devil, hell, the roof**]《口》大騒ぎをする, 騒動を起こす 〈*with*〉; 《口》《大声で》叱責する, 文句を言う, どなりつける; *《俗》不都合を生じる, まずいことになる.
► *n* **1 a** 上げること; 増加; *賃上げ, 昇給 (rise"); 〘トランプ〙レイズ《賭け金[ビッド]を上げること》; 〘重量挙〙《ダンベルなどを使った》(手足の)上下運動, レイズ. **b**《俗》調達. **2** 高くした[盛り上がった]所; 《廊下・道路などの》上り; 《上の採鉱場に通ずる》坑道, 掘上がり, 切り上がり.
● **make a ～** 捜し当てる; 調達する.
♦ **ráis·able** *a* [ON *reisa*; OE *rǣran* REAR[2] と同語源; cf. RISE]

raised /réɪzd/ *a* 高くした, 一段高い; 〘織〙起毛した, 起毛柄を施した〈布〉; 浮彫りの; *《酵母で》ふくらませた: a ～ bottom《枡(ます)などの》上げ底 / ～ work 浮上げ細工 / ～ pastry 山形に盛り上げたペストリー.

ráised bánd〘製本〙(背)バンド《背の綴じ緒の隆起; cf. SUNKEN CORD》.

ráised béach〘地理〙隆起海浜.

ráised bóg〘環境〙隆起沼, 隆起湿原《ミズゴケなどの湿地性植物が酸性水の中で繁殖し凸状に隆起した湿原》.

ráised píe 堅く焼き上げたパイ.

ráised ránch 一階が半地下にある二階建ての家 (bi-level).

rais·er /réɪzər/ *n* RAISE する人[もの]; 上げる人[器具]; 〘捕鯨〙浮揚器, うかし; 飼育[栽培]者; 起毛工; 酵母.

rai·sin /réɪz(ə)n/ *n* 干しブドウ, レーズン; 濃青紫色; *《俗》黒人; *《俗》老人, ばあさん. ♦ **～y** *a* [OF＜L RACEME]

rais·ing /réɪzɪŋ/ *n*〘織〙起毛《布にけば (nap) をかき起こすこと》; 〘変形文法〙繰上げ(変形) (cf. SUBJECT RAISING).

ráising hàmmer《頭の丸い板金用》打出し鎚(つち).

rai·son d'état /*F* rɛzɔ̃ deta/ (*pl* **rai·sons d'état** /―/) 国家理由《不当な行為を正当化する公益上の理由》. [F＝reason of state]

rai·son d'ê·tre /*F* rɛzɔ̃ dɛtr/ (*pl* **rai·sons d'être** /―/) 存在理由, レゾンデートル; 生きがい. [F＝reason for being]

rai·son·né /*F* rɛzɔne/ *a* 組織[合理]的に配列[分類]した: CATALOGUE RAISONNÉ.

rai·son·neur /*F* rɛzɔnœ:r/ *n* 《劇・小説中の》説明役.

rai·ta /ráɪtə/ *n* ライタ《ヨーグルトにスパイスと刻んだ野菜などを混ぜたインド風サラダ》.

raj /rɑ́:ʤ/ *n* 《インド》統治, 支配; [the R-] 英国のインド統治 (1858–1947). [Hindi＝reign]

ra·ja, -jah /rɑ́:ʤə/ *n* [°R-] ラージャ《インドの王[王子], 貴族; cf. RANI》; 《マレー・ジャワの》酋長: MAHARAJA. ♦ **～·ship** *n* [Hindi＜Skt＝king]

Ra·jab /rəʤǽb/ *n*〘イスラム〙ラジャブ《イスラム暦 (⇨ ISLAMIC CALENDAR) の第 7 番目にあたる月》.

Ra·ja·go·pa·la·cha·ri /rɑ́:ʤəgoupɑ̀:lɑ:ʧɑ́:ri/ ラージャゴーパーラーチャリ **Chakravarti** ～ (1879–1972)《インドの政治家; インド総督 (1948–50)》.

Ra·jah·mun·dry /rɑ̀:ʤəmʊ́ndri/ ラージャムンドリ《インド東部 Andhra Pradesh 北東部, Godavari 川左岸にある市; デルタにおける商業の中心地》.

Ra·ja·sthan /rɑ́:ʤəstɑ̀:n, ―――/ ラージャスターン《**1**) インド北西部のパキスタンと接する州; ☆Jaipur **2**) RAJPUTANA》.

Ra·ja·stha·ni /rɑ̀:ʤəstɑ́:ni, rɑ̀:ʒ-/ *n* **a** ラージャスターニー語《Rajasthan で用いられるインド-アーリア語》. **b** ラージャスターン人.

rája yóga [°R- Y-] ラージャヨーガ, 王道ヨーガ《冥想により心の作用の止滅を目標とするヨーガ; cf. HATHA YOGA》.

Raj·kot /rɑ́:ʤkòut/ ラージコート《**1**) インド西部 Kathiawar 半島中北部にあった藩王国 **2**) その首都, 現在は Gujarat 州の市》.

Raj·neesh /rɑ́ʤnì:ʃ, rɑ:ʤní:ʃ/ ラジニーシュ **Bhag·wan** /bɑ́:gwɑ:n/ (**Shree**) ～ (1931–90)《インドの宗教家; 霊的自由とセックスの自由を唱え欧米に数万の信者を得た》.

Ra·joy /rɑ:xɔ́ɪ/ ラホイ **Mariano** ～ **Brey** (1955–　)《スペインの政治家; 首相 (2011–　)》.

Raj·put, Raj·poot /rɑ́:ʤpʊ̀t, rɑ́:ʒ-/ *n* ラージプート族《昔 北インドを支配した種族; 出身を Kshatriya に結びつけ, 武勇で知られる》. [Hindi]

Raj·pu·ta·na /rɑ̀:ʤpətɑ́:nə/ ラージプターナ《インド北西部のパキスタンに接する区域; 大部分が Rajasthan 州にはいる》.

Raj·sha·hi /rɑ:ʤʃɑ́:hi/ ラージシャーヒ《バングラデシュ西部の Ganges 川に臨む市》.

Ra·jya Sa·bha /rɑ́:ʤjə sɑbɑ́:/《インド国会の》上院 (＝*Council of States*) (cf. LOK SABHA).

Ra·ka·ia /rəkáɪə/ [the] ラカイア川《ニュージーランド南島を南東に流れて太平洋に注ぐ》.

rake[1] /réɪk/ *n* 熊手, レーキ; 乾草収集機; 熊手に似た道具《火かき棒・賭け金を集める棒など》; 熊手でかくこと: (as) lean [thin] as a ～ やせて骨と皮ばかりの / give a ～ 熊手でかく. ► *vt* **1 a** 熊手[レーキ]でかく; 熊手(など)で掃く[寄せる] 〈*off*〉; かいてきれいにする; 熊手(など)でならす 〈*around, up*〉; ひっかく; かする; 〈種子など〉に土をかける, 〈火などを〉いける. **b** 熊手(など)でかき集める 〈*together, up*〉; 〈人・金など〉苦労して集める, かき集める 〈*together, up*〉. **2** せんさくする, よく捜す 〈*over, through*〉; 激しく非難する; 眺め渡す, 見渡す. **3**〘軍〙掃射[縦射]する 〈*along, through*〉. ► *vi* **1** 熊手[レーキ]を使う, 熊手でかく; かいてきれいにする 〈*over, across*〉. **2** せんさくする 〈*among, in, into, through*〉. **3** 骨折って集める. ● **～ about** [**around**] 〈跡・証拠などを求めて〉くまなく捜す. **～ in**《口》〈金などを〉《大量に》かき集める, ため込む: ～ it *in* 荒稼ぎをする. **～ off**《口》〈稼ぎの一部[リベート, 手数料]を〉取る, 上前をはねる (cf. RAKE-OFF). **～ on** sb＝RAG[2] on sb. **～ out**《口》捜し出す, 見つけ出す. **～ over** [**up**] 〈醜聞・過去などを〉あばきたてる, 蒸し返す. **～ over the ashes** [**coals**]＝**～ over old ashes** 議論を蒸し返す, 古い事を言って責める. **～** sb **over the** COALS. **～ through**… 〈場所など〉をくまなく捜す. [OE *racu*; cf. G *Rechen*; (v) は ON *raka* to scrape, rake も影響]

rake[2] *vi* 〈鷹が〉獲物を追って飛ぶ; 〈猟犬が〉地面に鼻をつけて獲物を追う; 《方》速く進む: ～ out [off, away] 〈鷹が〉獲物からそれて飛ぶ. [OE *racian* to go forward＜?]

rake[3] *n* 放蕩者, 道楽者, 遊び人 (libertine, roué): RAKE'S PROGRESS. ► *vi, vt* 放蕩する. [*rakel* (dial)＜RAKEHELL]

rake[4] *n*〘海〙船首[船尾]の斜出; 《マスト・煙突などの》船尾[後方]への傾斜; 《舞台・観覧席などの》傾斜; 〘機〙《切削工具の》すくい角《工具の切削面 (face) が工作面の法線となす角》; 〘空〙《翼・プロペラの》傾斜. ► *vi, vt* 〈マスト・煙突など〉傾斜する[させる]. [C17＜?; cf. G *ragen* to project, Swed *raka*]

rake[5]" *n* 一編成の客車[貨車], 列車. [ON＝streak]

raked /réɪkt/ *a*《俗》〈改造自動車が〉前端が後端より低い; 〈舞台が〉床が傾斜している; ステージセットが観客からよく見える(ように作られた):

～ seating《劇場などの》傾斜した座席配置. [*rake*[4]]

ra·kee /rɑːkíː, rǽki/ *n* RAKI.

rake·hell /réɪkhɛ̀l/ *a* 放蕩な, 自堕落な. ► *n* 放蕩者, 遊蕩者, 遊び人. ♦ **ráke·hèlly** *a* [*rake*[1] *hell* の影響をうけた *rackle* rash, impetuous の変形か]

ráke-òff *n*《胴元の》取り分;《口》《特に 不法な取引の》上前(ｳﾜﾏｴ), 手数料, リベート, 寺銭, 口銭.

rak·er /réɪkər/ *n* **1** 熊手 (rake) を使う人; 市街掃除人夫; かき集める人, 捜す人; かき寄せる道具, かきはがす道具. **2**《壁を支える》控え柱, 突っ張り.

ráke's prógress 放蕩者の成り行き《身を持ちくずす》. [William Hogarth の連作版画 (1735) の名から]

Ra·khine /rɑːkíːn/ ラキン《ミャンマーの Bengal 湾北東海岸沿岸の州; ☆Sittwe; 旧称 Arakan》.

ra·ki /rɑːkíː, rǽki/ *n* ラキ《通例 干しブドウを発酵させ蒸留し, アニスの実 (aniseed) で香り付けしたトルコなどの強い酒》. [Turk]

ra·ki·ja, -kia /rɑ́ːki(j)ə/ *n* ラキヤ《Balkan 諸国のブランデー》. [Serbo-Croat]

rak·ing /réɪkɪŋ/ *a* 速い.

ráking lìght 斜光《絵画・写真などで細部やテクスチャーを際だたせるために斜め方向から当てる明るい光》.

ráking shòre〖建〗斜め突っ張り (raker).

rak·ish[1] /réɪkɪʃ/ *a*〈船が〉軽快な, 船足の速そうな《海賊船が多く傾斜したマストをもっていたことから》; 粋(ｲｷ)な, しゃれた (jaunty). ♦ **～·ly** *adv* **～·ness** *n* [*rake*[4]]

rakish[2] *a* 道楽者の, 遊び人の, 放蕩な, 自堕落な (dissolute). ♦ **～·ly** *adv* **～·ness** *n* [*rake*[3]]

Rá·ko·si /rɑ́ːkoʊʃ/ ラーコシ **Mátyás** ～ (1892–1971)《ハンガリーの政治家; 共産党書記長 (1945–56)》.

ra·ku /rɑ́ːku/ *n* [°〈*a*〉] 楽焼. [Jpn]

ral /rǽl/ *n* [°the] *《俗》梅毒 (syphilis).

rale, râle /rǽl, rɑ́ːl; rɑ́ːl/ *n* [ᵘ*pl*]〖医〗水泡音, ラ音, ラッセル. [F]

Ra·legh /rɔ́ːli, rɑ́ː-/ ローリー Sir **Walter** ～＝Sir Walter RALEIGH.

Ra·leigh /rɔ́ːli, rɑ́ː-/ **1** ローリー Sir **Walter** ～ (1554?–1618)《イングランドの廷臣・探検家・文筆家; Elizabeth 1 世の寵臣; 北米植民を企て, Florida の北方の海岸を Virginia と命名したが, 事業に失敗; 新大陸から英国にジャガイモとタバコをもたらした》. **2** ローリー《North Carolina 州中東部の市・州都》. **3** /rɑ́ːli, rǽli/ ラレー(社) (～ Ltd.)《英国の自転車メーカー》.

rall /rɔ́ːl/ *n**《俗》肺結核患者.

ral·len·tan·do /rɑ̀ːləntɑ́ːndoʊ; rӕ̀ləntǽn-/〖楽〗*a, adv* だんだんゆるやかな[に], ラレンタンドの[で]《略 **rall.**》. ► *n* (*pl* **～s**) だんだんゆるやかになるテンポ; ラレンタンドの曲. [It]

rál·li càrt [càr] /rǽli-/ [°R-] 四人乗り小型二輪馬車. [最初の購入者の名から]

rál·li·fòrm /rǽlə-/ *a*〖鳥〗クイナのような[に近い].

ral·line /rǽlàɪn, -lən/ *a*〖鳥〗クイナ (rail) の(ような).

ral·ly[1] /rǽli/ *vt* **1**〈ちりぢりになった軍勢などを〉再び結集する; 呼び集める, 糾合する; 盛り返す. **2**〈気力などを〉奮い起こす, 集中する;〈人を〉元気づける, 勇気を出させる. ► *vi* **1** 再び結集する, 再び編成される;《共同の目的のために》結集する; *《俗》集まる, パーティーをやる: ～ *to* the support of…を支援するために集まる / ～ (a)round…のまわりに結集する. **2** 元気を回復する〈*from*〉, 持ち直す;〖証券〗反騰する. **3**〖テニスなど〗ラリーをする. ► *n* **1 a** 再集, 再挙; 盛り返し, 反撃;《気力などの》回復;〖証券〗《価格の》反騰. **b**〖テニスなど〗ラリー;〖ボク〗打ち合い. **2**《政治的・宗教的》大会, 集会; 街頭行動, デモ; *《俗》《気楽な》集まり, パーティー: a peace ～ 平和集会. **3** ラリー (＝**ral·lye** /rǽli/)《一般公道で行なう自動車競技》: vintage ～ クラシックカーラリー. ♦ **rál·li·er** *n* [F *rallier* (*re-*, ALLY)]

rally[2] *vt, vi* からかう, ひやかす〈*about, on*〉. ♦ **～·ing·ly** *adv* [F *rallier*; ⇨ RAIL[2]]

rálly·cròss[ll] *n* ラリークロス《一部路面の硬い部分を含む草の生えた荒れ地の 1 マイルサーキットで行なう自動車レース》.

rálly·ing *n* 自動車ラリー競技.

rállying crỳ [càll]《政治運動などの》スローガン, 標語; 鬨(ﾄｷ)の声, 掛け声.

rállying pòint 再結集地, 活力回復点, 勢力盛返しの契機(となるもの).

rálly·ist *n* (自動車)ラリー参加者.

rálly·màn *n* (自動車)ラリー参加者.

rálly·màster *n* (自動車)ラリー組織委員長.

ral·ox·i·fene /rælɑ́ksəfìːn/ *n*〖薬〗ラロキシフェン《選択的エストロゲン受容体調節薬; 塩酸塩を閉経後の骨粗鬆(ｺﾂｿｼｮｳ)症予防に用いる》.

ralph /rǽlf, ráʊf/ *vt, vi* [ˢR-] *《俗》吐く, ウェッ[オエーッ]とやる (vomit)〈*up*〉. [imit]

Ralph /rǽlf; réɪf, rǽlf/ ラルフ, レイフ《男子名》. ● **call (for) ～**＝**cry ～**《俗》吐く (⇨ HUGHIE). **hang a ～ [r～]** *《俗》右へ曲がる (cf. *hang a* LOUIE). [Gmc＝counsel＋wolf]

Rálph Spóo·ner /-spúːnər/《口》ばか, うすのろ. [*Ralph* (↑) 印刷所のいたずら小鬼の意からか]

ram[1] /rǽm/ *n* **1 a**《去勢しない》雄羊, 雄緬羊 (⇨ SHEEP);《俗》好色な男, 助平. **b** [the R-]〖天〗おひつじ座 (牡羊座), 白羊宮 (Aries). **2 a** 破城槌 (BATTERING RAM),《艦首の》衝角(ｼｮｳｶｸ), 衝角艦. **b** ラム《杭打ち機の槌, 水圧機のピストンなど》; たこ《地盤を固めるため持ち上げては落とす土工用具》. **c** 自動揚水機 (HYDRAULIC RAM). ► *v* (-mm-) *vt* **1 a** 打ち込む〈*down, in, into, through*〉;〈土などを〉打ち固める; 破城槌で打つ; 衝角で突く. **b** 押し込む, 詰め込む〈*in*; *into*〉; 込矢(ｺﾐﾔ) (rammer) で詰め込む. **2** 突き当てる〈*against, at*〉;〈車を〉〈…に〉激突させる〈*into*〉; …に激突する. **3**〈考え・法案などを〉強引に押しつける〈*across, through*〉. ► *vi* 打ち固める; 激突する〈*into, through*〉;〈列車などが〉猛スピードで走る. ● **～…down sb's** THROAT. **～ home**〈考え・論点などを〉力説する, たたき込む;〈危険・必要性などを〉痛感させる;〈ゴールを〉たたき込む. **R～ it!** *《俗》くそくらえ, 勝手にしろ! ♦ **～·like** *a* [OE *ram(m)*; cf. G *Ramm*, ON *rammr* fierce]

ram[2] *n, vi*《豪俗》詐欺師の相棒[レツ](をやる).

RAM /rǽm/〖電算〗°random-access memory ♦ /rǽm/ °reverse annuity mortgage ♦〖英〗°Royal Academy of Music.

Ra·ma /rɑ́ːmə/〖ヒンドゥー教〗ラーマ (＝*Parashurama*)《Vishnu 神の 6, 7, 8 番目の化身, 特に 7 番目の Ramachandra》. [Skt]

Ra·ma·chan·dra /rɑ̀ːmətʃʌ́ndrə/〖ヒンドゥー教〗ラーマチャンドラ, ラーマ《Vishnu 神の 7 番目の化身; *Ramayana* の主人公》.

ra·ma·da* /rəmɑ́ːdə/ *n*《浜辺やピクニック場の》あずまや; ポーチ (porch). [Sp (*rama* branch)]

Ram·a·dan, -dhan /ræ̀mədɑ́ːn, rɑ̀ː-, rǽmədæ̀n/ *n*〖イスラム〗ラマダーン, 断食月《イスラム暦 (⇨ ISLAMIC CALENDAR) の第 9 番目にあたり, この月の間イスラム教徒は日の出より日没まで断食するのが義務; cf. ID AL-FITR》; ラマダーンの断食. [Arab]

ram·age /rǽmɪdʒ/ *n* 木の枝《集合的》; 鳥の鳴き声.

rám-àir tùrbine〖空〗ラムエアタービン《通常の装置が故障した時のための飛行風圧を原動力とする小さなタービン》.

Ra·ma·ism /rɑ́ːməɪz(ə)m/ *n*〖インド神話〗ラーマ崇拝.

Ra·ma·krish·na /rɑ̀ːməkríʃnə/ ラーマクリシュナ (1836–86)《インドの宗教家; すべての宗教は唯一の究極的真理の異なる面を示すと唱えた》.

Ra·ma·krish·nan /rɑ̀ːməkríʃnən/ ラマクリシュナン **Venkatraman [Venki]** ～ (1952–)《インド生まれの構造生物学者; リボソームの構造と機能の研究によりノーベル化学賞 (2009)》.

ra·mal /réɪm(ə)l/ *a*〖動・植・解〗RAMUS の.

Ra·man /rɑ́ːmən/ ラマン Sir **Chandrasekhara Venkata** ～ (1888–1970)《インドの物理学者; 光の散乱を研究, ラマン効果を発見; ノーベル物理学賞 (1930)》.

Ráman effèct〖理〗ラマン効果《光が透明物質を通るとき, 散乱光に波長が異なる光が混ざる現象》.

Ráman scàttering〖理〗ラマン散乱《特有のラマンスペクトルを生ずる, 透明媒質による光の散乱》.

Ráman spectròscopy〖理〗ラマン分光法.

Ráman spèctrum〖理〗ラマンスペクトル《ラマン効果による散乱光のスペクトル》.

Ra·ma·nu·ja /rɑːmɑ́ːnʊdʒə/ ラーマーヌジャ (c. 1017–1137)《南インドの宗教家・哲学者; Vedanta の一元論哲学と Vishnu 信仰の総合を試みた》.

Ra·ma·nu·jan /rɑːmɑ́ːnʊdʒən/ ラマヌジャン **Srinivasa (Aaiyangar)** ～ (1887–1920)《インドの数学者; 数論に傑出した》.

Ra·ma·pi·the·cus /rɑ̀ːməpəθíːkəs, -píθɪkəs/ *n*〖人〗ラマピテクス《化石霊長類の一種; 現在知られる最古の人類とも目される》. ♦ **ra·ma·pith·e·cine** /rɑ̀ːməpíθəsàɪn, -sìːn/ *a, n* [*Rama* ヒンドゥー伝説上の英雄, *-pithecus* ape]

ra·mate /réɪmèɪt/ *a* 枝を有する, 有枝の.

Ra·mat Gan /rəmɑ́ːt gɑ́ːn, rɑ́ːmɑːt-/ ラマトガン《イスラエル西部の市》.

Ra·ma·ya·na /rɑːmɑ́ːjənə, ˈˈ-máɪənə/ [the] ラーマーヤナ《サンスクリットで書かれた古代インドの叙事詩; cf. MAHABHARATA》.

Ram·a·zan /ræ̀məzɑ́ːn/ *n* RAMADAN.

rám-bàm thánk you mà'am《俗》《男性本位の》そんざいなセックス (wham-bam thank you ma'am).

Ram·bert /rɑːmbɛ́r, -bǽr, rǽmbərt; rɔ́mbɛ̀ər/ ランベール, ランバート Dame **Marie** ～ (1888–1982)《ポーランド生まれの英国のバレリーナ・振付家・バレエ教師; 本名 Cyvia Rambam; 1926 年バレエ団を設立 (現在の Rambert Dance Company), 英国現代バレエの中心とした》.

ram·bla /rɑ́ːmblə/ *n* **1** 水の流れていない峡谷, 涸れ谷. **2** [las /lɑːs/ R-s] ランブラス《スペイン北東部 Barcelona 市の目抜通り》. [Sp＜Arab]

ram·ble /rǽmb(ə)l/ *vi* **1 a** ぶらぶら歩く, 散策[遊歩, ハイキング]する〈*about, across, over, through*〉; あてもなく探しまわる. **b** 漫然と[だらだらと]話す[書く]〈(*on*) *about*〉. **2**〈つる草などが〉あっちこっちに伸びる[広がる],〈川・道などが〉うねる (meander). ► *vt* …を歩きまわる. ► *n* **1** 散策, 遊歩, ハイキング (stroll): go for [on] a ～ in the country ハイキングに出かける. **2** とりとめのない話[文章]. [? MDu

R

rammelen (of animal) to roam, (freq)＜*rammen* to copulate with; 一説に ? ME *romblen* (freq)＜*romen* to roam]

rám·bler *n* **1** ぶらぶら歩く人, ハイカー; 漫然と話す[書く]人; 間仕切りのない平屋 (ranch house); 〔植〕つるバラ (=～ **ròse**). **2** [R-]〔商標〕ランブラー《かつての米国製の小型乗用車》.

Rámblers [the]〔英〕ランブラーズ協会《ハイキングを推奨し, 遊歩道の確保・整備を推進する団体; 1935 年創立; 旧称 Ramblers' Association》.

rám·bling *a* ぶらぶら歩く, そぞろ歩きする; 放浪性の; 散漫な, とりとめのない, まとまりのない, ばらばらの; 不規則に広がった〈邸宅・市街〉; 〔植〕つるになる; *《俗》〈列車が〉速い. ► *n* 散策, ハイキング; [*pl*] とりとめのない話[文章]. ♦ **～·ly** *adv* **～·ness** *n*

Ram·bo /rǽmbou/ *n* **1** ランボー《米国映画 *First Blood* (ランボー, 1982) などの主人公; ヴェトナム帰りのもと特殊部隊員で, 壮烈にあばれまわり破壊しつくすアクションを見せる; Sylvester Stallone が演じた》. **2** [ᵒr-] ランボー的人間, マッチョタイプの荒々しい男. ► *a**《俗》荒々しい, けんか腰の. ► *vt* [r-]*《俗》〈商店などを〉ぶっこわす, …に狼藉をはたらく, 〈相手チームなどを〉こてんぱんにやっつける. ♦ **Ràmbo·ésque** *a* **Rámbo·ìsm** *n*

R

rámbo·ìze *vt**《俗》RAMBO.

Ram·bouil·let /rǽmbəlèɪ; *F* rɑ̃bujɛ/ **1** ランブイエ《フランス北部 Paris の南西にある町; 14 世紀の古城が現在大統領の別邸として使われている》. **2**〔畜〕ランブイエ種(の緬羊).

ram·bunc·tious /ræmbʌ́ŋkʃəs/*《口》*a* 乱暴な, 気ままな, 手に負えない, 無法な; 騒々しい, どたばたした. ♦ **～·ly** *adv* **～·ness** *n* [C19＜?; 一説に(変形)＜*robust*]

ram·bu·tan /ræmbúːtn/ *n*〔植〕ランブータン《マレー原産ムクロジ科の高木; その熟すと鮮紅色になる果実》. [Malay]

RAMC〔英〕Royal Army Medical Corps 陸軍医療部隊.

Ra·meau /ræmóu; rɑ́ːməʊ/ ラモー **Jean-Philippe** ～ (1683–1764)《フランスのバロック後期の作曲家》.

ramee ⇨ RAMIE.

Ra·mée /rəméɪ/ ラメー **Marie Louise de la** ～ (1839–1908)《英国の作家; 筆名 Ouida; 小説 *Under Two Flags* (1867), 児童文学 *A Dog of Flanders* (1872)》.

ram·e·kin, ram·e·quin /rǽmɪkən/ *n* ラムカン《チーズにパン粉・卵などを混ぜて焼いたもの》; ラムカン皿 (=～ **càse [dìsh]**)《ラムカンを焼いて食卓に出す陶器製の皿》. [F＜LDu (dim)＜*ram* cream]

ra·men /rɑ́ːmən, ˈˈ-mɛn/ *n* ラーメン. [Jpn]

ra·men·tum /rəméntəm/ *n* (*pl* **-ta** /-tə/) 削り取った小片; 〔植〕《葉・実の》鱗片. [L (*rado* to scrape)]

Rameses ⇨ RAMSES.

ra·met /réɪmɛ̀t, -mət/ *n*〔植〕ラミート《一つの栄養系 (clone) に属する分球[分株体]》.

Ram·gan·ga /rɑːmgʌ́ŋgə/ [the] ラムガンガ川《インド北部 Uttarakhand 州に源を発し, 南流して Uttar Pradesh で Ganges 川に合流する》.

rami *n* RAMUS の複数形.

ram·ie, ram·ee /rǽmi/ *n*〔植〕カラムシ, マオ, ラミー《イラクサ科の多年草; 中国・東南アジア原産》; 苧麻(ちょま), ラミー《カラムシの繊維[織物]》. [Malay]

ram·i·fi·ca·tion /rӕ̀məfəkéɪʃ(ə)n/ *n* **1** [ᵒ*pl*]《さまざまな》影響, 結果, 波及, 副次的問題. **2** 分枝, 分岐, 枝分かれ; 分枝した構造, 樹枝《集合的》; 分枝状; 分枝法, 枝の出方; 《分かれた》枝 (branch, offshoot), 分派, 分かれ, 支脈, 支流, 系統.

rám·i·fòrm /rǽmə-/ *a* 枝状の, 枝組みをなす; 枝分かれした; 区分された.

ram·i·fy /rǽməfàɪ/ *vi, vt* 枝を出す[出させる], 分枝する; 分岐[分派]する; 小区分される[する]. ♦ **rám·i·fìed** *a* 枝分かれした. [F＜L (RAMUS)]

ram·i(l)·lie /rǽməli/ *n* [ˢR-] ラミリー《18 世紀に流行した後ろにたらした尾の上下 2 か所をリボンで結んだかつら》. [↓]

Ra·mil·lies /rǽməliz; *F* ramiji/ ラミイ《ベルギー中部の村; スペイン継承戦争で Marlborough 公がフランス軍を破った地 (1706)》.

ra·min /rəmíːn/ *n*〔植〕マレーシア産ゴニスティルス属の木本, 《特に》ラミン; ラミン材《淡黄色で堅く, 器具・家具に利用》. [Malay]

Ra·mism /réɪmɪz(ə)m/ *n*〔哲〕ラムス哲学《フランスの哲学者 Petrus Ramus (1515–72) の(論理)学説; Aristotle 論理学・スコラ哲学に反対する》. ♦ **Rá·mist** *n, a*

rám·jàm fúll *a*《口》ぎゅうぎゅう詰めで, すし詰めで.

rám·jèt (èngine)〔空〕ラムジェット(エンジン)《超音速機に適したジェットエンジンの一種》.

ram·kie /rǽmki/ *n* ラムキー《アフリカ南部で, ひょうたんや空き缶などに 3, 4 本の弦を張ったギターのような楽器》. [Nama＜? Port *rabequinha* little violin]

rámmed éarth〔建〕砂・粘土・ロームなどを突き固めた練り土.

rám·mer *n* 突き槌, 突き棒, ランマー; 〔軍〕槊杖(さくじょう) (ramrod), 込矢(こみや)《前装銃に火薬を詰める》. [*ram*¹]

ram·mies /rǽmiz/ *n pl*《豪俗・南ア俗》ズボン (trousers). [*round my houses* のコックニー韻俗 'rahand me 'ouses']

rám·mish *a* 雄羊のような; いやな匂い[味]の; 好色な.

rám·my¹ *a* RAMMISH.

rammy² *n*《スコ》けんか, 乱闘. [?Sc *rammle* row]

Ra·mo·na /rəmóʊnə/ ラモーナ《女子名》. [Sp; cf. RAYMOND]

Ra·món y Ca·jal /rəmóʊn i kəhɑ́ːl/ ラモン・イ・カハル **Santiago** ～ (1852–1934)《スペインの組織学者; 神経組織の基礎単位としてのノイロンの立証によりノーベル生理学医学賞 (1906)》.

Ra·mos /rɑ́ːmous/ ラモス **Fidel V(aldez)** ～ (1928–　)《フィリピンの軍人・政治家; 大統領 (1992–98)》.

ra·mose /réɪmòus/ *a* 枝を出した, 枝に分かれた; 枝状の. ♦ **～·ly** *adv* [L (RAMUS)]

Rámos-Hór·ta /-hɔ́ːrtɑː/ ラモス-ホルタ **José** ～ (1949–　)《東ティモールの独立運動家; ノーベル平和賞 (1996); 国家独立後, 首相 (2006–07), 大統領 (2007–12)》.

ra·mous /réɪməs/ *a* 枝の(ような); RAMOSE.

ramp¹ /rǽmp/ *vi* **1** 〈ライオンなどが〉後ろ足で立ち上がる; 飛びかかろうとする; あばれまわる 〈*about*〉; 〈水上を〉疾走する: ～ and rage 怒り狂う. **2** 増える, 上がる, 高まる 〈*up*〉; 奮起する 〈*up*〉; 〈植物が〉はい登る; 〔電〕《ランプ波形をなして》一定の割合で増減する 〈*up, down*〉; 〔建・城〕傾斜する, 勾配をなす. ► *vt*〔建・城〕…に斜面[傾斜]をつける; 反(そ)らせる; 《特に一定の割合で》増やす, 速める 〈*up*〉, 減らす 〈*down*〉, ˈˈ《買い占めなどで》〈株価を〉吊り上げる 〈*up*〉. ► *n* **1**《2 平面間をつなぐ》傾斜面[路], 坂, スロープ; *《高速道路などの》ランプ (slip roadˈˈ); *《ファッションショーの》張出し舞台; ˈˈ《道路の》段差; 〔建〕《手すりなどの》反り, 湾曲部; 《飛行機の》タラップ; 〔空〕駐機場 (apron); 船を進水させる斜路; 〔電〕ランプ波形[電圧], のこぎり波形《時間に比例して直線状に増減する》: an entrance ～ *《高速道などへの》流入ランプ / an exit ～ *流出ランプ. **2** ˈˈSPEED BUMP. **3** 飛びかかろうとする姿勢; 《俗》激怒. [F *ramper* to crawl, rear＜Gmc; cf. OHG *rumpfan* to wrinkle]

ramp² ˈˈ《口》*vt* 詐取する; …からだまし取る. ► *n* 詐欺, かたり. [C16＜?; (n)＜(v)]

ramp³ *n*〔植〕**a** RAMPION. **b** ネギ属の各種, 《特に》RAMSONS. [逆成＜*ramps*]

ram·page *n* /rǽmpèɪʤ, ˈˈ-ˊ-/ 大あばれ, 暴挙, 狼藉. ● **go [be] on the [a]** ～ 乱暴狼藉をはたらく, 荒れ狂う. ► *vi* /-ˊ-, ˊ-ˊ-/ 荒れ[猛り]狂う 〈*about, through*〉. ♦ **ram·pág·er** *n* [? *ramp*¹]

ram·pa·geous /ræmpéɪʤəs/ *a* あばれまわる, 手のつけられない; ひどい, 乱暴な. ♦ **～·ly** *adv* **～·ness** *n*

Ram·pal /rɑːmpɑ́ːl/ ランパル **Jean-Pierre** ～ (1922–2000)《フランスのフルート奏者》.

ram·pan·cy /rǽmpənsi/ *n*《病気・悪事・迷信などの》はびこり; 繁茂; 〔紋〕《ライオンなどの》後ろ足での立ち上がり.

ram·pant /rǽmpənt/ *a* **1 a** 激しい, 過激な; 奔放な, 手に負えない. **b** 〈動物が〉2 本の後ろ足で立ち上がった; 〔紋〕〈ライオンなどが〉《横向きで》左の後ろ足で立ち上がった; 〔建〕一方の起点が他方より高い〈アーチ〉: a lion ～ 勢(きお)獅子 / ～ guardant [regardant] 正面を向いて[振り向いて]立ち上がった. ★ 紋章の獣の姿勢には次のようなものがある: rampant, passant, statant, sejant, couchant, dormant; guardant, regardant, salient. **2** 〈植物が〉生い茂った, 繁茂する; 〈病気・悪事・迷信などが〉蔓延[跋扈(ばっこ)]する, はびこった; ˈˈ〈チームなどが〉手がつけられないほど強い, 破竹の勢いの. ♦ **～·ly** *adv* [OF (pres p)＜RAMP¹]

ram·part /rǽmpɑ̀ːrt, -pərt/ *n* [ᵒ*pl*] 塁壁, 城壁《上部は通路になっていてしばしば胸壁 (parapet) が設けてある》; 防護壁(となるもの); 《岩屑などの》壁状の堆積; [ᵘ*pl*]《カナダ》《川や峡谷の》切り立った両岸[側]. ► *vt* …に塁壁[城壁]をめぐらす; 防護する. [F (*remparer* to fortify)]

ram·pike /rǽmpàɪk/ *n*《カナダ》立ち枯れの木, 幹が折れた立ち木.

ram·pi·on /rǽmpiən/ *n*〔植〕**a** レポンス《ホタルブクロ属の二年草; 肥大根と葉はサラダ用》. **b** シデシャジン属の青い花が咲く各種の多年草《キキョウ科》.

ramps /rǽmps/ *n* RAMP³. [変形＜*rams*＜OE]

ramps·man /rǽmpsmən/ *n*《俗》強盗.

rámp-ùp *n* 増強, 増産.

Ram·pur /rɑ́ːmpʊ̀r/ ランプル (**1**) インド北部, 現在の Uttar Pradesh 北部の Bareilly の北にあった藩王国 (**2**) Uttar Pradesh 北部の市; 旧 Rampur 藩王国の首都》.

rám ràidˈˈ 車で店に突っ込んで商品を強奪すること. ♦ **rám-ràid·er** *n* **rám-ràid·ing** *n*

rám·ròd *n* **1** 込矢(こみや), 槊杖(さくじょう), 洗い矢《前装式銃砲に弾薬を装塡する押込み棒; 今は銃身を掃除するのに用いる》; 堅くてまっすぐな[硬直した]もの; 《俗》ピンと立ったペニス, 突き棒: (as) stiff [straight] as a ～ まっすぐ, ピンとした姿勢で, 直立して. **2** *きびしい監督者[上官], やかまし屋, 厳格な人. ► *a* まっすぐな; 堅苦しい; 柔軟性のない. ► *adv* まっすぐに. ► *vt* 強引に押す[通す]; *監督する, 取り仕切る: ～ a bill *through* (the Legislature) (議会で)法案を強行可決する. [*ram*¹+rod]

ràm-sámmy *n*《俗》けんか, 騒ぎ.

Ram·say /rǽmzi/ ラムジー (**1**) **Allan** ～ (1686–1758)《スコットランドの詩人; *The Gentle Shepherd* (1725)》 (**2**) **Allan** ～ (1713–84)《スコットランドの肖像画家; 同名の詩人の長男》 (**3**) **James An-**

drew Broun ～ ⇨ 1st Marquis and 10th Earl of DALHOUSIE (4) Sir **William** ～ (1852–1916)《英国の化学者; アルゴンを発見 (1894); ノーベル化学賞 (1904)》.
rám·scòop *n* 〘SF〙ラムスクープ《宇宙空間に存在する水素を集めてエネルギーに転換する宇宙船》.
Ráms·den éyepiece /rǽmzdən-/ 〘光〙ラムスデン接眼レンズ《焦点距離の等しい 2 つの平凸レンズを, 凸面が向き合うように焦点距離にほぼ等しい間隔で置いた接眼レンズ》. [Jesse *Ramsden* (1735–1800) 英国の器械製作者]
Ram·ses /rǽmsìːz/, **Ram·e·ses** /rǽməsìːz/ ラムセス, ラメセス《古代エジプト歴代 11 名の王の名, 特に 1) 第 19 王朝の ～ **II** (在位 1304–1237 B.C.) 2) 第 20 王朝の ～ **III** (在位 1198–1166 B.C.)》.
Ram·sey /rǽmzi/ **1** ラムジー《男子名》. **2** ラムジー (1) Sir **Alf** [**Alfred Ernest**] ～ (1920–99)《英国のサッカー選手·監督》(2) (**Arthur**) **Michael** ～, Baron ～ of Canterbury (1904–88)《英国の聖職者; Canterbury 大主教 (1961–74)》(3) **Norman F**(**oster**) ～ (1915–2011)《米国の物理学者; 原子ビームを用いてマイクロ波の鋭いスペクトルを得る 'ラムジー共鳴法' や水素メーザーを開発; ノーベル物理学賞 (1989)》. [Scand＝wooded island; OE＝ram's isle]
Rams·gate /rǽmzgèɪt, -gət/ ラムズゲート《イングランド南東部 Kent 州の北海に面した港町·観光地》.
ram·shack /rǽmʃæ̀k/ *a* RAMSHACKLE.
ram·shack·le /rǽmʃæ̀k(ə)l/ *a* 〈馬車·家など〉今にもこわれそうな, ぐらぐらする, がたがたの (rickety); 雑な造りの; 定見[節操]のない. [*ramshackled* (pp)＜*ransackle* (obs) to RANSACK]
ráms·hòrn *n* 〘動〙ヨーロッパミズヒラマキガイ (＝～ **snàil**)《しばしば水族館で清掃動物とされる》.
rám's hòrn 〘楽〙SHOFAR.
ram·sons /rǽmzənz, -sənz/ *n pl* [‹*sg*›] 〘植〙ラムソン (＝*wild garlic*)《(1) ユーラシアの湿った林下に生えるギョウジャニンニクに似たネギ属の多年草; 花は白色 2) 以前食用にしたその鱗茎》. [OE *hramsa* wild garlic]
ram·til /rǽmtɪl/ *n* 〘植〙キバナタカサブロウ, ヌグ《熱帯アフリカ原産のキク科の一年草; その種から油子 niger seed を採る; インドなどで栽培》. [Hindi]
ram·u·lose /rǽmjəlòʊs/, **-lous** /-ləs/ *a* 〘植·動〙多くの小枝のある, 分岐している.
ra·mus /réɪməs/ *n* (*pl* **-mi** /-màɪ/) 〘動·解〙《骨·血管·神経などの》枝, 枝状物, 突出部, ラムス; 〘鳥〙羽枝(ʼ) (barb). [L＝branch]
ran[1] /rǽn/ *n* 撚(ʼ)り糸の一束《約 20 ヤール》.
ran[2] *v* RUN の過去形.
Ran /rɑ́ːn/ 〘北欧神話〙ラーン《海の女神で Aegir の妻; 網をもち航海者を溺死させる》.
RAN Royal Australian Navy オーストラリア海軍.
ra·na /réɪnə/ *n* 〘動〙アカガエル属 (*R-*) の各種のカエル.
Ran·ald /rǽnld/ RINALDO.
Ran·ca·gua /rɑːnkɑ́ːgwə, rɑːŋ-/ ランカグア《チリ中部の市》.
rance /rǽns; rɑ́ːns/ *n* 〘岩石〙ランス《ベルギーに産する青か白の斑や条(ʼ)のある赤い大理石》.
ranch /rǽntʃ; rɑ́ːntʃ/ *n* 《特定の動物[作物]を育てる》飼育[養殖]場, 農場; 《特に 米国·カナダの, 牛·馬や羊を飼育するための》大牧場, 大農場, ランチ; 《米国西部の》観光牧場 (dude ranch); 牧場で働く人たち; *RANCH HOUSE. ● BET **the** ～. **buy the** ～ *《俗》死ぬ (buy the farm). MEANWHILE, **back at the** ～. ► *vi* 牧場を経営する; 牧場で働く. ► *vt* 〈農場〉の RANCHER として働く; 〈家畜などを〉飼育場で育てる. ♦ **～·less** *a* [MexSp RANCHO, Sp＝persons eating together]
ránch drèssing 〘料理〙ランチドレッシング《牛乳またはバターミルクとマヨネーズを使ったとろみのあるサラダドレッシング》.
ránch·er *n* RANCH で働く人, 牧場労働者, 牧童; 《雇われた》牧場監督; 牧場[農場]主; *間仕切りがなく屋根の勾配のゆるい平屋 (ranch house).
ran·che·ria /rænʧəríːə; rɑːn-/ *n* 牧場労働者の住む小屋, 牧童小屋; 牧童小屋の集まった部落; インディアンの部落.
ran·che·ro /ræntʃéəroʊ; rɑːn-/ *n* (*pl* ～**s**) *《南西部》RANCH で働く人; 農場主 (rancher); 大牧場 (ranch). [Sp]
ranch·ette /ræntʃét/ *n* 小牧場.
ránch hòuse* (RANCH にある) 牧場主の家; 間仕切りがなく屋根の勾配のゆるい平屋.
Ran·chi /rɑ́ːntʃi/ ラーンチー《インド北東部 Jharkhand 州の州都》.
ránch·ing *n* 牧場の仕事, 牧場経営.
ran·chi·to /rɑːntʃíːtoʊ/ *n* (*pl* ～**s**) 小牧場; 小屋. [AmSp]
ránch·man /-mən/ *n* RANCH で働く人; 農場主.
ran·cho /rǽntʃoʊ, rɑ́ːn-/ *n* (*pl* ～**s**) 《中南米で, 牧場労働者の》仮小屋, ランチョ; RANCH. [MexSp＝small farm]
ran·cid /rǽnsəd/ *a* 〈バター·ベーコン·油脂など〉変質していやな匂い[味]のする, 油焼けした, 酸敗した; 不快な, 鼻につく. ♦ **ran·cid·i·ty** /rænsídəti/ *n* 油焼け, 酸敗, 敗油臭. **～·ly** *adv* **～·ness** *n* [L＝stinking]
ran·cor | **-cour** /rǽŋkər/ *n* 深い恨み, 怨恨, 怨嗟, 憎悪. [OF ＜L (↑)]
ráncor·ous *a* 深い恨みのこもった, 怨恨をいだいた, 憎悪に満ちた. ♦ **～·ly** *adv*
rand[1] /rǽnd/ *n* 《靴のかかと革の上に入れる》底ならし革; "《方》《耕地などの》境界; 《布の》へり. [OE *rand*; cf. G *Rand*, ON *rönd* edge, rim]
rand[2] /rǽnd, rɑ́ːnd, rɑ́ːnt/ *n* **1** 《南ア》《山の》背, [the R-] WITWATERSRAND. **2** (*pl* ～, ～**s**) ラント, ランド (1) 南アフリカ共和国の通貨単位: ＝100 cents; 記号 R 2) ボツワナ·レソト·ナミビア·スワジランドの旧通貨単位》. [Afrik＜Du＝edge; cf. ↑]
Rand /rǽnd/ ランド **Ayn** ～ (1905–82)《ロシア生まれの米国の小説家·哲学者》.
R & A °Royal and Ancient (Golf Club of St. Andrews).
Ran·dal(l) /rǽnd(ə)l/ ランダル《男子名》. [RANDOLPH]
ran·dan[1] /rǽndæ̀n, ―⌐/ *n* 《スコ》大浮かれ, ばか騒ぎ: go on the ～ ばか騒ぎをする. [*random*]
randan[2] *n* ランダン舟《中央の者が 2 本の櫂櫂(ʼʼ)を, 前後の 2 人が 1 本ずつオールを用いる 3 人乗りのボート》; ランダン漕法. [C19＜?]
R & B °rhythm and blues.
R & D °research and development.
ran·dem /rǽndəm/ *adv* 縦列に並んだ 3 頭の馬に車を引かせて. ► *n* 3 頭縦列の馬に引かせる馬車. [*tandem* にならって random から]
Ran·ders /rɑ́ːnərs/ ラナース《デンマーク北東部のラナースフィヨルド (**Ránders Fjórd**) に臨む市·港町》.
Ran·die /rǽndi/ ランディ《男子名; Randolph の愛称》.
Ránd·lòrd /rǽnd-/ *n* Rand の金鉱山主.
Ran·dolph /rǽndɑ̀lf/ **1** ランドルフ《男子名; 愛称 Randy, Randie》. **2** ランドルフ (1) **A**(**sa**) **Philip** ～ (1889–1979)《米国の労働運動·公民権運動指導者; 黒人》(2) **Edmund Jennings** ～ (1753–1813)《米国の政治家; 合衆国憲法制定に貢献; Washington 政権で司法長官 (1789–94), 国務長官 (1794–95) を歴任》(3) **John** ～ (1773–1833)《米国の政治家; 通称 'John ～ of Roanoke'; 州権論を主張, 雄弁で知られた》. [Gmc＝shield＋wolf]
ran·dom /rǽndəm/ *a* **1** 手当たりしだいの, でたらめの, やたらの; 行き当たりばったりの; 〘統〙無作為(抽出)の, 任意の; 《口》〈人がだれだかわからない, 知らない; 《口》変な, 変わった: a ～ guess [shot] あてずっぽう / a ～ remark でまかせのことば. **2** 〘建〙《石[煉瓦など]の大きさ·形が》ふぞろいの. ► *adv* でたらめに, 任意に, ふぞろいに. ► *n* 偶然の成り行き; 〘印〙まとめ台 (BANK[3]). ● **at** ～ でたらめに, やたらに; 無作為に, ランダムに. ♦ **～·ly** *adv* 無作為的に(抽出して), 抜き取り検査的に, ランダムに; 《まれ》でたらめに; 手当たりしだいに. **～·ness** *n* [OF＝great speed (*randir* to gallop, run＜Gmc)]
rándom áccess 〘電算〙ランダムアクセス《逐次順に制約されない記憶媒体内の情報の任意の順序での読出し》. ♦ **rándom-áccess** *a*
rándom-àccess mémory 〘電算〙ランダムアクセスメモリー, 等速読出し記憶装置《略 RAM》.
ran·dom·ic·i·ty /rændəmísəti/ *n* 一様でないこと, ふぞろい, 不斉.
rándom·ìze *vt* 《乱数表を使ったりして》無作為化する. ♦ **-ìz·er** *n* **ràndom·izátion** *n*
rán·dom·ìzed blóck (**design**) 〘統〙任意配列ブロック法, 乱塊法《各区分内でさまざまな処理を無作為に行なう実験設計》.
rándom sámple 〘統〙無作為標本.
rándom sámpling 〘統〙無作為[任意]抽出.
rándom váriable 〘統〙確率変数.
rándom wálk 〘数〙乱歩, 酔歩, ランダムウォーク.
rándom wálk thèory 〘証券〙ランダムウォーク理論, 予測不可の理論《将来の株価の動きは過去の動向などからは予測できないとする》.
r & r °rock 'n' roll.
R & R 〘医〙rescue and resuscitation ♦〘米軍〙rest and recreation [recuperation, relaxation] 保養[慰労]休暇 ♦ °rock 'n' roll.
Rand·stad /rɑ́ːnstɑ̀ːd/ ラントスタット《オランダ中西部, 低地地方に拡がる大都市圏; 東の Utrecht から三日月状に南の Dordrecht に至る; Amsterdam, Haarlem, Leiden, The Hague, Rotterdam などがここにはいる》.
randy /rǽndi/ *a* **1** 《口》性的に興奮した, 欲情した, 好色な; *《俗》望んで, 欲しがって ‹*for*›. **2** "《方》御しにくい, あばれる‹牛など›; 《スコ》粗野な, がさつな, 口やかましい. ► 《スコ》*n* 無作法な乞食; 口やかましい[身持ちの悪い]女. ♦ **ránd·i·ly** *adv* **ránd·i·ness** *n* [? *rand* (obs)＜Du *randen* (obs) to RANT]
Ran·dy ランディー (1) 男子名; Randolph の愛称 2) 女子名》.
ranee ⇨ RANI.
Ran·fúr·ly Shíeld /rænfə́ːrli-/ [the] ランファーリー シールド《ニュージーランドで毎年行なわれる州対抗ラグビー競技会の優勝記念盾》. [Earl of *Ranfurly* (1856–1933) 1902 年ラグビー協会にトロフィーを寄贈した第 15 代ニュージーランド総督 (1897–1904)]
rang *v* RING[2] の過去形.
rang·a·ti·ra /rɑ̀ːŋətíərə/ *n* 《NZ》マオリ族 (Maori) の首長[貴族]. [Maori]
range /réɪndʒ/ *n* **1 a** 《活動·知識·経験などの》範囲, 領域, 区域; 音域, 声域; 《変化の》範囲, 変域, 限度, 幅 ‹*of*›; 〘数〙値域; 〘統〙範囲: price ～ 価格帯 / a wide ～ *of* prices [interests] 幅広い価格[興

味]範囲. **b** 《動植物の》分布域, 生息域; 生息期, 繁茂期. **c** 〘軍〙射程, 射(程)距離; 《ミサイルなどの》軌道; 〘空・海〙航続距離; 〘車〙無給油[1 充電]走行距離; 〘理〙《荷電粒子の》飛程, 到達距離: within [in] ～ 射程内で / out of [beyond] ～ 射程外で / be shot at long [short, close] ～ 遠[近]距離から撃たれる. **2 a** 並び, 列, 続き, 連なり; 山脈, 山系; 《同種のものの》連続, 組, 集まり; 部類; 整層積み《石材を一定の高さに積む積み方》. **b** 《商品の》品ぞろえ: a whole ～ of shoes あらゆる靴の品ぞろえ. **c** 《料理用の》レンジ. **d** 両面書架. **3** 《銃・弓などの》射(撃)場, レンジ, 射的場 (: a rifle ～); 《ゴルフの》練習場; 《ロケット・ミサイルなどの》試射場, 実験場; *放牧地; 《広大な》狩猟地. **4 a** *経線間地区《政府測量で, 子午線を基準に 6 マイルごとの経線で区画した区域; これを南北 6 マイルごとに区切ると一辺 6 マイルの townships に区画される》. **b** 《カナダ》 CONCESSION. **5 a** 〘測〙2 点以上によって決定される測線の水平方向, 測深可能な水面を示す線. **b** 〘海〙2 個以上の導標に基づく航路延長線《安全航路を示す》. **c** 《まれ》方向. **6** 《広い範囲を》移動する[歩きまわる]こと. **7** 尾に近い部分の獣皮. ● **in ～ with**… 〘海〙《船から見て》…と同一方向に, …と一直線上に. **out of one's ～** 手の届かない; 自分の知識の範囲外で.

► *vi* **1 a** 《ある範囲内で》変化する, 変動する 〈*between* 10 *and* 30, *from* 10 *to* 30〉; 〈温度計などが〉昇降する; [*fig*] 〈話題・心など〉…の範囲にわたる, 及ぶ 〈*over*〉: *ranging* fancy 移り気. **b** 《物を捜して》歩きまわる, さまよう 〈*in, over, through*〉; 〈停泊中の船が〉前後に揺れる. **2 a** 〈山脈など〉連なる, 延びる; 〈動植物が〉分布する 〈*over*〉: The boundary ～*s* east and west. 境界線は東西にわたっている / This plant ～*s* from Canada to Mexico. この植物はカナダからメキシコにわたって分布している. **b** 一直線になっている 〈*with*〉, 並行する; ‖〘印〙行末がそろう. **3 a** 〈弾丸が〉達する, 届く; 射程距離が…である: This gun ～*s* (over) six miles. この大砲の射程距離は 6 マイル(以上). **b** 〘砲〙目標の前後に交互に発射して照準を定める; 距離測定器で測る. **4** 仲間になる, 味方する, 加わる, 肩を並べる 〈*in, with*〉. ► *vt* **1 a** 並べる, 整列させる, 列に加える; 《仲間・党などに》入れる; [*pass*/～ *-self*] 《ある立場に》立つ (⇨ 成句): ～ strong forces *against*…に強力な部隊を対抗させる. **b** 分類する, 整理する; ‖〘印〙〈活字を〉行末でそろえる; 《詩》〈髪を〉整える; 〘海〙〈錨鎖を〉甲板に並べる: ～ the books by size 本を大小によって並べる. **2** 〈砲・望遠鏡などを〉向ける, 照準する, 構える 〈*on an object*〉; 《目標の前後を試射して》〈大砲〉の射程を決める. **3** …を歩き[捜し]まわる, うろつく; 〈沿岸を〉巡航する; 〈家畜を〉放牧する. ● **be ～d against [among, on the side of, with]**…と反対の側に立つ[に加わる, に味方する]. **～ in on**…＝～…**in** 〈大砲が〉〈ある目標〉にねらいを定める. **～ oneself** (1) 整列する. (2) 《だらしない生活のあとで結婚などして》身を固める, 定職を得る. (3) 味方する 〈*with*〉; 反対の立場をとる 〈*against*〉.

［OF＝row of persons＜*ranger* to position; ⇨ RANK[1]］

ran·gé /*F* rɑ̃ʒe/ *a* きちんとした, 落ちついた. ♦ **～e** *a fem*

ránge còoker 大型レンジ.

ránge fìnder 《銃・カメラなどの》距離測定器, 距離計; 測距儀, TACHYMETER.

ránge-fìnd·ing *n* 《range finder などによる》距離測定.

ránge·lànd *n* 放牧場用地, 放牧地.

ránge lìght 〘海〙導灯.

ránge paràlysis 〘獣医〙鶏[ニワトリ]麻痺症《成熟期に脚・翼の麻痺を起こす白血病》.

ránge pòle 〘測〙ポール, 向桿《紅白に塗り分けた棒》.

rang·er /réɪndʒər/ *n* 歩きまわる人; 獲物を狩り出すための猟犬; *騎馬警備隊員, 武装パトロール隊員; [ᵒR-] *奇襲[突撃]隊員 (commando), レーンジャー; 《国有林などの》森林監視員[警備隊員] (forest ranger), 国立公園監視員, 〘英〙御料林監守; [R-] 〘英〙レーンジャー (＝**R～ Guíde**) 《Guides Association の年長団員》; [R-] レーンジャー《米国の月面探査衛星》. ♦ **～·shìp** *n* ranger の地位.

Ránge Ròver 〘商標〙レンジローヴァー《もと英国 Rover Group の四輪駆動乗用車》.

ráng·ing pòle [ròd] /réɪndʒɪŋ-/ RANGE POLE.

ran·gi·o·ra /ræ̀ŋ(g)ió:rə/ *n* 〘植〙ランギオーラ《ニュージーランド産のキク科の常緑低木; 卵形の葉と緑白色の花をつける》. ［Maori］

Ran·gi·tai·ki /ræ̀ŋɡɪtáɪki/ [the] ランギタイキ川《ニュージーランド北島中部を北流して Plenty 湾に注ぐ》.

Ran·gi·ta·ta /ræ̀ŋɡɪtá:tə/ [the] ランギタタ川《ニュージーランド南島を南東に流れ Canterbury 湾に注ぐ》.

Ran·gi·tik·ei /ræ̀ŋɡɪtíki/ [the] ランギティキー川《ニュージーランド北島南西部を南に流れて Cook 海峡に注ぐ》.

rang·i·ti·ra /rà:ŋɪtíərə/ *n* 《NZ》 RANGATIRA.

Ran·goon /ræŋgú:n, ræŋ-; ræŋ-/ **1** ラングーン《YANGON の別称》. **2** [the] ラングーン川《YANGON 川の別称》.

rangy /réɪndʒi/ *a* 広範囲を歩きまわる[移動できる]; 〈動物が〉四肢が長くやせ型の, 〈人が〉長身足長でやせ型の; 広々とした, 広大な; 広範囲の; 山脈のある, 山の多い (mountainous). ♦ **ráng·i·ness** *n* [*range*]

ra·ni, -nee /rɑ:ní:, rá:nì:/ *n* ラーニ《インドの女王[王妃, 王女]; cf. RAJA》. ［Hindi］

ran·id /rǽnəd, réɪ-/ *n* 〘動〙アカガエル《アカガエル科 (Ranidae) のカエルの総称》.

ra·nit·i·dine /rænítədì:n/ *n* 〘薬〙ラニチジン《ヒスタミン遮断薬; 胃酸分泌を抑制する目的で塩酸塩を処方する》.

Ran·jit Singh /rʌ́ndʒət síŋ/ ランジート・シング (1780–1839) 《インドの Sikh 教徒の指導者で, Punjab に Sikh 王国を創始; 通称 'the Lion of the Punjab'》.

rank[1] /rǽŋk/ *n* **1 a** 地位, 順位; 階級, 等級; 《石炭の》等級: the ～ of major 少佐の位[階級] / be high in ～ 階級[等級]が上 / people of all ～*s* あらゆる階級の人びと / a poet of the first [front, top] ～ 一流の詩人. **b** 高位, 要職, 顕職: a man of ～ 貴顕. **c** [the ～s] 《将校でない》兵隊たち; [*fig*] 庶民, 一般人; 《特定の》部類の人びと 〈*of*〉: rise from *the* ～*s* 一兵卒[低い身分]から身を起こす / rise [come up] through *the* ～*s* 指揮者[指導者]の地位に昇りつめる / reduce sb to *the* ～*s* 兵卒に降格する / join *the* ～*s of* the unemployed 失業者の列に加わる, 失業する. **2 a** 列, 並び; 整列; 《チェス盤の》横列; 〘軍〙横列《普通は 2 列; cf. FILE[2]》; [*pl*] 軍隊: the front [rear] ～ 前[後]列 / all ～*s* 〘軍〙全員. **b** 〘楽〙ランク《オルガンで, 一つのストップノブで操作される同型のパイプ》. **3** ‖タクシーの待機所, タクシー乗場 (stand). **4** 〘数〙《行列の》階数. **5** FACE CORD. ● **break ～(s)** 列を乱す, 落後する; 仲間と意見を異にする, 別行動をとる 〈*with*〉. **close (one's) ～s** 《攻撃などに対して》結束[団結]する《軍隊用語で「列を詰める」の意から》. **fall into ～** 列に加わる, 並ぶ. **give first ～ to**…を第一位に置く. **keep ～** 列を乱さない; 秩序を保つ. **other ～s** 《将校でない》兵隊. **pull (one's) ～ on** sb 《口》階級をかさに着て人に命令を押しつける. **take ～ of**…の上に立つ, …より上位を占める. **take ～ with**…と肩を並べる. **the ～ and fashion** 上流社会. **the** RANK AND FILE.

► *vt* **1** 並べる, 整列させる; 〈…と〉並べる, 同列にする 〈one *with* another〉. **2** …に等級[順位]をつける, ランク付けする; 評価する; 分類する: be ～*ed* 6th 6 位にランクされる / ～ sth high [low] 高く[低く]評価する / Don't ～ me among such people. ぼくをあんな人たちと同列に考えないでくれ / ～ the States in order of size 州を大きさの順に並べる. **3** *…より階級が上だ, …の上に立つ (outrank): A general ～*s* a major. 大将は少佐より上位だ. **4** *《俗》〈人〉の罪をばらす(ようなことをする); *《俗》〈人〉にいやがらせ[いやみ]を言う, いじめる, いびる, 侮辱する, なじる, 苦しめる 〈*out*〉. ► *vi* **1 a** 位する, ランク付け[評価]される; 列する, 並ぶ: He ～*s* second. 第二位にある / …～*s as* one of his best performances …は彼の最高の演技[演奏]と目される / He ～*s* high as a poet. 詩人として高く評価される / He ～*s with* [*among*] the best English authors. 英国の一流の作家である. **b** *上位を占める. **2** 整列する; 〘軍〙進軍する 〈*off, past*〉. **3** 破産者の財産に請求権を有する. ● **～ on** *《俗》〈人〉の悪口を言う, けなす.

［OF＜Gmc; cf. OHG *hring* RING[1]］

rank[2] *a* **1** 繁茂した, 茂りすぎた, はびこった; 〈土地が〉肥えすぎた; 《廃》大きくなりすぎた. **2** 悪臭を放つ, いやな味の, 腐った(ような), 腐敗した; 下品な, 野卑な, 下卑た; ひどい, 鼻持ちならぬ, 全くの, まぎれもない; 〘法〙過度の: a ～ beginner まるで初心者 / a ～ OUTSIDER / ～ injustice 紛れもない不正 / ～ treason 大逆(罪). **3** 《古》好色な, さかりがついた. ♦ **～·ly** *adv* **～·ness** *n* ［OE *ranc* overbearing, strong; cf. MLG *rank* long and thin, ON *rakkr* erect］

Rank /rǽŋk; *G* ráŋk/ **1** ランク (1) **J(oseph) Arthur ～**, Baron ～ (1888–1972) 《英国の実業家・映画制作者》 (2) **Otto ～** (1884–1939) 《オーストリアの精神分析医》.

ránk and fíle [the, 〈*sg/pl*〉] 《将校でない》兵隊たち (the ranks); [*fig*] 《組織・団体の》平の構成員, 一般の人, 庶民. ♦ **ránk-and-fíle** *a*

ránk and fíler 兵隊, 兵卒; [*fig*] 一般人, 平会員, 平社員, 一般組合員, 平党員.

ránk correlátion 〘統〙順位相関係数.

Ran·ke /rá:ŋkə/ ランケ **Leopold von ～** (1795–1886) 《ドイツの歴史家; 厳正な史料批判に基づく客観的歴史記述の方法を確立し, '近代歴史学の祖' といわれる》.

rank·er /rǽŋkər/ *n* rank[1] する人, 整列する人, 並べる人; 兵卒; 兵卒上がりの将校, 特進将校.

Ran·kine /rǽŋkən/ *a* 〘理〙ランキン目盛の《絶対温度の目盛で度盛はカ氏と同じ; 水の氷点 491.67°, 沸点 671.67°》: ～ scale ランキン目盛. ［William J. M. *Rankine* (1820–72) スコットランドの技師・物理学者］

Ránkine cỳcle 〘理〙ランキンサイクル《蒸気機関のような熱機関の標準サイクル; 等圧加熱, 断熱膨張, 等圧冷却, 断熱圧縮からなる》.

rank·ing /rǽŋkɪŋ/ *n* 格付け, 順位, 序列, ランキング. ► *a* 抜群の, 第一級の; 最上級の, 幹部の; [ᵒ*compd*] …の順位[序列]の: a ～ officer 幹部将校 / a low-～ executive 平役員.

ran·kle /rǽŋk(ə)l/ *vi* (あとあとまで)腹立たしい[にがにがしい, くやしい]気持にさせる, 心の痛みとなる, 恨みを残す 〈*with* sb〉; 怒りを覚える, くやしがる; 《古》〈傷などが〉うむ (fester), うずく. ► *vt* …に腹立たしい[にがにがしい, くやしい]思いをさせる; うませる, うずかせる. ［OF *(d)rancler* to fester＜L *dra(cu)nculus* (dim)＜*draco* serpent］

Ran·noch /rǽnək, rǽnəx/ [Loch] ラノック湖《スコットランド中部 Grampians 山脈にある湖》.

Rann of Kutch ⇨ KUTCH.

ran·sack /rǽnsæk/ *vt* (…中)くまなく捜す, かきまわして捜す, あさりまわる; 詳しく調べる; 〈建物など〉に乱入する, 〈都市などを〉略奪する; 〈忘れたことを〉思い出そうと努める. ◆ ～·er *n* ［ON (*rann* house, *saka* to seek)］

ran·som /rǽnsəm/ *n* **1 a** 《捕虜・誘拐された人などの》代価を支払っての解放, 身請け, 請け戻し, 《押収された財産などの》代価を支払っての取り戻し[回復], 買戻し. **b** 〘神学〙《罪からの》解放, あがない (redemption). **2** 《捕虜解放・財産回復などを得るための》代価, 請け戻し[身請け]金, 身代金: KING'S RANSOM. ● **hold…to [for]** ～ 〈人を〉人質に取って身代金を要求する, 〈財産を〉押えて買取りを要求する; [*fig*] …を脅して譲歩を要求する. ► *vt* **1 a** 《代価を支払って》〈捕虜などを〉解放する, 身請けする, 〈財産を〉請け出す, 買い戻す. **b** 《代価の支払いを受けて》〈捕虜などを〉解放する, 〈財産を〉手放す. **c** 〘神学〙《罪とその帰結から》解放する, あがなう (redeem) 《キリストの十字架上の死は, 人間の罪をあがなうために支払われた代価であるとの考えに基づく》. **2** …を人質に取って[押えて]解放[返還]の見返りを要求する. ［OF＜L REDEMPTION］

Ransom ランサム **John Crowe** ～ (1888–1974) 《米国の批評家・詩人》.

ránsom bìll [bònd] 拿捕(だほ)船舶買戻し証書.

Ran·some /rǽnsəm/ ランサム **Arthur (Mitchell)** ～ (1884–1967) 《英国の作家・ジャーナリスト; *Swallows and Amazons* (1930) を含む 12 巻の児童読物シリーズで知られる》.

ránsom·er *n* 《捕虜の》受戻し人; 《拿捕船受戻し金の届くまで留め置かれる》人質.

ránsom·less *a* 身代金なしの.

rant /rǽnt/ *vi* わめく, 暴言を吐く, がなる, 大言壮語する 〈*about*〉; しかりつける, どなりちらす 〈*at, against*〉; 《スコ》浮かれ騒ぐ: ～ and rave [roar] わめきちらす. ► *vt* わめく, 大仰な調子で言う[誦する]. ► *n* 大言壮語; わめき声, 怒号; 《スコ》ばか騒ぎ. ◆ ～·ing·ly *adv* ［Du *ranten* to rave］

ran·tan /rǽntæ̀n/ *n* ドンドン 《騒々しくたたく音》; 浮かれ騒ぎ (spree).

ran·tan·ker·ous /ræntǽŋk(ə)rəs/ *a**《口》CANTANKEROUS. ［変形］

ránt·er *n* 大言壮語する人, どなりたてる人; [R-] 《17 世紀英国の》喧騒派の信者; [R-] 原始メソジスト教徒.

ran·ti·pole /rǽntəpòul/ *n* 粗野な人, 無鉄砲者, やかまし屋. ► *a* 粗野な, 放縦な, 乱れた. ► *vi* 粗野にふるまう. ［C18＜?; 一説に? *rant, pol* (変形)＜*poll* head］

ran·u·la /rǽnjələ/ *n* 〘医〙がま腫, ラヌラ 《舌の下に生じるはれもの》. ［L (dim)＜*rana* frog］

ra·nun·cu·la·ceous /rənʌ̀ŋkjəléɪʃəs/ *a* 〘植〙キンポウゲ科 (Ranunculaceae) の.

ra·nun·cu·lus /rənʌ́ŋkjələs/ *n* (*pl* ～**·es, -li** /-làɪ/) 〘植〙キンポウゲ[ウマノアシガタ]属 (*R-*) の各種草本 (buttercup) 《キンポウゲ科》; 〘植〙ハナキンポウゲ, ラナンキュラス 《球根植物; 多くの花色があり, 園芸品種も豊富》. ［L (dim)＜*rana* frog］

Ránvier's nòde NODE OF RANVIER.

ranz des vaches /*F* rɑ̃ de vaʃ/ ラン・デ・ヴァシュ 《Alps の牧人が牛を呼び集めるために歌う[角笛で吹く]特有の旋律》.

Rao /ráu, rá:ou/ ラオ **P(amulaparti) V(enkata) Narasimha** ～ (1921–2004) 《インドの政治家; 首相 (1991–96)》.

RAOC 〔英〕Royal Army Ordnance Corps.

Ra·oul /rɑ:ú:l/ **1** ラウール 《男子名》. **2** BLUEBEARD. ［F; ⇨ RALPH］

Ra·oult /rɑ:ú:l; *F* raul/ ラウール **François-Marie** ～ (1830–1901) 《フランスの化学者》.

Raóult's láw 〘化〙ラウールの法則 《不揮発性物質の希薄溶液について, その濃度と蒸気圧降下との関係を表わす》.

rap[1] /rǽp/ *n* **1** コツン[トン]とたたくこと 〈*at, against, on*〉; コツン[コトン]という音, 霊のたたく音: get a ～ たたかれる, しかられる. **2** 《俗》叱責, 譴責, 非難; 《俗》告訴, 告発; 《俗》《刑事上の》責任, 犯罪容疑, とが; 《俗》面通し, 首実検; 《俗》逮捕; 《俗》懲役刑: BUM RAP. **3** 《俗》おしゃべり, 話し合い, 議論; *《俗》誘惑的な[うまい]話, 口車, 口上 (spiel). **4** ラップ (＝～ **mùsic,** ～ **sòng**) 《1970 年代に米国の黒人の間で生まれたポップ音楽で, テンポの速い押韻する語りをビートに乗せてリズミカルに唱えるもの》. ● **beat the** ～ *《俗》うまく刑罰を免れる, 無罪ですむ. **take a** ～ *《口》ぶつける. **take the** ～ 《口》罰[非難]をうける, 人の犯した罪をきる, 泥をかぶる 〈*for*〉. ► *v* (-pp-) *vt* **1** コツン[トン]とたたく; たたいて〈…をある状態〉にする; 《俗》殺す. **2 a** 吐き出すように言う; しかる, 酷評する, 非難する; *《俗》告発する, 起訴する. **b** 《俗》…に判決を下す, 《刑事犯として》逮捕する. ► *vi* トントン[コツコツ]たたく 〈*at, on*〉; 短い鋭い音をたてる; *《口》(遠慮なく)話し合う, 議論する; 《俗》意気投合する; 《ビートに乗せて》ラップをやる[唱える]. ● ～ **sb on [over] the** KNUCKLES＝～ **sb's** KNUCKLES. ～ **out** たたいて〈音などを〉出す; 〈…を〉たたいて〈通信を〉伝える 〈*on*〉, 〈霊が〉《霊媒などによって》〈意味を〉トントンたたく音で知らせる; 〈命令などを〉鋭く[吐き出すように]言う, 〈しゃれを〉飛ばす. ［ME＜?imit］

rap[2] *vt* (**rápped, rapt** /rǽpt/; **ráp·ping**) うっとりさせる, 夢中にさせる; 持ち去る; 《廃》ひったくる, かっぱらう. ● ～ **and rend** 強奪する; 是が非でも入手する. ［逆成＜*rapt*[1]］

rap[3] *n* ラップ 《18 世紀アイルランドの私鋳貨; 半ペニー相当》; [*neg*] 《口》びた一文, 少しも (bit): *not* care [give, mind] a ～ 少しもかまわない. ［Ir *ropaire* counterfeit coin］

rap[4] *n, vt* (-pp-) 《豪口》ほめる, 称賛(する). ［*wrap*］

Ra·pa /rá:pə/ ラパ 《南太平洋にあるフランス領の火山島; Tubuai 諸島の南東端にあり, 19 世紀初めには捕鯨船の寄港地》.

ra·pa·cious /rəpéɪʃəs/ *a* 強欲な (greedy); がつがつした; 〘動〙〈特に鳥が〉捕食性の, 肉食の. ◆ **ra·pac·i·ty** /rəpǽsəti/ *n* 強奪; 強欲, 貪欲. ～**·ly** *adv* ～**·ness** *n* ［L *rapac- rapax* (RAPE[1])］

Ra·pa·cki /rɑ:pá:tski/ ラパツキ **Adam** ～ (1909–70) 《ポーランドの政治家; 外相 (1956–68) 当時中部ヨーロッパの非核武装化 (the ～ **Plàn**) を提唱》.

Ra·pal·lo /rəpá:lou/ ラパッロ 《イタリア北西部 Liguria 州, Genoa の南東にある市・リゾート地; Liguria 海の入江ラパッロ湾 (the **Gúlf of** ～) に臨む》. ■ the **Tréaty of** ～ ラパッロ条約 《(1) イタリア・ユーゴスラヴィア間で, Fiume を独立自由国と定めた (1920) 2) ソ連・ドイツ間で, 賠償の放棄・最恵国待遇の適用などを決定 (1922)》.

Ra·pa Nui /rá:pɑ: nú:i/ ラパヌイ 《EASTER ISLAND の原地語名》.

RAPC 〔英〕Royal Army Pay Corps.

ráp clùb [pàrlor, stùdio] *《俗》おしゃべりクラブ 《実際は性風俗店》; 《俗》ラップミュージックのナイトクラブ, ラップディスコ.

rape[1] /réɪp/ *vt* 強姦する; 〈場所を〉略奪する; 《古・詩》強奪する. ► *n* **1** 強姦(罪), 婦女暴行, レイプ (cf. STATUTORY RAPE); 《男が女に行なう以外の》性行為の強行, 犯し. **2 a** 強奪, 略奪 〈*of* a city〉; 《国土などの》破壊; 《古・詩》《婦人などを》奪い去ること: the ～ of the Sabine women 《ローマの建国伝説に伝えられる》サビニの女の略奪. **b** 侵犯 〈*of*〉: ～ *of* the forest 〘史〙森林侵害. ◆ **ráp·er** *n* RAPIST. **ráp(e)·able** *a* ［AF＜L *rapt- rapio* to seize］

rape[2] *n* 〘植〙セイヨウアブラナ, ナタネ 《種子は coleseed という》. ［L *rapa, rapum* turnip］

rape[3] *n* [°*pl*] ぶどうのしぼりかす 《酢製造の濾過材用》; 《それを入れた》酢製造容器 《濾過器》. ［F＝grape stalk＜L＜Gmc］

rape[4] *n* 〘英史〙レイプ, 大郡 《Sussex 州を 6 分した行政区の単位》. ［OE *rāp* ROPE; 境界に用いた］

rápe càke 《菜種の》油かす 《家畜の飼料》.

rap·ee /reɪpí:/ *n* 強姦の被害者, 被強姦者.

rápe òil RAPESEED OIL.

rápe·sèed *n* 菜種 (＝*coleseed*).

rápeseed òil 菜種油 (＝*rape oil*) (cf. CANOLA OIL).

rápe wàgon *《俗》PIMPMOBILE.

ráp gròup *《俗》討議グループ.

Ra·pha·el /rǽfiəl, réɪ-; rǽfeɪəl/ **1 a** /, ʺréɪf(ə)l/ ラファエル 《男子名》. **b** 〘聖〙ラファエル 《外典に記された大天使; *Tobit* や *Paradise Lost* に現われる》. **2** ラファエロ (*It* Raffaello Santi [Sanzio]) (1483–1520) 《イタリアルネサンスの画家》. ◆ **Ra·pha·el·esque, Raf·fa·el-** /ræ̀fiəlésk, rèɪ-; ræ̀feɪəl-/ *a* ［Heb＝God heals］

ra·phe /réɪfi/ *n* 〘解〙縫線; 〘植〙縫線 《(1) 珪藻の体表にある線状の溝 2) または種子のへそと合点の間を走る線》. ［Gk＝seam］

ra·phia /réɪfiə, rǽf-/ *n* [*R-*] 〘植〙ラフィア属 《ヤシ科; ⇨ RAFFIA》; ラフィア葉の繊維 (raffia).

raph·ide /rǽfàɪd/ *n* (*pl* **raph·ides** /rǽfàɪdz, rǽfədì:z/) 〘植〙《葉の粘液細胞内の》束晶(そくしょう).

rap·id /rǽpəd/ *a* **1** 速い, 急な, 急速[迅速, 敏速]な, すばやい, 速やかな; 〈行動が〉急ぎの, そそくさとした; 〘写〙高感度の (fast) 〈フィルム・乳剤〉. **2** 〈坂など〉急な. ► *n* **1** [ᵘ～s, 〈*sg/pl*〉] 早瀬, 急流部. **2** 高速輸送車[列車], 高速輸送システム. ● **shoot the** ～**s** 〈ボートが〉早瀬を乗り切る; あぶないことをする. ◆ ～**·ly** *adv* 速やかに, どんどん, すばやく, 迅速に. ～**·ness** *n* ［L＝tearing away, seizing; ⇨ RAPE[1]］

rápid éye mòvement 〘生理〙急速眼球運動 《逆説睡眠中の眼球の運動で, 脳波や心臓の鼓動の変化や夢などと関連があるとされている; 略 REM》.

rápid éye mòvement slèep REM SLEEP.

rápid-fíre *a* 速射の; 矢継ぎばやの; 早口の: a ～ gun 速射砲.

rápid fíre 速射.

ra·pid·i·ty /rəpídəti/ *n* 急速, 敏捷; 速度: with ～ 迅速に (rapidly).

rápid reáction fòrce 緊急対応部隊 《緊急事態に速やかに対処する軍隊》.

rápid tránsit **1** 《都市域の》高速旅客輸送(路線) 《地下鉄・高架鉄道などによるもの》. **2** 〘チェス〙《1 手に 10 秒程度が与えられる》早指しチェス (＝*lightning chess*) (＝**rápid tránsit chèss**).

rápid wáter* ラピッドウォーター 《消火用水の流出摩擦を低め, 放水量を高めるため水に混ぜる重合体懸濁液》.

ra·pi·er /réɪpiər/ *n* ラピエール, ラピアー 《細身で先のとがった諸刃(もろは)の長剣; 主に決闘用》; [〈*a*〉] 鋭い: a ～ glance 鋭い[刺すような]視線 / a ～ thrust 鋭いひと突き[応答]. ［?Du or LG＜OF (*espee*) *rapiere* rasping sword＜?］

rap·ine /rǽpən, -àɪn/ *n* 《詩・文》強奪, 略奪. ［OF or L; ⇨ RAPE[1]］

ra·pi·ni /ræpí:ni/ *n* 〘野菜〙RAPPINI, 《特に》ITALIAN TURNIP.

rap·ist /réɪpɪst/ *n* 強姦者 (raper).

rap music ⇨ RAP[1].
rap·pa·ree /ræpərí:/ *n* 〘史〙 17 世紀アイルランドの民兵[不正規兵]; 略奪者, 盗賊, 馬賊. ［Ir=short pike］
rap parlor ⇨ RAP CLUB.
rap·pee /ræpí:/ *n* ラピー《強い粗末なかぎタバコの一種》.
rap·pel /rəpél, ræ-/〘登山〙 *n* 懸垂下降, アブザイレン《二重に結束したロープで岩壁を降りる方法》. ► *vi* (-ll-) 懸垂下降する.
rap·pen /rá:pən/ *n* (*pl* ～) ラッペン (=*centime*)《スイスの通貨単位: =1/100 franc》. ［G (*rabe* raven); 旧貨幣の刻印から］
ráp·per *n* たたく人[もの]; 《戸の》ノッカー; ラッパー《**1)** RAP[1] music の歌手・実演家 **2)** rap music の愛好者》; *《俗》告発者, 原告; *《俗》検察官; *《俗》冤罪; *《俗》話し手, 論者; 《古》悪態, 罵詈雑言, 呪い; 《方》大うそ. ［*rap*[1]］
rap·pi·ni /ræpí:ni/ *n* 《葉茎菜としての》若カブ. ［It (pl dim)＜*rapo* turnip＜L］

R

rap·port /ræpɔ́:r, rə-/ *n* 《親密・共感的な》関係 ‹*between, with*›; 《施術者に対する被術者の》信頼(感), ラポール. ● **in** [**en** 《フランス語風》] ～ **with**…と和合[一致]して, …と気が合って. ［F=to bring back (L *porto* to carry)］
rap·por·teur /ræ̀pɔ̀:rtə́:r/ *n* 報告者《委員会の報告書を議会などに提出する》. ［F］
rap·proche·ment /ræ̀pròuʃmɑ̃́:, -rɔ̀:ʃ-, ræprɔ́ʃmɔ̃, rə-; *F* raprɔʃmɑ̃/ *n* 《特に 国家間の》友好回復, 和解, 親善. ［F; ⇨ APPROACH］
rap·scal·lion /ræpskǽljən/ *n* 《古》[°*joc*] 悪党, ろくでなし, やくざ者. ［C17 *rascallion*＜? *rascal*］
ráp sèssion *《俗》《rap group による》グループ討論; *《俗》会話, おしゃべり.
ráp shèet *《俗》前科記録,「まえ」.
rap song ⇨ RAP[1].
rap studio ⇨ RAP CLUB.
rapt[1] /rǽpt/ *vt* RAP[2] の過去形. ► *a* 心[魂]を奪われた, 恍惚とした, うっとりした; 没頭[没入]した, 熱中した ‹*in*›; 《詩》運び去られた: be ～ *with* joy / listen [watch, etc.] with ～ attention / a ～ expression [look]. ♦ **～·ly** *adv* **～·ness** *n* ［L (pp)＜RAPE[1]］
rapt[2] *a* 《豪口》大喜びの (wrapped).
rap·ta·to·ri·al /ræ̀ptətɔ́:riəl/ *a* PREDACIOUS.
Rap·ti /rá:pti/ [the] ラプティ川《ネパールからインド北部を南東に流れ, Ghaghara 川に合流する》.
rap·tor /rǽptər, -tɔ̀:r/ *n* 〘鳥〙猛禽 (bird of prey); 《口》〘古生〙ラプトル《ドロメオサウルス科の捕食性の恐竜; 特に VELOCIRAPTOR など》; ‖ラプター《F-22 戦闘機の俗称》.
rap·to·ri·al /ræptɔ́:riəl/ *a* 生物を捕食する; 〈爪など〉獲物を捕えるのに適した; 猛禽類の: ～ birds [beasts] 猛禽[猛獣]. ► *n* 猛禽.
rap·ture /rǽptʃər/ *n* **1** [°*pl*] 有頂天, 狂喜, 歓喜, 恍惚(境); 歓喜の表現[現われ]: be in ～(*s*) 有頂天になっている ‹*about, at, over*› / go [fall] into ～*s* 有頂天になる. **2** 《古》《特に 天国へ》人を運び去ること; [the R-] 携挙《千年至福説でキリストが信者を天国へ運ぶこと; cf. MILLENNIUM》; 《古》誘拐. ● **the first fine** (**careless**) ～ 《長続きしない》最初の感激[熱中, 有頂天]《Robert Browning, 'Home Thoughts from Abroad' の一節から》. ► *vt* 狂喜させる, 有頂天にならせる (enrapture). ♦ **～d** *a* 《古》有頂天になった. ［F or L; ⇨ RAPT[1]］
rápture of the déep [**the dépths**] 深海の狂喜 (nitrogen narcosis).
rap·tur·ous /rǽptʃ(ə)rəs/ *a* 有頂天の, 狂喜した (enraptured), 熱狂的な. ♦ **～·ly** *adv* **～·ness** *n*
Ra·pun·zel /rəpʌ́nz(ə)l/ ラプンツェル《グリム童話の登場人物; 魔女に連れ去られて高い塔に閉じ込められた髪の長い美しい娘; 上からたらした金髪を伝って王子が塔に上がり, 二人は結ばれる》.
ra·ra avis /réərə éɪvəs, ‖rá:rə ǽvɪs, rá:rə á:wəs/ (*pl* **～·es** /-éɪvəsəz, ‖-ǽvɪsɪz/, **ra·rae aves** /réəri éɪvi:z, ‖rá:ri ǽvi:z, rá:raɪ á:wèɪs/) 珍しい[めったにない]人[もの] (rarity). ［L=rare bird］
rare[1] /réər/ *a* **1 a** まれな, めったにない, 希有の, 稀少な, 珍しい: in ～ cases=on ～ occasions まれに, たまには. **b** 異例にすぐれた, たぐいまれな, まれにみる, 希代の; すばらしい, すてきな, このうえない, 最高の; ‖《口》まったくの, すごい (cf. RARE[1] *and*…): a ～ scholar 不世出の学者 / We had ～ fun [a ～ time]. とてもおもしろかった. **2** 希薄な; まばらな: the ～ air on high mountains 高山の希薄な空気. ● **in ～ form** *《口》最高のコンディションで; *《俗》酒に酔って. **～ and**… 《口》とても…, すごく… (very) (cf. NICE [GOOD] *and*): I am ～ *and* hungry. 腹ぺこだ. **～ old** 《口》とてもいい[悪い], すごい: have a ～ old time 《パーティーなどで》楽しい時を過ごす. ♦ **～·ness** *n* ［L *rarus*］
rare[2] *a* 〈肉が〉生焼けの, レアの (cf. MEDIUM, WELL-DONE). ［*rear* (obs) (of eggs) half-cooked＜OE *hrēr* boiled lightly］
rare[3] *vi* *《方》REAR[2].
ráre bírd RARA AVIS.
rare·bit /réərbət, ‖rǽb-/ *n* WELSH RABBIT.
ráre bóok 稀覯(きこう)書, 珍本.
ráre éarth 〘化〙希土酸化物, レアアース; RARE EARTH ELEMENT.
ráre éarth èlement [**mètal**] 〘化〙希土類元素, レアアース.
rár·ee-shòw /réəri-/ *n* のぞきからくり (peep show); 大道の見世物; 奇観, 見もの.
rar·e·fac·tion /rèərəfǽkʃ(ə)n/ *n* 希薄; 希薄化; 《音波の通過により生じた》媒体の希薄化[部]. ♦ **～·al** *a* **ràr·e·fác·tive** *a*
rar·e·fi·ca·tion /rèərəfəkéɪʃ(ə)n/ *n* RAREFACTION.
rar·e·fied, rar·i·fied /réərəfàɪd/ *a* 精選された[ごく一部の]人たちの, 高尚な, 高踏的な, 深遠な; 〈地位など〉きわめて高い; 〈空気など〉希薄な (rare).
rar·e·fy, rar·i·fy /réərəfàɪ/ *vt* 希薄にする, …の密度を低くする (opp. *condense*); 純化[洗練]する; 精妙[高尚]にする. ► *vi* 希薄になる, 低密度になる. ［OF or L (RARE[1], *facio* to make)］
ráre gás 〘化〙希ガス (inert gas).
ráre·ly *adv* **1** まれに, めったに…しない (seldom): things ～ seen めったに見られないもの. **2** 珍しいほど, 極端に. **3** すばらしく, とてもみごとに: It pleased him ～. とても彼の気に入った. ● **～ ever** 《口》めったに…しない (rarely if ever).
ráre·rìpe *a* 早生の, わせの. ► *n* 早生[わせ]の果物[野菜]; 《方》GREEN ONION.
rar·ing /réərɪŋ/ *a* 《口》さかんに…したがっている: ～ to go 早く始めたくてうずうずしている. ［(pres p)＜*rare* (dial) to ROAR or REAR[2]］
Rar·i·tan /rǽrətn/ [the] ラリタン川《New Jersey 州北部を東流し, New York の Staten 島の南で, 大西洋に臨むラリタン湾 (～ **Báy**) に注ぐ》.
rar·i·ty /réərəti/ *n* まれな[めったにない, 異例にすぐれている]こと, 珍奇, 稀少(性); めったにない[珍しい]人[もの], 稀少価値のあるもの; 希薄.
Rar·o·ton·ga /ræ̀rətáŋ(g)ə/ ラロトンガ《太平洋南部の Cook 諸島南西部にある島; 同諸島の中心地 Avarua /à:və:rú:ɑ:/ がある》.
ras[1] /rá:s/ *n* 岬, 《陸地の》鼻; 《エチオピアの》王子, 王侯; 《イタリアのファシスト党の》地区リーダー. ［Arab=head］
ras[2] *n* [°*a*] 〘医〙*ras* 遺伝子《突然変異によって大腸癌・肺癌・膵臓癌などに関与する癌遺伝子》.
Ras al-Khai·mah /rá:s ælxáɪmə, -káɪ-/ ラス・アル・ハイマ《アラブ首長国連邦を構成する首長国; ペルシア湾とオマーン湾の境界となる Hormuz 海峡に突き出た半島に位置している》.
ras·bo·ra /ræzbɔ́:rə/ *n* ラスボラ《観賞用熱帯魚》.
ras·cal /rǽsk(ə)l; rá:s-/ *n* **1** ならず者, やくざ者, ごろつき, 悪党; [*joc*] いたずらっ子, 悪たれ, やっこさん, やつ: You lucky ～! この果報者め, こいつめ! **2** 《古》下賤の者, 下層民, 貧民. ► *a* ごろつきの; 下賤の, 卑しい; 《古》下層民の: the ～ rout 大衆, 平民. ♦ **～·dom** *n* ごろつきども, 悪党連. **～·ism** *n* RASCALITY. ［OF *rascaille* rabble (?L *ras- rado* to scrape)］
ras·cal·i·ty /ræskǽləti; rɑ:s-/ *n* 非道, 極道; 悪事, 悪業; 悪党根性, 悪辣; 下層民 (rabble).
ráscal·ly *a* 無頼の, 悪辣な; 卑しい, ずるい, 見下げはてた; ひどい, なさけない. ► *adv* 悪党のように, 狡猾に, 卑しく.
ra·schel /rɑ:ʃél/ *n* ラッシェル《トリコットに似たゆるく編んだ編地》. ［G *Raschelmaschine*; Mlle *Rachel* にちなむ］
Ras Da·shan /rá:s dəʃá:n/ ラスダシャン《エチオピア北部 Tana 湖の北東に位置する同国の最高峰 (4620 m)》.
rase /réɪz/ *vt* 彫る, 彫刻する; 削り取る, こすり取る, 消す (erase); 破壊[粉砕]する (raze). ► *vi* 刻み目[しるし]をつける. ♦ **rás·er** *n* ［OF *raser* to RAZE］
rash[1] /rǽʃ/ *a* むこうみずの, 無分別な, 軽率な, 気の早い, 性急な, せっかちな, はやまった; 《廃》速効の: in a ～ moment 時のはずみで, 軽率に. ► *adv* 《古》RASHLY. ♦ **～·ly** *adv* むこうみずに, 無謀[軽率]にも). **～·ness** *n* ［ME=quick＜OE *ræsc; cf. OHG *rasc* fast, clever］
rash[2] *n* 発疹, 皮疹, 吹出物, かぶれ; [*fig*] 頻発 ‹*of*›: come [break] out in a ～ 〈人が〉発疹ができる / spread like a ～ (発疹のように)一面に広がる. ［cf. OF *ra(s)che* eruptive sores=It *raschia* itch］
rash·er /rǽʃər/ *n* ベーコン[ハム]の薄切り(を焼いた[炒めた]もの), ラシャー; *ラシャーの一人前《薄切り 3–4 枚》. ［C16＜? *rash* (obs) to cut］
Ra·shīd /ræʃí:d/ ラシード《ROSETTA のアラビア語名》.
Ra·shīd al-Dīn /ræʃí:d æddí:n/ ラシード・アッディーン (1247–1318)《ペルシアの医師・政治家・歴史家; 世界史を扱った『集史』で知られる》.
Rasht /rǽʃt/, **Resht** /réʃt/ ラシト, レシト《イラン北西部の市》.
Rask /rǽsk, rá:sk/ ラスク **Rasmus** (**Kristian**) ～ (1787–1832)《デンマークの言語学者・オリエント学者; Jacob Grimm に先立ってゲルマン語の子音変化の法則を指摘》.
Ras·kol·nik /ræskɔ́:lnɪk/ *n* (*pl* **～s, -ni·ki** /-nəki/) 分離派教徒, ラスコーリニキに所属する人 (=*Old Believer*)《17 世紀に典礼改革を拒否して, ロシア正教会から分離した保守的な一派》.
Ras·mus·sen /rǽsməs(ə)n, rá:smùs(ə)n/ ラスムッセン **Knud Johan Victor** ～ (1879–1933)《デンマークの北極探検家・民族学者》.
ra·so·ri·al /rəsɔ́:riəl, -zɔ́:-/ *a* 〈鳥が〉餌を求めて地面をひっかく習性がある; 〘鳥〙キジ類の (gallinaceous).
rasp /rǽsp; rá:sp/ *n* 木やすり, 鬼目やすり (=*rasp-cut file*); 削る[やすりをかける, すりおろす]道具, おろし; やすりをかけること[音]; ギリギリ[ガリガリ, ギーッ, ザリザリ]いう音; 《心の》いらだち. ► *vt* …に木[鬼目]やすりをかける 〈*off, away, out*〉; 粗く擦る, ざらり[ガリガリ]とこする, ガリガリ削る, おろす; しゃがれ声[ガサガサ声, ガラガラ声]で言う 〈*out* an order〉; いらだたせる, …(の神経)にさわる. ► *vi* (ザラザラと)擦れる; (ザラザラ[ガリガリ, ギーッ]と)耳ざわりな音をたてる, 《耳・神経に》さわる 〈*on*〉. [OF *raspe(r)*<Romanic (WGmc **raspōn* to scrape together)]

ras·pa·to·ry /rǽspətɔ̀:ri; rɑ́:spət(ə)ri/ *n* 〘外科〙 骨膜剝離器.

rasp·ber·ry /rǽzbèri, rɑ́:z-, -b(ə)ri; rɑ́:zb(ə)ri/ *n* **1** 〘植〙 ラズベリー《**1**) キイチゴ属の赤, 黒または紫の果実; 食用 **2**) その木; ⇨ BRAMBLE》; ラズベリー色, 濃い赤紫色. **2** 《口》 舌を出して両唇の間でブーッと音をたてること (＝*Bronx cheer*) 《韻俗 raspberry tart＝fart から; あざけり・侮蔑・嫌悪・不同意を表わす》; 拒絶, 嘲弄: give [blow] a ～ 侮蔑する. ● FLIP[1] one's ～. [*rasp* (dial) (< *raspis* (obs) raspberry <?)＋BERRY]

ráspberry cáne キイチゴの木[新枝].

ráspberry sáwfly 〘昆〙 マルハバチ亜科の一種《幼虫がキイチゴなどの葉を食べる》.

ráspberry vínegar キイチゴシロップ.

rásp-cùt fíle 木やすり, 鬼目やすり (rasp).

rásp·er *n* 《特に 砂糖大根の根・砂糖キビなどを》こする[すりおろす]道具; 〘狩〙 《飛び越えにくい》高い柵.

rásp·ing *a* いらいらさせる, 《神経などに》さわる; 〘狩〙 飛び越えにくい〈溝・柵〉; 非常に速い. ► *n* RASP で削り取った[すりおろした]小片; [*pl*] パン粉《フライにする魚などにまぶす》. ♦ **～·ly** *adv* **～·ness** *n*

Ras·pu·tin /ræsp(j)ú:tən/ ラスプーチン **Grigory Yefimovich** ～ (1872?–1916) 《ロシアの修道僧; Nicholas 2 世・皇后の信用を得て国政に関与し '怪僧' と呼ばれた》.

raspy /rǽspi; rɑ́:spi/ *a* ガリガリ削る(ような); 目の粗い; いらいらした, おこりっぽい. ♦ **rásp·i·ness** *n*

rass /rǽs; rɑ́:s/ 《ジャマイカ卑》 *n* 尻; くず[かす]野郎. ► *int* こんちくしょう, くそくらえ [your *ass*]

rasse /rǽsə, rǽs/ *n* 〘動〙 ジャコウネコ《中国・インド東部原産》. [Jav]

Ras·se·las /rǽsələs, -læs/ ラセラス《Dr. Johnson の教訓的物語 (1759) の主人公; Abyssinia の王子》.

Ras Sham·ra /rɑ́:s ʃɑ́:mrə/ ラスシャムラ《シリアの地中海沿岸, Latakia の北にある古代都市 Ugarit の遺跡; 楔形文字で記された紀元前 2 千年紀の粘土板文書が出土》.

ras·sle /rǽs(ə)l/ *n, v* 《口・方》 WRESTLE.

Ras·ta /rǽstə/ *n, a* RASTAFARIAN.

Ras·ta·fa·ri·an /ræ̀stəféəriən, *rɑ̀:stəfɑ́:-/ *n, a* ラスタファリアン(の) 《もとエチオピア皇帝 Haile Selassie (本名 Ras Tafari) を神と信仰するジャマイカ黒人; マリファナを祭儀で使用し, アフリカへの復帰を唱える》. ♦ **～·ism** *n* ラスタファリ主義.

Rásta·man /-mən, -mæ̀n/ *n* (*pl* **-men** /-mən, -mɛ̀n/) 《男の》 RASTAFARIAN.

ras·ter /rǽstər/ *n* 〘電子工〙 ラスター《ブラウン管・モニター上の走査線の集合からなるパターン》. [G＝screen]

ráster ímage prὸcessor 〘電算〙 ラスターイメージプロセッサー (RIP).

ráster·ìze *vt* 〘電算〙 《RIP で》ラスター化する, ラスタライズする. ♦ **ràster·izátion** *n* **-ìz·er** *n*

ras·tle /rǽs(ə)l/ *vi, vt* 《方》 WRESTLE.

rasty /rǽsti/ *a** 《俗》 きつい顔つきの〈若い女〉.

Ras·tya·pi·no /rɑ:stjɑ́:pɪnòu, ræs-/ ラスチャピノ《DZERZHINSK の旧称》.

ra·sure /réɪʃər, -ʒər/ *n* 抹殺, 削除 (erasure).

rat[1] /rǽt/ *n* **1** ネズミ, ラット《クマネズミ・ドブネズミなど; mouse より大きく尾が長い》: (as) drunk [poor, weak] as a ～ 酔いつぶれて[無一文で, 全く力を失って] / like [(as) wet as] a drowned ～ ぬれネズミのようになって / *R～s* desert a sinking ship. 《諺》 ネズミは沈みかけた船を見捨てる. **2 a** 《俗》 脱党者, 裏切り者《ネズミは火事の家・沈没する船から退散するとの俗信から》. **b** 《俗》 組合協定より安く働く労働者[職工], スト破り労働者 (scab). **c** 《俗》 密告者, スパイ; 《俗》 卑劣漢, 恥知らず, いやなやつ; 《俗》 身持ちの悪い女; 《俗》 こそ泥; 《豪》 浮浪児; ″《俗》 シラミ: You dirty ～! この卑劣漢め. **3***《口》 《特定の場所を》頻繁に訪れる[うろちょろする]者: MALL RAT. **4***入れ毛, かもじ. **5** [～s!, 〈*int*〉] 《俗》 チェッ, くそっ, まったく, ばかな, 何てこった. ● **have [see] a ～** 《豪俗》 変わっている, 頭がいかれている. **have [see] ～s** 《俗》 アル中で変になっている; 《豪俗》 have a RAT[1]. **～s and mice** 《韻俗》 さいころ(遊び) (dice). **smell a ～** 《口》 うさんくさく思う, 変だと感づく. **Starve the ～s!** 《豪口》 何てこった《驚き・不信・嫌悪の表現》. ► *v* (**-tt-**) *vi* **1** ネズミを捕る. **2** 《俗》 組合協定より安い賃金で働く, スト破りをする; 《俗》 脱党する, 裏切る, 密告する; 《俗》 卑劣なふるまいをする. ► *vt**〈髪を〉かもじを入れて結う; 《豪俗》 《盗む目的で》…を探る, …から盗む. ● **～ around** 《俗》 うろちょろ[のらくら, ぶらぶら]する. **～ on…** 《俗》〈人〉を裏切る, 見捨てる, 密告する; 〈企て〉から逃げ出す, 〈約束〉を破る. **～ out** 《俗》 見捨てる, 密告する, 売る; 手を引く, 逃げをうつ 〈*on*〉. ♦ **～·like** *a* [OE *ræt* and OF *rat*< Romanic]

rat[2] *vt* 《古・俗》 《主に 三人称・単数・現在・仮定法で》 DRAT.

ra·ta /rɑ́:tə/ *n* 〘植〙 メトロシーデロス属[オガサワラフトモモ属]の高木《深紅の花をつける; 材は暗赤色の堅材; ニュージーランド産》. [Maori]

rat·able, rate- /réɪtəb(ə)l/ *a* 比例した, 一定の比率に応じた; 評価できる; ″地方税を負担すべき, 課税すべき (taxable). ♦ **-ably** *adv* **～·ness** *n* **ràt(e)·abíl·i·ty** *n*

rátable válue″ 《地方税の》課税評価額, 課税標準価格.

rat·a·fee /ræ̀təfí:/ *n* RATAFIA.

rat·a·fia /ræ̀təfí:ə/ *n* ラタフィア《**1**) プラムなどの核とアーモンドなどで造るリキュール類 **2**) アーモンドのエッセンス》; ″ラタフィアビスケット (＝～ **bìscuit**) 《小さいマコロンの一種》. [F; cf. TAFIA]

rat·al″ /réɪtl/ *n* 地方税課税対象価. ► *a* 地方税の.

rat·a·ma·cue /rǽtəməkjù:/ *n* 〘楽〙 ラタマキュー《ドラム演奏法の基本パターンの一つ; 二拍子の一拍目を, 前に 2 個の装飾音を入れた三連音で演奏する》.

ratan ⇨ RATTAN.

rat·a·plan /ræ̀təplǽn/ *n* 《太鼓, 馬のひづめ, 機関銃などの》反復的なドンドン(いう音). ► *vi, vt* (**-nn-**) ドンドンと鳴る[鳴らす]. [F (imit)]

rát-àrsed *a*″《俗》 ぐでんぐでんの, へべれけの.

rát-àss *a**《俗》 こぎたない, みすぼらしい, しけた (ratty).

rat-a-tat /rǽtətæ̀t, ⌣⌣⌣́/, **rat-a-tat-tat** /rǽtətæ̀(t)tǽt/ *n* ドンドン, トントン, ダダダダ… (rat-tat) 《戸・太鼓などをたたく連続音》. [imit]

ra·ta·touille /ræ̀tətú:i, -twí:, *rɑ̀:tə-/ *n* ラタトゥイユ《Provence 風の野菜の煮込み》. [F (dial)]

rát·bàg 《俗》 *n* 不快な[いやな]やつ; ばか, 変人, 困り者, ろくでなし. [C20 (*rat*[1], *bag*[1])]

rat·bag·gery /rǽtbæ̀gəri/ *n* 《豪俗》 無頼な行為, 悪業.

rát-bìte fèver [disèase] 〘医〙 鼠咬(そこう)症.

rát bòy*《俗》 麻薬を試して純度・強さを判定できる人.

rát·càtch·er *n* ネズミ捕り屋, ネズミを捕る動物; ″《俗》 略式の狩猟装束《特に ツイードのジャケットに革の半ズボン》.

ratch /rǽtʃ/ *n* 〘機〙 つめ, 歯止め (ratchet); つめ車.

rát chèese チェダーチーズ (cheddar).

ratch·et /rǽtʃət/ *n* 〘機〙 つめ車装置, ラチェット《つめとつめ車による, 一方向の動きのみを可能にする伝動装置》; つめ車, 鋸(のこ)歯車, 歯止め; 《歯止め・つめ車などの》つめ. ► *v* (**-tt-**) *vt* 小刻み[段階的]に上昇させる[下げる] 〈*up, down*〉; 〈機械・工具など〉につめ車を付ける. ► *vi* つめ車(装置)で動く; 小刻みに上昇する[下がる] 〈*up, down*〉. [F *rochet* lance head; cf. It *rocchetto* spool, ratchet]

rátchet drìll 〘機〙 追歯ぎり, ハンドボール.

rátchet effèct 《ある種のプロセスや状況において一方向のみの変化 (増加・拡大・進化など) が見られ, 以前の状態には逆戻りしない》つめ車の効果, ラチェット効果.

rátchet-jàw *n* 《俗》 RATCHET-MOUTH.

rátchet-mòuth *n* 《俗》 とにかくよくしゃべる[絶え間なく口が動く]やつ (motor mouth).

rátchet whèel 〘機〙 つめ車, 追歯車.

rát chinchìlla 〘動〙 チンチラネズミ (abrocome).

rate[1] /réɪt/ *n* **1** 《一定の》割合, 率, 比率, 歩合; 利率, 金利 (interest rate): at the ～ of…の割合で / the ～ of discount 割引率. **2** 進度, 速度; 〘時計〙 歩度: at the [a] ～ of forty miles an hour 毎時 40 マイルの速さで. **3 a** 《一定の基準による》料金, 値段《公共料金・運賃など》: postal [railroad] ～ 郵便[鉄道]料金 / the going ～ 相場の料金[給与] 〈*for*〉 / give special ～s 割引する. **b**″《不動産評価額に基づく》課税額; [*pl*]″地方税《地方自治体に納付する不動産税》: pay the ～s 地方税を払う / be [go] on the ～s 公費補助を受けている[受ける]. **c** 〘保〙 料率. **4** 等級, 種類. **5 a** 《廃》 一定量. **b** 評価; 《廃》 意見, 考え (estimation). ● **at a high [low] ～** 高[安]価で: live *at a high* ～ ぜいたくに暮らす. **at all ～s** ぜひとも. **at an easy ～** 安価で; 容易に. **at ány ～** とにかく, いずれにしても. **at thát [thís] ～** 《口》 そんな[こんな]ふうなら, その[この]分では. ► *vt* **1** 見積もる, 評価する; 〈…と〉みなす, 〈…と〉思う; 《口》 高く評価する: I ～ his fortune *at* a million dollars. 彼の財産を 100 万ドルと見積もる / We ～ her ring *as* worth $10,000. 彼女の指輪を 1 万ドルと踏む / I don't ～ his merits so high. 彼の功績をそう高くは買わない / She ～*d* him *among* [*with*] the best students. 彼を最もすぐれた学生の中に入れた. **2 a** [″*pass*]″〈建物を〉課税の目的で評価する 〈*at*〉; [″*pass*]″〈人〉に課税する: We are ～*d* high(ly) for education. 教育のため高い税を課せられている. **b** 〈貨物〉の輸送料金を決める; …の保険料率を定める. **3** 〘海〙 〈船員・船舶〉の等級を定める; 〘電・機〙 定格する; 〈時計〉の歩度を測る: ～*d* horsepower 定格馬力. **4** 〈映画を〉(G, PG, R など) 指定する. **5** …に値する (deserve). **6** (終盤に備えて)〈競走馬・競走者〉のペースを抑える[調節する]; 《廃》 〈人〉に…を割り当てる. ► *vi* 見積もられる, 評価される 〈*as*〉, 〈…の仲間に〉位する 〈*among, with* the best novelists〉; *《口》 〈…に〉ひいきにされる, 気に入られている 〈*with* one's boss〉: The ship ～*s as* first [～*s* A1]. その船は一級船である / ～ high 高く評価される. [OF<L *rata*; ⇨ RATIO]

rate[2] *vt* しかりつける, ののしる; 《廃》 どなりつけて追い払う. ► *vi* どな

りつける 〈*at*〉. ［ME＜?; cf. Swed *rata* to chide］
rate[3] ‖*vt* RET[1].
rateable ⇨ RATABLE.
ráte-càpping *n* 《かつて英国で行なわれた》地方税率の上限規制《中央政府による地方自治体の予算浪費の牽制策》. ♦ **ráte-càp** *vt* 〈地方税に〉税率の上限を設ける.
rát·ed lóad /réɪtəd-/ 〖機〗定格負荷.
ra·teen /rætíːn/ *n* RATINÉ.
ráte gỳro 〖空〗レートジャイロ《機体の揺れの速さを検出する装置》.
ra·tel /ráːtl, réɪtl/ *n* 〖動〗ミツアナグマ, ラーテル (＝*badger, honey badger*)《南アフリカ産のアフリカラーテルとインド・アラビア産のインドラーテルがある》. ［Afrik］
ráte·mèter *n* 〖理〗《計数器の》計数率計.
ráte of chánge 〖数〗変化率.
ráte of exchánge (外国)為替相場.
ráte of ínterest 利率 (interest rate).
ráte of retúrn 〖経〗収益率《投資額に対する年間収益の割合》.
ráte·pày·er *n* ‖地方税 (rates) 納付者; *《電気・水道・電話などの》公共料金支払者.
rat·er /réɪtər/ *n* 評価[測定]者; [*compd*] (ある)等級に属するもの: FIRST-RATER / a 10-～ 10 トンのヨット.
rát-fàce *n**《俗》ずるいやつ, 手口のきたないやつ.
rát-fàced *a* ‖《俗》泥酔して.
rát fìnk *《俗》きたない[いやな]やつ (fink), 密告者, たれ込み屋 (informer), 裏切り者.
rát·fìsh *n* 〖魚〗ギンザメ (chimaera).
rát fùck *《卑》*n* 悪ふざけ, きたないやり口; きたねえやつ, 卑劣なやつ; *《軍》最初から失敗が予想される任務[作戦]. ► *a* 型破りの, とっぴな, とんでもない. ► *vi* 楽しくやる; のらくら遊び暮らす. ► *vt* 〈人〉といやな別れ方をする, 〈恋人を〉棄てる.
rát guàrd 〖海〗《繋留索に付ける》防鼠, ねずみよけ.
rath[1] /ráːθ/ *n* 〖考古〗《アイルランド地方の》土砦(どさい)《族長の家を囲んだ円形の土塀》. ［IrGael］
rath[2] ⇨ RATHE.
ratha /rʌ́t/ *n* 《インドの》四輪馬車[牛車]. ［Hindi］
Rat·haus /*G* ráːthaus/ *n* (*pl* **-häu·ser** /*G* -hɔyzər/) 町役場, 市役所, 市庁舎.
rathe /réɪð, *rǽθ/, **rath** /rǽθ; ráːθ/ 《古・詩》*a* 時刻[時期]の早い, 早咲きの, 早なりの; 迅速な. ► *adv* 朝早く, 季節[期間]の初めに; 速やかに. ♦ **～·ly** *adv* **～·ness** *n* ［OE *hræthe* (adv) quickly, early］
Ra·the·nau /rǽθənàʊ; *G* ráːtənau/ ラーテナウ **Walther** ～ (1867–1922)《ドイツの実業家・政治家; 第一次大戦ではドイツ経済を戦時体制に組織, 戦後は外相として賠償の履行による Versailles 条約の改訂を提唱; 極右派に暗殺された》.
rath·er /rǽðər, ráː-; ráː-/ *adv* **1** むしろ, どちらかと言えば; それよりは…したほうがよい, …すべきである: He's a writer ～ *than* a scholar. / ～ cold *than* not [otherwise] どちらかと言えば寒いほうで / It would be better to start right now ～ *than* (*to*) wait [*than* wait*ing*]. 待っているよりもむしろ今すぐ始めるほうがよいだろう / I would stay at home ～ *than* go out. 出かけるよりむしろ家にいたい / I would do anything ～ *than* lose him. 彼を失うくらいなら何でもする / I should ～ think so. そうですとも. **2** いくぶん, やや, 少し; 相当に, かなり: It's ～ warm today. / ～ an easy book＝a ～ easy book. **3** それどころか, 逆に: It wasn't a help, ～ a hindrance. 手助けどころか, じゃまだった. **4** ‖《方》さらに早く, 以前に. ● **or ～** いやむしろ, もっと正確に言えば: late last night, *or* ～ early this morning 昨夜おそく—というよりは今朝早く. **～ too…** 少し…すぎる. **the ～** 《古》もっと早く[急いで]. **the ～ that [because]**…だからなおさら. **would ～** (1) むしろ…したほうがよいと思う (＝**had ～**)《★ 後者は今ではあまり用いられない》: I *would* ～ never have been born *than* have seen this day of shame. こんな恥をかくのならいっそ生まれなければよかった / I'*d* ～ he went [go*] home now. 彼にはもう帰ってもらったほうがいい / I'*d* ～ (＝I wish) you hadn't done that. そんなことはしてもらいたくなかった. (2) [like, enjoy, appreciate などを伴って] とても…したい: I'*d* ～ *like* a cup of coffee. コーヒーが飲みたい.
► *int* /ræ̀ðə́ːr, rɑ̀ː-; rɑ̀ː-/ ‖《口》[反語的に強い肯定の答え] そうだとも, 確かに (certainly): Do you like this?—*R～!* これはお好きですか—好きどころか(大好きです).
［OE *hrathor* (compar) ＜ RATHE］
ráthe·rìpe *a, n* 《主に方》RARERIPE.
ráther·ish *adv**《口》SOMEWHAT.
Ráth·ke's pouch /ráːtkəz-/ 〖発生〗ラートケ囊《脊椎動物の胚で, 口腔背壁の外胚葉から間脳下面に生じる陥入; のちに脳下垂体となる》. ［Martin H. *Rathke* (1793–1860) ドイツの解剖学者］
rát·hòle *n* ネズミの通る穴; ネズミの巣; 《狭くて》きたならしい[むさくるしい]所, 'ごみため'; *《口》[*fig*] 金・資源などがむだにつかわれる所, 'どぶ': pour [put, throw] money down a ～ 金をむだなことにつぎ込む[どぶに捨てる]. ► *vt**《俗》《こっそり》たくわえる, ため込む.
raths·kel·ler /ráːtskèlər/ *n* 《ドイツで》市庁舎地下食堂 (＝*Ratskeller*)《レストラン・ビヤホールとして用いる》; *《ドイツ風の》地下レストラン[ビヤホール]. ［G (RATHAUS, *Keller* cellar)］
rat·icide /rǽtəsàɪd/ *n* ネズミ捕り, 殺鼠剤.
rat·i·fi·ca·tion /ræ̀təfəkéɪʃ(ə)n/ *n* 承認, 批准; 〖法〗追認.
rat·i·fy /rǽtəfàɪ/ *vt* 承認する, 批准する, 追認する. ♦ **rát·i·fì·er** *n* 承認者, 批准者, 追認者. **-fì·able** *a* ［OF＜L; ⇨ RATE[1]］
ra·ti·né /rætənéɪ/, **ra·tine** /rætənéɪ, rætíːn/ *n* ラチネヤーン《太い糸と細い糸で作る節の多い撚(よ)り糸》; ラチネ《ラチネヤーンで織った粗い織物》. ［F］
rat·ing[1] /réɪtɪŋ/ *n* **1 a** 級別, 等級, 格(付け), ランク(付け), 評定, 評価(額[得点]), 評点; 《個人・会社などの》信用度; 《放送番組の》視聴率, 人気度, 《CD の》売れ行き: efficiency ～ 勤務評定 / the prime minister's approval ～ 首相の支持率 / a ～ of 80% in English 英語の評点 80 点. **b** ‖地方税科率, 地方税賦課(額). **2 a** 《船舶・乗組員などの》等級 (class), 級別; 《自動車・機械などの》格付け; 《トン数による》競走用ヨットの等級; 〖米軍〗専門技能の級別, 職種別等級; 〖電〗定格(出力). **b** [*pl*] ある等級の全員; 〖英海軍〗水兵. **c** 〖映〗レーティング《児童・未成年者の映画視聴のためのめやす; 米国では MPAA が決定した G, PG, PG-13, R, NC-17 など; 英国では BBFC が決定した U, PG, 12, 15, 18 など》. ［*rate*[1]］
rating[2] *n* しかりつけること, 叱責: give him a sound ～ どなりつける. ［*rate*[2]］
ráting bàdge 〖米海軍〗職種別等級章《下士官が左腕に着ける袖章; ワシの図と職種標式および 1–3 本の山形章が示されている》.
ra·tio /réɪʃoʊ, -ʃiòʊ/ *n* (*pl* **～s**) 比, 比率, 割合; 〖経〗《複本位制下の》金銀比価: simple [compound] ～ 単[複]比 / in direct ～ 正比例して / in the ～ of 3: 2 [three to two] 3 対 2 の割合で / The ～ of X to Y is 3 to 2. X と Y の比率は 3: 2 である. ► *vt* …の比率をみる, 比[割合]で示す; 〈写真を〉特定の比で拡大[縮小]する. ［L (*ratreor* to reckon)］
ra·ti·o·ci·nate /ræ̀tióʊs(ə)nèɪt, ræ̀ʃi-, -ás-/ *vi* 論理をたどって思考する, 推理[推論]する. ♦ **ràti·ó·ci·nà·tive** *a* 推論的な; 理屈っぽい. **-nà·tor** *n* **rà·ti·ò·ci·ná·tion** *n* ［L (↑)］
ra·tion /rǽʃ(ə)n, *réɪ-/ *n* 《一定の》支給, 分け前, 分配 〈*of*〉; 《食料・衣料などの》配給; [*pl*] 食料, 糧食; [‖*pl*] 〖軍〗一日分の糧食[糧秣], (携帯)口糧: IRON RATION / on short ～*s* 乏しい配給[糧食]をうけて / be put on ～*s* 配給(制)にされる. ● **be given out with the ～s** 《俗》〈勲章などが〉手柄[功績]にかかわりなく一律に与えられる. ► *vt* **1** (配給[供給制限]制にして)〈人〉に支給[分配]する; 〈軍隊など〉に食糧[糧秣]を支給する: We were ～*ed to* four liters of water a day. 1 日に水 4 リットルが配給された. **2** 〈物資を〉配給(制)にする; 〈食料・衣料などを〉配給する 〈*out*〉; 割り当てる, 制限する; 〈物・用語などを〉控えめに用いる. ［F＜It or Sp＜L RATIO; ⇨ REASON］
ra·tio·nal /rǽʃnəl, rǽʃənl/ *a* **1 a** 理性の(ある), 道理をわきまえた; 理にかなった, 合理的な, 筋道の立った, まともな (sensible): Man is a ～ being. 人間は理性のある動物だ / a ～ decision 理にかなった決定 / ～ doubt 〖法〗合理的疑い. **b** 推理の; 理性[合理]主義の; 〖数〗有理の (opp. *irrational*); 〖数〗〈写像が〉有理的な: the ～ faculty 推理力 / He has ～ leanings in religion. 宗教を合理的に解釈する傾向がある《黙示や奇跡に疑いをいだく》/ a ～ expression 有理式. **2** 〖古典詩学〗mora で数えられる. ► *n* **1** 合理的なもの; 道理をわきまえたもの, 人間; RATIONALE. **2** 〖数〗有理数 (rational number). ♦ **～·ly** *adv* 理性的に, 合理的に, 道理をわきまえて. **～·ness** *n* ［L; ⇨ RATIO］
rátional dréss 合理服《特に以前女性が自転車に乗る時に(ロング)スカートに替えて着用したニッカーボッカー》.
ra·tio·nale /ræ̀ʃənǽl; -náːl/ *n* 原理的説明, 理論的解釈 〈*of*〉; (根本的)理由, 原理, 根拠 〈*of, for*〉. ［NL (neut) ＜ RATIONAL］
rátional expectátions *pl* 〖経〗合理的期待(形成)《企業などの経済主体は経済および経済政策に関するあらゆる情報を利用して将来の経済動向を合理的に予測するという仮説》.
rátional fúnction 〖数〗有理関数.
rátional horízon 〖空〗地心地平.
rátional·ìsm *n* 理性主義, 合理主義; 〖哲〗合理論, 合理主義; 〖神学〗合理論, 唯理主義; 〖建〗機能主義 (functionalism). ♦ **-ist** *n, a* **rà·tio·nal·ís·tic** *a* **-ti·cal·ly** *adv*
ra·tio·nal·i·ty /ræ̀ʃənǽləti/ *n* 合理性; 道理にかなうこと; [*pl*] 合理的行動[見解].
rátional·ìze *vt* **1** 合理的にする, 合理化する: **a** 合理的に解釈する[説明する, 取り扱う]. **b** 〖心〗〈行為・態度などを〉合理化する《真因に(無意識的に)触れずにもっともらしい理由をつけて説明する》. **c** …(の経営)を合理化する. **2** 〖数〗有理化する. ► *vi* 合理的に考える[行動する]; 合理化を行なう; 〖心〗合理化する. ♦ **-ìz·er** *n* **ràtional·izátion** *n* **rá·tio·nal·ìz·able** *a*
rátional númber 〖数〗有理数.
rátion bòok 配給手帳.
rátion càrd 配給カード.
rátion·ing *n* 配給制.
rátio scàle 〖統〗比例尺度《絶対的な原点があり差だけでなく比も有意な尺度; 長さなど; cf. NOMINAL [ORDINAL, INTERVAL] SCALE》.
Rat·is·bon /rǽtəzbɑ̀n, -əs-/ ラティスボン《REGENSBURG の英語名》.

rat·ite /rǽtàɪt/ 〘鳥〙 *a* 《胸骨に》胸峰のない; 平胸[走鳥]類の. ► *n* 胸骨の平らな鳥, 平胸類の鳥《真鳥類のダチョウなど無飛力の鳥; cf. CARINATE》. [L *ratis* raft]

rát kangaròo 〘動〙ネズミカンガルー (=*kangaroo rat*)《豪州乾燥地の小型のカンガルー》.

rat·line, -lin /rǽtlən/ *n* [^{u}pl] 〘海〙ラットライン《横静索 (shroud) に取り付けた, 綱ばしごの足場用の綱[段索]》; ラットラインスタフ (=~ **stùff**)《ラットラインに使うタールを塗ったロープ》. [ME<?]

rát mìte 〘動〙イエダニ《ネズミ・ヒトを吸血》.

RATO, ra·to /réɪtoʊ/ *n* 〘空〙ロケット補助離陸, ラトー. [*r*ock-et-*a*ssisted *t*ake*o*ff]

ra·toon /rætú:n/ *n* 《綿の木・砂糖キビなどの》刈り株から生じる新芽, 刈り株苗; 《バナナなどの》刈り株苗からの作物. ► *vi* 刈り株から新芽を出す. ► *vt* 〈作物を〉刈り株苗で栽培する. [Sp=sprout]

ráto ùnit 〘空〙ラトーユニット《離陸補助ロケットエンジン》.

rát pàck «口» チンピラ集団, 不良仲間; «口»《有名人を追い回す》芸能記者[パパラッチ]集団; [the R- P-] シナトラ一家《1960 年代にステージ・映画で共演した Frank Sinatra, Dean Martin, Sammy Davis, Jr. などの芸能人グループ》.

rát pòison 殺鼠剤, ねこいらず.

rát ràce [^{o}the] «口» 激しい生存[勝ち残り]競争, 過当競争.

rát-ràc·er *n* «口» RAT RACE をする人.

rát rùn‖《渋滞を避ける》抜け道.

rats /rǽts/ *int* ⇨ RAT[1]. ► *a* «豪俗» 頭の変な, 狂った.

rát's àss [a ~; ^{u}neg] «俗» ほんのわずか(も), ちっとばかし(も): worth *a* ~. ● **not give a ~** «俗» 関心がない, 眼中にない.

rát's àsshole *«卑» 卑劣漢, どぎたねえやつ.

ráts·bàne *n* «文» ねこいらず《特に 亜ヒ酸》.

Rats·kel·ler /*G* rá:tskɛlər/ *n* RATHSKELLER.

rát snàke 〘動〙ネズミヘビ《ネズミや鳥を捕食するナミヘビ科の無毒(大型)のヘビ; アメリカネズミヘビなどナメラ属のヘビ (chicken snake) やアジア産のナンダ属など》.

rát's nèst 混乱状態, てんやわんや (mare's nest).

rát's-tàil *n* ネズミの尾に似たもの《rattail file など》; [*pl*]‖«口» べたっと垂れた[むさくるしい]長髪 (: in ~s).

rát·tàil *n* ネズミの尾に似たもの; 〘魚〙ソコダラ (grenadier), ギンザメ (rabbit fish); 〘馬〙毛の(ほとんど)ない尾(をもつ馬); RATTAIL FILE. ► *a* ネズミの尾のような, 細長くて先が細くなった.

ráttail càctus 〘植〙キンヒモ (金紐) サボテン.

rát-tàiled *a* 長い先細りの尾を有する.

rát-tàiled màggot [làrva] 〘昆〙オナガウジ《汚水中にすみ, 腹端に細長い呼吸管をもつ双翅目ハナアブ亜科の幼虫の総称》.

ráttail fíle 細長い丸やすり.

ráttail spóon ラットテールスプーン《ボウルと柄のつなぎ目を補強するために薄く細くなった柄がボウルの背まで続いているスプーン》.

rat·tan, ra·tan /rætǽn; rə-/ *n* 〘植〙トウ, 籐(とう)《ヤシ科トウ属, キリンケツ属などのつる性ヤシの総称; 茎を家具・ステッキなどの材料とする》; トウ材; 籐のステッキ; 籐のむち. ► *vt* …に籐のステッキをあてがう; 籐のむちで打つ; «まれ» 籐細工で作る[を施す]. [Malay]

rat-tat /rǽ(t)tǽt/, **rat-tat-tat** /rǽtətǽt/, **rat·tat·too** /rǽtətú:/ *n* RAT-A-TAT. [imit]

rát·ted *a*‖«口» 酔っぱらった, ぐでんぐでんの.

rat·teen /rætí:n/ *n* «古» 粗い各種の毛織物. [F]

rat·ten /rǽt(ə)n/ *vt*‖«口»《争議の際 機械・器具などを隠したりこわしたりして》〈雇主・従業員〉にいやがらせをする, 〈工場・機械〉に損害を加える. ♦ **~·er** *n* **~·ing** *n*

rát·ter *n* ネズミ捕り (ratcatcher)《人・犬・猫》; «俗» 裏切り者, 密告者.

rát tèrrier ネズミ捕りをするテリア《マンチェスターテリアなど》.

Rat·ti·gan /rǽtɪgən/ ラティガン Sir **Terence (Mervyn)** ~ (1911–77)《英国の劇作家》.

rát·tish *a* ネズミのような; ネズミがはびこった.

rat·tle[1] /rǽtl/ *vi* **1 a** ガラガラ鳴る, ガタガタ音をたてる: ~ *on* the roof 〈雹(ひょう)などが〉屋根にパラパラ打ち当たる / ~ *at* the door 戸をガタガタいわせる. **b** 〈臨終の人が〉のどをゴロゴロいわせる, ゼイゼイいう. **c** ガタガタ走る, 勢いよく走る 〈*along, down, over, past*〉. **2** ベラベラ[ペチャクチャ]しゃべる 〈*on, away*〉. ► *vt* **1** ガタガタいわせる[動かす, 振動させる]; 〈地震が〉襲う: The wind ~*d* the windows. / ~ up the anchor 錨をガラガラ揚げる. **2** すらすら[ベラベラ]と言う[唱える] 〈*off*〉; 手早く[さっさと]やってのける 〈*off*〉; 手早く動かす, 〈法案を〉手早く[ばたばたと]通過させる 〈*through*〉. **3** 揺り起こす 〈*up*〉; «口»《精神的に》揺さぶる, 動揺させる, 平静さ[自信]を失わせる: get ~*d* 動揺する, あわてる. **4** 〈隠れ場所を〉たたいて獲物を追い出す. **5** «古» ののしる. ● **~ around [about] (in…)** (…の中で)ガタガタ音をたてる; 〈古い車〉を乗りまわす; 〈広すぎる家・手に負えない職場・地位〉をもてあます. **~ away (at [on]…)** (〈タイプライター・織機など〉を)パチパチ[カタカタ]いわせて精力的に仕事をする. **~ out**‖〈音・ことばなどを〉次々と繰り出す. **~ through**…を手早く[さっさと]やってのける[片付ける]; すらすら言う. **~ up**‖«口» 〈得点を〉あっさりあげる. ► *n* **1 a** ガラガラ, ガタガタ; 《特に 死に際の》のど鳴り (=death ~). **b** わいわい騒ぎ, ペチャクチャ; 大騒ぎ. **2** がらがら《赤ん坊のおもちゃ》; ラトル《サッカー観戦者などが振ってカタカタ音をたてる道具》; «古» おしゃべりな人; 〘動〙《特に ガラガラヘビの尾の》ガラガラ音を出す器官; 熟したさやの中で鳴る実をつける植物. **3** *«俗» 待遇, 扱い. [?MDu and LG *ratelen* (imit); cf. OE *hratian* to rush]

rattle[2] *vt* 〘海〙…にラットライン (ratline) を付ける 〈*down*〉. [変形< *ratline*]

Rattle ラトル Sir **Simon (Denis)** ~ (1955–)《英国の指揮者》.

ráttle·bàg *n* がらがら袋《おもちゃ》; [~s, 〈*sg/pl*〉] 〘植〙シラタマソウ (bladder campion).

ráttle·bònes *n* [^{u}〈*sg*〉] *«俗» やせっぽち, 骸骨, 骨皮筋右衛門《あだ名》.

ráttle·bòx *n* がらがら箱《おもちゃ》; 〘植〙タヌキマメ; 〘植〙シラタマソウ (bladder campion).

ráttle·bràin, -hèad, -pàte *n* からっぽ頭, 脳タリン, 脳天気なやつ, 軽薄なやつ. ♦ **ráttle·bràined, -hèad·ed, -pàted** *a*

rát·tled «口» *a* 動揺した, あせった; 酔っぱらった.

rát·tler *n* ガラガラ音をたてるもの[人]; おしゃべり; *RATTLESNAKE; «口» 逸品, 《特に》優秀な馬; «口» 殴打, 激しいあらし; *«口» 貨物列車.

ráttle·snàke *n* 〘動〙ガラガラヘビ (=*rattler*)《猛毒; 南北アメリカ産》; 裏切り者, 信用できないやつ.

ráttlesnake màster 〘植〙ガラガラヘビの毒消しに効くとされた北米産の数種の植物《**1**) セリ科ヒゴタイサイコ属の草本 **2**) キク科ユリアザミ属の多年草》.

ráttlesnake plàntain 〘植〙シュスラン (繻子蘭).

ráttlesnake ròot ガラガラヘビが嫌う[ガラガラヘビの毒を消す]と信じられていた薬草《キク科のフクオウソウ(の根), セネガ (senega root) など》.

ráttlesnake wèed 〘植〙**a** 赤紫の葉脈のあるミヤマコウゾリナ属のタンポポ《北米東部産》. **b** BUTTON SNAKEROOT. **c** ニンジン属の雑草《北米南・西部産》. **d** RATTLESNAKE PLANTAIN.

ráttle·tràp *n* «口» おんぼろ自動車[馬車], ぽんこつ; [^{u}pl] «口» がらくた; «俗» おしゃべりな人; «俗» 口. ► *a* «口» がたつく, おんぼろの (rickety).

ráttle·wèed *n* 〘植〙ロコ草 (locoweed).

rát·tling[1] *a* ガラガラ[ガタガタ]鳴る; 活発な, きびきびした; 面倒な, 厄介な; すばらしい. ► *adv* «口» 非常に, めっぽう, とても: a ~ good tale. ♦ **~·ly** *adv* [*rattle*[1]]

rat·tling[2] /rǽtlən/ *n* 〘海〙RATLINE.

rát·tly *a* ガラガラ[ガタガタ]音をたてる.

rat·ton[1] /rǽtn/ *n*‖«方» ネズミ (rat).

rat·ton[2] /rǽtn/, **rat·toon** /rætú:n/ *n, v* RATOON.

rát·tràp *n* ネズミ捕り; 絶望的状況, 難局; *«口» うすぎたない荒れた建物, あばらや; 《自転車の》表面がぎざぎざのペダル; «俗» 口 (mouth).

rát tràp chèese チェダーチーズ (cheddar).

rát·ty *a* **1 a** ネズミ (rat) のような, ネズミ特有の; ネズミの多い[はびこった]. **b** «口» みすぼらしい, ぼろぼろの, こぎたない; «俗» 卑劣な. **2**‖«口» いらいら[むしゃくしゃ]した, おこりっぽい; «豪俗» おこった, 気の変な: get ~ 腹を立てる 〈*with*〉. ♦ **rát·ti·ly** *adv* **-ti·ness** *n*

rau·cous /rɔ́:kəs/ *a* しわがれ声の, 耳ざわりな; 雑然とした, 騒がしい. ♦ **~·ly** *adv* **~·ness** *n* [L]

raughty ⇨ RORTY.

raunch /rɔ́:ntʃ, *rá:ntʃ/ «口» *n* 下品, 猥褻, 卑猥, エロ; みすぼらしさ, うすぎたなさ. ► *vt* …と[に]いやらしいことをする, セックスする. ● **~ out** 〈人を〉気持悪くさせる, むかつかせる. [逆成<↓]

raun·chy, raun·chie /rɔ́:ntʃi, *rá:n-/ «口» *a* だらしない, みすぼらしい, うすぎたない, (きたなくて)くさい; わいせつな, いやらしい, 卑猥な, 煽情的な; 酔っぱらった; 気持が悪い, 具合が悪い. ♦ **ráun·chi·ly** *adv* **-chi·ness** *n* [C20<?]

rau·po /ráʊpoʊ/ *n* (*pl* **~s**) 〘植〙ヒメガマ《ニュージーランドで屋根ふきに用いる》. [Maori]

Rau·schen·berg /ráʊʃənbə̀:rg/ ラウシェンバーグ **Robert** ~ (1925–2008)《米国の画家; 絵画と物体を組み合わせたコンバインペインティング (combine painting) の創始者》.

rau·wol·fia /raʊwʊ́lfiə, rɔ:-/ *n* 〘植〙インドジャボク《キョウチクトウ科》; 印度蛇木の乾燥根(エキス)《血圧降下剤・鎮静剤》. [Leonhard *Rauwolf* (1535–96) ドイツの植物学者]

rav /rá:v; rǽv/ *n* 〘ユダヤ教〙ラブ《**1**) ある人が指導者と仰ぐ rabbi **2**) ユダヤ正教の祭司がみずからを呼ばせる称号》.

rav·age /rǽvɪdʒ/ *n* 破壊; 破壊の猛威; [*pl*] 荒廃, 惨害, 損害: ~*s of* fire [war]. ► *vt, vi* 荒らす, 略奪する; 破壊する, 荒廃させる, そこなう. ♦ **ráv·ag·er** *n* **~·ment** *n* [F (*ravine* rush of water)]

-rávaged *a comb form* …で荒廃した, 破壊された, 損害をうけた: war-*ravaged*, quake-*ravaged*.

rave[1] /réɪv/ *vi, vt* **1** 《狂人のように》夢中でしゃべる, うわごとを言う; わめく 〈*against, about, at, of*〉; 夢中になって語る, 熱心に説く, ほめちぎる 〈*about, for, of, over*〉; «口» パーッと楽しくやる, どんちゃん騒ぎをする: ~ *against* [*at*] the Government 政府を激しく非難する / ~ *oneself* hoarse わめいて声をからす / ~ with fury 激怒する. **2** 〈風・水などが〉荒れ狂う: ~ *itself* out 〈あらしなどが〉荒れ狂ったあとやむ. ● **~ it up** *«口» お祭り騒ぎをやる. ► *n* **1** わめくこと, 荒れ狂うこと

[音]; [ᴵᴵ]《俗》流行; 《口》(にぎやかな)パーティー, どんちゃん[らんちき]騒ぎ(＝*rave-up*); レイブ《倉庫・体育館, 野外などでテクノミュージックに合わせて踊り明かす大規模なダンスパーティー》; 《主にテクノ系の》レイブミュージック; 《俗》手のつけられない若者: What's the ～? いったい何事だ, どうしたの《単なる挨拶としても用いる》. **2 a** [⁰‹*a*›] 《口》絶賛, 激賞, べたほめ: receive ～ reviews 絶賛を浴びる. **b** 夢中; 大人気の人[もの]; 《俗》恋人: be *in a* ～ *about* sb 《俗》人の熱烈なファンである. ♦ **rá·vey** *a* [?OF *raver* (dial); cf. MLG *reven* to be senseless, rave]

rave[2] *n* [ᵘ*pl*] 《荷車・そりなどの》横囲い, 補助囲い. [*rathe* (dial)＜?]

rav·el /rǽv(ə)l/ *v* (-l- | -ll-) *vt* **1** ‹ねじってあるものを›ほぐす; 解きほぐす, 解明する ‹*out*›. **2** もつれさせる; ‹問題などを›混乱[紛糾]させる: the ～*ed* skein of life 複雑きわまる人生. ► *vi* 解ける, ほぐれる ‹*out*›; ‹困難が›解消する ‹*out*›; ‹道路の表面が›砕ける; 《古》もつれる, 混乱する. ► *n* 《縄・織物などの》解け[ほぐれ]端; 《毛糸などの》もつれ ‹*of* wool›; 混乱, 錯雑 (complication). ♦ **～·(l)er** *n* [? Du *ravelen* to tangle, fray out＜LG *rebbeln* to ripple flax]

Ra·vel /rəvél, ræ-; *F* ravɛl/ ラヴェル **(Joseph-)Maurice** ～ (1875–1937)《フランスの作曲家》. ♦ **Ravel·ian** /rəvéljən, ræ-, -liən/ *a*

rave·lin /rǽvlən/ *n* 半月堡《濠に囲まれた V 字型の外堡》. [F＜It＜?]

ráv·el·(l)ing *n* 解く[ほどく]こと; 解ける[ほどける]こと; ほぐれ[ほつれ]糸.

rável·ment *n* もつれ, 混乱, 紛糾.

ra·ven[1] /réɪv(ə)n/ *n* **1** 〔鳥〕**a** ワタリガラス《不吉の兆とされる》. **b** 《一般に》カラス属の各種《ミヤマガラス・コクマルガラス・ハシブトガラスなど》. **2** [the R-] 〔天〕からす座 (Corvus). ► *a* まっ黒でつやのある, 濡れ羽色の: ～ locks 漆黒の髪. [OE *hræfn*; cf. G *Rabe*]

rav·en[2] /rǽv(ə)n/ *vi* 略奪する; 荒らしまわる ‹*about*›, 餌をあさり歩く ‹*for, after*›; むさぼりくらう. ► *vt* がつがつ食う; えじきとして捕える, 略奪する. ► *n* RAVIN. ♦ **～·er** *n* [OF *raviner* to ravage＜L RAPINE]

ráven-háired /réɪv(ə)n-/ *a* 漆黒の髪の.

rav·en·ing /rǽv(ə)nɪŋ/ *a* がつがつした, ひどく飢えた; 強暴な, 荒れ狂う. ► *n* RAVIN. ♦ **～·ly** *adv*

Ra·ven·na /rəvénə/ ラヴェンナ《イタリア北部 Emilia-Romagna 州の古都; 5 世紀 西ローマ帝国の首都, また東ゴート・ビザンティン時代 (6–8 世紀) のイタリアの首都》.

rav·en·ous /rǽv(ə)nəs/ *a* 飢餓状態の, 飢えた, 腹ぺこで; むやみに欲しがる, 食欲[強欲]な ‹*for* food›; すさまじい‹食欲・飢餓など›. ♦ **～·ly** *adv* がつがつ(と) **～·ness** *n*

rav·er /réɪvər/ *n* RAVE[1] する人; 《口》遊び人, 放蕩児; 《口》レイブパーティー (rave) に参加する若者; [ᴵᴵ]《口》熱狂的な人, 熱烈なファン.

ra·vers /réɪvərz/ *a* [ᴵᴵ]《俗》怒り[荒れ]狂って, 狂乱状態で: go ～ 怒り狂う.

ráve-ùp *n* 《口》(にぎやかな)パーティー, レイブミュージック (RAVE[1]); *《俗》どんちゃん騒ぎ.

Ra·vi /rá:vi/ [the] ラヴィ川《インド北部から南西に流れ, パキスタンにはいって Chenab 川に合流する; 一部で両国の国境をなす; 古代名 Hydraotes》.

ra·vi·gote /*F* ravigɔt/ *n* 〔料理〕ラヴィゴットソース, ソース・ラヴィゴット《(1) ヴィネグレットソース (vinaigrette sauce) にみじん切りのタマネギ・ケーパー・パセリ・アサツキなどを加えた冷たいソース (2) 酢・白ワインを煮立てた中にヴルーテ (velouté) を加え, みじん切りのエシャロット・タラゴン・パセリなどで香味をつけた温かい白いソース》. [F (*ravigoter* to refresh)]

rav·in /rǽvən/ 《文》*n* 強奪, 略奪; 捕食; 略奪物, えじき: a beast [bird] of ～ 猛獣[猛禽]. ► *vi, vt* RAVEN[2]. [ME, L RAPINE]

ra·vine /rəví:n/ *n* 峡谷, 山峡 (gorge), 小谷. ♦ **～d**[1] *a* [F＝violent rush (of water) (↑)]

rav·ined[2] /rǽvənd/ *a* 《廃》RAVENOUS.

rav·ing /réɪvɪŋ/ *a* 荒れ狂う; 狂乱の; 支離滅裂な[わけのわからない]ことを言う; 《口》非常な, すばらしい: a ～ lunatic / a ～ beauty とびきりの美人 / a ～ success 大成功. ► *adv* 《口》すさまじく: be (stark) ～ mad (完全に)気が狂っている; 激怒している. ► *n* [ᵘ*pl*] たわごと, 大ぼら; 狂乱のことば, 怒号. ♦ **～·ly** *adv*

rav·i·o·li /rævióuli/ *n* (*pl* ～, ～**s** /-liz/) ラヴィオリ《小さな袋状のパスタに肉やチーズをはさんだもの; 通例 トマトソースをかけて食べる》. [It]

rav·ish /rǽvɪʃ/ *vt* [⁰*pass*] …の心を奪う, うっとりさせる, 狂喜させる ‹*by, with*›; 強奪する, ぶんどる; 強姦する, 陵辱する; 《古》…から掠奪する; 《古》《この世から》連れ去る, 《視界から》隠し去る. ♦ **～·er** *n* **～·ment** *n* [OF＜L RAPE[1]]

rávish·ing *a* 心を奪われるほどの, 魅惑的な, うっとりさせる. ♦ **～·ly** *adv*

raw /rɔ́:/ *a* **1 a** 生(なま)の (opp. *cooked*); 生煮えの, 生焼けの; 自然のままの, 未加工の, 未処理の, 精製[仕上げ]してない; ‹布地が›織り端のない; ‹蒸留酒が›薄めてない, ブレンドしてない, 生(き)の; ‹蒸留酒が›熟成していない, きつい; ‹材料・物質が›未処理の, なまの: ～ rubber 生ゴム / RAW MILK / ～ whiskey. **b** できたての; 《できたてで》しっくりしない: ～ paint 塗りたてのペンキ. **2** 経験のない[浅い], 未熟な, 不慣れな ‹*to*›; 未開の; 洗練されていない: a ～ recruit 新兵. **3 a** 皮のむけた[擦れた], 赤むけの, 生身(なま)の出た; 赤くはれた, はれて痛い; ヒリヒリ[チクチク]する. **b** むきだしの, 露骨な; 抑制[際限]のない; 《口》裸の; 無防備の, 傷つきやすい; *《口》下品な, 野卑な, きわどい. **4** 《不快なほど》寒い, 冷たい, 寒々[冷えびえ]とした, 冷湿の. **5** 《口》ひどい (harsh), 不当な, 不公平な: RAW DEAL. ● **～ head and bloody bones** 《おとぎ話の》こわいもの; 頭蓋骨と大腿骨 2 本を十字に交差した組合わせ《死の象徴》; [‹*a*›] とてもおっかない. ► *n* **1** [the] 皮のすりむけた所, 赤膚, すり傷, 痛い所. **2** [the] 生(き)のもの, 《特に》生(き)のままの強い酒; 生(なま)のもの, [*pl*] 粗糖, 生ガキ《など》. ● **in the ～** 《手を加えたり隠したりせず》ありのままの, 自然のままの[で]; 《口》裸の[で]: life *in the* ～ ありのままの生活. **touch [catch] sb on the ～** 人の痛い所[弱点]に触れる, 人の感情を害する. ♦ **～·ly** *adv* **～·ness** *n* [OE *hrēaw*; cf. G *roh*]

Ra·wal·pin·di /rɑ̀:wəlpíndi, raul-, rɔ:l-/ ラーワルピンディー《パキスタン北東部の市; Islamabad 建設中の臨時首都 (1959–67)》.

ra·wa·ru /rá:wɑ:rù:/ *n* 《NZ》BLUE COD. [Maori]

ráw bàr* 《レストランなどの》生ガキを出すカウンター.

ráw·bòned *a* 骨ばった, 骨がごつごつした: a big, ～, powerful man.

ráw déal 《口》不当な扱い, ひどい仕打ち: have [get] a ～ ひどい扱いをうける / give sb a ～ 人に不当な扱いをする.

ráw·hèel *n** 《俗》新参者 (tenderfoot).

ráw·hìde *n* 《牛の》生皮, 原皮; 生皮のむち[綱]. ► *a* 生皮(製)の. ► *vt* 生皮のむちで打つ[駆る]; 激しく非難する; ‹原鉱を›生皮袋で運ぶ.

ráwhide hàmmer 《組立て工 (fitter) が使う》ローハイドハンマー《ヘッドが管状で, その中にきっちり巻いた生皮がはいっていて管の両端から飛び出している》.

ra·win /réɪwɪn/ *n* 〔気〕レーウィン《レーダーを積んだ気球による上層風の観測》. [*radar*＋*wind*]

ra·win·sonde /réɪwənsɑ̀nd/ *n* 〔理〕レーウィンゾンデ《上層風観測用のラジオゾンデ》.

ráw·ish *a* 生(なま)っぽい, やや未熟な. ♦ **～·ness** *n*

Raw·lings /rɔ́:lɪŋz/ ローリングズ (1) **Jerry J(ohn)** ～ (1947–)《ガーナの軍人・政治家; 国家元首 (1979, 1981–93), 大統領 (1993–2001)》 (2) **Marjorie Kinnan** ～ (1896–1953)《米国の小説家; Florida の地方色豊かな作品を書いた; *The Yearling* (子鹿物語, 1938)》.

Raw·lin·son /rɔ́:ləns(ə)n/ ローリンソン Sir **Henry Cres·wicke** /krézɪk/ ～ (1810–95)《英国の陸軍将校・オリエント学者; イランの Behistun 岩壁の Darius 1 世の碑文の楔形文字の解読に成功》.

Rawl·plug /rɔ́:lplʌ̀g/ 〔商標〕ロールプラグ《英国製の, 細い円柱形をした繊維またはプラスチック製の詰め物 (plug); 石壁などに穴をあけてこれを挿入し, ねじや釘を支えるために用いる》.

Rawls /rɔ́:lz/ ロールズ (1921–2002)《米国の哲学者; *A Theory of Justice* (1971), *Political Liberalism* (1993)》.

ráw matérial 原料, 素材.

ráw mílk 生乳(せいにゅう)《殺菌処理をしていない牛乳》.

ráw práwn [the] 《豪俗》不正, だまし, ペテン. ● **come the ～ with [on, over]** sb 《豪俗》人をだましにかかる.

ráw scóre 〔心・教育〕素点.

ráw siénna 生(き)シエナ土《黄色顔料》; 黄褐色.

ráw sílk 生糸, ローシルク《繭から繰り糸したままでセリシンを除去していない絹糸》; スパンシルク《絹紡糸の織物》.

ráw úmber 生(き)アンバー《茶褐色の顔料》; 茶褐色.

rax /rǽks/ *vt, vi* 《スコ》伸びをする (stretch).

ray[1] /réɪ/ *n* **1 a** 光線; 光, 輝き; [*fig*] 《考え・希望の》光, 曙光, 一筋の光明; 視線; ほんの少し: a ～ of sunlight [sunshine] / a ～ of hope 一縷(いちる)の望み / a ～ of genius 天才のひらめき. **b** 〔理〕熱線, 放射線, …線; 〔理〕放射線の粒子: anode [cathode] ～*s* 陽極[陰極]線. **c** 〔数〕(放)射線; 〔数〕半直線; 〔数〕《円の》半径. **d** [*pl*] *《俗》日光 (sunshine). **2** 射出形の物[部分]; 〔植〕放射組織 (medullary ray), 維管束内放射組織 (vascular ray); 〔植〕繖形(さんけい)花序柄; RAY FLOWER; 〔魚〕FIN RAY; 〔動〕《ヒトデなど放射相称の動物の》腕; 〔天〕《月のクレーターから四方に伸びる》輝(線)条, レイ. ● **catch [bag, cop] some ～s*** 《俗》日光浴をする. ► *vi* 《光線状に》光る; 光線を出す; ‹考え・希望などが›ひらめく ‹*forth, off, out*›; 放射する. ► *vt* 放射する; 光線で照らす; 《放射線療法などで》照射する; …に放射状の線をつける. ♦ **～·lìke** *a* [OF＜L RADIUS]

ray[2] *n* 〔魚〕エイ. [OF *raie*＜L *raia*]

ray[3] ⇨ RE[1].

ray[4] *int* HURRAY.

Ray **1** レイ《男子名; Raymond, Raymund の愛称》. **2** レイ (1) **James Earl** ～ (1928–98)《Martin Luther King 牧師の暗殺犯; 獄中から無罪を訴えつづけた》 (2) **John** ～ (1627–1705)《イングランドの博物学者; 植物の分類を研究, 発展させた》 (3) **Man** ～ (1890–1976)《米国の写真家・画家・映画作家; 本名 Emmanuel Radnitzky; ダダ・シュールレアリスム運動に参加》. (4) **Nicholas** ～ (1911–79)《米国の映画監督; 本名 Raymond Nicholas Kienzle;

They Live by Night (夜の人々, 1948), *Rebel Without a Cause* (理由なき反抗, 1955)》 **3** レイ, ライ **Satyajit** ～ (1921–92)《インドの映画監督;『大地のうた』(1955)》.

ra·ya, -yah /rá:jə, ráɪə/ *n* 〖史〗《オスマン帝国の臣下のうち》キリスト教徒である農民. [Arab]

Ráy-Bàn 〖商標〗レイバン《サングラス; 99%の紫外線をカットする》. [sun*ray*＋*ban*]

ráy blìght 花腐れ病《キクの花・葉・茎を腐敗させる病気; 子嚢菌 *Ascockyta chrysanthemi* による》.

rayed /réɪd/ *a* 〖植〗舌状花を有する; [*compd*] 鰭条(きじょう)を有する: spiny-～ fishes. [*ray*[1]]

ráy-fìnned físh 〖魚〗条鰭(じょうき)亜綱の魚 (actinopterygian).

ráy flòwer [flòret] 〖植〗《キク科植物の》舌状花, 周辺花.

ráy fùngus 〖菌〗放線菌 (actinomycete).

ráy gràss 〖植〗ホソムギ (perennial ryegrass).

ráy gùn 〖SF〗光線銃.

Ray·leigh /réɪli/ レイリー **John William Strutt**, 3rd Baron ～ (1842–1919)《英国の物理学者; 音響学・弾性波の研究などに貢献; ノーベル物理学賞 (1904)》.

Ráyleigh dìsk 〖力〗レイリー円板《音響測定計》.

Ráyleigh scàttering 〖光〗レイリー散乱《光の波長がそれよりもはるかに短い長さの波長の粒子のために散乱すること》.

Ráyleigh wàve 〖力〗レイリー波《均質な半無限弾性体の媒質を伝わる表面波, 特に 地震によって地球表面を伝わる波》.

ráy·less *a* 光[光線]のない; まっ暗な; 〖植〗舌状花のない; 〖魚〗鰭条(きじょう)のない. ♦ **～·ness** *n*

ráyless góldenrod 〖植〗牛に震顫(しんせん) (trembles) を起こすキク科植物.

ráy·let *n* わずかな光線, 微光線.

Ray·mond, -mund /réɪmənd/ レイモンド《男子名; 愛称 Ray》. [OF＜Gmc＝counsel＋protection]

Ray·náud's disèase /reɪnóuz-/ 〖医〗レイノー病《寒冷などによりレイノー現象が出る血管障害》. [Maurice *Raynaud* (1834–81) フランスの医学者]

Raynáud's phenòmenon 〖医〗指虚血現象, レイノー現象《手の小動脈の収縮による一時的血液不足で指・手の一部が青白くなる現象》. [↑]

Raynáud's sỳndrome 〖医〗レイノー症候群《膠原(こうげん)病などの基礎疾患に伴ってレイノー現象が出てくるもの》.

ray·on /réɪàn/ *n* レーヨン《人造絹糸; 人絹の織物》: a ～ skirt レーヨンのスカート / ～ yarn レーヨンヤーン. [*ray*[1]; cot*ton* にならったもの]

Rays ⇨ RAIS.

ráy tràcing 〖電算〗レイトレーシング《コンピューターグラフィックスで, 画面上の点の発色を, その点を通って視点に到るすべての光線を追跡計算することにより決める技法》.

ra·za·kar /rɑ̀:zɑ:kɑ́:r/ *n* 《旧 East Pakistan でバングラデシュ独立運動を弾圧した》不正規軍部隊員. [Urdu]

raze /réɪz/ *vt* 〈町・建物を〉完全に破壊する, 倒壊しつくす 〈*to* the ground〉; 〈記憶などを〉消す, 取り去る; 《古》削る, ひっかく, 軽く傷つける. ♦ **ráz·er** *n* [OF＝to shave close＜L *ras- rado* to scrape]

ra·zee /reɪzí:/ *n* 《昔の》上部の甲板を切り取って舷を低くした艦[船]; 切り詰めた[小さくした]もの. ► *vt* 〈艦[船]を〉舷の低い艦[船]とする; 切り詰めて小さくする. [F＝cut-off]

rá·zon (bòmb) /réɪzàn(-)/ 《無線装置による》方向・航続距離可変爆弾. [*ra*nge＋*azon*]

ra·zoo[1] /rɑzú:, ⌐ ⌐/ *n* [*neg*] 《豪俗》《実際には存在しない》小額硬貨: have *not* a (brass) ～ 一銭も持っていない. [C20＜?]

ra·zoo[2] /rəzú:/ *n**《俗》あざけりを示す音 (raspberry). [?*ras*pberry＋-*o*; cf. RAZZ[1]]

ra·zor /réɪzər/ *n* **1** かみそり, ひげそり, 電気かみそり: shave with a ～ / cut BLOCKS with a ～. **2** 〖貝〗RAZOR CLAM. ► *vt* …にかみそりをあてる, そる; *《俗》〈盗品を〉山分けする. [OF *rasor* (RAZE)]

rázor·bàck *n* 〖動〗ナガスクジラ (rorqual); 《米国南部に多い背のとがった》半野生の豚 (＝～ **hóg**); 切り立った尾根, やせ[鎌]屋根; *《俗》《サーカスの》雑役夫 (roustabout). ► *a* RAZOR-BACKED.

rázor-bácked *a* とがった背[脊梁]を有する: a ～ horse.

rázor·bìll *n* 〖鳥〗**a** オオハシウミガラス (＝*murre*) (＝**rázor-bìlled áuk**)《大西洋北部沿岸産》. **b** ハサミアジサシ (skimmer).

rázor-bìlled cúrassow 〖鳥〗チャバラホウカンチョウ《南米産》.

rázor blàde 安全かみそりの刃; "《韻俗》黒人 (spade).

rázor clàm 〖貝〗マテガイ (＝*razor shell*).

rázor cùt レザーカット《かみそりを用いてする頭髪のカット》. ♦ **rá-zor-cùt** *vt*

rázor-èdge *n* 鋭い刃; 切り立った山の背[尾根]; 危険, きわどい境目: be on a ～ 危機に瀕している, 非常に不安定な状態である. ♦ **rázor-édged** *a*

rázor fìsh **1** 〖魚〗**a** ベラ科のあざやかな色の魚《ヒラベラ, テンスなど》. **b** ヘコアユ科の細長い魚《ヘコアユ, ヨロイウオなど; 尾を上に立て逆立ちして泳ぐ》. **2** 〖貝〗RAZOR CLAM.

rázor-grìnd·er "*n* 〖鳥〗ヨタカ (goatsucker).

rázor hàircut RAZOR CUT.

rázor jòb "《口》容赦ない攻撃.

rázor's èdge RAZOR-EDGE.

rázor-shárp *a* かみそりのように鋭い; 頭の切れる, 切れ味鋭い; 〈映像が〉くっきりした, 鮮明な.

rázor shèll RAZOR CLAM; PEN SHELL.

rázor slàsher かみそりで人に切りつける者, かみそり魔.

rázor stròp 皮砥(かわと)《かみそり研ぎ用》.

rázor-thín *a* 非常に薄い, ほんのわずかの, 紙一重の差の.

rázor wìre レーザーワイヤー《**1)** かみそりの刃状の四角い鉄片のついた囲い用鉄線 **2)** CONCERTINA WIRE》.

razz[1] /rǽz/*《口》 *n* あざけり[嘲弄]を表わす音 (raspberry): give [get] the ～. ► *vt, vi* からかう, あざける, やじる, いじめる.

razz[2] *n* "《口》RAZZLE.

razzamatazz ⇨ RAZZMATAZZ.

rázz·bèrry *n* 《俗》RASPBERRY.

raz·zia /rǽziə/ *n* 侵略, 略奪. [F＜Algerian Arab＝raid]

raz·zle /rǽz(ə)l/ *n* "《口》ばか騒ぎ (razzle-dazzle). ● **be [go] on the ～** ばか騒ぎをする.

rázzle-dázzle 《俗》 *n* **1** 混乱, めちゃくちゃ, はちゃめちゃ(な楽しさ); 攪乱策, 目くらまし戦術, 《巧みな》ごまかし; 《目がくらむような》はでばでしさ, にぎにぎしさ, お祭り騒ぎ, 派手な宣伝. **2** 波動式回転木馬. **3** 売春婦. ● **be [go] on the ～** ばか騒ぎをする. ► *a* はでばでしい, 目がくらむような. ► *vt* 攪乱する, 眩惑する. ♦ **-dázzler** *n* [加重＜*dazzle*]

razz·ma·tazz /rǽzmətǽz/, **raz·za·ma·tazz** /rǽzə-/ 《口》 *n* 《目がくらむような》はでばでしさ, お祭り騒ぎ (razzle-dazzle); 眩惑的な言辞, 巧みなごまかし (double-talk); 活気, 元気, にぎやかさ; 古めかしいもの, 懐旧的なもの, 古風なジャズ. ► *a* 元気がいい, RAH-RAH; 目をくらますような, はでばでしい. [?*razzle-dazzle*]

rb 〖アメフト〗°running back. **Rb** 〖化〗rubidium.

RB (Republic of) Botswana ♦ °Rifle Brigade ♦ 〖アメフト〗°running back. **RBC** °red blood cell. **RBE** °relative biological effectiveness.

RBI /ɑ́:rbì:áɪ, ríbi/ *n* (*pl* ～**s**, ～) 〖野〗打点. [*r*un(s) *b*atted *i*n]

RC 〖自転車〗racing club ♦ °Red Cross ♦ °reinforced concrete ♦ 〖電子工〗resistance-capacitance ♦ resistor-capacitor ♦ °Roman Catholic. **RCA** Radio Corporation of America ♦ 〖英〗°Royal College of Art ♦ °Central African Republic. **RCAF** Royal Canadian Air Force カナダ空軍. **RCC, RCCh** °Roman Catholic Church. **RCH** Republic of Chile.

RCM 〖英〗°Royal College of Music. **RCMP** °Royal Canadian Mounted Police. **RCN** Royal Canadian Navy カナダ海軍 ♦ 〖英〗Royal College of Nursing 王立看護協会.

r color /ɑ́:r ⌐⌐/ 〖音〗《母音の》r の音色《further /fə́:rðər/ の米音の /ə:r, ər/ など》.

r-colored /ɑ́:r⌐⌐/ *a* 〖音〗〈母音が〉r の音色をおびた.

RCP 〖英〗Royal College of Physicians 王立(内科)医師会 (cf. MRCP). **RCS** 〖英〗Royal College of Science ♦ 〖英〗Royal College of Surgeons 王立外科医師会 ♦ 〖英〗Royal Corps of Signals. **RCVS** 〖英〗Royal College of Veterinary Surgeons 王立獣医外科医師会.

-rd [数字 3 のあとに付けて序数を表わす]: 3*rd*, 23*rd*.

rd. road ♦ rod ♦ round ♦ 〖理〗rutherford. **Rd** Road. **RD** 〖米〗registered dietician 公認栄養士 ♦ 〖英〗Royal Naval Reserve Decoration ♦ °Rural Dean ♦ °rural delivery. **R/D, RD** 〖銀行〗REFER to drawer. **RDA** recommended daily allowance 推奨 1 日所要量 ♦ recommended dietary allowance 推奨栄養所要量 ♦ 〖英〗Regional Development Agency. **RDBMS** 〖電算〗relational database management system リレーショナルデータベース管理システム. **RDC** 〖英史〗Rural District Council.

RDF °radio direction finder [finding] ♦ 〖米軍〗Rapid Deployment Force 緊急展開部隊 ♦ refuse-derived fuel 廃棄物固形燃料. **RDI** recommended [reference] daily intake 推奨[基準] 1 日摂取量《RDA と同じ》.

r-dropping /ɑ́:r⌐⌐/ *a* 〖音〗母音のあとの r を発音しない《hard, bar を /hɑ́:d, bɑ́:/ と発音する類; 英音, 東・南部米音の特徴》.

RDS Radio Data System ♦ °respiratory distress syndrome.

RDX /ɑ́:rdì:éks/ *n* CYCLONITE. [*R*esearch *D*evelopment E*x*plosive]

re[1] /réɪ, rí:/, **ray** /réɪ/ *n* 〖楽〗レ《長音階の第 2 音》, ニ音 (⇨ SOL-FA). [ME *re*＜L *resonare*]

re[2] /réɪ, rí:/ *prep* 〖主に法・商〗…に関して; …(の件)について (concerning): *re* your letter of the 10th of April 4月 10 日付の貴簡に関して. [L (abl)＜*res* thing]

Re /réɪ, rí:/ 〖エジプト神話〗レー《太陽神 RA の別称》.

re- *pref* **1** /ri:, ri, rí:/《自由に動詞またはその派生語に添える》「再び, さらに, 新たに」「…しなおす, …し替える」「もとへ…する」「…し戻す」など: *re*act, *re*adjust, *re*capture, *re*cover, *re*enter, *re*assure. ★ [ハイフンの使用] (1) ハイフンを用いないと別の意味の既成語と区別しがたい場合: re-cover (cf. RECOVER) / re-create (cf. RECREATE) (2) 第 2 要素が頭文字で始まる場合: re-Christianization (3) 第 2 要素が

re- で始まる場合: re-recover (4) re- を臨時にある動詞に付けたり, re- を特に強調する場合に用いることがある: re-urge / make and remake. **2** /rɛ́, rὲ, ri, rɪ, rə/ ラテン語系の語に付く接頭辞. (1)「反対」: *re*bel, *re*sist (2)「秘密」: *re*ticence (3)「繰返し」「強意」: *re*peat, *re*double (4)「離れて」「去って」「下って」: *re*mote, *re*press (5)「否定」: *re*sign (6)「あとの, のちに」: *re*main (7)「返報」「相互に」: *re*venge, *re*ciprocal. [L *re-, red-* again, back, etc.]

're /ər/ 《we, you, they, what などのあとに来る》 are の短縮形: we'*re*, you'*re*, they'*re*, What'*re* you doing?

Re 〔化〕 rhenium. **RE** 〔化〕°rare earth ♦°real estate ♦°religious education ♦〔英〕°Royal Engineers ♦°Royal Exchange.

REA 〔米〕 Rural Electrification Administration 農村電化部 《RUS の旧称》.

rè·absórb *vt* 再び吸収する; 〔生〕 RESORB. ♦ **rè·absórption** *n*

rè·accépt *vt* 再び受け入れる. ♦ **rè·accéptance** *n*

rè·accómmodate *vt* 再び ACCOMMODATE する.

rè·accústom *vt* 再び慣らす.

reach[1] /ríːtʃ/ *vt* **1 a** …に到着[到達]する (arrive in [at]); …に届く; …に命中する (hit); 〔フェン・ボク〕 …にあてる, 打つ (strike): ～ London ロンドンに着く / ～ old age 老齢に達する. **b** …にわたる, 広がる; 〈長さが〉…に届く, 〈数量が〉…に及ぶ; 〈目標などに〉達する; 〈結果・結論(として…)〉に達する: The cost of the war ～*ed* billions. 戦費は何十億にも及んだ / ～ an agreement 合意に達する. **2** 〈手などを〉出す, 伸ばす; 突き出す; 手を伸ばして取る; 手渡しする: ～ *out* one's hand *to*…に手を伸ばす / Will you ～ me that hat? その帽子を取ってください / *R*～ him a kick. あいつを(一つ)けとばせ. **3** 〈法などが〉…に効力を及ぼす; 《電話などで》…と連絡をとる; 〈人の心などを〉得る, 動かす; *《俗》…に贈賄する, 買収する: Where can you be ～*ed*? どちらに連絡すればよいでしょうか? 《相手の連絡先の電話番号を尋ねるときの言い方》 / Men are often ～*ed* by flattery. 人はよくお世辞で動かされる.

► *vi* **1 a** 〈物を取ろうと〉手を伸ばす 〈*for, out for, after, toward, into, across*〉; 背伸びする; 〈手・足が〉前へ出る, 伸びる; 〈草木がある方向へ〉伸びる, 向く: I ～*ed out for* the branch. 枝まで手を伸ばした. **b** 得よう[達しよう]と努める 〈*at, after, for*〉. **2** 広がる, 行きわたる, 届く 〈(*down*) *to*〉; 達する, 及ぶ 〈*to, into*〉: I can't ～ *to* the shelf. 棚に手が届かない / as far as the eye can ～ 見渡すかぎり / How far does this road ～? この道路はどこまで延びているか. **3** 〔海〕 風をほぼ真横からうけて帆走する. ● **～ back** 記憶をさかのぼる; 〈過去に〉さかのぼる 〈*to, into*〉. **～ sth down** 手を伸ばして〈高い所から〉物を取る 〈*from*〉. **～ out** 交友範囲[経験]を広げる; 〈大衆などと〉連絡をとろう[接触しよう]とする 〈*to*〉; 援助の手を差し伸べる 〈*to*〉; 〈人に援助を〉求める 〈*to* sb *for* help〉.

► *n* **1 a** (つかもうと)手を伸ばすこと, 背伸び; 《旅などの》一行程. **b** 伸びる[届く]能力[範囲], リーチ; 弾着距離 (range); 適用範囲, 勢力範囲; 理解力; 《音・色などの》知覚範囲: beyond [above, out of] one's ～ 手の届かない, 力の及ばない / within (easy) ～ of…の(容易に)手の届く[達する]ところに / a man's ～ should exceed his grasp 人はみずからの手の届く範囲に甘んじてはならぬ《Robert Browning の詩 'Andrea del Sarto' の一節》 **2 a** 広がり (expanse); 範囲, 区域; 入江; 河区, 江区《二つの曲がり目などの間の流れ》; 閘門(こう)の間の区間: the upper [lower] ～*es* of the Thames テムズ川の上[下]流. **b** 岬 (promontory). **3** [*pl*] 《特定の》地位, 《組織の》階層. **4** 《荷馬車などの》連結棒. **5** 〔海〕 風をほぼ真横からうけたひと間切りの帆走(距離). ♦ **～·able** *a* **～·er** *n* [OE *rǣcan*; cf. G *reichen*]

reach[2] *n* 《方》 RETCH. [OE *hrǣcan* to spit ‹ imit]

réach·less *a* 達せられない, 手の届かない.

réach-me-dòwn *a, n* 《口》 HAND-ME-DOWN.

rè·acquáint *vt* [°～ *-self*] 〈人〉に再び知らせる[告げる]. ♦ **rè·acquáint·ance** *n*

rè·acquíre *vt* 再び獲得する. ♦ **rè·acquisítion** *n*

re·act /riǽkt/ *vi* **1** 反作用を及ぼす, 作用する 〈*on*〉. **2** 〈刺激などに〉反応する, 反応を示す 〈*to*〉; 反抗[抵抗]する, 反発する 〈*against*〉; 〔軍〕 反撃[逆襲]する; 反動する, 逆行する; 〔証券〕 反落する. **3** 〔化・理〕 反応を起こす, 反応する. ► *vt* 反応させる 〈*with, together*〉. [*re-*, *act*; L *re-(ago* to ACT)]

re-áct *vt* 再び演ずる; やりなおす.

re·ac·tance /riǽktəns/ *n* 〔電〕 リアクタンス《インピーダンスの虚数部; inductance と capacitance の総称》.

re·ác·tant *n* 〔化〕 反応物, 反応体.

re·ac·tion /riǽkʃ(ə)n/ *n* **1** 相互作用, 反作用 〈*upon*〉; 《刺激などに対する》反応 〈*to*〉; 《事態・できごとに対する》反応, 受け止め方 〈*to*〉; 《慣習などへの》反動, 反発 〈*against*〉; 《政治上の》反動; 〔証券〕 反落. **2** 《過度の刺激や緊張に起因する》鬱状態, 虚脱状態; 《鬱状態に続く》躁状態; 〔精神医〕 反応(性)精神病. **3** 〔化〕 反応; 核反応; 〔理〕 反作用, 反動力; 〔電〕 反衝作用, 再生: a ～ wheel 反動(水)車《流失水の反動で回る》 / a ～ condenser 再生蓄電器. ♦ **～·al** *a* **～·al·ly** *adv*

re·ac·tion·ar·ism /riǽkʃ(ə)nərìz(ə)m/ *n* REACTIONISM.

re·áction·àry /; -(ə)ri/ *a* **1** 反動の, 反発的な; 反動的な, 復古的な; 逆戻りの: a ～ statesman 反動政治家. **2** 〔化〕 反応の. ► *n* 反動主義者[思想家, 政治家]. ♦ **～·ism** *n*

reáction chàmber 〔機・宇〕 《ロケットエンジンなどの》燃焼室, 反応室.

reáction èngine [mòtor] 〔空・宇〕 反動機関, 反動エンジン《流体の噴射の反作用で推力を得るエンジン》.

reáction formàtion 〔心〕 反動形成.

reáction·ism *n* 反動[復古]主義, 復古論. ♦ **-ist** *n, a*

reáction pròduct 〔化〕 反応生成物.

reáction propùlsion 〔空・宇〕 反動推進.

reáction shòt 〔映・テレ〕 顔に現われる反応をとらえるショット.

reáction tìme 〔心・生理〕 反応時間.

reáction tùrbine 〔機〕 反動タービン《流れが羽根車を通過するときに速度を落とし, その反動で羽根車を回すタービン; 流れの向きが軸方向の axial-flow turbine と半径方向の radial-flow turbine がある; cf. IMPULSE TURBINE》.

re·áctivate *vt, vi* 〈特に 部隊・軍艦など〉現役に戻す[戻る]; 再開する, 復活させる[する]. ♦ **re·activátion** *n*

re·ac·tive /riǽktɪv/ *a* 反動的な, 復古的な; 反応の, 反応性の; 事後対応的な; 〔生理〕 抗原反応性の; 〔理〕 反作用的な; 〔電〕 無効の: ～ depression 反応性鬱病. ♦ **～·ly** *adv* 反動的に. **～·ness** *n*

reáctive compónent 〔電〕 無効分 (＝*wattless component*) 《交流電力のうちで電力に寄与しない成分; reactance により生じる》.

rè·actívity *n* 反動, 反動性; 反動力; 反応; 反発; 〔理〕 反応性[度].

re·ác·tor *n* **1** 反応[反動]を示す人[動物]; 〔心〕 反応者; 〔医〕 陽性反応を示す人[動物]. **2** 〔化〕 反応器; 〔理〕 反応炉, 原子炉 (＝atomic ～, nuclear ～) (＝*atomic furnace*, (*atomic*) *pile*); 〔電〕 リアクトル《交流回路にリアクタンスを与えるコイルなど》.

reáctor còre 《原子炉の》炉心.

reáctor zòne 〔地質〕 自然原子炉地帯《オクロ現象 (Oklo phenomenon) の跡がみられる地域》.

read[1] /ríːd/ *v* (**read** /rɛ́d/) *vt* **1 a** 読む; …の作品を読む; 校正する (proofread); 〈印刷にまわす原稿を〉編集する, 目を通す (copyread): ～ a book / He can ～ Russian. ロシア語が読める / ～ a road sign 道路標識を読む / ～ music 楽譜を読む / ～ Shakespeare シェイクスピアを読む / ～ the manuscript *for* errors 誤りを探して原稿を読む. **b** 読み取る[解く], 見て理解する; 読んで知る (cf. *vi* 1b): ～ a map 地図を読む / I have ～ in the paper *that* they had snow there yesterday. **c** [°～ *-self*] …に読んで…させる: ～ a child [～ one*self*] *to* sleep 本を読んで子供を寝かしつける[本を読んでいるうちに眠り込む] / He ～ him*self* hoarse [stupid, blind]. 彼は本を読みすぎて声をつぶした[頭が変になった, 失明した]. **2** 読み上げる, 音読する; 朗読する: ～ *off* the list リストを読み上げる / I'll ～ *out* the letter *to* all of you. 手紙をきみたちみんなに読んで聞かせよう. **3 a** 〈点字を〉読む; 《口唇術で》〈唇を〉読む. **b** 《無線で》聴き取る, 聞こえる; 〈人〉の意図[ことば]を理解する: Do you ～ me? 《無線で》聞こえますか?; わたしの言うことがわかりますか, (ちゃんと)聞こえてるの? / I ～ you loud and clear. 《無線で》よく聴き取れます; あなたの言うことはよくわかります. **c** 〔電算〕 〈情報を〉読み出す[取る]; 〈ディスク〉の情報を読み取る; 〈遺伝情報を〉読む. **4** 解釈する; 〈楽曲を〉解釈して演じる[指揮する]; 〈なぞなどを〉解く; 〈手相・夢を〉判断する; 〈人の心・表情を〉読む; 〈人〉の性格[心]を読み取る, 見抜く; 〈表情・態度など〉に〈意味を〉読み[感じ]取る 〈*in, into*〉; 《観察により》判断[予測]する, 読み取る; 〈運命などを〉予言する; …と読む, 読み替える: The statement may be ～ several ways. その声明はいろいろに解釈できる / Silence is ～ *as* consent. 沈黙は承諾と解される / ～ sb's hand [palm] 人の手相を見る / ～ one's tea cup 紅茶占いをする《飲んだあとに残った茶葉で占いをする》 / ～ the sky 占星する; 天気を判断する / ～ sb's mind [thoughts] 人の心の内を読む, 腹を探る / ～ disapproval *in* her expression 彼女の表情に非難を読み取る / ～ the signs of the times 時勢を見抜く / ～ sb like a book ⇨ 成句 / ～ a green [putt] 〔ゴルフ〕 グリーン[パット(のコース)]を読む / *For* 'fail', a misprint, ～ 'fall'. fail は fall の誤植. **5** 《文字・数・記号などで》示す, …と書いてある; *《空軍俗》 パイロットに〈正確な飛行位置を〉知らせる; *《空軍俗》 レーダーに〈友軍機(の位置)を〉映し出す; 〈温度計などが…度を〉示す: The thermometer ～*s* 70 degrees. 温度計によると(華氏) 70 度だ / This edition ～*s* 'show' not 'shew'. この版では 'shew' でなくて, 'show' となっている. **6** 《特に 大学で》勉強[研究]する (cf. READ *up*): He is ～*ing* chemistry at Oxford. オックスフォード大学で化学を勉強している. **7** [ᵘ*pass*] 《議会で》読会にかける: The bill *was* ～ for the first time. 議案は第一読会にかけられた. **8** 《俗》〈シャツ〉にシラミがいないか捜す; 《俗》 点検する, 巡回する.

► *vi* **1 a** 読む, 読書する; 音読する, 朗読する; 〔楽〕 音譜を読む[見て歌う]: I haven't enough time to ～. / Blind people ～ with their fingers. / He ～*s* well. 本を読むのがうまい. **b** 読んで知る (cf. *vt* 1b) 〈*about, of*〉: I have ～ *of* the accident in the newspapers. 事故のことを新聞で読んで知った. **2** 研究[勉強]する (study): He is ～*ing for* the Bar [*for* a degree, *for* honors]. 弁護士志望で[学位を取るため, 優等コースを取るため]勉強中だ. **3** 読んで…と感じさせる; 読むに足る; 感じさせる (affect) 〈*well, ill*, etc.〉: This book ～*s* interesting. この本は読んでおもしろい / This play ～*s* better than it acts. この劇は上演するより読むほうがおもしろい. **4** …と解される, …と書いてある: a rule that ～*s* several ways 何通りの意味にも解される

規則 / It ~*s* as follows. その文句は次のとおり. **5** «俗» 現われる (appear).

●**He that [who] runs may ~.** 走っている人も[走りながらも]なお読める(ほどに明白だ)《*Hab* 2: 2》. **~ sb a** LECTURE. **~ and write** «韻俗» FIGHT. **~ around [round] the subject [topic]** 《研究している》テーマの背景になるものを読む. **~ back** 《正確を期するために》〈受信した電文などを〉〈相手に〉読み返す, 復唱する〈*to*〉. **~ between the lines** ⇨ LINE[1]. **~ for**... 〈ある役〉のオーディションを受ける. **~ from [out of] a book** 書物から読み取る; 本のある箇所を抜き出して朗読する. **~ in** 〘電算〙〈記憶装置に〉〈データを〉読み込む〈*to*〉. **~ in a book** 書物を読みふける. **~...into...** 〈物事〉に〈付加した意味〉を読み込む: You're ~*ing* more *into* her letter than she intended. あなたは彼女の手紙を深読みしすぎだ. **~ like**...のように書いてある, ...と了解される. **~ sb like a book** 人の心を読み取る. **~ sb loud and clear** ⇨ *vt* 3b; *«俗» 人(が言っていること)を十分に理解する. **~ off** 《計器で》〈測定値・気温などを〉読み取る; 《終わりまで》読み切る. **~ on** *〈発明の内容が〉...に基づいて読み取れる: If a claim ~*s on* a prior art reference, it is not patentable. 請求項の内容[すべての発明特定事項]が従来技術文献に記載されていれば特許できない / Claim 1 ~*s on* the product. 請求項 1 の内容[すべての発明特定事項]がその製品に含まれている《その製品は特許を侵害している》. **~ out** (1) 読み上げる, 音読する (cf. *vt* 2). (2) 〘電算〙《記憶装置から》〈データを〉読み出す; 〈電算機が演算結果などを〉出力する. (3) 〈人を〉叱責する. **~ sb out (of** a society [party]**)** *その旨を宣言して人を除名する. **~ over** 綿密に読む. **~ (***Hamlet***) round the class [room]** (『ハムレット』を)《前の者のあとを受けて》次々に音読する. **~ (oneself) in** 《英国教の 39 箇条の信条などを公けに朗読して》牧師の職に就く. **~ through [over]** 終わりまで読む, 通読する; 〈劇〉の読み合わせをする. **~ to**...に読み聞かせる. **~ to oneself** 黙読する. **~...up = ~ up on [about]**... 〈ある題目・細部など〉を《本を読むなどして》研究する, 調べる; ...を復習する, やりなおす. **~ with** sb 〈家庭教師が〉人の勉強の相手をする. **You wouldn't ~ about it!** «豪口» まさか, うそみたい, そんなことないでしょう!

► *n* **1** 読むこと, 読み; «主に英» 読書(の時); 〘電算〙 読取り, 読出し, [*‹a›*] 読取り(用)の: have [take] a quiet [quick, short] ~ 静かに[そそくさと, ちょっと]本を読む. **2** «口» 読物: a must ~ 必読書.

[OE *rǣdan* to advise, interpret, discern; cf. G *raten* to counsel]

read[2] /rέd/ *v* READ[1] の過去・過去分詞. ► *a* [副詞を伴って] 読んで[勉強して]通じている: a well-~ person 博学者 / be deeply [well] ~ *in*...によく通じている / be little [slightly] ~ *in*...にあまり通じていない. ●**take...as ~** ...を既に承知しているものとみなす; ...を当然のこととする.

read[3], **reed** /ríːd/ *n* 《反芻動物の》皺胃(しゅう) (abomasum). [OE *rēada*]

Read /ríːd/ リード Sir **Herbert** ~ (1893–1968)《英国の批評家・詩人》.

réad·able *a* おもしろく読める[書かれた]; 読める, 判読できる, 読みやすい (legible): a ~ book おもしろい本. ♦ **-ably** *adv* **rèad·abíl·i·ty** *n* **~·ness** *n*

rè·adápt *vi, vt* 再適応する[させる]. ♦ **rè·adaptátion** *n*

rè·addréss *vt* 〈手紙など〉の宛名を書きなおす[変える], 転送する; ...に再び話しかける; 〈仕事など〉に再び[改めて]取りかかる.

Reade /ríːd/ リード **Charles** ~ (1814–84)《英国の小説家・劇作家; 歴史小説 *The Cloister and the Hearth* (1861)》.

réad·er *n* **1 a** 読む人, 読者, 読み手; 読書家[人]: the general [common] ~《専門家でない》普通の読者, 一般読者. **b** [ᵘpublisher's ~]《寄せられた作品を読んで出版, 劇化・映画化などの適否を判定する》原稿閲読者, リーダー; 《定期刊行物からの》情報収集係; 校正係 (proofreader). **c** 朗読者; 〘教会〙 読師 (lector). **d** [ᵘR-] ᴵᴵ《一部の大学の》准教授《professor の下; ⇨ LECTURER》; *大学助手; ᴵᴵ《法学院 (Inns of Court) の》法学講師《名誉職》. **e** 《ガス・電気などの使用量の》検針係. **2** MICROREADER; 〘電算〙 読取り装置[機]. **3** 読本, リーダー; 選集, アンソロジー: an English ~ 英語読本. **4** *«俗» **a** 《露天商などが商売をやるための》許可証; 《サーカスなどの》興行認可を得るための金. **b** 麻薬調合法指示書; 処方箋. **c** 指名手配のポスター[ビラ], 逮捕令状. **d** 借用証書 (IOU). **e** 何かを書きつけた紙, メモ. **f** [*pl*] 裏にしるしをつけたトランプカード.

réad·er·ly *a* READER の[に関する, によくある].

Réader's Dígest 『リーダーズダイジェスト』《1922 年に創刊された米国のポケットサイズ月刊誌; 他の出版物の読物・記事を簡略化して掲載するもので, 20 以上の言語で発行されている》.

réad·er·ship *n* 読者たること; [ᵘR-] ᴵᴵ大学の准教授 (reader) の職[身分]; 《雑誌・新聞などの》読者層[数].

read·i·ly /rέd(ə)li; rέdɪ-/ *adv* たやすく, 難なく (easily); すぐに, 直ちに; 快く, 躊躇なく, 二つ返事で (willingly): It can ~ be understood that...は容易に理解できる.

réad-ìn *n* 〘電算〙 読込み.

réad·i·ness /rέdi-/ *n* **1** 用意[準備](ができていること), 備え, 支度; 進んで[直ちに]すること〈*to* do〉: in ~ *for*...の準備を整えて / with ~ 快く, 進んで, いそいそと. **2** 迅速; 容易: ~ of wit 当意即妙.

réad·ing *n* **1 a** 読むこと, 読書; 読書能力; 朗読; 朗読会; 《議会の》読会: a penny ~ 〘英史〙《貧民のための》少額の入場料を取る朗読会. **b** 《書物による》学問研究; 読書量[範囲]; 学識, 《特に》文学上の知識: a man of wide [vast, extensive] ~ 博学の人. **2** 判断, 解釈; 《脚本の》演出; 《楽曲の》演奏; 《写本・原稿などの》読み方 (version), 異文: various ~*s* of a line in Shakespeare シェイクスピアの 1 行に対する種々の異文 / the true [best] ~ 本当の[最善の]読み方 / What is your ~ *of* the fact? きみはこの事実を何と解釈するか. **3** 読物; [*pl*] 文選, ...読本: It is good [dull] ~. 読んでおもしろい[つまらない] / ~*s* from Shakespeare シェイクスピア文選 / side ~*s* 補助読本, 副読本. **4** 《晴雨計・温度計などの》示度, 示数, 記録. ► *a* 読書(用)の, 読むための; 読書する, 本好きの; 勉勉な: the ~ public 読書界.

Read·ing /rέdɪŋ/ **1** レディング《イングランド南部 London の西にある町; 大学 (1892)》. **2** レディング **Rufus Daniel Isaacs,** 1st Marquis of ~ (1860–1935)《英国の政治家; 法務長官 (1910–13), 米国大使 (1918–19), インド副王 (1921–26)》.

réading àge 読書年齢《同程度の読書能力をもつ児童の平均年齢》.

réading chàir 《背に向かってまたがって腰かける読書用の》書見台付き椅子.

réading dèsk 《立ったまま読むための斜めになった》読書台, 見台; 《教会の》聖書台 (lectern).

réading fràme 〘遺〙 読み枠《mRNA 上の塩基の配列が遺伝情報として読み取られていく区切り》.

réading glàss 拡大鏡, 細字用レンズ, ルーペ.

réading gròup 読書グループ.

réading làmp [lìght] 読書灯, 電気スタンド.

réading lìst 《大学などの》推薦図書目録.

réading màtter 《新聞・雑誌の広告を除いた》記事, 《本などの》読物.

réading nòtice 《新聞・雑誌などの》記事風の広告, 記事広告.

réading ròom 閲覧室, 読書室; 《印刷所の》校正室; [R- R-] クリスチャンサイエンスの信者が信仰を学ぶ場所.

réading wànd ᴵᴵ 商品コード読取りワンド.

rè·adjúst *vt* 再整理[調整]する, 整理[調整]しなおす; ...の財政を立て直す. ► *vi* 〈新事態に〉(再)順応する, 合わせる〈*to*〉. ♦ **~·able** *a* **~·er** *n*

rè·adjúst·ment *n* 再調整; 〘財〙《会社の》自主整理.

README file /ríːdmi —/ 〘電算〙 リードミーファイル《ソフトウェアパッケージなどに付属する, 通例 説明文書を補足する内容のテキストファイル》.

rè·admít *vt* 再び入れる; 再び許す; 再入院させる. ♦ **rè·admíssion, rè·admíttance** *n* 再入(学); 再許可; 再入院.

réad-ónly mèmory 〘電算〙 読出し専用メモリー《略 ROM》.

rè·adópt *vt* 再び養子にする; 再採用する. ♦ **-adóption** *n*

rè·adórn *vt* 再び飾る, 飾りなおす. ♦ **~·ment** *n*

réad·òut *n* 読み上げ; 《電算機などからの情報の》読出し; 読み出した情報; 読出し(表示)装置; 《人工衛星からのデータ・画像の》無線送信.

réad-thròugh *n* 〈劇〉の読み合わせ.

rè·ádvertise *vt, vi* 《特に職の》(求人)広告を再度出す. ♦ **rè·advertíse·ment** *n*

rèad-wríte hèad 〘電算〙 読み書きヘッド.

ready /rέdi/ *a* (ᵘ**réad·i·er, -i·est**) **1** [*pred*] **a** 用意[準備]のできた (prepared) 〈*for, to* do〉; [*impv*] 〘競技〙 準備の整った; 〘軍〙 構えの姿勢をとった: ~ *for* printing [sea, working] 印刷[出帆, 運転]の準備のできた / Dinner is ~. 食事の用意ができました / ~ for anything 何にでも[何が起きても]対処できる態勢ができて / *R*~, steady, go! 位置について, 用意, ドン! / *R*~, aim, fire! 構え銃(つつ)! ねらえ! 撃て! **b** 覚悟のできた, いつでも[喜んで]...する (willing) 〈*for, to* do〉. **c** まさに...しようとする, 今にも...しそうな (about) 〈*to* do〉. **d** ...しがちな (apt): be too ~ *to* suspect すぐ人を疑う. **2 a** 手早い, 迅速な, 即座の, 機敏な; じょうずな; *«俗» 〈音楽・音楽家が〉すぐれた, すばらしい; *«俗» 世間ずれした, 世慣れた: ~ *at* [*with*] excuses 言いわけじょうずな / a ~ pen [writer] 筆まめさ[筆まめな人] / ~ wit 気転, 頓知. **b** 持合わせの, 手持ちの; 手近の, 得やすい; 容易な, すぐ間に合う, 重宝な (handy): READY MONEY / the *readiest* way to do it いちばん手っ取り早い方法. ●**hold oneself ~ to** do...しようと身構えている[支度する]. **make [get]...~ (for...[to do])** (...に[...しようと])...を用意する, (...の[...する]ための)支度[準備]をする: I *got* my camera ~ *to* take a photo. 写真を撮ろうとカメラを構えた. **~ for Freddie** *«俗» 予期せぬことにも準備ができて, 覚悟して. **~ to** one's HAND. **~, willing, and able** やる気があって, 進んで...する用意ができて. ► *vt* [ᵒ~ *-self*] 用意[準備]のできた状態にする〈*for*〉; 用意[準備]する. ● **R~ about!** 〘海〙 上手(うわ)回し用意! **~ a horse** «競馬俗» 次回の競走の有利なハンディキャップをねらって故意に馬を遅らせる. **~ up** (1) 準備する. (2) «英・豪俗» かたる, ペテンにかける (swindle). ► *adv* (ᵘ**réad·i·er, -i·est**) あらかじめ, 前もって, 用意して; 喜んで, てきぱきと (readily); [通例 比較級・最上級の形で] 迅速に: the child that answers *readiest* 最も早く答える子供. ► *n* **1** [the] 〘軍〙《銃の》構えの姿勢. **2** [ᵘthe] ᴵᴵ«口» 金, 現金, 手持ち (ready money);

R

[ᵘthe readies]ᴵᴵ《口》現金, 《特に》紙幣, 札: plank down *the* ～ 現金で支払う. ● **at [to] the ～** 《銃が》構えの姿勢で; 準備完了で: come *to the* ～ 構える. [OE *rǣde*<Gmc**raidh-* to put in order, prepare]

ready- /rédi/ *comb form*「…済みの」: *ready*-cooked chicken 調理済みチキン.

réady bòx 《艦砲などの》弾薬補給箱.

réady cásh READY MONEY.

réady-fàded *a* 色あせて見えるようにした.

réady-for-wéar *a, n* READY-TO-WEAR.

réady-máde *a* **1** できあいの, 既製の, レディーメードの〈服〉(opp. *made-to-order, custom-made*); 既製品を売る. **2**〈思想・意見などが〉既成の, 受売りの, ありきたりの, 個性のない. **3** [*attrib*] 都合のいい, すぐ使える, かっこうの. ► *n* 既製品; [ᵘreadymade] レディーメード《ダダイズムなどの作品で, そのままの形で用いられる既製品》.

R

ready méalᴵᴵ 調理加工済み食品.

réady-mix, réady-mixed *a* 《すぐ使えるように》成分[材料]調合済みの, レディーミックスの〈食品・コンクリート・ペンキなど〉. ► *n* レディーミックスの品, 《特に》レディーミクストコンクリート, レミコン《工場で調合された生コン》.

réady móney 現金, 即金: pay ～ 即金で払う.

réady réckoner 計算表, 《利息・税額などの》早見表.

réady ròom 〘軍〙《パイロットが任務の辞令を受ける》受令室; 《パイロットや宇宙飛行士が飛行に備えて待つ》待機室.

réady-to-éat *a* 〈食品が〉即席の, インスタントの.

réady-to-wéar *a* 既製の (ready-made)〈服〉; 既製服を扱っている. ► *n* (*pl* ～s, ～) 既製服.

réady-wítted *a* 気転のきく, 勘のいい (quick-witted).

rè·affírm *vt* 再び断言[肯定, 是認]する, 再確認する. ♦ **rè·affirmátion** *n*

rè·affórestᴵᴵ *vt* REFOREST. ♦ **rè·afforestátion** *n*

Rea·gan /réɪgən/ レーガン **Ronald** (**Wilson**) ～ (1911-2004)《米国第 40 代大統領 (1981-89); 共和党; もと 映画俳優; 夫人は **Nancy** (**Davis**) ～ (1921-)》. ♦ **Rèagan·ésque** *a*

Rea·gan·aut /réɪgənɔ̀:t, *-nɑ̀:t/ *n* レーガン政策 (Reaganomics) の推進者, レーガン大統領側近.

Réagan·ism *n* レーガン主義[政策]. ♦ **-ist** *n*

Rea·gan·om·ics /rèɪgənɑ́mɪks/ *n* レーガノミックス《Reagan 大統領の経済政策; 減税・財政支出削減・規制緩和などを柱とした》. [*Reagan*+*economics*]

re·agent /riéɪʤənt/ *n* 〘化〙試薬; 反応物; 反応力; 〘医・心〙被験者. ♦ **re·ágency** *n* 反応(力), 反作用. [act: react にならったもの]

re·ággregate *vt, vi* 〈細胞など〉再集合させる[する]. ► /-gət/ *n* 再集合したもの. ♦ **re·aggregátion** *n*

re·agin /riéɪʤən, -gən/ *n* 〘医〙レアギン《**1**) アトピー患者の血液中にみられる皮膚感作(かんさ)抗体 **2**) 類脂体抗原を用いる梅毒血清反応の抗体; Wassermann antibody ともいう》. ♦ **re·agin·ic** /rì:əʤínɪk, -gín-/ *a* レアギン(性)の. **-i·cal·ly** *adv* [*reagent*]

re·al¹ /rí:(ə)l; ríəl/ *a* **1 a** 真の, 本物の, 本当の (genuine); 偽りのない, 心からの (sincere); 全くの; 〘楽〙真正の《フーガの応答が主題と同じ音程で模倣する》: a ～ man うそのない人; その名に背かぬ人 / effect a ～ cure 根治する / ～ stuff 本物, すばらしいもの / a ～ pearl 本真珠 / ～ silk 正絹(しょうけん) / a ～ summer 夏らしい夏 / the ～ thing 本物; 本場物 / ～ sympathy 真の共感 / a ～ fool このうえもない愚か者. **b** 〈収入・賃金などが〉実質的な, 事実上の《購買力で評価した, 貨幣価値変動分を修正した》. **2 a** 実在する, 現実の, 実際の; 客観的な (opp. *ideal, nominal*); 〘理〙〈粒子が〉実在の (opp. *virtual*); 〘数〙実数の (opp. *imaginary*); 〘数〙実数値の (real-valued); 〘光〙実像の (opp. *virtual*); 〘哲〙実在的な: REAL LIFE. **b** 〘法〙物的な, 不動産の (opp. *personal, movable*). ● **for ～** 《俗》本当に, 本気で; 本当の, 実際の; 本物の, 真正の: Are you *for* ～? ほんとかい?, マジで? **Get ～!** 《口》しっかりしてよ, まじめにやってよ, 冗談じゃないよ. **It's been ～.** =《口》It's BEEN. ► *adv* 《米口・スコ》本当に (really), とても (very), 全く (quite): I was ～ glad to see him. ► *n* [the] 現実, 実体 (reality), 実物; 〘数〙REAL NUMBER. ♦ **～·ness** *n* [AF and L *realis* (*res* thing)]

re·al² /reɪɑ́:l/ *n* レアル《**1**) (*pl* ～s, **-a·les** /reɪɑ́:leɪs/) スペイン・中南米の昔の小銀貨: 約 12.5 セント; bit とも呼ばれ, アメリカの植民地で広く用いられた **2**) (*pl* ～s, **reis** /réɪʃ, -s, -ʒ, -z/) ポルトガルの旧通貨単位 **3**) (*pl* ～s, **re·ais** /reɪáɪʃ/) ブラジルの通貨単位: =100 centavos》. [Sp and Port=ROYAL]

réal áction 〘法〙物的訴訟《物自体の回復を請求する》.

réal ále リアルエール《生ビール (draft beer) の別名; 特に 伝統に従って樽で造りそのまま供するもの》.

réal béer REAL ALE.

réal chéese [the]《俗》重要人物, 大物, 本物, 一級品 (cheese).

réal definítion 実質定義《ものの性質あるいは本質を説明する定義; cf. NOMINAL DEFINITION》.

réal estàte **1** 〘法〙物的財産, 不動産《土地・家屋など》; 〘法〙物的不動産権; 不動産業; スペース, 容量. **2***《俗》《手や顔の》よごれ.

réal estàte àgent* 不動産仲介人[業者] (estate agentᴵᴵ). ♦ **réal estàte àgency** 不動産会社.

réal estàte invéstment trùst 不動産投資信託《不動産投資・不動産抵当融資などをする投資信託; 略 REIT》.

réal fócus 〘光〙実焦点.

re·al·gar /riǽlgər/ *n* 〘鉱〙鶏冠石《花火の製造に用いる》. [Arab]

réalgar yéllow 明るい黄色 (orpiment yellow).

réal góne *a* 《俗》すばらしい, すごい, いかす.

réal góner 《口》GONER.

re·a·lia /riéɪliə/ *n pl* 実物教材《日常生活を説明するために用いられる貨幣や道具など》; 〘哲〙実在物. [L REAL¹]

rè·alígn, -alíne *vt* 再び並べる, 並べ替える; 再編成[再変革]する; 〈タイヤなどを〉もとのしかるべき状態に戻す, 再装着する: ～ *oneself with*…に対する立場[路線]を変える[見直す]. ♦ **～·ment** *n*

réal ímage 〘光〙実像.

réal·ìsm *n* 現実主義; 〘芸術〙写実主義, リアリズム (opp. *idealism*); 〘哲〙実在論, 実念論《中世スコラ哲学で普遍は個物に先立って実在するとする説; cf. NOMINALISM》; 〘哲〙実在論《認識主観から独立な客観的実在を認める立場》; 〘教育〙実学主義; 〘法〙実体主義; 本物らしさ, 迫真性.

réal·ist *n* 現実主義者, 実際家; REALISM 信奉者[論者]; 〘芸術〙写実主義作家[芸術家]. ► *a* リアリズム(信奉者)の.

re·al·is·tic /rì:əlístɪk; rìə-/ *a* 現実主義の, 現実的な, 実際的な; 本物のような, リアルな; 〘芸術〙写実派の, 写実主義の, 写実的な; 〘哲〙実在論的な: ～ policies 現実的な政策 / a ～ novel 写実小説. ♦ **-ti·cal·ly** *adv*

re·al·i·ty /riǽləti/ *n* **1 a** 現実; 現実[実際]のこと[もの]; 実体〈*of*〉; 〘哲〙実在(性): become a ～〈夢などが〉現実のものとなる / escape from ～ 現実から逃避する / bring sb back to ～ 人を現実に引き戻す. **b** 現実性; 現実味, 現実[実在]感, 迫真性: with ～ 現実味をもって. **2** 〘法〙REALTY. ● **in ～** (ところが)実は, 実際には (opp. *in name*), 本当に.

reálity chèck 《口》現実の直視.

reálity prìnciple 〘精神分析〙現実原則《環境の不可避的要求に適応してはたらく心理過程の原理》.

reálity shòw リアリティーショー (REALITY TV).

reálity tèsting 〘精神医〙現実検討[吟味]《状況を客観的に評価し, 現実と空想を正常に区別する能力》.

reálity thèrapy 現実療法《現実を受け入れ, それに適応するための心理療法》.

reality TV /─ ─ tì:ví:/, **reálity tèlevision** リアリティーテレビ[番組] (=*reality show*)《一般人の演技ではない本気のからみをおもしろおかしく見せるバラエティー》.

re·al·iza·tion /rì:ələzéɪʃ(ə)n; rìəlaɪ-, -lɪ-/ *n* **1** 本当だと思う[感づく, わかる]こと, 実状を知ること, 理解, 実感. **2** 実現, 現実化〈*of* one's hopes〉; 実現したもの; 実物のように写すこと; 〘楽〙具現. **3** 現金化, 換金; 《金・財産の》取得.

re·al·ize /rí:əlàɪz; ríə-/ *vt* **1** 十分に理解する, 悟る, 了解する, 実感する. **2** 実現する, 現実化する; 如実に見せる, 写実的に描写[表現]する; 〘楽〙〈数字で書かれた通奏低音部を〉具現する, 和声づけする. **3** 〈利益を〉得る, 上げる; 現金に換える; 〈ある金額〉に売れる: ～*d* a large profit *on* the deal その取引で大もうけした. ► *vi* 現金に換える; 金になる: ～ *on* a house 家を売って金を得る / ～ well いい金になる. ♦ **ré·al·iz·able** /, *rì:əláɪzəb(ə)l/ *a* **rè·al·iz·abíl·i·ty** *n* **-iz·er** *n* [*real*¹; F *réaliser* にならったもの]

ré·al·iz·ing *a* 敏感な, 鋭敏な. ♦ **～·ly** *adv*

réal-lìfe *a* 現実の, 架空でない, 実在の.

réal lífe 実生活: in ～ 現実の世界では, 実際には.

re·állocate *vt* 再び割り当てる, 再配分する (redistribute). ♦ **re·allocátion** *n*

rè·allót *vt* 再び割り当てる. ♦ **rè·allót·ment** *n*

re·al·ly /rí:(ə)li; ríəli/ *adv* [ᵒ～ and truly] 実際, 真に, 本当に; 実は (in reality); [〈*int*〉] まったく, 本当に, 確かに, いかにも: *R-?* 本当に? / Did you have a good time?—Not ～. 楽しかった?—それほどでも / (Well) ～! いやはや, やれやれ, なんてこった, まったくねえ《軽い抗議・驚き》.

rè·allý *vt* 再び同盟[提携]する. ♦ **rè·allíance** *n* 再同盟.

realm /rélm/ *n* **1** 《文》〘法〙王国, 国土: ABJURE the ～ / the laws of the ～ 英国国法. **2** 範囲, 領域; 〘植・動〙《分類の》部門, 界; 〘生〙界《動物地理区分の最高単位で地球上を 3 つに分ける》: the ～ of politics [imagination] 政治[空想]の領域 / the ～ of nature 自然界. [OF<L REGIMEN; 語形は OF *reiel* royal の影響]

Reál Madríd /reɪɑ́:l-/ レアル・マドリー(ド)《スペイン Madrid に本拠をおくプロサッカーチーム》. [Sp REAL²]

real McCoy ⇨ McCoy.

réal móney 実質貨幣, 現金; *《俗》大金, 相当な額 (heavy money).

réal númber 〘数〙実数《有理数と無理数の総称》.

Re·alo /rí:əlou; G reá:lo/ (*pl* **-al·os**)《口》《ドイツの緑の党の》現実派のメンバー (cf. FUNDI).

réal párt 〘数〙実数部分, 実部.

re·al·po·li·tik /reɪɑ́ːlpoʊlɪtìːk/ *n* [°R-] 現実[実際]的政策[政治]《power politics の婉曲的表現; cf. MACHTPOLITIK》. [G]
réal présence [°R- P-]〘神学〙キリストの実在[現在]《ミサ[聖餐]におけるキリストの肉と血の実在説》.
réal próperty〘法〙物的財産(権), 不動産.
réal represéntative〘法〙物的代表者.
Real·schule /reɪɑ́ːlʃùːlə/ *n* (*pl* **-schu·len** /-ʃùːlən/)《ドイツの》実業学校.
réal ténnis COURT TENNIS.
réal-tìme *attrib a*〘電算〙実時間の;《一般に》〈記録・放送など〉即時の, 同時の, リアルタイムの: ～ operation《電算機の》実時間処理[動作, 演算] / ～ authorization〘電算〙《ネット通販におけるクレジットカード番号の》即時認証.
réal tíme〘電算〙実時間;《一般に》即時, 同時, リアルタイム: in ～ 即時[同時]に, リアルタイムで.
Re·al·tor /ríː(ə)ltər, -tɔ̀ːr; ríəl-/〘団体マーク〙リアルター《全米リアルター協会 (National Association of Realtors) 公認の不動産仲介人》.
réal·ty *n*〘法〙不動産 (real estate) (opp. *personalty*).
réal-válued *a*〘数〙実数値の: ～ function 実数値関数.
real wáges *pl*〘経〙実質賃金 (opp. *nominal wages*).
réal-wórld *a* 現実の, 実在の (real-life).
réal wórld [the] 現実の世界, 実世界.
ream[1] /ríːm/ *n*〘紙〙連《=20 quires: 480 枚 (short ～) または 500 枚 (long ～) または 516 枚 (printer's ～, perfect ～); 略 rm》; [*pl*] 多量: ～*s* of information [documents]. [OF＜Arab＝bundle]
ream[2] *vt* **1**《reamer などで》〈穴を〉広げる;〈銃など〉の口径を広げる;〈不良箇所を〉穴を広げて取り除く 〈*out*〉; *〈レモンなど〉の汁をしぼり取る,〈果汁を〉しぼり出す;〈パイプの火皿を〉リーマーで掃除する;〘海〙〈船板の隙間を〉広げる《caulking のため》; *《卑》尻の穴に詰め込む; *《卑》…に肛門ねぶり[肛門性交]を行なう, おかまを掘る; *《俗》きびしく責める, しかりつける, 油をしぼる 〈*out*〉. **2** *《俗》だます, 欺く, はめる, …からだまし取る; *《俗》…に不公平な扱いをする. [C19＜?; cf. ME *remen* to open up＜OE *rȳman* to widen]
ream[3] ‖《方》*n* CREAM;《液体表面の》泡. ► *vi* 泡立つ. ► *vt* …の泡[上澄み]をすくい取る.
réam·er *n* 拡孔器, 穴ぐり錐, リーマー; *果汁[レモン]しぼり器.
rean ⇨ REEN.
rè·ánalyze *vt* 再分析[再解析]する. ♦ **rè·análysis** *n*
re·ánimate *vt* 生き返らせる; 蘇生[復活]させる; 元気[活気]づける (enliven), 激励する. ♦ **re·animátion** *n*
rè·annéx *vt* 再び併合する. ♦ **re·annexátion** *n*
reap /ríːp/ *vt, vi* 刈る, 刈り取る;〈畑など〉の作物を刈り取る; 刈り入れる, 収穫する;〈利益などを〉獲得する 〈*from*〉; [*fig*]〈報いなどを〉うける: As you sow, so (shall) you ～.《諺》種をまいたように収穫があるものだ《*Gal* 6: 7》/ ～ as [what] one has sown まいた種を刈り取る, 因果応報 / ～ the fruits of one's actions 自業自得 / One man sows and another man ～*s*.《諺》甲が種をまき乙が刈り取る[横取りする] / ～ where one has not sown まかぬ所を刈り取る, 他人の功を横取りする《*Matt* 25: 24》/ sow the wind and ～ the WHIRLWIND. [OE *ripan, reopan*＜?]
réap·er *n* **1** 刈り手, 収穫者; 刈取り機, リーパー. **2** [the R-] 死神 (＝the Grim R~)《長柄の大鎌 (scythe) を持った姿で描かれる》.
réaper and bínder 刈取り結束機, バインダー《刈り取りして束を作る機械》.
réap·ing hòok, réap hòok 刈り鎌.
réaping machìne 自動刈取り機.
rè·appárel *vt*〈衣装を〉再び着せる.
rè·appéar *vi* 再現[再発]する. ♦ **rè·appéarance** *n*
rè·applicátion *n* 再適用; 再申し込み, 再志願, 再申請; 再従事.
rè·applý *vt* 再び用いる, 再び適用する, 再び従事させる; 塗りなおす. ► *vi* 再申し込み[志願]する.
rè·appóint *vt* 再び任命[指定]する 〈*as*〉, 復職させる, 再選する. ♦ **～·ment** *n*
rè·appórtion *vt* 配分しなおす, 割り当てしなおす; *〈議会〉の議席を再配分する《代表者の選出が人口に比例するよう州[郡など]への議席配分をやりなおす》. ► *vi* 再配分を行なう. ♦ **～·ment** *n*
rè·appráise *vt* 評価しなおす, 再検討[再評価]する. ♦ **rè·ap·práisal** *n* 再評価, 再検討.
rear[1] /ríər/ *n* **1** 後ろ, 背後, (最)後部 (opp. *front*);〘軍〙後衛, しんがり (cf. VAN[1]). **2**《口》尻 (buttocks) (rear end); ‖《口》便所. **3** [one's] ONESELF. ● **at [in] the ～ of**…の背後に,〈家など〉の裏に (opp. *in front of*). **bring up the ～** しんがりをつとめる; びりになる. **get off one's ～** *《口》《仕事をするために》腰を上げる, 本気で仕事を始める. **get one's ～ in gear**《俗》急ぐ. **go to the ～** 背面へまわる. **hang on the ～ of**…《襲撃のため》〈敵〉のあとをつけまわす. **in the ～** 後ろに, 後ろから: follow *in the* ～ 後ろにつく / attack [take] the enemy *in the* ～ 敵の背面をつく. ► *a* 後方の: a ～ gate 裏門 / a ～ rank 後列. ► *adv* [ᵘ*compd*] 後方で, 後方から: a ～-driven car 後輪駆動車. [? *rear*ward or *rear*guard; cf. VAN[1]]
rear[2] *vt* **1** 飼養する; 栽培する; 養育する: ～ a family 子供を育てる / ～ cattle 牛を飼う. **2 a** (まっすぐに)立てる, 起こす;〈寺院・記念碑などを〉築く, 建てる. **b** 上げる, 高くする;《廃》〈声などを〉あげる, たてる: ～ one's arm 腕を上げる / ～ oneself そびえる. **c**〈馬を〉後ろ足で立たせる. ► *vi* **1**〈馬などが〉後ろ足で立つ 〈*up, back*〉; 腹を立てる, 席を蹴って立つ 〈*up, back*〉. **2**《文》そびえる;《方》見えてくる, 現われる. ● **be ～ed on**…〈食物・読物・音楽など〉に絶えず接して育つ. **～ its (ugly) head**〈よくないことが〉現われてくる; 頭をもたげる. **～ up**〈問題などが〉持ち上がる, 生じる. ♦ **～·er** *n* 養育者, 飼養者, 栽培者;《後ろ足で》棒立ちになる癖のある馬. [OE *rǣran*＜Gmc (caus)＜**reisan* to raise]
Rear Adm. °Rear Admiral.
réar ádmiral〘海軍・米沿岸警備隊〙少将, 准将 (⇨ NAVY).
réar árch〘建〙《扉・窓などの》内側アーチ《外側アーチとは大きさ・形が異なる》.
réar cómmodore ヨットクラブの副提督 (vice-commodore) の次位の役員.
réar échelon〘軍〙後方梯隊(ていたい)[梯団]《管理・補給の任に当たる司令部の一部隊》.
réar-énd *a* 後尾の: a ～ collision 追突. ► *vt*〈車など〉に追突する.
réar énd 後部, 後尾 (tail end);《口》尻.
réar-ènd·er *n*《俗》追突(事故) (＝*back-ender*).
réar guárd / ⌐–⌐ ⌐– /〘軍〙後衛 (opp. *vanguard*);《政党などにおける》保守派. [F *rereg(u)arde*]
réar·guàrd áction〘軍〙《味方の退却を助けるための》後衛による敵軍との交戦; 最後の抵抗: fight a ～ *against*…に最後の抵抗を行なう.
re·árgue *vt* 再び論じる. ♦ **re·árgument** *n*
réar·hòrse *n*〘昆〙カマキリ (mantis)《立ち上がる姿から》.
rear·ing /ríərɪŋ/ *a* RARING.
rè·aríse *vi* 再起する.
réar líght [lámp]《自動車の》尾灯, テールランプ.
re·árm *vt* 再武装させる, 再軍備させる; 新型兵器を持たせる. ► *vi* 再武装[再軍備]する; 新型兵器で武装する. ♦ **re·árma·ment** *n*
réar·mòst *a* 最後尾の, 最後の.
rearmouse ⇨ REREMOUSE.
rè·aróuse *vt* 再び起こす, 再び覚醒させる.
rè·arránge *vt* 再び整理[配列]する; 整理[配列]しなおす;〈従業員などを〉配置転換する; …の日時を再指定する. ► *vi*〘化〙転位する. ♦ **～·ment** *n* 再配列, 再整理; 配列換え, 配置転換;〘化〙転位. **rè·arránger** *n*
rè·arrést *vt, n* 再逮捕(する).
réar síght《銃の》後部照尺.
réar vással 陪臣, また家来 (vassal's vassal).
réar váult〘建〙窓裏ヴォールト.
réar·vìew mírror《自動車などの》バックミラー: put…in the [one's] ～ …を追い越す[抜く]; [*fig*] …を過去の[過ぎ去った]ことにする.
réar-vìsion mírror REARVIEW MIRROR.
réar·ward *a* 後尾[しんがり]の; 後方に向けた. ► *adv* 後方に[へ], 背後に[へ]. ►《古》*n* 後方, 後部;〘軍〙後衛: in [at] the ～ 後部[後衛]に / to ～ of…の後方[背後]に. ♦ **～·ly** *adv* **～·ness** *n* [AF *rerewarde*＝*rearguard*]
réar·wards *adv* REARWARD.
réar-whèel dríve〘車〙後輪駆動.
reas reasonable.
rè·ascénd *vi, vt* 再び昇る[登る], 再び上がる, 再上昇する. ♦ **rè·ascénsion, rè·ascént** *n*
Réa Sílvia /ríːə-; ríə-/〘ロ神〙RHEA SILVIA.
rea·son /ríːz(ə)n/ *n* **1** 理由 (cause), 根拠, わけ, 動機: give [yield, render] a ～ *for*…の理由を述べる / have ～ *for* [*to* do]…の[すべき]理由[根拠]がある, …には[…するのは]もっともだ《この強意形は have every [good] ～ *for*…[*to* do…]》/ REASON OF STATE / It is not altogether without ～ that he grumbles. 彼がブツブツ言うのはまんざら理由がないでもない / The ～ why he hesitates is that…. 彼が躊躇しているのは…だからだ《口語では that を because に代えることがある》. **2 a** 道理, 理屈: There is ～ in what you say. きみの言うことには一理ある / out of all ～ 理屈に合わない (unreasonable) / beyond [past] (all) ～ (全く)理屈に合わない, 不合理で / hear [listen to] ～ 道理に従う, 人の言うことを聞き分ける / see ～ 理由[道理]がわかる / speak [talk] ～ もっともなことを言う. **b**〘論〙論拠;〘論〙前提 (premise),《特に》小前提. **3 a** 正気, 思慮, 分別; 推理力, 判断力; 理知,〘哲〙理性: be restored to ～ 正気に返る / lose one's ～ 正気を失う / practical ～ 実践理性 / AGE OF REASON. **b**《廃》正当な扱い: do sb ～. ● **all the more ～** (…する)なおさらの理由 〈*for, to* do, *why*〉. **as ～ is [was]** 思慮の命ずるところに従って, 良識に従って. **bring sb to ～** …に道理を悟らせる, 聞き分けるようにさせる.

by ~ of…の理由で, …のために. **by ~ that**…という理由で. **for no other ~ but this [than that…]** 単にこれだけ[…というだけ]の理由で. **for ~s [some ~] best [only] known to oneself** 個人的な理由で, 他人にはわからない理由で. **for ~s of**…の理由で: *for ~s of* health 健康上の理由で. **for some ~ (or other)** = **for one ~ or another** 何かの理由で, どうしたわけか. **for the simple ~ that**… ただ…というだけの理由で. **for whatever ~** 理由はどうあれ, いかなる理由にせよ. **in ~** 道理上; within REASON: I cannot *in* ~ do such a thing. わたしは当然そんなことはできない. **It stands to ~ that**…は理の当然である. **or you [he, she, they] will know the ~ why** «口» さもないとひどいめにあうぞ. **will [want to] know the ~ why** «口» おこり出す, 頭にくる. **with (good) ~** (…するのも)もっともだ, 無理がない: He complains *with* ~. 彼がこぼすのも無理はない. **within ~** 理にかなった, 常識の範囲内で: I'll do anything *within* ~ for him. 彼のためなら筋の通ったことは何でもする. **a woman's [the ladies'] ~** 女の理屈 《好きだから好きなのよの類》.

► *vi* **1** 論理的に考える, 推理[推論]する, 判断を下す: ~ *from* false premises 誤った前提から推論する. **2** 説きつける, 理を説く; «廃» 論ずる, 談ずる: ~ *against*…に理を説いて反対する / I ~*ed with* him *about* [*of, on*] the plan. その計画について彼に説いた / Come now, and let us ~ together 〘聖〙論じ合おうではないか《*Isa* 1: 18》. ► *vt* **1** 理論的に考え出す ‹*out*›: ~ *out* a problem 問題を推論して解決する. **2** 論じる ‹*what, whether, why*›, 論証[論断]する ‹*that*›; «古» 理由を示して正当化[支持]する. **3** 説得して…させる; 論理的に考えて…する: ~ sb *down* 人を説き伏せる / ~ sb *out of* his obstinacy 人を説いて偏屈を直させる / ~ sb *into* compliance [doing his duties] 人を説得して承諾させる[務めを果たさせる] / ~ one*self into* perplexity 自分で考え込んでわからなくなる / ~ *away* ‹痛みなどを›理屈で考えて退ける. ● **ours [yours, theirs, etc.] not to ~ why** «口» われわれ[あなた方, 彼らなど]には文句を言う権利はない《上からの指示に従わなくてはならないときに用いる; Tennyson の 'The Charge of the Light Brigade' (1854) より》.

♦ **~·er** *n* [OF＜L RATIO＝reason, computation]

réason·able *a* **1** 道理をわきまえた, わけのわかる, 無理[むちゃ]を言わない; «まれ» 理性のある: ~ person 〘法〙通常人, 合理人. **2** 道理に合った, 筋の通った; 無理のない, 穏当な; 妥当な, ほどほどの, そこそこの ‹値段など›; 手ごろな価格の; 応分の‹寄付など›: a ~ act [wish] もっともな行動[希望]. ♦ **~·ness** *n* **rèason·abílity** *n*

réason·ably *adv* 理にかなって; 正当に, 適度に, ほどほどに, そこそこ: ~ priced 手ごろな値段の, 安い.

réa·soned *a* 道理に基づいた, 理にかなった, 筋の通った; 詳細な理由を付した. ♦ **~·ly** *adv*

réason·ing *n* **1 a** 推理, 推論, 論究. **b** 理論, 論法; 推理力. **2** 証明. ► *a* 推理の; 理性のある: ~ power 推理力 / a ~ creature 人間. ♦ **~·ly** *adv*

réason·less *a* 理性をもたない; 道理に合わない; 道理をわきまえない, 無分別な, むやみな. ♦ **~·ly** *adv*

réason of státe 国家的な理由《しばしば為政者の口実》. [F *raison d'état*]

rè·assémble *vt, vi* 再び集める[集まる]; 新たに組み合わせる[組み立てる]. ♦ **rè·assémblage** *n* 再集合; 再組立て; 新しい集団.

rè·assémbly *n* 新たな集会, 再集会; 再組立て.

rè·assért *vt* あらためて主張[断言, 言明]する: ~ one's authority みずからの権威を再認識させる. ● **~ itself** よみがえる. ♦ **rè·as·sértion** *n* 再主張, 再言明.

rè·asséss *vt* 再評価する; 再賦課する; 再び割り当てる. ♦ **~·ment** *n*

rè·assígn *vt* 再び割り当てる[割り振る]; ‹人を›再配置する, 別の職務に就ける; 再譲渡する; 返還する. ♦ **~·ment** *n*

rè·assóciate *vt, vi* 再び連合[参加, 提携, 交際]する. ♦ **rè·associátion** *n*

rè·assúme *vt, vi* 再び取る, 取り戻す; 再び引き受ける; 再仮定する; 再び始める, 再開する. ♦ **rè·assúmption** *n*

rè·assúre *vt* 元気づける, 安心させる; 再確認する ‹*of*›; REINSURE: I ~*d* her *that* she would get well soon. まもなく元気になるよと言って彼女を安心させた / ~ one*self* of…を再確認する, あらためて納得する. ♦ **rè·assúrance** *n* 確約; 安心[安堵]させること; REINSURANCE.

rè·assúring *a* 安心させる, 元気づける, 気強い (encouraging), 慰安を与える. ♦ **~·ly** *adv*

reast /ríːst/ *vi* «スコ・北イング» REEST.

reat ⇨ REET.

re·ata /riǽtə, riáː-/ *n* LARIAT. [Sp]

rè·attách *vt* 再び取り付ける[装着する]. ► *vi* 再び付着する ‹*to*›. ♦ **~·ment** *n*

rè·attáck *vt, vi* 再び攻める, 再攻撃する.

rè·attáin *vt* 再び達成する. ♦ **rè·attáinment** *n*

rè·attémpt *vt, vi* 再び企てる[試みる], やりなおす. ► *n* やりなおし, 再試行.

Re·au·mur /réɪoumjʊ̀ər, ⌐⌐⌐´/ *a* レ氏[列氏]目盛の《水の氷点を 0°, 沸点を 80° とする; 略 R》. [↓]

Ré·au·mur /rèɪoumjúər; *F* reomyːr/ レオミュール **René-Antoine Ferchault de ~** (1683–1757)《フランスの科学者; 水の氷点を 0°, 沸点を 80° とする温度計を作製; 動物学者としても昆虫・軟体動物・鳥類などを研究》.

rè·áuthorize *vt* 再認定[再公認]する. ♦ **rè·authorizátion** *n*

reave[1] /ríːv/ «古» *vi, vt* (**~d, reft** /réft/) 略奪する; [°*pp*] …から奪う (bereave) ‹*of*›; 奪う, 運び去る ‹*away, from*›; 盗む (steal); 引き裂く (tear): parents *reft of* their children 子供を取られた[子供に死なれた]親たち. [OE *rēafian*]

reave[2] *vt* (**~d, reft** /réft/) «古» BURST. [?*reave*[1] and ON *rifa* to RIVE]

reav·er, riev·er /ríːvər/ *n* 略奪する[もぎ取る]人.

rè·awáke *vt, vi* 再びめざめさせる[めざめる].

rè·awáken *vt, vi* 再び覚醒させる[する], よみがえらせる[よみがえる].

reb /réb/ *n* [°R-]*«口» 南軍兵 (Johnny Reb). [*rebel*]

Reb /réb, rɛb/ *n* さま, 殿, 氏, さん (Rabbi)《Mr. に当たる敬称; ユダヤ人が, あるいはユダヤ人に対して用いる》. [Yid]

Re·ba /ríːbə/ リーバ《女子名; Rebecca の愛称》.

rè·bádge *vt* ‹商品を›新しい名前[ロゴ]で再発売する, 新ネーミング[新パッケージ]で発売する.

rè·bálance *vt* …のバランス[均衡, 釣合い]を取りなおす.

rè·baptíze *vt* 再洗礼する; …に名を付けなおす. ♦ **rè·báptism** *n* 再洗礼; 再命名.

re·bar /ríːbɑ̀ːr/ *n* 〘建〙鉄筋《鉄筋コンクリート建築に使われる鋼鉄棒》. [*reinforcing bar*]

re·bar·ba·tive /rɪbɑ́ːrbətɪv/ *a* «文» 人好きのしない, 虫の好かない, いやな. ♦ **~·ly** *adv* [F (*barbe* beard)]

re·báse *vt* ‹税金・指数などの›の評価[算定]基準を変える[変えて計算する].

re·bate[1] /ríːbèɪt, rɪbéɪt/ *vt* **1** ‹金額を›割り戻す; ‹請求額›から割引する; ‹人›に割戻しを与える. **2** …の力[効果]を弱める; ‹刃などを›鈍らせる; 〘紋〙‹紋章›の一部をカットする. ► *vi* 割戻しをする. ► *n* 《支払われた金額の》一部払い戻し, 割戻し, 還付(金), リベート. ♦ **ré·bat·able** *a* **ré·bat·er** *n* [OF *rabattre* (*re-*, ABATE)]

re·bate[2] /rǽbət, ríːbèɪt/ *n, vi* RABBET.

re·ba·to /rəbɑ́ːtoʊ/ *n* (*pl* **~s**) RABATO.

reb·be /rébə/ *n* ユダヤ人初等学校のヘブライ語の教師; 《特に》ハシド派のラビ[精神的指導者]. [Yid]

reb·betz·in, -bitz- /rébətsən/ *n* ラビ (rabbi) の夫人; 女性ラビ. [Yid (fem)＜*rebbe*]

re·bec, -beck /ríːbèk, rébɛk/ *n* レベック《中世・ルネサンスの 3 弦の擦弦楽器》. [変形＜OF *rebebe*]

Re·bec·ca /rɪbékə/ **1 a** レベッカ《女子名; 愛称 Reba, Becky》. **b** 〘聖〙REBEKAH. **2** レベッカ《**1**) Scott, *Ivanhoe* に登場するユダヤ人の娘 **2**) Du Maurier の同名の小説 (1938) 中の, 主人公の夫の亡妻》. [Heb＝binding]

Re·bek·ah /rɪbékə/ **1** レベッカ《女子名》. **2** 〘聖〙リベカ《Isaac の妻, Jacob と Esau の母; *Gen* 24–27, *Rom* 9: 10》. [↑]

reb·el /réb(ə)l/ *n* 反逆者, 反逆児, 造反者, 謀叛人 ‹*against, to*›; [*pl*] 反政府勢力 (＝**~ fórces**); [°R-]*反乱軍兵士《南北戦争の南軍兵》; [°R-]*«口» 南部の白人. ► *a* 謀叛の; 謀叛人の, 叛徒の; 反逆的な, 反抗的な: a ~ army 反乱軍. ► *vi* /rɪbél/ (**-ll-**) **1** 反逆する, 謀叛を起こす ‹*against, at*›; ‹権威・習慣などに›抗抗する, 造反する ‹*against*›. **2** 反感をもつ, 反発する, ぞっとしない ‹*at*›. [OF＜L (*re-*, *bellum* war)]

rébel·dom *n* 叛徒の制圧地域, *《特に南北戦争時の》南部連邦; 叛徒《集合的》; 反逆行為.

re·bel·lion /rɪbéljən/ *n* 反乱, 謀叛, 暴動; 《権力者に対する》反抗, 反逆: rise in ~ 暴動を起こす. [OF＜L＝revolt (of those conquered); ⇨ REBEL]

re·bel·lious /rɪbéljəs/ *a* **1** 反逆心のある, 反抗する, 反抗的な; 謀叛(人)の. **2** ‹病気が›治りにくい, 頑固な; ‹物事・動物などが›手に余る, 厄介な: ~ curls すぐにほつれてくる巻き毛[髪の毛]. ♦ **~·ly** *adv* **~·ness** *n*

rè·béllow «古・詩» *vt, vi* ‹風などが›ほえ返す; 大きく反響する ‹*to, with*›.

Rébel Withóut a Cáuse 『理由なき反抗』《米国映画 (1955); James Dean 主演》.

rébel yèll 反乱の雄叫(たけ)び《南北戦争で南軍の兵士が叫んだとされる》.

re·bet·i·ka /rɪbétɪkə/ *n* 〘楽〙レベティカ (＝*rembetika*)《ギリシアの歌謡曲》.

re·bíd 〘トランプ〙*vt, vi* (組札 (suit) を)もう一度ビッドする. ► *n* /⌐⌐/ 二度目のビッド.

re·bínd *vt* (**re·bóund**) 縛り変える; 製本しなおす.

re·bírth *n* 更生; 再生; 復活; 《死後の》転生.

re·bírth·ing *n* 〘精神医〙再生《患者に出生時を再体験させて, 出生時に由来する心的・情緒的問題点を取り除く心理療法》. ♦ **re·bírth·er** *n*

Re·blo·chon /*F* rəblɔʃɔ̃/ *n* ルブロション《フランス産の香りのよい全

乳ソフトチーズの一種). [F (dial)]

re·blóom *vi* 返り咲く; 若返る.

reb·o·ant /rébouənt/ *a* 《詩》響きわたる, 鳴り響く, 空高く反響する (reverberating). [L *reboo* to echo]

re·bóard *vi, vt* (…に)再搭乗[再乗船, 再乗車]する.

re·bóil *vt* 再び沸騰させる,《特に 含有された空気を抜くため》〈蒸留水などを〉再沸騰させる.

re·bóok *vt, vi* 再予約する; さらに先まで予約する.

re·bóot 〘電算〙 *vt* 〈オペレーティングシステムなどを〉ブートストラップ (bootstrap) により再度主記憶に読み込む,《そのようにして》〈コンピューターを〉再起動する, リブートする. ► *n* /⌐—⌐/ 再起動, リブート.

re·bop /rí:bàp/ *n* 〘ジャズ〙 BOP[1].

re·bóre *vt* …に再び穴をあける; 〈エンジンのシリンダーの〉直径を広げる, 再中ぐりする. ► *n* 再穿孔; 再中ぐり(したエンジン).

re·bórn *a* 生まれ変わった, 再生した, 生き返った.

rebóund[1] *v* REBIND の過去・過去分詞.

re·bound[2] *v* /rɪbáʊnd/ *vi* **1 a** 〈ボールなどが〉はね返る 〈*from*〉; 反響する (reecho); 〘バスケ・ホッケー〙 リバウンドを取る. **b** 〈行動(の報い)が〉はね返ってくる 〈*on*〉. **2** もとへ戻る, 盛り返す, 回復する. ► *vt* はね返す, はね返らせる, 戻らせる; 反響させる (reecho). ► *n* /rí:bàʊnd, *rɪbáʊnd/ **1** はね返り, 反発; こだま, やまびこ, 反響 (echo);《感情などの》反動;《物価などの》はね上がり, 上昇. **2** 〘バスケ・ホッケー〙 リバウンド《シュートが不成功に終わり, はね返ること; そのボール[パック]; リバウンド奪取》. **3** 回復, 立ち直り. **4** [[U]*attrib*]《病気などの》ぶり返し,《体重の》リバウンド. ● **on the ～** (1) はね返ったところを: catch [hit] a ball *on the* ～. (2)《感情などの》反動が起きたところで: He married this girl *on the* ～. 失恋の痛手をうけた反動でこの娘と結婚した / take [catch] sb *on* [*at*] *the* ～ 感情の反動を利用して人に思わぬ行動をとらせる. [OF *rebonder*; ⇨ BOUND[2]]

re·bóund·er *n* 〘バスケ〙 リバウンド(の扱い)が得意な選手;《円形の》ミニトランポリン.

re·bo·zo, -so /rɪbóʊzoʊ, -soʊ/ *n* (*pl* ～**s**) レボ(ー)ソ《メキシコ女性が頭や肩に巻く長いスカーフ》. [AmSp]

re·bránch *vi* さらに枝分かれする, 二次的分岐をつくる.

rè·bránd *vt* 〈製品などの〉名称を変更する, 〈企業・店舗・組織などの〉イメージを一新する; …の模様替えをする.

re·bréather *n* リブリーザー, (再)吸入器《呼気から CO_2 を除去し酸素を補って再利用する循環式呼吸器; 潜水・医療用》.

re·bróad·càst *vt* (～, ～**ed**) 再放送する; 中継放送する. ► *n* 再放送(番組); 中継放送(番組).

re·buff /rɪbʌ́f/ *n* はねつけること, 拒絶, 肘鉄砲; 阻止; 挫折. ► *vt* はねつける; 阻止する. [OF＜It＝a reprimand (*ri-* RE-, *buffo* puff, gust)]

re·buíld *vt, vi* 再建する, 修復する; 復元する;《経済・人生などを》立て直す (remodel). ► *n* 再建[修復, 復元](物). ♦ ～**·er** *n*

re·buke /rɪbjú:k/ *vt* 譴責(けんせき)する, 懲戒する, 非難する 〈*for*〉; …にとって戒めとなる; 抑制する, 阻止する. ► *n* 叱責, 非難: give [receive] a ～ 譴責する[される] / without ～ 非難すべき点なく. ♦ **re·búk·er** *n* **re·búk·ing·ly** *adv* [AF＝to beat, cut down wood (*busche* log)]

re·búry *vt* 再び埋める, 改葬する. ♦ **re·búrial** *n*

re·bus /rí:bəs/ *n* 判じ物[絵]《絵・記号・文字などの組合わせで語句を表わす》; 判じ絵紋《紋章使用者の名を表わしたもの》. [F＜L *rebus* (abl pl)＜*res* thing]

re·but /rɪbʌ́t/ *v* (**-tt-**) *vt* 〘法〙 論駁[反駁]する, …に反証を挙げる; やりこめる; はねつける, 退ける: *rebutting* evidence 〘法〙 反証. ► *vi* 反証を挙げる. ♦ ～**·ment** *n* **re·bút·ta·ble** *a* [AF *rebuter* (BUTT[4])]

re·bút·tal *n* 〘法〙 原告の反駁; 反証(の提出).

re·bút·ter *n* 反駁者; 反証, 反論; 〘法〙 被告第三訴答.

rec /rék/ *n* *RECREATION《しばしば 複合語で形容詞的に用いられる》; [[U]]RECREATION GROUND: REC ROOM [HALL] / ～ activities.

rec. receipt ♦ received ♦ receptacle ♦ recipe ♦ record ♦ recorded ♦ recorder ♦ recording ♦ recreation ♦ recreational.

re·cal·ci·trant /rɪkǽlsətrənt/ *a* 強情な, 反抗的な; 扱いにくい, 操作が厄介な; 〘医〙《治療に対して》不応性の; なじまない 〈*to*〉. ► *n* 手に負えない者, 強情っぱり, 反抗的な人. ♦ **re·cál·ci·trance, -cy** *n* ～**·ly** *adv* [L *recalcitro* to kick out (*calc- calx* heel)]

re·cal·ci·trate /rɪkǽlsətrèɪt/ *vi* 頑強に反抗[抵抗]する, 強情を張る 〈*against, at*〉; 蹴り返す. ♦ **re·càl·ci·trá·tion** *n*

re·cálculate *vt* 計算しなおす, 再検討する. ♦ **re·calculátion** *n* 再計算, 再検討.

re·ca·lesce /rì:kəlés/ *vi* 〘冶〙 再輝する.

re·ca·les·cence /rì:kəlés(ə)ns/ *n* 〘冶〙 再輝, 再熱(現象)《鋼などの冷却時にある温度に達すると一時的に発熱すること》. ♦ **rè·ca·lés·cent** *a*

re·call /rɪkɔ́:l/ *vt* **1 a** 思い出す, 想起する 〈*from*〉; 〈物事を〉思い出させる 〈*to* mind, sb〉: I cannot ～ his name [seeing him there]. 彼の名前[彼にそこで会ったこと]が思い出せない / The story ～*ed* old familiar faces *to* my mind. その話を聞いて昔なじみの顔が思い起こされた. **b** 〈事が〉想起させる, 似ている; 〈心・注意などを〉《現実などに》呼び戻す. **2 a** 〈選手・従業員などを〉呼び戻す, 復帰させる 〈*from*〉; 〈大使を〉召還[罷免]する; *〈公職者を〉リコールする; 〈欠陥商品を〉回収[リコール]する; 〘電算〙 〈データを〉呼び出す, 検索する. **b** 《詩》生き返らせる; 復活させる. **3** 〈命令などを〉取り消す, 撤回する. ► *n* /, rí:kɔ̀:l/ **1** 回想, 想起(力); 〘電算〙《データを漏らさず検索できる》再現能力[度] (cf. RELEVANCE): TOTAL RECALL. **2 a** 呼び戻し;《大使などの》召還; *リコール《一般投票による公職者の解任(権)》;《欠陥商品の》回収, リコール. **b** [the] 〘軍〙《らっぱ・太鼓などの》再集信号音; 〘海〙 召艇信号. **3** 取消し, 撤回. ● **beyond** [**past**] **～** 取返しのつかない. ♦ **re·cáll·able** *a* **re·càll·abíl·i·ty** *n* **re·cáll·er** *n*

re·ca·mier /rèɪkɑ:mjéɪ, reɪkǽmièɪ/ *n* レカミエ《時に背がなく, 一端が少し高くなって曲線を描いている寝椅子》. [Jacques-Louis David による *Récamier* 夫人の肖像画 (1800) に描かれていることから]

rè·canalizátion *n* 〘医〙《血管・精管などの》再疎通. ♦ **re·can·a·lize** /-kənǽlàɪz, -kǽn(ə)làɪz/ *vt*

re·cant /rɪkǽnt/ *vt* 〈信念・主張などを〉《公けに》取り消す, 撤回する; 〈約束などを〉取り消す. ► *vi* 自説を取り消す[誤りと認める]. ♦ ～**·er** *n* **re·can·ta·tion** /rì:kæntéɪʃ(ə)n/ *n* 取消し, 撤回, 変説. [L *re-*(*canto* to sing, CHANT)＝to revoke]

re·cáp[1] *vt* …に再び帽子をかぶらせる; …に新しい帽子をかぶらせる; *〈タイヤ〉に新しい踏み面を付ける, 山かけする, 更生させる (RETREAD). ► *n* /⌐—⌐/ 更生タイヤ; 《豪》定年退職後再就職した人 (retread). ♦ **re·cáp·pa·ble** *a*

ré·càp[2] 《口》 *n* 要点の繰返し; 要約 (recapitulation). ► *vt, vi* /, rɪkǽp/ 要約する (recapitulate): to ～ (以上を)要約すると.

re·càpital·izátion *n* 資本再構成.

re·cápital·ìze *vt* …の資本構成を改める.

rè·capítulate *vt* …の要点を繰り返す, 要約する; 〘生〙 〈個体が系統発生の諸段階を〉反復する, 繰り返す; 〘楽〙 〈提示部を〉再現する. ► *vi* 要約する. ♦ **rè·capítulator** *n* 要約者. [L; ⇨ CAPITULUM]

rè·capitulátion *n* 要点の繰返し; 概括, 要約 (summary); 〘生〙 発生反復; 〘楽〙《ソナタ形式の》再現部. ♦ **rè·ca·pít·u·là·tive, rè·ca·pít·u·la·tò·ry** /; -t(ə)ri/ *a*

re·cap·tion /rɪkǽpʃ(ə)n/ *n* 〘法〙《不法に占有されたものの》自力取戻し.

re·cápture *vt* 〈逃亡者などを〉再び捕える; 奪い返す, 取り戻す (retake); 〈ある感情などを〉よび起こす[戻す]; *〈特に 公益事業会社の一定額以上の収益を〉徴収する. ► *n* 奪還, 回復; *《政府による収益の一部の》徴収, 超過税; 取り返したもの[人]; 〘国際法〙 捕獲物取戻し.

re·cást *vt* 鋳なおす; 〈別の形に〉作り[書き]なおす 〈*in*〉; 計算しなおす; 〈劇〉の配役を変える, 〈俳優〉の役を変える. ► *n* /⌐—⌐, —⌐—; ⌐—⌐/ 改鋳(物); 改作(品); 数えなおし; 配役変更.

rec·ce /réki/ 《口》 *n* RECONNAISSANCE. ► *vt, vi* RECONNOITER.

rec·co /rékoʊ/ *n* (*pl* ～**s**) 《軍俗》 RECONNAISSANCE.

recd, rec'd received.

re·cede[1] /rɪsí:d/ *vi* **1** 退く, 後退する, 遠のく 〈*from*〉; 引っ込む, へこむ, 後方へ傾く; (髪の)生え際が後退する: ～ *from* (one's) view [mind] 視界[記憶]から遠のく / a *receding* chin 引っ込んだあご. **2** 〈契約・企てなどから〉手を引く, 〈約束・意見などを〉取り消す (withdraw) 〈*from*〉. **3** 減退[縮小]する; 〈価値・品質などが〉低下する, 落ちる; 〈印象・記憶が〉薄らぐ. ● **～ into the background** 勢力を失う. [L *re-*(*cess- cedo* to CEDE)]

re·céde[2] /ri-/ *vt* (もとの所有者に)返還する. [*re-*, CEDE]

re·céd·ing cólor 後退色《青・緑・紫など》.

re·ceipt /rɪsí:t/ *n* **1 a** 受取り, 受領, 領収; 受領証, 領収証(書), レシート; [[U]*pl*] 受け取ったもの, 受け取った食料[物品, 金銭], 受領高: make out a ～ 受領証を書く. **b** 《古》収税所; 《廃》容器: He saw a man, named Matthew, sitting at the ～ of custom. マタイという人が収税所にすわっているのを見た《*Matt* 9: 9》. **2** 《古風》 RECIPE. ● **be in ～ of…** 〘商〙 …を受け取る: I *am in* ～ *of* your letter dated…. 〈何〉日付けのお手紙落手しました. **on** (**the**) **～ of…** を受け取りしだい. ► *vt* 〈勘定書〉に領収済み (Received) と書く; …に領収証を出す. ► *vi* *領収証を出す 〈*for*〉. [AF *receite*＜L (pp)＜RECEIVE; *-p-* は L にならった挿入]

recéipt bòok 処方箋帳, 料理法帳; 受取帳《領収証(用紙)のつづり》.

re·céipt·or *n* 受領者; 〘米法〙 差押物受寄者.

re·céiv·able *a* 受け取られる; 受け取るべき, 支払いを要求できる; 信ずべき: accounts ～ 受取勘定 / bills ～ 受取手形 / a ～ certificate 信用できる証明書. ► *n* [*pl*] 受取勘定[手形].

re·ceive /rɪsí:v/ *vt* **1 a** 受ける, 受け取る, 受領する; 得る; 〈申し出などを〉受け付ける, 受理する; 〈盗品を〉買い入れる, 故買する: ～ the sacraments 聖餐を受ける / ～ a title 称号を受ける[得る] / I have ～*d* your kind invitation. ご招待状受け取りました / He ～*d* a gift *from* them, but did not accept it. 贈り物が届けられたが受け取らなかった. **b** 《テニスなどで》〈サーブを〉レシーブする (cf. SERVE); 〘通信〙 〈電波を〉受信する, 聴取する. **2** 経験する, (身に)受ける; 〈傷害を〉こうむる, 負う; 〈…に印・跡が〉つく: ～ insults [a warm welcome] 侮辱[暖かい歓迎]をうける / ～ formal education 公教育をうける / ～ a blow [an injury] / ～ a broken arm 腕の骨を折られる. **3** 〈力・重さ・敵など

を›受け止める, 支える; ‹液体などを›入れる, 収納する; 受け入れる, 収容する: The boat ~s a heavy load. その小船には重い荷が積み込める. **4** 迎え入れる, …の入会を許す; 歓迎する, 接見する ‹*as* a guest›; 《あるやり方で》受け止める: They were ~*d into* the church. 教会員として認められた / How did you ~ the offer? その申し出をどう受け止めましたか. **5** 理解する; 信ずる, 容認する, 受け入れる; ‹人の告解・誓言を›聴許する, 聞く, 受ける: The theory has been widely ~*d*. その学説は広く容認されている / I ~ it *as* certain [*as* prophecy]. それは確実だと[予言だと]信じている / ~ sb's confession [oath] 人の告解[誓言]を聴許する. ► *vi* **1** 物を受け取る; 聖餐を受ける, 聖体を拝領する (take Communion). **2** 応接する, 訪問を受ける: He ~*s* (= is at home) on Tuesdays. 火曜日を面会日としている. **3** 〔通信〕 受信[受像]する, 聴取する; 《テニスなどで》レシーブする. ● **~…at the hands of** sb 人から‹恩恵などを›受ける. **R~d with thanks the sum of**…. 金(きん)…ありがたく領収いたしました. [OF＜L *re-(cept-cipio=caipo* to take)=to get back again]

re·céived *a* 一般に認められた, 広く受け入れられた: ~ opinion 一般に認められた意見 / a ~ text 標準版, 公認本文 / ~ WISDOM.

Recéived Pronunciátion 容認発音《Received Standard の発音; 略 RP》.

Recéived Stándard (Énglish) 容認標準(英)語《英国のパブリックスクール, Oxford, Cambridge 両大学で, また 広く教養人の間で話される英語》.

re·céiv·er *n* **1 a** 受取人; 接待者; 〔テニス・アメフト〕 レシーバー; 〔野〕 CATCHER; 応戦者. **b** 収入役; 〔法〕 財産保全管理人, (破産)管財人, 収益管理人; 《盗品の》故買者, 贓物(ぞうぶつ)収受者: The ~ is as bad as the thief. 《諺》 故買人は盗人同様の悪人《人の悪口の受売りも悪いこと》. **2** 容器, 受(う)け, …溜(だめ), ガスタンク, 《排気鐘の》排気室; 〔化〕 受け器; 《小銃の》尾筒. **3** 受信機 (receiving set), 受話器, レシーバー, 《テレビの》受像機.

recéiver géneral (*pl* **recéivers géneral**) 《Massachusetts 州などの》収入役《公選職》; 〔英史〕 《州の》収入役《徴税して国庫に納める; 現在は Duchy of Lancaster にのみ残る》.

recéiver·shìp *n* 〔法〕 管財人の職[任期]; 財産保全管理: in ~ 財産保全管理を受けて.

re·céiv·ing *a* 受け取る; 歓迎の; 受信の. ► *n* 受け取ること; 《盗品の》故買.

recéiving blànket 《赤ちゃんをくるむ》湯上がりタオル.

recéiving énd 受ける側; 犠牲者; 《野球俗》 捕手の守備位置. ● **be at [on] the ~** 受ける側である; 攻撃の的になる, ‹…で›いやな思いをしている ‹*of*›.

recéiving lìne 《舞踏会・レセプションなどで》客を迎える主催側の列.

recéiving òrder ″《破産財産の》保全管理命令(書).

recéiving sèt 受信機, 受像機.

re·cen·cy /ríːs(ə)nsi/ *n* 最新, 新しさ, 新しいこと ‹*of*›.

récency effèct 〔心〕 新近効果《最後に出合ったできごとや項目が最も思い出したり思い浮かんだりしやすいこと》.

re·cen·sion /rɪsénʃ(ə)n/ *n* 校訂; 校訂本[版].

re·cent /ríːs(ə)nt/ *a* 近ごろの, 最近の (late), 新しい; 近代の (modern); [R-] 〔地質〕 現世(げんせい)の (Holocene): in ~ years 近年は / Ours is a ~ acquaintance. わたしたちの交際は日が浅い. ► *n* [the R-] 〔地質〕 現世. ♦ **~·ness** *n* [F or L *recent- recens*]

récent·ly *adv* 近ごろ, このごろ, 近来; [名詞的に前置詞の目的語として]: until quite ~ ごく最近までは. ★ lately, of late と同様に完了形にも過去形にも用いる: I saw [have seen] him quite ~. / It was only ~ that he got well.

re·cept /ríːsèpt/ *n* 〔心〕 類像《類似の刺激を繰り返し受けて形成される心象・概念》.

re·cep·ta·cle /rɪséptɪk(ə)l/ *n* **1** 容器; 置場, 貯蔵所[器]; 避難所. **2** 〔植〕 《ヒバマタ類の》生殖器床[托]; 〔植〕 花床, 花托 (=*torus*); *〔電〕 ソケット, コンセント, レセプタクル. [OF or L; ⇨ RECEIVE]

re·cep·tac·u·lum /rìːsèptǽkjələm/ *n* (*pl* **-la** /-lə/) 〔植〕 RECEPTACLE.

re·cep·ti·ble /rɪséptəb(ə)l/ *a* 受け取ることのできる, 受容できる.

re·cep·tion /rɪsépʃ(ə)n/ *n* **1** 受け取ること, 受領, 受理; 〔通信〕 接受, 聴取(状態), 受信(率), 受信[受像]感度; 〔アメフト〕 フォワードパスのレシーブ. **2** 応接, 接見, 接待; 歓迎, もてなし; 歓迎会, レセプション; RECEPTION ROOM; 《会社の》受付, 《ホテルの》フロント; ″《受付・フロント前の》ロビー: hold a ~ 歓迎会を催す ‹*for* sb› / give sb a cold ~ 人を冷たく迎える, 人に気のない反応をする / a warm ~ 暖かい[熱烈な]歓迎; [*iron*] 激しい抵抗 / a wedding ~ 結婚披露宴. **3** 人の受け止め方, 反応, 反響; 《新説などの》認容, 承認; 《知識の》受容(力), 理解(力); 感受, 感得: have [meet with] a favorable ~ 好評を得る. **4 a** 入会許可, 入会, 加入. **b** ″RECEPTION CLASS; ″新移民のための学級. [OF or L; ⇨ RECEIVE]

recéption cènter 《避難民・出稼ぎ人・新兵などの》収容センター.

recéption clàss ″ 準備学級《就学前の 4, 5 歳児のための学級》.

recéption clèrk ″《ホテルの》客室予約係, 受付係.

recéption dày 面会日.

recéption dèsk 《ホテルの》受付, 帳場, フロント.

recéption·ìsm *n* 〔神学〕 信受者主義《信仰をもって聖餐を受ける受餐者はパンとぶどう酒と共にキリストの体と血を受けるという説》.

recéption·ist *n* 《会社などの》応接係, 受付係, 《ホテルの》フロント係; 〔神学〕 信受者主義(信奉)者.

recéption òrder 〔英〕 《精神異常者の》収容命令.

recéption ròom 応接室, 接見室, 接待の間; 《病院の》待合室; ″客間(兼居間), リビングルーム.

re·cep·tive /rɪséptɪv/ *a* **1** 《新しい考え・提案などを》進んで受け入れる[聞き入れる], 理解を示す, 反応のよい ‹*to*›; 受容する ‹*of*›, 〔動〕 《オスの求愛行動を》受け入れる: a ~ mind [ear, attitude] / a ~ audience / ~ *to* new ideas. **2** ‹感覚器官が›受容(面)の; 感覚器官の. ♦ **~·ly** *adv* **~·ness** *n*

re·cep·tiv·i·ty /rìːsèptívəti, rɪ-/ *n* 受容性; 受容力, 感受力.

re·cep·tor /rɪséptər/ *n* 〔生理〕 受容器, 感覚器官 (sense organ); 〔生化〕 受容体, レセプター; 受信器.

re·cep·to·rol·o·gy /rɪsèptərálədʒi/ *n* 受容体学.

recéptor sìte 〔生化〕 《細胞中の》レセプター部位.

rè·certificátion *n* 証明(書)の更新.

re·cess /ríːsès, rɪsés/ *n* **1** 休み, 休憩; 《議会の》休会; *《法廷の》休廷; *《大学の》休暇; *《学校の》休み時間: at ~ 休憩時間に / go into ~ 休会する / in ~ 休会中で. **2 a** 隠遁地; [*pl*] 奥まった所, 奥底, 隅; 《山脈・海岸線などの》引っ込んだ所; ALCOVE; [″*pl*] 《俗》 《刑務所の》トイレ: in the inmost [innermost, deepest] ~*es* of…の奥に[で]は. **b** 〔解〕 陥凹(かんおう), 窩(か), 《器官の》凹所 (sinus). **3** 後退. ► *vt* **1** 凹所[壁龕(へきがん)], 床の間などに置く[隠す]; …に凹所[壁龕]を設ける. **2** *中断する, 休会[休廷]にする. ► *vi* *休会[休廷]する (adjourn), 休校する. ♦ **ré·cèssed** /, rɪsést/ *a* くぼみのある[に取り付けた]. [L (RECEDE[1])]

re·ces·sion[1] /rɪséʃ(ə)n/ *n* 退去, 後退; 《礼拝後などの》退場(の列); 引っ込んだ所, 凹所, くぼみ; 《一時的な》景気後退 (slump). ♦ **recéssion·àry** /; -(ə)ri/ *a* [L (↑)]

re·céssion[2] *n* 《占領地などの》返還. [RECEDE[2]]

recéssion·al *a* 退去の, 退場の; ″《議会が》休会の; *休廷の; 休暇の. ► *n* RECESSIONAL HYMN; 《礼拝後の》退場(の列).

recéssional hỳmn 退出賛美歌《礼拝式後, 牧師および聖歌隊が内陣から退場する間に歌われる》.

recéssional moráine 〔地質〕 後退堆石《氷河の退行の一時的休止を示す氷成堆積物》.

re·ces·sive /rɪsésɪv/ *a* 退行の, 逆行の; 表に出たがらない, 内向的な; 〔遺〕 劣性の (opp. *dominant*); 景気後退の: a ~ character 劣性形質. ► *n* 〔遺〕 劣性形質(をもつ生物). ♦ **~·ly** *adv* **~·ness, re·cès·sív·i·ty** *n*

recéssive áccent 〔音〕 逆行アクセント《語のアクセントが後部より前部へ移行する; 例 cigarétte → cígarette》.

Rech·ab·ite /rékəbàɪt/ *n* **1** 〔聖〕 レカブ人(びと)《荒野でテント生活をし, 飲酒をしなかった; *Jer* 35: 2》. **2** 禁酒者, 禁酒会員《特に 1835 年英国で結成された禁酒会 Independent Order of ~s の会員》. **3** テント生活者.

réc hàll* RECREATION HALL.

re·chárge *n* /, ríː—/ 充電; 再装薬; 再襲撃; 逆襲; 〔水文〕 涵養(かんよう)《地下水系に水が吸収されること, あるいは人工的に地下水供給を増加させること》. ► *vt, vi* 充電する; さらに装塡する; 再襲撃する; 再告発する; 《口》 元気[熱意, スタミナ]を回復させる[する], 「充電する」: ~ one's batteries [*fig*] 英気を養う, 「充電する」. ♦ **~·able** *a* 充電可能な. **~·er** *n* 充電器.

re·chárter *vt* …にあらためて特許状[許可]を与える. ► *n* 再特許, 再認可.

ré·chauf·fé /rèɪʃoʊféɪ, ―⌐―; *F* reʃofe/ *n* 〔料理〕 煮返し(もの); 《文章・小説などの》焼直し. ► *a* 温めなおした; 焼直しの.

re·cheat /rɪtʃíːt/ *n* 《古》 猟犬を集める角笛の音. [ME (OF *rachater* to assemble)]

re·chéck *vt, vi* 再び検査する, 再点検する. ► *n* /ríːtʃèk/ 再検査, 再点検.

re·cher·ché /rəʃɛərʃéɪ, ―⌐―; *F* rəʃɛrʃe/ *a* 精選した; 珍しい, 風変わりな; もってまわった, 変に気取った; 趣向を凝らした. [F (pp)＜*re-(chercher* to seek)=to make thorough search for]

re·chípping ″ チップの入換え; チップの内容変更《機能更新のほか盗んだ携帯電話の不正使用などのためにも行なわれる》.

re·chrísten *vt* 再命名する, …に新たに名をつける.

re·cid·i·vate /rɪsídəvèɪt/ *vi* 逆戻りする, 常習性をもつ, 常習化する. [L *recidivus* falling back]

re·cid·i·vism /rɪsídəvìz(ə)m/ *n* 〔法〕 常習的犯行, 累犯; 〔精神医〕 常習性, 累犯性.

re·cid·i·vist /rɪsídəvɪst/ *n, a* 〔法〕 常習犯(の), 累犯者(の). ♦ **re·cid·i·vís·tic** *a*

re·cid·i·vous /rɪsídəvəs/ *a* 罪を重ねやすい; 常習犯的な. [F＜L *recidivus* falling back; ⇨ RECEDE[1]]

Re·ci·fe /rəsíːfə/ レシフェ《ブラジル北東部 Pernambuco 州の州都・港湾都市; 旧称 Pernambuco》.

rec·i·pe /résəpìː; -pi/ *n* **1 a** 処方(箋)《略 R.》; 配合表; 《料理の》

調理法, レシピ ‹for›. **b** 秘訣, 妙案, 秘策 ‹for›; 悪い結果をもたらすもの ‹for›: a sure ～ *for* conflict きっと対立を生むもと. **2** RECEIPT. [L (2nd sg impv) ‹ *recipio* to RECEIVE, to take; 処方の書き出しの一語]

re·cip·i·ent /rɪsípiənt/ *n* 受納者, 受取人, 受容者, 受賞者; 受血者, 被移植者, 宿主; 容器. ► *a* 受け取る, 受容する; 受け入れることができる, 感受性[理解力]のある. ◆ **re·cíp·i·ence, -en·cy** *n* [F<It or L (RECEIVE)]

re·cip·ro·cal /rɪsíprək(ə)l/ *a* **1 a** 相互の (mutual); 互恵的な: ～ help [love] 相互扶助[相愛] / ～ trade 互恵通商 / a ～ treaty 互恵条約. **b** 〖文法〗相互関係の; 〖遺〗相反の‹交雑など›, 相互の, 交換的な‹転座›; 〖論〗換用できる. **2** 仕返しの, 報いの, 代償的な. **3** 相反する; 〖数〗相反の, 逆の; 〖海〗逆方向の: ～ proportion 反[逆]比例. ► *n* reciprocal な関係にあるもの; 〖文法〗RECIPROCAL PRONOUN, RECIPROCAL VERB; 〖数〗逆数, 反数. ◆ **～·ly** *adv* 相互(的)に, 互恵的に. **re·cip·ro·cál·i·ty** *n* [L *reciprocus* moving to and fro (*re-* back, *pro* forward)]

recíprocal cróss 〖遺〗正逆交雑《ある系統の雄と別の系統の雌, およびその逆の個体間での交雑》.

recíprocal línk 《インターネットの》相互リンク.

recíprocal óhm 〖電〗モー (mho).

recíprocal prónoun 〖文法〗相互代名詞《each other, one another など》.

recíprocal translocátion 〖遺〗相互[交換]転座《相同でない 2 染色体が相互に一部分を交換すること》.

recíprocal vèrb 〖文法〗相互動詞《相互的行為を表わす; kiss, meet など》.

re·cip·ro·cate /rɪsíprəkèɪt/ *vt, vi* **1** 交換する, やりとりする; 〖機〗往復運動をさせる[する]: *reciprocating* motion 往復運動. **2** 報いる, 返礼する; 応酬する ‹*with* a blow›. **3** 一致する, 相当する ‹*with*›. ◆ **re·cíp·ro·cà·tor** *n* 返報する人; 〖機〗往復機関.

re·cíp·ro·càt·ing èngine 〖機〗往復機関, レシプロエンジン.

re·cip·ro·ca·tion /rɪsìprəkéɪʃ(ə)n/ *n* 交換; 返報, 仕返し; 〖機〗往復運動; 一致, 対応. ◆ **re·cíp·ro·cà·tive, re·cip·ro·ca·to·ry** /rɪsíprəkətɔ̀:ri; -kèɪt(ə)ri/ *a*

rec·i·proc·i·ty /rèsəprásəti/ *n* 相互関係, 相互依存状態; 相互性; 交互作用; 交換; 〖商〗相互利益, 互恵主義.

reciprócity fàilure 〖写〗相反則不軌《照度が強すぎるか弱すぎるかの理由で相反則が成立しないこと》.

reciprócity làw 〖写〗相反則《感光における反応量は光の照度と照射時間の積に比例するという法則》.

re·círculate *vt, vi* 再循環させる[する]. ◆ **re·circulátion** *n*

re·ci·sion /rɪsíʒ(ə)n/ *n* 《法律などの》取消し, 廃棄.

re·cit·al /rɪsáɪtl/ *n* **1** リサイタル《一人のソロ演者または小グループによる演奏・歌・踊り・詩の朗読などの公演》; 《音楽・舞踊の生徒による》発表会, おさらい; 《もと》一作曲家の作品のみの演奏: give a vocal [piano] ～ 独唱会[ピアノ独奏会]を催す. **2** 詳述, 詳説; 話, 物語; 暗誦, 朗誦, 吟誦; 〖法〗《証書などの》事実の説明(部), 書出し部分. ◆ **～·ist** *n*

rec·i·ta·tion /rèsətéɪʃ(ə)n/ *n* 詳述, 詳説; *《特許請求項の》記載; 《詩文の》公開吟誦; 朗誦; 朗読会; 吟誦(詩)文; *日課の復誦; *教室課業時間.

rec·i·ta·tive[1] /rès(ə)tətí:v/ *n* **1** 〖楽〗叙唱, レチタティーヴォ《**1**) オペラ・オラトリオなどで歌うより語るほうに重きをおく唱法; そのための作品; cf. ARIA **2**) 器楽曲でレチタティーヴォ風のパッセージ》. **2** RECITATION. ► *a* レチタティーヴォ(風)の. [RECITE[1]]

rec·i·ta·tive[2] /résətèɪtɪv/ *a* 叙述[説話]の; リサイタルの. [↑]

rec·i·ta·ti·vo /rès(ə)tətí:voʊ/ *n* (*pl* ～**s**, **-vi** /-vi/) RECITATIVE[1]. [It]

re·cite[1] /rɪsáɪt/ *vt, vi* **1** 《聴衆の前で》暗誦する, 朗吟[朗詠]する; *‹日課を›教師の前で復誦する, ‹日課›についての質問に答える. **2** 物語る; 列挙する; 〖法〗‹事実を›文書で具陳する; *‹特許請求項が›記載する. ◆ **re·cít·er** *n* [OF or L *re-(cito* to CITE)=to read out]

re·cíte[2] *vt* 再び引用する.

re·cít·ing nòte 〖楽〗《単旋聖歌誦中の》朗誦音.

reck /rék/ *vi, vt* [*neg/inter*] 《古・詩》**1** 意に介する, 頓着する (care) ‹*of; if, though, that, how, whether*›: He ～*s* not *of* the danger. 危険をものともしない. **2** [非人称の it に伴って] (…に)関係する (concern): *It* ～*s* not.=What ～*s it*? どうでもかまわない. [OE *reccan* (‹?) and **rēcan*; cf. OHG *ruohhon* to take care]

réck·less *a* むこうみずな, 無謀な, 結果を顧みない, 無責任な; 意に介さない ‹*of* danger›: ～ driving 無謀運転, 暴走. ◆ **～·ly** *adv* **～·ness** *n*

Reck·ling·hau·sen /rèklɪŋháʊz(ə)n/ レックリングハウゼン《ドイツ北西部 North Rhine-Westphalia 州の市; Ruhr 地方の北の端に位置する》.

reck·on /rék(ə)n/ *vt* **1** 数え上げる ‹*up, over*›; 計算する (count); 総計する; 推定する; 《基準をもとに》決定する: *R*～ the cost of the trip before you go. 出かける前に旅費を計算してみなさい / He ～*ed up* the bill. 勘定書を総計した. **2** 断定[判断]する, みなす; 《口》思う《特に 米で, 挿入的にも用いる》; ‖《俗》いいと思う, 見込みありと思う: ～ sb *among* [*with*] one's enemies 敵の一人と考える / be ～*ed* (*to* be [*as, as being*]) the best swimmer in the class クラスで一番泳ぎがうまいと思われている / I ～ he is well over sixty. 60 をかなり越していると思う / She will come soon, I ～. 彼女はすぐに来るだろう. ► *vi* **1** 計算する, 勘定する, 数える; 支払う, 清算する. **2** *《口》判断する, 思う: It is a nice book as you ～. きみの思うとおりそれはおもしろい本だ. ● **～ for**…の用意をする; …の責任を取る. **～ in** 計算[勘定]に入れる: Did you ～ *in* this item? この項目を計算に入れましたか. **～ on**…をあてにする, 予測する: You can ～ *on* our help. 助けてあげるから安心してよい. **～ up** 合計する; 要約する. **～ with**…を考慮に入れる, 予期[覚悟]する; …を相手にする, …と取り組む; …に対して清算する; …を処理する, 処罰する (deal with): a man [force] to be ～*ed with* 侮りがたい男[勢力]. **～ without**…を考慮に入れない, 見落とす. **～ without one's** HOST[1]. ◆ **～·able** *a* [OE (*ge*)*recenian* to narrate, recount[1]; cf. G *rechnen*]

réckon·er *n* 計算者; 清算人; 勘定早見表.

réckon·ing *n* **1** 計算, 勘定 (calculation); 《酒屋などの》勘定書, つけ; 清算. **2 a** 《将来への》予測, 見込み; 見積もり, 評価; 〖海〗《天文観測による》船位(の算出), 《特に》DEAD RECKONING. **b** 判断; 過去の清算[告白]; 過去のあやまちへの審判, 罰: in the final ～ 最終的には / the DAY OF RECKONING. ● **be out in [of] one's ～** 勘定を間違える; あてがはずれる. **in [out of] the ～** 考慮対象にはいって[からはずれて].

re·claim /rɪkléɪm/ *vt* **1** 矯正する, 更生させる, 立ち直らせる (reform); 飼いならす, しつける; 改善[洗練, 教化]する (civilize); 救う, 救済する; ‹ことば›から差別的意味合いを払拭する: ～*ed* words 復権語《被差別者どうしでは親しみや誇りを込めて使われる差別語; nigger, queer など》. **2** 《埋立て・干拓・灌漑などにより》‹土地›に土地改良を施す, 利用できる土地にする, 耕地化する, 開拓する; ‹土地などを›本来の状態に戻す; 廃棄物から得る[回収する]; ‹廃棄物を›再生(利用)する: ～ land *from* the sea 海を埋め立てる / ～*ed* rubber [wool] 再生ゴム[《混紡織物からの》回収羊毛]. **3** RE-CLAIM. ► *vi* 抗議する; 《廃》大声を出す. ► *n* 矯正[更生, 教化, 再生](されたもの): past [beyond] ～ 回復[改心, 矯正, 教化]の見込みがなく. ◆ **～·able** *a* **～·ant, ～·er** *n* [OF<L *re-(clamo* to shout)=to exclaim]

re·cláim *vt* …の返還を要求する, 取り戻す, 回収する; 再要求する. [*re-*]

re·cla·ma /rɪklá:mə/ *n* 再考の要求[訴え]. ► *vi* 再考を求める, 方針変更を求める.

rec·la·ma·tion /rèkləméɪʃ(ə)n/ *n* 土地改良, 耕地化, 開拓, 干拓; 再生(利用); 更生, 矯正, 教化; 《動物の》馴致(じゅんち). [L; ⇨ RECLAIM]

ré·clame /reɪklá:m, *F* reklam/ *n* 人気, 評判, うけ, 世間の注目; 人気獲得の才能, 売名の欲求.

re·clássify *vt* 分類しなおす; …の義務兵役分類を変える; ‹情報など›の機密分類を変える. ◆ **re·classificátion** *n*

rec·li·nate /réklənèɪt, -nət/ *a* 〖植〗下に曲がった‹葉・茎›.

re·cline /rɪkláɪn/ *vt* ‹頭などを›もたせかける ‹*on*›. ► *vi* もたれる (lean), 横になる ‹*on, against*›; たよる ‹*upon*›. ◆ **re·clín·able** *a* **rec·li·na·tion** /rèklənéɪʃ(ə)n/ *n* [OF or L=to lean back]

re·clín·er *n* RECLINING CHAIR.

re·clín·ing chàir リクライニングチェア《背部と足台の角度が調整できる安楽椅子》.

reclíning séat 《乗物の》リクライニングシート.

re·clósable *a* ‹袋・包装容器など›再び密閉できる.

re·clóthe *vt* 再び着せる; 新たに着せる, 着替えさせる.

rec·luse /réklù:s, rɪklú:s; rɪklú:s/ *a* 隠遁した; わびしい. ► *n* 世捨て人, 隠遁者. ◆ **re·clú·sive** *a* 隠遁した; 孤独の. **～·ly** *adv* **～·ness** *n* [OF<L *re-(clus- cludo)*=to shut away]

re·clu·sion /rɪklú:ʒ(ə)n/ *n* 隠遁; 孤独; 社会的疎外.

re·cóal *vt, vi* (‹船など›に)石炭を補給する.

re·cóat *vt* 《ペンキなどで》塗り重ねる, 上塗りする; 塗りなおす.

re·códe *vt* 再符号化する, …に別のコード[符号]を割り当てる.

rec·og·ni·tion /rèkəgníʃ(ə)n, -kɪg-/ *n* **1** 見分けがつくこと, 見てわかること, 認識(すること), 認知, 見おぼえ; 挨拶, 目礼, 会釈; 〖心〗再認: escape ～《変装などにより》見破られずにすむ / name ～ 知名度. **2 a** 《権利などの》承認, 許可; 《政府・国家の》承認. **b** *発言の許可: seek ～ by the chair 議長に発言の許可を求める. **3** 《功労などを》認める[多とする]こと, 表彰; 《力量などを》認めること, 注目: receive [meet with] much ～ 大いに認められる. **4** 〖電算〗《文字情報の》読取り, 《音声の》認識. ● **beyond [out of] (all) ～** もとの面影もないほど, 見る影もなく. **in ～ of**…を認めて[たたえて]. ◆ **re·cog·ni·to·ry** /rɪkágnətɔ̀:ri; -t(ə)ri/, **re·cog·ni·tive** /rɪkágnətɪv/ *a* [L (RECOGNIZE)]

réc·og·nìz·able /‚ ⌐ ⌐ ⌐ ─ ─/ *a* 見分けがつく, それとわかる ‹*as*›; 見おぼえ[聞きおぼえ]のある; 認識[確認, 承認]可能な; 識別しやすい. ◆ **-ably** *adv* **rèc·og·nìz·abíl·i·ty** *n*

re·cog·ni·zance /rɪká(g)nəzəns/ *n* **1** 〖法〗誓約(書); 〖法〗誓約保証金: be released on one's own ～ 自己誓約に基づいて保釈される. **2** 《古》RECOGNITION; 《古》しるし (token). [OF=recognition; ⇨ RECOGNIZE]

R

re·cóg·ni·zant *a* 《古》 認める, 意識する 〈*of*〉.

rec·og·nize /rékəgnàɪz, -kɪg-/ *vt* **1 a** 見おぼえがある, (見て)思い出す; 明確に理解する, 悟る: I could scarcely ～ my old friend. 旧友を見てもほとんどわからないほどだった / ～ sb *by* his red hair 赤い髪によってその人とわかる. **b** 〈人を〉知り合いであると認める, (認めて)会釈する: They no longer ～ us. もはや会っても会釈しない / How will I ～ you? あなたとわかる目印が何かありますか《初対面の人が待ち合わせるときに使われる表現》. **2 a** 《事実として》受け入れる, 認識する; 認める, 承認する (acknowledge); 〈政府・国家を〉承認する; 認可[公認]する; 〘法〙〈非嫡出子を〉認知する: He is ～*d as* [*for, to* be] one of the greatest scholars on electronics. 電子工学の最高の学者であると認められている. **b** *…の発言を認める. **3** 〈功労などを〉認める, 表彰する; 〈人などを〉たたえる 〈*for*〉. **4** 〘電算〙〈情報などを〉認識する; 〘生化〙〈他の物質〉と分子形を適合させることによって結合[反応]する, 認識する. ► *vi* 〘米法〙 誓約証書[保釈証]を出す, 誓約する. ♦ **réc·og·niz·er** *n* ［OF＜L *re-*(*cognosco* to know); cf. COGNITION］

re·cog·ni·zee /rɪkɑ̀(g)nəzíː/ *n* 〘法〙 受誓約者.

re·cog·ni·zor /rɪkɑ̀(g)nəzɔ́ːr/ *n* 〘法〙 誓約者.

re·coil /rɪkɔ́ɪl/ *vi* **1** はね返る, 反動する 〈*on*〉; 〈発射後の砲が〉後座する; 〘理〙〈粒子などが〉反跳する: Plots sometimes ～ *upon* the plotters. / ～ *on oneself* [the head of the doer] 〈罪の報いなどが〉わが身に返る. **2** 退却[敗走]する; あとずさりする, ひるむ (shrink) 〈*before, from, at*〉; 《廃》 堕落する. ► *n* /, ríːkɔ̀ɪl/ **1** はね返り, 反動; 《発砲後の, 砲の》反動, 反衝, 後座; 《銃などの》はね返る範囲[距離]; 〘理〙 反跳. **2** あとずさり, 畏縮, いや気 〈*from*〉. ♦ **～·ing·ly** *adv* ［OF *reculer* (L *culus* buttocks)］

re·cóil *vt, vi* 巻きなおす[される].

récoil escàpement ANCHOR ESCAPEMENT.

recóil·less *a* 反動が(ほとんど)ない: a ～ gun 無反動砲.

récoil-óperated *a* 後座を利用した, 反動式の〈銃砲〉.

re·cóin *vt* 改鋳する.

re·cóin·age *n* 改鋳; 改鋳貨幣.

rec·ol·lect[1] /rèkəlékt/ *vt* **1** 思い出す (remember), 想起する: I don't ～ you. きみに見おぼえがない / I ～ his [him] telling me the story. 彼がその話をわたしにしたことを憶えている / Can you ～ how it was done? それをどうやったか思い出せますか / ～ one*self* しばらく忘れていた事を思い出す. ★ remember に比べて, 忘れた事を思い出すために意識的[特別]な努力をするという気持が強い. **2** 〈みずから(の心)を〉宗教的思索[瞑想]に沈潜させる. ► *vi* 思い出す: as far as I can ～ わたしの思い出せるかぎりでは. ［L *re-*(*collect- colligo* to COLLECT[1])］

Rec·ol·lect /rékəlèkt/ *n* RECOLLET.

rè·collect *vt* **1** 再び集める. **2** [[s]**rè·colléct**[2]] 〈勇気などを〉取り戻す, 持ち直す: ～ oneself [one's thoughts] 気を落ちつける, 《はっと気づいて》冷静になる, 我にかえる, みずからを取り戻す. ［*re-*］

rè·colléct·ed *a* 落ちついた, 冷静な; 瞑想にふけった; 思い出した, 記憶によみがえった.

rec·ol·lec·tion /rèkəlékʃ(ə)n/ *n* **1** 思い起こすこと, 回想, 回顧, 想起; 記憶(力); [[°]*pl*] 追懐, 思い出. **2** 心の平静, 《特に》宗教的な心の沈潜, 瞑想. ● **be past** [**beyond**] **～** 思い出せない. **have no ～ of**…の記憶がない. **in** [**within**] **one's ～** 記憶にある. **to the best of my ～** わたしの記憶するかぎりでは. ♦ **rèc·ol·léc·tive** *a*

rè·colléction *n* RE-COLLECT すること.

Re·col·let /rékəlèɪ/ *n* 聖フランシスコ会原始会則派の人《16 世紀後期にフランスで成立したフランシスコ会の改革派》.

re·cólonize *vt* 再び植民地にする, 再植民地化する. ♦ **re·colonizátion** *n*

re·cólor *vt* 塗りなおす, 色上げする.

re·com·bi·nant /rikɑ́mbənənt/ 〘遺〙 *a* 組換え型の[による]. ► *n* 組換え体, 組換え型.

recombinant DNA /—́ dìːèné/ 〘遺〙 組換え DNA《生物から抽出した DNA を試験管内で組み換えて得た DNA》.

recombinant DNA research /—́ dìːèné —̀—/ 〘遺〙 組換え DNA 研究《組換え DNA を細胞に移入して増殖させる》.

re·combinátion *n* 再結合; 〘遺〙 組換え. ♦ **～·al** *a*

recombinátional repáir 〘遺〙《DNA 分子の》組換え修復.

rè·combíne *vt, vi* 再び結合する, 結合しなおす.

rè·comménce *vt, vi* 再び始める, 再開する; やりなおす. ♦ **～·ment** *n* 再開, やりなおし.

rec·om·mend /rèkəménd/ *vt* **1 a** 推薦[推奨]する, 薦める: ～ sb a good dictionary＝～ a good dictionary *to* sb / ～ sb *as* a good cook [*for* a post] / ～ one's own person 自薦する. **b** 気に入らせる, 好ましく思わせる, 魅力あるものにする: His manners ～ him. 彼は態度がよいので人に好かれる / The plan has little to ～ it. その計画にはあまり魅力がない. **2** 勧める, 促す, 忠告する (advise): I ～ that you [《英》 you to] try this ointment for sunburn. **3** 頼む, ゆだねる, 託する 〈*to*〉: I ～*ed* my*self* [my soul] *to* God. 神に身[魂]を任せた. ► *n* 《口》 RECOMMENDATION. ♦ **～·able** *a* 推薦できる, 勧められる. **～·er** *n* **rèc·om·ménd·a·tò·ry** /; -t(ə)ri/ *a* ［L (*re-*)］

rec·om·men·da·tion /rèkəməndéɪʃ(ə)n, -mèn-/ *n* **1** 推薦, 推奨, 推輓(すいばん), 推挙, 引立て. **2** 推薦状 (＝letter of ～); 長所, 取柄, 好ましいところ. **3** 勧告, 勧め, 提案.

recomménd·ed *a* 推奨される, 薦められる, おすすめの: come highly ～ 高く評価されている, 非常に評判がよい.

rè·commíssion *vt* 再び任命[委任]する, 再就役させる. ► *n* 再任; RECOMMITMENT.

rè·commít *vt* 再び委託する[ゆだねる]; 〈議案などを〉再び委員会に付託する; 〈罪などを〉再び犯す. ♦ **～·ment, rè·commíttal** *n* 再委託; 《議案の》再付託; 再犯.

rec·om·pense /rékəmpèns/ *vt* **1** …に報いる, 返報する, …の仕返しをする: ～ him *for* his services＝～ his services *to* him＝～ him his services 彼の奉仕に報いる / ～ good *with* evil 善に報いるに悪をもってする. **2** 〈損害などを〉償う. ► *vi* 報いる; 償う. ► *n* 返報; 報酬 (reward); 償い, 賠償. ［OF＜L; ⇨ COMPENSATE］

re·compíle *vt, n* 〘電算〙 再コンパイル(する), コンパイルしなおす. ♦ **re·compilátion** *n*

rè·compóse *vt* 作りなおす, 改組する; 〈感情などを〉落ちつかせる, 鎮める; 〘印〙 組み替える. ♦ **rè·composítion** *n*

re·con[1] /rɪkɑ́n/*《口》 *n* RECONNAISSANCE. ► *vt, vi* RECONNOITER.

recon[2] *n* 〘遺〙 組換え単位, リコン. ［*recombination, -on*[2]］

re·cóncentrate *vt, vi* 再び集中する; 〈軍隊を〉ある地点に結集する.

rec·on·cil·able /rèkənsáɪləb(ə)l, ←—̀—— —/ *a* 調停[和解]できる, 調停の見込みがある; 調和[両立]させられる. ♦ **-ably** *adv* **rèc·on·cìl·a·bíl·i·ty** *n* **～·ness** *n*

rec·on·cile /rékənsàɪl/ *vt* **1** 和解させる; 〈争いを〉調停する; 両立する[調整がつく, 折り合いがつく]ようにする, 調和[整合]させる 〈*with*〉: ～ persons *to* each other＝～ a person *to* [*with*] another 二人を仲直りさせる / ～ one view *to* [*with*] another 甲と乙の見解に調整をつける. **2** 甘んじさせる, あきらめさせる, 承諾させる 〈*to* disagreeables, *to* do*ing*〉: ～ one*self* [be ～*d*] *to*…に甘んじる, …をしかたないこととして受け入れる. **3** 〈神聖を汚された教会堂などを〉清める. **4** 〈計算書を〉照合確認する, …の帳尻を合わせる. ► *vi* 和解する, 折り合う, 折り合いをつける; 調和する. ♦ **～·ment** *n* RECONCILIATION. **-cìl·er** *n* ［OF or L; ⇨ CONCILIATE］

rec·on·cil·i·a·tion /rèkənsìliéɪʃ(ə)n/ *n* 和解; 調停; 調和, 折り合い, 調整; 服従, あきらめ; 〘カト〙 和解の秘跡《悔悛の秘跡 (penance) の別称; 罪の告白と赦しの結果, 神との和解がなることによる名称》. ♦ **rec·on·cil·i·a·to·ry** /rèkənsíliətɔ̀ːri, -ljə-; -t(ə)ri/ *a*

reconciliátion ròom ROOM OF RECONCILIATION.

rè·condénse *vt, vi* 再び凝結させる[する].

rec·on·dite /rékəndàɪt, rɪkɑ́n-/ *a* 深遠[深玄]な, 晦渋な, 難解な; ほとんど知られていない; 見えない, 秘められた, 隠された. ♦ **～·ly** *adv* **～·ness** *n* ［L＝put away (pp)〈 *re-*(*condo* to hide)］

rè·condítion *vt* 使える状態に回復させる, 修理[修復]する; 〈人を〉改心させる, 〈態度を〉改める; 〈反応を〉回復させる.

rè·condúct *vt* 連れ戻す, 出発点に戻す (conduct back).

rè·confígure *vt* 〈航空機・コンピューター〉の型[部品]を変更する. ♦ **rè·configurátion** *n*

rè·confírm *vt* 再確認する, 《特に飛行機の》〈予約を〉再確認する, リコンファームする. ♦ **re·confirmátion** *n* 再確認, リコンファメーション.

re·con·nais·sance /rɪkɑ́nəzəns, -səns; -s(ə)ns/ *n* 踏査, (下)検分, 調査; 〘軍〙 偵察; 偵察隊: ～ in force 強行偵察. ［F＝recognition; ⇨ RECOGNIZE］

recónnaissance sàtellite 偵察[スパイ]衛星.

rè·connéct *vt* 再びつなぐ, 再結合[連結]する. ♦ **rè·connéction** *n*

re·con·nois·sance /rɪkɑ́nəzəns, -səns; -s(ə)ns/ *n* RECONNAISSANCE.

re·con·noi·ter | **-tre** /rìːkənɔ́ɪtər, rèk-/ *vt, vi* 偵察する, 下検分する; 踏査する. ► *n* RECONNAISSANCE. ♦ **～·er** | **-trer** *n* 偵察者. ［F＜L; ⇨ RECOGNIZE］

re·cónquer *vt* 再び征服する, 《特に》征服して取り返す[奪回する]. ♦ **re·cónquest** *n*

re·cónsecrate *vt* 〈汚れた教会堂などを〉再び聖別する, 再び神の用に供する[奉献する]. ♦ **re·consecrátion** *n*

rè·consíder *vt, vi* 再考する, 考え直す; 再び審議する. ♦ **rè·considerátion** *n* 再考; 再審議.

rè·consígn *vt* 再び付託する, 付託しなおす.

rè·consígn·ment *n* 再付託; 〘商〙《経路・荷渡し地・荷受人などについての》送り状の変更.

rè·consólidate *vt, vi* 再び固める[固まる]; 再び統合する. ♦ **rè·consolidátion** *n*

rè·constítuent *a* 新組織を造る; 新たに精力を与える. ► *n* 強壮剤.

re·cónstitute *vt* 再構成[再組成, 再編制, 再制定]する; 〈濃縮果汁などに〉に水を加えてもとに戻す, 還元する. ♦ **re·constitútion** *n*

rè·constrúct *vt* **1** 再建する (rebuild), 復興する, 改造する; 復元する. **2** 《できごとなどを》(頭の中で)再現する; 〘言〙《比較によって》〈古い形を〉再建する; 〈臓器・体組織などを〉再建する. ♦ **～·ible,**

~·able *a* -constrúctor *n*

rè·constrúction *n* 再建, 再構成, 改造, 復興; 《できごとなどの》再現; 再建[復元]されたもの; 〖医〗《器官や組織の》再建; 《MRI や CT で測定データからの画像の》再構成; [the R-] 〖米史〗 再建, 再編入《南北戦争後に行なわれた, 分離した南部 11 州の連邦への再統合(期) (1865–77)》.

Reconstrúction Àcts *pl* [the] 〖米史〗 再建法《南北戦争後 1866 年に復帰した Tennessee 州以外の南部 10 州を連邦に復帰させるようにした法律 (1867–68)》.

Reconstrúction Finánce Corporàtion [the] 〖米史〗 復興金融公社《銀行・生命保険会社・鉄道などに融資を行なった公社 (1932–57); 略 RFC》.

rè·constrúction·ist *n* 再建主義者, 改造主義者; [°R-] 〖ユダヤ教〗《米国での》再建主義者. ◆ **-ism** *n*

rè·constrúctive *a* 再建的な, 改築の; 構造改革的な; 改心させることを意図した. ◆ **~·ly** *adv* **~·ness** *n*

reconstrúctive súrgery 〖外科〗 再建手術《形成外科の技術を用いて, 破壊された外観や機能を回復させたり, 先天的欠陥を矯正したりする手術》.

rè·contéxtual·ìze *vt* 〈文学・芸術作品を〉別の情況[文脈]にあてはめる.

rè·convéne *vt, vi* 再び召集[集合]する.

rè·convérsion *n* 再改宗, 復党; 復興, 復旧, 復帰; 切換え, 産業転換; 《機械の》再改装.

rè·convért *vt, vi* 再改宗[復党]させる[する]; 旧態に復させる[する]; 切り換える, 転換する; 再改装する.

rè·convéy *vt* 前の位置[場所]に戻す; 〈土地などを〉前の所有者に戻す, 再譲渡する. ◆ **~·ance** *n* 再譲渡.

re·cópy *vt* …の写しを再びとる[とりなおす].

re·cord[1] /rɪkɔ́:rd/ *vt* **1 a** 記録する 〈*in, on*〉; 登録する (register); 記録に残す; 公式に述べる[発表する]; …のしるし[証拠]を示す: ~ one's VOTE. **b** 録音[録画]する: The music was ~*ed from* a live broadcast (*onto* tape). その音楽は生放送から(テープに)録音された. **2** 示す, 告げる; 〈温度計などが〉表示する: ~ a protest 抗議の意志を示す / The thermometer ~*ed* 25°. ► *vi* **1** 記録[録音, 録画]する. **2** 〈演奏家・楽器が〉録音に向く: an instrument that ~*s* well 録音に向く楽器. ◆ **~·able** *a* [OF *recorder*<L=to remember (*cord-* *cors* heart)]

rec·ord[2] /rékərd; -ɔ:d/ *n* **1 a** 記録; 登録; 〖法〗 正式記録; 訴訟記録; 証拠, 証言, 説明. **b** 成績; 競技記録, 《特に》最高記録, レコード. **c** 履歴; 素姓; 犯罪歴, 前科: a family ~ 系図 / police ~*s* 前科 / have a good [bad] ~ 履歴がよい[悪い]. **2** 記録をしるしたもの, 登録簿, 記念碑; 音[映像]の記録, レコード, 音盤. **3** 〖電算〗 レコード《データベースの構成単位をなす 1 件 1 件のデータ; 通例 いくつかの field からなる》. ● **bear ~ to**…の証言をする. **beat [break, cut] a ~** 記録を破る. **change the ~** 《口》 同じことの繰返しをやめる. **for the ~** 一応言っておくが. **get [put, set] the ~ straight** 誤解を正す. **go [place oneself] on ~** 公けに意見を述べる, 言質を与える. **have a ~** 前科がある. **keep to the ~** 本題[本筋]からそれない. **off the ~** 公式には引用[報道]しないで, 非公式で[の], 発表してはいけない, オフレコの: The President's comment was strictly *off the* ~. **of ~** 記録された, 確証された, 確かな: a MATTER OF RECORD. **on (the) ~** 記録されて; 公表されて, 広く知れわたって: the greatest earthquake *on* ~ 未曾有の大地震. **put…on ~** 公式に発言する. **set a ~** 記録をうち立てる. **take [call] to ~**=call to WITNESS. **travel out of the ~** 本題からそれる. ► *a* 記録的な, 空前の: a ~ attendance 記録的な大入り / a ~ crop 大豊作. ◆ **~·less** *a* [OF (n)=remembrance (↑)]

re·cor·da·tion /rèkɔ:rdéɪʃ(ə)n, -ər-/ *n* 記録すること; 《ある》記録.

récord brèaker 記録破り(をした人).

récord-brèak·ing *a* 記録的な, 記録破りの, 空前の: a ~ crop.

récord chànger レコードチェンジャー《レコードを自動的に連続して演奏するプレーヤー; その機構》.

récord dèck レコードデッキ《レコードプレーヤーのターンテーブル・モーター・アームなど, 電子部品以外のもの》.

recórd·ed delívery" 簡易書留 (cf. REGISTERED POST).

recórd·er *n* 録音[録画]機, テープレコーダー (tape recorder); 記録器[計]; 受信器; 〖楽〗 リコーダー, ブロックフレーテ《縦笛》; 記録係, 登録者; 《映画・レコードの》録音係; 〖英〗 非常勤裁判官, レコーダー《英法曹界で, 資格取得後 10 年を経過した barrister, solicitor で, crown court の裁判官をつとめるよう指名された者》; 〖英〗《旧 quarter sessions の》市裁判官. ◆ **~·ship** *n*

récord hòlder 記録[レコード]保持者.

recórd·ing *a* 記録する, 記録係の; (自動)記録仕掛けの. ► *n* 録音; レコード, 録音[録画]テープ; 録音[録画]されたもの; 録音の質, 《特に》忠実度.

recórding àngel 〖キ教〗 記録天使《人の善業悪業を記録にとどめる天使》.

recórding hèad 《音盤に音を刻む》カッター (cutter); 《テープ[ビデオ]レコーダーの》録音[録画]ヘッド.

recórding instrument 〖工〗 記録計[器]《自記気圧計・地震計など, グラフ式記録を作る計器》.

recórding sècretary 《団体などの》記録係.

recórd·ist *n* 記録係, 《特に 映画の》録音係.

récord lìbrary レコードライブラリー.

récord of achíevement" 《生徒などの》通知表, 個人成績簿.

Récord Òffice [the (Public) ~] 〖英〗 公立記録保管所, 公文書館《London にあり, Domesday Book を始めとする Norman Conquest 以来の英国の重要記録が保管・閲覧されている》.

récord plàyer レコードプレーヤー.

récord-sètting *a* 記録を樹立した, 記録的な.

re·co-re·co /rékourékou/ *n* レコレコ《パーカッションの一種で, 竹などに何本も凸部を作り, へらなどでこすって音を出す》.

re·córk *vt* 〈ワインボトル〉にコルク栓をはめなおす; 〈ワインボトル〉のコルク栓を取り替える.

R

re·count[1] /rɪkáunt/ *vt* 詳しく述べる, 物語る; 順序立てて述べる, 数え上げる, 列挙する. ◆ **~·er** *n* [AF *re-*(*conter* to COUNT[1])]

re·cóunt[2] /ri-/ *vt, vi* 再び数える, 数えなおす. ► *n* /rí: ⏤, ri ⏤/ 《投票などの》数えなおし, 再計数.

re·count·al /rɪkáuntl/ *n* 詳説, 詳述.

re·coup /rɪkú:p/ *vt* 取り戻す (regain), 回収する, 回復する; 〈人〉に償う, 埋め合わせる; 〖法〗 差し引く, 控除する: He ~*ed* me *for* the loss. わたしに損失を弁償してくれた / ~ one*self* 入費[損失]を取り戻す. ► *vi* 失ったものを取り戻す; 〖法〗 控除請求をする《原告の請求する賠償額を削減すべきことを主張する》; 回復する (recuperate). ► *n* 差し引き; 埋合わせ. ◆ **~·able** *a* **~·ment** *n* [F *re-*(*couper*) =to cut back]

re·course /rí:kɔ:rs, rɪkɔ́:rs/ *n* たよること, 依頼; 頼みとするもの[人], よすが; 〖法〗 遡求(そきゅう)(権), 償還請求(権); 〖法〗 二次的請求権: Our ~ in illness is (*to*) a doctor. 病気の時にたよりになるのは医者だ / without ~ 償還義務を負わず, 遡求なし(で)[を排除して]. ● **have ~ to**…にたよる, …を用いる. **without ~ to**…によらないで. [OF<L=a running back; ⇨ COURSE[1]]

re·cov·er /rɪkʌ́vər/ *vt* **1** 取り戻す, 回復する 〈*from*〉; 正常な位置[姿]に戻す; 〖軍〗〈武器を〉戻す; 〖フェン〗《突いたあと》〈剣を〉構えの姿勢に戻す; 〖スポ〗〈ハンブルしたボールなどを〉取り戻す, 押える, 拾う; 〖電算〗 回復させる《軽微な故障状態から正常な状態に復す》: ~ one's health 健康を回復する / ~ one's feet [legs] 〈倒れた人が〉起き上がる. **2** 再発見[再確認]する; 〈死体などを〉捜し出す. **3 a** 生き返らせる, 回復させる; 改心させる; 《古》 解放する, 助ける: ~ one*self* 正気に返る; 落ちつく; 正常な姿勢に戻る, バランスを取り戻す; 手足が自由になる. **b** 埋め立てる; 《鉱石・廃棄物などから》取り出す, 回収する, 再生する: ~ land *from* the sea 海を埋め立てる. **4** 〈損失を〉償う; 〖法〗〈損害賠償を〉取る, 〈土地〉の権原を獲得する. **5** 《まれ》 引き返す; 《古》 …に着く. ► *vi* **1 a** 《力・落ちつきなどを》取り戻す, もとどおりになる 〈*from*〉; 復旧する, 復興する; 回復[平癒]する 〈*from* [*of*] an illness〉; 〖電算〗 回復する. **b** 〖フェン・泳・ボートなど〗 RECOVERY の姿勢をとる; 〖スポ〗《ハンブルしたボールなどを》取り戻す, 押える. **2** 〖法〗 訴訟に勝つ, 勝訴する. ► *n* 姿勢の回復 (recovery): at the ~ 構えの姿勢に直って. ◆ **~·able** *a* **~·ability** *n* **~·er** *n* [AF<L RECUPERATE]

re·cóver *vt* 再びおおう, おおいなおす; 〈傘などを〉張り替える; 〈本〉の表紙を付け替える. [*re-*]

recóvered mémory 回復記憶《過去の恐しい経験の記憶を思い出したもの》.

recóver·ing *a* 回復途上の[しつつある].

re·cov·ery /rɪkʌ́vəri/ *n* **1** 取り戻すこと; 《宇宙船カプセルなどの》回収; 《石油・天然ガスなどの》回収, 採収, 再生; 〖鉱〗 実収率《選鉱工程で原料から採取しえた成分の量[比率]》. **2 a** 回復, 復旧; 景気回復; 《病気・けがからの》回復; 〖電算〗 回復, 修復《軽微な故障状態からの》: make a full ~ 完治する / error ~ 〖電算〗 エラーの修復. **b** 〖法〗 権利の回復; 勝訴; 不動産回復; 《判決で認められた》(損害)賠償. **3** 〖フェン〗 姿勢の立て直し; 〖泳・ボートなど〗 次のストロークにはいるため腕[オールなど]を前へ戻すこと; 〖ゴルフ〗 リカバリーショット《ボールをラフ[バンカー]からフェアウェー[グリーン]に戻すストローク》.

recóvery posìtion" 〖医〗 回復[昏睡]体位 (=*semi-prone position*) 《昏睡中の窒息を防ぐため救急措置でとらせる姿勢; 腹臥を下にして寝かせて上になった側の脚と腕を前方に折り曲げ, 曲げた手を頭の下にあてがって支える》.

recóvery prògram 復興計画; 〖電算〗 データ復旧プログラム; 《アルコール・麻薬依存者に対する》回復プログラム, リカバリープログラム (=*12-step program*): EUROPEAN RECOVERY PROGRAM.

recóvery ròom 《病院の》回復室, リカバリー室《手術直後から一般病棟に移すまで患者の容態を見る》.

recóvery stòck 〖証券〗 リカバリー株, 戻り待ち株《値は下がっているが回復の見込みのあるもの》.

recóvery vèhicle" 《故障車などの》回収車, レッカー車.

rec·re·ant /rékriənt/ 《文》 *a* 臆病な, 卑怯な; 変節した, 不誠実な. ► *n* 臆病[卑怯]者; 裏切り者. ◆ **réc·re·an·cy, -ance** *n* **~·ly** *adv* [OF (pres p) 〈 *recroire* to surrender]

rec·re·ate /rékrièɪt/ *vt, vi* 休養させる[する]; 英気を養わせる[養

う], 気晴らしをさせる[する]: ～ one*self with* gardening 庭いじりして気晴らしをする. [L *re-(creo* to CREATE)]

rè-creáte *vt* 再創造する; 再現する, 《特に 想像力で》再形成する. ◆ **rè-creátable** *a* **-creátive** *a* **-creátor** *n*

rec·re·ation /rèkriéɪʃ(ə)n/ *n* 休養, 気晴らし, 娯楽, レクリエーション. ◆ **～·al** *a* **～·al·ly** *adv*

rè-creátion *n* 改造(物), 再形成, 再創造.

recreátional drúg 快楽用麻薬《marijuana, cocaine など》.

recreátional véhicle レクリエーション用車両, レジャーカー《camper, trailer, motor home, dune buggy など; 略 RV》.

recreátion gròund" 《公共の》遊び場, 運動場, (児童)公園 (playground).

recreátion·ist *n* 《特に 戸外で》レクリエーションを楽しむ人, 行楽者.

recreátion ròom [hàll]* 《家庭・病院またはクラブの》娯楽室, 遊戯室, ゲーム室 (=*rec room [hall]*).

rec·re·ative /rékrièɪtɪv/ *a* 保養[気晴らし]になる, 元気を回復させる (enlivening). ◆ **～·ly** *adv* **～·ness** *n*

rè·credéntial *n* 信任答状《使節が解任されて接受国から帰国する際, 接受国元首が使節派遣国元首にあてて出す友好不変を記した書状; cf. LETTER OF CREDENCE》.

rec·re·ment /rékrəmənt/ *n* 〖生理〗再帰液; 廃棄物, 《鉱石の》かなくそ. ◆ **-men·tal** /rèkrəméntl/ *a*

rec·re·men·ti·tious /rèkrəməntíʃəs, -mèn-/ *a* 不純物の; 余計な, むだな.

re·crim·i·nate /rɪkrímənèɪt/ *vi, vt* 非難し返す, 反訴する. ◆ **re·crìm·i·ná·tion** *n* 《相手の非難に対する》やり返し, 非難合戦, なじり合い; 〖法〗反対告訴. **re·crím·i·na·to·ry** /-nətɔ̀ːri; -nèɪt(ə)ri/, **re·crím·i·nà·tive** *a* [L *re-(criminor* to accuse＜CRIME)]

réc ròom* RECREATION ROOM.

re·cróss *vi, vt* 再び横断する, 渡り返す; 再び交差する.

re·cru·desce /rìːkrudés/ *vi* 〈痛み・病気・不安などが〉再発する, 再燃する, ぶり返す. [L *re-(crudesco* to be aggravated＜CRUDE)]

rè·cru·dés·cence *n* 再発, ぶり返し, 再燃.

rè·cru·dés·cent *a* 再発[再燃]した, 再び痛み出す.

re·cruit /rɪkrúːt/ *n* **1 a** 新兵, 補充兵; 〖米陸軍〗二等兵, 〖海軍〗三等水兵. **b** 新人, 新会員, 新党員, 新入生; 新米. **2** 新規に補充[補給]したもの. ► *vt* **1 a** 〈軍隊・団体〉に新兵[新人]を入れる, 新兵[新人]で補充する[つくる]: ～ a new party *from* the middle class 中流階級出の党員で新党を編成する. **b** 〈新兵・新人を〉入れる, 入隊[入会, 入団, 入党]させる 〈*into* the forces, *for* [*to*] a team〉; 採用する, 起用する, 雇う. **c** 《口》〈人〉に(…してくれと)頼む 〈*to do*〉. **2** 〈たくわえを〉補充する (replenish); 増す (add to): ～ one's stores. **3** 回復させる, 元気づける: ～ one*self* 保養する. ► *vi* 新兵[新人]を募集する[採用する, 入れる]; 補充をする; 《古》体力[気力]を回復する, 保養する. ◆ **～·al** *n* 補充. **～·er** *n* **～·able** *a* [C17=reinforcement＜F *recrute* (dial)=*recrue*; ⇨ CREW[1]]

recrúit·ing òfficer 徴兵官, 徴募官.

recrúit·ment *n* **1** 新兵[新人]補充. **2** 〖生態〗個体の増加(度), 加入, 加入量. **3** 〖生理〗漸増, 漸増加.

recrúitment àgency 人材斡旋業[会社], 就職情報業.

re·crýstallize *vt, vi* 再結晶させる[する], 繰り返し結晶させる[する]. ◆ **re·crystallizátion** *n*

rec. sec. °recording secretary.

rect-[1] /rékt/, **rec·ti-** /réktə/ *comb form* 「直」「直角」 [L (*rectus* straight)]

rect-[2] /rékt/, **rec·to-** /réktou, -tə/ *comb form* 「直腸 (rectum)」

recta *n* RECTUM の複数形.

rec·tal /rékt(ə)l/ *a* 直腸 (rectum) の; 直腸近くの[に影響する]. ◆ **～·ly** *adv*

rec·tan·gle /réktæŋg(ə)l/ *n* 矩形(くけい), 《特に》長方形. [F or L (*rect-*[1], ANGLE[1])]

rec·tan·gu·lar /rɛktǽŋgjələr/ *a* 長方形[矩形]の; 方形の面[底面]を有する, 直角(で交わる辺[面])を有する; 直交する: a ～ parallelepiped 直方体. ◆ **～·ly** *adv* **rec·tàn·gu·lár·i·ty** *n*

rectángular coórdinates *pl* 〖数〗直交座標.

rectángular hypérbola 〖数〗直角双曲線.

recti *n* RECTUS の複数形.

recti- /réktə/ ⇨ RECT-[1].

rec·ti·fi·able /réktəfàɪəb(ə)l/ *a* 〖数〗長さのある, 求長可能な〈曲線〉. ◆ **rèc·ti·fi·abíl·i·ty** *n*

rec·ti·fi·ca·tion /rèktəfəkéɪʃ(ə)n/ *n* 改正, 修正, 矯正, 訂正; 調整; 〖化〗精留; 〖電〗整流; 〖数〗求長法; 偏位修正《傾いて撮影された空中写真などを鉛直写真に修正すること》.

réctified spírit 〖化・薬〗精留エタノール《エタノール 95.6%, 水 4.4% の混合物で, 定沸点をもつ》.

réc·ti·fì·er *n* 改正[修正]者; 〖化〗精留器[管, 塔]; 〖電〗整流器; 調味師, ブレンダー, レクティファイヤー《ウイスキーなどをほかのアルコール飲料や水とブレンドしたり, 混ぜて割ったりして所定のプルーフにする》.

rec·ti·fy /réktəfàɪ/ *vt* **1** 改正[修正]する, 矯正する, 直す, 訂正する; 〈弊風などを〉除く; 〖機〗調整する. **2** 〖化〗精留する; 〖電〗整流する: a ～*ing* detector 〖電〗整流検波器 / a ～*ing* tube [valve] 〖電〗整流管 / a ～ing column 〖化〗精留管. **3** 〖数〗〈曲線の弧〉の長さを求める. **4** 《アルコール飲料の原酒を水その他の液体を加えて》調味する, ブレンドする, レクティファイする. [OF or L (*rect-*[1])]

rèc·ti·línear, -líneal *a* 直線の, 直線で囲まれた; 直進する; 〖建〗垂直式の (perpendicular); 〖写〗歪曲収差を補正した〈レンズ〉. ◆ **-línear·ly** *adv* **-linearity** *n* [L (*rect-*[1], LINE[1])]

rec·ti·tude /réktət(j)ùːd/ *n* 正しさ, 正直, 方正, 廉直; 《判断・方法の》正しさ, 正確 (correctness); 独善 (self-righteousness); 《まれ》まっすぐ. ◆ **rèc·ti·tú·di·nous** /-t(j)úːd(ə)nəs/ *a* 正しい; 正直な; まっすぐな; 清廉ぶる. [OF or L (*rectus* right)]

rec·to /réktou/ *n* (*pl* **～s**) 《書物の》右ページ《奇数ページ; 略 r.; opp. *reverse*》; 紙の表面《先に読むべき側; opp. *verso*》. [L=on the right (side)]

rec·to·cele /réktəsìːl/ *n* 〖医〗直腸瘤.

rec·tor /réktər/ *n* **1** 〖英国教〗教区司祭[牧師], 主任司祭, レクター《教区を管理する禄付きの司祭; かつては教区の十分の一税 (tithes) の全収入を受領した; cf. VICAR》; 〖英国教〗《team ministry の》主任牧師; 《米国聖公会など監督派教会の》教区牧師; 〖カト〗主任司祭, 《イエズス会などの》神学校長, 修道院長. **2** 院長, 校長, 学長, 総長; 〖スコ〗LORD RECTOR. **3** 《まれ》指導者, 監督; 《廃》統治者. ◆ **～·ate** /-rət/ *n* RECTOR の職[任期]. **rec·to·ri·al** /rɛktɔ́ːriəl/ *a* **～·ship** *n* rector の職. [OF or L=ruler (*rect- rego* to rule)]

rec·to·ry /rékt(ə)ri/ *n* RECTOR の住宅, 司祭[牧師]館; rector の禄[管区], 《rector が管理する》教区教会.

rec·trix /réktrɪks/ *n* (*pl* **-tri·ces** /réktrəsìːz, rɛktráɪsiz/) 〖鳥〗尾羽(おばね).

rec·tum /réktəm/ *n* (*pl* **～s, -ta** /-tə/) 〖解〗直腸. [L=straight]

rec·tus /réktəs/ *n* (*pl* **-ti** /-tàɪ, -tìː/) 〖解〗直筋, 《特に》腹直筋 (=～ **ab·dó·mi·nis** /-æbdɑ́mənəs/).

re·cu·ler pour mieux sau·ter /*F* rəkyle pur mjø sote/ 一歩後退二歩前進. [F=to draw back in order to make a better jump]

re·cum·ben·cy /rɪkʌ́mbənsi/ *n* もたれ掛かり, 横になること; 横臥の姿勢; 休息 (repose).

re·cum·bent /rɪkʌ́mbənt/ *a* 横になった; もたれ掛かった (reclining); 不活発な, 怠惰な; 〖生〗横臥(おうが)部[位]の; 〖地質〗〈褶曲が〉横臥の. ► *n* 横になった人, 横臥しているもの; リカンベント《後方に寝そべった姿勢で乗る自転車》. ◆ **～·ly** *adv* [L *re-(cumbo* to lie)=to recline]

re·cu·per·ate /rɪk(j)úːpərèɪt/ *vt* 〈健康・力などを〉回復する, 取り戻す. ► *vi* 健康[力]を取り戻す; 損失を取り返す, 立ち直る. ◆ **re·cù·per·á·tion** *n* 回復, 立ち直り. **re·cú·per·able** *a* [L *recupero* to recover]

re·cu·per·a·tive /rɪk(j)úːpərèɪtɪv, -rət-/ *a* 回復の; 回復に役立つ, 元気のつく. ◆ **～·ness** *n*

re·cú·per·à·tor *n* 回復者; 回収熱交換器, 復熱装置 (regenerator); 《大砲の》復座機.

re·cu·per·a·to·ry /rɪk(j)úːpərətɔ̀ːri; -t(ə)ri/ *a* RECUPERATION の, RECUPERATOR の.

re·cur /rɪkə́ːr/ *vi* (**-rr-**) **1 a** 《前の考え[話]に》立ち戻る, 立ち返って話す[考える]〈*to* a subject〉. **b** 〈記憶などが〉心に再び浮かぶ, (また)思い出される: ～ *to* sb [sb's mind, sb's memory]. **2** 《時を隔てて》繰り返し起こる, 再発する; 繰り返す; 〖数〗〈小数など〉循環する (circulate): Leap years ～ every four years. 閏年は 4 年ごとに来る. **3** たよる, 訴える 〈*to*〉. [L (*curro* to run)]

re·cúr·rence *n* 再出現, 再発; 循環; 回想, 思い出; たよること (recourse) 〈*to*〉: ～ rate 《病気などの》再発率 / have ～ *to* arms 武力に訴える.

recúrrence fòrmula 〖数〗漸化式(ぜんかしき).

re·cúr·rent *a* 繰り返される, 再発[再出現]する; 〖解〗〈神経などが〉反回性の. ◆ **～·ly** *adv*

recúrrent féver 〖医〗回帰熱 (relapsing fever).

re·cúr·ring *a* 繰り返し発生する; 〖数〗循環する. ◆ **～·ly** *adv* 繰り返し(繰り返し); 時々.

recúrring décimal 〖数〗REPEATING DECIMAL.

recúrring fráction 〖数〗CONTINUED FRACTION.

re·cur·sion /rɪkə́ːrʒ(ə)n/ *n* 回帰 (return); 〖数〗《漸化式による》帰納; 〖電算〗反復, 再帰.

recúrsion fòrmula RECURRENCE FORMULA.

re·cur·sive /rɪkə́ːrsɪv/ *a* 〖数〗帰納的な; 繰り返す, 循環的な, 再帰的な. ◆ **～·ly** *adv* **～·ness** *n*

recúrsive ácronym 〖言〗自己言及型頭字語《GNU など》.

recúrsive fúnction 〖数・論〗再帰[帰納的]関数; 〖電算〗再帰関数《自分自身を呼び出す関数》.

recúrsive subróutine 〖電算〗再帰サブルーチン《自分自身をコールすることのできるサブルーチン》.

re·cur·vate /rɪkə́ːrvət, -vèɪt/ *a* 反り返った, 後屈の.

re·cúrve *vt* 後方に反(そ)らせる. ► *vi* 〈風・流れなどが〉曲がって戻

る, 反曲する. ► *n* /ㅗ ⸺/ 〘弓〙 リカーブ《両端が前方へ反り返った弓》. ◆ **-cúrvature** *n* ［L (*re-*)］

re·cúrved *a* 上方に反った, 反曲した.

rec·u·sance /rékjəz(ə)ns/ *n* RECUSANCY.

réc·u·san·cy *n* 服従拒否; 〘英史〙国教忌避.

réc·u·sant *a*, *n* 権力[規則, 社会慣行など]への服従を拒む(人); 〘英史〙国教忌避(者)(の)《特に 16–18 世紀のカトリック教徒》.

re·cuse /rɪkjúːz/ *vt* 〘法〙〈裁判官・陪審員などを〉忌避する; [～ *-self*]《特定の事件において》〈裁判官などが〉みずからを不適格とする; [～ *-self*]《裁判官などを》辞退する; [～ *-self*] 身を引く, 控える 〈*from*〉. ► *vi* 《裁判官などを》辞退する. ◆ **re·cú·sal** *n* ［L *recuso* to refuse; ⇨ CAUSE］

re·cut /rikʌ́t, riːkʌ̀t/ *vt* 再切断する; 〈映画フィルムなどを〉再編集する.

rec·vee, rec-v /rèkvíː/ *n* 《口》 RECREATIONAL VEHICLE.

re·cý·cla·ble *a*, *n* 再生利用可能な(もの). ◆ **re·cỳ·cla·bíl·i·ty** *n*

re·cýcle *vt* 再循環させる; 循環[再生]処理する, 再生利用する; 回収[再生]する (recover); 作り変える, 手直しする; 再利用[再使用]する, 修復[改修]する; 〈原油による余剰利益を〉還流する. ► *vi* 再循環する; 秒読みを中止して前の時点に戻る, 秒読みを再開する; 〈電子装置が〉操作開始前の状態に戻る; 再生利用する. ► *n* 再循環, リサイクル. ◆ **re·cýcler** *n*

recýcle bìn 〘電算〙ごみ箱《Windows で, 削除操作を行なったファイルを格納するアイコン》.

re·cýcling *n* 再循環, 再利用, 再生, リサイクリング, リサイクル; *リサイクルできるもの, 資源ごみ: a ～ plant リサイクル工場.

red[1] /réd/ *a* (**réd·der; réd·dest**) **1 a** 赤い, 赤色の; 赤系統の; 赤みがかった; 赤毛の; 赤銅色の皮膚をした; 血色のよい (ruddy). **b** 〈商売など〉赤字の (opp. *black*). **c** 《地図で》英領の. **d** 〈スキーのスロープが〉準上級者向けの, ややむずかしい (cf. GREEN). **2 a** 《怒り・恥ずかしさ・当惑などで》(顔が)赤くなった; 〈目が〉《充血して・泣きはらして》赤い; 血に染まった: have a ～ face 恥ずかしい思いをする, 赤面する / go [turn] ～ (in the face) (顔が)赤くなる / Was my face ～! 恥ずかしかったのなんのって, 顔から火の出る思いだった / RED HANDS. **b** 赤熱した; 燃えるような, 激しい〈戦い〉. **3** [ᵒR-] 赤の, 過激な, 革命的な, 赤化した, 共産主義(国)の, ソ連の (cf. PINK[1]); 《口》左翼の, 急進的な, アカの: better *R*～ than dead (戦争で)死ぬよりはアカになるほうがまし《冷戦期の反戦スローガン; red と dead を入れ替えた反共スローガンも使われた》. **4** *《俗》〈場所が〉利益のあがる, もうかる. ● **paint the map ～** 大英帝国の領土を広げる. PAINT **the town ～**. ► *n* **1** 赤, 赤色, 赤色えのぐ[染料, 顔料]. **2** 赤い[赤っぽい]色をしたもの: **a** 赤毛の動物; 赤い布きれ, 赤い衣服; 赤いしるしのチームの選手; [R-] 《口》赤毛《愛称》; [*pl*; ᵒR-s] 北米先住民. **b** [the] 〘簿〙赤字 (⇨ 成句). **c** [one [a] ～] *《俗》 RED CENT; 《snooker などの》赤球; 〘ルーレットなど〙赤; 〘弓〙《標的の中心にある金色のすぐ外側を囲む》赤輪; [ᵘ*pl*] *《俗》 Seconal の赤いカプセル (＝*red devils*); 赤ワイン. **d** [the, the R-] 〘英史〙《17 世紀に英国の艦隊が Blue, Red, White に分かれていた時の》赤色艦隊. **3** 過激派, [ᵒR-] 共産主義者; 《口》左翼, 急進派, アカ: the *R*～*s* 赤軍. ● **go [get] into the ～** 赤字を出す, 欠損をきたす. **in [out of] the ～** 《口》赤字を出して[出さずに]. **～s under the bed(s)** 潜入している共産党員. **see ～** 《口》激怒する, かっとなる. **the ～, white and blue** 《口》米国旗, 星条旗.
► *vt*, *vi* (**-dd-**) REDDEN.
［OE *rēad*; cf. G *rot*, L *ruber*, *rufus* RUFOUS］

red[2] *vt*, *vi* REDD[1].

Red **1** レッド《男子名; 女子名》. **2** [the] RED RIVER.

red- *pref* 《母音・h の前の》RE- の異形: *red*eem, *red*olent, *red*ound, *red*integrate.

red. reduce ♦ reduction.

re·dact /rɪdǽkt/ *vt* 《問題のある部分を除いて》出版[発表]してもいい形にする; 編集する (edit); 〈問題のある部分を〉〈文書から〉除く; 〈口述書などを〉作成する; 書き物にする, …の草稿を作る. ◆ **re·dác·tor** *n* 編集人, 校訂者.

re·dac·tion /rɪdǽkʃ(ə)n/ *n* 編集, 校訂, 改訂; 版, 改訂版, 翻案. ◆ **～·al** *a*

réd ádmiral 〘昆〙アタランタアカタテハ《欧州・北米産》.

réd alért 赤色防空警報《最終段階の空襲警報》; 非常態勢, 緊急非常事態: be [go] on ～ 非常態勢をとっている[とる].

réd álga 〘植〙紅藻.

re·dan /rɪdǽn/ *n* 〘城〙凸角堡(とつかくほ).

Réd Ángus 〘畜〙レッドアンガス種(の牛)《Aberdeen Angus の一品種で, 赤みがかった被毛をもつ肉用種》.

réd ánt 〘昆〙赤アリ, 《特に》イエヒメアリ (pharaoh ant).

red·ar·gue /rɪdɑ́ːrgju/ *vt* 《古》論駁する (disprove).

Réd Ármy [the] 赤軍《**1)** 1918–46 年のソ連陸軍の公式名 **2)** 日本赤軍》; [the] 紅軍《中国人民解放軍の初期 (1927–37) における名称》; [the] RED ARMY FACTION.

Réd Ármy Fàction [the] 《ドイツの》赤軍派 (BAADER-MEINHOF GANG).

Réd Árrows [the] 〘軍〙レッドアローズ《英空軍の曲技飛行チーム》.

réd-àrse *n* ᴵᴵ《卑》新兵.

réd ársenic REALGAR.

réd·àssed *a* *《卑》激怒して (cf. *get the red* ASS[2]).

re·dáte *vt* あらためて…の日時を定める; …の日付を変更する.

réd·bàck *n* 〘動〙セアカゴケグモ (＝～ **spíder**)《ヒメグモ科の毒グモ; 雌の腹部背側に赤い縞が見られる; 豪州・ニュージーランドなどに生息する》.

réd-bàcked móuse 〘動〙ヤチネズミ (＝*red-backed vole*)《欧州・アジア・アメリカ産》.

réd-bàcked sándpiper 〘鳥〙ハマシギ (dunlin).

réd-bàcked shríke 〘鳥〙セアカモズ《ユーラシア産》.

réd-bàcked vóle RED-BACKED MOUSE.

réd bág 〘英〙赤袋《法廷弁護士が法服を入れる布袋; よい仕事をした主任でない法廷弁護士に Queen's Counsel が与える; cf. BLUE BAG》.

réd-bàit *vi*, *vt* [ᵒR-] 共産主義者だとして弾圧[攻撃, 非難]する, アカ狩りをする. ◆ **～·er** *n* **～·ing** *n*

réd báll *《俗》急行貨物列車; *《俗》急行便《列車・トラック・バス》. ［貨車につけた赤い印より］

réd bárk 《上等の》赤キナ皮.

Réd Báron [the] 赤い男爵, レッド・バロン《第一次大戦中のドイツの撃墜王 RICHTHOFEN 男爵の異称》.

réd bártsia 〘植〙ゴマノハグサ科のピンクの穂状花序をつける一年草《ヨーロッパ全域に分布する半寄生植物》.

réd bát 〘動〙アカコウモリ《北米産》.

réd báy 〘植〙米国南部原産のワニナシ属の小木《クスノキ科; 芯材は赤》.

réd béan 〘植〙**a** アズキ; 赤インゲン(マメ)《赤褐色の kidney bean; 米国南部でよく米と煮込み (～s and rice) にする》. **b** 豪州産センダン科の樹木《材が rosewood に似る》.

réd béds *pl* 〘地質〙赤色層, 赤色床《赤色を呈する砂岩・泥岩などの堆積岩層》.

réd béet 〘野菜〙赤カブ, ビートの根 (beetroot).

réd-bèllied wóodpecker 〘鳥〙ワキアカシマセゲラ, ズアカシマセゲラ《北米東部産》.

réd·bèlly dáce, réd-bèllied dáce 〘魚〙アカハラデース《北米産; コイ科》.

réd bélt 《柔道など》赤帯(の人).

Réd Berèts / ; -béreɪ/ *pl* [the] レッドベレー《英国陸軍のパラシュート部隊のあだ名; 赤いベレーをかぶっている》.

réd bíddy ᴵᴵ《口》安物の[メチルアルコールを混ぜた]赤ワイン.

réd bíll 〘鳥〙くちばしの赤い各種の鳥: **a** ススイロミヤコドリ《ニュージーランド・豪州産》. **b** テンニンチョウ《アフリカ産》. **c** オナガカエデチョウ《アフリカ産》. **d** アカハシオナガガモ《アフリカ産》.

réd bírch 〘植〙**1 a** カバノキ属の高木 (river birch). **b** キハダカンバ (yellow birch) [ベツラレンタ (sweet birch)] の赤い芯材. **2** ニュージーランド原産ナンキョクブナ属の一種.

réd·bìrd *n* **1** 〘鳥〙**a** ショウジョウコウカンチョウ (cardinal). **b** アカフウキンチョウ (＝*scarlet tanager*). **c** ウソの類の鳥. **2** 《俗》セコナール (Seconal) の赤いカプセル.

réd blìndness 〘医〙赤色(せきしょく)盲 (protanopia). ◆ **réd-blìnd** *a* 赤色盲の.

réd blóod cèll [còrpuscle] 赤血球 (＝*erythrocyte*, *red cell*, *red corpuscle*).

réd-blóod·ed 《口》*a* 男らしい, 勇ましい, 精力旺盛な; 暴力ものの, 流血の〈小説〉. ◆ **～·ness** *n*

réd bòard *《俗》《鉄道の》赤信号.

réd·bòne *n* 〘犬〙レッドボーン(ハウンド)《アメリカ原産の, もとアライグマ猟用の赤色の中型犬》.

Réd Bóok **1** [the] 《19 世紀英国の》『貴紳録』《nobility と gentry の人名を載せた赤表紙の本》. **2** [the] 〘電算〙レッドブック《規格を定めた標準資料; CD の物理的な仕様を定めたものなど》.

réd bráss 〘冶〙赤色黄銅.

réd·brèast *n* 〘鳥〙赤胸の鳥《robin など》; 〘魚〙腹の赤っぽいサンフィッシュ科の淡水魚 (＝**réd-brèast·ed bréam**)《米国東部産》.

réd-brèasted mergánser 〘鳥〙ウミアイサ.

réd-brèasted snípe 〘鳥〙DOWITCHER.

réd·brìck *a* 赤煉瓦造りの; [ᵒR-] 赤煉瓦の《19 世紀あるいは 20 世紀初期に創立された英国の大学についていう; cf. OXBRIDGE, PLATE-GLASS》. ► *n* [ᵒR-] 赤煉瓦大学, レッドブリック.

Réd·brìdge レッドブリッジ《London boroughs の一つ》.

Réd Brigádes *pl* [the] 赤い旅団《イタリアの都市ゲリラ》.

réd·bùd *n* 〘植〙アメリカハナズオウ《北米原産》.

réd bùg* **a** 《南部・中部》ツツガムシ (chigger). **b** アカホシカメムシ (cotton stainer).

réd cábbage 赤キャベツ.

réd·càp *n* ᴵᴵ《口》憲兵; *《鉄道などの》赤帽; ᴵᴵ《方》ゴシキヒワ (goldfinch)《欧州産》.

réd cárd レッドカード《サッカーなどで審判が選手に退場を命じる時に示す赤いカード》. ◆ **réd-cárd** *vt* …にレッドカードを出す.

réd-cárpet *a* 《貴賓に対するように》丁重な; *《口》豪華な, 高級な:

get the ～ treatment 丁重な扱いをうける.

réd cárpet 《貴賓の出入りのための》緋色のじゅうたん; [the] 丁重な歓迎, 盛大なもてなし. ●**roll out the ～ (for…)** (…を)丁重[盛大]に歓迎する.

réd cédar 〘植〙 **a** エンピツビャクシン (＝eastern ～) 《材は鉛筆・指物・枕木用材; 北米東部原産》. **b** アメリカネズコ, ベイスギ (米杉) (＝western ～) 《北米西部産クロベ属の高木; 40 m 以上になる》.

réd céll RED BLOOD CELL.

réd cént *《口》 赤銭 《1 セント貨はもとは純銅貨》; [*neg*] *《口》 びた銭, わずかばかり, ちっと: *not* have *a* ～ 一文無しである / *not* care [worth, give] *a* ～.

réd chànnel レッドチャンネル 《入国の際に通関審査を必要とする旅行者用の通路[ブース]; cf. GREEN CHANNEL》.

réd-chèsted cúckoo 〘鳥〙 チャムネカッコウ 《アフリカ産の体色は暗灰で胸部が赤いカッコウ; 南アフリカではその声が夏の到来を告げるとされている》.

R

réd chícken 《俗》 生ヘロイン.

Réd Chína 赤い中国, 共産中国 《俗称》.

réd cláy 〘地質〙 赤粘土 《大洋底に堆積》.

Réd Clóud レッドクラウド (1822–1909) 《アメリカインディアン Sioux 族の族長》.

réd clóver 〘植〙 ムラサキツメクサ (＝*cowgrass*) 《飼料用》.

réd·còat *n* [°R-] 《特に 米国独立戦争当時の》 英国兵 《赤い制服だった》; [R-] 英国のバトリン休暇村 (Butlin's) の係員 《制服の色が赤》.

réd còat トコジラミ, ナンキンムシ (bedbug).

réd-cockàded wóodpecker 〘鳥〙 ホオジロシマアカゲラ 《米国南東部に生息する絶滅危惧種のキツツキ》.

réd cópper òre 〘鉱〙 赤銅鉱 (cuprite).

réd córal アカサンゴ 《地中海・高知近海産; 装飾用》.

réd córpuscle 赤血球 (red blood cell).

Réd Créscent [the] 赤新月 《イスラム教国の, 赤十字社に当たる組織》.

réd-crèst·ed póchard 〘鳥〙 アカハシハジロ.

Réd Cróss [the] (国際)赤十字社 (International Red Cross), 《各国の》 赤十字社; 赤十字 (＝*Geneva cross*); [the] 十字軍(章); [r- c-] 《白地に赤の》 聖ジョージ十字章 (Saint George's cross) 《イングランドの国章》.

réd cúrrant 〘植〙 カーラント 《欧州西北部原産の赤実のスグリ》.

redd[1] /réd/ 《方》 *vt* 整頓する, 片付ける ‹*out, up*›; 解決する ‹*up*›. ► *vi* 整頓する ‹*up*›. [ME‹?RID[1]]

redd[2] *n* 《サケ・マスなどの》 産卵床. [C19‹?]

Réd Dáta Bòok [the] レッドデータブック 《絶滅に瀕した動植物に関する情報を集めた資料集》.

réd déad néttle 〘植〙 ヒメオドリコソウ.

réd déal ヨーロッパアカマツ (Scotch pine) の材.

réd déer 〘動〙 **a** アカシカ 《欧州・アジア温帯産》. **b** 《夏季の》 オジロジカ.

Réd Déer 1 [the] レッドディア川 《**1**) カナダ Alberta 州南西部に発し, 東流して South Saskatchewan 川に合流 **2**) カナダ Saskatchewan 州中東部に発し, 東流して Manitoba 州にはいり, レッドディア湖 (**Réd Dèer Láke**) を通って Winnipegosis 湖に流入》. **2** レッドディア 《カナダ Alberta 州中南部 Red Deer 川に臨む市》.

Réd Delícious 〘園〙 レッドデリシャス 《デリシャス種の枝変わりでできた米国産のリンゴ》.

réd·den *vt, vi* 赤くする[なる]; 赤面させる[する].

red·den·dum /rədéndəm/ *n* (*pl* **-da** /-də/) 〘法〙 賃料条項, 保留条項 《賃貸借証書で地代と支払い時期を定める条項》. [L]

réd dévil 1 《俗》 イタリア製手投げ弾の一種; [°*pl*] *《俗》 セコナール (Seconal) の赤いカプセル (reds). **2** [the R- D-s] 英陸軍パラシュート連隊.

Red·ding /rédɪŋ/ **1** レディング 《California 州北部の市》. **2** レディング **Otis** ～ (1941–67) 《米国の黒人ソウルシンガー・ソングライター》.

réd·dish *a* 赤らんだ, 赤茶けた. ♦ **～·ness** *n*

réddish égret 〘鳥〙 アカクロサギ 《中米産》.

red·dle /rédl/ *n, vt* RUDDLE.

réd dóg 〘動〙 DHOLE; 《米国で全国銀行組織ができる前に WILDCAT BANK が濫発した》 粗悪紙幣; 質の悪い小麦粉; 〘トランプ〙 レッドドッグ 《場にある 1 枚のカードと同じ組札で, 場のカードより大きいカードを出した者が勝ちとなる賭博ゲーム》; 〘アメフト〙 レッドドッグ (BLITZ). ♦ **réd-dòg** *vt, vi* 〘アメフト〙 BLITZ.

réd drúm 〘魚〙 CHANNEL BASS.

rédd·tìme *n* 《サケなどの》 *産卵期*.

réd dúster ||《口》 RED ENSIGN.

réd dwárf 〘天〙 赤色矮星(わいせい).

réd·dy *a* 赤みがかった, 赤っぽい (reddish).

réd dýe 《化粧品・食品用の》 赤色色素.

rede /ríːd/ 《古・方》 *n* 忠告; 計画; 説明, 解釈; 物語, 話; ことわざ. ► *vt* ‹人›に忠告する; 解釈する; 物語る, 話す. [OE (*rǣd* advise)]

réd·èar *n* 〘魚〙 米国南部・東部淡水産のサンフィッシュの一種 (＝*shellcracker*).

réd éarth 赤色土(せきしょくど), 赤色アース 《熱帯の赤色土壌》.

re·décorate *vt, vi* 改装する, 装飾しなおす. ♦ **re·decorátion** *n* **re·décorator** *n*

re·dédicate *vt* 再び奉献[献呈, 贈呈]する. ♦ **re·dedicátion** *n* ⁺《聖堂の》 再献堂.

re·deem /rɪdíːm/ *vt* **1** ‹名誉などを›(努力して)取り返す, 回復する; ‹人›の名誉を回復する; 修復する; 改良する, 改善する; ‹債務などを›償還[償却]する, ‹紙幣などを›回収する, 兌換(だかん)する; ‹交換スタンプなどを›現金[景品]と引き換える: ～ one*self* [one's honor] 名誉を挽回する. **2** 買い戻す, 質受けする; 身受けする (ransom); 助ける, 救い出す (save); 解放する, 放免する; 免責する; 〘神学〙 ‹神・キリストが›‹人(の魂)を› 《罪とその帰結から》 解放[救済]する, あがなう ‹*from* sin› 《キリスト教では, キリストの十字架上の死を贖罪(しょくざい)のための犠牲行為と考える》: ～ one's pawned watch [one's watch *from* pawn] 時計を質受けする / ～ a mortgage 抵当を取り戻す / ～ one*self* [one's life] 身代金を出してわが身[生命]をあがなう. **3** ‹欠点などを›補う, 償う; 値打のあるものにする, 建てなおす: A very good feature will sometimes ～ several bad ones. 長所が一つあればいくつもの短所が補われることもある / The eyes ～ the face *from* ugliness. 目が顔の醜さを補っている. **4** ‹約束・義務を›履行する. **5** 埋め立てる: ～ land. ♦ **～·able** *a* 買戻し[質受け]できる; 償還[償却]できる; あがなわれる. **～·ably** *adv* [OF *redimer* or L *re-*(*empt- imo*＝*emo* to buy)]

redéem·er *n* 買戻し人, 質受け人, 身受け人; [the R- *or* our R-] あがない主(ぬし) 《キリストのこと》.

redéem·ing *a* 欠点を補う(はたらきをする), 埋め合わせる: a ～ feature ほかの欠点を補う取柄.

rè·defíne *vt* 再び定義する, 定義しなおす; 再調査する, 再評価する; 変更する. ♦ **re·definítion** *n*

réd éft 〘動〙 赤イモリ 《北米産イモリ科のイモリの一種の煉瓦色になった陸上生活期の名称》.

rè·delíver *vt* 《古》 返す, 戻す; 再交付する; 解放する (liberate); 繰り返し述べる.

rè·delívery *n* 返還, (原状)回復 (restitution).

rè·demánd *vt* 再び要求する; 返却[返還]を要求する. ♦ **～·able** *a*

re·demp·ti·ble /rɪdɛ́m(p)təb(ə)l/ *a* REDEEMABLE.

re·demp·tion /rɪdɛ́m(p)ʃ(ə)n/ *n* **1** 償却, 回収, 兌換(だかん); 引換え; 履行. **2** 買戻し, 請戻し, 質受け; 身受け; 救出; 〘神学〙 《キリストによる》 あがない, 救い (salvation), 贖罪. **3** 補償; 償うもの, あがなうもの; 取柄. ●**beyond [past, without] ～** 回復の見込みのない; 救いがたい. **in the year of our ～** 1588 西暦[われらのあがないの年] 1588 年に (cf. YEAR OF GRACE). ♦ **～·al** *a* [OF‹L (REDEEM)]

redémption cènter 《交換スタンプ (trading stamps) を商品などと引き換える》 引換えセンター, スタンプ交換所.

redémption·er *n* 〘米史〙 《米国への》 無賃渡航移住者 《昔 渡航後ある期間の労役を代償とした》.

redémption yìeld 〘証券〙 最終[償還, 満期]利回り (＝*maturity yield, yield to redemption* [*maturity*]) 《債券を満期まで保有したときの年平均利回り; 年利息に償還差益[差損]を保有年数で割った値を足して計算する》.

re·demp·tive /rɪdɛ́m(p)tɪv/ *a* 買戻しの, 質受けの; 身受けの; 報償の; 償却の; 救助の, 贖罪の. ♦ **～·ly** *adv*

Re·demp·tor·ist /rɪdɛ́m(p)tərɪst/ *n* 〘カト〙 レデンプトール会(修道)士 《1732 年, 特に 貧民の救済と伝道を目的としてイタリアのスカラ (Scala) で聖リグオーリ (St Alphonsus Liguori) が創設》.

re·demp·to·ry /rɪdɛ́m(p)t(ə)ri/ *a* REDEMPTIVE.

réd énsign [the] 英国商船旗 (＝*red duster*) 《赤地に左上部に英国国旗を入れた旗; cf. BLUE ENSIGN, WHITE ENSIGN》.

re·dent·ed /rɪdɛ́ntəd/ *a* のこぎりの歯のような, 鋸歯状の.

rè·deplóy *vt, vi* ‹部隊・工場施設など›移動[転進]させる[する]. ♦ **～·ment** *n* 移動, 移転, 配置転換.

rè·depósit *vt* 再び貯蔵する[預ける]. ► *n* 再預金, 再寄託物, 再寄託金.

rè·descénd *vt, vi* 再び降りる.

rè·descríbe *vt* …の記述[描写]を改める; 〘生〙 ‹分類群›の記述を改める. ♦ **rè·descríption** *n*

rè·desígn *vt* …の外観[機能, 内容]を改める. ► *n* redesign すること; 新しいデザイン[設計, 内容].

rè·detérmine *vt* 再決定する, 決定しなおす. ♦ **rè·determinátion** *n*

rè·devélop *vt, vi* 再開発する; 〘写〙 再現像する. ♦ **～·er** *n* 再開発者[業者].

rè·devélop·ment *n* 再開発, 再興, 再建: a ～ area 再開発区域.

réd·èye *n* **1** 目の赤い魚, '赤目' 《rudd, rock bass など》; 〘動〙 アメリカマムシ (copperhead). **2** *《俗》 ケチャップ; *《俗》 REDEYE GRAVY; 《カナダ俗》 レッドアイ 《ビールとトマトジュースを混ぜた飲み物》. **3** [R-] 〘米陸軍〙 レッドアイ 《肩撃ち型の地対空ミサイル》.

réd-èye *n* *《俗》 安ウイスキー, 安酒; [°the] 《口》 深夜飛行便 《寝不足で充血した乗客の目から》; 〘写〙 赤目, レッドアイ 《フラッシュを用いて撮影した写真中の人物の目が赤く写る現象》; 〘鳥〙 RED-EYED VIREO.

► *a* «口» 夜行便の: a ～ flight / the ～ special 夜間特別便.
réd èye*«俗»《鉄道の》赤信号 (red board).
réd-èyed *a* 目の赤い, 赤目の,《充血して・泣いて》目を赤くした.
réd-èyed póchard〔鳥〕アメリカホシハジロ (=*redhead*)《北米産》.
réd-èyed víreo〔鳥〕アカメモズモドキ《北米東北部産》.
rédeye grávy*ハムの汁で作った肉汁.
réd-fáced *a* 赤い顔をした;《怒り・当惑で》顔を赤くした, 赤面した.
réd féed《海魚の餌になる》橈脚(じょうきゃく)類の赤い水生動物.
réd féscue〔植〕オオウシノケグサ《イネ科》.
réd-fígure *n*〔美〕赤絵(の壺)《紀元前 6–5 世紀の古代アテネで発達した壺絵技法で, 人物などの像の部分は赤の地肌のまま残して残りの部分を黒く塗りつぶし, 像の細部は筆を使い黒い線で描き込んだもの》.
réd·fìn *n*〔魚〕ひれの赤い各種の淡水魚; REDHORSE.
réd fír〔植〕**a** 赤モミ《米国西部産の樹皮が赤みがかった各種のモミ; その材》. **b** 米松(べいまつ) (DOUGLAS FIR).
réd fíre 赤色花火《あざやかな赤色で燃える硝酸ストロンチウムなどを含む; 花火・信号用》.
réd·fìsh *n*《一般に》赤っぽい魚: **a** ‖《繁殖期の》雄ザケ. **b** タイセイヨウアカウオ (=*rosefish*)《カサゴ科; 北大西洋産》. **c** *CHANNEL BASS.
réd físh 赤身魚《ニシン・イワシなど》.
réd flág **1** 赤旗《危険信号・開戦旗・革命旗》; ひどくいらだたせるもの: raise ～*s* 警告を発する 〈*for* sb〉. **2** [the R- F-]「赤旗の歌」《英国労働党歌; 1889 年, アイルランドの著述家 James Connell (1852–1929) が作詞》. **3** [R- F-]『紅旗』(HONGQI).
réd flánnel hàsh レッド・フランネル・ハッシュ《コーンビーフ・ビート・ジャガイモのほか残り物の野菜を入れて煮込んだ料理; ビートから色が出て赤くなる》.
Red·ford /rέdfərd/ レッドフォード **Robert** ～ (1936–)《米国の映画俳優・監督; *Butch Cassidy and the Sundance Kid* (明日に向かって撃て, 1969), *The Sting* (スティング, 1973), *Ordinary People* (普通の人々, 1980)》.
réd fóx〔動〕アカギツネ《北半球全域に分布》.
réd gíant〔天〕赤色巨星 (⇨ GIANT STAR).
réd góld 赤金, レッドゴールド《金に銅を含ませた合金》.
Red·grave /rέdgrèɪv/ レッドグレーヴ (**1**) Sir **Michael** (**Scudamore**) ～ (1908–85)《英国の俳優; 娘の **Vanessa** (1937–) と **Lynn** (1943–2010), 息子 **Corin** (1939–2010) も舞台・映画で活躍》 (**2**) Sir **Steven** (**Geoffrey**) ～ (1962–)《英国のボート選手; オリンピック 5 大会連続で金メダル (1984–2000)》.
réd-grèen *n* RED-GREEN BLINDNESS.
réd-gréen (cólor) blìndness〔医〕赤緑色盲.
réd gróuse〔鳥〕アカライチョウ (=*moorbird, moorfowl, moor game*)《イングランドおよび周辺産》.
Réd Guárd《中国の》紅衛兵; 急進的左翼に属する人.
Réd Guárd dòctor《中国の》紅衛兵医師《近隣の医院で医者の手伝いをする医学知識のある主婦など》.
Réd Guárd·ìsm《中国の》紅衛兵運動.
réd gúm[1]〔医〕STROPHULUS.
réd gúm[2]〔植〕《数種の》ユーカリノキ《豪州原産》; ユーカリ樹脂;〔植〕モミジバフウ (sweet gum).
réd-hánd·ed *a, adv* 手を血だらけにした[して]; 現行犯の[で]: catch [nab] sb ～ 現場を押える. ♦ **～·ly** *adv*
réd hánd of Úlster [the]〔紋〕アルスターの赤い手《指を上に伸ばして開いた赤い右手を描いた北アイルランドの紋章 (もとは O'Neill 一族のもの)》.
réd hánds *pl* 血に染まった手; [*fig*] 殺人罪: with ～ 殺人を犯して.
réd háre〔動〕アカウサギ (rock hare).
réd hát 枢機卿 (cardinal) (の帽子[地位, 権威]); ‖«俗» 参謀将校.
réd háw〔植〕アメリカ産のサンザシ属の各種植物 (=*downy haw* [*hawthorn*]).
réd·hèad *n* **1** 赤毛《人》; *«俗» 大学一年生. **2**〔鳥〕**a** アメリカホシハジロ (red-eyed pochard). **b** ズアカキツツキ (redheaded woodpecker). **c** メキシコマシコ (house finch).
réd·hèad·ed *a* 赤い髪の, 赤毛の; 赤い頭の〈鳥など〉.
rédheaded wóodpecker〔鳥〕ズアカキツツキ (=*redhead*)《北米産》.
réd héat〔理〕赤熱(状態); 赤熱温度.
réd hérring《深塩で長期燻煙処理した》燻製ニシン; [*fig*] 人の注意をほかへそらすもの. ● **draw a ～ across** sb's [**the**] **track** [**trail, path**] 無関係な事を持ち出して人の注意をそらす《狐の通った跡を燻製ニシンを引いて横切ると狐のにおいが消えて猟犬が迷うことから》. **neither** FISH[1], **flesh, nor good ～.**
réd hínd〔魚〕Florida 州および西インド諸島産のハタ.
réd·hòrse (súcker)〔魚〕繁殖期に雄のひれが赤くなる北米淡水産の大型のサッカー (=*redfin*).
réd-hót *a* **1** 赤熱の, 灼熱の〈鉄など〉; 熱烈[激烈]な, 熱狂的な, 激した, '熱く燃える'; センセーショナルな; *«俗» セクシーな. **2** 最新の, ほやほやの〈ニュースなど〉; 大人気の, 今注目の, 売れっ子の, ひっぱりだこの. **3** «豪俗» 過激な, あんまりな, 法外な〈料金など〉.
réd hòt* **1** 熱烈な人, 熱狂家; 過激派. **2** «口» ホットドッグ, フランクフルトソーセージ; 小さくて赤いシナモンキャンディー.
réd-hòt mámma*«俗»《性的魅力にあふれた》情熱的な女, '熱く燃える女'; *«俗»《1920 年ごろもてはやされた》野性味のある派手な女性歌手.
réd-hòt póker **1**〔植〕ユリ科クニフォフィア属の植物の総称《初夏に長い花穂を出して黄橙色の管状花をたくさんつける; アフリカ南部原産》. **2** «俗» 勃起したペニス.
re·dia /ríːdiə/ *n* (*pl* **re·di·ae** /-diìː/, **～s**)〔動〕レジア, レディア《吸虫類のスポロキスト内幼虫》. ♦ **ré·di·al**[1] *a* [Francesco *Redi* (1626–97) イタリアの博物学者]
re·dial[2] *n* /ríːdàɪ(ə)l/ リダイヤル《直前の通話番号に自動的につなぐ機能》; リダイヤルボタン. ► *vt, vi* /ridáɪ(ə)l/ リダイヤルする.
rè·diffúsion‖ *n* 再送信《有線方式によるラジオ・テレビ番組の中継》.
rè·digést *vt* 再び[新たに]消化する.
Réd Índian‖ [*derog*] NATIVE AMERICAN.
red·in·gote /rέdɪŋgòʊt/ *n* レディンゴート, ルダンゴト《(**1**) 前開きの長い婦人コート **2**) 前にまちのはいったコートドレス **3**) 18 世紀の両前の長い紳士コート》. [F＜E *riding coat*]
réd ínk 赤インク; «口» 損失, 赤字; *«俗» 赤ワイン. ♦ **réd-ínk** *a* 赤字の.
red·in·te·grate /rɪdíntəgrèɪt, rε-/ «古» *vt*《完全な形に》回復する, 再生[再建]する; 復旧する, 復原する.
red·in·te·gra·tion /rɪdìntəgréɪʃ(ə)n, rε-/ *n* «古» 回復, 再生; «古» 復旧, 復原;〔心〕再統合. ♦ **red·ín·te·grà·tive** *a*
Réd Internátional [the] COMMUNIST INTERNATIONAL.
rè·diréct *vt* **1** 向けなおす, …の向きを変える; 〈手紙などを〉転送する; 〈金・努力など〉の向け先を変える: ～ the money to a different project その金を別の企画に振り向ける. **2**〔電算〕〈入力[出力]を〉デフォルト (default) の入力[出力]装置から他へ切り換える, リダイレクトする. ► *a*〔米法〕再主尋問の. ♦ **rè·diréction** *n*
re·díscount *n*《手形の》再割引; [ᵖ*pl*] 再割引手形. ► *vt* /ˌ⸗⸗⸗/ 〈手形などを〉再割引する. ♦ **～·able** /ˌ⸗⸗⸗⸗/ *a*
redíscount ràte〔商〕《手形の》再割引率.
rè·discóver *vt* 再発見する. ♦ **rè·discóvery** *n* 再発見.
rè·displáy *vt* 再展示する, …の展示をしなおす[改める].
rè·dissólve *vt* 再び[繰り返し]融解する; 再解消する. ♦ **re·dissolútion** *n*
rè·distíll *vt* 再び[繰り返し]蒸留する, 再蒸留する.
rè·distríbute *vt* 再配分する, 分配しなおす; ほかの場所に広げる. ♦ **re·distribútion** *n* **re·distribútion·al** *a* **rè·dis·tríb·u·tive** *a*
rè·distribútion·ist *n* WELFARE STATER. ♦ **-ìsm** *n*
re·dístrict* *vt, vi*《特に選挙のため》〈州・郡を〉再区画する, (…の)区画改定をする.
rè·divíde *vt, vi* 再び分割する; 分配[区分]しなおす. ♦ **rè·di·vísion** *n* 再分割, 再分配, 再区分.
red·i·vi·vus /rèdəváɪvəs, -víː-/ *a* [後置] 生き返った, 生まれ変わった. [L RE-, *vivus* living]
Réd Jácket レッドジャケット (1758?–1830)《北米インディアン Seneca 族の族長; 本名 Otetiani》.
réd jásmine〔植〕**a** インドソケイ《キョウチクトウ科; 西インド諸島原産》. **b** ルコウソウ (cypress vine).
réd kangaróo〔動〕アカカンガルー《雄は赤く, 大型》.
réd lámp〔英〕赤ランプ《医師・薬種商の, または 公娼宿 (1914–18) の夜間灯》: a ～ district 紅灯のちまた, 赤線地区.
Réd·lànd «俗» ソ連.
réd láne‖«俗» のど (throat).
réd lárkspur〔植〕米国西海岸原産のキンポウゲ科ヒエンソウ属の多年草《赤黄色の花をつける》.
réd láttice «古» 居酒屋 (alehouse).
réd láver〔海藻〕アマノリ.
réd-léad /-léd/ *vt* …に鉛丹を塗る.
réd léad /-léd/ **1** 鉛丹 (minium)《酸化鉛から造る顔料》. **2** «俗» トマトケチャップ; «俗» トマトの缶詰.
réd léad òre /-léd-/〔鉱〕紅鉛鉱 (crocoite).
réd-lèad pútty 鉛丹パテ《鉛管接合用のパテ》.
réd léaf〔植〕赤葉枯れ病.
réd·lèg *n* 脚の赤い鳥《アカアシシギ (redshank) など》; «カリブ» 貧乏白人 (poor white); *«俗» 砲手.
réd-lègged grásshopper [lócust]〔昆〕後脚の赤い北米のバッタ.
réd-lègged pártridge〔鳥〕アカアシイワシャコ.
réd·lègs *n* (*pl* ～)〔鳥〕アカアシシギ (redshank); 茎の赤い植物.
Red Leicester ⇨ LEICESTER.
réd-létter *a* 赤文字の, 赤字で示された; 記念すべき, 特別な意味をもつ. ● **a ～ day** 祭日, 祝日《暦に赤文字で示すことから; cf. BLACK-LETTER day》; 吉日, 記念日, 大切な日. ► *vt*《喜びの記念として》赤文字で記録する, 特筆する.
réd-líght*«俗» *vt* 〈人を〉動いている列車から突き落とす; 〈人を〉不便なところで車から降ろす.

réd líght 1 a《「止まれ」の》赤ランプ, 赤信号; 危険信号 (opp. *green light*); 中止命令: run [go through] a ～ 信号無視をする. **b** 紅灯, 赤色灯火. **2** 赤信号《背を向けた鬼が 10 数え 'red light' と言って振り向くまでに, ゴールに向かって走り, もし鬼が振り向いた時に動いていれば出発点に戻らなくてはならないという子供の遊び》. ● **see the ～** 危険に気づく.

réd-líght dìstrict 紅灯のちまた, 赤線地区. [売春宿の入口に赤色灯を点灯したことから]

réd·lìne *vi, vt* 《給与支払台帳などの》リストから〈項目を〉削除する; (〈地域〉に) REDLINING を行なう[適用する]; 〈飛行機・自動車などを〉安全[許容]限界で飛行[運転]する, レッドラインに合わせる; 〖電算〗《ワードプロセシングで》〈変更箇所〉にしるし[マーク]を付ける, マークする. ► /, ⌐—⌐—/ *n* レッドライン《1) 飛行機・自動車などの速度, エンジンの回転数などの安全[許容]限界 2) それを示すメーター上の赤い線》.

réd líne 1 a ″英国陸軍, 軍隊; 最後の防衛ライン, 必死の抵抗[奮闘]者. ★ **thín réd líne** ともいう. Balaklava で突撃し多くの犠牲を出した英軍騎兵隊の戦列が, redcoat にちなみ「かぼそく赤い線」と呼ばれたことから. ⇨ THIN BLUE LINE. **b**《議論・交渉で》譲歩の限界. **2** /⌐— —⌐/〖アイスホッケー〗レッドライン《リンク中央の赤色のセンターライン》.

réd·lín·ing *n* レッドライニング, 赤線引き《都市内の老朽・荒廃地域に対する銀行・保険会社などによる担保融資・保険引受けの拒否》.

Réd Lìst, réd lìst [the] レッドリスト《1)〖英〗政府指定の危険物リスト; cf. BLACKLIST 2) 絶滅のおそれのある野生生物のリスト》.

réd lóosestrife 〖植〗PURPLE LOOSESTRIFE.

réd·ly *adv* 赤く, 燃えるように.

réd mággot 〖昆〗麦に大害を与えるタマバエ科の昆虫 (wheat midge) の赤い幼虫.

réd màn 1 [*derog*] NATIVE AMERICAN. **2** [ᵁR- M-] 赤い人《IMPROVED ORDER OF RED MEN の一員》.

réd máple 〖植〗アメリカハナノキ《カエデ属》.

réd márrow 〖解〗赤色(骨)髄.

réd máss [ᴼR- M-] 赤ミサ《司祭が赤の祭服を着て行なうミサ; 教会会議・民事裁判・立法会議などの開会に際してささげられる》.

réd méat 赤肉《1) 生の状態で赤い牛肉・羊肉など; cf. WHITE MEAT 2) 鶏肉・魚肉と区別して, 大型の家畜の肉》; [the] 激しい[どぎつい]部分 〈*of*〉; [the] 実質的なもの 〈*of*〉.

Réd Míke *《俗》女嫌い.

réd míllet 〖植〗ヒメシバの一種《叢生する》.

réd míte 〖動〗赤ハダニ《リンゴハダニ (European ～) やミカンハダニ (citrus ～) など》.

Red·mond /rɛ́dmənd/ レドモンド **John** (**Edward**) ～ (1856–1918)《アイルランドの政治家; 国民党の指導者; 自治法案成立に尽力》.

réd múlberry 〖植〗アカミグワ《北米原産; 実は食用》.

réd múllet 〖魚〗ヒメジ (⇨ MULLET[1]).

réd·nèck *n**《口》[ᴼ*derog*] 赤首《南部の無教養[貧乏]な白人農場労働者; 粗野・人種[女性]差別・偏狭な考え・保守(反動)性・飲酒癖などが定型的な特徴》; *《口》[ᴼ*derog*] 赤首的な考え[ふるまい]の人, 頑迷な田舎者; *《俗》[*derog*] 赤首《広く白人を指す》; ″《口》カトリック教徒. ► *《口》*a* 南部の田舎者の, 赤首の; 無教養な, 粗野な, 偏狭な, 反動的な.

réd·nécked *《口》*a* REDNECK; おこった, かっとなった.

réd-nècked phálarope NORTHERN PHALAROPE.

réd·ness *n* 赤いこと, 赤色, 赤み, 赤熱状態.

réd nóise *《俗》トマトスープ.

Réd Nóse Dày 〖英〗赤鼻の日, レッドノーズデー《COMIC RELIEF により 2 年ごとに催されるチャリティーの日; 運動を支持する人はプラスチックの赤鼻を買ってつける》.

Red No. 40 /⌐— nʌ̀mbər fɔ́:rti/ 赤色 40 号《Red No. 2 に代わる着色料》.

Red No. 2 /⌐— nʌ̀mbər tú:/ 赤色 2 号《ナフタレンから得られる人工着色料; 発癌性の疑いがもたれて米国では 1976 年から使用禁止》.

re·dó *vt* (**re·díd; re·dóne**) 再びやる, やりなおす; 書きなおす, 編集する; 改装する. ► *n* /⌐—⌐—, —⌐—/ やりなおし; 改装; 編集.

réd óak 〖植〗アカガシワ《北米原産》; アカガシワ材.

réd ócher 代赭(たいしゃ)石 (=*terra rossa*)《顔料用》.

red·o·lence /rɛ́d(ə)ləns/, **-cy** *n* 芳香, 香気.

réd·o·lent *a* いい匂いのする; 〈…の〉匂いが強い 〈*of, with*〉; 〈…を〉しのばせる, 暗示する 〈*of, with*〉. ◆ **～·ly** *adv* [OF or L (*red-* re-, *oleo* to smell)]

Re·don /*F* rədɔ̃/ ルドン **Odilon** ～ (1840–1916)《フランスの象徴主義の画家》.

réd òne *《俗》特別いい商売ができる場所[日], よい仕事. [RED-LETTER day]

réd órpiment REALGAR.

réd ósier 〖植〗**a** (小枝の赤い)ヤナギ. **b** アカクキミズキ (=**réd ósier dògwood**).

re·dóuble *vt, vi* 強める, 強まる, 増す, 倍加する, 倍増する; 〖ブリッジ〗リダブルする; 再び折り重ねる; 折り返す; 《古》繰り返す; 《廃》反響する (reecho). ● **double and ～** 倍増に倍増を重ねる. ► *n* 〖ブリッジ〗リダブル《相手が倍に競り上げたのをさらに倍にすること》. ◆ **re·dóubler** *n* [F (*re-*)]

re·dóuble·ment *n* 〖フェン〗ルドゥブルマン《初めの攻撃を避けた相手が直ちに突き返さないときにしかける攻撃》.

re·doubt /rɪdáut/ *n* 〖城〗方形堡(ほう); 要塞, とりで; 避難所, 隠れ家. [F *redoute*＜L (REDUCE); *-b-* は *doubt*(*able*) などの影響]

re·doubt·able /rɪdáutəb(ə)l/ *a* 恐るべき, 侮りがたい〈敵・戦士など〉; おそれおおい, 高名な; りっぱな. ◆ **-ably** *adv* **～·ness** *n* [OF (DOUBT)]

re·doubt·ed /rɪdáutəd/ *a* 《古》REDOUBTABLE.

re·dound /rɪdáund/ *vi* 寄与する, ためになる, 資する 〈*to*〉; 〈利益などが〉帰する, 及ぶ 〈*to* sb〉; 《行為が結果として》はね返る 〈*on* sb〉; 《古》湧きたつ, あふれる: This achievement will ～ *to* his credit [honor]. ► *vt* 《廃》〈不名誉などを〉もたらす, こうむらせる. ► *n* 結果が及ぶこと. [ME＝to overflow＜OF＜L *red*(*undo* to surge＜*unda* wave); *red-*＝*re-*]

réd·òut *n* 赤くらみ《頭に血がのぼって激しい頭痛とともに視野が赤くかすむこと; cf. BLACKOUT》.

red·o·wa /rɛ́dəvə, -wə/ *n* レドヴァ《Bohemia の民俗舞曲[ダンス]; マズルカ風 (3/4 拍子) のものとポルカ風 (2/4 拍子) のものがある》. [F and G＜Czech (*rejdovati* to whirl around)]

re·dox /rí:dàks/ *n, a* 〖化〗酸化還元(の), レドックス(の) (oxidation-reduction). [*red*uction＋*ox*idation]

réd óxide 〖化〗べんがら, 三酸化二鉄 (ferric oxide).

réd óxide of zínc 〖鉱〗紅亜鉛鉱 (zincite).

réd pácket ホンパオ《中国でお年玉や結婚式の祝儀を入れる赤い袋》. [Chin 紅包]

réd páint *《俗》ケチャップ.

réd pánda 〖動〗レッサーパンダ (lesser panda)《毛が赤茶色をしているところから》.

réd-péncil *vt* …に朱筆を加える (correct); 検閲する (censor).

réd pépper 赤ピーマン, 赤トウガラシ《赤くなるまで熟したもの》; (粉)唐辛子 (cayenne pepper).

réd phálarope 〖鳥〗ハイイロヒレアシシギ.

réd pímpernel 〖植〗ルリハコベ (scarlet pimpernel).

réd píne 〖植〗赤みをおびた樹皮をもつ北米産のマツ.

réd pípe *《俗》動脈 (cf. BLUE PIPE).

Réd Plánet [the; ᴼthe r- p-] 赤い惑星《火星の俗称》.

réd·pòle *n* 《俗》ベニヒワ (redpoll).

réd·pòll *n* 〖鳥〗**a**《欧州産の》ベニヒワ(の類の鳥) (＝**～ lìnnet**). **b** ズアカチャスジアメリカムシクイ (＝**～ wàrbler**).

réd póll(ed) [ᴼR- P-] レッドポール種(の牛)《肉用・乳用の無角の中型赤牛; 英国原産》.

réd póppy 〖植〗ヒナゲシ (corn poppy).

Réd Pówer レッドパワー《アメリカインディアンの文化的・政治的運動のスローガン》. [1961 年 Mescalero Apache 族が提唱]

réd prússiate of pótash 〖化〗赤血塩 (potassium ferricyanide).

réd puccóon 〖植〗サンギナリア (bloodroot).

ré·dràft /, ⌐—⌐—; ⌐—⌐—/ *vt* 書きなおす. ► *n* 書きなおした下書き; 〖商〗戻り(為替)手形.

réd rág 《牛・人などを》おこらせるもの, 挑発するもの (＝**réd rág to a búll**); 《俗》舌.

réd ráspberry 〖植〗**a** ヨーロッパキイチゴ《欧州産》. **b** アメリカアカミキイチゴ《北米産》.

réd rát snàke 〖動〗CORN SNAKE.

réd ráttle 〖植〗シオガマギク属の一種《半寄生一年草; 欧州・西アジア産》.

re·dráw *vt* 再び引く, 〈境界線などを〉引きなおす; 描きなおす. ► *vi* 手形をあらためて振り出す.

re·dress[1] /rɪdrɛ́s/ *vt* **1**〈不正・不均衡などを〉直す, 是正する; 補う, 埋め合わせる; 〈苦情〉の原因を取り除く; 〈不正など〉に報復する, 仕返しをする; 《古》〈病気などを〉治す, いやす. **2**〈損害などを〉賠償する; 《古》〈人〉に賠償をする. ● **～ the balance** [**scales**]〈勢力などの〉均衡を取り戻す, 不均衡を正す 〈*of* power〉; 公平に計らう. ► *n* /, *rí:drɛ̀s/ 救済(策); 矯正(手段); 補償, 損失補塡; 報い: ～ of grievances〖法〗苦情[苦痛]の救済. ◆ **～·er** *n* [OF (*re-*)]

re·dréss[2] *vt* 再び着せる; …の仕上げをしなおす.

réd ríbbon 赤リボン《競技などにおける二等賞; カナダでは一等賞》; 《Bath 勲章や Légion d'Honneur 勲章の》赤綬.

Réd Ríding Hòod LITTLE RED RIDING HOOD.

Réd Ríver [the] **1** レッド川《1) Oklahoma, Texas の州境を東流, Louisiana 州で分流し, 一方はすぐに Mississippi 川と合流, もう一方は Atchafalaya 川となる; **Réd Ríver of the Sóuth** ともいう 2) Minnesota, North Dakota の州境を北流し, カナダ Manitoba 州で Winnipeg 湖に流入; **Réd Ríver of the Nórth** ともいう》. **2** ソンコイ(川) (Song Coi), 紅河《中国雲南省中部に発し, 南東に流れてヴェトナム北部で Tonkin 湾に注ぐ; 別称 Song Hong 川》.

Réd Ríver càrt レッドリバーカート《以前カナダの大草原地帯で使われた二輪の荷車》.

réd-róan *a*〈馬など〉地色が赤茶色の糟毛(かすげ)の.

réd róbin 〘鳥〙アカフウキンチョウ (scarlet tanager).

réd·ròot *n* 〘植〙 **a** 北米産の bloodwort《根から赤色染料を採る》. **b** BLOODROOT《ケシ科》. **c** アオゲイトウ (=**~ pígweed**). **d** クロウメモドキ科ケアノツス属の低木.

réd róse 〘英〙赤バラ《(1) Lancaster 家の紋章; cf. WHITE ROSE, WARS OF THE ROSES **2**) 労働党のシンボルマーク》.

réd rót 〘植〙《サトウキビの》赤腐れ病.

réd ròute 〘英〙レッドルート《駐車・停止・荷降ろしが法律で禁止されている道路; 路端に赤いラインが引かれている》.

Réd Rúm レッドラム《英国の障害競走馬; Grand National に 3 回 (1973, 74, 77) 優勝した唯一の馬》.

réd rúst 〘植〙赤サビ病《チャやミカンの木につく》; サビキン類の夏胞子期.

réd ságe 〘植〙ランタナ, コウオウカ, セイヨウサンダンカ, シチヘンゲ (=*wild sage*)《熱帯アメリカ産クマツヅラ科の半つる性低木》.

réd sálmon 〘魚〙ベニザケ (sockeye).

réd sándalwood 紅木紫檀(こうきしたん), 紅木 (=*ruby wood, sanders(wood)*); 〘植〙《紅木紫檀の原木》プテロカルプス・サンタリヌス (=**réd sánders(wood)**)《インド原産》; 〘植〙ナンバンアカアズキ (=*Barbados pride*)《熱帯アジア・アフリカ原産の高木; マメ科》.

Réd Scàre [the] 〘米史〙赤の恐怖《1919–20 年, 国際共産主義の浸透におびえた政府による過激派外国人の国外追放, 6000 余名の共産党員嫌疑者の逮捕状なしの逮捕, 労働運動弾圧など》.

Réd Séa [the] 紅海.

réd séaweed 〘植〙紅藻 (red alga).

réd sétter 〘犬〙IRISH SETTER《通称》.

réd-shàft·ed flícker 〘鳥〙アカハシボソキツツキ《北米大陸西部産; 翼と尾の下面がサーモンピンク; 雄はほおが赤い》.

réd·shànk *n* **1** 〘鳥〙アカアシシギ (=*redleg(s)*): run like a ~ 非常に速く走る, 足が速い. **2** 〘植〙茎の下部が赤いタデ属の各種植物《ハルタデ (lady's thumb), ヤナギタデなど》.

réd shánks 〘植〙ヒメフウロ (herb Robert).

réd·shíft *n* 〘天〙赤方[赤色]偏移《ドップラー効果や強い重力場によってスペクトル線の波長が標準的な波長より長い方へずれること》. ♦ **réd·shíft·ed** *a*

réd·shìrt *n* 赤シャツ党員[隊員]《特に Garibaldi の革命党員》; *《俗》赤シャツ[留年]選手《故障からの回復や力を伸ばす目的で高校[大学]を 1 年留年するスポーツ (特に フットボール) 選手で, 資格に通算年限があるために 1 年間レギュラーからはずされる; 赤いジャージーを着て練習することから》. ► *vt* *《俗》〈学生選手を〉赤シャツ選手としてレギュラーからはずす. ♦ **~·ing** *n*

Réd Shóes [The]「赤い靴」《Andersen の童話;『新童話集』(1845) に収録》.

réd-shórt *a* 〘冶〙〈鉄・鋼などが〉赤熱された時にもろい (cf. HOT-SHORT, COLD-SHORT). ♦ **~·ness** *n* 赤熱脆性(ぜいせい).

réd-shòuldered háwk 〘鳥〙カタアカノスリ《北米東部産》.

réd sín·dhi /-síndi/ 〘畜〙赤シンド《インド産のこぶのある赤い乳牛》.

réd sískin 〘鳥〙ショウジョウヒワ《南米北部産》.

réd·skìn *n* [ᵁ*derog*] NATIVE AMERICAN.

réd snápper 〘魚〙赤魚, 《特に》フエダイ, キンメダイ.

réd snów 赤雪, 紅雪《高山や極地の雪渓や氷河でみられるもので, 大気中の塵埃(じんあい)や氷雪プランクトンの色素による》; 〘植〙赤雪[紅雪]藻, 氷雪プランクトン.

réd sóil 〘地質〙赤色土《湿潤亜熱帯の常緑広葉樹林下の成帯性土壌》.

réd spíder (mìte) 〘動〙ハダニ《植物, 特に 果樹の害虫》.

Réd Spòt [the] 〘天〙大赤斑 (=Great ~)《木星の南半球に見える木星面上で最も安定しかつ顕著な模様》.

réd sprúce 〘植〙北米東部産の樹皮の赤いトウヒ.

Réd Squáre [the]《Moscow の》赤の広場.

réd squíll 〘植〙カイソウ (海葱)《新鮮な鱗茎は殺鼠剤》.

réd squírrel 〘動〙 **a** アカリス (=*chickaree, mountain boomer*)《北米産》. **b** キタリス, エゾリス《英国・欧州・アジア北部産》.

réd stár 〘天〙赤色星《表面温度が低く, 赤色をしている》; [R- S-] 赤星団《国際的動物愛護団体》; [the R- S-]『赤い星』《ロシア[ソ連]国防省機関紙》; [the R- S-] 赤い星《ソ連などの共産主義国家の象徴》.

réd·stàrt *n* 〘鳥〙 **a** シロビタイジョウビタキ (=*redtail*)《欧州産》. **b** サンショクアメリカムシクイ《北米東部産の鳴鳥》. [OE *steort* tail]

réd státe* 共和党支持の強い州 (cf. BLUE STATE).

réd·tàb *n* 《俗》赤襟章《英陸軍参謀将校の俗称》.

réd-tàg *vt* …に赤札を貼る; *《赤札を貼って》〈建物を〉危険物[使用不可]指定する; *《俗》〈囚人を〉独房に入れる. ► *a* 赤札の(ついた).

réd tág 赤札《特売品などに付ける赤色の標識》.

réd·tàil *n* 〘鳥〙 **a** シロビタイジョウビタキ (redstart). **b** RED-TAILED HAWK.

réd-tàiled háwk 〘鳥〙アカオノスリ (=*redtail*)《ワシタカ科; 北米産》.

réd tápe お役所風[仕事], 官僚的形式主義: cut (the) ~ お役所的手続きをやめる[簡素化する]. [かつてイングランドで公文書を赤ひもで結んだことから]

Réd Térror [the] 〘フランス史〙REIGN OF TERROR (cf. WHITE TERROR); [ᵁr- t-]《一般に》革命派のテロル, 赤色テロル, 赤色テロ.

réd tíde 赤潮(あかしお) (=*red water*).

réd·tòp* *n* 〘植〙コヌカグサ (=*herd's-grass*)《牧草》.

réd-tòp *n* ᴴ《口》大衆紙, タブロイド紙.

Réd Tóry 《カナダ》レッドトーリー《保守党員のうち, よりリベラルで社会主義的な政策を支持する人》.

réd tríangle 赤三角《YMCA の標章》.

Red 2 /–́ tú:/ RED No. 2.

re·duce /rɪd(j)ú:s/ *vt* **1 a** 縮める, 縮小する; 切り詰める, 圧縮する, 縮約する; 煮詰める; 限定する: a map on a ~*d* scale 縮尺地図 / be on ~*d* time《操業短縮のため》時間短縮で就労している / ~ one's expenses 費用を切り詰める / ~ one's weight 体重を減らす. **b** (下位に)引き下げる[降ろす], …の地位を下げる[状態を悪くする]; …の価値を下げる; 割引[値下げ]する: be ~*d to* the ranks 兵卒に降格される / be ~*d to* poverty おちぶれる / ~ an argument *to* nothing [an absurdity] 議論の無意味[不合理]なことを示す / I'll ~ the bill *by* 10 dollars. 請求を 10 ドル下げます. **c** 〈えのぐ・ペンキを〉薄める, 溶く (thin); 弱める, 衰えさせる; 〘音〙〈強勢母音を〉弱母音化する; 〘写〙〈陰画を〉減力する; 〘生〙〈細胞を〉減数分裂させる: ~ sb *to* skin and bones [a nervous wreck] 人を骨と皮ばかりにする[精神的に参らせる]. **2 a** 〈ある形に〉変える, 変形[変換]する; より単純[基本的]な形にする, 還元する 〈*to*〉; (体系化して)まとめる: ~ a statement *to* its simplest form ある陳述を最も簡単な形に直す / The unwritten customs were ~*d to* writing. 不成文の慣例が文書にまとめられた. **b** つぶす, 粉砕する, 分解する: be ~*d to* rubble 〈建物などが〉瓦礫(がれき)に帰する. **c** 〘天〙《誤差を考慮して》修正する, 補正する; 〘数〙換算する, 通分する, 約する: ~ an equation 方程式を既約形にする / ~ pounds *to* pence ポンドをペンスに換算する. **3** 〈ある状態に〉余儀なく至らせる 〈*to*〉; 鎮定する, 降伏[陥落, 服従]させる, 征服する (conquer): The police soon ~*d* the mob *to* order. / The rebels were ~*d to* submission. / We were ~*d to* silence [tears]. 黙らせられて[思わず泣き出して]しまった / Misfortune ~*d* that poor woman *to* begging. **4** 〘化〙還元する; 〘冶〙精錬する. **5** 〈もとの状態に〉する, 復させる 〈*to*〉; 〈人を〉正道に戻す, 救う; 〘外科〙〈骨折・脱臼などを〉整復する, 復位する. ► *vi* 減ずる, 縮小する; 煮詰まる, 濃縮される; 還元される; 変わる; 一致する; 《節食などで》体重が減る; 〘生〙減数分裂する; 〈ペンキなどが〉〈…で〉薄くなる 〈*with*〉: No more, thanks, I'm *reducing*. もうけっこう, 節食中ですから. ● **in ~d circumstances** おちぶれて, 零落して. **~ to practice [action]** 〈考え・論理などを〉実施する, 実行する. ♦ **re·dúc·ible** *a* **-ibly** *adv* **re·dùc·ibíl·i·ty** *n* [ME= to restore to original or proper position<L *re-(duct- duco* to lead)]

re·dúced hémoglobin 〘生化〙還元血色素[ヘモグロビン].

redúced lével 〘測〙《データに基づいて計算した》縮約高度.

re·dúc·er *n* **1** REDUCE するもの[人]; 還元剤 (reducing agent), 《特に》減像主薬, 減力液; 《ペンキの》薄め液, シンナー; やせ薬; 〘生態〙還元者 (DECOMPOSER). **2** 〘機〙径違い継手, 片落ち管, レジューサー.

re·dúc·ing *n* 《減食・薬剤などによる》痩身(そうしん)法.

redúcing àgent 〘化〙還元剤.

redúcing glàss 〘光〙縮小レンズ.

re·duc·tant /rɪdʌ́ktənt/ *n* REDUCING AGENT.

re·duc·tase /rɪdʌ́ktèɪs, -z/ *n* 〘生化〙還元酵素.

re·duc·tio ad ab·sur·dum /rɪdʌ́ktiòʊ æd əbsə́:rdəm, -ʃiòʊ-, -siòʊ-, -zə́:r-/ 〘論〙背理法, 間接還元法; 議論倒れ, 行き過ぎ (extreme case). [L=reduction to absurdity]

re·duc·tion /rɪdʌ́kʃ(ə)n/ *n* **1** 縮小, 削減(量); 割引(高); 縮写, 縮図; 降格; 〘音〙弱化, 縮小; 〘生〙還元[減数]分裂《特に その第 1 段階》; 濃縮液, リダクション《煮詰めて濃厚にしたソース》: red wine ~ 《肉料理にかける》赤ワインソース. **2** 変形, 化成; 適合, 適応; 〘論〙還元法, 改格法; 〘楽〙《特に ピアノ曲への》簡約編曲. **3** 降服, 帰順, 陥落. **4** 〘数〙換算, 約分, 既約化; 〘化〙還元(法). **5** 〘外科〙復位, 整復(術); 〘天〙修正《観測中の誤差の補正》. **6 a** 制圧, 征服. **b** 〘史〙《イエズス会宣教師により教化された南米インディオの》居留地, '保護領'. ● **~ to practice** 〘法〙《特許対象の発明の》実施(化). ♦ **~·al** *a* [OF or L; ⇨ REDUCE]

redúction divìsion 〘生〙還元[減数]分裂.

redúction fòrmula 〘数〙還元[換算]公式.

redúction gèar 〘機〙減速歯車.

redúction·ism *n* 〘生〙還元主義《生命現象は物理的・化学的に説明しつくされるとする》; 〘論〙還元主義《複雑なデータ・現象を単純に言い換えようという理論》; [*derog*] 過度の単純化(志向). ♦ **-ist** *n*, *a* **re·dùc·tion·ís·tic** *a*

re·duc·tive /rɪdʌ́ktɪv/ *a* 減少[縮小]する; 復元[還元]する; 還元主義の (reductionistic); MINIMALISM の; 単純化しすぎの. ► *n* 減少[縮小, 還元]させるもの. ♦ **~·ly** *adv* **~·ness** *n*

re·dúc·tiv·ìsm *n* MINIMALISM; REDUCTIONISM. ♦ **-ist** *n*

re·duc·tor /rɪdʌ́ktər/ *n* 〘化〙還元装置.

réd 'un /-ən/ *《古俗》ソヴリン金貨 (sovereign).

re·dun·dancy /rɪdʌ́ndənsi/, **-dance** *n* **1** 余剰, 余分(な部分[量]); 過剰, あり余ること; ᴴ《合理化などによる》労働力の余剰, 余剰人員(の解雇): compulsory ~ 強制解雇 / REDUNDANCY PAYMENT /

take (voluntary) ~ 任意[希望]退職に応じる. **2** 冗長, 重複; 冗語; ⦅情報・機能などの⦆ 冗長性[度].
redúndancy chèck 〘電算〙 冗長検査 ⦅付加された冗長情報をチェックして行なう情報の正しさの検査⦆.
redúndancy pàyment [pày]″ ⦅整理解雇の際に支払われる⦆ 解雇手当.
redúndancy rùle 〘変形文法〙 余剰規則.
re·dún·dant *a* 余剰な, 余分の; もはや必要のない; 冗長な; 同様の, 重複する; ″〈労働者が〉余剰人員として(一時)解雇された; 豊富な, たくさんの; 〈電算機・宇宙船の装置などが〉冗長性をもつ; 〘工〙〈構造が〉不静定の. ◆ **~·ly** *adv* [L (REDOUND)]
redúndant vérb 〘文法〙 二重変化動詞 ⦅過去形などに交替形のある動詞⦆.
réd únderwing 〘昆〙 エゾベニシタバ ⦅くすんだ色の前翅と赤と黒のあざやかな後翅をもつヤガ科のガ⦆.
R
re·dúplicate *vt* 二重にする, 倍加する, 繰り返す; 〘言・文法〙 ⦅活用形・派生形をつくるため⦆〈文字・音節を〉重ねる, 〈語を〉重複によってつくる. ► *vi* 二重になる, 倍になる, 重複する. ► *a* /-kət/ 繰り返した, 反復[重複]した, 倍加した; 〘植〙 扇状の, 外向敷石状の. ► *n* reduplicate されたもの. [L (*re-*)]
re·duplicátion *n* 二重にすること, 倍加; 反復; 〘言・文法〙 ⦅語頭・音節の⦆ 重複, 重複形, 加重字, 加重音節; 〘修〙 ANADIPLOSIS.
re·dúplicative *a* 反復する; 倍増しの, 二重の; 〘植〙 REDUPLICATE. ◆ **~·ly** *adv*
re·du·vi·id /rɪd(j)úːviəd/ *n* 〘昆〙 サシガメ ⦅サシガメ科 (Reduviidae) の甲虫の総称; 吸血虫で, 俗に assassin bug と呼ばれる⦆. ► *a* サシガメ科の. [L (*reduvia* hangnail)]
re·dux /rɪdʌ́ks/ *a* [後置] 帰ってきた, (現代に)よみがえった, 再来の: Watergate ~ 現代版ウォーターゲート. [L=brought back, returned; ⇨ REDUCE]
réd valérian 〘植〙 ベニカノコソウ ⦅欧州産⦆.
Réd Vólta [the] レッドヴォルタ川 ⦅ブルキナファソ中西部からガーナ北部へ流れて White Volta 川に合流する⦆.
réd·wàre[1]* *n* 酸化鉄を多く含む粘土で作った素焼. [*ware*[1]]
redware[2] *n* 北部大西洋岸産のコンブ ⦅食用⦆. [*ware*<OE *wār* seaweed]
red-wat /rédwàt/ *a* ⦅スコ⦆ 血塗られた, 血だらけ[まみれ]の.
réd wáter 〘獣医〙 赤尿症, ⦅特に⦆ バベシア症 (babesiosis) (=**réd wáter fèver**); 赤水 ⦅鉄分などを含んで赤茶けた水⦆; 赤潮 (red tide).
réd whéat 種子が赤褐色の小麦.
réd wíggler *〘動〙 アカミミズ (RED WORM).
réd wíne 赤ワイン (vin rouge).
réd·wìng *n* 〘鳥〙 **a** ワキアカツグミ (=**réd-wìnged thrúsh**) ⦅欧州産⦆. **b** REDWING BLACKBIRD.
rédwing bláckbird, réd-wìnged bláckbird 〘鳥〙 ハゴロモガラス (=*maizer, maizebird*) ⦅北米の沼沢地に多い⦆.
réd wólf 〘動〙 アメリカオオカミ ⦅米国南東部産の赤みの強い, または灰色か黒色の毛色をした小型のオオカミ; 野生のものは絶滅に近い⦆.
réd·wòod *n* 〘植〙 セコイア, セコイアメスギ, イチイモドキ, アメリカスギ (cf. SEQUOIA); ⦅一般に⦆ 赤色木材[染料]の採れる各種の木(の木材), セコイア材.
Rédwood Nátional Párk レッドウッド国立公園 ⦅California 州北西部, 太平洋沿岸の redwood の森林⦆.
Rédwood séconds [⟨*sg*⟩] 〘理〙 レッドウッド秒 ⦅液体の粘性を計る尺度; 一定の口径の管内を流れる秒数を基に測定する⦆. [Sir Boverton *Redwood* (1846–1919) 英国の化学者]
réd wórm 〘動〙 **a** アカミミズ ⦅欧州原産のツリミミズ科の一種; コンポストや釣餌に使われる; シマミミズの類⦆. **b** BLOODWORM.
réd zínc óre 〘鉱〙 紅亜鉛鉱 (zincite).
réd zóne 危険[立入り禁止]区域; 〘アメフト〙 レッドゾーン ⦅守備側ゴールラインから 20 ヤードまでのゾーン⦆.
ree /riː/ *n* 〘鳥〙 REEVE[3].
reebok ⇨ RHEBOK.
Ree·bok /ríːbɑ̀k/ 〘商標〙 リーボック ⦅スポーツシューズ⦆.
re·écho *vt, vi* 繰り返し反響する, 響きわたる. ► *n* 反響の反復, こだまのこだま.
reechy /ríːʧi/ ⦅古・方⦆ *a* すすけた, くすんだ; いやなにおいのする, 臭い.
reed[1] /riːd/ *n* **1** 〘植〙 アシ (葦), ヨシ ⦅★ 比喩的に「弱いもの」「たよりないもの」を表わす⦆; アシの茎; アシの茂み; アシ材; [*pl*] ″ふきわら; 葦笛, 牧笛; 牧詩; ⦅詩⦆ 矢: A ~ before the wind lives on, while mighty oaks do fall. ⦅諺⦆ 風になびく葦は生きつづけナラの大木は地に倒れる / a THINKING ~ / BROKEN REED. **2** 〘楽〙 ⦅楽器の⦆ 舌, 簧(こう), リード; リード楽器, [the ~s] リード楽器セクション; 〘建〙 REEDING; 〘電〙 REED RELAY; ⦅織機の⦆ おさ; リード ⦅古代ヘブライ人が用いた長さの単位: =6 cubits; *Ezek* 40: 5⦆. ● **lean on a ~** 頼み[あて]にならないもの[人]にたよる. ► *vt* **1** 〈家・屋根を〉アシでふく; 〈わらを〉屋根ふきに用いる; アシで飾る; 〘建〙 REEDING で飾る. **2** 〈楽器〉に舌[リード]をつける; 〈硬貨・メダルなどの縁〉にぎざぎざをつける. [OE *hrēod*; cf. G *Riet*]
reed[2] ⇨ READ[3].
Reed リード (**1**) Sir **Carol** ~ (1906–76) ⦅英国の映画監督; *The Third Man* (第三の男, 1949), *Oliver!* (オリバー, 1968)⦆ (**2**) **John** ~ (1887–1920) ⦅米国のジャーナリスト・社会主義者; *Ten Days that Shook the World* (1919)⦆ (**3**) **Stanley F**(**orman**) ~ (1884–1980) ⦅米国の法律家; New Deal 政策を支持; 合衆国最高裁判所陪席裁判官 (1938–57)⦆ (**4**) **Thomas B**(**rackett**) ~ (1839–1902) ⦅米国の政治家; 共和党指導者; 連邦下院議長時代 (1889–91, 95–99) の議会改革で, 多数党が議会をコントロールしやすくした⦆ (**5**) **Walter** ~ (1851–1902) ⦅米国の医学者; 黄熱病を蚊が媒介することを証明⦆ (**6**) **Willis** ~ (1942–) ⦅米国のバスケットボール選手⦆.
réed bàbbler 〘鳥〙 REED WARBLER.
réed bèd ヨシ湿原 ⦅ヨシが優占する沼地[水域]⦆.
réed·bìrd *n* 〘鳥〙 **a***⦅南部⦆ ボボリンク (bobolink). **b** REED WARBLER.
réed·bùck *n* (*pl* **~, ~s**) 〘動〙 リードバック ⦅淡黄色のアフリカ産の羚羊⦆.
réed bùnting 〘鳥〙 **a** オオジュリン (=*reed sparrow*) ⦅ホオジロ科; 欧州・アジア産⦆. **b** ヒゲガラ (bearded tit) ⦅シジュウカラ科⦆.
réed canáry gràss 〘植〙 クサヨシ (=*lady's-laces*).
réed·ed *a* アシでおおわれた, アシの生い茂った; 〈楽器が〉リードのある; 〈硬貨・メダルなどが〉縁にぎざぎざのついた; リーディング (reeding) を施した.
réed gràss 〘植〙 **a** クサヨシ ⦅小川の岸などに生え, 草丈は 1–2 m⦆. **b** マクシマ ⦅欧州・小アジアの湿地に生え, 草丈は 1 m⦆. **c** ノガリヤス属の各種の草本 ⦅ユーラシア産⦆. **d** ダンチク属の各種の草本. **e** ミクリ (bur reed).
re·édify *vt* REBUILD.
réed·ing *n* 〘建〙 リーディング ⦅(**1**) ⦅胡麻殻(ごまがら)筋, 堅細溝 **2**) 胡麻殻繰形(くりかた)⦆; ⦅硬貨の縁の⦆ ぎざぎざ.
réed ìnstrument リード楽器 ⦅オーボエ・クラリネット・サクソフォーンなどリードを有する木管楽器⦆.
re·édit *vt* 編集しなおす, 改訂する.
rè·edítion *n* 改版, 再訂版.
réed·ling *n* 〘鳥〙 ヒゲガラ (bearded tit).
réed màce 〘植〙 ガマ (cattail).
réed·man /-mən/ *n* リード(楽器)奏者. ◆ **réed·wòman** *n fem*
réed òrgan 〘楽〙 リードオルガン ⦅パイプを使用しないで, リードを使用した小型オルガン; harmonium など⦆.
réed phèasant 〘鳥〙 ヒゲガラ (bearded tit).
réed pìpe 〘楽〙 リードパイプ ⦅金属性リードの振動で発音するオルガンのパイプ⦆; 牧笛.
réed rèlay 〘電〙 リード継電器 ⦅電話交換機などに使われた⦆.
réed spàrrow 〘鳥〙 オオジュリン (reed bunting).
réed stòp 〘楽〙 ⦅オルガンの⦆ リード音栓, リードストップ.
re·éducate *vt* 再教育する, 教育しなおす; 〈障害者などを〉再訓練する, リハビリをする (rehabilitate). ◆ **re·educátion** *n* **re·éducative** *a*
réed wàrbler 〘鳥〙 ヨシキリ, ⦅特に⦆ ヨーロッパヨシキリ.
réed·wòrk *n* 〘楽〙 ⦅オルガンの⦆ リード音栓, リードストップ (reed stops) ⦅集合的⦆.
réed wrèn 〘鳥〙 **a** ヨーロッパヨシキリ (reed warbler). **b** セジロミソサザイ ⦅北米産⦆.
réedy *a* アシの多い, アシの生い茂った; ⦅詩⦆ 葦製の; アシのような, ひょろひょろした; 有簧(こう)楽器のような音を出す; 〈声が〉かん高い. ◆ **réed·i·ly** *adv* **réed·i·ness** *n*
reef[1] /ríːf/ *n* 礁(しょう), 暗礁, リーフ; 砂洲(す); 障害; 鉱脈, リーフ; [the R-] WITWATERSRAND; [the R-] GREAT BARRIER REEF. ◆ **réefy** *a* [MDu, MLG<ON *rif* RIB[1]]
reef[2] *n* 〘海〙 ⦅帆の⦆ 縮帆部, たたみ込み部 ⦅風のあたる面積を少なくする⦆; 縮帆. ● **take in a ~** 縮帆する; 〈財政などを〉切り詰める. ► *vt* **1** 〈帆を〉縮める ⟨*in*⟩; 〈円材を〉短くする; ⦅縮帆するように⦆ たたみ込む: ~ one's SAILS. **2** ⦅俗⦆ 〈人のポケット〉から盗む, する, 取る, はぎ取る ⟨*off*⟩, 引き下ろす ⟨*down*⟩; ⦅卑⦆ 〈人〉の性器をまさぐる. ► *vi* 縮帆する. [Du<ON (↑)]
reef[3] *n**⦅口⦆ マリファナ(タバコ). [*reefer*[2]]
réef bànd 〘海〙 縮帆帯.
réef·er[1] *n* 〘海〙 縮帆する人, ⦅口⦆ 縮帆係 ⦅海軍少尉候補生 (midshipman) のあだ名⦆; リーファー (=**~ jàcket**) ⦅厚地のダブルのジャケット⦆; REEF KNOT. [*reef*[2]]
reefer[2] ⦅口⦆ *n* マリファナ(タバコ); マリファナタバコを吸う人. [? MexSp *grifa* marijuana; 一説に *reef*[2] のようにまるめたもの]
ree·fer[3] /ríːfər/ *⦅口⦆ *n* 冷蔵庫; 冷凍車[トラック, 船], リーファー: ~ cargo 冷凍貨物. [*refrigerator*]
reefer[4] *n* 〘新聞〙 リーファー ⦅2 面以降の記事について案内する 1 面の欄⦆.
réefer wèed ⦅口⦆ マリファナ.
réef flàt 礁原(しょうげん) ⦅珊瑚礁の平坦な上面⦆.
réef hèron 〘鳥〙 クロサギ ⦅南アジア・豪州・大洋州産⦆.
réef·ing jàcket リーフィングジャケット (reefer).
réef knòt 〘海〙 本(ほん)結び, こま結び, 本目結節 (=*flat knot*).
réef pòint 〘海〙 縮帆索.

reek /ríːk/ *n* 湯気, 蒸気; 悪臭; 悪臭のある空気; 《方》煙. ► *vi* 煙る; 湯気を立てる; 血煙が立つ ‹*with* gore›; 悪臭を放つ, …臭い ‹*of* [*with*] garlic›; [*fig*] (不快なものが)染み込んでいる, 気味がある ‹*with*, *of*›; ‹煙などが›立ち昇る: ～ *of* affectation いやに気取っている / ～ *of* blood ちなまぐさい / ～ *of* murder 殺気をおびている. ► *vt* 煙[蒸気]で処理する, いぶす; 《方》‹煙などを›発する, 立てる; ‹魅力などを›発散する. ♦ **～·er** *n* **réeky** *a* 煙る; 湯気の立つ; 悪臭を放つ. [OE (n) *rēc*, (v) *rēocan*; cf. OHG *rouh* smoke]

reel[1] /ríːl/ *n* **1 a** 糸車, 糸繰(いとくり); 《釣り用の》リール; 《機械の》回転部; 《ケーブルなどの》巻き枠; ''《ミシン糸などの》糸巻, ボビン (spool*); 《カメラ・映画の》フィルム巻き枠, リール. **b** 垂直な棒から放射状に腕の出ている物干しハンガー. **2** 枠巻きフィルム; 1巻き(の量); 《映》巻《通例1巻は1000 または 2000 ft》: a six-～ film 6巻物映画. ● (**right** [**straight**]) **off the ～** 《口》すらすらとよどみなく; 続けざまに; ためらうことなく, 直ちに. ► *vt* ‹糸を›糸車に巻く, 繰(く)る ‹*in*›; ‹繭(まゆ)などから糸を›巻き取る; ‹測程線などを›リールで引く. ► *vi* リールを回す. ● **～ in** [**up**] ‹糸を›糸車で巻き取る; ‹魚・釣糸を›リールを巻いて引き寄せる. **～ off** ‹繭から糸などを›巻き取る; よどみなく[すらすらと]話す[書く]; 並べ立てる. **～ out** ‹糸を›繰り出す. ♦ **～·able** *a* [OE *hrēol*<?; cf. ON *hræll* weaver's rod]

reel[2] *n* 千鳥足, よろめき (stagger); めまい (giddiness); 旋回 (whirl): without a ～ or a stagger よろけることなく, 足もと確かに. ► *vt* よろめかせる; …にめまいをさせる; ぐらつかせる. ► *vi* よろめく, 千鳥足で歩く ‹*about*, *along*›; ぐるぐるまわる; 目がくらむ, ‹頭が›くらくらする; 混乱する, 動揺する ‹*from*›; ‹戦列が›浮足立つ; ゆらゆら[ゆさゆさ]と揺れる; ‹山などが›震動するように見える: ～ back 《打撃などをうけて》後ろへよろめく, 退散する / ～ *from* [*under*] a heavy blow [burden] 強い打撃[重い負担]によろめく. ♦ **～·ing·ly** *adv* 千鳥足で, ふらふらと; 動揺して. [ME *reel*[1]]

reel[3] *n* リール《スコットランド・アイルランドの軽快な舞踏(曲)》; VIRGINIA REEL. ► *vi* リールを踊る. [? *reel*[2]]

rèel and béad 《建》BEAD AND REEL.

rè·eléct *vt* 再選[改選]する. ♦ **rè·eléction** *n*

réel·er[1] *n* 巻取り係[装置, 機械]; [*compd*] 長さ…巻の映画フィルム: a two-～ 2巻物. [*reel*[1]]

reeler[2] *n* 《俗》飲み騒ぎ. [*reel*[2]]

réel-fèd *a* 《印》巻取り紙給紙の (cf. SHEET-FED).

re·éligible *a* 再選[再任]資格がある; 《仮釈放や競技会出場などの》資格を再びもつ.

réel·màn *n* 《豪》救命ロープ巻取りリール操作係《海水浴場の救助隊の一員》.

réel of thrée 《スコットランドの》3人で8の字を描きながら踊る REEL[3].

réel-to-réel *a* ‹テープ・テープレコーダーが›オープンリール式の.

rè·embárk *vt, vi* 再び乗船させる[する], 再び搭載する. ♦ **re·embarkátion** *n*

rè·embódy *vt* 再形成[再編成]する.

rè·embróider *vt* ‹レースなど›に図案の輪郭を刺繍する.

rè·emérge *vi* 再び現われる, 再出現[再現]する. ♦ **rè·emérgence** *n* 再出現. **rè·emérgent** *a*

re·émphasize *vt* あらためて強調する. ♦ **re·émphasis** *n*

rè·emplóy *vt* …を再雇用する. ♦ **～·ment** *n*

reen, rean /ríːn/ *n* ''《南西部》濠, 《特に》排水路.

rè·enáct *vt* 再び制定する, 再び法律で定める; 再び演じる, 再演する; ‹以前[歴史上]のできごと・事件を›再現する. ♦ **～·ment** *n* 再制定; 再び演じること, 再演, 再上演; 再現. **rè·enáctor** *n*

rè·en·fórce* *v* REINFORCE. ♦ **～·ment** *n*

rè·éngage *vi* 再度参加[関与]する ‹*in*›: ～ *in* negotiations 交渉を再開する. ► *vt* 再雇用する.

re·éngine *vt* ‹船など›に新しいエンジンを備える, …のエンジンを換装する.

re·engineér *vt* ‹機械・装置などを›再設計する, 作りなおす; ‹組織などを›再構築する.

rè·en·líst *vt, vi* 再入隊させる[する]. ♦ **～·er** *n* **～·ment** *n* 再入隊; 再入隊者; 再入隊後の期間.

re·énter *vt* 再び入れる; …に再びはいる; 再記入する; 《彫》彫り深める. ► *vi* 再びはいる; *《俗》麻薬による陶酔からさめる; 《法》再び所有権を得る. ► *n**《俗》麻薬の陶酔からさめること.

re·énter·ing [**reéntrant**] **àngle** 凹角(おうかく) (opp. *salient angle*).

reéntering pòlygon 凹多角形.

re·éntrance *n* REENTRY.

re·éntrant *a* 内に向かっている, 内曲した; 《城》凹角の (opp. *salient*). ► *n* 凹角, 凹部; 《地形の》凹入部, 入江, 谷《など》; 再びはいる人[もの]; 内に向かっている人[もの].

re·éntry *n* 再びはいる[入れる]こと; 再入国; 《ロケット・宇宙船の大気圏への》突入 (=atmospheric ～); *《俗》《LSD の trip から》さめること, 帰還; 《法》所有権の再獲得, 土地再立入り; 《トランプ》打出し権を奪い返せる有力な札 (=**cárd of ～**); 《郵》印刷ぶれ(のある切手).

rè·equíp *vt, vi* 再装備する. ♦ **～·ment** *n*

rè·eréct *vt* 再び建てる. ♦ **rè·eréction** *n*

Reese's /ríːsəz/ 《商標》リーセズ《米国 H. B. Reese Candy Co. 製のピーナッツバターをミルクチョコレートで包んだキャンディーバー; 正確には 'peanut butter cup' と呼ぶ》. [Harry B. *Reese* (1879–1956) 創業者]

reest /ríːst/ *vi* 《スコ》‹馬が›急に立ち止まる (balk).

rè·estáblish *vt* 復職[復位]させる; 再建する; 復旧する; 復興する (restore); 回復する. ♦ **～·ment** *n*

reet, reat /ríːt/ *a* [°～ and compleat]*《俗》良い, 正しい, ちゃんとした, 申し分ない, みごとな, すばらしい. [変形 < *right*]

rè·eváluate *vt* 再評価する. ♦ **rè·evaluátion** *n*

reeve[1] /ríːv/ *n* 《英史》代官, リーヴ《中世に国王・領主の代理として司法・行政などの権利を行使した地方役人; sheriff から manor の役人まで含む》; 下級地方官; 《カナダ》《市町村会の》議長; 《鉱》坑夫頭[監督]. [OE (*ge*)*rēfa* (*y*-, **rōf* assembly); cf. OHG *ruova* number, array]

reeve[2] 《海》*v* (**rove** /róuv/, **～d**; **rove**, **～d**, **rov·en** /róuv(ə)n/) *vt* ‹索を›‹穴[滑車]に›通す ‹*through*›; 穴に通して[何かに巻いて]結びつける ‹*a* rope etc. *in*, *on*, *around*, *to* a yard etc.›; ‹滑車の通索孔›にロープを通す; ‹船が浅瀬・浮氷群›の間を縫って行く. ► *vi* ‹索が›滑車[輪]を通る. [?Du *reven* REEF[2]]

reeve[3] *n* 《鳥》エリマキシギ (ruff) の雌. [C17<?]

Reeves /ríːvz/ リーヴズ (1) **James** ～ (1909–78)《英国の詩人》(2) **Jim** ～ (1924–64)《米国のカントリーミュージックのシンガー・ソングライター; 甘美な声で知られる》(3) **Keanu** (**Charles**) ～ (1964–)《カナダの映画俳優; *The Matrix* (マトリックス, 1999)》.

réeves's phéasant /ríːvz(əz)-/ 《鳥》オナガキジ《中国原産》.

rè·exámine *vt* 再試験[再検査, 再検討]する; 《法》再主尋問する. ♦ **rè·examinátion** *n*

rè·exchánge *n* 《商》戻り為替手形; 再交換[交易].

rè·expórt *vt* 《商》‹輸入品を›再輸出する. ► *n* /-ˊ-ˋ-/ 再輸出品; REEXPORTATION. ♦ **rè·expórt·er** *n*

re·exportátion *n* 再輸出.

ref /réf/ *n, vt, vi* 《口》REFEREE.

ref. referee ♦ reference ♦ referred ♦ refer to…を参照[見よ] ♦ reformed ♦ refunding.

re·fáce *vt* ‹建物など›に新しい表面仕上げを施す; ‹衣服›に新しいフェーシングをする.

re·fáshion *vt* 作りなおす, 改造する, 改装する; …の模様[配列]を変える. ♦ **～·ment** *n*

re·fásten *vt* 再び取り付ける[くくる, 綴じる].

re·fect /rɪfékt/ *vt* 《古》(飲食物で)元気づける. [OF<L *re-*(*fect-ficio*=*facio* to make)=to renew]

re·fec·tion /rɪfékʃ(ə)n/ *n* 気晴らし, 慰み, 休養; 元気回復; ごちそう; 軽い食事[飲み物](を取ること).

re·fec·to·ry /rɪfékt(ə)ri/ *n* 大食堂 (dining hall)《特に修道院や大学の食堂》; 喫茶室, 休憩室.

reféctory tàble しっかりした重い脚の付いた細長い長方形のテーブル; 両端を折りたためる細長いテーブル.

re·fel /rɪfél/ 《廃》*vt* 論破する; 退ける.

re·fer /rɪfə́ːr/ *v* (-**rr**-) *vi* **1 a** 言及する, 口に出す; 引合いに出す: ～ *to* the Bible 聖書に言及する / I never ～ *to* you by the remark. あれはあなたたちのことを言っているのではありません / ～ back *to*…に再度言及する. **b** ‹…を…と›呼ぶ: The American Indians *referred to* salt *as* "magic white sand". 塩のことを「魔法の白砂」と呼んだ. **2** ‹人物・技量などについて…に›問い合わせる, 照会する; 参照する, たよる: We have *referred to* the former employer *for* his character. 彼の人物について前の雇主に問い合わせた / ～ *to* the guidebook 案内書を参照する. **3** 指示する, 注目させる; 《文法》‹代名詞が名詞などを›指す, 受ける: The asterisk ～*s to* a footnote. アステリスク(*)は脚注のしるし / What noun does this "it" ～ *to?* この it はどの名詞を指しているか. **4** 関連している, あてはまる (apply): This statement ～*s to* all of us. このことばはみんなにあてはまる / The rule ～*s* only *to* special cases. その規則は特別な場合にだけ適用する. ► *vt* **1 a** ‹人を›‹…に›差し向ける, 照会させる ‹*to*›: I *referred* her *back to* the principal. 彼女に校長の所へもう一度行ってみるよう言った / I was *referred to* the secretary *for* information. 詳しいことは秘書に問い合わせるよう言われた. **b** ‹人›に‹…を›参照させる, 注目[留意]させる ‹*to*›: The asterisk ～*s* the reader *to* a footnote. アステリスク(*)は読者に脚注を見よというしるしである. **2 a** ‹事件・問題などを›任せる, 委託[付託]する ‹*to*›; ‹患者を›まわす ‹*to* a specialist›: ～ a dispute *to* the arbitration board 紛争を仲裁委員会に付託する / ～ a matter *back to*…に問題を差し戻す[再付託する] / I ～ *myself to* your generosity. ご寛容におすがりするほかありません. **b** ''‹論文などを›《やりなおすように》差し戻す; ''《試験で》‹学生を›落とす, …に追試験を許す. **3** …の起源[原因など]を‹…に›帰する (assign) ‹*to*›; ‹物・事を›‹…に›属するとする ‹*to*›: ～ one's failure *to* bad luck 失敗を不運のせいにする. ● **～ to drawer** ''振出人回し《銀行で不渡り手形などに R/D または RD と略記する》. ♦ **re·fér·rer** *n* [OF<L *re-*(*lat- fero* to bring)=to carry back]

ref·er·able /réf(ə)rəb(ə)l, rɪfə́ː-/ *a* 帰することができる, ‹…の›せいとしてよい (ascribable) ‹*to*›; ‹…に›属せられる ‹*to*›.

ref·er·ee /rèfəríː/ *n* 問題解決を委任された人;〖法〗仲裁人;ᵁ人物・身元の照会を受ける人, 身元保証人;《フットボール・レスリングなどの》審判員, レフェリー; 論文審査員, 査読者: OFFICIAL REFEREE. ► *vt* 〈試合を〉審判する;〈争いを〉仲裁する, 調停する;〈論文を〉審査する, 査読する. ► *vi* 仲裁[審判]をする.

ref·er·ence /réf(ə)rəns/ *n* **1 a**《書物などの》参考, 参照 〈*to*〉; 言及, 論及 〈*to*〉; 関連, 関係 〈*to*〉: for future ～ 今後の参考のために; 一言いわせてもらうが. **b** 参考書 (reference book); 参照文献[箇所]; 引用文[箇所]; 参照符 (reference mark), 参照指示. **2** 照会, 問合わせ 〈*to*〉;《前歴・身元などの》証明書, 推薦状; *照会先, 身元保証人: take up a ～ 〈会社などが〉人物証明をとる. **3** 指示, 表示;〖言〗指示(作用);〖文法〗《代名詞が》指す[受ける]こと, 指示: backward [forward] ～ 前[後]の語句を受けること. **4** 委託, 付託 〈*to*〉;〖法〗仲裁,《仲裁人に対する》事件付託. ● **a point of ～** 評価[判断]の基準 (reference point). FRAME OF REFERENCE. **have ～ to**…に関係がある. **in [with] ～ to**…に関して. **make ～ to**…に言及する; …を参照する, …に当たってみる[聞いてみる]. TERMS OF REFERENCE. **without ～ to**…に関係なく, …をかまわず: *without* ～ *to* age or sex 老若男女の別なく. ► *a* 基準の; 参照用の. ► *vt* …に参照事項[参照符]を付ける; 参照文献として引用する; 参照しやすい形にする《表など》.

réference bèam《ホログラフィーにおける》参照ビーム.

réference bíble 引照付き聖書《欄外に他項への引照を付けたもの》.

réference bòok 参考図書《1) 辞典・事典・地図など 2)〖図書〗禁帯出の館内閲覧図書》.

réference gròup〖社〗準拠集団, レファレンスグループ《自己の態度・判断の基準として影響をうけるグループ》.

réference lìbrary 参考図書館《図書館外貸出しを許さない》; 参考図書類.

réference lìne 基準線《座標を定める基準となる線》.

réference màrk 参照符《asterisk (*), dagger (†), double dagger (‡), paragraph (¶), section (§) など》.

réference nùmber 照会[整理, 予約]番号.

réference pòint《地理上の》目印; 判断[評価]基準.

ref·er·en·dum /rèfəréndəm/ *n* (*pl* ～**s**, **-da** /-də/) レファレンダム《1) 国民[住民, 一般]投票(制度) 2) 外交官の本国政府に対する請訓書》. [L; ⇨ REFER]

ref·er·ent /réf(ə)rənt/ *n*〖言〗《記号の》指示対象, 指示物;〖論〗関係項. ► *a* 指示の[する]; …に関する 〈*to*〉.

ref·er·en·tial /rèfərénʃ(ə)l/ *a* 参考の, 参照の; 照会の; 関係ある, 関連の: ～ meaning 指示的意味. ♦ **～·ly** *adv* **ref·er·en·tial·i·ty** /rèfərènʃiǽləti/ *n*

re·fer·ra·ble, -ri·ble /rɪfə́ːrəb(ə)l/ *a* REFERABLE.

re·fer·ral /rɪfə́ːrəl/ *n* REFER すること;《求人先への》求職者紹介;《専門医などへの》患者紹介; 差し向けられた[紹介された]人.

re·férred páin〖医〗関連痛《実際の患部から離れた所で感じられる痛み》.

ref·fo /réfou/ *n* (*pl* ～**s**)《豪俗》ヨーロッパからの難民. [*refugee*, *-o*]

re·fíll *vt* 〈容器などを〉再び満たす,〈バッテリーを〉充電する. ► *vi* 再び満ちる. ► *n* /ˊ ˋ/ 詰め替え[補充]用の品物[薬],《ルーズリーフの》補充ノート,《ボールペンの》替芯, リフィル;《医者の直接の指示なしでも受けられる》再調剤;《飲食物の》お代わり, 二杯目. ♦ **～·able** *a*

rè·finánce /, rifáɪnæns/ *vt, vi* (…のために)再度の資金調達をする, 再融資を行なう[受ける],〈ローンを〉借り換える;〈証券〉の借換えをする《償還財源を新規証券の発行により調達する》. ♦ **-fináncing** *n*

re·fine /rɪfáɪn/ *vt* **1 a** 精製する, 精練する; 精製して取り除く; …の濁りを除く, 清澄にする (clarify): ～ sugar [oil] 砂糖[油]を精製する / The dregs were ～*d away* [*out*]. かすは取り除かれた. **b**《道徳的に》清くする, …の精神性を高める. **2** 上品[優美]にする, 洗練する, 風雅[風流]にする; さらに精密[正確]にする, 高度化する; 磨く (polish): ～ a language ことば(づかい)を洗練する. ► *vi* 純粋になる, 清くなる; 洗練される, 上品[優美]になる; 細かな区別をする; 詳細に論じる. ● **～ on**…に改良を加える, 磨きをかける; …よりすぐれている, しのぐ. ♦ **re·fín·able** *a* **re·fín·er** *n*

re·fíned *a* 精製[精練]した; [ˢ*derog*] 洗練された, あかぬけした, 優雅な, お上品な; 精巧な, 微細な〈区別など〉; 厳正な, 正確な.

refíne·ment *n* **1** 精製, 精練, 浄化; 洗練, 純化, 上品, 高尚, 優雅. **2** 改善, 改良; 改良点, 精巧; 進歩, 極致: ～*s* of cruelty 手の込んだ残虐な仕打ち. **3** 細かな区別立て, 微妙な点; 緻密な思考: a ～ of logic 論理の微細な点.

re·fín·ery *n* 精製[精練]所[装置], 精油所.

re·fínish *vt, vi* (〈木材・家具など〉の)表面を新しくする. ► *n* 再仕上げ. ♦ **～·er** *n*

re·fít *vt* 修理[修繕]する;〈船などを〉再装備する, 改装する. ► *vi* 〈特に 船が〉修理をうける, 再装備[改装]される. ► *n* /, ˊ ˋ/《特に船の》修理, 改装. ♦ **～·ment** *n*

re·fíx *vt* (取り)付けなおす.

refl. reflexive.

re·flág *vt* 〈ある国の船〉に別の国の国旗を掲げる, …の船籍の登録替えをする《紛争地域での保護確保が目的》.

re·flate /rɪfléɪt/〖経〗*vt* 〈通貨・経済などを〉再び膨張させる. ► *vi* 〈政府が〉通貨再膨張政策をとる. [逆成く↓]

re·fla·tion /rɪfléɪʃ(ə)n/ *n*〖経〗通貨再膨張, 統制インフレ, リフレーション《景気刺激のためインフレーションにならない限度で通貨を増やす》. ♦ **refla̍tion·àry** /; -(ə)ri/ *a* [*deflation*, *inflation* にならったもの]

re·flect /rɪflékt/ *vt* **1 a** 〈光・熱・音などを〉反射する, 反響する, はね返す. **b** [ᵁ*pp*] 折り曲げる, 折り返す;《古》そらす (deflect). **2 a** 〈鏡などが〉映す, 映し出す; 反映する, 表わす: trees ～*ed in* the lake 湖に映った木々 / The language of a people ～*s* its characteristics. **b** 〈名誉・不名誉などを〉もたらす: deeds that ～ honor *on* his family 彼の家族に名誉をもたらす行為. **3** よく考える, 思案する, 思い起こす 〈*that*〉. ► *vi* **1** 反射[反映]する, 映す; 映し出される, 映る. **2 a** 〈行為などが〉〈…の信用を〉そこねる, 体面を傷つける, 印象を悪くする 〈*on*〉;《結果として》〈…をよく[悪く]〉見せる 〈well [badly] *on*〉. **b** 非難[中傷]する, そしる 〈*on*〉: ～ *on* sb's veracity 人の誠実さに難癖をつける. **c** 関係がある, 影響する. **3** よく考える, 顧みる, 省察する 〈*on*〉; 考え[見解]を述べる: I must ～ *on* what she said [what to do]. 彼女のことば[どうすべきか]をよく考えてみなければならない. ● **bask in sb's ～ed** GLORY. **be ～ed in**… 〈事が〉〈結果など〉に示される, 反映されて(いる) (cf. *vt* 2a). ♦ **～·ing·ly** *adv* [OF or L *re-*(*flex- flecto* to bend)]

re·fléc·tance *n*〖理・光〗反射率《入射光と反射光のエネルギーの強さの比》.

refléct·ing tèlescope 反射望遠鏡 (reflector).

re·flec·tion | re·flex·ion /rɪflékʃ(ə)n/ *n* **1 a** 反射, 反響; 反映;《神経などの》反射作用; 反射光, 反射熱, 反響音. **b** 映った像[影], 映像;《鏡に映った》似姿(のようなもの), 対応物,《影響の結果としての》反映 〈*on*〉. **2** 内省, 省察, 熟考 〈*on*〉,〖哲〗反省;《熟考して得た》感想, 意見, 考え: on ～ 熟考のうえ, よく考えてみると / without (due) ～ 軽々しく / ～*s on* his conduct 彼の行為についての所見. **3** 非難, とがめだて 〈*on*〉; 不名誉, 不面目: be [cast] a ～ *on*…の不名誉となる / cast ～*s on*…を非難する. **4** 反転[屈折](部);〖数〗鏡映, 鏡像. **5**《廃》帰還 (return). ♦ **～·al** *a* 反射の[による]; 反省の, 熟考[再考]の. [OF or L (REFLECT)]

refléction dènsity〖理〗反射濃度《インクなどが光を反射せず吸収する度合い》.

refléction fàctor〖理〗REFLECTANCE.

refléction plàne〖晶〗鏡映面《結晶を原子配列が相互に鏡像関係になるように 2 分割するような平面; cf. SYMMETRY ELEMENT》.

re·flec·tive /rɪfléktɪv/ *a* **1** 〈…を〉反射[反照, 反映]する 〈*of*〉; 反射[反映]による;〈動作が〉反射的な;〖文法〗再帰の (reflexive). **2** 反省[熟考]する, 思慮深い, 内省的な. ♦ **～·ly** *adv* **～·ness** *n*

re·flec·tiv·i·ty /rìːflektívəti/ *n* 反射力 (reflective power);〖理〗REFLECTANCE.

re·flec·tom·e·ter /rìːflèktámətər/ *n*〖光〗反射(率)計. ♦ **rè·flec·tóm·e·try** *n* 反射(光)測定.

re·fléc·tor *n* **1** 反射物[器], 反射鏡[板]; 反射面;〖理〗《原子炉中の》反射材[体]; 反射望遠鏡; 反映するもの[人]. **2** 熟考者, 省察者; 批評家.

refléctor·ìze *vt* 〈表面〉に反射加工する; …に反射鏡[反射板]を付ける.

re·flet /rəfléɪ/ *n* 表面の特別な輝き,《特に》陶器の金属的光沢, 虹色, 真珠色. [F]

re·flex /ríːflèks/ *a* **1 a**〖生理〗反射作用の, 反射的な;〈光などが〉反射した;〖電子工〗レフレックス型の《一つのトランジスターを高周波と低周波の増幅に兼用する》. **b** 〈効果・影響などが〉反動的な; 逆戻りする, 再帰的な. **2** 反省する; 内省的な. **3** 〈草・茎など〉反り返った;〖数〗〈角が〉優角の《180° と 360° の間》. ► *n* **1 a**〖生理〗反射運動 (＝～ ácт), 反射作用 (＝～ áction); [*pl*] 反射能力. **b**《反射的な》反応のしかた, 思考[行動]様式. **2 a**《鏡などに映った》像, 影;《まれ》《光・熱の》反射; 反射した光[熱, 音など]. **b**〖電子工〗レフレックス(型)受信機; REFLEX CAMERA. **3** 写し, 再生; 反映;〖言〗《前期からの》発達形, 対応語. ► *vt* /rɪfléks/ 反射させる; 折り返す. ♦ **～·ly** *adv* 反射的に; 反省して; 回想的に, 内省的に; 反動的に; 反曲して. [L (REFLECT)]

réflex árc〖生理〗《神経経路の》反射弓.

réflex cámera〖写〗レフレックスカメラ: a twin-[single-]lens ～ 二眼[一眼]レフ.

re·fléxed *a* 後ろに[下に]反り返った, 折れ返った.

refléx·ible *a* 反射される, 反射性の〈光・熱など〉. ♦ **reflèx·ibíli·ty** *n*

reflexion ⇨ REFLECTION.

re·flex·ive /rɪfléksɪv/ *a* **1**〖文法〗再帰の: ～ pronouns 再帰代名詞. **2** 反省的な, 内省的な. **3** 反射性の, 反射的な;〖数・論〗反射的な《相等や合同など自分自身との間にも成立する関係をいう; cf. SYMMETRIC, TRANSITIVE》;《まれ》REFLEX;《まれ》REFLECTIVE. ► *n*〖文法〗再帰動詞[代名詞]《I *dress myself*. の dress は再帰動詞, myself は再帰代名詞》. ♦ **～·ly** *adv* **～·ness** *n* **re·flex·iv·i·ty** /rìːflèksívəti, rɪ-/ *n*

refléxive sociólogy 自己反省の社会学《社会学という学問そ

のもののあり方を問題にする; 米国の社会学者 Alvin W. Gouldner (1920–80) が提唱).
re·flex·ol·o·gy /rì:flɛksálədʒi/ *n* 〘生理〙反射学; 反射療法, リフレクソロジー《足の裏などをマッサージすることによって血行をよくしたり緊張をほぐしたりする療法》. ◆ **rè·flèx·ól·o·gist** *n*
re·flóat *vt, vi* 再び浮き上がらせる[浮き上がる]; 離礁させる[する]. ◆ **rè·floatátion** *n*
rè·florèscence *n* 返り咲き.
rè·florèscent *a* 返り咲く.
re·flów *vi, vt* 〈潮などが〉引く; 逆流する, 還流する; 〘電子工〙リフロー処理する; 〘電算〙〈テキストを〉再流し込みする. ► *n* /ˊ-ˋ/ 退潮; 逆流, 還流; 〘電子工〙リフロー《あらかじめはんだを基盤に塗布したうえで部品を載せ, 再度はんだを溶かして一括はんだづけする工法》; 〘電算〙《テキストの》再流し込み《文字や画面の大きさによって, 行数・字詰めを自動的に変える方式》.
re·flówer *vi* 返り咲く.
re·flu·ence /réflùːəns, rɛflúː-/ *n* 逆流(作用); 退潮.
ré·flu·ent /, -ˊ-/ *a* 〈潮流・血液などが〉退く, 退流[逆流]する.
re·flux *n* /ríːflʌks/ 退流, 逆流; 退潮 (cf. FLUX); 〘医〙胃食道逆流 (gastroesophageal reflux); 〘化〙還流. ► *v* /rɪflʌ́ks, ríːflʌks/ *vt* 〘化〙還流させる. ► *vi* 逆流する.
réflux condénser 〘化〙還流凝縮器.
re·fócus *vt, vi* (…の)焦点を再び定める[調整する]; (…の)重点[方向]を変える.
re·fóld *vt* 再び折り重ねる, 折りたたんだ状態に戻す.
re·fóot *vt* 〈靴下などの〉足部を付け替える.
re·fórest* *vt* 〈土地を〉再び森にする, 森に戻す (reafforest[II]). ◆ **rè·forestátion** *n* 森林復活[再生].
re·fórge *vt* 再び鍛える, 鍛えなおす; 作りなおす.
re·form /rɪfɔ́ːrm/ *vt* **1** 改正[改革, 改善]する; 修正[訂正]する (correct); 〈弊害・混乱などを〉救済する, 除く. **2** 改心させる, 矯正する. **3** 〘化〙〈石油などを〉改質する; 〈ガソリンなどを〉改質して作る. ► *vi* 改心する, 行ないを改める. ► *n* **1 a** 改正, 改革, 改善; 訂正; [〈*a*〉] 改正の, 改革派の. **b** [R-] REFORM JUDAISM. **2** 矯正, 改心; 救済. ◆ **~·able** *a* **refòrm·abílity** *n* [F or L (*re*-)]
rè·fórm *vt* 再び形成する; 再結成[編成]する. ► *vi* 再び形となる[ができる].
Refórm Àct [the] 〘英史〙選挙法改正法《1832 年の改正で, 選挙権が拡大, 新興都市に議席が与えられ, 第 2 次改正 (1867) で, 都市労働者に選挙権が与えられ, 第 3 次改正 (1884–85) で, 農業・鉱山労働者も有権者となった》.
re·fórmat *vt* 〘電算〙〈データなどを〉書式変更する, 再フォーマットする.
re·for·mate /rɪfɔ́ːrmèɪt, -mət/ *n* 〘化〙改質油[ガソリン].
ref·or·ma·tion /rèfərméɪʃ(ə)n/ *n* **1** 改心, 矯正, 感化. **2** 改善, 改革, 維新; [the R-] 宗教改革《ローマカトリックの一部の教理・制度を拒否・修正し, プロテスタント教会を設立した 16 世紀の宗教運動》. ◆ **~·al** *a*
rè·formátion *n* 再構成, 再編成.
re·for·ma·tive /rɪfɔ́ːrmətɪv/ *a* 改革[改善]の; 矯正の. ◆ **~·ly** *adv* **~·ness** *n*
re·for·ma·to·ry /rɪfɔ́ːrmətɔ̀ːri; -t(ə)ri/ *a* 改革[改善, 矯正]のための. ► *n* 矯正院, 少年院.
Refórm Bìll [the] 〘英史〙選挙法改正法案 (⇨ REFORM ACT).
Refórm Clùb [the] 〘英〙リフォームクラブ《London の Pall Mall にあるクラブ; 1832 年第 1 回 Reform Act の支持者が結成, その後も会員は主に自由党支持者; 伝統的なクラブとして最初に女性会員を認めた》.
re·fórmed *a* 改良[改善, 改革]された; 改心した; [R-] 新教の, 《特に》改革派の《カルヴァン派》; [R-] 改革派ユダヤ教の.
refórmed spélling 改良綴字法《たとえば through を thru, though を tho とする簡略化綴字法》.
refórm·er *n* 改革[改良, 改造, 革新]家; [R-] 《16–17 世紀の》宗教改革者; 〘英史〙選挙法改正論者; 《石油・天然ガスの》改質装置.
refórm·ìsm *n* 改革[改良]主義[運動, 政策]. ◆ **-ist** *n, a*
Refórm Jéw 改革派ユダヤ教徒.
Refórm Júdaism 改革派ユダヤ教《19–20 世紀に理性と科学に耐えるよう合理化したユダヤ教; cf. ORTHODOX JUDAISM, CONSERVATIVE JUDAISM.》.
refórm schòol 少年院 (reformatory).
re·fórmulate *vt* 〈考えなどを〉再構築する, 別の形で表現する. ◆ **re·formulátion** *n*
re·fóund *vt* 再建[復興]する, 立て直す. ◆ **re·fòund·átion** *n*
refr. refraction.
re·fract /rɪfrǽkt/ *vt* **1** 〘理〙〈光線・波動を〉屈折させる; 《何かを通して見ることで》(…の姿を)変える. **2** 〈目・レンズの〉屈折力を測定する. [L *re*-(*fract- fringo*)=to break open]
re·frac·tile /rɪfrǽktl, -tàɪl; -tàɪl, -tɪ̀l/ *a* 屈折する[できる] (refractive).
refráct·ing àngle 〘理〙屈折角.
refrácting tèlescope 屈折望遠鏡 (refractor).
re·frac·tion /rɪfrǽkʃ(ə)n/ *n* 屈折(作用), 屈射; 〘天〙(大)気差《大気の屈折作用による天体の見かけの高度の増加[増分]》; 目[レンズ]の屈折力(測定); 《何かを通して見ることで》姿[像]を変える[ゆがめる]こと. ◆ **refráction·al** *a*
refráction corrèction 〘天〙屈折補正.
re·frac·tive /rɪfrǽktɪv/ *a* 屈折する, 屈折力を有する; 屈折による. ◆ **~·ly** *adv* **~·ness** *n* **re·frac·tiv·i·ty** /rì:fræktívəti, rɪ-/ *n* 屈折性[度].
refráctive índex 屈折率 (index of refraction).
re·frac·tom·e·ter /rì:fræktámətər, rɪ-/ *n* 〘理〙屈折率測定器, 屈折計. ◆ **rè·fràc·tóm·e·try** /, rɪ-/ *n* **re·fràc·to·mét·ric** *a*
re·fráctor *n* 屈折媒体; 屈折レンズ; 屈折望遠鏡.
re·frac·to·ry /rɪfrǽkt(ə)ri/ *a* **1** 手に負えない, 御しがたい, 不従順な. **2** 〘医〙〈病気などが〉難治(性)の, 抗療性の; 〘生・生理〙《刺激に》不応の, 無反応性の; 〘医〙抵抗力がある, 免疫性の (immune) 〈*to*〉. **3** 溶解[処理]しにくい; 〈煉瓦などが〉耐火性の, 耐熱性の. ► *n* 抵抗するもの; 耐火材; [*pl*] 耐火煉瓦; 難溶性物質《ある種の鉱石など》; 《廃》頑固な人. ◆ **re·fráç·to·ri·ly** *adv* **-ri·ness** *n* [L; ⇨ REFRACT]
refráctory périod [phàse] 〘生〙不応期《生物がある刺激に反応したあと, 再度その刺激が与えられても反応しない期間》.
re·frain[1] /rɪfréɪn/ *vi* 断つ, やめる, 控える, 我慢する: I cannot ~ *from* (=help) laugh*ing*. 笑わずにはいられない. ► *vt* 《古》抑制する; 《廃》慎む: ~ one*self* 自制する, 慎む. ◆ **~·ment** *n* [OF< L (*frenum* bridle)]
refrain[2] *n* 《詩歌・歌曲の各節の終わりの》折返し, 反復句, リフレーン; 繰り返される発言[アイディア], (また例の)繰返し. [OF (*refraindre* to resound<L REFRACT)]
re·fráme *vt* 再び構成する; …に枠を付けなおす; 別の言い方で表現する.
re·fran·gi·ble /rɪfrǽndʒəb(ə)l/ *a* 屈折性の. ◆ **~·ness, re·fràn·gi·bíl·i·ty** *n* [NL; ⇨ REFRACT]
re·fréeze *vt, vi* 再凍結する.
re·fresh /rɪfréʃ/ *vt* **1** 《飲食・休養などで》…の生気[元気, 力]を回復させる; 〈記憶などを〉新たにする (renew), よび起こす (arouse): feel ~*ed* 元気が回復する / ~ one*self* with a cup of tea お茶を一杯飲んで元気を出す. **2** 《補給によって》維持[更新]する, 回復させる, …に補給する; 《削ったりして》新しくする[見せる], 一新する; 〘電算〙〈画面などを〉更新する: May I ~ your glass [drink]? もう一杯おつぎしましょうか. **3** 《水気などにより》〈場所など〉清涼にする, …の熱を冷ます; 〈加熱調理したものを〉冷水につける, 水で洗う, 〈乾燥食品を〉水で戻す. ► *vi* 《飲食・休養などで》元気を回復する, 生き返ったようになる; 飲食する, 一杯やる; 〈船などが〉糧食などを補給する. ► *n* 〘電算〙《画面などの》リフレッシュ, 更新: ~ rate リフレッシュレート《画面の毎秒書き換え数を表わすヘルツ単位; 低すぎると画像がちらつくので 70 Hz 程度より上がめやす》. [OF; ⇨ FRESH]
refrésh·ant *n* REFRESHER.
re·frésh·en *vt* REFRESH.
refrésh·er *n* 元気を回復させる人[もの]; 飲食物, 軽食; 《口》清涼飲料, 飲み物; 思い出させるもの; 再教育; 〘英法〙追加謝礼《事件が長引いたとき barrister に支払う報酬》.
refrésher còurse 再教育講習[講座].
refrésh·ing *a* すがすがしい, さわやかな, すっきり[清々]させる, 胸のすくような, 新鮮で快い[おもしろい]: a ~ beverage [drink] 清涼飲料. ◆ **~·ly** *adv* **~·ness** *n*
refrésh·ment *n* **1** 元気回復, 生き返ったようになること. **2** 元気を回復させるもの《飲食物・休息など》; [[U]*pl*] 軽食, 簡単な食事: take some ~(*s*) / liquid ~ 飲み物, 《特に》アルコール飲料.
refréshment ròom 《駅などの》食堂.
Refréshment Sùnday MID-LENT SUNDAY.
re·fridge /rɪfrídʒ/ *n* 《口》REFRIGERATOR.
re·fríed béans *pl* リフライド・ビーンズ, フリホレス(レフリトス) (=*frijoles refritos*)《ラードを加えて煮た豆をつぶしてペースト状になるまでさらに煮込んだメキシコ料理》.
refrig. refrigerator.
re·frig·er·ant /rɪfrídʒərənt/ *a* 冷やす (cooling); 凍らせる; 清涼にする; 解熱する〈薬〉. ► *n* 冷却[冷凍]剤, 冷媒; 清涼剤; 清涼飲料; 解熱剤; 緩和剤 〈*to*〉.
re·frig·er·ate /rɪfrídʒərèɪt/ *vt* 冷却する; 〈食料品を〉冷蔵[冷凍]する; 清涼にする: a ~*d* van 冷蔵車. ► *vi* 冷える, 凍る. ◆ **re·fríg·er·à·tive** /, [U]-rətɪv/ *a* **re·frìg·er·á·tion** *n* [L *re*-(*frigero* to cool < *frigus* cold)]
refrigerátion cỳcle 〘理〙冷凍サイクル《熱を冷体から熱体へ移す熱力学的サイクル》.
re·fríg·er·à·tor *n* 冷蔵庫[室] (⇨ FRIDGE); 冷却[冷凍]装置, 冷凍機; 蒸気凝結器.
refrígerator càr 冷蔵(貨)車《生鮮食品輸送用》.
refrígerator-fréezer *n* 冷凍冷蔵庫.
refrígerator mòm *《俗》冷蔵庫ママ《仕事などで不在がちな母親; 冷蔵庫のドアにメモを貼って子供との連絡をとることから》.
re·frig·er·a·to·ry /rɪfrídʒərətɔ̀ːri; -t(ə)ri/ *a* 冷却する. ► *n*

《冷凍装置の》冷却室, 冷却タンク, 氷室; 《蒸留器の》蒸気凝縮器.

re·frin·gent /rɪfrínʤənt/ *a* REFRACTIVE. ♦ **-gence** *n*

reft[1] /réft/ *v* REAVE[1] の過去・過去分詞. ► *a* BEREFT, DEPRIVED.

reft[2] *v* REAVE[2] の過去・過去分詞.

re·fúel *vt, vi* (…に)燃料を補給する, 再給油する. ♦ **~·able** *a*

ref·uge /réfjuʤ/ *n* **1** 避難, 逃避, 保護: a house of ~ 貧民収容所, 養育院 / give ~ to…をかくまう / seek ~ with sb 人の所へ逃げ込む / take ~ in [at]…に避難する; …に慰安を求める. **2** 避難所, 逃げ場, 隠れ家; 鳥獣保護地区; 《街路の》安全地帯, 安全島 (safety island); 《登山者の》避難小屋, 山小屋: CITY OF REFUGE. **3** 頼みになる人[もの], たより, 慰安者, 慰藉(じゃ)物; 《窮地をのがれるための》手段, 方便, 逃げ口上, 口実: the ~ of the distressed 悩める者の友 / the last ~ 最後の手段, 奥の手. ► *vt* 《古》かくまう. ► *vi* 《古》避難する. [OF<L (*fugio* to flee)]

ref·u·gee /rèfjuʤí:, *ーーー/ *n* 避難者, 難民, 亡命者; 逃亡者: a ~ government 亡命政権 / ~ camps.

refugée càpital 国外逃避資金 (HOT MONEY).

refugée·ism *n* 亡命者[難民, 逃亡者]の状態[身分].

re·fu·gi·um /rɪfjú:ʤiəm/ *n* (*pl* **-gia** /-ʤiə/) 〖生態〗レフュジア《氷河期のような大陸全体の気候の変化期に比較的気候の変化が少なくほかの場所では絶滅した種が生き残った地域》. [L REFUGE]

re·ful·gence /rɪfʌ́lʤəns/, **-cy** *n* 光輝, 輝き, 光彩.

re·fúl·gent *a* 光り輝く, 光輝ある. ♦ **~·ly** *adv* [L REfulgeo to shine brightly]

re·fund[1] *vt* /rɪfʌ́nd, rí:ーー/ 〈金を〉払い戻す, 返金する, 還付する, …の代金を払い戻す; 〈人〉に払い戻す. ► *n* /rí:ーー/ 払い戻し, 返金(額), 還付(金). ♦ **~·able** *a* **refùnd·abílity** *n* **~·ment** *n* [ME=to pour back<OF or L (*fundo* to pour)]

re·fúnd[2] /ri-/ *vt* 新たに積み立てる; 〖金融〗〈社債・公債・債務などを〉借り換える; 〈旧証書を〉新証書と交換する.

re·fur·bish /rɪfə́:rbɪʃ/ *vt* 再び磨く, 研ぎなおす; 〈部屋などを〉改装[新装]する; 〈考え方などを〉一新[刷新]する. ♦ **~·er** *n* **~·ment** *n*

re·fúrnish *vt* 新たに供給[設備]する.

re·fús·able *a* 拒絶[拒否, 謝絶]できる.

re·fús·al *n* **1** 拒絶, 拒否, 辞退, 謝絶 (opp. *acceptance*): take no ~ いやとは言わせない / give sb a flat ~ きっぱりと断わる. **2** [°the] 取捨選択(権), 優先権, 先買権: buy *the* ~ of… 手付金を渡して…の優先権を得る / give [have, get] (*the*) first ~ of…の優先的選択権を与える[得る].

re·fuse[1] /rɪfjú:z/ *vt* **1** 断わる, 拒絶する, 拒否する (opp. *accept*); …するのを断わる, …しようとしない 〈*to* do〉; 〈女が男〉の求婚を断わる; 《廃》放棄する: ~ an offer 申し出を断わる / They ~*d* loans to anyone. だれにも貸付けをしなかった / ~ *to* burn [shut] どうしても燃えない[閉まらない] / ~*d to* discuss the question 問題を論じようとしなかった / He ~*d* me help. わたしに援助を拒否した / I was ~*d* admittance. 入場を断わられた. **2** 〈馬が溝・垣などを〉飛び越そうとしないで急に立ち止まる; 〖トランプ〗〈同組の札を出せない; 〖軍〗〈翼隊を〉引き留めておく. ► *vi* 断わる, 拒絶する; 〖トランプ〗同組の札がなくほかの札を出す. [OF<?L RECUSE; *-f-* は L *refuto* to REFUTE の影響か]

ref·use[2] /réfjù:s, -z/ *n* 廃物, 廃棄物, かす, ごみ, 塵芥; 《人間の》くず, かす. ► *a* 廃物の, 無価値な, 無用の, くだらない.

rè·fúse *vt* 再び溶かす.

réfuse collèctor[II] ごみ収集人 (garbage collector*).

réfuse dùmp 《都市の》廃棄物集積場.

re·fuse·nik, -fus- /rɪfjú:znɪk/ *n* **1** 《ソ連における》出国を許可されない市民, 《特に》イスラエルへの出国を許可されないユダヤ人. **2** 《信念などにより》指示[命令]に従わない者, 協力を拒む者, 拒否者.

re·fús·er *n* 拒絶者, 辞退者; (溝・垣などを)飛び越そうとしないで立ち止まる馬; 英国国教忌避者 (recusant).

réfuse wòrker[II] 廃棄物処理作業員, ごみ収集人 (dustman).

re·fút·al *n* REFUTATION.

ref·u·ta·tion /rèfjutéɪʃ(ə)n/ *n* 誤りであるとの証明, 反証; 論駁, 反論, 反駁.

re·fut·ative /rɪfjú:tətɪv/ *a* 反証する; 論駁する.

re·fút·atory *a* REFUTATIVE.

re·fute /rɪfjú:t/ *vt* 〈陳述・人〉の誤り[偽り]を証明する, 反証する; 論駁する, …に反論する. ♦ **re·fút·able** *a* **-ably** *adv* **re·fút·er** *n* [L *re-*(*futo* to beat); cf. CONFUTE]

reg[1] /rég/ *n* [ᵘ*pl*] 《口》規則 (regulation): follow the ~*s* 規則を守る / company ~*s* 社則. ● **a load of ~** 《俗》たわごと[ナンセンス]の山《細かくばかげた軍規から》.

reg[2] /réʤ/ *n*[II]《口》《車両の製造・登録年を示す》登録番号 (registration number [mark]).

Reg /réʤ/ レグ《男子名; Reginald の愛称》.

reg. regent ♦ regiment ♦ region ♦ register(ed) ♦ registrar ♦ registration ♦ regular(ly).

re·gain /rɪgéɪn/ *vt* **1** 回復[奪還]する 〈*from*〉: ~ one's freedom [health] 自由[健康]を回復する / ~ one's composure 平静[落ちつき]を取り戻す / ~ one's balance [footing, feet, legs] 立ち直る. **2** …に復帰[帰着]する (reach again): ~ the shore 浜に帰着する. ♦ **~·able** *a* **~·er** *n* [F (*re-*)]

re·gal[1] /rí:g(ə)l/ *a* 帝王の (royal); 帝王にふさわしい, 王者らしい; 堂々とした (stately), 壮麗な: ~ government 王政 / ~ office 王位 / live in ~ splendor 王侯の生活をする. ♦ **~·ly** *adv* [OF or L (*reg- rex* king)]

regal[2] *n* 〖楽〗リーガル《16-17 世紀の小型携帯オルガン》. [OF (↑)]

re·gale /rɪgéɪl/ *vt* [°*iron*] 大いにごちそうする; 大いに喜ばせる, 楽しませる, 満足させる 〈*with, on*〉: ~ oneself *with* a cigar 葉巻をくゆらす. ► *vi* ごちそうを食べる, 美食する 〈*on*〉. ► *n* ごちそう, もてなし; 佳品, 珍味. ♦ **~·ment** *n* ごちそう, もてなし; 山海の珍味, 美味. **re·gál·er** *n* [F (OF *gale* pleasure); ⇨ GALLANT]

re·ga·lia[1] /rɪgéɪljə/ *n pl* 王家の標章, 即位の宝器《王冠・笏(しゃく)など》; 王権, 王の特権; 《官位・協会の》記章, 勲章; 正装; きらびやかな服装. [L=royal privileges < REGAL[1]]

regalia[2] *n* レガリア《キューバ産の高級葉巻》. [Sp (↑)]

régal·ìsm *n* 帝王教権説[主義]《国王の教会支配を認める》. ♦ **-ist** *n*

re·gal·i·ty /rɪgǽləti/ *n* 王位; [ᵘ*pl*] 王権; 王国; 〖スコ史〗《王が授けた》地方管轄権, 地方管轄区域.

régal móth 〖昆〗翅に黄斑のある北米産のノカイコガ科の大型種.

Re·gan /rí:gən/ リーガン《Shakespeare, *King Lear* で Lear 王の不実で冷酷な次女》.

re·gard /rɪgá:rd/ *vt* **1** 〈…を〉〈…だと〉考える, 〈…を〉〈…と〉みなす: I ~ the situation *as* serious. 事態を重大視している / He is ~*ed as* a danger to society. 彼は危険人物と考えられている. **2** [通例 副詞(句)と共に] **a** 注視[注目]する, じっと見る: He was ~*ing* me *intently* [*with curiosity*]. じっと[もの珍しそうに]わたしを見つめていた. **b** 〈好意・憎しみなどをもって〉みる, 遇する: He ~*ed* the situation *with anxiety*. 彼は事態を憂慮した / I ~ him *with reverence*. 彼を尊敬している / She still ~*s* me *kindly*. 彼女はまだわたしに好意をもっている. **3 a** [°*neg/inter*] 顧慮する, 気に留める, …に注意する: *None* ~*ed* her screams. だれも彼女の悲鳴に注意するものはなかった. **b** 尊重する, 重要視する: ~ the law / He had been highly ~*ed* in his hometown. 郷里の町では人びとの敬意を集めた人だった. **4** 《古》〈事物が〉…に関係する (concern): It does not ~ us at all. そのことはわたしたちには全く関係がない. ► *vi* じっと見つめる, 注視する; 留意[注目]する 〈*on*〉. ● **as ~s…=as ~ing…**に関しては, …の点では (concerning): *As* ~*s* money, I have enough. 金なら十分ある.
► *n* **1** 注意, 関心; 心配, 心づかい 〈*for*〉; 考慮, 顧慮; 注視, 注目: have [pay] ~ *to*…を顧慮する / without ~ *to* [*for*]…にかまわずに. **2** 尊重, 尊敬 〈*to, for*〉; 敬意, 好意, 好感; [*pl*] よろしくとの挨拶; 《廃》重要性: have a great [have no] ~ *for*…を重んじる[重んじない], 尊敬する[しない] / hold…in low [high] ~ …を軽視[尊重, 重視]する / with best [kind] ~*s to* Mrs. Smith《手紙の結びに》奥さまによろしく / Give him my best ~*s*. あの人によろしく. **3** 点, 事項 (point); 関係, 関連: in this [that] ~ この[その]事について(は). **4** 行動の基礎となるもの, 動機 (motive). **5** 《廃》外観, 様相, 表情; 《廃》意図 (intention). ● **in ~ of** [**to**]…=**with ~ to**…に関して(は). **in sb's ~** 人に関しては.
[OF *regard(er)* (GUARD) cf. REWARD]

re·gar·dant /rɪgá:rd(ə)nt/ *a* 〖紋〗〈ライオンなどが〉後ろを向いた (cf. GUARDANT; ⇨ RAMPANT); 《古・詩》熟視する, 用心深い (watchful).

regárd·ful *a* 注意[思慮]深い, 気にかける 〈*of*〉; 敬意を表する 〈*for*〉. ♦ **~·ly** *adv* **~·ness** *n*

regárd·ing *prep* …に関して(は), …について言えば, …の点では (with regard to).

regárd·less *a* 不注意な; 無頓着な 〈*of*〉; 顧みられない. ● **~ of** …に頓着なく, …にかかわらず: ~ *of* age or sex 年齢・性別にかかわらず. ► *adv* [省略構文] 費用[反対, 困難]をいとわずに[におかまいなく], とにかく. ● **press on ~** わき目もふらず仕事をしつづける. ♦ **~·ly** *adv* **~·ness** *n*

re·gáther *vt* 再び集める. ► *vi* 再び集まる.

re·gat·ta /rɪgá:tə, -gǽtə; -gǽtə/ *n* **1** ボート[ヨット]レース[競技会], レガッタ; 《もと》《Venice の》ゴンドラレース. **2** レガッタ《縞のある綿の綾織物》. [It]

regd registered.

re·ge·la·tion /rì:ʤəléɪʃ(ə)n/ *n* 〖理〗《砕氷・積雪などの, いったん解けた後の》復氷. ♦ **re·ge·late** /rí:ʤəlèɪt, ーーー/ *vi*

re·gen·cy /rí:ʤənsi/ *n* 摂政政治; 摂政の任, 執権職; 摂政団; 執政期; 摂政の統治区; *大学評議員の職; [the R-] 摂政時代《**1**) 英国では George 3 世の治世末期に皇太子 George (のちの 4 世) が摂政をつとめた時期 (1811-20) **2**) フランスでは, Louis 15 世の幼少期に Orléans 公 Philippe が摂政をつとめた時期 (1715-23)》. ► *a* 摂政の; [R-] 《英国・フランスの》摂政時代風の〈家具・服装など〉. [L *regentia*; ⇨ REGENT]

Régency strípes *pl* 《織物などの》等幅で広い色筋模様.

re·gen·er·a·ble /rɪʤén(ə)rəb(ə)l/ *a* 再生可能な.

re·gen·er·a·cy /rɪʤénərəsi/ *n* 生まれ変わり, 再生, 更生, 改心, 改新, 刷新; 復興.

re·gen·er·ate /rɪʤénərèɪt/ *vt* 〖宗〗再生させる; 改心させる; 再生する, 再生利用する; 〖生〗〈失った器官〉を再生する; 〖理・電子工〗再生する; 革新[刷新]する. ► *vi* 再生する; 〘宗〙再生する; 更生する, 改心する. ► *a* /-rət/ 〘宗〙再生した; 〘生〙再生した; 更生した, 生まれ変わった; 改良[刷新]された. ► *n* /-rət/ (精神的に)生まれ変わった人; 〘生〙再生体. ♦ **~·ly** *adv* **~·ness** *n* [L (*re-*)]

re·gén·e·ràted céllulose 再生セルロース《レーヨンやセロハンなど》.

re·gen·er·a·tion /rɪʤènəréɪʃ(ə)n/ *n* 再生, 再建, 復興, 復活, 更新; 改革, 刷新; 〘宗〙再生; 〘生〙再生; 〘理・電子工〙再生.

re·gen·er·a·tive /rɪʤénərèɪtɪv, -ʤén(ə)rət-/ *a* 再生させる; 改心させる; 改新の, 改造する; 〘機〙復熱式の; 〘通信〙再生式の. ♦ **~·ly** *adv*

regénerative bráking 〘電〙回生制動.

regénerative cóoling 再生式冷却法.

regénerative féedback 〘電子工〙再生フィードバック《入力の位相に合わせて戻される》.

regénerative fùrnace 蓄熱炉.

regénerative médicine 再生医学[医療].

re·gén·er·à·tor *n* 再生[更生]者; 改心者; 改革者; 〘機〙熱交換器, 蓄熱室; 〘電〙再生器.

re·génesis *n* 更生, 再生, 新生; 更新.

Re·gens·burg /réɪgənzbə̀:rg; *G* ré:gnsburk/ レーゲンスブルク (*E* Ratisbon)《ドイツ南東部 Bavaria 州の Danube 川に臨む市; 1663–1803 年帝国議会の開催地》.

re·gent /rí:ʤənt/ *n* 摂政; *州立大学評議員; *学生監; «古» 統治者; «古» 支配的原理. ► *a* [後置] 摂政する; «古» 統治する: PRINCE [QUEEN] REGENT. ♦ **~·al** *a* **~·shìp** *n* [OF or L (*rego* to rule)]

régent bìrd 〘鳥〙フウチョウモドキ《ニワシドリ科; 豪州産》. [摂政皇太子時代の George 4 世にちなむ]

régent hóney èater 〘鳥〙FLYING COACHMAN. [↑]

Régent Hóuse [the] 〘ケンブリッジ大学〙大学評議委員会.

Régent's Párk リージェンツパーク《London の中央部にある公園; 動物園 (London Zoo), 野外劇場などがある; John Nash の設計により, 1828 年完成》. [摂政皇太子時代の George 4 世にちなむ]

Régent Strèet リージェント街《London の West End にあるショッピング街; 1813–23 年 John Nash の設計により建設された》.

Re·ger /réɪgər/ レーガー (**Johann Baptist Joseph**) **Max(imilian)** ~ (1873–1916)《ドイツの作曲家》.

re·gérminate *vi* 再び芽を出す. ♦ **re·germinátion** *n*

reges *n* REX[1] の複数形.

reg·gae /régeɪ, *réɪ-/ *n* レゲエ《ジャマイカで生まれたポピュラー音楽; ネイティブの音楽にロック・ソウルミュージックの要素が加わったもの; 4 拍子の 2・4 拍にアクセントがある》. [(WInd)]

reg·gae·ton /règeɪtóun, reɪ-/ *n* レゲトン《salsa や soca などのカリブ系ラテン音楽に, レゲエやヒップホップの要素が融合したセクシーなダンス音楽; 1990 年代にプエルトリコなどから広まった》.

Reg·gane /rɛgá:n, -gǽn/ レッガーヌ《アルジェリア中部 Sahara 砂漠中部に位置するオアシスの町; 1960 年フランスの第 1 回原爆実験が行なわれた地》.

Reg·ge /réʤeɪ/ *a* 〘理〙レッジェ理論 (Regge theory) の[に関する].

Reg·ge·ism /réʤeɪɪz(ə)m/ *n* REGGE THEORY.

Régge thèory 〘理〙レッジェ理論 (=**Régge póle thèory**)《強い相互作用を行なう素粒子の反応を数学的な極や軌道を用いて表わす理論》. [Tullio E. *Regge* (1931–) イタリアの理論物理学者]

Reg·gie, -gy /réʤi/ レジー《男子名; Reginald の愛称》.

Reg·gio /réʤ(i)ou/ REGGIO DI CALABRIA; REGGIO NELL'EMILIA.

Réggio (di) Ca·la·bria /-(di) kəlá:briə/ レッジョ(・ディ)・カラブリア《イタリア南部 Messina 海峡に面する市・港町; 前 8 世紀にギリシア人が建設; ラテン語名 Rhegium》.

Réggio (nel·l')Emí·lia /-(nèl)emí:ljə/ レッジョネレミリア[エミリア]《イタリア北部 Emilia-Romagna 州の市; 前 2 世紀にローマ人が建設, 中世後期から 18 世紀末まで Este 家が支配》.

reg·go /réʤou/ *n* «豪俗» REGO.

Reggy ⇨ REGGIE.

reg·i·cide /réʤəsàɪd/ *n* 国王殺し, 弑逆(しぎゃく), 大逆罪; 王殺し《人》; [the R-s] 弑逆者たち ⑴〘英史〙Charles 1 世を死刑に処した高等法院判事たち ⑵〘フランス史〙Louis 16 世を死刑に処した国民公会のメンバー》. ♦ **règ·i·cíd·al** *a* [L (*reg- rex* king, *-cide*)]

re·gie /reɪʒí:, ⌐⌐/ *n* 《タバコ・塩などの》国営, 官営, 専売. [F; ⇨ REGIMEN]

re·gíft *vi* (もらった贈り物を)別の人にあげる, 使いまわす. ♦ **~·er** *n*

re·gíld *vt* 再めっきする.

re·gime, ré·gime /reɪʒí:m, rɪ-, -ʤí:m/ *n* **1** 支配体制; 統治形態, 政体; 政権; 統治[支配]期間, 政権維持期間; 《物事の》管理形態, 制度: a socialist ~ 社会主義体制 / ANCIEN RÉGIME / a new tax ~ 新税制. **2** 〘医〙REGIMEN; 《気候・自然現象などの》(一定の)型; 《河川における》水量の状況; 〘理〙《ある現象[相]が支配的になるための温度・周波数などの》領域. [F (↓)]

regíme chànge 《外国の圧力による》政権交代[転覆].

reg·i·men /réʤəmən; -mèn/ *n* **1** 〘医〙《食事規制・運動などによる》摂生, 養生法; 《日々の》きびしい訓練. **2** «まれ» 支配, 統治, 管理; «まれ» 政体, 現行制度; 《自然現象などの》型 (regime); 〘文法〙《前置詞などの》支配 (government); 〘文法〙支配語. [L (*rego* to rule)]

reg·i·ment *n* /réʤ(ə)mənt/ **1** 〘軍〙連隊《略 regt., R.; ⇨ ARMY》; [°*pl*] 多数, 大群 ‹*of*›. **2** «古» 支配 (rule), 統治 (government). ● **the monstrous ~ of women** 怪物のごとき女性軍《政治的・社会的に大きな力をふるう女性たちを憎悪[揶揄]した表現; John Knox のパンフレット (1558) のタイトル *The First Blast of the Trumpet against the Monstrous Regiment of Women* から (regiment は「支配」「統治」の意)》. ► *vt* /réʤəmènt/ 〘軍〙連隊に編成[編入]する; 組織化する; きびしく統制する: a ~*ed* society 統制(された)社会. [OF<L (↑)]

reg·i·men·tal /rèʤəméntl/ *a* 連隊の, 連隊付きの; 統制的な. ► *n* [*pl*] 連隊服, 軍服. ♦ **~·ly** *adv*

regiméntal cólor 連隊旗.

regiméntal sérgeant májor 〘軍〙連隊付き曹長《英軍・英連邦軍の連隊・大隊に所属する上級の准尉 (Warrant Officer) で, 准尉以下の統率に当たる; 略 RSM》.

reg·i·men·ta·tion /rèʤəməntéɪʃ(ə)n, -mèn-/ *n* 連隊の編成; 編成, 類別; 組織化, 規格化, 《きびしい》統制, 管理体制; 団体訓練.

Re·gin /réɪgən/ 〘北欧神話〙レギン《侏儒の金細工師で Fafnir の弟; Sigurd を育て, Fafnir を殺させようとする》.

re·gi·na /rɪʤáɪnə/ *n* [称号として用いるときは R-] 女王, 女皇 (reigning queen) (cf. REX[1]): Elizabeth *R*~ エリザベス女王. ★ R. と略して布告などの署名に用いる: E. R. [ER] (=Queen Elizabeth); また Reg. と略し国が一方の当事者となる訴訟事件に称号として: *Reg.* v. Jones (女王対ジョーンズ). [L=queen; ⇨ REX[1]]

Re·gi·na **1** /rɪʤáɪnə, *-ʤí:-/ レジャイナ, レジーナ《女子名》. **2** /rɪʤáɪnə/ レジャイナ《カナダ Saskatchewan 州の州都》. [↑]

re·gí·nal *a* 女王の, 女王にふさわしい.

Reg·i·nald /réʤən(ə)ld/ レジナルド《男子名; 愛称 Reg, Reggie, Reggy, Rex》. [OE=wise dominion (counsel+rule)]

Re·gi·o·mon·ta·nus /rì:ʤioumɑntéɪnəs, -tá:-, -tǽn-/ レギオモンタヌス (1436–76)《ドイツの数学者・天文学者; 本名 Johann Müller, 通称は生地 Königsberg のラテン語名》.

re·gion /rí:ʤ(ə)n/ *n* **1 a** 《一定の境界[特徴]をもつ》地方, 地域, 地区, 地帯; [the ~s] 《都会から離れた》地方; [°*pl*] 《世界または宇宙の》部分, 境域: a tropical ~ 熱帯地方 / the airy ~ 天空 / the lower [infernal, nether] ~*s* 地獄, 冥土 / the ~ beyond the grave 冥土 / the upper ~*s* 天, 天国. **b** 《動植物地理上の》区; 《大気・海水の》層 (layer). **2** 行政区, 管区, 区; 《1975–96 年のスコットランドの》州; 《フランスの》地域圏. **3** 範囲, 領分 ‹*of* science etc.›; 〘数〙領域. **4** 〘解〙《体の》部位, 部: the abdominal ~ 腹部. ● **(somewhere) in the ~ of…** ほぼ…, およそ…, 約… (about). [OF<L=direction, district (*rego* to rule)]

région·al *a* 地域(全体)の, 地帯の, 地方の; 地方主義の; 〘医〙局所の; 方言の, 地方言語の. ► *n* 地方支部; 《雑誌などの》地方版; *地方の証券取引所. ♦ **~·ly** *adv*

régional enterítis CROHN'S DISEASE.

région·al·ìsm *n* 《慣習・制度などの》地域的特質, 地方色; 地域特有の語法, 方言; 地方(優先)主義, 地域主義; 《文学・美術の》地方主義《地方の土地・特質を強調する》. ♦ **-ist** *n, a* **règion·al·ís·tic** *a*

re·gio·nal·i·ty /rì:ʤənǽləti/ *n* 地域性, 地域特性; 局所性; 〘生態〙部域性.

région·al·ìze *vt* 地域に分ける; 地域ごとに分ける. ♦ **règion·al·izátion** *n*

régional líbrary 〘米〙地域図書館《通例 同一州内の隣接する数郡共用の公立図書館》.

régional metamórphism 〘地質〙広域変成作用《地殻の熱や造山運動によって広い地域にわたり岩石が変成される作用》.

re·gis·seur /*F* reʒisœ:r/ *n* 舞台監督, 《特に バレエの》レジッスール. [F=stage manager]

reg·is·ter[1] /réʤəstər/ *n* **1 a** 登録[登記]簿, 名簿 (=~ **bòok**); 表, 目録; 記載[登録]事項; 船名録: PARISH REGISTER / a ship's ~ 《税関の》船籍証明書. **b** 記録, 登記, 登録. **2 a** 自動記録器, 記録表示器, (金銭)登録器, (キャッシュ)レジスター; 《記録器に》登録された数[量]; 〘電算〙レジスター《演算データ・アドレス・状態情報などを保持するためのプロセッサー内の少量の記憶領域》. **b** 〘楽〙《オルガンの》ストップ, 《ストップを開閉する》スライダー; 《燃料への》混合空気調節装置, 《特に暖房の》調風装置, 換気調節弁. **3** 〘楽〙声域, 声区, 音域; 〘言〙言語使用域: in a high sweet ~ 高くて甘い声で. **4** 〘印〙見当《表裏両印刷面の整合, また多色刷りで各色版の正確な重なり》; 〘写〙乾板[フィルム]面とピントグラス面との一致: in ~ 見当の合った.

► *vt* **1** 登記[登録]する ‹*as*›; 学籍簿[選挙人名簿]に登録する; 記録する; 書留にする; 心に銘記する[留める]; 理解する: ~ *oneself* ‹試合に›登録する ‹*for* [*in*] a contest›; 選挙人名簿に登録する / ~ the birth [death] of a child 子供の出生[死亡]を登記する / get [have] a letter ~*ed* 手紙を書留にする / ~ luggage on a railway "手荷物をチッキにする. **2 a** 《温度計などが》示す, 《機械が》記録する: The mercury ~*s* 32 degrees. 温度計は 32 度を示している. **b** ‹驚き・喜びなどを›表わす. **c** はっきり示す, 表明する: ～ one's opposition. **3** 〘軍〙‹砲火を›目標に向けて修正する; 〘楽〙‹オルガン曲›に合わせてストップを選ぶ; 〘印〙‹表裏の印刷面など›の見当を合わせる; 〘電算〙‹複数の画像などを›位置合わせする. **4** ‹商船を›船名録で証明する. **5** 達成する (achieve). ► *vi* **1** 宿帳《など》に記名する; 署名する; 入学[入会, 聴講]手続きをとる, 登録する ‹*for, in*›; 選挙人名簿に登録する; ‹警察に›名前・住所などを届ける ‹*with* the police›; *結婚祝いの希望リストを店に登録する: ～ at a hotel ホテルの宿泊者名簿に記名する. **2** [ᵘneg] 《口》 効果を及ぼす ‹*on*›, 心に銘記される, 印象[記憶]に残る: The name simply did not ～ *with* me. その名はまるで記憶に残っていない. **3** ‹感情が›‹表情に›表われる ‹*on*›; ‹俳優などが›身振り・表情で驚き[喜びなど]を伝える[表わす]. **4** ‹機械の一部が›合う ‹*with*›; 〘印〙見当が合う; 〘楽〙オルガンのストップを操作する.

♦ **～·able** *a* REGISTRABLE. **～·er** *n* ［OF or L (*regest- regero* to transcribe, record ‹ *gero* to carry)］

R

register² *n* REGISTRAR: LORD CLERK REGISTER.

rég·is·tered *a* 登録[登記]した, 登録済みの; 書留の; 記名の; ‹犬・馬など›(血統が)登録された; 公認の: a ～ design 登録意匠 / a ～ letter 書留郵便物.

régistered bónd 記名公債《所有主名を記す》.

Régistered Géneral Núrse 〘英〙《かつての》登録正看護師《略 RGN》.

régistered máil* 書留郵便 (cf. CERTIFIED MAIL).

régistered núrse 登録看護師, 正看護師《米国では州の看護師登録簿に登録された有資格の看護師; 略 RN》.

régistered ófficeᴴ 登記上の事務所[住所]《会社の公的な住所で, その会社のレターヘッドや注文用紙に記載されなければならない》.

régistered pláyer 《国際テニス連盟の》登録選手.

régistered póstᴴ REGISTERED MAIL (cf. RECORDED DELIVERY).

régistered tónnage 〘海〙 REGISTER TONNAGE.

régistered trádemark 登録商標《記号 ®》.

régister òffice 〘英〙登記所, レジスターオフィス (＝*registry office*)《民事婚 (civil marriage) が行なわれ, 住民の出生・婚姻・死亡の登記・証明書発行を行なう役所》; *職業紹介所: marriage at a ～＝marriage at a REGISTRY.

régister of wílls 〘米〙遺言登録官.

régister tòn 〘海〙登録トン《船の内部容積の単位: ＝100 立方フィート》.

régister tònnage 〘海〙登録トン数.

reg·is·tra·ble /rέʤəstrəb(ə)l/ *a* 登録[登記]できる; 書留にできる; 示しうる.

reg·is·trant /rέʤəstrənt/ *n* 登録者, 《登録商標などの》(登録)名義人.

reg·is·trar /rέʤəstrὰːr; ⌐‿‿⌐/ *n* 《出生・結婚などを扱う登記所の》登記官, 戸籍吏; 〘米大学〙学籍記録局長, 〘英大学〙事務局長; 〘英〙《高等法院 (High Court (of Justice)) の一部の》補助裁判官, レジストラー; *証券登記係員[代理人], 株式係員; *《病院の》入院[診療]受付係員; ᴴ研修医《病院で専門医となるために助手として訓練をうけている医師》: the ～'s office *《大学の》学籍記録局.

♦ **～·ship** *n* ［ME *registrer*＜L REGISTER¹］

Régistrar-Géneral *n* 《London の》戸籍本署 (General Register Office) 長官《略 Reg.-Gen.》.

Régistrar of Cómpanies 〘英〙会社登記官《全国の会社の登記などを主管する高等行政官》.

reg·is·trary /rέʤəstrəri/ *n* 〘ケンブリッジ大学〙事務局長 (registrar).

reg·is·tra·tion /rὲʤəstréɪʃ(ə)n/ *n* **1 a** 記録, 登録, 登記; 学籍登録, 選挙登録; 書留; 記名; 《温度計などの》表示. **b** 登録[記載]事項; ᴴREGISTRATION NUMBER; 登録された人たち《学生など》; 登録者数; 登録証; 《イギリス連邦の住民あるいは英国系人による》英国市民権の取得. **2 a** 〘楽〙レジストレーション《オルガンのストップを選ぶ技術; ある曲のためのストップの組合わせ》. **b** 〘印〙《表裏両面の》見当合わせ; 〘電算〙《複数の画像の》位置合わせ. ♦ **～·al** *a*

registrátion bòokᴴ 《自動車の》登録証 (＝*logbook*).

registrátion dòcument ᴴ車両登録証 (＝vehicle ～)《車のナンバー・エンジン形式・所有者名などを記す》.

registrátion nùmber 登録番号, 学籍番号; ᴴ《車・バイクの》登録番号 (＝**registrátion màrk**)《ナンバープレートに示される数字と文字の組合わせ》; 《軍用機などの》機体番号.

registrátion plàte 《豪・英》《車の》ナンバープレート (number plate).

reg·is·try /rέʤəstri/ *n* **1** 記載, 登記, 登録; 書留; 登記簿, 登録簿; 登録事項; 《登録された》船籍: a ship of Liberian ～ リベリア船籍の船 / ～ fee *書留料. **2** 登記所, 登録所; 《教会内の》記録(簿)保管室[所]《parish register, 特に式のあとで新郎新婦が署名する婚姻登録簿を保管する》; 《古》職業紹介所 (＝servants' ～); 〘電算〙レジストリー《Windows のシステム設定用データベース》: marriage at a ～ (office) 届け出結婚《宗教的儀式を挙げない》.

régistry òfficeᴴ REGISTER OFFICE; 《古》《特に家事手伝い・料理人などの》職業紹介所.

re·gi·us /ríːʤ(i)əs/ *a* 王の, 欽定の; 勅任の. ［L＝royal ‹ REX¹］

Régius proféssor 《オックスフォード・ケンブリッジ大学の》欽定講座担任教授《特に Henry 8 世の創設による》.

re·gíve *vt* 再び与える.

re·gláze *vt* ‹窓など›のガラスを入れ替える.

reg·let /réglət/ *n* 〘建〙平条(ひらじょう); 〘印〙木(き)インテル《行間に入れる木片》. ［F; ⇨ RULE］

reg·ma /régmə/ *n* (*pl* **-ma·ta** /-tə/) 〘植〙弾分蒴果(さくか)《熟すと軸から分離する 3 つ以上の心皮からなる乾果》. ［Gk＝fracture］

reg·ma·ker /réxmὰːkər/ *n* 《南ア》二日酔い回復のための飲み物, 迎え酒, 滋養強壮剤. ［Afrik］

reg·nal /régn(ə)l/ *a* 御代の; 王の, 王国の: the ～ day 即位記念日 / the ～ year 即位紀元. ［L (↓)］

reg·nant /régnənt/ *a* 統治する, 支配する (ruling)《特に女王について用いる》; 優勢な (dominant), 支配的な, 勢力のある; 一般に行なわれている, 流行の: QUEEN REGNANT. ♦ **rég·nan·cy** *n* 統治, 支配. ［L (REIGN)］

reg·nat po·pu·lus /régnὰːt pɔ́ːpulùs; *E* régnæt pάpjələs/ 人民が支配する《Arkansas 州の標語》. ［L＝the people rule］

reg·neg /régnὲg/ *n, vt* 政府規制に関する交渉(で取り決める). ［*reg*ulation, *neg*otiation］

reg·num /régnəm/ *n* (*pl* **-na** /-nə/) 支配, 統治(期間); 《分類上の》界 (kingdom).

rego /réʤou/ *n* (*pl* **rég·os**) 《豪俗》自動車登録(料[期間, 番号]). ［*reg*istration, *-o*］

reg·o·lith /régəlìθ/ *n* 〘地質〙表土 (mantlerock). ［Gk *rhēgos* rug］

re·górge *vt* 吐き出す; 再びのみ込む. ► *vi* 再び流れ出る, 逆流する.

rego·sol /régəsɔ̀(ː)l, -sòul, -sὰl/ *n* 〘地質〙非固結岩屑(がんせつ)土, レゴゾル. ［*rego*lith, *-sol*］

Reg. Prof. °Regius Professor.

re·gráde *vt* ‹道路など›の勾配をつけなおす; ‹生徒›の年級を変える.

re·gránt *vt* 再び許す, 再び交付する, …に再び交付金を与える. ► *n* 再許可, 再交付; 再交付金.

re·grate /rɪgréɪt/ *vt* 《穀物・食料品などを同一のまたは近くの市場で高く売るつもりで》買い占める (buy up); 《買い占めた食料品などを》高値で売りさばく. ［OF＜Gmc］

re·grát·er, -grá·tor *n* 買占め人; ᴴ《農家をまわって穀物の買付けなどをする》仲買人 (middleman), 買付人[商].

re·gréet *vt* …に再び挨拶する, 会釈しなおす; …に答礼する; …に挨拶する, お辞儀する (greet, salute).

re·gress *n* /ríːgrὲs/ あと戻り, 帰還, 復帰 ‹*to, into*›; 復帰権; 《貸した土地などの》取り戻し; 退歩, 退行, 堕落; 〘論〙《結果から原因への》遡及(そきゅう); 〘天〙逆行. ► *v* /rɪgrés/ *vi* あと戻りする, 復帰する, 退行する; 〘天〙回帰[逆行]する. ► *vt* 〘心〙退行させる; 〘統〙回帰推定をする《1 つまたはそれ以上の独立変数[調査変数]に従属変数[補助変数]が結びつく度合いを計る》. ♦ **re·grés·sor** *n* ［L *re-*(*gress- gredior*＝*gradior* to step)＝to go back］

re·gres·sion /rɪgréʃ(ə)n/ *n* あと戻り, 復帰; 《体力・記憶力などの》減退; 〘心〙退行; 〘統〙回帰; 〘天〙逆行(運動); 〘生〙退行; 〘医〙退縮; 〘地質〙海退《海面の下降・陸地の隆起に伴う浅海の漸進的陸地化》.

regréssion anàlysis 〘統〙回帰分析[解析].

regréssion coeffìcient 〘統〙回帰係数.

regréssion cùrve 〘統〙回帰曲線.

re·gres·sive /rɪgrésɪv/ *a* あと戻りする, 逆行する, 後退の, 復帰する; 退行する, 〘生〙‹進化が›退行的な, 退化を伴う; ‹税が›累減的な, 逆進的な; 〘論〙結果より原因にさかのぼる, 後退的な; 〘統〙回帰する; 〘音〙‹同化が›逆行の《後続の音が前の音に影響する; cf. PROGRESSIVE》. ♦ **～·ly** *adv* **～·ness** *n* **re·gres·siv·i·ty** /rìːgrὲsívəti/ *n*

re·gret /rɪgrét/ *v* (**-tt-**) *vt* 悔やむ, 後悔する, くやしがる, 残念に思う, 遺憾とする; ‹失われたもの・故人などを›惜しむ, 悼む, 哀惜する, 嘆き悲しむ, なごり惜しく思う: She ～*s* that she can't help. / ～ *doing*…したことを後悔する / I ～ *to say* [*tell* you, *inform* you] that… 残念ながら… / It is to be *regretted* that…は気の毒[残念, 遺憾]なことだ / ～ the old days 過ぎし日をなつかしむ. ► *vi* 後悔する; 嘆く. ► *n* **1** 残念, 遺憾; 哀惜, 痛惜; 悔恨; 悲嘆, 落胆, 失望: express ～ *for*…をわびる / feel ～ *for*…を後悔する / express ～ *at*…を遺憾とする / He expressed a great ～ *at* the loss of his friend. 友人の死をいたく悲しんだ / have no ～*s* 遺憾に思わない / hear *with* ～ of [that]…を[…と]聞いて残念がる / refuse with much ～ [many ～*s*] はなはだ残念ながら断わる. **2** [*pl*] 《丁重な》断わり(状): send [give] one's ～*s* 正式に断わる. ● **(much [greatly]) to one's ～** (たいへん)残念ですが, (まことに)残念ながら: *To my* ～, the plan was given up. 残念ながらその案はやめになった. ♦ **re·grét·ter** *n* ［OF＝to bewail＜Scand (ON *gráta* to weep, GREET²)］

regrét·ful *a* 残念[遺憾, 不満]に思っている, 悔やまれる, 悲しむ, 惜しがる; 遺憾[哀悼]の意を表明する. ♦ **～·ly** *adv* 悔やんで, 惜しんで, 残念そうに; 残念ながら. **～·ness** *n*

regrét·less *a* 遺憾[残念]に思わない.

re·grét·ta·ble *a* 悔やまれる, 遺憾な, 残念な, 嘆かわしい, 気の毒な, 悲しむべき, いたましい, 慨嘆すべき. ◆ **-bly** *adv* 残念なくらい, 悔やまれるほど; 残念にも, 遺憾ながら. **～·ness** *n*

re·gróup *vt* 編成[グループ分け]しなおす,《特に》〈軍隊を〉再編成する. ► *vi* 再編成する; 軍を再編成する; 態勢を立て直す, 気を取り直す. ◆ **～·ment** *n* 再編成.

re·grów *vt, vi* 〈欠失部など〉再生する. ◆ **re·grówth** *n*

Regt Regent ◆ Regiment.

re·guar·dant /rɪgɑ́ːrd(ə)nt/ *a* 〘紋〙 REGARDANT.

reg·u·la·ble /régjələb(ə)l/ *a* 整理のできる; 調節のできる; 規定される; 取り締まれる; 制限できる.

reg·u·lant /régjələnt/ *n* 調節剤, 抑制剤.

reg·u·lar /régjələr/ *a* **1 a** 規則的な, 規則正しい, 整然とした; 規則[手続き]を守る;〘文法〙規則変化の: lead a ～ life＝keep ～ hours 規則的な生活をする / a ～ verb 規則動詞. **b** 系統[組織]立った; 均斉のとれた, 調和した;〘植〙〈花などが〉整正の;〘数〙正則の;〈多角形が〉等辺等角の;〈多面体が〉各面の大きさと形が等しい, 正…;〘晶〙等軸の (isometric): ～ features 整った顔だち / a ～ triangle 正三角形. **2** 〘カト・英国教〙修道会に属する (opp. *secular*): the ～ clergy 律修聖職者. **3** 定期的な, 定例の; 不変の, 常の, 定まった; 標準[規格, 型]どおりの; 通例の, いつもの;〈切手が〉通常の;〈コーヒーが〉レギュラーの《ミルク[クリーム]と砂糖がふつうにはいった》; 規則的に便通[月経]のある: ～ service 定期運転[運航] / a ～ customer 常客 / a ～ marriage 教会[正式]結婚 (cf. CIVIL MARRIAGE, *marriage at a* REGISTRY). **4** 〈選手が〉レギュラーの; 免許[資格]を得た, 本職の;〘軍〙常備の, 正規の;〘国際法〙正規戦闘要員の;〘米政治〙公認の: ～ employ 常雇い / a ～ member 正会員 / a ～ soldier 正規兵. **5 a**《口》完全な, 全くの, 本当[本物, 真]の, 本格的な, 一人前の, りっぱな: a ～ hero 真の英雄 / a ～ rascal りっぱな悪党. **b***《口》まともな, ちゃんとした, いい: a ～ fellow [guy]. ► *n* **1 a** [ᵘ*pl*] 正規兵;《口》常雇い人[職工];《口》正選手, レギュラー(選手). **b**《口》常客, お得意, なじみ, 常連; 安心できる人[もの];〘米政治〙自党(候補者)に忠実な党員, 選挙における政党の目玉候補. **c** 修道士. **2** 標準サイズ(既製服); レギュラー[無鉛]ガソリン. **3***《食堂俗》《標準の量のクリーム(と砂糖)のはいった》レギュラーコーヒー. ► *adv*《方》REGULARLY: He is ～ honest. 本当に正直だ. ◆ **～·ness** *n* REGULARITY. [OF＜L (*regula* RULE)]

régular ármy 常備軍, 正規軍; [the R- A-]《予備兵などを含まない》合衆国常備軍 (United States Army).

régular cánon CANON REGULAR.

régular expréssion 〘論・電算〙正規[正則]表現《formal language の表現形式の一つ; 記号 (文字など) の集合からある種の操作の有限の組合わせによって記号列 (文字列など) の集合を定義する》.

régular gálaxy 〘天〙規則銀河.

reg·u·lar·i·ty /règjəlǽrəti/ *n* 規則正しさ; 均斉; 調和; 一定不変; 正規, 尋常; REGULAR なもの.

régular·ìze *vt* 規則正しくする; 正規のものにする; 秩序立てる, 組織化する, 整える, 調整する. ◆ **-ìz·er** *n* **règular·izátion** *n*

régular·ly *adv* 規則正しく; 定期的に, 頻繁に; きちょうめんに; 本式に; 適当に; 釣合いよく, 一様に;《口》全く.

régular óde 定形オード (Pindaric ode).

régular polyhédron 〘数〙REGULAR SOLID.

régular pýramid 〘数〙正角錐(すい).

régular refléction 〘光〙正反射 (specular reflection).

régular sólid 〘数〙正多面体.

régular yéar 〘ユダヤ暦〙354 日の平年, 384 日の閏年.

reg·u·late /régjəlèɪt/ *vt* **1** 規制[統制]する,《規則により》管理(指導)する, 取り締まる: ～ traffic 交通を規制する / a well-～*d* family きちんとした家庭. **2** 調節[調整]する; 整える, 一定[規則的]にする: ～ the temperature of a room 部屋の温度を調節する / ～ digestion 消化を整える. ◆ **rég·u·là·tive** /, -lə-/ *a* [L; ⇨ REGULAR]

rég·u·làt·ed ténancy 〘英福祉〙《住宅に関する》規制賃借(権)《不在の個人家主から 通例 登録された家賃で賃借するもの; 裁判所の命令がなければ立退き要求ができないなどの規制がある》.

reg·u·la·tion /règjəléɪʃ(ə)n/ *n* **1** 規制, 取締まり; 規則, 規定, 法規: traffic ～*s* 交通規則. **2** 加減, 調節, 調整;〘発生〙調節;〘電〙変動率;〘スポ〙レギュレーション《延長時間, PK 戦などに先立つ規定の試合時間》. ► *a* 正規の; 規定の, 標準の; 通常の, 普通の: a ～ ball 正規のボール / a ～ cap [sword, uniform] 制帽[剣, 服] / the ～ mourning 正式喪 / the ～ speed 規定[法定]速力 / of the ～ size 規定[普通]の大きさの.

rég·u·là·tor *n* **1 a** 規制者, 取締まり人, 監視係官. **b**〘英〙業務監査機関[委員], レギュレーター《民営化された国営企業の業務を監視し, 消費者保護をはかる組織または委員; Ofgem, Ofcom などがその例》. **c**〘英史〙選挙調査[監視]委員. **2**〘機〙調節[調整]器, 加減器;《時計の》整時器; 標準時計;〘生〙REGULATOR GENE. **3** 原則; 標準.

régulator [régulatory] gène 〘生〙調節遺伝子.

reg·u·la·to·ry /régjələtɔ̀ːri; -t(ə)ri, -lèɪ-/ *a* 規制する, 監督する〈官庁など〉.

reg·u·line /régjələn, -làɪn; -làɪn/ *a* 〘冶〙REGULUS の.

reg·u·lo‖ /régjəlòʊ/ *n* ガスオーブンの温度設定目盛り(の数字): Roast them at ～ 4 for 5 minutes. 目盛り 4 で 5 分間あぶり焼きにすること. [*Regulo* ガスオーブンのサーモスタットの商標]

reg·u·lus /régjələs/ *n* (*pl* ～·**es, -li** /-làɪ/) 〘冶〙レギュラス《鉱石を製錬する場合, スラグから分離して炉の底にたまる金属》;〘鳥〙KINGLET; [R-]〘天〙レグルス《しし座 (Leo) の α 星で, 1.4 等星》. [L＝petty king; ⇨ REX[1]]

Regulus レグルス **Marcus Atilius** ～ (d. c. 250 B.C.)《ローマの将軍》.

re·gur /régər, réɪgər/ *n* レグール《Deccan 高原の玄武岩に由来する熱帯黒色土壌》. [Hindi]

re·gur·gi·tate /rɪgə́ːrʤətèɪt/ *vt, vi* 噴き返す, 反流[逆流]する; 吐きもどす;〈人から得た知識などを〉《よく理解せずに》反復する, おうむ返しに言う. ◆ **re·gúr·gi·tà·tive** *a* **re·gúr·gi·tant** *a* [L (*re*-); cf. INGURGITATE]

re·gur·gi·ta·tion /rɪgə̀ːrʤətéɪʃ(ə)n/ *n* 反流, 逆流; 吐きもどし, 反芻.

re·hab /ríːhæb/ *n* リハビリ; アルコール[麻薬]中毒の矯正; 修復した建物[住居];《NZ口》REHABILITATION DEPARTMENT: in ～ リハビリ中で; 麻薬中毒の矯正中で. ► *vt* (**-bb-**) REHABILITATE;〈建物を〉修復する, リフォームする. ◆ **-hàb·ber** *n*

re·ha·bil·i·tant /rìː(h)əbílətənt/ *n* 社会復帰の治療[訓練]をうけている患者[障害者, 犯罪者].

re·ha·bil·i·tate /rìː(h)əbílətèɪt/ *vt* 復職[復位, 復権]させる, …の名誉回復を行なう; 回復[修復]する, 復興する;〈患者・障害者を〉社会復帰できるようにする,〈受刑者などを〉更生させる: ～ one*self* 名誉[信用]を回復する. ◆ **rè·ha·bíl·i·tà·tive** *a* **rè·ha·bíl·i·tà·tor** *n* [L (*re*-)]

re·ha·bil·i·ta·tion /rìː(h)əbìlətéɪʃ(ə)n/ *n* 復職, 復位, 復権; 名誉回復[挽回]; 修復, 復興; 更生; 社会復帰(のための治療[訓練]), リハビリテーション. ◆ **～·ist** *n*

Rehabilitátion Depártment [the]〘NZ〙《政府の》退役軍人支援局.

re·hándle *vt* 再び取り扱う; 改造[改鋳]する, 改作する.

re·háng *vt* 〈カーテン・絵などを〉掛けなおす. ► *n* /⌐—⌐/《絵などの》掛けなおし, 再展示.

re·hásh *vt* 作りなおす, 言いなおす, 焼きなおす;〈問題を〉再び論議する, 繰り返し話す. ► *n* /⌐—⌐/ 焼直し, 蒸し返し; 改作.

re·héar *vt* 再び聞く, 聞きなおす;〘法〙再度審理[聴聞]する. ◆ **～·ing** *n* 〘法〙再度の審理, 再審理, 再聴聞; 続審.

re·héars·al *n* **1**《劇などの》リハーサル, 下稽古(会), 試演(会), 本読み: be in ～〈劇が〉下稽古中 / put a play into ～ 劇の稽古をする / DRESS REHEARSAL / a public ～ 公開試演. **2** 暗誦, 復誦, 吟誦; 物語, 話.

re·hearse /rɪhə́ːrs/ *vt* **1** 下稽古する, 本読みする, 試演する, …のリハーサルをする; (下稽古をさせて)習熟[熟達]させる: ～ the parts *for* a new play 新しい劇の下稽古をする. **2** 繰り返して言う[誦する]; 列挙する, 並べ立てる; 詳細に物語る. ► *vi* 繰り返して言う; 下稽古をする. ◆ **re·héars·er** *n* [AF (*hercer* to harrow ＜ HEARSE)]

re·héat *vt* 再び熱する, 熱し返す, 再加熱する. ► *n* /⌐—⌐/〘空〙《ジェットエンジンの》再燃焼(法) (afterburning) (＝**re·héat·ing**);《ジェットエンジンの》再燃焼装置.

re·héat·er *n* 再熱器《一度使った蒸気を再び使うために熱する装置》.

re·héel *vt* 〈靴など〉にかかとを付けなおす.

re·híre *vt, n* 再雇用(する).

Rehn·quist /rénkwɪst, réŋkwəst/ レンクイスト **William H(ubbs)** ～ (1924–2005)《米国の法律家; 合衆国最高裁判所首席裁判官 (1986–2005)》.

Re·ho·bo·am /rìːəbóʊəm/ **1** レハベアム《Judah の初代の王; cf. *1 Kings* 12》. **2** [ᵒr-] リーアボーアム《大型のワイン(特にシャンパン)用の瓶; 通例 1.2 ガロン入り》.

re·hóme *vt* 〈犬・猫などペット〉に新しい飼い主[里親]を世話する.

re·hóuse /-háʊz/ *vt* …に新しい[《特に》以前より良い]家を与える[あてがう].

re·húman·ìze *vt* 再び人間的にする, …に人間性を回復させる. ◆ **re·hùman·izátion** *n*

re·hýdrate *vt* 〘化〙再水和[再水化]する,〈脱水状態の人・もの〉の水分をもとの状態に戻す,〈乾燥食品を〉水で戻す. ◆ **re·hý·dràt·able** *a* **rè·hy·drá·tion** *n* 〘化〙再水和作用.

Reich[1] /ráɪk; *G* ráɪç/ ドイツ国 (Germany) (⇨ FIRST [SECOND, THIRD] REICH). [G＝empire]

Reich[2] ライヒ (1) **'Steve' [Stephen Michael]** ～ (1936–)《米国の作曲家; minimal music を代表する作曲家》 (2) **Wilhelm** ～ (1897–1957)《オーストリア生まれの精神分析学者》. ◆ **Reich·ian** /ráɪkiən/ *a*

Reichs·bank /ráɪksbæ̀ŋk; *G* ráɪçsbaŋk/ ドイツ帝国銀行 (1876–1945).

Reichs·füh·rer /*G* ráɪçsfyːrər/ *n* 《ナチスの》親衛隊長.

reichs·mark /ráɪksmɑ̀ːrk; *G* ráɪçsmark/ *n* (*pl* ～**s**, ～) [ᵒR-] ライヒスマルク《1925–48 年のドイツの通貨単位; 略 RM》.

reichs·pfen·nig /ráɪks(p)fènɪg; *G* ráɪçspfɛnɪç/ *n* (*pl* ～**s, -ni·ge** /-nɪgə; *G* -nɪgə/) [ᵒR-] ライヒスプフェニヒ《1925–48 年のドイツの通貨単位: ＝1/100 reichsmark》.

Reichs·rat /*G* ráiçsra:t/ *n* ドイツ帝国参議院 (1919–34); オーストリア議会《オーストリア-ハンガリー帝国のオーストリアの二院制議会 (1867–1918)》.

Reichs·tag /ráikstɑ̀:g; *G* ráiçsta:k/ *n* 《もとのドイツの》国会《(**1**) 神聖ローマ帝国の帝国議会 (c. 1100–1806) (**2**) 北ドイツ連邦 (1867–71) の議会 (**3**) ドイツ帝国 (1871–1918) の帝国議会 (**4**) ヴァイマル共和国 (1919–33) の国会》; 《Berlin の》国会議事堂《1933 年 2 月 27 日放火され, ナチスはこれを機にヴァイマル憲法を事実上廃止した》.

reichs·ta·ler /ráikstɑ̀:lər; *G* ráiçsta:lər/ *n* [ºR-] ライヒスターラー《最初 1566 年に発行されたドイツの旧銀貨》.

Reich·stein /ráikʃtàin, -stàin; *G* ráiçʃtain/ ライヒシュタイン **Tadeus** ～ (1897–1996)《ポーランド生まれのスイスの化学者; ノーベル生理学医学賞 (1950)》.

Reichs·wehr /ráiksvèər; *G* ráiçsve:r/ *n* ドイツ国防軍 (1919–35).

Reid /rí:d/ **1** リード《男子名》. **2** リード (**1**) **Thomas** ～ (1710–96)《スコットランドの哲学者》(**2**) **Whitelaw** ～ (1837–1912)《米国のジャーナリスト・外交官・政治家; *New York Tribune* の編集人・発行人; 英国大使 (1905–12)》. [OE=red]

Réid's báseline 〖解〗リード基線《眼窩下縁から外耳道を通る仮想線》. [Robert W. *Reid* (1851–1939) スコットランドの解剖学者]

re·ify /rí:əfài, *réiə-/ *vt* 〈抽象観念などを〉具体化して考える, 具体[具象]化する (materialize). ♦ **rè·ifi·cá·tion** /-fə-/ *n* **re·ifi·ca·to·ry** /rí:əfikətɔ̀:ri, réiə-; rí:ifikət(ə)ri, -kèi-, rì:ifikéi-/ *a* [L *res* thing]

reign /réin/ *n* **1** 《王の》治世, 御代, 統治期間; 支配[在任]期間: in the ～ of Queen Victoria ヴィクトリア女王の治世に / under the ～ of Anne アン女王の統治下に[で]. **2** 統治, 支配; 統治[支配]権, 力, 勢力, 権勢: the ～ of law 法の支配 / hold the ～*s* of government 政権を握る / Night resumes her ～. 再び夜の世界となる. **3** 《古・詩》王国, 国土 (realm). ► *vi* **1** 王権を握っている, 《王・最高権力者として》統治[支配]する, 君臨する 〈*over*〉; 君主[王, 女王]である; 勢力をふるう, 羽振りをきかす: The king ～*s* but does not rule [govern]. 国王は君臨すれど統治せず / ～ supreme (トップの座に)君臨する. **2** 〈事態が〉支配的である, 支配する (prevail): Silence [Confusion] ～*ed*. 静まりかえって[混乱しきって]いた. [OF＜L *regnum*; ⇨ REX[1]]

réign·ing *a* 君臨する, 羽振りをきかす; 支配的な, 行きわたる: the ～ beauty 当代随一の美人 / the ～ champion 現チャンピオン.

rè·ignìte *vt, vi* 再点火する, 再発火させる[する].

Réign of Térror [the] 恐怖時代《フランス革命の最も狂暴であった 1793 年 3 月–94 年 7 月》; [r- of t-] 《一般に》恐怖時代[状態].

rei·ki /réiki/ *n* 霊気療法《患者に手を当てて気を導き入れ, 自然治癒力をはたらかせて疾患を治すという治療法》. [Jpn]

rè·illúsion *vt* …に再び幻想をいだかせる.

Reilly ⇨ LIFE OF RILEY.

rè·imágine *vt* 再度想像する, 新たに心に描く; …の新しい概念をつくる; 再創造する, (想像力で)再形成する (recreate).

re·im·burse /rì:əmbə́:rs/ *vt* 〈金を〉払い戻す, 返済する, 返還する; 〈人〉に払い戻す, 弁済[賠償]する: ～ sb *for* the expenses＝～ the expenses *to* sb 人に経費を払い戻す / Some companies ～ employees *for* school tuition. 被用者に授業料返還を行なう会社もある. ♦ **～·ment** *n* **rè·im·búrs·able** *a* [*re-*, *imburse* (obs) to put in PURSE]

rè·impórt *vt* 〈輸出品を〉輸入しなおす, 逆輸入する. ► *n* /–⌣–/ 逆輸入; 逆輸入品.

re·importátion *n* 《輸出品の》再輸入; 再[逆]輸入品.

rè·impóse *vt* 〈いったん廃した税・規則などを〉再び課する. ♦ **re·imposítion** *n* 再賦課, 再規制.

rè·impréssion *n* 再印象; 再版, 翻刻 (reprint).

Reims, Rheims /rí:mz; *F* rɛ̃s/ ランス《フランス北東部 Paris の東北東にある市; 13 世紀に建てられたゴシック様式の大聖堂がある》.

rein /réin/ *n* [ºpl] 手綱; 《幼児に掛けて一端を大人が持つ》幼児保護用ベルト; [ºpl] 制御(法), 統制, 抑制, 牽制; [ᵘpl] 統制力, 支配力. ● **assume** [**drop**] **the ～s of government** 政権を握る[離れる]. **change the ～** 馬の進む方向を転じる. **draw ～**＝**draw in the ～s** 手綱を引く, 速度を落とす, 馬を止める. **give** (**(a) free** [**full**]) **～** [**the ～s, a loose ～**] **to**…に自由を与える, …に好きなようにさせる: *give* a horse ～ [*the* ～*s*] 馬を行きたい方に行かせる / *give the* ～(*s*) *to* one's imagination 想像力を自由にはたらかせる. **hold** [**keep**] **a tight ～ over** [**on**]…を厳格に制御する, しっかり抑えている. **hold the ～s** 政権《など》を握っている. **on a long ～** 手綱をゆるめて. **on a right** [**left**] **～** 馬を右[左]に〈進める〉. **shorten the ～s** 手綱を引く. **take the ～s** 指導[支配]する. **throw** (**up**) **the ～s to**…〈馬〉の手綱を放す, …の自由に任せる. ► *vt* 〈馬〉に手綱を付ける; 手綱であやつる, 御する; [*fig*] 制御する, 〈怒りなどを〉抑制する. ► *vi* 馬(など)を止める, 馬の歩調をゆるめる 〈*in, up*〉; 《古》〈馬が〉手綱どおりに動く. ● **～ back** 〈馬などを〉止める; 抑制する. **～ back on**…を抑制する. **～ in** 〈馬〉の歩調をゆるめさせる[止める]; 抑制する; 〈出費などを〉控える. **～ up**＝REIN back; 《手綱を引いて》馬を止める. [OF *rene*; ⇨ RETAIN]

re·in·car·nate *vt* /rì:ənkɑ́:rnèit, riínkɑ̀:r-/ [ᵘ*pass*] …に再び肉体を与える, 〈…に〉化身させる, 生まれ変わらせる 〈*as*〉. ► *a* /rì:ənkɑ́:rnət/ [通例 後置] 再び肉体を得た, 化身した.

rè·incarnátion *n* 《肉体の死後も霊魂は再び新しい肉体を得て生まれるという》霊魂再来(説); 《新しい肉体における霊魂の》再生; 生まれ変わり, 化身 〈*of*〉. ♦ **～·ist** *n*

rè·incórporate *vt* 再び合体させる[組み込む]; 再び法人化する. ♦ **rè·incorporátion** *n*

rein·deer /réindìər/ *n* (*pl* ～, ～**s**) 〖動〗トナカイ. [ON (*hreinn* reindeer, *dýr* DEER)]

Réindeer Láke レインディア湖《カナダ Manitoba, Saskatchewan 両州にまたがる湖》.

réindeer mòss [**lìchen**] 〖植〗ハナゴケ, トナカイゴケ (＝*caribou moss*)《欧州・アジア・アメリカの北地の地衣類で, 冬季にトナカイの餌となる》.

rè·indùstrial·izátion *n* 産業復興《経済的競争力強化を目指す, 特に 米国政府の産業政策》. ♦ **rè·indústrial·ize** *vt, vi*

Rei·nes /réinz/ レインズ **Frederick** ～ (1918–98)《米国の物理学者; neutrino を発見; ノーベル物理学賞 (1995)》.

re in·fec·ta /rèi infέktɑ:/ 事が完成せずに; 不成功で. [L＝the business being unfinished]

rè·inféction *n* 〖医〗再感染. ♦ **-inféct** *vt* 再感染させる.

rè·infláte *vt* 〈タイヤなどに〉空気を入れなおす; 〈通貨・経済を〉再膨張[再インフレ化]させる. ♦ **-inflátion** *n*

re·in·force /rì:ənfɔ́:rs/ *vt* 強化[増強, 補強]する, …に勢いをつける (strengthen); …に援軍[兵]を送る, 増援する; 増大する (augment); 〖心〗強化する, 〈被験者など〉に対し強化の手続きをとる《ある反応をした場合に報酬を与えるなどしてその反応の発現を刺激する》. ► *vi* 〖心〗強化する; 《まれ》援軍を求める[得る]. ► *n* 補強物[材]. ♦ **～·able** *a* [F *renforcer*; ⇨ ENFORCE]

ré·in·fòrced cóncrete 鉄筋コンクリート (＝*ferroconcrete*)《略 RC》.

réinforced plástic 強化プラスチック《ガラス繊維にポリエステル樹脂を染み込ませた建築用などの合成樹脂板》.

reinfórce·ment *n* 強化, 補強, 増援; [ºpl] 増援隊[艦隊], 援兵; [ºpl] 補強材, 補給品; 〖生理・心〗強化.

reinfórcement thèrapy 〖精神医〗強化療法. ♦ **reinfórcement thèrapist** *n*

rè·in·fórc·er *n* 〖心〗強化作因, 強化子, 強化刺激.

rè·infórm *vt* …に再び告知する.

rè·infúse *vt* 〈抜いた血液・リンパ球などを〉再注入する. ♦ **rè·infúsion** *n*

Rein·hardt /ráinhɑ̀:rt/ ラインハルト (**1**) **Django** ～ (1910–53)《フランスのジャズギタリスト; 本名 Jean-Baptiste ～》(**2**) **Max** ～ (1873–1943)《オーストリア生まれの演出家》.

re·ínk *vt* …に再びインクをつける.

réin·less *a* 手綱を付けない; 拘束されない, 自由な; 放縦な.

reins /réinz/ 《古》*n pl* 腎臓 (kidneys); 腎臓のあたり, 腰 (loins)《聖書では感情・愛情などの座と考えられている》. [OF＜L *renes* (pl)]

rè·inscríbe *vt* 《強化して》再確立する.

rè·insért *vt* 再び差し込む[書き込む].

réins·man /-mən/ *n* 手綱さばきの巧みな人[御者].

rè·instáll *vt* 再度取り付ける, 設置しなおす; 復位させる; 〖電算〗〈ソフトを〉再インストールする, インストールしなおす; REINSTATE. ♦ **rè·installátion** *n*

rè·instáte *vt* もとどおりにする; 復帰させる, 復位[復権, 復職]させる 〈*as, in*〉; 〈法制度などを〉復活させる; 《まれ》…の健康を回復させる. ♦ **～·ment** *n*

rè·insúre *vt* …に再保険をつける. ► *vi* 《安全などに対する》保証をさらに確実なものにする. ♦ **rè·insúrance** *n* 再保険(額). **rè·insúrer** *n* 再保険者.

re·íntegrate *vt* 再び完全にする; 再建[復興]する; 再統一[再統合]する; 〈人を〉再び受け入れる 〈*into*〉. ♦ **re·integrátion** *n* 再建, 復興, 再統一. **re·íntegrative** *a*

rè·intér *vt* 埋め替える, 改葬する. ♦ **rè·intér·ment** *n*

rè·intérpret *vt* 再解釈する, 解釈しなおす. ♦ **rè·interpretátion** *n*

rè·introdúce *vt* 再紹介する; 再び導入する; 再提出する; 〈生物を〉もとの生息地に復活させる[戻す] 〈*to*〉. ♦ **rè·introdúction** *n*

rè·invént *vt* 〈既に発明済みのものを〉再発明する; 徹底的に作りなおす[変える]; 再び使い始める, 復活する: ～ one*self* 《生き方などを変えて》再出発する, イメージチェンジする. ♦ **rè·invéntion** *n*

rè·invést *vt* 再投資する; 再び着せる; …に〈…を〉再び与える 〈*with*〉; 再叙任する 〈*in*〉; 復する 〈*with*〉. ♦ **～·ment** *n*

rè·invígorate *vt* 生き返らせる; 新たに活気づかせる. ♦ **rè·invígorator** *n* **rè·invigorátion** *n*

reis *n* REAL[2] の複数形.

Rei·schau·er /ráiʃàuər/ ライシャワー **Edwin O**(**ldfather**) ～ (1910–90)《米国の歴史家・外交官・教育者; 東京生まれ; 駐日大使 (1961–66)》.

rei·shi /réɪʃi/ *n* 〘菌〙霊芝(ﾚｲｼ)《薬用キノコ》. ［Jpn］
re·íssue *vt* 〈証券・通貨・書籍などを〉再発行する,〈物を〉再支給する; …に〈…を〉再発行[再支給]する〈*with*〉. ► *vi* 再び出る[現われる]. ► *n* 再発行; 新版.
REIT*/, ríːt/ °real estate investment trust.
reit·bok /ríːtbɑ̀k/ *n* 〘動〙南アフリカ産のリードバック (reedbuck). ［Afrik］
re·it·er·ant /riítərənt/ *a* 何度も繰り返される.
re·it·er·ate /riítərèɪt/ *vt* 《強調のために》繰り返す, 反復する. ♦ **re·ìt·er·á·tion** *n* 反復; 繰り言; 〘印〙裏面刷り. **re·ít·er·à·tor** *n* ［L (*re-*)］
re·it·er·a·tive /riítərèɪtɪv, -t(ə)rə-/ *a* 繰り返す, 反復する. ♦ **~·ly** *adv* **~·ness** *n*
Réi·ter's sỳndrome [disèase] /ráɪtərz-/ 〘医〙ライター症候群[病]《結膜炎・関節炎を続発する病因不明の尿道炎》. ［Hans *Reiter* (1881–1969) ドイツの細菌学者］
Reith /ríːθ/ リース **John** (**Charles Walsham**) **~**, 1st Baron (1889–1971)《英国放送界の功労者として公共放送の原則を確立した; BBC 初代会長 (1927–38)》. ♦ **~·ean, ~·ian** *a*
Réith léctures *pl* [the] リースレクチャーズ《BBC が毎年ラジオ・テレビで放送する一連の講演; 1948 年に BBC 初代会長 Lord Reith に敬意を表して始めたもの》.
reive /ríːv/ *v* 《スコ・北イング》 RAID. ♦ **réiv·er** *n*
re·jas·ing* /rɪʤéɪsɪŋ/ *n* 廃棄物再利用. ♦ **re·jás·er** *n* ［*re*using *j*unk *as* somethi*ng* else］
re·ject *vt* /rɪʤékt/ **1 a** 退ける, 受けつけない, 拒否する, 拒絶する, 認めない, 無用[不採用]とする, 却下[棄却]する: ~ a claim [suggestion]. **b** 受けつけ[受け入れ]ようとしない, 聞こう[信じよう]としない;〈女が男〉の求愛[求婚]をはねつける, 無視する. **2 a**〈胃が食物を〉受けつけない, もどす (vomit); 〘生理〙〈移植された臓器など〉に拒絶反応を示す. **b**〈レコードプレーヤーが〉…の演奏を中断する. **3** 投げ返す, 追い払う; 《廃》放棄する. ► *n* /ríːʤekt/ 拒否された人[もの], 不合格者[品], きず物. ♦ **rejéct·able** *a* 拒絶できる, 退けるべき. **rejéct·er** *n* 拒絶者. **rejéct·ing·ly** *adv* **rejéc·tive** *a* ［L *re-*(*ject- icio*=*jacio*) =to throw back］
re·jec·ta·men·ta /rɪʤèktəméntə/ *n pl* 廃物, 廃棄物, くず (refuse); 海岸に打ち上げられた海草類[漂着物, 難破物]; 排泄物 (excrement).
re·ject·ant /rɪʤéktənt/ *n* 忌避剤《昆虫が忌避する植物より得られた駆虫剤》.
re·ject·ee /rɪʤèktíː, rìː-/ *n* 拒絶された者; 《徴兵検査の》不合格者.
re·jec·tion /rɪʤékʃ(ə)n/ *n* 排除, 拒絶; 却下, 不採用, 否決, 不認可; 嘔吐; 〘生理〙拒絶(反応), 拒否(反応); REJECT されたもの.
rejéction frònt 拒否戦線《イスラエルとの交渉・和平をいかなる形でも拒否するアラブ諸国・アラブ人組織の戦線》.
rejéction·ist *n, a* 拒否派(の)《イスラエルとの交渉・和平をいっさい拒否するアラブの指導者・組織・国家》.
rejéction slìp 《原稿を送り返すときの》断わり状.
rejéctive árt MINIMAL ART.
re·jéc·tiv·ist *n* MINIMALIST.
re·jéc·tor *n* REJECTER; 〘電〙除波器.
re·jíg‖《口》*vt*〈工場〉に新しい設備を入れる; 組み替える, 手直しする, 再調整する. ► *n* /⏑–⏑/ 手直し.
re·jígger *vt**《口》手直しする, 再調整[編成]する, 修正する (rejig‖).
Rejment ⇨ REYMONT.
re·joice /rɪʤɔ́ɪs/ *vt* 喜ばせる; 《廃》喜ぶ: *be ~d to* hear it [*that* …, *at* it, *by* it] 聞いて喜んでいる / ~ sb's heart=~ the heart of sb 人を喜ばせる. ► *vi* うれしがる, 喜ぶ, 歓喜する〈*at, over, to* see *that* …〉; 享有する; 祝う. ● **~ in**…を《大いに》喜ぶ, 楽しむ; ‖[*joc*]〈妙な名前・称号〉をもっている: ~ *in* good health 健康に恵まれている / ~ *in* one's youth 年が若い. ♦ **re·jóic·er** *n* **~·ful** *a* ［OF REjoiss- -joir; ⇨ JOY］
re·jóic·ing *n* 喜び, 歓喜; 歓呼, 祝賀, 歓楽. ♦ **~·ly** *adv* 喜んで, 歓呼して, 祝って.
re·jóin[1] *vt, vi* 再合同[再結合]させる[する]; 再びいっしょにする[なる], 再び加わる〈*to, with*〉.
re·join[2] /rɪʤɔ́ɪn/ *vi* 応答[答弁]する; 〘法〙〈被告が〉第二訴答を行なう. ► *vt* …と(きっぱり)応答する, 答弁する, 言い返す. ［OF REjoindre; ⇨ JOIN］
re·join·der /rɪʤɔ́ɪndər/ *n* 答弁, 返答, 応答, 《特に》答弁に対する答弁, 再答弁, 再回答; 言い返し, 反論; 〘法〙被告第二訴答: in ~ 返答に. ［AF (↑)］
re·ju·ve·nate /rɪʤúːvənèɪt/ *vt, vi* 若返らせる, 若返る, 元気を回復させる[する]; 一新させる[する], 新品同様にする[なる]; 再活性化する; 〘地理〙〈川・地形を〉若返らせる, 復活[回春]させる: ~*d* river 回春川(ｶｲｼｭﾝｶﾞﾜ)《地形変動などで浸食力を回復した川》. ♦ **re·jù·ve·ná·tion** *n* 若返り, 回春, 元気回復. **re·jú·ve·nà·tor** *n* 若返り薬, 回春剤. ［L *juvenis* young］
re·ju·ve·nesce /rɪʤùːvənés/ *vi, vt* 若返る, 若返らせる; 〘生〙新活力をうる[与える].
re·jù·ve·nés·cence *n* 若返り, 回春; 更新; 〘生〙《細胞の》若返り《接合または分裂による》.
re·jù·ve·nés·cent *a* 若返らせる, 若返る, 回春の.
re·ju·ve·nize /rɪʤúːvənàɪz/ *vt* REJUVENATE.
re·kéy *vt* …の鍵を付け替える; 〘電算〙〈データを〉再度打ち込む, 入力しなおす.
re·kíndle *vt, vi* 再び燃やす, 再び燃える; [*fig*] 再燃させる[する], (…に)再び火をつける[がつく]. ♦ **re·kín·dler** *n*
re·knít *vt, vi* 編みなおす.
rel /rél/ *n* 〘電〙レル《磁気抵抗の単位: 1 アンペア回数/マクスウェル》.
-rel /rəl/ *n suf*「小」「…なやつ」: mong*rel*, scound*rel*. ［ME<OF *-erel*(*le*)］
rel. relative(ly) ♦ released ♦ religion ♦ religious.
re·lábel *vt* …に再び札を貼る; …のレッテルを貼り替える; …に新しい名前をつける, …の名称を変更する, 改称する.
relaid *v* RELAY[2] の過去・過去分詞.
re·lapse /rɪlǽps/ *vi*〈ある状態に〉逆戻りする〈*into*〉; 再び邪道に陥る, 堕落[退歩]する〈*into*〉;〈病気が〉ぶり返す, 再発する;〈人が〉再び病状を悪化させる. ► *n* 逆戻り; 堕落, 退歩〈*into*〉; 《病状の》ぶり返し, 再発: have a ~ ぶり返す. ♦ **-láps·er** *n* **-láps·able** *a* ［L (*re-*)］
re·láps·ing féver 〘医〙回帰熱.
relata *n* RELATUM の複数形.
re·lát·able *a* 語られうる; 関係づけられる, 関連させられうる; 心理的なつながりをもつことができる, 共感しうる.
re·late /rɪléɪt/ *vt* **1** 話す, 物語る (tell): Strange to ~, …. 不思議な話だが…. **2** 関係[関連]づける (connect), 結びつける〈*to, with*〉. ► *vi* **1** 関係[関連]する, 関連性[つながり]がある〈*to*〉; 符合[合致]する〈*with*〉. **2**〈…と〉《心情的に》つながりをもつ, うまく折り合う, 心が通う〈*to*〉;〈…に〉なじむ,〈…のことが〉わかる〈*to*〉: I can't ~ *to* heavy metal. ヘビメタにはどうもなじめない. **3** さかのぼって適用される〈*to*〉. **4** 《廃》語る. ► *n* [R-] 〘英〙リレート《結婚生活など対人問題に悩む人びとを助ける組織》. ● **relating to**…に関して. ♦ **re·lát·er** *n* 物語る人 (narrator) (cf. RELATOR). ［L (REFER)］
re·lát·ed *a* **1** [°*compd*] 関係のある, 関連している (connected); 相関している; 同類の; 同族の, 親類の, 縁続きの, 血縁の, 姻戚の; 〘楽〙〈音・和音・調が〉近親の: be ~ to…と関係がある; …と姻戚である / a body of ~ facts 一団の関連した事実 / ~ languages 同族語 / a stress-~ disease ストレス関連病. **2** 話された, 述べられた. ♦ **~·ly** *adv* **~·ness** *n*
re·la·tion /rɪléɪʃ(ə)n/ *n* **1 a** 関係, 関連; 間柄; [*pl*] 利害関係, 《国家・民族などの間の》関係; [*pl*] 交際, 交友; [*pl*] 性関係: be out of all ~ *to*…=bear no ~ *to*…と全く関係がない / have ~ *to*…と関係がある / POOR RELATION. **b** 親族関係, 縁故; 近親者, 親族《「親族」の意では relative のほうが普通》; 《遺言のない場合の》遺産相続権者. **2** 説話, 陳述; 物語: make ~ *to*…に言及する. **3** 〘法〙RELATOR の犯罪申告; 〘法〙効力遡及〈*to*〉. **4** 〘数〙関係《順序対の集合》. ● **in** [**with**] **~ to**…に関して; …と比べて. ♦ **~·less** *a* 無関係の, 縁のない; 親戚[身寄り]のない, 孤独な.
relátion·al *a* 関係のある; 親類の; 〘文法〙文法関係を示す. ♦ **~·ly** *adv*
relátional dátabase 〘電算〙リレーショナル[関係]データベース《データをテーブルの形で保持し, 共通フィールドによって複数のテーブルを関係づけることにより, 複雑なデータの整理を容易にし, 柔軟な運用を行なえるようにしたもの; 略 RDB》.
relátional grámmar 〘言〙関係文法《生成文法の立場から, 主語・目的語などの文法的関係を文の根底にある文法構造に直接導入して文法規則を説明・体系化しようとする》.
relátional óperator 〘電算〙関係演算子《変数の相等・大小を判定する演算子》.
relátion·ism *n* 〘哲〙《相対論・絶対一元論に対して》関係主義.
relátion·shìp *n* 関係, 関連, かかわり合い, つながり, 結びつき; 親族[血縁, 婚姻]関係; 〘生〙類縁関係; 交際[交友]関係, つきあい, 恋愛[性的]関係: degrees of ~ 親等.
rel·a·ti·val /rèlətáɪv(ə)l/ *a* 〘文法〙関係詞の, 関係詞的な. ♦ **~·ly** *adv*
rel·a·tive /rélətɪv/ *n* **1** 親族, 血族, 姻族, 親類, 肉親, 身内, 家族; 《動植物の》同じ系統のもの, 近縁生物: ~ by affinity 〘法〙姻族 / One loyal friend is worth ten thousand ~*s*. **2 a** 関係物, 関係事項; 相対的存在; 相対語 (relative term). **b** 〘文法〙関係詞, 関係節, 関係構造, 《特に》関係代名詞. ► *a* **1** 比較上の, 比較した場合の, 相対的な (opp. *absolute*): the ~ merits of the two 両者の優劣 / our ~ advantages われわれの比較的有利な点 / 'Strong' is a ~ word. / People here say it's cold, but it's all ~. ここの人は寒いというが, 何と比べるかで違ってくる. **2** 関係[関連]する, 関連性のある〈*to*〉; 〘楽〙平行調の関係にある; 〘文法〙関係を示す, 関係詞に導かれる: ~ rank 《陸・海・空軍間などの》相当階級, 同等の地位 / ~ keys 平行調. **3** 相互的な; 相関的な. ● **~ to**…に関して; …に比して; …の割合に, …に比例して: a direction ~ *to* the longitudinal axis 長手軸に対する方向 / a speed of an object ~ *to* the speed of light 光速に対する物体の速度(の割合) / a speed ~ *to* the ground 地面

R

に対する[を基準とした]速度. ◆ **~·ness** *n* [OF or L; ⇨ RELATE]

rélative ádjective 〔文法〕関係形容詞.

rélative ádverb 〔文法〕関係副詞.

rélative áperture 〔光〕《望遠鏡・カメラなどの》口径比, 比口径 (=*aperture ratio*).

rélative atómic máss ATOMIC WEIGHT.

rélative biológical efféctiveness 生物学的効果比, 生物効果比《同じ生物学的効果を生み出す2つの異なる電離放射線の線量の比; 略 RBE》.

rélative céll rèference 〔電算〕(セルの)相対参照《スプレッドシートで, あるセルの式中でほかのセルを指示する方式の一つ; 式を別のセルにコピー・移動したときは, それに平行して指示するセルが変化する》.

rélative cláuse 〔文法〕関係(詞)節.

R

rélative cómplement 〔数〕相対補集合, 差(集合)(difference)《ある集合に含まれ, ほかの集合に属さないものからなる集合》.

rélative dénsity 〔理〕比重; 相対密度.

rélative dieléctric cónstant 〔電〕RELATIVE PERMITTIVITY.

rélative fréquency 〔統〕相対度数[頻度].

rélative humídity 〔理・気〕相対湿度.

rélative·ly *adv* 相対的に; 比較的に, 割合に; 〈…に〉比例して 〈*to*〉: ~ speaking (ほかと)比較して言えば.

rélatively príme *a* 〔数〕〈2整数が〉互いに素の, 1以外の公約数をもたない: 5 and 13 are ~.

rélative májor 〔楽〕平行長調.

rélative majórity" 相対多数《選挙で過半数に達した候補・党がない場合の首位; cf. ABSOLUTE MAJORITY》.

rélative mínor 〔楽〕平行短調.

rélative molècular máss MOLECULAR WEIGHT.

rélative permeabílity 〔電〕比透磁率《記号 μ_r》.

rélative permittívity 〔電〕比誘電率(=(*relative*) *dielectric constant*)《ある物質の誘電率の真空のそれに対する比; 記号 ε_r》.

rélative pítch 〔楽〕相対音高; 相対調子; 相対音感.

rélative prónoun 〔文法〕関係代名詞.

rélative térm 相対語《father, predecessor などのように関係を表わす語》.

relative URL /─́─ jù:à:rél/ 〔インターネット〕相対 URL《特定の場所を基準として表わした URL; 略 RELURL》.

rélative wínd 〔理〕相対風, 相対気流《飛行中の航空機の翼に対する空気の動き》.

rél·a·tiv·ism *n* 〔哲〕相対主義; 〔理〕相対性理論(relativity).

rél·a·tiv·ist *n* 相対主義者; 相対性理論を奉じる人. ► *a* RELATIVISTIC.

rel·a·tiv·is·tic /rèlətɪvístɪk/ *a* 〔哲〕相対主義の; 〔理〕相対論的な. ◆ **rèl·a·tiv·ís·ti·cal·ly** *adv*

relativístic mechánics 〔理〕相対論的力学《特殊相対論・一般相対論と矛盾しない力学》.

relativístic quántum mechánics 〔理〕相対論的量子論.

rel·a·tiv·i·ty /rèlətívəti/ *n* 関連性, 相対性; 相対的なもの; 依存性; 〔理〕相対性(理論), 相対論(cf. GENERAL [SPECIAL] THEORY OF RELATIVITY); 〔哲〕相対主義(relativism); [°*pl*]"《賃金の》相対的格差.

relatívity of knówledge 〔哲〕知識[認識]の相対性《現実をそれ自体として認識することはできず, 認識する意識との関連においてのみ認識できるとする説》.

relatívity thèory 相対性理論(relativity): general [special] ~=GENERAL [SPECIAL] THEORY OF RELATIVITY.

rél·a·tiv·ìze *vt* 相対化する, 相対的に扱う[考える]. ◆ **rèl·a·tiv·izá·tion** *n*

re·lá·tor *n* 物語る人(relater); 〔法〕利害関係人, 略式起訴者, 告発者.

re·la·tum /rɪléɪtəm/ *n* (*pl* **-ta** /-tə/) 〔論〕関係項.

re·láunch *n* 《リニューアルによる》再発売; 再開. ► *vt* /─́ ─́/ 《リニューアルして》再発売する; 再開する, 再び始める.

re·lax /rɪlǽks/ *vt* **1 a** ゆるめる, 弛緩させる(loosen), …の力を抜く: ~ one's grip [hold] on the rope 綱を握る手をゆるめる / ~ the bowels 通じをつける. **b** 〈規則などを〉ゆるめる, 寛大にする, 緩和する. **2 a** 〈注意・努力などを〉減ずる, ゆるめる; …の元気を失わせる. **b** 〈人〉の緊張を解く, くつろがせる, 休める: feel ~*ed* 楽な気持になる. **3** 《溶液で》〈カールした髪〉のカールをとく, 伸ばす. ► *vi* **1** ゆったりする, ゆるむ, 和らぐ, 〈筋・筋繊維が〉弛緩する; 《きびしさなどが》弱くなる, 緩和する 〈*in* one's force〉: Her face ~*ed into* a smile. 顔がなごんで笑顔になった. **2** 体を楽にする, 骨を休める, くつろぐ 〈*from* work〉; 緊張を解く, リラックスする; 《休息・レクリエーションのために》休む: ~ *into* an armchair 肘掛け椅子に腰をおろしてくつろぐ / take a holiday and ~ 休暇をとってくつろぐ. **3** 《便の》通じがつく. **4** 〔理〕緩和する. ◆ **~·er** *n* ⁺固くカールさせた髪を伸ばす液. [L *re-*(*laxo* < LAX[1])]

reláx·ant *a* ゆるめる, 弛緩性の. ► *n* 弛緩薬; 緩下薬(laxative).

re·lax·a·tion /rì:lækséɪʃ(ə)n, rɪ-, ″rèlək-/ *n* **1 a** ゆるみ, 弛緩; 緩和; 《罰・義務の》軽減; 衰え, 精力減退. **b** 〔数〕緩和法; 〔理〕緩和 (**1**) 応力・抵抗の除去または軽減 **2**) 物理系の急激な条件変化ののちに系がもとの系または別の定常状態に向かうこと》. **2** 休養, くつろぎ, リラクセーション; 気晴らし, 娯楽.

relaxátion òscillator 〔電子工〕緩和発振器《非正弦波発振器の一種》.

re·lax·a·tive /rɪlǽksətɪv/ *a* ゆるめる; くつろがせる.

re·láxed *a* ゆるんだ; 〈法など〉ゆるい, ゆるやかな; くつろいだ. ◆ **-láx·ed·ly** /-ədli, -tli/ *adv* くつろいで. **-ed·ness** /-ədnəs, -tnəs/ *n*

reláxed thróat 〔医〕咽頭炎.

re·lax·in /rɪlǽksən/ *n* 〔生化〕リラキシン《卵巣黄体から分泌され, 恥骨結合を弛緩させ, 出産を促進するホルモン》.

reláx·ing *a* ゆるめる, 弛緩[緩和]する; くつろがせる, 気分をゆったりさせる, リラックスさせる.

re·lax·or* /rɪlǽksər/ *n* 縮れ毛を伸ばす薬剤.

re·lay[1] *n* /rí:lèɪ/ **1 a** 交替班, 新手(きら); 新たな供給, 新材料: work *in* [*by*] ~(*s*) 班交替で働く. **b** 《旅行・猟などの》換え馬, 継ぎ馬 (=~ **hòrse**); 《猟の》換え犬; 《継ぎ馬のある》宿場. **2** 《競走・競泳の》リレー(relay race), リレーの一人の受持ち距離[区間]; 《ボールなどの》中継; 〔軍〕逓伝(ていでん); 〔通信〕中継: a stage ~ broadcast 舞台中継. **3** 〔電〕継電器, 中継器, リレー; SERVOMOTOR. ► *v* /rí:lèɪ, rɪléɪ; rɪléɪ/ *vt* **1** 〈伝言・ボールなどを〉中継する 〈*to*〉; 〔通信〕中継する; 継電器[中継器]で制御する. **2** …の代わりを備える; 新手に代わらせる, …に継ぎ馬を給する; …に新材料を供給する. ► *vi* 中継放送をする; 代わりを得る. [OF=to leave behind; ⇨ LAX[1]]

re·láy[2] *vt* (**-láid**) 再び置く, 置きなおす; 〈敷石・鉄道などを〉敷きなおす; 積みなおす; 〈壁などを〉塗り替える; 〈税などを〉再び課す. [*re-*]

rélay fàst 《インド》リレー式ハンスト(=**rèlay húnger strìke**).

rélay ràce 《競走・競泳の》リレーレース, 継走.

rélay stàtion 〔通信〕中継局.

re·léarn *vt* 再び学ぶ, 学びなおす, 再学習する.

re·léas·able *a* 放免[解放]できる; 免除できる; 〈締め具などが〉はずせる; 棄権できる, 譲渡できる. ◆ **-ably** *adv* **re·lèas·abíl·i·ty** *n*

re·lease /rɪlí:s/ *vt* **1** 〈手を〉放す, 離す, はずす, 〈爆弾を〉投下する, 〈矢を〉放つ; 〈レバーなどを〉解放する. **2** 〈囚人などを〉釈放[放免]する, 自由にする; 〈苦痛・心配などから〉解放する, 免れさせる, 解除する 〈*from*〉; 〔法〕免除する: be ~*d from* the army 除隊になる / be ~*d from* duty 勤務から解放される / be ~*d from* (the) hospital 退院する. **3** 〈情報・CD・新刊書などを〉公開[発表, 発売]する, リリースする, 〈映画を〉封切る; 〈食料・物資などを〉放出する; 〔機〕吐出[放出]する. **4** 〔法〕〈権利を〉放棄する, 譲渡する. ► *vi* 〔アメフト・バスケ〕通常のポジションから移動する[はずれる]. ► *n* **1 a** 解放; 発射, 投下; 〔音〕《閉鎖音の》破裂, 解放; リリース《ボールを手から放す動作》. **b** 〔機〕ゆるめ装置, レリーズ; 〔写〕レリーズ; 〔機〕放出(点). **2 a** 釈放, 放免; 免除, 解除; 救出, 救済 〈*from*〉; 慰藉; 《苦痛などからの》解放; 《緊張感などの》発散. **b** 免除認可書, 釈放命令書. **3** 公開(物), 発表(物), 出版(物), 封切り(映画); PRESS RELEASE; 放出(品); 《ジャズ・ポピュラー音楽で》リリース(bridge). **4** 《要求などの》放棄; 〔法〕権利放棄(証書), 譲渡(証書). ● **on general ~** 〈映画が〉地区のどの映画館でも上映されて. [OF<L RELAX]

re·léase *vt* 〈土地・家屋などを〉転貸する.

reléase còpy 〔ジャーナリズム〕リリースコピー《公表前に出す出版・放送日時を指定した記事》.

reléased tíme* 自由時間《**1**) 公立学校で生徒が宗教教育をうけたり学外活動をするため校外に出てよい時間 **2**) 教員が研究などのため通常の勤務を離れてよい時間》.

re·leas·ee /rɪlì:sí:/ *n* 《義務の》被免除者; 〔法〕権利放棄を受けた人, 《権利・財産の》譲受人.

reléase nòte 〔電算〕リリースノート《ソフトウェア製品のマニュアルができあがったあとに添付された訂正・追加情報》.

reléase on lícense 〔英法〕仮釈放, 仮出獄(許可).

reléase prìnt 〔映〕封切り映画[フィルム], 一般上映用フィルム, リリースフィルム.

re·léas·er *n* 解放者, 釈放者; 〔生〕解発因, リリーサー.

re·léas·ing fàctor 〔医〕放出因子(hypothalamic releasing factor).

re·léa·sor *n* 〔法〕権利放棄者, 《権利・財産の》譲渡人.

rel·e·ga·ble /réləgəb(ə)l/ *a* 左遷すべき, 追いやるべき; 帰せられる, 属させうる; (他に)委託できる, 任せられる.

rel·e·gate /réləgèɪt/ *vt* **1** 追いやる, 左遷する; 追放する, 退去させる; [ᵘ*pass*] 《主に英》〈サッカーチームを〉降格させる: be ~*d to* a local branch 地方支店へ左遷される / It was ~*d to* the past. 過去のものとして葬られた. **2** …の分類上の所属を決める, 所属させる 〈*to*〉; 〈事件などを〉移管する, 付託[委託]する; 〈人を〉照会させる 〈*to*〉. ◆ **rèl·e·gá·tion** *n* [L *re-*(*legat- lego*)=to send away]

re·lent /rɪlént/ *vi* 優しくなる, 心が解ける, 気が和らぐ 〈*toward*〉; ふびんに思う 〈*at*〉; 抵抗をやめる, 折れる; きびしさがゆるむ, 〈雨・風などが〉弱まる. ► *vt* 《廃》…の気持を和らげる, なだめる. ◆ **~·ing·ly** *adv* [L *re-*(*lento* to bend < *lentus* flexible)]

relént·less *a* 容赦のない, きびしい, 冷酷な, 残忍な, 邪険な; 執拗な. ♦ **~·ly** *adv* **~·ness** *n*
re·lét *vt* 〈土地・家屋などを〉再び貸す, 更新して貸す. ► *n* /ˊ—ˋ—/ ᴵᴵ再び貸す住居.
rel·e·vance /réləvəns/ *n* **1** 直接的な関連, 関連性, 適切性, 妥当性: have [be of] ~ *to*…に関連性がある. **2**〘電算〙《検索結果中, 利用者の意図しない無関係な情報が少ないという意味での》検索能力 (cf. RECALL).
rel·e·van·cy /réləvənsi/ *n* RELEVANCE (を有するもの).
rél·e·vant *a* 直接的に関連する, 関連性のある 〈*to*〉; 《口》 実際的[社会的]な意味のある, 今日的な; 相関的な, 対応する: ~ evidence〘法〙関連性のある証拠《争点の判断に関係する証拠》. ♦ **~·ly** *adv* [L (pres p)〈 *relevo* to RELIEVE]
re·le·vé /rèləvéɪ/ *n*〘バレエ〙ルルヴェ《かかとを浮かせてつまさき立ち(に近い状態)になること》.
re·lì·abíl·i·ty *n* たよれること, 信頼性, 確実性; 《実験などの》信頼度.
re·lí·able /rɪláɪəb(ə)l/ *a* たよりになる, 頼もしい, 確かな, 信頼性のある; 信頼度が高い. ► *n* たよりになるもの[人], 信頼できるもの[人]. ♦ **~·ness** *n*
re·lí·ably *adv* 信頼できるほどに, 確実に: be ~ informed [assured] that… 確かな筋から…だと聞いている.
re·lí·ance /rɪláɪəns/ *n* 信頼, 信用, 信任, 依存 〈*on, in*〉; 頼みとする人[もの], よりどころ: feel [have, place] ~ *on* [*in*]…をたよりに思う, …をあてにする. ● **in ~ on**…に信頼して, …をあてにして.
re·lí·ant *a* 信頼する, たよる, あてにした, 依存した 〈*on*〉. ► *n* [R-] リライアント《英国 Reliant Motor 社製の自動車》. ♦ **~·ly** *adv*
rel·ic /rélɪk/ *n* **1**〘キ教〙(聖)遺物《聖人や殉教者の遺骸[遺骨]・着衣・ゆかりの品など(の断片)で崇敬の対象とされるもの》; 思い出の品 (memento, souvenir), かたみ, 記念品; [*pl*] 遺骸, 遺骨, なきがら (remains). **2**《過去の風習などの》なごり, 面影, 遺風; [ᵁ*pl*] 残存物, 遺跡, 遺物. **3**〘生態・地質〙RELICT;〘言〙《かつては一般的であったが, 孤立した地域のみに生き残っている》残留語[発音, 形態]. ♦ **~·lìke** *a* [OF＜L RELIQUIAE]
rel·ict /rélɪkt/ *n* **1**〘生態〙残存生物, 遺存[残存]種《環境の変化で限られた地域に取り残された生物[種]》;〘地質〙残存鉱物, 残存構造, 残存組織; 変わらないまま残されたもの; 《古》 RELIC. **2** 未亡人, 寡婦 (widow). ► *a*〘地質〙残存する (residual); 《古》 未亡人となった: ~ minerals 残存鉱物 / a ~ structure 残存構造. [OF＜L (RELINQUISH)]
re·lic·tion /rɪlíkʃ(ə)n/ *n* 《海面・湖面などの》水位減退による土地の増大; 水位減退固定地《そのように増大した土地》.
re·lief /rɪlíːf/ *n* **A 1 a**《苦痛・厄介・心配などの》除去, 軽減, 慰藉, 安心, 安堵: give a sigh of ~ ほっとひと息つく / (much) to one's ~ (大いに)安心したことに. **b** 気分転換, 気晴らし, 息抜き;〘文芸・劇〙息抜き《場面・筋などの急な転換》; COMIC RELIEF: prove [provide, offer] light ~ 軽い息抜きになる[を提供する]. **2 a**《貧民・難民などの》救助, 救済; 《税金の》軽減, 減免; 《包囲された町などへの》救援, 解放 〈*of*〉;〘法〙訴訟上の救済: a ~ fund 救済基金 / ~ works 失業救済事業《土木工事など》. **b** 救済寄金, 救援物資; 増発便《バス・飛行機など》. **3**《交代による》任務からの解放, 交代;〘野〙交代, 救援, リリーフ《野手, 特に投手の》; 交代者[兵] 〈*of*〉;〘史〙《封土を相続した場合に領主に支払う》上納金. **B 1 a**〘彫・建〙浮彫り (opp. *round*), レリーフ, 盛上げ; 浮彫り細工;〘地理〙起伏: high [low] ~ 高[浅]浮彫り. **b**〘印〙RELIEF PRINTING. **2** 際立つこと, 鮮明さ; 《他との対照による》強調, 強勢 (emphasis);〘画〙立体的に描くこと; 輪郭の鮮明さ: bring [put, throw] into (sharp) ~ 目立たせる. ● **in ~** 浮彫りにした; くっきり目立って: stand out *in* bold [strong] ~ くっきり際立って見える. **on ~** 生活保護をうけて. ► *a* レリーフ[浮彫り]のある; 表面が平らでない; 凸版印刷の[による]. ♦ **~·less** *a* [OF and It; ⇨ RELIEVE]
relíef·er *n*〘野〙救援[リリーフ]投手 (relief pitcher); *《口》生活保護受給者.
relíef màp〘地理〙起伏量図, レリーフマップ《土地の起伏の状態を表わした地図: 1) 等高線に加え, 山や谷に陰影をつけたりして立体感を出した地形図 2) 立体地図》.
relíef pìtcher〘野〙救援投手, リリーフ投手.
relíef prìnting〘印〙凸版印刷 (letterpress).
relíef ròad ᴵᴵ〘道路〙バイパス.
relíef tèacher《豪》交替教員.
relíef vàlve〘機〙逃がし弁, 安全弁, リリーフバルブ.
re·lí·er /rɪláɪər/ *n* 信頼者, 依頼者 〈*on*〉 (⇨ RELY).
re·líev·able *a* 救済できる; 救出できる; 楽にできる, 安心させられる; 軽減できる; 浮き上がらせうる, 目立たせうる.
re·lieve /rɪlíːv/ *vt* **A 1** 救い出す, 救助する, 救援[救済]する; 法的に救済する; 〈攻囲された町を〉解放する: ~ the distressed 貧民を救済する. **2** 〈苦痛・人の気持などを〉和らげる; (苦痛・負担を除いて)〈人を〉安心させる, 楽にさせる; …にかかる圧力[重さ]を軽くする; 〈圧力・重さなどを〉軽減する; [*joc*] …から〈ものを〉盗む 〈*of*〉: Death ~*d* him *from* the pain. 死によって彼はその苦痛から救われた / The tears ~*d* her. 涙を流したおかげで気が楽になった / I *am* ~*d to* hear it. それを聞いて安心しました / Your coming ~*s* me *of* the bother of writing a long letter. きみが来てくれれば長い手紙を書くという面倒なことをしないですむ / He offered to ~ me *of* my baggage. 荷物をお持ちしましょうと言った / The thief ~*d* (＝robbed) me *of* my watch. [*joc*] 泥棒が時計を取ってくれた. **3** 交替して休ませる; 解職[解任]する;〘野〙救援[リリーフ]する: ~ (the) guard 歩哨を交替する / We shall be ~*d* at five o'clock. 5 時に交替となる / He was ~*d of* his office. 彼は解職となった. **4** …の単調さを破る, …に変化を与える. **B** 浮彫りにする; 浮き上がらせる, 際立たせる: The black dress was ~*d* by red trimming. 黒いドレスは赤い飾りで引き立っていた. ► *vi* **1** 救援する;〘野〙救援投手をつとめる. **2** 際立つ. ● **~ oneself** 用便をする, 用を足す (relieve nature). **~ one's feelings**《泣いたりどなったりして》鬱憤を晴らす, 不満を解消する. [OF＜L *re*-(*levo*〈 *levis* light²)＝to raise again, alleviate]
re·líeved *a* ほっとした, 安心した 〈*at, to* do, *that*〉: a ~ look. ♦ **re·líev·ed·ly** /-vədli/ *adv*
re·líev·er *n* 救済者[物]; 慰める者[もの]; 緩和装置;〘野〙救援投手 (relief pitcher).
re·líev·ing àrch〘建〙隠しアーチ《開口部をおおう楣(まぐさ)の上に隠され, 上部の荷重を支える》.
relíeving òfficer〘英史〙《行政教区などの》貧民救済員[吏].
re·lie·vo /rɪlíːvoʊ, -ljéɪ-/ *n* (*pl* **~s**)〘彫・建〙浮彫り (relief) (cf. ALTO-[BASSO-, MEZZO-]RELIEVO). ● **in ~** 浮彫りにした[して]. [It＝RELIEF]
relig. religion.
re·líght *vt, vi* 再び点火する; 再び火がつく[燃える].
re·li·gieuse /*F* rəliʒjøːz/ *n* (*pl* **~s** /—/) 修道女. [↓]
re·li·gieux /*F* rəliʒjø/ *a* 敬虔な. ► *n* (*pl* ~) 修道士. [F＝religious]
re·li·gio- /rɪlíʤ(i)oʊ, -(i)ə/ *comb form*「宗教 (religion)」
re·li·gio lo·ci /rɛlígiòʊ lɔ́ːkìː/ その土地の神聖さ. [L＝religious sanctity of a place]
re·li·gion /rɪlíʤ(ə)n/ *n* **1** 宗教; …教: the Christian [Buddhist] ~ キリスト教[仏教]. **2** 信教, 信仰, 信心; 信仰の対象; 修道[信仰]生活; [*pl*] 《古》 宗教儀式: freedom of ~ 信教の自由 / practice a ~ 信仰する / be in ~ 出家の身である / enter (into) ~ 修道院にはいる, 修道者となる. **3 a**《熱烈に信奉する》信条, 主義; 後生大事に考えていること: Baseball is their ~. 野球は彼らの宗教(みたいなもの)だ. **b** 《古》《主義などへの》献身, 信奉. ● **get [experience] ~** 《口》 発心する, 信仰にはいる, 入信する, 改宗する; 《口》 心を入れ替える, 改心する. **make a ~ of doing＝make it ~ to** do 必ず…する, 後生大事に…する. ■ **the Wárs of R~** 宗教戦争《1562–98 年のフランスの内乱; ローマカトリック教徒とユグノー教徒との間の紛争, およびフランス諸王と大貴族たち (たとえば Guise 公) との間の反目が主な原因; 最悪の事件は聖バルテルミーの虐殺 (1572); ナントの勅命 (1598) によって宗教的自由が確立し, 戦争に終止符が打たれた》. [OF＜L *religion*- *religio* bond, reverence]
relígion·er *n* 修道士; RELIGIONIST.
relígion·ìsm *n* 厳格[熱烈]な信心; 狂信; 信心家ぶること, えせ信心.
relígion·ist *n* 信心家; 狂信家; えせ信心家.
relígion·ìze *vt* 発心させる, …に信心を起こさせる; 宗教的に解釈する.
relígion·less *a* 無宗教の; 信仰(心)[信心]のない.
re·li·gi·ose /rɪlíʤiòʊs/ *a* 信心深い; 《特に》宗教に凝りすぎた, 狂信的なほど信仰心の強い. ♦ **re·lig·i·os·i·ty** /rɪlìʤiɑ́səti/ *n* [L RELIGIOUS]
re·li·gious /rɪlíʤəs/ *a* **1** 宗教(上)の; 宗教的な (opp. *secular*): ~ liberty 信教の自由 / ~ discrimination《宗教・信仰を理由にした》宗教上の差別. **2 a** 信仰の[にささげた]; 信仰をもつ, 神を信ずる, 信心深い, 敬虔な; [the] 宗教家たち, 信仰者たち: a ~ person [life] 信仰家[生活] / Are you ~? 信仰をもっていますか, 神と信ずるものがありますか? **b** 戒律に従う, 修道の; 修道会に属する, 教団の. **3** 良心的な; 細心の, (用意)周到な; 厳正な〈綿密さ〉; 熱心な, 熱烈な: with ~ care 細心の注意を払って. **4** 《詩》 神聖な, こうごうしい. ► *n* (*pl* ~) 修道者, 修道士[女]. ♦ **~·ly** *adv* 宗教上[的に]; 信心深く; いつも熱心に, 良心的に, 律義(りちぎ)に, 細心に, 心から. **~·ness** *n* [OF＜L; ⇨ RELIGION]
relígious educátion [instrúction] 宗教教育.
relígious hòuse 修道院 (convent, monastery).
Relígious Socíety of Fríends [the] SOCIETY OF FRIENDS.
relígious tólerance 宗教的寛容.
re·líne *vt* …に新しい線を引く; …の内張り (lining) を取り[付け]替える.
re·lin·quish /rɪlíŋkwɪʃ/ *vt* **1**《しぶしぶ》やめる, あきらめる, 棄て去る: ~ hope [a habit, a belief] 希望[習慣, 信仰]をすてる / ~ one's hold *on* [*over*]…に対する支配をやめる. **2** 〈所有・権利などを〉放棄[譲渡, 返上]する, 手放す; 《手から》放す, 〈握りを〉解く. **3** 《まれ》 〈故国などを〉あとにする, 退去する, 棄てる. ♦ **~·ment** *n* [OF＜L *re*-(*lict linquo*)＝to leave behind]

rel·i·quary /rélәkwèri; -kwәri/ *n* 聖骨[遺宝]箱. [F or L; ⇨ RELIC]
rel·ique /rélɪk; *F* rәlik/ *n* 《古》 RELIC.
re·liq·ui·ae /rɪlíkwiː, -wiàɪ/ *n pl* 遺物; 遺骸, なきがら; 化石. [L; ⇨ RELINQUISH]
rel·ish[1] /rélɪʃ/ *n* **1 a** 味 (taste), 風味, 香り (flavor), 《食物などの》持ち味; 食欲をそそる味, 美味: give ~ to…に風味を添える / have no ~ 味わいがない. **b** 趣き, おもしろみ. **2** 調味料, 薬味(ソース); 《ピクルスや刻んだ野菜や果物を混ぜ合わせた》付け合わせ; オードブル, 前菜. **3** 食欲; 楽しむこと (appreciation); 強い好み (liking), 趣味 〈*for*, *of*〉: have no ~ *for*…に趣味[興味]がない / with ~ うまそうに; おもしろそうに. **4** 少量; 気味, 気(け) 〈*of*〉. ► *vt* **1** おいしく食べる[飲む], 味わう, 賞味する; 好む, たしなむ, 楽しむ, うれしく思う. **2** …に味をつける, …の風味をよくする. ► *vi* 味がする〈*of*〉; 風味がある, おいしい; 気味[臭味]がある〈*of*〉. [ME *reles* aftertaste<OF=something left behind; ⇨ RELEASE]
relish[2] *n* 〔楽〕 レリッシュ《16–17 世紀の英国におけるリュート・ヴィオル・鍵盤楽器のための装飾音の一種》. [? *relish*[1]]
rélish·able *a* 味わわれる; 美味な, おいしい; おもしろい.
re·líve /-lív/ *vi* 生き返る (revive). ► *vt* 《心の中で》再び体験する, 思い起こす, 再現する.
rel·lie /réli/, **rel·lo** /rélou/ *n* (~s) 《豪口》 親戚 (relative).
re·lóad *vt* 再び…に荷を積む, 再び〈荷を〉積む; 再び…に弾丸[フィルム]を込める, 再び〈弾丸を〉込める. ► *n* 再装塡. ♦ **~·er** *n*
rè·locátable *a* 〔電算〕〈プログラム・ルーチンが〉再配置可能な《メモリーの任意の場所に置くことができる》.
re·lócate *vt* 再び配置する, 配置しなおす, 移転[異動]させる. ► *vi* 移転[異動, 移住]する; 転勤する. ♦ **rè·locátion** *n* [+]移転, 転勤.
re·lo·cat·ee /rìːlәkeɪtíː, -lòukә-/ *n* 移転[異動]する人; 再配置される人[もの].
relocátion còsts [**expènses**] *pl* 〔会計〕 赴任[転勤]費用《雇用者が勤務地の異動を命じた被雇用者に支払う》.
re·lu·cent /rɪlúːs(ә)nt/ *a* キラキラ輝く, 光る. ♦ **-cence** *n*
re·luct /rɪlʌ́kt/ 《古》 *vi* 嫌う, 気が進まない; ためらう (hesitate) 〈*at*〉; 抵抗する (struggle) 〈*at*, *to*, *against*〉. [L RE*luctor* to struggle against]
re·luc·tance /rɪlʌ́ktәns/, **-cy** *n* **1** 気が進まないこと, 不承不承, 不本意; 《まれ》 反抗 (revolt): with ~=RELUCTANTLY / without ~ 進んで, 喜んで. **2** 〔電〕 磁気抵抗 (cf. RELUCTIVITY).
re·lúc·tant *a* **1** …したがらない, いやがる, 気が進まない (unwilling) 〈to do〉; 不承不承の, いやいやながらの, しぶしぶの. **2** 《古》 反抗[抵抗]する, 扱いにくい.
relúctant drágon 衝突を避けたがる指導者《政治家・軍将校》.
relúctant·ly *adv* 気が進まないで, 気乗りがしないで, しぶしぶ, いやいや(ながら), 不承不承, 不本意ながら.
re·luc·tate /rɪlʌ́ktèɪt/ *vi* 《まれ》 RELUCT. ♦ **rel·uc·ta·tion** /rèlәktéɪʃ(ә)n/ *n*
rel·uc·tiv·i·ty /rèlәktívәti/ *n* 〔電〕 磁気抵抗率 (cf. RELUCTANCE).
re·lume /rɪlúːm/ 《詩》 *vt* …に再び点火する, 再燃させる (rekindle); 再び照らす; 〈目などを〉再び輝かす.
re·lu·mine /rɪlúːmәn/ *vt* RELUME.
RELURL 〘インターネット〙 °relative URL.
re·ly /rɪláɪ/ *vi* 信頼する, 頼みにする, あてにする; たよる, 依存する (depend): I ~ *on* you to come. きみが来るのをあてにしている / He cannot be *relied upon*. 彼はあてにできない. ● **~ upon it** 確かに, 必ず, きっと. [ME=to rally, be vassal to, <L RE*ligo* to bind closely]
rem, REM[1] /rém/ *n* (*pl* ~s, ~) 〔理〕 レム《放射線の線量単位; SI 単位は sievert》. [*r*oentgen *e*quivalent *m*an]
REM[2] /rém/ *n* RAPID EYE MOVEMENT.
rem acu te·ti·gis·ti /rem áːkùː tètɪgísti/ 汝はこの事に針もて触れたり, 汝の言は肯綮(こうけい)に当たれり《Plautus, *Rudens* 中の句》. [L=you have touched the point with a needle]
Re·ma·gen /réɪmàːgәn/ レーマーゲン《ドイツ Rhineland-Palatinate 州北部, Rhine 川左岸にある町; 1945 年 3 月ドイツに攻め込んだ連合国軍が最初に Rhine 川を渡った地点》.
re·main /rɪméɪn/ *vi* **1** 残る, 残存[存続]する, 生き残る; 取り残される: If you take 3 from 7, 4 ~(*s*). 7 から 3 を引けば 4 が残る / The memory ~*s with* us. その思い出はまだ胸の中にある / Nothing ~*s* but to wait. あとはただ待つのみ / the fact ~*s* that…という事実は変わらない / Much yet ~*s* to be done. することはまだ多い / It ~*s* to be seen whether the launch was successful. 打上げが成功したかどうかまだわからない / it (only) ~*s* for me to *do*… 《スピーチの終わりで》最後に…させていただきます. **2** とどまる, 滞在する (stay): ~ behind 居残る / They ~*ed at* the hotel till Monday. **3** …のままである, あいかわらず…である: ~ faithful 忠節を守る / ~ speechless / ~ a bachelor / I am afraid this will ~ *with* me an unpleasant memory. このことは不快な思い出となって残るかもしれない / Let it ~ as it is. そのままにしておけ / She ~*ed* standing there. そこに立ったままでいた / ~ *away* (*from*…) (…から)離れている / ~ *on* the committee 委員を続ける. **4** 結局〈…のものと〉なる, 〈…の手に〉帰する: Victory ~*ed with* the Thebans. 勝利はテーバイ人の手に帰した. ● **I ~ yours sincerely** [**truly**]. 敬具《手紙の結び》. **~ on** 《同じところに》とどまりつづける. ► *n* **1 a** [[U]*pl*] 残り, 残物 〈*of*〉; 残高, 残額. **b** 残存者, 遺族, 生還者. **2** [[U]*pl*] 遺体, 遺骨; 残骸; 遺著, 遺稿, 遺作; 遺物, 遺跡; 化石, 遺体化石; 遺風, なごり. **3** 《廃》 滞在. [OF<L *re*-(*maneo* to stay)]
re·main·der /rɪméɪndәr/ *n* **1** [the] 残りのもの[人びと], 残余 (the rest); 残本, ぞっき本; [*pl*] 遺跡; [*pl*] 〔郵〕 発売期間が過ぎた未使用在庫切手. **2** 〔数〕《引き算の》残り, 差, 《割り算の》剰余, 余り; 〔法〕 残余権. ► *a* 残り[余り]の. ► *vt* [[U]*pass*] 〈残本を〉安値で処分[整理]する.
remáinder·man /-mәn/ *n* 〔法〕 残余権者.
remáinder thèorem 〔数〕 剰余(の)定理《多項式 $f(x)$ を $x-a$ で割ったときの剰余は $f(a)$ であるという定理》.
remáin·ing *a* 残りの, 残された.
re·máke *vt* 作りなおす, 改造する, リフォームする; 改作する, リメイクする. ► *n* /⎯⎯/ 改作, 翻案, 再制作品, 《特に》再映画化[再レコード化]作品, リメイク.
re·mán *vt* 〈艦船・航空機〉に新たに乗組員を乗り込ませる; 〈砲台など〉に再び[新たに]配員する; 〈人〉に勇気[男らしさ]を取り戻させる.
re·mand /rɪmǽnd; -máːnd/ *vt* 〈人を〉送り返す, …に帰還を命じる 〈(*over*) *to* sb〉; 〔法〕《審理・再取調べのため》再勾留[再留置]する 〈*in* custody〉, 再勾留保釈をする 〈*on* bail〉; 〔米法〕〈事件を別の審理機関, 特に原審に〉差し戻す. ► *n* 返送, 帰還(を命じられた人); 再勾留, 再勾留保釈; 再勾留者; *差戻し: on ~ 再勾留中の. ♦ **~·ment** *n* [L *re*-(*mando* to commit)=to send backward]
remánd cèntre 〔英〕 拘置所.
remánd hòme 〔英〕 少年拘置所《今は正式名称としては用いない》.
rem·a·nence /rémәnәns/ *n* 〔電〕 残留磁気.
rém·a·nent *a* 《まれ》 残された, 残留する, 残存している; 〔電〕 残留磁気の. [ME<L REMAIN]
rem·a·net /rémәnèt/ *n* 残部, 残り (remnant), 残物 (residue); 〔法〕 審理延期訴訟事件; [II]延期議案.
re·manufácture *vt* 〈製品を〉《加工などして》再製品[商品]化する. ► *n* 再製品化. ♦ **re·manufácturer** *n*
re·máp *vt* …の地図を改める; …の線引きをしなおす; …の配置[割り当て, 対応付け, マッピング]を変える, 再配置する; 〔電算〕〈機能を〉別のキーに割り当てる〈*to*〉.
re·mark /rɪmáːrk/ *vt* **1** 《所見として》述べる, 書く, 一言する 〈*that* …〉: as ~*ed* above 上述のとおり. **2** 注意する, 注目する, 感知する, 気づく; 《廃》 はっきりと区別する. ► *vi* (感想を)言う, 論評する〈*on*〉. ► *n* **1** 発言, 評言, 所見, 所感, コメント 〈*about*, *on*〉: make a ~ 《思った[感じた]ことを》何か言う 〈*about*〉 / make ~*s* あれこれ言う, 批評する; 演説する / pass a ~ 所見[意見]を述べる / let it pass without ~ そのことについて一言の言及もせずに通す / the theme of general ~ 世評のたね. **2** 気づくこと, 感知, 注目, 認識: escape ~ 気づかれない / worthy of ~ 注目に値する. **3** REMARQUE. ♦ **~·er** *n* [F *re*-(*marquer* to MARK[1])]
re·márk *vt* 〈答案などを〉採点しなおす.
remárk·able *a* 注目すべき, 驚くべき; 非凡な, 著しい, 目立った, すぐれた, 珍しい. ♦ **~·ness** *n*
remárk·ably *adv* 著しく, 目立って, 非常に; 驚いたことに, 意外にも.
re·marque /rɪmáːrk/ *n* 《図版彫刻の進度を示すためにそのへりに記し, 校正が進行すると消す》目印; REMARQUE PROOF. [F=remark, note]
Re·marque /rәmáːrk/ レマルク **Erich Maria ~** (1898–1970) 《ドイツ生まれの米国の作家; *Im Westen nichts Neues* (西部戦線異状なし, 1929)》.
remárque pròof 略図[目印]付き図版, 目印付き校正刷り.
re·márry *vi*, *vt* 再婚する[させる]. ♦ **re·márriage** *n*
re·máster *vt* 《音質改善のために》リマスターする, …の原盤を作りなおす.
ré·màtch *n* 《引分け後の》再試合; リターンマッチ. ► *vt* /⎯⎯/ …に再試合させる.
rem·bet·i·ka /rembétɪkә/ *n* REBETIKA.
rem·blai /*F* rɑ̃blɛ/ *n* 盛り土《塁城・築堤用》. [F (*emblayer* to heap up)]
Rem·brandt /rémbrænt/ レンブラント **~ Harmensz** [**Harmenszoon**] **van Rijn** (1606–69) 《オランダの画家・版画家》. ♦ **~·ésque** *a*
REME /ríːmi/ 〔英〕 Royal Electrical and Mechanical Engineers 陸軍電気・機械技術部隊.
re·méasure *vt* 計りなおす. ♦ **~·ment** *n*
re·me·di·a·ble /rɪmíːdiәb(ә)l/ *a* 治療できる; 救済[矯正]できる. ♦ **-bly** *adv* **re·mè·di·a·bíl·i·ty** *n* **~·ness** *n*
re·me·di·al /rɪmíːdiәl/ *a* **1** 治療のための, 治療上の; 救済的な, 修正的な; 矯正[改善]する, 是正する; 補修的な. **2** 〔教育〕 補習の《一定の学力に達しない生徒に対する教育についていう》; 補習教育をうける[必要とする]: ~ education [class]. ◆ **~·ly** *adv*

re·me·di·ate /rɪmíːdièɪt/ *vt* REMEDY. ► *a* /rɪmíːdiət/ 《廃》 REMEDIAL.

re·me·di·a·tion /rɪmìːdiéɪʃ(ə)n/ *n* 矯正, 改善; 《汚染環境の》改善, 回復; 補習教育. ◆ **~·al** *a*

rém·e·di·less *a* 不治の (irremediable); 取返しのつかない; 救済[矯正, 改善, 補修]できない; 〔法〕救済方法のない. ◆ **~·ly** *adv* **~·ness** *n*

rem·e·dy /rémədi/ *n* **1** 医療, 治療, 療法; 治療薬: The ~ is worse than the disease. ⇨ CURE¹ 《諺》. **2** 救済手段[策], 救済, 矯正法 ‹*for, against*›; [*pl*] 救済手段法(学)《法的な救済手段にかかわる法(学)分野》: There is no ~ but to cut down expenses. 費用削減よりほかに方法がない. **3**〔造幣〕公差 (tolerance). ► *vt* 治療する, 治す; 補修する; 是正[矯正, 改善]する; 除く, 軽減する; 賠償する. [AF＜L *remedium* (*medeor* to heal; cf. MEDICINE)]

re·mélt *vt* 再び溶かす, 再び溶解する. ► *n* /ˊ-ˋ-/ 再び溶解した[する]物《金属・砂糖など》.

re·mem·ber /rɪmémbər/ *vt* **1 a** 思い出す, (ふと)思い起こす. **b** 記憶している, 憶えている ‹*doing*›; 忘れないようにする, 忘れずに…する ‹*to* do›: I ~ see*ing* her somewhere before. 以前どこかで会った憶えがある / Do you ~ where you saw her [how to spell her name]? どこで会ったか[名前をどうつづるか]憶えていますか / *R~ to* turn off the TV. テレビを消すのを忘れないで / *R~ to* write. 《旅立つ人に向けて》必ず手紙を下さい《戯れに good-bye の代用としても言う》. **2 a** ‹人を›(ある感情をもって)忘れずにいる, ありがたく[憎いと]思っている. **b** ‹人›に(忘れずに)遺産を残す[贈り物を贈る], …に謝礼する, 心付けをやる (tip): He ~*ed* me in his will. 遺言状に書いてわたしに遺産を分けてくれた / ~ the waiter ウェイターにチップをやる. **c** …のために祈る, 追悼する; 記録[記念]する: ~ sb in one's prayers 人のために祈る. **3** …からよろしくと言う, 伝言する: *R~* me (kindly) *to* Mr. Smith. スミスさんによろしくおっしゃってください / He begs to *be ~ed to* you. 彼からあなたによろしくとのことです. **4** 《古》…に思い出させる (remind) ‹*of*›. ► *vi* **1** 憶えている, 思い出す, 回顧する; 《古・スコ》…の記憶がある, …を思い起こす ‹*of*›: if I ~ right(ly) わたしの記憶が正しければ, 確か. **2** 記憶する, 記憶力がある: Elephants can ~. 象は忘れない. ●**~ oneself** 《古》思い出す ‹*of*›; 《自分の不作法などに》気がついてはっとする. **something to ~ one by** 《口》一撃, 一発. ◆ **~·er** *n* [OF＜L (*re-*, MEMORY)]

remémber·able *a* 記憶できる; 記憶すべき (memorable). ◆ **remèmber·abílity** *n*

re·mem·brance /rɪmémbr(ə)ns/ *n* **1 a** 憶えていること, 記憶; 想起, 回想; 思い出, 追想, 追懐: bear [hold, keep]…in ~ …を記憶にとどめている / bring…to [put…in] ~ …を思い出させる / call [come] to ~ 思い出す[浮かぶ] / escape one's ~ 忘れる / have no ~ of…を少しも記憶していない. **b** 記憶力; 記憶範囲. **2 a** 記念; 記念物[品], かたみ. **b** [*pl*] (よろしくとの)伝言, 挨拶. ●**in ~ of**…の記念に.

Remémbrance Cèremony 英霊記念日の式典.

Remémbrance Dày 英霊記念日 (**1**)〔カナダ〕第一次・第二次大戦の戦死者を記念する法定休日; 11 月 11 日 **2**)〔英〕かつては 11 月 11 日; 現在は REMEMBRANCE SUNDAY と同義; ⇨ ARMISTICE DAY).

re·mém·branc·er *n* 思い出させる人[もの], 記念物, かたみ(の品) ‹*of*›; 記録者 (chronicler); 備忘録; [R-]〔英〕CITY REMEMBRANCER, KING'S REMEMBRANCER.

Remémbrance Súnday 〔英〕英霊記念日曜日《第一次・第二次大戦の戦死者を記念する日; 現在は 11 月 11 日にいちばん近い日曜日; POPPY DAY とも呼ばれる》.

re·mex /ríːmèks/ *n* (*pl* **rem·i·ges** /réməʤìːz/)〔鳥〕風切り羽, 飛び羽 (flight feather). ◆ **re·mig·i·al** /rɪmíʤiəl/ *a* [L=rower (*remus* oar)]

rem·i·grant /réməgrənt/ *n* 《移民の》帰国者.

re·mígrate *vi* 再び移動[移住]する; ‹移民が›帰国する.

re·mílitarize *vt* 再軍備する. ◆ **-militarizátion** *n*

re·mind /rɪmáɪnd/ *vt* …に思い出させる; …に気づかせる; 《類似性があって》…に‹…を›連想させる ‹*of, about*›: That ~*ed* me *of* the happy days I had spent there. そのことで以前そこで過ごした幸福な日々を思い起こした / Don't ~ me! (いやなことを)思い出させないでよ / Please ~ me *to* take it back. それを忘れずに持ち帰るようわたしに注意してください / Don't forget to ~ him *that* the meeting has been postponed. 会が延期になったことを忘れずに彼に念を押してくれ / Need I ~ you *of* [*that*]…? …(であること)を思い出してほしいんですが / Passengers are ~*ed that*… 乗客の皆さまに…ということを念のため申し上げます / That ~*s* me. それで思い出した / She ~*s* me *of* her mother. 彼女はお母さん似だ.

remínd·er *n* 思い出させるもの; 思い出させるための通知[注意], 合図, メモ; 〔商〕督促状.

remínd·ful *a* 思い出させる, 思い出のたねとなる ‹*of*›; 憶えている, 忘れない ‹*of*›.

re·míneral·ìze *vt, vi* (‹歯など›に)ミネラル成分を補充する. ◆ **rè·mìneral·izátion** *n* ミネラル成分補給, 無機質補充.

Rem·ing·ton /rémɪŋt(ə)n/ **1** レミントン **Frederic ~** (1861–1909)《米国の画家・さしえ画家・彫刻家; 西部の生活を写実的に描いた》. **2**〔商標〕レミントン《銃・タイプライターの商品名》. [19 世紀米国の火器製造業者父子の名]

rem·i·nisce /rèmənís/ *vi* 追憶する, 追憶[思い出]にふける ‹*of, about*›. ► *vt* …の思い出を語る[記す]. ◆ **-nís·cer** *n* [逆成く↓]

rèm·i·nís·cence *n* 回想, 追憶, 記憶; 思い出されるもの[事]; [*pl*] 思い出話, 懐旧談, 回想録 ‹*of*›; 何かを思い起こさせるもの, 面影; 《プラトン哲学における》想起. [L (*reminiscor* to remember)]

rèm·i·nís·cent *a* 昔をしのぶ, 追憶の, 懐旧(談)の; 追憶にふける; 思い出させる, しのばせる, 暗示する (suggestive) ‹*of*›; なつかしそうな. ► *n* 思い出を語る人; 回想録を書く人. ◆ **~·ly** *adv*

rem·i·nis·cen·tial /rèmənɪsénʃ(ə)l/ *a* REMINISCENT.

re·mínt *vt* ‹古貨幣・廃貨を›再鋳[改鋳]する.

re·mise /rɪmáɪz, rəmíːz/ *vt* 〔法〕‹権利・財産などを›放棄する, 譲渡する. ► *vi* 〔フェン〕ルミーズする. ► *n* 〔フェン〕ルミーズ《最初の突きがはずれたとき, そのままの姿勢で再度行なう突き》; 《古》馬車小屋; 《古》貸し馬車; 《古》権利放棄. [OF (*remettre* to put back)]

re·miss /rɪmís/ *a* 怠慢な, 不注意な ‹*in*›; 無気力な, だらけた. ◆ **~·ly** *adv* **~·ness** *n* [L (pp)＜REMIT]

re·miss·ible /rɪmísəb(ə)l/ *a* ‹罪などが›許しうる, 免除[緩和]しうる. ◆ **-ibly** *adv* **re·miss·ibíl·i·ty** *n*

re·mis·sion /rɪmíʃ(ə)n/ *n* **1** 《罪の》赦し, 赦免, 容赦; ″《刑期の》短縮, 減刑, 特赦; 《債務・刑罰などの》免除, 放免. **2** 軽減, 和らぐ[弱まる, 薄らぐ]こと, 鎮静, 《病状などの》緩解, 軽快; 《まれ》送金 (remittance): in ~ 小康状態で. [REMIT]

re·mis·sive /rɪmísɪv/ *a* 赦免[免除]する, 寛大な; 軽減する, ゆるめる. ◆ **~·ly** *adv* **~·ness** *n*

re·mit *v* (-tt-) /rɪmít/ *vt* **1** ‹金銭を›送る, 送金する ‹*to*›. **2** ‹事件の決定を›付託する ‹*to*›; 〔法〕‹事件を›差し戻す (remand); ‹人を›差し向ける, 照会させる ‹*to*›; 元に戻す ‹*to, into*›; 延期する ‹*to, till*›; 引き渡す, 譲渡する; 《廃》再び投獄[監禁]する. **3** ‹神が罪を›許す; ‹借金取立て・刑執行などを›免除する, 軽減する; 《廃》解放する. **4** 緩和する; ‹注意・努力を›ゆるめる, やめる; ‹気持を›(一時)すてる, ゆるめる; 《廃》あきらめる, 投げ出す. ► *vi* **1** 送金する. **2** 減退する, ゆるむ, 休む, やめる ‹*from*›; ‹病勢が›一時軽くなる, 鎮静する, 緩解する. ► *n* /rɪmít, ríːmìt, ríːmìt, rɪmít/ **1**〔法〕《上訴裁判所から原審への》差し戻し; 事件記録移送; 付託されるもの《事項・手続きなど》. **2** ″《一群の》指示, 指令; ″責任[判断, 権威]の及ぶ領域, 権限. ◆ **~·ment** *n* **re·mít·ta·ble** *a* [L REmiss- -*mitto* to send back]

re·mít·tal *n* REMISSION.

re·mít·tance *n* 送金; 送金額; 送金手段: make (a) ~ 送金する, ‹為替手形などを›振り出す.

remíttance màn ″本国からの送金で外国で暮らす人《なまけ者の見本》.

re·mit·tee /rɪmɪtíː/ *n* 送金受取人.

re·mit·tent /rɪmítənt/ *a* ‹病熱が›出たり引いたりする: a ~ fever 弛張(しちょう)熱. ► *n* 弛張熱. ◆ **~·ly** *adv* [L (REMIT)]

re·mít·ter *n* 送金者; 〔法〕《訴訟事件の下級裁判所への》差し戻し, 移送; 〔法〕原権利遡及回復, 原権回復.

re·mít·tor *n* 送金者, 送金人 (remitter).

re·mix /rimíks/ *vt, vi* 再度混ぜ(合わせ)る; (‹既に出た曲などを›)ミキシングしなおす, リミックスする《一度録音した曲のトラック間のバランスを手直ししたり, 一部を新録音のトラックと入れ替えたりする》. ► *n* /ríːmìks/ リミックス曲[録音]. ◆ **~·er** *n*

rem·nant /rémnənt/ *n* **1** [the] 残り, 残余, 残物; 生き残り ‹*of*›; 〔キ教〕残れる者《世の終わりに神に救われる少数の正しい人びと》; くず, はした; 残りぎれ, はんぱぎれ. **2** 残存物, 遺物, 面影 (relic), 遺風 ‹*of*›. ► *a* 残り(物)の, まだ残っている. ◆ **~·al** *a* [OF (REMAIN)]

re·módel *vt* …の構造[形]を変更する, 作り変える, 改造[改築]する, リフォームする; ‹行ないなどを›改める. ◆ **re·módel·(l)er** *n*

re·módify *vt* 修正しなおす, 再度変更する. ◆ **re·modificátion** *n*

re·mo·lade /rèɪməláːd/ *n* REMOULADE.

re·móld | re·móuld *vt* …の型を直す, 造りなおす, 改造する, 改鋳する (remodel); ″‹タイヤを›更生させる (RETREAD). ► *n* /ˊ-ˋ-/ ″更生タイヤ.

re·mónetize *vt* 再び法定貨幣とする. ◆ **re·monetizátion** *n*

re·mon·strance /rɪmánstrəns/ *n* 諫言(かんげん), 忠言, いさめ, 抗議 ‹*at, against*›; 《古》陳情書, 抗議書; [R-]〔キ教〕抗議書 (⇨ REMONSTRANT): GRAND REMONSTRANCE.

re·món·strant *a* 諫言[忠告]する, 抗議の; [R-] レモンストラント派の. ► *n* 抗議者 (remonstrator); [R-]〔キ教〕レモンストラント派の信者《厳格なカルヴァン派と論争し, 1610 年政府に抗議書を提出した, オランダのアルミニウス主義者》. ◆ **~·ly** *adv*

re·mon·strate /rɪmánstrèɪt, rémən-; rémən-/ *vi, vt* 諫言する, 抗議する, 忠告する, いさめる ‹*against* a course, *with* sb, *about* [*on*] a matter›; 《廃》示す, 指摘する. ◆ **re·mon·stra·tion** /rèmənstréɪʃ(ə)n, rɪmàn-/ *n* **re·mon·stra·tive** /rɪmánstrətɪv/ *a* 諫言

の, 抗議の. **-tive·ly** *adv* **ré·mon·strà·tor** /, rɪmán-/ *n* ［L *re-*(*monstro* to show)=to point out］

re·mon·tant /rɪmántənt/ 〖園〗 *a* 〈バラなど〉二季咲きの. ► *n* ハイブリッドパーペチュアル系のバラ. ［F (*remount*)］

rem·on·toir(e) /rèməntwáːr/ *n* 〖時計〗 調速てんぷ.

rem·o·ra /rémərə, rɪmɔ́ːrə/ *n* 〖魚〗 コバンザメ (=*shark sucker, suckling fish*)《同科の魚の総称; かつて帆船の船底に着いて船の進行を妨げると信じられた》; じゃま物, 足手まとい, 障害, 妨げ. ♦ **rém·o·rid** *a* ［L=hindrance (*mora* delay)］

re·morse /rɪmɔ́ːrs/ *n* 良心の呵責, 自責(の念), 後悔 〈*at, for*〉; 《廃》 憐れみ, 慈悲 (pity). ● **without ～** 容赦なく. ［OF＜L (*mors- mordeo* to bite)］

remórse·ful *a* 深く後悔している, 自責の念に駆られている, 良心の呵責に耐えない. ♦ **～·ly** *adv* **～·ness** *n*

remórse·less *a* 悔やまない; 無慈悲な, 無情な, 冷酷な, 残忍な; 執拗な. ♦ **～·ly** *adv* **～·ness** *n*

re·mórtgage *vt* 再び譲渡抵当に入れる, 〈財産〉に譲渡抵当権を再設定する. ► *n* 再譲渡抵当, 追加譲渡抵当.

re·mote /rɪmóut/ *a* (**-mót·er; -mót·est**) **1 a** 遠く離れた, 遠隔(地)の, 遠い, 遠方の 〈*from*〉; 人里離れた, へんぴな 〈*from*〉; 遠い昔の[先の] 〈*from*〉: a ～ village 僻村. ★ distant と異なり孤独・不便または到達することの困難さを暗示する. **b** 遠隔操作による, リモートコントロールの. **c** 〖電算〗 リモートな《ネットワークで, アクセスすることはできるが自分のノード[ステーション]にない; opp. *local*》: ～ log-in リモートログイン《ネットワークを介したコンピューターの利用》. **2** 縁の遠い, 関係の薄い 〈*from*〉; 大いに異なった, かけ離れた, 別種の 〈*from*〉; 間接的な〈原因〉: a ～ ancestor [descendant] 遠祖[遠い子孫]. **3** 気持の離れた, 疎遠な, よそよそしい. **4** [特に 最上級で] かすかな, ごくわずかな, 微々たる; とても起こりそうもない, 望みうすの: a ～ possibility (およそ)ありそうもないこと / have not *the remotest* [have only ～] conception [idea] of …が何のことか少しも[ぼんやりとしか]わからない. ► *adv* 遠く離れて[隔たって] (far off): dwell ～ 遠く離れて住む / live ～ 片田舎に住む. ► *n* **1** 〖ラジオ・テレビ〗 スタジオ外放送番組《スタジオ外から得られる競技・事件報道など》. **2** リモコン (remote control). ► *vt* 遠方まで広げる. ♦ **～·ness** *n* ［L=far removed (pp)＜REMOVE］

remóte áccess 〖電算〗 遠隔[リモート]アクセス《離れたところにある端末から通信などを使って別の端末にアクセスすること》.

remóte bátch 〖電算〗 リモートバッチ《離れた中央処理装置あるいはメインコンピューターと端末装置との間で一括転送されるデータ》.

remóte contról 遠隔操作[制御](装置), リモコン. ♦ **re·móte-contrólled** *a* **remóte contróller** *n*

remóte·ly *adv* **1** 遠くて, 少し離れて; 人里離れて: a ～ controlled machine リモコン操作の機械. **2** わずかに, かすかに: smell ～ like banana かすかにバナナに似た匂いがする / The joke is not even ～ funny. そのジョークは全然おもしろくない.

remóte sénsing 〖電子工〗 遠隔探査《人工衛星からの写真・レーダーなどによる地勢などの観測》. ♦ **remóte sénsor** *n*

re·mo·tion /rɪmóuʃ(ə)n/ *n* 遠く離れていること[状態]; 移動, 除去 (removal); 《廃》 出発, 出立.

re·mou·lade /rèiməláːd/ *n* レムラード(ソース)《マヨネーズをベースとして香料やピクルスを刻んだものを混ぜた冷たいソース; 冷肉・魚肉・サラダ用》. ［F］

remould ⇨ REMOLD.

re·móunt *vt* 〈馬・自転車〉に再び乗る; 再び昇る; 〈大砲などを〉据え替える, 〈写真・宝石などを〉はめ替える; …に新馬を補充する. ► *vi* 再び乗る[昇る]; さかのぼる, 戻る 〈*to*〉. ► *n* /ˊ ˋ—/ 予備馬, 新馬; 補充馬《集合的》.

re·móv·able, re·móve·able *a* 移動できる; 除去できる, 取りはずしのきく; 免職[解任]できる: a ～ storage medium 〖電算〗 取りはずし可能な記憶媒体, リムーバブルメディア. ♦ **-ably** *adv* **～·ness** *n* **re·mòv·abíl·i·ty** *n*

re·móv·al *n* **1** 移動, 移転; ˈ引っ越し, 転居; 〖法〗 REMOVER: a ～ company [man] 引っ越し業者[作業員] / ～ of remains 《アイル》《家から教会へ遺体を運ぶ》葬列, 野辺送り. **2** 除去, 取り出し; 撤退; 解任, 免職; [*euph*] 殺害, 始末.

Remóval Àct [the] 〖米史〗 強制移住法《1830 年 Choctaw, Seminole などのインディアンを Mississippi 川以西に強制移住させるために財政援助をすることを決定したもの; ⇨ FIVE CIVILIZED TRIBES》.

remóval·ist *n* 《豪》 引っ越し業者.

remóval vàn ˈ引っ越し用トラック (moving van*).

re·move /rɪmúːv/ *vt* **1 a** 取り去る[払う], 片付ける (take away); 取り除く; 脱ぐ, はずす (take off); 一掃[除去]する, 抹殺する: ～ the cups 茶碗を片付ける / ～ a bandage 包帯をとる / ～ one's hat 《挨拶に》帽子をとる / ～ stains *from* one's coat コートのしみをとる / ～ a disk from a drive 〖電算〗 ドライブからディスクを取り出す. **b** [*euph*] 殺害する, 片付ける 〈*by* poison〉; 取って行く, 盗む. **2** 追い出す, 解任[免職, 解雇]する: ～ a boy *from* school 生徒を退学させる / He was ～*d for* grafting. 彼は収賄で免職になった. **3** 移す, 移転[転居]する, 動かす; 〖法〗 〈事件を〉移送する: ～ MOUNTAINS. ► *vi* 移動する, 移転[転居]する 〈*from…to…; into* the country〉; とれる, はずれる; 《詩》 去る, 消える. ● **be ～d by…** ˈ《古》《晩餐などの献立で》次に…が出る: The sole *was* ～*d by* roast beef. シタビラメの次にローストビーフが出た. **～ furniture** 引っ越し業を営む. **～ oneself** 立ち退く, 立ち去る. ► *n* **1** 距離, 隔たり, 間隔; 《隔たりの》程度, 段階 (degree, stage); 世代差; [the] 〖英〗《Eton 校などの》中間級: at a short ～ from here ここから少し離れたところに / at one ～ from…から少し離れて[距離をおいて] / at many ～*s* from…から遠く離れて / an action but one ～ from crime 今一歩で犯罪となる[犯罪すれすれの]行為 / a cousin in the second ～＝a first cousin twice REMOVED. **2** 《まれ》 移動, 移転, 転居 (move), 退去; ˈ《学校での》進級; ˈ《古》 次の皿[料理]: get one's [a] ～ 進級する. ［OF＜L *re-*(*mot- moveo* to move)］

re·móved *a* **1** 隔たった, 離れた 〈*from*〉; 〈cousin が〉…世代隔たった《自分のいとこ (first cousin) やまたいとこ (second cousin) の子を示す; また自分の親や祖父母から見ていとこやまたいとこにあたる人を示す》: far ～ from…から遠く隔たった, …とはかけ離れた[大違いの] / …once ～ …とわずかに違った[ほとんど変わらない]こと[もの], もう一歩で…になること[もの] / a first cousin once ～ いとこの子《俗にこの場合を second cousin ともいう》; 親のいとこ, いとこおじ[おば]《またいとこの親》 / a first cousin twice ～ いとこの孫《俗に third cousin》; 祖父母のいとこ《third cousin の祖父母》 / a second cousin once ～ またいとこの子, 親のいとこの孫; 祖父母のいとこの子, 親のまたいとこ《third cousin の親》. **2** 取り去られた; あの世へ行った.

re·móv·er *n* 移転[転居]者; ˈ引っ越し屋, 運送屋; 除去剤; 〖法〗 事件移送: a paint ～ ペンキ剝離剤 / a stain ～ しみ抜き剤 / a nail-polish ～ 除光液.

Rem·scheid /rémʃàɪt/ レムシャイト《ドイツ西部 North Rhine-Westphalia 州の市》.

Rem·sen /rémsən/ レムセン **Ira** ～ (1846–1927)《米国の化学者》.

REM sleep /rém ―/ 〖生理〗 レム睡眠 (PARADOXICAL SLEEP).

re·mu·age /rèmjuáːʒ/ *n* 動瓶, ルミュアージュ《シャンパンなどの熟成中にたまる沈澱物を瓶の口に集めて除去するため, 瓶を定期的に少しずつ動かす作業》.

re·mu·da /rɪm(j)úːdə/ *n* 《牧場で労働者がその中から当日使う馬を選ぶ》馬の群れ. ［AmSp=shift of horses］

re·mu·ner·ate /rɪmjúːnərèɪt/ *vt* 〈人〉に報酬[対価]を払う 〈*for*〉; 〈労働など〉に報いる, 〈損害など〉の償いをする. ♦ **re·mú·ner·a·ble** *a* **re·mú·ner·à·tor** *n* **re·mú·ner·a·tò·ry** /; -t(ə)ri/ *a* ［L *re-*(*muneror* to give＜*muner- munus* reward)］

re·mu·ner·a·tion /rɪmjùːnəréɪʃ(ə)n/ *n* 報いる[報酬を払う]こと; 報酬, 対価, 報償 (reward); 給料 (pay) 〈*for*〉.

re·mu·ner·a·tive /rɪmjúːn(ə)rətɪv, *-rèɪt-/ *a* 利益[収益]のある, 報酬のある; 引き合う, 有利な (paying). ♦ **～·ly** *adv* **～·ness** *n*

Re·mus /ríːməs/ **1** 〖伝説〗 レムス (⇨ ROMULUS). **2** ⇨ UNCLE REMUS.

REN ringer equivalence number 電話機等価台数《回線に対する電話機などの負荷が標準的な電話機何台分かを表わす数; 最近のデジタル電話機では 0.1 くらいのこともある》.

Re·na /ríːnə/ リーナ《女子名; Marina の愛称》.

Ren·ais·sance /rènəsáːns, -záːns, ˊ—ˋ; rɪnéɪs(ə)ns/ *n* **1** [the] **a** 文芸復興, ルネサンス《14–16 世紀のヨーロッパでギリシア・ローマの古典文化の復興を目指した革新運動》; ルネサンス時代[期]. **b** ルネサンス美術[文芸, 建築]の様式. **2** [ᵒr-]《文芸・宗教などの》復興, 復活; 新生, 再生, 復活. ► *a* 文芸復興(時代)の; 〖建〗 ルネサンス様式の《15–16 世紀にイタリアを中心に起こった古典主義的建築様式》; 〈家具・装飾が〉ルネサンス様式の《古典的モチーフが頻出する》. ［F＜OF =rebirth (L RE*nascor* to be born again); cf. NASCENT］

Rénaissance mán [wóman] ルネサンス的教養人《幅広い知識と教養の持主; 理想的にはすべての学問および芸術に通暁している人》.

Re·nais·sant /rɪnéɪs(ə)nt/ *a* ルネサンスの; [r-] 復興しつつある.

re·nal /ríːn(ə)l/ *a* 〖解〗 腎(臓) (kidney) の, 腎臓部の: ～ diseases 腎臓病, 腎疾患. ［F＜L (*renes* kidneys)］

rénal cálculus 〖医〗 腎石, 腎結石 (kidney stone).

rénal cályx 〖解〗 腎杯.

rénal cléarance 〖医〗 腎の清掃値, 腎クリアランス (clearance).

rénal córpuscle 〖解〗 腎小体 (Malpighian corpuscle).

rénal glànd 〖解〗 副腎 (adrenal gland).

rénal pélvis 〖解〗 腎盂, 腎盤.

re·náme *vt* 改名[名称変更]する.

Re·nan /rɪnǽn; *F* rənɑ̃/ ルナン **(Joseph-)Ernest** ～ (1823–92)《フランスの哲学者・文献学者・歴史家》.

Ren·ard[1] /rénərd/ REYNARD.

Re·nard[2] /*F* rənaːr/ ルナール **Jules** ～ (1864–1910)《フランスの作家; *Poil de carotte* (にんじん, 1894)》.

re·nas·cence /rɪnǽs(ə)ns, -néɪ-/ *n* 更生, 再生; 復活, 復興 〈*of*〉; [the R-] RENAISSANCE.

re·nás·cent *a* 再生[更生]する; 復活[復興]する; 再起する, 勢いを盛り返す.

rè·nátional·ìze *vt* …に国家的地位を復活させる，…の国家的性格[国家としてのアイデンティティー]をあらためて主張する；再国有化する．♦ **rè·nàtional·izátion** *n*

re·náture *vt* 〈変性したタンパク質などを〉復元する．♦ **re·na·tur·a·tion** /riːnèɪtʃəréɪʃən/ *n*

Re·naud /rənóu/ RINALDO. ［F］

Re·nault /rənóu, -nɔ́ːlt; rénou/ **1** ルノー **Louis** ～ (1877–1944)《フランスの実業家；兄弟で自動車を製造，会社をフランス最大の自動車メーカーに発展させた》．**2** レノールト **Mary** ～ (1905–83)《英国生まれの南アフリカの小説家》．

ren·con·tre /rɛnkántər; *F* rɑ̃kɔːtr/, **ren·coun·ter** /rɛnkáuntər/ *n* めぐりあい，出会い；遭遇(戦)，会戦；決闘；応酬；論争．► 《古》 *vt*, *vi* [rencounter] 会戦[衝突]する；遭遇する，めぐりあう (meet with). ［OF (ENCOUNTER)］

rend /rénd/ *v* (**rent** /rént/, **～·ed**) *vt* **1 a** 引き裂く，ちぎる (tear)〈*to* [*in, into*] pieces〉；割る，分裂させる，分離する；〈木〉の皮を剝ぐ．**b** ねじ取る，もぎ取る，強奪する〈*off, away, out of, from*〉．**2**《悲嘆[絶望，激怒]して》〈髪・服を〉かきむしる，引きちぎる；〈歓声などが空などを〉つんざく；《文》〈胸・心を〉張り裂く，かき乱す．► *vi* 引き裂く，ちぎる；裂ける，割れる，ちぎれる，分裂する．● RAP[2] **and ～.** ［OE *rendan*］

Ren·dell /rénd(ə)l/ レンデル **Ruth (Barbara)** ～ (1930–)《英国のミステリー作家》．

ren·der /réndər/ *vt* **1** [目的補語を伴って]〈人などを〉…にする (make): His wealth ～*s* him important. 金があるので幅がきく / Her efforts were ～*ed* futile by her own illness. 病気で努力が水泡に帰した．**2 a**〈奉仕を〉する，尽くす；〈援助を〉する，与える: for services ～*ed* (労務の)代金[報酬，費用]として / What service did he ～ (*to*) you? あなたにどれほどのことをしてくれましたか / She ～*ed* us a great service by her help. ずいぶんわたしたちのために手伝ってくれた / ～ help *to* those in need 困窮している人びとに援助の手を差し伸べる．**b**〈恭順の意・敬意などを〉示す，表する，払う；〈敬礼・挨拶などを〉する: ～ HOMAGE to / ～ a salute 敬礼する / *R*～ thanks *to* God. 神に感謝しなさい．**3 a** 返報[返礼]として与える；〈当然払うべきものを〉納める；〈借りたものを〉返す，戻す (give back): ～ good *for* evil 悪に報いるに善をもってする / They ～*ed* tribute *to* the conqueror. 征服者に貢ぎ物を納めた / *R*～ (*un*)*to* Caesar the things that are Caesar's. 〘聖〙カイザルのものはカイザルに返しなさい《*Mark* 12: 17》．**b** 反響する；反射する．**4 a**〈計算書・理由・回答などを〉差し出す，提出する (submit)，手渡す；〈判決などを〉下す，言い渡す，伝える；〈裁判を〉行なう (administer): ～ an ACCOUNT of / ACCOUNT RENDERED / ～ a judgment 判決を言い渡す / ～ a verdict〈陪審が〉評決を答申する / ～ justice 裁判する．**b** 明け渡す，譲渡する，放棄する (give up): ～ *up* the fort *to* the enemy 要塞を敵に明け渡す．**c**〘海〙〈綱・索を〉ゆるめる，繰り出す．**5 a** 解釈して表現する，描写する，演出[演奏]する，〈詩などを〉朗吟する，〈役を〉演じる: The piece of music was well ～*ed*. その曲はみごとに演奏された / A good actor ～*s* a character to the life. 名優は人物を生き写しに演ずる．**b** 翻訳する (translate)；《透視図で》描く；〘電算〙《しばしばアウトライン形式で表わされた 3D の》オブジェクトを》《しばしば陰影などを施して》表示可能なデータにする，レンダリングする: *R*～ the following *into* Japanese. 次の文を和訳せよ / Poetry can never be adequately ～*ed in* another language. 詩は決して他の言語に十分には翻訳できない．**6**〈脂肪を〉溶かす；溶かして精製する〈*down*〉；溶かして脂肪を採る: ～ *down* fat 脂肪を精製する．**7**〘建〙〈壁の〉下塗り[土居塗り]をする．► *vi* **1** 報いる．**2** 溶かして脂肪[油，蠟]を採る．● **～ down**〈問題・考えなどを〉単純化する，まとめる〈*into, to*〉．► *n* **1**〘史〙年貢，地代．**2**〘建〙下塗り；《脂肪を溶かして精製した》精製油．♦ **～·able** *a* **～·er** *n* ［OF＜Romanic (L *reddo* to give back; *red-*＝*re-*)］

réndering *n* **1** 翻訳(ぶり)，訳文；表現，《役などの》演出，演奏，解釈；《建物の》完成見取図，レンダリング；〘電算〙レンダリング (⇨ RENDER *vt* 5b)．**2** 返還(物)，引渡し(品)，交付(品)．**3**〘建〙下塗り；《特に 脂肪の》精製．

rénder·sèt *vt*〈壁〉にしっくいを二度塗りする．► *n, a* 二度塗り(した)．

ren·dez·vous /rándɪvùː, -deɪ-/ *n* (*pl* ～ /-z/) **1**《約束による》会合，集合〈*with*〉；《宇宙船や人工衛星の》ランデブー；会合の約束．**2** 集合[待合わせ]場所；〘軍〙《軍隊・艦隊の》指定集合地，集合基地；人の集まる場所，たまり場〈*for*〉．► *vi*, *vt* (**～es** /-z/; **～ed** /-d/; **-vous·ing** /-vùːɪŋ/)《打ち合わせた場所で》会う[会わせる]；集合[集結]する[させる]．［F *rendez vous* (impv) present yourselves; ⇨ RENDER］

ren·di·tion /rɛndíʃ(ə)n/ *n* RENDER すること；翻訳，訳出〈*of*〉；解釈，演奏，表現；放棄 (surrender)；〘法〙《他法域への逃亡犯罪人の，特に米国では起訴されている州への》引渡し；特別な引渡し (＝extraordinary ～)《テロリスト(支援)の疑いのある者などを正式な起訴・審理あるいは裁判所の許可なしに投獄・取調べのために他国に引き渡すこと》: ～ of judgment〘法〙判決の言い渡し．［F; ⇨ RENDER］

Ren·do·va /rɛndóuvə/ レンドヴァ《西太平洋の Solomon 諸島中部にある島》．

ren·dzi·na /rɛnʤíːnə/ *n*〘地質〙レンジナ《湿潤ないし亜湿潤気候下の草本植生下で石灰質母岩から生成した成帯内性土壌型》．［Pol］

Re·né /rənéɪ; *F* rəne/ ルネ《男子名》．［F＜L＝reborn］

Re·née /rənéɪ; *F* rəne/ ルネ《女子名》．［F (fem); ↑］

ren·e·gade /rénɪgèɪd/ *n* 背教者，《特に》イスラム教に改宗したキリスト教徒；脱党者，変節者，裏切り者；《社会への》反逆者．► *a* 背教の；裏切りの，変節した；型破りな．► *vi* 背教者になる，見捨てる，背く，裏切る〈*from*〉．［Sp＜L (*nego* to deny)］

ren·e·ga·do /rènɪgáːdou, -géɪ-/ *n* (*pl* **～es**)《古》RENEGADE.

re·nege, 《英》 **-negue** /rɪníg, -nég, -níːg, -níːg, -néɪg, -nég/ *vi* 手を引く，約束に背く，取り消す〈*on*〉；〘トランプ〙renege する (revoke)；《廃》否定する．► *vt*《古》否定する，放棄する．► *n*〘トランプ〙場札と同種の札を持ちながら別札を出すこと (revoke)《反則行為》．♦ **re·nég(u)·er** *n* ［L; ⇨ RENEGADE］

rè·negótiate *vt*, *vi* 再交渉する；〈戦時契約などを〉再調整する．♦ **rè·negótiable** *a* **rè·negotiátion** *n*

re·new /rɪn(j)úː/ *vt* **1 a** 一新する，新たにする；〈古くなったものを〉交換する，取り替える，〈水などを〉入れ替える；補給[補充]する．**b**〈契約・手形などを〉書き換える，更新する，〈本など〉の貸出し[借入れ]期限を延長する: ～ a bill 為替手形を書き換える《期限を延長する》．**2**《精神的に》生まれ変わらせる，更生させる；回復する，復活させる；取り戻す；再興[再建]する: ～ one's youth 若返る．**3** 再び始める，再び論じる，再開する；繰り返す．► *vi* 新しくなる，回復する；再び始まる[起こる]；更新する，書き換える．♦ **～·er** *n*

renéw·able *a*〈契約など〉継続[更新，延長]できる；回復[復活，再生]が可能な；再び始められる: ～ sources of energy 再生可能なエネルギー源．► *n* [ᵘ*pl*] 再生可能エネルギー源．♦ **renéw·ably** *adv* **renèw·abílity** *n*

renéwable énergy 再生可能エネルギー《バイオマス・太陽・風・波力・水力などから得られる理論上無尽蔵の自然エネルギー》．

renéw·al *n* **1 a** 一新，更新；復興，復活；再生，生き返り；再開，やりなおし；《都市などの》再開発．**b**《設備の》更新費用．**c**〘キ教〙《聖霊において》生まれ変わること．**2**《手形などの》書き換え，期限延期；更新された契約；《契約の》書き換え料，更新費用．

re·néwed *a* 新しくなった，回復した，再び高まった；元気[生気]を取り戻した: a ～ interest in traditional music 伝統音楽ブームの再燃 / feel ～ after a bath 入浴して元気を取り戻す．

renéw·ed·ly /-ədli/ *adv* 再び；新たに (anew).

Ren·frew /rénfruː/ レンフルー **(1)** スコットランド中西部の旧州 (＝**～·shire** /-ʃɪər, -ʃər/) **2)** スコットランド南西部 Glasgow の西にある町》．

Re·ni /réɪni/ レーニ **Guido** ～ (1575–1642)《イタリアバロックの画家・版画家》．

re·ni- /ríːnə, rénə/, **re·no-** /ríːnou, rénou, -nə/ *comb form*「腎(臓)」［L *ren* kidney］

réni·fòrm *a*〘植〙〈葉など〉腎臓形の．

re·nig /rɪníg/ *vi* (**-gg-**), *n**《口》RENEGE.

re·nin /ríːnən, rénən/ *n*〘生化〙レニン《腎臓内にできるタンパク質分解酵素》．［L *ren* kidney, *-in*[2]］

ren·i·ten·cy /rénət(ə)nsi, rɪnáɪt(ə)n-/ *n* 抵抗，反対，反抗，強情．

rén·i·tent /, rɪnáɪt(ə)nt/ *a* 抵抗[反対]する；頑強に反抗する，手に負えない．［F＜L (*renitor* to oppose)］

ren·min·bi /rénmínbíː/, **jên·min·pi** /ʤénmínpíː/ *n* (*pl* ～) 人民幣，人民元《中国の通貨；基本単位は元 (yuan)；略 RMB》；YUAN. ［Chin］

ren·min·piao /rénmínpiáu/, **jên·min·piao** /ʤénmínpiáu/ *n* (*pl* ～) 人民票 (renminbi). ［Chin］

Ren·ner /rénər/ レンナー **Karl** ～ (1870–1950)《オーストリアの社会民主党の政治家；首相 (1918–19, 19–20, 45)，大統領 (1945–50)》．

Rennes /rén/ レンヌ《フランス北西部 Ille-et-Vilaine 県の県都》．

ren·net[1] /rénət/ *n*〘園〙甘味リンゴの一種．［F く? *reine* queen, *raine* frog (その斑点より)］

rennet[2] *n* レンネット **(1)** 牛乳の凝固に使われる子畜の胃，特に子牛の第四胃，の内膜 **2)** 同様の目的で子牛の胃などから作る調整剤》；哺乳期の動物[《特に》子牛]の胃の内容物；〘生化〙RENNIN；レンニン代用品．［?OE **rynet*; cf. OE *rinnan* to RUN］

rénnet càsein〘生化〙レンネットカゼイン《乳がレンネットで凝固したときできるリンタンパク質》．

Ren·nie /réni/ レニー **John** ～ (1761–1821)《スコットランドの土木技師；London にある Waterloo, Southwark, London の各橋などを設計；息子の **George** (1791–1866) と **John** (1794–1874) も土木技師》．

ren·nin /rénən/ *n*〘生化〙凝乳酵素，レンニン (＝*chymosin*)《レンネット (rennet) 中の酵素》．［*rennet*, *-in*[2]］

re·no /réɪnou/ *n* (*pl* **～s**), *a**《俗》改造[改築，リフォーム]した(家)．［*renovated* (*house*)］

Re·no /ríːnou/ リノ《Nevada 州西部の市；カジノを訪れる観光客のほか，州の法律で離婚・結婚の条件がゆるやかなのを利用しに来る人が多い》．● **go to ～** 離婚する．

reno- /ríːnou, rénou, -nə/ ⇨ RENI-.

réno·gràm *n*〘医〙レノグラム《放射性物質を用いた腎臓の排泄状況の記録》．

R

re·nog·ra·phy /rinágrəfi/ *n* 〘医〙 腎撮影(法), レノグラフィー. ♦ **re·no·graph·ic** /rì:nəgrǽfɪk/ *a*

Re·noir /rénwà:r; *F* rənwa:r/ ルノワール (**1**) **Jean** ~ (1894–1979) 《フランスの映画監督; Pierre-Auguste の子; *La Grande Illusion* (大いなる幻影, 1937), *La Règle du Jeu* (ゲームの法則, 1939)》 (**2**) **Pierre-Auguste** ~ (1841–1919) 《フランスの印象派の画家》.

re·nóminate *vt* 再び指名する, 再任する. ♦ **re·nominátion** *n* 再指名, 再任.

re·nòrmal·izátion *n* 〘理〙 繰り込み 《場の量子論であらわれる計算値の発散を避けるために, そのままでは発散してしまう電子の質量・電荷を観測値で置き換えること》. ♦ **re·nórmal·ize** *vt*

re·nounce /rɪnáuns/ *vt* **1** 《正式に》 放棄する, 棄権する: Japan has ~*d* war. 日本は戦争を放棄した / ~ one's rights *to* the inheritance 相続権を放棄する. **2** 〈習慣などを〉やめる, 絶つ; 宣誓して捨てる[絶つ]; 否認する, 拒絶する; …との縁を切る: ~ friendship 絶交する / ~ a son 息子を勘当する / ~ the world 隠遁する. **3** 〘トランプ〙 〈場に出た札〉がないため別の組の札を出す. ► *vi* **1** 放棄[断念]する; 〘法〙 権利 《など》 を放棄する. **2** 〘トランプ〙 別の組の札を出す. ► *n* 〘トランプ〙 《場に出た札がないため》 別の組の札を出すこと. ♦ **~·able** *a* **~·ment** *n* **re·nóunc·er** *n* [OF<L (*nuntio* to announce)]

rèno·váscular *a* 〘解・医〙 腎血管(性)の.

ren·o·vate /rénəvèɪt/ *vt* 新たにする, 刷新[革新, 更新]する; 修繕[修復]する, リフォームする; …の元気を回復させる, 活気づける (refresh). ► *a* 《古》 刷新した, 修繕[改修]した (renovated). ♦ **-và·tor** *n* 革新[刷新]者; 修繕者. **rèn·o·vá·tion** *n* 革新, 刷新, 更新; 修繕, 修理; 元気回復. **rén·o·vàt·ive** *a* [L *re*-(*novo* to make new ‹ *novus* new)]

re·nown /rɪnáun/ *n* 名声, ほまれ, 令名 (fame); 《廃》 評判, うわさ: of (great [high]) ~ (非常に)名高い / win ~ as a conductor 指揮者として名声を博する. ► *vt* 《古》 有名にする. [OF (*renomer* to make famous ‹ NOMEN[1])]

re·nówned *a* 有名な, 名高い (celebrated) ‹*as, for*›.

rens·se·laer·ite /rénsələràɪt, rènsəlíər-, -léər-/ *n* レンセレル石 《New York 州やカナダなどに産する輝石仮象をもつ滑石; 加工してインク壺などにする》. [Stephen Van *Rensselaer* (1764–1839) 米国の軍人・政治家]

rent[1] /rént/ *n* **1 a** 《tenant が定期的に支払う》 地代, 小作料, 家賃, 間代; ECONOMIC RENT; 賃貸[賃借]料, 使用料, レンタル料; 《廃》 収益, 収入: pay the ~ *on* an apartment アパート代を払う. **b** 〘経〙 地代 《一定の耕作地の収穫の生産費を超えた部分》; 〘経〙 超過利潤. **2** 貸室, 貸家. **3** 《犯罪・ホモ行為で稼いだ》 金; ''RENT BOY. ● **bet the ~** *《俗》 《どうしても必要な金まで賭けてもいいくらい》 確信がある, 大きな自信がある. **for ~** *貸すための: an apartment *for* ~ / *For* ~. 《掲示》 貸家, 貸室. ► *vt* …に対して地代[家賃, 損料]を払う, 〈土地・家・車などを〉賃借する ‹*from* sb›; …に対して地代[家賃]を課す, 〈土地・家・車などを〉賃貸する ‹(*out*) *to* sb›; 犯罪[ホモ]行為によって〈人〉から金を取る. ► *vi* 〈家などが〉賃貸される ‹*at* [*for*] £600 a year; high, low›; 〈人が〉賃借[賃貸]する. ♦ **~·able** *a* **rènt·abílity** *n* [OF=revenue<Romanic (RENDER)]

rent[2] *n* 裂け目, ほころび ‹*in* a sleeve›; 切れ目, 割れ目; 峡谷; 《関係・意見の》 分裂; 不和; 裂くこと. [*rend*]

rent[3] *v* REND の過去・過去分詞.

rent-a- /réntə-/ *comb form* [*joc/derog*] 「レンタルの…」「雇われの…」: *rent-a-*mob. [*rent-a-*car]

rént-a-càr *n* レンタカー. [*rent a car*]

rént-a-còp *n* *《俗》 [°*derog*] 《制服を着た》 警備員.

rént-a-crowd *n* ''《俗》 《金などで》 動員した群衆.

rént·al *n* **1** 賃貸料, 賃料, レンタル, 総地代, 総小作料, 総使用料; 地代[家賃, 使用料]の上がり高[収益]; RENT-ROLL. **2** *賃貸用の家[部屋, 車]. **3** 賃貸業務; 賃貸[レンタル]会社[店]. ► *a* 賃貸[賃借](用)の, レンタル(用)の; 地代[家賃]の; 賃貸業の.

réntal lìbrary* 貸本屋, レンタルライブラリー (=*lending library, circulating library*).

rent·als /réntlz/ *n pl* *《俗》 両親 (rents).

rént-a-mòb *n* ''《俗》 《金などで》 動員されたやじ馬[暴徒].

rént-a-pìg *n* *《俗》 [*derog*] RENT-A-COP.

rént bòok 賃借帳 《家賃・地代などの支払い状況を記したもので, 借手が保管する》.

rént bòy'' 若い男娼, コールボーイ.

rént chàrge (*pl* **rénts chàrge**) 〘法〙 地代負担 《捺印証書によって負担とされた地代で, 支払いを受ける権利者が土地の復帰権を有しない場合の地代; 通例 動産差し押えの権利が与えられている》.

rént contròl 《政府の》 家賃統制 《しばしば 立退き要求に対する規制も含まれる》. ♦ **rént-contròlled** *a*

rente /*F* rɑ̃:t/ *n* (*pl* **~s** /—/) 年金, 年収, 定期収入, 定所得; 年金[定所得]証書; [*pl*] 《フランス政府発行の長期の》 国債, 国債の利子. [F=dividend]

ren·ten·mark /rént(ə)nmɑ̀:rk/ *n* [ᵑR-] レンテンマルク 《1923 年, ドイツで 1 レンテンマルク=1 兆紙幣マルクの割合で発行した紙幣; 奇跡的にインフレを鎮静化した》. [G *Renten* securities]

rént·er *n* 賃借人, 借地人, 借家人; 賃貸人; 《一般に》 貸す人, 借りる人; ''映画配給業者; *レンタカー, レンタルビデオ[DVD]; レンタルで十分な[買うほどでない]映画.

rént-frée *adv, a* 地代[家賃, 使用料]なしで[の].

ren·ti·er /*F* rɑ̃tje/ *n* 不労所得生活者, ランティエ 《金利・地代・配当などで暮らす人》. [F (RENTE)]

rént pàrty* 《主催者の家賃を工面するための》 家賃パーティー.

rént-ròll *n* 地代帳, 小作帳, 家賃帳, 貸付帳; 地代[家賃など]の総額.

rents /rénts/ *n pl* *《俗》 両親 (parents).

rént séck (*pl* **rénts séck**) 〘法〙 自救的差し押え不能地代 《捺印証書によって留保された地代で, 権利者は差し押えができなかったが, イングランドでは 1730 年以降できるようになった》.

rént sèrvice **1** 〘法〙 地代奉仕 《一定の奉仕が付随的負担となっている地代; コモンローのもとでは, 権利者は差し押えができる》. **2** 地代代わりの労役.

rént strìke 家賃不払い運動.

rént tribùnal 〘英〙 《かつての》 家賃審判所.

re·númber *vt* …の番号を付け替える.

re·nun·ci·ant /rɪnʌ́nsiənt/ *n* 放棄者, 《特に》 世捨て人, 隠遁者. ► *a* RENUNCIATIVE.

re·nun·ci·a·tion /rɪnʌ̀nsiéɪʃ(ə)n/ *n* 放棄, 棄権; 否認, 拒絶; 断念, 中止; 拒絶[放棄]声明(書), 放棄承認状, 否認状; 《禁欲的な》 克己, 自制. ♦ **re·nún·ci·à·tive** /; -siə-/, **re·nún·ci·a·tò·ry** /-siə-; -t(ə)ri/ *a* 放棄する, 棄権の; 否認[拒絶]の; 中止の. [OF or L; ⇨ RENOUNCE]

ren·vers, ren·verse /rénvərs/ *n* 〘馬〙 腰を外へ 《馬場馬術の側方運動の一つ; 馬の前躯を内側にずらし壁沿いに前進する; cf. TRAVERS》.

ren·voi /rɛnvɔ́ɪ/ *n* 《外国人の》 強制送還, 《外交官などの》 国外退去; 〘国際法〙 反致 《国際私法上の問題について係属地の A 国では B 国の法が準拠法とされるのに B 国では A 国の法が準拠法とされること; A 国が B 国へ送ったが送り返されたものとして A 国の法が準拠法とされることを反致主義という》. [F (*renvoyer* to send back)]

re·óccupy *vt* 再び占有[占領]する; 〈家〉に再び住む; 再び従事させる[働かせる]. ♦ **re·occupátion** *n*

rè·occúr *vi* 再び起こる, 再三発生する. ♦ **rè·occúrrence** *n*

re·offénd *vi* 再び罪を犯す, 罪を重ねる. ♦ **~·er** *n* 再犯者.

re·óffer *vt* 〈証券を〉市中で売りに出す.

re·ópen *vt* 再び開ける[開く]; 再び始める, 再開する; …の交渉を再開する. ► *vi* 再開する.

re·órder *vt* 並べ替える; 整理しなおす; 〘商〙 再び[追加]注文する. ► *vi* 〘商〙 再[追加]注文する. ► *n* 〘商〙 再[追加]注文.

re·ordinátion *n* 再叙任, 再按手.

re·org /rí:ɔ̀:rg, riɔ́:rg/ 《口》 *n* REORGANIZATION. ► *vt, vi* REORGANIZE.

re·órganize *vt, vi* 再編成する; 改組[改造, 改革]する. ♦ **-niz·er** *n* **re·organizátion** *n* 再編成, 改造; 《特に 財政の》 立て直し.

re·órient *vt* …に新しい方向[方針]を与える, 再教育する: ~ one*self* 自分の位置[状況]を確かめる; (…に)適応する ‹*to*›. ♦ **re·ori·entátion** *n* 新たな方向づけ; 再教育.

re·órientate *vt* REORIENT.

rèo·vírus /rì:ou-/ *n* レオウイルス 《2 本鎖 RNA を有し, リポタンパクのエンベロープを欠いたウイルスの一群の総称》. [*r*espiratory *e*nteric *o*rphan (i.e. unidentified)]

rep[1], **repp** /rép/, **reps** /réps/ *n* レップ 《横糸の方向に畝(うね)の走る織物》. ♦ **répped** *a* [F *reps*<?E *ribs* (pl) ‹ *rib*]

rep[2] *n* 《ウェートトレーニングなどで》 反復運動[動作]; ''《学俗》 詩文の暗誦, 暗記した詩文. ► *vt* 〈編み目などを〉繰りかえす. [*rep*etition, *rep*eat]

rep[3] *n* 《俗》 放蕩者, 道楽者. [? *rep*robate]

rep[4] *n* 《口》 代表, 外交員, セールスマン (representative). ► *vt* …の代理[代行]をする, …の代理人をつとめる, …の代議士をつとめる (represent). ► *vi* セールスマンをつとめる, 営業活動をする.

rep[5] 《口》 *n* REPERTORY; REPERTORY COMPANY [THEATER].

rep[6] *n* *《俗》 評判, 名声 (reputation), 《ギャングなどの》 仲間うちでの地位.

rep[7] *n* (*pl* **~, ~s**) レップ, レプ (=**~ ùnit**) 《放射線の吸収線量の単位; 現在はあまり用いられない; cf. RAD[1]》. [*r*oentgen *e*quivalent *p*hysical]

rep. repair ♦ repeat ♦ report ♦ reported ♦ reporter ♦ representative ♦ republic. **Rep.** 〘米議会〙 Representative ♦ Republic ♦ 〘米〙 Republican.

re·páck *vt* 詰めなおす, 《特に》 別の容器に入れる.

re·páckage *vt* 荷造り[包装]しなおす; よりよい[魅力的な]形にする, …のイメージを変える: ~ one*self* イメージチェンジする. ♦ **re·páck·ager** *n*

re·páginate *vt* …にページを打ちなおす, …のページ数を付けなおす. ♦ **re·paginátion** *n*

repaid *v* REPAY の過去・過去分詞.

re·páint *vt* …にペンキを塗りなおす. ► *n* /, *‐‐/ 塗りなおし; 塗りなおしたもの[部分].

re·pair[1] /rɪpέər/ *vt* **1** 修繕[修理, 補修]する; 治療する; 回復する; 訂正[矯正]する: ~ a defect 欠陥を正す. **2** 償う, 埋め合わせる. ► *vi* 修繕[修理, 補修]する. ► *n* **1 a** 修繕, 修理, 補修, 手入れ; 回復; 手入れ[維持, 修理]状態; 〘生〙《細胞·組織などの》修復: under ~(s) 修繕中 / beyond ~ 修理不可能で; 取返しのつかない / in (a) good [bad] (state of) ~＝in [out of] ~ 手入れが行き届いて[行き届かないで]. **b** [°*pl*] 修繕[修理, 復旧]作業; [°*pl*] 修繕部分; [*pl*] 〘会計〙 修繕費: *R~s* done while you wait. 《広告》その場で修理いたします. **2** 償い. ♦ **~·able** *a* 修繕[賠償]できる; 取り返せる. **~·abílity** *n* **~·er** *n* ［OF＜L (*paro* to make ready)］

repair[2] *vi* 赴く〈*to*〉; たびたび行く〈*to*〉; 大勢行く, 寄り集まる〈*to*〉; たよって行く〈*to*〉; 《廃》帰る〈*from*〉. ► 《古》 *n* たびたび行くこと; よく行く所, 大勢の寄り集まる場所: have ~ *to*…へよく行く. ［OF＜L; ⇨ REPATRIATE］

repáir·màn /, -mən/ *n* 修理工.

repáir·pèrson *n* 修理工《性(差)別回避語》.

re·pand /rɪpǽnd/ *a* 〘植〙〈葉が〉波状の縁をもった, うねり形の (⇨ LOBED); わずかに波打った. ♦ **~·ly** *adv*

re·páper *vt* …に紙を張り替える; 新しい紙で包みなおす.

rep·a·ra·ble /rέp(ə)rəb(ə)l/ *a* 修繕のできる; 償いのつく, 賠償できる. ♦ **-bly** *adv*

rep·a·ra·tion /rèpəréɪʃ(ə)n/ *n* **1** 償い, 賠償, 補償; [*pl*] 賠償金[物件], 《特に 敗戦国が他国の戦争被害に対して支払う》(戦時)賠償: make ~ *for*…を賠償する. **2** 修繕, 修復, 回復; [*pl*] 〘会計〙 修繕費 (repairs). ［OF＜L (REPAIR[1])］

re·par·a·tive /rɪpǽrətɪv/, **re·par·a·to·ry** /rɪpǽrətɔ̀:ri; -t(ə)ri/ *a* 修繕[修復]の[する]; 賠償の.

rep·ar·tee /rèpərtí:, -pɑ̀:r-, -téɪ; -pɑ:-/ *n* 当意即妙の応答[やりとり]; 巧妙な即答の才. ► *vi* 《まれ》当意即妙に答える. ［F *re-*(*partir* to PART)＝to reply promptly］

re·par·ti·mi·en·to /rɪpɑ̀:rtəmiέntoʊ/ *n* レパルティミエント《植民地時代のスペイン領アメリカで勅許により入植者が先住民労働者を徴発できた制度》. ［Sp＝distribution］

rè·partítion *n* 配分 (distribution); 再区分. ► *vt* 配分する; 再区分する.

re·páss *vi* 《帰りに》再び通る. ► *vt* 再び通り抜ける; 再び通す; 〈議案などを〉再提出して通過させる. ♦ **re·pássage** *n*

re·past /rɪpǽst; -pɑ́:st/ *n* **1** 食事(に出された飲食物); 《廃》食べ物: a dainty [rich] ~ ごちそう / a light [slight] ~ 軽い食事. **2** 《古》喫食; 《古》食事時 (mealtime). ► *vi* 食事をする〈*on*〉. ► *vt* 《廃》…に食べ物を与える. ［OF＜L *repast- repasco* to feed］

re·pat /rí:pæ̀t, ─ ́─/ 《口》 *n* REPATRIATE; REPATRIATION.

re·pa·tri·ate /ripéɪtrièɪt, -pǽt-/ *vt* 本国へ送還する[帰還させる]. ► *vi* 本国に帰還する, 故国に引き揚げる. ► *n* /-triət, -trièɪt/ 本国に送還された人. ［L (*patria* native land)］

re·pàt·ri·á·tion *n* 本国への送還[帰還]; 〘豪〙 復員者援助 (＝*repat*)《もと軍人に対する社会復帰のための援助; 年金·医療·扶養家族手当などを含む》.

re·páve *vt* 舗装しなおす.

re·pay /rɪpéɪ/ *vt, vi* (**-páid**) **1** 払い戻す, 〈借金を〉返済する, …に返済する, 返す. **2** …に報いる; (…に)返報する, …のお返しをする〈*with* ingratitude, blows; *by* behav*ing* badly〉: ~ sb's favor＝~ sb *for* his favor 人に恩返しをする / God will ~. 神の報いがあろう, 神罰が下るだろう / He *repaid* her anger *with* contempt. 怒りに軽蔑をもってこたえた / ~ a visit 答礼訪問をする. **3** ″〈物·事が〉…するだけの価値がある: This study ~*s* careful reading. この研究は注意深く読むに値する. ♦ **~·able** *a* 払い戻し[返済]すべき. **~·ment** *n* 払い戻し, 返済, 償却; 払戻金; 報酬, 報償; 返報, 仕返し. ［OF (*re-*)］

repáyment mòrtgage″ 元利返済型住宅ローン (cf. ENDOWMENT MORTGAGE).

rep-dep /rέpdèp/ *n* REPPLE DEPPLE.

re·peal /rɪpí:l/ *vt* 〈法律などを〉《立法などにより》無効にする, 取り消す, 廃止[撤回]する; 〈考えなどを〉棄てる; 《廃》追放先から呼び戻す. ► *n* 廃止, 取消し, 撤回; [ᵁR-] 〘史〙《英国 (Great Britain) とアイルランドの》合同撤回運動《1830 年ごろよりアイルランド志士が主張》. ♦ **~·able** *a* 〈法律など〉廃止できる, 取消しできる. ［OF (*re-, apeler* to call, APPEAL)］

repéal·er *n* 廃止論者; [ᵁR-] 〘史〙《英国とアイルランドの》合同撤回論者; *《法律の》廃止法案[条項].

re·peat /rɪpí:t/ *vt* **1 a** 繰り返して言う, 反復する; 暗誦する; 復唱する: I ~ *that* I won't change my mind. 繰り返して言うが考え直す気はない / The story won't [doesn't] bear ~*ing.* 繰り返して言うのもはばかられる(ようなひどい話だ) / not, ~ not 絶対に…ではない / Please ~ the sentences after me. あとについて復唱しなさい. **b** 〈秘密を〉他言する. **2** 繰り返す, 再度やる[経験する], 再現[再映, 再放送]する, 再履修する: ~ a year 留年する. **3** 〈商品を〉追送する. ► *vi* **1** 繰り返す, 繰り返して言う; 再び起こる[現われる]; 連勝[連覇]する; 〈小数が〉循環する (recur); 〈鉄砲が〉連発する; 〈時計が〉直前の時報を繰り返す. **2** *《不法に》二重投票する. **3** ″《げっぷで》〈食物〉の味がまた上がってくる〈*on* one〉. ● **~ oneself** 同じことを繰り返して言う[行なう]; 繰り返して現われる: History ~*s* *itself.* 《諺》歴史は繰り返す. ► *n* **1** 繰返し, 反復, 再発; 再放送; 〘楽〙 反復, 反復節[部], 反復記号; 〘商〙 再供給, 再注文. **2** 写し, 複製; 繰返し模様; 《染色体領域の》反復. ► *a* 繰り返す, 繰り返される, 再度の: a ~ customer 再来[常連]客, リピーター. ♦ **~·able** *a* **~·abílity** *n* ［OF＜L (*peto* to ask)］

repéat·ed *a* 繰り返された, たびたびの, 度重なる. ♦ **~·ly** *adv* 繰り返して, 再三再四.

repéat·er *n* **1 a** 繰り返すもの; 連発銃; 二度打ち時計 (＝*repeating watch*)《ばねを押すと最新の正時, 1/4 時などを繰り返して打つ, 暗所で用いた時計》. **b** 〘電〙 中継器; 〘海〙 代表旗 (＝*substitute*)《国際信号旗の一種で, 他旗を代表する三角旗》. **c** REPEATING DECIMAL; [*pl*] *《俗》《鉛などを詰めた》いかさまさいころ. **2** 繰り返す人, リピーター; 暗誦者; *二重投票する不正投票者; *再犯者, 累犯者; *留年生, 再履修者.

repéat fèes *pl* 《楽曲·著作などの》放送使用料.

repéat·ing *a* 繰り返す; 循環する; 連発式の〈銃〉.

repéating décimal 〘数〙 循環小数 (cf. TERMINATING DECIMAL).

repéating fìrearm [rìfle] 連発銃 (repeater).

repéating wàtch 二度打ち時計 (repeater).

repéat key 〘電算〙 リピートキー《AUTO-REPEAT 機能のあるキー》.

repéat perfòrmance 再演; 《特に よくないことの》再現, 繰返し.

repéat prescríption″ 連続処方箋《あらためて医師にかからなくても繰り返し使えるもの》.

re·pe·chage /rèpəʃɑ́:ʒ, ─ ─ ́─; *F* rəpεʃa:ʒ/ *n* 《ボート競技·フェンシングなどで準決勝への資格を競う》敗者復活戦. ［F (RE*pêcher* to fish out, rescue)］

re·pég *vt* 〈通貨を〉固定相場制に復帰させる.

re·pel /rɪpέl/ *v* (**-ll-**) *vt* **1** 〈敵を〉追い払う, 撃退する〈*from*〉; 〈感情·考えなどを〉追い払う, 抑える; …に抵抗する. **2** 拒否[拒絶]する, はねつける. **3** 思いとどまらせる, やめさせる; 〈虫などを〉忌避する, 寄せつけない; 〈湿気などを〉防止する; 〈水などを〉はじく, はね返す; 〘理〙 反発する: Oil and water ~ each other. 油と水は互いにはじき合う. **4** 〈人〉に嫌悪感を与える, 不快にする: The stench ~*s* me. むかつくほどいやなにおいだ. ► *vi* 追い払う, 撃退する; 不快を催させる. ♦ **re·pél·ler** *n* ［L *re-*(*puls- pello* to drive)］

re·pél·lent, -lant *a* **1** いやな, 不愉快な, 人好きのしない, 虫の好かない. **2** 追い払う, はねつける; 《水など》はじく; 《虫など》寄せつけない. ► *n* はねつけるもの; 防水加工剤, 撥水(はっすい)剤; 忌避剤, 防虫剤, 駆虫剤, 虫よけ; 〘医〙《はれものなどの》散らし薬, 膨潤消退剤. ♦ **~·ly** *adv* **re·pél·lence, -lance, -cy** *n*

re·pent[1] /rɪpέnt/ *vi* 後悔[悔悟]する; 悔い改める; 考えを変える: ~ *of* one's hasty marriage はやまった結婚を後悔する / Marry in haste, ~ at leisure. 《諺》あわてて結婚してゆっくり悔やめ. ► *vt* 後悔する; [~ *-self*] 《古》悔やませる; [非人称的] 《古》後悔させる: ~ one's folly 自分の愚行を後悔する《~ *of* one's folly のようにするほうが普通; ⇨ *vi*》/ I now ~ me. 今は後悔している / It ~*ed* me that I did it. そうしたことを後悔した. ♦ **~·er** *n* **~·ing·ly** *adv* ［OF (*pentir* to be sorry＜L *paeniteto*; cf. PENITENT)］

re·pent[2] /rí:pənt/ *a* 〘植·動〙 はう, はって歩く (creeping, reptant). ［L *repo* to creep; cf. REPTILE］

repént·ance *n* 後悔, 悔恨; 悔い改め, 悔悛(の念).

repént·ant *a* 後悔している〈*for*〉; 悔悟の, 悔悛の意を示す; 懺悔の. ♦ **~·ly** *adv*

re·péople *vt* …に再び人を住まわせる, 再び植民する; RESTOCK.

re·per·cus·sion /rì:pərkʌ́ʃ(ə)n/ *n* **1** [ᵁ*pl*] (間接的)影響, 《事件などの》反動. **2** 《光などの》反射, 《音の》反響; はね返り; 撃退, 反撃, しっぺ返し; 跳び戻り; 〘楽〙《フーガにおける》再提示. ♦ **rè·per·cús·sive** *a* 〈音が[を]〉反響する, 鳴り響く, 響かせる; 反射した, 反響した; 反響的な, 反射的な. ［OF or L (*re-*)］

rè·perfúsion *n* 〘医〙 再灌流《虚血に陥った組織や心臓などの臓器への血流再開》. ♦ **rè·perfúse** *vt*

rep·er·toire /rέpərtwɑ̀:r/ *n* **1** レパートリー, 上演目録 **1)** 劇団·俳優·歌手などがいつでも上演できるようにしている劇·曲目などのすべて **2)** 特定の分野·作家·作曲家などの作品で上演可能なもののすべて(の目録): add a new play to the ~. **2** 《人·機械などの》能力の範囲, 《特定分野で》できることのすべて[の目録]; たくわえ, 量. ［F＜L＝inventory (*repert- reperio* to find)］

rep·er·to·ry /rέpərtɔ̀:ri; -t(ə)ri/ *n* REPERTOIRE; レパートリー制《専属の劇団が一定数の演目を交互に上演する》; レパートリー劇団 (＝**~ còmpany**); レパートリー劇団の上演; レパートリー劇場 (＝**~ thèater**); 《特に 知識などの》たくわえ, 収集; 倉庫, 貯蔵所, 宝庫. ［L (↑)］

répertory socìety 《NZ》アマチュア劇団.

rè·perúse *vt* 再び読む; 再閲[再吟味]する. ♦ **rè·perúsal** *n* 再読; 再吟味.

rep·e·tend /rέpətὲnd/ *n* 反復音[句, 語]; 〘数〙《循環小数中の》循環節.

ré·pé·ti·teur /*F* repetitœ:r/ *n* (*fem* **-tris** /*F* -tris/, **-teuse** /*F* -tœ:z/) 《オペラハウスに所属する》歌手に稽古をつける人, 練習教師, コーチ.

rep·e·ti·tion /rèpətíʃ(ə)n/ *n* **1 a** 繰返し, 反復; 再説; 暗誦, 再現; 〘楽〙反復. **b** 複写, 模写, 控え. **2** 〘大陸法・スコ法〙《誤り・不履行による支払い金・引渡し物の》返還請求. ♦ **~·al, ~·àry** /; -(ə)ri/ *a* [F or L (REPEAT)]

rè·petítion *vt* 再請願する.

rep·e·ti·tious /rèpətíʃəs/ *a* 繰り返す, 反復性の; 繰返しの多い, くどい. ♦ **~·ly** *adv* **~·ness** *n*

re·pet·i·tive /rɪpétətɪv/ *a* 繰り返される, 反復性の; 繰返しの多い, くどい; 繰返しにすぎない, 焼直しの. ♦ **~·ly** *adv* **~·ness** *n*

repetitive DNA /-— dì:ènéɪ/ 〘生化〙反復 DNA 《各細胞に特定の遺伝子が繰返し含まれている DNA》.

repétitive stráin disòrder REPETITIVE STRAIN INJURY 《略 RSD》.

repétitive stráin [stréss] ìnjury 〘医〙反復運動過多損傷《反復動作による手・肩などの筋肉・腱・靱帯・神経・関節への損傷が原因で起こる痛みを伴った筋骨格系障害; 略 RSI》.

re·phráse *vt* 言い方[表現]を変えて述べる, 言いなおす, 言い換える.

re·pic /rɪpí:k/ *n* 〘トランプ〙REPIQUE.

re·píece *vt* 再びつづり合わせる, 再び組み立てる.

re·pine /rɪpáɪn/ *vi* **1** 不平を言う, かこつ, こぼす, 嘆く 〈*at, against*〉. **2** 〈…があればと〉強く願う, 切望する 〈*for*〉. ♦ **re·pín·er** *n* **re·pín·ing·ly** *adv* [*repent*[1] にならって *pine*[1] から]

re·pique /rɪpí:k/ *n* (PIQUET[1] で) プレー前に持ち札だけで 30 点を取ること. ► *vt, vi* (…に対して) repique を取る.

repl. replace(ment) ♦ replacing.

repla *n* REPLUM の複数形.

re·place /rɪpléɪs/ *vt* **1** …に取って代わる, …と交替する, …の後任になる; 取り替える, 入れ替える, 交換する 〈*by, with*〉. **2** もとの所に置く, 戻す; 返済する; 復職[復位]させる. ♦ **~·able** *a* もとへ戻される; 置き換え[取り替え]られる, 代わりのある. **re·plác·er** *n*

replácement *n* **1** 置き換え, 取替え, 交替; 代わりの人[もの], 後任(者) 〈*for*〉; 〘軍〙補充兵, 交替要員; 〘晶〙欠隅《一つの稜または角が面と置き換わること》; 〘地質〙交代作用《岩石の成分が他成分によって置換される作用》. **2** もとへ戻すこと, 返還; 復職, 復位.

replácement còst 〘会計〙取替原価, 再調達価額.

replácement dèpot 〘軍〙人員補充所.

replácement lèvel 人口補充水準《総人口を維持するのに必要な出生率》.

replácement sèt 〘数〙変域 (domain) 《変数に代入できる値の集合》.

replácement thèrapy 代償療法, 置換療法《栄養素やホルモン, あるいは血液成分の形成不良または欠乏による障害に対して, 体内生産物または合成代用物を補って補償する治療; cf. ESTROGEN REPLACEMENT THERAPY, HORMONE REPLACEMENT THERAPY》.

re·plán *vt* …の計画[予定]を立てなおす.

re·plánt *vt* 植え替える[なおす], 移植する; 移住させる; …に植物を植え替える; 〘医〙〈切断した手・指などを〉再移植する《もとどおりに継ぎなおす》. ♦ **rè·plantátion** *n* 移植; 再(移)植.

re·pláster *vt* 〈壁・建物〉にしっくいを塗りなおす.

re·pláy *vt* 〈試合を〉再び行なう, やりなおす; 再演する; 〈ビデオなどを〉再生[リプレー]する. ► *n* /ˊ-ˋ—/ やりなおしの試合, 再試合; 再演; 《ビデオなどの》再生, リプレー; 繰返し, 再現; 〘電算〙リプレー《傍受した(暗号化された)パスワードなどをそのまま使おうとする攻撃》.

re·pléad·er 〘法〙*n* 再訴答(命令); 再訴答の権利.

re·plen·ish /rɪplénɪʃ/ *vt* **1** 満たす; 再び満たす; 補充[補給]する 〈*with*〉; …に燃料を補給する[くべる]; 埋め合わせる. **2** 《古》人や動物で満たす (cf. *Gen* 1: 28); 《古》霊感で満たす, 〈精神を〉養う; 《古》完成する. ► *vi* いっぱいになる; 再びいっぱいになる, 満ちる. ♦ **~·er** *n* **~·ment** *n* [OF *re-*(*plenir* < *plein* full)]

re·plete /rɪplí:t/ *a* 〈…で〉いっぱいの, 〈…を〉満載した 〈*with*〉; 満腹の, 飽食[堪能]した; 太った, どっしりした; 充実した, 完全な. ♦ **~·ness** *n* [OF or L (*plet- pleo* to fill)]

re·ple·tion /rɪplí:ʃ(ə)n/ *n* 充満, 過多; 飽食, 満腹; 満足; 〘医〙多血症. ● **to ~** いっぱいに, 飽きるまで, 十分に.

re·plevi·able /rɪpléviəb(ə)l/ *a* 〘法〙〈不当に差し押えられた動産が〉取戻しできる, 占有回復可能な.

re·plev·in /rɪplévən/ 〘法〙*n* 被差押動産取戻し手続き, 動産占有回復訴訟[令状]. ► *vt* REPLEVY.

re·plev·i·sa·ble /rɪplévəsəb(ə)l/ *a* REPLEVIABLE.

re·plevy /rɪplévi/ 〘法〙*vt* REPLEVIN で回復する; 《古》保釈する. ► *vi* replevin で動産を回復する. ► *n* REPLEVIN.

rep·li·ca /réplɪkə/ *n* 〘美〙レプリカ《原作者の行なう原作の模写[模作]》; 写し (copy), 模写, 複製 〈*of*〉; 〘楽〙繰返し, レプリカ. [It (*replicare* to REPLY)]

rep·li·ca·ble /réplɪkəb(ə)l/ *a* 反復可能な; 再製可能な. ♦ **rèp·li·ca·bíl·i·ty** *n*

rep·lic·ant /réplɪk(ə)nt/ *n* 《特に 実在の人物そっくりに造られた》人造[クローン]人間, アンドロイド, レプリカント; コピー(のように似たもの), 分身. [SF 映画 *Blade Runner* (ブレードランナー, 1982) に登場する, 本物と見分けがつかない人造人間の名称]

rep·li·car /réplɪkà:r/ *n* クラシックカーの複製車《エンジンや部品は新しいものにしてある》. [*replica*+*car*]

rep·li·case /réplɪkèɪs, *-z/ *n* 〘生化〙レプリカーゼ, RNA レプリカーゼ (=*RNA replicase*) 《RNA を鋳型として RNA を合成する酵素》. [*replicate, -ase*]

rep·li·cate *v* /réplәkèɪt/ *vt* 模写する, 複写する; 繰り返す, 再現する; 折りたたむ[返す]; 答える, 応答する. ► *vi* 折れ重なる; 〘法〙〈原告が〉第二の訴答をする; 〘生化〙(自己)複製する. ► *n* /-lɪkət/ 〘統〙《何度も繰り返されたうちの》1 回の実験; 〘楽〙1 オクターブ高い[低い]反復音; 〘生化〙複製《遺伝子, DNA など》; 複製(品) (replica). ► *a* /-lɪkət/ 反復された, 多くの; 〈葉など〉折れ返った, 曲がり返った. ♦ **-cà·tor** *n* [L; ⇨ REPLY]

rep·li·ca·tion /rèplәkéɪʃ(ə)n/ *n* **1** 応答; 答弁に対する答弁; 〘法〙原告第二訴答《被告の答弁に対する原告の第 2 回目の訴答》. **2** 折り返し; 反響, こだま. **3** 写し, 模写, 複製; 写し[複製]を作ること; 〘統〙反復《誤りを減らすための実験の繰返し》; 〘生化〙複製《DNA などの》.

rép·li·cà·tive *a* 〘植〙REPLICATE; 〘生〙複製の[にかかわる], 複製的な: a ~ form 複製型.

rep·li·con /réplɪkàn/ *n* 〘生化〙レプリコン《DNA や RNA の複製する単位》.

rep·lum /répləm/ *n* (*pl* **~s, -la** /-lə/) 〘植〙レプルム《果実の胎座が内殖してできた隔膜》. [L; ⇨ REPLETE]

re·ply /rɪpláɪ/ *vi* **1** 返事をする, 返答[回答]する 〈*to*〉; 《ある仕方で》応じる, 応答する 〈*with*〉; 〘法〙〈原告が〉第二の訴答をする, 原告第二訴答を行なう; 最後の弁護をする. **2** 反響する (echo). ► *vt* 答える, 言い返す, 答えて言う: He *replied* (*to* me) *that* his mind was made up. 自分の決心はついたと(わたしに)答えた. ► *n* 答, 返答, 回答, 返事; 反応, 応答; 応戦; 〘法〙原告第二訴答 (replication): make a ~ 答える / He made no ~ *to* my request. わたしの依頼になんとも答えなかった / in ~ (to…) (…の)答として, (…に)答えて. ★ answer よりも堅い語. ♦ **re·plí·er** *n* [OF<L RE*plico* to fold back]

replý cóupon 返信券《切手と交換可能》: INTERNATIONAL REPLY COUPON.

replý-pàid ‖*a* 〈電報が〉返信料付きの; 〈封筒・はがきが〉料金受取人払い[払い済み]の.

replý (póstal) càrd* DOUBLE POSTAL CARD.

re·po[1*] /rí:pou/ *n* (*pl* **~s**) REPURCHASE AGREEMENT.

repo[2] 《口》*n* (*pl* **~s**) [[U]*a*] 《ローンの返済不履行による》車[商品]の回収, 家屋の差し押え; 回収された車《など》, 差し押えられた家屋《特に政府融資の住宅》. ► *vt* 《ローン返済不履行のために》〈商品[特に車]を〉回収する, 〈家屋を〉差し押える. [*repossess, -o*]

re·póint *vt* 〈煉瓦積み〉の目地を塗りなおす.

re·pòlar·izátion *n* 〘生理〙再分極. ♦ **re·pólar·ìze** *vt, vi*

re·pólish *vt* 磨きなおす.

répo màn 《口》支払い不履行者の財産[特に車]の回収人, 差し押え屋 (=*reepo, reep*). [*repo*[2]]

ré·pon·dez s'il vous plaît /*F* repɔ̃de sil vu plɛ/ ご返事をお願いします《招待状などに添えて書く; 略 RSVP》. [F=please reply]

re·pone /rɪpóun/ *vt* 〘スコ法〙復権[復職]させる.

re·pópulate *vt* …に再び住みつく, …の人口を増やす.

re·port /rɪpɔ́:rt/ *n* **1 a** 《調査・研究の》報告(書) 〈*on*〉; 公報; 《新聞などの》報道, 記事; ‖通知表; 《裁判所などの》審査報告書; *《俗》SUGAR REPORT: make a ~ 報告する. **b** [[U]*pl*] 判例集; 議事録, 《講演・討論などの》速記, 記録. **c** 《直属の》部下, 配下 (cf. *vi* 2): sb's direct ~. **2** 世評, 評判, 名声; 風聞, うわさ: be of good [ill, evil] ~ 評判がよい[悪い] / through good and evil ~ 評判の善悪にかかわらず / Mere ~ is not enough to go upon. 単なるうわさは取るに足らない / *R*~ goes [runs, has it] that…とのうわさである (It is ~*ed* that …). **3** 銃声, 砲声, 爆音, ドンという音: explode with a loud ~ 大爆音とともに破裂する. ● **on ~** 《規律違反などで》上官に呼び出されて, 懲戒処分を受けて. **R~ to the Nation**「国民への報告」《英国政府が 2 週間ごとに一流新聞に発表する 主に経済・時事問題に関する情報》.

► *vt* **1 a** 報告する, 伝達する; 《世間で》伝える; 語る; …の[存在, 居所, 接近, 到着]を知らせる; 〈事件・迷惑[不法]行為・人などを〉通報する, 届け出る 〈*to* the police〉: It is ~*ed that*…という話だ, と伝えられている / They ~*ed* him *to* be the best man for the job. 彼をその仕事にうってつけの男だと報告した / She has been ~*ed* dead. 死亡したと伝えられている. **b** 〈人を〉訴え出る, 届け出る: ~ sb *to* the police *for* sth [*doing*]…のことで人を警察に訴える. **c** 〈付託案件〉の結論を提示する, 委員会報告をする 〈*out*〉. **2** 〈講演を〉記録する; 報道する: ~ a speech [trial] 演説を記録する[公判の記事を書く]. **3** [~ *-self*] 届け出る, 報告する, 出頭する: *R*~ your*self to* the manager at once. すぐ支配人の所まで行くように. ► *vi* **1** 報告する, 復命する; 報告書を作成[提出]する; 印象を語る[書く] 〈*of*〉; 記者をつとめる, 報道する: ~ *on* [*about*] the war situation 戦況について報告する / He is badly ~*ed of* among the teachers. 先生の間で評判が悪い / He ~*s for The Times*. タイムズの記者である. **2** 出頭する; 自分は…だと届ける; 〈人の〉直属[部下]である 〈*to*〉: I ~*ed* sick on Monday. 体の具合が悪いと届けを出した / ~ *to* the police 警察へ出頭する / ~ *for* duty [work] at 9 a.m. 午前 9 時に出勤する / I ~ directly *to* him. わたしは彼の直属の部下である. ● **move to ~ progress** 〘英下院〙《しばしば妨害の目的で》討論中止の動議を提出する. **~ back** 帰って[折り返し]報告する 〈*to, with*〉; 帰って届け出る 〈*to*〉. **~ in** 連絡を入れる, 出頭する 〈*to*〉. **~ in sick** 病欠の連絡を入れる. **~ progress** ‖経過を報告する.
[OF *report(er)*<L=to carry back (*re-*, PORT[4])]

repórt·able *a* 報告[報道]できる; 報告[報道]価値のある; 〈病気・所得金額など〉報告[申告]義務のある.

re·port·age /rɪpɔ́ːrtɪʤ, rèpɔ̀ːrtáːʒ, *-pər-/ *n* 報道, 報告; 報告文体; 報告文学, ルポルタージュ. [F]

repórt càrd* 通知表, 成績表 (report‖); 成績評価.

repórt·ed cláuse 〘文法〙 被伝達節《話法[伝達文]で, ほかの人が実際に言った部分を表わす節; たとえば He said that she loved him. の that 以下の部分》.

repórt·ed·ly *adv* 伝える所によれば, うわさでは, …の由(よし).

repórted spéech 〘文法〙 間接話法 (indirect speech); 《直接話法の》被伝達部.

repórt·er *n* 報告者, 届け出る者; (報道)記者, リポーター, 通信員 〈*for The Times*〉, 《ラジオ・テレビの》ニュースアナウンサー; 議事記録係; 速記係; 〘法〙 判決報告者; 〘法〙 判例集.

repórt·ing *n* 報告, 伝達; 報道.

repórting vèrb 〘文法〙 伝達動詞《REPORTED CLAUSE を目的語にとる動詞》.

rep·or·to·ri·al /rèpərtɔ́ːriəl, rìː-, -pɔ̀ːr-/ *a* 報告者の; 記者[報道員]の; 記録係[速記者]の; 報告の. ♦ **~·ly** *adv*

repórt stàge [the] 《英国[カナダ]議会で第三読会前に行なわれる》委員会報告の審議.

re·po·sa·do /rèpəsáːdoʊ/ *n* レポサド《2 か月から 1 年熟成させたテキーラ》.

re·pos·al /rɪpóʊz(ə)l/ *n* 《廃》 おくこと 〈*of* a trust *on* sb〉. [*repose*[2]]

re·pose[1] /rɪpóʊz/ *n* **1 a** 休息 (rest), ひと休み, 休養, 静養, 休眠; 《聖人の》永眠; 永遠の安息: seek [take, make] ~ 休息する. **b** 《活動の》休止; 静止, 不動: a volcano *in* ~ 休火山. **c** 《廃》 休息の場所. **2** 閑静, 静けさ; 落ちつき, 沈着; 〘画〙《色彩などの》落ちつき, まとまり: lack ~ 落ちつきがない / his face *in* ~ 落ちついている時の顔つき. ► *vt* 横たえる, 休める, 休養させる: *R*~ your*self* for a while. 少し横になって休みなさい / ~ one's head on a cushion クッションに頭を休める. ► *vi* 休みをとる, 休息する (rest); 横になって[腰をおろして]休む 〈*in*〉; 永眠する; 《地中などに》眠る, 埋もれている; 〈…の上に〉載っている, 基礎を置く 〈*on*〉; 〈事が〉〈…に〉存在する 〈*in*〉; いつまでも考える 〈*on* the past〉; 《古》 信用する, たよる 〈*in, on*〉. ● **~ on a bed of down [roses]** ぜいたくに暮らす. [OF *repos(er)*<L (*re-*, PAUSE)]

repose[2] *vt* 〈信用・希望などを〉おく 〈*in, on*〉; 〈権限などを〉委任[委託]する 〈*in*〉; 《古》 預ける. [*re-*]

repóse·ful *a* 平静な, 安らかな (calm), 落ちついた (quiet). ♦ **~·ly** *adv* **~·ness** *n*

re·pos·it /rɪpázət/ *vt* 置く (deposit), 保存[貯蔵]する (store) 〈*in*〉; /ri-/ 《まれ》 もとへ戻す (put back).

re·po·si·tion[1] /rìːpəzíʃ(ə)n, rèp-/ *n* 貯蔵, 保存, 保管; 〘医〙《骨などの》整復(法), 還納(法), 復位; 《スコ》 復位, 復権, 復職.

rè·posítion[2] *vt* 別の[新しい]場所に移す, …の位置を変える; …の販売戦略を変える. [*re-*]

re·pos·i·to·ry /rɪpázətɔ̀ːri; -t(ə)ri/ *n* **1 a** 容器; 貯蔵所, 倉庫; [*fig*] 〈情報・天然資源の〉宝庫 〈*of*〉. **b** 陳列所, 売店; 博物館 (museum); 納骨堂, 埋葬所; 〘カト〙 安置所, 聖体遷置所 (=*altar of repose*)《聖木曜日に聖別された聖体を聖金曜日の儀式まで安置する副祭壇》. **2** (秘密を)打ち明けられる人, 腹心の友. ► *a* 〈薬剤が〉持続性の. [F or L; ⇨ REPOSE[2]]

rè·posséss *vt* 再入手する, 取り返す; 《分割払い契約などの不履行のため》〈商品を〉押収する, (占有)回復する; 〈人〉に〈ものを〉回復してやる, 取り戻してやる 〈*of*〉: ~ one*self of*…を回復する. ♦ **rè·posséssion** *n* 商品の押収, 取り戻し, (占有)回復. **rè·posséss·or** *n*

re·post[1] /rɪpóʊst/ *n, vi* RIPOSTE.

repost[2] *vt, n* 再投函(する); 〘電算〙 再投稿(する), 再掲示[再アップロード](する). [*post*[1]]

re·pót *vt* 〈植物を〉別の(大きな)鉢に植え替える, 鉢替えする.

re·pous·sé /rəpùːséɪ; ⏤⏤⏤/ *a* レプッセーの《裏からたたいて浮出し模様を打ち出した金属細工》; レプッセー模様のある. ► *n* レプッセー; レプッセーを打ち出すこと. [F (pp) < *re-*(*pousser* to PUSH)]

re·pówer *vt* …に動力を再供給する[供給しなおす]; 《特に》〈船など〉に新しい[違った]エンジンを備える.

repp, repped ⇨ REP[1].

rep·ple dep·ple /rép(ə)l dèp(ə)l/, **rép·po dèpot** /répoʊ-/ *《俗》 REPLACEMENT DEPOT.

repr. reprint(ed).

rep·re·hend /rèprɪhénd/ *vt* とがめる, 責める, 非難する. [L (*prehens- prehendo* to seize)]

rep·re·hen·si·ble /rèprɪhénsəb(ə)l/ *a* 非難さるべき, 不埒(ふらち)な, 不届きな. ♦ **-bly** *adv* 不埒にも. **rèp·re·hèn·si·bíl·i·ty, ~·ness** *n*

rep·re·hen·sion /rèprɪhénʃ(ə)n/ *n* 叱責, 譴責(けんせき), 非難.

rep·re·hen·sive /rèprɪhénsɪv/ *a* とがめる, 非難的な, 譴責的な. ♦ **~·ly** *adv*

rep·re·sent /rèprɪzént/ *vt* **1 a** 《絵画・彫刻・音楽などで》表現[描写]する; 描いてある (portray); 思い描く[浮かべる], 思い出す; 表象する: Can you ~ infinity *to* your*self*? 無限というものを心に描いてみることができますか. **b** 表わす, 体現する, 象徴する; 意味する: His excuses ~*ed* nothing to me. 彼の言いわけはわたしには無意味だった. **c** …である, …に相当する; …の代わりになる. **2 a** 代理[代表]する, …の代理人をする; 代弁[弁護]する 〈*in* court〉; …の代議士[代表者]となる: The State was ~*ed* (in Congress) by three Democrats. その州からは 3 名の民主党の代議士が選出されていた / Each party is ~*ed* at the committee. その委員会には各党から代表が出ている. **b** …の標本[典型]を示す: Every major American writer is ~*ed* in the library. その図書館には米国のあらゆる一流作家のものが集められている. **3** 〈劇を〉演じる, 上演する; 〈役〉に扮する. **4** 表明[提示]する, 指摘する, (強く)説く; 〈…だと〉述べる, 申し立てる, 主張する: The orator ~*ed* the importance of the bill *to* his audience. 演説者は聴衆に法案の重大性を説いた / He ~*ed* the plan *as* safe, but it was not. その計画が安全だと申し立てたがそうではなかった / He ~*ed* him*self as* [*to* be] a lawyer. 弁護士だと称した / She is not what you have ~*ed* her *to* be. あなたが言っているような女ではない / He ~*ed that* he had served in the RAF. 英国空軍に勤務していたことがあると申し立てた. ► *vi* 抗議[陳情]する; *《俗》 りっぱに任務をこなす, 手本となる. ♦ **~·er** *n* **~·able** *a* **represènt·abílity** *n* [OF or L (*re-*, PRESENT[3])]

rè·presént *vt* 再び贈る, 再び差し出す[提出する]; 〈劇などを〉再演する. ♦ **rè·presentátion** *n*

rep·re·sen·ta·tion /rèprɪzɛntéɪʃ(ə)n, -z(ə)n-/ *n* **1 a** 表示, 表現, 描写, 描出; 〘言〙《符号などによる》表示; 肖像(画), 絵画, 彫像: a phonetic ~ 発音表記, 音声表示. **b** 想像(力), 概念作用; 表象; 〘美〙 具象主義 (representationalism). **c** 上演; 演技. **2** 代表, 代理, 代表行為; 代表が出ていること, 代表参加; 代表制, 代議制; 代表団, 議員団: parliamentary ~ 議会への代表参加 / No taxation without ~. 代表なければ課税なし《米国独立戦争のときのモットー; 英本国の議会に植民地側の代表が出ていないのに課税が行なわれることに対する抗議; Taxation without ~ is tyranny. としても知られる》/ regional ~ 地域代表制 / FUNCTIONAL [PROPORTIONAL] REPRESENTATION. **3** 《事実などの》提示, 説明; [°*pl*] 申し立て, 抗議(声明), 陳情; 〘法〙 表示《契約に関する事項[事実]についてなされる陳述》: make ~*s to* [*against*]…に申し立てを行なう.

representátion·al *a* 表象の; 代表(制)の; 〘美〙 再現的[描写的]な, 具象主義の (opp. *abstract*). ♦ **~·ly** *adv*

representátion·al·ism *n* 〘哲〙 表象主義《われわれが知覚するのは実在の写像である表象にすぎないとする立場》; 〘美〙 具象主義. ♦ **-ist** *n*

representátion·ìsm *n* 〘哲〙 REPRESENTATIONALISM.

rep·re·sen·ta·tive /rèprɪzéntətɪv/ *n* **1 a** 代理人, 代人 (agent), 代表者 〈*of, from, on, at*〉, 使節 (delegate); 代議士, 〘米〙 下院議員 (cf. SENATOR, CONGRESSMAN): LEGAL [PERSONAL, REAL] REPRESENTATIVE / HOUSE OF REPRESENTATIVES. **b** 販売員, 販売代理人, 営業員, セールスマン (sales representative). **c** 後継者 (successor), 相続人 (heir). **2** 見本, 標本, 典型; 類似物 (analogue). ► *a* **1 a** 代表する, 代理の; 代議制の: the ~ chamber [house] 代議院 / ~ government 代議政体. **b** 典型的な. **2** 表示する, 描写する, 象徴する; 表象の; 対応する; 〘美〙 具象の. ● **be ~ of**…を代表する, …を表わす: The Congress *is* ~ *of* the people. ♦ **~·ly** *adv* **~·ness** *n* **rèp·re·sèn·ta·tív·i·ty** *n* [OF or L; ⇨ REPRESENT]

represéntative péer 〘英政治〙 貴族代表議員《貴族の代表として貴族院に議席をもつスコットランド・アイルランドの貴族》.

represént·ed spéech 〘文法〙 描出話法《直接話法と間接話法との中間の性格をもつ》.

re·press /rɪprés/ *vt* 〈衝動・欲求などを〉抑制する, 押し殺す; 〘心〙 抑圧する; 〈反乱などを〉鎮圧する; 〘生〙 〈遺伝子(の形質発現)を〉抑える. ► *vi* 抑えつける. ♦ **~·ible** *a* **repress·ibílity** *n* **~·er** *n* [L; ⇨ PRESS[1]]

re·préss *vt* 再び押す, 再び締める; 〈レコードを〉再プレスする.

re·préssed *a* 抑圧[鎮圧, 抑制]された; 抑圧による, 抑圧性の.

re·pres·sion /rɪpréʃ(ə)n/ *n* 鎮圧, 抑制, 制止; 〘心〙 抑圧, 抑圧されたもの《考え・衝動など》. ♦ **~·ist** *n, a*

re·pres·sive /rɪprésɪv/ *a* 制止する, 抑圧的な, 鎮圧の. ♦ **~·ly** *adv* **~·ness** *n*

représ·sor *n* 抑圧するもの; 〘遺〙 抑制因子, リプレッサー.

re·príce *vt* …に値段をつけなおす, …の価格を改める.

re·prieve /rɪpríːv/ *vt* [°*pass*] 〘法〙 〈死刑囚など〉の刑の執行を停止[延期]する; 一時的に救う, しばし軽減する. ► *n* 〘法〙《刑の》執行停止, (死刑)執行延期(令状); 一時的軽減[解放, 救済, 猶予].

♦ **re·príev·al** *n* ［C16 *repry*＜AF and OF REpris *-prendre* to take back］

rep·ri·mand /réprəmæ̀nd; -mɑ̀ːnd/ *n* 譴責, 懲戒; 非難, 叱責. ► *vt* 譴責する, 懲戒する; 叱責する 〈*for*〉. ［F＜Sp＜L (gerundive)〈REPRESS］

re·prínt *vt* 再び印刷する, 増刷[重刷]する, 翻刻する, 復刻する. ► *n* /ˊ–ˋ–/ 重版, 増刷; 再版, 翻刻, 復刻, リプリント(版); 《雑誌などの》抜刷り (offprint); 《雑誌などの》再掲[転載]記事; 古い切手の再版. ♦ **re·prínt·er** *n*

re·pri·sal /rɪpráɪz(ə)l/ *n* 〖国際法〗復仇《不法行為に対して行なう強力な報復的行為》; 〖史〗報復的捕獲[拿捕(だほ)], 強奪]; 奪還; 《一般に》仕返し, 報復; [ᵘ*pl*] 賠償金; 《廃》賞: make ~(*s*) 仕返しする / in ~ for…への報復として / LETTER(s) OF MARQUE (AND REPRISAL). ［AF *reprisaille*＜L; ⇨ REPREHEND］

re·prise /rɪpríːz/ *n* **1** 再開, 反復. **2 a** 〖楽〗レプリーゼ《展開部の前の呈示部の繰返し》, 再現部 (recapitulation), 反復; 〖フェン〗ルプリーズ《一時的に構えの姿勢に戻ったあとの2回目の攻撃》. **b** 上演の繰返し, 再上演[上映], 《テレビ放映などのための劇の》書きなおし; 再度演じる[行なう]こと. **3** [ᵘ*pl*] 〖法〗/, rɪpráɪz/ 土地の年々の諸経費. ► *vt* 〈上演・歌などを〉繰り返す, 再上演する, 〈劇など〉書きなおす; 〖楽〗〈呈示部を〉再現する; 《古》(武力で)取り戻す; 《古》COMPENSATE. ［F (REPRIEVE)］

re·pris·ti·nate /riprístənèɪt/ *vt* もと[昔]の状態に戻す. ♦ **re·prìs·ti·ná·tion** *n*

re·prívatize *vt* 再民営化する.

re·pro /ríːproʊ/ 《口》*n* (*pl* ~**s**) 《家具などの》複製版; 《絵などの》複写; REPRODUCTION PROOF. ► *a* 複製の.

re·proach /rɪpróʊtʃ/ *vt* 責める, しかる 〈sb *for*, *with*〉; 非難する; 〈行為などを〉とがめる; 《まれ》…の体面を傷つける[不名誉のもとになる]. ► *n* **1 a** 叱責, 非難, とがめ; 非難のことば: heap ~*es* on…をさんざんにしかる / The sting of a ~ is the truth of it. 《諺》責められて痛いのはあたっている証拠. **b** [the R-es] 〖カト〗インプロペリア (*L* Improperia)《聖金曜日に唱える, 感謝を知らぬ民に対するキリストのとがめを内容とする交唱》. **2 a** 恥, 恥辱, 不面目, 不名誉; 恥ずべき[非難さるべき]こと 〈*to*〉: bring [draw] ~ on…の恥辱となる / …is [are] a ~ *to* us …はわれわれ(にとって)の恥である. **b** 《廃》非難[あざけり]の的《人》. ● **above** [**beyond**] ~ 非の打ちどころがない. ♦ **~·able** *a* 責むべき, 非難すべき. **~·ing·ly** *adv* とがめる[責める]ように, 非難がましく. **~·er** *n* ［*OF reproche(r)* (*re-*, L *prope* near); 'bring back near' の意］

repróach·ful *a* しかる, とがめる, 非難をこめた; 《古》恥ずべき, とがむべき. ♦ **~·ly** *adv* **~·ness** *n*

rep·ro·bance /réprəbəns/ *n* 《古》REPROBATION.

rep·ro·bate /réprəbèɪt/ *n* 堕落者, 無頼漢; [the] 〖神学〗神に見放された者たち (opp. *the elect*). ► *a* 邪悪な, 堕落した; 節操のない; 叱責的な, 非難をこめた; 〖神学〗神に見放された; 《古》無価値[不合格]とされた. ► *vt* とがめる, 非難する; 退ける, 拒否する; 〖法〗〈証書を〉拒否する (cf. APPROBATE); 〖神学〗〈神が〉見放す. ♦ **rép·ro·bà·tive** *a* 非難する, 排斥的な. **rep·ro·ba·to·ry** /réprəbətɔ̀ːri; -t(ə)ri/ *a* REPROBATIVE. ［L; ⇨ PROVE］

rep·ro·ba·tion /rèprəbéɪʃ(ə)n/ *n* 反対, 排斥, 異議 〈*against*〉; 非難, 叱責; 〖神学〗永遠の定罪, 永罰, 劫罰(ごうばつ) (opp. *election*).

re·prócess *vt* 再加工する, 再処理する.

re·prócessed wóol レプロセストウール《くず・はんぱなどから再生したウール》.

re·prócess·ing plànt (核燃料)再処理工場, 再処理プラント.

rè·prodúce *vt* **1** 再生させる, 再現する; 複写[模造]する; 再版[翻刻]する; 再上演[再製作]する; 〈録音・録画を〉再生する. **2** 生む, 生殖する, 繁殖させる: ~ one's kind 自己の種族を繁殖させる / ~ one*self* 生殖[繁殖]する. **3** 心にはっきり思い浮かべる. ► *vi* 生殖[繁殖]する, 子供[子孫]をつくる; 複製[模写, 再生]される. ♦ **rè·prodúcer** *n* ⁺《音声・映像の》再生装置[システム]; スピーカー (loudspeaker). **rè·prodúcible** *a* **-ibly** *adv* **rè·producibílity** *n*

rè·prodúction *n* 再生, 再現, 再生産; 生殖, 繁殖; 複写(物), 翻刻(物), 復刻(版), 複製(品), 模造品; 《山林中の》苗木, 若い実生(みしょう).

reprodúction fàctor [**cònstant**] MULTIPLICATION FACTOR.

reprodúction pròof 〖印〗清刷り.

rè·prodúctive *a* 再生の, 再現する; 生殖の; 多産の (fertile) 〈race etc.〉: ~ organs 生殖器. ► *n* 生殖を行なう者; 〖昆〗《シロアリなどの》生殖階級の個体. ♦ **~·ly** *adv* **~·ness** *n*

reprodúctive clóning 〖生〗生殖的クローニング《新たな個体生成のためのクローン作成; cf. THERAPEUTIC CLONING》.

reprodúctive isolátion 生殖隔離《生理学的・行動学的相違や地理上の障害のために潜在的に交配可能な集団どうしの交雑が妨げられること》.

rè·productívity *n* 生殖力, 生殖可能性.

re·prógram *vt*, *vi* (《電算機など》の)プログラムを作りなおす, プログラムしなおす. ♦ **re·pro·gram·ma·ble** /, -prougrǽm-/ *a*

rè·pro·gráph·ics *n* REPROGRAPHY.

re·prog·ra·phy /rɪprágrəfi/ *n* リプログラフィー《光または写真的技術による書物・文書などの複製》. ♦ **re·próg·ra·pher** *n* **re·pro·graph·ic** /rìːprəgrǽfɪk, rèprə-/ *a* ［G (*Repro*duktion＋Photo*graphie*)］

re·proof /rɪprúːf/ *n* 叱責, 譴責(けんせき); 意見, 小言: a word of ~ 小言. ● **in ~ of**…をとがめて. ♦ **~·less** *a* ［OF REPROVE］

re·próof *vt* …に再び防水加工を施す; …の新しい校正刷りをとる.

rè·propórtion *vt* …の割合[釣合い]を変える.

répro pròof REPRODUCTION PROOF.

re·próv·able *a* とがむべき, 非難すべき. ♦ **~·ness** *n*

re·próv·al /rɪprúːv(ə)l/ *n* REPROOF.

re·prove /rɪprúːv/ *vt*, *vi* 〈人を〉しかる, たしなめる, 責める 〈*for*〉; 〈行ないなどを〉とがめる, 非難する; 《廃》論破する; 《廃》〈人〉の迷いを開く, (誤ちなどを)悟らせる 〈*of* sin etc.〉: ~ sb to his face 人を面責する. ♦ **re·próv·er** *n* ［OF＜L; ⇨ REPROBATE］

re·próv·ing *a* たしなめる[とがめる]ような: give sb a ~ look. ♦ **~·ly** *adv*

reps ⇨ REP[1].

rept report.

rep·tant /réptənt/ *a* REPENT[2].

rep·tile /réptàɪl, *-t(ə)l/ *n* **1** 〖動〗爬虫綱 (Reptilia) の動物, 爬虫類; 《広く》爬行動物, 両生類の動物. **2** [*fig*] 卑劣な人間, 意地の悪い人. ► *a* 爬行する, はいまわる; 爬虫類の(ような); [*fig*] 卑劣な, 見下げはてた (base); 悪意のある. ♦ **~·like** *a* ［OF or L (*rept- repo* to creep)］

rep·tíl·i·an *a* 爬虫類の(ような); 卑劣な. ► *n* 爬行動物, 爬虫綱の動物.

Repub. Republic ♦ 〖米〗Republican.

re·pub·lic /rɪpʌ́blɪk/ *n* **1** 共和国; 共和政体; 《フランスの》共和政; 《ソ連などの》(構成)共和国. **2** …社会, …界, …壇: the ~ of letters 文学界, 文壇; 文学. ［F＜L (*res* thing, PUBLIC)］

re·pub·li·can /rɪpʌ́blɪkən/ *a* **1** 共和国の; 共和政体[主義]の; [R-] 〖米〗共和党の (cf. DEMOCRATIC); [R-] 《北アイルランドの》共和主義の; [R-] 〖米史〗リパブリカン党 (Republican Party) の. **2** 群生する〈鳥など〉. ► *n* 共和制論者[主義者]; [R-] 〖米〗共和党員 (cf. DEMOCRAT); [R-] 〖米史〗リパブリカン党員; [R-] 《北アイルランドの》共和主義者《英国から独立しアイルランド共和国との統合を支持する人; cf. IRA》.

repúblican·ìsm *n* 共和政体[主義]; [R-] 〖米〗共和党の主義[政策]; [R-] 〖米〗共和党, 共和党員《集合的》.

repúblican·ìze *vt* 共和国にする, 共和政体にする; 共和主義化する.

Repúblican Párty [the] 〖米〗共和党《二大政党の一つ; 1854 年奴隷制拡大に反対する党として結成; 愛称 Grand Old Party, 略 GOP; シンボルは象; cf. DEMOCRATIC PARTY》; 〖米史〗《独立戦争後の》リパブリカン党, 共和派 (DEMOCRATIC-REPUBLICAN PARTY).

re·publicátion *n* 再版(物), 翻刻(物); 再発布, 再発行.

Repúblic Dày 共和国建国記念日《インドでは1月26日》.

rè·públish *vt* 再発布する, 再発行する; 再版[翻刻]する; 〖法〗〈遺言状〉の取消しを解除する. ♦ **~·er** *n*

re·pu·di·ate /rɪpjúːdièɪt/ *vt* **1 a** 退ける, 否認する, 拒絶する; 〈教義などを〉拒否[否定]する; 〈嫌疑・非難を〉否認[否定]する. **b** 〈債務など〉の履行を拒む; 〈国債〉の支払いを拒む. **2** 〈妻を〉捨てる, 離縁する; 〈息子・友人など〉と縁を切る. ♦ **re·pú·di·à·tor** *n* 離婚者; 放棄者, 拒絶[拒否]者; 支払い拒絶者. **-a·to·ry** /-ətɔ̀ːri/ *a* ［L (*repudium* divorce)］

re·pu·di·a·tion /rɪpjùːdiéɪʃ(ə)n/ *n* **1** 放棄, 拒絶, 否認; 《国債などの》支払い拒絶; 〖教会〗《聖職者の》聖職禄の謝絶. **2** 離婚, 離縁. ♦ **~·ist** *n* 国債廃棄[支払い拒絶]論者.

re·pugn /rɪpjúːn/ *vt* 《まれ》…に反抗[抵抗]する, 反対する (resist, oppose); 《廃》…と矛盾する. ► *vi* 《古》反対する, 抵抗する (resist) 〈*against*〉. ［L (*pugno* to fight)］

re·pug·nance /rɪpʌ́gnəns/, **-cy** *n* **1** 嫌悪, 大嫌い, いや気, 強い反感 〈*for*, *to*, *toward*, *against*〉. **2** 矛盾, つじつまの合わないこと 〈*of*, *between*, *to*, *with*〉.

re·púg·nant *a* **1** とても不快な, 気に食わない, いやでたまらない, いとわしい 〈*to*〉; 《古》反抗[反対]する, 反感をいだく, 逆らう (hostile) 〈*to*〉. **2** 矛盾した 〈*to*〉, 一致[調和]しない 〈*with*〉. ♦ **~·ly** *adv* ［F or L ＝resisting (REPUGN)］

re·púlp *vt* 〈パルプ製品を〉再パルプ化する.

re·pulse /rɪpʌ́ls/ *vt* **1** 撃退する (repel) 〈*from*〉; 反駁する; はねつける, 拒絶する. **2** 〈人〉に嫌悪感をいだかせる. ► *n* 撃退, 拒絶, 肘鉄砲: meet with [suffer] a ~ 撃退[拒絶]される. ♦ **re·púls·er** *n* ［L *repuls-* REPEL］

re·pul·sion /rɪpʌ́lʃ(ə)n/ *n* 撃退; 反駁; 拒絶; 強い反感, 反発, 嫌悪 〈*for*〉; 〖理〗反発, 斥力 (opp. *attraction*); 〖遺〗相反 (opp. *coupling*); 〖医〗《吹出物の》消散.

re·pul·sive /rɪpʌ́lsɪv/ *a* **1** よそよそしい (repellent), 冷淡な (cold); 嫌悪[反感]をいだかせる, むかつくような, いとわしい. **2** 《音を》反響する; 〖理〗はね返す, 反発する: ~ force 〖理〗斥力(せきりょく). ♦ **~·ly** *adv* **~·ness** *n*

rep·únit /rɛp-/ *n* レプユニット《同一整数が並んだ数; 22, 222, 2222 など》. ［*repeating unit*］

rep unit ⇨ REP⁷.

re·púrchase *vt* 買い戻す; 再び買う. ► *n* 買戻し.

repúrchase agrèement 〘金融〙買戻し[売戻し]条件付き証券売却[購入]《売却[購入]した財務省証券などを売手[買手]が一定期間後に一定価格で買い[売り]戻すという約定または取引; 略 RP; 俗に repo という》.

rè·púrify *vt* もとどおりに清める, 再び清浄[清潔]にする. ♦ **rè·pu·rificátion** *n*

re·púrpose *vt* 別の目的に振り向ける, 転用する.

rep·u·ta·ble /répjətəb(ə)l/ *a* 評判のよい, りっぱな, 信頼できる; 〈ことばが〉正用法の, 標準的な. ♦ **-bly** *adv* **rèp·u·ta·bíl·i·ty** *n* ［F or L; ⇨ REPUTE］

rep·u·ta·tion /rèpjətéɪʃ(ə)n/ *n* **1** 評判, 世評; うわさ: a man of good [high] ～ 評判のよい人 / a man of poor ～ 評判の悪い人 / a man of no ～ 評判のよくない人 / have [get] a ～《良きにつけ悪しきにつけ》評判である[になる] / have [enjoy] a good ～ *as* a doctor 医者として評判がよい / have a ～ *for* honesty 正直者で通る / have the ～ *of* being a miser けちんぼだという評判である. **2** 好評, 名望, 名声, 信望 (fame): make a ～ for one*self* 評判を得る, 名をなす / persons of ～ 名望家 / live up to one's ～ 行ないが評判どおりだ. ♦ **～·al** *a*

re·pute /rɪpjúːt/ *n* **1** 評判, 世評: be in high [of good] ～ 評判がよい, 信用がある / by ～ 世評で(は). **2** 好評, 名声 (fame): a man of ～ 世に聞こえた人 / wines of ～ 名酒. ► *vt* [ᵁ*pass*] 評する, みなす, 考える (consider): He *was* ～*d to be* stingy. けちだという評判だった / His wealth *is* ～*d* enormous. 彼の財産は莫大だとの評判だ / He *is* ～*d* the best dentist in the city. 当市一番の歯科医といわれている / He *is* ill [well, highly] ～*d*. 評判が悪い[よい] / They ～ him (*to be*) wise [a gentleman]. 世間は彼を賢明[紳士]だとみなしている. ［OF or L *re*-(*puto* to reckon)=to think over］

re·pút·ed *attrib a* …と称せられる, …という評判のある; 有名な, 評判のよい: his ～ father 彼の父だといわれる人 / a ～ pint ″公称 1 パイント瓶《ビールなど》. ♦ **～·ly** *adv* 世評によれば, 評判では.

req. request ♦ require(d) ♦ requisition. **reqd** required.

rè·quálify *vt, vi* 再度有資格[適格]とする[なる], 再び資格を与える[得る]. ♦ **rè·qualificátion** *n*

re·quest /rɪkwést/ *vt* **1**《丁寧に, 正式に》頼む, 依頼[要請]する (ask)〈*from* [*of*] sb, an office〉; …に〈…するように〉依頼[要請]する: as ～*ed* 請われるままに / We ～ the honor of your company. ご臨席のほど願い上げます / What I ～ *of* you is that you should keep it secret. お願いしたいのは内密にしていただきたいということです / He ～*ed* her *to* go with him. 彼女に同行してほしいと頼んだ / The public is [are] ～*ed* to keep off the grass. 芝生に立ち入らないでください / He ～*ed that* the error (should) be corrected. 誤りを訂正してほしいと頼んだ. **2**《古》許可を求める〈*to* do〉;《廃》…に〈…へ〉行く[来る]よう頼む〈sb *to*…〉. ► *n* **1** 願い, 頼み, 依頼, 要求, 要請, 求め〈*for*〉; 需要 (demand): ～ program リクエスト番組 / ～ for proposal ⇨ RFP / be in great ～ 大いに需要がある, ひっぱりだこである / come into ～ 需要が起こる. **2** 願いごと, 頼みごと; 請求[要求]物, 需要品; 依頼文, 要請書. ● **at sb's ～＝at the ～ of** sb 人の依頼により. **by ～** 求めに応じて, 依頼によって. **make ～(s) for**…を願う, 懇請する. **on ～** 請求がありしだい. ♦ **～·er, ～·or** *n* 依頼人, 請求者. ［OF<L (REQUIRE)］

requést nòte《英国税関の》有税貨物陸揚げ許可書.

requést stòp″ 乗降客のあるときだけ停車するバス停留所 (flag stop*).

re·quíck·en *vt, vi* 生き返らせる; 蘇生させる[する].

req·ui·em¹ /rékwiəm/ *n* [ᴼR-]〘カト〙死者のためのミサ, レクイエム (＝～ màss);〘楽〙レクイエム《死者のためのミサに付した音楽》;《一般に 死者の冥福を祈る》哀歌 (dirge), 挽歌, 鎮魂歌[曲]; 追悼, 供養(のしるし). ［L=rest; ミサの最初の語］

requiem² *n*〘魚〙REQUIN (＝～ shàrk). ［F (変形)〈*requin*］

req·ui·es·cat /rèkwiéskɑːt, -kæt, rèɪkwiéskɑːt/ *n* 死者のための祈り. ［L; ↓より］

requiéscat in pá·ce /-ɪn pɑ́ːkè, -pɑ́ːʧèɪ/ 死者に冥福あれ, 安らかに憩わんことを《墓碑銘; 略 RIP》. ［L=may he [she] rest in peace! (*requiesco* to rest)］

re·quin /rəkǽn/ *n*〘魚〙メジロザメ (＝～ shàrk)《メジロザメ科のサメの総称》. ［F］

re·quin·to /reɪkíntou/ *n* (*pl* **～s**) レキント(ギター)《スペイン・中南米などで用いられる小型のギター; 一般的には通常のギターより 5 度高く調弦され, ギターアンサンブルで高音部を奏するのに用いる》. ［Sp］

re·quire /rɪkwáɪər/ *vt* **1**《権利・権限によって》要求する, 強く要請する〈*of* [*from*] sb〉; …に〈…するように〉要求する, 義務づける, 強制[命令]する;《古》願い求める, 頼む (request): a ～*d* subject〘米大学〙必修課目 / ～ silence [obedience] 静粛[服従]を求める / What do you ～ *of* me? わたしに何をせよと言われるのか / The rules ～ us all *to* be present. 規則は全員出席を義務づけている / You are ～*d to* report to the police. 警察まで出頭されたい. **2 a** 必要とする (need), …が欠かせない; 欲しい: The matter ～*s* utmost care. 事は細心の注意を要する / The situation ～*s that* this should be done immediately. 情勢からしてこれはすぐやらなくてはならない / Will you ～ breakfast earlier than usual? いつもより早めに朝食を召し上がりますか? **b** ″〈…する〉必要がある〈*to* do〉: He ～*s to* be warned against drinking. 彼には酒を慎むように言ってやる必要がある. ► *vi* 要求する, 命じる;《古》必要である: more than ～*s* 必要以上に. ♦ **re·quír·able** *a* **re·quír·er** *n* ［OF<L REquisit- -*quiro* to seek］

re·quíred cóurse 必修科目[単位].

requíre·ment *n* 要求, 必要; 必要な物, 必需品; 必要条件, 要件, 資格: meet the ～*s for*…の要件を満たす.

req·ui·site /rékwəzət/ *a* 必要な, 必須の〈*for, to*〉. ► *n* 必需品, 必要物, 要素, 要件〈*for*〉. ♦ **～·ly** *adv* **～·ness** *n* ［L; ⇨ REQUIRE］

req·ui·si·tion /rèkwɪzíʃ(ə)n/ *n* **1**《権力などによる》正式な要求[請求, 要請], 強請; 徴発, 徴用(令), 接収; 必要条件;《正式な》要求[要請]書;〘法〙《他国への逃亡犯罪人の》引渡し要求. **2** 入用, 需要: be in [under] ～ 需要がある. ● **bring [call, place]…into ～＝put…in ～＝lay…under ～** …を徴用[徴発]する. ► *vt* 徴発[徴用, 接収]する〈*from* farmers〉;《特に 正式命令によって》(…に)要求する〈*to* do〉; …に(供出を)要求する〈*for* food〉; …の履行[実施]を要求する. ♦ **～·er** *n* **～·ist** *n* ［F or L; ⇨ REQUIRE］

re·quit·al /rɪkwáɪtl/ *n* 返礼, 報償; 返報, 復讐, 罰: in ～ of [for]…の報酬に, …の恩返しに; …の仕返しに.

re·quite /rɪkwáɪt/ *vt* …に報いる (reward), …の償い[埋合わせ]をする; …に返報する, 復讐する (avenge): ～ evil *with* good 悪に報いるに善をもってする / ～ like for like 先方と同一手段で報いる, しっぺ返しをする. ♦ **re·quít·er** *n* **～·ment** *n* ［*re-, quite* (obs) to QUIT］

re·rádiate *vt, vi*〘理〙再放射する. ♦ **re·radiátion** *n*〘理〙再放射. **re·rádiative** *a*

re·ráil *vt*〈機関車を〉線路に戻す.

re·réad *vt, n* 再読(する), 読み返す, 読みなおし(する).

rere-arch /ríərɑ̀ːrʧ/ *n* REAR ARCH.

rere·brace /ríərbrèɪs/ *n*《鎧(よろい)の》上腕甲.

rè·recórd *vt* 再度[新たに]記録する;〈録音したものを〉《別の録音媒体に》録音しなおす, 再録音する.

rére-dòrter /ríər-/ *n* 修道院宿舎裏の便所.

rere·dos /ríərdɑ̀s/ *n*《教会の祭壇背後の》飾壁, 背障; 暖炉の背壁. ［AF (ARREAR, *dos* back)］

rè·refíne *vt*〈使用済みモーターオイルを〉再精製する.

rè·reléase *vt*〈映画・CD を〉再公開[再発売]する. ► *n* 再発売[再公開](されたもの).

rere·mouse, rear- /ríərmàus/ *n*《古・方》コウモリ (bat).

rere·ward /ríərwɔ̀ːrd/ *n*《廃》REAR GUARD.

re·róof *vt*〈建物〉の屋根を付け替える.

re·róute *vt* 新ルート[別ルート]で送る.

re·rún *vt* 再上映する,〈テレビ番組を〉再放送する;〈競技を〉再び行なう;〘電算〙再実行する. ► *n* /⌐ ⌐⌐/ 再上映,《テレビの》再放送; 再上映映画, 再放送番組; 再レース;〘電算〙再実行;《口》焼直し, 二番煎じ, 蒸し返し.

res /réɪs, ríːz; réɪz, réɪs, ríːz/〘法〙*n* (*pl* ～) 物, 実体; 物件; 事件; 財産. ［L=thing］

res. research ♦ reservation ♦ reserve ♦ reservoir ♦ residence ♦ resident ♦ resolution. **RES** °reticuloendothelial system.

re·sáddle *vt* …に再び鞍を置く.

res ad·ju·di·ca·ta /ríːz əʤùːdɪkɑ́ːtə, réɪs-; réɪs-, réɪz-, -kéɪtə/〘法〙RES JUDICATA. ［L］

re·sáil *vi* 再び帆走する, 再び出帆する; 帰航する (sail back). ► *vt*〈レースなどを〉再び帆走する.

re·sálable *a* 転売できる, 再び売れる, 再販可能の.

ré·sàle /, ⌐⌐⌐/ *n* 再び売ること, 再売却; 転売, 再販(売); 中古販売;《買手への》追加販売.

résale prìce màintenance 再販売価格維持, 再販(制)《略 r.p.m.》.

résale shòp*《しばしば 慈善のための資金調達を目的とした》中古品販売店, リセールショップ.

rè·salúte *vt* …に答礼する; …に再び会釈[挨拶]する, 挨拶しなおす.

re·scále *vt* (規模を縮小して)設計[設立, 公式化]しなおす.

re·schédule *vt* …の予定[日程]を変更[延期]する;〘商〙〈債務〉の繰延べをする. ► *vi* 予定を組みなおす.

re·scind /rɪsínd/ *vt*〈法律・条約などを〉無効にする, 廃止する;〈命令などを〉撤回する;〈契約を〉解除する; 取り除く. ♦ **～·able** *a* **～·er** *n* **～·ment** *n* ［L REsciss- -*scindo* to cut off］

re·scis·si·ble /rɪsísəb(ə)l/ *a* 廃止[取消し]できる.

re·scis·sion /rɪsíʒ(ə)n/ *n* 無効にすること; 廃止; 撤回;《契約などの》解除; 予算取消し[廃棄]. ［L; ⇨ RESCIND］

re·scis·so·ry /rɪsísəri/ *a* 無効にする, 廃止する; 撤回の; 解除する, 廃棄の: a ～ action 証書無効確認訴訟.

re·script /ríːskrɪpt/ *n* **1** ローマ皇帝勅裁書;〘カト〙教皇答書; 詔

勅, 詔書, 布令; 〘米法〙《裁判所からその事務官へ, または上位裁判所から下位裁判所への》指示書. **2** 書きなおし(したもの); 写し, 副本. [L *re-(script- scribo* to write)=to reply in writing]

res·cue /réskju/ *vt* **1** 《危険·包囲·監禁·災難から》救う, 救出する (deliver): ～ a girl *from* the burning house 燃える家から少女を救う / ～ the company *from* bankruptcy その会社を破綻から救う. **2** 〈戦利品·被占領地などを〉奪い返す, 奪還[奪回]する; 〘法〙〈囚人·押収[差押]財産を〉奪還する. ► *n* 救出, 救援, 人命救助; 〘法〙《囚人·差押物件の》奪還: come to sb's [the] ～ 人を救助[救援]する. ♦ **rés·cu·able** *a* **rés·cu·er** *n* **～·less** *a* [OF *re-(escourre* to shake out＜L *ex-*[1], QUASH[1])]

réscue bìd 〘ブリッジ〙パートナーの窮地を救うための競り上げ.

réscue gràss, réscue bròme 〘植〙イヌムギ《南米原産の背の高い雑草·牧草》.

réscue mìssion 救助隊, 救援隊; 《都市の零落者の入信·更生を目的とする》救済伝道団.

re·séal *vt* 再び封じる, 封じなおす. ♦ **～·able** *a*

re·search /rɪsə́ːrʧ, ríːsəːrʧ/ *n* **1 a** [[s]*pl*] (学術)研究, 調査, リサーチ 〈*on, in, into*〉; 情報収集: do [carry out] ～ *into*...の研究を行なう. **b** 探索, 捜査 〈*for, after*〉. **2** 研究[調査]能力, 研究心: a scholar of great ～. ► *vt, vi* 研究する, 調査する; …のために調査[情報収集]を行なう: ～ (*into* [*on*]) a subject. ♦ **～·able** *a* **～·er, ～·ist** *n* 研究員, 調査員, 学究. [F (*re-*)]

re-séarch *vt* 再び捜す[探る].

reséarch and devélopment 研究開発(部門)《略 R&D》.

reséarch·ful *a* 研究に没頭している, 学究的な.

reséarch lìbrary 研究図書館.

reséarch profèssor 研究教授.

reséarch reàctor 研究炉, 研究[実験]用原子炉.

reséarch univèrsity 研究大学, 大学院大学《学部学生の教育よりも大学院での学術研究に重きをおく大学》.

re·séat *vt* **1** 再びすわらせる[座につける], 別の席にすわりなおさせる; 復職[復位, 復任]させる; (正しい)もとの位置に戻す[付けなおす]: ～ one*self* 〈立った人が〉またすわる. **2** 〈椅子〉の座部を取り替える, 〈教会·劇場など〉の座席を取り替える.

re·seau /reɪzóʊ, rɪ-; rézoʊ, réɪ-/ *n* (*pl* **～x** /-(z)/, **～s** /-z/) 網(目); 組織網 (network); レゾー《細かい網状のレース地》; 〘気〙気象観測網, レゾー; 〘天〙レゾー《天体写真で各天体の位置を測定するための同一乾板上の方眼》; 〘写〙レゾー《三原色を幾何学的模様に配置したカラー写真用スクリーン》: ～ de résistance 地下抵抗組織. [F (OF *rais* net); ⇨ RETE]

re·sect /rɪsékt/ *vt* 〘外科〙…の一部を切除する. ♦ **～·able** *a* **～·abílity** *n*

re·sec·tion /rɪsékʃ(ə)n/ *n* 切除(術); 〘測〙後方交会法. ♦ **～·al** *a* **～·ist** *n*

re·se·da /rɪsíːdə, réɪzədàː; résɪdə/ *n* 〘植〙モクセイソウ属 (*R-*) の各種草本; 灰緑色 (＝*mignonette*).

res·e·da·ceous /rèsədéɪʃəs/ *a* 〘植〙モクセイソウ科 (Resedaceae) の.

re·séed *vt* 〈土地·畑など〉に再び[新たに]種をまく, まきなおす, 追いまきをする; [～ *-self*] みずから種をまく, 自生する. ► *vi* 自生する.

re·ségregate *vt* …に対する[…における]人種差別を復活する. ♦ **re·segregátion** *n*

re·séize *vt* 再び捕える, 再び占有[占領]する, 奪い返す; 〘法〙〈侵奪された土地〉の占有権を回復する. ♦ **re·séizure** *n* 再入手, 再占有, 奪回, 回復.

rè·seléct *vt* 再び選ぶ, 再選する, 《特に》〈現職の役人などを〉再選候補として選ぶ. ♦ **rè·seléction** *n*

re·séll *vt, vi* 再び売る, 転売する. ♦ **～·er** *n*

re·sem·blance /rɪzémbləns/ *n* **1 a** 類似 (likeness); 類似点, 類似度 〈*to, between, of*〉: He has a strong ～ *to* his father. 父親にそっくりだ / bear (a) ～ *to*...に似ている. **b** 類似物; 似顔, 肖像, 像, 画 (image). **2** 《古》外観, 外形, 様子; 《廃》見込み (probability).

re·sém·blant *a* 類似した 〈*to*〉.

re·sem·ble /rɪzémb(ə)l/ *vt* **1** …に似ている: The brothers ～ each other (*in* character). その兄弟は(性格的に)よく似ている. **2** 《古》たとえる, なぞらえる (compare, liken) 〈*to*〉. ♦ **re·sém·bler** *n* [OF (*sembler* to seem＜L *similis* like)]

re·sénd *vt* 送り返す (send back); 再び送る (send again); 〘通信〙《中継器で》送信する.

re·sent /rɪzént/ *vt* …に憤慨する, 憤る, 腹立たしく思う, 恨む. [F (*sentir* to feel)]

resént·ful *a* 〈人が〉憤慨している, 恨んでいる; 憤りによる, 恨みいっぱいの. ♦ **～·ly** *adv* **～·ness** *n*

resént·ment *n* 憤り, 憤慨, 恨み 〈*at, against, of, toward*〉.

res·er·pine /rɪsə́ːrpìːn, résərpìːn, -pən/ *n* 〘薬〙レセルピン《インドジャボク (rauwolfia) の根茎にあるアルカロイド; 鎮静·血圧降下薬》. [G *Reserpin*＜*Rauwolfia serpentina* インドジャボクの学名]

re·ser·pi·nized /rɪsə́ːrpənàɪzd/ *a* 〘医〙レセルピン (reserpine) (誘導体)で処置した. ♦ **re·sèr·pin·izá·tion** *n*

res·er·va·tion /rèzərvéɪʃ(ə)n/ *n* **1 a** 取っておく[残しておく]こと; 保留; 〘法〙留保(の条項), 留保権; 差し控えること, 条件[限定]を付けること; [[o]*pl*] 条件, 但し書き, 懸念: make ～*s* 〈条約などに〉留保を付ける / have ～*s* about the proposal その提案に懸念をもつ / MENTAL RESERVATION. **b** 隠しだて, 隠匿; 遠慮; 秘密. **c** 〘キ教〙《礼拝の対象·病人の聖体拝領用としての》聖体の保存; 〘カト〙《教皇による》聖職任命権の留保; 〘カト〙《上長者が留保する》赦免 (absolution) の権限. **2** 《部屋·席などの》予約; 予約席[室], 指定席: make [procure] a ～ 予約する / write [telephone] for ～*s* 予約の申し込みをする. **3** 《アメリカ先住民·オーストラリア先住民などのための》政府指定保留地, 居留地; 《学校·森林などに用いる》公共保留(地); *禁猟[休猟]地, 保護繁殖地; "《車道の》中央分離帯: a grass ～ "《中央分離帯または道路わきの》芝生(用)地帯. ● **off the ～** 束縛から自由で, 枠からはみ出して, 造反して; 〘米政治〙自党の候補者を支持するのを拒んで. **on the ～** *《口》特定政党[政治グループ]にとどまって. **without ～** 遠慮[腹蔵, 忌憚]なく, 率直に; 留保なく, 無条件で.

reservátion·ist *n* 予約受付係, 留保している[をつける]人.

re·serve /rɪzə́ːrv/ *vt* **1** 《他日の用に》取っておく, 残しておく; 運命づける: ～ one*self for*...のために精力をたくわえておく / He was ～*d for* that fate. 彼はそのように運命づけられていた / It was ～*d for* him to make the admirable discovery. このすばらしい発見は彼によって初めてなされた / be ～*d for* future use 〘電算〙《規格などで》将来の使用のためにリザーブされる. **2** 〈席などを〉確保しておく, 予約しておく, 指定する: ～ a table *for* a guest [*at* a restaurant] 客のために[レストランに]席を予約しておく. **3** 保有する 〈*to* [*for*] one*self* etc.〉; 〘法〙〈権利を〉留保する; 〘カト〙〈教皇·司教などが〉…の聖職任命権を留保する; 〘キ教〙〈聖体·聖餐の一部を〉取っておく, 保存する: all rights ～*d* 全著作権保有. **4** 持ち越す, 延期する (postpone); 〈判断などを〉差し控える, 保留する; 見合わせる: ～ (one's) judgment *on*...について判断を保留する. ► *n* **1 a** 保留, 保存, 予備. **b** 制限, 除外, 留保; RESERVE PRICE. **2 a** たくわえ 〈*of*〉; 保存物, 予備品; [*pl*] 《石炭·石油などの》埋蔵量, 鉱量. **b** 準備[予備]金, 積立金, 引当金: GOLD RESERVE. **c** [*pl*] 〘軍〙《決戦時に出動するための》予備軍[隊], 予備; 〘軍〙《現役ではない》予備軍[隊], 予備役人員; 〘軍〙《正規軍ではない》予備兵力, 予備兵: the first [second] ～ 予備[後備]軍. **d** 〘競技〙補欠[控え](選手); [*pl*] 二軍; 《品評会などの》予備入賞者. **e** 特別保留地, 保護区; 《豪》公園; "《車道の》中央分離帯 (reservation): a forest ～ 森林保護区, 保護林. **f** 《resist dyeing などの》防染部分, 《陶磁器の素地(きじ)を残したり白抜きにした》リザーブ, 窓(絵). **3** 自制, 慎み, 遠慮; よそよそしさ; 《芸術作品における》表現の抑制; 沈黙, 寡黙; 隠しだて; 《古》秘密. **4** 《一定の条件を満たした》高級ワイン. ● **in ～** 取っておいた, たくわえてある, 予備の: keep [have, hold] *in* ～ 予備に取っておく. **place to ～** 〘商〙準備金[積立金]に繰り込む. **a sale [an auction] without ～** 価格無制限売り立て[競売]. **throw off ～** うちとける. publish **with all ～ [all proper ～s]** 真偽は保証のかぎりでないとして発表する. **without ～** 腹蔵なく, 遠慮なく; 無条件で. **with ～** 条件付きで; 遠慮して. ► *a* 取っておいた, 予備の, 準備の: RESERVE CURRENCY 準備通貨. ♦ **re·sérv·able** *a* **re·sérv·er** *n* [OF＜L REservo to keep back]

re-sérve *vt* 再び[改めて] SERVE する.

resérve bànk 〘米〙準備銀行《連邦準備銀行 (Federal Reserve Banks) の一つ》; 《豪·南ア》準備銀行.

resérve búoyancy 〘海〙予備浮力.

resérve càrd 図書貸出し通知はがき《貸出し希望図書が戻ったことを告げる》.

resérve cìty 〘米〙準備市《連邦準備制度の加盟銀行が他地域よりも高い準備率を要求される都市》.

resérve clàuse 留保条項《プロスポーツ選手の契約書に以前あった条項; チーム側には自動的に契約を更新する権利が留保され, 選手は契約解除かトレードにならないかぎり移籍できない》.

resérve cùrrency 準備通貨《多国間決済に使用される国際的に信用度の高い通貨》.

re·sérved *a* **1** 留保した, 取っておいた, 予備の; 予約した, 貸切り[借切り]の, 指定の; 制限された; 〈職業が〉兵役免除の: ～ seats 予約[指定]席, 貸切り席 / *R*～ 《掲示·表示》予約済み, 予約席《など》; 〘電算〙《規格などで将来決めるために》リザーブ(されている). **2** 抑えた, 控えめの; 遠慮した, うちとけない; 無口な, 内気な: a quiet, ～ man 静かで控えめな男. ♦ **re·sérv·ed·ly** /-ədli/ *adv* 控えめに, 遠慮して, うちとけないで; よそよそしく. **re·sérv·ed·ness** /-ədnəs/ *n*

resérved bóok 貸出し[閲覧]予約図書; 指定図書.

resérved líst 〘英〙予備役海軍将校名簿.

resérved occupátion" 兵役免除職.

resérved pówer 〘米〙留保権限《連邦政府に与えることなく, 州または人民のために憲法によって留保されている権限》.

resérved wórd 〘電算〙予約語《プログラミング言語などで, あらかじめ意味·用途が決められていてそれ以外の意味·用途には用いることのできない語》.

resérve gràde 《豪》《スポーツチームの》予備軍, 二軍 (reserves).

resérve òfficer 〘軍〙予備役将校.

Resérve Òfficers(') Tráining Còrps [the] 〘米〙予備役将校訓練部隊《一部の大学に設けられている, 学生に将校養成訓練を授ける制度, また そうした訓練をうける全学生; 略 ROTC》.

reserve price 最低競売価格.
reserve ration 予備糧食《緊急時にかぎり使用する密閉容器に包装した濃縮食物》.
reserve tranche 〘金融〙リザーブトランシュ《IMF 加盟国の出資割当額からその国の通貨による払い込み額を差し引いた金額; 無条件で引き出すことが可能で, 各国の外貨準備に算入される》.
re·sérv·ist *n* 予備[後備]兵, 予備役人員, 在郷軍人.
res·er·voir /rézərvwàːr, *-vɔ̀ːr/ *n* **1** 貯蔵所; 貯水池, 給水所; 貯蔵器; (貯)水槽, タンク, 《ランプの》油壺, 《万年筆の》インク筒; ガスだめ; たくわえ (reserve): a depositing [settling] ～ 沈澱池 / a receiving ～ 集水池 / a storing ～ 貯水池. **2** 《知識·富などの》貯蔵, 蓄積, 宝庫 〈*of*〉. **3** 〘地質〙《原油などのたまる》貯留層, 帯水層 (aquifer); 〘生〙貯蔵器; 〘解〙CISTERNA; 〘生〙病原体保有者, 保有宿主 (＝～ **hòst**) 《病原体を宿しているが, それ自体は冒されない》. ► *vt* reservoir にたくわえる; 蓄積する; …に reservoir を備える. [F (RESERVE, -ORY)]
re·sét[1] *vt* **1** 置きなおす; 〘ボウル〙〈ピンを〉リセットする; 〘印〙〈活字を〉組みなおす; 〈宝石を〉はめなおす; 〘外科〙〈折れた骨を〉接ぎ合わせる, 整形する, 整復する; 〈髪を〉セットしなおす. **2 a** 〈計器·変数などを〉初期状態[ゼロ]に戻す, リセットする; 〈鋸などを〉研ぎなおす. **b** 〈関係などを〉修復する, リセットする. ► *n* /ˊ-ˋ-/ 置き替え; 〘印〙組みなおし; はめなおし; リセット; reset されたもの; 植え替えされた草木; reset する道具[装置]. ♦ **re·sét·table** *a* **-sèt·ta·bíl·i·ty** *n* **-sétter** *n* [*re*-]
reset[2] *vt* 《スコ》〈罪人を〉かくまう; 〘スコ法〙〈盗品を〉《そうと知りながら》受け取る. ► *n* 《廃》《罪人などを》かくまうこと, かくまう人, かくまい場所; 〘スコ法〙盗品を受け取ること. [OF＜L (*recipio* to receive)]
re·séttle *vt* **1** 〈特に 避難民を〉再び定住させる; 再び…に植民する; [～ *-self*] 再びすわる 〈*in, on*〉. **2** 〈紛争などを〉再び落ちつかせる, 再び鎮める. ► *vi* 再び平静になる. ♦ **～·ment** *n* 再植民, 再定住; 再鎮定.
res ges·tae /réɪs géstàɪ, ríːz ʤésti/ *pl* なされた事, 業績; 〘法〙《証拠能力がある》現場の付帯状況. [L]
resh /réɪʃ/ *n* レーシュ《ヘブライ語アルファベットの第 20 字》. [Heb]
re·shápe *vt* 造りなおす[変える]; 〈組織などを〉再編する. ► *vi* 新形態になる. ♦ **re·sháp·er** *n*
re·shíp *vt* 再び船に積む; 他船に積み替える: ～ one*self* 再び乗船する. ► *vi* 《特に 船員として》再び乗船(契約)する. ♦ **～·ment** *n* 再船積み, 積み替え; 再乗船; 再船積みの荷. **re·shípper** *n*
re·shóot *n, vt* 〘映〙再撮影(する), 撮りなおす.
Resht ⇨ RASHT.
re·shúffle *vt* 〈トランプの札を〉切りなおす; 〈内閣など〉の人員を入れ替える, 再編[改造]する. ► *n* 《トランプの札の》切りなおし; 《内閣などにおける》人の入れ替え, 再編成, 改造.
re·sid /rɪzíd/ *n* RESIDUAL OIL.
re·side /rɪzáɪd/ *vi* **1** 住む, 居住する, 在住する 〈*at, in; abroad*〉; 駐在する. **2** 〈性質が〉存する 〈*in*〉; 〈権利などが〉属する, 帰する 〈*in*〉. ♦ **re·síd·er** *n* [OF＜L (*sedeo* to sit)]
res·i·dence /réz(ə)d(ə)ns/ *n* **1 a** 住所, 居住地, 現住地; 《会社などの》所在地; 住居, 居宅, 居; 邸宅; 公邸, 官邸; 寄宿舎: have [keep] one's ～ 居住する / an official ～ 官邸. **b** 《権力などの》所在 (seat) 〈*of*〉. **2 a** 居住, 在住, 居留, 駐在; 《保養などのための》滞在: *R*～ is required. 任地に居住するを要す. **b** 在住[滞在]期間; 《大学での》研究[教育]期間. **c** 〘法〙居住者の身分. **3** 《物質の》残存, 持続, 滞留. ● **in** ～ (実際に)居住して; (任地に)駐在していて, 官邸[公邸]住まいで; 〈大学関係者が〉構内寄宿で[の]; 〈芸術家や作家が〉研究員[嘱託講師]として滞在して: a diplomat *in* ～ 官邸住まいの外交官. **take up** (**one's**) ～ **in**…に居を定める.
résidence time 〘化〙滞留時間《媒体中に物質が滞留する時間》; 〘理〙残留時間《核爆発のあとで放射性物質が大気中に残留している時間》.
rés·i·den·cy *n* **1** RESIDENCE; 《旧インドなど保護国における, 宗主国の》総督代理公邸, 総督代理管轄区. **2** 郡, 州《旧オランダ領東インドの行政区画》. **3** 《在外の》諜報組織, スパイ網. **4** *専門医学実習期間[資格]《医学生がインターンを終えたあとに病院で実習する》; *専門教育; 《芸術家などの》滞在研究期間[ポスト] (cf. in RESIDENCE); "《ナイトクラブなどでの》専属[定期]出演契約.
rés·i·dent *a* **1** 居住する, 在住の 〈*at, in*〉; 駐在の; 住込みの; 常勤の; 研究滞在中の; 定住の〈鳥獣〉 (opp. *migratory*): ～ aliens 在留外国人 / a ～ tutor 住込み家庭教師 / the ～ population of the city 市の現住人口 / our ～ love expert [*joc*] われわれお抱えの恋愛の達人 / a ～ bird 留鳥. **2** 内在する, 固有の 〈*in*〉; 〘電算〙常駐の. ► *n* **1 a** 居住者, 在住者; 居留民: foreign ～*s* 在留外国人 / summer ～*s* 避暑客. **b** 定住性の動物, 留鳥 (opp. *migrant*). **2** 外地駐在事務官; 弁理公使 (minister resident); 《旧インドなど保護国の地方政府における, 宗主国の》総督代理; 《旧オランダ領東インドの》知事; 《在外活動する》スパイ, 諜報員. **3** *レジデント, 研修医《医学部卒業後の臨床訓練をうける医師; 研修期間は 3–5 年で診療科によって異なる》; 実習生《研究室などでの手伝い·専門の研究などをする大学院生など》; *寮生, 寄宿生. [OF or L (RESIDE)]
résident commíssioner 〘米下院〙《プエルトリコからの》常駐代表《本会議での投票権のない弁務官》; 〘英〙《植民地などの》弁務官.
résident·er *n* 《スコ·米》居住者, 住民.
res·i·den·tial /rèzədénʃ(ə)l/ *a* 住宅向きの, 住宅地の[である]; 居住(者)用の; 居住に関する, 居住して[滞在して]行なう〈仕事など〉, 住込みの; 居住設備[寄宿舎]のある〈学校など〉: a ～ district [area, quarter] 住宅地[地域] / a ～ hotel 居住者向きのホテル / ～ qualifications 《投票に必要な》居住資格 / a ～ course 学内に滞在して履修する科目. ♦ **～·ly** *adv*
residéntial cáre 居住型介護[ケア], 施設介護[ケア].
residéntial cóllege 寄宿制大学, 学寮 (college).
residéntial schóol 〘カナダ〙《政府運営の》寄宿学校《主に遠隔地に住むインディアンやイヌイットの子弟のためのもの》.
residéntial tréatment facílity* 《精神病者の》居住型療養施設, 精神病院 (mental hospital).
res·i·den·ti·ary /rèzədénʃièri, -ʃəri; -ʃ(ə)ri/ *a* 一定期間公舎に居住する義務のある; 居住[在住]する. ► *n* 居住者, 在住者 (resident); 〘キ教〙毎年 cathedral の公舎に一定期間居住することを要する参事会員 (＝canon ～).
résidents(') associàtion 町内会, 住民組合.
residua *n* RESIDUUM の複数形.
re·sid·u·al /rɪzíʤuəl; -djʊ-/ *a* 残りの, 残余の; 〘数〙余りの; 〈計算の誤りが〉《補正を考慮しても》説明がつかない; 〈殺虫剤などが〉残留性の; 〘医〙後遺の; 〘地質〙残積成の, 残留物の: ～ urine 残尿 / ～ soil 残積土《岩がその場で風化してできたもの》. ► *n* **1** 残余, 残留物; 〘数〙残差, 誤差; 〘地理〙残丘 (monadnock); 〘医〙後遺症, 後遺障害. **2** テレビ放送のための映画フィルム売却金; [°*pl*] 《出演者·作者に対する》テレビ再放送料; 〘経〙《耐用年数を過ぎた固定資産の》残存価額. ♦ **～·ly** *adv* [L RESIDUUM]
resídual cúrrent device 《電気機器の》残留電流遮断装置, ブレーカー (circuit breaker).
resídual érror 〘数〙残差《一群の測定値とその平均値との差》.
resídual óil 〘化〙残油 (＝*resid*).
resídual pówer 〘米政治〙政府の残余権限.
resídual próduct 副産物 (by-product).
resídual secúrity 〘証券〙残存証券, 潜在的株式《ワラント·新株引受権·転換社債·優先株など普通株に転換可能だがそうされずに残っている証券》.
resídual stréss 〘冶〙残留応力.
resídual unemplóyment 残余失業《完全雇用状態の時の, 精神的, 身体的, または情緒的に雇用に不適な人びとの存在による失業; 通常は失業統計に含まれない》.
re·sid·u·ary /rɪzíʤuèri; -djuəri/ *a* 残りの, 残余の; 残滓(ざんし)(性)の, かすの; 〘法〙残余財産[遺産]の.
resíduary bequést 〘法〙残余(人的)財産遺贈.
resíduary cláuse 〘法〙《遺言中の》残余遺産遺贈条項[文言].
resíduary estáte 〘法〙残余遺産.
resíduary légacy 〘法〙残余動産遺贈.
resíduary legatée 〘法〙残余動産受遺者.
res·i·due /rézəd(j)ùː/ *n* 残余; 〘数〙《解析関数の》留数; 〘数〙剰余; 〘法〙《遺産の》残余部分; 〘化〙残基《分子の根基部》; 〘化〙残渣(ざんさ), 残留物. [OF＜L RESIDUUM]
résidue clàss 〘数〙余りの等しい組, 剰余類.
re·sid·u·um /rɪzíʤuəm/ *n* (*pl* **-sid·ua** /-ʤuə/) 残余, 残り物; 〘化〙《燃焼·蒸発などのあとの》残滓(ざんし); 残油; 〘数〙剰余; 〘法〙残余遺産; 《まれ》最下層民, 人間のくず. [L＝remaining ＜ RESIDE]
re·sign /rɪzáɪn/ *vi* **1** 《特に 正式に》辞職[辞任]する, 《みずから告げて》退職する 〈*from, as*〉: ～ *as* chairman 議長を辞任する. **2** 服する, 従う 〈*to*〉; 〘チェス〙負けを認める, 投了する. ► *vt* **1** 〈地位·官職などを〉辞する, やめる. **2** 〈仕事·財産などを〉譲り渡す, 託す, 任せる; 〈権利·希望などを〉放棄[断念]する, あきらめる; [～ *-self*] 身を任せる, 従う 〈*to*〉: ～ one*self* [one's mind] *to* do*ing* あきらめて…することにする / ～ one*self to* sleep [(one's) fate] 眠る[運命に忍従する]. ♦ **～·er** *n* [OF＜L *re*-(*signo* to sign)＝to unseal, cancel]
re·sígn *vt, vi* 署名しなおす, 再調印する.
re·sígnal *vt* 〈鉄道線路〉に新たに信号機を設置する.
res·ig·na·tion /rèzɪgnéɪʃ(ə)n/ *n* **1** 辞職, 辞任, 退会; 辞表 (＝a letter of ～): hand in [send in, submit] one's ～ 辞表を出す. **2** 放棄, 断念; 服従, 忍従, あきらめ 〈*to*〉: meet one's fate with ～ 運命を甘受する.
re·sígned *a* あきらめている, 忍従している 〈*to*〉; 辞職[退職]した (retired); 辞職[辞任]して空いた〈地位など〉: be ～ *to* die [*to* one's fate] 死を[のがれがたい運命と]観念している. ♦ **re·sígn·ed·ly** /-ədli/ *adv* あきらめて, 甘んじて, 服従して. **re·sígn·ed·ness** /-ədnəs/ *n*
re·sile /rɪzáɪl/ *vi* もとの位置[形状]にかえる[戻る]; 〈ゴムまりなどが〉はね[飛び]返る; たちまち元気を回復する; 〈契約などから〉手を引く 〈*from*〉; しりごみする, ひるむ. [F or L (*salio* to jump)]
re·sil·ience /rɪzíljəns, -iəns/, **-cy** *n* はね返り, 飛び返り; 弾力, 弾性 (elasticity), 反発[弾性ひずみ]エネルギー; 《元気の》回復力, 立ち直る力; 順応性, 柔軟さ.
re·síl·ient *a* はね[飛び]返る; 弾力のある; 立ち直り[回復]の速い; 《対処·反応などが》弾力的な, 柔軟な; こわれにくい, 丈夫な. ♦ **～·ly**

R

adv ［L *resile* (⇨ RESILE); cf. SALIENT］

res·i·lin /rézələn/ *n* 〔生化〕レシリン《昆虫の外骨格 (特に 翅の蝶番と靭帯) にある弾性タンパク質》.

res·in /réz(ə)n/ *n* 樹脂; ROSIN; SYNTHETIC RESIN; 樹脂製品. ► *vt* …に樹脂を塗る, 樹脂で処理する. ［L<Gk=pine, resin］

résin·àte *vt* …に樹脂を混ぜる[染み込ませる], 樹脂で香りをつける, 樹脂処理する. ► *n* /-nət, -nèɪt/ 〔化〕樹脂酸塩[エステル].

résin canàl [dùct] 〔植〕樹脂道.

res·in·if·er·ous /rèz(ə)níf(ə)rəs/ *a* 樹脂を分泌する.

re·sin·i·fy /rɪzínəfàɪ; rézɪn-/ *vt* 樹脂化する; 樹脂で処理する, …に樹脂を塗る[染み込ませる]. ► *vi* 樹脂になる. ♦ **re·sìn·i·fi·cá·tion** *n*

res·in·oid /réz(ə)nɔ̀ɪd/ *a* 樹脂に似た, 樹脂状[様, 性]の. ► *n* 樹脂性物質; 熱硬化性合成樹脂; ゴム樹脂.

R **résin·ous** *a* 樹脂(質)の; 樹脂製の; 樹脂から採れる; 樹脂を含む. ♦ **~·ly** *adv* **~·ness** *n*

rés·iny /réz(ə)ni/ *a* RESINOUS.

res·i·pis·cence /rèsəpís(ə)ns/ *n* 過去の過失を自覚すること, 悔悟, 改心. ［F or L (*sapio* to understand)］

res ip·sa lo·qui·tur /rí:z ípsə lɔ́:kwətʊ̀ər, réɪs-; réɪs ípsə lɔ́k-, réɪz-/ 〔法〕事実推定則, 過失推定[推論]則《事故の原因が被告の管理する事態の下に発生し, かつ その事故が過失なしには発生しない, ということが証明されれば, 被告の過失が推論されるとする準則》. ［L=the thing speaks for itself］

re·sist /rɪzíst/ *vt* **1** …に抵抗[反抗, 敵対]する (oppose), 逆らう (disobey); 妨害する, 阻止する. **2** …に耐える, 屈しない, 負けない: ~ temptation / ~ heat 耐熱性がある. **3** [ᵘ*neg*] 我慢する, 控える: can*not* ~ laughing 笑わざるをえない / I can*not* ~ a joke. しゃれを言われるとつい笑ってしまう; しゃれを思いつくと言わずにいられない / I *never* can ~ baked apples. 焼きリンゴに目がない. ► *vi* 抵抗[反対]する; [*neg*] 我慢する. ► *n* 防腐剤, 防食剤; レジスト《エッチングで残すべき部分を腐食液から保護するコーティング》; 防染剤; 絶縁塗料. ♦ **~·ing·ly** *adv* ［OF or L *re-*(*sisto* to stop < *sto* to stand) =to stand still, oppose］

resíst·ance *n* **1** 抵抗, 反抗, 敵対, 反対 ‹*to*›; 反感; 妨害, 阻止; 抵抗手段; 抵抗力; [ᵒthe R-] 地下抵抗運動(組織), レジスタンス: the French *R*~ in World War II 第二次大戦中のフランスのレジスタンス / PASSIVE RESISTANCE. **2** 〔理〕抵抗; 〔電〕抵抗《略 r, R》; 〔電〕抵抗体 (resistor); 〔精神分析〕抵抗《治療に対して感情的に逆らう傾向》; 〔生〕抵抗力, 抵抗性, 耐性; 〔証券〕RESISTANCE LEVEL. ● **offer [make] ~** 抵抗する ‹*to, against*›; 手ごたえがある. **the line [path] of least ~** 最小抵抗線; 最も楽な[面倒の少ない]やり方: take [choose, follow] *the line of least* ~.

resístance bòx 〔電〕抵抗箱《可変抵抗器》.

resístance còil 〔電〕抵抗コイル.

resístance lèvel [àrea] 〔証券〕《値上がり市場の》(上値)抵抗線 (=*resistance*)《売りが活発になって相場の上昇が鈍くなる価格水準; opp. *support level*》.

resístance thermòmeter 抵抗温度計.

resístance tràining レジスタンス・トレーニング《筋肉に一定以上の負荷をかけて筋力を鍛えるトレーニング》.

resístance wèlding 抵抗溶接.

resíst·ant, -ent *a* 抵抗する, 抵抗力のある ‹*to*›; 妨害する; [ᵒ*compd*] …に耐える, 耐性のある: corrosion-*resistant* materials 防腐物質. ► *n* RESISTER; 防染剤, RESIST.

resíst dỳeing 防染《生地に防染糊を印捺したあと, 地染めして模様をあらわす染色法》.

Re·sis·ten·cia /rèɪsɪsténsiə/ レシステンシア《アルゼンチン北東部の Paraná 川に臨む市; 対岸に Corrientes がある》.

resíst·er *n* 抵抗する人[もの]; 反政府主義者: PASSIVE RESISTER.

resìst·ibílity *n* 抵抗できること, 耐えられること; 抵抗力, 抵抗性.

resíst·ible, -able *a* 抵抗[反抗]できる.

resíst·ive *a* 抵抗する, 抵抗力のある, 抵抗性の; 〔電〕抵抗の. ♦ **~·ly** *adv* **~·ness** *n*

re·sis·tiv·i·ty /rɪzìstívəti, rì:zìstívəti/ *n* 抵抗力, 抵抗性; 〔電〕抵抗率, 固有抵抗.

resíst·less *a* 抵抗[反抗]力のない; 抵抗できない, 不可抗力の. ♦ **~·ly** *adv* **~·ness** *n*

re·sís·to·jèt /rɪzístoʊ-/ *n* 電気抵抗ジェットエンジン《液体燃料の加熱に電気抵抗による発熱を利用する》.

re·sís·tor *n* 〔電〕抵抗器.

re·sít[¹¹] *vt, vi* 《不合格のあと》再受験する. ► *n* /ㄥ ㄧ/ 再受験; 《不合格者のための》再試験, 追試験.

re·síte *vt* 別の場所[位置]に置く, 移す.

re·sítting *n* 《議会などの》再開会.

re·síze *vt* ‹コンピューター画面上の画像など›の大きさを変更する, サイズ変更する, リサイズする.

res ju·di·ca·ta /rí:z ʤù:dɪkɑ́:tə, réɪs-; réɪs-, réɪz-/ 〔法〕既判事項 (cf. FORMER ADJUDICATION). ［L=a thing adjudicated］

re·skíll *vt* …に新しい技能[技術]を習得させる, ‹労働者を›再教育する. ♦ **~·ing** *n*

re·skín *vt* ‹航空機などの›外装[外板]を交換[修理]する.

res·me·thrin /rɛzmí:θrən, -méθ-/ *n* 〔農薬〕レスメスリン《速効性合成殺虫剤》. ［? *resin*+*meth*yl+py*rethrin*］

Res·nais /rənéɪ/ レネ **Alain ~** (1922–)《フランスの映画監督; *Hiroshima mon Amour* (二十四時間の情事, 1959), *L'Année dernière à Marienbad* (去年マリエンバートで, 1961)》.

res·na·tron /réznətrɑ̀n/ *n* 〔電子工〕レスナトロン《広周波帯で大電力を発生するための四極管》. ［*resonator*, *-tron*］

re·sód *vt* …に芝を敷きなおす.

réso·jèt èngine /rí:zoʊ-/ 〔空〕レゾジェットエンジン《パルスジェットエンジンの一種》. ［*resonance jet engine*］

re·sóle *vt, vi* (‹靴›の)底革を張り替える. ► *n* /ㄥ ㄧ/ 新しい底革.

re·sol·u·ble[1] /rɪzɑ́ljəb(ə)l/ *a* 分解できる, 溶解できる ‹*into*›; 解決できる. ♦ **~·ness, re·sòl·u·bíl·i·ty** *n* ［F or L; ⇨ RESOLVE］

re·sóluble[2] *a* 再び溶解できる. ［*re-*］

res·o·lute /rézəlù:t/ *a* 決意した, 決然たる (determined); 断固[確固]とした, 意志堅固な; ‹口もと·あごなど›堅い意志を示す: a ~ will《揺るがぬ》決意. ► *n* 決意をもった人, 断固とした人. ♦ **~·ness** *n* ［L (pp) < RESOLVE］

résolute·ly *adv* 決意して, 断固として.

res·o·lu·tion /rèzəlú:ʃ(ə)n/ *n* **1** 決意, 決心; 決定; 堅忍不抜, 不屈: NEW YEAR'S RESOLUTION / good ~*s* 行ないを改めようとの決心 / form [make, take] a ~ 決心[覚悟]する / a man of great ~ 決断力の強い人, 果断の人. **2** 決議(案), 議決, 決議文 ‹*on*›: pass a ~ 決議する ‹*in favor of, against*›. **3** 《疑問·問題などの》解決, 解明, 解答 (solution) ‹*of*›; 《文学作品の》問題解決部; 〔楽〕解決《不協和音から協和音に移ること》, 解決(和)音. **4 a** 分解, 分離, 分析 ‹*into* elements›; 変換, 転換; 〔化〕《ラセミ体の》分割; 〔数〕《ベクトルの》分解; 《詩の韻律的要素の》分解; 〔韻〕音節分裂《2 短音節で 1 長音節に代えること》. **b** 〔光〕分解能, 解像(力); 〔電子工〕解像度《映像の精細さ》; 《レーダーで 2 つの目標を識別できる》最小識別距離. **5** 〔医〕《炎症·腫脹などの》消散. ♦ **~·er, ~·ist** *n* 決議に参加[署名]する人, 決議賛成者.

re·sol·u·tive /rɪzɑ́ljətɪv, rézəlù:-/ *a* 溶解できる, 分解力のある; 〔医〕消散させる; 〔法〕《契約·義務などを》解消[解除]させる: a ~ clause 〔法〕解除条項. ► *n* 《古》RESOLVENT.

re·sólv·able *a* 分解できる, 溶解性の ‹*into*›; 解決できる. ♦ **re·sòlv·abíl·i·ty** *n* 分解[溶解]性.

re·solve /rɪzɑ́lv/ *vt* **1** 決意[決心]する, 決める ‹*to* do›; ‹議会などが›決議する, 決定[票決]する; ‹人に…する›決心をさせる ‹sb *to* do, *on* a course›: It was ~*d that*…と決議した / *R*~*d*… 右決議する / The discovery ~*d* him *to* go [*on going*] forwards. その発見で彼はなお前進する決心がついた. **2** ‹問題などを›解く (solve), ‹疑いなどを›晴らす, 除く, 説明する, 解明する, 解決する; ‹劇などの›問題を解決する; 〔楽〕‹不協和音を›解決する. **3 a** 分解[分析, 還元]する ‹*into*›, 分離[分割]する; 〔数〕‹ベクトルを›分解する; 《分解·分散などして》…に化する, 変ずる; 変形させる; 《廃》溶解する, 溶かす. **b** 〔韻〕‹長音節を› 2 短音節に代える; 〔化〕‹ラセミ体を›分割する; 〔光〕‹望遠鏡などが›解像する. **4** 〔医〕‹はれものなどを›散らす, 消散させる. ► *vi* **1** 決意する ‹*on*›; 決定[決議]する ‹*on*›; 協議[評議]する: We ~*d on going* back. 引き返すことに決めた. **2** 分解する, 還元する ‹*into, to*›; 帰着する, なる, 変ずる ‹*into*›. **3** 〔医〕‹はれものなどが›散る, 消散する; 〔楽〕協和音になる, 解決する; 〔法〕無効となる, 消滅する. ● **~ itself into** …に分解[還元]する; …に帰着する: The assembly ~*d itself into* a committee. 議会は委員会に変わった / The blob ~*d itself into* a ship ぼんやりした塊は(よく見ると)船だった. ► *n* 決心, 決意; 《文》堅忍不抜, 不屈; *《議会などの》決議: make a ~ 決心する / keep one's ~ 決意をもちつづける. ［L *re-*(*solut- solvo* to solve)=to unfasten, reveal］

re·sólved *a* 決心した (determined); 堅忍不抜の, 決意の堅い (resolute), 断固たる; 熟考した. ♦ **re·sólv·ed·ly** /-vədli/ *adv* 意を決して, 断固として, 決然と. **re·sólv·ed·ness** /-vədnəs/ *n*

re·sólv·ent *a* 分解[溶解]する, ‹薬が›消散させる. ► *n* 分解物; 《物事を》解決[説明]するもの; 〔数〕逆核, 解核; 〔化〕溶解剤, 溶剤; 〔医〕《はれものの》消散剤.

re·sólv·er *n* 解決者; 解答者; 決心する人.

re·sólv·ing pòwer 〔光·写〕解像力, 分解能.

res·o·nance /réz(ə)nəns/ *n* 反響, 響き; 心に響くもの, じんとくるもの; 〔理〕共鳴, 共振; 〔楽·音〕共鳴; 〔医〕《胸部打診の》共鳴音; 〔量子力学〕共鳴; 〔理〕MAGNETIC RESONANCE; 〔理〕共鳴(状態)《きわめて短命な素粒子》; 〔天〕共鳴《中心天体を回る 2 つの天体の公転周期が簡単な整数比になること》; 反響をよび起こす性質. ［F or L; ⇨ RESOUND］

résonance radiàtion 〔理〕共鳴放射.

rés·o·nant *a* ‹音が›反響する, 鳴り響く; ‹声などが›よく響く, 朗々たる; 《言辞が》大げさな; ‹壁·箱などが›反響を起こす, 反響[共鳴]する; ‹場所が‹…で›あふれる ‹*with*›; 《感情·経験などを》よび起こす, 彷彿とさせる ‹*with*›; ‹色が›《コントラストにより》ほかの色を強める, 共鳴する; 共鳴の. ► *n* 〔音〕共鳴音 (sonorant). ♦ **~·ly** *adv*

résonant càvity 〔電子工〕共振空洞 (cavity resonator).

résonant cìrcuit 〔電子工〕共振回路.

res·o·nate /réz(ə)nèɪt/ *vi* 〈声・楽器などが〉響く; 〈…に〉反響する, 共鳴する 〈*to*〉; 繰り返し反応する; 反復する; 〖電子工〗共振する. ► *vt* 反響[共鳴]させる; 〖電子工〗共振させる. ● **～ with**… (1) 〈場所が〉…であふれる: The hall ～*d with* music [laughter]. (2) …に富む: a story that ～*s with* warmth 暖かみあふれる物語. (3) …の心に響く: The speech ～*d with* the audience. 演説は聴衆の共感を得た. ♦ **rès·o·ná·tion** *n*

rés·o·nà·tor *n* 共鳴器; 〖電子工〗共振器, 共振子.

re·sorb /rɪsɔ́:rb, -zɔ́:rb/ *vi, vt* 再び吸収する, 再吸収する; 〖生〗〈分化によりつくり出したものを〉《分解・同化して》吸収する. ♦ **resórb·ent** *a* **-ence** *n*

res·or·cin /rəzɔ́:rs(ə)n/ *n* 〖化〗レゾルシン (resorcinol).

res·or·cin·ol /rəzɔ́:rs(ə)nɔ̀(:)l, -nòʊl, -nɑ̀l/ *n* 〖化〗レゾルシノール《染料製造・医薬・写真用》.

re·sorp·tion /rɪsɔ́:rpʃ(ə)n, -zɔ́:rp-/ *n* 再吸収; 〖生〗《分化組織などの》吸収; 〖地質〗融食作用《火成岩形成に際しマグマが溶解すること》. ♦ **re·sórp·tive** *a*

re·sort /rɪzɔ́:rt/ *vi* **1** 行く; しばしば[習慣的に]行く 〈*to*〉; 滞在する 〈*in*〉. **2** たよる, 助けを求める, 〈ある手段に〉訴える 〈*to*〉: ～ *to* drink 酒にたよる. ► *n* **1** よく行くこと, しげく通うこと; 人出; 人のよく行く[集まる]所, 《特に》行楽地, リゾート (=**hóliday ～**): a place of great [general, public] ～ 人のよく行く所 / HEALTH RESORT / a summer [winter] ～ 夏[冬]の行楽地. **2** たより, 頼み 〈*to*〉; たよりにする人[もの], (訴える)手段, てだて: have ～ *to* violence 暴力に訴える / without ～ *to*…にたよらずに / last ～ 最後の手段; *[*euph*] トイレ / of first ～ すぐにたよれる[使える], 身近な. ● **as a** [**one's**] **last ～** 最後の手段として. **in the last ～** (1) as a last RESORT. (2) 結局(のところ), つまるところ, つまり. ♦ **～·er** *n* しげしげ通う人, 寄り集まる人, 往訪者 (frequenter, visitor). [OF (*sortir* to go out)]

re-sórt *vt* 再分類する, 仕分けしなおす. ♦ **～·er** *n*

resórt hotèl リゾートホテル.

re·sound /rɪzáʊnd/ *vi* **1** 〈音声・楽器などが〉鳴り響く; 〈場所が〉反響する, 〈音で〉満ちる 〈*with*〉; 共鳴する (echo). **2** 〈名声・事件などが〉知れわたる, とどろく 〈*through* [*throughout*] Europe〉. ► *vt* 反響させる (reecho); 声高に言う[繰り返す]; たたえる, とどろかせる: ～ a hero's praise 英雄をほめたたえる. [F or L *re*-(*sono* to SOUND[1])]

re-sóund *vt, vi* 再び鳴らす[鳴る], 再び響かせる[響く].

resóund·ing *a* **1** 反響する, 鳴り響く, 響きわたる; 高らかに響く, 大げさな. **2** 徹底的な, 完全な, 明確な: a ～ success. ♦ **～·ly** *adv*

re·source /rí:sɔ̀:rs, -zɔ̀:rs, rɪsɔ́:rs, -zɔ́:rs; rɪsɔ́:s, rɪzɔ́:s/ *n* **1** [ᵘ*pl*] 資源, 物資, 財源; [ᵘ*pl*] 資産, 財産; [ᵘ*pl*] 蓄積 (stock); 《情報・知識の》供給源, 資料, 教材, (補助)用具: NATURAL RESOURCES / HUMAN RESOURCES / ～ of money 財源. **2** 《万一の時の》頼み, 方便, 方策 (shift); 《古》救済[回復]の見込み: Flight was his only ～. 逃げるよりほかに手がなかった / We were at the end of our ～*s*. = No ～ was left us. 万策尽きていた / without ～ たよるところなく. **3** [*pl*] (内に秘めた)力, 才, 力量 (=inner ～s); 機転, 機知 (wit): a man of ～ 機知に富んだ人 / be thrown on one's own ～*s* 自分でなんとか切り抜けるほかない / leave sb to his own ～*s* 《助言などせず》人を放任する. **4** 退屈しのぎ, うさ晴らし, 娯楽: a man of no ～*s* 無趣味の人. ► *vt* …に資金などを援助する. [F<OF (pp)〈*resourdre* to relieve, rise again<L (*surgo* to rise)]

resóurce·ful *a* 機転のきく, 対処[問題解決]能力のある, 機略に富む; 資力のある; 資源に富む. ♦ **～·ly** *adv* **～·ness** *n*

resóurce·less *a* 頼みとするもののない; 資力のない; 資源のない. ♦ **～·ness** *n*

re·sóurc·ing *n* 《資金・人材などの》援助.

resp. respective(ly) ♦ respiration ♦ respondent.

re·spéak *vi* 再び言う, さらに[重ねて]言う. ► *vt* (繰り返し)反響する.

re·spécify *vt* 指定[定義]しなおす, 再指定する.

re·spect /rɪspékt/ *vt* **1** …に敬意を払う, 尊敬する, 敬う, 重んじる: I ～ his courage [him *for* his courage]. / ～ one*self* 自重する, 自尊心がある. **2** 尊重する; 〈規則などを〉守る; 《古》顧慮する, 注意する: ～ sb's privacy. **3** 《古》…に関係する, かかわる (cf. RESPECTING). ● **as ～s**…に関して(は), …について(は). **～ persons** 《古》〈高位の人などを〉特別待遇する, 人によってわけ隔てをする (cf. *no* RESPECTER *of persons*). ► *n* **1** 敬意, 尊敬 〈*for*〉; [*pl*] 挨拶, ご機嫌伺い 〈*to*〉: have ～ *for*…を尊敬する / have the ～ of…に敬われる / *R*～ is greater from a distance. 《諺》離れているほうが尊敬は増す / Fools take to themselves the ～ that is given to their office. 愚か者は役職[肩書]に対する敬意をわが身に引き寄せる《Aesop 寓話より》/ give [send] one's ～*s to*…によろしくと言ってやる. **2** 尊重, 重視 〈*for*〉; 注意, 関心 〈*to*〉; 《古》考慮: have [pay] ～ *to*…に関心をもつ, …を顧慮する. **3** 点, 箇所, 細目 (detail); 関係, 関連 〈*to*〉: in all [many, some] ～*s* すべての[多くの, ある]点で / in every ～ あらゆる点で / in this [that] ～ この[その]点で / in no ～ いかなる点でも(全然)…でない / have ～ *to*…に関係がある. ● **in ～ of**…に関して, …について (with regard to); 《商業通信文で》…の代価[支払い]として. **in ～ that**… 《古》…ということを考えると, …だから. **in ～ to**…に関して (in respect of). **pay one's last ～s** 最後の敬意を表する, 葬儀に出席する. **pay one's ～s** 敬意を表する 〈*to*〉. **～ of persons** 特別待遇, えこひいき. **with all due ～** 《口》おことばを返すようですが, 失礼ながら《反論するときの丁寧な言い方》. **without ～ to**…を顧慮せずに[かまわないで]. **with ～ to**…に関して(は), …について(は) (as regards, concerning). ► *int* 《口》すごい, かっこいい!《若者ことば》. [OF or L (*respect- respicio* to look back at)]

respèct·abílity *n* **1 a** 尊敬に値すること[さま], りっぱさ; りっぱな態度[行為, 人格]; 尊敬[尊重]すべきこと[人]; [*pl*] 因習的儀礼[慣習]. **b** りっぱな人(びと), [*iron*] お上品な人: all the ～ of the city 市のお歴々. **2** 体面, 世間体; ちゃんとした社会的地位[信用]のあること, 《住居などの》恥ずかしくないこと.

respéct·able *a* **1 a** 尊敬すべき, りっぱな, ちゃんとした; 相当な地位のある. **b** ごりっぱな, お上品な. **2** まともな, 恥ずかしくない, 不体裁でない, 見苦しくない (presentable); 堅気の: a ～ suit of clothes 見苦しくない衣服. **3** 相当な, かなりの〈数量・大きさなど〉; 〈質が〉まずまずの, そう悪くない: a ～ minority 少数ながら相当な数 / quite a ～ income 少なからぬ収入. ► *n* 尊敬すべき[りっぱな]人. ♦ **-ably** *adv* りっぱに; かなり, 相当に; 見苦しくなく, 体裁よく. **～·ness** *n*

respéct·ed *a* 尊敬されている, 評価の高い.

respéct·er *n* 尊重する[敬意を払う]人[者]. ● **no ～ of persons** 《地位・貧富などによって》人をわけ隔て[特別待遇]しない人 《*Acts* 10: 34》.

respéct·ful *a* 敬意を示す, (尊重すべきものを)尊重する, 礼儀をわきまえた 〈*to, toward*〉: be ～ *to* age 老人に敬意を表する / be ～ *of* tradition 伝統を重んじる / keep [stand] at a ～ distance from… 遠慮して…に近寄らない, …を敬遠する. ♦ **～·ness** *n*

respéct·ful·ly *adv* (ちゃんと)敬意を示して, 礼儀正しく, 謹んで, 丁重に; おことばを返すようですが, 失礼ながら: Yours ～ 敬白《手紙の結び; ⇨ YOURS》.

respéct·ing *prep* …について, …に関して (concerning, about); …にかんがみて.

re·spec·tive /rɪspéktɪv/ *a* **1** それぞれの, めいめいの, 各自の《通例複数名詞を伴う》: The tourists went back to their ～ countries. **2** 《古》注意深い; 《廃》不公平な; 《廃》RESPECTFUL; 《廃》RESPECTABLE. ♦ **～·ness** *n* [F or L; ⇨ RESPECT]

respéctive·ly *adv* それぞれ, おのおの, めいめいに; 別々に, 個々に (separately): The first, second, and third prizes went to Jack, George, and Frank ～.

re·spéll *vt* 〈語を〉つづりなおす; 《特に 発音記号などで》つづり換える. ♦ **re·spéll·ing** *n*

re·spi·ce fi·nem /réɪspɪkè fí:nèm/ 終わりを考えよ; 結果を考えよ. [L=look to the end]

Re·spi·ghi /rəspí:gi, rɛ-/ レスピーギ **Ottorino ～** (1879–1936) 《イタリアの作曲家; 『ローマの噴水』(1914–16)》.

res·pi·ra·ble /résp(ə)rəb(ə)l, rɪspáɪərə-/ *a* 呼吸できる; 呼吸に適する. ♦ **rès·pi·ra·bíl·i·ty** *n*

res·pi·rate /réspərèɪt/ *vt* …に人工呼吸を施す; …に換気を行なう. ► *vi* 呼吸する. [逆成く↓]

res·pi·ra·tion /rèspəréɪʃ(ə)n/ *n* 呼吸; 呼吸作用; ひと呼吸, ひと息: ARTIFICIAL RESPIRATION. ♦ **～·al** *a* [L RESPIRE]

res·pi·ra·tor /réspərèɪtər/ *n* 《ガーゼの》マスク; 防毒マスク (gas mask); 人工呼吸装置: DRINKER RESPIRATOR.

res·pi·ra·to·ry /résp(ə)rətɔ̀:ri, rɪspáɪərə-; rɪspáɪərət(ə)ri/ *a* 呼吸(性)の, 呼吸のための: ～ organs 呼吸器.

réspiratory distréss sỳndrome 〖医〗呼吸窮迫症候群 (=*hyaline membrane disease*) 《新生未熟児に起こる原因不明の呼吸障害; 肺の界面活性物質の欠乏, 無機肺・肺胞管内部をおおう好酸球膜などを特徴とする》.

réspiratory énzyme 〖生化〗呼吸酵素《細胞呼吸にはたらく酵素》, 《特に》CYTOCHROME OXIDASE.

réspiratory pígment 〖生〗呼吸色素.

réspiratory quótient 〖生〗呼吸商[率]《呼吸の際に排出する二酸化炭素の量と外界から吸収する酸素の量との比; 略 RQ》.

réspiratory syncýtial vírus RS ウイルス《培養細胞に接種すると syncytia をつくるパラミクソウイルス; 特に 小児の重篤な呼吸器疾患を起こす; 略 RSV》.

réspiratory sỳstem 〖生〗呼吸(器)系.

réspiratory tráct 〖解〗気道.

réspiratory trèe 〖動〗《ナマコ類の》呼吸樹, 水肺; 〖解〗呼吸樹《気管・気管支・細気管支》.

re·spire /rɪspáɪər/ *vi* 呼吸する; 〖生理〗〈細胞・組織が〉呼吸する《酸化代謝によって酸素を取り込み, 二酸化炭素を放出する》; 息をつく, 休息[休憩]する. ► *vt* 呼吸する; 《古・詩》〈香りを〉発散する, 〈気分を〉漂わせる. [OF or L (*spiro* to breathe); cf. SPIRIT]

res·pi·rom·e·ter /rèspərɑ́mətər/ *n* 〖生〗呼吸計《酸素呼吸の強さを測定する装置》. ♦ **rès·pi·róm·e·try** *n* **res·pi·ro·met·ric** /rèspəroumétrɪk/ *a*

res·pite /réspət, ‖-pàɪt/ *n* 一時的中止, 休止 (lull); 《苦痛・仕事・義務などからの》休息(期間), 中休み, 小康(期間) 〈*from*〉; 猶予, 延期; 《死刑の》執行猶予(期間). ● **put in ～** 猶予する, 延期する. ► *vt* …に義務[刑の執行]を猶予する; 〈刑の執行・罰・義務などを〉猶

予[延期]する; 先に延ばす. [OF<L; ⇨ RESPECT]

réspite càre 休息介護[ケア]《家庭で老人や障害者の世話をする人に休息を与えるための一時的な介護》.

re·splend /rɪsplénd/ *vi* 輝く, きらめく. [L *resplendeo* to shine brightly; cf. SPLENDID]

re·splen·dent /rɪspléndənt/ *a* 輝く, まばゆく[キラキラ]輝く, きらびやかな; きらめく, すばらしい〈音楽など〉. ♦ **~·ly** *adv* **re·splén·dence, -cy** *n*

re·spond /rɪspánd/ *vi* **1** 返答[応答]する (reply) 〈*to* a question〉; 〔教会〕〈会衆が司祭[牧師]に〉応唱する: The wireless call was soon *~ed to*. 無線の呼び出しにはじきに応答があった. **2** 応じる, 応酬する; 〈…に〉感応[反応]する, 好反応を示す 〈*to*〉; 〔ブリッジ〕パートナーのビッドに応じる: ~ (well) to treatment 治療がきいて快方に向かう. **3** *〔法〕責任を果たす, 賠償する: ~ *in* damages 損害を賠償する. **4** 《古》CORRESPOND. ► *vt* 返答する, 応答する. ► *n* **1** 〔キ教〕応唱聖歌 (responsory), 唱和句 (response). **2** 〔建〕リスポンド《アーチ受けの壁付き柱》. ♦ **~·er** *n* 〔通信〕応答機《レーダーシステムで信号を反射する送信器》. [OF<L *re-*(*spons- spondeo* to promise)=to promise in return, answer]

re·spon·dent /rɪspándənt/ *a* 応じる, 感応[反応]する 〈*to*〉; 返答[応答]する; 〔心〕応答的な, レスポンデントの (cf. OPERANT); 〔法〕被告の立場にある; 《廃》CORRESPONDENT: ~ behavior [conditioning] レスポンデント行動[条件づけ]. ► *n* 応答者, 答弁者, 《調査などの》回答者; 〔法〕《特に 離婚訴訟の》被告; 〔法〕被控訴人, 被上告人; 〔心〕レスポンデント《特定の外部刺激に応じて起こる反射; cf. OPERANT》. ♦ **re·spón·dence, -cy** *n* 適合, 相応, 一致 (correspondence); 反応, 応答 (response) 〈*to*〉.

re·spon·sa /rɪspánsə/ 〔ユダヤ教〕 *n* RESPONSUM の複数形; 応答《ラビ文献の中で質問に対する答えの形式で律法を説いた部分》.

re·sponse /rɪspáns/ *n* **1 a** 応答, 返答, 回答 (answer, reply): make no ~ 返答しない, 応答がない / in ~ *to*…に応じて, …に答えて. **b** [ᵘ*pl*] 〔教会〕唱和, レスポンス《司式者に答えて聖歌隊・会衆が唱える; 略 R., ℟》; 〔教会〕RESPONSORY; 《託宣を求める者への》神の答, お告げ. **2** 感応, 反応; 〔ブリッジ〕パートナーのビッドに対する応答としてのビッド; 〔生理・心〕《刺激に対する》反応; 〔理〕応答, レスポンス《入力に対応した出力》: call forth no ~ in one's breast 胸中になんの感興も起こさない. [L (RESPOND)]

respónse cùrve 〔理〕《マイクロホンなどの》応答曲線.

responser ⇨ RESPONSOR.

respónse tìme 対応に要する時間; 〔電算〕反応時間, レスポンスタイム《システムが指令に反応するのに要する時間》.

respónse vàriable 〔統〕応答変数.

re·spon·si·bil·i·ty /rɪspànsəbíləti/ *n* **1** 責任(があること), 責務, 義理 〈*for, of, to*〉; 〔法〕有責性, 責任能力; 《具体的な》責任, 責務, 負担: a position of ~ 責任ある地位 / a sense of ~ 責任感 / take the ~ *of doing*…する責任を負う / assume full ~ *for*…の全責任を負う / take the ~ *upon* oneself 責任を一身に引き受ける / be relieved of one's ~ [*responsibilities*] 責任を解かれる. **2** 信頼性[度], 確実度 (reliability), 《時に》支払い能力: the ~ of one seeking a loan 金を借りようとする者の支払い能力. ● **on one's own ~** 自分の責任で, 独断で.

re·spon·si·ble /rɪspánsəb(ə)l/ *a* **1 a** 責任[責め]を負うべき, 責任がある 〈*for* sth〉; 監督責任がある, 担う, 担当する 〈*for* sth [*doing*], *for* sb〉; 〈人に〉報告義務のある, 〈人の〉監督下にある 〈*to* sb〉; 《議会に対して》責任のある〈内閣〉; 〈地位など〉責任の重い, 責任ある: hold sb ~ *for*… 人に…の責任があるとする / make one*self* ~ *for*…の責任を引き受ける. **b** …の原因である 〈*for*〉: The heavy snow is ~ *for* the delay. **2** 責任を取れる, ちゃんとした, 信頼できる (reliable); 理非をわきまえた, 責任能力がある; 支払い能力のある. ♦ **-bly** *adv* 責任をもって, 確実に. **~·ness** *n* [F; ⇨ RESPOND]

re·spon·sion /rɪspánʃ(ə)n/ *n* [*pl*] 〔オックスフォード大学〕《かつての》BA 学位第一次試験 (smalls) (cf. PREVIOUS EXAMINATION); 《まれ》応答.

re·spon·sive /rɪspánsɪv/ *a* 応答する, 答える; 敏感に反応する, 反応が速い[よい] 〈*to*〉; 唱和句を用いる. ♦ **~·ly** *adv* **~·ness** *n*

re·spón·sor, re·spóns·er *n* 〔通信〕《質問機 (interrogator) の》受信部.

re·spon·so·ry /rɪspánsəri/ *n* 〔教会〕答唱, 応唱, 答辞, レスポンソリウム《聖句朗読のあと[間]に歌う[唱える] versicles と responses からなる聖歌》. ♦ **re·spon·so·ri·al** /rìspɑnsɔ́:riəl/ *a*

re·spon·sum /rɪspánsəm/ *n* (*pl* **-sa** /-sə/) ラビ回答書《ユダヤ教律法に関する質問に対する回答書》. [L=reply]

re·spráy *vt* …に再び吹き付ける, 〈車〉に再吹付け塗装をする. ► *n* /⌐ ⌐/ 再吹付け塗装.

re·spríng *vt* 〈家具〉のスプリングを取り替える.

res pu·bli·ca /réɪs pú:blɪkà:/ 国家, 共和国; COMMONWEAL. [L (REPUBLIC)]

res·sen·ti·ment /*F* rəsɑ̃timɑ̃/ *n* 怨恨, ルサンチマン.

rest[1] /rést/ *n* **1 a** 休息, 休養, 静養, 睡眠; 休憩; 永眠, 死(の眠り): a day of ~ 安息日; 日曜日 / give a ~ ひと休みさせる / take [have] a ~ ひと休みする / a 10-minute ~ 10 分間の休憩 / be called to one's eternal ~ [*euph*] 永遠の眠りにつく. **b** 安息所, 宿泊所: a seamen's ~ 海員宿泊所. **2** 安静, 安楽, 安堵, 安心, 平穏. **3** 休止, 停止, 静止; 〔楽〕休(止)符, 休止; 〔韻〕行間休止 (caesura): come [bring…] to ~ 停止[静止]する[させる]. **4** 《物を載せる》台, 支え; 《銃砲の》照準台; "《ビリヤードの》ブリッジ, レスト (bridge). ● **at ~** 休息して; 眠って; 永眠して; 安心して; 静止して; 落着して: set a question *at* ~ 問題を解決する. **give** sth [sb] **a ~** 《口》…のこと(を考える[話す]の)はやめにする. **Give it a ~!** 《口》やめろ, 黙れ, 静かにしてくれ! **Give me a ~!** *《俗》いいかげんにしてくれ, もうたくさんだ. **go [retire] to ~** 寝る (go to bed). **go to one's ~** 永眠する. **lay** sb **to ~** 休ませる, 眠らせる; [*euph*] 埋葬する. **lay [put]…to ~** …(を話題にするの)はやめにする, …のことは終わりにする[忘れてしまう]. **put [set]** sb**'s mind [heart] at ~** 人を安心させる. **take one's ~** 寝る.

► *vi* **1 a** 休む 〈*from* work〉; 横になる, 眠る; 休息[くつろぎ]を得る; 永眠する: May he [his soul] ~ *in* peace! 彼の冥福を祈る! **b** [進行形で] "〈俳優が〉舞台を休んでいる. **c** 〈土地が〉休耕[休閑]中である, 遊んでいる. **2** 安心している, 落ちついている: I cannot ~ *under* an imputation. 汚名をきせられて黙ってはいられない / We will not ~ until the criminal is caught. 犯人がつかまるまでは安心できそうもない. **3** 休止する, 静止する; 休止[静止]している; 〔法〕弁論[立証]を終える: The matter cannot ~ here. 事はこのままにしておけない. **4** ある, 位置を占める, かかる 〈*on*〉; 〈目・視線が〉とまる, 向けられる, 注がれる 〈*on*〉; 載って[支えられて]いる, もたれる 〈*on, against*〉: A smile *~ed* on her lips. 口もとに微笑が漂っていた. **5 a** たよる 〈*on*〉; 希望をかける, 信じる 〈*in* God〉. **b** 〈…に〉基づく, 依存している 〈*on, in*〉: Success will ~ *upon* your efforts. 成功はきみの努力による. ► *vt* **1** 休ませる, 休養させる; 〈土地などを〉休ませる, 遊ばせる: ~ one*self* 休息する / *R~* [God ~] his soul! 神よ! 彼の霊を休ましめたまえ. **2** 休止させる, 止める; 〔法〕〈訴訟事件〉の弁論を終える: *R~* the matter there. この件はもうそれまで(にしなさい) / ~ one's case. **3** 〈物を〉置く, 載せる, もたせかける 〈*on, against*〉; 〈目などを〉据える 〈*on*〉; 〈論などを〉〈…に〉基づかせる 〈*on*〉; たよらせる; 〈希望などを〉かける 〈*in, on*〉: I ~ my hope *on* you. きみに希望をかけている. ● **I ~ my case.** (以上で)本件に関する立証[弁論]を終わります; 《常套句として》わたしの言い分は以上です; 《人の発言が自分の主張を証明することになって》言ったとおりでしょ, ほらね. **~ on one's arms** ⇨ ARM². **~ up** 十分に休息する 〈*for*〉; 回復する 〈*from*〉. **~ with** sb 〈選択・決定が〉…しだいである: The choice *~s with* you. 選択はきみの自由である / It *~s with* the President to decide. 決定するのは大統領の考えひとつにかかっている. ♦ **rést·er** *n* [OE *ræst, rest*; cf. G *Rast*, ON and Goth=a mile (休息を必要とする距離)]

rest[2] *n* **1** [the] 残り, 残余, 残部 (remainder) 〈*of*〉; [the, 〈*pl*〉] その他の人びと, あとの人たち (the others): do the ~ 《中途半端な仕事などの》残りをやり遂げる. **2** 〔医〕残余, 残部, 遺残《生体内に残る胚性組織の断片》. **3** [the] "〔銀行〕積立金, 準備金; [the] 〔商〕差引残高. **4** 〔テニスなど〕ラリー (rally). ● **and all the ~ (of it)** その他もろもろ. **and the ~** (1) and all the REST (of it). (2) そんなもんじゃないよ, もっと上だ[多い]. **(as) for the ~** その他(について)は, あとは. **as to the ~** その他の点については, その他のことと言えば. ► *vi* **1** [補語を伴って] 依然…である, …のままである[いる] (remain): The case *~s* a mystery. 事件は依然なぞである / ~ content [satisfied] 満足している, 甘んじている / *R~* [You may ~] assured *that* I will keep my promise. 約束は必ず守りますからご安心ください. **2** 《古》残っている: whatever *~s* of hope 一縷(いちる)の望み. ► *vt* 《廃》《ある状態に》保つ (keep). [OF *reste*(*r*)<L (*sto* to stand)]

rest[3] *n* 〔史〕《よろいの》槍受け, 槍止め. [*arrest*]

re·stáge *vt* 再上演[再開催]する.

re·stámp *vt* 再捺印する; …に再び切手を貼る; 再び踏む.

rést àrea *《高速道路の》サービスエリア.

re·stárt *vt, vi* 再び飛び立たせる[飛び出す]; 再開[再出発]する, 再着手する; 《コンピューターを》再起動させる. ► *n* /⌐ ⌐/ 再着手, 再開; 再起動. ♦ **~·able** *a*

re·státe *vt* 再び述べる, 再び声明する, 言い換える, 言いなおす. ♦ **~·ment** *n* 再声明; 新たな陳述.

res·tau·rant /rést(ə)rənt, -rà:nt, -tərnt; rést(ə)rɔ̃:(ŋ), -rɔ̀nt/ *n* 料理店, 飲食店, レストラン, ファーストフード店; 《ホテル・劇場などの》食堂. [F; ⇨ RESTORE]

réstaurant càr " 食堂車 (dining car).

res·tau·ran·teur * /rèstərə:ntɔ́:r/ *n* RESTAURATEUR.

res·tau·ra·teur /rèstərətɔ́:r; -tə(:)rə-/ *n* 料理店主, レストラン経営者 (restaurant keeper). [F]

rést·bàlk *n* すき残しの畝(うね).

rést cùre 《主に 精神病の》安静療法; [ᵘ*neg*] 楽にできること, 楽な仕事: It's no ~.

rést dày 休日, 安息日.

rést·ed *a* 休養十分な, 元気を回復した.

rést ènergy 〔理〕《静止質量に由来する》静止エネルギー.

res·te·no·sis /rèstənóusəs, rì:-/ *n* 〔医〕再狭窄《血管形成術・心臓弁矯正手術のあとの狭窄の再発》.

rést·ful *a* 休息[安らぎ]を与える; 安らかな, 平穏な, 静かな, 落ちつい

た, 閑静な. ♦ ～·ly *adv* ～·ness *n*
rést·hàrrow *n*〔植〕ハリシュモクの類の欧州の草本(=*petty whin*)《長く丈夫な根が農耕の妨げとなる》. [*rest* (obs) (< *arrest* to hinder)+*harrow*[1]]
rést hòme 療養[保養]所《回復期患者・老人などの》.
rést hòuse 《旅人の》休泊所; 《インド》DAK BUNGALOW; 憩いの家《保養地で静かな生活を送らせる宿泊施設》.
res·tiff /réstɪf/ *a* 《古》RESTIVE.
rés·ti·fòrm /réstə-/ *a* 綱のような, 索状の.
réstiform bòdy〔解〕索状体.
rést·ing *a* 休息[休止, 静止]している;〔生〕休眠している;〔生〕〈細胞などが〉増殖していない; "[*euph*]〈芸人が〉失業中で (at liberty*): a ～ spore 休眠胞子 / a ～ stage 休眠期, 静止期.
résting plàce 休息所; 墓;〔建〕《階段の》踊り場: one's last [final] ～.
résting potèntial〔生〕静止電位《刺激から起こる活動を示さない静止状態の細胞の細胞膜をはさむ電位差; cf. ACTION POTENTIAL》.
res·ti·tute /réstət(j)ù:t/ *vt* もとの地位[状態]に復させる, 戻す; REFUND[1]. ► *vi* もとに戻る. [L *re-(stitut- stituo=statuo* to establish)=to restore]
res·ti·tu·tion /rèstət(j)ú:ʃ(ə)n/ *n* **1** 返却, 返還, 償還 〈*of, to*〉; 被害弁償, 損害賠償: make ～ 返還[償還, 賠償]する. **2** 復位, 復職; 復旧, 回復;〔法〕原状回復;〔神学〕《万物の》更新《最後に万人万物が神の意志に一致すること; cf. *Acts* 3: 21》;〔理〕《弾性物の》もどり, 回復: force [power] of ～ 復原力. ♦ **rés·ti·tù·tive** *a*
res·tive /réstɪv/ *a* 〈馬が〉進むのをいやがる; 御しがたい, 手に負えない, 反抗的な; 落ちつきのない, そわそわした (restless), いらいらした (fidgety). ♦ ～·ly *adv* ～·ness *n* [OF; ⇨ REST[2]]
rést·less *a* **1** 落ちつかない, 不安な (uneasy); 休ませない, 眠れない; 変化を求める, 満足していられない. **2** 静止することのない, 不断の. ♦ ～·ly *adv* ～·ness *n* [OE *restlēas*; ⇨ REST[1]]
réstless cávy〔動〕野生のテンジクネズミ.
réstless flýcatcher〔鳥〕セグロヒタキ《豪州産》.
réstless légs RESTLESS LEGS SYNDROME.
réstless lég(s) sỳndrome〔医〕下肢静止不能症候群, 不穏下肢[むずむず脚]症候群《歩行または足を動かしていないと下肢がむずむずヒリヒリして入眠が妨げられる状態》.
rést màss〔理〕静止質量.
re·stóck *vt, vi* 新たに仕入れる; 〈農場・湖・林などに〈家畜[稚魚, 苗木など]を〉新たに供給する 〈*with*〉; …に〈品物を〉補充する 〈*with*〉.
Res·ton /réstən/ レストン **James** (**Barrett**) ～ (1909–95)《スコットランド生まれの米国のジャーナリスト; *The New York Times* の名コラムニスト》.
re·stor·able /rɪstɔ́:rəb(ə)l/ *a* もとに戻せる, もとどおりになる, 取り戻せる, 復原できる.
re·stor·al /rɪstɔ́:rəl/ *n* RESTORATION.
res·to·ra·tion /rèstəréɪʃ(ə)n/ *n* **1 a** 回復, 復活, 復旧, 復元, 復原, 再生;〔神学〕万民救済. **b**《美術品・文献などの》修復, 校訂;《充塡物・冠・ブリッジなどによる歯の》修復;《歯の》修復物;《建物・死滅動物などの》原形模造; 復原[修復]されたもの《建物など》. **2** 損害賠償; 返還, 還付. **3** 復職, 復位; [the R-]〔英史〕王政復古《1660 年の Charles 2 世の即位》, 王政復古の時代《1660–85, 時に James 2 世の治世をも含めて 1688 年まで》; [the R-]〔フランス史〕王政復古《1814 年の Louis 18 世の即位》, 王政復古の時代《1814–30, 1815 年の Napoleon の百日天下をはさむ》.
Restorátion cómedy 王政復古時代の喜劇《王政復古 (1660) により, イングランドで劇場が再開されたあと 17 世紀末にかけて書かれた, 機知・野卑なユーモア・諷刺などを特色とする劇作品; Congreve, Vanbrugh, Wycherley などが代表的な作家》.
restorátion·ism *n*〔神学〕万民救済説.
restorátion·ist *n* 万民救済説の信奉者. ► *a* [R-] 英国王政復古期(の喜劇)の[に関する].
re·stor·a·tive /rɪstɔ́:rətɪv/ *a* 元気[意識, 健康]回復に役立つ; 復興の, 復旧する: ～ dentistry 修復歯科学. ► *n* 元気を回復させるもの[食べ物, 薬剤]; 気付け薬. ♦ ～·ly *adv* ～·ness *n*
restórative jústice〔法〕修復的司法《刑事裁判で, 加害者側の謝罪・賠償・社会奉仕などによる償いを通して被害者側の心情をいやすことを重視した立場》.
re·store /rɪstɔ́:r/ *vt* **1** もとに戻す, 返還する, 復帰させる 〈*to*〉;〔電算〕〈システムを〉復元する; 復職させる, 復位させる: ～ the stolen documents *to* its owner 盗まれた文書を持主に返す / ～ a man *to* his post 人を復職させる. **2** 復興[再興, 復活]する; 復旧[再建]する, 修繕[修復]する 〈*to* its original state〉; 〈古生物などを〉復原する; 〈原文を〉校訂する, 復原する: ～ law and order (*to* a town) (町の)治安を回復する / be ～*d* out of all recognition 見違えるくらいに復旧[修復]される. **3** 〈人・健康・元気・意識などを〉回復させる: ～ *to* life 生き返らせる, 復活させる. [OF<L *restauro* to renew]
re·stóred *a* 元気を取り戻した.
re·stór·er *n* もとへ戻す人[もの]; 修復する人: HAIR RESTORER.
restórer gène〔遺〕(稔性)回復遺伝子.
re·strain /rɪstréɪn/ *vt* **1** 制止[防止, 抑止]する; 抑制[規制]する; 制限する: ～ one's curiosity 好奇心を抑える / ～ one*self from* (*doing*)… 心を抑えて…しない, …(するの)を我慢する. **2** 拘束[検束, 監禁]する. ♦ ～**·able** *a* [OF<L *re-(strict- stringo* to tie)=to draw back tightly]
re·stráin *vt* 再び引っ張る.
re·stráined *a* 抑制された, 控えめな. ♦ **restráin·ed·ly** /-ədli/ *adv* 控えめに, 我慢して, 窮屈に.
restráin·er *n* 制止者; 抑制者[物];〔写〕現像抑制剤.
restráin·ing cìrcle〔バスケ〕制限円《フリースローサークルまたはセンターサークル》.
restráining òrder〔法〕**1** 禁止命令《家庭内暴力事件などで, 裁判所が個人に特定の行為を禁ずる, 特に特定の人に接触したり近づいたりすることを禁ずる命令》. **2** 一時的差止め命令.
re·straint /rɪstréɪnt/ *n* **1 a** 制止, 抑制, 禁止; 拘束, 束縛, 検束, 監禁;《船舶の》出港[入港]禁止. **b** 抑制[拘束]力[作用]; 抑制[拘束]手段[道具]; 身体固定具《シートベルトなど》. **2** 気兼ね, 遠慮, 自制, 慎み(深さ), 控えめな態度. ● **be put [kept] under ～** 監禁[拘禁]される[されている]《特に 精神病院に》. **in ～ of**…を抑制[抑止]するために. **without ～** 自由に, のびのびと, 遠慮なく. [OF (RESTRAIN)]
restráint of tráde〔経〕取引の制限《協定などの手段で競争や自由な取引を禁止[制限]する行為》.
re·stréngth·en *vt* 再強化する, 再び補充する.
re·strict /rɪstríkt/ *vt* 限る, 制限[限定]する 〈*to, within*〉; 禁じる, 妨げる. [L; ⇨ RESTRAIN]
restríct·ed *a* 限られた, 制限[限定]された (limited) 〈*to*〉;《空間・範囲などが》狭い, 狭苦しい;《利用などが》特定の集団に限られる, 特定の社会[民族]集団を排除する;〔米政府・軍〕一般には公表[配布]されない, 部外秘の (⇨ CLASSIFICATION): a ～ hotel 非開放的なホテル《白人しか利用できないような》/ a ～ publication 一部に対する発表. ♦ ～·ly *adv* ～·ness *n*
restrícted área*〔軍〕《軍人の》立入禁止区域; "自動車速度制限区域.
restrícted árticles *pl* 機内持込み禁止物.
restrícted fáre 《予定変更不能の》制限付きチケット.
restrícted úser〔電算〕制限ユーザー《利用できる機能が制限されているユーザー》.
re·stric·tion /rɪstríkʃ(ə)n/ *n* **1** 制限, 限定; 制約, 拘束; 制限[限定]するもの, 規定, 規制;〔論〕制限, 限定: impose [place, put] ～*s on*…に制限を加える / lift [remove, withdraw] ～*s* 制限を解除する. **2** 遠慮.
restríction endonùclease〔生化〕制限エンドヌクレアーゼ (RESTRICTION ENZYME).
restríction ènzyme〔生化〕制限酵素《二本鎖 DNA を特定部位で切断する酵素》.
restríction fràgment〔遺〕制限断片《制限酵素によって裂かれた DNA 分子の断片》.
restríction frágment lèngth polymórphism〔遺〕制限(酵素)断片長多型《異なる個体の DNA から制限酵素によって生成された断片に見られる多様性; 通常 突然変異の結果生じるもので, 遺伝マーカーとして利用される; 略 RFLP》.
restríction·ìsm *n* 制限主義[政策]; 貿易制限(政策);《工場などの》機械化[オートメーション]制限政策;《仕事を長続きさせるための》生産量制限政策. ♦ **-ist** *n, a* 制限主義者; 制限主義(者)の, 制限主義(者)的な.
restríction sìte〔生化〕制限部位《制限酵素が切断する二本鎖 DNA 上の部位》.
re·stric·tive /rɪstríktɪv/ *a* 制限[限定]する, きびしい, きつい;〔文法〕限定的な〈形容詞・関係詞節など〉. ► *n* 限定語, 限定表現. ♦ ～·ly *adv* 制限的に. ～·ness *n*
restríctive cláuse〔文法〕制限的関係詞節.
restríctive cóvenant〔法〕不作為約款《契約当事者が特定の行為を行なわないとの約定; 特に ある地域の土地・建物の所有者間での特定の民族・宗教集団の一員には売却しないとの約定》.
restríctive endórsement〔商〕限定的[譲渡制限]裏書《小切手や証券の譲渡を制限する裏書》.
restríctive práctice" 制限的慣行《**1**) 企業間における競争を制限する協定 **2**) 労働組合による組合員や使用者の行為の制限》.
re·stríke *vt* 再び打つ, 打ちなおす; 〈硬貨を〉新たに打ち抜く. ► *n* /⌐ ⌐/《発行時の型 (die) で打ち抜いた》再打ち抜き貨幣[メダル];《もとの版による》再製作版画[エッチング].
re·stríng *vt* 〈楽器・ラケットなど〉の弦[ガット]を張り替える; 〈数珠・ネックレスなどを〉つなぎなおす.
rést·ròom *n* 休憩室; *《事務所・工場・劇場・デパートなどの》化粧室, 手洗所, トイレ.
re·strúcture *vt, vi* 再構成[再構築, 再編成]する, 改造する; 〈債務など〉の条件変更[繰延べ]をする.
re·strúc·tur·ing *n* **1** 再構成[再編成], 改造,《特に》《業務内容の》再編成, 事業再構築, リストラ. **2** PERESTROIKA.
rést stòp 《遠距離バスなどの》休憩所, 休憩のための停車.

re·stúdy *vt* 再び学習[研究]する, 再調査[再検討]する. ► *n* 再学習, 再調査, 新研究.
re·stúff *vt* …の詰め物を詰め替える.
re·stýle *vt* …のスタイル[デザイン]を変える, 作りなおす; …に新しい呼び名を与える[名称をつける]. ► *n* /⌐ ⌐—/ 新しいスタイル.
rè·submít *vt* 再提起[提出, 付託]する.
re·sult /rɪzʌ́lt/ *n* 結果, 成り行き, 結末, 帰結; [°*pl*] 成果, (好)成績, 好結果; "《口》《試合などの》勝利; [°*pl*]《会社の》業績; 《計算・調査の》結果, 答; [*pl*]《スポーツの》成績一覧表, スコア; 《選挙の》結果: get ~*s* 結果を出す, 成果をあげる / meet with good ~*s* 好結果を得る / get a ~《試合で》勝つ. ● **as a** [《まれ》**the**] **~ of**…の結果として. **in ~***その結果 (=as a ~). **in the ~** 結局. **without ~** むなしく. **with the ~ that**… その結果…, …という結果になって. ► *vi* 結果として生ずる, 起因[由来]する ‹*from*›; 帰着する, 終わる (end) ‹*in*›; 〘法〙復帰する ‹*to* sb›: War is sure to ~. きっとその結果は戦争となる / ~ *in* failure 失敗に帰する / ~ badly まずい結果になる. ♦ **~·ful** *a* **~·less** *a* [L *re-*(*sulto* ‹ *salio* to jump)=to spring back]
re·sul·tant /rɪzʌ́ltənt/ *a* 結果として生じる; 合成された: a ~ force 合力. ► *n* 結果; 〘理〙合力; 《さまざまな要素の》合力; 〘数〙終結式. ♦ **~·ly** *adv*
resúltant tóne COMBINATION TONE.
re·sult·ative /rɪzʌ́ltətɪv/ 〘文法〙 *a* 《行為の》結果を表わす, 結果相の. ► *n* 結果を示す動詞[接続詞, 節].
resúlt dày"《GCSE などの》試験結果発表日.
resúlt·ing·ly *adv* 結果として, 結局 (as a result).
re·sume[1] /rɪzúːm; -z(j)úːm/ *vt* **1 a** 再び始める, 再開する: The House ~*d* work [its labors]. 議会が再開された. **b**〘電算〙レジュームする《suspend させたシステムを再稼働させる》. **2** 再び取る[占める]; 再び着用する, 再び用いる; ‹健康などを›取り戻す, 回復する: ~ one's seat 再び席に着く / ~ the thread of one's discourse 話のもとの筋に戻る, 話の穂を継ぐ. **3** ‹既述のことを›要約する (cf. RÉSUMÉ). ► *vi* 再び始まる, 再開する; 取り戻す, 再び占有する. ► *n* [°*attrib*]〘電算〙《節電モードからの》レジューム. ♦ **re·súm·able** *a* [OF or L (*sumpt- sumo* to take)]
ré·su·mé, re·su·me[2], **re·su·mé** /rézəmèɪ, réɪ-, ⌐⌐⌐; réz(j)umèɪ, réɪ-/ *n* 摘要, 要約, 梗概, まとめ, レジュメ (summary) ‹*of*› (cf. RESUME[1] *vt*); *履歴書 (curriculum vitae); 業績, 実績. [F (pp)‹↑]
re·súmmon *vt* 再び召喚[召集]する.
re·súmmons *n* 〘法〙再召喚(状).
re·sump·tion /rɪzʌ́m(p)ʃ(ə)n/ *n* 再開; 〘銀行〙正貨兌換復帰; 取り戻すこと, 回収, 回復, 再占有. [OF; ⇨ RESUME[1]]
re·sump·tive /rɪzʌ́m(p)tɪv/ *a* 要約する, 概説の; 取り戻す; 再開する, 繰り返す. ♦ **~·ly** *adv*
re·súpinate *a* 後ろへ曲がった, 逆向した; 〘植〙‹花などが›倒立した.
re·supinátion *n* 〘植〙倒立.
re·supíne *a* SUPINE[1].
rè·supplý *vt* 再び[新たに]供給する, 補給する. ► *n* 再供給, 新供給, 補給.
re·súrface *vt* …の表面を修復[再生]する, ‹道路を›再舗装する. ► *vi* ‹潜水艦が›再び浮上する; 再び姿を現わす; ‹問題などが›再び表面化する. ♦ **re·súr·fac·er** *n*
re·sur·gam /rɛsúrgɑ̀ːm/ われよみがえらん. [L=I shall rise again; ⇨ RESURRECTION]
re·surge[1] /rɪsə́ːrʤ/ *vi* 生き返る, よみがえる, 復活する. [L; ⇨ RESURRECTION]
re·súrge[2] *vi* ‹波など›打ち返す, 一進一退する. [*re-*]
re·súr·gent *a* 生き返る, よみがえる. ► *n* 生き返る人, 再起[復活]者. ♦ **re·súr·gence** *n* 再起, 復活, 再燃.
res·ur·rect /rɛ̀zərékt/ *vt* **1** 生き返らせる, よみがえらせる; 復活させる, 再開する. **2** ‹死体を›掘り出す, 盗掘する; 〘地質〙侵食によって露出させる, 蘇生させる. ► *vi* よみがえる, 復活する. ♦ **rès·ur·réc·tor** *n* [逆成‹↓]
res·ur·rec·tion /rɛ̀zərékʃ(ə)n/ *n* **1** [the R-] キリストの復活; [the R-]《最後の審判日における》全人類の復活; 《一般に 死者の》復活, よみがえり: I am the ~, and the life〘聖〙われはよみがえりなり, いのちなり《*John* 11: 25》. **2** 復興, 復活, 再流行 ‹*of*›. **3** 死体の盗掘. **4**〘クリスチャンサイエンス〙復活《考えの霊化, 霊的理解にしたがう物質的信念》. ♦ **~·al** *a* [OF‹L *re-*(*surrect- surgo*)=to rise again]
resurréction·àry /; -(ə)ri/ *a* 復活の[する]; 死体盗掘の.
resurréction fèrn 〘植〙ウラボシ科エゾデンダ属の常緑の着生シダ《米国南東部産; 岩上や樹上に着生し, 乾燥すると葉が渦巻状になり死んだようになるが, 雨が降るともとに戻る》.
resurréction gàte LYCH-GATE.
resurréction·ism *n* 《最後の審判日における》全人類の復活を信ずること; 死体盗掘《墓などをあばいて死体を盗み, 解剖用などに売る行為》.
resurréction·ist *n* 復活させる人《忘れられていたものなどを》; 死者復活を信ずる人; 〘カト〙キリスト復活司祭会の会員《1836 年創立》; 死体盗掘者 (body snatcher).
resurréction màn 死体盗掘者 (body snatcher).
resurréction pìe 《口》残り物で作った肉入りパイ.
resurréction plànt 〘植〙 **a** テマリカタヒバ, フッカツソウ《イワヒバ属; 乾くと枯死したように縮まり, 水を与えると再び活気づいて広がる》. **b** ROSE OF JERICHO. **c** FIG MARIGOLD.
rè·survéy *vt* 再測量[再踏査, 再調査]する. ► *n* /—⌐⌐/ 再測量, 再調査.
re·sus·ci·tate /rɪsʌ́sətèɪt/ *vt* 《人工呼吸などで》蘇生させる, 生き返らせる; 復興する. ► *vi* 蘇生する, 生き返る, 意識を回復する. ♦ **re·sùs·ci·tá·tion** *n* **re·sús·ci·tà·tive** *a* [L *re-*(*suscito* to raise ‹ *sus-* SUB-, CITE)]
re·sús·ci·tà·tor *n* 復活[回復]させる人[もの]; 蘇生器, 呼吸回復装置.
res·ver·a·trol /rɛzvírətrɔ̀(ː)l, -trɑ̀l, -tròul/ *n* 〘生化〙レスベラトロール《いくつかの植物や赤ワインなどに含まれるスチルベン系ポリフェノール; 冠動脈疾患や癌のリスクの低減に関与するとされる》.
ret[1] /rét/ *v* (-tt-) *vt* 《繊維を取るため》‹麻などを›浸水する, 水につける, 湿気にさらす; [°*pass*] 湿気で腐らせる. ► *vi* ‹麻などが›浸水して柔らかくなる; ‹乾草などが›湿気で腐る. [ME‹?; cf. *rot*]
ret[2] *n**《俗》紙巻きタバコ, もく. [*cigarette*]
ret. retired.
re·ta·ble /ríːtèɪb(ə)l, ritéɪ-; ritéɪ-/, **re·ta·blo** /rɪtɑ́ːblou/ *n* 祭壇背後の棚《十字架・聖火などを置く》; 祭壇背後の装飾付きのついたて. [F‹Sp (L *retrotabulum* rear table)]
re·tail /ríːtèɪl/ *n* 小売り(業) (opp. *wholesale*); 小売店: at [by"] ~ 小売りで. ► *a* 小売りの: the ~ price 小売価格 / ~ sales 小売販売 / a ~ store [shop] 小売店 / a ~ dealer 小売商 / ~ trade 小売業. ► *adv* 小売りで: sell ~ 小売りする. ► *vt* **1** 小売りする. **2** /, rɪtéɪl/ 詳しく話す, 受け売りする, 言い触らす ‹*to*›. ► *vi* ‹商品が›…で小売りされる ‹*at* [*for*] $10›. ♦ **~·er** *n* 小売り商人; 話を受け売りする人. [OF (*taillier* to cut)]
rétail bànk"《一般大衆や中小企業を取引先とする》小口取引銀行, リテールバンク.
rétail·ing *n* 小売り(業).
rétail pàrk" POWER CENTER.
rétail pòlitics*《集会で演説したり, 有権者と直接会うといった》伝統的な[地元密着型の]選挙運動, 'どぶ板政治'.
rétail príce ìndex [the]〘英〙小売物価[価格]指数《国家統計局 (ONS) が毎月一般消費財やサービスの価格から算出する物価変動のめやすとなる指数; 日本・米国の消費者物価指数 (consumer price index) に当たる; 略 RPI》.
rétail thèrapy [*joc*] 買物療法《買物によるストレス解消》.
re·tain /rɪtéɪn/ *vt* **1** 保持する, 保有する, 留保する, 持ちつづける, 維持する; 《使用のために》確保しておく: ~ one's control over…に対する支配権を維持する. **2** 《ある場所に》保つ, 保持[保定]する; ‹熱などを›保っている, 失わないでいる. **3** 忘れないでいる, 憶えている. **4** ‹人を›雇っておく, 抱える, つなぎ留めておく; 《特に 依頼料を払って》‹弁護士を›雇う, …と委任契約をする; 《SELLING RACE で》‹持主が勝馬を›買い戻す. **5** 使用[実行]しつづける; 《廃止しないで》そのままにして置く. ♦ **~·able** *a* **~·abílity** *n* **~·ment** *n* [AF‹L *re-*(*tent- tineo*=*teneo*)=to hold back]
retáined éarnings [íncome] (*pl*)《企業の》留保利益, 利益剰余金 (=*earned surplus*).
retáined óbject 〘文法〙保留目的語《The boy was given a book. の a book, または A book was given to the boy. の the boy》.
retáined objéctive cómplement 〘文法〙保留目的補語《The boy was considered a genius. の a genius》.
retáin·er[1] *n* 保持[保有]者[物]; 〘史〙召し抱えの者, 従者, 家臣, 家来; 召使; 使用人, 従業員, 被雇用者 (employee); 〘機〙保持器; 〘歯〙固定[保定]装置, 維持装置: an old ~ 古くからの召使; 古なじみの友.
retainer[2] *n* 《弁護士などを》雇っておく[抱えておく]こと; 〘法〙弁護約束, 訴訟依頼(書); 《弁護士・コンサルタント・建築家など専門家の》依頼料 (=*retaining fee*)《事件その他将来そのサービスが必要になることを予期して約束を取り付けておくため》; "不在時の割引家賃: have [keep] a lawyer *on* ~ 依頼料を払って弁護士を雇っておく. [ME; OF *retenir* to RETAIN の名詞用法か]
retáin·ing fèe (弁護士)依頼料 (RETAINER[2]).
retáining rìng 〘機〙止め輪, リテーニングリング.
retáining wàll 擁壁《土砂の崩壊などを防ぐ》.
re·táke *vt* 再び取る; 取り戻す, 奪回する; 〘映〙‹場面を›撮りなおす; ‹試験を›受けなおす; ‹ボールを›蹴り[打ち]なおす. ► *n* /⌐ ⌐—/〘映〙撮りなおし, 再撮影(した場面[写真]); 再度のレコーディング, とりなおし, リテイク; 再試験, 追試; ‹ボールの›蹴り[打ち]なおし.
re·tal·i·ate /rɪtǽlièɪt/ *vi* 仕返しをする; 応酬する, しっぺ返しをする, 報復関税を課する ‹*against, by doing*›. ► *vt* 仕返しに‹危害などを›加える; …に報復する. [L (*talis* of such kind)] ♦ **-à·tor** *n*
re·tàl·i·á·tion *n* 返報, 報復: in ~ *of* [*for*]…の報復として.
re·tál·i·à·tive *a* RETALIATORY.
re·tal·i·a·to·ry /rɪtǽljətɔ̀ːri, -tǽliə-; -t(ə)ri/ *a* 報復的な, 仕返しの, 復讐の: a ~ tariff 報復関税 / ~ measures 報復措置.

re·tard /rɪtɑ́ːrd/ *vt* 遅らせる; …の成長[発達]を妨げる; 妨害する, 阻止する; 〈生徒を〉進級させない; 〖機〗《エンジンにおいて》〈点火を〉遅らせるよう調整する. ► *vi* 〈特に 潮の干満・天体の運行などが〉遅れる, 遅延する. ► *n* **1** 遅滞, 遅延; 妨害, 阻止. **2** /ríːtɑ̀ːrd/ [°*derog*] うすのろ, ばか, あほう, 《社会的な》未熟者, 《身体的な》ハンディのある人. ● **at ～** 遅らされて, 妨害されて. **in ～** 《古》遅れて 〈*of*〉, 引き留められて, 〈発育・進行などを〉妨げられて. ♦ **～·ing·ly** *adv* **～·ment** *n* RETARDATION. [OF＜L (*tardus* slow)]

re·tar·dant /rɪtɑ́ːrd(ə)nt/ *a* 〈薬品の効果などを〉遅らせる: FIRE-RETARDANT. ► *n* 遅らせるもの; 難燃繊維; 〖化〗遅延剤, 抑制剤. ♦ **re·tár·dan·cy** *n* 遅延性.

re·tar·date /rɪtɑ́ːrdèɪt/ *n* /, -dət/ [°*derog*] 知恵遅れの人. ► *vt* 《廃》RETARD. ► *a* 《廃》RETARDED.

re·tar·da·tion /rìːtɑ̀ːrdéɪʃ(ə)n/ *n* 遅延; 阻止, 妨害; 妨害物; 〖心〗精神遅滞《通例 IQ 70 未満》; 遅滞[妨害]量; 〖理〗減速度 (opp. *acceleration*); 〖楽〗掛留(けいりゅう), リターデーション. ♦ **re·tard·a·tive** /rɪtɑ́ːrdətɪv/, **re·tard·a·to·ry** /rɪtɑ́ːrdətɔ̀ːri; -t(ə)ri/ *a*

retárd·ed *a* [^{s}*derog*] 発達のおそい, 知能の遅れた: a ～ child 遅進児 / mentally ～ 精神遅滞で.

retárd·ee /, ―́―́―/ *n* 知恵遅れの人.

retárd·er *n* 遅らせるもの; 〖化〗抑制剤, 《セメントの》凝結遅緩剤.

retárd [retardátion] of the tíde [of hígh wáter] [the] 〖天〗遅潮時間《月の子午線通過とそれに続く満潮との間》.

re·tárget *vt* 新しい目標に向ける.

re·táste *vt* 再び味わう.

retch /rétʃ, ''ríːtʃ/ *vi* むかつく, 吐き気を催す, 無理に吐こうとする. ► *vt* 吐く. ► *n* むかつき; ヒック《吐き気を催す時の音》. [REACH²]

retd retained ♦ retired ♦ returned.

re·te /ríːti, réɪti/ 〖解〗 *n* (*pl* **re·tia** /ríːtiə, réɪt-, -ʃ(i)ə/) 《神経・繊維・血管などの》網, 網状組織 (network), 叢(そう) (plexus); マルピーギ層 (Malpighian layer). [L＝net]

re·téach *vt* …に教えなおす, 再教育する.

re·téll *vt* 再び[形を変えて]語る; 数えなおす.

re·téll·ing *n* 改作された話[物語].

re·tem /rətém, rétəm/ *n* 〖植〗レタマ《エニシダに近縁のマメ科の低木; シリア・アラビア産; 聖書のエニシダの木 (juniper) とされる》. [Arab]

re·tene /ríːtìːn, rétìːn/ *n* 〖化〗レテン《松タールや化石樹脂から採る無色の結晶炭化水素》. [Gk＝resin]

re·ten·tion /rɪténʃ(ə)n/ *n* 保留, 保有, 保持, 保定, 維持; 留置, 監禁; 《社員などの》つなぎ留め, 定着(率); 〖スコ法〗差し押え; 保持力, 維持力; 記憶, 記憶力; 〖保〗保有(額); 〖医〗鬱滞, 貯留, 停留; 被保持[被維持]物: ～ of urine 〖医〗尿停留, 尿閉. [OF or L; ⇨ RETAIN]

reténtion·ist *n* 《特に 死刑の》存続支持者.

re·ten·tive /rɪténtɪv/ *a* **1** 保持[保有]する 〈*of*〉, 保持力のある; 湿気を保つ 〈*of*〉; 〖外科〗動かないようにする, 固定する〈包帯など〉. **2** なかなか忘れない, 記憶力のよい: have a ～ memory 記憶力がよい. ♦ **～·ly** *adv* **～·ness** *n*

re·ten·tiv·i·ty /rìːtɛntívəti, rɪ-/ *n* 保持[保有]力; 〖理〗残磁性.

re·te·nue /*F* r(ə)təny, rətny/ *n* 自制, 慎み, 控えめ.

re·te·pore /ríːtəpɔ̀ːr/ *n* 〖動〗アミコケムシ《苔虫綱アミガイ科の群体性動物の総称》.

ré·tèst *n* /, ―́―̀/ 再試験. ► *vt* /―́―̀/ …の再試験をする.

re·téxture *vt* 〈生地・衣服〉の風合(ふうあい)を回復させる; 〈肌・髪〉のきめを修復する.

re·thínk *vt, vi* 考え直す, 再考する. ► *n* /―́―̀, ―́―̀/ 再考. ♦ **re·thínk·er** *n*

Re·thondes /*F* rətɔ̃ːd(ə)/ ルトンド《フランス北部 Compiègne の東にある村; 1918 年 11 月 近くの森で第一次大戦の休戦協定が調印された》.

Re·ti /réɪti/ レティ **Richard** ～ (1889–1929)《ハンガリーのチェス名人; 超近代流 (hypermodern school) の主唱者》.

R. et I. [L *Regina et Imperatrix*] Queen and Empress ♦ [L *Rex et Imperator*] King and Emperor.

retia *n* RETE の複数形.

re·ti·a·ri·us /rìːʃiéəriəs/ *n* (*pl* **-a·rii** /-riàɪ, -riìː/) 〖古ロ〗網闘士《三叉槍と網を持って戦った gladiator》. [L (RETE)]

re·ti·ary /ríːʃièri; -ʃiəri/ *a* 網で武装した; 網状の; 網を作るのが巧みな. ► *n* 網状の巣を張るクモ.

ret·i·cence /rétəs(ə)ns/, **-cen·cy** *n* 無口; 控えめ, 遠慮 〈*of*〉; 気が進まないこと, 不承不承. [OF＜L (RE*ticeo* to keep silent); ⇨ TACIT]

rét·i·cent *a* 無口な, 寡黙な, 話したがらない; 表現が控えめな, 抑えた 〈*on, about*〉; …したがらない, 気が進まない. ♦ **～·ly** *adv*

ret·i·cle /rétɪk(ə)l/ *n* 〖光〗網線《観測しやすくするために望遠鏡などの接眼鏡の焦点に置く十字線 (crosshairs) など》. [L＝network; ⇨ RETICULUM]

reticula *n* RETICULUM の複数形.

re·tic·u·lar /rɪtíkjələr/ *a* 網状の; 入り組んだ; 〖解〗細網の: ～ fiber 細網繊維. ♦ **～·ly** *adv*

retícular áctivating sỳstem 〖解〗網様体賦活系.

retícular formátion 〖解〗《脳の》網様体.

re·tic·u·late /rɪtíkjələt, -lèɪt/ *a* 〖動・植〗網状の; 〖生〗〈進化が〉網状の. ► *vt, vi* /-lèɪt/ 網状にする[なる]; …に網目をつける; 〈電気・水などを〉網目状に[ネットワークを介して]送る. **～·ly** *adv* [(v) 逆成 ＜*reticulated*＜*reticulate* (a)＜L＝made like net (RETICULUM)]

re·tíc·u·làt·ed *a* 網状の, 網目状になった.

retículated giráffe 〖動〗アミメキリン《アフリカ北東部・ソマリア・ケニア北部に生息; 濃い栗毛の地に細い網状の白線で斑をつくる》.

retículated pýthon 〖動〗アミメニシキヘビ《ヘビの中で最大で, 9 m 以上になる; 東南アジア産》.

re·tic·u·la·tion /rɪtìkjəléɪʃ(ə)n/ *n* [°*pl*] 網目(模様) (network); 網状物[組織], 〖写〗《感光乳剤の》ちりめんじわ.

ret·i·cule /rétɪkjùːl/ *n* レティキュール《婦人用の小物入れ手提げ袋; もとは網製》; 〖光〗RETICLE. [F＜L RETICULUM]

re·tíc·u·lo·cỳte /rɪtíkjəloʊ-/ *n* 〖解〗網(状)赤血球. ♦ **re·tìc·u·lo·cýt·ic** /-sít-/ *a*

re·tic·u·lo·endothélial /rɪtìkjəloʊ-/ *a* 〖解〗(細)網内(皮)系の.

reticuloendothélial sỳstem 〖解〗(細)網内(皮)系《略 RES》.

re·tìc·u·lo·èn·do·thè·li·ó·sis /-ɛ̀ndəθìːlióʊsəs/ *n* (*pl* **-o·ses** /-sìːz/) *n* 〖医〗細網内皮症, 網内症, 細網組織(増殖)症 (＝*reticulosis*)《全身的な細網内皮細胞の過剰増殖》.

re·tic·u·lose /rɪtíkjəlòʊs/ *a* RETICULATE.

re·tic·u·lo·sis /rɪtìkjəlóʊsəs/ *n* (*pl* **-ses** /-sìːz/) 〖医〗細網症 (reticuloendotheliosis).

re·tic·u·lum /rɪtíkjələm/ *n* (*pl* **-la** /-lə/) **1** 網状物, 網状組織 (network); 〖解〗細網, 網状質; 網胃, 蜂巣(はちす)胃 (＝*honeycomb* (*stomach*))《反芻動物の第二胃》. **2** [R-] 〖天〗レチクル座 (Net). [L (dim)＜RETE]

retículum cèll 〖解〗細網細胞.

re·tíe *vt* 結び[つなぎ]なおす.

ré·ti·fòrm /ríːtə-, rétə-/ *a* 網状組織の, 網状の (reticulate): a ～ tissue 網状組織.

re·tíle *vt* …のタイルを張りなおす.

re·tíme *vt* …の(予定)時間を変更する.

ret·in- /rét(ə)n-/, **ret·i·no-** /rét(ə)noʊ, -nə/ *comb form*「網膜 (retina)」 [L]

ret·i·na /rét(ə)nə/ *n* (*pl* **～s, -nae** /-nìː, -nàɪ/) 〖解〗《眼の》網膜. ♦ **ret·i·nal**¹ /rét(ə)nəl/ *a* [L RETE]

Ret·in-A /rét(ə)néɪ/ 〖商標〗レチン A《レチノイン酸 (retinoic acid) 製剤; 日焼けで痛んだ肌の若返りに効果があるともいう》.

ret·i·nac·u·lum /rɛ̀t(ə)nǽkjələm/ *n* (*pl* **-la** /-lə/) 〖昆〗抱鉤; 〖昆〗保帯; 〖植〗粘着体. ♦ **rèt·i·nác·u·lar** *a* [L＝that which holds]

ret·i·nal² /rét(ə)nǽl, *-nɔ̀ːl/ *n* 〖生化〗レチナール《ビタミン A アルデヒド; オプシンと共に視物質を形成する》. [*retina, -al*³]

rétinal detáchment 〖医〗網膜剝離 (＝*detached retina*)《網膜内層の神経網膜が色素上皮から分離する状態》.

rétinal rívalry 〖眼・心〗《左右の目に異なる像が同時に映る場合の》視野闘争, 網膜闘争 (＝*binocular rivalry*).

ret·ine /rétìːn/ *n* 〖生化〗レチン《体内に微量だけ含まれる細胞成育妨害物質; cf. PROMINE》. [*retard, -ine*]

ret·i·nene /rét(ə)nìːn/ *n* 〖生化〗レチネン (RETINAL²).

ret·i·nis·po·ra /rɛ̀t(ə)níspərə/, **-nos·po·ra** /-nɑ́spərə/ *n* 〖植〗**a** ヒノキ(檜)《ヒノキ属の装飾用低木の総称; 日本産》. **b** クロベ(黒檜)《ヒノキ科クロベ属の低木の総称》.

ret·i·nite /rét(ə)nàɪt/ *n* 樹脂石《琥珀(こはく)の一種》.

ret·i·ni·tis /rɛ̀t(ə)náɪtəs/ *n* 〖医〗網膜炎.

retinítis pig·men·tó·sa /-pìgməntóʊsə, -mɛn-, -zə/ 〖医〗色素性網膜炎.

rètino·blas·tó·ma /-blæstóʊmə/ *n* 〖医〗網膜芽(細胞)腫.

ret·i·nó·ic ácid /rɛ̀t(ə)nóʊɪk-/ 〖化〗レチノイン酸 (＝*tretinoin*)《ビタミン A から得られる酸; 角質溶解薬として, 特に 尋常性痤瘡[にきび]の治療に用いる》.

ret·i·noid /rét(ə)nɔ̀ɪd/ *n* 〖生化〗レチノイド《ビタミン A (retinol) に類似し, 体内で同様の機能を果たす物質》. ► *a* 網膜様の, 網膜に似た. [RETINOL and *retin-, -oid*]

ret·i·nol /rét(ə)nɔ̀(ː)l, -nòʊl, -nɑ̀l/ *n* 〖生化〗レチノール《ビタミン A₁》; 〖化〗レチノール (rosin oil). [*retina, -ol*]

ret·i·nop·a·thy /rɛ̀t(ə)nɑ́pəθi/ *n* 〖眼〗網膜症.

rétino·scòpe *n* 〖眼〗検影器 (＝*skiascope*).

ret·i·nos·co·py /rɛ̀t(ə)nɑ́skəpi/ *n* 〖眼〗網膜検視法, 検影法 (＝*shadow test, skiascopy*). ♦ **ret·i·no·scop·ic** /rɛ̀t(ə)nəskɑ́pɪk/ *a*

retinospora ⇨ RETINISPORA.

rètino·téctal *a* 〖解〗網膜と中脳蓋を結ぶ神経繊維(網)の[である].

ret·i·nue /rét(ə)n(j)ùː/ *n* 従者たち, 随(行)員団 (suite). [OF (pp)＜*retenir* to RETAIN]

rét·i·nùed *a* 従者を従えた.

re·tin·u·la /rɛtínjələ/ *n* (*pl* **～s, -lae** /-lìː, -làɪ/) 〖動〗《複眼の》小

網膜. ♦ -lar *a* ［L (dim)〈RETINA］
re·tir·a·cy /rɪtáɪərəsi/ *n* 引退, 隠居 (retirement).
re·tir·al /rɪtáɪərəl/ *n* 《スコ》退職 (retirement).
re·tir·ant /rɪtáɪərənt/ *n* 退職者 (retiree).
re·tire /rɪtáɪər/ *vi* **1 a**《職・任を》退く〈*from*〉, (一定の年限が来て) 退職[退官]する, 引退する, 廃業する; 隠退[隠居]する, 引きこもる: ～ *from* the army 退役する / ～ *as* president 社長の職を辞する / ～ *on* a pension [*under* the age clause] 年金をもらって[定年で]退職する / ～ *from* the world 隠遁する. **b** 立候補を断念する. **2 a** 退く, 後退する, 去る; 退却する〈*from, to, into*〉; 〈選手が〉《けがなどで》退く, 中途欠場[リタイア]する: ～ *from* the race レースからリタイアする. **b**〈書斎・自室などに〉引き下がる〈*to*〉; 床につく, 寝る. **c**〈陪審が〉《評決のために》退廷する. **3**〈波などが〉引く, 〈海岸線などが〉引っ込む. ► *vt* **1 a** 退職[引退, 退役, 隠退]させる; 退去[退却]させる; 隠す, 引っ込める; 引き戻す. **b**〘野・クリケット〙〈打者を〉アウトにする, 〈チーム〉の攻撃を終わらせる. **c**〈トロフィーなどを〉最終勝者として獲得する. **2**〈手形・紙幣などを〉回収する; 〈債券・ローンなどを〉償還する; 〈古くなったものを〉撤収[廃棄]する; 〈背番号を〉永久欠番にする. ● **～ into oneself** 自分の中に引きこもる, 無口になる, 人[世間]とのつきあいをやめる. **～ the side**〘野〙スリーアウトを取る. ► *n* 隠退, 隠居; 退却(合図の)らっぱ: sound the ～ 退却らっぱを吹く. ♦ **re·tír·er** *n* ［F (*tirer* to draw)］
re·ti·ré /rətì:réɪ/ *n* (*pl* ～)〘バレエ〙ルチレ《足先を他方の足の膝に運び, 続いて第五ポジションに戻る動作》.
re·tíred *a* 隠退した, 退職[引退]した; 〘軍〙退役の (opp. *active*); 退職者の[が受け取る]; 遠慮がちの; 片田舎の, 人里離れた, へんぴな: a ～ pension＝～ pay 退職年金, 恩給 / a ～ life 隠退[引退]生活 / a ～ valley 山奥の谷. ♦ **～·ly** *adv* **～·ness** *n*
retíred líst [the] *退役軍人名簿, "退役将校名簿.
re·tir·ee* /rɪtàɪərí:, ─ ─ ╱─/ *n* 退職(生活)者.
retíre·ment *n* **1 a** 隠退, 隠居; 退職, 退官, 退役, 引退; 退職年齢, 定年, 停年; 定年後の時期[人生]: go into ～ 隠居[引退]する / live [dwell] in ～ 閑居する / take early ～ 早期退職する. **b** 退去, 退却; 〘軍〙随意退却. **2** 隠退所, 隠棲場所; 片田舎, へんぴな所. **3**《自社発行の社債などの》償還. ► *a* 退職[隠棲]者の.
retírement commùnity* 退職者のコミュニティー《比較的裕福な老齢者のための居住施設[地域]》.
retírement hòme 養老ホーム, 高齢者専用住宅《しばしば集合住宅》; 介護老人ホーム, 高齢者介護施設.
retírement pènsion 退職[老齢]年金.
retírement plàn 個人退職金積立計画《雇用者が従業員個人のために, または自営業者がみずからのために, 退職金を計画的に積み立てる制度》; 年金制度 (pension plan).
retírement relìef〘英〙引退時軽減措置《60 歳以上の人が事業用資産を売却処分する際に講じられる資本利得税の軽減》.
retírement ròom* [*euph*] 別室, 化粧室, 手洗い.
re·tír·ing *a*〈性格・態度など〉内気な, 引っ込みがちな; 遠慮深い (reserved), 恥ずかしがる (shy); 隠退する, 退職する, 退去する: a girl of a ～ disposition 内気な娘. ♦ **～·ly** *adv* **～·ness** *n*
retíring àge 退職年齢.
retíring collèction 説教[演奏会]後の献金.
re·títle *vt* …に別の題名[標題, 肩書]をつける: a ～*d* book 改題本.
re·tóol *vt*〈工場など〉の機械設備を改める〈*for*〉; 再編成する; 改善[修正]する. ► *vi* 機械設備の改善を行なう〈*for*〉; (再)準備する〈*for* a new job〉; 改める, 改善する; *《俗》繰り返す, やりなおす.
re·tor·na·do /rèɪtɔ:rná:doʊ/ *n* (*pl* ～**s**) 外国への出稼ぎから戻ったスペイン人; 旧植民地から帰ったポルトガル人. ［Sp, Port＝returnee］
re·tor·sion /rɪtɔ́:rʃ(ə)n/ *n*〘国際法〙RETORTION.
re·tort[1] /rɪtɔ́:rt/ *vt*〈侮辱〉に報復する, 仕返しをする; 〈いたずら・非難〉にやり返す〈*on*〉; 〈問い〉に問いで返す; …と言い返す; 〈議論〉に反駁する, 切り返す〈*against*〉. ► *vi* 言い返す, しっぺ返しする; 反駁する; 報復する. ► *n* しっぺ返し, 口答え; 逆襲, 反駁 (refutation). ♦ **～·er** *n* ［L *retort- -torqueo* to twist back］
retort[2] *n*〘化〙レトルト《乾留・蒸留・滅菌用容器[室]》. ► *vt*〈水銀・油母頁岩(ゆぼけつがん)などを〉レトルトで乾留する. ［F＜L (↑); その形状から］
retórt·ed *a* 後方に曲がった[ねじれた].
re·tor·tion /rɪtɔ́:rʃ(ə)n/ *n* 曲げ返し, ねじり; 〘国際法〙返報, 報復《自国民がうけたと同様の仕方によるもの》.
retórt pòuch レトルトパウチ《長期の非冷蔵・非冷凍保存が可能なように調理済み食品を密封包装したプラスチックフィルムや樹脂加工アルミ箔などの柔軟な袋》.
retórt stànd レトルト台[スタンド].
re·tóuch *vt*〈絵・写真・文章など〉に手を入れる[加える], 修正する, 加筆する; 〈新しく生えてきた毛髪を〉まわりの染め色に合わせる, リタッチする, 〈化粧を〉直す; 〘考古〙〈剝片を〉二次加工する. ► *vi* 手を入れる[加える], 修正する. ► *n* /╱─ ─, ─ ─╱─/《絵・写真などの》修正(した箇所); 修正されたもの《写真など》; 生えてきた毛髪の染め合わせ, リタッチ; 〘考古〙二次加工《剝片に小さな打撃を加えて小片を剝離すること》. ♦ **～·er** *n* ［? F (*re-*)］
re·tráce *vt* 引き返す, たどりなおす, 繰り返す; …のもとを訪ねる, さかのぼって調べる; 見直す, 見返す; 回顧[追想]する; なぞる: ～ one's steps [way] もと来た道を戻る; やりなおす. ♦ **～·able** *a* ［F (*re-*)］
re·tráce *vt* 再び敷き写し[透写, トレース]する, 〈素描などを〉再トレースする.
re·tract /rɪtrǽkt/ *vt* **1**〈舌・つめなどを〉引っ込める, 収縮させる. **2**〈前言を〉取り消す, 〈約束・命令などを〉撤回する; 拒否[否認]する. ► *vi* 引っ込む, 縮む; 前言を取り消す[撤回する]. ［L *retract- -traho* to draw back］
retráct·able *a*〈ヘッドライト・車輪・(カッターの)刃などが〉格納式の, 引込み式の, 可倒式の; 取消し[撤回]できる. ♦ **retràct·abílity** *n*
re·trac·ta·tion /rì:trӕktéɪʃ(ə)n/ *n*《前言の》取消し, 撤回.
retráct·ed *a*〘音〙〈母音が〉後寄りの《舌の位置を通常より後ろにして発音した》.
retráct·ible *a* RETRACTABLE.
re·trac·tile /rɪtrǽkt(ə)l, -tàɪl; -tàɪl/ *a*〘動〙〈つめ・首などが〉引っ込められる. ♦ **re·trac·til·i·ty** /rì:trӕktíləti/ *n*
re·trac·tion /rɪtrǽkʃ(ə)n/ *n*《つめなどを》引っ込めること, 収縮; 取消し[撤回](声明); 収縮力.
re·trac·tive /rɪtrǽktɪv/ *a* 引っ込める. ♦ **～·ly** *adv*
re·trác·tor *n* RETRACT する人[もの]; 〘外科〙開創器《傷口を開く器具》; 〘解〙後引筋.
re·tráin *vt* 再教育[再訓練]する. ► *vi* 再教育をうける. ♦ **～·able** *a*
re·tràin·ée *n* 再教育[再訓練]をうけている人.
re·tral /rí:tr(ə)l, rét-/ *a* 後部の, 後方の (posterior, backward), 背部にある. ♦ **～·ly** *adv* ［*retro-, -al*］
rè·transláte *vt, vi*《もとの言語に》反訳する; 《ほかの言語に》重訳する; 形を新たにする. ♦ **rè·translátion** *n*
rè·transmít *vt* 送り返す, さらに送る[伝える], 転送する, 再送信する. ♦ **rè·transmíssion** *n*
re·tráverse *vt* 再び横切る; 再び通る.
ré·trèad *n* **1** 更生[再生]タイヤ《踏み面を付け替えたタイヤ》; 《タイヤの》新しい踏み面; 《口》焼直し, 蒸し返し. **2** *《口》再召集兵; *《口》《退職後》仕事のための再訓練をうけた人, 返り咲いた[カムバックした]人[運動選手]; 《NZ口》《定年退職後》(特にもとの職業に)再就職した人 (＝*recap*); *《俗》くたびれた人, 時代遅れなやつ. ► *vt* /─ ─╱─/〈摩耗したタイヤ〉に踏み面を付けなおす, 更生させる (recap*, remould"); [*fig*]〈退職者を〉再訓練する; 《口》《新しいもののように》作りなおす, 焼直しする. ［C20 (*re-*)］
re·tréad *vt* 踏み戻る, 歩み戻る; 再び踏む. ［C16 (*re-*)］
re·treat /rɪtrí:t/ *n* **1** 退却, 後退; 方針転換[変更]; 《軍隊の》退却(合図); 《日没時の》帰営太鼓[らっぱ], 国旗降下式[らっぱ]: sound the ～ 退却の合図をする. **2 a** 引きこもること, 隠退, 隠遁, 避難. **b** 隠棲の地[場所], 隠遁所, 隠宅, 隠れ家, 避難所, 潜伏所; 別荘; 《精神異常者・病人などの》保護収容所: a mountain ～ 山荘 / a rural ～ 田舎の隠退所 / a summer ～ 避暑地. **3** 修養会, 黙想会, 研修会《一定期間, 静かな所で行なう研修》: a ～ center 修養センター, 研修所. ● **beat a ～** 退却の太鼓を打つ; 退却する, 急いで逃げる, 手を引く. **be in full ～** 総退却する. **cover the ～** 退軍のしんがりをつとめる. **cut off the ～** 退路を断つ. **go into ～** 隠遁する. **make good** one's **～** 無事にのがれる. ► *vi* **1** 退く, 後退する; 〈軍隊が〉退却する; 引きこもる, 隠退[隠遁]する; 身[手]を引く, やめる〈*from*〉: ～*ing* color 後退色. **2** へこむ, 引っ込む (recede); 〘空〙〈翼端が〉後方に傾斜している: a ～*ing* chin 引っ込んだあご. ► *vt*〘チェス〙〈コマを〉引く, 下げる; 退かせる; 隠退させる. ♦ **～·er** *n* ［OF＜L RETRACT］
re·tréat *vt* 再処理する.
retréat·ant *n* 静修者, 修養会[黙想会]の参加者.
re·tree /rɪtrí:/ *n*〘紙〙きず紙. ［F RETREAT］
re·trench /rɪtréntʃ/ *vt* 短縮する, 縮小する; 〈費用などを〉節減する, 切り詰める (reduce); 《豪・南ア》解雇する; 削除する, 省く; 廃する, 取り除く; 〘城〙《塹壕・胸壁で》〈城など〉に複郭を設ける. ► *vi* 節約する, 費用を切り詰める. ［F (*re-*)］
retrénch·ment *n* 短縮, 縮小; 削除, 削減; 経費節減, 節約; 〘城〙複郭, 内郭.
re·tríal *n* やりなおし; 〘法〙再度の事実審理, 再審; 再試験; 再実験.
re·tríbal·ìze *vt* 部族状態に戻す[復させる]. ♦ **re·trìbal·izá·tion** *n*
ret·ri·bu·tion /rètrəbjú:ʃ(ə)n/ *n* 報復, 仕返し, 返報, 報い〈*for*〉; 懲罰; 〘神学〙応報, 報い, 天罰: divine ～ 天罰 / the day of ～ 最後の審判日; 応報の日. ［L; ⇨ TRIBUTE］
re·trib·u·tive /rɪtríbjətɪv/ *a* 報いの, 応報の. ♦ **～·ly** *adv*
re·tríb·u·tiv·ìsm *n*《刑罰の》応報主義. ♦ **-ist** *n, a*
re·trib·u·to·ry /rɪtríbjətɔ̀:ri; -t(ə)ri/ *a* RETRIBUTIVE.
re·tríev·al *n* **1** 回収; 回復, 復旧, 挽回; 修繕, 修正, 訂正; 埋合わせ, 償い; 回復[取返し]の見込み: beyond [past] ～ 回復の見込みがない(ほど). **2**〘電算〙《情報の》検索, 引出し.
re·trieve /rɪtrí:v/ *vt* **1 a** 取り戻す, 回収する; 回復する, 修復する: ～ one's fortunes 身代を立て直す. **b**〈犬が〉〈獲物を〉捜して持って来

る, 〈投げた物を〉くわえて来る; 〈釣糸を〉巻き上げる, たぐる; 《テニスなどで》〈むずかしいボールを〉うまく打ち返す. **2** 復活[再生]させる; 救う 〈*from*〉: ～ sb *from* ruin 人を破滅から救う. **3** 〈損失などを〉埋め合わせる, 償う; 修正[訂正]する. **4** 想起する, 思い出す; 〔電算〕〈情報を〉検索する, 引き出す. ► *vi* 〈犬が〉獲物[投げた物]をくわえて来る; 釣糸を巻き上げる. ► *n* RETRIEVAL; 《テニスなどで》むずかしいボールをうまく打ち返すこと: beyond [past] ～ 回復の見込みがない. ♦ **re·tríev·able** *a* **re·trìev·abíl·i·ty** *n* ［OF (*trouver* to find)］

retríeve·ment *n* RETRIEVAL.

re·tríev·er *n* RETRIEVE する人; 回復者; 〔犬〕レトリーバー《射止めた獲物をくわえて来るように訓練された猟犬》; TROLLEY RETRIEVER.

re·trím *vt* 再び刈り込む (prune again); 再び飾る; 再び整える; 《再び点火するために》…の芯を切る: ～ a lamp ランプの芯を切る.

ret·ro[1] /rétrou/ *n* (*pl* ～**s**) RETRO-ROCKET.

retro[2] *a* 復古調の, レトロ(調)の. ► *n* (*pl* ～**s**) 復古[懐古]趣味(のもの), レトロ調(のもの), リバイバル; 回顧展, 回顧的なもの[映画祭など]. ［F *rétro* ＜? *rétrospectif* retrospective］

retro[3] *a* RETROACTIVE.

RETRO, Ret·ro* /rétrou/ *n* (*pl* ～**s**) 宇宙船逆推進ロケット技術者. ［*retro*fire officer］

ret·ro- /rétrou, -rə/ *pref*「後方へ (backward)」「再びもとへ」「逆に」「後方の」［L］

rétro·àct *vi* 反動する; 逆にはたらく; 既往にさかのぼる, 〈法令などが〉遡及(そきゅう)力がある.

rètro·áction *n* 反動, 反作用; 逆働; 《法・税金などの》遡及(効力).

rètro·áctive *a* 遡及する; 《ある期日に》効力がさかのぼる: ～ *to* May 1 5 月 1 日にさかのぼって. ♦ ～**·ly** *adv* **rètro·actívity** *n*

retroáctive inhibítion 〔心〕逆向抑制《前に記憶した事柄の再生が次の記憶に妨害されること》.

retroáctive láw 〔法〕遡及法.

rètro·búlbar *a* (眼)球後の.

ret·ro·cede /rètrousí:d/ *vt* 〈領土などを〉返還[還付]する. ► *vi* 戻る, 退く; 〔医〕〈病気が〉内攻する.

re·tro·ced·ent /rètrəsí:dnt/ *a* 後退する; 〔医〕〈痛風が〉内攻性の. ♦ **-céd·ence** *n*

ret·ro·ces·sion /rètrouséʃ(ə)n/ *n* 後退; 〔医〕内攻; 《領土などの》返還.

ret·ro·ces·sion·aire /rètrəsèʃənέər/ *n* 〔保〕再々保険の引受け保険会社, 再々保険者. ［*-aire*］

ret·ro·ces·sive /rètrousésɪv/ *a* RETROGRADE.

rétro·chòir *n* 〔建〕《大聖堂などで》聖歌隊席または大祭壇後方の部分, 奥内陣.

ret·ro·dict /rètrədíkt/ *vt* 《現在の情報に基づいて》〈過去の物事を〉振り返って推理[説明, 再現]する. ♦ **rèt·ro·díc·tion** *n* **-díc·tive** *a* ［*retro-*, *predict*］

rètro·displáce·ment *n* 〔医〕《身体器官の》後転: ～ of the uterus 子宮後傾.

rétro-èngine *n* 逆推進ロケットエンジン.

rétro·fìre *vt* 〈逆推進ロケット〉に点火する. ► *vi* 〈逆推進ロケットが〉点火する. ► *n* 逆推進ロケットの点火.

rétro·fìt *vt* **1** 〈機械・建物など〉に〈新しい部品・付属装置・設備などを〉あとから装備する[取り付ける], 後付けする 〈*with*〉; 〈部品・付属装置などを〉あとから取り付ける, 後付けする 〈*to*〉. **2** 《新たな目的・必要のために》作り変える, 修正する. ► *n* あとからの装備, 後付け; 後付けの部品[装置]. ［*retro*active＋re*fit*］

ret·ro·flex(ed) /rétrəflèks(t)/ *a* 反り返った; 〔医〕後屈した; 〔音〕反転音の.

ret·ro·flex·ion, -flec·tion /rètrəflékʃ(ə)n/ *n* 反転, 反り返り; 〔医〕(子宮)後屈; 〔音〕(舌先の)反転, そり舌, 反転音, そり舌音.

rètro·gradátion *n* 後退 (retrogression), 退去; 退歩, 退化; 〔地理〕退均作用《波食による海岸線の陸側への後退》; さかのぼり, あと戻り, 遡行(そこう); 〔天〕逆行運動. ♦ **ret·ro·gra·da·to·ry** /rètrəgréɪdətɔ̀:ri; -t(ə)ri/ *a*

ret·ro·grade /rétrəgrèɪd/ *a* **1 a** 後退する, あと戻りの, 逆行する; 〔宇〕逆推進の; 〔天〕逆行する《(**1**) 彗星などが太陽からみて地球と逆の方向に回る **2**) 衛星が母惑星の自転と逆の方向に公転する **3**) 天球上を東から西へ動く》. **b** 〈順序など〉逆の (inverse), 右から左に書く〈アルファベットなど〉; 〔楽〕逆行の. **c** 〔医〕〈健忘などが〉逆向性の. **2** 悪くなる, 退歩する, 退化する. **3** レトロの (RETRO[2]). **4** 《古》矛盾した, 反対の. ► *vi* 後退する; 逆行する; さかのぼる; [*fig*] 振り返る, 要点を繰り返す; 退化する; 堕落する; 〔天〕〈衛星・惑星が〉逆行する. ► *vt* 《古》あと戻り[逆行]させる. ► *n* 《まれ》RETROGRESSION; 堕落者. ► *adv* さかのぼって, 逆に. ♦ ～**·ly** *adv* ［L *retro-*(*gress-* *gradior* to go)＝to move backwards］

rétrograde rócket 〔宇〕逆推進ロケット (retro-rocket).

ret·ro·gress /rètrəgrés/ *vi* 後退する, 逆行する; 退化[退行]する; 衰退する. ［*progress* にならったもの］

ret·ro·gres·sion /rètrəgréʃ(ə)n/ *n* 後退, 逆行; 退化, 退歩, 衰退; 〔生〕退化 (degeneration); 〔天〕逆行運動.

ret·ro·gres·sive /rètrəgrésɪv/ *a* 後退[逆行]する; 退化[悪化]する; 〈進化が〉退行的な. ♦ ～**·ly** *adv*

ret·ro·ject /rétrəʤèkt/ *vt* 《まれ》後方へ投げる (opp. *project*).

rètro·lén·tal /-léntl/ *a* 〔解〕水晶体後[後方]の.

retroléntal fibroplásia 〔医〕水晶体後(方)線維増殖(症), 後水晶体線維増殖(症).

rètro·língual *a* 〔解〕後舌の, 舌の奥にある〈腺など〉.

rètro·mín·gent /-mínʤənt/ *a*, *n* 後方に排尿する(動物)《ライオンなど》. ♦ **-mín·gen·cy** *n*

ret·ro·nym /rétrounìm/ *n* レトロニム《名詞のもとの意味を特定するために, その名詞に修飾語を付けてできた語句; e-mail が生まれたことから本来の mail が snail mail と呼ばれる場合など》.

rètro·óperative *a* 過去にさかのぼって適用される[発効する], 遡及的な (retroactive).

rétro·pàck *n* 宇宙船逆推進補助ロケットシステム.

rètro·peritonéal *a* 〔医〕腹膜後の. ♦ ～**·ly** *adv*

ret·ro·pul·sion /rètrəpʌ́lʃ(ə)n/ *n* 後方に押しやること; 〔医〕後方突進《後ろ向きによろめく病気》.

rètro·refléction *n* 逆反射《反射経路が入射経路と平行な場合》. ♦ **-refléctive** *a*

rètro·refléctor *n* 逆反射体《反射光線を入射光線に対し, 平行にするための装置》.

rétro-ròcket *n* 〔宇〕逆推進ロケット.

re·trorse /rɪtrɔ́:rs, rí:trɔ̀:rs/ *a* 〔植・動〕逆向きの《後方[下方]に向いた; opp. *antrorse*》. ♦ ～**·ly** *adv*

rètro·sérrate *a* 〔動・植〕後方[下方]向きの歯[とげ]のある.

ret·ro·spect /rétrəspèkt/ *n* 回顧, 追想, 懐旧 (opp. *prospect*); 《古》先例[権威]への考慮[参照]: in ～ 回顧すると, 振り返ってみると. ► *vt*, *vi* 回顧[追想]する, 振り返る 〈*to*〉; 追想にふける 〈*on*〉. ► *a* RETROSPECTIVE. ［L (*specio* to look)］

ret·ro·spec·tion /rètrəspékʃ(ə)n/ *n* 回顧, 追想, 思い出; 過去へさかのぼること, 過去を振り返ってみる[考える]こと.

ret·ro·spec·tive /rètrəspéktɪv/ *a* 回顧の, 過去を振り返る, 懐旧の (opp. *prospective*); 回顧に基づく; 既往への; 後ろ向きの, 背面の; 〔法〕遡及的な (retroactive). ► *n* 《画家などの》回顧展, 《映画監督[俳優]の作品の》回顧[集中]上映; 作品年表. ♦ ～**·ly** *adv* 振り返って, 今から思うと; 過去にさかのぼって, 遡及的に.

rètro·sternal *a* 〔医〕胸骨後の.

rètro·transpóson *n* 〔遺〕レトロトランスポゾン《転移の際にいったん RNA に複写されたあと再び DNA に複写されるトランスポゾン》.

ret·rous·sé /rətrù:séɪ, rətrú:sèɪ, rètru:séɪ; rətrú:sèɪ/ *a* 〈鼻が〉先のそった, 天井を向いた (turned-up). ［F＝tucked up; ⇨ TRUSS］

ret·ro·ver·sion /rètrəvə́:rʒ(ə)n, -ʃ(ə)n/ *n* 反曲, 反転; 退化, 退行; もとの言語に翻訳しなおすこと, 反訳 (retranslation); 〔医〕《子宮などの》後傾.

ret·ro·vert /rétrəvə̀:rt/ *vt* 後方に曲げる.

rétrovert·ed *a* 後方に曲がった (reverted), 〈子宮が〉後傾した.

Ret·ro·vir /rétrouvìər/ 〔商標〕レトロビル《アジドチミジン (azidothymidine) 製剤》.

ret·ro·vi·rol·o·gy /rètrouvaɪrálədʒi/ *n* レトロウイルス学. ♦ **-gist** *n* レトロウイルス学者.

rétro·vìrus *n* 〔生〕レトロウイルス《遺伝情報の符号化に DNA に代わって RNA を用いるウイルス》. ♦ **rét·ro·vì·ral** *a*

re·trý *vt* 再び試みる; 〔法〕再審理する; 再試験する; 〔電算〕再試行する.

ret·si·na /retsí:nə, rétsənə/ *n* レツィーナ《ギリシア特産の松やに入りワイン》. ［Gk＜?It＝resin］

ret·tery /rétəri/ *n* 《亜麻の》浸水場.

re·túne *vt* 〈楽器を〉調律しなおす; 〈ラジオなどを〉別の周波数に合わせる.

re·túrf *vt* …に再び芝を植える.

re·turn /rɪtə́:rn/ *vi* **1** 帰る, 戻る; 〈前の話題に〉戻る; 〈もとの所有者に〉戻る; 〈もとのやり方・状態・活動に〉復帰する 〈*to*〉; 〈病気が〉再発する; 〔ゴルフ〕後半ハーフ(ラウンド)を〈あるスコアで〉まわる 〈*in*〉: ～ home 帰宅[帰省, 帰朝]する / I'll ～ *to* that later. そのことはあとで触れよう / ～ *to* life 生き返る / ～ *to oneself* 我にかえる / The body shall ～ *to* dust. 肉体は(死後)土にかえるものなり《*Gen* 3: 19》. **2** 答える, 言い返す.

► *vt* **1** 返す, 戻す, 返却する; 〈武器などを〉もとの場所[状態]に戻す; 〈光・音などを〉反射する; 〈ボールを〉打ち返す, 投げ返す; 〔アメフト〕〈敵のボールを〉取って走る: If undelivered, please ～ *to* the sender. 配達不能の節は発信者へご返送ください《目的語 this letter の省略されたもの》. **2 a** …に報いる, 答礼する; (同様に)…を返す; 〔トランプ〕〈パートナーが先に打ち出した組札〉と同じ組札を打ち返す: ～ thanks 《食前に》感謝の祈りをささげる; 《乾杯などに対し》謝辞を述べる / ～ a blow なぐり返す / ～ a [the] favor 人の親切に報いる / ～ sb's praise 人をほめ返す / ～ like *for* like 売りことばに買いことばで報いる. **b** …と答える (reply), 《廃》〈非難など〉に言い返す: "Not in the least," he ～*ed*.「どういたしまして」と彼は答えた. **3** 〈利益などを〉生む: The concert ～*ed* about $500 over expenses. 約 500 ドルの純益が上がった. **4** 《公式に》報告する, 申告する, 復命する; 〈陪審が〉答申する:

R

The liabilities were ~*ed at* $500,000. 負債額は 50 万ドルと報告された / The jury ~*ed* a verdict of guilty. 陪審は有罪の評決を行なった / The prisoner was ~*ed* guilty. 被告は有罪と答申された. **5** 〈選挙区が〉選出する; 再選する: ~ a member *to* Parliament 国会議員を選出する. **6** 〈壁・繰形(くりかた)を〉(直角に)折り返す. ● **To ~** 余談はさておき, 本題に帰って, 閑話休題.

► *n* **1** 帰る[戻る, 復する]こと 〈*to*〉; 帰還, 帰宅, 帰朝 (=~ home); 回帰, 再発, 復帰; ″RETURN TICKET: start on one's ~ home 帰路につく / the ~ of the season 季節の循環 / Many [I wish you many] happy ~*s* (of the day)! 幾久しくご長寿を祈る《誕生日などの祝詞》/ POINT OF NO RETURN / £58 ~ 往復(切符[料金]) 58 ポンド. **2 a** 返却, 返還, 還付; [*pl*] 《小売商また購買者からの》返品; 《イベントの》払い戻しチケット; [*pl*] 《宣伝に対して》応じてきた郵便物: the ~ of a loan ローンの返済. **b** 返礼, 応答, 返報; 言い返し; 返事, 返答: the ~ of a salute 答礼(砲) / make a ~ *for*...に対して返礼[仕返し]をする. **c** ″RETURN GAME [MATCH]. **d** 〘スポ〙返球, リターン; 〘アメフト〙リターン《キックオフをレシーブしたり, パスをインターセプトしたあとボールを進めること》; 〘フェン〙突き返し; 〘トランプ〙打ち返し《パートナーと同じ組の札を続けて打ち出すこと》. **3** [$^{\circ}$*pl*] 報酬, 収入, 収益; 〘経〙収益率《生産工程における単位コスト当たりの利潤率》; [*pl*] 結果: bring in a good ~ [good ~*s*] かなりの収益をもたらす / small profits and quick ~*s* 薄利多売《商売の標語; 略 SPQR》. **4** 報告(書), 申告(書); 所得税[確定]申告書, 納税申告書 (=tax ~); 課税対象財産目録[薄]; [^{U}*pl*] 《投票の》開票報告[結果]; 《候補者の》当選発表; ″選出 (election); 〘法〙執行報告; [^{U}*pl*] 統計表: election ~*s* 選挙開票報告(書) / running ~*s* 開票速報 / make a ~ *of*...の申告[報告]をする / secure a ~ (代議士に)当選する. **5** 《川などの》屈曲, 折り返し; 屈曲部; 〘建〙《繰形(くりかた)などの》見回し, 回(かえ); 曲がり壁. **6** 《水など》送り返す装置, 帰り[戻り]管; RETURN KEY, CARRIAGE RETURN; 〘電〙帰路, 帰線. ● **by ~ (of post [mail*])** 折り返し(便で), 大至急: Please send a reply *by* ~. **in ~** 返しに, 返礼に, 返報に; (その)代わりに: write *in* ~ 返事を書く / He kissed her *in* ~. 彼女にキスを返した / I want nothing *in* ~. 何もお返しなど要りません. **in ~ for [to]**...の返礼に, の返報に. **without ~** もうけなしで.

► *a* **1 a** 帰りの, 戻りの; 送り返すための: the ~ half 《往復の》帰りの切符 / a ~ cargo 返り荷 / a ~ passenger 帰りの乗客 / a ~ voyage 帰航 / a ~ envelope 返信用封筒. **b** ″往復の (round-trip*) 〈切符・料金〉. **2** 返答の, 返礼の, 再度の: a ~ visit 答礼訪問 / RETURN GAME [MATCH]. **3** 折り返された; 折り返しのある. **4** 繰り返す. [AF<Romanic; ⇨ TURN]

retúrn·able *a* 返却[返品]できる; 回収できる; 返還すべき; 報告すべき; 〘法〙回付すべき. ► *n**リターナブル瓶[缶]《返却金のもらえる空き瓶[缶]》. ♦ **retùrn·abílity** *n*

retúrn addréss 差出人住所, 返送先; 〘電算〙戻りアドレス (LINK[1]).

retúrn càrd 《片面に広告をし, 他の片面が折り返し注文用の》折り返し注文はがき.

retúrn créase 〘クリケット〙投手線 (bowling crease) の両端から垂直に後方へ延びる線.

re·túrned *a* 送り返された; 帰ってきた; 《カナダ・豪》《戦地から》本国に帰ってきて除隊された: a ~ soldier [man] 帰還兵, 復員者 / ~ empties (送り主に)返送された空き箱[空き樽など].

retúrned létter òffice 《郵便局の》配達返送不能郵便物取扱課.

re·turn·ee /rɪtɜ̀ːrníː/ *n* 《戦地・刑務所・海外滞在などからの》帰還者, 海外帰国生; 復学者, 復職者.

retúrn·er *n* RETURN する人; ″《一時的中断のあと》再び仕事に戻る人, 職業復帰者, 復職者《特に産休明けの女性》.

retúrn gàme RETURN MATCH.

re·tur·nik /rɪtə́ːrnɪk/ *n* 《東欧脱出者の中の》帰国者《政治体制の変革後に帰国した人》. [*return*, *-nik*]

retúrn·ing òfficer 《英・カナダ・豪》選挙管理官.

retúrn kèy 〘電算〙リターンキー (enter key).

retúrn·less *a* 帰ることのできない; のがれられない.

retúrn màtch リターンマッチ, 雪辱戦; 《同一カードの 2 試合のうちの》第 2 戦.

retúrn on invéstment 〘会計〙資本利益率, 投資収益[利益]率《略 ROI》.

retúrn pìpe 〘機〙《温水器などの》戻り管(かん), 帰り管(かん), リターンパイプ.

retúrn pòstage 返信用切手[送料].

retúrn tícket ″往復切符; *帰りの切符.

retúrn tríp ″往復 (round trip*).

re·tuse /rɪt(j)úːs/ *a* 〘植〙微凹形の〈葉〉《軍配うちわ形》.

re·twéet *vt* 《Twitter で》〈他人の投稿などを〉再度投稿して他のユーザーに教える, リツイートする. ► *n* リツイートされた投稿.

re·týpe *vt* タイプしなおす.

Retz /réts; *F* rɛ/ レ (1) **Gilles de ~** ⇨ RAIS (2) **Jean-François-Paul de Gondi,** Cardinal de ~ (1613–79) 《フランスの聖職者・政治家・回想録作家》.

ret·zi·na /rɛtsíːnə, rɛ́tsənə/ *n* RETSINA.

Reu·ben[1] /rúːbən/ **1** ルーベン《男子名; 愛称 Rube, Ruby》. **2** 〘聖〙**a** ルベン《Jacob の長男で Reuben 族の祖》. **b** ルベン族《イスラエル十二部族の一つ》; ルベン族の地《死海の北東部》. **3** ルーベンサンドイッチ (=~ **sàndwich**) 《ライ麦パンにコンビーフ・スイスチーズ・ザウアークラウトをはさんで焼いたもの》. **4** *《俗》田舎者. [Heb=behold a son, or renewer]

Reuben[2] *n* ルーベン賞の彫像《毎年, プロの漫画家協会から優秀な漫画家に贈られる小像》. [*Reuben* L. GOLDBERG]

Reuch·lin /rɔ́ɪklən; *G* rɔ́ʏçliːn/ ロイヒリン **Johannes ~** (1455–1522) 《ドイツの人文学者; ヘブライ学に貢献》.

re·únify *vt* 再統一[再結合]する. ♦ **re·unificátion** *n*

re·únion *n* 再結合, 再合同, 〘キ教〙再一致; 再会(の集い); 同窓会, クラス会; [or **ré·u·nion** /*F* reynjɔ̃/] 親睦会. [F (*re-*)]

Ré·union /rijúːnjən; *F* reynjɔ̃/ レユニオン《インド洋西部 Mascarene 諸島の島; フランスの海外県; ☆St.-Denis》.

re·únion·ist *n* 〘キ教〙カトリック教会と英国教会の再一致主義者[論者]. ♦ **-ìsm** *n* **re·ùn·ion·ís·tic** *a*

rè·uníte *vt, vi* 再結合[再合同, 再統一]させる[する]; 再会させる[する]; 仲直りさせる[する]. ♦ **rè·unít·er** *n*

re·úp *《俗》*vi* 再入隊する (reenlist); 再び引き受ける, 再契約する 〈*for, with*〉. [*up* (v)]

rè·uphólster *vt* 〈椅子・ソファーなど〉のカバーと詰め物を新しくする, 張り替える. ♦ **rè·uphólstery** *n*

re·úp·tàke *n* 〘生理〙再取込み, 再摂取《神経細胞が刺激の伝達の終わった伝達物質を再び吸収すること》.

Re·us /réus/ レウス《スペイン北東部の市》.

re·úse *vt* /-júːz/ 再び用いる, 再利用する, 再生する. ► *n* /-júːs/ 再使用[利用]. ♦ **re·úsable** *a* 再使用[利用]できる. **re·úsed** *a* 再生の〈羊毛など〉. **re·usabílity** *n*

Reu·ter /rɔ́ɪtər/ ロイター Baron **Paul Julius von ~** (1816–99) 《ドイツ生まれの英国のジャーナリスト; 本名 Israel Beer Josaphat; 世界最初の通信社を創設 (1851)》.

Réu·ters ロイター(社) (~ Ltd.) 《1851 年英国で創設された通信社; 正式には Thomson Reuters; 現在 New York 市に本社を置く; ⇨ Paul J. von REUTER》.

Reu·ther /rúːθər/ ルーサー **Walter (Phillip) ~** (1907–70) 《米国の労働運動指導者》.

re·útilize *vt* 再利用する, 転用する. ♦ **rè·utilizátion** *n*

Reut·ling·en /*G* rɔ́ɪtlɪŋən/ ロイトリンゲン《ドイツ南西部 Baden-Württemberg 州の市》.

rev /rɛ́v/ 《口》*n* 《エンジンなどの》回転; [^{U}*pl*] 1 分間の回転数. ► *v* (-vv-) [$^{\circ}$~ up] *vt* 〈エンジンなど〉の回転速度[回転数]を上げる, 吹かす; 高速で運転する; ...のテンポを速める, 加速する; 増やす; 活発にする, 強化する; 刺激する, 興奮させる. ► *vi* 〈エンジンが〉回転速度を上げる; 増大する; 活発になる; 精力的に準備する 〈*up for*〉. [*revo*lution]

Rev *n*″《俗》先生, 牧師[司祭]さん (Reverend) 《呼びかけ》.

rev. revenue ♦ reverse(d) ♦ review(ed) ♦ revise(d) ♦ revision ♦ revolution ♦ revolving.

Rev. 〘聖〙Revelation, Revelations ♦ (*pl* **Revs.**) Reverend.

re·váccinate *vt* 再種痘する. ♦ **re·vaccinátion** *n*

re·válidate *vt* 再確認する; 法的に有効と再度認める; 〈証明書などを〉更新する. ♦ **re·validátion** *n*

re·válorize *vt* 〈資産〉の評価を変更する; 〈通貨〉の価値を変更する. ♦ **re·valorizátion** *n*

re·váluate *vt* 評価しなおす (revalue); 〈通貨〉の価値を改定する, 《特に》切り上げる. ♦ **re·valuátion** *n* 評価のしなおし, 評価替え; 《通貨価値の》改定, 《特に》平価切上げ.

re·válue *vt* 〈資産・通貨などを〉評価しなおす, 再評価する.

re·vámp *vt* 〈靴〉に新しい爪革を付ける; ...に継ぎを当てる, 繕う; 改造[改革, 刷新, 改作, 改訂]する. ► *n* 継ぎ当て; 刷新, 改革, 改造, 改作. ♦ **re·vámp·ing** *n*

re·vanche /*F* rəvɑ̃ːʃ/ *n* 復讐, 報復(主義), 失地奪還策.

re·vanch·ism /rəvɑ́ːnʃɪz(ə)m/ *n* REVANCHE. ♦ **-ist** *n, a*

re·várnish *vt* ...にニスを塗りなおす.

re·váscular·ìze *vt* 〘医〙...の血管を再生する. ♦ **re·vàscular·izátion** *n* 血管再生(術).

rév còunter ″《口》TACHOMETER.

Revd Reverend.

re·veal[1] /rɪvíːl/ *vt* 〈隠されていたものなどを〉現わす, 示す, 見せる; 〈秘密・新事実などを〉明らかにする, 明かす, 漏らす, あばく, 暴露する 〈*to*〉; 〈神が〉啓示[黙示]する: ~ *itself* 現われる, 知れる / ~ *oneself* 名のる, 身分を明かす, 示す / It was ~*ed* that...ということが明らかになった. ► *n* 暴露; 啓示. ♦ **~·able** *a* **~·er** *n* [OF or L=to unveil (*velum* veil)]

reveal[2] *n* 〘建〙抱(だき) (jamb); 《自動車の》窓枠. [C15 *revale* (obs) to lower<OF (*avaler*; ⇨ VAIL[1])]

re·véaled relígion 啓示宗教《神の啓示を認め, これに基づく宗教; cf. NATURAL RELIGION》.

revéaled théology 啓示神学《啓示によってのみ真理が得られる

とする; cf. NATURAL THEOLOGY》.

revéal·ing *a* 知られていない部分を明らかにする, 本質をついた, 示唆に富む; 肌が露出する〈服〉. ♦ **~·ly** *adv*

revéal·ment *n* 暴露, 露呈; 顕現, 啓示 (revelation).

re·végetate *vt* 〈荒れ地〉に再び植物を生育[生長]させる. ► *vi* 再び生長する. ♦ **re·vegetátion** *n*

re·ve·hent /révəhənt, rɪvíːənt/ *a* 〘解〙 運び返す〈血管〉.

rev·eil·le /rέvəli; rɪvǽli/ *n* 〘軍〙 起床らっぱ[太鼓]; 起床[開始]の合図; 〘軍〙 朝礼, 一日の最初の整列[集合]. [F *réveillez* (impv pl) wake up (L *vigilo* to watch)]

rev·el /rέv(ə)l/ *v* (**-l-** | **-ll-**) *vi* 非常な喜び[満足]を覚える, 享楽する, ふける 〈*in*〉; 酒盛りする, 飲み浮かれる. ► *vt* 〈時・金銭を〉飲酒などに浪費する 〈*away*〉. ● **~ it** 飲み浮かれる. ► *n* 歓楽; [°*pl*] お祭り騒ぎ: MASTER OF THE REVELS. [OF＜L REBEL]

Re·vel /réɪvəl/ レヴェリ《TALLINN の旧称》.

rev·e·la·tion /rèvəléɪʃ(ə)n/ *n* **1** 明らかにすること, 暴露, 摘発, すっぱ抜き; 発覚 〈*of*〉; 明らかにされた事物, 意外な新事実, 思いがけないこと. **2** 〘神学〙 啓示, 天啓, 黙示; 啓示[黙示]されたこと, お告げ; 聖書; [the R- *or* (the) R-s, 〈*sg*〉] 〘聖〙 ヨハネの黙示録 (=*the Apocalypse*)《新約聖書の The R~ of St. John the Divine; 略 Rev.; cf. JOHN》. ♦ **~·al** *a* 啓示[天啓]の. [OF or L; ⇨ REVEAL[1]]

revelátion·ist *n* 啓示を信じる人; [the R-] 黙示録の作者; 啓示を伝える人.

rev·e·la·tor /rέvəlèɪtər/ *n* 啓示する人, 《特に》預言者.

re·vel·a·to·ry /rέvələtɔ̀ːri, rɪvέl-; -t(ə)ri/ *a* 《隠されたことなどを》明らかにする; 暴露(性)の; 啓示[天啓]の, 啓示的な; 〈…を〉現わす 〈*of*〉.

rév·el·er | **-el·ler** *n* 酒盛りする人, 飲み騒ぐ[浮かれる]者; 道楽者.

rével·ròut *n* 《古》 飲み騒ぐ人びとの一団.

rével·ry *n* 飲めや歌えの大騒ぎ, ばか騒ぎ, 歓楽.

rev·e·nant /rέv(ə)nənt/ *n* 黄泉(よみ)の国から戻った人, 幽霊, 亡霊; 《流罪・長旅などから》帰ってきた人. ► *a* 繰り返し戻ってくる; REVENANT の. [F (*revenir* to return)]

re·ven·di·ca·tion /rɪvèndəkéɪʃ(ə)n/ *n* 〘法〙 《公式の》財産回復(要求).

re·venge /rɪvέndʒ/ *n* **1** 復讐 (vengeance), 意趣返し, 返報, 報復, 仕返し, 雪辱, 腹いせ; 復讐心, 遺恨: get [take, exact] (one's) ~ *on* [*against*] sb 人に復讐する, 恨みを晴らす 〈*for*〉 / have one's ~ *on* …に復讐する / in ~ *for* [*of*]…の返報[腹いせ]に / seek one's ~ *on* …に復讐する機会をねらう / *out of* ~ 恨みから / *R~* is sweet. 《諺》 復讐は楽し. **2** 復讐の機会; 〘スポ・トランプなど〙 雪辱の機会: give sb his ~ 人の雪辱戦の求めに応じる. ● **by one of Time's ~s** 例の皮肉なめぐり合わせで. ► *vt* [~ *-self*/*pass*] 復讐する (cf. AVENGE); 〈危害〉に返報する; …の仇を討つ: ~ one*self on* sb=be ~*d on* sb 人に復讐する, 恨みを晴らす / ~ wrong *with* wrong 仇に報いるに仇をもってする. ► *vi* 恨みを晴らす 〈*upon*〉. ♦ **re·véng·er** *n* **re·véng·ing·ly** *adv* [OF＜L; ⇨ VINDICATE]

revénge·ful *a* 復讐心に燃えた, 執念深い. ♦ **~·ly** *adv* **~·ness** *n*

revénge tràgedy 復讐悲劇《16 世紀後半から 17 世紀にかけてイングランドで人気のあった演劇ジャンル; 復讐と凄惨な殺戮場面を特徴とする; Christopher Marlowe の *The Jew of Malta* などが代表例で, Shakespeare の *Hamlet* もこれに属す》.

re·ve·nons à nos mou·tons /*F* rəvnɔ̃ a no mutɔ̃/ 本題に戻ろう, 閑話休題. [F=let's get back to our sheep]

rev·e·nue /rέvən(j)ùː/ *n* **1 a** 歳入 (annual income), 租税収入; 《会社などの, また 投資・不動産などによる》収入; [*pl*] 総収入. **b** 収入の出所, 収入項目[細目], 歳入の内訳; [*pl*] 財源. **2** 税務局, 国税庁, 税務署: defraud the ~ 脱税する. [OF (pp)〈*revenir* to return＜L REvenio]

révenue àgent 収税官.

Révenue and Cústoms 〘英〙 歳入・関税委員会《2005 年に INLAND REVENUE と CUSTOMS AND EXCISE が統合されて発足した政府の税務・徴税機関; 米国の IRS, 日本の国税庁[局]や税務署に相当》.

révenue bònd 〘財〙 歳入担保債《公共団体が有料道路などの建設資金調達のために発行し, その収入で償還するもの》.

révenue cùtter 《政府の》密輸監視艇 (cutter).

révenue expènditure 〘商〙 収益支出 (cf. CAPITAL EXPENDITURE).

révenue òfficer 密輸監視官.

rév·e·nù·er* 《口》 *n* 密輸監視官, 密造酒取締税務官; 密輸監視艇.

révenue shàring 〘米〙 《連邦政府から各州への》歳入の交付, 歳入分与.

révenue stàmp 収入印紙 (=*fiscal stamp*).

révenue strèam 〘商〙 収入源, 収益源.

révenue tàriff 収入関税 (cf. PROTECTIVE TARIFF).

révenue tàx 収入税.

re·verb *n* /rɪvə́ːrb, ríːvə̀ːrb/ 電子楽器[アンプ]によって生成された残響, エコー(効果); 残響(付加)[エコー]装置, リバーブ. ► *vt, vi* /rɪvə́ːrb/ 《口》 REVERBERATE.

re·ver·ber·ant /rɪvə́ːrb(ə)rənt/ *a* 反響する (echoing); 反射する (reverberating). ♦ **~·ly** *adv*

re·ver·ber·ate /rɪvə́ːrb(ə)rèɪt/ *vt, vi* 反響させる[する], 響かせる, 響きわたる, 鳴り響く (echo); 〈事件・ニュースなどが〉(急速に広まって)波紋を呼ぶ 〈*around, through*〉; 〈光・熱を〉反射する; はね返す, はね返る; 反射炉で処理する: The church ~*d with* the sounds of the organ. 教会にオルガンの音が鳴り響いた. ► *a* /-rət/ REVERBERANT. [L REverbero to beat back]

re·vér·ber·àt·ing fùrnace REVERBERATORY FURNACE.

re·ver·ber·a·tion /rɪvə̀ːrbəréɪʃ(ə)n/ *n* 反響; [*pl*] [*fig*] 波紋, '反響'; 反響音; 反射; 反射光; 反射熱; 反射炉処理; 残響.

reverberátion chàmber 残響室 (echo chamber).

reverberátion tìme 残響時間.

re·ver·ber·a·tive /rɪvə́ːrbərèɪtɪv, -rət-/ *a* 反響する (resounding); 反射する (reflective). ♦ **~·ly** *adv*

re·vér·ber·à·tor *n* 反射器, 反射鏡, 反射灯, 反射炉.

re·ver·ber·a·to·ry /rɪvə́ːrbərətɔ̀ːri; -t(ə)ri/ *a* 反射する, 反射による, 反射の, 屈折した; 〈溶鉱炉が〉反射式の; 反響する. ► *n* 反射炉.

revérberatory fùrnace 反射炉.

re·vere[1] /rɪvíər/ *vt* 敬愛する, あがめる, 敬う, 尊ぶ 〈*for*〉. ♦ **re·vér·able** *a* 敬愛に値する. [F or L (*vereor* to fear)]

revere[2] *n* REVERS.

Revere リヴィア **Paul** ~ (1735–1818)《米国独立戦争時の愛国者; 開戦前夜の1775 年 4 月 18 日夜を徹して馬を飛ばし, 英軍の進撃をいちはやく Lexington の人びとに知らせた; Longfellow の詩 'Paul Revere's Ride' にうたわれた》.

rev·er·ence /rέv(ə)rəns/ *n* **1** 尊敬, 敬愛, 畏敬, 敬意; 敬礼, うやうやしい態度: do [pay] ~ to…に敬意を表する[敬礼する] / hold sb in ~ 人を尊敬する / feel ~ *for*…を尊敬する / make a profound ~ 深々とお辞儀する. **2** 威徳, 威厳. **3** [ᵁyour [his] R-] 尊師, …師《聖職者, 特にカトリックの司祭への敬称; you, he, him の代わり》: SAVING your ~. ► *vt* 崇敬する, あがめる. ♦ **rév·er·enc·er** *n* [OF＜L (REVERE[1])]

rev·er·end /rέv(ə)rənd/ *a* **1** あがめる[敬う]べき, 敬愛なる, 尊い〈人・事物・場所など〉; REVERENT. **2 a** 聖職者[牧師]の, 僧侶の: a ~ utterance 聖職者の言. **b** [the R-] …師《聖職者に対する尊称; 略 (the) Rev(d).》. ★ (1) the Most Reverend は archbishop, bishop に対する, the Right Reverend は bishop に対する, the Very Reverend は cathedral の dean, canon, カトリック神学校の rector や修道院長などに対する尊称. (2) the Reverend [Rev.] John [J.] Smith, the Rev. Mr. [Dr] Smith, the Rev. Mrs. John Smith のように the を冠するのが正式だが, Rev. (J.) Smith の形も用いる. ● **the ~ gentleman** その牧師[神父]さま. ► *n* 《口》 牧師, 司祭, 神父, 聖職者. ♦ **~·shìp** *n* [OF or L (gerundive)〈REVERE[1]]

Réverend Móther 女子修道院長に対する尊称.

rev·er·ent /rέv(ə)rənt/ *a* 敬意を表わす, うやうやしい, 敬虔な. ♦ **~·ly** *adv* [L (REVERE[1])]

rev·er·en·tial /rèvərénʃ(ə)l/ *a* うやうやしい, 尊敬を表わす, 敬虔な; 敬うべき, 高徳の. ♦ **~·ly** *adv*

rev·er·ie, rev·ery /rέv(ə)ri/ *n* 《とりとめのない》楽しい空想, 夢想, 白日夢 (daydream); 《古》 妄想; 〘楽〙 夢想曲: be lost in ~ 夢想にひたっている. [F＜OF=rejoicing, wildness (*rever* to be delirious＜?)]

re·vers /rɪvíər, -vέər/ *n* (*pl* ~ /-z/) 《婦人服の襟・カフスなどの》折り返し (revere). [F REVERSE]

re·ver·sal /rɪvə́ːrs(ə)l/ *n* 反転, 逆(にすること), 反対, 裏返し, 《方針などの》(180 度の) 方向転換 〈*of*〉; 《運命の》逆転, 不運, 失敗; 〘法〙 《下級審判決などを》覆すこと, 破棄; 〘写〙 反転(現像): a ~ *of* roles 役割の逆転[転換].

re·verse /rɪvə́ːrs/ *n* **1** [the] 逆, 反対 〈*of*〉; 〘印〙 反転印刷物: quite the ~=the very ~ 全く逆, その正反対. **2** 裏, 背面, 背後; 《硬貨・メダルなどの》裏面 (opp. *obverse*), 左ページ (verso) (opp. *recto*); 《槍・銃などの》台尻, 石突き, こじり, 床尾. **3** 転倒; 〘機〙 逆転, 逆進装置; 〘車〙 《変速機の》逆転[後退]位置, バック; 〘ダンス〙 逆回り; 〘アメフト〙 リバース《ボールキャリアが逆の方向に走ってくるバックスにボールを手渡しするプレー》: put the car into [in] ~ 車のギアをバックに入れる. **4** 不運, 失敗, 敗北 (defeat): a ~ of fortune 不運, 敗北 / suffer [sustain, meet with, have] a ~ 失敗[敗北]する. ● **in ~** 逆に; 背面に; 常と反対に. **take in ~** 背面攻撃する. **the ~ of the medal** 問題[物事]のほかの半面[一面], 裏面. ► *a* **1** 逆の, 反対の, あべこべの 〈*to*〉; 〘印〙 反転印刷の; 鏡像関係にある. **2** 裏の, 背後(から)の; 後ろ向きの, 背を向けての: a ~ battery 背面砲撃の砲台 / ~ fire 背面砲撃. **3** 逆転する, 後退用の: a ~ gear 後退[バック]ギア. ► *vt* **1 a** 逆(向き)にする, 反対にする; 逆転させる, 裏返す, 逆さにする; 置き換える, 転換する; 〘印〙 反転印刷する 〈*out*〉. **b** 〘機〙 逆動[逆流]させる, 逆転[後退]させる; ᵁ〈車を〉バックさせる (back up*). **2** 完全に変える, 一変させる, 〈方針などを〉(180 度)方向転換する; 覆す; 〘法〙 〈下級審判決などを〉覆す, 破棄する, 取り消す. ► *vi* 逆になる; 逆戻りする; ᵁ〈車が〉バックする; 〘ダンス〙 逆に回る; 〈エンジンなどが〉逆転する; エンジン《など》を逆転させる. ● **R~ arms!** 反(ˢ)せ銃(ᶻ)! 《葬式などで銃を逆に担わせる号令》. **~ field** 《方向を転じて》反対を向く. **~ oneself about [over]**…についての考えを翻す. **~ the charges** "通話料金を受信人払いにする (call collect*). [OF<L; ⇨ REVERT]

revérse annúity mòrtgage 逆年金譲渡抵当, 住宅担保年金 (=*reverse mortgage*)《高齢者が住宅などを担保として月払いで長期の借入金を受け取り, 担保物件売却時または債務者死亡時に返済する譲渡抵当; 略 RAM》.

revérse-chárge" *a* 〈通話が〉受信人払いの, コレクトコールの: ~ call.

revérse commúting 逆方向通勤《都市から郊外へ通勤する》.

re·vérsed *a* 逆にした, 反対の, 裏返しの; 取り消された, 破棄された; 左巻きの.

R **revérsed cóllar** CLERICAL COLLAR.

revérse discriminátion* 逆差別《少数派優先による多数派への差別, あるいは白人や男性に対する差別》.

revérse engineéring 逆行分析《他社の製品を分解・解析し, 組み込まれている設計思想・原理・構造・技術などを自社製品に応用する手法》. ♦ **revérse-engineér** *vt*

revérse Énglish 〖玉突〗リバースイングリッシュ, 逆ひねり《クッションまたは的球にあたったあと, 手球のスピードが落ち, またはね返る角度が狭くなるように加えられたひねり; cf. RUNNING ENGLISH》.

revérse fáult 〖地質〗逆断層《上盤がずり上がった断層; cf. THRUST FAULT》.

revérse·ly *adv* 逆に, 反対に; これに反して[対して], また一方では.

revérse mòrtgage 逆譲渡抵当, 逆抵当融資, リバースモーゲージ (REVERSE ANNUITY MORTGAGE).

revérse osmósis 〖化〗逆浸透《溶液に高圧を加え, 半透膜を通して溶媒を低濃度側へ移す方法; 廃液処理・純水の製造などに用いる》.

revérse Pólish notátion 〖論・電算〗逆ポーランド記法《数式の記法の一つ; 演算子を演算数のあとに記す; 例: 1 2 + (一般の中置記法で 1+2 と記される式); 略 RPN》.

revérse psychólogy 逆心理《あることを望まないふりをすることによって相手にそのことをするようにしむける方法》.

re·vérs·er *n* 逆にする人[もの]; 〖電〗転極器, 反転器.

revérse snób* つむじまがり俗物, 裏返しのスノッブ《庶民であることや庶民に共感をもつことを極端に誇り, 教育程度が高く有能な人びとや上流階級を毛嫌いする者》.

revérse tákeover 〖金融〗逆乗っ取り《大企業, 特に公営企業を小企業[私企業]が乗っ取ること》.

revérse transcríptase 〖生化〗逆転写酵素《RNA に依存して DNA を合成する酵素》.

revérse transcríption 〖遺〗逆転写《逆転写酵素を利用し, RNA を鋳型として DNA を合成すること》.

revérse vídeo 〖電算〗《強調などのための》反転表示《背景と文字の明暗[白黒]反転》; 《動画の》逆回し映像.

re·ver·si /rɪvə́ːrsi/ *n* リバーシ, オセロ《表裏の色が異なる 64 個のコマを用いて, はさんだ相手のコマを裏返す陣取りゲーム》. [F; ⇨ REVERSE]

re·vérs·ible *a* REVERSE できる[されうる]; 〈布地が〉両面織りの; 〈コートなど〉裏表とも着用できる, リバーシブルの; 〈化学反応が〉可逆の; 〈命令・判決など〉撤回できる, 取消し可能な. ► *n* 両表の織物; 裏表とも着用できる服, リバーシブル. ♦ **-ibly** *adv* **re·vèrs·ibíl·i·ty** *n*

re·vérs·ing light" 《車の》後退灯 (backup light*).

revérsing thermòmeter 〖理〗転倒温度計《逆さにするとその時点での指示を保つ水銀温度計》.

re·ver·sion /rɪvə́ːrʒ(ə)n, -ʃ(ə)n/ *n* **1** 反転, 逆転, 転倒; 転換. **2** 逆戻り, 逆コース, 復帰 〈*to*〉; 〖生〗先祖返り, 復帰(突然)変異 (atavism), 先祖返りの出現した個体. **3 a** 〖法〗《財産の》復帰, 復帰財産, 復帰権: in ~ 〖法〗復帰を条件にして. **b** 将来[《特に》死後]支払いを受けるべき金《年金・生命保険の受取金など》; 将来享有すべき権利. [OF or L; ⇨ REVERT]

revérsion·àry /; -(ə)ri/, **revérsion·al** *a* 逆戻りの; 〖法〗将来復帰すべき; 〖生〗先祖返りの. ♦ **-al·ly** *adv*

revérsionary annúity 〖保〗生残(ᵉᶦ)年金《被保険者の死後, 受給資格者が生存している間支払われる》.

revérsionary bónus 〖保〗《保険金に付加される》増額配当.

revérsion·er *n* 〖法〗《財産の》復帰権者.

re·vérso *n* (*pl* ~**s**) VERSO.

re·vert /rɪvə́ːrt/ *vi* **1 a** 〈もとの習慣・意見・状態・話題などに〉戻る, 立ち返る, 昔に返る, 旧に復する, 逆戻りする 〈*to*〉; 〖生〗先祖返りする 〈*to*〉. **b** 〖法〗復帰する, 帰属する 〈*to*〉. **2** 振り返る, 顧みる, 回想する 〈*to*〉. ► *vt* 〈目を〉振り向ける; 〈歩を〉めぐらす, 転じる. ● **~ to type** もとの姿[ふるまい]に逆戻りする. ► *n* revert する人[もの]; 《特に》もとの宗旨に復帰した人. ♦ **~·er**[1] *n* **~·ible** *a* 〈財産など〉復帰すべき 〈*to*〉. [OF<L (*vers- verto* to turn)]

re·ver·tant /rɪvə́ːrtənt/ *n, a* 〖生〗復帰突然変異体(の).

re·vert·ase /rɪvə́ːrtèɪs, *-z/ *n* REVERSE TRANSCRIPTASE.

revért·ed *a* 逆に曲がった〈葉など〉; 先祖返りした〈バクテリアなど〉.

re·vert·er[2] /rɪvə́ːrtər/ *n* 〖法〗REVERSION.

revery ⇨ REVERIE.

re·vést *vt* 再び授ける[与える, 付与する]; 〈人を〉復任させる, 復職させる 〈*in*〉; 〈土地・地位など〉の権利を再び得させる 〈*in*〉; 〈衣裳などを〉再び着せる. ► *vi* 再び授けられる, 〈権利などが〉復帰する 〈*in*〉.

re·vet /rɪvét/ *vt* (**-tt-**) 〖土木〗〈堤防・壁などを〉石[コンクリート, 砂嚢]でおおう[固める]. [F *revêtir* to clothe; ⇨ VEST]

revét·ment *n* 〖土木〗護岸, 擁壁; 〖軍〗防壁.

re·víctual *vt* …に新たに食物を給する, …に糧食を補給する. ► *vi* 食物の補給を受ける.

re·view /rɪvjúː/ *n* **1 a** 見直し, 再検討, 再考; 総覧, 概観; 《録音・録画の》早送り再生; 〖法〗再審査, 審査, 審理; 回顧, 反省: a court of ~ 再審査裁判所. **b** *復習, 練習; *復習課題. **2** 検査, 調査, 視察; 閲兵, 観兵式, 観艦式: a military ~ 観兵式 / a naval ~ 観艦式. **3** 評論, 論評, 批評; 評論雑誌[新聞], 批評欄. **4** 〖劇〗REVUE. ● **be [come] under ~** 再検討されている[される]. **march in ~** 分列行進をする. **pass in ~** 再検討をうける, 再検討する; 次々と思い浮かぶ[浮かべる]: *pass* troops *in* ~ 閲兵する, 分列行進させる / *pass* one's life *in* ~ 人生を回顧する. ► *vt* **1 a** 再び見る; 見直す, (再)検討する, 再考する; 概観する, 概説する; 〖法〗再審査する; 回顧する. **b** *〈学課などを〉復習する (revise"). **2 a** 精密に調べる; 吟味する; "〈医師が〉再診する; 《廃》校閲する; 観閲[閲兵]する. **b** 〈書物・演劇などを〉論評[批評]する. ► *vi* 評論を書く, 論評[批評]する; 振り返る, 顧みる; *復習する. ♦ **~·able** *a* [OF (*revoir*; ⇨ VIEW)]

revíew·al *n* 見直し, 検討 (reviewing, revision); 評論; *復習.

revíew còpy 書評用献本.

revíew·er *n* 《本・芝居・映画などの》論評家.

revíew·ing stànd 観閲[閲兵]台.

revíew·less *a* 批評[論評]されない[に値しない].

revíew òrder 《観閲式の》正装; 閲兵隊形.

re·vile /rɪváɪl/ *vt, vi* (…の)悪口を言う, あしざまに言う, ののしる. ♦ **~·ment** *n* 悪口, 罵詈(ᵇ), 嘲罵. **re·víl·er** *n* **re·víl·ing·ly** *adv* [OF; ⇨ VILE]

Re·vi·lla Gi·ge·do, Re·vil·la·gi·ge·do /rɪvìːjə hɪhéɪdoʊ/ レビヤヒヘド《Baja California の南端から南南西約 500 km にあるメキシコ領の列島》.

re·víndicate *vt* 再び擁護[弁護, 弁明]する. ♦ **re·vìndicá·tion** *n*

re·vise /rɪváɪz/ *vt* 見直す, 見直して改める, 修正[訂正, 改定]する, 改訂する, 校閲[校訂]する; …の分類を改める; "復習する (review*). ► *vi* "復習する. ► *n* 〖印〗再校刷り; 見直し, 修正, 訂正; 改定, 改訂(版). ♦ **re·vís·able** *a* **re·vís·al** *n* 見直し, 校訂, 訂正, 改訂. [F or L *reviso* (*vis- video* to see)]

Re·vísed Stándard Vérsion [the] 改訂標準訳聖書《AMERICAN STANDARD VERSION を改訂して 1946 年 (新約), 52 年 (旧約) および 57 年 (外典) に米国で発行; 略 RSV》.

Revísed Vérsion [the] 改訳聖書《AUTHORIZED VERSION を改訂して 1881 年 (新約), 85 年 (旧約) および 95 年 (外典) に英国で発行; 略 RV, Rev. Ver.》.

re·vís·er, re·ví·sor *n* 校訂[校閲]者, 改訂者, 訂正[修正]者; 改訳聖書 (Revised Version) の訳者; 〖印〗校正係.

re·vi·sion /rɪvíʒ(ə)n/ *n* **1 a** 見直し, 校訂, 校閲, 訂正, 修正, 改訂, 改正, 改定. **b** 改訂版, 修正版, 改訳; [the R-] 改訳聖書. **2** "復習. ♦ **~·àry** /; -əri/, **~·al** *a*

revísion·ism *n* 見直し論, 修正[改正, 改定]論; 修正主義, 《特に》修正社会主義. ♦ **-ist** *n, a* 修正主義者; REVISER; 修正主義(者)の.

re·vísit *vt* 再訪[再遊]する; 再検討[再考]する. ► *n* 再訪, 再遊.

re·visitátion *n* 再度の訪問, 再訪.

re·vi·so·ry /rɪváɪz(ə)ri/ *a* 見直しの(ための), 校訂[訂正, 改訂, 改正]の(ための).

re·vítal·ìze | -ìse *vt* …の生気を回復させる, …に新たな活力を与える; 生き返らせる, よみがえらせる; 活性化する. ♦ **re·vìtal·izá·tion** *n*

re·vív·al *n* **1 a** 生き返り, 復活, 再生; 《意識・体力の》回復, 復調; 〖法〗《法的効力の》復活, 回復: a ~of interest in…に対する新たな関心の高まり / ~ of will 〖法〗遺言の復活. **b** 復興, 再興; 《古い建築様式・服装などの》再流行; [the R-] 文芸復興 (Renaissance): the ~ of architecture=the Gothic ~ 《19 世紀の》ゴシック建築の復興. **2** 《古い劇・映画の》再上演[再上映], リバイバル. **3** 〖宗〗信仰復興, リバイバル《特に キリスト教では, 聖霊のはたらきにより集団的に起こる信仰心の覚醒・一新をいう》; 《そうした覚醒が起こる(ことを目指した)》信仰復興(伝道)集会, リバイバル集会.

revíval·ìsm *n* 信仰復興運動, リバイバルの精神[気運]; 《古い方式などの》復興気運.

revíval·ist *n* 信仰復興の推進者, リバイバル集会に臨む牧師[説教者]; 《古い習慣・制度などの》復興者. ► *a* 信仰復興の; 復興運動の; 復興者の. ♦ **re·vìv·al·ís·tic** *a*

revíval mèeting 《キリスト教の宗派による》伝道集会.

Revíval of Léarning [Létters, Líterature] [the] 文芸復興, 学芸復興.

re·vive /rɪváɪv/ *vi, vt* **1 a** 生き返る, 生き返らせる, (…の)意識を回復する[させる], (…の)元気を回復する[させる]. **b** よみがえる, よみがえらせる, 復活する[させる]; 回想する, (…の記憶を)新たにする. **c** 復興[再興]する, 再流行する[させる]; 再上演[再上映]する. **2**〖化〗〈金属などを〉もとの自然な[化合していない]状態に戻す, 再生する. ◆ **re·vív·able** *a* **re·vìv·abíl·i·ty** *n* [OF or L (*vivo* to live)]

re·vív·er *n* 復活させる人[もの]; 《口》刺激性飲料, 興奮剤; 色揚げ剤.

re·viv·i·fy /rɪvívəfàɪ/ *vt* 生き返らせる, よみがえらせる, 復活させる (revive); 元気づける;〖化〗REVIVE. ► *vi* よみがえる, 復活する. ◆ **re·viv·i·fi·ca·tion** /rɪvìvəfəkéɪʃ(ə)n/ *n* 元気回復;〖化〗再生. **re·vív·i·fi·er** *n*

rev·i·vis·cence /rèvəvís(ə)ns, rìːvàɪ-/ *n* 生き返り, 復活; 元気回復. ◆ **-cent** *a*

re·vi·vor *n*〖英法〗《中断された訴訟の》復活手続き.

rev·o·ca·ble /révəkəb(ə)l/ *a* 廃止[取消し, 撤回]できる. ◆ **-bly** *adv* **rèv·o·ca·bíl·i·ty** *n*

rev·o·ca·tion /rèvəkéɪʃ(ə)n/ *n* 廃止, 取消し;〖法〗《契約・遺言などの》取消し, 撤回. ◆ **rev·o·ca·to·ry** /révəkətɔ̀ːri; -t(ə)ri/ *a* [OF<L; ⇨ REVOKE]

re·vóice *vt* 再び声に出す; 反響する (echo); 〈オルガンのストップなどを〉調律する.

re·voke /rɪvóʊk/ *vt, vi* 取り消す, 廃止する, 撤回する, 無効にする, 解約する (repeal, annul);〖トランプ〗場札と同組の札があるのにほかの札を出す; 《古》もとへ戻す, 呼び戻す; 《まれ》思い出す. ► *n* 取消し, 廃止, 撤回;〖トランプ〗revoke すること: beyond ～ 取消しのできない. ◆ **re·vók·er** *n* **re·vók·able** *a* REVOCABLE. [OF or L *re*-(*voco* to call)=to call back, withdraw]

re·volt /rɪvóʊlt/ *n* **1** 反乱, 謀叛, 蜂起, 一揆, 暴動; 反抗(心), 反抗的態度. **2** いや気, 不快, 反感. ● **in ～** 反乱状態で, 反抗して; 不快を感じて: rise *in* ～ 反乱を起こす, 反抗して立ち上がる 〈*against*〉. ► *vi* **1** 反乱を起こす, 反旗を翻す, 反抗する 〈*against*〉, 背く 〈*from*〉, 〈敵に〉走る 〈*to* the enemy〉: a ～*ed* subject 叛徒, 謀叛人. **2** 胸が悪くなる, 不快を感じる, 反感を催す 〈*at, against, from*〉; 顔を背ける. ► *vt* 〈人を〉むかむかさせる, 不快にする. ◆ **～·er** *n* [F<It (intens)<REVOLVE]

revólt·ing *a* 反乱する; 不快を催させる, むかむかさせる, 実にいやな (disgusting) 〈*to*〉, 胸が悪くなる, 忌まわしい. ◆ **～·ly** *adv*

rev·o·lute[1] /révəlùːt/ *a*〖植・動〗〈葉など〉外巻きの. [L (pp)<REVOLVE]

revolute[2] 《俗》*vi* 革命に加わる; 革命を行なう[経る]. [逆成く↓]

rev·o·lu·tion /rèvəlúːʃ(ə)n/ *n* **1** 革命; [°the R-] 共産主義革命; [the R-]〖英史〗GLORIOUS REVOLUTION; 変革, 大転換: GREEN REVOLUTION. **2 a** 回転, 旋回;〖数〗《図形の》回転; 一回転;〖天〗公転 (cf. ROTATION), 公転周期; 《俗に》自転. **b** 《季節などの》一巡, ひと回り; 循環, 回帰. **3**〖地質〗変革《広範な地殻深部の運動》. [OF or L; ⇨ REVOLVE]

revolútion·àry /; -(ə)ri/ *a* **1** 革命[大変革]の; 革命的な, 革命[大変革]をもたらす; [R-] アメリカ革命(期)の; [R-] フランス[ロシア]革命(期)の. **2** 回転する. ► *n* 革命家; 革命論者[支持者]. ◆ **rèv·o·lú·tion·àr·i·ness** /; -əri-/ *n* **rèv·o·lù·tion·ár·i·ly** /; -ʃ(ə)nə-/ *adv*

Revolútionary cálendar [the] 革命暦 (FRENCH REVOLUTIONARY CALENDAR).

Revolútionary Wár [the]〖米史〗革命戦争《1775-83 年の独立戦争》.

Revolútionary Wárs *pl* [the]〖フランス史〗革命戦争《革命政府下のフランスと英国・オーストリア・プロイセンなどとの一連の戦争 (1792-1802)》.

revolútion cóunter 積算回転計, レブカウンター.

revolútion·ìsm *n* 革命主義, 革命論.

revolútion·ist *n, a* 革命家(の), 革命党員(の); 革命論者[支持者](の).

revolútion·ìze *vt* …に革命[大変革]を起こす; …に革命思想を吹き込む; 革命的に[根本から]変える. ► *vi* 大変革をうける. ◆ **-iz·er** *n*

re·volve /rɪválv/ *vt* 思いめぐらす; 回転させる; 《廃》公転させる: ～ …in the mind 熟考する. ► *vi* **1** 循環する, 周期的に起こる, 繰り返す; 《円周運動で》ぐるぐる回る, 公転する 〈*around, about*〉; 回転する, 自転する 〈*on*〉; 〈事が〉〈…を中心に〉動く, 展開する 〈*around, about*〉. **2** 〈思いが〉胸中をめぐる; 〈人が〉あれこれ思いめぐらす. ◆ **re·vólv·able** *a* [L *re*-(*volut- volvo* to roll)]

re·vólv·er *n* 輪胴式拳銃, リボルバー《弾倉部が回転する》; REVOLVE する人[もの]; REVOLVING CREDIT 契約: the policy of the big ～《報復関税による》威嚇政策.

re·vólv·ing *a* 循環する, 巡って来る; 回転する, 回転式の: a ～ bookstand 回転式書架 / a ～ stage 回り舞台.

revólving chárge accóunt〖商〗回転掛け売り勘定, リヴォルヴィング売掛勘定, リボ払い勘定《割賦支払いを前提に売掛金額が限度内であれば何度でも掛け売りに応じる》.

revólving crédit〖金融〗回転信用(勘定), リヴォルヴィング貸付け[ローン]《未返済の融資金額が限度内であれば何度でも融資に応じる》.

revólving-dóor *a* めまぐるしく[くるくる]変わる, 出入りの激しい.

revólving dóor 回転ドア; めまぐるしく変わること, 人の激しい出入り[入れ替わり]; 《入退院などの》繰返し, 《一度独立した子供の》出戻り《など》.

revólving fúnd 回転資金;〖米〗連邦政府回転資金《公共事業などに貸し出されるもの》.

re·vue /rɪvjúː/ *n* レビュー《寸劇・歌・舞踏などからなるミュージカルコメディーのようなもので, 最近のできごとを諷刺的に扱う》. [F=REVIEW]

re·vulsed /rɪvʌ́lst/ *a* 反感をもった, 嫌悪している.

re·vul·sion /rɪvʌ́lʃ(ə)n/ *n* **1** 激変, 急変; 急激な反動; 《まれ》引戻し, 引離し, 回収;〖医〗《反対刺激などによる》誘導法. **2** 極度の不快感, 嫌悪感, 激しい嫌悪 〈*at, against, over*〉. ◆ **～·àry** /; -(ə)ri/ *a* [F or L *re*-(*vuls- vello* to pull)=to pluck away]

re·vul·sive /rɪvʌ́lsɪv/〖医〗*a* 誘導する. ► *n* 誘導薬; 誘導器具. ◆ **～·ly** *adv*

re·vu·si·cal /rɪvjúːzɪk(ə)l/ *n**《俗》レビュージカル《revue と musical の要素を合わせた娯楽》.

révved úp, révved-úp *a* 《口》興奮して, わくわくして, やる気になって 〈*about doing*〉; 拡大[増大]した, 活性化した.

Rev. Ver. °Revised Version (of the Bible).

re·wáke, -wáken *vi, vt* 再びめざめる[めざめさせる].

re·ward /rɪwɔ́ːrd/ *n* 報酬, 褒美, 見返り; 報い, 返報; 《遺失物の返還・罪人の捕縛などに対する》報奨金, 懸賞金, 謝礼金; 利益;〖心〗報酬《行動を促したり, 学習を助けたりするために与える快い刺激となるもの》: in ～ *for*…の報酬として, …に報いて / give a ～ *for*…への礼金を与える / (a) just ～ 当然の報い. ● **gone to one's ～** 死んで天国にいる. ► *vt, vi* (…に)報いる 〈*with*〉; (…に)報酬[賞, 褒美]を与える 〈*for*〉; 返報する; 罰する: ～ the effort 〈事が努力に報いる, 努力をするだけの価値がある. ◆ **～·less** *a* 無報酬の; むだ骨の. **～·able** *a* **～·er** *n* [AF *reward(er)* REGARD]

rewárd cláim〖豪史〗新地での金鉱発見者に与えられる土地.

rewárd·ing *a* やりがい[張合い]のある, 報われる; もうかる, 損のない; 謝意を表わす〈行為など〉, 褒美としての. ◆ **～·ly** *adv*

re·wa·re·wa /rèwəréwə, rèɪwəréɪwə/ *n*〖植〗レワレワ《ニュージーランド産ヤマモガシ科の高木; 木材として貴重》. [Maori]

re·wárm *vt* 再び暖める, 暖めなおす.

re·wásh *vt* 再び洗う, 洗いなおす.

re·wáter *vt* …に再び水をかける, 再び水で潤す[に浸す].

re·wéigh *vt* …の重さを再び測る[測りなおす].

re·wín *vt* 取り戻す, 奪還する (regain).

re·wínd /-wáɪnd/ *vt* 〈テープ・フィルムを〉巻き戻す (cf. FAST-FORWARD); 再び巻く; 巻きなおす. ► *vi* 〈テープ・フィルムが〉巻き戻される; 《口》《会話などにおいて》もとに戻る. ► *n* /⌐ ⌐, ⌐ ⌐/ 巻き戻されたテープ[フィルム]; 巻戻し装置[機能], 巻戻しボタン; 巻戻し, 巻きなおし. ◆ **～·er** *n*

re·wíre *vt* …の配線を替える, 配線しなおす; 〈人〉に返電する; 〈返事を〉返電する. ◆ **re·wír·able** *a*

re·wórd *vt* 言い換える, ことばを変えて言い[書き]なおす; 繰り返し述べる.

re·wórk *vt* 手直しする, 加工しなおす, 書きなおす[改める], 〈アイディアなどを〉練りなおす;〖地質〗再食する.

re·wórk·ing *n* 《原作の》手直し(作品), リメイク(作).

re·wráp *vt* 包みなおす, あらためて包装する.

re·wrít·able *a*〖電算〗〈ディスクなどが〉書き換え可能な.

re·wríte *vt, vi* 再び書く; 返事に書く, 返書をする; 書きなおす[換える, 改める]; *《出版[転載]できるように》〈原稿を〉書きなおす, リライトする: ～ history 歴史を(都合のいいように)書き換える / ～ the record [history] books 〈スポーツ選手などが〉記録を書き換える[更新する]. ► *n* /⌐ ⌐/ 書きなおし; *書きなおし記事. ◆ **re·wríter** *n*

réwrite màn*《新聞などの》書きなおし記者, 整理部員.

réwrite rùle〖変形文法〗書き換え規則 (=*phrase-structure rule*).

rex[1] /réks/ *n* (*pl* **re·ges** /ríːʤìːz/) 国王; [R-] 現国王, 君《略 R.; ⇨ REGINA》. [L=king]

rex[2] *n* (*pl* **～·es, ～**)〖動〗短上毛変異種; 短上毛変異動物, 《特に》レックス種のイエネコ (⇨ CORNISH REX, DEVON REX). ► *vt* 短上毛変異種にする. [F casto(r)*rex* ウサギの一種 (L *castor* beaver, ↑)]

Rex レックス《男子名; Reginald の愛称》.

réx begónia〖植〗タイヨウベゴニア《インド原産》.

Rex·ine /réksìːn/〖商標〗レキシン《人工皮革布 (leathercloth)》. [C20<?]

réx sóle〖魚〗アメリカヒレグロ, ヒレナガナメタ《北米太平洋岸に生息するヒレグロ属の食用カレイ》.

Rey /réɪ/ レイ《イランの首都 Tehran の南にある村; 古代都市 Rhagae の遺跡が残る》

Réye('s) sýndrome /ráɪ(z)-, réɪ(z)-/〖医〗ライ症候群《小児にみられるしばしば致死的な脳障害》. [Ralph Douglas Kenneth *Reye* (1912-78) オーストラリアの医師]

Rey·kja·vík /réɪkjəvìk, -vìːk/ レイキャヴィーク《アイスランドの首都・海港》.

Rey·mont /réɪmɑ̀nt/, **Rej·ment** /réɪmɛ̀nt/ レイモント, レイメント **Władysław Stanisław** ～ (1867–1925)《ポーランドの小説家; ノーベル文学賞 (1924)》.

Reyn·ard /rénərd, réɪ-, -nɑ̀ːrd, *-nɑ̀ːr/ **1** ルナール《中世の諷刺動物譚 *Reynard the Fox* (狐物語) や *The Fox and the Wolf* に出てくる主人公のキツネの名》. **2** [r-] キツネ (fox). [F *Renart*]

Rey·naud /*F* rɛno/ レノー **Paul** ～ (1878–1966)《フランスの政治家; フランスがドイツに降伏した時期の首相 (1940)》.

Reyn·old /rén(ə)ld/ レノルド《男子名》. [⇨ REGINALD]

Reyn·olds /rén(ə)ldz/ レノルズ (1) **Albert** ～ (1932–)《アイルランドの政治家; 首相 (1992–94); 共和党》 (2) Sir **Joshua** ～ (1723–92)《英国の肖像画家; Royal Academy 初代会長 (1768)》 (3) **Osborne** ～ (1842–1912)《英国の技術者・物理学者》.

Réynolds nùmber 〘理〙《流体中の物体の》レイノルズ数《略 Re.》. [Osborne *Reynolds*]

Rey·no·sa /reɪnóʊsə/ レノサ《メキシコ北東部 Tamaulipas 州の Rio Grande に臨む市》.

Re·zāī·yeh /rəzáɪjə/ **1** [Lake] レザーイエ湖《URMIA 湖の旧称》. **2** レザーイエ《URMIA の旧称 (1926–80)》.

Re·za Shah Pah·lavi /rɪzáː ʃáː pǽləvi, -ʃɔ́ː-, -páːləvi/ レザー・シャー・パフラヴィー (1878–1944)《イランの Pahlavi 朝の初代国王; Mohammad Reza Pahlavi の父; Riza Shah Pahlavi ともつづる》.

re·zóne *vt* …の地帯分け[ゾーニング]を改更する, 再区分する.

r.f. °range finder ♦ °rapid fire. **Rf** 〘化〙 rutherfordium.

RF *《俗》°rat fink ♦ *《俗》°rat fuck ♦ [F *République Française*] French Republic (⇨ FRANCE[1]) ♦ 〘野〙°right field, °right fielder ♦ *《俗》°royal fucking ♦ 〘英〙 Royal Fusiliers. **RF, r.f.** °radio frequency. **RFA** 〘英〙 Royal Fleet Auxiliary.

R factor /ɑ́ːr ─/ 〘生化〙 R 因子《細菌の薬剤[多剤]耐性因子; 接合によって細胞間で伝達される》. [resistance]

RFC 〘米〙°Reconstruction Finance Corporation ♦ 〘電算〙 Request For Comments《ネットワーク上で公開されている規格などに関するドキュメント》♦ °Royal Flying Corps《現在は RAF》♦ Rugby Football Club. **RFD** °rural free delivery. **RFH** °Royal Festival Hall.

RFID /ɑ́ːrfìd/ radio frequency identification 電波方式認識《電波で情報を読み取れる超小型無線 IC チップ (RFID tag) を用いた電子タグ技術; 商品管理や身分証明用に注目される》.

RFLP 〘生化〙°restriction fragment length polymorphism.

RFP request for proposal 提案[入札]要請(書).

Rf value /ɑ́ːrɛ́f ─/ 〘化〙《平面クロマトグラフィーの》Rf 値.

Rg 〘化〙 roentgenium. **RGB** 〘テレビ〙 red, green, blue《カラーテレビ画像の分解される三原色》. **RGN** 〘英〙°Registered General Nurse. **RGS** 〘英〙 Royal Geographical Society. **Rh** 〘生化〙°Rh factor ♦ 〘化〙 rhodium. **RH, r.h.** 〘楽など〙 right hand 右手(使用) ♦ right hander. **RH** °relative humidity ♦ °Royal Highness. **RHA** 〘英〙 Regional Health Authority ♦ 〘英〙 Royal Horse Artillery.

rhabd- /rǽbd/, **rhab·do-** /rǽbdoʊ, -də/ *comb form*「棒状(構造)」 [Gk *rhabdos* rod]

rhábdo·coele /-sìːl/ *n* 〘生〙 棒腸類.

rhab·dom /rǽbdɑ̀m, -dəm/, **-dome** /-dòʊm/ *n* 〘動〙 感桿《節足動物の複眼にある光刺激を感受する棒状体》.

rhab·do·man·cy /rǽbdəmæ̀nsi/ *n* 棒占い《特に 水脈・鉱脈を探る》. ♦ **rháb·do·màn·tist, -màn·cer** *n*

rhábdo·mère *n* 〘動〙 感桿分体[小体].

rhàbdo·my·ól·y·sis /-maɪɑ́ləsəs/ *n* 〘医〙 横紋筋変性, 横紋筋融解(症)《外傷・過激な運動などで筋組織の破壊や変性が起こってミオグロビンが血液中に流出し, 時に急性腎不全に至る疾患》.

rhàbdo·my·ó·ma /-maɪóʊmə/ *n* 〘医〙 横紋筋腫《良性腫瘍》.

rhàbdo·mỳo·sarcóma *n* (*pl* ～**s, -mata**) 〘医〙 横紋筋肉腫《悪性腫瘍》.

rhàbdo·vírus *n* ラブドウイルス《桿または銃弾形の RNA ウイルス; 水泡性口内炎および狂犬病ウイルスなど》.

rha·chis /réɪkəs/ *n* (*pl* ～**·es, -chi·des** /rǽkədìːz, réɪ-/) RACHIS.

Rhad·a·man·thine /ræ̀dəmǽnθən, -θàɪn; -θàɪn/ *a* [°r-] RHADAMANTHUS の; 厳正な.

Rhad·a·man·thus, -thys /ræ̀dəmǽnθəs/ **1** 〘ギ神〙 ラダマンテュス《Zeus と Europa の間の子; 正義の士として名高く, 死後 兄弟 Minos や Aeacus と共に冥府の裁判官に選ばれた》. **2** 剛直な裁判官.

Rhae·tia /ríːʃ(i)ə/ ラエティア《現在のスイス東部および Tirol 周辺にあった古代ローマの一州》.

Rhae·tian /ríːʃən/ *n* ラエティア人; RHAETO-ROMANIC; [the] 〘地質〙 レート階《ヨーロッパの三畳系の最上部の層》. ► *a* ラエティア地方(の住民)の; レート階の.

Rháetian Álps *pl* [the] レートアルプス《Alps のうちスイス東部の部分; 最高峰 Piz Bernina (4049 m)》.

Rhae·tic /ríːtɪk/ *n* ラエティア語《ラエティアの古代語》; RHAETO-ROMANCE; [the] 〘地質〙 RHAETIAN.

Rhàe·to-Románce, -Románic /rìːtoʊ-/ *n, a* レトロマンス語(の)《スイス東部 および Tirol 地方のロマンス語; cf. ROMANSH》.

Rha·gae /réɪʤi/ ラガエ《古代メディアの市; イランの首都 Tehran の南の村 Rey に遺跡が残る; 聖書では Rages》.

Rham·a·dhan /ræ̀mədáːn, rɑ̀ː-/ *n* RAMADAN.

rham·na·ceous /ræmnéɪʃəs/ *a* 〘植〙 クロウメモドキ科 (Rhamnaceae) の.

rham·nose /rǽmnòʊs, -z/ *n* 〘生化〙 ラムノース《メチルペントースの一つで, 配糖体の成分として植物界に分布》.

rham·nus /rǽmnəs/ *n* 〘植〙 クロウメモドキ属 (*R*-) の各種低木[小高木].

rha·phe /réɪfi/ *n* RAPHE.

rhap·sode /rǽpsòʊd/ *n* RHAPSODIST.

rhap·sod·ic /ræpsɑ́dɪk/, **-i·cal** *a* 叙事[吟誦]詩の; 熱狂的な, 大げさな. ♦ **-i·cal·ly** *adv*

rhap·so·dist /rǽpsədɪst/ *n* 〘古ギ〙 吟遊詩人, 叙事詩吟誦者; 狂詩文[狂詩曲]作者; 熱狂的表現をする人.

rhap·so·dize /rǽpsədàɪz/ *vt, vi* 狂文[狂詩]を書く; 狂詩曲を作る; 吟誦叙事詩的に朗誦する; 熱く語る[書く], 熱弁をふるう, ほめちぎる ‹*about, on, over*›.

rhap·so·dy /rǽpsədi/ *n* **1 a** 熱狂的文章[発言, 詩歌], 熱弁; 夢中, 有頂天; 《古》寄せ集め: go into *rhapsodies* 熱狂的に言う[書く], 針小棒大に言う, 大げさに言う ‹*over*›. **b** 〘古ギ〙 叙事詩, 《一回の吟誦に適する》叙事詩の一節; 《近代の》叙事詩, 吟誦詩. **2** 〘楽〙 狂詩曲, ラプソディー. [L<Gk (*rhaptō* to stitch, ODE)]

rhat·a·ny /rǽt(ə)ni/ *n* 〘植〙 ラタニア《多年生マメ科の小低木; 南米産》; ラタニア根《薬用またはワインの着色用》. [Port, Sp<Quechua]

rha·thy·mia /rəθáɪmiə/ *n* 磊落(らいらく), のんき. [Gk]

r.h.d. RIGHT-HAND drive.

rhe /ríː/ *n* 〘理〙 レー《流動度の cgs 単位; poise の逆数》. [Gk *rheō* to flow]

Rhea /ríːə; ríə/ **1** リア《女子名》. **2** 〘ギ神〙 レアー, レイアー《Uranus と Gaea の娘で Cronus の妻; Mother of the Gods と呼ばれ Zeus など多くの神々の母, 大地の女神; cf. CYBELE, OPS》. **3** 〘天〙 レア《土星の第 5 衛星》. **4** [r-] 〘鳥〙 レア, アメリカダチョウ (=*nandu*)《南米産》. [Gk]

Rhéa Síl·via /-sílviə/ 〘ロ神〙 レア シルウィア《Mars との間に Romulus と Remus を生んだ》.

rhe·bok, ree·bok /ríːbɑ̀k/, **-buck** /-bʌ̀k/ *n* (*pl* ～**s**, ～) 〘動〙 リーボック《南アフリカ産の角が直立した羚羊》. [Afrik (MDu *ree* roe, *boc* buck)]

Rhee /ríː/ 李(リ)(承晩) ～ **Syng·man** /síŋmən, síg-/ (1875–1965)《韓国の政治家; 大統領 (1948–60)》.

Rhe·gi·um /ríːʤiəm/ レギウム《REGGIO DI CALABRIA のラテン語名》.

Rheims ⇨ REIMS.

Rhéims-Dóuay Bíble [Vérsion] [the] リームズ・ドゥエー聖書 (DOUAY BIBLE).

Rhein ⇨ RHINE.

Rhein·fall /ráɪnfɑ̀ːl/ ライン滝《スイス北部 Schaffhausen の近くで Rhine 川にかかる滝; 幅 113 m, 大きく 2 つに分かれ右岸のものが落差 15 m, 左岸のものが落差 18 m; Schaffhausen Falls ともいう》.

Rhein·gold /ráɪngòʊld; *G* ráɪngɔlt/ 〘ゲルマン神話〙 ラインの黄金 (⇨ RING OF THE NIBELUNG); [Das]『ラインの黄金』《Wagner の楽劇 *Der Ring des Nibelungen* (ニーベルングの指輪) の第 1 幕》.

Rheinland ⇨ RHINELAND.

Rheinland-Pfalz ⇨ RHINELAND-PALATINATE.

Rhein·pfalz /*G* ráɪnpfalts/ ラインプファルツ《RHINE PALATINATE のドイツ語名》.

rhe·mat·ic /rɪmǽtɪk/ *a* 語形成の; 動詞の, 動詞から派生した.

rheme /ríːm/ *n* 〘言〙 説述, 評言, 評述 (comment)《文中で主題について述べている部分》. [Gk *rhema* saying]

Rhe·mish /ríːmɪʃ/ *a* ランス (Reims) (市)の.

Rhémish Vérsion レーンス聖書《フランスの Reims で 1582 年に出版された英訳の新約聖書; ⇨ DOUAY BIBLE》.

rhe·nic /ríːnɪk/ *a* 〘化〙 レニウムの[を含んだ].

Rhen·ish /rénɪʃ, ríː-/ *a* ライン川(地方)の. ► *n* RHINE WINE. [AF *reneis*<L (*Rhenus* the Rhine)]

rhe·ni·um /ríːniəm/ *n* 〘化〙 レニウム《希有金属元素の一つ; 記号 Re, 原子番号 75》. [NL<L *Rhenus* (↑)]

rheo- /ríːoʊ, ríːə, ríoʊ, ríə/ *comb form*「流れ」 [Gk *rheos* stream]

rhéo·bàse *n* 〘生理〙 基電流. ♦ **rhèo·básic** *a*

rhe·ol·o·gy /riɑ́ləʤi/ *n* 〘理〙 流動学, レオロジー《物質の変形と流動に関する科学》; 流動性. ♦ **-gist** *n* **rhè·o·lóg·ic, -i·cal** *a* **-i·cal·ly** *adv*

rhe·om·e·ter /riɑ́mətər/ *n* レオメーター《物質のレオロジー特性を測定する装置の総称》, 《特に》〘医〙 血流計. ♦ **rhe·óm·e·try** *n* レオ

メトリー《レオロジー的測定の総称》, 血行測定. **rhèo·mét·ric** *a*
rheo·mor·phism /rìːəmɔ́ːrfìz(ə)m/ *n* 〘地質〙 レオモルフィズム, 流動形成 《岩石が流動化し, 周囲の岩石にはいり込むこと》. ♦ **rhèo-mór·phic** *a*
rheo·pexy /ríːəpèksi/ *n* 〘理〙 レオペクシー 《ゲル化が遅くチキソトロピー (thixotropy) を示すゾルで, 容器を軽くゆすることによってゲル化が促進される現象》. ♦ **rhèo·péc·tic** *a*
rhéo·phìle, rhèo·phílic, rhéo·phìl *a* 〘生態〙 流水を好む [にすむ], 好流性の. ♦ **rhe·oph·i·ly** /riáfəli/ *n*
rhèo·recéptor *n* 〘生〙 水流知覚器, 流れ受容器 《魚類や両生類の水流を知覚する器官》.
rhéo·scòpe *n* 電流検査器, 検流器, 検電器.
rheo·stan /ríːəstæ̀n/ *n* レオスタン 《電気抵抗線材》.
rhéo·stàt *n* 〘電〙 加減抵抗器. ♦ **rhèo·stát·ic** *a*
rhèo·táxis *n* 〘生〙 流れ走性, 水流走性 《水流による走性》. ♦ **rhèo·tác·tic** *a*
rhéo·tòme *n* 〘電〙 断続器.
rhéo·tròpe *n* 〘電〙 変流器.
rhe·ot·ro·pism /riátrəpìz(ə)m/ *n* 〘植〙 流れ屈性, 水流屈性, 屈流性 《水流による植物器官の屈性》. ♦ **rhèo·trópic** *a* 屈流性の[を示す].
Rhe·sus /ríːsəs/ **1** 〘ギ神〙 レーソス 《トロイアを援助したトラキアの王; 彼の馬が Xanthus 川の水を飲むならばトロイアは陥落しないとの神託があったため, Odysseus と Diomedes に名馬を奪われた》. **2** [r-] 〘動〙 RHESUS MONKEY. [Gk *Rhēsos*]
rhésus àntigen Rh 抗原 (rhesus factor).
rhésus bàby Rh 溶血性疾患の新生児[胎児] 《Rh 陰性型女性が Rh 陽性型胎児を妊娠した場合の》.
rhésus fàctor RH FACTOR.
rhésus mónkey 〘動〙 アカゲザル (＝**rhésus macáque**) 《北インド産の短尾種; 動物園に飼育され医学実験に用いるが RH FACTOR はこの種のサルに発見された》.
rhésus négative *a* RH NEGATIVE.
rhésus pósitive *a* RH POSITIVE.
rhet. rhetoric.
Rhe·tic /ríːtɪk/ *n, a* 〘地質〙 RHAETIC.
rhe·tor /ríːtər/ *n* 《古代ギリシア・ローマの》修辞学教師 (rhetorician); 雄弁家. [L<Gk＝orator]
rhet·o·ric /rétərɪk/ *n* **1** 効果的な話し方[書き方]; 修辞学; 雄弁[弁論]術, 話術, 作文技術, 文章法; 修辞的技巧, レトリック; 修辞学書, 作文技術の教本. **2** 雄弁, 巧みな弁舌, 技巧的[誇張的]言辞; 弁論; 《ある特有の》話し方, 書き方, 物言い, 語り口, 文体; 談話, 会話; 説得力, 魅力 ‹*of*›: empty [mere] ～ 空虚な美辞麗句. [OF, < Gk (↑)]
rhe·tor·i·cal /rɪtɔ́(ː)rɪk(ə)l, -tár-/, **-ic** /-ɪk/ *a* 修辞学の; 雄弁術[文章法]の; 修辞上の, 修辞的な, 修辞効果をねらった, 表現が凝った; (表現を)誇張した; 弁舌巧みな, (単に)ことばのうえの. ♦ **-i·cal·ly** *adv* **-i·cal·ness** *n*
rhetórical quéstion 〘文法〙 修辞疑問 《たとえば Nobody cares. の意の Who cares?》.
rhet·o·ri·cian /rètəríʃ(ə)n/ *n* 修辞学者[教師]; 雄弁家; 修辞が巧みな人, 大げさな表現を使う作家[話者].
Rhétt Bútler /rét-/ レット・バトラー 《Margaret Mitchell, *Gone with the Wind* で SCARLETT O'HARA の恋人》.
rheum /rúːm/ *n* 粘膜の水性分泌物 《涙・唾液・鼻汁など》; カタル, 感冒 (catarrh); 《古》 涙. ♦ **rhéum·ic** *a* [OF, <Gk *rheumat- rheuma* stream (RHE)]
rheu·mat·ic /rumǽtɪk/ *a* リウマチ性の; リウマチにかかった. ► *n* リウマチ患者; [the ～s] 《口》 RHEUMATISM. ♦ **-i·cal·ly** *adv* [OF or L<Gk (↑)]
rheumátic diséase 〘医〙 リウマチ性疾患.
rheumátic féver 〘医〙 リウマチ熱.
rheumátic héart disèase 〘医〙 リウマチ(性)心疾患.
rheu·mat·icky /rumǽtɪki/ *a* RHEUMATIC.
rheu·ma·tism /rúːmətìz(ə)m/ *n* 〘医〙 リウマチ; RHEUMATIC FEVER; RHEUMATOID ARTHRITIS.
rheu·ma·tiz /rúːmətɪz/ *n* 《方》 RHEUMATISM.
rheu·ma·toid /rúːmətɔ̀ɪd/ *a* 〘医〙 リウマチ様の; リウマチにかかった.
rhéumatoid arthrítis 〘医〙 関節リウマチ 《関節の痛み・こわばり・炎症・はれなどを特徴とする, 通例 慢性的な自己免疫疾患》.
rhéumatoid fáctor 〘医〙 リウマチ因子 《慢性関節リウマチ患者の血清中の高分子量タンパク質で, 自己抗体の一つ》.
rhéumatoid spondylítis 〘医〙 リウマチ様脊椎炎 《脊椎を冒す類リウマチ性関節炎; 若い男性に多い》.
rheu·ma·tol·o·gy /rùːmətáləʤi/ *n* 〘医〙 リウマチ(病)学. ♦ **-gist** *n* **rhèu·ma·to·lóg·i·cal** /-təláʤɪk(ə)l/, **-lóg·ic** *a*
rhéumy *a* 水性分泌物 (rheum) からなる, 涙[はなみず]でいっぱいの; カタル[リウマチ]にかかった; カタル[リウマチ]を起こしやすい, 冷えびえする, 湿っぽい‹空気など›. ♦ **rhéum·i·ness** *n*
rhex·is /réksəs/ *n* (*pl* **rhex·es** /-sìːz/) 〘医〙 《血管・臓器の》破綻, 崩壊, 破裂. [Gk＝act of breaking]
Rh factor /ɑ́ːréɪʧ ―/ 〘生化〙 Rh 因子 (＝*rhesus factor*) 《赤血球にある一群の遺伝的抗原で, 溶血反応の原因となる; cf. RH NEGATIVE [POSITIVE], RHESUS MONKEY》.
RHG 〘英〙 °Royal Horse Guards.
rhig·o·lene /rígəlìːn/ *n* 〘化〙 リゴレン 《石油から分留する無色の液体で局所麻酔に用いた》.
Rhin ⇨ RHINE.
rhin- /ráɪn/, **rhi·no-** /ráɪnoʊ, -nə/ *comb form* 「鼻」「鼻腔」 [Gk (*rhin- rhis* nostril, nose)]
rhi·nal /ráɪn(ə)l/ *a* 〘解〙 鼻の, 鼻腔の.
rhine[1] /ríːn/ *n* 《方》 下水路, 溝. [? ME *rune* watercourse]
rhine[2] /ráɪn/ *n* 《口》 でぶ. [? *rhinoceros*]
-rhine ⇨ -RRHINE.
Rhine /ráɪn/ [the] ライン川 (G **Rhein** /G ráɪn/, F **Rhin** /F rɛ̃/, Du **Rijn** /ráɪn/) 《スイス南東部の Alps に発し, ドイツ西部を通り, オランダで北海に注ぐ》.
Rhíne·lànd /, -lənd/ ライン地方, ラインラント (G **Rhein·land** /G ráɪnlant/) 《ドイツ西部の Rhine 川西岸を中心とする地方; Moselle など Rhine wine の名産地》. ♦ **～·er** *n*
Rhíneland-Palátinate ラインラント-プファルツ (G **Rhéin-land-Pfálz**) 《ドイツ西部国境沿いの州; 旧 Rhine Province や旧 Rhine Palatinate の一部からなる; ☆Mainz》.
rhìn·encéphalon *n* 〘解〙 《前脳の》嗅脳. ♦ **rhìn·ence-phálic** *a*
Rhíne Palátinate ラインプファルツ (G Rheinpfalz) 《ドイツ南西部の歴史的地域名; Main 川より南の Rhine 川両岸地方で, 神聖ローマ帝国の宮中伯 (count palatine) の領地》.
Rhíne Próvince ライン州 《旧プロイセン最西部の州; 現在ドイツ西部 Rhineland とほぼ重なる国境地域; ☆Koblenz》.
rhíne·stòne /ráɪn-/ *n* ライン石, ラインストーン 《ガラス質混合物質より造る模造ダイヤモンド》. ♦ **～d** *a* [*Rhine*]
Rhíne wìne ラインワイン 《**1**) Rhine 川流域産の, 主に白ワイン **2**) 同地方以外で産するこれに似たワイン》.
rhi·nie /ráɪni/ *n** 《俗》 予備校の 1 年生. [? *rhino*[4]]
rhi·ni·tis /raɪnáɪtəs/ *n* 〘医〙 鼻炎. [*-itis*]
rhi·no[1] /ráɪnoʊ/ *n* (*pl* **～, ～s**) 《口》 RHINOCEROS.
rhino[2] *n* (*pl* **～, ～s**) 《俗》 金, 現金: ready ～ 現ナマ. [C17<?]
rhino[3]* *n* (*pl* **～s**) モーター付き箱船, 浮桟橋用自動箱船 (＝**～ fèrry**) 《米海軍で上陸作戦の際の車両輸送に用いる》. [*rhino*[1]]
rhino[4] 《俗》 *n* 憂鬱, 意気消沈; ″チーズ. ► *a* ホームシックにかかった, 憂鬱な, 落ち込んだ; 持金のない, 破産した. [C20<?]
rhino- /ráɪnoʊ, -nə/ ⇨ RHIN-.
rhi·noc·er·os /raɪnás(ə)rəs, rə-/ *n* (*pl* **～·es, ～, -eri** /-rài/) 〘動〙 サイ (犀); 〘ドゥエー聖書〙 野牛(やぎゅう) (cf. UNICORN): have a hide [skin] like a ～ 批判[侮辱など]されてもびくともしない, つらの皮が厚い, 神経がずぶとい. [L<Gk *rhino-*(*keras* horn)]
rhinóceros àuklet 〘鳥〙 ウトウ 《ウミスズメ科; 北太平洋沿岸産》.
rhinóceros bèetle 〘昆〙 オオツノカブトムシ 《熱帯産》.
rhinóceros bìrd 〘鳥〙 OXPECKER.
rhinóceros hòrnbill 〘鳥〙 ツノサイチョウ 《南アジア産; くちばしの上に角質突起がある》.
rhi·noc·er·ot·ic /raɪnàsərátɪk/ *a* サイ (rhinoceros) の(ような).
rhìno·laryngólogy *n* 鼻喉頭科学. ♦ **-gist** *n*
rhi·nol·o·gy /raɪnáləʤi/ *n* 鼻科学. ♦ **-gist** *n* **-no·log·i·cal** /ràɪnəláʤɪk(ə)l/, **-ic** *a*
rhìno·pharyngítis *n* 〘医〙 鼻咽頭炎.
rhíno·plàsty *n* 鼻形成(術). ♦ **rhìno·plástic** *a*
rhi·nor·rhea /ràɪnəríːə/ *n* 〘医〙 鼻漏 《薄い鼻粘液の多量の分泌》.
rhíno·scòpe *n* 〘医〙 鼻鏡.
rhi·nos·co·py /raɪnáskəpi/ *n* 〘医〙 検鼻(法), 鼻鏡検査(法). ♦ **rhì·no·scóp·ic** /-skáp-/ *a*
rhìno·sporídium *n* 〘生〙 リノスポリジウム属 (*R-*) の小寄生体 《人・馬の鼻茸にかかわる》.
rhìno·tracheítis *n* 〘医〙 鼻(腔)気管炎.
rhìno·vírus *n* ライノウイルス, ハナカゼウイルス 《かぜなど上気道感染症の病原となるピコルナウイルスの一群》.
rhiz- /ráɪz/, **rhi·zo-** /ráɪzoʊ, -zə/ *comb form* 「根」 [Gk (*rhiza* root)]
-rhi·za, -r·rhi·za /ráɪzə/ *n comb form* (*pl* **-(r·)rhi·zae** /ráɪzi/, **～s**) 「根(のような部分)」: mycorrhiza. [L<Gk (↑)]
rhi·zan·thous /raɪzǽnθəs/ *a* 根から直接花を咲かせる.
rhiz·ic /rízɪk/ *a* 〘数〙 根 (root) の.
rhi·zo·bi·um /raɪzóʊbiəm/ *n* (*pl* **-bia** /-biə/) 〘菌〙 リゾビウム属 (*R-*) の各種根粒バクテリア. ♦ **rhi·zó·bi·al** /-biəl/ *a*
rhízo·càrp *n* 〘植〙 宿根性植物.
rhìzo·cárpous, -cárpic *a* 〘植〙 ‹多年草が›宿根性の.
rhi·zo·ceph·a·lan /ràɪzoʊséfələn/, **-ceph·a·lid** /-séfələd/ *n* 〘動〙 根頭類[嚢虫類]の甲殻類 《カニ・ヤドカリなどに寄生する》. ♦ **rhì·zo·céph·a·lous** *a*
rhi·zoc·to·nia /ràɪzàktóʊniə/ *n* 〘植〙 リゾクトニア属 (*R-*) の菌糸

R

型不完全菌類《植物の病気の病原体となる》.
rhizoctónia disèase 〘植〙《ジャガイモの》黒あざ病, 黒変病.
rhìzo·génesis *n* 〘植〙 発根.
rhìzo·génic, -genétic, rhi·zog·e·nous /raɪzáʤənəs/ *a* 〘植〙 根を生じる《種子植物の根の内鞘(ないしょう)の組織についていう》.
rhi·zoid /ráɪzɔ̀ɪd/ 〘植〙 *a* 根状の (rootlike). ► *n* 仮根. ♦ **rhi·zói·dal** *a*
rhi·zo·ma /raɪzóʊmə/ *n* (*pl* **-ma·ta** /-tə/) RHIZOME.
rhi·zom·a·tous /raɪzámətəs/ *a* 根茎の(ある[ような]).
rhi·zome /ráɪzòʊm/ *n* 〘植〙 根茎. ♦ **rhi·zóm·ic** /, -zám-/ *a* [Gk *rhizoma*; ⇨ RHIZ-]
rhízo·mòrph *n* 〘植〙 菌糸束.
rhìzo·mórph·ous *a* 〘植〙 根形の.
rhi·zoph·a·gous /raɪzáfəgəs/ *a* 根を食う, 食根性の.
rhízo·phòre *n* 〘植〙 担根体《クラマゴケの葉をつけない特殊な茎で, 地表に接したところで根が生じる》.
rhízo·plàne *n* 〘生態〙 根面《土壌のついた根の表面》.
rhi·zo·pod /ráɪzəpàd/, **rhi·zop·o·dan** /raɪzápədn/ 〘動〙 *a* 根足虫綱[類]の. ► *n* 根足虫《アメーバ・有孔虫など》. ♦ **rhi·zop·o·dal** /raɪzápədl/, **-zop·o·dous** /raɪzápədəs/ *a*
rhi·zo·pus /ráɪzəpəs/ *n* 〘菌〙 クモノスカビ属 (*R-*) の菌.
rhízo·sphère *n* 〘生態〙 根圏《土壌中で植物の根の影響が及ぶ範囲》. ♦ **rhìzo·sphér·ic** *a*
rhi·zot·o·my /raɪzátəmi/ *n* 〘外科〙 根切り術, 神経根切断(術).
Rh-negative /á:réɪʧ—́—/ *a* 〘生化〙 赤血球が Rh 因子 (Rh factor) を含んでいない, Rh 陰性[マイナス]の. ♦ **Rh negative** /—́—́ —́—/ Rh 因子陰性の血液[人].
rho /róʊ/ *n* (*pl* ～**s**) **1** ロー《ギリシア語アルファベットの第 17 字; Ρ, ρ; 英語の r に当たる》. **2** 〘理〙 ロー粒子 (=～́ **mèson**)《非常に不安定な中間子; 質量は電子の 1490 倍》.
rhod- /róʊd/, **rho·do-** /róʊdoʊ, -də/ *comb form*「バラ (rose)」「赤 (red)」 [Gk (*rhodon* rose)]
Rho·da /róʊdə/ ローダ《女子名》. [Gk=rose (↑)]
rho·da·mine /róʊdəmì:n, -mən/ *n* 〘化〙 ローダミン (=～ **B** /—́— bí:/)《赤緑色粉末; 紙の染色, 生物体染色用》. [*rhod-*, *amine*]
Rhòde Ísland /ròʊd-/ ロードアイランド《ニューイングランドの州; ☆Providence; 略 RI》. ♦ **Rhòde Ísland·er** *n*
Rhóde Ìsland bént 〘植〙 北米東部産のイネ科ヌカボ属の芝生用の草.
Rhóde Ìsland Gréening 〘園〙 ロードアイランドグリーニング《New England 産の黄色のリンゴ》.
Rhóde Ìsland Réd 〘鶏〙 ロードアイランドレッド《米国作出の赤褐色の羽色をした卵肉兼用種》.
Rhóde Ìsland Schóol of Desígn ロードアイランドデザイン学校《Rhode Island 州 Providence にある米国有数の美術大学; 1877 年創立; 略称 RISD》.
Rhóde Ìsland Whíte 〘鶏〙 ロードアイランドホワイト《米国作出の卵肉兼用種; 羽色は純白》.
Rhodes /róʊdz/ **1** ロードス (ModGk **Ró·dhos** /rɔ́:ðɔ:s/)《(**1**) エーゲ海南東部のギリシア領の島; Dodecanese 諸島の主島 **2**) その中心都市》: the COLOSSUS of ～. **2** ローズ **Cecil** (**John**) ～ (1853–1902)《英国の植民地政治家; Cape 植民地首相 (1890–96)》. **3** ロード **Alexandre de** ～ (1591–1660)《フランスの宣教師; イエズス会士; フランス人として初めてヴェトナムに赴き, ヴェトナム教会の基礎を築いた》.
Rhódes gràss 〘植〙 アフリカヒゲシバ《米南部で牧草用に栽培》.
Rho·de·sia /roʊdí:ʒ(i)ə, ″-ʃə/ ローデシア《アフリカ南部の旧英領地域; Northern Rhodesia と Southern Rhodesia からなり, 前者は 1964 年ザンビアとして独立, 後者は 1965 年に Ian Smith の白人政権が独立を宣言して Rhodesia と称していたが, 1980 年黒人国家ジンバブウェとなった》. ♦ **Rho·dé·sian** *a*, *n* [Cecil *Rhodes*]
Rhodésia and Nyásaland ■ **the Federation of Rhodésia and Nyásaland** ローデシア-ニアサランド連邦《南北ローデシアとニアサランドで構成 (1953–63)》.
Rhodésian Frónt [the] ローデシア戦線《1962–78 年のローデシアの政権党》.
Rhodésian mán 〘人〙 ローデシア人《Rhodesia で頭骨が発見されたアフリカ型の旧人》.
Rhodésian Rídge·bàck [°R- r-] 〘犬〙 ローデシアンリッジバック《南アフリカ原産の獣猟犬; 背に畝(うね)状の被毛の隆起線がある》.
Rho·de·soid /roʊdí:zɔ̀ɪd/ *a* 〘人〙 RHODESIAN MAN 系の[に似た].
Rhódes Schólarship ローズ奨学金《Cecil Rhodes の遺志により設けられた, Oxford 大学で学ぶ英連邦・米国・ドイツからの留学生を対象とした奨学金》. ♦ **Rhódes Schólar** ローズ奨学金受給者.
Rho·di·an /róʊdiən/ *a* RHODES 島(の住民)の. ► *n* Rhodes 島民.
rho·di·nal /róʊd(ə)næl/ *n* CITRONELLAL.
rho·di·um[1] /róʊdiəm/ *n* 〘化〙 ロジウム《金属元素; 記号 Rh, 原子番号 45; ペン先などに付ける》. ♦ **rhó·dic** *a* 《特に 4 価の》ロジウムを含んだ, ロジウム (IV) の. [Gk *rhod-*; 溶解塩分の呈するばら色から]
rhodium[2] *n* RHODIUM WOOD.
rhódium óil ロジウム油《rhodium wood から得る黄色の精油》.
rhódium wòod Canary 諸島原産セイヨウヒルガオ属の低木の根[茎]から採る香木.
rhodo- /róʊdoʊ, -də/ ⇨ RHOD-.
rho·do·chro·site /ròʊdəkróʊsàɪt/ *n* 〘鉱〙 菱(りょう)マンガン鉱, ロードクロサイト. [G (Gk *rhodokhrōs* rose-colored)]
rho·do·den·dron /ròʊdədéndrən/ *n* 〘植〙 シャクナゲ属 (*R-*) の各種の花木, ロードデンドロン. [L<Gk (*dendron* tree)]
rhododéndron bùg 〘昆〙 グンバイムシ (lace bug) の一種.
rho·do·lite /róʊd(ə)làɪt/ *n* ロードライト《ばら色[紫赤色]のざくろ石の一種; 宝石用》.
rhod·o·mon·tade /ràdəməntéɪd, ròʊ-, -tá:d/ *n*, *a*, *vi* RODOMONTADE.
rho·do·nite /róʊd(ə)nàɪt/ *n* 〘鉱〙 ばら輝石, ロードナイト.
Rhod·o·pe /rádəpi, roʊdóʊpi/ [the] ロドピ《ブルガリア南部・ギリシア北東部の山脈; 最高峰 2925 m》.
rhódo·phỳte *n* 〘植〙 紅色植物, 紅藻.
rhódo·plàst *n* 〘生〙 紅色体《紅藻類に含まれる色素体》.
rho·dop·sin /roʊdápsən/ *n* 〘生化〙 ロドプシン, 視紅 (=*visual purple*)《網膜の桿状帯に含まれる色素; 暗所視に関係する》. [Gk *opsis* sight]
rho·do·ra /roʊdɔ́:rə/ *n* 〘植〙 北米産のツツジの一種.
Rho·dos /rɔ́:ðɔ:s/ RHODES《ギリシアの島・市》.
rho·i·cis·sus /ròʊəsísəs/ *n* 〘植〙 ロイシッサス属 (*R-*) のつる植物《ブドウ科》.
rhomb /rám(b)/ *n* (*pl* ～**s** /rámz/) RHOMBUS; RHOMBOHEDRON.
rhomb- /rámb/, **rhom·bo-** /rámboʊ, -bə/ *comb form*「菱形」「斜方形」 [Gk (*rhombus*)]
rhòmb·encéphalon *n* 〘解〙 菱脳(りょうのう) (=*hindbrain*)《小脳・脳橋・延髄を含む》.
rhombi *n* RHOMBUS の複数形.
rhom·bic /rámbɪk/ *a* 菱形の, 斜方形の; 〘晶〙 斜方晶系の. ► *n* RHOMBIC ANTENNA.
rhómbic anténna [áerial] 〘電〙 ロンビックアンテナ《菱形をなす導体をもった水平アンテナ》.
rhómbo·chàsm *n* 〘地質〙 ロンボチャズム《地殻のシアル (sial) がシマ (sima) の貫入により押し広げられて形成されたと解される菱形海隙》.
rhòmbo·hédron *n* (*pl* ～**s**, **-dra**) 〘晶〙 斜方六面体, 菱面体, ロンボヘドロン. ♦ **rhòmbo·hédral** *a*
rhom·boid /rámbɔ̀ɪd/ *n*, *a* 偏菱形(の), 長斜方形(の)《隣接する 2 辺の長さが不等で, 2 辺のなす角が直角でない平行四辺形》. ♦ **rhom·boi·dal** /rambɔ́ɪdl/ *a*
rhom·boi·de·us /rambɔ́ɪdiəs/ *n* (*pl* **-dei** /-diàɪ/) 〘解〙 菱形筋.
rhom·bus /rámbəs/ *n* (*pl* ～**·es**, **-bi** /-bàɪ, -bì:/) 〘数〙 菱形, 斜方形; RHOMBOHEDRON. [L<Gk]
rhó mèson 〘理〙 ロー中間子 (RHO).
rhon·chus /ráŋkəs/ *n* (*pl* **-chi** /-kàɪ/) 〘医〙 ラ音, ラッセル音, 水泡音. ♦ **rhón·chal, rhón·chi·al** /-kiəl/ *a*
Rhon·dda /rándə, (h)rándə/ **1** ロンダ《ウェールズ南東部の町; かつては炭鉱の町》. **2** ロンダ **David Alfred Thomas,** 1st Viscount ～ (1856–1918)《ウェールズの石炭王・政治家》.
Rhóndda Cý·non Táff /-kánən tǽf/ ロンダカノンタフ《ウェールズ南部の特別市 (county borough)》.
Rhône, Rhone /róʊn; *F* ro:n/ **1** [the] ローヌ川《スイスアルプスのローヌ氷河 (the ～́ **glácier**) に発し, Geneva 湖を経てフランス南東部を南に流れ, 地中海の Lions 湾に注ぐ》. **2** ローヌ《フランス中東部 Rhône-Alpes 地域圏の県; ☆Lyons》.
Rhône-Alpes /—́ á:lpi; *F* -alp/ ローヌアルプ《フランス東部の地域圏; Ain, Ardèche, Drôme, Haute-Savoie, Isère, Loire, Rhône, Savoie の 8 県からなる; 主に山岳地帯で, Rhone, Saône, Isère川 が流れる》.
Rhóne wìne ローヌワイン《フランス Lyons と Avignon の間の Rhone 川周辺産の各種》.
rhó pàrticle 〘理〙 ロー粒子 (RHO).
rho·ta·cism /róʊtəsìz(ə)m/ *n* 〘音〙《他の音の》r 音への転換《特に母音間で /z/ の /r/ への変化》, r 音使用過多; 《まれ》 r 音の代わりに他の音を用いること. [NL; ⇨ RHO]
rho·ta·cize /róʊtəsàɪz/ *vi* RHOTACISM を行なう.
rho·tic /róʊtɪk/ *a* 〘音〙 子音の前の r を発音する方言の[を使用する].
Rh-positive /á:réɪʧ—́—/ *a* 〘生化〙 赤血球が Rh 因子 (Rh factor) を含んでいる, Rh 陽性[プラス]の. ♦ **Rh positive** /—́—́—́—/ Rh 因子陽性の血液[人].
RHS 〘英〙 Royal Historical Society ♦ 〘英〙 Royal Horticultural Society ♦ 〘英〙 Royal Humane Society.
rhu·barb /rú:bà:rb/ *n* **1** 〘植〙 タデ科ダイオウ属の各種多年草: **a** ルバーブ, ショクヨウダイオウ, マルバダイオウ (=common [garden] ～)《フキに似るが, 葉柄は赤色から緑色を呈し, 水気が多く酸味があり, ソースにしたりパイに入れたりジャムにしたりする》. **b** ダイオウ (大黄)《中国・チベット産》. **2** 大黄《ダイオウ(をはじめとする数種)の根茎; 瀉下・抗菌・消炎などの作用があり, 健胃薬ともされる》; 大黄色, 淡黄色 (citrine). **3 a** 《口》 ガヤガヤ《舞台で群集が 'rhubarb' を連発して効果を出すことから》. **b** 《俗》 たわごと, くだらないこと; *《俗》 激論, 口論, けんか (row),

《特に》野球の抗議, いちゃもん; *《俗》低空からの機銃掃射. **4** [the ~s] *《俗》田舎. ► *vi, vt* *《俗》低空から機銃掃射する. ► *int* 《口》ブツブツ, ガヤガヤ. [OF<L (Gk *rha* rhubarb, BARBAROUS)]

rhúbarb·ingᵘ *a* 〈俳優が〉群集としてガヤガヤ言う. ► *n* 騒ぎ, 混乱.

Rhum /rʌ́m/ ラム《RUM 島の別つづり》.

rhumb /rʌ́m(b); rʌ́m/ 〘海〙 *n* (*pl* ~**s** /rʌ́mz/) 航程線 (rhumb line); 羅針方位《32 方位の一つ》.

rhum·ba /rʌ́mbə, rúm-, rú:m-/ *n* RUMBA.

rhum·ba·tron /rʌ́mbətrὰn/ *n* CAVITY RESONATOR.

rhúmb lìne 〘海〙 航程線《船が一定のコンパス方向を保っているときに描く線で, 各子午線に同一角度で交わる》.

rhus /rú:s/ *n* (*pl* ~·**es**, ~) 〘植〙 ウルシ属 (*R-*) の各種の木《ウルシ・ハゼノキ・ヌルデなど》. [L<Gk]

rhy·ac·o·lite /raɪǽkəlàɪt/ *n* SANIDINE.

Rhyl /rɪ́l/ リル《ウェールズ北東部の Clwyd 川河口にある港町》.

rhyme, rime /ráɪm/ *n* **1** 韻, 脚韻, 押韻; 《俗に》頭韻 (alliteration), 中間韻 (internal rhyme); リズム, 律動: IMPERFECT [SLANT] RHYME, SINGLE [MALE, MASCULINE] RHYME, DOUBLE [FEMALE, FEMININE] RHYME. **2** 同韻語; 押韻詩, 韻文; 《集合的に》押韻する詩文, 詩歌: a ~ *for* 'honey' honey と韻を踏む語《money, bunny など》/ write in ~ 脚韻を用いて書く / NURSERY RHYME. ● **~ or reason** [*neg*] 理由, 合理的説明: there's no ~ *or reason to* [*for*]…には理由もへったくれもない / without ~ *or reason* 分別のない, わけもへちまもない[なく], 筋道が立っていない; 不合理に(も). ► *vi* **1** 韻を踏む; 韻が合う; 一致する, 呼応する: 'Long' and 'song' ~. long と song は韻を踏む / 'Measure' ~*s with* 'pleasure.' measure は pleasure と韻を踏む. **2** 押韻詩を作る. ► *vt* **1** 韻を踏んだ詩にする, 韻文で語る[たたえる]; …に押韻させる: ~ 'hiccups' *with* 'pickups' hiccups を pickups と韻を踏ませる. **2** 〈詩・韻文を〉作る; 詩作に暮らす: ~ days *away* 詩作に日々を過ごす. [OF *rime*<L RHYTHM; *-h-* は 17 世紀の挿入]

rhýmed vérse 押韻詩 (opp. *blank verse*).

rhýme·less *a* 無韻の, 押韻しない.

rhym·er /ráɪmər/ *n* 押韻詩作者, 詩人, へぼ詩人 (rhymester).

rhýme róyal 〘韻〙 ライムロイヤル, 帝王韻詩《ababbcc の順に押韻し, 弱強五歩格の 7 行からなる連》.

rhýme schème 〘韻〙 押韻形式《ababbcc のように押韻する行同士を同じ文字で表わす》.

rhýme·ster, ríme- *n* 押韻詩作者; へぼ詩人.

rhým·ing dictionary 同韻語辞典, 押韻辞典.

rhýming slàng 押韻スラング《2 語以上の最後の語が意図する語と押韻する: apples and pears で stairs を表わす類; ただし しばしば押韻部を略して使う》.

rhym·ist /ráɪmɪst/ *n* 押韻詩作者, 詩人.

rhyn·cho·ce·pha·lian /rɪ̀ŋkousəféɪljən/ *a, n* 〘動〙 喙頭(かいとう)目[類]の(動物)《ムカシトカゲなど》.

rhyn·choph·o·ran /rɪŋkɑ́f(ə)rən/, **rhýn·cho·phòre** /rɪ́ŋkə-/ *n* 〘昆〙 具吻類の各種甲虫《ゾウムシなど》.

rhy·o·lite /ráɪəlàɪt/ *n* 〘岩石〙 流紋岩《珪長質火山岩の一種》. ♦ **rhỳ·o·lít·ic** /-lɪ́t-/ *a* [G (Gk *rhuax* lava stream)]

rhyta *n* RHYTON の複数形.

rhythm /rɪ́ð(ə)m/ *n* 律動, 脈動, リズム; 〘韻〙 音律, リズム; 〘楽〙 リズム; リズム感; 〘芸術〙 律動, リズム《構成要素の相関的調和が生み出す効果》; 周期的変動, サイクル; 周期性; 〘生〙 リズム《規則的・周期的に起こる不随意行動のパターン》; 《口》RHYTHM METHOD; RHYTHMICS; RHYTHM SECTION. ♦ **~·less** *a* [F or L<Gk *rhuthmos*]

rhýthm and blúes リズム・アンド・ブルース《黒人ブルースを基調に躍動的リズムが加味されたポピュラー音楽; 1960 年代アメリカ黒人の間で盛んになり, ロックンロール成立の基盤となった; 略 R & B》.

rhýthm bànd リズムバンド《リズム楽器を中心とした, 主として幼稚園や小学校低学年の合奏団》.

rhythmed /rɪ́ð(ə)md/ *a* 律動的な, 周期的な (rhythmic).

rhýthm guitár リズムギター《ロックやポップスで, 曲のコードなどでリズムを刻んでバッキングを担当するギターパート; LEAD GUITAR に対する語》.

rhyth·mic /rɪ́ðmɪk/ *a* 律動的な, リズミカルな; 周期的な; 規則的に循環する. ► *n* RHYTHMICS. ♦ **-mi·cal** *a* **-mi·cal·ly** *adv*

rhýthmic gymnástics 新体操.

rhyth·mic·i·ty /rɪðmɪ́səti/ *n* 律動性.

rhýth·mics *n* [〈*sg/pl*〉] 音律学[論], 音律法, リズム研究.

rhýth·mist *n* リズムをつくり出す人, リズムを研究する人; リズム感のいい人.

rhyth·mize /rɪ́ð(ə)màɪz/ *vt* 律動的にする, …にリズムをつける. ♦ **rhỳth·mi·zá·tion** *n*

rhýthm mèthod 周期(避妊)法《排卵周期に基づく自然避妊法で, 荻野式もその一つ》.

rhýthm sèction 〘楽〙 リズムセクション《バンドのリズム担当グループ; 通例 ドラムス・ベース・ピアノ[ギター]からなる》.

rhýthm stìck [ᵘ*pl*] リズムスティック《rhythm band などで用いる一対の木の棒で, こすり合わせたり打ち合わせたりして演奏する》.

rhyt·i·dec·to·my /rɪ̀tədɛ́ktəmi/ *n* 〘医〙 しわ切除(術); FACE-LIFT. [Gk *rhytid- rhytis* a wrinkle]

rhyt·i·dome /rɪ́tədòum, ráɪt-/ *n* 〘植〙 殻皮(かくひ)《最も新しい周皮 (periderm) のすぐ外側の部分》.

rhy·ton /ráɪtὰn/ *n* (*pl* **rhy·ta** /-tə/, ~**s**) リュトン《動物の頭部または角をかたどった古代ギリシア・ペルシアなどの杯》. [Gk=flowing]

RI °refractive index ♦ (Republic of) Indonesia ♦ R. ET I. ♦ °Rhode Island ♦ 〘英〙 Royal Institute ♦ °Royal Institution.

ria /rí:ə/ *n* 〘地理〙 リアス《長くて狭い楔形の入江; 海に近くなるにしたがってしだいに幅が広くなり深くなる》. [Sp (*rio* river)]

RIA radioimmunoassay ♦ Royal Irish Academy. **RIAA** Recording Industry Association of America 米国レコード協会.

RIAA curve /ɑ́:ràɪèráɪ ─ ́─/ 〘電子工〙 RIAA 曲線《レコード録音の補正などに標準的に用いられる, 周波数応答対振幅応答の相関グラフ曲線》.

ri·ad /rí:æd/ *n* リアド《(1) モロッコの中庭を囲む邸宅 (2) それを改装したホテル》. [Arab]

ri·al[1] /riɔ́:l, -ɑ́:l/ *n* リアル《(1) イランの通貨単位: =100 dinars; 記号 R (2) オマーンの通貨単位 (=~ omani): =1000 baizas; 記号 RO (3) イエメンの通貨単位: =100 fils; 記号 YRI(s)》. [Pers<Arab<Sp ROYAL]

rial[2] *n* RIYAL[1].

Ri·al·to /riǽltou/ **1** [the] リアルト《(1) Venice 大運河 (Grand Canal) の大理石の橋 (the ~ **Brídge**) (2) Venice の商業中心地区(をなす島)》. **2** [ᵘr-] (*pl* **ri·al·tos**) **a** *劇場街, [the] New York 市の Broadway の劇場街. **b** 市場, 商店街.

RIA No·vos·ti /rí:ə nóuvəsti, ɑ́:ràɪèɪ-/ RIA ノーヴォスチ《ロシアの国有通信社; 旧ソ連の通信社 Novosti (ロシア語で「ニュース」の意) が 1991 年に RIA (ロシア通信, *E* Russian Information Agency) に合併され, のちに国有化したもの》.

ri·ant /ráɪənt/ *a* ほほえむ; 陽気な, 快活な. ♦ **~·ly** *adv*

ri·a·ta* /riǽtə, riɑ́:tə/ *n* LARIAT.

Rí·au Archipélago /rí:àu-/ [the] リアウ諸島《シンガポールの南にある島群; インドネシア領》.

rib[1] /rɪ́b/ *n* **1 a** 〘解〙 肋骨, あばら骨 (⇨ FALSE [FLOATING, TRUE] RIB): poke [dig, nudge] sb in the ~*s* 《注意をひくために》脇腹をひじ[指]でつつく. **b** 〘料理〙 肋(あばら), バラ《肋骨付きの肉; cf. SHORT RIBS》; [*pl*] SPARERIBS; *《俗》肉, 牛肉, 《特に》ローストビーフ; [*pl*] *《俗》食事, 料理: ~*s* [a ~] of beef 牛肉のあばら肉. **c** [*joc*] 妻 (wife), 女 (*Gen* 2: 21–22). **2** 肋骨状のもの: **a** 〘植〙 肋(ろく)《主な葉脈》; 〘鳥〙 翮(かく) (quill); 〘昆〙 翅脈. **b** 〘船舶の〙 肋材; 〘空〙 翼小骨, リブ; 〘建〙 リブ《迫持(せりもち)の力骨となる部材》, 《橋の》横梁; 〘鉱〙 リブ, 残柱《支柱として掘り残した鉱石》; 《傘の》骨; 《ヴァイオリンなどの》リブ, 側板. **c** 《田・畑の》あぜ; 《田畑・織物・編物などの》うね; 〘銃〙 照準用うね; 〘製本〙 RAISED BAND; 岩稜; 山脚; [*pl*] 《詩》《山の》岩場; 《砂上に残った》波の跡. ● **smite sb under the fifth ~** 《古》人を突き殺す《第 5 肋骨下部の急所を刺したことから》. **stick to the [one's] ~s** 《口》〈食物が〉《栄養・カロリーがあって》しっかり腹にたまる. **tickle sb's ~s** 人を笑わせる (cf. RIB-TICKLER). ► *vt* (**-bb-**) **1** …に肋骨[肋材]を付ける; 肋骨[肋材]で囲む. **2** …にうね模様をつける; …にうねを作る. ♦ **ríb·ber**[1] *n* **ríb·by** *a* [OE *rib(b)*; cf. G *Rippe*, ON *rif* REEF[1]]

rib[2] 《口》 *vt* (**-bb-**) からかう, 笑いものにする. ► *n* からかい, おふざけ, ジョーク, 皮肉, パロディー. ♦ **ríb·ber**[2] *n* [C20 ?*rib-* tickler]

rib- /ráɪb/, **ri·bo-** /ráɪbou, -bə/ *comb form* 〘化・生化〙 (1)「リボース (ribose)」(2)「リボ核酸 (ribonucleic acid)」

RIBA Royal Institute of British Architects 英国王立建築学会.

rib·ald /rɪ́b(ə)ld/ *a* 野卑[卑猥]なユーモアのある, 猥談風の: ~ language [laughter] / a ~ comedian. ► *n* 野卑なユーモアのある人, 下ネタ好き. ♦ **~·ly** *adv* [OF (*riber* to be licentious<Gmc); cf. OHG *rīban* to be wanton]

rib·al·dry /rɪ́b(ə)ldri/ *n* 野卑なユーモア[ジョーク], 猥談, 下ネタ; 猥談風(なところ).

rib·and /rɪ́bənd/ *n* 《特に 飾りの》リボン (ribbon). [OF *riban*<?Gmc]

ri·bat /rəbɑ́:t/ *n* リバート《イスラム神秘家の修道場》. [Arab]

ri·ba·vi·rin /ràɪbəváɪərən/ *n* 〘生化〙 リバビリン《広域スペクトルをもつ合成抗ウイルス薬; グアノシンに類似したヌクレオシド》. [*ribonucleic acid, virus, -in*]

rib·band /rɪ́(b)bæ̀nd, rɪ́bən(d); rɪ́bənd/ *n* 〘造船〙 帯板.

ribbed /rɪ́bd/ *a* 肋骨[うね, リブ]のある: ~ fabric うね織り.

ríbbed and smóked shéet SMOKED RUBBER《略 RSS》.

ríbbed-knìt *n* RIB-KNIT.

Rib·ben·trop /*G* rɪ́bntrɔp/ リッベントロップ **Joachim von ~** (1893–1946)《ドイツの外交官; ナチス政府の外相 (1938–45); 戦後処刑された》.

rib·bie, rib·by /rɪ́bi/ *n* 《野球俗》打点 (=*rib, rib-eye*). [*RBI run batted in*]

ríb·bing[1] *n* 肋骨《集合的》; 《葉脈・翅脈などの》肋状組織; あぜ; 肋材取付け; うね立て; 《ニットの》ゴム編み.

ribbing² *n* 《口》 RIB².
rib·ble-rab·ble /ríb(ə)lræ̀b(ə)l/ *n* 混乱した話[音]; 群衆.
rib·bon /ríb(ə)n/ *n* **1 a** リボン; リボン状のもの; 《包みを縛るための》平ひも; 《印字用の》インクリボン; 《勲章の》綬(じゅ), 飾りひも, 《入賞の》リボン; [*pl*] 手綱 (reins): BLUE RIBBON, RED RIBBON / handle [take] the ～*s* 馬[馬車]を御する[走らせる]. **b** 《時計の》ぜんまい, 帯のこの身, 金属性巻尺; 〖写〗平ひも状マグネシウム. **2** [*pl*] 細く裂いた[ずたずたの]もの: hang in ～*s* ずたずたに裂けてたれさがっている. **3** 〖木工〗根太(ねだ)掛け; 〖造船〗帯板 (ribband). ● **cut [tear]...to ～s**＝CUT...to pieces. **to a ～** *《口》 完璧に, 申し分なく. ► *vt* ...にリボン(状のもの)を付ける; リボンで飾る; リボンで[何条にもなって]おおう; 平ひものように裂く; ずたずたにする. ► *vi* リボン状になる[広がる]. ♦ **～·lìke** *a* **～y** *a* [RIBAND]
ríbbon bùilding RIBBON DEVELOPMENT の建築.
R
ríbbon càndy リボン形糖菓《リボンを折り重ねた形のもので薄く砕けやすく, 通例 色つきで特にクリスマスに売られる》.
ríbbon còpy タイプで数枚重ねて打った文書の第一葉 (original) (cf. CARBON COPY).
ríbbon devèlopment ″帯状市街《幹線道路沿いに延びていく帯状の街並》.
ríb·boned *a* リボンを付けた[で飾った]; ずたずたに裂けた, 何条にもなった.
ríbbon·fìsh *n* 〖魚〗体の細長い各種の海産魚《フリソデウオ (dealfish), リュウグウノツカイ (oarfish) など》.
ríbbon·gràss *n* 〖植〗シマガヤ, シマヨシ, シマクサヨシ, リボングラス (＝*gardener's-garters, lady's-laces, painted grass*)《クサヨシの斑入りの品種で, 葉に白い縦線がある》.
Ríbbon·màn *n* RIBBON SOCIETY の会員.
ríbbon mìcrophone リボンマイク(ロホン)《金属リボンの動きによって起電力を発生する》.
ríbbon pàrk 帯状緑地《幅数 100 フィート, 公園のように作ってあり, その間を公道が走っている》.
ríbbon plànt 〖植〗オリヅルラン (SPIDER PLANT).
ríbbon snàke 〖動〗リボンスネーク《北米産ガーターヘビ属の無毒ヘビ; 背中に普通は 3 本の黄の縞があり, 卵胎生》.
Ríbbon Society [the] 緑ひも会《19 世紀初期にアイルランドで新教徒に対抗するために結成されたカトリック教徒の秘密結社》.
ríbbon strìp 〖木工〗根太掛け (ribbon).
ríbbon·wòod *n* 〖植〗純白の花をつけるニュージーランド産アオイ科の低木《材は家具用, 樹皮は綱・索用》.
ríbbon wòrm 〖動〗紐形動物, ヒモムシ (nemertean).
ríb·by¹ *a* **1** リブ[うね] (ribs) の多い[が特徴の]. **2** ″《俗》 荒廃した, 窮乏した〈地域〉; ″《俗》 みすぼらしい, ひどい. [*rib*¹]
ribby² ⇨ RIBBIE.
ríb càge 〖解〗胸郭.
Ri·bei·rão Prê·to /rì:bəráũ préıtu/ リベイランプレート《ブラジル南東部 São Paulo 州中北部の市》.
Ri·be·na /raıbí:nə/ 〖商標〗ライビーナ《クロフサスグリ (black currant) の甘味飲料; 水か湯で薄めて飲む》.
Ri·be·ra /ribéərə/ リベラ **José [Jusepe] de** ～ (1591–1652) 《Naples に住んだスペイン生まれの画家・版画家; イタリア語の愛称 'Lo Spa·gno·let·to' /lòu spà:njəlétou/ (小柄なスペイン人)》.
ri·bes /ráıbiz/ *n* (*pl* ～) 〖植〗スグリ属[＝リベス属] (*R-*) の各種の小果樹《ユキノシタ科》. [L＜Arab]
ríb èye ロース芯《子牛などの肋骨の外側の大肉片》.
ríb·gràss *n* 〖植〗ヘラオオバコ (＝*buckhorn, English plantain, ribwort*), 《一般に》オオバコ (plantain).
ríb·ier (gràpe) /ríbjər(-)/ リビエラ《黒紫色の大粒の生食用ブドウの品種》.
ríb jòint *《俗》 売春宿, 娼家.
ríb-knìt *a* 〈編物が〉ゴム編みの. ► *n* ゴム編み, リブニット; ゴム編みの編物[衣服].
ríb·less *a* RIB¹ のない; 肋骨の見えない, 太った.
ríb·let *n* 〖料理〗子羊[子牛]の肋(あばら)の端の肉.
ribo- /ráıbou, -bə/ ⇨ RIB-.
ri·bo·fla·vin /ràıbəfléıvən, ⏤⏤⏤/, **-fla·vine** /-vì:n/ *n* 〖生化〗リボフラビン《ビタミン B_2 または G》.
rìbo·núclease *n* 〖生化〗リボヌクレアーゼ《RNA の加水分解を触媒する酵素》.
rìbo·nucléic ácid 〖生化〗リボ核酸, RNA.
rìbo·nùcleo·prótein *n* 〖生化〗リボ核タンパク質《RNA を含む核タンパク質》.
rìbo·núcleoside *n* 〖生化〗リボヌクレオシド《糖部分が D-リボースのヌクレオシド》.
rìbo·núcleotide *n* 〖生化〗リボヌクレオチド《リボースを含むヌクレオチド; RNA の構造単位》.
ri·bose /ráıbòus, -z/ *n* 〖化〗リボース《主に RNA から得られる五炭糖》. [G (変形)＜*Arabinose*]
ribosomal RNA /⏤ à:rènéı/ 〖生化〗リボソーム RNA.
ríbo·sòme *n* 〖生化〗リボソーム《細胞中の RNA とタンパク質の複合体; タンパク質合成が行なわれる》. ♦ **rì·bo·sóm·al** *a*
ríbo·zỳme *n* 〖生化〗リボザイム《他の RNA 分子を切断するなど, 触媒機能をもつ RNA 分子》.
ríb ròast (リブ)ロース《牛の肋(あばら)の外側の大肉片》.
ríb-stìck·ers *n pl* *《俗》 豆 (beans).
ríb-tìckler *n* 《口》 おもしろいこと, 笑い話, ジョーク. ♦ **ríb-tìck·ling** *a* おもしろい, おかしい, 笑える. **-tìckling·ly** *adv*
ri·bu·lose /ráıbjəlòus/ *n* 〖化〗リブロース《代謝を媒介する五炭糖の一種》.
ríb·wòrt *n* 〖植〗RIBGRASS.
-ric /rık/ *n suf* 「管轄区」「領域」: bishop*ric*. [OE *rice* reign, dominion; ⇨ RICH]
Ri·car·do /rıká:rdou/ リカード **David** ～ (1772–1823) 《英国の経済学者; 古典派経済学を完成させた; *Principles of Political Economy and Taxation* (1817)》. ♦ **Ri·car·di·an** /rıká:rdiən/ *a, n* **Ricárdian·ìsm** *n* [It, Sp; ⇨ RICHARD]
Ric·ci /*It* rítʃi/ リッチ **Matteo** ～ (1552–1610) 《イタリアのイエズス会士・宣教師; 中国名 利瑪竇(りまとう); 中国伝道に献身した》.
Riccio ⇨ RIZZIO.
rice /ráıs/ *n* (*pl* ～) 米, 米粒; 飯, ライス; 〖植〗イネ (＝～ plant): brown ～ 玄米 / polished ～ 白米, 精米 / rough ～ もみ / boiled ～ 炊いた飯 / fried ～ 炒めた飯. ★ 欧米では, 主にプディングやケーキの原料とし, フライドチキンに添えることも多い; また honeymoon への門出を祝って花嫁花婿にこれを投げかける. ► *vt* *〈ジャガイモなどを〉RICER でつぶす, 米粒状にする. [OF *ris*＜It＜L＜Gk *oruza*＜(Oriental)]
Rice ライス (**1**) **Anne** ～ (1941–) 《米国の小説家; 吸血鬼・ミイラなどを扱ったホラー小説がある》 (**2**) **Condoleezza** ～ (1954–) 《米国の政治学者・政治家; 国務長官 (2005–09)》 (**3**) **Elmer** ～ (1892–1967) 《米国の劇作家; もとの姓 Reizenstein; *The Adding Machine* (1923), *Street Scene* (1929)》 (**4**) **Jerry (Lee)** ～ (1962–) 《米国のプロフットボール選手; NFL 史上最高のワイドレシーバーといわれる》 (**5**) Sir **Tim(othy Miles Bindon)** ～ (1944–) 《英国の作詞家・タレント; Andrew Lloyd Webber と組んだミュージカル *Joseph and the Amazing Technicolor Dreamcoat* (1968) などのヒット作がある》.
RICE rest, ice, compression, elevation ライス, 「安静, 冷却, 圧迫, 挙上」《捻挫・打撲などの応急処置のこと》.
ríce·bird *n* 〖鳥〗稲田に多い小鳥《ボボリンク・シマキンパラ・ブンチョウなどの俗称》.
ríce bòwl 飯茶碗; 米作地帯.
ríce bràn 米糠(ぬか)《精米して出る, 果皮・種皮・糊粉層の粉砕混合物》.
ríce bùrner *《俗》 [*derog*] ライスバーナー《日本製オートバイ》.
ríce gràss 〖植〗ヨーロッパ産イネ科スパルティナ属の草本.
ríce grìnder *《俗》 RICE BURNER.
Ríce Krís·pies /-kríspiz/ 〖商標〗ライスクリスピーズ《米を原料としたシリアル》.
ríce mòuse 〖動〗RICE RAT.
ríce pàddy 水田, 田んぼ (paddy).
ríce pàper わら紙; 通草紙, ライスペーパー《カミヤツデの髄を原料とした薄い上質紙》; 米粉シート, ライスペーパー《乾燥したものを湯で戻して春巻の皮などに使う》.
ríce-pàper trèe [plànt] 〖植〗カミヤツデ《中国南部・台湾原産; ウコギ科》.
ríce pòlishings *pl* 米糠(ぬか)《内側の糠層》.
ríce púdding ライスプディング《米を牛乳で煮込んで砂糖を加えたもので, 英国の伝統的なデザート》.
ric·er* /ráısər/ *n* ライサー《ゆでたジャガイモなどを押しつぶし, 小穴を通して米粒ほどの太さのひも状にする台所用具》.
ríce ràt 〖動〗コメネズミ (＝*rice mouse*) 《米国 New Jersey からベネズエラまでの湿地にすむ》.
ri·cer·car /rì:tʃərká:r/, **ri·cer·ca·re** /-ká:reı/ *n* (*pl* **-cars, -ca·ri** /-ká:ri/) 〖楽〗リチェルカーレ《フーガの前段階をなす 16–17 世紀の器楽曲》. [It＝to seek out]
ríce ròcket *《俗》 RICE BURNER; ライスロケット (**1**) [ˢ*derog*] 日本製の小型スポーツカー **2**) [*derog*] ヒスパニックが乗っているぽんこつ車》.
Ríce Univérsity ライス大学《Texas 州 Houston にある私立大学; 1891 年商人 William Marsh Rice の基金で創立》.
ríce vínegar 米酢.
ríce wàter 重湯(おもゆ)《病人食》.
ríce wèevil 〖昆〗コクゾウ《穀物, 特に 米の害虫》.
ríce wìne 日本酒 (sake).
rich /rítʃ/ *a* **1 a** 富んだ, 豊かな, 金持ちの (opp. *poor*); [the, 〈*n pl*〉] 金持 (opp. *the poor*): He is ～ that has few wants. 《諺》 足るを知る者は富める者なり / (as) ～ as Croesus [a Jew] 大金持ちで / ～ and poor 富者も貧者も共に / get ～ quick 簡単に[努力せずに]金持になる; 一攫千金をやる. **b** 貴重な; 高価な, 豪華な. **2 a** 恵まれた 〈*in*〉; 豊富な, 潤沢な 〈*in, with*〉; 〈国などが資源に富んだ; 〈土地が〉よく肥えた, 肥沃な; (牧草が)青々と茂った: ～ *in* oil 石油に富む / hills ～ *with* old legends 古い伝説に富む山々. **b** 〈食べ物が〉こってりした, 濃厚な, うまみ成分の多い《油脂・スパイス・卵・砂糖などをたっぷり使った》; こく[うまみ]のある〈ワイン〉(full-bodied). **c** 高純度[品位]の; 〈混合気が〉濃厚な《燃料の割合の高い》. **d**〖電算〗リッチな《文字情報のほか書式や画像なども含む》. **3**《感覚的に》豊かな; 〈色が〉あざやかで深みのある, 〈音・声が〉朗々とした, 〈香が〉濃厚な, 芳醇な. **4 a** 含蓄に富んだ, 意味深い; 《口》とてもおかしい, 非常におもしろい, 愉快な. **b**《口》とんでもない, 愚にもつかぬ (absurd). ● **for ~er for poorer** 富める時も貧しき時も《*the Book of Common Prayer* における結婚の誓約の式文から》. STRIKE **it ~. That's ~!**《口》よく言うよ, きみに言われたくないね. **too ~ for** sb's **blood***《俗》人(の予算)にとって高すぎる, 人の分(ぶん)を超えている. [OE *rīce* and OF *riche* great, powerful < Gmc (G *reich*) < Celt (OIr *rí* king); cf. REX[1]]

Rich 1 リッチ (1) **Adrienne** (**Cecile**) ~ (1929–2012)《米国の詩人; ユダヤ系》(2) **'Buddy'** ~ [**Bernard** ~] (1917–87)《米国のジャズドラマー・バンドリーダー》. **2** リッチ《男子名; Richard の愛称》.

-rich /rítʃ/ *a comb form* [名詞に付けて]「…に富んだ」

Rich·ard /rítʃərd/ **1** リチャード《男子名; 愛称 Dick, Rich, Rick》. **2**《イングランド王》リチャード (1) ~ **I** (1157–99)《在位 1189–99; あだ名 Coeur de Lion, the Lion-Heart 獅子心王; 第 3 回十字軍に参加し, Saladin と和を結んで帰国の途中, オーストリアで捕虜になるなど, 治世の大半を外征に費やした》(2) ~ **II** (1367–1400)《在位 1377–99; Plantagenet 朝最後の王; 失政により貴族の反感をかい, のちの Henry 4 世により廃位・幽閉され, 獄死した》(3) ~ **III** (1452–85)《在位 1483–85; 甥の少年王 Edward 5 世とその弟を London 塔に幽閉し殺害したとして悪名高い; Bosworth Field でのちの Henry 7 世と戦って敗死》. **3** リチャード Sir **Cliff** ~ (1940–)《英国のポップシンガー》. **4** /riʃá:rd/ リシャール **Maurice** ~ (1921–2000)《カナダのアイスホッケー選手; あだ名 'the Rocket'》. **5** [°r-] **a***《俗》探偵 (dick). **b**《俗》女, 女の子《韻俗 Richard the Third＝bird から》. ● **~'s himself again** リチャードは回復した《失望・恐怖・疾病などから回復した時にいう; Shakespeare のものを Colley Cibber が改作した劇 *Richard III* 中の句から》. [OF < Gmc＝rule hard]

Ríchard Róe 1〖法〗リチャード・ロウ (1)〖英〗かつての不動産回復訴訟における被告の仮名 2)〖米〗訴訟で, 当事者の本名不明のときに用いる男性の仮名; ⇨ JOHN DOE). **2***普通の人 (John Doe).

Rich·ards /rítʃərdz/ リチャーズ (1) **I**(**vor**) **A**(**rmstrong**) ~ (1893–1979)《英国の文芸批評家; *The Meaning of Meaning* (C. K. Ogden と共著, 1923), *Principles of Literary Criticism* (1925)》(2) Sir (**Isaac**) **Viv**(**ian Alexander**) ~ (1952–)《西インドのクリケット選手》.

Rich·ard·son /rítʃərds(ə)n/ リチャードソン (1) **Dorothy M**(**iller**) ~ (1873–1957)《英国の小説家; 意識の流れ (stream-of-consciousness) の手法を用いた小説家の草分け》(2) **Henry Handel** ~ (1870–1946)《オーストラリアの女性小説家; 本名 Ethel Florence Lindesay ~; *The Fortunes of Richard Mahony* (三部作, 1930)》(3) **Henry Hobson** ~ (1838–86)《米国の建築家; ロマネスク建築を思わせる様式を復興させ, 米国固有の様式の発展に先駆的役割を果たした》(4) **John** ~ (1796–1852)《カナダの小説家; Wacousta (1832)》(5) Sir **Owen Willans** ~ (1879–1959)《英国の物理学者; 熱電子放出現象を研究; ノーベル物理学賞 (1928)》(6) Sir **Ralph** (**David**) ~ (1902–83)《英国の俳優》(7) **Robert C**(**oleman**) ~ (1937–)《米国の物理学者; ヘリウム 3 の超流動現象の発見によりノーベル物理学賞 (1996)》(8) **Samuel** ~ (1689–1761)《英国の作家; *Pamela* (1740–41), *Clarissa* (1747–48)》(9) **Tony** ~ (1928–91)《英国の演出家・映画監督; 本名 Cecil Antonio Richardson; 舞台 *Look Back in Anger* (1956), 映画 *Tom Jones* (トム・ジョーンズの華麗な冒険, 1963) など》.

rích bìtch*《俗》金持ち女. ♦ **rích-bìtch** *a*

rích-clád *a* ぜいたくな服装をした.

Rich·e·lieu /ríʃəl(j)ù:; -ljə̀:; *F* riʃəljø/ **1** リシュリュー **Armand-Jean du Plessis,** Cardinal and Duc **de** ~ (1585–1642)《フランスの政治家・枢機卿; Louis 13 世の宰相 (1624–42); French Academy を創設 (1635)》. **2** [the] リシュリュー川《カナダ Quebec 州南部, Champlain 湖から北流して St. Lawrence 川に合流》.

rích é-mail〖電算〗リッチメール《画像や文字修飾などを含む E メール》.

rích·en *vt* (さらに) RICH にする.

rich·es /rítʃəz/ *n pl* 富 (wealth), 財宝; 豊富: heap up [amass] great ~ 巨万の富を積む / *R*~ have wings.《諺》金に翼あり / the ~ of knowledge [the soil] 豊かな知識[土地の豊饒].

Ri·chet /riʃéɪ/ リシェ **Charles**(**-Robert**) ~ (1850–1935)《フランスの生理学者; 過敏現象を発見してアナフィラキシーと命名; ノーベル生理学医学賞 (1913)》.

Rich·ler /rítʃlər/ リッチラー **Mordecai** ~ (1931–2001)《カナダの小説家; *St. Urbain's Horseman* (1971), *Joshua Then and Now* (1980) など》.

rích lìst 長者番付.

rích·ly *adv* 豊かに, 富裕に; 豊饒に; 豪華に; 濃厚に; 豊富に, ふんだんに; 十分に, たっぷりと: ~ deserve…に十分値する, …をうけて当然である.

Rich·mond /rítʃmənd/ **1** リッチモンド (1) New York 市の STATEN ISLAND 区の旧称 2) Virginia 州の州都; 南北戦争時の南部連合国の首都 (1861–65)》. **2** リッチモンド・アポン・テムズ (~ **upòn Thámes**)《London boroughs の一つ》. ♦ **~·er** *n*

rích·ness *n* 豊かさ, 豊富; 肥沃; 濃厚; 《色の》濃さ, あざやかさ; 《香りの》芳醇さ; 《声などの》朗々としていること.

rích rhýme〖韻〗完全同一韻 (perfect rhyme).

richt /ríxt/ *a, adv, n*《スコ》RIGHT.

Rích Téa〖商標〗リッチティー《ビスケット》.

Rich·ter /ríktər; *G* ríçtər/ **1** リクター **Burton** ~ (1931–)《米国の物理学者; ジェイ・プシー粒子 (J/psi particle) を発見 (1974), 素粒子物理の新局面を開いた; ノーベル物理学賞 (1976)》. **2** リヒター (1) **Hans** ~ (1843–1916)《ドイツの指揮者》(2) **Johann Paul Friedrich** ~ (1763–1825)《ドイツの作家; 筆名 Jean Paul》(3) **Karl** ~ (1926–81)《ドイツの指揮者・オルガン奏者・チェンバロ奏者; Bach の演奏で有名》. **3** リヒテル **Sviatoslav** (**Teofilovich**) ~ (1915–97)《ロシアのピアニスト》.

Rích·ter scàle /ríktər-/ [the]〖地震〗リヒタースケール《マグニチュード表示用; cf. MERCALLI SCALE》: The quake measured 6.8 on the ~. 地震はリヒタースケールで 6.8 を記録した. [Charles F. *Richter* (1900–85) 米国の地震学者]

rích téxt〖電算〗書式付きテキスト, リッチテキスト.

Richt·ho·fen /ríxthòufən; ríxtòuf(ə)n, ríkt-/ リヒトホーフェン Baron **Manfred von** ~ (1892–1918)《ドイツの軍人; 第一次大戦中の戦闘機乗りで, 'エース中のエース' といわれる; 80 機撃墜; 真紅の愛機から 'Red Baron' とあだ名された》.

Ri·ci·mer /rísəmər/ リキメル **Flavius** ~ (d. 472)《ローマの将軍》.

ri·cin /ráɪs(ə)n, rís(ə)n/ *n*〖生化〗リシン《トウゴマ[ヒマ]から得られる有毒なタンパク質》. [*ricinus*, *-in*]

ri·cin·o·lé·ic ácid /raɪs(ə)noulí:ɪk-, rɪs-, -léɪ-/〖化〗リシノール酸《グリセリドとしてひまし油中に存在; 石鹸・織物仕上げに用いる》.

ric·in·ole·in /rɪ̀s(ə)nóuliən/ *n*〖化〗リシノリン《リシノール酸のグリセリンエステル; ひまし油の主成分》.

ric·i·nus /rís(ə)nəs/ *n*〖植〗トウゴマ《トウゴマ属 (*R*-) の植物の総称》. [L＝castor-oil plant]

rick[1] /rík/ *n*《おおいのついた乾草などの》堆積, 稲むら, 乾草積み; たきぎ[薪, 材木]の山; 《樽・箱を収納する》棚枠. ► *vt* 〈麦・乾草などを〉積み重ねる, 稲むらにする. [OE *hrēac*<?]

rick[2], **wrick**[ll] /rík/ *vt* 〈首・背骨・関節を〉少しひねる, …の筋を違える. ► *n* (ちょっと)ひねること, 筋違え, くじき: give one's back a ~ 背中の筋を違える / have a ~ in one's neck 首の筋を違える. [MLG *wricken* to move about, sprain]

rick[3] *n*《俗》《詐欺師の》相棒, サクラ (gee).

Rick リック《男子名; Eric, Richard の愛称》.

Ric·ken·back·er /ríkənbæ̀kər/ リッケンバッカー **Edward Vernon** ~ [**'Eddie'** ~] (1890–1973)《米国の撃墜王・航空会社経営者》.

rick·er /ríkər/ *n*《NZ》カウリマツ (kauri) の若木.

rick·ets /ríkəts/ [<*sg/pl*>]〖医〗*n* 佝僂(くる)病; 骨軟化(症) (osteomalacia). [C17<?; cf. Gk *rhakhitis* rachitis]

rick·ett·sia /rɪkétsiə/ *n* (*pl* **-si·as, -si·ae** /-siì:-, -siàɪ/, ~)〖生〗リケッチア属 (*R*-) の各種《グラム陰性の微小球菌[桿菌]様微生物》. ♦ **rick·étt·si·al** *a* [Howard T. *Ricketts* (1871–1910) 米国の病理学者]

rickéttsial diséase〖医〗リケッチア感染症《発疹チフス・紅斑熱・Q 熱・ツツガムシ病などの急性熱性疾患》.

rick·ety /ríkəti/ *a* 佝僂病 (rickets) の; 関節の弱い, よろよろする; ぐらぐらする, がたがたの, 倒れ[こわれ]そうな. ♦ **ríck·et·i·ness** *n*

rick·ey /ríki/ *n* リッキー《アルコール性飲料と炭酸水の中にライム果汁を入れたもの; 時にアルコールを含まないものも指す》. [C20<*Rickey* 人名]

Rickey リッキー **Branch** (**Wesley**) ~ (1881–1965)《米国プロ野球の監督・フロント; Brooklyn Dodgers の会長兼ゼネラルマネージャーとして初の黒人大リーガー Jackie Robinson を獲得; farm system を考案》.

rick·le /rík(ə)l/《スコ・アイル》*n* 乱雑に積んだ山; 乾草などの山. ► *vt* 積んで山にする.

Rick·o·ver /ríkòuvər/ リコーヴァー **Hyman G**(**eorge**) ~ (1900–86)《ロシア生まれの米国の海軍大将; 最初の原子力潜水艦 *Nautilus* 号ほか原子力船建造の指揮を執った》.

rick·rack, ric·rac /ríkræ̀k/ *n* リックラック, 蛇腹《縁飾り用のジグザグ形をした平ひも》. [加重<*rack*[1]]

rick·sha, -shaw /ríkʃɔ:/ *n* 人力車 (jinrikisha); 輪タク (trishaw). [Jpn]

ríck·stànd *n* 乾草積み台.

ríck·yàrd *n* 乾草積み場[庭].

ricky-tick /ríkitík/ *《俗》*n*《音楽の》チャカチャカ; リッキーティック《テンポが速く機械的・規則的なビートの, 1920 年代のラグタイム[初期のスウィング](ふうのジャズ)》. ► *a* リッキーティックふうの; 古臭い, 陳腐な; 安ピカの, キンキラの.

ricky-ticky *a, n**《俗》RICKY-TICK.

RICO /rí:kou/〖米〗Racketeer Influenced and Corrupt Organizations Act 事業への犯罪組織等の浸透取締法.

ric·o·chet /ríkəʃèɪ, ˈ-ʃɛ̀t/ *n* 跳飛(音)《弾丸などが水切りをした石のようにはねながら飛ぶこと[音]》; 跳弾. ► *vi, vt* (**～ed** /-ʃèɪd/, **-chet·ted** /-ʃɛ̀təd/; **～·ing** /-ʃèɪɪŋ/, **-chet·ting** /-ʃɛ̀tɪŋ/) 〈弾丸などが〉跳飛する[させる], 斜めにはね返る[はね返らせる] 〈*off*〉; 〈音などが〉反射[反響]する. ［F＜?］

ri·cot·ta /rɪkɔ́(:)tə, -kɑ́tə/ *n* リコッタ《**1**) cottage cheese に似た, イタリアの非熟成ホエーチーズ **2**) これと類似したチーズ》. ［It＝cooked again］

ricrac ⇨ RICKRACK.

RICS 〔英〕Royal Institution of Chartered Surveyors 王立公認鑑定士協会.

ric·tus /ríktəs/ *n* 《鳥などの》くちばし[口]の開き; 口腔; 口を開けた苦笑[しかめつら]. ♦ **ríc·tal** *a* ［L＝open mouth］

rid[1] /ríd/ *vt* (**～**, **ríd·ded; ríd·ding**) **1** 免れさせる, 自由にする, …から〈…を〉取り除く, 除去[一掃, 退治, 撲滅]する〈*of*〉; 片付ける; 《方》〈仕事を〉終える〈*off, away*〉: ～ a house *of* rats 家のネズミを退治する / ～ one*self of* a bad habit 悪習を脱却する. **2** 《古》救う (save) 〈*from, out of, of*〉. ● **be ～ of**… 〈望ましくないものを〉免れる, 脱する: This town *is* well ～ *of* them. この町からやつらがいなくなってよかった. **get ～ of**… 〈望ましくないものを〉免れる, 脱する, 除く, 厄介払いする; …をやめる, 廃する, 殺す (kill); 追い払う: I cannot *get* ～ *of* this cold. このかぜが抜けない / These articles may be hard to *get* ～ *of*. これらの品はさばきにくいかもしれない. ［ME＝to clear (land etc.)＜ON］

rid[2] *v* 《古・方》RIDE の過去・過去分詞.

rid·able, ride·able /ráɪdəb(ə)l/ *a* 〈馬が〉乗用に適した, 乗ることができる; 〈道路・川などが〉馬で通れる.

rid·dance /rídns/ *n* 免れること; 除去, 厄介払い. ● **Good ～** 〈…がいなくなって[なくなって]〉いい厄介払いだ[やれやれだ] 〈*to* sb [sth]〉: *Good* ～ *to* bad rubbish! **make clean ～ of**…を一掃する. ［*rid*[1]］

rid·den /rídn/ *v* RIDE の過去分詞. ► *a* 支配された, しいたげられた; …に悩まされた, 苦しめられた; …だらけの〈*with*〉: GUILT-RIDDEN / a mosquito-～ field 蚊だらけの野原.

rid·dle[1] /rídl/ *n* なぞ, 判じ物; 不可解なもの[こと]; 不可思議な人物: ask [propound, set] a ～ なぞをかける / solve [read, guess] a ～ なぞを解く / speak [talk] in ～*s* なぞをかける, なぞめいたことを言う. ► *vi* なぞをかける, なぞめいたことを言う, なぞを出す. ► *vt* 〈なぞなどを〉解く; なぞめかす, 不可解にする, 惑わす: *R*～ me this. このなぞ[秘密]を解いてくれ / *R*～ me, ～ me. さあこのなぞ解いたり解いたり. ♦ **ríd·dler** *n* なぞをかける人. ［OE *rǣdels(e)* opinion, riddle (*rǣd* counsel; ⇨ READ[1]); *-s* を複数語尾と誤ったもの; cf. CHERRY, PEA[1]］

riddle[2] *n* 粗目ふるい: make a ～ of…を穴だらけにする. ► *vt* **1** 〈穀物などを〉ふるい分ける, …にふるいをかける; 《火格子などを揺すって》〈暖炉やストーブ〉の灰を落とす; [*fig*] 〈証拠・事実などを〉精査[吟味]する. **2 a** 〈船・壁・人などを〉穴だらけにする; [*fig*] 事実を挙げて〈人・理論を〉さんざんにやりこめる, 質問攻めにする: ～ a ship *with* shots 弾丸で船を穴だらけにする. **b** すっかり堕落させる; 〈好ましくないもので〉満たす〈*with*〉. ► *vi* ふるいを使う; 染み込む, 通り抜ける〈*through*〉. ● **be ～d with**… 〈穴・虫食いなど〉でいっぱいである; 〈欠陥・好ましくないものなど〉だらけである. ［OE *hriddel*＜*hrīder*; cf. OE *hrīdrian* to sift, L *crībrum* sieve］

ríd·dling *a* なぞのような, 不可解な; なぞを解く, 占いの: a ～ speech なぞめいた演説. ♦ **～·ly** *adv*

ride /ráɪd/ *v* (**rode** /róʊd/; **rid·den** /rídn/) *vi* **1 a** 《乗物に》乗る, 乗って行く; 馬《など》に乗る, 馬を御する; 馬乗りになる, またがる; 〈動物の雄が〉交尾でまたがる; 《卑》性交する: ～ *in* [*on*] a train 列車に乗る / ～ *on* a bicycle 自転車に乗る / ～ *on* horseback 馬に乗る / ～ behind (騎手の)後ろに乗る / ～ double 馬に二人乗りする / ～ bareback 裸馬に乗る / ～ astride [sidesaddle] 馬にまたがって乗る[横乗りする] / He jumped on his horse and *rode off* [*away*]. 馬に飛び乗って走り去った / He *rode over* to see me yesterday. 馬に乗って会いに来た / ～ *at* full gallop (全速力で)疾駆する / ～ *on* sb's shoulders [back] 肩車をして[おぶって]もらう. **b** 〈馬などが〉乗れる, 乗りごこち[走りぐあい]が…である; 〈走路などが〉乗りぐあいが…である: a horse that ～*s* easily 御しやすい馬 / The course *rode* soft after the rainfalls. 雨後でコースは軟らかすぎた. **c** 乗馬服で…の目方がある: I ～ 12 stone. 乗馬服を着て目方が 12 ストーンだ. **2 a** 浮かぶ, 停泊する; 〈月・太陽が〉《空中に》浮かぶ, かかる; 《流れに》乗って進む[走る]: A ship ～*s at* anchor. いかりをおろして停泊している / The moon was *riding* high. 月が空高く上がっていた / The boat *rode over* angry waves. 小船はたけり狂う波を乗り越えて行った. **b** [*fig*] 〈…に乗って〉進む, 運ばれて行く, '乗る' 〈*on*〉; 《口》〈事などが〉妨げられずに進行する, なるがままになる; 〔ジャズ〕《テーマをもとに》アドリブで変奏する, 《スウィング感のある》乗った演奏をする: ～ *on* the wave of popularity 人気の波に乗る / distress *riding* among the people 人びとの間に広がる困窮 / let sth ～ ⇨ 成句. **3 a** 掛かる, 載せられている, (支えられて)動く; 〈…に〉賭けられる〈*on*〉: The wheel ～*s on* the axle. 車輪は車軸で回る. **b** 〈…に〉依存する, しだいである (depend) 〈*on*〉. **4** 〈折れた骨・印刷などが〉重なり合う: A rope ～*s*. 《巻かれた》ロープが重なる. **5** 《口》あざける, なぶる; *《口》だます, つけこむ.

► *vt* **1 a** 〈馬・乗物など〉に乗る, 乗って行く; 〈馬などを〉御する, …に乗って動かす: ～ a horse [a bicycle, a car, an elevator] 馬[自転車, 自動車, エレベーター]に乗る / ～ the WHIRLWIND / ～ one's horse *at* a fence 垣根を飛び越そうと馬を駆けさせる / ～ one's horse *at* an enemy 馬に乗って敵に突撃する. **b** 〈雌〉に乗る, 《卑》〈女〉とやる. **2** 馬《など》で進む[通る, 渡る, 越す]; 〈距離を〉乗って行く; 〈競馬・自転車競技など〉に出場する; 馬《など》に乗って行なう; 馬に乗って見まわる; 乗馬で狩る; 乗馬で〈獣群中から〉狩り出す〈*off, out*〉: ～ a ford [the prairies] 浅瀬[草原]を馬に乗って渡る / ～ a race 競馬に出る. **3** 乗せる, 馬乗りにさせる; *乗せて行く, 乗せて運ぶ: ～ a child *on* one's back 子供を背に馬乗りにさせる / ～ sb *on* a RAIL[1]. **4** …に浮かぶ, 運ばれる, 支えられる; 乗り切る〈*out*〉: The ship is *riding* the waves. 波に乗って走っている. **5** …に掛かる, 載っている; …に重なる; 〈クラッチ・ブレーキ〉に足を載せておく: Spectacles ～ his nose. 眼鏡が鼻に載っている. **6 a** [[U]*pass*] 取りつく, 支配する; 悩ます, 苦しめる: be *ridden* by fears [prejudices] 恐怖[偏見]にとらわれる. **b** 〔競馬〕極度に駆使する; 〔ラクロス〕〈ボールを持った相手を〉ルールにしたがって攻撃する. **c** *《口》からかう, いじめる (tease), やじる. **d** 《後退などして》〈パンチを〉もろに食わないよう受ける. **7** 〈船を〉つなぐ, 停泊させる. **8** 〔ジャズ〕〈テーマ・メロディー〉をもとにアドリブを展開する.

● **let** sth **～** 《口》…をほっておく, …をなるがままにする[成り行きにまかせる]. **～ again** 《口》もとに戻る; [*fig*] 元気を取り戻す. **～ and tie** 《古》《2 人以上で》交代に一頭の馬に乗り継ぐ《先にある距離を馬で行った人が馬をつないで徒歩で出発し, 追いついた人が馬で追い越す》. **～ at**… 馬などを…に向けて進む. **～ circuit** 巡回裁判を開く. **～ down** 馬で…に追いつく, 馬で追い詰める; 馬で突き倒す, 馬で踏み倒す[踏みにじる]; 圧倒する; 〈馬を〉乗りつぶす; 〔海〕〈ロープを〉体重で押えつける. **～ easy** 〔海〕錨に負担をかけない. **～ for a fall** むちゃな乗り方をして災難をまねく; [[U]*pres p*] むちゃなことをする. **～ hard** 強引な乗り方をする. **～ herd on** *馬に乗って家畜を見張る; *《口》見張る, 取り締まる, 監督する. **～ high** 成功する, うまくやる. **～ no hands** 両手をハンドルから離して[両手離しで]自転車に乗る. **～** sb **off** 〔ポロ〕球と敵との間に馬を乗り入れて打球を妨げる. **～ off in all directions** *《口》あわてふためく, 同時にいろいろな事をしようとする. **～ off on side issues** 要点を避けて枝葉の問題を出す. **～ out** 〈暴風を〉乗り切る; [*fig*] 〈困難を〉乗り越える, 〈攻撃・議論を〉退ける: ～ *out* the storm あらしを乗り切る; [*fig*] 困難などを切り抜ける. **～ (roughshod) over**…を踏みにじる; …を制圧する. **～ the** BEAM[1]. **～ the line** 迷い牛を駆り集めるため牛の群の外側を乗りまわす. **～**…**to death** 〈馬を〉乗りつぶす; 〈方法・冗談などを〉やりすぎる. **～ up** 〈スカートなどが〉ずり上がる〈*on* sb〉. **～ up to [on]**…に乗りつける.

► *n* **1 a** 《馬・乗物・人の背などに》乗る[乗せる]こと, 乗って[乗せて]行くこと; *乗せてくれる人; *《口》自動車; 騎馬[乗物]旅行; 乗っている時間, 道のり; 《車・馬などの》乗りごこち[ぐあい]: give sb a ～ 人を乗せてやる / go for a ～ ひと乗りしに出かける / have [take] a ～ 《馬・馬車・自転車などに》一回乗る / Thanks for the ～. 乗せてくれてありがとう. **b** 《自動車競走の》レーサーの仕事. **c** 《卑》《男が女に》ひと乗り(すること): get [have] a ～ / asked her for a ～. **2 a** 《特に 森林中の》騎馬道路. **b** 交通の手段; 《遊園地などの》乗物《ジェットコースター・観覧車など》; *《俗》競走馬; *《俗》車 (car) 《特に 車高の低いもの》: an easy ～ 御しやすい馬《など》. **c** 〔英軍〕補充騎兵隊. **3 a** 〔ジャズ〕アドリブの部分; *《俗》RIDE CYMBAL. **b** *《俗》楽なやり方; 《だれでもできる》おもしろいもの; 《俗》楽しい経験, 麻薬に酔うこと, トリップ. ● **along for the ～** 《口》おもしろ半分で参加して (cf. just for the RIDE), 尻馬に乗って: go [come] *along for the* ～ ひやかしでついて行く[来る]. **have [give** sb**] an easy ～** 苦労しないで済ませる[楽に切り抜けさせる]. **have [give** sb**] a rough ～** 困難にあう[あわせる]. **(just) for the ～** 《口》(ただ)おもしろ半分に, (ただ)傍観者として: go to the funeral *just for the* ～ つきあいで葬儀に参列する. **take** sb **for a ～** 《俗》〈ギャングなどが〉人を車で連れ出して殺す, 殺害する; 《口》人をだます, ペテンにかける.

［OE *rīdan*; cf. G *reiten*］

rideable ⇨ RIDABLE.

Ríde a Còck-Hórse 「おうまさんでバンベリー」《'Ride a cock-horse to BANBURY CROSS' で始まる英国の童謡 (nursery rhyme); 幼児をひざに載せてゆすりながら歌って聞かせる》.

ríde cỳmbal ライド(シンバル) (＝*ride*) 《ジャズやロックのドラム奏者が一定のリズムをとるためにたたく中型のシンバル》.

ríde·màn 《俗》*n* *《遊園地などの》回転木馬[ジェットコースターなど]運転係; よくスウィングするミュージシャン, のりのよいアドリブ奏者.

ri·dent /ráɪdnt/ *a* 《古》笑っている, 破顔の, 欣然たる.

ríde-òff *n* *〔馬〕決勝ラウンド《同点に決着をつけるため, あるいは予選通過者を決定するために行なう》.

ríde·òut *vi, vt* *《俗》(ジャズの最後のコーラス部分を)自由に乗って演奏する. ► *n* 《ジャズの》最後のコーラス部分.

rid·er /ráɪdər/ *n* **1** 乗り手, 騎手; *カウボーイ. **2** ほかのものの上に乗っているもの; 〔機〕乗り子, ライダー《台上にある運転部分》; 《天秤の》馬乗り分銅, ライダー; 〔鉱〕はさみ《厚い層に乗った砂岩や岩石薄層》; 欄干の手すり; [*pl*] 〔海〕《木造船の》補強材. **3** 添え書, 追而書(おって がき); 《議案などの》付加条項《英国では第三読会の議案に付けるもの》; ˈ《陪審の評決の》副申書;《契約書の最終条項に付加される》補足条項, 付帯条件;《楽団などへの》待遇条件;《手形などの》補箋: by way of ~ 追加として, 添付して ‹to›. **4**〔数〕応用例題, 系 (corollary). **5***《俗》付きまとう者, 腰ぎんちゃく;*《俗》競馬, 自動車レース. ♦ **~·less** *a*
ríder·shìp* *n* 特定交通機関の利用者数.
ridge /rídʒ/ *n* **1 a** 隆起(線); 山の背, 尾根, 脊梁; 分水線; 山脈; 海嶺(かいれい);《畑・織物などの》うね;〔建〕《屋根の》棟(むね);〔城〕斜堤頂. **b** 峰 (crest); 波頭; 鼻梁(びりょう);〔気〕《天気図で》気圧の尾根. **2** 背, 背筋. ► *vt* **1** …に棟を付ける. **2** …のうねを立てる[起こす] ‹up›; うね状にする; うね[温床]に植える. ► *vi* うねになる; 波立つ. ♦ **~d** *a* [OE *hrycg*; cf. G *Rücken*]
rídge·bàck *n* 《口》RHODESIAN RIDGEBACK《犬》.
rídge·lìne *n* 隆起線, 分水線, 稜線.
ridge·ling, ridg·ling /rídʒlɪŋ/〔獣医〕*n* 陰睾《一方または両方の睾丸が鼠蹊管にとどまったままの雄(《特に》子馬)》; 去勢が不完全な動物.
rídge·pòle, rídge·pìece *n* 棟木(むなぎ);《テントの》梁材(はりざい).
rídge ròpe 《テントの》背索.
rídge rùnner*《俗》《アパラチア山脈南部地方の》山地人 (hillbilly), 山猿;*《黒人俗》白人.
rídge tènt リッジテント《2 本の支柱で棟の両端を支える形式のテント》.
rídge tìle〔建〕棟瓦(むながわら) (cf. HIP TILE).
rídge·tòp *n* 尾根の頂き.
rídge·trèe *n* 《古》RIDGEPOLE.
rídge·wày *n* **1** 尾根づたいの道, 尾根道, 山背道. **2** [the R-] リッジウェイ《イングランド南部 Wiltshire と Berkshire の丘陵地 (downs) の尾根沿いをほぼ東西につたう長さ 85 マイル (137 km) の古道; 現在では有名なハイキングコース》.
Ridg·way /rídʒwèɪ/ リッジウェイ **Matthew B(unker)** ~ (1895–1993)《米国の陸軍将校; 日本占領連合国軍最高司令官 (1951–52), 陸軍参謀総長 (1953–55)》.
ridgy /rídʒi/ *a* 背のある; うねのある; 隆起した.
ridgy-didge /rídʒidídʒ/ *a* 《豪俗》すごい, ホンモノの.
ri·dic /rí:dɪk, ríd-/ *a**《俗》RIDICULOUS.
rid·i·cule /rídəkjù:l/ *vt* あざわらう, あざける, 笑いものにする. ► *n* あざけり, あざわらい, 嘲笑;《古》あざわらいの的, 笑いぐさ;《古》ばかばかしさ: bring…into ~ =cast ~ upon…=hold up…to ~ =turn …to ~ …をあざわらう / lay one*self* open to ~ 物笑いになるようなことをする. ♦ **-cùl·er** *n* [F or L=laughable (*rideo* to laugh)]
ri·dic·u·lous /rədíkjələs/ *a* 笑うべき, おかしい, 滑稽な; ばかげた, むちゃな, 途方もない. ♦ **~·ly** *adv* **~·ness** *n*
rid·ing[1] /ráɪdɪŋ/ *n* 乗馬, 乗車;《森の中の》馬道, 馬場: go ~ 乗馬をしに行く. ► *a* 乗馬用の; RIDER が操作する: ~ clothes 乗馬服.
ri·ding[2] *n* **1** [ᵁR-]〔英〕区《1974 年 4 月までのイングランド Yorkshire を東・西・北に 3 分した行政区画 (⇨ EAST [NORTH, WEST] RIDING); Lincolnshire にも同じ名の 3 つの行政区画があったが, 早くに消滅した》: the Three *R-s* 全ヨークシャー. **2**〔カナダ〕《議会の》選挙区;〔NZ〕《地方自治体の》選挙区. [OE*thriding<ON=third part; *th-* の消失は前にある east [nor*th*, etc.] との同化より]
ríding bòot 乗馬靴,《特に》TOP BOOT.
ríding brèeches *pl* 乗馬ズボン.
ríding cròp 《先端に革ひもの輪の付いた》乗馬むち.
ríding hàbit 女性用乗馬服.
ríding làmp [lìght]〔海〕停泊灯 (anchor light)《白色》.
ríding màster 馬術教師, 騎兵隊馬術教官.
ríding mòwer 操作者が乗って動かす芝刈り機.
ríding schòol 乗馬学校, 陸軍馬術練習所.
ríding stàble 乗用馬厩舎.
rid·ley /rídli/ *n*〔動〕ヒメウミガメ (=*bastard turtle*).
Ridley リドリー **Nicholas** ~ (c. 1503–55)《イングランドの宗教改革者; Mary 1 世の命で火刑に処せられた》.
ri·dot·to /rɪdátoʊ/ *n* (*pl* **~s**) リドット《**1**) 18 世紀英国で流行した社交懇親会・仮面舞踏音楽会 **2**) 編成の小さな演奏のための編曲》. [It]
Rie /rí:/ リー Dame **Lucie** ~ (1902–95)《オーストラリア生まれの英国の陶芸家; 本名 Lucie Gomperz》.
Rief·en·stahl /rí:fənʃtà:l/ リーフェンシュタール **Leni** ~ (1902–2003)《ドイツの女性映画監督・写真家; ナチスの宣伝映画, Berlin オリンピック (1936) の記録映画, アフリカ Nuba 族の記録写真などで有名》.
Rie·ka /ri(j)ékə/ リエカ《RIJEKA の異つづり》.
riel /riél; rí:əl/ *n* (*pl* **~s**) リエル《カンボジアの通貨単位: =100 sen》. [Khmer]
Ri·el /riél/ リエル **Louis** ~ (1844–85)《カナダ西部の Métis の指導者; 生地がカナダに統合されることを拒否して臨時政府を樹立 (1869), 翌年鎮圧されたが, 結果的に Manitoba 州の成立を見た; 84 年 Saskatchewan 州で再び反乱を起こして処刑されたが, これをきっかけに英仏系住民間の対立が激化することになった》.
Rie·mann /rí:mà:n/ リーマン (**Georg Friedrich**) **Bernhard** ~ (1826–66)《ドイツの数学者; リーマン幾何学を体系づけた》. ♦ **Rie·mann·ian** /rimá:niən; -mǽn-/ *a*
Riemánnian geómetry リーマン幾何学《非ユークリッド幾何学の一つ》. [↑]
Riemánnian métric〔数〕リーマン計量《対角化する座標をとったとき, すべての成分が正になるような計量; cf. LORENTZIAN METRIC》.
Ríemann íntegral〔数〕リーマン積分.
riem·pie /rímpi/ *n* 《南ア》《編んで椅子の座席などに用いる》細い革ひも. [Afrik]
Ri·en·zo /rjéntsoʊ/ リエンツォ **Cola di** ~ (1313–54)《ローマの民衆運動の指導者; 古代ローマの再興を目指したが追放, のち殺害された; Bulwer-Lytton の小説 *Rienzi* (1835), Wagner の歌劇 *Rienzi* (1842) のモデル》.
Ries·ling /rí:zlɪŋ, rí:s-/ *n* リースリング《**1**) 主にドイツで栽培される白ブドウの優良品種 **2**) それで造る白ワイン》. [G]
Ries·man /rí:smən/ リースマン **David** ~ (1909–2002)《米国の社会学者; *The Lonely Crowd* (共著, 1950)》.
Riess /rí:s/ リース **Adam G(uy)** ~ (1969–)《米国の物理学者; 遠方の超新星観測による宇宙の膨張加速の発見によりノーベル物理学賞 (2011)》.
riet·bok, -boc /rí:tbàk/ *n* 《南ア》REITBOK.
Ríe·vaulx Ábbey /rí:voʊ-/ リーヴォ修道院《イングランド North Yorkshire に遺跡がある 12 世紀のシトー会修道院》.
riever ⇨ REAVER.
rif /ríf/*《俗》*n* 解雇, 首切り; 格下げ, 降格. ► *vt* (**-ff-**) ‹人›に解雇を通告する; 降格する. [*r*eduction *i*n *f*orce]
Rif /ríf/ **1** (**Er** /ər/) ~ リーフ《モロッコ北部, 地中海沿岸の山脈》. **2** RIFF.
RIF /ríf/ reduction in force.
ri·fa·ci·men·to /rɪfà:tʃɪméntoʊ/ *n* (*pl* **~s, -ti** /-ti/)《文学・音楽などの作品の》改作. [It]
ri·fam·pi·cin /raɪfǽmpəsən/, **ri·fam·pin** /raɪfǽmpən/ *n*〔生化〕リファンピシン, リファンピン《ウイルスの RNA 合成阻害作用を有する抗生物質》. [*rif*amycin+*ampicill*in or *ampicillin*]
rif·a·my·cin /rɪfəmáɪs(ə)n, raɪfǽməs(ə)n/ *n*〔生化〕リファマイシン《抗生物質》. [*rif-*(<*r*eplication *i*nhibiting *f*ungus), *-a-*(<*-o-*), *-mycin*]
rife /ráɪf/ *a* ‹悪疫・うわさなどが›広まって, はびこって, 蔓延して; ‹…に›満ちみちて, 充満して, …だらけで ‹with›; たくさんあって, 豊富で: The town *was ~ with* rumors of an earthquake. 町は地震のうわさでもちきりだった. ► *adv* おびただしく, たくさんに, 盛んに. ♦ **~·ly** *adv* **~·ness** *n* [OE *rȳfe*<?ON *rifr* acceptable]
riff[1] /ríf/ *n* **1**〔ジャズ〕リフ《**1**) 繰り返し現われる短いリズミックなフレーズ; ソロのバックとして即興的に, また ソロの一部に取り込まれて演奏され, それ自体がテーマともなる **2**) リフをテーマにした曲》;*《俗》《ひと区切りの》ソロ演奏. **2** 気のきいた一言;*《俗》《話の》脱線;*《黒人俗》いつもの[おなじみの]せりふ, きまり文句;*《俗》変種, 一種. ► *vi* リフを演奏する. ● **~ on**…*《俗》‹人›を都合よく利用する, …につけこむ. ♦ **~·age** *n* 《口》《特に ロック音楽の》ギターリフ. [C20<?; 一説に <*refrain*]
riff[2] *vt, vi* RIFFLE.
riff[3] *n**《俗》冷蔵車 (refrigerator car), REEFER[3].
Riff **1** RIF. **2 a** (*pl* **~s, Riffi** /rífi/, ~) リーフ人《モロッコ北部 Rif 山脈のベルベル人》. **b** リーフ語《ベルベル語の方言》. ♦ **Ríff·ian** *n*
riffed[1] /ríft/ *a**《俗》酒[薬]に酔った.
riffed[2] *a**《俗》解雇された, 首になった (=*rift*). [*rif*]
rif·fle /ríf(ə)l/ *n* **1 a***《さざなみを立てる》早瀬;*さざなみの立った水面;*さざなみ (ripple). **b** トランプを半数ずつ両手に持って切ること[音]. **2** リッフル《砂金採集樋の底に溝や隙間をつくるように木や石を並べたもの》; リッフルの木や石; リッフルの溝や隙間. ● **make the ~***《俗》成功する, 目的を遂げる. ► *vt* **1** ‹水›にさざなみを立たせる; ‹旗を›はためかせる; ‹書類・ページなどを›パラパラとめくる ‹through›; ‹トランプを›二組に分けてパラパラと切り混ぜる; ‹小物を›指でもてあそぶ. **2**〔鉱〕リッフルを通す. ► *vi* ‹水が›浅瀬をさざなみを立てて流れる; トランプを二組に分けてパラパラと切る; パラパラめくる ‹through›. [? *ruffle*[1]]
rif·fler /ríflər/ *n* 波形やすり.
riff·raff /rífræ̀f/ *n* 下層民, 下等な連中,《人間の》くず, 有象無象《集合的, 時に 個人》;《方》がらくた, つまらないもの. ► *a* つまらない, くだらない, くずの. [OF *rif et raf*]
Rifi /rífi/ RIFF.
ri·fle[1] /ráɪf(ə)l/ *n* 施条(しじょう)銃, ライフル(銃); 小銃; 施線砲; 小銃手; [*pl*] ライフル部隊;《古》《銃腔の》らせん溝, 腔線. ► *vt* **1** ‹銃腔など›にらせん溝をつける, 施条する. **2** ライフル銃で撃つ; ものすごい速さで投げる[飛ばす]. ► *vi* 《まれ》ライフル銃を撃つ[使用する]. [↓; 銃の意は ~ gun「施条のある銃」より]
rifle[2] *vt, vi* 《特に 盗む目的で》くまなく捜す, あさる (ransack) ‹through›; 強奪[略奪]する; ぶんどる, 盗む. ♦ **rí·fler** *n* [OF=to graze, plunder<ODu]
rífle·bìrd *n*〔鳥〕ウロコフウチョウ (=*rifleman*)《豪州産》.
Rífle Brigáde [the]〔英史〕ライフル旅団.
rífle còrps〔史〕ライフル銃隊《志願兵からなる》.
rífle gréen[U] 暗緑色《rifleman の軍服の色》. ♦ **rífle-gréen** *a*

rífle grenàde 銃榴弾(じゅうりゅうだん)《銃口に取り付けた特別な装置で発射する榴弾》.

rífle gùn 《特に 先込めの》ライフル (rifle).

rífle·man /-mən/ *n* **1** ライフル銃兵; 〘英史〙ライフル旅団兵; ライフル銃の名手. **2**〘鳥〙**a** RIFLEBIRD. **b** RIFLEMAN BIRD.

rífleman bìrd 〘鳥〙**a** RIFLEBIRD. **b** モリサザイ《ニュージーランド産》.

rífle mìcrophone ライフルマイク《ガンマイク (gun microphone) の一種で, 指向性を高めるため振動板の前に長さの異なる複数の管が平行に付いているもの》.

rífle pìt 射撃壕.

rífle rànge (小銃)射撃場; 小銃射程.

rífle·ry* *n* ライフル射撃(実習); ライフル射撃の腕前.

rífle·scòpe* *n* ライフル銃望遠照準器.

rífle·shòt *n* 小銃弾; 小銃射程; 小銃射手; 名射手.

rí·fling *n* らせん溝 (rifle) をつけること, 施条(しじょう); 腔線.

rift[1] /ríft/ *n* 切れ目, 裂け目, 割れ目; 開けた所, 《雲の》切れ間; 《人間関係の》亀裂, ひび, 仲たがい, (利益の)不一致 ‹*between*›; 〘地質〙断層, 地溝; 《花崗岩の》石目; 芯割れ材. ● **a little ～ within the lute** 発狂の兆し; 不和[ひび割れ]の兆し《Tennyson, *The Idylls of the King*》. ► *vt, vi* 裂く, 裂ける; 割る, 割れる. ♦ **～·less** *a* [Scand (Dan, Norw *rift* fissure); cf. RIVE]

rift[2]* *n* 《川の》浅瀬, 岩の多い所; 砕けて返す波. [? *riff* (dial) reef]

rift[3] 《方》*vi* げっぷをする; おならをする. [ON *rypta*]

rift[4] *a**《俗》RIFFED[2].

ríft sàw 《製板用の》薄切り鋸(のこ).

ríft vàlley **1**〘地質〙大地溝, リフトヴァレー. **2** [the R- V-] GREAT RIFT VALLEY.

Ríft Vàlley féver 〘獣医〙リフトヴァレー熱《アフリカで羊や牛, 時には人にもみられるアルボウイルスによる熱病》. [最初に *Rift Valley* で発見された]

ríft zòne 〘地質〙《プレートの移動による》地割れ地帯, リフト帯.

rig[1] /ríg/ *vt* (-gg-) **1**〘海〙…に索具を装備する, 艤装する (equip); ‹飛行機›の翼[胴体など]を組立て調整する, 整備する: ～ a ship *with* new sails 船に新しい帆を取り付ける / ～ down〘海〙…の装備をはずす. **2** 支度する, 装備する ‹*out, up*›; 着せる, 着飾らせる ‹*out, up; in, with*›; 間に合わせに作る, 急ごしらえする ‹*up*›: be *rigged out* as a pierrot ピエロの装いをする / ～ *up* a Christmas tree クリスマスツリーを立てる. ► *n* **1**〘海〙索具装備, 艤装 (rigging); 帆装; 装備, 装置, 用具; 《油田の》掘削装置, リグ. **2 a**《口》服装, 《けばけばしい・変わった》身なり. **b***《麻薬俗》薬を注射[使用]するための道具; 《俗》持ち物, 道具 (penis). **3***馬をつないだ[支度を整えた]馬車; *トレーラー車, トラック; *《口》自動車, バス. ● **in full ～** めかしこんで. [? Scand; cf. Norw *rigga* to wrap]

rig[2] *n* "奇計, 計略, いたずら, 悪ふざけ; "詐欺, 瞞着; 〘商〙市場[相場]操作. ● **run a ～** いたずらする, ふざける ‹*on*›. ► *vt* (-gg-) …(の結果)を不正に操作する; 《望みの結果となるよう》あらかじめ仕組む, …に八百長をする: ～ prices 価格操作をする / ～ an election 選挙結果を操作する / ～ a quiz 《参加者に解答を教えておくなどして》クイズを仕組む / ～ the market (株式)市場を操作する. ● **～ upon**…にいたずらする, ふざける. [C19=to swindle<?]

rig[3] *n* 《スコ》長い嶺, 背 (ridge). [*ridge* のスコ形]

Ri·ga /ríːgə/ リガ《ラトヴィアの首都; リガ湾の南端に臨む港湾都市》. ■ the **Gúlf of ～** リガ湾《バルト海の入江; エストニア・ラトヴィアに接する》.

rig·a·doon /rìgədúːn/, **ri·gau·don** /*F* rigodɔ̃/ *n* リゴドン《17–18 世紀に流行した 2/4 または 4/4 拍子の快活な二人舞踏; その舞曲》. [F ＜? *Rigaud* 考案した舞踊家]

rigamarole ⇨ RIGMAROLE.

rig·a·to·ni /rìgətóuni/ *n* リガトーニ《短い筒状のパスタ》. [It (*riga* a line)]

Ri·gel /ráiʤ(ə)l, -g(ə)l/ 〘天〙リゲル《オリオン座の β 星; 光度 0.1 等の青色巨星》.

rigg" /ríg/ *n* DOGFISH《サメ》.

rigged /rígd/ *a* [*compd*] …式帆装の.

ríg·ger[1] *n* **1** 索具装着者, 艤装者; 《クレーンなどの》巻揚げ係; 〘空〙《機体・パラシュートの》整備工; 準備者; 《油田の》掘削作業員. **2**〘機〙ベルト滑車[ドラム]; 細長く先のとがったクロテンの毛の絵筆; [*compd*] …式帆装の船; 《ボートの》クラッチ受け (outrigger). [*rig*[1]]

rigger[2] *n* 《株式市場などで》不正な操作をする者. [*rig*[2]]

ríg·ging[1] *n* **1 a**〘海〙索具《帆・帆柱・ロープ類一式》, 艤装; 〘空〙リギング《複葉機などの張り線・支柱など》; 不正操作[工作], 八百長. **b** 《舞台の》仕掛け装置[道具]; 支度 (equipment); 装具, 装備(一式). **2**《口》衣類, 衣服, 服装.

rigging[2] *n* 《スコ》屋根(の棟). [*rig*[3]]

rígging bàtten 〘海〙索具の摩擦よけ.

rígging lòft 《造船所内の》索具工場; 〘劇〙《舞台の天井にある》背景仕掛け場.

rígging plàn 〘造船〙綱具(つなぐ)装置図, 帆装図.

Ríggs' disèase /rígz-/ 〘歯〙リグズ病《歯槽膿漏》. [John M. *Riggs* (1810–85) 米国の歯科医]

right /ráit/ *a* **1 a** (道徳的に)正しい, 正当な, 正義の (opp. *wrong*); ‹人が›善良な; *《俗》警察とかかわりのない: ～ and proper 正しく適当な / act a ～ part 正しい行為をする / You were quite ～ to accept. きみが受けたのは正しかった / You were ～ in judging so [in your judgment]. きみがそう判断したのは[きみの判断は]正しかった / It was quite ～ *of* you to refuse the offer. きみがその申し出を断わったのは全く正しかった. **b** [付加疑問として相手に同意を求めて]《口》違いますか? (そう)だろ? でしょ? (=am I right?). **2** 正確な (correct), 正しい: What is the ～ time? 正確な時間は何時ですか / That's ～. そのとおり (yes), それでけっこう / *R*～ (you are)! 《口》そのとおり; 《提案・命令・依頼に答えて》よろしい, よし承知した / *R*～!=All ～! けっこうだ, よろしい, わかった, OK, いいよ, はい, よしきた (⇨ ALL RIGHT). **3** 適当[適切]な, 当を得た; 申し分のない; (最も)都合のよい, (大変)好ましい (favorable); 社会的に認められた, りっぱな: in the ～ place at the ～ time ちょうど運よくその場に居合わせて / God's in His heaven—All's ～ with the world. 神そらに知ろしめす—すべて世はこともなし《Browning, *Pippa Passes* の一節》/ the ～ man in the ～ place 適材適所 / the ～ STUFF / the ～ man for the job その仕事の適任者 / be just ～ まことに適切である[ふさわしい], うってつけ[おあつらえ向き]だ ‹*for*› / the ～ people 《社会的地位の高い》ちゃんとした人たち / It's ALL RIGHT. / It's quite ～ that he has been promoted. 彼の昇進は当然だ. **4** 整然とした, 調子のよい; 健康な (healthy); 健全な, 正常の, 正気の: put things ～ 整頓する / feel ～ 体の調子がよい / (quite) ～ in the [one's] head 頭がまともで / (quite) ～ in the [one's] mind=in one's ～ mind 完全に正気で. **5** 表面の, 正面の: the ～ side 表面. **6** (opp. *left*) **a** 右の, 右方[右側]の; 《客席に向かって》右の, 下手(しもて)の; 右手による: one's ～ hand 右手; 右側, 右方 / the ～ bank of a river 川の右岸《川下に向かって右》. **b** 《政治的・思想的に》右派の, 保守的な, 反動的な. **7**〘数〙まっすぐな (straight); 直角の; 垂直の軸をもつ, 直立した. **8**《古・口》正当な, 本物の, 本当の (real): a ～ bastard すごくいやなやつ.

● **a ～ one***《口》まぬけ, ばか. **(as) ～ as a ram's horn** 《口》ひどく曲がって. **(as) ～ as rain [ninepence, a trivet, nails]** "《口》すっかり元気で[回復して], 正常な[健全な, そうあるべき]状態で; *《口》全く正しい. **get ～***《俗》《麻薬をやって》気を静める. **get…～** …を正しく把握[理解, 記憶]する; ‹計算などを›正しく行なう, うまくやり遂げる. MISTER [MISS] RIGHT. **on the ～ SIDE.** **put one's ～ hand to the work** 本気で仕事をする. **～ and left** 左右の (cf. *adv* 成句). **R～ oh [ho]!**=RIGHTO. **～ or wrong** よかれあしかれ, ぜひとも. **～ UP there.** **set [put]…～** 直す, 正す, 正常な[ちゃんとした]状態にする, 健康体にする; (…について)‹人›の誤りを正す, …に本当のことを教える ‹*on, about*›. **set [put] oneself ～** 自己を正しいと主張する. **She's ～.=She'll be ～.** 《豪口》万事オーケー, だいじょうぶ. **the ～ way** 本道, 正道; 真相; 最も効果をもたらす方法; [‹*adv*›] 正しく, 適切に. **Too ～!** 《英口・豪口》そうだとも, そのとおり; よろしい.

► *adv* **1** 正しく, 正当に, 公正に; 正確に; 本当に: act ～ 正しく行動する / guess ～ 推測があたる / You did ～ to apologize [in apologizing]. 謝罪したのは正しかった / if I remember ～ (= rightly) わたしの記憶が正しければ, 確か. **2** 適当に, 望みどおりに, 都合よく: go ～ ‹事が›うまくいく ‹*for* sb›. **3** 右に, 右方[右側]に[へ]: *R*～! 〘米海軍〙面舵(おもかじ)! **4 a** 全く, すっかり; 完全に; ちょうど, まさしく, きっかり: turn ～ round くるりと一回転する / ～ against…の真向こうに / ～ at the beginning しょっぱなに / ～ here ちょうどここに[で], この場で / ～ then ちょうど[まさに]その時 / ～ opposite 真向こうに, 正反対に / ～ over the way 道の真向こうに / ～ in the middle of one's work 仕事のまっ最中に. **b** まっすぐに, まともに; ずっと (all the way) ‹*to, into, round, through*, etc.›: Go ～ on to the end of the street. 通りのはずれまでまっすぐに行きなさい / I went ～ at him. 彼をめがけて真一文字に進んだ. **5** 直ちに ‹*after* some event›; 《口》すぐ, じきに: I'll be ～ with you. すぐ参ります《客の応対をしている店員が, 新たにはいって来た客に》. **6 a**《口・方・古》非常に (very): I know ～ well that…ということはよく知っている. **b** [尊称に冠して]: the *R*～ HONORABLE / the *R*～ REVEREND / the *R*～ WORSHIPFUL.

● **come ～** 正しくなる, よくなる (opp. *go wrong*); 実現する. **play it [things] ～** 事をちゃんと処理する, 抜かりなく事を行なう, へまをやらない. **R～ about!** 回れ右! (cf. RIGHT-ABOUT). **～ along** 停止せずに, 休まずに, 絶えず; 順調に. **～ and left** 右に左に; そこにもここにも, いたるところに, あちこちで. **～ AWAY.** **～ by the sea** 《口》まさしく, ちょうど. **～ down** 真下に; あからさまに; 風が凪(な)いで. **～ enough** 《口》確かに, まさしく, 実に. **～, left and CENTER.** **～ now** 今すぐ, たった今; 今(のところ)は. **～ OFF.** **～ off the BAT**[1]. **R～ on!** 《口》よーし, いいぞ, 同感 (cf. RIGHT-ON). **～ out** 率直に. **～ straight*** 今すぐ, 直ちに. **R～ WHEEL!**

► *int* 《口》それじゃあ, さて, さあ; (これで)よし; わかった, そのとおり; わかるね, いい?.

► *n* **1** 正当; 正義, 正道, 公正: do ～ 正しいことをする / ～ and wrong 正邪 / MIGHT[2] is ～. **2** 権利; [[U]*pl*] 権益, 利権; [*pl*] 著作権, 版権; [[U]*pl*] 《増資株の》買増し権, 新株引受権[証書]; [*pl*]*《口》公民権: ～*s* and duties 権利と義務 / assert [stand on] one's ～*s* 自己の権利を主張する / be within one's ～*s* to do…する権利がある

/ claim a ～ *to* the use of the land その土地の使用権があると主張する / ～*s* of man＝human ～*s* 人権 / all ～*s* reserved 全著作権保有 / the BILL OF RIGHTS / the RIGHT OF ASYLUM [PRIVACY, SEARCH, etc.]. **3** [ᵘ*pl*] 真相; [*pl*] 正しい状態[秩序]: the ～*s* (and wrongs) of the matter 事の真相[真偽]. **4** 表面, 正面. **5** 右, 右側, 右方; 右(側)にあるもの; 右へ曲がること, 右折; 右手の道; 〘軍〙右翼; 〘野〙右翼(手), ライト; 〘ボク〙右手のパンチ, 右, ライト; 《ダンス・行進などでの》右足: on one's ～ 右(側)に / on the ～ of…の右(側)に / the ～ of the stage 舞台の下手(しもて) 《客席に向かって右側》/ make [take] a ～ 右折する / Keep (to the) ～. 右側通行 / Turn to the [your] ～. 右に曲がれ. **6** [ᵒthe R-] 〘政〙《議長からみて》議場の右側, 右翼《欧州大陸諸国で保守派が占める》; [ᵘthe R-] 〘政〙右派(勢力), 保守党(議員) (cf. *the* LEFT¹, *the* CENTER); 右派[保守]的立場; 反動的[超保守的]立場[見解]: sit on *the R*~ 右派[保守党]議員である.

● **a bit of** ALL RIGHT. **as of ～＝by ～** 権利として[により], 当然 (★ of right ともいう). **bring to ～s** 《口》〈…を〉本来の状態にする, 直す, 正す. **by (all) ～s** 本来ならば, 本当は. **by [in] ～ of**…の理由で; …の権限で. **dead*** **[bang] to ～s** 《口》確実で, 完全に; 《口》現場を押えられて, 現行犯で: have sb *dead to ～s* 人の悪事の動かぬ証拠をもつ; 人を現場で押える. **do** sb **～＝do ～ by** sb 人を公平に取り扱う, 正当に評価する. **do** sb **to ～s** 《口》人に報いる, 仕返しする. **get** sb **dead to ～s**＝get sb's NUMBER. **get in ～ with**…*…の気に入る, …に取り入る. **give [read]** sb **his ～s** 《口》〈警察が〉人(の逮捕時)に(犯罪被疑者に認められている)諸権利を伝える (cf. MIRANDA CARD). **go [turn] to the ～ about** 回れ右をする; [*fig*] 局面[主義, 政略など]を変える. HANG **a ～.** **have a [the] ～ to** sth **[to** do, **of** doing**]**…を要求する権利がある, 当然…すべきである: *have* no ～ *to* sth [*to* do, *of* doing]…を要求する権利がない[全然…する資格[権利]がない]. **in** one**'s own ～** みずからの権利[身分, 資格, 努力]において, 本来的に, 独自に, …自身[自体]: a queen *in her own* ～《王妃ではなくみずから女王としての権利をもつ》女王 / a rich man *in his own* ～《自分で稼いだなどで》当然の資格のある金持. **in the ～** 道理がある, 正しい (opp. *in the wrong*). **keep on** one**'s ～** 右側を進む; 正道を進む. **of ～** (法的に)当然の, 権利としての; ⇨ as of RIGHT. **set [put] to ～s** 整頓する, 直す.

► *vt* **1** 〈間違いなどを〉直す, 正す; …の汚名を晴らす; 正当に扱う, 救う; 〈不公平を〉正す, 償う, あがなう; …の復讐をする: ～ the oppressed しいたげられた者を救う. **2** 直立させる, 立てる, 起こす; 本来の状態にする, 正常化する, 整頓[整理]する: ～ a skidded car 横すべりした車(の体勢)を立て直す / ～ the helm (曲げた)舵をまっすぐにする. ► *vi* 〈傾いた船などが〉まっすぐになる. ● **～ oneself** 立ち直る; 常態にかえる; 名誉を回復する, 復権する; 弁明する, あかしを立てる.

♦ **～·able** *a* 直す[正す]ことのできる. ［OE *riht*; (n)＜(a); cf. Du and G *recht*, L *rectus* straight, right］

ríght-abóut *n* 反対の方向; RIGHT-ABOUT-FACE. ● **send…to the ～(s)** 〈軍隊を〉回れ右させる, 退却させる; 〈人を〉追い払う, はねつける; 即座に解雇する. ► *a, adv* 反対(の)方向の[に].

ríght-abòut-fáce *n* 回れ右; 《主義・政策の》(百八十度の)方向転換.

ríght-and-léft *a* 左右の; 左右両足[両手]に合うように設計[工夫]した.

ríght ángle 〘数〙直角 (cf. STRAIGHT [OBLIQUE] ANGLE). ● **at ～s** 直角に, 垂直に 〈*to, with*〉.

ríght-ángle(d) *a* 直角のある, 直角をなす: a ～ triangle ᴴ直角三角形 (right triangle*).

ríght-ángle gàuge 直角定規, スコヤ (try square).

ríght árm 右腕, 腹心 (right hand). ● **give** one**'s ～** ⇨ ARM¹.

ríght ascénsion 〘天〙赤経 (cf. DECLINATION).

ríght báck 〘サッカー・ホッケーなど〙ライトバック《ライトのフルバック; 略 RB》.

Ríght Bánk [the] 《Seine 川の》右岸.

ríght-bráin *n* 右脳《大脳の右半分は身体の左半分と芸術的・創造的思考を支配する》. ♦ **ríght-bráin(ed)** *a*

ríght círcular cóne 〘数〙直円錐.

ríght círcular cýlinder 〘数〙直円柱.

ríght-clíck *vi, vt* 〘電算〙右クリックする.

ríght clíck·ing 〘電算〙右クリック《マウスなどの右ボタンのクリック》.

ríght cróaker 《俗》警察に密告することなく犯罪者を診察する医者.

ríght-dówn *a, adv* 全く(の), 徹底的な[に].

ríght·en *vt* 正す, 直す.

rígh·teous /ráɪʧəs/ *a* **1** 〈人・行ないなどが〉《道義的に》正しい, 正義の, 廉直な, りっぱな; 正当な, 義心より生ずる: a ～ person 正しい人, 義人 / ～ anger [indignation] 義憤. **2** *《俗》よい, 上等な, すばらしい, 本物の. **3** *《口》独善的な, 偉ぶった; *《俗》いかにも白人(社会)的な. ♦ **～·ly** *adv* **～·ness** *n* ［OE *rihtwīs*; 語尾は *-ous* に同化］

righteous búsh *《俗》マリファナ.

righteous cóllar *《俗》正当な逮捕.

righteous móss *《黒人俗》《縮れていない》白人特有の髪.

ríght·er *n* 正す人; 正義を行なう人, 義人(ぎじん): a ～ of wrongs 邪悪を正す人.

ríght fáce 〘軍〙右向け右《号令または動作; cf. ABOUT-FACE, LEFT FACE》.

ríght fíeld 〘野〙右翼, ライト《右翼手またはその守備位置》. ♦ **ríght fíelder** 右翼手, ライト.

ríght-fòot·er *n* 《アイルロ》プロテスタント.

ríght·ful *a* **1** 正しい, 正義に基づく; 《古》公正な. **2** 正当な権利を有する; 適法の, 合法的な, 正当な; 当然の; ふさわしい, 適切な. ♦ **～·ly** *adv* **～·ness** *n*

ríght gúy *《俗》いいやつ, まともなやつ, 頼みになるやつ, 《特に警察にたれ込まないという意味で》信用できるやつ.

ríght hálf 〘サッカー・ホッケーなど〙ライトハーフ《ハーフバックのレフト》.

ríght-hánd *a* 右の, 右手の, 右側の; RIGHT-HANDED; 右腕となる, 頼みになる: a ～ drive car 右ハンドル車 / RIGHT-HAND MAN.

ríght hánd **1** 右手; たよりになる[頼みとする]者, 有能な補佐役, 腹心, 右腕 (＝*right arm*): give the ～ of FELLOWSHIP. **2** 右側, 右方向; 右の座, 栄誉の座, 上席. ● **put** one**'s ～ to the work** 本気で仕事をする.

ríght-hánd·ed *a* 右利きの; 右手での, 右手用の; 右回りの (clockwise); 右旋(性)の, 右巻きの; 〘化〙R 型の分子構造をもつ; 〈戸・窓が〉右開きの; 左撚(よ)りの, Z 撚りの《垂直に保持すると綱(こ)は右上がり》; 《俗》ホモでない, ヘテロの, ストレートの, まっとうな. ► *adv* 右手で, 右打ちで; 右の方へ, 右巻きに. ♦ **～·ly** *adv* **～·ness** *n*

ríght-hánd·er *n* 右利きの人, 右腕投手; 《口》右(手)のパンチ; 《道路・レースコースなどの》右カーブ.

ríght-hànd mán 腹心の人物, 右腕(となる者).

ríght-hànd rúle [the] 〘理〙《フレミングの》右手の法則.

ríght héart 〘解〙右心《心臓の右半分: 右心房と右心室》.

right-ho ⇨ RIGHTO.

rightio ⇨ RIGHTY-HO.

ríght·ish *a* 右寄りの, 右翼がかった.

ríght·ist *n* [ᵒR-] 右翼[右派]の者 (opp. *leftist*). ► *a* [ᵒR-] 右翼の, 右派の: ～ sympathizers 右派のシンパ. ♦ **-ism** *n*

ríght jóint *《俗》まともなナイトクラブ[賭博場など]; *《俗》公正な扱いがうけられる刑務所[矯正施設など].

ríght-láid *a* 〈ロープなど〉左撚(よ)りの, Z 撚りの.

ríght·less *a* 権利[資格]を失った; 権利[資格]のない. ♦ **～·ness** *n*

ríght·ly *adv* **1** 正しく, 正当に; 正確に, 本当に; [ᵘ*neg*] 《口》確かには〈知らない・言えない〉: I don't ～ know whether… / If I remember ～… 確か… (⇨ ARIGHT) / ～ or wrongly 正しいか正しくないかは別として. **2** 適当に, 当然: He is ～ served. 当然の報いを得たのだ, ばちがあたったのだ《ざまを見ろ》/ and ～ so そしてそれも当然だ.

ríght-mínd·ed *a* 正しい[健全な, まともな]考えをもった, 良識ある. ♦ **～·ly** *adv* **～·ness** *n*

ríght móney 《俗》くろうとの賭け金, くろうと筋 (smart money).

ríght·mòst *a* 最も右(側)の.

ríght·ness *n* 廉直; 正義, 公正; 正確; 真実; 適切; 《廃》まっすぐなこと.

righto, right-o(h) /ráɪtóu, ràɪtóu/ *int* ᴴ《口》ALL RIGHT, OK.

ríght of abóde 〘英法〙《外国人に与えられる》居住権.

ríght of appéal 〘法〙上訴権.

ríght of asýlum [the] 〘国際法〙庇護権《本国での迫害・危難を逃れるため他国領域内に保護を求める者に関して, 保護を求められた国家がそれを許可しうる権利》.

ríght of áudience [the] 〘法〙弁論権《弁護士が法廷で弁論する権利・資格》.

ríght-of-cénter *a* 保守的な, 右寄りの, 中道右派の.

ríght of primogéniture [the] 〘法〙長子相続権 (primogeniture).

ríght of prívacy [the] 〘法〙プライバシー権.

ríght of séarch [the] 〘海法〙臨検・捜索権, 捜索権《**1**) 公海上で交戦国が中立国の船を停止させて積荷を取り調べうる権利 **2**) 平時における密輸などを取り調べうる権利》.

ríght of úse [the] 〘法〙《不動産の完全な享有には至らぬ特定的な》使用権.

ríght of vísit [visitátion] (and séarch) [the] 臨検(・捜索)権 (RIGHT OF SEARCH).

ríght-of-wáy *n* (*pl* **ríghts-, ～s**) **1** 通行権《他人の私有地を通行する権利》; 《交通上の》優先権 〈*over*〉; 《発言などにおける》優先権: yield the ～ 道を譲る. **2** 通行権のある通路; *公道用地, 鉄道用地, 線路用地, 路盤, 送電線[天然ガス輸送管]用地.

right-oh ⇨ RIGHTO.

ríght óil 《豪俗》確かな情報, 事実.

ríght-ón 《口》*a* *全く正しい[適切な]; *時代の精神[風潮]に合った, 時宜を得た, 進んでいる, [ᵒ*iron*] ᴴ進歩的な, リベラルな.

ríght séction 《長軸に垂直な平面で切った》横断面 (cf. CROSS SECTION).

ríght shóulder árms 〘軍〙右肩担(にな)え銃(つつ)《号令または姿勢》.

ríghts íssue 〘証券〙株主割当発行.
ríght·sìze *vt, vi* 適正な規模[大きさ]にする[なる], 〈人員を〉適正化[合理化]する.
ríght stáge 〘劇〙《客席に向かって》舞台の右手[右半分], 下手(しもて).
ríght-thínk·ing *a* 正しい[まともな]考えをもった, 良識のある (right-minded).
ríght-to-búy *n* 〘英法〙買取請求権《地方公共団体などの公的機関から居住用に賃借している家屋などを市場価格より安く優先的に買い取れる権利》.
ríght-to-cárry *a* 〘米法〙《一般市民の》銃携帯権に関する, 拳銃携帯を許可する: ～ law 銃携帯権認可法《ホルスターで服の内側につるすなど人目に触れない状態で持ち運ぶ隠匿携帯 (concealed carry) を条件に銃携帯許可証を発行する場合は conceal-and-carry law ともいう》.
ríght-to-díe *a* 《末期患者などの》死ぬ権利を認める[主張する].
ríght-to-lífe *a* 胎児の生きる権利を主張する, 妊娠中絶反対[禁止論]の; 不治の病をもって生まれた新生児の生きる権利を主張する, 新生児生命権論の.
ríght-to-lífer *n* 妊娠中絶禁止論者; 新生児生命権論者.
ríght-to-wórk *a* 〘米法〙労働権の[に関する]《クローズドショップおよびユニオンショップに反対あるいは禁止する》.
ríght-to-wórk làw 〘米法〙労働権法《職業維持のために組合に加入しなければならないという条件を禁止する法律》.
ríght tríangle* 直角三角形 (RIGHT-ANGLE(D) triangle").
ríght túrn 〘軍〙右向け右 (right face).
ríght·ward *a, adv* 右の方向の[に], 右側の[に]. ♦ **ríght-wards** *adv*
ríght whàle 〘動〙**a** ホッキョククジラ (Greenland whale). **b** セミクジラ (southern right whale).
ríght whàle pòrpoise 〘動〙セミイルカ.
ríght wíng 《軍の》右翼; 《サッカーなどの》右翼, 右[ライト]ウイング; 《一政党などの中の》右派, 保守派; 右翼政党, 右派. ♦ **ríght-wíng** *a* **ríght-wíng·er** *n*
righty 《口》*n* 右利きの人, 右腕投手; "保守派の人, 右翼.
righty-ho /ráɪtihòʊ, ⏑⏑⏑/, **righty-o(h)**, **right·io** /ráɪtiòʊ, ⏑⏑⏑/ *int*《口》RIGHTO.
Ri·gi /ríːgi/ [the] リギ山《スイス中北部 Lucerne 湖と Zug 湖の間にある山塊》.
rig·id /ríʤəd/ *a* **1 a** 堅い, 堅くて曲がらない, 柔軟さのない, 硬直した (stiff); 固定した, 変更できない; 《表情などが》硬い, こわばった: a ～ metal frame / ～ in one's ideas 考えが硬直[固定化]している. **b** 〘機〙剛体の; 〘空〙〈飛行船が〉硬式の. **2 a** 厳格な, 厳正な; 厳密な; 剛直な, 不屈の: a ～ discipline [disciplinarian]. **b** 堅苦しい, 融通のきかない. **3***《俗》酔っぱらった. ● **shake** sb ～《口》大いにびっくりさせる[こわがらせる]. ► *n* 《トレーラーなどに対し》一体[荷台]型トラック. ♦ **～·ly** *adv* **～·ness** *n* [F or L; ⇨ RIGOR²]
rígid désignator 〘論〙厳密指示語《あらゆる仮定[論理]において指示物の変化しない指示語》.
ri·gid·i·fy /rəʤídəfàɪ/ *vt, vi* 堅く[厳格, 厳密]にする[なる]. ♦ **ri·gìd·i·fi·cá·tion** /-fə-/ *n*
ri·gid·i·ty /rəʤídəti/ *n* **1 a** 堅い[柔軟さのない]こと, 強直, 硬直; 〘理〙剛性, こわさ. **b** きびしさ, 厳格; 厳密. **2** RIGID なもの[人].
Rí·gil (Ként) /ráɪʤ(ə)l(-)/ 〘天〙ALPHA CENTAURI.
rig·ma·role, rig·a·ma- /ríg(ə)mərə̀ʊl/ *n* くだらない[とりとめのない]長話[長文]; 煩雑で形式ばった手続き[仕組み]. ► *a* くだらない, 筋の通らない, 煩雑で無意味な. [C18 *ragman roll* catalogue<?]
Rig·o·let·to /rìgəlétoʊ/ リゴレット《(**1**) Verdi の 3 幕のオペラ (1851); Victor Hugo の劇に基づく (**2**) これに登場する Mantua 公に仕えるせむしの道化; 娘ジルダ (Gilda) を誘惑された復讐に公の暗殺をはかるが, 娘が身代わりに刺殺される》.
rig·or¹ | **rig·our** /rígər/ *n* **1 a** きびしさ, 厳格, 峻厳 (severity); 苛酷な行為; *《俗》冷淡さ; 《法律・規則などの》励行. **b** 厳密, 精密, 正確 (exactness). **2** [ᵒ*pl*]《寒さなどの》きびしさ, 酷烈; 《生活などの》苦しさ, 困苦, 難儀; 《廃》堅さ. [OF<L (↓)]
rig·or² | **rig·our** /rígər, "ráɪgɔ̀ːr/ *n* 〘医〙悪寒, 寒け; 《身体組織の》強直, 硬直; RIGOR MORTIS; 〘植〙《悪い環境下の》生長の停止. [L (*rigeo* to be stiff)]
rígor·ism *n* 厳格[厳正]主義, リゴリズム. ♦ **-ist** *n, a* **rìg·or·ís·tic** *a*
rig·or mor·tis /rígər mɔ́ːrtəs, "ráɪgɔ̀ː-/ 〘医〙死体[死後]硬直. [L=stiffness of death]
rígor·ous *a* 〈規則・人など〉きびしい, 厳格な; 〈気候など〉きびしい, 酷烈な; 〈学問など〉厳密な, 精密な, 正確な. ♦ **～·ly** *adv* **～·ness** *n*
rigour ⇨ RIGOR¹·².
ríg·òut *n*"《口》着衣一式, 服装, いでたち (outfit).
Rigs·dag /rígzdɑ̀ːg/ *n* [the]《1849–1953 年の》デンマークの二院制の国会《以後は一院制; cf. FOLKETING, LANDSTING》. [Dan]
rigs·da·ler /rígzdɑ̀ːlər/ *n* リグズダラー《ドイツの reichstaler と同等の昔のデンマークの銀貨》.
Ríg-Véda /ríg-/ [the] リグヴェーダ《神々への賛歌を集録したバラモン教の根本聖典; ⇨ VEDA》. [Skt (*ṛic* praise)]
Riis /ríːs/ リース **Jacob A(ugust)** ～ (1849–1914)《デンマーク生まれの米国の新聞記者・社会改革者》.
Ri·je·ka /rɪ(j)ékə/ リエカ (*It* Fiume)《クロアチア西部の港湾都市》.
rijks·daal·der /ráɪksdɑ̀ːl(d)ər/ *n* レイクスダールダー《(**1**) オランダの 2½ guilder 硬貨 (**2**) ドイツの reichstaler と同等の昔のオランダの銀貨》. [Du]
Rijks·mu·se·um /ráɪxsmjʊzìːəm/ 《Amsterdam にある》オランダ国立美術館.
Rijn ⇨ RHINE.
rijst·ta·fel, rijs·ta·fel /ráɪstɑ̀ːf(ə)l/ *n* ライスターフェル《オランダの米料理; インドネシア起源で, 肉や野菜など多くの添え料理がつく》. [Du]
Rijs·wijk /ráɪsvàɪk/ ライスワイク (*E* Ryswick)《オランダ南西部の町; アウクスブルク同盟戦争 (War of the Grand Alliance) を終結させた講和条約 (1697) の締結地》.
rik·i·sha, rik·sha, rik·shaw /ríkʃɔː/ *n* 人力車 (jinrikisha). [Jpn]
Riks·dag /ríksdɑ̀ːg/ *n* [the] スウェーデンの国会《一院制》.
Riks·mål, -maal /ríksmɔ̀ːl, ríːk-/ *n* BOKMÅL. [Norw=language of the kingdom]
rile /ráɪl/ *vt* おこらせる, いらだたせる; 《口》興奮させる, わくわくさせる; *〈液体を〉濁らす. [変形〈*roil*]
ril·ey* /ráɪli/ *a* 濁った; おこった, いらいらした.
Ri·ley /ráɪli/ **1** ライリー (**1**) **Bridget (Louise)** ～ (1931–)《英国の画家; op art の代表的作家》(**2**) **James Whit·comb** /(h)wítkəm/ ～ (1849–1916)《米国の詩人》. **2** ⇨ LIFE OF RILEY.
ri·leyed /ráɪlid/ *a* [ᵒR-]*《俗》酔った.
ri·lie·vo /rɪljéɪvoʊ/ *n* (*pl* **-vi** /-vi/, **～s**) 浮彫り (relief). [It]
Ril·ke /rílkə, -ki/ リルケ **Rai·ner** /ráɪnər/ **Maria** ～ (1875–1926)《Prague 生まれのオーストリアの抒情詩人; *Duineser Elegien* (1923), *Die Sonette an Orpheus* (1923)》.
rill¹ /ríl/ *n* 小川, 細流; 小さな水路, 溝. ► *vi* 小川のように[細流となって]流れる. [Du or LG]
rill², **rille** /ríl, rílə/ *n* 〘天〙小川《月面の細長い溝[谷]》. [G *Rille* channel; cf. ↑]
rill·et /rílət/ *n* 小さな流れ, 細流.
ril·lettes /rɪléts; *F* rijɛt/ *n pl* 〘料理〙リエット《細切りした豚・ガチョウ・魚などを脂肪で煮込みペースト状にしたもので, パンに塗って食する》. [OF *rille* slice]
rim¹ /rím/ *n* **1** 縁, へり, 《特に 円形物の》端; 《よごれなどの》輪〈*of*〉; [*pl*]《眼鏡の》縁, 枠, フレーム; リム《車輪の枠; 自動車のタイヤのかかる部分》; 〘バスケ〙リング《ゴールの金輪》; 〘ゴルフ〙カップの縁[へり]; 《詩》まるいもの: the golden ～ 王冠. **2** 〘海〙水面, 海面. ● **on the ～s** *《俗》最低の費用で, できるだけ安く. ► *v* (**-mm-**) *vt* 縁取る, …に rim をつける; 〘ゴルフ・バスケなど〙〈ボールがカップ[リング]〉の縁を回る. ► *vi* rim をつくる. [OE *rima*; cf. ON *rimi* ridge]
rim² *n* 《古》腹膜 (=**～ of the bélly**) (peritoneum). [OE *rēoma*]
rim³ 《俗》*vt* (**-mm-**) …に肛門ねぶり[肛門口舌愛撫]を行なう; …に肛門性交を行なう; *だます, ペテンにかける. [*ream*]
RIM Islamic Republic of Mauritania.
Rí·mac /ríːmɑ̀ːk/ [the] リマック川《ペルー西部を南西に流れ, Lima を経て太平洋に注ぐ》.
ri·maye /rɪméɪ/ *n* BERGSCHRUND. [F]
Rim·baud /rǽmbòʊ; *F* rɛ̃bo/ ランボー **(Jean-Nicolas-)Arthur** ～ (1854–91)《フランスの詩人; 象徴派の代表的存在; *Une Saison en enfer* (1873), *Les Illuminations* (1886)》.
rím bràke リムブレーキ《車輪の縁に作用するブレーキ》.
rím-drìve *n* リム駆動, リムドライブ.
rime¹ ⇨ RHYME.
rime² /ráɪm/ *n* 〘気〙霧氷 (=**～ ìce**); 《詩》霜 (hoarfrost); 硬い表面, 外皮 (crust): soft ～ 樹氷 / hard ～ 粗氷. ► *vt* 霜でおおう. [OE *hrīm*; cf. ON *hrim* frost]
Ríme of the Áncient Máriner [The]『老水夫行』(S. T. Coleridge の神秘的・超自然的ロマン詩; ⇨ ALBATROSS 成句).
rime riche /ríːm ríːʃ; *F* rim riʃ/ (*pl* **rimes riches** /—/) 同韻 (⇨ PERFECT RHYME). [F=rich rhyme]
rím·fìre *a* 基部周縁に導火線の付いた〈弾薬筒〉(cf. CENTER-FIRE); 周縁起爆式弾薬筒を用いる〈銃砲〉. ► *n* 周縁起爆式弾薬筒[銃器].
Ri·mi·ni /rímәni, ríː-/ **1** リミニ《イタリア北部アドリア海に臨む市・港町・観光地; 古代名 Ariminum》. **2** ⇨ FRANCESCA DA RIMINI.
rím·lànd *n* 〘地政〙《HEARTLAND の》周縁地域.
rím·less *a* 縁なしの〈眼鏡など〉.
rím lìghting BACKLIGHTING.
rím lòck 面(つら)付け錠《ドアなどの縁に埋め込まず表面に直接取り付ける錠; cf. MORTISE LOCK》.
rimmed /rímd/ *a* [ᵘ*compd*] …の縁がある: red-～ eyes 赤く泣きはらした目.
Rim·mon /rímən/ 〘聖〙リンモン《古代シリアの主神》. ● **bow**

down in the house of ～ 自己の信念を曲げる, 信念を疑わせる行為をする《*2 Kings* 5: 18》.

ri·mose /ráɪmòʊs/, **ri·mous** /ráɪməs/ *a* 〘植〙亀裂のある. ♦ **rímose·ly** *adv* **ri·mos·i·ty** /raɪmɑ́səti/ *n*

rim·ple /rímp(ə)l/ *n* しわ, ひだ, 折り目. ► *vt* …にしわを寄らせる[折り目をつける]. ► *vi* しわになる, 折り目がつく.

rím·ròck *n* 〘地質〙縁辺岩《高原を取り巻く露出したおおむね垂直な岩石》; 縁辺岩の縁[面]. ► *vt* *《西部》〈羊を〉崖から落として殺す; *《俗》(だまして)〈人を〉陥れる[失敗させる].

rím·shòt *n* リムショット《(1)〘楽〙ドラムの縁を[縁と皮面を同時に]スティックで打つ奏法 (2)〘バスケ〙ボールがバスケットの縁にあたるショット》.

Rim·sky-Kor·sa·kov /rímskikɔ́ːrsəkɔ̀ːf, -v, -kɔ̀ːrsəkɔ́ːf/ リムスキー・コルサコフ **Nikolay (Andreyevich)** ～ (1844–1908)《ロシアの作曲家》.

ri·mu /ríːmu/ *n* 〘植〙マキ科リムノキ属の高木《ニュージーランド産; 家具・建築用材》. [Maori]

rimy /ráɪmi/ *a* 霜でおおわれた (frosty). [*rime*[2]]

Ri·nal·do /rɪnǽldoʊ/ リナルド《中世ヨーロッパの伝説の, Charlemagne の十二勇士の一人 (paladin) で, ROLAND のいとこ; Ranald, Renaud などとも呼ばれる》. [It=REGINALD]

rinc·tum /ríŋktəm/ *n* 《卑》 RECTUM. ► *vt* (～) *《俗》やっつける, ぶっこわす.

rind[1] /ráɪnd/ *n* 《樹木・果物・ベーコン・チーズなどの》外皮(の一片), 皮; 外観, 外面; *《俗》金; 《俗》あつかましさ, 鉄面皮 (cf. CRUST). ► *vt* …の皮をむく, 殻をとる. ♦ **～·less** *a* [OE *rind(e)*; cf. G *Rinde*, OE *rendan* to rend]

rind[2], **rynd** /ráɪnd, rínd/ *n* 石臼の上臼にはめた心棒受金 (=*mill-rind, millrynd*).

rínd·ed *a* [^{u}*compd*] 皮[殻]が…の.

rin·der·pest /ríndərpèst/ *n* 〘獣医〙牛疫 (=*cattle plague*)《発熱と腸粘膜障害を伴う牛・羊などの猛烈な伝染病》. [G (*Rinder* cattle, PEST)]

rin·for·zan·do /rìnfɔːrtsɑ́ːndoʊ/ *a, adv* 〘楽〙リンフォルツァンドで[の]《一つの音符・和音を急激に強める; 略 rf., rfz., rinf.》. [It=reinforcing]

rin·for·za·to /rìnfɔːrtsɑ́ːtoʊ/ *a, adv* RINFORZANDO. [It=reinforced]

ring[1] /ríŋ/ *n* **1 a** 輪 (circle), 環; 指輪, 指環, 耳輪, 鼻輪, 腕輪, 足首輪《など》; ″《鳥につける》足輪 (band); [*pl*]〘体操〙吊輪《用具・競技》. **b** 《菓子・樹皮・緑金などの》輪形[環状]のもの; 《こんろの》加熱部; [*pl*] 水紋; 波紋; [*pl*] 《木材の》年輪 (annual ring); 環状に切り込んだ樹皮; 《シダ類の》環帯; 〘建〙輪状平縁(ひらぶち); 《口》避妊リング, リング (contraceptive ring); 《俗》肛門, 尻の穴; 《俗》女陰: puff ～*s of* cigarette smoke タバコの煙を輪にして吹かす. **c** 環列, 車座(くるま); 環状[車座]に並んでいるもの[人びと]; 〘考古〙環状土塁, 環壕: form a ～ 輪をなす, 車座になる / in a ～ 輪になって〈踊るなど〉, 車座になって〈すわるなど〉. **d** 〘天〙《土星などの》環; 《月などの》かさ; 〘化〙環 (=*cycle*)《環状に結合している原子の集団》; 〘数〙二つの同心円の間の空間, 環 (ANNULUS); 〘数〙環《集合の》. **e** 〘織維〙リング (=spinning ～)《リング精紡機で, 撚(よ)りを与えるトラベラーが動く円形のトラック》. **f** [the R-]『指輪』《Richard Wagner の楽劇 RING OF THE NIBELUNG の略称》. **2 a** 円形場; 《ボクシング・レスリングなどの》リング, 《相撲の》土俵; 競馬場, 競技場, サーカスのリング[舞台]; 闘牛場 (bullring); 動物品評会の陳列場; 政治的競争(の場). **b** 《競馬場の》賭けの行なわれる場所, 馬券売場. **3 a** [the] ボクシング, ボクサー; [the] 賭博業者, 私設馬券屋《集合的》. **b** 《私利的な》徒党, 一味, 同盟; ギャング団; 買占め[売り崩し]同盟: make [form] a ～ 買占め同盟を結ぶ / a Russian spy ～ ロシアのスパイ団. ● **be in the ～ for**…の選挙に打って出ている. **hold** [**keep**] **the ～** 戦い[紛争, 論争など]を見守る[傍観する, 監視する]. **lead the ～** 《古》率先する, 発頭人になる (cf. RINGLEADER). **meet** sb **in the ～** 人と試合をする. **run** [**make**] **～s around** sb 《口》人よりはるかに早く行く[まさる], 《勝負で》相手をさんざんやっつける. **spew** (**up**) **one's ～** 《俗》ゲーゲー吐く. **tilt** [**ride, run**] **at the ～** 高くつるした環を馬を走らせながら槍先にひっかける《昔の武技》. **win the ～** 《古》賞を得る, 勝つ.

► *v* (～**ed**, 《まれ》**rung** /rʌ́ŋ/) *vt* **1 a** 取り囲む, 取り巻く〈*around, about, in*〉; 丸で囲む, …に丸印をつける; 巻狩りする, 〈家畜〉のまわりを乗りまわして一か所に集める: ～ up cattle 周囲を乗りまわして家畜を一か所に集める. **b** 環列にする, 車座にする. **2** …に環[指輪, 耳輪, 鼻輪]をはめる; ″〈伝書鳩などに〉足輪をはめる; …に輪を投げて掛ける: ～ a post [pin]《輪投げなどで》輪を支柱に入れる / ～ a QUOIT. **3** 〘園〙…の皮を環状にはぐ, 環状剝皮する; 〈リンゴ・タマネギなどを〉輪切りにする. ► *vi* 環になる, 輪状になる; 車座にすわる〈*about, round*〉; 環状に動く, ぐるぐる回る; 〈タカなどが〉輪を描いて舞い上がる; 〈キツネなどが〉円を描いて走る. ♦ **～·less** *a* **～·like** *a* [OE *hring*; cf. G *Ring*]

ring[2] *v* (**rang** /rǽŋ/, 《まれ》**rung** /rʌ́ŋ/; **rung**) *vi* **1 a** 〈鈴・鐘などが〉鳴る, 響く; 〈らっぱなどが〉鳴り響く; 〈音声などが〉鳴る, 鳴り響く, 響きわたる (resound) 〈*out*〉: The number you wanted is ～*ing out* now. 先方の電話が鳴っています《交換手のことば》. **b** [補語を伴って] …の音がする; …らしく聞こえる; (心に)反響する, ピンとくる: His words *rang* hollow. 彼のことばはうつろに[誠実さがないように]聞こえた. **2 a** 合図の鐘[ベル]を鳴らす, ベルを鳴らして求める〈*for* tea〉, ベルを鳴らして呼ぶ〈*for* a servant〉; ベルを鳴らして取次ぎを乞う〈*at* the front door〉; 〈鐘・ベルが〉鳴って合図する〈*to* [*for*] service, dinner, etc.〉. **b** ″電話をかける〈*up, through*〉. **3 a** 〈場所が〉鳴り響く〈*with* cries, laughter〉; 〈耳が〉鳴る. **b** 〈評判・人の話などで〉もちきりになる, 沸き立っている〈*with*〉; 評判になる, 響きわたる. **4** *《俗》替え玉をレースに出す; ″《俗》ごまかす, だます (cheat). ► *vt* **1 a** 〈鐘・鈴などを〉鳴らす, 打つ; 〈鐘などが音を〉出す, 響かせる; 〈硬貨・金属を〉鳴らして本物か否かを試す. **b** 鐘[呼び鈴]を鳴らして呼ぶ〈a servant *down, in, up*〉; 鐘[ベル]を鳴らして告げる; ″…に電話をかける〈*up*〉: ～ the KNELL of. **2** 〈タイムレコーダー・レジ(スター)など〉に記録する, 〈金額を〉レジに記録する. **3** 高らかに言う, 響きわたらせる; うるさく言う, 大声で繰り返す: ～ sb's praises 人を盛んに称賛する. **4** 《俗》すり替える, *〈馬を〉替え玉としてレースに出す, 〈車〉のナンバーを不正に付け替える. ● **～ a bell** 《口》記憶をよびさます[刺激する], 〈名前などが〉聞きおぼえがある, ピンとくる. **～ again** 反響する〈*to*〉. **～ around**″=RING round. **～** (sb) **back** ″(電話をかけてきた人に)あとで[折り返し]電話をする; ″(不在だった人に)あとでもう一度電話をする. **～ in** ″《会社・放送局などに》電話を入れる; 〈新年などを〉鐘を鳴らして迎える, …の到来を報ずる; 《タイムレコーダーで》到着の時間を記録する, 仕事に取りかかる (opp. *ring out*); 《口》不正にもぐり込ませる. **～ in one's ears** [**fancy, heart, mind**] 〈人のことばなどが〉耳[記憶]に残る. **～ in** SICK[1]. **～ off** ″電話を切る; *《俗》話しをやめる[打ち切る]. **～ off the** HOOK. **～ out** 〈ゆく年などを〉鐘を鳴らして送り出す; 《タイムレコーダーで》退社の時間を記録する (opp. *ring in*). **～ round** (…) ″(…に)次々と電話をする. **～ sb's bell** [*euph*] 《性的に》人を刺激する, 絶頂に至らせる, いかせる; *《俗》《フットボールで》人に衝突する, 衝突して脳震盪(しんとう)を起こさせる. **～ one's own bell** 自分で自分をほめる, 自画自賛する. **～ the bell** 《口》うまくいく, 成功する《力試し・射的などで装置の鐘を鳴らすところから》; ″心に訴える, ピンとくる; *《俗》〈飲食物など〉まさに欲していたものである; *《俗》《フットボールで》脳震盪を起こす. **～ the** CHANGES. **～ true** [**false**] 〈硬貨が〉本物[にせ金]の音がする; [*fig*] 本当らしく[うそのように]聞こえる[響く]. **～ up** ″ベルを鳴らして起こす; ″〈人〉に電話をかける, 電話で呼び出す; レジ(スター)に〈売上げ・金額を〉打ち込む; 《販売などで》〈ある金額を〉得る, 失う, つかう; なし遂げる, 達成する; [*pp*] 《口》取り乱した, 混乱した, 大騒ぎして. **You rang?** *《俗》お呼びでしたか, わたしにご用だったんですって?

► *n* **1** 〈鐘・ベルなど〉鳴らす[鳴る]こと; 鳴らす[鳴る]音; [〈*int*〉] リーン, リリン; 《鐘・ベルなどの》音, 響き; 響く声, 鳴り響く音; 一組の鐘(の音): give the bell a ～ ベルを押して鳴らす / a ～ of six bells 6 個一組の鐘(の音). **2** 電話 (telephone call): Give me a ～ this afternoon. 午後お電話ください. **3** 《性質・真偽を示す》音(ね), 響き; 気韻, 調子: try the ～ of a coin 鳴らして硬貨の真偽を試す / have the true [right] ～ 本物の音がする / have a familiar ～ (about [to] it) 聞いたような感じがする / His words have the ～ of assurance [truth]. ことばに自信[真実]がこもっていた. ● **the dead ～** (**of** [**for**]…) 《豪俗》(…に)おそろしく似た人[物].

[OE *hringan*; cf. Du and G *ringen*]

ríng-a-dìng(**-dìng**) *《俗》 *a* にぎやかでわくわくさせる, はなばなしい. ► *n* 人目をひくにぎやかさ, お祭り騒ぎ; にぎやかでわくわくさせるもの[人].

rìng-a-líe·vo /-líːvoʊ/, **-lé·vio** /-líːvioʊ/ *n* (*pl* **-vos, -vi·òs**) 2 組に分かれてする隠れん坊《鬼になった側は敵方の隠れている者をつかまえて奪い返されないようにする》.

Ríng a ríng o'róses 「バラの輪作ろう」《輪になって 'Ring a ring o'roses' で始まる歌を歌う遊戯》.

ríng-aròund-a-rósy, -the-, rìng-a- *n* リング・アラウンド・ア・ロージー《歌いながら輪になって踊り合図でしゃがみ込む遊戯》.

ríng·bàrk *vt* …の樹皮を環状にはぎ取る (girdle).

ríng bèarer* リングベアラー《結婚式で新郎新婦が交換する指輪を持ち運ぶ少年》.

ríng-bìlled gúll 〘鳥〙クロワカモメ《くちばしに黒い輪のあるカモメ; カナダ・米国・メキシコ・キューバ産》.

ríng bìnder 《ルーズリーフの》リングバインダー.

ríng·bòlt *n* 〘機〙環付きボルト, リングボルト.

ríng·bòne *n* 〘獣医〙《馬の》趾骨瘤(しこつりゅう). ♦ **～d** *a*

ríng-bòund *a* リングバインダー (ring binder) に綴じた.

ríng càrtilage 〘解〙輪状軟骨 (cricoid).

ríng cìrcuit 〘電〙《住宅内などの配電用の》環状回路.

ríng còmpound 〘化〙環式化合物.

ríng·cùt *vt* 〈樹皮を〉環状にはぎ取る.

Ríng Cỳcle [the]『指輪』四部作《Richard Wagner の楽劇『ニーベルングの指輪』の略称; ⇨ RING OF THE NIBELUNG》.

ríng dànce 輪になって踊るフォークダンス.

ring-dang-do /ríŋdæŋdúː/ *n* *《俗》ひどく込み入ったもの, やたらにややこしい手続き[仕組み] (rigmarole); 《豪俗》浮かれ騒ぎ, ばか騒ぎ (spree).

ríng dìke 環状岩脈.

ring-ding /ríŋdíŋ/ *n* 《俗》ばか, とんま野郎, ぐうたら; 《勝つ見込みのない》だめなやつ. [パンチをくらったボクサーの頭の中で 'ベルが鳴っている' ことから]

ríng·dòve *n* 〘鳥〙 **a** モリバト《欧州産》. **b** ジュズカケバト《アジア・欧州南西部産》.
ringed /ríŋd/ *a* 環のある; 環状の; 環[輪]に囲まれた; 指輪をはめた; 結婚した (married), 婚約した (engaged).
rínged pérch 〘魚〙 YELLOW PERCH.
ríinged pláin WALLED PLAIN.
ríinged plóver, ríng plòver 〘鳥〙 ハジロコチドリ.
ríinged séal 〘動〙 ワモンアザラシ, フイリアザラシ.
ríinged snáke, ríng snàke 〘動〙 **a** ヨーロッパヤマカガシ. **b** RING-NECKED SNAKE.
ríinged túrtle dòve ジュズカケバト《首の後ろに半月状黒環のある飼育用ハト》.
rin·gent /ríndʒ(ə)nt/ *a* 口を大きく開けた; 〘植〙 開口状[形]の: a ~ corolla 開口花冠.
R
ríng·er[1] *n* 囲う人[もの]; 《輪投げ式のゲームで》輪[鉄環, 蹄鉄]を標柱に向かって投げる人, 輪投げの輪[鉄環, 蹄鉄]; 輪[鉄環, 蹄鉄]投げ; 追い詰められて環状に逃げまわるキツネ; 《豪口》小屋一番の羊毛刈り職人; 《豪口》抜群の人. [*ring*[1]]
ringer[2] *n* **1** ベル[鐘]を鳴らす人; 鳴鐘係 (bell ringer); 振鈴装置; *《俗》呼び鈴: toot the ~ *《俗》呼び鈴を鳴らす. **2** [°dead ~] 《俗》そっくりな人[もの], 生き写し ⟨*for*⟩: He is a (*dead*) ~ *for* his father. 父親に(全く)そっくりだ. **3 a** *《名前や資格を偽った》競技の不正参加者, 替え玉[馬] (cf. RING[2] *in*); *《チームの》正式メンバーでない参加者, 代役, 応援; 人の名をかたる者, にせもの; 替え馬を使う人. **b** 《俗》にせのナンバープレート(をつけた盗難車), 《にせプレートを使う》自動車泥棒《人》. [*ring*[2]]
Ringer('s) solùtion [flùid] 〘生化〙 リンガー溶液, リンゲル液《血清に似た塩類を含有する液で, 生理学的実験などに用いる》. [Sydney *Ringer* (1835–1910) 英国の医学者]
ring·ette /rɪŋét/ *n* 《カナダ》リンゲット《特に女性・子供が行なうアイスホッケーに似た競技; パックの代わりにゴムの輪を使う》.
ríng-fènce *vt* 〈資金・交付金など〉の使途を限定する; 〈人・団体〉に対して資金の使途を限定する.
ríng fènce ″《土地・農場などの》ぐるりを囲む柵[フェンス]; 制限, 束縛; 〘英〙 収税促進のための他の事業収益と北海油田事業収益の強制分離; 使途を限定した資金供与, 資金供与における使途限定.
ríng fìnger 《通例 結婚指輪をはめる左手の》薬指.
ríng flàsh 〘写〙 リングフラッシュ, 環状ストロボ《レンズのまわりに環状に光るストロボで, 影のない写真が撮れる》.
ríng formàtion 《月面の》環状体.
ríng fràme RING SPINNER.
ríng gàge [gàuge] 〘機〙 リングゲージ, 輪ゲージ《円筒状の物体の外径を検査するのに用いる, 内径を特定のサイズに仕上げたリング》.
ríng gèar 〘機〙 リングギヤ《内側に歯がある》.
ring·git /ríŋgɪt/ *n* (*pl* ~, ~**s**) リンギット《マレーシアの通貨単位: = 100 sen; 記号 M$》.
ríng gòal 《一種の》輪投げ.
ring·hals /ríŋhæls/ *n* RINKHALS.
ríng hùnt 火で囲んで捕る狩猟法.
ríng-in *n* 《豪口》替え玉.
ring·ing *a* 鳴り響く, 響きわたる; 紛れもない, 明々白々の, 熱烈な: a ~ frost 踏めばザクザクと音のする霜. ► *n* 響き; 共鳴(感): have a ~ in the ears 耳鳴りがする. ◆ **~·ly** *adv*
rínging éngine 真矢(しんや)《引綱でおもりを引き上げて落とす杭打ち機》.
rínging tòne ″《かけた側に聞こえる相手方の電話の》呼出し音.
ríng·lèad·er *n* 《非合法活動組織などの》首領, 首謀者, 発頭人, 張本人.
ríng·let *n* 小環, 小輪; 長い巻き毛 (curl); 〘昆〙 ジャノメチョウ科のチョウ. ◆ **~·(t)ed** *a* [*-let*]
Ríng·ling Bróthers /ríŋlɪŋ-/ *pl* [the] リングリングブラザーズ《世界最大のサーカス団をつくりあげた米国の 5 人兄弟: Albert C. ~ (1852–1916), Otto ~ (1858–1911), Alfred T. ~ (1861–1919), Charles ~ (1863–1926), John ~ (1866–1936); 1884 年サーカスを組織, 1907 年 Barnum & Bailey Circus を統合, 30 年ころには世界最大のサーカス団に発展させた》.
ríng lòck 環錠《数個の環の切り欠きを合わせる符合錠》.
ríng màil 環よろい《革に小環を縫い付けたよろい》.
ríng màin 〘電〙 環状主回路; RING CIRCUIT.
ríng·man /-mən/ *n* ″《競馬の》賭け屋 (bookmaker); *ボクサー (boxer).
ríng·màster *n* 《サーカスなどの》演技主任[監督], 司会役, 曲馬団長; EQUESTRIAN DIRECTOR.
ríng·nèck *n* 首のまわりに環紋のある鳥[動物].
ríng-nèck(ed) *a* 首のまわりに環紋のある〈鳥・動物〉.
ríng-nècked dúck 〘鳥〙 クビワキンクロ《アメリカ産》.
ríng-nècked párakeet 〘鳥〙 セネガルホンセイインコ《西アフリカ・紅海・インド産》.
ríng-nècked phéasant 〘鳥〙 シナキジ《中国産》, 《広く》コウライキジ《アジア産》.
ríng-nèck(ed) snáke 〘動〙 クビワヘビ《北米産》.
ríng nèt 捕虫網, たも《など》.
ríng nètwork 〘電算〙 リング網, リングネットワーク《構成端末装置を閉じた環状に接続したネットワーク》.
Ríng of Fíre [the] 環太平洋火山帯.
Ríng of the Níbelung [the] 〘ゲルマン神話〙 ニーベルングの指輪 《1) 侏儒族ニーベルンゲンの王 Alberich がラインの黄金から作った世界支配権を象徴する指輪; こめられた呪いのため次々と争いと悲劇が生まれる 2) Richard Wagner 作詞・作曲の楽劇 *Der Ring des Nibelungen* (1869–76): Das Rheingold (ラインの黄金), Die Walküre (ヴァルキューレ), Siegfried (ジークフリート), Götterdämmerung (神々のたそがれ) からなる》.
ríng òuzel 〘鳥〙 クビワツグミ《欧州北部山岳地方産》.
ríng plover ⇨ RINGED PLOVER.
ríng-pòrous *a* 〘植〙 導管が一年輪層内で外側がより大きい環状になった, 環孔性の (cf. DIFFUSE-POROUS): ~ woods 環孔材《ケヤキ・クワ・クリなど》.
ríng-pùll ″*n* プルタブ (pull tab*) 《缶のふたを引っ張って開けるためのリング》. ► *a* 〈缶など〉プルタブ付きの.
ríng ròad ″《都市周辺の》環状道路 (beltway*).
ríng shòut リングシャウト《輪を作って大きな声をあげながら踊る西アフリカ起源のダンス; ジャズに影響を与えた》.
ríng·sìde *n* リングサイド《ボクシングリング・サーカス場などの最前列の席》, かぶりつき; 《一般に》近くから見える場所. ► *a, adv* リングサイドの[で]: a ~ seat.
ríng·sìd·er *n* リングサイドの観客, 前列の観客.
ríng snake ⇨ RINGED SNAKE.
ríng spànner ″《ナットに適合する六角形などの穴をもった》リングスパナ, 穴あきスパナ (box wrench*).
ríng spinner, ríng-spìnning fràme リング精紡機.
ríng spòt 〘植〙 輪状斑紋(病), 輪紋(病).
ríng stànd (リング)スタンド《化学実験器具の一つ; 重く安定した台の付いた垂直金属棒に容器類を載せる輪状の受台や固定用はさみ器具 (clamp) などが付いたもの》.
ríng·ster* *n* 一味の一人, 政治ごろ.
ríng·straked /-strèɪkt/ *a* 《古》RING-STREAKED.
ríng-strèaked *a* 環紋のある, 環状のぶちの.
ríng·tàil *n* **1** *《俗》不平屋, 短気者; 《豪俗》臆病者, 信用できない男. **2** 〘動〙 **a** リングテイル《豪州・ニューギニア産のリングテイル科の有袋類の動物で, クスクス (possum) の仲間; 尾の先を輪状に巻くくせがある》. **b** CAPUCHIN; RACCOON; CACOMISTLE. **3** 〘海〙 リングテール《gaffsail の後部に張る studding sail》.
ríng-tàiled *a* 尾に環紋がある; 巻き尾の.
ríng-tàiled cát 〘動〙 CACOMISTLE.
ríng-tàiled éagle イヌワシ (golden-eagle) の幼鳥.
ríng-tàiled lémur 〘動〙 ワオキツネザル《目のまわりに黒い輪があり, 尾に白黒の帯状模様がある灰色のキツネザル》.
ríng-tàiled snórter *《俗》威勢のいい[精力的な, パワフルな]やつ[もの].
ríng·taw /-tɔ̀ː/ *n* 円の中にある石を円の周辺からねらってはじき出す遊戯.
ríng·tòne *n* 《電話の》着信音, 《携帯電話の》着メロ, 着歌.
ríng topòlogy 〘電算〙 リングトポロジー《ネットワークを構成する装置 (node) の接続方式の一つ; 装置を閉じた環状に相互に接続する》.
ríng·tòss *n* 輪投げ.
ríng vaccinátion 全員接種《患者の関係者全員に対する予防接種》.
ríng·wàll *n* 地所を取り囲んだ塀, まわし塀.
ríng-wàrm *n**《俗》ボクシングファン.
ríng·wày″ *n* RING ROAD.
ríng·wòrk *n* 〘考古〙 《中世の小さな城の》環状の塹壕.
ríng·wòrm *n* 〘医〙 白癬(はくせん), 輪癬, タムシ.
ríngy *a* **1** 輪のような, 環状の; 輪のしるしがついた. **2***《俗》おこりっぽい, 腹を立てた.
rink /ríŋk/ *n* **1** カーリング競技場, アイスホッケー場; 《通例 屋内の》スケートリンク; ローラースケート場; ローンボウリング場. **2** 《bowls, curling の》チーム《4 人からなる》. ► *vi* スケート場ですべる. [ME (Sc) =jousting ground<?; cf. OF RANK[1]]
rink·hals /ríŋkhæls/ *n* 〘動〙 ドクハキコブラ (=*spitting cobra*) 《南アフリカ産; 攻撃してくる相手に毒液を噴射する》. [Afrik=ring neck]
rink·tum dit·ty /ríŋ(k)təm díti/ 《トースト用の》トマトソース・チーズ・卵の添え物. [C20<?]
rinky-dink /ríŋkidìŋk/*《俗》*a* 安っぽい, お粗末な, ぼろっちい, しけた, ちんけな; 古臭い, 野暮ったい. ► *n* 安っぽい[ぼろっちい, 野暮ったい]もの[人], 安ピカ商品; 使い古した品, 中古品; 安っぽい酒場[ナイトクラブ, キャバレー]; ごまかし (: give sb the ~); 1920 年代(ふう)のラグタイム[ジャズ] (RICKY-TICK). [C20<?; cf. *ricky-tick*]
rinky-tink /ríŋkitìŋk/ *n**《俗》RICKY-TICK. ◆ **rínky-tínky** *a*
Rin·po·che /rínpɑtʃèɪ/ *n* リンポチェ《チベット仏教の高僧, 特に転生者への敬称; 「活仏」とも訳す》.
rinse /ríns/ *vt* **1** すすぐ, ゆすぐ, 水洗いする ⟨*out*⟩; すすぎ落とす, 洗い

落とす 〈*out, away, off, down*〉; 〈髪・衣類を〉リンス液ですすぐ, リンスする: *R*~ all the shampoo *out of* your hair. 髪のシャンプーをよくすすぎ落としなさい. **2** 〈食べ物を〉胃袋に流し込む 〈*down*〉. ► *n* **1** ゆすぎ, すすぎ; すすぎ落とし; すすぎの水; リンスすること: give it a ~ ひとすすぎする. **2** リンス液[剤] 《洗い上げ・毛染用》; 《口をすすぐ》洗口液, マウスウォッシュ (mouthwash). ♦ **ríns·er** *n* **ríns·able, -ible** *a* ［OF *rincer*<?］

rínse àid すすぎ補助剤, リンスエイド 《洗剤の液を食器に残さず洗い上げるために食器洗い機に入れる液体》.

rínse hòld 《洗濯機ですすぎが終わったあと排水せずにおく》すすぎ後の(排水)停止.

rins·ing /rínsɪŋ/ *n* [ᵘ*pl*] すすぎに使った水; [ᵘ*pl*] 残滓(ざんし), 残りもの.

Rin·so /rínsoʊ/ 〔商標〕リンソ 《粉石鹸》. ● **go ~** *《俗》〈株価などが〉額を下げる, 値下がりする.

Rin Tin Tin /rín tìn tín/ リンチンチン (1916–32) 《第一次大戦中に, 放棄されたドイツ軍の塹壕で拾われ Hollywood のスターになったジャーマンシェパード犬》.

Rio /rí:oʊ/ *n* **1** リオ (RIO DE JANEIRO). **2** (*pl* **~s**) ブラジル産コーヒー. ► *a* リオの.

RIO 〔米海軍〕radar intercept officer レーダー迎撃士官.

Rio Bran·co /rí:oʊ brǽŋkoʊ, rí:u brǽŋku/ **1** [the] Rio BRANCO. **2** リオ・ブランコ 《ブラジル西部 Acre 州の州都》.

Río Bra·vo /rí:oʊ brá:voʊ/ リオ・ブラボー 《RIO GRANDE (川)のメキシコ名》.

Rio de Ja·nei·ro /rí:oʊ deɪ ʒənέəroʊ, -di-, -də-, -ʤə-, -ní(ə)-/ リオ・デ・ジャネイロ 《(1) ブラジル南東部の州 (2) その州都, 港湾都市・旧首都; 略称 Rio》. ［Port=river of January］

Río de la Plata ⇨ PLATA.

Río de Oro /rí:oʊ di ɔ́:roʊ/ リオ・デ・オロ 《アフリカ北西部 Western Sahara の南部地区》.

Rio Gran·de 1 /rí:oʊ grǽnd(i)/ [(the)] リオ・グランデ 《Colorado 州南西部の San Juan 山脈に発し, 南, 南東に流れて米国とメキシコの一部国境をなし, メキシコ湾に注ぐ川; メキシコ名は Río Bravo》. **2** /-grǽndə, -di/ リオ・グランデ 《ブラジル南部 Rio Grande do Sul 州の市》. **3** [the] リオ・グランデ (⇨ GRANDE).

Rio Gran·de de Ca·ga·yan /rí:oʊ grá:ndi deɪ kà:gəjá:n/ [the] リオ・グランデ・デ・カガヤン 《CAGAYAN 川の別称》.

Rio Gran·de do Nor·te /rí:u grǽndə də nɔ́:rtə, -grǽndi-/ リオグランデ・ド・ノルテ 《ブラジル北東部の州; ☆Natal》.

Rio Gran·de do Sul /rí:u grǽndə də sú:l, -grǽndi-/ リオ・グランデ・ド・スル 《ブラジル南部, ウルグアイに接する州; ☆Pôrto Alegre》.

Rio·ja /rióʊhɑ:/ **1** [the] LA RIÓJA. **2** [ᵒr-] リオハ 《スペイン北東部 Rioja 地方産のワイン; 特に その辛口の赤》.

Río Mu·ni /rí:oʊ mú:ni/ リオムニ 《赤道ギニアの 2 州の一つ; 大陸部分; ☆Bata; 別称 Mbini》.

Río Ne·gro /rí:oʊ néɪgroʊ/ [the] リオ・ネグロ (⇨ NEGRO²).

Rí·os /rí:òʊs/ リオス **Juan Antonio ~** (1888–1946) 《チリの政治家; 大統領 (1942–46)》.

ri·ot /ráɪət/ *n* **1** 暴動, 一揆; 騒動; 〔法〕騒擾(そうじょう)(罪) 《3 人以上の共同による》; 飲み[ばか]騒ぎ, 混乱. **2** 《想像・感情などの》激発, 奔逸, 奔出, ほとばしり 〈*of*〉; 《古》放縦, 放蕩; 〔狩〕犬がねらう獲物以外の動物の臭跡をやたらに追うこと. **3** [a ~] 多種多彩 〈*of*〉: *a ~ of* color 目もさめるようなとりどりの色. **4** [a ~] 《口》とてもおもしろい人[もの, 事], ケッサク. ● **run ~** 放蕩する; 騒ぎまわる; やたらにはびこる, 〈花が〉咲き乱れる. ► *vi* **1** 暴動を起こす; 騒ぐ; 飲み騒ぐ. **2** 放埒な生活をする, 放蕩する; 《古》過度にふける 〈*in*〉; 〔狩〕〈犬がねらう獲物以外の動物の臭跡をやたらに追う. **3** はびこる, 咲き乱れる. ► *vt* 放埒な生活[底抜け騒ぎ]をして〈時間・金を〉消費する 〈*away, out*〉. ♦ **~·er** *n* 暴徒, 暴民; 放蕩者; 底抜け騒ぎをする人. ［OF=dispute<?］

ríot àct 1 [the R- A-] 〔英史〕騒擾(そうじょう)取締法 《1715 年ジャコバイトによる十五年反乱の直後に制定; 12 人以上の不穏な集会に対し国王布告を読み上げて解散を命じた; 1967 年に廃止》. **2** [the] きびしい叱責[非難, 警告]. ● **read** (sb) **the ~** (人に)騒ぐのをやめるよう命じる; [*joc*] しかりつける, きびしく警告[譴責]する.

ríot gèar 暴動鎮圧用装備.

ríot gìrl ライオットガール 《攻撃的なパンクロックによって女性の権利を主張する若いフェミニスト; girl を grrl, grrrl などとも書く》.

ríot gùn 暴動鎮圧用散弾銃.

ríot·ous *a* 暴動の; 暴動に加わっている; 騒々しい; 飲み騒ぐ; 奔放な, 派手な; 豊富な, はびこった 〈*with*〉; 《口》底抜けに愉快な. ♦ **~·ly** *adv* **~·ness** *n*

ríot políce 《警察の》機動隊.

Río Tréaty リオ(・デ・ジャネイロ)条約 《1947 年 Rio de Janeiro で結ばれた米州諸国の集団防衛条約; 一国に対する侵略は全米州諸国に対する侵略とみなすことを規定》.

ríot·ry 《古》*n* 暴動; 暴徒.

ríot shìeld ライオットシールド 《暴動鎮圧用の》楯.

ríot squàd 機動隊.

rip¹ /ríp/ *v* (**-pp-**) *vt* **1 a** 〈ぐいと強く〉裂く, ずたずたに引き裂く 〈*up, across*〉; 〈穴などを〉引き裂くようにあける; はぎ[裂き, 切り]取る 〈*off, out, away*〉; ほころばせる; 〈木材を〉縦挽きにする, 縦に割る; 切り開く; 〈秘密などを〉暴露する, あばきたてる 〈*up*〉; 非難する, けなす, こきおろす, 《特に 野球で》やじる: ~ *down* a poster ポスターを引きはがす / ~ a letter in half [two] 手紙を二つに引き裂く / ~...*to* shreds [pieces] ...をずたずたに裂く; 〈議論などを〉さんざんやっつける / ~ a shirt on a nail 釘にひっかけてシャツを破く. **b** 《口》強打[痛打]する. **c** 〔電算〕《RIPPER¹ を使って CD や DVD からデータを》吸い出す, リッピングする. **2** 《口》荒々しく言う 〈*out*〉. ► *vi* **1** 裂ける, 破れる 〈*off*〉; ほころびる. **2** 《口》ものすごい勢いで進む, 突き進む 〈*along, through*〉: ~ *through* a place 〈あらしなどが〉場所を破壊しながら突き進む. **3** 《口》荒々しく[口ぎたなく]言う 〈*out*〉. ● **let ~** (怒りなどを)ぶちまける, 爆発させる, 思いきり[どんどん]やる; なるようにさせる, ほっておく; ᴴ《俗》おならをする; [ᵒlet her ['er] ~] (車などを)思いきり飛ばす. **~...apart** 引き裂く; 〈本などを〉ばらばらにする, 〈部屋などを〉かき乱す; *《俗》酷評する, こきおろす. **~ away** ひったくる. **~ into**...に食い込む; 《口》...に食ってかかる, 襲いかかる, ...を激しく攻撃[非難]する. **~ off** 《俗》〈物・金を〉盗む, 巻き上げる, 〈人・店など〉から盗む 〈*for* fifty dollars〉; 《俗》〈人〉からだまし取る, ぼる, だます, 食い物にする; 《俗》盗用[剽窃]する; 《俗》〈点を〉もぎ取る; *《俗》襲う, レイプする; *《俗》殺す, 暗殺する. **~ on** sb *《俗》人にいやがらせをする, いじめる. **~ up** 〈表面・通りなどを〉掘り起こす, 引きはがす; 〈条約などを〉破棄する, 一方的に無視する. **~ up the back** 人のいないところで悪口を言う, 陰で人を攻撃する. ► *n* **1** 裂け目; ほころび; 裂傷; 引き裂くこと; 引き裂く音, [〈*int*〉] ビリッ, メリッ, バリッ. **2** 〔野〕《投球をめがけての》スイング. **3** RIPSAW. **4** *《俗》だまし取ること, 詐欺, 盗み (rip-off); *《俗》盗品, ぶんどり品: pull a ~ 盗みをする. **5** *《俗》《警察官に対する》罰点, 罰金. **6** *《俗》《特に 野球で》侮辱, やじ, けなし. **7** *《俗》喜び, 楽しみ: What a ~ it is to do.... **8** *《俗》ひとしきりの痛飲, 酒盛り. **9** *《俗》試み, 企て, 挑戦: have a ~ *at*...に挑戦してみる. ♦ **ríp·pa·ble** *a* ［ME<?; cf. Flem *rippen* to strip off roughly］

rip² *n* 川の早瀬に立つ波; 激浪, 激しい潮, あびき, リップ; RIP CURRENT. ［*riptide* (? RIP¹)］

rip³ 《口》*n* 放蕩者, やくざ者; いたずらっ子; 裏切り者; やくざ馬, 廃馬; 役立たずもの, 廃物. ［C18<? *rep³*］

RIP 〔電算〕raster image processor 《オブジェクトの組合わせからなる図形を印刷・画面表示などのためにビットマップに変換[ラスター化]するデバイス》♦ ［L *requiescant* [*requiescat*] *in pace*］may they [he, she] rest in peace 安らかに眠りますように.

ri·par·i·an /rəpέəriən, raɪ-/ *a* 川岸の, 流域の, 水辺[岸辺]の; LITTORAL. ► *n* 川岸に住む人; 〔法〕河岸所有者. ［L (*ripa* bank)］

ripárian ríght 〔法〕河岸所有者権.

ríp-àss *vi* *《俗》猛スピードで突っ走る, ぶっ飛ばす.

ríp còrd 〔空〕《気球・飛行船の》緊急ガス放出索; 《パラシュートの》曳索(えいさく), リップコード 《引くと開傘する》.

ríp cùrrent 〔海洋〕リップカレント, 離岸流 《浜から沖に向かう強い表面の流れ》; [*fig*] 心的葛藤.

ripe /ráɪp/ *a* **1 a** 熟した, 熟れた, よく実った; 熟成した〈ワイン・チーズなど〉; 〈魚・昆虫など〉産卵間近の: Soon ~, soon rotten. 《諺》早く熟すれば早く腐る, '大器晩成'. **b** 赤くふっくらした〈唇など〉; 化膿した, うんだ. **c** *《口》臭い, 匂う (smelly). **2** 爛熟した, 盛りの; 成熟した; 円熟[熟達]した, 老練な; 老齢に達した: a person of ~ years 《子供に対して》成長した人, 円熟した人 / live to a ~ old age 高齢まで長生きする. **3** すっかり準備の整った (ready), 機が熟した 〈*for, to* do〉; (...に)満ちた, (...で)いっぱいの 〈*with*〉: a plan ~ *for* execution 実行の機が熟した計画 / make sb ~ *for*...に向けて人に準備万端整えさせる / the time is ~ *for*...の機が熟している. **4** 《口》下品な, 下がかった, きわどい; 《古俗》酔った, でき上がった; 《俗》すばらしい, けっこうな; 《俗》すごい, ひどい: reeling ~ ふらつくほど酔っている. ► *vt, vi* 《方・詩》RIPEN. ♦ **~·ly** *adv* 熟して; 円熟して; 機が熟して. **~·ness** *n* 成熟; 円熟; 機が熟したこと; 化膿. ［OE *ripe*; cf. G *reif*］

rip·en /ráɪp(ə)n/ *vi* 熟す, 熟成する 〈*into*〉; 化膿する, うむ. ► *vt* 熟させる; 円熟させる; 〈チーズ・肉などを〉熟成させる, 寝かせる. ♦ **~·er** *n*

ri·pid·o·lite /rɪpídəlàɪt, raɪ-/ *n* リピドライト 《緑泥石の一種》.

ri·pie·no /rɪpjéɪnoʊ, rɪpjénoʊ/ *n* (*pl* **-ni** /-ni/, **~s**) 〔楽〕リピエーノ 《バロックの合奏協奏曲などで全管弦楽の総奏》. ［It=filled up］

Rip·ken /rípken/ リプケン **Cal(vin Edwin) ~, Jr.** (1960–) 《米国のプロ野球選手; あだ名 'Iron Man'; 1995 年 Lou Gehrig の 2130 連続試合出場記録を破り, 98 年に出場を辞退するまで 2632 連続出場の記録をつくった》.

Rip·ley /rípli/ リプリー **George ~** (1802–80) 《米国の批評家・社会改革者; Brook Farm 設立に寄与》.

ríp-òff 《俗》*n* 盗み, 横領, 詐欺, 泥棒, ふんだくり; ぼったくり, ぶったくり; ぼろもうけ企業, 泥棒《人》(=~ **àrtist**); 盗作, ぱくり, 焼直し. ► *vt* 盗む; だまし取る. ► *a* 盗みの, 泥棒的な, いんちきな, 詐欺的な, ばか高い〈商品〉, 強欲な〈人〉.

Rip·on /ríp(ə)n/ リポン (1) **Frederick John Robinson,** 1st Earl of ~ ⇨ Viscount GODERICH (2) **George Frederick Samuel Robinson,** 1st Marquis and 2nd Earl of ~ (1827–1909) 《英国の政治家; 初代 Ripon 伯の息子; インド副王 (1880–84)》.

Rípon Fálls [the] リポン滝 《ウガンダの Victoria 湖北方, Victoria

Nile 川にあった滝; Owen Falls ダムによって水没した》.

ri·poste, -post /rɪpóust/ *n* 〖フェン〗(鋭い)突き返し, リポスト; 当意即妙の答え (repartee); 反撃, しっぺ返し. ► *vi* 突き返す; しっぺ返しをする, 反撃する. [F<It=response; ⇨ RESPOND]

ríp pànel 〖空〗《気球の》緊急ガス放出口.

ripped /rípt/ *a* 《俗》《麻薬・酒に》酔った, ハイになった; 〈筋肉が〉隆々とした, ムキムキの, 〈腹筋が〉割れた.

ríp·per[1] *n* **1** 引き裂く人[もの, 道具]; 《鉱物などの》破砕機; 縦挽きのこ (ripsaw); リッパー《CD からデータを吸い出すプログラム》; 人をめった切りにする[死体を切断する]殺人者; *《方》二連ぞり (=double-～): JACK THE RIPPER. **2** 《英古俗・米俗・豪俗》すてきな人[もの]. ► *a* 《豪俗》すばらしい, すごい, ダントツの. [*rip*[1]]

ripper[2*] *a* 自派に有利な改造を許す〈法案など〉. [↑]

ríp·ping *a* 引き裂く; "《古俗》すてきな, すばらしい, けっこうな. ► *adv* "《古俗》すてきに, すばらしく: ～ good. ♦ **～·ly** *adv* **～·ness** *n*

rípping bàr PINCH BAR.

rip·ple[1] /ríp(ə)l/ *n* **1 a** さざなみ, 小波 (wavelet); 波紋; *小さな早瀬; 《毛髪などの》波状, 細かなウェーブ; RIPPLE MARK; リプル《カラフルな波形模様がはいっているアイスクリーム》. **b** さざなみの(ような)音, サラサラ; 《談話・笑声の》さざめき. **c** 《筋肉などの》波動; 〖電〗リプル, 脈動; 〖理〗《流体の》表面張力波 (cf. GRAVITY WAVE). **2** 徐々にわき上がる感情 〈*of*〉; しだいに広がる影響[反応]: cause a ～ (on the surface) 波紋をひき起こす, 影響を与える. **3** *《俗》WAVE の下士官. ► *vt* **1** …にさざなみを立てる; …に波紋を起こす; 〈毛髪などを〉小さく波打たせる. **2** さざなみのような音をたてて話す[演奏する]. ► *vi* **1** さざなみが立つ; 波状になって落ちる; さらさら流れる; さざなみを立てて進む 〈*through*〉; 小さく波打つ; 〈髪・布が〉(軽い)波状になる. **2** 〈笑いなどが〉さざめく; 〈話などが〉さざなみのように広がる 〈*through*〉. ♦ **ríp·pler**[2] *n* **～·less** *a* [C18 (n), C17 (v)<?; (freq)〈*rip*[2] か]

ripple[2] *n* 亜麻こき. ► *vt* 亜麻こきにかける. ♦ **ríp·pler**[1] *n* 亜麻をこく人[機械]. [ME; cf. MDu *repelen*, MHG *reffen* to ripple[1]]

ripple[3] *n* *《俗》やってみること, 挑戦 (try). [?*rip*[1] attempt; 一説に *make a riffle* (C19) to succeed]

rípple clòth 波形地の柔らかい毛織物《化粧着用など》.

rípple contròl リップルコントロール《**1**) 電気信号によるスイッチなどの遠隔操作 **2**) 電力需要のピーク時に電力会社が需要家庭の温水器を自動的に切るシステム》.

rípple effèct 波及的[連鎖的]影響, 波及効果.

rípple màrk 砂紋《波や風で砂の面にできた紋》; 《地層面に残された》漣痕(れんこん), リップルマーク; 〖林〗リップルマーク《木目の相に直角の筋》. ♦ **rípple-màrked** *a*

rip·plet /ríplət/ *n* さざなみ, 小波紋.

ríp·ply *a* さざなみの立った; 波紋のある; さざめく.

rip·rap*/rípræp/ *n* 〖土木〗捨て石《基礎を作るため水中や軟地盤に投げ込まれる》; 捨て石基礎. ► *vt* (**-pp-**) 捨て石で固める, …に捨て石を打つ; …に基礎を作る. [*rip*[1] 加重]

ríp-ròar·ing 《口》*a* 騒がしい, 騒々しい; 底抜け騒ぎの; 刺激的な, 興奮させる: have a ～ good time 大はしゃぎ[ばか騒ぎ]する. ♦ **～·ly** *adv*

ríp-róar·i·ous /-rɔ́ːriəs/ *a* 《口》RIP-ROARING.

ríp·sàw *n* 縦挽きのこ (cf. CROSSCUT SAW).

ríp·shìt *a* 《俗》かんかんにおこった, 頭にきた.

ríp·snórt·er 《口》*n* 大変な[驚くべき, おったまげるような]もの[事, 人]; *ケッサクな話[ジョーク]. ♦ **ríp·snórt·ing** *a* **-snórt·ing·ly** *adv*

ríp·stòp *a, n* リップストップの(生地)《一定間隔で 2 本撚(よ)りの糸を用いて小さなきずから長く裂けたりしないようにした》.

ríp·tìde *n* RIP CURRENT.

Rip·u·ar·i·an /rìpjuέəriən/ *n, a* リプアリ[リブアリ]族(の)《4 世紀に Rhine 河畔 Cologne の近くに来て住んだフランク族の一族》.

Rip Van Win·kle /ríp væn wíŋk(ə)l/ **1** リップ・ヴァン・ウィンクル《Irving の *The Sketch Book* (1819–20) 中の物語, またその主人公の名; 主人公は Catskill 山中で 20 年間眠りつづけ, めざめて村に帰ってみると周囲の世界は一変していた》. **2** 時代遅れの人物; 眠ってばかりいる人.

RIR 〖鶏〗°Rhode Island Red.

ri·ro·ri·ro /rìrəríːrou/ *n* 《NZ》リロリロ (GRAY WARBLER). [Maori]

RISC /rísk/ *n* 〖電算〗RISC(リスク)《命令セットを簡略化して高速動作を目指したコンピューター(の設計); cf. CISC》. [*r*educed *i*nstruction-*s*et *c*omputer [computing]]

rise /ráɪz/ *v* (**rose** /róuz/; **ris·en** /ríz(ə)n/) *vi* **1 a** 上がる (opp. *fall*), 昇る, 〈日・月・星が〉出る 〈*up*〉; 浮かび上がる, 〈魚が〉餌を求めて[毛針に向かって]浮上する: The curtain ～*s*. 幕が上がる; 新局面が展開される / Tears were *rising to* her eyes. 目に涙が浮かんできた / Morning [Dawn] ～*s*. 朝[暁]になる. **b** 〈植物が〉伸びる, 生長する; 《建築中で》〈ビルが〉しだいに高くなる; 建つ; 〈毛などが〉逆立つ, 硬直する. **c** そばだつ, そびえ立つ 〈*up*〉; 〈家が〉建っている: ～ 1000 meters out of the sea 海抜 1000 メートルである. **2 a** 起きる, 起床する; 起き上がる 〈*up*〉; 生き返る, よみがえる 〈*from* the dead, *again*〉. ★「起床する」の意では arise は《文・詩》, rise はやや堅苦しく, get up はやや口語的. **b** (辞すべく)立ち上がる; 立ち去る, 引き揚げる; 閉会になる, 散会する: ～ from (the) table 《食事後》食卓を離れる / Parliament ～*s* on Monday. 国会は月曜日に閉会する. **c** 背く, 反抗して立ち上がる 〈*against*〉; 《口》〈挑発に〉乗る 〈*to*〉: ～ (*up*) *against* the oppression 圧制に反抗して立ち上がる / My whole soul ～*s against* it. 心底腹が立つ. **d** 〈…に応じて〉立ち上がる, …に耐える 〈*to*〉; 熱烈な反応を示す, 拍手喝采する 〈*to*〉: I can't ～ *to* it. それをやる力[気持]がない / ～ *to* the emergency [crisis, occasion] 危急に応じて立つ, 危機に善処する, 機に応じて才能を発揮する / ～ *to* the requirement 要求に応じられる, 任に耐える. **3 a** 上り(坂)になる; かさむ; 増水する, 〈潮が〉差す; 〈生パンなどが〉《酵母菌で》ふくれあがる; 〈水疱が〉はれあがる; 隆起する; 〈胃が〉むかつく. **b** 〈感情などが〉強く[激しく]なる; 〈元気が〉出る; 〈声・音が〉高まる, 大きくなる; 〈熱が〉高くなる; 〈色が〉濃くなる; 〈顔色が〉赤くなる, 紅潮する; 〈物価などが〉上がる, 高騰する 〈*in* price〉: Our spirits *rose* at the good news. その朗報に心が浮き立った. **c** 立身[昇進]する, 向上する; 〈数量が〉増える, 増加する: ～ in life [the world] 出世する / ～ *to* greatness 偉くなる / ～ *to* fame 名声を揚げる. **4** 〈川などが〉源を発する; 〈風が〉出る, 〈あらしが〉起こる; 〈事が〉生じる, 発生する 〈*from, in, at*〉: A quarrel often ～*s from* a misapprehension. けんかはよく誤解から起こる. **5** 〈物が〉現われる, 見えてくる, 〈音が〉聞こえてくる; 〈考えなどが〉心に浮かぶ, 湧(わ)く: A specter *rose* before his fevered mind. 熱に浮かされた目に幽霊が現われた. ► *vt* **1** 《他動詞は普通 RAISE》**a** 上げる, 昇らせる, 高める; 〖海〗《近づいて》〈他船〉の姿がしだいに水平線上に現われるのを認める. **b** 狩り出す; 〈鳥を〉飛び立たせる; 〈魚を〉水面に誘う. **2** 〈丘を〉登る. ● **～ above**…の上にそびえる; …にまさる, ぬきんでる; 〈卑しい感情・行為など〉を超越する, 〈困難など〉を克服[無視]する. **～ and fall** 〈船が〉波間に上下する; 〈胸が〉波打つ; 〈潮が〉満ちたりひいたりする; 〈音が〉上下する; 〈国家などが〉盛衰する. **～ and shine** 《口》起きる; [°*impv*] さあ起きた, 起床! **～ in sb's opinion [estimation]** 人に重んじられる. **～ to a fence** 〈馬が〉垣を飛び越す.

► *n* **1** 上ること, 上昇; *《舞台の》幕開き; 《魚の》浮上; 《日・月・星の》出: at ～ of sun [day] 日の出に. **2** 立身, 出世; 向上, 進歩: have [make, achieve] a ～ 立身[出世]する. **3** 増加(量) (increase), 増大(量), 増水(量); 《音の》高まり, 増大; 〖楽〗音声[調子]の高まり; "昇給(額) (raise*); 高騰, 騰貴: ask for a ～ 昇給を求める / a sharp ～ in the price of rice 米価の急騰. **4** 起源, 源; 起こること, 出現; 蘇生, 復活, 勃興. **5** 上り坂[道]; 上り(度合い); 高台, 丘; 〖建〗《階段の》蹴(け)上げ, 《屋根の》垂直立ち上がり, 《アーチの》迫高(せりだか); 《ズボンの》股上(またがみ). **6** 《俗》勃起, おっ立ち: get a ～. ● **and the ～*** なおそれ以上. **get [take] a ～ out of** sb 《口》《からかって[刺激して]》人をおこらせる; 《口》人から思いどおりの反応を得る《笑わせるなど》. **give ～ to**…を起こす, 生じさせる, …のもとである. **on the ～** 増加[高騰, 上昇]して, 上向き[昇り調子]で. **take [have] its ～** 起こる, 生じる; 〈川などが〉源を発する 〈*in, from*〉. **the ～ and fall** 上下, 高低; 《潮の》干満; 盛衰.

[OE *rīsan*; cf. G *reisen* to travel]

ris·en /ríz(ə)n/ *v* RISE の過去分詞. ► *a* 昇った, 起こった; 復活した: the ～ sun 昇った太陽; 旭日(きょくじつ)昇天の勢いの人[もの].

ris·er /ráɪzər/ *n* **1** 起床者; 叛徒, 暴徒: an early [a late] ～ 早起き[朝寝坊]の人. **2** 〖建〗《階段の》蹴込み板, 蹴上げ板; 《水道・ガスの》立ち上がり管, 竪管(たてかん), 配線の垂直部; [°*pl*] 《舞台の出演者を見やすくするための》立ち台, ひな壇; 《パラシュートのハーネスと吊り索を結ぶ》ライザー.

ríse·tìme *n* 〖電〗立ち上がり時間.

rishi /ríʃi/ *n* 〖ヒンドゥー教〗賢者, 仙人. [Skt]

ris·i·bil·i·ty /rìzəbíləti/ *n* 笑い性, 笑い癖; 大笑い, 陽気な騒ぎ (merriment); [°*pl*] 笑いの感覚, ユーモア.

ris·i·ble /rízəb(ə)l/ *a* 〈人が〉笑うことができる; よく[すぐ]笑う, 笑い性の; 笑いに関係する〈筋肉・神経など〉; 〈事が〉笑える, おかしい, 笑わせる, 滑稽な. ► *n* [*pl*] 笑い[ユーモア]の感覚. ♦ **rís·i·bly** *adv* [L (*ris- rideo* to laugh)]

ris·ing /ráɪzɪŋ/ *a* **1** 昇る, 上る, 〈日・月・星が〉出る; 高騰する; 昇進[向上]する; 上り(坂)の; 高くなった; [後置] 〖紋〗〈鳥が〉飛び立とうとする姿の: the ～ sun 朝日 / a ～ market 上向き相場 / a ～ man 出世盛りの人, 日の出の勢いの人 / a ～ hill 上り坂. **2** 増大[増加]する; 増水する; 新進[新興]の; 勃興する, 発達[成長]中の: the ～ generation 青年層[男女]. **3** …に近い, …になんなんとする; *《方》〈数・量が〉…より多い (more than) 〈*of*〉: a boy ～ ten もうすぐ 10 歳になる少年 / ～ a hundred acres 100 エーカーを超える / ～ *of* hundred people 100 名を超える人たち. ► *n* **1** 上昇; 《日・月・星が》出ること, 出; 起立, 起床; 蘇生, 生き返り, 復活: ～ again 復活 (resurrection). **2** 蜂起, 反乱 (rebellion). **3** 突起物[部] (projection); 《方》はれもの, できもの (boil); 〖海〗《ボートの》下帯. **4** パン種, イースト; 《一定量の》練り粉(がふくらむのに要する時間). ● **the ～ of the sun** 日の出; 〖聖〗日出づる国, 東方, 東洋.

rísing dámp 上昇水分, 上昇湿気《地中から建物の壁に染み込む水分》.

rísing díphthong 〖音〗上昇二重母音《二重母音のうちのあとの

母音が前の母音より強く発音される》.
rísing fíve" もうすぐ5歳になる子《英国では5歳から幼児学校 (infant school) に行くが, rising five も入学可》.
rísing hínge [bútt] 〘建〙昇り蝶番(ちょうつがい).
rísing máin" 立ち上がり本管《地中から垂直に立ち上がって建物に水を供給する水道管》; 《水ポンプ (water pump) の》縦管, 垂直管.
rísing rhýthm 〘韻〙上昇韻律《アクセントが詩脚の最後の音節に置かれる》.
rísing sìgn 〘占星〙上昇宮《十二宮のうち上昇点 (ascendant) にあるもの》.
rísing stár 有望新人, 成長株.
rísing tròt 〘馬〙《sitting trot に対して》騎手が馬の歩みの2拍子ごとに鞍から腰を浮かせる速歩[トロット].
rísing vòte 起立投票.
risk /rísk/ *n* **1** 危険 (danger), 冒険, 危険性[度], 損傷[損害]のおそれ, リスク; 危険要素: take ～*s* 危険を冒す. **2**〘保〙《保険対象としての》危険, 事故《火災・海難など》; 危険率; 保険金(額); 被保険者[物]: a good [bad] ～《保険会社や銀行にとって》危険度の低い[高い]顧客. ● **at all ～s＝at any [whatever] ～** どんな危険を冒しても, ぜひとも. **at ～** 危険にさらされて; 《法的・経済的に》リスクを負って; 妊娠のおそれのある. **at** one**'s own ～** 自分の責任において, 危険は自己負担で. **at the ～ of**…の危険を冒して, …を犠牲にして. **no ～** 《豪口》よし, わかった. **put**…**at ～** …を危険にさらす, あぶないめにあわせる. **run [take] ～s [a ～, the ～] (of**…**)** (…の)危険を冒す. ► *vt* **1** 危険にさらす, 危うくする; 賭ける〈*on*〉: ～ one's fortune [life] 身代[生命]をかける. **2** …の危険を冒す: ～ illness 病気になるようなむちゃをする. **3** 敢行する, (危険覚悟で)やってみる. ● **～ it** いちかばちかやってみる. ♦ **～·less** *a* **～·er** *n* [F *risque(r)*＜It]
rísk àrbitrage リスクを伴った裁定取引, リスクアービトラージ《企業買収の標的会社の株式を買持ち, 買収会社の株式を売持ちにすることを指すことが多い》.
rísk assèssment 危険性事前評価, リスクアセスメント.
rísk-avèrse *a* 危険[リスク]を冒したがらない.
rísk-bénefit ràtio 危険性–受益性割合[比率]《医療や事業などにおける失敗の危険性と成功による受益性の関係》.
rísk càpital VENTURE CAPITAL.
rísk fàctor 〘医〙危険因子, リスクファクター《疾病の発現を促す要因; たとえば肺癌に対する喫煙など》.
rísk·ful *a* 危険の多い (risky).
rísk mànagement 危険管理, リスクマネジメント《保険・安全対策などによって会社への損害危険性を評価あるいは予防し, 損害が生じたときはそれを最小限にとどめる対策を立てること》. ♦ **rísk mànager** *n*
rísk·mòney *n* 《銀行などの出納係の》不足金補償手当.
rísk-tàking *n* 危険[リスク]を冒すこと. ♦ **rísk·tàker** *n*.
rísky *a* 危険な, 冒険的な; 〈話・劇の場面などが〉わいせつ(ぎみ)の, きわどい (risqué). ♦ **rísk·i·ly** *adv* **rísk·i·ness** *n*
ri·sor·gi·men·to /risɔ̀ːrʤiméntou, -zɔ̀ːr-/ *n* (*pl* **～s**) 復興(期), 復活(期); [R-] リソルジメント《19世紀イタリアの国家統一運動[時代]》. [It＝rising again]
ri·sot·to /rɪsɔ́(ː)tou, -sát-, -zɔ́(ː)t-, -zát-/ *n* (*pl* **～s**) リゾット《米を魚介・野菜・チーズなどといっしょに煮込んだイタリア料理》. [It]
ris·per·i·done /rɪspérədòun/ *n* 〘薬〙リスペリドン《抗精神病薬; 抗セロトニン作用・抗ドーパミン作用を有し, 統合失調症などの治療に用いる》.
ris·qué /rɪskéɪ; ⌐⌐/ *a* お下劣な, きわどい (off-color). [F (pp) ＜RISK]
Riss /rís/ *n* 〘地質〙リス(氷期)《更新世におけるアルプス周辺の第3氷期; ⇨ GÜNZ》. ♦ **～·ian** *a* [*Riss* ドイツの Danube 川の支流の名]
ris·sole /rɪsóul, ⌐⌐/ *n* 〘料理〙リッソウル《パイ皮に肉・魚肉などを詰めて揚げたもの》. [F＜L＝reddish (*russus* red)]
ris·so·lé /rísəli, rìsəléɪ; *F* risɔle/ *a* 〘料理〙きつね色に揚げた. [F (pp)＜*rissoler* (↑)]
Rís·so's dólphin /rísouz-/ 〘動〙ハナゴンドウ (grampus). [Giovanni A. *Risso* (1777–1845) イタリアの博物学者]
ris·to·ce·tin /rìstəsíːt(ə)n/ *n* 〘生化〙リストセチン《*Nocardia* 属の放線菌から得る抗生物質》.
ri·sto·ran·te /rìstɔːráːntèɪ; rìstɔrǽnteɪ/ *n* (*pl* **-ti** /-ti/) リストランテ, イタリア料理店.
ris·tret·to /rɪstrétou/ *n* (*pl* **～s**) リストレット (＝caffè ～)《少量で通常よりさらに濃くいれたエスプレッソコーヒー》. [It＝restricted, concentrated]
ri·sus sar·do·ni·cus /ríːsəs saːrdánɪkəs/ 〘医〙痙笑《顔面痙攣による笑い》. [L＝sardonic laugh]
rit. 〘楽〙ritardando ♦〘楽〙ritenuto.
Ri·ta /ríːtə/ リータ《女子名》. [It (dim)＜*Margarita*; ⇨ MARGARET]
Rit·al·in /rítələn/ 〘商標〙リタリン《塩酸メチルフェニデート (methylphenidate hydrochloride) 製剤》.
ri·tard /rɪtáːrd/ *n* RITARDANDO.
ri·tar·dan·do /rìtaːrdáːndou, rì:-/ 〘楽〙*a, adv* 漸次ゆるやかな[に], リタルダンドの[で]《略 rit.》. ► *n* (*pl* **～s**) 《楽曲の》リタルダンドのパッセージ. [It]
rite /ráɪt/ *n* **1 a** [°*pl*] 儀式, 儀礼, 礼; 祭式, 典礼: the burial [funeral] ～*s* 葬式 / the ～ of confirmation 〘キ教〙堅信礼[式] / conjugal [nuptial] ～*s* 《古》夫婦の営み. **b** [°R-] 〘キ教〙《聖餐式における特定の》典礼様式(に従う教会), …(式)典礼 (liturgy): the Latin ～《西方教会の》ラテン式典礼 / the Byzantine [Greek] ～《東方正教会の》ビザンツ[ギリシア]式典礼. **2** 慣習, 慣例, しきたり. ♦ **～·less** *a* [OF or L *ritus* religious ceremony]
rite de passage /ríːt də pæsáːʒ, -pɑː-/ (*pl* **rites de passage** /ríːt(s)-/) RITE OF PASSAGE. [F]
ri·te·nu·to /rìːtənúːtou/ *a, adv* 〘楽〙直ちに速度をゆるめる[ゆるめて], リテヌートの[で]《略 rit., riten.》. [It]
ríte of pássage [°rites of passage] 〘人〙通過儀礼《成人・結婚など人生の節目の通過に際して行なわれる儀礼》; 人生の節目となるできごと.
ríte of reconciliátion 許しの秘跡《sacrament of penance (悔悛の秘跡) の新しい言い方》.
ri·to·na·vir /raɪtóunəvɪ̀ər, -tán-, rɪ-/ *n* 〘薬〙リトナビル《エイズ治療に用いられるプロテアーゼ阻害薬》.
ri·tor·nel·lo /rìtərnélou, -tɔ̀ːr-/ *n* (*pl* **～s, -li** /-li/) 〘楽〙リトルネロ《**1)** マドリガーレで主体をなす詩節のあとの部分 **2)** 17世紀イタリアオペラで, 歌の前奏・間奏・後奏として反復される器楽的部分 **3)** 歌曲で反復される器楽間奏 **4)** コンチェルトグロッソ・独奏コンチェルトの総奏部分》. [It (dim)＜*ritorno* return]
rit·ter /rítər/ *n* (*pl* **～, ～s**) KNIGHT《特にドイツ・オーストリアの貴族の最下位としての》. [G＜MDu＝horseman]
rit·u·al /rítʃuəl/ *a* 儀式の, 祭式の; しきたりによる. ► *n* **1** 儀式, 儀礼, 祭儀; 儀式形式; 儀式書, 式典書. **2** 儀式的行事, 《儀式のように》必ず守るもの; 〘心〙儀式《強迫神経症に典型的にみられる》. [L; ⇨ RITE]
rítual abùse 《黒魔術・悪魔崇拝などの》児童への儀式的性虐待, 子供を性のいけにえにする儀式 (＝*satanic abuse*).
rítual·ism *n* 儀式主義, 〘英国教〙高教会派の慣行; 〘教会〙儀式学. ♦ **-ist** *n, a* **rìt·u·al·ís·tic** *a* 儀式の, 典礼の; 儀礼的な, 型どおりの. **-ti·cal·ly** *adv*
rítual·ìze *vt* 儀式化する, 型どおりに行なう; …に儀礼を課する: ～*d* behavior 〘動〙儀式化行動《courtship や display など》. ► *vi* 儀式(主義)的に行なう. ♦ **rìtual·izátion** *n*
rítual·ly *adv* 儀式に従って; 儀式上.
rítual múrder 人身御供のための殺人.
ritz /ríts/ *《口》*n* [the] 豪華, 虚飾, 見せびらかし, ひけらかし. ● **put on the ～** 豪奢[派手]に暮らす, 豪華に着飾る, 気取る. ► *vt* …に対してお高くふるまう. [↓]
Ritz [the] リッツ《スイス人 César Ritz (1850–1918) が創業した国際高級ホテルチェーン》.
rítzy 《口》*a* 豪華な, 高級な, しゃれた; 優雅な, 気品のある; きざな, 俗物の, お高くとまった. ♦ **rítz·i·ly** *adv* **-i·ness** *n* [↑]
riv. river.
riv·age /rívɪʤ/ *n* 《古・詩》海岸 (shore), 沿岸 (coast), 河岸 (bank); 〘英古法〙河川通行税.
ri·val /ráɪv(ə)l/ *n* **1** 競争相手, 好敵手, ライバル〈*in* love, trade〉; 肩を並べる人[もの], 匹敵する者[もの]; 《廃》同僚, 仲間: without a ～ 無敵で, 無比で. **2** [The R-s]『恋敵』《Sheridan の処女作の喜劇 (1775)》. ► *a* 競争する, 対抗する: ～ lovers 恋がたき / ～ suitors 求婚のライバル同士. ► *v* (**-l- | -ll-**) *vt* **1** …と競争する, 張り合う, …の向こうを張る: The stores ～ each other *in* window displays. 商店はウインドー飾りに張り合っている. **2** …に匹敵[拮抗]する, 比肩しうる: Her cheeks ～ the rose *in* hue. 彼女のほおの色はバラにも負けず美しい. ► *vi* 《古》競争する〈*in, with*〉. ♦ **～·ship** *n* RIVALRY. [L＝using same stream (*rivus* stream)]
ri·val·rous /ráɪv(ə)lrəs/ *a* 競い合おうとする, 競争心のある, 張り合う.
rival·ry *n* 競争, 拮抗, ライバル関係: friendly ～ 互いに励まし合っての競争 / enter into ～ *with*…と競争を始める.
rive /ráɪv/ *v* (**～d; riv·en** /rív(ə)n/, **～d**) *vt* 裂く, 割る; もぎ取る〈*away, off, from*〉; 〈心などを〉引き裂く, かき乱す; 破砕する. ► *vi* 裂ける, 割れる. [ON *rífa*]
ri·vel /rív(ə)l/ *vt, vi* (**-l- | -ll-**) 《古》縮ませる, 縮む, しわにする[なる]. [ME (逆成)＜*rivelled*＜OE]
riv·en /rív(ə)n/ *v* RIVE の過去分詞. ► *a* 裂けた, 割れた.
riv·er[1] /rívər/ *n* **1** 川, 河 (FLUVIAL *a*); 水流; 《溶岩・氷河などの》流れ; [*pl*] 多量の流れ[液体]; [the] [*fig*] 生死[幽明]の境: ～*s* of blood 血の川, 流血 / cross *the* ～ (of death) 死ぬ. **2** [the R-] 〘天〙エリダヌス座 (Eridanus). ★ 河川の名称は, 通例 英国では the ～ [the *R*～] Thames, 米国では the Hudson *R*～ のようにする. ● **sell** sb **down the ～** 《口》人を裏切る, 密告する, 見捨てる, 酷使[虐待]する《奴隷を Mississippi 川下流の農園に売り払ったことから》. **up the ～** *《俗》刑務所へ, 刑務所入りして《Hudson 川の上流に Sing Sing 刑務所

R

があることから): send *up the* ～ 刑務所へ送る (cf. SEND[1] *up*). **up the ～ without a paddle** 《俗》 up the CREEK (without a paddle). ◆ **～·less** *a* **～·lìke** *a* ［AF *rivere*＜Romanic (L *ripa* bank); cf. RIPARIAN］

riv·er[2] /ráɪvər/ *n* 裂く[割る]人[もの, 道具]. ［*rive*］

Ri·ve·ra /rɪvέərə/ リベラ **Diego ～** (1886–1957)《メキシコの画家》.

riv·er·ain /rívərèɪn, ⸗⸗⸗́/ *a* 川岸の, 川辺の; 川辺にある[住む]. ► *n* 川辺の地域.

ríver·bànk *n* 川堤, 川岸.

ríver bàsin 〖地理〗《河川の》流域.

ríver·bèd *n* 川床.

ríver bìrch 〖植〗北米東部原産のカバノキ属の高木 (＝*black birch, red birch*)《川沿いの湿地に生える; 樹皮は黒みのある赤褐色で, 薄紙状に剝離する; 堅材がとれる》.

R **ríver blìndness** 〖医〗 ONCHOCERCIASIS.

ríver·bòat *n* 川船.

ríver bòttom* 川沿いの低地.

ríver càpture 〖地理〗河川争奪 (⇨ CAPTURE).

ríver cárpsucker 〖魚〗米国の河川にすむサッカー.

ríver dèer 〖動〗キバノロ (＝*water deer*)《雄雌ともに角のない中国産の小型のシカ》.

ríver dòlphin 〖動〗カワイルカ《南米・インド・中国の河川に主として生息するカワイルカ科のイルカ; くちばしは細長く, 濁水に生活するため視力はきわめて弱い; アマゾンカワイルカ・インダスカワイルカ・ヨウスコウカワイルカ・ラプラタカワイルカの 4 属がある》.

ríver dùck 〖鳥〗 DABBLING DUCK.

riv·ered /rívərd/ *a* 川のある.

ríver·frònt *n* 《都市の》川沿いの地, 河岸(地域).

ríver-gòd *n* 川の神, 河神, 水神.

ríver·hèad *n* 川の発源地, 水源, 源流, 源(みなもと).

ríver hòg **1** 〖動〗カワイノシシ《アフリカ産の川辺や湿った森にすむカワイノシシ属》. **2*** 《俗》いかだ流し人夫.

ríver hòrse 〖動〗カバ (hippopotamus).

riv·er·ine /rívəràɪn, *-rì:n/ *a* 川の(ような), 川により形成される, 河川の; 川岸にある[住む].

ríver nóvel 大河小説 (ROMAN-FLEUVE).

ríver òtter 〖動〗カワウソ, 《特に》カナダカワウソ《米国・カナダの川・池・湖にすむ; 暗褐色で, しばしばのどが銀白色》.

Ríver Óuse [Óoze] [the] 《韻俗》《一般に》酒, 強い酒 (booze).

Riv·ers /rívərz/ リヴァーズ《ナイジェリア南部の州; ☆Port Harcourt》.

ríver·scàpe *n* 川の風景(画), 河景.

ríver·sìde *n* 川辺, 川岸; 《町などの》川沿い地区. ► *a* 河畔の, 川沿いの.

Riverside リヴァーサイド《California 州南部の Los Angeles の東方にある市》.

Ríverside Párk リヴァーサイドパーク《New York 市 Manhattan 島の Hudson 川岸の公園》.

ríver vàlley 川が流れる谷, 川谷(せんこく).

ríver·ward(s) *adv* 川の方へ.

ríver·wày *n* 《航行可能な》河川水路.

ríver·wèed *n* 〖植〗カワゴケソウ科の数種の水生植物.

riv·et /rívət/ *n* 鋲, 目釘, リベット; [*pl*]*《俗》金, ぜに (money). ► *vt* 鋲締めにする, リベットで留める ‹*down, on, into, to, together*›; ‹ボルトなどを›頭をつぶして打ち付ける; しっかり[固く]留める; [*fig*] ‹目・心・注意などを›釘付けにする, 奪う ‹*on, to*›, [°*pass*] ‹人›の心を釘付けにする. ●**～ sb to the ground [spot]** ⇨ ROOT[1]. ◆ **～·er** *n* ［OF (*river* to clench)］

rívet gùn 《自動式》リベット打ち機.

rívet·hèad *n* 〖機〗リベット頭(あたま); *《軍俗》戦車搭乗員.

rívet·ing *a* 心を釘付けにする, とりこにする, 圧倒的な魅力をもつ. ◆ **～·ly** *adv*

Riv·i·era /rìviέərə/ **1** [the] リヴィエラ《フランスの Nice からイタリアの La Spezia までの地中海沿岸地方, 風光明媚な避寒地; ⇨ CÔTE D'AZUR》. **2** [°r-] 海岸避寒地: the Cornish ～ コーンウォールのリヴィエラ《イングランド南西端の景勝地・保養地》. ［It＝seashore］

riv·i·ère /rìviέər/ *n* リビエール《ダイヤモンドなどのネックレスで 特に数連からなるもの》. ［F＝river］

riv·u·let /rívjələt/ *n* 小川, 細流; 《汗・塗料などの》細い流れ. ［F (dim)＜?It (L *rivus* stream)］

riv·u·lose /rívjəlòus/ *a* 〖植〗しわのある.

ríx-dòllar /ríks-/ *n* リクスダラー (**1**) 昔のオランダ・ドイツ・スウェーデン・デンマークなどの硬貨 **2**) 昔 英国が植民地用に発行した銀貨》.

Ri·yadh /ri(j)á:d/ リヤード《サウジアラビアの首都》.

ri·yal[1] /rijá:l, -jɔ́:l, -jǽl; riá:l, -ǽl/ *n* リヤール《(**1**) サウジアラビアの通貨単位: ＝20 qursh, ＝100 halala; 記号 R **2**) カタールの通貨単位: ＝100 dirhams; 記号 R》. ［Arab＜Sp］

riyal[2] *n* RIAL[1].

riz /ríz/ *v* 《方》 RISE の過去形.

Ri·zal /rizá:l, -sá:l/ **1** リサール **José Protasio ～** (1861–96)《フィリピンの独立運動家》. **2** リサール《PASAY の別称》.

Rizál Dày リサール記念日《José Rizal がスペインの手で殺害された 12 月 30 日を記念したフィリピンの法定休日》.

Ri·za Shah Páhlavi /rizá: ʃá:-/ REZA SHAH PAHLAVI.

Riz·zio /rítsiòu/, **Ric·cio** /rítʃiòu/ リッツィオ **David ～** (c. 1533–66)《イタリアの音楽家; スコットランド女王 Mary の寵愛をうけたが, その夫 Darnley に殺された》.

Rju·kan /riú:kà:n/ リューカン《ノルウェー南部 Oslo の西方にある町; 付近に落差 238 m のリューカン滝 (the **～ Fálls**) がある》.

RL (Republic of) Lebanon ♦〖英〗°Rugby League.

RLC 〖英〗Royal Logistic Corps.

r-less /á:rləs/ *a* R-DROPPING.

RLO °returned letter office. **RLS** 〖医〗°restless legs syndrome ♦ Robert Louis STEVENSON. **rly** railway. **rm** ream ♦ room. **RM** Madagascar ♦〖英〗°Royal Mail ♦〖英〗°Royal Marines. **RMA** 〖英〗°Royal Military Academy.

RMBS residential mortgage-backed security 住宅ローン担保証券. **RMM** (Republic of) Mali.

R months /á:r ⸗́/ *pl* R 月(つき), R の付く月《9 月から 4 月までの, 月名に r 字を含む 8 か月; 北半球のカキ (oyster) の季節》.

RMP 〖英〗Royal Military Police. **rms** reams ♦ rooms ♦〖数〗root-mean-square. **RMS** 〖英〗Royal Mail Ship [Steamer].

RMT National Union of Rail, Maritime, and Transport Workers ♦ real money trade [trading] リアルマネートレード《オンラインゲームで使われる仮想通貨等のゲーム外での現金取引》. **Rn** 〖化〗radon. **RN** °Registered Nurse ♦ Republic of Niger ♦〖英〗°Royal Navy.

RNA /á:rènéɪ/ *n* 〖生化〗リボ核酸 (ribonucleic acid).

RNA interference /á:rènèɪ ⸗́/ 〖生化〗RNA 干渉《外部から二本鎖 RNA を導入することによって RNA の機能を阻害する技術; RNA は通例一本鎖であるが, 導入された二本鎖 RNA がほどけてウイルスなどの RNA に結合してその発現を抑える; これにより特定の遺伝子の発現を効率よく抑えられる; 略 **RNAi**》.

RNA polymerase /á:rènèɪ ⸗́/ 〖生化〗RNA ポリメラーゼ《DNA を鋳型として RNA を合成する反応を触媒する酵素》.

RNA replicase /á:rènèɪ ⸗́/ 〖生化〗 REPLICASE.

RNAS 〖英〗°Royal Naval Air Service ♦〖英〗Royal Naval Air Station.

RN·ase /á:rénèɪs, *-z/, **RNA·ase** /á:rènéɪèɪs, *-z/ *n* 〖生化〗RN アーゼ (RIBONUCLEASE).

RNA synthetase /á:rènèɪ ⸗́/ 〖生化〗RNA シンセターゼ (REPLICASE).

RNAV 〖空〗°area navigation.

RNA virus /á:rènèɪ ⸗́/ 〖生〗RNA ウイルス《遺伝物質のコアが RNA からなる ウイルス; paramyxovirus, retrovirus など》.

R 'n' B 〖楽〗°rhythm and blues. **RNC** 〖米〗Republican National Committee [Convention] 共和党全国委員会[大会] ♦〖英〗°Royal Naval College. **rnd** round. **RNLI** 〖英〗Royal National Lifeboat Institution. **R 'n' R** °rock 'n' roll.

RNZAF Royal New Zealand Air Force.

RNZN Royal New Zealand Navy.

Ro /róu/ *n* ロー語《1906 年米国の聖職者 Edward P. Foster (1853–1937) が創案した人工国際語》.

roach[1] /róutʃ/ *n* (*pl* ～, ～·es) 〖魚〗**a** ローチ《ヨーロッパ産コイ科ローチ属の淡水魚》. **b** 北米産サンフィッシュ科の淡水魚: (as) sound as a ～ とても元気で, ピンピンして. ［OF＜?］

roach[2] *n* *COCKROACH; 《俗》マリファナタバコの吸いさし; *《俗》警官; *《俗》魅力のない女(の子), ブス. ［cock*roach*］

roach[3] *n* 〖海〗横帆下縁の弧状の切り取り; 額の上[横]から後ろにとき つけた巻き髪; 立つように切った馬のたてがみ. ► *vt* ‹髪を› roach にする ‹*up*›; ‹馬のたてがみを›立つように切る; 〖海〗‹横帆›の下縁を弧状に切り取る. ［C18＜?］

Roach ローチ (**1**) **'Hal' ～ [Harald Eugene ～]** (1892–1992)《米国の映画制作者・監督; 1920–30 年代に Harold Lloyd もの, Laurel and Hardy シリーズなどのコメディーを作った》 (**2**) **Max(well) ～** (1924–2007)《米国のジャズドラマー・作曲家》.

róach bàck 《犬などの》アーチ状[弧状]の背. ◆ **róach-bácked** *a* 背中の丸い.

róach-béllied *a* 丸く腹が出た.

róach clìp* 《俗》マリファナタバコの吸いさしを吸うためのクリップ.

róach còach* 《俗》軽食販売車.

roached[1] /róutʃt/ *a* ‹犬の背などが›アーチ状に盛り上がった.

roached[2] *a* *《俗》二日酔いで, へとへとで.

róach hòlder* 《俗》マリファナ吸いさしホルダー.

róach pìck* 《口》マリファナタバコの吸いさしを吸うための刺す道具.

road /róud/ *n* **1 a** 道, 路, 道路; 街道 (highway); 《都市の主要街路の名に用いて》街 (street)《略 Rd》; 車道; 路体 (roadbed): the London *R*～ ロンドン街道 / Victoria *R*～ ヴィクトリア街 / 35 York *Rd*, London ロンドン市ヨーク街 35 番戸 / the BEATEN ～ / by ～ 道路を通って, 陸路で, 自動車で / the rule of the ～ 通行規則; 海路規則 / a knight of the ～ 追いはぎ / You have a good ～ ahead (of you). 君の前途は明るい, 希望がもてる / It is a LONG[1] ～ that has no turning. **b** *鉄道 (railroad); ǁ〖鉄道〗路線; 〖鉱〗運搬用坑道. **2 a** 道筋, 行路, 進路 〈*to* London〉; 途, 方法, 手段 〈*to*〉: be on the (high) ～ *to* recovery [success] 回復[成功]への途上にある. **b** [the] 《劇団・スポーツチームなどの》巡業地[ルート]; [the] 巡業, ロード, ツアー, 遠征. **3** [°*pl*] 〖海〗《港外の》停泊地, 錨地(びょうち) (roadstead): the outer ～ 外港. **4** 出発許可. ● **any** ～＝ANYROAD. **break a** ～ 道を切り開いて進む, 困難を排して進む. BURN[1] **up the** ～. **down the** ～ これから先, 将来; 《ある時点から》のちに. END[1] **of the** ～. **for the** ～ 別れを惜しんで: one *for the* ～ お別れのため乾杯[一献], 《店を出る前などの》最後の一杯. **get out of** one's [**the**] ～ …を片付ける, 除く. **get out of** sb's [**the**] ～ …の通行をじゃましないようにわきへ退く; …のじゃまをするのをやめる. **give** sb **the** ～ 人を通行させる. **hit the** ～ 《口》旅を始める[続ける]; *《口》出かける, 出て行く; 《俗》放浪生活を始める; 《俗》セールスマンとして回る. **hold** [**hug**] **the** ～ 〈車が〉なめらかに路上を走る. **in** one's [sb's, **the**] ～ …の道をふさいで; 《口》…のじゃまになって. **on the** ～ 旅に出て, 旅の途中で; 〈劇団・スポーツチームなどが〉巡業[ツアー]中で (on tour); 〈セールスマン・講師が〉地方を回って; 放浪(生活を)して; 〈車が〉まだ乗れる状態で; ⇨ 2a. **over the** ～ 刑務所へ. **take the** ～ 旅に出る; 出発[出立]する. **take the** ～ **of**…の上に立つ. **take to the** ～ 旅に出る; 放浪生活を始める; 《古》追いはぎになる. ► *vt* 犬が〈猟鳥を〉遺臭をかいで追う. ♦ ～**-less** *a* ［OE *rād* ride, journey (*rīdan* to RIDE)］

róad·able *a* 路面走行に適した〈自動車〉. ♦ **ròad·abílity** *n* 《自動車の》路面走行性能.

róad àgent 〖米史〗追いはぎ (highwayman).

róad àpple *《俗》《道路上の》馬糞 (cf. COW PIE).

róad·bèd *n* 《鉄道・道路の》路盤, 路床; 《鉄道線路の》バラス; 車道; 〖道路〗路体; 路面.

róad bìke ロードバイク 《1) 一般路で走行するための法的条件を満たしたバイク 2) 一般路での走行にのみ適した自転車; cf. MOUNTAIN BIKE》.

róad·blòck *n* 《進行阻止のための》路上防塞; 検問所; 路上の障害物; 《一般に》障害(物), 妨害(物); *《俗》メディア封鎖 《1 つ[複数]の広告媒体を特定商品の広告だけで独占すること》. ► *vt* 封鎖する, …の進行を妨げる.

róad·bòok *n* 道路案内書, 《1 冊の》道路地図.

róad còmpany* 地方巡業劇団, どさ回りの劇団 《通常 New York 市で成功した一演目のみ上演する》.

róad·cràftǁ *n* (自動車)運転技術.

róad dòg *《黒人俗》親友, ダチ公.

róad dràg 路面ならし機.

róad·er *n* 《俗》《タクシーの》長距離客[走行].

róad fùnd 〖英史〗道路基金 《道路・橋の建設維持を目的とする》.

róad fùnd lìcenceǁ 《口》TAX DISC.

róad gàng 《一団の》道路工夫; *道路工事をする囚人の一団.

róad hàulage 道路を使っての輸送[運輸](業), 道路輸送.

róad háulier 道路輸送業者.

róad hòckey 《カナダ》ロードホッケー 《子供が道路で行なうアイスホッケーをまねた遊び; cf. STREET HOCKEY》.

róad hòg 迷惑運転者.

róad·hòld·ingǁ *n* 《自動車の》路面保持性能.

róad·hòuse *n* 郊外の幹線道路沿いのナイトクラブ[ホテル, 酒場]; 《アラスカ・カナダ北部の》安ホテル.

róad hùmp 《道路の》スピード防止帯 (SLEEPING POLICEMAN).

róad·ie 《口》*n* 《ロックグループなどの》ツアーマネージャー, ツアーの裏方, ローディー. ► *vi* *《ロックグループなどの》ツアーの裏方をする, ローディーをする.

róad jòckey 《CB 無線俗》トラック運転手; 地方公演中の芸能人の補佐役 《道具を組み立てたり維持したりする》.

róad kìd 《俗》若い浮浪者.

róad·kìll* *n* 路上轢死(れきし); 路上轢死動物; 落伍者, 過去の人[もの]. ♦ **róad-kìlled** *a*

róad·màn /, -mən/ *n* (*pl* **-mèn** /, -mən/) 道路工事人[補修作業員]; 道路使用者, 巡回販売員, トラック運転手《など》; ロードレースの選手 《特に 自転車選手》. ♦ ～**·shìp** *n* 公道運転の心得.

róad mànager ツアーマネージャー (ROADIE).

róad màp 道路(地)図; ロードマップ 《計画実現のための指針・戦略・行程表など》; 手引き, ガイド.

róad mènder 道路補修作業員, 道路工事人.

róad mètal 舗道用割り石, 《割り石などの》舗装材料.

róad mòvie ロードムービー 《主人公が旅に出ることで成長していく姿を描いた映画》.

róad nòise ロードノイズ, タイヤ・路面騒音 《路面と走行車両のタイヤとの間で発生するノイズ》.

róad pèople *pl* *《俗》家を離れて放浪する人びと.

róad pìzza 《俗》路上ピザ 《車にひかれた小動物》.

róad prìc·ingǁ /-pràɪsɪŋ/ 道路通行料徴収 《混雑した時間帯に通行料を課す制度》.

róad ràcing 《自動車・オートバイなどの》ロードレース 《公道もしくは公道を模したコースで行なう競走》. ♦ **róad ràce** *n*

róad ràge 路上の激怒[逆上] 《ドライバーが渋滞や他のドライバーのマナーにいらだって暴言を吐いたり暴力をふるうこと》.

róad ràsh 《俗》スケートボードから落ちてできた傷.

róad ròller 《道路を締め固める》ロードローラー.

róad·rùnner *n* 〖鳥〗ミチバシリ (＝*chaparral bird* [*cock*], *snake killer*) 《飛ぶ力が弱い地上性のホトトギス科の鳥; 米国南西部・メキシコ産》.

Róad Rùnner [the] ロードランナー 《漫画映画のキャラクター; ダチョウに似た大きな鳥で, 'Beep, beep' としか鳴かず, いつも敵役の Coyote に追いかけられるが, 逃げ延びる》.

róad sáfety 路上の安全, 交通安全.

róad sènse 《ドライバー・歩行者・犬などの》道路感覚.

róad-shòw* *vt* 〈映画を〉ロードショーとして上演する.

róad shòw 《劇団などの》巡回興行[公演], 地方興行; 地方巡りの一行; *《新作映画の》特別独占興行, ロードショー; ǁ《スタジオ外で行なう》(地方)巡回番組; 《販売促進・広報などの》巡回キャンペーン.

róad·sìde *n* [the] 路傍, 路辺, 道端, 路側: by [on, at] *the* ～ 路傍に, 沿道に. ► *a* 沿道[道端]の, 路辺の: a ～ inn.

róad sìgn 道路標識.

róad stàke *《俗》旅行費用.

róad·stèad *n* 〖海〗《港外の》停泊地, 錨地(びょうち) (＝*road*).

róad·ster *n* **1 a** ロードスター 《1920–30 年代の 2–3 人乗りのオープンカー; しばしば rumble seat が付いている》. **b** 路上乗用馬, 馬車馬; 軽装馬車 (buggy). **c** ǁ《道路で用いる普通の》がんじょうな自転車. **2** 〖海〗港外停泊船. **3** *《俗》ROADIE. ► *vi* *《俗》ROADIE.

róad·stòp* *n* 道路沿いにあるカフェ[レストラン].

róad tàx 《自動車の》道路利用税 《英国などで通例 年単位で課される》.

róad tèst *n* 《車・タイヤなどの》実地[路上]性能試験; 《免許のための》路上運転試験; 《新製品などの》試用テスト. ► *vt* …に路上性能[運転]試験を施す; 試用テストする.

Róad Tòwn ロードタウン 《西インド諸島北東部にある英領 Virgin 諸島の Tortola 島にある同諸島の中心の町》.

róad tràin 《豪》連結した一連のトレーラー.

róad trìp* 車での長旅; 《スポーツチームの》遠征. ♦ **róad-trìp** *vi*

róad wàrrior 《俗》仕事で各地を回る人.

róad·wày *n* [the] 道路, 《特に》車道; 《鉄道の》線路 《軌道と各種建造物》; 《橋の》車道部分.

róad·wòrk *n* 〖スポ〗ロードワーク 《トレーニング・調整のために行なう路上の長距離ランニング》; [《英》では *pl*] 道路工事; 《俗》各地を移動する泥棒稼業.

róad·wòrthy *a* 〈車が〉走行に適した, 安全な; 《まれ》〈人が〉旅行に向いた. ♦ **róad·wòrthiness** *n*

roady /róudi/ *n, vi, a* *《俗》ROADIE.

roaf /róuf/ *a, n* 《俗》ROUF.

roam /róum/ *vi, vt* (…を)歩きまわる (wander), ぶらつく, 徘徊する 〈*about, around, over*〉; 放浪[漂泊]する, 〈視線が〉よぎる, 〈手が〉あちこち触れる, さまよう 〈*over*〉; 《広域を》移動する; ROAMING する: ～ the countryside / right to ～ 〖英法〗遊歩権. ► *n* 歩きまわること, ぶらつき, 遊歩; 放浪, 漂泊. ♦ ～**·er** *n* ［ME＜?］

róam·ing *n* ローミング 《携帯電話を自社のサービス区域外のネットワークにはいって接続すること》.

roan[1] /róun/ *a* 〈馬などが〉糟毛(かすげ)の 《黒・赤・灰・茶などの地に白のさし毛の混ざった体色の》. ► *n* 糟毛(の馬[牛など]) 《特に 断わりがないときは red-～, すなわち地色が鹿毛 (赤茶色) の場合をいう; cf. BLUE-ROAN, STRAWBERRY ROAN》. ［OF＜?Sp; cf. Goth *rauths* red］

roan[2] *n* ローン 《柔らかな羊皮, モロッコ革代用の製本革》. ［北フランスの都市 *Rouen* の古形 *Roan* からか］

róan ántelope 〖動〗ローンアンテロープ 《アフリカ南部産の羚羊》.

Ró·a·noke Ísland /róu(ə)nòuk-/ ロアノーク島 《North Carolina 州東部沖 Albemarle 湾の入口の南にある島; Sir Walter Raleigh が派遣したイングランド人がアメリカで最初に植民を試みて失敗した地 (1585, 87)》.

roar /rɔ́ːr/ *vi* **1 a** 〈ライオンなどが〉(ウォーと)ほえる, うなる; どなる, わめく, 叫ぶ: ～ *with* laughter [pain, rage] 大笑いする[苦痛でうなる, おこってどなる] / ～ *back at* sb 人にどなり返す. **b** 〈馬が〉喘鳴(ぜんめい)する. **2** とどろく, 轟音(ごうおん)をたてる; 〈場所が〉鳴り響く 〈*again*〉; 笑いどよめく, 大笑いする 〈*at*〉; あばれる, 荒れ狂う; 轟音をたてて進む. ► *vt* **1** 大声で[腹の底から]言う[歌う], どなる, 叫ぶ: ～ *out* a command 大声で命令する / ～ *down* やじり倒す / ～ oneself hoarse どなって声をからす. **2** うならせる, 轟音をたてさせる. ● ～ **up** 《豪口》しかりとばす, どなりつける. ► *n* うなり声, ほえ声, 咆哮(ほうこう); 叫び声; どよめき, 大笑声; 怒号, とどろき; うなる音, 轟音; [〈*int*〉] ウォーッ, グワーッ, グォー. ● **in a** ～ どっと騒いで: set the table [company] *in a* ～ どっと笑わせる. **keep it down to a dull** [**loud**] ～ *《俗》(もっと)静かにする. ［OE *rārian*＜imit; cf. G *röhren* (of stag) to bell］

ROAR right of admission reserved 入場をお断りする場合がございます 《チケットの但し書きなどで》.

róar·er *n* ほえる[うなる, 怒号する]もの; 喘鳴(ぜんめい)症の馬.

róar·ing *a* ほえる, 怒号する; ゴーゴーという; 騒々しい; 飲み騒いでいる; 《口》活発な, 大繁盛の, 活気のある: a ～ night 暴風雨の夜; 大

R

騒ぎの夜 / a ～ success 大成功 / do a ～ trade 商売が大繁盛である / in ～ health はちきれそうに健康で. ► *n* ほえる[どなる]こと; うなり, うなり声, 咆哮(ほうこう), とどろき; 《馬の》喘鳴(ぜんめい)症. ► *adv* うなる[どなる]ように, ひどく (extremely): ～ drunk 泥酔して. ♦ **～·ly** *adv*

róaring bóy 〖英史〗《Elizabeth 1 世, James 1 世時代に通行人をこわがらせた》街のポン引き, 客引き.

róaring fórties *pl* [the] 荒れ狂う 40 度台《南緯[北緯] 40–50 度の風浪の激しい海域》; 《海軍俗》乗組員にあたりちらしてばかりいる 40 代の少佐.

róaring gàme [the] CURLING.

Róaring Twénties *pl* [the] 狂騒の 20 年代《特に米国で, 第一次大戦後の浮かれた時代としての 1920 年代; cf. JAZZ AGE》.

roast /róust/ *vt* **1** 《オーブンで》〈肉を〉焼く, あぶる; 熱灰で蒸焼きにする; 炒(い)る, 焙(ほう)じる, 焙煎(ばいせん)する; 火にあてて暖める; 火あぶりにする; ひどく熱する, 焦がす; 〖冶〗焙焼(ばいしょう)する (calcine): ～ beef 牛肉を焼く / ～ beans brown 豆をこんがり炒る / ～ *oneself* before the fire 火にあたって暖まる. **2** 《口》さんざんからかう, 酷評する, こきおろす; *《口》ローストで〈主賓を〉もてなす, 肴にする. ► *vi* 焼かれる, 焼ける; あぶられる; 炒られる; 《肉・野菜などを》あぶり焼き[蒸焼き]にする; 日に焼ける; [進行形で] あぶられるように暑い: ～ under the sun 日光浴をする / I'm simply ～*ing*. 暑くてかなわない. ● **fit to ～ an ox** 〈火が〉盛んに燃えて. **give sb a (good [real]) ～ing** 人を(さんざん)しかりつける. ► *n* **1 a** 焼肉; 焼肉用の肉, ロース《通例 牛肉》. **b** 焼く[あぶる, 炒る]こと, 焼かれる[あぶられる]こと, 焙煎; 〖冶〗焙焼: give...a good ～ …をよく焼く / strong ～ coffee 深煎りコーヒー. **c** *野外焼肉パーティー[ピクニック]. **2** 《口》(痛烈な)からかい, 酷評; *《口》ロースト《参会者が主賓をユーモラスにからかったりけなしたりして楽しむ食事会》. ● **rule the ～**＝rule the ROOST[1]. ► *a* 焼いた (roasted): ～ potatoes. [OF *rost(ir)*＜Gmc (**raust(a)* gridiron)]

róast béef ローストビーフ. ★ ローストビーフに Yorkshire pudding を添えたものは英国の伝統的な日曜日の食事.

róast·ed *a* *《俗》酒に酔って.

róast·er *n* 焼く[あぶる]人; 焼く器具, ロースター; 焙焼炉; 焼くのに向いたもの, 《特に》丸焼き用のひな鳥[子豚など].

róast·ing *a* 焼くのに適した, ロースト用の; 焼けつくような. ► *adv* 焼けつくように. ► *n* きびしい非難[批判], 酷評.

róasting èar 焼いた[焼くのに適した]皮つきトウモロコシ; *《南部・中部》ゆでたり蒸したりするのに適したトウモロコシ.

róast·ing-èar wine *《俗》コーンウイスキー.

róasting jàck 《肉をあぶる》焼き串回転器.

rob /ráb/ *v* (**-bb-**) *vt* **1** …から奪う[強奪する, 略奪する]; …から(中身を)取り去る; 《非標準》ぶんどる, 盗む (steal): ～ sb *of* his purse [name] 人から財布[名声]を奪う / I was *robbed of* my watch. 時計を奪われた / ～ a bank 銀行強盗をはたらく / The shock *robbed* him *of* speech. ショックで口がきけなかった / ～ PETER to pay Paul. **2** *《俗》《気のきいた文句[言い返し]で》〈人を〉笑いものにする, …から一本取る. ► *vi* 強盗をする, 略奪をはたらく. ● **～ sb blind** *《口》人から好き放題にぶんどる; *《口》人に法外な値段をふっかける, ぼる. **We was [wuz] robbed!** 《不当な判定[不運]のせいで》勝ちを奪われた, だまされた, いんちきだ! 《もとボクシング用語》. [OF *rob(b)er*＜Gmc; cf. REAVE[1]]

Rob ロブ《男子名; Robert の愛称》.

rob·a·lo /rábəlòu, róu-, roubá:lou/ *n* (*pl* **～, ～s**) 〖魚〗アカメ (SNOOK[3]). [Sp]

ro·band /róubæ̀nd, -bənd, rábənd/ *n* 〖海〗ロバンド《帆を帆桁に結びつける短い索》.

Robbe-Gril·let /rɔ́(:)bgrijéi/ ロブ-グリエ **Alain** ～ (1922–2008) 《フランスの作家・映画脚本家; ヌーヴォーロマンの代表的作家》.

Rób·ben Ísland /ráb(ə)n-/ ロベン島《南アフリカ共和国南西部 Cape 半島の北, Table 湾にある小島; 政治犯の収容に使われたが, 1996 年閉鎖》.

rób·ber *n* 強盗, 泥棒, 強奪者, 略奪者.

róbber báron 〖英史〗《中世の》追いはぎ貴族; *《19 世紀後半の》新興成金, 悪徳資本家[実業家].

róbber cràb 〖動〗ヤシガニ (purse crab).

róbber flỳ 〖昆〗ムシヒキアブ (＝*bee killer*) 《幼虫は他種の幼虫を, 成虫は他種の昆虫を食する》.

róbber trènch 〖考古〗盗難壕《置かれていた城壁などの礎石が持ち去られたあとに残った溝》.

rób·bery *n* 強盗, 強奪, 略奪; 〖法〗強盗罪: commit ～ 強盗をはたらく / DAYLIGHT ROBBERY.

Robbia ⇨ DELLA ROBBIA.

rob·bin /rábən/ *n* ROBAND.

Rob·bins /rábənz/ ロビンズ (**1**) **Harold** ～ (1916–97) 《米国の大衆小説家; *The Carpetbaggers* (1961)》 (**2**) **Jerome** ～ (1918–98) 《米国の振付家; ミュージカル *The King and I* (1951), *West Side Story* (1957) など》.

Róbbins Repòrt [the] 〖英〗ロビンズ報告《1963 年に出された高等教育に関する計画案; 上級技術カレッジ (Colleges of Advanced Technology) の大学への昇格を勧告》. [Baron Lionel C. *Robbins* (1898–1984) 英国の経済学者]

rob·bo /rábou/ 《豪俗》*n* (*pl* **～s**) 一頭立て二輪馬車(の御者); 駄馬; ひどい状態のもの.

robe /róub/ *n* **1 a** ローブ《裾までたれる長いゆるやかな外衣; 丈の長いワンピース型の婦人服; 長いベビー服; BATHROBE, DRESSING GOWN》. **b** [°*pl*] 式服, 礼服, 官服, 法服; [*pl*] 《古》衣類, 衣服: follow *the* ～ 法律家となる / gentlemen of *the* ～ 弁護士連, 裁判官連 / LONG [SHORT] ROBE / both ～*s* 文人と武人 / the MISTRESS OF THE ROBES. **c** 《詩》衣, おおい: the ～ of night 夜のとばり. **2** *《獣皮などで作った旅行・戸外用の》ひざ掛け. **3** WARDROBE. ► *vt, vi* (…に) 礼服[官服など]を着せる[着る]. [OF＝robe, booty＜Gmc (G *Raub* booty)]

robe de cham·bre /róub də ʃá:mbrə; *F* rɔb də ʃɑ̃:br/ (*pl* **robes de chambre** /róub(z)-; *F* —/) 化粧着, 部屋着 (dressing gown), バスローブ.

Rob·ert /rábərt/ **1** ロバート《男子名; 愛称 Bert, Berty, Bertie, Bob, Bobby, Dob, Dobbin, Rob, Robby, Robin》. **2** ロバート (**1**) ～ **I** (1274–1329) 《スコットランド王 (1306–29); 通称 '(the) Bruce'; Bannockburn でイングランド軍を破り (1314), スコットランドの独立を承認させた (1328)》 (**2**) ～ **II** (1316–90) 《スコットランド王 (1371–90); Stewart (Stuart) 朝の祖》. **3** ロベール ～ **I** (d. 1035) 《Normandy 公 (1027–35); 通称 'the Devil' (悪魔公); William 征服王の父》. **4** [°]《口》巡査 (policeman) (⇨ PEEL). [OF＜Gmc ＝bright in fame (fame＋bright)]

Ro·ber·ta /rəbə́:rtə/ ロバータ《女子名》. [(fem); ↑]

Ro·bert Guis·card /rɔ:bɛər giská:r/ ロベールギスカール (c. 1015–85) 《ノルマンの軍人; 別名 Robert de Hauteville; イタリア南部を征服して, のちのシチリア王国の基礎を築いた》.

Róbert Jórdan ロバート・ジョーダン《Hemingway, *For Whom the Bell Tolls* の主人公である米国人の大学教師; スペイン内乱で政府軍に参加して死ぬ》.

Ro·ber·to /roubɛ́ərtou/ ロベルト《男子名》. [Sp, It; ⇨ ROBERT]

Rob·erts /rábərts/ ロバーツ (**1**) Sir **Charles G(eorge) D(ouglas)** ～ (1860–1943) 《カナダの詩人・作家》 (**2**) **Frederick Sleigh** ～, 1st Earl ～ (1832–1914) 《英国の軍人; 陸軍元帥 (1895)》 (**3**) **John G(lover) ～, Jr.** (1955–) 《米国の法律家; 合衆国最高裁判所首席裁判官 (2005–)》 (**4**) **Julia (Fiona)** ～ (1967–) 《米国の女優; 映画 *Pretty Woman* (プリティ・ウーマン, 1990), *Erin Brockovich* (エリン・ブロコビッチ, 2000)》 (**5**) **Oral** ～ (1918–2009) 《米国のプロテスタントのテレビ伝道師》 (**6**) **Owen Josephus** ～ (1875–1955) 《米国の法律家; 合衆国最高裁判所陪席裁判官 (1930–45)》 (**7**) Sir **Richard J(ohn)** ～ (1943–) 《英国生まれの米国の生物学者; 分断遺伝子 (split gene) を発見, ノーベル生理学医学賞 (1993)》.

Rob·ert·son /rábərts(ə)n/ ロバートソン (**1**) **Oscar (Palmer)** ～ (1938–) 《米国のバスケットボール選手; NBA の Cincinnati Royals に所属していた 1961–62 年のシーズンに残した, 一試合平均 30.8 得点, 12.5 リバウンド, 11.4 アシストというすべて 2 桁の記録はいまだ破られていない》 (**2**) **Pat** ～ (1930–) 《米国のキリスト教右派の伝道師》 (**3**) **William** ～ (1721–93) 《スコットランドの歴史家・長老派牧師》.

Rob·ert·so·ni·an /ràbərtsóuniən/ *a* 〖遺〗ロバートソン(型)転座の《2 個の末端動原体染色体の短い腕が切断され, 2 本の長い腕をもつ 1 個の染色体が融合される》. [William R. B. *Robertson* (1881–1941) 米国の生物学者]

Robe·son /róubs(ə)n/ ロブソン **Paul (Bustill)** ～ (1898–1976) 《米国の黒人バス歌手・俳優; ミュージカル *Show Boat* (1936) で歌った 'Ol' Man River' は有名; 反戦平和や人種差別問題でも活動した》.

Robes·pierre /róubzpìər, -pjɛ̀ər; *F* rɔbɛspjɛ:r/ ロベスピエール **Maximilien(-François-Marie-Isidore de)** ～ (1758–94) 《フランスの革命家; ジャコバン党指導者》.

Ro·bey /róubi/ ロービー Sir **George** ～ (1869–1954) 《英国のコメディアン; 本名 George Edward Wade; 多くの喜劇役を創造し, 'Prime Minister of Mirth' として知られた》.

rob·in /rábən/ *n* **1** 〖鳥〗**a** ヨーロッパコマドリ, ロビン (**～ rédbreast**) 《鳴鳥; 顔から胸にかけてが赤く, 背は茶色》. **b** ロビンに近縁の欧州のヒタキ《サンショクヒタキ属・ノビタキ属などの鳴鳥》. **c** *コマツグミ, ワタリツグミ (＝**～ rédbreast**) 《鳴鳥; 胸から腹にかけてが赤煉瓦色; 北米産》. **2** 〖海〗ROBAND. [OF (↓)]

Robin **1** ロビン (**1**) 男子名; Robert の愛称 **2**) 女子名; 鳥 'robin' から》. **2** ロビン《Batman のアシスタントの少年; the Boy Wonder と呼ばれる》.

róbin chàt 〖鳥〗ツグミヒタキ《アフリカ産》.

Róbin Góod·fel·low /-gúdfɛ̀lou/ ロビン・グッドフェロー《英国民話中のちゃめな小妖精; Puck と同一視される》.

rób·ing ròom /róubɪŋ-/ 《宮殿・裁判所・教会などの》式服着替え室.

Róbin Hòod /; ⌒—⌒/ **1** ロビンフッド《Little John, Friar Tuck, Allan-a-Dale などを率いて Sherwood の森に住み, 強きをくじき弱きを助けた 12 世紀イングランドの伝説的義賊; 緑の服を着ていた; cf. MAID MARIAN》. **2** 《一般に》義賊.

Róbin Hòod's bárn *《口》遠回りの道, 遠道: go (all) around ～ 遠回り[回り道]をする; (わざわざ)まわりくどいやり方[言い方]をする.

ro·bin·ia /roubíniə/ *n* 〖植〗ハリエンジュ属 (*R-*) の各種の植物《マメ科; 北米産》. [Jean *Robin* 17 世紀フランスの庭師]
robin redbreast ⇨ ROBIN.
róbin's-ègg *n* 灰色がかった青; ROBIN'S-EGG BLUE.
róbin's-ègg blúe 緑色がかった明るい青.
Rob·in·son /rábəns(ə)n/ ロビンソン (1) **Bill** ~ (1878–1949)《米国のタップダンサー; 本名 Luther Robinson; 1930 年代 Shirley Temple と映画で共演》 (2) **Edward G(oldenberg)** ~ (1893–1973)《ルーマニア生まれの米国の映画俳優; ギャング役で知られた》 (3) **Edwin Arlington** ~ (1869–1935)《米国の詩人》 (4) **Frank** ~ (1935–)《米国のプロ野球選手; 大リーグ史上初の黒人監督》 (5) **Frederick John** ~ ⇨ Viscount GODERICH (6) **George Frederick Samuel** ~ ⇨ 1st Marquis and 2nd Earl of RIPON (7) **Henry Peach** ~ (1830–1901)《英国の写真家; 芸術性を追及した絵画的な合成写真で知られた》 (8) **Jackie** ~ (1919–72)《米国の野球選手; 本名 John Roosevelt ~; 黒人で最初の大リーガー》 (9) **James Harvey** ~ (1863–1936)《米国の歴史学者; 科学や社会・文化の進歩に重点をおいた '新歴史' (new history) を提唱, 新しい歴史教育のパイオニアとなった》 (10) **Joan (Violet)** ~ (1903–83)《英国の経済学者; ケインズ理論の発展・成長理論化に貢献; *The Accumulation of Capital* (1956)》 (11) **John (Arthur Thomas)** ~ (1919–83)《英国教会の主教・神学者》 (12) **Mary** ~ (1944–)《アイルランドの法律家・政治家・外交官; 大統領 (1990–97), 国連人権高等弁務官 (1997–2002)》 (13) Sir **Robert** ~ (1886–1975)《英国の化学者; 各種アルカロイドの構造を決定, ノーベル化学賞 (1947)》 (14) **Smokey** ~ (1940–)《米国の黒人ソウルシンガー・ソングライター; 本名 William ~, Jr.》 (15) **Sugar Ray** ~ (1921–89)《米国のボクサー; 本名 Walker Smith; 世界ウェルター級 (1946–51)・ミドル級 (5 回, 1951–60) チャンピオン》 (16) **(William) Heath** ~ (1872–1944)《英国の漫画家・イラストレーター; 簡単な動作をおそろしく複雑な仕組みで行なう機械の絵で知られる; cf. HEATH ROBINSON》.
Róbinson Crúsoe *n* **1**『ロビンソン・クルーソー』《Daniel Defoe の漂流綺談 (1719); 南洋の孤島に漂着して長年自給自足の孤独な暮らしをした同名の主人公の物語; cf. FRIDAY》. **2** 一人で生きていく人, 独立独歩の人. ► *vt* 孤島に置き去りにする. ► *vi**《俗》人知れず偉業[大胆なこと]を達成(しようと)する.
Róbinson projéction 〖地図〗ロビンソン投影図法《投影図法の一つ; 極を点ではなく線で表示し高緯度地方の陸と海の比率をより正確に図示しようとしたもの》. [Arthur H. *Robinson* (1915–2004) 米国の地理学者]
ro·ble /róubleɪ/ *n* 〖植〗California 州・メキシコ産の各種のカシの木. [AmSp＜Sp＝oak]
ro·bo·call /róuboukɔ̀:l/ *n* ロボコール, 自動電話送信《自動電話装置を使い多数の人びとに向けて行なわれる, あらかじめ録音されたメッセージの発信》. [*robot, -o-, call*]
ro·bomb /róubàm/ *n* ROBOT BOMB.
rob·o·rant /rábərənt/ *n* 強壮薬[剤]. ► *a* 強壮にする, 力をつける, 保健的な. [L (*robor- robur* strength)]
ro·bot /róubàt, -bət/ *n* ロボット (1) 人造人間 2) 感情をもたない人 3) 人間の代わりをする自動装置; 〖電算〗CRAWLER, BOT[3] など); 《南ア》自動交通信号器. ♦ **ro·bot·ic** /roubátɪk/ *a* **ro·bót·i·cal·ly** *adv* **róbot·ism** *n* [Czech *robota* forced labor; Karel Čapek の劇 *R.U.R.* (*Rossum's Universal Robots*, 1920) に最初に登場]
róbot bòmb ロボット爆弾《ジェット推進で, ジャイロスコープによって制御される爆弾; V-one など》.
róbot [robótic] dáncing ロボットダンス (ROBOTICS).
ròbot·ésque *a* ロボットのような[風の].
ro·bot·ics /roubátɪks/ *n* ロボット(工)学; ロボットダンス, ロボティクス《無表情でぎくしゃくしたロボットのような動きをするダンス》. ♦ **ro·bót·i·cist** /-təsɪst/ *n*
róbot·ìze *vt* 〈人間を〉ロボット化する; 自動化する. ♦ **ròbot·izátion** *n*
ro·boto·mórphic /ròubətə-/ *a* ロボット型の[的な].
róbot pìlot AUTOMATIC PILOT.
Rob Roy /ráb rɔ́ɪ/ **1** ロブ・ロイ《スコットランドの匪賊 Robert MacGregor (1671–1734) のあだ名; 'the Robin Hood of Scotland' と称される; Scott の同名の小説 (1817) のモデル》. **2** ロブ・ロイ《スコッチ・ベルモット・ビターズで作るカクテル》.
Rob·son /rábs(ə)n/ [Mount] ロブソン山《カナダ British Columbia 州東部の山; Canadian Rockies の最高峰 (3954 m)》.
ro·bur·ite /róubəràɪt/ *n* 〖化〗ロブライト《強力爆薬》.
ro·bust /roubʌ́st, róubəst/ *a* (°~·**er**; ~·**est**) 強壮な, たくましい, がっしりした; 強い, 丈夫な; 〈思想などが〉確固とした; 力を要する; 粗野な, 粗暴な, 騒々しい; 〈酒などが〉こくのある, 芳醇な; 〈食事が〉たっぷりした; 〖人〗強壮な《猿人のうち, 比較的大きく, がっしりしたタイプをいう; cf. GRACILE》; 〖電算〗堅牢な, エラー強さのある〈プログラム〉. ♦ ~·**ly** *adv* ~·**ness** *n* ⁺〖電算〗《プログラムの》堅牢さ, エラー強さ《エラーが生じても適宜対処して処理を続行ないし中断できること》. [F or L＝strong (*robur* oak, strength)]
ro·bús·ta (cóffee) /roubʌ́stə(-)/ 〖植〗ロブスタコーヒーノキ《中央アフリカ原産; 多収で病気に強く, アラビアコーヒー (arabica coffee) の適さない地域 (ジャワ・インド・中米など) で栽培されるが, 香りはアラビアコーヒーに劣る》; ロブスタコーヒー豆; ロブスタコーヒー. [L *Coffea robusta*]
ro·bus·tious /roubʌ́stʃəs/ *a* 粗暴な, 押しの強い, 騒々しい; 激しい, きびしい〈気候・あらしなど〉; 《古》強壮な, がんじょうな (robust). ♦ ~·**ly** *adv* ~·**ness** *n*
Rob·yn /rábən/ ロビン《女子名》. [ROBIN]
roc /rák/ *n* ロック《アラビア伝説の巨大怪力の鳥; cf. AEPYORNIS, SIMURGH》: a ~'s egg 信じられないもの. [Sp＜Arab]
ROC Republic of CHINA ♦〖英〗Royal Observer Corps.
Ro·ca /róukə/ [Cape] ロカ岬 (Port **Ca·bo da** ~ /ká:bu ðə rɔ́:kə/)《ポルトガルにあるヨーロッパ大陸の最西端 (9°30′W)》.
ro·caille /roukáɪ, rɑ-/ *n* ロカイユ《貝殻・石によるロココ時代の装飾スタイル》; ROCOCO. [F *roc* rock]
roc·am·bole /rákəmbòul/ *n* 〖植〗ヒメニンニク (＝*sand leek*)《欧州原産》. [F＜G *Rockenbolle*]
ROCE 〖経〗return on capital employed 使用資本利益率.
Ro·cham·beau /*F* rɔʃɑ̃bo/ ロシャンボー **Jean-Baptiste-Donatien de Vimeur,** Comte de ~ (1725–1807)《フランスの軍人; アメリカ独立戦争に参加してフランス軍を率いた; 元帥 (1803)》.
Roch·dale /rátʃdèɪl/ ロッチデール《イングランド北西部 Manchester の北北東にある町; 協同組合運動発祥 (1844) の地》.
Róchdale prìnciples *pl* ロッチデール原則《初期協同組合が作った, 掛け売りせず, 利益はみな購買者に分配するなどの原則》. [↑]
Róche lìmit /rɔ́:ʃ-, róuʃ-/, **Róche's lìmit** /rɔ́:ʃəz-, róuʃəz-/ 〖天〗ロッシュ限界《ある天体の中心と隣接天体との接近限界距離》. [Édouard(-Albert) *Roche* (1820–83) フランスの天文学者]
Ro·chelle /rouʃél, rə-; *F* rɔʃɛl/ **1** ロシェル《女子名;「小石」を意味するフランス語から》. **2** [La] LA ROCHELLE.
Ro·chélle pòwders /rouʃél-/ *pl* ロッシェル散《SEIDLITZ POWDERS の俗称》. [↓]
Rochélle sàlt 〖化〗ロッシェル塩《酒石酸カリウムナトリウムのことで, 圧電率が大きい; 緩下剤としても用いる》. [La *Rochelle*]
Róche lóbe /rɔ́:ʃ-, róuʃ-/ 〖天〗ロッシュ袋《連星系におけるそれぞれの星の重力の及ぶ領域》. [Édouard *Roche*]
roche mou·ton·née /rɔ́(:)ʃ mù:t(ə)néɪ, róuʃ-, ráʃ-/ (*pl* **roches mou·ton·nées** /-(z)/) 〖地質〗羊背岩, 羊群岩. [F＝fleecy rock]
Roch·es·ter /rátʃəstər, *-tʃɛs-/ **1** ロチェスター (1) Minnesota 州南東部の市; Mayo Clinic の所在地 2) New York 州西部 Ontario 湖に臨む市 3) イングランド南東部 London の東南東にある町・一元的自治体 (unitary authority); 歴史的には Kent 州に属していた》. **2** ロチェスター Earl of ~ ⇨ John WILMOT. **3** ロチェスター **Edward Fairfax** ~《JANE EYRE の恋人で, 彼女と結婚する》.
roch·et /rátʃət/ *n* ロシェトゥム《司教・監督などが着用する, リンネルまたは寒冷紗製の法衣の一種》; 司教, 監督. [OF (dim)＜Gmc (OE *rocc* overgarment, G *Rock* coat)]
Rocinante ⇨ ROSINANTE.
rock[1] /rák/ *n* **1 a** 岩, 岩石, 岩盤; 岩角, 岩壁; 岩床; 岩塊; [the R-] GIBRALTAR: a mass of ~ 岩塊 / (as) firm [steady, solid] as a ~ きわめて堅固な; 《人が》信頼できる. **b** [°*pl*] 岩礁, 暗礁; [°*pl*] 危険物, 禍根: a sunken ~ 暗礁 / strike on a ~ 暗礁にぶつかる / go [run] upon the ~*s* 坐礁する, 難破する / *R~s* ahead! 〖海〗暗礁だ, あぶないぞ! / run against a ~ 坐礁する; 危険なめにあう. **c**《収容所としての》小島; [the R-]*《俗》ALCATRAZ 島[刑務所]; *《俗》独房棟 (cellblock). **2** 堅固な基礎[支え], いしずえ; 防護[保護](してくれるもの); [*fig*] キリスト; [the R-]*《俗》ロック《ヘビー級のチャンピオン, 強いボクサーにつけるあだ名》: The Lord is my ~. 主はわたしの岩《2 *Sam* 22: 2》/ ROCK OF AGES. **3 a***石 (stone)《大小にかかわりなく; 飛び道具としての石を意味するときにこの語を用いることが多い》; 《俗》宝石, 石 (gem, diamond); *《俗》小さな硬質の物《ドミノの牌など》; [*pl*] 《卑》きんたま. **b** "硬いあめ《通例 棒状でペパーミント味》; 氷砂糖 (rock candy); [*pl*] 角氷, アイスキューブ; 《方》堅チーズ. **c** 《俗》高純度のコカインの粒, コカインの結晶, クラック (＝~ **cocàine**) (crack)《喫煙用》; 《俗》ヘロインの結晶《喫煙用》. **d***《俗》《野球・バスケットボールの》ボール. **4** [[u]*pl*]*《俗》金 (money), 《特に》ドル札: pile up the ~*s*. **5***《俗》ばかげた誤り, まずいプレー (boner). **6** 〖魚〗ROCKFISH, ROCK SALMON; 〖鳥〗ROCK PIGEON. ● **be (caught [stuck]) between a [the] ~ and a [the] hard place** *《俗》板ばさみになっている, つらい立場に立っている. **built [founded] on the ~** 基礎の堅実な. **get one's ~s (off)** 《卑》セックスする, 射精する; 《俗》歓喜[愉悦]にひたる, (…を)大いに楽しむ 〈*on*〉. **have ~s in one's [the] head** 《口》頭がおかしい, ばかである. **off the ~s** 《口》危険からのがれて. **of the old ~** 〈宝石が〉本物で上等な. **on the ~s** 《口》破綻して, 破産して, 金に窮して; 《口》〈ウイスキーなど〉オンザロックで[の]: bourbon *on the ~s*. **pull a ~** 《野球俗》へまをやらかす, エラーする. **R~s for Jocks** *《俗》《大学の》地質学の講義[課程]. **Tough ~s!** *《俗》[°*iron*] そりゃお気の毒 (Tough shit!).
► *a* 岩石の(ような); ごつごつした, 険しい: a ~ road いばらの道.
► *vt**…に石を投げつける.

R

♦ ～·less *a* ～·lìke *a* ［OF *roque, roche*＜L *rocca*＜?］

rock[2] *vt* **1** 前後[左右]にゆるく[優しく]揺り動かす, ゆする; ゆすって…させる; なだめる, 鎮める, 和らげる: ～ a child *asleep* [*to* sleep] ゆすって子供を眠らせる / be ～*ed in* security [hope] 危険はない[希望がある]と安心している. **2**（激しく)ゆさぶる, 揺るがす, 振動させる; 動揺[動転, 震撼]させる;《打撃で》…の目をくらませる: ～ the BOAT / The scandal ～*ed* the administration. スキャンダルは政権に衝撃を与えた. **3**〘版画〙《メゾチントの準備として》〈銅版〉にロッカーで砂目をつくる;〘鉱〙揺汰(ようた)器 (rocker) でゆすって選び出す. **4**《口》〈派手な服装・スタイル〉でキメる, 見せつける;《俗》…とセックスする, やる. ► *vi* **1** 揺れる, 振動する〈*around*〉;〈人・心が〉《興奮などで》よろめく, ぐらつく;〘鉱〙揺汰される;〘野〙《投球動作で》体を後ろに引く[そらせる]. **2** 速度を保って[高速で]進む, ぐんぐん進む. **3** ロックに合わせて踊る[体を動かす], ロックを演奏する[歌う]; *《俗》 ロックが鳴り響く, お祭り騒ぎである;《口》 すばらしい時を過ごす〈*out*〉. **4**《俗》すごい, かっこいい, しびれる: This song [band] ～*s*. ● **rock 'em, sock 'em** [〈*a*〉] *《俗》猛烈な, 激しく震動する〈動き〉. **～ out**《口》ロックをガンガン演奏する, ロックに合わせて激しく踊る. **～ up**《豪口》(突然)到着する, やってくる〈*to*〉. ► *n* **1** 揺れ, 動揺;〘野〙ロッキング(モーション)《投球時に後ろにそるようにする動作》. **2** ロック《＝ROCK 'N' ROLL; これから生まれた各種ロック音楽》; *《俗》ロックファン. ► *a* ロックの; *《俗》〈ジャズの音楽[ダンス]などが〉すばらしい, いい. ［OE *roccian*; cf. G *rücken* to move］

rock[3] *n* 糸巻きざお[棒] (distaff); 糸巻きざおに巻かれた羊毛[亜麻]. ［MDu, MLG, or ON＜Gmc; cf. G *Rocken*］

rock·a·bil·ly /rákəbìli/ *n* ロカビリー《ロックとカントリーの要素をもつポピュラー音楽》. ［*rock* and roll＋hill*billy*］

rock·a·by(e) /rákəbài/ *vi* [*impv*] HUSHABY.

Rock·all /rákɔ̀:l/ ロックオール《スコットランドの Outer Hebrides 諸島の 350 km ほど西の大西洋上にある小さな岩島; 1955 年英国が併合したが, デンマーク・アイスランド・アイルランドもそれぞれ領有を主張している》.

róck and róll *n* ROCK 'N' ROLL. ► *vi*《口》〈物事が〉始まる; 始める: Let's ～! さあ始めよう. ♦ **～·er** *n*

róck and rýe ロック・アンド・ライ《ライ麦ウイスキーに氷砂糖を入れ, オレンジやレモンで風味を添えた飲み物》.

róck·away* *n* 2[3]人乗りの屋根の付いた四輪馬車. ［? *Rockaway* New Jersey 州の町］

róck bàdger〘動〙HYRAX.

róck bàllet ロックバレエ《音楽にロックを用いる》.

róck bàrnacle〘動〙フジツボ (acorn barnacle).

róck bàss /-bæ̀s/〘魚〙**a** 北米五大湖や Mississippi 川上流産のサンフィッシュ科の淡水食用魚. **b** STRIPED BASS. **c** 中米沿岸産のスズキの類の魚.

róck bèd 岩の基盤; 岩でできた底部.

róck bìrd〘鳥〙岩壁に営巣する海鳥《ウミガラスなど》.

róck bòot 岩登り用の登山靴, ロックブーツ, クライミングブーツ.

róck bòrer〘動〙岩穿生物《岩に穴をあけてすむ海生生物; ある種のウニ・カイメン・環形動物・貝・フジツボなど》.

róck-bóttom *a* 最低の〈価格〉; 最も根本的な: the ～ question.

róck bóttom どん底, 真底, 底値; 最も根本的な部分: hit [reach] ～.

róck·bòund *a* 岩に囲まれた, 岩だらけの; 根強い, 頑強な, 厳然たる.

róck bràke〘植〙岩場のシダ《特に リシリシノブ属の》.

róck bùrst 山跳ね《鉱山などで弱くなった岩盤からの岩石の急激な噴出》.

róck càke ロックケーキ《干しぶどうなどのはいった堅くごつごつした感じのスコーンのような食感のクッキー》.

róck cándy* 氷砂糖 (sugar candy); 棒状のあめ (rock);《俗》ダイヤモンド; *《俗》CRACK《麻薬》.

róck càvy〘動〙ロックケイビー (MOCO).

róck chòpper《豪俗》工夫, 人夫 (navvy);《豪俗》カトリック教徒《Roman Catholic の頭文字 RC より》.

róck clìmb *n*《1 回の》岩登り; 岩登りのルート, 登攀ルート. ► *vi* 岩登り[ロッククライミング]をする.

róck clìmbing 岩登り, ロッククライミング. ♦ **róck clìmber** *n*

róck còd〘魚〙**a** ROCKFISH. **b** 岩場でとれる小さなタラ. **c**《NZ》BLUE COD.

róck còrk MOUNTAIN CORK.

Róck Córnish〘鶏〙ロックコーニッシュ《Cornish と Plymouth Rock の交配によるローストチキン用の鶏》.

róck crèss〘植〙岩場に生育するアブラナ科(ハタザオ属など)の数種の草本.

róck·crùsh·er *n* 砕岩機;《俗》《トランプの》すごく強力な手; *《俗》刑務所にいる[いた]やつ, 重労働を課せられた囚人.

róck crỳstal〘鉱〙《無色の》水晶.

róck cỳcle〘地質〙岩石輪廻《地殻の岩石がたどる循環的過程; マグマからの火成岩形成, 侵食, 運搬, 堆積, 変成, 再溶融を経て, ふたたび火成岩形成に及ぶ》.

róck dàsh〘建〙小石打込み[埋め込み]仕上げ《外壁モルタルの乾かないうちに細石を埋め込んだ仕上げ》.

róck dòve〘鳥〙カワラバト (rock pigeon).

róck drìll 削岩機《主に発破のために穴を掘る機械》.

Rocke·fel·ler /rákɪfèlər/ ロックフェラー (**1**) **John D**(**avison**) ～ (1839–1937)《米国の実業家・慈善家; Standard Oil 社を設立 (1870), 大財閥を築いた》(**2**) **John D**(**avison**) **～, Jr.** (1874–1960)《米国の実業家・慈善家; 前者の子》(**3**) **Nelson A**(**ldrich**) ～ (1908–79)《米国の政治家; John D. ～, Jr. の子; 副大統領 (1974–77); 共和党》.

Róckefeller Cénter /, ─ ─/ ロックフェラーセンター《New York 市 Manhattan の中心部にあるビジネス・娯楽施設の複合体; John D. Rockefeller, Jr. が計画・建設に当たった》.

Róckefeller Foundátion [the] ロックフェラー財団《1913 年 John D. Rockefeller 父子が設立》.

róck·er *n* **1**《揺りかごなどを》ゆする人; 揺れるもの, 揺り軸, 揺り子《揺り椅子などの下部の弧状の足》; ROCKING CHAIR; 揺り木馬 (rocking horse);〘鉱〙揺汰器, 選鉱器 (cradle); ロッカー《サーフボード・カヌーなどの底面の前後方向への反り(ぐあい)》. **2 a**〘版画〙ロッカー《メゾチント製作に用いる, 端に弧形の刃の付いた鋼鉄製の道具》;〘スケート〙滑走部が弧状に曲がったスケート. **b**〘軍〙《sergeant (軍曹) より上の下士官を示す袖章の》下部の弧形 (‿),《chief petty officer (曹長) の袖章の》上部の弧形. **3 a** [ºR-]ᴵᴵロッカー《革ジャンパーを着てバイクを乗りまわしロックを愛好した 1960 年代の若者》. **b**《口》ロック演奏家[歌手], ロックンローラー, ロックファン, ロック音楽; *《俗》ロック専門のラジオ局. ● **off one's ～**《俗》頭がおかしくて, いかれて. ［*rock*[2]］

rócker àrm〘機〙揺れ腕, ロッカーアーム.

rócker pànel ロッカーパネル《乗物の客室の敷居の下に設けられた外板》.

rócker swìtch ロッカースイッチ《ボタンの右側または左側を押して電灯などをオン・オフさせるのに使うスイッチ》.

róck·ery *n* ROCK GARDEN;《石庭用に配置された》岩と土. ［*rock*[1]］

rock·et[1] /rákət/ *n* **1** ロケット, ロケットエンジン; ロケット弾,《ロケット推進による》ミサイル, 宇宙船; 火矢, のろし. **2**《口》叱責, 大目玉: give sb a ～ 人をしかりつける / get a ～ しかられる. **3** [*R-*] ロケット号《Stephenson 父子が製作した蒸気機関車; 1830 年最初の営業用鉄道で使用された》. ● **off one's ～**《俗》頭が狂って, 気が変で (off one's rocker). ► *vt* **1** ロケットで打ち上げる[運ぶ]〈*into* space〉; ロケット弾で攻撃する. **2** 急上昇させる. **3**《口》きびしく叱責する[罰する]. ► *vi* **1** ロケットのように突進する〈*into, to*〉;〈猟鳥が〉まっすぐ舞い上がる; ロケットに乗って行く; ロケットで軌道に乗る. **2**〈値段などが〉急騰する; とんとん拍子に出世する. ♦ **～·er** *n* まっすぐに舞い上がる猟鳥. ［F *roquette*＜It (dim)〈*rocca* ROCK[3]］

rocket[2] *n*〘植〙**a** キバナスズシロ (arugula). **b** ハナダイコン (dame's violet)（＝dame's ～). ［F *roquette*＜It (dim)〈*ruca*＜L *eruca*］

rócket astrónomy ロケット天文学.

rócket bàse ロケット基地.

rócket bòmb ロケット爆弾.

rócket·dròme *n* ロケット発射場.

rock·e·teer /ràkətíər/ *n* ロケット射手[操縦者, 搭乗者]; ロケット研究家[技師, 設計家].

rócket èngine [**mòtor**] ロケットエンジン《自機搭載の燃料と酸化剤のみによって推力を発生する》.

rócket gùn ロケット砲.

rócket làuncher ロケット弾発射機[射出装置]; BAZOOKA.

rócket plàne ロケット機; ロケット砲搭載機.

rócket-propèlled *a* ロケット推進式の.

rócket propùlsion《飛行機の》ロケット推進.

rócket rànge ロケット試射場.

rócket·ry *n* ロケット工学[実験, 使用]; ロケット《集合的》.

rócket scìence ロケット工学; むずかしいこと: It's not ～. それはむずかしいことじゃない.

rócket scìentist **1** ロケット科学[工学]者. **2**《俗》頭のいい[数学に強い]人, 秀才: You don't have to be a ～ to do…. だれにだって…ぐらいできる.

rócket shìp ロケット(推進)船; ロケット発射砲の装備された小艦艇; ロケット式宇宙船.

rócket slèd ロケットそり《ロケットエンジンにより一本の軌道の上を走る実験用そり》.

rócket·sònde *n* ロケットゾンデ《高空気象などを知るために打ち上げるロケット》.

Rock·ettes /rakéts/ *pl* [the] ロケッツ《Radio City Music Hall でラインダンスを踊る女性グループ》.

róck fàce《険しい斜面・崖などの》露出岩石, 岩石面.

róck·fàll *n* 落石, 落盤; 落ちた岩塊.

róck·fèst* *n* ロックミュージックフェスティバル, ロックフェス.

róck fèver [ºR- f-] UNDULANT FEVER. ［the *Rock* of Gibraltar 発見地］

róck·fìsh *n*〘魚〙岩根[岩間]の魚《シマスズキ類・メバル・カサゴなど》.

róck flòur 岩粉(がんぷん)（＝*glacial meal*)《氷河の削剝作用で粉砕された岩石の細片》.

Rock·ford /rάkfərd/ ロックフォード《Illinois 州北部 Chicago の北西にある市》.
róck gàrden 岩石庭園, ロックガーデン (＝*rockery*)《岩や石を配置し, 岩生植物・高山植物などを植え付けた庭園》; 石庭《岩や石だけを配置した庭園》.
róck-girt *a*《詩》岩に囲まれた, 岩をめぐらした (rockbound).
róck gòat〘動〙アイベックス (ibex).
Rock·hamp·ton /rαk(h)ǽm(p)tən/ ロックハンプトン《オーストラリア東部 Queensland 州東部の市・港町》.
róck-hàppy *a**《海軍俗》珊瑚島に長期滞在して気が変になった.
róck-hàrd *a* 岩のように固い, がちがちの, かちんかちんの; 頑健な, 屈強な.
róck hàre〘動〙アカウサギ《アフリカ南部産》.
róck·hèad *n**《俗》ばか, 唐変木, 頑固者, '石頭'. ♦ **róck-héad·ed** *a*
róck-hèwn *a* 岩を切って造った.
róck hìnd〘魚〙《岩場に多い》ハタ.
róck·hòpper *n* **1**〘鳥〙マカロニペンギン属のペンギンの総称《イワトビペンギン・マカロニペンギン・コガタペンギンなど; Falkland 諸島やニュージーランド, 南極地方の海にすむ》. **2**《豪口》岩場の釣人, 磯釣り人.
róck hòund *《口》地質学者; *《口》油田探索者; *《口》岩石[鉱石]収集家. ♦ **róck·hòund·ing** *n*
róck hỳrax〘動〙ロックハイラックス《イワダヌキ科; アフリカ産》.
Rock·ies /rάkiz/ *pl* [the] ROCKY MOUNTAINS.
róck·ing *a**《俗》すばらしい (excellent).
rócking chàir 揺り椅子, ロッキングチェア (＝*rocker*).
Rock·ing·ham /rάkɪŋəm/ ロッキンガム **Charles Watson-Wentworth**, 2nd Marquess of ～ (1730–82)《英国の政治家; 首相 (1765–66, 82); ホイッグ党の指導者で, その党派は ～ **Whígs** といわれた》.
rócking hòrse《子供用の》揺り木馬 (＝*hobbyhorse*).
rócking rhỳthm UNDULATING CADENCE.
rócking stòne 傘岩, 揺るぎ岩 (logan stone).
rócking tùrn〘スケート〙揺転(ようてん)《弧線の外側から体をひねってスケートの同じ側ですべり返る》.
róck jàsmine〘植〙サクラソウ科チシマザクラ属の各種の高山植物.
róck jòck*《俗》登山家, ロッククライマー, '岩や'.
róck·jùmp·er *n*〘鳥〙アカイワトビヒタキ《アフリカ南部産; 岩場に生息》.
róck kangaròo〘動〙ROCK WALLABY.
róck lèather MOUNTAIN LEATHER.
róck·ling *n* (*pl* ～, ～**s**)〘魚〙細長い小型のタラ.
róck lìzard〘動〙山岳地帯や乾燥した岩場にすむ小型のトカゲ: **a** 欧州・アフリカ産のコモチカナヘビ属のトカゲ《スナカナヘビなど》. **b** 北米産イグアナ科の一種.
róck lóbster〘動〙イセエビ (spiny lobster).
róck màple〘植〙サトウカエデ (sugar maple).
róck màrtin〘鳥〙ROCK SWALLOW.
róck mechánics 岩石力学《岩石の強度・密度・耐性・透水性など物理的特性を研究する》.
róck mèlon《米・豪》ロックメロン (CANTALOUPE).
róck mìlk AGARIC MINERAL.
róck mùsic ロックミュージック (rock 'n' roll).
Rock·ne /rάkni/ ロックニー **Knute** /nú:t/ (**Kenneth**) ～ (1888–1931)《ノルウェー生まれの米国のフットボールコーチ》.
rock 'n' roll /rάk(ə)nróul/ *n* ロックンロール (＝*rock*)《単純なフレーズを繰り返し強烈なリズムに乗せた, カントリー・フォーク・ブルースの要素の混じった音楽; これで踊るダンス》; *《俗》ロックンロールファン. ► *a* ロックンロールの. ► *vi* ロックに合わせて踊る, ロックを演奏する. ♦ ～**·er** *n*
Róck of Áges **1 a** [the] ちとせの岩《「キリスト」「キリスト教信仰」のたとえ; *Matt* 16: 18, *1 Cor* 10: 4》. **b**「ちとせの岩よ」《英国の牧師 Augustus M. Toplady (1740–78) 作の賛美歌 (1775)》. **2** [r- of a-]《韻俗》給料, 賃金 (wages).
róck òil 石油 (petroleum).
rock·oon /rάkù:n, ーˊ/ *n* ロックーン《高空で気球から発射される科学用小型ロケット》. [*rock*et＋ball*oon*]
róck òpera ロックオペラ《音楽にロックを用いる》.
róck pàrtridge〘鳥〙イワシャコ《南アジア・東アジア・地中海沿岸産》.
róck pìgeon〘鳥〙カワラバト (＝*rock dove*)《南欧からインドにかけての海岸地帯に多いハトで, ドバト (domestic pigeon) の原種》.
róck pìle*《俗》刑務所.
róck pìpit〘鳥〙ヨーロッパタヒバリ《磯によくみられる》.
róck plànt 岩生植物; 高山植物.
róck pòol《海辺の》潮だまり.
róck pỳthon〘動〙アフリカニシキヘビ (＝*rock snake*).
róck ràbbit〘動〙**a** HYRAX. **b** PIKA.
róck ràt〘動〙イワネズミ《アフリカ南部産》.
róck-rìbbed *a* 隆起した岩[岩層]のある, 岩でごつごつした; 堅固な, 断固たる, 妥協しない, 頑固な.
róck·ròse *n*〘植〙ハンニチバナ (半日花)《ハンニチバナ科の各種多年草または草本的な低木; 日当たりのよい乾燥地を好み, ロックガーデンに用いられる; cf. CISTUS, HELIANTHEMUM》.
rocks /rάks/ *n**《証券俗》ゼロックス社 (Xerox Corporation) (の株).
róck sálmon〘魚〙ゴマフエダイ《フエダイ科の食用魚》; ″[*euph*] 岩場サーモン《dogfish, pollack, wolffish など下魚(げざかな)を食用とするときの称》.
róck sàlt 岩塩 (cf. SEA SALT).
róck·shàft *n*〘機〙揺れ軸.
róck-shèlter *n* 岩窟住居《石器時代の人間が居住していた浅い洞窟または岩陰の窪地》.
róck shrìke〘鳥〙ROCK THRUSH.
róck shrìmp〘動〙ロックシュリンプ《メキシコ湾産のイシエビ科イシエビ属の堅い殻をもつ食用エビ》.
róck·skìpper *n*〘魚〙岩場で敏捷な各種のイソギンポ.
róck·slìde *n* ROCKFALL.
róck·slìng·er *n**《俗》迫撃砲手.
róck snàke〘動〙各種の大型のニシキヘビ《アメリカニシキヘビ, 豪州産のアメジストニシキヘビなど》.
róck-sólid *a* 岩のように堅固な, きわめてしっかりした.
róck spàrrow〘鳥〙イワスズメ《南欧・アフリカ産》.
róck spéedwell〘植〙ゴマノハグサ科クワガタソウ属の多年草《花は青; 欧州産》.
róck squìrrel〘動〙**a** カワリイワジリス《米国西部・メキシコの岩山にいるジリス》. **b** イワリス《同属の 2 種; 中国産》.
róck·stàff *n* ふいごてこ.
róck-stéady *a* 冷静な; ぐらつかない, 安定した.
róck stéady ロックステディ《レゲエの前身》.
róck swàllow〘鳥〙岩場に巣を造るツバメ, 《特に》チャイロツバメ, ガケツバメ (＝*crag martin*, *rock martin*)《欧州・アジア産》.
rock·sy, roxy /rάksi/ *n**《俗》地質学者 (geologist).
róck tár 石油 (petroleum).
róck thrùsh〘鳥〙イソヒヨドリ (＝*rock shrike*)《同属の総称; ツグミ科; 旧世界産》.
róck trípe〘植〙イワタケ《北極・亜北極圏に自生する食用地衣》.
rock·u·men·ta·ry /ràkjəmέnt(ə)ri/ *n*《口》ロキュメンタリー《ドキュメンタリースタイルのロックミュージック映画》. [*rock*[2]＋*documentary*]
róck wàllaby〘動〙イワワラビー (＝*rock kangaroo*)《中型のカンガルー》.
róck wàrbler〘鳥〙イワムシクイ《豪州産のトゲハシムシクイ科の鳴鳥》.
róck·wèed *n*〘植〙ヒバマタ科の各種の海藻.
Rock·well /rάkwὲl, -wəl/ **1** ロックウェル《男子名》. **2** ロックウェル **Norman** ～ (1894–1978)《米国の画家・イラストレーター; 市民生活をユーモラスに, リアルに描いた》. ♦ **Ròck·wéll·ian**
róck wòol 岩綿(がんめん), ロックウール《断熱・絶縁・防音用》.
róck·wòrk *n*《天然の》岩石の集まり; ロックガーデン; 積み石工事《築山(つきやま)など》; 石組(いしぐみ).
róck wrèn〘鳥〙**a** イワミソサザイ《米国南部・メキシコ産》. **b** イワサザイ《ニュージーランド産》.
rócky[1] *a* **1** 岩の多い; 岩石からなる; 障害の多い, 困難な: (sb's) ～ road *to* stardom スターへの苦難の道. **2** 岩のような, 泰然とした; 頑固な, 断固とした; 無情な, 冷酷な. ♦ **róck·i·ly**[1] *adv* **-i·ness**[1] *n* [*rock*[1]]
rocky[2] *a* 不安定な, ゆらゆらする, ぐらぐらする (shaky); 不安な, 参っている; 《口》ふらふらする, めまいのする; *《俗》酔っぱらった; ロック(ンロール)の. ♦ **róck·i·ly**[2] *adv* **-i·ness**[2] *n* [*rock*[2]]
rocky[3] *n* ″《海軍俗》英国海軍予備隊員. [? *rocker*]
Rocky **1** ロッキー《男子名; Rock の愛称》. **2**『ロッキー』《米国映画 (1976); John G. Avildsen (1935–　) 監督, Sylvester STALLONE 脚本・主演 (Rocky Balboa 役) のボクシングを扱ったメロドラマ; 続編 (1979, 82, 85, 90, 2006) が作られた》.
Rócky Hórror Shòw [The]「ロッキー ホラー ショウ」《英国の恐怖 SF 仕立てのロックミュージカル (1973; 映画化, 1975)》.
Rócky Móuntain canáry*《西部》ロバ (burro).
Rócky Móuntain góat〘動〙MOUNTAIN GOAT.
Rócky Móuntain óyster MOUNTAIN OYSTER.
Rócky Móuntains *pl* [the] ロッキー山脈 (the Rockies)《北米西部の大山脈; 最高峰 Mt Elbert (4399 m)》.
Rócky Móuntain shéep〘動〙BIGHORN.
Rócky Móuntain spótted féver〘医〙ロッキー山(紅斑)熱《マダニ類が媒介するリケッチアによって起こる感染症》.
ro·co·co /rəkóukou, ròukəkóu/ *n* ロココ様式《18 世紀フランスの建築・美術・音楽の様式》; ロココ様式のもの, 飾りすぎて俗悪なもの. ► *a* ロココ様式の; 〈家具・文体など〉飾りの多い, 俗悪な; 時代遅れの. [F (変形) ‹ ROCAILLE]
rod /rάd/ *n* **1 a** 棒, さお, 杖; 釣りざお, ロッド; 魔法の杖; 羊飼いの杖《狼から群れを守る》; 《細くまっすぐな》若枝, 小枝; 《かごなどの材料となる》(コリ)ヤナギ (osier) の細枝: CURTAIN ROD / a ～ and line 釣糸の付いた釣りざお. **b**《棒の, または小枝を束ねた》むち; [the] むち打ち,折檻, 懲戒: give *the* ～ むち打つ / SPARE *the* ～ / KISS *the* ～. **c** 《官職・権威・身分を示す》杖, 笏(しゃく); 権威, 権力, 職権; 圧制 (tyranny). **2** 竿尺(さおじゃく); 〘測〙標尺; ロッド《**1**) 長さの単位: ＝5 1/2 yards **2**) 広さの単位 (square rod): ＝30 1/4 平方ヤード》. **3** 避雷針; 〘機〙連接棒; 《俗》さお (penis); *《俗》拳銃, ピストル; *《俗》HOT ROD: pack a ～ *《俗》ピストルを携帯する. **4** 〘解〙《網膜内の》桿(状)体; 桿菌; 桿状染色体. **5** 〘聖〙血統, 子孫. ● **grab a handful of ～s＝ride [hit] the ～s** *《俗》貨車の床下の棒につかまってただ乗りをする. **have a ～ in pickle for**…を折があったら罰しようと構えている. **make a ～ for** one**self** [**for** one**'s own back**] みずから災いをまねく. **a ～ to beat** sb **with** 人を罰するためのむち, 人をとがめるための材料. **rule with a ～ of** IRON. ► *vi, vt* *《俗》武装する[させる] 〈*up*〉, 銃で身を固める. ♦ **～·less** *a* **～·like** *a* **～·let** *n* [OE *rodd*; cf. ON *rudda* club]

Rod ロッド《男子名; Rodney の愛称》.

Rod·bell /rádbɛl/ ロッドベル **Martin ～** (1925–98)《米国の生化学者; 細胞内外の情報伝達の仲介役としてはたらくタンパク質 G protein の研究によりノーベル生理学医学賞 (1994)》.

Rod·chen·ko /rɑdʧɛ́ŋkoʊ/ ロドチェンコ **Aleksandr (Mikhailovich) ～** (1891–1956)《ロシアの画家・彫刻家・デザイナー・写真家; 構成主義 (constructivism) の旗手》.

ród·ded *a* 棒を備えた, 棒でできた; *《俗》拳銃を携帯した.

Rod·den·ber·ry /rádnbɛ̀ri/ ロッデンベリー **Gene ～** (1921–91)《米国の作家, テレビ・映画制作者; 本名 Eugene Wesley ～; テレビ SF シリーズ 'Star Trek' の生みの親で, 映画化にもかかわった》.

rod·der /rádər/ *n* *《俗》HOT-RODDER.

Rod·dy /rádi/ 男子名《Roderic(k) の愛称》.

rode[1] *v* RIDE の過去・《古・方》過去分詞.

rode[2] /róʊd/ *vi* 〈水鳥が〉夕方陸の採餌場に向かって飛ぶ; 〈ヤマシギの雄が〉夕方鳴きながらなわばりの上を飛びまわる《繁殖期の求愛のディスプレー》. [C18＜?]

rode[3] *n* 〘海〙錨索. [C17＜?]

Ro·de /róʊðə/ ローデ **Hel·ge** /hélgə/ ～ (1870–1937)《デンマークの詩人・劇作家・小説家・文芸批評家; 神秘主義者で, 唯物論や Darwinism に反対し, 反合理主義運動を指導》.

ro·dent /róʊdnt/ *n* 齧歯(げっし)動物《ネズミ・リス・ビーバーなど》; 《一般に》ネズミ; 《齧歯類以外の》小動物《ウサギなど》. ► *a* かじる; 〘動〙齧歯目の, 齧歯類の; 〘医〙〈特に 潰瘍が〉蚕食性の. ♦ **～·like** *a* **ro·den·tial** /roʊdɛ́nʃ(i)əl, -tiəl/ *a* [L *rodo* to gnaw]

ro·dén·ti·cide /roʊdɛ́ntə-/ *n* 齧歯動物を殺す毒薬, 《特に》殺鼠(さっそ)薬.

ródent òperative [òfficer]" 捕鼠職人[官] (rat catcher).

ródent ùlcer 〘医〙蚕食性潰瘍《顔面の基底細胞癌》.

ro·deo /róʊdiòʊ, rədéɪoʊ/ *n* (*pl* **-de·os** /, rədéɪoʊz/) ロデオ《**1**) カウボーイの乗馬・投げ縄などの公開競技会 **2**) 自転車の曲乗り大会などロデオに似たショー》; 《数を調べたり焼き印を押すための》牧牛の駆り集め (roundup); 牧牛を駆り集める囲い. ► *vi* ロデオに参加する. [Sp (*rodear* to go round; ⇨ ROTATE)]

Ródeo Drìve ロデオドライヴ《Los Angeles 近郊の Beverly Hills を南北に走る通り; ヨーロッパの高級品店が軒を連ねる》.

Rod·er·ic(k) /rád(ə)rɪk/ ロデリック《男子名; 愛称 Roddy》. [Gmc＝fame＋rule]

Ro·dez /rɔːdɛ́z/ ロデーズ《フランス南部 Aveyron 県の県都》.

Rod·gers /ráʤərz/ ロジャーズ **Richard ～** (1902–79)《米国のミュージカル作曲家; ⇨ Lorenz HART, Oscar HAMMERSTEIN II》.

rodg·er·sia /rɑʤə́ːrziə/ *n* 〘植〙ヤグルマソウ属 (*R-*) の大型の多年草の総称《東アジア産; ユキノシタ科》.

rod·ham /rádəm/ *n* ロダム《イングランド East Anglia 地方の Fen 地区の干上がった川床にみられる周囲より高くなった地形》.

Ródhos ⇨ RHODES.

Ro·din /róʊdæ̃(n); -dæ̀n; *F* rɔdɛ̃/ ロダン **(François-)Auguste (-René) ～** (1840–1917)《フランスの彫刻家》. ♦ **Ro·din·esque** /ròʊdænɛ́sk/ *a*

ród·man /-mən, -mæ̀n/ *n* 〘測〙測桿手, ロッドマン《標尺などを持ち運ぶ係員》; 釣師 (angler); *《俗》ガンマン(gunman).

Rod·ney /rádni/ **1** ロドニー《男子名; 愛称 Rod》. **2** ロドニー **George Brydges ～**, 1st Baron ～ (1718–92)《英国の提督》. [OE＝road＋servant]

Ro·dolph /róʊdɑ̀lf/ ロドルフ《男子名; Rudolph の異形》.

rod·o·mon·tade /ràdəmɑntéɪd, ròʊ-, -tάːd; -mɔ̀n-/ *n, a* 大言壮語(の). ► *vi* 自慢する, ほらを吹く. [F＜It; Ariosto, *Orlando Furioso* (1532) 中のほら吹き]

ród·òn *n* *《俗》勃起: have a ～ 勃起している.

Ro·dri·go /rɑdríːgoʊ/ ロドリゴ **Joaquín ～** (1901 or 02–99)《スペインの作曲家; 『アランフエス協奏曲』(1939)》.

Ro·dri·gues, -guez /roʊdríːgəs/ ロドリゲス《インド洋西部 Mascarene 諸島の火山島; ☆Port Math·ur·in /mǽθərɪn/; モーリシャス領》.

Ro·drí·guez Pe·dot·ti /rɔːðríːgeɪs peɪdɔ́ːtti/ ロドリゲス・ペドッティ **Andrés ～** (1923–97)《パラグアイの軍人・政治家; 大統領 (1989–93)》.

roe[1] /róʊ/ *n* **1** 《特にまだ卵巣内にある》魚卵 (fish eggs), はららご (hard roe); 魚精, しらこ (＝soft ～) (milt); 《ウミザリガニなど》無脊椎動物の卵. **2** 〘建〙柾(まさ)目に挽(ひ)いた材木にあらわれる斑点状の模様. ♦ **～d** *a* 〈魚が〉卵をもった. [MLG, MDu *rog(n)*; cf. G *Rogen*]

roe[2] *n* (*pl* ～, ～**s**) 〘動〙**a** ノロ (roe deer). **b** 雄鹿 (hind) (cf. DEER); 雌ジカ (doe). [OE *rā(ha)*; cf. G *Reh*]

Roe /róʊ/ **1** ロウ Sir **(Edwin) Alliott Verdon ～** (1877–1958)《英国の技術者・航空機デザイナー; 英国人として初めて航空機を制作, 飛行させた (1908 年 6 月 8 日)》. **2** ⇨ RICHARD ROE.

ROE 〘会計〙return on equity 自己[株主]資本利益率 ♦〘軍〙rules of engagement 交戦規定《武器等使用の判断基準》.

róe·bùck *n* (*pl* ～, ～**s**) 〘動〙ROE DEER の雄.

Róe·dean Schóol /róʊdìːn-/ ローディーン校《イングランド南部 Brighton の近くにある女子パブリックスクール; 1885 年創立》.

róe dèer 〘動〙ノロ《欧州・アジア産の小型の鹿》.

Roeg /róʊg/ ローグ **Nicolas (Jack) ～** (1928–)《英国の映画監督》.

Roent·gen, Rönt·gen /rɛ́ntgən, rʌ́nt-, -ʤən, -ʧən; rɔ́ntjən, rʌ́nt-, rɜ́ːnt-, -gən; *G* rœ́ntgn/ *n* **1** レントゲン **Wilhelm Conrad ～** (1845–1923)《ドイツの物理学者; X 線を発見; ノーベル物理学賞 (1901)》. **2** [r-] レントゲン《X 線・ガンマ線照射線量の強さを表わす単位; 略 r, R》. ► *a* [r-] レントゲンの, X 線の: a *r*～ photograph レントゲン写真 (X-ray photograph).

roent·gen·i·um /rɛntgéniəm, rʌnt-, -ʤén-, -ʧén-; rɔntjéniəm, rʌnt-, rəːnt-, -gén-/ *n* 〘化〙レントゲニウム《人工放射性元素; 第 8 番目の超アクチノイド元素で, 第 19 番目の超ウラン元素; 記号 Rg, 原子番号 111》. [W. C. *Roentgen*]

róentgen·ize *vt* …にレントゲン線[X 線]照射をする; X 線を通過させて〈空気・気体を〉電気伝導性にする.

roent·gen·o- /rɛ́ntgənoʊ, rʌ́nt-, -ʤən-, -ʧən-, -nə; rɔ́ntjənoʊ, rʌ́nt-, rɜ́ːnt-, -gən-, -nə/ *comb form*「X 線の」

róentgeno·gràm *n* X 線像, レントゲン写真.

róentgeno·gràph *n* ROENTGENOGRAM. ► *vt* …の X 線撮影をする. ♦ **ròent·gen·o·gráph·ic** *a* **-i·cal·ly** *adv*

roent·gen·og·ra·phy /rɛ̀ntgənágrəfi, rʌ̀nt-, -ʤən-, -ʧən-; rɔ̀ntjən-, rʌ̀nt-, rəːnt-, -gən-/ *n* X 線撮影(法).

roent·gen·ol·o·gy /rɛ̀ntgənálədʒi, rʌ̀nt-, -ʤən-, -ʧən-; rɔ̀ntjən-, rʌ̀nt-, rəːnt-, -gən-/ *n* X 線(医)学. ♦ **-gist** *n* **ròent·gen·o·lóg·ic** /-nəláʤɪk/, **-i·cal** *a* **-i·cal·ly** *adv*

roent·gen·o·paque /rɛ̀ntgənoʊpéɪk, rʌ̀nt-, -ʤən-, -ʧən-; rɔ̀ntjən-, rʌ̀nt-, rəːnt-, -gən-/ *a* X 線不透過性の.

roent·gen·o·par·ent /rɛ̀ntgənoʊpέərənt, rʌ̀nt-, -ʤən-, -ʧən-; rɔ̀ntjən-, rʌ̀nt-, rəːnt-, -gən-/ *a* X 線透過性の.

róentgeno·scòpe *n* 〘医〙X 線透視器《X 線蛍光板上に陰影像をつくる》. ♦ **roent·gen·os·co·py** /rɛ̀ntgənáskəpi, rʌ̀nt-, -ʤən-, -ʧən-; rɔ̀ntjənɔ́skəpi, rʌ̀nt-, rəːnt-, -gən-/ *n* X 線透視(法). **ròent·gèno·scóp·ic** /-skáp-/ *a*

ròentgeno·thérapy *n* レントゲン(線)療法.

róentgen rày [ºR- r-] X RAY.

Roe·rich /rɔ́ːrɪk, rέr-/ レーリヒ **Nikolay Konstantinovich ～** (1874–1947)《ロシア生まれの画家; Diaghilev の主宰する Ballets Russes のために古いロシアやスカンディナヴィアを表現する舞台を制作》.

Roe·se·la·re /rùːsəláːrə/ ルーセラーレ (*F* Roulers)《ベルギー北西部 West Flanders 州の町》.

róe·stòne *n* 〘岩石〙魚卵岩 (oolite).

Roeth·ke /rέtki, rέθ-/ レトケ **Theodore ～** (1908–63)《米国の詩人》.

Roe v. Wade /─ vəːrsəs ─, *-vəːrsəz-/ ロウ対ウェード判決《1973 年に合衆国最高裁判所が事実上人工中絶を一部合法化した判決》.

rofe /róʊf/ *a, n* 《俗》ROUF.

ROFL ⇨ ROTFL.

Ro·gal·list /roʊgǽlɪst/ *n* ロガロ[ハンググライダー]で滑空する人.

Ro·gal·lo /roʊgǽloʊ/ *n* (*pl* ～**s**) ロガロ《三角形の骨組に帆布などを張ったハンググライダー》; ロガロの翼. [Francis M. *Rogallo* (1912–2009) NASA の技術者]

ro·gan josh /róʊg(ə)n ʤóʊʃ/ 〘インド料理〙ローガン・ジョシュ《ラム肉などを入れたトマトソースのカレー》. [Urdu]

ro·ga·tion /roʊgéɪʃ(ə)n/ *n* 連禱, 嘆願; [ᵘ*pl*]〘キ教〙《祈願日に行なう》祈願, 連禱, 嘆願; 〘ローマ法〙《人民の議決を求める》法律草案(の提出); 《廃》請願. ♦ **～·al** *a* [L (*rogo* to ask)]

Rogátion Dàys *pl* [the] 祈願日《キリスト昇天祭 (Ascension Day) 前の 3 日間; カトリック教会では, 4 月 25 日を大祈願祭とし, 連禱を唱えながら行列をする》.

rogátion flòwer 〘植〙ヒメハギ属の草本.

Rogátion Sùnday 祈願日前の日曜日.

Rogátion Wèek 祈願節週間.

rog·a·to·ry /rágətɔ̀ːri; -t(ə)ri/ *a* 査問する, 調査する, 証人査問の権限がある.

rog·er[1] /ráʤər/ *n, vt, vi* "《卑》(…と)性交(する), 肉体関係(をもつ),

できる(こと); 《俗》 しかる. [*roger* (obs) penis < *Roger*]

roger[2] *int* 《通信で》了解 (received (and understood)); [[s]～ wilco] 《口》よろしい, 了解 (all right, OK). ► *vt**了解する. [received の r を表わした人名 *Roger* から]

Roger **1** ロジャー《男子名; 愛称 Hodge, Hodgkin》. **2** ルッジェーロ (1) ～ **I** (1031–1101)《シチリアのノルマン人支配者; シチリア伯 (1072)》(2) ～ **II** (1095–1154)《前者の子; シチリア伯 (1105–30), シチリア王 (1130–54)》. **3** JOLLY ROGER. ⇨ SIR ROGER DE COVERLEY. [OF < Gmc = fame + spear]

Róger Róllerskate 《CB 無線俗》飛ばしている乗用車.

Rog·ers /rάʤərz/ **1** ロジャーズ《Arkansas 州北西端 Fayetteville の北にある市; 山岳リゾート地》. **2** ロジャーズ (1) **Carl R(ansom)** ～ (1902–87)《米国の心理学者; 心理療法における来談者中心のアプローチを提唱した》(2) **Fred (McFeely)** ～ (1928–2003)《米国のテレビ司会者・プロデューサー・作家; 児童教育番組 'Mr. Rogers' Neighborhood' (1968–2001) のホスト兼プロデューサーをつとめた》(3) **Ginger** ～ (1911–95)《米国のダンサー・映画女優; 映画 *Top Hat* (トップ・ハット, 1935) などで Fred Astaire と共演, 人気を博した》(4) **'Kenny'** ～ [**Kenneth Ray** ～] (1938–)《米国のカントリーポップシンガー; シングルヒット曲 'The Gambler' (1978)》(5) **Richard (George)** ～, Baron ～ of Riverside (1933–)《イタリア生まれの英国の建築家; ハイテク志向のデザインで知られる》(6) **Robert** ～ (1731–95)《米国の軍人・辺境開拓者; フレンチインディアン戦争 (1755–63) で Roger's Rangers を組織してフランスと戦った》(7) **Roy** ～ (1912–98)《米国の俳優・歌手; 本名 Leonard Franklin Slye; 'singing cowboy' の第一人者で, 多数の西部劇に出演した》(8) **Will** ～ (1879–1935)《米国の俳優・ユーモア作家; 本名 William Penn Adair ～; 時事・政治家諷刺で人気があった》. ★ ⇨ BUCK ROGERS.

Ro·get /rouʒéɪ, ⸗⸗; rɔ́ʒeɪ, rə́ʊ-/ ロジェ **Peter Mark** ～ (1779–1869)《英国の医師; *Thesaurus of English Words and Phrases* (1852) の著者》.

ro·gnon /*F* rɔɲɔ̃/ *n* 腎臓 (kidney); 〖登山〗ロニョン《氷河の途中に頭を出している岩体》.

rogue /róʊg/ *n* **1** ごろつき, ならず者, 不良, 無頼, 悪党; 浮浪人, 宿無し; [*joc*] 腕白者, いたずらっ子, 悪たれ. **2** 放れ象[水牛など]《群れを離れてさまよい性質が荒くれたもの》; 《競馬・猟での》ずるけ馬; 〖生〗不良実生(みしょう). ● **play the** ～ 詐欺をはたらく. ► *vt* かたる, だます; 《俗》尋ねる (ask); 〈発育不良の実生を〉間引く; 〈畑など〉から不良実生を間引く. ► *vi* 浮浪する; 悪事をはたらく; 不良実生を間引く. ► *a* 〈動物が〉癖が悪く荒い; はぐれ者の, 常軌を逸した, たちの悪い; 堕落[腐敗]した; 〈国家が〉国際社会の法・規範を拒絶する: a ～ state [nation] ならず者国家. [C16 < ?]

rógue élephant 放れ象 (rogue); 《社会からの》危険なはぐれ者.

rogu·ery /róʊgəri/ *n* 悪事, 詐欺; いたずら: play ～ on…をだます.

rógues' gállery 《警察の》犯罪者写真台帳; 《口》悪党[評判のよくない者]の集まり, 悪者リスト.

rógue síte 〖インターネット〗ならず者サイト《ウイルスを送り付ける, 人気サイトと紛らわしい名で閲覧者をおびき寄せるなどする悪質なサイト》.

rógue's márch 《以前 軍人を軍隊から放逐する際に用いた》放逐曲.

rógue tráder ローグ[不良]トレーダー《上司や会社の許可なしに投機的取引をするトレーダー》.

rogu·ish /róʊgɪʃ/ *a* いたずらっぽい, ちゃめな; 悪党の(ような) (knavish), たちの悪い. ♦ **～·ly** *adv* **～·ness** *n* [*rogue*]

ROH °Royal Opera House.

Ro·hil·khand /róʊhɪ̀lkæ̀nd/ ロヒルカンド《インド北部 Uttar Pradesh 北西部の地区; 中心都市である Bareilly の名で呼ばれることもある》.

Roh·mer /róʊmər; *F* rɔmɛ:r/ ロメール **Eric** ～ (1920–2010)《フランスの映画監督; 本名 Jean-Marie Maurice Scherer; ヌーヴェルヴァーグの作家》.

Roh Moo Hyun /róʊ mú: hjʌ́n, nóʊ-/ 盧武鉉(ノムヒョン)(ろぶげん) (1946–2009)《韓国の政治家・法律家; 大統領 (2003–08)》.

Roh·rer /rɔ́:rər/ ローラー **Heinrich** ～ (1933–)《スイスの物理学者; 走査型トンネル顕微鏡を開発; ノーベル物理学賞 (1986)》.

Roh Tae Woo /róʊ téɪ ú:, nóʊ-, -wú:/ 盧泰愚(ノテウ)(ろたいぐ) (1932–)《韓国の軍人・政治家; 大統領 (1988–93)》.

Ro·hyp·nol /rouhípnɔ̀(:)l, -nòʊl/ 〖商標〗ロヒプノール《フルニトラゼパム (flunitrazepam) 製剤; 強力な鎮静・催眠薬で, 濫用され, date rape に使われることもある》.

roi /*F* rwa/ *n* 王: LE ROI LE VEUT / LE ROI S'AVISERA.

ROI 〖会計〗°return on investment.

roid /rɔ́ɪd/ *n, a**《俗》STEROID.

roi fai·né·ant /*F* rwa fɛneã/ (*pl* **rois fai·né·ants** /—/) 無為王《特に 宮宰に実権を奪われたメロヴィング朝末期の王たちを指す》. [F = do-nothing king]

roil /rɔ́ɪl/ *vt* 〈液体を〉かき乱す, 濁らせる; かき乱す, 混乱させる; おこらせる, いらだたせる. ► *vi* かき乱される; ″《方》騒ぐ, あばれる. ► *n* 攪乱 (agitation); 濁った水の流れ. [C16 < ?OF *ruiler* to mix mortar]

róily *a* 濁った; かき乱された; おこった.

rois·ter /rɔ́ɪstər/ *vi* 飲み騒ぐ, 浮かれ騒ぐ; いばりくさる. ► *n* 《古》ROISTERER. ♦ **～·er** *n* **～·ous** *a* **～·ous·ly** *adv* [*roister* (obs) roiterer < F *rustre* ruffian; ⇨ RUSTIC]

ro·jak /róʊʤɑ:/ *n* 《マレーシア》チリソースをかけたサラダ. [Malay]

Rok /rάk/ *n* 韓国兵. [*R*epublic *o*f *K*orea]

ROK Republic of Korea.

ro·ko /róukou/ *n* 《インド》抗議行動, デモ. [Hindi]

Ro·kos·sov·sky /rὰkəsɔ́:fski, -sɔ́:v-/ ロコソフスキー **Konstantin Konstantinovich** ～ (1896–1968)《ロシアの陸軍将校; ポーランド人; Stalingrad の戦い (1943) などで活躍》.

rol·a·mite /róʊləmàɪt/ *n* 〖機〗ローラマイト《薄く弾力性のあるバンドを 2 個以上のローラーに S 字形にかけた摩擦抵抗が非常に小さい軸受》. [*roll, -amite* (< ?)]

Ro·land /róʊlənd/ **1** ローランド《男子名》. **2** ローラン《Charlemagne に仕えた十二勇士中の最大の勇将; Roncesvalles 峠の戦いで戦死 (778); *Chanson de Roland* (ローランの歌) はじめ各国の作品にうたわれた》. ● **give a** ～ **for an Oliver** 負けず劣らずやり合う《Roland と Oliver が 5 日間戦って勝敗が決しなかったことから》; しっぺ返しをする. [OF < Gmc = fame (of) the land]

role, rôle /róʊl/ *n* 《役者の》役割 (part), 役柄; 《期待される, また果たすべき》役割, 役, 役目, 任務: a leading ～ 主役; 指導的役割 / fill the ～ of…の任を果たす / play an important ～ in…で重要な役割を演じる / TITLE ROLE. [F; 'roll に書いたせりふ' の意]

róle mòdel 《特定の役割において》手本[模範]とされる人.

róle-plày /, ⸗⸗/ *vt* 実際に演じる, 行動に表わす. ► *vi* 役割を演じる. ► *n* ROLE-PLAYING

róle-plày·ing *n* 役割演技 (1) 心理療法などで意識的に演じる役割行動の演技 (2) ある役割を無意識的に社会的な期待に従って演じること); role-playing game をすること. ♦ **róle-plày·er** *n*

róle-plàying gàme ロールプレイングゲーム《キャラクターの特徴・能力・性格を細かく設定し, それを成長させながら筋書に定められたさまざまな冒険をするゲーム; ファンタジー的な舞台設定が多い; 略 RPG》.

róle revèrsal 《仕事・家事・育児などにおける男女間の》役割転換.

Ro·lex /róʊlèks/ 〖商標〗ロレックス《スイスの腕時計メーカー Rolex S.A. の製品》.

rolf[1] /rɔ́(:)lf, rálf/ *vt* [°R-] …にロルフィング (Rolfing) を行なう. ♦ **～·er** *n* [°R-] ロルフィング療法士.

rolf[2] *vi**《俗》吐く (ralph).

Rolf /rɔ́(:)lf, rálf, ″róʊf/ **1** ロルフ《男子名; Rudolph の愛称》. **2** ロルフ《ROLLO の別称》.

Rolfe /rɔ́(:)lf, rálf, ″róʊf/ ロルフ (1) **Frederick William** ～ (1860–1913)《英国の作家; 筆名 Baron Corvo; 自伝的小説 *Hadrian the Seventh* (1904)》(2) **John** ～ (1585–1622)《イングランド人のアメリカ植民地入植者; Pocahontas の夫》.

Rolf·ing /rɔ́(:)lfɪŋ, rál-/ 〖サービスマーク〗ロルフィング《筋肉を弛緩・整復することにより情緒的緊張を除くために筋肉を深くマッサージする手法》. [Ida P. *Rolf* (1896–1979) 米国の生化学者・理学療法士]

roll /róʊl/ *vi* **1 a** ころがる, ころげて行く 〈*about, around*〉; 〈機械などが〉始動する, 回転する; 〈撮影カメラが〉回る; 《軸を中心に》回る, 回転する; 〈目玉がぐるりと上を向く 〈*about*; *in* terror [disbelief, etc.]〉: A coin ～*ed* on the floor. **b** 横にころげまわる, のたうつ 〈*around*〉; 〈馬などが〉ころがる; 宙返りをする: The barrel ～*ed over*. 樽がゴロゴロころがった / He ～*ed in* the bed. ベッドで寝返りをうった. **c** 《口》笑いこける 〈*about*〉; (ぶらぶら)歩きまわる, 放浪[流浪]する. **2 a** (車に)乗って行く; 〈車両が〉動く, 進む, 走る; 流れに(乗って)運ばれる; 《ある方向に》進む, 前進する; 〈天体が〉運行する; 〈涙が〉流れる; 〈歳月が〉過ぎ去る, めぐってくる 〈*around*〉; 《映画で》〈エンドクレジットが〉流れる: A car ～*ed along* (the road). 車が(道路を)走って行った / ～ *away* 〈雲・霧などが〉動いて消え去る / A fog ～*ed over* the city. 霧が市の上空を流れて行った / Centuries ～*ed on* [*by*]. 数世紀が流れ去った / Tears ～*ed down* her cheeks. 涙がほおを伝った. **b***《口》行く, 去る (leave), スタートする, 始める: Let's ～ [get ～*ing*]. **c** 勢い[はずみ]がつく: The campaign began to ～. **d** 〖アメフト〗ロールアウトする (roll out). **3 a** 〈船・飛行機など〉横揺れする (cf. PITCH[1]); 横揺れしながら進む; 体[肩]をゆするようにして歩く: The ship ～*ed* (*in* the waves). 船が(波に)揺れた. **b** 〖空〗〈飛行機が〉横転する. **4** 〈波などが〉うねる, 波動する; 〈土地が〉なだらかに起伏する; 延びる, 広がる; 〈金属・印刷インク・練り粉などが〉延びる: The country went on ～*ing* miles and miles. その土地は何マイルも起伏して続いていた / Big waves were ～*ing in to* the beach. 大波が浜辺に打ち寄せていた. **5** 次々とはいって[出て, できて]くる: ～ in ⇨ 成句. **6** 〈雷・太鼓などが〉ゴロゴロ鳴る, とどろく; 〈ことばが〉流れるように出る; 〈鳥が〉震え声でさえずる. **7** 丸く[円筒形に]なる, 巻かれる; [副詞を伴って] ローラーで…に延びる[ならされる]. **8** ボウリングをする (bowl); さいころを振る, ギャンブルをする.

► *vt* **1 a** ころがす, 回転させる; 〈目玉を〉ぐるりと上方に向ける《恐怖・いらだち・あきれたさまなどを表わす》; 〈さいころを〉振る; さいころを振って〈数を〉出す: ～ a ball / ～ one's eyes to heaven 《あきれ[困り]はてて天に訴えるように》目玉をぐるりと上に向ける / She ～*ed* her eyes in disbelief. うそでしょ[どうなってんの]と言いたげに目を白黒させた. **b** ころがして行く, 乗物[転子(ころ)]で運ぶ[送る]; 〈波・水を〉押し進める; 〈煙・

R

ほこりなどを〉巻き上げる: The chimneys were *~ing up* smoke. 煙突はもくもくと煙を吐いていた. **c** 〈撮影カメラなどを〉回す. **2 a** なぐって[撃って]ころがす, 打ち倒す; 《俗》〈酔っぱらい・売春婦の客など〉から金品を奪う, 巻き上げる, 枕探しする《泥酔者などをころがしてポケットなどを探ることに由来》: ~ sb *over* 人を投げ倒す, 人をころがす. **b** 《俗》…と性交[前戯を]する, つるむ. **3** 巻く; 巻いて作る; くるむ; 丸める, 円筒形にする; 寝る, ころがして塊りにする: He *~ed himself up* in the rug. ひざ掛けで体をくるんだ / ~ pills 丸薬を作る. **4 a** 〈地面・芝生などを〉ローラーでならす; ローラーにかける; 〈金属・布・パン生地などを〉延ばす; 〈袖などを〉線をつけないようにアイロンをかけて伸ばす: ~ a lawn 芝生をならす / She *~ed* the dough flat [*~ed out* the dough]. パン生地を平らに延ばした. **b** 〘印〙〈版面〉にローラーでインクを延ばす. **5** 横揺れさせる, 左右に揺する; 《船・帆桁・マストが》〈索具などを〉揺り落とす; 〘空〙〈飛行機を〉横転させる. **6** 朗々と言う; 高らかに歌う; 〈太鼓などを〉連打する; 〈和音を〉アルペッジオで演奏する; 巻き舌[顫動(せんどう)音 (trill)] で発音する: the words that ~ off the tongue すらすら口をついて出ることば / The organ *~ed out* a stirring tune. オルガンは勇ましい曲を高らかに奏でた / He *~s* his r's. r の音を巻き舌で発音する.

● **be ~ing** 《口》金持[裕福]である, 〈金・富を〉あり余るほどもっている 〈*in*〉: *be ~ing in* money [it] 金がうなるほどある. **let it ~** 《口》車の速度を保つ[上げる]; [[U]*impv*] *《口》(物事を)始める. **~ along** 回転しながら動いて行く, 〈車両が〉進む, 走る (⇨ *vi* 2a); 〈計画などが〉順調に進む. **~ back*** (*vt*) 〈カーペットなどを〉丸めて除く; 撃退する, 押し返す[戻す, 広げる]; *〈物価などを〉引き下げる, 〈物価を〉もとの水準に戻す; 撤廃する; 〈昔を〉思い出させる: ~ *back* the years 昔に変わらぬところを見せる, 昔を思い出させる. (*vi*) 〈波・潮などが〉だんだんひく; 後退する, 戻る; 〈昔が〉思い返される. **~ down** (*vi*) ころがり[流れ]落ちる; (*vt*) (取っ手を回して)〈自動車の窓などを〉開ける; 〈袖・ズボンの裾を〉下ろす. **~ in** 《口》どっと集まる; 《口》《平然と》到着する, やって来る; *《口》寝る, 床にはいる (go to bed); 〘ホッケー〙〈サイドラインを出たボールを〉戻す; ⇨ be ROLLing. **~ in the** AISLES. **~ into one** 合わせてひとつにする: one's assistant and secretary *~ed into one* 助手と秘書を兼ねた人. **~ off** 《輪転機・複写機などで》〈写しなどを〉作る, 印刷する. **~ on** ころがって行く; 進む, 運行する; 〈歳月が〉過ぎ去る; [*impv*; 主語を文尾に置いて] ‖〈待望の日などが〉早く来るように; 〈波などが〉押し寄せる, 〈川が〉とうとうと流れる; 〈靴下などを[が]〉丸めたのを伸ばしながら身に着ける[身に着けられる]; 〈ペンキなどを〉ローラーで塗りつける: *R~ on*(,) Spring! 春よ, 早く来い. **~ out** (**1**) ころがり出る; ころがして出す; *《俗》《ベッドから》(くるりと)起き出る; 旅に出かける; 〘アメフト〙ロールアウトする《クォーターバックがパスをするために横に回り込むこと》. (**2**) (くるくると[ローラーで])伸ばす, 延べる; 〈巻いたものを〉広げる: ⇨ *vt* 4a / ~ *out* the RED CARPET. (**3**) 低い調子で語る[歌う]. (**4**) 〈新制度・新サービス・キャンペーンなどを〉公開する, 開始する; 〈新型航空機を〉初公開する, ロールアウトする. (**5**) 発売する; 《口》量産する. **~ over** 〈月日が〉めぐって来る; 運行する; ころがる, 転覆[横転]する, 寝返りをうつ; ころがす, (ごろりと)裏返しにする (cf. *vt* 2a); 〈相手〉に楽勝する; 《口》簡単に負ける, 降参する, 言いなりになる; 〈融資・信用取引など〉の条件を更改する《返済期間を延長して借り換える場合など》; 〈満期の証券を〉《償還金をつかって同種の証券に》買い換える, 〈投資した資金を〉《同種の投資対象に》再投資する. **~ the bones** ⇨ BONE[1]. **~ the dice** さいころを振る (⇨ *vt* 1a); 危険を承知で行動する. **~ up** (*vi*) (**1**) 丸くなる; 〈煙などが〉巻き上がる. (**2**) 〈金銭などが〉たまる. (**3**) 車で進む, 行く, 近づく; 《口》車で着く; 《口》現われる, 《遅れて[酔って]》やって来る: *R~ up!* (*R~ up!*) さあ寄ってらっしゃい《サーカス・露店などの呼び込み》. (*vt*) (**1**) 巻き上げる, まくり上げる; くるくると巻く[くるむ]; (取っ手を回して)〈自動車の窓などを〉閉める; 〘軍〙〈敵の隊列〉の側面を突いて包囲する. (**2**) 〈金などを〉ためる; 〈勝利などを〉勝ち取る. **~ with the punches** 《口》出されたパンチと同じ方向に身を引く; 《口》柔軟な対応で衝撃を和らげる[逆境を生き抜く].

► *n* **1 a** 巻物, 巻軸, 軸; 公文書; 写本; 記録(簿); 目録; 表 (list); 名簿; [[U]*pl*] ‖弁護士名簿; 出席簿; [the R-s] 〘英〙保管書類収蔵所《もとは the Master of the Rolls の, 今は Public Record Office の所管》: the Master of *the R~s* 〘英〙記録長官《控訴院の専任の裁判官の中で最上位の裁判官》. **b** 一巻(ひとまき), 一本: a ~ of printing paper 印刷紙 1 本. **2 a** 巻いて作ったもの; 円筒形のもの, 《特に》巻きタバコ; 毛糸の撚(よ)り子; ロールパン; ロールケーキ, 巻き菓子, 巻き肉; 巻き髪; 《服などの縁の》折り返し; 巻き込み式ケース; MUSIC ROLL; 〈腰まわりなどの〉たるみ, 贅肉(ぜいにく): a dinner [sweet] ~ 正餐用の[甘みをつけた]ロールパン. **b** 《口》《丸めた[折った]》札束, ロール; 《俗》金, 資金 (bankroll). **3 a** ころがり; 回転; 宙返り; 《俗》性交 (roll in the hay). **b** 《飛行機・船・列車の》横揺れ (cf. PITCH[1]); 〘空〙横転; 〘車〙ロール《カーブ時に車体が傾くこと》; 《歩く時の》体[肩]をゆするような動き; うねり; 起伏; 〘カーリング〙ロール《ほかのストーンとぶつかったあとのカーリングストーンの動き》. **4** 《太鼓の》急速な連打; とどろき; 《韻文・散文の》朗々たる調子; 抑揚のある[調子のよい]ことば; 《カナリヤなどの》震え声; 〘楽〙アルペッジオの和音: a fire ~ 出火を告げる連打 / the ~ of thunder 雷鳴. **5** さいころを振ること; さいころのひと振りで出た数の合計, 目(め). **6** 《俗》《酔っぱらいなどから》金品を奪うこと. **7** *《俗》幸運続き, 調子よく行くこと. **8** ローラー, ロール; ろくろ機械, 巻揚げろくろ; 〘製本〙型押輪機, これによって押印される型[模様]; 《タイプライターの》ローラー (platen); 〘建〙《イオニア式柱頭の》渦巻模様, 巻物縁形(くりかた), 丸繰形. **● a ~ in the hay** [**sack**] 《口》性交. **call the ~** 出席をとる (cf. ROLL CALL). **Go and have a ~!** 《俗》とっととうせろ! **in the ~ of saints** 聖徒に列して. **on a ~** 《口》好調で, 順調で, 波に乗って; *《口》熱中して, 没頭して: *on a* wild ~ 怒濤のごとく. **on the ~s** ‖弁護士名簿に載って. **on the ~s of fame** 名士録に載って, 名士の列に加わって; 史上に名を残して, 青史に名を連ねて. **~ of honor** ‖名誉を得た者の名簿, 《特に》名誉の戦没者名簿. **strike off** [**from**] **the ~s** 除名する; ‖弁護士名簿から除く.

♦ **~·able** *a* [OF<L *rotulus* (dim) ‹ROTA]

Rol·land /rɔ(:)lɑ́:/ ロラン **Romain ~** (1866–1944)《フランスの作家; *Jean Christophe* (10 vols, 1904–12); ノーベル文学賞 (1915)》.

róll·awày *a* 《移動・片付けに便利なように》脚輪[ローラー]の付いた. ► *n* 折りたたみ式移動ベッド (=**~ béd**)《脚輪が付いていて片付けられる》.

róll·bàck *n* *《物価・賃金などの以前の水準への》引下げ, 《人員の》削減; 撃退, 巻返し; 〘電算〙ロールバック《ある処理を中断して, その処理が始まる前の状態にさかのぼって再実行すること》. [ROLL back]

róll bàr ロールバー《転覆に備えて車に取り付けてある屋根の補強棒》.

róll bòok 《教師の持つ》出席簿.

róll càge ロールケージ《レーシングカーなどのドライバーを保護する金属製のフレーム》.

róll-càll *vt* …の出席をとる, 出欠を調べる.

róll càll 点呼, 出席調べ (cf. *call the* ROLL); 点呼の合図[らっぱ], 点呼時刻; 《人・物の》リスト (list): skip (the) ~ 点呼を略す / come back before ~ 点呼に遅れない.

róll còllar, rólled cóllar ロールカラー《襟足から立ち上がり, 折り返される形になっているカラー》.

róll-cùmulus *n* 〘気〙ロール雲《水平線付近がロール状の層積雲》.

róll dàmper 〘空〙ロールダンパー《飛行機の横揺れを減衰させるための自動装置》.

rólled góld (**pláte**) 金張り, 圧延金被覆板 (=*filled gold*)《真鍮などの台金の上に金合金を圧延被覆したもの; 金合金の割合は全体の重量の最低 1/20》.

rólled óats *pl* ロールドオート《皮をむいて蒸してローラーでつぶしたオート麦; オートミール用》.

rolled-on-roll-off ⇨ ROLL-ON ROLL-OFF.

rólled páperwork 巻紙装飾《細く巻いた紙を並べて小箱の表面などを飾る装飾; 18–19 世紀に流行した; curled paperwork, paper filigree ともいう》.

rólled-stéel jòist (圧延)形鋼梁《H 形鋼, I 形鋼など; 略 RSJ》.

rólled-ùp *a* くるくる巻いた; まくり[たくし]上げた.

róll·er *n* **1 a** ローラー, 転子(ころ); ろくろ; 地ならし機; 印肉棒; 圧延機; 転摩機; 〘印〙ローラー《インキローラーと湿しローラー》; 《指紋をとる》ローラー; 《方》麺棒, 延べ棒 (rolling pin). **b** 巻軸; ヘアカーラー. **c** 〘野〙(ゆるい)ゴロ. **d** ROLLER CAPTION. **2** ころがす人, 回転機械操作係; 《俗》ギャンブラー; 《豪》刈った羊毛を整える人; *《俗》酔っぱらいをねらう泥棒: HIGH ROLLER. **3** 《暴風後の》大うねり, 大波 (swelling wave). **4** 《馬の》腹帯; 巻き包帯 (=**~ bàndage**). **5** 〘鳥〙**a** ブッポウソウ. **b** 宙返りバト (=*tumbler pigeon*). **c** ローラーカナリヤ. **6** *《俗》看守; *《俗》パトカー; *《俗》警官, 警察, おまわり. **● down the ~** [[U]*impv*] *《空俗》着陸装置をおろす (down the Goodyears).

Roller *n* [[S]r-] ‖《俗》ロールスロイス (Rolls-Royce).

róller arèna ローラースケートリンク.

róller·bàll *n* ローラーボールペン, 水性ボールペン; 〘電算〙TRACKBALL.

róller bèaring 〘機〙ころ軸受, ローラーベアリング.

Róller·blàde *n* 〘商標〙ローラーブレード《インラインスケート (in-line skate)》. ► *vi* インラインスケートで滑走する. ♦ **róller·blàd·er** *n*

róller blìnd ‖巻上げブラインド (shade*).

róller càption 〘テレビ・映〙ロールテロップ《番組の最後などに, 出演者やスタッフの氏名などを巻き送るように流す字幕》.

róller chàin 〘機〙ローラー鎖, ローラーチェーン《ピンで接続され平行した鋼板まゆ形リンクにブシュ (bush) とローラーをはめた動力チェーン》.

róll·er-còast·er *vi* [**róller-còast** ともいう] ローラーコースターのように上下に動く, 登ったり降りたりしながら進む; 激しく変動する, 浮き沈みする. ► *a* ローラーコースターのような; 急激に変動する, 浮き沈みの激しい, 波瀾万丈の.

róller còaster /, *róuli-/ ローラーコースター, ジェットコースター (switchback‖); 急激な変動[浮き沈み]を示すもの. **● on a ~** (**ride**) ジェットコースターに乗って; 激しく変動して: The market is *on a ~* (*ride*). 株価は乱高下している.

Róller Dèrby 〘サービスマーク〙ローラーダービー[ゲーム]《ローラースケートを履いた 2 チームが楕円形のトラックを回りながら, 先頭に立つ jammer が相手チームのメンバーを 1 周以上抜き去ることを競うゲームショー》.

róller dìsco ローラースケートを履いてディスコ音楽に合わせて踊ること; ローラーディスコ《ダンス場》.

róll·er·dròme* *n* ローラースケートリンク.

róller hòckey ローラーホッケー《ローラースケートを履いて行なうホッケー》.

róller mìll ローラー製粉機, ローラーミル.
róller rìnk ローラースケートリンク[場].
róller skàte ローラースケート靴; ローラースケート. ♦ **róll·er-skàte** *vi* **róller skàter** *n* **róller skàting** *n*
róller tòwel ローラー[ロール]タオル《**1**) ローラーにかけて使う, 両端を縫い合わせ環にしたタオル **2**) 必要な分だけ引き出して使い, 使用済みの部分は巻き取られていくタオル》.
Rólle's théorem /róulz-, *rɔ́:lz-/ 〖数〗ロルの定理《曲線が連続で, *x* 軸と 2 点で交わり, その 2 切片の間のすべての点が接線をもつとき, その接線は切片の間の少なくとも 1 点において *x* 軸と平行であるという定理》. [Michel *Rolle* (1652–1719) フランスの数学者]
rol·ley /ráli/ *n* RULLEY.
róll fìlm 〖写〗ロールフィルム (cf. PLATE).
rol·lick /rálɪk/ *vi* にぎやかに[愉快に]ふるまう, はしゃぐ. ► *vt* ‖《口》しかりつける (ballock). ► *n* 愉快(なてきごと), はしゃいだふるまい, 大はしゃぎ. ♦ **~·some** *a* [C19 Sc (dial); *romp*+*frolic* か]
róllick·ing *a* にぎやかで愉快な: have a ~ time. ► *n* ‖《口》しかりつけること, 大目玉: give sb a ~.
róll-ìn *n* 〖ホッケー〗ロールイン《サイドラインを越えたボールを戻すこと》.
róll·ing *n* ころがす[ころがる]こと; 地面をころがすこと; 圧延; 目をぎょろつかせること; 《船・飛行機の》横揺れ; 《波の》うねり; 《雷などの》とどろき. ► *a* **1 a** ころがる; 回転する; 〈目が〉ぎょろつく; 経過する, めぐってくる. **b** 巻き上がる; 〈襟が〉折り返した. **2** 横揺れする, よろよろする; うねる; 〈土地が〉なだらかに起伏している. **3** 段階的な; 時差的な, 〈ストライキが〉波状的な. **4** 音をたてて流れる; 〈雷が〉とどろく; 〈鳥の声が〉ころがすような; 《口》金がうなるほどある (cf. *be* ROLL*ing*). ● **be ~ drunk** 酔ってふらついている, 酩酊している. ♦ **~·ly** *adv*
rólling barráge 〖軍〗誘導弾幕, 移動弾幕射撃 (=*creeping barrage*).
rólling bèaring 〖機〗ころがり軸受.
rólling bláckout 輪番停電《電力供給が少ないときでも電力を維持するために一部地域ごとに順々に停電させること》.
rólling brìdge 開橋, 転開橋.
rólling bùzz *《俗》長く続く恍惚状態.
rólling cóntract 自動更新契約.
rólling frìction 〖機・理〗ころがり摩擦, 回転摩擦.
rólling hìtch 〖海〗《円材や大索に平行に引いてもすべらない》枝結び, ローリングヒッチ.
rólling kítchen 〖軍〗《トラクターやトレーラーなどに取り付けた》(移動式)炊事車.
rólling láunch 〖商〗新製品を試験的に披露したあとで拡大的に市場に出していくこと.
rólling mìll 圧延工場; 圧延機.
rólling mòment 〖空〗横揺れモーメント.
rólling pìn 麺棒, 延べ棒.
rólling prèss 《織物・紙などの》ロールつや出し機; 《銅版印刷の》ロール印刷機.
rólling róad blòck 《CB 無線俗》速度のおそい車, もたもたした車, 動く障害物.
rólling stóck 《一鉄道[*運輸]会社の》全所有車両.
rólling stóne **1** 住所[職業]を次々に変える人; *活動的な人《次の諺から》: A ~ gathers no moss. 《諺》ころがる石はこけが生えない《むやみな商売替えは損である, 恋の相手を次々変えると真の愛は得られない; *活動的な人はいつまでもさびがつかない》. **2** [R- S-]『ローリング ストーン』《米国の音楽雑誌; 1967 年創刊》.
Rólling Stónes *pl* [the] ローリングストーンズ《英国出身のロックバンド; 1962 年結成》.
rólling stríke 波状スト(ライキ)《少人数の労働者のグループごとが順に協調して行なう一連のストライキ》.
róll mòlding 〖建〗巻物繰形(くりかた), 円繰形.
roll·mop /róulmàp/ *n* (*pl* **~s, -mop·se** /-sə/) ロールモップス《ニシンの切り身を巻いて酢漬けにしたもの》. [G *Rollmops*]
róll-nèck ‖*n*, *a* ロールネック(の)《長いタートルネック》; ロールネックのセーター《など》. ♦ **róll-nècked** *a*
Rol·lo /rálou/ **1** ロロ《男子名; Rudolph の愛称》. **2** ロロ (c. 860–c. 932)《ノルマン人の族長; 初代ノルマンディー公 (911–927); Hrolf, Rolf ともいう》.
rol·lock·ing /rálәkɪŋ/ *n* ‖《口》ROLLICKING.
rol·locks /rálәks/ *n pl* ‖《韻俗》BOLLOCKS.
róll-òff *n* 〖ボウル〗《同点数の場合の》決勝ゲーム.
róll-òn *a* 〈化粧品など〉《容器の口に付いた》丸いローラーで塗る方式の, ロールオン式の: ~ deodorants. ► *n* ロールオン《伸縮性のある留め金のないガードル》; ロールオン方式の化粧品[薬品].
róll-òn ròll-óff *a* 〈フェリーなど〉車両をそのまま乗り降りさせることが可能な《略 ro-ro》.
róll·òut *n* 《新型機・新製品などの》初公開, 披露, 発表; 〖アメフト〗ロールアウト (cf. ROLL *out*); 飛行機の接地後の滑走.
róll·òver *n* 《自動車の》転覆(事故); 《融資契約などの》更改, 支払い繰延べ, 借換え; 《資金の》再投資, 《証券の》買い換え (⇨ ROLL over); ‖《宝くじなどの》賞金繰越し, キャリーオーバー; *《俗》《刑務所を》出所する日の前夜.
róll-òver àrm ロールオーバー・アーム《椅子やソファーの座席から外側に曲がって出ている詰め物をした肘掛け》.
Rolls /róulz/ ROLLS-ROYCE.
Rolls-Royce /róulzrɔ́ɪs/ 〖商標〗ロールスロイス《英国 Rolls-Royce Motor Cars Ltd. 製の最高級乗用車》.
róll·tòp désk 《たたみ込みふた付きの》ロールトップ机 (cylinder desk).
róll·ùp *n* 《18 世紀の》男子用長ズボン; ‖《口》手巻きの紙巻きタバコ; 《豪》《労働者などの》集会, 大会; 《豪》《催しの》出席者[参加者]たち, 参会者, 動員数. ► *a* 〈ブラインドなど〉巻上げ式の.
róll·ùp fùnd 〖金融〗ロールアップファンド《運用益を再投資に回して課税繰延べを受ける無分配型ファンド; しばしば offshore fund の形をとる》.
róll·wày *n* 《材木を川に落とす》すべり台, 転斜路; 《輸送のため岸に積んだ》材木の山; 外部から地下室に通じる入口.
roll-your-own /róuljәròun/ *n* 《口》手巻きのタバコ.
Ro·lo·dex /róulәdèks/ 〖商標〗ローロデックス《米国 Rolodex Corp. 製の回転式卓上カードファイル》.
Rolph /rálf/ ロルフ《男子名; Rudolph の愛称》.
ro·ly-po·ly /róulipóuli/ *n* **1** ‖ローリーポーリー (=**~ pùdding**)《延ばした生地にジャム・果物などを巻いて蒸すか天火で焼いたプディング》. **2** 丸々[ずんぐり]した人[もの]; *起き上がりこぼしのおもちゃ (tumbler); 〖動〗ダンゴムシ (pillbug); 《豪》折れて風にころがる植物 (tumbleweed など). ► *a* 丸々した, ずんぐりむっくりの. [C19? (加重) < *roly* < *roll*]
Rom /róum/ *n* (*pl* **~, ~s, Ro·ma** /róumә/) [ºr-] ジプシー《特に男》. [Romany=man, husband]
rom. 〖印〗roman. **Rom.** Roman ♦〖言〗Romance ♦ Romania, Romanian ♦〖聖〗Romans.
ROM /rám/ 〖電算〗ºread-only memory.
Ro·ma[1] /róumә/ **1** /*It* ró:ma/ ローマ《ROME のイタリア語名, 古代名》. **2** ローマ《女子名》.
Roma[2] *n* ROM の複数形; [º〈*a*〉] ジプシー, ロマ《集合的》: a ~ camp.
Ro·ma·gna /roumá:njә/ ロマーニャ《イタリア北部 Emilia-Romagna 州東部のアドリア海に臨む地域; 旧教皇領》.
Ro·ma·ic /rouméɪɪk/ *n* 現代ギリシア語. ► *a* 現代ギリシア(語)の.
ro·ma·i·ka /rouméɪәkә/ *n* ロマイケ《現代ギリシアのフォークダンス; 古代戦舞のなごりと考えられている》.
Ro·main /*F* rɔmɛ̃/ ロマン《男子名》. [F=Roman]
ro·maine /rouméɪn/ *n* *ロメインレタス (cos lettuce); ロマイン(クレープ)《平織り[ななこ織り]の薄い織物》. [F (fem)=Roman]
Ro·mains /*F* rɔmɛ̃/ ロマン **Jules ~** (1885–1972)《フランスの詩人・劇作家・小説家; 本名 Louis-Henri-Jean Farigoule; *Les Hommes de bonne volonté* (1932–47)》.
ro·ma·ji /róumәʤi/ *n* ローマ字. [Jpn]
ro·man /*F* rɔmɑ̃/ *n* ロマン《特に 中世フランス文学の韻律体物語》; 物語, 長篇小説 (novel).
Ro·man /róumәn/ *a* **1** ローマの; ローマ人の, 古代ローマ人の; ローマ人風[かたぎ]の; ローマ建築様式の. **2** ローマカトリック教会の. **3** ラテン語の[で書いた]; [ºr-]〖印〗ローマン体の; ローマ字の; ローマ数字の. ► *n* (*pl* **~s**) **1** ローマ人; 《イタリア語の》ローマ方言. **2 a** [º*derog*] カトリック教徒; [*pl*] 古代ローマのキリスト教徒. **b** [~s, 〈*sg*〉]〖聖〗ローマ書《新約聖書の Epistle of Paul the Apostle to the ~s (ローマ人(びと)への手紙); 略 Rom., Ro.》. **3** [ºr-]〖印〗ローマン体(の文字)《普通の直立字体; 略 rom.; cf. ITALIC》. ■ **the Émperor of the ~s** 神聖ローマ帝国皇帝. the **Kíng of the ~s** ローマ王, ローマ人の王《教皇から戴冠される前の神聖ローマ皇帝の称号; また, 神聖ローマ皇帝の生前に後継者として選出された者の称号》. [OF<L (*Roma* Rome)]
ro·man à clef /*F* rɔmɑ̃na kle/ (*pl* **romans à clef** /rɔmɑ̃za kle/) 実話小説. [F=novel with key]
Róman álphabet [the] ローマ字アルファベット (Latin alphabet).
Róman árch 〖建〗ローマンアーチ, 半円アーチ.
Róman árchitecture ローマ建築.
Róman blínd ローマンブラインド[シェード]《上に引き上げるとアコーディオン式に折りたためる布製ブラインド》.
Róman cálendar [the] ローマ暦《ユリウス暦より前に古代ローマで使用され, 初めは暦年 10 か月, のちに 12 か月となった》.
Róman Campágna ローマ平原《CAMPAGNA DI ROMA の英語名》.
Róman cándle ローマ花火, 筒形花火《火の玉が飛び出す》; 〖植〗SPANISH DAGGER; ‖《俗》パラシュートが開かずに墜落すること, 開かないパラシュート, 《飛行機の》着陸失敗; 《俗》ローマカトリック教徒《頭文字 RC から》.
Róman Cátholic *a* ローマカトリック教会の. ► *n* (ローマ)カトリック教徒.
Róman Cátholic Chúrch [the] ローマカトリック教会, ローマ教会, カトリック教会, 天主公教会《ローマ教皇 (Pope) を首長とする; 略 RCC》.

Róman Cathólicism ローマカトリック教; ローマカトリックの教義[儀式, 慣習].

ro·mance[1] /roumǽns, rə-, ⌐⌐/ *n* **1 a**《中世の》ロマンス《元来ロマンス語で書かれ, 伝説や騎士の冒険・恋愛などを物語る》. **b**《現実離れした内容の》空想冒険[恋愛]小説, 伝奇小説, 波瀾万丈の物語. **c** 恋物語, (ラヴ)ロマンス. **d**《文芸のジャンルとしての》ロマンス. **2** 作り話, 絵空事, 荒唐無稽な話, 虚構. **3**《物語に出てくるような》夢と冒険(の雰囲気[気分]), 夢をかきたてるような雰囲気[魅力], 'ロマン'; 空想的な冒険[恋愛]を好む心情. **4** 恋, 恋愛(関係[感情]), 色恋, 情事 (love affair): a (May-)December ~ 年の差カップルの恋[ロマンス]. **5** [R-] ロマンス語 (Romance languages). ► *vi* **1** 作り話をする, 空想[夢]物語を書く, 荒唐無稽な[ありもしない]ことを言う ‹*about*›; 空想的な[ロマンチックな]考えをめぐらす, 想像をたくましくする. **2**《口》求愛する, 口説く; ‹男女が›恋愛にふける. ► *vt* **1** ‹できごとなどを›大げさに言う, ‹話›に尾ひれをつける. **2**《口》《追従・贈り物などによって》…の好意を求める[歓心をかう], …に取り入る; 《口》…に求愛する, …と恋愛する. ► *a* [R-] ロマンス語(系)の. [OF *romanz, -ans*<Romanic (ROMANIC); 'in Latin' に対して 'in the vernacular' の意]

romance[2] *n* **1**〔楽〕ロマンス《形式にとらわれない抒情的な小曲》. **2** ロマンセ《スペインの伝承物語歌・小叙事詩》.

Rómance lánguages *pl* ロマンス諸語《紀元 800 年以来 Vulgar Latin から派生した French, Spanish, Italian, Portuguese, Romanian などの諸語; cf. ITALIC》.

Róman cemént ローマンセメント《天然セメント》.

ro·mánc·er *n* ロマンス作者, 空想冒険[恋愛]小説家; 作り話をする人, 荒唐無稽な事を言う人; 空想家, 夢想家.

ro·mánc·ist *n* 伝奇小説家, ロマンス作家.

Róman cóllar〔カト〕CLERICAL COLLAR.

Róman Cúria [the] ローマ教皇庁 (the Curia).

Róman Émpire [the] ローマ帝国《**1**) 紀元前 27 年 Augustus が建設, 紀元 395 年に東西に分裂 **2**) ビザンティン帝国 (Byzantine Empire) **3**) 神聖ローマ帝国 (Holy Roman Empire)》.

Rom·an·es /rάmənəs/ *n* ROMANY《ジプシー語》.

Ro·man·esque /ròumənésk/ *a*〔建・美〕ロマネスク様式の; ロマンス語の, プロヴァンス語の; 伝奇的な (Romantic). ► *n* ロマネスク様式《ゴシック様式の始まる 12 世紀まで続いた西欧のキリスト教美術; バシリカ式プラン・半円アーチ・ボールトなどを特徴とする建築様式についていうことが多い》; ロマンス語. [F (ROMAN, *-esque*)]

ro·man-fleuve /*F* rɔmɑ̃flœːv/ *n* (*pl* **ro·mans-fleuves** /—/) 大河小説, 一族物語《一家・一族の人びとを中心にした長篇; SAGA NOVEL ともいう》. [F=river novel]

Róman fóot ローマフィート, ペース (*L* pes)《古代ローマの長さの単位: =11.64 インチ, 約 296 mm; cf. ROMAN PACE》.

Róman hóliday 人の犠牲[苦しみ]によって得られる娯楽《ローマ人が楽しみに闘技場で剣士などを闘わせたことから》; 騒擾(そうじょう), 騒乱 (riot): make a ~ 人の娯楽のため犠牲になる. [Byron, *Childe Harold's Pilgrimage*, IV, 141 より]

Rom·a·ni /rάməni, róu-/ *n* ROMANY.

Ro·ma·nia /ruméɪniə, rou-, -njə/ ルーマニア (=*Rumania, Roumania*)《ヨーロッパ南東部の国; ☆Bucharest》. ♦ **Ro·má·ni·an** *a*, *n* ルーマニアの; ルーマニア人[語](の).

Ro·man·ic /roumǽnɪk/ *a* ロマンス語の, ラテン語系の; 古代ローマ人を祖先とする. ► *n* ロマンス諸語 (Romance). [L *Romanicus*; ⇨ ROMAN]

Róman·ish *a* [°*derog*] ローマカトリック教の.

Róman·ìsm *n* [°*derog*] ローマカトリック教, ローマカトリックの教義[制度]; 古代ローマの制度[精神, 主義].

Róman·ist *n* [°*derog*] ROMAN CATHOLIC; [°*derog*] ローマカトリックびいき[かぶれ]の英国教徒; ローマ法学者; 古代ローマ研究家, ローマ学者; ロマンス語学者. ► *a* ローマカトリック教の; ローマ法の. ♦ **Rò·man·ís·tic** *a*

Róman·ìze *vt* ローマカトリック教化する; ローマカトリック風[的]にする; (古代)ローマ化する; [ˢr-] ローマ字で書く[印刷する]. ► *vi* ローマカトリック教徒となる; (古代)ローマ(人)風になる. ♦ **Ròman·izá·tion** *n*

Róman láw ローマ法《古代ローマに発する法制》.

Róman míle ローママイル, ミリアーリウム (*L* milliarium)《古代ローマの距離の単位: =1000 Roman paces, 約 1620 ヤード, 約 1481 m》.

Róman néttle〔植〕イラクサ科ウルチカ属の草.

Róman nóse ローマ鼻《眉間からやや下がったところで段がつくほど急に鼻梁(びりょう)が高くなる; cf. GRECIAN NOSE》.

Róman númeral ローマ数字《I, II, V, X, C など; cf. ARABIC NUMERAL》.

Ro·ma·no[1] /roumάːnou/ *n* ロマーノ(チーズ) (=⁓ **chéese**)《イタリア起源の, 匂いの強い硬質チーズ》.

Romano[2] ⇨ GIULIO ROMANO.

Ro·ma·no- /rouméɪnou, -nə/ *comb form*「ローマ (Rome) の」[ROMAN]

Róman órder [the]〔建〕ローマ式オーダー (Composite order).

Ro·ma·nov, -noff /roumάːnəf, róumənɑ̀f/ ロマノフ《1613–1917 年ロシアに君臨した王朝; 初代皇帝は MICHAEL ~》.

Róman páce ローマペース, パッスス (*L* passus)《古代ローマの長さの単位: =5 Roman feet, 約 58 インチ, 約 147 cm》.

Róman péace 武力によって維持される平和. [L *pax Romana*]

Róman púnch ローマンパンチ《レモン汁・砂糖・泡立てた卵白・ラム酒入りの飲み物》.

Róman ríte [the] ローマ典礼《ローマカトリック教会のミサの基本形式》.

Róman róad ローマ街道《Britain がローマ帝国の支配下にあった 1–4 世紀にローマ人が造った道路; 多くは現在の道路網に組み込まれているが, 長さと直線性に特色がある; 現在よく知られているものは Fosse Way, Ermine Street, Watling Street など》.

Róman schóol [the] ローマ画派《16–17 世紀のローマで Raphael たちが率いた》.

Ro·mansh, -mansch /roumǽnʃ, -mάːnʃ/ *n* ロマンシュ語《スイス東部 Graubünden 州の Rhaeto-Romance の一種で同州の公用語》.

Róman snáil〔貝〕エスカルゴ, リンゴマイマイ《欧州原産の食用カタツムリ》.

ro·man·tic /roumǽntɪk/ *a* **1** ロマンスの(ような), 伝奇[夢想]物語的な; 伝奇[冒険, 恋愛]小説にありそうな, 不思議な. **2** 非実際[非現実]的な, 空想的な, 夢のような; 作り事の, 架空の, 虚構の. **3 a**《冒険・理想・熱愛など》ロマンス的なことを求める[空想する], 夢見がちな: a ~ youth [girl]. **b** 恋愛の, 情事的な, 恋[情事]を誘う, ロマンチックな: ~ love / a ~ evening / ~ relationship 恋愛関係, 情事 / a ~ comedy ラブコメディ. **4** [°R-]〔芸〕ロマン主義[派]の. **5**《軽喜劇などの》主人公役の. ► *n* ロマンチックな人; [°R-] ロマン派[主義]作家[詩人, 作曲家]; [*pl*] ロマンチックな思想[特徴, 要素]. ♦ **-ti·cal·ly** *adv* 空想的に; 恋愛上; ロマン的に: be *romantically* involved *with*…と恋仲にある. [F (*romant* (obs) story, ROMANCE)]

ro·man·ti·cism /roumǽntəsìz(ə)m/ *n* **1** [°R-] ロマンチシズム, ロマン主義(運動)《18 世紀末から 19 世紀初頭の文芸思想》. **2** 空想的なこと[傾向]. ♦ **-cist** *n* ロマンチスト; [°R-] ロマン主義者. **ro·màn·ti·cís·tic** *a*

ro·man·ti·cize /roumǽntəsàɪz/ *vt, vi*《実際よりも魅力的なものとして》ロマンチックに考える[扱う, 描く], 美化して思い描く: ~ the past. ♦ **ro·màn·ti·ci·zá·tion** *n*

romántic schóol [the, °the R- S-]〔芸〕ロマン派《古典主義に反対し 18 世紀末から 19 世紀初頭にかけて起こった》.

róman týpe〔印〕ローマン体活字 (⇨ ROMAN).

Rom·a·ny /rάməni, róu-/ *n* ロマニー, ジプシー (gypsy); ロマニー語《Indic 語派に属し, 方言的差異が大きい》. ► *a* ロマニー(語)の. [Romany *Romani* (*Rom* gypsy)]

Rómany rýe /-ráɪ/ ロマニー紳士《ジプシーと交わっている人, ジプシー語[風俗]に通じた人》.

ro·man·za /rəmǽnzə/ *n*〔楽〕ロマンス, ロマンツァ《歌うような感じの短い器楽曲》. [It]

ro·maunt /roumɔ́ːnt, -mάːnt/ *n*《古》伝奇[騎士]物語.

Rom·berg /rάmbəːrg/ ロンバーグ **Sigmund** ~ (1887–1951)《ハンガリー生まれの米国のポピュラー音楽・オペレッタ作曲家》.

Rom·blon /ramblóun/ ロンブロン《**1**) フィリピン中部 Visayan 諸島北部, Sibuyan 海にある島群 **2**) その一島》.

Rom. Cath. Roman Catholic.

rom·com /rάmkɑ̀m/ *n*《口》ラブコメ (romantic comedy).

Rome /róum/ **1** ローマ (*It* Roma)《イタリアの首都; Tiber 川に臨む; 古代名 Roma》; ローマ帝国, 古代ローマ: All roads lead to ~.《諺》すべての道はローマに通ず《同じ目的を遂げるにも方策は種々ある》/ When in ~, do as the Romans (do).《諺》郷に入っては郷に従え / *R*~ was not built in a day.《諺》ローマは一日にして成らず. **2** ローマ(カトリック)教会. ● **fiddle while ~ burns** 大事をよそにして安逸にふける《Nero の故事から》. ■ the **Dúchy of ~** ローマ公領《6–8 世紀イタリア中央部に存在したビザンティン帝国の領地; 現在の Latium 州のほとんどを含む領域; その後教皇領となり, 聖ペトロの世襲領 (Patrimony of Saint Peter) と呼ばれた》. the **Tréaty of ~** ローマ条約《ヨーロッパ経済共同体 (EEC) の基本法を定めた条約; 1957 年, フランス・西ドイツ・イタリア・オランダ・ベルギー・ルクセンブルクの 6 か国によってローマで締結, 翌年 1 月 1 日発効; のちの EC の基本条約となったが, 92 年欧州連合条約で改正された》. [OE, OF and L *Roma* Rome]

Róme (Béauty)〔園〕ローム(ビューティー)《米国産の大型赤リンゴの品種で, 主に料理・スイーツ用》.

rom·el·dale /rάməldèɪl/ *n* [°R-]〔羊〕ロメルデール《良質で多量の羊毛と上等の肉がとれる米国作出の羊》. [*Rom*ney Marsh+*Ram*bouillet+Corrie*dale*]

Ro·meo /róumiòu/ **1 a** ロメオ, ロミオ《*Romeo and Juliet* の主人公》. **b** (*pl* ~**s**) 熱烈に恋する男; 《口》女好き. **2** [r-] ロメオ《前後で高く足をおおい, 伸縮性のまちのある男子用スリッパ[室内靴]》. **3** ロメオ《文字 r を表わす通信用語; ⇨ COMMUNICATIONS CODE WORD》.

Rómeo and Júliet『ロメオとジュリエット』《Shakespeare の悲劇; 創作は 1594–95 年ごろ, Good Quarto 出版は 1599 年, 上演は

1595–96 年ごろ; 仇敵同士の Montague 家と Capulet 家の, 公子 Romeo と公女 Juliet の恋愛悲劇》.

ro·mer /róumər/ *n* ローマー《地図上の地点の正確な位置を読み取るための目盛りまたは方眼付きの(プラスチック)カード》. [Carrol *Romer* (1883–1951) 英国人の考案者]

Róme·ward *a* ローマへの; ローマカトリック教への. ▶ *adv* ローマへ; ローマカトリック教へ.

Rom·ford /rámfərd, rʌ́m-/ ロムフォード《イングランド南東部 Essex 州の旧 municipal borough; 現在は London boroughs の一つ Havering の一部》.

Rom·ish /róumɪʃ/ *a* [*derog*] ローマカトリックの[的な]. ♦ **~·ly** *adv* **~·ness** *n*

Rom·many /rámənì/ *n* ROMANY.

Rom·mel /rám(ə)l/ ロンメル **Erwin** (**Johannes Eugen**) ~ (1891–1944)《ドイツの陸軍元帥; 第二次大戦において北アフリカでドイツ軍を指揮した; 通称 'the Desert Fox'》.

Rom·ney /rámni, rʌ́m-/ **1** ロムニー **George** ~ (1734–1802)《英国の肖像画家; 50 点を超える Emma Hart (のちの Hamilton 夫人) の肖像画で有名》. **2** 〘羊〙 ROMNEY MARSH.

rom·neya /rámniə/ *n* 〘植〙 ケシ科ロムニーア属 (*R-*) の低木《California 産; 白い花をつける》. [Thomas *Romney* Robinson (1792–1882) アイルランドの天文学者]

Rómney Mársh **1** ロムニーマーシュ《イングランド南東部, Kent 州南部から East Sussex 州東部にかけての海岸にシルト (silt) の沈積によってできた沿岸湿地帯; 湿地に適した羊 Romney Marsh の放牧が行なわれる》. **2** ロムニーマーシュ種(の羊)《英国 Kent 原産の肉用・長毛種》.

Rom·o·la /rámoulə, rám(ə)lə/ **1** ロモラ《女子名》. **2** ロモラ《George Eliot の小説 (1863), またその女性主人公》. [It (fem); ⇨ ROMULUS]

romp[1] /rámp/ *vi* 〈子供などが〉はねまわる, 飛びまわる, ふざけまわる, 戯れて遊ぶ 〈*around*〉; 《競走で》快走する 〈*along, past*〉, 《レース・コンテストなどに》楽勝する; 《口》《遊びで》セックスする. ● **~ ahead** 快調に進む. **~ in** [**away, home**] 《口》楽々と勝つ. **~ on** [**all over**] sb 人をしかりつける; 相手を破る. **~ through**(...) 《口》(...を)楽々とやってのける, さっと済ませる, (〈試験など〉に)楽々パスする. **~ to victory** 楽勝する. ▶ *n* **1 a** 騒々しい遊戯; 戯れ遊ぶこと; 軽快なテンポの(楽しい)物語[劇, 音楽作品]; 《遊びの》セックス. **b** 戯れ遊ぶ子供, おてんば娘. **2** 軽快な足取り; 快走, 楽勝. ● **in a ~** 楽々と〈勝つ〉. ♦ **~y** *a* [C18 <? RAMP[1]]

romp[2] *《俗》 *vt, vi* こわす; (...と)けんかする. ▶ *n* 《ギャングなどの》けんか. [Sp *romperse* to break]

rómp·er *n* はねまわる人, おてんば; [*pl*] ロンパース《下がブルーマー形の子供遊び着; また デザインがこれに似たおとなの服》.

rómper sùitᴵᴵ ロンパース (=*rompers*).

rómp·ish *a* おてんばな, ふざけまわる, はねまわる. ♦ **~·ly** *adv* **~·ness** *n*

Rom·u·lus /rámjələs/ 〘ロ伝説〙 ロームルス《ローマの建設者で初代の王; Remus と共に Mars の双生児として生まれ, 生後間もなく 2 人とも Tiber 川に捨てられたが 雌オオカミに哺育され, さらに牧羊夫によって養育された; のち, Remus と争いこれを殺害した; cf. ALBA LONGA, QUIRINUS, RHEA SILVIA》.

ROM·ware /rám⸗/, **róm·wàre** *n* 〘電算〙 ROM 用ソフトウェア, ロムウェア.

Ron /rán/ ロン《男子名; Ronald の愛称》.

Ron·ald /rán(ə)ld/ ロナルド《男子名; 愛称 Ron, Ronnie, Ronni, Ronny》. [Scand; ⇨ REGINALD]

Rónald Réagan Wáshington Nátional Áirport レーガン空港, ロナルド・レーガン・ワシントン・ナショナル空港《Washington, D.C. 郊外の Virginia 州 Arlington にある空港; 国内線専用; 1998 年に Washington National Airport から改称》.

Ron·ces·va·lles /rɔ̀ːnsəsváɪəs, ránsəvæ̀lz/ ロンセスバリェス, ロンスヴォー (F **Ronce·vaux** /F rɔ̃svo/)《スペイン北部, フランス国境に近い Pyrenees 山中の村; 退却する Charlemagne 軍を守ろうとした Roland が命を落としたといわれるロンセスバリェスの戦い (the **Báttle of ~**, 778) の舞台ロンセスバリェス峠 (the **Páss of ~**) がある》.

ron·chie /rɔ́(ː)ntʃi, rán-/ *a* *《俗》 RAUNCHY.

ron·da·vel /rándəvɛ̀l/ *n* 《南アフリカの》円形住居《通例 草ぶきの一室で客室などに使用》. [Afrik]

rond de jambe /F rɔ̃ də ʤɑ̃ːb/ (*pl* **ronds de jambe**(**s**) /—/) 〘バレエ〙 ロンドジャンブ《床上で, または跳躍中に片足で円を描く動作》. [F=circle of the leg]

ronde /ránd/ *n* ロンド (round hand)《ほぼ直立した肉太の書体》; 輪舞, ロンド; ひとしきりの会話, 一連の活動. [F (fem) < *rond* round]

ron·deau /rándou, *—⸗/ *n* (*pl* **-deaux** /-z/) **1** 〘韻〙 ロンドー体(の詩)《2 個の韻で普通 10 行または 13 行からなり, 詩の最初の語が 2 度リフレイン (refrain) として用いられる》. **2** 〘楽〙 **a** RONDO. **b** ロンドー《中世フランスの単声[多声]的歌曲の形式で, 主題[楽句]が何回も反復される》. [F RONDEL]

rondeau re·dou·blé /—⸗ rəduːbléɪ/ (*pl* **ron·deaux re·dou·blés** /—/) 〘韻〙 二重ロンドー《2 つの韻が交代する 5 つの 4 行連句からなり, 第 1 連の各行は第 2, 第 3, 第 4, 第 5 連の末句として繰り返され, 時には第 1 行の前半の数語を最終行とする 4 行からなる反歌で終わる》. [F]

ron·del /rɑ́nd(ə)l, *rɑndɛ́l/, **ron·delle** /rɑndɛ́l/ *n* **1** ロンデル体(の詩)《RONDEAU の変形で通例 14 行からなる》; ロンドー体の詩 (rondeau). **2** 輪型[球形, 円形]のもの. [OF; ⇨ ROUND[1]; cf. ROUNDEL]

ron·de·let /rànd(ə)lɛ́t, -léɪ, ⸗—⸗/ *n* 〘韻〙 小ロンドー体(の詩)《2 個の韻で 5 行からなり, 最初の(数)語が第 2 および第 5 行のあとで繰り返される詩形》.

ron·di·no /randíːnou/ *n* (*pl* **~s**) 〘楽〙 短いロンド.

ron·do /rándou, *—⸗/ *n* (*pl* **~s**) 〘楽〙 ロンド《主要主題部が反復され, 間にクプレ (couplet) がはさまれる形式の器楽曲》; ロンド形式《協奏曲やソナタの終楽章に用いる》. [It<F RONDEAU]

Ron·dô·nia /rõu(n)dóunjə/ ロンドニア《ブラジル西部の州; もと 連邦直轄領; 旧称 Guaporé; ☆Pôrto Velho》.

ron·dure /rándʒər, -d(j)ʊr; -djuər/ 《文》 *n* 円形, 球体; 《物体の》丸み. [OF; ⇨ ROUND[1]]

rone /róun/ *n* 《スコ》 雨どい.

Ro·neo /róuniòu/ *n* 〘商標〙 ロネオ《事務用機器, 特に ステンシルの原理による複写機》. ▶ *vt* [°r-] (**-ne·òed; ~·ing**) ロネオで複写する.

Ron·ga /rángə/ *n* **a** (*pl* **~, ~s**) ロンガ族《モザンビーク南部のバントゥー系農耕民》. **b** ロンガ語.

rong·geng /ráŋgɛ̀ŋ/ *n* ロンゲン《マレーの伝統的舞踊》; 《もと》踊り子. [Malay]

ron·go·ron·go /ráŋgouráŋgou/ *n* 〘考古〙 ロンゴロンゴ文字《Easter Island の古代人が木片に記した象形文字》.

ro·nin /róunən/ *n* (*pl* **~, ~s**) 浪人. [Jpn]

Rón·ne Íce Shèlf /róunə-, rʌ́nə-/ ロンネ氷棚(ひょうほう)《南極大陸の湾入部である Weddell 海の奥に位置する》.

ron·nel /rán(ə)l/ *n* 〘薬〙 ロンネル《牛を害虫から守る浸透性有機燐殺虫剤》. [もと 商標]

Ron·nie, -ni, -ny /ráni/ ロニー《(1) 男子名; Ronald の愛称 (2) 女子名; Veronica の愛称》.

Ron·sard /F rɔ̃saːr/ ロンサール **Pierre de ~** (1524–85)《フランスの詩人; Pleiad 派の中心人物》.

Röntgen, röntgen ⇨ ROENTGEN.

ron·yon /rʌ́njən, rán-/ *n* 《廃》 皮癬(ひぜん)にかかった[だらけの]動物, きたならしい生き物. [F *rogne* scab の変形か]

roo /rúː/ *n* (*pl* **~s**) 《豪口》 KANGAROO.

rood /rúːd/ *n* **1** ルード《(1) 地積の単位: =1/4 acre, ≒1011.7 m²; =1 平方 rod, ≒25.293 m² (2) 長さの単位: =5 ½–8 yards; 時に 1 rod》. **2** 《古》《キリストが処刑された》十字架; 《中世教会の内陣や聖歌隊席の入口にある》大十字架像. ● **by the** (**holy**) **R~** 十字架にかけて[誓って], 神かけて, 確かに. [OE *rōd* cross, rod]

róod àrch 教会堂の内陣正面仕切りの中央部のアーチ; 教会堂の身廊と内陣間の rood 上方のアーチ.

róod bèam 《中世教会の内陣入口の》十字架梁(はり).

róod clòth 十字架掛け布《四旬節の間キリスト十字架像をおおう布》.

róod lòft 《rood screen 上の》内陣高廊[桟敷], カンチエルリ.

róod scrèen 《教会堂の》内陣障壁 (=*jube*).

roof /rúːf, *rʊ́f/ *n* (*pl* **~s**) **1 a** 屋根, 屋上; [*fig*] 家; 屋根ふき材料: be (left) without a ~ 住むに家がない / live under the same ~ *as* [*with*] sb 人と一つ屋根の下に暮らす. **b** 屋根形の[屋根に相当する]もの, 《乗物の》屋根, ルーフ; 林冠; 〘鉱〙 天盤《鉱床・坑道などの天井をなす岩盤》; 〘登山〙 オーバーハングした岩の下面; 口蓋(こうがい) (=~ of the mouth); 〘解〙 蓋: the ~ of heaven 天蓋, 天空 / the ~ of the skull 〘解〙 頭蓋冠. **2** 最高部, 頂, (...の)屋根; 上限, 天井 (ceiling): the ~ of the world 世界の屋根《Pamir 高原》: send [push, drive] prices through the ~ 価格を急騰させる. ● **fall off the ~** *《俗》 生理になる. **have a** [**no**] **~ over** one's **head** 住む家がある[ない]. **hit** [**go through**] **the ~**=《口》 hit the CEILING. **You'll bring the ~ down!** 《口》 声が高い, うるさいなあ! RAISE **the ~**. **the ~ falls** [**caves**] **in** *《俗》 大惨事が起こる. **under** sb's **~** 人の家に(泊めてもらって), 人の世話になって. ▶ *vt* **1** ...に屋根を付ける, 屋根でおおう 〈*in, over*〉; 〈...で〉...に屋根をふく 〈*with*〉. **2** 屋根のようにおおう 〈*in, over*〉; 屋内に入れる; 保護する. ♦ **~·like** *a* [OE *hrōf*; cf. ON *hrōf* boat shed]

róof·age *n* ROOFING.

róof·bòard *n* 野地(板)《屋根ふきの下地》.

róof bòlt 〘鉱〙 ルーフボルト《坑道の天井を上の地層に固定するための鋼鉄棒》. ♦ **róof-bòlt·ing** *n*

róof bòx ルーフボックス《車の屋根に積む荷物入れ》.

roofed /rúːft, *rʊ́ft/ *a* 屋根のある; [*compd*] ...屋根の: a ~ wagon 有蓋貨車 / flat-~ 平屋根の / thatch-~ 草ぶき屋根の.

róof·er *n* 屋根職人; ᴵᴵ《口》 ごちそうの礼状.

róof gàrden 屋上庭園; 庭園付きの屋上レストラン[ナイトクラブ].

róof·guàrd *n* 《軒に取り付ける》雪止め.

roof·ie /rúːfi/ *n* *《俗》 ルーフィ《意識が薄れ, 記憶喪失をもたらす強力な鎮静剤》.

róof·ing *n, a* 屋根ふき(用の); 屋根ふき材; 屋根.
róofing fèlt 屋根ぶきフェルト.
róofing nàil 屋根釘, ルーフィング釘.
róof·less *a* 屋根のない; 宿無しの.
róof·lìne *n* 屋根の形[輪郭], ルーフライン.
róof prìsm ダハプリズム《像の上下を反転させるプリズムの一面を直角に交わる屋根状の左右 2 面とすることで, 単体で像の向きの上下・左右を反転させるプリズム; 双眼鏡などに用いられる;「ダハ」はドイツ語 *Dach* roof から; cf. PORRO PRISM》.
róof ràck" 《自動車の》ルーフラック, 屋根上荷台.
róof ràt 〘動〙エジプトネズミ《クマネズミの一種》.
róof·scàpe *n* 屋根の風景, 屋根のつくる景色.
róof tèrrace 屋上テラス.
róof·tòp *n, a* 《ビルなどの》屋根[屋上](の). ● **shout** [**cry, preach, proclaim,** etc.]...**from the ~s** ⇨ HOUSETOP.
róof·trèe *n* 棟木 (ridgepole); 屋根 (roof): under one's ~ 自宅で.
róoi·bos téa /rɔ́ɪbɒ̀s-/ 《南ア》ルイボス茶《マメ科植物 *Aspalathus linearis* の葉から製する茶; 強壮作用があるといわれる》. [Afrik (*rooibos* red bush)]
rooi·kat /rɔ́ɪkæ̀t/ *n* 《南ア》CARACAL《羊などの害獣》. [Afrik＝red cat]
roo·i·nek /rɔ́ɪnɛ̀k/ *n* 《南ア》[ᵁ*derog*] 新参者, 《特に》英国からの移民, 英人. [Afrik＝redneck]
rook[1] /rʊ́k/ *n* 〘鳥〙ミヤマガラス《旧世界産》; 〘鳥〙アカオタテガモ (ruddy duck); 《口》詐欺師; 《口》詐欺, ペテン; 《俗》新米; 《俗》新兵. ► *vt, vi* 《口》だます, カモにする, …からだまし取る[不当な代金を取る], ぼる. [OE *hrōc*<?imit; cf. G *Ruch*]
rook[2] *n* 〘チェス〙ルーク (＝*castle*)《飛車に似た動きをするコマ; 略 R》. [OF<Arab]
róok·ery *n* ミヤマガラスの群生地[群れ]; 《アザラシ・ペンギンなどの》集団繁殖地[営巣地], ルッカリー; *HERONRY; 《群生動物の》群れ, コロニー; 《ごたごたと人が住む》共同住宅, 貧民窟; 同じような人(など)が群れる場所.
rook·ie, rook·ey, rooky /rʊ́ki/ 《口》 *n* 新兵, 初年兵, 新米警官; 初心者, 新米 (novice); *《プロスポーツチームの》新人選手, ルーキー. ► *a* 新米の, 新人の. [*rook*[1] にならって RECRUIT から]
róok pìe ミヤマガラスのひなの肉で作ったパイ.
róok rìfle ミヤマガラス射撃用ライフル.
róoky[1] *a* ミヤマガラス (rooks) の多い[しばしば集まる].
rooky[2] ⇨ ROOKIE.
room /rúːm, rʊ́m/ *n* **1 a** 室, 間, 部屋《略 rm》; [*pl*] 一組の部屋, 下宿部屋, 借間; [*euph*] トイレ (lavatory); *《俗》PAD ROOM. **b** [ᵁthe] 一室にいる人びと. **2** 場所, 空間, 空き場所, 余地: There is always ~ at the top. 《諺》最上の地位はいつでも空いている《トップに立つ[のし上がる]余地はいつだって残されている》/ leave ~ for…のために余地を残す. **3** 《行動・考えなどの》余地, 余裕 〈*for*〉. **4** 《廃》《指定の》場所, 席; 《廃》地位, 職. **5** 《鉱山の》切羽(きりは) (＝*breast, stall*). ● **give ~** 退く; 身を引いて人に機会を与える 〈*to*〉. **Go to your ~!** 《俗》出て行け, あっちへ行け. **in** (**the**) **~ of**… 《まれ》…の代わりに. **leave the ~** 《口》トイレに行く. **make ~** 場所を空ける, 席を譲る 〈*for* a lady〉. **no more ~s** *《俗》〈人・演奏が〉これ以上ない, 最高で. **not be** [**have enough**] **~ to swing a** CAT[1]. **~** (**and**) **to spare** (…にとっての)十分なスペースの余裕 〈*for*〉. **~ for rent** *《俗》ばか者, とんま《頭がからっぽでその空間を貸し出せるほどだの意》. **take up ~** 場所を取る[ふさぐ]. (**there is**) **no ~ at** [**in**] **the inn** 受け入れる部屋[場所]がない《*Luke* 2:7》. **would rather have** sb**'s ~ than his company** 彼はいないほうがいい.
► *vi* *下宿する, 一室を占める 〈*at*〉; ルームシェアをする 〈*with, together*〉. ► *vt* 〈客を〉泊める, 〈下宿人〉に部屋を貸す; 〈客などを〉部屋に案内する[落ちつかせる]. ● **~ in**＝LIVE[1] in.
[OE *rūm*; cf. G *Raum*; 'spacious' の意]
róom and bóard* 宿泊と食事 (bed and board), 食事付きの部屋[賄い付き貸間](の料金).
róom clèrk 客室係《ホテルで部屋の割当てなどをする》.
róom divìder 間仕切り《ついたて・戸棚など》.
roomed /rúːmd, rʊ́md/ *a* [*compd*] …間(ま)ある: a three-~ house.
róom·er *n* *間借り人; 《特に 賄いなしの》止宿人.
room·ette /rʊmɛ́t, rʊm-/ *n* 〘米鉄道〙ルーメット《寝台車の個室》; 《寮などの》小部屋.
róom·ful *n* 部屋いっぱい(のもの); 満座[列席]の人びと.
róom·ie *n* *《口》ROOMMATE.
róom·ing hòuse* 下宿屋, アパート (lodging house).
róom·ing-ín *n* 母子同室《病院で新生児を乳児室に置かず 母親のそばに置くこと》.
róom·màte *n* 同宿[同室, 同居]人, ルームメート; 同棲者.
róom of reconciliátion 〘カト〙和解室《神父と悔悛者がスクリーンをはさんで向かい合い, 懺悔する》.
róom sèrvice ルームサービス《ホテルなどで客室に食事などを運ぶこと》; 《ホテルなどの》ルームサービス係[課].
róom tèmperature 《通常の》室温《20°C くらい》.
Róom with a Víew [A ~]『見晴らしのある[眺めのいい]部屋』《E. M. Forster の小説 (1908)》.
róomy[1] *a* 〈家など〉広い, 広々とした, 大きい; 〈服などがゆったりした; 〈雌の哺乳動物が〉安産型[体形]の. ♦ **róom·i·ly** *adv* **-i·ness** *n*
róomy[2] *n* 《口》ROOMIE.
Roo·ney /rúːni/ ルーニー **Mickey ~** (1920–)《米国の映画俳優; 本名 Joe Yule, Jr.; 1940 年代 Andy Hardy シリーズで少年俳優として人気を呼んだ》.
roop /rúːp/ *n* ROUP[2].
roor·back, -bach* /rʊ́ərbæ̀k/ *n* 《選挙前などに政敵に対して放つ》中傷のデマ. [Baron von *Roorback*; 1844 年の大統領選の候補者 James K. Polk を中傷する記事が載っているという架空の書物 *Roorback's Tour through the Western and Southern States* (1836) の著者]
roose /rúːz/ 《スコ》 *n* 自慢; 賞賛. ► *vt, vi* 激賞[賞揚]する. [ON *hrósa*]
Roo·se·velt /róʊzəv(ə)lt, -v(ɛ̀)lt/ **1** ローズヴェルト《男子名》. **2** ローズヴェルト (**1**) (**Anna**) **Eleanor ~** (1884–1962)《米国の著述家・外交官・社会運動家; Theodore ~ の姪, Franklin D. ~ の夫人; 国連代表 (1945, 49–52, 61)》 (**2**) **Franklin D**(**el·a·no**) /dɛ́lənòʊ/ ~ (1882–1945)《米国第 32 代大統領 (1933–45); 民主党; 大恐慌に New Deal 政策で対応, 第二次大戦で連合国側に立って戦争を遂行, 戦後構想をまとめた; 略 FDR》 (**3**) **Theodore ~** (1858–1919)《米国第 26 代大統領 (1901–09); 共和党; トラストの規制, 労働者保護などに取り組む一方, ヨーロッパ・アジアで積極外交を行なった; 日露戦争を調停し, ノーベル平和賞 (1906)》. **3** [Rio /ríːu/ ~] ローゼヴェル川《ブラジル中西部 Mato Grosso 州に源を発し, 北流して Aripuanã 川に合流する》. [Du＝rose field]
Roo·se·velt·ian /ròʊzəvɛ́ltiən, -ʃiən/ *a* ローズヴェルト (Franklin D. Roosevelt もしくは Theodore Roosevelt) の政策の; ローズヴェルト主義の; ローズヴェルト支持派の.
roost[1] /rúːst/ *n* **1** 《鳥の》とまり木; 鶏小屋; ねぐら, 《一群の》ねぐらの鳥. **2** 休み場所, 宿, 寝所, 寝床, 《自分の》家. ● **at ~** ねぐらについて; 〈人が〉眠って. **come home to ~** もとへ帰る, わが身にはね返る, 身から出たさびとなる: CURSES (, like chickens,) *come home to* ~. **go to ~** ねぐらにつく; 〈人が〉寝る. **rule the ~** 《口》《一家・集団などを》支配する, 牛耳る. ► *vi* **1** とまり木にとまる, ねぐらにつく; 着席[着座]する. **2** 床につく; 泊まる, 一夜の宿をとる. ► *vt* …に休息所を与える. [OE *hrōst*; cf. G *Rost* grid]
roost[2] *n* [the, ᵒthe R-] スコットランド Orkney, Shetland 諸島近くの激しい潮流. [ON *röst*]
róost·er *n* **1** *雄鶏, おんどり (cock); 《鶏以外の》雄鳥. **2** 《口》生意気な男, 気取り屋; *《俗》《性的に》盛んな男; 《俗》《若いのをえじきにする》ホモ; *《古俗》尻, けつ.
róoster tàil モーターボート[車, スキーヤー]が立てる波しぶき[土ぼこり, 雪煙].
root[1] /rúːt, *rʊ́t/ *n* **1 a** 根《RADICAL *a*》; 《植物の》地下部《根・根茎・地下茎など》; [*pl*] "根菜類; 草木. **b** 《歯・髪・爪・神経などの》根; 根元, 付け根, 底; 基底; 麓; 〘機〙《ねじの》谷底. **c** 《俗》男根, ペニス; 《豪卑》性交, セックス(の相手). **2** 根源, 元, 原因; 根本, 核心, 基礎: the ~ of it [the trouble] 問題の根本(的原因). **3** [*pl*] 《人びと・土地などとの》深い結びつき, きずな; [*pl*] 《社会的・文化的・民族的な》出自, 故郷, ルーツ; 始祖, 先祖, 祖先; 〘聖〙子孫. **4** 〘文法〙語根 (etymon) (cf. STEM[1]); 〘数〙(累乗)根 (radical)《符号 $\sqrt{\ }$; cf. SQUARE ROOT, CUBE ROOT》; 〘数〙《方程式の》根; 〘楽〙基音, 根音 (＝~ **nòte**). **5** *《俗》(紙巻き[葉巻き])タバコ; *《俗》マリファナタバコ. **6** 《俗》(尻を)けとばすこと. ● **by the ~**(**s**) 根こぎに, 根こそぎ: pull up a plant *by the* ~ 根こぎにする. **get at** [**go to**] **the ~ of** a matter 事の根本を調べる, 事物の真相をきわめる. **pull up** one**'s ~s** 定住地を離れて新しい所へ移る. **put down ~s** 居を構える, 根をおろす. **~ and branch** 完全に, 全く, 徹底的に, 全面的に. **strike at the ~** [**~s**] **of**…の根絶をはかる. **take** [**strike**] **~** 根がつく; 定着する. **the ~ of the matter** 〘聖〙事物の根底, 本質的部分《*Job* 19:28》: He has *the ~ of the matter* in him. 根本的なものがある, しっかりしている. ► *vt* **1** 根付かせる, 根深く植え付ける; 定着させる, 動けなくする《根が生えたように》. **2** 根こぎにする, 根絶する 〈*out, up, away*〉. **3** 《豪卑》…とセックスする; 《豪俗》だめにする, 疲れはてさせる; 《俗》(…の尻を)けとばす. ► *vi* 根付く; 定着する; 〈…に〉根[起源]をもつ 〈*in*〉; 《豪卑》セックスする 〈*with*〉; 《俗》(尻を)けとばす. ● **~** [**rivet**] sb **to the ground** [**spot**] 《恐怖・驚きなどで》人をその場に釘付けにする: stand ~*ed to the spot* (with fear) (おびえて)立ちすくむ. ► *a* 根の; 根本の: a ~ idea 根本観念 / a ~ fallacy 根本的な誤謬. ♦ **~·lìke** *a* [OE *rōt*<ON; cf. WORT[2], RADIX]
root[2] *vi* 〈豚などが〉鼻で(地面を)掘って食べる物を捜す; 捜す, 捜し出す 〈*out, up, among, in*〉; 物を捜してかきまわす 〈*about, around*〉; 《口》懸命に[あくせく]働く; *《俗》《豚のように》がつがつ食う, がっつく. ► *vt* 鼻で掘る[掘り返す, ひっくり返す]; 捜し出す, 探り出す 〈*out, up*〉; *《俗》強奪する 〈*against, on*〉. ► *n* 鼻で捜しまわること: have a ~. ● **R~ hog or die.** *《俗》懸命にやらなければおしまいだ, やるっきゃない. [C16 *wroot*<OE *wrōtan* and ON *róta*]

root[3] *«口» *vi, vt* (にぎやかに)応援する, (…に)声援を送る (cheer), 《一般に》応援[支援]する ‹*for*›. ● **～** sb **on** 人を励ます[鼓舞する]. ► *n* ROOTER[2]. ［C19 ‹ ? ROUT[2]］

Root ルート **Elihu ～** (1845–1937)《米国の法律家・政治家; ノーベル平和賞 (1912)》.

róot·age *n* 根付き; 定着; 根《一植物の根全体をいう》; 物事の根源[起源].

róot-and-bránch *a* 完全な, 徹底的な, 全面的な, 抜本的な: a ～ solution [reform].

róot bàll 根巻き《木や灌木の植栽に使用される根と土壌を集めて球形にしたもの》; 根鉢《鉢植えの植物の根と土が容器の中で球形になったもの》.

róot bèer* ルートビアー《サルサ根・ササフラス根などの汁から作る, ほとんどアルコール分のないコーラに似た飲料》.

róot bòrer 根食い虫.

róot-bòund *a* いっぱいに根を張った, POT-BOUND; 住み慣れた場所を離れたがらない, 根が生えた.

róot canàl 〖歯〗(歯)根管; ROOT CANAL THERAPY.

róot canàl thèrapy 〖歯〗根管治療.

róot càp 〖植〗根冠《根の先端の生長点をおおう》.

róot cèllar* 根菜類貯蔵庫[室], むろ.

róot cìrcle DEDENDUM CIRCLE.

róot clìmber 〖植〗攀縁(はんえん)根植物.

róot cròp 需根作物, 根菜 (=*root vegetable*)《根が食用の大根・サツマイモなど》.

róot dirèctory 〖電算〗ルートディレクトリー《DOS や UNIX などの階層化されたファイルシステムで, ファイルシステムの起点となる最上位のディレクトリー》.

róot·ed *a* **1** 根をおろした; 定着した; 根深い (deep-rooted); 根のある; 〖解〗根で付着した《歯など》. **2**《豪俗》疲れた, へばった; 《豪俗》挫折した, やられた; 《豪俗》だめになった, ぶっこわれた. ● **Get ～!** 《豪俗》引っ込んでろ, ばか野郎! ♦ **～·ly** *adv* **～·ness** *n*

róot·er[1] *n* 鼻で地面を掘る動物. ［*root*[2]］

rooter[2] *n* *«口» 熱狂的な応援者[支持者, ファン]. ［*root*[3]］

róoter skùnk 〖動〗ブタバナスカンク (hog-nosed skunk).

róot gìnger 根ショウガ《日本や中国で普通に使うショウガ》.

róot gràft 〖園〗根接ぎ; 〖植〗根連なり.

róot hàir 〖植〗根毛.

róot·hòld *n* 根張り; 根張りのよい土地.

róot·ing còmpound 〖園〗発根剤《植物生長物質 (auxins) を含んだ配合剤》.

root·in'-toot·in' /rúːtɪntúːtɪn/ *«俗» *a* 騒々しい, にぎやかな; 元気のいい, 精力的な; 興奮[わくわく]させる, 刺激的な; (いま)評判[話題]の. ［*root*[3], *toot*[1]］

róot knòt 〖植〗根瘤(こんりゅう)《線虫による》.

róot-knòt nèmatode 〖動〗根瘤線虫.

roo·tle" /rúːtl/ *vi, vt* ROOT[2].

róot·less *a* 根のない; 不安定な; 社会から疎外された, 根なし(草)の. ♦ **～·ly** *adv* **～·ness** *n*

róot·let *n* 小根; 支根.

róot-méan-squáre *n* 〖数〗二乗平均(平方根).

róot nòdule 〖植〗根粒.

róot pòsition 〖楽〗根音[基本]位置《和音の根音をバスにもつ形》.

róot prèssure 〖植〗根圧《導管内の水を上方に押し上げる根に生じる水圧; 主に 浸透圧による》.

róot ròt 〖植〗根腐れ.

róot-rùn 《植物の》根が張る範囲.

róot sìgn 〖数〗根号 (radical sign)《√ 》.

róots músic 民族音楽, ルーツミュージック (world music); レゲエ (reggae)《特に 商業化されていないもの》.

róot·stàlk *n* 〖植〗根茎 (rhizome).

róot·stòck *n* 〖植〗根茎; 《接ぎ木用の》台木(となる根); 〖動〗ヒドロ根; 根源, 起源.

rootsy /rúːtsi/ *a* ‹音楽が›商業主義に冒されていない; 根をおろした, 伝統的な, 民族特有の.

róot trèatment 〖歯〗根管治療 (root canal therapy).

róot vègetable 根菜 (root crop).

róot·wòrm *n* 植物の根を食う昆虫の幼虫, 根切り虫; 植物の根を害す線虫.

róoty[1] *a* 根の多い; 根状の; *«俗» 性的に興奮した, 発情した.

rooty[2] *n* "《軍俗》パン (bread). ［Urdu; cf. ROTI］

rooty-toot /rúːtitúːt/ *n* *«俗» 古臭い音楽, 昔ふうの演奏スタイル.

róoty-tòot-tóot *int* お高くとまるな, お上品ぶるな!

roove /rúːv/ *n* リベットを作る前にはめる座金 (rove).

ropable ⇨ ROPEABLE.

rope /róup/ *n* **1 a** ロープ, 縄, 綱, 索, 細引き; 綱渡りの綱; *投げ縄, 輪縄 (lasso). **b** [the] 絞首索, 絞首刑. **c** [the ～s] 《ボクシングリングなどの》ロープ; [*pl*] なわばり. **d** 測量索, ロープ《尺度: =20 ft.》. **2** ひとつなぎ, 一連; 糸状の粘質物《パン生地・ワインなどに生じる》: a ～ of onions 一さげのタマネギ. **3** [the ～s]《仕事などの》秘訣, こつ (knack)《帆船の数多いロープ(の扱い)の意から》: know *the ～s* こつ[勝手]を知っている, 事情に明るい / learn *the ～s* 仕方を学ぶ, こつをおぼえる / put sb up to *the ～s*=show [teach] sb *the ～s* 人にこつを教える. **4**〖建〗縄飾り. **5**〖野〗ライナー (line drive). **6** *«俗» 葉巻; *«俗» タバコ (tobacco); *«俗» マリファナ, マリファナタバコ《hemp rope の hemp から》. ● **a ～ of sand** 薄弱な連合, 頼むに足りないもの. **be at [come to] the end of** one's **～** 我慢の限界である; 万策尽きる, 進退きわまる《綱でつながれた動物がある所から先には動けなくなることから》. **be outside the ～s** «俗» こつ[呼吸]を知らない, 門外漢である. **give** sb **enough ～**《いずれ自滅をまねくことを期待して》人に自由勝手にさせる, したい放題のことをさせておく《次の諺に由来: *Give* a thief *enough ～* and he'll hang himself. 勝手にさせておけば泥棒は自然に身を滅ぼすものだ》. **give** sb **plenty of [some] ～** 人に自由勝手に[ある程度自由勝手に]させる, やりたいようにやらせる. **Go piss up a ～.** *«卑» どことなりとっととうせな, (うるせえ)消えっちまいな. **jump [skip] ～** 縄跳びをする. **on the high ～s** 得意になって; 高慢で. **on the ～** ‹登山家が›互いにロープで体をつなぎ合って. **on the ～s** 〖ボク〗ロープにもたれて; «口» 打ちのめされて, 全く窮して, 困って.
► *vt* **1** 縄で縛る ‹*up, together*›; ‹登山者を›ロープでつなぐ, アンザイレンする ‹*up*›; ロープで助ける; *輪縄で捕える (lasso); ロープで引っ張る: ～ in ⇨ 成句. **2** 縄で囲う[仕切る], 縄張りする ‹*in, off, out, round*›. **3**"〖競馬〗勝たせぬように‹馬を›抑える. ► *vi* **1** ねばねばになる, 糸を引く. **2**"〖競馬〗(馬を)勝たせないように抑える, ‹競技者が›全力を出さない《負けるため》. **3** ‹登山者が›ロープで体をつなぐ ‹*up*›; ロープにつかまって動く ‹*down, up*›. ● **～** sb **in [into doing…]** «口» 人を誘い込む, 参加[荷担]させる, 引っ張り込む, 説き伏せる, 誘い込んで…させる; «口» だます (cheat, swindle).
♦ **～·like** *a* ［OE *rāp*; cf. G *Reif* ring, circlet］

rope·able, rop·able /róupəb(ə)l/ *a* 縄をかけられる; «豪» ‹動物が›御しにくい, 野生の; «豪口» ‹人が›おこった (angry).

rópe-a-dópe *n* 〖ボク〗ロープアドープ《ボクシングの戦法の一つ; ロープによりかかって前面を手でおおい, 相手に有効でないパンチを打たせ消耗させる; Muhammed Ali が選手生活晩年に多用した》: play ～《相手の攻撃に》じっと耐えて反撃の機会を待つ.

rópe·dànce *n* 綱渡り. ♦ **-dàncing** *n* 綱渡り(芸).

rópe·dàncer *n* 綱渡り芸人.

rópe ènd ROPE'S END.

rópe làdder なわばしご.

rópe·màking *n* 縄ない, 縄製造, 製綱法.

rópe·man·shìp /-mən-/ *n* 綱渡り芸; ロープで登る技術.

rópe mòlding 〖建〗縄形繰形(くりかた).

rópe quòit 《船上でする輪投げの》縄製の投げ輪.

rop·er /róupər/ *n* ROPE を作る人; 《投げ縄で牛馬を捕える》カウボーイ; 《賭場へ人を誘う》おとり; 探偵; スト破りを誘う者; 八百長騎手; 帽子のつば作り職人.

rop·ery /róupəri/ *n* 縄製造場; «古» 悪ふざけ.

rópe's énd 縄むち《昔 特に船員を罰するのに用いた》; 絞首索.

rópe·sìght *n* 〖鳴鐘〗ロープサイト, 綱さばき《CHANGE RINGING において, いつロープを引いて鐘を鳴らすかの判断[技術]》.

rópe stìtch 〖刺繍〗ロープステッチ《小さな斜めのステッチを重ねていく》.

rópe tòw 〖スキー〗ロープトウ《スキーヤーがつかまってスロープの上へ引き上げられるスキー場の回転ロープ》.

rópe·wàlk *n* 縄製造場《通例 細長い通路》.

rópe·wàlk·er *n* 綱渡り芸人. ♦ **rópe·wàlk·ing** *n*

rópe·wày *n* 索道, ロープウェー; 空中ケーブル.

rópe·wòrk *n* 縄工場; ロープ製作法; ロープの使い方, ロープワーク.

rópe yàrd 縄製造場 (ropewalk).

rópe yàrn 《縄の》もと子; [*fig*] つまらぬこと[もの], 瑣事.

Rópe·yàrn Sùnday «俗» 縄ない休日《特に 海軍などで仕事がない午後[半休]のこと》.

rop·ing /róupɪŋ/ *n* ROPE 作り, 縄ない; 索類, 綱具類 (cordage).

ropy, rop·ey /róupi/ *a* **1** rope のような; ねばねばする, 粘着性の; 《腐って》べとつく, 糸を引く; 筋肉質の, 筋張った. **2**"«口» ‹人・行為が›パッとしない, さえない, のろい, ‹物が›質の悪い, ひどい; 体調が悪い.
♦ **róp·i·ly** *adv* **róp·i·ness** *n*

roque* /róuk/ *n* ローク《CROQUET の一種で, 短い木槌を使い 低い壁に囲まれた堅いコートで行なう》. ［*croquet*］

Roque·fort /róukfərt; rɔ́kfɔːr/ 〖商標〗ロックフォール《羊乳で造った風味の強いブルーチーズ》. ［南フランスの産地］

ro·que·laure /rɔ́kəlɔ̀ːr, ròk-, ⸗⸗⸗; rɔ́kəlɔːr/ *n* ロクロール《18 世紀に用いられたひざまでの男子用外套》. ［F; Duc de *Roquelaure* (1656–1738) フランスの陸軍元帥］

ro·quet /roukéɪ; róuki, -keɪ/ 《クロッケー・ローク》*vt, vi* ‹打者が›自分のボールを‹相手のボール›にあてる; ‹自分のボールが相手のボール›にあたる.
► *n* ボールをあてる[ボールがあたる]こと. ［? *croquet*］

ro·quette /roukét/ *n* 〖植〗キバナスズシロ (arugula). ［F (ROCKET[2])］

Ro·rai·ma /rɔːráɪmə/ **1** ロライマ《ブラジル北部の州; ☆Boa Vista; もと連邦直轄地》. **2** [Mount] ロライマ山《南米北部 Pacaraima 山脈の最高峰 (2810 m); 平坦な山頂部をもつ; ベネズエラ・ガイアナ・ブラジル国境にまたがる》.

ro·ral /rɔ́ːrəl/, **ro·ric** /rɔ́ːrɪk/ *a* 《古》露の(ような) (dewy). [L *ror- ros* dew]

ro-ro /róuròu/ *a* ロー·ロー式の (roll-on roll-off). ► *n* [Ro-Ro] RO-RO SHIP.

ró-ro shìp ロー·ロー船《荷物を積んだトラックやトレーラーを輸送する》.

ror·qual /rɔ́ːrkwəl, -kwɔ̀ːl/ *n* 〘動〙ナガスクジラ (finback). [F < Norw (*hvalr* whale)]

Ror·schach /rɔ́ːrʃɑ̀ːk; *G* róːrʃax, rɔ́r-/ *n* **1** ロールシャハ《スイス北東部 Constance 湖南岸の町》. **2** RORSCHACH TEST. ► *a* ロールシャッハテストの.

Rórschach tèst 〘心〙ロールシャッハテスト (=**Rórschach ínk-blot tèst**)《インクのしみのような模様を解釈させて診断する性格検査》. [Hermann *Rorschach* (1884–1922) スイスの精神科医]

rort /rɔ́ːrt/ 《俗》*n* 《豪》計略, 詐欺, ペテン; 《豪》群集; 《豪》どんちゃん騒ぎ. ► *vi* 大声をあげる, 声高に文句を言う; 《競馬で》賭け率を言う; 《豪》不正をはたらく. ► *vt* 《豪》不正に操作する, ごまかす. [逆成く↓]

ror·ty /rɔ́ːrti/, **raugh·ty** /rɔ́ːti/ ‖《俗》*a* 愉快な, 陽気な; すてきな, いい; 騒がしい, ばか騒ぎする; 品の悪い, 粗野な; 滑稽な. [C19 <?]

Ro·ry /rɔ́ːri/ **1** ローリー《男子名》. **2** [ᵒr-] ‖《韻俗》 **a** 戸, ドア (door). **b** 売春婦 (whore). **c** 床 (floor). ● **on the ~** ‖《韻俗》無一文で, すかんぴんで (on the floor). [2 は Rory O'More (19 世紀のバラッドに歌われるアイルランド人の名) と押韻]

Ro·sa /róuzə/ **1** ローザ《女子名》. **2** ローザ **Salvator ~** (1615–73)《イタリアの画家·銅版画家·詩人》. **3** [Mon·te /mɑ́unti/] モンテローザ《スイスとイタリアとの国境にある Pennine Alps の最高峰 (4634 m)》. [It, Sp; ⇨ ROSE¹]

Ro·sa·bel /róuzəbɛ̀l/ ローザベル《女子名》. [*Rosa*, *-bel* (cf. CHRISTABEL)]

ro·sace /rouzéɪs; ←/ 〘建〙*n* ばら花形飾り; ばら花形意匠; ばら形窓. [F<L (↓)]

ro·sa·cea /rouzéɪʃiə/ *n* 〘医〙ACNE ROSACEA. [L=rose-colored]

ro·sa·ceous /rouzéɪʃəs/ *a* 〘植〙バラ科 (Rosaceae) の; バラのような, ばら花形の; ばら色の. [L; ⇨ ROSE¹]

Ro·sa·lia /rouzéɪliə/ ロゼーリア《女子名》. [F<L=festival of roses]

Ro·sa·lie /róuzəli, rɑ́z-/ ロザリー《女子名》. [↑]

Ros·a·lind /rɑ́zələnd, *róu-/ **1** ロザリンド《女子名》. **2** ロザリンド《(1) Shakespeare, *As You Like It* の主人公; 弟に所領を奪われ Arden の森林中に隠遁する公爵の娘; Orlando の恋人; 男装して Ganymede と称し, Arden に行く (2) Spenser, *The Shepheardes Calender* で恋愛の対象としてうたわれる女性》. [Sp<?Gmc=horse snake; Sp *rosa linda* beautiful rose と誤ったもの]

ro·sa·line /róuzəlìːn/ *n* ロザリンレース《ベルギーなどの精巧な bobbin lace, 特に rose point デザインのもの》. [C20<? F]

Ros·a·line /rɑ́zəlàɪn/ **1** ロザライン《女子名》. **2** ロザライン《(1) Shakespeare, *Love's Labour's Lost* に登場するフランス王女の侍女 (2) *Romeo and Juliet* 中の人物; Juliet に会う以前の Romeo の恋人; 登場はしない》. [ROSALIND]

Ros·a·mond, -mund /rɑ́z(ə)mənd, róuz-; rɔ́z-/ **1** ロザモンド《女子名》. **2** ロザモンド **~ Clifford**, ['**Fair ~**'] (c. 1140–c. 76)《イングランド王 Henry 2 世の寵妃; 伝説では王妃 Eleanor の嫉妬をうけ殺された》. [Gmc=horse+protection; L *rosa munda* fine rose または rose of the world と連想された]

ros·an·i·line /rouzǽn(ə)lən, -lìːn, -làɪn/ *n* 〘化〙ローザニリン《赤色染料; その塩基》. [L *rosa* ROSE¹, *aniline*]

ro·sar·i·an /rouzέəriən/ *n* **1** バラ栽培者, バラ園芸家. **2** [R-] 〘カト〙ロザリオ会 (Fraternity of the Rosary) 会員.

Ro·sa·rio /rousɑ́ːriòu, -zɑ́ː-/ ロサリオ《アルゼンチン中東部の Paraná 川に臨む市》.

ro·sar·i·um /rouzέəriəm/ *n* (*pl* **~s, -ia** /-iə/) バラ園. [L; ⇨ ROSE¹]

ro·sa·ry /róuz(ə)ri/ *n* **1** 〘カト〙ロザリオ《ロザリオの祈りに用いる数珠(ᵌᵘ)》; [ᵒR-] ロザリオの祈り(の祈禱書); 《他宗派·宗教での》数珠. **2** バラ園, バラの花壇; 《古》花輪. [L ↑]

rósary pèa 〘植〙トウアズキ (=*Indian licorice, jequirity*)《マメ科のつる性低木; アズキ大の実が美しくビーズとして用いる》.

Ros·ci·an /rɑ́ʃ(i)ən; rɔ́ʃiən, rɔ́s-/ *a* 演技の; 演技のすぐれた, 名演技の. [ROSCIUS]

Ros·ci·us /rɑ́ʃ(i)əs; rɔ́ʃiəs, rɔ́s-/ **1** ロスキウス (*L* Quintus ~ Gallus) (d. 62 B.C.)《ローマの俳優; ローマ最高の喜劇俳優と目される》. **2** 名優.

Ros·coe /rɑ́skou/ **1** ロスコー《(1) 男子名 (2) 名前のわからない人への呼びかけの名》. **2** [ᵒr-] *《俗》ピストル. [OE=roe+wood; もと家族名]

ros·coe·lite /rɑ́skoulàɪt/ *n* 〘鉱〙バナジン雲母《白雲母で一部のアルミニウムがバナジウムで置換されたもの》. [Sir Henry *Roscoe* (1833–1915) 英国の化学者]

Ros·com·mon /rɑskɑ́mən/ ロスコモン《(1) アイルランド中部 Connacht 地方の県 (2) その県都》.

rose¹ /róuz/ *n* **1 a** バラ(の花), 薔薇《イングランドの国花》; 《広く》バラ属の各種植物: (There is) no ~ without a THORN. 《諺》とげのないバラはない, 世の中に完全な幸福はない / The fairest ~ is at last withered. 《諺》いかに美しいバラもいつかはしおれる / A ~ by any other name would smell as sweet. バラはほかに何と呼ばれようと香りのよいもの《Shak, *Romeo* 2. 2. 43》. **b** [*pl*] 安楽な[都合のいい]状況, 楽な仕事 (⇨ 成句). **2** ばら色, ローズ《あざやかな赤》; バラの香り; バラの香料; [ᵘ*pl*] ばら色の顔色. **3 a** ばら模様; 《靴·帽子の》ばら花飾り, ばら結び; 〘建〙円花飾り; CEILING ROSE; 円座; 円花窓, 車輪窓. **b** 《じょうろなどの》散水口. **c** 〘宝石〙ローズ形, ローズカット, ローズカットの宝石[ダイヤモンド] (rose cut)《底部は平面で, その上に多くの三角小面をもつ》. **d** COMPASS CARD, 《地図などに描かれている》羅針儀の方位を印した円盤; 〘数〙ばら形曲線. **4** [the] 花形, 名花, 美人. **5** [the] 《口》丹毒 (erysipelas). **6** *《病院俗》人事不省の患者, 重患. ● **a ~ is a ~ is a ~** バラはバラ《それ以上でも以下でもない》. **a** BED OF ROSES. **a blue ~** ありえないもの, できない相談. **come out** [**up**] **smelling like** [**of**] **~s**=**come out smelling like a ~** 《口》《むずかしい状況を》無傷で切り抜ける, どうにか体面を保つ. **come up ~s** 《口》(思ったよりずっと)うまくいく, [進行形で] 順調である. **gather (life's) ~s** 歓楽を追う. **not all ~s** のんきなことばかりではない: Life is *not all ~s.* 人生は楽しい事ばかりではない. **a path strewn with ~s** 歓楽の生活. **pluck a ~** 《口》[*euph*]〈女性が〉用足しをする. **~s all the way** 安楽な, ばら色の. **smell like a ~** *《口》潔白である. **the** WARS OF THE ROSES. **the white ~ of virginity** [**innocence**] 白バラのような清浄[無垢(ᵏ)]. **under the ~** 秘密に, 内証で《昔はバラは秘密の象徴であった; cf. SUB ROSA》.

► *a* ばら色の, 淡紅色の; バラの香りのする; バラ用の, バラのある; バラの.
► *vt* [ᵘ*pp*] ばら色にする, 《運動·興奮などで》顔を赤くする; 〈羊毛などを〉ばら色に染める; …にバラの香りをつける.
♦ **~·less** *a* **~·like** *a* [OE *rōse* and OF *rose*<L *rosa*]

rose² *v* RISE の過去形.

Rose 1 ローズ《女子名; 愛称 Rosetta, Rosie》. **2** ローズ (1) **Irwin (A.) ~** (1926–)《米国の生物学者; ノーベル化学賞 (2004)》 (2) **'Pete' ~** [**Peter Edward ~**] (1941–)《米国の野球選手; 1986 年史上 1 位の通算 4256 安打を記録; 89 年野球賭博により永久追放》. [L ROSE¹]

ro·sé /rouzéɪ; ←/ *n* ロゼ(ワイン), ヴァン·ロゼー (vin rosé)《薄赤色のワイン》. [F=pink]

róse acàcia 〘植〙ハナエンジュ (bristly locust).

Rose·anne /rouzǽn/, **-anna** /rouzǽnə/ ロザン, ロザンナ《女子名》. [*Rose*+*Anne, Anna*]

róse àpple 〘植〙フトモモ, ホトウ (蒲桃).

ro·se·ate /róuziət, -èɪt/ *a* ばら色の; バラの花で作った; しあわせな; 明るい, 快活な, 楽観的な. ♦ **~·ly** *adv* [L *roseus* rosy]

róseate spóonbill 〘鳥〙ベニヘラサギ《米国·南米産》.

róseate tern 〘鳥〙ベニアジサシ.

Ro·seau /rouzóu/ ロゾー《ドミニカの首都·海港》.

róse·bày *n* 〘植〙 **a** セイヨウキョウチクトウ (oleander). **b** (大)シャクナゲ (rhododendron). **c** ヤナギラン (fireweed) (=**~ wíllow, ~ wíllow hèrb**).

rósebay rhododéndron 〘植〙BIG LAUREL.

róse bèetle 〘昆〙ROSE CHAFER.

Rose·bery /róuzbèri, -b(ə)ri; -b(ə)ri/ ローズベリー **Archibald Philip Primrose**, 5th Earl of ~ (1847–1929)《英国の政治家; 首相 (1894–95); 自由党》.

róse bòwl 1 バラの切り花を生けるガラス鉢. **2** [the R- B-] ローズボウル《(1) California 州 Los Angeles 郊外の Pasadena にあるスタジアム (2) 同所で毎年 1 月 1 日に行なわれる BIG TEN と PAC 12 の覇者同士によるフットボール試合》.

róse-brèast·ed cóckatoo 〘鳥〙GALAH.

róse-brèasted grósbeak 〘鳥〙ムネアカイカル《北米東部産; 雄の胸と翼の裏がばら色》.

róse·bùd *n* バラのつぼみ; ‖年ごろの美少女, きれいな女の子; 《俗》肛門 (anus): Gather ye ~*s* while ye may. 《諺》バラのつぼみは摘めるうちに摘め《青春は若いうちに楽しめ》.

róse bùg 〘昆〙ROSE CHAFER.

róse·bùsh *n* バラの木; バラの茂み.

róse càmpion MULLEIN PINK; CORN COCKLE.

róse chàfer 〘昆〙《バラ·ブドウなどにつく》コフキコガネムシの一種 (=*rose bug, rose beetle*).

róse còld ROSE FEVER.

róse còlor ばら色; 有望, 好況: It is not all ~. 必ずしも有望ではない.

róse-còlored *a* ばら色の; 明るい, 快活な; 楽観的な: take a ~ view 楽観する. ● **see** sth **through ~** SPECTACLES.

róse-còlored glásses *pl* 楽観的見解, 楽観視.

róse-còlored stárling [**pástor**] 〘鳥〙バライロムクドリ《中近東·南欧主産》.

róse còmb 〘鳥〙バラ冠.

róse cùt 〔宝石〕ローズカット (ROSE¹). ◆ **róse-cùt** *a*
rosed /róuzd/ *a* ばら色になった.
róse dàphne 〔植〕ダフネ・クネオールム《南欧原産のジンチョウゲ属の低木》.
róse dìamond ローズカットのダイヤモンド (rose).
róse·dròp *n* 〔医〕酒皶(しゅ)《寒冷・温暖・飲酒などによって発赤を増す皮膚病》,《俗に》赤鼻, ざくろ鼻.
róse èngine 〔機〕ロゼット模様機《曲線模様を彫刻する旋盤の付属器具》.
róse fàmily 〔植〕バラ科 (Rosaceae).
róse fèver 〔医〕ばら熱 (=*rose cold*)《枯草熱の一種》.
róse·fìsh *n* 〔魚〕タイセイヨウアカウオ (redfish).
róse gàll バラの木に生じた虫癭(ちゅうえい).
róse gàrden 1 バラ園. **2***《病院俗》植物人間, 重患《集合的》.
Róse Gàrden 1 [the] ローズガーデン《White House の庭園; 記者会見場として使われることがある》. **2** [The] 薔薇園《ペルシアの詩人 Sadi の作品 (1258); ペルシア語題名 *Gulistān*》.
Róse Gàrden stràtegy*《政治俗》ローズガーデン戦略《大統領が現職の信頼性を強調する再選戦略》.
róse gerànium 〔植〕テンジクアオイ《南米原産》.
róse·hèad(·ed) nàil 花頭釘.
róse hìp [hàw] (野)バラ[イバラ]の実 (hip), ローズヒップ.
róse·lèaf *n* バラの花弁; バラの葉. ● **a crumpled ~** 幸福の最中に起こる些細な厄介事, '花に風'.
róse-lìpped *a* ばら色の唇をした.
ro·sel·la /rouzélə/ *n* 〔鳥〕ナナクサインコ《豪州産》;《豪》毛の抜けた羊《刈りやすい》.
ro·selle /rouzél/ *n* 〔植〕ローゼル, ロウゼソウ《アフリカ原産フヨウ属の一年草; 多肉質の萼(がく)はゼリー・ジャム・タルト (tart) などとし, 篩部(しぶ)繊維は麻の代用とする》.
róse mádder ローズマダー《淡紅色の顔料》.
ro·se·ma·ling /róuzəmà:lɪŋ, -sə-/ *n* ローズマリング《家具・壁・木製食器類に施されたスカンディナヴィア農民風の花模様の絵[彫刻]》. ◆ **-màled** /-mà:ld/ *a* ローズマリングを施した. [Norw=rose painting]
róse màllow 〔植〕**a** ばら色の花をつけるフヨウ (=*mallow rose*),《特に》アメリカフヨウ. **b** タチアオイ (hollyhock).
Rose·ma·rie /ròuzmərí:/ ローズマリー《女子名》. [↓]
rose·mary /róuzmèri; -m(ə)ri/ *n* **1** 〔植〕**a** マンネンロウ, ローズマリー《シソ科の常緑低木で葉はハーブとして料理で用いる; 忠実・貞操・記憶の象徴》. **b** COSTMARY. **2** [R-] ローズマリー《女子名》. [*rosmarine* (L *ros* dew, MARINE); 語形は Virgin Mary との連想]
róse medàllion 図柄を花や蝶の地模様で円形に囲んだ 19 世紀ごろの中国の上絵付き磁器, 開光を用いた(粉彩・五彩などの)上絵付き磁器.
róse mòss 〔植〕マツバボタン (sun plant).
róse nàil ROSEHEAD NAIL.
Ro·sen·berg 1 /róuz(ə)nbə̀:rg/ ローゼンバーグ (**1**) **Ethel ~** (1915–53), **Julius ~** (1918–53)《米国の共産主義者の夫妻; ソ連に原爆に関する秘密情報を流した容疑で告発され, 死刑判決を受け, 処刑された》(**2**) **Isaac ~** (1890–1918)《英国の詩人・画家; 第一次大戦時の兵隊生活をうたった; 戦死》. **2** /*G* ró:znbɛrk/ ローゼンベルク **Alfred ~** (1893–1946)《ナチスドイツの政治家・理論家; ナチズムの人種イデオロギーを唱道; 戦犯として処刑された》.
Ro·sen·crantz /róuz(ə)nkrænts/ ローゼンクランツ《Shakespeare, *Hamlet* に登場する王の廷臣で, Hamlet の旧友; Guildenstern と共に Claudius の命を受けて Hamlet を殺そうとしたが, 見破られ, 2 人とも Hamlet の身代わりに殺される》.
róse nóble ローズノーブル《1465 年 Edward 4 世時代にイングランドで発行された金貨; noble 金貨より質を高めたもので, バラの模様が押されていた》.
róse of Chína 〔植〕ブッソウゲ (china rose).
róse of Héaven 〔植〕コムギセンノウ《ナデシコ科の一年草; 地中海沿岸原産》.
róse of Jéricho 〔植〕アンザンジュ (安産樹) (=*resurrection plant*)《アブラナ科》.
róse of Máy 〔植〕白水仙.
róse of Sháron 〔植〕ムクゲ (=*althaea*);〔植〕セイヨウキンシバイ, ヒメキンシバイ《ブルガリア・トルコ原産; グランドカバーに用いる》;〔聖〕シャロンのバラ (*Song of Sol* 2:1).
róse òil ばら油《精油》.
ro·se·o·la /rouzí:ələ, ròuzióulə/ 〔医〕*n* ばら疹(しん); 風疹 (German measles). ◆ **ro·sé·o·lar** *a* [*rubeola* にならって L *roseus* rose-colored から]
roséola in·fán·tum /-ɪnfǽntəm/ 〔医〕小児ばら疹, 突発性発疹.
Róse Paràde ローズパレード《毎年 1 月 1 日 California 州 Pasadena で Rose Bowl を祝って行なう Tournament of Roses Parade の略称》.
róse-pínk *a* ROSE-COLORED.
róse pínk ピンク色, ローズピンク.
róse pòint ローズポイント《ばら模様をつないだ Venice 起源の針編みレース》.
róse quártz 〔鉱〕ばら石英, ローズクォーツ.
róse ràsh ROSEOLA.
róse réd ばら色, ローズレッド. ◆ **róse-réd** *a*
róse ròom*《病院俗》人事不省の患者を治療する部屋, 重患室.
róse·ròot *n* 〔植〕イワベンケイ(ソウ)《根茎にバラ香がある》.
ros·ery /róuz(ə)ri/ *n* バラ園 (rosary).
róse scàle 〔昆〕バラシロカイガラムシ.
róse slùg 〔昆〕バラの葉を食害するハバチの幼虫.
Róse's mètal 〔冶〕ローズ合金《ビスマス・スズ・鉛からなる可溶合金》.
ros·et /róuzət/ *n* 《スコ》RESIN.
Róse Théatre [the] ローズ座《London の Southwark に 1587 年に建てられた劇場; Shakespeare 劇の多くがここで演じられたが, 1605 年ころ取りこわされた》.
róse-tìnt·ed *a* ROSE-COLORED.
róse tópaz 〔宝石〕ローズトパーズ《黄褐色のトパーズを熱処理して作るピンク色のトパーズ》.
róse trèe TREE ROSE.
Ro·set·ta /rouzétə/ **1** ロゼッタ《女子名; Rose の愛称》. **2** [the] ロゼッタ支流 (*Arab* Rashīd)《エジプト北部 Nile 川デルタの西側の支流; 古代名 Bolbitine》. **3** ロゼッタ (*Arab* Rashīd)《ロゼッタ支流の河口付近にある市; 古代名 Bolbitine》.
Rosétta stòne [the] ロゼッタ石《1799 年の Napoleon 軍遠征で Nile 河口 Rosetta 付近で発見された石碑片; 古代エジプトの神聖文字・民衆文字・ギリシア文字で彫られた碑文で, Champollion による古代エジプト文字解読の端緒となった; 現在は大英博物館に収蔵》; 理解の手掛かり.
ro·sette /rouzét/ *n* **1 a** 《リボンなどで作った》ばら花飾り, ばら結び;〔建〕円花飾り, 円花窓;〔電〕ローゼット《天井に取り付ける陶器製のコード吊り》. **b** 〔植〕ロゼット《葉・花弁などのバラの花冠状の配列》;〔植〕ロゼット病《葉がロゼットのように重なる》. **c** 〔医〕菊座, ロゼット《バラ状の細胞集団》;《ヒョウの》バラ状斑紋. **d** ROSE DIAMOND. **e** 《食材で作った》ばら状の盛りつけ. **2** [R-] ロゼット《女子名; ROSETTA の異形》. [F (dim) < ROSE¹]
ro·sét·ted *a* ばら花飾りを付けた〈靴など〉; ばら結びにした〈リボンなど〉.
róse·wàter *a* ばら(香)水の香りがする; 優しい, 感傷的な; 優雅な.
róse wàter ばら(香)水, ローズウォーター; お世辞; 手ぬるいやり方.
róse wíndow 〔建〕ばら窓, 円花窓, 車輪窓.
róse·wòod *n* 〔植〕シタン; 紫檀材, ローズウッド;*《俗》警棒.
Rosh Ha·sha·na(h), -sho·no(h) /rɑ́ʃ (h)əʃɑ́:nə, *róuʃ-, *-ʃɔ́:-/ 〔ユダヤ教〕新年祭, ローシュハッシャナ《第 1 月 (Tishri) の第 1 日; 正統派・保守派は 2 日にも祝う》. [Heb]
Rósh Hó·desh [Chó·desh] /-xóudɛ̀ʃ/ 〔ユダヤ教〕新月祭, 朔日, ローシュホデッシュ《特別の祭礼のある月初めの日; 英語では new moon》. [Heb]
ro·shi /róuʃi/ *n* 《禅宗の》老師. [Jpn]
Ro·si·cru·cian /ròuzəkrú:ʃən/ *n* ばら十字団員《**1**) 17–18 世紀にオカルト的教義を信奉し, 錬金魔法の術を行なった秘密結社の会員; 1484 年 Christian Rosenkreuz がドイツに創設したと伝えられる **2**) その流れを汲むとされる団体の会員》. ► *a* ばら十字団員の; 錬金術の. ◆ **~·ism** *n* ばら十字会の神秘思想[行事, 制度]. [*Rosenkreuz* をラテン語に移した NL *rosa crucis* [*crux*] より]
Ro·sie /róuzi/ **1** ロージー《女子名; Rose, Rosita の愛称》. **2** [ᵒr-] ″《韻俗》お茶, ティー (=*Rosie Lee*).
Rósie [Rósy] Lée ″《韻俗》ティー (tea).
Rósie the Ríveter* リベット打ちのロージー《第二次大戦中, 航空機・武器製造の軍需産業で働いた女性をいった; 愛国的な女性のシンボルとしてポスターになり, 流行歌のタイトルにもなった; 米国に実在した優秀なリベット工 Rosina Bonavita にちなむとされる》.
ros·in /rɑ́z(ə)n, *rɔ́:-/ *n* ロジン (=*colophonium, colophony*)《松やにからテレビン油を蒸留したあとの残留樹脂; 主成分はアビエチン酸, デキストロピマル酸; cf. RESIN》; RESIN. ► *vt* …に樹脂を塗る, ロジンでこする; …に樹脂を加える. ◆ **rós·iny** *a* ロジン (rosin) 状の, 樹脂の多い. [RESIN]
Ro·si·na /rouzí:nə/ ロジーナ《女子名》. [It (dim); ⇨ ROSA]
Ros·i·nan·te /rɑ̀zənǽnti/, **Roc-** /rɑ̀s-/ ロシナンテ《Don Quixote の老いぼれた乗馬名》; [r-] やくざ馬, やせ馬, 駑馬(どば), 廃馬. [Sp *rocin* old horse]
rósin bàg 〔野〕ロジンバッグ《投手が指のすべり止めに用いる》.
rósin·er *n* 《アイル俗・豪俗》アルコール飲料, 強い酒.
rosin oil ロジン油 (=*retinol, rosinol*)《印刷インキ・潤滑油用など》.
ros·i·nol /rɑ́zənɔ̀(:)l, -nòul, -nɑ̀l/ *n* ROSIN OIL.
rósin·ous *a* ロジン (rosin) を含む, ロジンのような.
rósin·wèed *n* 〔植〕ツキヌキオグルマ属の各種の草本[雑草]《北米原産》,《特に》COMPASS PLANT.
Ro·si·ta /rouzí:tə/ ロジータ《女子名; 愛称 Rosie》. [Sp (dim); ⇨ ROSA]
Ros·kil·de /rɔ́:skɪlə/ ロスキレ《デンマークの Sjælland 島北東部の

市; 旧首都 (10 世紀–1443), スウェーデンとの平和条約 (the **Péace of ～**) の締結地 (1658)).
Ros·lyn /rázlən/ ロズリン《女子名》. [⇨ ROSALIND]
ro·so·lio, -glio /rouzóuliòu/ *n* (*pl* -(**g**)**li·òs**) ロゾリオ《スピリッツ·砂糖に, バラの花びら·シナモン·チョウジなどで香りをつけた南欧人の好む強壮酒》. [It (*ros* dew, *solis* sun's)]
RoSPA /ráspə/ 《英》 Royal Society for the Prevention of Accidents.
ross /rɔ́(:)s, rás/ *n* 《木皮の》ざらざらした外側. ► *vt* …の外皮を取り除く[はぐ]. [C18<?]
Ross 1 ロス《男子名》. **2** ロス (**1**) **Barnaby ～**《ELLERY QUEEN の用いた別の筆名》 (**2**) **Betsy ～** (1752–1836)《独立戦争当時, 最初の米国国旗を作ったといわれる女性; 旧姓 Griscom》 (**3**) **Diana ～** (1944–)《米国のポップシンガー》 (**4**) **Harold W**(**allace**) **～** (1892–1951)《米国の雑誌編集者; *The New Yorker* 誌を創刊 (1925)》 (**5**) Sir **James Clark ～** (1800–62)《英国の極地探検家; 磁北極を発見, 南極では Ross Sea などを発見》 (**6**) **John ～** (1790–1866)《アメリカインディアン Cherokee 族の族長; 最後は Georgia の故郷を棄て, 一族を Oklahoma 地方に移した (1838–39); この時の苦しい旅は 'Trail of Tears' として知られる》 (**7**) Sir **John ～** (1777–1856)《スコットランドの北極探検家; Sir James Clark ～ のおじ》 (**8**) **Martin ～** ⇨ SOMERVILLE (**9**) Sir **Ronald ～** (1857–1932)《英国の細菌学者; 蚊がマラリアを媒介するのを発見; ノーベル生理学医学賞 (1902)》. [Welsh=?hill]
Róss and Cróm·ar·ty /-krámərti/ ロス-クロマーティ《スコットランド北部の旧州; ☆Dingwall》.
Róss Depéndency [the] ロス属領《南極の南緯 60° 以南, 東経 160° と西経 150° の間の部分; ニュージーランドの管轄区域》.
Rosse /rás/ ロス 3rd Earl of ～ ⇨ William PARSONS.
Ros·sel·li·ni /rɔ̀(:)səlí:ni, ràs-/ ロッセリーニ **Roberto ～** (1906–77)《イタリアの映画監督; ネオレアリズモの代表的存在;『無防備都市』(1945),『戦火のかなた』(1946)》.
Ros·set·ti /rouzéti, -séti; rə-, rɔ-/ ロセッティ (**1**) **Christina** (**Georgina**) **～** (1830–94)《英国の詩人; Dante Gabriel ～ の妹; *Goblin Market* (1862)》 (**2**) **Dante Gabriel ～** (1828–82)《英国の画家·詩人; Christina の兄; ラファエル前派の中心人物》.
Róss Íce Shèlf [the] ロス氷棚, ロス棚氷《南極大陸の Ross 海の南部に広がる》.
Ros·si·ni /rɔ(:)sí:ni, rə-/ ロッシーニ **Gio·ac·chi·no** /ʤòuəkí:nou/ (**Antonio**) **～** (1792–1868)《イタリアのオペラ作曲家》.
♦ **Ros·si·ni·an** /rɔːsí:niən, rə-/ *a*
Róss Ísland ロス島《南極の Ross 海西部にある火山島; 最高点は Erebus 山 (3794 m)》.
Ros·si·ya /rəsí:jə/ ロシヤ《RUSSIA のロシア語名》.
ros·so an·ti·co /róusou æntí:kou/ ロッソ·アンティコ《硬質の赤いウェッジウッド焼き; 火石器の一種》. [It=red antique]
Róss Séa [the] ロス海《南極大陸の Victoria Land の東にある太平洋の大湾入部》. [Sir James C. *Ross*]
Róss's góose 《鳥》ヒメハクガン《ハクガン (snow goose) に似るがそれより小型》. [Bernard R. *Ross* (1827–74) アイルランドの毛皮商]
Róss's gúll 《鳥》バライロカモメ《北極圏産》.
Róss's séal 《動》ロスアザラシ《南氷洋産》.
Ros·tand /rástæ̀nd, rɔ(:)stɑ̃́:/ ロスタン **Edmond ～** (1868–1918)《フランスの劇作家·詩人; 戯曲 *Cyrano de Bergerac* (1897)》.
ros·tel·late /rástəlèɪt, rɑstélət/ *a* 《植》小嘴 (rostellum) を有する.
ros·tel·lum /rɑstéləm/ *n* (*pl* **-tel·la** /-lə/) 《植》小嘴(しょう), 《ラン科の蕊柱(ずいちゅう)の》小嘴体; 《動》《条虫類の》額嘴; 《昆》小吻(ふん)状器.
♦ **ros·tél·lar** /-lər/ *a* [(dim)<ROSTRUM]
ros·ter /rástər/ *n* 人員名簿, 登録選手一覧; 勤務[当番]表(に記載された人びと); 《一般に》名簿, 一覧表, リスト. ► *vt* 名簿に載せる, …に当番を割り当てる. [Du *rooster* gridiron, list (*roosten* to roast); 焼き網と名簿の平行線より]
rös·ti /rɔ́:sti, rúʃ-; rǿ:s-/ *n* 《スイス料理》ロスティ《刻んだジャガイモをフライパンでパンケーキ状に焼き固めたもの》. [G *rösten* roast]
Ros·tock /rástɑ̀k; *G* rɔ́stɔk/ ロストク《ドイツ北東部 Mecklenburg-West Pomerania 州の港湾都市; バルト海に注ぐ Warnow 川の河口より 13 km 上流に位置する》.
Ros·tóv(-on-Dón) /rəstɔ́:f(-), -tɔ́:v(-)/ ロストフ(-ナ-ダヌー) (Russ **Róstov-na-Do·nú** /-nɑ:dɑ:nú:/)《ヨーロッパロシア南部, Don 川下流の河港都市》.
rostra *n* ROSTRUM の複数形.
ros·tral /rástrəl/ *a* 《動》くちばしの, くちばしのある; 《解》吻側(ふんそく)の《口·鼻の近くに位置する: **1**) 〈脊髄の部位が〉上方の (superior) **2**) 〈脳の部位が〉前方の (anterior), 腹側の (ventral)》; 船嘴(せんし)装飾のある. ♦ **～·ly** *adv*
róstral cólumn 海戦記念柱《船嘴 (rostra) を付けるかまたはその模様を彫刻した》.
ros·trate /rástrèɪt, -trət/ *a* ROSTRUM を有する.
rós·tràt·ed *a* ROSTRATE; 船嘴装飾のある (rostral).
ros·tri·form /rástrəfɔ̀:rm/ *a* くちばし状の.
Ros·tro·po·vich /ràstrəpóuvɪʧ/ ロストロポーヴィチ **Mstislav** (**Leopoldovich**) **～** (1927–2007)《ロシアのチェロ奏者·指揮者》.
ros·trum /rástrəm/ *n* (*pl* **-tra** /-trə/, **～s**) **1 a** 演壇, 講壇, 説教壇; 指揮台; 《映画·テレビ撮影用の》カメラ台; 《劇》《折りたたみ式の》演壇; [ᵘrostra, 〈*sg*〉]《古ロ》船嘴演壇, 公会所 (forum) の演壇《捕獲船の船嘴で飾ったことから》: take the ～ 登壇する. **b** 演説家[者]《集合的》; 演説. **2 a** 《古ロ》《特に ガレー船の敵船を突き破るための》船嘴(せんし). **b** 《動》くちばし(状突起), 額角(がっかく), 嘴板. [L=beak (*rostrodo* to gnaw)]
ro·su·late /róuzələt, ráz-; rɔ́zjulət/ *a* 《植》ロゼット (rosette) 状になった.
rosy /róuzi/ *a* **1 a** ばら色の; 血色のよい; 赤らんだ; 《俗》酔った, 飲んで赤くなった. **b** バラの多い; バラのように匂う; 《古》バラで作った[飾った]. **2** 明るい, 楽観的な, すばらしい, 上できの: ～ views 楽観論 / paint [present] a ～ picture of…を楽観視する[しすぎる]. ● **see sth through ～** SPECTACLES. ► *n* ᴴ《海軍俗》《船の》ごみ入れ, ごみバケツ. ♦ **rós·i·ly** *adv* バラのように; ばら色に; 明るく, 楽天的に. **rós·i·ness** *n* [*rose*¹]
Rosy 1 ロージー《女子名; Rose の愛称》. **2** [ᵒr-] ᴴ《韻俗》お茶 (= *Rosy Lee*).
rósy bárb 《魚》ロージーバルブ《東南アジア原産のタナゴの一種; 熱帯魚として観賞用》.
rósy cróss ばら十字団員章 (cf. ROSICRUCIAN).
rósy fínch 《鳥》ハギマシコ《北米·東アジア産》.
rósy-fíngered *a* ばら色の指をした《Homer が *Odyssey* でほのぼのと明けそめる朝を形容したのをまねたもの》.
Rosy Lee ⇨ ROSIE LEE.
rósy périwinkle 《植》ニチニチソウ《マダガスカル原産のキョウチクトウ科の多年草; 抗腫瘍薬の原料》.
rot /rát/ *v* (**-tt-**) *vi* **1** 腐る, 腐敗[腐朽, 腐食]する; 朽ちはてる, 腐って落ちる 〈*away, off, out*〉; 劣化する, 弱る; 〈囚人が〉やせ衰える. **2** 《道徳的に》腐敗[堕落]する; ᴴ《俗》たわごとを言う, ふざけたこと[冗談]を言う. **3** *《俗》だめである, なってない, ひどい. ► *vt* **1** 腐敗[腐朽, 堕落]させる; だめ[だいなし]にする; ᴴ《俗》からかう, けなす. **2** 〈麻などを〉水につける, 浸水する (ret). ● **～ about** ᴴ《俗》ぶらぶらする. ► *n* **1 a** 腐れ, 腐敗; 腐敗物, 腐敗した部分: start [stop] the ～ 腐敗[悪化]し始める[を食い止める]. **b** 《特に 菌類による》腐敗病, 腐食病; 《古》消耗性疾患; [ᵘthe]《獣医》《羊の》肝蛭(かんてつ)病. **2** 《俗》たわごと (nonsense, tommyrot), [〈*int*〉] ばかな, くだらない; ウィケットの連続くずれ《クリケットで》: Don't talk ～! ばかを言うな / What ～ that…! …とはつまらない. ● **R～s of ruck!** *《俗》幸運を祈る, 便器[元気]でね, ふんでばな! (Lots of luck!)《日本人の発音をまねた表現》. (**The** [**A**]) **～ sets in.** 突然なにもかもうまくいかなくなり出す. [(v) OE *rotian*, (n)<?ON]
ro·ta /róutə/ *n* ᴴ名簿, 《特に》勤務[当番]表 (roster); ᴴ当番, 輪番; [R-]《カト》教皇庁控訴院 (Sacra Romana *R*～ (=Sacred Roman *R*～) ともいう). [L=wheel]
róta bèd 《福祉》《老人ホームの》定期休息介護用ベッド.
rotachute ⇨ ROTOCHUTE.
Ro·ta·cy /róutəsi/ *n* *《俗》ROTC (のメンバー).
ro·ta·mer /róutəmər/ *n* 《化》ROTATIONAL ISOMER.
ro·ta·me·ter /róutəmì:tər, routǽmətər/ *n* **1** ロータメーター《流量計; 上方に拡大された管中の浮子で液体の流量を測定する》. **2** ロータメーター《小さい車を曲線に沿ってころがして曲線の長さを測定する計器》. [L ROTA, *-meter*]
ro·ta·plane /róutəplèɪn/ *n* 《空》回転翼(航空)機《ヘリコプターなど》.
Ro·tar·i·an /routéəriən/ *n* ロータリークラブ (Rotary Club) の会員. ► *a* ロータリークラブ(の会員)の. ♦ **～·ìsm** *n* ロータリー主義(の実践).
ro·ta·ry /róutəri/ *a* 回転する, 旋転する; 回転部のある; 輪番の; 輪転機の[による]. ► *n* **1** 《輪転機などの》回転機械, ロータリーエンジン; 《米》ロータリー (=(*traffic*) *circle*) (roundaboutᴴ)《環状交差路》. **2** [R-] 国際ロータリー (=**R～ Internátional**)《1905 年 Chicago に創設された社会奉仕·親善を目的とする実業人·専門職業人の国際的団体》. [L; ⇨ ROTA]
rótary clóthesline, rótary clóthes drỳer 《放射状に棒が出ている》回転式の物干しハンガー.
Rótary clùb ロータリークラブ《ROTARY International (国際ロータリー) の地方支部; 当初会合を会員の事業所で輪番で開いた》.
rótary convérter 《電》回転変流機.
rótary cúltivator 《農》ロータリー式中耕機.
rótary cútter ロータリーカッター《原木を回転させ, それに刃を当てがって皮をむくようにベニア単板を連続的に切削する機械》.
rótary éngine 《機》**a** 回転式発動機, 回転機関《固定したクランク軸のまわりをシリンダーが回転する》. **b** ロータリーエンジン《ワンケルエンジンなど》.
rótary hóe 回転除草耕耘(こううん)機, ロータリーホー.
rótary jóint 《医》車軸関節 (pivot joint).
rótary plów 回転耕耘機, ロータリープラウ; ロータリー除雪機.
rótary préss 《印》輪転印刷機, 輪転機.

rótary púmp 〘機〙回転[ロータリー]ポンプ《1 個または 2 個の回転子を回転させて液体を押し出す形式のポンプ》.
rótary táble 回転盤, ロータリーテーブル《油井を掘るビットを回す鋼鉄の回転台》.
rótary tíller 回転耕耘機 (rotary plow).
rótary wíng 《ヘリコプター・オートジャイロの》回転翼.
rótary-wíng [ró·tàt·ing-wíng] àircraft 回転翼航空機《ヘリコプターのように回転翼によって揚力を得る》.
ro·tate /róutèɪt, ―´; ―´/ *vi, vt* **1** 回転する[させる]〈*on*〉. **2** 循環[交代]する[させる]; 〈人を〉交代させる; 〘農〙輪作する: ～ crops. ► *a* /―´/《花冠などが》車輪状の〈花〉. ♦ **ró·tàt·able** /; ―´――/ *a* [L; ⇨ ROTA]
ro·ta·tion /routéɪʃ(ə)n/ *n* **1** 回転, 回旋, 旋転; 一回転, ひと回り; 〘天〙自転 (cf. REVOLUTION); 《手足・首などを》ぐるりと回すこと. **2** 循環 (recurrence); 交替, 輪番 〈*of* the seasons, *of* duties〉; 〘農〙輪作 (=～ **of cróps**); 〘玉突〙ローテーション《ポケットビリヤードの一種; 1 個の手球と 15 個の的球で行なう; 台上の最小番号の球にあて いずれかの球をポケットに入れていく; 入れた球の番号が得点となり, 早く既定の点数に達したほうが勝ち》; 〘野〙《投手の》ローテーション. ● **in [by]** ～ 順に, 輪番制で. ♦ **～·al** *a* **～·al·ly** *adv*
rotátional ísomer 〘化〙回転異性体《立体異性体の一つ; 単結合のまわりの回転の違いに起因する異性体のうち 特に単結合のまわりの回転が立体障害などで妨げられて異性体間の区別ができるもの》.
rotátion àxis 〘晶〙回転軸《そのまわりに結晶を回転させるともとと同一になるような対称軸》.
rotátion-invérsion àxis 〘晶〙回反軸《そのまわりに結晶を回転させ, その後反転させるともとと同一になるような対称軸》.
ro·ta·tive /róutèɪtɪv; róutə-/ *a* 回転する; 循環する; 回転させる. ♦ **～·ly** *adv*
ró·tà·tor *n* **1** 回転[旋転]するもの[させるもの], 回転装置; 〘理〙回転子; 〘冶〙回転炉; 〘解〙(*pl* **～s, ro·ta·to·res** /ròutətɔ́:ri:z/) 回旋筋; 〘天〙自転する惑星[銀河]. **2**《輪番で》交替する人.
rótator cùff 〘解〙回旋筋蓋, 回旋腱板《肩関節の周囲を取り巻いて支えている帯状の組織; 関節囊に付着した 4 本の筋で形成される》.
ro·ta·to·ry /róutətɔ̀:ri; -t(ə)ri, rəutéɪ-/ *a* 回転する[させる]; 交替する; 循環する.
ro·ta·vate /róutəvèɪt/ *vt* 〈土を〉rotavator で耕す; rotavator を使って土に混ぜる.
ro·ta·va·tor, ro·to- /róutəvèɪtər/ *n* ロータベーター, ロートベーター《回転歯付き耕耘機》. [*rota*tory＋culti*vator*]
ro·ta·vírus /ròutə-/ *n* ロタウイルス《2 層のキャプシド (capsid) を有し, 放射状の外観を示すレオウイルス (reovirus); 幼児や動物の新生児に胃腸炎をひき起こす》. [*rota*＋*virus*]
Rot·blat /rátblæt/ ロートブラット Sir **Joseph** ～ (1908–2005)《ポーランド生まれの英国の物理学者; Pugwash Conferences の創設者の一人; ノーベル平和賞 (1995)》.
ROTC /rátsi/ °Reserve Officers(') Training Corps.
rotch, rotche /rátʃ/ *n* 〘鳥〙ヒメウミスズメ (dovekie).
rot·chy /rátʃi/ *a**《俗》RAUNCHY.
Rót·còrps /rát-/ *n**《俗》ROTC.
rote[1] /róut/ *n* 〘楽〙クルース (crwth). [OF＜Gmc]
rote[2] *n* 機械的記憶; 機械的な[退屈な]反復. ● **by** ～ 機械的に; (機械的)まる暗記で: learn (off) *by* ～ まる暗記する. ► *a* まる[棒]暗記した; 機械的な (mechanical). [ME＜?]
rote[3] *n* 岸に砕ける波の音. [?Scand; cf. ON *rauta* to roar]
ro·te·none /róut(ə)nòun/ *n* 〘化〙ロテノン《デリス (derris) などの熱帯植物の根から得られる結晶; 人畜には毒性が少ない殺虫剤として使用する》. [Jpn *roten* derris (?露藤); 1902 年 K. 長井の命名]
ROFL ROTFL.
ROTFL(OL) 《E メールなどで》rolling on the floor laughing (out loud) 床で笑いころげてます, 大爆笑, あーおかしい《LOL の強調》.
rót·gùt 《俗》 *n* 安酒, 安ウイスキー, 安ビール. ► *a* 〈酒が〉低級な, 《腹をこわすほど》強い, きつい.
Roth /rɔ́(:)θ, ráθ/ ロス **Philip (Milton)** ～ (1933–　)《米国のユダヤ系小説家》.
Roth·er·ham /ráð(ə)rəm/ ロザラム《イングランド北部 Sheffield の北東にある町》.
Roth·er·mere /ráðərmìər/ ロザミア **Harold Sidney Harmsworth**, 1st Viscount ～ (1868–1940)《英国の新聞王; Northcliffe 子爵の弟; 慈善家としても知られる》.
Rothe·say /ráθsi/ ロスシー《スコットランド南西部の Bute 島にある町》.
Roth·ko /ráθkou/ ロスコー **Mark** ～ (1903–70)《ロシア生まれの米国の抽象表現主義の画家》.
Roth·schild /rɔ́(:)θ(s)tʃàɪld, rɔ́(:)s-, ráθ(s)-, rás-; G ró:tʃɪlt/ ロスチャイルド, ロートシルト《ユダヤ人の金融資本家の家系》: (1) **Lionel Nathan** ～ (1808–79)《Nathan Mayer ～ の子で, 銀行家; ユダヤ人として初めて英国下院議員をつとめた》 (2) **Mayer Amschel** ～ (1744–1812)《ドイツの銀行家で, 一族の祖》 (3) **Nathan Mayer** ～ (1777–1836)《Mayer Amschel ～ の子で, 1798 年 London に銀行を開設》.
ro·ti /róuti, rú:ti/ *n* ロティ《平たくて丸くやわらかい酵母のはいらないパン》; ロティに包んで食べる肉・魚介類・野菜.
ro·ti·fer /róutəfər/ *n* 〘動〙輪形動物, ワムシ《輪形動物門 (Rotifera) に属する 主として淡水生の微小動物》. [L ROTA, *-fer*]
ró·ti·fòrm /róutə-/ *a* 輪 (wheel) 状の.
ro·ti·ni /routí:ni/ *pl* 〘イタリア料理〙ロティーニ《らせん状のショートパスタ》. [It=spirals, twists]
ro·tis·ser·ie[1] /routís(ə)ri/ *n* 焼肉店; 焼肉料理のレストラン; 《回転焼き串の付いた》肉あぶり器. [F; ⇨ ROAST]
rotisserie[2] *a* ローティッセリーリーグの《実在の選手の名前と実際の成績をもとに仮想チームを作って楽しむ野球などのゲームについていう》. [考案者たちが集まってルールを話し合った New York 市のレストラン *La Rotisserie Française* の名から]
rotl /rátl/ *n* (*pl* **～s, ar·tal** /á:rtà:l/) ラトル《イスラム教国における重量および乾量の単位; 地方により不定》. [Arab]
ro·to[1] /róutou/ *n* (*pl* **～s**)《ラテンアメリカ, 特に チリの》最下層民. [AmSp]
roto[2] *n* (*pl* **～s**) ROTOGRAVURE.
ro·to·chute, ro·ta- /róutəʃù:t/ *n* ロートシュート《傘体の代わりに回転翼の付いたパラシュート》.
róto·gràph *n* ロートグラフ, 原稿写真.
ròto·gravúre *n* 輪転グラビア (photogravure); 輪転グラビア印刷物[雑誌]; 《新聞の》輪転グラビア写真ページ. [G]
ro·to·me·ter /róutəmì:tər, routámətər/ *n* ROTAMETER.
ro·ton /róutàn/ *n* 〘理〙ロトン《液体ヘリウムなどの渦運動を量子化した準粒子 (quasiparticle); SECOND SOUND などの性質を説明するため仮想された》. [L *roto* to rotate, *-on*[2]]
ro·tor /róutər/ *n* 〘機〙《蒸気タービンの》羽根車; 〘電〙回転子, ローター (cf. STATOR); 〘空〙回転翼, ローター; 〘海〙《風筒船の》風筒; 《大山脈付近の》回転雲. [*rotator*]
rótor·cràft *n* ROTARY-WING AIRCRAFT.
rótor·hèad *n**《軍俗》ヘリのパイロット[搭乗員].
Ro·to-Root·er /róutourù:tər/ 〘商標〙ロトルーター《米国 Roto-Rooter Corp. 製の, 排水管などの詰まりを除去するのに使用するスプリングのはいったスチール製ケーブル》.
rótor plàne ROTARY-WING AIRCRAFT.
rótor shìp 風筒船, ローター船《直立させた回転円筒のまわりに起こる気圧差を推進力として走る》.
Ro·to·rua /ròutərú:ə/ ロトルーア《ニュージーランド北島中北部の市》.
ro·to·till /róutətìl/ *vt* 回転耕耘(うん)機で耕す.
ro·to·till·er /róutətìlər/ *n* 回転耕耘機.
ro·to·vateᴵᴵ /róutəvèɪt/ *vt* ROTAVATE.
rotovator ⇨ ROTAVATOR.
rot·sy, -see /rátsi/ *n**《俗》ROTC.
rot·te /rátə/ *n* 〘楽〙ROTE[1].
rot·ten /rátn/ *a* **1** 腐った (spoiled); 不潔な; 臭い; じめじめした, 雨降りの; ぼろぼろの; 〈岩・氷が〉もろい, 砕けやすい; 〈羊が〉肝蛭(かんてつ)病 (rot) にかかった. **2**《道徳的に》腐敗した, 堕落した, 卑しい; 弱い, 不健全な: ～ to the core 芯まで腐って / Something is ～ in the state of Denmark. デンマークでは何かが腐っているのだ《Shak., *Hamlet* 1.4.90》. **3**《口》不愉快な, いやな, ひどい; 《口》気分が悪い; 《口》気がとがめて, うしろめたい〈*about*〉; 《スコ方・豪俗》酔っぱらった: ～ luck 不運, ついてないこと / feel ～ 気分が悪い; 気がとがめる. ● **a ～** APPLE. **fancy sb ～**ᴵᴵ《口》〈人〉にメロメロになる. ► *adv* ひどく, 極度に: be spoiled ～ 甘やかされきっている. ♦ **～·ly** *adv* **～·ness** *n* [ON; ⇨ ROT]
rótten bórough **1** 〘英史〙腐敗選挙区(自治)都市《有権者の激減により実質は少数の有力者の意向で議員が選ばれていた選挙区(自治)都市; 1832 年の選挙法改正法で廃止》. **2** 腐敗選挙区《人口に基づく割当て以上に代表を出している選挙区》.
rótten égg 《口》悪いやつ, 下劣なやつ; 《幼児》ぐず.
Rótten Rów ロトンロウ《London の Hyde Park の乗馬道路; 通例 the Row という》.
rótten·stòne *n* 〘岩石〙トリポリ石《分解した珪質石灰石; 金属研磨に用いる》.
rót·ter *n*ᴵᴵ《俗》やくざ者, 役立たず, ワル, ろくでなし, 嫌われ者.
Rot·ter·dam /rátərdæm, -dà:m/ ロッテルダム《オランダ南西部の港湾都市; Maas 川の分流である新マース川 (Nieuwe Maas) に臨む世界最大級の貿易港》. ♦ **Rót·ter·dàm·mer** *n*
rot 13 /rát θə:rtí:n, -θɔ́:rtì:n/ 〘電算〙rot13《アルファベットのずらしによる簡単な暗号法; 26 文字中, 前半 13 文字と後半 13 文字を入れ換える; 秘密のためでなく, 読むかどうかを判断する機会を与えるために用いる》. [*rot*ation]
rót·ting *a* 腐りかかった.
rott·wei·ler /rátwàɪlər; G rɔ́tvaɪlər/ *n* [°R-] 〘犬〙ロットワイラー《ドイツ原産の大型で黒色の牧畜犬・番犬》. [G]
rot·u·la /rátʃələ/ *n* (*pl* **～s, -lae** /-lì:, -làɪ/) 〘解〙膝蓋骨 (patella). ♦ **rót·u·lar** *a* [L (dim)＜ROTA]
Ro·tu·ma /routú:mə/ ロトゥマ《太平洋南西部 Fiji 諸島の北にある島; 行政上フィジーに属する》.

ro·tund /routʌ́nd, ⁻⁻⁻/ *a* 円い; 丸々と太った; 〈口が〉円く開く; 〈声などが〉朗々とした, よく通る; 〈文体など〉誇張した, 華麗な. ♦ **~·ly** *adv* **~·ness** *n* ［L *rotundus*; ⇨ ROTATE］

ro·tun·da /routʌ́ndə/ *n* 〘建〙《丸屋根・丸天井のある》円形建物[広間, 部屋]. ［It *rotonda* (*camera*) round (chamber) (↑)］

ro·tun·date /routʌ́ndət, -dèɪt/ *a* 先[端]が円くなった; 角がとれて丸みをおびた.

ro·tun·di·ty /routʌ́ndəti/ *n* 円形; 球形; かっぷくのよさ, 肥満; 音吐朗々たること; 朗々たる音[語句].

ro·tu·ri·er /routjúəriẽɪ; *F* rɔtyrje/ *n* 平民, 庶民; にわか成金.

Rou·ault /ruóu; *F* rwo/ ルオー **Georges(-Henri)** ~ (1871–1958)《フランスの画家・版画家; 野獣派を経て, 宗教画家となった》.

Rou·baix /rubéɪ/ ルベー《フランス北部 Lille の北東にある市》.

rouble ⇨ RUBLE.

rouche ⇨ RUCHE.

rou·cou /rukú:, rú:kù:/ *n* ANNATTO. ［F＜Tupi］

roué /ruéɪ, ⁻⁻⁻/ *n* 道楽[放蕩]者, 遊び人. ［F＝(one) deserving to be broken on wheel (pp)〈*rouer*］

Rou·en /ruá:n, -ɑ̃:; rú:ɑ̃; *F* rwɑ̃/ **1** ルーアン《フランス北部 Seine 川に臨む市; 中世 Normandy の首都》. **2** [ᵒR-] ルーアンアヒル《野生のマガモに似た品種のアヒル》.

rouf /róuf/ «俗» *a* 4つの, 4個の. ► *n* 4つのもの; 4ポンド, 4シリング; 4年の刑. ［*four* の逆読み］

rouge[1] /rú:ʒ/ *n* 紅(ᵇⁱ)《化粧用》, ルージュ, 口紅, ほお紅; 〘化〙べんがら, 鉄丹《研磨用》; 〘ルーレット〙赤の数字. ► *a* 赤色の. ► *vt* 〈顔〉に紅をつける; 赤面させる. ► *vi* 紅を用いる; 赤面する. ［F＜L *rubeus* red］

rouge[2] /rú:ʤ/ *n* 〘ラグビー〙《Eton 校で》スクラム (scrummage); 〘カナディアンフットボール〙味方のゴールラインの後ろで行なう相手の得点となるタッチダウン. ► *vi, vt* rouge をする[させる]. ［C19＜?］

Rouge Croix /rú:ʒ krwá:/ ルージュクロア《英国紋章院の紋章官補 (pursuivants) の職の一つ》.

Róuge Drágon ルージュドラゴン《英国紋章院の紋章官補 (pursuivants) の職の一つ》.

rouge et noir /rú:ʒ eɪ nwá:r/ 赤と黒 (＝*trente-et-quarante*)《赤黒の模様のあるテーブルでするトランプ賭博》. ［F］

rou·geot /ruʤóu/ *n* 〘植〙《ブドウの葉の》赤枯れ病.

Rou·get de Lisle /*F* ruʒɛ də lil/ ルジェ・ド・リール **Claude-Joseph** ~ (1760–1836)《フランスの軍人; フランス国歌 *La Marseillaise* の作詞・作曲者》.

rough /rʌ́f/ *a* **1 a**《手ざわりが》粗い, ざらざらした (opp. *smooth*); でこぼこの, ぎざぎざの; 〈土地などが〉起伏に富む, 荒れた (wild): ~ paper ざら紙. **b** 粗毛の, もじゃもじゃした毛の; 毛の多い; もじゃもじゃした〈毛など〉. **2 a** 細工[加工]をしない, 仕上げをしない, 下ごしらえだけの; 未完成の: ~ rice もみ / ~ skin《なめしてない》荒皮 / a ~ sketch 素描, ラフスケッチ / ROUGH EDGES / ROUGH DIAMOND / ~ CORNERS. **b** ぞんざいな; 不器用な, へたな; 大ざっぱな: a ~ estimate [guess] 概算[大体の見当] / ROUGH JUSTICE. **3** 粗野な, 下品な, 無作法な; 素朴な; *«俗» わいせつな, 野卑な, みだらな: a ~ tongue 無作法な口調 / (as) ~ as bags [guts, sacks] «豪俗» 〈人が〉無骨で, 粗野で. **4 a** 乱暴[粗暴]な, あばれる; 激烈な; 手荒い, 荒っぽい; (頭より)体をつかう, 力仕事の; 〈場所が〉犯罪の多い, 治安の悪い; つらい, 苦しい, 耐えられない, 不愉快な; «豪口» 〈見込みが〉よくない: the ~*er* sex 男性 (opp. *the softer sex*) / ~ work 荒仕事; 暴力 / be ~ *on* sb 人に酷である, つらく当たる / a ~ neighborhood 物騒な地域 / have a ~ time (of it) つらいめにあう, 難儀する / a ~ night 眠れない夜 / ~ going 苦戦 / ~ luck 当然以上の不運 / feel ~ ″«俗» 気分が悪い, 調子が良くない. **b** 〈海などが〉荒れる; 荒天の; 荒天をついた: ROUGH PASSAGE. **5 a** 〈音が〉耳ざわりな, 調子はずれの; 〈エンジンなど〉不調の; 〘ギリシア文法〙 h の音を伴う, 気息音付きの. **b** 〈ワインなどの味が〉渋い; 未熟の, 酸い; あまり上等でない, 粗末な〈食事など〉. ● **~ around edges** 完璧ではない, 荒削りな; 荒っぽい, 粗野[がさつ]な (cf. ROUGH EDGES). **give** sb **the ~ side** [**edge**] **of one's tongue** 人をきびしくきめ[しかり]つける. **in the leaf ~** ″若葉のうちに. **~ and round** 粗末ながら盛りだくさんの. **~ and tough** [**round**] がんじょうな, たくましい.
► *adv* あらく, 粗暴に; 荒っぽく, 手荒に; おおよそ, 概略で: play ~ 手荒[乱暴]なまねをする. ● CUT **up ~**. **live ~**《家がないなどで》戸外[路上など]で生活する. **sleep ~** 戸外で寝泊まりする, 野宿する.
► *n* **1 a** でこぼこのある土地; [the] 〘ゴルフ〙ラフ《FAIRWAY 以外の雑草などが生えた荒れ地》. **b** 粗いもの[面, 部分], ざらざらなもの[状態]; 〘テニス・スカッシュ〙《ラケットの》裏面, ラフ《飾り糸のなめらかでない面》; 《蹄鉄の》すべり止め; *«俗» 事故車. **2** 未加工(物), 自然のまま(のもの), 未成品, 未切削[未研磨]の宝石; 《絵などの》下書き, スケッチ, ラフ. **3** 乱暴者, あばれ者, 荒くれ者; 虐待, 苦労, 辛苦; [the]《家庭内の》面倒な仕事. ● **a bit of ~** ″«口»《特に 上流の女性から見て》粗野が魅力の彼氏[セックスの相手]. **in ~** おおまかに, ざっと. **in the ~** 未加工の; 未仕上げの; 乱雑な[に]; 準備なしの; 概略の, 概算で; *«口» 困って; ふだんのままの, くつろいで: a diamond *in the* ~＝ROUGH DIAMOND. **over ~ and smooth** いたるところに. **take the ~ with the** SMOOTH. **the ~(s) and the smooth(s)** 人生の浮沈, 幸不幸.
► *vt* **1** 粗くする, ざらざら[でこぼこ]にする 〈*up*〉; 〈羽・毛などを〉かき乱す 〈*up*〉; 〈蹄鉄〉にすべり止めを付ける. **2 a** 手荒に扱う, 虐待する, 痛めつける 〈*up*〉; 《スポーツで》〈相手〉に荒っぽいプレーをする; 〈投手など〉から大量得点を奪う 〈*up*〉; 〈馬を〉ならす (break in). **b** 〈人〉に荒々しいことばを用いる; «まれ» 立腹させる 〈*up*〉. **3** 〈ダイヤモンド・レンズなどを〉荒切りする; 〈亜麻を〉あらすきする; 大体の形に切る[作る] 〈*off*〉; ざっと形をつける, あらごしらえする 〈*out*〉; ざっと詰める 〈*in*〉; «豪» 〈羊を〉荒っぽく刈る. ► *vi* 手荒く扱う, 乱暴にふるまう 〈*up*〉; «まれ» ざらざら[でこぼこ]になる. ● **~ in** ざっと[おおまかに]描き込む[組み立てる]. **~ it** 不便な生活をする, 不便を忍ぶ, 《キャンプなどで》原始的生活をする. **~ out** 〈絵などを〉ざっと[おおまかに]描く, 〈計画などを〉大ざっぱに立てる[話す], 〈将来〉の大体の計画を立てる.
♦ **~·er** *n* あらごしらえをする人. **~·ish** *a* やや rough な, 荒れぎみの. **~·ness** *n* ［OE *rūh*; cf. G *rauh*］

róugh·age *n* **1** 食物繊維, 繊維食物 (FIBER); 〘畜〙粗飼料. **2**《生地などの》粗い[ざらざらする]もの[材].

róugh-and-réady *a* 粗雑だ[荒っぽい]が目的にかなう; 〈人が〉荒削りな, 野人的な, 元気いっぱいの, ばりばり活動する.

róugh-and-túmble *a* 乱闘の, 乱戦(模様)の, 無秩序な, 入り乱れた; 〈人が〉変則的な戦い方をする, 荒っぽい, 暴力的な, 攻撃的な; 寄せ集めた, 間に合わせの. ► *n* 乱戦, 乱闘, 混乱, 無秩序; 内紛.

róugh-áss *a* *«俗» 粗暴な, 粗野な, 荒っぽい.

róugh blúegrass 〘植〙オオスズメノカタビラ (＝*bird grass*)《北米の温帯地方で芝生をつくるイネ科の植物》.

róugh bóok 下書き帳.

róugh bréathing 〘音〙《ギリシア語の語頭母音または ρ (rho) の》気息音を伴う発音; 気息音符 ((ʽ); cf. SMOOTH BREATHING).

róugh·càst *n* 大体のひな型; 〘建〙荒打ち(塗り); 〘建〙《貝殻または小石のまざった》外壁プラスター塗り. ► *a* 荒塗りの; ざっと作った[仕上げた]; 粗野な, 無教養な. ► *vt* 荒塗りにする; あらごしらえする; 〈計画など〉の下ごしらえをする; 〈小説など〉のあらすじを立てる.

róugh cóat 下地塗, 粗面塗.

róugh cóllie 〘犬〙毛が長くふさふさしたコリー.

róugh cópy 下書き, 草稿; おおまかな写し.

róugh-cút *a* 粗刻みの〈タバコなど〉(opp. *fine-cut*).

róugh cút 未編集の映画フィルム.

róugh díamond ダイヤモンドの原石; [*fig*] 磨けば光る人, '原石' (diamond in the rough).

róugh-drý *vt* 〈洗った衣服などを〉アイロンをかけずにただ乾かす, あら干しする. ► *a* 洗って乾かしたがアイロンをかけていない.

róugh-édged *a* 縁がざらざら[ぎざぎざ]の; 荒削りの.

róugh édges *pl* ぎざぎざ[でこぼこ]の端[縁], 〘製本〙裁ち落としていない[アンカットの]小口; 小さな欠点, 瑕瑾, 荒削りな点, 《性格の》荒っぽさ, 角(ᵏᵃᵈᵒ) (cf. ROUGH around edges): knock [polish] off the ~ 磨きをかける, 仕上げる, 《角を取って》丸くする.

róugh·en *vt, vi* 粗くする[なる], ざらざらにする[なる], でこぼこにする[なる]. ♦ **~·er** *n*

róugh endoplásmic retículum 〘生〙粗面小胞体《表面に多数のリボソームが付着した小胞体》.

róugh físh 《猟魚でない》粗魚, 雑魚.

róugh-fóot·ed *a* 足に羽毛のある.

róugh grázing″ 自然のままの牧場.

róugh-grínd *vt* 〈刃物を〉荒研ぎする.

róugh-hàndle *vt* 手荒に扱う.

róugh-héw *vt* 荒切り[削り]する; …に大体の形をつける.

róugh-héwn *a* 荒削りの; あらごしらえの; 粗野な, 教養のない, 無骨な.

róugh·hòuse «口» *n* 大騒ぎ, 大あばれ, ふざけ騒ぎ, 大げんか, 乱暴; *«俗» 乱暴[意地悪]な子《通例 男子》. ► *a* 乱暴な. ► *vt, vi*《通例 ふざけて》手荒く[乱暴に]扱う; 大騒ぎ[大げんか]する, 乱暴にふるまう, あばれまわる.

rough·ie /rʌ́fi/ «豪口» *n* **1** 乱暴者, 荒くれ者, よた者. **2** ずるい手, 不正[不当]なやり方: put a ~ over (sb)《人を》だます. **3** 〘競馬・ドッグレース〙勝ちそうもない馬[犬], '穴' (outsider); 〘魚〙ROUGHY. ［*-ie*］

róugh·ing *n* 〘アイスホッケー・アメフト〙ラフィング《反則となるラフプレー; ペナルティーの対象となる》.

róugh jústice 荒っぽい正義, ほぼ公正といえる処置; きわめて不当な処置.

róugh-lègged *a* 〈鳥・馬が〉脚に毛のある.

róugh-lègged búzzard″ ROUGH-LEGGED HAWK.

róugh-lègged háwk, róugh·lèg 〘鳥〙ケアシノスリ.

róugh lémon 〘園〙ラフレモン《カンキツ類の接木用台木として用いられるレモン; その果実》.

róugh·ly *adv* **1** 粗く; 乱暴に; 無作法に; 耳ざわりに. **2** おおよそ, ざっと: ~ estimated 概算で(の) / ~ speaking 大ざっぱに言って.

róugh músic ラフミュージック《かつて人の家の前などで抗議や怒りのしるしとして鍋釜や太鼓をたたいて出した騒音》.

róugh·nèck *n* 粗野なやつ, 無作法者; 荒くれ者, 気の荒い者, 乱暴者, ごろつき (rowdy); 油井作業員; *サーカス労働者. ► *a* 荒くれた, 乱暴な, 粗野な, 荒っぽい. ► *vi* *騒ぐ, あばれる (roughhouse).

róugh páper 下描き[下書き]をした紙, 下描き[下書き]用の紙.

róugh pássage 荒天の航海; [*fig*] 試練の時. ● **give a ～** 〈船舶・乗組員〉に荒海を航海させる; 〈人・もの〉に試練の時を与える.
róugh púff pàstry ラフ・パフペストリー《小麦粉・水にたくさんのバターを混ぜて作るパイ生地[タルト生地]》.
róugh·rìde *vi, vt* 〈荒馬・野生の馬を〉乗りならす; 手荒なやり方で抑えつける[制圧する].
róugh·rìder *n* **1** 調馬師; 荒馬乗り《人》. **2** [ᵁR- R-] 荒馬騎兵隊員, ラフライダー《米西戦争 (1898) 当時 Theodore Roosevelt と Leonard Wood が率いた米国の義勇騎兵隊の隊員》.
róugh·shòd *a* 〈馬が〉《すべり止め用の》スパイク付き蹄鉄を付けた; 暴虐[非道]な, 強権的な. ► *adv* 非道に, 悪辣に. ● **ride** [**run***] **～ over**…にいばりちらす, …を手荒く扱う; …を踏みにじる.
róugh shóoting 狩猟地以外での銃猟.
róugh slédding «口» 悪い状況, 難航.
róugh slèeperᴴ 路上で寝泊まりする人, ホームレス (cf. sleep ROUGH)
róugh spín «豪俗» 不運, 不幸 (misfortune); «NZ口» 不公平[不当]な扱い[処置].
róugh-spóken *a* 乱暴な口をきく, 口の悪い.
róugh stùff «口» 荒っぽいこと, 暴力, 乱暴, ラフプレー; *«口» 野卑[卑猥](な事), 低俗, 俗悪, ポルノ.
róugh tímber 〔製材〕素材《枝を切り落としただけの用材; 丸太と杣角(そまかく)の総称》.
róugh tráde «俗» サド的で乱暴なホモ《しばしば集合的》; 《ヘテロの売春婦の》乱暴な客; ホモ売春の慣行.
róugh-ùp «俗» *n* 非公式試合, トライアルレース; けんか, たちまわり.
róugh-vóiced *a* ガラガラ声の.
róugh-wìnged swállow 〔鳥〕**a** オビナシショウドウツバメ《南北アメリカ産》. **b** クロツバメ《アフリカ産》.
róugh-wróught *a* あらごしらえの, 急ごしらえの.
roughy /rʌ́fi/ *n* 〔魚〕**a** マルスズキ科の海産魚 (＝*tommy rough, ruff*)《豪州・ニュージーランド沿岸産の食用魚; さわるとざらざらする》. **b** ラフィー《豪州の浅海にすむヒウチダイ科の小魚; ひれにとげがある》.
rouille /*F* ruj/ *n* ルイユ《フランス Provence 地方の赤トウガラシのはいったガーリックソース; ブイヤベースにつかう》.
rou·lade /rulá:d/ *n* 〔楽〕ルラード《1 シラブルだけ歌われる経過音の急速な連続からなる装飾》; ルラード《(1) 薄切り肉で詰め物を巻いた料理 2) 詰め物をしたロールケーキ》. [F (*rouler* to roll)]
rou·leau /rulóu, ᴴrú:ləu/ *n* (*pl* **-leaux** /-(z)/, **～s**) 巻物 (roll); 巻封した硬貨, 棒金; 装飾用巻きリボン; 〔医〕《赤血球の》連銭状体. [F]
Rou·lers /*F* rulɛrs/ ルレルス《ROESELARE のフランス語名》.
rou·lette /rulɛ́t/ *n* **1** ルーレット《賭博; その道具》; 予測のつかない事. **2 a** 《郵便切手などの》ミシン目打ち機, ルレット; 《銅板に砂目をつける》鋼鉄製輪器; ヘアカーラー. **b** 《切手の穴を打ち抜かない》ミシン目 (cf. PERFORATION). **3** 〔数〕輪転曲線, ルーレット. ► *vt* 〈切手など〉にミシン目を入れる, …に点線状の穴をあける. [F (dim)＜*rouelle* (dim)＜ROTA]
Rou·ma·nia(n) /ruméiniə(n)/ *n*, RUMANIA(N).
Rou·me·lia /rumí:ljə, -liə/ RUMELIA.
round[1] /ráund/ *a* **1 a** まるい, 丸い, 円い, 球形[円形, 円筒形]の (opp. *square*); 〔建〕半円形の, アーチ状の: a ～ arch 《ロマネスク式の》半円アーチ (opp. *pointed arch*). **b** 丸々と太った (plump); 〈筆跡などが〉まるみのある; まるくなった, 湾曲した: ～ shoulders 猫背. **c** 〔音〕唇をまるくして発音する, 円唇の〈母音など〉. **d** 円[弧]を描く; 一周する: a ～ tour 周遊 / ROUND-TRIP. **e** 〈衣服が〉《前に開きがなく》体をすっぽり包む; 裾を平らにカットした《もすそ (train) の付かない》. **2 a** 完成[完結]された, 仕上げられた; 完全な, 端数のない; 概数の, 大体の: a ～ dozen まる 1 ダース / in ～ numbers [figures] 《10 とか 100 とかの》端数のない数で, まるい数字で, 概数で. **b** 〈金額が〉かなりの, 相当な: a good, ～ sum まとまった金. **c** 〈作中人物などが〉まるみのある, よく肉付けされた, 多面的に生きいきと描かれた. **3** 率直な, ありのままの; 遠慮のない, 露骨な; 思いきった: a ～ unvarnished tale ありのままの話 / be ～ with sb 人に率直[露骨]にものを言う / scold sb in good ～ terms 遠慮のないことばで人をしかる. **4 a** 〈音・声が〉まるみのある, 豊かな, 朗々とした, よく通る[響く]; 〈スタイルが〉流暢な, 流麗な: a ～ voice. **b** 〈酒などが〉まるみのある, まろやかな《調和がとれて舌ざわり・のどごしがよい》. **5** 威勢のよい, 活発な; 迅速な, 快速の; 腕を大きく振った[回した]〈パンチ〉.
► *n* **1 a** 円, 円形物[部], 環 (circle), 弧状物[部]; 《はしご・椅子の脚の円形の断面を有する》横木, 桟 (rung). **b** 〔建〕円形繰形(くりかた); 〔彫〕丸彫り (opp. *relief*); かんな. **c** 環状配列[物, 部]; 車座に集まった人, 環状に並んでいるもの; 《糸の》ひと巻き. **2 a** 球, 球状物[部], 円筒物[部]: this earthly ～ この地球. **b** 《牛肉の》腿(もも)肉, ラウンド; 《パンの》まるい一きれ《loaf の輪切り》, ᴴそれで作ったサンドイッチ. **3** 《円形物・球形物などの》周囲; 範囲: the ～ of knowledge 知識の範囲. **4** 回ること; 円[弧, 曲線]を描く運動[動き]; 回転; 循環; 繰返し, 連続; 〔楽〕輪唱; [*pl*] 《CHANGE RINGING で》鐘を高音から順に連続して鳴らす法; 円舞. **5 a** 《仕事の》ひと区切り, 一期 (period), ひと回り, 一巡; [ᵒ*pl*] 巡回, 巡視, 回診; 回り道; 円形路; [ᵒ*pl*] 巡回路[区域]; 〔軍〕巡邏(じゅんら)隊: one's [the] daily ～ 毎日の仕事 / go for a long ～ 遠くへ散歩に行ってくる / a ～ of calls [visits] 歴訪. **b** ひと勝負, 一試合, 一回, 一ラウンド, 一番, 《トーナメント戦の》…回戦; 一発, 《弾薬の》一発分; 〔弓〕特定距離から射る特定数の矢; 《歓声の》ひとしきり; 《酒などの》全員にひとわたりする量; 〔軍〕一斉射撃(に要する弾薬): a fight of ten ～*s* ボクシングの 10 回戦 / play a ～ ひと勝負する / ～ after ～ of cheers 幾度となくあがる歓呼の声 / pay the first ～ of drinks 全員に最初の一杯をおごる. ● **give** sb **the ～s of the kitchen** ᴴ«俗» 人をしかりつける. **go** [**do, make**] **the ～(s)** 巡回[巡視, 回診]する, 一定のコースをまわる, 訪ねてまわる, 職を求めて歩きまわる; 〈うわさなどが〉伝わる, 広まる. **in the ～** 〔彫〕丸彫りで; 全特徴を示して, 概観的に, ありありと, 克明に; ステージ[祭壇]を観客[会衆]がぐるりと囲んでいる, 円形式の. **out of ～** 完全にはまるくない. **take a ～** 一巡する, 歩きまわる; 散歩する〈*of*〉.
► *vt* **1** まるくする, 球[円筒]状にする; 丸くふくらませる; 丸々と太らせる; 〔音〕〈母音を〉唇をまるくして発音する, 〈唇を〉まるくして突き出す; 〈犬の耳など〉の端を切る. **2** 概数にする, まるめる; 仕上げる, 完成する〈*off, out*〉. **3 a** 回る, 一周する; 〈角などを〉曲がる, 《カーブを描いて》回る; 囲む, 取り巻く (surround): ～ the corner 角を曲がる. **b** 回す, 転ずる〈*off*〉; …の向きを変えさせる, 振り向かせる〈*off*〉; 生き返らせる, 回復させる〈*off*〉. ► *vi* **1** まるくなる, まるみがつく; 球状[円筒状]になる; 湾曲する; 丸々と太る; 丸くふくれる. **2** 仕上がる; 発展する〈*into*〉. **3** 巡回[巡視]する; 回る; 曲がる; 向きを変える, 振り向く: ～ on one's heels きびすをめぐらす / ～ to the left 左へ旋回する. ● **～ down** (〈数・金額など〉の)端数を切り捨てる〈*to*〉; 〔海〕〈テークルを〉ゆるめる. **～ in** 〔海〕〈ロープなどを〉たぐり込む; 〔海〕〈テークル〉のゆるみをとる. **～ off** 丸くする, 丸みをつける; 四捨五入する, 概数にする; 完全にする; 完結する, 〈文章などを〉手際よく仕上げる〈*with* sth; *by doing*〉; 〈時を〉おもしろく過ごす: He ～*ed off* his career *by* being appointed a director. 理事に任命されて有終の美を飾った. **～ on**… 《向き直って》…を攻撃する, …をののしる, …に食ってかかる; 〈人〉の告げ口をする. **～ out** 丸みをつける[がつく], 丸くふくらませる[ふくれる]; …の(最後の)仕上げ[締めくくり]をする; 〈数を〉切り上げる. **～ to** 〔海〕船首を風上に向けて停泊する; 健康[気力]を回復する. **～ up** 〈牛などを〉駆り集める; かき集める; 狩り立てる, 一斉検挙する; 総括する, まとめる; *«口» 〈問題を〉片付ける, 処理する; 〈数・金額などを〉端数のない形に切り上げる; 〔海〕〈テークル〉のゆるみをとる.
► *adv* **1 a** 回って; 回転して; ぐるぐると, 循環して. **b** 一巡して, 行き渡って, 次から次へと; 《季節などが》一巡して[するまで], 《初めから終わりまで》通して: all the year ～＝the whole year ～ 一年中 / this time ～ 今回は / the second time ～ 次回は, 2 回目は. **2 a** 回り道して, 迂回して; 囲む[囲まれる]ように, 《ある場所からほかに》まわって, まわして: go a long way ～ 遠回りして行く / Bring my car ～. 車をこちらへまわしてくれ. **b** 周囲が…で: 4 feet ～ 周囲 4 フィート. **3** まわりに, 四方に; 近くに, 界隈に; あちこち: go [walk] ～ ぶらぶら歩きまわる / loaf ～ 方々うろつく / all the country ～ 国中に. **4** 《方向・考えが》反対(方向)に, 逆に. ● **all ～** (1) ＝**right ～**＝**～ and ～**＝[強意] round. (2) 全般的に(見て), 一般に. (3) [先行する比較級を強めて] あらゆる点でいっそう. **ask** sb **～** 人を招く. **～ about** 輪になって, まわりに; 四方八方に; 近くに, 界隈に; (くるっと回って)反対の側[位置]に; 回り道して; ざっと, およそ: The pupils are mostly from the farms ～ *about*. 多くは周辺の農家の子弟である / It will cost ～ *about* 100,000 dollars. ざっと 10 万ドルはかかる.
► *prep* /—, —́/ **1 a** …を(ぐるりと)回って; …を中心(軸)として; …をぐるりと取り巻いて; …を囲んで: a tour ～ the world 世界一周旅行 / The earth moves ～ the sun. 地球は太陽の周囲を回る / sit ～ the table テーブルを囲んですわる. **b** 〈角などを〉曲がって, 曲がった所で: go ～ the corner 角を回る. **2** …のまわりに[四方に]; …の近くに, …界隈に; …の中をあちこちと, …の方々に: She looked ～ her [the room]. あたりを[部屋を]見まわした / a few miles ～ the town 町から数マイルの界隈. **3** …くらい; …ころ: pay somewhere ～ £100 100 ポンドくらい払う. **4** …の間中ずっと. ★ 口語では round は around としばしば区別なく用いる: They were seated *round* [*around*] the table. «米» では一般に around を多く用いるが, «英» では around を here and there (ここかしこ), in every direction (四方八方に), また round を in a circular motion (ぐるりと回って) の意に用いる傾向がある. ● **all ～**…＝**right ～**…＝**～ and ～**…＝[強意] round…: argue ～ *and* ～ a subject 問題の核心に触れないで外面を論ずる. **～ about**…のまわりに[を]; およそ…: ～ *about* five o'clock 5 時ごろに.
♦ **～·ness** *n* [OF＜L ROTUND]
round[2] *vt, vi* «古» (…に)ささやく (whisper). [OE *rūnian*＜RUNE; *-d* は cf. SOUND[1]]
róund·abòut *a* **1** 迂回した, 回り道の, 迂遠な; 〈ことばなど〉遠まわしの; 取り巻いている, 周囲の: Why do you say it in a ～ way? どうしてもってまわった言い方をするんだ? **2** 〈衣服が〉裾の平らな, 燕尾のない. **3** 丸々と太った. ► *n* **1** 回り道; 遠まわしな言い方; *往復旅行 (round trip). **2** 円 (circle); 円形物; 円形場; 円陣, 囲い生垣; ᴴ環状交差路, ロータリー (rotary*); ᴴ回転木馬 (merry-go-round); ᴴ《公園などの》球形の回転式遊具《子供が乗って別の人がぐるぐる回す》. **3** *ラウンダバウト (＝**～ jàcket**) 《19 世紀の男性用の短いジャケット》. ● SWINGS **and ～s**. ♦ **～·ness** *n*

róund ángle 〘数〙周角《＝360°》.
róund árch 〘建〙半円迫持[アーチ].
róund-àrm *a* 〘クリケット〙水平に腕を振った〈投球〉.
róund báck 〘製本〙丸背 (cf. SQUARE BACK).
róund·bàll *n* 《アメリカンフットボールに対して》バスケットボール (basketball).
róund bárrow 〘考古〙円墳《火葬した骨を入れた壷の上に築いた青銅器時代の円い塚》.
róund brácket 〘印〙丸括弧 (parenthesis).
róund clám 〘貝〙QUAHOG.
róund dànce 1 円舞《(1) 人びとが輪の形になって踊るダンス; 輪舞 (2) ワルツなどカップルが回りながら進行するダンス》. 2〘動〙《ミツバチの》円舞《蜜が近くにあることを示す》.
róund·ed *a* 1 まるい, まるみのある, 曲線的な; 〘音〙円唇の. 2〈身体・人格などが〉成熟[円熟]した; 完成された, 完全な; 十分に表現された, 包括的に描いた; 〈文体・音楽などが〉洗練された. 3 端数を切り捨てた[切り上げた], おおよその. ♦ **~·ness** *n*

R

roun·del /ráund(ə)l/ *n* 1 小円形物, 小圏, 小円盤; 〘紋〙小円形紋章; ラウンデル《軍用機に描かれる円形の国籍マーク; 英軍の同心円[蛇の目]状のマークなど》; 円形パネル; 小円窓; 円形の壁龕(へきがん); 〘史〙円形の小盾; 〘甲冑〙腋(わき)当て円盤. 2 ロンデル体の詩 (rondel), ロンドー体の詩 (rondeau); ラウンデル《イギリス風の RONDEAU》. 3 輪舞, 円舞 (round dance). ［OF *rondel(le)*; ⇨ ROUND[1]］
roun·de·lay /ráundəlèɪ/ *n* 短いリフレーンのある歌[詩, 曲]; 小鳥のさえずり; 円舞 (round dance). ［F *rondelet* (dim)＜↑; 語尾は *lay* または *virelay* などの影響］
róund·er *n* 1 物をまるくする道具[人]. 2*《俗》**a** 酒場を飲み歩く人, 飲んだくれ, ろくでなし; 歓楽街の常連, 遊び人. **b** 刑務所の常連, 常習犯. **c** 渡り者の鉄道労働者. 3 メソジスト派の巡回説教師; 《古》巡回者. 4〘ボク〙…回戦の試合: a 15-~. 5 [~s, 〈*sg*〉] ラウンダーズ《野球に似た英国の球技》; ラウンダーズのベース一周.
róund-èye *n**《軍俗》西洋女《東洋女に対して》.
róund-éyed *a* 《びっくりして》目をまるくした.
róund-fáced *a* 丸顔の.
róund fíle[1] 丸やすり.
róund fìle[2] [the] 《俗》CIRCULAR FILE.
róund gáme 組にならず各自単独で行なうゲーム.
róund-hànd *a* 〘クリケット〙ROUND-ARM.
róund hánd まるみをおびた明瞭な書体, 円形書体《主に製図用文字》.
Róund·hèad *n* 1〘英史〙円頂派《1642–51 年のピューリタン革命で騎士派 (Cavaliers) と対立した議会派の蔑称; 頭髪を短く刈っていたことから》; PURITAN. 2 [r-] 短頭の人.
róund·héad·ed *a* 頭の丸い; 〘解〙短頭の; [R-] 円頂派のように頭髪を短く刈った; 先端[頭部]が丸くなった; 上部[頭部]が半円形をした. ♦ **~·ness** *n*
róund·hèel, -hèels 《俗》*n* 節操のない人, 誘惑に弱い人; 浮気っぽい女, 尻軽女, 淫売; *二流ボクサー. ♦ **róund·hèeled** *a*
róund hérring 〘魚〙熱帯海域産のウルメイワシ科の腹のまるい各種の魚.
róund·hòuse *n* 1 円形[半円形]機関車庫《中央に転車台がある》; 〘海〙後甲板後部の船室; 〘海〙船首部便所; 円形小屋; 《古》留置場. 2〘野〙大きなカーブ; 〘ボク〙大振りのフック; 〘サーフィン〙ラウンドハウス(カットバック)《大きな弧を描いてターンし, もとの向きに戻る cutback》. 3〘トランプ〙《ピナクルで得点となる》キングとクイーンの組札. ► *a* 《口》〈パンチなど〉大きく腕を振った, 強烈な: a ~ blow 強打; 大きな痛手 〈*to* sb〉.
róundhouse kìck 《空手などの》まわし蹴り.
róund·ish *a* まるみをおびた. ♦ **~·ness** *n*
róund·let *n* 小円(状のもの); 小球(状のもの).
róund lót 〘証券〙取引単位《たとえば, 株式 100 株, 債券 1000 ドル; cf. ODD LOT》.
róund-lót·ter *n* 取引単位[単位株]投資家.
róund·ly *adv* まるく, 円形に; 勢いよく, 活発に; 迅速[急速]に; 率直に (frankly); 断然; 十分に, 完全に; きびしく〈しかる〉; おおよそ, ざっと.
róund·nòse *a* 鼻の丸い; 端[角]を丸めた, 〈工具などが〉先端[刃先]を丸めた; 〈弾丸が〉先端の丸い: a ~ chisel 丸刃のみ. ► *n* 先端の丸い工具[弾丸など].
róund pómpano 〘魚〙コバンアジの一種《ブラジルから Cod 岬までみられる》.
róund-ròbin *n* 1 円形署名上申書[抗議書]《署名順を明らかにしないための》; 連名上申書[抗議書]; 回状, 回書. 2 円卓会議; *総当たり戦, リーグ戦; 連続, 因果的連鎖. 3〘電算〙ラウンドロビン, 順繰り方式.
róund shòt 大砲の弾, 砲丸.
róund-shóuldered *a* 猫背の.
róunds·man /-mən/ *n* 巡回[巡視, 巡察]人; "御用聞き, 注文取り, 配達人; *巡査部長; 《豪》《政治部などの》担当[専門]記者.
róund stèak 腿肉 (round) から取った厚切り肉.
róund tàble /; ⌐—⌐—/ 1 ["round(-)table, 〈*a*〉] 円卓会議; 円卓会議の参加者《集合的》; 《口》議論, 討論会: ~ talks. 2 [the R- T-] 円卓《Arthur 王とその騎士たちが(座に上下がないよう)円形にすわった大理石の円卓》; [the R- T-] 円卓の騎士たち: KNIGHTS OF THE ROUND TABLE.
róund-the-clóck *a, adv* AROUND-THE-CLOCK.
róund-the-wórld *a* 世界一周の.
róund·tòp *n* 〘海〙檣楼(しょうろう).
róund tòwel ROLLER TOWEL.
róund tówer 円柱鐘楼, ラウンドタワー《アイルランドで 10 世紀から修道院に隣接して造られた独立した円柱楼で, 避難所としても用いられた》.
róund·trèe *n* 〘植〙アメリカナナカマド.
róund-tríp *n* 往復; *往復切符; "《往路と復路を違えた》周回(の旅程); 〘トランプ〙ROUNDHOUSE. ► *a**往復(用)の: a ~ ticket 往復切符 (return ticket").
róund-trípper *n* 《野球俗》ホームラン.
róund-trìpping *n*"《口》大企業が低利で借りた金を高利で貸すこと.
róund túrn 〘海〙《船を急に停めるための綱の》ひと巻き.
róund·ùp *n* 1 家畜[牛]の駆り集め; 駆り集められた家畜[牛]; 牛を駆り集めるカウボーイ[馬]; 《容疑者などの》一斉検挙, …狩り; 《一般に》駆り[寄せ]集めること. 2 集会, 会合; 《ニュースなどの》総括, (総)まとめ, 概要, 概況; *《俗》力による不和の解決, 総括. ● **the last ~** *死《カウボーイの表現》: head for *the last* ~ おしまいになる, 最期を迎える.
róund wíndow 〘解〙《耳の》正円窓, 蝸牛窓.
róund·wòod *n* 《柱などに使う》丸材, 丸太.
róund·wòrm *n* 〘動〙線形動物; 回虫.
roup[1] /róup, rú:p/ 《スコ》*n* 騒々しい叫び (clamor); 《スコ》競売 (auction). ► *vt* 競売する. ► *vi* 叫ぶ. ［ME＝to shout＜Scand; cf. Icel *raupa* to boast］
roup[2] /rú:p, ráup/ *n* 〘獣医〙眼や鼻孔から粘液の出る家禽のウイルス性伝染病; 《スコ》《声の》しわがれ. ♦ **róupy** *a* roup にかかった; しわがれた. ［C16＜?］
Rous /ráus/ ラウス (**Francis**) **Peyton** ~ (1879–1970)《米国の病理学者; 発癌性ウイルスのラウス肉腫ウイルスを発見; ノーベル生理学医学賞 (1966)》.
rouse[1] /ráuz/ *vt* 1 **a** …の目をさまさせる (awaken), よび起こす 〈sb *from* [*out of*] his sleep〉; 喚起する, 鼓舞する, 奮起させる 〈*to* action〉; 〈感情を〉起こさせる, 激発させる, かきたてる: ~ one*self* 奮起する. **b** 〈獲物を〉飛び立たせる, 狩り出す. **c** 〈発酵中のビールなどを〉攪拌する, かきまぜる. 2〘海〙強く引っ張る[たぐる] 〈*in, out, up*〉. ► *vi* 目をさます; 奮起する 〈*up*〉; 〈感情が〉激発する 〈*up*〉; 〈獲物が〉飛び立つ; 〘鷹狩〙〈タカが〉羽を立てる《満足な時》. ● **R~ and bitt!** 〘海〙目をさまして出てこい. **~ on** 《豪口》しかる. **~ out** 〘海〙目をさまさせて出てこさせる. ► *n* 覚醒; 奮起; 〘軍〙起床らっぱ. ♦ **róus·able** *a* **róus·er** *n* **~·ment** *n* ［ME＜?; 本来は狩猟用語］
rouse[2] 《古》*n* 満杯; 乾杯; 飲み騒ぎ: give a ~ 乾杯する / take one's ~ 飲み騒ぐ. ［*to drink carouse* の異分析 *drink a rouse* から］
róuse·abòut *n* 《豪》《牧羊場などの》雑用人足.
rous·er /ráuzər/ *n* 覚醒者, 喚起者; 《口》びっくりさせるような事, 最高のもの, 特異なもの; 大うそ; 大声; 大声の人[歌]; 《豪口》ROUSEABOUT; 〘醸造〙攪拌(かくはん)器.
rous·ie /ráuzi/ *n* 《豪口》ROUSEABOUT.
rous·ing /ráuzɪŋ/ *a* 胸に響く, 感動的な, 熱烈な; 〈火が〉赤々と燃える; 活発な; 〈うそが〉ひどい, とんでもない; 最高の, すばらしい. ♦ **~·ly** *adv*
Róus sarcòma /ráus-/ 〘医〙ラウス肉腫《発癌性ウイルスによる鶏の移植可能な紡錘細胞肉腫》. ［Francis P. *Rous*］
Rous·seau /rusóu, rú:sòu; *F* ruso/ ルソー (1) **Henri(-Julien-Félix)** ~ (1844–1910)《フランスの画家; 愛称 'le Douanier' (税関吏); 素朴派の代表的存在》(2) **Jean-Jacques** ~ (1712–78)《Geneva 生まれのフランスの思想家・文学者; *Du contrat social* (1762), *Émile* (1762), *Confessions* (1782)》(3) **(Pierre-Étienne-)Théodore** ~ (1812–67)《フランスの風景画家》. ♦ **Rous·seau·esque** /rusouésk, rù:-/, **Rous·seau·ian** /-sóuiən/ *a*
Rousséau·ìsm *n* ルソー主義, 社会契約説, 自然主義. ♦ **-ist** *n* ルソー主義者. **Rous·seau·is·tic** /rù:sòuístɪk, ru-/ *a*
Rous·sil·lon /*F* rusijɔ̃/ ルシヨン《フランス南部ピレネー山脈と地中海に接する地方・旧州; ☆Perpignan》.
roust /ráust/ *vt* (強引に)起こす, 引っ張り出す 〈*out, up*〉; *《俗》逮捕する, 検挙する; *《俗》〈警察が〉手入れをする; *《俗》〈警官が〉乱暴な扱いをする, いやがらせをする. ► *vi* 《豪俗》おこってどなる. ● **~ around** 捜しまわる, ひっかきまわす (rummage). ► *n**《俗》《警察の》手入れ (raid, bust). ［変形＜*rouse*[1]］
róust·abòut *n**港湾労働者, 仲仕, 甲板員; *サーカスの雑役夫; *《油田・精油所・大農場などの》非熟練労働者, 雑用人足; 《豪》ROUSEABOUT; 風来坊, 流れ者.
róust·er *n* 甲板員, 港湾労働者.
rout[1] /ráut/ *n* 1 **a** 混乱した群集[会合]; 騒乱, 暴動; 《古》騒ぎ; 〘法〙

《3 人以上の》不穏集会《英国では 1986 年法で廃止》; 《古》社交的集会; 大夜会. **b** 《古·詩》群れ, 団, 隊; 《古·詩》従者《集合的》. **2** 総くずれ, 敗走; 大敗北, 完敗; 《古》総くずれの軍隊: put to ～ 敗走させる. ► *vt* 総くずれにする, 敗走させる; 〈敵·対戦相手などを〉打ちのめす; 駆逐する. ［OF＜Romanic＝broken (company); ⇨ ROUTE］

rout[2] ‖《方》*n* 大きな騒音; 叫び, 怒号. ► *vi, vt* 叫ぶ, どなる, 怒号する. ［ON *rauta* to roar; cf. OE *rēota* to weep］

rout[3] *vi* 〈豚などが〉鼻先で掘り返す; 捜しまわる (root); 丸のみで彫る［えぐる］. ► *vt* **1** (鼻先で)掘り返す; 見つける, でくわす 〈*up*〉; 暴露する 〈*out*〉. **2** 追い出す 〈*out*〉; 寝床から引っ張り出す 〈*out*〉, たたき起こす 〈*up*〉. **3** 掘る, …に溝をつける, 丸のみで削り取る, 切り捨てる 〈*out*〉. ［*root*[2]］

róut càke ‖ 夜会(用)ケーキ.

route /rúːt, ráut/ *n* **1 a** 道 (road), 道筋, ルート, 路線; 幹線道路; 航路, 航空路: take one's ～ 進む, 行く 〈*to*〉. **b** 《新聞などの》配達［販売］路, 配達［販売］区域; 《定期的にまわる》配達［販売］先《集合的》. **c** 〔医〕《医薬の》経路: oral ～. **2** 《一般に》近づく道［方法, 手段］, ルート. **3** 《古》行軍命令, 進発令: give [get] the ～ 進発令を下す［受ける］. ● **en** /ɑːn/ **～**＝**on ～** 途中で, 旅行中に. **go the ～** 終わりまでやり遂げる; 《野球口》完投する. ► *vt* …の経路［経由地］を定める, 一定順路にしたがって発送する 〈*by, through*〉; …の手順を予定指令する: ～ sb *around* the construction site 人に建設現場を迂回するよう指示する. ［OF *route* road＜L *rupta* (*via*) broken up (way) (*rumpo* to break)］

róute·man* /-mən, ráutmæ̀n/ *n* 《一定区域の》販売人, 配達人; 販売［配達］責任者.

róute màrch 〔軍〕旅次(りょじ)行進［行軍］, 道足(みちあし)行軍; 《口》長い歩き. ♦ **róute·màrch** *vi, vt*

rout·er[1] /rúːtər, ráu-/ *n* 長距離競走馬; 〔電算〕ルーター《ネットワークやデータ通信で, データ転送に際して最適経路を選択する装置》.

rout·er[2] /ráutər/ *n* えぐり道具［機］; ROUTER PLANE.

róuter plàne 《小穴·溝の底を削る》えぐりかんな.

róute stèp 〔軍〕道足(みちあし): at ～ 道足で.

róute·wày ‖ *n* 設定された道筋［経路］.

routh /ráuθ, rúːθ/, **rowth** /ráuθ/ *n, a* 《スコ》豊富(な), 多量(の), 多数(の). ［C17＜?］

rou·tine /ruːtíːn/ *n* **1 a** 決まりきった仕事, 日常業務, 機械的作業; おきまりの手順［課程］, 慣例: daily ～ 日課. **b** きまり文句, 常套句; おきまりの演技, 上演種目, 出し物; 定まった一連のダンスステップ. **2** 〔電算〕ルーチン《**1**) プログラム中で, 定義された特定の機能を果たす部分 **2**) 広くプログラム》. **3** *《俗》人柄; *《俗》《話の》すりかえ, はぐらかし. ► *a* 日常の, ごく普通の, ありきたりの; 決まりきった, 機械的な, 型にはまった: ～ work [duties] 日常の仕事［勤務］/ a ～ operation 簡単な手術. ♦ **～·ly** *adv* ［F; ⇨ ROUTE］

rou·ti·neer /rùːtəníər/ *n* 型どおりの仕事しかしない人.

rout·ing /rúːtɪŋ, ráu-/ *n* 旅程［ルート］の設定; 《配達順による》郵便物の選別; 予定手順に基づく配達; 〔電算〕ルーティング《router による最適経路の選択》.

róuting nùmber* 《銀行の》店番号 (sort code).

rou·ti·nier /rùːtənjéɪ/ *n* おきまりのやり方で仕事をする人; 〔楽〕《イマジネーションに欠けた》型どおりの指揮者. ［F］

rou·tin·ism /ruːtíːnìz(ə)m/ *n* 慣例固執, 杓子定規. ♦ **-ist** *n* ROUTINEER.

rou·tin·ize /ruːtíːnàɪz, rúːt(ə)n-/ *vt* 慣例［習慣］化する, 型どおりの仕事をするように慣らす. ♦ **rou·tin·i·zá·tion** /, rùːt(ə)n-/ *n*

róut-sèat ‖ *n* 《業者が貸す》集会用の軽いベンチ.

roux /rúː/ *n* (*pl* ～ /-(z)/) 〔料理〕ルー《小麦粉をバターで炒めたもの; スープやソースにとろみをつけるのに用いる》. ［F＝brownish (butter); ⇨ RUSSET］

ROV remotely operated vehicle 遠隔操作無人探査機.

rove[1] /róuv/ *vi* あてもなく移動する, さまよう, うろつく, 徘徊［流浪］する; 〈愛情·権利などが〉始終移る; 〈視線が〉さまよう; 〔豪式フット〕ローバー (rover) としてプレーする; 《古》生き餌で流し釣りをする. ► *vt* …のあちこちを移動する［歩きまわる］, 徘徊する; 〈目が〉眺めまわす. ► *n* あてもない移動, 歩きまわる［さまよう］こと, 徘徊, 漂泊, 流浪: on the ～ あちこち移動して, 徘徊［放浪］して. ［ME (archery)＝to shoot at casual mark with range not determined〈?*rave* (dial) to stray＜Scand］

rove[2] *n* 粗紡糸 (roving). ► *vt* 練紡する, 紡いであら撚(よ)りをかける. ［C18＜?］

rove[3] *n* リベットを作る前にはめる座金 (burr). ［ON *ró*］

rove[4] *v* REEVE[2] の過去·過去分詞.

róve bèetle 〔昆〕ハネカクシ《同科の甲虫の総称》.

roven *v* REEVE[2] の過去分詞.

róve-òver *a, n* 〔韻〕《sprung rhythm において》前行の終わりと次行の初めとで 1 詩脚をなす(詩).

rov·er[1] /róuvər/ *n* **1 a** 歩きまわる人, 流浪者; 追いはぎ (highwayman); 《月·火星などの》探査車: LUNAR ROVER. **b** ‖《音楽会などの》立席客; 〔スポ〕状況に応じていろいろな守備位置にまわる選手; 〔豪式フット〕ローバー《3 人からなる ruck の一人で, いちばん体が小さいが, 捕球に敏捷な者が選ばれる》. **c** [R-] ローヴァー (＝**～ Scòut**)《ボーイスカウトの青年部門のメンバー》. **2** [°*pl*] 〔弓〕任意の的; 遠的(とおまと); 遠的を射る人; 〔クロッケー〕すべての門は通過したが目標の杭にはあたらなかった球(を打った人). **3** [R-] ローヴァー《飼い犬に多い名》; [R-] ローヴァー《もと英国 Rover Group 製の乗用車》. ● **at ～s** やたらに, 漫然と. **find R～** *《俗》だらだら仕事する. ［*rove*[1]］

rover[2] *n* 海賊; 《廃》海賊船. ［MLG, MDu *rōver* robber (*rōven* to rob; cf. REAVE[1])］

rover[3] *n* あら撚(よ)りする人, 練紡機. ［*rove*[2]］

rov·ing[1] /róuvɪŋ/ *n* 放浪; 遠的 (rover) を射ること. ► *a* 放浪する; 常駐しない, 移動する, 移動式の; とりとめのない, 寄り道する: a ～ AMBASSADOR / a ～ minister *移動公使. ● **have a ～ eye** きょろきょろ色目をつかう癖がある, 浮気っぽい.

roving[2] *n* 粗紡糸; 練紡, ロービング. ［*rove*[2]］

róving commíssion 《調査員の》自由旅行権限; 《口》あらゆる場所をまわる仕事.

Rovuma ⇨ RUVUMA.

row[1] /róu/ *n* **1 a** 列, 並び, 筋, 条; 家並み; 《劇場などの》席の列; 《チェッカー盤の》横筋; 《数表などの》横行 (opp. *column*), 〔数〕《行列の》行; 〔楽〕TWELVE-TONE ROW: a ～ of houses [trees] 家並み［並木］/ in the front ～ 前の列に. **b** *《俗》《吸入するために》うすく線状に置いた麻薬《特に》コカイン》(line). **2** 《両側に同業の人びとなどが住む》街, …通り《英国ではしばしば町名》; [the R-] ROTTEN ROW; *《俗》SKID ROW. ● **a hard [long, tough] ～ to hoe** むずかしい［うんざりさせる］仕事. **hoe one's own ～** *自分で仕事をする, 自分ひとりでやっていく. **in a ～** 一列に並んで; 続けて. **in ～s** いくつも列をなして. **knock [throw]…for a ～ (of ash cans [milk cans, Chinese pagodas, tall red totem poles])** *《口》＝knock…for a LOOP[1]. **～ upon ～ of…** 何列もの…. ► *vt* (列に)並べる. ［OE *rǣw*; cf. G *Reihe* line］

row[2] /róu/ *vi* 船をこぐ; 〈船が〉こがれる; ボートレースに参加する. ► *vt* **1** 〈船を〉こぐ; 〈何番席〉のこぎ手となる; こいで行なう; 〈相手〉とボートレースをする: ～ a boat ボートをこぐ / ～ bow [stroke] トップ［整調］をこぐ / ～ (No.) 4 in the Cambridge crew ケンブリッジ大学クルーで 4 番をこぐ / ～ 30 to the minute 1 分間に 30 のピッチでこぐ / ～ a race 競漕する. **2** こいで［こぎ舟で］運ぶ. **3** 〈かいを〉用いる; 〈オールを〉備える; こぎ手として使う: a boat that ～*s* 6 oars 6 丁がいのボート. ● **look one way and ～ another** 《俗》ある事をねらうと見せて実はほかのものをねらう. **～ against the tide [stream, wind]** 潮［流れ, 風］に逆らってこぐ; 困難と戦う. **～ back** ‖ 前言［見解］を少し変える. **～ down** 《特に BUMPING RACE で》こいで追いつく. **～ dry** 水を飛ばさないようにこぐ; 空(から)こぎする. **R～ed of all!** 櫂(かい)上げ!, こぎ方やめ! **～ in** ‖ 《俗》共謀［謀議］する 〈*with*〉. **～ in one [in the same] boat** 同じ船をこぐ; 同一の事業に従事する, 同じ境遇にある 〈*with*〉. **～ out** こぎ疲れさせる. **～ over** 容易に競争に勝つ. **～ up** 力漕する. **～ sb up Salt River*** 〈反対党の者を〉敗北させる. **～ wet** 水を飛ばしてこぐ. **～ with one** OAR **(in the water)**. ► *n* こぐこと, 舟遊び; (ひと区切りの)ボートこぎの時間［距離］: go for a ～ ボートこぎに行く. ● **slow one's ～** *《黒人俗》《取締まりや抗争を恐れて》目立たないでじっとしている, 低姿勢でいる. ♦ **～·er** *n* こぐ人, こぎ手. ［OE *rōwan*; cf. ON *róa*, L *remus* oar］

row[3] /ráu/ 《主に英》*n* 騒ぎ, 騒動; けんか, 口論; 叱責; 《俗》大音, 騒音; 《俗》口 (mouth): There's too much ～. 騒々しくて困る / What's the ～? どうしたんだ, 何の騒ぎだ? ● **get into a ～** しかられる. **make [kick up] a ～** 騒動を起こす; 抗議する 〈*about*〉. ► *vt* しかる, ののしる: ～ sb *up* 人を叱責する. ► *vi* 騒ぐ; 口論［けんか］する 〈*about, with*〉. ［C18＜?］

row·an /róuən, ráu-/ *n* 〔植〕ナナカマド (＝**～ trèe**)《花ことばは「慎重」》; ナナカマドの実 (＝**～·bèrry**). ［Scand］

rów·bòat* /róu-/ *n* 手こぎ舟, ボート (rowing boat‖).

rów cròp 条植え作物《トウモロコシや綿など》.

row-de-dow /ráudɪdàu; ⌐ー⌐/, **-dow·dy** /ráudidáudi/ *n, a* 《俗》ROWDYDOW.

row-dow /ráudàu/ *n**《俗》ROWDYDOW.

row·dy /ráudi/ *a* 乱暴な; けんか好きの; 騒々しい; 口やかましい; 〈家畜が〉言うことを聞かない. ► *n* 乱暴者, 荒くれ者［男］. ♦ **rów·di·ly** *adv* **rów·di·ness** *n* **～·ish** *a* **～·ish·ness** *n* ［C19＜?; もと *《俗》＝lawless backwoodsman; *row*[3] と関係あるか］

row·dy·dow /ráudidàu; ⌐ー⌐/ 《俗》*n* 騒ぎ, ガヤガヤ, ワイワイ; けんか, 乱闘. ► *a* 騒がしい.

row·dy·dow·dy /ráudidáudi/ 《俗》*a* 騒がしい, やかましい, 野卑な. ► *n* ROWDYDOW.

rówdy·ìsm *n* 乱暴な［騒々しい］ふるまい［性質］.

Rowe /róu/ ロウ **Nicholas ～** (1674–1718)《英国の劇作家·桂冠詩人 (1715–18); 悲劇 *Tamerlane* (1701), *The Fair Penitent* (1703), *Jane Shore* (1714)》.

row·el /ráuəl/ *n* 《拍車の》歯輪, 距輪; 〔獣医〕《うみを出すために皮膚の下に差し込む》串線(かんせん)打膿条. ► *vt* (**-l-** ｜ **-ll-**) …に拍車を当てる; …に串線打膿条を差し込む; 苦しめる, 悩ます (vex). ［OF＜L *rotella* (dim)〈ROTA］

row·en /ráuən/ *n* *牧草用に夏の終わりまで耕さないでおく刈り株畑; [°*pl*] 《牧草の》二番刈り (aftermath).

Ro·we·na /rouwíːnə/ **1** ロウィーナ《女子名》. **2** ロウィーナ《Scott, *Ivanhoe* に登場する Ivanhoe の恋人》. ［?Welsh *Rhonwen* white skirt; 一説に, OE *Hrōthwyn* (fame＋friend)］

rów hòuse* /róu-/ 長屋建住宅《一戸; テラスハウスなど》.

row·ing /róuɪŋ/ *n* ボートをこぐこと, 漕艇; ローイング《SHELL によるボートレース》.

rówing bòatᴵᴵ ROWBOAT.

rówing machìne ローイングマシーン《ボートの漕法を練習する器械》.

Row·land /róulənd/ **1** ローランド《男子名》. **2** ローランド **F(rank) Sherwood** ～ (1927–2012)《米国の化学者; オゾン層形成と破壊のメカニズムの研究により, ノーベル化学賞 (1995)》. ［⇨ ROLAND］

Row·land·son /róulən(d)s(ə)n/ ローランドソン **Thomas** ～ (1756–1827)《英国の諷刺画家》.

Row·ley /róuli, ráu-/ ローリー **William** ～ (1585?–?1642)《イングランドの俳優・劇作家; *The Changeling* (Thomas Middleton との共作, 上演 1622)》.

Row·ling /róulɪŋ/ ローリング **J(oanne) K(athleen)** ～ (1965–)《英国の作家; *Harry Potter and the Philosopher's Stone* (1997) に始まる一連のファンタジーの作者》.

row·lockᴵᴵ /rάlək, rʌ́l-, róulὰk/ *n*《ボートの》オール受け (oarlock*). ［C18 *oarlock*＜OE *ārloc* (OAR, LOCK[1])］

rowt(e) /ráut/《スコ》*vi* ほえる (roar), どなる. ► *n* ほえ声, 叫び声.

rowth ⇨ ROUTH.

Rów·ton hòuseᴵᴵ /ráutn-, rɔ́ː-/ 改良型低所得者住宅. ［Baron *Rowton* (1838–1903) 英国の政治家・慈善家］

Rox·ana /rɑksǽnə; -sάːnə/ **1 a** ロクサーナ《女子名; 愛称 Roxy》. **b** ロクサーナ《Defoe の小説 *The Fortunate Mistress* (1724) の主人公》. **2** ロクサネー《Alexander 大王の妻; Bactria の豪族の娘》. ［↓］

Rox·ane /rɑksǽn/ **1** ロクサン《女子名》. **2** ロクサネー《Alexander 大王の妻 ROXANA の別つづり》. **3** ロクサーヌ《Edmond Rostand の戯曲 *Cyrano de Bergerac* の主人公シラノが恋する美女》. ［F＜OPers＝?］

Rox·anne /rɑksǽn/ ロクサン《女子名》.

Ro·xas (y Acu·ña) /róhὰːs (iː akúːnjə)/ ロハス(・イ・アクーニャ) **Manuel** ～ (1892–1948)《フィリピンの政治家; フィリピン共和国の初代大統領 (1946–48)》.

Rox·burgh /rάksbə̀ːrə, -bʌ̀rə, -b(ə)rə; -b(ə)rə/ **1** ロクスバラ (シャー) (＝**Róxburgh·shire** /-ʃɪər, -ʃər/)《スコットランド南東部の旧州; ☆Jedburgh》. **2** ROXBURGHE.

Rox·burghe /rάksbə̀ːrə, -bʌ̀rə, -b(ə)rə; -b(ə)rə/ *n*〘製本〙ロクスバラ装丁《英国の製本の一種; 背は無模様の革, 平は布または紙の四分の一装, 天金にして小口と地は裁断しない》. ［3rd Duke of *Roxburgh(e)* の蔵書の装丁］

Róx·bury wàxwork /rάksb(ə)ri-/〘植〙ツルウメモドキ (bittersweet). ［*Roxbury* Boston の住宅地］

roxy ⇨ ROCKSY.

Roxy /rάksi/ ロクシー《女子名; Roxana の愛称》.

Roy /rɔ́ɪ/ **1** ロイ《男子名》. **2**《豪口》いかした若者, トレンディーな男 (cf. ALF). ［OF＜ScGael＝red; F *roi* king と混同］

roy·al /rɔ́ɪ(ə)l/ *a* **1 a** 王の, 国王たる; 王室の; 国王から出た[与えられた]; 王者らしい, 王にふさわしい: the ～ family 王室 / the blood ～ 王族 (royal family) / a ～ palace 王宮 / ROYAL ASSENT / ～ 'we' ⇨ WE. **b** 王に仕える; 国王の保護のある, 王権の下にある, 勅許[勅定]の, 王立の: ROYAL AIR FORCE. ★ 公共的機関・施設・団体の名称中では「王立」とは限らない. **2 a** 気高い, 高貴な, 威容ある; 寛容な, 寛大な; 堂々とした, りっぱな (splendid); 大型の, 特大の; 非常に重要な[高い地位の]. **b** すばらしい, 極上の, すてきな, とびきりの (excellent); 全くの, すごい, えらい: a (right) ～ feast 大変なごちそう / a ～ welcome すばらしい歓迎 / have a ～ time 歓を尽くす / in ～ spirits 大元気で / a ～ pain たまらなくやっかいなこと[人]. **3**〘海〙ローヤルの《マスト・帆などが topgallant の上にある》;〘化〙不活性の: ～ metals 貴金属. ► *n* **1**《口》王家の人, 王族. **2**〘洋紙〙ロイアル判《20×25 インチまたは 19×24 インチ (＝small ～); ミリやセンチで示した寸法は metric ～, 2 [4, 8] つ折りにした判は ～ folio [quarto, octavo] と呼ぶ》. **3** ROYAL STAG;〘海〙ROYAL SAIL; ROYAL MAST; ROYAL FLUSH; ROYAL BLUE. **4**《10 個の鐘を用いる》転調鳴鐘 (change ringing). **5** [the R-s] ROYAL SCOTS; ROYAL MARINES. ［OF *roial*＜L REGAL］

Róyal Acádemy (of Árts) [the] ロイヤル・アカデミー《英国の美術家協会; 創立 1768 年; 略 RA》.

Róyal Acádemy of Dramátic Árt [the] ロイヤル演劇アカデミー《London にある英国で最も古い演劇学校; 1904 年創立; 略 RADA》.

Róyal Acádemy of Músic [the] ロイヤル音楽アカデミー《London にある音楽学校; 1822 年創立; 略 RAM》.

Róyal Áircraft Estàblishment [the] 王立航空施設《英空軍の管理下にある航空機の設計・テスト施設; Hampshire の Farnborough にある; 略 RAE》.

Róyal Áir Fòrce [the] 英国空軍《略 RAF》.

Róyal Áir Fòrce Lìst [the] 英国空軍士官名簿《現役・予備の両方を記載した公式の名簿》.

Róyal Álbert Háll [the] ロイヤル・アルバートホール《London の Kensington に Prince Albert を記念して 1871 年に開設された多目的ホール; 夏のプロムナードコンサートが有名; 略 RAH》.

Róyal and Áncient [the] ロイヤル・アンド・エンシェント《世界最古で最高権威のあるゴルフクラブ Royal and Ancient Golf Club of St. Andrews; 1754 年, スコットランドの St. Andrews に創立; 略 R & A》.

róyal ántelope〘動〙ローヤルアンテロープ《西アフリカ産の小羚羊》.

Róyal Ánthem [the] 英国国歌.

róyal ántler《鹿の》付け根から 3 本目の枝角(えだつの) (＝*tres-tine*, *trez-tine*).

Royal Ascot ロイヤル・アスコット (⇨ ASCOT).

róyal asséntᴵᴵ [the]《議会を通過した法案が発効するのに必要な》国王の裁可.

Róyal Áutomobile Clùb [the]〘英〙王立自動車クラブ《会員に対する路上サービス, レースの主催などを行なう; 1897 年創立; 略 RAC》.

Róyal Bállet [the] ロイヤル・バレエ団《英国のバレエ団; 1931 年 de Valois が設立したバレエ団が 56 年に別のバレエ団と合併して成立》.

róyal blúeᴵᴵ ロイヤルブルー, 紺青(こんじょう)色; *《俗》LSD.

Róyal Brítish Légion [the] BRITISH LEGION.

róyal búrgh《スコットランドの》勅許自治都市.

Róyal Canádian Móunted Políce [the] カナダ騎馬警官隊《カナダの連邦警察; 略 RCMP》.

Róyal Cóllege of Árt [the] ロイヤル美術カレッジ《London の中心部にある美術大学院; 1837 年創立; 略称 RCA》.

Róyal Cóllege of Músic [the] ロイヤル音楽カレッジ《London にある音楽学校; 1883 年創立; 略 RCM》.

róyal cólony 直轄植民地;〘米史〙王領植民地《英国王が任命した総督が参事会 (council) の協力を得て治めた》.

róyal commíssion [°R- C-]《英国・カナダなどの》王立委員会《法律の運用状況, 社会問題などについて調査・勧告するために国王が任命した委員によって構成される委員会》.

Róyal Cóurts of Jústice *pl* [the] 王立裁判所《London の Strand 地区にある上級法院の施設》.

Róyal Cóurt (Théatre) [the] ロイヤルコート劇場《London の Sloane Square にある劇場; English Stage Company の本拠; cf. THEATRE UPSTAIRS》.

róyal demésne〘英〙国王直領地, 王領地 (＝*Crown lands*, *demesne of the Crown*).

Róyal Dóul·ton /-dóultn/〘商標〙ロイヤル・ドルトン《英国の Royal Doulton Tableware Ltd. 製高級陶磁器》.

róyal dúke 王族公爵《英国で Prince の称号をもつ公爵》.

Róyal Enclósure [the] ロイヤル・エンクロージャー《英国 Ascot 競馬場の特別スタンド》.

Róyal Engineérs *pl* [the] 英国陸軍工兵隊《1717 年編成; 略 RE》.

róyal évil KING'S EVIL.

Róyal Exchánge [the] 王立取引所《1568 年 London に開設; 大火で 2 度焼失し, 現在のものは 1844 年開設の 3 代目; 現在取引業務は行なわれていない》.

róyal férn〘植〙セイヨウゼンマイ (＝*ditch fern*, *French bracken*, *king fern*) (cf. OSMUNDA).

Róyal Féstival Háll [the] ロイヤル・フェスティバルホール《London の Thames 川南岸 (South Bank) に 1951 年に開設されたコンサートホール; Southbank Centre のうちの一棟; 略 RFH》.

róyal flúsh〘ポーカー〙ロイヤル(ストレート)フラッシュ《10–K および A からなるストレートフラッシュ; ⇨ POKER[2]》.

Róyal Flýcatcher〘鳥〙オオギタイランチョウ (＝*king tody*)《熱帯アメリカ産》.

Róyal Flýing Córps [the] 英国陸軍航空隊《現在は Royal Air Force に併合されている; 略 RFC》.

róyal fólio ロイアル二折判 (cf. ROYAL).

róyal fúcking [a ～]*《卑》最悪の待遇, ひどい扱い[仕打ち]《略 RF》.

Róyal Gála ロイヤルガラ《表面が赤と黄のニュージーランド産生食用リンゴ》.

Róyal Gréenwich Obsérvatory [the] 王立グリニッジ天文台《1675 年 Charles 2 世によって Greenwich の地に創設された天文台で, 本初子午線の基点; 1948–58 年に Sussex 州 Herstmonceux に移され, 80 年代末から Cambridge 大学にあったが, 98 年閉鎖; Greenwich の旧天文台の建物には海洋博物館 (National Maritime Museum) が置かれている》.

Róyal Híghness 殿下《王族の敬称; 略 RH; ⇨ HIGHNESS》.

Róyal Hórse Guàrds *pl* [the]〘英〙《かつての》近衛騎兵連隊《愛称 'the Blues'; 略 RHG; ⇨ BLUES AND ROYALS》.

Róyal Horticúltural Socìety [the]〘英〙王立園芸協会《1804 年 Sir Joseph Banks らにより設立され, 毎年 Chelsea Flower Show を主催している》.

Róyal Hóspital CHELSEA ROYAL HOSPITAL.
róyal ícingᴵᴵ ロイヤルアイシング《卵白と粉砂糖で作るケーキの硬い糖衣》.
Róyal Institútion [the] 王立研究所, ロイヤル・インスティチューション《Londonにある科学の普及・研究機関; 1799 年創立; 略 RI》.
róyal·ism *n* 王制(体); 王制主義.
róyal·ist *n* **1 a** 王制主義者, 王党員. **b** [R-]〘英史〙《Charles 1 世を支持した》王党員,〘米史〙《独立戦争当時の》英国派,〘フランス史〙《革命当時の》王党派, ブルボン王朝擁護派: (One must not be) more ~ than the king. 国王以上に国王支持(になる必要はない)《フランスの諺 plus royaliste que le roi から》. **2** 保守主義者, 旧弊家, 頑固者, 頑迷な大企業家: an economic ~ けちんぼ. ► *a* 勤王主義(者)の; 王制(体)の. ♦ **ròy·al·ís·tic** *a*
róyal jélly ローヤルゼリー, 王乳《働きバチの咽頭腺の分泌物; 女王バチの食物となり, また短期間働きバチの幼虫にも与えられる》.
Róyal Léamington Spá [the] ロイヤル・レミントン・スパー《LEAMINGTON SPA の公式名》.
róyal·ly *adv* 王として; 王らしく; 荘厳に; りっぱに, すばらしく; *《俗》全く, すっごく: They welcomed us right ~. すばらしい歓迎をうけた.
Róyal Máil 1 [the] ロイヤルメール《英国の郵便事業会社; 略 RM; 旧郵政公社 (Post Office) の郵便部門》. **2** [°r- m-]《韻俗》保釈(金) (bail).
Róyal Marínes *pl* [the] 英国海兵隊《1664 年編成; 略 RM; 階級については ⇨ MARINE CORPS》.
róyal mást〘海〙最上檣(しょう), ローヤルマスト《トガンマスト (topgallant) の上にある小さいマストでローヤルスル (royal sail) を張る部分》.
Róyal Míle [the] ロイヤルマイル《スコットランドの Edinburgh 旧市 (Old Town) の中心を走る街路; Edinburgh 城 と Holyrood House (ホーリールード宮殿) を結ぶ歴史的建築物の並ぶほぼ 1 マイルの通り》.
Róyal Mílitary Acádemy [the] 英国陸軍士官学校《Royal Military Academy at Woolwich (1741 年創設) と Royal Military College at Sandhurst (1800 年創設) を統合して 1947 年に設立; 所在地は Surrey 州 Camberley (Sandhurst の隣接地); 公式名 Royal Military Academy Sandhurst, 通称 Sandhurst; 略 RMA》.
Róyal Mínt [the] 王立鋳貨局, ロイヤルミント《英国の硬貨鋳造を担当する政府の施設 (紙幣は Bank of England などが担当); 1811 年にロンドン塔の近くに造られたが, 現在は博物館となり, 本体は 1968 年よりウェールズの Cardiff 近郊に移った》.
Róyal Nával Áir Sèrvice [the] 英国海軍航空隊《略 RNAS》.
Róyal Nával Còllege [the] 英国海軍兵学校《前期課程の Dartmouth 校と後期課程の Greenwich 校の 2 つがあり, 前者は Britannia Royal Naval College とも呼ばれる; 略 RNC》.
Róyal Návy [the] 英国海軍《略 RN》.
róyal óak ロイヤルオーク《Charles 2 世による王政復古 (1660) を記念して 5 月 29 日 (OAK-APPLE DAY) に身に着けたオークの小枝》.
róyal octávo ロイアル八折判 (cf. ROYAL).
Róyal Ópera Hòuse [the] ロイヤル・オペラハウス《London の代表的なオペラ劇場で, 通称は Covent Garden; 略 ROH》.
róyal pálm〘植〙ダイオウヤシ,《特に》キューバダイオウヤシ《Florida 南部, Cuba 産》.
Róyal Pavílion [the] ロイヤル・パヴィリオン《イングランド南部, イギリス海峡に臨む Brighton にある東洋風の建築; 1815–22 年に John Nash が Prince Regent (のちの George 4 世) のために建てたもので, 尖塔・タマネギ形のドームをもつ》.
róyal pénguin〘鳥〙ロイヤルペンギン《南極周辺に分布するペンギン; マカロニペンギンに似ているが, 顔の色が黒いマカロニペンギンに対し, ロイヤルペンギンは白い》.
Róyal Philharmónic Òrchestra [the] ロイヤル・フィルハーモニー管弦楽団《London の代表的なオーケストラ; 1946 年 Sir Thomas Beecham が創設; 略 RPO》.
róyal plúral〘文法〙君主の複数 (royal 'we'; ⇨ WE).
róyal poinciána〘植〙ホウオウボク (=*flamboyant, flame tree, peacock flower*)《Madagascar 島原産》.
róyal póle〘海〙最上檣(しょう), ローヤルポール.
róyal prerógative [the] 国王大権 (prerogative).
Róyal Princéss 王女.
Róyal Psálmist [the]〘聖〙ダビデ (David)《俗称》.
róyal púrple ロイヤルパープル《赤みがかった濃紫色》.
róyal quárto ロイアル四折判 (cf. ROYAL).
Róyal Régiment of Artíllery [the] 英国砲兵連隊.
róyal róad 1 楽な方法, 近道, 王道 ‹*to*›: There is no ~ *to* learning.《諺》学問に王道なし. **2** [R- R-] 王道《古代ペルシアの都 Susa から Anatolia を通ってエーゲ海に至る道路》.
róyal sáil〘海〙ローヤルスル, 最上檣帆(はん).
róyal salúte [the] ロイヤルサルート《London 塔などで王室の慶事, 議会開会式, 外国元首の来訪などの際に行なわれる儀礼空砲; 62 発の場合と 41 発の場合があり, 使い分けられている》.
Róyal Scót [the] ロイヤル・スコット《英国で最も有名な SL 列車》.
Róyal Scóts *pl* [the] ロイヤル・スコットランド兵連隊《1633 年スコットランドで編成された英国陸軍最古の連隊; 公式名 Royal Regiment》.
Róyal Scóts Gréys *pl* [the]〘英軍〙ロイヤル・スコッツグレイズ《第 2 重騎兵連隊 (Second Dragoons) の称; (Scots) Greys ともいう》.
Róyal Shákespeare Còmpany [the] ロイヤル・シェイクスピア劇団《英国の代表的な劇団; Stratford-upon-Avon の Shakespeare Memorial Theatre の所属劇団を改組して 1961 年に発足, 劇場も Royal Shakespeare Theatre に名称を変更, Shakespeare 劇以外にも幅広く活動している; 略 RSC》.
Róyal Smíthfield Shów [the] ロイヤル・スミスフィールド・ショー《London の Earls Court で毎年開催される農機具機械と家畜の展示会; もと Smithfield で行なわれたための名前; 現在は **Róyal Shów** という》.
Róyal Socíety [the] 王立協会, ロイヤル・ソサエティー《1660 年に創設された英国最古の自然科学者の学術団体; 会員は Fellow と呼ばれる; 正式名は The Royal Society of London for Improving Natural Knowledge; 略 RS》.
Róyal Socíety for the Protéction of Bírds [the] 王立鳥類保護協会《英国で 1889 年に創立された野鳥保護・保存のためのボランティア組織; 略 RSPB》.
Róyal Socíety of Árts [the]〘英〙王立芸術協会《芸術・産業・ビジネスの振興を目的とする組織; 1754 年設立; 今日では各種技能検定を行なうことで知られる; 略 RSA》.
róyal stág 枝角(えだづの)の尖(せん)が 12 以上の雄ジカ.
róyal stándard [the] 王旗《イングランド・スコットランド・アイルランドの国章を組み合わせたもので, 英海軍軍艦の将旗として用いたり, 英国王滞在を示すために掲げたりする》.
róyal ténnis COURT TENNIS.
róyal térn〘鳥〙アメリカオオアジサシ《北米南部産》.
Róyal Tóurnament [the] ロイヤルトーナメント《London の Earls Court で毎年行なわれる陸海空三軍による演習展示》.
Róyal Túnbridge Wélls ロイヤル・タンブリッジ・ウェルズ《TUNBRIDGE WELLS の公式名》.
róyal·ty *n* **1 a** 王位, 王権; 王の尊厳, 王威(の具現化), 王者の風, 尊貴, 荘厳; [ᵘ*pl*] 王の特権; 王領; 特権階級. **b** 王族 (royal persons); 王族の一員: in the presence of ~ 王族の御前で. **2 a**《国王から移譲された》管轄権; 貨幣鋳造税; 採掘権; 鉱山[鉱区, 油田]使用料. **b** 特許権使用料;《著書・作曲などの》印税,《戯曲の》上演料, ロイヤルティー: a ~ of 10 percent on a book 著書に対する 1 割の印税. [OF; ⇨ ROYAL]
Róyal Úlster Constábulary [the] 王立アルスター警察隊《1922 年に創設された北アイルランドの警察・治安部隊; 現在は PSNI; 略 RUC》.
Róyal Varíety Shòw [Perfòrmance] [the] ロイヤル・バラエティーショー[パフォーマンス]《London で毎年王室の臨席を得て行なわれるオールスターのチャリティーショー》.
Róyal Victórian Cháin [the] ロイヤル・ヴィクトリア鎖章《1902 年 Edward 7 世が制定; 外国の君主に授けられる》.
Róyal Victórian Órder [the] ロイヤル・ヴィクトリア勲章《1896 年 Victoria 女王が制定; 元首に対して勲功のあった者に授けられる》.
róyal wárrant 王室御用達許可証.
Róyal Wórcester〘商標〙ロイヤル・ウスター (⇨ WORCESTER).
Róyal Yácht 1 [the] ロイヤル・ヨット《英海軍の特別船で, 王室が利用した Britannia 号; 1997 年退役》. **2**ᴵᴵ《上流韻俗》子供用ベッド (cot).
Róyal Yácht Squàdron〘英〙ロイヤル・ヨット隊《Wight 島の Cowes にあるヨットクラブ; 1815 年設立》.
Royce /rɔ́ɪs/ ロイス **Josiah** ~ (1855–1916)《米国の観念論哲学者》.
Róy Rógers* ロイ・ロジャーズ《ジンジャーエールとグレナディン (grenadine) のカクテルにマラスキーノ酒漬けのサクランボを添えた男の子向けのノンアルコール飲料: cf. SHIRLEY TEMPLE》.
roys·ter /rɔ́ɪstər/ *vi* ROISTER.
Róys·ton crów /rɔ́ɪst(ə)n-/〘鳥〙ハイイロガラス (hooded crow). [*Royston* イングランド Hertfordshire の地名]
Ro·zélle rúle* /rouzél-/〘スポ〙ロゼール規約《自由契約選手とプロチームが取り交わす契約書に含まれる条項; 新たに契約したチームが旧チームに対して協定による補償金またはリーグコミッショナーが決定した補償金を支払うことを義務づけるもの》. [Pete *Rozelle* (1926–96) 米国の National Football League コミッショナー]
roz·zer /rázər/ *n* ᴵᴵ《俗》警官, デカ. [C19<?]
RP〘音〙°Received Pronunciation ♦ °Regius professor ♦ °relief pitcher ♦ reprint(ing) ♦ Republic of the Philippines.
RPG /ɑ́ːrpìːʤíː/ *n*〘電算〙RPG, レポートプログラムジェネレーター《利用者の要求に応じてレポートプログラムを作成する汎用プログラム》. [*r*eport *p*rogram *g*enerator]
RPG rocket-propelled grenade ロケット推進擲弾 ♦ °role-playing

game. **RPh** Registered Pharmacist. **RPI** °retail price index. **rpm** revolutions per minute. **RPM** °resale price maintenance. **RPN** 〖論・電算〗°reverse Polish notation. **RPO** °Royal Philharmonic Orchestra.
rps revolutions per second. **rpt** repeat ♦ report.
RPT Registered Physical Therapist 登録[公認]理学療法士.
RPV /ɑ́ːrpìːvíː/ *n* 遠隔操縦機《射撃演習・爆撃偵察などに使う地上から操作される無人飛行機》. [*r*emotely *p*iloted *v*ehicle]
RQ °respiratory quotient. **RR** *railroad ♦ °rural route.
-r·rha·gia /réɪʤ(i)ə/ *n comb form*「異常排出」「流出過多」: metro*rrhagia*. [NL＜Gk (*rhēgnumi* to burst)]
-r·rhea, -r·rhoea /ríːə/ *n comb form*「排出」「放出」「流出」: logo*rrhea*. [Gk (*rheō* to flow)]
-r·rhine, -rhine /ràɪn/ *a comb form*「…の鼻をもった」: catar*rhine*. [Gk (*rhis* nose)]
-rrhiza ⇨ -RHIZA.
RR Ly·rae variables /ɑ́ːrɑ́ːr láɪəri ―́―/ *pl* 〖天〗こと座 RR 型変光星《短周期変光星の下位分類; 周期 1½–29 時間》.
rRNA °ribosomal RNA. **RRP** ″recommended retail price メーカー希望小売価格.
rrroom /rúːm, rʊ́m/ *int* ブルンブルン, ブルルル…. [imit]
RRT Registered Respiratory Therapist 登録[公認]呼吸療法士.
Rs rupees. **RS** °Received Standard (English) ♦ °Recording Secretary ♦ °Reformed Spelling ♦ Revised Statutes ♦ 〖英軍〗Royal Scots ♦ °Royal Society.
RSA Republic of South Africa ♦ Royal Scottish Academician ♦ Royal Scottish Academy ♦ °Royal Society of Arts.
RSA system /ɑ̀ːrèséɪ ―́―/ RSA 系《公開鍵暗号の一方式; 受信者自身が, 2 つの大きな素数を掛け合わせた数値を送信者に与え, 送信者はこれに基づいて暗号化するが, 大きな数の素因数分解が困難であるため, 受信者だけが暗号文を解読できるというもの》. [三人の考案者 Ronald *R*ivest, Adi *S*hamir, Leonard *A*dleman にちなむ]
RSC °Royal Shakespeare Company ♦ Royal Society of Chemistry. **RSE** Royal Society of Edinburgh.
RSFSR Russian Soviet Federated Socialist Republic (⇨ RUSSIAN REPUBLIC). **RSI** 〖医〗°repetitive strain injury, °repetitive stress injury. **RSJ** °rolled-steel joist. **RSM** °Regimental Sergeant Major ♦ Republic of San Marino.
RSN real soon now 近々, すぐに. **RSNC** 〖英〗Royal Society for Nature Conservation《RSWT の旧称》.
RSPB 〖英〗°Royal Society for the Protection of Birds.
RSPCA 〖英〗Royal Society for the Prevention of Cruelty to Animals 英国動物愛護協会. **RSS** 〖電算〗Really Simple Syndication 実にシンプルなシンディケーション《ウェブサイトの要約内容(タイトル・エントリー名・概略など)や更新日時などを XML 形式で表示する規格; ウェブサイトが提供するそのような情報を **RSS feed** /ɑ̀ːrèsès ―́―/ という》♦ °ribbed and smoked sheet. **RSV** °respiratory syncytial virus ♦ °Revised Standard Version.
RSVP /ɑ́ːrèsvìːpíː/ *n* RSVP《招待状などに添えて書く「(出欠の)ご返事をお願いします」の意の略語; ⇨ RÉPONDEZ S'IL VOUS PLAÎT》; 出欠の返事. ► *v* (～ed, ～'d; ～(')·ing) *vi* 出欠を知らせる; 予約をする. ► *vt* 〈招待〉に出欠の返事をする.
RSWT 〖英〗Royal Society of Wildlife Trusts《旧称 RSNC》.
'rt /(ə)rt/ *vi*《古》ART²: thou'*rt*＝you are.
rt right ♦ route. **RT** radiotelegraphy ♦ radiotelephony ♦ respiratory therapist ♦ respiratory therapy ♦ room temperature ♦ round-trip. **RTA** ″road traffic accident. **rte** route.
RTÉ Radio Telefís Éireann アイルランド国営放送協会. **RTF** 〖電算〗Rich Text Format 書式付きテキストフォーマット《書式などを制御するタグ情報を含めて文書をテキストファイルで表わす規格; またそのテキストファイルの拡張子》. **RTFM**《卑》《E メールなどで》read the fucking manual. **Rt Hon.** Right HONORABLE.
RTOL /ɑ́ːrtɔ̀(ː)l, -tòʊl, -tɑ̀l/ *n* 〖空〗アールトール機《短滑走離着陸機》. [*r*educed *t*ake*o*ff and *l*anding]
Rt Rev., Rt Revd Right REVEREND.
rtw, RTW ready-to-wear. **RTW** round the world 世界一周. **Ru** 〖化〗ruthenium. **RU** are you? ♦ Republic of Burundi ♦ 〖英〗°Rugby Union.
ru·a·na /ruɑ́ːnə/ *n* ルアナ《コロンビアやペルーの, ポンチョに似た外衣》. [AmSp]
Ru·an·da /ruɑ́ːndə/ **1** ルアンダ《RWANDA の旧称》. **2 a** (*pl* ～, ～**s**) ルアンダ族《ルワンダ・コンゴ民主共和国に住む Bantu 族》. **b** ルアンダ語 (KINYARWANDA).
Ruánda-Urúndi ルアンダ-ウルンディ《アフリカ中東部にあった, もとベルギーによる国際連盟の委任統治領(第一次大戦後), 同じく国連信託統治領(第二次大戦後); 1962 年 Rwanda と Burundi に分離して独立; 別称 Belgian East-Africa》.
Ru·a·pe·hu /rùːəpéɪhu/ [Mount] ルアペフ《ニュージーランド北島中南部, Tongariro 国立公園内にある活火山 (2797 m)》.
rub¹ /rʌ́b/ *v* (-bb-) *vt* **1 a** こする, 摩擦する 〈*with*〉; すり合わせる 〈*together*〉; こすって…の状態にする; 〈手布など〉でこする 〈*against, on, over*〉; すりつける, すり[こすり]込む 〈*in, into, on, onto, through*〉; すり広げる 〈*over*〉: I *rubbed* my hands sore. 手が痛くなるまでこすった. **b** こすり磨く, すりぬぐう; こすり落とす 〈*off, from, out*〉; すり写す, 石ずりにする. **2** 触れる, かする; すりむく, すって痛める. **3** いらだたせる, おこらせる; *《黒人俗》批判する, …にあてこすりを言う. **4**《俗》殺す (rub out). ► *vi* **1** すれる, 摩擦する 〈*against, at, on*〉; すれて…になる, こすると消える 〈*off, out, to*〉; すりきれる[むける]; 〈物が〉(肌に)すれて痛い; いらだたしい. **2** 〈球 (bowl) が〉地面のでこぼこや障害物でそれる[おそくなる]. ● **not have two…to ～ together**《口》〈金を〉全然[ほとんど]持っていない. **～ along [on, through]** ″骨折って進む, どうにかやっていく[暮らしていく] 〈*on*〉; ″仲よく[けんかせずに]過ごす 〈*together*〉. **～ away** こすり取る, ぬぐい取る; 〈…を〉こすりつづける 〈*at*〉. **～ down** 上から下へ摩擦する; 〈馬・人を〉こすって乾かす[汗(など)をぬぐう]; こすってなめらかにする[磨く], …に紙やすりをかける; すりへらす; *マッサージする: ～ one*self down* 体を(タオルで)こすってふく. **～ elbows [shoulders] with**…と肘と肘[肩と肩]をすり合わせる; …と混じり合う; 〈著名人など〉と(親しく)交際する. **～ in [into sb]**《口》(人に)〈事実・誤りなどを〉意地悪く繰り返して言う, 思い起こさせる: ～ (it) *in that*…だということをくどくどと言う / Don't ～ it *in!*《いやなことを》くどくど言うな. **～ off** こすって落とす[取る, はがす, 消す], こすれて落ちる[取れる, はがれる, 消える]; 〈輝きなどを[が]〉(…から)薄れさせる[薄れる]. **～ off on [onto]**… 〈物が〉こすれて…にくっつく, 〈性質などが〉交際[接触など]によって…にうつる, 伝わる. **～** sth **on** one**'s chest**《軽蔑して》無視する. **～ out** こすって消す[消える], 消しゴムで消す[消える], こすり取る[取られる]; 破壊しつくす, '消し去る' (destroy completely); *《口》〈人を〉殺す, 消す (kill, murder); 〖豪式フット〗〈選手を〉出場停止にする (suspend). **～** one**'s hands** 両手をすり合わせる《喜び・満足感・期待感を表わす》. **～** sb**'s** NOSE **in**…. **～ up** 磨き上げる; 〈えのぐなどを〉調合する; 〈記憶などを〉よみがえらせる, 思い出させる, 〈知識など〉に磨きをかける, はっきりさせる; ″《口》愛撫する, 自慰する; ＝RUB up the wrong way (⇨ 成句). **～ up against** people 人びとと接する, 近づきになる. **～ (up) the right way** 喜ばせる, なだめる. **～** sb **(up) the wrong way** 〈人〉の神経を逆なでする, おこらす (irritate), 〈人〉に反感[不快感]をもたせる《猫を逆なですることから》.
► *n* **1** こすること, 摩擦; マッサージ; *《俗》ダンスパーティー《体をこすり合わせることがあるため》: give the plate a good ～ 食器をよく磨く. **2 a** [the] 障害, 困難; あてこすり, いやみ, 非難; 平静を乱すもの[こと], 厄介なこと: There's *the* ～. それが問題なのだ《Shak., *Hamlet* 3. 1. 65》/ the ～*s* and worries of life 人生の辛酸. **b** 〖ローンボウリングなど〗地面のでこぼこ, 障害物; 障害物のため球がそれる[減速する]こと. **3** すれてざらざらに[痛く]なった所, すりへった[むけた]所; ″《方》砥石(といし) (whetstone). **4** [the] *《俗》《話の》要点, ポイント: Do you get *the* ～? **5** ″《俗》貸すこと, 貸付け 〈*of* money〉. ● **the ～ of [on] the green** 〖ゴルフ〗芝の加減(でボールのコース[位置]が変わること); ちょっとした幸運[不運].
[ME＜LG *rubben*＜?; cf. Icel *rubba* to scrape; *n* は C16 より]
rub² *n* [the] RUBBER².
rubaboo ⇨ RUBBABOO.
rub-a-dub /rʌ́bədʌ̀b/ *n, vi* (-bb-) ドンドン[ドコドコ](鳴らす)《太鼓の音》;《韻俗》パブ (pub). [imit]
Ru·bái·yát /rúːbi(j)ɑ̀ːt, -bàɪ-, -(j)æ̀t; -bàɪ(j)æt, -bèɪ-/ [The]『ルバーイヤート』《ペルシアの詩人 Omar Khayyám の四行詩; Edward FitzGerald の自由な英訳 (初版 1859, 3 版 1879) が有名》.
Rúbaiyat stànza 〖韻〗ルバイヤート連 (＝*Omar stanza*)《aaba のように押韻する弱強五歩格の四行連》.
Rub' al Kha·li /rúb æl kɑ́ːli/ ルブー・アル・ハーリー《アラビア半島南部の大砂漠; 別称 Ar Rimal (アラビア語で「砂」の意); 英語名 Empty Quarter (Rub'「4 分の 1 (の土地)」の意, Khali「空(から)の」の意を英訳したもの), Great Sandy Desert》.
Rú·barth's disèase /rúːbɑ̀ːrts-, -bɑ̀ːrθs-/ 〖獣医〗ルーバルト病《犬のウイルス性肝炎》. [C. Sven *Rubarth* (1905–96) スウェーデンの獣医]
ru·basse /rubǽs, -bɑ́ːs; -bɑ́ːs/ *n* ルーバス《鉄鉱石の剝片がはいって赤く見える石英》; ルビー色の石英. [F＝RUBY]
ru·ba·to /rubɑ́ːtoʊ/ *n* (*pl* ～**s**) *a, adv* 〖楽〗ルバート(の[で])《「一楽句中のテンポを自由に変化させて」の意; tempo rubato ともいう》. [It＝robbed]
rub·(b)a·boo /rʌ́bəbùː/ *n*《カナダ》ラバブー《ペミカン (pemmican) を煮てスープにしたもの》. [Algonquian]
rub·bage /rʌ́bɪʤ/ *n*《方》RUBBISH.
rub·be·dy /rʌ́bədi/ *n*《豪俗》パブ (rub-a-dub).
rub·ber¹ /rʌ́bər/ *n* **1 a** 生ゴム (caoutchouc, India rubber, natural rubber ともいう); 合成ゴム; 弾性ゴム. **b** [″*pl*] *ゴム製の浅いオーバーシューズ《尾錠がなくくるぶしまでこないもの; cf. GALOSH》; [″*pl*] レインコート; 輪ゴム (rubber band); 《アイスホッケーの》パック; 〖野〗本塁 (home plate), ピッチャーズプレート; 《口》風船; 《1 本の》タイヤ, 《一台の車の》全タイヤ; 《口》ゴム製品, コンドーム. **c**《口》RUBBER CHECK. **2 a** こする人, 磨く人; あんま, マッサージ師; 《トルコぶろの》マッサージ師; 馬丁 (swipe); *《俗》プロの殺し屋; RUBBERNECKER. **b** 砥石(といし), あらやすり, 紙やすり, 《マッチ箱の》摩擦面, 磨き砂; 消すもの; ″黒板[石盤]ふき, 消しゴム (eraser); 湯上がりタオル, タオル. **3** 衝突; 障害, 困難, 不運, 不幸; 《球技場の》でこぼこ. ● **burn ～***《俗》《タイヤが焼けるほど》車を急発進させる, 急いで出かける. **lay ～***《俗》《急発進・スリップなどで》路面にタイヤ跡をつける. **where [when] the ～ meets the road** 実力が試される場[時], 真価が問われる場[時]. ► *a* ゴム(製)の: ～ cloth ゴム引き布. ► *vt* …にゴムを引く. ► *vi**《俗》RUBBERNECK. ♦ **～·lìke** *a* [*rub*[1]]

rubber[2] 〘トランプ〙 *n* 三[《時に》五]回勝負; [the] 三[《時に》五]番勝負中の二[三]番勝; RUBBER GAME: have a ～ of bridge ブリッジの三回勝負をする. ★ 略して the rub ともいう. [C16<?]

rúbber àrm 〘野〙丈夫な肩[腕](の投手).

rúbber bánd 輪ゴム, ゴムバンド.

rúbber-bàse pàint ゴム系塗料.

rúbber bòa 〘動〙ラバーボア《北米西部産ボア科のヘビ; 体型が太くて短く, 体の表面がゴムに似る》.

rúbber bòot* ゴム長 (wellington‖); 《俗》コンドーム.

rúbber brìdge 〘トランプ〙CONTRACT BRIDGE の変種.

rúbber bùllet ゴム弾《暴動鎮圧用》.

rúbber cemént ゴム糊, ゴムセメント《生ゴムを石油系溶剤で溶かした接着剤》.

rúbber chéck 《口》不渡小切手 (cf. BOUNCE[1]).

rúbber-chícken cìrcuit* 《選挙候補者などが顔を出して回る》一連の夕食会[昼食会]《まずい鶏肉料理が出てくる資金集めパーティーなど》.

rúbber dám DENTAL DAM.

rúbber dínghy 《小型》ゴムボート.

rúbber drìnk*《俗》吐きもどす直前のウイスキー一杯.

rúbber dùck 《南アフロ》モーター付きゴムボート.

rub·ber·dy /rʌ́bərdi/ *n* 《豪俗》パブ (rubbedy).

rúbber fètishism 《ゴムの着衣などに性的刺激を感じる》ゴムフェティシズム.

rúbber fòam フォームラバー, スポンジゴム.

rúbber gàme 《奇数の試合からなるシリーズで勝数が同じときの》決勝戦.

rúbber góods *pl* [*euph*] ゴム製品《避妊用具》.

rúbber héel*《俗》探偵; 《俗》自組織のメンバーを探偵する者, 《警察内の》内部調査員.

rúbber·ìze *vt* ゴムでおおう, …にゴム引きする, …にゴム液を染み込ませる[混入する]. ♦ **～d** *a*

rúbber jóhnny [jóhnnie]‖《俗》コンドーム.

rúbber màn 《俗》《サーカスなどの》風船売り.

rúbber·nèck 《口》*n* 《好奇の目で》じろじろ見る人, 物見高い人, 見物人; 観光客, 《特に》ガイドに引率される観光客; [〈*a*〉] 観光の. ► *vi, vt* 《事故現場などを》首を伸ばして[好奇の目で]見る; 観光旅行をする. ♦ **～·er** *n*

rúbber·nèck·ing delày 《口》ドライバーが事故現場を見ながら運転して起こる渋滞, やじ馬渋滞.

rúbberneck wàgon [bùs]*《俗》観光バス.

rúbber·òid *a* ゴム製の, ゴムに似た.

rúbber plànt ゴムの木, 《特に》インドゴムノキ.

rúbber ríng 《ゴムの》浮袋, 浮輪.

rúbber róom ゴム室《**1**) 凶暴な精神病者などを収容するために内側にフォームラバーを張ってある部屋 **2**) 《米教育俗》問題を起こした教師を一時的に留置しておく部屋[施設]; 正式名称は Reassignment Center》; 《悪条件下における》退屈な仕事, 単調な業務.

rúbber shéath コンドーム.

rúbber shóe ゴム靴《スニーカー・テニスシューズの類》.

rúbber sòck*《俗》臆病者, 弱虫, いくじなし; *《俗》《米海軍の》新兵.

rúbber solútion ゴム液《ゴムタイヤ修理用》.

rúbber-stámp *vt* …にゴム印を押す; …に盲判を押す; 〈計画・提案・法案など〉に十分考えずに賛成する. ► *a* 判で押したような, 紋切り型の; 言いなりの.

rúbber stámp **1** ゴム印. **2 a** 盲判を押す人, 十分考えずに賛成する人[官庁, 議会など], ボスの命令にすぐ従う政治家. **b** 軽々しい[判で押したような]賛成[承認]; 判で押したようなことば, きまり文句, 常套句.

rúbber trèe ゴムの木, 《特に》パラゴムノキ.

rub·bery /rʌ́b(ə)ri/ *a* ゴムのような, ゴム状の, 弾力性のある, 強靭な: ～ meat ゴムみたいな肉 / a long ～ face《コメディアンなどの》伸縮自在な顔 / ～ legs なよなよした脚. ♦ **rúb·ber·i·ness** *n*

Rub·bia /rú:biə/ ルビア **Carlo** ～ (1934–)《イタリアの物理学者; 素粒子間の相互作用に重要な役割を果たす W 粒子と Z 粒子を発見, ノーベル物理学賞 (1984)》.

rúb·bing *n* こすること; 摩擦; あんま, マッサージ; 摺(す)り写し; 《碑銘などの》石ずり, 拓本.

rúbbing àlcohol 消毒用アルコール (surgical spirit).

rúbbing pàunch 〘海〙すれどめ (paunch).

rúbbing stràke 〘海〙すれ材《岸壁や桟橋などによる摩損を防ぐため舷縁の下に取り付けた補強材》.

rub·bish /rʌ́bɪʃ/ *n* **1** くず, がらくた. **2** くだらない考え, ナンセンス, ばかげたこと, ろくでもないもの; ‖だめな人, へたくそな人 〈*at*〉; [〈*int*〉] ばかな, くだらない!: a load of (old)～ 全くくだらないこと[話]. ► *a*‖《口》へたくそな, だめな. ► *vt* 《英・豪》酷評する, こきおろす, くず扱い[呼ばわり]する. [AF *rubbous* (pl)<?*robel* RUBBLE]

rúbbish bìn‖ DUSTBIN.

rúbbish·ing *a* 《口》くだらない (rubbishy).

rúb·bishy *a* くずの, 廃物の, がらくたの; くずのような, くだらない, つまらない.

rub·bi·ty(-dub) /rʌ́bəti(dʌ́b)/ *n* 《豪俗》RUBBEDY.

rub·ble /rʌ́b(ə)l/ *n* **1** 《震災後などの》瓦礫(がれき); がらくた《集合的》. **2** 《整形加工していない》荒石, 野石; 割りぐり(石); 《天然に侵食された》野面(のら)石; RUBBLEWORK. ► *vt* 瓦礫にする, 破壊する. [AF *robel*<F *robe* spoils; cf. ROBE]

rúbble·wòrk *n* 荒石積み, 野石積み.

rúb·bly *a* 荒石の(ような); 荒石からなる; 荒石の多い.

rúb bòard ラブボード《リネンからドロンワーク (drawnwork) を作るのに用いる歯の付いた板》; *洗濯板 (washboard).

rub·by /rʌ́bi/ 《カナダ俗》*n* 《飲用に安ワインと混ぜた》消毒用アルコール; アル中《人》.

rúb·dòwn *n* RUB[1] down すること; 紙やすりがけ; *マッサージ.

rube /rú:b/ *n* **1** [R-] ルーブ《男子名; Reuben の愛称》. **2***《俗》田舎者; *《俗》青二才, 世間知らず, 新参者, 新米; *《サーカス俗》見物人, 観客. ► *a* 田舎(者)の.

ru·be·fa·cient /rù:bəféɪʃənt/ 〘医〙 *a* 《皮膚などの》発赤を起こさせる. ► *n* 発赤薬《外用》.

ru·be·fac·tion /rù:bəfǽkʃ(ə)n/ *n* 《皮膚の》発赤(状態).

ru·be·fy /rú:bəfàɪ/ *vt* 赤くする; 〈皮膚を〉発赤させる.

Rúbe Góldberg, Rúbe Góld·berg·i·an /-bə̀:rgiən, -bə̀:rgjən/ *a* 《簡単にできそうなことをするのに用いる》非常に手の込んだ〈機械・計画・仕組みなど〉. [米国の漫画家 *Reuben* L. GOLDBERG の通称から]

ru·bel·la /rubélə/ *n* 〘医〙風疹 (German measles). [L *rubellus* reddish]

ru·bel·lite /rubélàɪt/ *n* 〘宝石〙紅電気石, ルーベライト.

Ru·bens /rú:bənz/ ルーベンス **Peter Paul** ～ (1577–1640)《Flanders の画家》. ♦ **Ru·ben·esque** /rù:bənésk/, **-si·an** /rubénziən/ *a* ルーベンス(風)の, ぽっちゃりした.

ru·be·o·la /rubí:ələ, -bióu-/ *n* 〘医〙MEASLES. ♦ **ru·bé·o·lar** *a*

ru·be·o·sis /rù:bióusəs/ *n* 〘医〙ルベオーシス《特に 虹彩の赤色変化》.

ru·bes·cent /rubés(ə)nt/ *a* 赤くなる; 紅潮する. ♦ **-cence** *n*

ru·bi·a·ceous /rù:biéɪʃəs/ *a* 〘植〙アカネ科 (Rubiaceae) の.

ru·bi·celle /rú:bəsèl/ *n* 〘宝石〙ルビセル《黄[だいだい]みをおびた紅色尖晶石》.

Ru·bi·con /rú:bɪkàn; -kən/ *n* **1 a** [the] ルビコン川《イタリア中北部を東流してアドリア海に注ぐ川; 古代ローマ本国と植民地 Cisalpine Gaul との国境; 「賽(さい)は投げられたり (the DIE[2] is cast)」と言って Julius Caesar が渡り, ローマに進軍して Pompey を破った》. **b** 境界, 限界. **2** 〘トランプ〙ルビコン《敗者が規定のスコアに達する前に勝つかまたは敗者の 2 倍以上のスコアで勝つこと》. ● **cross [pass] the ～** 《あとに引けない》決定的行動に出る. ► *vt* [r-] 〘トランプ〙ルビコンで破る.

ru·bi·cund /rú:bɪkʌ̀nd, -kənd/ *a* 赤い, 《顔色が》赤みをおびた, 血色のよい. ♦ **rù·bi·cún·di·ty** *n* [F or L (*rubeo* to be red)]

ru·bid·i·um /rubídiəm/ *n* 〘化〙ルビジウム《金属元素; 記号 Rb, 原子番号 37》. ♦ **ru·bíd·ic** *a* [L *rubidus* red]

rubídium-stróntium dàting ルビジウム-ストロンチウム年代測定.

rú·bied *a* ルビー色の.

ru·bi·fy /rú:bəfàɪ/ *vt* 赤くする.

ru·big·i·nous /rubídʒənəs/, **-nose** /-nòus/ *a* 赤褐色の, 赤さび色の.

Rú·bik('s) Cúbe /rú:bɪk(s)-/ 〘商標〙ルービックキューブ《27 個の小立方体からなる立方体の各面をそれぞれ同色にまとめるパズル》. [Ernö *Rubik* (1944–) ハンガリーの建築デザイナーで考案者]

Ru·bin·stein /rú:bənstàɪn/ **1** ルビンシテイン **Anton (Grigoryevich)** ～ (1829–94)《ロシアのピアニスト・作曲家》. **2** ルービンシュタイン, ルビンスタイン (**1**) **Art(h)ur** ～ (1887–1982)《ポーランド生まれの米国のピアニスト》 (**2**) **Helena** ～ (1882–1965)《ポーランド生まれの米国の実業家; 化粧品の製造・販売で国際的な企業王国を築いた; 慈善事業でも知られる》.

ru·bi·ous /rú:biəs/ *a* 《詩》赤い, ルビー色の.

ru·bis·co /rubískou/ *n* 〘生化〙ルビスコ《すべての緑色植物の葉緑体と光合成細菌にある酵素で, 光合成中の大気中の二酸化炭素の固定と光呼吸中のオキシゲナーゼ活性に関与する; リブロースビスリン酸カルボキシラーゼ (ribulose bisphosphate carboxylase) の通称》.

rúb jòint*《俗》相手のない男が踊れる安ダンスホール[ナイトクラブ]. [*rub*[1]]

ru·ble, rou- /rú:b(ə)l/ *n* ルーブル (**1**) ロシア[ソ連]の通貨単位: =100 kopecks; 記号 R, Rub **2**) ベラルーシの通貨単位: =100 kopecks **3**) タジキスタンの旧通貨単位: =100 tanga; 記号 TJR》. [*ruble*<Russ; *rouble*<F<Russ]

Rub·lyov /rubljɔ́:f/ ルブリョフ **Andrey** ～ (1360 to 70–c. 1430)《ロシアのイコン画家》.

rúb·òff *n* こすれて落ちる[消える]こと; 《こすれ落ちたものの》付着; 《性質などが》うつること, 伝わること; 《俗》せんずり, おスペ.

rúb·òut *n* 抹消, 抹殺.

rúb pàrlor *《俗》MASSAGE PARLOR.

ru·bre·dox·in /rù:brədɑ́ksən/ *n* 〔生化〕ルブレドキシン《嫌気性菌にみられ, 酸化還元反応に関係のある電子伝達タンパク質; cf. FLAVODOXIN》. [L *rubr- ruber* red, *redox*]

ru·bric /rú:brɪk/ *n* **1 a** 朱書, 朱刷り, 赤文字; 〔印〕編集者の書込み, 朱筆. **b** 《試験用紙の上の印刷してある》受験心得; 説明, 注釈. **c** 慣例, 規程; 〔キ教〕典礼執行規定, ルブリカ《典礼書に本来は赤文字で記された》. **2** 《書物の章・節の》題名, 題目, 項目《昔は朱書き[朱刷り]にした》, 《法令などの》題目; 範疇, 部類: under the ~ of...の範疇で. **3** 《古》代赭(たいしゃ)石 (red ocher); 《古》赤色. ► *a* 赤色の, 朱書[朱刷り, 赤文字, 朱染め]の; 特筆すべき, 祝祭[記念]の (red-letter); 典礼法規[ルブリカ]の. ► *vt* 赤色で飾る, 赤くする (redden). ♦ **rú·bri·cal** *a* **-cal·ly** *adv* [OF or L *rubrica* (*terra*) red (earth) 朱色インキの材料; ⇨ RUBY]

R

ru·bri·cate /rú:brɪkèɪt/ *vt* 朱書する, 赤文字で書く, 朱刷りにする; 〈写本・印刷物〉に赤い題目[色文字, ルブリック]をつける; ...の書式を整える. ♦ **rù·bri·cá·tion** *n* 朱書, 朱刷り; 赤題目; 朱書きの物. **rú·bri·cà·tor** *n* 〔キ教〕典礼法規作成者[印刷者].

ru·bri·cian /rubrɪ́ʃ(ə)n/ *n* 典礼に明るい人; 典礼墨守家.

rúb·stòne *n* 砥石(といし) (whetstone).

rúb·ùp *n* RUB[1] up すること.

ru·bus /rú:bəs/ *n* (*pl* ~) 〔植〕キイチゴ属 (*R-*) の各種低木[草本]. [L=blackberry]

ru·by /rú:bi/ *n* **1** 紅玉, ルビー《7 月の BIRTHSTONE》; (人造)ルビー製のもの《懐中時計用の石など》. **2 a** 暗い真紅色, ルビー赤 (=~ **réd**). **b** ルビー色のもの; 赤いにきび; 赤ワイン; "《俗》〔ボク〕血; 〔鳥〕ブラジル産のハチドリ《雄の胸がルビー色》. **c** [R-] 〔園〕ルビー《果肉が赤紫色のグレープフルーツ》. **3** "〔印〕ルビー (agate*) (5 1/2 ポイント活字; ⇨ TYPE). ● **above rubies** きわめて貴重な. ► *a* ルビー色の, 深紅色の; ルビーをはめた, ルビーで飾った. ► *vt* 真紅に染める. [OF *rubi*<L *rubinus* (*lapis* stone) < *rubeus* red]

Ruby **1** [R-] ルビー《女子名》. **2** ルビー **Jack** ~ (1911–67) 《Kennedy 大統領暗殺犯とされる Lee Harvey Oswald を射殺 (1963) した犯人》.

rúby annivérsary RUBY WEDDING.

rúby-cròwned kínglet 〔鳥〕ルビーキクイタダキ《米国産》.

rúby-dàzzler n 《豪俗》とてもすばらしいもの.

rúby glàss ルビーガラス《コロイド状のセレン, 銅または金を含む赤色のガラス》.

rúby làser 〔光〕ルビーレーザー《ルビーの結晶体を利用する赤色レーザー光線; 光通信・局所暖房に用いられる》.

Rúby Quéen "《軍俗・古》魅力的な若い看護婦.

rúby sílver 〔鉱〕**a** 濃紅銀鉱 (pyrargyrite). **b** 淡紅銀鉱.

rúby spinèl 〔宝石〕紅尖晶石, ルビースピネル.

rúby·tàil *n* 〔昆〕セイボウ《腹が赤いセイボウ科の寄生バチの総称; リンネセイボウなど》.

rúby-thròat·ed húmmingbird, rúby·thròat 〔鳥〕ノドアカハチドリ《北米東部産》.

rúby wédding ルビー婚式《結婚 40 周年記念; ⇨ WEDDING》.

rúby wòod 紅木紫檀(こうきしたん), 紅木 (red sandalwood).

RUC °Royal Ulster Constabulary.

ruche, rouche /rú:ʃ/ *n* ルーシュ《ひだひも; 婦人服の襟・袖口などの飾り用》. ► *vt* ルーシュで飾る. ♦ **rúch·ing** *n* ルーシュ(飾り). **rúched** *a* [F<L=tree bark<Celt]

ruck[1] /rʌ́k/ *n* 多数, 大量; [the] 並の人びと[物], その他大勢; がらくた, ごたまぜ; 《競走・競馬の》後続集団; 〔ラグビー〕ラック《ルーススクラム》; 〔豪式フット〕ラック《特定のポジションをもたないローバー (rover) 1 人とフォロワー 2 人の 3 人組》: emerge from the ~ ほかよりぬきんでる; 〈ボールが〉ラックから出る. ► *vi* 〔ラグビー〕《ボールを争って》ラックする. [ME=stack of fuel, heap, rick<?Scand (Norw *ruka*)]

ruck[2] *vi, vt* しわになる[する] 〈*up*〉. ► *n* しわ (crease), ひだ. [ON *hrukka*]

ruck[3] *vt* 《俗》しかる, どなりつける. [C19<?]

ruck[4] *n, vi* "《俗》けんか(する), 乱闘. [*ruck*us]

ruck·le[1] /rʌ́k(ə)l/ "*vi, vt, n* RUCK[2].

ruckle[2] "*vi, n* 〈臨終の人が〉のどをゴロゴロ鳴らす(音). [Scand; cf. ON *hrygla*]

ruck·sack /rʌ́ksæ̀k, rúk-/ *n* リュックサック, バックパック. [G (*rucken* (dial) < *rücken* back, SACK[1])]

ruck·us /rʌ́kəs/ *n* 《口》騒ぎ, 論争, けんか, もめごと, ごたごた: raise a ~ 騒ぎを起こす. [? *ruction*+*rumpus*]

ru·co·la /rú:kələ/ *n* 〔植〕キバナスズシロ, ルッコラ (ARUGULA).

ruc·tion /rʌ́kʃ(ə)n/ *n* 《口》騒ぎ, 騒動, けんか, 言い争い. [C19 <?; 一説に<? *insurrection*]

ruc·us /rʌ́kəs/ *n* 《口》RUCKUS.

ru·da·ceous /rudéɪʃəs/ *a* 礫質(れきしつ)の.

Ru·da Ślas·ka /rú:də ʃlɔ́:skə/ ルーダシロンスカ《ポーランド南部 Katowice の北西にある市; 上 Silesia 炭田地帯の中心にある》.

rud·beck·ia /rʌ̀dbékiə, rud-/ *n* 〔植〕ルドベッキア属[オオハンゴンソウ属] (*R-*) の各種多年性草本《キク科; 北米産》. [Olof *Rudbeck* (1630–1702) スウェーデンの植物学者]

rudd /rʌ́d/ *n* (*pl* ~**s**, ~) 〔魚〕ラッド (=*redeye*)《欧州原産; コイ科》. [C16 ? *rud* (obs) red<OE *rudu*]

Rudd ラッド (**1**) **Kevin** (**Michael**) ~ (1957–) 《オーストラリアの政治家; 労働党; 首相 (2007–10)》 (**2**) **Steele** ~ (1868–1935) 《オーストラリアの作家; 本名 Arthur Hoey Davis》.

rud·der /rʌ́dər/ *n* **1** 《船の》舵(かじ); 《飛行機の》方向舵(だ); 《麦芽の》かきまぜ棒: Full ~! 〔海〕舵いっぱいに! / Left ~! 〔海〕左舷に取れ, 取舵! / Right ~! 〔海〕右舷に取れ, 面舵(おもかじ)! **2** 《一般に》導く[あやつる]もの; [*fig*] 指導者, 指針. ● EASE **the** ~. ♦ ~**·less** *a* 舵のない; 明確な方針のない, 指導者のない. ~**·like** *a* [OE *rōther*; cf. ROW[2], G *Ruder*]

rúdder·fìsh *n* 船のあとを追うといわれる各種の魚.

rúdder·hèad *n* 〔海〕舵頭(だとう)《舵柱の上端で, 舵柄の付いている部分》.

rúdder·pòst 〔海〕*n* 舵柱; RUDDERSTOCK.

rúdder·stòck *n* 〔海〕舵幹, 舵頭材.

rud·dle /rʌ́dl/ *n* 代赭(たいしゃ)石 (red ocher). ► *vt* 代赭石で染める, 〈羊〉に代赭石でしるしをつける; ...に紅を塗りたてる; 紅潮させる. [?(dim) < *rud* (obs) red; cf. RUDD]

rúddle·man /-mən/ *n* 代赭石商人.

rud·dock /rʌ́dək/ *n* "《方》ヨーロッパコマドリ (robin).

rud·dy /rʌ́di/ *a* **1** 《顔色が》(健康で)赤い, 赤らんだ, 血色のよい; 赤い, 赤っぽい. **2** "《口》[BLOODY の婉曲語] いやな, いまいましい, [強意語] 非常な, 全くの. ► *adv* "《口》非常に, ひどく. ► *vt, vi* 赤くする[なる]. ♦ **rúd·di·ly** *adv* **rúd·di·ness** *n* [OE *rudig*; ⇨ RUDD]

ruddy dúck [díver] 〔鳥〕アカオタテガモ《北米産; cf. FOOL DUCK》.

ruddy kíngfisher 〔鳥〕アカショウビン《カワセミ科》.

ruddy shéldrake [shélduck] 〔鳥〕アカツクシガモ《南欧・アジア・北アフリカ産》.

ruddy túrnstone 〔鳥〕キョウジョシギ《ユーラシア・北米の極北部で繁殖し, 冬は南へ渡る》.

rude /rú:d/ *a* **1 a** 無作法な, 行儀の悪い (impolite), 粗野な, 無礼な; 《口》みだらな, やらしい, エッチな; 乱暴な, 粗暴な: be ~ to...を侮辱する, ...に失礼である / say ~ things 無礼なことを言う / a ~ noise [*euph*] 不作法な音《げっぷ・おなら》/ How ~ can you get? 《口》失礼にもほどがある. **b** 教養のない, 無教育の; 未開の, 野蛮な. **2 a** 未加工の, 生の; 未完成の, 未熟な; 粗製の, 粗末な; 粗い, でこぼこのある; 拙劣な; まずい; 基本的な, 単純な: ~ ore 原(鉱)石 / a ~ wooden bench 粗末な木製ベンチ. **b** 粗雑な, ざっとした; 大体の: a ~ estimate おおよその見積もり. **3** 激しい, 突然の (abrupt); 耳ざわりな, 騒々しい, うるさい: ~ passions 激情 / a ~ shock 突然の激しいショック / a ~ AWAKENING. **4** 頑強な, 強壮な (opp. *delicate*): in ~ health 頑健[壮健]で. **5** *《俗》**a** 不愉快な, 好かない: a ~ dude やなやつ. **b** かっこいい, すばらしい. ♦ ~**·ly** *adv* 無作法に; 粗末に; 荒々しく, 激しく. ~**·ness** *n* ~**·ry** *n* [OF<L *rudis* unformed, coarse]

rúde bòy 《ジャマイカ俗》《ska や reggae が好きな》不良少年, チンピラ.

ru·der·al /rú:dərəl/ *a, n* 〔生態〕攪乱耐性型の(植物)《路傍・瓦礫地などの移り変わりの激しい環境に強いもの》.

rudes·by /rú:dzbi/ *n* 《古》無作法で粗暴な人.

Ru·des·heim·er /rú:dəshàɪmər/ *n* リューデスハイマー《白のラインワイン; Rhine 川沿いの町リューデスハイム (Rüdesheim) 産》.

ru·di·ment /rú:dəmənt/ *n* [*pl*] 基本, 基礎(原理), 初歩 〈*of*〉; 〔楽〕ルーディメント《ドラム奏法の基本技術: roll, flam, paradiddle など》; [°*pl*] 兆し, 萌芽, もと, 始まり; 〔発生〕原基 (ANLAGE); 〔生〕遺物, 痕跡(部). [F or L (RUDE); *elementum* element にならったもの]

ru·di·men·tal /rù:dəméntl/ *a* RUDIMENTARY.

ru·di·men·ta·ry /rù:dəmént(ə)ri/ *a* 基本の; 初歩の (elementary); 未発達の, 原始的な; 発育不全の, 痕跡の: a ~ organ 痕跡器官. ♦ **-ta·ri·ly** /-mèntérəli, -méntrəli; -méntrəli/ *adv* **-ta·ri·ness** *n*

rud·ish /rú:dɪʃ/ *a* やや RUDE な.

ru·dist /rú:dɪst/, **ru·dis·tid** /rú:dɪstəd/ *n* 〔古生〕ルーディスト, 厚歯二枚貝《白亜紀に礁状のコロニーをつくった円錐形二枚貝(の化石)》.

Ru·dolf /rú:dɑlf/ **1** ルドルフ《男子名》. **2** ルドルフ (**1**) ~ **I** (1218–91) 《ドイツ王 (1273–91); Hapsburg 朝の祖》 (**2**) (1858–89) 《オーストリア皇太子; 改新的・自由主義的な思想の持主だったが謎の死を遂げた》. **3** [Lake] ルドルフ湖《ケニア北部の湖; Great Rift Valley に沿う; 別称 Turkana 湖》. [↓]

Ru·dolph /rú:dɑlf/ **1** ルドルフ《男子名; 愛称 Rudy》. **2** ルドルフ **Wilma** (**Glodean**) ~ (1940–94) 《米国の陸上選手》. **3** ルドルフ《米国のクリスマスソング 'Rudolph the Red-Nosed Reindeer' (1949) に歌われる Santa Claus のそりを引く「赤鼻のトナカイ」》. [Gmc=fame+wolf]

Rud·ra /rúdrə/ 〔ヴェーダ神話〕ルドラ《あらしの神で Siva の前身; また,

病いをもたらすが, これを治す薬草を与えもする》.

Ru·dras /rúdrəs/ *pl* 〘ヴェーダ神話〙ルドラ神群 (MARUTS).

Ru·dy /rúːdi/ ルーディ《男子名; Rudolph の愛称》.

rue[1] /rúː/ *vt, vi* 後悔する, 残念に思う; …しなければよかったと思う; 悲しむ: ～ the day (that)…した日のことを悔やむ / live to ～ the day あとになって悔やむ, 後悔する. ► «古» *n* 後悔, 悔悟; 哀れみ, 悲嘆. [OE *hrēow(an)*; cf. G *reuen*]

rue[2] *n* 〘植〙ヘンルーダ《地中海沿岸原産のミカン科の常緑多年草; 葉は苦く強い香りを有し興奮剤・刺激剤に用いた; RUE[1] に発音が通じ, 悲嘆・悔い改めなどの表象》. [OF＜L *ruta*＜Gk]

rúe anémone 〘植〙バイカカラマツソウ《北米東部原産》.

rúe fàmily 〘植〙ミカン科 (Rutaceae).

rúe·ful *a* 悔やんでいる, 悲しんでいる; 哀れな, いたましい: the Knight of the *R*～ Countenance 憂(うれ)い顔の騎士《Don Quixote のあだ名》. ♦ **～·ly** *adv* 後悔して, 残念そうに; うち沈んで, 悲しげに. **～·ness** *n*

ru·fes·cent /rufέs(ə)nt/ *a* 赤みがかった, 赤らんだ (reddish). ♦ **ru·fés·cence** *n*

ruff[1] /rʌ́f/ *n* **1**《エリザベス時代に用いた》ひだえり, 襞襟; 《鳥獣の》えり羽, 首毛. **2**〘鳥〙**a** エリマキシギ《欧州・アジア産; cf. REEVE[3]》. **b** えり羽のあるハト. ► *vt* 〈頭髪〉に逆毛を立ててふくらませる. ♦ **～·lìke** *a* [? *ruff*＝ROUGH; または逆成＜*ruffle*[1]]

ruff[2] 〘トランプ〙*n* 切り札で取る[を出す]こと; ラフ《WHIST[1] に似た昔のゲーム》: cross [double] ～ 仲間で互いに切ること. ► *vt, vi* 切り札で取る[を出す]. [OF *ro(u)ffle*＝It *ronfa* (＜? *trionfo* TRUMP[1])]

ruff[3] *n* 〘魚〙**a** アセリナ (＝**ruffe** /rʌ́f/)《パーチ科の淡水魚; 欧州産》. **b** «豪» マルスズキ科の海産魚 (＝tommy ～) (ROUGHY). [ME＜? *rough*]

ruff[4] *n* 〘楽〙ラフ《ドラムの基本奏法の一つで, ある音の直前に二つの装飾音を加えるもの》.

rúffed *a* 襞襟の付いた; えり羽[首毛]のある.

rúffed bústard 〘鳥〙HOUBARA.

rúffed gróuse 〘鳥〙エリマキライチョウ《猟鳥; 北米産》.

ruf·fi·an /rʌ́fiən/ *n* 悪漢, 暴漢, ごろつき, ならず者. ► *a* 悪党の, ごろつきの; 残忍[狂暴]な. ♦ **～·ìsm** *n* 凶悪, 残忍. **～·ly** *a* [F＜It *ruffiano*; cf. Langobardic *hruf* scurf, scabbiness]

ruf·fle[1] /rʌ́f(ə)l/ *vt* **1 a** しわくちゃにする, くしゃくしゃにする, …にしわを寄せる; …にひだをとる, …にひだべりをつける. **b** 波立たせる; 〈鳥が羽毛を〉立てる 〈*up*〉; 〈人の髪の毛を〉(ふざけて)くしゃくしゃにする. **c** 〈ページを〉パラパラめくる; 〈トランプ札を〉まぜる, 切る (shuffle). **2** かき乱す, あわてさせる 〈*up*〉; いらだたせる, おこらす 〈*up*〉; すりむく: Don't get ～*d up* about it. そんなことで取り乱すな. ► *vi* **1** しわくちゃになる; 波立つ; 〈旗などが〉翻る. **2** かき乱される; いらだつ, おこる; «まれ» いばる, けんか腰になる. ● **～ it** いばる. **～ sb's** FEATHERS. **～ up the feathers [plumage]** 〈鳥が〉身震いして羽毛を立てる; 〈人が〉おこる. ► *n* **1** ひだべり, ひだ飾り; 《鳥の》首毛; 波立ち, さざなみ. **2** 動揺, 狼狽, 混乱; いらだち(の原因), 立腹(のたね); «古» 騒動, けんか: put in a ～ 動揺させる; じらす, おこらせる. ♦ **～d** *a* ひだべり[首毛]のある. **rúf·fly** *a* ひだのある (ruffled). [ME＜?; cf. MLG *ruffelen* to crumple, ON *hrufla* to scratch]

ruffle[2] *vt, n* 〈太鼓を〉低くドロドロと鳴らす(音). [C18 *ruff* to ruffle (imit)]

rúf·fler *n* **1** いばりちらす人; 平安を乱す人, 妨害する人; «古»《16 世紀に傷痍軍人と称して放浪した》乞食, 浮浪者. **2**《ミシンの》ひだとり器《ひだやフリルをつける》.

rúf·fling *n* 〘動〙《細胞の》波打ち膜による運動, 波打ち運動《進行方向に間断なく突起を出して自身を進める》.

ruff·neck /rʌ́fnὲk/ *«俗» *a* 暴力的な, 荒々しい. ► *n* ラップミュージック心酔者, ラップファン.

Ru·fisque /rufíːsk/ リュフィスク《セネガル西部 Dakar の近くにある港町》.

ru·fi·yaa /rúːfijɑ̀ː/ *n* (*pl* ～) ルフィヤ《モルジヴの通貨単位: ＝100 laaris》.

RU 486 /ɑ́ːrjùː fɔ̀ːrèɪtisíks/ RU 486《妊娠初期用の経口流産誘発薬; 抗プロゲステロン作用をもつ (＝*mifepristone*)》. [*Roussel-Uclaf* フランスの医薬品会社, *486* は研究所の通し番号]

ru·fous /rúːfəs/ *a* 赤褐色の, 赤茶けた. [L *rufus* red]

rúfous hórnbill 〘鳥〙アカエリサイチョウ (calao).

rúfous hùmmingbird 〘鳥〙チャイロハチドリ《米国西部産》.

rúfous scrúbbird 〘鳥〙ワキグログクサムラドリ (⇨ SCRUBBIRD).

Ru·fus /rúːfəs/ ルーファス《男子名》. [L＝red(-haired)]

rug /rʌ́g/ *n* **1 a** 敷物, ラグ《一定の形をもち, 継ぎ合わせないで一枚で用い, 床の全部をおおわない点で carpet とは異なる》. **b** 毛皮の敷物, 《特に》炉前の敷物. **2** ||ひざ掛け (lap robe*); 《寝床の》上掛け; 《動物用の》毛布. **3** *«俗» はげ隠し, かつら (wig, toupee). ● **cut a [the] ～** «俗» ダンスをする, ジルバ (jitterbug) を踊る: *cut a* mean ～ とてもうまく踊る. **pull the ～(s) (out) from under…** ⇨ CARPET. **sweep [brush, push] under [underneath, beneath] the ～** ⇨ CARPET. ♦ **～·lìke** *a* [? Scand (Norw (dial) *rugga* coverlet, Swed *rugg* coarse hair); cf. RAG[1]]

ru·ga /rúːgə/ *n* (*pl* **-gae** /-ʤìː, -gàɪ, -gìː/) [[U]*pl*] 〘生・解〙《胃・膣・口蓋などの》しわ, ひだ. ♦ **rú·gal** *a* [L; ⇨ ROUGH]

rúg àpe *«俗» RUG RAT.

ru·gate /rúːgèɪt, -gət/ *a* ひだのある, しわのある (wrinkled).

Rug·be·ian /rʌ́gbiən, rʌ̀gbíːən; rʌ̀gbíːən/ *a* RUGBY の, ラグビー市民の; ラグビー校 (Rugby School) の. ► *n* ラグビー校の学生[卒業生].

Rug·by /rʌ́gbi/ **1** ラグビー《イングランド中部 Warwickshire の町; Rugby School の所在地》. **2** ラグビー校 (Rugby School)《男子 public school; 1567 年創立》. **3** [°r-] ラグビー (RUGBY FOOTBALL).

Rúgby fóotball [°r-] ラグビー《Rugby 校が発祥 (1823) の地》; «カナダ» CANADIAN FOOTBALL.

Rúgby Lèague [the] ラグビーリーグ《主にイングランド北部のチームの連合で, プロもアマチュアも容認; 正式名 Rugby Football League》; [[s]r- l-] リーグラグビー《各チーム 13 名で RUCK[1] や MAUL などの密集戦がない》.

Rúgby shìrt [°r-] ラグビーシャツ《ラグビー選手のジャージーに似せたデザインの太い横縞模様のはいった白衿のシャツ》.

rúgby tàckle ||《ラグビー(式)の》タックル. ♦ **rúgby-tàckle** *vt* 〈人〉にタックルをかける(ように組みつく).

Rúgby Ùnion [the] ラグビーユニオン《アマチュアチーム (1995 年からはプロも容認) の連合; 正式名 Rugby Football Union; ⇨ SIX NATIONS》; [[s]r- u-] ユニオンラグビー《各チーム 15 名》.

rúg-cùtter *n* *«俗» ジルバを踊るやつ.

Rü·gen /rúːgən; *G* rýːgn/ リューゲン《ドイツ北東部 Pomerania 沖のバルト海にある, 同国最大の島; 本土と狭い海峡で隔てられている; 夏の保養地》.

rug·ged /rʌ́gəd/ *a* **1** でこぼこ[高低]のある, ごつごつした; ざらざらした; しわの寄った, しかめた (wrinkled); «廃» 毛むくじゃらの. **2 a** 〈顔つきが〉いかつい; ぶかっこうな, 醜い. **b** 洗練されない; 粗野な, 乱暴な (rude); きびしい〈教師など〉: ～ kindness 無骨な親切 / ～ honesty 率直. **3 a** 〈天候などが〉荒れる, あらしの; 耳ざわりな. **b** 危険な, つらい, 困難な; «口» 熟練[力, 忍耐]を要する, きびしい. **4** がんじょうな, 強壮な. ♦ **～·ly** *adv* **～·ness** *n* [? Scand; cf. RUG, Swed *rugga* to roughen]

rúgged·ize *vt* 〈カメラなど〉の耐久性を高める. ♦ **rùgged·izá·tion** *n*

rug·ger /rʌ́gər/ *n* ||«口» ラグビー (rugby); *«口» ラグビープレーヤー, ラガー.

rúg jòint *«俗» 豪華なナイトクラブ[レストラン, ホテルなど].

rúg mèrchant *«俗» スパイ.

ru·go·la /rúːgələ/ *n* 〘植〙キバナスズシロ (arugula).

ru·gó·sa (róse) /ruːgóusə(-), -zə(-)/ 〘植〙ハマナス.

ru·gose /rúːgòus/ *a* しわの多い; 〘植〙〈葉が〉しわの寄った. ♦ **～·ly** *adv* **ru·gos·i·ty** /rugɑ́səti/ *n* しわだらけ; しわ.

ru·gous /rúːgəs/ *a* しわだらけの.

rúg rànk *«軍俗» ラグ階級(の将校)《執務室にじゅうたんを敷くことが許される高級将校》.

rúg ràt «俗»《まだはいはいをしている》赤ん坊, 幼児, チビ, ガキ (＝*carpet rat, rug ape*).

ru·gu·la /rúːgjələ/ *n* (*pl* **-lae** /-lìː/) 小さいしわ[ひだ].

ru·gu·lose /rúːgjəlòus/ *a* 小じわのある.

Rúhm·korff còil /rúːmkɔ̀ːrf-, rúm-/ INDUCTION COIL. [Heinrich *Ruhmkorff* (1803–77) ドイツの物理学者]

Ruhr /rúər; *G* rúːr/ [the] **1** ルール川《ドイツ西部を西流して Rhine 川に合流》. **2** ルール《Ruhr 川流域の石炭鉱業および工業の盛んな地方》.

ru·in /rúːən, -ìn/ *n* **1** [°*pl*] 荒廃の跡, 廃墟, 残骸; 《建物・町など》崩壊[荒廃]したもの. **2 a** 破滅, 滅亡, 荒廃, 破産, 没落, 零落; 頽廃, 《女の》堕落; 破滅[零落]した人[姿]; 破壊, こわすこと; [*pl*] 損害, 被害: rapine and red ～ 略奪と火災 / He is but the ～ of what he was. 昔の面影はない / bring [reduce] to ～ 没落[零落, 失敗]させる / go to (rack and) ～ 滅びる, 荒廃する. **b** «古» くずれ落ちること, 崩壊. **3** 破滅[没落]の因, 禍根: Drink will be the ～ of him [his ～]. 彼は酒で身を滅ぼすだろう. **4** «俗» ジン (gin) (cf. BLUE RUIN). ● **in ～s** 荒廃して: lay [lie] *in ～s* 荒廃させる[している]. ► *vt* **1** 破滅させる, 荒廃させる; 没落[零落]させる, 破産[破滅]させる; 〈女を〉堕落させる, 誘惑して棄てる: ～ *oneself* 身を滅ぼす, 零落する. **2** だいなし[めちゃめちゃ]にする: ～ sb's chances 人のチャンスをだいなしにする. ► *vi* **1** 破滅する, 滅びる; 没落[零落]する. **2** «詩» まっさかさまに落ちる. ♦ **～ed** *a* 破壊された, 破滅[荒廃]した, 滅びた; 没落[破産, 零落, 荒廃]した; 害された; 堕落した. **～·er** *n* 破滅させる人. [OF *ruine(r)*＜L (*ruo* to fall)]

rúin·àte «古» *a* RUINED. ► *vt, vi* RUIN.

ru·in·a·tion /rùːənéɪʃ(ə)n/ *n* 破滅; 荒廃; 没落, 零落, 破産; 破滅[堕落]のもと, 禍根.

rúin·ous *a* 破滅をきたす, 破滅的な; 没落させる; 荒廃した; 腐朽した; «口» ばか高い. ♦ **～·ly** *adv* **～·ness** *n*

Ruis·dael /ráɪzdɑ̀ːl, ráɪs-, rɔ́ɪs-/ ロイスダール (1) **Jacob van ～** (1628 or 29–82)《オランダの風景画家》(2) **Salomon van ～**＝Salomon van RUYSDAEL.

Ru·iz /ruíːs, -z/ [Mt] ルイス山 (Sp **Ne·va·do del ～** /nɛvɑ́ːðou ðèl-/)《コロンビア中西部 Andes 山脈の火山 (5399 m); 1985 年噴火, 死者 2 万人を超える大災害を起こした》.

rukh /rú:k/ *n* ROC.

Ruk·wa /rú:kwɑ:/ [Lake] ルクワ湖《タンザニア南西部の湖; タンガニーカ湖とマラウィ湖の間に位置》.

rul·able* /rú:ləb(ə)l/ *a* 規則上許される.

rule /rú:l/ *n* **1** 規則, 規定, ルール; 《修道院などの》会則, 会規, 宗規; 《団体の》規程; 〘法〙 (法)準則; 《裁判所の》決定, 命令; 習慣, ならわし, 決まり; [R-s] 《豪》 AUSTRALIAN RULES (FOOTBALL): a hard and fast ～ 杓子(しゃく)定規 / ～*s* and regulations 規則や規定 / against the ～*s* 規則違反で / bend [stretch] the ～*s* 規則を曲げる [拡大解釈する] / the Franciscan ～ フランシスコ会会則 / the ～*s* of decorum 礼法 / ～ of decision 〘法〙 判断[判決]の基礎になる準則. **2 a** 定則, 通則; 法則, 法式; 標準; 〘数〙 《計算・問題解法の》公式. **b** [the] 通常のこと, 常例, 通例; 主義; 《廃》 行為: It's *the* ～ rather than the exception. それは例外というより常例だ. **3** 支配, 統治(期間): the ～ of force 武力政治 / during the ～ of Queen Victoria ヴィクトリア女王の世に / under foreign ～ 外国に支配されて. **4** 物差し, 定規; TAPE MEASURE; [the R-] 〘天〙 じょうぎ座 (定規座) (Norma); 〘印〙 罫(けい), 罫線: a CARPENTER's ～. **5** [the ～s, [s]the R-s] 〘英史〙 ルール区域《囚人が特定の条件で居住を許可された刑務所付近の区域; 特に London の Fleet, King's Bench 両監獄近くの区域》; ルール区域での居住の自由. ● **as a (general) ～** 通常, 通例, 普通(は), 概して. **by [according to] ～** 規定どおりに. **by ～ and** LINE[1]. **make it a ～ to** do…するのを常とする. **run the ～ over** さっと調べる. **the [a] general ～** 一般則, 通例. **work to ～** [u]〈労働組合員が〉順法闘争を行なう.
► *vt* **1** 支配[統治]する; 制御する, 抑える; 指図[指導]する; [[u]*pass*] 従わせる, 左右する: ～ one's temper 怒りを抑える / let one's heart ～ one's head 《理性でなく》心情[心]で判断する / *Be* ～*d* by me. 忠告に従いなさい / Don't *be* ～*d* by emotion. 感情に支配されてはいけない. **2** 規定する; 〈裁判官が〉判示する, 〈裁判官・裁判所が〉判決[裁定]する, 決定[命令]する: The court ～*d* that he should be exiled. 裁判所は彼を流刑に処すべしと判決した / ～ sb [sth] out of order 人[事]を違反と判定する. **3** 定規で〈線を〉引く; 〈紙に〉罫(けい)を引く; 一直線にする. ► *vi* **1** 支配[統治]する 〈*over* the land〉; 支配的である (predominate), 首位を占める, 最重要である; 〈ある状態〉のままである, 持ち合う: Chaos ～*s* in this school. 無秩序がこの学校を支配している / ～ high [low] 高[低]値に持ち合う. **2** 判示する, 裁決[決定, 裁定]する 〈*on* a case〉: The judge ～*d against* [*in favor of, for*] him. 裁判官は彼の敗訴[勝訴]の判決を下した. **3** 《俗》 抜群[最高]だ: Rock music ～*s* (, OK)! ロック最高. ● **～ in** (…の可能性を) 考慮に入れる, 含める. **～ off** 〈欄などを〉線を引いて区切る; 〈競技者などを〉除外する. **～ out** 《規定などによって》除外する; …の可能性を排除する, ありえないとする; 不可能にする, 妨げる; 〈選手などを〉〈試合など〉へ出場できなくする 〈*of*〉; 禁止する. **～ the** ROOST[1] [**roast**]. [OF＜L *regula* straight edge]

Rúle, Británnia ブリタンニアよ, 統治せよ《英国の愛国歌; James Thomson と David Mallet 作, Thomas Arne 作曲の仮面劇 *Alfred* (1740) 中にある》.

rúle ábsolute 〘法〙 確定的決定 (DECREE ABSOLUTE).

rúle·bòok *n* (就業)規則書; [the] 規則集.

rúled *a* 〈用紙が〉罫線のはいった.

rúled súrface 〘数〙 線織(せんしょく)面《1 本の直線が動いてできる曲面; 円筒・円錐など》.

rúle jòint 〘木工〙 肘継ぎ, 関節継ぎ.

rúle·less *a* 規則のない; 法の規制をうけない.

rúle mònger 《独裁国家などの》法令厳守主義者.

rúle of láw 法の支配; 法(適用)の原則.

rúle of the róad [the ～(s)] 交通規則; 海路規則.

rúle of thrée [the] 〘数〙 三数法, 三の法則《比例の外項の積は内項の積に等しいという法則を使って比例式の未知数を他の 3 数から求める方法》.

rúle of thúmb 経験と常識に基づいたやり方, 経験則; 常識的にまず間違いのない一般則, 実際的な目安.

rul·er /rú:lər/ *n* **1** 支配者, 統治者, 主権者 〈*of*〉; 〘占星〙 《個人の》守護星, 支配星. **2** 罫(けい)[線]を引く人[装置], 定規, 簿記棒; 〘電算〙 ルーラー《画面上に表示される目盛り》. ♦ **～·ship** *n*

rúles làwyer 《俗》 [*derog*] ルール専門法律家《role-playing の規則を記憶して自分の立場を弁護する時にいちいち引合いに出すプレーヤー》.

rul·ing /rú:lɪŋ/ *a* 支配[統治, 統轄]する; 優勢[有力]な, 支配的な, 主たる; 〈相場など〉一般の: the ～ classes 支配階級 / the ～ party 与党, 政権党 / a ～ body 統括[支配]団体 / sb's ～ passion 人の心を支配している情熱, 人が情熱を傾けているもの / the ～ price 通り相場, 時価. ► *n* **1** 支配, 統治. **2** 《裁判所などの》決定, 裁定 〈*on*〉. **3** 罫[線]を引くこと; 罫線 (ruled lines).

rúling élder 《長老派教会の》長老.

rúling plánet 〘占星〙 支配星《ホロスコープにおいて最も強力な支配力をもつ惑星》.

rul·ley [u]/rʌ́li/ *n* 四輪荷車, トラック.

ru·ly /rú:li/ *a* 従順な, 法[規則]を守る. [逆成＜*unruly*]

rum[1] /rʌ́m/ *n* ラム酒《糖蜜または砂糖キビから造る蒸留酒》; *《一般に》酒. [? C17 *rumbullion* rum]

rum[2] *a* **1** [u]《口》 妙な (queer), おかしな, 変な (odd); [u]《口》 よくない, まずい (bad): feel ～ 気分が悪い / a ～ fellow 変なやつ / a ～ one [un] 妙なやつ《人・動物・事件》. **2** [u]《口》 むずかしい, やっかいな, あぶない. **3** [u]《俗》 よい, すばらしい. ● **a ～ customer** 妙な[変な]やつ; やっかいな代物《人・動物》. **a ～ go [do, start]** 妙なできごと, 意外な展開. ♦ **～·ly** *adv* **～·ness** *n* [C16＝fine, spirited＜? Romanic]

rum[3] *n* 〘トランプ〙 RUMMY[2].

Rum ラム (＝*Rhum*)《スコットランド西岸沖 Inner Hebrides 諸島の島; 自然保護区になっている》.

ru·ma·ki /rəmá:ki/ *n* ルマーキ《薄切りのクワイと鶏のレバーをベーコンで包みたれに漬けてあぶった前菜料理》. [C20＜? Jpn 春巻]

Ru·ma·nia /ruméɪniə/ ROMANIA. ♦ **Ru·má·ni·an** *a, n*

Ru·mansh /ru:mɑ́nʃ/ *n* ROMANSH.

rum·ba /rʌ́mbə, rúm-, rú:m-/ *n* ルンバ《もとキューバの黒人の踊り; そのアメリカ化した踊り[曲]》. ► *vi* ルンバを踊る. [AmSp]

rúm·bàba *n* BABA AU RHUM.

rum·ble /rʌ́mb(ə)l/ *vi* **1** 〈雷・砲声・腹など〉ゴロゴロ鳴る; 〈重い車・列車など〉ゴトゴト行く[通る] 〈*along, by, down*〉; 低く響く声で言う. **2** 《米俗・豪俗》 〈ギャング・不良グループなどが〉路上でけんかする, 衝突を起こす; *《俗》 《共犯者などから注意をそらすために》騒ぎを起こす. ► *vt* **1** ゴロゴロ[ゴトゴト]といわせる[行かせる, ころがす]; 低く響く声で言う 〈*out*〉: ～ a command どら声で命令する. **2** タンブラー (tumbling barrel) で混合[研磨]する. **3** [u]《口》 〈悪事・犯人などを〉見抜く, 見破る. **4** *《俗》 盗む, ぶんどる. ● **～ on** [u]〈議論・争いなどが〉だらだらと続く, 長引く. ► *n* **1** ゴロゴロ[ゴトゴト]いう音, とどろき; ゴロゴロ, ゴトゴト; 《ターンテーブルの振動に起因する》低い雑音, ゴロ. **2** うわさ; 《広まった》不満, 不平; 《俗》 《警察への》通報; *《俗》 《警察の》手入れ; *《俗》 《不良グループ同士の》街頭での衝突, 乱闘. **3** RUMBLE SEAT; 馬車の背部の従者[荷物]席 (＝*rumble-tumble*). **4** タンブラー (tumbling barrel). [? MDu *rommelen* (imit)]

rúm·bler *n* ゴロゴロいうもの; タンブラー (tumbling barrel).

rúmble sèat 自動車後部の折りたたみ式無蓋席.

rúmble strìp 減速舗装《前方の危険をドライバーに知らせるための帯状のでこぼこ》.

rúmble-túmble *n* ガタガタ車; ガタガタ動くこと, ひどい動揺; 《馬車の》RUMBLE.

rúm·bling *n, a* ゴロゴロ[ガタガタ]いう音(をたてる); [[u]*pl*] 不平[不満]の声; [[u]*pl*] うわさ. ♦ **～·ly** *adv*

rúm·bly *a* ゴロゴロ[ガラガラ]と音をたてる; 〈車など〉ガタガタする, ガタガタと音をたてる.

rum·bus·ti·cal /rʌ̀mbʌ́stɪk(ə)l/ *a* RAMBUNCTIOUS.

rum·bus·tious /rʌ̀mbʌ́stʃəs/ *a* [u]《口》 RAMBUNCTIOUS. ♦ **～·ly** *adv* **～·ness** *n* [? *robustious*]

rúm bùtter ラムバター《バターと砂糖でつくり, ラム酒で風味をつけた濃厚な甘いソース》.

rum·dum /rʌ́mdʌ̀m/ *《俗》 *a* 酔っぱらった, のんだくれの; 《酒浸りで》頭のいかれた. ► *n* のんだくれ; 《酒浸りで》頭のいかれたやつ; ばか, あほう, ぼけ. [RUM[1]＋G *dumm* dumb か]

Ru·me·lia /rumí:ljə, liə/ ルメリア (＝*Roumelia*)《Balkan 半島にあった旧トルコ帝国領で, アルバニア・マケドニア・トラキアや 1885 年にブルガリアに割譲された東ルメリア (Eastern ～) を含む》.

ru·men /rú:mən/ *n* (*pl* **-mi·na** /-nə/, ～**s**) 〘動〙 《反芻動物の》第一胃, こぶ胃, 瘤胃(りゅうい), ルーメン; 《広く》反芻胃; 《第一胃からの》食い戻し. ♦ **rú·mi·nal** *a* [L＝throat]

Rum·ford /rʌ́mfərd/ ラムフォード Count von ～ ⇨ Benjamin THOMPSON.

rúm hòle *《俗》 安酒場, 飲み屋.

rúm-hòund *n* 《俗》 大酒飲み (rumpot).

Rūmī ⇨ JALĀL AD-DĪN AR-RŪMĪ.

ru·mi·nant /rú:mənənt/ *a* 反芻する; 反芻動物の, 反芻類の; 黙想している, 考え込む. ► *n* 反芻動物; 黙想する人, あれこれ考える人. ♦ **～·ly** *adv*

ru·mi·nate /rú:mənèɪt/ *vt, vi* 反芻する; 思いめぐらす, 沈思する 〈*about, of, on, over*〉: A cow ～*s* its food. ♦ **rù·mi·ná·tion** *n* 反芻; 沈思, 黙考. **rú·mi·nà·tive** /, [u]-nətɪv/ *a* **-tive·ly** *adv* **rú·mi·nà·tor** *n* **rú·mi·nàt·ing·ly** *adv* [L; ⇨ RUMEN]

rúm·jàr *n* 《俗》 《ドイツ製の》迫撃砲弾.

rum·mage /rʌ́mɪdʒ/ *vt* くまなく捜す, (捜すため)かきまわす; 〘海〙 〈税関吏が船を〉検査[臨検]する; 捜し出す 〈*out, up*〉; 詳細に調査する. ► *vi* (よく)捜す, かきまわして捜す, (あちこち)捜しまわる 〈*about, among, around, in, through*〉; 〘海〙 臨検する, 捜索する 〈*in*〉. ► *n* **1** かきまわす[くまなく捜す]こと; 《税関吏の》検索, 臨検. **2** 寄せ集め, 雑多な品々, がらくた; チャリティーバザー用商品. **3** 《廃》 混乱. ♦ **rúm·mag·er** *n* [(v)＜(n)＝(obs) act of packing cargo＜OF *arrumage* (*arrumer* to stow cargo)]

rúmmage sàle *チャリティーバザー (jumble sale[u]); 《不要品・売れ残り品などを売りさばく》蔵払いセール, 見切り売り, がらくた市.

rummed /rʌ́md/ *a* [ᵒ~ up]*《俗》酔っぱらって.
rum·mer /rʌ́mər/ *n*《通例 脚付きの》大酒杯.
rum·mie /rʌ́mi/ *n**《俗》酔っぱらい, 大酒飲み (rummy).
rum·my[1] /rʌ́mi/ *a*《口》奇妙な, おかしな (odd). ◆ **rúm·mi·ly** *adv* [*rum*[2]]
rummy[2] *n* ラミー《トランプゲームの一種》. [C20《? *rummy*[1]]
rummy[3] *n* **1** *《俗》大酒飲み, のんだくれ, アル中(の浮浪者); *《俗》ばか者, おめでたいやつ. **2** 酒屋, 酒造業者;〔米史〕禁酒法[運動]の反対者. ► *a* **1** ラム酒の(ような). **2** *《俗》酔っぱらった; *《俗》頭が混乱した, 無能な. [*rum*[1]]
ru·mor | ru·mour /rúːmər/ *n* **1** うわさ, 風説, 風評, 流言〈*that, of*〉; ささやき, さざめき; [~s, 〈*sg*〉] 伝言ゲーム《短い話を一人ずつ順に伝え, 最後まで正確に伝わるかどうかを競うもの》: start a ~ うわさを立てる / *R*~ has it that…といううわさだ / *R*~*s* are flying that …といううわさが飛びかっている. **2**《古》名声, 世評 (fame). **3**《廃》大声の抗議;《古》騒音;《廃》騒ぎ. ► *vt* [ᵘ*pass*] うわさする〈*about, around*〉: It *is* ~*ed* that he is ill. = He *is* ~*ed* to be ill. 病気だというわさだ / the ~*ed* marriage うわさされている結婚. [OF<L *rumor* noise]
rúmor mìll [ᵘthe] うわさの出所, うわさを流す所, うわさ発生源.
rúmor·mònger *n* うわさを広める者, 金棒(かなぼう)引き, '拡声器'.
rump /rʌ́mp/ *n* **1**《四足獣・鳥・人の》尻, 臀部;《牛肉の》尻肉, ランプ. **2** 残物, 残りくず, 残った部分;《多くのメンバーが追放されたりして, 権威を失った》残部議会[委員会], 残党; [the R-] RUMP PARLIAMENT. ● **sit on one's ~** でんと構えている. ► *vt* *《俗》〈人〉の尻をむち打つ. ◆ **~·less** *a*〈鳥が〉尾のない. [? Scand; cf. Icel *rumpr* rump, G *Rumpf* torso]
rúmp bòne 尻の骨,〔解〕仙骨 (sacrum).
Rum·pel·stilts·kin /rʌ̀mp(ə)lstíltskən/〔ドイツ民話〕ルンペルシュティルツキン《こびとの名; 亜麻を紡いで金にしてもらった王妃はこびとの名を言いあてられない場合最初の子を与える約束をしたが, 言いあてたため, こびとは怒り狂って自滅した; cf. TOM TIT TOT》. [G]
rúm·pèt *n*《口》酒飲み, 飲み助.
rum·ple /rʌ́mp(ə)l/ *vt, vi* しわくちゃにする[なる]; くしゃくしゃにする[なる]〈*up*〉. ► *n* しわ, ひだ. ◆ **rúm·ply** *a* [MDu *rompelen* (*rompe* wrinkle)]
rumpo /rʌ́mpou/ *n* (*pl* **rúmp·os**)ᴵᴵ《俗》セックス, チョメチョメ (cf. RUMPY-PUMPY). [*rump*]
rúm·pòt *n* *《俗》大酒飲み, のんだくれ.
Rúmp Pàrliament [the]〔英史〕残部議会《1648 年のプライドの追放 (Pride's Purge) 後に残った Long Parliament の一部で行なった議会, 53 年に解散されたが 59–60 年しばらく復活した》.
rúmp stéak 尻肉のビーフステーキ, ランプステーキ.
Rump·ty /rʌ́m(p)ti/ *n*《俗》《第一次大戦時の》ファルマン (Farman) 訓練機.
rúmpty-túmp·ty /-tʌ́m(p)ti/ *n*ᴵᴵ《俗》RUMPY-PUMPY.
rum·pus /rʌ́mpəs/《口》*n* 騒ぎ, ガヤガヤ; 激論, 口論: cause a ~ 騒ぎを起こす / have a ~ with sb 人と口論する. ● **kick up [raise, make] a ~** 騒ぎ[騒動]をひき起こす. [C18<?]
rúmpus ròom《米・豪》《家庭の》遊戯室, 娯楽室 (recreation room)《普通は地下にあって遊戯やパーティーなどをする部屋》.
rumpy /rʌ́mpi/ *n* MANX CAT.
rúmpy-púmpy /-pʌ́m(p)i/ *n*ᴵᴵ《俗》セックス, チョメチョメ (cf. RUMPO).
Rúm Rebéllion [the] ラム反乱《1808 年 1 月 26 日オーストラリア New South Wales 植民地軍団が酒類の密貿易を取り締まろうとした総督 William Bligh を追放した反乱》.
rúm·rùnner* *n* 酒類密輸入者[輸入船]. ◆ **rúm-rùnning** *a, n*
Rum·sey /rʌ́mzi/ ラムジー **James** ~ (1743–92)《米国の発明家; 蒸気船を製作しようと実験を繰り返したほか, 蒸気ボイラーに改良を加えた》.
Rums·feld /rʌ́mzfɛ̀ld/ ラムズフェルド **Donald H(enry)** ~ (1932–)《米国の政治家・実業家; 国防長官 (1975–77, 2001–06)》.
rúm·shòp *n**《口》酒場.
run /rʌ́n/ *v* (**ran** /rǽn/; **run; rún·ning**) *vi* **1 a** 走る, 駆ける; 急ぐ, 突進する;《支援・救援のため[を求めて]》駆けつける〈*to*〉; ちょっと行ってくる, ひとっ走りする〈*up* [*down, over*] *to*〉;〔アメフト〕〈チームが〉《パスプレーよりも》ランニングプレーを使う; (楽句を)すばやく歌う[演奏する]: ~ three miles 3 マイル走る / ~ across the street 通りを走って横切る / We *ran to* her aid [to help her]. 支援に駆けつけた / ~ on a bank《取り付けに》銀行へ殺到する. **b**〈車・馬・船など〉走る, 進む;〔空〕滑走する;〔海〕船尾からの風をうけて帆走する;〈乗物などが〉往復する, 通う: The traffic ~*s* day and night. 交通の便は昼夜ある. **c**〈魚が〉群をなして移動する,《産卵のため》川をさかのぼる. **d**〈心象・記憶など〉浮かぶ, 去来する;〈感覚など〉伝わる;〈視線が〉さっと注がれる; 絶え間なく動く: The idea kept *running through* [*in*] my head. その考えが頭に絶えず浮かんでいた / A cold shiver *ran down* my spine. 背筋にぞっとする寒気を感じた. **2** 逃亡[逃走]する (flee);《口》立ち去る, 帰る: Seeing me, he *ran off*. わたしを見るなり逃げ出した / ~ for one's life [for dear life] 命からがら逃げる / I've got to ~. もう帰らなければなりません. **3 a** 競走に加わる[出る], コンテストに参加する;《試合・競走で》…等になる: His horse *ran in* the Derby. ダービーに出走した / He *ran* third. レースで 3 着となった. **b** 立候補する〈*as* a Democrat〉: ~ *for* Parliament [*for* (the) Presidency, *for* President] 国会議員[大統領]に立候補する (cf. STAND *for*). **4 a**〈機械など〉動く, 作動する; 運転する; ころがる, 回転する;《穴の中などを》するすると動く: The engine doesn't ~ properly. エンジンがちゃんと動かない / The factory has ceased *running*. 工場は操業を停止した. **b**〔電算〕〈ソフトウェアが〉(コンピューター上で)走る, 動作する〈*on*〉: These programs ~ *on* UNIX. **c**〈生活などが〉うまく営まれる,〈事が〉進む: ~ like clockwork 順調に進む / Our arrangement *ran* smoothly. 取決めは順調にいった. **5 a**〈水・血など〉流れる,〈うみなど〉出る;〈栓・蛇口が〉水(など)を出す; [通例 進行形で]〈浴槽が〉水[湯]が張られているところである;〈鼻・目などが〉はなみず[涙など]を流す,〈傷が〉うみ(など)を出す; 漏れる, こぼれる;〈砂時計が〉砂が落ちる: Your nose is *running*. はなみずが出ているよ / Someone has left the tap [the water] *running*. だれかが水道の水を出しっぱなしにした / The floors *ran with* water. 床に水が流れ出た / one's blood *ran* cold 血の凍る思いをした / The tide has ~ strong. 潮がどっと差してきた. **b**〈ろうそく・バターなど〉溶けて流れる, GUTTER[1];〈液体など〉広がる;〈染めた色など〉にじむ, 落ちる. **c**〈性格・特徴などが〉内在する, 伝わる: Nomadism ~*s in* the family [his blood]. その家族[彼]には放浪癖の血が流れている. **6 a**〈時が〉経つ, 経過する (elapse);〈期間が〉及ぶ; 継続する;〈劇が〉続演される: His life has only a few years to ~. 彼の命はあと数年しかない / My vacation ~*s from* the middle of July *to* September. 休暇は 7 月の半ばから 9 月までである. **b**〈契約など〉効力がある;〈利息など〉生じる, 累積する;〈権利・義務が〉伴う〈*with*〉. **7 a**〈植物が〉地上をはう, はびこる: Vines ~ *along* the sides of the road. つる草が道路の両側に沿ってはっている. **b** 延びる, 走る, 及ぶ; さかのぼる: A corridor ~*s* through the house. 廊下が家の中をずっと走っている. **c**〈編物など〉ほぐれる; *〈靴下が〉伝線する (ladderᴵᴵ). **8** 流布する, 伝わる; 通用する; …と書いてある; 掲載される, 出る: The story ~*s* that…という話だ / How does the verse ~? その詩の文句はどんなふうですか / The will ~*s as* follows. 遺言は次のとおりである. **9** 自由に動きまわる; ぶらつく, さまよう〈*about, around*〉; つきあう,〈雄が〉つがう〈*with*〉. **10***《俗》にわかチームでバスケットボールをやる. **11 a** [補語を伴って]〈ある状態に〉なる, 変わる (become): Popular feelings ~ high. 人びとの感情が高まって[激して]いる / The food began to ~ short. 食糧が不足し始めた / ~ short of money 金に困る / The well has ~ dry. 井戸の水が涸れた / ~ wild はびこる; 荒れる; わがままになる. **b** 平均して[だいたい]…である: Our apples ~ large [small] this year. 今年のリンゴは大粒[小粒]だ.
► *vt* **1 a** 走らせる; 運行[航行]させる, 通わせる; 走らせて…にする; 動かす, 駆る, 運転する;〈エンジン・モーターを〉空(から)吹かしする, 空転させる: I *ran* him up the stairs. 急いで彼に階段を上らせた / ~ oneself out of breath あまり走って息を切らす. **b** [*fig*] 陥らせる, 追い込む〈*into, in*〉: ~ one*self into* trouble みずからをトラブルに巻き込む / ~ sb *in* debt 人を借金に追い込む. **c** 突き当てる;〈車・船舶を〉…の状態にする, …の方向にそらす; 刺す; 通す: ~ one's car *into* a lamppost 車を街灯柱にぶつける / ~ one's head *against* the door ドアに頭をぶつける / ~ a ship ashore [aground] 船を坐礁させる / She *ran* the needle *into* her left hand. 左手に針を刺した. **2 a** 競馬に出す; 立候補させる: ~ a horse *in* the Derby ダービーに馬を出走させる / ~ a candidate *in* an election 選挙に候補を立てる. **b** …と競走する: I'll ~ you for ten dollars a side. きみと 10 ドルずつ賭けて競走しよう. **3 a** 走って行なう[果たす]: ~ a race 競走する / ~ the good RACE[1] / ~ an errand [a message] (for…のために)使者の役をする, (…の)使いに行く. **b** 走って通る, 経る; 走り[通り]抜ける;〈川などを〉船で行く: ~ the streets 街を遊びまわる, 浮浪児となる / ~ a red light 赤信号を突っ切る / ~ the BLOCKADE / Let things ~ their course. 成り行きにまかせよう. **c** 急いで[ざっと]縫う;〈目を〉ざっと通す;〈手などを〉走らせる: ~ one's [an] eye over…にざっと目を通す. **4 a** (車で)運ぶ, 乗せていく: I will ~ you *to* [as far as] the station. 駅まで乗せてあげよう. **b** 密輸入[輸出]する (cf. RUMRUNNER). **5 a** 追う, 狩り立てる,〈牛などを〉追いたてる; …の跡をたどる: ~ a fox [hare] キツネ[ウサギ]を追う / ~ a scent 臭跡を追う / *R*~ that report back to its source. うわさの出所を突きとめよ. **b**〈牛など〉に牧草を食わせる; 放牧する. **6 a** 流す, 流し込む; 鋳る;〈栓・蛇口を〉開けて水(など)を出す;〈浴槽〉に湯を入れる: ~ some water in [into] the bowl ボウルに水を少し流し込む / Bullets are ~ into a mold. 弾丸は型に入れて鋳る / ~ (sb) a hot bath (人に)熱いふろを用意する. **b**〈液状・粒子状のもの〉でいっぱいである; 含む: The streets *ran* blood. **7**〈原油などを〉精製する (refine);《電算機で》処理する, 実行する. **8 a** 運営[経営, 管理]する (manage), 指揮[支配]する, 取り仕切る (conduct);〈スパイを〉雇う, 監督する: ~ a business [a hat shop] 事業[帽子屋]を経営する / ~ politics 政治に関係する[手を出す] / ~ a meeting 会を主催[開催, 運営]する / He is ~ by his wife. 女房の尻に敷かれている / ~ the SHOW. **b**〈実験・検査などを〉行なう, 実施する. **9** 冒す, …に身命をかける: ~ a RISK / ~ the chance of…をいちかばちかやってみる / ~ the danger of…という危険を冒す. **10 a**〈勘定などを〉累積させる, かさませる, ためる;〈熱を〉出す: ~ a fever [temperature] 熱を出す. **b**〈ある金額〉の費用をかけさせる: The bag *ran* (her) $50. そのバッグは

50ドルだった. **11**〈靴下を〉伝線させる; 〈線を〉引く; 〈柵を〉作る, 渡す, 〈線などを〉通す. **12** 新聞[雑誌]に載せる[発表する]; 〈本などを〉刷る, 印刷する: ~ an ad in the evening paper 夕刊に広告を出す. **13**〘玉突〙…回続けて得点する;〘ブリッジ〙〈ある組〉のカードでトリックを続けて取る;〘ゴルフ〙〈ボールを〉落下してからころがるように打つ, ランさせる;〘クリケット〙〈…点を〉得る, 得点する; 〈記録を〉伸ばす: ~ the record to six and four 記録を6勝4敗に伸ばす. **14** «俗» 警察に通報する[突き出す], «軍俗» 告発する.

● **~ about** 駆けまわる; 〈子供が〉自由に遊ぶ. **~ across**…急いで行く 〈*to*〉; …に偶然出会う; …を偶然見つける. **~ after**…のあとを追う, 追跡する, 追いまわす, «口» …の尻を追いまわす; …に熱中する, 夢中になる. **~ against**…と対立[衝突]する; …に偶然出会う, 不意にでくわす; …と競走する, 《選挙で》…に対抗する, …の不利になる. **~ ahead of**…をしのぐ. **~ along** [ᵁ*impv*] «古風» 立ち去る, 去る, 行く. **~ and do** «口» すぐに(行って)…する. **~ around**(…)走り[動き]まわる (cf. *vi* 9); …のまわりを走る; …をよけて走る, 迂回する; «口» 《恋人を次々に変えるなどして》遊びまわる; «口» つきあう, 〈妻[夫]以外の女[男]と〉関係する 〈*with*〉; «口» 〈妻[夫]に〉不貞をはたらく, 浮気する 〈*on*〉; ᴴ〈人を〉車で方々連れまわす; *次々にごまかす, たらい回しにする. **~ around after**… 〈人〉のためにあれこれ尽くす; …を追い[捜し]求める. **~ at**…に飛びかかる, 攻撃する. **~ at the nose** [**mouth**] はなみず[よだれ]をたらす. **~ away** 逃げ出す, 家出をする, 〈困難などから〉逃げる, 〈…を〉避ける 〈*from*〉; 駆け落ちする; 逃走[脱走]する; 〈馬が〉あばれて逃げ出す; 大きくリードする, 圧勝する. **~ away from**… 〈学童が〉〈学校〉から逃げ出す; 〈水兵が〉脱艦する; 〈主義など〉を捨てる; 〈ほかの競争者〉よりはるか前に出る. **~ away with**… (1)…を持ち逃げする, 盗む; …を連れて逃げる; …と駆け落ちする (elope with): ~ *away with* pearls 真珠を持ち逃げする. (2)〈馬・車などが〉…をつけて[乗せたまま]駆け出す; 〈感情などが人〉を駆りたてる: The drunken man let his car ~ *away with* him. 酔っぱらいは車を暴走させた / Don't let your feelings ~ *away with* you. 感情に駆られてはいけない. (3)…を使いつくす[切る]: The project will ~ *away with* a lot of the taxpayers' money. その計画には税金がずいぶん使われることだろう. (4) [ᴼ*neg*] 早合点して[思い違いして]〈ある考え・印象など〉をいだく: Do*n't* ~ *away with* the idea [notion, impression] that she loves you. 愛されていると思い込んではいけない. (5)…において圧倒的にまさる, 圧倒的にまさって〈賞など〉を得る; 〈演技など〉で他を圧倒する. **~ back** 〈家系などが〉さかのぼる 〈*to*〉;〘アメフト〙《キックオフのボールを受けて》〈ボールを〉持って敵のゴールの方へ走る; 〈フィルム・テープを〉巻き戻す; 〈株価が〉下がる. **~ back over**… 〈過去(の事)〉を振り返って見る. **~ before**…に追われて走る: ~ *before* the wind 〈船が〉順風をうけて走る. **~ behind**…の後ろを走る, 後れる: ~ *behind* one's expenses 費用が足りない. **~…by** sb (**again**) «口» 《意見を求めて》人に(再び)〈考えなど〉を話す[示す], …を(人に)もう一度言う, 説明しなおす. **~** [**rush**] sb (**clean**) **off** his **feet** [**legs**] 人を忙しく駆けずりまわらせる[立ち働かせる]: be ~ *off* one's *feet* とても忙しい. **~** sb **close** …とほぼ互角である, …にほぼ匹敵する. **~ down** (*vi*) (1) 走り下る; 走って[急いで]行く 〈*to*〉 (cf. *vi* 1a); 流れ落ちる; 〈土地が〉〈川などまで〉延びて[続いて]いる. (2)〈ぜんまいが解けて時計などが〉止まる, 〈電池などが〉切れる. (3)(都会から)田舎を(自動車で)訪れる. (4)〈数・規模が〉減少する; 元気がなくなる, 衰える. (*vt*) (5)〈人・獲物を〉追い詰める; 追跡して捕える[殺す], 捜し出す, 突きとめる;〘野〙〈走者を〉挟殺する. (6) 突き倒す, 〈自動車が人などを〉ひく, 〈船に〉衝突して沈める. (7)…の価値を下げる; 《放置するなどして》〈エンジンなど〉の力を失わせる, 徐々に止める, 〈電池などを〉使いはたす, 切らす, …の能率などを落とす; 〈人員などを〉削減する; [ᵁ*pass*] 〈人を〉衰弱させる, 〈健康を〉衰えさせる: ~ *down* a factory 工場の操業を減らす / look much ~ *down* ひどく参っている様子だ. (8)〈人・物・事を〉けなす, こきおろす: ~ one*self down* 自分のことを悪く言う. (9) さっと読み通す, 速読する; *«俗» 〈音楽作品〉のリハーサルをする, さらう, 〈詩を〉暗唱する; *«俗»…について詳しく話す[説明する]. (10) RUN it down. **~ for**…を呼びに行く; ⇨ *vi* 3b. **~ for it** «口» 急いで(危険から)逃げ出す (cf. *vi* 2). **~ full**〘海〙帆を十分にはらませて走る. **~** sb **hard** 《競走などで》人に追い迫る, 肉薄する; 人を窮迫させる. **~ in** (1) 駆け込む; 取っ組み合う, 肉薄する;〘ラグビー〙ボールを持ってゴールにはいる;〘空〙着陸[目標]地点に近づく. (2) «口» 〈人の家などに〉ちょっと立ち寄る 〈*to*〉. (3)〘印〙《追加として》はめ込む; 新段落にせずに組む, 追い込みにする (run on); «口» 〈候補者を〉当選させる. (4) 車で運ぶ[連れて行く]. (5)〈新しい機械を〉ならす, 〈車などを[が]〉ならし運転する[される]; 〈車などを〉《修理工場などに》急いで持ち込む 〈*for*〉. (6) «古» 《軽罪などで》拘留[逮捕]する (arrest). **~ in**… 〈借金〉をしょい込む. **~ into**… (1)…に駆け込む; 〈悪習・困難・負債など〉に陥る[らせる]; 〈ある数・量〉に達する, 至る: ~ *into* five editions 5版を重ねる. (2)…に続く; …に合体する, …と合併する, …に混ざる; …に偶然に会う, ぱったり出会う; …と衝突する[させる]; 〈鋭いものが[を]〉突き刺される[通す] (cf. *vt* 1b). **~ in with**…〘海〙〈海岸・他船〉に近接して航行する. **~ it** 話す, しゃべる. **~ it by** (sb) **again** ⇨ RUN…by sb again. **~ it down** *«俗» 説明する, すっかりわけを話す, 本当のことを言う. **~ it** FINE¹. **~ it in the hole** いつも同じことを繰り返ししゃべる. **~ it out** *«俗» いやがられるくらい同じ話をする. **~ off** (*vi*) (1) 逃げる, 逃げ去る (cf. *vi* 2). (2) 流出する; 〈流れが〉干上がる; «カナダ» 〈雪・氷などが〉解ける; *«口» 下痢になる, くだる. (3)〈車・列車が〉〈道・線路〉から飛び出す, 脱線する; 〈話が〉脱線する. (*vt*) (1)〈詩などを〉すらすらと暗誦[朗読]する; 〈文章・詩・楽曲などを〉すらすらと作り上げる. (2) 印刷機[複写機など]で〈コピーなどを〉作り出す. (3)〈競走・試合などを〉決着がつくまで遂行させる; 〈競技など〉の勝敗を同点者決勝試合によって決める. (4) 実施する, 実行する, 遂行する. (5)〈液体を〉排出する, 流出させる. (6)〈不法侵入者などを〉追い出す, 追い払う; 〈家畜などを〉追い出したうえで盗む. (7) 走ることによって〈過剰体重を〉追放する, 〈エネルギーを〉発散する. **~ off at the mouth** *«口» ペラペラしゃべる (shoot off one's mouth). **~ off in all directions** 〈人が〉ばらばらにやり出す, まとまりに欠く. **~ off with**…を持ち逃げする (steal); …と駆け落ちする. **~ on** (1) 走りつづける; 〈文字が[を]〉続け書きとなる[にする], 〈書体が〉草書になる. (2)〈病勢などが〉進行する; 〈時が〉(速やかに)経過する. (3)〈話などが〉切れ目なく続く, 長引く; 続けざまに[ペチャクチャ]しゃべる. (4)〘印〙行[段落]を切らずに組む, 追い込む. **~ on**… (1)〈話・思考などが〉…を問題にする, …に関する, 〈心などが〉…にとらわれる: The boy's mind continually *ran on* his dead mother. (2)〈車などが〉…を燃料とする, …で走る. **~ on empty** [しばしば -ing 形で] 資力[方策]が尽きる[尽きそうになる], 金詰まりになる; 力を失う, 力不足である《empty は燃料計の「ゼロ」の意》. **~ out** (1) 走り出す; [~ *-self*] 走って疲れはてる (cf. *vt* 1a). (2) 流れ出る; 〈潮が〉ひく; 〈時計など〉ねじが切れて止まる; 尽きる, 終わる, 〈時間が〉なくなる 〈*for* sb [sth]〉; 終える; 〈インクが〉なくなる, 切れる; 〈契約などが〉満期となる, 切れる. (3) 突出する; 〈銃砲を〉前へ出す;〘海〙〈索が〉繰り出される, 〈索を〉繰り出す. (4)〈雑草などが〉はびこる. (5) 突発する. (6) 計算[合計]する. (7)〘印〙(字間をあけて)広く組む, 〈段落の1行目を〉行頭を突き出して組む. (8)〘野〙〈フライ・ゴロなどを〉打って一塁へ全力疾走する;〘クリケット〙〈打者を〉アウトにする, 〈打者が〉ボールを打ちに出る;〘競技〙〈競走・競技〉の勝負をつける; 追い払う, 追放する 〈*of*〉. **~ out at**… «口» 〈費用などが〉…に達する. **~ out of**…を使いはたす, 〈品物〉を切らす. **~ out on**… «口» …を見捨てる (desert); 〈約束〉に背く, …を破る; …から逃げる. **~ over** (…) (1) 急いで行く, ちょっと立ち寄る 〈*to*〉 (cf. *vi* 1a); …を運んでいく 〈*to*〉. (2)…にざっと目を通す; 復習する, 繰り返す; 〈決定・経験など〉についてよく考える, 検討する; (再度)説明する, 概説する. (3)〈車が人などを〉ひく《★ over は *adv* に扱われることもある》: ~ *over* him = ~ him *over*. (4)〈液体・容器が〉あふれる; はみだす; 時間的に超過する, 長引く. **~ over with**… 〈人が〉〈喜び・元気・アイディアなど〉で満ちみちている. **~…past** sb (**again**) = RUN…by sb (again). **~ through**(…) (1) (…を)走り[さっと通り]抜ける, 貫通[貫流]する; 〈考えなどが〉…をさっとよぎる (cf. *vi* 1d); …に行き渡る, 広がる. (2)…にざっと目を通す, …を急いで調べる; …を要約する; 通読する, 〈劇〉を通しで練習する《★ この through は *adv* に扱われることもある》: ~ *through* the last scene [it] = ~ the last scene [it] *through*. (3)〈財産など〉を濫費する, たちまち使いつくす; …を経験[遂行]する. **~…through**(…) (1) (…を)さっと通り抜けさせる; 〈櫛・指・剣などを〉〈髪・体など〉に通す; 〈ペン・線など〉で〈字〉を消す; 〈案・書類などを〉〈委員会・部署など〉に通す: ~ a sword *through* sb's body / ~ a pen [line] *through* a word (ペンで)線を引いて語を消す. (2) «文» 〈剣などで〉〈相手を〉突き通す[刺す] 〈*with*〉: ~ sb *through* (the body) *with* a sword 人(の体)に剣を突き刺す. (3)〈フィルム・テープなどを〉機械にかける. (4)〈人〉に〈劇・場面など〉を通しで練習させる. (5)…に(…を)経験させる[教える]. **~ to**… (1) 走って…に行く, …にたよる (cf. *vi* 1a); 〈数量などが〉…に達する, 及ぶ; …を含む; 〈破滅など〉に陥る: ~ *to* arms ⇨ ARM² *n* 1b. (2) ᴴ[ᵁ*neg*] 〈人が支出[購買]〉の資力がある: We ca*n't* [Our funds wo*n't*] ~ *to* a tour round Europe. ヨーロッパ一周旅行をするだけの金がない. (3)〈人・趣味などが〉…に向かう傾向がある: His taste ~*s to* sweeter wine. 彼は甘めのワインが好みだ. **~ to** EARTH [GROUND¹]. **~ to** FAT. **~ together** 混合する, 結合する, 混ぜる, 混ざる. **~ to meet** one**'s** TROUBLE**s**. **~** a simile **too far** 比喩を極端に用いる, うがちすぎたことを言う. **~ up** (1) 走り上る; 走り寄る 〈*to*〉 (cf. *vi* 1a);〘スポ〙跳躍開始地点[投手線]まで走り寄る, 助走する: ~ *up to* town 急いで上京する. (2) 速やかに生長[成長]する 〈*to*〉; 〈価格などが[を]〉高騰する[させる]; 〈数量が〉達する 〈*to*〉; 〈出費・借金などが[を]〉急にかさむ[増やす, ためる]; こつこつやって築く, 蓄積して…を達成する; 競売で〈相手〉に競り上げさせる; 〈飛行機のエンジン〉の回転数を上げてみる. (3)〈旗などを〉するすると揚げる; 〈家などを〉急いで建てる, 急造する; 急いで縫う; 〈数字を〉急いで加える; 急いで…する. (4) 最後の競走で負ける. **~ up against**…に衝突する, 〈困難など〉にぶつかる; 〈人〉にでくわす. **~ upon**… (1)…に不意に出会う. (2) RUN on…. (3)〈船が〉…に乗り上げる. **~ with**… (1)〈アイディアなどを〉(採用して)進める, 発展させる; 〈事〉を熱意[スピード]をもって実行する, どんどん[ばりばり]やる《アメリカンフットボールの用語から》. (2)〈人〉と仲間[友だち]である, …とつきあう.

► *n* **1 a** 走ること, 走り; 疾走; 逃走; 競走, レース; 競馬; 短い旅行 (trip); はせ参じること; 《車などに》乗って行くこと; 《銀行の》取り付け 〈*on* a bank〉; 《弱い通貨などの》売り投機: give a good ~ 十分に走らせる / have a good ~ 十分[存分]に走る / take a ~ *to* town ちょっと町まで行ってくる / BEER RUN / MILK RUN / a ~ *on* the Continent 急ぎの大陸旅行. **b** 走行距離, 行程; 走行時間; 運行経路, 路線: a ship on the New York ~ ニューヨーク行きの船. **c**〘空〙滑走;〘軍〙《爆撃目標へ向かう》直線飛行: a landing ~ 着陸滑走. **d** 走力, 逃げる力: There is no more ～ left in him. 彼にはもう走る力がない. **e** 継続的努力: make a ～ at…を目指してがんばる. **f**〘ゴルフ〙ボールが地面に落ちてからころがる距離, ラン. **2 a** 方向, 走向; 鉱脈(の方向); 《石などの》肌目(きめ): the ～ *of* a mountain range 山脈の走る方向. **b** 趨勢(すうせい), 気配, 成り行き 〈*of*〉; 進行: the ～ *of* events 事の成り行き, 形勢. **3 a** 流れる[流す]こと, 流出; 流量, 流出時間; [the ～s; 〈*sg/pl*〉] 《口》 下痢. **b** 流れ; *小川, 細流; 水路; 水管, 樋(とい). **c**〘楽〙音階による急速なパッセージ; 一連の急速なダンスステップ. **4** 操業(時間), 運転(時間); 作業(高), 仕事量;〘電算〙《プログラムの》実行, ラン. **5 a** 引き続き, うち続くこと (spell); ひと続き(のもの); 流行(期間): LONG RUN / a (long) ～ *of* office (長い)在職期間 / a ～ *of* wet weather 雨天続き / have a ～ *of* bad luck 不運続きである, 不運が重なる / a good [an ill] ～ at play 勝負の勝ち[負け]続け / a ～ on the red〘トランプ〙赤の出続け / a ～ of zeros 《データの》ゼロの連続, ひと続きのゼロ. **b** 大需要, 注文殺到, 大売れ 〈*on*〉: have a good [great] ～ 大流行する, 非常な人気をとる. **6** 《特に産卵期の魚が》川をさかのぼること, 遡河(そか), 遡上, 移行; 移行魚群 〈*of*〉; 移動する動物の群れ. **7** 《靴下の》伝線, ラン (ladder") 〈*in*〉; 《塗料・インクなどの》流れ, にじみ, はみだし, 《ペンキの》だれ. **8** 種類, 階級; (世間[人])並み: the common [ordinary, general] ～ *of* men [things] 普通の人間[もの, こと] / the ～ *of* the mill [mine] ⇨ 成句. **9 a** 《記者の》受持ち区域; 《動物の》通り道; 傾斜路; 《スキーなどのための》斜面, スロープ, ゲレンデ, コース; ニワシドリ (bowerbird) の雄の作る建造物[あずまや] (bower). **b** 《豪》 放牧場[地], 大牧場; 《家畜・家禽の》飼養[飼育]場; 密輸品の荷揚げ場. **c**〘海〙船尾(尖)端部. **d**〘建〙敷桁(しきげた)から建物の中央線までの水平距離; 階段の蹴込み板から次の蹴込み板までの水平距離; 階段の踊り場までの一登りの区間の水平距離. **10** 出入り[使用]の自由: have the ～ *of* the house 《人の》家に自由に出入りを許される / give sb the ～ *of* one's books 人に自由に蔵書を利用させる / He's got the ～ *of* things. 物事の扱いを心得ている. **11**〘球技〙得点, 1 点;〘アメフト〙バックスがボールをもって前進すること, ラン;〘玉突〙連続得点: make a ～〘野・クリケットなど〙1 点入れる / a three-～ homer 3 点本塁打 / ～-scoring 得点に結びつく, 打点になる / a ～ batted in〘野〙打点 / a 25-yard ～〘アメフト〙25 ヤードラン. **12** *《俗》密輸.

● **a clear** ～ 独走(状態). **against the** ～ **of play** 不利な流れにもかかわらず《試合に勝つ, など》. **a (good)** ～ **for sb's money** 接戦, 熱戦, 競り合い, いい勝負; 満足感, 喜び, 《出費・努力に報いる》かい: give sb *a (good)* ～ *for his money* 人に満足感[喜び]を与える; 人と接戦を演じる, …と激しく競り合う, …に激戦[苦戦]を強いる / have [get] *a (good [great, long])* ～ *for* one's *money* 長い間安楽に暮らす[幸運に恵まれる]. **at a [the]** ～ 駆け足で. **by the** ～ 急速に, どっと;〘海〙抑制しないで, どんどん. **get the** ～ **upon**… *…をなぶる, ひやかす. **Go and have a** ～**!** 《俗》 とっととうせろ. **have the** ～ **of** one's **teeth** 《通例 勤労・奉仕の報酬として》無料で食事ができる. **in [over] the long** ～ 長い目で見れば, 結局は (in the end). **in the short** ～ 短期的観点からは, 目先(だけ)の計算では; ひと口に言えば. **keep the** ～ **of**… *…と肩を並べていく, …におくれをとらない. **let sb have** his ～ 人に自由に与える. **make a** ～ **for it** 急いで逃げる. **on the [a] dead** ～ 全速力で; 駆けまわって, 奔走して, 多忙で. **on the** ～ 急いで; 敗走して; 警察の目からのがれて, 追われて, 逃走中で; 追い詰められて; 駆けずりまわって, 奔走して; *《口》 移動中に, あわただしく. **pile on** ～**s**〘クリケット〙速やかに得点を重ねる. **take a** ～ **at** sb 《口》《つかまえようと, または勧誘しようと》人に近づく, 襲う. **the** ～ **of the mill [mine]** 並みの製品. **with a** ～ にわかに, 全部いっぺんに, どっと: come down *with a* ～ 〈人・建物など〉どっと倒れる; 〈物価・気温など〉急に下がる.

► *a* **1** 溶けた〈バターなど〉, 溶解した; 鋳造された; しぼり取った. **2** 密輸入した. **3** 〈魚が〉海からさかのぼったばかりの, 遡河(そか)後の. **4** 走って息切れした[ぜいぜいした]. **5** [*compd*] …経営[運営]の: a state-～ university 州立大学.

[OE *rinnan*; cf. G *rinnen*; -*u*- は pp, past pl からの類推]

rún·abòut *n* **1** あちこち移動[うろつく]人, 走りまわる人[子供]; 浮浪者. **2** 小型無蓋馬車, 小型の車[オープンカー, モーターボート, 飛行機]. **3** 《スポーツの》トレーニング.

run·a·gate /rʌ́nəgèɪt/ 《古》 *n* 脱走者, 逃亡者; 浮浪人; 背教者, 変節者.

rún-and-gún *n, a*〘バスケ〙速攻(の).

rún-and-shóot *n, a*〘アメフト〙ランアンドシュート(の)《パスを多用する攻撃の型》.

rún·aròund *n* **1** 《口》 言いのがれ, はぐらかし, その場しのぎ, 回避, ごまかし: give sb the ～ 人をごまかす[はぐらかす]; 夫[妻, 恋人]をだます / get the ～ ごまかされる; 夫[妻, 恋人]にだまされる. **2**〘印〙さしえなどを囲んで幅狭く活字を組むこと. **3** 小型車, ミニカー (runabout).

rún·awày *n* **1 a** 逃亡者, 脱走者, 家出人, 出奔者; 放れ馬; 暴走車. **b** 逃亡, 逃走, 脱走, 駆け落ち (eloping). **2** 楽勝, 圧勝. ► *a* **1 a** 逃亡[脱走, 暴走, 出奔]した; 駆け落ちの; 税金や労働協約などの規則をのがれるために場所を変えた〈会社など〉: a ～ horse 放れ馬 / a ～ marriage [match] 駆け落ち結婚 / a ～ ring [knock] ベルを押して[戸をたたいて]逃げ去るいたずら. **b** 制御[押え]がきかなくなった, 手に負えない; 〈物価などが〉急に上がる, 〈赤字などが〉どんどん増える: a ～ inflation [debt] 天井知らずのインフレ[借金]. **2** 〈競走など〉楽勝した, 〈勝利など〉圧倒的な; 大成功の: a ～ victory 圧勝 / a ～ best-seller 大ベストセラー.

rún-awày-róbin *n* GROUND IVY.

rúnaway stár〘天〙逃亡星《連星の一方が爆発して超新星になるとき, 高速でまっすぐ飛び去るもう一方の星》.

rún·bàck *n* ランバック《**1**)〘テニス〙コートの base line 後方のスペース **2**)〘アメフト〙敵のキックしたボールまたはパスを奪って走ること, また これによってゲインした距離》.

runch /rʌ́ntʃ/ *n*〘植〙WHITE CHARLOCK.

rún·ci·ble spóon /rʌ́nsəb(ə)l-/ 三叉スプーン《外側の一方に刃がついているフォーク状のスプーン; ピクルス・オードブル用》. [Edward Lear の造語 (1889)]

Run·cie /rʌ́nsi/ ランシー **Robert (Alexander Kennedy)** ～, Baron ～ of Cuddesdon (1921–2000)《Canterbury 大主教 (1980–91)》.

run·ci·nate /rʌ́nsənət, -nèɪt/ *a*〘植〙〈タンポポの葉など〉逆向き羽状分裂の.

run·dale /rʌ́ndèɪl/ *n* 各小作人[地主]に離ればなれの土地を配分したアイルランド[スコットランド]の土地配分法.

Run·di /rú:ndi/ *n* **a** (*pl* ～, ～**s**) ルンディ族《ブルンジに住むバントゥー族》. **b** ルンディ語 (KIRUNDI).

run·dle[1] /rʌ́nd(ə)l/ *n* はしごの横木 (rung); 軸で回転するもの, 車輪 (wheel); 《巻揚げ機の》鼓胴; ちょうちん歯車のピン. [ME＝circle; ⇨ ROUNDEL]

run·dle[2] /rʌ́n(ə)l, rʌ́n(ə)l/ *n* 《方》 RUNNEL.

rund·let /rʌ́n(d)lət/ *n* 小樽 (keg); ランドレット《昔の液量単位:〘英〙＝15 gallons,〘米〙＝18 gallons》.

rún·dòwn *n* **1** 一項目ごとの検査[分析, 報告], 概要(の説明): get [give sb] a ～ *on*…について説明をうける[人に説明する]. **2** 衰退, 減少, 縮小; 《動力源が切れた機械の》停止. **3**〘野〙《走者の》挟殺. **4** *《俗》《競馬の》出馬表《出走馬と賭けのオッズが記載されている》.

rún-dówn *a* 健康を害した, 疲れた, 病気の; 〈時計など〉ぜんまいが解けた, 止まった; 荒廃した, くずれかかった, くたびれた〈家具・建物など〉; 不況の〈産業など〉.

Rund·stedt /rún(t)ʃtèt/ ルントシュテット **(Karl Rudolf) Gerd von** ～ (1875–1953)《ドイツの陸軍元帥; 西部戦線総司令官 (1942–45)》.

rune /rú:n/ *n* **1** ルーン文字《北欧古代文字, 古代ゲルマン人の文字》; 神秘的な記号[文字]. **2** フィンランドの詩歌, スカンディナヴィアの古詩; 《詩》 (神秘的な)詩歌. [OE *rūn*＜ON＝secret, magic signs]

Ru·ne·berg /rú:nəbə̀:rg, -bèri/ ルーネベリ **Johan Ludwig** ～ (1804–77)《フィンランドの国民詩人; スウェーデン語で執筆; 'Vårt Land' (われらの国) は同国の国歌となった》.

runed /rú:nd/ *a* ルーン文字を刻んだ.

rúne·stàff *n* ルーン文字の刻まれた魔法の杖; ルーン文字の刻まれた暦 (clog almanac).

rún-flàt" *n* ランフラット《パンクしても走行可能なタイヤ》.

rung[1] *v* RING[1,2] の過去・過去分詞.

rung[2] /rʌ́ŋ/ *n* **1** 《はしごの, 足をかける》横木; 《社会的な》段階: start at the bottom ～ 最低の地位から出発する / the lowest [topmost] ～ of Fortune's ladder 悲運のどん底[幸運の絶頂]. **2** 《椅子の脚間の》貫(ぬき), 桟, (背の)横木; 《車輪・舵輪の》輻(や) (spoke); 《スコ》 棍棒 (cudgel). ◆ **～ed** *a* **～·less** *a* [OE *hrung* crossbar]

ru·nic /rú:nɪk/ *a* ルーン文字 (rune) の; 古代北欧風の〈詩・装飾など〉; 古代北欧人の; 神秘的な. ► *n* ルーン文字の碑文;〘印〙ルーニック《幅の狭い装飾的な肉太活字》.

rún·ìn *n* **1** 《口》 口論 (quarrel), いさかい, けんか, 衝突: have a ～ with sb 人とやり合う. **2**〘印〙《原稿・組版への》追加事項;〘印〙追い込み; "追い上げ, 追い込み, 最終局面; 《口》 逮捕;〘ラグビー〙ランイン《goal line 内に走り込んでボールを地につける》; 《俗》《盗品の》隠し場所. **3** 前段階, 導入部; 《機械の》ならし運転. ► *a*〘印〙追加の, 追い込みの.

rún-in gróove LEAD-IN GROOVE.

Run·jeet Singh /rʌ́ndʒət síŋ/ RANJIT SINGH.

run·kle /rʌ́ŋk(ə)l/ *n* 《スコ》 しわ.

rún-léngth *a*〘電算〙ランレングスの《白黒画像について, 白または黒が連続するとき, その個数に置き換える方式で符号化したデータ》: ～ encoding / ～ data.

rún·less *a*〘野〙得点のない, 無得点の.

rún·let[1] *n* 小さな流れ, 小川 (rivulet).

runlet[2] *n* RUNDLET.

rún·na·ble *a* 狩りに適した〈鹿〉.

run·nel /rʌ́n(ə)l/ *n* 細流; 小さい水路. [ME *rinel*＜OE *rynel*; ⇨ RUN]

run·ner /rʌ́nər/ *n* **1 a** 走る人; 競走者, ランナー;〘野〙ランナー, 走者 (base runner);〘アメフト〙ボールを持って走るプレーヤー (ballcarrier). **b** 走り使い, 小使, 《銀行・仲買業者の》使い走り, 注文取り, 外交員, 使者, 飛脚; 集金人; "《口》 (就職)志願者;〘英史〙巡査. **c** 逃走者; 密輸業者 (smuggler); 《麻薬などの》密売人, 売人; 密輸船. **2 a** よく走る馬, 乗用馬, 競走馬;〘魚〙動きの速い大型のアジ科の魚;〘鳥〙よく走る鳥, 《特に》クイナ. **b** ‖《口》走行できる状態の車両. **3** 《機械の》運転者, 機関手. **4 a** 《そり・スケートなどの》滑走部; 揺り子 (rocker); 《ひきうすの》回転石; 動滑車; 《カーテンのレールに取り付ける》ランナー; 《タービンの》羽根車; こうもりがさの輪金. **b** 《物をすべらせる》レール, 溝; 《機械の》ころ (roller); 〔海〕《動滑車の》滑走索; 〔冶〕湯道(ゆみち) 《溶けた金属の流れる通路》. **5** 〔植〕匍匐枝(ほふくし), 走出枝, ランナー; 匍匐枝を出す植物 《オランダイチゴなど》; つる植物; RUNNER BEAN. **6** 《靴下の》伝線 (run); ランナー 《細長いテーブル掛け, 細長いじゅうたんなど》. **7** ランニングシューズ (running shoe). **8 a** ローラータオル; 《計算尺の》動尺. **b** 〔登山〕《RUNNING BELAY で》中間支点をとってクライマー同士をつないだロープ. **9** ‖《俗》逃走: do a ～ 逃走する, さっさと去る, 食い逃げする. **10** 〔バスケ〕ランニングシュート. **11** ‖《口》賛同を得る[いい]アイディア.

rúnner bèan ‖〔植〕ベニバナインゲン (scarlet runner).

rúnner fòot 〔家具〕ランナーフット (＝*bar foot*) 《椅子の前脚と後脚を結ぶ横木の付いた脚》.

rúnner's hígh ランナーズハイ 《長時間のランニングなどの有酸素運動で経験される陶酔状態; 血液中の β エンドルフィン (endorphin) の増加と関連があるとされる》.

rúnner's knée 〔医〕CHONDROMALACIA.

rúnner-úp *n* (*pl* **rúnners-úp**, **～s**) 《競技・競走の》次点者[チーム], 第二着の者[チーム]; 入賞者, 入選者 《2 位に限らない》; 競売で値を競り上げる人: the first ～ 2 位入賞者.

run·ning /rʌ́nɪŋ/ *a* **1 a** 走る; 競走[競馬]用の; 走りながらの; 〔アメフト〕《パスよりもむしろ》走ってボールを進める. **b** 〔植〕はい登る (creeping), よじのぼる. **2** 大急ぎの, ざっとした. **3 a** 円滑に動く[進む], すべる; 〈綱など〉引けば動く. **b** 流れる, 流動する, どろどろの; 〈はれものなど〉うみの出る. **4 a** 引き続く, 続けざまの; 連続の, 繰り返す: a ～ joke [gag] はやりのジョーク[ギャグ]. **b** 続け書きの; 草書体の. **5 a** 現在の, 現行の〈価格など〉; 同時に行なわれる; 〈機械など〉動いている, 運転中の: a ～ total 現在高, 累計. **b** 運行の; 〈金が〉運転に必要な. **6** まっすぐ測った, 直線の. ► *n* **1 a** 走ること, ランニング, 競走, 〔野〕走塁; 走力; 走路の状態, 走りぐあい. **b** 《競技・コンテストなどへの》参加, 《選挙への》出馬. **2** 流出物, 流出量; 出膿(しゅつのう). **3** 経営, 運転.
● FORCE[1] **the ～**. **in** [**out of**] **the ～** 競走に加わって[不参加で]; 勝ち目があって[なくて]. **make** [**take up**] **the ～** 〈馬が〉先頭を走る; ‖《口》先頭に立つ, リードする. ► *adv* 連続して, 続けざまに, たてつづけに: It rained five hours ～. 5 時間ぶっ続けに雨が降った.

rúnning accòunt 〔商〕継続勘定, 交互計算 (＝*current account*).

rúnning bàck 〔アメフト〕ランニングバック 《ボールキャリアーとなるオフェンシブバック; 走りのスペシャリストで, ハーフバックとフルバックのこと; 略 rb, RB》.

rúnning báttle RUNNING FIGHT.

rúnning beláy 〔登山〕ランニングビレイ 《登攀中に墜落しても落下距離が短くてすむように, トップとそのパートナーとの間にハーケンなどで中間支点を設け, そこにロープをカラビナなどを用いて設置して行なう確保, また そのロープ》.

rúnning bòard 《昔の自動車などの》ステップ, 踏板.

rúnning bówline なわもやい結び 《引けば締まる輪縄の一種》.

rúnning bówsprit 〔海〕ランニングバウスプリット 《船首帆を下ろした時に艇内に取り込めるようになっている》.

rúnning cómmentary 実況解説; 《スポーツ番組などの》実況放送.

rúnning còsts *pl* 運営費, 運転資金.

rúnning dòg [*derog*] 走狗, 手先. [Chin 走狗]

rúnning Énglish 〔玉突〕ランニングイングリッシュ, 順ひねり 《クッションまたは的球にあたったあと, 手球が失速せず, またはね返る角度が広くなるように加えられたひねり; cf. REVERSE ENGLISH》.

rúnning fíght 追撃戦, 移動戦.

rúnning fíre 《横列の兵などの》すばやい連続射撃; 《批評・質問などの》連発.

rúnning gèar 〔機〕《自動車などの》駆動装置; ランニングギア 《自動車のシャシーの一部で, 動力の発生・伝達・制御に使われない部分》; 〔海〕動索 《帆をあやつるロープ》.

rúnning hánd 筆記体; 草書体.

rúnning héad [**héadline**] 《本の各ページ上部の》欄外見出し, はしら.

rúnning júmp 走り(幅)跳び. ● (**go and**) **take a ～** (**at yourself**) [°*impv*] 《口》行ってしまえ, 消えてなくなれ, くたばっちまえ 《怒り・いらだちを表わす》.

rúnning knót 引けば締まるようにした結び方 《running noose をつくるのに用いる》.

rúnning lìght 〔海〕航海灯 《右舷に緑, 左舷に赤; 日没から日の出までつける灯火》; 〔空〕夜間航行灯; 《自動車の》走行用ライト.

rúnning mártingale 遊動式マーチンゲール 《馬の胸で二つに分かれ, その端の輪に左右の手綱を通す》.

rúnning màte 〔競馬〕《出走馬の歩調を整えるために》いっしょに走らせる同じ厩舎(きゅうしゃ)の馬; *《選挙で》副…候補, 《特に》副大統領候補者; 仲間, 親しい人, 同伴者.

rúnning nóose 引けば締まるようにした輪縄.

rúnning òrder 正常に運転[作動]できる状態; 《会議・番組などの》進行順序.

rúnning párt 《テークル (tackle) 索の》可動部; 《テレビ・ラジオの続きものの》いくつか[すべて]のエピソードに登場する役.

rúnning póstman 〔植〕CORAL PEA.

rúnning repáirs *pl* 《機械の運転を止めずにできる》簡単な[応急]修理.

rúnning rhýthm 〔韻〕諧調律 《1 つの強勢音節と 1 つないし 2 つの非強勢音節からなる詩脚の連続する普通の英詩韻律; sprung rhythm に対して普通の韻律をいう; common rhythm ともいう》.

rúnning rìgging 〔海〕動索 《固定しないすべての索》.

rúnning ròpe 動索 《滑車などで動く綱》.

rúnning shèd ‖円形機関車庫.

rúnning shòe ランニングシューズ. ● **give** sb his **～s** *《俗》人との関係を断つ, 解雇する, 首にする.

rúnning sóre 膿(うみ)の出るはれもの; 長引くトラブル, 尾を引く問題.

rúnning stárt 〔競技〕《三段跳びなどの》助走スタート (flying start); 《事業などの》開始当初の好条件. ● **get off to a ～** さい先のよいスタートを切る.

rúnning stìtch 〔洋裁〕ランニングステッチ 《裏表同じ針目を出す》.

rúnning tìme 《映画の》上映時間.

rúnning títle RUNNING HEAD.

rúnning-úp *a* 増えつづける, かさむ: ～ costs [debts].

rúnning wáter 流水; 水道水; 上水道, 水道設備: install ～ 水道をひく.

rún·ny *a* 〈卵・バターなどが〉とろけるような, とろとろの; 粘液を分泌する, はなみずを出す: a ～ egg 半熟卵 / a ～ nose. ♦ **rún·ni·ness** *n*

Run·ny·mede /rʌ́nimìːd/ ラニミード 《London の南西 Thames 川南岸の草原; 1215 年 John 王が Magna Carta に調印したという地》.

rún·òff *n* **1** 《同点者などの》決勝戦; 決選投票. **2** 《地中に吸収されずに地表を流れる》流去水, 表面流去; 《液体の》あふれ出し; 製造過程で取り除かれる不良品. **3** 《NZ》《若い動物を飼う》囲い地.

rúnoff prìmary 〔米政治〕決選投票 《最高得票者二人のどちらが党指名候補になるかを決める》.

rún-of-míll *a* RUN-OF-THE-MILL.

rún-of-páper *a* 掲載位置新聞編集者一任の〈広告など〉.

rún-of-the-míll *a* 普通の, 並の, ありふれた, ありきたりの.

rún-of-(the-)míne *a* RUN-OF-THE-MILL; 粗鉱の, 選別されていない〈石炭など〉.

rún-of-the-ríver *a* 《貯水池なしで》流水を利用する〈水力発電所〉.

rún-òn *a* 〔詩学〕句またがりの 《意味または構文上行末に休止がなく次行に続く; opp. *end-stopped*》; 〔印〕《改行せず》追い込みの; 〔印〕追加の. ► *n* 〔印〕追い込み[追加]事項; 《辞書の》追い込み(見出し)語 (＝**～ éntry**); RUN-ON SENTENCE.

rún-on séntence* 無終止文 《2 つ以上の主節を接続詞を用いずにコンマで続けた文》.

rún·òut *n* 〔クリケット〕アウト; 〔スポ〕《シーズン初め・負傷明けなどの》調整練習[試合, 出場]; 逃亡, 逃走; 消滅, 《使って》尽きること; 曲面が他の面と合わさること[ところ]; 〔機〕振れ 《ドリル・輪などの回転面における基準回転面からのずれ》; 〔登山〕一行程の登攀(に必要な長さのロープ); ランナウト 《1) レコード盤の録音帯とレーベルとの間の無音の環状部 2) その部分に切られた溝, 導出溝 (＝**～ gròove**)》.

rúnout pówder [通例 次の成句で]: **take a ～** *《俗》逃げる, ずらかる (take a powder).

rún·òver *n* 〔印〕《次ページなどへの》送り(分).

rún-òver *a* 〔印〕スペースをはみだした, 送りの; 〈ヒールが〉片側が減った.

rún·pròof *a* 〈靴下が〉伝線しない; 〈染めが〉散らない, にじまない, にじみ防止の.

run·rig /rʌ́nrɪ̀g/ *n* 《スコ・アイル》RUNDALE.

rún shéep rún 羊よ走れ 《隠れん坊に似た子供の遊び; 二組に分かれ, 隠れる側のリーダーは基地に残って仲間にサインで警告する》.

runt /rʌ́nt/ *n* **1 a** 《同一種中の》小型の動物, 《特に ひと腹中の》いちばん小さい豚; 小牛 《ウェールズ種》. **b** [*derog*] ちび, ちんちくりん《人》; *《俗》できそこない, やなやつ. **2** [°R-] ラント種(の家鳩) 《もと 食用》. **3** 《スコ》硬くなった幹[茎]. ♦ **rúnt·ish** *a* ちびの (runty), いじけた (stunted). **rúnty** *a* 小さい, ちびの. **rúnt·i·ness** *n* [C16<?]

rún-thròugh *n* ざっと読むこと, 通読; ざっと急いでまとめること, かいつまむこと, 要約; 通し稽古, リハーサル.

rún tìme 〔電算〕実行時間 《プログラムの実行に要する時間》; 実行時 《プログラムが実行されている時間》; ランタイム(版[バージョン]) 《プログラム実行時に必要な機能に限ったシステムツールなどの版》.

rún-ùp *n* **1** *急騰, 急増; *《口》《株価の》上昇. **2** 〔スポ〕助走(距離); 《サッカー・ポロで》ゴールに向かってボールを送ること; 《ゴルフで》グリーンへボールを上げること; [the] 直前[目前]の時期, 大詰め[追い込み]の段階 〈*to*〉.

rún·wày *n* 走路; 滑走路; 滑走台; 助走路; 動物の通路; けもの道; 川筋, 河床; *《劇場の》花道, 《ファッションショーなどの》ステージ; 《木材をすべらせて落とす》斜路; 《窓枠の》すべり溝; 《クレーンの》走り道,ランウェー;〘ボウル〙ボールが戻る道;《家畜の》囲い場 (run).
Run·yon /rʌ́njən/ ラニヤン (**Alfred**) **Damon** ～ (1884-1946)《米国のジャーナリスト・短篇作家; Times Square を舞台にし, 地区の俗語で書かれた *Guys and Dolls* (1931) など》. ♦ **Rùnyon·ésque** *a*
ru·pee /rupíː, *rúːpìː/ *n* ルピー《通貨単位: =100 paise (インド), =100 cents (スリランカ, モーリシャス, セーシェル), =100 paisa (パキスタン, ネパール), =100 laris (旧モルジヴ); 記号 R》. [Hind<Skt=wrought silver]
Ru·pert /rúːpərt/ **1** ルーパート《男子名》. **2** [Prince] ルーパート王子 (1619-82)《イングランド王 James 1 世の孫, Charles 1 世の甥; ピューリタン革命で国王派を指揮》. [⇨ ROBERT]
Rúpert Béar 熊のルーパート《英国の新聞漫画・テレビの主人公の子熊; 赤いジャンパーに黄色いチェックのズボンとスカーフを身に着けている; 生みの親は Mary Tourtel (1874-1948)》.
Rúpert's dróp [ᵘ*pl*] ルーパート王子の滴, 'なみだガラス'《溶融ガラスの滴を水に落として急冷して作った尾を引いた球状の小さなガラス; 残留応力 (residual stress) があるのでこのもの自体はなかなかこわれないが, 表面をひっかいたり尾を少しこわすと一度に全体が激しく破壊する》. [Prince *Rupert* が初めて英国にもたらした]
Rúpert's Lánd PRINCE RUPERT'S LAND.
ru·pes·trine /rupéstrən/ *a* RUPICOLOUS.
ru·pi·ah /rupíːə/ *n* (*pl* ～, ～**s**) ルピア《インドネシアの通貨単位: =100 sen; 記号 Rp》.
ru·pic·o·lous /rupíkələs/, **-line** /-làɪn/ *a*〘生〙岩場に生息する. [L *rupes* rock, *-colous*]
rup·ture /rʌ́ptʃər/ *n* **1** 破裂, 破断, 破壊;〘医〙破裂, 断裂;〘医〙ヘルニア (hernia). **2** 決裂, 断絶; 仲たがい, 不和 ‹*between, with*›: come to a ～ ‹交渉が›決裂する. ► *vt* 破る, 裂く, 破裂させる; 断絶[決裂]させる, 仲たがいさせる, 不和にする;〘医〙…にヘルニアを起こさせる: ～ one*self*=be ～*d* ヘルニアになる[を起こす]. ► *vi* 裂ける, 破裂する; ヘルニアになる. ♦ **rúp·tur·able** *a* [OF or L (*rupt- rumpo* to break)]
rúptured dúck*《俗》破損した飛行機; *《俗》除隊記念章《羽を広げたワシをあしらったもの》; *《俗》名誉除隊.
rúpture·wòrt *n*〘植〙ナデシコ科コゴメビユ属[ヘルニアリア属]の草本,《特に》コゴメビユ《ヘルニアに効くとされた匍匐(ほふく)植物》.
ru·ral /rúərəl/ *a* **1** 田舎の, 田園の, 田舎風の, 田舎じみた (opp. *urban*); 田舎に住む: in ～ seclusion 人里離れて / ～ life 田園生活. **2** 農業の (agricultural). ♦ **ru·ral·i·ty** /ruərǽləti/ *n* 田舎風, 田臭; 田舎, 田舎の風習, 田園の風光. ～**·ly** *adv* ～**·ness** *n* [OF or L (*rur- rus* the country)]
rúral déan〘英国教〙地方執事, ルーラルディーン《大執事 (archdeacon) を補佐してその管区内の地域管区 (deanery) ごとに諸教会を管理する司祭》;〘カト〙司教地方代理 (dean).
rúral delívery〘米・NZ〙地方地区郵便配達 (=*rural free delivery*)《略 RD》.
rúral dístrict〘英〙村部郡《以前の county 内の行政区分; いくつかの地方 parish からなり, 村部会が設けられた; 今は廃止》.
rúral frée delívery〘米〙《へんぴな地方の》地方地区無料郵便配達《略 RFD》.
rúral·ìsm *n* 田舎風; 田園[農村]生活; 田舎風のことば[表現].
rúral·ist *n* 田園[農村]生活(主義)者.
rúral·ìze *vt* 田舎風にする, 田園化する. ► *vi* 田園生活をする. ♦ **rùral·izátion** *n*
rúral róute〘米〙地方無料郵便配達路[区域].
rúral scíenceᴵᴵ 田園科学 (=*rural studies*)《農学・生物学・環境学などの総称》.
rúral stúdiesᴵᴵ *pl* 田園研究 (RURAL SCIENCE).
rur·ban /rə́ːrbən, rúər-/ *a* 田園都市[農地の混在する住宅地域]の[に住む]; 都市郊外にある[住む]. [*rural*+*urban*]
ru·ri·decánal /rùərə-/ *a* RURAL DEAN の.
Ru·rik /rúərɪk/ リューリク (d. 879)《ロシアを建国したと伝えられるノルマン人の首長; リューリク朝 (c. 862-1598) の祖》; リューリク朝の人.
Ru·ri·tan /rúərətən/ *n*《米国の国家奉仕団体》ルリタンクラブ (Ruritan National Club) の会員.
Ru·ri·ta·nia /rùərətéɪniə/ ルリタニア《Anthony Hope の冒険小説 *The Prisoner of Zenda* などの舞台となったヨーロッパ中部の架空の王国》; [*fig*] ロマンスと冒険と術策に満ちた国. ♦ **Ru·ri·ta·ni·an** /rúərətèɪniən, ⏑⏑⏑⏑⏑/ *a*
rurp /rə́ːrp/ *n*〘登山〙ラープ《ピトンの一種》. [*r*ealized *u*ltimate *r*eality *p*iton]
ru·ru /rúːruː/ *n*〘鳥〙《NZ》ニュージーランドアオバズク (mopoke). [Maori]
RUS〘米〙Rural Utilities Service 地方公益サービス[事業局]《Department of Agriculture の一部; 旧称 REA》.
ru·sa /rúːsə/ *n*〘動〙SAMBAR.
ru·sal·ka /rusáːlkə/ *n* ルサルカ《スラヴ伝説上の水の精; 人魚の姿をして水中に潜むという》.
Rus·chuk /rustʃúːk/ ルスチュク《RUSE のトルコ語名》.
ruse /rúːz/ *n* 策略, 計略, たくらみ. [F (*ruser* to drive back); cf. RUSH¹]
Ru·se /rúːseɪ/ ルーセ (*Turk* Ruschuk)《ブルガリア北東部 Danube 川に臨む市》.
ruse de guerre /*F* ryːz də gɛːr/ 戦略.
rush¹ /rʌ́ʃ/ *vi* **1** 突進[猛進]する, 殺到する; 急ぐ, 急行する; 勢いよく流れる; ‹…を›襲う, 突撃する ‹*on*›;〘アメフト〙ラッシュする: ～ *at*…に突撃する / ～ *in* 飛び込む, 乱入する / ～ *off* 急いで去る / ～ *for* the exit 出口に殺到する. **2** むこうみず[軽率]に行動する ‹*into*›: ～ *into* extremes 極端な行動に走る / ～ headlong *into* marriage あわてて結婚する. **3** 急に起こる[現われる]. ► *vt* **1** 突進させる, 駆りたてる, 急がせる;《俗》‹客›に高値をふっかける: Don't ～ me! そんなにせかさないでよ / ～ sb *to* a hospital 人を急いで病院に連れていく / She ～*ed* him *into* buy*ing* it. 彼をせかせてそれを買わせた. **2 a** 急いで行なう, 急いで送る; 突撃する, 急襲する, 突撃して奪取する; ‹金産地などを›押し寄せて占領する; 突破する: ～ a message 至急報で送る / ～ a bill *through* しゃにむに議案を通過させる. **b**〘アメフト〙‹ボールを›持って突進する, ボールを持って‹…ヤード›突進する, ‹相手選手›にラッシュをかける;〘ラグビー〙‹ボールを›ショートキックですばやく前進させる. **3***《口》‹女性›に盛んに言い寄る, ちやほやする, 口説く, デートに誘う; *《口》《学生クラブ (fraternity, sorority) に勧誘するために》歓待する, …に勧誘攻勢をかける. ● ～ **around** [**about**] 駆けずりまわる. ～ sb (**clean**) **off** his **feet** [**legs**]=RUN sb (clean) off his feet. ～ **into** PRINT. ～ **out** ‹商品などを›急いで作る[出す]. ～ **through** ‹議案などを›急いで通過させる. ～ **to** CONCLUSIONS.
► *n* **1 a** 突進, 猛進, 突撃, 急襲;〘アメフト〙ランプレー, ラッシュ(する人);〘ラグビー〙ラッシュ; *《大学各学年間で力を競う》乱闘. **b** 急激な増加, 急激な発達; [the] 混雑時間[期], ラッシュ(時); 異常な数量, 大需要, 注文殺到 ‹*for, on*›; 殺到 ‹*for* gold; *to* the gold fields›. **c** 急に現われる[わき上がる]こと, 激発;《俗》《麻薬を摂取した直後に感じる》最初の感覚[快感] (=*flash*);《俗》《わき上がる》快感, 恍惚感, 気分の高揚: a ～ of panic 突然のパニック. **2** 大多忙, 忙殺, あわただしさ: in a mad ～ 大急ぎで / What's (all) the ～? 何をそんなにあわてているんだい. **3** [ᵒ*pl*]〘映〙ラッシュ《ひと区切り[1 日]の撮影後すぐに用意された下見・編集用のプリント》. **4**《口》《口説こうとして》女性に特別親切にすること, ご機嫌取り; *《口》《学生クラブによる》新人勧誘(の期間): a ～ week *《学生クラブへの》新人勧誘週間. **5***ほとんど満点の好成績. ● **get a ～ on**ᴵᴵ《俗》急ぐ, さっさとやる. **have a ～ of** BLOOD **to the head.** **a ～ of brains to the head**ᴵᴵ《俗》[*derog*] すばらしいアイディア, ひらめき. **with a ～** 突貫して; どっと一度に, にわかに.
► *a* 殺到する; 急を要する, 至急[緊急]の, 急ぎの; *《口》学生クラブ勧誘のための歓待の: a ～ job 急ぎの仕事.
♦ ～**·ing·ly** *adv* [AF *russher*, OF *ruser*; ⇨ RUSE]
rush² *n* **1**〘植〙イグサ, トウシンソウ (灯心草), 藺(い)《むしろ・かごなどを作る》. **2** つまらないもの: not care a ～ 少しも気にかけない / not worth a ～ 少しの価値もない. ► *vt* 藺細工で作る; ‹床›に藺を敷く. ● **seek a knot in a ～** [**bul(l)rush**]《廃》むだな騒ぎをする《節のないイグサの節を探すことから》. ♦ ～**·like** *a* [OE *rysc*(*e*); cf. G *Rusch*]
Rush ラッシュ (1) **Benjamin** ～ (1745?-1813)《米国の医学者・教育者; 大陸会議に出席, 独立宣言に署名》(2) **Richard** ～ (1780-1859)《米国の政治家; Benjamin の子; 1812 年の戦争ののち五大湖の非武装化をはかるラッシュ-バゴット協定 (Rush-Bagot Agreement) を英国と締結 (1817)》.
rúsh àct《口》熱心にすること,《女性への》アタック.
rúsh-béar·ing *n* 教会堂建立祭《イングランド北部で行なわれ, 祭日には教会堂に灯心草や花をまき散らすことから》.
rúsh cándle RUSHLIGHT.
Rush·die /rʌ́ʃdi, rúʃ-/ ラシュディ, ルシュディ (**Ahmed**) **Salman** ～ (1947-)《インド生まれの英国の作家; *Midnight's Children* (1981), *The Satanic Verses* (1988)》.
rushed /rʌ́ʃt/ *a* あわててやった; ‹気持が›あせった: a ～ job やっつけ仕事.
rush·ee /rʌ̀ʃíː/ *n**《口》学生クラブに盛んに勧誘されている学生.
rush·en /rʌ́ʃ(ə)n/ *a* 藺[灯心草] (rushes) でできた.
rúsh·er *n* 急いで速く仕事をする人, 猪突猛進する人; 新しい鉱山に殺到する人;〘アメフト〙ボールキャリアー.
rúsh fàmily〘植〙イグサ科 (Juncaceae).
rúsh hòur 混雑時間, ラッシュアワー. ♦ **rúsh-hòur** *a*
rúsh·ing *n*〘アメフト〙ラッシュしてボールを進めること; (相手選手に)ラッシュすること; ランニングプレーで進んだ距離; *《口》学生クラブ勧誘のための歓待(の期間).
rúsh·light *n*《トウシンソウの髄を獣脂 (tallow) などに浸して作る》灯心草ろうそく (=*rush candle*); うす暗い明かり, 微光; 微力な[取るに足らない]もの[人].
rúsh lìne〘アメフト〙ラッシュライン《前衛線》.
Rush·more /rʌ́ʃmɔːr/ [Mount] ラシュモア山《South Dakota 州西部 Black Hills 山群中の山; 中腹の花崗岩に Washington, Jefferson, Lincoln および Theodore Roosevelt の巨大な頭像が刻まれている》.
rúsh rìng 灯心草をさなだに編んで作った結婚指輪.
rúshy *a* 藺 (rush) のような; 藺で作った; 藺草[灯心草]の多い.

rú·sine ántler /rú:sàɪn-, -sən-/ 〘動〙《sambar などの》三叉の枝角(えだつの).

rus in ur·be /rú:s ɪn úrbè/ 都会の中の田舎; 京に鄙(ひな)あり. [L =country in the city]

rusk /rʌ́sk/ *n* ラスク《薄切りパンを二度焼きしてパリパリにしたもの》. [Sp or Port *rosca* twist, coil]

Rusk ラスク (**David**) **Dean** ～ (1909–94)《米国の政治家; 国務長官 (1961–69)》.

Rus·ka /rúskə/ ルスカ **Ernst** (**August Friedrich**) ～ (1906–88)《ドイツの物理学者; 電子顕微鏡を開発 (1931); ノーベル物理学賞 (1986)》.

Rus·kin /rʌ́skən/ ラスキン **John** ～ (1819–1900)《英国の評論家・社会思想家; *Modern Painters* (5 vols, 1843–60)》. ♦ **Rus·kin·ian** /rʌ̀skíniən/ *a*

Russ[1] /rʌ́s, rú:s, rús/ *a, n* (*pl* ～, ～·**es**) RUSSIAN.

Russ[2] ラス《男子名; Russel(l) の愛称》.

Russ. Russia ♦ Russian.

Rúss·bo·rough Hóuse /rʌ́sbərə-/ ラスバラハウス《アイルランド南東部 Wicklow 県 Blessington の近くにある Palladio 様式の邸宅 (1741)》.

Rus·sel /rʌ́s(ə)l/ ラッセル《男子名; 愛称 Russ》.

Rus·sell /rʌ́s(ə)l/ **1** ラッセル《男子名; 愛称 Russ》. **2** ラッセル (**1**) **Bertrand** (**Arthur William**) ～, 3rd Earl ～ (1872–1970)《英国の数学者・哲学者; John ～ の孫; *Principles of Mathematics* (1903), *Principia Mathematica* (A. N. Whitehead と共著, 1910–13), *Introduction to Mathematical Philosophy* (1919), *An Enquiry into Meaning and Truth* (1940); ノーベル文学賞 (1950)》 (**2**) **'Bill'** ～ [**William Felton** ～] (1934–　)《米国のバスケットボール選手》 (**3**) **Charles Taze** ～ (1852–1916)《米国の宗教家; エホバの証人 (Jehovah's Witnesses) の創立者》 (**4**) **George William** ～ (1867–1935)《アイルランドの詩人・批評家; 筆名 AE, Æ, A.E.》 (**5**) **John** ～, 1st Earl ～ of Kingston ～ (1792–1878)《英国の政治家; Bertrand の祖父; 首相 (1846–52, 65–66); 選挙法改正 (1832) など自由主義的改革に尽力》 (**6**) (**Henry**) **Ken**(**neth Alfred**) ～ (1927–　)《英国の映画監督; センセーショナルな表現で知られる; *Women in Love* (恋人たちの曲・悲愴 1969)》 (**7**) **Lillian** ～ (1861–1922)《米国の歌手・女優; 本名 Helen Louise Leonard》 (**8**) Lord **William** ～ (1639–83)《イングランドの政治家; Whig 党党首; 教皇派陰謀事件 (Popish Plot) の際, York 公 (のちの James 2 世) の王位継承を妨げようと画策; ライハウス陰謀事件 (Rye House Plot) 加担の嫌疑をうけて処刑された》 (**9**) **Pee Wee** ～ (1906–69)《米国のジャズクラリネット奏者; 本名 Charles Ellsworth Russell》. **3**〘犬〙JACK RUSSELL. [OF (dim)‹ *roux* red]

Rússell córd ラッセルコード《羊毛または綿毛交織のうねのある織物; 学生ガウンなどに用いる》. [C19‹?]

Rússell díagram [the] HERTZSPRUNG-RUSSELL DIAGRAM.

Russell·ite /rʌ́səlàɪt/ *n* [°*derog*] ラッセル派《JEHOVAH'S WITNESSES の一員》. [Charles T. *Russell*]

Rússell lùpin 〘植〙ラッセルルピナス《1937 年に発表されたルピナスの一種》. [George *Russell* (1857–1951) 英国の園芸家]

Rússell réctifier 《波力発電用の》ラッセル整流器《発電機駆動用の海水を波の山の部分から供給する水力装置》. [Robert *Russell* (1921–2010) 英国の技師]

Rússell's páradox 〘数〙ラッセルのパラドックス《ある対象がその対象自体を含む対象の集合によって定義されるため論理的矛盾を生じるという集合論のパラドックス; Bertrand Russell が最初に提唱した》.

Rússell's víper 〘動〙ラッセルクサリヘビ《インド・東南アジアの猛毒のヘビ》. [Patrick *Russell* (1727–1805) 英国人医師]

rus·set /rʌ́sət/ *n* 茶褐色, 朽葉色; 赤褐色[生(き)成り]のウールの手織地, ラセット;〘園〙皮のざらざらした赤リンゴの一種;〘園〙ラセット, ラシット (=*golden russet*)《褐色でざらざらした皮をもつジャガイモの品種; 特に **Rússet Búrbank** あるいは **Ídaho rússet** と呼ばれる淡褐色で長円筒ないし長卵形の品種》; RUSSETING. ► *a* 朽葉色の, あずき色の; ラセットの; 〈なめし革が〉着色・つや出しの工程だけを残した; 《古》田舎風の, 素朴な. ♦ **rús·sety** *a* 朽葉色の. ～·**ish** *a* [OF‹L *russus* red]

rússet·ing, rús·set·ting *n* 褐斑《損傷などによる果物の表皮のざらざらした褐色の部分》.

Rus·sia /rʌ́ʃə/ **1 a** ロシア帝国《1917 年ロシア革命で崩壊; 首都 St. Petersburg》. **b** ソ連邦 (Soviet Union). **c** ロシア《ヨーロッパ東部・アジア北部にまたがる国; 公式名 Russian Federation (ロシア連邦); ☆Moscow; 1922–91 年ロシア共和国 (Russian Republic) の名でソ連邦構成共和国》. **2** [r-] RUSSIA LEATHER.

Rússia léather [**cálf**] ロシア革《製本などに用いる》.

Rús·sian *a* ロシア(人[語])の. ► *n* **a** ロシア人; ロシア系の人. **b** ロシア語《Slavic 語派の一つ》. ♦ ～·**ness** *n*

Rússian bállet 〘バレエ〙ロシアバレエ《ロシアの宮廷で特に 19 世紀に発展したバレエの様式; 20 世紀にはいってから Sergey Diaghilev のバレエリュス (Ballets Russes) によってヨーロッパに広まった》.

Rússian béar ロシアの熊《ウオツカ・クレームドカカオ・クリームによるカクテル》.

Rússian blúe [°R- B-] ロシア猫《胴が細長く耳の大きな青灰色の猫》.

Rússian bóot ロシア風長靴《ふくらはぎまであるゆったりしたもの》.

Rússian Chúrch [the] ロシア教会 (RUSSIAN ORTHODOX CHURCH).

Rússian dóll [°*pl*] マトリョーシカ《木製の人形の中にそれよりひとまわり小さい人形がはいっていてそれが何層かの入れ子式になったロシア民芸人形》.

Rússian dréssing 〘料理〙ロシア風ドレッシング《チリソースと刻んだピクルス[ピメント]入りのマヨネーズソース》.

Rússian Émpire [the] ロシア帝国 (⇨ RUSSIA).

Rússian·ìze *vt* ロシア化する; ロシアの統制[影響]下に置く. ♦ **Rùssian·izátion** *n*

Rússian mínk 〘動〙タイリクイタチ, チョウセンイタチ.

Rússian ólive 〘植〙ホソバグミ《地中海から中西部アジアにかけての原産》.

Rússian Órthodox Chúrch [the] ロシア正教会 (=*Russian Church*)《東方正教会に属する独立教会; ロシア帝国時代の国教会》.

Rússian Repúblic [the] ロシア共和国《ソ連邦の一構成共和国 (Russian Soviet Federated [Federative] Socialist Republic, 1922–91); 略 RSFSR; 1991 年独立してロシア連邦 (⇨ RUSSIA) となった》.

Rússian Revolútion [the] ロシア革命 (**1**) 第 1 次ロシア革命: 日露戦争中の 1905 年 1 月に始まり 06 年 6 月に終わった **2**) 第 2 次ロシア革命: 1917 年 3 月 12 日兵士・労働者が Romanov 王朝を倒し, 立憲政府が樹立されたが, さらにこれを倒して 11 月 7 日の革命でソヴィエト政権が生まれた; 旧暦により前者を二月革命, 後者を十月革命という》.

Rússian roulétte ロシアンルーレット《弾丸が 1 発だけはいっている弾倉を回して自分のこめかみに向けて引金を引く命がけの勝負事》; [*fig*] 身を滅ぼしかねない行為, 自殺行為.

Rússian sálad ロシア風サラダ《さいの目に切った野菜をマヨネーズであえたサラダ》.

Rússian téa ロシア風紅茶《ラム酒を垂らしたレモンティー; 日本やロシアのロシアンティーとは違う》.

Rússian thístle [**túmbleweed**] 〘植〙欧州原産のオカヒジキの一種《北米では厄介な雑草》.

Rússian Turkestán ソ連領トルキスタン (=*Western Turkestan*)《キルギスタン, タジキスタン, トルクメニスタン, ウズベキスタン 各国およびカザフスタン南部を含むもとソ連領中央アジアの地域》.

Rússian víne 〘植〙ナツユキカズラ (=*silver-lace vine*)《アジア産のタデ科のつる性植物; 白色の花の長い房をつける》.

Rússian wólfhound 〘犬〙BORZOI.

Rússian Zóne [the] SOVIET ZONE.

Rus·si·fy /rʌ́səfàɪ/ *vt* RUSSIANIZE; ロシア語化する, ロシア語的にする. ♦ **Rus·si·fi·ca·tion** /rʌ̀səfəkéɪʃ(ə)n/ *n*

Russ·ki(e), Russ·ky /rʌ́ski, rúski/ *n* (*pl* **Rúss·kies, -kis**) 《口》[*derog/joc*] ロシア人[兵], 露助 (Russian). [*-ski* 人名語尾]

Russ·ni·ak /rʌ́sniæ̀k/ *n* RUTHENIAN.

Rus·so- /rʌ́sou, -sə, rʌ́ʃ-/ *comb form*「ロシア(人)(の) (Russia, Russian)」 [*Russ*[1], *-o-*]

Rússo-Jápanese Wár [the] 日露戦争 (1904–05).

Rússo·phil, -phìle *n, a* ロシアびいきの人(の), 親露家(の). ♦ **Rùsso·phília** *n*

Rússo·phòbe *n* ロシア嫌い[恐怖症]の人.

Rùsso·phóbia *n* ロシア嫌い, ロシア恐怖症.

Rússo-Túrk·ish Wárs *pl* [the] 露土戦争《17–19 世紀に黒海, Balkan 半島進出をねらうロシアがトルコと戦った一連の戦争》.

rus·su·la /rʌ́sjələ/ *n* (*pl* **-lae** /-lì:/, ～**s**) 担子菌類ベニタケ属 (*R-*) の各種キノコ.

rust /rʌ́st/ *n* **1** さび; (赤)さび色, さび色塗料[染料]: be in ～ さびている / gather ～ さびがつく. **2**《精神活動などの》さびつき, 鈍化; 無為, 無活動; 《心にたまった》'あか'; 悪習慣. **3**〘植〙サビ病《茎葉に赤茶色の小突起を生じる》;〘植〙サビ菌《サビ病を起こす担子菌》. ► *vi* **1** さびる, 腐蝕する 〈*away*〉; さび色になる: (It is) better to wear out than to ～ out. 《諺》さびつくよりすりきれるほうがまし, '居ても一生立っても一生'. **2**《使用しないため》鈍る, さびつく: talents left to ～ さびるにまかされた才能. **3**〘植〙サビ病にかかる. ► *vt* さびさせる, 腐蝕させる; (赤)さび色にする; 《使用せずに》鈍らせる, だめにする;〘植〙サビ病にかからせる. ● ～ **together** 〈二つの金属を〉腐蝕接着させる. [OE *rūst*; cf. RED[1], G *Rost*]

rúst bèlt [**bòwl**]* [°R- B-] さび地帯, 斜陽鉄鋼業地帯《かつては鉄鋼・自動車産業などで栄えたがその後は不況にあえぐ, 米国中西部・北東部を中心とする工業地帯》.

rúst bùcket 《口》老朽船, ぼろ船, 《一般に》船; 《口》ぼろ車, ひどくさびついた車.

rúst-còlored *a* 赤さび色の, 赤茶色の.

rus·tic /rʌ́stɪk/ *a* **1** 田舎(風)の, 田園生活の, 田舎にある; 丸木[丸太]造りの;〘家具〙田舎風の《木の枝などをそのまま脚部に利用したり荒仕上げの材を用いたりして加工した様式; 18–19 世紀英国で流行》: a

～ bridge [chair] 丸木橋[椅子] / a ～ seat《あずまやなどの》丸木造りの腰掛け. **2** 質朴な, 飾りけのない, 田舎者の; 野卑な, 無作法な, 粗野な, あかぬけしない, 荒削りの. **3**〈字体が〉不規則な, 角張らない;〘石工〙ルスチカの, 江戸切りの《石の面は粗く, 目地は深く引っ込ませた切石積み》. ► *n* 田舎の人; 田舎者, 無骨者; 質朴[純朴]な人;〘昆〙欧州産の茶色い小型のヤガ (夜蛾). ♦ **rús·ti·cal** *a, n* RUSTIC. **-ti·cal·ly** *adv* **rus·tic·i·ty** /rʌstísəti/ *n* 田舎風; 田舎生活; 質朴, 質素; 野卑, 粗野. [L (*rus* the country)]

rus·ti·cate /rʌ́stɪkèɪt/ *vi* 田舎に行く[引っ込む]; 田舎住まいする[に滞在する]. ► *vt* **1** 田舎へやる, 田舎へ放逐する, 田舎に住まわせる; ''〈大学生を〉停学処分にする. **2** 田舎風にする;〘石工〙ルスチカ[江戸切り]に仕上げる. ♦ **-cà·tor** *n* **rùs·ti·cá·tion** *n* [L=to live in the country]

rús·ti·càt·ed *n*《NZ》RUSTICATING.

rús·ti·càt·ing *n*《NZ》古い家屋に用いられている広い羽目板[下見板].

rústic wórk〘石工〙ルスチカ, 江戸切り (⇨ RUSTIC); 丸木造りのあずまや[家具].

rus·tle /rʌ́s(ə)l/ *vi* **1**〈木の葉・紙など〉サラサラ[カサカサ, ガサガサ, パラパラ]と鳴る[音をたてる]; サラサラ音をさせて動く, 衣ずれの音をさせて歩く〈*along*〉: ～ in silks 絹物を着ている. **2** *《口》さっさと動く, せっせと活動する, せっせと稼ぐ, 食物をかき集める; *《口》家畜を盗む. ► *vt* **1** サラサラ[カサカサ, パラパラ]と鳴らす[音をたてさせる]; サラサラ揺るがす, …に衣ずれの音をたてさせる; サラサラ音をたてて振り落とす. **2** *《口》さっさと動かす[扱う]; *《口》努力して得る[集める]; *《口》〈牛・馬などを〉盗む; *《俗》用意する (～ up). ● **～ up**《口》かき集める: ～ *up* some supper さっと夕食を調える. ► *n* サラサラ[カサカサ, パラパラ]鳴る音, 衣ずれの音; *《口》精力的な活動; *《口》盗み; *《俗》両親の外出中に他人に預けられる子供. [ME (imit)]

rús·tler *n* 葉がサラサラ音をたてる植物; *《口》活動[活躍]家; *《口》牛[馬]泥棒.

rúst·less *a* さびのない; さびない.

rús·tling *a* サラサラ音がする, 衣ずれの音がする; *《口》活動的な, 奮闘的な. ► *n* サラサラいう音; *《口》家畜を盗むこと. ♦ **～·ly** *adv*

rúst mìte〘動〙サビダニ《葉や果実に穴をあけて褐斑をつける数種のフシダニ》.

rúst·pòt *n* *《俗》老朽化した駆逐艦,《一般に》ぼろ船 (rust bucket).

rúst·pròof *a* さびない, さび止めした, 防錆(ぼうせい)の. ► *vt* …にさび止めする, 防錆処理する.

rúst·pròof·er *n* さび止め剤.

rus·tre /rʌ́stər/ *n*〘紋〙円形の穴のある菱形図形. [F]

rúst-thròugh *n* さびによる腐食 (=*rustout*).

rústy[1] *a* **1** さびた; さびから生じた; さびついた. **2 a**《使用・練習しないため》鈍く[へたに]なった, 'さびついた'. **b** (赤)さび色の; 色のあせた, 着古した, 古ぼけた; 陳腐な;〈声が〉しゃがれた. **3**〘植〙サビ病にかかった. ♦ **rúst·i·ly** *adv* **-i·ness** *n* [OE *rūstig* (RUST, -*y*[1])]

rusty[2] *a* 腐臭のある, 鼻持ちならない (rancid). [*reasty* (dial) rancid]

rusty[3] *a*〈馬が〉言うことを聞かない, 手に負えない; じっとしていない;《方》不機嫌な, おこりっぽい: turn ～ 腹を立てる, おこる. [変形く *restive*]

rústy-dústy *《俗》*n* [*joc, fig*] さびついたもの; 尻《しばしば 'なまけ者の尻' という含みをもつ》; さびついた銃, おもちゃ[小道具]の銃.

rut[1] /rʌ́t/ *n* わだち, 車の跡; 細長いくぼみ, 溝; [*fig*] 決まりきったやり方, 定例: be (stuck) in a ～ マンネリ生活をしている / get [settle, sink] into a ～ 型にはまる / get out of the ～ 退屈な生活から抜け出す / go on in the same old ～ 十年一日のごとくやっていく / move in a ～ 決まりきった事をやる. ► *vt* (-tt-) [[u]*pp*] …にわだちをつける. [?OF ROUTE]

rut[2] *n*《雄鹿・雄牛などの》さかり, 発情 (heat); [[o]the] さかり時: go to (*the*) ～ さかりがつく / in [at] (*the*) ～ さかりがついて. ► *vi* (-tt-) さかりがつく, 発情する. [OF<L (*rugio* to roar)]

ru·ta·ba·ga /rùːtəbéɪgə/ *n* **1**〘植〙スウェーデンカブ, ルタバガ (=*swede, Swedish turnip*)《根が黄色のカブの一種; 食用・飼料用》. **2** *《俗》醜い女, ブス; *《俗》1 ドル. [Swed (*rut* root, *bagge* bag)]

ru·ta·ceous /ruːtéɪʃəs/〘植〙*a* ミカン科 (Rutaceae) の; ヘンルーダ (rue) の(ような).

ruth /rúːθ/《古》*n* 哀れみ, 同情; 悲しみ, 悔悟; 哀れみ[悲しみ]の原因. [*rue*[1]]

Ruth *n* **1** ルース《女子名》. **2**〘聖〙**a** ルツ《義母 Naomi に対する献身で有名なモアブの寡婦, のちに Boaz の妻となり男子を生み, この子が David の祖先となる》. **b** ルツ記《旧約聖書の The Book of ～》. **3** ルース **'Babe'** ～ [**George Herman ～, Jr.**] (1895–1948)《米国の野球選手; 本塁打王 12 回, 生涯本塁打 714 本》. **4** [r-] *《俗》女子化粧室 (cf. JANE, JOHN). ● **call (for) ～**＝**cry ～**《俗》吐く (⇨ HUGHIE). ► *vi* [r-] *《俗》吐く (vomit). [Heb=?; ↑と連想された]

Ru·thene /ruːθíːn/ *n* RUTHENIAN.

Ru·the·nia /ruːθíːnjə, -niə/ ルテニア《ウクライナ西部 Carpathian 山脈の南の地域の歴史的名称; 1918 年より前および 1939–45 年ハンガリー領, 1918–38 年チェコスロヴァキアの州, 現在はウクライナの Zakarpatska 州》.

Ru·thé·ni·an *n* **a** ルテニア人《特にヨーロッパ中東部の Galicia およびその周辺地域のウクライナ人》. **b** ルテニア語《Galicia で話されるウクライナ語》. ► *a* ルテニア(人)の; ルテニア語の.

ru·then·ic /ruːθénɪk/ *a*〘化〙ルテニウムの,《特に》比較的高い原子価のルテニウムを含む.

ru·the·ni·ous /ruːθíːniəs/ *a*〘化〙ルテニウムの,《特に》比較的低い原子価のルテニウムを含む.

ru·the·ni·um /ruːθíːniəm/ *n*〘化〙ルテニウム《白金族の金属元素; 記号 Ru, 原子番号 44》. [*Ruthenia*]

ruth·er /rʌ́ðər/ *adv*《非標準》RATHER.

Ruth·er·ford /rʌ́ðərfərd/ **1** ラザフォード《男子名》. **2** ラザフォード (**1**) Sir **Ernest** ～, 1st Baron ～ of Nelson (1871–1937)《ニュージーランド生まれの英国の物理学者; 放射能・原子核を実験的に研究, 核物理学に貢献; ノーベル化学賞 (1908)》(**2**) **Mark** ～ (1831–1913)《英国の小説家; 本名 William Hale White》(**3**) Dame **Margaret** ～ (1892–1972)《英国の女優》. **3** [r-]〘理〙ラザフォード《放射能の単位: 毎秒 10^6 個の壊変を行なう放射性物質の量》. [OE=(dweller near the) cattle crossing]

Rútherford àtom〘理〙ラザフォード原子《中心に正電荷が凝集した核があり, その周囲に電子が軌道運動をしている原子模型》. [Ernest *Rutherford*]

ruth·er·for·di·um /rʌ̀ðərfɔ́ːrdiəm/ *n*〘化〙ラザホージウム《人工放射性元素; 第 1 番目の超アクチノイド元素で, 第 12 番目の超ウラン元素; 記号 Rf, 原子番号 104》. [Ernest *Rutherford*]

rúth·ful《古》*a* 哀れみ深い; 悲しい; 悲哀(感)を覚えさせる. ♦ **～·ly** *adv* **～·ness** *n*

Ruth·ian /rúːθiən/ *a* ルース (Babe Ruth) のようなパワーあふれる, スケールの大きい. [Babe *Ruth*]

rúth·less *a* 無慈悲な, 無情な (pitiless), 冷酷な (cruel). ♦ **～·ly** *adv* 無情[冷酷]に(も). **～·ness** *n*

ru·ti·lant /rúːt(ə)lənt/ *a* 赤く光る, ギラギラと輝く.

ru·ti·lat·ed /rúːt(ə)lèɪtəd/ *a*〘鉱〙〈石英などが〉金紅石 (rutile) の針状結晶を含んだ.

ru·tile /rúːtìːl, -tàɪl/ *n*〘鉱〙金紅石, ルチル. [L *rutilus* reddish]

ru·tin /rúːt(ə)n/ *n*〘薬〙ルチン《毛細管の脆弱(ぜいじゃく)性を軽減するのに用いられる生体フラボノイド》. [*rut-* (*ruta* rue[2]), *-in*[2]]

Rut·land, **Rútland·shire** /rʌ́tlənd/, /-ʃɪər, -ʃər/ ラトランド(シャー)《イングランド中東部の旧州; ☆Oakham》.

rút·ted *a*〈道・地面が〉わだちのできた.

rút·tish *a* さかりのついた; 好色な, わいせつな. ♦ **～·ly** *adv* **～·ness** *n* [*rut*[2]]

rút·ty[1] *a* わだちの多い[だらけの]. ♦ **rút·ti·ly** *adv* **-ti·ness** *n* [*rut*[1]]

rutty[2] *a* RUTTISH.

Ru·vu·ma /ruvúːmə/ [the] ルヴマ川 (Port **Rovu·ma** /ruvúːmə/)《アフリカ南東部タンザニア南部に源を発し, 東流してモザンビークとの国境を形成し, インド洋に注ぐ》.

Ru·wen·zo·ri /rùːənzɔ́ːri/ ルウェンゾリ《ウガンダとコンゴ民主共和国の国境にある山群; 最高峰 Mt Stanley (5109 m); Ptolemy の '月の山' (Mountains of the Moon) はこの山群を指すとされる》.

rux'' /rʌ́ks/《俗》*n* かんしゃく, 怒り; 騒音, 騒ぎ.

Ruy Lo·pez /rúːi lóupɛ̀z/〘チェス〙ルイ・ロペス《チェスの古典的な開始法》. [*Ruy López* de Segura 16 世紀のスペインの司教でチェス指南書の著者]

Ruys·dael /ráɪzdàːl, ráɪs-, rɔ́ɪs-/ ロイスダール (**1**) **Jacob van ～** =Jacob van RUISDAEL (**2**) **Salomon van ～** (c. 1602–70)《オランダの画家; 主として村や運河などの風景画を描いた; Jacob van Ruisdael の叔父》.

Ruy·ter /rɔ́ɪtər; ráɪtər/ ロイテル **Michiel Adriaanszoon de ～** (1607–76)《オランダの提督; 2 回の蘭英戦争で功を立てた》.

Ru·žič·ka /rúːʒɪtʃkə, -zɪtʃ-, -zɪts-/ ルージチカ **Leopold** (**Stephen**) ～ (1887–1976)《クロアチア生まれのスイスの化学者; テルペン類・男性ホルモンなどに関する業績でノーベル化学賞 (1939)》.

RV*/àːrvíː/ *n* RECREATIONAL VEHICLE.

RV rendezvous point ♦ °Revised Version.

R-value /áːr ―/ *n* R 値《建築材料などの断熱性能を示す値; 断熱性が高ければそれだけ R 値が上がる》. [*resistance value*]

RW radiological warfare ♦ radiological weapon ♦ Right Worthy. **R/W** °right-of-way. **RWA** Rwanda.

Rwan·da /ruáːndə; -ǽn-/ **1** ルワンダ《中央アフリカの国; 公式名 Republic of ～ (ルワンダ共和国); ☆Kigali; 以前のつづりは Ruanda》. **2** ルワンダ語 (KINYARWANDA). ♦ **Rwán·dan** *a, n* **Rwan·dese** /ruàːndíːz, *-s/ *a, n* ルワンダ(人)(の).

r.w.d. °rear-wheel drive. **rwy** railway.

Rx /àːréks/ *n* (*pl* **～'s, ～s**) 処方 (prescription); 対応策, 対処法, 処置. [L *recipe* の略号 ℞]

-ry ⇨ -ERY.

ry, Ry railway.

rya /ríːə/ リーア (**1**) スカンディナヴィア産でパイルの厚い手織りの敷物

2) その織り方). [*Rya* スウェーデン南西部の村]

Ry·an /ráɪən/ ライアン (**Lynn**) **Nolan ～**, (**Jr.**) (1947–)《米国の野球選手; 右腕の速球投手; 通算 5714 奪三振で, 歴代 1 位》.

Rya·zan /rìːəzǽn, -zɑ́ːn/ リャザン《ヨーロッパロシア中西部の Oka 川に臨む市; Moscow の南東に位置》.

ryb·at /ríbət; ráɪ-/ *n* ドア[窓]わきの磨き石, 飾り抱(だき).

Ry·binsk /ríbənsk/ ルイビンスク《ヨーロッパロシア中西部, Moscow の北方にある市; Volga 川上流の人造湖ルイビンスク湖 (the **～ Réservoir**) の南東端に位置; 旧称 Shcherbakov (1946–57), Andropov (1984–89)》.

Ryb·nik /ríbnɪk/ リブニク《ポーランド南部 Katowice の南西にある鉱山の町》.

Ry·dal /ráɪdl/ ライダル《イングランド北西部 Cumbria 州のライダル湖 (**～ Wáter**) に臨む村; Wordsworth が晩年 (1815–50) を過ごしたライダルマウント (**～ Móunt**) の所在地》.

R

ryd·berg /rídbəːrg/ *n* 〘核物〙リュードベリ《エネルギーの単位: ＝ 13.606 eV; 記号 ry; cf. HARTREE》. [Johannes R. *Rydberg* (1854–1919) スウェーデンの物理学者]

Rýdberg àtom 〘理〙リュードベリ原子《1 つの電子だけをエネルギーの高い準位に励起した原子》.

Rýdberg cònstant 〘理〙リュードベリ定数《原子のエネルギー準位を表わす式に現われる定数 *R*》.

Ry·der /ráɪdər/ ライダー (1) **Albert Pinkham ～** (1847–1917)《米国の画家》(2) (**Margaret**) **Susan ～** [**'Sue' ～**], Baroness ～ of Warsaw (1923–2000)《英国の慈善家; Sue Ryder Foundation を設立, 障害者のための福祉活動に尽くした》.

Rýder Cùp [the] ライダーカップ《英・米・ヨーロッパの男子プロが隔年ごとに行なうゴルフマッチ; 1927 年から行なわれる》. [Samuel *Ryder* (1859–1936) トロフィーの寄贈者である英国の実業家]

Rydz-Śmig·ły /rítsʃmíːgli/ リッシュミグウィ **Edward ～** (1886–1941)《ポーランドの軍人・元帥 (1936)》.

rye[1] /ráɪ/ *n* **1** ライ麦《家畜飼料, ライウイスキー・黒パンの原料; cf. BARLEY[1], WHEAT》. **2** RYE WHISKEY; *《東部》ブレンドウイスキー; RYE BREAD. [OE *ryge*; cf. G *Roggen*]

rye[2] *n* 紳士, ジプシーの紳士 (cf. ROMANY RYE)《ジプシーの用語》. [Romany＜Skt *rājan* king]

Rye ライ《イングランド南東部 East Sussex 州にある町; 観光地; イングランド南海岸の特別五港 Cinque Ports の一つ》.

rýe brèad ライ麦パン, 黒パン.

rýe-bròme *n* 〘植〙カラスノチャヒキ (烏の茶挽)《欧州・アジア原産イネ科の雑草》.

rýe·gràss *n* 〘植〙ドクムギ属の各種草本,《特に》ホソムギ, ライグラス (perennial ryegrass)《牧草》. [*ray-grass* (obs)＜?]

Rýe Hòuse Plòt 〘英史〙ライハウス陰謀事件《Charles 2 世と王弟 (のちの James 2 世) の暗殺を計画した謀議 (1683); 発覚して William Russell ら Whig 党が弾圧された》.

rýe mòrt 《俗》(貴)婦人 (lady).

rýe mùsh /-mùʃ/ 《俗》紳士.

rýe·pèck *n*‖《方》先が鉄のさお《水中に立て舟をつなぐ》.

Rý·er·son Univérsity /ráɪərs(ə)n-/ ライアソン大学《カナダ Ontario 州の州都 Toronto にある州立大学; 1948 年創立》.

rýe-sàp *n**《方》RYE WHISKEY.

rýe whískey ライウイスキー《ライ麦が主原料; 米国・カナダ主産》.

Ryle /ráɪl/ ライル (1) **Gilbert ～** (1900–76)《英国の哲学者; Oxford 日常言語学派の指導者》(2) Sir **Martin ～** (1918–84)《英国の電波天文学者; Gilbert の甥; 電波望遠鏡の性能を向上させ, 全天の電波探査を行なった; ノーベル物理学賞 (1974)》.

rynd ⇨ RIND[2].

ryo·kan /rióʊkɑ̀ːn, -kən/ *n* 旅館. [Jpn]

ry·ot /ráɪət/ *n* 《インド》農民, 小作農. [Urdu]

ry·ot·wa·ri /ràɪətwɑ́ːri/ *n* 〘インド史〙ライーヤトワーリー《英国が実施した地税制度; 農民に土地所有権を与えて納税責任を負わせるもの; cf. MAHALWARI, ZAMINDARI》. [Hindi]

RYS 〘英〙°Royal Yacht Squadron.

Rys·wick /rízwɪk/ リズウィック《RIJSWIJK の英語名》.

ryu /riúː/ *n* (*pl* ～, ～**s**) 流《特に日本の武道の流派》. [Jpn]

Ryú·kyu Íslands /ri(j)úːkjùː-; riúː-/ *pl* [the] 琉球列島, 南西諸島. ◆ **Ryú·kyù·an** *a*, *n*

Ryu·rik /rúərɪk/ RURIK.

Rze·szów /ʒέʃùːf/ ジェシュフ《ポーランド南東部 Kraków の東にある市》.

S

S, s /és/ *n* (*pl* **S's, Ss, s's, ss** /ésəz/) エス《英語アルファベットの第19字; ⇨ J》; S [s] の表わす音; S 字形(のもの); 19 番目(のもの);《学業成績などで》S 評点(の人[もの]) (satisfactory);《中世ローマ数字の》7, 70: LONG s / make an *S* S 字形をなす / the COLLAR of *SS* [esses].

's- /z/ 《古》 God's: 'SBLOOD.

-'s /(有声音のあと) z, (無声音のあと) s, (/s, z, ʃ, ʒ, ʧ, ʤ/ のあと) əz/ **1** [名詞, 時に代名詞の所有格をつくる]: Tom'*s*, cat'*s*, Chambers'*s* /ʧéɪmbərzəz/, men'*s*, one'*s* parents', etc. ★ (1) (e)s で終わる複数名詞には -(e)s' でよいが, 複数名詞の所有格であることを明確にするには my brothers' books よりは the books *of* my brothers のように of を用いるほうがよい. (2) s で終わる固有名詞には通例 -s'*s*, -s' のいずれでもよい: Dickens'*s*, Dickens' /díkənzəz/. [OE gen pl 語尾] **2** [文字・数字・略語などの複数形をつくる]: t'*s*, 1960(')*s*, CPU(')*s*. ★ 大文字・数字・略語では ['] を省くことも多い. [OE *-as* pl 語尾] **3** [is, has, us, does, as の短縮形]《口》: he'*s*=he is [has] / He'*s* done it.=He has done it. / Let'*s* go.=Let us go. / What'*s* it mean?=What does it mean? / so'*s* to be in time=so as to be in time. **4** [場所・建物を表わす表現の省略] Adam'*s* (home) / a butcher'*s* (shop) / Mary'*s* (department store) / Dr Smith'*s* (office).

-s[1] ⇨ -ES[1,2].

-s[2] /s, z/ *adv suf* [名詞・形容詞に付けて]: need*s*, unaware*s*. [OE *-es* (gen sing masc & neut n & a)]

-s[3] *n suf* [名詞に付けて愛称などをつくる]: duck*s*.

s 〘理〙 distance ♦ scruple ♦ second(s) 秒 ♦〘化〙 solid ♦〘理〙°strange quark.

s. schilling(s) ♦ school ♦ secondary ♦ section ♦ see ♦ series ♦ set(s) ♦ [G *siehe*] see ♦〘処方〙 [L *signa*] label ♦ [L *sine*] without ♦〘文法〙 singular ♦ small ♦ smooth ♦ snow ♦ [L *solidus, solidi*] shilling(s) ♦ society ♦ son(s) ♦〘楽〙 soprano ♦ sou(s) ♦ steamer ♦ subject ♦〘文法〙 substantive ♦ succeeded ♦ symmetrical.

s, S 〘理〙 角運動量量子数 l=0 であることを表わす《l=1, 2, 3, … に対しては p [P], d [D], f [F], … (以下アルファベット順) を用いる; 小文字は 1 粒子, 大文字は粒子系全体に使う》. [sharp 分光学の慣用から]

S 〘熱力学〙 entropy ♦ satisfactory ♦ serine ♦ short ♦〘電〙 siemens ♦ small《サイズの》S, 小 ♦ standard deviation of a sample ♦ [*S*]〘理〙 strangeness ♦〘化〙 sulfur ♦〘理〙 Svedberg ♦ Sweden.

S, S. south ♦ southern.

S. Sabbath ♦ (*pl* **SS.**) Saint ♦ Saturday ♦ School ♦ Senate ♦ September ♦〘医〙 signature ♦ Signor ♦ Society ♦ Sunday.

$, $ 《solidus の頭字 'S' の装飾化》 dollar(s): $1.00 1ドル. ★ 漫画などでは「金」「大金」を表わす記号として用いる.

s.a. °sex appeal ♦ [L *sine anno*] without date 刊行年なし ♦ subject to approval.

Sa. Saturday.

SA °Salvation Army ♦《俗》°San Antonio ♦ °Saudi Arabia ♦ °Seaman Apprentice ♦ °sex appeal ♦〘商〙°société anonyme ♦ °South Africa ♦ °South America ♦ °South Australia ♦ Sturmabteilung《ナチスの》突撃隊 (cf. SS).

Saab /sá:b/ サーブ《スウェーデン Saab-Scania 社製の自動車》. [(Swed) *S*venska *A*eroplan *A*ktie*b*olaget=Swedish Aeroplane Company]

Saadi ⇨ SADI.

saag ⇨ SAG[2].

Saa·le /zá:lə, sá:-/ [the] ザーレ川《ドイツ中東部の川; Bavaria 州の Fichtelgebirge に源を発し, 北流して Elbe 川に合流》.

Saa·li·an /zá:liən/ *a* 〘地質〙 ザーレ氷期の《北欧の更新世の氷期についていう; アルプスの Riss 氷期に相当》.

Saa·mi /sá:mi/ *n* (*pl* ~, ~**s**) SAMI.

Saa·nen /sá:nən, zá:-/ *n* ザーネン《スイス原産の乳用種ヤギ; 通例白色で無角》. [スイス南西部の地名から]

Saar /zá:r, sá:r/ [the] **1** ザール (=**Saar·land** /-lænd; *G* zá:rlant/)《ドイツ西部の州; 鉄・石炭の産地; 独仏間で何度も帰属が争われた》. **2** ザール川 (*F* Sarre)《フランス東部 Vosges 山脈に発し, 北流してドイツ西部で Moselle 川に合流する川》.

Saar·brück·en /za:rbrúk(ə)n, sa:r-/ ザールブリュッケン《ドイツ西部 Saarland 州の州都》.

Saa·re·maa, Sa·re·ma /sá:rəmà:/ サーレマー《エストニア西岸沖, バルト海の Riga 湾口にある島; ドイツ語名 Ösel》.

Saa·ri·nen /sá:rənən/ サーリネン (**1**) **Ee·ro** /éɪroʊ/ ~ (1910–61)《フィンランド生まれの米国の建築家》 (**2**) (**Gottlieb**) **Eliel** ~ (1873–1950)《フィンランド出身の米国の建築家; Eero の父》.

SaaS software as a service サース, サービス型ソフトウェア《cloud computing により必要なソフト機能だけを提供するビジネス形態》.

Sáa·tchi & Sáa·tchi /sá:ʧi ən(d)-/ サーチ・アンド・サーチ(社) (~ Co. PLC)《英国で創立された広告代理店・コンサルタント会社》.

sab /sǽb/《口》 *n* 狐狩り妨害運動家, 狩猟破壊活動家 (=*hunt sab*);《妨害活動を行なう》動物保護運動家. ► *vt, vi* 〈狩猟〉の妨害活動を行なう, 狩猟破壊活動をする. [*sab*oteur]

Sa·ba[1] /sá:bə, séɪ-/ サバ《西インド諸島東部 Leeward 諸島北部の島; オランダ本土に属する特別自治体》.

Sa·ba[2] /séɪbə, sá:-/, **Sa·ba'** /sǽbə/ SHEBA.

Sa·ba·dell /sæ̀bədéɪl, sà:-/ サバデル《スペイン北東部 Barcelona の北にある市》.

sab·a·dil·la /sæ̀bədílə, -dí:(j)ə/ *n* **1** 〘植〙 サバジラ《ユリ科の薬用植物; メキシコ・中央アメリカ原産》. **2** サバジラ子(し)《その種子; VERATRINE の原料; かつて医薬用》. [Sp]

Sa·bae·an, -be- /səbí:ən/ *a* 南アラビアの古国シバ (Sheba, Saba) の; シバ人[語]の. ► *n* シバ人; シバ語.

Sa·bah /sá:bə/ サバ《Borneo 島北東部と沖合諸島を占めるマレーシアの州; ☆Kota Kinabalu; 旧称 North Borneo》. ♦ **Sa·bah·an** /səbá:hən/ *a, n*

Sa·ba·ism /séɪbəɪz(ə)m/ *n* 《古代アラビア・メソポタミアなどの》拝星(教). [F (Heb *ṣābā* host of heaven)]

sa·ba·lo /sǽbəlòʊ/ *n* (*pl* ~**s**) 〘魚〙 TARPON. [AmSp]

Sab·a·oth /sǽbiɑ̀θ, -ɔ̀:θ; sæbéɪɔθ/ *n pl* 〘聖〙 万軍. ■ **the Lórd** [**Gód**] **of** ~ 万軍の主, 神《*Rom* 9:29, *James* 5:4》. [L<Gk<Heb=hosts]

Sa·bar·ma·ti /sà:bərmáti/ [the] サバルマティ川《インド西部 Rajasthan 州の Aravalli 山脈に源を発し, 南流してアラビア海の Cambay 湾に注ぐ》.

Sa·ba·tier /sæ̀bətjéɪ/ サバティエ **Paul** ~ (1854–1941)《フランスの化学者; 有機化合物への触媒による水素添加を研究; ノーベル化学賞 (1912)》.

Sa·ba·ti·ni /sæ̀bətí:ni, sà:-/ サバティーニ **Rafael** ~ (1875–1950)《イタリアの小説家; 英国に帰化し, 作品も英語で発表した》.

sab·a·ton /sǽbətɑ̀n/ *n* 鋼鉄の板金製足甲[靴]《16 世紀の甲冑の一部》. [OProv (*sabata* shoe); cf. SABOT]

sa·ba·yon /sæ̀baɪján; *F* sabajɔ̃/ *n* ZABAGLIONE; (ソース・)サバイヨン《卵黄・ワインを主体にしたソース》. [F<It ZABAGLIONE]

sab·bat /sǽbət, sæbá:/ *n* [°S-] 魔女の宴会 (=*witches' Sabbath*)《魔女や魔法使いが年一回会合して飲み騒ぐと伝えられる深夜の宴会》; サバト《WICCA などの土着宗教で季節の変わりめごとに行なう自然崇拝の儀式》. [F=SABBATH]

Sab·ba·tar·i·an /sæ̀bətéəriən/ *n* 安息日 (Sabbath) を守るユダヤ[キリスト]教徒; 安息日厳守主義者, 日曜日の就業・娯楽反対者; 土曜日を安息日とする浸礼教会員. ► *a* 安息日の; 安息日厳守(主義)の. ♦ ~**·ism** *n* 安息日厳守主義.

Sab·bath /sǽbəθ/ *n* [the] 安息日 (=~ **dày**)《ユダヤ教では土曜日, キリスト教では日曜日, イスラム教では金曜日》; [s-] 休息(の期間), 平穏; SABBAT: break [keep, observe] the ~ 安息日を守らない[守る]. ♦ ~**·lìke** *a* [OE *sabat*<L and OF<Gk<Heb=rest]

Sábbath dày's jóurney **1** 安息日の道のり《古代ユダヤ教徒が安息日に旅行を許された距離で, 約 2/3 マイル; *Exod* 16:29》. **2** [*fig*] 楽な旅行.

Sábbath·less *a* 安息日のない, 休日なしの.

Sábbath schòol 《Seventh-Day Adventists の》安息日[土曜]学校; SUNDAY SCHOOL.

sab·bat·ic /səbǽtɪk/ *a* SABBATICAL.

sab·bat·i·cal /səbǽtɪk(ə)l/ *a* 安息日の[にふさわしい]; SABBATICAL YEAR の. ► *n* サバティカル (SABBATICAL YEAR); 長期休暇, 賜暇 (leave); 骨休め, 気分転換. ♦ **-i·cal·ly** *adv* [L<Gk=of SABBATH]

sabbátical léave 〘大学・教会など〙 SABBATICAL YEAR.

sabbátical ríver [the]〘ユダヤ伝説〙 安息日に流れを止める川.

sabbátical yéar **1** [°S-] 安息の年《古代ユダヤ人が 7 年目ごとに休耕した年で, 債務も免除された; *Exod* 23:11》. **2** 〘大学・教会など〙 サバティカル《休養・旅行・研究のため通例 7 年目ごとに大学教授・宣教師などに与えられる一年または半年間の有給休暇》.

sab·ba·tize /sǽbətàɪz/ *vi, vt* 安息日を守る[にする].

sa·be /sǽvi/ *v, n* SAVVY.

Sabean ⇨ SABAEAN.
Sa·bel·li·an[1] /səbɛ́liən/ *n* SABELLIUS 説信奉者. ► *a* サベリウス説(信奉者)の. ♦ **~·ìsm** *n* サベリウス説《父・子・聖霊を三人格でなく一人格の 3 つの面とする説》.
Sabellian[2] *n* **a** サベリ人《古代イタリア中部に住んだ Sabines や Samnites からなる民族》. **b** サベリ語. ► *a* サベリ人[語]の.
Sa·bel·li·us /səbɛ́liəs/ サベリウス《3 世紀ローマのキリスト教神学者; 様態的一位説を主唱》.
sa·ber | -bre /séɪbər/ *n* 〘騎兵の〙軍刀, サーベル; 《フェンシングの》サーブル; サーブル競技; [the] 武力, 武断政治; [*pl*] 騎兵隊.
● **rattle one's ~** 武力で威嚇する, おこったふりをする. ► *vt* サーベルで切る[打つ, 殺す]. ♦ **~·like** *a* サーベル状の, 湾曲した, 三日月形の. [F<G *Säbel*<Pol or Hung]
sáber bèan 〘植〙SWORD BEAN.
sáber-cùt *n* サーベルの切り傷.
sa·ber·met·rics /sèɪbərmétrɪks/ *n* [‹*sg*›] 〘野〙野球のデータの統計的研究. ♦ **sà·ber·me·trí·cian** /-mətríʃən/ *n* [*S*ociety for *A*merican *B*aseball *R*esearch, econo*metrics*]
sáber ràttling 武力による威嚇, 《ことばによる》武力の誇示 (=*sword rattling*).
sáber sàw 携帯用電動細刃のこ[ジグソー].
sáber·tòoth *n* SABER-TOOTHED TIGER.
sáber-tòothed /, -ðd/ *a* 犬歯がサーベル状の[に発達した].
sáber-tòothed tíger [líon, cát] 〘古生〙剣歯虎《化石獣》.
sáber·wìng *n* 〘鳥〙ケンバネハチドリ《総称; 中南米産》.
sa·bha /səbɑ́ː, sʌ́bhɑː/ «インド» *n* 会合, 集会; 会議, 委員会; 団体, 協会, 連合. [Hindi]
Sa·bi /sɑ́ːbi/ [the] サビ川《アフリカ南東部, ジンバブウェの主要河川; 同国中部に源を発し, 東流してモザンビークにはいって Save 川となり, インド洋のモザンビーク海峡に注ぐ》.
Sa·bi·an /séɪbiən/ *n, a* サバ教徒(の)《Koran ではイスラム教・ユダヤ教・キリスト教徒と等しく真の神の信者と認めている》; «誤用» SABAISM (の).
sab·i·cu /sǽbəkùː/ *n* 〘植〙西インド諸島産のマメ科の高木《材はマホガニーに似る》. [AmSp]
sa·bin /séɪbən/ *n* 〘理〙セービン《物質表面での吸音量の単位》. [Wallace C. W. *Sabine* (1868–1919) 米国の物理学者]
Sabin セービン **Albert Bruce ~** (1906–93)《ポーランド生まれの米国の医師・ウイルス学者; 経口ポリオ生ワクチンを開発した》.
Sa·bi·na /səbáɪnə/ サバイナ《女子名》. [L=Sabine woman]
Sa·bine[1] /séɪbaɪn; sǽb-/ *n* **a** 《古代イタリア中部の》サビニ人. **b** サビニ語. ► *a* サビニ人[語]の. [L *Sabinus*]
Sa·bine[2] /səbíːn/ [the] サビーン川《Texas 州東部と Louisiana 州西部を州境沿いに南東に流れ, メキシコ湾に注ぐ》.
Sábine's gúll /sǽbàɪnz-, -bənz-, séɪbàɪnz-/ 〘鳥〙クビワカモメ《北極圏産》. [Sir Edward *Sabine* (1788–1883) 英国の物理学者・探検家]
Sábin vàccine セービンワクチン《ポリオの経口生ワクチン》. [Albert B. *Sabin*]
sabji ⇨ SABZI.
sab·kha /sǽbkə/ *n* SEBKHA.
sa·ble /séɪb(ə)l/ *n* (*pl* **~s, ~**) **1** 〘動〙クロテン《欧州・アジアの北部産》; 〘動〙マツテン (pine marten); クロテンの毛皮; [*pl*] クロテンの毛皮の服; クロテンの毛の絵筆; 褐色, 〘紋・詩〙黒色; [*pl*] «詩» 喪服. **2** 〘動〙SABLE ANTELOPE. ► *a* クロテン毛(皮)の; [後置] 〘紋〙黒色の; «詩» 暗黒の, 陰気な: his ~ Majesty 悪魔大王 (the Devil). [OF<L<Slav]
Sable [Cape] セーブル岬《**1**) Florida 半島の南端で, 米国本土最南端 **2**) カナダ Nova Scotia 半島の南端》.
sáble àntelope 〘動〙セーブルアンテロープ (=*sable, black buck*)《サーベル状の大角をもつ黒褐色の大型の羚羊; アフリカ南部・東部産》.
sá·bled *a* «詩» 喪服を着けた.
sáble·fìsh *n* 〘魚〙ギンダラ (=*black cod, candlefish*)《北太平洋産》.
sa·bo·ra /sɑːbɔ́ːrɑː/ *n* (*pl* **-ra·im** /sɑ̀ːbɔːrɑ́ːìm/) [°S-]《紀元 6 世紀に活躍した》ユダヤ教律法学者. [Aram=thinker]
sab·ot /sǽboʊ, ─ ́/ *n* 《ヨーロッパの農民が履いた》木ぐつ; 木底革靴; 《靴の》甲を留めるバンド, 甲バンドの付いた靴[サンダル]; 〘軍〙弾底板, 《縮射用の》送弾筒; 〘トランプ〙札箱 (=*shoe*); «豪» 先の短い小型ヨット. ♦ **~ed** *a* sabot を履いた. [F (*savate* shoe, *botte* boot)]
sab·o·tage /sǽbətɑ̀ːʒ, *ˋ─ ́/ *n* 《争議中の労働者による》工場設備・機械などの破壊, 生産妨害; 《被占領国側の工作員・地下運動家による》破壊[妨害]活動; 《一般に》破壊[妨害]行為. ★ 日本語の 'サボタージュ' (怠業) は slowdown*, go-slow". ► *vt, vi* 故意に破壊[妨害]する. [F (*saboter* to clatter with SABOTS)]
sab·o·teur /sæ̀bətə́ːr, *-túr/ *n* 破壊[妨害]活動家. [F]
sa·bra /sɑ́ːbrə/ *n* イスラエル生まれの[生粋の]イスラエル人. [Heb *sābrāh* opuntia fruit]
Sab·ra·tha /sǽbrəθə/, **Sab·ra·ta** /-tə/ サブラタ《リビアの, Tripoli の西に位置した古代都市》.
sabre ⇨ SABER.
sa·bre·tache /sǽbərtæʃ, séɪb-/ *n* 騎兵用図嚢《サーベルの帯革から左腰に下げた》. [F<G (*Säbel* SABER, *Tasche* pocket)]
sa·breur /səbrə́ːr, sæ-; *F* sabrœːr/ *n* サーベルを帯びた騎兵; 剣士.
Sa·bri·na /səbríːnə/ **1** サブリーナ《女子名》. **2** サブリーナ《イングランドの Severn 川のニンフ; Milton の *Comus* に登場する》. [Severn 川のラテン語名]
sab·u·lous /sǽbjələs/ *a* 砂のある, 砂利の多い, 砂質の. ♦ **sàb·u·lós·i·ty** /-lɑ́s-/ *n* [L (*sabulum* sand)]
sa·bur·ra /səbə́ːrə; -bʌ́rə/ *n* 〘医〙食物残渣.
sab·zi, -ji /sʌ́bʤi/ *n* 〘インド料理〙サブジ《野菜料理, 特に煮物や炒め物》. [Hindi]
sac[1] /sǽk/ *n* 〘動・植〙嚢; 液嚢, 気嚢. ♦ **~·lìke** *a* [F or L; ⇨ SACK[1]]
sac[2] *n* [次の句のみで用いる]: **~ and soc [soke]** 〘英史〙領主裁判権 (⇨ SOKE). [OE *sacu* SAKE[1]]
sac[3] *n* «口» サッカリンの錠剤《甘味料》. [*saccharine*]
Sac *n* (*pl* **~, ~s**) SAUK.
sac. sacrifice. **SAC** 〘英〙Senior Aircraftman (⇨ AIR FORCE) ♦ special agent in charge ♦ °Strategic Air Command.
Sac·a·ga·wea, -ja- /sæ̀kəʤəwíːə, -wéɪə/ サカジャウェア (1786?–1812)《Shoshone 族インディアンの女性; Lewis と Clark の探検隊に通訳として従い太平洋岸に達した (1804–06)》.
Sacagawéa dóllar 〘米〙サカジャウェアドル《2000 年に発行が始まった金色の 1 ドル硬貨, 別名 golden dollar; 息子を背負った SACAGAWEA の像がかたどられている》.
sa·ca·huis·te /sæ̀kəwístə, sɑ̀ː-, -ti/, **-ta** /-tə/ *n* 〘植〙トックリラン属の草本《茎葉飼料用; 蕾と花には毒があるという; リュウゼツラン科》. [AmSp]
sac·a·ton /sæ̀kətóʊn, ─ ─ ́/ *n* 〘植〙イネ科ネズミノオ属の牧草《米国南西部・メキシコ産》. [AmSp<Nahuatl]
sac·but /sǽkbʌ̀t/ *n* 〘楽〙SACKBUT.
sac·cade /sækɑ́ːd/ *n* 〘馬術〙手綱をぐいと引くこと; 〘動・生理〙断続的[性]運動, サッカード《読書の際などの眼球の瞬間的運動など》. ♦ **sac·cád·ic** *a* [F (OF *saquer* to pull)]
sac·cate /sǽkət, -èɪt/ *a* 〘動・解〙袋[嚢]状の, 嚢[包嚢]に包まれた.
sac·char- /sǽkər/, **sac·cha·ri-** /-kərə/, **sac·cha·ro-** /-roʊ, -rə/ *comb form* 「糖の」「糖質の」 [L (Gk *sakkharon* sugar)]
sac·cha·rase /sǽkərèɪs, -z/ *n* 〘生化〙スクラーゼ, サッカラーゼ (INVERTASE).
sac·cha·rate /sǽkərèɪt/ *n* 〘化〙サッカラート《**1**) 糖酸塩[エステル] **2**) スクロースと石灰などアルカリ(土類)金属の(水)酸化物との化合物》.
sac·char·ic /səkǽrɪk/ *a* 糖の; 糖から得た.
sacchári̇c ácid 〘化〙糖酸.
sac·cha·ride /sǽkəràɪd, -rəd/ *n* 〘化〙糖.
sac·cha·rif·er·ous /sæ̀kəríf(ə)rəs/ *a* 糖を生じる[含む].
sac·char·i·fy /sækǽrəfàɪ, sə-, sǽkə-/ *vt* ‹澱粉などを›糖化する. ♦ **sac·chàr·i·fi·cá·tion** *n* 糖化.
sac·cha·rim·e·ter /sæ̀kərímətər/ *n* 検糖計, サッカリメーター. ♦ **sàc·cha·rím·e·try** *n* 検糖(法).
sac·cha·rin /sǽk(ə)rən/ *n* 〘化〙サッカリン.
sac·cha·rine /sǽkəràɪn, -rìːn, -k(ə)rən/ *a* 糖の(ような[を含んだ]); 甘すぎる; 甘ったるい‹声・態度・笑い›; ひどく感傷的な. ► *n* SACCHARIN. ♦ **sàc·cha·rín·i·ty** /-rín-/ *n* 糖質; 甘さ. **~·ly** *adv*
sac·cha·ri·nize /sǽk(ə)rənàɪz/ *vt* …にサッカリンを加える; [*fig*] 甘くする.
sac·cha·rize /sǽkəràɪz/ *vt* 糖化する.
sac·cha·ro·far·i·na·ceous /sæ̀k(ə)roʊfæ̀rənéɪʃəs/ *a* 糖と穀粉の.
sac·cha·roid /sǽkərɔ̀ɪd/ 〘地質〙*a* 《組織が》糖状の‹大理石など›. ► *n* 糖状組織. ♦ **sàc·cha·rói·dal** *a*
sac·cha·ro·lyt·ic /sæ̀k(ə)roʊlítɪk/ *a* 〘化〙糖分解の; 〘生〙‹バクテリアが›糖をエネルギー源とする, 糖分解性の.
sac·cha·rom·e·ter /sæ̀kərɑ́mətər/ *n* 検糖計. ♦ **sàc·cha·ro·mét·ric, -ri·cal** *a*
sac·cha·ro·my·ces /sæ̀kəroʊmáɪsiz/ *n* 〘生化〙サッカロミセス《サッカロミセス属 (*S*-) の酵母》.
sac·cha·rose /sǽkəròʊs, -z/ *n* SUCROSE; 《一般に》DISACCHARIDE.
sác·ci·fòrm /sǽksə-/ *a* 嚢状の.
Sác·co-Van·zét·ti càse /sǽkoʊvænzéti-/ [the] サッコ-ヴァンゼッティ事件《1920 年代の米国における保守反動の時代を象徴する裁判事件; ともにイタリア生まれの無政府主義者 Nicola Sacco (1891–1927) と Bartolomeo Vanzetti (1888–1927) が Massachusetts 州で発生した強盗殺人事件 (1920) の冤罪で処刑された (1927) が, のちに汚名をすすがれることになった》.
sac·cu·lar /sǽkjələr/ *a* 嚢状の.
sac·cu·late /sǽkjəlèɪt, -lət/, **-lat·ed** /-lèɪtəd/ *a* 小嚢の, 小嚢からなる. ♦ **sàc·cu·lá·tion** *n* 小嚢を形成する[に分かれる]こと; 小嚢構造.

sac·cule /sǽkjul/ *n* 小嚢,《特に》《内耳迷路の》球形嚢.
sac·cu·lus /sǽkjələs/ *n* (*pl* **-li** /-lài, -lìː/) SACCULE. [(dim)< *saccus* sack[1]]
SACD Super Audio CD スーパーオーディオ CD《通常の CD よりも高音質で記録された光ディスク》.
sa·cel·lum /səkéləm/ *n* (*pl* **-la** /-lə/)《教会内の記念碑的な》小礼拝所. [L (*sacrum* sanctuary)]
sac·er·do·cy /sǽsərdòusi, sǽk-/ *n* 聖職者[僧]たること, 司祭職; 聖職者[僧]の職務.
sac·er·do·tage /sǽsərdòutɪʤ, sǽk-/ *n* [*joc*] SACERDOTALISM; 聖職者支配.
sac·er·do·tal /sæ̀sərdóutl, sæ̀k-/ *a* 聖職の, 司祭の, 僧の; 聖職[司祭]制の; 〈教義など〉祭司主義の. ♦ **~·ly** *adv* [OF or L (*sacerdot- sacerdos* priest)]
sacerdótal·ìsm *n* 聖職[司祭]制; 聖職者[司祭]かたぎ; 祭司主義《神と人との仲立ちとしての祭司の権能を重視する》. ♦ **-ist** *n*
sacerdótal·ìze *vt* 聖職制にする; 聖職制主義にする.
sác fùngus 〖植〗子嚢菌 (ascomycete).
sa·chem /séɪʧəm, sǽ-/ *n* 《アメリカインディアン(部族連合)の》首長; イロコイ同盟 (League of the Iroquois) の議決機関のメンバー; TAMMANY SOCIETY の指導者; 親分, 巨頭,《政党などの》指導者, リーダー. ♦ **sa·chem·ic** /seɪʧém-, sæ-/ *a* [Narragansett]
Sa·cher·torte /sáːkərtɔ̀ːrt; *G* záxərtɔrtə/ *n* (*pl* **-tor·ten** /-tɔ̀ːrtn; *G* tɔrtn/) ザッハトルテ《アプリコットジャムを塗り, チョコレート入りの砂糖衣をかけたオーストリアのチョコレートケーキ》. [*Sacher* オーストリアのホテル経営者の家族名]
sa·chet /sæʃéɪ; ⏑⏑/ *n* 《少量のクリーム・シャンプーなどを入れる》小袋; 匂い袋, サシェ《ひきだしなどに入れておく》;《匂い袋に入れる》香粉 (=~ **pòwder**). ♦ **~ed** *a* [F (dim)< SAC[1]]
Sachs /sǽks; *G* záks/ ザックス (**1**) **Hans** ~ (1494–1576)《ドイツの靴職人・マイスタージンガー; Wagner の *Die Meistersinger von Nürnberg* (ニュルンベルクのマイスタージンガー) のモデル》 (**2**) **Nelly** (**Leonie**) ~ (1891–1970)《ドイツ生まれのユダヤ系詩人・劇作家; ノーベル文学賞 (1966)》.
Sach·sen /*G* záksn/ ザクセン《SAXONY のドイツ語名》.
sack[1] /sǽk/ *n* **1** 《ズックの》麻袋, 大袋; *《一般に》袋, バッグ, 紙袋; リュックサック; 一袋, 一包み, 一俵《量目の標準》: An empty ~ cannot stand upright. 《諺》空(から)の袋はまっすぐ立てない, 腹が減っては戦はできぬ / You may know by a handful the whole ~. 《諺》ひと握りで袋全部のよしあしはわかる. **2** 〖服〗 **a** サック《(**1**) SACK DRESS (**2**) 17 世紀末–18 世紀初めに流行したゆったりしたドレス, また, そうしたドレスの肩につける絹糸の長い飾り (**3**) 子供用のゆったりしたジャケット (**4**) SACQUE》. **b** サックコート (sack coat). **3** 《野球》塁 (base); [the] ハンモック, 寝台, ベッド; 《俗》ゴルフバッグ; 《豪》〖クリケット〗BYE[2]. **4** [the] 《口》解雇, 首; [the] 《口》拒絶, 肘鉄. **5** 〖アメフト〗サック (cf. *vt*). ● **get** [**have**] **the ~** 《口》首になる; 肘鉄を食う. **give the ~ to** sb=**give** sb **the ~** 人を首にする; 人に肘鉄を食わせる. **hit the ~** 《口》寝る, 眠る. **hold the ~**=hold the BAG[1]. ► *vt* **1** (麻)袋に入れる 〈*up*〉. **2** 《口》首にする, 更迭する; ‖《口》…に肘鉄を食わせる; 《口》打ち負かす. **3** 獲得する 〈*up*〉. **4** 〖アメフト〗〈クォーターバックを〉スクリメージラインの後方でタックルする. ● **~ down** 《俗》寝る. **~ed out***《俗》眠って (asleep). **~ out***《口》寝る, 横になる, (思う存分)眠る. **~ up** 《俗》寝る, 〈…の所に〉泊まる 〈*with*〉. ♦ **~·like** *a* **~·able** *a* [OE *sacc*<L *saccus*]
sack[2] *vt* 〈占領した都市などを〉略奪して荒らす; …から金品を奪う; 〈盗賊などが物品を〉奪い去る. ► *n* [the] 《占領地での》略奪, 強奪: put sth to *the* ~ 略奪する. [(v)<(n); F *mettre à sac* to put to sack (It *sacco* SACK[1])]
sack[3] *n* 〖史〗サック《16–17 世紀にイングランドに輸入されたスペイン産のシェリーや Canary 諸島産の白ワインなど》. [C16 (*wyne*) *seck*<F *vin sec* dry wine]
sáck bèarer 〖昆〗カイコガに近縁の北米産のガの幼虫《ナラの葉てみのと絹糸をつくる》.
sack·but /sǽkbʌ̀t/ *n* 〖楽〗サックバット《中世のトロンボーン》; サックバット奏者; 〖聖〗TRIGON. [F (*saquer* to pull, *boute* BUTT[4])]
sáck·clòth *n* ズック, 袋用麻布; 《麻・木綿などの粗末な》懺悔服, 喪服. ● **in ~ and ashes** 深く後悔して; 悲しみに沈んで《*Matt* 11: 21, *Esth* 4: 1》: be [repent] *in* ~ *and ashes*.
sáck còat サックコート《日常着としての背広の上着》. ♦ **sáck-còat·ed** *a*
sáck drèss サックドレス (sack)《ウエストに切替えのない, 袋のようなドレス》.
sáck·er[1] *n* SACK[1] を造る[に詰める]人; 《野球俗》塁手 (baseman)《記者・アナウンサーがよく用いる》.
sacker[2] *n* 略奪者. [*sack*[2]]
sack·er·oo /sæ̀kərúː/ *n* (*pl* **~s**) 《俗》ベッド.
sáck·fùl *n* (*pl* **~s, sácks·fùl**) 一袋, 一俵; 山ほど.
sáck·ing[1] *n* 袋地, ズック, 《特に》粗麻布; 解雇; 〖アメフト〗SACK[1].
sacking[2] *n* 略奪; 決定的勝利.
sáck·less 《古・スコ》*a* 罪のない 〈*of*〉; 気力のない; 無害の. [OE (*sacu* fault, conflict)]
sáck ràce サックレース《両脚を袋に入れて競走する》.
sáck ràt*《俗》ベッドにいる時間の長い人, どんなに寝ても足りないやつ.
sáck sùit* 背広服《上着が sack coat》.
sáck tìme 《俗》寝る時刻, 睡眠(時間).
Sack·ville /sǽkvɪl/ サックヴィル **Thomas** ~, 1st Earl of Dorset (1536–1608)《英国の政治家・詩人・劇作家; Thomas Norton と協力して英国最初の悲劇 *Gorboduc* (1561) を書いた》.
Sáckville-Wést サックヴィルウェスト **V**(**ictoria Mary**) ~ [**'Vita'** ~] (1892–1962)《英国の小説家・詩人・園芸家》.
sacque /sǽk/ *n* 〖服〗サック (SACK[1]); *乳幼児用の襟が詰まった短い上衣. [*sack*[1] のフランス語風のつづり]
sacr-[1] /sǽkr, séɪ-/, **sac·ro-**[1] /sǽkrou, séɪk-, -rə/ *comb form* 「神聖な」 [L SACRED]
sacr-[2] /sǽkr, séɪ-/, **sac·ro-**[2] /sǽkrou, séɪk-, -rə/ *comb form* 〖解〗「仙骨…」 [L SACRUM]
sacra *n* SACRUM の複数形.
sa·cral[1] /séɪkrəl, sǽk-/ 〖解〗 *a* 仙骨(部) (sacrum) の. ► *n* 仙椎; 仙骨神経.
sacral[2] *a* 聖礼の, 聖式の; 神聖な. ♦ **sa·cral·i·ty** /seɪkrǽləti, sæk-/ *n* [*sacred*]
sácral·ìze *vt* 神聖にする. ♦ **sàcral·izátion** *n*
sac·ra·ment /sǽkrəmənt/ *n* **1** 〖教会〗サクラメント《プロテスタントでは「礼典」または「聖礼典」といい, 多く洗礼 (baptism) と聖餐 (the Eucharist) を指す; カトリックでは「秘跡」(=the seven ~*s*) といい, 洗礼・堅信・聖体・告解(こっかい)・病者の塗油・叙階・婚姻の 7 つ; 聖公会では「聖奠(せいてん)」, 東方正教会系では「機密」という》: the two ~*s* 二大聖礼《洗礼と聖餐》/ the last ~ 臨終の秘跡 / the five ~*s* 五大秘跡《堅信・告解・病者の塗油・叙階・婚姻》. **2** [the, the S-] 聖餐, 聖礼, 聖餐のパン (=the ~ **of the áltar**): minister *the* ~ 聖餐式を行なう / take [receive] *the* ~ (to do) (することを誓って)聖餐を受ける / *the* BLESSED [HOLY] SACRAMENT. **3** 神聖[神秘的]なもの; 象徴 〈*of*〉; 神聖な誓い, 宣誓. ► *vt* 神聖にする; 誓わせる. [OF<L=solemn oath; ⇨ SACRED]
sac·ra·men·tal /sæ̀krəméntl/ *a* サクラメントの, 聖餐(式)の, 聖餐用の〈ぶどう酒〉; 宣誓上の, 特に神聖な; 〈教義などが〉秘跡重視(主義)の; 象徴的な; [*joc*] 〈語句など〉付き物の. ► *n* 〖カト〗準秘跡《聖水・聖油を用いたり, 十字を切ったりすること》. ♦ **~·ism** *n* 礼典(重視)主義. **~·ist** *n* 礼典主義者. **~·ize** *vt* **~·ly** *adv* 聖礼として; 聖餐式風に. **sàc·ra·men·tál·i·ty** /, -mən-/ *n*
sac·ra·men·tar·i·an /sæ̀krəmɛntéəriən, -mən-/ *a* 礼典(主義)の; [°S-] 礼典形式主義(者)の. ► *n* SACRAMENTALIST; [°S-] 礼典形式主義者《Zwingli および Calvin 派の教徒》. ♦ **~·ism** *n* SACRAMENTALISM.
sac·ra·men·ta·ry /sæ̀krəméntəri/ *a* SACRAMENTAL; SACRAMENTARIAN.
Sac·ra·men·to /sæ̀krəméntou/ **1** サクラメント《California 州の州都; Sacramento 川に臨む》. **2** [the] サクラメント川《California 州北部から南流して San Francisco 湾に注ぐ》.
Sacraménto Móuntains *pl* [the] サクラメント山脈《New Mexico 州南部の山脈》.
Sacraménto stúrgeon 〖魚〗WHITE STURGEON.
Sácrament Súnday 聖餐式を行なう日曜日.
sa·crar·i·um /səkréəriəm, sæ-, *seɪ-/ *n* (*pl* **-ia** /-iə/) 〖教会〗聖所 (sanctuary); 聖具室 (sacristy); 〖カト〗聖水盤 (piscina); 《古代ローマの神殿・邸宅内の》聖所. ♦ **sa·crár·i·al** *a* [L; ⇨ SACRED]
sa·cré /*F* sakre/ *a* (*fem* **-crée** /—/) SACRED.
sa·cré bleu /sáːkreɪ bláː/ *int* ウワッ, くそっ, ちくしょう!
Sa·cré Cœur /*F* sakre kœːr/ **1** 聖心 (SACRED HEART). **2** サクレクールバジリカ聖堂 (La Basilique du ~)《Paris の Montmartre の丘にある教会堂 (建築 1876–1910); 内部にモザイクの華麗な装飾が施された名所》.
sa·cred /séɪkrəd/ *a* **1 a** 神聖な; 宗教上の (opp. *profane, secular*); 神聖視される; 神のお使いの〈動物〉: a ~ book 聖典 / a ~ concert 聖楽会 / ~ history 聖書に記された歴史, 聖史 / ~ music 聖楽, 宗教音楽 / a ~ number 聖数《宗教上神聖な数: たとえば 7》/ SACRED ORDERS / His [Her, Your] Most *S*~ Majesty 《古》陛下《昔の英国王[女王]の尊称》. **b** 尊敬すべき, 不可侵の, 重大な: hold a promise ~ 約束を尊重する / be ~ *from*…を免れる[こうむらない] / Is nothing ~? 尊重すべきものは何もないというのか, 世も末だ《伝統・礼儀などを無視する姿勢に対して》. **2** 〈…に〉献じた, 〈…を〉祭った 〈*to*〉; 〈ある人・目的に〉専用の, 付き物の 〈*to*〉: a monument ~ *to* the memory of…の記念碑 / a fund ~ *to* charity 慈善のための資金. ♦ **~·ly** *adv* **~·ness** *n* [(pp)< *sacre* (obs) to consecrate< OF *sacrer*<L (*sacr- sacer* holy)]
sácred babóon 〖動〗マントヒヒ (HAMADRYAS BABOON)《古代エジプト人が崇敬した》.
sácred bambóo 〖植〗ナンテン (nandina).
sácred cálendar 《ユダヤ暦の》教暦 (cf. JEWISH CALENDAR).
Sácred Cóllege (**of Cárdinals**) [the] 〖カト〗枢機卿会《全枢機卿からなる教皇の最高諮問機関; 教皇の選任を行なう》.
sácred ców 《インドにおける》聖牛; [*fig*] 神聖視されて批判[反対]

S

されることのない人[こと], 聖域として扱われる事柄.

sácred éar [éarflower] 〘植〙中米原産のバンレイシ科の常緑低木がつける花《バニラに似た芳香があり, 強壮作用があるとされる; Aztec 族がチョコレートの香料に用いた》.

sácred fíg 〘植〙インドボダイジュ (pipal).

Sácred Héart 1 [the]〘カト〙聖心《キリストの心臓; キリストの愛と犠牲の象徴として特別の信心をささげる》. **2** [the] 聖心会 (Society of the ～ (of Jesus))《フランスで 1800 年に創立され, 26 年に認可された女子修道会 Société du Sacré Cœur de Jésus; 会員は女子の教育, 特に高等教育に献身する》.

Sàcred Héart of Máry [the]〘カト〙マリアの聖心.

sácred íbis 〘鳥〙アフリカクロトキ《古代エジプトで霊鳥とされた; かつて Nile 川の氾濫するころに現われたが, 現在エジプトにはいない》.

sácred lótus 〘植〙ハス (Indian lotus).

sácred múshroom 〘菌〙《特に インディアンが儀式用に使う》幻覚を生じるシビレタケ属のキノコ; PEYOTE BUTTON.

Sácred Níne [the, 〈*pl*〉]〘ギ神〙ミューズの神々, ムーサたち (the (Nine) Muses).

sácred órders *pl* 上級聖職[聖品].

Sácred Róman Róta ローマ聖庁控訴院 (Rota).

sácred síte 〘豪〙《先住民にとっての》聖地; 《一般に》聖地.

Sácred Wrít [the] 聖書 (Scripture).

sac·ri·fice /sǽkrəfàɪs, -fəs/ *n* いけにえをささげること[儀式], 供犠; 《ささげた》いけにえ; 犠牲(的行為); 犠牲となったもの; 捨て売り, 投げ売り, 見切り売り; 捨て売りによる損失; 〘野〙SACRIFICE HIT; 〘チェス〙コマの犠牲: offer a ～ 神にいけにえをささげる / give one's life as a ～ *for* one's country 国のため命を犠牲にする / at the ～ *of*…を犠牲にして / make ～*s to* do…するために犠牲を払う / make a ～ *of*…を犠牲にする. ● **sell at a (great) ～** (大)見切りで売る. **the great [last, supreme] ～** 偉大な[最後の, 至上の]犠牲《命を捨てること》: make *the supreme* ～ 生命を犠牲にする, 《国家・大義のため》一命をささげる; [*joc*]〈女性[処女]が〉最後のものを許す. ► *vt, vi* /, *-fàɪz/ いけにえとして供する; いけにえを供える; 犠牲にする, 断念する 〈*for, to*〉; 安く売る, 捨て売り[投げ売り]する; 〘野〙〈走者を〉犠(牲)打で進塁させる, 犠打を打つ; 〘チェス〙〈コマを〉犠牲にする: ～ a sheep *to* God 神に羊をいけにえとしてささげる / ～ one*self for* one's country 国のため身を捨てる. ♦ **sác·ri·fi·cer** *n* [OF＜L; ⇨ SACRED]

sácrifice flý 〘野〙犠牲フライ.

sácrifice hít [búnt] 〘野〙犠牲バント.

sac·ri·fi·cial /sæ̀krəfíʃ(ə)l/ *a* 犠牲の, いけにえの; 〘商〙見切りの, 捨て売り的な: ～ prices 捨て値. ♦ **～·ly** *adv*

sacrifícial ánode 〘化〙電気防食用陽極《水中構造物などの防食のための陽極》.

sacrifícial lámb いけにえの子羊; 身代わり, 犠牲, スケープゴート 〈*to*〉.

sac·ri·lege /sǽkrəlɪʤ/ *n* 聖所侵犯《教会など神聖な場所への侵入, 聖物窃取など》; 神聖を汚すこと, 汚聖, 瀆聖(とくせい); 《一般に》冒瀆, 侮辱. [OF＜L (SACRED, *lego* to gather, steal)]

sac·ri·le·gious /sæ̀krəlíʤəs, -lí:-/ *a* 聖所を侵犯する; 神聖を汚す, 冒瀆的な. ♦ **～·ly** *adv* **～·ness** *n*

sa·cring /séɪkrɪŋ/《古》*n* 《聖餐のパンとぶどう酒の》聖化; 《bishop, 国王などの》就任[即位]式, 聖別式. [ME *sacre*; ⇨ SACRED]

sácring bèll 〘カト〙祭鈴(を鳴らす時期).

sac·rist /sǽkrɪst, séɪ-; séɪ-/ *n* SACRISTAN.

sac·ris·tan /sǽkrəst(ə)n/ *n* 聖具保管係, 聖堂納室係; 《古》教会堂番人 (sexton).

sac·ris·ty /sǽkrəsti/ *n* 《教会の》聖具室, 香部屋 (vestry). [F or It or L; ⇨ SACRED]

sacro- /sǽkroʊ, séɪ-, -rə/ ⇨ SACR-[1,2].

sàcro·íliac *n, a* 〘解〙仙腸関節(の[に関する]).

sac·ro·sanct /sǽkroʊsæ̀ŋ(k)t/ *a* 〈人・場所・法律などが〉きわめて神聖な, 不可侵の, 至聖の. ♦ **～·ness** *n* **sàc·ro·sánc·ti·ty** *n* [L *sacrosanctus* hallowed by sacred rite (SACRED, SAINT)]

sàcro·sciátic *a* 〘解〙仙坐骨の.

sac·rum /sǽkrəm, séɪ-/ *n* (*pl* **-ra** /-rə/, **～s**)〘解〙仙骨. [L (*os*) *sacrum* sacred (bone) (いけにえに用いられた骨); Gk *hieron osteon* の訳]

SACW 〘英〙Senior Aircraftwoman.

sad /sǽd/ *a* (**sád·der; sád·dest**) **1** 悲しい, 悲しむべき; 悲しそうな, 哀れをそそる, みじめな, もの寂しい; 〈色が〉くすんだ, 地味な; 《古》まじめな: She looked ～. 悲しそうな様子だった / in ～ earnest 《古》真剣に, まじめに. **2** 《口》[*joc/derog*] けしからぬ, 嘆かわしい, なさけない, くだらない: a ～ dog 道楽者, 困り者 / He writes ～ stuff. ひどい悪文を書く / make ～ WORK of it. **3** 《米方・英》〈パンなど〉ふくれそこねた, ねちねちした; ‖《方》〈土壌が〉もろくない, 粘る. ● **sadder but wiser** 悲しい経験で賢くなった, 苦労した《Coleridge, *The Rime of Ancient Mariner* の一節に由来》. **～ to say** 不幸なことに. [OE *sæd* sated, weary; cf. G *satt* satiated, L *satis* enough;「悲しい」の意は ME より]

SAD 〘精神医〙°seasonal affective disorder.

sád ápple*《俗》いやなやつ, 不景気な[さえない]やつ; *《俗》ビール.

Sā·dāt /sədǽt, -dɑ́:t/ サダト (**Muḥammad**) **Anwar el-～** (1918–81)《エジプトの軍人・政治家; 大統領 (1970–81); ノーベル平和賞 (1978); イスラエルと平和条約を締結 (1979)》.

SADC Southern African Development Community 南部アフリカ開発共同体.

sad·den /sǽdn/ *vt* 悲しませる, 悲しみに沈ませる, 陰気にする; くすんだ色にする. ► *vi* 悲しくなる, 憂鬱になる; 色がくすむ. ♦ **～·ing·ly** *adv*

saddhu ⇨ SADHU.

sád·dish *a* もの悲しい, 悲しげな; 〈色が〉少しくすんだ.

sad·dle /sǽdl/ *n* 《乗馬用などの》鞍, 《自転車の》サドル; 《羊・鹿の》鞍下肉; 鞍形のもの; 〘機〙サドル, 軸鞍; 《電柱の》電線の台; 《ケーブルの》軌索受; 鞍部(あんぶ)《二つの峰の間の尾根のたるみ》; 峠; 動物の背の(鞍形の)斑紋; 〘鶏〙鞍部(あんぶ)《雄鶏の後背部》; 本の背綴じの中心; 靴の甲の皮革部分; 《ドアの》敷居おおい; 〘数〙鞍点, 峠点, サドル《ある方向には極小, 別の方向には極大となる点》: a horse for the ～ 乗用の馬 / lose [keep] the ～ 落馬する[しない] / take [get into] the ～ 馬に乗る / ～ feather 《鶏の》鞍羽(あんう). ● **in the ～** 馬[自転車]に乗って; [*fig*] 職に納まって, 権力を握って. **lean forward in the ～** *《俗》ひどく積極的[乗り気]になっている. **out of the ～** 職[権力]を失って. **put the ～ on the right [wrong] horse** 責めるべき[お門違いの]人を責める; ほめるべき[お門違いの]人をほめる. **sell one's ～** *《俗》金が全然なくなる, ひどい貧乏をする. ► *vt* …に鞍を置く, 鞍付けする 〈*up*〉; 〈調教師が〉〈馬を〉レースに出走させる; …に〈重荷・責任などを〉課する 〈*with*〉; 〈…に〉〈責任などを〉負わせる, なすりつける 〈*on*〉: He ～*d* her *with* his debts.＝He ～*d* his debts *on* her. 借金を彼女に負わせた / ～ one*self* [get ～*d*] *with* doing the room 部屋を掃除する仕事をしょい込む. ► *vi* 《鞍を置いた》馬に乗る; 馬に鞍を付ける 〈*up*〉.
♦ **～·less** *a* **～·like** *a* [OE *sadol*; cf. G *Sattel*]

sáddle·bàck *n* 鞍形のもの; 山稜の鞍部; 〘建〙SADDLE ROOF; 背に鞍形の斑紋のある各種の鳥獣・魚《など》; 〘鳥〙セアカホオダレムクドリ《ニュージーランド産》, ハイイロガラス《欧州産》. ► *a* SADDLE-BACKED.

sáddle-bàcked *a* 背のくぼんだ; 〈鳥・魚などが〉背に鞍形の斑紋のある; 〘建〙SADDLE ROOF のある.

sáddle·bàg *n* 鞍嚢(あんのう), 鞍袋; 《自転車などの》サドルの後ろの小物入れ袋; [ᵁ*pl*]*《口》《なかなか落ちない》太もも上部の贅肉[皮下脂肪].

sáddle-bìll, sáddle-bìlled stórk *n* 〘鳥〙クラハシコウ, セイタカコウ《西アフリカ産》.

sáddle blànket 鞍敷(くらしき)《鞍の下に敷く厚布》.

sáddle blòck (anesthésia) 〘医〙サドル麻酔(法), サドルブロック《股間の鞍(くら)にあたる部分の局部麻酔》.

sáddle·bòw /-bòʊ/ *n* 鞍の前[後]弓《上方に突起した鞍の前[後ろ]の弓形部》.

sáddle·brèd *n* サドルブレッド種の馬 (AMERICAN SADDLEBRED).

sáddle-chèck chàir 《18 世紀英国の》耳付き椅子.

sáddle·clòth *n* ゼッケン《競走馬の鞍に付ける番号布》; SADDLE BLANKET.

sáddled próminent 〘昆〙シャチホコガ科の一種《幼虫が米国東・中西部で広葉樹の葉を食害する》.

sáddle·fàst *a* 《古》鞍にしっかりまたがった.

sáddle gràft 〘園〙鞍接ぎ.

sáddle hòrn 《カウボーイ用の鞍の》鞍頭の角状延長部.

sáddle hòrse 乗用馬, 《特に》AMERICAN SADDLE HORSE; 鞍掛け《保管・手入れのために鞍を載せる木製の架台》.

sáddle jòint 〘建〙《屋根板金の》立ちはぜ継ぎ; 〘石工〙鞍目継ぎ, 鞍目地; 〘解〙《親指などの》鞍関節.

sáddle lèather サドルレザー《馬具用の, 牛のなめし革; これに似せたなめらかでつやのある革》.

sáddle òxfords *pl* SADDLE SHOES.

sád·dler *n* 馬具屋; 〘軍〙馬具係; *SADDLE HORSE.

sáddle ròof 〘建〙両切妻屋根.

sád·dlery *n* 馬具一式; 馬具類; 馬具製造業; 馬具屋, 馬具置場.

sáddle sèat サドルシート《Windsor chair などにある, 鞍状に湾曲した座部》.

sáddle shòes *pl* サドルシューズ (＝*saddle oxfords*)《甲革の色[材質]を他の部分と違えたオックスフォード型のカジュアルシューズ》.

sáddle sòap 革磨き石鹸.

sáddle·sòre *a* 《乗馬のあと》体が痛む; 〈馬が〉鞍ずれを起こした.

sáddle sòre 《合わない鞍による馬・人の》鞍ずれ.

sáddle stìtch 〘製本〙サドルステッチ《**1**) 一折丁形式の週刊誌・パンフレットなどを綴じる中綴じ, 鞍形綴じ **2**) 革ひもなどに施すかがり縫いの一種; また, 布地や革の縁に装飾として施すランニングステッチ》.
♦ **sáddle-stìtch** *vt*.

sáddle tànk サドルタンク《水のタンクがボイラーに鞍のようにまたがる形式の小型蒸気機関車》.

sáddle tràmp*《俗》馬に乗った放浪者.

sáddle·trèe *n* 鞍枠(くらぼね); 〘植〙ユリノキ (tulip tree).

sád·dling pàddock 《競馬場の》装鞍所; サドリングパドック《Melbourne の Theatre Royal のバーのニックネーム; 19 世紀に売春

婦がたむろしていた》; 《豪》《一般に知られた》デートの場所, 待合わせ場所.
sad·do /sǽdou/ *n* (*pl* ~s)ᴵᴵ《口》なさけない[ださい]やつ, 変人, おたく. [*sad*]
Sad·du·ce·an, -cae- /sæ̀ʤəsí:ən, -djə-/ *a* サドカイ派の.
Sad·du·cee /sǽʤəsì:/ *n* **1** サドカイ人(びと)《紀元前 2 世紀ごろから紀元 1 世紀に存在したユダヤ教の一派; 司祭の家系を中心とした裕福な上流階級を代表し, 復活・天使および霊魂の存在などを否定した; *2 Sam* 8:17》. **2** [*fig*] 物質主義者. ♦ **~·ìsm** *n* サドカイ派の信条[傾向, 見解]. [OE *sad(d)ucēas*<L<Gk<Heb=?descendant of Zadok]
sade ⇨ SADHE.
Sade /sá:d, séɪd, sǽd; *F* sad/ サド Comte **Donatien-Alphonse-François de** ~ ['Marquis **de** ~'] (1740–1814)《フランスの軍人・作家; 異常な性を描いたものが多い; cf. SADISM》.
sa·dha·ka /sá:dɪkə/ *n* 〖ヒンドゥー教〗修習士.
sa·dha·na /sá:dənə/ *n* 《インド》苦業, 修行; 《Tantrism などで siddhi に至るための》成就[観想]法, サーダナー. [Hindi<Skt]
sa·dhe, sa·de, tsa·de, tsa·di /(t)sá:di, -də/ *n* サーデー《ヘブライ語アルファベットの第 18 字》. [Heb]
sa·dhu, sad·dhu /sá:du/ *n* 《インド》賢人, 放浪の聖人. [Skt=holy man]
Sa·di, Sa·'dī, Saa·di /sá:di, -dí:/ サーディー (c. 1213–91)《ペルシアの詩人; 『果樹園』(*Būstān*), 『薔薇(ばら)園』(*Gulistān*)》.
Sa·die /séɪdi/ セイディー《女子名; Sara, Sarah の愛称》.
Sádie Háwkins 〖米〗セイディー・ホーキンズ《女の子が自分が選んだ男の子を同伴する(ダンス)パーティー》; セイディー・ホーキンズ デー (=**Sádie Háwkins Dày**)《そのような催しが行なわれる日; 毎年 11 月初めごろ》. [米国の漫画 *L'il Abner* 中の架空の祝日から]
sa·die-mai·sie /séɪdiméɪzi/ *n* 《俗》S AND M.
sád·iron *n* 《中空でない両尖の》火のし.
sa·dism /séɪdìz(ə)m, *sǽd-/ *n* **1** 〖精神医〗加虐(性)愛, サディズム《相手に苦痛を与えることで性的満足を得る異常性愛; cf. MASOCHISM》. **2** 《一般に》残虐好み[趣味]; 極端な残虐さ. ♦ **sá·dist** *n, a* サディスト(の); 残虐好みの(人). **sa·dis·tic** /sədístɪk/ *a* **-ti·cal·ly** *adv* [F; ⇨ SADE]
Sád·ler's Wélls /sǽdlərz-/ [〈*sg*〉] サドラーズ ウェルズ《London にある劇場; 1683 年に治療泉の娯楽施設として創設》.
sád·ly *adv* **1** 悲しいことに, 残念ながら: *S*~, the operation failed. 残念ながら手術は失敗だった. **2** 悲しんで, 悲しそうに, 悲しげに. **3** 《悲しくなるほど》ひどく, 全く: be ~ mistaken 大間違いである / He will be ~ missed. 彼がいなくなるととてもさびしくなる. ► *a*ᴵᴵ《方》気分がすぐれない.
sád·ness *n* 悲哀, 悲しみ; 悲しい事.
sado-maso /séɪdoumǽsou, sǽd-, -zou/ *a* SADOMASOCHISM の, サド-マゾの, SM の. ► *n* SADOMASOCHIST.
sado·másochism /sèɪdou-, sæ̀d-/ *n* 〖精神医〗サド-マゾヒズム《サディズムとマゾヒズムが同一人に重複して現われること》. ♦ **-ist** *n* **-masochístic** *a*
Sa·do·wa /zɑ:dóuvɑ:, sá:dəvà:/ サドヴァ《チェコ Bohemia 北東部の村; 1866 年普墺戦争でプロイセンが決定的勝利をおさめた地》.
sád sàck*《口》のろま, ぼんやり者, さえないやつ, へまばかりする兵隊. ♦ **sád-sàck** *a* [第二次大戦中の George Baker の漫画 *The Sad Sack* から]
sae /séɪ/ *adv* 《スコ》so¹.
SAE self-addressed envelope ♦〖米〗Society of Automotive Engineers 自動車技術者協会 ♦ °stamped addressed envelope.
SAE number /èsèɪí: —/ 〖機〗SAE 粘度番号《潤滑油の粘度を示す; 数が大きいほど高粘度》. [↑]
sae·ter /sétər, séɪ-/ *n* スカンディナヴィア山地の夏期牧場(の小屋). [Norw<ON *setr* SEAT]
sae·va in·dig·na·tio /sáɪwɑ: ìndɪgná:tiou/ 激しい怒り, 憤怒. [L=fierce indignation]
sa·fa /sá:fɑ:/ *n* 〖インド〗サーファー《男子がかぶるターバンの一種》. [Hind<Arab]
Sa·far /səfá:r/ *n* 〖イスラム〗サファル《イスラム暦 (⇨ ISLAMIC CALENDAR) の第 2 番目にあたる月》. [Arab]
sa·fa·ri /səfá:ri, -fǽri/ *n* 《東アフリカの》狩猟隊, 探検隊; 《狩猟・探検などの》遠征旅行, サファリ, 《一般に》冒険旅行; 《東アフリカ》留守, 長期不在[旅行]: on ~ サファリに行って, 旅行に出て. ► *vi* サファリを行なう. [Swahili<Arab (*safara* to travel)]
safári bòots *pl* サファリブーツ《綿ギャバジンのブーツで, 通例 足部はサンダル》.
safári hàt サファリハット《サファリルックで用いる粗目の帽子》.
safári hòliday サファリツアー.
safári jàcket サファリジャケット《腰ベルトのあるベローズポケット付きのジャケットで, 通例 綿ギャバジン製》.
safári pàrkᴵᴵ サファリパーク (animal park*).
safári shìrt サファリシャツ《bush jacket に似たシャツ》.
safári sùit サファリスーツ《safari jacket と, 共ぎれの(半)ズボン[スカート]の組合わせ》.
Sa·fa·wid, -vid /səfá:wɪ:d/ *n* [the ~s]〖史〗サファヴィー朝《イラン最大の民族王朝 (1502–1736)》; サファヴィー朝の人. [Arab *Ṣafawī*; ペルシアの神秘主義者 Ṣafī od-Dīn (1252–1334) に由来]
safe /séɪf/ *a* **1 a** 安全な, 危険のない 〈*from*〉 (opp. *dangerous*); [arrive, bring, keep などの補語として] 安全に, 無事に[で]; 〖野〗セーフの: (as) ~ as anything [《口》houses] このうえなく安全な / ~ and sure 安心して使える, 確かな / Better (be) ~ than sorry. 《諺》用心に越したことはない / They all *arrived* ~. みんな無事到着した. **b** 逃げられる心配のない, (捕えられて)加害のおそれのない: The criminal is ~ in prison. 犯人はちゃんと刑務所に入れてある. **2 a** 間違いのない, 無難な: It is ~ to say [You are ~ in believing] that …と言っても[信じても]さしつかえない. **b** …の可能性のある, 確かに…する 〈*to* be, *to* do〉; 《勝利などが》確実な: He is ~ *to* get in. 当選確実だ / SAFE SEAT / a ~ first 1 着が堅い人 / a ~ one ['un] 〖競馬〗優勝確実な馬 / *S*~ bind, ~ find. 《諺》ちゃんとしとけばちゃんと見つかる. **c** あぶなげのない, 着実な, 信頼できる; 慎重な; 大事をとりすぎる, おもしろみに欠ける: a ~ catch あぶなげない捕球; 名捕手 / a ~ person to confide in 打ち明けても心配のない人 / from a ~ quarter 確かな筋から. **d** [°well ~]ᴵᴵ《俗》よい, まともな, かっこいい《若者の用語》. **3** 《廃》〈精神・心が〉健全な (healthy, sound). ● **in ~ hands** 信頼できる人(の手)に(預けられて). PLAY (**it**) **~.** **~ and sound** 無事に〈着く〉. **to be on the ~ side** 大事をとる, 余裕をもつ: It is best *to be on the ~ side*. 《諺》大事をとるに越したことはない. ► *n* (*pl* ~s) 金庫; MEAT SAFE; [the]ᴵᴵ《スリ仲間で》チョッキの内ポケット; 鞍ずれ止め革; *《俗》コンドーム. ♦ **~·ness** *n* 安全; 無事; 確実; 大事をとること. [AF *saf*, OF *sauf*<L *salvus* uninjured, healthy; cf. SAVE¹]
sáfe àrea 安全地帯《戦闘地域近くの軍事攻撃から護られている地帯》.
sáfe·blòw·ing *n* 《金庫破りの》金庫爆破. ♦ **-blòw·er** *n* 《爆薬を用いる》金庫破り《人》.
sáfe·brèak·er *n* 金庫破り《人》.
sáfe-cónduct *n* 《戦時の》安全通行権; 《安全通行の》旅券; 護送: in [with, under, upon] (a) ~ 安全通行を許されて. [OF *sauf-conduit*]
sáfe·cràck·er *n* 金庫破り《人》. ♦ **-cràck·ing** *n*
sáfe-depòsit *a* 安全に保管する: a ~ company 貸金庫会社 / a ~ box [vault] 貸金庫[金庫室]《地下室などにある》.
sáfe depòsit 《貴重品などの》安全保管庫[所], 金庫.
Sa·fed Koh /səféd kóu/ サフェドコー《アフガニスタン東部, Kabul の南東に位置し, パキスタンとの国境沿いに連なる山脈; Hindu Kush 山脈の南部を形成》.
sáfe·guàrd *vt* 保護する; 護送する, 護衛する. ● **~** (sb) **against**… (人を)…から守る; …を防ぐ. ► *n* 保護, 防衛; 保護[防衛]手段, 保障措置; 《機械などの》安全装置; 保障条項[規約] 〈*against*〉; 安全通行券; 護衛兵. ♦ **~·ing** *n* 《特に》(輸入税による)産業保護. [AF *salve garde*, OF]
sáfe háven 安全な避難場所; 《難民などへの》保護.
sáfe hít 〖野〗安打, ヒット (base hit).
sáfe hòuse 《スパイなどの連絡用の》隠れ家, アジト; 《犯罪者から護るための》保護施設.
sáfe·kèep *vt* 保護[保管]する. [逆成<↓]
sáfe·kéep·ing *n* 保管, 保護: be *in ~ with* sb 人の所に保管してある.
sáfe·lìght *n* 〖写〗安全光《暗室用》.
sáfe·ly *adv* 安全に, 無事に, 問題なく: It may ~ be said (that…と)言ってもさしつかえない.
saf·en /séɪf(ə)n/ *vt* 安全にする, 無害にする; …の毒性を緩和する. ♦ **~·er** *n* 毒性緩和剤.
sáfe pássage SAFE-CONDUCT.
sáfe pèriod 《月経前後の, 妊娠の可能性の最も少ない》(避妊)安全期間.
sáfe séatᴵᴵ 確実に取れる[計算できる]議席[選挙区].
sáfe séx セーフセックス《コンドームの使用などによってエイズその他の感染を予防して行なう性行為》.
safe·ty /séɪfti/ *n* **1** 安全, 無事, 無難; 安全な場所; 安全性[率]: a ~ measure 安全対策 / a gun at ~ 安全装置をかけた銃 / flee for ~=seek ~ in flight 避難する / in ~ 無事に, 安全に / with ~ 危険を伴わずに, 難なく, 無事に / SAFETY FACTOR / There is ~ in numbers. 《諺》数の多いほうが安全, 仲間が多けりゃ心強い. **2** 安全策, 安全装置; 《口》SAFETY BICYCLE [BOLT, RAZOR]; 《俗》コンドーム (safe). **3 a** 〖野〗安打 (safe hit). **b** 〖アメフト〗セーフティー《オフェンス側のボール保持者が自軍エンドゾーン内でタックルにあったりしてボールをダウンしたり, ボールが自軍ゴールライン後方でアウトオブバウンズになったりするプレーで, ディフェンス側の 2 点となる; cf. TOUCHBACK》; SAFETYMAN. **c** 〖玉突〗セーフティー《相手がポケットしにくい配置になるように撞くこと》. ● **play for ~** 大事をとる《やまをかけない》. **~ first** 安全第一《危険防止の標語》. ► *vt* 安全にする, …に安全装置をかける; 〈ナットなどを〉しっかり固定する. [OF<L; ⇨ SAFE]
sáfety bèlt 救命帯 (life belt); 《自動車・飛行機などの》シートベルト; 命綱. ● **Fasten your ~!**=Hang on to your HAT!

sáfety bìcycle 《古》安全自転車《現在普通に用いられているもの; cf. ORDINARY》.
sáfety bòlt 《銃などの》安全装置;《門・扉などの, 片側からだけ開けられる》安全ボルト.
sáfety càge セーフティーケージ《**1**)【車】車内の人間を衝突事故などから守るために座席部分を囲むように組み込まれた補強支柱枠 **2**) 落下防止装置の付いた昇降機のかご》.
sáfety càtch 【機】安全つかみ《エレベーターなどが故障を起こしたときに停止する装置》;《銃などの》安全装置.
sáfety chàin 《ドアの》安全鎖, 安全チェーン, ドアチェーン;《ブレスレットなどの》安全鎖《留め金具が開いたときの落下防止用》;【鉄道】《車両連結用の》保安鎖.
sáfety cùrtain 《劇場の》防火幕《アスベスト・金属製》.
sáfety-depòsit *a* SAFE-DEPOSIT. ♦ **sáfety depòsit** *n* SAFE DEPOSIT.
sáfety explòsive 安全爆薬[火薬].
sáfety fàctor 【機】安全率 (factor of safety), 安全係数;《安全面の》余地, 安全度.

S

sáfety fìlm 【写】不燃性フィルム.
sáfety fùse 《爆薬の》安全な導火線;【電】ヒューズ.
sáfety glàss 《われても破片の散乱しない》安全ガラス.
sáfety hàrness 《車などの》'安全ベルト'《安全ベルトとストラップからなる》.
sáfety hàzard 安全の障害となる物, 危険物.
sáfety ìsland [ìsle] 《街路, 特に 車道内の》安全島(とう).
Sáfety Íslands *pl* [the] セーフティー諸島《南米 French Guiana 沖の Devil's Island ほか 2 島からなる仏領の島群; フランス語名 Îles du Salut》.
sáfety làmp 安全灯《鉱山用》.
sáfety lòck 安全錠;《銃などの》安全装置.
sáfety·màn *n*【アメフト】セーフティーマン (= *safety*)《守備陣の最後部に位置する者》.
sáfety màtch 安全マッチ《現在最も普通のマッチ》.
sáfety nèt 《サーカスなどの》安全ネット; 安全を保障するもの, 安全策.
sáfety órange セーフティーオレンジ, 明るいオレンジ色 (= *blaze orange*).
sáfety pìn 安全ピン.
sáfety plày 【ブリッジ】安全策, セーフティープレー《余計にトリックを取ろうとせず, 確実にコントラクト達成を目指すプレー》.
sáfety ràzor 安全かみそり.
sáfety rècord 安全面の信頼性[実績].
sáfety shòes *pl* 安全靴《**1**) 足指先を保護する補強具付きの靴 **2**) 引火物取扱者などの, 火花発生防止底の靴》.
sáfety squéeze 【野】セーフティースクイズ《打者のバント成功を確認してから三塁走者がスタートするスクイズプレー》.
sáfety vàlve **1**《ボイラーの》安全弁; [*fig*]《感情・精力などの》はけ口: act [serve] as a ~ 安全弁の役をする / open the ~ 安全弁をあける; 抑圧されたものにはけ口を与える. **2**【アメフト】セーフティーバルブ《標的のレシーバーが見つからないときやパスラッシュのプレッシャーをうけたとき, クォーターバックが安全弁ともいうべきバックスの選手にショートパスすること》. ● **sit on the ~** 抑圧手段をとる.
sáfety zòne*《道路上の》安全地帯.
Sáfe·wày セーフウェー《米国の大手スーパーマーケットチェーン Safeway Inc. の店》.
saf·fi·an /sǽfiən/ *n* モロッコ革, サフィアン (= ~ **lèather**)《スマック (sumac) でなめして鮮麗な黄色または赤色に染めた羊[ヤギ]の革》. [Russ and Turk<Pers]
saf·flo·rite /sǽflərὰɪt/ *n*【鉱】サフラン鉱, サフロライト.
saf·flow·er /sǽflὰʊər/ *n*【植】ベニバナ; 紅花《紅色染料》.
sáfflower òil ベニバナ油, サフラワーオイル《ベニバナの種子から採る食用乾性油》.
saf·fron /sǽfrən/ *n* **1 a**【植】サフラン (= ~ **cròcus**). **b** サフラン《その黄色の花の柱頭を乾かしたもの; もと薬用, 今は主に染料・香味料》. **2** サフラン色 (= ~ **yéllow**)《だいだい色ないし黄色》. ► *a* サフラン色の. ♦ **sáf·frony** *a* サフラン色がかった. [OF<Arab]
sáffron càke サフラン(で風味をつけた)菓子パン《イングランド Cornwall 地方の伝統的な菓子》.
sáffron fìnch 【鳥】キンノジコ《南アフリカ原産》.
Sa·fi /sǽfi; *F* safi/ サフィー《モロッコ西部の市; 大西洋に臨む港町》.
Sa·fid Rud /sæfí:d rú:d/ [the] サフィド川《イラン北部を流れてカスピ海に注ぐ》.
saf·ing /séɪfɪŋ/ *a*【宇】故障などの場合に安全側に作動する, フェールセーフの.
S. Afr. South Africa(n).
saf·ra·nine /sǽfrənì:n, -nən/, **-nin** /-nən/ *n*【化】サフラニン《紅色の塩基性染料; 羊毛・絹・顕微標本の染料》.
saf·rol(e) /sǽfròʊl/ *n*【化】サフロール《香水用》.
saft /sá:ft, sǽft/ *a, adv, n, int*《スコ》SOFT.
sag[1] /sǽg/ *v* (**-gg-**) *vi* **1 a**〈道路などが〉下がる, 沈む;〈門・橋などが〉かしぐ;〈天井・梁(はり)・枝・綱などが〉たるむ, たわむ 〈*away* (*from*), *down*; *under* the weight of sth〉;〈ろうそくなどが〉曲がる. **b**【海】〈風下へ〉流される 〈*to* leeward〉; だらだら進む. **2**〈気分などが〉くじける, 弱る, だらける 〈*with*〉;《老化・疲労などで》たるむ, だれる; 倒れ込む, ぐったりする;【商】〈相場などが〉下落する: a *sagging* mind めいった心. **3**〈映画などが〉失敗する, こける, 中だるみする. **4***《俗》サボる, ずるける, ずる休みする 〈*off*〉. ► *vt* たるませる, 垂下させる. ► *n* 垂れ, たるみ, 流れ, 垂下, サグ;【海】サグ《竜骨中央のたわみ》;【冶】もたれ《鋳物の断面寸法の小化》;《道路の》沈下(箇所), サグ;【商】《相場の》下落, 軟調;【海】《風下への》漂流;《米中西部の》漂粘土の沼地. [Scand; cf. Swed *sacka*, Du *zakken* to subside]
sag[2], **saag** /sá:g/ *n*《インド》葉物野菜, ホウレンソウ《など》. [Hindi]
SAG 【米】°Screen Actors Guild.
sa·ga /sá:gə/ *n* サガ《北欧中世の散文物語》; [°*joc*] 武勇談, 冒険談; (長篇)歴史物語; SAGA NOVEL;《口》込み入った一連のできごと, …談 〈*of*〉: the ~ of their escape 彼らの脱出の顛末. [ON=narrative; SAW[3], OE *secgan* to SAY[1] と同語源]
sa·ga·cious /səgéɪʃəs, sɪ-/ *a* 賢明な, 利口な; 機敏な;〈動物が〉人間のように賢い;《廃》〈猟犬が〉臭覚の鋭い. ♦ **~·ly** *adv* **~·ness** *n* [L *sagac- sagax*]
sa·gaci·ty /səgǽsəti, sɪ-/ *n* 賢明; 機敏.
sag·a·more /sǽgəmɔ̀:r/ *n*《New England 地方のアメリカインディアンの》副首長,《時に》首長 (sachem). [Abnaki=he overcomes]
Sa·gan **1** /séɪgən/ セーガン **Carl** (**Edward**) ~ (1934–96)《米国の天文学者・科学解説者》. **2** /*F* sagɑ̃/ サガン **Françoise** ~ (1935–2004)《フランスの作家; 本名 Françoise Quoirez》.
sag·a·na·ki /sὰgənά:ki/ *n* サガナキ《ギリシア料理で, チーズにパン粉[小麦粉]をつけてバターで揚げた前菜》.
sága nòvel 大河小説 (roman-fleuve).
sage[1] /séɪʤ/ *a* 賢い, 賢明な; 思慮深い, 経験に富む; [*iron*] 賢人[哲人]ぶった, 賢(さか)しらな;《古》謹厳な. ► *n* 賢人, 哲人; [*iron*] 賢人ぶった人: the *S*~ of Chelsea チェルシーの哲人《Carlyle》/ the *S*~ of Concord コンコードの哲人《Emerson》/ the seven ~*s* (of Greece) 古代ギリシアの七賢人《Solon, Thales など》. ♦ **~·ly** *adv* **~·ness** *n* [OF (L *sapio* to be wise)]
sage[2] *n* **1 a**【植】ヤクヨウサルビア, セージ,《広く》サルビア. **b** サルビアの葉, セージ《薬用・香味料用》. **2** SAGEBRUSH. **3** SAGE GREEN. [OF<L SALVIA]
ságe·brùsh *n*【植】米国西部の不毛地に多いヨモギ.
ságe·brùsh·er *n**《俗》西部劇,《小説の》西部物.
Ságebrush Stàte [the] ヨモギ州《Nevada 州の俗称》.
ságe chèese セージチーズ《セージで香味と色をつけたチェダーチーズ》.
ságe Dèrby セージダービー《セージで香味をつけたダービーチーズ》.
ságe grèen サルビア(の葉の)色, 灰緑色.
ságe gròuse 【鳥】キジオライチョウ《北米西部産; sagebrush を食する; 雄は **ságe còck**, 雌は **ságe hèn**》.
ságe spàrrow 【鳥】クロフヒメドリ《北米西部産》.
sa·gesse /*F* saʒɛs/ *n* 思慮分別, 知恵.
ságe tèa サルビアの葉の煎薬.
ságe thràsher 【鳥】ウタイマネシツグミ《北米西部産》.
sag·ger, sag·gar /sǽgər/ *n* さや《耐火土製の保護容器, 中に上質陶器を入れてかまで焼く》. ► *vt* [-ger] さやに入れて焼く. [? *safeguard*]
ság·gy *a* 垂下した, たるんだ.
Sa·ghal·ien /sὰ:gɑ:ljén, sɑgá:ljən/ SAKHALIN の旧称.
Sa·git·ta /sədʒítə; -gítə, -ʤítə/【天】や座 (矢座) (Arrow); [s-]【数】矢《円弧の中点から弦の中点までの長さ》;【動】[s-] ヤムシ, [*S*-] ヤムシ属. [L=arrow]
sag·it·tal /sǽʤətl/ *a*【解】《頭蓋の》矢状縫合の;【解】矢状方向の《矢状縫合の方向に位置すること, すなわち体の正中面に平行な断面についていう》; 矢の, 矢(じり)状の. ♦ **~·ly** *adv*
ságittal crést 【動】矢状稜《哺乳類の頭頂骨の矢状縫合に沿う骨稜; ヒトではエスキモーなどに見られる》.
ságittal pláne 【解】矢状面.
ságittal súture 【解】《頭蓋の》矢状縫合.
Sag·it·tar·i·us /sæ̀ʤətέəriəs/ (*pl* **-tar·ii** /-riὰɪ/)【天】いて座 (射手座) (Archer)《星座》,《十二宮の》人馬宮 (⇨ ZODIAC); いて座生まれの人 (= **Sàg·it·tár·ian**). [L=archer; ⇨ SAGITTA]
sag·it·tary /sǽʤətèri; -t(ə)ri/ *n*【ギ神】CENTAUR. ► *a*《まれ》矢の(ような).
sag·it·tate /sǽʤətèɪt/, **sa·gít·ti·fòrm** /səʤítə-/ *a*【植・動】矢じり状の.
sa·go /séɪgoʊ/ *n* (*pl* ~**s**) サゴ《サゴヤシの髄から製した澱粉》; サゴプリン《タピオカの代わりにサゴ粉 (sago flour) で作った粒を入れた milk pudding に似たデザート》; SAGO PALM. [Malay]
ságo flòur サゴ粉《プリンなどの材料》.
ságo gràss 《豪》【植】ゴウシュウスズメノヒエ, サゴグラス《家畜の飼料用》.
ságo pàlm 【植】**a** サゴヤシ《南洋産; 樹幹から sago を採るヤシの総称》. **b** ソテツ.

Sa·gres /sɑ́ːgriʃ/ サグレシュ《ポルトガル南西端 St. Vincent 岬のすぐ東の村》.
Sa·guáche Móuntains /səwǽtʃ-/ *pl* [the] SAWATCH MOUNTAINS.
sa·gua·ro /sə(g)wɑ́ːrou/, **-hua-** /-wɑ́ː-/ *n* (*pl* ～**s**)〘植〙ベンケイチュウ (=*giant cactus*)《非常に背の高いキタハシラサボテン; Arizona 周辺原産》.［AmSp］
Sag·ue·nay /sǽgənèɪ, ⏤⏤⏤/ [the] サグネー《**1**) カナダ Quebec 州南部, St. John 湖に発して St. Lawrence 川へ注ぐ川 **2**) 16 世紀フランスの航海者 Jacques Cartier が捜し求めた, Ottawa 川上流にあるとされた王国》.
Sa·guia el Ham·ra /səgíːə ɛl hǽmrə/ サギア・エル・ハムラ《西サハラの北部》.
Sa·gun·to /səgúntou/ サグント《スペイン東部 Valencia 県の町; 旧称 Murviedro》.
ság wàgon〘自転車レース〙落後車を拾う追走自動車.
sagy /séɪʤi/ *a* セージ (sage) で味をつけた[を入れた].
sa·hab /sɑ́ː(h)ɑːb/ *n* SAHIB.
Sa·hap·tin /səhǽptən/, **-tian** /-tiən/ *n* **a** (*pl* ～, ～**s**) サハプティン族《Oregon 州北東部, Washington 州南東部に居住していた先住民》. **b** サハプティン語.
Sa·hara /səhǽrə, -hɛ́rə, -hɑ́ːrə; -hɑ́ːrə/ [the] サハラ砂漠《アフリカ北部に広がる大砂漠》;《広く》砂漠, 不毛の地, 荒野. ◆ **Sa·há·ri·an** /-iən/, **Sa·har·ic** /səhǽrɪk/ *a* サハラ砂漠の(ような); 不毛の.［Arab=desert］
Sahára Árab Democrátic Repúblic [the] サハラアラブ民主共和国《1976 年に Polisario が Western Sahara の独立を宣言して樹立した国》.
Sa·há·ran *n*〘言〙サハラ諸語《チャドおよび近隣の地域で用いられる; Nilo-Saharan 語族の一つ》. ▶ *a* サハラ諸語の; サハラ砂漠の; 不毛の.
Sa·ha·ran·pur /səhɑ́ːrənpùər/ サハーランプル《インド北部 Uttar Pradesh 北西端の市》.
Sa·hel /sɑ́ːhɪl, səhíl; səhɛ́l/ [the] サヘル《サハラ砂漠に南接する半砂漠化した広大な草原地帯; モーリタニア・セネガル・マリからチャドに及ぶ》;《一般に》砂漠に隣接するサバンナ[ステップ]地域. ◆ **Sa·hel·ian** /səhíːljən/ *a*［F＜Arab=coast］
sa·hib /sɑ́ː(h)ɪb/《インド》*n* (*fem* **-hi·ba(h)** /-bə/; cf. MEMSAHIB) 閣下, 大人(たいじん), だんな; [S-] …様, 閣下, 殿;《口》白人,《特に》英人, 紳士: a PUKKA ～.［Hindi＜Arab=friend, lord］
Sa·hit·ya Akad·e·mi /sɑːhítjə ɑkɑ́ːdəmi/〘インド〙サーヒトヤ・アカデミー《インドの諸言語や英語による, インド文学の開発を目指す団体》.
sa·hi·wal /sɑ́ː(h)əvɑ̀ːl/ *n* [°S-]〘動〙サーヒワール《角が短く背にこぶのあるインド産の乳牛》.［パキスタンの町の名から］
Sah·ra·wi /sɑːrɑ́ːwi/ *n* (*pl* ～, ～**s**) サラーウィー族《西サハラの部族》.
sahuaro ⇨ SAGUARO.
saib·ling /záɪplɪŋ, sáɪb-/ *n*〘魚〙アルプスイワナ.［G］
saice ⇨ SYCE[1].
said[1] /sɛ́d, (弱) səd/ *v* SAY[1] の過去・過去分詞. ▶ *a* /sɛ́d/ [通例 the を冠して]〘法〙/[*joc*] 前記の, 上述の (aforementioned): *the* ～ person 当該人物, 本人. ★ 特許では the を付けない.
said[2] /sɑ́ːɪd/ *n* SAYYID.
Sa·id /sɑːíːd/ サイード **Edward W**(**adi**) [**W**(**illiam**)] ～ (1935–2003)《パレスティナ系米国人の比較文学者・批評家; 著書 *Orientalism* (1978) など》.
Sai·da, Saï-, Ṣay·dā /sáɪdə; sɑ́ːɪdə/ サイダー《SIDON のアラビア語名》.
Sa·ʻid ibn Sul·ṭān /sɑːíːd ìbən sultɑ́ːn/ サイード・イブン・スルターン (1791–1856)《オマーン・ザンジバル (Zanzibar) の統治者; 別名 **Sa·ʻid Say·yid** /⏤ sáɪəd/; ザンジバルを発展させ, 西部インド洋の貿易の拠点とした》.
sai·ga /sáɪgə/ *n*〘動〙サイガ《シベリア草原地帯産の羚羊》.［Russ＜Tartar］
sai·gnant /*F* sɛɲɑ̃/ *a* (*fem* **-gnante** /*F* -ɲɑ̃t/)〘料理〙血の出る, 生焼きの, レアの.
Sai·gon /saɪgɑ́n/ サイゴン《HO CHI MINH CITY の旧称》.
sail /séɪl/ *n* **1 a** 帆;《ある船の》帆《集合的に, 一部または全部》: fill the ～ 帆に風をはらませる / furl a ～ 帆をたたむ / bend the ～ 帆を桁[支索など]に縛りつける / carry ～ 帆を揚げている / mend ～ 帆を巻きなおす / shorten ～ 帆を減らす, 帆をしぼる / take ～ 乗船する / hoist ～ 帆を揚げる, 出発する, 立ち去る / Hoist your ～ when the wind is fair.《諺》順風の時に帆を揚げよ《好機に行動せよ》/ more ～ than ballast 実質より見え. **b** (*pl* [U]～) 帆船; 船舶, …隻: *S*～ ho!〘海〙船が見えるぞ!《警報》/ thirty ～ 30 隻の船舶. **c** [～s, 〈*sg*〉]〘英史〙掌帆長; [～s, 〈*sg*〉]《海俗》帆製作[修理]者. **d** [the S-]〘天〙ほ座(帆座) (Vela). **2** [[U]*sg*] 帆走, 航海, 航行; 航程: go for a ～ 帆走に出かける. **3** 帆形のもの;《特に》風車の翼, 風受け《集合的にも》;《潜水艦の》展望塔;《詩》《鳥の》翼;〘魚〙《バショウカジキ (sailfish) などの》(帆状の)背びれ;《オウムガイの》触腕. ● **haul in** one's ～**s** [*fig*] 遠慮する, 差し控える. (**in**) **full** ～ 帆に風をはらませて; 総帆を揚げて. **in** ～ 帆を揚げて; 帆船に乗って. **lower** one's ～ 帆を下ろす; 降参する. **make** ～ 帆を揚げる; 出帆する; (速力を加えるために)帆を増やす. **reef** one's ～**s** 活動範囲を狭める; 努力[活動]を手控える. **set** ～ **for**…へ向けて出帆する. **strike** ～ 帆を下ろす《強風の時の, または 敬意・降服の信号》; 降参する. **take in** ～=shorten SAIL; [*fig*] 欲望などを抑制する. **take the** WIND[1] **out of** [**from**] sb's ～**s**. **trim** one's ～**s** (**before** [**to**] **the wind**) 帆を調節する; [*fig*] 臨機の処置をとる, 妥協をはかる. **under** (**full**) ～ (総)帆を揚げて; (全力)航行中で.
▶ *vi* **1**〈船・人が〉帆走する; 船で行く, 航海する;〈船が〉出帆する,〈人が〉船で旅立つ; 帆船で船旅をする[遊覧する]; 船をあやつる: a steamship ～*ing for* [to] London ロンドン行きの汽船 / We are ～*ing* at noon. 正午に出帆します / ～ with a large [scant] wind 十分に風[ほとんど逆風]をうけて航行する / ～ *against* the wind 風に逆らって進む. **2**〈水鳥・魚が〉泳ぎ進む,〈鳥・航空機が〉空を飛ぶ;〈雲・月が〉浮かぶ, 浮動する;〈特に 女性が〉さっそうと[もったいぶって]歩く;《口》スーッと動く; [*fig*]〈税関・試験を〉楽々通る[パスする, なし遂げる]〈*through*〉: The moon was ～*ing* high. 月が中天にかかっていた. ▶ *vt*《文》〈船・人が海を〉渡る, 航海する;〈空を〉かける;〈船・ヨットを〉走らせる, 操縦する;〈おもちゃの舟を〉浮かべる. ● ～ **close to** [**near** (**to**)] **the** WIND[1]. ～ **into** [**in**] (…に)入港する; (…に)さっそうとはいる;〈船などが〉…に衝突する;《口》勢いよく(行動を)開始する;《口》…を攻撃する, 罵倒する, しかりつける. ～ **large** 帆に十分の風をうけて走る. ～ **under** FALSE COLORS.
◆ ～**·able** *a* ～**ed** *a*［OE *seg*(*e*)*l*; cf. G *Segel*］
sáil àrm 風車の腕, 翼 (whip).
sáil àxle 風車の腕の回転軸.
sáil·bòard *n* セールボード《**1**) 1–2 人乗りの小さな平底帆船 **2**) ウインドサーフィン用ボード》; [*pl*]*《俗》《人の》足 (the feet).
sáil·bòard·ing *n* ウインドサーフィン (windsurfing).
◆ **-bòard·er** *n* ウインドサーファー.
sáil·bòat* *n* 帆船, ヨット (sailing boat[II]). ◆ ～**·er** *n* ～**·ing** *n*
sáil·clòth *n* 帆布, ズック; 粗麻布《衣服・カーテン用》.
sáil·er *n* 船; 帆船: a good [fast] ～ 船足の速い船 / a heavy [bad, poor, slow] ～ 船足のおそい船.
sáil·fìsh *n*〘魚〙**a** バショウカジキ《背びれが帆に似ている》. **b** ウバザメ (basking shark).
sáil-flùke *n*〘魚〙欧州産のヒラメの一種 (megrim).
sáil·ing *n* 帆走[航行](法), 航海(術); ヨット競技; 航行力, 速力; 出帆, 出航, 出港: GREAT-CIRCLE SAILING, PLAIN [PLANE] SAILING / the hours of ～ 出航時刻 / a list of ～*s* 出航表. ▶ *a* 帆走の; 船の; 船出[出帆]の.
sáiling bòat[II] 小型帆船, ヨット (sailboat*).
sáiling dày《客船の》出航日;《貨物船の》貨物の受付け締切日.
sáiling màster《[II]ヨット・*軍艦の》航海長.
sáiling òrders *pl* 出帆命令(書), 航海指図(書).
sáiling schèdule 出港予定表; 配船表.
sáiling shìp [**vèssel**] 大型帆船, 帆前船.
sáil·less *a* 帆のない〈船〉; 帆影ひとつ見えない〈海〉.
sáil lòft 帆を縫う部屋; 製帆工場.
sáil·màker *n* 帆製造人[会社]; 縫帆手,〘米海軍〙縫帆(兵曹)長.
◆ **-màking** *n*
sáilmaker's pàlm 掌革, パーム (⇨ PALM[1]).
sáil òff* ヨット競走.
sail·or /séɪlər/ *n* **1** 船員, 海員, 船乗り,《特に》水夫, 水兵 (cf. OFFICER);〘米海軍〙上等兵 (seaman); 船旅をする人; *《俗》女に取り入ろうとする男: a ～ boy 少年[見習い]水夫 / a bad [poor, wretched] ～ 船に酔う[弱い]人 / a good ～ 船に酔わない[強い]人. **2 a** 水夫帽, セーラーハット (=～ hat)《婦人用の山が低くつばの狭い麦わら帽; 子供用のつばのそり上がった麦わら帽》. **b** SAILOR SUIT. ● **a** ～ **before the mast** 平水夫, 平水兵. **spend** (**money**) **like a** ～ (金を)湯水のように使う. ◆ ～**·ly** *a* 船乗りらしい, 海員に適した. ～**·lìke** *a*［C17 (変形)〈*sailer* (-*er*[1])］
sáilor cὸllar 水兵襟, セーラーカラー《折り襟》.
sáilor hàt セーラーハット (⇨ SAILOR).
sáilor·ing *n* 水夫[船乗り]生活, 水夫の仕事.
sáilor·màn /, -mən/ *n*《卑》/[*joc*] SAILOR.
sáilor's-chóice *n* (*pl* ～)〘魚〙米国大西洋沿岸・メキシコ湾の食用魚《特に イサキ科やタイ科の小魚》.
sáilor's fárewell《俗》別れ際ののしりことば.
sáilor's fríend [the]《海口》月 (the moon).
sáilors' hóme 海員宿泊所, 海員保護所, 海員会館.
sáilor's-knòt *n*〘植〙北米産のフウロソウの一種.
sáilor's knòt 水夫の結索(法);《ネクタイの》船員結び.
sáilor sùit 船員[水夫, 水兵]服;《子供用》水兵服, セーラー服.
sáil-òver *n*《ヨットレースで》艇がゴールに進まずに行きつ戻りつすること.
sáil·plàne *n* セイルプレーン《翼面荷重の小さいグライダー》. ▶ *vi* セイルプレーンで滑空[滑翔]する. ◆ **sáil·plàn·er** *n*
sáil yàrd〘海〙帆桁(ほげた).

Sai·maa /sáɪmɑ̀ː/ [Lake] サイマー湖《フィンランド南東部にある湖》.
sai·min /sáɪmín/ *n* サイミン《Hawaii の麵(入りスープ)》. [Chin 細麵]
sain[ᴵᴵ] /séɪn/ 《古·方》 *vt* 十字を切って聖別する[祝福する, …の災いを払う], …に十字を切る; 清める, 祝福する (bless): ～ *oneself* 十字を切る. [OE *segnian*]
sain·foin /sǽnfɔ̀ɪn, séɪn-/ *n* 〔植〕イガマメ《飼料·緑肥用》. [F＜L＝healthy hay]
Sains·bury's /séɪnzbèriz; -b(ə)riz/ セインズベリーズ《英国のスーパーマーケットチェーン; 1869 年創業》.
Sáinsbury Wìng [the] セインズベリーウイング《London の Trafalgar 広場に面する National Gallery 本館の西側に増築されたウイング; スーパーマーケットを経営する Sainsbury 一族の寄付によって建設されたもので, ルネサンスのコレクションを収蔵; 1991 年開館》.
saint /séɪnt/ *n* **1 a**〔カト〕聖人, 《一般に》聖徒, (天上の)福者, 聖者《地上の敬虔な生活のため天国で至福の状態にあると教会により公認されて聖列に加えられた人; 略 St, St., S. (*pl* Sts, SS.); ⇨ CANONIZATION》. **b** 《一般に》聖者, 高徳の人, 君子, 信心家; [*iron*] 聖人ぶる人: the (blessed) *S~s* 《神に選ばれて》天上に住む人びと, 在天の諸聖人 / By the *S~s* above, …. なんとしても…, 誓って…だ / (as) patient as a ～ きわめて忍耐強い / It would provoke [try the patience of] a ～. それではどんな人でも堪忍袋の緒を切らすだろう, 仏の顔も三度 / enough to make a ～ swear 聖人でも堪忍袋の緒を切らすような / SUNDAY SAINT / Young ～, old devil. 《諺》若いうちの信心はあてにならない. **c** [ᵘ*pl*] 天国に昇った人, 死者; 天使: the departed ～ 故人, 死者《特に 会葬者の用語》. **d** [ᴼS-] ある宗派の信徒の自称,〔聖〕神の選民, キリスト教徒: LATTER-DAY SAINT. **e** [The S-] 聖者《泥棒紳士 SIMON TEMPLAR のあだ名》. **2** 《学派·運動·組織などの》創始者, 祖, 後援者. ★(1) 人名·地名の前に付けて用い (しばしば St. と略して) St. Paul, St. Helena のように書く; この場合の発音は通例 弱く /sèɪnt, seɪnt, sənt, sn(t)/ となる. (2) この辞書では聖人名は St. を除いた見出し語の項に含め (例 *St.* George ⇨ GEORGE¹), 地名その他の複合語はそのまま見出し語とし, St. は Saint とつづるときの語順で出した. ★ドイツ語では Sankt《略 St(.)》; フランス語では Saint《略 S(.), St(.)》, *fem* Sainte《略 S(.), Ste(.)》; イタリア語·スペイン語では San, Santo, Santa《性·語形による》; ポルトガル語では São, Santa《性·語形による》. ● **Suffering ～s!** ⇨ SUFFER. ► *vt* [ᵘ*pp*] 聖人とする, 列聖する (⇨ SAINTED).
♦ **～·lìke** *a* [OF＜L *sanctus* holy (pp)＜*sancio* to make sacred]
Sàint Ágnes'(s) Éve 聖アグネスの日の前夜《1 月 20 日の夜; この夜少女がある種の儀式を行なうと未来の夫の姿が見られるとの俗信がある》.
St. Al·bans /-ɔ́ːlbənz/ セントオールバンズ (*L* Verulamium)《イングランド南東部 Hertfordshire の市; 聖 Alban の殉教の地に建てられた修道院の周囲に建設された町》.
St. Ándrews セントアンドルーズ《スコットランド東部 Fife 参事会地域の市; スコットランド最古の大学 (the University of ～, 1413 年創立) があり, また Royal and Ancient の創立以来ゴルフのメッカ》.
Sàint Ándrew's cróss 聖アンデレ十字《X 字形; 特に 青地に白はスコットランドの旗章; ⇨ ANDREW》.
St. Anthony pig ⇨ ANTHONY.
Sàint Ánthony('s) cróss 聖アントニウス十字 (tau cross)《T 字形の十字》.
Sàint Ánthony's fíre 〔医〕聖アントニー熱《麦角中毒·丹毒などの皮膚の炎症》.
St. Áugustine セントオーガスティン《Florida 州北東部の市·港町; 1565 年スペイン人が建設した米国最古の町》.
sàint áugustine gráss [ᴼS- A- g-]〔植〕アメリカシバ, イヌシバ《砂防·芝生用》.
Saint Bar·thé·le·my /sæ̃ bɑːrteɪləmíː/ サンバルテルミ《西インド諸島の Leeward 諸島に属する小島; フランスの海外準県》.
St. Barthólomew's Dày Mássacre 〔史〕聖バルトロマイ祭[サンバルテルミ]の虐殺《フランスで 1572 年 8 月 24 日に始まった旧教徒による新教徒の虐殺》.
Sáint Bernárd **1** サンベルナール《アルプスの 2 つの峠; GREAT [LITTLE] SAINT BERNARD》. **2**〔犬〕セントバーナード《白茶ぶちの大型犬; Saint Bernard 峠の修道院の遭難者救助犬にちなむ》. [Saint *Bernard* of Menthon]
Saint-Brieuc /*F* sɛ̃brjø/ サンブリュー《フランス北西部 Côtes-d'Armor 県の県都·市場町》.
St. Cath·a·rines /-kǽθ(ə)rənz/ セントキャサリンズ《カナダ Ontario 州南東部の工業都市》.
Sàint Chrístopher 聖クリストファーのお守り (＝～ **mèdal** [**pèndant**])《旅行[交通]の安全を祈願するための, Saint CHRISTOPHER を描いたメダル[ペンダント]》.
St. Chrístopher セントクリストファー《ST. KITTS の別名》.
Sàint Chrístopher and Névis セントクリストファーネヴィス《SAINT KITTS AND NEVIS の別名》.
St. Cláir **1** [Lake] セントクレア湖《米国 Michigan 州南東部とカナダ Ontario 州南東部の間にある湖》. **2** [the] セントクレア川《Huron 湖と St. Clair 湖を結ぶ川》.
St. Clem·ents /-klémənts/ セントクレメンツ《オレンジ果汁とレモネードなどのカクテル風ミックスジュース》. [ʻOranges and lemons, Say the bells of *St. Clement's*' で始まる童謡の歌詞にかけたもの]
St-Cloud /-kláʊd; *F* sɛ̃klu/ サンクルー《Paris 西郊の町》.
St. Croix /-krɔ́ɪ/ **1** セントクロイ, サンタクルス (*Sp* Santa Cruz)《西インド諸島の米国領 Virgin 諸島最大の島; cf. CRUZAN》. **2** [the] セントクロイ川《カナダ New Brunswick 州と米国 Maine 州間で国境をなす》.
Saint-Cyr-l'École /sæ̃síərleɪkɔ́ːl/ サン-シール-レコール《フランス中北部 Versailles の西にある町》.
St. Dávid's セントデーヴィッズ《ウェールズ南西部 Pembrokeshire の町; 12 世紀の大聖堂があり, ウェールズの守護聖人 St. David が祭られている》.
St-De·nis /sæ̃(t)dəníː/ サンドニ《**1**) Paris 北郊の市; ゴシック式修道院や, 多くの王墓がある **2**) インド洋にあるフランスの海外県 Réunion 島の中心都市》.
St. Dénis セントデニス **Ruth** ～ (1878–1968)《米国の舞踊家; 夫 Ted Shawn と共に近代舞踊の革新に努めた》.
sáint·dom *n* SAINTHOOD.
Sainte-Beuve /seɪntbə́ːv, sənt-/ サントブーヴ **Charles-Augustin** ～ (1804–69)《フランスの批評家·作家; *Port-Royal* (1840–59), *Les Causeries du Lundi* (1851–62)》.
sáint·ed *a* 聖人の列に加えられた, 列聖された《略 Std》; 高徳な; [*joc*] ごりっぱな; 神聖な; 聖人視[神格化, 偶像視]されている; 死んだ.
St. Elías Móuntains *pl* [the] セントエライアス山脈《カナダ Yukon 準州南西部と Alaska 南東部にまたがる山脈; 最高峰 Mount Logan (6050 m)》.
Sàint Él·mo's fíre [líght] /-élmoʊz-/ 聖エルモの火 (corposant)《あらしの夜にマストや飛行機の翼などに現われる放電現象で死の予兆とされる》.
St.-Émil·ion /*F* sɛ̃temiljɔ̃/ サンテミリオン《**1**) Bordeaux 地方の赤ワインの名品の産地 **2**) そのワイン: Château Cheval Blanc, Château Ausone, etc.》.
Saintes /*F* sɛ̃ːt/ サント《フランス西部 Charente-Maritime 県の町》.
Saint És·tèphe /*F* sɛ̃testɛf/ サンテステフ《Bordeaux 地方 Médoc 地区の赤ワイン》.
Saint-Étienne /sæ̃teɪtjén/ サンテティエンヌ《フランス中東部 Loire 県の県都》.
Saint Eu·sta·ti·us /sèɪnt juːstéɪʃ(i)əs/ セントユースタティウス《西インド諸島東部 Leeward 諸島北部の島; オランダ本土に属する特別自治体》.
Saint-Ex·u·pé·ry /*F* sɛ̃tɛgzyperi/ サンテグジュペリ **Antoine(-Jean-Baptiste-Marie-Roger) de** ～ (1900–44)《フランスの飛行家·作家; *Vol de nuit* (1931), *Pilote de guerre* (1942), *Le Petit Prince* (1943)》.
Sàint Fráncis [the] セントフランシス川《Missouri 州南東部, Arkansas 州東部を南流して Mississippi 川に合流する》.
St. Gáll /; *F* sɛ̃ gal/ サンガル《SANKT GALLEN のフランス語名》.
Sàint-Gáu·dens /-gɔ́ːdnz/ セントゴーデンズ **Augustus** ～ (1848–1907)《アイルランド生まれの米国の彫刻家》.
St. Geórge's **1** セントジョージズ《西インド諸島グレナダの首都·港町》. **2** 聖ジョージ病院《London にある》. **3** 聖ジョージ教会《London の Hanover Square にあり上流階級の結婚式場として有名》.
St. Geórge's Chánnel [the] セントジョージ海峡《ウェールズ南西部とアイルランドの間》.
Sàint Geórge's cróss 聖ジョージ十字《白地に赤の十字形でイングランドの国章に用いられる; St. George はイングランドの守護聖人》.
Sàint Geórge's Dày 聖ジョージの祭日《4 月 23 日》.
St. Geórge's múshroom 〔菌〕シロオオハラタケ (horse mushroom).
Saint-Germain(-en-Laye) /*F* sɛ̃ʒɛrmɛ̃(ɑ̃lɛ)/ サン-ジェルマン(-アン-レー)《フランス Paris 西郊外の町》.
St. Gott·hard /-gɑ́tərd/ **1** [the] サンゴタール《スイス中南部 Lepontine Alps の中の山群》. **2** サンゴタール峠《St. Gotthard 山群中の峠 (標高 2114 m)》; 《その峠の下を通る》サンゴタールトンネル.
St. He·le·na /sèɪnt(ə)líːnə, sèɪnthəlíːnə; sèntɪlíːnə/ **1** セントヘレナ《アフリカ西海岸沖の英領の火山島; ☆Jamestown; Napoleon 1 世流刑 (1815–21) の地》. **2** 流刑地. ♦ **St. He·lé·ni·an** *n, a*
St. Hel·ens /-hélənz/ **1** セントヘレンズ《イングランド北西部 Merseyside 州の市》. **2** [Mount] セントヘレンズ山《Washington 州にある Cascade 山脈中の火山 (2550 m); 1980 年の大噴火で山頂付近は完全に破壊された》.
St. Hel·ier /-héljər/ セントヘリア《イギリス海峡にある Channel 諸島 Jersey 島の中心地; リゾート地》.
sáint·hòod *n* 聖人であること; 聖人[聖徒]たち.
St. Jámes's Pálace セントジェームズ宮殿《London の Buckingham Palace 近くの王宮; Henry 8 世によって, かつての癩病院跡に建てられたもの; cf. COURT OF ST. JAMES'S》; 英国宮廷.

St. Jámes's Párk セントジェームズ公園《St. James's Palace の南側にある, London で最古の公園》.
St. Jéan Baptíste Dày 〔カナダ〕《Quebec 州で》MIDSUMMER DAY.
Saint-Jean-de-Luz /*F* sɛ̃ʒɑ̃d(ə)ly:z/ サン-ジャン-ド-リューズ《フランス南西部 Pyrénées-Atlantiques 県, Biscay 湾沿岸の町》.
St. Jóhn 1 セントジョン《**1**) カナダ New Brunswick 州南部, St. John 河口の市・港町 **2**) 西インド諸島の米国領 Virgin 諸島の島》. **2** [the] セントジョン川《米国 Maine 州北部に発し, カナダ New Brunswick 州にはいって Fundy 湾に注ぐ川》. **3** /; síndʒ(ə)n/ セントジョン, シンジョン《男子名》. **4** /síndʒ(ə)n/ シンジョン **Henry ～** ⇨ 1st Viscount BOLINGBROKE.
Saint-John Perse /*F* sɛ̃ʒɔ pɛrs/ サンジョン・ペルス (1887–1975)《フランスの詩人・外交官; 本名 Marie-René-Auguste-Aléxis Saint-Léger Léger; ノーベル文学賞 (1960)》.
St. Jóhn's セントジョンズ《**1**) 西インド諸島 Antigua 島の中心都市でアンティグア-バーブーダの首都 **2**) カナダ Newfoundland 島の市; Newfoundland and Labrador 州の州都》.
St. Jóhn's Ámbulance Associàtion [the] セントジョン救急協会《病院・家庭での応急手当・看護活動などに従事する国際的ボランティア組織; 本部 London》.
Saint-Jóhn's-brèad *n* 〔植〕イナゴマメのさや (algarroba, carob)《飼料; 時に食用》.
Sàint Jóhn's Dày MIDSUMMER DAY.
Sàint Jóhn's Ève [Nìght] MIDSUMMER EVE [NIGHT].
Sàint-Jóhn's-wòrt *n* 〔植〕オトギリソウ科同属の各種の草本・低木; セントジョンズワート《オトギリソウ属のセイヨウオトギリを乾燥したハーブ; 鬱を緩和する効果があるとされる》.
Saint-Just /seɪntdʒʌ́st, sənt-; *F* sɛ̃ʒyst/ サンジュスト **Louis(-Antoine-Léon) de ～** (1767–94)《フランスの革命家; 刑死》.
St. Kitts /-kíts/ セントキッツ《カリブ海東部 Lesser Antilles 諸島北部の島; 別名 St. Christopher; ⇨ SAINT KITTS AND NEVIS》.
Sàint Kítts and Névis セントキッツネヴィス《カリブ海東部 St. Kitts と Nevis 島とからなる国; 別名 Saint Christopher and Nevis, 公式名 Federation of Saint Christopher and Nevis (セントクリストファー-ネヴィス連邦); もと英領植民地, 1983 年独立, 英連邦に属する; ☆Basseterre》.
Saint Lau·rent /sæ̃: lɔ:rɑ̃́:/ サンローラン (**1**) **Louis ～** (1882–1973)《カナダの政治家・法律家; 首相 (1948–57); 自由党》 (**2**) **Yves ～** (1936–2008)《フランスのファッションデザイナー》.
St. Láwrence 1 [the] セントローレンス川《カナダ南東部 Ontario 湖から北東流して St. Lawrence 湾に注ぐ》. **2** セントローレンス《Bering 海北部の Alaska 州の島》. ■ **the Gúlf of St. Láwrence** セントローレンス湾《カナダ大西洋岸の湾》.
St. Láwrence Séaway [the] セントローレンス水路《**1**) 五大湖湖岸の各都市と大西洋を結ぶ深喫水外航船が航行できる水路系 (1959 年完成) **2**) その St. Lawrence 川上流 Montreal と Ontario 湖間の部分》.
Saint Láwrence skíff セントローレンス型スキッフ《センターボードとスプリットスル (spritsail) を備えた小型船; 軽量でオールでこぐこともできる》.
St. Leg·er 1 /-lédʒər/ [the] 〔英〕セントレジャー《毎年 9 月 Doncaster で 3 歳馬によって行なわれる競馬; ⇨ CLASSIC RACES》. **2** /, séləndʒər/ セントレジャー, セリンジャー《男子名》. [Anthony *St. Leger* (1731 or 32–86) 競馬の創設者]
sáint·ling *n* [*derog*] 小聖人.
Saint-Lô /—́ lóu; *F* sɛ̃lo/ サンロー《フランス北西部 Manche 県の県都・市場町; 1944 年ノルマンディー上陸作戦の戦場》.
St-Lou·is /*F* sɛ̃lwi/ サンルイ《**1**) セネガル北西部 Senegal 川の河口の島にある旧都 **2**) インド洋上のフランスの海外県 Réunion 島南岸の町》.
St. Lou·is /sèɪnt lú:əs/ セントルイス《Missouri 州東部 Mississippi 河畔の市》.
Saint Lou·i·san /sèɪnt lú:əsən, sənt-/ セントルイス (St. Louis) の市民[出身者], セントルイスっ子.
Sàint Lóuis encephalítis 〔医〕セントルイス脳炎. [1933 年 Missouri 州 *St. Louis* で大流行したことから]
St. Lúb·bock's dày /-lʌ́bəks-/ 〔英〕法定公休日《1871 年この法案を提出した Sir John Lubbock (1834–1913) にちなむ; ⇨ BANK HOLIDAY》.
St. Lu·cia /sèɪnt lú:ʃə/ セントルシア《カリブ海東部 Windward 諸島にある国; ☆Castries; もと英領植民地, 1979 年独立, 英連邦に属する》. ♦ **～n** *n, a*
St. Lúke's súmmer 《英国の》聖ルカびより《10 月 18 日前後の好天気; cf. INDIAN SUMMER》.
sáint·ly *a* 聖人[聖徒]らしい[にふさわしい]; 高徳な, 気高い. ♦ **sáint·li·ly** *adv* **-li·ness** *n*
Saint-Ma·lo /sæ̃məlóu; *F* sɛ̃malo/ サン-マロ《フランス北西部 Bretagne 半島の Rance 川河口にある商業・港湾都市》. ■ **the Gúlf of ～** サン-マロ湾《Cotentin 半島と Brittany 半島の間にあるイギリス海峡の湾》.
St. Márk's 《Venice の》サンマルコ大聖堂《11 世紀建立》.
St. Mártin サンマルタン (*Du* Sint Maarten)《西インド諸島東部 Leeward 諸島北部の島; 北側 2/3 はフランスの海外準県, 南側 1/3 はオランダ領の自治領》.
St. Mártin-in-the-Fíelds セントマーティン-イン-ザ-フィールズ教会《London の Trafalgar Square にある教会; 1726 年建立》.
St. Mártin's Dày 聖マルティヌスの祭日 (Martinmas)《11 月 11 日》.
St. Mártin's-le-Gránd /-ləgrǽnd/ ロンドン中央郵便局.
St. Mártin's súmmer 《英国の》小春びより《晩秋の, 特に 11 月の St. Martin's Day のころの好天気; cf. ST. LUKE'S [INDIAN] SUMMER》.
St. Máry 聖マリア, 聖母マリア (Mary).
St. Marylebone ⇨ MARYLEBONE.
St-Maur-des-Fos·sés /sæ̃mɔ̀:rdeɪfouséɪ/ サンモール-デ-フォセ《Paris 南東郊の町; Marne 川に臨む住宅地》.
St Michael and St George ⇨ ORDER OF ST MICHAEL AND ST GEORGE.
Saint-Mi·hiel /sæ̃mijél/ サンミエル《フランス北東部の Meuse 川に臨む町; 第一次大戦の激戦地 (1918)》.
St. Mónday [*joc*] 月曜日: keep ～ 日曜に遊び[働き]すぎて月曜に働かない.
St. Mo·ritz /-mərítz/ サンモリッツ《スイス南東部の町 (標高 1856 m); ウインタースポーツの中心地・観光地》.
St-Na·zaire /sæ̃nəzéər/ サンナゼール《フランス北西部 Loire 河口の港町; 第二次大戦中, ドイツの潜水艦基地》.
Saint Nicholas ⇨ NICHOLAS.
St. Nícholas's clèrks *pl* 《廃》泥棒 (thieves).
Sain·tonge /sæ̃tɔ̃́:ʒ/ サントンジュ《フランス西部の旧州; ☆Saintes; Gironde 川の北で, Biscay 湾に面する》.
Saint-Ouen /sæ̃twɑ̃́/ サントワン《Paris 北郊の Seine 川に臨む町; ノミの市で有名》.
St. Pan·cras /-pǽŋkrəs/ セントパンクラス《London 中央北部の旧自治区; 1965 年以来 Camden の一部》.
St. Pátrick's Cathédral セントパトリック大聖堂《New York 市 Manhattan の 5th Avenue にある同市最大のカトリック大聖堂; アイルランド系市民の守護聖人 St. Patrick にちなむ》.
St. Pátrick's cròss cross of St. PATRICK.
Sàint Pátrick's Dày 聖パトリックの祭日《3 月 17 日; ⇨ PATRICK》.
St. Pául セントポール《Minnesota 州の東部の市・州都; Mississippi 川対岸の Minneapolis と双子都市をなす》. ♦ **～·ite** *n*
saint·pau·lia /seɪntpɔ́:liə/ *n* 〔植〕アフリカスミレ属[セントポーリア属](*S-*)の各種の多年草《東アフリカ産; イワタバコ科》,《特に園芸品種の》セントポーリア (African violet). [Baron W. von *Saint Paul* (1860–1910) ドイツの軍人で発見者]
St. Pául's セントポール大聖堂 (=**St. Pául's cathédral**)《London の中央部にある英国教会の主教座教会; 現在の建物は Sir Christopher Wren が設計, 1675–1710 年建築》.
Sàint Pául's Rócks *pl* [the] セントポール岩礁《ブラジル北東部 Natal の北東の大西洋上にある小島群; 火山性岩島群で, 島頂部は標高 20 m; ポルトガル語名 Penedos de São Pedro e São Paulo》.
St. Pául's Schóol セントポールスクール《London 近郊 Hammersmith にある public school; 1509 年創立, 1884 年 St. Paul's Churchyard から現在地に移転; Milton, Pepys などを輩出》.
St. Péter's サンピエトロ大聖堂 (=**St. Péter's Basílica**)《Vatican City にあるローマカトリック教会の主聖堂; ⇨ ST. PETER'S CHAIR》.
St. Pe·ters·burg /-pí:tərzbə̀:rg/ **1** サンクトペテルブルグ《ロシア北西部, フィンランド湾の奥に位置する同国第二の都市; 帝政ロシアの首都 (1712–1918); 旧称 Petrograd (1914–24), Leningrad (1924–91)》. **2** セントピーターズバーグ《Florida 州西部の, Tampa 湾に臨む港市・避寒地》.
St. Péter's cháir 聖ペトロの椅子《ローマ教皇の椅子[職]》.
Sàint Péter's fìsh 〔魚〕JOHN DORY. [*St Peter* がこの魚の口から銀貨を取り出した時に斑点が生じたという伝説から; *Matt* 17: 27]
St. Péter's kéy 聖ペテロの鍵《キリストから聖ペテロに「われ天国の鍵を汝に与えん」(*Matt* 16: 19) と言われた鍵で, 聖ペテロおよびその後継者としてのローマ教皇の職権の象徴》.
Saint-Pierre 1 BERNARDIN DE SAINT-PIERRE. **2** サンピエール《Bordeaux 地方 Médoc 地区の赤ワイン》.
St. Pierre /*F* sɛ̃ pjɛ:r/ サンピエール《**1**) インド洋にあるフランス領 Réunion 島の町 **2**) 西インド諸島のフランス領 Martinique 島の町; 一帯が Mount Pelée の爆発で潰滅した (1902)》.
St. Piérre and Míquelon サンピエール・エ・ミクロン《Newfoundland 島南岸沖の島群; St. Pierre 島と Miquelon 島その他の島々からなるフランスの海外準県》.
St. Pöl·ten /*G* zaŋkt pœ́ltn/ ザンクトペルテン《オーストリア北東部の市》.
St-Quen·tin /seɪntkwéntn, sənt-; -tɪn; *F* sɛ̃kɑ̃tɛ̃/ サンカンタン

《フランス北部 Somme 川に臨む織物の町》.

Saint-Saëns /sæ̃sɑ́:s/ サンサーンス (**Charles-**)**Camille** ～ (1835–1921)《フランスの作曲家》.

Saints·bury /séɪntsbèri, -b(ə)ri; -b(ə)ri/ セインツベリー **George** (**Edward Bateman**) ～ (1845–1933)《英仏語で著述した英国の文芸批評家・歴史家》.

sáint's dày 聖人の祝日, 聖人記念日.

sáint·ship *n* 聖人たること; 高徳.

Saint-Si·mon /sæ̃simɔ̃́ʊ/ サンシモン (**1**) **Claude-Henri de Rouvroy,** Comte **de** ～ (1760–1825)《フランスの哲学者・社会主義者; *Nouveau Christianisme* (1825)》 (**2**) **Louis de Rouvroy,** Duc **de** ～ (1675–1755)《フランスの宮廷人・外交家・作家; *Mémoires*》.

Saint-Si·mo·ni·an /sèɪntsàɪmóʊniən; sn(t)-/ *a* サンシモン(の社会主義)の. ► *n* 空想的社会主義者. ♦ **～·ìsm, Sàint-Sí·mon·ìsm** /-sáɪmən-/ *n* サンシモン主義. [Comte de *Saint-Simon*]

St. Sophía 聖ソフィア, ハギア[アヤ]ソフィア《トルコの Istanbul に残るビザンティン建築の遺構; 360 年に Constantin 1 世が献堂, たびたび火災・地震による破壊と再建を繰り返した; 現遺構は 537 年に献堂され, 558 年崩壊後再建されたもの》.

St. Stéphen's 英国下院[議会]《俗称》. [かつての *St. Stephen's* Chapel にある]

Sàint Swíthin's [**Swíthun's**] **Dày** 聖スイジンの日《7 月 15 日; この日の天気がその後 40 日間続くという》.

St. Thómas セントトマス《(**1**) 西インド諸島の米国領 Virgin 諸島中の島 **2**) CHARLOTTE AMALIE の旧称》.

St. Thómas's 聖トマス病院《London にある》.

Saint-Tro·pez /sæ̀ntrəpéɪ; *F* sɛ̃trɔpe/ サントロペ《フランス南東部 Var 県, 地中海の Saint-Tropez 湾に臨む町; Signac, Matisse などの画家が港の風景を描いたため, 南フランスで最も有名な高級リゾート地の一つになっている; 1944 年の連合軍の上陸地》.

Sàint Válentine's Dày 聖ヴァレンタインの祭日《2 月 14 日; 恋人に限らず, 親友・級友・家族間で贈り物やカードを交換するならわしがある; cf. VALENTINE》.

St. Válentine's Dày mássacre 聖ヴァレンタインデーの虐殺《1929 年 Chicago のギャング Bugs Moran の手下らが敵対する Al Capone の配下に殺され, カポネ台頭の下地となった》.

St. Víncent 1 セントヴィンセント《西インド諸島南東部, Windward 諸島の島; St. Vincent and the Grenadines の主島; もと英国植民地》. **2** [Cape] セントヴィンセント岬, サンヴィセンテ岬 (*Port* Cabo de São Vicente)《ポルトガル南西端; 1797 年ここの海戦で英国軍がスペイン軍を破った》. ■ **the Gúlf of St. Víncent** セントヴィンセント湾《オーストラリアの South Australia 州南東部の浅い湾》.

St. Víncent and the Grenadínes *pl* セントヴィンセントおよびグレナディン諸島《カリブ海東部の Windward 諸島にある国; ☆Kingstown; もと英国植民地, 1979 年独立, 英連邦に属する》.

St. Ví·tus('s) dánce /-váɪtəs-/〘医〙舞踏病 (chorea). [少年殉教者 *St Vitus* がこの病気にかかったとされる; または St Vitus に祈れば治るとされたから]

Sai·pan /saɪpǽn, -pɑ́:n/ サイパン《西太平洋 Mariana 諸島の島; 北マリアナ連邦 (Northern Mariana Islands) の行政の中心地; 日米激戦 (1944) の地》. ♦ **Sai·pa·nese** /sàɪpəní:z, -s/ *a, n*

sair /séɪər/ *a, n, adv* 《スコ》SORE.

Sa·ïs /séɪəs/ サイス《Nile デルタの古代都市; Saïs の王女が第 24, 26, 28–30 王朝を統治した》. ♦ **Sa·ite** /séɪàɪt/ *n, a*

saith /séθ, séɪθ/ *vt, vi* 《古・聖・詩》SAY[1] の三人称単数直説法現在形.

saithe /séɪθ, -ð/ *n* (*pl* ～)〘魚〙セイス (POLLACK). [Scand]

Sai·va /sáɪvə, ʃáɪ-/ *n, a*〘ヒンドゥー教〙シヴァ崇拝者 (Sivaite) (の) (⇨ SIVA). ♦ **Sái·vìsm** *n* シヴァ崇拝. [Skt]

Sa·ja·ma /səhɑ́:mə/ サハマ《ボリビア西部の, チリとの国境近くにある山 (6520 m)》.

sa·ka·bu·la /sɑ̀:kəbú:lə/ *n*〘鳥〙コクホウジャク (LONG-TAILED WIDOW BIRD). [Zulu]

Sa·kai /sɑ́:kàɪ/ *n* **a** (*pl* ～) サカイ族《マレー半島のジャングルに住む先住民》. **b** サカイ語. [Malay＝slave]

Sa·kar·ya /səkɑ́:rjə/ [the] サカリヤ川《トルコ北西部, Bosporus 海峡の東で黒海に注ぐ川》.

sake[1] /séɪk/ *n* 目的, 原因, 理由; ため, 利益 (interest). ★(1) 今は通例 for the ～ of..., for...'s ～ の形で用いる [ME＝because of ...'s guilt]: I helped him *for the* ～ *of* our old friendship. 昔なじみのよしみで彼を助けた / He argues *for the* ～ *of* argument. 議論のための議論をする / *For* your ～*s* we would do anything. あなた方のためなら何でもする / *for* both [all] our ～(*s*) われわれ双方[みんな]のために / just *for the* ～ *of* it ただしたいから, ...自体が目的で / *for* his name's ～ 彼の名の手前, 彼の名誉のために. (2) sake の前の普通名詞の語末が /s/ 音の場合は通例 所有格の s を省略する: *for* goodness' ～ / *for* convenience' ～ 便宜上. ● **for any** ～ [懇願] とにかく, どうあれ, ぜひとも. **for Christ's** [**heaven's, goodness('), God's, gosh('), mercy's, Peter's, Pete's, pity's,** etc.] ～ 後生だから, お願いだから, 頼むから, どうぞ《あとにくる命令法を強める》; なんということだ, いいかげんに[勘弁]してよ, まったくもう《不快感・腹立たしさの表現》: You are awful.—Oh, *for Pete's* ～! ひどいな—やめないか. **for old ～'s ～** 《古》昔のよしみに. **for old times' ～** 昔のよしみで; 良き昔の思い出に. **S～s** (**alive**)! ⇨ ALIVE. [OE *sacu* lawsuit, guilt, contention; cf. SEEK, G *Sache* matter]

sa·ke[2], **sa·ké, sa·ki** /sɑ́:ki/ *n* 日本酒, 清酒. [Jpn]

sa·ker /séɪkər/ *n*〘鳥〙セーカーハヤブサ, ワキスジハヤブサ (＝～ **fàlcon**)《鷹狩り用》; セーカー砲《旧式の軽量野戦砲の一種》. [OF＜Arab]

Sa·kha /sɑ́:kə/ サハ (＝*Yakutia*)《ロシア, 東シベリアの共和国; ☆ Yakutsk》.

Sa·kha·lin /sǽkəlì:n; ⏑⏑⏑/ サハリン, 樺太(からふと).

Sakhar ⇨ SUKKUR.

Sa·kha·rov /sɑ́:kərɔ̀:f, sɑ́:xə-, -v/ サハロフ **Andrey** (**Dmitriyevich**) ～ (1921–89)《ソ連の核物理学者・反体制運動家; ノーベル平和賞 (1975)》.

sa·ki[1] /sǽki, sɑ́:ki; sɑ́:ki/ *n*〘動〙サキ《オマキザル科サキ属・ヒゲサキ属の数種のサル; 南米熱帯産》. [F＜Tupi]

saki[2] *n* SAKE[2].

Sa·ki /sɑ́:ki/ サキ (1870–1916)《ビルマ生まれの英国の短篇諷刺作家; 本名 Hector Hugh Munro; *Reginald* (1904), *Beasts and Superbeasts* (1914)》.

Sak·ka·ra /səkɑ́:rə/ SAQQARA.

Sak·mann /zɑ́:kmən, sɑ́:k-/ ザクマン **Bert** ～ (1942–)《ドイツの生化学者; 細胞膜の単一イオンチャンネルの機能に関する発見で, ノーベル生理学医学賞 (1991)》.

Sáks Fífth Ávenue /sǽks-/ サックスフィフスアヴェニュー《New York 市 Manhattan の 5th Avenue にある伝統と格式を誇るデパート; 1924 年創業で, 全米主要都市に支店をもつ; 主に高級ファッションを扱う; 略称 SFA》.

Sakta, Sakti, Saktism ⇨ SHAKTA, SHAKTI, SHAKTISM.

Sa·kya·mu·ni /sɑ́:kjəmùni; sɑ̀:kjəmú:ni/ 釈迦牟尼(しゃかむに)《仏陀 (Buddha) の別称》. [Skt]

sal[1] /sǽl/ *n*〘薬〙塩(えん) (salt): SAL AMMONIAC. [L]

sal[2] /sɑ́:l/ *n* **a**〘植〙サラソウジュ, サラノキ《インド北部原産; フタバガキ科の常緑高木》. **b** 沙羅双樹《材》. [Hindi]

Sal[1] /sǽl/ サル《(**1**) 男子名; Salvatore の愛称 **2**) 女子名; Sarah の愛称》.

Sal[2] /sǽl/ 《口》*n* [the] 救世軍 (Salvation Army); 救世軍経営のホステル[キッチン], 貧民救済施設 (Sally (Ann)).

SAL surface airlifted mail エコノミー航空便, サル《国内では陸路[航路], 国家間では空路を使う国際郵便》.

sa·laam /səlɑ́:m/ *n* 《イスラム教徒間の》挨拶《～ **alai·kum** /əláɪkum/ (＝Peace to you.) の略》, 額手礼《体をかがめ, 右手のてのひらを額に当てて行なう》; 《広く》敬礼; [*pl*] 礼[挨拶]のことば: make one's ～ 額手礼をする, 敬礼する / send ～*s* 礼[挨拶]を述べる. ► *vt, vi* (...に)額手礼を行なう, 敬礼する. ♦ **～·like** *a* [Arab *salām* peace]

sal·able, sale·able /séɪləb(ə)l/ *a* 販売に適した, 売れる; 〈値段が〉売りやすい; すぐ売れる. ♦ **sàl·abíl·i·ty** *n* 販売できること; 商品性.

sa·la·cious /səléɪʃəs/ *a* 〈人が〉好色な; 〈ことば・書画などが〉みだらな, 猥褻な. ♦ **～·ly** *adv* **～·ness, sa·lac·i·ty** /səlǽsəti/ *n* [L *salac- salax*; ⇨ SALIENT]

sal·ad /sǽləd/ *n* サラダ; サラダ用野菜, 《地方により特に》レタス (lettuce); パンの間にはさむチキン[ツナ, エッグ]サラダ; *《俗》FRUIT SALAD; [*fig*] 混合物, 混ぜ合わせ. [OF＜Prov (L *sal* SALT[1])]

sálad bàr サラダバー《料理店内のセルフサービスのサラダカウンター》.

sálad bòwl サラダボウル《大鉢, または 取分け小皿》.

sálad bùrnet〘植〙オランダワレモコウ, サラダバーネット.

sálad crèam" サラダクリーム《マヨネーズに似たサラダドレッシング》.

sálad dàys *pl* 未熟な青年時代《Shak., *Antony* 1.5.73》; 若くて活気のある時期, 最盛期: in one's ～.

sálad drèssing サラダドレッシング.

sa·lade[1] /*F* salad/ *n* サラダ (salad).

salade[2] ⇨ SALLET.

salade ni·çoise /*F* -niswa:z/〘料理〙ニース風サラダ《ツナ・ゆでたインゲン・ジャガイモ・オリーブ・トマト・キュウリ・アンチョビー・堅ゆで卵入り》.

sálad fòrk デザート[サラダ]フォーク《小さく幅広》.

Sal·a·din /sǽlədən/ サラディン (*Arab* Salāḥ ad-Dīn Yūsuf Ibn Ayyūb) (1137 or 38–93)《エジプト・シリアのスルタン; エジプトのアイユーブ朝の開祖; ヨーロッパでは十字軍をさんざん悩ませたことで知られた》.

Sa·la·do /səlɑ́:doʊ/ [the] サラド川《(**1**) アルゼンチン北部 Andes 山脈から Juramento 川の名で発し, 南東に流れて Paraná 川に合流 **2**) アルゼンチン中西部の, チリ国境付近から Desaguadero 川の名で発し, 南流して Colorado 川に合流》.

sálad òil サラダ油, サラダオイル.

sálad plàte サラダプレート《取分け皿》; 《レストランの昼食などでレタスを敷いて出す》サラダ料理.

sálad trèe〘植〙アメリカハナズオウ (redbud).

sa·lal /səlǽl, sæ-/ *n* シラタマノキ属の常緑低木《北米太平洋岸産; ブドウ大の濃紫色の食べられる実をつける》. [Chinook Jargon]

Sa·lam /sɑːlɑ́ːm/ サラム **Abdus** ～ (1926-96)《パキスタンの物理学者; 電磁相互作用と弱い相互作用を統一的に記述する理論を提唱; ノーベル物理学賞 (1979)》.

Sal·a·man·ca /sæ̀ləmǽŋkə/ サラマンカ《**1**) スペイン西部, Castilla y León 自治州の県 **2**) その県都; Madrid の西北西に位置する》.

sal·a·man·der /sǽləmæ̀ndər/ *n* **1**〔動〕サンショウウオ;《神話・伝説で火の中にすむといわれた》火とかげ; 火の精. **2** 火熱に耐えるもの, 砲火をくぐる軍人;〔冶〕サラマンダー《高炉の炉床にたまった難溶性物質》;《料理用の》天火, こんろ, オーブン, 焼き鉄板. ♦ **sàl·a·mán·drine** /-drən; -draɪn/, **sàl·a·mán·dri·an** *a* サンショウウオの(ような); 火とかげの(ような); 耐火の. **sàl·a·mán·droid** *a* サンショウウオ(類)の(ような). [OF, ＜Gk]

Sal·a·maua /sæ̀ləmáʊə/ サラマウア《パプアニューギニア東部 Solomon 海に臨む Huon 湾西岸の町》.

Sa·lam·bria /səlǽmbriə/ [the] サランブリア川《PENEUS 川の別称》.

sa·la·mi /səlɑ́ːmi/ *n* サラミ(ソーセージ). [It (L SALT[1])]

Sal·a·mis /sǽləməs/ サラミス《**1**) ギリシアの Attica 沖, Saronic 湾にある島; 前 480 年に付近でギリシア海軍がペルシア海軍を破った **2**) 古代 Cyprus 島の主要都市; 島の東岸, 現在の Famagusta の北約 5 km のところにあった》.

salámi slìcing [technìque] サラミ法《**1**) 少し[少額]ずつ切りくすす[くすねる]こと **2**) ひとつの論文の内容をこま切れに発表すること》.

salámi tàctics サラミ戦術《組織における好ましからぬ分子を徐々に切り捨てること》.

sál ammóniac /sǽl-/〔化〕サルアンモニアク, 硇砂(ろしゃ)《ammonium chloride の結晶性鉱物》. [L (*sal* salt, *ammoniacus* of Ammon[1])]

sal·an·gane /sǽləŋgæ̀n, -gèɪn/ *n*〔鳥〕アナツバメ《アマツバメ科アナツバメ属の鳥の総称; cf. EDIBLE BIRD'S NEST》.

sa·lar·i·at /səlɛ́əriæ̀t/ *n* [the] 給料生活者[サラリーマン]階級. [F; *prolétariat* にならったもの]

sal·a·ried /sǽlərid/ *a*《時間給でなく》一定の給料を取る;〈地位・役職が〉有給の.

sal·a·ry /sǽl(ə)ri/ *n*《公務員・会社員・専門職などの》給与, 俸給, 給料《年俸・月給・週給など; cf. WAGE》: a monthly ～ 月給 / a yearly ～ 年俸 / a ～ of $100,000 a year 10 万ドルの年俸 / draw one's ～ 俸給を取る. ► *vt* …に俸給を与える, 給料を払う. ♦ **～·less** *a* 無給の. [AF＜L *salarium* (soldier's) salt money (*sal* SALT[1])]

sálary·màn *n*《日本の》サラリーマン.

sa·lat /səlɑ́ːt/ *n*〔イスラム〕礼拝, サラート《イスラムの信仰の五柱 (Pillars of Islam) の第 2; 信者が一日に 5 回行なう義務がある》. [Arab]

sal At·ti·cum /sæl ǽtɪkəm/ アッティカの塩 (Attic salt), 機智. [L]

sal·aud /sǽloʊ/ *n* [〈*int*〉]《俗》この野郎, こいつめ! [F (*sale* dirty)]

Salayar ⇨ SELAYAR.

Sa·la·zar /sæ̀ləzɑ́ːr, sɑ̀ː-/ サラザール **Antonio de Oliveira** ～ (1889-1970)《ポルトガルの政治家; 首相 (1932-68); カトリックのファシスト的独裁者》.

sal·bu·ta·mol /sælb(j)úːtəmɔ̀(ː)l, -mòʊl, -mɑ̀l/ *n*〔薬〕サルブタモール (albuterol). [*sali*cyl＋*bu*tyl＋*am*ine]

sal·chow /sǽlkàʊv, -kɔ̀ːv, -kòʊ; sǽlkaʊ/ *n*〔スケート〕サルコウ《フィギュアジャンプの一種》. [Ulrich *Salchow* (1877-1949) スウェーデンのフィギュアスケート選手]

Sal·dá·nha Báy /sældǽnjə-/ サルダーニア湾《南アフリカ共和国 Western Cape 州の西岸の入江》.

Sal·du·ba /sæld(j)úːbə, sǽldəbə/ サルドゥバ《ZARAGOZA の古代名》.

sale /séɪl/ *n* 売ること, 販売, 売却, 売渡し; 売買, 取引; 売れ行き, 需要; [*pl*] 販売(促進)活動; [*pl*] 売上げ(高); 競売, 競り売り (auction); 売立て; 安売り, 特売, セール: ～*s* of bicycle racing 競輪売上げ / (buy…at) a summer [winter, Christmas] ～ 夏[冬, クリスマス]の特売(で…を買う). ● **for** ～ 売り物として, 売りに出した: offer *for* ～ 売りに出す / not *for* ～ 非売品. **no** ～《俗》no DEAL[1]. **on** ～＝for SALE; 特価で, 特売で. **(on)** ～ **and** [**or**] **return**"〔商〕残品返品条件付き売買契約(で), 返品制(で) (cf. *on* APPROVAL). **put up for** ～ 競売に付する. [OE *sala*＜ON; cf. SELL[1]]

Sa·lé /sæléɪ; *F* sale/ サレ《モロッコ北西部 Rabat 北郊の海港; 旧称 **Sal·lee** /sǽli/》.

saleable ⇨ SALABLE.

sále-and-léase·bàck, sále-léase·bàck *n* 賃貸借契約付き売却, 借戻し付き売買 (leaseback).

sàle Bóche /sæ̀l-/ (*pl* ～**s** /—/)《俗》このドイツ野郎!《フランス人のドイツ人に対するののしり》.

Sa·lem /séɪləm/ **1**〔聖〕サレム《Canaan の古都; 現在の Jerusalem の地といわれる; *Gen* 14:18, *Ps* 76:2》. **2** セーレム《**1**) Oregon 州の州都 **2**) Massachusetts 州北東部の港町; 1692 年に魔女裁判が行なわれたところ **3**) インド南部 Tamil Nadu 州中部の商業都市》. **3**"非国教徒の教会堂 (bethel).

sále of wórk" 手工芸品バザー《慈善・政治的目的で開催されるもの》.

sal·ep /sǽləp, səlɛ́p/ *n* サレップ粉《ラン科植物の球根から採る; 食用, もと薬用》. [F＜Turk＜Arab]

sal·e·ra·tus /sæ̀ləréɪtəs/ *n* ふくらし粉,《特に ベーキングパウダー用の》重曹. [NL *sal aeratus* aerated salt]

sále rìng《競売で》買手の人垣.

Sa·ler·no /səlɜ́ːrnoʊ, -lɛ́ər-/ サレルノ《イタリア南西部の市・港町; Naples の東南東サレルノ湾 (the **Gúlf of** ～) に面する; 1943 年 9 月の連合軍上陸地》. ♦ **Sa·ler·ni·tan** /səlɜ́ːrnətən, -lɛ́ər-/ *a, n*

sále·ròom" *n* SALESROOM.

sales /séɪlz/ *a* 販売の.

sáles assìstant" 店員, 売り子 (salesclerk*).

sáles chèck《小売店の》売上伝票, レシート (＝*sales slip*).

sáles·clèrk* *n* 店員, 売り子.

sáles depàrtment 販売部門, 営業部.

sáles engineèr 販売専門技術者, セールスエンジニア.

sáles fòrce 販売[営業]部隊.

sáles·gìrl *n* SALESWOMAN《侮蔑的ととられることがある》.

Sa·le·sian /səlíːʒən, seɪ-/ *a* FRANCIS OF SALES の; サレジオ会の. ► *n*〔カト〕サレジオ会会員《サレジオ会 (Society of St. Francis de Sales) (現在はドンボスコ会) は, 1859 年貧しい子供の教育のためイタリアのカトリック司祭 St John Bosco によって創設された》.

sáles·làdy *n* SALESWOMAN.

sáles·man /-mən/ *n* 販売係, 店員, 売り子;《販売の》外交[営業]員, セールスマン. ♦ **～·shìp** *n* 販売係の職; 販売術, 売込みの手腕.

sáles·pèople* *n pl* 販売員, 店員 (cf. SALESPERSON).

sáles·pèrson* *n* 販売員, 店員, 売り子 (salesclerk);《販売の》外交[営業]員, セールスマン.

sáles pìtch* SALES TALK.

sáles promòtion 販売促進, セールスプロモーション.

sáles règister CASH REGISTER.

sáles represèntative, sáles rèp 販売代理店[代理人]; 販売(要)員; TRAVELING SALESMAN.

sáles resìstance*《売込みに対する消費者側の》購買抵抗[拒否];《新しい思想などに対する》受入れ拒否.

sáles·ròom *n* 売場,《特に》競売場.

sáles slìp* 売上伝票 (sales check), レシート.

sáles tàlk* 売込み口上, 商談;《一般に》説得談義.

sáles tàx〔米〕売上税, 取引高税.

sáles tèam" SALES FORCE.

sáles·wòman *n* 女性店員, 売り子;《販売の》女性外交[営業]員.

salet ⇨ SALLET.

sále·yàrd *n*《米・豪》《競売を行なう》家畜囲い.

Sal·ford /sɔ́ːlfərd, "sɔ́l-/ ソルフォード《イングランド北西部 Manchester の運河港市域》.

sa·li- /séɪlə, sǽlə/ *comb form*「塩 (salt)」[L]

Sa·lian[1] /séɪliən/ *a, n*《フランク族中の》サリ支族の(人). [L *Salii* (pl) (*salio* to leap)]

Salian[2] *a*〔古ロ〕軍神 Mars の祭司の. [↑]

sal·ic /sǽlɪk, séɪ-/ *a* SIALIC.

Sal·ic /sǽlɪk, séɪ-/, **Sa·lique** /sǽlɪk, séɪ-, sælíːk, seɪ-/ *a* SALIAN[1]; SALIC LAW の.

sal·i·ca·ceous /sæ̀ləkéɪʃəs/ *a*〔植〕ヤナギ科 (Salicaceae) の.

sal·i·cet /sǽləsət/ *n*〔楽〕SALICIONAL.

sal·i·cin /sǽləsən/, **-cine** /-sən, -sìːn/ *n*〔薬〕サリシン《ヤナギの樹皮中に含まれる配糖体; 解熱・鎮痛剤》. [F＜L SALIX]

sa·li·cio·nal /səlíʃən(ə)l/ *n*〔楽〕《オルガンの》笛声音管.

Sálic láw サリカ法典《フランク族のサリ支族 (Salian) の部族法典》; サリカ承継順位法《サリカ法典に示されている不動産法定相続順位則で, 女子の土地相続権・王位継承権を否認する》.

sal·i·cor·nia /sæ̀ləkɔ́ːrniə/ *n*〔植〕アッケシソウ《アカザ科アッケシソウ属 (*S*-) の草本の総称》.

sal·i·cyl- /sǽləsəl/, **sal·i·cylo-** /sǽləsìloʊ, -ə/ *comb form*〔化〕「サリチル酸の」[*salicylic*]

sa·lic·y·late /səlísəlèɪt/ *n*〔化〕サリチル酸塩[エステル], サリチラート.

sal·i·cyl·ic /sæ̀ləsílɪk/ *a*〔化〕サリチル酸の. [F; ⇨ SALICIN]

salicýlic ácid〔化〕サリチル酸《結晶性のフェノールカルボン酸》.

sá·li·ence, -cy *n* 突出, 突起; 突起物;〔軍〕突角; [*fig*] 特徴,《話・議論などの》重要点, やま.

sa·li·ent /séɪliənt/ *a* **1** 顕著な, 目立った; 突起した, 突出した (opp. *reentrant*);〔城〕突角の: a ～ feature 特徴;《海岸線・顔面の》突出[突起]部. **2** とびはねる;〔後置〕〔紋〕(後ろ足をそろえて)飛びかかる姿勢の (⇨ RAMPANT); [*fig*] 元気いっぱいの;《古・詩》〈水が〉噴出する. ► *n* 凸(出)部; 突角 (＝～ **ángle**) (opp. *reentering angle*);〔軍・城〕突出部. ♦ **～·ly** *adv* 顕著に; 突出して. [L (*salio* to leap)]

Sa·li·en·tia /sèɪliénʃ(i)ə, sæ̀l-/ *n pl* 〘動〙 カエル目.
sa·li·en·ti·an /sèɪliénʃ(i)ən, sæ̀l-/ *a*, *n* 〘動〙 無尾類[カエル目]の(動物)《カエル・ガマなど》.
sálient póint 顕著な点, 主要点; 《古》 始源, 初期.
Sa·lie·ri /sɑːljéri/ サリエリ **Antonio** ～ (1750–1825)《イタリアの作曲家; Vienna の宮廷楽長 (1788–1824)》.
sa·lif·er·ous /səlíf(ə)rəs/ *a* 〘地質〙 塩を含む[生じる].
sal·i·fy /sǽləfàɪ/ *vt* 〘化〙 塩化する; 加塩[添塩]する. ♦ **sál·i·fì·able** *a* **sàl·i·fi·cá·tion** *n*
sa·lim·e·ter /sælímətər/ *n* 〘化〙 塩分計.
sa·li·na /səláɪnə, -líː-/ *n* 塩水性沼沢, サリナ; 乾燥した塩湖, 塩田. [Sp＜L＝saltworks]
Sa·li·nas /səlíːnəs/ サリナス《California 州西部 Monterey 湾の東にある市; Steinbeck の生地》.
Sa·li·nas de Gor·ta·ri /sɑːlíːnɑːs ðeɪ gɔːrtáːri/ サリナス・デ・ゴルタリ **Carlos** ～ (1948–)《メキシコの経済学者・政治家; 大統領 (1988–94)》.
sa·line /séɪlàɪn, *-lìːn/ *a* [主に術語] 塩分を含んだ; 塩気のある, 塩からい, 塩(水)性の; 塩類の; 〘医〙 塩水注射の: a ～ lake 塩水湖. ► *n* /, ᴵᴵsəláɪn/ 塩水湖, 塩類泉; 製塩場, 塩田; 塩類; 含塩物; マグネシウム下剤, 塩性下剤; 〘医〙 塩水, 生理食塩水; 《妊娠中絶を促す》塩水注射. [L (*sal* SALT[1])]
Sal·in·ger /sǽlənʤər/ サリンジャー **J**(**erome**) **D**(**avid**) ～ (1919–2010)《米国の小説家; *The Catcher in the Rye* (1951)》.
sa·lin·i·ty /səlínəti/ *n* 塩分, 塩分濃度, 塩度, 鹹度(かんど).
sa·li·nize /sǽlənàɪz/ *vt* 塩で処理する; …に塩を染み込ませる. ♦ **sà·li·ni·zá·tion** *n* 塩(類)化(作用), 塩処理.
sal·i·nom·e·ter /sæ̀lənámətər/ *n* 〘化〙 塩分計, 検塩計.
Salique ⇨ SALIC.
Salis·bury /sɔ́ːlzbèri, -b(ə)ri; -b(ə)ri/ **1** ソールズベリー《(1) イングランド南部 Wiltshire の市; Stonehenge などの古代遺跡や練兵場のあるソールズベリー平野 (the ～ **Pláin**) の中心; 古代名 Sarum, 公式名 New Sarum (2) ジンバブウェの首都 HARARE の旧称》: (as) plain as ～ きわめて明瞭な. **2** ソールズベリー (**1**) Earl of ～ ⇨ Robert CECIL (**2**) **Robert Arthur Talbot Gascoyne-Cecil,** 3rd Marquis of ～ (1830–1903)《英国の保守党の政治家; 首相 (1885–86, 1886–92, 1895–1902)》 **3** ソールズベリー **Harrison E**(**vans**) ～ (1908–93)《米国の作家・ジャーナリスト; 冷戦時代の共産圏事情や Stalin の死を報じた記事で知られる》.
Sálisbury stéak ソールズベリーステーキ《牛の挽肉に卵・牛乳などを混ぜたハンバーグの一種》. [James H. *Salisbury* (1823–1905) 食生活改善を唱えた米国の医師]
Sa·lish /séɪlɪʃ/ *n* **a** セイリッシュ族《米国北西部およびカナダの British Columbia 州に居住する先住民》; 《古風》 FLATHEAD. **b** セイリッシュ語族《Salish 族の使用する言語からなる》. ♦ **～·an** *a*, *n* セイリッシュ族の(人); セイリッシュ語族(の).
sa·li·va /səláɪvə/ *n* 唾液, つば. [L]
sal·i·vary /sǽləvèri; -vəri, səláɪ-/ *a* 唾液(腺)の; 唾液を分泌する: ～ glands 唾液腺.
sálivary chròmosome 〘昆〙 唾(液)腺染色体.
sal·i·vate /sǽləvèɪt/ *vt* …に《水銀剤などで》唾液を出させる. ► *vi* (異常に)唾液[よだれ]を出す; 〈…に[が欲しくて]〉よだれをたらす 〈*over*, *at*〉. ♦ **sàl·i·vá·tion** *n* つばを出すこと; 〘医〙 流涎(りゅうぜん)(症).
salíva tèst 唾液検査《競走馬の薬物検査》.
sál·i·và·tor *n* 催唾剤.
sal·ix /sǽlɪks/ *n* 〘植〙 ヤナギ属 (*S*-) の各種の木. [L *salic- salix* willow]
Salk /sɔ́ː(l)k/ ソーク **Jonas Edward** ～ (1914–95)《米国の医師・細菌学者; ソークワクチンを開発した》.
Sálk vàccine 〘医〙 ソークワクチン《ポリオ予防用》.
salle /sǽl; sɑ́ːl; *F* sal/ *n* 広間, ホール, 室.
salle à man·ger /*F* sal a mɑ̃ʒe/ 食堂.
salle d'at·tente /*F* sal datɑ̃t/ 待合室 (waiting room).
sal·lee, sal·ly /sǽli/ *n* 《豪》 **a** 高地のユーカリノキ (＝*snow gum*). **b** アカシア. [(Austral)]
Sallee ⇨ SALÉ.
sal·len·ders /sǽləndərz/ *n* 《馬の後脚飛節の》 乾発疹.
sal·(l)et /sǽlət/, **sa·lade** /səláːd, -lǽd/ *n* サレット《15 世紀に使われた軽い鉄かぶと》. [F (L *caelo* to engrave)]
Sallie ⇨ SALLY[1].
sal·low[1] /sǽloʊ/ *a* (～·er; ～·est) 黄ばんだ, 土色の, 血色の悪い. ► *n* 黄ばんだ色, 土色. ► *vt*, *vi* 黄ばんだ色にする[なる]; 青白くする[なる]. ♦ **～·ish** *a* 少し黄ばんだ, 土色がかった. **～·ness** *n* [OE *salo* dusky; cf. OHG *salo* dark, MDu *salu* dirty, F *sale* dirty]
sallow[2] *n* 〘植〙 サルヤナギ《など》(の小枝)《木炭などにする》; 〘昆〙 幼虫がヤナギを食べるキリガの一種《ヨトウガ亜科のモンキキリガ, キイロキリガなど》. ♦ **sál·lowy** *a* sallow の多い. [OE *salh*; cf. SALIX]
Sal·lust /sǽləst/ サルスティウス (*L* Gaius Sallustius Crispus) (c. 86–35 or 34 B.C.)《ローマの政治家・歴史家》. ♦ **Sal·lus·ti·an** /səlʌ́stiən, sæ-/ *a*

sal·ly[1] /sǽli/ *n* **1** 《籠城軍・飛行機などの》出撃, 突撃 (sortie); 出発; 《口》 遠足; 遠征, 冒険. **2** 突発 〈*of*〉, 《想像・感情・機知などの》ほとばしり出ること 〈*of* wit〉; しゃれ, 警句; からかい, 皮肉; 《古》 とっぴな行為. ► *vi* 打って出る, 《逆襲的に》出撃する 〈*out*〉; [*joc*] さっそうと[勇み立って]出て行く 〈*forth*, *off*, *out*〉: ～ *forth for* an excursion 遠足に勇んで出かける. ♦ **sál·li·er** *n* [OF *saillie*＜L; ⇨ SALIENT]
sally[2] ⇨ SALLEE.
sally[3] *n* 〘植〙 《方》 ヤナギ (sallow, willow).
sally[4] *n* 《カラフルな毛糸を編み込んだ》鐘つき綱.
Sal·ly[1], **Sal·lie** /sǽli/ **1** サリー《Sara(h) の愛称》: ⇨ AUNT SALLY. **2** [Sally] *《俗》 注意深すぎる女《映画 *When Harry Met Sally* (1989) より》.
Sally[2], **Sálly Ánn**(**e**) 《口》 *n* [the] 救世軍 (Salvation Army); 救世軍のメンバー; 救世軍のホステル, 貧民救済団体[施設].
Sálly Ármy ᴵᴵ《口》 SALVATION ARMY.
sálly-blòom *n* 〘植〙 ヤナギラン (fireweed).
Sálly Lúnn /-lʌ́n/ サリー・ラン《焼きたてを食べる甘く軽いマフィンの一種》. [? *Sally Lunn* 1800 年ごろイングランドの Bath でこの菓子を呼び売りしていた女性]
Sálly Máe /-méɪ/ サリー・メイ(社) (～, Inc.)《米国最大手の STUDENT LOAN 会社》.
sálly pòrt 〘城〙 出撃口, 非常門.
sal·ma·gun·di, -dy /sæ̀lməgʌ́ndi/ *n* サルミガンディー《刻み肉・アンチョビー・卵・コショウなどを混ぜ合わせ辛く調味した料理》; [*fig*] 寄せ集め, 雑集, 雑録. [F *salmigondis*＜?]
Sal·ma·naz·ar /sæ̀lmənǽzər/ サルマナザル《ボトル 12 本分入りのワインの大瓶; アッシリア王 Shalmaneser (*2 Kings* 17: 3) をもじったもの; cf. JEROBOAM》.
sal·mi, sal·mis /sǽlmi/ *n* 〘料理〙 サルミ《猟鳥の焼肉を赤ワインのソースで煮込むもの》. [F *salmis* ＜ SALMAGUNDI]
salm·on /sǽmən/ *n* (*pl* ～, ～**s**) **1** 〘魚〙 タイセイヨウサケ (＝*Atlantic salmon*)《北大西洋産, 同沿岸河川に溯河する; よくファイトする毛針釣りの好対象魚, 肉は上等》; 《広く》 サケ; 鮭(肉); 鮭肉色 (salmon pink). **2** 《豪》 肺魚 (barramunda)《など》. ♦ **～y** *a* [AF *saumoun*, OF＜L *salmon- salmo*; -*l*- はラテン語より]
sálmon·bàss *n* 〘魚〙 KABELJOU.
sálmon·bèrry *n* 〘植〙 サーモンベリー《北米の太平洋岸地方原産のキイチゴ属の一種; その実》.
sálmon-còlored *a* 鮭肉色の.
sal·mo·nel·la /sæ̀lmənélə/ *n* (*pl* **-nel·lae** /-néli, -nélàɪ/, ～**s**, ～) サルモネラ菌《サルモネラ属 (*S*-) の各種のグラム陰性桿菌; 腸チフス・パラチフス・食中毒などの病原菌》; サルモネラ(食)中毒. [Daniel E. *Salmon* (1850–1914) 米国の獣医, *-ella* (dim)]
sal·mo·nel·lo·sis /sæ̀lmənɛlóʊsəs/ *n* (*pl* **-ses** /-sìːz/) 〘医〙 サルモネラ症《サルモネラ菌による感染症》.
sal·mo·nid /sǽ(l)mənəd, -nìd/ *n*, *a* 〘魚〙 サケ科 (Salmonidae) の(魚).
sálmon làdder [**lèap**] 《産卵期の》サケ用魚梯(ぎょてい).
sal·mon·oid /sǽmənɔ̀ɪd/ *a*, *n* サケに似た(魚); 〘魚〙 サケ科の(魚) (salmonid).
sálmon pàss SALMON LADDER.
sálmon pínk *n*, *a* サーモンピンク(の)《黄色がかったピンク》.
sálmon ròe 筋子, イクラ.
sálmon stàir SALMON LADDER.
sálmon stéak 鮭の切り身[サーモン]ステーキ.
sálmon tròut 〘魚〙 **a** BROWN TROUT. **b** *STEELHEAD.
sal·ol /sǽlɔ̀(ː)l, -òʊl, -ɑ̀l/ *n* 〘薬〙 ザロール《もと商品名; サリチル酸フェニルの俗称; 防腐剤》. [*sal*icyl]
Sa·lo·me /səlóʊmi/ **1** サロメ《女子名》. **2** 〘聖〙 サロメ《Herod Antipas 王の後妻 Herodias の娘; 踊ったお礼に王に願って John the Baptist の首をもらった; cf. *Matt* 14 : 8; 聖書には名は出てこないが Josephus の記述に基づきこう呼ばれる》. [Heb＝peace]
sa·lom·e·ter /seɪlámətər, sə-/ *n* SALIMETER.
Sal·o·mon /sǽləmən/ サロモン **Haym** ～ (1740–85)《ポーランド生まれの米国の商人・金融事業家》.
sa·lon /səlán, sǽlàn; sǽlɔ̀n; *F* salɔ̃/ *n* **1** 《フランスなどの大邸宅の》大広間, 客間, サロン; 《特に Paris 上流婦人の客間における》招待会, 名士の集まり; [*fig*] 上流社会. **2** 美術展覧会場; [the S-] サロン《毎年 Paris で開かれる現代美術展覧会》. **3** 《流行・スタイルなどに関係のある》店: a beauty ～ 美容院. [F; ⇨ SALOON]
salon des re·fu·sés /*F* -de r(ə)fyze/ 落選者展.
Sa·lo·ni·ka /səlánɪkə/ サロニカ《THESSALONÍKI の旧称》.
sa·lón·ist *n* SALONNARD.
salón mùsh *《俗》 非ジャズ音楽, セミジャズ.
salón mùsic [ᵒ*derog*] サロン音楽《サロン向きの軽い器楽》.
sa·lon·nard /sɛlánərd; *F* salɔnaːr/ *n* サロン[名士の集まり]に出入りする人.
sa·loon[1] /səlúːn/ *n* **1** ᴵᴵ《大邸宅・ホテルなどの》大広間, ホール; 《客船の》談話室, 食堂; 《ヨットの》船室, サロン; 〘英鉄道〙 特別客車 (saloon car), 談話室《など》; 《旅客機の》客室; ᴵᴵ〘車〙 SEDAN: a dining

～ 食堂車 / a sleeping ～ 寝台車. **2** ‖娯楽場《など》, …場[所]; *酒場, バー《今は通例 bar を用いる》; ‖SALOON BAR: a billiard ～ 玉突場 / a hairdresser's [shaving] ～ 理髪店 / a shooting ～ 射的場. **3** 社交的集会, サロン (＝*salon*). ［F＜It (*sala* hall)］

saloon[2] *int* *《俗》 さよなら, じゃまた. ［*so long*］

salóon bàr ‖《パブの》特別室 (cf. PUBLIC BAR).

salóon càr [càrriage] ‖ 特別客車 (saloon); 〖車〗 SEDAN.

salóon dèck 一等船客用甲板.

salóon·ist * *n* SALOONKEEPER.

salóon·kèep·er * *n* 酒場の主人, バーテン.

salóon pássenger 一等船客.

salóon pístol ‖ 射的場用ピストル.

salóon rífle ‖ 射的場用小銃.

sa·loop /səlúːp/ *n* SALEP; SASSAFRAS; salep [sassafras] から作る熱い飲み物《代用コーヒー; もと薬用》. ［変形 ＜ *salep*］

Sal·op /sǽləp/ サロップ《(1) SHROPSHIRE の別称・旧正式名 (1974–80) (2) SHREWSBURY の別称》.

sal·o·pettes /sæ̀ləpέts/ *n pl* サロペット《(1) 仕事着・遊び着としてのオーバーオール (2) オーバーオールタイプのスキーパンツ》. ［F］

Sa·lo·pi·an /səlóupiən/ *a*, *n* SALOP [SHROPSHIRE] の(人); 《Shrewsbury にある名門パブリックスクール》シュローズベリー校 (Shrewsbury School) の(在校生[出身者]).

sal·pa /sǽlpə/, **salp** /sǽlp/ *n* (*pl* ～s, **-pae** /-pi, -pàɪ/) 〖動〗 サルパ《海のプランクトンとして生活する原索動物の一種》. ◆ **sál·pi·fòrm** *a*

sal·pi·con /sǽlpɪkɑn/ *n* 〖料理〗 サルピコン《肉, 魚または野菜をさいの目に切ってソースを混ぜたもの; コロッケなどに詰める》. ［F＜Sp］

sal·pi·glos·sis /sæ̀lpəglɑ́səs/ *n* 〖植〗 サルピグロッシス属[サルメンバナ属] (*S*-) の各種観賞植物《南米原産; ナス科》. ［NL＜Gk＝trumpet tongue］

sal·ping- /sǽlpɪŋ, (ɛ, ɪ の前で) -pɪnʤ/, **sal·pin·go-** /-pɪŋgou, -gə/ *comb form* 〖解〗 SALPINX の意. ［Gk］

sal·pin·gec·to·my /sæ̀lpənʤέktəmi/ *n* 〖医〗 卵管切除(術).

sal·pin·gi·an /sælpínʤiən/ 〖解〗 *a* 卵管の; 耳管の.

sal·pin·gi·tis /sæ̀lpənʤáɪtəs/ 〖医〗 *n* 卵管炎; 耳管炎.

sal·pin·got·o·my /sæ̀lpəŋgɑ́təmi/ *n* 〖医〗 卵管切開(術).

sal·pinx /sǽlpɪŋks/ *n* (*pl* **sal·pin·ges** /sælpínʤiz/) 〖解〗 卵管 (Fallopian tube); 耳管, 欧氏管 (Eustachian tube). ［Gk *salping- salpinx* trumpet］

sal·sa /sɔ́ːlsə, sɑ́ː l-/ *n* **1** サルサ《キューバ・プエルトリコ起源で, ジャズ・R&B・ロックの影響をうけた音楽; その曲に合わせて踊るダンス》. **2** 〖メキシコ料理〗 サルサ《トウガラシ・トマト・タマネギ・薬味・塩で作るソース》. ［AmSp＝sauce］

sálsa vér·de /-vέrdeɪ; -vɜ́ːdeɪ, -di/ 〖料理〗 グリーンソース, サルサベルデ《(1) オリーブ油・ニンニク・ケーパー・アンチョビー・酢[レモン汁]・パセリで作るイタリア風ソース (2) タマネギ・ニンニク・コリアンダー・パセリ・トウガラシで作るメキシコ風ソース》. ［Sp, It＝green sauce］

salse /sǽls/ *n* 〖地質〗 泥(でい)火山 (mud volcano). ［F＜It *salsa* sauce］

sal·se·ro /sælsέərou/ *n* (*pl* ～s) サルサ歌手[奏者, ダンサー].

sal·si·fy /sǽlsəfi, *-fàɪ/ *n* 〖植〗 バラモンジン, ムギナデシコ, セイヨウゴボウ, サルシフィ (＝*oyster plant*, *vegetable oyster*)《南欧原産キク科の二年草; 根菜として栽培され, ゴボウ形の白根は調理するとカキ (oyster) の香りがある; 若葉はサラダ用》. ［F＜It (L *saxum* rock, *frico* to rub)］

sal·sil·la /sælsílə/ *n* 〖植〗 熱帯アメリカ産ボマレア属[ツルユリズイセン属]のつる性多年草《塊茎は食用; アルストレメリア科》.

sál sòda /sǽl-/ 〖化〗 結晶(炭酸)ソーダ, 洗濯ソーダ.

sal·su·gi·nous /sælsúːʤənəs/ *a* 〖生態〗 HALOPHYTIC.

salt[1] /sɔ́ːlt, ‖sɔ́lt/ *n* **1** 塩, 食塩 (＝common ～); 塩分; 芒硝 (Glauber's salt); [*pl*] かぎ塩 (smelling salts); [*pl*] 瀉利塩 (Epsom salts); 〖化〗 塩(えん), 塩類; 塩入れ (saltcellar); *《俗》《粉末状の》ヘロイン: spill ～ 塩をこぼす《縁起が悪いとされる》/ BATH SALTS. **2** 刺激となるもの, 《独特な》味, 《機知・頓知などの》ピリッとした味, 'わさび'; 常識, 平俗さ: Traveling was the ～ of life to him. 旅行に生きがいを感じていた / talk full of ～ 機知縦横の話をする. **3** [ᵘold ～] 《口》 老練な水夫. ● **above [below] the ～** 〖史〗 上座(かみざ)[下座]に〈すわる〉《昔 食卓で塩入れの上手は上席であった》; 貴族[下層階級]に属して. **eat ～ with** sb 人の客となる. **eat sb's ～** 人の客となる; 人の家に食客[いそうろう]となる. **Go pound ～ [sand] (up your ass)!** 《俗》 うせやがれ, 消えちまいな, 死んでいいよ, ばかぬかせ, くそったれ, あほんだら! **in ～** 塩を振りかけた, 塩漬けにした. **like a dose of (the) ～s** 《俗》 えらい速さで, たちどころに: go through sb *like a dose of (the) ～s* 〈飲食物が〉人の腹をくだらせる. **not made of ～** 張り子でない《雨にぬれても溶けない》. **put [throw] ～ on sb's tail** 《やや古》 人を活気づけるために何かをする, 人に発破をかけてやる, ねじを巻いてやる. **put [drop a pinch of] ～ on the tail of…** をわけなく捕える《小鳥の捕え方として子供にふざけて教えることから》. **rub ～ in [into] the [sb's] wound(s)** 追い討ちをかける, 傷口に塩を塗る. **take…with a grain [pinch] of ～** 割引して[多少疑って, まゆにつばをつけて]聞く[受け取る]. **the ～ of the earth** 〖聖〗 地の塩《世の腐敗を防ぐ健全分子, 堅実で善良な人(たち), 世の模範となる人(たち); *Matt* 5:13》. **worth one's ～** 《口》 給与に見合う働きがある, 有能である. ► *a* **1** 塩気のある, 塩を含む (opp. *fresh*), 塩からい, しょっぱい (opp. *sweet*); 塩漬けの. **2** 〈土地などが〉海水に浸る; 〖植〗 海水[海浜]に生じる. **3** 〈涙・悲哀など〉辛い, にがい (bitter); 塩[わさび]の効いた, ピリッとした, 痛烈な, 痛快な.

► *vt* **1 a** …に塩で味をつける; …に塩を振りかける, 塩漬けにする, 塩蔵する 〈*down*〉; 《凍結防止剤として》〈道路〉に塩をまく 〈*down*〉; 〈家畜〉に塩を与える; 〖化〗 塩処理する; 〖工〗 〈セメント〉に促進剤[阻止剤]を加える, 加塩する. **b** [*fig*] …に味[アクセント]をつける. **2** 《商俗》 …に掛け値をする, 〈帳簿などを〉ごまかす; …に〈…を〉ひそかに入れる 〈*with*〉; 〈鉱山・油井(ゆせい)を〉〈良質な鉱石[石油]で〉偽装する 〈*with*〉《鉱山・油井を高く売るため; cf. PLANT》: ～ prices 掛け値をする / ～ a crowd *with* paid supporters 聴衆にサクラを仕込む / ～ a mine (*with* good ore). **3** [*pp*] 《口》 〈馬や人を〉風土にならす, 鍛える. ● **～ away [down]** 塩漬けにする; 〈金・株券を〉《しばしば不正に》しまっておく, ため込む, 隠す; *〈試合〉の勝利を確実にする. **～ in** 溶液に塩類を加えて〈溶質〉の溶解度を高める. **～ out** 〖化〗 溶液に塩類を加えて〈溶解物質・石鹸などを〉析出させる, 塩析する; 塩析される.

◆ **～·like** *a* **～·ness** *n* ［OE *s(e)alt*; cf. G *Salz*, L *sal*, Gk *hals* salt, sea］

salt[2] 《廃》 *a* 好色な, みだらな; 過当な, 過ぎた; 〈雌が〉さかりのついた. ［C16 *assaut*＜ME *a sawt*＜OF *a saut* on the jump; ⇨ SALIENT］

SALT /sɔ́ːlt, ‖sɔ́lt/ °Strategic Arms Limitation Talks.

Sal·ta /sɑ́ːltə/ サルタ《アルゼンチン北西部の市; 温泉がある》.

sált-and-pépper *a* PEPPER-AND-SALT; *黒人と白人が入りまじった.

sált and pépper * 《俗》 不純物の混じったマリファナ; *《俗》 白と黒に塗られた警察の車, パトカー (black and white).

sal·tant /sǽlt(ə)nt/ *a* おどる, 跳躍する.

sal·ta·rel·lo /sæ̀ltərέlou/ *n* (*pl* ～s) サルタレロ《イタリア・スペインの, 急なスキップをする軽快な二人[一人]踊り; その曲》. ［It (↓)］

sal·ta·tion /sæltéɪʃ(ə)n/ *n* 跳躍, 躍動; 舞踊, ダンス; 激変, 激動, 躍進; 〖生〗 跳躍[飛躍]進化《(1) MACROEVOLUTION (2) MUTATION》; 〖地質〗 躍動, サルテーション《砂泥粒子が水・空気流によってはねながら運ばれること; cf. SUSPENSION》. ［L *salto* (freq) ＜ *salio* to leap; cf. SALIENT］

sal·ta·tor /sæltéɪtər/ *n* 〖鳥〗 マミジロイカル《ショウジョウコウカンチョウ科マミジロイカル属 (*S*-) の各種; 中米・南米産》.

sal·ta·to·ri·al /sæ̀ltətɔ́ːriəl/ *a* 跳躍性の, 躍動する; 〖動〗 跳躍の[に適する].

sal·ta·to·ry /sǽltətɔ̀ːri, sɔ́ːl-; -t(ə)ri/ *a* 跳躍の; 舞踊の; 跳躍的な, 躍進的な: the ～ theory (of evolution) 跳躍(進化)論.

sált bàth 〖冶〗 塩浴.

sált bèef ‖ コーンビーフ (corned beef).

sált·bòx *n* 《台所用の》塩入れ (cf. SALTCELLAR); *SALTBOX HOUSE.

sáltbox hòuse 塩入れ型家屋《前面が二階建て, 後ろが一階建て, 屋根は後ろが前よりも長く低い》.

sált brìdge 〖理〗 塩橋(えんきょう)《2 個の半電池を電気的に連結するガラス管に塩類溶液を満たしたもの》; 〖生化〗 塩橋, 塩結合《高分子物質の塩基性基間などに見いだされる結合》.

sált·bùsh *n* 〖植〗 **a** アカザ科の塩生低木. **b** ハマアカザ属の各種雑草.

sált càke 芒硝(ぼうしょう)《粗製硫酸ソーダ; ガラス・石鹸・製紙用パルプ製造用》.

sált·càt *n* 塩塊, 《特に》塩土《飼料・石灰などを混ぜた塩の塊りで, 飼いバトに与える》.

sált cèdar 〖植〗 TAMARISK.

sált·cèllar *n* 《食卓用の》(振りかけ式)塩入れ (cf. SALTBOX); [ᵘ*pl*] ‖《口》《女性ややせた人の》首の付け根(左右)の深いくぼみ.

sált chùck * 《口》 海, 《塩水の》湾, 入江. ［Chinook Jargon］

sált·chùck·er *n* 《カナダ西海岸》 salt chuck の釣人.

sált dòme 〖地質〗 岩塩ドーム (＝*salt plug*)《地下の岩塩がドーム状に盛り上がったもの》; 《岩塩ドーム型の》原油[ガス]タンク.

sált·ed *a* 塩漬けにした, 塩で味をつけた; 塩分のある; 〈馬が〉《一度伝染病にかかって》免疫になった; 《口》 〈人が〉熟練した, 老練の; 《俗》 〈鉱山・油井が〉トリックを施した (cf. SALT[1] *vt*). ● **～ down** * 《俗》 死んだ, くたばった.

sált·er *n* 製塩業者, 塩商人; ‖乾物商 (drysalter).

Sálter dùck 〖工〗 ソールターダック《水車による波力発電装置》. ［Stephen H. *Salter* (1938–　) 英国の技術者］

sal·tern /sɔ́ːltərn/ *n* 塩田; 製塩所[場] (saltworks). ［OE (*ærn* building); cf. BARN］

sált·ery *n* 製塩工場; *《魚の》塩漬け加工場.

sált·fìsh *n* 《カリブ》 塩漬けのタラ.

sált flàt [°*pl*] 塩原(えんげん)《湖・池の水が蒸発してできた塩分の沈積した平地》.

sált glànd 〖動〗《海鳥・海産爬虫類などの》塩(類)腺.

sált glàze 〖窯〗 塩釉(しおぐすり).

S

sált-glàzed *a* 〘窯〙塩釉がけした: ～ tile [brick] 塩焼き瓦[塩煉瓦]. ♦ **-glàzing** *n*
sált gràss* アルカリ土壌に生育する草本, 塩生草.
sált hày 塩生草類の乾草.
sált hórse 《海俗》塩漬け(牛)肉.
sal·ti·cid /sǽltəsəd, sɔ́:l-, -sìd/ *n* 〘動〙ハエトリグモ.
saltier ⇨ SALTIRE.
sal·ti·grade /sǽltəgrèɪd/ 〘動〙 *a* 跳躍に適した足をもつ; ハエトリグモ科の. ► *n* ハエトリグモ.
Sal·ti·llo /sɑ:ltí:(j)oʊ, sæl-/ サルティヨ《メキシコ北東部 Coahuila 州の州都》.
sal·tim·ban·co /sæ̀ltəmbǽŋkoʊ/ *n* (*pl* ～**s**) 《古》香具師(やし), 山師. [It (*saltare* to leap, *in* in, into, *banco* bench)]
sal·tim·boc·ca /sɔ̀:ltəmbá(k)kə/ *n* 〘料理〙サルティンボッカ《セージ・ハムスライス・チーズなどと調理した子牛の薄切り肉料理》. [It (*bocca* mouth)]
sal·tine /sɔ:ltí:n/ *n**《パリパリの》塩味クラッカー.
sált·ing *n* **1** 塩の使用, 加塩, 塩漬け, 《食品の》塩蔵. **2** [ᵘ～s]ᴴ 潮間帯.
sálting òut 〘化〙塩析.
sal·tire, -tier /sɔ́:ltàɪər, sǽl-, *-tɪr/ *n* 〘紋〙X 形十字, 聖アンデレ十字 (⇨ SAINT ANDREW'S CROSS): in ～ X 形十字状に並んで / per ～ X 形に交差して. [OF *sau(l)toir* stile with crosspiece < L; ⇨ SALTATION]
sáltire·wìse, -wày *adv* X 形十字に.
sált·ish *a* やや塩からい. ♦ **～·ly** *adv* **～·ness** *n*
sált júnk 《海俗》乾燥塩漬け肉.
sált láke 塩水湖, 塩湖.
Sált Làke Cíty ソールトレークシティ《Utah 州の州都; Mormon 教の世界本部として 1850 年に建設》.
sált·less *a* 塩気のない, 味のない; 無味乾燥な, くだらない.
sált lìck 動物が塩気のある土をなめるために集まる所; 家畜用岩塩《牧草地に置く》.
sált màrsh 塩性沼沢(地), 塩湿地, 塩生草原《牧草地や製塩に利用》.
sált-màrsh cáterpillar 〘昆〙キシタクロテンヒトリ《北米東部産のヒトリガ科のガ; 塩分のある草を食い荒らす》.
sált méadow 塩水をかぶる(牧)草地.
sált mìne 岩塩坑, 岩塩産地; [ᵘthe ～s] 苛酷な[退屈な]仕事(を強いられる場), 幽閉の場: get [go] back to *the* ～*s* 《休みのあとに》仕事[学業, きびしい生活]に戻る.
Sal·to /sá:ltoʊ/ サルト《ウルグアイ北西部の, Uruguay 川に臨む市・港町》.
sált [sálts] of lémon 〘化〙POTASSIUM OXALATE.
sált of vítriol ZINC SULFATE.
sal·to mor·ta·le /sá:ltoʊ mɔ:rtá:leɪ/ 思いきった[決死の]ジャンプ; 大胆な企て[推論], 一大決心; 空中回転, とんぼ返り. [It＝fatal leap]
Sál·ton Séa /sɔ́:lt(ə)n-/ [the] ソルトン湖《California 州南東部の塩水湖; 海面下 72 m; もと **Sálton Sínk** と呼ばれた窪地に, 1905 年 Colorado 川の氾濫した水が流入してできた》.
sált pàn 天然塩田, 《干潟の》潮だまり; 塩釜. [ME]
salt·pe·ter | -tre /sɔ̀:ltpí:tər; ⌐⌐⌐/ *n* 硝石; チリ硝石 (Chile saltpeter). [C16 *salpeter*<OF<L＝salt of rock; -*t* は *salt*[1] から]
sáltpeter pàper TOUCH PAPER.
sált pìt 塩坑, 塩田.
sált plùg 岩塩体, 岩塩ドーム (salt dome).
sált pórk 塩漬け豚肉.
sal tree ⇨ SAL[2].
sált rhèum* 〘医〙湿疹 (eczema).
sált-rìsing bréad* 鶏卵・牛乳・麦粉などを混ぜ塩を入れて作る一種の酵母パン.
Sált Séa [the] 〘聖〙塩の海 (DEAD SEA).
sált·shàker* *n* 塩振り容器, 塩入れ (saltcellar); 《CB 無線俗》《道路の氷を溶かすための》散塩トラック.
sált spòon 塩さじ《小型で丸く食卓用》.
sált stìck 《三角形の生パンを丸めて作る》塩を振りかけた棒状ロールパン.
sált trùck* 塩散布トラック《凍結した道路に塩を散布する》.
sal·tus /sǽltəs, sɔ́:l-/ *n* (*pl* ～·**es**) 《発展途上の》急激な変動, 急転; 《論旨の》飛躍; 《議論などの》中断, ためらい. [L＝jump; ⇨ SALTATION]
sált·wàter *a* 塩水の, 海水の, 海の, 海産の (opp. *freshwater*): a ～ fish 塩水魚 / ～ disposal 塩水投棄.
sált wáter 塩水; 海水; 海; 《俗》/[*joc*] 涙.
sáltwater shéldrake 〘鳥〙ウミアイサ (red-breasted merganser).
sáltwater táffy* 海水[塩味]タフィー《もと 少量の海水で風味をつけたもの; 海岸行楽地で売られる》.
sált wèll 塩井(えんせい)《塩水 (brine) を汲む井戸》.
sált·wòrks *n* (*pl* ～) 製塩所.
sált·wòrt *n* 〘植〙**a** オカヒジキ《ソーダ灰製造用》. **b** アッケシソウ (glasswort). **c** 熱帯・亜熱帯アメリカの海岸に産するバティス科の低木.
sálty *a* **1** 塩気のある, 塩からい, しょっぱい; 海の香りのする, 海上[船員]生活の. **2** ピリッとした, 辛辣な, 機知のある; *《俗》機敏な, しゃれた. **3** 老練な, 世慣れた; 大胆不敵な; 〈馬が〉手に負えない; *《俗》おこった, 動揺した. **4** *《俗》ひどい; 《性的に》あけすけな, きわどい, 刺激的な; *《俗》粗野な; *《俗》〈船員が〉けんか好きな. ● **jump ～** *《黒人俗》かっとなる, ものすごくおこり出す. ♦ **sált·i·ly** *adv* **sált·i·ness** *n*
sa·lu·bri·ous /səlú:briəs/ *a* 〈気候・土地など〉健康的な, 住みよい, 快適な; 健全な. ♦ **～·ly** *adv* **～·ness** *n* **sa·lu·bri·ty** /səlú:brəti/ *n* [L (*salus* health)]
sa·lud /sɑ:lú:d/ *int* 乾杯! [Sp]
sa·lu·ki /səlú:ki/ *n* 〘犬〙サルーキ《中近東・北アフリカ原産のグレーハウンド族の猟犬》. [Arab＝of Salūk (アラビアの古都)]
sal·uret·ic /sæ̀ljərέtɪk/ 〘医〙 *n* 塩分排泄剤. ► *a* 塩分排泄の. ♦ **-i·cal·ly** *adv*
sa·lus po·pu·li su·pre·ma lex es·to /sá:lù:s pó:pʊlì: supréɪmɑ: léks éstoʊ/ 人民の福祉を最高法たらしめよ《Missouri 州の標語》. [L＝let the welfare of the people be the supreme law]
sa·lut /sælú:/ *int* 乾杯! [F]
sal·u·tary /sǽljətèri; -t(ə)ri/ *a* つらいが有益な[ためになる], よい薬となる; 健康によい. ♦ **sàl·u·tár·i·ly** /; sǽljət(ə)rɪli/ *adv* **sál·u·tàr·i·ness** /; -t(ə)ri-/ *n* [F or L; ⇨ SALUTE]
sal·u·ta·tion /sæ̀ljətéɪʃ(ə)n/ *n* **1** 挨拶《今は通例 greeting を用いる》; 挨拶のことば, 《手紙の書出しの》挨拶文句《Dear Mr. ... の類》; 《まれ》会釈, 敬礼《今は salute が普通》. **2** 敬称, 称号《Mr., Ms., Dr. などの別》. ♦ **～·al** *a* **～·less** *a*
sa·lu·ta·to·ri·an* /səlù:tətɔ́:riən/ *n* SALUTATORY を述べる優等卒業生《通例 次席の者; cf. VALEDICTORIAN》.
sa·lu·ta·to·ry /səlú:tətɔ̀:ri; -t(ə)ri/ *a* 挨拶の, 歓迎の. ► *n* *《開会の または 来賓に対する》挨拶の式辞《学校の卒業式で, 通例 次席卒業生が述べる》.
sa·lute /səlú:t/ *vt* …に挨拶する, 会釈する; 〘軍・海〙…に敬礼する, …のため礼砲を放つ; 〘フェン〙〈相手〉に試合始めの礼をする; 迎える; ほめたたえる; 《古》〈人を送迎するとき手・ほおなど〉にキスをする; 《詩》〈小鳥などが〉さえずって迎える; 《まれ》〈目・耳〉にはいる[映る, 聞こえてくる]: They ～*d* each other *with* a bow [*by* raising their hats, *by* shaking hands]. 頭を下げて[帽子を取って, 握手して]挨拶した / ～ sb *with* a smile 人を笑顔で迎える / ～ the enemy *with* a volley 敵に一斉射撃を浴びせる. ► *vi* 挨拶する, 敬礼する. ► *n* 《文》挨拶, 会釈; 〘軍・海〙敬礼《挙手・捧げ銃(つつ)・刀礼・礼砲・降旗など》; *爆竹 (firecracker); 喝采, 万歳; 《古》/[*joc*] 《挨拶としての》手[ほお]へのキス; 〘フェン〙試合始めの礼: a Royal [an Imperial] ～ of 21 guns 21 発の皇礼砲 / exchange ～*s* 礼砲を交換する / fire [give] a ～ (of 7 guns 7 発の)礼砲を放つ / come to the ～ 〘軍〙敬礼する / stand at (the) ～ 《試合前》敬礼の姿勢で立つ / return a ～ 答礼する; 答砲を放つ. ● **take the ～** 《行進する一団から》敬礼を受ける. ♦ **sa·lút·er** *n* [L (*salut- salus* health); cf. SAFE]
sal·u·tif·er·ous /sæ̀ljətíf(ə)rəs/ *a* 《古》SALUTARY.
sal·va·ble /sǽlvəb(ə)l/ *a* 救済[救助]できる. ♦ **～·ness** *n* **sàl·va·bíl·i·ty** *n*
Sal·va·dor /sǽlvədɔ̀:r, ⌐⌐⌐/ **1** EL SALVADOR. **2** サルヴァドル《ブラジル東部 Bahia 州の州都・港町; 別称 Bahia, **São** ～ /sãʊ̃-, saʊn-/》. **3** サルヴァドア《男子名》. ♦ **Sàl·va·dór·an** *a, n* エルサルバドル(人)(の). **Sàl·va·dór·ean, -ian** *a, n*
sal·vage /sǽlvɪʤ/ *n* **1 a** 海難救助, 遭難船舶貨物救助; 《沈没船の》引揚げ(作業); 救済, 《火災での》人命救助, 《特に》(被保険)財貨救出. **b** 廃物利用, 回収: a ～ campaign 廃品回収運動. **2** 救助された船舶[貨物]; 《一般に》救出財貨, 回収品; 《廃棄物からの》回収資源. **3** 海難救助料; 救助謝礼額; 保険金控除額. ► *vt* 〈難破船・遭難機・火災などから〉救い出す, 救助する, 回収する 〈*from*〉; 〈沈没船を〉引き揚げる; 〈病人・傷害箇所を〉救う; 《難局から》救う, 〈名声・体面などを〉守る, 保つ; 〈難局を〉救う, 乗り切る; 〈失敗などから〉学ぶ 〈*from*〉: ～ some pride いくらか面目を保つ / ～ a situation どうにか事をおさめる. ♦ **～·able** *a* **～·abílity** *n* **sál·vag·er** *n* [F<L; ⇨ SAVE[1]]
sálvage archaeòlogy 救出考古学《工事・洪水などに際して, 埋蔵物の破壊防止のため急いで発掘すること》.
sálvage bòat 海難救助船, 救難船, サルベージ船.
sálvage còrps 《火災保険会社の》火災時財貨救出隊.
sálvage yàrd 《廃棄された機械・自動車の》部品回収場.
Sal·var·san /sǽlvərsæ̀n; -sən/ 〘商標〙サルバルサン《梅毒治療薬 arsphenamine の商品名》.
sal·va·tion /sælvéɪʃ(ə)n/ *n* 救済, 救助; 救済物; 救済手段; 救済者; 〘神学〙救い, 救世(主); 〘クリスチャンサイエンス〙《神の導きによる, 病気・災害などからの》いやし, 救い; 〘仏教〙解脱: be the ～ of…の救いとなる. ● **find ～** 入信する, 改宗する; [*joc*] 得たり賢し[これ幸い]と変節する. **work out** one's **own ～** 自力で救済策を講じる.

♦ ～·al *a* ［OF＜L; ⇨ SAVE¹; 神学では Gk *sōtēria* の訳］
Salvátion Ármy [the] 救世軍《プロテスタントの国際的な軍隊式福音伝道団体; 貧者の救済などの社会事業に重点を置く; 1865 年メソジスト教会牧師 William Booth が東ロンドン伝道会を組織, 救世軍と改名したのは 1878 年》.
salvátion·ìsm *n* 福音伝道; [S-] 救世軍の教旨[主義, やり方].
Salvátion·ist *n, a* 救世軍軍人; 救世軍(軍人)の; [°s-] 福音伝道者 (evangelist).
Salvátion Jáne 〘植〙シャゼンムラサキ (Paterson's curse). ［花が Salvation Army の女性が使うボンネットの形に似ていることから］
Sal·va·tore /sǽlvətɔ̀ːr, sáːlvɑː-/ サルヴァトア《男子名; 愛称 Sal》. ［It＝savior］
sal·va ver·i·ta·te /sǽlvə vɛ̀rɪtáːteɪ, sáːlwɑː wɛ̀rɪtáːteɪ/ *adv* 〘哲〙真理を侵すことなく. ［L＝safe in truth］
salve¹ /sǽv, sáːv; sǽlv, sáːv/ *n* **1** 膏薬(こうやく), 軟膏; 《羊に塗る》塗剤《タールと油脂の混合薬》; *《俗》バター. **2** 慰め; へつらい, おだて; *《俗》袖の下, 金: ⇨ LIPSALVE. ► *vt* **1** 《古》…に膏薬を塗る; 〈羊〉に塗剤を塗る. **2** 《文》〈苦痛を〉和らげる, いやす, 〈自尊心・良心などを〉慰める, 《古》〈欠点・矛盾などを〉言いつくろう, 糊塗する; *《俗》支払う, 買収する. ［OE *s(e)alf(e)* ointment, *s(e)alfian* to anoint; cf. G *Salbe*］
salve² /sǽlv/ *vt* …の海難を救う, 〈船・貨物を〉救う; 〈家財を〉火災から救う[持ち出す] (salvage). ［逆成＜*salvage*］
sal·ve³ /sǽlvi/ *n* サルウェ《聖母マリアにささげる交唱[交唱賛美歌]》. ［L *salve* (impv) hail＜*salveo* to be well］
sal·ver /sǽlvər/ *n* 《通例 銀製の》盆. ［F *salve* or Sp *salva* assaying of food (⇨ SAVE¹); 毒見用にとっておくことから; 語尾は *platter* との連想］
Sal·ve Re·gi·na /sáːlveɪ reɪdʒíːnɑː, sǽlveɪ rɪdʒáɪnə/ 〘カト〙「サルヴェ・レジナ」《終課などで歌う salve》. ［L＝Hail, Holy Queen］
sálver·fòrm, sálver-shàped *a* 〘植〙〈花冠が〉高盆(こうぼん)形の《フロックスなどの花冠など》.
sal·via /sǽlviə/ *n* 〘植〙サルビア《シソ科サルビア属 (*S*-) の各種の草本[(亜)低木]》. ［L＝SAGE²］
sal·vif·ic /sælvífɪk/ *a* 救済を与える[に役立つ, をもたらす]: God's ～ will 神の救済意志. ♦ **-i·cal·ly** *adv*
sal·vo¹ /sǽlvoʊ/ *n* (*pl* **～s, ～es**) 一斉射撃, 斉射; 《式典で行なう》一斉祝砲; 爆弾の一斉投下 (cf. STICK¹); 一斉に発射[投下]された砲弾[爆弾]; 一斉の行動: a ～ of applause [accusations] 一斉に起こる拍手[非難]. ► *vt, vi* (…の)一斉射撃[投下]をする. ［C16 *salve*＜F＜It *salva* salutation; ⇨ SAVE¹］
salvo² *n* (*pl* **～s**) 〘英法〙留保条項, 但し書き (proviso); 言いわけ, ごまかし; 慰め, 気休め; 《名誉などの》保全手段. ［L SALVO JURE］
Salvo *n* (*pl* **～s**) 《豪俗》SALVATION ARMY の一員; [the ～s] SALVATION ARMY.
sálvo júre /-dʒúəri/ 権利は安全にして[害せずに]. ［L＝with the right reserved; ⇨ SAFE］
sal vo·la·ti·le /sǽl vəlǽt(ə)li/ 炭酸アンモニア(水)《制酸剤, アルコール溶液は気付け薬》. ［NL＝volatile salt］
sal·vor /sǽlvər/ *n* 救助人; 救助具[装置], 救難船.
salwar ⇨ SHALWAR.
Sal·ween /sǽlwìːn/ [the] サルウィン川《Tibet に源を発するミャンマーの大河; 中国語名は怒江 (Nu Jiang)》.
Sal·yut /sæljúːt/ サリュート《ソ連の宇宙ステーション; 1 号は 1971 年, 最終の 7 号は 82 年打上げ》.
Salz·burg /sɔ́ːlzbə̀ːrg; sǽlts-; *G* záltsbʊrk/ ザルツブルク《オーストリア中部の市; Mozart の生地で, 毎年 7–8 月モーツァルト音楽祭 Salzburg Festival が催される》.
Salz·git·ter /zɑːltsgítər/ ザルツギッター《ドイツ中北部 Lower Saxony 州南東部の工業都市; 製鉄業が発達; 旧称 Watenstedt-Salzgitter》.
Salz·kam·mer·gut /záːltskɑ̀ːmərgùːt/ [the] ザルツカンマーグート《オーストリア北部 Salzburg の東の地方》.
Sam /sǽm/ **1** サム《男子名; Samuel の愛称》. **2** [ˢs-] **a** 《俗》《男の》セックスアピール, いかす男《sex appeal and magnetism の頭字語》. **b** *《俗》《連邦政府の》麻薬取締官 (cf. UNCLE SAM). ● **stand ～** ″《俗》みんなの勘定を持つ, 《特に》酒をおごる. **take one's ～ upon it** ″《俗》請け合う. **upon my ～** ″《俗》誓って, きっと.
SAM¹ /sǽm, ɛ́sèɪɛ́m/ *n* 地[艦]対空ミサイル, サム. ［*s*urface-to-*a*ir *m*issile］
SAM² *n* 〘米郵〙SAM《軍関係の海外向け小包を対象とする割引料金の郵便; cf. PAL》. ［*s*pace *a*vailable *m*ail］
Sam. 〘聖〙Samuel.
S.Am. South America(n).
sa·ma·dhi /səmáːdi/ *n* 〘仏教・ヒンドゥー教〙深瞑想, 専心; (禅)定; 三昧. ［Skt］
Sa·ma·na·la /sáːmənələ/ サマナラ《ADAM'S PEAK のシンハラ語名》.
Sám and Dáve *pl* *《黒人俗》警察, サツ. ［*Sam* Moore (1935–) *and Dave* Prater (1937–88) 米国の黒人ソウルヴォーカルデュオ］
Sa·man·tha /səmǽnθə/ サマンサ《女子名》. ［Heb＝?; 一説に Aram＝listener］
Sa·mar /sáːmɑ̀ːr/ サマル《フィリピン中央部ビサヤ諸島東端の, 同国第 3 の島》.
sa·ma·ra /sǽmərə, səmáːrə, *-mɛ́rə/ *n* 〘植〙《トネリコ・ニレ・モミジなどの》翼果 (＝*key fruit*). ［L＝elm seed］
Sa·ma·ra /səmáːrə/ サマラ《ヨーロッパロシア東部の Volga 川に臨む市; 旧称 Kuybyshev》.
Samarang ⇨ SEMARANG.
Sa·mar·ia /səmɛ́əriə/ サマリア《**1**) 古代パレスティナの北部地方 **2**) その地方にあったイスラエル北王国の首都》.
sám·a·ri·fòrm /sǽmərə-, səmǽrə-/ *a* 〘植〙翼果 (samara) 状の.
Sam·a·rin·da /sæ̀mərɪ́ndə/ サマリンダ《インドネシアの Borneo 島東部にある市》.
Sa·mar·i·tan /səmǽrət(ə)n, *-mɛ́r-/ *a* サマリア (Samaria) の; サマリア人[語]の. ► *n* **1** サマリア人[語]. **2 a** [°s-] GOOD SAMARITAN. **b** 英国のボランティア団体 The Samaritans の一員《心に悩みのある人, 自殺を考えている人に電話でカウンセリング・アドバイスをする》.
Samáritan·ìsm *n* サマリア人の信仰[教義]; サマリア語法; [ˢs-] 慈悲; 慈善. ［L＜Gk (↑)］
Samáritan Péntateuch [the] 〘聖〙サマリア五書《サマリア人が唯一の正典とするヘブライ語古書体のモーセ五書校訂本》.
sa·mar·i·um /səmɛ́əriəm/ *n* 〘化〙サマリウム《希土類元素; 記号 Sm, 原子番号 62》. ［*samar*skite, *-ium*］
Sam·ar·qand, -kand /sǽmərkæ̀nd/ サマルカンド《ウズベキスタン東部の市; 古称 Maracanda; 14 世紀末–15 世紀には Timour 帝国の首都》.
sa·mar·skite /səmáːrskàɪt, sǽmər-/ *n* 〘鉱〙サマルスカイト《ガラス光沢のあるウラニウム・サマリウムなどを含む斜方晶系鉱物》. ［F; Vasily *Samarsky*-Bykhovets (1803–70) ロシアの鉱山技師］
Sá·ma-Véda /sáːmə-/ *n* [the] サーマヴェーダ《歌詠を集録した VEDA; 古代インド音楽研究に重要》.
sam·ba /sǽmbə, *sáːm-/ *n* (*pl* **～s**) サンバ《アフリカ起源の軽快な 2/4 拍子のブラジルダンス; その曲》. ► *vi* (**～ed, ～'d**) サンバを踊る. ［Port］
sam·bal /sáːmbɑːl; sǽmbæl/ *n* サンバル《トマトや果物にトウガラシ・塩・スパイスなどを混ぜてペースト状にしたインドネシア・マレーシアの調味料》. ［Malay］
sam·bar, -bur, -bhar, -bhur /sǽmbər, *sáːm-/ *n* 〘動〙スイロク, サンバー《三叉の角をもつ大鹿; 東南アジア産》. ［Hindi］
sam·bo¹ /sǽmboʊ, *sáːm-/ *n* (*pl* **～s**) ZAMBO; 混血の人; [°S-] [*derog*] 黒人, 黒んぼ (Black). ［Sp *zambo*］
sambo² *n* サンボ《柔道を原型として旧ソ連で編み出されたレスリングに近い格闘技》. ［Russ *samozashchita bez oruzhiya*＝self-defense without weapons］
Sám Brówne (bèlt) サムブラウンベルト《肩に掛ける吊りひもの付いた将校などが正装する際に用いる帯剣[帯拳銃]用帯革》; 《俗》将校. ［Sir *Sam*uel J. *Browne* (1824–1901) 英国の将軍］
sam·bu·ca¹ /sǽmb(j)úːkə/, **sam·buke** /sǽmbjuk, sæmbjúːk/ *n* 〘楽〙サンブカ (TRIGON). ［Gk＜Sem］
sambuca² /sæmbúːkə/ *n* サンブーカ《アニス・ニワトコ・甘草エキスのはいったイタリアのリキュール》. ［It＜L *sambucus* elder²］
Sam·bu·ru /sæmbʊ́ru/ *n* **a** (*pl* ～) サンブル族《ケニア北部の民族; 主に遊牧民》. **b** サンブル語《ナイル-サハラ言語群に属する》.
same /séɪm/ *a* **1** [ᵘthe] **a** 同じ, 同一の; 同じような, よく似た: Jane and I are *the* ～ age.＝Jane is *the* ～ age *as* me. ジェーンとわたしは同じ年齢だ / It is *the* ～ with us. それに関してはわたしたちも同じだ. ★ (1) しばしば *the same...as* [*that, who*] のように相関的に用いる: I have *the* ～ watch *as* you have [*as* yours]. 同じ時計を持っている《同種》/ *the* ～ watch *that* I lost なくしたその時計《同一; ただし, この区別は厳格ではない》. (2) 従属節に主語・動詞が省略されると *as* が用いられる: They met in *the* ～ place *as* before. **b** (以前と)同じ, 変わらない; [the ～ old...] 《繰り返されて》うんざりするほどの: The patient is much *the* ～ (*as* yesterday). 病人は(昨日と)大体同じ容態だ / It is *the* ～ old story. よくある話さ. **2** [this, that, these, those, very に続いて] [°*derog*] 例の, あの, その, …とかいう: on the *very* ～ day まさにその同じ日に / *this* ～ man (ほかならぬ)こいつ / *this* ～ system この組織なるもの.
► *adv* [the] 同様に; [～ as] 《口》…と同様に: The two words are pronounced *the* ～. その 2 語は同じように発音される / He works hard, ～ *as* you. 彼はあなたのようによく働く.
► *pron* [ᵘthe] **a** 同一のもの[こと], 同様のこと[もの]: I'll have *the* ～.＝*The* ～ for me. わたしも同じものを下さい. ★ the ～ で副詞的に用いることがある: think *the* ～ of [feel *the* ～ to] sb 人に対する考え[気持]に変わりがない. **b** 《まれ》同一人: To [From] *the* ～. 同人へ[より]《手紙・詩の頭書に用いる句》 **c** 《法・商》同一のもの[こと, 人]. ★ 通常 the を省く: We have heard from Mr. Jones and have written to ～. ジョーンズ氏より来信あり, 同氏に返信す / The charge is $100; Please remit ～. 料金は 100 ドル; 同額のご送金をお願いします. **d** [*joc*] HE², SHE, THEY, IT¹, THIS, etc.
● **about the ～**＝(数量的に)ほぼ同じ. **all the ～ (1)** 《通例 望ましくない性質について述べて》みんな同じだ. **(2)** それでも, やはり (nevertheless). **(3)** 同じことだ, どうでもよい: It's *all the* ～ to me. どうでもよい. **at the ~** TIME. **come** [**amount**] **to the ~ thing** (結局)同じ事に帰着する. **I wish you the ~!** あなたにもご同様に《Happy New Year! とか Merry Christmas! とかに答えることば》. **just the ~** それでも, やはり (all the same); 同じことで, どうでもよい: Thank you *just the* ~. 《申し出を断ったあとで》でも言ってくれてありがとう. **much the ~** 《質的に》ほとんど[ほぼ]同じ. **not the ~ without** sb 人が居なくなってからすっかりつまらなくなって. **one and the ~** 全く同一の (=the very ~): The two parts were played by *one and the* ~ actor. 全く同一の俳優が二役を演じた. (**the**) **~ here** «口» わたしも同じ[同感]です, わたしにも同じものを下さい. **the ~ o'** /ou/ **~ o'=the ~ ol' ~ ol'=the ~ old ~ old***«俗» よくある話, いつものおきまりの手順[状態]; [the を省いて] あいかわらずだ: How are you doing?—*S~ old,* ~ *old*. 調子はどうですか—あいかわらずです. (**The**) **~ again, please.** «口» もう一杯(酒の)お代わり. (**The**) **~ to you!** «口» あなたにもご同様に (I wish you the ~!); «口» おまえにだって同じ文句を返してやるよ《屈辱的なことばに対する言い返し》: Go to hell!—*The ~ to you!* くたばれ—てめえこそ. [ON *samr*; cf. OHG *sama* same, L *similis* like, OE *swā same* likewise]

sa·mekh, -mech /sá:mèk, -məx/ *n* サーメク《ヘブライ語アルファベットの第 15 字》. [Heb]

sam·el /sǽməl/ *a* 〈煉瓦・タイルが〉焼きが不十分でもろい.

sáme·ness *n* 同一性, 同様なこと, 酷似; 単調さ, 無変化.

S.Amer. °South America(n).

sáme-sèx *a* 同性(間)の, 男[女]同士の: ~ marriage 同性婚 / a ~ partner 同性のパートナー.

samey /séɪmi/ *a* ''«口» 単調な, 変わりばえのしない. ♦ **~·ness** *n*

sam·fu, -foo /sǽmfù:/ *n* サンフー(衫褲)《上着とパンタロンからなる中国の婦人服; 主にマレーシア・香港で着用される》. [Cantonese]

Sa·mhain /sáuən, sá:wɪn/ *n* サーウィン《古代ケルトのドルイド教で, 新年と冬の始まりである 11 月 1 日に行なわれた収穫祭》. [IrGael]

sám híll [°S- H-]*«俗» [*euph*] HELL: Who in (the) ~ are you? いったいきさまはだれだ / What the ~ is the matter? ぜんたい何事だ.

Sam·hi·ta /sʌ̀mhɪtá:/ *n* サンヒター, 本集《4 ヴェーダのいずれか一つ; ⇨ VEDA》. [Skt]

Sa·mi /séɪmi/ *n* **a** (*pl* ~, ~**s**) サーミ族《スカンディナヴィア北部, フィンランド, ロシアの Kola 半島に居住する民族; 伝統的に漁業, トナカイの飼育を生活手段とする》. **b** サーミ語《フィン-ウゴル語派に属する》.

Sa·mi·an /séɪmiən/ *a, n* サモス (Samos) 島の(住民).

Sámian wáre サモス焼き《ローマ遺跡で大量に発掘された赤褐色または黒色のもろい陶器》; ARRETINE WARE.

sam·iel /sæmjél/ *n* SIMOOM.

sa·mink /séɪmɪŋk/ *n* セイミンクの毛皮《突然変異の結果毛がクロテンに似たミンク》. [*sable*+*mink*]

sam·i·sen /sǽməsèn/ *n* 三味線. [Jpn]

sam·ite /sǽmàɪt, séɪ-/ *n* 金襴, 銀襴《中世の服地》. [OF, <Gk (*hexa*- six, *mitos* thread)]

sa·mi·ti, -thi /sʌ́məti/ *n* «インド» 政治集団. [Hindi]

sam·iz·dat /sá:mizdɑ̀:t; sæ̀mɪzdǽt, ⸗⸗⸗/ *n* 《ソ連などの》地下出版組織[活動], 地下出版物. [Russ]

sam·let /sǽmlət/ *n* 〖魚〗子サケ, サケの子 (parr).

Sam·mar·i·nese /səmæ̀rɪní:z, *-s/ *a, n* (*pl* ~) SAN MARINESE.

Sám Mc·Grédy /-məgrédi/ 〖植〗サムマグレディ《クリーム色で大輪のハイブリッドティーローズ》.

Sam·mie /sǽmi/ **1** サミー《男子名; Sam(uel) の愛称》. **2** [s-] «豪口» サンド (sandwich).

Sam·my /sǽmi/ **1** サミー《男子名; Sam(uel) の愛称》. **2 a** ''«俗» 《第一次大戦参加の》米国兵士 (cf. UNCLE SAM). **b***«俗» ユダヤ人の男子[学生]《やや軽蔑的》; [s-] ''ばか, まぬけ《人》; «口» 《南ア》インド人の青果行商人.

Sam·nite /sǽmnàɪt/ *n* サムニウム (Samnium) 人; 〖古ロ〗サムニーテース《剣闘士階級の一員; サムニウム人のように長い盾で武装していた》. ► *a* サムニウム人の[が用いた].

Sam·ni·um /sǽmniəm/ サムニウム《イタリア中南部の古国; 現在の Abruzzi 州および Campania 州の一部に相当》.

Sa·moa /səmóuə/ **1** サモア《南太平洋中部の諸島; AMERICAN [EASTERN] SAMOA と SAMOA に分かれる; 旧称 Navigators Islands》. **2** サモア《南太平洋 Samoa 諸島西半の Savaii, Upolu を主とする島群からなる国; 公式名 Independent State of ~ (サモア独立国); 1962 年 Western Samoa として独立, 英連邦に加盟; 97 年国名変更; ☆Apia; cf. AMERICAN SAMOA》.

Sa·mó·an *a* サモア(人)の. ► *n* サモア人[語].

Samóa (**stándard**) **tìme** 〖米〗サモア標準時《UTC より 11 時間おそい, 米領サモアの標準時; ⇨ STANDARD TIME》.

sa·mo·gon /sá:məgɑ̀n/ *n* サモゴン《ロシアの密造ウオツカ[密造酒]》. [Russ]

Sa·mos /séɪmɑ̀s/ サモス《エーゲ海東部のギリシア領の島》.

sa·mo·sa /səmóusə/ *n* サモサ《小麦粉を練った皮でカレー味をつけたジャガイモなどを三角形にくるみ, 揚げたインドのスナック》. [Hindi]

Sam·o·thrace /sǽməθrèɪs/ サモトラケ (ModGk **Sa·mo·thrá·ke** /sɑ̀:mɔ:θrá:ki/)《エーゲ海北部のギリシア領の島》. ♦ **Sàm·o·thrá·cian** *a, n*

sam·o·var /sǽməvɑ̀:r, ⸗⸗⸗/ *n* サモワール《ロシアの伝統的卓上用お茶湯わかし器; それに似た器具》. [Russ=self-boiler]

Sam·o·yed, -yede /sǽməjèd, -mɔ̀ɪ-, ⸗⸗⸗/ *n* **1 a** (*pl* ~, ~**s**) サモイェード族《西シベリアからヨーロッパロシア北部にかけて分布する民族》. **b** サモイェード諸語《ウラル語族に属する》. **2** 〖犬〗サモイェード《シベリアを原産地とする白ないしクリーム色のスピッツ系のそり犬》. ► *a* サモイェード族[諸語]の. [Russ]

Sàm·o·yéd·ic *a* SAMOYED. ► *n* サモイェード諸語 (Samoyed).

samp /sǽmp/ *n* «米・南ア» ひき割りトウモロコシ(のかゆ). [Narragansett *nasaump* corn mush]

sam·pan /sǽmpæ̀n/ *n* 舢板(サンパン), 通い船(せん)《中国などの小型木造の平底船》. [Chin]

sam·phire /sǽmfàɪər/ *n* 〖植〗**a** ヨーロッパ産セリ科の海岸に生える肉厚の多年草《葉をピクルスにする》. **b** アッケシソウ (glasswort). [F (*herbe de*) *Saint Pierre* St. Peter('s herb)]

sam·ple /sǽmp(ə)l; sá:m-/ *n* 《商品の》見本, 標本, 試供品; 《検査の》試料; 実例; 〖統〗サンプル, (抽出)標本; 〖楽〗サンプリング音源: That is a fair ~ of his manners. 彼の行儀はあんなもの / be (not) up to ~ 見本どおり(でない). ► *vt* …の見本を取る, 見本で…の質を試す; 試食[試飲]する; …の見本[標本]になる; 〖電子工・楽〗サンプリングする (⇨ SAMPLING).
► *a* 見本の: a ~ copy 書籍見本.
[AF, OF EXAMPLE]

sámple càrd 見本帳.

sámple pòint 〖数〗標本点.

sám·pler[1] *n* 見本検査人, 見本係; 試料採取[検査]器, 見本抽出検査装置[機], サンプラー; 試食[試飲]者; *見本集, 選集; *(各種)取り合わせたもの; サンプラー《サンプリングに使う電子楽器》.

sampler[2] *n* 刺繍の基礎縫い, サンプラー《刺繍の腕を示すために, いろいろな刺し方でアルファベット・処世訓などを刺繍した布; 壁に飾ることが多い》. [OF EXEMPLAR]

sámple ròom 《商品見本を客に見てもらうための》見本陳列[展示]室; *«口» バー, 酒場.

sámple spàce 〖数〗標本空間.

sám·pling *n* 標本抽出(法), 試料採取(法), 抜取り, サンプリング; 抽出[抜取り]標本, 採取試料; 試供品配布による商品導入[販促活動]; 〖電子工〗サンプリング《アナログ信号を適当な時間間隔で抽出することによりデジタル変換すること; ⇨ SAMPLE》; 〖楽〗サンプリング《デジタル録音したサウンドを任意に抽出し, それを新しい音楽の一部に再利用すること》.

sámpling distribùtion 〖統〗《正規母集団を基礎にした》標本分布.

sámpling èrror 〖統〗標本誤差《標本に基づいて母集団における数値を推定するときに生じる誤差》.

sámpling fràme 〖統〗《標本抽出のための》標本枠, 標本母集団.

sámpling ràte サンプリングレート《デジタル録音時の測定点の取り方の細かさ; 標準的な音楽用 CD では 44.1 kHz》.

Sam·pras /sǽmprəs/ サンプラス **Pete** ~ (1971–)《米国のテニスプレーヤー; Wimbledon で優勝 (1993–95, 97–2000)》.

Samp·son /sǽm(p)s(ə)n/ **1** サンプソン《男子名》. **2** サンプソン **Dominie** ~ 《Sir Walter Scott の小説 *Guy Mannering* (1815) の登場人物; やたらに 'Prodigious' と言って驚く家庭教師》. [⇨ SAMSON]

sam·sa·ra /səmsá:rə/ *n* 〖ヒンドゥー教・仏教〗輪廻(りんね); 輪廻転生. ♦ **sam·sá·ric** *a* [Skt]

sam·shu /sǽmʃù:/ *n* 焼酒, サンシャオ《米またはキビから造る中国の酒》; 《一般に》酒. [Chin]

sam·ska·ra /səmzká:rə, səms-/ *n* 〖ヒンドゥー教〗サンスカーラ, 浄法《誕生から死までの各段階の通過儀礼として定められた諸儀式》. [Skt]

Sám·soe /sǽmsou/ *n* サムソー(チーズ) (=**~ chéese**)《デンマーク Samsø 島産; 穏やかな味で小さな穴があいている; サンドイッチやスナック用》.

Sam·son /sǽms(ə)n/ **1** サムソン《男子名》. **2 a** 〖聖〗サムソン《怪力・豪勇のイスラエルの士師(しし); 愛人 Delilah の裏切りでペリシテ人に捕われ盲目にされた; *Judg* 13–16》: (as) strong as ~ 大力無双の. **b** 怪力の人, 力持ちの盲人. ♦ **~·ian** *a* [L<Gk<Heb=(man) of or like the sun]

Sámson('s) pòst 〖海〗サムソンポスト《支柱》.

Sam·sun /sɑ:msú:n/ サムソン《トルコ北部の, 黒海に臨む市・港町》.

Sam·u·el /sǽmju(ə)l/ **1** サミュエル《男子名; 愛称 Sam, Sammy》. **2** 〖聖〗**a** サムエル《ヘブライの預言者・士師(しし); *1 Sam* 10: 1》. **b** サムエル記《旧約聖書の The First [Second] Book of ~ (サムエル記上[下]) の一書; 略 Sam.》. [Heb=heard by God; name+God]

Sam·u·el·son /sǽmjuəls(ə)n/ サミュエルソン **Paul** (**Anthony**) ~ (1915–2009)《米国の経済学者; ノーベル経済学賞 (1970)》.

Sam·u·els·son /sǽmjuəlsən/ サムエルソン **Bengt I**(**ngemar**) ~ (1934–)《スウェーデンの生化学者; プロスタグランジンを発見ノーベ

ル生理学医学賞 (1982)).
sam·u·rai /sǽm(j)əràɪ/ *n* (*pl* ～) 武士, 侍; 武士階級; 日本陸軍の将校. ▶ *a* 侍の. [Jpn]
sámurai bònd 円建て外債, サムライボンド《日本の債券市場で円貨表示により発行された外国発行者の債券》.
Sam Weller ⇨ WELLER.
san /sǽn/ *n* 《口》 SANATORIUM.
San[1] /sɑ̀ːn, sɑːn/ *a* SAINT. [Sp, It]
San[2] /sɑ́ːn/ *n* **1 a** [the, 〈*pl*〉] サン族 (BUSHMEN みずからの呼称). **b** サン(諸)語 (Khoisan 語族のうち主にブッシュマンが使用する言語(群)). **2** 叢林地居住者. [Khoikhoi]
San[3] /sɑ́ːn/ [the] サン川 (Carpathian 山脈に発して, ポーランド南東部で Vistula 川に合流).
-san /sæ̀n, sɑ̀ːn/ *n suf* 「…さん」(日本の苗字・名前・肩書に付ける敬称): Mama-*san* ママ(さん), 女将. [Jpn]
SAN 〔電算〕 storage area network ストレージエリアネットワーク, 記憶領域ネットワーク.
Sa·naa, Ṣa·nʻā' /sɑnɑ́ː/ サヌア《イエメンの首都》.
Sa·nan·daj /sɑ̀ːnəndɑ́ːdʒ/ サナンダージ《イラン北西部の町》.
Sàn An·dré·as Fáult /-ændréɪəs-/ [the] サンアンドレアス断層 《北米西岸に沿った大断層》.
San An·to·nio /sæn əntóʊniòʊ, -æn-/ サンアントニオ《Texas 州南部の市》. ♦ **Sàn An·tó·ni·an** *a, n*
san·a·tar·i·um*/sæ̀nətέəriəm/ *n* (*pl* ～**s, -ia** /-riə/) SANATORIUM.
san·a·tive /sǽnətɪv/ *a* 病気を治す, 治癒力のある (curative); 治療(上)の.
san·a·to·ri·um /sæ̀nətɔ́ːriəm/ *n* (*pl* ～**s, -ria** /-riə/) 《特に結核・精神病・アルコール中毒など長期療養者の》療養所, サナトリウム; 保養地; ᴴ《寄宿学校の》病人用の部屋[建物]. [NL (*sano* to heal)]
san·a·to·ry /sǽnətɔ̀ːri; -t(ə)ri/ *a* 健康によい, 病気を治す.
san·be·ni·to /sæ̀nbəníːtoʊ/ *n* (*pl* ～**s**) 〔史〕 囚衣《スペインの宗教裁判所で, 悔い改めた異教徒に着せた赤の × 形十字が胸と背についた黄色の悔罪服; また悔い改めぬ異教徒を火刑に処するとき着せた火炎および悪魔などが描かれた黒服》. [Sp (*San Benito* St. Benedict)]
San Ber·nar·di·no /sæn bɜ̀ːrnərdíːnoʊ/ サンバーナーディーノ 《California 州南部 Los Angeles の東方にある市; 1851 年 Mormon 教徒により建設》.
Sàn Bernardíno Páss [the] サンベルナルディーノ山道 《スイス南東部 Lepontine Alps の峠 (2065 m)》.
San Cárlos de Bariló̈che /-də-/ サンカルロス・デ・バリローチェ (BARILOCHE の公式名).
San·cerre /F sɑ̃sɛːr/ *n* サンセール《フランス Loire 地方産の白ワイン》.
san·cho /sǽŋkoʊ/ *n* (*pl* ～**s**) 〔楽〕 サンコ《西アフリカ人およびアメリカ黒人の原始的なギター》. [Twi]
San·cho Pan·za /sǽntʃoʊ pǽnzə/ サンチョ・パンサ (DON QUIXOTE の忠実な従士; 太鼓腹の農夫; その卑俗な現実主義が空想に駆られた主人の理想主義と好対照をなす). [Sp *Sancho*=holy]
sáncho pédro 〔トランプ〕 サンチョペドロ (=*pedro sancho*) (PEDRO の一種).
san·co·cho /sæŋkóʊtʃoʊ/, **san·coche** /sæŋkɑ́tʃ, -kɑ́ʃ/ *n* 〔料理〕 サンコーチョ《肉と塊茎類を煮込んだ中南米・カリブ海地方のシチュー[スープ]》. [AmSp=stew]
San Cris·to·bal /sæn krɪstóʊbəl/ サン・クリストバル《西太平洋 Solomon 諸島南部, Guadalcanal 島の南東にある島》.
San Cris·tó·bal /sæn krɪstóʊbəl/ サン・クリストバル 《**1**) 太平洋の Galápagos 諸島の島; 別称 Chatham Island **2**) ベネズエラ南西部の市》.
sanc·ta sim·pli·ci·tas /sɑ́ːŋktɑː sɪmplíkɪtɑ̀ːs, sǽŋ(k)tə sɪmplísɪtɑːs/ [°*iron*] 神聖なる単純. [L=holy simplicity]
sanc·ti·fi·ca·tion /sæ̀ŋ(k)təfəkéɪʃ(ə)n/ *n* 神聖化, 清浄化; 〔キ教〕 清め, 聖化; 聖別.
sánc·ti·fìed *a* 神聖化された, 清められた, 〔キ教〕 聖化された; 聖別された; 信心ぶる.
sánc·ti·fì·er *n* 神聖にする人; [S-] 聖霊 (Holy Spirit).
sanc·ti·fy /sǽŋ(k)təfàɪ/ *vt* 神聖にする, 聖別する, 神にささげる; …の罪を清める; 《宗教的立場から》正当化する, 是認する (justify); 精神的幸福をもたらすようにする; 《廃》尊敬されるものとする. [OF<L; ⇨ SANCTUS]
sanc·ti·mo·ni·ous /sæ̀ŋ(k)təmóʊniəs, -njəs/ *a* 神聖ぶる, 信心家ぶる, 殊勝ぶる; 《廃》神聖な. ♦ ～**·ly** *adv* ～**·ness** *n*
sanc·ti·mo·ny /sǽŋ(k)təmòʊni/ *n* 神聖ぶること, 信心家ぶること; 《廃》 HOLINESS, SANCTITY.
sanc·tion /sǽŋ(k)ʃ(ə)n/ *n* **1** 裁可, 認可, 是認; 《一般に》許容, 賛成, 支持: We have the ～ of the law to do so. そうすることは法律で認可されている / give ～ *to*…を裁可[是認]する. **2** 拘束力(を与えるもの). **3** [ᵘ*pl*] 〔国際法〕 《国際法違反国に対する通例 数か国共同の》制裁; 〔法〕 制裁規定; 〔法〕 法の強制力, 制裁; 〔倫〕 制裁; 〔史〕 教令 (decree), 法令, 布告: a punitive [vindicatory] ～ 刑罰 / impose military [economic] ～*s on*…に軍事[経済]制裁を加える / take ～*s against*…に対して制裁手段をとる. **4** 《廃》誓い (oath). ▶ *vt* 裁可[認可]する; 是認[確認]する; 賛助する; 〈法令など〉に制裁規定を設ける; …に制裁を加える, 制裁措置をとる. ♦ ～**·able** *a* ⁺制裁の対象となる. ～**·er** *n* ～**·less** *a* [F<L *sanctio* to make sacred, decree (*sanctus* holy)]
sánction màrk 《19 世紀のフランス家具に付いている》品質合格証 (Paris のギルド発行).
Sanc·ti Spí·ri·tus /sɑ̀ːŋ(k)ti spíːrɪtùːs/ サンクティスピリトゥス 《キューバ中西部 Santa Clara の南東にある市; 同国最古の内陸都市》.
sanc·ti·tude /sǽŋ(k)tət(j)ùːd/ *n* 神聖, 清浄.
sanc·ti·ty /sǽŋ(k)təti/ *n* 聖性, 聖潔; 神聖(侵すべからざること), 尊厳; [*pl*] 神聖な義務[感情, 事物など]: the ～ of marriage 婚姻の神聖 / the ～ of contract 〔法〕 契約の尊厳 / ODOR OF SANCTITY.
sanc·tol·o·gy /sæŋktɑ́lədʒi/ *n* 聖人一覧, 聖人列伝.
sanc·tu·ary /sǽŋ(k)tʃuèri; -tjʊəri/ *n* **1** 神聖な場所, 聖地; 〔ユダヤ教〕 《聖書の》幕屋, エルサレム神殿の(至聖所); 《神殿・寺院などの》特に神聖な場所, 聖所; 《教会堂の》内陣. **2 a** 聖域《中世に法律の力の及ばなかった教会など》, 避難所; 《教会などの》罪人庇護権, 保護; 《他人に犯されない》やすらいの場所《心の中など》: take [seek, find] ～ 聖域に逃げ込む / violate [break] ～ 聖域を侵す[侵して逃避者を捕える]. **b** 鳥獣保護区域, 禁猟区; 自然保護区, サンクチュアリ《動植物などを含む》: a wildlife ～ 野生生物保護区域. [AF, OF<L; ⇨ SANCTUS]
sánctuary làmp 〔キ教〕 《聖堂内陣の》常明灯, 聖体ランプ《普通は赤色で, BLESSED SACRAMENT の存在を示す》.
sanc·tum /sǽŋ(k)təm/ *n* (*pl* ～**s, -ta** /-tə/) 神聖な場所, 聖所; [*fig*] みだりに人を入れない部屋, 私室《書斎など》; 秘義. [L (neut)< SANCTUS]
sánctum sanc·tó·rum /-sæŋ(k)tɔ́ːrəm/ 《幕屋・エルサレム神殿の》至聖所, 内陣; [*joc*] 私室. [L=holy of holies]
Sanc·tus /sǽŋ(k)təs, *sɑ́ːŋ(k)-, *-tùːs/ *n* 〔キ教〕 三聖誦[唱], サンクトゥス《ミサ・聖餐式の賛美歌で, 'Sanctus, Sanctus, Sanctus' (聖なる, 聖なる, 聖なるかな) の句で始まる; また その聖歌曲》. [L=holy; ⇨ SAINT]
Sánctus bèll 〔キ教〕 祭鈴《ミサでサンクトゥスを歌うときなどに注意を喚起するために鳴らす》.
San·cy /sɑ̃̀ːsíː/ [Puy de ～ /pwíː də-/] ピュイ・ド・サンシー《フランス中南部 Puy-de-Dôme 県の山; Auvergne 火山群の中の Dore 山塊の最高峰 (1886 m)》.
sand /sǽnd/ *n* **1** 砂; 砂土; [*pl*] 砂浜, 砂原; 砂漠, 砂地; [°*pl*] 洲, 砂洲; [ᵘ*pl*] 砂粒; 砂色《赤みがかった黄色》; [〈*a*〉] 砂(色)の; 《俗》砂糖; 《軍俗》塩: dry ink [writing] with ～ 砂でインク[文字]を乾かす (cf. SANDBOX) / numberless [numerous] as the ～(*s*) (on the seashore) 浜の砂のように無数の / a ROPE of ～. **2** [*pl*] **a** 砂時計の砂粒. **b** 《時間の》刻一刻; 命数, 寿命: The ～*s* (of time) are running out. 時間[寿命]が残り少なくなった; どんどん時が経ってゆく / FOOTPRINTS on the ～*s* of time. **3** 石油を含むゆるい砂岩層. **4** *《口》勇気, 元気. ● **a** [**the**] **line in the** ～ 《越えてはならない》境界線, 限界: draw *a* [*the*] *line in the* ～ 境界線を引く, 上限[下限]を定める. **built on** ～ 砂上に築いた; 不安定な. **bury** [**hide, have**] **one's head in the** ～ 現実[事実, 危険]を直視しようとしない. **Go pound** ～ **up your ass!** ⇨ SALT[1]. **head in the** ～ 明らかな危険を無視して. **plow** [**measure, number**] **the** ～(**s**) むだ骨を折る. **put** [**throw**] ～ **in the wheels** [**machine**] じゃまをする, 破壊する. **run** [**drive**] **into the** ～(**s**) 行き詰ま(らせ)る, 窮地に陥(らせ)る. ▶ *vt* **1** 《すべり止めに》…に砂をまく; 砂のようにまく; 砂でおおう[埋める] 〈*up, over*〉; 《ごまかすために》〈砂糖・羊毛など〉に砂を入れる. **2** 〈船を〉砂洲に乗り上げさせる. **3** 砂[サンドペーパー]で磨く[平らにする, こする] 〈*down*〉. ● ～ **and canvas** 《海軍俗》徹底的にきれいにする[掃除する]. [OE *sand*; cf. SABULOUS, G *Sand*]
Sand /; *F* sɑ̃ːd/ サンド **George** /ʒɔrʒ/ ～ (1804–76) 《フランスの女性作家; 本名 Amandine-Aurore-Lucie Dupin, Baronne Dudevant; Musset, Chopin の愛人》.
San·dage /sǽndɪdʒ/ サンディッジ **Allan R**(**ex**) ～ (1926–2010) 《米国の天文学者》.
San·da·kan /sændɑ́ːkən, sɑːndɑ́ːkɑːn/ サンダカン《Borneo 島北部, マレーシアの Sabah 州北東岸の海港; 旧 North Borneo の中心地》.
san·dal[1] /sǽndl/ *n* サンダル《足の甲あるいはかかとのところをストラップで留めて履く履物》; 浅いオーバーシューズ; 《サンダルの》革ひも. ▶ *vt* (-l- | -ll-) [ᵘ*pass*] …にサンダルを履かせる; 〈靴を〉革ひもで留める, 〈靴〉に革ひもを付ける. ♦ **sán·dal(l)ed** *a* サンダルを履いた. [L<Gk (dim)< *sandalon* wooden shoe]
sandal[2] *n* SANDALWOOD. [L<Skt]
sándal·wòod *n* 〔植〕 ビャクダン (白檀)《材は白ないし黄色》; 白檀香, 白檀油; 白檀に似た材の木, 《特に》シタン (紫檀) (red sandalwood).
Sándalwood Ísland サンダルウッド島 (SUMBA の英語名).
sándalwood òil 白檀油《香料用》.

S

sánd-and-bág *a* 《口》懸命になっている.
san·da·rac, -rach /sǽndəræ̀k/ *n* **1 a** サンダラック (＝*gum juniper*)《sandarac tree の樹脂; ワニスまたは香に用いる》. **b**〖植〗SANDARAC TREE. **2** 鶏冠石 (realgar). ［Gk＜(Asia)］
sándarac trèe〖植〗カクミヒバ《アフリカ北西部産ヒノキ科マオウヒバ属の常緑樹; その芳香のある堅い材は建築用・家具用; sandarac を採る》, カクミヒバに似た豪州産の木.
Sán·da wàre /sǽndə-, sá:ndə-/ 三田(さんだ)磁器, 三田焼. ［兵庫県三田村］
sánd bàdger〖動〗HOG-NOSED BADGER.
sánd·bàg *n* 砂袋, 砂嚢《陣地の防御・洪水防止の堤防補強・隙間風よけなどに用いる》; 砂袋《棒先に付けて武器・凶器とする》; バラス (ballast) 用砂袋; [the S-s]〖英〗GRENADIER GUARDS《ニックネーム》; *《海軍俗》救命胴衣. ► *vt, vi* (**-gg-**) 砂袋で防ぐ[ふさぐ]; 砂袋で打ち倒す; *《口》いじめる, しごく, おどす; *《口》荒っぽく強要する, 《棍棒などで》《背後から》不意に襲う, 待ち伏せる;〖ポーカー〗《強いカードを持っていても, まず相手に賭けさせて》〈相手〉に一杯食わせる; 本当の地位[実力, 本心]を隠して〈相手を〉出し抜く, 不正なハンディを稼ぐためにわざと実力を出さない; *《俗》《レースで》勝つ, 〈改造車を〉すっ飛ばす.
♦ **sánd·bàgger** *n* 砂袋で人を打ち倒す強盗《など》.
S
sánd·bànk *n* 砂堆(さたい), 砂丘, 砂洲.
sánd·bàr *n* (水底[海底])砂洲, 砂堆《流れや波のためにできた河口や海岸の浅瀬》.
sánd bàth〖化〗砂浴, サンドバス《加熱器具》;〖医〗砂浴; 《鶏の》砂浴び.
sánd bèd〖地質〗砂層;〖建〗砂下地; 《鋳造用の》砂床.
sánd bìnder 砂止め植物《砂丘などに生育して, 根などで砂地を固定する植物》.
sánd·blàst *n* 砂吹き, サンドブラスト《ガラスを食刻したり, 金属・石などの表面を磨いたりする》; 砂吹き機; 砂塵; 荒らすこと, 根こそぎにする強い破壊力. ► *vt* 砂吹き機で磨く[彫りつける]. ► *vi* 砂吹き機を使用する. ♦ **～·er** *n*
sánd-blìnd *a* 《古・詩》半盲の, かすみ目の (⇨ GRAVEL-BLIND).
sánd blùestem〖植〗イネ科メリケンカルカヤ属の一種《アメリカ西部産; 茎葉飼料用・土止め用》.
sánd·bòard *n* サンドボード《sandboarding で使うスノーボードに似た板》.
sánd·bòard·ing サンドボーディング《砂浜や砂丘の斜面を sandboard で滑降するオーストラリア生まれのスポーツ》. ♦ **sánd·bòard·er** *n*
sánd·bòx *n* 《すべり止め用の砂を入れた, 機関車の》砂箱; *《中で子供が遊ぶ》砂箱, 砂場;〖ゴルフ〗ティーアップ用砂入れ; 《昔インクを乾かすために振りまく砂を入れた》砂入れ, 砂箱; 《鋳型の》砂型; 《猫などの用便用の》砂箱.
sándbox·trèe *n*〖植〗スナバコノキ, アサク, サブリエ《熱帯アメリカ原産のトウダイグサ科の高木; 熟すると果実が激しい音を発してはじけ種子が飛び散る》.
sánd·bòy *n* [通例 次の句で] 砂売り: (as) happy [merry, jolly] as a ～ 《口》非常に陽気な[で].
sánd·bùr, -bùrr *n*〖植〗**a** トマトダマシ《北米南西部原産ナス属の雑草》. **b** クリノイガ《イネ科クリノイガ属の各種の雑草》.
Sand·burg /sǽn(d)bə̀:rg/ サンドバーグ **Carl** ～ (1878–1967)《米国の詩人・伝記作家; free verse で有名》.
sánd-càke *n* サンドケーキ《トウモロコシ[コメ, ジャガイモ]粉がはいったパウンドケーキに似たもの》.
sánd-càst *vt* 砂型(すながた)で〈鋳物を〉作る.
sánd càsting 砂型鋳造(物).
sánd·càstle *n* 《子供が作る》砂のお城.
sánd chèrry〖植〗《五大湖地方の》砂地に多いサクラ, 《特に》ヒコザクラ.
sánd clòud 《砂漠の熱風で起こる》砂煙.
sánd cràck〖獣医〗裂蹄, つまわれ《馬のひづめがわれる疾患》; 人が熱砂上を歩くとできる足のひび; 《混練不足による》煉瓦のひび《不良品の》.
sánd crìcket〖昆〗JERUSALEM CRICKET.
sánd·cùlture *n* 砂栽培, 砂耕(法)《砂を用いる水栽培》.
sánd dàb〖魚〗カレイ, ヒラメ, 《特に》コケビラメの類の魚.
sánd dòllar〖動〗タコノマクラ《同科の各種のウニ; 北米海岸産》;〖植〗STAR CACTUS.
sánd dùne 砂丘.
sánd·ed *a* 砂をまいた; 砂地の; 熱地の; 砂でできた.
sánd èel〖魚〗SAND LANCE.
sánd·er *n* サンドペーパーをかける人; サンダー (＝*sanding machine*)《研磨剤で物の表面をなめらかにしたり, 磨いたりする装置》; 砂まき機《新しく舗装した道や氷ですべりやすい道に砂をまく機械》, 砂まきトラック; 《機関車の》砂まき装置.
San·der /sǽndər; sá:n-/ サンダー《男子名; Alexander のスコットランド系愛称》.
sand·er·ling /sǽndərlɪŋ/ *n*〖鳥〗ミユビシギ.
san·ders /sǽndərz; sá:ndəz/, **sánders·wòod** *n* 紅木紫檀(こうきしたん), 紅木 (red sandalwood). ［変形＜*saunders(wood)*］
Sanders 1 サンダーズ《男子名; Alexander のスコットランド系愛称》. **2** サンダーズ **'Colonel'** ～ [**Harland** ～] (1890–1980)《米国のファーストフードチェーン経営者; Kentucky Fried Chicken 社 (現在の KFC 社) を創業・経営 (1956–64); 白髪・白いあごひげ・白いダブルのジャケットに黒のストリングタイの姿で Kentucky Fried Chicken [KFC] の 'トレードマーク' になっている》.
san·de·ver, -di- /sǽndəvər/ *n* GLASS GALL.
sánd·fìsh *n*〖魚〗ハタハタ.
sánd flèa〖動〗ハマトビムシ (beach flea), スナノミ (chigoe)《など》.
sánd·flỳ *n*〖昆〗チョウバエ, ヌカカ, ブユ《など》.
sándfly féver〖医〗パパタシ熱 (＝*phlebotomus fever*)《サシチョウバエの一種が媒介するウイルス病; 発熱・頭痛・目の痛み・不快感・白血球減少を伴う》.
sánd·glàss *n* 砂時計.
sánd-gròper *n* 《豪》ゴールドラッシュの山師, [*joc*]《アボリジニーでない》ウェスタンオーストラリア州人.
sánd·gròuse *n*〖鳥〗サケイ (砂鶏)《アジア・アフリカ・南欧の砂地にすむハトに似た鳥》.
S&H shipping and handling.
san·dhi /sǽndi, sá:n-/ *n*〖言〗連声(れんじょう), サンディー《語が他の語と結合される場合に語頭[語尾]の音が変化[消失]する現象》. ［Skt＝putting together］
sánd hìll 砂丘, 砂山; [*pl*] 砂丘地帯. ♦ **sánd·hìll·er** *n* 砂丘地の住人.
sánd·hìll cràne〖鳥〗カナダヅル (＝*little brown crane*)《北米産》.
sánd·hòg* *n* 砂掘り人夫; 水底[地下]トンネル工事の工夫.
sánd hòpper〖動〗ハマトビムシ (beach flea).
Sand·hurst /sǽndhə̀:rst/ サンドハースト《**1**) イングランド南部 Berkshire の村 **2**) その近くにある ROYAL MILITARY ACADEMY Sandhurst の通称; cf. CRANWELL, DARTMOUTH》: a ～ man 陸軍士官学校出身者.
sand·ie /sǽndi/ *n*〖ゴルフ〗サンディー《サンドトラップからボールを打ち出し, 次にパットを決めて勝つショット》.
San Di·ego /sæ̀n diéɪgoʊ/ サンディエゴ《California 州南部の港市; 海軍基地》. ♦ **Sàn Di·égan** *a, n*
sánd·ing machìne サンダー (⇨ SANDER).
San·di·nis·ta /sæ̀ndɪní:stɑ/, **San·di·nist** /sǽndənɪst/ *n* サンディニスタ《1979 年ソモサ (Somoza) 政権を倒した, ニカラグアの民族解放戦線の一員》. ［Sp＜Augusto César *Sandino* (1895–1934) 同国の将軍・民族運動指導者］
sánd ìron〖ゴルフ〗SAND WEDGE.
sandiver ⇨ SANDEVER.
sánd jàck〖造船〗サンドジャッキ《一時船体を持ち上げるため下に置く砂入れ具》.
S & L〖米〗°savings and loan (association).
sánd lànce [**làunce**]〖魚〗イカナゴ (＝*sand eel*).
sánd làrk〖鳥〗**a** ヒバリ (skylark). **b**ᴵᴵクサシギ (sandpiper).
sánd lèek〖植〗ヒメニンニク (rocambole).
sánd lìly〖植〗盆状の芳香のある白花をつける北米西部産の春咲きのユリ.
sánd·ling *n*〖魚〗小さなカレイ (dab).
sánd lìzard〖動〗**a** スナカナヘビ《ヨーロッパ・中央アジア産》. **b** ハシリトカゲ (RACE RUNNER).
sánd·lòt* *n, a* 《街の少年たちが野球などをする》空き地[広場](の); 〈スポーツが〉アマチュアの, しろうとの: ～ baseball 草野球. ♦ **-lòt·ter** *n*
S and M, S & M /és ən(d) ém/ サドマゾ (sadism and masochism), SM.
sánd·màn *n* [the] 眠りの精, 睡魔《おとぎ話などで, 子供の目に砂をまいて眠くする》: The ～ is coming. そろそろおねむだ.
sánd màrtinᴵᴵ〖鳥〗BANK SWALLOW.
sánd mỳrtle〖植〗米国南東部高地[砂地]に生える白花をつけるツツジ科の常緑低木.
San Do·min·go /sæ̀n dəmíŋgoʊ/ サンドミンゴ《**1**) HISPANIOLA 島の旧称 **2**) ドミニカ共和国 (Dominican Republic) の旧称》.
sánd pàinting 《Pueblo 族や Navaho 族の》砂絵《種々に着色した砂などで描く儀式の飾り; その画法; その儀礼》.
sánd·pàper *n* 紙やすり, サンドペーパー. ► *vt* サンドペーパーで磨く. ♦ **sánd·pà·pery** *a* ざらざらした.
S & P 500 °Standard & Poor's 500.
sánd·pìle *n* 砂山, 《特に 子供の》砂場.
sánd pìle〖土木〗砂杭(すなぐい), サンドパイル.
sánd·pìper *n*〖鳥〗シギ《同科の総称》.
sánd·pìt *n* 砂掘り[採取]場, 砂坑; ᴵᴵ《子供が遊ぶ》砂場.
sánd plàin〖地質〗サンドプレーン《氷河の融氷水により堆積された砂のつくる平坦地》.
sánd-pòund·er *n* *《海軍俗》沿岸警備隊員.
sánd pùmp 砂揚げポンプ, サンドポンプ《湿った砂・泥などを除去するポンプ》.
San·dra /sǽndrə/ サンドラ《女子名; Alexandra の愛称》.
sánd ràt〖動〗砂漠・砂地にすむ各種のネズミ《アレチネズミなど》.
San·dring·ham /sǽndrɪŋəm/ サンドリンガム《イングランド東部

Norfolk 州の, Wash 湾東岸に近い村; 王家の別邸(〜 **Hóuse**) がある».
San·dro /sǽndroʊ/ サンドロ《男子名; Alexander の愛称》. [It]
San·dro·cot·tus /sæ̀ndrəkάtəs, -droʊ-/ サンドロコットス《CHANDRAGUPTA のギリシア語名》.
sánd shàrk 〘魚〙 **a** シロワニ《世界の熱帯海域産オオワニザメ科またはシロワニ科の大型の狂暴な捕食性のサメ》. **b** 砂浜でみられる無害なサメ[エイ類].
sánd·shòe *n* 《英・豪》 テニスシューズ, スニーカー.
sánd sìnk 砂処理, サンドシンク《海面に広がった油を化学処理した砂をまいて沈めることによって除去する方法》.
sánd skìpper 〘動〙 ハマトビムシ (beach flea).
sánd smèlt 〘魚〙 SILVERSIDES.
sánd·sòap *n* 砂入り石鹸《食器用・洗面所用など》.
sánd spòut 《砂漠の旋風で生じる》 砂柱; *DUST DEVIL.
sánd·spùr *n* SANDBUR.
sánd spùrry 〘植〙 ツメクサ, 《特に》 ウスベニツメクサ.
sánd·stòne *n* 砂岩《主に建築用》.
sánd·stòrm *n* 《特に 砂漠の》 砂あらし.
sánd tàble 砂盤《子供が砂いじりするための》; 〘軍〙 砂盤《地形の模型を作り, 戦術を検討する》; 〘鉱〙 サンドテーブル《比較的粗粒を処理する選鉱機の一種》.
sánd tràp サンドトラップ《水中の砂粒を捕集する装置》; 〘ゴルフ〙 サンドトラップ《穴に砂を入れた障害》.
sánd verbèna 〘植〙 オシロイバナ科アブロニア属[ハイビジョザクラ属]の草本, 《特に》 ハイビジョザクラ, キバナハイビジョザクラ《米国西部原産》.
sánd vìper 〘動〙 砂地に穴を掘るヘビ《horned viper, hognose snake など》.
sánd wàsp 〘昆〙 ジガバチ, 《特に》 ハナダカバチ.
sánd wàve 砂波, 砂浪, サンドウェーブ《海底や砂漠に生じる砂の波》.
sánd wèdge 〘ゴルフ〙 サンドウェッジ (=*sand iron*)《サンドトラップから打ち出すためのクラブ》.
sand·wich /sǽn(d)wɪtʃ; sǽnwɪdʒ, -wɪtʃ/ *n* サンドイッチ; サンドイッチ状のもの《積層材など》; SANDWICH CAKE; SANDWICH COURSE: a 〜 of good and evil 善と悪との背中合わせ. ★ sandwich には具材を食パンにはさんだものだけでなく, ハンバーガーやサブマリンサンドなども含まれる. ● **a 〜 short of a picnic** 《口》 〈人が〉ちょっと変な[いかれた, 頭のおかしい]. **ride [sit] 〜** 二人の間にはさまれて乗る[腰をかける]. ► *vt* 〈物・予定などを〉差し込む, 間にはさむ 〈*in*, *between*〉. ● **be 〜ed between**…の間にはさまれて; 〈2 つのこと〉の板ばさみになっている. **〜…together** 〈2 つを〉〈…を〉中にはさんで結合する 〈*with*〉. [John Montagu, 4th Earl of *Sandwich* (1718–92) 英国の政治家; 食事に中断されずに賭博を続けるために考案したとされる]
Sandwich サンドイッチ《イングランド南東部 Kent 州の Stour 川沿岸にある町》.
sándwich bàr 《カウンター式の》 サンドイッチ専門レストラン, サンドイッチバー.
sándwich bòard サンドイッチマンが体の前後に下げて歩く広告板.
sándwich bòatǁ BUMPING RACE で前艇を追い抜いたボート.
sándwich-bònd·ed cómplex 〘化〙 サンドイッチ錯体.
sándwich càke サンドイッチケーキ《間にジャムやクリームをはさんだケーキ》.
sándwich còin 〘米〙《一つの金属の両面に他の金属を貼り合わせた》 サンドイッチ硬貨《dime, quarter など》.
sándwich còmpound 〘化〙 サンドイッチ化合物《二つの平行な炭素環の間に金属原子[イオン]のはさまった構造の分子; cf. METALLOCENE》.
sándwich còurseǁ サンドイッチコース《実業学校で実習と理論研究とを交互に行なう課目》.
sándwich generàtion サンドイッチ世代《親と子の世話を同時にしなければならない年代》.
Sándwich Íslands *pl* [the] サンドイッチ諸島《HAWAIIAN ISLANDS の旧称》.
sándwich màn サンドイッチマン《2 枚の SANDWICH BOARD をつけた人》; サンドイッチ製造[販売]人.
sándwich shòp 軽食堂 (luncheonette).
sándwich tèrn 〘鳥〙 サンドイッチアジサシ《ヨーロッパ・北米・中米に分布するカモメ科の鳥》.
sánd·wòrm *n* 〘動〙 ゴカイ《砂地に生息する多毛類》.
sánd·wòrt *n* 〘植〙 ノミノツヅリ属などの砂地の草《ノミノツヅリ・タチハコベなど; ナデシコ科》.
sándy *a* 砂の(ような), 砂状の, 砂質の; 砂地の; 砂だらけの; ざらざらした, ざらつく; 〈頭髪が〉砂色の, うす茶色の; 砂色の髪をした; 《砂のように》 不安定な, 変わりやすい; 味気ない. ♦ **〜·ish** *a* 砂っぽい, しら茶けた. **sánd·i·ness** *n* [OE *sandig*; ⇨ SAND]
Sandy **1** サンディー《(1) 男子名; Alexander の愛称 2) 女子名; Alexandra の愛称》. **2** スコットランド人《あだ名; cf. SAWNEY; ⇨ JOHN BULL》. ● **run a s〜 on**… *《俗》 …をからかう, ペテンにかける.
sánd yàcht 砂上ヨット, ランドヨット《車輪付き》. ♦ **sánd yàchting** 砂上ヨットレース.
sánd yàchtsman 砂上ヨットレース選手.
sándy blíght 《豪》 砂がはいったように感じる眼炎.
sándy lóam 〘地質〙 砂質ローム.
sane /séɪn/ *a* 正気の, 判断力のある (opp. *insane*); 〈思想・行動が〉健全な, 筋の通った; 《まれ》 健康な. ♦ **〜·ly** *adv* 正気で, 健全に. **〜·ness** *n* [L *sanus* healthy]
san fairy ann(e) /sǽn fὲəri ǽn/ *int*ǁ《俗》 どうということはない, しょうがない. [F *ça ne fait rien*]
Sàn Fer·nán·do Válley /sæ̀n fərnǽndoʊ-/ [the] サンファーナンドヴァリー《California 州南部 Los Angeles 市ダウンタウンの北西にある地域; 一部が Los Angeles 市に含まれ, 同市の人口の 3 分の 1 以上が住む; 観光名所 Universal Studios がある》.
San·ford /sǽnfərd/ **1** サンフォード《男子名》. **2** サンフォード **Edward T(erry) 〜** (1865–1930)《米国の法律家; 合衆国最高裁判所陪席裁判官 (1923–30)》. **3** サンフォード《Florida 州中東部 Orlando の北北西にある市》. [OE=sandy ford]
San·for·ized /sǽnfəràɪzd/ 〘商標〙 サンフォライズド《特許防縮加工を施した布地》.
San Fran·cis·co /sæn frənsískoʊ; -fræn-/ サンフランシスコ《California 州北部の港湾都市; 太平洋とサンフランシスコ湾 (**Sàn Francísco Báy**) に臨む》. ♦ **Sàn Fran·cís·can** *a*, *n*
Sàn Francísco Péaks *pl* [the] サンフランシスコ山《Arizona 州中北部 Flagstaff の北にある 3 つの峰; Humphreys Peak が含まれる》.
sang[1] *v* SING の過去形.
sang[2] /sǽŋ/ *n* 《スコ》 SONG.
sanga ⇨ SANGAR.
San Gábriel Móuntains /sæn-/ *pl* [the] サンゲイブリエル山脈《California 州南部 Los Angeles の北東にある山脈; 最高峰 San Antonio 山 (3072 m)》.
San·gal·lo /sɑːŋgάːlloʊ/ サンガロ **Giuliano da 〜** (1445?–1516)《Florence の建築家・彫刻家・軍事技術者》.
Sang·a·mon /sǽŋgəmən/ *a* 〘地質〙 サンガモン間氷期の[に関する]《北米大陸の第三間氷期》. [Illinois 州の郡と川の名]
san·gar /sǽŋgər/, **-ga** /-gə/ *n* 《凹地のまわりを丸石などで補強しただけの》 防壁, 射撃壕.
san·ga·ree /sæ̀ŋgəríː/ *n* サンガリー《ワインなどを薄め香料を加えた甘味飲料》; SANGRIA. [Sp SANGRIA]
San·gay /sɑːŋgáɪ/ サンガイ《エクアドル中東部, アンデス山脈中の活火山 (5230 m)》.
sang de boeuf /sάːŋ də bə́ːf; *F* sɑ̃ də bœf/ 〘窯〙 牛血紅《あざやかな牛血色で, 中国明代初期の陶器に用いられ, のちに清代に再発見された》. [F=ox's blood]
san·geet /sɑːŋgíːt; sən-/ *n* 《インド》 サンギート《結婚間近の女性を女性だけで祝福するパーティ》. [Skt]
san·ger /sǽŋgər/ *n* 《豪口》 サンド (sandwich).
Sang·er /sǽŋər/ サンガー (**1**) **Frederick 〜** (1918–　)《英国の生化学者; インスリンの分子構造, 核酸の塩基配列の決定で, 2 度のノーベル化学賞 (1958, 80)》 (**2**) **Margaret 〜** (1883–1966)《米国の産児制限運動指導者; 旧姓 Higgins》.
sang·froid /sɑːŋ(r)wάː, sæŋ-; *F* sɑ̃frwa/ *n* 《全くの》 冷静, 沈着: de 〜 平然と. [F=cold blood]
Sangh /sʌ́ŋ/ *n* 《インド》《政治・労働の》 協会, 組合. [Hindi]
san·gha /sʌ́ŋgə/ *n* 仏教の修道院, 教団, 僧伽, サンガ; 修道士, 修道女, 念僧《集合的》. [Skt]
San·gí·he Íslands /sɑːŋgíːə-/, **Sán·gi Íslands** /sάːŋgi-/ *pl* [the] サンギへ諸島《インドネシア Celebes 島の北東にある火山島群》.
San Gi·mi·gna·no /sὰːn dʒìːmɪnjάːnoʊ/ サンジミニャーノ《イタリア中部 Tuscany 州, Siena の北西の町》.
San·gio·vese /sὰːndʒoʊvíːz, *-s/ *n* サンジョヴェーゼ《(1) イタリア産の赤ワイン用ブドウ品種 2) それを原料とする辛口の赤ワイン; これに似た赤ワイン》.
San·go /sάːŋgoʊ/ *n* サンゴ語《チャド・中央アフリカ・コンゴ民主共和国・コンゴ共和国で用いられる Niger-Congo 語族に属する言語》.
san·go·ma /sæŋgóʊmə, -gɔ́ː-/ *n* 《南アフリカで》 祈禱師《通例 女性》.
San·graal /sǽngréɪl, sǽŋ-/, **-gre·al** /sǽŋgréɪl, sǽn-, sǽŋgriəl/ *n* HOLY GRAIL. [OF *Saint Graal* Holy Grail]
san·grail /sæŋgréɪl, sæŋ-/ *n* HOLY GRAIL.
Sán·gre de Crís·to Móuntains /sǽŋgri də krístoʊ-/ *pl* [the] サングレデクリスト山脈《Colorado 州南部と New Mexico 州北部にまたがる Rocky 山脈の一部; 最高峰 Blanca Peak (4372 m)》.
san·gria /sæŋgríːə, sæn-, *sɑːŋ-, *sɑːn-/ *n* サングリア《赤ワイン・果汁・炭酸水で作るパンチ》. [Sp=bleeding]
san·gui- /sǽŋgwə/ *comb form* 「血」 [L (*sanguis* blood)]
san·guic·o·lous /sæŋgwíkələs/ *a* 〘生〙 〈寄生虫などが〉血液中にすむ, 住血性の.
san·guif·er·ous /sæŋgwíf(ə)rəs/ *a* 〈血管などが〉血液を運搬する, 血液運搬[含有]の.

san·gui·fi·ca·tion /sæ̀ŋgwəfəkéɪʃ(ə)n/ *n* 〘生理〙造血, 血液生成, 《食物の》血液化.

sángui·mòtor *a* 〘生理〙血液循環の[に関する].

san·gui·nar·ia /sæ̀ŋgwənέəriə/ *n* 〘植〙BLOODROOT; BLOODROOT の根茎《薬用》.

san·guin·a·rine /sæŋgwínəri:n, -rən/ *n* 〘化〙サンギナリン《SANGUINARIA の根から採れるアルカロイド》.

san·gui·nary /sǽŋgwənèri; -n(ə)ri/ *a* **1** ちなまぐさい, 流血の; 血にまみれた; 血の[からなる]; 血[殺生]を好む, 残忍な, 殺気立った; 〈法律が〉すぐ死刑にする. **2** ″[BLOODY の婉曲語] ひどい, ことばがひどい, 口ぎたない: a ~ fool 大ばか者 / ~ language ひどいことば《'bloody' などが盛んに出る》. ♦ **sàn·gui·nár·i·ly** /; sǽŋgwənərɪli/ *adv* ちなまぐさく; 残忍に. **-nàr·i·ness** /; -nərɪnəs/ *n* [L (↓)]

san·guine /sǽŋgwən/ *a* 快活な, 自信のある, 楽天的な, 希望に燃える; 《中世の生理学で》多血質の《血色がよく, 元気で快活である》; 血色のよい; 紅の, 〘紋〙血紅色の; 《古》血の[からなる, を含む]; 《古》ちなまぐさい (sanguinary): be ~ *of* success＝be ~ *that* one will succeed 成功する自信がある. ► *n* 快活さ, 楽天性; 赤のクレヨン[チョーク](画); (濃)赤色, 紅. ► *vt* 《詩》血染めにする. ♦ **~·ly** *adv* **~·ness** *n* **san·guín·i·ty** *n* [OF＜L (*sanguin- sanguis* blood)]

san·guin·e·ous /sæŋgwíniəs, sæn-/ *a* 血の, 血を含む; 血紅色の; 多血質の, 楽天的な; ちなまぐさい, 殺伐とした. ♦ **~·ness** *n*

san·guin·o·lent /sæŋgwín(ə)lənt/ *a* 血の, 血液様の; 血に染まった.

san·gui·no·pu·ru·lent /sæ̀ŋgwənoʊpjʊ́ər(j)ələnt/ *a* 血と膿(のう)を含んだ, 血膿(性)の.

san·guiv·o·rous /sæŋgwív(ə)rəs/ *a* 食血性の.

San·he·drin /sænhédrən, -hí:d-, *sɑ:n-, sǽnədrən/, **-rim** /-rəm/ *n* **1** 〘ユダヤ史〙 **a** 議会, 大サンヘドリン (＝Great ~)《古代 Jerusalem の最高法院; 宗教問題・民事・刑事の処理を担当》. **b** 衆議所, 小サンヘドリン (＝Lesser ~)《地方の事件の処理を担当》. **2** 《一般に》評議会, 議会. [Heb＜Gk *sunedrion* council (*syn-, hedra* seat)]

san·i·cle /sǽnɪk(ə)l/ *n* 薬効をもつとされる数種の植物, 《特に》ウマノミツバ《民間で根を鎮痛・収斂剤とするセリ科の多年草》.

san·i·dine /sǽnədì:n, -dən/ *n* 〘鉱〙玻璃(はり)長石, サニディン《火山岩中に産するガラス質の長石》. [G]

sa·ni·es /séɪniì:z/ *n* (*pl* ~) 〘医〙希薄腐敗膿《創傷や潰瘍からの薄い漿液》. [L]

san·i·fy /sǽnəfàɪ/ *vt* 衛生[健康]的にする.

San Il·de·fon·so /sæn ɪldəfɑ́nsoʊ/ サンイルデフォンソ《スペイン中部, Segovia の南東にある町; Philip 5 世の建設になる夏期のための宮殿がある; 別称 La Granja》.

sa·ni·ous /séɪniəs/ *a* 〘医〙希薄腐敗膿性の.

San Isi·dro /sænəsí:droʊ/ サンイシドロ《アルゼンチン中東部 Buenos Aires の都市域の北部にある市》.

san·i·tar·i·an /sæ̀nətέəriən/, **san·i·ta·rist** /sǽnətərɪst/ *a* (公衆)衛生の. ► *n* 衛生改善[改良]家; 衛生学者.

san·i·tar·i·um* /sæ̀nətέəriəm/ *n* (*pl* ~**s**, **-ria** /-riə/) SANATORIUM. [NL; ⇨ SANE]

san·i·tary /sǽnətèri; -t(ə)ri/ *a* (公衆)衛生の, 衛生上の; 《家庭の》下水ごみの; 衛生的な, 清潔な (hygienic); *《俗》すてきな: ~ science 衛生学 / a ~ cup《紙製の》衛生コップ. ► *n* 公衆便所. ♦ **sàn·i·tár·i·ly** /; sǽnɪtərɪli/ *adv* **sán·i·tàr·i·ness** /; -tərɪnəs/ *n* [F (L *sanitas*＜SANE)]

sánitary bélt 《sanitary napkin を押える》月経帯.

sánitary córdon CORDON SANITAIRE.

sánitary enginéer 衛生工学技師.

sánitary enginéering 衛生工学《土木工学の一部門で, 上下水道など公衆衛生設備を扱う》.

sánitary inspèctor 《下水等の》衛生設備検査官.

sánitary lándfill 地下埋込み式のごみ廃棄処理法.

sánitary nápkin* [**tówel**″, **pad**] 生理用ナプキン.

sánitary regulátion (公衆)衛生規則.

sánitary wáre 衛生陶器《便器・浴槽・流しなど》.

san·i·tate /sǽnətèɪt/ *vt* 衛生的にする; …に衛生設備を施す. [逆成＜↓]

san·i·ta·tion /sæ̀nətéɪʃ(ə)n/ *n* 公衆衛生; 下水[ごみ]処理; 衛生設備[施設], 下水設備(施工). ♦ **~·ist** *n* [*sanitary, -ation*]

sanitátion enginéer* [*euph*] SANITATIONMAN.

sanitátion·man* /-mən/ *n* 《ごみ収集の》清掃作業員.

san·i·tize /sǽnətàɪz/ *vt* 《清掃・消毒などにより》衛生的にする; [°*pass*] [*fig*] …から好ましくない部分を削除する, 無菌化する. ♦ **-tìz·er** *n* 《食物などの》消毒[殺菌]剤. **sàn·i·ti·zá·tion** *n*

san·i·to·ri·um /sæ̀nətɔ́:riəm/ *n* (*pl* ~**s**, **-ria** /-riə/) SANATORIUM.

san·i·ty /sǽnəti/ *n* 《精神・思想などの》健全, 穏健; 正気, 気の確かなこと; 《肉体的な》健康: lose one's ~ 気が狂う. [L; ⇨ SANE]

San Ja·cin·to /sæn ʤəsíntoʊ/ [the] サンジャシント川《Texas 州南東部を南流して Galveston 湾に注ぐ; 1836 年河口近くにおける戦闘で Sam Houston の率いる軍がメキシコ軍に勝って Texas を割譲させた》.

Sàn Jacínto Dày /, -həsíntə-/ サンジャシント戦記念日《1836 年の戦勝を記念する Texas 州の法定休日: 4 月 21 日》.

Sàn Jacínto Móuntains *pl* [the] サンジャシント山脈《California 州南西部の Coast Ranges の支脈; 最高峰 San Jacinto Peak (3301 m)》.

san·jak /sǽnʤæk, ⌐⌐; ⌐⌐/ *n* 《オスマン帝国の》県《VILAYET の下位の行政区画》. [Turk＝flag]

San Joa·quin /sæn wɑ:kí:n, -wɔ:-/ [the] サンウォーキン川《California 州中部を流れる川; Sierra Nevada 山脈に源を発し, 南西のち北西に流れて Sacramento 川に河口付近で合流する》.

San Jo·se /sæ̀nəzéɪ, sæ̀n(h)oʊzéɪ/ サンホゼ, サノゼ《California 州西部 San Francisco の南南東にある市》.

San Jo·sé /sæ̀nəzéɪ, sæ̀n(h)oʊzéɪ/ サンホセ《コスタリカの首都; 19 世紀のコーヒー生産の中心地》.

Sán Josè scále 〘昆〙サンホゼカイガラムシ《California 州 San Jose で発見された果樹・低木の害虫》.

San Juan /sæn (h)wɑ́:n/ サンファン《**1**) Puerto Rico の首都・港市 **2**) アルゼンチン西部の市》. ♦ **San Jua·ne·ro** /sæn (h)wɑ:nέəroʊ/ *n*

Sàn Juán Bau·tís·ta /-bautí:stə/ サンファンバウティスタ《VILLAHERMOSA の旧称》.

Sàn Juán Híll サンファンヒル《キューバ東部, Santiago de Cuba の近くにある丘; 米西戦争中の 1898 年 7 月 1 日, キューバ・米国軍が占領》.

Sàn Juán Íslands *pl* [the] サンファン諸島《Washington 州北西部と Vancouver 島の間の島群》.

Sàn Juán Móuntains *pl* [the] サンファン山脈《Colorado 州と New Mexico 州にまたがる Rocky 山脈の一部; 最高峰 Uncompahgre Peak (4361 m)》.

sank *v* SINK の過去形.

San·ka /sǽŋkə/ 〘商標〙サンカ《カフェインを除去したコーヒー》. [F *sans caffeine*]

San·ka·ra /sʌ́ŋkərə/ SHANKARACHARYA.

San·key /sǽŋki/ サンキー **Ira David** ~ (1840–1908)《米国の伝道者; Dwight L. Moody に同行して, 賛美歌の作創・独唱・指揮をした》.

San·khya /sɑ́:ŋkjə, sǽŋ-/ *n* サーンキヤ学派哲学, 数論(すうろん)学派《インド六派哲学の一派; 純粋精神と根本原質の二元性を説く》. [Skt]

Sankt /*G* záŋkt/ Saint《略 St》.

Sankt An·ton am Arl·berg /*G* zaŋkt ánto:n am árlbɛrk/ ザンクトアントンアムアールベルク《オーストリア西部 Tirol 州, Innsbruck の西にある村》.

Sankt Gal·len /zɑ:nkt gɑ́:lən/ ザンクトガレン (*F* St. Gall)《**1**) スイス北東部の州 **2**) その町, 州都》.

Sankt Mo·ritz /*G* zaŋkt mó:rɪts/ ザンクトモーリッツ《ST. MORITZ のドイツ語名》.

San Lo·ren·zo /sæn ləréznoʊ/ サンロレンソ《パラグアイ南部 Asunción の東南東にある市》.

San Lu·cas /sæn lú:kəs/ [Cape] サンルーカス岬《メキシコ北西部, Baja California 南端の岬; California 湾と太平洋の境界点》.

San Lu·is Po·to·sí /sɑ̀:n luì:s pòutəsí:/ サンルイスポトシ《**1**) メキシコ中部の州 **2**) その州都》.

san·man /sǽnmæ̀n/ *n**《口》SANITATIONMAN.

San Ma·ri·no /sæn mərí:noʊ/ サンマリノ《**1**) イタリア半島内の小内陸国 (61 km²); 公式名 Republic of San Marino (サンマリノ共和国) **2**) その首都》. ♦ **San Mar·i·nese** /-mæ̀rəní:z, *-s/ *a, n*

San Mar·tín /sæn mɑ:rtí:n, sɑ̀:n-/ サンマルティン **José de** ~ (1778–1850)《アルゼンチン生まれの南米の革命指導者》.

San·mi·che·li /sɑ̀:mmikéli/ サンミケリ **Michele** ~ (1484–1559)《イタリアのマニエリスムの建築家》.

San Mi·guel de Tu·cu·mán /sæn mɪgél də tù:kəmɑ́:n/ サンミゲル・デ・トゥクマン《アルゼンチン北西部, アンデス山脈東麓の市; 同国の独立が宣言された地》.

sánn hèmp /sǽn-, sɑ́:n-/ SUNN. [Hindi *san*]

san·nup /sǽnəp/ *n* アメリカインディアンの既婚の男 (cf. SQUAW). [Abnaki]

sann·ya·si, san-, sunn·ya·see /sənjɑ́:si/, **sann·ya·sin** /-s(ə)n/ *n* (*fem* **-si·ni** /-sɪni/) ヒンドゥー教の托鉢(たくはつ)僧. [Hindi＝abandoning＜Skt]

San Pe·dro Su·la /sæn péɪdroʊ sú:lə/ サンペドロスラ《ホンジュラス北西部の工業都市》.

San Quén·tin /-kwéntən/ サンクエンティン《California 州西部 San Francisco の北 19 km, San Francisco 湾に突き出た San Quentin 岬にある村; 州刑務所がある》.

San Quéntin quàil *《俗》JAILBAIT.

San Re·mo /sɑ:n réɪmoʊ, sæn rí:moʊ/ サンレモ《イタリア北西部 Liguria 州のフランス国境付近の港市・保養地; 1920 年第一次大戦の連合国会議の開催地; 毎年歌謡祭が開かれる》.

sans[1] /sǽnz; *F* sɑ̃/ *prep* [*joc*] …なしに, なくて (without). ［OF＜L *sine*[2]; 語形は L *absentia* in the ABSENCE of の影響］

sans[2] /sǽnz/ *n* (*pl* 〜) 〘印〙 サンセリフ (sans serif).

San Sal·va·dor /sæn sǽlvədɔ̀ːr/ サンサルバドル《**1**) エルサルバドルの首都 **2**) Bahama 諸島中部の英領の小島; 1492 年 Columbus がアメリカに最初に上陸したところ; 旧称 Watling(s) Island》.

sans ap·pel /*F* sɑ̃zapɛl/ *a*, *adv* 決定的な[に]; 取返しのつかない.

sans cé·ré·mo·nie /*F* sɑ̃ seremɔni/ *adv* 四角ばらずに, うちとけて, 遠慮なく.

sans chan·ger /*F* sɑ̃ ʃɑ̃ʒe/ *adv* 変わることなく.

Sanscrit ⇨ SANSKRIT.

sans·cu·lotte /sæ̀nzk(j)ʊlɑ́t; *F* sɑ̃kylɔt/ *n* **1** サンキュロット《フランス革命当時の過激共和党員; 貴族的なキュロットをはかなかったから》. **2** 過激主義者, 急進革命家. ♦ **-cu·lot·tic** /-k(j)ʊlɑ́tɪk/, **-tish** /-tɪʃ/ *a* 革命的な, 過激派の. ［F *sans-culotte* without breeches］

sans·cu·lot·tide /sæ̀nzk(j)ʊlɑ́tɪd; *F* sɑ̃kylɔtid/ *n* 《フランス革命暦の》閏(うるう)日《実月(みのり) (Fructidor) のあとに 5 日 (閏年は 6 日) 設けられた》; [*pl*] この日に行なわれた祝祭.

sans·cu·lot·tism /sæ̀nzk(j)ʊlɑ́tìz(ə)m/ *n* 過激共和主義; 過激主義, 暴民主義.

sans doute /*F* sɑ̃ dut/ *adv* 疑いなく.

San Se·bas·tián /sæ̀n səbǽstʃən/ サンセバスティアン《スペイン北部の Biscay 湾に臨む市・港町・避暑地; Guipúzcoa 県の県都; バスク語名 Donostia》.

san·sei* /sɑːnséɪ, ⏑⏑/ *n* (*pl* 〜, 〜**s**) [°S-] 三世《日系移民の 3 代目; ⇨ ISSEI》. ［Jpn］

sanserif ⇨ SANS SERIF.

san·se·vie·ria /sæ̀nsəvíəriə/ *n* 〘植〙 チトセラン, サンセベリア《チトセラン属 (*S*-) の植物の総称; 斑入り剣状の葉から丈夫な繊維が採れる》. ［*San Seviero* Raimondo di Sangro (1710–71) の公国］

sans fa·çon /*F* sɑ̃ fasɔ̃/ *adv* 気取らず, 遠慮なく.

sans faute /*F* sɑ̃ foːt/ *adv* 間違いなく, 必ず.

sans gêne /*F* sɑ̃ ʒɛn/ *adv* 気兼ねなく, 自由に.

San·skrit, -scrit /sǽnskrɪ̀t, -skrət/ *n* **1** サンスクリット, 梵語《インド-ヨーロッパ語族の一つ; 紀元前 1200 年ごろからインドで文学語・宗教語として用いられた; 略 Skt, Skr.》. **2**《概括的にヴェーダ語などを含めて》古サンスクリット. ► *a* サンスクリットの. ♦ **〜·ist** *n* サンスクリット学者. ［Skt＝composed, perfected］

San·skrit·ic /sænskrítɪk/ *n*, *a* サンスクリットの; サンスクリット直系の諸言語(の); インド語派 (Indic) (の).

Sán·son-Flám·steed projèction /sǽnsənflǽmstìːd-/ 〘地図〙 サンソン(-フラムスティード)図法 (sinusoidal projection).

sans pa·reil /*F* sɑ̃ parɛːj/ *a*, *adv* 無比の, 並ぶものなく.

sans peine /*F* sɑ̃ pɛn/ *adv* 容易に.

sans peur et sans re·proche /*F* sɑ̃ pœːr e sɑ̃ rəprɔʃ/ 恐れも咎(とが)もなく《元来 英雄的騎士 Seigneur de BAYARD のことをいった》. ［F＝without fear and without reproach］

sans phrase(s) /*F* sɑ̃ fraːz/ *adv* くどくなく, 簡潔に.

sans ser·if, san·ser·if /sænsérəf, sǽnz-/ 〘印〙 *n* サンセリフ (＝*Doric*, *grotesque*) (gothic*)《serif がない活字書体》. ► [sanserif] *a* サンセリフの.

sans sou·ci /*F* sɑ̃ susi/ *adv* 心配なく, 心配せずに, 気苦労なしに, 気楽に. ► *n* [S- S-] サンスーシ(宮殿)《プロイセン王 Frederick 2 世の離宮 (1747) の称》. ［F＝without worry］

sans tache /*F* sɑ̃ taʃ/ *a*, *adv* 汚れのない (stainless); 汚れなく.

San Ste·fa·no /sæn stéfənoʊ/ サンステファノ (*Turk* Yeşilköy)《トルコ北西部, Istanbul 西方の Marmara 海に臨む村; ロシア-トルコ戦争後の平和条約締結地 (1878)》.

San·ta /sǽntə/ *n* 《イタリア・スペイン・ポルトガルで》女聖人, 聖女; 《口》 SANTA CLAUS. ► *a* [*compd*] 聖… (saint, holy).

San·ta Ana /sǽntə ǽnə/ **1 a** サンタアナ《**1**) エルサルバドル中北部の商業都市; Santa Ana 活火山 (2381 m) が近い **2**) California 州南西部の市》. **b** 〘気〙 サンタアナ《California 州南部の Santa Ana 山脈の斜面を吹き降ろす乾いた熱風; 風向きは北・北東または東》. **2** SANTA ANNA.

San·ta An·na /sǽntə ǽnə/ サンタアナ **Antonio López de 〜** (1794–1876)《メキシコの軍人・政治家; 1833 年から 11 回にわたって大統領; Texas 反乱鎮圧に失敗 (1836), メキシコ戦争 (1846–48) に敗北》.

San·ta Bar·ba·ra /sǽntə bɑ́ːrbərə/ サンタバーバラ《California 州南西部 Los Angeles の北西にある市》.

Sánta Bárbara Íslands *pl* [the] サンタバーバラ諸島《California 州南西岸沖の CHANNEL ISLANDS の別称》.

San·ta Cat·a·li·na /sǽntə kæ̀t(ə)líːnə/ サンタカタリーナ (＝*the Catalina* (*Island*))《California 州の南西岸沖 Channel 諸島の島; Los Angeles 南西沖の保養地》.

San·ta Ca·ta·ri·na /sæ̀ntə kætəríːnə/ サンタカタリーナ《ブラジル南部, 大西洋岸の州; ☆Florianópolis》.

San·ta Cla·ra /sǽntə klǽrə, *-klέrə/ サンタクララ《キューバ中西部の市; 砂糖・タバコ産業の町》.

San·ta Claus /sǽntə klɔ̀ːz/ **1** サンタクロース《子供の守護聖徒 St Nicholas から; Christmas Eve に贈り物をする; cf. FATHER CHRISTMAS》. **2** 《航空俗》 非常に点の甘いテストパイロット; *《俗》 男性篤志家[慈善家], 非常に寛大な男, 大甘の男. ［Du＝St Nicholas］

San·ta Cruz /sǽntə krúːz/ **1** サンタクルーズ《California 州西部 San Jose の南, Monterey 湾に臨む市》. **2** サンタクルス《**1**) アルゼンチン南部の州; ☆Río Gallegos **2**) ボリビア東部の市 **3**) ⇨ ST. CROIX》. **3** [the] サンタクルス川《アルゼンチン南部の川; 東流して大西洋に注ぐ》.

Sànta Crúz de Te·ne·rífe /-də tɛ̀nəríːfeɪ, -ríːf, -ríf/ サンタクルス・デ・テネリフェ《**1**) Canary Islands 自治州西部を含むスペインの県 **2**) その県都の Tenerife 島の港市・保養地》.

Sànta Crúz Íslands *pl* [the] サンタクルーズ諸島《太平洋南西部 Solomon 諸島の一部をなす島群; San Cristobal 島の東方に位置》.

San·ta Fe /sǽntə féɪ/ サンタフェ《**1**) New Mexico 州中北部の市・州都 **2**) アルゼンチン中部の市》. ♦ **Sán·ta Fé·an** サンタフェ市民.

Sànta Fé Tráil [the] サンタフェ街道《1821 年ごろから鉄道開通 (1880) ごろまで使用された Santa Fe から Missouri 州の Independence に至る交易産業道路》.

San·ta Ger·tru·dis /sǽntə gərtrúːdəs/ 〘畜〙 サンタガートルーディス《Texas 州の King 牧場で作出された高温に強い肉牛》. ［同牧場の一区域の名から］

San·ta Is·a·bel /sǽntə ízəbɛ̀l/ サンタイサベル《**1**) MALABO の旧称 **2**) 太平洋西部 Solomon 諸島の中東部, Guadalcanal 島の北東にある火山島》.

San·tal /sɑ̀ntɑ́ːl/ *n* (*pl* 〜, 〜**s**) サンタール族《インドの Jharkhand, Bihar, Orissa, West Bengal, Assam などの州に住む Munda 諸語に属する言語を話す民族》.

san·ta·la·ceous /sæ̀nt(ə)léɪʃəs/ *a* 〘植〙 ビャクダン科 (Santalaceae) の.

San·ta Ma·ria /sǽntə məríːə/ **1** サンタマリア《California 州南西部 Santa Barbara の北西にある市》. **2** [the] サンタマリア号《Columbus がアメリカ大陸を発見した時の旗艦; Niña 号と Pinta 号を率いた》.

San·ta Ma·ría /sǽntə məríːə/ サンタマリア《グアテマラ南西部の活火山 (3772 m)》.

San·ta Mar·ta /sǽntə mɑ́ːrtə/ サンタマルタ《コロンビア北部の港湾都市》.

Sánta Márta gòld サンタマルタゴールド《コロンビア産の強いマリファナ》.

San·ta Mon·i·ca /sǽntə mɑ́nɪkə/ サンタモニカ《California 州南西部 Los Angeles の西にあるサンタモニカ湾 (**Sànta Mónica Báy**) 岸の市; リゾート地》.

San·tan·der /sɑ̀ːntɑːndέər, sæ̀ntæn-/ **1** サンタンデル《スペイン北部 Biscay 湾に臨む市・港町・保養地; Cantabria 自治州の州都》. **2** サンタンデル **Francisco de Paula 〜** (1792–1840)《コロンビアの軍人・政治家; New Granada の大統領 (1832–37)》.

San·ta·rém /sæ̀ntərέm/ サンタレン《ブラジル北部 Pará 州西部の河港都市; Tapajós が Amazon に合流する地点にある》.

Sán·ta Rósa /sǽntə-/ サンタローザ《California 州西部 San Francisco の北にある市》.

San·ta·ya·na /sæ̀ntəjɑ́ːnə, -tiɑ́ːnə, -tiǽnə, *sɑ̀ːn-/ サンタヤナ **George 〜** (1863–1952)《スペイン生まれの米国の哲学者・詩人; 批判的実在論の代表者; *The Life of Reason* (1905–06)》.

San·tee /sæntíː, ⏑⏑/ [the] サンティー川《South Carolina 州を南東に流れ, 大西洋に注ぐ川; cf. WATEREE》.

San·te·ria, San·te·ría /sæ̀ntəríːə, sɑ̀ːn-/ *n* [ˢs-] サンテリア《アフリカ起源のキューバの宗教; ヨルバ族の宗教とカトリック的要素を含む》.

San·te·ro /sæntéɪroʊ/, **-ra** /-rɑː/ *n* (*pl* 〜**s**) [ˢs-]《メキシコ, 合衆国南西部のスペイン語使用地域で》聖像職人; サンテリア僧.

San·ti·a·go /sæ̀ntiɑ́ːgoʊ/ サンティアゴ《**1**) チリの首都 **2**) ドミニカ共和国北部の市; 公式名 〜 **de los Ca·ba·lle·ros** /-də lɔːs kɑ̀ːbəjέəroʊs/ **3**) スペイン北西部の市; Galicia 自治州の州都; 聖ヤコブの墓があり, 中世にはヨーロッパ巡礼地; 公式名 〜 **de Com·pos·té·la** /-də kɑ̀mpəstélə/》. ♦ **San·ti·a·gan** /sæ̀ntiɑ́ːgən/ *n*

Santiágo de Cúba /-də-/ サンティアゴ・デ・クーバ《キューバ南東部の港市》.

Santiágo del Es·té·ro /-dɛl əstéɪroʊ/ サンティアゴ・デル・エステロ《アルゼンチン北部の市》.

san·tims /sɑ́ːntɪmz/ *n* (*pl* **-ti·mi** /-təmi/) サンティムズ《ラトヴィアの通貨単位: ＝1/100 lat》. ［F CENTIME］

san·tir /sæntíər/, **san·tour, -toor** /sæntʊ́ər/ *n* 〘楽〙 サンティール, サントゥール《2 本の曲がったばちで奏する, 西アジア・インドのダルシマー (dulcimer) に似た弦鳴楽器》. ［Arab＜Gk］

san·to /sɑ́ːntoʊ, sǽn-/ *n* (*pl* 〜**s**) 聖人 (saint); 《プエルトリコ・メキシコ・米国南西部などでみられる》木製の聖人像, サント. ［Sp＝saint］

San·to Do·min·go /sǽntə dəmíŋgoʊ/ サントドミンゴ《**1**) ドミニカ共和国の首都・港市, 旧称 Ciudad Trujillo **2**) ドミニカ共和国の旧

称 3) 特に 植民地時代の HISPANIOLA の名称》. ♦ **Sán·to Do·mín·gan** *a, n*

san·tol /sɑːntóʊl/ *n* 〘植〙 サントール《マレーシア原産センダン科の高木; 果実は食用; 東南アジアなどで栽培される》. [Tagalog]

san·to·li·na /sæ̀nt(ə)líːnə/ *n* (*pl* ～, ～s) 〘植〙 ワタスギギク, サントリナ《キク科 *S*～ 属の各種; 地中海地方原産》.

san·ton /sǽnt(ə)n/ *n* 《イスラム教の》聖者, 苦行者, 隠者. [F < Sp (*santo* saint)]

san·ton·i·ca /sæntɑ́nɪkə/ *n* 〘植〙 シナヨモギ (Levant wormseed), ミブヨモギ; シナヨモギ[ミブヨモギ]の乾燥した頭花《駆虫薬》. [L]

san·to·nin /sǽnt(ə)nən, sæntɑ́nən/ *n* 〘化〙 サントニン《santonica から得られる化合物; 虫下しに用いる》. [↑, *-in*[2]]

santoor ⇨ SANTIR.

San·to·rin /sæ̀ntəríːn, -rín/, (ModGk) **San·to·rí·ni** /-ríːni/ サントリン《THERA 島の別称》.

San·tos /sǽntəs/ **1** サントス《ブラジル南部の市; São Paulo の外港で, 貿易量は同国最大》. **2** サントス《São Paulo を中心とした地域に産するやや酸味のあるコーヒー》.

San·tos-Du·mont /sæ̀ntəs d(j)uːmɑ́nt/ サントスドゥモント **Alberto** ～ (1873–1932)《ブラジル生まれのフランスの飛行家; 彼の製作した単葉機は, 近代軽飛行機の先駆》.

San·to To·mé de Gua·ya·na /sæ̀ntoʊ təméɪ də gwəjáːnə/ サントトメ・デ・グアヤナ《CIUDAD GUAYANA の旧称》.

santour ⇨ SANTIR.

San·tur·ce /sɑːntʊ́ərseɪ/ サントゥルセ《Puerto Rico の首都 San Juan の北東地区》.

Sa·nu·si /sənúːsi/ *n* (*pl* ～, ～s) サヌーシー教徒《宗教的には禁欲主義的だが, 政治的には戦闘的なイスラム教の一派で北アフリカに組織をもつ》.

sanyasi ⇨ SANNYASI.

sao /sáːoʊ/ *n* (*pl* **sá·os**)*《俗》やな野郎, せこいやつ. [Vietnamese]

São Fran·cis·co /sàʊ̃(m) frənsískoʊ/ [the] サンフランシスコ川《ブラジル東部の川》.

sao·la /sáʊlə, ʃáʊlɑː/ *n* 〘動〙 サオラ, ベトナムレイヨウ《ベトナム・ラオスの国境地帯に生息するウシ科の草食獣》. [(Vietnam)]

São Luís /sàʊ̃ luíːs/ サンルイス《ブラジル北東部の港湾都市; São Luís 島にあり, Maranhão 州の州都》.

São Mi·guel /sàʊ̃ mɪgél/ サンミゲル《ポルトガル領 Azores 諸島最大の島》.

Saône /F soːn/ [the] ソーヌ川《フランス東部の川; 南南西に流れて Rhone 川に合流する》.

Saône-et-Loire /F soːnelwaːr/ ソーヌエロアール《フランス中部 Bourgogne 地域圏の県; ☆Mâcon》.

São Pau·lo /sàʊ̃(m) páʊlu/ サンパウロ《**1**) ブラジル南部の州 **2**) その州都; Santos コーヒーの産地, 外国からの移民が多い》.

São Ro·que /sàʊ̃ rɔ́ːkə/ [Cape] サンロケ岬《ブラジル北東部, Rio Grande do Norte 東岸, Natal の北にある岬》.

São Salvador ⇨ SALVADOR.

São Tia·go /sàʊ̃(n) tiáːguː, -goʊ/ サンティアゴ《アフリカ西岸沖にある Cape Verde 諸島の中で最大の島》.

São To·mé and Prín·ci·pe /sàʊ̃(n) təméɪ ənd prínsəpə/ サントメ・プリンシペ《西アフリカのギニア湾内の 2 島からなる国; 公式名 Democratic Republic of São Tomé and Príncipe (サントメ・プリンシペ民主共和国); もとポルトガル領, 1975 年独立; ☆São Tomé》.

São Vi·cen·te /sàʊ̃(n) visẽ́ɪ(n)tə/ [Cabo de ～] サンヴィセンテ岬《ST. VINCENT 岬のポルトガル語名》.

sap[1] /sǽp/ *n* 《植物の》液汁, 樹液; 《生命・健康・活力のもとになる》体液, 《詩》血, 《俗》ウイスキー; [*fig*] 元気, 生気, 活力; 《口》まぬけ (saphead); *《俗》うそっぱち, でまかせ (lies); *《俗》棍棒 (blackjack); 辺材 (sapwood): the ～ of life 活力, 精力 / the ～ of youth 血気. ► *v* (-pp-) *vt* …から樹液を取る; …の辺材を除く; *《俗》棍棒でぶちのめす ‹*up*›. ► *vi* *《俗》棍棒でぶちのめす ‹*up on* sb›. ♦ **～·ful** *a* 汁[樹液]の多い. [OE *sæp*; cf. G *Saft*]

sap[2] *n* 〘軍〙《塹壕の》対壕(を掘ること); [*fig*] しだいに破壊すること, 徐々に食い入る[切りくずす]こと. ► *v* (-pp-) *vt* 〘軍〙〈地面〉に対壕を掘る, 対壕によって〈敵陣〉に迫る ‹*forward*›; …の下を掘ってこわす; 〘地質〙…の下部を浸食する; [*fig*]〈健康・活力などを〉徐々に弱らせる[害する], むしばむ; 〈人〉から〈…を〉奪う ‹*of*›: Age *sapped* him *of* his mobility. 年をとって動きが悪くなった. ► *vi* 対壕を掘る, 対壕で敵陣に迫る. [F *sappe* or It *zappa* spade < ?Arab]

sap·a·jou /sǽpəʤùː/ *n* 〘動〙 **a** オマキザル (capuchin). **b** クモザル (spider monkey). [F < Tupi]

sapanwood ⇨ SAPPANWOOD.

sa·pe·le /sæpíːli/ *n* 〘植〙 サペリ《熱帯アフリカ産センダン科エンタンドロフラグマ属の各種の木; マホガニーに似て家具材とする》. [(WAfr)]

sap·fu /sæpfúː/ *a, n**《俗》SNAFU.

sáp grèen *n* クロウメモドキの実から採った緑色顔料; 暗緑色. ► *a* 暗緑色の.

sáp-hàppy *a**《俗》酔っぱらった, 一杯機嫌の.

sáp·hèad[1] *n* 《口》ばか, のろま. ♦ **～·ed** *a* 《口》ばかな.

saphead[2] *n* 〘軍〙 対壕の前端. [*sap*[2]]

sa·phe·na /səfíːnə/ *n* (*pl* -nae /-ni, -nàɪ/) 〘解〙《下肢の》伏在静脈 (=**saphénous véin**). ♦ **sa·phé·nous** /, sǽfənəs/ *a* [L =vein]

sáp hòuse メープルシロップ製造小屋.

sap·id /sǽpəd/ *a* 〈食べ物が〉味のよい, 風味のある; 《文》〈談話・文体など〉興味[魅力]のある (opp. *insipid*). ♦ **sa·pid·i·ty** /sæpídəti, sə-/ *n* 味, 風味; うまみ, 興味, 魅力. **～·ness** *n* [L *sapidus* tasty (*sapio* to have savor)]

sa·pi·ens /sǽpiənz, séɪ-, -ènz/ *a* 《化石人に対して》現人類 (*Homo sapiens*) の.

sa·pi·ent /séɪpiənt/ *a* 《文》賢い; [°*iron*] 物知りぶる, 分別顔の. ► *n* 〘人〙《先史時代の》ホモサピエンス; 《古》賢者. ♦ **sá·pi·ence, -cy** *n* 《文》知恵 (wisdom); 知ったかぶり, 物知り顔. **～·ly** *adv* [OF or L (pres p) ‹ *sapio* to be wise]

sa·pi·en·tial /sèɪpiénʃ(ə)l/ *a* 知恵の; 知恵のある. ♦ **～·ly** *adv* [F or L (*sapientia* wisdom)]

sapiéntial bóoks *pl* [the] 知恵の書《旧約聖書中の Proverbs, Ecclesiastes, Canticles および聖書外典中の Wisdom, Ecclesiasticus》.

sa·pi·en·ti sat /sèɪpiéntaɪ sǽt, sæ̀piénti-/, **sát sapiénti** 知者には一言にて足る. [L]

sap·in·da·ceous /sæ̀pəndéɪʃəs/ *a* 〘植〙 ムクロジ科 (Sapindaceae) の.

Sa·pir /səpíər, ˈséɪpɪər/ サピア **Edward** ～ (1884–1939)《米国の人類学者・言語学者; 北米インディアン語を研究》.

Sapír-Whórf hypòthesis 〘言〙 サピア-ウォーフの仮説 (WHORFIAN HYPOTHESIS).

sáp·less *a* 樹液のない, 汁気のない; 乾いた, しなびた, ひからびた; 活気のない, 気の抜けた, つまらない. ♦ **～·ness** *n*

sáp·ling *n* 稚樹, 苗, 苗木, 若木《胸の高さで直径 4 インチ以下》; [*fig*] 若者, 青年 (youth); グレーハウンドの幼犬: ～ stakes グレーハウンド幼犬競走. [*sap*[1]]

sap·o·dil·la /sæ̀pədílə, -díː(j)ə/ *n* 〘植〙 サポジラ, チューインガムノキ《熱帯アメリカ産アカテツ科の常緑樹; 樹液からチューインガムの原料 chicle を採る》; サポジラ (=～ **plúm**)《その実》. [Sp]

sa·po·ge·nin /sæ̀pəʤénən, səpɑ́ʤə-/ *n* 〘生化〙 サポゲニン《サポニンのアグリコン (aglycon); トリテルペンに属するものと, ステロイドに属するものがあり, 後者はステロイドホルモン合成の出発点となる》. [*saponin*, *-gen*, *-in*[2]]

sap·o·na·ceous /sæ̀pənéɪʃəs/ *a* 石鹸の(ような); とらえどころのない. ♦ **～·ness** *n* [NL (L *sapon- sapo* soap)]

sap·o·nar·ia /sæ̀pənέəriə/ *n* 〘植〙 サボンソウ (SOAPWORT)《ナデシコ科サボンソウ属 (*S*-) の植物》.

sa·pon·i·fi·ca·tion /səpɑ̀nəfəkéɪʃ(ə)n/ *n* 〘化〙 鹼化; 《一般に》加水分解: ～ value [number] 鹼化価.

sa·pon·i·fy /səpɑ́nəfàɪ/ *vt, vi* 〈脂肪などを〉石鹸にする; 〘化〙 鹼化する. ♦ **sa·pón·i·fì·able** *a* 鹼化できる. **-i·fi·er** *n* 鹼化剤.

sap·o·nin /sǽpənən, səpóʊ-/ *n* 〘化〙 サポニン《種々の植物から得られる配糖体で, 石鹸のようによく泡立つ; 起泡剤・乳化剤・洗剤》. [F; ⇨ SAPONACEOUS]

sap·o·nite /sǽpənàɪt/ *n* 〘鉱〙 石鹸石, サポナイト, ソープストーン. [Swed]

sa·por /séɪpər, -pɔ̀ːr/ *n* 《まれ》味, 風味; 味覚. [L; ⇨ SAPID]

sap·o·rif·ic /sæ̀pərífɪk/ *a* 味を出す, 風味を添える.

sap·o·rous /séɪpərəs, sǽp-/ *a* 味[風味]のある, 味を出す.

sa·po·ta /səpóʊtə/ *n* 〘植〙 **a** SAPODILLA. **b** 《熱帯アメリカ産の各種の》アカテツ科の木(の実). [Sp < Nahuatl]

sap·o·ta·ceous /sæ̀pətéɪʃəs/ *a* 〘植〙 アカテツ科 (Sapotaceae) の.

sa·po·te /səpóʊti/ *n* 〘植〙 サポテ《メキシコ, 中米の数種の樹木の球形[卵形]の果実; 果肉が軟らかくて甘い》: **a** サポテ《オオミアカテツ (marmalade tree) の果実; 果肉はサーモンピンク; 中米, 西インド諸島産; アカテツ科》. **b** シロサポテ, サポテブランコ《果肉は黄色みをおびた白色, メキシコ; グアテマラ産; ミカン科》. **c** ブラックサポテ, サポテネグロ《果肉は黒くて粘質; メキシコ, 西インド諸島産で, フィリピンにも導入された; カキノキ科》. **d** SAPODILLA. [Sp]

sap·pán·wòod, sa·pán- /səpǽn-, sǽpən-/ *n* 〘植〙 スオウ(材). [Du < Malay *sapang*]

sáp·per *n* SAP[2] する人; 工兵, 土工工兵; ˈ《口》《the Royal Engineers の》工兵隊員《略 Spr》; 地雷工兵, 破壊工作隊兵. [*sap*[2]]

Sapper サッパー (1888–1937)《英国の大衆作家・サスペンス小説作家; 本名 Herman Cyril McNeile; もと陸軍工兵中佐; 作品には軍人あがりの愛国者 Bulldog Drummond を主人公にしたシリーズがある》.

sap·phic /sǽfɪk/ *a* **1** [S-] サッポー (Sappho) の. **2** サッポー風[詩体]の; 《女性の》同性愛の, レスビアンの: the ～ verse [meter] サッポー詩体《5 脚の四行詩》/ ～ vice=SAPPHISM. ► *n* サッポー風の詩[連].

Sápphic óde HORATIAN ODE.

Sap·phi·ra /səfáɪrə/ 〘聖〙 サッピラ《ANANIAS の妻》. [↓]

sap·phire /sǽfàɪər/ *n* **1** サファイア, 青玉《9 月の BIRTHSTONE》; サファイア (=～ **blúe**)《透明感のあるブルー》. **2** 〘鳥〙 南米産のサファイア

色をした各種ハチドリ《サファイアハチドリ属など》. **3***《黒人俗》[*derog*] いかさない黒人女《ラジオドラマ 'Amos and Andy' に登場するがみがみ女の名より》. ► *a* サファイア色の; サファイアの(ような). [OF, <Gk =dear to the planet Saturn]

sápphire wédding サファイア婚式《結婚 45 周年記念; ⇨ WEDDING》.

sap·phir·ine /sǽfəràın, -rən, *-rìːn/ *a* サファイア[青玉]色の; サファイアのような; サファイア製の. ► *n* サファリン《淡青または緑色をしたマグネシウムおよびアルミニウムのケイ酸塩で, 通例 粒状; 青色の尖晶石》.

sap·phism /sǽfìz(ə)m/ *n* [ˢS-] 女性の同性愛 (lesbianism). [↓]

Sap·pho, Psap·pho /sǽfou/ サッポー, サッフォー《Lesbos 島に生まれた, 前 600 年ごろのギリシアの女性抒情詩人; 女性に対する愛の歌や, Aphrodite 頌が残っている; cf. SAPPHISM, LESBIAN》.

sap·pn·in' /sǽp(ə)nın/ *int**《俗》どんな調子, どうしてる (What's happening?).

sáp·py *a* 樹液 (sap) の多い, 液汁に富む; [*fig*] 活気に富む, 元気旺盛な; *《俗》ばかな, のろまな; 《俗》感傷的な, めめしい; 辺材状の, 辺材の多い. ► *n**《俗》ばか, のろま (saphead). ◆ **sáp·pi·ly** *adv* **-pi·ness** *n*

sapr- /sǽpr/, **sap·ro-** /sǽprou, -rə/ *comb form*「腐敗した」「腐敗(物)」 [Gk (*sapros* rotten)]

sa·pre·mia | **-prae-** /sæpríːmiə/ *n* 《医》腐敗血症. ◆ **sa·pré·mic** *a*

sap·ris·ti /sæprísti/ *int* 《俗》いやはや, まったく, チェッ. [F *sacristi!*]

sap·robe /sǽpròub/ *n* 《生》腐生生物, 腐生者, 腐生菌.

sa·pro·bic /sæpróubık/ *a* SAPROPHYTIC. ◆ **-bi·cal·ly** *adv*

sàpro·génic *a* 腐敗を起こす; 腐敗から生じる. ◆ **sa·prog·e·nous** /səprάʤənəs/ *a* **sap·ro·ge·nic·i·ty** /sæ̀prouʤənísəti/ *n*

sap·ro·leg·nia /sæ̀proulégniə/ *n* 《植》ミズカビ《ミズカビ属 (*S*-) の各種の水生菌》.

sápro·lìte *n* 《地質》腐食岩石《元来の場所で風化してできた残滓土》. ◆ **sàp·ro·lít·ic** /-lít-/ *a*

sap·ro·pel /sǽprəpèl/ *n* 腐泥.

sàp·ro·pél·ic /, -píː-/ *a* 《生態》腐泥にすむ.

sápro·phàge *n* 《生》腐生生物, 腐生者 (saprobe).

sa·proph·a·gous /səprάfəgəs/ *a* 《生》腐敗物を栄養源とする, 腐生の, 腐食性の.

sápro·phỳte *n* 《生》腐生植物《菌類》.

sàpro·phýtic *a* 《生》腐敗有機物を栄養源とする, 腐生の: ~ nutrition 腐生植物性栄養. ◆ **-i·cal·ly** *adv*

sáp ròt 《木材腐朽菌による》辺材腐れ[腐朽].

sápro·tròph *n* 《生》腐生生物《腐敗有機物を栄養源とする菌類やバクテリアなど》. ◆ **sàpro·tróphic** *a* 《生》腐生栄養の.

sàpro·zóic *a* 《生》〈動物が〉腐敗有機物を栄養源とする, 腐生の: ~ nutrition 腐生動物性栄養.

sap·sa·go /sǽpsəgòu, sæpséı-/ *n* (*pl* ~**s**) サプサーゴ《クローバーの一種で風味をつけたスキムミルクでつくるスイス原産の緑色の硬質チーズ》. [G *Schabziger*]

sáp·sùck·er *n* 《鳥》シルスイキツツキ《北米産》; 《各種の》キツツキ.

sap·u·caia, -ca·ja /sæ̀pəkáıə/ *n* 《植》パラダイスナットノキ《南米産; 堅果は油を多く含み食用, 木材は建材》. [Port<Tupi]

sáp·wòod *n* 《植》《芯材と形成層の間の》辺材, 液材, 白太(しらた) (=*alburnum*): ~ trees 辺材樹.

Saq·qa·ra, Saq·qā·rah /səkάːrə/ サッカラ《エジプト北部, 古代都市遺跡 Memphis の南西にある村》.

sa·quin·a·vir /səkwínəvìər/ *n* 《薬》サキナビル《プロテアーゼ阻害薬; 抗レトロウイルス薬と併用して HIV 感染の治療に用いる》.

SAR °search and rescue ♦ °South African Republic.

Sa·ra[1] /sάːrə/ *n* (*pl* ~, ~**s**) サラ族《アフリカ中部チャドの Shari 川流域に住む黒人族》.

Sara[2] /séərə, *séırə/ サラ, セーラ《女子名》. [⇨ SARAH]

sar·a·band, -bande /sǽrəbæ̀nd/ *n* サラバンド《カスタネットを持って踊るスペインの踊り; これから発生した 3 拍子のスペインの踊り; ゆるやかな 3 拍子で 2 拍目にアクセントのあるその舞曲》. [F<Sp and It]

Sa·ra·bat /sὰːrəbάːt/ [the] サラバト川《GEDIZ 川の別称》.

Sar·a·cen /sǽrəs(ə)n/ *n* サラセン人《シリア・アラビアの砂漠に住む遊牧の民》; 《特に 十字軍時代の》イスラム教徒; 《広義に》アラブ人. ► *a* SARACENIC. ◆ **~·ism** *n* [OF<L<Gk<?Arab=eastern]

Sáracen córn ‖《古》ソバ (buckwheat).

Sar·a·cen·ic /sæ̀rəsénık/ *a* サラセン人[風]の〈建物など〉.

Sáracen's héad サラセン人の頭《紋章・宿屋の看板》.

Saragossa ⇨ ZARAGOZA.

Sar·ah /séərə, *séırə/ **1** サラ, セーラ《女子名; 愛称 Sadie, Sal, Sally》. **2** 《聖》サラ《(1) Abraham の妻で Isaac の母; *Gen* 17: 15-22 (2) ドゥエー聖書で, Tobias の妻》. [Heb=princess]

SARAH /séərə, *séırə/ 《空》search and rescue and homing 捜索救難自動誘導.

Sa·rai /séəraı, *séreıàı/ 《聖》サライ《Abraham が神から男児を授かる約束をうける前の Sarah の名; *Gen* 17: 15》.

Sa·ra·je·vo /sάːrəjɛvòu/, **Se·ra-** /sérə-/ サライェヴォ《ボスニア-ヘルツェゴヴィナの首都; 1914 年 6 月 28 日オーストリア皇太子 Francis Ferdinand がこの地で暗殺され, 第一次大戦の発端となった》.

Sa·ra·ma·go /sὰːrəmάːgou/ サラマーゴ **José** ~ (1922-2010)《ポルトガルの作家; ノーベル文学賞 (1998)》.

Sa·ran /səræ̀n/ 《商標》サラン《ポリ塩化ビニリデン系合成樹脂》.

Sár·a·nac Lákes /sǽrənæ̀k-/ *pl* [the] サラナク湖群《New York 州北東部の Adirondack 山地にある 3 つの湖 Upper Saranac Lake, Middle Saranac Lake, Lower Saranac Lake》.

sa·ran·gi /sάːrəŋgi, sɑːrʌ́ŋgi/ *n* 《楽》サーランギ《ヴァイオリンに似たインドの弦楽器》. [Skt]

Sa·ransk /sərάːnsk, -rǽnsk/ サランスク《ヨーロッパロシア中部 Mordvinia 共和国の首都》.

Sarán Wràp 《商標》サランラップ《合成樹脂ラップ》.

sarape ⇨ SERAPE.

Sa·ra·pis /sərέıpəs/ 牛神, セラピス (SERAPIS).

Sa·ras·va·ti /sάːrəsvʌ̀ti/ サラスヴァティー《インドの神話で Brahma の神妃; 学問・芸術をつかさどる神で, 仏教では弁才天・妙音天などと訳される》.

Sar·a·to·ga /sæ̀rətóugə/ **1** サラトガ《New York 州東部の村, 現在の Schuylerville; 独立戦争を決定づけた 1777 年の戦闘の地》. **2** SARATOGA TRUNK; *《俗》郵便配達のかばん.

Saratóga chíp POTATO CHIP.

Saratóga Spríngs サラトガスプリングズ《New York 州東部, Albany の北, Hudson 川の西の鉱泉保養地》.

Saratóga trúnk 《19 世紀に流行した婦人用の》旅行用大型トランク. [↑にちなむ]

Sa·ra·tov /sərάːtəf/ サラトフ《ヨーロッパロシア中南部の, Volga 川に臨む工業都市》.

Sa·ra·wak /sərάːwɑːk, -wæ̀k; -wək/ サラワク《Borneo 島北西部を占めるマレーシアの州; ☆Kuching》.

sarc- /sάːrk/, **sar·co-** /sάːrkou, -kə/ *comb form*「肉 (flesh)」「横紋筋」 [Gk (*sark- sarx* flesh)]

sar·casm /sάːrkæ̀z(ə)m/ *n* 《痛烈な》皮肉, あてこすり, いやみ, 諷刺, 辛辣; 皮肉なことば: *in* ~ 皮肉に. [F or L<Gk (*sarkazō* to tear flesh, speak bitterly <↑)]

sar·cas·tic /sɑːrkǽstık/, **-ti·cal** *a* 皮肉な, 諷刺的な, 辛辣な; いやみを言う. ◆ **-ti·cal·ly** *adv* [*enthusiasm*: *enthusiastic* にならって ↑ より]

sar·celle /sɑːrsél/ *n* 《鳥》コガモ (teal). [OF]

sarce·net, sars(e)- /sάːrsnət/ *n* サーセネット《(1) 平織り[綾織り]の柔らかい薄い絹織物 (2) それを使ったドレス》. ► *a* 《古》サーセネットの(ような), 柔らかい. [AF (dim)<*sarzin* SARACEN]

sárco·càrp 《植》*n* 果肉《多肉多汁の中肉皮》; 肉果.

sar·code /sάːrkòud/ *n* 《生》PROTOPLASM.

sar·coid /sάːrkɔ̀ıd/ *n* 《医》類肉腫, サルコイド. ► *a* 肉に似た; 肉の多い; 《医》肉腫様の.

sar·coid·osis /sὰːrkɔıdóusəs/ *n* (*pl* **-oses** /-sìːz/) 《医》類肉腫症, サルコイドーシス《原因不明の全身的障害の出る難病》.

sàrco·láctic ácid 《生化》《血液・筋肉中に現われる》肉乳酸.

sàrco·lémma *n* 《解》筋繊維鞘(しょう), 筋鞘, サルコレマ. ◆ **sàr·co·lém·mal** *a*

sar·col·o·gy /sɑːrkάləʤi/ *n* 《古》軟部組織解剖学.

sar·co·ma /sɑːrkóumə/ *n* (*pl* ~**s**, **-ma·ta** /-tə/) 《医》肉腫. ◆ **sar·có·ma·tòid, sar·có·ma·tous** *a*

sar·co·ma·to·sis /sɑːrkòumətóusəs/ *n* (*pl* **-ses** /-sìːz/) 《医》肉腫症.

sárco·mère *n* 《医》筋節, サルコメア《横紋筋の筋原繊維の繰返しの単位》. ◆ **sàr·co·mér·ic** /-míər-, -mér-/ *a*

sar·coph·a·gous /sɑːrkάfəgəs/, **sar·co·phag·ic** /sὰːrkəfǽʤık/ *a* CARNIVOROUS. ◆ **sar·cóph·a·gy** /-ʤi/ *n*

sar·coph·a·gus /sɑːrkάfəgəs/ *n* (*pl* **-gi** /-gàı, -ʤàı, -gìː/, ~**es**) 《石灰岩製の》石棺, 墓石《ギリシア・ローマ時代の, しばしば 碑文を刻んだ精巧な装飾のもの》; 《一般に記念として展示された》石棺; 《広く》棺 (coffin). [L<Gk (*sarc-*, *-phagous*)]

sárco·plàsm *n* 《解》筋形質. ◆ **sàrco·plásmic** *a*

sàrco·plásma *n* (*pl* **-mata**) SARCOPLASM. ◆ **sàrco·plas·mátic** *a*

sarcoplásmic retículum 《解》筋小胞体.

sar·cóp·tic mánge /sɑːrkάptık-/ 《医》疥癬(かいせん)《ヒゼンダニによる》.

sárco·sòme *n* 《解》筋粒体. ◆ **sàr·co·sóm·al** *a*

sar·cous /sάːrkəs/ *a* 《動》肉[筋肉]の[からなる].

sard /sάːrd/ *n* 《鉱》紅玉髄, サード. [L SARDIUS]

Sard *a, n* SARDINIAN.

sar·da·na /sɑːrdάːnə/ *n* サルダーナ《スペイン Catalonia の輪を描いて踊る民族舞踊; その曲》. [Sp<Cat]

Sar·da·na·pa·lus, -al·lus /sὰːrd(ə)nǽp(ə)ləs, -nəpéıləs/ サルダナパルス《アッシリア最後の王で豪奢な生活と臆病で知られる;

Ashurbanipal の名・地位とその兄の運命の融合した人物と考えられる; Byron が劇詩で描いた》.
sar·dar /sərdá:r, sá:rdà:r/ *n* SIRDAR.
Sardegna ⇨ SARDINIA.
sar·del·le /sa:rdέl(ə)/, **-del** /-dέl/ *n* SARDINE[1].
Sardes, Sardian ⇨ SARDIS.
Sar·di·ca /sá:rdɪkə/ サルディカ《SOFIA[1] の古称》.
sar·dine[1] /sa:rdí:n/ *n* 〘魚〙サーディン《欧州産のイワシの類(の幼魚); 通例 かんづめにする》, カタクチイワシ; [~s, 〈*sg*〉] サーディン《隠れん坊と逆の遊び; 鬼が隠れ, それを最初に見つけた人が新たに鬼になって同じ場所に隠れる; これを最後の一人まで繰り返す》: packed (in together) like ~*s* すし詰めになって. ► *vt* すし詰め[ぎゅう詰め]にする. [OF＜L (dim) ‹ *sarda* sardine]
sar·dine[2] /sá:rd(ə)n, -dàɪn, -dì:n/ *n* SARD.
Sar·din·ia /sa:rdíniə/ **1** サルデーニャ (It **Sar·de·gna** /sa:rdéɪnjə/)《(1) 地中海の Corsica 島の南にあるイタリア領の島 (2) 同島と付属小島からなる自治州; ☆Cagliari》. **2** サルデーニャ王国 (1720–1861)《Piedmont, Savoy, Genoa, Nice をも含む》.
S
Sar·dín·i·an *a* サルデーニャ島[王国, 人, 語]の. ► *n* **a** サルデーニャ人. **b** サルデーニャ語《Romance 諸語の一つ》.
Sar·dis /sá:rdəs/, **Sar·des** /sá:rdiz/ サルディス《小アジア西部の古代都市で, Lydia の首都; Izmir の東方に位置》. ♦ **Sár·di·an** *a, n*
sar·di·us /sá:rdiəs/ *n* SARD; 〘聖〙紅玉髄《ユダヤの大祭司が胸当てにちりばめたルビーと想像される宝石; *Exod* 28:17》. [L＜Gk＝stone of SARDIS]
sar·don·ic /sa:rdánɪk/ *a* 冷笑的な, 嘲弄的な, 小ばかにした, 茶化すような: a ~ laugh [chuckle, smile] 冷笑, せせら笑い. ♦ **-i·cal·ly** *adv* [F＜L (*sardonius*; これを食べると顔のひきつけをおこすという L *herba Sardonia* より)]
sar·don·i·cism /sa:rdánəsɪz(ə)m/ *n* 冷笑的性質, 皮肉っぽいユーモア.
sard·on·yx /sa:rdánɪks, sá:rd(ə)n-/ *n* 〘鉱〙紅縞瑪瑙(しまめのう), サードニックス《cameo 細工用; 8 月の BIRTHSTONE》. [L＜Gk (? *sard*＋*onyx*)]
Sar·dou /*F* sardu/ サルドゥー **Victorien** ~ (1831–1908)《フランスの通俗史劇作家; *Fédora* (1882), *La Tosca* (1887)》.
saree ⇨ SARI.
Sarema ⇨ SAAREMAA.
Sa·ré·ra Báy /sərέrə-/ サレラ湾《CENDERAWASIH 湾の別称》.
Sarg /sá:rg/ サーグ **'Tony'** ~ [**Anthony Frederick** ~] (1882–1942)《米国の人形使い》.
sar·gas·so /sa:rgǽsou/ *n* (*pl* **~s**) 〘植〙ホンダワラ属の各種海藻 (gulfweed) (=~ **wèed**). [Port＜?]
Sargásso Séa [the] 藻海, サルガッソー海《北大西洋の西インド諸島と Azores 諸島との間の比較的静かな海藻におおわれた海域》.
sar·gas·sum /sa:rgǽsəm/ *n* 〘植〙ホンダワラ属 (*S-*) の各種の海藻 (gulfweed). [NL ‹ *sargasso*]
sarge /sá:rʤ/ *n* [ᵁ*voc*]《口》《陸軍・警察の》SERGEANT, 《広く》ボス.
Sar·gent /sá:rʤ(ə)nt/ サージェント (1) Sir (**Harold**) **Malcolm** (**Watts**) ~ (1895–1967)《英国の指揮者》(2) **John Singer** ~ (1856–1925)《英国に住んだ米国の肖像画家》(3) **Thomas J**(**ohn**) ~ (1943–)《米国の経済学者; ノーベル経済学賞 (2011)》.
sar·go /sá:rgou/ *n* (*pl* **~s**) 〘魚〙**a** イサキ科アツクチイサキ属の魚《北米太平洋岸産》. **b** 北米大西洋岸産のタイ科アフリカチヌ属などの魚; DASSIE. [Sp＜L]
Sar·go·dha /sa:rgóudə/ サルゴーダ《パキスタン北東部の市; 穀物市場の町》.
Sar·gon /sá:rgàn, -gən/ サルゴン ~ **II** (d. 705 B.C.)《アッシリア王 (722–705 B.C.)》.
Sárgon of Ákkad アッカドのサルゴン《古代メソポタミアのセム系アッカド王朝の創始者 (在位 c. 2334–2279 B.C.); 東はペルシア湾から西は地中海に及ぶ大帝国を建設》.
sa·ri, sa·ree /sá:ri/ *n* サリー《北インドで女性が腰から肩に巻き, 余った部分を頭にかぶる長い綿布[絹布]; cf. DHOTI》. [Hindi]
sa·rin /sá:rən, *sérən/ *n* サリン《有機リン系神経ガス》. [G＜?]
sark /sá:rk/ *n*ᵘ《方》シャツ, 肌着. [OE *serc*; cf. ON *serkr*]
Sark サーク《イギリス海峡にある Channel 諸島の島; フランス語名 Sercq》. ♦ **Sàrk·ése** *n*
Sar·ka /zá:rkə/ ZARQA.
sar·kar /sá:rkà:r, sərká:r/ *n* SIRCAR.
sárk·ing 《スコ》*n* 《垂木(たるき)と屋根の間の》下見板, 野地板; 《リンネルの》シャツ地.
Sar·ko·zy /sà:rkouzí:/ サルコジ **Nicolas** ~ (1955–)《フランスの政治家; 大統領 (2007–12)》.
sar·ky /sá:rki/ *a*ᵘ《口》SARCASTIC. ♦ **sár·ki·ly** *adv* **-ki·ness** *n*
Sar·ma·tia /sa:rméɪʃ(i)ə/ サルマティア《黒海の北方の, Vistula 川と Volga 川にはさまれた地域の古代名》.
Sar·má·ti·an *a* SARMATIA の, 《古代の》サルマティア人[語]の. ► *n* **a** サルマティア人. **b** サルマティア語《Iranian 語派に属するとされる》.
sar·men·tose /sa:rméntous/, **-tous** /-təs/, **sar·men·ta·ceous** /sà:rmәntéɪʃəs/ *a* 〘植〙蔓(つる)茎のある, 匍枝(ほふく)のある[のような].
Sar·nen /*G* zárnən/ ザルネン《スイス中部 Obwalden 準州の州都・リゾート》.
Sar·nia(**-Cléar·wàter**) /sá:rniə(-)/ サーニア(クリアーウォーター)《カナダ Ontario 州南東部 Huron 湖南端の内陸港》.
sar·nie, sar·n(**e**)**y** /sá:rni/ *n*ᵘ《口》SANDWICH.
Sar·noff /sá:rnɔ̀(:)f, -nàf/ サーノフ **David** ~ (1891–1971)《米国のラジオ・テレビ放送の草分け; ロシア生まれ; RCA 社長, 会長を歴任》.
sa·rod, sa·rode /səróud/ *n* 〘楽〙サロッド《リュートに似たインドの撥弦楽器》. ♦ **sa·ród·ist** *n* [Hindi＜Pers]
sa·rong /sərɔ́(:)ŋ, -ráŋ/ *n* サロン《マレー人・ジャワ人などが着用する腰布; その布地》. [Malay＝sheath]
Sa·rón·ic Gúlf /səránɪk-/ [the] サロニコス湾《ギリシア南東部, Peloponnesus 半島と Attica 半島に囲まれる》.
sar·os /séəràs, séɪ-/ *n* 〘天〙サロス《日食・月食の循環する周期: 6585.32 日(ほぼ 18 年)》. [Gk＜Babylonian]
Sa·ros /sǽràs, *séəràs, sá:ràs/ ■ the **Gúlf of ~** サロス湾《トルコ北西部にあるエーゲ海の入江》.
Sa·roy·an /sərɔ́ɪən/ サロイアン **William** ~ (1908–81)《米国の作家; 子供や無名の人びとを好んで描いた》.
sar·panch /sərpánʧ/ *n* 《インド》PANCHAYAT の議長. [Urdu]
Sar·pe·don /sa:rpí:dn, -dàn/ 〘ギ神〙サルペードーン《Zeus と Europa の子で, リュキア (Lycia) の王; トロイアに来援して Patroclus に討たれた》.
sar·ra·ce·nia /sæ̀rəsí:niə, -sén-/ *n* 〘植〙サラセニア属[ヘイシソウ属] (*S-*) の各種の食虫植物《北米原産》. [Michel *Sarrazin* (1659–1734) フランスの医師・博物学者]
sar·ra·ce·ni·a·ceous /sæ̀rəsì:niéɪʃəs/ *a* 〘植〙サラセニア科 (Sarraceniaceae) の.
Sar·raute /sa:róut/ サロート **Nathalie** ~ (1900–99)《フランスのヌーヴォーロマンを代表する作家》.
Sarre /*F* sa:r/ サール《SAAR のフランス語名》.
sar·rúso·phòne /sərú:zə-; -rʌ́sə-/ *n* 〘楽〙サリュソフォーン《バスーンに似た金属製の有簧(こう)管楽器》. [*Sarrus* 発明した 19 世紀フランスの指揮者]
SARS, Sars /sá:rz/ *n* 〘医〙重症急性呼吸器症候群, SARS, サーズ《SARS コロナウイルスが原因で発症する重症呼吸器疾患; 個人的接触・飛沫によって感染し, 発熱・頭痛・体の痛み・咳・低酸素症・肺炎を特徴とする》. [*s*evere *a*cute *r*espiratory *s*yndrome]
sar·sa /sá:rsə/, **sar·sa·pa·ril·la** /sà:rs(ə)pərílə, -rélə, *sǽs-/ *n* **1** 〘植〙サルサ(パリラ)《中央アメリカ原産のユリ科シオデ属の薬用植物》. **2** サルサ根《強壮薬・飲料用》; サルサ根のエキス; サルサパリラ《サルサ根のエキスで味付けをした炭酸飲料》. [Sp (*zarza* bramble, *parilla* (dim) ‹ *parra* a climbing plant)]
sar·sen /sá:rs(ə)n/ *n* 〘地質〙サルセン[サーセン]石《イングランド中南部にみられる砂岩の塊りで, 浸食された第三紀層の一部とされる; ストーンヘンジにも使われている》. [?*Saracen*]
sars(**e**)**net** ⇨ SARCENET.
Sarthe /sá:rt/ **1** サルト《フランス北西部 Pays de la Loire 地域圏の県; ☆Le Mans》. **2** [the] サルト川《フランス北西部を南流して Mayenne 川と合流し, Loire 川支流の Maine 川となる》.
Sarto ⇨ ANDREA DEL SARTO.
sar·tor /sá:rtər/ *n* 《文》/[*joc*] 洋服屋, 仕立屋 (tailor). [L (*sart-* *sarcio* to patch)]
sar·to·ri·al /sa:rtɔ́:riəl, sər-/ *a* 裁縫(師)の; 《特に 男子用の》(仕立て)服の, 衣裳の; 〘解〙SARTORIUS の: the ~ art [*joc*] 裁縫の技術 / a ~ triumph [*joc*] みごとな仕立ての服. ♦ **~·ly** *adv*
sar·to·ri·us /sa:rtɔ́:riəs/ *n* (*pl* **-rii** /-rìː, -riàɪ/) 〘解〙縫工筋.
Sar·tre /sá:rtr(ə)/ サルトル **Jean-Paul** ~ (1905–80)《フランスの哲学者・劇作家・実存主義思想家・小説家; ノーベル文学賞 (1964, 辞退)》. ♦ **Sar·tre·an, -tri·an** /sá:rtriən/ *a*
Sar·um /séərəm/ サルム《イングランドの SALISBURY の古代名》.
Sárum ùse 《宗教改革前にイングランドの Salisbury で行なわれた》ローマカトリックのソールズベリー式典礼.
Sar·vo·da·ya /sərvóudəjə/ *n* 《インドの》社会経済の改善発展. [Skt (*sarva* all, *udaya* rise)]
SAS 〘英〙°Special Air Service.
Sasanian ⇨ SASSANIAN.
Sasanid ⇨ SASSANID.
SASE *self-addressed stamped envelope 宛名を自書して切手を貼った返信用封筒.
Sa·se·no /səzéɪnou, sa:-/ サゼノ《SAZAN のイタリア語名》.
sash[1] /sǽʃ/ *n* 飾帯《将校などの正装用》; 《肩からかける》懸章, 肩帯; 綬(じゅ)《上級勲爵士などが肩から帯びる》; 腰帯《婦人・子供用》; *《俗》《麻薬静注のための》圧迫帯. ♦ **~ed** *a* **~·less** *a* [Arab＝muslin]
sash[2] *n* (*pl* **~, ~·es**) 〘建〙サッシ《窓枠; またガラスを含めて, 窓の開閉部分》; 《sash saw, gang saw を渡す》鋸枠(のこわく). ► *vt* …にサッシを取り付ける. [C17 *sashes* ‹ CHASSIS; 語末を複数語尾と誤ったもの]

sa·shay* /sæʃéɪ, saɪ-/ *vi* ⦅ダンスで⦆シャッセ (chassé) をする; ⦅口⦆すべるように進む, 動く, 歩く; ⦅口⦆誇らしげに[気取って]歩く; ⦅口⦆斜めに[横に]進む[移動する]. ► *n* シャッセ (chassé); 旅行, 遠足; サシェイ⦅スクエアダンスの旋回の一種⦆. ［C19 (変形)＜*chassé*］
sásh chàin 上げ下げ窓用チェーン, 吊り鎖.
sásh còrd [lìne] ⦅上げ下げ窓の⦆吊り綱.
sa·shi·mi /sáːʃəmi, saːʃíːmi/ *n* 刺身. ［Jpn］
sásh pòcket 分銅箱⦅sash weight の上下する所⦆.
sásh sàw ⦅サッシ用の⦆枘(ほぞ)挽きのこ.
sásh tòol ⦅ガラス工・塗装工の⦆SASH WINDOW 用ブラシ.
sásh wèight ⦅上げ下げ窓の⦆分銅.
sásh wìndow 上げ下げ窓, バランス上げ下げサッシ (cf. CASEMENT WINDOW).
sa·sin /séɪs(ə)n, sǽs-/ *n* 〘動〙BLACK BUCK⦅インド産⦆.
sa·sine /séɪsən/ *n* 〘スコ法〙SEISIN (の引渡し); 〘英史〙⦅封土・所領の⦆授与, 安堵.
Sas·katch·e·wan /səskǽtʃəwən, sæs-, -wàːn/ **1** サスカチェワン⦅カナダ南西部の州; ☆Regina; 略 **Sask.**⦆. **2** [the] サスカチェワン川⦅カナダ中南部を流れ Winnipeg 湖に注ぐ; North ～ 川と South ～ 川が合流して形成される⦆. ■ the **Univérsity of ～** サスカチェワン大学⦅カナダ Saskatchewan 州 Saskatoon にある州立大学; 1907 年創立⦆. ♦ **Sas·kàtch·e·wán·ian** /-wáːniən/ *a, n*
sas·ka·toon /sæ̀skətúːn/ *n* 〘植〙JUNEBERRY. ［↓］
Saskatoon サスカトゥーン⦅カナダ Saskatchewan 州中部の South Saskatchewan 川に臨む市⦆.
Sas·quatch /sǽskwætʃ, -kwɑ̀tʃ/ *n* サスクワッチ (＝*Bigfoot, Omah*)⦅北米北西部山中にすむという手が長く毛深いヒトに似た動物⦆. ［Salish＝wild men］
sass* /sǽs/ *n* ⦅口⦆生意気(な口答え) (cf. SASSY[1]); ⦅方⦆新鮮な野菜; ⦅方⦆煮込んだ果物. ► *vt* ⦅口⦆〈目上の人〉に生意気な口をきく[態度をとる], 口答えする. ［逆成＜*sassy*[1]］
sas·sa·by /sǽsəbi; səséɪbi/ *n* 〘動〙ササビー, クロガオオカモシカ⦅南アフリカ産の大型の羚羊ダマリスクの一種⦆. ［Bantu］
sas·sa·fras /sǽsəfræ̀s/ *n* 〘植〙サッサフラスノキ⦅北米原産; クスノキ科⦆; サッサフラス木(ぼく)⦅その乾燥樹皮・根皮; 強壮剤・香料に用いる⦆; ⦅豪⦆樹皮から香料を採る樹木. ［Sp or Port＜?］
sássafras òil サッサフラス油⦅サッサフラスの根から採る精油; 香料・消毒剤とする⦆.
Sas·sa·ni·an, Sa·sa- /səséɪniən/ *a* ササン朝の. ► *n* SASSANID.
Sas·sa·nid, Sa·sa- /səsáːnəd, -sǽn-; sǽsənɪd/ *n* ササン朝の人⦅ササン朝はイランの王朝 (224–651 A.D.)⦆. ► *a* SASSANIAN.
Sas·sa·ri /sáːsəri/ サッサリ⦅イタリア Sardinia 島北西部の, 同島第 2 の都市⦆.
sassatie ⇨ SOSATIE.
Sas·se·nach /sǽs(ə)næ̀k, -næ̀x/ *n, a* ⦅スコ・アイル⦆[*derog*] イングランド人(の). ［Gael＜L; ⇨ SAXON］
Sas·soon /səsúːn, sə-/ サスーン **Siegfried** (**Lorraine**) ～ (1886–1967)⦅英国の詩人・作家; 痛烈な戦争詩を書いた; *Counter-attack* (1918), *Satirical Poems* (1926), *The Memoirs of George Sherston* (1928–36)⦆.
sáss·wòod /sǽs-/ *n* 〘植〙樹皮が有毒な西アフリカ産のマメ科の高木⦅堅材は防虫性がある⦆.
sas·sy[1] /sǽsi/ *⦅口⦆ *a* 生意気な, あつかましい (cf. SASS); 活発な, 生きいきした; えらくしゃれた, 粋(いき)な格好の: be too ～ for...を飽き足りなく思う. ♦ **sás·si·ly** *adv* **-si·ness** *n* ［*saucy*］
sassy[2] *n* SASSWOOD.
sássy bàrk SASSWOOD の樹皮⦅有毒⦆.
Sastra ⇨ SHASTRA.
sas·tru·ga /sǽstrəgə, sáːs-, sæstrúː-; sæstrúː-/, **zas-** /zǽs-/ *n* (*pl* **-gi** /-gi/) [ᵘ*pl*] サスツルギ⦅極地で風に対して直角に生じる固い雪でできた波形の尾根⦆. ［Russ］
sat[1] *v* SIT の過去・過去分詞.
sat[2] /sǽt/ *n* [次の成句で]: **pull ～** *⦅学生俗⦆満足のいく点をとる[成績をあげる]. ［*sat*isfactory］
sat. satellite ♦ saturated.
Sat. Saturday.
SAT 〘商標〙Scholastic Aptitude [Assessment] Test 大学進学適性試験⦅米国で大学進学時の要件として広く用いられる学力試験⦆♦ °standard assessment task.
satai ⇨ SATAY.
Sa·tan /séɪtn/ *n* サタン, 大悪魔, 魔王 (the Devil)⦅ユダヤ教・キリスト教における神の反対者⦆. ● **～ rebuking sin** 悪魔が罪をとがめる(ようなもの)⦅自分の悪い事は棚に上げて⦆. ♦ **～·ize** *vt* ［OE＜L＜Gk＜Heb＝enemy］
sa·tang /sətáːŋ, saːtǽŋ; sætǽŋ/ *n* (*pl* **～, ～s**) サタン⦅タイの通貨単位: ＝1/100 baht⦆. ［Siamese］
sa·tan·ic /sətǽnɪk, seɪ-/, **-i·cal** *a* [ˢS-] 魔王の, サタンの; 悪魔[鬼畜]のような, 凶悪な, 残忍な: the *Satanic* host 堕落天使群⦅Milton の句⦆/ his *Satanic* majesty [*joc*] 魔王. ♦ **-i·cal·ly** *adv* 悪魔的に. **-cal·ness** *n*
satánic abúse RITUAL ABUSE.
Satánic schóol [the] 悪魔派⦅Robert Southey が Byron, Shelley などの無宗教派一派を呼んだ名称⦆.
Sátan·ism *n* 悪魔教, 悪魔崇拝⦅特に 1890 年代 Paris でキリスト教の礼拝を滑稽化して行なったもの⦆; 悪魔主義, 悪魔的性格[行為]; 悪魔派の特色. ♦ **-ist** *n*
Sa·ta·nol·o·gy /sèɪt(ə)nálədʒi/ *n* 悪魔研究, サタン学.
sa·tay, sa·tai, sa·té /saːtéɪ, ⌐–, sǽteɪ/ *n* 〘料理〙サテ(ー)⦅スパイスをまぶして焼いた羊肉・鶏肉・牛肉などの串焼きをトウガラシの辛味を効かせた落花生とココナッツミルクのソースにつけて食べるマレーシア・インドネシアの料理⦆. ［Malay］
SATB 〘楽〙soprano, alto, tenor, bass.
satch /sǽtʃ/ *n* [ᵒS-] *⦅俗⦆ **1** 大口⦅しばしば厚く大きな唇をもつ黒人のあだ名⦆; [S-] SATCHMO. **2** よく口のまわるやつ, おしゃべり, 政治家⦅しばしばあだ名として⦆. ［*satch*el］
satch·el /sǽtʃ(ə)l/ *n* **1** ⦅本・衣類などを入れる⦆肩掛けかばん, ⦅往診医などの⦆手提げかばん. **2** *⦅俗⦆SATCH; *⦅俗⦆尻, けつ; *⦅俗⦆(ジャズ)ミュージシャン, ⦅特に⦆管楽器プレーヤー, ペット吹き⦅黒人が多い⦆; ⦅黒人に食事を出す, または黒人ジャズミュージシャンを雇っている⦆ナイトクラブ[バー, レストラン]で働く者. ► *vt* *⦅俗⦆取決め[細工]する (fix, rig). ♦ **～ed** | **-elled** *a* **～·ful** *a* ［OF＜L (dim)＜SACK[1]］
sátchel-mòuth *n* *⦅俗⦆大口のやつ (satch).
Satch·mo /sǽtʃmou/ サッチモ (＝*Satch*)⦅Louis ARMSTRONG の愛称;「大口」の意; cf. SATCH⦆.
sat·com, SATCOM /sǽtkɑ̀m/ *n* 〘宇〙通信衛星追跡センター, サットコム (cf. EARTH STATION). ［*sat*ellite *com*munications］
sate[1] /séɪt/ *vt* 飽かせる, 満腹させる; 〈渇きなどを〉いやす: be ～*d with*...を食べ飽きる / His hunger for knowledge was ～*d*. 知識欲が満たされた. ［? *sade* (dial) to satisfy (⇨ SAD); 語形は *satiate* にならったもの］
sate[2] /sǽt, séɪt/ *v* ⦅古⦆SIT の過去・過去分詞.
saté ⇨ SATAY.
sa·teen /sætíːn, sə-/ *n* 綿じゅす, 毛じゅす (cf. SATIN). ［*satin*; *velveteen* にならったもの］
sáte·less *a* ⦅古⦆飽くことを知らない 〈*of*〉.
sat·el·lite /sǽt(ə)làɪt/ *n* 〘天〙衛星; 人工衛星; 衛星国; 衛星都市, *⦅大都市の⦆近郊; SATELLITE TELEVISION; 〘生〙⦅染色体の⦆付随体; 従者; おべっか使い, かばん持ち. ► *a* 衛星の(ような); 従属的な, 他勢力の下にある: ～ states 衛星国. ► *vt* 衛星[宇宙]中継する. ♦ **sàt·el·lít·ic** /-lít-/ *a* ［F or L *satellit- satelles* attendant］
sátellite bròadcasting 衛星放送.
sátellite cìty SATELLITE TOWN.
sátellite dìsh (àerial) 衛星放送用パラボラアンテナ.
satellite DNA /⌐– dìːèněɪ/ 〘生〙付随 DNA, サテライト DNA⦅主成分 DNA とは比重が異なり, また反復的ヌクレオチド配列からなり転写を行なわない⦆.
sátellite éarth stàtion 衛星放送電波受信地上局.
sátellite kìller 破壊[キラー]衛星 (hunter-killer satellite).
sátellite navigàtion 衛星経路誘導: a ～ system 衛星航法装置; カーナビ.
sátellite stàtion 人工衛星[宇宙船]基地; 衛星放送基地.
sátellite tèlephone [phòne] 衛星電話 (＝*satphone*).
sátellite tèlevision, satellite TV /⌐– tìːvíː/ 衛星テレビ.
sátellite tòwn ⦅大都市近郊の⦆衛星都市, ニュータウン (＝*satellite city*).
sat·el·lit·i·um /sæ̀t(ə)lítiəm, -líʃ-/ *n* 〘占星〙⦅十二宮 (zodiac) の⦆同一宮の星群.
sat·el·li·za·tion /sæ̀t(ə)ləzéɪʃ(ə)n; -laɪ-/ *n* 衛星化, 衛星国化, 従属化.
sat·el·loid /sǽt(ə)lɔ̀ɪd/ *n* 〘宇〙サテロイド⦅衛星軌道までに至らない宇宙飛翔体⦆.
sa·tem /sáːtəm/ *a* サテム語の⦅印欧基語の「百」を意味する語の語頭の子音が先史時代に口蓋化した言語: Indic, Iranian, Armenian, Slavonic, Baltic, Albanian の諸語; cf. CENTUM[2]⦆. ［Avestan＝hundred］
sati ⇨ SUTTEE.
sa·tia·ble /séɪʃəb(ə)l/ *a* 満足させられる. ♦ **sá·tia·bly** *adv*
sa·ti·ate /séɪʃièɪt/ *vt* 飽かせる, 飽きあきさせる 〈*with*〉; 〈欲求を〉十分満足させる, 〈人を〉堪能させる. ► *a* /-ət, -èɪt/ 飽きあきした; 十分満足した. ♦ **sà·ti·á·tion** *n* ［L (pp)＜*satio* to satisfy (*satis* enough); cf. SAD］
Sat·i·con /sǽtɪkɑ̀n/ 〘商標〙サティコン⦅光伝導体面としてセレン・ヒ素・テルルを使用した高解像度テレビカメラの撮像管⦆. ［*s*elenium *a*rsenic *t*ellurium, *icon*(oscope)］
Sa·tie /F sati/ サティ **Erik**(**-Alfred-Leslie**) ～ (1866–1925)⦅フランスの作曲家; 知的な作風で Debussy, Ravel などに影響を与えた⦆.
sa·ti·e·ty /sətáɪəti/ *n* 飽きあきすること, 堪能, 飽満 〈*of*〉: to ～ 飽きあきするほど. ［F＜L; ⇨ SATIATE］
sat·in /sǽt(ə)n/ *n* **1** しゅす(織り), サテン (cf. SATEEN); サテンの衣服; サテンのような(柔らかくなめらかでつやのある)表面: figured ～ 紋じゅす.

2[ǁ]《俗》ジン (gin). ► *a* しゅすの; しゅすのような, なめらかな, 光沢のある: a ~ finish《銀器などの》しゅす仕上げ[磨き]. ► *vt* 〈壁紙など〉にしゅす光沢をつける. [OF＜It *setino*; 一説に Arab＝(tissue brought from) *Zaytūn* (刺桐: 現在の泉州とされる福建省の港)]

sátin bówerbird 〔鳥〕アオアズマヤドリ (＝**sátin bìrd**)《ニワシドリ科; 豪州産》.

sat·in·et, -ette /sæ̀t(ə)nét/ *n* サティネット《1) 綿のはいった質の悪いサテン 2) 薄手のサテン》. [F]

sátin·flòwer *n* 〔植〕**a** ギンセンソウ (honesty). **b** ニワゼキショウ (blue-eyed grass). **c** タイリンゴデチア《California 州原産; アカバナ科の一年草》. **d** ハコベ (common chickweed). **e**《豪》FLANNEL-FLOWER.

sátin flýcatcher 〔鳥〕ビロードヒラハシ (＝*shining flycatcher*)《豪州・パプアニューギニア産; カササギヒタキ科》.

sátin glàss サテンガラス器《しゅす仕上げを施したガラス工芸品》.

sátin pàper しゅす仕上げ光沢紙《筆記用》.

sátin·pòd *n* 〔植〕ギンセンソウ (honesty).

sátin spár [stóne]《真珠光沢のある》繊維石膏.

sátin stìtch しゅす形縫い, サテンステッチ.

sátin wàlnut*〔植〕モミジバフウ (sweet gum)《家具材》.

sátin wèave 〔織〕しゅす[サテン]織り.

sátin whíte 繻子白(しゅすはく)《石膏とアルミナでできた白色顔料》.

sátin·wòod *n* 〔植〕インドシュスボク《インド産ミカン科の高木; 材にしゅすのような光沢がある》; インドシュスボクに似た材を産する樹木《ウェストインディアンサテンウッドなど》; サテンウッド材《良質家具材》.

sat·iny /sǽt(ə)ni/ *a* しゅすのような, つやつやした, なめらかな.

sat·ire /sǽtàɪər/ *n* 諷刺; 諷刺文[詩]; 諷刺文学; 皮肉, いやみ; あざけりをまねくもの, 矛盾 〈*on*〉. [F or L *satira* medley＜*satura* sated; cf. SAD]

sa·tir·ic /sətírɪk/ *a* 諷刺の; SATIRICAL: a ~ poem 諷刺詩.

sa·tír·i·cal *a* 皮肉な, 諷刺的な; 諷刺を好む, いやみを言う: a ~ view 皮肉な見解. ♦ **~·ly** *adv*

sat·i·rist /sǽtərɪst/ *n* 諷刺詩[文]作者; 諷刺家, 皮肉屋.

sat·i·rize /sǽtəràɪz/ *vt* 諷刺詩[文]で攻撃する[あざける]. ► *vi*《古》諷刺文を書く. ♦ **sát·i·rì·za·ble** / ,*ㄧㄧㄧㄧ/ *a* **sàt·i·ri·zá·tion** *n* **sát·i·rìz·er** *n*

sat·is·fac·tion /sæ̀təsfǽkʃ(ə)n/ *n* **1** 満足させる[する]こと; 満足, 本望, 本懐; 満足をもたらすもの 〈*to*〉, 喜び; 納得: give (sb) ~ (人を)満足させる (cf. 2) / express one's ~ *at* [*with*]…に満足の意を表する / find ~ *in* doing…することに[で]満足する / His election was a great ~ *to* all concerned. 彼が当選して関係者はみな大いに満足した / to sb's (entire) ~ 人が(全く)満足したことには / to the ~ of…の満足[納得]のいくように. **2**〔法〕弁済義務の履行, 賠償 〈*for*〉, (借金の)返済; 謝罪;《名誉回復の》決闘; 懺悔の苦行;〔神学〕罪の償い, 償罪, 贖罪(しょくざい): demand ~ 賠償を要求する; 謝罪[決闘]を求める / give ~ 賠償する; 決闘の申し込みに応じる (cf. 1) / in ~ of…の支払い[賠償]に / make ~ *for*…を賠償する, つぐなう / take ~ 仇(かたき)をとる. ● **enter (up) ~** 命じられた支払いの完了を裁判所に登記する. [OF＜L; ⇨ SATISFY]

sat·is·fac·to·ry /sæ̀təsfǽkt(ə)ri/ *a* 満足な, 満足のいくような, 申し分のない, 十分な 〈*to*〉;〔神学〕十分のあがないとなる. ♦ **-ri·ly** *adv* **-ri·ness** *n*

sat·is·fice /sǽtəsfàɪs/ *vi* 必要最小限の条件[結果]を追求する, 小さな成果でよしとする. ► *vt*《廃》SATISFY. ♦ **sát·is·fìc·er** *n*

sát·is·fied *a* 満足した 〈*with*〉; 完済した; 得心した 〈*that*〉.

sat·is·fy /sǽtəsfàɪ/ *vt* **1 a** 〈人を〉満足させる, 喜ばす; 〈人〉の期待に添う; [*pass*] 満足する, 甘んじる 〈*with* sth, *with doing, to* do〉: I *am satisfied with* your progress. きみの上達に満足している. **b** 納得[安心, 確信]させる: I *satisfied* myself *of* his competence. ＝I *satisfied* myself that he was competent. 彼の有能さに確信を得た / I'*m satisfied* (that) he is the thief. あいつが賊だと確信する. **2 a** 〈欲望を〉満足させる, 〈要求〉に応じる; 〈宿望を〉達する, 〈本望を〉遂げる. **b** 〈規則・規格など〉に合う,〔数〕…の条件を満足させる;〔化〕〈原子価〉に応じて化合する. **3** 〈義務を〉果たす, 履行する; 〈負債を〉完済する, 〈債権者〉に完済する; 〈心配・疑いを〉晴らす: ~ a claim 賠償する 〈*for*〉/ ~ one's creditors 債権者に全部返済する. **4**《古》…に心付けを与える. ► *vi* 満足を与える, 十分である;〔神学〕〈キリストが〉罪のあがないをする: Riches do not always ~. 富は必ずしも人を満足させない. ● **~ the examiners**《大学の試験で》合格点に達する《honors でなく pass を取る》. ♦ **sát·is·fì·able** *a* 満足できる; 賠償できる. **sàt·is·fì·a·bíl·i·ty** *n* **sát·is·fì·er** *n* [OF＜L (*satis* enough, *facio* to make); cf. SAD]

sátisfy·ing *a* 満足な, 十分な; 得心のいく, やりがいのある, 楽しい; 確かな. ♦ **~·ly** *adv* **~·ness** *n*

sat·nav /sǽtnæ̀v/ *n*《口》サトナブ《衛星を利用した航法(システム)》. [*sat*ellite *nav*igation]

sa·to·ri /sətɔ́:ri, sɑ:-/ *n* 悟り. [Jpn]

sát·phòne /sǽt-/ *n* SATELLITE PHONE.

Sát·pu·ra Ránge /sɑ́:tpərə-/ [the] サトプラ山脈《インド中西部を東西に走る山脈; 北側を Narmada 川, 南側を Tapti 川が流れる》.

sa·tran·gi /sətrʌ́ŋgi/ *n*《インド》綿製カーペット. [Bengali]

sa·trap /séɪtræ̀p, sǽt-; sǽtrəp/ *n*《古代ペルシアの》太守, (地方)総督, 知事,《今の属領地・植民地などの》(専制的な)総督, 知事《など》;《政治家の》子分. ♦ **sá·tra·py** *n* satrap の統治[管区, 領地]. [OF or L, ＜OPers＝protector of dominion]

SATS /sǽts/ *n pl*〔英〕標準評価課題[試験]《national curriculum の主要 3 教科である英語・数学・理科について行なわれる学力試験》. [*S*tandard *A*ssessment *T*asks [*T*ests]]

sat·sang /sǽtsæ̀ŋ, sʌ́tsʌ̀ŋ/ *n*〔インド哲学〕宗教対話. [Skt]

sat sapienti ⇨ SAPIENTI SAT.

Sa·tsu·ma /sætsú:mə, sǽtsumə/ *n* 薩摩焼き (＝**~ wàre**); [ᵘs-] 温州(うんしゅう)ミカン (＝**~ órange**). [Jpn]

Sa·tu–Ma·re /sɑ̀:tumɑ́:reɪ/ サトゥマレ《ルーマニア北西部, ハンガリーとの国境の近くにある, Somes 川沿岸の市》.

sat·u·ra·ble /sǽtʃ(ə)rəb(ə)l/ *a* 飽和できる. ♦ **sàt·u·ra·bíl·i·ty** *n*

sat·u·rant /sǽtʃ(ə)rənt/ *a* 飽和させる. ► *n* 飽和剤.

sat·u·rate /sǽtʃ(ə)rèɪt/ *vt* 浸す, 水浸しにする; …に〈…を〉いっぱいに染み込ませる 〈*with*〉; 〈…で〉飽和状態にする, いっぱいにする 〈*with*〉; 〈…に〉没頭させる 〈*with, in*〉;〔理・化〕〈電流・磁気・化合物・溶液・蒸気などを〉飽和させる;〔軍〕…に集中爆撃を加える;《廃》十分満足させる: ~ a sponge *with* water 海綿に水を染み込ませる / a style ~*d with* affectation 非常にきざな文体 / He is ~*d with* Oriental music. 東洋の音楽に没頭している / ~ one*self* 没頭する 〈*in* a subject〉. ► *a* /-rət, -rèɪt/《文》SATURATED. ► *n* /-rət/〔化〕SATURATED FAT. [L (*satur* full, sated); cf. SATIRE]

sát·u·ràt·ed *a* ぬれた, 染み込んだ 〈*with*〉; 浸透した; 飽和状態になった, 最大限に満たされた 〈*with*〉; 〈色が〉《強度・彩度の点で》飽和した, まじり気のない;〔理・化〕飽和した;〔地質〕〈岩石・鉱物が〉珪土を最大限に含んだ: ~ mineral [soil] 飽和鉱物[土(ど)].

sáturated cómpound〔化〕飽和化合物.

sáturated díving SATURATION DIVING. ♦ **sáturated díver** *n*

sáturated fát〔化〕飽和脂肪.

sáturated solútion〔化〕飽和溶液.

sat·u·ra·tion /sæ̀tʃəréɪʃ(ə)n/ *n* 浸潤;〔色彩〕彩度, 飽和度;〔理・化〕飽和(状態);〔気〕《大気中水蒸気の》飽和状態《湿度 100%》;《軍事力の》(圧倒的)集中;《市場の》飽和《需要を供給が十分に満たしている状態》.

saturátion bòmbing 集中[じゅうたん]爆撃 (area bombing).

saturátion còverage《マスコミがこぞって行なう》大々的[集中的]報道.

saturátion dìving 飽和潜水《呼吸用混合ガスが体内に飽和するまで同一深度にとどまって減圧時間を短縮する》.

saturátion pòint 飽和点;《一般に》限度, 極限.

sát·u·rà·tor, -ràt·er *n* 染み込ませる[飽和させる]人[もの];〔化〕飽和器[槽].

Sat·ur·day /sǽtərdi, -dèɪ/ *n* 土曜日《略 Sat.》. ► *adv*《口》土曜日に (on Saturday). ★ 語法 ⇨ MONDAY. [OE *sætern(es) dæg*; L *Saturni dies* day of SATURN の訳]

Sáturday nìght spécial* **1** 安物の小型拳銃 (＝*junk gun*) (＝**Sáturday nìght pístol**)《土曜の夜の外出に携帯したことから》. **2***《俗》週末にベッドと食事を求めて病院にやって来る者《しばしばアル中》. **3**〔財〕《会社乗っ取りのための》予告なしに行なわれる株式の公開買付け.

Sát·ur·days *adv* 土曜日には(いつも) (on Saturdays).

Sáturday-to-Mònday *a, n* 土曜日から月曜日にかけての(休暇), 週末の(休暇) (weekend).

Sat·urn /sǽtərn/ **1**〔ロ神〕サートゥルヌス《農耕の神, Jupiter 以前の黄金時代の主神; ギリシアの Cronos に当たる》: the reign of ~ 黄金時代. **2**〔天〕土星;〔錬金術〕鉛: ~*'s* rings 土星の環. **3** サターン《米国の有人衛星船打上げ用ロケット》. [L *Saturnus*]

Sat·ur·na·lia /sæ̀tərnéɪliə/ *n* **1** [〈*sg/pl*〉]〔古ロ〕農神祭《12 月 17 日ごろの収穫祭》. **2** [ᵒs-] (*pl* **-li·as, ~**) お祭り騒ぎ, 底抜け騒ぎ; 過剰, 行き過ぎ: a *s*~ of crime したい放題の悪事. ♦ **-ná·li·an** *a* 農神祭の; [ˢs-] お祭り[底抜け]騒ぎの. **-li·an·ly** *adv* [L; ⇨ SATURN]

Sa·tur·ni·an /sætə́:rniən/ *a* SATURN の; 繁栄した, 幸福な, 平和な; 土星の: the ~ age 黄金時代. ► *n* 土星の住人; サートゥルヌス詩体 (＝**~ vérse**)《ギリシア語の影響をうける前の初期ラテン詩体》. ♦ **~·ly** *adv*

sa·tur·nic /sətə́:rnɪk/ *a*〔医〕鉛中毒[鉛毒](性)の.

sa·tur·ni·id /sətə́:rniəd/〔昆〕*n* ヤママユガ《繭(まゆ)は絹糸の原料》. ► *a* ヤママユガ科 (Saturniidae) の.

sat·ur·nine /sǽtərnàɪn/ *a* **1**〔占星〕土星 (Saturn) の影響をうけて生まれた; 〈気質・顔などが〉むっつりした, 陰気な; ひやかかな. **2**《古》鉛の;〔医〕鉛による, 鉛中毒にかかった: ~ poisoning 鉛中毒. ♦ **~·ly** *adv* **~·ness** *n*

sáturn·ìsm *n*〔医〕鉛中毒 (lead poisoning).

sat·ya·gra·ha /sʌ́tjəgrʌ̀hə, sətjɑ́:grəhə/ *n* **1** サティヤーグラハ《1919 年 Mahatma Gandhi が唱えた無抵抗不服従運動; cf. GANDHISM》. **2**《一般に》無抵抗不服従運動. ♦ **-gra·hi** /-hi/ *n* 無抵

抗主義者. ［Hindi＜Skt＝insistence of truth］
sa·tyr /sǽtər, séɪt-/ *n* **1 a** [°S-]〘ギ神〙サテュロス《酒神 Bacchus に従う半人半獣の怪物で, 酒と女が大好きな山野の精; ローマの faun に当たる; cf. PAN》. **b** 好色家, 色気違い; 色情症 (satyriasis) の男. **2**〘昆〙ジャノメチョウ. ［OF or L＜Gk］
sa·ty·ri·a·sis /sæ̀tərάɪəsəs, sèɪ-/ *n* (*pl* **-ses** /-sìːz/)〘医〙男子色情症, サティリアシス《異常な性欲亢進症; cf. NYMPHOMANIA》.
sa·tyr·ic /sətírɪk/, **-i·cal** *a* SATYR の(ような).
satýric dráma SATYR PLAY.
sa·ty·rid /sətáɪrəd, séɪtərəd, sǽt-; sətírɪd/ *a, n*〘昆〙ジャノメチョウ科 (Satyridae) の(チョウ).
sátyr plày サテュロス劇《古代ギリシアにおけるサテュロスに扮した合唱隊による演劇; 悲劇のあとに演じたもので, 神々の事績を素材とする粗放猥雑な笑いに満ちたもの》.
sau /səúː/ *n* (*pl* ～) XU.
sauce /sɔ́ːs/ *n* **1** ソース; [*fig*] 味をつけるもの, 刺激, おもしろみ: Hunger is the best ～.《諺》空腹にまずいものなし / a poor man's [carrier's] ～ 空腹 / What is good [～] for the GOOSE is good [～] for the gander. / The ～ is better than the fish.《諺》添え物のほうが主要部より上でき. **2***ソース《果物の砂糖煮; デザートや料理にかける》; *《方》肉料理に添える野菜; *《俗》ガソリン; [ᵘthe]《俗》酒 (liquor), 麻薬: cranberry ～ クランベリーソース《アイスクリームや鶏料理にかける》/ off *the* ～ 禁酒して. **3**《口》ずうずうしさ, (小)生意気(なことば[ふるまい]) (sass*): What ～! まあ失礼な! / (Give me) none of your ～! ＝I don't want any of your ～! ＝Don't come with any of your ～! 生意気[失敬なこと]言うな! ● **be lost in the ～**《俗》酒に酔って, へべれけで. **hit the ～**《俗》大酒を飲む. **on the ～**《俗》酒浸りで, アル中で. **serve the same ～ to** sb ＝**serve** sb **with the same ～** しっぺ返しをする. ► *vt* **1 a** …にソースをかける; …に(ソースで)味をつける; [*fig*] …におもしろみを添える ⟨*with*⟩. **b**《古》…のきびしさ[不快さ]を和らげる. **2**《口》…に生意気を言う (sass*). ♦ **～·less** *a* ［OF＜L *salsus* salted; ⇨ SALT¹］
sáuce-alòne *n* GARLIC MUSTARD.
sáuce·bòat *n* 舟形ソース入れ.
sáuce·bòx *n*《口》生意気なやつ[子供], 青二才.
sauced /sɔ́ːst/ *a*《俗》酒に酔った, 酔っぱらった.
sáuce·pàn /; -pən/ *n* シチュー鍋, ソースパン《長柄で深く, ふた付き》. ♦ **～·ful** *n*
sáucepan lìd シチュー鍋のふた;《韻俗》ユダヤ人 (Yid); ᴴ《韻俗》1 ポンド (quid);《韻俗》ガキ, 坊や, チビっ子 (kid), [*voc*] やあ, おい.
sáuce pàrlor*《俗》居酒屋, 飲み屋 (tavern).
sau·cer /sɔ́ːsər/ *n* カップ (cup) の受皿, 台皿, ソーサー; 植木鉢の台皿; 台皿状のもの; FLYING SAUCER;《土地の》浅いくぼみ: (as) big [round] as ～*s*〈目が〉皿のようになって, 大きく開いて / a CUP and ～. ♦ **～·less** *a* **～·lìke** *a* ［ME＝plate containing SAUCE＜OF］
sáucer éyes *pl* 皿のようなまるい目《驚いたときなどの》. ♦ **sáu-cer-éyed** *a* 目が皿のような, 目をみはった.
sáucer·fùl *n* ソーサー一杯(分).
sáucer·màn *n*《flying saucer に乗った》宇宙人.
sauch ⇨ SAUGH.
Sau·chie·háll Strèet /sɔ̀ːkɪhɔ́ːl-/ ソーキホール通り《Glasgow の中心的商店街》.
sau·cier /soːsjéɪ/ *n* ソース専門のコック, ソース係. ［F］
sau·cisse /*F* sosis/ *n* ソーセージ.
sau·cis·son /*F* sosisɔ̃/ *n*《特に 大型で香りの強い》ソーセージ.
sau·cy /sɔ́ːsi, *sǽsi/ *a* ずうずうしい, 生意気な, こしゃくな; 快活な, 威勢のいい;《口》気のきいた, 粋(いき)な, スマートな;《口》エッチな, やらしい〈映画・芝居〉; ソースをかけた, とろっとした. ♦ **sáu·ci·ly** *adv* 生意気に. **-ci·ness** *n* 生意気. ［C16＝savory (SAUCE, -*y*¹)］
Sa·ʿūd /sάud, saːúːd/ サウド (1902–69)《サウジアラビア王 (1953–64); Ibn Saʿūd の子; 弟 Faisal に譲位を余儀なくされた》.
sau·da·de /saudάːdə/ *n* サウダーデ, サウダージ《ポルトガル人・ブラジル人の気質を表わすのに歌や詩でしばしば使われる語; 懐旧の念, 哀愁, 甘美なせつなさ, 寂しさなどの入りまじった独特な気分をいう》. ［Port＝solitude］
Sa·u·di /sάudi, saːúːdi/ *a, n* SAUDI ARABIAN.
Sáudi Arábia サウジアラビア《アラビア半島の国; 公式名 Kingdom of Saudi Arabia (サウジアラビア王国); ☆Riyadh, 宗教上の中心は Mecca》.
Sáudi Arábian *a* サウジアラビア(人)の. ► *n* サウジアラビア人.
sau·er·bra·ten /sáuərbrὰːtn/ *n*《蒸し煮にした》酢漬け牛肉[豚肉], ザウアーブラーテン《南ドイツの料理》. ［G (*sauer* sour, *braten* roast meat)］
sau·er·kraut /sáuərkràut/ *n* ザウアークラウト《塩漬け発酵キャベツ; ドイツ料理の付け合わせ》. ［G (*kraut* cabbage)］
sau·ger /sɔ́ːgər/ *n*〘魚〙**a** *PIKE PERCH の一種《北米産パーチ科の大型の淡水魚; 食用・釣り用》. **b** WALLEYE.
Sau·gus /sɔ́ːgəs/ ソーガス《Massachusetts 州北東部 Boston の北にある住宅町; 1646 年植民地政府の投資でアメリカ最初の製鉄所 (～ Iron Works) が建てられた地》.
saugh, sauch /sάːx, sɔ́ːx/ *n*《スコ》サルヤナギ (sallow).
Sauk /sɔ́ːk/ *n* **a** (*pl* ～, ～**s**) ソーク族《現在の Wisconsin 州 Fox 川流域および Green 湾一帯に居住していたアメリカインディアンの一族》. **b** ソーク語《Fox 語の方言》.
saul /sάːl/ *n* SAL².
Saul /sɔ́ːl/ **1** ソール《男子名》. **2**〘聖〙サウル《Samuel に油を注がれた Israel の初代の王; David に人びとの賞賛が集まるのをねたんだ》: Is ～ also among the prophets? サウルも預言者のうちにあるや《思いがけない才能や共鳴を示す者についていう; *1 Sam* 10:11–12》. **3**〘聖〙サウロ (＝**～ of Társus**)《使徒 Paul のもとの名; *Acts* 9:18》. ［Heb＝asked for］
sault /súː/ *n*《川の》滝, 急流, 早瀬. ［OF; ⇨ SALLY¹］
Sault Ste. Ma·rie /súː sèɪnt mərίː/ スーセントマリー《**1**) カナダ Ontario 州, Superior 湖と Huron 湖を結ぶ St. Marys 川に臨む市 **2**) 前者の対岸にある米国 Michigan 州の市; St. Marys 川の急流部に運河 **Sault Ste. Marie Canals** /⌐ ⌐ ⌐ ⌐/ (Soo Canals) がある》.
Sau·mur /soum(j)úər/ ソーミュール《フランス北西部 Loire 地方, Angers の南東にある町》; ソーミュール《Saumur 産のワイン, 特に白》.
sau·na /sɔ́ːnə, sáu-/ *n* サウナ《ふろ; 浴場》. ［Finn］
sáun·ders·wòod /sɔ́ːndərz-, sάːn-/ *n* SANDALWOOD.
Saun·dra /sɔ́ːndrə, sάːn-/ ソーンドラ《女子名; Alexandra の愛称》.
saun·ter /sɔ́ːntər, sάːn-/ *vi* 散歩する ⟨*along, down*⟩; [*fig*] のらくらする: ～ *about* ぶらぶら散歩する / ～ *through* life のらくら一生を暮らす. ► *n* 散歩, ぶらぶら歩き; ゆったりした昔のダンス. ♦ **～·er** *n* **～·ing·ly** *adv* ［ME＝to muse＜?］
saur- /sɔ́ːr/, **sau·ro-** /sɔ́ːrou, -rə/ *comb form*「トカゲ」「竜」［Gk *sauros* lizard］
-saur /sɔ̀ːr/ *n comb form*「トカゲ」「竜」: dino*saur*. ［NL (↑)］
Sau·rash·tra /saurάːʃtrə/ サウラシュトラ《インド西部, Kathiawar 半島にあった旧州 (1948–56); 一時 Bombay 州に属したが, 1960 年以降は Gujarat 州に編入》.
sau·rel* /sɔ́ːrəl, sɔːrél/ *n*〘魚〙マアジ(の類). ［F］
sau·ri·an /sɔ́ːriən/ *a, n*〘動〙トカゲ類の(動物); トカゲに似た. ［L＜Gk; ⇨ SAUR-］
saur·is·chi·an /sɔːrískiən/ *a, n*〘古生〙竜盤類の(恐竜).
sau·ro·pod /sɔ́ːrəpὰd/ *a, n*〘古生〙竜脚類の(草食恐竜). ♦ **sau·rop·o·dous** /sɔːrάpədəs/ *a* 竜脚類の.
sau·ru·ra·ceous /sɔ̀ːrəréɪʃəs/ *a*〘植〙ドクダミ科 (Saururaceae) の.
-sau·rus /sɔ́ːrəs/ *n comb form*〘動〙「トカゲ」「竜」: bronto*saurus* / stego*saurus*. ［⇨ SAUR-］
sau·ry /sɔ́ːri/ *n*〘魚〙くちばしの長いサンマの類の魚, ニシサンマ(など)《大西洋産》;《一般に》サンマ《太平洋産》.
sau·sage /sɔ́ːsɪʤ; sɔ́s-/ *n* ソーセージ, 腸詰め; ソーセージ状のもの;〘空〙係留気球, ソーセージ形気球 (＝**～ ballóon**);《放送俗》急造のコマーシャル; [*derog*]*ドイツ人;《俗》ドイツの迫撃砲; *《俗》ぶくぶくしたできそこないの選手; *《俗》(さんざんなぐられて) 顔のはれあがったボクサー; *《俗》のろま, とろいやつ; [ᵘ(silly) old ～ として; 親愛をこめた呼びかけなどに用いて] ᴴ《口》おばかさん. ● **not a ～** ᴴ《口》少しもない, まるでない (not at all). ♦ **～·lìke** *a* ［AF *saussiche*＜L; ⇨ SAUCE］
sáusage cùrl ソーセージ形の巻き毛.
sáusage dòg ᴴ《口》DACHSHUND.
sáusage-fìll·er *n* ソーセージ詰め器.
sáusage-grìnd·er *n* ソーセージ練り器;《CB 無線俗》救急車.
sáusage-machìne *n* ソーセージ用肉挽き器; 厳格な一様のやり方.
sáusage mèat ソーセージ・詰め物用に味付けした挽肉.
sáusage róll ᴴ ソーセージロール《sausage meat をパイ皮で包んで焼いたミートパイ》.
sáusage trèe〘植〙ソーセージノキ《アフリカ産ノウゼンカズラ科の高木; ソーセージに似た実をつけるが食用にはならない》.
Saus·sure /sousúər, -sjúər/ ソシュール **Ferdinand de ～** (1857–1913)《スイスの言語学者; 講義録 *Cours de linguistique générale* (一般言語学講義, 1916) は構造主義の原点とされる》. ♦ **Saus·súr·ean, -ian** *a*
saus·su·rite /sɔ́ːsəràɪt/ *n*〘鉱〙ソーシュル石, ソーシュライト《斜長石の自変成物で微細な結晶の集合体》. ［H. Bénédict de *Saussure* (1740–99) スイスの博物学者］
S. Aust. °South Australia.
saut /sάːt, sɔ́ːt/ *n, a, vt*《スコ》SALT¹.
sau·té /soutéɪ; ⌐—/ *n* **1**〘料理〙ソテー《炒めた料理》: pork ～. **2**〘バレエ〙ソテ《ポーズを保ったままのジャンプ》. ► *vt* (～**(e)d**; ～**·ing**) 少量の油で炒める, ソテーにする (opp. *deep-fry*). ► *a* ソテーの[にした] (＝*sautéed*). ［F (pp)＜*sauter* to jump］
sau·ternes /soutə́ːn, *sɔː-/ *n* [°S-] **1** ソーテルヌ《Bordeaux の南にある Sauternes 地区で造られる甘口の白ワイン: Château-d'Yquem, Château Guiraud など》. **2** [ᵘ-terne] 米国産ソーテルヌ《やや辛口ないしやや甘口の白ワイン》.
sau·toir /soutwάːr/ *n* ソートワー《鎖・リボンなどの長い首飾り》. ［F＝SALTIRE］

S

sauve qui peut /*F* sov ki pø/ 大敗北, 潰走. ［F＝let him save himself who can］

Sau·vi·gnon Blanc /sòuvinjóu blɑ́ː/ ソーヴィニョン・ブラン《フランスの Bordeaux か Loire が原産といわれる白ワイン用ブドウ品種; California, オーストラリアなどでも栽培され, 辛口白ワインを造っている》.

sav[∥] /sǽv/ *n* 《口》 SAVELOY.

Sa·va /sɑ́ːvə/ [the] サヴァ川《バルカン半島北西部を東へ流れる Danube 川の支流; スロヴェニア北西部からクロアチアとボスニア-ヘルツェゴヴィナとの国境沿いに流れ, セルビアの Belgrade で Danube 川に合流する》.

sav·age /sǽvɪʤ/ *a* **1 a** 残忍な, 残酷な; 獰猛な; 〈批判・攻撃などが〉激しい, 容赦ない; 悪意のある. **b** [*derog*] 未開の, 野蛮な; 粗野な, 無作法な; 《古》 野性の (untamed); 〘紋〙 裸体の. **c** 《英では古》 〈景色などが荒れはてた, 荒涼とした (wild); 《廃》 人里離れた. **2** 《口》 かんかんになった; 気むずかしい: get ～ with…に対してかんしゃくを起こす / make sb ～ 人を激怒させる. **3** 《学生俗》 すてきな, 最高の. ► *n* [*derog*] 野蛮人, 未開人, 蛮人; 獰猛な人[獣]; 粗野[無作法]な人; 《俗》 ひどい下働きの働き手, 雇い人; *《俗》 新入りの[やたらに捕えたがる]警官: NOBLE SAVAGE. ► *vt* 〈動物が〉〈人を〉猛然と襲う, 〈おこった馬が〉〈人を〉踏みつける; 《ことば・力で》 激しく批判する, 痛めつける, 〈天災などが〉襲撃する. ♦ **～·ly** *adv* 獰猛に, 残忍[残酷]に; 粗野[無作法]に; 《口》 ひどくおこって, 邪険に. **～·ness** *n* ［OF＝wild (L *silva* a wood)］

Savage サヴェッジ (1) **Michael Joseph** ～ (1872–1940) 《ニュージーランドの政治家; 首相 (1935–40)》 (2) **Richard** ～ (1697?–1743) 《英国の詩人》.

sávage·dom *n* 野蛮[未開]状態; 野蛮人の世界.

Sávage Ísland [the] サヴェッジ島 《NIUE の別称》.

sávage·ry *n* 野蛮[未開]状態; 凶暴性, 残忍; 蛮行; 荒涼(たるさま); [*derog*] 野蛮人 《集合的》; 野獣 《集合的》.

sav·ag·ism /sǽvɪʤìz(ə)m/ *n* SAVAGERY.

Sa·vaii, Sa·vai'i /səváɪiː/ サヴァイイ 《太平洋中南西部 Samoa 諸島最大の島; サモア独立国に属する》.

SAVAK /sævǽk, sɑːvɑ́ːk/ *n* 〘イラン〙 国家治安情報局 《秘密警察 (1957–79)》. ［Pers *Sāzmān-i-Attalāt Va Amnīyat-i-Keshvar*］

sa·van·na, -nah /səvǽnə/ *n* 《熱帯・亜熱帯地方の》 大草原, サバンナ, 《特に 米国南東部の》 木のない平原, 草原. ［Sp *zavana*＜Taino］

Savannah **1** サヴァンナ 《Georgia 州東部 Savannah 河口に近い市・港町; 1819 年大西洋を横断した最初の蒸気船 Savannah 号の母港・同航海の出港地》. **2** [the] サヴァンナ川 《Georgia 州と South Carolina 州の境を流れる》.

Savánnah spárrow 〘鳥〙 クサチヒメドリ 《北米産》.

sa·vant /sævɑ́ːnt, sə-, sævǽnt, sǽvənt; sǽv(ə)nt/ *n* (*fem* **-vante** /―/) 《文》 学者, 碩学(せきがく); 〘精神医〙 IDIOT SAVANT. ［F (pres p) 〈 *savoir* to know; ⇨ SAPIENT］

sav·a·rin /sǽvərən/ *n* サバラン 《ラム酒やキルシュシロップを含ませた輪形でスポンジ状のケーキ》. ［A. Brillat-*Savarin*; ⇨ BRILLAT-SAVARIN］

sa·vate /səvɑ́ːt, *-vǽt/ *n* サバット 《キックボクシングに似たフランス起源の格闘技》. ［F＝old shoe; cf. SABOT］

save[1] /séɪv/ *vt* **1 a** 《危険などから》 救う, 救助する, 助ける; 〘神学〙 罪から救う, 済度(さいど)する: ～ sb's life 人の命を救う / ～ one's life 死を免れる, 命拾いする / He ～*d* her *from* drowning [being drowned]. おぼれそうになっているのを助けた / Large print ～*s* your eyes. 大きな活字は目を痛めない. **b** 〈名誉など〉の毀損[損失]を免れる; 〈窮状などを〉うまく切り抜ける: ～ one's honor [name] 名誉[名声]を保つ / ～ (one's) FACE / ～ one's [sb's] SKIN / ～ the SITUATION. **c** 〈試合を〉負けから救う, セーブする; 〈敵のゴール・得点などを〉阻止する, セーブする. **2 a** たくわえる, 貯蓄する; 取っておく, 収集する 〈*up*〉: A PENNY ～*d* is a penny gained [earned]. / ～ (*up*) money *for* one's old age 老後のために金をたくわえる / ～…*for* sb …を人のために取っておく. **b** 〘電算〙 〈ファイル・データを〉保存[セーブ]する 《主記憶装置から補助[外部]記憶装置へ移す》. **3** 〈金銭・労力などを〉節約する; 大切に扱う: *S*～ your strength. 体力を消耗しないようにしなさい / ～ one's BREATH / You may ～ your pains [trouble]. むだな骨折り[取越し苦労]はしないほうがよい / We can ～ two hours by taking the express. 急行に乗れば 2 時間早く着く. **4** 〈金銭・苦労などを〉省く, 〈出費などを〉減ずる: A STITCH[1] in time ～*s* nine. / That will ～ me $100. それで 100 ドル助かる / I *was* ～*d* the trouble to go there myself. 自分でそこへ行く労が省けた / All right—～ that till later. それはあとにしてくれ / That'll ～ me buy*ing* a new one. それで新しいのを買わなくてすむ. **5** …の時間に間に合わせる: to ～ the (next) post 次の便に間に合うように.
► *vi* **1** 救う; 〘サッカーなど〙 ゴールを阻止する, セーブする: Christ alone has the power to ～. キリストのみが救霊の力をもっている. **2** たくわえる, 貯金する 〈*up*〉; 節約する[して暮らす]: ～ *toward* a new car 新車購入のために金をためる / ～ *on* fuel 燃料を節約する / ～ *up for* a RAINY DAY. **3** 〈食べ物が〉 《悪くならないで》 もつ (keep). ● **(God) ～ me from my friends.** 余計なお世話だ. GOD SAVE THE QUEEN [KING]! **God ～ us!＝S～ us!** まあ, 驚いた! **～ sb from him-self** (気をつけて)人にばかなまねをさせない. **S～ it!** *《俗》 その話はやめておけ, 黙っていろ, 口をつぐめ. **～ the** DAY. **～ the** TIDE[1].
► *n* 〘サッカーなど〙 敵の得点を妨げること, セーブ; 〘トランプ〙 《ブリッジで》 大きな損失を防ぐための競り札宣言; 〘野〙 救援投手がリードを守り通すこと, セーブ; 〘電算〙 保存, セーブ.
♦ **sáv·able, ～·able** *a* 救える; 節約[貯蓄]できる. ［AF＜L *salvo*; ⇨ SAFE］

save[2] /seɪv, sèɪv/ *prep* …を除けば, …のほかは, …は別として (except) 《米では except に次いで普通だが, 英では古語または文語》: the last ～ (＝but) one 最後から 2 番目 / all dead ～ him 彼以外は皆死んで. ● **～ and except…** 《スコ》 …のほかは, …を除けば. **～ errors** 〘商〙 誤算は別として, 誤算はこの限りでない. **～ for**＝EXCEPT for. ► *conj* 《古》 …であることを除いては, …以外には 〈*that*〉. ［OF＜L (abl sg) 〈 SAFE］

Sa·ve[1] /sɑ́ːv/ [the] サヴェ川 《SAVA 川の別称》.

Sa·ve[2] /sɑ́ːvə/ [the] サヴェ 《SABI 川の別称》.

sáve-àll *n* 節約装置; こぼれ受け, 《ろうそくを燃やしつくすため中央に釘を差した》 ろうそく皿; 〘海〙 《風をできるだけ多く受けるための》 付加帆; 《方》 貯金箱; ∥《方》 締まり屋 (miser); 《方》 《子供の》 上っ張り (overall).

sáve-as-you-èarn *n* 〘英〙 《政府管掌の》 給料天引き預金 《略 SAYE》.

sáve·ènergy* *n* エネルギー節約, 省エネ, セベナジー.

sav·e·loy[∥] /sǽvəlɔ̀ɪ/ *n* サビロイ 《調味した乾製ソーセージ》. ［F *cervelat*＜It (*cervello* brain)］

sav·er /séɪvər/ *n* **1** 救い主, 救助者, 救済者; 節約家, 貯蓄家; [*compd*] …節約器[装置]: labor-～. **2** 割引運賃[チケット]; 《競馬俗》 両賭け (hedge), また賭け.

Sa·vi·gny /zɑ́ːvinji/ サヴィニー **Friedrich Karl von** ～ (1779–1861) 《ドイツの法学者》.

Sáv·ile Rów /sǽvəl-/ サヴィルロー 《London の一流の紳士服の仕立屋の多い街路》.

sav·in, -ine /sǽvən/ *n* 〘植〙 **a** サビナ, サビン 《欧州・アジア産のビャクシンの一種; 時に 民間医薬用》. **b** エンピツビャクシン (red cedar), 《これに近い》 アメリカハイネズ. ［OF＜L *sabina*］

sav·ing[1] /séɪvɪŋ/ *a* **1** 救いの, 救助[救済]となる; 取柄[埋合わせ]となる; 倹約する, つましい; 労力の省ける (laborsaving), 省力的な: by the ～ grace of God 神明の加護により (cf. SAVING GRACE). **2** 保留の, 除外的な: a ～ clause 留保条項, 但し書き. ► *n* 救い, 救助, 救済; 節約, 倹約, 省力; 〘法〙 保留, 除外; [*pl*] 貯金, 貯蓄(額); [°*pl*] 節約額[量]: a ～(*s*) of a million dollars. ♦ **～·ly** *adv* 倹約[節約]して, つましく. ［*save*[1]］

sav·ing[2] /sèɪvɪŋ, ⏤/ *prep* …のほかは (except, save); 《古》 …に敬意を表しながら: ～ your presence あなたの前でこう申しては失礼ですが / ～ your reverence 失礼ながら, ご免こうむりまして. ► *conj* 《まれ》 …であることを除いては (except). ［*save*[2]; *touching* にならったもの］

sáving gráce 《欠点を補う》 唯一の[数少ない]取柄, '救い': the ～ of modesty 謙遜という取柄.

sávings accòunt 貯蓄預金 (thrift account*) 《利子がつき小切手が使えない銀行などへの預金; 〘英〙 では在来の deposit account と同じとされる場合と, より高利率のものとされる場合とがある》.

sávings and lóan (associàtion) 〘米〙 貯蓄貸付組合 《元来は消費者から受け入れた預金を原資として住宅抵当融資を行なう金融機関だが, 現在では商業銀行同様の消費者ローンや企業金融も扱う; 旧称 building and loan association; 〘英〙 building society に相当; 略 S & L; cf. COOPERATIVE BANK》.

sávings bànk 貯蓄銀行; 《硬貨用の》 貯金箱.

sávings bònd 〘米〙 (合衆国)貯蓄債券; 〘英〙 PREMIUM BOND.

sávings certìficate 〘英〙 短期愛国公債 《第二次大戦当初英国政府が発行; 額面 1 ポンド》.

sávings ràtio 貯蓄率 《所得に対する貯蓄の割合》.

sávings stàmp 〘米〙 貯蓄スタンプ 《ある額に達すれば savings bond に切り換えられる》.

sav·ior | sav·iour /séɪvjər/ *n* 救助者, 救済者; 救い主, 救世主 《この義では 《米》 でも saviour とつづることが多い》: the [our] *Saviour* 救世主イエスキリスト. ♦ **～·hòod, ～·shìp** *n* ［OF＜L *salvator* (Gk *sōtēr* の訳); ⇨ SAVE[1]］

Sa·vo /sɑ́ːvou/ サボ 《Solomon 諸島の島; Guadalcanal 島の北西に位置する》.

Sa·vo·ia /sɑːvɔ́ːjɑː/ サヴォイア 《SAVOY のイタリア語名》.

Sa·voie /sɑːvwɑ́ː/ **1** サヴォア 《フランス東部 Rhône-Alpes 地域圏の県; ☆Chambéry》. **2** サヴォア 《SAVOY のフランス語名》.

sa·voir faire /sǽvwɑ̀ːr fέər/ 社交上の時と場合に応じた適切な言動を心得ていること, 臨機応変の才, 気転, 世才. ［F＝to know how to do］

sávoir ví·vre /⏤ víːvr(ə)/ 上流社会のしきたりを心得ていること, しつけのよさ, 処世術. ［F＝to know how to live］

Sa·vo·na /səvóunə/ サヴォナ 《イタリア北西部 Liguria 州の海港》.

Sa·vo·na·ro·la /sæ̀vənəróulə, səvɑ̀nə-/ サヴォナローラ **Girola-**

mo ～ (1452–98)《イタリアのドミニコ会修道士で宗教改革者; 火刑で殉教》.
Savonaróla chàir サヴォナローラチェア《脚が X 字型のイタリアルネサンス様式の折りたたみ椅子》.
sa·vor | sa·vour /séɪvər/ *n* 味, 風味, 《古·詩》香気; 趣き, おもしろみ, 興味, 刺激; 特質, 持ち味; [a ～] 気味, こころもち, いくぶん ‹*of*›; 《古》評判: salad with a ～ of garlic ニンニクの風味を添えたサラダ. ▶ *vi* 味[風味, 香り]がする ‹*of*›; ‹通例 悪い性質の›気味[趣き]がある ‹*of*›: This ～*s of* garlic. ニンニクの味がする / His attitude ～*s of* pedantry. 彼の態度には知識をひけらかす気味がある. ▶ *vt* …に味[風味]をつける; …の味[香り]を楽しむ, 味わう; (じっくり)楽しむ; 経験する. ◆ **～·less** *a* 味のない; 気の抜けた. **～·ous** *a* 味のよい, おいしい. **～·er** *n* [OF＜L sapor (sapio to taste); cf. SAGE¹]
sa·vory¹ /séɪv(ə)ri/ *n* **1**〔植〕**a** SUMMER SAVORY. **b** WINTER SAVORY. **2** 香辛料として用いるセボリーの葉. [?OE *sætherie*＜L]
sa·vory² | sa·voury /séɪv(ə)ri/ *a* 味のよい, 風味のある, 香りのよい; [*fig*] 楽しい, 味わいのある; [ᵘ*neg*] りっぱな, 健全な, 好ましい; 〔料理〕塩を効かせた, ピリッとした: a ～ omelette《野菜入りで》塩味のオムレツ. ▶ *n*ᴵᴵ《食前食後の》ピリッとする塩味の料理, 《食後の》口直し. ◆ **sá·vor·i·ly** *adv* **-i·ness** *n* [OF (pp)‹*savourer* to SAVOR]
sávory móusse〔料理〕セイヴァリームース《ホワイトソースをベースにして卵·調味料·香料を加えて作ったムース》.
sa·voy /səvɔ́ɪ/ *n* チリメンキャベツ (＝～ **càbbage**).
Savoy サヴォイ, サヴォア (*F* Savoie, *It* Savoia)《フランス南東部の歴史的地域; サヴォイア家が支配, 公国を形成, 1720 年サルデーニャ王国の一部になるが, 1860 年フランス領に編入》; サヴォア家(の人).
Savóy Álps *pl* [the] サヴォイアルプス《フランス南東部の山脈で, アルプスの一部; 最高峰 Mont Blanc (4807 m)》.
Sa·voy·ard¹ /səvɔ́ɪɑ̀ːrd, sævɔɪɑ́ːrd/ *F* savwajaːr/ *a* SAVOY (の住民[方言])の. ▶ *n* サヴォアの住民; 《フランス語の》サヴォア方言.
Sa·voy·ard² /səvɔ́ɪɑ̀ːrd, sævɔɪɑ́ːrd, sævwɑːjɑ́ːrd/ *n* 《London の》Savoy 劇場付き俳優《Gilbert と Sullivan の歌劇を初演した時の》; SAVOY OPERAS のファン.
Savóy Hotél [the] サヴォイホテル《London の Strand にある高級ホテル; 1889 年営業開始》.
Savóy óperas *pl* サヴォイオペラ (＝*Gilbert and Sullivan operas*)《英国の台本作者 Sir W. S. Gilbert と作曲家 Sir Arthur Sullivan との共作により, D'Oyly Carte Company が興行した喜歌劇; 19 世紀後半に最も栄えた》. [*Savoy* Theatre: London の Strand にある劇場]
Sá·vu Séa /sáːvu-/ [the] サヴ海《インドネシア, 小スンダ列島の Sumba 島, Flores 島, Timor 島に囲まれた海域》.
sav·vy /sǽvi/ 《俗》*n* その道の知識[知恵]; 常識, 分別; 勘, 気転; 手腕, こつ. ▶ *a* 知恵[経験]のある, 精通した, 海千山千の, 抜け目のない, すばしっこい: a ～ customer 賢い客 / computer ～ コンピューター通の. ▶ *vt, vi* 知る, わかる: *S~?* おわかり (＝Do you understand?) / No ～. 知らない, わからない. [Negro and Pidgin E＜Sp *sabe* he knows; ⇨ SAPIENT]
saw¹ /sɔ́ː/ *n* のこ(ぎり), 鋸, ソー; 〔動〕鋸歯(きょし)状部[器官]. ▶ *v* (～**ed**; 《米》～**ed**, 《英》**sawn** /sɔ́ːn/) *vt* のこで挽く; のこで挽いて作る, ‹ある形に›挽く; (のこを使うように)動かす; 〔製本〕‹背の部分›に切り込みを入れる: ～ a tree *down* 木をのこで挽き倒す / ～ a branch *off* 枝をのこで挽き切る / ～ a log *up* 丸太を挽き割る / ～ a log *into* boards＝～ boards *out of* a log 丸太を板に挽く / ～ the air (with one's hands) (のこを使うように)手を前後に動かす《Shak., *Hamlet* 3. 2. 5》. ▶ *vi* 木を挽く, のこを使う; のこで挽ける; のこを使うような手つきをする: ～ *through* a trunk のこで幹を切断する / ～ crossways [lengthways] of the grain 木目に横[縦]に挽く / This kind of wood ～*s* easily [badly]. この種の材木はたやすく挽ける[うまく挽けない] / ～ (away) at… ‹弦楽器を›弾く; 《ナイフなどで》…を(ごしごし)切る. ● **～ logs** ⇨ LOG¹. **～ off** ⇨ *vt*; 《カナダ》譲歩[妥協]する, 歩み寄る **～** WOOD¹. ◆ **～·er** *n* **～·lìke** *a* [OE *sagu*; cf. G *Säge*, L *seco* to cut, *securis* ax]
saw² *v* SEE¹ の過去形.
saw³ *n* ことわざ (proverb), 格言, 《言い古された》きまり文句; 《俗》古臭い話[冗談]; *《俗》10 ドル(札); *《黒人俗》下宿屋のおやじ: an old [a wise] ～ 古諺[金言]. [OE *sagu*; cf. SAY¹, SAGA, G *Sage*]
SAW〔通信〕°surface acoustic wave.
Sa·wan /sáːwən/ *n*〔ヒンドゥー暦〕五月, サワン《グレゴリオ暦の 7–8 月; ⇨ HINDU CALENDAR》. [Skt]
Sa·wátch Móuntains [Ránge] /səwɑ́tʃ-, sɑ́wəʃ-/ *pl* [the] サウォッチ山脈《Colorado 州中部にある Rocky 山脈の一系; 最高峰 Mt Elbert (4399 m)》.
sáw·bàck *n* 鋸歯状山稜, 櫛状(しじょう)山稜.
sáw·bènch *n*《刃が台の溝穴から突き出た》まるのこ台[盤].
sáw·bìll *n*〔鳥〕鋸歯状のくちばしをもつ鳥, 《特に》アイサ.
sáw·bònes *n* (*pl* ～, ～**·es**) 《俗》医者, 《特に》外科医.
sáw·bùck* *n* **1** 木挽(こびき)台 (sawhorse). **2**《木挽台がローマ数字の X の形をしていることから》《俗》10 ドル(札); 《俗》10 年の刑.
sáwbuck tàble X 形の脚のテーブル.
saw·der /sɔ́ːdər/ 《口》*n* お世辞, おべっか: SOFT SAWDER. ▶ *vt* …にお世辞を言う. [*solder*]
sáw dòctor のこぎりの目立て器[職人].
sáw·dùst *n* のこくず, おがくず; *《学生俗》砂糖. ● **let the ～ out of**…のぼろをさらけ出させる《人形の中のおがくずを出すことから》. ◆ **～·ish** *a*
sáwdust èater*《俗》木材伐り出し人.
sáwdust pàrlor*《俗》大衆酒場[食堂].
sáwdust tràil 改心[更生]の道; 信仰復興運動集会の巡回.
sawed /sɔ́ːd/ *a**《俗》酔った.
sáw·édged *a* 鋸歯状の刃の, 刃の欠けた.
sáwed-óff*, sáwn-óffᴵᴵ *a* 一端を(のこで切り)落とした; 丈の短い; 《口》短い, 寸足らずの, 寸詰まりの, ちびの; 《俗》のけ者の, つまはじきの: a ～ man ちび / a ～ shotgun 銃身をごく短く切った散弾銃. ▶ *n* SAWED-OFF shotgun.
sáw·fìsh *n*〔魚〕ノコギリエイ.
sáw·flỳ *n*〔昆〕ハバチ《総称》.
sáw fràme [gàte] のこ枠, ソーフレーム.
sáw gìn 鋸歯のある綿繰り機.
sáw gràss〔植〕ヒトモトススキ, シンキリガヤ《葉縁に鋸歯のあるカヤツリグサ科ヒトモトススキ属の多年草》.
Sawhāj ⇨ SOHÂG.
sáw·hòrse *n* 木挽(こびき)台 (＝*buck, sawbuck*).
sáw·lòg *n* 挽いて板を採る材, 挽材(ひきざい).
sawm /sɔ́ːm/ *n*〔イスラム〕《特に ラマダーン (Ramadan) 月中の》断食《イスラムの信仰の五柱 (Pillars of Islam) の第 4》.
sáw·mìll *n* 製材所; 大型製材のこ.
sawn *v* SAW¹ の過去分詞.
Saw·n(e)y /sɔ́ːni/ *n* [*derog*] スコットランド人 (cf. SANDY); [ᵘs-] ᴵᴵ《口》まぬけ, ばか (simpleton). ▶ *a* [ᵘs-]ᴵᴵ《口》ばかな, まぬけな.
sáw palmètto〔植〕葉柄に鋸歯状のとげのあるヤシ, 《特に》ノコギリパルメット《米国南部原産》; ノコギリヤシ《ノコギリパルメットの果実成分による製剤; 前立腺肥大に効くとされる》.
sáw·pìt *n* 木挽き穴《上下 2 人で挽くときに下の人がその中で挽く穴; cf. PIT SAW》.
sáw sèt《のこにあさりを付ける》歯振出し器, のこ目立て器.
sáw·tìmber *n* 板材[梁材]用挽材(ひきざい), 用材.
sáw·tòoth *n* のこの歯, 鋸歯状の歯. ▶ *a* 鋸歯状の, ぎざぎざの: a ～ roof 鋸歯状屋根.
sáw-tòothed *a* 鋸歯の, のこぎり状の歯のある; 鋸歯状の, ぎざぎざになった (sawtooth).
sáw-whèt (ówl)〔鳥〕アメリカキンメフクロウ, ヒメキンメフクロウ (＝*Acadian owl*)《北米産》.
sáw·wòrt *n*〔植〕キク科タムラソウ属の各種草本《鋸歯状の葉から黄色い染料を採る》.
saw·yer /sɔ́ːjər, *sɔ́ɪər/ *n* 木挽き《人》; *沈み木《川床に埋まり, 枝が水面に向かっているもの; cf. PLANTER》; 〔昆〕カミキリムシ (＝～ **bèetle**).
sax¹ /sǽks/ *n* スレート工用なた, 石板切り. [OE *seax* knife]
sax² 《口》*n* サックス (saxophone); サックス奏者.
Sax /*F* saks/ サックス **Antoine-Joseph** ～ (1814–94)《ベルギーの楽器製作者; 通称 'Adolphe ～'》.
sax·a·tile /sǽksətàɪl, -tɪl/ *a* SAXICOLOUS.
sáx·bòard *n*《甲板のない小船の》一番上の船側板.
saxe /sǽks/ *n*〔写〕卵白紙《印画紙》; SAXE BLUE.
Saxe /*F* saks/ **1** サックス《SAXONY のフランス語名》. **2** サックス **Hermann-Maurice** ～, Comte **de** ～ (1696–1750)《フランスの軍人; オーストリア継承戦争で活躍, 元帥となった》.
Sáxe-Áltenburg ザクセンアルテンブルク《ドイツ中部 Thuringia 地方の旧公国》.
sáxe blúe [ºS-] サックスブルー《くすんだ青》.
Saxe-Co·burg-Go·tha /sǽkskóubəːrggóuθə/ サックス-コーバーグ-ゴータ《英国王家の名; Edward 7 世および George 5 世の在位半ばまで (1901–17); その後の称は Windsor》.
Sáxe-Méi·ning·en /-máɪnɪŋən/ ザクセンマイニンゲン《ドイツ中部 Thuringen 地方の旧公国》.
Sáxe-Wèi·mar-Éi·se·nach /-vàɪmaːráɪz(ə)nàːk, -x/ ザクセン-ヴァイマル-アイゼナハ《ドイツ中部 Thuringia 地方の旧大公国》.
sáx·hòrn /sǽks-/ *n*〔楽〕サクソルン《円錐管をもつ有弁金管楽器; cf. SAXOPHONE》. [A. J. *Sax*]
sax·ic·o·lous /sæksíkələs/, **sax·ic·o·line** /-lən, -làɪn/ *a*〔生態〕岩石間[表面]に生息する, 岩生の.
sax·i·fra·ga·ceous /sæksəfrəgéɪʃəs/ *a*〔植〕ユキノシタ科 (Saxifragaceae) の.
sax·i·frage /sǽksəfrèɪdʒ, -frɪdʒ/ *n*〔植〕ユキノシタ属の各種植物. [F or L (*saxum* rock, *frango* to break)]
sax·i·frax /sǽksəfræks/ *n* SASSAFRAS.
sáx·ist *n*《口》SAXOPHONIST.
saxi·tóxin /sæksə-/ *n*〔生化〕サキシトキシン《ある種のプランクトンの分泌する神経毒; 貝類などによる食中毒の原因》.
Saxo Gram·mat·i·cus /sǽksou grəmǽtɪkəs/ サクソ·グラマティクス (1150?–?1220)《デンマークの歴史家; ラテン語で書いたデンマー

ク史 *Gesta Danorum* には Hamlet 伝説も含まれる》.

Sax·on /sǽks(ə)n/ *n* **1 a** サクソン人《ドイツ北部のゲルマン民族で, 5–6 世紀にアングル族 (Angles), ジュート族 (Jutes) と共にイングランドを侵略し, 融合してアングロサクソン族となった》. **b** ザクセン人《ドイツ連邦の Saxony 人》. **c** 《ウェールズ人・スコットランド人に対して》イングランド人 (Englishman). **d** スコットランド低地人. **2 a** サクソン語 (OLD SAXON); アングロサクソン語 (Old English); 《低地ドイツ語の》ザクセン方言. **b** 《英語本来の》ゲルマン語系要素. ► *a* サクソン(人[語])の (Anglo-Saxon); ザクセン(人)の: ～ words (ゲルマン語系の)純粋の英語. ［OF<L *Saxon- Saxo* (pl) Saxons<Gk<Gmc; cf. SAX[1]］

Sáxon blúe ザクセン青《インジゴを硫酸で溶いた染料》. ［*Saxony* 最初の生産地］

Sáxon·ism *n* (アングロ)サクソンかたぎ, 英国魂; 英語国粋主義, 外来語排斥主義; アングロサクソン語(法). ♦ **-ist** *n* アングロサクソン語学者.

Sáxon·ìze *vt, vi* (アングロ)サクソン風にする[なる].

Sax·o·ny /sǽks(ə)ni/ **1** ザクセン (*G* Sachsen) (**1**) ドイツの歴史的地域名; 古くはドイツ北部の Rhine 川と Elbe 川の間, ザクセン族 (Saxons) の居住地域で, 9 世紀後半に部族公国が形成され, 919–1024 年ドイツ王国を支配した; Lower Saxony 州にその名を残す **2)** ドイツ東部の州, ☆Dresden; 選帝侯の旧所領》. **2** [ˢs-] サクソニー《メリノ羊から取る高級紡毛糸; その柔らかな紡毛織物》. **3** [ˢs-] ウィルトンカーペット (Wilton carpet).

Sáxony-Ánhalt ザクセンアンハルト (*G* Sachsen-Anhalt)《ドイツ中北東部の州; ☆Magdeburg》.

sax·o·phone /sǽksəfòun/ *n* 〖楽〗サクソフォーン (cf. SAXHORN). ♦ **sàx·o·phón·ic** /-fán-, -fóun-/ *a* ［A. J. *Sax*］

sáx·o·phòn·ist /; sæksɔ́fə-/ *n* サクソフォーン奏者.

sáx·tùba /sǽks-/ *n* 〖楽〗低音サクソルン. ［A. J. *Sax*］

say[1] /séɪ/ *v* (**said** /séd, (弱) səd/; 三人称単数現在 **says** /séz, (弱) səz/) *vt* **1 a** 言う, 話す; 〈意見・決意などを〉述べる: "Leave me alone," Meg *said* [*said* she].「ほっといてちょうだい」とメグ[彼女]は言った / There is a lot to be *said* on both sides. 双方とも大いに言い分がある / *S*~ no more! もうたくさんだ, わかった / Do you ～ so? それは本当ですか / So you ～. それが本当だというのですね《はたしてそうかな》/ Who shall I ～ is calling, sir? どなたさまでございましょうか《電話を取り次ぐ時のことば》/ shall I [we] ～《遠まわしな表現を探しながら》言ってみれば / Easier *said* than done. 《諺》口で言うほどやさしくはない《言うはやすく行なうはかたし》/ The less *said* (about sth), the better. 《諺》言わぬが花 / *S*~ it with FLOWERS. / have something [nothing] to ～ *for* oneself 弁解することがある[ない], 文句がある[ない] / What do people ～ *of* me? 人はぼくのことを何と言ってますか / What will people ～? 世間はどう思うだろう / I am sorry to ～ (that)…. 残念ながら…です / It is *said* (=They ～) that we are going to have a warmer winter. この冬は暖かいということだ / …, I should ～ ⇨ 成句 / I should ～ not. そうではないと思う《not は否定内容の *that*…を代表している》/ I cannot [couldn't] ～ whether… かどうかわたしは知らない / I can't [couldn't] ～ (that) …とは申し上げかねる, 言いがたい《婉曲な否定》/ Never let it be *said* (that) …と言わせてはならない / (just) let me ～ ちょっと言わせてほしいんですが《一言述べる時の前置き》/ I wish I'd *said* that. わたしもそんなことが言いたかった, うまいこと言うね / as [《口》like] I was ～*ing* さっき言いかけてたように / That's what I (always) ～. それがわたしの考えだ / That is not to ～ (that)…. それだからといって…ということにはならない / the most (that) one can ～ for [of]…のためにせいぜい言ってあげられること. ★ (1) 次の構造では, 受動態でだけ用いられる: He *is said* to be dead [to have done it]. 彼は亡くなった[それをした]といわれている. (2)「彼は(自分が)行くと言っている」の意味は He *says* to go. といわず, He *says* (that) he will go. という (cf. 1c). **b** 誦する, 暗誦する, 読む, 唱える: ～ one's lesson(s) 教わったことを暗誦する / ～ one's prayers お祈りを唱える. **c** 命じる, 〈…せよ〉と言う 〈*to* do〉: He *said* (for me) *to* tell you not to come. きみに来ないようにとの彼の言い付けです. **2** 〈思想・感情などを〉伝える, 言い表わす; 〈物事が〉表わしている, 表現する; 〈新聞・掲示・看板などが〉…と書いている; 〈計器などが〉指し示す; 〈本などに〉…と書いてある, 出ている 〈*in*〉: more than one can ～ ことばでは表わせないほどに / ～ nothing to sb [*fig*] 人を感動させない / The picture ～*s* nothing new. この絵はなにも新しいことを表現していない《新味がない》/ That's ～*ing* a great deal. それはたいしたことだ, それは大変だ[予想外だ] / The notice ～*s*, 'No school on Tuesday.' 掲示に「火曜休校」と出ている / The letter ～*s* that he will soon come back. 手紙にはすぐ帰ると書いてある / It ～*s in* the Bible [papers] that…. 聖書[新聞]に…とある[出ている] / Ten bucks [dollars] ～*s* … *《口》10 ドル賭けてもいいが…だ. **3** [*impv*] …だとすれば (⇨ *adv*): *S*~ (=Suppose) it were true, what then? 仮に本当だとすればどうだっていうの.

► *vi* **1** 言う, 話す, しゃべる; 意見を述べる, 断言[主張]する (declare): just as you ～ きみの言うとおり. **2** [〈*int*〉] *《口》ねえ, ほら, もし, おい, ちょっと, あのね (=ᴵᴵI ～. ⇨ 成句); 《俗》やあ, どうだい: *S*~, there! もしもし, そこの方!

● **after all is said (and done)** つまり, 結局. **and so ～ all of us** そしてそれがみんなの意見でもある. **as much as to ～**…と言わんばかりに, …と言いたげに. **as one [you] might ～** 言うならば, いわば. **as they ～** [ˢ*joc*] ことわざのとおり, 言うならば. **as who should ～**…言わぬばかりに: He smiled *as who should* ～ 'Well done!' でかしたと言わぬばかりにほほえんだ. **can't [couldn't] ～ (for certain [sure])** (確かなことは)よくわからない, なんとも言えない. **Don't ～**… 《口》まさか…と言うんじゃないでしょうね. ENOUGH **said.** GO[1] **without ～ing. have nothing [something] to ～ to [with]**…に関係がない[ある]; …に言い分がない[ある]. **having said that** とは言うものの《that said はこの句の略式》. **How ～ you?** 《陪審員に》評決を求めます. **I'll ～** 《口》そうですとも, 全くだ, なるほど. **I may [might] ～** このことは申し上げておいたほうがよいかもしれません. **I mean to ～** 《口》つまり…なんですよ《前に述べたことを説明・敷衍して》; 《口》これは驚いた, いやはや, 信じられん, 冗談じゃない, まったくねえ《驚き・不信・嫌悪などを表わす》. **I'm not ～ing.** ご質問には答えかねます. **I must [have to] ～**《口》本当のところ, ほんとに, 全く. **I ～** *《古風》おい, ちょっと, あのね; ᴵᴵまあ(驚いた)!《米口語では通例 *Say!* という》; SAY I. **I ～s** ⇨ SAYS I. **…, I should ～** [付加的に] …と言ってもいいだろう, …とも言うべき, まあ…でしょう(ね). **I wouldn't [won't] ～ no** 《口》〈…を〉喜んで受け入れます 〈*to*〉. **I would ～….** まあ…でしょうね《語勢を和らげる》. **let it be said** 言ってみれば. **let's ～** たとえば (⇨ *adv*). **let us ～ (that…)** …だとしてみよう, …としてはいかが. **more than one can ～ for [of]**…にはまるであてはまらない. **not to ～**…でなくとも, …とは言えないまでも (cf. *to say* NOTHING *of*): It is warm, *not to* ～ hot. 暖かい—暑いと言うのが言いすぎなら. **～ a few words** 簡単な挨拶[演説]をする. **～ away=～ on** (*vi*) [ᵁ*impv*] 《口》どんどん言う, あとを続けて言う. **～ I** …とわたしは思う, 本当に…. **～ much for**… [ᵁ*neg*] …を高く評価する; 〈事が〉〈能力など〉のすぐれていることを示す: I can't ～ *much for it.* それはそんなに良いとは思いません. **～ out** 打ち明けて[はっきりと]言う. **～…over (again)** 繰り返して言う. **～s I=I ～s** 《俗・卑》あたしの言うには, あたしの言ったことだが (=said I)《人との話をさらに他へ伝える際のことば》. **S~s me!** 《俗》あたしがそう言うのさ《Says who? に対する応答》. **～ something** (**1**) 食前[食後]の祈りをささげる (=～ grace). (**2**) SAY a few words. **～ something for**…のよい点を示す. **～ one's** SAY (*n*). **S~s which?** 《俗》何だって? **S~s who?** 《俗》だれがそんなこと言うんだ? **S~s you!** 《口》《相手の言ったことを疑って》まさか, ばかな! **～ to oneself** (心の中で)自分に言い聞かせる, (ひとりで)…と考える (think); ひとりごとでつぶやく (cf. TALK *to* one*self*). **～** UNCLE. **S~ what?** *《口》何と言った, 何だって. **～ what you like [will, want]** あなたが反対しても《あとに自己主張の主節が続く》. **S~ when!** 《相手に酒をつぎながら》いいところで止めてください《おどけて When. と答えることもある》. SO[1] **to ～. that is to ～** (**1**) すなわち, 換言すれば. (**2**) 少なくとも《前言を和らげて》. **that said** そうとは言いながら, そうは言っても (having said that). **That's what I ～.** 《口》それに賛成だ, そういうことだ. **That's what the man said.** そういう話だ, そう聞いている; そのはずだ. **though [if] ～ I it [so] myself** わたしの口から言うのも変だが. **to be said or sung** 《祈禱書中の指定で》読むか歌うかせよ. **to ～** NOTHING **of….** **What can I ～?** 《口》何と言ったらいいのか(わからない), ことばに窮する. **What do you ～?** どう思いますか; どうですか 〈*to*〉《提案》; 《俗》やあ, どうだい, どうしてた《呼びかけ》: *What do you ～ to* a walk? 散歩はいかがです. **What do you want me to ～?** 弁解のしようもありません, 何と言ったらよいのかわかりません. **What I ～ is….** わたしの意見は…だ. **What** sb **said.** 《口》《自分ではうまく言えなかったけれど》今人が言ったとおりだ. **Who ～s coffee?** コーヒーの人はどなた《食事の注文をとることば》. **You can ～ that again.=You [You've] said it!** 《口》まったくだ, まさにそのとおり. **You could ～ (that)**…と言える, …と言ってほぼ間違いない. **You don't ～.** [ᴰYou don't ～ so.] 《口》まさか, まあ, ほんと; 《口》わかっているよ, 知ってるよ. **You've said it all.** 《口》あなたの言ってくれたことに尽きる, 全くあなたの言うとおりだ.

► *n* 言いたい[言う(べき)]こと, 言い分; 影響力ある発言; 発言権, 発言の番[機会]; [the] *決定権; 《古》発言, ことば, 陳述: have [get] one's ～ 自分の意見を言う / say one's ～ in the matter その事で言いたいことを言う / have a ～ in the matter 口を出す権利[発言権]がある / It is now my ～. 今度はわたしが言う番だ / have *the* (*final*) ～ (最終的な)決定権限をもつ 〈*in, on*〉.

► *adv* たとえば; [数詞の前で] まあ…ぐらい (⇨ *vt* 3): any bird, ～ a sparrow どんな鳥でも, たとえばスズメなど / a few of them, ～ a dozen or so それを少し—そうですね—1 ダースぐらい.

［OE *secgan*; cf. SAW[3], G *sagen*; 現在の形は OE *seg-* (2, 3 ind pres sg) から］

say[2] *n* セイ《サージに似た昔の薄い毛織地》; 《廃》絹. ［OF<L (pl) <*sagum* woolen cloak］

sáy·able *a* 言い表わせる, うまく[簡単に]表現できる.

Sa·yán Móuntains /səjáːn-; sɑːjǽn-/ *pl* [the] サヤン山脈《シベリア南部の山脈》.

Sáy·bolt viscòsity /séɪbòult-/ 〖理〗セーボルト粘度《一定温度の油類 60 ml が一定の細孔を流下するのに要する秒数》. ［George M. *Saybolt* (d. 1924) 米国の化学者］

Ṣaydā ⇨ SAIDA.

SAYE save-as-you-earn.
say·ee /seɪíː/ *n* 言う[話す]相手.
sáy·er *n* 言う人; 《古》 詩人.
Say·ers /séɪərz, *sérz/ セイヤーズ **Dorothy L(eigh)** ~ (1893–1957)《英国の探偵小説作家; ⇨ LORD PETER》.
say·est /séɪəst/, **sayst** /séɪst/ *vt, vi* 《古》 SAY[1] の二人称単数現在形: thou ~=you say.
sayid ⇨ SAYYID.
sáy·ing *n* 言う[言った]こと, 言説; 言いならわし, ことわざ, 格言, 警句: ~*s* and doing*s* 言行 / It was a ~ of his that…. 彼はよく…と言ったものだが《フランス語法》/ It's a common ~ that …とは普通にいわれることだ / as [so] the ~ is [goes] 俗に言うように, ことわざにも言う[ある]とおり.
sa·yo·na·ra /sàɪənáːrə/ *int* さようなら. [Jpn]
sáy-sò *n* 《確証のない》発言; 許可, 助言, 勧め, 命令; 決定権, 権限: have (the) ~ in [about]… *《口》…についての権限[決定権]をもっている / on the ~ of…の見解[発言]に従って.
say·yid, say·id /sáɪjəd, séɪjəd/ *n* サイイド《**1**) 遊牧民の長老 **2**) Muhammad 正系の子孫に対する尊称》. [Arab=lord]
Sa·zan /sáːzàːn/ サザン (*It* Saseno)《アルバニア南西部, アドリア海とイオニア海をつなぐ Otranto 海峡北部に位置する島》.
Saz·e·rac* /sǽzəræ̀k/ *n* [°s-] サザラック《バーボンウイスキー・ビターズを用いアブサンの香りをつけたカクテル》.
sb. 〘文法〙 substantive. **Sb** 〘化〙 [L *stibium*] antimony.
SB [L *Scientiae Baccalaureus*] °Bachelor of Science ♦ °Solomon Islands ♦ southbound ♦〘野〙 stolen base(s) 盗塁.
SBA 〘米〙 Small Business Administration 中小企業庁.
S-band /és—/ *n* 〘通信〙 S 周波帯《1550–5200 MHz の極超短波の周波帯; cf. L-BAND》.
SbE °south by east.
S-bend" /és—/ *n* 《道路の》S 字カーブ (S-curve); 《排水管防臭用の》S トラップ.
SBF single black female《個人広告で用いる》.
'sblood /zblʌ́d/ *int* 《廃》 ちくしょう, あっ(しまった); (いや)全く, 絶対に. [God's *blood*!]
SBM single black male《個人広告で用いる》.
SBN Standard Book Number 標準図書番号《ISBN の前身》.
SBR °styrene-butadiene rubber.
Sbrinz /sprínts, zbr-/ *n* スブリンツ(チーズ)《スイス産の硬いチーズ; おろして用いる》. [It]
SBS °sick building syndrome ♦〘軍〙 Special Boat Service.
SbW °south by west.
sc. scene ♦ science ♦ scilicet ♦ screw ♦ scruple ♦ sculpsit.
s.c. 〘印〙 °small capital(s). **s.c., SC** 〘紙〙 supercalendered.
Sc 〘化〙 scandium ♦〘気〙 stratocumulus.
Sc. Scotch ♦ Scotland ♦ Scots ♦ Scottish.
SC °School Certificate ♦ °Security Council ♦〘古ロ〙°senatus consultum ♦〘米陸軍〙°Signal Corps ♦ °Sisters of Charity ♦ °South Carolina ♦ °Special Constable ♦ °Staff College ♦ °Supreme Court.
scab /skǽb/ *n* **1** かさぶた, 痂皮(かひ); 〘獣医〙 疥癬(かいせん) (scabies); 〘植〙《菌類による》瘡痂病, 黒星病, 赤カビ病; 〘鋳〙 へげきず, ふくれ, 肌きず《鋳物表面の欠陥》. **2** [*derog*] 労働組合不参加者, 非組合員, スト破り; 《口》 いやなやつ, げす野郎, くず. ► *v* (**-bb-**) *vi* **1** 〈傷口が〉かさぶたを生じる. **2** [*derog*] *非組合員として働く, スト破りをする 〈*on* strikers〉; 〘土木〙〈路面がもろくなって小穴が生じる. ► *vt* "《口》 あさる, (うまく)せしめる, せびる. [ON; cf. SHABBY]
scab·bard /skǽbərd/ *n* 《刀剣などの》さや; *銃のケース: throw [fling] away the ~ 刀のさやを捨てる; [*fig*] 断固とした態度に出る, あくまで戦う. ► *vt* さやに納める; …にさやを付ける. [AF<Gmc (cf. OHG *skār* blade, *bergan* to protect)]
scábbard fìsh 〘魚〙 タチウオ.
scab·bed /skǽbəd, skǽbd/ *a* かさぶたのある, かさぶただらけの, 疥癬にかかった; 瘡痂病にかかった; 取るに足りない, 卑劣な, きたない; *《俗》にせの麻薬を売られて, 質の悪い薬をつかまされて. ♦ **~·ness** *n*
scab·ble /skǽb(ə)l/ *vt* 〈(採掘中の)石などを〉荒仕上げする.
scáb·by *a* SCABBED; 《口》 軽蔑すべき, 卑劣な, けちな, きたない; 〘鋳〙〈表面に〉へげきずのある; 〘印〙 不鮮明な. ♦ **scáb·bi·ly** *adv* **scáb·bi·ness** *n* [*scab*]
sca·bies /skéɪbiːz, -bìːz/ *n* (*pl* ~) 〘医・獣医〙 疥癬(かいせん). ♦ **sca·bi·et·ic** /skèɪbiétɪk/ *a* [L=roughness]
sca·bi·o·sa /skèɪbióusə, skæ̀b-, -zə/ *n* 〘植〙 マツムシソウ, スカビオサ (=*gypsy rose*)《マツムシソウ属 (*S-*) の草本の総称》.
sca·bi·ous[1] /skéɪbiəs, skǽb-/ *a* かさぶたのある, かさぶただらけの; かさぶたの(ような); 疥癬の[に似た]. [*scabies*]
scabious[2] *n* 〘植〙 疥癬に効くとされる草本《マツムシソウ・ヒメムカシヨモギ・アズマギクなど》. [L *scabiosa* (*herba*)]
scáb·lànd *n* [ᵘ*pl*] 起伏した火山溶岩地《不毛な地相》.
scab·rid /skéɪbrɪd/ *a* 〘植〙 (少し)ざらざらした, 粗面の. ♦ **sca·brid·i·ty** /skəbrídəti/ *n*
scab·rous /skǽbrəs; skéɪ-/ *a* ざらざら[かさかさ]した, 粗面の, でこぼこのある; 〈問題などが〉厄介な, むずかしい; 〈主題などが〉低俗な, 露骨な, きわどい; うすよごれた. ♦ **~·ly** *adv* **~·ness** *n* [F or L (*scaber* rough)]
scad[1], **skad** /skǽd/ *n* [ᵘ*pl*] 《口》 たくさん, どっさり, 大量 (a lot, lots); [*pl*] *《俗》 大金: a ~ *of* fish / ~*s of* money [guests]. [C19<?; SCALD[1] (dial)=scalding quantity からか]
scad[2] *n* 〘魚〙 アジ. [C17<?]
Sca Fell, Sca·fell /skɔ̀ːfél/ スコーフェル《イングランド北西部 Cumbria 州 Lake District にあるイングランド第 2 の高山 (964 m); Keswick の南西に位置する》.
Scaféll Píke スコーフェル山《Sca Fell の北東にあるイングランドの最高峰 (978 m)》.
scaf·fold /skǽfəld, -fòuld/ *n* 《建築現場などの》足場, 建前足場 (scaffolding); 吊り足場; [the] 絞首[断頭]台, [*fig*] 死刑; 《各種の》組立て台; 〘解・発生〙 骨格, 骨組; 《野外の》組立て舞台[ステージ]; 《溶鉱炉の》棚吊り: go to [mount] *the* ~ 死刑に処せられる / send [bring] sb to *the* ~ 死刑に処する. ► *vt* …に足場を設ける, 足場で支える. ♦ **~·er** *n* [OF<Romanic; (*ex*-[1], CATAFALQUE)]
scáffold·age *n* SCAFFOLDING.
scáffold bòard 足場板; 歩み板.
scáffold·ing *n* 《建築現場などの》(本)足場; 足場材料.
scáffolding pìpe 足場パイプ.
scáffolding pòle 足場を支える主柱.
scag[1], **skag** /skǽg/ *《俗》 *n* タバコ(の吸いさし); (安)ヘロイン, くずヘイ; 強い酒; いやなもの[やつ]; 醜い女, ブス; ばか, アホ. ► *vi* *《俗》 タバコを吸う. ● **be ~ged out** 麻薬が効いて, 薬でハイになって. [C20<?]
scag[2] *n* 《南ウェールズ・南西イング》 衣服の裂け目. ► *vt* 〈布を〉裂く. [cf. ON *skaga* to project]
scág jònes *《俗》 ヘロインの習慣[中毒状態], ペイ中.
sca·glio·la /skæljóulə, -ljɔ́ː-/ *n* 人造大理石. [It (dim) < *scaglia* SCALE[1]]
scairdy-cat ⇨ SCAREDY-CAT.
sca·la /skéɪlə/ *n* (*pl* **-lae** /-lìː/) 〘解〙《内耳の蝸牛の》階段様構造, 階. [L=ladder; ⇨ SCALE[2]]
Sca·la /skáːlə/ [La /lɑː/] スカラ座《Milan の大オペラハウス; 1778 年創立》.
scalable ⇨ SCALE[1,2,3].
sca·lade /skəléɪd, -láːd/, **-la·do** /-dou/ *n* (*pl* ~**s**) 《古》 ESCALADE.
scal·age* /skéɪlɪdʒ/ *n* 《見積もり高よりの》減少歩合, 減り高; 《自然減少を見越しての》天引き高; 《丸太の》見積もり石(こく)数.
scála mé·dia /-míːdiə/ (*pl* **scálae mé·di·ae** /-míːdiìː/) 〘解〙 中央階 (=*cochlear duct*)《内耳の蝸牛内の階の一つで, コルチ器 (organ of Corti) を含む管》 [L=middle ladder]
sca·lar /skéɪlər, -làːr/ *n* 〘理・数〙 スカラー, 数量《方向をもたない量; cf. VECTOR》. ► *a* スカラーの[を用いた]; 段階状の, 段階的な. [L; ⇨ SCALE[3]]
scálar árchitecture 〘電算〙 スカラーアーキテクチャー《一時に 1 つの処理しかできないマイクロプロセッサーアーキテクチャー; cf. SUPERSCALAR ARCHITECTURE》. [多成分の vector に対して scalar が 1 成分量であることから]
sca·la·re /skəléəri, -láːri/ *n* 〘魚〙 エンゼルフィッシュ (angelfish)《南米北部産シクリッド[カワスズメ]科エンゼルフィッシュ属の数種の熱帯魚》. [SCALAR; その模様から]
scálar fíeld 〘数〙 スカラー場《スカラーの値をとる場》.
sca·lár·i·fòrm /skəlǽrə-/ *a* 〘植・動〙 はしご状の. ♦ **~·ly** *adv*
scálar multiplicátion 〘数〙 スカラー乗法[倍].
scálar poténtial 〘理〙 スカラーポテンシャル《重力場や静電場のようにスカラー関数で表わされるポテンシャル》.
scálar próduct 〘数〙 スカラー積, 内積 (=*dot* [*inner*] *product*).
scálar-ténsor thèory 〘理〙 スカラー-テンソル理論 (BRANS-DICKE THEORY).
Sca·la San·ta /skáːlɑː sáːntɑː/ 聖階段, スカラサンタ (*L* Scala Sancta)《ローマの Lateran 聖堂の北側にある 28 段の大理石の階段; 伝承では Pilate の法廷にあった階段で, キリストが受難のときにこれを降りたとされ, 聖 Helena によって運ばれてきたものという》. [It=Sacred Scale]
scal·ation /skeɪléɪʃ(ə)n/ *n* LEPIDOSIS.
scála tým·pa·ni /-tímpənàɪ, -nìː/ (*pl* **scálae tym·pa·nó·rum** /-tìmpənɔ́ːrəm/) 〘解〙 鼓室階《内耳の蝸牛内の階の一つで, 最上部の蝸牛孔で前庭階と連絡する》. [L=ladder of the tympanum]
scála ves·tíb·u·li /-vɛstíbjəlàɪ/ (*pl* **scálae ves·tib·u·ló·rum** /-vɛstìbjəlɔ́ːrəm/) 〘解〙 前庭階《内耳の蝸牛内の階の一つで, 最上部の蝸牛孔で鼓室階と連絡する》. [L=ladder of the vestibule]
scal·a·wag | scal·la- /skǽlɪwæ̀g/ *n* ごくつぶし, ろくでなし; 《時に親しみをこめて》悪ガキ; 《栄養不良・老齢・矮小などで》役立たずの動物[牝牛]; 〘米史〙 スキャラワグ《南北戦争後の再建期に共和党に味方した南部白人; もとは南部民主党員による悪口》. ♦ **-wàg·gery** *n*

《口》《政治上の》日和見(ひより)主義. **-wàg·gy** *a* ［C19＜?］

scald[1] /skɔ́:ld/ *vt* 《熱湯・蒸気などで》やけどさせる; 〈器具を〉熱湯消毒する, 煮沸する, 〈器物を〉湯ですすぐ 〈*out*〉; 〈液体を〉沸点近くまで熱する; 《羽・皮などを取るために》〈鳥・果物・野菜などを〉熱処理する, 湯通ししてあく抜きする, 湯がく; じりじり照らす, 焦がす: ～ oneself やけどする / ～*ed* cream 牛乳を熱してさまして作ったクリーム. ► *vi* やけどする. ● **like a ～ed cat** 猛烈な勢いで〈動きまわる〉. ► *n* 〔医〕熱湯傷《熱湯・蒸気でのやけど; cf. BURN[1]》; 〔植〕《木の葉の》日焼け, 《リンゴなどの》やけ. ［AF＜L *excaldo* (*calidus* hot)］

scald[2] ⇨ SKALD.

scald[3] 《古》*a* SCABBY. ► *n* SCAB. ［*scall*, *-ed*］

scald[4] *a* 熱処理した (scalded).

scáld cròw 《アイル》ハイイロガラス (hooded crow).

scáld·er *n* 熱湯消毒器, 煮沸器; 〔畜〕湯づけ器.

scáld·fìsh /, skɔ́:ld-/ *n* 〔魚〕ナガダルマガレイ属のカレイ (＝*megrim*)《欧州産; ダルマガレイ科》.

scáld hèad 《古》《子供の》しらくも.

scáld·ing *a* やけどするほど熱い; 〈太陽・砂浜などが〉焼けるような; 〈批評などが〉痛烈な, 辛辣な; 身を焦がすような, つらい: ～ tears 《悲嘆などの》血涙. ► *adv* 焼けつくように, ひどく: ～ hot.

scale[1] /skéɪl/ *n* **1** 《魚などの》うろこ, こけら; うろこ状のもの; 《うろこ状に剝脱する》鱗片; かさぶた; 〔植〕芽鱗(がりん)《芽・つぼみを保護する》, 鱗被, 鱗片, 苞, 殻, さや; 《ボイラーの内側に生じる》湯あか, スケール; スケール, 金ごけ《加熱した鉄などの表面にできる酸化物の皮膜》; 《scale armor の》小ざね; SCALE ARMOR; 歯石; 〔昆〕カイガラムシ (＝*scale bug* [*insect*]); カイガラムシによる病気; *《俗》シラミ (louse); *《俗》金(かね), コイン. **2** 《目の》かすみ, くもり: remove the ～*s* from sb's eyes 目のかすみをとってやる, 人の目をさまさせる / The ～*s* fell (off) from his eyes. 〔聖〕彼の目からうろこが落ちた《誤りを悟る, 迷いからさめる; *Acts* 9:18》. ► *vt* …のうろこを落とす[皮をはぐ, 殻をむく]; …の薄片をとる; …の湯あかを落とす; 〈歯石を〉取る; 《古》〈大砲など〉の筒払いをする; うろこでおおう; …に湯あか[金ごけ, 歯石など]をつかせる; 〈平たい石などを〉水面をかすめて飛ばす, 水切りをさせる. ► *vi* 《性質として》薄くはがれる 〈*off*〉; 〈ペンキなどが〉はげ落ちる; 湯あか[金ごけ, 歯石など]がつく. ♦ **～d**[1] *a* うろこのある; うろこを落とした. **～·less** *a* **scál·able**[1], **～·able**[1] *a* うろこが落とせる. ［OF *escale*＜Gmc; cf. ↓, OE *scealu* shell, husk］

scale[2] *n* 天秤(てんびん)の皿; [ᵘ*pl*; ᵒa pair of ～s] 天秤《正義・公平の象徴; cf. JUSTICE 2c》; はかり, 重量[体重]計; [ᵒ*pl*] [*fig*] 《運命・価値を決定する》はかり; [the S-s] 〔天〕てんびん座 (天秤座), 天秤宮 (Libra). ● **go to ～ at**… 体重が…ある. **hold the ～s even** [**equally**] 公平に裁く. **the ～s of justice** 裁きの天秤《天秤が裁きを象徴する》. **throw** one's SWORD **into the ～.** **tip** [**tilt, turn**] **the ～**(**s**) (1) 《平衡状態にあった》状況[局面]を(一方向へ)決定づける: *The* ～*s* were *turned* in favor of…. 事態が変わって…が有利になった. (2) 重さが…ある 〈*at*〉: He *tips the* ～*s at* 150 pounds. 150 ポンドの目方がある. ► *vt, vi* 天秤[はかり]で計る; 目方が…ある; 《心の中で》天秤にかけてみる, 比べてみる: He ～*s* 150 pounds. 目方が 150 ポンドある. ♦ **scál·able**[2], **～·able**[2] *a* (はかりで)計れる. ［ON *skál* bowl＜Gmc; cf. SHELL, SHALE］

scale[3] *n* **1** 目盛り, 度盛り, 尺度; 物差し, スケール; 〔教育・心〕測定尺度: on a ～ of one to ten 10 段階評価で, 10 点満点で. **2** 《地図・模型などの》比例尺, 縮尺; 比例, 割合, 度合い; 《税などの》率, 税法; 率を定めた表; 最低賃金 (minimum wage): a reduced ～ 縮尺; 縮小 / a ～ of charges [wages] 料金[賃金]率(表) / WAGE SCALE. **3** 規模, スケール: *on* a large [gigantic, grand, vast] ～ 大規模に / *on* a small [modest] ～ 小規模[控えめ]に / ECONOMY OF SCALE. **4** 階級, 等級; 〔楽〕音階, ドレミ; [ᵒ～ of notation] 〔数〕記(数)法, …(進)法: play [sing, run over] one's ～*s* 音階を奏する[歌う, 復習する] / the decimal ～ 十進法. **5** 《廃》はしご; 《廃》階段; 《古》登るためのもの. ● **in ～** 一定尺度に応じて, 釣合いがとれて 〈*with*〉. **off the ～** 計測不能で; 〈コレステロールなどが〉標準値を超えて; 桁はずれで. **out of ～** 一定尺度からはずれて, 釣合いを失して 〈*with*〉. **to ～** 一定の比例に拡大[縮小]して〈描かれたなど〉. ► *a* 縮尺の[した], 忠実に再現した: a ～ model of an automobile 自動車の縮尺模型[スケールモデル]. ► *vt* **1** 〈山・岩壁などに〉によじのぼる, (はしごで)登る; はしごを登って攻める; …の頂点に達する, きわめる: ～ a wall with a ladder 塀にはしごで登る / ～ the heights of the fashion world ファッション界の頂点をきわめる. **2** 縮尺で…の図を引く, 一定の割合で作る; 率に応じて定める, 〈…に合わせて〉調整[デザイン]する 〈*to*〉; 物差しで測る; 〈人物・品物などを〉評価する; *〈立ち木の石(こく)数・果樹園の果実の量などを〉見積もる; 概算する. **3** 《豪口》〈列車・電車・バスなど〉にただ乗りする; 《豪俗》ペテンにかける, だます, 盗む. ► *vi* (はしごなどで)よじのぼる; 〈数量など〉共通の尺度をもつ, 比例する; だんだんに高くなる; 音階を弾く[歌う]; 《豪口》ただ乗りする. ● **～ down** [**back**ᵒ] 率に応じて減らす, 削減する; …の規模[範囲]を縮小する. **～ up** 率に応じて増やす; …の規模[範囲]を拡大する. ♦ **～d**[2] *a* 目盛り[度盛り]のある. **scál·able**[3], **～·able**[3] *a* 〈山などが〉登れる; 〔電算〕拡大・縮小ができる, スケーラブルな; 大規模に実現可能な《大規模にしても費用などがそれほど増加しない》. **scàl·a·bíl·i·ty** *n* ［OF or L *scala* ladder (*scando* to climb)］

scále àrmor 小ざねよろい.

scále·bòard *n* 《絵画・鏡の》裏打ち板, 裏板; 《古》〔印〕インテル.

scále bùg 〔昆〕カイガラムシ (scale).

scále-dòwn *n* 《賃金などの》一定比率の削減[割引].

scáled quáil [**pártridge**] /skéɪld-/ 〔鳥〕ウロコ[アミメ]ウズラ《北米南西部・メキシコ原産; 飼鳥にされる》.

scále fèrn 〔植〕地中海周辺に多いチャセンシダ科の一種.

scále ìnsect 〔昆〕カイガラムシ (scale).

scále lèaf 〔植〕鱗片葉(りんぺんよう).

scále·lìke *a* うろこ様の, 鱗片状の.

scále mòss 〔植〕ウロコゴケ (leafy liverwort).

sca·lene /skéɪlì:n, ─ ⌐/ *a* 〔数〕〈三角形が〉不等辺の, 〈円錐が〉斜軸の; 〔解〕斜角筋の. ► *n* 不等辺三角形; 斜角筋. ［L＜Gk *skalēnos* uneven］

sca·le·nus /skeɪlí:nəs, skə-/ *n* (*pl* **-ni** /-nàɪ, -nì:/) 〔解〕斜角筋. ［↑; L *scalenus* (*musculus* muscle)］

scále·pàn *n* 天秤(てんびん)の皿, はかり皿.

scal·er[1] /skéɪlər/ *n* 魚のうろこを落とす人[道具]; 〔歯〕歯石除去器, スケーラー. ［*scale*[1]］

scaler[2] *n* はかりで計る人, 計量人[係]. ［*scale*[2]］

scaler[3] *n* よじのぼる人, 城壁をよじのぼる兵士; *《材木の》石数(こく)見積もり人; SCALING CIRCUIT. ［*scale*[3]］

scále·tàil *n* 〔動〕ウロコオリス (＝*anomalure*) (＝**scále·tàiled squírrel**)《西アフリカ産》.

scále-ùp *n* 《賃金・建設規模などの》一定比率の増加.

scále-wìnged *a* 〔昆〕鱗翅をもつ, 鱗翅目の (lepidopterous).

scále·wòrk *n* うろこ重ね細工.

Sca·lia /skəlí:ə/ スカリア **Antonin** ～ (1936–　)《米国の法律家; 合衆国最高裁判所陪席裁判官 (1986–　); 保守的な立場をとる》.

Scal·i·ger /skǽlədʒər/ スカリゲル (**1**) **Joseph Justus** ～ (1540–1609)《フランスの言語学者・歴史学者; 古典校訂の基礎を確立; Julius の子》 (**2**) **Julius Caesar** ～ (1484–1558)《イタリア生まれの古典学者》.

scal·ing /skéɪlɪŋ/ *n* 〔理〕スケーリング《ある物理量が二つの変数の個々の値ではなく両者の比を変数とする関数により表わされること》.

scáling cìrcuit 〔電子工〕計数回路, スケーラー (＝*scaler*).

scáling làdder 攻城ばしご; 消防ばしご.

scall /skɔ́:l/ *n* SCURF; 〔医〕結痂(けっか), 頭瘡. ［ME＜ON *scalli* bald head］

scallawag ⇨ SCALAWAG.

scal·lion* /skǽljən/ *n* 〔植〕シャロット, エシャロット (shallot); リーキ (leek); 球根形成の悪いタマネギ; 葉タマネギ (GREEN ONION). ［AF＜L *Ascalonia* (*caepa*) (onion) of Ascalon (パレスティナの地名)］

scal·lop /skɑ́ləp, skǽl-/ *n* 〔貝〕イタヤガイ, 《特に》ホタテガイ; (ホタテガイの)貝柱; ホタテガイの貝殻 (scallop shell); 《貝殻状の》グラタン皿 (＝～ shell); [*pl*] 〔服〕扇形, スカラップ; パティパンカボチャ (＝～ **squàsh**) (PATTYPAN); SCALLOPINI; 《豪》《バターで炒めた》ポテトのフライケーキ. ► *vt, vi* 〈魚介類を〉貝殻皿に入れて天火で焼く, グラタン風にする; ホタテガイを採る; ホタテガイ状[うちわ形, 扇形]にする; 〔刺繡〕スカラップで飾る. ♦ **～ed** *a* 波形の縁取りをつけた, ホタテガイ状の; グラタン風の. **～·er** *n* ホタテガイを採る人[漁船]; スカラップ職人. **～·ing** *n* スカラップ装飾[模様]; ホタテガイ採り[漁]. ［OF＝ESCALOPE］

scal·lo·pi·ni, -ne, sca·lop·pi·ne /skæ̀ləpí:ni, skɑ̀l-, skèɪl-/ *n* スカロッピーニ, エスカロップ (＝*escalope*)《子牛の薄切り肉などをソテーまたはフライにしたイタリア料理》. ［It］

scállop shèll ホタテガイの貝殻《昔 聖地巡礼の記念章に用いた》; 貝殻皿 (scallop).

scal·ly /skǽli/ *n* ᵘ《俗》《特に Liverpool の》不良, よた者. ［↓］

scal·ly·wag /skǽlɪwæ̀g/ *n* SCALAWAG.

scá·lo·gràm /skéɪlə-/ *n* スケイログラム《心理テストなどで, 易から難へ問題を配列したもの》: ～ analysis 尺度分析法.

scalp /skǽlp/ *n* **1** 頭皮; 頭髪付きの頭皮《特に ネイティブアメリカンなどが戦利品として敵の死体からはぎ取ったもの》; 戦勝記念品, 武勇のしるし; 《下あごなしの》鯨の頭; 《犬などの》頭部の皮; *〔狩〕《賞金目当てに集める》獲物の頭部の皮; 《口》やっつけた相手; 〔紋〕頭皮付きの鹿の角; 《スコ》丸くはげた山頂. **2** 《口》《相場の小浮動による》小利潤, 利鞘(りざや). ● **have the ～ of**…を負かす, やっつける; 報復する. **out for ～s** 〈インディアンが〉頭皮狩りに出て; 挑戦的に, けんか腰で. **take** [**claim, collect**] **a ～** 勝利を得る, 人に勝つ. ► *vt* …の頭皮をはぐ; …の上部を取り除く; *〈道路を〉ならす; 酷評する, けなす; *(だまし)取る; 〈対戦相手を〉やっつける, 打ちのめす; 〈金属の半製品〉の表面を削る, 皮むきする; …からいいところだけを取る; 《不純物を除くため》ふるいにかける; *《口》〈株などを〉売買して利鞘を稼ぐ, 〈チケットなどを〉高く売りつける. ► *vi* 頭皮をはぐ; *《口》利鞘稼ぎ[ダフ屋行為]をする. ♦ **～·less** *a* ［Scand (ON *skálpr* sheath)］

scálp dòily [*joc*] TOUPEE.

scal·pel /skǽlp(ə)l/ *n* 外科[解剖]用メス, 小刀. ［F or L (dim) ＜*scalprum* chisel, knife］

scálp·er *n* 頭皮をはぐ人; *《口》利鞘稼ぎをする人, ダフ屋 ((ticket) toutᵘ); 丸のみ《彫刻用》.

scálp·ing *n* 皮むき, スキャルピング《鋳塊の表面を削ること》;《鉱石などの》洗浄.
scálp lòck 《アメリカインディアンの戦士が敵に挑戦するため》頭皮に残すひとふさの髪.
scál·pri·fòrm /skǽlprə-/ *a*〘動〙〈門歯が〉のみ状の.
scaly /skéɪli/ *a* うろこ (scale) のある; うろこ状の, 鱗状の;《うろこのように》はげ落ちる; 湯あかのついた;〘植〙鱗片のある;〈果物などが〉カイガラムシに冒された;《俗》卑しい, きたない, けちな: a ～ bulb [leaf] 鱗茎[鱗片葉]. ♦ **scál·i·ness** *n*
scály ánteater 〘動〙センザンコウ (pangolin).
scály wéaver 〘鳥〙キクスズメ (BAARDMAN).
scam /skǽm/ *n* 詐欺, ペテン, かたり, 計略, 計画倒産; 話, うわさ, 情報. ● **What's the ～?***《俗》どうしたんだ. ► *v* (-mm-) *vt* …に詐欺をはたらく, だます;〈金を〉だまし取る. ► *vi* 詐欺をはたらく〈*on*〉; *《学生俗》ナンパする; *セックスする, やる; *ぶらぶらする. [C20<?]
Sca·man·der /skəmǽndər/ [the] スカマンデル川《トルコ北西部を流れる MENDERES 川の古称》.
scam·mer /skǽmər/ *n* 詐欺師, ペテン師 (hustler); 女たらし, 手のはやいやつ, こまし屋 (lecher). [*scam*]
scam·mered /skǽmərd/ *a* 《俗》酔っぱらった.
scam·mo·ny /skǽməni/ *n*〘植〙スカモニア《小アジア産サンシキヒルガオ属のまきつき植物》; スカモニアの乾燥根; スカモニアの根から得た樹脂《下剤》. [OF or L<Gk]
sca·mor·za /skəmɔ́:rtsə/ *n* スカモルツァ《イタリア産の軟質チーズ; 通例 洋ナシ形》. [It]
scamp[1] /skǽmp/ *n* ならず者, やくざ者; [*joc*] いたずら者, 悪ガキ, 腕白小僧;《古》追いはぎ. ► *vi* とびはねる, はしゃぎまわる. ♦ **～·ish** *a* [C18=to rob on highway<?MDu *schampen* to decamp<OF (*ex*-[1], CAMPUS)]
scamp[2] *vt* 〈仕事を〉いいかげんにする, ぞんざいにやる. ♦ **～·er** *n* [? Scand; cf. SKIMP, ON *skammr* short]
scam·per /skǽmpər/ *vi* 〈動物・子供など〉敏捷に動く[走りまわる]〈*about, along*〉; あわてて逃げる〈*off, away*〉; 大急ぎで読む. ► *n* 疾走; はねまわること; 急ぎの旅行; 大急ぎで読むこと: take (a) ～ *through* Dickens ディケンズを大急ぎで読む. [*scamp*[1]]
scam·pi /skǽmpi/ *n* (*pl* ～) クルマエビ, エビ; スキャンピ《ニンニクで味付けした scampi のフライ料理》. [It]
scam·ster /skǽm(p)stər/ *n* SCAMMER.
scan /skǽn/ *v* (-nn-) *vt* **1** 細かく[入念に]調べる; つくづく[じろじろ]見る. **2** …にざっと目を通す;〈ある地域を〉一通り見て回る[調べる];〘テレビ〙〈映像を〉走査する;〈磁気テープなどを〉スキャンする《情報を読み取る》; …の放射能探査をする;〘医〙《X 線などで》〈人体を〉走査[スキャン]する;《レーダーやソナーで》探査する;〘電算〙〈データなどを〉《スキャナーで》読み取る,〈画像などを〉取り込む〈*into*〉;〘電算〙〈ファイルなどを〉スキャンする《ウイルス感染などを調べる》. **3**〈詩〉の韻律を調べる, 音脚に分ける; 韻律的に朗読する. ► *vi* 詳しく調べる; ざっと目を通す〈*through*〉; 読み取る, スキャンする;〘テレビ〙走査する; 詩の韻律を調べる; 韻律に合う, 音脚が合う. ● **～ in**〘電算〙スキャナーで取り込む. ► *n* scan すること; 走り読み; 探るような目つき; 視野, 視界;〘医〙SCINTIGRAM;〘医〙走査, スキャン; 走査[スキャン]による画像[データ]; 走査線[点]. [L *scando* to climb, scan (verse)]
Scand., Scan. Scandinavia(n).
Scan·da·hoo·vi·an /skæ̀ndəhú:viən/ *n, a**《俗》SCANDINAVIAN.
scan·dal /skǽnd(ə)l/ *n* **1** 恥辱, 不面目, 名折れ; けしからん[とんでもない]こと; 破廉恥な人; 醜聞, スキャンダル, 汚職[不正]事件[行為], 疑獄: Watergate ～ ウォーターゲート事件 / The price of gas these days is a ～. 昨今のガソリン価格は言語道断だ. **2**《醜聞に対する世間の》騒ぎ, 反感, 憤慨, 物議; 中傷, 陰口, 悪評;〘法〙証人が事件と無関係に相手方の悪口を言うこと, 中傷的申し立て: a ～ breaks (out) / cause [create, give rise to] ～ 世間の物議をかもす / to the ～ of the citizens 市民が憤慨したことには. **3** 宗教にもたらされる不名誉; 他人の信仰のつまずきとなるようなこと. ► *vt* 《古・方》…の悪口を言う, 悪いうわさを広める;《廃》はずかしめる (disgrace). [OF, <Gk =stumbling block, trap]
scándal·ize *vt* 中傷する; 憤慨させる, 愕然とさせる;〘海〙《帆桁を下げるなどして》〈縦帆〉の面積を減らす, 風抜きをする: be ～*d* 憤慨する, 愛想をつかす〈*at*〉. ♦ **scàndal·izátion** *n* **-iz·er** *n*
scándal·mònger *n* 人の悪口を言い触らす人, ゴシップ魔, おしゃべり. ♦ **～·ing** *n*
scándal·ous *a* 外聞の悪い; けしからぬ, 憤慨にたえない, 言語道断な; 中傷する, 中傷的な, 陰口をきく, 悪口の. ♦ **～·ly** *adv* **～·ness** *n*
scándal shèet スキャンダル新聞, 醜聞誌, 赤新聞, 暴露雑誌; *《軍俗》給料支払名簿; *《俗》費用勘定 (swindle sheet).
scan·da·lum mag·na·tum /skǽnd(ə)ləm mægnéɪtəm/ (*pl* **scán·da·la mag·ná·tum** /-lə-/) 偉い人の不品行; 貴人[高官]に対する中傷, 高官名誉毀損. [L]
Scan·da·roon /skæ̀ndərú:n/ *n*〘鳩〙スカンダルーン《胴が細く, 首と頭が長い変わりバト》. [トルコの旧港]
scan·dent /skǽndənt/ *a*〘生〙よじのぼる, 攀縁性の (climbing).
Scan·der·beg /skǽndərbɛ̀g/ SKANDERBEG.
scan·dia /skǽndiə/ *n*〘化〙酸化スカンジウム《白色粉末》.
Scan·di·an /skǽndiən/ *a* スカンディナヴィア半島[語]の. ► *n* スカンディナヴィア人.
scan·dic /skǽndɪk/ *a* SCANDIUM の.
Scan·di·na·via /skæ̀ndənéɪviə/ SCANDINAVIAN PENINSULA; 北欧《ノルウェー・スウェーデン・デンマークに, 時にアイスランドと Faeroe 諸島とフィンランドを含めた総称》.
Scàn·di·ná·vi·an *a* スカンディナヴィアの; スカンディナヴィア人[語]の. ► *n* スカンディナヴィア人; スカンディナヴィア語.
Scandinávian Península [the] スカンディナヴィア半島《ヨーロッパ北部の, ノルウェーとスウェーデンが占める大半島》.
Scandinávian Shíeld [the] BALTIC SHIELD.
Scan·di·noo·vi·an /skæ̀ndənú:viən/ *n, a**《俗》SCANDINAVIAN.
scan·di·um /skǽndiəm/ *n*〘化〙スカンジウム《希有金属元素; 記号 Sc, 原子番号 21》. [L *Scandia* Scandinavia 南部の古称; cf. scandia]
scank /skǽŋk/ *n**《俗》[*derog*] 魅力のない女(の子), 醜い女, ブス, すべた (skank).
scánk·ie *a**《俗》だらしのない, むさい.
scán·na·ble *a*〈詩行が〉音脚に分けられる.
scán·ner *n*〘通信〙走査空中線; 走査装置[機構], スキャナー: a full-body ～《空港のボディーチェック用の》全身スキャナー.
scán·ning *n* SCANSION; 精密検査, 慎重吟味;〘テレビ〙走査;〘医〙スキャニング《服用した放射性物質の体内における動きを観察して異常を探知する》.
scánning dìsk 〘テレビ〙走査(円)板.
scánning eléctron mìcrograph 走査型電子顕微鏡写真.
scánning eléctron mìcroscope 走査(型)電子顕微鏡《略 SEM; cf. TRANSMISSION ELECTRON MICROSCOPE》. ♦ **scánning eléctron micròscopy** *n*
scánning ràdar 走査式レーダー.
scánning túnneling mìcroscope 走査型トンネル(電子)顕微鏡《トンネル効果により探針に流れる電流を用いて原子スケールの表面構造の像を生成する; 略 STM》.
scan·sion /skǽnʃ(ə)n/ *n*《詩の》韻律分析; 韻律的朗読. ♦ **～·ist** *n* [L; ⇨ SCAN]
scan·so·ri·al /skænsɔ́:riəl/ *a*〘動〙よじのぼる(に適した), よじのぼる習性をもった.
scant /skǽnt/ *a* **1** 乏しい, わずかな; *…足らず(の), …弱;〈…が〉足りない〈*of*〉: a ～ attendance 出席者[聴衆]少数 / with ～ courtesy そんざいに / a ～ two hours 2 時間足らず / be ～ *of* breath [money] 息を切らしている[金が乏しい]. **2**〘海〙〈風が〉《詰め開きにしても帆走が困難なほど》逆風の (opp. *large*). **3**《方》けちな; 倹約家の, つましい. ► *vt* 減らす; 出し惜しむ, けちる;〈人に〉十分与えない; 軽く[ぞんざいに]扱う. ► *adv*《方》やっとのことで (scarcely);《方》惜しんで. ♦ **～·ness** *n* [ON=short]
scant·ies /skǽntiz/ *n pl*《口》スキャンティー《女性用の短いパンティー》. [*scant*+*panties*]
scan·tle /skǽntl/ *n*〘建〙スレート穴の位置測定器《$1^1/_2 \times {}^3/_4$ インチの木片》.
scánt·ling *n*《5 インチ角以下の木材・石材の》角材, 小割材; 長さ 6 フィート以上の建築石材;《古》見本; 小角材[小割材]類; 小口(こぐち)寸法, 建築寸法; [°*pl*]〘海〙〈船の〉材料寸法; [a ～] 少量, わずか〈*of*〉. [変形<ME *scantilon* mason's gauge<OF *escantillon* pattern]
scánt·ly *adv* 乏しく, 不足して, わずかに; かろうじて, ほとんど…なく.
scánty *a* 乏しい, わずかな, 貧弱な, 不十分な (opp. *ample*);〈衣服が〉体を露出させる; 狭い, 細い; まばらの; けちけちする. ♦ **scánt·i·ly** *adv* 乏しく, 不十分に, 貧弱に (: ～ clad [dressed] 裸同然の); 惜しんで, けちけちして. **scánt·i·ness** *n*
Sca·pa Flow /ská:pə flóʊ, skǽpə-/ スカパフロー《スコットランド北部 Orkney 諸島内の小湾・軍港; 第一次大戦時の英国第一の海軍基地; ここへ抑留されたドイツ艦隊が英軍の隙をついて自沈した (1919)》.
scape[1] /skéɪp/ *n*〘植〙根生花梗(かこう), 花茎《スイセン・サクラソウなどのように直接地中から出るもの》;〘昆〙柄節《触角の第一節》;〘鳥〙羽幹(うかん)《羽の中軸》;〘建〙《円柱の》柱体(の根元のふくれ). [L *scapus* shaft, stalk<Gk]
scape[2], **'scape** /skéɪp/ *v, n*《古》ESCAPE.
-scape /skèɪp/ *n comb form*「…景」: sea*scape*, cloud*scape*. [land*scape*]
scápe·gòat *n* 身代わり, 犠牲, スケープゴート《人》〈*for*〉;〘聖〙贖罪(しょくざい)のやぎ《昔ユダヤで贖罪日に人びとの罪を負わせて荒野に放したヤギ; *Lev* 16》. ► *vt* 身代わりにする, …に罪をきせる. ♦ **～·ing, ～·ism** *n* 人に罪をかぶせること, 身代わりにすること. [*scape*[2]]
scápe·gràce *n* 厄介者, ごくつぶし; [*joc*] いたずらっ子.
scápe whèel ESCAPE WHEEL.
scaph- /skǽf/, **scapho-** /skǽfoʊ, -fə/ *comb form*「舟形(の)」[Gk *skaphos* boat]
scaph·oid /skǽfɔɪd/〘解〙*a* 舟状の. ► *n* 舟状骨.

scaph·o·pod /skǽfəpɑ̀d/ *n, a* 〔動〕掘足(ほりあし)類の(軟体動物)《ツノガイの類》.
scá·pi·fòrm /skéɪpɪ-, skǽp-; skǽp-/ *a* 〔植〕花茎状の.
Sca·pin /*F* skapɛ̃/ スカパン《Molière, *Les Fourberies de Scapin* (1671) 中の知恵のまわる従僕》.
scap·o·lite /skǽpəlàɪt/ *n* 〔鉱〕柱石, スカポライト.
sca·pose /skéɪpous/ *a* 〔植〕花茎 (scape) をもつ[からなる].
s. caps 〔印〕°small capitals.
scap·u·la /skǽpjələ/ *n* (*pl* **-lae** /-lìː, -làɪ/, **~s**) 〔解〕肩甲骨 (＝*shoulder blade* [*bone*]). [L]
scap·u·lal·gia /skæ̀pjəlǽlʤiə/ *n* 〔医〕肩甲(骨)痛.
scap·u·lar /skǽpjələr/ *a* 〔解〕肩甲骨の, 肩の; 肩羽(かたばね)の. ► *n* 修道士の肩衣(かたぎぬ); スカプラリオ《カトリック教徒が信仰のしるしとして平服の下に肩から下げる 2 枚の羊毛の布きれ》; 〔鳥〕肩羽 (＝**~ féather**); 〔解〕SCAPULA; 〔医〕肩甲包帯.
scápular árch 〔解〕肩甲帯 (pectoral girdle).
scápular mèdal スカプラリオ (scapular) の代わりに身に着けるメダル.
scap·u·lary /skǽpjəlèri; -ləri/ *a* SCAPULAR. ► *n* 修道士の肩衣 (scapular); 〔鳥〕肩羽.
scar[1] /skɑ́ːr/ *n* きずあと, 《やけど・できものなどの》あと, 瘢痕(はんこん); 《鋳物の》きず; 〔植〕葉痕, 葉柄痕; [*fig*] 《あとに残る》きず, きずあと: leave a ~ on one's good name [mind] 名声にきずがつく[心にきずあとが残る]. ► *v* (**-rr-**) *vt* …にきずあとを残す; そこなう, 醜くする: be *scarred* for life 生涯きずあとが残る. ► *vi* きずになる; きずあとを残して治る ‹*over*›. ♦ **~·less** *a* きずのない, 無きずの; きずを残さない. **scárred** *a* きずあとのある. [ESCHAR[1]]
scar[2] *n* (山腹の)切り立った岩; 暗礁, 突出[孤立]した岩礁. [ON ＝low reef]
scar·ab /skǽrəb/ *n* 〔昆〕コガネムシ (＝**~ bèetle**), 《特に》オオタマオシコガネ (＝sacred ~)《古代エジプトで神聖視された》; 〔古代エジプト〕スカラベ《オオタマオシコガネの形に彫刻した宝石・陶器で, 底平面に記号を刻んで護符または装飾品とした》. [*scarabaeus*]
scar·a·bae·id /skæ̀rəbíːəd/ *n, a* 〔昆〕コガネムシ科 (Scarabaeidae) の(昆虫). ♦ **scàr·a·báe·an** *a*
scar·a·bae·oid /skæ̀rəbíːɔ̀ɪd/ 〔昆〕*a* 鰓角(さいかく)類[コガネムシ上科] (Scarabaeoidea) の. ► *n* コガネムシ科(近縁)の昆虫 (scarabaeus); SCARABOID.
scar·a·bae·us /skæ̀rəbíːəs/ *n* (*pl* **~·es, -baei** /-bíːàɪ/) **1** 〔昆〕オオタマオシコガネ, タマコロガシ. **2** 〔古代エジプト〕スカラベ (scarab). [L＜Gk]
scar·a·boid /skǽrəbɔ̀ɪd/ *a* 〔昆〕SCARABAEOID; 甲虫石の(ような); まがい甲虫石の. ► *n* まがい甲虫石.
Scar·a·mouch, -mouche /skǽrəmàuʧ, -mùːʧ, -mùːʃ/ **1** スカラムッチア《COMMEDIA DELL'ARTE に登場する, からいばりする臆病者; いつも Harlequin にいじめられる》. **2** ほら吹き; [s-] やくざ者 (rascal, scamp). [F＜It *scaramuccia* skirmish]
Scar·bor·ough /skɑ́ːrbə̀ːrə, -bʌ̀rə, -b(ə)rə; -b(ə)rə/ スカーバラ《イングランド北東部 North Yorkshire の北海に臨む漁港・保養地》.
scarce /skéərs/ *a* ‹食べ物・金・生活必需品が›不足で, 少なくて, 欠乏して ‹*of*›; まれな, 珍しい: a ~ book 珍本. ● **make oneself ~** 《口》さっさと[そっと]出て行く, 急にいなくなる, 《じゃまにならないように》どく; ‹場所・会合などに›近寄らない, 顔を出さない ‹*in, at*›. ► *adv* 《古・文》SCARCELY. ♦ **~·ness** *n* [AF＜Romanic＝plucked out (L *excerpo* to EXCERPT)]
scárce·ly *adv* **1** かろうじて, やっと; ほとんど…ない: ~ twenty people 20 人そこそこ / I ~ know him. 彼をほとんど知らない. **2** [can などを伴って] 絶対[とても, とうてい]…ない: She *can* ~ have said so. まさかそうは言わなかったろう. ● **~** ANY. **~...but** …しないこと[者]はまれだ: There is ~ a man *but* has some hobby. 何かの道楽のない人はまずない. **~** EVER. **~ less** ほとんど等しく. **~...when** [**before**] …するかしないうちに《強調のため転倒されることが多い》: He had ~ begun his speech *when* the door was opened. 彼が演説を始めたかと思うと戸が開いた《*S*~ had he begun…とするのはやや文語的》.
scárce·ment *n* 〔建〕壁に張り出した柵, 足掛かり, 犬走り, 小段; 〔鉱〕はしご掛け.
scar·ci·ty /skéərs(ə)ti/ *n* 不足, 欠乏, 払底 ‹*of*›; まれなこと, 稀少性; 食糧難, 飢饉. [OF; ⇨ SCARCE]
scare /skéər/ *vt* (突然)びっくりさせる, こわがらせる, おどす, おびえさせる; おどして追い払う ‹*away, off, out* (*of*)›: You ~*d* me. おどかさないでよ, ああびっくりした / be ~*d of*…をこわがる / ~ the wits *out of* sb 人をひどくびっくりさせる / ~ sb *into* doing 人をおどして…させる / be ~*d out of* one's senses [wits] びっくりして度を失う / ~ sb *to* death 人を死ぬほどこわがらせる / be more ~*d* than hurt 取越し苦労をする / be ~*d* STIFF. ► *vi* こわがる, びっくりする, おびえる: This dog ~*s* easily. ● **~ out** ⇨ *vt*; ‹猟獣を›狩り出す (scare up). **~ sb shitless** *《卑》＝**~ sb spitless** [**witless**] *《俗》人を震えあがらせる. **~ up** ‹潜んでいる猟獣を›狩り出す; *《口》明るみに出す; *《口》‹物・人員などを›見つけてくる, かき集める, 《ありあわせの物で》‹食事などを›用意する. ► *n* 《戦争などの風説に》騒ぐこと, (むやみに)びくびくすること; 狼狽, パニック; [the] *《俗》おどし, 脅迫: have [give] a ~ ぎょっとする[させる]. ● **throw a ~** *‹人を›あっといわせる, どぎもを抜く ‹*into*›. ► *a* 恐怖心をあおる, 恐慌をひき起こす. ♦ **scár·er** *n* おどかす人[もの]. **scár·ing·ly** *adv* [ON＝to frighten (*skjarr* timid)]
scáre bàdge *《軍俗》落下傘部隊その他のきびしい訓練をうけた認証として与えられるバッジ.
scáre bùying 《品不足を見越した》異常な買いだめ.
scáre·cròw *n* **1** かかし; こけおどし, 威嚇(作戦); 《口》《身なりの》みすぼらしい人, やせっぽち. **2** [the S-] かかし《*The Wizard of Oz* の登場者; 脳を Oz の魔法使いに授けてもらうために DOROTHY に同行して冒険をする》. ♦ **~·ish** *a*
scared /skéərd/ *a* こわがった, おびえた ‹*of*›: Are you ~? こわいの? ● **run ~** *落選を予想してあせる; 《口》うろたえる, あわてふためく.
scáredy-càt, scáirdy-càt /skéərdi-/ *n* 《口》人一倍びくつく人, こわがり屋, 臆病者《主に子供の用語》.
scáre·hèad *n* 《不安をかきたてるような》特別大見出し (＝**scáre hèadline** [**hèading**]) (cf. SCREAMER).
scáre·mònger *n* 人騒がせな情報[予測, 警告]を広める者, デマを飛ばす人. ♦ **~·ing** *n*
scáre quòtes *pl* 注意喚起の引用符《引用された語(句)の用法に懐疑的であることを示す》.
scáre tàctics *pl* おどし戦術.
scáre tràp, scáred tràp *《俗》《架線工事人などの》安全ベルト, 《飛行機の》シートベルト.
scarey ⇨ SCARY.
scarf[1] /skɑ́ːrf/ *n* (*pl* **scarves** /skɑ́ːrvz/, **~s**) スカーフ; 襟巻, マフラー; ネクタイ (necktie, cravat); 〔軍〕飾帯, 肩章 (sash); *テーブル掛け, ピアノ掛け《など》; 《古》〔英国教〕頸垂(けいすい)帯《祈禱の際に牧師が着用する黒の長いスカーフ》. ► *vt* スカーフでおおう; おおう, (かるく)包む; ‹外套などを›まとう, はおる ‹*around*›. ♦ **~·less** *a* **~·like** *a* [? OF *escarpe* sash, sling]
scarf[2] *vt* ‹木材・金属・皮革を›接合する, そぎ継ぎ[すべり刃継ぎ]にする, ‹木材に›《そぎ継ぎの》刻みをつける; ‹鯨を›切り裂く, ‹鯨›の皮をはぐ. ► *n* (*pl* **~s**) 《木材・皮革・金属の》そぎ継ぎ, すべり刃継ぎ (scarf joint); 刻み, 溝; 《はぐための》切り溝, はいだ鯨の皮. ♦ **~·er** *n* [? OF *escarf*＜?Scand]
scarf[3] *《俗》*n* 食い物, 食事. ► *vt, vi* 《がつがつと》食う, 《がぶがぶと》飲む ‹*up*›; 盗む, くすねる, かっぱらう ‹*up*›; (見)捨てる, あきらめる. ● **~ down** [**up**] 《急いで》食う, 平らげる, 飲み込む. **~ out** *ばか食いする (pig out). [C20＜? SCOFF[2]; cf. OE *sceorfan* to bite]
Scár·fàce スカーフェイス, 'Frameless'《Al CAPONE の異名; 左の頬にきずあとがあった》.
scár-fàced *a* 顔にきずあとのある.
scarfed /skɑ́ːrft/, **scarved** /skɑ́ːrvd/ *a* SCARF[1] をつけた.
scárf·ing *n* [Ⅱ]《俗》スカーフィング《性的刺激としてみずから窒息状態にはいること》.
scárf jòint 〔建など〕そぎ継ぎ, すべり刃継ぎ, 相欠き鎌継ぎ, 台持継ぎ.
scárf·pìn *n* スカーフ留め, ネクタイピン (tiepin).
scárf·rìng [Ⅱ]*n* スカーフリング《スカーフ[ネクタイ]留め》.
scárf·skìn *n* 表皮 (epidermis), 《特に爪の根元の》甘皮.
scárf-wìse *adv* 《飾帯風に》肩から腰へ斜めに.
scar·i·fi·ca·tion /skæ̀rəfəkéɪʃ(ə)n, skɛ̀r-/ *n* **1** 〔医〕乱切(法); 乱切のきずあと; 〔農〕土かき, 耙耕(はこう); 種皮処理. **2** 酷評.
scar·i·fi·ca·tor /skǽrəfəkèɪtər, skɛ́r-/ *n* 〔医〕乱切刀, 乱切器; 〔農〕土かき具, 耙耕器.
scár·i·fì·er *n* SCARIFICATOR; 〔医〕乱切者; スカリファイヤー《スパイク付きの路面破壊機》; サッチング機, ローンコーム《芝の刈りくず・枯れた芝を掘り起こす機械》.
scar·i·fy[1] /skǽrəfàɪ, skɛ́r-/ *vt* **1** 〔医〕乱切する; ‹道路(の路面)を›掘り起こして砕く; 〔農〕‹畑›の土かきをする, 耙耕する; ‹芝生を›サッチングする《scarifier で芝の刈りくずなどを取り除く》; ‹種›の表皮に切り込みをつける, 種皮処理する. **2** 《文》酷評する, さんざんけなす, 悩ます, いじめる. [F, ＜Gk＝to scratch an outline (*skariphos* stylus)]
scarify[2] *vt* SCARE. ♦ **~·ing** *a* **~·ing·ly** *adv*
scar·i·ous /skéəriəs/ *a* 〔植〕‹包葉などが›薄膜状の, 膜質の.
scar·la·ti·na /skɑ̀ːrlətíːnə/ *n* 〔医〕猩紅熱 (scarlet fever). ♦ **-tí·nal** *a* **-tí·nous** /, skɑːrlǽtənəs/ *a* [NL＜It (dim)＜*scarlatto* SCARLET]
scar·la·ti·noid /skɑ̀ːrlətíːnɔ̀ɪd/ *a* 猩紅熱様の.
Scar·lat·ti /skɑːrlǽti/ スカルラッティ (1) **Alessandro** (**Gaspare**) ~ (1660–1725)《イタリアの作曲家; イタリアのバロックオペラを定式化した》 (2) (**Giuseppe**) **Domenico** ~ (1685–1757)《イタリアの作曲家・チェンバロ奏者で Alessandro の息子; 550 を超すチェンバロソナタを作曲した》.
scar·let /skɑ́ːrlət/ *n* 緋色, 深紅色; 《大司教・英国高等法院判事・英国陸軍将校などの》緋色の服, 深紅の大礼服; 緋色の布; [*fig*] 《《性の》罪の表徴としての》緋色 (cf. SCARLET LETTER). ► *a* 緋色の, 深紅色の; 目に余る, 言語道断の, もってのほかの; みだらな‹女›, 売春婦の. [OF *escarlate*＜?; cf. Pers *sagalāt* bright redcloth]

scárlet cúp〘菌〙ベニチャワンタケ《外面が白く内面が赤い皿状のチャワンタケ》.
scárlet éggplant〘植〙カザリナス, ヒラナス, アカナス《アフリカ原産; 観賞用, ナスの接ぎ台》.
scárlet féver〘医〙猩紅(しょうこう)熱 (=*scarlatina*).
scárlet gília〘植〙北米西部産ハナシノブ科イポモプシス属またはヒメハナシノブ属の二年草[多年草] (=*skyrocket*).
scárlet hát《枢機卿の》RED HAT, 枢機卿の地位.
scárlet íbis〘鳥〙ショウジョウトキ《中米・南米産》.
scárlet lády SCARLET WOMAN.
scárlet létter **1** 緋文字《緋色の布で作った adultery の頭字 A; 昔 姦通者が胸に付けさせられた》. **2** [The S- L-]『緋文字』《Hawthorne の小説 (1850); ⇨ HESTER PRYNNE》.
scárlet lýchnis〘植〙アメリカセンノウ (Maltese cross).
scárlet óak〘植〙ベニガシワ《米国東部原産の落葉高木; 葉が深裂 7 弁で秋に紅葉する》.
scárlet pímpernel **1**〘植〙アカバナ[ベニバナ]ルリハコベ (=*poor man's* [*shepherd's*] *weatherglass*, *red pimpernel*, *shepherd's calendar*, *water pimpernel*)《曇天時に花が閉じる》. **2** 国外へ連れ出して人を危機から救う人《Orczy 男爵夫人の小説 *The Scarlet Pimpernel* の主人公より》.
scárlet rásh〘医〙緋紅色疹, 深紅色疹 (roseola).
scárlet rúnner (bèan)〘植〙ベニバナインゲン.
scárlet ságe〘植〙サルビア, ヒゴロモソウ《最も普通のサルビア; ブラジル原産》.
scárlet tánager〘鳥〙アカフウキンチョウ (=*redbird*, *red robin*)《北米産; 繁殖期の雄は朱赤色, 翼と尾は黒》.
Scar·lett O'·Hara /ská:rlət ouhǽrə/ スカーレット・オハラ《Margaret Mitchell の小説 *Gone with the Wind* の女性主人公; ⇨ RHETT BUTLER》.
scárlet wóman [**whóre**] 不義の[多情な]女, 売春婦;〘聖〙緋色の淫婦《*Rev* 17: 1–6; のちにローマカトリック教会に対する蔑称》.
scarp /ská:rp/ *n*〘城〙《外濠の》内壁, 内岸; 急傾斜(面), 急坂;〘地質〙《断層[侵食]による》断崖;《波の侵食による》海岸沿いの低い急斜面. ► *vt*〈斜面を〉急にする;〈濠〉の内岸に急傾斜をつける. ♦ **~ed** *a* [It *scarpa* slope]
scarp·er /ská:rpər/ *ˈˈ*《俗》*vi* 大急ぎで立ち去る, 逃げる,《特に 勘定を払わないで》ずらかる. ► *n* 大急ぎで立ち去ること: do a ~ ずらかる. [? It *scappare* to escape; *Scapa Flow* (韻俗) to go の影響]
scarph /ská:rf/ *n*, *vt*〘建など〙SCARF[2].
scárp slòpe〘地質〙階崖, スカープスロープ《ケスタ (cuesta) の急傾斜面; cf. DIP SLOPE》.
Scar·ron /skærṓu/ スカロン **Paul ~** (1610–60)《フランスの詩人・劇作家; 小説 *Le Roman comique* (1651–57)》.
scar·ry /ská:ri/ *a* きずあとのある (scarred).
Scars·dale /ská:rzdèɪl/ スカーズデール《New York 州南東部 New York 市の北にある町; 郊外住宅地》.
scart /ská:rt/《スコ》*n* かきむしり, かすり傷; 走り書き, 筆跡. ► *vi*, *vt* かきむしる, かく. [ME (変形) ‹ *scratten* to scratch]
Scart, SCART /ská:rt/ *n* スカート《ビデオ装置を接続する 21 ピンのソケット》. [F *S*yndicat des *C*onstructeurs des *A*ppareils *R*adiorecepteurs et *T*eleviseurs; 考案した団体]
scár tìssue〘医〙瘢痕(はんこん)組織.
scar·us /skéərəs/ *n*〘魚〙ブダイ科の魚《地中海産; 古代ローマ人が珍重した》. [L‹Gk]
scarved ⇨ SCARFED.
scarves *n* SCARF[1] の複数形.
scary, scar·ey /skéəri/ *a*《口》驚きやすい, 臆病な, こわがりな;《口》恐ろしい, こわい, おっかない; こわくなった, びくびくしている; すごくびっくりするような; *《俗》いかさない, ブスな. ♦ **scár·i·ly** *adv* **-i·ness** *n* [*scare*]
scat[1] /skǽt/《口》*vi* (-**tt**-) 急いで立ち去る; [*impv*] しっ, あっちへ行け, うせろ (Go away!). [? a hiss+*cat* (猫を追い払う間投詞から), or ?*scatter*]
scat[2]〘ジャズ〙*n* スキャット《歌詞の代わりに楽器を模した意味のない音を連ねる歌[歌い方]》. ► *vi* (-**tt**-) スキャットで歌う. [C20 ? imit]
scat[3] *n*〘魚〙クロホシマンジュウダイ. [*scato*phagus; しばしば下水口に見られることから]
scat[4] *n* 動物の糞; *《俗》ヘロイン, なこ. [SCAT-]
scat[5] *n**《俗》《安物の》ウイスキー. [C20‹?]
scat- /skǽt/, **scato-** /skǽtou, -tə/ *comb form*「糞(ふん)」 [Gk (*skat-* *skōr* dung)]
SCAT School and College Ability Test ♦ supersonic commercial air transport.
scát·bàck *n*〘アメフト〙スキャットバック《駿足でタックルを巧みにかわす攻撃側のバック》.
scathe /skéɪð/ *n* /, -θ/ [ᵘ*neg*]《古・方》害, 損傷 (injury): without ~ 害がなく, つつがなく. ► *vt*《古》酷評する;《古・方》傷つける, だめにする;〈火・電光が〉焼く, 焦がす. ♦ **~·less** *pred a* 無傷で, 無難で. [ON‹Gmc (OE *sceatha* malefactor, injury)]
scath·ing /skéɪðɪŋ/ *a* 冷酷な, 仮借のない, こきおろす, 痛烈な〈批評・あざけりなど〉; 害を与える. ♦ **~·ly** *adv*
sca·tol·o·gy /skætáləʤi, skə-/ *n*〘医〙糞便(による)診断; 糞便学; 糞石学《化石の》; わいせつ性; わいせつ文学, 糞尿譚; 糞尿趣味, スカトロジー. ♦ **-gist** *n* **scàt·o·lóg·i·cal, -lóg·ic** *a* [Gk (*scat-*, *-o-*, *-logy*)]
sca·toph·a·gous /skətáfəgəs/ *a*〘昆〙糞便を食う, 食糞性の.
sca·tos·co·py /skətáskəpi/ *n*〘医〙糞便検査[視診].
scát sìnging〘ジャズ〙スキャット(唱法) (SCAT[2]).
scatt /skǽt/ *n*《Orkney および Shetland 諸島で》地租.
scat·ter /skǽtər/ *vt* **1** ばらまく, 振りまく, まき散らす〈*about*, *around*, *over*〉; 追い散らす, ばらばらにする;〈力などを〉むだに分散する;〈希望・疑惑・恐怖などを〉消散させる; 散在させる, あちこちに置く;〘理〙〈光・粒子などを〉散乱させる, 拡散させる: ~ gravel on the road=~ the road with gravel. **2**〈投手が〉…安打散発に押える. **3**《古》濫費する,〈財産を〉使いはたす. ► *vi* 四散する, ちりぢりになる, 散逸する; 消散する;〈弾丸が〉散発する;〈光などが〉散乱する. ► *n* まき散らすこと; まき散らされたもの;《データなどの》ばらつき(の範囲), 分布;《特に散弾の》飛散範囲;《光の》散乱; *《俗》SCATTERGUN; *《俗》(もぐり)酒屋[バー], 隠れ家, アパート: a ~ of applause パラパラの拍手. ♦ **~·able** *a* **~·er** *n* [変形く? *shatter*]
scátter àrm《スポ俗》投球[スロー]の不安定.
scat·ter·a·tion /skæ̀təréɪʃ(ə)n/ *n* 分散, 散乱(状態);《人口・産業の》地方分散;《それによる》地方の都市化;《予算・労力などの》総花的配分(法).
scátter·bràin *n* 頭の散漫な人, 気の散るやつ, 物忘れのひどい人, 粗忽者. ♦ **~ed** *a*
scátter communicàtion〘通信〙散乱伝搬による通信 (OVER-THE-HORIZON communication).
scátter cùshion*《ソファー用の》小型クッション.
scátter dìagram〘統〙散布図, 点図表, 分散[散点]ダイヤグラム (=*scatter plot*).
scát·tered *a* ちりぢりになった, 離ればなれの, 散在[点在]している, まばらな; 散漫な;《俗》薬(ヤク)で酔った, 薬で頭がぼうっとなった: ~ showers ところどころ降るにわか雨. ♦ **~·ly** *adv* **~·ness** *n*
scátter·gòod *n* 金づかいの荒い人, 浪費家.
scátter·gràm, -gràph *n* SCATTER DIAGRAM.
scátter·gùn *n* 散弾銃 (shotgun);《軍俗》MACHINE GUN [PISTOL]. ► *a* 散弾銃の (shotgun); 強制的な; 手当たりしだいの, なんでもござれの, 行き当たりばったりの.
scátter·ing *n* 分散する[される]こと; 四散したもの; 少量, 少数, まばら;〘理〙散乱: a ~ of houses 点在する家. ► *a* 四散する, ばらばらの; 散発的な; 分散した: ~ votes 散票. ♦ **~·ly** *adv* 分散して, ばらばらに.
scáttering làyer 散乱層《海洋中のプランクトンのつくる層; 音波を反射する》.
scáttering màtrix S MATRIX.
scat·ter·om·e·ter /skæ̀tərámətər/ *n* スキャタロメーター《レーザー光線・超短波などを広範囲に放射し, 戻ってくる信号を記録する; レーダー様の装置》.
scátter pìn スキャターピン《2 個以上組み合わせて用いるドレスの飾りピン》.
scátter plòt〘統〙SCATTER DIAGRAM.
scátter propagàtion〘通信〙散乱伝搬 (=*over-the-horizon propagation*).
scátter rùg《部屋のあちこちに置いて用いる》小型じゅうたん (=*throw rug*).
scátter·shòt* *n*《装塡した》散弾, 散弾の飛散. ► *a* 場あたり的な, でたらめな, 散漫な.
scátter·site hòusing〘米〙分散住宅(計画)《中産階級の居住区に低所得者用の公営住宅を分散して建てる》.
scátter transmìssion〘通信〙散乱伝搬による伝送 (over-the-horizon communication).
scat·ty /skǽti/ *ˈˈ*《口》*a* おつむの軽い, ぼけっとした, 物忘れのひどい;〈話などが〉あてにならない: drive sb ~〈人〉の気を散らす,〈人〉をいらいらさせる. ♦ **scát·ti·ly** *adv* **-ti·ness** *n* [*scatter*brained]
scaud /ská:d, skɔ́:d/ *vt*, *vi*《スコ》SCALD[1].
scaup /skɔ́:p/ *n* (*pl* ~, ~**s**)〘鳥〙ハジロガモ属のカモ (=~ **dùck**),《特に》スズガモ (greater scaup), コスズガモ (lesser scaup);《方》SCALP.
scaup·er /skɔ́:pər/ *n* SCORPER.
scaur /ská:r, skɔ́:r/ *n*《スコ》SCAR[2].
scav·enge /skǽvənʤ, -vɪnʤ/ *vt*〈ごみなどを〉取り除く;〈場所を〉清掃する;〈利用できるものを〉廃品の中から取り出す,〈廃品〉から利用できるものを取り出す;〈腐肉・厨芥(ちゅうかい)などを〉食べる; 内燃機関の気筒から〈燃焼爆発したガスを〉排出する, 掃気する;〈不要物を〉化学[物理]的に除去する;〘冶〙〈溶解金属を〉純化する. ► *vi* SCAVENGER として働く[作用する];〈食べ物などを〉あさる,〈物・人を〉探しまわる〈(*around*) *for*〉; 廃品を利用する;〈気筒が〉掃気される. ► *a* SCAVENGING. [逆成く SCAVENGER]
scávenge pùmp〘機〙《内燃機関の》排油ポンプ.
scáv·en·ger *n* **1**〘生態〙清掃動物《特に ハゲタカ・カニ・アリなど》;

くず拾い《人》; くず屋, 廃品回収業者; "市街清掃夫; 掃除夫; 不純物除去剤, 殺菌[消毒]剤, 掃鉛剤, スカベンジャー. **2**〘魚〙ハマフエフキ《インド洋・太平洋の沿岸域にすむフエフキダイの一種》. ♦ **scáv·en·gery** *n* 街路掃除, 掃除屋の仕事. [ME＝inspector of imports <AF *scawager* (⇨ SHOW); *-n-* は cf. MESSENGER]

scávenger bèetle〘昆〙清掃甲虫《腐敗物を食うガムシ科のケシガムシなど》.

scávenger hùnt 借り集め[品ぞろえ]競争《定められた数種の品物を買わずに手に入れて早く戻るパーティーゲーム》.

scáv·eng·ing *a*〘機〙《エンジンの》掃気過程の.

scawt·ite /skɔ́ːtàɪt/ *n*〘鉱〙スコータイト《北アイルランドの Scawt Hill に産するカルシウムのケイ酸塩・炭酸塩からなる無色の小板状晶》.

sca·zon /skéɪz(ə)n/ *n*〘韻〙CHOLIAMB. [L<Gk]

ScB [L *Scientiae Baccalaureus*] °Bachelor of Science.

ScD [L *Scientiae Doctor*] Doctor of Science.

SCE °Scottish Certificate of Education.

sce·na /ʃéɪnɑː, -nə/ *n* (*pl* **-nae** /-ni, -nàɪ/)〘楽〙シェーナ《歌劇の一場面; 劇的独唱曲》. [It＝scene]

S

sce·nar·io /sənɛ́riòu, -nǽr-, -nɑ́ː-; -nɑ́ː-/ *n* (*pl* **-i·òs**) **1**〘劇〙筋書; (commedia dell'arte) の筋書; 《オペラの》台本;〘映〙映画脚本 (screenplay), 撮影台本 (shooting script), シナリオ. **2** 筋書, 計画の大筋, 予想される展開; 《観測事実を説明する》科学的モデル: in the worst ～ 最悪の場合(は). **3**《文学[美術]作品の》場面(設定), 舞台, 背景. [It<L SCENE]

sce·nar·ist /sənɛ́rɪst, -nǽr-; síːn(ə)-, sɪnɑ́ː-/ *n* シナリオ作家.

scend, send /sɛ́nd/ *n* 波の推進力, うねり; 船の縦揺れ. ►〘海〙*vi* 波から波へと進む; 波に持ち上げられる.

scene /síːn/ *n* **1 a**《事件・小説などの》舞台, 場面, 現場: the ～ of the crime 犯行現場 (cf. SCENE(S)-OF-CRIME). **b**〘劇〙場(ば) (⇨ ACT);〘映〙一場面, シーン; 《芝居の》書割(かきわり), 背景, 道具立て, 舞台(面). **c**《人生などの》ひとこま, 挿話; 事件, 史実; 《人前での》大騒ぎ, 醜態: make [create] a ～ ひと騒ぎ[ひと悶着]起こす. **2 a** 景色, 風景; 情景. **b** 状況, 実状, 事態; [the]《口》活動の領域[舞台], 《ファッション・音楽など》…界; [one's] [*neg*]《口》興味(の対象), 好み; *《俗》《クールジャズ愛好家の》たまり場[集会]; [the]《ゲイの集まる》発展場(はってん), ゲイクラブ; *《俗》麻薬をやる場所[環境]: It's not *my* ～. それはわたしの好みに合わない. ● **a change of ～** 日常からの脱出; 《演劇の》場面転換. **behind the ～s** 舞台裏で; こっそり; 舞台裏[裏の事情]のわかるところ[立場]に[で]. **hit the ～**《口》現われる. **make the ～**《口》その場にちゃんといる;《口》《一般に》姿を見せる, 現われる; 《催しなどに》参加する; 《活動に》《派手に》加わる; 一躍注目される; 成功する, やってのける; 状況を理解する; やってみる, 体験してみる: *make the* political ～ 政治に首を突っ込む. **on the ～** 現場に, その場で; "流行して: come [arrive] *on the* ～ 現場[舞台]に現われる; [*fig*] 登場する / be *on the* ～ 姿を現わす; 首を突っ込む. **quit the ～** 退場する; 死ぬ. **set the ～** 用意する, 〈…への〉道を開く 〈*for*〉; 場所を設定する, 場所について詳しく説明する. **steal the ～** 主役の人気をさらう[お株を奪う]. [L<Gk *skēnē* tent, stage]

scène /*F* sɛn/ *n* SCENE. ● **en ～** 上演されて (on the stage).

scène à faire /*F* sɛn a fɛːr/ 山場, 見せ場. [F＝scene for action]

scéne dòck [bày]《劇場の》背景室, 道具部屋, 馬立て《通例舞台の近くにある》.

scéne·man /-mən/ *n*《古》道具方 (sceneshifter).

scéne-of-críme *a* "〘警察〙鑑識の.

scéne pàinter《舞台の》背景画家.

scéne pàint·ing《舞台の》背景画(法).

sce·nery /síːn(ə)ri/ *n*《一地方の》(全)風景; 舞台面, 道具立て, 背景《集合的; cf. PROPERTY》. ● **a change of ～**＝a change of SCENE. **chew (up) the ～** 大げさに演じる (overact). [C18 *scenary*<It; ⇨ SCENARIO]

scéne·shìft·er *n*《芝居の》道具方. ♦ **-shìft·ing** *n*

scénes-of-críme "*a* SCENE-OF-CRIME.

scéne-stèal·er *n*〘劇〙主役を食う脇役.

scéne·ster *n**《口》《ファッション界・芸能界などの》通(つう), 《特定ジャンルの音楽の》ファン.

sce·nic /síːnɪk, sɛ́n-/ *a* **1** 景色の, 風景の; 景色のよい, 風光明媚な: a ～ artist 風景画家 / ～ beauty 景勝 / a ～ spot 景勝の地, 景観地 / a ～ zone 風致地区. **2 a** 舞台(上)の; 舞台装置の, 道具立ての; 劇の, 劇的な; 〈感情・表情など〉芝居がかった, 気取った. **b**《装飾的に対して》ある場面[できごと など]を描いた, 描景の〈絵など〉. ► *n* 風景画[写真], 自然の景観を見せる映画. ♦ **scé·ni·cal** *a* SCENIC. **-ni·cal·ly** *adv* 景色[風景]に関して; 劇的に, 芝居がかりに.

scénic ráilway《遊園地などで人工的な風景の間を走る》豆鉄道; ROLLER COASTER.

scé·no·gràph /síːnə-/ *n* 遠近画; 《古代ギリシアの》配景画. ♦ **～·er** *n*

sce·nog·ra·phy /sinɑ́grəfi/ *n* 遠近図法; 《古代ギリシアの》配景図法. ♦ **sce·no·graph·ic** /sìːnəgrǽfɪk/, **-i·cal** *a* **-i·cal·ly** *adv* [Gk＝SCENE-painting]

scent /sɛ́nt/ *n* **1** 匂い; 香り, 香気; "香水. **2 a** [ᵁ*sg*]《獣の》遺臭, [*fig*] 手掛かり, かすかな徴候; 散らし紙《HARE AND HOUNDS で hare がまく紙片》; 《獲物を引き寄せるための》擬臭: a cold ～ かすかな[古い]臭跡 / a hot ～ 強い[新しい]臭跡 / get the ～ of victory 勝利を予感する / follow up the ～ 遺臭をかぎながら追跡する; [*fig*] 手掛かりをたどって追求する / lose the ～ 手掛かりを失う. **b**《猟犬などの》嗅覚; 《人の》勘, 直覚力 (nose) 〈*for*〉. ● **off the ～**＝**on a wrong [false] ～** 手掛かりを失って, まかれて; 失敗しそうで: throw [put] the police *off the* ～ 警官をまく. **on the ～** かぎつけて, 手掛かりを追って.

► *vt* **1** かぎつける, かぎ分ける, …の臭跡をつける; [*fig*] 〈秘密などを〉かぎつける, 〈危険など〉に感づく: The hound ～*ed* a fox. 犬がキツネをかぎ出した / ～ gossip 人のうわさ話をかぎつける / ～ victory 勝利を予感する. **2** 匂わす, かおらせる, …に香水をつける: ～ one's handkerchief ハンカチに香水をつける. ► *vi* 遺臭をたどって追跡する; 〈…の〉匂いがする, 〈…の〉気がある 〈*of*〉: The dog went ～*ing about*. 臭跡を追って駆けまわった / The atmosphere ～*ed of* revolt. 付近の様子は反乱を思わせた. ● **～ out** かぎつける, 感づく. ♦ **～·less** *a* 匂い[香り]のない, 無臭の; 《狩猟で》遺臭の消えた. [OF *sentir* to perceive<L; ⇨ SENSE¹]

scént bàg 匂い袋 (sachet);〘動〙匂い袋, 香腺.

scént bòttle "香水瓶.

scént·ed *a* **1** 香水をつけた, 香料入りの; 匂いのよい, 香り高い, 芳しい. **2** [*compd*] …の匂いがする; 嗅覚が…の: strong-～ 匂いの強い / keen-～ 嗅覚の鋭い.

scénted órchid〘植〙テガタチドリ (FRAGRANT ORCHID).

scént glànd〘動〙麝香(じゃこう)分泌腺, 香腺.

scént hòund セント[嗅覚]ハウンド《鋭敏な嗅覚で獲物を追う猟犬; cf. SIGHT HOUND》.

scéntless cámomile [máyweed]〘植〙イヌカミツレ《キク科》.

scént màrk〘動物行動学〙臭痕, 匂いのマーク《動物が自分の存在を他の動物に知らせるために尿その他で地面などに独特の匂いをつけるもの》. ♦ **scént màrking** 匂いづけ(行動).

scent·om·e·ter /sɛntɑ́mətər/ *n*《大気汚染調査などのための》呼気分析計.

scént òrgan〘動〙臭器官《香腺など》.

scepsis ⇨ SKEPSIS.

scep·ter | -tre /séptər/ *n*《帝王の》笏(しゃく); [the] 王権, 王位; 主権: sway [wield] *the* ～ 君臨[支配]する / lay down *the* ～ 王位を退く. ► *vt* …に笏を授ける; …に王権[主権]を与える. ♦ **～·less** *a* 笏のない; 王権の支配をうけない; 王権をもたない. **scép·tral** *a* [OF, <Gk＝shaft (*skēptō* to lean on)]

scép·tered | -tred *a* 笏を持った; 王位についた, 王権を有する; 王権の, 王位の. ● **this sceptred isle** 王権に統(す)べられたこの島《英国のこと; Shak., *Rich II* 2.1.40》.

sceptic(al), scepticism ⇨ SKEPTIC(AL), SKEPTICISM.

ScGael °Scottish Gaelic.

sch. scholar ♦ school ♦ schooner.

schaap·ste·ker, skaap- /skɑ́ːpstɪkər, -stiː-/ *n*〘動〙ナミヘビ科ヒツジウチ属のヘビ《2 種; アフリカ南部産; 有毒であるが危険はないとされる》. [Afrik]

Schaarbeek ⇨ SCHAERBEEK.

Schacht /ʃɑ́ːkt; *G* ʃáxt/ シャハト (**Horace Greeley**) **Hjalmar** ～ (1877–1970)《ドイツの財政専門家》.

Scha·den·freu·de /ʃɑ́ːdnfrɔ̀ɪdə/ *n* [°s-] 人の不幸を痛快がること, 毀傷(きしょう)の喜び, シャーデンフロイデ. [G＝damage joy]

Schaef·fer's ácid /ʃéɪfərz-/〘化〙シェファー酸《ナフトールスルホン酸; アゾ染料の中間体として用いる》. [L. *Schaeffer* 19 世紀ドイツの化学者]

Schaer·beek, Schaar- /skɑ́ːrbèɪk/ スハルベーク《ベルギー中部 Brussels 首都圏地域の市》.

Schaff·hau·sen /ʃɑːfháuz(ə)n/ シャフハウゼン, シャフウーズ (F **Schaff·house** /*F* ʃafuːz/) (**1**) スイス北部の州 **2**) その州都; 近くに同名の滝がある》.

Schal·ly /ʃǽli/ シャリー **Andrew V(ictor)** ～ (1926–　)《ポーランド生まれの米国の生理学者; 脳のペプチドホルモンの化学構造を決定し, その合成に成功; ノーベル生理学医学賞 (1977)》.

schan·zi /ʃǽnzi/ *n*《俗》SCHATZI.

schap·pe /ʃɑ́ːpə, "ʃǽpə/ *vt* 〈絹のくず糸を〉発酵させてゼラチンを除く. ► *n*《刺繍糸・編糸・混紡用の》絹紡糸, シャッペ (＝～ **sílk**). [G (dial)]

Scharn·horst /ʃɑ́ːrnhɔ̀ːrst/ シャルンホルスト **Gerhard Johann David von** ～ (1755–1813)《プロイセンの軍人》.

schatchen ⇨ SHADCHAN.

schat·zi /ʃǽtsi/ *n*《俗》ドイツ人のガールフレンド[売春婦]. [G *Schatz*]

Schaum·burg-Lip·pe /ʃáumbùərklípə/ シャウムブルク-リッペ《ドイツ北西部の旧侯領; 今は Lower Saxony 州の一部》.

Schaw·low /ʃɔ́ːlou/ ショーロウ **Arthur Leonard** ～ (1921–99)《米国の物理学者; レーザー分光法の開発およびその分光法による高精度の分光測定に成果をあげた; ノーベル物理学賞 (1981)》.

sched·ule /skéʤul; ʃédjul/ *n* **1** 予定(表), スケジュール, 計画(案), 日程, 段取り; 時間割, 時間表; *時刻表: on [according to] ~ 予定どおりに / behind [ahead of] ~ 予定に遅れて[より早く]. **2** 表, 一覧表, 目録; 箇条書, 条目, 調査票; 〖法〗《文書に付属した》別表, 明細書; 〖英税制〗所得税率表; 《同一の法規制を受ける》薬物のリスト[一覧表]: SCHEDULE 1. ► *vt* **1** 《特定の日時に》予定する: be ~*d to* do…する予定である / It is ~*d for* Monday [five o'clock]. 月曜日[5 時]に予定されている. **2** …の表[一覧表, 目録, 明細書, 時間割]を作る; (時刻)表に載せる[入れる]; 《規制対象などの》リストに加える ‹*as*›; ᴴ‹建物を›保存リストに載せる: ~*d* speed 《列車の》表定速度. ♦ **schéd·u·lar** *a* **schéd·u·ler** *n* [OF＜L＝slip of paper (dim)‹ *scheda* leaf＜Gk]

schéd·uled cástes *pl* 〖インド〗指定カースト《四姓外の下層階級に対する untouchables (不可触民) という呼称に代わる公式の呼称; 憲法に基づき差別解消のための各種優遇措置が実施されている》.

schéduled flíght 〖空〗定期便 (cf. CHARTER FLIGHT).

schéduled térritories *pl* [the] 〖史〗STERLING AREA.

schéduled tríbes *pl* 〖インド〗指定トライブ, 指定部族《インド憲法において scheduled castes とともに特別保護・優遇措置を受ける対象として定められている民族集団》.

Schedule 1 /–́— wʌ́n/ 〖米〗1 級指定, 別表 1 《所持および使用が法律で規制されている麻薬のリスト》.

Schee·le /ʃéɪlə/ シェーレ **Carl Wilhelm** ~ (1742–86)《スウェーデンの化学者; Joseph Priestley とは別に酸素を発見》.

Schéele's gréen シェーレ緑《毒性のある黄味をおびた緑色の顔料》. [↑]

schee·lite /ʃéɪlàɪt, ʃíː-/ *n* 〖鉱〗灰重石《タングステンの主鉱石》. [C. W. *Scheele* 発見者]

schef·fer·ite /ʃéfəràɪt/ *n* 〖鉱〗シェフェル輝石. [Henrik T. *Scheffer* (1710–59) スウェーデンの化学者]

schef·flera /ʃéflərə/ *n* 〖植〗シェフレラ《熱帯・亜熱帯産ウコギ科フカノキ属 (*S*-) の低木[小高木]の総称; 観葉植物》.

Sche·her·a·za·de /ʃəhèrəzáː d(ə), ᴴ-hìər-/ シェヘラザード《『アラビアンナイト』の語り手; 毎夜処女をめとって殺しつづけていたスルタン Shahriyar の妻となるが, 千一夜の間毎夜物語を王に聞かせて殺害を免れたという》.

Schei·de·mann /ʃáɪdəmàːn/ シャイデマン **Philipp** ~ (1865–1939)《ドイツの政治家; 1919 年ヴァイマル共和国初代首相》.

Scheldt /skélt/, **Schel·de** /skéldə/ [the] スケルデ川 (*F* Escaut)《フランス北部に発し, ベルギーを東流してオランダで北海に注ぐ》.

Schel·ling /ʃélɪŋ/ シェリング (**1**) **Friedrich** (**Wilhelm Joseph von**) ~ (1775–1854)《ドイツ観念論の哲学者》. (**2**) **Thomas C**(**rombie**) ~ (1921–)《米国の経済学者; ノーベル経済学賞 (2005)》. ♦ **Schel·líng·ian** *a*

schel·lyᴴ /ʃéli/ *n* 〖魚〗イングランドの Lake District に多いイワナの一種, GWYNIAD.

sche·ma /skíːmə/ *n* (*pl* **-ma·ta** /-tə/, **~s**) 概要, 大意; 図解, 略図; 〖論〗《三段論法の》格; 〖文法・修〗比喩, 形容, 句法; 〖哲〗《Kant の》先験的図式; 〖心〗シェマ《世界を認知したり外界にはたらきかけたりする土台となる内的な枠組》. [Gk *skhēmat- skhēma* form, figure]

sche·mat·ic /skɪmǽtɪk, skì:-/ *a* 概要の; 図解の, 略図の, 図式化した. ► *n* 概略図, 《電器などの》配線略図. ♦ **-i·cal·ly** *adv*

sche·ma·tism /skíːmətìz(ə)m/ *n* 《ある方式による》図式的配置; 《物のとる》特殊な形態; 〖哲〗《Kant の》図式化[論].

sche·ma·tize /skíːmətàɪz/ *vt* 組織的に配列する; 図式化する. ♦ **schè·ma·ti·zá·tion** *n* [Gk]

scheme /skíːm/ *n* **1** 《組織立った・公的な》計画, 制度; 計略, 陰謀; 非現実的な計画; HOUSING SCHEME: The best-laid ~*s* of mice and men gang aft agley. 《諺》ネズミや人の深く計った計画も往々齟齬(そご)する, 入念に準備した計画でもうまくいかないことが多い《Burns の詩 'To a Mouse' から》. **2** 組織, 機構, 体制; 理論大系; 概要, 大略; 要綱: COLOR SCHEME / not in sb's ~ of things …の眼中にない / in the (grand) ~ of things 大局からすれば, 全体として見れば. **3** 図式, 図解; 略図; 地図; 《古》天象図. ► *vi, vt* [°~ out] 計画[立案]する; たくらむ, 陰謀を企てる, 策動する ‹*against* sb; *for* sth; *to* do›; 《color scheme によって》配色する. ♦ **~·less** *a* [L＜Gk SCHEMA]

schem·er /skíːmər/ *n* 計画者, 《特に》陰謀家, 策士.

schem·ing /skíːmɪŋ/ *a* 計画的な, 《特に》策動的な, たくらみのある; ずるい. ► *n* 陰謀. ♦ **~·ly** *adv*

sche·moz·zle, she- /ʃəmáz(ə)l/ 《俗》*n* ごたごた, 騒動, 大騒ぎ; けんか, 争い. ► *vi* 行く, 逃げる. [Yid (変形)‹ *shlimazel*]

Schén·gen Agrèement /ʃéŋən-/ [the] シェンゲン協定《1985 年にルクセンブルクの Schengen 近郊で西独・仏・ベネルクス三国が調印した相互出入国協定; 欧州の大半の国々に段階的に拡大適用され, 締結国どうしでは原則としてパスポート審査なしで出入国できる》.

Sche·ria /skíəriə/ 〖ギ神〗スケリエー, スケリア《Phaeacian 人の国のある島; cf. ALCINOÜS》.

scher·zan·do /skɛərtsǽndoʊ, -tsáːn-/ *a, adv* 〖楽〗諧謔的な[に], 戯れぎみの[に], スケルツァンドの[で]. ► *n* (*pl* **~s**) スケルツァンドの楽節[曲]. [It (↓)]

scher·zo /skéərtsoʊ/ *n* (*pl* **~s, -zi** /-tsi/) 〖楽〗スケルツォ《軽快で諧謔味のある 3 拍子の楽章[楽曲]》. [It＝jest]

Sche·ve·ning·en /skéɪvənɪŋə(n), sxéɪ-/ スヘーヴェニンゲン《オランダ南西部 The Hague の西にある町; 北海岸のリゾート地》.

Schia·pa·rel·li /skiàːpəréli, skæp-/ スキャパレリ (**1**) **El·sa** /élsə/ ~ (1896–1973)《イタリアのデザイナー》 (**2**) **Giovanni Virginio** ~ (1835–1910)《イタリアの天文学者》.

Schick /ʃík/ シック **Béla** ~ (1877–1967)《ハンガリー生まれの米国の小児科医; ジフテリアの免疫検査法を発見》.

schick·er /ʃíkər/ *n, a* 《俗》SHICKER.

schíck·ered *a* 《俗》SHICKERED.

Schíck tèst 〖医〗シック(反応)試験《ジフテリア免疫性検査法》. [Béla *Schick*]

Schie·dam /skidáːm, sxi-/ **1** スピーダム《オランダ南西部の市》. **2** シーダム《同地産の強い風味のジン》.

Schiele /ʃíːlə/ シーレ **Egon** ~ (1890–1918)《オーストリアの画家》.

Schíff báse /ʃíf-/ 〖化〗シッフ塩基《一般式 RR′C＝NR″ で表わされる化合物; 多くの有機合成の中間体として生じる; ゴムの加硫促進剤ともなる》. [Hugo *Schiff* (1834–1915) ドイツの化学者]

Schíff('s) reágent 〖化〗シッフ試薬《アルデヒド検出用》.

Schíl·der's disèase /ʃíldərz-/ 〖医〗シルダー病《中枢神経系のミエリンが崩壊する病気; 進行性視覚障害・難聴・緊張性痙攣・精神的な退廃が起こる》. [Paul F. *Schilder* (1886–1940) オーストリアの精神科医]

schil·ler /ʃílər/ *n* 〖鉱〗閃光, 光彩. [G＝iridescence]

Schiller シラー (**Johann Christoph**) **Friedrich von** ~ (1759–1805)《ドイツの詩人・劇作家・歴史家・批評家》.

schíller·ìze *vt* 〖鉱〗‹結晶›に閃光[光彩]を添える. ♦ **schiller·izátion** *n*

schil·ling /ʃílɪŋ/ *n* シリング《(**1**) オーストリアの旧通貨単位: 100 groschen; 記号 S **2**) 昔ドイツで用いた貨幣》. [G]

Schin·dler /ʃíndlər/ シンドラー **Oskar** ~ (1908–74)《ドイツの実業家; 第二次大戦中に千人を超えるユダヤ人を自分の工場で雇って保護し, 命を救った》.

Schíp·hol Áirport /skíphɑl-, ʃíp-/ スキポール空港《Amsterdam の国際空港》.

schip·per·ke /skípərki, ʃíp-, *-kə/ *n* 〖犬〗スキーパーケ《ベルギー原産の黒被無尾の番犬・愛玩犬, もと はしけの歩哨用》. [Flem＝little boatman; cf. SKIPPER[1]]

Schi·rach /ʃíːràːk; *G* ʃíːrax/ シーラハ **Baldur von** ~ (1907–74)《ドイツの政治家; ナチス幹部の一人》.

schism /síz(ə)m, skíz-/ *n* 分離, 不和; 《特に 教会の》分離, 分裂, 分立; 宗派分立罪; 分立した宗派[教派]: *S*~ of the West [East] ⇨ GREAT SCHISM. ♦ **~·less** *a* [OF, L＜Gk＝cleft]

schis·mat·ic /sɪzmǽtɪk, skɪz-/ *a* 分離的な; 《教会の》宗派分立(罪)の. ► *n* 分離[分派]者; 教会(宗派)分離論者. ♦ **schis·mát·i·cal** *a* **-i·cal·ly** *adv*

schis·ma·tist /sízmətɪst, skíz-/ *n* SCHISMATIC.

schis·ma·tize /sízmətàɪz, skíz-/ *vi* 分離に加担する, 分裂をはかる. ► *vt* 分裂させる.

schist /ʃíst/ *n* 〖岩石〗片岩. [F, ＜Gk; ⇨ SCHISM]

schist·ose /ʃístoʊs/, **schíst·ous** /-əs/ *a* 〖岩石〗片岩の, 片岩質[状]の. ♦ **schis·tos·i·ty** /ʃɪstásəti/ *n* 片理《変成岩にみられる成層性[構造]》.

schís·to·sòme /ʃístə-/ *n, a* 〖動〗住血吸虫(の) (＝*bilharzia*). ♦ **schìs·to·sóm·al** *a*

schis·to·so·mi·a·sis /ʃɪstəsoʊmáɪəsəs/ *n* (*pl* **-ses** /-sìːz/) 〖医〗住血吸虫症.

schit·zo /skítsoʊ/ *n, a* (*pl* **~s**) 《口》SCHIZO.

schiz /skíts, skíz/*《口》*n* SCHIZOPHRENIC, SCHIZOPHRENIA. ► *vi* (**-zz-**) [次の成句で]: **~ out** 自制心を失う, ぼうっとなる, カッカする.

schiz- /skíz, -ts/, **schizo-** /skízoʊ, -zə, -tsoʊ, -tsə/ *comb form* 「分裂」「裂開」「統合失調症」 [L＜Gk (*skhizō* to split)]

schi·zan·dra /skɪtsǽndrə/ *n* 〖植〗チョウセンゴミシ(朝鮮五味子)《マツブサ科の落葉性つる植物; 果実を漢方薬とする》.

schi·zan·thus /skɪzǽnθəs/ *n* 〖植〗ムレゴチョウ属 (*S*-) の各種草本 (＝*butterfly flower*)《チリ原産; ナス科》.

schizo /skítsoʊ/ *n, a* (*pl* **schíz·os**) 《口》SCHIZOPHRENIC, スキゾ(の).

schízo·càrp *n* 〖植〗分離果. ♦ **schizo·cárpous** *a* **-cárpic** *a*

schi·zog·a·my /skɪzágəmi/ *n* 〖動〗シゾガミー《ゴカイなどの行なう特殊な生殖法》.

schizo·génesis *n* 〖生〗分裂生殖. ♦ **-genétic** *a*

schi·zog·o·my /skɪzágəmi, -tság-/ *n* SCHIZOGENESIS.

schi·zog·o·ny /skɪzágəni, -tság-/ *n* 〖生〗増員生殖, 分裂体形成, シゾゴニー《原虫の無性生殖の一種》. ♦ **schi·zóg·o·nous** /-nəs/, **schizo·gón·ic** /-gán-/ *a*

schiz·oid /skítsɔɪd/ *a* 統合失調症質の, 統合失調症的な; 《口》矛盾した態度を示す. ► *n* 統合失調症質の人. [*schizo*phrenia]

schìzo·mýcete /, -maɪsíːt/ *n* 〘生〙分裂菌. ♦ **schìzo·my·cé·tous** *a* **schìzo·my·cét·ic** /-sét-/ *a*

schìzo·mycósis *n* 〘医〙分裂菌症, バクテリア症.

schiz·ont /skízɑ̀nt, skáɪ-, -tsɑ̀nt/ *n* 〘生〙シゾント《胞子虫類の栄養体から生じた娘個体》.

schízo·phrene /-frìːn/ *n* SCHIZOPHRENIC.

schìzo·phrénia *n* 〘精神医〙統合失調症 (＝*dementia praecox*)《「精神分裂病」に代わる名称》; 〘心〙分裂性性格 (split personality); 相互に矛盾[対立]する部分[性質].

schìzo·phrén·ic /-frénɪk/ *a* 統合失調症(性)の; 気まぐれな, ころころ変わる, エキセントリックな. ► *n* 統合失調症患者. ♦ **-i·cal·ly** *adv*

schìzo·phý·ceous /-féɪʃəs, -fíʃ-/ *a* 〘植〙藍藻類の.

schízo·phỳte *n* 〘植〙分裂植物. ♦ **schìzo·phýtic** *a*

schizo·pod /skízəpɑ̀d, skítsə-/ *n, a* 〘動〙裂脚目[類]の(動物). ♦ **schi·zop·o·dous** /skɪzɑ́pədəs, -tsɑ́p-/ *a*

schi·zo·sty·lis /ʃàɪzəstáɪləs, skìtsə-/ *n* 〘植〙スキゾスティリス属 (*S*-) の植物《アフリカ南部原産, アヤメ科; 特に Kaffir lily》.［*schizo-, style*[1]; 分枝した花柱から］

schìzo·thý·mia /-θáɪmiə/ *n* 〘精神医〙分裂気質. ♦ **-thý·mic** *a, n*

schízo·tỳpe *n* 〘精神医〙《性格の》分裂病[統合失調症]型. ♦ **schìzo·týpal** *a*

schizy, schiz·zy /skítsi/ *a* 《口》統合失調症質の (schizoid).

schlack /ʃlǽk/, **schlag** /ʃlǽg/ *a**《俗》SCHLOCK.［Yid］

schlang /ʃlǽŋ/ *n**《俗》SCHLONG.［G *Schlange*］

schlan·ge /ʃlɑ́ːŋə/ *n**《俗》ペニス, 長虫.［Yid＜G＝snake］

Schle·gel /ʃléɪgəl/ シュレーゲル (1) **August Wilhelm von ～** (1767–1845)《ドイツのロマン派詩人・批評家・東洋語学者・翻訳者; 特に Shakespeare の翻訳で有名》(2) (**Karl Wilhelm**) **Friedrich von ～** (1772–1829)《批評家・哲学者・歴史家; ドイツにおけるロマン主義運動を確立; またサンスクリットとインド文化を研究; August の弟》.

Schlei·cher /ʃláɪkər, -xər/ シュライヒャー **Kurt von ～** (1882–1934)《ドイツの軍人・政治家; ヴァイマル共和国最後の首相 (1932–33)》.

Schlei·er·ma·cher /ʃláɪərmɑ̀ːxər/ シュライエルマッハー **Friedrich Ernst Daniel ～** (1768–1834)《ドイツのプロテスタント神学者・哲学者》.

schle·ma·zel /ʃləmɑ́ːz(ə)l/ *n**《口》SCHLIMAZEL.

schle·miel, -mihl, shle·miel /ʃləmíːl/ *n**《口》だめな[ついてない]やつ, しょうもないやつ, うすばか.［Yid; A. von Chamisso 作 Peter *Schlemihl* (1814) より］

schle·moz·zle /ʃləmɑ́z(ə)l/ *n**《口》SCHLIMAZEL.

schlen·ter /ʃléntər, slén-/ *n* 《豪口》いんちき (fake, trick); 《南ア》(ダイヤの)まがいもの. ► *a* 《豪口・南ア口》いんちきな, まがいものの.［*slanter*］

schlep(p), shlep(p) /ʃlép/*《口》*v* (**-pp-**) *vt* (持ち)運ぶ, 引っ張って行く (drag). ► *vi* 骨折って[重い足取りで]行く, のろのろ動きまわる, ぶらぶらする ‹*around*›. ► *n* 無能[へま]なやつ; 面倒な仕事, 大変な苦労; うんざりする旅[手続き]; SCHLEPPER.

schlep·per, shlep·per /ʃlépər/ *n**《口》《好意などをいつも期待している》うるさいやつ, いやな人.

schlep·py, shlep·py /ʃlépi/*《俗》*a* うすぎたない; ぶざまな, へまな.

Schle·si·en /*G* ʃléːziən/ シュレジエン (SILESIA のドイツ語名).

Schle·sin·ger /ʃléɪzɪŋər, ʃlésɪnʤər/ シュレージンガー **Arthur M**(**eier**) **～** (1888–1965), **Arthur M**(**eier**) **～, Jr.** (1917–2007)《米国の歴史家父子》.

Schles·wig /ʃléswɪg, slés-, -vɪk/ シュレスヴィヒ (Dan **Sles·vig** /slísvi/) (1) Jutland 半島南部の旧公国; Holstein と共にデンマーク王の支配下にあったが, 1864 年にプロイセン領に編入; 1920 年に北部は再びデンマーク領; 現在 南部はドイツ Schleswig-Holstein 州の一部 2) ドイツ北部 Schleswig-Holstein 州の市; バルト海の入江に臨む》.

Schléswig-Hólstein シュレスヴィヒ-ホルシュタイン《ドイツ北部の州; ☆Kiel》.

Schlick /ʃlík/ シュリック **Moritz ～** (1882–1936)《ドイツの哲学者》.

Schlief·fen /ʃlíːfən/ シュリーフェン **Alfred ～**, Count von ～ (1833–1913)《ドイツの陸軍元帥; 対仏露二正面作戦 (**～ Plàn**) を立案》.

Schlie·mann /ʃlíːmɑ̀ːn/ シュリーマン **Heinrich ～** (1822–90)《ドイツの考古学者; Troy, Mycenae などを発見》.

schlie·ren /ʃlíərən/ *n pl* 〘岩石〙シュリーレン《火成岩中の不規則の縞(しま)状部分》; 〘光〙かげろう, シュリーレン. ♦ **schlíe·ric** *a*［G］

schlíeren mèthod 〘理〙シュリーレン法《透明媒質中の屈折率のわずかな違いを観測する光学的方法》.

schlíeren photògraphy 〘理〙シュリーレン写真撮影. ♦ **schlíeren phòtograph** *n*

schli·ma·zel, -mazl, shli- /ʃləmɑ́ːz(ə)l/ *n**《口》運のないやつ, どじなやつ.［Yid］

schlock, shlock /ʃlɑ́k/ *a, n* 《俗》安っぽい[ろくでもない, くだらん](もの[商品]), キラキラしたもの, まやかしもの, がらくた. ♦ **s(c)hlócky** *a*［Yid］

schlóck jòint [shòp, stòre]*《俗》安物を売る店.

schlóck·mei·ster /-màɪstər/*《俗》*n* 安手のものを作る[売る]人; 《クイズ番組などの》司会者.

schlóck ròck 《俗》つまらないポップミュージック, ずっこけロック, シュロックロック.

schlong /ʃlɔ́(ː)ŋ, ʃlɑ́ŋ/*《俗》*n* 長物, おちんちん (penis); やつ, 野郎.［Yid; cf. *schlange*］

schlontz, shlontz /ʃlɔ́(ː)nts, ʃlɑ́nts/ *n**《俗》一物 (penis).［? *schlong*＋*schwants*］

schloomp ⇨ SCHLUMP.

schloss /ʃlɔ́ːs/ *n* 城, 館 (castle).［G］

schlub /ʃlʌ́b/ *n**《俗》ばか, 役立たず, がさつ者 (zhlub).

schlump, schloomp /ʃlʊ́mp/*《俗》*n* ばかなやつ, なまけ者. ► *vi* ぶらぶらしている ‹*around*›. ♦ **schlúmpy** *a*［Yid］

schm-, shm- /ʃm/ *comb form* 《口》重複語の第 2 要素の初頭の子音(群)と置換して, または母音の前に付けて「嫌悪」「軽蔑」「無関心」「それがどうした」などの含みをもつ語をつくる: boss-*schm*oss / Johnson-*Schm*onson / listen-*schm*isten / actor-*shm*actor.［Yid *shm-* 多くの軽蔑語の初頭子音群］

schmal(t)z, shmaltz /ʃmɑ́ːlts, ʃmɔ́ːlts, ʃmǽlts/ *n* **1** 《口》すごく感傷的な音楽[ドラマ, 文章など]; 《口》安っぽい感傷. **2***鶏[鶏肉]の脂肪; *《俗》整髪料, べたつくもの. ► *vt* 《口》感傷的にする, ‹音楽を›感傷的に演奏する ‹*up*›. ♦ **schmál(t)zy, shmáltzy** *a*［Yid; cf. G *Schmalz* melted fat］

schmáltz hèrring 《産卵直前の》脂ののったニシン.

schmat·te, -tah, -teh, schmot·te, shmat·te, shmot·te /ʃmɑ́tə/ *n**《俗》ぼろ服, すりきれた衣類, 服.［Yid］

schmear, schmeer, schmere, shmear, shmeer /ʃmíər/*《俗》*n* こと, もの (matter); 賄賂; たっぷり塗ったバター[クリームチーズ]; 中傷, 悪口; 不平; 完敗; [the] WHOLE SCHMEAR. ► *vt* 買収する, ‹人›に恩を売る; …にお世辞を言う, ごまをする; …にバター[クリームチーズなど]をこってりと塗る; 手荒に扱う, 地面に投げつける; 虐待する.［Yid＝to spread; cf. SMEAR］

schmeck, shmeck /ʃmék/ 《俗》*n* ひと口 (taste); ヘロイン (heroin), なこ, 《広く》薬(ヤク).［Yid＝to hit＜G *Schmack* taste］

schméck·er, shmeck·er /ʃmékər/ *n**《俗》ヘロインの使用者[常習者], ペイ中.［Yid］

schme·gegge, -gy, shme- /ʃməgégi/*《俗》*n* くだらない野郎, 脳タリン, けったいなやつ; ぶつくさ言うやつ; たわごと.［C20＜? Yid］

schmen·dri(c)k, shmen- /ʃméndrɪk/ *n**《俗》てんでばか[へま]なやつ, あわれなやつ.［ユダヤ人戯曲家 Abraham Goldfaden (1840–1908) のオペレッタの登場人物］

Schmidt /ʃmít/ シュミット (1) **Brian P.** ～ (1967–)《米国・オーストラリアの物理学者; 遠方の超新星観測によって宇宙の膨張加速を発見, ノーベル物理学賞 (2011)》(2) **Helmut** (**Heinrich Waldemar**) ～ (1918–)《ドイツ社会民主党の政治家; 西ドイツ首相 (1974–82); 週刊紙 *Die Zeit* を発行》.

Schmídt cámera 〘光〙シュミットカメラ《球面反射鏡と補正板を用いた明るく収差の少ない光学器; 天体観測・分光用》.［Bernhard V. *Schmidt* (1879–1935) ドイツの光学研究者］

Schmídt nùmber 〘理〙シュミット数《流体の運動粘性率と分子拡散係数の比で無次元数》.［Ernst H. W. *Schmidt* (1892–1975) ドイツの物理学者・技術者］

Schmídt sỳstem [òptics] シュミット(光学)系《シュミットカメラに使用されている結像光学系》.［Bernhard V. *Schmidt*］

Schmídt tèlescope シュミット式望遠鏡.［↑］

schmier·kase /ʃmíərkèɪz(ə)/ *n**《方》COTTAGE CHEESE.

Schmítt trígger 〘電子工〙シュミットトリガー (＝**Schmítt trígger cìrcuit**)《入力電圧が特定値を超えた時から(別の)ある値以下になるまでの間一定の出力電圧を生じる双安定回路》.［Otto H. *Schmitt* (1913–98) 米国の生物物理学者・電気技術者］

schmo(e), shmo(e) /ʃmóʊ/*《俗》*n* (*pl* **schmoes, shmo(e)s**) うすのろ(野郎), とんま, 変人 (jerk); ごく平均的な男, やつ.［変形＜*schmuck*］

schmooz(e), schmoos(e) /ʃmúːz/, **schmoo·zl(e), schmoo·sl(e)** /-z(ə)l/, **sh-***《口》*n* おしゃべり, むだ話; ごますり. ► *vi, vt* (…と)おしゃべりする; (…に)ごまをする. ♦ **schmóoz·er** *n* **schmóozy** *a*［Yid］

schmotte ⇨ SCHMATTE.

schmuck, shmuck /ʃmʌ́k/ *n**《俗》うすのろ, とんま, まぬけ, いやなやつ (prick); 《卑》ペニス. ♦ **schmúcky** *a*［Yid＝penis＜G＝adornment］

schmut·ter /ʃmʌ́tər/ *n*"《俗》服, 衣服, ぼろ(服), がらくた.［Yid＜Pol *szmata* rag］

schmutz /ʃmʌ́ts/ *n**《俗》汚物, 不潔物, ごみ.［Yid］

Schna·bel /ʃnɑ́ːb(ə)l/ シュナーベル **Artur ～** (1882–1951)《オーストリア生まれの米国のピアニスト・作曲家》.

schnap·per /ʃnǽpər/ *n* 〘魚〙SNAPPER.

schnap(p)s, shnaps /ʃnǽps, ʃnáːps/ *n* (*pl* ～) シュナップス《オランダ・デンマーク・スカンディナヴィアの香りをつけた蒸留酒, 特に オランダジン》; 《ドイツ》強い酒. [G=dram of liquor; ⇨ SNAP]

schnau·zer /ʃnáutsər, -zər; G ʃnáutsər/ *n* [ˢS-]〖犬〗シュナウザー《ドイツ原産の針金状の被毛, 長方形の頭部, 小さな耳, 伸びたまゆげ, あごひげを特徴とする 3 種; ⇨ GIANT [MINIATURE, STANDARD] SCHNAUZER》.

schneck·en* /ʃnékən/ *n pl* (*sg* **schnecke** /ʃnékə/) シュネッケン《木の実・バター・シナモンのはいった甘いねじりパン》. [G=snail]

schnei·der /ʃnáidər/ *vt, n* (gin rummy で)〈相手の〉得点を妨げる(こと), 完全に抑え込む(こと); 大勝[完勝]する(こと); *《俗》仕立屋, 洋服作り《人》. [G=tailor]

Schnéider Tróphy [the] シュナイダートロフィー《水上機の国際レースの優勝トロフィー; フランスの富豪 Jacques Schneider が寄贈; 1913 年第 1 回レースが開催され, 31 年英国の 3 連勝で幕を閉じた》.

Schnitke, Schnittke ⇨ SHNITKE.

schnit·zel /ʃníts(ə)l/ *n* シュニッツェル《通例 子牛肉のカツレツ》. [G=cutlet (*schnitzen* to carve)]

Schnitz·ler /ʃnítslər/ シュニッツラー **Arthur** ～ (1862–1931)《オーストリアの医師・劇作家・小説家; *Anatol* (1893)》.

schnockered, schnoggered ⇨ SNOCKERED.

schnook, shnook /ʃnúk/ *n**《口》愚か者, 取るに足らぬ者, ばかをみるやつ, あわれなやつ, まぬけ. [Yid]

schnor·chel, -kel, -kle /ʃnɔ́ːrk(ə)l/ *n* SNORKEL.

schnor·rer, shnor- /ʃnɔ́ːrər/ *《俗》*n* 乞食, たかり屋; いつも値切ろうとするやつ. [Yid]

schnoz(z) /ʃnáz/ *n**《俗》鼻 (nose), 大鼻, 鼻の穴. ● **(right) on the ～** 正確に, 時間どおりに. [Yid]

schnoz·zle /ʃnáz(ə)l/, **-zo·la** /ʃnazóulə/ *n**《俗》《大きな》鼻; [S-] 大鼻《米国のコメディアン Jimmy Durante (1893–1980) のあだ名》. [Yid]

schnuck /ʃnúk/ *n**《口》SCHNOOK.

Schoen·berg /ʃɚ́ːnbɜ̀ːrg; G ʃǿːnbɛrk/ シェーンベルク **Arnold (Franz Walter)** ～ (1874–1951)《オーストリアの作曲家; 米国に亡命; 十二音技法を創始》. ♦ **Schöenberg·ian** *a*

schol /skál/ ‖《口》*n* 奨学金 (scholarship); [*pl*] 奨学金取得試験.

scho·la can·to·rum /skóulə kæntɔ́ːrəm/ (*pl* **schó·lae cantórum** /skóuliː-, -lèɪ-, -làɪ-/)《中世の修道院・聖堂などに付属した》聖歌学校, 聖歌隊; 《初期の教会の》聖歌隊席. [L= school of singers]

schol·ar /skálər/ *n* 学者, 学徒, 《特に》古典学者; 《口》学問のある人; 《英では古》学生, 生徒; 奨学生: be a poor (hand as a) ～ ろくに読み書きもできない / He is an apt [a dull] ～. おぼえがはやい[おそい]. ● **a ～ and a gentleman** りっぱな教育をうけた育ちのいい人. ♦ **～·less** *a* 学生[生徒]のいない. [OE and OF<L; ⇨ SCHOOL¹]

schol·arch /skálɑ̀ːrk/ *n* 《昔のアテナイの》哲学学校の校長; 《一般に》校長.

schólar·ly *a* 学問のある; 学者の, 学者[学究]的な, 学術的な, 学問的な. ► *adv* 《古》学者らしく, 学者的に. ♦ **-li·ness** *n*

schólar·shìp *n* **1** 学問, 《特に 人文学・古典の》学識, 博学. **2** 奨学金, 奨学資金[制度]; 奨学資金を受ける資格; 育英会: receive [gain, win] a ～ 奨学金を受ける[獲得する] / study on a ～ 奨学金をもらって勉学する.

schólarship lèvel 〖英教育〗学問級 (S level).

schólar's máte 〖チェス〗スカラーズメート《先手の 4 手目で後手が詰むこと》.

scho·las·tic /skəlǽstɪk/ *a* **1** 学校の; 中等学校の; 学者の; 学者的な; [ᵒS-] スコラ学(者)の. **2** 衒学的な, 学者ぶる. ► *n* **1** [ᵘS-] スコラ(哲)学者; 〖カト〗イエズス (Jesuit) 会の修道生(の身分), 神学生; 《古》学生, 学者. **2** 衒学者; [*derog*] 大学教師; 《芸術上の》伝統主義者. ♦ **-ti·cal·ly** *adv* 学者ふうに; 学者ぶって; スコラ哲学者ふうに; 学校[学者]に関して. [L<Gk=studious; ⇨ SCHOOL¹]

scholástic ágent 教師の口の斡旋屋.

scho·las·ti·cate /skəlǽstəkèɪt, -tɪkət/ *n* 〖カト〗イエズス会修道生の塾舎, 修学院.

scho·las·ti·cism /skəlǽstəsìz(ə)m/ *n* [ᵘS-] スコラ学; NEO-SCHOLASTICISM; 伝統尊重, 学風固執.

Scholes /skóulz/ スコールズ **Myron S(amuel)** ～ (1941–)《米国の経済学者; デリバティブの価値評価の理論について貢献; ノーベル経済学賞 (1997)》.

scho·li·ast /skóuliæ̀st, -liəst/ *n* 注解学者, 《特に》古典注釈者. ♦ **schò·li·ás·tic** *a*

scho·li·um /skóuliəm/ *n* (*pl* **～s, -lia** /-liə/) [ᵘ*pl*]《ギリシア・ローマの古典に付けられた》傍注; 《一般に》注釈; 《数学などの》例証. [NL<Gk *skholion* exposition; ⇨ SCHOOL¹]

Schon·gau·er /ʃóungàuər/ ショーンガウアー **Martin** ～ (1445 or 50–91)《ドイツの画家・銅版画家》.

school¹ /skúːl/ *n* **1 a** 学校; 各種学校, 教習所, 養成所, 研究所; [*fig*] 道場, 練成場; *《俗》連邦政府[州立]の感化院 (big school): keep a ～ (私立)学校を経営する / teach in a ～ =*TEACH ～ / a dancing ～ ダンス学校[教習所] / in the hard ～ of daily life 日常生活の試練の場において. **b** 授業; 学業, 修業; 講習(会); 〖米軍〗個人[小隊]別の密集教練(用の規則): after ～ 放課後に / at ～ 在学[就学]中; 授業中 / out of ～ 学校外で; 卒業して / come out of ～ 退学する / go to ～ 通学[登校]する; 就学する (⇨ 成句) / in ～ *在学中で; 校内で[にいて] / start ～ (初めて)就学する, 学校にあがる / leave ～ 退学する; 学業を終える, 卒業する / send [put]...to ～〈子弟を〉学校へあげる, 就学させる / *S*～ begins at 8 : 30. / *S*～ opens tomorrow. 学校はあすから始まる. **c** 科; *大学, 学部, 専門学部, 大学院; [the ～s] *大学, 学界; 《中世の》大学, 《特に》四学科の一つ《Divinity, Law, Medicine, Arts》; 《アテナイ・ローマの》考古学研究所: the senior ～ 高等科 / the Medical *S*～ 医学部 / the *S*～ of Law 法学部 / the GRADUATE SCHOOL. **d** [the] 全校生徒(および教師): *The* whole ～ was assembled in the auditorium. **e** 校舎; 教室: the big ～ 講堂 / a sixth-form ～ ‖第 6 学年教室. **2**《学問・芸術・信条などの》流派, 学派, 画派, 学風, 主義; 見解[行動]などを同じくするグループ, 一派; ‖賭博[飲み]仲間: the ～ of Plato [Raphael] プラトン[ラファエロ]派 / the Stoic ～ ストア(学)派 / the laissez-faire ～ 自由放任主義(学)派 / a ～ of thought 考え[意見]を同じくする人びと, 《ある集団の》考え方. **3**〖オックスフォード大学〗**a** 学位(試験)科目《合格すると honours を与えられる》: take the history ～ 歴史を専攻する. **b** [*pl*] 学位試験(場): in the [in for one's] ～*s*〈学生が〉学位試験を受験中で. **c**〖楽〗《対位法などの》教(則)本.
● **come to ～**《俗》行ないを改める, 品行方正にする, おとなしくなる. **go to ～**〖ゴルフ〗人の打ち方を見てグリーンのくせをおぼえる. **go to ～ to**...に教えられる, ...から学ぶ. **of the new ～** 新しい流儀の, 新式の. **of the old ～** (古い)しきたりを守る, 旧式な; 高潔な (high-principled). **tell tales out of ～** 内の秘密を外に漏らす, 恥を外にさらす.
► *a* 学校(教育)の[に関する]: a ～ library 学校図書館 / a ～ cap 学(生)帽 / ～ things 学用品.
► *vt* **1** 学校へやる; ...に〈...を〉教える (teach)〈*in*〉; しつける, 訓練する: be ～*ed at* Harvard [*in* New York] / ～ a horse 馬を調教する / ～ one*self to* [*in*] patience 忍耐力を鍛える / *S*～ your*self to* control your temper. かんしゃくを抑えるように修養しなさい. **2**《古》譴責する.
♦ **～·able** *a* 義務教育をうけられる. **～ed** *a* 教育[訓練]をうけた〈*in*〉. [OE and OF<L *schola* school<Gk *skholē* leisure, discussion, lecture(-place)]

school² *n* 《魚・鯨などの》群れ, 群(ぐん); 群集. ► *vi*〈魚・鯨などが〉群れをなす, 群れをなして進む[餌を食う], 群泳する: ～ up 水面近く群れ集まる. [MLG, MDu=group; cf. OE *scolu* troop]

schóol àge 学齢; 義務教育年限. ♦ **schóol-àge** *a* 学齢に達した.

schóol·bàg *n* 通学[学校]かばん《通例 布製》.

schóol bèll 授業[開始[終了]]ベル, 校鈴.

schóol bòard〖米〗教育委員会, 学校委員会《地方の公立学校を監督する》; 〖英史〗学務委員会《かつて教区・町などで選出し, board school を監督した》.

schóol·bòok *n* 教科書. ► *a* 教科書的な, 教科書風の; 大幅にやさしく[簡略化]した.

schóol·bòy *n* 男子生徒. ● **every ～ knows** 小学生でも知っている, だれでも知っている. ► *a* 生徒の[らしい], 子供っぽい(ところのある); 高校スポーツの: ～ slang / ～ mischief. ♦ **～·ish** *a*

schóol bùs スクールバス《登校・下校・学校行事用》.

Schóol Certìficate 〖英〗《かつての》中等教育修了試験[証書] (cf. GENERAL CERTIFICATE OF EDUCATION).

schóol·chìld *n* 学童.

schóol còlors *pl* 特定の色の校服[学章など]; 《代表選手のユニフォームなどの》校色, スクールカラー: Columbia's ～ are blue and white.

schóol commìttee〖米〗SCHOOL BOARD.

schóol cróssing patròl‖ 学童道路横断監視員《LOLLIPOP MAN [WOMAN] の公式名》.

schóol·dàme *n*〖英〗DAME SCHOOL の校長.

schóol dày 授業日; 《一日の》授業のある時間; [one's ～s] 学校[学生]時代.

schóol dìnner‖《お昼の》学校給食 (school lunch).

schóol dìstrict* 学校区, 学区《教育行政上の最小の単位で, school board をもち, 教育目的の徴税権など独自の権限が与えられていることもある》.

schóol divìne 《中世の》神学教師 (Schoolman).

schóol dòctor (学)校医.

schóol edìtion 《書物の》学校用版, 学生版《学生向けにしばしば内容を短縮・平易化し, 注などを付した版》.

-school·er* /skúːlər/ *n comb form*「...学生」: grade-*schooler* 小学生.

schóol fèe(s) (*pl*) 授業料.

schóol·fèllow *n* (SCHOOLMATE).

schóol·gìrl *n* 女子生徒, 女(子)学生. ♦ **～·ish** *a*

S

schóol góvernor 〘英〙学校理事, スクールガヴァナー《学校の組織的運営に協力する役員会の役員》.

schóol guàrd 学童通学安全監視員, '緑のおばさん[おじさん]'.

schóol·hòuse *n* 《特に 小学校の》校舎; 《英国の学校付属の》教員宿舎.

schóol hóuse 《英国の PUBLIC SCHOOL の》校長公舎; [the] 校長公舎の寄宿生《集合的》.

schóol·ie *n* 《豪俗》学校教師, 先生, 先公; (卒業間近の)生徒.

Schóol·ies (Wèek) 《豪》《高校の最終学年試験後の》卒業旅行(シーズン).

schóol·ing[1] *n* 学校教育; 《通信教育の》教室授業, スクーリング; 《時に 生活費も含めて》学費; 訓練, 教練, 修養; 《馬の》調教; 乗馬訓練; 《古》譴責.

schooling[2] *n* 〘動〙《魚などの》群泳.

schóol inspèctor 《英国の学校の監査をする》視学官 (= *schools inspector*).

schóol·kìd *n* 《口》《学齢の》子供, 学童, 生徒.

schóol-lèaver‖ *n* 《学業を終える[終えたばかりの]》中学卒業生《特に義務教育を終えて進学せず就職しようとする生徒》.

schóol-lèaving àge‖ 義務教育終了年齢.

schóol lùnch [mèal] 学校給食 (school dinner‖).

schóol·man /-mən, -mæ̀n/ *n* *学校教師 (educator); *教育行政担当者; [ᵘS-] スコラ(哲)学者 (Scholastic); 《中世ヨーロッパの》大学教師; 学問的議論に秀でた人.

schóol·màrm /-mà:rm/, **-mà'am** /-mà:m, -mæ̀m/ *n* **1** 《口》《古いタイプの, または田舎の》女教師; 教師じみた[堅苦しい, 物知り顔の]人《男性についてもいう》. **2** *《俗》幹が二叉に分かれた木. ♦ **~·ish** *a* 堅苦しい, こうるさい.

schóol·màster *n* **1** 教師, 男子教員, 校長; 指導者, 指揮官; 《騎手・若い馬の》訓練馬; 教育機器. **2** 〘魚〙フエダイ科フエダイ属の食用魚《大西洋・メキシコ湾産》. ► *vt, vi* 教師として教える. ♦ **~·ing** *n* schoolmaster の職, 教職. **~·ish** *a* **~·ly** *a* 学校の先生らしい. **~·shìp** *n*

schóol·màte *n* 学校の友だち, 学友, 同期生.

schóol mílk 〘英〙学校給付牛乳《以前, 学童に低価格または無料で提供された牛乳》.

schóol mìss 女子学生; [ᵘ*derog*] 自意識過剰の[世間知らずの, 生意気な]女の子.

schóol·mìstress *n* 女性教師, 女性校長. ♦ **-mìstressy** *a* 《口》堅苦しくてこうるさい.

schóol nìght 翌日学校[仕事]がある前の晩.

schóol of árts 〘豪〙教養学校《19 世紀に地域の成人教育のために各地に設立された図書館などを備えた施設》.

Schóol of the Áir 〘豪〙無線を使った通信教育《奥地に住む児童を対象に行なわれる》.

schóol·phòbia *n* 学校嫌い[恐怖症].

schóol refùsal 登校拒否.

schóol repòrt 〘英〙成績通知票, 通信簿 (report card).

schóol·ròom *n* 《学校の》教室, 《時に 自宅の》勉強部屋.

schóol rùn‖ [the] 学校に通う子供の送り迎え.

schóol shìp 《船員養成の》練習船.

schóols inspèctor‖ SCHOOL INSPECTOR.

schóol·tèach·er *n* 《小・中・高等学校の》学校教師.

schóol·tèach·ing *n* 教職.

schóol tìe OLD SCHOOL TIE.

schóol·tìme *n* 授業時間; 《家庭での》勉強時間; 修練の期間; [ᵘ*pl*] 学生[学校]時代.

schóol wélfare òfficer 〘英〙学校福祉員《EDUCATIONAL WELFARE OFFICER の旧称》.

schóol·wòrk *n* 学業《授業および宿題を含む学習事項》: neglect one's ~ 勉強をなまける.

schóol·yàrd* *n* 校庭, 《学校の》運動場.

schóol yéar ACADEMIC YEAR.

schoo·ner /skú:nər/ *n* **1** 〘海〙スクーナー《通例 2 本マスト, 時に 3 本以上のマストの縦帆式帆船; 略 sch.》. **2** 《米・豪》ビール用大型グラス; ‖スクーナー《シェリー用大型グラス; それにはいる液量・ビールの量》. **3** *PRAIRIE SCHOONER. [C18<?; 一説に *scoon* (変形)<*scun* (dial) to SCUD[1]]

schóoner rìg 〘海〙スクーナー式帆装, 縦帆帆装 (fore-and-aft rig). ♦ **schóoner-rìgged** *a*

Scho·pen·hau·er /ʃóup(ə)nhàuər/ ショーペンハウアー **Arthur** ~ (1788–1860)《ドイツの哲学者; *Die Welt als Wille und Vorstellung* (1819)》. ♦ **~·ian** *a, n* **~·ism** *n* ショーペンハウアーの哲学《主意説・厭世観の》.

schorl /ʃɔ́:rl/ *n* 〘鉱〙黒電気石, ショール《最も普通の電気石》. ♦ **schor·la·ceous** /ʃɔ:rléɪʃəs/ *a* [G *Schörl*]

schot·tische /ʃátɪʃ, ʃatí:ʃ/ *n* ショッティーシュ《polka の類の舞踏; その曲》. ► *vi* (~**d**; **-tisch·ing**) schottische を踊る. [G *der schottische* (*Tanz*) the Scottish (dance)]

Schótt·ky bàrrier /ʃátki-/ 〘理〙ショットキー障壁, ショットキーバリア《半導体と金属が接触するときに生じる界面領域》. [Walter Schottky (1886–1976) スイス生まれのドイツの物理学者]

Schóttky dèfect 〘晶〙ショットキー欠陥《原子またはイオンが正常な位置から結晶表面に出ることによって生じる結晶格子の欠陥》. [↑]

Schóttky dìode 〘理〙ショットキーダイオード《金属と半導体を接触させた整流器》. [↑]

Schóttky effèct 〘理〙《熱電子放射の》ショットキー効果. [↑]

Schóttky nòise SHOT NOISE. [↑]

Schóu·ten Íslands /skáutn-/ *pl* [the] スホウテン諸島《インドネシア New Guinea 島西部の Papua 州北岸沖にある島群》.

schpritz, shpritz /ʃpríts/ *《俗》*vt* 攻撃する, 中傷する, そしる. ► *n* 少し, 少々, 《薬の》一服. [Yid=to spray]

Schrei·ner /ʃráɪnər/ シュライナー **Olive (Emilie Albertina)** ~ (1855–1920)《南アフリカの小説家・女権拡張論者; *The Story of an African Farm* (1883); 筆名 Ralph Iron, のちに Mrs. Cronwright》.

Schrief·fer /ʃrí:fər/ シュリーファー **John Robert** ~ (1931–)《米国の物理学者; 超伝導の微視的理論 (BCS 理論) を提出してノーベル物理学賞 (1972)》.

Schrock /ʃrák/ シュロック **Richard R(oyce)** ~ (1945–)《米国の化学者; 有機合成におけるメタセシス反応の開発でノーベル化学賞 (2005)》.

schrod /skrád/ *n* SCROD.

Schrö·der /ʃréɪdər; G ʃrø:dər/ シュレーダー **Gerhard** ~ (1944–)《ドイツの政治家; 首相 (1998–2005)》.

Schrö·ding·er /ʃréɪdɪŋər; G ʃrø:dɪŋər/ シュレーディンガー **Erwin** ~ (1887–1961)《オーストリアの物理学者; 波動量子力学の発展に貢献; ノーベル物理学賞 (1933)》.

Schrödinger equation /—— —/ 〘理〙《波動量子力学における》シュレーディンガー方程式. [↑]

schtarker ⇨ SHTARKER.

schtick ⇨ SHTICK.

schtoom, schtum /ʃtúm/ 《俗》*a, v* SHTOOM.

schtoonk, schtunk /ʃtúŋk/ *n* *《俗》げすなやつ, いやな野郎. [Yid]

schtuck, schtook /ʃtúk/ *n* ‖《俗》SHTUCK.

schtup /ʃtáp/ *vt, n* 《卑》SHTUP.

Schu·bert /ʃú:bərt, -bɛərt/ シューベルト **Franz (Peter)** ~ (1797–1828)《オーストリアの作曲家》. ♦ **~·ian** /ʃubə́:rtiən, -bɛ́ər-/ *a*

schuit, schuyt /skɔ́ɪt, skáɪt/ *n* スクート《内陸・沿岸航行用のずんぐりした小帆船》. [Du]

schul ⇨ SHUL.

Schultz /ʃúlts/ シュルツ (**1**) **Dutch** ~ (1902–35)《米国のギャング; 本名 Arthur Flegenheimer; New York 市で酒の密造・売春・賭博などにかかわり, 悪名をはせた》(**2**) **Theodore (William)** ~ (1902–98)《米国の経済学者; 経済発展における人的資本の役割に関して業績をあげた; ノーベル経済学賞 (1979)》.

Schulz /ʃúlts/ シュルツ **Charles (Monroe)** ~ (1922–2000)《米国の漫画家; Charlie Brown, Lucy, ビーグル犬 Snoopy が登場する *Peanuts* で有名》.

Schu·ma·cher /ʃú:mà:kər, -mæ̀kər; -mækər; G ʃu:maxər/ シューマッハー (**1**) **Ernst Friedrich** ~ (1911–77)《ドイツ生まれの英国の経済学者; *Small is Beautiful* (1973)》(**2**) **Michael** ~ (1969–)《ドイツの自動車レーサー; F1 で 7 度チャンピオン》.

Schu·man **1** /ʃú:mà:n, -mən/ シューマン **Robert** ~ (1886–1963)《フランスの政治家; 首相 (1947–48), 外相 (1948–53); EEC の創立者と目される》. **2** /ʃú:mən/ シューマン **William (Howard)** ~ (1910–92)《米国の作曲家》.

Schu·mann /ʃú:mà:n, -mən/ シューマン (**1**) **Clara (Josephine)** ~ (1819–96)《ドイツのピアニスト・作曲家; Robert の妻; 旧姓 Wieck》(**2**) **Elisabeth** ~ (1885–1952)《ドイツのソプラノ》(**3**) **Robert** ~ (1810–56)《ドイツロマン派の作曲家》.

Schum·pe·ter /ʃúmpèɪtər/ シュンペーター **Joseph A(lo·is)** /əlɔ́ɪs/ ~ (1883–1950)《オーストリア生まれの米国の経済学者》.

Schusch·nigg /ʃúʃnɪk, -nɪg/ シュシュニック **Kurt von** ~ (1897–1977)《オーストリアの政治家; 連邦首相 (1934–38)》.

schuss /ʃús, ʃú:s/ 〘スキー〙*n* 全速力直滑降, シュス. ► *vt, vi* 全速力直滑降する. ♦ **~·er** *n* [G=shot]

schúss·bòom·er *n* 全速力直滑降者. ♦ **-bòom** *vi*

Schütz /G ʃýts/ シュッツ **Heinrich** ~ (1585–1672)《ドイツの作曲家》.

Schutz·staf·fel /G ʃútsʃtafəl/ *n* (*pl* **-feln** /-fəln/) 《Hitler の》親衛隊《略 SS》. [G=protection staff]

Schuy·ler·ville /skáɪlərvɪ̀l/ スカイラーヴィル《New York 州東部の村; 旧名 SARATOGA》.

schvan(t)z, schvontz ⇨ SCHWANTZ.

schvar·tze, schwar·tze /ʃvá:rtsə/, **schvar·tzer, schwar·tzer** /ʃvá:rtsər/ *n* 《俗》[*derog*] 黒人. [Yid (*shvarts* black)]

schwa, shwa /ʃwá:/ *n* 〘音〙シュワー《アクセントのないあいまい母音; *a*bout の *a* /ə/, circ*u*s の *u* /ə/ など; その記号 /ə/; cf. HOOKED SCHWA). [G<Heb]

Schwa·ben /*G* ʃvá:bn/ シュヴァーベン (SWABIA のドイツ語名).

Schwann /ʃwá:n; *G* ʃván/ シュヴァン **Theodor** ~ (1810–82) 《ドイツの物理学者; 細胞説の主唱者》.

Schwánn cèll 〔動〕シュワン細胞《神経繊維鞘細胞》. [↑]

schwan(t)z, schvan(t)z, shvantz /ʃvá:nts/, **schvontz** /ʃvánts/ *n**《卑》ちんぽこ, ペニス. ● **step on one's ~** ⇨ DICK 成句. [G=tail; (sl) penis]

schwar·me·rei /ʃfɛərmərái, ʃvɛ̀ər-/ *n* 熱狂, 心酔, 耽溺(たんでき) ‹*for*›. [G=enthusiasm]

Schwartz 1 /ʃvá:rts/ シュワルツ **Laurent** ~ (1915–2002) 《フランスの数学者》. **2** /ʃwɔ́:rts/ シュウォーツ **Melvin** ~ (1932–2006) 《米国の物理学者; ニュートリノの発見・研究でノーベル物理学賞 (1988)》.

schwartze, -tzer ⇨ SCHVARTZE.

Schwar·ze·neg·ger /ʃwɔ́:rtsənɛ̀gər/ シュワルツェネッガー **Arnold** ~ (1947–) 《オーストリア生まれの米国の俳優・政治家; 映画 *The Terminator* (ターミネーター, 1984; 続編 1991, 2003) などで肉体派スターとして活躍したのち California 州知事 (2003–11)》.

Schwarz·kopf /ʃwɔ́:rtskɔ̀(:)pf, ʃwá:rts-, -kɑ̀pf/ **1** /*G* ʃvártskɔpf/ シュヴァルツコップ Dame (**Olga Maria**) **Elisabeth** (**Friederike**) ~ (1915–2006) 《ドイツのソプラノ》. **2** シュワルツコフ **H. Norman** ~ (1934–) 《米国の軍人; 湾岸戦争 (1990–91) を指揮》.

Schwárz·schild ràdius /ʃwɔ́:rtsʃìld-; *G* ʃvártsʃɪlt-/ 〔天〕シュヴァルツシルト半径《ブラックホール周辺の束縛領域の半径》. [Karl *Schwarzschild* (1873–1916) ドイツの理論天体物理学者]

Schwarz·wald /*G* ʃvártsvalt/ シュヴァルツヴァルト (⇨ BLACK FOREST).

Schwein·furt /*G* ʃváinfurt/ シュヴァインフルト《ドイツ中南部 Bavaria 州北部の Main 川に臨む市》.

schwein·hund /ʃváinhʊ̀nt/, **schwei·ne-** /ʃváinə-/ *n* (*pl* **-hun·de** /-də/) 《俗》ブタ野郎, この野郎. [G (*Schwein* pig, *Hund* dog)]

Schweit·zer /ʃwáitsər, swái-, ʃvái-/ シュヴァイツァー **Albert** ~ (1875–1965) 《フランス生まれの医者・音楽家; アフリカで医療と伝道に献身した; ノーベル平和賞 (1952)》.

Schwéitzer's reágent 〔化〕シュヴァイツァー試薬《セルロース溶剤》. [Mathias E. *Schweitzer* (1818–60) ドイツの化学者]

Schweiz ⇨ SWITZERLAND.

Schwe·rin /ʃveirí:n/ シュヴェリン《ドイツ北部 Mecklenburg-West Pomerania 州の州都; Schwerin 湖に臨む》.

Schwing /ʃwíŋ/ *int**《俗》ぐっとくる, いかす.

Schwing·er /ʃwíŋər/ シュウィンガー **Julian Seymour** ~ (1918–94) 《米国の物理学者; 量子電磁力学の研究でノーベル物理学賞 (1965)》.

Schwit·ters /ʃvítərz/ シュヴィッタース **Kurt** ~ (1887–1948) 《ドイツのダダの画家・詩人; 廃棄物によるコラージュで有名》.

Schwyz /ʃví:ts/ シュヴィーツ《**1**) スイス中東部の州; スイスの名はこの名にちなむ **2**) その州都》.

sci- /sái/, **scio-** /sáiou, -ə/ *comb form*「影」「陰」「暗」 [NL<Gk (*skia* shadow)]

sci. science ♦ scientific.

scia- /sáiə/ *comb form* SCI-.

sci·ae·nid /saií:nəd/ *a, n* 〔魚〕ニベ科 (Sciaenidae) の(魚).

sci·ae·noid /saií:nɔ̀id/ *a, n* 〔魚〕ニベ科の(魚のような)(魚).

sci·ag·ra·phy″ /saiǽgrəfi/ *n* SKIAGRAPHY

sci·am·a·chy /saiǽməki/, **-om-** /-ɑ́m-/, **ski-** /skai-/ *n* 影[仮想敵]との戦い.

sci·at·ic /saiǽtik/ *a* 〔解〕坐骨の; 坐骨神経痛の. [F<L<Gk (*iskhion* hip)]

sci·at·i·ca /saiǽtikə/ *n* 〔医〕坐骨神経痛, 《広く》坐骨痛. [L (↑)]

sciátic nérve 〔解〕坐骨神経.

SCID 〔医〕°severe combined immunodeficiency [immune deficiency].

sci·ence /sáiəns/ *n* **1** 科学, 《特に》自然科学; 科学研究(法); 学問, …学: a man of ~ 科学者. **2** 《ボクシングなどの》わざ, 術, 技術, 熟練. **3** [ᵁS-] CHRISTIAN SCIENCE. **4** 《古》知識. ● **have… down to a ~** …をよく知り抜いている, …に熟達している. [OF<L *scientia* knowledge (*scio* to know)]

scíence còurt 科学法廷《科学上の公共問題を裁定せしめようと提案されている, 専門の科学者からなる法廷》.

scíence fàir 科学博覧会; 〔米教育〕科学祭, サイエンスフェア《科学的研究発表・展示・工作のコンテストなどを行なう学校行事》.

scíence fíction 空想科学小説 (=*scientifiction*) 《略 SF, sci-fi》. ♦ **science-fíction·al** *a*

Scíence Musèum [the] 《London の》科学博物館《1856 年設立》.

scíence pàrk サイエンスパーク《科学研究機関や科学的産業施設を集中させた地域》.

sci·en·ter /saiéntər/ 〔法〕*adv* 意図的に, 故意に. ► *n* 故意.

sci·en·tial /saiénʃ(ə)l/ *a* 学問の, 知識の; 学識のある.

sci·en·tif·ic /sàiəntífik/ *a* **1** 科学の, 科学的な, (自然)科学上の; 精確な, 厳正な; 系統立った. **2** わざ[技術]の(巧みな): a ~ boxer うまいボクサー. ♦ **-i·cal·ly** *adv* **sci·en·ti·fic·i·ty** /sàiəntəfísəti/ *n* [F or L; ⇨ SCIENCE]

scientífic creátionism 〔神学〕科学的創世論, 科学的特殊創造説《種の起源や物質の発生は進化によるのではなく造物主の特殊な創造によるとし, 旧約聖書の創世記の記述は証拠上科学的にも妥当性をもつと信じる理論》.

scientífic mánagement 〔経営〕科学的管理(法).

scientífic méthod 《データを集めて仮説をテストする》科学的研究法.

scientífic notátion 科学的記数法《1932 を 1.932×10^3 とするなど有効数字と 10 の冪(べき)乗数との積で表示する》.

scientífic sócialism 科学的社会主義《Marx, Engels などの社会主義; cf. UTOPIAN SOCIALISM》.

sci·en·ti·fic·tion /sàiəntəfíkʃ(ə)n/ *n* SCIENCE FICTION. [*scientific, fiction*]

sci·en·tism /sáiəntìz(ə)m/ *n* [°*derog*] 科学主義, 科学万能主義《自然科学の方法をすべての学問に適用しようとする考え方》; 科学者的態度[方法]; (擬似)科学的言語.

sci·en·tist /sáiəntist/ *n* **1** (自然)科学者, 科学研究者. **2** [S-]《クリスチャンサイエンス》**a** 《最高の治療者としての》キリスト. **b** CHRISTIAN SCIENCE 信奉者.

sci·en·tis·tic /sàiəntístik/ *a* 科学的方法[態度]の, 科学(万能)主義的な.

sci·en·tize /sáiəntàiz/ *vt* 科学的に扱う.

Sci·en·tol·o·gy /sàiəntɑ́lədʒi/ 〔商標〕サイエントロジー《米国人 L. Ron HUBBARD によって 1952 年に創設された新宗教》. ♦ **Sci·en·tól·o·gist** *n*

sci. fa. 〔法〕°scire facias.

sci-fi /sáifái/ *a, n* 《口》SF(の). [*sci*ence *fi*ction]

sci·li·cet /skí:likèt, sáiləsèt, síləsèt/ *adv* すなわち, 言い換えれば (to wit, namely) 《略 scil., sc.》. [L *scire licet* it is permitted to know]

scil·la /sílə/ *n* 〔植〕ツルボ属 (*S-*) の各種植物《ユリ科》.

scillion ⇨ SKILLION².

Scil·ly /síli/ ■ the **Ísles of ~** シリー諸島 (=the **Scílly Ísles**) 《イングランドの西端 Land's End の西南沖の諸島で, 独立自治体をなす》. ♦ **Scil·lo·ni·an** /silóuniən/ *a, n*

scim·i·tar, -i·ter, -e·tar, sim·i·tar /símətər/ *n* 三日月刀, シミター《中東起源の湾曲した刀》. ♦ **~ed** *a* シミターを身に帯びた[の形をした]. [It<?]

scin·coid /síŋkɔid/ *a, n* 〔動〕トカゲの[に似た(動物)]. ♦ **scin·cói·di·an** *a* [NL (*scincoides* lizard of the family Scincidae)]

scin·dap·sus /sindǽpsəs/ *n* 〔植〕東南アジア産サトイモ科スキンダプスス属 (*S-*) のつる植物.

scín·ti·gràm /síntə-/ *n* 〔医〕シンチグラム《放射性同位体の投与によって得られる体の放射能分布図》.

scin·tig·ra·phy /sintígrəfi/ *n* 〔医〕シンチグラム造影[撮影](法), シンチグラフィー. ♦ **scin·ti·graph·ic** /sìntəgrǽfik/ *a* [*scinti*llation, *-graphy*]

scin·til·la /sintílə/ *n* (*pl* **~s, -til·lae** /-li/) 火花; [ᵁ*neg*] 微量, かすかな痕跡, ほんのひとかけ: not a ~ *of* doubt [evidence]. [L=spark]

scin·til·lant /síntələnt/ *a, n* 火花を発する(もの), きらめく(もの). ♦ **~·ly** *adv*

scin·til·late /sínt(ə)lèit/ *vi* 火花[閃光]を発する; [*fig*] ‹才気・機知が›きらめく, ひらめく; またたく. ► *vt* ‹火花・閃光を›発する; ‹才気などを›ひらめかす. [L; ⇨ SCINTILLA]

scín·til·làt·ing *a* きらめく; 才知あふれる, おもしろい; 興味をひく. ♦ **~·ly** *adv*

scin·til·la·tion /sìnt(ə)léiʃ(ə)n/ *n* 火花, 閃光; ひらめき, きらめき; 《才気の》ひらめき; 〔気〕《大気中の光源や星の》またたき, シンチレーション; 〔理〕《放射線による物質の》閃光.

scintillátion càmera 〔医〕シンチレーションカメラ《体の放射能分布を調べる装置》.

scintillátion còunter 〔理〕シンチレーション計数器[カウンター] (=*scintillator*) 《放射線が発光物質に衝突して発する光を計測する放射線測定器》.

scintillátion spectròmeter 〔理〕シンチレーション分析器.

scín·til·là·tor *n* きらめくもの, またたく星; 〔理〕シンチレーター《放射線が衝突して発光する物質》; 〔理〕SCINTILLATION COUNTER.

scin·til·lom·e·ter /sìnt(ə)lɑ́mətər/ *n* 〔天〕星のまたたきの程度・周期を測定する装置; SCINTILLATION COUNTER.

scín·ti·scàn /síntə-/ *n* 〔医〕シンチスキャン (scintiscanning による図).

scín·ti·scànning /síntə-/ *n* 〔医〕シンチスキャニング《シンチレーション計数器により体の放射性物質の所在を調べる方法》.

sci·o·lism /sáiəlìz(ə)m/ *n* 生かじりの学問[知識], 半可通.

◆ -list *n* えせ学者, 知ったかぶり《人》. **sci·o·lís·tic** *a* [L *sciolus* (dim)＜*scius* knowing]

sciol·to /ʃɔ́(:)ltou/ *adv* 《楽》自由に, 軽く. [It]

sciomachy ⇨ SCIAMACHY.

scio·man·cy /sáɪəmæ̀nsi, skí:ə-/ *n* 心霊占い. ◆ **-màn·cer** *n* **scìo·mán·tic** *a*

sci·on, ci·on /sáɪən/ *n* 若枝, 芽(生え), 《特に 接ぎ木の》接ぎ穂, 穂木, 挿穂; 《特に 貴族・有力者の》子弟, 子孫, 末孫, 相続人: a ~ bud [root] 接ぎ芽[自根]. [F＝shoot, twig＜? Gmc (OHG *shīnan* to sprout)]

sci·oph·i·lous /saɪɑ́fələs/ *a* 《植》好陰性の. [*sci-*]

scío·phỳte /sáɪə-/ *n* 《植》好陰性植物.

sci·op·tic /saɪɑ́ptɪk/ *a* 暗箱[暗室]の[を用いる]〈カメラ〉.

sci·os·o·phy /saɪɑ́səfi/ *n* 《占星学・骨相学などによる》えせ知識.

Scip·io /sípiòu, skíp-/ **(1)** (小)スキピオ **Publius Cornelius ~ Aemilianus Africanus Numantinus** (~ the Younger) (185 or 184–129 B.C.) 《ローマの将軍・政治家; 大スキピオの長男の養子; 146 B.C. にカルタゴを破ってポエニ戦争を終結させた》 **(2)** (大)スキピオ **Publius Cornelius ~ Africanus** (~ the Elder) (236–184 or 183 B.C.) 《ローマの将軍・政治家; 第 2 ポエニ戦争でカルタゴを討ち, Zama の戦いで Hannibal を破った》.

sci·re fa·ci·as /sáɪəri féɪʃiæ̀s, -ʃ(i)əs/ 《法》《執行・取消しの不可である理由を示すべき旨の》告知令状(の手続き) 《略 sci. fa.》. [L＝make (him) know]

sci·roc·co /ʃɪrɑ́kou, sə-/ *n* SIROCCO.

scir·rhoid /sírɔ̀ɪd, skír-/ *a* 《医》硬性癌様の.

scir·rhous /sírəs, skír-/ *a* 〈癌が〉硬性の; 硬くて繊維質の.

scírrhous carcinóma 《医》硬性癌, スキルス癌 《間質に密な結合組織ができるためにきわめて硬い癌腫》.

scir·rhus /sírəs, skír-/ *n* (*pl* **-rhi** /-ràɪ, -rì:/, **~·es**) 《医》硬性癌, スキルス癌 (scirrhous carcinoma). [L＜Gk (*skiros* hard)]

scis·sel /sís(ə)l, skís-/ *n* 《冶》板金の切りくず.

scis·sile /sísəl, -sàɪl/ *a* 切れ[裂け]やすい, 一様に切れる.

scis·sion /síʃ(ə)n, síʒ(ə)n/ *n* 切断, 分割, 分離, 分裂; 《化》劈開 (cleavage).

scis·sor /sízər/ *vt* はさみで切る 〈*off, up, into*, etc.〉; 切り抜く 〈*out*〉; 〈脚などを〉はさみのように開閉する[ばたつかせる]. ► *n* [ᵒ〈*a*〉] はさみ(の): ~ hold＝SCISSORS hold. ◆ **~·er** *n* はさみで切る人; 編集者 (compiler). **~·lìke** *a* **~·wìse** *adv* [*scissors*]

scíssor·bìll *n* **1** 《鳥》ハサミアジサシ (skimmer). **2** *《俗》賃金労働者でない人 《農場主, 油田主, 利子・配当生活者など》, 金持, 労働者意識の低い者, いやなやつ, 非組合員 (bill); *《俗》(すぐだまされる)ばか, カモ (sucker).

scíssor·ing *n* はさみで切ること; [*pl*] 《はさみでの》切り抜き.

scíssor lìft シザーリフト 《パンタグラフあるいはマジックハンドのように伸縮する連続 X 字型のアームで垂直に昇降する作業台》.

scis·sors /sízərz/ *n* **1** [ᵘ〈*pl*〉] はさみ: a pair of [two pairs of] ~ / cut with ~. **2** [ᵘ〈*sg*〉] 《体操の》両脚開閉, 《高跳の》はさみ跳び 《バーをクリアーするとき両脚を交差させる》; 《レス》はさみ絞め, カニばさみ, (レッグ)シザーズ (＝**~ hòld**) 《相手の頭[体]を両脚で締める》: work ~ シザーズをかける. [OF＜L＝cutting instrument (*caes- caedo* to cut); cf. CHISEL; *scis-* は L *sciss- scindo* to cut との連想]

scíssors-and-páste *a* 糊とはさみの, 編集(作業)による, CUT-AND-PASTE: a ~ method.

scíssors·bìll *n* *《俗》SCISSORBILL.

scíssors-bùll *n* *《俗》SCISSORBILL.

scíssors chàir 正面から見るとはさみを開いた形の椅子 (SAVONAROLA CHAIR など).

scíssors kìck 《泳》あおり足; 《サッカー》シザーズ[オーバーヘッド]キック.

scíssors trùss 《建》《教会建築などの》はさみ組み.

scíssor·tàil, scíssor-tàiled flýcatcher *n* 《鳥》エンビタイランチョウ 《2 本に分かれた尾がはさみのように動く; 米国南部・メキシコ産》.

scíssor tòoth 《動》《肉食獣の》裂肉歯.

scis·sure /síʒər, síʃ-/ 《古》 *n* 縦裂, 裂け目; 分裂, 分離.

sci·urid /saɪ(j)úərəd/ *a, n* 《動》リス科 (Sciuridae) の(齧歯(げっし)動物). [*Sciuridae* (*sciurus* squirrel)]

sci·u·rine /sáɪjuərən, -ràɪn/ *a, n* 《動》リス科の(動物).

sci·u·roid /saɪjúərɔ̀ɪd, sáɪ(j)ərɔ̀ɪd/ *a, n* リスに似た(動物); 《植》リスの尾に似た(穂); 《動》リス科動物に近縁の(動物).

sciv·vy /skívi/ *n* *《口》SKIVVY[1].

sclaff /sklæf; sklɑ́:f/ 《ゴルフ》 *n* スクラッフ, ダフリ 《インパクト前にクラブを地面にすらせること》. ► *vt, vi* スクラッフする, ダフる. ◆ **~·er** *n* [Sc *sclaf* shuffle]

SCLC 《米》Southern Christian Leadership Conference 南部キリスト教指導者会議 《1957 年 Martin Luther King, Jr. が結成した公民権運動組織》.

scler- /sklíər, sklέər/, **scle·ro-** /sklíərou, *sklέrou, -rə/ *comb form* 「堅い」「《眼の》鞏膜(きょうまく)」 [Gk (*sklēros* hard)]

sclera /sklíərə, *sklέrə/ *n* 《解》《眼の》鞏膜. ◆ **sclér·al** *a*

sclere /sklíər/ *n* 《動》微小な骨格片 《海綿などの骨片, 針骨など》.

scle·rec·to·my /sklɪərέktəmi, sklə-/ *n* 《医》鞏膜切除(術).

scler·e·id /sklíəriəd, *sklέr-/ *n* 《植》厚膜細胞.

scle·ren·chy·ma /sklɪərέŋkəmə, sklə-/ *n* 《植》厚膜[厚壁]組織 (cf. COLLENCHYMA); 《動》硬組織, 硬皮. ◆ **-chym·a·tous** /sklɪ̀ərὲŋkímətəs, *sklὲr-, -káɪ-/ *a*

scle·ri·a·sis /sklɪəráɪəsəs, sklə-/ *n* SCLEROSIS.

scle·rite /sklíəràɪt, *sklέr-/ *n* 《動》《海綿動物・ナマコなどの》骨片, 骨針; 《昆》硬皮 《体表の, 発達したキチン板》. ◆ **scle·rit·ic** /sklɪərítɪk, sklə-/ *a*

scle·ri·tis /sklɪəráɪtəs, sklə-/ *n* 《医》鞏膜炎.

sclèro·dérma *n* 《医》鞏皮[硬皮]症.

sclèro·dérmatous *a* 《動》硬皮でおおわれた; 《医》鞏皮症にかかった.

sclèro·dér·mia /-dɜ́:rmiə/ *n* SCLERODERMA.

scle·roid /sklíərɔ̀ɪd, *sklέr-/ *a* 《生》硬組織の, 硬質の.

scle·ro·ma /sklɪəróumə, sklə-/ *n* (*pl* **-ma·ta** /-tə/) 《医》硬腫.

scle·rom·e·ter /sklɪərɑ́mətər, sklə-/ *n* 硬度計, 試硬器 《鉱物用》. ◆ **sclero·met·ric** /sklɪ̀ərəmétrɪk, *sklὲr-/ *a*

scléro·phỳll *n, a* 《植》《砂漠などの》硬葉植物(の): a ~ forest 常緑硬木林.

scléro·phyl·ly /-fɪli/ *n* 《植》硬葉形成. ◆ **sclèro·phýl·lous** *a* 硬葉(植物)の.

scléro·phỳte *n* 《植》硬葉植物.

sclèro·protein *n* 《生化》硬タンパク質 (＝*albuminoid*) 《繊維状単純タンパク質の総称》.

scle·rose /sklíəròus, *sklέr-, sklɪəróus, sklə-, -z/ *vt, vi* 《医》硬化症にかからせる[かかる], 硬化させる[する]. [逆成＜*sclerosis*]

scle·rosed /sklíəròust, *sklέr-, sklɪəróu-, sklə-, -zd/ *a* 《医》硬化症にかかった, 硬化した.

scle·rós·ing *a* 硬化症を起こさせる, 硬化させる.

scle·ro·sis /sklɪəróusəs, sklə-/ *n* (*pl* **-ses** /-sì:z/) 《医》《神経組織・動脈の》硬化(症) (cf. ARTERIOSCLEROSIS, MULTIPLE SCLEROSIS); 《植》細胞壁の硬化; 《態度・考え方の》硬直化. ◆ **-ró·sal** *a* [Gk (*sklēros* hard)]

sclèro·tésta *n* 《植》硬種被.

sclèro·thérapy *n* 《医》硬化療法 《痔疾や静脈瘤の治療のため硬化剤を注射して血流をそらし血管を虚脱させる治療法; しみ除去のための美容整形にも用いる》.

scle·rot·ic /sklɪərɑ́tɪk, sklə-/ *a* 硬直化した; 《医》硬化(症)の; 《解》鞏膜の; 《植》細胞壁硬化の. ► *n* 《解》鞏膜 (sclera) (＝**~ cóat**).

scler·o·tin /sklíərətən, *sklέr-, sklɪəróutn, sklə-/ *n* 《生化》スクレロチン 《キチン質を硬化する硬タンパク質》.

scle·ro·tin·ia /sklɪ̀ərətíniə, *sklὲr-/ *n* 《菌》キツネノワンタケ属 (*S-*) の各種の菌.

scle·ro·ti·tis /sklɪ̀ərətáɪtəs, *sklὲr-/ *n* SCLERITIS. ◆ **sclè·ro·tít·ic** /-tít-/ *a*

scle·ro·ti·um /sklɪəróuʃiəm, sklə-/ 《植》 *n* (*pl* **-tia** /-ʃiə/) 菌核 《菌糸体の集合塊》; 皮体 《変形菌類の変形体の休眠体》. ◆ **scle·ró·tial** *a*

scler·o·ti·za·tion /sklɪ̀ərətəzéɪʃ(ə)n, *sklὲr-; -tàɪ-/ *n* 《昆虫の表皮などの》硬化.

scler·o·tized /sklíərətàɪzd, *sklέr-/ *a* 〈特に 昆虫の表皮が〉《キチン質 (chitin) 以外の物質で》硬化した.

scle·rot·o·my /sklɪərɑ́təmi, sklə-/ *n* 《医》鞏膜切開(術).

scle·rous /sklíərəs, *sklέr-/ *a* 《解・医》硬い, 硬化した.

SCM 《英》State Certified Midwife ◆ 《英》Student Christian Movement 学生キリスト教運動.

scob[ᵘ] /skɑ́b/ *n* [ᵘ*pl*] おがくず, 削ったひげ, やすりくず.

scobe /skóub/ *n* *《黒人俗》黒人.

scoff[1] /skɑ́f, *skɔ́:f/ *vi* あざける, まぜかえす 〈*at*〉. ► *vt* ばかにする, あざける. ► *n* 《特に 宗教その他尊ぶべきものを》あざけること, 愚弄 〈*at*〉; 笑いぐさ, 物笑いのたね. ◆ **~·er** *n* **~·ing·ly** *adv* [?Scand; cf. Dan *skof* jest]

scoff[2] 《口》 *n* 食い物, 食料, 餌; 食事 (＝**scóff·ings**). ► *vt, vi* (がつがつ)食う; 盗む, ぶんどる, くすねる 〈*up*〉. [Afrik *schoff* ＜Du *schoft* quarter of the day; '一日 4 食の場合の 1 食' の意]

scóff·làw *n* *《口》法律[規則, 慣習]をばかにする者, 《特に》常習的な交通法[禁酒法]違反者; 裁判所の出頭命令に応じない者, 罰金[借金]を支払わない者.

Sco·field /skóufi:ld/ スコーフィールド (**David**) **Paul** ~ (1922–2008) 《英国の舞台・映画俳優》.

scold /skóuld/ *vt* 〈子供などを〉しかる 〈sb *about* sth, sb *for* (do*ing*) sth〉. ► *vi* しかる, 小言を言う, ののしる 〈*at*〉; 《廃》けんか[口論]する. ► *n* 口やかましい人, 《特に》がみがみ女; しかること (scolding): a common ~ 近所迷惑ながみがみ女. ◆ **~·able** *a* **~·er** *n* [? ON; ⇨ SCALD[2]; (v)＜(n)]

scóld·ing *a* 〈特に 女が〉口やかましい, しかる. ► *n* 叱責, 小言: give [get, receive] a good ~ うんとしかる[しかられる]. ◆ **~·ly** *adv*

scold's bridle BRANKS.

scol·e·cite /skɑ́ləsàɪt, skóu-/ *n* 《鉱》スコレス沸石, スコレサイト.

sco·lex /skóulèks/ *n* (*pl* **sco·le·ces** /skóuləsì:z, skál-/, **-li-** /skóuləsì:z/) 〘動〙《多節条虫類の》頭節《頭と頸部》. [Gk=worm]

Sco·line /skoulí:n/ 〘商標〙スコリーン《一時的完全麻痺状態をつくり出す筋肉弛緩剤》. [*succinylcholine*]

sco·li·o·sis /skòulióusəs; skɔ̀l-/ *n* (*pl* **-ses** /-sì:z/) 〘医〙(脊柱)側湾(症) (cf. KYPHOSIS, LORDOSIS). ♦ **scò·li·ót·ic** /-át-/ *a*

scol·lop[1] /skáləp, skɔ́:-/ *n, v* SCALLOP. ● **put on ~s** *《俗》〈移民が〉新しい国の衣服[習慣など]を身につける.

scollop[2] *n* 《アイル》屋根ふき材料を固定する棒.

scol·o·pa·ceous /skàləpéɪʃəs/ *a* 〘鳥〙シギに似た.

sco·lop·a·le /skəlápəli/ *n* (*pl* **scol·o·pa·lia** /skàləpéɪliə/) 〘昆〙有桿細胞《機械的刺激の受容器細胞》. [Gk *skolops* spike]

scol·o·pen·dra /skàləpéndrə/ *n* 〘動〙ムカデ (centipede); [*S-*] オオムカデ属. ♦ **-drine** /-dràɪn, -drən/ *a*

scol·o·pen·drid /skàləpéndrəd/ *n* 〘動〙オオムカデ.

sco·lópo·phòre /skəlápə-/, **scólo·phòre** /skálə-/ *n* 〘昆〙弦音器(官), 有桿器(官)《聴覚器官; cf. SCOLOPALE》.

scom·ber /skámbər/ *n* 〘魚〙サバ属 (*S-*) の各種の魚.

scom·broid /skámbrɔ̀ɪd/ *a, n* 〘魚〙サバ科の[に似た](魚).

sconce[1] /skáns/ *n* 《壁などに取り付けた》突出し燭台(型照明), 《燭台の》ろうそく受け. [OF=lantern<L (*ab*)*sconsa* (*laterna*) covered (light); ⇨ ABSCOND]

sconce[2] *n* 脳天 (head); 頭, 知力, 知恵, 才 (brains).

sconce[3] 〖《オックスフォード》大学〗 *n* 罰《慣例・作法などに反した者に大量のエールをひと息で飲ませるなど》, 《処罰のエールを飲む》マグ (mug). ► *vt* 〈人〉に罰を科する. [? *sconce*[2]]

sconce[4] *n* 小さいとりで, 堡塁(ほうるい); 《古》小屋, 遮蔽物; 平たい浮氷. ► 《古》*vt* …に堡塁を築く; 保護[防護]する. [Du *schans* brushwood]

scon·cheon /skánʧən/, **scun-** /skʌ́n-/ *n* 窓枠などの内側, 窓裏. [OF *escoinson* (*coin* corner)]

scone /skóun, skán/ *n* **1** スコーン《小麦粉・バター・牛乳などを混ぜて焼いた小さなパン[ホットケーキ]; tea time に付き物でバター・クリーム・ジャムをつけて食べる》. **2** 《豪俗》頭, おつむ. ● **do one's ~** 《豪俗》おこり出す. **off one's ~** 《豪俗》おこって, かんかんになって; 《豪俗》気が狂って. [? Scand; cf. MDu *schoon* (*broot*), MLG *schon* (*brot*) fine (bread)]

Scone /skú:n/ スクーン《スコットランド東部 Perth の北東郊外の村》. ■ the **Stóne of ~**=the **~ Stòne** スクーンの石《スコットランド王が即位の時にすわった石; イングランドに持ち去られ, Westminster 寺院で英国王の戴冠式に王がすわる椅子の座部の下にはめ込まれていたが, 1996 年スコットランドに返還された》.

scóne-hòt 《豪俗》*a* とてもじょうずな 〈*at*〉; 法外な, とんでもない. ● **go** sb **~** 《豪俗》人をこっぴどく責める, どやしつける.

scooch /skú:ʧ/ *《口》*vi* かがみ込む, うずくまる (crouch); 腰かけたまま前[後ろ, 横]に移動する[ずれる]; 人込みをかき分けて進む[移動する]. ► *vt* 〈椅子などを〉動かす, ずらす, 押す. [cf. SCROUGE]

scoop /skú:p/ *n* **1** しゃくし, ひしゃく, 大さじ, チーズべら, (アイスクリーム)サーバー, 《外科用の》へら; スコップ, 大型シャベル; 《浚渫(しゅんせつ)・土木機器などの》ショベル部; 〘機〙AIR SCOOP; 〘劇・映〙楕円投光照明ユニット; 石炭入れ. **2** すくい取り, ひとすくい(の量), 《アイスクリームサーバーでかき取った》ひとすくいのアイスクリーム; 〘楽〙scoop すること(の効果) (portamento); くぼみ, 窪地: in [at, with] one [a] ~ ひとすくいで, 一挙に. **3** 《口》大もうけ, 大当たり; 〘ジャーナリズム〙他社を出し抜くこと, 特ダネ, スクープ(記事); [the] *《口》最新[極秘]情報. **4** *《俗》一斉検挙[逮捕]; *《俗》酒, ビール(一杯); *《俗》《コカイン・ヘロインを鼻で吸うための》二つ折りの紙マッチ. **5** 〘服〙SCOOP NECK. ● **What's the ~?** *《口》何か変わったこと[ニュース]でもあるかい? ► *vt* **1** すくう, 汲む; さっとすくい上げる[持ち上げる, 抱き上げる], かき集める 〈*up*〉; 〈賞などを〉さらう, ものにする 〈*up, in*〉; …の中身をすくい出す; 〈水・泥などを〉すくい出す; 〈穴・溝などを〉掘って作る 〈*out*〉. **2** 《口》人より先にさらう[入手する]; 〘ジャーナリズム〙特ダネで出し抜く, 〈特ダネを〉出す, スクープする. **3** 〘楽〙〈ひとつの音〉からほかの音へなめらかな進行で歌う, 〈ある音を〉正しいピッチになめらかに運ぶように開始する. **4** *《俗》〈コカイン・ヘロインを〉二つ折りの紙マッチを使ってかぐ, 吸う. ► *vi* ひしゃく[シャベル]で除く[集める]; 〘楽〙音程をなめらかな進行で歌う; *《俗》二つ折りの紙マッチでコカイン[ヘロイン]を吸う. ♦ **~·able** *a* **~·er** *n* ⁺トップ屋. [MDu, MLG=bucket]

scóop·fùl *n* (*pl* **~s, scóops·fùl**) 一さじ[へら, すくい]分.

scóop nèck, scóop néckline スクープネックライン《女性用ドレス・ブラウスの半月状に深くえぐれた襟ぐり》. ♦ **scóop-nècked** *a*

scóop nèt 叉手網(さであみ), すくい網.

scoosh /skú:ʃ/ 《スコ》*vt, vi* (炭酸飲料など)ブシューッと噴き出させる[出る]. ► *n* 《飲料などが》噴き出ること, 噴出; 炭酸飲料. [imit]

scoot[1] /skú:t/ *vi* 駆け出す, 走り去る 〈*off, away, down*〉, 急いで行く 〈*along, down*〉, 急ぐ; 《米・スコ》突然すべる, つるっとすべる. ► *vt* 駆け出させる, 走り去らせる; さっとすべらせる; 《スコ》…に吹き[はね]かける. ● **~ over** *《すわっていて》横に詰める[詰めさせる]; 大急ぎで行く 〈*to*〉. ► *n* 突進; 《スコ》噴出; [the ~s] *《俗》下痢. [C19<? Scand (ON *skjōta* to shoot)]

scoot[2] *n* 《豪口》飲み騒ぐこと: on the ~ 飲んで浮かれて. [C20; ↑]

scoot[3] *n* 《俗》車, スクーター. ► *vi* 《口》SCOOTER で行く[遊ぶ]. [*scooter*]

scoot[4] *n* *《俗》ドル (dollar). [?]

scootch /skú:ʧ/ *vi, vt* *《口》SCOOCH.

scóot·er *n* キックスケーター, スクーター《子供用遊具》; スクーター (motor scooter); *《水上・氷上を滑走する》帆船; モーターボート. ► *vi* scooter で走る[進む]. ♦ **~·ist** *n*

scoot·ers /skú:tərz/ *a* *《俗》気の狂った, 頭が混乱した.

scop /ʃóup, skóup, skáp; skɔ́p/ *n* 古英語時代の詩人[吟唱詩人]. [OE=singer, poet; cf. SHOVE]

sco·pa /skóupə/ *n* (*pl* **sco·pae** /-pì:/, **~s**) 〘昆〙刷器《膜翅類の脚にある花粉採集用の剛毛列》. [L]

Sco·pas /skóupəs/ スコパス《前 4 世紀ギリシアの彫刻家・建築家》.

scope[1] /skóup/ *n* **1** 《知力・研究・活動などの》範囲, 領域, 視野; 〘論・言〙《量記号[数量詞]の》作用域; 《まれ》射程; 《まれ》目的, 意図; 〘海〙錨鎖(びょうさ)の長さ: beyond [within] one's ~ 自分の力の及ばない[及ぶ](ところで) / outside the ~ of…の範囲外で. **2** 見通し; 余地, 機会, はけ口 〈*for*〉: give ~ *for* one's energy 精力のはけ口を提供する / give ~ *to* ability 腕をふるう / give one's imagination full ~ 想像をたくましくする. [It<Gk=mark for shooting]

scope[2] *n* 《口》見る[観察する]器械, MICROSCOPE, TELESCOPE, OSCILLOSCOPE, HOROSCOPE, PERISCOPE, RADARSCOPE, etc. ► *vt* *《俗》見る, 調べる, 《品定めのために》〈異性を〉観察する 〈*out, on*〉.

-scope /skòup/ *n comb form*「…見る器械」「…鏡」「…検器[示器]」: tele*scope*, stetho*scope*. [L (Gk *skopeō* to look at)]

-scop·ic /skápɪk/ *a comb form*「見る」「観察[観測]する」「-SCOPE の」

sco·pol·a·mine /skəpáləmì:n, -mən, skòupəlǽmən/ *n* 〘薬〙スコポラミン (=*hyoscine*)《鎮痛剤・催眠剤》.

sco·po·line /skóupəlì:n, -lən/ *n* 〘薬〙スコポリン《麻酔剤・催眠剤》.

scóps òwl /skáps-/ 〘鳥〙コノハズク属の各種の鳥《欧州・アフリカ・南アジア産》.

scop·u·la /skápjələ/ *n* (*pl* **~s, -lae** /-lì:/) 〘昆〙SCOPA; 〘動〙《クモの脚などにある》網張り用の剛毛群. [L (dim)<SCOPA]

scop·u·late /skápjəlèɪt, -lət/ *a* 〘動〙SCOPULA を有する; ほうきのような.

Sco·pus /skóupəs/ [Mount] スコプス山《Jerusalem の東にある山 (834 m) で, Olives 山の北峰》.

-s·co·py /⌐skəpi/ *n comb form*「見る術」「検査」「観察」: micro*scopy*, laryngo*scopy*, radio*scopy*. [Gk *skopia* observation]

scor·bu·tic /skɔ:rbjú:tɪk/ *a* 〘医〙壊血病 (scurvy) の(ような)[にかかった]. ► *n* 壊血病患者. ♦ **-ti·cal·ly** *adv* [L *scorbutus* scurvy<? Gmc]

scorch[1] /skɔ́:rʧ/ *vt* **1** 焦がす, あぶる; 〈日光が皮膚を〉焼く, 〈草木を〉しなびさせる, 枯らす; 〘軍〙焦土化する. **2** 罵倒する, …に毒づく. ► *vi* **1** 焦げる; 《熱で》しなびる, 枯れる; 《日焼けで》色が黒くなる; 《口》とても暑い. **2** 《口》《自動車などで》疾走する, ぶっとばす; 〈ミサイルなどが〉速く飛ぶ, ぐんぐん進む; 《野球俗》剛速球を投げる. ► *n* **1** 焼け焦げ, 焦げめ (=**~ màrk**); 《熱や菌によって》植物が茶褐色になること, 焼け, 枯死. **2** 《口》疾走. [? Scand (ON *skorpna* to shrivel up)]

scorch[2] *vt* ᴴ《方》切る. [変形く*score*]

scorched /skɔ́:rʧt/ *a* 焦げた; 《強い日差しで》ひからびた, からからに乾いた; *《俗》《マリファナを喫煙中に》髪を焦がして (singed); *《俗》酔って.

scórched-éarth *a* 焦土化する; 手段を選ばない, 容赦しない.

scórched-éarth pòlicy **1** 焦土戦術. **2** 焦土作戦《買収の標的になった企業が資産売却などで買収の魅力をなくすこと》.

scórch·er *n* **1** 非常に熱いもの; 《口》焼けつくように暑い日[日々]. **2** 《口》しょげさせるようなことば, 酷評, 辛辣なことば; にがにがしい[痛烈な]もの. **3** 《口》《自転車・自動車などを》むちゃに飛ばす人; 《俗》世間をあっといわせる人, 絶世の美女, 《同類のうちでの》逸品, とびきり上等品, 強烈な打球[シュート], 弾丸ライナー; きわどい本[映画].

scórch·ing *a* 焦がす; 《口》〈暑さが焼けつくような, ひどく暑い; 《口》やる気満々の, 燃えている; 《口》〈叱責などが〉痛烈な, 手きびしい; 《口》〈演技などが〉煽情的な, きわどい; 《口》〈打球などが〉猛烈に速い. ► *adv* 焼けつく[焦げる]ほどに: ~ hot. ► *n* 焼き焦がし, 《植物の》焼け (scorch); 《口》《自転車・自動車などでの》疾走. ♦ **~·ly** *adv*

scor·da·tu·ra /skɔ:rdətúrə; -tjúərə/ *n* (*pl* **-tu·re** /-túreɪ; -tjúəreɪ/, **~s**) 〘楽〙スコルダトゥーラ《特殊な効果を出すため弦楽器を普通と違った音程に調弦すること》. [It]

score /skɔ́:r/ *n* **1 a** 〘競技〙得点; スコア, 得点記録[表]; 〘米教育・心〙《試験・テストの》成績点, 評点; 《俗》《盗み・ペテン・賭博などで得た》金品(の額), もうけ, 上がり, 麻薬(の包み); 《俗》《盗み・ペテンなどで得た》金品の分け前: keep (the) ~ 点数を記録する / win by a ~ of 4 to 2 4 対 2 で勝つ / make a ~ 得点する / make a good ~ 大量得点をする, 好成績をあげる / make a ~ off one's own bat (人の助けを借りず)自力でする / play to the ~ 〘トランプなど〙スコアに応じて戦術を変える. **b** 《口》当たり, 成功, 幸運 (hit); 相手をやりこめること; 《俗》《盗み・ペテン・賭博・不法取引などの》成功, 女をモノにすること; *《俗》麻薬取引, 不法取引; *《俗》《計画的な》殺人: What a ～! なんという幸運だろう / make ～*s* off…を負かす, やりこめる. **c** 《口》《ペテンの》カモ (mark); *《俗》《不法取引のための》密会(の相手), 薬の売人; 《俗》《セックスの》相手, 《売春婦・男娼の》客. **2 a** 刻み目, 切り込み線, ひっかいた線; 〘海〙《ロープをずれないようにする》刻み目, 溝; 《古》《競技開始の》基線, スタートライン; 切り傷. **b** 〘楽〙譜表, 総譜; 〘ダンス〙振付譜; 《映画・劇などの》背景音楽: in ～ 総譜で, 四部併記して. **c** 《飲み屋などで黒板やドアにチョークで書いたり, 板きれに刻み目でしるした》勘定覚え書, 勘定; 借金, 借り; 恨み: run up a ～ 借金をためる / even the ～ *《俗》仕返しをする, 報復する, 五分にする ⟨*with*⟩ / pay off [settle, wipe out] a ～ [an old ～, old ～*s*]＝quit ～*s* ⟨人に⟩仕返しをする, 積もる恨みを晴らす ⟨*with* sb⟩ / I have a ～ to settle with him. 彼とはかたをつけなければならないことがある / Death pays all ～*s*. 《諺》死者を恨まず《死ねば勘定は済み》. **3 a** [the] 《口》《事態の》厳然たる事実, 真実, 《事の》真相, 実情, 内幕; [the] 《口》結論, 要点, 総計: know *the* ～ 真相[内情, からくり]を知っている / What's *the* ～? 事態はどうなっていますか, どんな様子? **b** 理由, 根拠 (ground); 主題, 問題 (subject): on that ～ その点に関しては; そういうわけで / on the ～ of [that] …の[という]理由で. **4 a** (*pl* ～) 20 (人[個]), 20 個一組; 20 ポンド; *《俗》20 ドル(札); 《古》スコアポンド《豚・牛の重量単位: ＝20 [21] pounds》: THREESCORE. **b** [*pl*] 多数, 多大: in ～*s* たくさんに / ～*s* of times しばしば / ～*s* of years ago 数十年前に. ● **go off at** ～ 出発線から威勢よく走り出す; 元気いっぱいで始める; 自分を制しきれなくなる. **make a** ～ ⇨ 1a; *《俗》犯罪を犯す, 薬(ヤク)を買う[売る], 盗みをはたらく, たかる; *《俗》賭けに勝つ.
► *vt* **1 a** ⟨得点を⟩つける, *⟨試験・人⟩に評点[得点]をつける; ⟨得点を⟩得る, ⟨何⟩点になる; 〘野〙⟨走者を⟩ヒットで帰す; ⟨勝利・成功を⟩得る, 勝ち取る; 《俗》獲得する, うまく手に入れる; 《俗》盗む, かっぱらう, ⟨盗みなどを⟩やる; 《俗》⟨女を⟩モノにする, …とやる; ⟨売春婦が⟩⟨客を⟩得る: ～ a test 試験の採点をする / ～ a goal 《フットボールで》1 点あげる / ～ a point [a success] 1 点を得る[成功をおさめる] / ～ a huge hit 大ヒットさせる. **b** 殴打する; *ののしる, しかる, こきおろす; *《俗》バラす (murder). **2 a** …に刻み目[切れ目, 跡, しるし, 線, 溝]をつける, 〘料理〙⟨肉など⟩に細かい切れ目を入れる, 〘製本〙⟨ボール紙⟩に折るための切れ目を入れる; 《線で》抹消する ⟨*out, off, through*⟩: Mistakes are ～*d* in red ink. 誤りは赤インクでしるしをつけてある. **b** 《刻み目をつけて》記録する, 計算する, 勘定帳に記入する ⟨*up*⟩; 〘医・生〙⟨実験用サンプルを⟩数を当てて[数量化して]評価する; ⟨勘定を⟩つけにする; [*fig*] ⟨発言などを⟩根にもつ, 恨む ⟨*up against* [*to*] sb⟩. **3** 〘楽〙⟨曲を⟩作曲[編曲]する ⟨*for*⟩; 管弦楽曲に作る; 楽譜表に記入する; ⟨映画・劇⟩に音楽をつける. ► *vi* **1 a** 《競技の》得点をつける, 点数を計算する; 評価する; 《競技で》得点する, 〘野〙⟨走者が⟩ホームインする; 優位に立つ, 勝つ ⟨*against, over*⟩. **b** 得をする, うまくやる, もうける; 《俗》成功する, 人から敬われる, よい印象を与える, 聴衆などを魅了する ⟨*with*⟩; *《俗》《うまくやって》⟨女と⟩寝る, モノにする ⟨*with*⟩, ⟨売春婦が⟩客を得る; 《俗》麻薬を手に入れる; 《俗》盗む: ～ big on…で大成功する. **2** 刻み目[切れ目, 線]をつける, 下線を引く ⟨*under*⟩; 勘定する; 借金を重ねる. ● **～ (a point [points]) off [against, over]**…にまさる, …をやりこめる, 論破する; 〘クリケット〙…から得点をあげる. **～ points**＝make POINTS.
［OE＜ON *skor* notch, tally, twenty; cf. SHEAR[1]］

scóre·bòard *n* 得点掲示板, スコアボード.

scóre·bòok *n* 得点記入帳, 得点表, スコアブック.

scóre·càrd *n* 《競技の》採点カード[表], 《ボクシングの》スコアカード, ジャッジペーパー; スコアカード《対戦チーム各選手の名前・写真・ポジションなどが印刷されたカード[冊子]で, 試合の得点などが記入できるようになっている》.

scóre dràw 《サッカーなどで》同得点による引分け.

scóre·kèep·er *n* 《試合・競技進行中の》(公式)スコア記録係. ♦ **-kèep·ing** *n*

scóre·less *a* 無得点の.

scóre·lìne" *n* 《スポーツ報道で》最終得点, 試合結果.

scóre·pàd *n* 《はぎ取り式の》得点記入帳.

scor·er /skɔ́:rər/ *n* 点数係; 《競技の》記録係, スコアラー; 得点者; 刻みをつける人[道具].

Scóres·by Sóund /skɔ́:rzbi-/ スコアズビー湾《グリーンランドの東岸, ノルウェー海に臨む大きな湾》.

scóre·shèet *n* 得点記入表[カード], スコアシート: get on the ～ 《チームのために》得点を入れる.

sco·ria /skɔ́:riə/ *n* (*pl* **-ri·ae** /-riì:, -riàɪ/) [[U]*pl*] 鉱滓(こうさい), スコリア; 岩滓《燃えかす状の多孔質溶岩》. ♦ **sco·ri·a·ceous** /skɔ̀:riéɪʃəs/ *a* 岩滓[スコリア]質の. ［L＜Gk (*skōr* excrement)］

sco·ri·fi·ca·tion /skɔ̀:rəfəkéɪʃ(ə)n/ *n* 〘冶〙焼溶[溶融, 焼融](法)《貴金属の濃縮・分離法》.

scó·ri·fì·er *n* 〘冶〙《金銀の濃縮・分離に用いる》焼溶[溶融, 焼融]皿, スコリファイアー.

sco·ri·fy /skɔ́:rəfàɪ/ *vt* 鉱滓 (scoria) にする, 焼溶する.

scor·ing /skɔ́:rɪŋ/ *n* 試合記録, スコア記入; 得点, スコアリング; 管弦楽譜作成.

scóring posìtion 〘野〙得点圏, スコアリングポジション《二塁・三塁》.

scorn /skɔ́:rn/ *vt, vi* 軽蔑する, 嘲笑する; 《軽蔑して》拒絶する, つっぱねる, いさぎよしとしない: ～ liars うそつきを軽蔑する / ～ to take a bribe 賄賂に目もくれない. ► *n* 嘲弄, 軽蔑, あざわらうこと, 嘲笑; 軽蔑される人[もの], 笑いぐさ, 物笑い: have [feel] ～ *for*…に軽蔑の念をいだく / hold…in ～ …を軽蔑する / heap [pour] ～ on…を酷評する / think [hold] it ～ to do… 《古》…するのをいさぎよしとしない / He is a ～ *to* [the ～ *of*] his neighbors. 近所の物笑いだ.
● **laugh…to ～** …をあざわらう. **think ～ of…** 《古》…を軽蔑する[さげすむ]. ♦ **～·er** *n* **～·ing·ly** *adv* ［OF *escarnir*＜Gmc; cf. Du *schern* (obs) mockery］

scórn·ful *a* 軽蔑する ⟨*of*⟩, 冷笑的な, さげすむ. ♦ **～·ly** *adv* 軽蔑的に, さげすんで. **～·ness** *n*

scorp[1] SCORPER. ［L *scalper* knife］

scorp[2] /skɔ́:rp/ *n* 《軍俗》Gibraltar の住民. ［*scorp*ion］

scor·pae·nid /skɔ:rpí:nəd/, **-noid** /-nɔ̀ɪd/ *a, n* 〘魚〙カサゴ科 (Scorpaenidae) の(魚).

scor·per /skɔ́:rpər/ *n* 彫刻用丸のみ (＝*scorp*).

Scor·pi·an /skɔ́:rpiən/ *n, a* さそり座生まれの(人).

Scor·pio /skɔ́:rpiòʊ/ 〘天〙さそり座 (蠍座) (Scorpius, Scorpion) 《星座》, 《十二宮の》天蠍(てんかつ)宮 (⇨ ZODIAC); (*pl* **-pi·òs**) さそり座生まれの人. ［L＜Gk (*skorpios* scorpion)］

scor·pi·oid /skɔ́:rpiɔ̀ɪd/ *a* 〘動〙サソリのような; サソリ目[類]の; 〘植〙サソリの尾のように巻いた, 蕨(わらび)巻きの (circinate). ► *n* SCORPION.

scor·pi·on /skɔ́:rpiən/ *n* **1** 〘動〙サソリ; サソリに似た昆虫; [the S-] 〘天〙さそり座, 天蠍宮 (Scorpio); [S-] さそり座生まれの人. **2** 投石機《古代の武器》; [*pl*] 〘聖〙さそりむち (鉤(かぎ)[鎖]付きのむち; *1 Kings* 12: 11); 《行動への》刺激. **3** 《軍俗》Gibraltar の住民. ［OF＜L; ⇨ SCORPIO］

scórpion fìsh 〘魚〙カサゴ, 《特に》フサカサゴ.

scórpion flỳ 〘昆〙シリアゲムシ (mecopteran).

scórpion gràss 〘植〙ワスレナグサ (forget-me-not).

scórpion sénna 〘植〙黄色の花をつける南欧産のマメ科の低木.

scórpion shèll 〘貝〙サソリガイ, クモガイ(など)《ソデボラ科[スイショウガイ科] *Lambis* 属の巻貝; 外唇の棘状突起が著しい; インド太平洋産》.

scórpion spìder 〘動〙ムチサソリ (whip scorpion).

Scor·pi·us /skɔ́:rpiəs/ 〘天〙さそり座 (Scorpion).

Scor·se·se /skɔ:rséɪzi/ スコセッシ **Martin** ～ (1942–) 《米国の映画監督; *Departed* (ディパーテッド, 2006)》.

scor·zo·ne·ra /skɔ̀:rzəníərə/ *n* 〘植〙キク科フタナミソウ属 (*S-*) の草本《総称; キクゴボウ (black salsify) など》.

scosh ⇨ SKOSH.

scot /skɑ́t/ *n* 〘英史〙税金, 割り前. ［ON and OF＜Gmc; cf. SHOT[1]］

Scot *n* スコットランド人 (⇨ SCOTSMAN); [*pl*] スコット族《6 世紀初頭にアイルランドからスコットランドへ移住したゲール族 (Gaels) の一派; Scotland の名はこの名から》. ［OE *Scottas* (pl)＜L *Scottus* Irishman］

Scot. Scotch ♦ °Scotch whisky ♦ Scotland ♦ Scottish.

scót and lót 〘英史〙《各人の支払い能力に応じて課した》市民税; 《有形無形のあらゆる》義務. ● **pay ～** 税を納める; 完済する, 清算する.

scotch[1] /skɑ́tʃ/ *vt* **1** 《文》殺さない程度に傷つける; 切る, 傷つける: ～ the [a] snake, not kill it 殺さずに生殺しにする《Shak., *Macbeth* 3. 2. 13》. **2** 抑える, 弾圧する; ⟨うわさなどを⟩止める, …に終止符を打つ. ► *n* 浅く刻むこと, 刻み目; 切り傷, ひっかき; 《hopscotch で地面に書く》線. ［ME *scocchen* to gash＜?］

scotch[2] *n* 輪止め, 車輪止め, まくらくさび. ► *vt* 止める, すべらないようにする, 支える; 妨害する (hinder). ［C17＜?］

Scotch[1] *a* **1** 《古風》スコットランド(語[人])の《人について用いると軽蔑的に響くため, スコットランド人自身は Scots または Scottish を用いる》. **2** 《口》つましい, けちな. ► *n* **1** [the, ⟨*pl*⟩] 《古風》スコットランド人《国民》; 《古風》スコットランド語 (cf. HIGHLAND [LOWLAND] SCOTCH). **2 a** [°s-] スコッチ (Scotch whisky): Give me some *s*～. **b** 《北西イング》軽いビール. ● **～ and English** "陣取り《遊び》. ［*Scottish*］

Scotch[2] 〘商標〙スコッチ《セロテープ》.

Scótch bárley 〘植〙カワムギ (hulled barley).

Scótch bláckface 〘羊〙SCOTTISH BLACKFACE.

Scótch bléssing 《口》きびしい叱責[非難].

Scótch blúebell 〘植〙イトシャジン (harebell).

Scótch bónnet* スコッチボネット《トウガラシのシネンセ種の栽培品種の一つ; 主にカリブ海の島々にみられ, 果実は小型で形は不規則; 最も辛いトウガラシの一つ; cf. HABANERO》.

Scótch bróom 〘植〙エニシダ《欧州原産》.

Scótch bróth スコッチブロス《(羊)肉・野菜に大麦を混ぜた濃厚なスープ》.

Scótch cáp スコッチキャップ《スコットランド高地の縁なし帽; glengarry, tam-o'-shanter など》.

Scótch cárpet スコッチカーペット (Kidderminster).

Scótch cátch 〔楽〕スコッチスナップ (=*Scotch snap*)《短音の次に長音の続く特殊なリズム》.
Scótch cóffee [*joc*] スコッチコーヒー《お湯に焦げたビスケットで香りをつけたもの》.
Scótch cóllops *pl* スコッチコロップス《**1**) 細切り肉のシチュー **2**) タマネギ付きステーキ》.
Scótch crócus 〔植〕白・うす紫の早咲きの花をつけるクロッカスの一変種《イタリアからペルシア方面が原産》.
Scótch égg スコッチエッグ《堅ゆで卵を挽肉で包んで揚げたもの》.
Scótch fír 〔植〕ヨーロッパアカマツ (Scotch pine).
Scótch gále 〔植〕ヤチヤナギ (sweet gale).
Scotch·gard /skátʃgà:rd/〔商標〕スコッチガード《ソファー・衣類の防水・防濁用の炭化フッ素スプレー》.
Scótch gráin 《紳士靴の革の》石目仕上げ.
Scótch-Írish *n, a* スコットランド系アイルランド人(の).
Scótch kàle 〔植〕スコッチケール《ケールの代表的品種》.
Scótch·man /-mən/ *n* [°*derog*] スコットランド人 (cf. SCOTSMAN);《俗》つましい[けちな]人 (cf. SCOTSMAN); *《俗》ゴルファー; [s-]〔植〕《索に付けた》すれ止め.
Scótch míst 〔気〕スコッチミスト《こぬか雨を伴った濃霧; スコットランドの丘陵地に多い》; 実体のないもの, 架空のもの《相手が不注意であることを暗示する, いやみな言い方に用いる》; レモンの小片付きウイスキー: There it is, unless it's ～. ほらそこですよ, 目が後ろについているのでなければ.
Scótch níghtingale SEDGE WARBLER.
Scótch páncake 《小型の》パンケーキ (griddle cake).
Scótch pébble 〔鉱〕スコッチペブル《スコットランドで採れる瑪瑙(めのう)・玉髄など; カットして飾りとする》.
Scótch píne 〔植〕ヨーロッパアカマツ (=*Scotch fir*).
Scótch róse 〔植〕ロサ・スピノッシマ (=*burnet rose*)《欧州・アジア原産のピンク[白, 黄色]の花をつける小葉でとげの多いバラ》.
Scótch snáp 〔楽〕SCOTCH CATCH.
Scótch tápe 〔商標〕⇨ SCOTCH²;《一般に》セロテープ (cf. SELLOTAPE). ♦ **Scótch-tápe** *vt* セロテープで貼る.
Scótch térrier 〔犬〕SCOTTISH TERRIER.
Scótch thístle 〔植〕オオヒレアザミ (cotton thistle).
Scótch vérdict 〔法〕《陪審の》証拠不十分の評決《無罪評決とは異なる》; 確定的でない決定, 要領を得ぬ声明.
Scótch whísky スコッチ(ウイスキー)《スコットランド産》.
Scótch·wòman *n* [°*derog*] スコットランド女性[女].
Scótch wóodcock スコッチウッドコック《アンチョビーペーストを塗って炒(い)り卵を載せたトースト; 甘い物のあとに出す》.
sco·ter /skóutər/ *n* (*pl* ～**s**, ～)〔鳥〕クロガモ《大型黒色の海ガモの総称》. [C17<?]
scót-frée *a* 免税の (cf. SCOT); 罰を免れた; 無事な: go [get away, get off] ～ 罰を免れる, 無事にのがれる, おとがめなしである.
Scót Gáel SCOTTISH GAELIC.
sco·tia /skóuʃ(i)ə, -tiə/ *n*〔建〕大えぐり, 喉(のど)《深くえぐった繰形(くりかた)》. [L<Gk (*skotos* darkness); ⇨ SHADE]
Scotia 《詩》SCOTLAND.
Scótia Séa [the] スコシア海《南大西洋の Falkland 諸島の南東, South Sandwich 諸島の西, South Orkney 諸島の北の海域》.
Scot·ic /skátɪk/ *a* 古代スコット族の.
Scoticism ⇨ SCOTTICISM.
Sco·tism /skóutìz(ə)m/ *n* スコトゥス主義《DUNS SCOTUS の哲学: 哲学と神学とは別個のものであるとし, 中世のスコラ哲学崩壊を促した》. ♦ **Scó·tist** *n, a* **Sco·tís·tic** *a*
Scot·land /skátlənd/ スコットランド《Great Britain 島の北部を占める地方; ☆Edinburgh; cf. CALEDONIAN *a*》.
Scótland Yárd ロンドン警視庁, スコットランドヤード《1829–90 年 London の Whitehall に通じる短い通り Great Scotland Yard にあったことに由来する名称; 1890 年に Thames 川北岸の Westminster 橋の近くに移転, 以後 New ～ の名称となった; 1967 年さらに西, Victoria 駅近くへ移転》,《特に その》刑事部, 捜査課 (the Criminal Investigation Department of the Metropolitan Police)《略 CID》: call in ～ ロンドン警視庁に捜査を依頼する.
sco·to- /skátou, skóu-, -tə/ *comb form*「暗黒」 [Gk; ⇨ SCOTIA]
Scoto- /skátou, -ə/ *comb form*「スコットランド(人[語])の」 [L *Scottus*]
scot·o·din·ia /skàtədíniə; -dáɪ-/ *n*〔医〕失神性眩暈(げんうん)《視力障害と頭痛を伴う》.
scóto·gràph *n* X 線[暗中]写真 (radiograph).
sco·to·ma /skətóumə, skou-, ska-/ *n* (*pl* **-ma·ta** /-tə/, ～**s**)〔医〕《網膜上の》《視野》暗点;〔心〕《知的な》暗部. ♦ **sco·tóm·a·tous** /-tám-/ *a* [Gk (*skotoō* to darken)]
scót·o·phìl /skátə-/, **-phìle** *a*〔生理〕暗所嗜好の, 好暗性の (opp. *photophilic*).
sco·to·pho·bin /skòutəfóubən/ *n*〔生化〕スコトホビン《暗所恐怖症にさせたネズミの脳から取り出したペプチドで, 正常なネズミに注射すると暗所恐怖症が転移する》. ♦ **-phó·bic** *a*
sco·to·pia /skətóupiə, skou-/ *n*〔眼〕暗順応. ♦ **sco·tó·pic** /, -táp-/ *a* [*-opia*]
Scots /skáts/ *a* SCOTCH¹, SCOTTISH. ► *n*《スコ》スコットランド英語[方言]; SCOT の複数形: broad ～ ひどいスコットランドなまり / the ～ スコットランド人《集合的》. [*Scottish*]
Scóts bróom 〔植〕SCOTCH BROOM.
Scóts Gáelic SCOTTISH GAELIC.
Scóts Gréy **1**〔昆〕ネッタイシマカ (yellow-fever mosquito). **2** [the ～s]〔英〕スコットランド竜騎兵連隊, スコッツグレイズ《1678 年に編成され, 全員が灰色の馬に乗っていたためにこう呼ばれた; 1971 年以降は the Royal Scots Dragoon Guards》.
Scóts Guárds *pl* [the]〔英〕近衛歩兵第三連隊《3 個一組のボタンをつけ, 羽根飾りはなし; 1660 年設立; もと Scots Fusilier Guards; ⇨ FOOT GUARDS》;《1418 年から 1759 年 (名目上は 1830 年) までフランス王に仕えた》スコットランド人部隊.
Scóts·man /-mən/ *n* (*fem* **-wòman**) スコットランド人《スコットランドでは Scot と共に一般語, cf. SCOTCHMAN; 昔からしばしばけちであるとされた》.
Scóts píne 〔植〕SCOTCH PINE.
Scots, Wha Hae /skáts hwá: héɪ/ スコットランドの古い非公式国歌《Bannockburn における Robert (the) Bruce の勝利をたたえた Robert Burns の愛国詩 (1793) の冒頭部より》.
Scott /skát/ **1** スコット《男子名; 愛称 Scottie, Scotty》. **2** スコット (**1**) **Dred** ～ (1795?–1858)《米国の黒人奴隷; 自由を求める訴えを起こしたが合衆国最高裁判所で却下された; ⇨ DRED SCOTT DECISION》 (**2**) **George C**(**ampbell**) ～ (1927–99)《米国の俳優; 映画 *Patton* (パットン大戦車軍団, 1970)》 (**3**) Sir **George Gilbert** ～ (1811–78)《英国の建築家; ゴシック建築の復興に努めた》 (**4**) **Paul** (**Mark**) ～ (1920–78)《英国の小説家; インドを舞台とする四部作 The Raj Quartet がある》 (**5**) Sir **Peter Markham** ～ (1909–89)《英国の環境保護論者・画家; 南極探検家 Robert Falcon ～ の子; 鳥類の保護活動を展開, Wildfowl Trust を設立》 (**6**) Sir **Ridley** ～ (1937–)《英国の映画監督; *Gladiator* (グラディエーター, 2000)》 (**7**) **Robert Falcon** ～ (1868–1912)《南極を探検した英国の海軍軍人; Amundsen に南極点到達の先を越され, 帰途遭難死》 (**8**) Sir **Walter** ～ (1771–1832)《スコットランドの詩人・作家; 物語詩 *The Lay of the Last Minstrel* (1805), *Marmion* (1808), *The Lady of the Lake* (1810); 小説 *Waverley* (1814), *Rob Roy* (1817), *The Heart of Midlothian* (1818), *Ivanhoe* (1819), *Kenilworth* (1821), *Quentin Durward* (1823), *Redgauntlet* (1824)》 (**9**) **Winfield** ～ (1786–1866)《米国の将軍》. **3** ⇨ GREAT ～! (成句). [Celt=one from Scotland or Ireland]
Scot·ti·ce /skátɪsi:/ *adv*《まれ》スコットランド語[方言]で (in Scottish). [L]
Scot·(t)i·cism /skátɪsìz(ə)m/ *n* スコットランド語風, スコットランドなまり; スコットランドびいき.
Scot·(t)i·cize /skátɪsàɪz/ *vt*〈言語・習慣などを〉スコットランド風にする. ► *vi* スコットランド化する.
Scot·tie, Scot·ty /skáti/ *n* **1** [ˢ～ dog]《口》SCOTTISH TERRIER. **2**《口》SCOTCHMAN. **3** スコッティ (**1**) 男子名; Scott の愛称 **2**) 女子名》. [*Scot*]
Scot·tish /skátɪʃ/ *a* スコットランド(語[人])の《スコットランドでは Scots と共に一般語; ⇨ SCOTCH¹》. ► *n* [the, 〈*pl*〉] スコットランド人; スコットランド方言. ♦ ～**·ly** *adv* ～**·ness** *n* [*Scot*]
Scóttish ásphodel 〔植〕チシマゼキショウ属の一種《北半球温帯産; ユリ科》.
Scóttish Bláckface 〔羊〕スコティッシュブラックフェイス《スコットランド作出の黒面長毛の肉用品種》.
Scóttish Bórders スコティッシュボーダーズ《スコットランド南東部の行政区; ☆Melrose》.
Scóttish Certíficate of Educátion 〔スコ〕普通教育修了証書[試験]《イングランド・ウェールズの General Certificate of Secondary Education に相当する中等学校修了資格; また そのための試験; 2000 年にこれに代わって **Scóttish Qualificátions Certìficate** (略 SQC) が導入された; 略 SCE》.
Scóttish déerhound 〔犬〕(スコティッシュ)ディアハウンド《青みがかった被毛の大型グレーハウンドの一種》.
Scóttish Fóld 〔猫〕スコティッシュフォールド《スコットランド作出の短毛・折れ耳の猫の品種》.
Scóttish Gáelic スコットランド高地のゲール語.
Scóttish Nátionalist スコットランド民族党員[支持者], スコットランド独立主義者.
Scóttish Nátional Pàrty [the] スコットランド民族党《スコットランドの United Kingdom からの分離独立を主張する民族主義政党; 略 SNP》.
Scóttish Párliament [the] スコットランド議会《1999 年にスコットランド自治政府の議会として発足》: a Member of *the* ～ スコットランド議会議員《略 MSP》.
Scóttish Premíer Léague [the] スコットランド・プレミアリーグ《スコットランドのプロサッカーの最上位リーグ (1998–)》.
Scottish Qualifications Certificate ⇨ SCOTTISH

CERTIFICATE OF EDUCATION.

Scóttish ríte [the] スコティッシュ儀礼《(1) FREEMASON の一組織が行なう儀礼 2) その儀礼を行なう制度・組織; 33 の位階からなる; cf. YORK RITE》.

Scóttish térrier 〖犬〗スコティッシュテリア (=*Scotch terrier*)《愛称 Scottie》.

Scotty ⇨ SCOTTIE.

Sco·tus /skóutəs/ スコトゥス (1) ⇨ DUNS SCOTUS (2) **Johannes** ~ ⇨ Johannes Scotus ERIGENA.

scoun·drel /skáundrəl/ *n* 悪党, やくざ者, よた者. ► *a* SCOUNDRELLY. ♦ **~·dom** *n* 悪党仲間[社会]. **~·ìsm** *n* 悪行, ふらち; 悪党根性. **~·ly** *a* 悪党の; 下劣な.

scour[1] /skáuər/ *vt* **1** すり磨く; もみこすって洗濯する; 〈羊毛など〉から不純物を除去する, 洗浄する, 精練する; 〈さび・汚点などを〉こすり取る 〈*off, away, out*〉. **2** 〈管・溝などを〉洗い流す 〈*out*〉; 〈水流などが〉〈穴・溝を〉掘る, つくる, あける, うがつ 〈*out*〉; 〈地面などを〉侵食[洗掘]する; 浣腸(かんちょう)する; 掃討する, …から除去[追放]する; 〈小麦を〉精粉する: ~ the sea *of* pirates 海から海賊を一掃する. ► *vi* すり磨く, 洗い流す; 精練[洗毛]する; すり磨いてきれいになる, よごれが落ちる; 〈特に家畜が〉下痢をする. ► *n* scour すること[薬品]; 《流水・潮汐・氷河などの》浸食(力), スカウア; 泥を洗い流した溝《など》; 水勢でできたくぼみ; すり跡, すり傷; [ᵘ~s, 〈*sg/pl*〉]《家畜の》白痢《伝染性の下痢》. [MDu, MLG＜OF＜L=to clean off (*ex-*[1], CURE[1])]

scour[2] *vt* 〈場所・文献などを〉急いで捜しまわる, あさりまわる 〈*for, after*〉: ~ the country about *for* the lost child その地方をくまなく駆けめぐって迷子を捜す. ► *vi* 急いで捜しまわる, あさり歩く 〈*about*〉; 疾走する 〈*away, off*〉, 駆け抜ける. [ME (*scour* speed)＜?Scand (ON *skūr*)]

scóured wóol 〖織〗《不純物を除いた》洗い上げ羊毛.

scóur·er[1] *n* すり磨く人[もの], 洗濯人[機]; 《金属・スポンジ・ナイロンなどで作った》たわし. [*scour*[1]]

scourer[2] *n* 歩きまわる人; 疾走者; 《17-18 世紀に》夜分街路をうろつきまわった浮浪者, 夜盗. [*scour*[2]]

scourge /skə́ːrdʒ/ *n* むち, しもと (whip); 罰, 天罰, 災い, たたり《戦乱・疫病など》; 災害[不幸]をひき起こす人[もの]; 災難, 悩み: the white ~ 《風土病としての》肺病 / the *S*~ of God ⇨ ATTILA. ► *vt* むち打つ; 懲らす, 折檻する; …にたたる, 苦しめる; 追いたてる; けなす, こきおろす. ♦ **scóurg·er** *n* [OF=to lash＜L (*ex-*[1], *corrigia* whip)]

scóur·ing *n* すり磨く[こすり取る]こと; 《氷河・流水による》研磨(作用); 《羊毛などの》精練, 洗毛; 〖工〗すり磨き, スカーリング; [ᵘ*pl*] こすり取ったくず[かす], 《製粉前に取り去る》穀物のくず; [ᵘ*pl*] 下層階級, 人間のくず; 《家畜の》白痢: a ~ pad たわし.

scóuring rùsh 〖植〗トクサ属の多年草 (equisetum), 《特に》トクサ《以前は研磨に用いた》.

Scouse /skáus/ *n* **1** ᴴ《口》スカウス《(1) Liverpool 方言[なまり] 2) Liverpool 市民[出身者] (Scouser)》. **2** [s-] LOBSCOUSE《Liverpool 名物》. ► *a* ᴴ《口》スカウスの, Liverpool の: a ~ accent.

Scous·er /skáusər/, **Scous·i·an** /-siən/ *n* [ᵒs-] ᴴ《俗》Liverpool 市民.

scout[1] /skáut/ *n* **1 a** 〖軍〗斥候, 偵察兵, 偵察艦, 偵察機 (air scout) (=**~ plàne**); 《一般に》内偵者; 内偵, 偵察; スカウト《相手チームの技術・選手などについて偵察報告する人; 入団[入会, 入学]させるべき有望選手を推薦する係》, 《映画などの》TALENT SCOUT; 《餌や営巣地の》探索バチ (=**~ bèe**). **b** BOY SCOUT, GIRL SCOUT. **2** 《オックスフォード大学などの》用務員, 小使 (cf. GYP[2], SKIP[4]); ᴴ《自動車連盟などの》巡回救難員; 《口》やつ, 男 (fellow), たよりになる人: a good ~ 好漢. ● **on the ~** 偵察中で[の]. **S~'s honor!** [ᵒ*joc*] 本当だとも, うそじゃないよ《ボーイ[ガール]スカウトの誓いから》. ► *vi* 斥候をする, 偵察する; スカウトとして働く; 探しに行く, スカウトする 〈*for*〉; ボーイ[ガール]スカウトとして活動する: be out ~*ing* 斥候に出ている / ~ *about* [*around*] *for*…を探しまわる. ► *vt* 偵察する; 探索する; 《口》探し出す, スカウトする 〈*out, up*〉. [OF *escoute(r)*＜L *auscultō* to listen]

scout[2] *vt* 〈申し出・意見などを〉はねつける; 鼻であしらう, ばかにする. ► *vi* 嘲笑[嘲弄]する (scoff) 〈*at*〉. [Scand (ON *skúta* to taunt)]

Scóut Assoclàtion [the] スカウト協会《1908 年 Lord Baden-Powell により創設されたボーイスカウト組織; 野外活動を通じて青少年の人格陶冶, 責任感の育成, 実際的技能の開発などを行なう; 標語は 'Be Prepared'》.

scóut càr 〖米軍〗偵察自動車; パトロールカー.

scóut·cràft *n* SCOUT[1] の技術[技量, 活動].

scóut·er *n* 偵察者, 内偵者, スパイ; [ᵒS-] ボーイスカウト指導員《18 歳以上》.

scouth /skúːθ, skáuθ/ 《スコ》*n* 範囲, 機会; 多数, 多量.

scóut·hòod *n* ボーイ[ガール]スカウトの身分[特徴, 精神], スカウトらしさ.

scóut·ing *n* 斥候[偵察, スカウト]活動; ボーイ[ガール]スカウト活動; SCOUTCRAFT.

scóut·màster *n* 偵察隊長, 斥候長; ボーイスカウト隊長 (=**scóut lèader**)《おとな》; *《放送俗》局長, 部長, 幹部, スポンサー, 広告代理店のお偉いさん; *《俗》ひどい楽天家[理想家], 甘ちゃん.

scout plane ⇨ SCOUT[1].

scow /skáu/ *n* 大型平底船, スカウ《多く砂利・ごみ運搬用, またはしけ・渡船用》; 老朽船, 廃船; *《俗》ブスの大女, いかさない女; *《俗》大型トラック. ► *vt* 平底船で運搬する. [Du=ferryboat]

scowl /skául/ *vi* 顔をしかめる, いやな顔をする; にらみつける 〈*at, on*〉; 〈空などが〉荒れ模様になる. ► *vt* 顔をしかめて〈失望などを〉示す: ~ down sb こわい顔をして威圧する, にらみつけて黙らせる. ► *n* しかめっつら, こわい顔; 険悪[憂鬱そう]な様子; 荒れ模様. ♦ **~·ing** *a* しかめっつら[こわい顔]をした. **~·ing·ly** *adv* **~·er** *n* [?Scand; cf. Dan *skule* to look down]

SCP 〖生化〗ᵒsingle-cell protein.

SCPO ᵒsenior chief petty officer.

SCR 〖ケンブリッジ大学など〗ᵒSenior Combination Room ♦〖オックスフォード大学など〗ᵒSenior Common Room ♦ ᵒsilicon-controlled rectifier.

scrab·ble /skrǽb(ə)l/ *vi* 《手・爪などで》ひっかく; もがく, あがく; かきまわして捜す, かき集める 〈*around* [*about*] *for*〉; 走り書き[らくがき]する (scribble). ► *vt* ひっかく; かき集める; (…に)走り書き[なぐり書き]する. ► *n* **1** ひっかくこと, ひっかき合い; 走り書き; 奪い合い, 争奪戦, 乱闘 (scramble). **2** [S-] 〖商標〗スクラブル《anagram に似た 2 人ないし 4 人でやる単語づくりゲーム》. ♦ **scráb·bler** *n* [MDu (freq)＜*shrabben* to SCRAPE]

scrab·bly /skrǽb(ə)li/ 《口》*a* きしむ, ガリガリいう; ちっぽけな, 取るに足りない.

scrách·bàck *n* BACK SCRATCHER.

scrag[1] /skrǽg/ *n* [*derog*] やせこけた人[動物]; ᴴ貧弱な木[枝, 植物]; 《羊・子牛の》首肉 (=**~ ènd**)《脂肪の少ない安肉》; 《口》首根っこ, 首っ玉 (neck). ► *vt* (-gg-) 《俗》〈罪人を〉絞殺する, つるす, …の首を絞める; 《俗》…の襟首をつかむ; 《俗》…に乱暴をはたらく, 襲う; *《俗》殺す, 死なせる, バラす (kill, murder); *《俗》〈人・他の会社などを〉つぶす; 〖冶〗〈鋼などを〉弾性をためすために曲げる; *《卑》〈女〉とセックスする, やる (screw). [? *crag* (dial) neck; cf. G *Kragen* collar]

scrag[2] *n* ᴴ《方》切り株; ᴴ《方》《木・岩などの》荒い突起; 荒れ地, 岩場. [cf. Sc *scrog* stunted bush]

scrag·gly /skrǽg(ə)li/ *a* 〈毛などが〉ぼさぼさの, 〈ひげなどが〉ふぞろいの, まばらな, 〈身なりなどが〉だらしない; ぎざぎざの, でこぼこの; *《口》発育の悪い, ひょろひょろの. ♦ **scrág·gli·ness** *n*

scrág·gy[1] *a* やせこけた; 貧弱な, 乏しい. ♦ **scrág·gi·ly** *adv*

scraggy[2] *a* でこぼこの, ふぞろいの; SCRAGGLY. [*scrag*[2]]

scram[1] /skrǽm/ *vi* (-mm-) [ᵒ*impv*] 《俗》(さっさと)出て行く, 逃げる. ► *n* *《俗》さっさと[急いで]立ち去ること, パッとずらかること; *《俗》いつでも出て行けるように用意してあるもの《金・衣類など》. [*scramble*]

scram[2] *n* スクラム《原子炉の緊急[突然の]停止》. ► *vt* 〈原子炉を〉緊急停止する. ► *vi* 〈原子炉が〉緊急停止する. [?*scram*[1]]

scramb, scram[3] /skrǽm/ *vt* ᴴ《方》《爪などで》ひっかく. [Du *schrammen*]

scrám bàg *《俗》いつでも飛び出せるように詰め込んだスーツケース.

scram·ble /skrǽmb(ə)l/ *vi* **1** 《すばやく》はいまわる, はいずる 〈*about*〉, はい進む 〈*on, along*〉, はい登る, よじのぼる, ロッククライミングをする 〈*up* a rocky hill, *over* the rocks〉, はい下りる 〈*down*〉, はい出る 〈*out*〉; はう; 散らばる; 〈つる草などが〉はびこる. **2** われがちに取る, 奪い合う 〈*for*〉; 先を争って…する 〈*to* do〉; 苦労して得る, なんとか集める 〈*for*〉. **3** 大急ぎで[あわただしく]行動する; 〖軍〗《敵機侵入の報により防空戦闘機が》緊急発進する, スクランブルをかける; 〖アメフト〗〈クォーターバックが〉味方のパス相手が見つからないままボールを持って走る; ᴴスクランブルレースででこぼこ道を走る; [*impv*] *《俗》逃げろ!: ~ into one's coat [jacket, pants, etc.] 大急ぎでコート[ジャケット, ズボンなど]を着る[はおる, はく]. ► *vt* **1** 急いでかき集める 〈*up, together*〉; なんとかものにする; ごたまぜにする; 〈頭を〉ぼんやりさせる; 〈奪い合いをさせるために銭などを〉まく; 〈卵を〉炒(い)る; 〈信号〉にスクランブルをかける《通信を盗聴できなくしたり有料放送の非加入者が視聴できなくしたりする》; 〈データを〉攪乱する. **2** 急がせる, せかす; 〖軍〗〈防空戦闘機(隊)を〉緊急発進させる, スクランブルをかける. ● **~ along** [**on**] どうにかやっていく. **~ home** 《口》《試合などで》かろうじて逃げ切る, 辛勝する. **~ through** 〈仕事を〉あわてふためいてやる, どうにか片付ける. ► *n* はい登り, よじのぼり, ロッククライミング; 殺到, 奪い合い, 争奪戦 〈*for*〉; 乱闘, 混戦; ごちゃまぜ, 乱雑; 〖軍〗緊急発進, スクランブル; 緊急の行動; ᴴスクランブル(レース), モトクロス; *《俗》ホットロッド競走; *《俗》《ティーンエージャーの》パーティー. [imit (? *scrabble*+*ramp*); cf. *scamble, cramble* to scramble]

scrámbled éar つぶれた耳 (cauliflower ear).

scrámbled égg **1** [ᵒ*pl*] 炒(い)り卵, スクランブルドエッグ. **2** 《口》《中佐以上の軍帽のひさしや制服に付いている》金色の派手な縫い取り[記章]; 高級将校連.

scrám·bler *n* SCRAMBLE する人[もの]; 〖植〗はい登る草[木]; 〖電子工〗《盗聴・不正視聴防止の》スクランブラー; 〖アメフト〗スクランブラー; スクランブラー《山や丘を乗りまわすモーターバイク》.

scrám·jèt *n* スクラムジェット《超音速気流の中で燃料を燃焼させて推力を得るジェットエンジン》; スクラムジェット機.

scrám mòney *《俗》いつでも出て行けるように用意してある(まとまった)金.
scran /skrǽn/ *n* 《俗》食い物, 食べ残し, 残飯. ● **Bad ～ to** you! 《アイル俗》こんちきしょう! [C18<?]
scran·nel /skrǽn(ə)l/ *a* 〈音が〉かすれた, 耳ざわりな; やせた, 細い. [C17<?; cf. *skrank(y)* (dial) weak]
scran·ny /skrǽni/ *a* ″《方》やせた, やせこけた.
Scran·ton /skrǽnt(ə)n/ スクラントン《Pennsylvania 州北東部の市》.
scrap[1] /skrǽp/ *n* 一片, 小片, 破片, 切れっぱし; 《口》ちっちゃなやせた子供[動物]; [*fig*] 僅少; [*pl*]《新聞などの》切抜き(帳); 抜粋; 《書き物・話の》断片; [*pl*] 食べ残し, 残飯; くず, 廃棄物, がらくた, スクラップ, 《特に》鉄くず; [ᵁ*pl*] 脂肪かす, しめかす: a ～ of information わずかな情報 / I do not care a ～. ちっともかまわない / a ～ of a baby ちっちゃな赤んぼ. ● **a (mere) ～ of paper** 一片の紙きれ; [*fig*] 紙くず同然のもの[条約]. ▶ *a* 小片の, 砕片の; くずの; 残りもの[はんぱもの]からなる. ▶ *vt* (**-pp-**) 解体する; くずとして捨てる, 廃棄する; 破棄する, 廃止する. ♦ **scráp·ping·ly** *adv* [ON<SCRAPE]
scrap[2] 《口》*n* けんか, つかみ合い, 口論; 《プロの》ボクシング試合. ▶ *vi* (**-pp-**) つかみ合い[口論]する 〈*with*〉. [? *scrape*]
scráp·bòok *n* 切抜き保存帳, スクラップブック; 雑記, 断片集《本》. ♦ **～·ing** *n* スクラップ作業; *スクラップブッキング《特に趣味で思い出帳[アルバム]を作ること》.
scráp càke (魚の)しめかす《家畜の飼料》.
scrape /skréɪp/ *vt* **1 a** こする, かく; 磨く, こすってなめらかに[きれいに]する; ″〈髪を〉後ろに束ねる 〈*back*〉; 〈道を〉《スクレーパー(ドーザー)で》敷きならす. **b** すりむく, …にすり傷をつける; すりつける, かする 〈*against, past*〉: ～ one's elbow ひじをすりむく. **c** …と摩擦してきしるような音をたてる, 音をたててこすりつける; 〈ヴァイオリンなど〉キーキーいわせる, 弾き鳴らす. **2** 削る, 〈ひげを〉そる; すりはがす, すり[こすり]落とす, こそげる 〈*off, away, out, down*〉; ″〈野菜・果物〉の皮をむく: ～ mud *off* boots. **3 a** 〈穴を〉手[足]で掘る, えぐる, 掘り出す 〈*out, up*〉. **b** 〈皿〉の料理をきれいに食べる, 平らげる; 〈資金・選手などを〉(なんとか)かき集める, 工面する 〈*up, together*〉. ▶ *vi* **1** こする, かく, すれる, かする, きしむ, きしる 〈*against, along, by, on, through*〉; 弾き鳴らす 〈*on*〉; 足をする, 《敬礼に》右足を後ろに引く: BOW[1] and ～. **2** 金[物など]をかき集める, こつこつため込む 〈*up, together*〉; どうにか暮らしていく 〈*along, by*〉; なんとか切り抜ける 〈*by, through*〉: work and ～ 働いてこつこつためる / ～ and screw＝PINCH and ～. ● **～ acquaintance** [**～ (up) an acquaintance**] **with**…と(紹介なしに)無理に[やっと]近付きになる. **～ a leg** 右足を後ろに引いて深くお辞儀をする. **～ a living** どうにか食べていく. **～ down** 床を鳴らして〈弁士を〉黙らせる. **～ home** 《試合・選挙で》辛勝する. **～ in** ″〈職・地位などを〉かろうじて得る; 《試合などに》辛勝する. **～ into**… ″〈職・地位〉をかろうじて得る; …にやっと入学する. **～ through**(…) (〈試験などに〉やっと通る, (〈大学などに〉かろうじてはいる; (〈試合・選挙などに〉)辛勝する. ▶ *n* **1** こする[かく]こと; 刷(は)く[塗る]こと; ひげをそること; ″パンに薄く塗ったバター《など》, 安物のバター; 削り跡, すった[かいた]跡, すり傷; 《浅く掘った》地面の鳥の巣; 《繁殖期に牡鹿がつくる》下生えを除いた林床; 〖医〗切屑《細胞学的検査のために掻爬(そうは)した検体》; する音, きしみ, 削る音, キーキー鳴らす音; 《足を後ろに引いてする》お辞儀: a ～ of the pen 一筆書くこと《署名など》. **2** 《口》《みずからまねいた》難儀, 窮境; 《口》口論, 衝突, けんか: get into [out of] a ～ 窮地に陥る[を脱する] / Keep out of ～*s*! 危うきに近寄るな / have a ～ with…と衝突する, けんかする. ♦ **scráp·a·ble** *a* [ON; cf. OE *scrapian* to scrape]
scrápe·pènny *n* けちんぼ (miser).
scrap·er /skréɪpər/ *n* 《玄関などの》靴の泥落とし, 靴ぬぐい; 掻(か)く道具; 《料理用の》ゴムべら, スクレーパー; 削り器; 字消し(具); 〖機・土木〗道ならし(機), スクレーパー; 氷上雪をはがす道具; 窓の霜をこすり取る道具; 〖考古〗掻器(そうき), 削器《石器の一種》; 〖昆〗《音を出す》摩擦片; [*derog*] へたなヴァイオリン弾き, 床屋; けちんぼ; 《俗》COCKED HAT.
scráper·bòard *n* 〖美〗SCRATCHBOARD.
scráp hèap *n* ごみため, ごみ捨て場; くず[廃棄物, くず鉄, スクラップ]の山; 《俗》くず鉄みたいな車: go [throw, cast, toss…] on the ～ 役に立たなくなって捨てられる[…を捨てる], 廃棄処分になる[する]. ▶ *vt* 《ごみとして》捨てる.
scra·pie /skréɪpi/ *n* 〖獣医〗羊海綿状脳症, スクレーピー《羊の神経系統を冒す致死性の疾患; 震顫(しんせん)・掻痒(そうよう)から最後は麻痺症状を呈する; プリオン (prion) が病原体と考えられている》. [*scrape, -ie*]
scrap·ing /skréɪpɪŋ/ *n* 削ること, こすること, ひっかくこと; (こ)すれる[ひっかく]音; [ᴾ*pl*] 削り落とした[かき取った]もの; ごみ, くず: the ～*s* and scourings of the street 街のごみ; [*fig*] 街の無頼漢, ダニ.
scráp ìron くず鉄, スクラップ; *《俗》安物のウイスキー, 粗悪な酒.
scráp mèrchant くず鉄商, 廃品回収業者.
scráp mètal くずの金属, 《特に》くず鉄.
scrap·nel /skrǽpn(ə)l/ *n* 《手製爆弾の》スクラップ金属の爆散片. [*scrap*+*shrapnel*]
scráp·page *n* 廃棄物; 《自動車の》スクラップ化; 廃棄率.
scráp pàper 再生用の紙, 故紙, スクラップ紙; ″メモ用紙 (scratch paper*)
scráp·per[1] *n* SCRAP[1] する人[もの].
scrapper[2] 《口》*n* けんか好きな[腰の]人, 闘士; プロボクサー.
scrap·ple* /skrǽp(ə)l/ *n* スクラップル《豚肉のこま切れとトウモロコシ粉などをいっしょに煮て冷やし固め, 薄切りにして炒めて食べる料理》.
scráp·py[1] *a* くずの, 残りものの; 断片的な; ちぐはぐな; 支離滅裂な, まとまりのない. ♦ **scráp·pi·ly**[1] *adv* **-pi·ness**[1] *n*
scrappy[2] *a* 《口》けんか好きな; けんか腰の, 戦闘的な, 闘志満々の, 断固とした. ♦ **-pily**[2] *adv* **-piness**[2] *n*
Scraps /skrǽps/ スクラップス《チャップリンの *A Dog's Life* に登場するのら犬で, おどけて thoroughbred mongrel (純血雑種犬) と呼ばれる》.
scráp·yàrd *n* くず捨て場, くず(鉄)[廃品]置場.
scratch /skrǽtʃ/ *vt* **1 a** ひっかく, …にかき傷をつける 〈*up*〉; 〈かゆい所などを〉かく; 軽くかく, (こ)する, くすぐる; 〈マッチを〉する: ～ one's HEAD / *S*～ a Russian, and you will find a Tartar. 《諺》文明人も一皮むけば野蛮人. **b** かき集める, かき取る 〈*together, up*〉; 爪で裂いて〈穴などを〉あける, 〈犬・猫などが〉足でかいて掘る; 〈文字・印などを〉刻み込む: ～ *out* a hole ひっかいて穴を掘る. **c** 〈レコードを〉スクラッチする (⇨ *n* 1 b). **2** 走り書き[なぐり書き]する: ～ a few lines 2–3 行なぐり書きする. **3** 〈名前などを〉削除する, 取り消す (cancel), やめにする 〈*off, out, through*〉; 〈馬・競技者などを〉出場名簿から消す 〈*from*〉; *〈候補者〉の名を取り消す, 〈候補者〉の支持を拒絶する. ▶ *vi* **1 a** かく, ひっかく 〈*at*〉; 〈ペンが〉ひっかかる, ガリガリいう; ひっかく[きしむ]音を出す; スクラッチミュージックを演奏する. **b** どうにか暮らしてゆく[道を切り開く], 倹約する 〈*along, for oneself*〉. **2** 候補者名を消す; 《競争から》手を引く, 企てをやめる (give up), 出場を取り消す 〈*from*〉. **3** 〖玉突〗手球をポケットに入れてしまう, スクラッチする; 〖玉突〗まぐれあたりする; 〖トランプ〗点にならない; [ᵁ*neg*] 《俗》〖スポ〗得点する. ● **～ around** [**about**] (**for**…) あちこちひっかいて[ほじくって](《餌などを》)探す; 探しまわる, (〈金品〉を)あさる. **～ away** 〈ペンキ・さびなどを〉ひっかいて取る, こすり取る. **～ (out) a living**＝SCRAPE a living. **～ sb's back** 《口》人に便宜をはかる[よくしてやる], 人に協力する: *S*～ *my back* and I will ～ yours. 魚心あれば水心だ, 持ちつ持たれつだ. **～ sb's eyes out** 〈嫉妬した女性などが〉目の玉をくりぬく《しばしばおどし文句として使われる》. **～ the surface** (**of**…) (…の)上っつらをなでる《核心に触れない》. ▶ *n* **1 a** (ひっ)かくこと; かき傷, かき跡, かすり傷; [～es, 〈*sg/pl*〉] 〖獣医〗《馬の足に生じる》湿疹様炎症; 《鶏を運動させるための》まき餌 (＝～ **fèed**): without a ～ かすり傷ひとつなく. **b** ひっかく音; [～ ～; 〈*int*〉] ポリポリ, ガリガリ, カリカリ; 《レコードなどの》スクラッチ《雑音》; スクラッチ《ラップミュージックなどのレコードを途中で止めて, 手で回したり, 逆戻りさせたりしてキュキュッという音を出すこと; そのように演奏する音楽》. **c** なぐり書き, 走り書き; 《俗》《新聞などで》一言触れること; 《俗》メモ用紙: a ～ of the pen 一筆, 走り書き, 署名, サイン. **d** SCRATCH WIG. **2** 〖スポ・ゲーム〗**a** (ハンディキャップを受けない走者の)スタートライン; 〖ボク〗試合開始線. **b** SCRATCH MAN (の成績); パー (par), 対等(で行なう競技), スクラッチ; 胆(きも)試し, 試練. **c** 〖トランプ〗零点; 〖玉突〗スクラッチ《手球がポケットにはいってしまうこと》; 〖玉突〗まぐれあたり, フロック; 〖野〗SCRATCH HIT. **d** 出場辞退[取消し]者[馬]; 《俗》出走取消しの馬に賭けた馬券. **3** 《俗》ぜに, 現ナマ, 札(さつ), 資金; 《俗》借金. ● **from ～** スタートラインから, 初めから, ゼロから; 一から《インスタント食材を用いない》. **no great ～** 《俗》たいしたものじゃない. **up to ～** [ᵁ*neg*] 標準に達して, 満足すべき状態で. ▶ *a* 走り書き[雑記]用の; 〈大会・選手が〉ハンディキャップなしの; 〈チームが〉寄せ集めの, にわか仕立ての; ぞんざいな, ありあわせの(材料で作った); 〈ケーキなどが〉一から作った; 《口》まぐれ(あたり)の, フロックの. [ME (? *scrat* (dial)+*cratch*; 2 語とも 'to scratch' の意)]
Scratch *n* [ˢs-] 《口》悪魔, サタン (＝*Old Scratch*). [*scrat* (obs) hermaphrodite<ON＝goblin]
scrátch-and-sníff *a* 〈紙が〉こすると香りの出る.
scrátch-and-wín *a* 〈くじが〉スクラッチ式の.
scrátch·bàck *n* 孫の手 (back scratcher).
scrátch·bòard *n* 〖美〗スクラッチボード《厚紙に白粘土を塗りつや出し仕上げをしたもの; インクで絵を描きところどころひっかいて白地を出す》.
scrátch càrd スクラッチカード《こすると当たりはずれが現われるカード》.
scrátch·càt *n* 意地悪な女[子供].
scrátch·còat *n* 《左官などの》下地こすり.
scrátch còmma 《昔 コンマの意味で用いられた》斜線.
scrátch dìal 《教会などの》壁などに刻んだ日時計.
scrátch·er *n* SCRATCH する人[道具, 機械, 工具]; 《俗》FORGER.
scrátch fìle 〖電算〗スクラッチファイル《データを一時的に記憶させておくファイル》.
scrátch gàuge 〖機〗罫書き針《金工用》.
scrátch hìt 〖野〗まぐれあたり, ポテポテのヒット.
scrátch·ies *n pl* 《豪口》表面をこすると当たりはずれがわかるスピードくじ.
scrátch·ing pòst 《猫の》爪とぎ(柱).
scrátch·ings ″*n pl* PORK SCRATCHINGS.
scrátch lìne 《競走の》出発線; *《競技で》踏切り(線), スローイングライン《など》.
scrátch màn 《ハンディキャップ付き競走で》ハンディキャップを受けな

S

い競走者 (opp. *limit man*).

scrátch pàd *《はぎ取り式の》メモ帳;〘電算〙スクラッチパッド《高速の作業域用の補助的メモリー》.

scrátch pàper *メモ用紙.

scrátch·plàte *n* スクラッチプレート《ギター前面のピックによるひっかき傷を防止する板》.

scrátch ràce スクラッチレース《ハンディキャップなしで行なう競走》.

scrátch shèet *《口》競馬新聞.

scrátch tèst 〘医〙ひっかき試験, 乱切法《アレルギー反応を試す; cf. PATCH TEST》; 研磨量検出法, ひっかき硬度試験.

scrátch vìdeo スクラッチビデオ《短くカットした多数のシャープな画像を順不同につないだ一本のフィルムに, ラップミュージックのサウンドトラックをつけてビデオにすること; そのようなビデオ》.

scrátch wìg 半かつら《短いかつら》.

scrátch·wòrk *n* SCRATCHCOAT; SGRAFFITO.

scrátchy *a* **1**〈ペンなどが〉ひっかかる; よくひっかく(癖のある); 〈音·声が〉しゃがれた, かすれるような; 〈レコードが〉ジリジリいう, 雑音の多い. **2**〈文字·絵などが〉走り書きの, ぞんざいな; 〈選手などが〉寄せ集めの, にわか仕立ての, ふぞろいの. **3**〈布などが〉チクチクする, かゆい; かき傷をつくる[つくりやすい]. **4**〈のどが〉ヒリヒリする. ♦ **scrátch·i·ly** *adv* **-i·ness** *n*

S

scraunched /skrɔ́:nʧt/, **scronched** /skránʧt/ *a* *《俗》酔っぱらった. [*scronch* slow dragged-out dance]

scraw /skrɔ́:/ *n* 《スコ·アイル》芝生, 芝草 (sod)《草ぶき屋根に用いたり, 燃料にしたりする》. [Gael]

scrawl /skrɔ́:l/ *vi, vt* 走り書き[なぐり書き]する, 書きちらす; 無造作に消す 〈*out*〉. ► *n* なぐり書き, 乱暴な筆跡, なぐり書き[走り書き]の手紙. ♦ **~·er** *n* [? *scrawl* (obs) to sprawl (変形)‹CRAWL[1]]

scráwly *a* なぐり書きの[で読みにくい], 走り書きの; ぞんざいな. ♦ **scráwl·i·ness** *n*

scrawny /skrɔ́:ni/ *a* 《口》やせこけた, がりがりの: a ~ pine いじけた松の木. ♦ **scráwn·i·ly** *adv* **-i·ness** *n* [? *scranny* (dial); cf. SCRANNEL]

scray(e) ″/skréɪ/ *n*〘鳥〙アジサシ (tern). [C17<?]

screak, screek /skrí:k/ 《英では方》*vi* 金切り声をあげる; きしる, キーキーいう. ► *n* 金切り声; きしる音. ♦ **~y** *a* [Scand (ON *skrækja* to screech)]

scream /skrí:m/ *vi* **1**《驚き·苦痛などで》キャーッと叫ぶ, 〈子供が〉ギャーギャー泣く; 金切り声[叫び声, 悲鳴]をあげる 〈*at, for*〉; 声高[ヒステリック]に笑う; 〈フクロウなどが〉鋭い声で鳴く, 〈風が〉ヒューヒュー吹く, 〈汽笛などが〉ピーッと鳴る, 〈ジェット機などが〉(キーンという)金属音をたてる; 《俗》〈飛行機·車が〉ビュッと飛ばして行く: ~ with laughter キャッキャッ笑う, 笑いころげる / ~ *for* 泣きわめいて[なにがなんでも]欲しがる. **2** 激しく抵抗[抗議]する; 〈色などが〉ひどく目立つ, いやでも目につく; 派手に書きたてる. **3**《俗》共犯者を売る, 密告する. ► *vt* 金切り声で言う, 絶叫して言う 〈*out*〉; [~ *-self*] 金切り声をあげて…にする; 派手に書きたてる 〈*out*〉: ~ one*self* hoarse 絶叫して声をからす / ~ one's head off ⇨ one's HEAD off. ● KICK[1] **and ~.** **~ down** 〈飛行機·爆弾などが〉大きな[かん高い]音をたてて〈…の上に〉降下する 〈*on*〉; 〈人に〉わめきちらす. ► *n* **1**《恐怖·苦痛の》絶叫, 金切り声, 悲鳴; 鋭い音《吹く風·汽笛など》: give [let out] a ~. **2** [a ~]《口》すごく滑稽な人[できごと], おもしろいもの, 笑いぐさ: He [It] was a perfect ~. 全くの笑いぐさだった. **3** *《学生韻俗》アイスクリーム (ice cream). [ME<? Gmc (G *schreien* to cry, MDu *schreem*)]

scréam·er *n* **1** 鋭く叫ぶ人, キーキーという人[もの], 鋭い音を出すもの; 《ジャズ俗》管楽器が'叫ぶ'[鋭い音を出す]楽節, 《そうした》叫ぶ音; 《俗》落下の際に鋭い音をたてる爆弾;〘鳥〙サケビドリ《南米産; ガンカモ科》. **2**《俗》おかしくて人を吹き出させる話[歌, 人 など]; 《俗》あっといわせる人[もの], すごく大きな[魅力的な]人[もの], 逸品,〘ゴルフ〙すばらしいロングショット,〘野〙強烈な打球; *《俗》能力を試すもの, 挑戦しがいのあること; 《俗》殺人ミステリー, 恐怖もの[ショー]; *《俗》派手な見出し (cf. SCAREHEAD), トップ全段抜きの見出し (banner) (=~ **hèad-line**); 《俗》雨だれ (exclamation point); *《俗》《広告の》派手なたれ幕; 《俗》密告者.

scréam·ing *a* **1** 鋭く叫びたてる, 金切り声を出す; キャッキャッと笑う, キーキー鳴く, ピーピー鳴る. **2** おかしくてたまらない, 大笑いさせる; 派手な〈見出しなど〉; けばけばしい, どぎつい〈色など〉. ► *n* 叫び(声), 絶叫. ♦ **~·ly** *adv* たまらないほど: ~*ly* funny とてもおかしい.

scréaming éagle *《軍俗》除隊記念章 (ruptured duck).

scréaming mée·mie /-mí:mi/ *《軍俗》《トラックやジープ後部の発射器から打ち上げる》音響ロケット砲; *《俗》ギャーギャー泣く子供[大人]; *《俗》ギャッといわせるほど強烈なもの; [the ~s, 〈*sg*〉]《口》《過度の飲酒·不安などによる》極端な神経過敏, ヒステリー.

scréaming quéen 《俗》一見してすぐそれとわかるホモ.

scréam thèrapy 絶叫療法《抑圧された感情を絶叫することによって解放する心理療法》. ♦ **scréam thèrapist** *n*

scréamy 《口》*a* よく金切り声[悲鳴]をあげる; 絶叫的な, 金切り声の; 〈調子など〉激しい, 派手な.

scree /skrí:/ *n* 小石, 岩くず;〘地質〙TALUS[2];〘靴〙COLLAR《特に パッド入りの》. [?逆成‹*screes* (pl)<ON *scritha* landslip]

screech[1] /skrí:ʧ/ *n* 鋭い叫び(声), 金切り声; ギーギー[キーキー]鳴る音; [〈*int*〉] キーッ, キキーッ《急ブレーキのタイヤ·サイレンなどの音》, キャーッ, ギャーッ《かん高い耳ざわりな叫び声》; 《俗》いつもギャーギャー言いたてる女. ► *vi, vt* 金切り声で叫ぶ 〈*out*〉; ギーギー[キーキー]鳴る; 〈車が〉キーと音をたてる, タイヤをきしませる: ~ to a halt. ♦ **~·er** *n* **scréechy** *a* 絶叫的な, 金切り声の; ギーギー[キーキー]いう. [C16 *scritch*‹imit; cf. SCREAK]

screech[2] *n* 《カナダ俗》濃いラム酒; 《米俗·カナダ俗》安ウイスキー, 強い低級酒. [? *screech*[1]]

scréech·ing *a* 金切り声をあげている, キーッと音をたてている; *《俗》酔っぱらった (=~ **drùnk**): come to a ~ halt キーッと音をたてて止まる; 突然終わりを告げる. ♦ **~·ly** *adv*

scréech òwl〘鳥〙**a** メンフクロウ (barn owl). **b** 鳴き声の荒々しい各種のフクロウ. **c** アメリカオオコノハズク.

screed /skrí:d/ *n* **1** 長談義, 長広舌; (不平の)長たらしい文句[手紙]; 《書物の》長い一節; 《スコ》酒宴. **2**《左官の》定規モルタル, ならしの定規;〘土木〙スクリード《コンクリートを敷きならす装置》; 《スコ》割れ目, 裂け目; ″《方》《布などの》切れはし, 断片. [? *shred*]

scréed·ing *n*《定規ずりでならしたセメントなどの》平坦な塗り面.

screek ⇨ SCREAK.

screel /skrí:l/ *vi* 《主にスコ·カリブ》金切り声をあげる, キーキー鳴く; 〈汽笛が〉ピーッと鳴る (screech).

screen /skrí:n/ *n* **1 a** ついたて, すだれ, びょうぶ, 幕, とばり, 障子, ふすま; 仕切り, 《特に 教会の》内陣仕切り;〘クリケット〙SIGHTSCREEN. **b** 障壁, 目隠し, 遮蔽物; 《本心·本質などを》隠すもの, 隠れみの 〈*for*〉; WINDSCREEN; 《電気·磁気などの》遮蔽, 遮壁; 《電子管の》遮蔽格子;〘精神分析〙遮蔽《自分と性格の似た夢の中の登場人物など》: put on a ~ of indifference 無頓着を装う / SMOKE SCREEN / under ~ of night 夜陰に紛れて. **c**〘軍〙牽制部隊, 前衛艦; 《バスケットボールなどの》スクリーンプレー; SCREEN PASS. **2 a** スクリーン, 映写幕, 銀幕; 《テレビ·レーダーなどの》画面, スクリーン;〘写〙ピントグラス, 焦点板: hit [come to, reach] the ~〈映画が〉上映される. **b** [the (silver) ~] 映画, 映画界. **3 a** *《窓などの》網, 網戸《防虫用》; ふるい, 土[砂]ふるい; ちりよけ《発電水路の》;〘印〙網《ぼかしの写真網版を作るのに使用する網目[砂目]のガラス》;〘写〙網目フィルター; デュート《紗》;〘光〙濾光器, 整色スクリーン;〘気〙百葉箱. **b** 審査[選択]制度. ► *vt* **1 a** 人目からさえぎる; …に仕切りをする, 仕切る, おおい隠す 〈*off; from*〉;〘通信〙…に遮蔽を設ける, 遮蔽する, 遮断する;〘スポ〙〈相手を〉さえぎる; …に網戸を付ける. **b**〘印〙網どり[網がけ]する. **c** 保護する; かくまう, かばう: ~ sb *from* blame 人を非難からかばう. **2**〈石炭などを〉ふるいにかける 〈*out*〉; 〈志願者を〉審査する, 《審査·吟味して》排除[分離]する, ふるい分ける 〈*out*〉; 《所持品·病原菌などについて》〈人を〉検査する, 検診する 〈*for*〉: ~ one's call《ナンバーディスプレイなどで》電話の発信元を確認する. **3** 映写[上映]する; …の上映を見る; 〈小説·劇など〉映画化[脚色]する; 撮影する. ► *vi* **1** 上映される; 映画に向く: This play [actor] ~*s* well [badly]. この劇[俳優]は映画に向く[向かない]. **2**《ゲームで》相手をさえぎる. **3** 検査する 〈*for*〉: ~ *for* breast cancer 乳癌の検査をする[受ける]. ♦ **~·able** *a* **~·er** *n* **~·like** *a* **~·less** *a* [OF *escren*; cf. G *Schrank* cupboard, *Schirm* screen]

Scréen Àctors Guìld〘米〙映画俳優組合《映画俳優とスタントマンが加入する団体で, 最低賃金や労働条件の交渉に当たる; 1933 年創立; 略 SAG》.

scréen dòor 網扉(あみとびら).

scréen dùmp〘電算〙スクリーンダンプ《現在の画面表示をプリンターに出力すること; またそのプリントアウト》.

scréen fònt〘電算〙スクリーンフォント, 画面用フォント《ディスプレー表示用のフォント》.

scréen·fùl *n*〘電算〙《モニターに映る》一画面分の情報.

scréen grìd〘電子工〙《電子管の》遮蔽格子, スクリーングリッド.

scréen·ing *n* **1 a** ふるいにかけること, ふるい分け; ふるい(の網), 《網戸の》網; (適格)審査, 選抜; 《空港などでの所持品の》検査; (集団)検診, スクリーニング. **b** [~s, 〈*sg/pl*〉] ふるいかす, ふるい残り, 《ふるいにかけた》石炭くず. **2** 映写すること, 上映. **3** おおうこと;〘理〙《電気·磁気の》遮蔽. ► *a* 審査する.

scréening commìttee 適格審査委員会.

scréening tèst 選別試験, スクリーニングテスト.

scréen·lànd *n* 映画界 (filmdom).

scréen mèmory〘精神分析〙隠蔽記憶《不快な(幼時)記憶を遮蔽するために無意識に(拡大して)想起される他の記憶》.

scréen pàss〘アメフトなど〙《味方のブロックで守られた》スクリーンパス.

scréen·plày *n* 映画脚本, シナリオ; 映画.

scréen prìnt スクリーン印刷物.

scréen prìnting スクリーン印刷 (silk-screen printing). ♦ **scréen-prìnt** *vt*

scréen pròcess SCREEN PRINTING.

scréen sàver〘電算〙スクリーンセイバー《一定時間入力がないときに画面表示を(シンプルな)パターンに切り替えるプログラム; もと CRT の焼け防止用》.

scréen·shòt *n*〘電算〙画面コピー《ディスプレーに表示中の画面をそのまま画像データとしたもの》.

scréen tèst〘映〙スクリーンテスト《映画の出演者[配役]を決めるた

めの演技を撮影した短いフィルムに基づく選考; またそのフィルム》.
◆ **scréen-tèst** *vt*

scréen·wàshᴵᴵ *n* 《車のフロントガラスの》自動ワイパーによる洗浄.
◆ **~·er**ᴵᴵ *n* 自動ワイパー.

scréen·wrìter *n* 映画脚本家, シナリオライター. ◆ **-wrìting** *n*

screeve /skríːv/ *vi*ᴵᴵ《俗》舗道に絵を描く, 舗道絵描きになる.
◆ **scréev·er** *n*ᴵᴵ《俗》PAVEMENT ARTIST.

screw /skrúː/ *n* **1 a** ねじ(機構), らせん, ねじくぎ, ねじボルト, ビス; らせん状のもの, 機械のらせん部; コルク栓抜き; SCREW PROPELLER; スクリュー船 (screw steamer); 《俗》鍵 (key); 親指締め (thumbscrew)《昔の拷問具》: a male [female] ~ 雄[雌]ねじ. **b** 《らせんの》ひとねじ, ひと回し; 〖玉突〗ひねり; [the ~s]ᴵᴵ《口》リウマチ: give it a ~ それをひとねじり[ひねり]する. **c** [a ~ of…]ᴵᴵ《タバコ・塩などを入れる》ひねり紙, ひとひねり(の量[タバコ, 塩, 砂糖]). **2 a** [ᴼthe ~(s)]《口》締めつけ, 圧迫, 圧力 (force): put *the* ~*(s)* on [to]…＝put…under *the* ~＝apply *the* ~ to…を圧迫する, 締めつける, いじめる, 無理に払わせる / a TURN of the ~. **b**ᴵᴵ《口》けちんぼ, 値切る人; *《俗》生徒をいじめる[むずかしい試験をする]教師, 難問; 《俗》看守《囚人の用語》; 《俗》警官, ポリ公. **3** 《卑》**a** 性交, セックス. **b** セックスの相手. **4**ᴵᴵ《俗》(ちらりと)見ること: have a ~ at …を見る. **5**ᴵᴵ《俗》給料, 賃金: (on) a good ~ いいペイ(で). **6**ᴵᴵ《口》駑馬(どば), 廃馬, きずもの, 欠点のあるもの; 《俗》変人, 奇人, 愚か者, 害にもならんやつ. ● **a ~ loose [missing]** ねじがゆるんでいること; 変なところ, 故障: There is *a* ~ *loose* somewhere. どこかに故障がある / He has *a* ~ *loose.* 《口》気[頭]が変だ, いかれている (cf. SCREW-LOOSE).

► *vt* **1 a** ねじくぎで取り付ける[留める], らせんで締める, ねじ込む ‹*down, on, into*›; ねじで調整する[取りはずす]: ~ a lock *on* a door ドアに錠をねじで取り付ける / ~ the lid *on* [*off*] the jar 壺のふたを回して閉める[取る]. **b** …にねじやまを切る[すじをつける]. **2** ひねる, ねじる, 曲げる; 〈顔などを〉ゆがめる, しかめる, 〈目を〉細くする, きつく閉じる ‹*up*›; 〈紙片を〉丸める, もみくしゃにする ‹*up*›; 引き締める, 〈勇気などを〉奮い起こす ‹*up*›; 圧迫する, 強要する. **3** 《口》強奪する, 搾取する ‹*from, out of*›; 《俗》だます, つけいる, ひどいめにあわせる; 《俗》だめにする, 変にする; 《社会的に》破滅させる, つぶす; *《俗》難問でいじめる; 値切る ‹*down*›. **4** 《英俗・豪俗》《けんかに先立って》…をじっと見る, にらむ. **5** 〖玉突〗〈球を〉ひねる; 〖テニス〗〈球を〉切る; 《古》親指締め (thumbscrew) で拷問にかける. **6** 《卑》**a** …と性交する, やる. **b** [ののしりなどに用いて] DAMN, FUCK: *S*~ you! こんちきしょう / *S*~ Paris. パリが何だ / (Go) get ~*ed!* 勝手に死ね, ばかやろ. ► *vi* **1** ねじれる; ねじがきく[回る]; らせん状に回る; ねじで調整できる[取りはずせる, 取り付けられる]; 体《など》をねじる; 〈ボールが〉ひねられてゆく, 切れる. **2** けちけちする, ひどく倹約する; 圧迫[搾取]する. **3** 《英俗・豪俗》眼(がん)つけする ‹*at*›. **4** 《卑》性交する, セックスをする, 一発やる ‹*with*›. **5***《俗》急いで去る, 逃げる ‹*out, off*›. ● **have** one's **head ~ed (right [on the right way, on (straight)])＝have** one's **head well ~ed on** 正気である, 頭がよい, 分別がある, 非常に物わかりがいい. **~ around** 《俗》くだらない事をして時を空費する, ぶらぶら[のらくら]する; 《俗》ふざける; 《俗》だれかれとなく簡単にセックスする, 浮気する ‹*with*›; 《俗》〈人を〉悩ます, 困らせる. **~ (around) with…** 《俗》〈物を〉いじくりまわす, 〈人を〉もてあそぶ, ないがしろにする. **~ off** 《俗》くだらないことをしてむだに時間を過ごす, ぶらぶら[のらくら]する (screw around), ばか[へま]をする. **~ out** しぼり出す; 〈金などを…から〉しぼり取る ‹*of*›; …から〈金などを〉巻き上げる ‹*of*›; (やっと)捻出する: ~ ten bucks *out of* an old man＝~ an old man *out of* ten bucks. **~ over***《俗》〈人を〉ひどいめにあわせる, 食い物にする, だます, きびしくしかる. **~ up** **(1)** 締めつける; しぼり上げる, 能率を上げさせる, 'ねじをまく'; 〈家賃などを〉吊り上げる; [ᴼ*pass*]《口》〈人を〉緊張[やきもき]させる ‹*about, at*›: He wants ~*ing up.* 彼は気合いを入れてやる必要がある. **(2)** 《口》大へまを(してだいなしに)する, ドジる, しくじる; 《口》〈人を〉困惑[動揺]させる, 落ち込ませる, …の神経[頭]をおかしくする. **(3)***《俗》《けがなどで》ひどく痛める, だめにする.
◆ **~·able** *a* **~·er** *n* screw する人[機械]; ᴵᴵ《俗》押込み, 夜盗. **~·lìke** *a* [OF *escroue* female screw＜L *scrofa* sow; ブタの尾に似たところから]

scréw àxis 〖晶〗らせん軸.

scréw·bàll *n* 〖野〗スクリューボール《打者の手元で急に落ちたり逃げたりする, いわゆるシュートの球》; *《俗》変人, いかれた野郎, おかしなやつ, 役立たずの男, キじるし; *《俗》俗うけする安っぽいジャズ. ► *a**《俗》気違いじみた, とっぴな, 変わった, いかれた, いいかげんな, でたらめな.
◆ **~·er** *n* スクリューボールピッチャー.

scréwball còmedy 〖映〗スクリューボールコメディー《ウィットに富んだせりふと荒唐無稽な筋書を特徴とするどたばた喜劇》.

scréw bèan 〖植〗米国南西部・メキシコ北部産のマメ科の低木 (＝*tornillo, screw-pod mesquite*) (＝**scréw·bèan mesquíte**); その実《家畜用飼料》.

scréw bòlt 〖機〗ねじボルト.

scréw bòx 〖機〗ねじ切り; ねじ受け.

scréw càp 《瓶などの》ねじぶた (＝*screw top*), ねじ込み口金.
◆ **scréw-càpped** *a*

scréw convèyor 〖機〗スクリュー[らせん]コンベヤー.

scréw còupling 〖機〗ねじ継手, ねじ連結器.

scréw cùtter 〖機〗ねじ切り盤[装置].

scréw dislocàtion 〖晶〗らせん転位.

scréw·drìver *n* **1** ねじまわし, ドライバー. **2*** スクリュードライバー《オレンジジュースとウオツカを混ぜたカクテル》.

screwed /skrúːd/ *a* ねじで締めた; 《ねじのように》溝[条(すじ)]のついた; (ねじ)曲がった; 《俗》めちゃめちゃで, いかれて, だめで; 《俗》酔っぱらった (＝~ *tíght*); *《俗》だまされて, 食い物にされて. ● **~, blued and tattooed***《俗》ぐでんぐでんに酔っぱらって, 泥酔して; *《俗》すっかりだまされて, いいカモにされて, こけにされて.

scréwed-úp 《口》*a* 混乱した, めちゃめちゃの, だいなしになった; 頭が混乱した, ノイローゼの.

scréw èye ねじ丸環(まるかん)《先がねじになっている》.

scréw·flỳ *n* 〖昆〗ラセンウジバエ (＝*screwworm fly*)《ラセンウジ (screwworm) の成虫》.

scréw gèar 〖機〗ねじ歯車.

scréw hèad ねじ頭(あたま).

scréw hòok ねじフック, ねじ折れ釘.

scréw jàck スクリュー[ねじ]ジャッキ (jackscrew); 歯間矯正用ねじジャッキ.

scréw-lòose *n* 《俗》おかしな[いかれた]やつ.

scréw·nàil *n* 木(き)ねじ (wood screw); 打込みねじ (drive-screw).

scréw nùt ボルトの留めねじ, ナット (nut).

scréw-òff *n* 《俗》のらくら者, ぶらぶらしているやつ, なまけ者.

scréw pìle 〖土木〗らせん杭《橋などの基礎工事用》.

scréw pìne 〖植〗タコノキ《熱帯植物》.

scréw plàte 〖機〗ねじ切り(型)板, ねじ羽子板.

scréw pòd, scréw-pòd mesquíte 〖植〗SCREW BEAN.

scréw prèss 〖機〗ねじプレス.

scréw propèller 《飛行機・汽船の》スクリュー[ねじ]プロペラ, らせん推進器. ◆ **scréw-propèlled** *a*

scréw pùmp 〖機〗ねじポンプ.

scréw rìvet ねじ鋲.

scréw shèll 〖貝〗キリガイダマシ (＝*tower shell*).

screws·man /skrúːzmən/ *n* 《俗》泥棒, 夜盗.

scréw spìke ねじくぎ.

scréw stèamer スクリュー船.

scréw stòck 〖機〗ねじ用棒材.

scréw tàp 〖機〗雌ねじ切り, (ねじ)タップ (tap).

scréw thrèad ねじやま; ねじの一回転.

scréw tòp ねじぶた (screw cap). ◆ **scréw-tòp(ped)** *a* ねじぶた式の.

scréw-ùp 《口》*n* へま, どじ; 混乱, めちゃめちゃ; へま[どじ]なやつ, どうしようもないやつ, だめなやつ, ろくでなし.

scréw vàlve ねじで開閉する止め弁.

scréw whèel ねじ歯車 (screw gear).

scréw·wòrm *n* 〖昆〗らせん虫, ラセンウジバエ《アメリカ温帯のクロバエの幼虫(または成虫); 哺乳類の鼻孔や傷口に産卵され, 幼虫となって細胞組織に寄生し, しばしばそれが致命的結果となる》; 《広く》哺乳類に寄生する数種のハエの幼虫.

scréwworm flỳ 〖昆〗SCREWFLY.

scréw wrènch 自在スパナ.

screwy *a* らせん形の, ねじれた; 《俗》《売る[貸す]のに》がめつい, けちけちした; 《口》気が変な, 一風変わった, おかしな; 《俗》酔っぱらった.
◆ **scréw·i·ness** *n*

Scria·bin /skriáːbən, ᴵᴵskríə-/ スクリャービン **Aleksandr (Nikolayevich)** ~ (1872–1915)《ロシアの作曲家; 神智学の影響をうけ, 神秘和音を生み出した》.

scrib·al /skráɪb(ə)l/ *a* 筆写の, 書記(上)の: a ~ error 写し違い.

scrib·ble[1] /skríb(ə)l/ *vt, vi* ぞんざいに書く, 走り[なぐり]書きをする ‹*away*›; …にわけのわからないこと[もの, 絵]を書く[書きちらす], らくがきする; 〈詩・文章を〉へたに書く; [ᴼ*joc/derog*] 駄文を弄する, 文筆を業とする: ~ *down* the telephone number 電話番号を急いでメモする / No *scribbling* on the walls! 壁にらくがき無用. ► *n* 走り書き, 乱筆, 悪筆; 無意味なしるし; へたな文, 悪文, 駄作. [L *scribillo* (dim)＜*scribo* to SCRIBE]

scribble[2] *vt* 〈羊毛を〉あらすきする. [?LG; cf. G *schrubbeln* (freq)＜LG *schrubben* to SCRUB[1]]

scríb·bler[1] *n* 乱筆[悪筆]家; [*joc*] へぼ文士, 三文文士; *SCRIBBLING BLOCK.

scribbler[2] *n* 《羊毛の》あらすき機(を動かす人).

scríb·bling blòck [pàd] 《はぎ取り式の》雑記帳, メモ帳 (scratch pad).

scríbbling pàper 雑記用紙, メモ用紙.

scríb·bly *a* 走り[なぐり]書きの, 書きちらした.

scríbbly gùm 〖植〗白い樹皮に昆虫が字のような模様をつけたユーカリノキ.

scribe /skráɪb/ *n* **1** 筆記者, 筆写人, (写本の)写字生; 代書人, 書記(官); 《古》書家, 能書家: be no great ~ 字がちっともうまく書けない. **2** [*joc*] 著作者, 作家, 物書き; [*joc*] 記者, 野球記者. **3** 〖ユダヤ史〗律法学者《記録官・法律家・神学者を兼ねた》. **4** SCRIBER; *《俗》

手紙. ► *vt* 〈石・木・煉瓦など〉…の表面に画線器で線を刻みつける《その箇所を切る》, 〈線を〉画線器で引く; 《文》書き記す, したためる.
♦ **～·shìp** *n* ［L *scriba* official writer (*script- scribo* to write)］

Scribe /*F* skrib/ スクリーブ (**Augustin-)Eugène** ～ (1791–1861)《フランスの劇作家; 350 を超えるヴォードヴィル・喜劇・オペラコミックの(共)作者》.

scrib·er /skráɪbər/, **scríbe àwl** *n* 画線器, 罫引(けびき); 〖木工〗罫(け)書き針, スクライバー.

Scri·blé·rus Clúb /skrɪblíərəs-/ スクリブレルスクラブ《1713 年 Pope, Arbuthnot, Swift, Gay, Congreve などの提唱で設立された London のクラブで, 時の低俗趣味を諷刺・罵倒した; cf. MARTINUS SCRIBLERUS》.

Scrib·ner /skríbnər/ スクリブナー **Charles** ～ (1821–71)《米国の出版人; 元来の姓は Scrivener; 共同で出版社を創業 (1846), 文芸書・雑誌などを出版》.

scrieve /skrí:v/ *vi* 《スコ》するすると[すべるように速く]進む.

scrim /skrím/ *n* スクリム《軽量・粗織りの丈夫な綿布[麻布]; カーテン用・舞台背景用》; スクリムの幕《半透明で舞台用》; [*fig*] おおい隠すもの (veil); *《俗》正式な[盛大な]ダンスパーティー. ［C18＜?］

scrim·mage /skrímɪʤ/ *n* 組打ち, つかみ合い, 乱闘; 小競り合い; 〖ラグビー〗SCRUM; 〖アメフト〗スクリメージ《(**1**) 攻守両チームが位置につきセンターがボールをスナップして始まる通常プレー **2**) キックオフ後最初に形成されるスクリメージライン (line of scrimmage)》; 〖サッカー〗もみ合い; 《同一団体内の》練習試合. ► *vi, vt* 乱闘する; 〖ラグビー〗スクラムを組む, 〈ボールを〉スクラムの中に投げ込む; 〖アメフト〗スクリメージをする, 《ボールをスナップして》スクリメージを始める; 練習試合をする.
♦ **-mag·er** *n* ［変形＜*skirmish*］

scrímmage lìne 〖アメフト〗スクリメージライン (LINE OF SCRIMMAGE).

scrimp /skrímp/ *vt* …にけちけちする; 切り詰める. ► *vi* (過度に)切り詰める, 節約[けちけち]する 〈*on*〉. ● **～ and save** [**scrape**] つましく暮らす, こつこつためる. ► *a* 乏しい, 貧弱な; 切り詰めた, けちけちした. ► *n* 《口》けちんぼ. ♦ **～·er** *n* ［? Scand (Swed *skrympa* to shrivel up); cf. SHRIMP］

scrímpy *a* 切り詰めた, けちけちした; 不足がちな, かつかつの.
♦ **scrímp·i·ly** *adv* **-i·ness** *n*

scrim·shan·der, skrim- /skrímʃæ̀ndər/ *n* SCRIMSHAW を作る人[船乗り]. ► *vt, vi* SCRIMSHAW.

scrim·shank /skrímʃæ̀ŋk/ *vi* ᴴ《(軍)俗》職務[義務]を怠る, ずるをやる. ♦ **～·er** *n* ［C19＜?］

scrim·shaw /skrímʃɔ̀:/ *n* 《航海中に貝殻・鯨鬚・セイウチの牙などに細かい彫刻彩色を施して作る》水夫の慰み細工(の腕前[技術]).
► *vt, vi* 慰み細工をする.

scrip[1] /skríp/ *n* 仮株券, 仮証券, 仮社債 (＝～ **certìficate**); 仮株券[仮証券]類《集合的》; (借用)証書; 代用紙幣 (＝～ **mòney**); 《昔 米国で発行された, 1 ドル以下の》紙幣; *《俗》1 ドル札, ぜに; 《占領軍の》軍票; (簡単な)書類, 紙片; *《公有地内の》土地保有権証明書. ♦ **～·less** *a* ［*subscription receipt*; '紙片' などは＜*script*］

scrip[2] *n* 《古》《巡礼者の》ずだ袋, 《旅人・羊飼いの》合切袋. ［OF *escrep*(*p*)*e* wallet ＜ SCARF[1] or ON *skreppa*］

scrip[3] *n* 処方箋 (prescription).

scríp ìssue 分割払いを認めた株などの発行; BONUS ISSUE.

scri·poph·i·ly /skrɪpáfəli/ *n* 額面上は価値のない古い株券や証書の趣味としての蒐集, 古証券蒐集.

scrip·sit /skrípsɪt/ …著《原稿の著者名のあとに記す》. ［L］

script /skrípt/ *n* **1 a** 手書き (handwriting), 筆記文字 (cf. PRINT); 〖印〗スクリプト《草書体活字》. **b** 書記法, アルファベット. **2** 原稿; 〖放送・映〗台本, スクリプト; 《脚本の》書抜き; 筋書; 行動予定; 〖電算〗スクリプト《一連の簡単な命令を記述したもの》; ᴴ答案; 〖法〗正本 (cf. COPY); 〖法〗遺言(補足)書の下書; *《口》処方箋《特に 麻薬の》; *《俗》メモ, 覚書, 手紙. ► *vt* 〈映画・スピーチなど〉のスクリプトを書く; 脚本化する; 〈計画など〉の筋書を決める, 立案する: a ～*ed* discussion 《放送などでの》原稿[台本]による討論. ♦ **～·er** *n* 《口》SCRIPTWRITER. ［OF＜L *scriptum* thing written (SCRIBE)］

Script. Scripture(s).

scrípt gìrl 〖映〗スクリプトガール《撮影の記録, 俳優へのせりふ付けや広告用にあらすじをまとめるのを担当する監督の助手》.

scrip·to·ri·um /skrɪptɔ́:riəm/ *n* (*pl* **～s, -ria** /-riə/) 《特に 中世の修道院などの》写字室, 記録室, 筆写室. ♦ **-tó·ri·al** *a* ［L; ⇨ SCRIBE］

scrip·tur·al /skrípʧ(ə)rəl/ *a* 書き物の[にした]; [ᵒS-] 聖書(重視)の. ♦ **～·ly** *adv* **～·ness** *n*

scríptural·ìsm *n* 聖書主義《聖書を字義どおり守ること》.

scríptural·ist [ᵒS-] *n* 聖書主義者; 聖書学者[研究家].

scrip·ture /skrípʧər/ *n* **1 a** [S-] 聖書《Old Testament か New Testament またはその両者を指し, (Holy) Scripture または the Scriptures とする; cf. BIBLE; 略 Script.》. **b** [ᵒS-] 聖書からの引用文, 聖書の文章; [〈*a*〉] 聖書から採った, 聖書に関する: a ～ lesson 日課として読む聖句 / a ～ text 聖書の一節 / The devil can cite *S*～ for his purpose. 《諺》悪魔も自分の都合で聖句を引く. **2** 《キリスト教以外の》経典, 聖典; 権威ある書物[文書]; 《一般に》書かれたもの, 書き物; 《古》銘. ［L＝writing; ⇨ SCRIPT］

Scrípture càke スクリプチャーケーキ《材料のことが出てくる聖書の箇所を参考にして作るフルーツケーキ》.

scrípture rèader 貧家をまわって聖書を読み聞かせる平信者.

scrípt·wrìter *n* 〖映・放送〗台本作者, スクリプトライター.
♦ **-wrìting** *n*

scri·vel·lo /skrəvélou/ *n* (*pl* **～es**) 小さな象牙《ビリヤードの球用》. ［Port］

scriv·en·er /skrív(ə)nər/ *n* 代書人; 公証人 (notary public); 《廃》金貸し. ［OF *escrivein*＜L; ⇨ SCRIBE］

scrívener's pàlsy 〖医〗書痙 (writer's cramp).

scro·bic·u·late /skroubíkjələt, -lèɪt/ *a* 〖動・植〗小さなくぼみ[溝]のある.

scrod* /skrád/ *n* タラ[ハドック (haddock)] の幼魚; 《特に》料理用に裂いたタラ[ハドック].

scrof·u·la /skrɔ́(:)fjələ, skráf-/ *n* 〖医〗腺病, 瘰癧(るいれき) (＝*King's Evil*). ［L (dim)＜*scrofa* sow[2]; 雌豚がかかりやすいと考えられた］

scrof·u·lous /skrɔ́(:)fjələs, skráf-/ *a* 腺病[瘰癧]の[にかかった]; 《様子が》病的な; 堕落した. ♦ **～·ly** *adv* **～·ness** *n*

scrog *vt, vi* *《卑》(…と)性交する, やる (screw). ［? *scrag*[1]］

scrog·gin /skrágən/ *n* 《豪》スクロッギン《レーズン・チョコレート・ナッツなどのはいった菓子; 高カロリーで, 旅行者がスナックにする》.

scroll /skróul/ *n* **1** 巻物, 巻軸, 巻子(かんす)本, スクロール; 《古》表, 名簿, 目録, 一覧表; 《古》書簡. **2** 《一般に》渦巻形の装飾, 〖建・造船〗渦巻(装飾), 渦形, スクロール; 《ヴァイオリン族の楽器の》渦巻, スクロール; 《署名などのあとに書く》飾り書き; 〖紋〗銘を書いたリボン; 《曲がった川の造る》三日月形堆積物. ► *vt* **1** [ᵘ*pp*] 巻物とする; 渦巻状にする, 渦形で飾る, …に渦巻模様をつける. **2** 〖電算〗〈画面のテキストやグラフィックを〉スクロールする 〈*down, up, through*, etc.〉. ► *vi* **1** 巻く, 巻物状になる. **2** 〖電算〗表示画面の内容を順次[1 行ずつ]動かす, スクロールする; 〖電算〗〈テキスト・グラフィックが〉順次動く, スクロールする.
♦ **～·able** *a* ［ME (*sc*)*rowle* ROLL; *sc-* は同語義 *scrow* の影響か］

scróll bàr 〖電算〗スクロールバー《表示画面をスクロールするためのバー》.

scróll·ery *n* SCROLLWORK; 《死海文書などの》古文書探し.

scróll gèar 〖機〗渦巻形変速歯車 (＝*scroll wheel*).

scróll·hèad *n* 〖海〗渦巻飾りの船首.

scróll làthe 〖機〗渦巻形チャック[スクロール]旋盤.

scróll sàw 雲形切りのこぎり, 糸のこ, JIGSAW.

scróll whèel SCROLL GEAR.

scróll·wòrk *n* 渦巻装飾, 渦巻[雲形, 唐草]模様.

scronch /skránʧ/ *vi* 《方》DANCE.

scronched ⇨ SCRAUNCHED.

scrooch, scrootch /skrú:ʧ/ *vt, vi* 《口》かがみ込む, うずくまる, しゃがむ, 縮こまる, 詰め込む, 押し込む. ［*scrouge* (US) to squeeze; *crouch* の影響あるか］

scrooge ⇨ SCROUGE.

Scrooge /skrú:ʤ/ **1** スクルージ **Ebenezer** ～《Dickens, *A Christmas Carol* の主人公; 守銭奴だったが, クリスマスの精霊の導きで改心し, 人から愛される慈悲深い人物になる》. **2** [ᵘs-] 守銭奴.

scroop /skrú:p/ 《方》*n* きしり; きしる音. ► *vi* きしる.

scrootch ⇨ SCROOCH.

scroph·u·lar·i·a·ceous /skrɑ̀fjəlɛ̀əriéɪʃəs/ *a* 〖植〗ゴマノハグサ科 (Scrophulariaceae) の.

scrote /skróut/ *n*ᴴ《俗》くそったれ, ばか野郎. ［＜*scrotum*］

scro·ti·tis /skroutáɪtəs/ *n* 〖医〗陰嚢炎.

scro·tum /skróutəm/ *n* (*pl* **-ta** /-tə/, **～s**) 〖解〗陰嚢. ♦ **scró·tal** *a* ［L］

scrouge /skráuʤ, skrú:ʤ/, **scrooge** /-rú:ʤ/ *vt, vi* *《方・口》押し込む, 詰め込む; *《口》かがむ, うずくまる. ● **scrooge up** *《俗》《まぶたを緊張させて》目を細くする. ［*scruze* to squeeze (? *screw*＋*squeeze*)］

scroug·er /skráuʤər, skrú:-/ *n* *《口》巨大な人[物].

scrounge /skráunʤ/ 《口》*vt* 探し求める, あさる; 見つけ出す, かき集める, 借りてくる 〈*up*〉; (うまいことを言って)せしめる, せびる 〈*up*〉; かっぱらう, 失敬する, 盗む (steal). ► *vi* 探しまわる, あさる, (何かを期待して)うろうろする, うろつく 〈*around*〉; たかる. ► *n* scrounge すること; あさってきたもの, 失敬したもの; たかり屋: be on the ～ 物乞いをする. ♦ **scróung·ing** *n* **scróung·er** *n* ［? 変形＜*scrunge* (dial) to steal］

scróungy *a* *《口》うすぎたない, だらしのない, 安物の, だめな, ひどい.

scrow /skráu/, **scrowl** /skrául/ *vi* 《俗》SCRAM[1].

scrub[1] /skrʌ́b/ *v* (**-bb-**) *vt* **1** ごしごしこする[洗う]; 〈部屋・ふろなどを〉こすってきれいにする, こすり洗いする 〈*down, off, out*〉; 〈汚れなど〉ごしごしこすって洗い落とす 〈*away, out*〉; 〈ガス・気体を〉洗浄する 〈*out*〉. **2** 《口》〈計画・命令などを〉取り消す 〈*out*〉, 〈ロケットの発射などを〉中止[延期]する; 《口》〈相手の得点を〉消し去る; 《俗》追い出す, 首にする; ᴴ《軍俗》叱責する, きびしく罰する. ► *vi* ごしごしこすって洗う; 〈外科医が〉手術前に手を洗う 〈*in, up*〉; ᴴ《口》《念入りに》おしゃれする, ばっちり決める 〈*up*〉; 《競馬俗》〈騎手が〉《ゴール前に来て》むち[腕と脚]を前後に振って馬を励ます. ● **～ round**… 《口》〈規則・障害など〉を避ける, 無視する. ► *n* ごしごしこすり磨くこと, 洗い掃除; scrub する人; 毛の短いブラシ[口ひげ]; スクラブ《古くなった角質層など表面皮膚を取り除くための, 細かい粒子のはいった洗顔料などのローション》; 取消し, 中止; [*pl*] SCRUB SUIT. ♦ **scrúb·ba·ble** *a* [?MLG, MDu *schrobben*]

scrub[2] *n* **1** 低木; やぶ, 雑木林, 低木林; 雑木の生えた土地; [the]《豪口》人里離れた場所, 遠隔地. **2** 雑種の家畜; ちっぽけな人[もの], つまらない[けちな]やつ; *《口》寄せ集めのメンバー[定員不足のチーム]によるスポーツ試合; *《口》《楽勝の場合にだけ出場するような》二軍[補欠]選手, 二流どころ; *《口》二軍; ‖《俗》ふしだら女, 淫売 (scrubber). ► *a* 小さな, いじけた; つまらない, 劣等な; 低木の茂った; *二軍の. [*shrub*[1]]

scrubbed[1] /skrʌ́bd/ *a* 洗濯[洗浄]した, 洗い落とした; 清潔な, 清廉(潔白)な: ～ finish 洗い出し仕上げ. [*scrub*[1]]

scrub·bed[2] /skrʌ́bəd/ *a*《古》SCRUBBY.

scrúb·ber[1] *n* **1** ごしごしこする人,《特に》甲板を洗う人; ブラシ, たわし, ぞうきん; 集塵器, (ガス)洗浄器, スクラバー; 洗鉱器[ふるい], スクラバー. **2**《英俗・豪俗》がらの悪い女, ふしだら女, 浮気女, 売春婦. [*scrub*[1]]

scrubber[2] *n* 雑種,《特に》雑種の去勢牛; やせた去勢牛;《豪》低木地帯の(野生化した)動物,《特に》雄牛;《豪俗》二流選手. [*scrub*[2]]

scrúb(·bing) brùsh* 洗濯ブラシ, たわし.

scrúb·bìrd *n*〔鳥〕クサムラドリ《豪州産スズメ目クサムラドリ科クサムラドリ属の 2 種の鳥; noisy scrubbird または rufous scrubbird》.

scrúb·bòard *n*〔建〕BASEBOARD.

scrúb·by *a* いじけた; 低木の茂った; むさくるしい, みすぼらしい, 普通より小さい. ♦ **scrúb·bi·ly** *adv* **-bi·ness** *n*

scrúb clùb*《俗》《失敗ばかりの》全然だめな集団《研究グループ・会社など》.

scrúb fòwl [hèn]〔鳥〕ツカツクリ (megapode)《豪州産》.

scrúb jày〔鳥〕アメリカカケス《米国西部・南部およびメキシコ産》.

scrúb·lànd *n* 低い雑木の生えた土地, 低木地, 叢林地.

scrúb nùrse 手術室(付き)看護師.

scrúb òak〔植〕アメリカのやせた乾燥地に多い低木性のコナラ属の数種の木,《特に》ヒイラギガシ.

scrúb pìne〔植〕低木性のマツ, 矮性マツ.

Scrubs /skrʌ́bz/ [the] スクラブズ《London の Du Cane Road にある Wormwood Scrubs 刑務所の俗称》.

scrúb sùit《医者の》手術着.

scrúb tùrkey〔鳥〕(ヤブ)ツカツクリ (brush turkey).

scrúb tỳphus〔医〕TSUTSUGAMUSHI DISEASE.

scrúb-ùp *n* 徹底的に洗うこと,《特に 外科医・看護師が手術前に行なう》手洗い.

scrúb·wòman* *n* 掃除婦, 雑役婦 (charwoman).

scrúb wrèn〔鳥〕シロマユムシクイ《豪州・ニューギニア産》.

scrud /skrʌ́d/ [the]*《俗》*n* 悪い病気; 性病. [cf. *crud*]

scruff[1] /skrʌ́f/ *n* 襟首, 首筋 (nape); 衣服のゆったりした部分《コートの襟・ズボンの尻など》: take [seize] sb by the ～ of the neck 人の襟首をつかまえる. [変形く*scuff*＜ON *skoft* hair]

scruff[2] *n*〔冶〕スクラッフ《スズめっきのときにできる浮きかす》;《口》貧相な[うすぎたない]やつ. ► *a**《俗》SCRUFFY. ► *vi**《俗》やっとのことで生きていく[食いつなぐ]〈*along*〉. [音位転換く*scurf*]

scruf·fo /skrʌ́fou/ *n*《俗》うすぎたないやつ, 浮浪者.

scrúffy *a*《口》みすぼらしい, だらしない, きたならしい, うすぎたない,〈髪が〉ぼさぼさの. ♦ **scrúff·i·ly** *adv* **-i·ness** *n* [*scruff*[2]]

scrum /skrʌ́m/ *n*〔ラグビー〕スクラム; ‖《口》もみ合い, 押し合いへしあい; ‖《口》もみ合っている群衆, ごたごたした状況: the line of ～ スクラム線. ► *vi* (**-mm-**)〔ラグビー〕スクラムを組む〈*down*〉;《口》押し[もみ]合う, 押し寄せる, 群がる. [*scrummage*]

scrúm·càp *n*〔ラグビー〕ヘッドギア《頭部保護用》.

scrúm hàlf〔ラグビー〕スクラムハーフ《ボールをスクラムに入れるハーフバック》.

scrum·mage /skrʌ́mɪʤ/ *n, vi*〔ラグビー〕SCRUM. ♦ **scrúm·mag·er** *n* [*scrimmage*]

scrum·my /skrʌ́mi/ *a*‖《口》とてもおいしい. [*scrum*ptious]

scrump /skrʌ́mp/ *vt, vi* (リンゴなどを)盗む, くすねる; *《卑》(…と)セックスする, やる. [cf. SCRUMPY]

scrum·ple‖ /skrʌ́mp(ə)l/ *vt*〈紙・布を〉しわくちゃ[くしゃくしゃ]にする〈*up*〉. [変形く*crumple*]

scrump·tious /skrʌ́m(p)ʃəs/ *a*《口》すてきな, りっぱな, すばらしい, とてもおいしい. ♦ **～·ly** *adv* **～·ness** *n* [C19く? *sumptuous*]

scrum·py /skrʌ́mpi/ *n*‖《口》酸味の強いりんご酒《イングランド南西部の特産》. [*scrump* (dial) small apple]

scrunch /skrʌ́nʧ, skrúnʧ/ *vt* バリバリ[ガリガリ, ザクザク]かむ[砕く, つぶす]; ぎゅっとすぼめる[引き寄せる]〈*up*〉; もみくしゃにする, 丸める〈*up*〉; 詰め込む〈*down*〉. ► *vi* バリバリ[ガリガリ, ザクザク]音をたてながら動く[音をたてる]; うずくまる, 縮こまる〈*down*〉; *《俗》しぼり[ひねり]出す. ► *n* バリバリかむ音[こと]. [?imit; cf. CRUNCH]

scrúnch-drý *vt*〈髪を〉スクランチドライする《自然な質感を出すため, 髪を根元からもみながらドライヤーをかけること》.

scrunchy, scrunch·ie /skrʌ́nʧi/ *n* シュシュ《ゴムひもをつけた布を小さな輪にした髪留め》. ► *a* バリバリ[サクサク]の, バリバリ[ガリガリ, ザクザク]いう[音をたてる].

scrunge /skrʌ́nʤ/ *n**《俗》汚物, 不潔物, ごみ. [cf. *grunge*]

scrun·gy /skrʌ́nʤi/*《俗》*a* きたない, 不潔な; 質の悪い, 安物の, ひどい.

scru·ple[1] /skrúːp(ə)l/ *n*《事の正邪・当否についての》疑い, しりごみ, ためらい; 良心(のとがめ): a man of no ～*s* 平気で悪い事をする人 / do sth without ～ 平気でやる / make no ～ *to* do [*of* [*in*, *at*] do*ing*] 平気でやる / have ～*s* [no ～(*s*)] *about* (do*ing*…) (…するのに)気がとがめる[とがめない], 躊躇する[しない] / stand on ～ 遠慮する. ► *vi*,《古》*vt* 気がとがめる; ためらう; 疑いをいだく〈*about*, *at*〉: ～ a lie うそをつくのをためらう / do not ～ to say…と言うのをはばからない. ♦ **～·less** *a* [OF or L＝small sharp stone (dim)く*scrupus* rough stone]

scruple[2] *n* **1** スクループル《**1**) 古代ローマの重量単位: ＝1/24 ounce **2**) 薬量単位: ＝20 grains＝1.296 g; 略 sc.》. **2** 少し, 少々, 微量. [L (↑)]

scru·pu·lous /skrúːpjələs/ *a* 良心的な, もの堅い, 実直な, 厳正な, きちょうめんな, 細心な; 正確な, 徹底的な; 用心深い, 周到な. ♦ **～·ly** *adv* **～·ness** *n* **scrù·pu·lós·i·ty** /-lásəti/ *n* [F or L; ⇨ SCRUPLE[1]]

scru·ta·ble /skrúːtəb(ə)l/ *a* 判読[解読]できる.

scru·ta·tor /skrutéɪtər, skrúːtèɪtər/ *n* 精査する人 (examiner). [L; ⇨ SCRUTINY]

scru·ti·neer /skrùːt(ə)níər/ *n* 検査する人,《特に》‖投票検査人 (canvasser*).

scru·ti·nize /skrúːt(ə)nàɪz/ *vt, vi* 細かに調べる, 精査する, 吟味する, せんさくする; つくづく眺める. ♦ **-nìz·er** *n* **scrú·ti·nìz·ing·ly** *adv* じろじろと, 吟味するように. **scrù·ti·ni·zá·tion** *n*

scru·ti·ny /skrúːt(ə)ni/ *n* 精密[綿密]な吟味[調査], 精査, せんさく; 注意深くじろじろ見ること; 監視; ‖投票の再点検;《初期キリスト教会で》洗礼志願者に課する試験: come under close ～ きびしく監視される / not bear close ～ 精査に耐えない. [L (*scrutor* to examine く *scruta* trash)]

scru·toire /skrutwάːr/ *n* 書きもの机 (escritoire).

scry /skráɪ/ *vi* 水晶で占う (cf. CRYSTAL GAZING). ► *vt*《古・方》DESCRY. ♦ **～·er** *n* CRYSTAL GAZER. [*de*s*cry*]

SCSI, scuz·zy /skʌ́zi/ *n*〔電算〕SCSI (スカジー)《ハードディスクなどの周辺装置の接続規格; パラレル伝送で daisy chain 方式をサポートする》. [*s*mall *c*omputer *s*ystem *i*nterface]

scu·ba /skúːbə; sk(j)úː-/ *n* スキューバ (aqualung)《潜水用水中呼吸装置》. [*s*elf-*c*ontained *u*nderwater *b*reathing *a*pparatus]

scúba dìving スキューバダイビング. ♦ **scúba dìve** *vi* **scúba dìver** *n*

scud[1] /skʌ́d/ *v* (**-dd-**) *vi* 疾走する;〈雲が〉流れる;〔弓〕〈矢が〉的を高く大きくはずれる;〔海〕《ほとんど帆を揚げずに》順風に乗って走る. ► *vt*《スコ》打つ, たたく. ► *n* **1** スーッと走る[飛ぶ]こと. **2** ちぎれ雲, 雨雲; にわか雨[雪]; 突風. **3** [S-]〔軍〕スカッド《ソ連の地上移動式地対地戦術核ミサイル SS-1 の NATO での呼称; 1991 年の湾岸戦争の際にはイラクの最大の報復兵器となった》. [?Scand (Norw *skudda* to push, thrust); 一説に *scut* の変形か]

scud[2]〔皮革〕*vt* (**-dd-**)〈皮〉から取り残しの毛とよごれを落とす, あか取り[あか出し, 石ずり]する. ► *n* 除去された毛とよごれ, あか. [＝(obs) dirt, refuse く? *scum*＋*mud*]

scud[3] *n**《口》SCUT WORK.

Scu·dé·ry /*F* skyderi/ スキュデリー **Madeleine de ～** (1607–1701)《フランスの詩人・作家; 17 世紀宮廷における繊細で気取った文体を特徴とする文学傾向プレシオジテ (*F* préciosité) の代表的作家》.

scu·do /skúːdou/ *n* (*pl* **-di** /-di/) スクード《昔のイタリア・シチリアの金貨[銀貨]; 昔のイタリア・シチリアの通貨単位》. [It＝shield]

scuff /skʌ́f/ *vi* 足をひきずって歩く; 足[靴]で突く[こする]〈*at*〉; すり切れる,《こすって》傷つく. ► *vt* 平手で打つ;〈足・靴を〉こする, ひきずって歩く;《靴で》…にすり傷をつける;〈地面などを〉足で突く[こする]. ► *n* ひきずり歩き(の音);《ひきずり・使い古しによる》損傷;《かかと(革)のない》室内ばき, スリッパ. [C19 (?imit)]

scúff·er *n*‖《俗》おまわり, ポリ公.

scuf·fle /skʌ́f(ə)l/ *vi* 取っ組み合う, つかみ合いをする, もみ合う〈*with*〉; 足をひきずって歩く; あわてふためく, うろちょろする, おたおたする;《俗》退屈な仕事についている; *《俗》なんとか食って[やって]いる (scruff). ► *n* つかみ合い, もみ合い; ひきずり歩き(の音);《タップダンスの》足を前後に振る動作; SCUFFLE HOE. ♦ **scúf·fler** *n* [?Scand (Swed *skuffa* to push); SHOVE と同語源]

scúffle hòe《押しても引いても使える両刃の》草かき鍬(くわ), 押し鍬 (＝*Dutch hoe*, *push* [*thrust*] *hoe*).

scug /skʌ́g/ *n*‖《俗》パッとしない(だめな)生徒.

sculduggery ⇨ SKULDUGGERY.

sculk ⇨ SKULK.

scull /skʌ́l/ *n* スカル《両手に 1 本ずつ端を握ってこぐ比較的軽いオール》; ともがい《櫓(ろ)》; スカル《2 本のスカルでこぐ競漕用の軽いボート》; スカル[ともがい]で[を]こぐこと[時間, 距離]; [*pl*] スカル競艇. ► *vt*〈舟を>スカル[ともがい]でこぐ. ► *vi* スカル[ともがい]でこぐ; 《スケートで》氷面から足を上げないですべる. ● **~ about [around]**(…) [通例 進行形で] 《口》〈物が〉散らかって[ほったらかされて]いる; 《口》(…を)あてもなく動きまわる. ♦ **~·er** *n* [ME<?]

scul·lery /skʌ́l(ə)ri/ *n* 食器洗い場《台所に隣接し, 食器類をしまう》, 流し場. [AF (*escuele* dish<L *scutella* salver)]

scúllery màid 皿洗い女中, おさんどん.

Scul·lin /skʌ́lən/ スカリン **James Henry ~** (1876–1953)《オーストラリアの政治家; 首相 (1929–31)》.

scul·lion /skʌ́ljən/ *n* 台所下働き, 皿洗い《人》; げす. [ME<?OF *escouillon* cleaning cloth<*escouve* broom]

sculp /skʌ́lp/ *vt, vi* 《口》 SCULPTURE.

scul·pin* /skʌ́lpən/ *n* (*pl* **~s, ~**) 〔魚〕 **a** カジカ. **b** South California 沿岸のカサゴ.

sculp·sit /skʌ́lpsət, skúlp-/ *vt* 〈何某〉謹刻, …これを彫る《彫刻に署名のあとに刻む; 略 sc., sculps.》. [L=he [she] sculptured (it); ⇨ SCULPTURE]

sculpt /skʌ́lpt/ *vt, vi* SCULPTURE. [F; ⇨ SCULPTURE]

scúlpt·ed *a* SCULPTURED; 〈体などが〉鍛え上げた, たくましい.

sculp·tor /skʌ́lptər/ *n* 彫刻家, 彫刻師, 立体芸術家; [(the) S-] 〔天〕 ちょうこくしつ座 (彫刻室座) (=the **S~'s Wórkshop**). ♦ **scúlp·tress** *n fem*

Scúlptor's Tóol [the] 〔天〕 ちょうこくぐ座 (彫刻具座) (Caelum).

sculp·ture /skʌ́lptʃər/ *n* 彫刻(術), 彫塑(ちょうそ), 立体芸術; 彫刻[立体芸術](作)品; 〔動・植〕 彫刻のような模様, 彫紋; 〔地質〕 (浸食などによる)地形の変化. ► *vt* 彫刻する; [ᵘ*pp*] 彫刻物で飾る; 彫刻風[立体的]に作る; 〈風雨など自然力が地形を〉変化させる, 刻む, 浸食する (erode). ► *vi* 彫刻をする. ♦ **~d** *a* 彫って作った, 彫刻を施した; 〈顔の造作が〉はっきりした, 彫りの深い. **scúlp·tur·al** *a* **-tur·al·ly** *adv* [L (*sculpt- sculpo* to carve)]

sculp·tur·esque /skʌ̀lptʃərέsk/ *a* 彫刻風の, 彫り物のような; 形[目鼻だち]の整った; 堂々とした. ♦ **~·ly** *adv*

scum /skʌ́m/ *n* 浮きかす, 浮渣, 泡, 《液の》上皮, スカム 〈*of*〉; DROSS; 緑藻; かす, くず; 最下層の人びと, 人間のくず; *《卑》 精液: the ~ of the earth 人間のくずども / You filthy ~! くず野郎! ► *v* (**-mm-**) *vt* 泡[上皮]でおおう; …から浮きかすを取る. ► *vi* 〈液体が〉かす・泡でおおわれる 〈*over*〉. ♦ **scúm·mer** *n* [MLG, MDu; cf. G *Schaum* foam]

scúm·bàg, scúm·bùcket 《俗》 *n* コンドーム (condom); [*derog*] くず野郎, あさましいやつ.

scum·ble /skʌ́mb(ə)l/ 〔画〕 *vt* 《不透明色を薄く塗って》〈絵画・色彩〉の色調を和らげる; 〈絵〉の線[色]をこすってぼかす. ► *n* 色調を和らげること, 線のぼかし; ぼかしに使う色[素材].

scúm·my *a* 浮きかすの生じた, 泡立った; 《口》 下等な, つまらない, 軽蔑すべき, きたない.

scuncheon ⇨ SCONCHEON.

scunge /skʌ́ndʒ/ 《豪口》 *vt, vi* 借りる. ► *n* ごみ, ほこり, きたないもの, べたべたするもの; きたない[つまらない]やつ; しみったれ, けち, たかり屋. [C20<?]

scun·gil·li /skundʒíːli, -gíːli, -dʒíli/ *n* 食用の[調理した]巻貝 (conch), スクンジッリ. [It (dial)]

scun·gy /skʌ́ndʒi/ *a* 《豪口》 うすぎたない, むさくるしい; けちな, しみったれの; 《豪口》 あわれな; 《南ア俗》 暗い. [C20<?]

scun·ner /skʌ́nər/ *n* 嫌悪(すべきもの), 偏見; いやな[信用ならない]やつ: take [have] a ~ *against* [*at, on, to*]…に反感をいだく. ► *vi* 《スコ》 気持が悪くなる, へどが出る, いやになる, うんざりする 〈*at, with*〉. ► *vt* 《スコ》 むかむか[うんざり]させる.

scup /skʌ́p/ *n* (*pl* **~, ~s**) 〔魚〕 スカップ《米国大西洋岸のタイ科の食用魚; 釣りの対象》. [Narraganset]

scup·per¹ /skʌ́pər/ *n* 〔海〕 (甲板)排水孔, 排水口; 《一般に》 水落とし; 《俗》 売春婦, 尻軽女. ● **full to the ~s** 《口》 腹いっぱいで, 満腹で. ► *vi* [次の成句で]: **~ up** *《俗》 酒[ビール]を飲む. [AF (OF *escopir* to spit<imit)]

scupper² ᵘ*vt* 〈船・船員を〉沈める, 危険な状態に陥れる; 《口》 〈計画などを〉だめにする, つぶす; 《俗》 《奇襲で》 皆殺しにする, やっつける. [C19<?]

scup·per·nong /skʌ́pərnɔ̀(ː)ŋ, -nɑ̀ŋ/ *n* **1** 〔植〕 スカッパーノン《米国南部原産の黄緑色で大粒の実をつけるブドウの一種マスカダイン (muscadine) の栽培品種》. **2** スカッパーノン(ワイン)《白のテーブルワイン》. [*Scuppernong* North Carolina 州の川[湖]]

scúp·sèat *n* 水夫が足場のない檣頭上で用いる木の椅子.

scurf /skə́ːrf/ *n* 《頭の》 ふけ; ふけのようなもの[よごれ], あか; 《植物の》 カサカサの表皮[鱗片]; 〔植〕 黒あざ病. ♦ **scúrfy** *a* ふけだらけの; ふけのような. [OE<?ON and OE *sceorf*; cf. OE *sceorfan* to gnaw, *sceorfian* to cut to shreds]

scúrfy pèa, scúrf pèa 〔植〕 オランダビユ《マメ科》.

scur·ril(e) /skə́ːrəl, skʌ́r-; skʌ́r-/ *a* 《やや古》 SCURRILOUS. [F or L (*scurra* buffoon)]

scur·ril·i·ty /skəríləti/ *n* 下品; 口ぎたなさ; 下品な行ない, 口ぎたないことば.

scur·ri·lous /skə́ːrələs, skʌ́r-; skʌ́r-/ *a* 下卑た, 下品な; 他人を中傷する, 口の悪い, 口ぎたない. ♦ **~·ly** *adv* **~·ness** *n* [SCURRILE]

scur·ry /skə́ːri, skʌ́ri; skʌ́ri/ *vi* あわてて(ちょこちょこ)走る, 急ぐ 〈*about, along, away, off*〉; あわててうろうろする, おたおたする; 〈落花・舞などが〉乱れ舞う: ~ *for* the door 戸口へあわてて走る / ~ *through* … 〈仕事などを〉を大急ぎでする. ► *vt* うろたえさせる; 乱舞させる. ► *n* (あわてた)急ぎ足, 疾走; ちょこちょこ走り; あわてて(ちょこちょこ)走る足音; 短距離競馬[競走]; あわてふためき (cf. HURRY-SCURRY); 《にわか雨・雪の》 激しい吹き降り. [*hurry-scurry*; *hurry* の加重]

scurve /skə́ːrv/ *n* 《俗》 下劣なやつ, いやなやつ, あさましい野郎. [*scurvy*]

S-curve /és—/ *n* S 字カーブ[曲線].

scur·vy /skə́ːrvi/ *n* 〔医〕 壊血病《vitamin C 欠乏症》. ► *a* 卑劣な, 下劣な, あさましい, いやったらしい, むかつく; ふけだらけの. ♦ **-vied** *a* 壊血病にかかった. **scúr·vi·ly** *adv* 卑しく, 下劣に. **-vi·ness** *n* [*scurf*; (n) はおそらく F *scorbut* (cf. SCORBUTIC) との連想]

scúrvy gràss [wèed] 〔植〕 (ヤクヨウ)トモシリソウ《欧州原産アブラナ科; 以前 壊血病薬として用いられた》.

scuse /v skjúːz, *n* -s/ *v, n* EXCUSE.

scut /skʌ́t/ *n* 《ウサギ・シカなどの》 短い尾; 《方・俗》 軽蔑すべき[卑劣な]やつ, 《人間の》 くず; *《俗》 新米, 青二才, 若造; *《口》 SCUT WORK. [ME<? Scand (ON *skutr* end of a vessel); cf. *scut* (obs) short(en)]

scuta *n* SCUTUM の複数形.

scu·tage /sk(j)úːtɪdʒ; skjúː-/ *n* 〔史〕 軍役代納金, 賦役免除税. [L (*scutum* shield)]

scu·tal /sk(j)úːtl; skjúː-/ *a* SCUTUM の.

Scu·ta·ri /skúːtəri, skutɑ́ːri/ **1** スクタリ《**1**) ÜSKÜDAR の旧称 **2**) SHKODËR のイタリア語名》. **2** [Lake] スクタリ湖《アルバニア北西部とモンテネグロの間の湖》.

scu·tate /sk(j)úːteɪt; skjúː-/ *a* 〔動〕 盾(たて)状のうろこのある, 鱗甲のある; 〔植〕 円盾(えんじゅん)状の. ♦ **scu·tá·tion** *n*

scutch¹ /skʌ́tʃ/ *vt* 〈麻・綿を〉打ちさばく, …のもつれを解く; 打つ. ► *n* 麻くず; 麻[綿]打ち機[工]; 脱穀機, 脱穀する人; 煉瓦職人の槌. ♦ **~·er** *n* 麻[綿]打ち機. [OF<L EX¹- *quatio* to shake off]

scutch² *n* COUCH GRASS.

scutch·eon /skʌ́tʃ(ə)n/ *n* ESCUTCHEON; 〔動〕 盾板 (scutum). ♦ **~·less** *a* **~·lìke** *a* [ME *scochon*<AF]

scute /sk(j)úːt; skjúːt/ *n* 〔動・昆〕 SCUTUM; 《古》 小額硬貨, びた銭. [L SCUTUM]

scu·tel·late /sk(j)utélət, sk(j)úːt(ə)lèɪt; skjutélət, skjúːt(ə)lèɪt/ *a* 盾形の; 〔動〕 鱗甲を有する; 《甲虫などが》 小盾板を有する. ♦ **scú·tel·làt·ed** *a* 鱗甲[小盾板]を有する.

scu·tel·la·tion /sk(j)ùːt(ə)léɪʃ(ə)n; skjùː-/ *n* 〔動〕 LEPIDOSIS.

scu·tel·lum /sk(j)utéləm; skju-/ *n* (*pl* **-la** /-lə/) 〔動・植〕 小盾板, 《地衣類の》 小板; 小鱗片; 《鳥の足の》 角質鱗片; 〔植〕 《イネ科植物の》 胚盤. ♦ **scu·tél·lar** *a* [L (dim)<SCUTUM]

scú·ti·fòrm /sk(j)úːtə-; skjúː-/ *a* 盾の形をした, 盾状の.

scu·to bo·nae vo·lun·ta·tis tu·ae co·ro·nas·ti nos /skúːtòu bóːnàɪ vɔ̀ːluntáːtɪs túàɪ kɔ̀ːrɔːnàːsti nóus/ 汝われらに汝の善意の盾を冠したり《Maryland 州の公印の題銘》. [L=Thou hast crowned us with the shield of Thy good will]

scut·ter /skʌ́tər/ 《口》 *vi, vt* SCURRY. ► *n* SCURRY; 《悪事または善行に》 ずばぬけた人. [変形<?*scuttle*²]

scut·tle¹ /skʌ́tl/ *n* 石炭バケツ (coal scuttle); 《穀物・野菜・花などを運ぶ》 浅い大かご; ᵘスカットル《自動車のボンネットと車体のつなぎ目》. [ON<L *scutella* dish]

scuttle² *vi* 急いで行く, あわてて走る, ほうほうの態(てい)で逃げる 〈*away, off*〉. ► *n* 急ぎ足(の出発[退散, 逃走]). [cf. *scuddle* (dial) (freq)<SCUD¹; *shuttle* の影響か]

scuttle³ *n* 《甲板・舷側の》 小窓, 小型の昇降口(のふた); 《船底の》 小穴; 小窓, 天窓. ► *vt* 船底[船側, 甲板]に穴をあけて〈船を〉沈める; 〈計画・契約などを〉だいなしにする, 無にする, '流産させる'; 放棄する, 廃棄する. [F<Sp *escotilla* hatchway (dim)<*escota* opening in a piece of cloth]

scúttle·bùtt *n* 《甲板の》 飲料水入れ, 大樽; 《船・海軍施設などの》 水飲み場; *《口》 うわさ, ゴシップ.

scu·tum /sk(j)úːtəm; skjúː-/ *n* (*pl* **-ta** /-tə/) **1** 《古代ローマの》 長方形[小判形]の盾(たて); 〔動〕 《カメ・アルマジロなどの》 角鱗, 鱗甲; 〔昆〕 盾板(じゅんばん)(たてばん) (=*scute*). **2** [S-] 〔天〕 たて座 (盾座) (Shield). [L=oblong shield]

scút wòrk* 《口》 おきまりのつまらない仕事, いやな仕事.

scuzz, scuz /skʌ́z/ 《俗》 *n* **1** むかつく[きたない]もの; いやなやつ, いかさない若い女, ドブス. **2** マリファナ. ► *a* SCUZZY¹. ► *vt* [次の成句で]: **~ out** 〈人〉にむかつく思いをさせる, うんざりさせる, いやがらせる. [? *scum*+*fuzz*]

scúzz·bàg, -bàll, -bùcket *n* 《俗》 いやなやつ, いやったらしいやつ.

scúzz-fòod *n**《俗》 くだらん食い物, ジャンクフード, 餌《ポテトチップス・ポップコーン・シリアルなど》.

scuz·zo /skʌ́zou/ *n* (*pl* ～**s**)*《俗》いけすかないやつ (scuzzbag).
scuz·zy[1] /skʌ́zi/ *a**《俗》きたならしい, うすよごれた, いやな, だめな. [?*disgusting*; 一説に, *scummy*＋*fuzzy*]
scuzzy[2] ⇨ SCSI.
Scyl·la /sílə/ **1**〔ギ神〕スキュラ《巨岩に住む 6 頭 12 足の海の女怪; 近づく船を飲み込むといわれ, 次のスキラと同一視された》. **2** スキラ《Sicily 島沖合の渦巻 CHARYBDIS と相対する危険な岩》. ● **between ～ and Charybdis**《文》進退きわまって.
scyph- /sáɪf/, **scy·pho-** /sáɪfou, -fə/, **scy·phi-** /sáɪfə/ *comb form*「杯」 [Gk; ⇨ SCYPHUS]
scy·phate /sáɪfèɪt/ *a* 杯の形をした.
scýphi·fòrm *a*〔植・動〕杯状の.
scy·phis·to·ma /saɪfístəmə/ *n* (*pl* **-mae** /-mìː/, ～**s**)〔動〕スキフィストマ, スキフラ《ハチクラゲのプラヌラ幼生が定着し, 足盤・口盤・口・触手 16 本・隔膜・漏斗などができたもの》.
Scy·pho·zoa /sàɪfəzóuə/ *n*〔動〕鉢虫(はちむし)類, 鉢[真正]クラゲ綱[類].
scỳ·pho·zó·an *a, n*〔動〕鉢虫[鉢クラゲ]類の(動物).
scy·phus /sáɪfəs/ *n* (*pl* **-phi** /-fàɪ/)《古代ギリシアの 2 つの取っ手の付いた》大杯;〔植〕《花冠・地衣体の》杯状部. ♦ **scy·phose** /sáɪfòus/ *a* [Gk＝bowl]
Scyros ⇨ SKYROS.
scythe /sáɪð/ *n*《長柄の》草刈り大鎌, 大鎌 (cf. SICKLE, DEATH, FATHER TIME). ► *vt* 大鎌で刈る(ように動かす). ♦ **～·less** *a* **～·like** *a* [OE *sīthe*; cf. G *Sense*; *sc-* は *scissors* との連想か]
Scyth·ia /síθiə, síð-/ スキタイ《黒海・カスピ海の北東部を中心とした古国》.
Scýth·i·an *a* スキタイ (Scythia) の; スキタイ人[語]の. ► *n* **a** スキタイ人《古代スキタイの騎馬遊牧民》. **b** スキタイ語《Iranian 語派の一つ》.
s.d. °sine die. **SD, s.d.**〔統〕°standard deviation.
SD °South Dakota ♦ °special delivery ♦ °stage direction ♦ Swaziland. **S/D, SD**〔商〕°sight draft.
S. Dak. °South Dakota.
'sdeath /zdɛ́θ/ *int*《古》ええっ(いまいましい), おや, いやはや, まったく!《怒り・驚き・決心などを表わす》. [God's *death*]
SDF Self-Defense Forces《日本の》自衛隊 (cf. GSDF, ASDF, MSDF). **SDI** Strategic Defense Initiative 戦略防衛構想.
SDLP °Social Democratic and Labour Party.
SDP °Social Democratic Party. **SDRAM** synchronous DRAM. **SDR(s)**〔商〕°special drawing right(s).
SDS〔米〕Students for a Democratic Society 民主社会のための学生連合《1960 年代の新左翼学生運動組織》.
se- /sə, sɛ/ *comb form*「離れて」「…なしで」: *se*clude, *se*cure. [L *se, sed* apart, without]
Se〔化〕selenium. **SE** self-explanatory ♦ southeast ♦ South East《London 郵便区の一つ》♦ southeastern ♦ special edition ♦ °Standard English ♦〔郵趣〕straight edge ♦ °systems engineer.
SE, S/E °stock exchange.
sea /síː/ *n* **1 a** [the] 海 (opp. *land*), 海洋, 大海, 大洋 (MARINE *a*, MARITIME *a*): CLOSED [OPEN] SEA, HIGH SEA, FOUR SEAS / on [in] the ～ 海辺に[の] / Worse [Stranger, etc.] things happen at ～.《口》[*joc*] 海ではもっとひどいこともある《しかたがない, あきらめよう》/ (as) unchanging as the ～ (海のように)変わることなくて. ★ 米国では,「海」の意には ocean を用いるのが普通で, sea は詩的な感じを与えることが多い. **b** [固有名に付けて] …海《塩水・淡水の大湖》: BLACK SEA, DEAD SEA. **c** [⟨*a*⟩] 海洋の(ような), 海上の, 海洋に関する. **2** 潮流; [°*pl*]《風による》波, 波浪(の状態): A ～ struck the boat. 波が船に打ちつけた / SHIP a ～ / sail in rough [calm] ～*s* 荒海[静かな海]を航海する. **3** [a ～ of… *or* ～s of…] [*fig*] たくさんの, 多量の, 広々と限りない, 広大な: *a* ～ *of* flame 火の海 / ～*s of* blood 血の海, 残酷な流血. **4** [the] 船乗り業, 船員生活. **5**〔天〕《月の》海 (mare);〔聖〕LAVER[1]. **6***《俗》コカイン (cocaine)《C の音をつづったもの》. ● **at ～** (陸地の見えない)海上に, 航海中で; [*fig*]《口》途方に暮れて: all [totally, etc.] *at* ～ 全く途方に暮れて. **beyond** [**across, over**] **the ～(s)** 海外へ[の], 外国で: live *beyond the* ～ 海外に住む / come *from beyond the* ～ 海のかなたから来る. **by ～** 海路で⟨旅行するなど⟩; 航海中で (＝at ～). **follow the ～** 水夫[海員]になる[である]. **go to ～** 水夫[船乗り]になる; 船出する. **half ～s over**《口》酔っぱらって. **keep the ～** 制海権を保つ; ⟨船が⟩続航する; 陸を離れて[沖に]いる. **on the ～** 海上に(浮かんで), 船に乗って; 海に臨んで. **put** (**out** [**off**]) **to ～** 出帆[出港]する; 陸地を離れる. **stand to ～** 沖に乗り出す. **take ～** ⟨船が⟩浸水する. **take the ～** 船に乗り込む; 出帆する. **use the ～** 船乗り生活をする. [OE *sǣ*; cf. G *See*; Gmc 特有の語; ロマンス語系の MERE[2] 参照]
SEA °Single European Act ♦ °Southeast Asia ♦ strategic environmental assessment 戦略的環境アセスメント.
séa àcorn〔動〕フジツボ (acorn barnacle).
séa áir《病気療養によい》海(辺)の空気, 海気.
séa ànchor〔海〕シーアンカー《海中に投じて船首を風上に保つ, また漂流防止用の帆布製の抵抗物》.
séa anèmone〔動〕イソギンチャク (cf. ANEMONE FISH).
séa àngel〔魚〕ANGELFISH.
séa àrea〔英〕海域《船舶用の気象予報のため英国周辺の海域を 31 区域に分けたもの》.
séa àrrow〔動〕水面から跳び上がるイカ, アカイカ科のイカ.
séa àster〔植〕ハマシオン, ウラギク.
séa·bàg *n* キャンバス製の袋《船員の衣類・手まわり品入れ》.
séa bànk 海岸; 堤防, 防潮壁 (seawall); 海の洲[浅瀬], 堆(たい), 浅堆 (bank).
séa bàss /-bæ̀s/〔魚〕**a** ハタ科の魚《ハタ・スズキなど》. **b** ニベ科の鳴き魚 (croaker, drum).
séa bàt〔魚〕**a** BATFISH. **b** イトマキエイ (devilfish).
séa·bèach *n* 海浜, 浜辺.
séabeach sàndwort〔植〕キタノハマツメクサ《欧州産ナデシコ科ハマハコベ属の多年草; 海岸の砂地に生える》.
séa bèan 遠方から海岸に打ち寄せられた熱帯産の豆類[種子], モダマ《装飾用にする》; 軟体動物の石灰質のふた.
séa bèar〔動〕**a** FUR SEAL. **b** POLAR BEAR.
séa·bèd *n* [the] 海底 (＝*seafloor*).
Sea·bee /síːbìː/ *n*〔米海軍〕設営部隊員; [the ～s] 設営部隊; シービー船《積荷をはしけごと輸送する大型貨物船の一》. [*CB*＝*c*onstruction *b*attalion]
séa bèet〔植〕ハマフダンソウ《沿岸地域に野生する beet》.
séa bèlls (*pl* ～)〔植〕ハマヒルガオ.
séa bèlt〔植〕カラフトコンブ《帯状に伸びるコンブ》.
séa·bìrd *n* 海鳥《カモメ・ウミスズメなど》.
séa bìscuit 堅パン (hardtack); HEART URCHIN.
séa blìte /-blàɪt/〔植〕マツナ属の塩性植物《アカザ科》,《特に》ハママツナ.
séa blùbber〔動〕クラゲ (jellyfish).
séa·bòard *n, a* 海岸(の), 海岸地帯[沿岸地方](の), 海岸線(の).
séa bòat 海洋船; 非常用ボート, 救命ボート.
séa·bòot *n*《水夫・漁師の》深い長靴.
Sea·borg /síːbɔ̀ːrg/ シーボーグ **Glenn T**(**heodore**) ～ (1912–99)《米国の化学者; ウランより原子番号の大きい超ウラン元素を合成; ノーベル化学賞 (1951)》.
sea·bor·gi·um /sìːbɔ́ːrgiəm/ *n*〔化〕シーボーギウム《人工放射性元素; 記号 Sg, 原子番号 106》. [↑]
séa-bòrn *a* 海から生まれた[生じた]: the ～ city＝VENICE / the ～ goddess＝APHRODITE [VENUS].
séa·bòrne *a* 船で運ばれた, 海を渡ってくる; 海上輸送による; ⟨船が⟩浮かんで, 漂って: ～ articles 舶来品 / ～ coal 石炭 (sea coal).
séa-bòw /-bòu/ *n* 海のしぶきでできる虹.
séa brèach 海岸線[堤防]決壊.
séa brèad 堅パン (hardtack).
séa brèam〔魚〕**a** タイ科の魚. **b** シマガツオ科の食用魚.
séa brèeze〔気〕海風(かいふう) (opp. *land breeze*); シーブリーズ《グレープフルーツとクランベリーの果汁を混ぜたウォツカベースのカクテル》.
séa bùckthorn〔植〕ヒッポファエ, スナヂグミ, サジー(沙棘)《欧州から中国北部産のグミ科の棘のある落葉低木; 果実はソースや健康飲料の原料》..
séa bùtterfly〔動〕翼足類, カメガイ類 (pteropod).
séa càbbage〔植〕SEA KALE.
séa càlf〔動〕ゴマフアザラシ (harbor seal).
séa càmpion〔植〕ハマベマンテマ《欧州の海岸・山地原産のナデシコ科の多年草》.
séa canàry〔動〕シロイルカ (beluga)《空気中で顫音(せんおん)を発する》. [鳴き声から]
séa càptain 艦長,《特に 商船の》船長; 海軍大佐;《詩・文》大航海者, 大提督.
séa càrp〔魚〕MORWONG.
Séa·Càt〔商標〕シーキャット《短距離(カー)フェリー用の大型高速双胴船》.
séa chànge 著しい変貌, 完全な様変わり《Shak., *Tempest* 1. 2. 403》;《古・文》海の作用による変化, 海潮による変形: undergo a ～ 様相を一新する, 大きく変わる.
séa·chànger *n*《豪》都会から海辺に移り住んだ人.
séa chèst〔海〕《水夫の》私物箱; 海水箱《海水を取り入れるため水線より下の船側に取り付ける》.
séa clòth《劇場背景用の》波幕.
séa còal 粉状の瀝青炭;《古》石炭《昔 船で運んだ石炭 (seaborne coal) を木炭 (charcoal) と区別して》.
séa·còast *n* 海岸, 海浜, 沿岸.
séa còck〔海〕《蒸気機関の》海水コック;〔海〕船底弁;〔魚〕ホウボウ (gurnard).
séa còok 船の料理番: son of a ～ 自称船乗りに対する蔑称.
sea·cop·ter /síːkàptər/ *n* 水陸両用ヘリコプター, 水上ヘリ. [*sea* ＋*helicopter*]
séa còw〔動〕**a** 海牛(かいぎゅう) (manatee), ジュゴン (dugong). **b** セイウチ (walrus). **c** カバ (hippopotamus).

séa cràdle 〘貝〙CHITON.
séa·cràft *n* 遠洋航海用船舶; 航海術.
séa cràwfish [cràyfish] 〘動〙SPINY LOBSTER.
séa cròw 〘鳥〙**a** アメリカオオバン. **b** ミヤコドリ (oystercatcher). **c** BLACK-HEADED GULL. **d** オオトウゾクカモメ (skua). **e** ベニハシガラス (chough). **f** クロハサミアジサシ (black skimmer). **g** ‖RAZORBILL. **h** ウ (cormorant).
séa cùcumber 〘動〙ナマコ (holothurian).
séa·cùlture *n* 海産食物栽培[養殖].
Séa Dàyak [Dỳak] 海ダヤク族 (IBAN).
séa dèvil 〘魚〙**a** イトマキエイ, マンタ (devilfish). **b** カスザメ (monkfish). **c** ミツクリエナガチョウチンアンコウ (black sea devil). **d** オニダルマオコゼ (stonefish).
séa·dòg *n* 霧虹(きりにじ) (FOGBOW).
séa dòg 老練な船乗り[船長, 海将], 《特に》エリザベス朝の海賊 (pirate), '海の猛犬'; 〘動〙ゼニガタアザラシ (harbor seal), アシカ; 〘魚〙DOGFISH; 《あらしを予告する》水平線上の明かり; 〘紋〙シードッグ《魚のようにうろこにおおわれ, ひれや水かきの付いた脚をもつ犬》.
séa dràgon 〘魚〙**a** ネズッポ (dragonet). **b** ウミテング (sea moth). **c** ヨウジウオ (pipefish).
séa·dròme *n* 〘空〙海上緊急[中断]離着陸設備, 水上浮遊空港, シードローム.
séa dùck 〘鳥〙海ガモ, 《特に》ケワタガモ (eider).
séa dùst 〘地質〙風で砂漠から運ばれる鮮赤色の砂塵; *《俗》塩.
séa dùty 〘米海軍〙国外任務[勤務].
séa èagle 〘鳥〙**a** 海魚を捕る各種のワシ, 《特に》オジロワシ (white-tailed sea eagle). **b** ミサゴ (osprey).
séa-èar *n* 〘動〙アワビ (abalone).
séa èlephant 〘動〙ゾウアザラシ (elephant seal).
Séa Explòrer シーエクスプローラー《ボーイスカウトの海事訓練隊員》.
séa fàn 〘動〙《八放サンゴ亜綱の》ヤギ (海楊), 《特に》ウミウチワ《Florida や西インド諸島産》.
séa·far·er /-fɛ̀ərər/ *n* 船乗り; 海の旅人; [The S-]「海ゆく人」《OE 詩が数多く収められている写本 *Exeter Book* 中の 詩の一つ》.
séa·far·ing /-fɛ̀ərɪŋ/ *a* 航海の, 船旅の; 船乗り業の: a ~ man 海員, 水夫 / a ~ nation 海洋国, 海運国. ► *n* 航海, 船旅; 船乗り業.
séa fàrming 海中農業, 水産養殖 (mariculture).
séa fèather 〘動〙羽毛状のヤギ (海楊), 《特に》ウミエラ (sea pen).
séa fènnel 〘植〙西欧・地中海沿岸産セリ科クリスムム属の多年草 (samphire) 《時にピクルスにする》.
séa fight 海戦.
séa fir 〘動〙ウミシバ科のヒドロ虫.
séa fire 海の生物発光, 不知火(しらぬい).
séa fish 《淡水魚に対して》海水魚.
séa·flòor *n* 海底 (seabed).
séafloor sprèading 〘地質〙海洋底拡大 (=*oceanfloor spreading*).
séa·flòwer *n* 〘動〙イソギンチャク (sea anemone) 《など》.
séa-fòam *n* 海上の泡; 〘鉱〙海泡石 (meerschaum).
séa fòg 《海から陸へ来る》海霧(かいむ).
séa·fòod *n* 海産食物, 魚介, シーフード; *《俗》ウイスキー; 《俗》《ホモの相手としての》船員; 《俗》クンニリングス(の対象として見た女).
séa·fòwl *n* 海鳥 (seabird).
séa fòx 〘魚〙オナガザメ (thresher shark).
séa frèt SEA FOG.
séa·frònt *n* 《都市の》海岸通り, 臨海地区, 海岸遊歩道, シーフロント; 《建物の》海に面した[接した]側.
séa fùrbelow 〘植〙大型のコンブの一種.
séa gàte 海への閘門[出口], 海門《潮の干満調節用など》, 《航行できる》水路, シーゲート.
séa gàuge 〘海〙喫水; 気圧測深器; 自記海深計.
séa ghèrkin 〘動〙キンコ属の小型のナマコ (sea cucumber).
séa gillyflower 〘植〙ハマカンザシ (sea pink).
séa gìrdle 〘動〙オビクラゲ (Venus's-girdle); 〘植〙SEA BELT.
séa·gìrt *a* 《詩》海に囲まれた.
séa·gòd *n* 海神《Neptune など》. ♦ **séa-gòddess** *n fem*
séa·gò·ing *a* 遠洋航海の[に適する]; 〈人が〉航海を業とする; *《俗》〈車など〉やたらごてごて飾りたてた, 満艦飾の, 〈人が〉むやみに偉ぶる: a ~ fisherman 遠洋漁業者.
séagoing béllhop *《俗》海兵隊員 (marine). [制服の類似から]
séa gòoseberry 〘動〙テマリクラゲ.
séa-grànt còllege 〘米〙《連邦政府の資金援助を受ける》海洋学研究大学.
séa gràpe 1 〘植〙**a** ホンダワラ (gulfweed). **b** ハマベブドウ(の実)《タデ科; 実は甘味・酸味があり食用になる》. **c** マオウ (麻黄) の一種. **d** GLASSWORT. **2** [*pl*] イカの寒天質の卵嚢.
séa gràss 海辺[海中]の植物, 海草, 《特に》アマモ (eelgrass); アマモ製カーペット.
séa grèen 海緑色《青みがかった緑または黄みがかった緑》. ♦ **séa-grèen** *a* 海緑色の.
séa·gùll *n* 〘鳥〙海カモメ, 《広く》カモメ; *《俗》《食事に出るかんづめ[冷蔵]の》チキン; *《俗》艦隊についてまわる女, 港の売春婦; *《俗》がつがつ食うやつ; 《豪》非組合員沖仲仕.
séa hárd-gràss 〘植〙西ヨーロッパの塩性湿地に生える一年草.
séa hàre 〘動〙アメフラシ《裸鰓(らさい)類の軟体動物》.
séa hàwk 〘鳥〙(オオ)トウゾクカモメ (jaeger, skua).
séa hèath 〘植〙フランケニア属の匍匐(ほふく)性の一年草《欧州の海岸に生え, ヒースのように見える; 花はピンク; フランケニア科》.
séa hèdgehog 〘動〙ウニ (sea urchin); 〘魚〙フグ (globefish).
séa hòg 〘動〙ネズミイルカ (porpoise).
séa hòlly 〘植〙**a** セリ科ヒゴタイサイコ属の多年草《欧州の海浜に生える; かつて催淫剤とした》. **b** ハアザミ (bear's-breech).
séa hòrse 〘神話〙海馬《sea-god の車を引く馬頭魚尾の怪物》; 〘魚〙タツノオトシゴ《ヨウジウオ科》; 〘動〙セイウチ (walrus).
séa·hòund *n* 〘魚〙DOGFISH.
séa ìce 海氷.
séa ìsland (còtton) [ᵒS- I- (c-)] 〘植〙カイトウメン (海島綿) 《絹のような長い綿毛をつける》. [↓]
Séa Ìslands *pl* [the] シー諸島《South Carolina 州, Georgia 州, Florida 州北部の沿岸沿いの列島》.
séa kàle 〘植〙ハマナ (=*sea cabbage*) 《アブラナ科; 若芽は食用》.
séa-kàle bèet 〘野菜〙フダンソウ (chard).
séa·kèep·ing *n* 〘海〙凌波(りょうは)性《船舶の荒海に耐える能力》.
séa kìdney 〘動〙ウミシイタケ (sea pansy).
séa-kìnd·ly *a* 荒海を容易に帆走できる〈船〉.
séa kìng 《中世スカンディナヴィアの》海賊王; 《先史時代の》クレタ島の王.
seal[1] /síːl/ *n* **1 a** 《文書の真純性を保証する》印章, 紋章, 証印, 封印《封蠟(ふうろう)・鉛・紙片におしたものを文書に添える》: under (sb's) ~ 正式印をおした / under ~ 封(印)をした, 機密の / (a bond) under sb's hand and ~ 署名捺印した(証文). **b** 判, 印, 印鑑, 璽 (⇨ GREAT [PRIVY] SEAL); [ᵘthe ~s (of office)] 〘英〙大法官 (Lord Chancellor) [国務大臣 (Secretary of State)] の官職: receive [return] *the ~s* 国務大臣に就任する[を辞職する]. **c** 《確証・保証・確定・固めの》しるし; [*fig*] 《予表的な》徴候, 相: give one's ~ of approval to… を認可する / the ~ of love 愛のしるし《キス・結婚・出産など》/ He has the ~ of death [genius] on his face. 死相[天才の相]がある. **2 a** 封をするもの, 封印紙, 封蠟, 封鉛, シール; 《共同募金用・*装飾用などの》シール: break the ~ 開封する / under [with] a flying ~ 開封で. **b** 目塗り用素材, 充填材《パテ・セメントなど》; 《下水管の》防臭弁, シール《鉄管[鉛管]を S 字形に曲げてある》, 《下からの臭気を遮断する》封水(の深さ). **c** 人の口を封じるもの, 秘密厳守の約束; 〘カト〙告白の秘密 (=the **~ of conféssion(al)**) 《告白内容を他言しない義務》: under (the) ~ of silence 沈黙の確約のもとに. ● **set [put] the** [one's] **~ on [to]**… 《公的に》…を承認する, …にお墨付きを与える; 〈成功など〉を確実な[不動の]ものにする, 決する; 〈事が〉〈経歴など〉の絶頂を《ふさわしい形で》しるす; …に影響[刻印, 足跡]を色濃く残す. ► *vt* **1** 〈証文・条約など〉に捺印[調印]する; 固める; 〈勝利・取決めなど〉を確実にする 〈*with*〉; …の正真性を証明する, 保証する; 《品質・重量などの保証として》…に検印を押す, シールを貼る; 〈(悪い)運命など〉を定める, 指定する; 〘英海軍〙受納する; 〘モルモン教〙〈結婚・養子縁組〉の式を挙げる, 〈女性を〉とつがせる: ~ a bargain by shaking hands 握手して契約を固める / It will ~ the deal. それで決まりだ. **2** …に封印を施す, 〈手紙〉に封をする 〈*up*〉; 《空気・ガスなどが漏れないように》密閉する, ふさぐ, 〈場所を〉封鎖する, 〈窓など〉に目塗りをする, 目張りをする 〈*up*〉; 〈目・唇を〉固く閉じる; 〈肉などを〉手早く炒める[焼く] 《うま味を閉じ込めるため》; 《豪》〈道路を〉舗装する; 〘電〙〈プラグなどを〉差し込む; 〘チェス〙〈手を〉封じ手として記入する, 封じる: ~ one's lips 唇を固く結ぶ, 口を閉ざす. ● **~ in** 〈香り・汁気などを〉封じ込める. **~ off** 密封する; 立入り禁止にする, 《非常線などで》包囲[封鎖]する 〈*from*〉. ♦ **~·able** *a* [AF<L *sigillum* (dim) < SIGN]
seal[2] *n* (*pl* ~s, ~) 〘動〙アザラシ・アシカ類《総称; PHOCINE *a*》; オットセイ (fur seal) の(毛)皮[革] (sealskin); 黄色[灰色]がかった濃褐色, 闇褐色 (=**~ brówn**). ► *vi* アザラシ[オットセイ]狩りをする: go ~*ing* アザラシ狩りに行く. ♦ **~·lìke** *a* [OE *seolh*]
SEAL, Seal /síːl/ 〘米海軍〙シール《テロ対策など秘密作戦を担当する特殊部隊; そのメンバー》. [*sea, air, land* (*team*)]
Séa·làb *n* 〘米海軍〙シーラブ《海底居住実験室》.
séa làce [ᵘ*pl*] 〘植〙ツルモ《海藻》.
séa làdder 〘海〙舷側なわばしご; SEA STEPS.
séa làmprey 〘魚〙ウミヤツメ《北米大西洋岸・欧州産の大型のヤツメウナギ; 五大湖では魚類を荒らして有害》.
séa-làne *n* 《大洋上の》常用航路, 通商航路, 海上交通路, 航路帯, シーレーン.
séal·ant *n* 密閉剤, 封緘(ふうかん)剤《封蠟・糊など》; 封水剤, シーラント《乾けば固い防水塗装となる液体・塗料・薬剤など》; 〘歯〙《穴・溝の》シーラント, 填塞(てんそく)材.
séa làrk 〘鳥〙**a** ヨーロッパタヒバリ《セキレイ科》. **b** ‖クサシギ・ミユビシギの類の鳥 (rock pipit).

séa làvender 〘植〗イソマツ科イソマツ属の主に多年草の総称《北半球の海浜や乾燥地に生える; スターチスとも呼ばれる》.
séa làwyer 《海口》理屈の多い[命令にたてつく]水夫; 《口》理屈屋; 〘魚〗サメ, フカ.
seal brown ⇨ SEAL[2].
séa lèather サメ・イルカなどの革.
sealed /sí:ld/ *a* 封印された; 封をした; 《豪》〈道路が〉舗装された; [°～ up]*《口》解決された, まとめられた; 《sealed book のように》知るよしもない, なぞの. [*seal*[1]]
séaled-bèam *a* 反射鏡・レンズの焦点を合わせて密封した電灯の: a ～ light [lamp] シールドビーム灯[ランプ]《焦点を合わせた反射鏡・レンズ内にフィラメントを密封して一体成形した電球; 自動車の前照灯用など》.
séaled bóok **1** 内容不可解の書; 神秘, なぞ. **2** [the S- B- (of Common Prayer)]〘英国教〙祈禱書標準版《1662 年 Charles 2 世が国璽をおして各 cathedral に備えさせた》.
séaled móve 〘チェス〙封じ手.
séaled órders *pl* 〘海〙封緘命令《船長が出航後初めて開封するなど, ある日限まで開封できない》: under ～.
séaled páttern" 《軍用装具の》標準型, 英軍式.
séaled vérdict 〘法〙密封評決《閉廷中に陪審が評決に達した場合の》.
séa lègs *pl* 《口》[*joc*] 揺れる船内をよろけずに歩く能力; [*fig*] 船に慣れること. ● **find [get, have] one's ～ (on)** 船に慣れる, 《船に酔わないで》甲板をよろけずに歩ける. **get one's ～ off** 陸上歩行に慣れる.
séa lèmon 〘動〙《黄色の》ウミウシ《ドーリス科の軟体動物》.
séa lèopard 〘動〙**a** ヒョウアザラシ (leopard seal)《南氷洋産》. **b** ウェッデルアザラシ《南氷洋産》. **c** ゼニガタアザラシ (harbor seal)《北太平洋・北大西洋沿岸産》.
séal·er[1] *n* 捺印者[機]; 検印者, 《英では廃》度量衡検査官; 下塗り塗料《膠水(こうすい)など》; 目止め押え, シーラー.
sealer[2] *n* アザラシ狩り猟師[猟船].
séal·ery *n* SEAL FISHERY.
séa lètter 《戦時に税関が与える》中立国船舶証明書 (＝*sea pass*); 《古》入港船に与える証書.
séa lèttuce 〘植〙アオサ (＝*ulva*)《食用海藻》.
séa lèvel 海水面; 平均海面: 1000 meters above ～ 海抜 1000 メートル.
séa lìfe 海洋生物.
séal fìshery オットセイ[アザラシ]狩り業[狩り場].
séa·lìft *n, vt* 《兵員・物資等の陸上輸送が不可能または不適当な場合の》海上輸送(する) (cf. AIRLIFT).
séa lìly 〘動〙ウミユリ (crinoid)《棘皮動物》.
séa lìne 水平線; 海岸線; 《漁・釣りの》測深糸.
séal·ing *n* オットセイ[アザラシ]狩り業.
séaling wàx 封蠟.
séa lìon **1** 〘動〙アシカ類《主に太平洋産; 雄は大きく, たてがみをもつ; カリフォルニアアシカ・トドなど 5 種》. **2** [S- L-] あざらし《Hitler の計画した英国侵攻作戦 (1940)》.
séa lìzard 〘動〙**a** アオミノウミウシ《腹足動物》. **b** ウミイグアナ《Galapagos 島産》.
séal lìmb(s) (*pl*) 〘医〙アザラシ肢症 (phocomelia).
séa lòch 《スコ》入江, 峡江, フィヨルド.
Séa Lòrd 〘英〙海軍本部武官委員《国防省の海軍委員会 (Admiralty Board) の委員をつとめる 2 人の海軍武官 (First ～, Second ～) の一人》.
séal pìpe DIP PIPE.
séal pòint 〘猫〙シールポイント《四肢の先・尾・耳・顔などが濃褐色をしているクリーム色のシャムネコ; その模様》.
séal rìng 認印付き指輪 (signet ring).
séal ròokery アザラシ[アシカ]の集団営巣地.
séal·skìn *n* オットセイ[アザラシ]の毛皮, シールスキン; シールスキンの衣服《コート・ジャケットなど》; [*pl*]〘スキー〙シールスキン《すべり止め用》. ► *a* オットセイ[アザラシ]の毛皮で作った[に似た], シールスキンの.
séal·stòne *n* 〘考古〙封印石, シールストーン《封印用のデザインが施された石》.
séa lùngwort 〘植〙ハマベンケイソウ (＝*oyster plant*).
séal·wòrt *n* 〘植〙**a** アマドコロ (Solomon's seal)《ユリ科》. **b** ツメクサ (pearlwort).
Séa·ly·ham (térrier) /sí:lihæm(-), -liəm(-); -liəm(-)/ 〘犬〙シーリアムテリア《スコッチテリアに似た白むく毛の小型のテリア》. [*Sealyham* ウェールズの旧 Pembrokeshire の地名]
seam /sí:m/ *n* **1** 縫い目, 継ぎ目, 綴じ目, はぎ目, 《船板などの》合わせ目, シーム; 〘服〙裏編みで出したすじ. **2** きずあと; 《顔の》しわ; 〘解〙縫合(ほうごう)(線); 《ガラスの》型跡; 《金属の圧延などの際に生じる》かぶりきず. **3** 〘地質〙両地層の境界線, 《鉱石などの》(薄)層, 鉱脈: a rich ～ of coal [information] 豊かな石炭層[情報源]. **4** 弱点, 隙. **5** 〈*a*〉〘クリケット〙《ボールの縫い目を利用した》カーブの. ● **burst [bulge] at the ～s** 《いっぱいで》はちきれそうになる, すごい込みよう[大入り]である. **come [fall, break] apart at the ～s** 《口》〈計画などが〉だめになる, 失敗する, 〈人が〉弱る, 参る, がたがたになる. **in a good ～** 《スコ》暮らし向きがよくて. ► *vt* 縫い合わす, 継ぎ合わせる, 綴じ合わせる; 〘服〙裏編みで…にすじをつける; [°*pp*] …にきずあと[割れ目]をつける; …にしわを寄らせる: a face ～*ed with* saber cuts 刀傷のある顔. ► *vi* 裂ける, しわが寄る; 〘服〙裏編みですじを出す. ♦ **～·lìke** *a* [OE *sēam*; cf. SEW, G *Saum*]
séa-màid(en) 《詩》*n* 人魚 (mermaid); 海の精 (sea nymph), 海の女神 (sea-goddess).
séa màil 船便(の郵便物).
séa·man /-mən/ *n* 船乗り, 船員, 水夫, 海員 (cf. LANDSMAN[1]); 水兵; 〘米海軍・米沿岸警備隊〙一等水兵 (⇨ NAVY): a good [poor] ～ 船の操縦の巧みな[へたな]人. ♦ **～-like, ～·ly** *a* 船乗りらしい. **～·shìp** *n* 《船舶の》運用術, 操船術.
séaman appréntice 〘米海軍・米沿岸警備隊〙二等水兵 (⇨ NAVY).
séaman recrúit 〘米海軍・米沿岸警備隊〙三等水兵 (⇨ NAVY).
séa·màrk *n* 〘海〙航海目標《灯台など》, 航路標識 (cf. LANDMARK); 危険標識; 海岸線; 《波打ち際の》波線, 満潮水位線.
séa màt 〘動〙コケムシ (bryozoan), 《特に》アミメコケムシ.
séam bìnding 《布の端を補強する》ヘムテープ.
séam bòwling 〘クリケット〙ボールの縫い目を利用して変化球を出す投球法. ♦ **séam bòwler** *n*
séa mèlon 〘動〙クロナマコ (＝*sea pumpkin*).
séam·er *n* 縫合する人, 縫合機, シーマー; 縫合機を操作する人; 〘クリケット〙SEAM BOWLER.
séa mèw 〘鳥〙カモメ (seagull).
séa mìle NAUTICAL MILE.
séa mìlkwort 〘植〙ウミミドリ (＝*black saltwort, sea trifoly*)《サクラソウ科の海辺の植物》.
séam·ing (làce) 縫い目[継ぎ目]に当てるレース, へりレース, 玉縁.
séa mìst 〘気〙海の上の[海から発生する]霧, 海霧, 蒸気霧(ぎり).
séam·less *a* 縫い目[継ぎ目]のない, シームレスの; 境界を取り払った, 一体となった; よどみのない, 流れるような, 円滑な, スムーズな; 完璧な. ♦ **～·ly** *adv* **～·ness** *n*
séa mònk MONK SEAL.
séa mònkey 〘動〙シーモンキー《塩水湖に生息する小型甲殻類(ブラインシュリンプ); 乾燥耐久卵を孵化させて観賞魚の餌にする》.
séa mònster 海の怪物《**1**) 伝説で人を食う怪物 **2**) 海の巨獣》.
séa mòss 各種の紅藻類; 〘動〙コケムシ (bryozoan).
séa mòth 〘魚〙ウミテング (＝*sea dragon*).
séa·mòunt *n* 《深い海床の》海面下の山, 海底火山, 海山.
séa mòuse 〘動〙ウミネズミ《海底にすむ多毛類》.
séam prèsser 鋤(すき)きあとをならす農具; 縫い目押え用アイロン, シームプレッサー.
séam sèt 《金属板・革細工などの》継ぎ目をならす道具.
séam squìrrel *《軍俗》シラミ (body louse).
seam·ster" /sí:mstər, sέm-; sέm-/ *n* 裁縫師, 仕立屋 (tailor).
seam·stress /sí:mstrəs, sέm-; sέm-/ *n* 針子, 針女(はり), 裁縫婦, 女仕立屋.
séa mùd 海泥(かいでい), 《特に》石灰質軟泥《肥料用》.
séa mùle 《ディーゼルエンジンを動力にした箱型鋼鉄製の》引き船.
séam wèlding シーム溶接.
séamy *a* 《古》縫い目 (seam) のある[出た]; [*fig*] 裏面の, 見苦しい, 不快な, きたない, 洗練されていない, ラフな: the ～ side 《衣服の》裏 / the ～ side of life 人生の裏面, 社会の暗黒面. ♦ **séam·i·ness** *n*
Sean, Seán /ʃɔ:n/ 《アイル》ショーン《男子名; John に相当》.
Sean·ad (Éir·eann) /sǽnɑ:d (έərən); ʃǽnəð(-)/ (アイルランド共和国)上院 (⇨ OIREACHTAS). [Ir＝Senate of Ireland]
sé·ance, se- /séiɑ̀:ns, ─́─/ *n* 集会, 会議; 降霊会《霊界との交信の集い》. [F＝sitting (OF<L *sedeo* to sit)]
séa nècklace シーネックレス (＝*sea ruffle*)《サカマキボラ属の貝の首飾り状につながった卵嚢》.
séa nèttle 〘動〙人を刺すクラゲ《特にヤナギクラゲ属などのクラゲ》.
séa nỳmph 海の精 (cf. NEREID).
séa òak 〘海藻〙ヒバマタ.
séa òats (*pl* ～) 〘植〙シーオート《北米南部海岸原産のイネ科植物; 砂丘止め・ドライフラワー用》.
séa ònion 〘植〙カイソウ (海葱) (squill)《地中海沿岸地方原産のユリ科植物; その薬用球根》.
séa òoze SEA MUD.
séa òrange 〘動〙ジイガセキンコ《オレンジ色の大型ナマコ》.
séa òtter 〘動〙ラッコ, ウミビーバー《北太平洋産》; ラッコ革《高級》.
séa-òtter's-cábbage *n* 〘植〙北米西岸の巨大なコンブの一種.
séa pànsy 〘動〙ウミシイタケ (＝*sea kidney*)《八放サンゴ類の刺胞動物》.
séa pàrrot 〘鳥〙(ニシ)ツノメドリ (puffin).
séa pàss SEA LETTER.
séa pày 海上勤務[海戦]手当.
séa pèa 〘植〙ハマエンドウ (beach pea).
séa pèach 〘動〙北米海岸産の桃色のホヤ.
séa pèar 〘動〙ホヤ《数種のホヤの汎称》.

S

séa pèn 〔動〕ウミエラ《腔腸動物花虫綱八放サンゴ類の刺胞動物》.

Séa Péoples *pl* [the]〔史〕海の民 (＝*Peoples of the Sea*)《紀元前 13-12 世紀にエジプトの Ramses 王朝や小アジアを侵略した諸種族の総称; バルカン半島やエーゲ海方面から東進したと考えられ, ペリシテ人 (Philistines) ももとはその一派とされる》.

séa pèrch 〔魚〕**a** ハタ (sea bass). **b** マツダイ (tripletail). **c** ウミタナゴ (surf fish).

séa pìe 塩肉パイ《水夫用》; ″ミヤコドリ (oystercatcher).

séa·pìece *n* 海景画, 海の絵 (seascape).

séa pìg 〔動〕**a** イルカ (porpoise). **b** ジュゴン (dugong).

séa pìke 〔魚〕ダツ・タラ・カマスの類の細長い魚.

séa pìlot 〔鳥〕ミヤコドリ (oystercatcher).

séa pìncushion ガンギエイ (skate) の卵嚢.

séa pìnk 〔植〕ハマカンザシ (thrift); 北米産リンドウ科サバティア属の数種の草本《ピンク・白の花をつける》.

séa plàin 〔地質〕海蝕平坦地.

séa·plàne *n* 水上(飛行)機; HYDROPLANE.

séa pòacher 〔魚〕トクビレ (POACHER[1]).

séa·pòrt *n* 海港, 港町.

séa pòwer 海軍力, 制海権; 海軍国.

séa pùmpkin 〔動〕クロナマコ (sea melon).

séa pùrse サメ[エイなど]の卵嚢; SEA PUSS.

séa pùrslane 〔植〕**a** ハマアカザ, 《特に》ホコガタアカザ. **b** ハマハコベ (seabeach sandwort).

séa pùss (沿岸の)引き波の渦巻《表面の流れと逆方向の危険な強流》.

SEAQ /síːæk/〔英〕Stock Exchange Automated Quotations (System) 証券取引自動通報システム, 気配入力速報システム, シアック《株価を表示し, 取引を記録する電子システム; Big Bang 以後のイギリス証券取引所の心臓部》.

séa·quàke *n* 海震《海底での地震》.

sear[1] /síər/ 《文》*vt* しなびさせる, 枯らす; (…の表面を)焼く, 焦がす, 〈傷などを〉焼きごてで焼く; …に焼き印をおす; 無感覚にする; 苦しめる, さいなむ: a ～*ed* conscience 麻痺した良心. ► *vi* 《古》〈草木が〉ひからびる, 枯れる, しなびる; ひからびさせる. ● **～ through** 〈痛み・苦しみが〉体[心]を突き抜ける. ► *a* ひからびた (sere). ● **the ～ and yellow leaf** 老齢, 老境《Shak., *Macbeth* から》. ► *n* しなびた状態; 焼け焦げ(の跡). ♦ **～·ing·ly** *adv* ［OE *sēarian* to become SERE[2]］

sear[2] *n* 《銃の撃鉄の》掛け金, 逆鉤《歯止め》. ［*sere*[3]］

séa rànger 〔英〕シーレンジャー《船舶操縦術などの特殊訓練をうける年長のガールスカウト》.

séa ràven 〔魚〕北米大西洋沿岸のケムシカジカ.

search /sə́ːrtʃ/ *vt* **1** 〈場所(の中)を〉捜索する, 捜しまわる, 物色する 〈*for*〉; 〔電算〕〈データベースなどを〉(情報)検索する, サーチする; 〈人を〉ボディーチェックする; くまなく調べる; 〈傷・腔(こう)・人心などを〉探る, 〈記憶を〉たどる; 〈顔などを〉じろじろ見る: ～ a drawer [one's pockets] ひきだし[ポケット]を捜す / ～ a man to see if he has a gun ピストルを持っているかどうかボディーチェックする. **2** 〔軍〕仰角を変えて連続的に〈ある地域を〉砲撃する, 捜射する; 《古》〈風・寒さなどが〉…に染みとおる. ► *vi* 捜す, 求める 〈*for, after*〉; 〈求める情報を〉検索する 〈*for*〉; せんさくする, 調査する 〈*into*〉: ～ *after* health 健康を求める, 保養する / ～ *for* clues 手掛かりを捜す / ～ *through* a drawer [one's pockets] ひきだし[ポケット全部]を隅々まで捜す. ● **～ out** 捜し出す, 探り出す. **(You can) ～ me!** 《口》(おれは)知らんよ, 知るか, さあね, わからんね (I don't know). ► *n* **1** 捜索, 探索, 探究, 追求 〈*for*〉; 《捜索権による船舶の》捜索; 調査, 吟味 〈*after, for, of*〉; 〔電算〕《データの》検索. **2** 浸透力[範囲], 《寒さなどが》肌身にしみること. ● **in ～ of**…を捜して, …を求めて (＝in the [a] ～ for…). **make [do] a ～** 捜索[検索]する 〈*for*〉. RIGHT OF SEARCH. ♦ **～·able** *a* 捜せる, 調査[検索]できる. **～·abílity** *n* ［AF＜L *circo* to go round (CIRCUS)］

séarch-and-destróy *a* 《対ゲリラ戦で》索敵掃討の.

séarch and réscue 捜索救助, 救難《略 SAR》: a ～ party [operation] 捜索救助隊[活動].

séarch còil 〔電〕探りコイル《磁場の強さを測る》.

séarch dirèctory NET DIRECTORY.

séarch èngine 〔電算〕検索[サーチ]エンジン《遠隔の端末などからの要求を受けて検索を実行するプログラム》.

séarch èngine optimizàtion 〔電算〕検索エンジン最適化《サイト来訪者を増やすために, 検索エンジンの検索結果の上位に表示されるように工夫すること; 略 SEO》.

séarch·er *n* search する人; 税関[船舶]検査官; ボディーチェックする警官[係]; 〔電算〕検索プログラム[エンジン]; 〔医〕探り針《膀胱結石などを探る》. ● **the ～ of hearts** 〔聖〕人の心をきわめる者, 神 (*Rom* 8: 27).

séarch·ing *n* 捜索, 探究, 追求; 検索: the ～*s* of heart 良心の苦しみ. ► *a* 綿密に調査する, 徹底的な; 〈眼光など〉鋭い; 〈寒さなど〉身にしみる: a ～ question 徹底的な問いかけ[質問] / a ～ cold 身にしみる寒さ. ♦ **～·ly** *adv* 鋭く, きびしく; 辛辣に.

séarch·less *a* 捜索のできない; 《主に詩》捕捉しにくい, 測り知れない, 不可解な.

séarch·lìght *n* 探照灯, 照空灯, 投光器, 探海灯, サーチライト; サーチライトの光; 懐中電灯 (flashlight); 《廃》捜索隊: play a ～ on …を探照灯《など》で照らす.

séarch pàrty 捜索隊.

séarch wàrrant 《家宅などの》捜索令状.

séa rèach 《海に近い河水の》直線水路.

séar·ing *a* 燃える, 焼けつくような, 灼熱の; 〈痛みが〉激しい; 〈批評などが〉手きびしい, 痛烈な. ♦ **～·ly** *adv*

séaring ìron 焼きごて.

séa rìsks *pl* 〔保〕海難.

Searle /sə́ːrl/ サール **Ronald (William Fordham)** ～ (1920–2011)《英国の画家・漫画家》.

séa ròad 海路, 航路.

séa ròbber 海賊 (pirate); 〔鳥〕トウゾクカモメ (jaeger).

séa ròbin 〔魚〕ホウボウ (＝*gurnard, gurnet*).

séa ròcket 〔植〕オニハマダイコン《欧州・北米の海岸の砂地に生えるアブラナ科の草本; 日本にも帰化》.

séa ròom 〔海〕操船余地; [*fig*] 十分な活動の余地.

séa ròute 航路, 海路.

séa ròver 海賊 (pirate); 海賊船.

Sears /síərz/ シアーズ (1) **Isaac** ～ (1730–86)《米国独立戦争当時の愛国者; 独立戦争前の New York 市における反英運動の急先鋒》 (2) **R(ichard) W(arren)** ～ (1863–1914)《米国の商人; 最初は時計・宝石類の通信販売事業を行なっていたが, これをしだいに発展させて Sears, Roebuck 社を築いた》.

Séars, Róebuck シアーズ・ローバック(社) (～ and Co.)《米国の衣料・家庭用品量販店チェーンを主力とする大手小売企業で, かつてカタログ通販で知られた》.

Séars Tówer シアーズタワー (⇨ WILLIS TOWER).

séa rùffle SEA NECKLACE.

séa-rùn *a* 〔魚〕遡河(さっか)性の (anadromous) 〈サケ〉.

séa sàlt 海塩 (cf. ROCK SALT).

Sea·sat /síːsæt/ シーサット《海洋表面のデータを集める米国の資源探査衛星; 1978 年打上げ》. ［*sea sat*ellite］

séa scàllop 〔貝〕マゼランツキヒガイ《北米大西洋岸の深海に生息する大型のイタヤガイ; 貝柱を食用にする》.

séa·scàpe *n* 海の風景, 海景; 海の風景画, 海の絵.

séa scòrpion 〔魚〕SCULPIN; 〔古生〕ウミサソリ (eurypterid).

Séa Scòut SEA EXPLORER.

séa·scòut·ing *n* 海洋少年団.

séa sèrpent 大海蛇 (＝*sea snake*)《空想上の怪物》; 〔動〕ウミヘビ (sea snake); 〔魚〕リュウグウノツカイ (oarfish); [the S- S-] 〔天〕うみへび座 (海蛇座) (Hydra): the (great) ～ 竜.

séa shànty CHANTEY.

séa·shèll *n* 《海の》貝, 貝殻.

séa·shòre *n* 海岸, 海辺; 〔法〕前浜 (foreshore)《通常の高潮線と低潮線との間の地域》; 国定海浜公園 (national seashore).

séa·sìck *a* 船に酔った, 船酔いの.

séa·sìck·ness *n* 船酔い (cf. MOTION SICKNESS).

séa·sìde *n* [the] 海岸; 海岸地域; [〈*a*〉] 海辺の, 海浜の, 臨海…: go to the ～ 《海水浴で》海岸へ行く / a ～ resort 海岸行楽[保養]地, シーサイドリゾート.

séaside fínch SEASIDE SPARROW.

séaside spárrow 〔鳥〕ハマヒメドリ《北米大西洋岸産》.

séa slàter 〔動〕フナムシ.

séa slùg 〔動〕**a** (クロ)ナマコ (holothurian). **b** 裸鰓(らさい)類 (nudibranch), ウミウシ.

séa snàil 海産巻貝; 〔魚〕クサウオ.

séa snàke 〔動〕ウミヘビ《インド洋・西太平洋熱帯域産》; 大海蛇 (sea serpent).

séa snìpe 〔鳥〕海辺の鳥, 《特に》ヒレアシシギ; 〔魚〕サギフエ (bellows fish).

Séa Sóldiers *pl* [the] 海兵隊《ROYAL MARINES の異名》.

sea·son /síːz(ə)n/ *n* **1** 《四季の》季; [″*pl*] 《年齢で》…年, 歳 (year): the four ～*s* 四季 / at all ～*s* 四季を通じて / a boy of 6 ～*s* 6 歳の男の子. **2 a** 季節, 時節, 時季; 《運動競技などの》シーズン; 出盛り時, 旬(しゅん), シーズン; 流行期, 活動期; 発情(期); 社交の季節; ″《口》SEASON TICKET: the dry ～ 乾期 / the hunting ～ 狩猟期 / the harvest ～ 収穫期 / the baseball ～ 野球のシーズン / the (London) ～ ロンドン社交期《初夏のころ》/ the holiday ～ 休暇のシーズン《Christmas, Easter, Whitsunday, 8 月など》/ the ～ of good will クリスマスシーズン / HIGH SEASON / LOW SEASON / OFF-SEASON / DEAD ～ / SILLY SEASON / CLOSE(D) SEASON / OPEN SEASON / at this ～ of the year この時節に / closed for the ～ 今期営業終了. **b** 好機, よいころあい: a word (of advice) *in* ～ 時宜を得た忠告. **3** 《廃》薬味, 調味料. ● **come into ～** 〈果物・魚類などが〉旬になる, 店頭に出回る; 〈猟鳥などが〉猟期[解禁]になる; 〈動物の雌が〉交尾期になる. **for a ～** 《古・文》しばらくの間. **for all ～s** 〈コートなどが〉全天候型の; いかなる状況にも適応できる: a man *for all* ～*s* 多才な人《元来は Thomas More のあだ名》. **in due ～** そのうちに; ちょうどよい時に. **in good ～** 十分間に合って, 早めに (early enough). **in ～** 〈果実・魚類など〉出盛り[旬]で, 食べごろで; 《法律の認める》 猟期で; 時を得た, 時宜にかなった (cf. 2b); 〈動物が〉さかりがついて; in good SEASON. **in ～ and out of ～** 《時を選ばず》 いつも, 間断なく. **out of ～** 季節はずれで, 旬[食べごろ]ではない; 禁猟期で; 時機を失して.

► *vt* **1** …に味をつける, 調味する; [*fig*] …に興味[趣き]を添える; 《文》 緩和させる, 和らげる (soften): ～ a dish highly 料理によく味をつける / ～ beef *with* ginger 牛肉にショウガの味をつける / conversation ～*ed with* wit 機知の効いた会話 / Let mercy ～ justice. 慈悲の心で裁きを和らげよ (Shak., *Merch V* 4.1.197). **2** 〈材木を〉乾燥させる, 枯らす; 慣らす, 習熟させる; 練る, 鍛える: Wood is ～*ed* for building by drying and hardening it. 材木は乾燥させ堅くして建築に適するようにしておく / ～ *oneself to* cold [fatigue] 寒さ[疲労]に身を慣らす / ～ troops by hardship 軍隊を困苦欠乏で訓練する. ► *vi* 熟す, 慣れる; 〈材木などが〉乾燥する, 枯れる.
[OF＜L *sation- satio* sowing (*sero* to sow)]

séason·able *a* 季節にふさわしい, 時節柄の; 順調な; 時宜を得た, 折よい, 早めの; 都合のよい, 適当な, 〈贈り物など〉適切な: ～ weather 順調な[時節に合った]天候. ♦ **-ably** *adv* **～·ness** *n* **sèason·abílity** *n*

séason·al *a* (ある特定の)季節の[に関する]; ある季節だけの, 一季咲きの (opp. *everblooming*); 季節的な, (季節)周期的な: ～ forms 《同一種内の動物の》季節型. ♦ **～·ly** *adv* 季節的に; 季節的要因を考慮して: ～*ly* adjusted 〖経〗〈統計などが〉季節調整を施した, 季節変動を除いた. **sèa·son·ál·i·ty** /-ǽləti/ *n*

séasonal afféctive disórder 〖精神医〗季節性情緒[感情]障害 《日照時間の短い冬になると鬱状態となり春になると快復するもの; 略 SAD》.

séa·soned *a* 調味した; 〈木など〉よく乾燥させた[枯らした]; 〈パイプが〉《耐熱性をつけるために》ならし吸い[ブレークイン]した; 〈人・動物が〉慣れた; 経験豊かな, 年季のはいった, ベテランの. ♦ **～·ly** *adv*

séason·er *n* 調味料を使う人; 漬物桶; 薬味 (seasoning); *季節雇いの漁師; *《口》 浮浪者.

séason·ing *n* 調味, 塩梅(あんばい); 加減; 調味料, 薬味, スパイス, シーズニング; 趣きを添えるもの; 慣らすこと; 鍛錬; 《材木などの》乾燥, 枯らし; 〖機〗枯らし, ならし.

séason·less *a* 四季の区別[変化]のない, 無季の; どの季節にも向く.

séason tícket /; ─ ─/ 定期(乗車)券 (cf. COMMUTATION TICKET); 《演奏会・野球など一定期間の催し物の》シーズン入場券: have a three-month ～ for one's bus journey 3か月のバスの定期をもっている.

séa spìder 〖動〗 **a** クモガニ (spider crab). **b** ウミグモ (＝*pycnogonid*). **c** タコ (octopus). **d** BASKET STAR.

séa squìll 〖植〗SEA ONION.

séa squìrt 〖動〗ホヤ (ascidian) 《原索動物》.

séa stàr 〖動〗ヒトデ (starfish).

séa stàte 〖海〗《Douglas scale などに基づく》海況, 波浪状況.

séa stèps *pl* 〖海〗《金属板[棒]が突き出して並んだ》舷側昇降段 (＝*sea ladder*).

séa stòres *pl* 航海前に用意する貯蔵物質 《食糧など》.

séa·strànd *n* SEASHORE.

séa swàllow 〖鳥〗 **a** アジサシ (tern). **b** ヒメウミツバメ (storm petrel).

seat /síːt/ *n* **1 a** 座席 《椅子・腰掛けなど》, 席; 議席, 議員権, 議員[委員など]の地位, 選挙区(民); 《証券取引所などの》会員権; 王座, 王権, 司教座, 司教権; 《有限責任会社の》取締役の地位: have [take] a ～ すわる, 着席する; 地位を占める / take one's ～ in the House of Commons 《英国で》議員当選後初めて登院する / keep [hold] one's ～ 席に着いたままでいる; 地位[議席]を保つ / lose one's ～ 〈議員が〉議席を失う, 落選する / win one's ～ 議席を獲得する, 当選する / a ～ on the bench 裁判官の席 / a safe ～ 当選確実の選挙区. **b** 《観覧の》席, 予約席, 貸切席: buy three ～*s* to the ballet バレエの切符を3枚買う. **c** 《椅子・腰掛けの》座部; 《身体・衣服の》尻, 臀部 (the buttocks); 《器械などの》台, 座; 基底(部); 〖建・木工〗シート 《梁(はり)の支持部分などの接触予定部の表面》. **2 a** 地所, 領地, 田舎の屋敷, 別宅. **b** 《活動・行政などの》中心地; 《身体機能の》中枢; 病源, 巣 〈*of*〉: a ～ of learning 学問の府. **3** 《馬・自転車などの》乗り方, すわり方, 乗った姿勢: have a good ～ on a horse 乗馬ぶりがいい, じょうずに乗る. **4** 密着. ● **(fly [drive]) by the ～ of one's pants** 《口》 計器にたよらず(運転[飛行]する); 《口》 《理性よりも》勘と経験をたよりに〈行動する, 経営するなど〉; 《俗》 やっとのことで, かろうじて: win *by the* ～ *of* one's *pants* 辛勝する. **on ～** 《西アフリカ口》 〈役人が〉仕事に従事して, 在勤して 《旅行・休暇に対して》.

► *vt* **1 a** 着席させる, 座席に案内する; [*pass*/～ *-self*] すわる, 着席する[している]; 〈候補者を〉議席に着ける, 当選させる: ～ the guests *at* the table 客を食卓に着かせる / Please *be* ～*ed*. どうぞおすわりください 《Please *sit down*…よりも丁寧な表現》 / ～ a candidate 候補者を当選させる. **b** 〈建物が〉…だけの座席をもつ, 収容する; …に席を設ける: This hall ～*s* [*is* ～*ed for*] 2000. このホールは2000人収容できる[2000の座席がある]. **2** [ᵁ～ *-self*/*pass*] 位置づける (situate), [*fig*] 腰をすえる, 根をおろす, 定住する, 住む: ～ *oneself in* a town 町に腰をすえる / a family long ～*ed in* Paris 長年パリ在住の一家. **3** 取り付ける, 設置する; 〈椅子〉に座部を付ける[付け替える]; 〈ズボン〉に尻当てを付ける[付け替える]; 〈弾薬筒を〉銃に正しく込める: ～ a chair *with* strong cane 椅子に丈夫な籐(とう)の座を付ける. **4** 《まれ》 〈王・女王など〉の地位を確立する. ► *vi* ぴったりはまる, 〈ふたなどが〉ぴったり合う; 衣服の尻が出る; 《古》 着席する, すわる.
♦ **～·less** *a* [ON *sæti*; cf. OE *gesete*, G *Gesäss*, OE *sittan* to SIT]

séa tàngle 〖植〗コンブ 《コンブ属の各種の海藻》.

séat bèlt 《飛行機・自動車などの》座席ベルト, シート[安全]ベルト (＝*safety belt*): fasten [unfasten] a ～ シートベルトを締める[はずす].

séat èarth 〖地質〗下盤粘土 《石炭層の下の層》.

séat·ed *a* [ᵒ*compd*] 座部が…の, …な座席を備えた, 腰掛けが…の; 尻が…の; 根が…の: a deep-～ disease 頑固な病気.

séat·er *n* [ᵁ*compd*] …人掛けの椅子; …人乗りの乗物: TWO-SEATER / ALL-SEATER.

séa tèrm 海事[航海]用語(句), 海語.

séat·ing *n* 着席(させること), 座席案内; 座席の設備; 〈…人の〉収容(力) 〈*for*〉; 《劇場などの》座席の配置; 乗馬の姿勢, 乗り方; 《椅子の》おおい[詰め物]材料; 台座. ► *a* 座席[着席者]の: a ～ capacity 座席数, 収容力 / ～ arrangements 席順.

séat·man /-mən/ *n**《俗》《プロの》カードディーラー.

séat·màte* *n* 《乗物などで》同席者.

séat mìle PASSENGER-MILE.

SEATO /síːtòu/ 東南アジア条約機構, シアトー (1954–77). [*S*outh*e*ast *A*sia *T*reaty *O*rganization]

séat-of-the-pánts *a* 《口》 《計器・理論でなく》勘と経験にたよる[基づく].

Séa·ton Válley /síːt(ə)n-/ シートンヴァレー 《イングランド Northumberland 州南東部の炭坑地帯》.

séat pìtch 《飛行機などの》座席間隔.

séa·tràin *n* 列車輸送船; 《陸海軍の》海上護送艦列, 海上輸送船団.

séa trìfoly 〖植〗ウミミドリ (sea milkwort).

séa tròut 〖魚〗 **a** 降海型のマス, 《特に》ブラウントラウト. **b** マスに似た海魚 《アイナメ, weakfish など》.

séat stìckᴵᴵ SHOOTING STICK.

Se·at·tle /siǽtl/ シアトル 《Washington 州の港湾都市》.
♦ **～·ìte** *n*

séa tùrn 〖気〗《通例 霧を伴う》海からの風, 海風.

séa tùrtle 〖動〗ウミガメ.

séat·wòrk* *n* 《学校などで監督者なしに行なう》自席学習, 自習 《読み書きなど》.

séa ùnicorn 〖動〗イッカク (narwhal).

séa ùrchin 〖動〗ウニ.

séa vàlve 〖海〗SEA COCK.

séa·wàll /; ─ ─/ *n* 《海岸の》護岸, 堤防, 防潮壁 (＝*sea bank*). ♦ **séa-wàlled** *a*

séa wàlnut 〖動〗有櫛(ゆうしつ)動物, クシクラゲ (ctenophore).

sea·wan /síːwən/, **-want** /-wɑ̀ːnt/ *n* WAMPUM.

séa·ward *a* 海に向かった, 海に面した; 〈風が〉海からの. ► *adv* 海の方へ, 海に向かって. ► *n* 海の方, 海側.

séa·wards *adv* SEAWARD.

séa·wàre *n* 《特に 海岸に打ち上げられた》海草, 海藻 《肥料用》.

séa wàsp 〖動〗立方クラゲ(類), アンドンクラゲ 《猛毒》.

séa·wàter *n* 海水 (salt water).

séa·wày *n* 海路; 船脚, 航行; 外海; 荒海, 激浪; 《大船舶の通れる海への》深い内陸水路: make ～ 進航する / in a ～ 激浪にもまれて.

séa·wèed *n* 海藻, 海草; *《俗》 ホウレンソウ (spinach).

séa whìp 〖動〗ヤギ 《八放サンゴ類の刺胞動物》, ムチヤギ 《枝がほとんどなく, 長いむち状をなす》.

séa·wìfe *n* 〖魚〗ベラ科の海産魚 (wrasse).

séa wìnd SEA BREEZE.

séa wòlf 〖魚〗大きくて貪食な海魚 《オオカミウオ・スズキなど》; 海賊; 私掠船; 潜水艦; 《古》 アザラシ.

séa·wòrthy *a* 〈船が〉航海に適する[耐える], 堪航能力のある; 海上(作業)に向いた. ♦ **-wòrthiness** *n* 航海に適すること, 耐航性, 堪航能力.

séa wràck 《大きな種類の》海藻; 《特に》海岸に打ち上げられた海藻(の塊り).

Seb /séb/ 〖エジプト神話〗GEB.

seb- /séb, síːb/, **sebi-** /sébə, síː-/, **sebo-** /sébou, síː-, -bə/ *comb form* 「皮脂」 [L SEBUM]

se·ba·ceous /sɪbéɪʃəs/ *a* 皮脂様[性]の; 脂肪を分泌する. [L (↑)]

sebáceous cýst 〖医〗皮脂囊胞[囊腫] 《閉塞した皮脂腺が拡張して形成される囊胞》.

sebáceous glànd 〖解・動〗皮脂腺, 脂腺.

se·bác·ic ácid /sɪbǽsɪk-, -béɪ-/ 〖化〗セバシン酸.

Se·bas·te /səbǽsti/ セバステ 《(1) 別称 **Se·bas·tia** /səbǽstʃiə,

-tiə/; SIVAS の古代名 2) 古代パレスティナの都市 SAMARIA の, Herod 大王による再建·拡張後の名称》.

Se·bas·tian /sɪbǽstʃən; -tiən/ **1** セバスチャン《男子名》. **2** [Saint] 聖セバスティアヌス (d. A.D. 288?)《ローマのキリスト教殉教者; 祝日 1 月 20 日》. [Gk=venerable; man of Sebastia (in Pontus)]

Se·bas·to·pol /səbǽstəpòul, -pɔ̀:l, -pəl/ SEVASTOPOL の別称·旧称.

Se·bat /sɪbǽt; sí:bæt/ *n* SHEBAT.

SEbE °southeast by east.

se·bes·ten /sɪbéstən/ *n* 〔植〕スズメイヌヂシャ《1) 熱帯アジア産のムラサキ科の木 2) その実; 食用に, また 干して鎮痛剤とする》.

se·bif·er·ous /sɪbíf(ə)rəs/ *a* 〔生〕脂質を分泌する.

se·bip·a·rous /sɪbíp(ə)rəs/ *a* SEBIFEROUS.

seb·kha, -ka /sébkə/ *n* 〔地理〕セブカ, サブハ《アフリカ北部にみられる, しばしば 塩分を含むなめらかな平地; 降雨のあとに浅い湖となることがある》. [Arab=salt flat]

seb·or·rhea, -rhoea /sèbərí:ə/ *n* 〔医〕脂漏(症). ♦ **-rhé·al, -rhé·ic, -rhóe·ic** *a*

SEbS °southeast by south.

se·bum /sí:bəm/ *n* 〔生理〕脂(し), 皮脂. [L=tallow, grease]

sec[1] /sék/ *a* 〈ワインが〉辛口の (dry)《extra sec より甘く demi-sec より辛口》; 〈シャンパンが〉中ぐらいの甘さの. [F]

sec[2] *n* 《口》ちょっとの間, 一瞬 (second): Wait a ～.

sec[3] *n* 《俗》書記, 秘書 (secretary).

sec[4] *n* (*pl* **～s, sex**)*《口》セコナール (Seconal) のカプセル[錠剤].

sec /sék, sí:k/ 〔数〕secant.

sec. second ♦ secondary ♦ second(s) ♦ section(s) ♦ sector.

sec., Sec. secretary. **SEC** 〔米〕°Securities and Exchange Commission. **SECAM** /sí:kæ̀m; *F* sekam/ 〔テレビ〕[F *séquentiel couleur à mémoire*] セカム《フランスが開発したアナログカラーテレビ方式》.

se·cant /sí:kənt, -kæ̀nt/ 〔数〕*a* 切る, 分ける, 交差する: a ～ line 割線. ► *n* セカント, 正割, 割線《略 sec》.

sec. art. °secundum artem.

sec·a·teurs[u] /sèkətə́:rz/ *n pl* [[s]⟨*sg*⟩; [u]a pair of ～] 剪定(せんてい)ばさみ. [F=cutter (L *seco* to cut)]

Séc·chi dìsk /séki-/ セッキ円板《海水の透明度を測定するのに用いる白いまたは色のついた平円板》.

sec·co /sékou/ *n* (*pl* **～s**) 風乾[乾式]フレスコ画法, セッコ (=*fresco secco*)《乾いた壁面に水で希釈した媒剤に溶いた顔料を用いる画法》. ► *a, adv* 〔楽〕短く断音的な[に]; 〈レチタティーヴォが〉通奏低音のみの伴奏による[で]. [It=dry<L; cf. SEC[1]]

Sec·co·tine /sékətì:n/ 〔商標〕セコチーン《接着剤》.

sec·cy /séki/ *n**《俗》セコナール (Seconal) 錠.

se·cede /sɪsí:d/ *vi* 〈政党·教会·連邦などから〉脱退する, 離脱する, 分離する〈*from*〉. [L *se-(cess- cedo* to go)=to withdraw]

se·céd·er *n* 脱退者, 分離者; [S-] 分離教会の信者.

se·cern /sɪsə́:rn/ *vt* 識別[弁別]する; 〔生理〕分泌する (secrete). ♦ **～·ment** *n* [L *secerno* to separate; ⇨ SECRET]

secérn·ent *a* 〔生理〕分泌(器官)の, 分泌性の. ► *n* 分泌器官; 分泌促進剤.

se·cesh /sɪséʃ/ *n, a* [°S-] 〔米史〕SECESSION (の), SECESSIONIST.

se·ces·sion /sɪséʃ(ə)n/ *n* 《政党·教会·連邦などからの》脱退, 分離; 《廃》隠退, 隠棲; [°S-] 〔米史〕《南部 11 州の》(連邦)脱退, 分離; [the S-] 〔キ教史〕分離(派)《1733 年 Ebenezer Erskine たちを中心とした一派がスコットランド教会 (Church of Scotland) から分離した事件, また その分離派 (the S～ Church)》; [[u]S-] 〔美〕SEZESSION: the War of *S*～〔米史〕南北戦争 (the Civil War)《南部 11 州の分離から起こった》. ♦ **～·al** *a* 分離[脱退]の; [Secessional]《スコットランドの》分離教会の. [F or L; ⇨ SECEDE]

Secéssion Chúrch [the] 分離教会 (⇨ SECESSION).

secéssion·ìsm *n* 分離論, 脱退論; 〔米史〕《南北戦争当時の》分離論; 〔キ教史〕《スコットランド教会からの》分離主義; 〔美〕ゼツェッション運動, 分離派.

secéssion·ist *n* 分離派; 〔米史〕分離主義者. ► *a* 分離派の, 分離主義の.

sech /sék, sétʃ/ 〔数〕°hyperbolic secant.

Séck·el (pèar) /sék(ə)l(-)/ 〔園〕セッケル梨《米国人 Seckel が作出した小型で水分の多い赤褐色の甘梨》.

sec·ko /sékou/ *n* (*pl* **～s**) 《豪口》性倒錯者, ホモ, ヘンタイ, 性犯罪者. [*sex, -o*]

sec. leg. °secundum legem.

se·clude /sɪklú:d/ *vt* 引き離す, 遮断[隔離]する, 孤立させる; 隠遁させる; 《廃》《権利·地位から》除外する, 《会などから》追放する: ～ one*self* 隠遁[隠退]する〈*from*〉. [L (*clus- cludo*=*claudo* to close)]

se·clúd·ed *a* 隔離した[された]; 人目に触れない[つかない]; 隠遁した: lead a ～ life 隠遁生活を送る. ♦ **～·ly** *adv* **～·ness** *n*

se·clu·sion /sɪklú:ʒ(ə)n/ *n* 隔離; 引きこもった状態, 隠遁, 閑居; 僻地, 人里離れた場所: a policy of ～ 鎖国政策 / live *in* ～ 隠遁生活をする. ♦ **～·ist** *n* 引き込み思案の人; 鎖国主義者. [L; ⇨ SECLUDE]

se·clu·sive /sɪklú:sɪv/ *a* 引きこもりがちな; 引っ込み思案の, 独りを好む. ♦ **～·ly** *adv* **～·ness** *n*

sec. nat. °secundum naturam.

seco·bárbital /sèkou-/ *n* 〔薬〕セコバルビタール《主にナトリウム塩の形で鎮静·催眠剤に用いる》.

Sec·o·nal /sékənɔ̀:l, -næ̀l/ 〔商標〕セコナール《セコバルビタール (secobarbital) 製剤》.

sec·ond[1] /sékənd/ *a* 《略 2d, 2nd》第二の, 二番目の; 二等の; 次位の; 〈…に〉次ぐ, 劣って〈*to*〉; 年下の, 若いほうの; [a ～] もうひとつの (another), 別の; 一つおきの; 付加の, 補助の, 副の, 代わりの; 〔楽〕副次的な, 〈音·声の〉高度の低い; 〔車〕〈ギアが〉第二速の, セカンドの; 〔文法〕二人称の: in the ～ PLACE / Elizabeth II [the *S*～] エリザベス 2 世 / HABIT is (*a*) ～ nature. / every ～ day 1 日おきに / SECOND SELF / *a* ～ Daniel (名裁判官)ダニエルの再来《Shak., *Merch V* 4.1.333》/ the ～ violin [alto, etc.]. ● **at** SECOND HAND[2]. **～ only to**…に次いで. **～ to none** だれ[何もの]にも劣らない.
► *adv* [動詞を修飾して] 二番目に, 二等で; [最上級形容詞の前で] 二番目に…な, SECONDLY: come ～ 二番目になる / come in [finish] ～《競走で》二着になる / ～ to last 最後から二番目で[に] / the ～ youngest president 二番目に若い大統領 / travel ～ 二等で旅する. ● **～ off**《俗》第二に.
► *n* **1 a** 《地位·試験·競争などで》第二位[等]の人[もの, 名誉 など]; 二番, 二着; 〔英教育〕SECOND CLASS; 第二打者; 第二世, 二代目; 《月の》第二日; 〔野〕二塁 (second base); 〔楽〕二度, 二度音程, 《任意の音の》次の高さの音, 《特に》SUPERTONIC, 《高低 2 部のうちの》低音[声]部, アルト; 〔車〕第二速, セカンド; 二度目の夫[妻]; [*pl*]《口》《食べ物の》お代わり, 《食事で》二番目に出る料理: a good [close] ～ 1 位と大差のない 2 位 / a poor [bad] ～ 1 位と大差のある 2 位. **b** 二級[二流]品; 二等車; [[u]*pl*] 〔商〕二等品, 《特に》二等小麦粉(のパン); [*pl*]《俗》《コーヒーの》二番出し; [*pl*]《俗》《よごれ·破損などによる》値引き商品. **2 a** 《決闘の》介添人 (cf. PRINCIPAL), 〔ボク〕セコンド; 補助者, 助演者, 《ボーイ[ガール]スカウトの sixer を手伝う》副隊長; 介添え, 助力. **b** 〔議会〕支持[賛成](の表明), 動議支持者. **3** 2 分の 1.
► *vt* 後援する, 援助する; 〈動議·決議〉に賛成する, 支持する; …の介添え[セコンド]をする.
[OF<L *secundus* (*sequor* to follow)]

second[2] *n* **1 a** 秒, 1 秒時《略 s., sec.; 記号 ″》. **b** 秒, 秒角 (=*arc second*, ～ **of árc**)《角度の単位: =1/60 minute; 記号 ″》. **2** 《口》瞬間, 瞬時, ちょっとの間 (moment): Just a ～. ちょっとお待ちください / Wait a ～. ちょっと待った; 待って, あれっ, おや. ● **be counting the ～s** 心待ちにしている〈*to* sth〉; …したくてたまらない, 一刻も早く…したい〈*to* do〉. **in a ～** たちまち. **not for a [one] ～** 少しも…ない (never). [OF<L (*pars minuta*) *secunda* the second (small part) (↑); '第 1 の細分の "分" に対して第 2' の意]

second[3] /sɪkɑ́nd/ *vt* [[u]*pass*] 〔英軍〕…に隊外勤務を命じる, …の隊付きを解いて隊外勤務を命じる, [u]〈公務員·社員を〉出向させる〈*to*〉. [F *en second* in the second rank]

Sécond Ádvent [the] 《キリストの》再臨 (=*the Second Coming*) (⇨ the ADVENT). ♦ **Sécond Advéntist** 再臨論派の人.

Sécond Améndment [the] 合衆国憲法第 2 修正《民兵を維持する必要上, 市民が銃砲を保持·携行することを権利として保障する条項; 1791 年, 権利章典 (Bill of Rights) の一部として成立》.

sec·ond·ary /sék(ə)ndèri; -d(ə)ri/ *a* **1** 第二位の, 二流の; 次の, 副の, 従の, 代理の, 従属的な〈*to*〉, 補遺の: of ～ importance それほど重要でない, 二の次の. **2** 派生的な, 間接的な; 〈産業が〉第二次の; 第二色[等和色]の. **3** 中等教育[学校]の. **4** 〔医〕(第)二期の; 二次性の; 〔電〕二次側の, 二次の, 二次電流の; 〔化〕第二の, 二次の; 〔地質〕〈岩石が〉二次生の《初生鉱物[岩石]から変質生成した》; 〔言〕派生(的)の; 〔文法〕二次時制の, 過去(形)の; 〔言〕第二強勢の; 〔鳥〕〈風切り(羽)が〉次列の. ► *n* **1** 二次的なもの; 代人, 代理者, 補佐; [u]大聖堂副員; 第二色. **2** 〔天〕《連星の》伴星 (companion), 《惑星の》衛星 (satellite); 〔電〕二次コイル; 〔鳥〕次列風切り(羽), 副翼羽 (=*secondary feather*); 〔昆〕《チョウ類の》第二翅(し), 後翅; 〔文法〕二次語(句)《形容詞的修飾語句; cf. PRIMARY, TERTIARY》; 〔アメフト〕セカンダリー《1) 防御側のバックフィールドにいるコーナーバックとセーフティー; 集合的 2) その守備範囲》; 〔証券〕SECONDARY DISTRIBUTION.
♦ **séc·ond·àr·i·ly** /, sèkəndérəli; sék(ə)ndərɪli/ *adv* 第二位に, 従属的に; 間接的に, 二次的に. **-àr·i·ness** /; -ərinəs/ *n*

sécondary áccent 〔音〕第二アクセント (=*secondary stress*)《本辞典では記号 /ˋ/ で示す》.

sécondary báttery 二次電池 (storage battery).

sécondary cáche 〔電算〕二次キャッシュ (=*external cache*)《マイクロプロセッサー内部でなく, マザーボード上にあるキャッシュメモリー》.

sécondary cáre 〔医〕二次医療[診療]《PRIMARY CARE と TERTIARY CARE の中間に位置するやや高度な専門治療》.

sécondary céll 二次電池 (storage cell).

sécondary cóil 〔電〕二次コイル.

sécondary cólor 〔色彩〕第二色, 等和色《二原色を等分に混ぜた色》.

sécondary consúmer 〘生態〙《草食動物を食する》二次消費者《キツネ・タカなど》.
sécondary derívative 〘文法〙二次派生語《**1**) 自由形と拘束形からなるもの; 例 teacher **2**) 派生形にさらに拘束形がついたもの; 例 manliness》.
sécondary distribútion 〘証券〙第二次分売 (=*secondary, secondary offering*)《既発行証券の大量の売りさばき》.
sécondary educátion 中等教育《米国の high school, 英国の comprehensive school, grammar school, フランスの lycée, ドイツの Gymnasium, Realschule など》.
sécondary eléctron 〘理〙二次電子《secondary emission により飛び出た電子》.
sécondary emíssion 〘理〙《荷電粒子・γ線などの衝突による粒子の》二次放射,《特に》二次電子放出.
sécondary féather 〘鳥〙次列風切り羽 (secondary).
sécondary gróup 〘社〙第二次集団《学校・組合・政党など意識的に組織された集団; cf. PRIMARY GROUP》.
sécondary índustry 〘経〙第二次産業《製造業, 鉱業, 建設業など》.
sécondary inféction 〘医〙二次[続発]感染《既感染部に起こる別の病原微生物による感染》.
sécondary inténtion 〘スコラ哲学〙SECOND INTENTION.
sécondary márket 〘証券〙流通市場, 二次市場《証券の新規発行にかかわる発行市場 (primary market) に対し, 既発行証券が売買される市場》.
sécondary méristem 〘植〙二次分裂組織.
sécondary módern schòol 〘英〙セカンダリーモダンスクール《ELEVEN-PLUS に合格しなかった生徒が進む 1944 年に創立された実用科目重視の中等教育機関; 多くは 1965 年の comprehensive school の導入に伴って閉校となる; cf. SECONDARY TECHNICAL SCHOOL, COMPREHENSIVE SCHOOL, GRAMMAR SCHOOL》.
sécondary óffering SECONDARY DISTRIBUTION.
sécondary pícketing 〘労〙二次ピケ《当該紛争に直接関与していない関連・同業会社の労働組合の組合員による, 彼ら自身の職場に対する応援ピケ; 英国では違法行為》.
sécondary plánet 衛星.
sécondary prócesses *pl* 〘精神分析〙二次的過程《現実に適応しようとする意識的機能; cf. PRIMARY PROCESSES》.
sécondary quàlity 〘哲〙第二性質《色・音・香り・味などのように, 実在せず, 知覚されるものに主観的に与えられる性質; cf. PRIMARY QUALITY》.
sécondary radiátion 《X 線などの》二次放射線.
sécondary ráinbow 副虹《雨滴中での光の 2 回の反射により主虹の外側にできる》.
sécondary ráys *pl* 二次線 (secondary radiation).
sécondary recóvery 〘石油〙二次採収[回収](法)《一次採収で採収できない原油の, 水攻法・ガス圧入法などによる採収; TERTIARY RECOVERY を含むこともある》.
sécondary róad 二級道路; 補助道路; 間道, 枝道.
sécondary róot 〘植〙《主根から出る》二次根, 側根.
sécondary schòol 中等学校《grammar school[II], public school[II], high school* などの総称》. ♦ **sécondary-schòol** *a*
sécondary séx [séxual] characterístic [chàracter] 〘医・動〙(第)二次性徴.
sécondary shóck 〘医〙《重い傷や手術をうけたあとに現われる》二次性ショック.
sécondary stréss SECONDARY ACCENT.
sécondary strúcture 〘生化〙二次構造《タンパク質・核酸などの隣接する単量体相互の角度関係によってできる局所的な構造》.
sécondary sýphilis 〘医〙第二期梅毒.
sécondary téchnical schòol 〘英〙セカンダリーテクニカルスクール《農・工・商の産業技術教育重視; cf. SECONDARY MODERN SCHOOL, GRAMMAR SCHOOL》.
sécondary tympánic mémbrane 〘解〙第二鼓膜.
sécondary wáll 〘植〙《細胞膜の》二次膜.
sécondary wáve 〘地震〙第二波, S WAVE.
sécond bállot 決選[第二回]投票.
sécond banána* 《俗》《コメディーショーなどの》脇役, ぼけ (cf. TOP BANANA);《一般に》次位者, ナンバーツー, 脇役; 卑屈なやつ, 太鼓持ち.
sécond báse 〘野〙二塁; 二塁手の守備位置. ♦ **sécond báseman** 二塁手.
sécond-bést *a* 次善の, 第二位の, 二番目に良い.
sécond bést *n* 次善の策[人, もの]; 次位[二位]のもの. ► *adv* 次位に. ● **come off ～** 次位に落ちる, 負ける.
sécond bléssing 〘キ教〙第二の祝福《回心の第 1 回の経験に続き聖霊によって与えられる清め》.
sécond bréath SECOND WIND.
sécond cáuse 〘哲・論〙第二原因《それ自身原因をもつ原因》.
sécond chámber 《二院制議会の》第二院, 上院.
sécond chíldhood 耄碌(もうろく) (dotage). ● **in one's [a] ～** 子供にかえって, 老いぼれて, ぼけて.
sécond-cláss *a* 二流の, 不十分な; 二等[級]の,〘英教育〙二級の〈優等学位〉;〘郵〙第二種(郵便物)の. ► *adv* 二等(の乗物)で; 第二種(郵便)で.
sécond cláss (第)二級; 二流;《乗物の》二等, CABIN CLASS;〘郵〙第二種《**1**)〘米・カナダ〙新聞・定期刊行物 **2**)〘英〙わが国の普通郵便に相当; cf. FIRST CLASS》;〘英教育〙《大学優等学位試験で》二級《これはさらに上位・下位に分かれる; cf. TWO-ONE, TWO-TWO》.
sécond-clàss cítizen 第二級市民《社会的・政治的・経済的に恵まれない人》.
Sécond Cóming [the] 再臨 (⇨ ADVENT).
sécond cónsonant shìft 〘言〙第二子音推移《高地ドイツ語と他のゲルマン諸語とを区別する閉鎖音の変化》.
sécond cóusin またいとこ, はとこ (⇨ COUSIN).
Sécond dày 月曜日《クエーカー教徒の用語》.
sécond déath 〘神学〙第二の死, 永遠の死《死後の裁きで, キリスト者でない者が地獄に落ちること》.
sécond-degrée *a* FIRST-DEGREE に次ぐ, 第二次[度]の; *〈特に罪状などが〉第二級の: ～ murder 第二級謀殺 (⇨ MURDER).
sécond-degrèe búrn 〘医〙第二度熱傷《局所的に水疱を生じる紅斑性火傷》.
sécond derívative 〘数〙二次導関数.
sécond dístance[II] 〘画〙MIDDLE DISTANCE.
sécond divísion 〘英〙下級公務員;〘野〙B クラス; [II]〘サッカー〙第 2 部;〘遺〙《減数分裂の》第二分裂.
sécond-dráwer *a* 《口》重要性のやや低い, 二義的な, 二流の.
se·conde /sɪkάnd; *F* səgɔ̃:d/ *n* 〘フェン〙第 2 の構え (⇨ GUARD). [F=SECOND[1]]
se·cond·ee[II] /sɪkὰndí:/ *n* 《軍の》隊外勤務者;《官公庁・企業の》出向者. [*second*[3], *-ee*[1]]
Sécond Émpire [the]《フランスの》第二帝政 (1852–70)《第二・第三共和政の間の Napoleon 3 世の治世》; 第二帝政様式《華麗な家具・建築様式》.
sécond·er *n* 後援者,《特に 動議の》賛成者.
sécond estáte [°S- E-] 第二身分《中世ヨーロッパの三身分 (Three Estates) のうち貴族 (nobility)》.
sécond fíddle 《オーケストラ・弦楽四重奏団の》第二ヴァイオリン(奏者); 従属的[副次的]な役割[機能](を果たす人) (⇨ play second FIDDLE), 次善のもの, 脇役.
sécond flóor *二階;《英・時に米でも》三階 (⇨ FLOOR).
sécond géar 《自動車の》セカンド(ギア).
sécond-generátion *a* 二代目の, 第二世代の;〈機械など〉第一期に次ぐ改良段階の, 第二期の.
sécond grówth 《原生林破壊後の》二次林, 再生林.
sécond-guéss* *vt* あと知恵[結果論]で批判[修正]する; 予言[予報]する (predict),〈人〉の先を読む (outguess). ♦ **～·er** *n*
sécond·hánd *a* 中古の, 古手の, いったん人手を介した; 中古品売買の; 間接の, また聞きの, 受売りの; 亜流の, 独創的でない: ～ books [furniture] 古本[中古家具] / a ～ bookseller 古本屋 / ～ news また聞きのニュース. ► *adv* 古物で; また聞きで, 間接に. ♦ **～·ed·ness** *n*
sécond hánd[1] 《時計の》秒針.
sécond hánd[2] 助力者, 助手. ● **at ～** また聞きで; 中間体を介して, 間接に.
sécondhand smóke 副流煙《非喫煙者が吸い込む他人のタバコの煙》.
sécondhand smóking 受動喫煙 (passive smoking).
sécond hóme 第二のわが家[故郷];《主に 寝起きする家とは別の》第二の家, セカンドハウス.
sécond hóneymoon 《結婚後時間の経った夫婦による》第二のハネムーン.
sécond-in-commánd *n* (*pl* **séconds-**) 副司令官, 副官; 次長, ナンバーツー.
sécond inténtion 〘医〙二次癒合《2 つの肉芽面の癒合》;〘スコラ哲学〙第二志向《第一志向を反省する意識》.
Sécond Internátional [the] 第二インターナショナル (⇨ INTERNATIONAL).
sécond invérsion 〘楽〙第二転回《三和音の第一転回の最低音をいちばん上に移したもの》.
sécond lády [the, °the S- L-]〘米〙セカンドレディー《副大統領夫人など; cf. FIRST LADY》.
sécond lánguage 《一国の》第二公用語;《母語に次ぐ》第二言語,《学校で》第一外国語: ～ acquisition 第二言語獲得[習得].
sécond lieuténant 〘軍〙少尉 (⇨ LIEUTENANT).
sécond lífe 第二の人生, 別の生き方; 別の用途: find a ～ as...〈廃棄物などが〉...として生まれ変わる / give...a ～ ...に別の使い道を考える.
Sécond Lífe 〘商標〙セカンドライフ《バーチャルシミュレーションゲーム; 参加者 (residents) が自由に仮想世界を構築してさまざまな活動を行なう》.
sécond-líne *a* 二線級の, 次善の.

sécond líne セカンドライン《シンコペートした 2/4 拍子の軽快なリズム; しばしば New Orleans のリズムアンドブルースおよびジャズで使われる》; 第二線《後方にあって前線を支援し, 損害を補強する戦列》.
sécond líning «俗»《認めてもらえることを期待して》いつも人にくっついている者, 影のようなやつ, 腰ぎんちゃく.
sécond·ly *adv* 《主に 列挙で》第二に, 次に.
sécond màn 《機関車の》機関助手.
sécond màrk 秒符号《″; cf. MINUTE MARK》.
sécond máte 〘海〙二等航海士 (=*second officer*)《商船で first mate の次位》.
se·cond·mentᴵᴵ /sɪkándmənt/ *n* 《他企業[他部門]への》転出(期間), 配置換え(期間): on ～ 出向中の.
sécond méssenger 〘生化〙二次[第二]メッセンジャー《一次メッセンジャーが細胞表面の受容部に伝達した情報を伝達[増幅]するサイクリック AMP などの細胞内化学物質》.
sécond mórtgage 第二順位抵当, 第二抵当.
sécond náme 姓 (surname); MIDDLE NAME.
sécond náture 第二の天性, 染み込んだ後天的な性癖 〈*to*〉.
S **se·con·do** /sɪkándou, -kóun-, sɛ-/ *n* (*pl* **-di** /-di/) 〘楽〙《合奏曲, 特にピアノ二重奏の》低音部 (cf. PRIMO²); 低音部奏者. [It=SECOND¹]
sécond ófficer 〘海〙二等航海士 (second mate).
sécond opínion 第二の意見, セカンドオピニオン《たとえば担当医以外の医師による診断・判断》.
Sécond Órder 〘カト〙第二会《先に創立された男子修道会と創立者・修道精神を同じくし, 男子修道会と同様の戒律のもとに生活する女子修道会》.
sécond-òrder pháse transìtion 〘理〙二次相転移 (second-order transition).
sécond-òrder transítion 〘理〙二次(相)転移《自由エネルギーの 2 階微分に異常が現われる相転移; 比熱や磁化の発散が特徴》.
sécond-pàir báckᴵᴵ 三階の裏部屋.
sécond-pàir fróntᴵᴵ 三階の表部屋.
sécond pápers *pl* *«口» 第二書類《1952 年以前の, 米国市民権取得のための最終申請書; cf. FIRST PAPERS》.
sécond pérson [the]〘文法〙第二人称(形); [S- P-]《三位一体の》第二位格《子なる神; ⇨ PERSON》.
sécond posítion [the]〘バレエ〙第二ポジション《両つまさきを外側に向けて両足を一直線に置き, 両かかとの間は一足分だけ離す》.
sécond quárter 〘天〙衝《上弦から満月に至る期間》; 満月, 望; 第二四半期; 〘スポ〙第二クォーター.
sécond-ráte *a* 二流の; 劣った, 平凡な. ♦ **～·ness** *n*
sécond-ráter *n* 二流の[劣った]人[もの].
Sécond Réader 〘クリスチャンサイエンス〙《儀式での》第二読唱者《聖書抜粋を読み上げ FIRST READER を補佐する》.
sécond réading 〘議会〙第二読会(どっかい)《**1**)〘英〙委員会へ細部の審議を付託する前に法案の要点を討議する **2**)〘米〙委員会の答申を受け 法案の全面討議・修正を行なう》.
Sécond Réich /-ráɪk/ [the]〘ドイツの〙第二帝国 (1871–1919).
Sécond Repúblic [the]〘フランス史〙第二共和政 (1848–52)《二月革命によって成立し, Napoleon 3 世による第二帝政樹立まで続いた政体》.
sécond rún 〘映〙第二次興行《封切りに次ぐもの》. ♦ **sécond-rún** *a*
sécond sácker «野球俗» 二塁手.
sécond sélf [one's] 腹心の友, 親友.
sécond séx [the] 第二の性, 女性《集合的》.
sécond shéet 《第 2 葉以降に使う, レターヘッド (letterhead) のない白紙の》書簡用紙; カーボンコピー用紙《薄葉紙》.
sécond síght 透視力, 洞察力, 千里眼 (clairvoyance). ♦ **sécond-síght·ed** *a*
sécond sóund 〘理〙第二音波《超流動ヘリウム中を伝わる温度とエントロピーの波動》.
sécond sóurce 《電算機のハードウェアなどの》二次供給者, セカンドソース《他社の開発した製品と同一または互換性のある製品を供給する会社》.
sécond stóry SECOND FLOOR.
sécond-stóry màn *«口» 二階[階上]の窓から押し入る泥棒[夜盗], のび (cat burglar).
sécond-stríke *a* 〘軍〙第二撃の, 反撃用の〈核兵器〉: ～ capability 第二撃能力.
sécond stríke 《核攻撃に対する》第二撃, 反撃 (cf. FIRST STRIKE).
sécond-stríng *a* 二線級の, 控え[二軍]の〈選手など〉; 二流の; ᴵᴵ次善の〈策・計画など〉(⇨ have a second STRING to one's bow).
sécond-stríng·er «口» *n* 二線級選手《など》; 二流どころ, つまらないもの[人]; 第二の案, 代案, 次善の策.
sécond thígh 《馬の》脛(はぎ).
sécond thóught [°*pl*] 再考(の結果): have ～*s* 考え直す / on ～* [～*s*ᴵᴵ] «口» 考え直してみると, やっぱり / without a ～ ためらわずとっさに / *Second thoughts* are best. «諺» 再考は最良案.

sécond tóoth 永久歯 (cf. MILK TOOTH).
sécond wínd 第二呼吸《激しい運動などによって息切れしたあとで, 再び正常に回復した呼吸》; 新たな精力[元気]: get [catch, find] a [one's] ～ 調子を取り戻す, 立ち直る.
Sécond Wórld [the] 第二世界《**1**) 政治経済ブロックとしての社会主義諸国 **2**) 米ソを除く先進工業諸国》.
Sécond Wórld Wár [the] WORLD WAR II.
se·cre·cy /síːkrəsi/ *n* 秘密, 内密; 秘密厳守; 秘密主義; 隠遁: in ～=SECRETLY / in the ～ of one's own heart 心の奥底で. [ME *secretie* (*secre* or SECRET)]
sécrecy agrèement 情報秘匿の契約, 機密保持契約: sign a ～.
sec. reg. °secundum regulam.
se·cret /síːkrət/ *a* **1 a** 秘密の, 内緒の, 機密の (CRYPTIC *a*); 公表してない, 非公開の; 〘米政府・軍〙極秘の (⇨ CLASSIFICATION): keep sth ～ (*from* sb) (人に)ある事を秘密にして[隠して]おく. **b** こそこそする, 隠密の; ひそかな〈崇拝者〉; 秘密主義の, 口の堅い 〈*about*〉. **2** 〈場所などが〉隠れた, 人目につかない, 奥まった; 人目につかないように作った; 神秘的な, 《普通人の》理解できない: the ～ parts «古» 陰部. ► *n* **1** 秘密, 内緒ごと; 機密; [*pl*] 奥義, 秘義; [S-] 〘教会〙《ミサの》密唱: OPEN SECRET / industrial ～*s* 産業機密 / keep a [the] ～ 秘密を守る / make a [no] ～ of sth あることを秘密にする[しない] / keep sth a ～ ある事を秘密にする / let sb into [in on] a [the] ～ 人に秘密を明かす. **2** [°*pl*] 《自然界の》不思議, 神秘; [*pl*] 陰部: the ～*s* of nature. **3** 秘訣, 秘伝, 極意, こつ; 解決の鍵, 真義: The ～ of success is to work hard. 成功の秘訣はよく働くことだ. ● **in ～** 秘密に, 内緒で. **in the ～ (of...)** (...の)秘密を知って(いる). ♦ **～·ly** *adv* 秘密に, こっそりと, ひそかに. [OF<L *secret- secerno* to separate (*se-*, *cerno* to sift)]
se·cre·ta /sɪkríːtə/ *n pl* 分泌物. [L (↑)]
sécret ágent 《政府所属の》諜報部員, 密偵, スパイ.
se·cre·ta·gogue /sɪkríːtəgɔ̀(ː)g, -gàg/ *n* 《胃・膵臓などの》分泌促進薬[物質]. [*secretion*, *-agogue*]
sec·re·taire /sèkrɪtɛ́ər/ *n* ESCRITOIRE.
sec·re·tar·i·at(e) /sèkrətɛ́əriət/ *n* SECRETARY(-GENERAL) の職; 事務局; 秘書課, 文書課; [ᵁS-] 《共産党などの》書記局; [°the] secretariat の職員たち; secretariat の建物. [F<L (↓)]
sec·re·tary /sékrətèri; -tri/ *n* **1 a** 《個人の》秘書 (=private ～) 《しばしば 女性》; *《会社の》秘書役, セクレタリー《スタッフ機能を果たす役員の一人で, 株主総会・取締役会の議事録の記録・保管などの任に当たり, しばしば 法務部長 (general counsel) を兼ねる; 日本の '秘書' よりはるかに地位が高い》; 書記(官), 事務官, 秘書官; 《協会の》事務局長, 幹事: an HONORARY ～. **b** 〘米〙《省の》長官, 〘英〙大臣; 〘英〙次官 (undersecretary); 〘豪〙《公益事業団の》長官, 総裁: the *S*～ of Agriculture [Defense, the Interior, the Treasury] 〘米〙農務[国防, 内務, 財務]長官 / the Home *S*～=the *S*～ of State for the Home Department 〘英〙内相 / PARLIAMENTARY [PERMANENT] SECRETARY. **2** (書棚付きの)ライティングデスク, ESCRITOIRE. **3** 書記体 (=**～ hànd**)《15–17 世紀の, 特に 法律文書の手書き書体》; 〘印〙草書体活字, スクリプト (script). ♦ **sec·re·tar·i·al** /sèkrətɛ́əriəl/ *a* **～·ship** *n* 書記官[秘書官, 大臣など]の職[任務]. [L=confidential officer; ⇨ SECRET]
sécretary bìrd 〘鳥〙ヘビクイワシ (=*serpent eater*, *snake-eater*, *snake killer*)《アフリカ南部産》.
sécretary-géneral *n* (*pl* **sécretaries-géneral**) 《国連などの》事務総長, 事務局長《略 Sec. Gen., SG》.
Sécretary of Státe [the] 〘米〙国務長官; 〘米〙《州政府の》州務長官, 文書局長《文書の記録・保管, 法令配布, 選挙管理など行なう》; 〘英〙国務大臣: ～ for Scotland 〘英〙スコットランド相.
sécret bállot 秘密投票; AUSTRALIAN BALLOT.
se·crete¹ /sɪkríːt, síːkrət/ *vt* 秘密にする, 隠す; 着服する: ～ one*self* 姿を隠す. [*secret* (obs) < SECRET]
se·crete² /sɪkríːt/ *vt* 〘生理〙分泌する (cf. EXCRETE). [↑ or 逆成 < *secretion*]
se·cre·tin /sɪkríːt(ə)n/ *n* 〘生化〙セクレチン《胃腸ホルモンの一つ》. [*secretion*, *-in*]
sécret ínk 隠顕[あぶり出し]インク.
se·cre·tion /sɪkríːʃ(ə)n/ *n* 〘生理〙分泌; 分泌物[液], セクリーション; 隠匿. ♦ **se·cré·tion·àry** /; -n(ə)ri/ *a* [F or L *secretion- secretio* separation; ⇨ SECRET]
se·cre·tive *a* **1** /síːkrətɪv, sɪkríː-/ 秘密主義の, 黙っている 〈*about*〉, 内向的な; 〈取引などが〉秘密(裡)の; 〈行動・表情などが〉なぞめいた, 不可解な. **2** /sɪkríːtɪv/ SECRETORY. ♦ **～·ly** *adv* **～·ness** *n*
sécret kéy 秘密鍵 (private key)《特に public key cryptography で用いる暗号化または解読用の鍵で, 特定の当事者のみが知って用いるほう》.
se·cre·tor /sɪkríːtər/ *n* 分泌型の個体[人], Se 型の人《ABO 式血液型の型物質が唾液・精液・胃液・尿などの中にも分泌される人; opp. *nonsecretor*》.
se·cre·to·ry /sɪkríːtəri, *síːkrətɔ̀ːri/ *a* 分泌(性)の; 分泌に関係

のある; 分泌を促す. ► *n* 分泌腺[器官 など].

sécret pártner 秘密[匿名]社員.

sécret políce [the] 秘密警察.

sécret resérve 〔会計〕秘密積立金 (OFF-BALANCE SHEET RESERVE).

sécret sérvice 《政府の》機密調査部, 諜報部[機関]; [the S-S-] 〔米〕財務省(秘密)検察局《偽造摘発・大統領護衛などを行なう; 1865 年創設》, 〔英〕内務省(秘密)検察局; 秘密[スパイ]活動. ◆ **sécret-sérvice** *a*

sécret sérvice màn 米国財務省(秘密)検察局員, シークレットサービス(員)《国家要人の特別護衛官》.

sécret sérvice mòneyᴵᴵ 機密費.

sécret shópper MYSTERY SHOPPER.

sécret socíety 秘密結社.

secs seconds ◆ sections.

sect /sékt/ *n* **1** 分派, 宗派; 〔英〕《特に 国教会からの》分離派教会; 学派; 党, 党派, 閥, 反主流(派), セクト. **2** 〔園〕《枝などの》切片, 切り枝. **3** 《古》SEX¹: so is all her ~ 女性またすべてしかり《Shak., 2 *Henry IV* 2. 4. 37》. [OF or L (*secut- sequor* to follow)]

-sect /sèkt, sékt/ *v comb form*「切る」: bisect, inter*sect*. ► *a comb form*「切った」「切り分けた」 [L; ⇨ SECTION]

sect. section ◆ sectional.

sec·tar·i·an /sɛktéəriən/ *a* [ᵘ*derog*] 分派の, 宗派[学派](間)の, 党派心の強い, 《特に 宗教上の》分派[セクト](主義)にからんだ; 偏狭な, 狭量な. ► *n* 分離派教会信徒, 宗徒, 宗派心の強い人; 党派心の強い人, 学閥的な人. ◆ **~·ism** *n* 分派主義, 党派心. [*sectary*, *-an*]

sectárian·ìze *vi* 分派[反主流]行動をとる, 分派に分かれる. ► *vt* 派閥的にする; …に党派心を吹き込む; 派閥下に置く.

sec·ta·ry /séktəri/ *n* 党派[分派]に属する人, 《特に》熱心な信徒; [ᵒS-] 分離派教会信徒, 非国教徒; 〔英史〕《内乱 (Civil War) 時代の》独立派[長老派 など]の信徒.

sec·tile /sékt(ə)l, -tàil/ *a* ナイフでスーッと切れる; 〔鉱〕切れやすい《もろくない》; 〔植〕〈葉が〉小さな刻みのある. ◆ **sec·tíl·i·ty** /-tíl-/ *n* [L (↓)]

sec·tion /sékʃ(ə)n/ *n* **1** 《物の》部分, 区分, 区画, 節. **a** 〔米〕《町などの》一区域, 地区, 地方; 〔米〕セクション《政府の測量の単位で 1 マイル四方[1 平方マイル]の土地; TOWNSHIP の 1/36 に当たる》; 《豪》建築用区画; 《鉄道・道路の》保線区; 《豪》《バス・電車などの》運賃区間; *同じ路線を同時に運行する 2 台(以上)のバス[汽車, 飛行機]のうちの 1 台; *《上下 2 段の寝台からなる》寝台車の区画: residential [shopping] ~*s* 住宅[商店]地区 / a non-smoking ~ 禁煙席. **b** 《新聞の》欄, …の部; 《書物・文書・法律などの》節, 段落, 項, 条; 〔印〕SECTION MARK; 〔製本〕《番号を付けた》折丁(おりちょう) (signature); 〔楽〕楽節《独立しない楽句》; 〔生〕亜属, 区《属と種の中間》. **c** *〔教〕小クラス[グループ]; 〔英軍〕分隊; 〔米軍〕小隊, 《その半分の》半小隊 (⇨ ARMY); 〔軍〕参謀[幕僚]部 (staff section); 《官庁・警察の》課; 《団体の》派, 党, 《会議などの》部会; 《オーケストラ・バンドの》セクション, 同種楽器部. **d** 《組立て用の》部分品, 接合部分; 《ミカン類の》袋, ふさ: in ~*s* 解体して〈運ぶなど〉 / built in ~*s* 組立て式の / ~*s* of the machine 機械の部品. **2** 切ること; 《外科・解剖の》切開, 切断; 《口》帝王切開; 切除部分, 切片, 断片, 《検鏡用の》薄片; 断面(図); 《内部構造を示す》切断面; 〔数〕立体の切断面; 円錐曲線 (conic section); 〔地質〕柱状図, セクション. ● **in ~** 断面で. ► *vt* **1** 区分[区画]する, 細かく分ける 〈*off*〉; 〔医〕切開する; 切断する; 《検鏡用に》〈組織や岩石を〉薄片に切る; 段落[節]に分ける[分けて配列する]: ~ a class by ability クラスを能力別にする. **2** …の断面図を描く; …の部分品を図示する. **3** [ᵒ*pass*]ᴵᴵ《精神健康法に従って》精神病院に強制収容する. ► *vi* 部分に分かれる[切断される]. [F or L *sect- seco* to cut]

séction·al *a* 区分の, 部門の, 区画の(ある); 区間の; 部分の; 節の; 部分的な, 地方的な, 局地的な; 地方優先[偏重]の; 組合わせ[ユニット]式の〈ソファーなど〉; 断面(図)の: ~ interests 地方[地域](偏重)的な利害 / the ~ plan of a building 建物の断面図. ► *n* *組合わせ[ユニット]式ソファー[本棚 など]. ◆ **~·ly** *adv* 部分的に; 区画して; 地方的に; 断面図として; 節に分けて; 組合わせ式に.

séctional bóiler セクショナル[組合わせ]ボイラー.

séction·al·ìsm *n* 地方[部分]偏重(主義), 地方的偏見; 派閥主義, セクト根性. ◆ **-ist** *n*

séction·al·ìze *vt* 部分に分ける; 区分する; 地域別にする; セクト主義化させる. ◆ **sèction·al·izátion** *n*

séction-éight *vt* *《軍俗》《軍人として不適格なため》除隊する.

Séction Éight [8] /-éɪt/ 〔米陸軍〕《軍人として不適格なための》除隊; 除隊兵; *《俗》《除隊の理由となった》精神症, 神経症; *《俗》神経症患者, キじるし. [1922–44 年実施の陸軍諸規則 615–360, 第 8 項から]

séction gàng [crèw] 〔米鉄道〕保線区作業班.

séction hànd [màn] 〔米鉄道〕保線手[工].

séction hòuse ᴵᴵ独身警官寄宿寮; *保線区の物置; *保線区員宿舎.

séction mànager FLOORWALKER.

séction màrk 〔印〕節標《§》.

séction pàperᴵᴵ 方眼紙 (graph paper).

sec·tor /séktər, *-tɔ̀ːr/ *n* **1 a** 分野, 方面, 部門, 領域; 地区, 区域; 業種, セクター: PRIVATE [PUBLIC] SECTOR / the higher education ~ 高等教育部門 / the financial ~ 金融部門 / the Arab ~ アラブ人居住区. **b** 〔通信〕セクター《レーダーの有効な範囲》; 〔電算〕セクター《磁気ディスク表面の分割の最小単位; 各トラックが分割されてセクターとなる》. **2** 〔数〕扇形; 尺規《角度などを測定する》; 〔機〕セクター《扇形をつくるように運動する部品》; 〔軍〕(防御)地区, 防衛区域. ► *vt* 扇形に分割する. ◆ **~·al** *a* [L=cutter; ⇨ SECTION]

sec·to·ri·al /sɛktɔ́ːriəl/ *a* SECTOR の, 扇形をした; 〔植〕《接ぎ木などで》癒着部で一方の組織が他方の組織断面の中心部に達した, 区分状の; 〔動〕〈歯が〉切るに適した, 肉を裂くに適した; 〔昆〕径分の〈横脈〉: a ~ chimera 区分キメラ. ► *n* 切歯, 犬歯 (=~ tooth).

séctor scàn 〔通信〕《レーダーの》扇形走査.

sec·u·lar /sékjələr/ *a* **1** 俗人の, 世俗の; 現世の, この世の (opp. *spiritual*, *ecclesiastical*); 非宗教的な (opp. *religious*, *sacred*, *pious*); 〔カト〕修道会に属さない, 在俗の (opp. *regular*): ~ affairs 俗事 / a ~ priest 教区[在俗]司祭. **2** 長年にわたる; 長期的な; 一代[一世紀]に一度の, 百年ごとの: ~ fame 不朽の名声 / the ~ bird 不死鳥 (phoenix) / a ~ change 長期にわたる変化 / a ~ trend 長期的傾向. ► *n* 〔カト〕修道会に属さない聖職者, 在俗司祭; 《聖職者に対して》俗人 (layman). ◆ **~·ly** *adv* 世俗的に, 現世的に; 俗化して. [L=of an age (*seaculum* generation, age)]

sécular árm [the] 《かつての, 教権に対する》俗権, 〔史〕《重罰を科するために宗教裁判所から罪人を送る》世俗裁判.

sécular·gámes *n pl* 〔古ロ〕百年祭《100–120 年ごとに 3 日 3 晩行なわれた祝祭》.

sécular húmanism 世俗的人間主義, 世俗ヒューマニズム《自己救済の源として人間の理性を信じ, 宗教教義や超自然のものを拒否する立場; 1980 年代初期 'New Right' が社会批判に用いた概念》. ◆ **sécular húmanist** *n*, *a*

sécular·ìsm *n* 世俗主義, 非宗教主義《あらゆる宗教形態を排斥する》; 非宗教的道徳論; 教育宗教分離主義. ◆ **-ist** *n*, *a* **sèc·u·lar·ís·tic** *a*

sec·u·lar·i·ty /sèkjəlǽrəti/ *n* 世俗性, 俗心; 非宗教性; 俗事; SECULARISM.

sécular·ìze *vt* 世俗化する, 俗用に供する, 世俗管理にする; 〔カト〕〈修道者を〉還俗する; …から宗教[教義]を除く; 〔英史〕宗教裁判所から〈罪人を〉世俗裁判所へ移す: ~ education 教育を宗教から分離する. ◆ **-iz·er** *n* **sècular·izátion** *n*

sécular variátion 〔天〕永年変化, 永年差.

se·cund /sɪkʌ́nd, síːkʌnd, sék-/ *a* 〔動・植〕一方に偏した, 片側だけに並ぶ (unilateral), 偏側性の《スズランの花など》. ◆ **~·ly** *adv* [L =following; ⇨ SECOND¹]

Se·cun·der·abad /sɪkʌ́ndərəbæ̀d, -bɑ̀ːd/ セクンデラバード《インド中南部 Andhra Pradesh の Hyderabad 北郊の市; 英軍のインドにおける最大の基地であった》.

sec·un·dine /sékəndàɪn, -dən/ *n* 〔植〕胚珠内包被, 内種被.

sec·un·dines /sékəndàɪnz, -dìːnz, sɪkʌ́ndənz/ *n pl* 〔医〕後産 (afterbirth).

se·cun·do /sɛkʌ́ndou/ *adv*, *a* 第二に[の] (cf. PRIMO¹). [L; ⇨ SECOND¹]

se·cun·dum /sɛkúndum, sɪkʌ́ndəm/ *prep* …により[応じて, 従って] (according to) 《略 sec.》. [L SECOND¹]

se·cun·dum ar·tem /sɛkùndum áːrtɛm/ 規則に従って, その道のやり方に従って《略 sec. art.》. [L=according to the art]

secundum le·gem /sɪkʌ̀ndəm líːʤɛm/ *adv* 法律に従って《略 sec. leg.》. [L=according to law]

secundum na·tu·ram /sɛkùndum nɑːtúːrɑ̀ːm/ 自然に従って, 自然に《略 sec. nat.》. [L=according to nature]

secundum re·gu·lam /sɛkùndum réɪgulɑ̀ːm/ 法に従って《略 sec. reg.》. [L=according to rule]

se·cun·dusᴵᴵ /sɪkʌ́ndəs/ *a* 《男子同姓生徒中》2 番目の (⇨ PRIMUS).

se·cure /sɪkjúər/ *a* **1** 安全な 〈*against*, *from*〉; 難攻不落の〈要塞など〉; ゆるぎない〈関係・名声など〉; 安心な, 心配のない, 安定した〈職・収入〉; [ᵘ*pred*] 確実で, 保証されて; 確保した; 逃亡のおそれのない; しっかりした, 確実な; しっかりと締められた〈戸・ボルト〉; 〔海〕収納して, 固定して: ~ *from* attack 攻撃されるおそれのない / His victory is ~. 彼の勝利は間違いない / keep the prisoners ~ 囚人を厳重に監禁しておく. **2** 安心して(いる); 確信して(いる), 確かな 〈*of*〉; 《古》過信した, 油断した: feel ~ in the knowledge that…と知って安心する / be ~ *of* success 成功を確信する. ► *vt* **1** 確保する, 〈地位・賞品を〉獲得する; つかまえる; 確実にする; もたらす, 生じさせる (bring about). **2** 安全にする, 護る, 固める 〈*against*〉; 〔電算〕セキュリティーで保護する; 保証する, 請け合う; …に担保[保険]をつける; 保障する: ~ one*self* *against* accidents 損害保険をつける. **3** 動かないようにする; 結びつける 〈*to*〉; 〈窓などを〉しっかり締める; …に留金をかける; 〈犯人を〉監禁する, 縛り上げる; 〔医〕《止血のために》〈静脈を〉圧迫[結紮(けっさつ)]する; 〔海〕収納[固定]する; 〔海軍〕非番にする, 休止させる: ~ arms 〔軍〕《雨にぬれないよう》銃の要部をかかえる, «号令» 腕に銃(う)! ► *vi* 安全である[になる]; 〘海〙仕事を中止する, 非番になる, 〈船が〉停泊する. ♦ **se·cúr·able** *a* 手に入れられる; 確保できる; 安全にしうる. **se·cúr·er** *n* [L=carefree (*se-* without, *cura* care)]

Secure HTTP /— èɪtʃtì:tì:pí:/ 〘インターネット〙高信頼 HTTP 《個人の認証・暗号化の利用により安全性を高めた HTTP の拡張規格》.

secúre·ly *adv* 確かに, 疑いなく; しっかりと; «古» 安心して.

secúre·ment *n* 保証; 確保; «廃» 保護.

secúre·ness *n* «古» 完全な[任せきった]信頼.

secúre sérver 〘電算〙セキュアサーバー《利用者との間でやりとりする情報に十分な暗号化を施すようになっているサーバー》.

secúre ténancy 〘英法〙安定した賃借権《地方公共団体その他公的機関から自己の居住の目的で土地・家屋を賃借している賃借人 (tenant) が保有する, 法的保護をうけた賃借権; 貸主 (landlord) は賃借人の同意もしくは裁判所命令のいずれかがなければ占有を回復できず, また賃借人が死亡した場合, 賃借人と同居していた配偶者もしくは家族の一員が賃借権を引き継ぐことができる》.

Secúrities and Exchánge Commìssion [the] 〘米〙証券取引委員会《投資家保護の目的で証券市場の規制を行なう政府の独立組織; 1934 年設立; 略 SEC》.

Secúrities and Invéstments Bòard [the] 〘英〙証券投資委員会《貿易産業大臣から権限を委任された半官組織; 1987 年以降 London のシティーの金融・投資活動を監督; 略 SIB; 97 年金融サービス機構 (FSA) に移行》.

se·cù·ri·ti·zá·tion *n* 〘金融〙証券化, セキュリタイゼーション《銀行が事業金融・住宅ローン・消費者ローンなど各種貸付債権をプールして市場性ある証券に変え, 資本市場で投資家に売ること》. ♦ **se·cu·ri·tize** /sɪkjúərətàɪz/ *vt* 《資金調達のために》〈債権を〉証券化する. **se·cú·ri·tìz·er** *n*

se·cu·ri·ty /sɪkjúərəti/ *n* **1** 安全, 無事; 安心, 心丈夫; 《職・雇用の》保証; «古» 過ぎた安心, 油断: in ～ 安全に, 無事に / *S*～ is the greatest enemy. «諺» 油断大敵. **2** 安全確保, 安全保障, 防護, 防衛, 保安, 警備, セキュリティー 〈*against*〉; 防護[防衛]物, 〘軍〙《奇襲などに対する》防護処置; 《スパイ活動・犯罪・攻撃・逃亡などに対する》防護[防衛]手段, 防犯措置; 警備組織[部門]: airport ～ 空港警備, 空港の防犯対策 / a ～ *against* burglars 盗賊に対する防衛(手段) / give ～ *against*…に対して保護する / ～ measures 安全対策 / a ～ treaty 安全保障条約. **3** 保証 〈*against*, *from*〉; 担保 〈*for* a loan〉; 担保(物件), 保証金, 敷金; 保証人 (surety) 〈*for*〉; [ᵘ*pl*] 有価証券: go ～ 身元保証人になる 〈*for*〉 / ～ deposit 敷金. ● **in ～ for**…の保障として. **on ～ of**…を担保にして. **～ of** TENURE. [OF or L; ⇨ SECURE]

secúrity ànalyst 証券分析家, 証券アナリスト. ♦ **secúrity análysis** *n*

secúrity blànket* 《安心感を得るために子供がいつも抱きしめる》安心毛布[タオル, 枕], ねんねタオル; 《一般に》安全を保障する[心の安まる]もの[人], お守り; 緘口令, 機密対策. [Charles Schulz の漫画 *Peanuts* 中の Linus 坊やの毛布から]

secúrity càmera 監視[防犯]カメラ.

secúrity chèck 《政府職員などの》身元確認[証明]; 所持品検査, 保安検査, セキュリティーチェック.

secúrity clèarance 保全許可《秘密区分資料に近づくことを認める許可》; 保全許可認定審査.

Secúrity Còuncil [the] 〘国連〙安全保障理事会《略 SC》.

secúrity fòrce [～s] 《テロ対策などにあたる》治安部隊; [S- F-] 国連軍《正式名は United Nations Peacemaking Force》.

secúrity guàrd 《現金輸送などの》護衛, 《ビルなどの》警備員.

secúrity interest 〘法〙担保権.

secúrity òfficer 警備員, ガードマン.

secúrity políce 秘密警察; AIR POLICE; 護衛隊.

secúrity rìsk 《国・企業を危うくする》危険[要注意]人物.

secúrity sèrvice 国家保安機関《米国の CIA など》.

secy, sec'y secretary.

sed. sedimentation.

se·dan /sɪdǽn/ *n** セダン (saloon[‖]) 《運転手席を仕切らない普通の箱型自動車》; セダン(型モーターボート); SEDAN CHAIR. [?It＜L *sella* saddle (*sedeo* to sit)]

Sedan /; *F* sədɑ̃/ スダン《フランス北東部 Ardennes 県の市; 1870 年 Napoleon 3 世がプロイセンに敗れた地》: the man of ～ ナポレオン 3 世.

sedán chàir 《2 人で前後を担架のように運ぶ 17–18 世紀の》かご, 輿(こ), 肩輿.

sedarim *n* SEDER の複数形.

se·date[1] /sɪdéɪt/ *a* 平静な, 落ちついた; ゆったりした, 遅めの; まじめな, 堅い; 〈色などが〉地味な, 単調な. ♦ **～·ly** *adv* **～·ness** *n* [L *sedat-* *sedo* to settle, calm＜*sedeo* to sit]

sedate[2] *vt* …に鎮静剤を飲ませる. [逆成＜*sedative*]

se·da·tion /sɪdéɪʃ(ə)n/ *n* 〘医〙《鎮静剤などによる》鎮静(作用): be under ～.

sed·a·tive /sédətɪv/ *a* 鎮静させる, 鎮静作用のある. ► *n* 鎮静させるもの, 鎮静剤[薬].

se de·fen·den·do /séɪ dèɪfɛndéndoʊ/ *adv, a* 〘法〙自衛のため(の) (in self-defense). [L]

sed·en·tar·i·ly /sèdntérəli, sédntèr-; sédnt(ə)rɪ-/ *adv* すわり込んで, すわりがちに; 定住して.

sed·en·ta·ry /sédntèri; -t(ə)ri/ *a* すわっている; すわりがちの, 活動的でない; 坐業的な, 坐業から生じる; 定住(性)の, 定坐性の; 〘動〙定着している, 固着した, 移住しない〈鳥〉, じっと獲物を待つ〈クモ〉. ► *n* すわりがちの人; 坐業者. ♦ **séd·en·tàr·i·ness** *n* [F or L; ⇨ SEDATE[1]]

se·der /séɪdər/ *n* (*pl* **se·da·rim** /sədá:rəm/, **～s**) [the, ᵒthe S-] 〘ユダヤ教〙セデル《ユダヤ人のエジプト脱出を記念して Passover の夜(と次の夜)に行なう祝祭; 晩餐でエジプト脱出の物語 (Haggadah) を朗読する》. [Heb=order]

se·de·runt /sɪdíərənt, -dér-/ *n* 会議, 会合, 集会; 聖職者会議; «スコ» ワインを飲みながらの会議; 長時間すわっていること; 会議出席者. [L=there sat…(*sedeo* to sit)]

se·de va·can·te /sí:di vəkǽnti, séɪdeɪ wɑ:ká:nteɪ/ (教皇の)座が空のときに. [L]

sedge[1] /sédʒ/ *n* 〘植〙カヤツリグサ科[《特に》スゲ属]の各種草本. ♦ **sédgy** *a* スゲの茂った; スゲの(ような). [OE *secg*; cf. SAW[1]; 葉のぎざぎざから]

sedge[2] *n* 《サギ・ツルなどの》群れ, 餌場 (siege).

sédge fàmily 〘植〙カヤツリグサ科 (Cyperaceae).

sédge flỳ 〘釣〙トビケラを模した毛針.

sédge hèn 〘鳥〙オニクイナ《米国大西洋岸産》.

Sedge·moor /sédʒmʊ̀ər, -mɔ̀:r/ セッジムア《イングランド南西部 Somerset 州中部の平原; Monmouth 公が James 2 世軍に敗れた地 (1685)》.

sédge wàrbler 〘鳥〙スゲヨシキリ, ヌマヨシキリ《欧州・アジア・アフリカ産》.

se·di·le /sɛdáɪli/ *n* (*pl* **se·dil·ia** /sɛdí:ljə, -díl-, -dáɪ-/) 司祭[牧師]席《内陣祭壇南側; 通例 3 席ある》. [L=seat]

sed·i·ment /sédəmənt/ *n* 沈降[沈澱]物, おり; 〘地質〙堆積物. ► *vi, vt* /-mènt/ 沈降[沈澱]する[させる]. ♦ **sèd·i·mént·able** /-mén-/ *a* [F or L (*sedeo* to sit)]

sed·i·men·ta·ry /sèdəmént(ə)ri/ *a* 沈降物の; 沈降作用による. ♦ **sed·i·men·tar·i·ly** /sèdəməntérəli, ⌐ー⌐ー⌐ー; sèdɪmén-t(ə)rɪli/ *adv*

sedimentary róck 〘地質〙堆積岩.

sed·i·men·ta·tion /sèdəmɛ̀ntéɪʃ(ə)n, -mən-/ *n* 沈降[沈澱, 沈積, 堆積](作用); 沈降分離, 沈澱法.

sedimentátion coeffìcient 〘化〙《コロイド粒子の》沈降係数《単位はスヴェードベリ (svedberg: 10^{-13} 秒)》.

sed·i·men·tol·o·gy /sèdəmɛ̀ntálədʒi, -mən-/ *n* 堆積学《地質学の一分野》. ♦ **-gist** *n* **sèd·i·mèn·to·lóg·i·cal** *a* **-i·cal·ly** *adv*

se·di·tion /sɪdíʃ(ə)n/ *n* (動乱)煽動(演説[文書など]); «古» 反乱, 暴動. ♦ **～·ist** *n* [OF or L (*sed-* SE-, *it-* *eo* to go)]

sedítion·àry /; -(ə)ri/ *a* SEDITIOUS. ► *n* (動乱)煽動[教唆]者; 動乱の動機[誘因].

se·di·tious /sɪdíʃəs/ *a* 煽動の, 煽動的な; 煽動罪の. ♦ **～·ly** *adv* **～·ness** *n*

sedítious líbel 〘法〙文書煽動罪; 煽動的文書.

Se·dom /sədóum/ セドム《イスラエル南東部, 死海の南端近くにある町》.

Se·dor·mid /sədɔ́:rməd/ 〘商標〙セドルミド《鎮静・催眠剤》.

se·duce /sɪd(j)ú:s/ *vt* そそのかす, 誘惑する 〈*from*, *into*〉, たぶらかす; 〈女を〉たらしこむ; ひそかに巧妙に誘う, 魅する: be ～*d into* signing up そそのかされて入会する. ♦ **se·dúc·er** *n* 誘惑者[物], 《特に》女たらし. **se·dúc·ible, ～·able** *a* 誘惑されかねない, 男にだまされやすい. **se·dúc·ing·ly** *adv* [L (*se-* apart, *duct-* *duco* to lead)]

sedúce·ment *n* SEDUCTION; 人を誘惑する[そそのかす]もの, 魅力.

se·duc·tion /sɪdʌ́kʃ(ə)n/ *n* 誘惑, そそのかし; 〘法〙(婦女)誘惑(罪); [ᵘ*pl*] 魅惑, 魅力. [F or L; ⇨ SEDUCE]

se·duc·tive /sɪdʌ́ktɪv/ *a* 誘惑[魅惑]的な, 魅力のある, 人目をひく. ♦ **～·ly** *adv* **～·ness** *n*

se·duc·tress /sɪdʌ́ktrəs/ *n* 誘惑する女, 《特に》男たらし.

sé·dui·sant /*F* sedɥizɑ̃/ *a* (*fem* **-sante** /*F* -zɑ̃:t/) 人をひきつける, 魅力的な.

se·du·li·ty /sɪd(j)ú:ləti/ *n* 勤勉, 精励.

sed·u·lous /sédʒələs/ *a* 勤勉な, 精励の, せっせと[こつこつ]働く[勉強する]; うむことを知らない, 入念な, 周到な. ● **play the ～ ape** 人の文体をまねる, 人まねで会得する. ♦ **～·ly** *adv* **～·ness** *n* [L *sedulus* zealous]

se·dum /sí:dəm/ *n* 〘植〙ベンケイソウ科マンネングサ属 (*S*-) の各種植物. [L=houseleek]

see[1] /sí:/ *v* (**saw** /sɔ́:/; **seen** /sí:n/) *vt* **1 a** 見る, …が見える; 《夢・空想の中などで》見る. ★ 見るための努力が払われるときにはしばしば can を伴う; 進行形には用いられない; 受動態では to 不定詞を伴う: *Can* you ~ the dog over there? あそこの犬が見えますか / I ~ some people in the garden. 庭に数人の人が見える / I *saw* him enter the room. 彼が部屋にはいるのを見た (cf. He *was seen to* enter the room.) / I *can* ~ some little fishes swimming about in the water. 水の中で魚が泳ぎまわっているのが見える / I have often *seen* a bribery overlooked. 賄賂が大目に見られるのを何度も見た / When you've *seen* one, you've *seen* them all. 《諺》《似たり寄ったりだから》一つを見ればすべてがわかる, 一つ見れば十分 / *S*~ how I operate [how *to* operate] this machine. この機械をどうやってを操作するか[操作の仕方]を見ていなさい / for all (the world) to ~ 世間一般の人によく見えるように, 人目にさらされて / have to be *seen* to be believed 見てはじめて納得できる. **b** 〈演劇・名所などを〉見る, 見物する: ~ the sights 名所を見物する / Have you ever *seen* Rome? ローマを見物したことがありますか / You ain't *seen* nothing yet. ⇨ 成句. **c** 《新聞などで》見る, …について読む; 知る, 学ぶ: I *saw* that the riot had been suppressed. 暴動が鎮圧されたことを知った. **2** わかる, 悟る (understand): He didn't ~ her foolishness.＝He didn't ~ that she was foolish.＝《文》 He didn't ~ her to be foolish. / I ~ you [what you mean] きみの言うことはわかる / I don't ~ how to avert it. どうしたらそれが避けられるのかわからない. **3 a** 思い描く[浮かべる]; 《可能性として》想像する; 予見する: I can't ~ him as he used to be. 彼の昔の姿が思い出せない / I can't ~ him as a novelist. 小説家とは思えない / Few people could ~ war ahead. 戦争が起こると思っていた人は少ない. **b** …すればよいと思う (prefer to have); 〈性質などを〉認める, 望ましい[魅力的だ, おかしい など]と思う: I'll ~ you dead. おまえなんか死んでしまえばいい (cf. SEE sb dead (成句)) / I can't understand what you ~ *in* her. いったい彼女のどこがそんなに気に入ったのだ. **4 a** 判断する, みなす: I ~ it *as* my duty. それはわたしの義務だと思う / I ~ things differently now. 物の考え方が前と違ってきた. **b** (黙って)見ている, 我慢する; 容認する: I can't ~ him behaving like that. あんな態度を黙って見てはおれない. **5 a** 調べる, 検分する; [ᵘ*impv*] 参照する; 考えて[調べて, やって]みる: I want to ~ the house before I take it. 借りる前にその家を見ておきたい / Go and ~ if [whether] the postman has been yet. 郵便屋がもう来たかどうか行って見てくれ / Let me ~ your ticket, please. 切符を拝見 / *S*~ p. 5. 5 ページを見よ / I'll ~ what I can do. わたしに何ができるかとにかく考えてみよう. **b** 《(必ず)…する[なる]ように》気をつける, 取り計らう; 確かめる: *S*~ that he does it properly. 気をつけて彼にそれをきちんとさせるようにしなさい / *S*~ that the door is locked. ドアの鍵を必ずかけておきなさい (cf. *vi* 4) / ~ sth done ある事を監督してやらせる / ~ justice done 事の公平を期する; 報復する. **c** 〈人〉の面倒をみる; 〈人〉に付き添う, 送り届ける 〈*back, in, out, up*, etc.〉; 見送る; *《口》〈人〉に賄賂をつかう: Let me ~ you home [*to* the bus]. お宅まで[バスまで]お送りしましょう / ~ sb *across* (the road) 人に付き添って(道路を)渡らせる / ~ the old year *out* and the new year *in* 旧年を送って新年を迎える. **6 a** 会う, 面会[会見, 引見]する; [進行形で] …と(恋人として)交際している: I am very glad to ~ you. よくいらっしゃいました / Will I ~ you again? 《デートの別れ際などに》また会いましょうか / (We) don't ~ you much around here anymore. 久しぶりですね. ★ 初対面の場合には MEET¹ を用いるほうがよいとされる: I am glad to *meet* you. **b** …に会いに行く, 訪問する, 見舞う; 会って相談する: You'd better ~ a doctor (*about*…) at once. すぐ医者に(…を)診てもらったほうがよい. ★ この意味では進行形にも用いる: I'm ~*ing* my lawyer this afternoon. きょうの午後弁護士に会うことになっている. **c** 〘ポーカー〙同額の金で〈賭け・相手〉に応じる. **7** 遭遇する, 経験する: things *seen* (実地に)観察した事物 / He has *seen* a lot of life [in the world]. 相当世間の経験を積んだ / I have *seen* them come and *seen* them go. 事[人]の移り変わりを見てきた[経験してきた] / I have *seen* the time when there were neither radios nor televisions. ラジオもテレビもない時代を見てきている / He *will never* ~ 50 *again*. もう 50 歳を過ぎている / That year *saw* many changes. その年は変化が多かった.

► *vi* **1** 見る; 目が[目に]見える《★ しばしば can を伴う》: Owls *can* ~ in the dark. フクロウは暗がりで目が見える / I *can't* ~ to read. 暗くて読めない / You *can* ~ through the window. 窓越しに見えますよ. **2** わかる, 悟る, 会得する (understand); [文中に挿入して] 《口》 いいかい, わかった?, ほらね, …だろ: Do you ~? わかりましたか / I ~. わかった, なるほど / So I ~. おっしゃるとおり. **3 a** 調べる: Somebody knocked at the door. I'll go and ~. だれかがドアをノックした. 行って見てこよう. **b** (よく)考える: Let me [Let's] ~. 《口》 ちょっと待ってくださいよ, えーと, さーて, そうですね. **4** 注意する, 見届ける: Please ~ *to* it that the door is locked. ドアの鍵を必ずかけておいてください《口語体では to it を略すほうが普通; cf. *vt* 5b》. **5** [*impv*, 〈*int*〉] 見よ (behold).

● **as far as I can ~** わたしの理解する[判断する]かぎりでは. **as I ~ it** わたしの考えでは. **Be ~ing you!** 《口》 さよなら, またね! **(I've) seen better [worse].** まあまあだ[ひどくはない]. **Not if I ~ you sooner [first].** できればご免こうむりたいね《See you later. に対する返答のことば》. **Now you ~ it, now you don't.** 見えたと思ったら, はい消えました《手品師のきまり文句》. **~ about…** 《決断前に》…を考慮[検討]する; …のことで取り計らう, …の手配[世話]をする; …を調査する: We'll [I'll] (have to) ~ *about* that. 考えておきましょう《遠まわしの拒絶など》; なんとかしましょう / We'll (soon) ~ *about* that. 《口》 そんなことはさせない / I'll ~ *about* getting it for you. **~ after**…の世話をする《look after のほうが普通》. **~ sb (all) right** 《口》 人に損をさせないようにする, 人の面倒をみる. **~ a lot [less, nothing, something] of**…にたびたび会う[あまり会わない, 全く会わない, 少しは会う]. **~ a man [a friend]** 一杯やる. **~ around**… 〈曲がり角など〉の向こうが見える; 〈悪事など〉に気づく. **~ sb around** 〈人〉をよく見かける. **~ beyond**… [ᵒ*neg*] 〈手近なこと〉の先を見通す. **~ sb [sth] blowed [damned, dead, hanged, in hell] first (before…)** それだけはまっぴらだ: I'll ~ him *damned first before* I lend him any money. あいつに金を貸すなんてまっぴらだ / I'll ~ you *dead* [*in hell*] *before* that happens! そんなことさせるものか. **~ sb coming** ⇨ COME¹. **~ for oneself** 自分で確かめる[調べる]. **S~ here!** おい, ねえ, ほら (Look here!). **~ in** 〈人を〉中に案内する (cf. *vt* 5c). **~ into**…を調査する; 見抜く. **~ off** 〈人を〉見送る; こっぴどくしかる; ᴴ追っぱらう, 撃退する; やっつける, 出し抜く: I have been to the station to ~ my friend *off*. 駅まで友だちを見送りに行ってきたところです. **~ out** 〈家などから〉出るのを見送る, 玄関まで見送る 〈*of*〉 (cf. *vt* 5c); 終わりまで見る[見届ける], 飲み負かす, …より長生きする[長くもつ]; 完成するまで続ける, 完遂する: I can ~ myself *out*. 《わざわざ玄関まで見送っていただかなくても》ひとりで帰れます. **~ over [around, round]**… ᴴ〈家など〉を見まわる, 検分する. **~** RED¹. **~ things** ⇨ THING¹. **~ through** (1) 〈人〉の正体を見抜く, 〈計略など〉を見通す, 看破する: ~ *through* a brick WALL¹ [a MILLSTONE]. (2) 〈(難局など)を〉乗り切るまで〈人を〉助ける, …の面倒をみる. (3) 〈事を〉やり遂げる. **~ to**…に気をつける; …の準備[世話]をする, 〈仕事など〉を引き受ける; 〈物〉を直す: ~ *to* the children 子供たちの相手をする / have [get] one's car *seen to* 車の手入れをしてもらう. **~ with**…と同意見である, …に同意する. **~ sb to**… 人を…まで送り届ける (⇨ *vt* 5c); 〈食料・燃料などが〉〈ある時・場所〉まで人にとって間に合う, もつ: We have enough food to ~ us *to* the end of the week. 週末までの食料がある. **S~ you** /jə/ **(later [around, soon, etc.]).** 《口》 じゃあね, じゃまた, さよなら (So long.): *S~ you* then. 《約束の時間を示されて》じゃあその時に(また). **We shall ~ what we shall ~.** 結果がどうなるかわからない, なるようになるだけだろう. **What you ~ is what you get.** 《口》 ご覧の品物がお買い上げになるものです[と変わりません]《ごまかしはありません》; 《電算俗》 画面上のものがそのまま印刷されます (cf. WYSIWYG); 《口》 (すべて)ご覧のとおりだ. **You ain't seen nothing yet.** まだなにも見ていないようなものだ, まだ序の口ですよ. **You ~.** ねえ(ご承知のとおり), そら, ほら; いいですか, いいかね, だって(…ですからね).

► *n* **1** 《口》 見ること, 注目; 《口》 会うこと; *《俗》 上司に認められること: have [take] a ~ 見る. **2** *《俗》 視察.

[OE *sēon*; cf. G *sehen*]

see² *n* 司教[主教]区; 《古》 司教[主教]座; 大聖堂所在都市: the ~ of Rome＝HOLY SEE. [AF *se*(*d*)<L *sedes* seat]

sée·able *a* 見ることのできる; わかる. ♦ **~·ness** *n*

See·beck /síːbɛ̀k/ *n* 〘郵〙シーベック《1890–99 年に発行されたニカラグア・ホンジュラス・エクアドル・エルサルバドルの各種切手シート》. [N. F. *Seebeck* 上記各政府に無料で提供した人物]

Sée·beck effèct /síːbɛk-, zéɪ-/ 〘理〙ゼーベック効果 (THERMOELECTRIC EFFECT). [Thomas *Seebeck* (1770–1831) ドイツの物理学者]

see·catch /síːkæ̀tʃ/ *n* (*pl* **-catch·ie** /-i/) 《Alaska の》成熟した雄のオットセイ. [Russ]

Seeckt /zéɪkt/ ゼークト **Hans von ~** (1866–1936) 《ドイツの軍人》.

seed /síːd/ *n* **1 a** (*pl* **~s, ~**) 種(たね), 実, 種子 《SEMINAL *a*》; *《リンゴ・ミカンなどの》種 (pipᴴ); 《古・文・方》 精子, 精液, 魚精, 白子, 《貝・昆虫などの》卵, 《ロブスターなどの》卵細胞; 種となるもの, 塊茎, 球茎, 根茎; SEED OYSTER: a packet of ~(*s*) 種一袋. **b** 〘聖〙子孫, 家系; 生まれ: the ~ of Abraham ヘブライ人 (Hebrews). **2 a** [ᵘ*pl*] 《争い・改革などの》たね, もと, 芽生え: sow the ~*s* of discontent 不満の種をまく. **b** 《種子のように》小粒なもの, 《ガラス製品の》ぬかあわ; 〘化〙《結晶の》核, 種子, 種晶 (seed crystal); 〘理・医〙シード《放射線源を入れる円筒形の小型容器》. **c** *《俗》 マリファナタバコ. **3** シード選手[チーム]. ● **go [run] to ~** 花時が過ぎて実ができる; 衰える, 盛りを過ぎる, みすぼらしくなる, 荒廃する. **in ~** 種ができて; 〈畑が〉種をまいてある, 蒔(ま)き付けた. **in the ~** *〈綿が〉綿繰り機にかけないままで. **raise up ~(s)** 〘聖〙〈父が〉子をもうける. **sow the good ~** よい種をまく; 福音を伝える. ► *vi* 実を結ぶ; 種を生じる; 〈ホウレンソウなど〉抽薹(ちゅうだい)[薹(とう)立ち]する; 種子を落とす; 種をまく, 蒔き付け[播種]する. ► *vt* **1** [ᵘ*pass*] 〈土地〉に種をまく 〈*down*〉; [~ *-self*] 実生(みしょう)で増える; 〈生長・発展〉の因子を供給する; 〈病菌を〉接種する; [ᵒ*pass*] 〈果物〉から種を取り除く; 種晶を入れる; 《人工降雨の》〈雲〉に種をまく; 〈場所〉にばらまく 〈*with*〉. **2** [ᵘ*pass*] 〈選手・チームを〉シードする; 〈組合わせの抽選を〉シード方式にする. ♦ **~·lìke** *a* [OE *sǣd*; cf. sow¹, G *Saat*]

séed·age *n* 実生(みしょう)繁殖.

séed bànk 種子銀行《絶滅の危険性のある植物の種[品種]の種子を保存する》.

séed·bèd *n* 苗床, まき床, 播床, 播種床; 養成所, 《罪悪などの》温床.
séed bùd 〘植〙 胚珠 (ovule); 幼芽.
séed·càke *n* シードケーキ《特に caraway の種子入りの香りのよい菓子》; OIL CAKE.
séed càpital SEED MONEY.
séed càpsule 〘植〙 硬化した房壁, 蒴(さく).
séed·càse *n* 〘植〙 SEED CAPSULE; 果皮 (pericarp).
séed còat 〘植〙 種皮 (testa).
séed còral みじんの珊瑚(さんご), 粒珊瑚《装飾用》.
séed còrn 《次季用の》種モロコシ, 種籾(もみ); 《利益を生みそうな》初期投資[経費].
séed crỳstal 〘化〙 種晶(たねしょう); 《人工降雨用の》散布粒子, 種結晶, 種.
séed drìll 〘農〙 播種(はしゅ)機, 条播(じょうは)機 (drill).
séed·èat·er *n* 〘鳥〙 種子食の小鳥 (hard-bill), ヒメウソ, マメワリの類の鳥《熱帯アメリカ産》, クビワスズメ (grassquit)《南米産》.
séed·ed *a* 種を蒔き付けた; 種子のある, 〈果物など〉有核の; [*compd*] …な種子を有する; 成熟した; 種子を抜き取った, 種なしの; 〘織〙 斑点のある; ぬかあわのはいった〈ガラス〉; シードされた〈プレーヤー・チーム〉.
séed·er *n* 種まき人, 播種機[器]; 採種用苗; 《人工降雨用の》種まき装置; 種取り機[装置]; "子持ち魚 (seed fish).
séed fèrn シダ状種子植物, ソテツシダ (=*pteridosperm*).
séed fìsh 子持ち魚(うお).
séed hèad 〘植〙 種子をつけた頭状花.
séed·ing machìne 種まき機, 播種機.
séed·lèaf *n* 葉巻用の広葉.
séed lèaf 〘植〙 子葉 (cotyledon).
séed·less *a* 〘植〙 無核の, 種なしの〈果物〉. ♦ **~·ness** *n*
séed·ling *n* 実生(みしょう)の草木; 実生苗, 苗木, 種苗, 苗; 幼植物, 若木《3 フィート以下》. ► *a* 実生の; 未発達の.
seed·lip" /síːdlɪ̀p/ *n* 《種まき用の》種入れ.
séed lòbe 〘植〙 SEED LEAF.
seedman ⇨ SEEDSMAN.
séed mòney 《新事業の》着手(資)金, 元手 (=*seed capital*).
séed òyster 〘貝〙 種ガキ《養殖用の子ガキ》.
séed pèarl ケシ珠, シードパール《1/4 grain 以下の小粒真珠》.
séed plànt 〘植〙 種子植物 (spermatophyte).
séed plànter 種まき機, 播種機 (seeder).
séed-plòt *n* SEEDBED.
séed·pòd *n* 〘植〙 莢(さや) (pod).
séed potàto 種(たね)ジャガイモ, 種イモ.
séed shrimp OSTRACOD.
séed(s)·man /-mən/ *n* 種をまく人; 種子[種苗]商.
séed snìpe 〘鳥〙 ヒバリチドリ, タネシギ《同科の 2 属 4 種; 南米産》.
séed·stàlk *n* 〘植〙 蘂(ずい).
séed stòck 種《植付け用の種子・塊茎・根など》; 《根絶しないよう》捕獲せずに残しておく動物; 繁殖用動物《牛など》, 放流用魚《マスなど》.
séed tìck マダニの幼虫《6 本足》.
séed·tìme *n* 種まき時, 播種期《特に晩春または初夏》; [*fig*] 進展[準備]時期, 草創期.
séed trèe 〘植〙 母樹(ぼじゅ) (=*mother tree*).
séed vèssel 〘植〙 果皮 (pericarp).
séedy *a* **1** 種子の多い; 種になった, 実をつけた; 〈魚が〉子持ちの; 〈フランス産のブランデーが〉草の香りをおびた; 〈ガラスが〉ぬかあわのはいった: a ~ lens ぬかあわのはいったレンズ. **2 a** 〈衣服・人などが〉みすぼらしい, けちな, さもしい; いかがわしい, 評判のよくない. **b** 《口》 気分のすぐれない, 体調が悪い: feel [look] ~ 気分が悪い[悪そうに見える]. ♦ **séed·i·ly** *adv* **-i·ness** *n*
see·gar /síːgɑ̀ːr, siː-/ *n* 《方》 CIGAR.
See·ger /síːgər/ シーガー **'Pete' ~ [Peter ~]** (1919–) 《米国のフォーク歌手・ソングライター》.
sée·ing *n* **1** 見ること; 視力, 洞察力: *S~* is believing. 《諺》 論より証拠 / *~s* and doings 見たりしたりしたこと. **2** 〘天〙 シーイング《地球大気の状態による星の望遠鏡像の質》. ► *a* 目の見える, 目明きの; 視力[洞察力]をそなえた; [the, 〈*n*〉] 目明きの人びと (opp. *the blind*). ► *conj* …である点からみると, …であるから(は), …である割には 〈*that, as*〉: The salary was not bad, ~ (*that*) he was young. 年が若い点からみると, 給料は悪くなかった.
séeing éye マジックアイ《光伝導セルを用いた感光装置》.
Séeing Eye 〘商標〙 シーイング・アイ《New Jersey 州 Morristown の非営利団体 Seeing Eye, Inc. の訓練による盲導犬 (guide dog)》.
seek /síːk/ *v* (**sought** /sɔ́ːt/) *vt* **1** 捜す, 捜し求める; 探求する, 調べる; 〈名声・富などを〉得ようとする; 〈…に助言・説明など〉求める, 要求する 〈*from*〉; …しようと努める 〈*to do*〉: ~ the house through=~ through the house 家中くまなく捜す / Nothing ~, nothing find. 《諺》 求めずんば得ず / ~ shelter from rain 雨宿りする / ~ sb's life 人を殺そうと謀る / ~ sb's advice 人に相談する / ~ a quarrel (with sb) (人に)けんかを売る. **2** …へ(しばしば)行く; 《古》 探検する. ► *vi* **1** 捜索[探索]する; 要求する, 欲しがる 〈*after, for* fame〉: She is much *sought after*. 売れっ子だ. **2** 《古》 しばしば行く 〈*to*〉. ● **be not far to ~** 近い所にある, 明白だ. **be sadly to ~** ひどく欠如している. **be yet to ~** まだ(い)ない. **S~ (dead)!** 《猟犬に命じて》 殺した獲物を取ってこい! **~ out** 捜し出す, 見つけ出す. ► *n* 《熱・音・光・放射線などの》目標検知追尾, シーク. ♦ **~·er** *n* 捜索者; 目標検知追尾装置[ミサイル], シーカー; 探求者, 求道者. [OE *sēcan*; cf. BESEECH, G *suchen*]
séek tìme 〘電算〙 シークタイム《読出しヘッドなどが要求されたデータ位置などを探し出すまでの時間》.
seel /síːl/ *vt* 《訓練の過程で》〈若鷹〉のまぶたを糸で縫う; 《古》〈目を〉閉じる; 《古》 盲目にする; 《古》 だます. [変形＜ME *silen*＜OF *siller* (L *cillium* eyelid)]
See·land /*G* zéːlant/ ゼーラント《SJÆLLAND のドイツ語名》.
see·ly /síːli/ *a* **1** 《廃・英方》 幸福な, 祝福された; 《廃・英方》 無邪気な, 無害な; 《廃・英方》 愚かな, 単純な. **2** 《古・方》 些細な, 取るに足りない; 《廃・方》 貧弱な, かよわい; 《古》 哀れな, 弱々しい. [ME *sely*; SILLY と同一語]
seem /síːm/ *vi* 〈…である[する]〉ように思われる, …らしい; [補語を伴って] …と[のように]見える, 外観は…だ, …らしい, …のようだ: He *~s to* be ill.=It *~s that* he is ill. 彼は病気らしい / He *~s to* have been ill.=It *~s that* he was [has been] ill. 彼は病気だったらしい / I ~ *to* see him still. 今も彼の姿が見えるようだ / It *~s* so.=So it *~s*. どうもそうらしい / It *~s* you were lying. きみはうそをついていたように思われる / It *~ed as if* she would recover. 彼女は回復しそうに思われた / There *~s* no reason to do it. それをする理由はなさそうだ / He *~s* young. 若く見える / I ~ unable to finish this book. 《自分には》この本は読み終えられないような気がする. ★ 原則として現在・過去のことに用い, 未来のことには用いない. ● **can't ~ to** do 《口》 できそうもない. **do not ~ to** do 《口》 どうも…(では)ない: I *do not* ~ *to* like him. **It would** [《古》 **should**] **~**…. どうやら…らしい《It *~s* … より遠慮した表現》. **~ like**… 《口》 …のように思われる. [ON ＝to honor (*sœmr* fitting)]
séem·er *n* うわべ[外観]をつくろう人.
séem·ing *a* うわべの, 外観上[表面だけ]の; 見せかけの, もっともらしい: ~ beauty [indifference]. ► *n* うわべ, 外観: to OUTWARD ~. ♦ **~·ly** *adv* うわべは, 表面上(は), 外観上(は), 見たところでは: *~ly* normal life 一見普通の生活. **~·ness** *n*
séem·ly *a* ふさわしい, 適当な; 見た目に美しい, 感じ[品]のよい, 魅力的な; 《社会通念上》上品な. ► *adv* 魅力的に; 品よく; 《古》 ふさわしく. ♦ **séem·li·ness** *n*
seen /síːn/ *v* SEE[1] の過去分詞. ► *a* 目に見える; 《古》 精通している 〈*in*〉: ~ beauty それとわかる美しさ.
seep[1] /síːp/ *vi* 染み出る[込む], 滴下する, 漏れる 〈*away, in, into, out, through*〉; 徐々に拡散する; 〈考え方などが〉浸透する. ● **~ away** 徐々になくなる[弱まる]. ► *n* 《水・油などの》染み出た[出てたまった]所; 小さな泉; SEEPAGE. ♦ **séepy** *a* 〈土地が〉水の染み出る, 水はけの悪い. [?*sipe* (dial)＜OE *sipian* to soak]
seep[2*] *n* 水陸両用ジープ. [*sea*＋*jeep*]
séep·age *n* 染み出る[込む]こと, 浸透, 浸潤; 徐々に漏れ流れる[染みわたる]こと[もの], 漏水; 《土壌などを》透過した液体の量.
se·er[1] *n* **1** /síːər/ 見る人. **2** /síər/ 千里眼《人》; 先の見える者, 先見者, 先覚者, 予言者; 予測者; 水晶占い師, 手相見, 占い師. ♦ **séer·ess** *n fem*
seer[2] /síər/ *n* (*pl* ~, ~s) シーア (ser) 《**1**) インドの重量の単位: ≒933 g **2**) 液量の単位: ≒1 liter **3**) アフガニスタンの重量単位: ≒7 kg》. [Hindi]
seer[3] /síər/, **séer·fìsh** *n* 〘魚〙 サワラ《サバ科サワラ属の食用魚; インド・太平洋海域産》. [Port *serra* saw[1]]
seer·suck·er /síərsʌ̀kər/ *n* (シアー)サッカー《縦糸の縞目部分を縮ませて波状の凹凸をつくった, 綿[リンネルなど]の薄地の織物; 夏場の婦人・子供の服地などとして用いられる》. [Pers=milk and sugar]
see·saw /síːsɔ̀ː/ *n* シーソー; シーソー板; 上下[前後]動, 動揺, 変動; 追いつ追われつの接戦, シーソーゲーム (=~ game [match]); CROSSRUFF. ► *a, adv* シーソーのような[に](上下に動く); 《のこぎりのように》前後に動く; 動揺[変動]する, 一進一退の[で]: ~ motion 交互の上下[前後]の動揺. ● **go ~** 上下[交替, 動揺]する. ► *vi* シーソーに乗る[で遊ぶ]; 前後[上下]に交互に動く; 変動する; 〈政策など〉動揺する. ► *vt* 上下[前後]に動かす; 動揺させる. [加重＜SAW[1]]
seethe /síːð/ *v* (**~d**, 《古》 **sod** /sɑ́d/; **~d**, 《廃》 **sod·den** /sɑ́dn/) *vi* 〈海・川が波立つ, 渦巻く; 〈波浪などが〉逆巻く; いきりたつ, 憤然とする, 動揺する 〈*with*〉; 〈場所が〉騒然とする, ごったがえす, あふれかえる 〈*with*〉; 《古》 煮立つ, 沸騰する (boil). ► *vt* 液体に浸す, つける; 《古》 煮る. ► *n* 沸騰; 噴出, ほとばしり; 騒動. [OE *sēothan*; cf. G *sieden*]
séeth·ing *a* 煮えたぎっている, 沸騰している; 絶えず変動する, 動揺[動乱]の; 激しい, きびしい: a ~ mass of fans 興奮した大勢のファン / a ~ resentment 激しい恨み. ♦ **~·ly** *adv*
sée-thròugh *a* 〈物など〉透けて見える; 〈生地・織物など〉透き通る(ほどの), シースルーの (=**sée-thrù**). ► *n* 透明; 透けて見える[シースルーの]衣服[ドレス].

see·ya·bye /sìːjəbáɪ/ *int* 《カリフォルニア俗》 さいなら, バイなら. [*see you bye*]

Se·fe·ris /sɛféərɪs/ セフェリス **George** ~ (1900–71)《ギリシアの詩人·外交官; 本名 Giorgos Stylianou Seferiades; ノーベル文学賞(1963)》.

Sefer Torah ⇨ SEPHER TORAH.

seg[1] /ség/, **seg·gie** /ségi/ *n**《俗》(人種)差別主義者[賛成者] (segregationist); [seg]*《俗》《刑務所の》隔離監房.

seg[2] *n, v**《俗》 SEGUE.

se·gar /sɪgáːr/ *n* CIGAR.

Sé·ger cone /síːgər-/ ゼーゲルコーン (=*pyrometric cone*)《炉に用いる高温測定器; 材質を違えて作った円錐のどれが軟化·変形するかで概略の温度を知る》. [Hermann A. *Seger* (1839–93) ドイツの窯業家]

seg·e·tal /sédʒətl/ *a* 穀物畑に生える. [L *seges* field of grain]

seggie ⇨ SEG[1].

Se·ghers /zéɪgərz; *G* zéːgərs/ ゼーガース **Anna** ~ (1900–83)《ドイツの女性作家》.

seg·ment *n* /ségmənt/ 分節, 切片, 区分, 部分, 《社会の》階層; 〔数〕《直線の》分, 線分, 《円の》弓形, 切片; 《機械などの》扇形[弓形]部分; 〔音〕(単)音, 分節; 〔生〕体節; 〔植〕《ミカンの》袋, 瓤嚢(じょう); 〔電信〕セグメント; 《テレビニュースなどの, コマーシャルで区切られた》コマ, コーナー. ► *vi, vt* /ségmɛnt, sɛgmént; ─ˊ─/《いくつかに》分かれる, 分ける 〈*into*〉; 分裂する[させる]; segment に分ける. ♦ **seg·men·tary** /ségməntèri; -t(ə)ri/ *a* SEGMENTAL. [L (*seco* to cut)]

seg·men·tal /sɛgméntl/ *a* 分節[部分]の, 分節に分かれた; 〔音〕(単)音の, 分節の (cf. SUPRASEGMENTAL); 〔生〕体節の; 弓形の; 分割された; 不完全な. ♦ **~·ize** *vt* 分節[体節]に分ける. **~·ly** *adv* **segmèntal·izátion** *n*

segméntal phóneme 〔言〕分節音素《強勢·イントネーションなどの suprasegmental phoneme に対し, 母音·子音などの音素》.

segméntal phonémics 分節音素論.

seg·men·ta·tion /sègməntéɪʃ(ə)n/ *n* 分割, 区分; 〔電算〕《画像からのオブジェクトの》切り出し, セグメンテーション; 〔生〕卵割, 分割; 〔生〕分節(運動[構造]), 体節形成.

segmentátion càvity 〔生〕(分)割腔 (blastocoel).

ség·ment·ed /, ─ˊ─; ─ˊ─/ *a* SEGMENT に分かれた[からなる].

ségment gèar 〔機〕セグメント[扇形]歯車.

ségment ràck 〔機〕セグメント[扇形, 弓形]ラック.

ségment sàw 〔機〕扇形のこ, 溝挽きのこ.

ségment whèel 〔機〕扇形車, 扇形歯車.

se·gno /séɪnjoʊ, sén-/ *n* (*pl* **~s, -gni** /-nji/) 〔楽〕記号 (sign), 《特に》セーニョ《折り返しの初め[終わり]のしるし; 記号 𝄋》. [It=SIGN]

sé·go (líly) /síːgoʊ(-)/ (*pl* **ségo lílies, sé·gos**) 〔植〕セゴユリ, チョウユリ《北米西部原産カロコルタス属のユリ(の球根); 花が美しく球根は食用; Utah 州の州花》. [Paiute]

Se·go·via /seɪgóʊvjə, -viə/ **1** セゴビア (**1**) スペイン中部 Castilla y León 自治州の県 **2**) その県都; ローマ時代から使われている水道と Castile 王の旧王宮がある》. **2** [the] セゴビア川《Coco 川の旧称》. **3** セゴビア **Andrés** ~ (1893–1987)《スペインのギタリスト·作曲家》.

Se·grè /səgréɪ, seɪ-/ セグレ **Emilio** (**Gino**) ~ (1905–89)《イタリア生まれの米国の物理学者; 反陽子の発見 (1955) でノーベル物理学賞 (1959)》.

seg·re·gant /ségrɪgənt/ *n* SEGREGATE.

seg·re·gate /ségrɪgèɪt/ *vt* 〈人·団体を〉分離する, 隔離する 〈A *from* B〉; 〈ある人種·社会層〉に対する差別待遇をする; 〈地域·国家〉に差別政策を実施する. ► *vi* 分離する, 離脱する, 隔離される 〈*from*〉; 差別(政策を実施)する; 〔遺〕〈表現型·対等形質·対立遺伝子が〉分離する; 〔冶〕偏析する. ► *a* /-gət, -gèɪt/ 分離した, 孤立した. ► *n* /-gət, -gèɪt/ 分離[差別]されたもの[人, 集団]; 〔遺〕分離によって生じた生物. ♦ **ség·re·ga·ble** *a* **ség·re·gà·tor** *n* [L (*se-*, *greg-grex* flock)]

ség·re·gàt·ed *a* 分離した, 隔離された; 人種差別をする; 《差別による》特定人種専用の, 人種別の: ~ buses [education] 人種分離バス[教育]. ♦ **~·ly** *adv* **~·ness** *n*

seg·re·ga·tion /sègrɪgéɪʃ(ə)n/ *n* 分離, 隔離; 隔絶; 人種差別[分離, 隔離] (cf. DESEGREGATION, INTEGRATION); 人種差別を規定した法律; 選抜《優秀な子供を特別クラスに入れるなど》; 分離されたもの, 〔晶〕分晶; 〔冶〕《溶融金属の凝固の際の》偏析; 《プラスチック成形時に生じる》色分かれ; 〔地質〕《堆積後の》分結, セグリゲーション; 〔遺〕分離. ♦ **~·ist** *n, a* 隔離論者(の); 人種差別[分離]主義者(の). **~·al** *a*

seg·re·ga·tive /ségrɪgèɪtɪv/ *a* 社交嫌いの; 分離[隔離]的な; 人種差別的な.

se·gue /séɪgweɪ, ség-/ *n* 〔楽〕セグエ《断絶なく次の楽章に移る指示; 前の楽章と同じスタイルで演奏せよとの指示》; *《俗》続き (sequel). ► *vi* 断絶なく演奏する; 間(ま)をおかずに移行する 〈*into*〉. [It=follows; cf. SUE]

se·gui·di·lla /sègədíː(l)jə, sèɪg-/ *n* セギディーリャ (**1**) スペインの詩形; 独特のリズムをもった 4–7 行の連 **2**) スペインの 3 拍子の舞踏; その曲》. [Sp (dim) < *seguida* sequence]

se ha·bla es·pa·ñol /seɪ àːvlaː èspaːnjóːl/ スペイン語が通じます, スペイン語でどうぞ (Spanish spoken). [Sp]

Sehn·sucht /séɪnzʊ̀kt; zéːn-/ *n* 《詩·文》あこがれ, 憧憬, 思慕, 郷愁.

sei /séɪ, sáɪ/ *n* 〔動〕イワシクジラ (=~ **whàle**). [Norw=coal-fish]

sei·cen·to /seɪtʃéntoʊ/ *n* [ºS-]〔イタリア芸術〕十七世紀; 十七世紀美術[文学]. [It=six hundred]

seiche /séɪʃ, síːtʃ/ *n* 〔地理〕静振, セイシ《周期が数分から数時間にわたる湖沼·湾などの水面に起こる定常波》. [F]

sei·chom·e·ter /seɪʃámətər/ *n* 湖水水位計.

sei·del /sáɪdl, záɪ-/ *n* 《ビール用の》ジョッキ. [G<L *situla* bucket]

Séid·litz pòwder(s) /sédləts-/ (*pl*) セドリッツ散《薬効がチェコ Seidlitz の鉱泉に似た沸騰性緩下剤》.

seif /séɪf/ セイフ, シフ (=~ **dùne**)《砂漠で風の方向に沿って形成される細長い砂丘》. [Arab=sword]

Sei·fert /síːfərt, sáɪfərt, záɪ-/ サイフェルト **Jaroslav** ~ (1901–86)《チェコの詩人; ノーベル文学賞 (1984)》.

sei·gnant /séɪnjaːŋ/ *a* 〔料理〕生焼けの, 半煮えの (rare). [F]

sei·gneur /seɪnjə́ːr, sɛ-, síːnjər/, **sei·gnior** /seɪnjə́ːr, ─ˊ─, sɛ─ˊ, síːnjər/ *n* [ºS-]《中世フランスの》領主, 藩主; 《17 世紀仏領カナダで勅許で土地を与えられた》地主; 《尊称》…さま, 殿: grand ~ /gráːn-/ 貴族. ♦ **sei·gno·ri·al** /seɪnjɔ́ːriəl, sɪ-/, **sei·gneu·ri·al** /seɪnjʊ́əriəl, -njə́ːr-/ *a* 領主の. [OF<L SENIOR]

sei·gneury /séɪnjəri, síː-/ *n* 領主[藩主, 貴族]の領地; 《もと仏領カナダで》勅許地主の土地[屋敷].

sei·gnior·age, -gnor-, -gneur- /séɪnjərɪdʒ, síː-/ *n* 君主特権, 領主権; 貨幣鋳造税; 貨幣鋳造利差金[額]; 鉱山採掘料, 特許権使用料, 印税.

sei·gn(i)ory /séɪnjəri, síː-/ *n* 領主[藩主]の権力; 主権; 〔史〕《領主の》領地; 《Venice など中世イタリア都市国家の》市会; 貴族.

Seim ⇨ SEYM.

seine /séɪn/ *n, vi, vt* 引網(をかける), 大網(で魚を捕る). [OE and OF<L *sagena*]

Seine /séɪn, sén/ [the] セーヌ川《フランス北部を北西に流れ Paris 市を貫流してイギリス海峡に臨むセーヌ湾 (the **Gúlf of** ~) に注ぐ》.

Seine-et-Marne /*F* sɛnemarn/ セーヌ-エ-マルヌ《フランス北部 Île-de-France 地域圏の県; ☆Melun》.

Seine-Ma·ri·time /*F* sɛnmaritim/ セーヌ-マリティーム《フランス北部 Haute-Normandie 地域圏の県; ☆Rouen》.

sein·er /séɪnər/ *n* 引網漁師[漁船].

Seine-St.-Denis /*F* sɛnsɛ̃dəni/ セーヌ-サン-ドニ《フランス北部 Île-de-France 地域圏の県; ☆Bobigny》.

seise ⇨ SEIZE.

sei·sin, -zin /síːz(ə)n/ *n* 〔法〕《土地·動産の》(特別)占有権, 占有行為; 占有物権. [OF (*saisir* to seize)]

seism /sáɪz(ə)m/ *n* 地震 (earthquake). ♦ **séis·mal** *a*

seism-, seis·mo- /sáɪzm/, /sáɪzmoʊ, -mə, sáɪs-/ *comb form*「地震」「震動」 [Gk (↓)]

seis·mic /sáɪzmɪk, sáɪs-/, **-mi·cal** *a* 地震[人工地震]の[による], 地震の起きやすい; 《爆発·隕石落下などによる》(大地)震動の; 《月などの》天体地震の, 地震性の; 地殻変動的な, 激動の〈変化〉: a ~ area 震域 / the ~ center [focus] 震源. ♦ **-mi·cal·ly** *adv* [Gk *seismos* earthquake (*seiō* to shake)]

seis·mic·i·ty /saɪzmísəti, saɪs-/ *n* 地震活動度.

séismic prospecting 人工地震による地質調査, 地震探査.

séismic wáve 地震波.

seis·mism /sáɪzmɪ̀z(ə)m, sáɪs-/ *n* 地震現象; 地震活動.

séismo·gràm *n* 地震記象, 震動記録, 震動図.

séismo·gràph *n* 地震[震動]計.

seis·mo·graph·ic /sàɪzməgrǽfɪk, sàɪs-/, **-i·cal** *a* 地震計[地震(計)学]の, 震動計の.

seis·mog·ra·phy /saɪzmágrəfi, saɪs-/ *n* 地震[震動]観測(術), 地震学; 地震計使用法, 地震計学. ♦ **-pher** *n*

seis·mol·o·gy /saɪzmálədʒi, saɪs-/ *n* 地震学. ♦ **-gist** *n* 地震学者. **sèis·mo·lóg·i·cal, -lóg·ic** *a* **-i·cal·ly** *adv*

seis·mom·e·ter /saɪzmámətər, saɪs-/ *n* 地震計. ♦ **-móm·e·try** *n* 地震観測, 地震計測(学). **sèis·mo·mét·ric, -ri·cal** *a*

seis·mo·sau·rus /sàɪzməsɔ́ːrəs/ *n* 〔古生〕サイスモサウルス《ジュラ期後期の恐竜; 体長 35–45 m, 体重 100 トンに及び, 史上最長の動物と考えられている》.

séismo·scòpe *n* 感震器《地震の発生と時間のみを記録する簡易地震計》. ♦ **sèis·mo·scóp·ic** /-skáp-/ *a*

sèismo·tectónics *n* 〔地物〕サイスモテクトニクス《地震を構造地学的にとらえる地震学の一分野》.

sei·tan /séɪtæn/ *n* セイタン《味付けした小麦のグルテンで, 肉の代替品として使われる》. [生粋の純植物タンパク]

Seite /*G* záɪtə/ *n* ページ (page)《略 S.》.

sei whale ⇨ SEI.

seize /síːz/ *vt* **1 a** ぐいとつかむ, 握る, 捕える 〈*up*〉; 逮捕する; 〈機会な

S

どを)すばやくとらえる; 差し押える, 押収[没収]する: ～ a thief by the collar 泥棒の襟首をぐいとつかむ. **b** 〈意味などを〉つかむ, 了解する, のみ込む. **2** 強奪する, 奪う; 〈町を〉攻め落とす, 〈国を〉併合する; 〈病気などが人を〉急に襲う; 〈考えなどが人〉にひらめく; 〈関心・人心を〉とらえる: ～ the throne [scepter] 王位を奪う / ～ power 権力を握る / Panic ～*d* the citizens. 市民は恐怖に襲われた / be ～*d* with… 〈病気〉にかかる; 〈恐怖〉に取りつかれる. **3** [**seise** /síːz/ とも書き, *pp* で] **a** 〘法〙所有させる 〈*of*〉: be [stand] *seised of*…を占有している; [*fig*] よく承知している. **b** 審議させる: be ～*d of* [*with*] the matter その件を審議している. **4** 〘海〙〈ロープなどを〉くくり合わせる: ～ sb up 《むちで打つため》帆桁に縛りつける. ► *vi* **1** 《ぱっと》つかむ 〈*on*〉; 〈機会などを〉とらえる, 〈提案などに〉飛びつく 〈*on*〉; 注目する, 期待をかける 〈*on*〉; 〈失敗・弱みなどに〉つけいる 〈*on*〉. **2** 〈機械(の一部)が〉動かなくなる, 止まる 〈*up*〉; 《疲労などで》〈体(の一部)が〉動かなくなる, 発作を起こす 〈*up*〉; 〈交通が〉麻痺状態になる, 渋滞する 〈*up*〉; 《口》〈交渉・作業などが〉行き詰まる 〈*up*〉. ● **～…with both hands** 〈機会・申し出など〉に飛びつく. ♦ **séiz·able** *a* **séiz·er** *n* seize するもの; SEIZOR. [OF *saisir* to put in possession of<L<Gmc]

séize-ùp *n* 《機械の》故障, 停止; ˈˈ《口》行き詰まり, 頓挫.

seizin ⇨ SEISIN.

seiz·ing /síːzɪŋ/ *n* つかむこと, 捕えること; 占有; 押収, 差し押え; 〘海〙シージング《結索法の一つ》; 〘海〙括着索.

sei·zor /síːzər, -zɔ̀ːr/ *n* 〘法〙占有者, 所有者; 差押人.

sei·zure /síːʒər/ *n* **1** 捕えること, つかむこと; 差し押え, 押収, 没収; 強奪, 《権力の》奪取, 掌握; 占領; 占有. **2** 発作, 発病 〈*of*〉: have a ～ 発作をおこす.

Se·ja·nus /sɪʤéɪnəs/ セヤヌス **Lucius Aelius** ～ (d. A.D. 31) 《ローマの Tiberius 帝の寵臣; Tiberius の子 Drusus Caesar の殺害に関与したとされ, のちに帝位簒奪の陰謀が発覚して処刑された》.

se·j(e)ant /síːʤənt/ *a* 〘紋〙〈ライオンなどが〉前脚をまっすぐに立ててすわっている (sitting) (⇨ RAMPANT). [OF *seant* < *seoir*<L *sedeo* to sit]

Sejm /séɪm/ *n* セイム《もとポーランドの身分制議会, 大戦間には下院, 第二次大戦後は一院制の議会, 1989 年の上院復活後は再び下院を指す》. [Pol=assembly]

sé·jour /*F* seʒuːr/ *n* 滞在(期間); 滞在地.

Sek·on·di-Ta·ko·ra·di /sèkəndíːtàːkəráːdi/ セコンディ-タコラディ《ガーナ南西部の Guinea 湾に臨む港市; 1946 年 旧 Sekondi と Takoradi を合わせて一市としたもの》.

se·kos /síːkɑ̀s/ *n* 《エジプトの神殿の》奥殿, 聖室. [Gk=enclosure]

Sekt /zékt/ *n* ゼクト《ドイツのスパークリングワイン》. [G]

sel /sél/ *n* 《スコ》SELF.

sel. select ♦ selected ♦ selection.

se·la·chi·an /səléɪkiən/ 〘魚〙 *n* 軟骨魚《サメ・エイなど》. ► *a* 軟骨魚類の, サメ・エイ類の. [Gk *selachos*]

sel·a·choid /séləkɔ̀ɪd/ *a* サメに似た; サメの類の.

se·la·dang /sɪláːdɑːŋ/ *n* 〘動〙セラダン (GAUR). [Malay]

se·la·gi·nel·la /səlæ̀ʤənélə, sèləʤə-/ *n* 〘植〙イワヒバ《同科同属 (*S-*) の多年生常緑シダの総称》. [L (dim) < *selago*]

se·lah /síːlə, -làː, *sélə/ *n* セラ《旧約聖書の詩篇などに出る意味不明のヘブライ語; 楽曲の指図として「休止」「揚音」の意とされる》. [Heb]

se·lam·lik /sɪláːmlɪk/ *n* 《大家の》男部屋. [Turk]

Se·lang·or /səlǽŋər, -ɔ̀ːr/ セランゴル《マレーシアの Malacca 海峡に面する州; ☆Shah Alam》.

Selassie ⇨ HAILE SELASSIE.

Se·la·yar, Sa·la·yar /səláːjər/ サラヤル《インドネシア Celebes 島南西端の沖にある細長い島; 別称 Kabia》.

sel·couth /sélkùːθ/ *a* 《古》珍しい, 不思議な. [OE (*seldan* seldom, COUTH)]

Sel·den /séldən/ セルデン **John** ～ (1584–1654) 《イングランドの法律家・法学者・政治家・歴史学者; 議員として国王に反対し 2 度投獄された》.

sel·dom /séldəm/ *adv* (ˢ～·er; ～·est) まれに (rarely), あまり[めったに]…しない (opp. *often*): I ～ see him. めったに会わない / It not ～ happens that…ということはよくある(ことだ) / *S*～ seen, soon forgotten. 《諺》去る者は日々に疎し. ● **～ if ever** よしんば…としてもきわめてまれに: He ～, *if ever*, goes out. 外出することはまずない. **～ or never=very ～** めったに[ほとんど]…(し)ない (hardly ever): He ～ *or never* reads. 彼はほとんど本を読まない / She attends our meeting *very* ～. まず出席することはない. ► *a* まれな, たまの. ♦ **～·ness** *n* [OE *seldan*; cf. G *selten*]

se·lect /səlékt/ *vt, vi* 選ぶ; 選択する, 選抜する; 抜粋する; 〘通信〙選択する: ～ Bill *as* a candidate [*from* many applicants] / He was ～*ed for* the Presidency [*to* make a speech]. 大統領に[演説をするように]選ばれた / be ～*ed for* [*against*] 〘生〙〈特性・生物が〉選択により残る[消える]. ► *a* 選んだ; より[えり]抜きの, 精選した, 極上の; 抜粋した; 選び方の賢明な[きびしい, うるさい], 入会条件のきびしい〈会・クラブなど〉; 上流社会の; えり好みする, 好みのやかましい (cf. SELECTIVE): ～ society [circles] 上流社会. ► *n* [ᵒ*pl*] 精選品, 極上品. ♦ **～·able** *a* **～·ness** *n* [L (*se-*, *lect- ligo*=*lego* to gather)]

se·lec·ta /səléktə/ *n* ˈˈ《口》セレクター《レゲエの DJ》. [< *selector*]

seléct commíttee 〘英議会〙特別小委員会.

seléct·ed *a* 選ばれた, 《特に》上等の, えり抜きの, 上質の: ～ works 精選集, 名作集.

se·lect·ee* /səlèktíː/ *n* 選ばれた人, 被選考[選出]者, 被選抜者; 応召兵.

se·lec·tion /səlékʃ(ə)n/ *n* **1** 選択, 選抜, 精選; 〘生〙選択, 淘汰 (cf. ARTIFICIAL [NATURAL, SOCIAL] SELECTION); 〘通信〙選択; 〘英〙《学校による》生徒選抜制度. **2** 選ばれた人[もの], 抜粋, 精選されたもの, えり抜き(のもの), 精粋, 選集; 選択の対象[範囲]; 《競馬などで》勝つと見込みをつけた馬[人], 本命; 《豪》自由選定 (free-selection) 《土地法により公有地を年払いで入手すること》, 自由選定によって得た土地: have a wide ～ of…を豊富に取りそろえている.

seléction·al *a* 〘言〙選択の, 選択的な. ♦ **～·ly** *adv*

seléction commìttee 選考委員会.

seléction·ist *n, a* 〘遺〙自然選択派の(遺伝学者)《遺伝子の変異を自然選択に帰する》.

seléction prèssure 〘生〙選択圧《個体群内における選択の作用を物理的圧に類比してその強さを表わす集団遺伝学の用語》.

seléction rùle 〘理〙選択規則《量子力学的状態について許容される変化を決める規則; 状態を指定する量子数で表わす》.

se·lec·tive /səléktɪv/ *a* 選択の; えり分ける, えり好みする, (好みの)うるさい, 審査がきびしい 〈*about, in*〉; 選択的な, 限定的な, 対象をしぼった; 〘生〙選択の; 〘通信〙選択式の, 分離のよい; 〈学校が〉生徒選抜方式をとる: a highly ～ school 特に選別のきびしい学校, 超難関校. ♦ **～·ly** *adv* **～·ness** *n*

seléctive absórption 〘電〙選択吸収《物質が特定の波長の電磁波だけを強く吸収すること》.

seléctive atténtion 〘心〙選択的注意《特定のものにだけ注意すること》.

seléctive bréeding 〘生〙選択交配, 品種改良.

seléctive emplóyment tàx 〘英〙選択雇用税《生産に直接関与しない従業員数に基づく, 第三次産業人口を減らすための事業税; 略 SET; 1966 年に始まったが, 73 年に VAT に代わった》.

seléctive mémory 選択的記憶《さまざまな情報のうち自分の知識・信念・態度などの裏付けとなる情報だけがよく記憶されること》.

seléctive serotónin reúptake inhìbitor 〘薬〙選択的セロトニン再取込み阻害薬 (⇨ SSRI).

seléctive sérvice 義務兵役; [S- S-] SELECTIVE SERVICE SYSTEM.

Seléctive Sérvice Sỳstem 〘米〙選抜徴兵制[局]《原則として 18–26 歳の全男性に予備役登録義務を課す制度, およびその運営機関; ヴェトナム戦争後, 徴兵 (draft) は志願制に代わったが, 非常時にはこの登録情報に基づき動員体制がしかれる; 略 SSS》.

seléctive transmíssion 〘車〙選択式変速機《順番にでなく直接どのギアにでも入れることができる》.

se·lec·tiv·i·ty /səlèktívəti, sìː-/ *n* 選択力, 精選; 淘汰; 《受信機などの》選択感度, 選択度[性], 分離度; 《福祉の対象に関する》選別主義.

seléct·man /-mən, -mæ̀n/ *n* 理事, 行政委員《Rhode Island 以外のニューイングランド諸州の town で選出された行政官; 理事会を構成し, town 行政を執行する》.

se·léc·tor *n* 選択者, 精選者; ˈˈ《競技チームの》選手選択者; ˈˈSELECTA; 選別機; 〘機・通信・電算〙選択装置, セレクター; 《豪》FREE-SELECTOR.

se·len-[1] /səlíːn, sélən/, **se·le·no-** /səlíːnoʊ, sélə-, -nə/ *comb form* 「月」「三日月形の」 [Gk SELENE]

se·len-[2] /səlíːn, sélən/, **se·le·ni-** /səlíːnə, sélə-/, **se·le·no-** /səlíːnoʊ, sélə-, -nə/ *comb form* 〘化〙「セレン (selenium)」 [Swed]

sel·e·nate /sélənèɪt/ *n* 〘化〙セレン酸塩[エステル]. [Swed]

Se·le·ne /səlíːni/ 〘ギ神〙セレーネー《月の女神; cf. DIANA, ARTEMIS, HECATE, LUNA[1]》. [Gk=moon]

Sel·en·ga /sèləŋgáː/ [the] セレンガ川《モンゴル西部に源を発し, Baikal 湖に流入する》.

se·le·nic /səlíːnɪk, -lén-/ *a* 〘化〙セレンの, 《特に》6 価のセレンを含む. [Swed]

selénic ácid 〘化〙セレン酸《強い二塩基酸》.

sel·e·nide /sélənàɪd/ *n* 〘化〙セレン化物.

sel·e·nif·er·ous /sèlənɪ́f(ə)rəs/ *a* 〘化〙セレンを含む.

se·le·ni·ous /səlíːniəs/ *a* 〘化〙《特に》4 価または 2 価のセレンを含む, 亜セレンの.

selénious ácid 〘化〙亜セレン酸《弱い二塩基酸》.

sel·e·nite /sélənàɪt, səlíːnàɪt/ *n* 〘化〙亜セレン酸塩; 〘鉱〙透明石膏, セレナイト; [S-] ˈˈ月の住民. ♦ **sèl·e·nít·ic, -i·cal** /-nít-/ *a* 透明石膏の(ような). [L<Gk]

se·le·ni·um /səlíːniəm/ *n* 〘化〙セレン, セレニウム《非金属元素; 記号 Se, 原子番号 34》. [NL (SELENE, *-ium*)]

selénium cèll 〘理〙セレン光電セル.

selénium rèctifier 〘電〙セレン整流器.
seleno- /səlíːnou, sélə-, -nə/ ⇨ SELEN-[1,2].
selèno·céntric *a* 月の中心の; 月の中心からみた; 月を中心としてみた.
sel·e·nod·e·sy /sèlənádəsi/ *n* 月測量学. ♦ **-sist** *n*
se·len·odont /səlíːnədɑ̀nt/ *a*, *n* 〘動〙臼歯の歯冠に新月状突起のある(哺乳動物), 半月歯(状)の, 月状歯.
seléno·gràph *n* 月面図.
sel·e·nog·ra·phy /sèlənágrəfi/ *n* 月理学; 月面(地理)学. ♦ **-pher, -phist** *n* **se·le·no·graph·ic** /səlìːnəgrǽfɪk, sèlənou-/, **-i·cal** *a*
sel·e·nol·o·gy /sèlənálədʒi, sìː-/ *n* 〘天〙月理学, 月質学, 月学. ♦ **-gist** *n* **se·le·no·log·i·cal** /səlìːn(ə)ládʒɪk(ə)l, sèlənou-/ *a*
selèno·morphólogy *n* 月面(地勢)学.
sel·e·no·sis /sèlənóusəs/ *n* 《家畜の》セレン中毒《セレン含有地の植物を食べて起こる》.
selèno·trópic *a* 〘生〙月の方向へ向かう, 向月性の.
selèno·trópism *n* 〘生〙向月性.
se·le·nous /səlíːnəs/ *a* SELENIOUS.
Sel·es /séləs/ セレシュ **Monica** ～ (1973–)《ユーゴスラヴィア出身の米国のテニス選手》.
Se·leu·cia /səlúːʃiə/ セレウキア《**1**) Tigris 川に臨むメソポタミアの古代都市; セレウコス朝の中心都市 **2**) 小アジア南東部の古代都市; 公式名 ～ **Tra·che·ó·tis** /-trèɪkióutəs/, ～ **Tra·chea** /-tréɪkiə; -trəkíːə/ **3**) Orontes 川に臨むシリアの古代港市, Antioch の外港; 公式名 ～ **Pi·éria** /-paɪíriə, -ér-/》.
Se·leu·cid /səlúːsəd/ *a*, *n* 《シリアなど南西アジアを治めた Macedonia の》セレウコス王朝 (312–64 B.C.) の(人). ♦ **Se·léu·ci·dan** *a*
Se·leu·cus /səlúːkəs/ セレウコス ～ **I Ni·ca·tor** /náɪkèɪtər/ (358?–280 B.C.)《Alexander 大王の下で Macedonia の部将; シリア王国の初代の王 (312–280 B.C.) で, セレウコス朝の始祖》.
self /sélf/ *n* **1 a** (*pl* **selves** /sélvz/) 自己, 自分; 〘哲〙自我; 本性, 真髄: one's own ～ 自分自身 / one's present [former] ～ 今[以前]の自分 / be [feel] one's old ～ 具合[調子]がよくなって / one's sense of ～ 自意識 / SECOND SELF / my humble ～ 小生 / your honored ～ 貴下 / your good ～ [*selves*] 貴殿, 貴店, 貴社《商業用語》/ their two *selves* 彼ら二人 / Caesar's ～ 《詩》シーザー自身 (＝*Caesar himself*) / beauty's ～ 《詩》美そのもの (＝*beauty itself*) / one's better ～ 良心. **b** 私利, 私欲, 利己心: put ～ first 私利を第一に考える / rise above ～ 己れを棄てる, 私利を超越する. **2** (*pl* ～**s**) 自家受精個体 (opp. *crossbreed*); 一色[自然色]の花[動物]. ► *pron* 《商・口》/[*joc*] わたし[きみ, 彼]自身 など: a check drawn to ～ 署名人払いの小切手 / a ticket admitting ～ and friend 本人と友人を入場させる切符. ► *a* **1** 〈布地など〉同一材料の, 共ぎれの; 無地の; 〈色など〉一様な, 単色の; 〈弓・矢が〉一本木の, 一枚板の; 〈酒など〉生(き)一本の, 純粋の: ～ black 黒一色. **2** 《廃》自分の; 《廃》同一の. ► *vt* INBREED; 自家受粉させる, 自殖させる. ► *vi* 自家受粉する, 自殖する.
[OE; cf. G *Selbst*]
self- /sélf, ⌐⌐/ *comb form* [再帰的意味の複合語をつくる] (1)「自己…」「自分を」「自分で」「自分だけで」「自分に対して」(2)「自動的な」「自然の」(3)「一様の」「単色[無地]の」「純粋の」★(1) この複合語はほとんど全部ハイフンでつなぐ. (2) 第二要素の語は本来のアクセントを維持する. [↑]
sèlf-abándoned *a* すてばちな, 自暴自棄の; 放縦な.
sèlf-abándon·ment, -abándon *n* すてばち, 自暴自棄; 放縦.
sèlf-abáse·ment *n* 卑下; 謙遜.
sèlf-abhórrence *n* 自己嫌悪[憎悪].
sélf-ábnegating *a* 自己否定[犠牲]的な.
sèlf-abnegátion *n* 自己否定; 自己犠牲, 献身.
sèlf-absórbed *a* 自己の考え[利益, 仕事]に夢中の[にとらわれた].
sèlf-absórption *n* 自己専念[陶酔]; 〘理〙自己吸収.
sèlf-abúse *n* 自己非難; 身体の酷使, 自己の才能の濫用, 自虐; 自瀆, 自慰; 《古》自己欺瞞.
sélf-áccess *n* 自習, 独習. ► *a* 自習用の[できる]: a ～ center 《自習教材などをそろえた》学習室.
sèlf-accusátion *n* 自責(の念), 自責感.
sèlf-accúsing, sèlf-accúsatory *a* 自責の.
sèlf-acquíred *a* 独力[自力]で獲得した.
sèlf-áct·ing *a* 自動(式)の.
sèlf-áction *n* 自主的行動[活動], 独行; 自動.
sèlf-actívity *n* SELF-ACTION.
sélf-áctor *n* 自動機械, 《特に》自動ミュール紡績機.
sèlf-áctual·ìze *vi* 〘心〙自己実現をする, 自己の潜在能力[欲求, 資質など]を最高に現実化する. ♦ **sèlf-àctual·izátion** *n* 自己実現. **-iz·er** *n*
sèlf-addréssed *a* 自分名宛の, 返信用の (cf. SASE).
sèlf-adhésive *a*, *n* 自動(硬化)接着性の(接着剤), 糊の付いた, 粘着式の〈封筒・ラベルなど〉.
sèlf-adjúst·ing *a* 自動調整の.
sèlf-adjúst·ment *n* 自動調整; 順応.
sèlf-admínister *vt* 自己投与する.
sèlf-admínistered *a* 自己管理された.
sèlf-admirátion *n* 自己賛美, SELF-CONCEIT.
sèlf-admíring *a* 自賛する, うぬぼれた. ♦ **～·ly** *adv*
sèlf-advánce·ment *n* みずから前へ出ること; 自力[自己]昇進; 私利追求.
sèlf-advertísement *n* 自己宣伝, 自分の売込み. ♦ **-ádvertising** *a*
sèlf-ádvocacy *n* **1** *〘福祉〙知的障害者の意思を重んじ自立を促すこと (cf. NORMALIZATION). **2** 自己主張[弁護].
sèlf-afféct·ed *a* うぬぼれた (conceited).
sèlf-affirmátion *n* 〘心〙自我確認.
sèlf-aggrándize·ment *n* 《積極的な》自己権力[財産]の拡大[強化]. ♦ **sèlf-aggrándizing** *a*
sèlf-alienátion *n* 〘精神医〙自己疎外, 離人感.
sèlf-análysis *n* 自己分析. ♦ **-ánalyzing** *a*
sèlf-analýtical, -ic *a* 自己分析する.
sèlf-annéal·ing *a* 〘冶〙自己焼きなましの.
sèlf-annihilátion *n* 自殺; 《神と同化するための》自己の滅却.
sélf-ántigen *n* 〘免疫〙自己抗原.
sèlf-appláud·ing *a* 自己礼賛の, 自画自賛の.
sèlf-appláuse *n* 自己を是認する表明[感情], 自画自賛, 手前みそ.
sèlf-appóint·ed *a* みずから任じた, ひとり決めの, 自薦の, 自称の: ～ leader リーダー気取りの[親分風を吹かす]人.
sèlf-appráisal *n* 自己評価.
sèlf-approbátion, -appreciátion, -appróval *n* 自画自賛, ひとりよがり, 自己満足.
sèlf-assémbly *n* 〘生化〙《生体高分子の》自己集合. ► *a*"〈家具などが〉組立て式の. ♦ **-assémble** *vi*
sèlf-assért·ing *a* 自己(の権利)を主張する; 自信に満ちた; でしゃばりの, 傲慢な. ♦ **～·ly** *adv*
sèlf-assértion *n* 自己主張; でしゃばり, 誇示.
sèlf-assértive *a* でしゃばりの, 無遠慮な. ♦ **～·ly** *adv* **～·ness** *n*
sélf-asséssment *n* 自己評価[査定]; 《税の》自己申告.
sèlf-assúmed *a* 専断の, ひとり決めの.
sèlf-assúmption *n* SELF-CONCEIT.
sèlf-assúrance *n* 自信; うぬぼれ.
sèlf-assúred *a* 自信のある; 自己満足の. ♦ **～·ly** *adv* **～·ness** *n*
sèlf-awáre *a* 自己を認識している, 己れを知った; 自意識過剰の.
sèlf-awáre·ness *n* 自己認識; 自我のめざめ.
sèlf-begótten *a* みずから生まれた, 自生の.
sèlf-belíef *n* 自己信頼, 自信.
sélf-bélt *n* 《服と同じ》共布のベルト. ♦ **sélf-bélt·ed** *a*
sèlf-betráy·al *n* SELF-REVELATION.
sélf-bínd·er *n* 自動結束機, バインダー付き刈取り[収穫]機; 〘製本〙自動結束機.
sèlf-blínd·ed *a* みずから盲目になった; 自分で誤った.
sèlf-bórn *a* 自身の内からわき起こる; 〈不死鳥など〉前の姿から別の姿になって飛び出した, 生まれ変わった.
sélf-build *n* 《家などを》自分で建てること, 手作り建築(した家). ► *vi*, *vt* (家などを)自分で建てる. ♦ **-buíld·er** *n*
sèlf-cánceling *a* 自己矛盾に陥った; 互いに効果を打ち消す; 〈方向指示器などが〉自動的に停止する.
sélf-cáre *n* 自分の面倒を自分でみること.
sèlf-castigátion *n* SELF-PUNISHMENT.
sèlf-cáter·ing" *n*, *a* 自炊(の).
sèlf-cénsor·ship *n* 自己検閲, 自主規制, 自粛.
sèlf-céntered *a* [*derog*] 自己中心[本位]の, 利己的な; 自主的な, 自己充足的な; 《古》固定した, 不変の. ♦ **～·ly** *adv* **～·ness** *n*
sèlf-cénter·ing *a* 自動的に中心に戻る; 〈旋盤のチャックが〉あご[押え部]が必ず同心になるような機構をもつ.
sèlf-certificátion *n* 自己証明[申告]《特に医師の診断書以外の文書による疾病手当の申請》. ♦ **-certíficate** *n* 自己証明[申告]書.
sèlf-cértify *vt* (正式文書で)〈自分の収入などを〉自己証明する: a *self-certified* mortgage 自己証明型住宅ローン《自営業者など所得証明のむずかしい人が利用するが, 近年は規制対象となりつつある》.
sèlf-chárging *a* 自動充電[装塡]式の.
sèlf-cléan·ing *a* 自浄[自洗]式の.
sèlf-clósing *a* 〘機〙自動閉鎖(式)の.
sèlf-cóck·ing *a* 〈銃が〉自動コック式の《撃鉄が手でなく引金などで上がる方式にいう》; 〘写〙〈シャッターが〉自動セットの.
sèlf-colléct·ed *a* 冷静な, 沈着な. ♦ **～·ness** *n*
sèlf-cólor(ed) *a* 〈花・動物が〉単色の; 〈布地などが〉自然色の, 《繊維の》地色を保った, 〈刺繡などが〉布地と同系色の.
sèlf-commánd *n* 自制, 克己; 沈着 (self-control).

sèlf-commúnion *n* 自省, 自己省察, 内省.

sèlf-compátible *a* 自家受粉で結実[結果]できる, 自家和合[親合]性の. ♦ **-compatibílity** *n*

sèlf-complácent *a* 自己満足の, ひとりよがりの, うぬぼれた. ♦ **~·ly** *adv* **sèlf-complácency, -cence** *n*

sèlf-compósed *a* 冷静な, 取り乱さない. ♦ **sèlf-com·pós·ed·ly** /-ədli/ *adv* **-ed·ness** /-əd-/ *n*

sèlf-concéit *n* うぬぼれ, 自負心, 虚栄心. ♦ **~·ed** *a*

sélf-cóncept, sèlf-concéption *n* SELF-IMAGE.

sèlf-concérn *n* 自己(の利益)に対し利己的[病的]に気を配ること, 利己的[自愛的]執着. ♦ **~ed** *a*

sèlf-condemnátion *n* 自己非難, 自責.

sèlf-condémned *a* 自責の, 良心の呵責をうけた.

sèlf-conféssed *a* 《罪·悪行などを》みずから認めた, 自認する. ♦ **-con·féss·ed·ly** /-kənfésədli, -féstli/ *adv*

sèlf-conféssion *n* 公言, 自認. ♦ **~·al** *a*

sélf-cónfidence *n* 自信; 自信過剰, うぬぼれ. ♦ **sélf-cónfident** *a* **-dent·ly** *adv*

sèlf-confrontátion *n* 自分に向き合うこと, 自己分析 (self-analysis).

sèlf-congratulátion *n* 自己満悦, 内心の喜び. ♦ **-con-grátulating** *a*

sèlf-congrátulatory *a* 自己満悦の[にふける].

sèlf-cónscious *a* 自意識の強い; 人の目を気にする, てれくさがる, 意識しすぎの; 〖哲·心〗自意識の: be ~ *about* one's looks 容姿を気にしている. ♦ **~·ly** *adv* **~·ness** *n* 自己意識, 自意識, 自覚; はにかみ.

sèlf-consecrátion *n* 献身; 自己浄化.

sélf-cónsequence *n* 尊大 (self-importance).

sèlf-consíst·ency *n* 自己矛盾のない性質[状態], 首尾一貫(性), 理路整然.

sèlf-consíst·ent *a* 自己矛盾のない, 筋の通った.

sélf-cónstituted *a* 自分で決めた, 自己設定の.

sèlf-consúming *a* みずから消耗する, 自滅する.

sèlf-contáined *a* 無口な, うちとけない; 自制的な〈人〉, 沈着な; 〈機械などが〉それだけで完備した, 自給式の, 自納[自蔵]…; 組み込みの (built-in); 自己充足の, 独立した, ″〈アパートなどが〉各戸に必要施設の備わった, 各戸独立式の: ~ navigation 〖空〗自蔵[自立]航法. ♦ **sèlf-contáin·ed·ly** /-əd-/ *adv* **-ed·ness** /-əd-/ *n* **sèlf-contáin·ment** *n*

sèlf-contaminátion *n* みずから汚染すること, 自己汚染; 内部汚染.

sèlf-contemplátion *n* 自己凝視, 自省, 内省.

sèlf-contémpt *n* 自己蔑視, 卑下.

sèlf-contént *n* 自己満足 (self-satisfaction).

sèlf-contént·ed *a* 自己満足の, ひとりよがりの (self-satisfied). ♦ **~·ly** *adv* **~·ness** *n*

sèlf-contént·ment *n* SELF-SATISFACTION.

sèlf-contradíction *n* 自己矛盾, 自家撞着; 自己矛盾した陳述[命題]. ♦ **sèlf-contradíct·ing** *a*

sèlf-contradíctory *a* 自己矛盾の, 自家撞着の.

sèlf-contról *n* 自制, 克己. ♦ **-tróllled** *a* **-trólling** *a*

sèlf-convíct·ed *a* みずから有罪と証明した[を認めた].

sèlf-corréct·ing *a* みずから正す; 〖電算〗自動修正する.

sèlf-corréctive *a* SELF-CORRECTING.

sèlf-creáted *a* 自己創造の, みずから創った; 自任の.

sèlf-crítical *a* 自己批判の, 自己批判的な.

sèlf-críticism *n* 自己批判.

sèlf-cultivátion *n* 自己修養[開発].

sèlf-cúlture *n* 自己修養[鍛練].

sélf-déal·ing *n* 私的な金融取引, 自己取引, 《特に》会社[財団]の金の私的利用.

sèlf-decéit *n* SELF-DECEPTION.

sèlf-decéived *a* 自己欺瞞に陥った; 勘違いをした.

sèlf-decéiver *n* みずからを欺く人.

sèlf-decéiving *a* みずからを欺く, 自己欺瞞の.

sèlf-decéption *n* 自己欺瞞.

sèlf-decéptive *a* SELF-DECEIVING.

sèlf-decláred *a* SELF-PROCLAIMED.

sèlf-dedicátion *n* 《理想などに》みずからをささげること, 自己献身.

sèlf-deféat·ing *a* 自己の目的を打ち砕く, 自滅的な.

sèlf-defénse | sélf-defénce *n* 自衛, 自己防衛, 護身(術); 〖法〗正当防衛(の権利[主張]): kill sb *in* ~ 自己[正当]防衛で人を殺す / the (noble) art of ~ 護身術《ボクシング·柔道など》.

sèlf-defénsive *a* 自衛の, 護身(術)の, 自衛的な.

sèlf-definítion *n* 自己(の本質[実体]の)認識[確認].

sèlf-delíverance *n* 自己解放, 自殺.

sèlf-delúded *a* SELF-DECEIVED.

sèlf-delúsion *n* SELF-DECEPTION.

sèlf-deníal *n* 禁欲, 克己, 無私, 没我.

sèlf-dený·ing *a* 克己の, 無私の. ♦ **~·ly** *adv*

sèlf-depéndence, -depéndency *n* 自己信頼, 自力本願 (self-reliance).

sèlf-depéndent *a* 自己がたよりの, 自力による, 自力本願の, 独立独行の. ♦ **~·ly** *adv*

sèlf-déprecating, -déprecatory *a* みずからを軽視する, 卑下[謙遜]する, 自嘲ぎみの. ♦ **-ing·ly** *adv*

sèlf-deprecátion *n* 自己軽視, 卑下, 謙遜.

sèlf-depreciátion *n* SELF-DEPRECATION. ♦ **-deprécia-tory** *a* SELF-DEPRECATING.

sèlf-descríbed *a* 自認している, 自称の.

sèlf-designátion *n* みずから名のる呼称, 自称.

sèlf-despáir *n* 自分に愛想をつかすこと, 自暴自棄.

sèlf-destróy·er *n* 自滅する人.

sèlf-destróy·ing *a* SELF-DESTRUCTIVE.

sèlf-destrúct* *vi* 自滅する; 自然消滅する; 《内部に仕掛けられた装置により》自己破壊[自動爆破]する. ► *a* 自然崩壊する; 自己破壊する. ［逆成く↓］

sèlf-destrúction *n* 自壊, 自滅, 《特に》自殺; 自爆.

sèlf-destrúctive *a* 自滅的な, 自滅型の, 自殺的な (suicidal). ♦ **~·ly** *adv* **~·ness** *n*

sèlf-determinátion *n* 自決(権), 自発的決定(能力); 民族自決(権) (＝racial ~).

sèlf-detérmined *a* みずから決定した.

sèlf-detérmining *a* 自己決定の, 自決の.

sèlf-detérminism *n* 自分の行動をみずから決定する主義, 自決主義.

sèlf-devélop·ment *n* 自己の能力の開発, 自己開発.

sèlf-devóted *a* 献身的な. ♦ **~·ly** *adv* **~·ness** *n*

sèlf-devóting *a* 献身する.

sèlf-devótion *n* 献身. ♦ **~·al** *a*

sèlf-devóur·ing *a* 自食性の; 自己消耗的な.

sèlf-díagnose *vi, vt* (健康[財政]状態などを)自己診断する.

sèlf-digéstion *n* 《生活細胞の》自己消化 (autolysis).

sèlf-diréct·ed *a* みずから方向を決定する, 自発的な.

sèlf-diréct·ing *a* みずから方向づける, 自己決定する.

sèlf-diréction *n* みずからによる方向決定, 自主独往.

sèlf-dis·chárge *n* 自己放電.

sèlf-díscipline *n* 自制; 自己訓練[修養], 精神力.

sèlf-dísciplined *a* 自己訓練できる, 修養のできた.

sèlf-discóvery *n* 自己発見.

sèlf-disgúst *n* 自己嫌悪.

sèlf-dissociátion *n* 〖化〗自己解離.

sèlf-dis·tríb·ut·ing /-dɪstríbjətɪŋ/ *a* 自動散布[配布](式)の.

sèlf-dis·trúst *n* 自己不信, 自信のなさ, 気おくれ. ♦ **~·ful** *a*

sèlf-divísion *n* 〖生〗《個体生長による》自己分割.

sélf·dom *n* 自己の本質, 個性.

sélf-dóubt *n* 自己疑念, 信念[自信]喪失.

sèlf-drámatizing *a* 芝居がかったふるまいをする, これみよがしの. ♦ **sèlf-dramatizátion** *n*

sélf-dríve″ *a* レンタルの〈車〉; マイカーの〈旅〉.

sélf-dríven *a* 自動推進(式)の.

sèlf-éducated *a* 独学の; 仕送りなしに学んだ, 苦学した. ♦ **sèlf-educátion** *n* 独学; 苦学.

sèlf-effáce·ment *n* 《控えめにして》表に出ないこと, 控えめな態度. ♦ **sèlf-effácing** *a* 控えめな. **sèlf-effácing·ly** *adv*

sèlf-eléct(·ed) *a* 自選の, 自任の.

sèlf-emplóyed *a* 自家営業の, 自営(業)の: go ~ 自営を始める, 脱サラする.

sèlf-emplóy·ment *n* 自家経営, 自営.

sèlf-énergizing *a* 自動的に力が加わる(方式の): a ~ brake 自励ブレーキ.

sèlf-enfórcing *a* 独立執行[施行]の〈命令·条約〉.

sèlf-enrích·ment *n* 《知的·精神的に》自己(の中身)を豊かにすること.

sèlf-estéem *n* 自尊(心), 自負心; うぬぼれ: high [low] ~ 自信[自己卑下].

sèlf-evaluátion *n* 自己評価[査定].

sèlf-évidence *n* そのもの自体の示す証拠; 自明.

sèlf-évident *a* 自明の. ♦ **~·ly** *adv* 明らかに.

sèlf-exaltátion *n* 自己[自我]の高揚, うぬぼれ.

sèlf-exált·ing *a* 自己を高揚する, 虚栄心の強い. ♦ **~·ly** *adv*

sèlf-examinátion *n* 自省, 反省, 自己分析; 《病気の》自己診断.

sèlf-excíted *a* 〖電〗ダイナモ自体による, 自励(式)の.

sèlf-éxecuting *a* 〖法〗〈法律·条約など〉他の法令を待たず直ちに施行される, 自動発効の.

sèlf-éxiled *a* 《みずからの意志[決定]で》自己追放した, 《国外などに》亡命[逃亡]した.

sèlf-exístence *n* 独立自存, 自存.

sèlf-exístent *a* 独立的存在の, 自立自存の.

sèlf-expláin·ing *a* SELF-EXPLANATORY.
sèlf-explánatory *a* 自明の, そのままで明白な, 改めて説明するまでもない, 読めば[見れば]わかる.
sèlf-explorátion *n* 自分自身の未開の能力を探ること, 自己探査.
sèlf-expréssion *n* 《芸術・文学などにおける》自己表現. ♦ **-expréssive** *a*
sélf-fáced *a* 刻まれていない, 手を加えてない, 《特に》〈石の表面が〉天然のままの.
sélf-féed *vt* 〔畜〕〈動物〉に自動選択給餌する《一度に大量に与えて好きな時に好きなだけ食べさせる; cf. HAND-FEED》. ♦ **~·ing** *a*
sélf-féed·er *n* 自動[自由選択]給餌機, セルフフィーダー; 燃料[材料]自動供給式の炉[機械].
sélf-féel·ing *n* 自己本位の感情, 自己感情.
sèlf-fértile *a* 〔生〕自家受精する, 自家稔(ねん)性の (opp. *self-sterile*) (cf. CROSS-FERTILE). ♦ **sélf-fertílity** *n* 自家受精性.
sèlf-fertilizátion *n* 〔生〕自家受精, 自殖.
sèlf-fértilized, -fértilizing *a* 〔生〕自家受精した[する].
sélf-fináncing *a* 〈組織・事業が〉自己資本の, 独立採算の. ♦ **sélf-fináneed** *a*
sèlf-flagellátion *n* 自責, 自虐.
sèlf-flátter·ing *a* うぬぼれの, 自分自身を甘やかす.
sèlf-fláttery *n* 自賛, うぬぼれ.
sèlf-forgét·ful *a* 自分を忘れた, 献身的な, 無私無欲の. ♦ **~·ly** *adv* **~·ness** *n*
sèlf-forgétting *a* SELF-FORGETFUL. ♦ **~·ly** *adv*
sèlf-fórmed *a* みずから(の努力で)形成した.
sélf-frúit·ful *a* 自家受粉で果実をつくることのできる (cf. SELF-UNFRUITFUL). ♦ **~·ness** *n* 自家結果性.
sèlf-fulfíll·ing *a* 自己達成しつつある, 自己達成的な; 〈予言などが〉予言[予期]されたために実現する.
sèlf-fulfíll·ment *n* 自己達成.
sèlf-génerated *a* 自然発生した; ふと心に浮かんだ.
sèlf-génerating *a* 自己生殖の, 自然発生の.
sèlf-generátion *n* 自己生殖, 自然発生.
sèlf-gíven *a* (それ)自体から得た; 独力で得た.
sèlf-gíving *a* 自己犠牲的な, 献身的な.
sélf-glázed *a* 〔窯〕釉薬(ゆうやく)をかけずに焼いた, セルフグレーズドの.
sèlf-glorificátion *n* 自己賛美, 自賛, 自慢.
sèlf-glórify·ing *a* 自慢する, うぬぼれた (boastful).
sèlf-glóry *n* 虚栄心; 自負, 高慢.
sèlf-góvern·ance *n* 自治.
sèlf-góverned *a* 自治の; 自制した, 克己の.
sèlf-góvern·ing *a* 自治の; 〈病院・学校が〉自治信託[自主運営]の: a ~ colony 自治植民地 / a ~ dominion 自治領《かつてのカナダ・オーストラリアなど》.
sèlf-gòverning trúst 〔英〕自治信託(医療機関)《NHS (国家医療制度) に導入された病院その他医療機関の制度; NHS の医療機関を申請により地方行政当局の管轄から独立させ, 信託理事会の下での独立運営体に移行させたもの》.
sèlf-góvern·ment *n* 自治; 自主管理; 自制, 克己.
sèlf-gratificátion *n* 自己の欲求を満足させること.
sèlf-gratulátion *n* SELF-CONGRATULATION.
sèlf-grátulatory *a* SELF-CONGRATULATORY.
sèlf-hárd·en·ing *a* 〔冶〕自硬性の: ~ steel 自硬鋼. ♦ **-hárdened** *a*
sélf-hárm *n, vi* 自傷行為(をする)《リストカットなど》. ♦ **~·er** *n*
sèlf-háte, sèlf-hátred *n* 自己[同胞]憎悪.
sèlf-háting *a* 自己憎悪[嫌悪]の[に陥った].
sélf-hèal *n* 病気に効く植物, 薬草, 《特に》ウツボグサ.
sèlf-héal·ing *a* 自然治癒する〈傷〉.
sèlf-hélp *n, a* 自助(の), 自立(の): a ~ group 自助グループ《Alcoholics Anonymous など》/ a ~ book 《問題の》自己解決本[手引書] / *S~* is the best help. 《諺》自助は最上の助け. ♦ **~·ing** *a*
sélf·hòod *n* 個性(のあること), 性格, 人格; 自我; 自己本位, 利己心.
sèlf-húmbling *a* みずからを低める, 卑下[謙遜]させる.
sèlf-humiliátion *n* 謙遜, 卑下.
sèlf-hypnósis, sélf-hýpnotism *n* 自己催眠. ♦ **sèlf-hypnótic** *a* **-hypnótical·ly** *adv*
sèlf-idéntical *a* SELF-IDENTITY をもった.
sèlf-identificátion *n* 《他人または他物との》自己の同定, 自己同一化.
sèlf-idéntity *n* 《事物のそれ自体との》同一性; 主体と客体の一致, 自己同一性.
sèlf-igníte *vi* 《火花も炎もなく》自然発火する; 自己点火[着火]する. ♦ **sèlf-ignítion** *n*
sélf-ímage *n* 自己(の役目[資質, 価値など])についてのイメージ, 自己像, 自像 (＝*self-concept*).
sèlf-immolátion *n* 《積極的な》自己犠牲; 《抗議の》焼身自殺 〈*against*〉.
sèlf-impórtant *a* [*derog*] 尊大な, もったいぶった, うぬぼれの強い. ♦ **~·ly** *adv* **sèlf-impórtance** *n*
sèlf-impósed *a* みずから課した, 自分で好んでする.
sèlf-ímpotent *a* SELF-STERILE.
sèlf-impróve·ment *n* 自己改善[向上, 修養]. ♦ **-impróving** *a*
sèlf-inclúsive *a* 自己[それ自体]を含んだ; 自体で完全な, 自己完結の.
sèlf-in·compátible *a* 〔植〕有効な自家受粉ができない, 自家不和合の. ♦ **-in·compatibílity** *a* 自家不和合性.
sèlf-in·críminating *a* みずから罪あるものとする, 自己負罪的な.
sèlf-in·criminátion *n* 自己負罪《自分自身に不利となる証言をするなどしてみずから刑事訴追をまねく証拠を与えること》.
sèlf-indúced *a* 自己導入[誘発]の; 〔電〕自己誘導の: ~ vomiting 自己誘発嘔吐《のどに指を突っ込むなどして無理に吐くこと》.
sèlf-indúctance *n* 〔電〕自己インダクタンス.
sèlf-indúction *n* 〔電〕自己誘導.
sèlf-indúlgence *n* 放縦, 好き放題, わがまま.
sèlf-indúlgent *a* わがままな, 好き放題の, 放縦な. ♦ **~·ly** *adv*
sèlf-inflíct·ed *a* みずから自分に課した; 自身の手で加えた, みずからまねいた〈けがなど〉. ♦ **-inflíction** *n* 自家加害, 自傷行為.
sèlf-inítiated *a* みずから始めた.
sèlf-instrúct·ed *a* 独習の, 独学の; 自動式の.
sèlf-instrúction·al *a* 自習[独習](用)の.
sèlf-insúrance *n* 自家保険; 保険対象物の価値と保険金額との差.
sèlf-insúre *vi* 自家保険をかける. ♦ **-insúrer** *n*
sèlf-ínterest *n* 自己の利益[権益]; 私利(追求), 私欲.
sèlf-ínterest·ed *a* 私利をはかる, 利己的な. ♦ **~·ness** *n*
sèlf-invíted *a* 招待を受けない, 押しかけの.
sèlf-invólved *a* SELF-ABSORBED. ♦ **-invólvement** *n*
sélf·ish *a* 利己的な, 自分本位の, わがままな; 〔倫〕自愛的な (opp. *altruistic*): the ~ theory of morals 自愛[利己]説. ♦ **~·ly** *adv* 自分本位に, 利己的に, 身勝手に. **~·ness** *n*
selfish DNA /––– dí:ènéɪ/ 利己的 DNA (JUNK DNA).
sélfish géne 利己的遺伝子《自然選択の対象となるのは個体ではなく, 遺伝子だとする考え方を強調するために英国の生物学者 Richard Dawkins (1941–　) が著書 (1976) のタイトルにも用いた表現》.
sélf·ìsm *n* 自分の関心事に没頭すること, 自己中心主義.
sèlf-júdgment *n* 自己判断.
sèlf-justificátion *n* 自己正当化, 自己弁護; 〔印〕《行末をそろえるための字間の》自動調整.
sèlf-jústify·ing *a* 自己弁護せんとする, 自己を正当化する, 存在理由を内包する; 〔印〕《行末をそろえるために字間を》自動調整する.
sèlf-kíndled *a* 自動点火の.
sèlf-knów·ing *a* 自分を知っている, 自己認識を有する.
sèlf-knówledge *n* 自覚, 自己認識.
sélf·less *a* 無私の, 無欲の, 恬淡(てんたん)とした, 献身的な. ♦ **~·ly** *adv* **~·ness** *n*
sèlf-limitátion *n* 自己制限, 自主規制.
sèlf-límit·ed *a* みずからの性質により制限された, 本質的制約のある; 〈病気が〉限定された過程を経る, 自己限定性の.
sèlf-límit·ing *a* みずから制限[制約]する; 自己制御式の; 〈病気が〉限定された過程を経る, 自己限定性の.
sèlf-líquidating *a* 〔商〕〈商品など〉仕入れ先に支払いをする前に現金になる, すぐはける; 〈事業など〉(借入金の巧みな運用によって)借入金を弁済できる, 自己回収[弁済]的な.
sèlf-lóad·er *n* 自動装填式[半自動式]の銃器.
sèlf-lóad·ing *a* 〈小銃が〉自動装填式の, 半自動式の (semiautomatic).
sélf-lóath·ing *n* 自己嫌悪.
sèlf-lóck·ing *a* 自動的に錠のおりる, 自動締まりの, 自動ロック式の.
sélf-lóve *n* 自愛, 自己愛; 利己主義; うぬぼれ, 虚栄; ナルシシズム.
sèlf-lóving *a* 自愛の, 自己愛の; 身勝手な.
sèlf-lúbricating *a* 〔機〕(潤滑油)自動注油(式)の.
sèlf-lúminous *a* 自己発光(性)の.
sélf-máde *a* 自分で作った, 自作の; 自力でなした, (それ)自体がつくった, 独立独行の: a ~ man 自分の腕一本でたたき上げた男[ビジネスマン].
sélf-máil·er *n* 封筒に入れずに郵送できる折本[印刷物].
sélf-máil·ing *a* 封筒に入れずに郵送できる.
sèlf-mástery *n* 克己, 自制.
sélf-màte *n* 〔チェス〕SUIMATE.
sèlf-médicate *vi* 《医者にかからず》自分で治療する. ♦ **-medicátion** *n*
sèlf-móckery *n* 《自分自身をネタにする》自虐的言動[ジョーク].
♦ **-móck·ing** *a* **-móck·ing·ly** *adv*
sèlf-mortificátion *n* みずから進んで苦行すること.
sélf-mòtion *n* 自発運動.

sèlf-motivátion *n* 自律的動機づけ, 自己動機づけ. ◆ **-mó·ti·vàt·ed** *a* 意欲的な, 自発[自主]的な. **-mó·ti·vàt·ing** *a* 自発[意欲]的な; やる気がわく[励みになる]ような.
sélf-móved *a* 自力で動く.
sélf-móver *n* 自己を動かすもの, AUTOMATON.
sélf-móving *a* 自動(可能)の, 自動性の.
sélf-múrder *n* 自害, 自殺. ◆ **~·er** *n*
sèlf-mutilátion *n* 自傷(行為).
sèlf-nàught·ing *n* 控えめにして表立たないこと.
sèlf-neglect *n* 自己無視.
sélf·ness *n* 《古》個性, 人格; 利己主義.
sélf-nóise *n* 《航行中の》船自体の出す音, 自生雑音《波の音などに対する》.
sèlf-observátion *n* 自分の外見を観察すること; 自己観察[省察], 内省 (introspection).
sélf-óccupied *a* 自分のことばかり考えている, SELF-ABSORBED; 自営(業)の (self-employed).
sèlf-óperating, -óperative *a* 自動(式)の, 自動制御の.
sèlf-opínion *n* うぬぼれ, 過大な自己評価.
sèlf-opínionated *a* うぬぼれの強い, 思い上がった; 自説を曲げない, 片意地な, 強情な. ◆ **~·ness** *n*
sèlf-opínioned *a* SELF-OPINIONATED.
sèlf-ordáined *a* みずから制定[許可]した, 自己免許の.
sèlf-organizátion *n* 自主的組織結成[加入], 《特に》労働組合結成[加入].
sèlf-oríginated *a* ひとりでに発生した.
sèlf-oríginating *a* ひとりでに[自己から]発生する.
sélf-páced *a* 〈学科・課程が〉自己の進度に合わせて学習できる, 自分のペースでできる.
sèlf-paródic *a* SELF-PARODYING.
sèlf-párody *n* 自己諷刺, 自己のパロディー. ◆ **~·ing** *a*
sèlf-partiálity *n* 自己の過大評価; 身びいき.
sèlf-percéption *n* 自己認識[概念], 自己像, SELF-IMAGE.
sèlf-perpétuating *a* 《地位・役職に》いつまでもとどまる(ことのできる); 無際限に継続しうる, 果てしない. ◆ **sèlf-perpetuátion** *n*
sélf-píty *n* 自己に対するあわれみ, 自己憐憫. ◆ **~·ing** *a* 自己憐憫に浸った, めそめそした. **~·ing·ly** *adv*
sélf-pléased *a* 自己満足した (self-complacent).
sélf-pléasing *a* 自分にとって好ましい.
sélf-póise *n* 自動的均衡(状態); 冷静.
sélf-póised *a* 自然に釣合いを保つ; 冷静な, 沈着な.
sélf-pólicing *a* みずから警備を行なう, 自警組織をもつ. ► *n* みずから行なう警備, 自警; 自己検閲.
sélf-póllinate *vi, vt* 〖植〗自家[自花]受粉する[させる]. ◆ **-póllinator** *n*
sèlf-pollinátion *n* 〖植〗自家[自花]受粉.
sèlf-pollútion *n* 自慰, 自瀆, 手淫 (masturbation).
sélf-pórtrait *n* 自画像, セルフポートレート. ◆ **-pórtraiture** *n*
sèlf-posséssed *a* 冷静な, 沈着な. ◆ **sèlf-posséss·ed·ly** /-ədli/ *adv*
sèlf-posséssion *n* 冷静, 沈着.
sèlf-pówered *a* 自家動力の, 自家推進の.
sèlf-práise *n* 自賛, 手前みそ: *S*~ is no recommendation. 《諺》自賛は推薦にはならぬ.
sèlf-preparátion *n* ひとりでに[自然に]備わること.
sèlf-preservátion *n* 自己保存; 本能的自衛: *S*~ is the first law of nature. 《諺》自己保存は自然の第一法則.
sèlf-preséving *a* 自己保存の, 自衛的な.
sèlf-príde *n* 自負, みずからの誇り, 矜持(きょうじ).
sèlf-príming *a* 自給式の〈ポンプ〉.
sèlf-procláimed *a* みずから主張[宣言]した, 自称の.
sèlf-prodúced *a* 自己生産の; 自身から出てくる.
sèlf-proféssed *a* SELF-PROCLAIMED.
sélf-promótion *n* 自己宣伝[アピール]. ◆ **-promóter** *n* **-pro·mót·ing** *a*
sèlf-pronóuncing *a* 発音符号付きの, 発音自明表記の《別個に発音表記をするのではなくつづり字にアクセント符や発音区別符号 (diacritical marks) を直接付けて発音を示す》.
sèlf-propélled *a* 自動推進(式)の; 自走式の: a ~ gun 自走砲.
sèlf-propélled sándbag*《俗》米海兵隊員.
sèlf-propélling *a* SELF-PROPELLED.
sèlf-propúlsion *n* 自力推進.
sèlf-protéction *n* 自己防衛, 自衛 (self-defense). ◆ **-pro·téct·ing** *a*
sèlf-protéctive *a* 自己を防衛する. ◆ **~·ness** *n*
sèlf-públish *vt* 自費出版する. ◆ **~ed** *a* 〈本が〉自費出版の, 私家版の.
sèlf-púnish·ment *n* 自己懲罰.
sèlf-purificátion *n* 自然浄化; 自己浄化, 自浄(作用); 自己精製.
sélf-quéstion *n* 自己に対する問い[疑問], 自問.
sélf-quéstion·ing *n* 自己の行動[動機, 信条など]についての考察[省察], 自問, 反省.
sèlf-ráised *a* 自力で上がった[向上した, 昇進した].
sèlf-ráising[‖] *a* SELF-RISING.
sélf-ráting *n* 自己の位置づけ, 自己評価.
sèlf-re·áct·ing *a* 自動的に反応する.
sèlf-realizátion *n* 自己実現, 自己完成.
sèlf-realizátion·ism *n* 自己能力発現主義, 自己実現主義《自己の生得の能力を最大限に発揮することを最高の善とする》. ◆ **-ist** *n*
sèlf-recognítion *n* 自己認識, 自我の認識; 〖生化〗自己認識《個体の免疫系が自己の化学物質・細胞・組織と外界からの侵入物とを識別するようになる過程》.
sèlf-recórd·ing *a* 自動記録(式)の, 自記式の.
sèlf-recriminátion *n* 自己叱責[非難].
sèlf-réctify·ing *a* 自己矯正[改正]できる.
sèlf-réference *n* 〖論〗自己指示(文); 自己言及.
sèlf-referéntial *a* 〖論〗〈文などが〉みずからの真偽を主張する, 自己指示の; みずからに言及する, 自己言及的な《当該作品や作者自身(の他の作品)に言及する》. ◆ **-referentiálity** *n* **~·ly** *adv*
sèlf-refléction *n* 内省 (introspection).
sèlf-refléctive *a* 内省的な.
sèlf-refléxive *a* 自己を反映する, 自己言及的な (self-referential). ◆ **~·ly** *a* **~·ness** *n* **sèlf-reflexívity** *n*
sèlf-reformátion *n* 自己改造[改革].
sèlf-regárd *n* 自愛, 利己; SELF-RESPECT.
sèlf-regárd·ing *a* **1** 自己中心[本位]の. **2**〖哲〗〈行動が〉行為者自身にのみ影響を及ぼす.
sèlf-régister·ing *a* SELF-RECORDING.
sèlf-régulating *a* 自己規制する, 自浄能力のある; 自己調節の; 自動制御の, AUTOMATIC. ◆ **sélf-regulátion** *n* **sélf-régula·tive** *a* **sélf-régulatory** *a*
sèlf-relíance *n* 自分をたのむこと, 独立独行, 自恃(じじ), 自信, 自立.
sèlf-relíant *a* 自己をたのむ, 自信をもった, 自立した. ◆ **~·ly** *adv*
sèlf-renóuncing, -renúnciatory *a* 自己を放棄する, 無私の.
sèlf-renunciátion *n* 自己放棄; 無私, 無欲.
sèlf-réplicating *a* 自己再生[増殖]する, 自分と同一のものをみずから再生する〈生体の分子など〉.
sèlf-replicátion *n* 自己再生[増殖].
sèlf-repórt *n* 〖心〗自己報告(式). ◆ **~·ed** *a*
sèlf-represśion *n* 自我の抑制[抑圧].
sèlf-repróach *n* 自己非難, 自責; 罪の意識. ◆ **~·ful** *a*
sèlf-repróach·ing *a* 自分を責める(ような), 自責の. ◆ **~·ly** *adv* **~·ness** *n*
sélf-rè·prodúcing *a* SELF-REPLICATING.
sèlf-repróof *n* 自責, 自己非難.
sèlf-repróving *a* 自責の念に駆られた. ◆ **~·ly** *adv*
sèlf-repúgnant *a* 自己矛盾の, 自家撞着の.
sèlf-respéct *n* 自尊(心), 自重; 《職業的な》プライド, 誇り, 意地.
sèlf-respéct·ful *a* SELF-RESPECTING.
sèlf-respéct·ing *a* 自尊心のある, 自重する, まっとうな: No ~ person would do that.
sèlf-restráin·ing, -restráined *a* 自制する[した], 自制的な.
sèlf-restráint *n* 自制, 克己: exercise [practice] ~.
sèlf-revéal·ing *a* 〈手紙など〉筆者の人柄・思想・感情などを自然に映し出している, 自己を表わしている, 自己表出的な.
sèlf-revelátion *n* 《人柄・思想・感情などの》たくまざる自己表出.
sèlf-révelatory, sèlf-re·vél·a·tive /-rɪvélətɪv/ *a* SELF-REVEALING.
sèlf-rewárd·ing *a* それ自体が報酬となる.
Sel·fridg·es /sélfrɪʤəz/ セルフリッジ百貨店《London の Oxford Street にある大型百貨店》.
sèlf-ríghteous *a* ひとりよがりの, 独善的な. ◆ **~·ly** *adv* **~·ness** *n*
sèlf-right·ing *a* 自動的に復原する〈救命艇など〉: a ~ boat 自動復原ボート.
sèlf-rísing* *a* ベーキングパウダー入りの (self-raising[‖]): ~ flour.
sèlf-rúle *n* 自治 (self-government).
sèlf-rúling *a* 自治の.
sèlf-sácrifice *n* 自己犠牲, 献身. ◆ **-sacrifícial** *a*
sèlf-sácrificing *a* 自己を犠牲にする, 献身的な. ◆ **~·ly** *adv* **~·ness** *n*
sélf·sàme *a* [same の強調形] 《文》全く同じ[同一の], 寸分たがわぬ. ◆ **~·ness** *n*
sèlf-satisfáction *n* 自己満足, ひとりよがり, うぬぼれ.

sélf-sátisfied *a* 自己満足の, ひとりよがりの.
sélf-sátisfy·ing *a* 自己満足を与える(ような).
sélf-scrútiny *n* 自分を見つめること, 内省 (self-examination).
sélf-séal·ing *a* 自動的に刺し穴などがふさがる, 自己密封式の, セルフシールの〈タイヤ・燃料タンクなど〉; 圧着封式の〈封筒など〉.
sélf-séarch·ing *a* 自問する, 反省する.
sélf-séed *vi* SELF-SOW. ♦ **~·er** *n*
sélf-séek·er *n* 利己主義の人, 身勝手な人.
sélf-séek·ing *n* 利己主義, 身勝手. ► *a* 利己的な, 私利私欲を追求する, 身勝手な. ♦ **~·ness** *n*
sélf-seléct *vt, vi* 自分で[自由に]選ぶ[取る]; 自任する,《会員などを》自主的に[自分たちで]選ぶ[承認する], 仲間内[内輪]だけで決める.
sélf-seléction *n* 自主的選択,《特に》セルフ販売[サービス];《地位の》自任, 自薦.
sélf-sérve *a* セルフサービスの (self-service).
sélf-sérvice *a* セルフサービスの. ► *n* セルフサービス;《口》セルフサービスの店.
sélf-sérving *a*《真実や人の正当な利益より》自己の利益に奉仕する[なる]. ♦ **~·ly** *adv*
sélf-similárity *n*〔数〕自己相似. ♦ **sélf-símilar** *a*
sélf-sláughter *n* 自殺, 自滅.
sélf-sláughtered *a* 自殺した.
sélf-sláy·er *n* 自殺者.
sélf-sów /-sóu/ *vi*〔植〕種子の自然分散で生える[て増える], 自然播種(はしゅ)する, 天然下種(かしゅ)する. ♦ **-sówn** *a* 自然播種の.
sèlf-stárt·er *n* 自動[セル(フ)]スターター(付き自動車); *《口》自発的な人.
sèlf-stárt·ing *a* 自動スタートできる.
sèlf-stéer·ing *a* 自動操舵の〈ボートなど〉.
sèlf-stérile *a*〔生〕自家不稔(ふねん)(性)の, 自家不妊の (opp. *self-fertile*) (cf. CROSS-FERTILE). ♦ **sèlf-sterílity** *n* 自家不稔(性).
sèlf-stíck *a* 押すだけでくっつく, 圧着式の, 自動接着性の (self-adhesive).
sèlf-stimulátion *n*《自己の活動・行動の結果生じる》自己刺激; 自慰. ♦ **-stímulatory** *a*
sèlf-stórage *n* レンタル倉庫, トランクルーム.
sèlf-stúdy *n*《通信教育などによる》独学; 自己観察.
sèlf-stýled *a* 自称の: a ~ leader [champion].
sèlf-subsíst·ence *n* 自立, 独立存在.
sèlf-subsíst·ent, sèlf-subsíst·ing *a* 自己以外の何物にもたよらない, 自立[独立]した.
sèlf-suffíciency *n* (自給)自足; うぬぼれ: achieve ~ in energy.
sèlf-suffícient, -suffícing *a* 自給自足できる;《経済的・精神的に》独立した; それ自体で完結した (self-contained); うぬぼれの強い, 尊大な. ♦ **~·ly** *adv* **-suffícing·ness** *n*
sèlf-suggéstion *n* 自己暗示 (autosuggestion).
sèlf-suppórt *n* 自営, 自活; 自給.
sèlf-suppórt·ed *a* 自立した, 自活[自営]の.
sèlf-suppórt·ing *a* 自立の, 自活[自営]の; 自重以外の荷重をうけない: a ~ wall 自耐壁. ♦ **~·ly** *adv*
sèlf-surrénder *n* 忘我, 没頭; 自己放棄.
sèlf-sustáined *a* 自立した, 援助を必要としない.
sèlf-sustáin·ing *a* 自立[自活]する, 自給の;《始動後に》自動的に継続する, 自続式の〈核反応など〉.
sèlf-táil·ing *a*〈ウインチが〉セルフテーリングの《ロープに一定の張力が維持されてすべらない》.
sèlf-tánner *n* セルフタナー《肌を小麦色にするクリーム・ローション》. ♦ **-tánning** *a*
sèlf-tàpping scréw タッピンねじ《ねじやまのない穴に雌ねじを切り込みながらねじ込むねじ》.
sèlf-táught *a* 独学の; 独学[独習]で得た.
sèlf-ténd·er *n* 自社株買戻し, セルフテンダー《乗っ取り防止策や1株当たり利益増加を目的とした株式数削減などのための》.
sèlf-tíght·en·ing *a* ひとりでにきつくなる[締まる].
sèlf-tímer *n*〔写〕《カメラの》セルフタイマー.
sèlf-tólerance *n*〔生化〕自己認容《個体の免疫系が自己の成分を攻撃・破壊する能力を失ったときに体内に存在する生理的な状態》.
sèlf-tórment *n* みずからを苦しめること, 苦行. ♦ **sèlf-tor-mént·ing** *a* **-torméntor** *n*
sèlf-tórture *n* 自分を苦しめること, 難行, 苦行.
sèlf-transcéndence *n* 自己超越(能力).
sèlf-tréat·ment *n*《医師によらない, 管理・処方などの》自己医療.
sèlf-trúst *n* SELF-CONFIDENCE.
sèlf-understánd·ing *n* 自覚, 自己認識.
sèlf-un·frúit·ful *a* 他家受粉しなければ果実をつくれない (cf. SELF-FRUITFUL). ♦ **~·ness** *n* 自家不結果性.
sèlf-un·lóad·ing *a* 自動的に荷降ろしする.
sèlf-víolence *n* みずからに加える暴行,《特に》自殺.
sélf·ward *a* 自己に向けられた. ♦ **-ward(s)** *adv*

sélf-wíll *n* 我意, いこじ, 頑固, 片意地. [OE]
sélf-wílled *a* 意地っぱりの, いこじな. ♦ **~·ly** /-wíl(d)-/ *adv* **~·ness** /-wíl(d)-/ *n*
sélf-wínd·ing /-wáɪnd-/ *a*〈時計が〉自動巻きの.
sélf-wórship *n* 自己崇拝. ♦ **~·er** *n*
sélf-wórth *n* 自尊(心), 自負 (self-esteem).
sélf-wròng *n* わが身に加えた危害, みずからに対する不当行為, 自己加害.
Se·li·na /sɪláɪnə/ セライナ《女子名》. [CELIA に, Gk *selēnē* moon の連想か]
Sel·juk, -juq /sɛlʤú:k, ━━/ *n* セルジューク朝の人《同朝は 11–13 世紀に西アジアを支配したトルコ系の王朝》; セルジューク朝支配下のトルコ人. ► *a* セルジューク朝の; セルジューク朝支配下のトルコ人の. ♦ **Sel·jú·ki·an** *n, a*
sel·kie, -ky /sélki/《スコ》*n* アザラシ (seal); セルキー (=*silkie*)《陸で人間に化ける架空の動物》.
Sel·kirk /sélkə:rk/ **1** セルカーク (=**~·shire** /-ʃɪər, -ʃər/)(**1**) スコットランド南東部の旧州; 今は Scottish Borders 参事会地域の一部 **2**) 同州の州都; Edinburgh の南東にある町》. **2** セルカーク **Alexander ~** (1676–1721)《スコットランドの船乗り; 別名 Alexander Selcraig; Juan Fernández 諸島に島流しにされた; Robinson Crusoe のモデルといわれる》.
Sélkirk Móuntains *pl* [the] セルカーク山脈《カナダ British Columbia 州南東部の山脈; 最高峰 Mt Sir Sandford (3533 m)》.
sell[1] /sél/ *v* (**sold** /sóuld/) *vt* **1**〈物を〉売る, 売り渡す, 売却する; 商う: ~ books *at* a high price [*at* a ten percent discount] 高い値で[1 割引きで]本を売る / ~ one's house *for* $90,000 家を 9 万ドルで売る / a house *to* ~ 売り家 / ~ insurance 保険の契約をとる; 保険業を営む / Do you ~ sugar? 砂糖ありますか. **2 a** …の売れ行きを助ける, 売れるようにする: Comics ~ newspapers. 漫画のおかげで新聞が売れる. **b**《口》売り物にする, 売り込む, 宣伝する, 推薦する, …の効能書きを述べ立てる;《口》…に〈物事の〉価値を説く, 納得させる〈*on*〉: ~ an idea *to* the public 思想を世間に宣伝する / ~ one*self*《口》自己宣伝[アピール]をする〈*as* a consultant〉; 利のため破廉恥なことをする / ~ one's children *on* reading 子供に読書のおもしろさを説き聞かせる / You'll never ~ me that. その手は食わんぞ / *Sold!* よし(わかった), 賛成, それにしよう! **3 a**〈国・友人などを〉売る, 裏切る,〈名誉・貞操を〉売る, 犠牲にする: ~ a game [match] 八百長で負ける / ~ one*self* 体を売る. **b** [ᵁ*pass*]《口》だます, 一杯食わせる: *Sold* again! またかつがれた, また一杯食った! ► *vi* **1** 売る, 商う: buy and ~ 売買する. **2 a**〈いくらで〉売れる, さばける, 売れ行きが…だ〈*at, for*〉; (よく)売れる, 人気商品である: His pictures won't ~. 彼の絵は売れない / The book *sold* well [a million copies]. その本はよく[100 万部]売れた. **b**《口》買われる, うける, 是認される. ● **be sold on**…が欲しくなる; …に熱中している;《口》《無条件に》…の価値を認める, 受け入れる (cf. *vt* 2b). **~ sb down the** RIVER. **~ off** (*vt*) 安値で売り払う, 売却する, 見切り売りする. (*vi*) 値下がりする. **~ on** 転売する. **~ out** (*vt*) すっかり売り払う, 売り尽くす, 売り切る; …のチケットを売り切る; [*pass*] …は〈品物・チケットなどが〉売り切れになる〈*of*〉;〈債務者〉の所有物を売り立てる;〔証券〕処分売りをする;《口》〈人・主義を〉売る, 裏切る: We're *sold out of* your size. お求めのサイズは売り切れています (cf. SELL *out vi*) / The theater [concert] *is sold out*. その劇場[コンサート]のチケットは売切れている. (*vi*) 全商品を売り払う, 店じまいする, 事業を手放す;〈人・店が〉〈品物を〉売り切る〈*of*〉;〈品物が〉売り切れる; (さっさと)出て行く;《口》裏切る,〈敵側に〉寝返る〈*to*〉;〔英史〕軍職を売って退役する: We've *sold out of* your size. お求めのサイズは売り切れています (cf. SELL *out vt*). **~ over** 売り渡す; 転売する. **~** SHORT. **~ one's life dear** [**dearly**] 犬死にしない, 敵に大損害を与えて死ぬ. **~ time** 放送広告を許す. **~ up** ᴴ〈破産者などの所有物・店などを〉売却する,〈債務者〉に返済のため全財産を売り払わせる, 事業を売り渡す.
► *n* 販売(法), 売込み(法) (salesmanship);《株式売買の》売株; 市場; 販売の面からみた魅力;《口》よく売れる品, 人気商品; ᴴ《口》失望, 閉口;《口》詐欺, ペテン (cheat).
♦ **~·able** *a* [OE *sellan* to give, lend; cf. SALE]
sell[2] *n*《古》SADDLE. [OF<L *sella* seat]
sell[3] *n* (*pl* **~s**)《スコ》SELF.
Sel·la·field /sélәfi:ld/ セラフィールド《イングランド北西部 Cumbria 州にある核燃料再処理施設; 1957 年, 火災事故で多量の放射性物質を放出した; 旧称 Windscale》.
séll-bý dàte ᴴ《生鮮食品などの》店頭販売期限 (expiration date*, pull date*). ● **be past** sth's [sb's] **~**〈人・物事が〉古くなっている, 売れ時[盛期]を過ぎている.
selle /*F* sɛl/ *n* 鞍 (saddle); 鞍下肉: ~ de mouton 羊の鞍下肉 (saddle of mutton).
séll·er *n* 売手, 販売人 (opp. *buyer*); 売れるもの;《口》SELLING RACE: a book ~ 本屋 / a good [bad, poor] ~ 売れ行きのよい[悪い]もの / BESTSELLER.
Sel·lers /sélərz/ セラーズ **Peter ~** (1925–80)《英国の俳優・コメディアン; Clouseau 警部役で有名》.
séller's [**séllers'**] **màrket** 売手市場《商品不足のため売手

S

に有利な市場; cf. BUYER'S MARKET).

séller's òption 売方選択, セラーズオプション《略 s.o.》.

Séllers' thréad セラーズねじ《米国の標準ねじ; ねじやまの角度が 60° で, 山の頂と谷底が平らなもの》. [William *Sellers* (1824-1905) 米国の技師].

séll·ing *a* 売れている, うけている; 売却の, 売りの; 販売に従事する: a ~ price 売価.

sélling clìmax 大量の出来高を伴って株価が短期間急落すること.

sélling plàte SELLING RACE.

séll·ing-plàter *n* SELLING RACE に出走する馬; 二流の人, 二級品.

sélling pòint セールスポイント, 売り.

sélling ràce 売却競馬《競走後, 勝馬を競売にする》.

séll-òff *n**《株価などの》大量売りによる急落; *株価急落をもたらす大量売り, 投げ(売り)ᴵᴵ《資産処分のための》売却, 払い下げ.

Sél·lo·tàpe /sélou-/ *n*【商標】セロテープ. ► *vt* [ᵘs-]ᴵᴵセロテープで貼る.

séll·òut *n* 売り払うこと, 売り尽くし; 売切れ; «口» 大入り満員の興行[見世物, 展示会 など]; «口» 裏切り(行為); «口» 裏切り者.

séll-thròugh *n* 小売り, 《出荷に対する実売の》消化率, 売上率; 《特にビデオソフトの, レンタルに対しての》小売り(比率)

Sel·ma /sélmə/ **1** セルマ《女子名》. **2** セルマ《Alabama 州中部 Montgomery の西方の Alabama 川に臨む市; 1965 年の大規模な非暴力公民権運動デモの中心地》. [Swed; ⇨ ANSELM]

sel·syn /sélsìn/ *n*【工】セルシン, シンクロ (=*synchro*)《generator と motor との間で回転角や位置を誘導するシステム》: ~ motor シンクロ電動機. [*self-syn*chronizing]

Sel·ten /zéltn/ ゼルテン **Reinhard** ~ (1930–)《ドイツの経済学者; ゲーム理論の発展に貢献; ノーベル経済学賞 (1994)》.

sélt·zer (wàter) /séltsər(-)/ [ˢS-] セルツァ水《ドイツ西部 Wiesbaden の近く Nieder-Selters 産の発泡ミネラルウォーター》; 《一般に》発泡ミネラルウォーター, 炭酸水.

sel·va[1] /sélvə/ *n*《特に南米の》熱帯多雨林, セルバ. [Sp, Port＜L SILVA]

selva[2] *n*【動】OPOSSUM RAT. [?]

sel·vage, sel·vedge /sélvɪʤ/ *n* 織物の耳, 織端(おりはし); へり, 縁 (border, edge);【地質】盤肌, GOUGE; «まれ»《錠の》受け金(ざ).
♦ **~d** *a* [ME (SELF, EDGE); Du *selfegghe* にならったもの]

sel·va·gee /sèlvəʤí:/ *n*【海】たばね輪索(ちな), セルベジー.

selves *n* SELF の複数形.

Selz·nick /sélznɪk/ セルズニック **David O(liver)** ~ (1902–65)《米国の映画プロデューサー》.

sem. seminar.

SEM °scanning electron microscope [microscopy] ♦ °single European market.

se·mai·nier /səménjeɪ/ *n* 各曜日用に 7 つのひきだしのある縦長のたんす, 七日箪笥. [F (*semaine* week)]

se·man·teme /sɪmǽntì:m/ *n*【言】意義素 (sememe).

se·man·tic /sɪmǽntɪk/ *a* 語義に関する, 意味論(上)の. ♦ **se·mán·ti·cal** *a* **-ti·cal·ly** *adv* [F＜Gk＝significant (*sēmainō* to mean)]

semántic fíeld【言】意味野(ᵞ), 意味の場, 意味領域《相互関係によって意味が決定される閉じた領域; 親族名称や色彩名の体系など》.

se·man·ti·cist /sɪmǽntəsɪst/ *n* 意味論学者.

se·man·tic·i·ty /sɪmæ̀ntísəti/ *n*【言】《言語体系にそなわる》有意味性.

semántic nét(work)【電算】《人間の記憶の特性に対応する》意味ネット(ワーク).

se·mán·tics *n* [‹*sg/pl*›]【言】意味論;【論】意義学; 一般意味論 (general semantics); 記号論 (semiotics); 《記号論の一分野としての》意味論; 記号の意味(関係), 《特に》言外の意味; 《広告・宣伝などでの》言外の意味やあいまいさの利用, 意味の歪曲. ● **It's just [only]** ~. 単にことばの問題だ《本質的なことではない》.

sema·phore /séməfɔ̀:r/ *n* 手旗信号; 《鉄道の》腕木信号機, シグナル;【電算】セマフォ《リソースの使用状態を示す環境変数》. ► *vt* 信号(機)で知らせる. ♦ **sèma·phór·ic** /-fɔ́(:)rɪk, -fár-/ *a* **-i·cal·ly** *adv* [F (Gk *sēma* sign, *-phore*)]

Se·ma·rang, Sa- /səmá:rɑ̀:ŋ/ スマラン《インドネシア Java 島中部北岸の港湾都市》.

se·ma·si·ol·o·gy /sɪmèɪsiáləʤi, -zi-/ *n*【言】SEMANTICS.
♦ **-gist** *n* **se·mà·si·o·lóg·i·cal** *a* **-i·cal·ly** *adv*

se·mat·ic /sɪmǽtɪk/ *a*【生】‹有毒・悪臭の動物の体色が›他の動物に対し警戒となる. [*seme*]

sem·a·tol·o·gy /sèmətáləʤi, sì:-/ *n* SEMANTICS.

sem·bla·ble /sémbləb(ə)l/ «古» *a* 類似の; 似つかわしい, ふさわしい; 外見上の. ► *n* 仲間, 友; «古» 類似(のもの). ♦ **-bly** *adv* [OF (↓)]

sem·blance /sémbləns/ *n* **1** 外形, 外観, 形, 姿;【哲】仮象; 見せかけ, 偽装; 風(ᵃ), 装い: in ~ 外見は / under the ~ of…の風をして. **2** 類似 (likeness), 似通い; よく似た人[もの], (生き)写し; 幻影, 幽霊; 少量: to the ~ of…に似せて. [OF (*sembler* to seem＜L *simulo* to SIMULATE)]

sém·blant *a* SEEMING, APPARENT; «古» 似ている.

seme /sí:m/ *n*【言】記号; 意義素《形態素の意味の基本的構成要素》. [Gk *sēmat- sēma* sign]

se·mé(e) /sémeɪ, səméɪ/ *n, a*【紋】散らし模様(の). [F (*semer* to sow); ⇨ SEMEN]

Semei ⇨ SEMEY.

se·mei·og·ra·phy /sì:maɪágrəfi, sèm-, -mi-/ *n*【医】症候記載, 症候学.

se·mei·ol·o·gy /sì:maɪáləʤi, sèm-, -mi-/ *n* SEMIOLOGY.
♦ **-gist** *n* **sè·mei·o·lóg·ic** *a* **-i·cal** *a*

se·mei·ot·ic /sì:maɪátɪk, sèm-, -mi-/ *a*【医】症候[徴候]の.
♦ **sè·mei·ót·i·cal** *a*

sè·mei·ót·ics *n*【医】症候学 (symptomatology).

Sem·e·le /séməli:; -mɪli/【ギ神】セメレー《Cadmus の娘で, Zeus との間に Dionysus を産んだ; Zeus の勇姿を見たとき稲妻に打たれて死んだ》.

sem·el·íncident /sèməl-/ *a*【医】一回罹患性の《一回の感染で永久免疫ができる》. [L *semel* once]

sem·el·pa·rous /sèmélpərəs/ *a*【生】一回繁殖の《生涯で一度だけ繁殖する》.

sem·eme /sémì:m/ *n*【言】意義素《MORPHEME の意味, または意味の基本単位》. ♦ **se·me·mic** /səmí:mɪk/ *a* [*semantic, -eme*]

se·men /sí:mən; -mɛn/ *n* (*pl* **sem·i·na** /sémənə/, **~s**)【生理】精液 (sperm). [L *semin- semen* seed]

Se·me·ru, -roe /səméru/ スメルー《インドネシア Java 島の最高峰 (3676 m) で, 活火山》.

se·mes·ter /səméstər/ *n* 半年間, 6 か月間; 《二学期制度で》半学年, 一学期《米国の大学では 15–18 週間, ドイツでは休暇を含めて 6 か月間; cf. QUARTER》. [G＜L *semestris* six-monthly (*sex* six, *mensis* month)]

seméster hòur【米教育】(履修)単位《一週 1 時間の講義[3 時間の実験]を一学期間受けると 1 単位となる》.

se·mes·tral /səméstrəl/, **-tri·al** /-triəl/ *a* 6 か月ごとに起こる; 6 か月間の.

Se·mey, -mei /səméɪ/ セメイ《カザフスタン北東部の Irtysh 川に臨む市; 旧称 Semipalatinsk》.

semi /sémi, *sémaɪ/ «口» *n* [°*pl*] SEMIFINAL; «米・豪» SEMITRAILER; ᴵᴵ二戸建て住宅 (semidetached house).

semi- /sémi, *sémaɪ/ *pref*「なかば…」「いくぶん…」「やや…」;「…に 2 回」(cf. HEMI-, DEMI-). ★ この接頭辞は固有名詞または i- で始まる語以外は一般にハイフンは不要. [F or L; cf. Gk HEMI-]

sèmi·abstráction *n*【美】半抽象《抽象主義的手法を用いながら主題がそれとわかるもの》. ♦ **sèmi·abstráct** *a*

sèmi-acóustic *a* ‹エレキギターが›セミアコースティックの《acoustic guitar 同様, 胴は空洞だが薄い; 通例 f-hole に似た孔がある》.

sèmi·ánnual *a* 半年ごとの, 年 2 回の; ‹植物など›半年生の, 半年継続の. ♦ **~·ly** *adv* 半年ごとに, 年 2 回.

sèmi·ánthracite *n* 半無煙炭《無煙炭中揮発成分の多いもの》.

sèmi·antíque *a, n* 準骨董級の(品), セミアンティークの(品)《50 年以上 100 年未満 昔のじゅうたん・家具・美術品などについていう》.

sèmi·aquátic *a*【動・植】なかば水中に育つ, 半水生の.

sèmi·arbóreal *a*【動】半樹上生活の.

sèmi·árid *a* 半乾燥の, 非常に雨の少ない‹地帯・気候›;【動・植】半乾地性の. ♦ **sèmi·arídity** *n*

sèmi·autobiográphical *a* 半自伝的な.

sèmi·áutomated *a* 半自動化された, 半自動の.

sèmi·automátic *a* ‹機械・小銃が›半自動式の. ► *n* 半自動小銃《引金を引くたびに一発だけ発射される; 全自動は引金を引いている間連射される》. ♦ **-automátical·ly** *adv*

sèmi·autónomous *a* ‹下位の政治組織内が›相当の自治権を有する; なかば独立した, かなり自由のきく.

sèmi·áxis *n*【数】《楕円・双曲線などの》半軸.

sèmi·ballístic *a* «口» おこった (cf. BALLISTIC, NUCLEAR): go ~ おこる.

Sèmi-Bántu *n* セミバントゥー語《ナイジェリア南東・カメルーンなどの言語: Niger-Congo 語族 Benue-Congo 語派 Bantu 語》.

sèmi·barbárian *a* 半野蛮の, 半開化の. ► *n* 半野蛮人, 半開化人. ♦ **sèmi·bárbarism** *n* 半野蛮(状態).

sèmi·báse·ment *n* 半地下室.

sèmi·bóld *n, a*【印】セミボールドの(活字[印刷物])《medium と bold の中間》.

sémi·brève *n*ᴵᴵ【楽】全音符 (whole note*) (⇨ NOTE).

sémibreve rèstᴵᴵ【楽】全休符 (whole rest*).

sémi·cèll *n*【植】セミセル《チリモ類の体細胞の半分》.

sèmi·centénnial, -céntenary *a* 五十年祭の; 五十周年の. ► *n* 五十年祭[記念日].

sèmi·chórus *n* 小合唱(曲); 小合唱隊.

sémi·cìrcle *n* 半円, 半円形(のもの). ♦ **sèmi·círcular** *a* 半円(形)の.

semicírcular canál 〔解〕半規管: three ~*s* 三半規管.
sèmi·cívilized *a* 半開化[文明]の.
sèmi·clássic *n* 《音楽などの》準古典的作品, セミクラシックの曲.
sèmi·clássical *a* 〈音楽が〉準古典的な, 準古典派の, セミクラシックの; 二流の; 〔理〕半古典的な《古典力学と量子力学の中間的な手法にいう》.
sèmi·cóke *n* 半成コークス.
sémi·còlon *n* セミコロン(;) 《period よりは軽く, comma よりは重い句読点》.
sèmi·colónial *a* 半植民地的な《外国支配下の名目的独立; または 原料を輸出し製品を輸入する》. ♦ **~·ìsm** *n*
sèmi·cólony *n* 半植民地(国).
sèmi·cómatose *a* 〔医〕半昏睡状態の.
sèmi·commércial *a* 半商業的な, 実験的商品(販売[市場])の.
sèmi·condúctor *n* 〔理〕半導体; 半導体を用いた装置《トランジスターや IC など》. ♦ **-condúct·ing** *a*
semicondúctor làser 〔電子工〕半導体レーザー.
sèmi·cónscious *a* なかば意識のある, 意識が完全でない. ♦ **~·ly** *adv* **~·ness** *n*
sèmi·consérvative *a* 〔遺〕《DNA などの複製のなされ方が》半保存的な. ♦ **~·ly** *adv*
sèmi·crýstalline *a* 部分的結晶の, 半晶質の.
sèmi·cýlinder *n* 半円筒. ♦ **-cylíndrical** *a*
sèmi·dáily *adv* 一日に 2 度[2 回].
sèmi·dárk·ness *n* うす暗闇, うす暗がり.
sèmi·déify *vt* なかば神聖視する, 神のごとくにみなす.
sémi·dèmi·sémi·quàver *n*ʺ〔楽〕六十四分音符 (hemidemisemiquaver) (sixty-forth note*).
sèmi·depónent *a* 〔ラテン文法〕半異相の《現在時制は能動形で完了時制は受動形の》.
sèmi·désert *n* 《砂漠と草林地の間の》半砂漠.
semi·det /sèmɪdét/ *n* 《口》SEMIDETACHED house.
sèmi·detáched *a* なかば[一部分]離れた; 一方の仕切り壁を隣家と共有する: a ~ house 二戸建て住宅. ► *n* SEMIDETACHED house.
sèmi·devéloped *a* 開発の十分でない, 開発半ばの.
sèmi·diámeter *n* 半径 (radius); 〔天〕天体の角半径.
sèmi·diréct *a* 〈照明が〉半直接の.
sèmi·diúrnal *a* 半日(間)の; 一日 2 回の, 半日[12 時間]ごとの.
sèmi·divíne *a* なかば神聖な, 半神の.
sèmi·documéntary *n, a* セミドキュメンタリー(の)《DOCUMENTARY を劇的手法で再現したもの》.
sémi·dòme *n* 〔建〕《特に 後陣 (apse) の》半円ドーム. ♦ **~d** *a*
sèmi·doméstic, -domésticated *a* 〈猛獣が〉なかば飼いならされた, 半家畜化された. ♦ **-domesticátion** *n*
sèmi·dóminant *a* 〔遺〕半優性の.
sèmi·dóuble *a* 〔植〕半八重の.
sèmi·drý *a* ほどよく乾燥した, 半乾燥の; やや辛口の.
sèmi·drý·ing *a* 〈油が〉半乾性の.
sèmi·dwárf *a, n* 〔植〕半矮性の(植物).
sèmi·ellípse *n* 〔数〕(長径を底とする)半楕円(形). ♦ **sèmi-ellíptic, -tical** *a*
sèmi·empírical *a* 半経験的な.
sèmi·eréct *a* 〈霊長類が〉不完全[半]直立の; 〈茎が〉半直立性の.
sèmi·éver·grèen *a* 半常緑の (half-evergreen).
sèmi·fárm·ing *n* 《自然環境を制御しない》放置飼育[農業], 半農業《近代的養鶏に対して, 中庭で鶏を飼うなど》.
sèmi·féudal *a* 半封建的な.
sèmi·fínal *n, a* 準決勝(の), セミファイナル(の)《**1**) 競技会[コンクール]で, 決勝[本選]出場者を決める最終予選 **2**) 〔ボク〕メインイベント直前の試合》(cf. FINAL, QUARTERFINAL). ♦ **~·ist** *n* 準決勝[セミファイナル]出場者, ベスト 4(の一人).
sèmi·fínished *a* ほぼ完成した; 半仕上げの〈鋼〉.
sèmi·fítted *a* 《ぴったりでなく》ある程度体の線に合った〈衣服〉.
sèmi·fléxible *a* ある程度しなやかな; 〈本の表紙が〉セミフレキシブルの《曲げやすい厚紙の上に外装を貼った》.
sèmi·flúctuating *a* 〔医〕《触診で》波動様の.
sèmi·flúid *n, a* 半流動体(の). ♦ **sèmi·fluídity** *n*
sèmi·fórmal *a* なかば正式の, 半正装の.
sèmi·fóssil *a* 化石になりきらない, 半化石の.
semi·fred·do /sèmifréɪdoʊ, -frédoʊ/ *n* (*pl* **~s**) セミフレッド《ホイップクリームを冷やして固めたイタリアのデザート》. [It=half cold]
sèmi·frée·stòne *n* 〔植〕《モモの》半離核(果).
sèmi·fréight·er *n* 貨客混用機.
sèmi·glóbular *a* 半球(状)の. ♦ **~·ly** *adv*
sémi·glòss *a* やや光沢のある, 半光沢仕上げの.
sèmi·governméntal *a* 半行政的な(機能[権限]の).
sémi·gròup *n* 〔数〕半群, 準群.
sèmi·hárd *a* 適度に固い, 《特に》容易に切れる: ~ board 半硬質繊維板, セミハードボード / a ~ stone 準硬石.
sèmi·hárdy *a* 〔植〕半耐寒性の.
sèmi-independént *a* なかば独立した; 準自治の (semiautonomous).
sèmi-in·diréct *a* 〈照明が〉半間接の.
sèmi·ínfidel *a* やや不信心な, 半異端の.
sèmi·ínfinite *a* 一方にのみ無限の, 半無限の: a ~ body 半無限固体.
sèmi·ínvalid *a, n* 半病人(の).
sèmi·légend·àry /; -(ə)ri/ *a* 《史実に粉飾を施した》半伝説的な.
sèmi·léthal *n* 〔遺〕半致死(性)突然変異, 半致死(性)遺伝. ► *a* 半致死(性)の.
sèmi·líquid *n, a* 半流動体(の). ♦ **-liquídity** *n*
sèmi·líterate *a, n* 初歩的読み書きはできる(人), 読めるが書けない(人), ろくに読み書きのできない(人), 知識[理解]が生はんかな(人), 半文盲(の); 〈文章が〉読みにくい, わかりにくい. ♦ **-líteracy** *n*
Sé·mil·lon /sèɪmijóʊn; sémijɔ̃/ *n* セミヨン《フランスの Bordeaux 地方などで産するブドウの品種; 白ワインの原料》. [F *sémillon*<Gascon, <L *semen*]
sèmi·lóg *a* SEMILOGARITHMIC.
sèmi·logaríthmic *a* 半[片]対数の〈方眼紙·グラフなど〉: ~ coordinate paper 半対数方眼紙.
sèmi·lúnar *a* 半月状の, 三日月形の.
semilúnar bóne 〔解〕半月骨, 月状骨 (lunate bone).
semilúnar cártilage 〔解〕《膝関節内の》半月状軟骨, 半月(板).
semilúnar válve 〔解〕《大動脈·肺動脈の》半月弁.
sèmi·lústrous *a* やや光沢[つや]のある.
sèmi·májor áxis 〔数〕半長軸, 半長径《楕円の長軸の半分》; 〔天〕半長軸《一つの天体が公転して描く楕円の長軸の半分》.
sèmi·manufáctured *a* 半製品の.
sèmi·manufáctures *n pl* 半製品《鉄鋼·新聞印刷用紙など》.
sèmi·mát, -mátt, -mátte /-mǽt/ *a* 半つや消しの, 半光沢の〈印画紙·釉(ゆう)など〉.
sèmi·mémbranous *a* 〔解〕〈筋肉が〉半膜様の.
sèmi·métal *n* 半金属《金属的特性が低く展性がない; ヒ素など》. ♦ **-metállic** *a*
sèmi·mícro *a* 半ミクロ的[半微視的]…, 少量….
sèmi·mínor áxis 〔数〕半短軸, 半短径《楕円の短軸の半分》; 〔天〕半短軸《一つの天体が公転して描く楕円の短軸の半分》.
sèmi·módal *n* 〔文法〕半法助動詞《助動詞と動詞の中間的性格をもつ動詞(句); 英語では need, dare など》.
sèmi·móist *a* やや湿った[湿気のある].
sèmi·monástic *a* 修道院[士]的なところ[気味]のある.
sèmi·mónth·ly *a, adv* 半月ごとの[に], 月 2 回の[に]. ► *n* 月 2 回刊行物 (cf. BIMONTHLY).
sèmi·mýstical *a* なかば[やや]神秘的な. ♦ **~·ly** *adv*
semina *n* SEMEN の複数形.
sem·i·nal /sémən(ə)l, síː-/ *a* 精液 (semen) の; 〔植〕種子の; 発生の, 生殖の; 種子のような, 発達の可能性がある, 根本の; 未発達の; 将来性のある, 独創性に富んだ; 生産的な: a ~ leaf 子葉 / in a ~ state 胚子状態の; 発達の可能性を秘めた / a ~ article 独創[先駆]的論文. ♦ **~·ly** *adv* **sem·i·nal·i·ty** /sèmənǽləti/ *n* [OF or L; ⇨ SEMEN]
séminal dúct 〔解〕精管.
séminal flúid 〔生理〕精液 (semen); 《精液のうち精子を除いた》精漿(せいしょう).
séminal recéptacle 〔動〕受精嚢(のう) (spermatheca).
séminal róot 〔植〕種子根.
séminal vésicle 〔解·動〕精嚢.
sem·i·nar /sémənɑːr/ *n* 《大学の》セミナー, ゼミ《小人数での演習; ゼミ生たち》; セミナー室; (大学院)研究科; *専門家会議; 《短期集中的な》研究集会. [G; ⇨ SEMINARY]
sem·i·nar·i·an /sèmənέəriən/, **sem·i·nar·ist** /sémənərɪst/ *n* 神学生; セミナーの研究生; SEMINARY の教師; 《神学校出身の》聖職者; SEMINARY PRIEST.
sem·i·nary /sémənèri; -n(ə)ri/ *n* **1** 《もと 特に high school 以上の》学校; 《古》《特に 女子の》私立専門学校; ʺカトリックの神学校《特に Jesuit 派の》, *《各派の》神学校; *SEMINAR. **2** 《罪悪などの》温床〈*of*〉. ► *a* SEMINAL. [L=seed-plot; ⇨ SEMEN]
séminary príest 〔英史〕大陸の神学校出身のカトリック司祭《16–17 世紀イングランドのカトリックが禁じられていた時代に Douai などの神学校で学び, 帰国して伝道した》.
sem·i·nate /sémənèɪt/ *vt* INSEMINATE.
sem·i·na·tion /sèmənéɪʃ(ə)n/ *n* 授精, 媒精 (insemination); 普及, 宣伝; 《まれ》播種.
sèmi·nátural *a* 自然に近い, 半自然[天然]の.
sem·i·nif·er·ous /sèmənɪ́f(ə)rəs/ *a* 〔植〕種子を生じる; 〔解〕精液を生じる[運ぶ].
seminíferous túbule 〔解〕《精巣内の》精細管.
sem·i·niv·o·rous /sèmənɪ́v(ə)rəs/ *a* 〔動〕種子食(性)の〈鳥など〉.

Sem·i·nole /sémənòul/ *n* **1 a** (*pl* ~s, ~) セミノール族《18 世紀に Georgia, Alabama 地方から Florida に移り, 今は大部分が Florida 州南部, Oklahoma 州に住むインディアン》. **b** セミノール語. **2** [Lake] セミノール湖《Georgia 州南西部と Florida 州北西部にまたがる》. [Creek=wild<AmSp]

sèmi·nómad *n* 半遊牧民《基地をもち季節的に移動する》. ◆ **-nomádic** *a*

sèmi·núde *a* 半裸体の, セミヌードの. ◆ **-núdity** *n*

se·mio·chémical /sì:miou-, sèm-/ *n* 信号[情報]化学物質《フェロモンなど》.

sèmi·offícial *a* 半公式の, 半官的な: a ~ gazette 半官報. ◆ **~·ly** *adv*

se·mi·ol·o·gy /sì:miálədʒi, sèm-, sì:màɪ-/ *n* 記号学; SIGN LANGUAGE;〔論〕SEMANTICS;〔医〕症候学 (symptomatology). ◆ **-gist** *n* **se·mi·o·log·i·cal** /simàɪəládʒɪk(ə)l, sèm-/, **-ic** *a* **-lóg·i·cal·ly** *adv*

sèmi·opáque *a* ほとんど不透明の; 不伝導性の.

se·mi·o·sis /sì:mióusəs, sèm-, sì:màɪ-/ *n*〔言・論〕記号現象《ものが有機体に対して記号として機能する過程》. [Gk=observation of signs]

se·mi·ot·ic /sì:miátɪk, sèm-, sì:màɪ-/ *a* SEMEIOTIC; 記号論[学]の. ► *n* SEMIOTICS. ◆ **-ót·i·cal** *a* **-cal·ly** *adv* **-o·ti·cian** /-ətíʃ(ə)n/ *n* **-ót·i·cist** *n* [Gk (*sēmeion* sign)]

sè·mi·ót·ics *n* 記号論[学];〔医〕症候学.

sèmi·ovíparous *a*〔動〕半卵生の〈有袋動物〉.

Sem·i·pa·la·tinsk /sèmɪpəlá:tɪnsk/ セミパラチンスク《SEMEY の旧称》.

sèmi·pálmate, -pálmated *a*〔動〕半水かき足の, 半蹼(はんぼく)の. ◆ **-palmátion** *n* 半蹼性.

semipálmated plóver〔鳥〕ミズカキチドリ (=*ring-necked plover*)《南北アメリカ産》.

semipálmated sándpiper〔鳥〕ヒレアシトウネン, アメリカクロアシシギ《北米に広く分布する》.

semipálmated snípe [táttler]〔鳥〕WILLET.

sèmi·párasite *n* HEMIPARASITE. ◆ **-parasític** *a*

sèmi·pérmanent *a* 一部永久的な; 半永久的な.

sèmi·pérmeable *a* 半透性の〈膜など〉: ~ membranes 半透膜. ◆ **-permeabílity** *n*

sèmi·plástic *a* 半(可)塑性の.

sèmi·plùme *n* 半綿羽.

sèmi·pólar bónd〔化〕半極性結合.

sèmi·polítical *a* 半政治的な.

sèmi·pópular *a* やや人気のある.

sèmi·pórcelain *n* 半磁器, 硬質陶器(質)《不透明》.

sèmi·pornográphic *a* ポルノがかった, ポルノじみた. ◆ **sèmi-pornógraphy** *n*

sèmi·póst·al* *n, a* 寄付金付き郵便切手(の).

sèmi·précious *a* 準貴石の, 準宝石の: ~ stone(s) 半[準]宝石.

sèmi·prívate *a* なかば私用の;〈病院の患者に対する処遇が〉個室提供・専任医師差し向けに近い処遇の, 準特別診療の. ◆ **-privacy** *n*

sémi·prò *a, n* (*pl* ~s)《口》SEMIPROFESSIONAL.

sèmi·profession·al *a, n* 半職業的な[セミプロの](人[選手, スポーツ]); 準専門的な. ◆ **~·ly** *adv*

sèmi·próne posítion RECOVERY POSITION.

sèmi·públic *a* 半公共の; 半官半民の; 半公開的な.

sèmi·quántitative *a* 半定量的な: ~ analysis 半定量分析《いくらか量的判定を加味した定性分析》. ◆ **~·ly** *adv*

sémi·quàver *n*ǁ〔楽〕十六分音符 (sixteenth note*) (⇨ NOTE).

sémiquaver rèstǁ〔楽〕十六分休符 (sixteenth rest*).

Se·mir·a·mis /səmírəməs/〔ギ伝説〕セミーラミス《Babylon の創建者とされる, 紀元前 9 世紀のアッシリアの女王; 美貌と叡知と好色で有名》.

sèmi·régular *a* 菱形の;〔数〕半正則の.

sèmi·relígious *a* いくらか[半]宗教的な, やや敬虔な.

sèmi·retíred *a*《老齢・病気などのため》なかば退職した, 非常勤(勤務)の.

sèmi·retíre·ment *n* 非常勤(勤務).

sèmi·rígid *a* 半剛体の;〔空〕半硬式の〈飛行船〉;〔海〕複合艇式の《ゴムボートの船底を硬質素材にして強化したもので, 特に軍用》.

sèmi·róund *a* 半球形の.

sèmi·rúral *a* やや田園風の, なかば田舎的な.

se·mis /séɪməs, sí:-/ *n*《古代ローマの》半アース銅貨《1/2 アース (as)》. [L (*semi-*, AS²)]

sèmi·sácred *a* SEMIRELIGIOUS.

sèmi·sécret *a* 非公表ながら衆知の.

sèmi·sédentary *a* 半定住(半遊牧)の: ~ tribes.

sèmi·shrúb *n*〔植〕半低木 (subshrub, undershrub). ◆ **-shrúbby** *a* 半低木(性)の.

sèmi·skílled *a* 半熟練の〈職工など〉; 限られた手仕事だけの[する].

sèmi·skímmedǁ *n, a* 乳脂肪分をほぼ半分除去した(牛乳), セミスキムド(ミルク).

sèmi·sóft *a* ほどよい柔らかさの, 半軟質の〈チーズ〉.

sèmi·sólid *n, a* 半固体(の).

sèmi·sólus *n* 同一ページ内にあるほかの広告とは離れた箇所に掲載された広告.

sémi·sphère *n* HEMISPHERE. ◆ **sèmi·sphéric, -ical** *a* HEMISPHERIC.

sèmi·stéel *n*〔冶〕鋼性鋳鉄, セミスチール.

sèmi·submérsible *a, n*《沖合での掘削作業に用いる》半潜水型掘削船[作業台船](の).

sèmi·subterránean *a* 半地下式の〈家屋など〉.

sèmi·swéet *a* 少しだけ甘い, 甘すぎない〈菓子〉.

sèmi·synthétic *a* 半合成の〈繊維など〉.

Sem·ite /sémàɪt, ǁsí:-/ *n* セム族《Hebrews, Aramaeans, Phoenicians, Arabs, Assyrians など》; ユダヤ人;〔聖〕セム (Shem) の子孫. [L<Gk *Sēm* Shem]

sèmi·terréstrial *a*〔生態〕沼地生の, 半陸地生の.

Se·mit·ic /səmítɪk/ *a* セム族の, セム系の;《特に》ユダヤ人の: the ~ languages セム系諸語[語派]. ► *n* セム語派《Afro-Asiatic 語族に属し, Arabic, Amharic, Hebrew などを含む》.

Se·mit·i·cist /səmítəsɪst/ *n* SEMITIST.

Se·mít·ics *n* セム族の言語・文化・文学などの研究, セム学.

Sem·i·tism /sémətìz(ə)m/ *n* セム語法; セム族風,《特に》ユダヤ風, ユダヤ人気質; 親ユダヤ政策, ユダヤ人びいき.

Sem·i·tist /sémətɪst/ *n*《セム族の言語・文化・歴史などを研究する》セム学者; [s-] ユダヤ人に好意を寄せる人.

sem·i·tize /sémətàɪz/ *vt*〈言語などを〉セム化する.

Sém·i·to-Hamític /sémətou-/ *a, n* セム-ハム語族(の) (AFRO-ASIATIC の旧称).

sèmi·tónal *a*〔楽〕半音階の; SEMITONIC. ◆ **~·ly** *adv*

sémi·tòne *n*〔楽〕半音, HALF STEP.

sèmi·tónic *a*〔楽〕半音の. ◆ **-tónical·ly** *adv*

sémi·tràil·er *n* セミトレーラー (=*semi*)《**1**) その前部を連結部分でトラクターの後部にもたせ掛ける構造のトレーラー **2**) その 2 つを連結したトレーラートラック》.

sèmi·translúcent *a* 半透明の.

sèmi·transpárent *a* 半透明の.

sèmi·trópic(al) *a* SUBTROPICAL. ◆ **-trópical·ly** *adv*

sèmi·trópics *n pl* SUBTROPICS.

sémi·trùck *n* SEMITRAILER (トレーラートラック).

sèmi·úncial *a*〈書法が〉半アンシャルの (⇨ UNCIAL).

sèmi·vítreous *a*《火山岩の組成など》半ガラス質[状]の;〔窯〕半浸透性の《少し吸入性をもつ》.

sèmi·vocálic, -vócal *a*〔音〕半母音の.

sémi·vòwel *n*〔音〕半母音《英語の y, w の音 /j, w/, 米音の /r/ など》; 半母音字 (y, w).

sèmi·wéek·ly *adv, a* 週 2 回(の) (cf. BIWEEKLY). ► *n* 週 2 回の刊行物.

sémi·wòrks *n pl* [°<*a*>]《新製品・新製法などの》試験[実験]工場(の).

sèmi·yéar·ly *a, adv* 年 2 回(の). ► *n* 年 2 回の刊行物.

Sem·mel·weis /zéməlvàɪs/ ゼンメルヴァイス **Ignaz Philipp** ~ (1818–65)《ハンガリーの産科医; 産褥熱が伝染性であることを立証 (1847–49), 初めて無菌法を用いた》.

sem·mit /sémət/ *n*《スコ》肌着 (undershirt).

se·mo·lia /səmóuliə/ *n**《黒人俗》ばかなやつ.

sem·o·li·na /sèməlí:nə/, **sem·o·la** /séməla/ *n* セモリナ《硬質小麦の胚乳部から製する粒状澱粉; マカロニ・プディング用》; セモリナプディング. [It (dim) ‹ *semola* bran<L *simila* finest wheat flour]

Sem·pach /*G* zémpax/ ゼンパハ《スイス中部 Lucerne 州の村; スイス軍がオーストリア軍に勝利をあげた地 (1386)》.

sem·per /sémpər/ *adv* 常に. [L]

sem·per ea·dem /sémpèr éa:dèm/ 常に同じ(女)《Elizabeth 1 世の座右の銘》. [L]

sem·per fi·de·lis /sémpər fədéɪləs, -dí:-/ 常に忠実な《米国海兵隊の標語》. [L=always faithful]

sem·per idem /sémpèr í:dèm/ 常に同じ(男). [L]

sem·per pa·ra·tus /sémpər pəréɪtəs, -rá:-/ 常に準備はできている《米国沿岸警備隊の標語》. [L=always prepared]

sem·per·vi·rent /sèmpərváɪrənt/ *a*〔植〕常緑の (evergreen).

sem·per·vi·vum /sèmpərváɪvəm/ *n*〔植〕センペルビブム属[クモノスバンダイソウ属] (*S-*) の各種多肉植物《ベンケイソウ科》.

sem·pi·ter·nal /sèmpətə́:rn(ə)l/ *a*《文》永遠の (eternal). ◆ **~·ly** *adv* **sèm·pi·tér·ni·ty** *n* [OF<L; ⇨ SEMPER, ETERNAL]

sem·ple /sémp(ə)l/ *a*《スコ》身分の低い, 卑しい. [SIMPLE]

sem·pli·ce /sémplɪtʃèɪ; -tʃi/ *a, adv*〔楽〕単純な[に], 純粋な[に], センプリチェ. [It=simple]

sem·pre /sémpreɪ; -pri/ *adv*〔楽〕常に, 絶えず《略 semp.》: ~ forte 常にフォルテで. [It SEMPER]

semp·stress /sέm(p)strəs/ *n* SEAMSTRESS.
Sem·tex /sέmtὲks/ *n* [°s-] セムテックス《チェコ製のプラスチック爆弾》.
Se·myo·nov /səmjɔ́:nəf/ セミョーノフ **Nikolay Nikolayevich** ~ (1896–1986)《ソ連の物理化学者; 連鎖反応の機構を解明した; ノーベル化学賞 (1956)》.
sen[1] /sέn/ *n* (*pl* ~) 銭《日本の通貨単位: =1/100 yen》; (旧)一銭貨幣. [Jpn]
sen[2] *n* (*pl* ~) セン《インドネシアの通貨単位: =1/100 rupiah》. [(Indonesia)]
sen[3] *n* (*pl* ~) セン《カンボジアの通貨単位: =1/100 riel》. [(Cambodia)]
sen[4] *n* (*pl* ~) セン《マレーシアの通貨単位: =1/100 ringgit》. [*sen*[2]]
Sen セン **Amartya** ~ (1933–)《インドの経済学者; 所得分配の不平等にかかわる理論や, 貧困と飢餓に関する研究によりノーベル経済学賞 (1998)》.
Sen. senate ♦ senator ♦ Senior.
SEN 〖英〗°State Enrolled Nurse.
se·na /séɪnɑ:/ *n* «インド» 軍, 軍隊. [Hindi]
se·nar·i·us /sɪnέəriəs/ *n* (*pl* **-ii** /-riàɪ, -riì:/) 〖韻〗《ラテン詩の》短長三詩脚, 六詩脚. [L (*seni* six each)]
sen·ar·mon·tite /sὲnərmɑ́ntàɪt; -nɑ:-/ *n* 〖鉱〗方安鉱. [Henri de *Sénarmont* (1808–62) フランスの鉱物学者]
sen·a·ry /sí:nəri, sέn-/ *a* 六 (six) の.
sen·ate /sέnət/ *n* [the S-]《米国・フランス・カナダ・オーストラリア, 米国の州などの》上院; 上院議事ホール[室];《一般に》議会;《Cambridge 大学などの》評議員会, 理事会; SENATE HOUSE; [the S-]〖古ロ・古ギ〗元老院;《中世自由都市の》行政府. [OF<L *senatus* (*senex* oldman)]
sénate hòuse 上院議事堂;《Cambridge 大学などの》評議員会館, 理事会館.
sen·a·tor /sέnətər/ *n* 〖米〗上院議員 (cf. CONGRESSMAN, REPRESENTATIVE); 政治家;《大学の》評議員, 理事; 元老院議員;〖英史〗枢密顧問官;〖スコ法〗LORD OF SESSION: the senior ~* 先任上院議員《各州 2 名のうち, 在任期間と政界経歴の長い議員》.
♦ **~·ship** *n* senator の職[任期]. [OF<L; ⇨ SENATE]
sen·a·to·ri·al /sὲnətɔ́:riəl/ *a* 上院[元老院](議員)の; 上院[元老院]議員らしい; (大学)評議員会の. ♦ **~·ly** *adv* 上院[元老院]議員らしく; いかめしく (solemnly).
senatórial cóurtesy 〖米〗上院儀礼《ある州における連邦レベルの裁判所や役所などに大統領が任命する公務員について, 当該州選出の両上院議員または当該州の与党の先任上院議員に反対された場合に, 上院でこれを拒否する慣例》.
senatórial dìstrict 〖米〗州上院議員選出区.
sen·a·to·ri·an /sὲnətɔ́:riən/ *a* SENATORIAL,《特に》元老院の.
se·na·tus /sənéɪtəs, sε-/ *n* (*pl* ~) 〖古ロ〗元老院 (the Senate); SENATUS ACADEMICUS. [L SENATE]
senátus aca·dé·mi·cus /-ækədέmɪkəs/ (*pl* **-mi·ci** /-məsàɪ/) «スコ»《大学の》評議員会, 理事会.
senátus con·súl·tum /-kənsúltəm, -sʌ́l-/ (*pl* **-súl·ta** /-tə/) 〖古ロ〗元老院令[布告]《略 SC》. [L=decree of the senate]
send[1] /sέnd/ *v* (**sent** /sέnt/) *vt* **1 a** 送る, 届ける: ~ a letter [a telegram] 手紙を出す[電報を打つ] / ~ one's trunks *ahead* by rail 鉄道便でトランクを先に送る / He *sent* me a letter of appreciation. 礼状をよこした. **b**〈酒・皿などを〉まわす, (順送りに)渡す: ~ the wine round 酒をまわす. **c**〈矢・球・香り・光などを〉放つ, 射る, 投げる;〈パンチを〉くらわす, 見舞う: ~ a rocket *to* another planet ロケットを他の惑星に発射する / ~ a bullet through sb's head 弾丸で人の頭を撃ち抜く. **d**〖電〗送電する,〈信号・電波を〉送る. **2**〈人を〉行かせる, やる, 派遣する, よこす: ~ one's child *to* bed [university] 子供を寝かせる[大学にやる] / ~ sb *across* (the road) *for* sth 物を取りに(道路の)向こう側へ人をやる / ~ sb *on* a trip 人を旅行に送り出す / *S*~ him a messenger. 彼に使いをやりなさい. **3 a** [目的補語を伴って] 追い立てて…とする;〈ある状態に〉する *〈into, to〉*: ~ the enemy flying 敵を敗走させる / ~ sb mad 人をおこらせる / ~ sb *into* exile 人を追放する. **b** «口»〈音楽・芸術・人などが〉熱狂させる, うっとりさせる: Satchmo really *sent* me. サッチモにぼくはすっかり酔ってしまった. **4** «文»〈神が〉〈人に〉許す, 与える; こうむらせる (cf. 3a): *S*~ her [him] victorious! 神よ女王[王]を勝利者たらしめたまえ《英国国歌の中の句》/ whatever fate may ~ いかようなことが起ころうとも. ► *vi* 使いにやる[よこす]; 便りをする, 手紙をやる;〖電〗信号を送る: If you want me, please ~. 用があったら使いをよこしなさい / We *sent* to invite her to supper. 夕食に来るよう彼女に使いを出した.
● **~ (sb) after**…《呼び止めるために》〈出かけた人〉のあとを(人に)追わせる; …を呼びに[取りに](人を)やる. **~ ahead** 前もって連絡して(…を)手配する *〈for〉*. **~ along** 送り届ける, よこす. **~ and do**… 人をやって…させる. **~ around** (あちこちへ)行かせる, 回す *〈for〉*. **~ away** 追い払う; …に暇を出す; 遠くへ送る, 派遣する;〈人〉に〈…を持たせて〉行かせる[去らせる] *〈with〉*. **~ away for**…を郵便で注文する[取り寄せる]. **~ back** 〈気に入らない品などを〉(送り)返す, 持ち帰らせる; 取りに戻らせる *〈for〉*. **~ before**…〈人を〉…に出頭させる. **~ by**… «口»〈場所〉に送り届ける. **~ down** 下降[下落]させる;〈食事に〉食堂に行かせる *〈to〉*; ″《大学で》停学[退学]処分にする; ″[*euph*] 投獄する, …に有罪の判決を下す;〖クリケット〗投げる. **~ (sb) for**…を呼びに[取りに](人を)やる;〈品物〉を取り寄せる: ~ *for* the [a] doctor 医者を迎えにやる / ~ *for* the book その本を注文する **~ forth** 送り出す;〈葉・若枝などを〉出す,〈声を〉発する[あげる],〈蒸気・香り・光を〉放つ;〈雲が〉〈雨を〉降らす; 発行する. **~ in** 差し出す,〈辞表・申請書などを〉提出する; 注文を出す *〈for, to〉*;〈名刺を〉取次に出す,〈名前を〉通じる;〈人を〉室内に通す;〈絵を〉出品する *〈for* the exhibition*〉*;〈勘定書を〉書き出す; 食卓に出す;〖競技〗〈選手を〉〈…に交代させて〉出場させる *〈for〉*;〖クリケット〗〈打者を〉出す;〈軍隊などを〉投入する: ~ *in* one's name《競技に》参加を申し込む. **~ off** 見送る; 追い払う, 解雇する;〈手紙などを〉発送する. **~ off for**… =SEND away for….
~ off (the field) ″〖サッカー・ラグビー〗〈選手を〉〈反則などで〉退場させる *〈for〉*. **~ on** 〈荷物・手紙などを〉回送する;〈荷物などを〉前もって送る,〈人を〉先にやる *〈ahead (of)〉*;《劇・競技などに》〈人を〉出演[出場]させる.
~ out 〈招待状・注文品などを〉発送する, 出す; 派遣する,〈ものを〉取りに[買いに](人を)行かせる,《電話・ファックスなどで》〈ものを〉取り寄せる,〈人を〉呼び寄せる *〈for〉*;《罰などで》〈部屋などの〉外に出す *〈of〉*;〈木が芽などを〉出す;〈光・香りなどを〉放つ,〈煙・有害物質などを〉発散する. **~ out for** 人を送って注文する. **~ over** 〈人を〉行かせる,〈ものを〉送り届ける *〈to〉*; 放送する. **~ sb packing** ⇨ PACK[1]. **~ round** 回す, 回覧する; 回送する;〈使者などを〉派遣する. **~ through** 〈伝言などを〉届ける, 通じる. **~ up** 〈煙・においなどを〉出す;〈ほこりを〉巻き上げる;〈ロケットなどを〉打ち上げる;〈物価・気温などを〉上げる, 上昇させる,〈声・警告などを〉発する; 爆破する *〈in* flames*〉*;〈芽などを〉出す;〈書類を〉提出する;〈ボールなどを〉送る;〈食べ物を〉食卓に出す;〈名刺や名前を〉通じる; *«口» (刑務所に)送り込む; «口» (滑稽にまねて)からかう, 茶化す.
♦ **~·able** *a* [OE *sendan*<Gmc; cf. G *senden*]
send[2] ⇨ SCEND. [↑ or *descend*]
Sén·dai vírus /sέndàɪ-/ 仙台ウイルス《ヒトとマウスなどの異種細胞を融合させるパラミクソウイルス》.
Sen·dak /sέndæk/ センダック **Maurice (Bernard)** ~ (1928–2012)《米国の絵本作家・さしえ画家・美術家》.
sen·dal /sέnd(ə)l/ センダル《中世のタフタに似た薄い絹織地(の衣服)》. [OF]
sénd·er *n* 送り主, 発送人, 出荷者, 荷主, 発信人, 差出人;〖電〗送信器; *«口» 大いに興奮させる[楽しませる]もの; *«ジャズ俗» スウィングの名手[愛好家], [solid ~ の形で] すてきな人.
Sen·de·ro Lu·mi·no·so /sendέərou lù:minóusou/ センデロルミノソ《ペルーの左翼ゲリラ組織》. [Sp=shining path]
sénd·ing-óff″ *n* 〖サッカー〗《ルール違反による》退場.
sénd-òff *n* 見送り, 送別(会);《事業を始める人などの》祝賀[激励](会); «口» [°*iron*]《新法・新人事などの》門出の祝い, はなむけ;《新刊書などへの》好意的批評; «口» 葬式.
sénd-ùp *n* «口» からかってまねること, おどけた物まね, パロディー (parody).
se·ne /séɪneɪ/ *n* (*pl* ~, ~**s**) セネ《サモアの通貨単位: =1/100 tala》. [Samoan<E *cent*]
Sen·e·ca[1] /sέnɪkə/ セネカ (1) **Lucius Annaeus** ~ (=~the Younger) (4 B.C.?–A.D. 65)《ローマのストア派の哲学者・政治家・劇作家; Nero の教師・執政官; Nero 暗殺に加担した疑いで死を命じられた; 略 Sen.》(2) **Marcus [Lucius] Annaeus** ~ (=~ the Elder, ~ the Rhetorician) (55 B.C.?–?A.D. 39)《ローマの修辞学者; 前者の父》. ♦ **Sén·ecan**[1] *a*
Seneca[2] *n* **1 a** (*pl* ~, ~**s**) セネカ族《New York 州中西部に居住していたインディアン; Iroquois League 中最大の部族》. **b** セネカ語. **2** [s-]〖植〗SENEGA. ♦ **Sén·e·can**[2] *a* [Iroquois=standing rock]
Séneca Láke セネカ湖《New York 州中西部にある Finger Lakes の中で最大の湖》.
Séneca òil 《セネカ族が薬用にした》原油.
séneca snákeroot 〖植〗セネガ (=*rattlesnake root, senega root*)《北米原産ヒメハギ科の多年草; インディアンの民間薬に用いられた; cf. SENEGA》.
se·ne·cio /sɪní:ʃ(i)ou/ *n* (*pl* **-ci·os**) 〖植〗セネシオ《キク科キオン属[セネシオ属, サワギク属](*S-*) の各種草本》.
se·nec·ti·tude /sɪnέktət(j)ù:d/ *n* 《通常の寿命の》老齢期. [L (*senex* old)]
Se·ne·fel·der /*G* zé:nəfεldər/ ゼーネフェルダー **Aloys** ~ (1771–1834)《ドイツの発明家; 石版画を発明》.
sen·e·ga /sέnɪgə/ *n* セネガ根 (=*seneca, senega root*)《seneca snakeroot などの根; 去痰・利尿薬》;〖植〗セネガ (seneca snakeroot). [SENECA[2]]
Sen·e·gal /sὲnɪgɔ́:l/ **1** セネガル (F **Sé·né·gal** /*F* senegal/)《西アフリカの国; 公式名 Republic of ~ (セネガル共和国); ☆Dakar》. **2** [the] セネガル川《セネガル・モーリタニア国境をほぼ西流して大西洋に注ぐ》. ♦ **Sen·e·ga·lese** /sὲnɪgəlí:z, *-s/ *a, n*
Sen·e·gam·bia /sὲnəgǽmbiə/ セネガンビア (1) Senegal 川と

Gambia 川にはさまれた地域 **2**) セネガルとガンビアで結成された国家連合 (1982–89)). ◆ **Sèn·e·gám·bi·an** *a, n*

sénega ròot, sénega snákeroot 〘植〙 セネガ (seneca snakeroot); セネガ根 (senega).

se·nesce /sɪnɛ́s/ *vi* 〘生〙 〈生物が〉老化する. [L(*senex* old)]

se·nes·cence /sɪnɛ́s(ə)ns/ *n* 老齢, 老年期, 老境; 老化, 老衰; 〘植〙 《完全な成熟後の, 枯死に至る》老化(期). ◆ **se·nés·cent** *a* 〘医〙 老化を示す.

sen·e·schal /sɛ́nəʃəl/ *n* 《中世貴族の》執事 (majordomo, steward); ʺ《大聖堂の》職員, 判事. [OF<L<Gmc=old servant; cf. MARSHAL]

Sen·ghor /sɛŋgɔ́ːr, sɑ̃ː-; ⌣–/ サンゴール **Léopold (Sédar)** ~ (1906–2001) 《セネガルの政治家・詩人; 大統領 (1960–80)》.

sen·green /sɛ́ngrìːn/ *n* 〘植〙 HOUSELEEK.

se·nhor /sɪnjɔ́ːr/ *n* (*pl* **~s**, (Port) **se·nho·res** /sɪnjɔ́ːrɪs, -rɪʃ, -rɪʒ, -rɪz/) …さま, …君, だんな (Mr., Sir) 《敬称として姓に冠して, または単独に用いる; 略 Sr》; ポルトガル[ブラジル]紳士. [Port<L SENIOR]

se·nho·ra /sɪnjɔ́ːrə/ *n* 奥さま, 夫人 (Mrs., Madam) 《ポルトガル[ブラジル]の既婚婦人に対する敬称; 略 Sra》.

se·nho·ri·ta /sìːnjəríːtə/ *n* 令嬢, お嬢さま, …嬢 《ポルトガル[ブラジル]の未婚婦人に対する敬称; 略 Srta》.

se·nile /síːnàɪl, *sɛ́n-/ *a* 老衰の, 老年の, 高齢の; 〘地質〙 侵食周期の終わりに近づいた, 老年期の. ► *n* 老人, 老いぼれた人. ◆ **~·ly** *adv* [F or L; ⇨ SENATE]

sénile deméntia 〘医〙 老人性痴呆, 老年認知症.

sénile deteriorátion 〘医〙 老年衰退.

sénile psychósis 〘医〙 老人性精神病.

se·nil·i·ty /sɪnɪ́ləti/ *n* 老齢, 老衰.

sen·ior /síːnjər/ *a* **1** 《略 Sr, 時に sr》年上の (opp. *junior*) (cf. MAJOR); 先任の, 古参の, 先輩の, 上級の; 上層の, 高級の; 高齢者(のため)の; *《四年制大学の》四年[最上]級の, 《高校の》最高学年の; ʺ中等教育の; 〈有価証券が〉他に優先して支払いを受ける権利のある, 先順位の, 上位の; 〘スポ〙 シニア部門の: Thomas Jones(,) *Sr* 年上の方のトマス・ジョーンズ; 《同名の父子について》父のトマス・ジョーンズ / a ~ man 古参者, 上級生 / ~ classes 上級 / a ~ examination 進級試験 / a ~ counsel 首席弁護士. **2** 〈…〉以前の, 〈…に〉先立つ 〈*to*〉; 本家の. ► *n* 年上の人, 年長者; 古老, 長老; 高齢者, 年寄り; 先任者, 古参者, 先輩, 上級者; 上官, 上役, 首席者; 《英国の大学の学寮の》上級評議員 (senior fellow); ʺ《大学の》上級生; *《大学などの》最上級生 (⇨ FRESHMAN); 性的に成熟した動物, 成獣; [S-] シニア 《ガールスカウトの 14–16 歳の団員; ⇨ GIRL SCOUT》; ʺ《ボート》一流レースの勝者; シニア選手: He is two years my ~.=He is my ~ by two years. 彼はわたしより 2 歳年上です. [L (compar) 〈 *senex* old; cf. SENATE]

sénior áircraftman 〘英空軍〙 一等兵 (⇨ AIR FORCE). ◆ **sénior áircraftwoman** *fem*

sénior áirman 〘米空軍〙 首席空士 《airman first class の上で sergeant の下》.

sénior chíef pétty òfficer 〘米海軍・米沿岸警備隊〙 上等兵曹 (⇨ NAVY).

sénior cítizen [*euph*] 高齢者, お年寄り, 《特に 養老[退職]年金暮らしの》高齢市民 《通例 女 60 歳, 男 65 歳以上》. ◆ **sénior cítizenship** 高齢, 老齢; 高齢者の身分.

Sénior Cóurt 〘英〙 上級法院 (⇨ HIGH COURT).

sénior cóllege 〘米〙 《bachelor の称号を与える》四年制カレッジ.

sénior combinátion ròom 《Cambridge 大学の》特別研究員社交室 (cf. SENIOR COMMON ROOM).

sénior cómmon ròom 《Oxford 大学などの》特別研究員[教員]社交室 《略 SCR; cf. JUNIOR [MIDDLE] COMMON ROOM》.

se·ni·o·res pri·o·res /sɛnióːreɪs prióːreɪs/ 年長者は先に, 年齢順に. [L=elder first; ⇨ SENIOR, PRIOR]

sénior hígh (schòol) 〘米〙 上級高等学校 《10, 11, 12 学年の 3 年で college に連絡; ほぼ日本の高校に相当》.

sen·ior·i·tis /sìːnjəráɪtəs/ *n** 《口》 最上級病 《卒業間近の学生にみられる無気力》.

se·nior·i·ty /sɪnjɔ́(ː)rəti, -njɑ́r-/ *n* 年長, 年上; 先輩であること, 先任, 年功; 先任権, 年功権 《勤続期間の長い者の優先権》: salary based on ~ 年功序列による賃金.

sénior máster sérgeant 〘米空軍〙 曹長 (⇨ AIR FORCE).

sénior móment 《老齢による》ど忘れ: have a ~.

sénior núrsing òfficer 〘英〙 《病院の》看護部長, (総)看護師長, (総)師長.

sénior óptime 〘ケンブリッジ大学〙 数学優等卒業試験の第二級合格者.

sénior pártner 《合名会社・組合などの》長, 社長.

sénior púpilʺ 年長の生徒 《11–19 歳》.

sénior registrárʺ 《病院の》上級専門医 《顧問医 (consultant) の下, 研修医 (registrar) より上のランクの医師》.

sénior schóol 《英国のある地方で》高等学校 《対象は普通 14 歳以上》.

sénior sécondary schòol 〘スコ〙 中高等学校 《対象は 12–18 歳》.

sénior sérviceʺ [the] 海軍 《陸軍(・空軍)に対して》.

sénior tútor 〘英教育〙 主任[シニア]チューター 《上位の tutor で, カリキュラム調整役もする》.

sen·i·ti /sɛ́nəti/ *n* (*pl* ~) セニティ 《トンガの通貨単位: =1/100 pa'anga》. [Tongan<E *cent*]

Sén·lac (Hìll) /sɛ́nlæk(-)/ センラック(の丘) 《イングランド南東部 Sussex の丘; Hastings の戦い (1066) の地》.

Sen·lis /*F* sɑ̃lis/ サンリス 《フランス北部 Oise 県の町》.

sen·na /sɛ́nə/ *n* 〘植〙 センナ 《マメ科カワラケツメイ属の木本・草本の総称》; 〘薬〙 センナ 《乾燥したセンナ葉・実; 緩下剤》. [L<Arab]

Senna セナ **Ayrton ~ (da Silva)** (1960–94) 《ブラジルの F1 ドライバー; 3 度世界チャンピオン (1988, 90, 91); サンマリノ GP で事故死》.

Sen·nach·er·ib /sənǽkərəb/ セナケリブ (d. 681 B.C.) 《アッシリアの王 (704–681 B.C.), Sargon 2 世の息子; イスラエルを討ち (701 B.C.), Babylon 市を破壊 (689 B.C.) した》.

Sen·nar, Sen·naar /sənɑ́ːr, sɛ́nɑ̀ːr/ センナール **1**) スーダン東部 White Nile 川と Blue Nile 川にはさまれた地域; 16–19 世紀に王国が栄えた **2**) Blue Nile 河畔の町; 付近のセンナールダム (**~ Dám**) は Gezira 灌漑用に建設されたもの》.

sénna tèa センナの煎じ汁.

sen·net /sɛ́nət/ *n* 〘劇〙 らっぱ信号 《エリザベス朝演劇で俳優の登場・退場の際の舞台合図》. [?変形く *signet*]

Sen·nett /sɛ́nət/ セネット **Mack ~** (1880–1960) 《カナダ生まれの米国の映画監督; 本名 Michael Sinnott; サイレント時代に KEYSTONE KOPS の登場する数多くの喜劇を手掛けた》.

sen·night, se'n·night /sɛ́nàɪt/ *n* 《古》 一週間 (cf. FORTNIGHT). [OE *seofon nihta* seven nights]

sen·nit, sen·net /sɛ́nət/ *n* 〘海〙 組みひも, 雑索, センニット 《通例 3–9 本の細索を編んだもの》; 編んだ麦わら[稲わらなど] 《帽子材料》. [*sinnet*]

se non è ve·ro, è ben tro·va·to /seɪ nóun ɛ véɪrou ɛ bén trouvɑ́ːto/ たとえ本当でないとしても, それはうまい考えだ. [It]

se·nor, -ñor /seɪnjɔ́ːr, sɪ-; sɛ-/ *n* …君, …さま, …殿, だんなさま (Mr., Sir) 《cf. DON[1]; 略 Sr》; スペイン紳士. [Sp<L SENIOR]

se·no·ra, -ño- /seɪnjɔ́ːrə, sɪ-; sɛ-/ *n* 夫人, 奥さま (Mrs., Madam) 《略 Sra》; スペインの既婚婦人.

se·no·ri·ta, -ño- /sèɪnjəríːtə, sìː-; sɛ̀n-/ *n* 令嬢, お嬢さま, …嬢 《略 Srta》; スペインの未婚婦人; スペイン娘.

Se·nou(s)·si /sɪnúːsi/ *n* (*pl* **~, ~s**) SANUSI.

Senr Senior.

sen·ryu /sɛ́nriu/ *n* (*pl* ~) 川柳. [Jpn]

Sens /sɑ̃ːs/ サンス 《フランス中北部 Yonne 県 Troyes の西南西にある Yonne 川沿岸の町》.

sensa *n* SENSUM の複数形.

sen·sate /sɛ́nseɪt/ *a* 五感で知る, 感覚知の; 感覚のある; 感覚中心の, 唯物的な. ◆ **~·ly** *adv* [L; ⇨ SENSE[1]]

sen·sa·tion /sɛnséɪʃ(ə)n/ *n* **1** 《五感による》感覚, 知覚; 感情, 気持, 感じ (feeling), …感; 感覚[刺激]をひき起こすもの: the ~ of sight 視覚作用 / a ~ of fear 恐怖感 / a slight ~ of motion [warmth, falling, giddiness] 動いている[暖かい, 落ちる, 目がまわる]というかすかな感じ. **2** 《聴衆・公衆の》感動, 興奮; 大評判, 大騒ぎ, センセーション; 大評判のもの[人], 世間をあっといわせる大事件: Melodrama deals largely in ~. メロドラマは主に煽情的なことを扱う / create [cause, make] a ~ センセーションを(巻き)起こす, 評判となる / the latest ~ 最近大評判のもの[人]. ◆ **~·less** *a* [L *sensatus* endowed with SENSE[1]]

sensátion·al *a* **1** 煽情的な, 世間をあっといわせる(ような), 人騒がせな; 人気取りの, きわもの的な; 煽情文学の; 《口》 すばらしい, めざましい (striking). **2** 感覚(上)の, 知覚の; 〘哲〙 感覚論の. ◆ **~·ly** *adv* 興味本位に, おもしろおかしく; すばらしく.

sensátion·al·ìsm *n* 〘哲〙 感覚論; 〘論〙 感情論; 〘倫〙 官能主義, 《特に 芸術・文学・政治上の》煽情主義; 煽情的な事; 人気取り; 〘心〙 SENSATIONISM. ◆ **-ist** *n, a* 〘哲〙 感覚論者; 人気取りをやる人, 人騒がせな人, 煽情主義者; 人騒がせな, センセーショナルな. **sen·sà·tion·al·ís·tic** *a*

sensátion·al·ìze *vt* センセーショナルにする[表現する].

sensátion·ìsm *n* 〘心〙 感覚論; 〘哲〙 SENSATIONALISM. ◆ **-ist** *n* **sen·sà·tion·ís·tic** *a*

sensátion-mònger *n* 煽情家 《文学などの》.

sen·say(sh) /sɛnséɪ(ʃ)/ *a** 《俗》 SENSATIONAL.

sense[1] /sɛ́ns/ *n* **1 a** 感覚, 知覚; 五感の一, [the (five) ~s] 五感 (cf. SIXTH SENSE); 感覚器官: the ~ of hearing 聴覚 / error of ~*s* 感覚の錯誤, 錯覚 / the pleasures of ~*s* 感覚的快楽. **b** [one's ~s] 正気, 意識, 本性: in one's (right) ~*s* 正気で / out of one's ~*s* 正気を失って; 気が違って / frighten sb out of *his* ~*s* 人を動顛させる / bring sb to *his* ~*s* 人を正気づかせる; 人の迷いをさます / come to one's ~*s* 正気づく; 迷いからさめる / lose one's ~*s* 気絶する; 気が狂う. **2 a** 感じ, …感: a ~ of hunger 空腹感 / a ~ of uneasiness 不安感 / under a ~ of wrong 不当な扱いだと感じて.

b [the *or* a ～] 意識, 勘(かん), 悟り, 《直感的な》理解, 〈…の〉観念, …を解する心: *a* ～ *of* beauty 美感 / *a* ～ *of* humor ユーモアのセンス / *the* moral ～ 道徳観念 / He has no ～ *of* economy. 経済観念がない / get *a* real ～ *of* the size その大きさを実感する. **3** 思慮, 判断力, 分別, 常識: a man of ～ 分別のある人, もののわかった人 / COMMON SENSE, GOOD SENSE / ～ and sensibility (理)知と(感)情 / There is no [some] ～ in doing…するのは無分別だ[もっともなところがある] / He has more ～ than to do so. 常識があるからそんなことはしない. **4** 意味, 意義 (meaning), 本義: in all ～*s* どの点においても / in every ～ あらゆる意味で / in no ～ 決して…でない. **5** 《全体の》意見, 多数の意向, 世論; 大意: take the ～ of the committee [the public] 委員会[世間]の意向[意見]を問う. **6** 〘数〙向き《ベクトルの示す2方向のうちの一》; 《信号などの》方向: a ～ strand 〘遺〙センス鎖(さ)《アンチセンス (antisense) 鎖と相補的な(したがって mRNA などと同じ)塩基配列の DNA 鎖で, タンパク質をコードする》. ● **in a ～** ある点[意味]で, ある程度まで. **knock [talk] some ～ into** sb 説教[説得]してばかなことをやめさせる, 目をさまさせる. **make ～** 意味をなす, なるほどと思える, 道理にかなう; 意味を了解する: *make* ～ (out) of …を理解する / *make* ～ out of nonsense 無理に意味をとる / Am I *making* ～ to you? おわかりになりますか? **see ～** 道理がわかる, 分別をもつ. **take leave of** one's **～s** 《口》気が狂う, 気でも狂ったようにふるまう. **talk ～** まともなことを言う: Now you are *talking* ～. それなら話はわかる, それでこそ話がわかるというものだ. **talk (some) ～ into** sb 《口》愚かな行動をとらないよう説得する. **think ～** まともな[まっとうな]考え方をする.

► *vt* **1** 感覚によって分別する, 感じる, 感じ取る, かぎ取る; わかる, 了解する; *《口》感づく, 悟る: ～ victory [danger]. **2** 〈放射能・過熱などを〉自動的に探知[感知]する. **3** 〘電算・電子工〙〈外部からの情報を〉検知する, 読み込む[取る].

[L *sensus* a power of perceiving, thought (*sens- sentio* to feel)]

sense[2], **sénse bùd** *n* *《俗》SINSE.

sénse-dàtum *n* (*pl* **-dàta**) 〘心〙感覚資料[データ]《感覚刺激の直接的知覚対象; 激痛・残像など》; 〘哲〙《現代経験主義で》感覚所与[与件], センスデータム (=*sensum*).

sénse·ful *a* 適正な, 思慮分別のある.

sen·sei /sénseɪ, ━╌/ *n* (*pl* ～, ～**s**) 《空手・柔道などの》先生.

sénse·less *a* **1** 無感覚の, 人事不省の: fall ～ 卒倒する / knock sb ～ 人をなぐって気絶させる; [*fig*] たまげさせる. **2** 非常識な, 無分別な, ばかげた, センス[良識]のない; 無意味な (meaningless). ♦ **～·ly** *adv* **～·ness** *n*

sénse of occásion 《場に臨んでの》社会[常識]的行動感覚; 時を計る才[力].

sénse òrgan 感覚器(官), 受容器.

sénse percèption 《知力でなく》感覚による認識(力).

SENSEX, Sen·sex /sénsèks/ *n* SENSEX, センセックス《インドのボンベイ証券取引所 (Bombay Stock Exchange, BSE) に上場されているうちの代表的な30銘柄からなる株価指数》. [*sens*itive＋ind*ex*]

sen·si·bil·ia /sènsəbíliə, -bíljə/ *n pl* 知覚[感知]され(う)るもの.

sen·si·bil·i·ty /sènsəbíləti/ *n* **1** 《神経などの》感覚能, 感覚, 感受性, 感度, 感性; [°*pl*] こまやかな感情[感覚], 多感, もののあわれを知ること, 感受性: artistic ～ / offend sb's *sensibilities* 人の感情を傷つける. **2 a** 敏感, 神経過敏, 鋭敏〈*to*〉; 〘植〙外的影響をうけやすいこと, 感受性. **b** 《計測器などの》感度.

sen·si·ble /sénsəb(ə)l/ *a* **1** 分別のある, 思慮のある, 賢い; 〈話など〉気のきいた, 実際的な; 〈衣服・靴などが〉実用本位の; 〈食事が〉バランスのとれた: a ～ man もののわかった人 / That is very ～ of him. なかなかわかった男だ. **2** 感づいて〈*of*〉; 気づいて, (よく)わかって〈*of, to*〉; 《口》意識して (conscious): I am ～ *of* your problems. 問題の点はよくわかっております. **3** 感じられる, 知覚できる, 実体的な; 《古》〈変化などが〉目立つほどの, かなりの, 相当の: ～ things 知覚できる物事 / a ～ change in the temperature 温度の著しい変化. **4** 感じやすい (sensitive) 〈*to* light〉, …を感じる〈*to* pain〉. ► *n* 知覚できるもの; 〘楽〙LEADING TONE. ♦ **～·ness** *n* [OF or L; ⇨ SENSE[1]]

sénsible héat 〘理〙顕熱 (cf. LATENT HEAT).

sénsible horízon 〘天・空〙地上地平.

sén·si·bly *adv* 目立つほどに, かなり; 賢く, 分別よく, 気がきいて: grow ～ colder 目立って寒くなる / speak ～ 分別のあることを言う / eat ～ バランスのとれた食事を取る.

sen·sil·lum /sɛnsíləm/, **-sil·la** /-sílə/ *n* (*pl* **-sil·la** /-sílə/, **-sil·lae**/-li/) 〘動〙《昆虫の体表などの》感覚子. [NL (dim)＜L SENSE[1]]

séns·ing devìce [ìnstrument] /sénsɪŋ-/ 検出装置《対象が発する信号に反応するもの: アンテナ・フォトセルなど》.

sen·si·tive /séns(ə)tɪv/ *a* **1** 感覚の(ある). **2** 感じやすい, 敏感な, 繊細な; 過敏な, 傷つきやすい; ものを気にしやすい, 神経過敏な, 神経質な, すぐ気にする[おこる]; 《知的・美的》感覚[感受性]の鋭い: a ～ ear 敏感[鋭敏]な耳 / be ～ *to* heat [cold] 暑がり[寒がり]屋だ / ～ *to* wheat 小麦アレルギーで. **3** 〘商〙動きやすい, 不安定な, 敏感な〈相場など〉; 〘機〙感度の高い[よい], 鋭敏な; 《光・熱などの刺激に》反応[感応]する, 敏感な, 感度をもつ; 〘写〙感光性の; 〘解〙求心性の〈神経〉(afferent): a ～ film [plate] 感光フィルム[板]. **4** 〈話題・問題・品目など〉微妙な, 問題の, 要注意の; 国家機密などにかかわる〈地位・文書〉. ► *n* 催眠術《など》にかかりやすい人; 霊媒; 敏感な人. ♦ **～·ly** *adv* **～·ness** *n* [ME=sensory＜OF or L; ⇨ SENSE[1]]

sénsitive páper 感光紙, 印画紙.

sénsitive plánt 〘植〙オジギソウ; 《一般に》触れると動く植物, 感覚植物; 敏感な人 (sensitive).

sen·si·tiv·i·ty /sènsətívəti/ *n* 感性, 敏感度, 刺激感応[反応]性 (irritability); 過敏(症), アレルギー; 〘心〙敏感性; 感受性, 思いやり, 気づかい; [*pl*] 傷つきやすい感情; 〘写〙感光度; 〘電子工〙感度; 《事態などの》むずかしさ.

sensitívity gròup SENSITIVITY TRAINING の参加者集団 (=*encounter group*).

sensitívity tràining [sèssion] 〘精神医〙感受性訓練, センシティヴィティートレーニング《人間関係を深めるための, 小集団をつくって行なう訓練; 1970年代によく行なわれた; cf. ENCOUNTER GROUP, T-GROUP》.

sen·si·ti·za·tion /sèns(ə)təzéɪʃ(ə)n; -taɪ-/ *n* 感じやすくすること; 〘医〙感作(かんさ), 増感; 〘写〙増感.

sen·si·tize /sénsətàɪz/ *vt* SENSITIVE にする, 〈…に対して〉敏感[過敏]にする〈*to*〉; 〘写〙…に感光性を与える; 〘免疫〙感作(かんさ)する: be ～*d* to…に敏感に反応する, …(の重大性)に気づく. ► *vi* 敏感になる; 感光性を得る. ♦ **-tìz·er** *n* 感光薬, 感光剤; 増感剤.

sen·si·tom·e·ter /sènsətámətər/ *n* 〘写〙感光度計. ♦ **-tóm·e·try** *n* **sèn·si·to·métr·ic** *a* **-ri·cal·ly** *adv*

sen·sor /sénsər, -sɔ̀ːr/ *n* 〘電子工〙感知装置, 検知素子, センサー《温度・放射能などの変化を検知・伝達・表示する装置》; SENSE ORGAN. [? *sensory* or L; ⇨ SENSE[1]]

sen·so·ri·al /sɛnsɔ́ːriəl/ *a* SENSORY. ♦ **～·ly** *adv*

sen·so·ri·mótor /sèns(ə)ri-/, **sen·so·mótor** /sènsə-/ *a* 〘心〙感覚運動(性)の; 〘生理〙感覚[知覚](兼)運動の: 〘解〙a ～ area 《大脳皮質の》感覚運動野(や).

sen·so·ri·néural /sèns(ə)ri-/ *a* 神経を介した知覚に関する, 感覚神経的な.

sen·so·ri·um /sɛnsɔ́ːriəm/ *n* (*pl* **-ria** /-riə/, ～**s**) 感覚中枢; 知覚器官; 識覚, 意識, 知覚, 感覚; 頭脳; 精神, 心.

sen·so·ry /séns(ə)ri/ *a* 感覚[知覚](上)の; 〈神経繊維が〉求心性の (afferent): a ～ nerve 知覚神経 / a ～ index [temperature] 体感指標[温度] / a ～ test 官能検査. ♦ **sén·so·ri·ly** *adv*

sénsory àrea 〘解〙《大脳皮質の》感覚野(や).

sénsory deprivátion 〘心〙感覚遮断.

sénsory nèuron 〘生〙知覚ニューロン《感覚器官からの刺激を神経中枢に伝導する神経細胞》.

sen·su /sénsu/ *n* 意味: SENSU LATO. [L; ⇨ SENSE[1]]

sen·su·al /sénʃuəl; -sjuəl/ *a* 肉体感覚の, 官能的な, 肉欲の; 肉感的な〈唇〉; 官能主義の, みだらな (lewd); 俗な, 宗教心のない; 《まれ》感覚の; 〘哲〙感覚論の. ♦ **～·ly** *adv* 肉欲的に, 肉感的に. [L; ⇨ SENSE[1]]

sénsual·ìsm *n* 官能主義, 肉欲[酒色]にふけること; 〘哲・倫〙感覚論; 〘美〙肉感[官能]主義. ♦ **-ist** *n* 好色家; 感覚論者; 〘美〙肉感主義者. **sèn·su·al·ís·tic** *a*

sen·su·al·i·ty /sènʃuǽləti; -sjʊ-/ *n* 官能[肉欲]性, 肉欲にふけること, 好色.

sénsual·ìze *vt* 肉欲にふけらせる; 堕落させる. ♦ **sènsual·i·zátion** *n*

sen·su·ism /sénʃuìz(ə)m; -sju-/ *n* 〘哲〙SENSATIONALISM.

sénsu lá·to /-léɪtou/ *adv* 広い意味で, 広義で (cf. SENSU STRICTO). [L=in a broad sense]

sen·sum /sénsəm/ *n* (*pl* **sen·sa** /sénsə/) 〘哲〙SENSE-DATUM. [L; ⇨ SENSE[1]]

sen·su·ous /sénʃuəs; -sju-/ *a* 感覚の; 感覚に訴える, 感覚的な; 肉感的な; 感じの鋭い, 美感に訴える, 審美的な; 敏感な. ♦ **～·ly** *adv* 感覚[審美]的に; なまめかしく. **～·ness** *n* **sen·su·os·i·ty** /sènʃuásəti; -sjʊ-/ *n* [*sense*]

Sen·sur·round /sénsəràund/ 〘商標〙センサラウンド《低周波によって耳に聞こえないが体で振動を感じさせる音響効果の方法》. [*sense*＋*surround*]

sénsu stríc·to /-stríktou/ *adv* 厳密な意味で, 狭義で (cf. SENSU LATO). [L=in a strict sense]

sent[1] /sént/ *v* SEND[1] の過去・過去分詞. ► *a* 《俗》《酒・麻薬に》酔った, ぼうっとした, 恍惚とした.

sent[2] *n* (*pl* **sen·ti** /sénti/) セント《エストニアの旧通貨単位: ＝1/100 kroon》.

sen·te /sénti/ *n* (*pl* **li·cen·te, li·sen·te** /lɪsénti/) センテ《レソトの通貨単位: ＝1/100 loti》. [Sesotho=cent]

sen·tence /sént(ə)ns/ *n* **1** 〘文法〙文; 〘論・数〙命題 (proposition), 閉じた[開いた]文 (=closed [open] ～); 《聖書からの》短い引用; 《古》金言, 警句; 〘楽〙楽節, 楽句: a ～ word 文相当語 《Come!, Yes! など》. **2** 〘法〙《刑事上の》宣告, 判決; 刑(罰); 《古》意見, 結論: be under ～ of…の宣告を受けている; …の刑に処せられる / reduce a ～ to…に減刑する / serve one's ～ 刑に服する / pass [give, pronounce] ～ on…に刑を申し渡す; …に対して意見を述べる. **3**〘生化〙センテンス《一つのタンパク質のアミノ酸配列を定める遺伝子中のコドンの配列》. ► *vt* …に宣告する, …に判決を下す; 刑に処する; 追いやる, 迫害する: be ～*d to* a fine [*to* death] for the crime 罰金刑[死刑]を宣告される. ♦ **sén·tenc·er** *n* 判決宣告者: a tough *sentencer* 厳しい判決を下す裁判官. [OF＜L *sententia* feeling, opinion (SENSE[1])]

séntence àccent SENTENCE STRESS.

séntence àdverb〘文法〙文(修飾)副詞《たとえば Frankly, you don't have a chance. の Frankly (率直に言って) のように, 意味上文全体を修飾する副詞》.

séntence connèctor〘文法〙文接続語《therefore などのいわゆる接続副詞》.

séntence fràgment〘文法〙文の断片《音調上は文の特徴をそなえているが, 構造上は文の特徴に欠ける点のある言語形式: 語・句・節》.

séntence strèss〘音〙文強勢, 文アクセント.

séntence sùbstitute〘文法〙文代用語(句)《それだけで文の代わりをしうる語句, 特に 副詞: yes, no, certainly, maybe など》.

sén·tenc·ing〘法〙*n* 刑の宣告(手続き); [°⟨*a*⟩] 量刑: ～ guidelines 量刑基準.

sen·ten·tia /sɛntɛ́nʃ(i)ə/ *n* (*pl* **-ti·ae** /-ʃiìː/) [ᵘ*pl*] 警句, 金言, 格言. [L SENTENCE]

sen·ten·tial /sɛntɛ́nʃ(ə)l/ *a*〘文法〙文の, 文の形をした; 判決の; 決断の.

senténtial cálculus PROPOSITIONAL CALCULUS.

senténtial connéctive〘論〙命題連結記号.

senténtial fúnction〘論〙文(ぶん)関数, 命題関数.

sen·ten·tious /sɛntɛ́nʃəs/ *a* 警句を多用する, 格言を使う; 格言的な, 簡潔な; ⟨人・文章が⟩大げさな表現の多い, 説教がましい, 道学者的な. ♦ **～·ly** *adv* **～·ness** *n* [L; ⇨ SENTENTIA]

sen·ti /sɛ́nti/ *n* (*pl* ～) センティ《タンザニアの通貨単位: ＝CENT》.

sen·tience /sɛ́nʃ(i)əns, -tiəns/, **-tien·cy** *n* 感覚性, 知覚力; 直覚; 有情.

sén·tient *a* 直覚[知覚]力のある, 有情の; ⟨…に⟩気づいて ⟨*of*⟩; 感覚が繊細な. ► *n*《まれ》感覚[知覚]力のある人[もの];《古》心. ♦ **～·ly** *adv* [L (pres p)＜*sentio* to feel]

sen·ti·ment /sɛ́ntəmənt/ *n* **1 a** 感情, 心情; 情緒, 情操;《芸術品に表われる》情趣, 洗練された感情: anti-immigrant ～ 反移民感情 / have friendly [hostile] ～*s* toward…に好意[敵意]をいだいている. **b** 感情に走る傾向; 涙もろいこと, 多感, 感傷: a man of ～ 感情家 / There is no place for ～ in competition. 勝負に情けは禁物. **2** 気運,《感情的な》志向 ⟨*for*⟩; [°*pl*] 意見, 感想, 感慨;《ことば自体に対し, その裏にある》意味, 考え, 気持;《古》《乾杯などで述べる》所感, 感懐, 感想,《お祝いなどの》ことば, 文句: a revolutionary ～ 革命的気運 / These are [Them's [*joc*]] my ～*s*. これがわたしの感想だ. ♦ **～·less** *a* [OF＜L (↑)]

sen·ti·men·tal /sɛ̀ntəmɛ́nt(ə)l/ *a* **1** 感情的な; 感じやすい, 感傷的な, 情にもろい, 涙もろい, 多感な; 情に訴える; ぐちっぽい: strike a ～ note《演説で》感傷的(な調子)になる / for ～ reasons《思い出など》感情[感傷]的な理由から. **2**《古》風流な, 風雅な. ♦ **～·ly** *adv* 感情[熱情]的に, 感傷的に.

sentiméntal·ìsm *n* 感情[情操, 情緒]主義, 感傷主義; 多情多感, 感激性, 感傷癖, 涙もろいこと; ぐち(をこぼすこと). ♦ **-ist** *n*

sen·ti·men·tal·i·ty /sɛ̀ntəmɛ̀ntǽləti/ *n* 感情[感傷]的なこと, 感傷癖; 感傷的な考え[意見, 行動 など].

sentiméntal·ize *vi* 感傷にふける[浸る], 感傷[感情]的になる ⟨*over*, *about*⟩. ► *vt* 感情[感傷]的にする, 感傷的に[甘ったるく]見る[描く]. ♦ **-iz·er** *n* **sentimèntal·izátion** *n*

sentiméntal válue《個人的な思い出などのために出る》感情価値, 思い入れ.

sen·ti·mo /sɛ́ntəmòʊ/ *n* (*pl* **～s**) センティーモ (＝*centavo*)《フィリピンの通貨単位: ＝1/100 peso》. [Philipino＜Sp *céntimo*]

sen·ti·nel /sɛ́nt(ə)n(ə)l/ *n* **1**《文》歩哨, 衛兵《軍では sentry を用いる; しばしば新聞名》; 番人: stand ～ 歩哨に立つ, 見張る ⟨*over*⟩. **2**〘電算〙《特定の情報ブロックの始まりや終わり, または磁気テープなどの終端を示す》標識, しるし;〘医〙歩哨(動物) (＝**～ ànimal**)《伝染病などの発生を確認するため意図的に配置される動物》. ► *vt* (**-l-** | **-ll-**) …の歩哨に立つ, 見張る; …に歩哨を立てる; ⟨人を⟩歩哨に立てる. ♦ **～·lìke** *a* **～·shìp** *n* [F＜It (*sentina* vigilance)]

séntinel cràb〘動〙メナガガザミ《インド洋産の眼柄の長いカニ》.

sen·try /sɛ́ntri/ *n*〘軍〙歩哨, 衛兵; 張り番: be on [keep, stand] ～ 歩哨に立つ / go on [come off] ～ 上番[下番]する. [? *centrinel* (obs) sentinel or *sentry* (obs) sanctuary, watchtower]

séntry bòx 哨舎; 番小屋.

séntry gò 歩哨勤務; 衛兵交替の合図: on ～ ᵘ歩哨に立って.

séntry ràdar 監視レーダー《地上部隊が敵軍の部隊と車両の動きを探知するのに用いる》.

Se·nu·fo /sənúːfoʊ/ *n* **a** (*pl* **～**, **～s**) セヌフォ族《コードジヴォアール北部・マリ南東部に住む部族; 木彫による仮面や彫像の製作にすぐれる》. **b** セヌフォ語《Gur 語派に属する》.

Se·nu(s)·si /sɛnúːsi/ *n* (*pl* **～**, **～s**) SANUSI.

sen·za /sɛ́ntsə, -tsɑː/ *prep*〘楽〙…なしに (without)《略 s.》: ～ tempo 拍子[速度]にとらわれずに. [It]

SEO〘電算〙°search engine optimization ♦ senior executive officer 上級執行役員.

Seoul, Sŏul /sóʊl/ ソウル《韓国の首都》.

sep. separate ♦ separated. **Sep.** September.

SEP〘米〙simplified employee pension.

se·pal /síːp(ə)l, sɛ́p-/ *n*〘植〙萼片(がくへん) (cf. CALYX). ♦ **sé·pal(l)ed** *a* [F, NL (*sepa*- covering, peta*lum*); 一説に, *sep*-*arate*＋*petal* か; N. J. de Necker (1790) の造語]

sep·al·ine /sɛ́pəlɪn, -làɪn/ *a* SEPALOID.

se·pal·oid /síːpəlɔ̀ɪd, sɛ́p-/ *a*〘植〙萼片のような[のはたらきをする], 萼片様….

-sep·al·ous /sɛ́pələs/ *a comb form*「…の萼片を有する」[*sepal*, *-ous*]

sep·a·ra·ble /sɛ́p(ə)rəb(ə)l/ *a* 分離できる, 引き離せる ⟨*from*⟩;《廃》分離 (separation) を起こす: a ～ verb〘ドイツ語文法〙分離動詞《統語環境によって接頭辞が分離ないし後方移動する動詞》. ♦ **-bly** *adv* **～·ness** *n* **sèp·a·ra·bíl·i·ty** *n*

séparable attáchment plùg 差し込みプラグ.

sep·a·rate *v* /sɛ́p(ə)rèɪt/ *vt* **1 a** 切り離す, 引き離す, 分離する ⟨*out*⟩; 脱臼する, はずす (dislocate): ～ a bough *from* a trunk 幹から大枝を切り離す. **b** 選別する, 抽出する;《古》選び出す: ～ cream クリームを採る / ～ gold *from* sand 金を砂から分離して採る / ～ *out* the dirt from the water 水からごみを取り除く. **c** 隔離する ⟨*from*⟩; *除隊させる, 解雇する, 退学させる. **2 a** 分割する; 分類する; 解体[分解]する ⟨*into*⟩; 分散させる: ～ an egg 卵を黄身と白身に分ける. **b**《境界となって》分ける, 隔てる: Great Britain is ～*d* (*off*) *from* the Continent by the English Channel. **c** ⟨友人・夫婦などを⟩別れさせる, 仲たがいさせる: The two old friends were ～*d* for a time by spiteful gossip. 中傷のために一時仲たがいした / The couple is ～*d* now. その夫婦は今別居中だ. **3** 区別[識別]する: ～ two arguments 二つの論点を区別して考える / ～ a butterfly *from* a moth 蝶を蛾と区別する / ～ the men *from* the boys ⇨ MAN[1]. ► *vi* 分かれる, 切れる, 離れる; 別れる, 関係を断つ, 離散する; ⟨夫婦が⟩別居する; 意見の相違をきたす; 分離する, 離脱する, 遊離する, 独立する, ⟨道が⟩分岐する ⟨*off*⟩: They will ～ sooner or later. / The Uralian languages ～*d into* three branches. ウラル諸語は 3 派に分かれた / ～ *from* a church 教会から分離する / Oil and water ～ *out*. 油と水は分離する.

► *a* /sɛ́p(ə)rət/ **1 a** 分かれた, 切れた, 離れた, 分散した, ばらばらの; 別々の, 異なる, 別途の, 別個の, 単独の, 独立した, 隔離した ⟨*from*⟩: ～ volumes 分冊 / They went their ～ ways. それぞれの道を行った, 別れた. **b** [°S-]《母体の組織から》分離した⟨教会など⟩. **2** 実体のない, 霊的な. **3**《古》人里離れた. ● **～ but equal*** 分離すれども平等な《教育・乗物・職業などに対する同等の機会・施設が提供されていれば, 黒人と白人の分離を認めてもよいとする人種政策についていう; 1896 年には合憲と判示されたが, 1954 年になって違憲の判断 (Brown decision) が下された》.

► *n* /sɛ́p(ə)rət/ **1**《雑誌からの》抜刷り (offprint). **2** [*pl*] セパレーツ《blouse, skirt, jumper などを適宜組み合わせる婦人・女児服》.

♦ **～·ly** /, *-pərtli/ *adv* 別れて; 別々に, 単独に ⟨*from*⟩. **～·ness** *n* 分離していること; 離脱, 孤独; 別居; 特色, 特有性, 個性; 自治, 自立, 独立. [L *se*-(*parat*- *paro* to prepare)]

sép·a·ràt·ed mílk 脱脂乳.

séparate estáte〘法〙妻の特有財産.

séparate máintenance〘法〙《夫から別居中の妻に与える》別居手当.

séparate schóol〘カナダ〙《地方教育委員会の監督下にありカリキュラムは同じだが公立学校とは別に運営される》宗教上の少数派学校.

sép·a·rat·ing fùnnel /sɛ́p(ə)rèɪtɪŋ-/〘化〙分液漏斗.

sep·a·ra·tion /sɛ̀pəréɪʃ(ə)n/ *n* **1** 分離, 独立, 離脱; 分類, 選別;〘法〙(夫婦)別居《合意または判決による; cf. JUDICIAL SEPARATION》; 離職, 退職, 退役;〘植〙分球;〘空〙BURBLE;〘ロケット〙《燃え尽きた段の》切離し(時): the ～ of (the) church and (the) state 教会と国家の分離, 政教分離. **2** 分離点, 分割[境界]線; 隔てるもの, 仕切り; 間隙, 裂け目;〘地質〙《断層などの》隔離距離. **3** STEREO SEPARATION; COLOR SEPARATION.

separátion allówance〘英〙別居[家族]手当《特に 政府が出征軍人の妻に与える》.

separátion anxìety〘心〙分離不安《親やなじんだ場所から離れる時に子供が感じる不安》.

separátion cènter〘米軍〙復員[召集解除]本部.

separátion ènergy BINDING ENERGY.

separátion·ist *n* SEPARATIST.

separátion làyer〘植〙離層 (＝*abscission layer*)《器官離脱 (abscission) の起こる層》.

separátion nègative《カラー写真印刷の》三原色分解陰画.

separátion of pówers《行政・立法・司法の》権力分立, 三

権分立 (=*division of powers*).
separátion òrder 《裁判所による》別居命令.
sep·a·rat·ism /sép(ə)rətìz(ə)m, -pərèɪtìz-/ *n* 《政治・人種・宗教上の》分離主義[状態].
sép·a·rat·ist /, -pərèɪt-/ *n* [°S-] 分離主義者《政治・人種・文化などに関する》,〖カナダ〗ケベック分離独立主義者; 離脱[脱退]者; [S-]〖英史〗《国教会からの》分離派. ► *a* [°S-] 分離主義者の; 分離主義者的な; 分離主義を唱える. ♦ **sèp·a·ra·tís·tic** /-rə-/ *a*
sep·a·ra·tive /sépərèɪtɪv, sép(ə)rə-/ *a* 分離性の, 分離をひき起こす; 独立的な. ♦ **~·ly** *adv* **~·ness** *n*
sép·a·rà·tor *n* 分離する人; 選鉱器; (液体)分離器; 分液器; 選別機;〖電〗《蓄電池の》隔離板, セパレーター;〖電算〗《情報単位の開始・終了を示す》分離符号; 分離帯.
sep·a·ra·to·ry /sép(ə)rətɔ̀ːri; -t(ə)ri/ *a* 分離用の, 分離に役立つ.
sep·a·ra·trix /sépərèɪtrɪks/ *n* (*pl* **-tri·ces** /sèpərèɪtrəsìːz, -rətráɪ-/)〖印〗区分線《校正記号の一つ; 欄外に示す訂正のあとに付け, 同じ行の他の訂正と区別するための斜線[垂線]》; 斜線 (diagonal).
Se·phar·di /səfáːrdi/ *n* (*pl* **-dim** /-dəm, -fɑːrdíːm/, ~) セファルディ《スペイン・ポルトガル・北アフリカ系のユダヤ人; cf. ASHKENAZI》; セファルディの話すヘブライ語の発音. ► *a* SEPHARDIC. ♦ **Se·phár·dic** *a* セファルディの. [Heb=Spaniard]
Se·pher [Se·fer] To·rah /séɪfər tɔ́ːrə/ (*pl* **Sí·phrei [Sí·frei] Tórah** /sífreɪ-/, ~s) モーセ五書 (the Torah) の巻物《ユダヤ教の礼拝に用いる》. [Heb=book of law]
se·pia /síːpiə/ *n* イカ (cuttlefish) の墨, 墨汁; セピア《イカの墨から採る暗褐色のえのぐ》; セピア色; セピア色の写真[絵]; コウイカ《など》. ► *a* セピア(色[画, 写真])の; 暗褐色の皮膚をした (Negro). ♦ **~·lìke** *a* **se·pic** /síːpɪk, sép-/ *a* [L<Gk=cuttlefish]
Se·pik /séɪpɪk/ [the] セピック川《パプアニューギニア北部の川》.
se·pi·o·lite /síːpiəlàɪt/ *n* 海泡(かいほう)石 (meerschaum).
se·poy /síːpɔɪ/ *n*〖史〗《英国インド陸軍の》インド人兵. [Urdu and Pers *sipāhī* soldier]
Sépoy Mútiny [Rebéllion] [the] セポイの反乱 (INDIAN MUTINY).
sep·pu·ku /sɛpúːku, sépəkùː/ *n* 切腹 (hara-kiri). [Jpn]
seps /séps/ *n* (*pl* ~)〖動〗カラカネトカゲ (=*serpent lizard*)《四肢は著しく退化》.
sep·sine /sépsiːn, -sən/ *n*〖生化〗セプシン《イースト・血液の腐敗により生じる死体毒》.
sep·sis /sépsəs/ *n* (*pl* **-ses** /-siːz/)〖医〗腐敗(症), 《特に》敗血症, セプシス (septicemia). [NL<Gk; ⇨ SEPTIC]
sept /sépt/ *n* 《古代アイルランド・スコットランドの》氏族; 《一般に》氏族, 一族, 一門 (clan). [? 変形く*sect*]
sept-[1] /sépt/, **sep·ti-** /séptə/ *comb form*「7 …」 [L (*septem* seven)]
sept-[2] /sépt/, **sep·to-** /-toʊ, -tə/, **sep·ti-** /-tə/ *comb form*「分割」「隔壁[隔膜] (septum)」
Sept. September ♦ Septuagint.
septa *n* SEPTUM の複数形.
sep·tal[1] /sépt(ə)l/ *a*〖生〗中隔[隔膜, 隔壁] (septum) の;〖考古〗〈石板などが〉《墓室の》隔壁をなす.
sépt·al[2] *a* sept の.
sep·tan /séptən/ *a*〖医〗7 日目ごとに起こる〈熱〉(⇨ QUOTIDIAN).
sept·an·gle /séptæŋg(ə)l/ *n* 七角形.
sept·an·gu·lar /septǽŋgjələr/ *a* 七角(形)の.
sep·tar·i·um /septéəriəm/ *n* (*pl* **-ia** /-iə/)〖地質〗亀甲(きこう)石. ♦ **sep·tár·i·an** *a*
sep·tate /séptèɪt/ *a*〖生〗中隔[隔膜, 隔壁]を有する. ♦ **sep·tá·tion** *n* 中隔[隔膜, 隔壁] (septum) (で分かれていること), 隔膜区分.
sep·ta·válent /sèptə-/ *a* SEPTIVALENT.
septcentenary ⇨ SEPTICENTENARY.
Sep·tem·ber /septémbər/ *n* 九月《略 Sept., Sep., S.; 初期のローマ暦では第 7 月; ⇨ MARCH[1]》: Thirty days hath ~, April, June, and November; All the rest have thirty-one, Excepting February alone, And that has twenty-eight days clear And twenty-nine in each leap year《各月が何日あるかを憶えるための作者不詳の古い詩》. [L (*septem* seven)]
September 11 /-— ɪlév(ə)n/ 9/11.
Septémber Mássacre [the]〖フランス史〗九月虐殺《フランス革命時の 1792 年 9 月 2–6 日 Paris で起こった Royalists に対する虐殺》.
sep·tem·bre /*F* septɑ̃ːbr/ *n* 九月 (September)《略 sept.》.
Sep·tem·brist /septémbrɪst/ *n*〖フランス史〗九月虐殺参加の革命派 (revolutionary); BLACK SEPTEMBER のメンバー.
sep·tem·par·tite /sèptəmpáːrtàɪt/ *a*〖植〗基部近くまで 7 つに切れ込んだ, 七深裂の〈葉〉.
sep·tem·vir /septémvər/ *n* (*pl* **~s, -vi·ri** /-vəràɪ, -rìː/)〖古ロ〗七人官の一人.
sep·te·nar·i·us /sèptənéəriəs/ *n* (*pl* **-nar·ii** /-iàɪ, -ìː/)〖韻〗SEPTENARY. [L=of seven]
sep·te·nary /séptənèri; séptɪn(ə)ri/ *a* 7 の, 7 からなる; SEPTENNIAL; SEPTUPLE. ► *n* 7; 7 個一組; 《特に》7 年間, 《まれ》7 週[7 日]間;〖韻〗《特に ラテン語の》七詩脚の詩句. [L (*septeni* seven each)]
sep·te·nate /séptənèɪt, -nət/ *a*〖植〗7 つに分かれた, 7 つ一組で生える.
sep·ten·de·cil·lion /sèptɛndɪsíljən/ *n, a* セプテンデシリオン(の)《10[54]; 英ではかつて 10[102] を表わした》. ★ ⇨ MILLION. [L *septendecim* seventeen, *-illion*; cf. SEPTILLION]
sep·ten·nate /sɛpténèɪt, -ət/ *n* 7 年間(の任期).
sep·ten·ni·al /sɛpténiəl/ *a* 7 年目ごとの; 7 年間続く. ♦ **~·ly** *adv* 7 年目ごとに; 7 年間引き続いて. [L (↓)]
sep·ten·ni·um /sɛpténiəm/ *n* 7 年間, 七年期. [L (*annus* year)]
sep·ten·tri·on /sɛptɛ́ntriɑ̀n, -triən/ 《古》 *n* 北方地方; 北; [the S-s]〖天〗北斗七星. [L=seven plowing oxen]
sep·ten·tri·o·nal /sɛptɛ́ntriən(ə)l/ *a* 《古》北の, 北方の.
sep·tet(te) /sɛptét/ *n*〖楽〗七重奏[唱](曲) (⇨ SOLO); 七人[個]組, 七重奏[唱]団. [G (L *septem* seven)]
sept·foil /sép(t)fɔɪl/ *n*〖植〗TORMENTIL;〖建〗七葉飾り.
septi- /séptə/ ⇨ SEPT-[1,2].
sep·tic /séptɪk/ *a* 腐敗(性)の; 敗血(症)の, 敗血(症)性の; SEPTIC TANK の[を用いた]; 《俗》不快な, 腐った: a ~ wound 化膿した傷 / ~ fever 腐敗熱. ► *n* 《豪口》SEPTIC TANK. ♦ **-ti·cal·ly** *adv* **sep·tic·i·ty** /sɛptísəti/ *n* [L<Gk (*sēpō* to rot)]
sep·ti·ce·mia, -cae- /sèptəsíːmiə/ *n*〖医〗敗血症 (=*blood poisoning*). ♦ **-mic** *a* [NL (Gk *haima* blood)]
sèpt(i)·céntenary /, —⌐— —/ *a, n* 七百年祭(の).
sep·ti·ci·dal /sèptəsáɪdl/ *a*〖植〗胞間裂開の.
séptic shóck〖医〗敗血症性ショック《通例 グラム陰性菌によってひき起こされるショックで, 血流量の減少・低血圧・多臓器障害・錯乱などを特徴とする》.
séptic sóre thróat〖医〗敗血性咽頭炎.
séptic tànk 《バクテリアを利用する》(下水処理)腐敗槽[タンク], 浄化槽, セプティックタンク.
sep·tif·ra·gal /sɛptífrəg(ə)l/ *a*〖植〗胞軸裂開の. ♦ **~·ly** *adv* [*sept-*[2], L *frango* to break]
sèpti·láteral *a* 七辺の, 七面の.
sep·til·lion /sɛptíljən/ *n, a* セプティリオン(の), 1 秄(じょ)(の)《10[24]; 英ではかつて 10[42] を表わした》. ★ ⇨ MILLION. [F (*sept-*[1], *-illion*)]
sep·ti·mal /séptəm(ə)l/ *a* 7 の[に基づく].
sep·time /séptìːm/ *n*〖フェン〗第 7 の構え (⇨ GUARD).
Sep·tim·i·us /sɛptímiəs/ セプティミアス《男子名》. [↓]
sep·ti·mus[II] /séptəməs/ *a* 《男子同姓生徒中》7 番目の (⇨ PRIMUS). [L=seventh]
sep·tin·gen·te·na·ry /sèptəndʒɛnténəri; -tíː-/ *n* 七百年祭 (⇨ CENTENARY).
sèpti·válent *a*〖化〗7 価の.
sep·to·ria /sɛptɔ́ːriə/ *n*〖生・植〗セプトリア《**1**) セルリー葉枯病菌・ダイズ褐紋病菌など多くの植物の病原菌を含むセプトリア属 (*S-*) の各種真菌 **2**) これによる植物の葉枯病[斑点病]》.
sep·tu·a·ge·nar·i·an /sèpt(j)uədʒənéəriən, -tʃuə-/ *a, n* 七十代の(人) (⇨ QUADRAGENARIAN). [L; ⇨ SEPTUAGINT]
sep·tu·ag·e·nary /sèptʃuǽdʒənèri; -ədʒíːn(ə)ri/ *n, a* SEPTUAGENARIAN.
Sep·tu·a·ges·i·ma /sèpt(j)uədʒésəmə, -dʒéɪzə-/ *n*〖カト〗七旬節,〖英国教〗大斎前第三主日 (=~ **Súnday**)《四旬節 (Lent) 前第 3 日曜日; 復活祭 (Easter) 前 70 日目の意, 実際は 63 日目; ⇨ QUADRAGESIMA》. [L=seventieth (day)]
Sep·tu·a·gint /sépt(j)uədʒɪnt, -tʃuə-/ *n* 七十人訳(聖書), セプトゥアギンタ《ギリシア語訳旧約聖書; エジプト王 Ptolemy Philadelphus (前 3 世紀) の命により Alexandria で 70[72] 人のユダヤ人が 70[72] 日間で訳了したと伝えられる; 記号 LXX》. ♦ **Sèp·tu·a·gínt·al** *a* [L=seventy]
sep·tum /séptəm/ *n* (*pl* **-ta** /-tə/)〖生・解〗中隔, 隔膜, 体節間膜, 隔壁. [L (*saept- saepio* to enclose)]
sep·tu·ple /sépt(j)ʊpəl, sept(j)úː-; séptjʊp(ə)l/ *n, a* 7 倍(の), 7 重(の); 7 つの部分からなる;〖楽〗7 拍子の. ► *vt, vi* 7 倍[7 重]にする[なる]. ★ ⇨ QUADRUPLE. [L (*sept-*[1])]
sep·tup·let /sɛptʌ́plət, -t(j)úː-; septjúː-, séptjʊ-/ *n* 七つ子の一人; 7 個[7 人]組;〖楽〗七連符.
sep·tu·pli·cate /sɛpt(j)úːplɪkət/ *a* 7 通作成した; 7 通目の; 7 つ一組の, 7 個からなる. ► *n* 7 通目のもの; 《同じ写しの》7 通; 7 つ一組のもの. ► *vt* /-kèɪt/ 7 倍[重]にする; 〈文書などを〉7 通作成する.
sep·ul·cher | -chre /sépəlkər/ *n* 墓《特に 岩を掘り, または 石・煉瓦で造ったもの》; 地下埋葬所; 《祭壇などの》聖物安置所; [*fig*] 《希望などの》墳墓; [the (Holy) S-] 聖(墳)墓 (⇨ HOLY SEPULCHER): EASTER SEPULCHER, WHITED SEPULCHER. ► 《古》*vt* 墓に納める, 葬る, 埋める; …の遺体を安置する. [OF<L (*sepult- sepelio* to bury)]
se·pul·chral /səpʌ́lkrəl/ *a* 墓の; 埋葬に関する; 墓のような, 陰鬱

S

な; 〈声が〉陰気な. ♦ **~·ly** *adv*

sep·ul·ture /sépəltʃər, -tʃùər/ *n* 埋葬 (burial); 《古》 SEPULCHER. [OF<L; ⇨ SEPULCHER]

se·pul·tus /səpʌ́ltəs/ *a* 埋葬せられたる《略 S.》. [L=buried]

seqq., seq. sequentes ♦ sequentia.

se·qua·cious /sɪkwéɪʃəs/ *a* 主体性[独自性]のない; 《まれ》屈従[盲従]的な, 卑屈な, 追従的な; 《古》あとを行く, ついて行く. ♦ **~·ly** *adv* **se·quac·i·ty** /sɪkwǽsəti/ *n* [L *sequac- sequax* follower]

se·quel /síːkwəl/ *n* 続き, 続篇, 後篇 〈*to* the novel〉; 後日談; 結果, 結末, 帰着点 〈*of, to*〉: in the ~ 結局. [OF<L (*sequor* to follow)]

se·que·la /sɪkwíːlə, -kwélə/ *n* (*pl* **-lae** /-liː/) [ᵘ*pl*] 〘医〙続発症, 後遺症, 余病. [NL (↑)]

séquel·ize *vt* …の続篇をつくる.

se·quence /síːkwəns/ *n* **1 a** 連続, 続発; 因果的連鎖; 法則に従った順序[進行], シーケンス; 〘文法〙時制の一致[呼応] (=~ **of ténses**) (cf. AGREEMENT): in ~ 次々と / in rapid ~ 矢継ぎばやに. **b** 順序, 次第, 配列; 筋道, 理路: in (regular) ~ 順序どおり(整然と) / out of ~ 順序ばらばらで[に]. **c** 帰結, 結果, 結論. **2** 連続物, 《詩などの》連作; 〘トランプ〙《3 枚以上の》続き札《たとえばハートの K, Q, J, 10, 9 など》; 〘楽〙反復進行, ゼクヴェンツ; 〘楽〙続唱, セクエンツィア; 〘映〙ひと続きの画面, シーケンス; 《物語などの》一こま (episode); 〘カト〙続唱 (=*prose*); 〘数〙列, 数列; 〘生化〙塩基配列. ► *vt* 順番に並べる, 整理[配列]する; 〘生化〙…の化学成分 (アミノ酸の残基など) の配列を決定する, 〈ゲノムを〉解読する; シーケンサーで演奏[録音]する. [L; ⇨ SEQUEL]

séquence dàncing シークエンスダンス《すべてのペアが同時に同じステップと動きをする社交ダンス》.

se·quenc·er /síːkwənsər/ *n* シーケンサー《**1**) 順序に従って制御を進めていく装置 **2**) 〘生化〙アミノ酸配列分析装置 **3**) 音符・和音その他の信号の連続を記憶しプログラムしたものを再生するための装置 など》.

se·quen·cy /síːkwənsi/ *n* 順序; 連続.

sé·quent *a* 次にくる, 順々に続く, 連続的な; 結果[結論]として伴う, 伴って起こる 〈*to, on*〉. ► *n* 結果, 結論. ♦ **~·ly** *adv* [OF or L; ⇨ SEQUEL]

se·quen·tes /sɪkwéntìːz/, **se·quen·tia** /sɪkwénʃiə/ *n pl* 以下 (the following)《略 seq(q)., sq(q).; 丁寧に et を添えることがある》: p. 5 (*et*) *seq*(*q*). 第 5 ページ以下. [L]

se·quen·tial /sɪkwénʃ(ə)l/ *a* 連続した, 一連の, 続いて起こる, 結果として起こる, 後遺症として起こる 〈*to*〉; 《副作用除去のため》特定の順序で逐次服用する〈経口避妊薬〉; 〘統〙逐次(的)〈抽出〉. ► *n* [ᵘ*pl*] 逐次経口避妊薬 (=~ **pílls**). ♦ **~·ly** *adv* **se·quen·ti·al·i·ty** /sɪkwènʃiǽləti/ *n* [*consequential* の類推で *sequence* より]

sequéntial accéss 〘電算〙逐次呼び出し《記憶装置の情報の読出しが記憶されている順序でのみできる》.

sequéntial círcuit 〘電子工〙順序回路《メモリーに記憶した過去の値も含めて入力の値を論理演算した結果を出力とする論理回路の一種; cf. COMBINATIONAL CIRCUIT》.

sequéntial prócessing 〘電算〙逐次処理《あらかじめ与えられた系列に従って処理すること; cf. PARALLEL PROCESSING》.

sequéntial scánning 〘テレビ〙順次走査《すべての線を飛越しを行なわずに順に走査する方式; cf. INTERLACED SCANNING》.

se·ques·ter /sɪkwéstər/ *vt* 引き離す, 隔離する, 取っておく; 〘法〙〈陪審を〉隔離する; [ᵒ~ *-self*] 隠退させる; 〘法〙没収する, 〈財産を〉一時差し押える; 〘国際法〙〈敵の財産を〉接収[押収]する; 〘教会〙〈聖職禄を〉牧師の借金返済に当てる; 〘化〙《沈澱防止剤を入れて》〈金属イオンを〉可溶状態にとどめておく, 封鎖する: ~ one*self* 引きこもる, 隠退する. ► *n* SEQUESTRUM; 《廃》隔離. ♦ **~ed** *a* 隠退した, 引っ込んだ (secluded); 人里離れた, 人目につかない; 没収された, 一時差し押えられた. **se·qués·tra·ble** *a* [OF<L=to commit for safe keeping (*sequester* trustee)]

se·ques·trant /sɪkwéstrənt/ *n* 〘化〙金属イオン封鎖剤.

se·ques·trate /sɪkwéstrèɪt, síːkwə-, sék-/ *vt* 〘法〙仮差し押えを行なう, 没収する (sequester); 〘法〙破産させる; 〘医〙…に腐骨を形成する; 《古》引き離す, 隠退させる. [L; ⇨ SEQUESTER]

se·ques·tra·tion /sìːkwəstréɪʃ(ə)n, sèk-/ *n* 隔離, 追放; 隠退; 〘法〙仮差し押え(令状); 没収; 〘医〙腐骨形成; 〘化〙金属イオン封鎖.

se·qués·tra·tor *n* 仮差し押え人; 仮差押え財産管理委員.

se·ques·trec·to·my /sìːkwèstréktəmi/ *n* 〘医〙腐骨摘出(術).

se·ques·trum /sɪkwéstrəm/ *n* (*pl* **~s, -tra** /-trə/) 〘医〙《健全な骨から分離残存する》腐骨. ♦ **-tral** *a* [NL]

se·quin /síːkwən/ *n* シークイン《婦人服の装飾などに用いるスパンコール》; 〘史〙ゼッキーノ (=*zecchino, zechin*)《古代ヴェネツィア・トルコの金貨》. ♦ **sé·quin(n)ed** *a* (シークインで)飾った. [F<It *zecchino* a gold coin<Arab=a die]

se·qui·tur /sékwətər, *-tùr/ *n* 〘論〙推論(の結果), 《前提から導かれる》結論 (cf. NON SEQUITUR). [L=it follows; ⇨ SUE]

se·quoia /sɪkwɔ́ɪə/ *n* 〘植〙セコイア《米国西部産のスギ科の常緑高木; セコイア属 (*S*-) のセコイアメスギ (redwood), またはセコイアデンドロン属のセコイアオスギ (big tree)》. [George G. *Sequoya*(*h*) (1770?–1843) Cherokee 語の文字システムを作ったチェロキー族の学者]

sequòia·déndron *n* 〘植〙セコイアデンドロン属 (*S*-) の高木, セコイアオスギ, セコイア (cf. SEQUOIA).

Sequóia Nátional Párk セコイア国立公園《California 州中東部のセコイアの森を保護するために指定 (1890) された公園; Whitney 山がある》.

ser /síər/ *n* SEER².

ser- /síər, sér/ ⇨ SERO-.

ser. serial ♦ series ♦ service.

sera *n* SERUM の複数形.

se·rac, sé- /səræ̀k, seɪ-; sérӕk/ *n* [ᵘ*pl*] セラック《氷河のクレバスの交差した部分に生じる氷塔原》. [F=white cheese (L *serum* whey)]

se·ra·glio /səræ̀ljoʊ, -ráː-; sɛráːliòʊ/ *n* (*pl* **~s**) 《イスラム教国の》宮殿 (=*serail*); [the S-] 〘史〙《トルコの》(旧)宮殿 (=the Old S~); 妻妾部屋, 後宮 (harem); 《イスラム教徒の》妻妾; 売春宿, 女郎屋. [It=enclosure (↓)]

se·rai /səráɪ, -ráːi; seráɪ/ *n* 《イラン・インド》宿舎, 宿所, 隊商宿; 《トルコの》宮殿. [Turk<Pers=palace, inn]

se·rail /səréɪl/ *n* SERAGLIO.

Se·raing /*F* sərɛ̃/ スラン《ベルギー東部 Liège の南西, Meuse 川に臨む町; 同国の鉄鋼・機械産業の中心地》.

Serajevo ⇨ SARAJEVO.

ser·al /síərəl/ *a* 〘生態〙遷移系列 (sere) の.

Seram ⇨ CERAM.

se·rang /səræ̀ŋ/ *n* 《南アフリカのマライ人の》水夫長; 船頭.

se·ra·pe, sa- /səráːpi, -ræ̀pi/, **za-** /zə-/ *n* サラーペ《特にメキシコ人の男性が肩掛けに用いる幾何学模様のある毛布》.

ser·aph /sérəf/ *n* (*pl* **ser·a·phim** /-fìm, -fìːm/, **~s**) 〘聖〙セラピム《神の玉座に仕える 6 つの翼をもつ天使; *Isa* 6: 2, 6》; 〘神学〙熾(し)天使《九天使中最高位; ⇨ CELESTIAL HIERARCHY》; 天使(のような人). ♦ **~·lìke** *a* [逆成く*seraph*im]

se·raph·ic /sɪrǽfɪk/ *a* (熾)天使の(ような); 神々しい, 清らかな, 気高い; しあわせそうな, 至福の. ♦ **-i·cal** *a* **-i·cal·ly** *adv* **-i·cal·ness** *n*

ser·a·phim /sérəfìm, -fìːm/ *n* **1** SERAPH の複数形. **2** (*pl* ~) 〘聖・神学〙SERAPH. [Gk<Heb; cf. CHERUB]

ser·a·phine /sérəfìːn/ *n* 《19 世紀英国の》足踏みオルガン.

Se·ra·pis /səréɪpəs; sérəpɪs/ 牛神, セラピス《古代エジプトの Osiris と Apis の合成神で, ギリシア・ローマでも広く信仰をうけた》. [L<Gk]

se·ra·skier /sèrəskíər/ *n* 〘史〙《トルコの》軍司令官. [Turk<Pers=head of army]

Serb /sə́ːrb/ *n* セルビア人[国民]; セルビア語 (Serbian). ► *a* セルビアの; セルビア人[語]の. [Serbo-Croat *Srb*]

Ser·bia /sə́ːrbiə/ セルビア《ヨーロッパ南東部 Balkan 半島中西部の内陸国, 公式名 Republic of ~ (セルビア共和国), ☆Belgrade; 旧ユーゴスラヴィアの構成共和国で, 連邦解体後 2003–06 年に Montenegro と国家連合を形成していた; 旧称 **Ser·via** /sə́ːrviə/》.

Ser·bi·an /sə́ːrbiən/ *n* **a** セルビア人 (Serb). **b** セルビア語《セルビア人[国民]の用いるセルビア-クロアチア語; 伝統的にはキリル文字を使用する》. ► *a* セルビアの; セルビア人[語]の.

Ser·bo- /sə́ːrboʊ, -bə/ *comb form* SERBIA の意.

Sérbo-Cróat *a, n* SERBO-CROATIAN.

Sérbo-Croátian *n* **a** セルビア-クロアチア語《セルビア・クロアチアなど旧ユーゴスラヴィアの地域で使われる南スラヴ語群の言語; セルビアではキリル文字, クロアチアではローマ字で表記される; 地域・民族によっては Serbian, Croatian, Bosnian とも呼ぶ》. **b** セルビア-クロアチア語を母語とする人. ► *a* セルビア-クロアチア語(系住民)の.

Ser·bó·ni·an bóg /sərbóʊniən-/ **1** セルボーニスの沼《軍隊全部がのみ込まれたという古代北エジプトの大沼沢地》. **2** [*fig*] 身動きできない立場.

Sérbs, Cróats, and Slóvenes ■ **the Kíngdom of the ~** セルビア人-クロアチア人-スロヴェニア人王国《旧ユーゴスラヴィアの前身 (1918–29)》.

SERC /sə́ːrk/ 〘英〙Science and Engineering Research Council《もと SRC; 1994 年 4 月に EPSRC と PPARC に分かれた》.

Sercq /*F* sɛrk/ セルク《SARK 島のフランス語名》.

ser·dab /sə́ːrdæ̀b, sərdǽb/ *n* セルダブ《古代エジプトの神殿や墓の秘密の部屋》. [Arab<Pers=ice cellar]

Ser·di·ca /sə́ːrdɪkə/ セルディカ《SOFIA¹ の古称》.

sere¹ /síər/ *n* 〘生態〙遷移系列. [逆成く*series*]

sere² *a* 《詩》ひからびた, しなびた, 枯れた; 《古》すりきれた. [OE *sēar*; ⇨ SEAR¹]

sere³ *n* 《銃の撃鉄の》逆鉤, 掛け金; 《古》《鳥獣の》つめ. [? OF *serre* lock, bolt, grasp; cf. SERRY]

se·rein /səréṇ, -réɪn/ *n* 天泣(てんきゅう), 狐の嫁入り《晴天下の霧雨》. [F (L *serum* evening); cf. SOIREE]

Ser·em·ban /sərémbən/ セレンバン《マレーシアの Negeri Sembilan 州の州都》.

Se·re·na /sərí:nə/ セリーナ《女子名》. [L (fem); ⇨ SERENE]

ser·e·nade /sèrənéɪd/ *n* セレナード《夜 恋人[女性]のいる部屋の外

で歌う[奏でる]こと[歌, 曲]);〘楽〙セレナード, 小夜曲, 夜の調べ《夕べにふさわしい静かな抒情的楽曲; cf. AUBADE》;〘楽〙SERENATA (2). ► *vt, vi* (〈人〉のために)セレナードを歌う[奏する]. ◆ **-nád·er** *n* [F<It (↓)]

ser·e·na·ta /sèrənáːtə/ *n*〘楽〙セレナータ《1) 18 世紀の世俗カンタータ 2) 組曲と交響曲との中間的な性格をもつ器楽曲 3) 小夜曲 (serenade)》. [It=evening song; ⇨ SERENE]

Ser·en·dib /sérəndìb, sèrəndíːb/, **-dip** /-dìp/ セランディーブ《CEYLON の古称で, シンハラ語 Sinhala-dipa (「獅子の子孫の島」の意) のアラビア語なまり》.

ser·en·dip·i·ty /sèrəndípəti/ *n* 思わぬ発見(をする才能); 運よく発見したもの, 掘り出しもの, 幸運. ◆ **-díp·i·tous** *a* 思わぬ発見をする才の[によって得られた], 幸運な. **-tous·ly** *adv* [おとぎ話 *The Three Princes of Serendip* の主人公にこの能力があった; Horace Walpole の造語 (1754)]

serendípity bèrry セレンディピティーベリー《西アフリカ産ツヅラフジ科のつる植物の果実; 蔗糖の約 3000 倍の甘味度のある甘味料 monellin の原料》.

ser·en·dip·per /sèrəndípər/ *n* 思いがけず幸運な発見をする人. [*serendipity, -er*[1]]

se·rene /səríːn/ *a* **1 a** 晴朗な, うららかな, のどかな; 〈空など〉雲のない, 澄みわたった, 澄んだ; 〈海など〉穏やかな (calm). **b** 落ちついた; 静かな, 平和な: ~ courage 沈勇. **2** [S-] [敬称] やんごとなき, 高貴な: His [Her] *S~* Highness《略 HSH》, Their *S~* Highnesses《略 TSH》, Your *S~* Highness 殿下《欧州大陸, 特にドイツで王侯[王妃]の敬称》. ● **all ~** 《俗》平穏無事; 異状[危険]なし, よろしい (all right). ► *n* 《古・詩》晴朗な空, 平穏な海[湖水]; 静穏, 落ちつき. ► *vt* 《古・詩》〈海・空・顔などを〉澄みわたらせる, 穏やかにする. ◆ **~·ly** *adv* **~·ness** *n* [L *serenus* clear, fair, calm]

Ser·en·géti Nátional Párk /sèrəŋgéti-/ セレンゲティ国立公園《タンザニア北部, ケニア国境に近いセレンゲティ平原 (**Serengéti Pláin**) にある; 野生動物の楽園》.

se·ren·i·ty /sərénəti/ *n* **1** 晴朗, うららかさ, のどけさ; 静穏, 平静, 落ちつき, 沈着, 従容; [the Sea of S-]《月の》静かの海 (Mare Serenitatis). **2** [S-] [敬称] 殿下《欧州大陸で》: Your [His, etc.] *S~*=Your [His, etc.] SERENE Highness. [F<L; ⇨ SERENE]

Se·re·no /səríːnou/, **-nus** /-nəs/ セリーノ, セリーナス《男子名》. [L; ⇨ SERENE]

serf /sə́ːrf/ *n* 農奴《中世農民の一階級で土地に付属し, 土地と共に売買された》; [*fig*] 奴隷(のような人). ◆ **~·age, ~·dom, ~·hòod** *n* 農奴の身分; 農奴制. **~·ish, ~·lìke** *a* [OF<L *servus* slave]

Serg. Sergeant.

serge /sə́ːrʤ/ *n* サージ《綾織りの毛織物》. ► *vt* 〈カーペットのへりなどを〉かがり縁に仕上げる. [OF<L; ⇨ SILK]

Serge /sə́ːrʤ; F sɛrʒ/ サージ, セルジュ《男子名》.

ser·geant /sáːrʤ(ə)nt/ *n* **1 a** 軍曹, 曹長《⇨ ARMY, AIR FORCE, MARINE CORPS; 略 Serg., Sergt, Sgt》. **b**《広く》下士官. **2** 巡査部長《米では captain [時に lieutenant] の下, patrolman の上; 英では inspector の下, constable の上; ⇨ POLICE》. **3** SERGEANT AT ARMS. **4 a**〘英史〙高等弁護士《英国ではこの意には serjeant を多く用いる》. **b** SERJEANT-AT-LAW. **c** 《廃》《判決・命令などの》執行人. ◆ **sér·gean·cy, ~·shìp** *n* sergeant の職[地位, 任務]. [F<L *servient- serviens* servant; ⇨ SERVE]

sérgeant(-)at(-)árms *n* (*pl* **sérgeants(-)at(-)árms**)《英国王室・議会・法廷・社交クラブなどの》守衛官.

sérgeant-at-láw *n* SERJEANT-AT-LAW.

sérgeant báker [°S- B-]《豪》〘魚〙オーストラリアヒメ《ヒメ科の彩色魚; 豪州南岸産》.

sérgeant fírst cláss〘米陸軍〙一等軍曹 (⇨ ARMY).

sérgeant físh〘魚〙**a** スギ (cobia). **b** アカメ (snook).

sérgeant májor (*pl* **sérgeants májor, ~s**) **1**〘米陸軍・海兵隊〙上級曹長 (⇨ ARMY, MARINE CORPS);〘英陸軍〙regimental [company] sergeant major. **2**〘魚〙スズメダイ科オヤビッチャ属の類 (=*cow pilot*)《西部大西洋熱帯産》. **3** 《軍俗》砂糖入りの濃い紅茶, ラム酒入りの紅茶 (=**sérgeant-májor's**).

sérgeant májor of the ármy〘軍〙陸軍最先任上級曹長《部隊の参謀[幕僚]長の助言者として服務する最上級の下士官》.

sérgeant májor of the maríne còrps〘軍〙海兵隊最先任上級曹長《部隊長の助言者として服務する最上級の下士官》.

sér·geanty, 《英》 **-jeanty** *n*〘英国中世法〙役務保有(権)《兵役・農役以外の役務による, 封建的土地保有の一形態》. [OF; ⇨ SERGEANT]

serg·ing /sə́ːrʤɪŋ/ *n* 《カーペットなどの》かがり縁仕上げ.

Ser·gi·pe /sərʒíːpə/ セルジペ《ブラジル東部の州》.

Sergt Sergeant.

se·ri·al /síəriəl/ *n* 《雑誌・テレビなどの》続きもの, 連続もの; 《連載ものなどの》一回分;〘図書〙逐次刊行物. ► *a* 連続的な; ひと続きの, 通しの;〘電算〙《データの伝送・演算が》直列の, シリアルの (cf. PARALLEL); 〈小説など〉続き[連載]ものの, 連続出版の, 〈出版物が〉定期[逐次](刊行)の;〘楽〙セリエルの, TWELVE-TONE. ◆ **~·ist** *n* 続きもの作家; ミュジックセリエルの作曲家, 十二音作家. **~·ly** *adv* [*series, -al*]

sérial-àccess mémory〘電算〙逐次アクセスメモリー.

sérial bónd 連続償還社債[公債].

sérial cómma SERIES COMMA.

sérial correlátion〘統〙系列相関.

sérial homólogy〘生〙《同一個体内にみられる》連続相同.

sérial·ìsm *n*〘楽〙ミュジックセリエル[セリー音楽](の理論[実践])《特に十二音組織, 十二音技法[作曲法]》.

se·ri·al·i·ty /sìəriǽləti/ *n* 連続(性), 順列をなすこと.

sérial·ìze *vt* 順番に並べる;〘電算〙〈データを〉シリアル化する; 続きものとして連載[出版, 放送]する, 連続ドラマ化する;〘楽〙セリー (serialism) の技法で作曲する. ◆ **sèrial·izátion** *n*

sérial kíller [múrderer] 連続殺人犯. ◆ **sérial kílling [múrder]** 連続殺人.

sérial márriage〘社〙逐次婚《一定期間の結婚を次々にする形式》.

sérial monógamy 逐次単婚《1)〘社〙逐次婚における一夫一婦婚 2) [*joc*] 性的関係をもつ相手を次々と変えていくこと》. ◆ **sérial monógamist** *n*

sérial nùmber 《確認などのための》一連[通し]番号, 製造[製作]番号, シリアルナンバー,〘軍〙認識番号.

sérial pórt〘電算〙シリアルポート《データの送受信をシリアル伝送によって行なう周辺機器接続用端子; cf. PARALLEL PORT》.

sérial prìnter〘電算〙シリアルプリンター (=*character printer*)《タイプライターのように 1 文字ずつ印字する; cf. LINE PRINTER》.

sérial ríghts *pl*〘出版〙連載権.

sérial séction〘生〙連続切片《組織を連続的に切った標本切片》.

sérial technìque〘楽〙セリエル[セリー, 十二音]技法.

se·ri·ate *vt* /síərièɪt/ 連続的に配列する. ► *a* /síəriət, -èɪt/ 連続的な, ひと続きの. ◆ **~·ly** *adv* **sè·ri·á·tion** *n*

se·ri·a·tim /sìəriǽtəm, -éɪ-, sèr-/ *adv, a* 逐次[順次]に[の], 続いて[続く]. [L SERIES; *literatim* などにならったもの]

Ser·ic /síərɪk, sér-/ *a* 《文》CHINESE. [L *sericus*]

se·ri·ceous /səríʃəs/ *a* 絹[絹糸]状の;〘植〙絹のように柔らかく光沢のある柔毛でおおわれた〈葉〉.

se·ríci·cùlture /sərísə-/ *n* SERICULTURE.

ser·i·cin /sérəsən/ *n*〘化〙絹膠, セリシン《繭(まゆ)糸に付着しているゼラチン質の硬タンパク質》. [L *sericum* silk]

ser·i·cite /sérəsàɪt/ *n*〘鉱〙絹(きぬ)雲母, セリサイト. ◆ **sèr·i·cít·ic** /-sít-/ *a*

séri·cùlture /sérə-/ *n* 養蚕(業). ◆ **sèri·cúlturist** *n* 養蚕家. **-cúltural** *a*

ser·i·e·ma /sèriíːmə/ *n* CARIAMA.

se·ries /síəriz/ *n* (*pl* ~) **1 a** ひと続き, 連続, 系列; 続きもの, 連続出版物, 双書, 第…集, シリーズ,〘テレビ・ラジオ〙シリーズもの[番組]; 連続講義: a ~ of victories [misfortunes] 連戦連勝[うち続く不幸] / the first ~ 第一集. **b**《切手・コインなどの》一組. **c** シリーズもの《飛行機・自動車など, 長期にわたりデザインなどに共通要素をもつ》. **2**〘スポ〙《同じ 2 チーム間の》連続試合, シリーズ, [the S-] WORLD SERIES;〘ボウル〙シリーズ《連続した 3 ゲーム》: a 7-game ~. **3**〘化〙列 (: methane ~);〘電〙直列(連結); 直列巻き;〘数〙級数;〘地質〙統《系 (system) の下位, 階 (stage) の上位の年代層序区分単位》; 土壌統 (SOIL SERIES);〘動〙列《漠然と属と種[科]などに置かれる便宜的分類階級》;〘言〙系列 (cf. ORDER);〘言〙(ablaut による) 母音交替系列;〘修〙等位語句の連続;〘楽〙《十二音組織で》音列. ● **in ~** 連続して; シリーズもので;〘電〙直列に (opp. *in parallel*). ► *a*〘電〙直列(式)の. [L=row, chain (*sero* to join, connect)]

séries cómma〘修辞〙連続コンマ (=*serial comma, Oxford comma*)《語(句)の列挙で, 最終語(句)の前の接続詞の前に使用されるコンマ; たとえば 1, 2, 3, or 4 の場合の 3 のあとのコンマ》.

séries génerator 直巻(ちょくまき)発電機.

séries-párallel *a*〘電〙直並列の.

séries résonance〘電〙直列共振.

séries wìnd·ing /-wàɪnd-/〘電〙《電機の》直巻き(法) (opp. *shunt winding*); 《電機子の》直列巻き. ◆ **séries-wòund** /-wàʊnd/ *a* 直巻きの; 直列巻きの.

ser·if, ser·iph, cer·iph /sérəf/ *n*〘印〙セリフ《M, H などの字の縦棒の上下にみるようなひげ飾り; cf. SANS SERIF》. ◆ **sér·if(f)ed** *a* [?Du *schreef* stroke, line]

séri·gràph /sérə-/ *n* セリグラフ《シルクスクリーン捺染の彩色画》; [S-]〘商標〙セリグラフ《生糸検査器の商品名》. ◆ **se·rig·ra·pher** /sərígrəfər/ *n* セリグラフ捺染者. **se·ríg·ra·phy** *n* シルクスクリーン捺染法, セリグラフィー.

ser·in /sérən, *səræ̃ŋ/ *n*〘鳥〙セリン, セリンヒワ《欧州中・西部産; アトリ科; 飼鳥カナリヤの原種》. [F=canary<?]

ser·ine /sérìːn, síər-, -rən/ *n*〘生化〙セリン《α-アミノ酸の一種》. [G (L *sericum* silk)]

ser·i·nette /sèrənét/ *n* セリネット《鳴鳥を仕込む手回しオルガン》.

se·rin·ga /səríŋgə/ *n*〘植〙**a** パラゴムノキ《ブラジル原産》. **b** アフリカ南部産ニガキ科の落葉樹. [Port]

S

Se·rin·ga·pa·tam /sərìŋgəpətǽm/ セリンガパタム《インド南部 Karnataka 州, Mysore の北にある町; 旧藩王国 Mysore の首都》.

se·rio·cómedy /sìəriou-/ *n* セリオコメディー《まじめな要素を多分に含む喜劇》.

se·rio·cómic, -cómical /sìəriou-/ *a* まじめで(しかも)滑稽な. ♦ **-cómical·ly** *adv* ［*serious*, *-o-*］

se·ri·ous /síəriəs/ *a* **1** まじめな, 沈着な, 深刻な; 本気の, 真剣な, 冗談でない, 《趣味などに》熱心な, 打ち込んでいる, 本格的な; 〈仕事・異性のことなどを〉本気で考えて 〈*about*〉; 〈文学・芸術などが〉まじめな, 堅い, 重苦しい; 一心不乱の; 《古》敬虔な, 宗教[道徳など]に関する: a ～ thought 真剣に考えること / to be ～ 冗談はさておき / You can't be ～. まさか, うそー! / a ～ angler 本格的な釣師 / ～ music《pop music や dance music などの light music に対し》クラシック音楽 / ～ literature 純文学. **2** 油断のならない, 容易ならない; 重大な, 深刻な, ゆゆしい; 重い, 重篤な, 危篤の, 重症の, 危険な: ～ damage 甚大な被害 / a ～ question 冗談事ではない[大事な]問題 / in ～ trouble きわめて困った状態で / in a ～ condition 重態で. **3**《口》とてもいい, すばらしい, 最高の; 《口》多くの, 大量の, 相当な; *《俗》お固い, しきたりどおりの, おごそかな, 地味な〈服装など〉: ～ money 大金. ● **for ～** *《俗》まじめに[な]. ♦ **～·ness** *n* まじめなこと; 重大さ, ゆゆしさ: in all *seriousness* 真剣に. ［OF or L; cf. OE *swǣr* gloomy］

sérious críme squàd 〔英警察〕重大犯罪班.

Sérious Fráud Óffice [the]〔英〕重大不正[詐欺]捜査局《イングランド・ウェールズ・北アイルランドにおける重大・複雑な詐欺事件を捜査・告発する政府部局; 略 SFO》.

sérious héadache *《俗》頭にうけた銃弾.

sérious·ly *adv* まじめに, 本気に; 深刻に, 重く, ひどく; 《口》すごく, とても; [文副詞として] まじめな話だが, 冗談は別として: He is ～ ill. 重病[危篤]だ / *Seriously*? 本当に? / now ～＝～ speaking 冗談は抜きにして. ● **take…～** 真剣に受け止める, まじめに取り組む, 真に受ける.

sérious-mínd·ed *a* まじめに考える, 真剣な性格の. ♦ **～·ly** *adv* **～·ness** *n*

sérious ópera OPERA SERIA.

seriph ⇨ SERIF.

ser·jeant″ /sɑ́ːrʤ(ə)nt/ *n* SERGEANT.

sérjeant(-)at(-)árms *n* SERGEANT(-)AT(-)ARMS.

sérjeant-at-láw *n* (*pl* **sérjeants-at-láw**)〔英〕上級弁護士《最上位の法廷弁護士; 1880 年廃止; 今の King's Counsel に当たる》.

serjeanty ⇨ SERGEANTY.

Ser·kin /sə́ːrkən/ ゼルキン **Rudolf** ～ (1903–91)《Bohemia 生まれの米国のピアニスト》.

Ser·lio /sέərljou/ セルリオ **Sebastiano** ～ (1475–1554)《イタリアの建築家・画家;『建築書』(1537–75)》.

ser·mon /sə́ːrmən/ *n*《聖職者による》説教; お説教, 訓話, 訓戒, お小言, 退屈な長談議: after ～ 教会が終わってから / at ～ 説教[礼拝]中で. ● **～s in stones** 木石(などの大自然)にみられる教訓《Shak., *As Y L* 2.1.17》. ♦ **～·less** *a* ［OF＜L＝speech, talk］

ser·mon·et(te) /sə̀ːrmənέt/ *n* 短い(お)説教.

ser·mon·ic /sərmɑ́nɪk/, **-i·cal** *a* 説教的な, 説教じみた. ♦ **-i·cal·ly** *adv*

sérmon·ìze *vi, vt* (くどくど)説教する; 説法する, 小言を言う: ～ it お説教をする. ♦ **-ìz·er** *n* 説教者.

Sérmon on the Móunt [the]〔聖〕《イエスが与えた》山上の説教[垂訓]《*Matt* 5–7》.

se·ro- /síərou, sέr-, -rə/, **ser-** /síər, sέr/ *comb form*「漿液(しょうえき)」「血清 (serum)」

sèro·convérsion *n*〔免疫〕血清変換《ワクチンとして投与した抗原に応答して抗体が出現すること》. ♦ **-convért** *vi*

sèro·diagnósis *n*〔医〕血清(学的)診断(法). ♦ **-diagnóstic** *a*

sèro·epidemiológic, -i·cal *a* 血清疫学の.

sèro·epidemiólogy *n* 血清疫学.

séro·gròup *n*〔免疫〕血清グループ, セログループ《1 個以上の抗原を共有する血清[抗原]型》.

se·rol·o·gy /sɪrɑ́ləʤi, sə-/ *n* 血清学. ♦ **-gist** *n* 血清学者. **se·ro·log·ic** /sìərəlɑ́ʤɪk/, **-i·cal** *a* 血清学(上)の. **-i·cal·ly** *adv*

sèro·múcous *a*〔医〕漿粘液性の.

sèro·négative *a*〔医〕血清反応陰性の. ♦ **-negatívity** *n*

sèro·pósitive *a*〔医〕血清反応陽性の. ♦ **-positívity** *n*

sèro·prévalence *n*〔医〕血清学的有病率《ある集団内で血清に HIV 抗原に対する抗体などをもつ人の割合》.

sèro·púrulent *a*〔医〕漿液膿性の.

se·ro·sa /sɪróusə, -zə, sə-/ *n* (*pl* **～s, -sae** /-siː, -ziː/)〔解・動〕漿(液)膜 (chorion). ♦ **se·ró·sal** *a*

se·ro·si·tis /sìərousáɪtəs, sèr-/ *n*〔医〕漿膜炎. ［↑, *-itis*］

sèro·thérapy *n*〔医〕血清療法.

se·rot·i·nal /sərɑ́t(ə)n(ə)l, sèrətáɪ-/ *a* 晩夏の;〔植〕おそ咲きの. ［L (↓)］

ser·o·tine[1] /sέrətàɪn, -tən, -tiːn/ *a*〔植〕晩成の, おくての, おそ咲きの. ［L＝coming late (*sero* late); ⇨ SEREIN］

ser·o·tine[2] /sέrətiːn/ *n*〔動〕コウライクビワコウモリ (＝～ bàt)《ユーラシア・北アフリカ産; ヒナコウモリ科》. ［↑; 夜行性から］

se·rot·i·nous /sərɑ́t(ə)nəs, sèrətáɪ-/ *a*〔植〕SEROTINAL; 〈球果が〉樹木上で長い間開かない. ♦ **se·rot·i·ny** /sərɑ́t(ə)ni/ *n*

se·ro·to·ner·gic /sìəroutənə́ːrʤɪk, sèrə-/, **se·ro·to·nin·er·gic** /-nən-/ *a*〔生化〕セロトニン作動[促進]性の.

ser·o·to·nin /sèrətóunən, sìər-/ *n*〔生化〕セロトニン《哺乳動物の血清・血小板・脳などにある血管収縮物質; 神経伝達物質の作用をもつ》. ［*sero-*, *tonic*, *-in*[2]］

séro·tỳpe *n*〔医〕《微生物の抗原性による》血清型, 抗原型. ► *vt* …の血清[抗原]型を決定する. ♦ **sèro·týp·ic** /-típɪk/ *a*

se·rous /síərəs/ *a*〔生理〕漿液(性)の; 希薄な, 水っぽい. ♦ **se·ros·i·ty** /sɪrɑ́səti/ *n* ［F or L; ⇨ SERUM］

sérous flúid〔生理〕漿液.

sérous mémbrane〔動・解〕漿膜.

ser·ow /sέrou, səróu/ *n*〔動〕カモシカ, シーロー《ウシ科カモシカ属の数種の動物; ニホンカモシカ, タイワンカモシカ, スマトラカモシカ(タテガミカモシカ, シーロー)を含む》: Japanese ～ ニホンカモシカ. ［Lepcha＜Tibetan］

Se·rowe /səróui/ セローウェ《ボツワナ東部の市》.

Ser·pens /sə́ːrpənz/〔天〕へび座 (蛇座) (Serpent).

ser·pent /sə́ːrp(ə)nt/ *n* **1 a** ヘビ《特に 大きく有毒な種類; cf. SNAKE》. **b**《古》有毒の生物. **2 a** 蛇のような人, 陰険な人; [the (old) S-]〔聖〕悪魔 (Satan)《*Gen* 3:1–5, *Rev* 12:9, 20:2》; [the (old) ～] 悪人, 誘惑者. **b** [the S-]〔天〕へび座 (蛇座) (Serpens);〔楽〕セルパン《昔の木製のヘビ状の吹奏楽器》; ヘビ花火. ● **cherish a ～ in one's bosom** 恩知らずの者に親切を施す. ［OF＜L (pres p)〈*serpent- serpo* to creep］

ser·pen·tar·ia /sə̀ːrpəntέəriə/ *n*〔植〕テキサスウマノスズクサ; セルペンタリア根《その乾燥根; 苦味収斂剤》.

ser·pen·tar·i·um*/sə̀ːrpəntέəriəm/ *n* (*pl* **～s, -tar·ia** /-iə/) ヘビ(飼育)園.

Sérpent Bèarer [the] へびつかい座 (蛇遣座) (Ophiuchus).

sérpent-chàrm·er *n*《笛の音を用いる》蛇使い.

sérpent èagle〔鳥〕カンムリワシ, ヘビワシ《熱帯アジア産カンムリワシ属の各種; ヘビを食う》.

sérpent èater〔鳥〕ヘビクイワシ (secretary bird);〔動〕MARKHOR.

Ser·pen·tes /sərpέntiz/ *n pl*〔動〕ヘビ亜目 (Ophidia).

sérpent gràss〔植〕ムカゴトラノオ (alpine bistort).

ser·pén·ti·fòrm /sərpέntə-/ *a* ヘビの形をした, 蛇形の.

ser·pen·tine[1] /sə́ːrp(ə)ntàɪn, -tìːn/ *a* ヘビの(ような); ヘビ状の, 中央が凸状にカーブした; 曲がりくねった, 蛇行する; [*fig*] 陰険な, ずるい, 人を陥れる[そそのかす]. ► *n* **1** ヘビ状のもの, 曲がりくねったもの; 紙テープ; ヘビのように動く[燃える]花火, ヘビ花火; 昔の大砲の一種;〔馬術〕蛇(だ)乗り《半円軌道を左右交互に描く乗馬練習法》. **2** [the S-] サーペンタイン池《London の Hyde Park にある S 字形の池》. ► *vi* うねうね[くねくね]曲がる. ♦ **～·ly** *adv* ［OF＜L; ⇨ SERPENT］

serpentine[2] *n*〔鉱〕蛇紋石(じゃもんせき), サーペンティン (cf. SERPENTINITE). ［↑］

sérpentine vérse 首尾同語詩《始めと終わりとが同一語の詩》.

ser·pen·ti·nite /sə́ːrpəntìːnàɪt, -tàɪ-/ *n*〔岩石〕蛇紋岩 (cf. SERPENTINE[2]).

ser·pen·ti·nous /sə́ːrpəntìːnəs, -tàɪ-/ *a* 蛇紋石様の[からなる].

sérpent lìzard〔動〕カラカネトカゲ (seps).

sérpent's-tòngue *n*〔植〕ADDER'S-TONGUE.

ser·pig·i·nous /sərpíʤənəs/ *a*〔医〕〈皮膚病など〉蛇行性[状]の, はいひろがる, 匐行性の: ～ ulcers 匐行性潰瘍. ♦ **～·ly** *adv*

ser·pi·go /sərpáɪgou/ *n* 匐行(性発)疹, 《特に》輪癬, たむし. ［L (*serpo* to creep)］

SERPS /sə́ːrps/〔英〕State Earnings-Related Pension Scheme 所得比例公的年金制度.

ser·pu·la /sə́ːrpjələ/ *n* (*pl* **～s, -lae** /-lìː, -làɪ/)〔動〕ヒトエカンザシ属 (*S-*) の各種のゴカイ, セルプラ《カンザシゴカイの一種》. ［L＝little serpent］

ser·pu·lid /sə́ːrpjələd/ *a, n*〔動〕カンザシゴカイ科 (Serpulidae) の(ゴカイ).

ser·ra[1] /sέrə/ *n* (*pl* **-rae** /-rìː, -ràɪ/)〔解・生〕鋸歯状部[器官]. ［L＝saw[1]］

serra[2] *n* 山脈, 連山 (sierra). ［Port＜L＝saw[1]］

Serra セラ **Ju·ní·pe·ro** /huníːpəròu/ ～ (1713–84)《スペインの宣教師; 本名 Miguel José ～; メキシコや California 地方に伝道した》.

Sérra dà Es·tré·la /-dàː estrέlə/ [the] セラ・ダ・エストレラ《ポルトガルの山脈; 最高峰 Malhão (1991 m)》.

ser·ra·del·la /sèrədέlə/, **-dil·la** /-dílə/ *n*〔植〕ツノウマゴヤシ《地中海地域原産のクローバーに似たマメ科の草本; 飼料・肥料用》. ［Port (dim)〈*serrado* serrated］

Sérra do Már /-də mɑ́ːr/ [the] セラ・ド・マル山脈《ブラジル南部を大西洋岸に沿って延びている山脈》.

Ser·rai /séərei/ セレ《ギリシア北部 Macedonia 地方にある市》.
ser·ra·nid /səránəd, sérə-/ *n, a* 〖魚〗ハタ科 (Serranidae) の(魚). ◆ **ser·ra·noid** /séranɔ̀ɪd/ *a, n* ハタに似た(魚).
ser·ra·no /sərá:noʊ, sɪ-/ *n* (*pl* ~**s**) セラーノ《メキシコ産の小型唐辛子》. [MexSp]
Sérra Pa·ca·rái·ma /-pækəráɪmə/ [the] パカライマ山脈《PACARAIMA MOUNTAINS のポルトガル語名》.
Sérra Pa·rí·ma /-pəri:mə/ [the] パリマ山脈《ベネズエラとブラジル国境を南北に連なる山脈》.
ser·rate *a* /sérət, -èɪt, *səréɪt/ 〖解·動〗のこぎり(の歯)状の, 鋸歯(きょし)状の; 〖植〗葉縁がぎざぎざの, 刻みの, 鋸歯状の (⇨ LOBED); 縁がぎざぎざの〈硬貨〉. ► *vt* /səréɪt, séreɪt; sɛréɪt/ …の縁に切り込みを入れる[ぎざぎざをつける]: a ~*d* knife 刃がぎざぎざにしてあるナイフ. [L; ⇨ SERRA[1,2]]
ser·ra·tion /sɛréɪʃ(ə)n/ *n* 鋸歯状, のこぎり歯形, セレーション; 鋸歯状の切れ込み; 鋸歯状の刻み目.
ser·ra·ture /sérətʃər/ *n* SERRATION.
ser·re·fine /sérəfì:n, sərfí:n/ *n* 〖医〗止血小鉗子. [F=fine clamp]
ser·ri·corn /sérəkɔ̀:rn/ *a, n* 〖昆〗鋸歯状の触角をもつ(甲虫).
ser·ried /sérid/ *a* 〈隊列などが〉密集した, すし詰めの; 〈尾根などが〉のこぎり歯状の: ~ ranks of houses ぎっしり並んだ家々. ◆ ~·**ly** *adv* ~·**ness** *n* [*serry*]
sér·ri·fòrm /sérə-/ *a* のこぎりの歯状の, 鋸歯状の.
ser·ru·late /sér(j)ələt, -lèɪt/, **-lat·ed** /-lèɪtəd/ *a* 細かいのこぎり歯状の, 細鋸歯状の.
sèr·ru·lá·tion *n* 細鋸歯(状).
ser·ry /séri/ *vt, vi* 《古》密集させる[する], ぎっしり詰める. [F *serré* (pp)〈*serrer* to close]
Ser·tó·li cèll /sərtóʊli-/ 〖解〗セルトリ細胞《精細管内の長く伸びた細胞; 精子形成時に精子細胞が付着する》. [Enrico *Sertoli* (1842–1910) イタリアの組織学者]
Ser·to·man /sərtóʊmən/ *n* 《世界的奉仕クラブ》サートマクラブ (Sertoma Club) の会員.
Ser·to·ri·us /sərtɔ́:riəs/ セルトリウス **Quintus** ~ (c. 123–72 B.C.)《ローマの将軍; Marius 派としてスペイン総督となり, のちスペインで勢力を得て Sulla に抗したが, Pompey に敗れた》.
ser·tra·line /sə́:rtrəlì:n/ *n* 〖薬〗セルトラリン《塩酸塩 (~ hydrochloride) を投与する抗鬱薬; セロトニン活性を高める》.
ser·tu·lar·i·an /sə̀:rtʃəléəriən, sə̀:rt(ə)-/ *n, a* 〖動〗ウミシバ属 (*Sertularia*) [ウミシバ科 (Sertulariidae)] の(ヒドロ虫).
se·rum /síərəm/ *n* (*pl* ~**s**, **-ra** /-rə/) 漿液(しょうえき), 血清 (blood serum) (cf. VACCINE); 抗毒素; 《樹液成分中の》水分漿液; 乳清, ホエー (whey); 美容液; 《俗》アルコール, 酒. ► *a* 血清(中)の: ~ cholesterol 血清コレステロール. ◆ ~·**al** *a* [L=whey]
sérum albúmin 〖生化〗血清アルブミン.
sérum glóbulin 〖生化〗血清グロブリン.
sérum hepatìtis 〖医〗血清肝炎 (hepatitis B).
sérum sìckness 〖医〗血清病.
sérum thèrapy SEROTHERAPY.
serv. service.
ser·val /sə́:rv(ə)l, sərvǽl/ *n* 〖動〗サーバル (=*bush cat*)《長脚の山猫; アフリカ産》. [F<Port]
ser·vant /sə́:rv(ə)nt/ *n* 使用人, 召使, 下僕, しもべ (opp. *master*); 家来, 従者; 奉仕者, 《キリスト·芸術·主義などに》忠実な者, 使徒; 公僕, 公務員; 《鉄道会社などの》従業員, 事務員, 社員: a female ~ 女の召使, 女中 / an outdoor ~ 外働き《園丁など》/ Fire and water may be good ~*s*, but bad masters. 《諺》火と水は(扱い方しだいで)役にも立つが害にもなる, ばかとはさみは使いよう / His [Her] Majesty's ~*s*=the king's [queen's] ~*s* 官吏 / CIVIL SERVANT, PUBLIC SERVANT / Your humble ~ ‖《古》敬具 / Your (most) obedient ~ ‖敬具《公文書で用いられる自称で結びの文句》.
● **What did your last ~ die of?** 《口》[*joc*] そんなことぐらい自分でやったら. ◆ ~·**hòod** *n* ~·**less** *a* ~·**lìke** *a* [OF (pres p)〈*servir* to SERVE]
sérvant gìrl [**màid**] 召使の娘[女], お手伝い.
sérvant of the sérvants (of Gód) [°the] (神の)しもべのしもべ, (神の)最も卑しい下僕《ラテン語 servus servorum Dei の訳で, ローマ教皇の自称; *Gen* 9: 25; cf. KING OF KINGS》.
sérvant's ròom 召使の部屋《食事や休息をとる所》.
serve /sə́:rv/ *vt* **1 a** 〈人〉に仕える, 奉仕する, 尽くす; 〈礼拝·信仰·献身などで神〉に仕える; …に力を尽くす, 推進する; 〖カト〗《ミサで》〈司祭〉の侍者 (server) となる: You cannot ~ two masters. 《諺》二君に仕える[二つの相反する主義を信奉する]ことはできない (cf. MAMMON 諺) / He ~*d* the country as a diplomat for thirty years. 外交官として 30 年間国のために働いた. **b** …にはべる, 〈店の客など〉の注文を聞く, …の用を承る; 《古》〈女性〉の機嫌を取る, …に求愛する: ~ a customer in a store 店で客の応対をする / Are you being ~*d*? ご用を承っておりましょうか? / How can I ~ you? ご用件は? **c** 〈雌〉と交尾する; 〖畜〗〈種馬が雌馬〉に種付けする. **2** 〈任期·年季·職務などを〉つとめる: ~ an [one's] apprenticeship 年季奉公をつとめる / ~ one's time 任期[年季]をつとめる; 〈囚人が〉服役する / ~ a [one's] sentence 〈囚人が〉服役する / ~ two terms as President 大統領を 2 期つとめる / ~ one's mayoralty 市長をつとめる. **3** …の役に立つ, …に間に合う, 〈目的〉にかなう; …の要求を満たす: ~ sb's turn [need] 人の役に立つ / This will ~ my purpose. わたしの目的にかなう / Let me know if I can ~ you in any way. なにかお役に立つことがあれば教えてください / The pie will ~ four people. そのパイは 4 人前だ / if (my) memory ~*s* [~*s* me] (right, well, correctly) 記憶が正しければ / This railway ~*s* a large area. 広い地域の人びとの足となっている. **4 a** 供給する: The dairy ~*s* us *with* milk. **b** 〈飲食物を〉出す, 供する, 配膳する: The waiter ~*d* the first course. 最初の料理を出した / Dinner is ~*d*. 夕食の用意ができました / She ~*d* beer *to* them [~*d* them (*with*) beer]. 彼らにビールを出した / Coffee must be ~*d* hot. 冷めたコーヒーを出すな. **c** 《テニスなどで》サーブする (cf. RECEIVE); 〈銃·大砲などを〉操作[手入れ]する, 《弾を補給してどんどん》撃つ: ~ a ball ボールをサーブする / ~ a fault サーブでフォールトする. **d** 〖法〗〈令状などを〉送達する, 執行する: ~ a summons *on* [*to*] sb= ~ sb (*with*) a summons 人に呼出し状を送達する. **5** 取り扱う, 待遇する, 報いる: She ~*d* me ill. わたしをひどいめにあわせた. **6** 〖海〗〈ロープ·支索などを〉補強する.
► *vi* **1** 仕える, 奉仕する, 勤務する; 軍務に就く, 従軍する; 任期[年季]をつとめる, 任務を果たす, もてなす; 《店で》客の注文を聞く, 食べ物[飲み物]を出す; 《ミサで》侍者をつとめる: ~ *as* a clerk in a bank 銀行員として勤める / ~ *with* [*in*] the army [company] 陸軍[会社]に勤務する / ~ *on* the committee 委員をつとめる / His grandfather ~*d under* Lincoln. 祖父はリンカーンの指揮下にいた / ~ *behind* a counter 店員をつとめる. **2** 役に立つ, 間に合う; 〈天候·風などが〉適する, 都合がよい: This tool ~*s for* many purposes. いろいろな役に立つ / Many of the stars have ~*d as* guides for mariners. 星は船乗りの道案内として役立ったものが多い / This paper will ~ *to* build a fire. この紙で火がつくだろう / When the tide ~*s*, …. 潮[都合]のよい時に… / as memory [occasion] ~*s* 思い出し[機会のあり]しだいに. **3** 《テニスなど》サーブをする: ~ *well* [*badly, poorly*] うまい[へたな]サーブをする.
● ~ **around** 〈食べ物などを〉順々に配る. ~ **at table** 給仕をする. ~ **out** ‖〈食べ物を〉配る; 〈人に〉復讐する; 〈刑期·年季を〉つとめあげる; 〖テニス〗〈サーブ側が〉最終ゲーム[セット]を取る. ~ sb **right** 人にとって当然の報いとなる: It ~*s* [*S*~(*s*)] you [him, her, etc.] *right!* ざまあみろ, いい気味だ. ~ **the time** [**hour**] 日和見(ひよりみ)する. ~ **up** 〈料理を〉食卓に出す; 〈情報·娯楽など〉を提供する, 〈古い話·手段を〉蒸し返す.
► *n* **1** 《テニスなどの》サーブ(の仕方), サーブの番, サーブ権: break sb's ~=break sb's SERVICE[1]. **2** 《豪俗》きびしく責めること, 叱責, 非難: give sb a ~.
◆ **sérv(e)·able** *a* [OF *servir*<L *servio* (*servus* slave)]
serv·er /sə́:rvər/ *n* **1** 奉仕者; 給仕する人, ウェイター, ウェイトレス; 〖カト〗《ミサで司祭を助ける》侍者; 《テニスなどで》サーブをする人, サーバー; 〖法〗執行吏, 送達吏. **2** 給仕用具; 《飲食物などをテーブルに出すための》ワゴン; コーヒー[紅茶]セット; 盆 (tray); 《料理を取り分ける》スプーン, フォーク, へら, サーバー. **3** 〖電算〗サーバー《分散処理システムにおいて, client からの要求に応じてサービスを供給する機器[プロセス]》.
sérver applicàtion 〖電算〗サーバーアプリケーション《サービスを提供する側のアプリケーション》.
sérver fàrm 〖電算〗サーバーファーム《1) 同じサービスを提供するサーバー群 2) それを収納する建物》.
serv·ery /sə́:rvəri/ *n* 配膳室, 食器室 (butler's pantry); 《台所[調理場]と食堂との間の》配膳用の一画[カウンター].
Ser·ve·tus /sərví:təs/ セルウェトゥス, セルベト **Michael** ~ (1511?–53) (*Sp* Miguel Serveto)《スペインの医師·神学者; 異端として焚殺(ふんさつ)された》.
Servia ⇨ SERBIA.
ser·vice[1] /sə́:rvəs/ *n* **1 a** 勤め, 奉職, 奉公; 雇用, 雇われること: take ~ with [in]…の所で勤める / domestic ~ 家事奉公 / take sb into one's ~ 人を雇い入れる / go into the ~ of…に雇われる / She was in my ~ till she died. 死ぬまでわたしのところで働いていた. **b** 《公的な》勤務, 服務; 《政府などの》司政, 行政; 《役所などの》部門 (department), 局, 庁; 《病院の》科; 勤務の人びと, 《部局の》職員《集合的》: CIVIL SERVICE, PUBLIC SERVICE, DIPLOMATIC SERVICE / enter [be in (the)] government ~ 公務員になる[をしている] / the police ~ 警察勤務(の人びと) / obstetrical ~ 産科. **c** 《陸海空軍の》軍務, 兵役(期間); 〖軍〗《大砲などの》操作; [the (fighting [armed]) ~s] 陸海空軍: military ~ 軍務, 兵役 / on active ~ 現役で; 戦闘中に[で] / enter [join, go into] the ~ 軍隊にはいる. **d** 神に仕えること; [°*pl*] 礼拝(の式), 勤行(ごんぎょう) (=divine ~); 《一般に》式; 典礼の音楽, 典礼聖歌: attend (the) morning ~ 朝の礼拝に出る / hold evening ~*s* / a marriage ~ 結婚式 / a burial ~ 埋葬式. **e** 〖史〗《小作人の領主への》義務. **2 a** 役に立つこと, 有用, 助け; 便宜, 恩恵: These shoes have given good ~. この靴はよく持った[履いた] / of ~ ⇨ 成句. **b** [°*pl*] 奉仕, 尽力, 骨折り, 世話; [ᵘ*pl*] 〖経〗用役(ようえき), サービス; 事務; 功労, 勲功; 《古》愛人への思いやり; 《古》よろしくとの挨拶, 表敬, 敬意 (respect): employment ~*s*

職業斡旋 / medical ~*s* 医療(奉仕) / You did me many ~*s*. いろいろお世話になりました / Will you do me a ~? ひとつ頼まれてくれないか / You need the ~*s* of a doctor. 医者に診てもらう必要がある / the fee for his ~*s* 心付け, チップ / goods and ~*s*〘経〙財とサービス / SERVICE INDUSTRY / distinguished ~*s* 殊勲 / Give my [My] ~ to him [her, etc.]. あの方によろしく. **c**《自動車・電気器具などの》(アフター)サービス; (定期)点検[修理]: repair ~《販売品に対する》修理サービス / We guarantee ~ and parts. アフターサービスと部品は保証します / You should take your car (in) for regular ~(*s*). 車を定期点検に出したほうがよい. **d** 給仕(の仕方);《ホテル・レストランなどの》接客, もてなし, サービス; SERVICE CHARGE: The restaurant gives good ~. あのレストランはサービスがよい / Is ~ charged in the bill? 勘定書にはサービス料がはいっていますか. **e** [*pl*] "SERVICE AREA. **3**《郵便・電信・電話などの》公共事業, 施設;《列車・船・バス・飛行機などの》便, 運行, 運航;《ガス・水道などの》配給, 供給; 配水; 敷設; [*pl*] 付帯設備: (a) bus [telephone, postal] ~ バス[電話, 郵便]業務[事業] / There is a good ~ of trains.＝There is a good train ~. 列車の便がよい / water ~ 水道. **4**《口》留守番電話応答サービス (answering service): Call my ~.《今は忙しいから》留守電で話してくれ《友好的でない対応》. **5 a**〘テニスなど〙サーブ, サービス, サーブの番[仕方], サーブ権を有するゲーム: deliver [return] a ~ サーブをする[返す] / receive [take] a ~ サーブを受ける / keep [lose] one's ~ サービス(ゲーム)をキープする[落とす] / Whose ~ is it? サーブはだれ[どちら](の番)か. **b**〘法〙《令状その他訴訟書類の》送達〈*on* sb〉: direct ~ 直接送達 / PERSONAL SERVICE / ~ by publication 公告送達. **c**〘畜〙種付け. **6**《食器・茶器などの》ひとそろい, 一式;〘海〙ロープ補強材料《針金など》: a ~ of plate 食器一式.

● **at sb's ~** 人の自由に, 人の命を待ち受けて: place…*at* sb's ~ 人に…を自由に使用させる, 用立てる / *at your* ~ ご自由に(お使いください) / I am *at your* ~. ご用を承ります / I am John Smith *at your* ~. わたしはジョン・スミスと申す者(どうぞよろしく). **break (sb's) ~**《テニスなどで》相手のサービスゲームを取る. **bring…into ~**〈鉄道・橋などを〉《公共的に》使い始める. **come into [go out of] ~** 使われるように[使われなく]なる. **get some ~ in…**《俗》…に多少経験を積む. **in ~**〈器具・乗物・橋・道路などが〉使用されて, 運転されて; 奉公して, 雇われて (cf. *n* 1a); 軍務に服して. **in the ~** "軍務に就いて. **of ~** 役立つ, 有益で: be *of* (great) ~ to…に(とても)役立つ / Can I be *of* (any) ~ to you? ご用がおありでしたらお申し付けください. **On His [Her] Majesty's S~**〘英〙公用《公文書などの無料送達の印; 略 OHMS》. **on ~** 在職で[の], 現職で[の]; 服務[出征]して[の]. **out of ~** 使用[運転]中止になって; *〈バスが〉回送中で. **press…into ~** …を急場しのぎ[臨時]に利用する[駆り出す]. **put…in [into] ~** …を使用[運転]し始める. **see ~** 従軍する; [完了形で] (長年)奉公[勤務]してきた, 実戦経験がある; 長く役立った, 使われた: This vehicle *has seen* many years' ~. この車は長年使われてきた.

► *a* **1** 軍の. **2** 業務用の; 日常使用する, 丈夫な; サービスを提供する; 維持・修理をする.

► *vt, vi* **1** 便利にする;〈地域〉にインフラを整備する; 便益がある. **2**《販売後》使えるように(手入れを)する, 修理(保存)[点検]する. **3** "助力[情報]を提供する;〈雌〉と交尾する,〈雄が〉種付けする;《卑》〈女〉とセックスする;〈負債〉の利子を支払う.

♦ **sér·vi·cer** *n* [OF or L *servitium* (*servus* slave)]

service[2] *n*〘植〙ナナカマド (service tree), ナナカマドの実. [C16 *serves* (pl)〈*serve*, ＜L SORB[1]]

Service サーヴィス **Robert W(illiam) ~** (1874–1958)《英国生まれのカナダの作家》.

sérvice·able *a* (そこそこ)使える, 役に立つ, 重宝な, 便利な〈*to*〉;〈服・服地など〉持ちのよい (durable), 実用向きの;《古》喜んで助ける, 親切な, 世話好きの (obliging). ♦ **-ably** *adv* 役立つように. **~·ness** *n* **sèrvice·abílity** *n*

sérvice àce〘テニス〙サービスエース (ACE).

sérvice àrea〘放送〙良視聴区域, 有効範囲;《水道・電力の》供給区域;《自動車道の》サービスエリア《給油所・レストラン・便所などがある》.

sérvice·bèrry *n*〘植〙ザイフリボク(の実) (JUNEBERRY); ナナカマドの実.

sérvice bòok〘教会〙祈禱書.

sérvice bòx サービスボックス《squash racquets や handball などのコート球技でサーブをするエリア》.

sérvice brèak〘テニスなど〙サービスブレーク《相手のサービスゲームを破ること》.

sérvice bùs 乗合バス.

sérvice càp 正式軍帽, 制帽 (cf. GARRISON CAP).

sérvice càr SERVICE BUS;《NZ》長距離バス.

sérvice cèiling〘空〙実用上昇限度.

sérvice cènter《自動車・器具などの修理・部品交換のための》サービスセンター.

sérvice chàrge 手数料, サービス料;《アパートの》管理費.

sérvice clùb **1** *奉仕クラブ《公益活動を行なう任意団体; Rotary Club や Kiwanis の類》. **2** *《下士官兵の》娯楽センター, サービスクラブ; "軍人クラブ《軍人・退役軍人による男性クラブ》.

sérvice còntract 雇用契約; サービス契約《特に一定期間にわたって器具の保証をするという内容のもの》.

sérvice còurt〘テニスなど〙サービスコート《サーブを入れるべきコートの部分》.

sérvice dèpot SERVICE STATION.

sérvice dòg 介助犬.

sérvice drèss〘英軍〙通常軍服, 平常服.

sérvice èlevator* 業務[従業員]用エレベーター.

sérvice enginèer 修理技師, 修理工.

sérvice èntrance 業務[従業員]用出入口, 通用口.

sérvice fèe SERVICE CHARGE.

sérvice flàt "《清掃・食事などの》サービス付きアパート.

sérvice hàtch《調理場と食堂との間などの》食器渡し口, ハッチ.

sérvice ìndustry サービス(産)業.

sérvice lìfe《経済的な》使用期間, 耐用年数.

sérvice lìft " GOODS LIFT.

sérvice lìne〘テニスなど〙サービスライン.

sérvice·màn /, -mən/ *n* 軍人, 軍隊員; 修理員, サービスマン; 給油所従業員.

sérvice màrk 役務標章, サービスマーク《ホテル・輸送業などサービス提供を業とする企業が自社のサービスを他社のものから区別するために用いるシンボルマークなど; 略 SM; cf. TRADEMARK》.

sérvice mèdal〘軍〙勲功章.

sérvice mòdule〘宇〙機械船, サービスモジュール《宇宙船の消耗品積載・推力発生装置部分; 略 SM》.

sérvice·pèrson *n* 軍人; 修理係《性(差)別回避語》.

sérvice pìpe《本管から建物へ水・ガスを引く》配給管, 引込管 (cf. MAIN[1]).

sérvice plàte《食卓の》位置皿 (place plate)《着席時に置かれていて, 最初の料理の敷皿とする》.

sérvice plàza《高速道路沿いの》サービスエリア《レストラン・ガソリンスタンドなどがある》.

sérvice provìder〘インターネット〙サービスプロバイダー, 接続サービス会社《ユーザーのネットワークへのアクセスを取り持つ施設・会社》;《保険・医療などの》サービス提供会社.

sérvice ròad FRONTAGE ROAD.

sérvice sìdeline《テニスコートなどの》サービスサイドライン.

sérvice stàtion 給油所, ガソリンスタンド (filling station); サービスステーション《機械・電気器具などの整備・修理などをする所》; "《自動車道の》サービスエリア.

sérvice strìpe〘米軍〙《軍服の左袖に付けて陸空軍は3年, 海軍は4年の従軍年数を示す》年功袖章.

sérvice trèe〘植〙**a** ナナカマド(の実) (＝*service*). **b** *JUNEBERRY.

sérvice ùniform〘米軍〙通常軍服, 平常服.

sérvice·wòman 女性の軍人[軍隊員].

sér·vi·ent ténement /sə́ːrviənt-/〘法〙承役地《地役権を受けている土地; cf. DOMINANT TENEMENT》.

ser·vi·ette /sə̀ːrviét/ *n*《英・カナダ》ナプキン (table napkin). [OF (*servir* to SERVE); cf. -ETTE]

ser·vile /sə́ːrvəl, -vàɪl/ *a* 奴隷根性の, 卑屈な; 盲目的な, 独創性のない〈文章・絵など〉; [後置] …に従順な, 服従する〈*to*〉; 奴隷[召使]の; 奴隷的な〈労働など〉;《古》拘束された, 不自由な. ♦ **~·ly** *adv* **~·ness** *n* [L; ⇨ SERVE]

sérvile létter 補助母音字《それ自身は発音されないで先行母音が長音であることを示す文字: hate の e など》.

sérvile wórks *pl*〘カト〙日曜・大祝日に禁じられている肉体労働.

ser·vil·i·ty /sərvíləti/ *n* 卑屈, 屈従, 追従(ついしょう); 奴隷状態; 奴隷根性, げす根性.

serv·ing /sə́ːrvɪŋ/ *n* 飲食物をよそうこと, 給仕;《食物の》一盛り, 一杯, 一人前;《電線・ケーブルなどの》(保護)被覆材: a ~ dish 盛り皿.

sérving hàtch SERVICE HATCH.

sérving·man /-mən/ *n*《古》奉公人, 従者.

Ser·vite /sə́ːrvaɪt/ *a, n*〘カト〙聖母マリアの下僕会 (Order of the Servants of Mary) の(会員)《1233 年 Florence で設立された》.

ser·vi·tor /sə́ːrvətər, -tɔ̀ːr/ *n*《古風》従者, 従僕;〘史〙《Oxford 大学などの》校僕, 給費生《fellows の下僕をつとめる代償に学費を免除された学生; cf. EXHIBITIONER, SIZAR》. ♦ **~·shìp** *n* SERVITOR の地位[職務].

ser·vi·tude /sə́ːrvət(j)ùːd/ *n* 奴隷であること, 隷属; 苦役, 労役;〘法〙用役権《地役権と採取権》: PENAL SERVITUDE. [OF＜L (*servus* slave)]

ser·vo /sə́ːrvoʊ/《口》*n* (*pl* **~s**) SERVOMECHANISM; SERVOMOTOR. ► *a* サーボ機構の[による], サーボ制御の. ► *vt* SERVO CONTROL.

ser·vo- /sə́ːrvoʊ, -və/ *comb form*「奴隷」「従僕」;「自動制御の」[F＜L *servus* slave]

sérvo·bràke *n*〘機・車〙サーボブレーキ, 倍力ブレーキ.

sérvo contròl *n* サーボ機構による制御;〘空〙サーボ操舵装置《操縦に要する力を補強する装置》. ► *vt* サーボ機構で制御する.

sérvo·mèchanism *n* サーボ機構《制御の対象となる装置の機

械的な位置・速度・姿勢などを設定値と比較して追従させる自動帰還制御機構). ◆ **sèrvo·mechánical** *a* **-ical·ly** *adv*

sérvo·mòtor *n* サーボモーター《サーボ機構において増幅した偏差信号を駆動力とする位置・速度などの修正用動力源》.

sérvo sỳstem サーボ系 (SERVOMECHANISM).

sérvo·tàb *n* 〘空〙サーボタブ (SERVO CONTROL).

-ses *n suf* -SIS の複数形.

SES *socioeconomic status 社会経済的地位.

ses·a·me /sésəmi/ *n* 〘植〙ゴマ (=*sesamum*); ゴマの実; OPEN SESAME. [L<Gk<Sem]

sésame òil ゴマ油 (=*gingelly* [*til*, *teel*] (*oil*)).

Sésame Strèet 「セサミストリート」《米国の幼児向けテレビ番組; 非営利団体 Sesame Workshop が制作》.

ses·a·moid /sésəmɔ̀ɪd/ 〘解〙*a* ゴマの実状の; 種子(軟)骨の. ► *n* 種子(軟)骨.

ses·a·mum /sésəməm/ *n* 〘植〙ゴマ (sesame). [L<Gk]

sesh /séʃ/ *n* 《口》セッション (session); "《口》痛飲, 飲み会 (drinking session).

Se·so·tho /səsú:tu, -sóυθoυ, *-sóυtoυ/ *n* セソト語 (=*Southern Sotho*)《南アフリカで使われる Bantu 系の言語; 旧称 Basuto》.

ses·qui- /séskwɪ, -kwə/ *comb form* 「一倍半」「〘化〙化合物の元素の比率が 3 対 2 の, セスキ…」 [L (SEMI-, *-que* and)]

ses·qui·al·te·ra /sèskwiǽltərə/ *n* 〘楽〙セスクイアルテラ (**1**) オルガンの混合音栓 **2**) HEMIOLA).

ses·qui·al·ter·al /sèskwiǽltər(ə)l/, **-al·ter** /-tər/ *a* 一倍半の; 1.5 対 1 の, 3 対 2 の.

sèsqui·cárbonate *n* 〘化〙セスキ炭酸塩.

sèsqui·centénnial, -centénary /, *-⌐–⌐–/ *n*, *a* 百五十年祭(の). ◆ **-al·ly** *adv*

sèsqui·óxide *n* 〘化〙三二酸化物《酸素原子 3 つと他の原子 2 つをもつ》.

ses·quip·e·dal /sɛskwípədl/ *a* SESQUIPEDALIAN.

ses·qui·pe·da·li·an /sèskwəpədéɪliən/ *a* 1 フィート半の; 〈単語・表現が〉非常に長い; 長い単語を多用した[したがる]. ► *n* 長いことば, 多音節語. ◆ **~·ìsm** *n*

sèsqui·térpene *n* 〘化〙セスキテルペン《15 個の炭素原子 (モノテルペンの 1.5 倍) をもつテルペン》.

sess ⇨ CESS[1].

sess. session.

ses·sile /sésàɪl, -səl/ *a* 〘動・植〙固着の, 着生の; 〘植〙無柄の; 〘晶〙〈転位などが〉動かない (cf. GLISSILE): a ~ leaf 無柄葉. ◆ **ses·sil·i·ty** /sɛsíləti/ *n* [L (*sess- sedeo* to sit)]

séssile òak 〘植〙DURMAST.

ses·sion /séʃ(ə)n/ *n* **1 a** 《議会・会議の》開会していること, 《裁判所の》開廷していること; 開廷期, 会期; 《取引所の》立会い: a long ~ 長い会期 / go into ~ 開会する / in ~ 開会[開廷, 会議]中 / in full ~ 総会で. **b** [*pl*] 〘英〙裁判所[法院]の定期会議; 〘長老教会〙《牧師と長老からなる》長老会; [*pl*] 〘英〙治安判事裁判所(の開廷期) (=~s of the peace): PETTY SESSIONS, QUARTER SESSIONS, COURT OF SESSION. **2 a** "学年; 《米・スコ》学期《通例 大学で 7 か月》; 授業時間: a mornig [an afternoon] ~ 午前[午後]の課業. **b** 《ある活動を行なう》集まり, 会; 《ひとしきりの》演奏, レコーディングセッション, JAM SESSION; 《俗》(ダンス)パーティー; 《口》酒盛り, 飲み会; 《俗》《麻薬による》幻覚状態の持続期間; 〘電算〙セッション《1 回のシステム利用時間》. ● **back in ~** 〈議会・学校が〉会期[授業]を再開して. ◆ **~·al** *a* 会期(中)の; 会期中のみの; 会期ごとの. [OF or L (*sess- sedeo* to sit)]

séssion clèrk 〘長老教会〙長老会事務長.

séssion màn スタジオミュージシャン, セッションマン (=*session musician*)《他のミュージシャンのサポート役としてレコーディングなどに個別参加する》.

séssion musìcian SESSION MAN.

Ses·sions /séʃ(ə)nz/ セッションズ **Roger** (**Huntington**) ~ (1896–1985)《米国の作曲家》.

ses·terce /séstə̀:rs/ *n* セステルティウス (=*sestertius*)《古代ローマの銀[青銅]貨: =1/4 denarius》; SESTERTIUM. [L SESTERTIUS]

ses·ter·ti·um /sɛstə́:rʃiəm; -tiəm/ *n* (*pl* **-tia** /-ʃ(i)ə; -tiə/) セステルティウム《古代ローマの通貨単位: =1000 sesterces》.

ses·ter·tius /səstə́:rʃ(i)əs; -tiəs/ *n* (*pl* **-tii** /-ʃiàɪ; -tiàɪ/) SESTERCE. [L=two and a half (*semis* a half, *tertius* third)]

ses·tet /sɛstét, ⌐⌐/ *n* 〘楽〙SEXTET; 〘韻〙六行連句《SONNET の終わりの 6 行》, 六行の詩, 六行連. [It (*sesto* sixth<L SEXTUS)]

ses·ti·na /sɛstí:nə/ *n* 〘韻〙六行六連体《6 行の節 6 節および最後 3 行の対句からなる》. [It (↑)]

Ses·tos /séstɑs, -təs/ セストス《Dardanelles 海峡に臨む Gallipoli 半島南東岸にあった古代の町; Leander が対岸の Abydos から Hero のいるこの地へ泳いで渡る途中溺死したという伝説が残る》.

Ses·to San Gio·van·ni /séstoυ sæn ʤəvá:ni/ セスト・サン・ジョヴァンニ《イタリア北部 Milan の北東郊外の工業の町》.

set /sét/ *v* (~; **sét·ting**) *vt* **1 a** 置く, 据え付ける, 取り付ける; 立てる; はめる; 〈釘の頭を〉打ち込む; 植え付ける, 移植[定植]する: ~ a vase *on* the table / A flagpole was ~ *in* the ground. / ~ a chair *beside* a table 椅子をテーブルのそばに置く / ~ a diamond *in* gold ダイヤを金の台に取り付ける / a crown ~ *with* jewels 宝石をちりばめた王冠 / ~ seeds 種をまく. **b** 〈人を〉配置する, 役につける; [~ *-self*] 《スタートの》位置に着く; 〈めんどりに〉卵を抱かせる, 〈卵を〉めんどりに抱かせる: ~ a watch 番兵を配置する / ~ spies *on* sb 人にスパイをつける / ~ a hen *on* eggs / ~ eggs *under* a hen. **c** すわらせる; 〘トランプ〙〈相手〉の競り高を止める, …に勝つ. **2 a** 持っていく, 近づける; 〈印などを〉おす, 〈署名などを〉添える, しるす; 《古》書き留める, 記録する: ~ a glass *to* one's lips＝~ one's lips *to* a glass グラスに口をつける / ~ one's hand [name] *to* a document 書類に署名する / ~ pen *to* paper ペンで書き始める / ~ the ax(e) *to*…を切り倒す; [*fig*] …を破壊する / ~ FIRE *to*. **b** 向ける, 向かわせる; 〈帆を〉風に向ける, 広げる: ~ one's face [a sail] *toward* home [the wind] 顔[帆]を家[風]の方へ向ける / He ~ his heart [hopes, mind] *on* becom*ing* a composer. どうしても作曲家になりたいと願っていた. **c** 〈人に…させる, 駆りたてる, せきたてる; [~ *-self*] 〈…しようと〉努める: ~ one's maid *to* sweep the room 部屋を掃かせる / *S*~ a thief *to* catch a thief. 《諺》盗賊を捕えるには盗賊を使え, '蛇(じゃ)の道はヘビ' / She ~ her*self to* (finish) her work. 懸命になって仕事を(終えようと)した. **3** [目的補語を伴って] 〈ある状態に〉する, させる: ~ sb right 人の誤りを正す / The prisoners were ~ free. 囚人は釈放された / ~ a question *at* rest 問題を落着させる / ~ one's room *in* order 部屋を整頓する[片付ける] / ~…*on* FIRE / That ~ me (*to*) think*ing*. それでわたしは考え込んでしまった / ~ the engine go*ing* エンジンをかける. **4** 〈機械・器具などを〉整える, 調節する, 用意する; 〘電算〙〈変数〉の値を設定する (cf. 6); 〘楽〙〈音程を〉調える; 〈刃物を〉研ぐ; 〈のこぎりの〉目立てをする; 〈折れた骨を〉整骨する, 接ぐ; 整理[整頓]する; 〈髪を〉セットする; 〘劇〙〈場面・舞台を〉装置[セット]する; 〈物語〉の背景を設定する 〈*in*〉; 〘印〙(活字に)組む; 〈わな・網などを〉仕掛ける, 〈釣針を〉魚にしっかりかける: ~ one's hair 髪をセットする / ~ one's alarm *for* 7 o'clock 目覚まし時計を 7 時にかける / ~ a saw のこの目を立てる[整える] / ~ a table for dinner 夕食のテーブルをセットする / ~ one's watch *by* the clock of the station 時計を駅の時計で合わせる / ~ *up* a manuscript 原稿を活字に組む / ~ the story *in* Rome [1980's] 物語の舞台をローマ[1980 年代]に設定する. **5 a** 〈仕事・問題などを〉課する, 命じる, 出す; 〈模範などを〉示す; 《不動の姿勢で》〈猟犬が〉〈獲物〉の所在を示す, セットする: ~ a paper [an examination paper] 試験をする / ~ questions in an examination 試験に問題を出す / ~ the boys a difficult problem 生徒にむずかしい問題を出す / ~ various tasks *for* the servant 召使にいろいろな用事を言いつける. **b** 〈値を〉つける; 〈場所・日時などを〉決める, 指定する, 〈限界を〉設ける (fix); 〈規則・基準などを〉定める; 〈記録を〉樹立する; 〈流行・スタイルを〉もたらす; 〈評価を〉与える: ~ a price *on* an article 商品に値をつける / ~ the value of a horse *at* $10,000 馬の値を 1 万ドルとつける / ~ a place [time] *for* a meeting 会合の場所[時間]を決める. **c** 〘楽〙〈歌詞〉に作曲する, 〈曲〉に作詞する; 編曲する: ~ poem *to* music 詩に曲をつける / ~ new words *to* old tune 古い曲に新しい歌詞をつける. **d** "《方》賃貸する. **6** 〘電算〙〈あるビット (bit)〉に値 1 を入れる. **7 a** 固める, 固くする; 〈あごなどを〉こわばらす, 引き締める; 〈色・顔料を〉定着させる: ~ one's face *into* a grin にやりと笑う / His mind and character are completely ~. 精神も人格もすっかりでき上がっている / ~ milk for cheese 牛乳を固めてチーズにする / ~ mortar. **b** 〈果樹〉の実を結ばせる; 〈パン生地を〉ふくらませる. **c** 《方》…に似合う. **8** 組分けする, グループに分ける.

► *vi* **1 a** 〈太陽・月が〉没する, 沈む, 〈勢いが〉傾く, 衰える; 消え去る: The sun has ~. 日が没した. **b** 〈腹などに〉納まる, たまる, こたえる 〈*in*〉; 〘印〙〈活字が…の〉幅を占める 〈*to* forty picas〉. **2 a** 〈液体・コンクリートなどが〉凝固する; 〈折れた骨が〉固まる, つく, よくなる; 〈色・顔料などが〉定着する; 〈顔・筋肉が〉こわばる, (キッと)引き締まる; 〈髪が〉セットできる. **b** 結実する; *〈パン生地が〉ふくらむ: The pears have ~ well this year. 今年は梨がよく実った. **3** 〈服が〉合う; 〈帆が船に〉似合う: That dress ~*s* well [badly]. その服は体によく合っている[いない]. **4** 向かう, 位置に着く; 従事する, 着手する 〈*about*, *to* work〉; 〈猟犬が〉不動の姿勢で獲物の所在を示す, セットする (cf. SETTER); 〈めんどりが〉卵を抱く; 《ダンスのパートナーなどに》ステップを踏んで向き合う; 《方》すわる (sit): The dog ~*s* well. その犬はよく獲物をセットする. **5** 〈流れ・風などが〉向かう, 吹く, 流れる; 〈感情・意見などが〉傾く; 〈金属が〉曲がる, 反(そ)る.
● **be well ~ up** 体ががっしりしている (cf. WELL-SET-UP); たっぷり金がある, とても裕福である. **have [get]** sb **~** 《豪口》〈人〉に恨みをいだく. **~ about**…し始める, …に取りかかる 〈*doing*〉; 企てる 〈*doing*〉; 〈うわさを〉言い触らす; "《古》《腕力またはことばを用いて》〈人〉を攻撃する. **~** sb **about doing** 人に…させ始める. **~…above** …を…より上位に置く, 優先させる. **~ against**… 〈ものを〉…と比べる, 対比させる; "〈金額を〉〈税・所得など〉から控除する; 〈人を〉…に対抗させる, …の敵にまわす; …に対して賭ける (stake); 〈人を〉…に悪く思わせる: ~ one*self against* …に断然反対する. **~ apart** 取っておく (reserve) 〈*for*〉; (引き)分ける (separate), 引き離す 〈*from*〉; 〈家柄・才能などが〉〈…と区別して〉目立たせる 〈*from*〉. **~ aside** かたわらに置く; 《将来のために》取っておく 〈*for*〉; 保留[休耕]地にする (cf. SET-ASIDE); 無視する, 拒絶する; 〈敵意・儀礼などを〉退ける, うち棄てる; 〘法〙〈判決などを〉破棄する, 無効にする. **~ at**…を攻撃する, 襲う (attack); 〈犬を〉

…にけしかける. **～ back** 〈時計の針を〉戻す[戻して標準時に合わせる], あと戻りさせる; 妨害する, 遅らせる; くじく; 負かす; 退歩させる; [ᵁ*pass*] 〈家屋などを道路などから〉引っ込めて建てる〈*from*〉; 《ロ》〈人〉に…の費用をかけさせる (cost). **～ before**… 〈ものを〉…(の前)に差し出す; 〈食べ物を盛って〉…に出す, 〈酒をついで〉…に出す; 〈事実・案などを〉…に提示する, 示す. **～…beside**… [ᵁ*pass*] …と…を比べる. **～ by** 取り除く; しまっておく, たくわえる; 重んじる, 珍重する. **～ down** 下に置く, 据え置く; すわらせる; ᴴ〈乗客・荷物などを〉降ろす; 〈騎手を〉レースに出場させない; 書き留める, 記録する; 〈原因などを…の〉せいにする, 帰する〈*to*〉; 〈…と〉みなす〈*as*〉; 非難する, なじる, くさす; 規定する, 〈原則を〉立てる, 〘法〙〈審判日などを〉指定する; *着陸する, 〈飛行機を〉着陸させる; 負かす, やっつける, 《野球俗》〈打者を〉アウトにする; …の面目を失わせる, へこます. **～ forth** 《文》(*vt*) 示す, 陳列する; 述べる, 説く; 公けにする, 発布する; 飾る. (*vi*) 出発する, 旅立つ〈*on* a trip〉; 〈話などを〉始める〈*on*〉. **～ forward** もっと前に出す; 〈催しなど〉の日時を早める; 促進する, 助ける; 〈時計を〉進める; 申し立てる, 提出[提示]する; 出発する. **～ in** 起こる, 〈好ましくないことが〉始まる, 〈夜に〉なる; はやってくる; 決まる, 固まる; 〈潮が〉差す; 〈風が〉陸の方へ吹く; 〈船を〉岸の方へ向ける; 挿入する; 縫い込む. **～ little [light] by**…を軽視する. **～ off** (*vt*) [ᵁ*pass*] 引き立たせる, 強調する, 際立たせる; ほめそやす (praise); 〘銀行〙相殺(そうさい)する, 埋め合わせる; 仕切る, 区切る; 爆発させる, 〈花火などを〉揚げる, 発射する; 〈機器などを〉《特に誤って》作動させる; 〈事を〉ひき起こす, 誘発する; どっと笑わせる, かっとさせる, 泣かせる; 〈人〉に…させる〈*doing*〉, 〈話などを〉始めさせる〈*on*〉; 出発させる. (*vi*) 出発する〈*on* a trip; *for* work〉; 始める〈*doing*〉; 爆発する; 派生する; 相殺請求する. **set off against**… 〈物を〉…と対比する; 〈金額〉…から差し引く[控除する]; 〈人を〉…と対抗させる. **～ on** (1) [on は *adv*] けしかける, そそのかす; 追跡させる; 《仕事などに》使用する, 雇用する; 進む; 《廃》促進する. (2) [ᵁ*pass*] [on は *prep*] …を攻撃する, 襲う; …に〈心を〉注ぐ; 〈犬などを〉…にけしかける. **～ out** (*vt*) 述べる, 詳しく説く; 飾る; 引き立てる, 強める; 仕切る; 制限する; 整然と[図式的に]呈示する, 配列する; 陳列する, 〈食べ物などを〉出す, 並べる; 取り出しておく; 計画する, 設計する; 〘土木〙〈位置を〉測定する; 〈石を真下の石より〉張り出させて据える; 〈苗木などを〉(間をおいて)植える; 〘印〙字間をあけて組む. (*vi*) 《仕事に》着手する, 〈…することを〉企てる, 〈…し〉始める〈*to* do〉; 出発する〈*on* a trip; *for* work〉; 〈潮が〉ひく. **～ over** 譲る, 渡す; 〈人〉を監督させる. **～ sb over** *《俗》人を殺す, バラす, やる. **～…STRAIGHT.** **～ to** (1) [to は *prep*] 〈ある方向〉へ向かう; 《スクエアダンスで》〈相手〉と向き合う. (2) [to は *adv*] 《古》本気でやり出す; けんか[戦い, 議論]を始める; 食べ始める. **～ up** (*vt*) (1) 立てる, まっすぐに据える, 建てる; 〈掲示などを〉出す; 〈垂線などを〉立てる; 据え付ける, 組み立てる; 入念に企画[計画]する; *《ロ》…に八百長を仕組む; 〘海〙索具をピンと張る; 〘印〙版にする, 〈活字を〉組む, 製版する; 〈機械を〉調整する; 〘電算〙〈システムを〉《ある形に》構成する, セットアップする; 剝製標本などに作る; 表装する (mount); 〈理論などを〉提示[提起]する; 始める, 創設[設立, 設置]する; 〈馬車などを〉使い始める; 〈記録などを〉うち立てる. (2) …に〈商売などで〉身を立てさせる, 〈店などを〉持たせる〈*in*〉, …に〈…として〉身を立てさせる, 一本立ちさせる〈*as*〉; 開店[開業]させる, …に資力を提供する; [ᴾ*pass*] 〈人〉に〈必要なものを〉(十分に)支給する, 備えさせる〈*with*, *for*, *in*〉; 〈人などを〉〈…に〉見させる, 仕立てる〈*as*〉: ～ *up* one's son *in* a shop [*as* a photographer] 息子に店を持たせる[写真屋をやらせる] / If I win the lottery, I'll be ～ *up*. 宝くじに当たれば生活は安泰だ / ～ sb *up* for life 人に一生暮らせるだけの金を提供する / ～ *up* SHOP. (3) 上げる, 進める; 高位[権威ある地位]につける; 成功させる, 裕福にする; 推賞する, ほめそやす. (4) 〈人を〉はめる, 陥れる〈*for*〉. (5) 〈会議など〉の日時を決める, 設定する〈*for*〉. (6) 〈人を〉〈…と〉デートさせる〈*with*〉. (7) 〈痛みなどを〉をひき起こす; 〈ほえ声・悲鳴などを〉あげる, 〈抗議を〉申し立てる. (8) …の健康を回復させる, …の体を元気づける; 喜ばせる, 得意がらせる. (9) *《俗》〈相手〉の戦意を失わせる; …につけいる. (10) *《ロ》《客の前に》〈酒などを〉出す, 〈酒・食べ物を〉おごる, 〈人〉に〈…を〉おごる〈*to*〉. (11) 競りにかける. (*vi*) (12) 据え付ける, 準備する; 始動[作動]する. (13) 開業[開店]する〈*as* a dentist〉. (14) 装う〈*to* be〉. (15) 固まる. **～ up(…) against**…に対抗する[させる]. **～ (oneself) up as [for, to be]**… 《ロ》…だと主張[自称]する; …を気取る.

► *a* 《SET *vt* の過去分詞》 **1 a** (あらかじめ)定めた, 指定の, 規定の; 本式の; 型にはまった, 型どおりの〈演説・祈りなど〉: at the ～ time 規定の時間に / SET BOOK / a ～ meal 定食 / a ～ phrase きまり文句, 成句 / in ～ terms きまり文句で; きっぱりと. **b** 準備[用意]して (ready); …する用意ができて, …する予定で〈*to do*〉; …しそうで〈*to* do〉: get ～ 準備を整える / Get ～! 用意! / Ready, ～, go! 位置について! 用意! どん! **2 a** 固定した; 作り付けの, 組み立てた; 構造[体格]が…の: stockily ～ ずんぐりした体格の. **b** 動かない, すわった〈目つきなど〉; 固い, ぎこちない, こわばった〈笑いなど〉: with ～ teeth 歯を食いしばって. **c** 反対した〈*against* (*doing*)〉; 決意した〈*on* (*doing*)〉; わがままな, 強情な, 頑固な〈*in*〉; 故意の, 意図的な: ～ *in* one's ways ⇨ WAY[1]. ● **all ～** 《ロ》用意ができて, 準備オーケー.

► *n* **1 a** 《道具・茶器・家具などの》一組, ひとそろい, 一対, セット; 〘郵〙セット; ひと孵(かえ)し, 巣中の卵; 〘数〙集合: a dinner ～ 食事用具ひとそろい / a ～ of lectures 一連の講義 / a complete ～ of Dickens ディケンズ全集 / have a good ～ of teeth 歯並びがよい. **b** 仲間, (特殊)社会, 党, 派; ᴴ《ロ》学級, クラス, 組; 《俗》私的なパーティー[語らい]; 《俗》話し合い, 討論; *《黒人俗》仲間との会合(場所): a literary ～ 文士仲間 / the Bloomsbury ～＝BLOOMSBURY GROUP / the best ～ 上流社会 / a golfing ～ ゴルフ仲間 / JET SET. **c** 〘ダンス〙《カドリーユなどを踊るのに必要な》男女の組の数; 〘ダンス〙組み舞曲 (cf. 2 b). **d** 《ジャズ・ダンス音楽など》1 セッション(に演奏される曲), セット, 《俗》JAM SESSION; 〘競技〙《テニスなどの》セット; 《トレーニングの》ワンセット(のメニュー). **e** *《俗》一服の麻薬《セコナール 2 錠とアンフェタミン 1 錠》. **f** *《俗》おっぱい, 胸 (breasts). **2 a** 《しばしば強い意志を示す》姿勢, 様子, 態度; 〘心〙心構え; 格好, 体格; 猟犬が獲物を見つけて立ち止まること (dead set): the ～ of sb's shoulders 肩の構え / make a DEAD SET at. **b** 〘ダンス〙《カドリーユなどの》基本的な形[フォーメーション], 一連の動き; 〘アメフト〙(攻撃の)フォーメーション; 〘玉突〙プラント (plant). **c** 格子縞(じま). **3 a** 着付け; 着[かぶり]ごこち; すわり; 〘海〙帆の形[張りぐあい]. **b** 《女性の髪の》セット; セット用のローション; 《壁の》仕上げ塗り; 〘紡〙おさの調整; のこぎりの目[目立て], あさり; 〘捕鯨〙《もりの》撃ち込み. **4 a** 《潮流や風の》流れ, 方向; 《世論の》傾向, 趨勢; 性向, 性癖. **b** 傾斜, ゆがみ, 反(そ)り, 曲がり, ひずみ; 《豪ロ》恨み (: have [take, get] a ～ *on* sb). **5 a** 凝固, 凝結, 硬化. **b** 《詩》《日・月の》入り: at ～ of sun 日没に. **6 a** 《ラジオ・テレビなどの》受信機, 受像機, セット. **b** 〘劇〙大道具, 舞台装置, 書割(かきわり), 〘映・テレビ〙セット: be on the ～ 〈俳優が〉セットにはいっている. **c** 〘鉱〙一区(画), 一組の揚水ポンプ; 《立坑の》支柱, 枠組. **d** 〘印〙活字の幅. **7 a** 挿し木, 若木, 苗, 球根; なりたての果物; 未成熟の養殖カキ (oyster). **b** 舗装用敷石[敷木]; 鞍のふとん[詰め物]. **c** 《のこぎりの》目立て器; 〘機〙鍛鉄仕上げ器, かぎ付きねじまわし; 《鋲の》形頭器; やっとこ; 留め金; 《大工の》釘締め; (応)圧力. **8** アナグマの穴, 巣穴.

[OE *settan*＜Gmc (caus)〈SIT (cf. G *setzen*); (n) は OF *sette*＜L *secta* SECT と (v) の影響]

Set 〘エジプト神話〙セト《兄 Osiris を殺した悪と夜の神で, 姿は獣頭でとがり鼻; ギリシアの Typhon に当たる》.

SET 〘インターネット〙Secure Electronic Transaction《ネット上でクレジットカードを用いて安全に決済ができるための規格 (1997)》♦〘英〙°selective employment tax.

se·ta /síːtə/ *n* (*pl* **-tae** /-tìː/) 〘動・植〙剛毛 (bristle), 刺毛, とげ, とげ状部[器官], 蒴柄, 子嚢柄. ♦ **sé·tal** *a* 剛毛の. [L *saeta* bristle]

se·ta·ceous /sitéiʃəs/ *a* 〘動・植〙剛毛(状)の; 剛毛だらけの. ♦ **～·ly** *adv*

sét-aside* *n* 《特定の目的のために》取り分けておくもの, 保留物[分, 枠], 保留地; 《政府の命令による軍用などの原料・食糧などの》使用差止め, 保留; 使用差止め[保留]物; ᴴ休耕制度[地]《EU の一種の減反政策》; *保留《マイノリティー企業に与える政府契約の割当て》.

sét·bàck *n* 《進行などの》妨げ, 停止, 停滞; 後退, 挫折, 敗北; ぶり返し; 逆水, 逆流; 〘建〙セットバック《1) 外壁を建築線または下階の壁より後退させること 2) それによる屋上部分》; 《サーモスタットの》自動温度降下設定; 〘アメフト〙セットバック《前進を妨げること》; 〘トランプ〙PITCH[1].

sét báck 〘アメフト〙セットバック《クォーターバックの後ろに位置するオフェンスバック》.

sét bóok ᴴ《試験のための》指定[課題]図書 (＝*set text*).

sét chìsel 鋲・ボルトなどの頭部切断用のみ.

sét·dòwn *n* 高慢の鼻を折る[やりこめる]こと, 罵倒.

Sète /*F* sɛt/ セット《フランス南部, Montpellier の南南西にある市・港町; 旧称 Cette》.

se te·nant /sətɛ́nənt, sètənɑ́ː/ *n* 《額面・デザインなどが異なる》二枚切手シート. ► *a* 〈切手が〉二枚シートになった. [F＝holding one another]

Se·te Que·das /séitə kéiðəʃ/ セッテケーダス《ブラジルとパラグアイの国境を流れる Alto Paraná 川にあった滝; 現在は Itaipu ダムの貯水池に水没; 別称 Guairá Falls》.

sét-fàir *n* きちんと仕上げたしっくいの表面.

sét gùn ばね銃《引金に仕掛け線をかけ, それに触れた動物・人間を撃つ》.

seth /séɪt/ *n* 《インド》商店主, ビジネスマン; 金持; …様《社会的地位の高い人への敬称》.

Seth[1] /séθ/ **1** セス《男子名》. **2** 〘聖〙セツ《Adam の第 3 子; *Gen* 4: 25》. [Heb＝substitute]

Seth[2] /sét/ *n* SET.

sét hàmmer 《鍛冶屋が用いる》へし.

se·ti- /síːtə/ *comb form*「剛毛」 [L (SETA)]

SETI /séti, síːtài/ search for extraterrestrial intelligence 地球外知性[文明]探査(計画).

Sé·tif /seɪtíːf/ セティフ《アルジェリア北部の市》.

se·tif·er·ous /sətíf(ə)rəs/ *a* SETIGEROUS.

séti·fòrm *a* 〘生〙剛毛のような, 剛毛状の.

se·tig·er·ous /sətíʤ(ə)rəs/ *a* 剛毛[とげ]を有する[生じる].

sét-ìn *n* 始まり, 《季節などの》訪れ; 挿入したもの, はめ込み. ► *a* 〈袖・ポケットなどが〉縫い付けられた, 縫い込みの; ユニット式の: a ～ sleeve / a ～ bookcase.

sét·lìne *n* 《魚を捕る》はえなわ (＝*trawl* (*line*)); TROTLINE.

sét·òff *n* 《旅への》出発; 《借金の》棒引き; 相殺(そうさい), 差し引き ‹*against, to*›; 〘法〙相殺(請求); 引き立てるもの, あしらい品, 飾り; 〘建〙 OFFSET; 〘印〙裏移り (offset).

se·ton /sí:tn/ *n* 《かつて外科で用いた》串線(かんせん)法; 串線.

Seton シートン (1) Saint **Elizabeth Ann** ～ (1774–1821) 《米国の宗教家; 旧姓 Bayley; 愛徳(修道)会 (Sisters of Charity (of St. Joseph)) を創設 (1809); アメリカ生まれのクリスチャンとして最初に列聖された (1975)》 (2) **Ernest Thompson** ～ (1860–1946) 《英国生まれの米国の博物学者・動物物語作家・挿画家》.

se·tose /sí:tòʊs/ *a* 〘生〙とげ[剛毛]の多い, とげだらけの. [L; ⇨ SETA]

sét·òut *n* 配列, 設計; 支度; 装い, いでたち; 《食器などの》一式; 膳立て, 並べたてたごちそう; パーティー, 娯楽; 《口》仲間, 組, 連中; 開始, 出発: at the first ～ 最初に.

sét píece 〘劇〙《舞台背景の》独立したステージセット; 《文芸などの》既成の形式(による構成); 《大掛かりな》仕掛け花火; 準備のいい展示; 彫心鏤骨(るこつ)の文, 苦心の[型どおりの]作品; 《おなじみの》名場面, 見せ場; 型にはまったスピーチ; 軍事[外交]戦略[作戦]; ‖《サッカーなど》セットプレーなどの作戦[攻撃パターン]. ◆ **sét-píece** *a*

sét pláy 〘サッカーなど〙セットプレー《フリーキック・コーナーキックなど》.

sét pòint 〘テニス〙セットポイント《(1) あと 1 ポイントでセットの勝ちが決まる時点 (2) そのポイント》; 〘機〙《自動制御の》設定値, 目標値; 《体重・体温などの》標準状態.

sets ⇨ CETS.

sét scène 〘劇〙舞台装置; 〘映〙撮影用装置, セット.

sét·scrèw *n* 《歯車・ねじなどの心棒に取り付ける》止めねじ; スプリング調整ねじ.

sét scrúm 〘ラグビー〙セットスクラム《審判の指示によるスクラム》.

sét shòt 〘バスケ〙セットショット《フリースロー・コーナースローの際, 立ち止まってするショット》.

sét squàre‖ 三角定規 (triangle*).

Set·swa·na /setswá:nə/ *n* セツワナ語 (Tswana).

sett /sét/ *n* アナグマの巣穴; 花崗岩の敷石; 格子縞 (set).

set·te·cen·to /sètətʃéntoʊ/ *n* 《イタリア美術・文学史上の》十八世紀. [It]

set·tee[1] /setí:/ *n* 《背付きの》長椅子; 小型[中型]ソファー. [C18 (? 変形)‹*settle*[2]]

settee[2] *n* 〘海〙セッティー《昔 地中海で用いられた 2–3 本のマストに大三角帆を張った船首のとがった帆船》; セッティーの帆 (=～ **sàil**). [It (*saetta* arrow‹SAGITTA)]

sét·ter *n* 《政策・流行などの》決定者, 設定人; 植字工; 〘バレー〙セッター; 〘犬〙セッター《獲物を指示する猟犬》; [*pl*] 女性 (women) (cf. POINTERS): TRENDSETTER / a tile*setter* タイル張り職人.

sétter-ón *n* (*pl* **sétters-ón**) 攻撃する人; そそのかす人, 煽動者.

sétter·wòrt *n* 〘植〙BEAR'S-FOOT.

sét téxt‖ SET BOOK.

sét thèory 〘数〙集合論. ◆ **sét theorétic** *a*

sét·ting *n* **1 a** 置くこと, 据え付け, 設置, 設定, 整定, 《線路の》敷設; 〘印〙植字; 《電柱の》根入れ; 〘園〙定植; 《宝石などの》はめ込み, 象眼. **b** 〘教育〙《特定科目での》能力別グループ編成. **2** はめ込み台; はめ込み様式; 台座, 台; 砲床. **3 a** 〘劇・映〙道具立て, 情景, 背景; 《物語などの》舞台背景; 環境, 「舞台」. **b** 《食器などの》ひとそろい, ワンセット (place setting); 《俗》ひと孵(かえ)しの卵. **4 a** 《機械・器具の》設定(値[目盛り]); 《のこなどの》目立て, あさり; 《壁などの》仕上げ塗り (=～ **còat**); 《髪の》セット. **b** 〘楽〙作曲, 節(ふし)づけ, 編曲, 楽譜. **5 a** 《日・月の》入り; 《潮流などの》差し込み; 《風などの》方向; 《猟犬による》獲物の指示. **b** 凝固, 硬化, 《セメントなどの》凝結, 沈降.

sétting bòard 昆虫の標本台.

sétting cìrcle 〘天〙《赤道儀の》目盛環《時環または赤緯環》.

sétting lòtion セットローション《髪セット用液》.

sétting nèedle ムシ針.

sétting pòint 〘理〙《ゾルがゲル化する》凝結温度.

sétting rùle 〘印〙植字定規, セッテン.

sétting stìck 〘印〙ステッキ《植字用具の一種》.

sétting-úp *a* 組立て用の; 体力づくり用の.

sétting-úp èxercises *pl* CALISTHENICS.

set·tle[1] /sétl/ *vt* **1 a** 《動かないように》置く, 据える; すわらせる; 安定させる: ～ one*self in* an armchair 肘掛け椅子にどっしり腰をおろす / ～ a bag on one's shoulder バッグを肩に掛ける. **b** 《住居に》落ちつかせる, 定住させる; …に植民する, 移住させる: ～ one*self in* [*into*] a new house 新居に落ちつく / ～ Canada カナダに植民する. **c** …の身を固めさせる, 《職業に》就かせる: ～ a daughter by marriage 結婚で娘を片付ける / ～ one's son *in* law 息子を弁護士にする. **d** ‹雌›に種付けする, はらませる. **2 a** ‹日取りなどを›決める; ‹問題・争議・紛争などを›解決する, 処理する, 調停する: ～ a day for the meeting 会の日取りを決める / ～ a dispute 紛争を解決する / That ～*s* it [the matter]. それで(事は)決まった / ～ a dispute out of court 紛争を示談で解決する. **b** ‹勘定などを›支払う, 清算する; …のかたをつける, 処分する: ～ (*up*) a bill 勘定を支払う / I have a debt to ～ *with* him. 彼に借りがある / ～ a document 遺言書[契約書など]の形式と内容を確定する. **3 a** 鎮静させる; ‹食べ物›の消化を助ける; ‹液体を›澄ます; ‹かすを›沈澱させる: This medicine will ～ your stomach. / A rainfall will ～ the dust of the road. **b** ‹相手などを›やっつける, 黙らせる; *《俗》投獄する. ► *vi* **1 a** 身を落ちつける, 身を固める; ‹新居などに›落ちつく, 定住する ‹*down*; *in*›; ‖《落ちついて》取りかかる ‹*to* one's work›: He cannot ～ *to* anything. なんにせよじっくり構えるということがない. **b** ‹土・沈澱物が›固まる; ‹病気・痛みが›いつまでも続く; 《文》‹表情が›現われる ‹on one's face›. **2** 勘定を払う, 精算する, 決算する 《(*up*) *with*》; 和解する: ～ *up with* a waiter ウェーターに金を払う. **3** 降りる, ‹鳥などが›とまる ‹*on* a branch›; ‹視線が›‹…に›止まる ‹*on*›; ‹闇・霧などが›おりる, ‹ほこりなどが›積もる, たまる; ‹液体が›澄む, ‹かすが›よどむ, 着定する ‹*to*›; ‹土台などが›沈下する; ‹車が›はまる ‹*in* the mud›; ‹船が›沈みかかる; 《文》‹雰囲気などが›《圧するように》おおう, 包む, 支配する ‹*on, over, in*›. **4** ‹雌が›はらむ.

● **～ back** ‹椅子に›ゆったりともたれる ‹*in, into*›. **～ down** ⇨ *vi*; 落ちつく, ‹興奮などが›おさまる; 静かにする[させる]; [°marry and ～ down] 身を固める; 身を入れる, 《落ちついて》取りかかる ‹*to*›; ‹ある職業に›身を落ちつける ‹*in*›; 沈下する; 傾く; ‹かすが›沈む, よどむ, ‹液が›澄む. **～ for**…を不満足ながら受け入れる[呑む], …に甘んじる: ～ *for* second best 次善のものでよしとする. **～ in** 《新居などに移って》落ちつく, 落ちつかせる; ゆっくりくつろぐ; ‹悪天候・季節などが›始まる (set in). **～ (…)into**… ‹新居など›に慣れる[慣れさせる]; …に落ちついてくつろぐ. **～ on**…に決める, 同意する; ‖…に‹財産などを›分与する, 法律により…の終身受益権を与える: ～ one's property *on* one's wife. **～ one's affairs** 仕事を片付ける, 《特に 遺言書作成などによって》身辺を整理する. **～ sb's business** 人をやっつける, 片付ける. **～ with**…に負債[勘定]を払う; …と和解する; …と決める[話をつける]; …に仕返しをする, …を片付ける.

◆ **～·able** *a* **～·abílity** *n* [OE *setlan* (↓)]

settle[2] *n* セトル《背もたれが高く肘掛けのある木製の長椅子; 時に座席の下が物入れ箱》. [OE *setl* place for sitting; cf. G *Sessel*]

sét·tled *a* **1 a** 固定した, 確立した; ‹天候が›定まった, 快晴の; 確固たる; 根深い‹悲しみなど›: a ～ habit 確立した習慣 / ～ (fair) weather 晴天続き. **b** 身を固めた, 落ちついた; 着実な, 静かな; 移住者の定住した. **2** 勘定[清算]済みの: a ～ account 承認決算書.

◆ **～·ly** *adv* **～·ness** *n*

séttle·ment *n* **1 a** 《住居を定めて》身を落ちつけること, 定住, 定着; 《結婚して》身を固めること; 定職に就くこと; 入植, 植民, 移民. **b** 定住地, 入植地, 植民地, 居留地, 租界; 新開地, 開拓地; 集落, 部落, 《特定の宗教の信者などの》共同社会; 〘英〙《法定の》居住地. **c** 〘社〙隣保事業, セツルメント《貧しい人びとの多い地域に住みついて生活改善・教育などに当たる》; 隣保館, セツルメント (=～ **hòuse**) 《隣保事業に当たる団体・施設》; 〘英〙生活扶助料受領権. **2 a** 解決, 決着; 和解; 清算, 決済: come to [reach] a ～ 決まりがつく, 和解する, 示談になる / in ～ of…の支払いとして, 決済に. **b** 〘法〙継承財産設定(証書), 継承的不動産処分; 継承財産設定された財産. **3** 《液体が》澄むこと (clarification); 《おりの》沈澱; 降下, 沈下. ■ the **Áct of S～** 〘英史〙王位継承法《1701 年発布; 王位につく者は Hanover 家の Princess Sophia およびその子孫に限る》.

séttlement dày‖ 〘取引所〙決算日, 決済日, 受渡日.

séttlement wòrker 隣保事業家, セツルメント奉仕員, セツラー.

sét·tler *n* **1** 《紛争などを》解決する人, 調停人. **2** 移住者, 開拓者, 入植者. **3** 《口》けりをつけるもの[人], 決定的な打撃[議論, 事件], とどめ. **4** 沈澱器[槽]; 〘法〙SETTLOR.

séttler's-clóck *n* 《豪》ワライカワセミ (kookaburra).

séttler's twíne 〘植〙豪州産サトイモ科の草本; その繊維《かつてひもとして用いられた》.

sét·tling *n* 据えること; 決定させること; 移住, 植民; 決定; 解決; 和解; 鎮静; 沈降(分離), 沈澱; [*pl*] 沈澱物, かす, おり.

séttling dày* 清算日, 《特に 2 週間ごとの》株式取引清算[勘定]日.

séttling rèservoir 沈澱池.

séttling tànk 沈澱槽, 沈降[澄まし]タンク.

set·tlor /sétlər, -lɔ̀:r/ *n* 〘法〙《継承財産設定 (settlement) や信託 (trust) の》設定者.

sét-tò 《口》*n* (*pl* **～s**) なぐり合い; 激論.

sét-tòp *a, n* セットトップ (set-top box) (のように装置の上に置いて使う).

sét-top bòx セット(トップ)ボックス《ケーブルテレビや衛星放送・デジタル放送を視聴するためのチューナー》.

Se·tú·bal /sətú:bəl, -bɑ̀:l, -bæ̀l/ セトゥバル《ポルトガル南西部の市・港町; 1755 年地震で旧市街が潰滅》.

set·u·la /sétʃələ/ *n* (*pl* **-lae** /-lì:/) 〘動・植〙小剛毛. ◆ **set·ule** /sétʃù:l/ *n* [L (dim)‹SETA]

set·u·lose /sétʃəlòʊs/, **set·u·lous** /-ləs/ *a* 〘動・植〙小剛毛のある.

sét·ùp *n* **1 a** 組織の編制, 構成, 段取り; 組織; (機械の)機構; 《家の》間取り; 《政治的・社会的な》慣行, 慣習; 諸条件, 状況. **b** *身のこなし, 《特に直立の》姿勢; 体格, 態度. **c** 舞台装置の最終的設定; 〘映〙《カメラ・マイク・俳優などの》配置, 位置; [the] 1 シーン分の映像; 〘電算〙《システムの》構成, 設定, セットアップ; 〘テレビ〙セットアップ《消去

S

帰線レベルからみた基準黒レベルと基準白レベル間の比). **d** 観測機器設置(場)所. **2**《実験装置などの》装備, 設備;《レストランなどの》食器具ひとそろい; [°*pl*] *«口» 酒道具一式《炭酸水・氷・グラスなど》;《室内の》家具, 什器; *«俗» 家, 事務所, アパート. **3 a** 計画, 企画; 仕組んだこと, 計略, はかりごと;《人をはめる》ペテン, わな, でっちあげ; *«口» 簡単に勝負がつくように仕組んだ競技試合, 八百長(試合), わざとやさしくした仕事[目標]; *«口» 楽に取れる[達成できる]もの, 楽勝の相手. **b** *«口»《勝ち目のない試合に出る》選手, ボクサー; *«口» 簡単にごまかしのきく人, カモ. **c**〘玉突〙得点しやすいように並んだ球の位置;〘スポ〙得点へのお膳立てプレー《バレーボールのセットアップ, サッカーのアシスト, テニスのアプローチショットなど》. **4** *«俗» 1 日の監獄入り判決, 1 日の食らい込み.

sétup pìtcher [màn]〘野〙中継ぎ投手.

sétup prògram〘電算〙セットアッププログラム《アプリケーションプログラムなどの導入時に動作環境などの設定を行なうためのプログラム》.

set·wall /sétwɔ̀:l/ *n*〘植〙セイヨウカノコソウ (garden heliotrope).

sét wìdth〘印〙セット幅《ある書体・ポイントの活字の小文字アルファベットの幅; ある行に組む活字の量を決めるのに用いる》.

Seu·rat /sərá:/ スーラ **Georges** ～ (1859-91)《フランスの画家; 新印象主義を創始; 点描画法で有名》.

Seuss /sú:s/ [Dr.] スース博士 (⇨ Theodor Seuss GEISEL).

sev /séɪv/ *n* セーブ《ヒヨコマメなどの粉を練ってひも状にしたものを揚げ, スパイスで香味をつけたインドのスナック》. [Hindi]

Se·van /səvá:n/, **-vang** /-vá:ŋ/ [Lake] セヴァン湖《アルメニア北部の湖》.

Se·vas·to·pol /səvǽstəpòʊl, -pɔ̀:l, -pəl/ セヴァストポリ《ウクライナ南部, Crimea 半島南西部黒海に面する港市; クリミア戦争・第二次大戦の激戦地; 別称・旧称 Sebastopol》.

sev·en /sév(ə)n/ *a* 7つの; 7人[個]の: the ～ chief [principal] virtues＝the CARDINAL VIRTUES / the ～ LIBERAL ARTS / the ～-hilled City＝the SEVEN HILLS OF ROME. ► *n* **1**《数の》7, 7つ; 7の数字[記号]《7, vii, VII》. **2** 7時, 7歳; 7番目のもの[人];《トランプの》7の札;《サイズの》7番, [*pl*] 7番サイズのもの; [後置] 第7の. **3** 7人[個]; 7人[個]の一組; [*pl*] ‖7人制ラグビー試合; [the S-] «口» ヨーロッパの自由貿易圏. ★ (1) 用法は SIX の例に準じる. (2) 接頭辞 hept-, sept-. ► *vi* [～ out] *«俗»《クラップスで》7を出して負ける. [OE *seofon*; cf. SEPT-[1], G *sieben*]

Séven agàinst Thébes *pl* [the]〘ギ神〙テーバイ攻めの七将《POLYNICES をテーバイ王位に復帰させようとしてテーバイ攻撃に遠征した7人の英雄; Aeschylus の劇で有名》.

séven-càrd stúd〘トランプ〙セブンカードスタッド《7枚のカードを最初の2枚と最後の1枚だけ伏せて配り, うち5枚を選んで役をつくる方式のスタッドポーカー》.

séven déadly síns *pl* [the] 七つの大罪 (DEADLY SINS).

Séven Dwárfs *pl* [the] 七人のこびと《継母によって森に捨てられた白雪姫 (Snow White) がいっしょに暮らすこびとたち; Walt Disney の漫画映画 (1937) でいっそう広く知られるようになった》.

7-Eleven /sév(ə)n—⌐—/ セブンイレブン《コンビニエンスストアチェーン店》.

séven·fòld *a, adv* 7つの部分[要素]からなる; 7倍の[に], 7重の[に].

séven-gìll(ed) shárk, séven gìll〘魚〙《エビスザメ・エドカグラザメなど》7対の鰓孔(さいこう)をもつサメ.

Séven Hílls of Róme *pl* [the] ローマ(の)七丘《Tiber 川東岸の7丘: Aventine, Caelian, Capitoline, Esquiline, Palatine, Quirinal, Viminal; 古代ローマはこの7丘の上および周辺に建設され, Rome は the City of Seven Hills と呼ばれる》.

séven-lèague bóots *pl* [the] 七里靴《おとぎ話 *Hop-o'-my-Thumb* にある一またぎで7リーグ(約21マイル)歩くことのできる靴》.

Séven Pínes セヴンパインズ《FAIR OAKS の別称》.

sév·ens /sév(ə)nz/ *n* [⟨*sg*⟩]〘トランプ〙FAN-TAN.

séven séas *pl* [the, °the S- S-] 七つの海《南北太平洋・南北大西洋・インド洋・南北氷洋》; 世界中の海.

773H /sév(ə)nsèv(ə)nθrí:éɪtʃ/ *n* *«俗» HELL《HELL をさかさまにみると似ていることから》.

Séven Sísters *pl* [the] **1**〘天〙すばる (Pleiades). **2** 七人姉妹《①〘ギ神〙プレイアデス (Pleiades) ② 米国東部の名門七女子大学: Barnard, Bryn Mawr, Mount Holyoke, Radcliffe, Smith, Vassar《今は共学》, Wellesley》.

Séven Sléepers (of Éphesus) *pl* [the] エフェソスの七眠者《Decius 帝 (在位 249-251) の時, キリスト教信仰のゆえに迫害され, ある岩穴に閉じ込められて約200年の間眠ったのち, めざめた時にはローマがキリスト教化されていたと伝えられる Ephesus の7人の若者》.

sev·en·teen /sèv(ə)ntí:n, ⌐—⌐/ *a* 17の, 17人[個]の. ► *n*《数の》17; 17の記号《XVII》; 17番目(のもの);《サイズの》17番; 17人[個]の一組: SWEET SEVENTEEN. [OE *seofontīene* (SEVEN, *-teen*)]

seventéen·er *n* *«俗» 死体 (corpse). [cf. FILE[1] *seventeen*]

sev·en·teenth /sèv(ə)ntí:nθ/《略 17th》*a, n* 第17(の), 17番目(の); 17分の1 (＝a ～ part) (の);《月の》17日.

séventeen-yèar lócust [cicáda]〘昆〙十七年ゼミ《幼虫時代が北部では17年, 南部では13年かかり, その周期で大量発生する米国産のセミ》.

sev·enth /sév(ə)nθ/《略 7th》*a, n* **1** 第7(の), 7番目(の);《月の》7日;〘楽〙7度(音程), 第7音,《特に》導音 (leading tone); SEVENTH CHORD. **2** 7分の1 (＝a ～ part) (の). ► *adv* 7番目に. ♦ **～·ly** *adv*

Séventh Ávenue 7番街《New York 市 Manhattan の通り; 米国ファッション産業の中心》; *«俗» 服飾産業, ファッション業界.

séventh chòrd〘楽〙七(しち)の和音.

séventh-dày *a* 週の第7日である土曜日の; [ᵁSeventh-Day] 土曜日を安息日とする.

Séventh dày 週の第7日《ユダヤ教および一部のキリスト教派では土曜日の安息日》; 土曜日《主にフレンド派の用語》.

Séventh-Dày Advéntist 安息日再臨派, セブンスデー・アドヴェンティスト《キリストの再臨と土曜安息を主張するアドヴェンティスト派 (Adventists) の一派の信徒》.

Séventh-Dày Báptist セブンスデー バプテスト《土曜日を安息日とするバプテスト派の一派の信徒》.

séventh héaven [the] 第七天《ユダヤ人が神と天使のいる所と考えた最上天》; 至福: be in (*the*) ～ 無上の幸福に浸っている, 有頂天である / *the* ～ of delight 喜びの極致[絶頂].

sev·en·ti·eth /sév(ə)ntiəθ/ *a, n* 第70(の), 70番目(の); 70分の1(の).

sev·en·ty /sév(ə)nti/ *a* 70の, 70個[人]の. ● **～ times seven** 7度の70倍まで, 幾度となく《*Matt* 18:22》. ► *n*《数の》70; 70の記号《LXX》; [S-]〘モルモン教〙セヴンティー《総務委員 (apostles) の下で布教を行なうように任命された長老》; [the S-] SEPTUAGINT を完成した(70 [72] 人の)学者; [the S-] SANHEDRIN; [the S-] イエスが福音を伝えるために町村に遣わした 70 [72] 人の弟子《cf. *Luke* 10:1-20》. ★ 用法は TWENTY の例に準じる. [OE *seofontig* (SEVEN, *-ty*[1])]

séventy-éight, 78 *n* «口» 78回転レコード盤.

séventy-fírst [...séventy-nínth] *a, n* 71 [...79] 番目(の). ★ TWENTY-FIRST の例に準じる.

séventy-fíve *n* [数詞] ⇨ SEVENTY-ONE;〘軍〙75ミリ砲《特に第一次大戦で用いられたフランス・米国軍の75ミリ野砲》.

séventy-fóur *n*〘魚〙南アフリカ産のタイ科の食用魚.

séventy-'lév·en /-lév(ə)n/ *n* *«俗» かなりの数, 多数《通例 100 未満の》.

séventy-óne [...séventy-níne] *a, n* [数詞] 71 [...79] (の). ★ TWENTY-THREE の例に準じる.

séven-úp *n*〘トランプ〙セブンアップ《何回かのゲームで早く7点獲得した者が勝ちになる; 特定の4種のカードに点数があるので all fours ともいう》.

Séven-Úp, 7-Up〘商標〙セブンアップ《ソフトドリンク》.

Séven Wónders of the Wórld *pl* [the] 世界の七不思議《古代の7つの驚異的建造物: Egypt の pyramids, Alexandria の灯明台 (Pharos), Babylon の吊り庭 (Hanging Gardens), Ephesus の Artemis 神殿, Olympia の Zeus 像, Halicarnassus のマウソロスの霊廟 (Mausoleum), Rhodes のヘーリオスの巨像 (Colossus)》.

séven-yèar ítch «口» 疥癬(かいせん) (scabies); [the]《結婚後》7年目の浮気(の虫).

Séven Yèars' Wár [the] 七年戦争 (1756-63)《英国・プロイセンがフランス・オーストリア・ロシア・スウェーデン・ザクセンを破る》.

sev·er /sévər/ *vt* 切断する, 切る; 断絶する; ⟨関係などを⟩断つ; …の仲を裂く, 不和にする; 分ける; 隔てる ⟨A *and* B, A *from* B⟩;〘法〙⟨共有・審理を⟩分離する. ► *vi* 切断する, 断絶する; 二つに裂ける, 離れる, 分かれる. [AF＜L *separo* to SEPARATE]

séver·able *a* 切断できる;〘法〙⟨契約などが⟩分離できる, 可分の. ♦ **sèver·abílity** *n*

sev·er·al /sév(ə)rəl/ *a* **1** いくつかの, 数名の, 数個の, 数度の《普通 4-9 程度》. **2** いろいろの; 別々の, それぞれの, 各自の;〘法〙《joint に対して》単独の, 個別の; 私有の; «方» 多くの: Each has his ～ ideal. 人それぞれの理想がある / *S*～ men, ～ minds. «諺» 十人十色 / ～ liability〘法〙個別責任, 可分な責任 / JOINT AND SEVERAL liability / ～ estate 個別[個人専有]財産 / ～ fishery 単独漁業権. ► *pron* [⟨*pl*⟩] 数個, 数人, 数匹. ● **in ～** «古» 個々に, 別々に, 各自で. ♦ **～·ly** *adv* «文» 別々に; めいめいに, 各自で. [AF＜L (*separ* distinct); ⇨ SEPARATE]

séveral·fòld *a, adv* 数個の部分[面]からなる; 数倍の[に], 数重の[に].

séveral·ty *n* 個別性[状態], 独自性, 各自, 別々;〘法〙単独保有, 個別土地保有; 単独保有地[財産]: estate *in* ～ 単独保有物権.

sev·er·ance /sév(ə)rəns/ *n* 断絶, 分離, 隔離; 切断, 分割;〘法〙《合有物・共有物の》分割; 契約解除; SEVERANCE PAY.

séverance pày 解雇手当, 退職金.

séverance tàx〘米〙資源分離税《他州で消費される石油・ガス・鉱物などの採取者に課す州税》.

se·vere /sɪvíər/ *a* (**se·vér·er**; **-est**) **1 a** きびしい, 厳格な⟨検査など⟩, 厳密な (opp. *mild*); 容赦しない, 血も涙もない, 痛烈な: a ～ writer 一語もおろそかにしない作家 / be rather ～ *with* children 子

供にかなりきびしい / Don't be too ～ *on* others' errors. 人のあやまちにきびしすぎてはいけない. **b** ひどい, 猛烈な〈病気・あらしなど〉; 骨の折れる, 過酷な: ～ heat 酷暑, 猛暑 / a ～ winter 厳冬 / ～ pain 劇痛 / a ～ competition 激しい競争. **2** 簡素な, 地味な, ダサい, 貧乏くさい; 厳粛な: ～ beauty. ♦ **～·ness** *n* ［F or L *severus*］

sevére acúte réspiratory sỳndrome SARS.

sevére combíned immunodefíciency [immúne defìciency] 〔医〕重症複合免疫不全症《抗体産生(B 細胞)と細胞性免疫(T 細胞)の先天的欠損による免疫不全症; 乳幼児期に死亡することが多い; 略 SCID》.

sevére·ly *adv* ひどく, すごく, 激しく; 厳格に, びしびし(と); 簡素に, 地味に: be ～ ill 重病だ. ● **leave [let]…～ alone** …をわざと避ける, 敬遠する.

Se·ve·ri·ni /sèɪvərí:ni/ セヴェリーニ **Gino** ～ (1883–1966)《イタリアの未来派の画家》.

se·ver·i·ty /səvérəti/ *n* 激烈, 酷烈, 苛烈, 《皮肉などの》痛烈; 厳格, 厳正; 厳粛; 簡素, 地味; 苦しさ, つらさ; [*pl*] きびしい仕打ち[経験].

Sev·ern /sévərn/ [the] セヴァーン川 (**1**) ウェールズ中部から北東に流れ, イングランド西部を南流して Bristol 湾に注ぐ **2**) カナダ Ontario 州を流れ, Hudson 湾に注ぐ》.

Se·ver·na·ya Dvi·na /sévərnəjə dəviná:/ [the] セヴェルナヤ [北]ドゥヴィナ川《NORTHERN DVINA 川のロシア語名》.

Sévernaya Zem·lyá /-zɛmljá:/ セヴェルナヤ ゼムリャ《ロシア北部 Taymyr 半島の北の, 北極海にある無人の諸島》.

Sévern Bóre [the] セヴァーン海嘯(かいしょう)《満潮時に英国 Severn 川の河口をさかのぼる潮津波》.

Sévern Brídge [the] セヴァーン橋,《英国の Severn 河口 Aust /ɔ́:st/ にかかる 987 m の大吊橋; 1966 年完成》.

Sévern Trént Wàter セヴァーントレント水道(社) (～ Ltd)《イングランド中部の上下水道の管理を行なっている会社》.

Se·ve·rod·vinsk /sèvərədvínsk/ セヴェロドヴィンスク《ヨーロッパロシア北西部 White Sea に臨む Dvina 湾岸の港湾都市》.

Se·ve·rus /səvíərəs/ セウェルス **Lucius Septimius** ～ (146–211)《ローマの軍人・皇帝 (193–211); 晩年 (208–211) を Britain で送った》.

Sevérus Alexánder セウェルス・アレクサンデル (208–235)《ローマ皇帝 (222–235)》.

sev·ery /sév(ə)ri/ *n* 〔建〕ゴシック建築の丸天井の一区画.

se·vi·che /səví:ʧeɪ, -ʧi/ *n* 〔料理〕セビーチェ《生の魚を時に油・タマネギ・コショウなどに加えたライム[レモン]汁でマリネにした前菜》. ［AmSp］

Se·vier /səvíər/ [the] セヴィア川《Utah 州南西部の Sevier 砂漠を流れて, 塩水湖のセヴィア湖 (～ **Láke**) に流入する》.

Sé·vi·gné /sevi:njeɪ, sèɪvinjéɪ/ セヴィニェ夫人 Marquise **de** ～ (1626–96)《フランスの作家; 旧名 Marie de Rabutin-Chantal; 書簡集は機知に富み, Louis 14 世時代の風俗を知るための貴重な資料とされる》.

Se·ville /səvíl/ セビリャ (Sp **Se·vi·lla** /seɪví:(j)ɑ:/) (**1**) スペイン南西部, Andalusia 自治州の県 **2**) その県都; Guadalquivir 川に臨む河港都市》.

Sevílle órange SOUR ORANGE.

Sev·in /sévən/ 〔商標〕セヴィン《カルバミン酸系の殺虫剤》.

Sè·vres /sévrə, sév(r); *F* sɛ:vr/ **1** セーヴル《フランス北部, Paris の南西の Seine 河岸の町》. **2** セーヴル(焼き) (＝～ **wàre**)《高級磁器》.

sev·ru·ga /səvrú:gə, sɛv-/ *n* セヴルーガ《カスピ海産の, ごく小さな魚卵をもつホシチョウザメの雌から採れる明灰色または暗灰色のキャビア; そのホシチョウザメ》.

sew /sóu/ *v* (～**ed**; **sewn** /sóun/, ～**ed**) *vt* 縫う; 縫い付ける 〈*on, onto, to*〉; 縫い込む 〈*in, into, inside*〉; 縫い合わせる 〈*together*〉; 縫って作る, 縫製する; 〔製本〕綴じる: ～ a button *on* (the coat) (上着に) ボタンを縫い付ける. ► *vi* 縫い物[針仕事]をする, ミシンをかける. ● **～ down** 〈ポケット・折り返しなどを〉完全に縫い付けてしまう. **～ up** 〈穴・傷口などを〉縫い合わせる, 縫合する; 縫い合わせて包み込む 〈*in, inside*〉; *…の支配権を握る, 独占する; 《口》〈俳優などと〉独占契約を結ぶ, (…の支持[協力]を)確保する; [°*pass*]《口》うまくまとめる, …に決着をつける, 確実なものとする; [ᵘ*pass*]《口》疲れきらせる, (正体なく)酔わせる, 出し抜く, だます: get a deal (all) *sewn* [～*ed*] *up* 取引をまとめる / want to have the election [game] *sewn* [～*ed*] *up* 当選[試合の勝利]を確実なものにしておきたい / be ～*ed up with*…を相手に多忙である, …にかかりきりとなる. ♦ **～·able** *a* **～·abílity** *n* ［OE *si(o)wan*; cf. L *suo* to sew］

sew·age /sú:ɪʤ/ *n* 《sewer で運ぶ》下水汚物, 下水, 汚水: raw ～ 未処理下水. ► *vt* …に下水肥料をやる.

séwage dispòsal 下水[汚水]処理.

séwage ejèctor 下水排出装置.

séwage fàrmᴵᴵ 下水処理場 (＝**séwage (tréatment) plànt***)《しばしば肥料を製造する》; 下水畑(はた)《下水を灌漑に利用する畑》.

séwage wòrksᴵᴵ (*pl* ～) 下水処理場[施設].

se·wan /sí:wən/ *n* WAMPUM.

Sew·ard /sú:ərd, súərd; sjú:əd/ シューアード **William H(enry)** ～ (1801–72)《米国の政治家; 奴隷制反対運動家; Lincoln, Johnson 政権の国務長官 (1861–69)》.

Séward Península [the] スーアード半島《Alaska 州西部の半島》.

Sew·ell /sú:əl; sjú:əl/ **1** スーエル《男子名》. **2** スーエル (**1**) **Anna** ～ (1820–78)《英国の作家; *Black Beauty* (1877)》 (**2**) **Henry** ～ (1807–79)《英国生まれのニュージーランドの政治家; 初代首相 (1856)》. ［Gmc＝victory, power］

se·wel·lel /səwéləl/ *n* MOUNTAIN BEAVER. ［Chinook］

sewen ⇨ SEWIN.

sew·er[1] /sú:ər, súər/ *n* 下水(道), 下水本管, 下水溝[渠], どぶ; 〔解・動〕排泄孔; *《俗》静脈, 動脈. ► *vt* 〈町など〉に下水設備を施す. ► *vi* 下水設備を施す, 下水をきれいにする. ［AF *sever(e)*＜Romanic (L *ex-*[1], *aqua* water)］

sewer[2] *n* 〔史〕給仕頭, 配膳方. ［(頭音消失)＜AF *asseour*＜L ASS*ideo* to sit by］

sew·er[3] /sóuər/ *n* 縫う人[機械], 縫製者, お針子. ［*sew*］

sew·er·age /sú:ərɪʤ; s(j)úərɪʤ/ *n* 下水設備[工事], 下水道; 《下水設備による》下水の排出; SEWAGE.

séwer gàs 下水から発生するガス《メタンガス・二酸化炭素を含む》.

séwer hòg*《俗》《工事現場の》溝掘り人夫.

séwer·mòuth *n**《俗》絶えず下品なことばを使う人, きたないことばづかいをするやつ.

séwer ràt 〔動〕ドブネズミ.

sew·in, sew·en /sú:ən/ *n* 《ウェールズ・アイル》〔魚〕ブラウントラウト (sea trout).

séw·ing *n* 裁縫, 針仕事; 縫い物.

séwing cìrcle 慈善裁縫会《定期的に婦人が集まる》.

séwing còtton カタン糸,《木綿の》縫い糸.

séwing machìne ミシン; 製本ミシン: a hand [an electric] ～ 手動[電動]ミシン.

séwing nèedle 縫い針; *《方》トンボ (dragonfly).

séwing prèss [bènch, fràme] 〔製本〕《手綴じの際の》かがり台.

sewn *v* SEW の過去分詞.

sex[1] /séks/ *n* **1** 《男女・雌雄の》性, 性別; 性徴; 男性, 女性《集合的》; [the] [*joc*] 女性, 婦人 (women): a member of the same [opposite] ～ 同性[異性]の人 / without distinction of age or ～ 老若男女の別なく / the equality of the ～*es* 男女平等 / a school for both ～*es* 男女共学の学校 / the male [rough, sterner, stronger] ～ 男性 / the female [fair(er), gentle(r), second, softer, weak(er)] ～ 女性. **2** 性現象, 性行動, 性本能, 性欲; 《口》性交, セックス; 性器: have ～ with… 《口》…と性交する. ► *a* 性の差による; 《口》SEXUAL: SEX DISCRIMINATION. ► *vt* 〈ひよこなど〉の性別を鑑別する. ► *vi* 《俗》セックスする. ● **～ it up** 《俗》猛烈に愛撫し合う. **～ up** 《口》性的に興奮させる; 《口》いっそう魅力的にする, 見ばえよくする, セクシーにする, 〈雑誌など〉の性的内容を増やす. ［OF or L; cf. L *seco* to divide］

sex[2] *n* SEC[4] の複数形.

sex- /séks/, **sexi-** /séksə/ *comb form* 「6…」 ［L *sex*］

séx àct [the] 性行為, 性交; 性戯.

sex·a·ge·nar·i·an /sèksəʤənéəriən, sɛksæʤə-/ *a, n* 六十代の(人) (⇨ QUADRAGENARIAN). ［L (*sexaginta* sixty)］

sex·ag·e·nary /səksǽʤənèri; -n(ə)ri/ *a* 60 の; SEXAGENARIAN. ► *n* SEXAGESIMAL; SEXAGENARIAN.

Sex·a·ges·i·ma /sèksəʤésəmə, -ʤéɪzə-/ *n* 〔カト〕六旬節(の主日) (＝～ **Súnday**), 〔英国教〕大斎前第二主日《四旬節 (Lent) 前の第 2 日曜日, 復活祭より約 60 日前; ⇨ QUADRAGESIMA》. ［L＝sixtieth (day)］

sex·a·ges·i·mal /sèksəʤésəm(ə)l/ *a* 60 の, 60 ずつで数える; 60 分[進法]の. ► *n* 60 分(ぶん)数. ♦ **～·ly** *adv*

séx àid セックス補助用品, 性具.

séx·àngle *n* 〔数〕六角形. ♦ **sèx·ángular** *a*

séx appèal 性的魅力, セックスアピール; 《一般に》魅力.

séx attràctant 〔動〕性誘引物質.

sèxa·válent /sèksə-/ *a* SEXIVALENT.

séx-blìnd *a* 性のことに関知しない, 性別に頓着しない, 性盲の (cf. COLOR-BLIND)

séx bòmb 《俗》SEXPOT.

sex·ca·pade /sékskəpèɪd, ⸗—⸗/ *n* 《俗》とっぴな性的行為, 性的冒険. ［*sex*＋*escapade*］

séx cèll 〔生〕性[生殖]細胞 (gamete).

sèx·centénary *a* 600 の; 600 (周)年の. ► *n* 六百年記念日; 六百年祭 (⇨ CENTENARY).

séx chànge 《手術による》性転換: ～ operation.

séx chròmatin 〔生〕性染色質 (Barr body).

séx chròmosome 〔生〕性染色体.

séx clìnic 性(問題)の相談室[診療所].

sex·cur·sion /sɛkskɜ́:rʒ(ə)n, -ʃ(ə)n/ *n* 《男の》セックス目当ての旅行, 買春ツアー. ［*sex*＋*excursion*］

sèx·decíllion *n, a* セクスデシリオン(の)《10^{51}; 英ではかつて 10^{96} を表わした》. ★ ⇨ MILLION.

sex·dígitate *a* 6 本指の.

séx discriminàtion 性差別 (sexual discrimination).

Séx Discriminátion Àct [the]〘英〙性差別法《1975 年職業・教育などにおける性差別の排除を目的として制定された法律; cf. EQUAL OPPORTUNITIES COMMISSION》.

séx drìve 性衝動, 性欲,〘心〙性動因.

sexed /sékst/ *a* 雌雄鑑別した; 有性の, 性欲を有する; 性的魅力のある: a ~ chicken 鑑別びな / highly ~ 性欲の強い / OVERSEXED, UNDERSEXED.

séx èd «口» SEX EDUCATION.

séx educàtion 性教育.

sex·en·ni·al /sɛkséniəl/ *a* 6 年に 1 回の, 6 年ごとの; 6 年間続く. ► *n* 6 年ごとの行事, 六年祭. ♦ **~·ly** *adv*

sex·en·ni·um /sɛkséniəm/ *n* (*pl* **~s, -nia** /-niə/) «まれ» 6 年間. [L (*sex* six, *annus* year)]

séx·fòil *n*〘建〙六葉飾り (⇨ TREFOIL);〘植〙6 葉の植物[花];〘紋〙六つ葉.

séx glànd〘動〙生殖腺 (gonad).

séx gòddess *«俗» 性の女神, セックスシンボル《特に女優》.

séx hòrmone〘生化〙性ホルモン.

séx hỳgiene 性衛生学《性交の頻度・方法などの研究》.

sexi- /séksə/ ⇨ SEX-.

sèxi·décimal *a* 十六進法の (hexadecimal).

sex·il·lion /sɛksíljən/ *n* SEXTILLION.

séx-inclùsive *a* 性包括的な〈語など〉.

séx ìndustry [the] 性[セックス]産業.

séx·ism *n*《通例 女性に対する》性差別(主義); 性差別を助長するもの. ♦ **-ist** *a, n* 性差別的な; 性差別主義者.

séxi·sỳllable *n* 6 音節語. ♦ **sèxi·syllábic** *a*

sèxi·válent *a*〘化〙6 価の.

séx jòb «俗» すぐモノにできる女; «俗» 性的魅力のある人[女], モノにしたくなるような女.

séx kìtten «口» [*derog*] セクシーさを振りまく若い女.

séx·less *a* 無性の, 男女[雌雄]の別のない; 中性的な; 性感情[性的関心, 性行為]のない, セックスレスの; 性的魅力[色気]のない. ♦ **~·ly** *adv* **~·ness** *n*

séx lìfe 性生活.

séx-lìmit·ed *a*〘遺〙限性の〈遺伝・染色体〉.

séx-lìnk·age *n*〘遺〙性リンケージ, 伴性.

séx-lìnked *a*〘遺〙伴性の〈遺伝・致死〉.

séx-machìne *n**«俗» セックス狂《人》.

séx mània 過度の[異常]性欲, 色情狂. ♦ **séx màniac** «口» 異常性欲者.

séx-nèutral *a* 性中立的な〈語など〉.

séx òbject 性的関心の対象(とされる人), 性対象, 性の道具[はけ口].

séx offènder 性犯罪者 (=*sexual offender*).

sex·ol·o·gy /sɛksálədʒi/ *n* 性科学, 性学, セクソロジー. ♦ **-gist** *n* **sex·o·log·i·cal** /sèksəládʒɪk(ə)l/ *a*

séx òrgan 性器.

sèx·pártite *a* 6 部に分かれた;〘植〙〈葉が〉六深裂の;〘建〙六分(ろくぶん)の〈ヴォールト〉.

sex·pert /sékspə̀ːrt/ *n* «俗» 性問題専門家, セックスドクター. [*sex*+*expert*]

séx plày《ペッティングや前戯などの》セックスプレー.

sex·ploi·ta·tion /sèksplɔ̀ɪtéɪʃ(ə)n/ *n* セクスプロイテーション《映画などが性を売り物にすること》. [*sex*+*exploitation*]

sex·ploit·er /séksplɔ̀ɪtər/ *n* «口» 性を売り物にする映画, ポルノ映画.

séx·pòt *n* «口» セクシーな女; 性欲旺盛な[セックス好きの]女.

séx ràtio 性比《女性 100 に対する男性の人口比》.

séx ròle 性の役割, セックスロール《一方の性に適し, 他の性に不向きな活動》.

séx shòp ポルノショップ, おとなのおもちゃ店《ポルノ雑誌・エロ写真・催淫剤・性具などを売る店》.

séx-specìfic *a* 性特定的な〈語など〉.

séx-stàrved *a* 性[セックス]に飢えた.

séx sỳmbol 性的魅力で有名な人, セックスシンボル.

sext /sékst/ *n* [ᵒS-]〘キ教〙六時課 (=*midday*)《正午の祈り; ⇨ CANONICAL HOURS》; [ᵒS-]〘カト〙第六書《1298 年教皇 Boniface 8 世が発布した教令集》;〘楽〙6 度音程. [L *sexta* (*hora* hour)]

sex·tain /sékstèɪn/〘韻〙*n* 六行連 (stanza of six lines); SESTINA.

sex·tan /sékstən/〘医〙*a* 6 日目ごとに起こる〈熱〉(⇨ QUOTIDIAN). ► *n* 六日熱 (=~ fever).

Sex·tans /sékstənz/〘天〙ろくぶんぎ座 (六分儀座) (Sextant).

sex·tant /sékstənt/ *n* 六分儀; [the S-]〘天〙ろくぶんぎ座 (六分儀座) (Sextans); 六分円《60° の弧》. [L *sextant- sextans* sixth part]

sex·tet, -tette /sɛkstét/ *n* 六人[個]組;〘楽〙六重奏[唱](曲) (sestet) (⇨ SOLO); 六重奏[唱]団; ホッケーチーム. [変形〈*sestet*; L *sex* six の影響]

séx thèrapy《不能・不感症などを治療する》性治療, セックス療法 [カウンセリング], セックスセラピー. ♦ **séx thèrapist** *n*

sex·tile /sékstəl; -tàɪl/ *a*〘天〙互いに 60 度離れた. ► *n* 互いに 60 度離れた 2 惑星の位置[相];〘占星〙六分(ろくぶん), セクストゥス《黄径差 60° の ASPECT》;〘統〙六分位数《集団を度数を同じにして 6 つに分割したときの 5 つの境界値の一つ》. [L SEXTUS]

sex·til·lion /sɛkstíljən/ *n, a* セクスティリオン(の), 10 𥝱(じょ)(の)《10^{21}; 英ではかつて 10^{36} を表わした》. ★ ⇨ MILLION.

sex·to /sékstoʊ/ *n* (*pl* **~s**) SIXMO.

sex·to·dec·i·mo /sèkstoudésəmòu, -tə-/ *n* (*pl* **~s**) SIXTEENMO.

sex·ton /sékstən/ *n* 教会堂管理人[用務員], 寺男《鐘を鳴らしたり墓を掘ったりする》; *《ユダヤ教会の》堂守. [OF *segerstein*＜L SACRISTAN]

séxton bèetle〘昆〙モンシデムシ (burying beetle).

séx tòurism 買春ツアー. ♦ **séx tòurist** *n*

séx tòy 性具, おとなのおもちゃ.

sex·tu·ple /sɛkst(j)úːpəl, -tʌ́p-, sékst(j)əpəl; sékstjʊp(ə)l/ *a* 6 倍の, 6 重の; 6 つの部分からなる;〘楽〙6 拍子の. ► *n* 6 倍(の量[数, 額]). ► *vt, vi* 6 倍[6 重]にする[なる]. ★ ⇨ QUADRUPLE. ♦ **sex·tú·ply** *adv* [L (*sex* six)]

sex·tup·let /sɛkstʌ́plət, -t(j)úː-, sékst(j)ʊ-; sékstjʊ-/ *n* 六つ子の一人; 6 個[人]一組;〘楽〙六連符. [↑; *triplet* などとの類推]

sex·tu·plex /sékst(j)ʊplèks, sɛkst(j)úːplɛks, -tʌ́p-; sékstjʊplèks/ *a* 6 倍の, 6 重の; 6 つの部分からなる.

sex·tu·pli·cate /sɛkst(j)úːplɪkət, -tʌ́p-, -pləkèɪt/ *a*〈文書など〉6 通に作成した;〈複写など〉6 通目の; 6 倍の;〘数〙6 乗の. ► *n*《複写などの》6 通目のもの;《同じ写しの》6 通;〘数〙6 乗冪(べき). ► *vt* /-pləkèɪt, -plɪkət/ 6 倍[重]にする;〈文書など〉の写しを 5 通作成する, 6 通に作成する.

sex·tus ‖/sékstəs/ *a*《男子同姓生徒中》6 番目の (⇨ PRIMUS). [L=sixth]

séx tỳping〘心〙性の型づけ, 性別化《男女についての伝統的な価値観に従って人・服装・行動を類型化すること》;〘生〙性別判定. ♦ **séx-tỳped** *a*

sex·u·al /sékʃuəl, ‖-sjuəl/ *a* 男女[雌雄]の, 性の, 性的な;〘生〙有性の, 生殖の: ~ appetite 性欲 / ~ disease 性病 / ~ organs 性器, 生殖器 / ~ perversion 変態性欲. ♦ **~·ly** *adv* 男女[雌雄]の別によって, 性的に. [L; ⇨ SEX]

séxual abúse 性的虐待.

séxual assáult 性的暴行.

séxual cómmerce «古» SEXUAL INTERCOURSE.

séxual discriminátion 性差別.

séxual generátion〘生〙有性世代.

séxual harássment 性的いやがらせ, セクシャルハラスメント, セクハラ.

séxual íntercourse 性交.

sex·u·al·i·ty /sèkʃuǽləti, ‖-sju-/ *n* 男女[雌雄]の別, 雌雄性, 性別, 有性; SEXUAL ORIENTATION; 性衝動, 性欲; 性行動;《過剰な》性的関心[興味].

séxual·ìze *vt* …に男女[雌雄]の別をつける, …に性的特色を付与する; …に性感を与える. ♦ **sèxual·izátion** *n*

séxually transmítted diséase [inféction]〘医〙STD, STI.

séxual offénder SEX OFFENDER.

séxual orientátion [préference] 性的志向[方向性]《同性愛志向・異性愛志向などの》.

séxual pólitics 性の政治学《男女両性間の秩序・支配関係》.

séxual relátions *pl* 性交, 交接 (coitus).

séxual reprodúction〘生〙有性生殖[繁殖].

séxual revolútion 性革命《1960 年代を中心に多くの国で起こった性解放の動き》.

séxual seléction〘生〙雌雄淘汰, 雌雄選択《Darwin 説の》.

séx wòrker 性産業従事者, セックスワーカー; [*euph*] 売春婦.

séxy *a* 性的魅力のある, 色っぽい, セクシーな; 性[セックス]に取りつかれた;《広く》魅力的な, 人目をひく, かっこいい. ♦ **séx·i·ly** *adv* **-i·ness** *n*

Sey·chelles /seɪʃél(z)/ *pl* [the] **1** セーシェル《インド洋西部の島群からなる国; 公式名 Republic of ~ (セーシェル共和国); ☆Victoria》. **2** セーシェル諸島《同共和国の主要部を構成する諸島; 主島 Mahé》. ♦ **Sey·chel·lois** /sèɪʃɛlwáː, ─ ─ ́─/ *a, n* セーシェル諸島の(人).

Séy·fert (gàlaxy) /síːfərt(-), sáɪ-/〘天〙セイファート銀河《銀河系外星雲の一種で中心核が凝集して強い輝線を発する》. [Carl K. *Seyfert* (1911–60) 米国の天文学者]

Sey·han /seɪháːn/ **1** セイハン《ADANA の別称》. **2** [the] セイハン川《別称 **Sei·hun** /seɪhúːn/; トルコ中南部を南南西に流れて地中海に注ぐ; 下流左岸に Adana 市がある》.

Seym, Seim /séɪm/ [the] セイム川《ロシア西部とウクライナ西部を西に流れて Desna 川に合流する》.

Sey·mour /síːmɔ̀ːr/ **1** シーモア《男子名》. **2** シーモア (1) **Edward ~** ⇨ Duke of SOMERSET (2) **Jane ~** (1509?–37)《イングランド王

Henry 8 世の 3 番目の妃; Edward 6 世の母). [OF *St. Maur*]

Seyss-In·quart /záisíŋkvà:rt/ ザイスインクヴァルト **Arthur** ~ (1892–1946)《オーストリアの政治家; オーストリアナチスの指導者で, 1938 年首相としてドイツによるオーストリア併合を成功させた; 戦犯として絞首刑》.

sez /séz/ *v* 《発音つづり》 says.

Se·zes·sion /zeɪtsɛsjóʊn/ *n* 〔美〕ゼツェッション, 分離派《19 世紀末から 20 世紀にかけて, 既成の体制的展覧会に反発して独自の展覧会を組織したドイツ・オーストリアの若い芸術家グループ》.

sf 〔楽〕sforzando. **s.f.** °sub finem.

SF, sf 〔野〕°sacrifice fly.

SF, s.f., sf, s-f °science fiction.

SF °San Francisco ♦ °sinking fund ♦ °Sinn Fein ♦ square feet ♦ °square foot ♦ [Finn *Suomi*] Finland.

SFA Scottish Football Association スコットランドサッカー協会 ♦ 〔英〕Securities and Futures Authority ♦〔英〕Skills Funding Agency 技能助成局《2010 年設立》♦ ''《俗》sweet FANNY ADAMS.

Sfax /sfǽks/ スファックス《チュニジア東部 Gabès 湾に面する港市》.

Sfc, SFC 〔米陸軍〕°sergeant first class.

sfer·ics /sfíərɪks, sfɛ́r-/ *n* [⟨*sg*⟩] 空電 (atmospherics); [⟨*sg/pl*⟩] 〔気〕スフェリクス《電子的空電[台風]観測; その観測(装置)》.

SFO °Serious Fraud Office.

Sfor·za /sfɔ́:rtsɑ:, -tsə/ スフォルツァ (1) Count **Carlo** ~ (1873–1952)《イタリアの外交官・政治家; 反ファシスト運動を指導, 戦後外相 (1947–51)》 (2) **Francesco** ~ (1401–66)《ミラノ (Milan) 公; Visconti 家の傭兵隊長から娘婿となり実権を握った》 (3) **Giacomuzzo** [**Muzio**] ~ (1369–1424)《イタリアの傭兵隊長; Francesco の父; ルネサンス期のミラノを支配した家系の祖》 (4) **Ludovico** ~ (1452–1508)《ミラノ公; Francesco の子; 通称 '~ the Moor'; Leonardo da Vinci のパトロン》.

sfor·zan·do /sfɔ:rtsá:ndoʊ, -tsǽn-/, **sfor·za·to** /-tsá:toʊ/ 〔楽〕*adv, a* 強音に[の], 特に強めて[強めた], スフォルツァンドで[の]《略 sf, sfz》. ► *n* (*pl* ~**s**, -**di** /-di/) スフォルツァンド(の音符[和音]). [It (gerundive and pp) ‹ *sforzare* to use force]

sforzándo-piáno *adv, a* 〔楽〕強めたあと直ちに弱く[弱い]《略 sfp, sfp.》. [It]

S4C /ɛ́sfɔ:rsí:/ *n* S4C《英国のテレビ局; Channel Four 系列で, ウェールズ語放送を行なう》.

sfu·ma·to /sfumá:toʊ/ *n* (*pl* ~**s**) 〔美〕スフマート《物と物との境界線を '煙のように' ぼかして描くこと》. [It (*fumare* to smoke)]

SFX 〔テレビ・映〕°special effects. **sfz, sfz.** 〔楽〕sforzando.

sg. 〔文法〕singular. **s.g., SG** °specific gravity.

Sg 〔化〕seaborgium.

SG sergeant ♦ °solicitor general ♦ °surgeon general.

sgd signed.

sgi·an-dhu /skí:əndú:, skí:n-/ *n* 《スコ》《スコットランド高地人が長靴下の折り返しの中に入れる》短刀. [Gael *sgian* knife +*dhu* black]

SGML 〔情報〕Standard Generalized Markup Language 汎用マークアップ言語規約《機械処理される文書の構造を記述するための ISO の規格 (1986); 組版・印刷に応用され, HTML, XML の母体となった》.

sgo ⇨ SKO.

SGP Singapore.

sgraf·fi·to /skræfí:toʊ, zg-, -rɑ:-/ *n* (*pl* -**fi·ti** /-fí:ti/)《プラスター・陶器などの》搔(か)き取り仕上げ(法), スグラフィート; 搔取り仕上げの陶磁器. [It]

's Gra·ven·ha·ge /sxrà:vənhá:xə/ スフラーフェンハーヘ《The HAGUE のオランダ語名》.

Sgt Sergeant.

Sgt Maj. °Sergeant Major.

SGX Singapore Exchange シンガポール(証券)取引所.

sh /ʃ(:)/ *int* シーッ!《沈黙を命じる発声; cf. HUSH¹》.

sh. 〔証券〕share ♦ shilling(s).

SH °St. Helena.

S.H. °School House ♦ °semester hour(s).

Shaan·xi /ʃá:nʃí:/, **Shen·si** /ʃɛ́nsí:, ʃʌ́nʃí:/ 陝西(せんせい)(シャンシー)《中国北部の省; ☆西安 (Xi'an)》.

Sha·ba /ʃá:bə/ シャバ《KATANGA の旧称》.

Sha'·ban /ʃəbá:n, ʃɑ:-/ *n* 〔イスラム〕シャバーン《イスラム暦 (⇨ ISLAMIC CALENDAR) の第 8 番目にあたる月》. [Arab]

sha·bash /ʃá:bɑ:ʃ/ *int* 《インド》よくやった, うまい!

Shab·bat, -bath /ʃəbá:t, ʃá:bəs/, **Shab·bos, -bas, -bes** /ʃá:bəs/ *n* (*pl* -**ba·tim, -thim** /ʃəbá:təm, -bɔ́:səm/, **Shab·bo·sim, -ba·sim** /-bɔ́:səm/) 〔ユダヤ教〕安息日, シャバット (Sabbath). [Heb]

shab·by /ʃǽbi/ *a* **1 a** ⟨衣服がぼろぼろの, 着古した, 使い古した, いたんだ; みすぼらしい, ぼろ姿の; ⟨街・建物などが⟩むさくるしい, きたならしい, 荒れはてた. **b** つまらない, 粗末な; けちな⟨贈り物など⟩, 取るに足らない. **2** 卑しい, さもしい, 卑劣な, きたない. ● **not too** ~ *《俗》[shabby を強めて] 悪くない, けっこういい, すばらしい; *《俗》[too を強めて] ひどい, 実にお粗末な. ♦ **sháb·bi·ly** *adv* **-bi·ness** *n* [*shab* (obs) SCAB]

shábby-gentéel *a* おちぶれながら気位の高い, 斜陽(族)的な. ♦ **-gentílity** *n*

shab·rack /ʃǽbræk/ *n* 鞍おおい, 鞍敷(くらしき). [G and F]

Sha·bu·oth, Sha·vu·ot(h) /ʃəvú:òʊt, -θ, -s, -əs/ *n* 〔ユダヤ教〕五旬節, シャヴオート, ペンテコステ《Passover の後 50 日目の聖霊降臨の祝日》. [Arab=weeks]

sha·bu-sha·bu /ʃá:buʃá:bu/ *n* しゃぶしゃぶ. [Jpn]

Sha·che /ʃá:ʧə́:/, **So-** /sóʊʧə́:, ''-ʧɛ́/ 莎車(しゃ)《YARKAND の別称》.

shack /ʃǽk/ *n* 丸太[掘っ建て]小屋, バラック; 《口》ぼろ家; 《小屋みたいな》部屋, 一室; 《俗》内縁関係の同居者, 同棲相手 (shack job); *《俗》《貨車の》制動手; *《俗》放浪者の会合場所; *《無線俗》無線室. ► *vi* *住む ⟨*in*⟩; 《俗》SHACK up. ► *vt* ⟨恋人⟩に宿を提供する. ● **be ~ed up** 《俗》同棲している ⟨*with*⟩ **~ up** 《俗》同棲する ⟨*with, together*⟩; 《俗》セックスする, やたらと関係する ⟨*with*⟩; 《俗》《一時的に》住む, 泊まる, しけこむ ⟨*in, at, with*⟩. ♦ **shácky** *a* ぼろぼろの, 荒れはてた. [? MexSp *jacal*, Aztec *xacatli* wooden hut]

sháck fèver *《俗》疲れ, だるさ, いや気, 眠け.

sháck jòb 《俗》同棲(相手), 内縁関係(の同居者).

shack·le /ʃǽk(ə)l/ *n* **1** [ᵘ*pl*] 足かせ, 手かせ, 枷; [ᵘ*pl*] [*fig*] 束縛, 拘束, 係累. **2**《南京錠の》掛け金, つかみ, シャックル; 《鉄道の》繋鎖; 〔紋〕連環, かせ形印; 〔電〕茶台碍子(がいし); 《動物の》つなぎロープ; 《通例 15 フィートの》鋼索, 錨鎖. ► *vt* **1** …に手かせ[手錠, 足かせ]をかける ⟨*with*⟩; 掛け金で留める[固定する] ⟨*to*⟩. **2** [ᵘ*pass*] 拘束する, 束縛する, 妨げる ⟨*with, by, to*⟩. ♦ **sháck·ler** *n* [OE *sc(e)acul* fetter; cf. LG *shäkel* link, coupling]

sháckle bòlt 〔機〕シャックルボルト《SHACKLE をかける棒状のねじくぎ》.

sháckle·bòne /, ʃéɪk(ə)l-/ *n* 《スコ》手首 (wrist).

sháckle jòint 〔機〕シャックル継手; 〔魚〕シャックル関節《一方の骨の環状部が他方の骨の穴を通る》.

shackles /ʃǽk(ə)lz/ *n* ''《方・俗》シチュー, スープ. [? *shacklebone*]

Shack·le·ton /ʃǽk(ə)ltən/ シャックルトン Sir **Ernest Henry** ~ (1874–1922)《英国の南極探検家》.

sháck màn 《俗》女房持ち; *《俗》女を囲っている男.

sháck ràt *《俗》女を囲っている男 (shack man).

sháck·ùp 《俗》*n* 同棲; セックスパートナー. [*shack*¹]

shad /ʃǽd/ *n* (*pl* ~, ~**s**) 〔魚〕シャッド《ニシン科アロサ属[ニシンダマシ属]の大型の数種の魚; 川を遡上して産卵する; 欧州・北米の重要食用魚》,《特に北米沿岸産の》サビディッシマシャッド《体長 90 cm に達する》. [OE *sceadd* <?]

shád·bèrry /, -b(ə)ri/ *n* ザイフリボク(の実) (JUNEBERRY).

shád·blòw, -bùsh *n* 〔植〕ザイフリボク (JUNEBERRY).

shad·chan, -chen, schat·chen /ʃá:txən/ *n* ユダヤ人の結婚周旋人[仲介業者]. [Yid]

Shad·dai /ʃɑ:dáɪ/ *n* 全能者, 神. [Heb]

shad·dock /ʃǽdək/ *n* 〔植〕ザボン, ブンタン (=*pomelo*). [Cap. *Shaddock* 17 世紀の英国の船長]

shad·dup /ʃədʌ̀p/ *int* 《口》黙れ! (shut up!).

shade /ʃéɪd/ *n* **1 a** 陰, 日陰, 物陰 (cf. SHADOW); [*pl*] 夕闇, 薄暗がり, 闇; 《表情の》かげり, 悲しみ[不快]の面持: There isn't much ~ there. そこにはあまり日陰がない / The tree makes a pleasant ~. その木が気持のよい日陰をつくる / the ~*s* of evening [night] 夕闇. **b** [°*pl*] 《古》引っ込んだ場所, 人目につかない所; [*pl*] ''ワイン貯蔵室, セラー; [the Shades] よみの国 (netherworld, Hades) (⇨ 4). **c** *《俗》黒人. **2** 光をさえぎる[和らげる]もの, シェード; *日よけ, ブラインド (blind''), すだれ; 日傘 (parasol); ランプの笠 (lampshade),《目に用いる》まびさし (eyeshade); [*pl*] 《口》サングラス (sunglasses); *《俗》盗品故買人. **3 a** 〔画〕陰, くま (cf. LIGHT¹); 〔色彩〕暗度《黒の添加による色の変化; opp. *tint*》; 色合い, 色調; (種々の)色合いのもの; [*fig*] いろいろな種類: all ~*s* of opinion いろいろな意見. **b** 《意味の》わずかな相違, ニュアンス: delicate ~*s* of meaning 意味あいの微妙な違い. **c** [a ~] ごくわずか, …気味: I feel *a* ~ better today. 今日はほんの少し気分がよい / There is not *a* ~ of doubt. 一点の疑いもない / *a* certain ~ of disapproval 不賛成の気味. **4** 《古》影 (shadow); 《文》亡霊; [the ~s] 霊魂《集合的》; 〔ギ神・ロ神〕よみの国の住人: the shadow of a ~ 空の空なるもの, 幻影. ● **have it** MADE **in the ~.** **in the ~** 日陰[木陰, 物陰]で[に]; [*fig*] 光彩を奪われて, 目立たないで (cf. *in the* SUN): *in the* ~ of obscurity 人目に立たないで; 人に忘れられて. LIGHT¹ **and ~.** **put [throw, cast]…in [into] the ~** …を目立たなくする, 顔色なからしめる, 負かす. **S~ of Priscian [Fowler, Plato, etc.]!** プリスキアヌス[ファウラー, プラトンなど]の亡霊よ, (これは)しまった, お恥ずかしい!《文法[文体, 論理など]のうえで失態を犯したときのことば》. **~s of…** …を思い出させるもの: Students marching in protest. *S~s of* the sixties! 学生が抗議のデモをしている. 60 年代の昔を思い出すよ.

► *vt* **1 a** 陰にする, 暗くする, 隠す; …のために光[日光]をよける, 日よけ[遮光]する, ⟨光などから⟩護る ⟨*from*⟩; …の熱をさえぎる, おおう; ⟨電球・

ランプ〉に笠をつける; …に日よけ[おおい]をつける〈*with*〉: A sullen look ~*d* his face. 不機嫌で彼の顔は曇った / ~ one's face *with* one's hand 顔に手をかざす. **b** 顔色なからしめる, …の影を薄くする. **2**〖画〗…に陰[明暗, 濃淡]をつける, 隈(くま)取りをする〈*in*〉; 〈色彩・意見・方法などを〉しだいに変化させる〈*into*〉; 〈オルガンなど〉の調子をゆるめる, 加減する; 〖商〗〈値を〉少し下げる. **3** ᵘ《口》〈試合など〉に辛勝する.

► *vi* 〈色彩・意見・方法・意味などが〉しだいに変化する〈*away, off, into, to*〉.

♦ **shád·er** *n* **~·less** *a* [OE *sc*(*e*)*adu*; cf. SHADOW, G *Schatten*]

sháde-gròwn *a* 日陰で[おおいをかけて]育てた.

sháde plànt 緑陰樹; 陰生植物.

sháde-tòlerant *a* 日陰で育つ, 耐陰性の: ~ plants 日陰植物 / ~ trees 陰樹.

sháde trèe 陰をつくる木, 日よけの木, 緑陰樹.

shad·ing /ʃéɪdɪŋ/ *n* 陰にすること, 遮光, 日よけ; 〖画〗描影[明暗]法; 濃淡; 《色・性質・意味などの》わずか[漸次]の変化[相違]; 〖電算〗《ワープロの》網かけ; 〖電算〗《グラフィックの》陰影付け, シェーディング; 〖テレビ〗シェーディング《撮像管の性能により発生する陰の部分の暗黒化, またはそれに対する補償》.

S

shad·khan /ʃɑ́:txən/ *n* SHADCHAN.

shád-mòuth *《俗》*n* 上唇が突き出たやつ; [*derog/joc*] 黒人.

sha·doof, -duf /ʃədú:f, ʃæ-/ *n* 《エジプトなど近東諸国の灌漑用の》はねつるべ. [Arab]

shad·ow /ʃǽdoʊ/ *n* **1 a** 《はっきりした》(物の)影, 投影 (cf. SHADE); 人影, 影法師: be afraid [scared] of one's own ~ 自分の影さえ恐れる《ひどく臆病だ》/ He follows her about like a ~. 影のように付きまとっている / May your ~ never grow [be] less! 幾久しくご健在を祈る, どうぞおやせにならないように / quarrel with one's own ~ 自分の影とけんかをする, つまらないことにおこる / catch at ~*s* 影をつかもうとする, むだ骨を折る / Catch [Grasp] not at the ~ and lose the substance. 《諺》影をつかもうとして実を失うな. **b** 影像, 映像; よく似たもの, 写し (copy), 対応する人[もの], ᵘ影の内閣の閣僚: one's ~ in the mirror 鏡に映った自分の姿. **2 a** 《ぼんやりした》物影, 陰 (shade); [the ~s] 暗がり, 闇 (shades); [the] [*fig*] 人目につかないこと: The garden is *in* deep ~. 庭はすっかり陰になっている / sit *in* [*under*] the ~ of a tree 木陰にすわる / jump out of the ~*s* 暗闇から飛び出す / The ~*s* of evening are falling. 夕闇が迫っている / live *in the* ~ 日陰の生活をする. **b** 暗い部分; 《絵画・(レントゲン)写真の》陰(の部分), 《明暗の》暗; EYE SHADOW: She had ~*s* under [around] her eyes. 目の下[まわり]にくまができていた《寝不足や不健康のため》. **3 a** 《あるものの》影のようなもの; 実質[実体]のないもの, 名ばかりのもの; まぼろし, 幻影; 亡霊: He is only a ~ of his former self. 見る影もなく変わりはてている / She is worn to a ~. 影のようにやせ衰えている / run after a ~ 影[まぼろし]を追う. **b** かすかな痕跡; ごく少し, 気味, わずか〈*of*〉: There is not *a* ~ *of* doubt about it. わずかの疑いもない / beyond the ~ *of* a doubt 何の疑いもなく / They had only the ~ *of* freedom. 名ばかりの自由しかなかった. **c** [*fig*] 暗い影, 曇り; 広汎な[圧倒的な]影響; 愁い[不幸](のもと[時]); [ᵒ*pl*] 前兆, 前触れ: the ~ of death 死の影, 死相 / the VALLEY of the ~ of death / live in one's brother's ~ 兄の力[名声]の陰に隠れて生きる / under the ~ of misfortune 暗い不幸に閉ざされて / The event cast a ~ on our friendship. そのできごとで友情にかげりができた / ~*s* of war 戦争の前触れ. **d** [sb's] (影のように)付きまとう者, 腰ぎんちゃく; 離れがたい友, 無二の友; 《口》尾行者《刑事・スパイなど》. **4** (神の)庇護, 保護 (shelter): in [under] the ~ of the Almighty 全能の神の加護のもとに. ● **cast a long ~** 強い影響力を行使する; 重要である. **in the ~ of…** ⇨ 3c, 4; …のすぐ近くに; 今にも…になろうとして. **under the ~ of…** ⇨ 3c, 4; =in the SHADOW of…; …の危険にさらされて, …の運命を負って.

► *attrib a* **1** 影の(内閣の) (⇨ SHADOW CABINET); いざという時に活動する[実体を現わす]: the *S*~ Home Secretary ᵘ影の内閣の内相. **2** 不明瞭な模様[柄(がら)]の; 暗い部分のあるデザインの.

► *vt* **1 a** 陰にする, 陰でおおう, 暗くする; 〈絵画など〉に陰[明暗]をつける; 陰鬱にする: The mountain is ~*ed* by a cloud. 山には雲の陰が落ちている. **b** 〈光・熱を〉さえぎる; 《古》庇護[保護]する. **2** ぼんやり[かすかに]示す[表わす]; …の前兆となる: These pages ~ *forth* my theory. これらのページにわたしの理論がだいたい表われている. **3** …に(ひそかに)付きまとう, つけまわす, 尾行する; 《仕事をおぼえるために》〈人〉に付き従う; ᵘ影の内閣で…の任務を担当する: A detective ~*ed* the suspect. 探偵が容疑者を尾行した. **4** 《廃》隠す; 《廃》太陽(の光)から保護する. ► *vi* 〈明暗・色彩などが〉徐々に変化する〈*into*〉; 〈顔が〉曇る, 暗くなる〈*with*〉. ♦ **~·er** *n* **~·less** *a* **~·lìke** *a* [OE *scead*(*u*)*we* (gen, dat) < *sceadu* SHADE]

shádow bànd 〖天〗《日食の直前・直後の》影帯(えいたい).

shádow bìrd 〖鳥〗シュモクドリ (hammerkop).

shádow·bòx *vi* シャドーボクシングをする《相手を想定してひとりでボクシングの練習をする》; 直接的[決定的]な行動を避ける, ジェスチャー[そぶり]だけしてみせる. ♦ **~·ing** *n* シャドーボクシング; なれあいの論争[論議].

shádow bòx 《美術品・商品を保護・展示するため前面にガラス板をはめた》シャドーボックス (=**shádow bòx fràme**).

shádow cábinet [the] 影の内閣《野党が政権を取った場合に想定される閣僚候補で構成する》.

shádow dànce シャドーダンス《スクリーンに投映された踊り手の影を見せるダンス》.

shádow ecònomy 影の経済《闇取引・無申告労働などの不法経済活動》.

shádow fàctory 有事の際軍需産業に転向する工場.

shádow gàzer *《俗》レントゲン技師.

shádow·gràph *n* 影絵; 影絵芝居 (shadow play); レントゲン写真; 〖写〗逆光線[シルエット]写真; 〖理〗シャドウグラフ《水や空気の流れを密度差によって可視化した写真[映像]; シュリーレン写真 (⇨ SCHLIEREN METHOD) の一種》. ♦ **-gràphy** *n*

shádow·lànd *n* 薄暗がり, 陰鬱な場所; 幻影[亡霊]の住みか, 冥界; もうろうとした世界[境地]; 不分明の領域, グレーゾーン.

shádow màsk 〖テレビ〗シャドーマスク《三色ブラウン管の蛍光面の直前に置かれる色にじみを防ぐための小穴の多数あいた金属板》.

shádow plày [shòw, pàntomime] 影絵芝居.

shádow prìce 〖経〗影の価格, 潜在価格, シャドープライス《市場価格の存在しない財・サービスに, 正常な市場があればつくと考えられる価格; 費用便益分析 (cost-benefit analysis) や計画経済で使用される》.

shádow pùppet 影絵人形.

shádow ròll 《馬の目と鼻の間につける》毛付き鼻勒(びろく), 毛鼻革(けはながわ)《自分の影におびえないようにするもの》.

shádow stìtch 〖服〗シャドーステッチ《生地の裏側にステッチを刺して表側に縫い目が透けて見えるようにしたもの》.

shádow tèst 〖眼〗検影法 (retinoscopy).

shádow thèater SHADOW PLAY.

shád·owy *a* **1** 影の多い, 暗い; 陰になった; 影の中の; 影を落とす. **2** 影のような, かすかな, ぼんやり[もうろう]とした; 空虚な; はかない; まぼろしの, 幽霊のような, 気味の悪い, えたいの知れない; 面影を示す, ほのかに示す. ♦ **shád·ow·i·ly** *adv* **-i·ness** *n*

Shad·rach /ʃǽdræk, ʃéɪ-/ 〖聖〗シャデラク, シャドラク《Meshach, Abednego と共に, Daniel の 3 友人の一人; Nebuchadnezzar の造った金の像を礼拝するのを拒否したため燃えさかる炉に入れられたが, 神の助けで無事難をのがれた; *Dan* 3:12–30》.

shád scàle 〖植〗米国西部のアルカリ土壌に育つハマアカザ属の常緑低木《アカザ科》.

shaduf ⇨ SHADOOF.

Shad·well /ʃǽdwèl, -wəl/ シャドウェル **Thomas** ~ (1642?–92)《英国の劇作家; 桂冠詩人 (1688–92)》.

shady /ʃéɪdi/ *a* **1** 陰の多い, 陰になった (opp. *sunny*); 陰をつくる; 陰の中にある, 日陰の. **2** 秘密の; 疑わしい, あやしい, うさんくさい, あてにならない; 明るみに出せない, よからぬ, いかがわしい: a ~ transaction 闇取引. ● **keep ~** *《俗》人目を避ける. **on the ~** SIDE **of**….

♦ **-i·ly** *adv* 陰多く, 日陰になって; 暗く; いかがわしく. **-i·ness** *n*

Shaf·fer /ʃǽfər/ シャファー, シェーファー **Peter** ~ (1926–)《英国の劇作家; *Equus* (1973), *Amadeus* (1979)》.

Sha·fi'i /ʃǽfiì:, ʃɑ́:-/ *n* 〖イスラム教〗シャーフィイー派《SUNNI 派の四学派の一派で, 法源[ウスール]について厳格な方法を守る; cf. HANAFI, HANBALI, MALIKI[1]》.

shaft /ʃǽft; ʃɑ́:ft/ *n* **1 a** 矢柄(やがら), 矢の軸; 《槍の》柄; 《古・文》矢 (arrow), 槍; 刺すもの, 飛び道具 (missile). **b** 酷評, 毒舌, 皮肉; [ᵘthe] *《俗》不当な扱い, 冷遇: give *the* ~ ひどいめにあわせる, だます / get *the* ~ ひどいめにあう. **2** 稲妻, 一条の光線 (ray); 《アイデアなどの》ひらめき, (一瞬の)光明. **3 a** 《ハンマー・おの・ゴルフクラブなどの》柄, 取っ手, シャフト; [ᵒshaves /ʃǽvz/, 〈*pl*〉]《馬車などの》ながえ, 梶棒; 〖植〗茎; 幹, 樹幹 (trunk); 燭台の軸; 十字架の支柱《特に下半分》; 毛幹; 〖鳥〗羽軸; 〖解〗骨幹《長い骨の中間部分》; 〖機〗軸, 心棒, シャフト; 〖建〗柱身, 柱体, 小柱; 煙突の屋上に出た部分; 記念柱[塔], 尖塔; 旗ざお (flagpole); *《卑》さお (penis); *《俗》(魅力的な女の)脚: a ~ bearing 軸受. **b** 〖鉱〗立坑; 換気[加熱]用導管; 〖建〗エレベーターシャフト《走行する垂直空間》. ► *vt* …に軸をつける; さおで突く[押す]; *《口》ひどいめにあわせる, だます, 食い物にする; 《卑》〈女〉とセックスをする. ► *vi* 〈光が〉差す, 差し込む〈*through*〉 [OE *sceaft*; cf. SCEPTER, G *Schaft*]

sháft drìve 〖機〗シャフトドライブ(機構)《軸棒の回転によって動力を伝える方式》. ♦ **sháft-drìven** *a*

Shaftes·bury /ʃǽftsbèri, -b(ə)ri; ʃɑ́:ftsb(ə)ri/ シャフツベリー (1) **Anthony Ashley Cooper**, 1st Earl of ~ (1621–83)《英国の政治家; 王政復古後のホイッグ党のリーダー, John Locke のパトロン》(2) **Anthony Ashley Cooper**, 3rd Earl of ~ (1671–1713)《思想家; 1st Earl の孫で Locke の弟子》(3) **Anthony Ashley Cooper**, 7th Earl of ~ (1801–85)《福音主義の政治家; 福祉団体 Shaftesbury Society (1844) を設立した》.

Sháftesbury Ávenue シャフツベリーアヴェニュー《London 中央部 West End の劇場街》.

sháft fèather 〖弓〗矢羽根《矢柄(やがら)に付けた 2 枚の羽根の一枚; cf. COCK FEATHER》.

sháft gràve PIT TOMB.

sháft hòrse ながえに付けた輓馬(ばんば) (cf. LEADER).

sháft hórsepower 〔機〕《エンジンの駆動軸で伝わる》軸馬力.

sháft·ing *n* **1**〔機〕軸系; 軸材;〔建〕《中世の》小さな抱き柱を寄せ合わせた柱構造. **2***《俗》むごい仕打ち, ひどい[不当な]扱い.

sháft-rìng *n*〔建〕環状平縁, シャフトリング《柱身のまわりにつけた環状の繰形(くりかた)》.

sháft tòmb PIT TOMB.

shag[1] /ʃǽg/ *n* 粗毛, あら毛, むく毛; 《織物の》けば; けば布地, けば織り; 混乱した[もつれた]もの; 質の悪い強い刻みタバコ. ► *a* SHAGGY. ► *v* (-gg-) *vt* もじゃもじゃにする, けばだたせる; 粗くする; 《草木などで》ぼうぼうにする. ► *vi* ぼさぼさ[もじゃもじゃ]にたれさがる. ♦ **~·lìke** *a* [OE *sceacga*; cf. SHAW[1], ON *skegg* beard]

shag[2] *n*〔鳥〕ウ(鵜) (cormorant), 《特に》ヨーロッパヒメウ. [? *shag*[1]; その毛冠からか]

shag[3] *v* (-gg-) *vt* …のあとを追う; 取り戻す;〔野〕〈フライを〉追いかけて捕る, 《守備練習で》捕球する; *《俗》苦しめる, いじめる; "《俗》へとへとにする, くたくたにする 〈*out*〉; "《卑》…と性交する; [ののしりことば] FUCK. ► *vi* 《口》球拾いをする; 《俗》(急いで)立ち去る, ずらかる 〈*off*〉; "《卑》自慰をする; "《卑》性交する. ● **~ ass** 《卑》とっとと出て行く. ► *n* 《俗》デートの相手, 連れ; 《俗》桃色グループ遊戯; 《俗》乱交パーティー; "《卑》性交(の相手). ► *adv* 恋人[友だち]といっしょに〈パーティーへ行く〉. ► *a**《俗》すてきな, すごい, 文句なしの. ♦ **shág·ger** *n* [+]人をつけまわすやつ, 尾行警官. [C18<?]

shag[4]* *n* 交互に片足で跳ぶダンス《1930–40 年代に米国で流行した》. ► *vi* (-gg-) shag を踊る; ぶらつく, 動きまわる, はずむように進む. [? *shag* (dial) to lope]

shag·a·nap·pi /ʃǽgənæ̀pi/ *n* 生皮のひも.

shág·bàrk *n*〔植〕ヒッコリー(材) (=~ **hìckory**)《北米原産; クルミ科ペカン属の木; その材》; ヒッコリーの実.

shagged /ʃǽgd/ *a* SHAGGY; [°~ out]《俗》くたくたになって; 《俗》酒に酔って.

shág·gy *a* 毛深い, 毛むくじゃらの; ぼさぼさの〈髪〉; 粗毛(布地)の, 目の粗い; 草木がぼうぼうとした, 小木だらけの; もじゃもじゃと枝を出した;〔動·植〕長軟毛のある; こんがらがった, 不明瞭な. ♦ **shág·gi·ly** *adv* **-gi·ness** *n*

shággy càp, shággy ínk càp SHAGGYMANE.

shággy-dóg (stòry) ひとりよがりな長話; おちが的はずれな話; ことばを話す動物の滑稽な話.

shággy·màne *n*〔菌〕ササクレヒトヨタケ (=*shaggy* (*ink*) *cap*)《食用》.

shág·pìle" *n* 長いけば織りのカーペット (=~ **càrpet**).

sha·green /ʃægríːn, ʃə-/ *n* シャグリーン革, 粒起なめし革; さめ皮《研磨用》. ► *a* シャグリーン革(製)の (shagreened). [F chagrin =rough skin]

sha·groon /ʃəgrúːn/ *n* 《NZ口》《ニュージーランドに定住した》オーストラリア出身の牧畜業者.

shah /ʃɑ́ː, ʃɔ́ː/ *n* [°S-] 王, シャー《イラン国王; その尊称》. ♦ **~·dom** *n* [Pers=king]

sha·ha·da, -dah /ʃɑːhɑ́ːdə/ *n*〔イスラム〕シャハーダ《「証し」を意味するアラビア語で,「アッラーのほかに神なく, ムハンマドはその使いである」という信仰告白; イスラムの信仰の五柱 (Pillars of Islam) の第 1》.

Shah·an·sha /ʃɑ́ːɑːnʃɑ̀ː/ *n* 王中の王, シャーハーンシャー《ペルシアなどの統治者の称号; cf. KING OF KINGS》. [Pers]

Sha·hap·tin /ʃəhǽptən/**, -ti·an** /-tiən/ *n* (*pl* ~, ~s) SAHAPTIN.

sha·ha·rith, -rit, sha·cha·rit(h) /ʃɑ́ːxrɪs, -θ/ *n*〔ユダヤ教〕《日々の》朝の祈り[礼拝], 朝拝. [Heb=morning]

Shah Ja·han [Je·han] /ʃɑ̀ː ʤəhɑ́ːn/ シャージャハーン (1592–1666)《ムガル帝国皇帝 (1628–57 or 58); Taj Mahal を建てた》.

Shahn /ʃɑ́ːn/ シャーン **Ben(jamin)** ~ (1898–1969)《リトアニア生まれの米国の画家》.

Shah·pur /ʃɑːpúər, ⌐—/ シャープール《イラン南西部, Shiraz の西にある古代都市》.

shah·toosh /ʃɑːtúːʃ/ *n*〔服〕シャートゥーシュ《チルー (chiru) から採る高級毛織物(のショールなど)》.

shaikh /ʃíːk, ʃéɪk/ *n* SHEIK.

Shairp /ʃɑ́ːrp/ シャープ, シェルプ **John Campbell** ~ (1819–85)《スコットランドの詩人·批評家》.

shai·tan, shay·tan /ʃeɪtɑ́ːn, ʃaɪ-/ *n* [°S-]《イスラム教伝承で》悪魔 (Satan, the devil); 《口》悪人, 悪党, 癖の悪い動物, 御しがたい馬《など》. [Arab]

Shak. Shakespeare.

Sha·ka /ʃɑ́ːkɑː, -kə/ シャカ (c. 1787–1828)《Zulu 族の軍事指導者; アフリカ南部に専制王国をつくった》.

shake /ʃéɪk/ *v* (**shook** /ʃúk/; **shak·en** /ʃéɪk(ə)n/) *vt* **1 a** 振る, 振り動かす, ゆさぶる, よろめかす; 〈さいころを〉投げる前にカラカラ振る; 打ち振る, 振りまわす, 振りかける, 揺るがす; 〈くずなどを〉振って除く〈*from*〉; ゆすって…にする; 〈手を〉握りしめる《挨拶などで》: The earthquake *shook* the house. 地震で家が揺れた / To be *shaken* before taken. 振って服用のこと《薬瓶の注意書》/ He *shook* me *by* the arm. わたしの腕をつかんでゆさぶった / ~ one*self* awake 体をゆすって目をさます / ~ one*self* free from [of]…から身を脱する[振り放す]. **b**〔楽〕〈声·楽音を〉震わせる. **c** 《俗》《不法所持品を取り締まるため》〈人·部屋などを〉徹底捜査する, がさ入れする. **2 a** 動揺[混乱]させる, 驚かせる; 〈信念などを〉ぐらつかせる, 弱める, いためる; …の勇気をくじく: I was *shaken by* [*with, at*] the report. その知らせに驚いた[動揺した]. **b** 感動[奮起]させる. **3** 《口》追い払う, 放棄する; 《口》免れる, …からのがれる, 〈人を〉まく; 《豪俗》盗む. **4***《俗》ゆする, 恐喝する. ► *vi* **1** 揺れる, 震動する; 揺られて落ちる〈*down, off*〉; ぶるぶる震える, ぐらつく: ~ *with* cold [anger] 寒くて[怒りで]震える / His courage began to ~. 勇気がぐらつき出した / ~ like a jelly [leaf] 《口》《恐怖·不安などで》ぶるぶる[がたがた]震える. **2** 《中身を混ぜるために》振る: ~ before use. **3**〔楽〕声を震わせる, 震え声[顫音]で歌う[奏する]. **4** 《口》握手する〈*with*〉. **5** 《俗》煽情的に腰を振る[ゆする]; *《俗》踊る. ● **more…than sb can ~ a** STICK[1] **at.** **~ sb by the hand**=**~ sb's hand**=**~ hands with** sb 人と握手する, 手を握る《挨拶·再会·別れ·和解·祝福·契約成立時などの; 握った手を振ることも振らないこともある》. **~ down** (*vt*) 振り落とす; ゆすって詰める[ならす]; 〈余分なものを〉統合整理して減らす; 〈船·飛行機·車などの〉の試運転[試走]をする; *《俗》徹底的に捜索する, 身体検査する; …の全般的調子を整える; *《俗》〈人〉から金をゆする[巻き上げる]〈*for*〉. (*vi*) "《口》床[椅子の上]で寝る; "《口》新しい環境[仕事]になれる, 落ちつく; 《口》〈機械が〉調子よく動くようになる. **~ (hands) on…** 握手して〈契約など〉を締結する. **~ it (up)** 《口》急ぐ, さっさとする. **shaken, not stirred** かきまぜるのでなく, シェークして《カクテルを作るときの指示; *Ian Fleming, Dr. No* (1958) 中の James Bond のせりふ》. **~ off** 〈ほこりなどを〉振り落とす; 〈病気·悪習などを〉治す, 直す, 払いのける; 〈追っ手を〉振り切る, まく; 〈人を〉ゆする; 〈要求·提案などを〉断わる. **~ on it** 《口》《合意·和解して》握手する, 手を打つ. **~ out** (*vt*) 〈帆·旗などを〉振って広げる; 〈毛布·上着などを〉振って乾かす[広げる, ごみを落とす]; 〈ほこりなどを〉振って落とす〈*of*〉; 振って〈中身を〉あける; 《相手の体をゆすって》〈…から〉〈情報を〉聞き出す〈*of*〉; 〈船·飛行機·車などの〉の試運転をする. (*vi*)〔軍〕《敵の砲撃目標になるのを避けるために》〈軍隊が〉散開した隊形をとる; 〈事態が〉…に終わる: ~ *out* fine [badly] いい[悪い]結果になる. **~ sb out of…** 人に《ショックを与えるなどして》〈今までの態度·習慣など〉を捨てさせる. **~ oneself** 体をぶるぶる震わせる: ~ one*self off* 〈犬などが〉《水分などを振り落とすために》体をぶるぶるさせる. **~ oneself together** 気力を奮い起こす. **~ one's** FINGER **at** sb. **~ one's** FIST[1] **at** sb. **~ together** よく振って詰める; 〈えのぐを〉混ぜ合わせる; 〈人びとが〉仲よくやる. **~ up** 振り混ぜる, かき乱す; 〈枕などを〉振って形を整える; こづきまわす; 激励する, 覚醒させる; 《鍛えて》しゃんとさせる; 〈飛行機などが〉ゆすって[揺れて]…を不快にする; 動揺させる, ぞっとさせる; 大改革をする, 刷新する, 組織替えする; 《廃》しかる. **What's (been) shaking?**=**What's shakin' (bacon)?***《俗》やあどうした, 元気かい?

► *n* **1 a** 振ること, ひと振り, 振動; 握手; さいころを振って投げること; 《塩などの》ひと振りの量〈*of*〉; [the]《俗》《友人などと》縁を切ること: with a ~ of one's [the] head 頭を横に振って《'No' という身振り》/ give a tree a ~ 木をゆさぶる. **b** 震動, 動揺; 《馬車などの》揺れ, 激動; 《米·NZ》地震 (earthquake); 衝撃, ショック. **c** ぶるぶる震えること, 震え: a ~ in the voice 声の震え. **d** [the ~s]《口》悪寒, 胴震い, 《特に》DELIRIUM TREMENS; [the ~s] マラリア. **e** シェーク《ツイストから発生したダンス》. **f**〔楽〕顫音(せんおん) (trill). **g***《俗》徹底的捜索. **2** 《口》瞬間, わずかな時間 (moment);〔核物〕10^{-8} 秒《in two SHAKES of a lamb's tail から》: hold on a ~ ちょっと待て. **3** シェーク《シェーカー·ミキサーで果汁·牛乳·卵黄·アイスクリームなどを混ぜ合わせて作った飲み物》, 《特に》MILK SHAKE. **4** 屋根板, 下見板, 榑板; 《樹木の》割れ目, ひび, 《木材の》目回り《生長年輪に沿った割れ》, 《岩石·地層の》亀裂. **5***《口》待遇, 扱い: give sb a fair [favorable] ~ 人に対して公平な[好意的な]取引[処置]をする《さいころの振り方から》. **6** *《俗》客が少額の金を出し合うパーティー, RENT PARTY. **7***《俗》ゆすり, 恐喝 (shakedown); *《俗》ゆすり取った金, 賄賂, 収賄金: put sb on the ~ 人を恐喝する, ゆすって巻き上げる. ● **be all of a ~** ぶるぶる震えている. **be no great ~s** 《口》たいしたものじゃない, たいしたことない, 平凡だ, おもしろくもない. **be some ~s***《口》たいしたもの[こと]だ. **give a ~** ひと振りする; 追い出す. **give** sb **the ~***追い払う, はねつける. **give** sb **[get] the ~s** ぞっとさせる[する]. **in two ~s (of a duck's [lamb's] tail)**=**in (half) a ~**=**in a brace [couple] of ~s**=**in the ~ of a lamb's tail** 《口》たちまち, すぐに. **on the ~** 《恐喝など》悪事をはたらいて.

♦ **shák·able, ~·able** *a* [OE *sce(a)can*; cf. ON *skaka*]

sháke·dòwn *n* **1 a** 振り入れ, 振り落とし; *《口》徹底的捜索, 身体検査; *《口》金を巻き上げること (extortion), ゆすり, たかり; 騒々しいダンス. **b** ならし運転, 試運転, 調整, 整備(期間). **2** 間に合わせの寝床, 仮寝台; *《口》ひと眠り. **3** 《組織などの》大改革, 再構築. ► *a* 試運転の, ならし運転の〈航海·飛行など〉.

sháke-hànds *n* [〈*sg*〉] 握手 (handshake).

sháke hòle 《特に Pennines 山脈の》吸込み穴, ポノール (ponor).

shaken *v* SHAKE の過去分詞.

sháken báby [ínfant] sỳndrome 〔医〕ゆさぶられっ子症候群《激しくゆさぶられた乳児に起きやすい四肢の麻痺·癲癇·視力喪失·精神遅滞などの症候群で, 死亡することもある》.

sháke-òff *n* 〘理〙シェイクオフ《光電離などに続いて, 束縛電子が連続状態へ放出されること; cf. SHAKE-UP》.
sháke·òut *n* 〘証券〙有価証券のいや気売りをさせる値動き, 投げ; 暴落; 沈静《景気が漸次後退してインフレが正常に復すること》;《生産過剰・過当競争の後の》弱小生産者がつぶれるような急激な落ち込み; 淘汰;《人員の配置換え・首切りなどによる》合理化, 組織替え, 改造, 刷新; 〘冶〙鋳型からの鋳物の取り出し, 砂落とし.
shak·er /ʃéɪkər/ *n* 振る人[もの]; 震盪(しんとう)器, 攪拌器, 加震機, 起震機, シェーカー;《カクテルなどを作る》シェーカー; シェーカー《香辛料・塩などの振りかけ式容器》; 煽動者; [S-] シェーカー派の信徒, シェーカー教徒《1747 年イングランドに起こりアメリカに渡った千年至福説を奉ずる教派; 禁欲的な共同体生活を実践, 家具作りに定評がある; 集会中に霊的高揚を身体の震動を伴う舞踏で表わしたことから》. ► *a* [S-]〈家具などが〉シェーカー教徒が製作した, シェーカー派風の.
Sháker·ìsm *n* シェーカー派の信念と実践, シェーカー教.
Shake·speare /ʃéɪkspɪ̀ər/ シェイクスピア **William** ～ (1564–1616)《イングランドの劇作家・詩人; Stratford-upon-Avon に生まれ, のち London で Burbage らの座付き作者として活躍, Globe Theatre 設立・運営にも参画; 以下 *Pericles* 以外は First Folio に収録されたもの(年代は推定); *Henry VI* (Parts I-III, 1590), *Richard III* (1592), *The Comedy of Errors* (1592), *Titus Andronicus* (1593), *The Taming of the Shrew* (1593), *The Two Gentlemen of Verona* (1594), *Love's Labour's Lost* (1594), *Romeo and Juliet* (1594), *Richard II* (1595), *A Midsummer Night's Dream* (1595), *King John* (1596), *The Merchant of Venice* (1596), *Henry IV* (Parts I-II, 1597), *Much Ado about Nothing* (1598), *Henry V* (1598), *Julius Caesar* (1599), *As You Like It* (1599), *Twelfth Night* (1599), *Hamlet* (1600), *The Merry Wives of Windsor* (1600), *Troilus and Cressida* (1601), *All's Well That Ends Well* (1602), *Measure for Measure* (1604), *Othello* (1604), *King Lear* (1605), *Macbeth* (1605), *Antony and Cleopatra* (1606), *Coriolanus* (1607), *Timon of Athens* (1607), *Pericles* (1608), *Cymbeline* (1609), *The Winter's Tale* (1610), *The Tempest* (1611), Henry VIII (1613); このほかに Dark Lady をうたった *Sonnets* (1609) などの詩がある》. ★ **Shak·spere, Shake·spere, Shak·speare, Shake·spear** ともつづる.
Shake·spear·ean, -ian, -sper·ian /ʃeɪkspíəriən/ *a* シェイクスピア(風)の. ► *n* シェイクスピア学者. ★ **Shak·sper·ean, Shak·sper·ian** ともつづる.
Shake·spear·eana, -spear·iana /ʃèɪkspɪəriɑ́ːnə, *-ǽnə, -éɪnə/ *n pl* シェイクスピア文学[文献].
Shakespéarean sónnet シェイクスピア風ソネット (ENGLISH SONNET).
sháke-ùp *n* 《混ぜたり形を直すために》振り動かすこと;《不快な》振動, ショック;《口》《組織などの》大整理, 大改革, 大幅な刷新, 改造; 鍛えなおし; 急造[間に合わせ]の建物; 〘理〙シェイクアップ《光電離・オージェ過程・ベータ崩壊などに続いて電子が空いた束縛状態へ励起されること; cf. SHAKE-OFF》; *《俗》シェイクアップ《2 種以上のウイスキーなどを混ぜて振った飲み物》.
Shakh·ty /ʃɑ́ːkti/ シャフトイ《ヨーロッパロシア南部 Rostov-on-Don の北東にある市; 旧称 Aleksandrovsk-Grushevsky》.
shak·ing /ʃéɪkɪŋ/ *n* 動揺; 震動; かきまぜること; 身震い; 〘医〙震顫(しんせん), 震え, おこり (ague); [*pl*] 〘海〙綱くず, 帆の裁ちくず: the ～ of the trees 木々の揺れ / the ～ of the head [hand] 頭[手]を振ること. ► *a* (ぶるぶる)震える. ♦ **～·ly** *adv*
sháking pálsy 〘医〙震顫麻痺 (paralysis agitans).
shako /ʃǽkoʊ, ʃéɪ-, ʃɑ́ː-/ *n* (*pl* **shák·os, shák·oes**) シャコー《前立ての付いた筒形軍帽》. [F＜Hung *csákó* (*süveg*) peaked (cap); cf. G *Zacken* peak]
Shak·ta, Sak- /ʃʌ́ktə, ʃɑ́ːk-, sɑ́ːk-/ *n* 〘ヒンドゥー教〙シャークタ派の信者 (⇨ SHAKTISM). [Skt]
Shak·ti, Sak- /ʃʌ́kti, ʃɑ́ːk-, sɑ́ːk-/ *n* 〘ヒンドゥー教〙シャクティ, 性力《**1**) Siva などの神のエネルギー; Durga, Kali など神妃として人格化された **2**) 宇宙のエネルギー **3**) 生殖能力, 女性原理》. [Skt＝power]
Shak·tism, Sak- /ʃʌ́ktɪ̀z(ə)m, ʃɑ́ːk-, sɑ́ːk-/ *n* 〘ヒンドゥー教〙シャクティ崇拝, シャークタ派《Durga, Kali などの Shakti を崇拝する一派》.
sha·ku·ha·chi /ʃɑ̀ːkuhɑ́ːtʃi; ʃæ̀kuhǽtʃi/ *n* 尺八. [Jpn]
shaky /ʃéɪki/ *a* **1 a** 振れる, 震える, 揺れる, ぐらつく, がたつく; 不安定な;〈材が〉ひびのはいった. **b** 体がぶるぶる震える, よろめく, よろよろする〈*on* one's feet〉;〈声が〉震える; 神経質な; 病身の, 虚弱な: feel ～ 気分がすぐれない / look ～ 顔色が悪い. **2** 不確実な;〈地位などが〉不安定な,〈信用などが〉あぶなっかしい; 心もとない, あてにならない, あやふやな, 怪しい;〈主義などが〉動揺する; 腰のすわらない; たよりない. ♦ **shák·i·ly** *adv* 震えて; よろよろして. **-i·ness** *n*
shale /ʃéɪl/ *n* 〘岩石〙頁岩(けつがん), 泥板岩 (cf. OIL SHALE). ♦ **shal·ey, shaly** *a* [G; cf. *scale*[2]]
shále clày 〘岩石〙頁岩粘土.
shále gàs シェールガス《頁岩層から採取される天然ガス》.
shále òil 頁岩油(ゆ), シェールオイル《オイルシェール (oil shale) を乾留して採取する》.
shall /ʃ(ə)l, ʃæl, ʃǽl/ *v auxil* (現在形 **shall**, 否定 **shall not, shan't** /ʃǽnt; ʃɑ́ːnt/,《古》thou **shalt** /ʃ(ə)lt, ʃælt, ʃǽlt/; 過去形 **should** /ʃəd, ʃʊd, ʃúd/, 否定 **should not, shouldn't** /ʃúdnt/,《古》thou **shouldst** /ʃədst, ʃʊ̀dst, ʃúdst/, **should·est** /-əst/). ★ (1) 未来・意志・義務・命令・予言などを表わす. (2) 主語の人称によって will との使い分けがあったが, 近年は限られた場合に shall を用いるほかはほとんど will だけになりつつある. shall に代わる will などの用法については, それぞれの項を参照. **1** [単純未来] …でしょう, …だろう; [予定を含んで] …することになっている. **a** [**I** [**We**] **～…, S～ I** [**you**]…? と一人称平叙文および一, 二人称疑問文に用いる. 米口語では単純未来でも **I** [**We**] **will…, Will you…?** を用いる (⇨ WILL)]: I hope I ～ succeed this time. 今度は成功するでしょう / I ～ be twenty years old next month. 来月 20 歳になる / I ～ be very happy to see you. お会いできればとてもうれしい(喜んでお会いしましょう) / *S*～ we get there before dark if we leave here now? 今ここを出れば日没前に目的地に着くでしょうか / *S*～ you be at home tomorrow afternoon? あすの午後ご在宅ですか. **b** [人称に関係なく従属節の中で]《文》: (1) if it ～ be fine tomorrow あす天気がよければ. (2) [may, might の代わりとして]: in order that we [you, she] ～[＝may] be able to go 行くことができるように. **2** [意志未来] **a** [**You** [**He**] **～…** と二, 三人称平叙文に用いて話し手の意志を表わす]: You ～ have my answer tomorrow. (＝I will give you….) 明日返事をしましょう / You ～ not go fishing with me tomorrow. あすの釣りには連れて行かない / He ～ have his share. 彼には分け前をやろう. **b** [**S～ I** [**he**]…? と一, 三人称疑問文に用いて, 相手の意志を尋ねる]: *S*～ I show you some photographs?—Yes, (do,) please. 写真を少しお見せしましょうか—ええ, どうぞお願いします / *S*～ the boy go first? 男の子を先に行かせましょうか / [誘い] *S*～ we go out for a walk?—Yes, let's. 散歩に行きませんか—ええ, 行きましょう / Let's go to the movies, ～ we? 映画を見に行こうじゃないか. ★《米》では, 上例の代わりに Do you want me to show…? / Would you like the boy to go first? のような表現をする. **c** [一人称を主語として, 文のアクセントを受けて強い決意, 強情を表わす] どうしても…するつもり: I ～ /ʃǽl/ go, come what may. どんなことがあってもぼくは絶対に行くぞ / I ～ never [never ～] forget your kindness. ご恩は決して忘れません / You must do this.—*Shan't!* これをしないといけません—いやだい! **3**《文》**a** [**You ～**…と二人称に用いて命令, (否定形で)禁止を表わす] …すべし; [～ not] …すべからず: Thou *shalt* love thy neighbor as thyself. なんじの隣人を愛すべし《*Lev* 19: 18》/ Thou *shalt not* KILL[1]. **b** [予言を表わす] …であろう, …なるべし: East is East and West is West, and never the twain ～ meet. 東は東, 西は西, 両者相会うことなかるべし《Kipling の詩の一節》. **c** [規則・法律の文言の中で] …すべし, …するものとする: The Tenant ～ return the keys to the Landlord. 借家人は家主に鍵を返却のこと. **4** [間接話法において] **a** [原則として直接話法の shall, should をそのまま引き継いで]: He thinks himself that *he* ～ recover. 自分では治るものと思っている (＜"I ～ recover.") / I said *I should* be at home next week. 来週は在宅の予定だと言った (＜"I ～ be at home….") / You said that *I should* have your answer the next day. あなたは返事を翌日下さると言われました (＜"You ～ have my answer tomorrow."). **b** [単純未来の "you [he] will" が一人称となる場合はしばしば I [we] ～ に変わる]: Does the doctor say *I* ～ recover? 医者はわたしが治ると言っていますか (＜"He *will* recover.") / [同上の過去] Did the doctor say *I should* recover? 医者はわたしが治ると言っていましたか. ★ この場合にも,《米》では will [would] を用いるのが普通: Does [Did] the doctor say I *will* [*would*] recover? **5**《古》**a** MUST[1]; CAN[1]. **b** [〈*vi*〉] 行くだろう (will go).
[OE *sceal*＜Gmc **skal*-, **skul*- to owe (G *sollen*, OS, ON, Goth *skal*); 過去現在動詞]
shal·loon /ʃəlúːn, ʃæ-/ *n* シャルーン《薄地の綾織り梳毛(そもう)の織物; 服の裏地・婦人服用》. [*Châlons*-sur-Marne]
shal·lop /ʃǽləp/ *n* スループ型の舟;《浅瀬用の》小舟, 軽舟; 2 本マストの帆舟. [F *chaloupe*＜Du *sloep* SLOOP]
shal·lot /ʃəlɑ́t, *ʃǽlət/ *n* 〘植〙**a** ワケギ. **b** GREEN ONION. **c** 小さなタマネギ. [C17 *eschalot*＜F; ⇨ SCALLION]
shal·low /ʃǽloʊ/ *a* (～·er; ～·est) 浅い (opp. *deep*), 奥行のない;〈呼吸が〉浅い; 〘野〙浅い《ホームにより近い》; 薄っぺらな, 浅薄な〈性格・人〉, 皮相な〈見解・見方など〉. ► *n* [°～s, 〈*sg*/*pl*〉] 浅瀬, 洲(す): the ～s 浅瀬. ► *vt, vi* 浅くする[なる]. ♦ **～·ly** *adv* **～·ness** *n* [ME?; cf. SHOAL[1]]
shállow-bráined, -páted *a* あさはかな, ばかな.
shállow-héart·ed *a* 薄情な.
sha·lom /ʃɑːlóʊm, ʃə-/ *int* シャローム, '平安あれ'《ユダヤ人の(別れの)挨拶のことば》. [Heb＝peace]
shalóm aléi·chem /-əléɪxəm, ʃɑ́ːləm-/ *int* シャーローム・アーレイヘム《hello や good-bye に相当するユダヤ人の挨拶のことば; cf. ALEICHEM SHALOM》. [Heb＝peace to you]
Shalom Aleichem ⇨ ALEICHEM.
shalt /ʃ(ə)lt, ʃælt, ʃǽlt/ *v auxil*《古・方》SHALL の直説法二人称単数現在形.

sha·lump /ʃəlʌ́mp/ *vi**《俗》SCHLUMP.
shal·war, sal·war /ʃʌ́lwɑ̀ːr, -vɑ̀ːr/ *n* [°*pl*] シャルワール《南アジアで着用するゆったりした足首のところで絞るズボン; 普通 kameez と合わせる》. [Urdu]
sham[1] /ʃǽm/ *n* **1 a** にせもの; ごまかし, でっちあげ (hoax); ほら吹き, 詐欺師; 仮病つかい: What he says is all ～. 彼の言うことは全くでたらめだ. **b***《俗》サツの野郎, デカ (policeman). **2**《英では古》敷布おおい (=sheet ～), 枕カバー (=pillow ～),《ソファーの背に置く》クッション. ► *a* にせの, まがいの; ごまかしの, 偽装の; いかさまの; 粗悪な: a ～ fight [battle*] 模擬戦, 演習 / a ～ plea〖法〗虚偽訴答《単にいやがらせや引延ばしのため》/ ～ Tudor 擬似チューダー風の. ► *v* (-mm-) *vt, vi* (…の)ふりをする, 偽る, そらとぼける;《古》だます, 陥れる: ～ madness 狂人を装う / ～ sleep たぬき寝入りをする / ～ dead [death] 死んだふりをする. [*shame* の北部方言からか]
sham[2] *n*《俗》シャンパン (champagne).
sham[3] *n**《俗》[*joc*] アイルランド人《あだ名》. [*shamrock*]
sha·mal, shi- /ʃəmɑ́ːl/ *n*〖気〗シャマール《ペルシャ湾周辺の北西の風》. [Arab]
shá·ma míllet /ʃɑ́ːmə-/〖植〗インドヒエ (=*wild rice*)《インドで食用》.
sha·man /ʃɑ́ːmən, ʃéɪ-, ʃǽ-/ *n* シャーマン, まじない師, みこ. ◆ **sha·man·ic** /ʃəmǽnɪk/ *a* **sháman·ìze** *vi* シャーマンの役目を果たす. [G and Russ＜Tungusian]
sháman·ìsm *n* シャーマニズム《'みこ' を通じて神霊・祖霊と交霊する原始宗教の一形態》. ◆ **-ist** *n, a* **shà·man·ís·tic** *a*
sha·mas /ʃɑ́ːməs/, **-mash** /-məʃ/ *n* SHAMMES.
Sha·mash /ʃɑ́ːmɑːʃ/ シャマシュ《Assyria, Babylonia の法と正義の神としての太陽神》. [Akkad＝sun]
sham·a·teur /ʃǽmətʃʊ̀ər, -tər/ *n*《俗》えせアマ, セミプロ《アマチュアでありながら金を得ている選手》. ◆ **～·ism** *n* [*sham*＋amateur]
sham·ba /ʃǽmbə/ *n*《東アフリカ》(大)農園. [Swahili]
sham·ble /ʃǽmb(ə)l/ *vi* よろよろ[だらだら]歩く[走る]. ► *n* よろめき, ひきずるような足取り. [? *shamble* (dial a) ungainly; *shamble legs* と *shambles* '肉切り台' との連想か]
shám·bles *n* [*sg*] **1**《口》大混乱(の場), めちゃくちゃな状態; 醜態; 殺戮(さつりく)の場, 修羅(しゅ)の巷(ちまた); 廃墟: in a ～ 大混乱に陥って, 醜態を演じて 〈*over*〉. **2** 屠殺場, 屠牛場 (slaughterhouse)《地名以外は《古》》; [ˢshamble]ᴴ肉売り台, 肉切り台, 肉屋;《古》肉市場. [(pl)〈*shamble* stall＜OE *sc(e)amul*; cf. L (dim)〈*scamnum* bench]
shám·bling, -bly *a* よろよろした; だらだら[もたもた]した; ぐらぐらの.
sham·bol·ic /ʃæmbɑ́lɪk/ᴴ《口》*a* 混乱した; 乱雑な, 不手際な. ◆ **sham·ból·i·cal·ly** *adv* [*shambles*＋*symbolic*]
sham·bro /ʃǽmbroʊ/ *n* (*pl* ～**s**)*《俗》SHAMROCK《混合飲料》.
sham·burg·er /ʃǽmbə̀ːrgər/ *n* 穀類の多いハンバーグ.
shame /ʃéɪm/ *n* **1 a** 恥ずかしい思い, 恥ずかしさ, 羞恥心: *in* ～ 恥じて / flush *with* ～ 恥じて顔を赤くする / cannot do…*for* (very) ～ (本当に)恥ずかしくて…できない / He is past [has no] ～. 恥知らずだ / He is lost to all ～. 全く恥を知らない. **b** 恥辱, 恥, 不面目 (disgrace): There is no ～ in *doing* …しても少しも恥じることはない / cry ～ on…を口をきわめて非難する, 激しく攻撃する / to the ～ of…の面目をつぶして / To my ～, I must confess that…. 恥ずかしい話だが実は… / think [feel] ～ to do…するのを恥とする / bring ～ *on* one's family 家名を汚す / bring ～ *on* oneself 面目をつぶす, 恥辱をまねく / a life of ～《古》醜業. **2** [a ～] **a** 不名誉となる人[事柄], つらよごし, 恥さらし(なもの[人]); みっともないこと: His misconduct was *a* ～ *to* his friends. 彼の非行は友人たちのつらよごしだった. **b** ひどく残念な[つらい]こと, ひどいこと, 不幸: It's *a* ～. なんたることだ, 残念だ, まずいね / It's *a* ～ you can't stay longer. もっと長くいてくれればいいのに / Oh, that's *a* ～. それはひどい[気の毒に]. ● **For ～!**＝**S～ (on you)!** 恥を知れ, この恥知らずめ!; みっともないぞ, いやーな人; なんてことを(言うんだ), あきれたね. **put…to ～** 〈人〉に恥ずかしい思いをさせる; 〈人・物事を〉取るに足りないものと思わせる, …の面目をなくさせる. **The ～ of it (all)!** 恥を知れ, みっともないぞ, 困った人だ. **What a ～!** なんてひどいことだ, けしからん!; 全くかわいそうだ[残念だ]!: *What a* ～ *to* do that! そんなことをするなんてなんということだ! / *What a* ～ (*that*) you can't be there! そこへ行けないとはお気の毒[残念]! ► *vt* 恥じさせる, …の面目をつぶす; 侮辱する; 恥じさせて…させる: ～ one's family 家名を汚す / He *was* ～*d into* working [*out of* his bad habits]. 恥じて働くようになった[悪習をやめた]. ► *vi* [*neg*]《古》恥じる 〈*to* do〉. ►《南ア》*int* ウワー, まあすてき[かわいいなど]《親愛・いとおしむ気持などを表わす》; かわいそうに, 気の毒に. [OE *sc(e)amu*; cf. G *Scham*]
sháme cùlture〖社〗恥の文化 (cf. SIN CULTURE).
sháme·fàced *a* 恥じ入った; 内気な, つつましい, しおらしい. ◆ **-fàc·ed·ly** /-ədli, -st-/ *adv* 恥じ入って; つつましく. **-fàc·ed·ness** /-ədnəs, -st-/ *n* [↓＜OE *sc(e)amfæst* (SHAME, FAST[1] (a)); 16 世紀に *-faced* と誤解]
shame·fast /ʃéɪmfæ̀st/ *a*《古》SHAMEFACED.
sháme·ful *a* 恥ずべき, 不面目な; けしからぬ, 不届きな; いやらしい, わいせつな, みだらな;《古》恥じ入った. ◆ **～·ly** *adv* 恥知らずに; ひどく. **～·ness** *n*
sháme·less *a* 恥知らずの, 破廉恥な, ずうずうしい; わいせつな. ◆ **～·ly** *adv* **～·ness** *n*
sha·mi·a·na /ʃɑ̀ːmiɑ́ːnə/ *n*《インド》大型の天幕[テント]. [Hindi＜Pers]
sham·ing /ʃéɪmɪŋ/ *a* 恥ずかしい, 屈辱的な.
Sha·mir /ʃəmíər, ʃɑː-, ʃæ-/ シャミル **Yitzhak ～** (1915–2012)《ポーランド生まれのイスラエルの政治家; 首相 (1983–84, 86–92)》.
sham·i·sen /ʃǽməsɛ̀n/ *n* SAMISEN.
sham·mash /ʃɑ́ːməʃ/ *n* SHAMMES.
sham·mer /ʃǽmər/ *n* ごまかし屋, うそつき.
sham·mes /ʃɑ́ːməs/〖ユダヤ教〗*n* (*pl* **sham·mo·sim** /ʃɑːmɔ́ːsəm/) シナゴーグの用務をつとめる者, シャマス;《Hanukkah 祭で使う》九枝の燭台 (menorah) の他のろうそくに火をつけるろうそく. [Yid]
sham·mus /ʃéɪməs/ *n**《俗》SHAMUS.
sham·my[1], **sham·oy** /ʃǽmi/ *n* シャミ革 (chamois).
shammy[2] *n**《俗》シャンパン (champagne).
Sha·mo /ʃɑ́ːmóʊ/ シャモ《GOBI の中国名》. [Chin 砂漠]
sham·pers /ʃǽmpərz/ *n*《俗》シャンパン (champers).
sham·poo /ʃæmpúː/ *vt* **1** 〈髪を〉石鹸[シャンプー]で洗う; …の髪を洗う; 〈じゅうたん・ソファーなどを〉洗剤で洗う. **2**《古》マッサージする. ● **～ out** 〈よごれなどを〉シャンプーで落とす 〈*of*〉. ► *n* (*pl* ～**s**) **1** 髪を洗うこと, 洗髪;《じゅうたんなどの》クリーニング; 洗髪剤, シャンプー;《じゅうたんなどの》洗剤: a ～ and set 洗髪とセット / a dry ～ アルコール性の洗髪液 / give sb a ～ 人の髪を洗ってやる. **2**《俗》シャンペン (champagne). ◆ **～·er** *n* [Hindi＝press, knead (impv)]
sham·rock /ʃǽmrɑ̀k/ *n* **1**〖植〗シャムロック《アイルランドの国章に使われる各種のマメ科植物: シロツメクサ・コメツブツメクサ・コメツブウマゴヤシ・ミヤマカタバミなど; Saint Patrick's Day に飾る》. **2***《俗》アイルランド系の人. **3** シャムロック《スタウトとウイスキーの混合飲料》. ● **drown the ～**《口》聖パトリックの日を祝って飲む[飲みに行く]《shamrock をグラスに浮かべることから》. [Ir＝trefoil (dim)〈*seamar* clover]
sha·mus /ʃɑ́ːməs, ʃéɪ-/*《俗》*n* デカ, 私立探偵, 守衛, ガードマン; おまわり; 警察に通報するやつ, たれ込み屋; 下働き, 犬, くだらんやつ. [Yid *shames* shammes]
Shan /ʃɑ́ːn, ʃǽn/ *n* **a** (*pl* ～, ～**s**) シャン族《ミャンマーの山岳地方に住むモンゴロイド》. **b** シャン語《タイ語系》.
Shan·de·an /ʃǽndiən/ *a* トリストラム・シャンディーのような〈家庭など〉《Laurence Sterne の *Tristram Shandy* のような》.
Shan·dong /ʃɑ́ːndʊ́ŋ/, **-tung** /, ʃǽntʌ́ŋ/ 山東(さんとう)(シャントン)《中国の省; ☆済南 (Jinan)》.
Shándóng [Shántúng] Península 山東半島《中国山東省東部, 黄海と渤海の間に突き出ている半島》.
shan·dry·dan /ʃǽndridæ̀n/ *n*《もと アイルランドの》軽装二輪幌馬車; がたがたで旧式の乗物, がた馬車.
shan·dy /ʃǽndi/ *n* シャンディー《light ale とレモネードの混合飲料》; SHANDYGAFF. [C19＜?]
shándy·gaff /-gæ̀f/ *n* シャンディーガフ《beer, ginger beer, ginger ale の混合飲料》.
Shane /ʃéɪn/ シェーン《米国の小説家 Jack Schaefer (1907–91) 作の小説の主人公である西部の流れ者; 映画化 (1953) されて有名になった》. [⇨ JOHN]
Shang /ʃɑ́ːŋ/ *n, a*〖中国史〗商(の)《殷 (YIN) の別称》.
Shan·gaan /ʃɑ́ːŋgɑːn, ━́━/ *n* **a** (*pl* ～, ～**s**) シャンガーン族《南アフリカ共和国に居住する, 特に 金鉱で働く Tsonga 族》. **b** シャンガーン語《Bantu 諸語の一つ》.
shang·hai[1] /ʃæŋháɪ, ━́━/ *vt* 麻薬をかけて[酔いつぶして]船にむりやり連れ込む《水夫にするため》;《口》誘拐[拉致(らち)]する;《口》だまして[むりやり]いやなことをさせる 〈*into*〉. ◆ **～·er** *n* [*Shanghai* 上海]
shanghai[2]《豪》*n*《おもちゃの》ぱちんこ (catapult). ► *vt* ぱちんこで撃つ. [↑または *shangan* (Sc) cleft stick to fasten to the tail of a dog]
Shang·hai /ʃæŋháɪ/ **1** 上海(シャンハイ)《中国の港湾都市》. **2**《まれ》シャンハイ《脚の長い鶏の一種》. **3** 上海《中国製の中型乗用車》.
Shan·go /ʃǽŋgoʊ/ *n* シャンゴ《カリブ海地方に残るナイジェリア西部を起源とする祭儀》; シャンゴの踊り.
Shang·qiu, -ch'iu /ʃɑ́ːŋʃíuː/, **-kiu** /; -kíuː/ 商丘(しょうきゅう)(シャンチウ)《中国河南省東部の市》.
Shan·gri-la, Shan·gri-La /ʃæ̀ŋgrɪlɑ́ː, ━́━━/ *n* **1** シャングリラ《James Hilton の小説 *Lost Horizon* (1933) 中の架空理想郷》. **2** 地上の楽園; どこか名前のわからない[いえない]場所; 人里離れた隠れ場所.
shank /ʃǽŋk/ *n* **1** すね, 脛(けい); すねの骨, 脛骨(けいこつ) (=～ **bòne**); 脚 (leg); ᴴ靴下のすねの部分;《牛・羊などの》すね肉;《俗》売春婦. **2** 柱身;《工具の》柄(え), シャンク; 錨幹;《パイプの》軸;《釘・鋲の》胴;《鉤(かぎ)・釣針の》軸, 胴;《スプーンの》柄; 刀心 (tang),《俗》(手製)ナイフ, 錐(きり)状の刃物;〖植〗葉柄;〖楽〗《管楽器の》替管(かえかん);〖印〗《活字の》ボディー; ボタン裏の取付け部; ボタンを衣類に固定している糸;《ノブ・ハンドルの》腕木;《指輪の》腕, シャンク《宝石・台座を除く輪の部分》. **3**《靴底の》土踏まず, SHANKPIECE. **4**《方・米》残部, 後半(部); 前半(部), 主(要)部: in the ~ of the afternoon 午後の遅い時間に / It's just the ~ of the evening. まだ宵の口だ. ► *vi* 〘植〙〈花・葉・果実などが〉軸が腐って落ちる;《スコ・方》徒歩旅行する; *《俗》踊る (dance). ► *vt* 〘ゴルフ〙〈ボールを〉ヒールで打ってひどくそらす, シャンクする; *《スポ俗》(変な方向に)蹴る;《俗》〈人を〉グサリと刺す. ● **~ it** 《スコ・方》歩く, 散歩する, てくる. ♦ **~ed** *a* [OE *sceanca*; cf. LG *Schenkel* thigh, *Schinken* ham]

Shan·kar /ʃǽŋkɑːr/ シャンカル (1) **Ravi ~** (1920–)《インドのシタール奏者》 (2) **Uday ~** (1900–77)《インドの舞踊家・振付家; Ravi の兄; 西洋の演劇技法を取り入れることによってインド古来の舞踊を母国・欧米に広く紹介した》.

Shan·ka·ra·char·ya /ʃáŋkərɑːtʃáːrjə/, **Shan·ka·ra** /ʃáŋkərə/ シャンカラ《9 世紀のインドの哲学者; Vedanta 哲学の理論家》.

shánk pàinter 〘海〙シャンクペインター《有幹錨を錨床上に保つときに爪を係止する索[鎖形]》.

shánk·pìece *n* 《靴底の》ふまず芯.

shánks' [shánk's] máre [póny] 《口》自分の足, 徒歩; POTLUCK. ● **by ~** 歩いて. **ride (on) [go on] ~** (乗らずに)歩いて行く, てくる.

Shan·non /ʃǽnən/ **1** [the] シャノン川《アイルランド第一の川; アイルランド西部を南および西に流れて大西洋に注ぐ》. **2** シャノン **Claude (Elwood) ~** (1916–2001)《米国の応用数学者; 現代情報理論の創始者》.

shan·ny /ʃǽni/ *n* 〘魚〙**a** ニシイソギンポ《欧州産》. **b** ウナギガジの一種. [C19<?]

Shansi 山西 (⇨ SHANXI).

Shán Státe [the] シャン州《ミャンマー東部シャン高原 (the **Shán Hílls [Platéau]**) を中心とする, 主に Shan 族の住む州; ☆Taunggyi》.

shant /ʃǽnt/ 《俗》*n* (1 クォートの)壺, マグ; 飲み物, 酒.

shan't /ʃǽnt; ʃáːnt/ shall not の短縮形. ● **(I) ~!** 《俗》いやだーい《強情》. **Now we ~ be long.** さあこれでよし.

shan·ti(h) /ʃáːnti/ *n* 〘ヒンドゥー教〙寂静(じゃくじょう) (peace).

Shan·tou /ʃáːntóu/, **Swa·tow** /swáːtáu/ 汕頭(せんとう)(スワトウ)《中国広東省の東シナ海に面する港湾都市》.

shan·tung /ʃæntʌ́ŋ, ⌐—/ *n* シャンタン《つむぎ風の平織地》. [↓]

Shantung 山東 (⇨ SHANDONG).

shan·ty[1] /ʃǽnti/ *n* *掘っ建て小屋, 仮小屋;《豪》《もぐりの》飲み屋, パブ; *《鉄道俗》車掌車; *《俗》なぐられて黒くなった目のまわり (shiner). [C19<?CanF *chantier* shed]

shanty[2] *n* CHANTEY.

shánty Írish *《俗》[*derog*] ぼろ家に住む貧乏なアイルランド人.

shánty·man /-mən, -mæ̀n/ *n* 《カナダの森林で》仮小屋 (shanty) に住む者[きこり].

shánty·tòwn *n* 《都市の》ぼろ家地区, 貧民街, ぼろ家の多い都市; ぼろ家地区の住民《貧者と老人》.

Shan·xi /ʃáːnʃíː/, **Shan·si** /ʃáːnsíː/ 山西(さんせい)(シャンシー)《中国北部の省; ☆太原 (Taiyuan)》.

Shao·lin /ʃáulín/ *n* 少林拳, 少林寺拳法《中国河南省の少林寺が発祥の地とされる格技の諸流派》. [Chin]

Shao·xing, -hsing /ʃáuʃíŋ/, **-hing** /; -híŋ/ 紹興(しょうこう)(シャオシン)《中国浙江省北部の市; '水の都' といわれる》.

Shao·yang /ʃáujáːŋ/ 邵陽(しょうよう)(シャオヤン)《中国湖南省中部の都市; 旧称 宝慶 (Baoqing)》.

shap·able, shape- /ʃéɪpəb(ə)l/ *a* 形づくられる, 具体化できる; SHAPELY.

shape /ʃéɪp/ *n* **1 a** 形, 形状, 格好; 姿《顔は除く; cf. FEATURES》, 様子; 外見 (guise), なり;《女性の》(みごとな)からだつき, 姿態: What ~ is it? それはどんな形ですか? / A ball is round in ~. 形がまるい / an angel in human ~ 人間の姿をした天使 / These dresses come in all ~*s* and sizes. この手のドレスならどんな形・サイズのものでもあります. **b** (おぼろげ[奇怪]な)姿, 幽霊. **c** 形態, 種類 (sort): dangers of every ~ あらゆる種類の危険. **2 a** はっきりとまとまった形[もの], 組織[系統]立った形[配列]; 具体化, 実現: find a ~ 実現[具体化]する 〈*in*〉 / get(…)into ~ …をまとめる; 形をとる, 格好がつく / put…into ~ 具体化させる, 〈考えなどを〉まとめる / throw…into ~ …に形をつける, 整理する / give ~ to…に格好をつける, はっきりと表現する / settle into ~ 形が定まる, まとまる, 目鼻がつく. **b** SHAPE-UP. **3** 状態, 調子, 体調. **4** 模型, 型;《帽子などの》木型;《ゼリー・ブラマンジェなどの》型物(かたもの);〘劇〙《手足などの格好をつくるための》あてもの;〘建・金工〙形鋼, 形材, シェープ鋼. ● **in any (way,) ~ or form** [*neg*] どんな形ででも(…ない), 決して(…しない). **in bad ~** *《俗》調子[体調]が悪い; *《俗》負傷して, 衰弱して; *《俗》妊娠中で; *《俗》酒に酔って. **in ~** 本来の状態で, 好調で: *in* good [poor] ~ 〈体が〉本来の調子で[でない], 調子がよい[よくない] 〈*for*〉 / *in* no ~ to do とても…できる状態[気分]ではない / KNOCK [LICK, WHIP] into ~. **in the ~ of**…の形で, …としての: a reward *in the ~ of* $200 200 ドルという謝礼. **out of ~** 形がくずれて[ゆがんで], こわれて; 体調が悪くて;〘自動車レース〙操縦性を失って; *《口》おこって, かっかして: (all) bent *out of ~* (すっかり)取り乱して, おこって. **take ~** 形をとる, 具体化[実現]する. **take the ~ of**…の形をとって現われる. **the ~ of things to come** 来たるべき事態 (H. G. Wells の未来小説 (1933) の題から). ► *vt* **1 a** 形づくる (form), つくる: ~ clay *into* balls = ~ balls *from* clay 粘土を丸めて球にする. **b** 〈人などを〉〈…に〉仕上げる, 仕込む 〈*into*〉. **c** 〈衣服を〉《体に》合わせる, 適合させる 〈*to*〉. **d** 〘心〙《望まれる反応に近づけば報酬を与えることによって》〈行動を〉反応形成する. **2** 具体化する, 構想する, 考案する 〈*up*〉; 言い表わす, 表明する. **3 a** 〈進路・方針・行動・態度を〉定める: ~ foreign policy. **b** 《廃》任命する, 命じる (decree).

► *vi* **1** 形をとる, でき上がる, 具体化する 〈*up*〉; 発展[発達]する, 〈事件が〉成り行く 〈*up*〉; 生じる, 起こる: ~ *up into* an excellent player 優秀な選手になる / Let time ~. 時[成り行き]にまかせよ / It ~*s* well. ものになりそうだ. **2** 〘スポ〙〈…する〉姿勢[構え]をとる 〈*to do*〉: ~ *to* kick. **3** 《古》合う, 従う. ● **~ in with**…とつきあう. **~ one's course** 〘海〙針路を定める; 進んで行く 〈*for, to*〉. **~ oneself** うまくやる, かっこうよくやる. **~ up** うまくいく, (順調に)発展する;《進展して》…となる; 明確な形をとる[になる]; 行ないを改める, 成績[能率]を上げる, 熟達する; 〈人〉に行ない[成績, 能率]を改善させる; (…の)体調を整え(させ)る, 用意をする; 〈港湾労働者が〉その日の仕事をもらうために整列する: Things are *shaping up* to be pretty odd. かなりおかしな状況になりつつある. **S~ up or ship out.** *《口》(行ないを改めて)しっかりしろ, さもなければ出ていけ.

[OE (n) *gesceap* creation; (v) *sceppan* to create; 現在の v は ME 期 pp *scàpen* から逆成; cf. G *schaffen* to make]

SHAPE /ʃéɪp/ Supreme Headquarters Allied Powers Europe《NATO の》欧州連合軍最高司令部 (1950).

shaped /ʃéɪpt/ *a* [*compd*] …の形をした: heart-~.

sháped chárge 〘軍〙成形[指向性]爆薬.

shápe·less *a* 無形の, 定形のない; 形のくずれた, つぶれた; ぶかっこうな, 醜い; 上品でない; 混乱した; まとまらない. ♦ **~·ly** *adv* **~·ness** *n*

shápe·ly *a* 格好[様子]のよい, 〈特に 女性が〉姿のよい, 均斉のとれた. ♦ **-li·ness** *n* 格好[姿]のよさ.

shap·en /ʃéɪp(ə)n/ *a* [*compd*] …の形をした, …の形につくられた: ill-~ 形が悪い, ぶかっこうな.

shápe nòte 〘楽〙シェープノート《音階を符頭の形で表わす音符》.

shap·er /ʃéɪpər/ *n* 形づくる人, つくる人;〘機〙形削り盤, シェーパー;〘機〙《プラスチック板, 板金の》打抜き機.

shápe-shìft·er *n* 《特に 魔法などで》変身[変化]するもの, 化け物《werewolf など》. ♦ **shápe-shìft** *vi* **shápe-shìft·ing** *n, a*

shápe-ùp * *n* 日雇い選抜(法)《(港湾)労働者を集合[整列]させて選ぶ方法》.

shápe·wèar *n* 《女性の体型を引き締める》補正[補整]下着, シェイプ(アップ)インナー.

sha·po /ʃáːpou/, **-poo** /-pu/ *n* (*pl* **~s**) 〘動〙シャーポ《urial の変種》. [Tibetan]

sha·rav /ʃɑːráːv/ *n* 〘気〙シャーラーヴ《中東で 4–5 月に吹く乾燥した熱い東風》. [Arab]

shard /ʃáːrd/ *n* 《陶器などの》破片,《広く》断片, かけら;〘考古〙SHERD;〘地質〙シャード《凝灰岩質堆積物の鋭角的に湾曲したガラス質の細片》;〘動〙うろこ (scale), 殻 (shell),〘昆〙翅鞘(しょう). [OE *sceard*<Gmc=notched (G *Scharte*)]

share[1] /ʃéər/ *n* **1 a** 分け前, 割り前, 一部分: a fair ~ of the food 食糧の正当な[当然の]分け前 / Each had [was given] a ~ *in* [*of*] the profits. めいめいが利益の分け前をもらった / He has some ~ *of* his father's genius. 父の天才をいくらか受け継いでいる / have more than one's (fair) ~ of problems 人並み以上に問題を抱える / LION'S SHARE. **b** 市場占有率, シェア (=market ~): The firm will have an 80 percent ~ of tin plate. ブリキ板の 80% のシェアを得るだろう. **2 a** 出し分, 割当, 負担: I will take [bear] my ~ *of* the responsibility. わたしも責任を分担します / fall to sb's ~ 人の負担になる. **b** 役割, 参加; 尽力, 貢献 〈*in*〉: He took no ~ *in* the plot. 陰謀には加担しなかった. **3** 《会社・共有物などへの》出資;《会社の》株, 株式;《財産・資本などの》分担所有, 共有; [*pl*] "株式(資本) (stock*); 株券 (share certificate): He has a ~ *in* a business firm. ある商社に出資している / I have some ~*s in* the steel company. その製鋼会社の株を少し持っている / He has sold out 10,000 ~*s* of AIG common stock. AIG の普通株を 1 万株売却した.

★ 株数をいう場合は英米ともに share を用いる. ● **go ~s** 山分けにする, 共同でする, 参与[分担]する: *go ~s with* sb *in* an enterprise 人と共同で事業を行なう. **on ~s** 〈従業員が出資者と〉利害を共にして. ► *vt* **1** 分かつ, 共にする, …に仲間入りする, 〈費用などを〉分担する; 〈食べ物などを〉分ける, 分割する; 〈部屋などを〉共有[共用]する, シェアする; 共同で[いっしょに]使う; 〈意見を〉同じくする; 〈情報を〉交換する, 教える: ~ sth *with* sb ものを人と分け合う / ~ sb's good luck 人の幸運にあやかる. **2** 分配する 〈*between, among*〉: He ~*d out* the pie to everyone. パイをみんなに分けた. **3** …のことを〈人に〉話す, 伝える, 相談する 〈*with* sb〉: Please let me ~ my problem. わたしの問題を少し聞いてください. ► *vi* 分配を受ける, 分担する, 共同でする 〈*in* the expenses *with* sb〉; 分け合う, 相席する, 共にする, 参加する, あずかる

〈*in* honor〉. ● **～ and ～ alike** 等分にする, 平等に分ける[負担する]. ♦ **shár(e)·able** *a* **～·abílity** *n* ［OE *scearu* division; cf. SHEAR¹, G *Schar* troop］

share² *n* すき先, すき刃 (plowshare). ［OE *scear*; ↑］

sháre bèam 犂柱(りちゅう), ビーム (beam).

sháre·bròker *n* *〔証券〕ディスカウントブローカー (discount broker); ‖株式仲買人 (stockbroker*).

sháre càpital 株式資本《会社の資本のうち株式の発行によるもの》.

sháre certìficate ‖株券 (stock certificate*).

sháre·cròp* *vi, vt* 分益小作人として(…で)働く, 分益小作人として〈作物を〉作る.

sháre·cròpper* *n* 《特に 南北戦争後に南部の底辺層を形成した》分益小作人.

shared /ʃέərd/ *a* 共有の, 共同の, 共通の: our ～ interest in cars.

shared cáre 《福祉事務所と家族との》分担介護.

shared lógic 〔電算〕共用論理《複数のユーザー端末につながっている処理系; cf. SHARED RESOURCES》.

shared ównership 〔英〕共同所有権制《地方自治体・住宅組合から住宅の一部を買い取り, 残りの部分は賃借する方式》.

shared resóurces [〈*sg*〉]〔電算〕共用資源《複数のユーザーが同時に共用する周辺機器 cf. SHARED LOGIC》.

shared tíme 〔米〕私立学校の生徒が公共学校の授業に出席できる制度.

sháre-fàrm·er *n* 《豪》分益農業者《農地を借りうけ, 収益を地主と分け合う》.

sháre·hòld·er *n* 出資者, 《特に》株主 (stockholder*).

sháre·hòld·ing *n* 株式保有; [*pl*] 持株, 保有株式.

sháre ìndex ‖株価指数 (stock index*).

sháre lìst ‖株式相場表 (stock list*).

sháre-mìlk·er *n* 《NZ》分益酪農家《農場を借りて酪農を営み, 収益の一定分を賃借料として支払う酪農家; cf. SHARE-FARMER》.

sháre òption 〔英〕**1** 自社株購入権制度 (＝**sháre òption schème**)《従業員に数年後に一定数の自社株を有利な価格で購入する権利を与える制度》. **2** 株式オプション (stock option*).

sháre-òut ‖*n* 分け合うこと, 分配, 配給 〈*of*〉.

sháre prèmium ‖資本剰余金 (capital surplus*).

sháre·pùsh·er *n* ‖《口》不良株を押しつける外交員.

shar·er /ʃέərər/ *n* 共にする人, 共有者; 参加者 〈*in, of*〉; 分配者, 配給者 (divider).

sháre·wàre *n* 〔電算〕シェアウェア《無料あるいはわずかな金額で体験版が配布されるソフトウェア; 継続使用する場合には料金がかかる; cf. FREEWARE》.

Sha·ri¹, Cha·ri /ʃáːri/ [the] シャリ川《アフリカ中北部, チャド南部を北西に流れ Chad 湖に注ぐ》.

Shari² /ʃǽri/ シャリ《女子名; Sharon の愛称》.

sha·ria, sha·ri'a, sha·ri·ah, sha·ri·'ah /ʃəríːə/, **sha·ri·at** /-ət/ *n* [ºS-] イスラム法, シャリーア《コーランに基づき, 宗教・道徳・社会生活上の規定を体系化したもの》. ［Arab］

sha·rif /ʃəríːf/ *n* シャリーフ《Muhammad の娘 Fatima の子孫; 《広く》イスラム社会の貴族の子孫・卓越した政治家》; SHEREEF. ♦ **～·ian** *a* ［Arab＝noble］

Sha·rif /ʃɑːríːf/ シャリフ **Nawaz ～** (1949–　)《パキスタンの政治家; 首相 (1990–93, 97–99)》.

Shar·ja(h) /ʃáːrʤə/ シャルジャ《アラブ首長国連邦を構成する 7 首長国の一つ; 別称 Ash Shariqah》.

shark¹ /ʃáːrk/ *n* 〔魚〕サメ, フカ; 〔魚〕ブラックシャーク《東南アジア産のコイ科の小型の淡水熱帯魚; 尾びれの赤いレッドテール・ブラックシャークなど》; 〔昆〕《ヨーロッパに生息する》ヤガ科セダカモクメ亜科 *Cucullia* 属の蛾. ♦ **～·lìke** *a* ［C16＜?］

shark² *n* 《口》人を食い物にするやつ, 強欲漢, 高利貸し, 因業な地主[家主], 詐欺師, (悪徳)弁護士; 《仕事の》周旋屋; *《俗》できる学生, 秀才, 専門家, 名人, 達人. ► *vi* 《古》詐欺をはたらく, 因業なことをする; こそこそする (sneak). ► *vt* 《古》かき集める 〈*up*〉; 《古》詐取する, 搾取する 〈*up*〉; 《古》がつがつ食う, むさぼり飲む. ［C18 ?＜G *Schurke* scoundrel］

shárk bàit(er) 《豪口》サメに襲われる危険のあるところで泳ぐ者[サーファー], サメ寄せ.

Shárk Báy シャーク湾《オーストラリア西岸のインド洋に臨む湾》.

shárk bèll 《豪》《海水浴場で》サメが来たことを知らせるベル.

shárk·er *n* 《廃》ペテン師 (swindler).

shárk-lìver òil サメ肝油.

shárk nèt [mèsh] 《豪》サメ捕獲ネット; サメ(侵入)防止ネット.

shárk òil サメ肝油.

shárk patròl 《豪》《海水浴場上空からの》サメ(警戒)パトロール.

shárk·pròof *a* サメよけの〈網・かご・薬剤〉.

shárk repèllent 企業乗っ取り防止策.

shárk sìren 《豪》《海水浴場の》サメが来たことを知らせるサイレン.

shárk·skìn *n* さめ皮; シャークスキン《目の詰んだ羊毛[化織]の外観がさめ皮に似るスーツ・背広地》.

shárk's móuth 〔海〕船の天幕にあけた穴《帆柱・支索などを通す》.

shárk sùcker 〔魚〕コバンザメ (remora).

Shar·on /ʃǽrən, ʃέərən/ *n* **1** シャロン《女子名; 愛称 Shari》. **2** ‖《俗》[*derog*]《典型的な労働者階級の》ふつうの女の子, あかぬけしない[イモ]ねえちゃん, 派手な服装をした娘 (cf. KEVIN, WAYNE). **3** シャロン(平野) (the **Pláin of ～**)《イスラエル西部, Carmel 山から Tel Aviv-Jaffa までの沿岸平原》. **4** シャロン **Ariel ～** (1928–　)《イスラエルの軍人・政治家; 首相 (2001–06)》. ● **～ and Tracy** ‖シャロンとトレーシー《頭が悪そうで態度も悪いなまけ者の若い女性の典型》. ［Heb＝?plain (n)］

sháron frúit シャロンフルーツ, カキ (persimmon)《イスラエルの Sharon 平野で多く栽培されている》.

sharp /ʃáːrp/ *a* **1** 鋭い, 鋭利な (opp. *blunt, dull*); 〈鼻・顔だち などが〉とがった, はっきりした; 険しい (steep), 〈坂などが〉急な; 〈カーブなどが〉急に曲がる: a ～ edge [knife] 鋭い刃[ナイフ] / a ～ turn in the road 道路の急カーブ. **2 a** 感覚・感情を強く刺激する. **b** はっきり[くっきり]した, 鮮明な; 〈レンズが〉シャープな; 〈変化が〉急激な: a ～ outline くっきりした輪郭 / a ～ impression 鮮明な印象 / a ～ increase 急増. **c** 〈寒さなどが〉膚を刺すような, 身を切るような; 〈痛みなどが〉鋭い; にがい, 辛い, 酸っぱい; *〈チーズが〉匂いの強い. **d** 〈音が〉鋭い, かん高い, キンキンする; 〈光が〉強烈な; 〔楽〕嬰音の, 半音上がった (⇨ *n*); 〔楽〕ピッチが高すぎる; 〔音〕清音の, 無声音の; 〔音〕硬音の (fortis): B ～ 嬰ロ音. **e** 〈ことば・気持などが〉激しい, 辛辣な; 憎々しげな (bitter); 〈…に〉手きびしい 〈*with*〉: a ～ answer とげとげしい返事 / (have) a ～ tongue 毒舌(をふるう) / exchange ～ words 激論する. **3 a** 鋭敏な, 敏感な; 〈目・鼻・耳が〉よく利く; 〈監視などが〉油断のない. **b** 気のきいた, 賢い: ～ wits 鋭い才知 / (as) ～ as a needle [razor, tack] とても鋭い (⇨ TACK¹ 成句) / The boy is ～ *at* arithmetic. 算数がよくできる. **c** 狡猾な, 食えない, ずるい: SHARP PRACTICE / be too ～ *for* sb 人の手に負えない. **4** 〈行動が〉活発な, 敏活な, 迅速な; 〈試合などが〉猛烈な, 激しい; 〈食欲が〉旺盛な: take a ～ walk 急ぎ足で散歩する / ～ work 早わざ / short and ～ life 太く短い世渡り. **5** 《口》かっこいい, スマートな(服装の); 《俗》よい, すばらしい. ● **so ～ one'll cut oneself** 頭の鋭さをみせようとしすぎて自分が傷つく. ► *n* **1** 鋭いもの; 先の鋭いもの; 縫い針; [ᵘ*pl*]〔医〕鋭利な器具《注射針など》; [*pl*] ‖《小麦の》二番粉 (middling); 〔楽〕嬰音《半音上がった音》; 嬰記号, シャープ《記号 ♯; cf. FLAT¹》. **2** 《口》狡知のはたらくやつ, 詐欺師; *《口》専門家, (自称)名人 (expert). ► *adv* 鋭く; 刺すように; 油断なく; かっきり (punctually); 〔楽〕半音上げて; 〔楽〕音程が高くはずれて; 急に; 速く, 急いで: (at) 6 o'clock ～ 正 6 時(に) / Turn ～ left. 左へ急カーブだ. ● LOOK **～!** **S～ is [S～'s] the word!** 速く速く! ► *vt* *〔楽〕半音上げる; 《古》詐取する, ごまかす; 《古》とぐ (whet). ► *vi* 〔楽〕半音上げて歌う[奏する]; 〔楽〕《正しい音程よりも》高く歌う[演奏する]; 《古》ごまかす, ペテンにかける, 詐欺をはたらく. ♦ **～·ly** *adv* 鋭く; 急に; ひどく; きびしく, 辛辣に, つっけんどんに; 明確に, くっきりと, はっきりと; 抜け目なく. **～·ness** *n* ⁺切れ味. ［OE *sc(e)arp*; cf. G *scharf*］

Sharp **1** シャープ **Phillip Allen ～** (1944–　)《米国の生物学者; 分断化された遺伝子の発見でノーベル生理学医学賞 (1993)》. **2** ⇨ BECKY SHARP.

shárp-cút *a* 鋭く切られた; はっきりした, 輪郭のくっきりした.

Sharpe /ʃáːrp/ シャープ **William F(orsyth) ～** (1934–　)《米国の経済学者; 金融経済学の基礎を築いた; ノーベル経済学賞 (1990)》.

shárp-éared *a* 耳のとがった; 耳ざとい.

shárp-édged *a* 刃の鋭い; 〈ことばなど〉鋭い, 辛辣な.

shar-pei /ʃàːrpéɪ/ *n* [ºShar-Pei] シャーペイ《中国産の大型の犬; 茶色の毛をもち体には皺(しわ)がある》. ［Chin 砂皮］

sharp·en /ʃáːrp(ə)n/ *vt* [º～ *up*] 鋭利にする, とぐ; とがらせる, 〈鉛筆などを〉削る; 〈食欲・痛みなど〉強く[激しく]する; 〈能力を〉伸ばす, 磨く; 鋭敏[利口]にする, 抜け目なくさせる, 辛辣にする; 〔楽〕半音上げる: ～ sb's brain [wits] 人をずる賢くする, 鋭くする. ► *vi* 鋭くなる; とがる; 激しくなる, 際立つ; 利口になる, 敏感になる; 〈能力が〉上がる.

shárp énd 《口》船首; 《口》《組織などの》活動の第一線, 決定権などをもつ立場; 《口》大変な立場, 矢面: at the ～.

shárpen·er *n* とぐ[削る]人[もの]; PENCIL SHARPENER: a knife-～ ナイフとぎ.

shárp·er *n* 詐欺師; 《プロの》いかさま賭博師.

Shárpe·ville mássacre /ʃáːrpvìl-/ [the] シャープヴィル虐殺事件《1960 年 3 月 21 日, 南アフリカ共和国 Johannesburg 南方の Sharpeville で発生した黒人虐殺事件; 警察署周辺に集まった数千の黒人に対して白人警官が発砲し, 死者 69 人を含む多数を殺傷した》.

shárp-éyed *a* 目のよく利く; 目の鋭い; 敏感な, 観察力の鋭い.

shárp-fánged *a* 歯の鋭い; 辛辣な, いやみを言う.

shárp-féatured *a* はっきりした目鼻だちの.

shárp-frèeze *vt* QUICK-FREEZE.

sharp·ie, sharpy /ʃáːrpi/ *n* **1** *三角帆の 1 [2] 本マストの長い平底帆船《昔の漁船》. **2** 詐欺師, (sharper); 《口》非常に用心深い[抜け目のない]人, 切れ者; 《俗》派手なファッションできめている人; 《豪口》短髪で独特の服を着た十代の若者; *《俗》スイングミュージックの心酔者, スイングで踊り狂うやつ, スイング狂. **3** [-pie] *《俗》性能[調子]のいいもの, すぐれもの.

shárp·ish *a, adv* **1** 《口》いくぶん鋭い[鋭く], 少し高めの[に].

2 ᴴ《口》急いで, すぐに (quickly, soon).

Sharp·less /ʃáːrpləs/ シャープレス **K(arl) Barry** ~ (1941–　)《米国の化学者; キラル触媒による不斉酸化反応の研究によりノーベル化学賞 (2001)》.

shárp-nósed *a* とがった鼻をした; 〈飛行機・レーシングカーなど〉頭部が鋭く突き出た; 鼻[嗅覚]の鋭敏な, 鼻の利く.

shárp-póint·ed *a* 先のとがった.

shárp práctice 抜け目のない[破廉恥な]取引[商売], ずるいやり方, 詐欺行為.

shárps and fláts 〘楽〙 *pl* 《ピアノの》黒鍵; 臨時記号 (accidentals).

shárp-sèt *a* 《古》非常に空腹な, 飢えた 〈*for*〉; 《古》熱望[切望]する 〈*on, after*〉; 鋭角になるように取り付けた. ♦ **~·ness** *n*

shárp-shìnned háwk, shárp-shìn 〘鳥〙 アシボソハイタカ《北米産の小型のタカ》.

shárp-shód *a* ひづめにすべり止め釘 (calk) を打った.

shárp·shòot·er *n* 射撃の名手; 狙撃兵; 〘米軍〙 一級射手(の階級) (cf. EXPERT, MARKSMAN); 〘スポ〙 ねらいの正確な選手; 《俗》あくどい実業家.

shárp·shòot·ing *n* 正確無比の射撃; 《言論などによる》ねらいの確かな[急所を突く](不意討ち)攻撃.

shárp-síght·ed *a* 目の鋭い; 眼力の鋭い, 抜かり[油断]のない. ♦ **~·ly** *adv* **~·ness** *n*

shárp-tàiled gróuse 〘鳥〙 ホソオライチョウ (=*prairie chicken* [*fowl, grouse, hen*])《北米産》.

shárp-tàiled spárrow [fínch] 〘鳥〙 トゲオヒメドリ《北米産》.

shárp-tóngued *a* (ことばの)辛辣な, 舌鋒鋭い, 毒舌を吐く, きついことを言う.

shárp-tóothed *a* 鋭い歯を有する.

shárp-wítted *a* 頭の切れる, 才気の鋭い, 抜け目のない. ♦ **~·ly** *adv* **~·ness** *n*

sharpy ⇨ SHARPIE.

Sha·shi, Sha·si, Sha-shih /ʃáːʃíː/ 沙市(さし)(シャーシー)《中国湖北省南部の揚子江岸の市》.

shash·lik, -lick, shas·lik /ʃɑːʃlík, ⌐—/ *n* シャシリク《KABOB のカフカス・中央アジア・ロシアでの呼称》. [Russ<Turk]

Shas·ta /ʃǽstə/ [Mount] シャスタ山《California 州北部の, Cascade 山脈の火山 (4317 m)》.

Shásta dáisy 〘植〙 シャスタデージー《フランスギクとハマギクとの交配種》.

shas·tra, sas- /ʃáːstrə/ *n* [ᴼS-]〘ヒンドゥー教〙 サストラ《学術的典籍》. [Skt=instruction]

Shas·tri /ʃáːstri, ʃǽs-/ シャストリ **Lal** /láːl/ **Bahadur** ~ (1904–66)《インドの政治家; 首相 (1964–66)》.

shat *v* SHIT の過去・過去分詞.

Shatt al Arab /ʃǽt æl ǽrəb/ [the] シャッタルアラブ川《イラク南東部 Tigris, Euphrates 両河の合流点からペルシア湾までの部分》.

shat·ter /ʃǽtər/ *vt* 粉みじんにこわす, 粉砕する; 破壊する; 〈静寂・平安を〉打ち破る; 〈希望などを〉くじく, 打ち砕く; 〈努力の結果などを〉一掃する; 弱める, 〈健康・神経などを〉そこなう, だめにする; [ᵁ*pass*]《口》…の感情を強烈にゆさぶる, 圧倒する; ᴴ《口》くたくたにさせる; 《古》まき散らす (scatter). ► *vi* こなごなになる, 飛散する; 〈熟した穀粒・木の葉などが〉落ちる. ► *n* [*pl*] 破片, 砕片; 破損; 不健康: in [into] ~*s* ばらばら[こなごな]になって. ♦ **~ed** *a* 《精神的に》参った; ᴴ《口》くたびれはてた. **~·er** *n* [ME (? imit); cf. SCATTER]

shátter còne 〘地質〙《噴火や隕石落下の衝撃による》(頂点から放射状に条線のある)衝撃[粉砕]円錐(岩), シャッターコーン.

shátter·ing *a* 破壊的な; 耳をつんざくような〈音〉; 驚くべき, 強烈な, ショッキングな〈体験など〉; ᴴ《口》くたくたにさせる, ばてさせる. ♦ **~·ly** *adv*

shátter·pròof *a* こなごなにならない〈ガラスなど〉, 飛散防止(設計)の.

shave /ʃéɪv/ *v* (**~d; ~d, shav·en** /ʃéɪv(ə)n/) *vt* **1** 〈顔などを〉そる, 〈人〉のひげをそる; …にかんなをかける; 薄く切る[そぐ] 〈*off*〉; 〈芝生などを〉短く[根元まで]刈り込む: ~ oneself ひげをそる / ~ (*off* [*away*]) one's beard ひげをそり落とす. **2** かする, すれすれに通る; かろうじて破る[負かす]; 〈価格などを〉(少し)割り引く, 下げる, 〈時間などを〉短縮する, 縮める 〈*off*〉; *〈手形を〉高利割引で買う, 高利で割引する; 詐取する. ► *vi* ひげをそる, かみそりを使う; 苦労して通る[進む] 〈*through*〉; *《俗》SHAVE points. ● **~ points** *《俗》八百長で得点を手加減する[負ける]. ► *n* **1** ひげをそること; 薄片, 削りくず; (電気)かみそり, シェーバー; かんな: have a ~ ひげをそる[そってもらう]. **2** *《手形などの》高利割引; すれすれに通ること, かろうじてのがれること; ᴴごまかし, トリック, いたずら: a close [narrow, near] ~ ⇨ CLOSE CALL. ● **a clean ~** きれいにひげをそること (cf. CLEAN-SHAVED[-SHAVEN]); ᴴペテン, 詐欺. ♦ **sháv(e)·able** *a* [OE *sc(e)afan*; cf. G *schaben*]

shaved /ʃéɪvd/ *a* 《俗》〈自動車が〉不要な部品・アクセサリーを取っ払った; 《俗》酔っぱらった.

sháve·ling [ᵁ*derog*] *n* 坊主, 僧; [ᵁlittle ~] 若い男, 若造, 小僧, がき.

shav·en /ʃéɪv(ə)n/ *v* SHAVE の過去分詞. ► *a* 〈顔・頭などが〉ひげ[毛髪]をそった, 剃髪した; 〈芝生など〉根元まで刈り込まれた.

shav·er /ʃéɪvər/ *n* そる[削る]人; 理髪師; そり[削り]道具; (電気)かみそり, シェーバー; [ᴼyoung [little] ~]《口》若造, こども (boy); *高利貸し; *高利で手形を割引する人; 《古》詐欺師.

shaves /ʃǽvz/ *n pl* 《馬車などの》ながえ, 梶棒 (⇨ SHAFT).

sháve·tàil *n* (仕込まれたばかりの)荷運び用のラバ《目印に断尾したことから》; 《口》未熟者, 新米; *《軍俗》(新米)少尉.

Sha·vi·an /ʃéɪviən/ *a* G. B. SHAW の, ショー流の. ► *n* ショー研究家[崇拝者]. ♦ **~·ìsm** *n* [*Shavius* Shaw のラテン語形]

shav·ie /ʃéɪvi/ *n* 《スコ》悪いいたずら[冗談]. [*shave* (arch) swindle, *-ie*]

shav·ing /ʃéɪvɪŋ/ *n* そること, ひげ[顔]そり; 削ること, シェービング; [*pl*]《金属などの》削りくず, かんなくず.

sháving bàg* 《旅行用の》ひげそり用品バッグ.

sháving brush ひげそり用ブラシ.

sháving crèam シェービングクリーム.

sháving fòam シェービングフォーム.

sháving hòrse 〘木工〙 削り台.

sháving lòtion シェービングローション.

sháving sòap ひげそり用石鹸.

Shavuot(h) ⇨ SHABUOTH.

shaw[1] /ʃɔ́ː/ *n* 《古・詩・方》《主に 畑に沿った》やぶ, 雑木林. [OE *sceaga*; cf. SHAG[1]]

shaw[2] 《主にスコ》 *n* SHOW; 《ジャガイモ・カブなど》茎と葉, 茎葉. ► *vi, vt* SHOW.

Shaw ショー (**1**) **Artie** ~ (1910–2004)《米国のジャズクラリネット奏者・作曲家・バンドリーダー; 本名 Arthur Jacob Arshawsky》 (**2**) **George Bernard** ~ (1856–1950)《アイルランド生まれの英国の劇作家・批評家; 略 G.B.S.; *Arms and the Man* (1894), *Candida* (1894), *Man and Superman* (1903), *Major Barbara* (1905), *Pygmalion* (1913), *Back to Methuselah* (1921), *St. Joan* (1923), *The Apple Cart* (1929); ノーベル文学賞 (1925); cf. SHAVIAN, FABIAN SOCIETY》 (**3**) **Irwin** ~ (1913–84)《米国のユダヤ系劇作家・小説家》 (**4**) **Lemuel** ~ (1781–1861)《米国の法律家; Massachusetts 州最高裁判所首席裁判官 (1830–60); 同州ならびに合衆国の法制の発展に貢献; Herman Melville の義父》 (**5**) **Thomas Edward** ~《T. E. LAWRENCE が 1927 年以降用いた名》.

sha·war·ma /ʃəwáːrmə, ᴴ-wɔ́ː-/ *n* シャワルマ《薄切りラムまたはチキン, 野菜をピタパンに包んだアラブ風のサンドイッチ》. [Levantine Arab]

shawl /ʃɔ́ːl/ *n* 肩掛け, ショール. ► *vt* …にショールをかける; ショールに包む, [*fig*] ふわりと包む. ♦ **~ed** *a* **~·less** *a* **~·lìke** *a* [Urdu<Pers]

sháwl cóllar 〘服〙 ショールカラー《ショール状に首からたれる襟》.

shawl·ie /ʃɔ́ːli/ *n* 《アイルロ・スコロ・北イングロ》ショールを掛けた[かぶった]女《労働者階級》.

sháwl pàttern ショール模様《東洋のショールから採った派手な意匠》; 派手な模様[意匠].

shawm /ʃɔ́ːm/ *n* 〘楽〙 ショーム《中世・ルネサンスの竪笛の一種で, oboe の前身》. [OF<L *calamus* stalk, reed]

Shawn /ʃɔ́ːn/ ショーン **Ted** ~ (1891–1972)《米国の舞踊家・振付家; 本名 Edwin Myers ~; Ruth ST. DENIS の夫》. [Ir; ⇨ JOHN]

Shaw·nee /ʃɔːníː/ *n* **a** (*pl* ~, **~s**) ショーニー族《初め Ohio 川中流域に居住していたインディアン; cf. TECUMSEH》. **b** ショーニー語《Algonquian 系の言語》. [*Shawnese* (obs)]

Shaw·wal /ʃəwáːl/ *n* 〘イスラム〙 シャッワール《イスラム暦 (⇨ ISLAMIC CALENDAR) の第 10 番目にあたる月; cf. ʿĪD AL-FITR》. [Arab]

shay[1] /ʃéɪ/ *n* 《古・方・口》CHAISE.

shay[2] 《卑》 *n* 性交; やる相手, 女, 男; 《1 人の女[女役]との》相乗り, 乗りまわし. ► *vt* 〈女〉とやる, する. ♦ **~·er** *n* [? *shake*]

shaykh /ʃíːk, ʃéɪk/ *n* SHEIKH.

Shays /ʃéɪz/ シェーズ **Daniel** ~ (1747?–1825)《米国の軍人; 独立戦争後 Massachusetts の不当な土地税に対し反乱 (**Sháys' Rebéllion**) (1786–87) を起こした》.

shaytan ⇨ SHAITAN.

sha·zam /ʃəzǽm/ *int* シャジャーン, えいっやー!《物を消したり出したりするときの呪文》; ジャーン, やったあ. [漫画の主人公 Captain Marvel の呪文; *S*olomon, *H*ercules, *A*tlas, *Z*eus, *A*chilles, and *M*ercury]

shaz·zam /ʃəzǽm/ *vi* *《俗》ピカーッと光る[輝く]. ► *int* SHAZAM. [*shazam*]

Shcheg·lovsk /ʃtʃɪglɔ́ːfsk/ シチェグロフスク《KEMEROVO の旧称》.

Shcher·ba·kov /ʃ(tʃ)ɛ̀ərbəkɔ́ːf, -v/ シチェルバコフ《RYBINSK の旧称》.

shchi /ʃtʃíː/ *n* 〘料理〙 シチー, シー《ロシアのキャベツスープ》. [Russ]

shd should.

she *pron* /ʃɪ, ʃíː/ (*pl* **they**) [人称代名詞三人称単数女性主格] 彼女は[が] 《(**1**) 三人称女性代名詞で船舶・月・汽車・車・国家・都市その他女性に擬したものにも用いる **2)** 不定代名詞や男女どちらをも指しうる名詞などを she で受けることも多くなった). ● **Who's '〜' the cat's mother?** ″'彼女'ってだれ, 母猫のこと?《その場にいる女性を代名詞で言うのは失礼であるとたしなめる表現》.
► *n* /ʃíː/ (*pl* **〜s**) **1** 女; [*derog*] あま, 女: Is the baby a he or a 〜? 赤ちゃんは男の子か女の子か / the not impossible 〜 恋の対象になりそうな女性. **2** 雌; [しばしばハイフンを従えて形容詞的に] 雌の: a 〜-rabbit 雌ウサギ. **3**《豪口》IT[1]《次の句でよく用いる》: *S*〜's apples. 万事オーケーだ / *S*〜'll be jake. 万事だいじょうぶだろう. [ME *scæ*, *sche*, etc.; 起源は混成説 (OE *sēo*, *sīo* (fem demon pron)＋*hēo* she), *hēo* の特別な音変化説, *sēo* の転用説, 以上の過程の ON 影響説などがある]

s/he /ʃíːhíː/ *pron* 彼(女)は[が]《nonsexist の用字》. ★ shé or hé, shé slàsh hé などとも読む.

shea /ʃíː, ʃéɪ, ʃíːə/ *n*〔植〕シアバターノキ (shea tree). [Mandingo]

shéa bùtter シアバター《shea tree の実から採る植物性のバター; 食用または石鹸・クリーム・ろうそく製造用》.

shéa bùtter trèe〔植〕SHEA TREE.

shead·ing /ʃíːdɪŋ/ *n* 村, 部落《Isle of Man の六分された行政区画の一つ》.

sheaf /ʃíːf/ *n* (*pl* **sheaves** /ʃíːvz/)《穀物・書類・紙などの》束, 一束;〔数〕層: a 〜 of arrows 一えびらの矢《通例 24 本》. ► *vt* (集めて)束ねる. ♦ **〜·lìke** *a* [OE *scēaf* (SHOVE); cf. G *Schaub*, ON *skauf* fox's brush]

shealing ⇨ SHIELING.

shéa nùt シアバターノキ (shea tree) の実.

shear[1] /ʃíər/ *n* **1** [*pl*] 大ばさみ, 植木ばさみ, 剪断(せんだん)機, シャー; 大ばさみの刃; [〜s, ‹*sg*/*pl*›] SHEAR LEGS: a pair of 〜*s* 大ばさみ一ちょう (cf. SCISSORS). **2**〔機〕剪断(力), SHEARING STRESS; ずり, ずれ;《羊の》剪毛(回数);《羊の年齢を示す》剪毛量: a sheep of one 〜 [two 〜*s*] 当歳 [2 歳]の羊. ► *v* (**〜ed**,《古・豪》**shore** /ʃɔ́ːr/; **shorn** /ʃɔ́ːrn/, **〜ed**) *vt* **1 a** 摘む, 刈る, 切る ‹*off*›; ‹羊などの›毛を刈り込む;《スコ》‹穀物を›鎌で刈り取る; ‹空・水中を›切るように進む;《古・詩》剣[おの]で切る;〔機〕剪断する: 〜 sb *of* his hair 人の髪をはさみで刈る / 〜 cloth 織物のけばをとる. **b**〔機〕異常なねじり力で変形[破砕]する, 剪断変形させる; ‹岩塊などを›すり動かす. **2** [″*pass*] ‹権力などを›…からはぎ取る, 剥奪する ‹*of*›: 〜 sb *of* strength 力を奪う / be *shorn of* one's authority 権限を奪われる. ► *vi* はさみを入れる; 羊毛を刈り込む, 剪毛する; 切りながら進む ‹*through*›, ‹船・飛行機などが›突き進む ‹*through*›;《スコ》《鎌で》刈入れする;〔鉱〕炭層を縦に切る;〔機〕剪断される; ねじり力で変形[破砕]する. ● **〜 off** はさみとる; ″‹車輪などが›はずれる, とれる: 〜 *off* his plume 高慢の鼻をへし折る. ♦ **〜ed** *a* 刈り込んだ; 長さをそろえて切った[刈った]. [OE *sceran*＜Gmc＝to cut, shear (G *scheren*); ⇨ SHARE]

shear[2], **sheer** /ʃíər/ *a**《俗》COOL.

shéar·bìll *n*〔鳥〕クロハサミアジサシ (black skimmer).

shéar·er *n* 摘み切る[刈る]人; 羊毛刈り込み人; 剪断機: A bad 〜 never had a good sickle.《諺》へたな刈り手はいつでも鎌が悪い《道具のせいにする》.

shéar·gràss *n* 葉のとがった草, スゲ類《saw grass, couch grass など》.

shéar·hòg *n* ″《方》初めて毛を刈った羊.

shéar hùlk 二叉起重機船.

shéar·ing *n* (はさみで)刈ること, 剪毛, 剪断; [″*pl*] 刈り取ったもの[羊毛など]; 剪断加工.

shéaring fòrce〔機〕剪断力.

shéaring gàng《NZ》羊毛刈り込みを請け負う渡り労働者の集団.

shéaring shèd《豪》羊毛刈り小屋 (woolshed).

shéaring stràin〔機〕剪断ひずみ.

shéaring strèss〔機〕剪断応力 (＝*shear stress*).

shéar jòint〔地質〕剪断節理.

shéar lègs (*pl* 〜) 二叉クレーン.

shéar·ling *n* **1** 回剪毛した当歳の羊; 当歳羊から刈り取った羊毛, 当歳羊のウール(コート);《最近毛を刈った》(子)羊のなめし革.

shéar mòdulus〔機〕剪断弾性係数.

shéar pìn〔機〕シャーピン《余分の力がはたらくと折れるようになっている, 機械の重要な部分に挿入するピン》.

shéar stèel〔冶〕剪断鋼, 刃物鋼(はものはがね).

shéar strèss SHEARING STRESS.

shéar·tàil *n*〔鳥〕大ばさみ状の尾のある各種のハチドリ.

shéar·wàter *n*〔鳥〕**a**《特に》ミズナギドリ. **b** ハサミアジサシ (＝*skimmer*).

shéar wàve 剪断波, ねじれ波, S WAVE.

shéar zòne〔地質〕剪断帯《圧縮によって岩石が角礫(かくれき)化した帯》.

sheat·fish /ʃíːtfɪʃ/ *n*〔魚〕ヨーロッパ[ダニューブ]ナマズ《欧州中部・東部産; 長さ 3 m に及ぶものもある》. [*sheat*＜↓]

sheath /ʃíːθ/ *n* (*pl* **〜s** /ʃíːðz, ʃíːθs/) さや;《道具の》おおい, 被覆, さや型ケース;〔植〕葉鞘 (ocrea);〔植〕仏炎苞 (spathe);〔昆〕翅鞘;〔解〕鞘; 野地(のじ)板, 下地板;〔服〕シース (＝〜 **drèss**)《ストレートで細身のドレス》;〔電〕《ケーブルの》鎧装(がいそう),《導波管の》金属鎧装,《電極付近の》空間電荷層;《ペニスの》包皮, 皮; ″コンドーム. ► *vt* SHEATHE. ♦ **〜·less** *a* **〜·lìke** *a* [OE *scēath*; SHED[2] と同語源か; cf. G *Scheide*]

shéath·bìll *n*〔鳥〕サヤハシチドリ, カオグロサヤハシチドリ《南極周辺産の 2 種》.

sheathe /ʃíːð/ *vt* さやに納める; おおう, 包む ‹*in*, *with*›; おおい[さや型ケース]に入れる; ‹猫などがかぎづめを›引っ込める; ‹剣などを›肉に突き刺す. ● **〜 the sword** 剣をさやに納める; [*fig*] 和解する.
♦ **shéath·er** *n* [ME＜SHEATH]

sheath·ing /ʃíːðɪŋ/ *n* さやに納めること; 被覆, おおい;《屋根の》ふき下地, 野地(のじ), 野地板(張); 下地板; 羽目板張り; 堰板(せきいた), 側板, 土(ど)止め, 山止め; 船底被覆;《ケーブルの》鎧装.

shéathing bòard 土止め板, 堰板(せきいた).

shéath knìfe さやナイフ (cf. CLASP KNIFE).

shéath-tàiled bát〔動〕サシオコウモリ《同科の総称; 熱帯主産》.

shéa trèe〔植〕シアバターノキ (＝*shea*, *shea butter tree*)《西アフリカのサバンナ特有のアカテツ科植物》.

sheave[1] /ʃíːv/ *vt* ‹穀物・書類などを›束ねる, 集める. [*sheaf*]

sheave[2] /ʃív, ʃíːv; ʃíːv/ *n*〔機〕溝車, 綱車(つなぐるま), 滑車輪, シーブ; 滑車《集合的》. [OE *scīfe*＜Gmc＝disk, wheel (G *Scheibe* disk)]

sheaves *n* SHEAF [SHEAVE[2]] の複数形.

She·ba /ʃíːbə/ **1** シバ (＝*Saba*)《金・宝石・香料を商って栄えた南アラビアの古国; 現在のイエメンと考えられる》. **2***《口》魅力のある美女.
■ the **Quéen of 〜**〔聖〕シバの女王《Solomon 王の令名を聞き, その知恵と栄えを確かめるために多くの宝物を持って王のもとを訪れた; *1 Kings* 10:1–13》; 大金持, 大富豪, 豪勢に散財する人: Yeah, and I'm *the Queen of* 〜 [Elvis Presley, the Pope, etc.]! [*iron*] へーえ, それが本当ならこちとらシバの女王様[プレスリー, 法王など]だよ, んなわけねえだろ.

shé-bàlsam *n*〔植〕フラセリーモミ (FRASER FIR).

she·bang /ʃɪbǽŋ/《口》*n* もの, こと (affair, thing); [the] すべて, なにもかも (the whole shebang); 騒ぎ; *掘っ建て小屋. ● **the whole 〜**《口》全体, なにもかも, 一切. [C19＜?; 変形＜*shebeen* か]

She·bat, -vat /ʃəbáːt, -váːt; ʃíːbæt/ *n*〔ユダヤ暦〕セバテ, シェヴァト《政暦の第 5 月, 教暦の第 11 月; 現行太陽暦で 1–2 月; ⇨ JEWISH CALENDAR》. [Heb]

she·been, -bean /ʃəbíːn/ *n*《アイル・スコ・南ア》もぐりの酒場 (speakeasy),《一般に》安っぽい[きたならしい]居酒屋[パブ];《米・アイル》弱いビール. [Ir (*séibe* mugful)]

shé-cát *n* SHE-DEVIL.

She·chem, Sy-, Si- /ʃíːkəm, -kèm/ シケム《古代パレスティナの Samaria 付近にあった町; 現在名 Nablus》.

She·chi·nah, -k(h)i- /ʃɪkíːnə, -káɪ-; ʃɛkáɪ-/〔ユダヤ教〕シェキーナー《神の御座 (mercy seat) や(超)自然現象におけるエホバ[神]の臨在(の姿)》. [Heb (*shākhan* to dwell)]

shechita(h) ⇨ SHEHITAH.

Shecht·man /ʃéktmən/ シェヒトマン **Daniel 〜** (1941–)《イスラエルの化学者; 準結晶 (quasicrystals) の発見によりノーベル化学賞 (2011)》.

shé-cráb *n* 雌のカニ,《特に》若い雌のブルークラブ (blue crab).

she'd /ʃɪd, ʃíːd/ she had [would] の短縮形.

shed[1] /ʃéd/ *n* 納屋, 小屋;《機械などの》格納庫, 車庫;《税関の》上屋(うわや); 家畜小屋;《豪》剪毛[搾乳]小屋;《NZ》屠殺冷凍工場 (freezing works). ► *vt* (**-dd-**) shed に入れる ‹*up*›. ♦ **〜·lìke** *a* [変形＜*shade*]

shed[2] *v* (**shed**; **-dd-**) *vt* **1 a** こぼす; 流す; ‹″積荷などを›落とす; ‹光・熱・香りなどを›発する, 注ぐ: 〜 tears *over*… [°*neg*] …に涙を流す, …を残念がる. **b** ‹幸福・平和・影響などを›及ぼす, 与える: She 〜*s* peace around. あたりに静かな気分を漂わせる. **2 a** ‹皮・殻などを›脱ぎ替える, ‹葉・種子・角などを›落とす; ‹ウイルスなどを›排出する; ‹衣服を›脱ぐ, 脱ぎ捨てる; ″‹トラックが›‹積み荷を›誤って落とす[こぼす]: The snake 〜*s* its skin. ヘビは脱皮する. **b** ‹イメージなどを›捨てる, 脱却する; ‹仕事・人員・体重などを›減らす, 削減する;《口》…と離婚する: 〜 ten pounds《ダイエットなどで》体重を 10 ポンド落とす. **c**〔電〕‹負荷を›減らす. **3** ‹布・羽などが水を›はじく;《方》分ける, 分離[隔離]する;《スコ》‹髪を›分ける;〔織維〕…に杼口(ひぐち)をつくる: The umbrella 〜*s* water. 傘は水をはじく. ► *vi* 脱皮[脱毛]する; ‹葉・種子が›落ちる; 殻を脱ぐ, 脱殻する; 散らばる;〔織維〕杼口がつく. ● **〜 blood** 血を流す, 人を殺す (cf. BLOODSHED): 〜 much *blood* 多くの人を殺す / 〜 others' *blood* (多くの)人を殺す. **〜** LIGHT[1] **on.** **〜 out**《NZ》‹産後の羊を›別にして良い草地に移す. ► *n* **1**《ヘビなどの》脱け殻; WATERSHED;〔織維〕杼口, 杼道《縦糸を上下に分けて作った横糸の挿入口》;〔理〕シェッド《原子核反応の断面積の単位: 10^{-48} cm^2》. **2**《スコ》《髪の》分け目;《廃》区別 (distinction, difference). ► *a* *《口》…から自由な, 束縛のない, 妨げのない ‹*of*› ● **get 〜 of**…を片付ける, 始末する; 首[お払い箱]にする. [OE *sc(e)adan*; cf. SHEATH, G *scheiden*]

shéd·der *n* 流す人, 注ぐもの; 脱殻期のカニ[エビ]; SOFT-SHELL CRAB; 産卵を終えたサケ; 《NZ》《家畜小屋で》乳しぼりをする人.
shéd·ding *n* 流すこと, 発散; [ᵘ*pl*] 抜け殻; 〔機〕目こぼれ; 分かつこと, 分界.
shéd dòrmer 〔建〕片流れドーマー《主屋根と同一方向に片流れで延びた屋根窓》.
shé-dévil *n* 悪魔のような女, 意地悪女, 悪女, 毒婦.
shéd·hànd *n* 《豪》羊毛刈りの労働者[手伝い人].
shéd·lòad *n*″《口》多数, 多量, たくさん: a ～ of money.
shé-drágon *n* 雌の竜; きびしい[こわい]女.
shéd ròof 〔建〕片流れ屋根 (pent roof).
shee-it /ʃíːət/ *int**《卑》SHIT.
Shee·la-na-gig /ʃiːlənəgíg/ *n* シーラナギグ《脚を開いて両手で性器を見せる中世の女性裸像; 英国・アイルランドの教会などで見られる》. [<IrGael]
sheen[1] /ʃíːn/ *n* 光輝, 光彩; 光沢, つや; きらびやかな衣裳; 光沢のある織物. ► *vi* 《方》光る, 輝く (shine), ピカピカ光る (glisten). ► 《古》*a* 輝く, きらびやかな; 美しい. [OE *scēne*; cf. SHOW, G *schön*; 語義は *shine* (n) の影響]
sheen[2] *n**《俗》車 (car). [*machine*]
sheeny[1] /ʃíːni/ *a* (ピカピカ)光る, つやのある. [*sheen*[1]]
sheeny[2], **shee·ney, shee·nie** /ʃíːni/ 《俗》[*derog*] *n* ユダヤ人 (Jew); 質屋, 仕立屋, くず屋《伝統的にユダヤ人の職業とされる》. [C19<?]
sheep /ʃíːp/ *n* (*pl* ～) **1 a** 羊, 緬羊《雄は ram, 雌は ewe, 子羊は lamb, 羊肉は mutton, lamb》: (One might) as well be hanged for a ～ as a lamb. 《諺》子羊を盗んでつるされるより親羊を盗んでつるされるがまし《毒食わば皿まで》/ BLACK SHEEP. **b** 〔動〕野生羊《バーバリシープ (aoudad) など》. **c** 羊皮. **2** おとなしい人, 臆病者; 《口》他人に影響されやすい人; 信者たち, 教区民 (cf. SHEPHERD). ● **count ～** 羊を数える《眠れない時に, (垣根を飛び越える)羊の数を数える》. **follow like ～** 盲従する. **like [as] a ～ to the slaughter** ひどく柔順に, おとなしく. **return to one's ～** 本題に立ち返る. **separate [tell] the ～ from [and] the goats** 〔聖〕善人と悪人[すぐれた者と劣った者]とを区別する《*Matt* 25:32》. **～ that have no shepherd** 烏合(うごう)の衆. ♦ **～·lìke** *a* [OE *scēap*; cf. G *Schaf*]
shéep bàck 〔地質〕羊背岩 (roche moutonnée).
shéep·bèrry /, -b(ə)ri/ *n* 〔植〕《北米産》ガマズミ属の低木 (＝*sweet viburnum*); シープベリー《その小果》.
shéep·bìne *n* 〔植〕セイヨウヒルガオ (field bindweed).
shéep bòt 〔昆〕ヒツジバエ (sheep botfly) の幼虫《羊の鼻孔中に寄生する》.
shéep bòtfly 〔昆〕ヒツジバエ.
shéep·còte, -còt″ *n* SHEEPFOLD.
shéep-dìp *n* 洗羊液《寄生虫駆除・毛の洗浄のために羊を浸す》; 洗羊槽; *《俗》ひどい安酒. ► *vt**《俗》《スパイ活動をさせるために》〈軍人を〉民間人に仕立てる.
shéep·dòg *n* 羊の番犬, 護羊犬, 牧羊犬《collie など》.
shéepdog trìal [ᵒ*pl*] 牧羊犬の能力競争.
shéep fàrmer″ 牧羊業者 (sheepman*).
shéep fèscue 〔植〕ウシノケグサ, シープフェスク (＝*sheep's fescue*) 《羊の飼料作物》.
shéep flỳ 〔昆〕羊バエ《幼虫が羊の体中に潜んでその肉を食う各種のハエ》.
shéep·fòld *n* 羊小屋, 羊のおり.
shéep·hèad *n* SHEEPSHEAD.
shéep·hèrd·er* *n* 羊飼い (shepherd). ♦ **-hèrd·ing** *n*
shéep·hòok *n* 牧羊者の杖《先が曲がっている》.
shéep·ish *a* 羊のような; 非常に内気な, 気の弱い, おどおどした. ♦ **～·ly** *adv* **～·ness** *n*
shéep kèd 〔昆〕ヒツジシラミバエ (＝*ked, sheep tick*).
shéep làurel 〔植〕ナガバハナガサシャクナゲ (＝*lambkill*)《羊その他の動物に有毒といわれる; 北米産》.
shéep lòuse 〔昆〕**a** ヒツジハジラミ. **b** SHEEP KED.
shéep·man /-mən/ *n**牧羊業者 (sheep farmer″, sheepmaster″); 《古》SHEPHERD.
shéep·màster″ *n* 牧羊業者 (sheepman*).
shéep mèasles [<*sg*/*pl*>] 〔獣医〕羊嚢虫症.
shéep mèat″ 羊肉, マトン; 子羊肉, ラム.
sheepo /ʃíːpoʊ/ *n* (*pl* **shéep·os**) 《豪》毛刈り用羊を囲いに追い込む係.
shéep-pèn″ *n* SHEEPFOLD.
shéep pòx 〔獣医〕羊痘《羊・ヤギのウイルス性の水疱性発疹》.
shéep ràce 《豪》羊囲いの通路.
shéep rùn 広い牧羊場 (＝*sheep station*).
shéep's-bìt *n* 〔植〕ヤシオネ・モンタナ《欧州原産; マツムシソウに似たキキョウ科の二年草; 乾燥した草地や海岸の岩場などに生える》.
shéep's èye [ᵘ*pl*] 《口》内気にあこがれる目つき, 流し目. ● **cast [make] ～ at...** 《口》…におずおず色目をつかう.
shéep's féscue 〔植〕SHEEP FESCUE.
shéep·shànk *n* 〔海〕縮め結び, シープシャンク《一時的にロープを縮めるための結索》; 《スコ》つまらないもの.
shéeps·hèad *n* **1** 〔魚〕**a** 米国大西洋[メキシコ湾]沿海産のタイ科の食用魚. **b** 淡水ドラム (FRESHWATER DRUM). **c** California 産のベラ科の黒と橙色の大型の魚. **2** 《古》ばか (fool).
shéep·shèar·ing *n* 羊毛刈り, 剪毛(せんもう); 剪毛の時期, 剪毛の祝い. ♦ **shéep·shèar·er** *n* 羊毛を刈る人; 剪毛機.
shéep·skìn *n* 羊皮, 羊のなめし革, ヤンピー; 羊の毛皮外套; 羊の毛皮製の帽子[敷物, ひざ掛け]; 羊皮紙; 羊皮紙の書類; *《口》[*joc*] 《特に 大学の》卒業証書 (diploma).
shéep('s) sòrrel 〔植〕ヒメスイバ《タデ科ギシギシ属の多年草》.
shéep stàtion 《豪》SHEEP RUN.
shéep tìck 〔昆〕SHEEP KED.
shéep tràck 羊が通ってできた道, 羊道.
shéep·wàlk″ *n* 牧羊場.
shéep wàsh 洗羊場; ″洗羊液 (sheep-dip).
sheer[1] /ʃíər/ *a* **1** 全くの: ～ folly 愚の骨頂 / by ～ luck 全くの幸運で / ～ size 途方もない大きさ. **2** 〈織物が〉透き通る, 薄い; まぜ物のない; いちずな; 切り立った, 険しい; 《廃》輝く. ► *adv* 全然, 全く; 垂直に, まっすぐに, まともに, 直に: run ～ into the wall まともに壁にぶつかる / fall 100 feet ～ まっすぐに 100 フィート落ちる. ► *n* シーア《透明な織物; その服》. ♦ **～·ly** *adv* 全く, 完全に. **～·ness** *n* [ME *schere*<?*shire* (dial) pure, clear; cf. SHINE, G *schier*]
sheer[2] *vi* 急に針路からそれる[向きを変える]. ► *vt* 〈船・車〉の進行方向を変える: ～ one's way 曲がりながら[縫うように]進む. ● **～ off [away]** 《衝突などを避けるため》針路からそれる; 〈いやな人・事・話題などを〉避ける 〈*from*〉. ► 〔海〕*n* 舷弧《側面からみた甲板の弧度》; 単錨(たんびょう)泊の船の位置; 湾曲進行, 針路からそれること. [?MLG *scheren* to SHEAR[1]]
sheer[3] ⇨ SHEAR[2].
shéer hùlk SHEAR HULK.
shéer·lègs *n* (*pl* ～) SHEAR LEGS.
Sheer·ness /ʃìərnés/ シアネス《イングランド Kent 州 Thames 河口の軍港・保養地》.
shéer plàn 〔造船〕側面線図《船体側面の形状や甲板・水線の位置などを示す線図》; cf. BODY PLAN, HALF-BREADTH PLAN》.
sheers /ʃíərz/ *n* (*pl* ～) SHEAR LEGS.
Shéer Thúrsday MAUNDY THURSDAY.
sheesh[1] /ʃíːʃ/ *int* 《口》チョッ, ちくしょう, くそっ!《不快感・不満を表わす》. [*shit*]
sheesh[2] *n**《俗》ハシーシ (hashish).
sheet[1] /ʃíːt/ *n* **1 a** 敷布, シーツ《ベッドには普通上下 2 枚用いる》: change ～*s* / (as) white as a ～ 〈顔が〉蒼白な, 血の気のない. **b** 《詩》帆 (sail); 経かたびら; WHITE SHEET. **2 a** 《紙・薄板状のものの》一枚, 《書物の》一葉: a ～ of glass [iron] 板ガラス[鉄板] 1 枚 / two ～*s* of paper 紙 2 枚. **b** 板, 薄板, 展板(のべいた)《plate より薄い》; 《クッキーなどを焼く》金属板, プレート. **c** [ᵘ*pl*] 〔製本〕枚葉紙; 《設計などの》図面, シート; 〔切手〕シート《耳紙のついた全紙》, 小型シート; 印刷物; 《口》新聞, 定期刊行物《など》, *《俗》競馬ニュース (＝scratch ～); *《俗》RAP SHEET; 植物標本紙《標本を載せる重めの紙》; 《俗》*1 ドル札, ″1 ポンド札: a fly ～ ちらし, ビラ / a news ～ 一枚刷り新聞 / a gossip ～ ゴシップ新聞. **d** 〔地質〕岩床, デッケ, シート; 〔地質〕基盤岩; 〔数〕葉(よう). **3** 《水・雪・氷・火・色などの》広がり: a ～ of ice 一面の氷, 氷の原[海] / ～*s* of rain 豪雨. ● **between the ～s** ベッド[寝床]にはいって: get *between the* ～*s* 寝る. **a blank ～** 白紙; 白紙のような心[人]《善にも悪にも染まる》. CLEAN SHEET. **in ～s** (1)〈雨・霧が〉激しく: It's coming down *in* ～*s* (⇨ *vi*). (2) 《刷ったままで》製本してない, 一枚一枚ばらばらの. ► *a* 薄板(製造)の. ► *vt* 敷布で包む, 〈寝床などに〉敷布を敷く; …にシート[おおい]をかける; シート(状)にする, 延べる; 〈死者〉に経かたびらを着せる: ～*ed* rain (シーツをかけたように先も見えない)豪雨 (＝～*s* of rain). ► *vi* 一面に広がる[降る, 流れる]: It ～*ed down*. 土砂降りだった. ♦ **～·er** *n* **～·lìke** *a* [OE *scēte, scīete*; cf. SHOOT[1]]
sheet[2] 〔海〕*n* 帆脚索(ほあし), シート《風向きに対する帆の角度を調節する》; [*pl*] 《ボートの船首・船尾の》余地, 座. ● **a ～ in [to] the wind** 《口》ほろ酔いで. **both ～s in the wind＝two ～s to the wind＝three [four] ～s in [to] the wind** 《口》酔っぱらって. **six ～s to the wind** 《口》泥酔して. ► *vt* [次の成句で]: **～ home** 帆脚索で〈帆を〉いっぱいに張る[開ききる]; *…に対する責任を負わせる, 〈必要性などを〉痛感させる. **～ in [out]** 〈帆を〉張る[ゆるめる]. [OE *scēata*; ↑]
sheet[3] *n* 《卑》SHIT.
shéet ànchor 〔海〕予備大アンカー《中部甲板の外側につるす》; [*fig*] 最後の手段, 頼みの綱《人にも用いる》.
shéet bènd 〔海〕《2 本のロープを結ぶ》はた結び, シートベンド (＝*becket bend, mesh knot, netting knot, weaver's knot [hitch]*).
shéet eròsion 《雨水による土壌表面の》表層浸食.
shéet-fèd *a* 〔印〕枚葉給紙の (cf. REEL-FED).
shéet fèeder 〔電算〕シートフィーダー, 帳票紙給紙装置《プリンターにカット紙を自動的に供給する装置》.
shéet gàsket 〔機〕シート状ガスケット.
shéet glàss (薄)板ガラス (cf. PLATE GLASS).

shéet·ing *n* 敷布地, 敷布; 板金につくること, 板にする[延べる]こと; 《表面保護用の》裏打ち被覆(材); 板金; 堰板(せきいた), 土(ど)止め.
shéet ìron 薄鋼板, 鉄板.
shéet lìghtning 幕電光《雲への反射による幕状の閃光; しばしば夏に雷鳴なしに起こる》.
shéet mètal 板金, 薄板金, 金属薄板.
shéet mùsic 楽譜; シートミュージック《綴じてない一枚刷りの楽譜に印刷されたポピュラー音楽》.
shéet pìle 土止め板, (鋼)矢板(やいた), シートパイル.
Shéet·ròck 〘商標〙 シートロック《石膏板; 建材》.
Shéf·fer's stróke /ʃéfərz-/ 〘論〙 シェファーの棒記号《| ; 論理演算子の一種; A|B は命題 A,B の不両立を示す》. [Henry M. *Sheffer* (1883–1964) 米国の哲学者]
Shef·field /ʃéfiːld/ **1** シェフィールド《イングランド South Yorkshire の工業都市》. **2** [the] SHEFFIELD SHIELD.
Shéffield pláte 硬質の銀きせ銅板, 銀きせ. [18 世紀 Sheffield でつくり始めた]
Shéffield Shíeld [the] シェフィールドシールド《オーストラリアで毎年行なわれる州対抗クリケット競技大会の優勝記念盾; 第 1 回大会は 1892–93 年》. [3rd Earl of *Sheffield* (1832–1909) 1892 年にトロフィーを寄贈した貴族]
she·getz /ʃéɪgəts/ *n* (*pl* **shkotz·im** /ʃkɔ́ːtsɪm/) [*derog*] 《ユダヤ人でない》少年, 男, 《正統的ユダヤ人からみて》非ユダヤ的ユダヤ男性 (cf. SHIKSA). [Yid]
shé-góat *n* 雌ヤギ (opp. *he-goat*).
she/he /ʃíː(ər)híː/ *pron* SHE OR HE.
She·her·a·zade /ʃəhèrəzɑ́ːdə/ SCHEHERAZADE.
she·hi·ta(h), -chi·ta(h) /ʃəxíːtə/ *n* 〘ユダヤ教〙《ラビの教義にのっとった》屠殺(の法), シェヒタ. [Heb=slaughter]
sheikh, sheik /ʃíːk, ʃéɪk/ *n* **1** 《アラブの》長老, 家長, 族長, 首長, 村長, シャイフ《尊称としても用いられる》: *S*~ ul Islam イスラム教教主. **2** [ᵁsheik /ʃíːk/] 《口》《女の目からみて》魅力のある男, 色男, やさ男《英国の女性作家 E. M. Hull の小説 *The Sheik* (1921), および Rudolph Valentino の主演映画から》. ► *vt* [sheik] *《俗》いじめる, からかう. ◆ **~·dom** *n* sheikh の管領地, 首長国. [Arab=old man]
Shei·la /ʃíːlə/ **1** 《アイル》シーラ《女子名; CELIA, CECILIA の異形》. **2** [s-] 《豪俗・南ア俗》若い娘[女], ガールフレンド《女性に不快感を与えることがある表現》. ['若い娘' の意は C19 *shaler* (<?) が女子名に同化]
shei·tan /ʃeɪtɑ́ːn, ʃaɪ-/ *n* SHAITAN.
shei·tel /ʃéɪtl/ *n* シェイテル《ユダヤ教アシュケナジの既婚女性がかぶるかつら》.
shek·el /ʃék(ə)l/ *n* シェケル《(1) ユダヤの衡量で, 約半オンスまたは銀貨約 14 新ペンス (2) イスラエルの通貨単位: =100 agorot; 記号 IS》; 《口》硬貨; [*pl*] 《口》金 (money), 富 (wealth); *《俗》1 ドル札: rake in the ~*s* 金をかき集める. [Heb =weight]
Shek(h)inah ⇨ SHECHINAH.
Shel·don /ʃéld(ə)n/ シェルドン《男子名》. [OE=level-top hill, steep-sided valley]
shel·drake /ʃéldrèɪk/ *n* 〘鳥〙 **a** ツクシガモ. **b** アイサ (merganser). [?*sheld* (dial) pied, *drake*¹]
shel·duck /ʃéldʌ̀k/ *n* SHELDRAKE; ツクシガモの雌.
shelf /ʃélf/ *n* (*pl* **shelves** /ʃélvz/) **1** 棚板; [*pl*] 棚, 架; 棚の物品[収容量]; 《崖の》岩棚; 大陸棚 (continental shelf); 壇 (platform); 暗礁, 砂洲(す), 浅瀬, 洲; 〘鉱〙平層; 〘地質〙棚状地層《沖積土下の床岩》; 〘弓〙弓を握った手の上側《矢が載る》. **2** 《豪俗》密告者, 通報者, たれ込み屋. ● **off the ~** 《在庫があって》いつでもすぐ買えて; 〈部品など〉規格品[レディーメード]で. **on the ~** 棚に載せられて; CD [映画]が発売[公開]待ちの; 棚上げにされて, 用いられなくなって; 解雇されて; 《古風》〈女性が〉婚期を過ぎて; 《口》社交的な活動をしないで, 人とつきあわないで: put [lay, cast] *on the* ~ 棚上げする; 廃棄処分する; 退職させる. ► *vt* **1** 《俗》中止する, 棚上げにする. **2** 《豪俗》〈人を〉密告する, さす. ◆ **~·fùl** *n* 棚一杯. **~·lìke** *a* [LG; cf. OE *scylfe* partition, *scylf* crag]
shélf fùngus 〘菌〙 BRACKET FUNGUS.
shélf ìce 棚氷(たなごおり), 氷棚(ひょうほう)《氷床 (ice sheet) の一部が海上に棚状に張り出したもの》.
shélf lìfe 《材料・商品の》貯蔵寿命, 棚持ち; 人気の持続期間.
shélf màrk 〘図書〙《書物の背の》書架記号.
shélf-ròom *n* 棚の空き[収容余地].
shélf-stàck·er *n* 《商品の》陳列(補充)係, 品出し要員.
shell /ʃél/ *n* **1 a** 《動植物の》堅い外皮, 《卵などの》殻, 卵殻, 貝殻, さや, 甲, うろこ, 翅鞘, 《さなぎの》蛹嚢(ようのう)[蛹殻], 落花生の殻, 《クリの》鬼皮(おにかわ); 《貝細工の材料としての》貝殻, 亀甲(きっこう), 鼈甲(べっこう); 有殻軟体動物, 《特に》貝, 甲殻類. **b** [one's] 《心の》殻: bring sb out of *his* ~ 人をうちとけさせる / come out of one's ~ 殻から抜け出す, うちとける. **2 a** 殻に似たもの, 貝殻形の容器[ビールグラス]; 《パイ・トルティーヤなどの》皮; 〘電算〙シェル《フロッピーディスクの保護ケース》; 《建物の》骨組, シェル; 〘建〙曲面板; 〘機〙外板, 胴; 《太鼓の》胴, 《ドラムの》シェル; 半円形[ドーム形]の建造物[体育館, 競技場], 野外音楽堂, シェル; 船体, 車体(外殻) (bodyshell); シェルボート《スカル (scull) に似た 通例 一人乗りのレース用ボート》; 《詩》七弦琴; 《刀剣の》つば: After the fire the house was a mere ~. 火災後は家の骨組だけが残った. **b** 砲弾, 榴散[破裂]弾 (cf. BALL¹); *薬莢(やっきょう), 薬包; 砲弾式花火. **c** 《裏地のない》軽いジャケット, *SHELL TOP; SHELL JACKET. **d** 〘解〙耳甲介 (concha); 岩石の薄く硬い層; 地殻; 〘冶〙鋳型の外壁, シェル; 〘理〙《電子の》殻《ほぼ同等のエネルギーの電子群》; 〘電算〙シェル《プログラムのユーザーインターフェースを決定する最外殻 (=*shell program*); 特に OS のコマンドプロセッサーのコマンド解釈部 (=command ~)》; 〘英〙《ある種のパブリックスクールの》中間学年[年級]. **3** SHELL COMPANY. ● **in the** [**one's**] **~** 殻のままで, 〈卵が〉かえっていないで; [*fig*] 未発達の段階で, 未熟で. **retire** [**retreat, withdraw**] **into one's ~** 自分の殻に閉じこもる, うちとけない, 無口になる. ► *a* 殻[外皮]をもった; 貝殻[鼈甲]で作った.
► *vt* **1 a** 殻から取り出す, …の殻を取り去る, …のさやをむく[はぐ]; 〈トウモロコシなど〉の穀粒を穂[穂軸]からはずす: (as) easy as ~*ing* peas 実にたやすい. **b** 殻でおおう, …に殻を敷く. **c** *《俗》(やむなく)支払う, SHELL out. **2** 〈敵陣・町などを〉砲撃[爆撃]する; 〘スポ〙*〈投手・相手チーム〉に集中攻撃を浴びせる. ► *vi* **1 a** 皮がむける, 殻が落ちる; 〈金属などが〉一片一片はがれる 〈*off*〉. **b** 貝殻を集める. **2** *《俗》仕方なく支払う, SHELL out. ● **~ out** 《口》(*vt*) 〈金・金額を〉(仕方なく)支払う[費やす, 出す] 〈*for, on*〉; (*vi*) 金を払う 〈*for* a living〉.
◆ **~·less** *a* [OE *sc(i)ell*; ⇨ SCALE¹]
she'll /ʃɪl, ʃíːl/ she will [shall] の短縮形.
shel·lac, *-lack /ʃəlǽk, ᵁʃélæk/ *n* セラック《(1) 精製したラック (lac) (2) ラックをアルコールに溶出させたもの; ワニスなどにする (3) 以前レコードの材料にしたセラックを含んだ樹脂》; SP レコード. ► *vt* (**-lácked; -láck·ing**) …にセラックを塗る; *《俗》打ち破る, やっつける, ぶちのめす. ◆ **-láck·er** *n* [*shell*+*lac*¹; F *laque en écailles* lac in thin plates の訳]
shéll accòunt 〘インターネット〙シェルアカウント《(通例 UNIX の)サーバーのシェルを介してテキストベースでアクセスするようなインターネットの安価な利用形態》.
shel·lácked *a* **1** セラックを塗った. **2** *《俗》めためたにやっつけられた; *《俗》酔っぱらった.
shel·láck·ing *《俗》 *n* 殴打; 大敗, 完敗: get [take] a ~ なぐられる; 完敗する.
shéll·bàck *n* 老練な水夫, 老水夫; 《口》《船上の》赤道通過祭体験者 (cf. POLLIWOG).
shéll·bàrk *n* 〘植〙 SHAGBARK.
shéll bèan さやをはずして種子のみを料理に用いる豆《エンドウマメ・ソラマメなど; cf. STRING BEAN》.
shéll bìt シェルビット, さじ形錐《丸のみ型の穿孔錐の穂先》.
shéll còmpany [**corporàtion**] ペーパーカンパニー, ダミー会社, 幽霊会社《資産も営業実体もない名目会社; 設立当初の場合や脱税目的の場合などが多い》.
shéll cóncrete 〘建〙シェルコンクリート《ドーム状屋根・大建築に用いる貝殻状にした強化薄層コンクリート》.
shéll constrùction 〘建〙シェル[殻(から)]構造《鉄筋コンクリートの非常に薄い曲面構造》.
shéll·cràck·er *n* 〘魚〙 REDEAR.
shelled /ʃéld/ *a* 殻[甲, うろこなど]でおおわれた; 殻を取り除いた; 軸からはずした〈トウモロコシ粒〉; [*compd*] …な殻を有する: ~ nuts 殻を取ったナッツ / a hard-~ crab.
shéll ègg 殻付き卵《脱水・粉化しない普通の卵》.
shéll·er *n* 殻をむく人; 殻むき機; 貝の収集家.
Shel·ley /ʃéli/ シェリー (1) **Mary** (**Wollstonecraft**) ~ (1797–1851)《英国の小説家; Mary & William GODWIN の娘で, P. B. Shelley の 2 度目の妻; *Frankenstein, or the Modern Prometheus* (1818)》 (2) **Percy Bysshe** /bíʃ/ ~ (1792–1822)《英国のロマン派の詩人; *Queen Mab* (1813), *The Revolt of Islam* (1817), *Prometheus Unbound* (1820)》. ◆ **~·an** *a, n* P. B. シェリーの(研究家). **~·ésque** *a* P. B. シェリー風の.
shéll·fìre *n* 〘軍〙砲火.
shéll·fìsh *n* 貝; 甲殻類の動物《エビ・カニなど》; 〘魚〙ハコフグ (trunkfish).
shéll·fìsh·ery *n* 貝類・甲殻類の漁獲(高).
shéll·flòwer 〘植〙 *n* カイガラサルビア (Molucca balm); ジャコウソウモドキ (turtlehead).
shéll gàme* 《組織や政治家による》ごまかし, 不正行為; 豆隠し手品《3 個のくるみの殻またはくるみ状の杯を伏せて, 中に豆または小球を隠し, 杯を動かしていき, どれに豆がはいっているかを観客に当てさせるいんちき賭博の一種; cf. THIMBLERIG》.
shéll glànd 〘動〙殻腺《のちに貝殻の発生するところ》.
shéll hèap 貝塚 (kitchen midden).
shéll hòle 〘砲〙漏斗孔《砲弾の地上破裂によってできた穴》.
shéll hòuse [**hòme**] 外郭[骨格]家屋《内装は購入者が行なうもの》.
shéll·ing *n* 砲撃; 殻[さや など]をとること, もみすり.
shéll jàcket シェル(ジャケット)《熱帯地方用の男子の略式礼服》; MESS JACKET.

shéll-lìke *a* 殻[貝殻]のような. ► *n*"《口》耳: a word in your ~ ちょっとお耳を.
shéll-lìme *n* 貝殻灰, 貝灰, カキ灰.
shéll màrl 貝殻配合飼料.
shéll mìdden [mòund] 貝塚 (kitchen midden).
shéll mòlding 〔鋳〕シェルモールド法, シェルモールディング《鋳型に樹脂配合砂を用いる精密鋳造法の一つ》.
shéll mòney 貝殻貨幣.
shéll-òut *n* シェルアウト《3人以上で遊ぶ snooker》.
shéll pàrakeet [pàrrot] 〔鳥〕セキセイインコ (budgerigar).
shéll pínk シェルピンク《黄みをおびたピンク》.
shéll prògram 〔電算〕シェルプログラム (shell).
shéll·pròof *a* 砲撃[爆撃]に耐える, 防弾の.
shéll ròad 貝殻を敷き詰めた道路.
shéll shòck 〔精神医〕シェルショック《COMBAT FATIGUE の一型》.
shéll-shòcked *a* 《口》《過度のストレスによって》頭が混乱した, 動顛した, 疲れきった; SHELL SHOCK になった.
shéll stàr 〔天〕ガス殻星(せい)《正常な吸収スペクトルの上に明るい輝線を示す型の星; 周囲をガスの殻がおおっているためと考えられている》.
shéll stèak 〔料理〕ショートロインステーキ.
shéll strùcture 〔理〕《原子・原子核の》殻構造.
shéll sùit" シェルスーツ《防水のナイロンの外層と綿の内層からなるトラックスーツ[カジュアルウェア]》.
shéll tòp シェルトップ《通例ノースリーブでぴったりしたタンクトップに近い型のシャツ, (ニット)ブラウス, セーターなど》.
shéll·wòrk *n* 貝細工《集合的》.
shélly *a* 貝殻の多い[でおおわれた]; 貝殻[殻]のような.
Shel·ta /ʃέltə/ *n* シェルタ《アイルランドなどの漂泊民やジプシーなどの間で今も用いられている一種の隠語; アイルランド語やゲール語をもじったもので大部分は back slang》. [C19<?]
shel·ter /ʃέltər/ *n* **1 a** 《危険・悪天候・人目などからの》避難所, 隠れ場, 雨宿り所, 風よけ, シェルター; 〔軍〕防空[待避]壕 (air-raid shelter); 防護するもの, 遮蔽(しゃへい)物; 《ホームレスの人などの》収容施設; 《迷い犬などの》収容所: BUS SHELTER / a cabman's ~ 辻馬車の客待ち小屋. **b** 《雨風などをしのぐ》住みか, 住まい, 家: food, clothing and ~ 衣食住. **c** [S-] シェルター《英国の慈善活動組織; 住むところのない貧窮者向けの宿泊施設の確保のために活動している; 1966年創設》. **2** 保護, 庇護, 擁護, 避難: find [take] ~ 避難する, (風雨を)よける ‹*from, under, in*› / fly to sb for ~ = seek ~ at sb's house 人のもとへ逃げ込む[保護を頼む] / get under ~ 待避する / give [afford, provide] ~ *from*...からかばう, ...を避けさせる. ► *vt* 保護[庇護]する; 宿らせる (lodge); 隠す, おおう; ‹所得を›非課税にする: ~ a plant *from* direct sunlight 植物に直射日光があたるのを防ぐ / ~ one*self under* [*behind, beneath, in*]...のもと[後ろ]に身を隠す, ‹上役などに›責任を転嫁する. ► *vi* 避難する, 隠れる; 炎暑[風, 雨など]をよける, 雨宿りする ‹*from* a storm, *under* the trees, *in* a hut›. ♦ **~·er** *n* **~·less** *a* [? *sheltron* (obs) phalanx<OE *scieldtruma* (*scield* SHIELD+*truma* troop)]
shélter·bèlt *n* 《農作物保護の》防風林; 《土壌保全用の》保安林.
shel·tered /ʃέltərd/ *a* 《風雨・危険などから》守られた; [°*derog*] 世間の荒波から守られた, 過保護の; ‹産業などが›競争にさらされない; ‹建物が›老人・障害者などの便を考えてつくられた: a ~ life 世の荒波から守られた人生 / ~ trades 保護産業 / SHELTERED ACCOMMODATION / SHELTERED WORKSHOP.
shéltered accommodátion [hóusing]" 《老人・障害者などのための》保護住宅, 介護付き住宅.
shéltered wórkshop 《障害者のための》保護作業場, 授産所[施設].
shélter hàlf SHELTER TENT の半分[1人分].
shélter tènt* 2人用小型テント, シェルターテント (=*pup tent*) 《shelter half 2枚を留めて作る》.
shélter trènch 〔軍〕散兵壕.
shélter·wòod *n* 《若木を保護するための》防風林.
shél·tery *a* 避難所を提供する, 隠れ家となる.
shel·ty, -tie /ʃέlti/ *n* SHETLAND PONY; SHETLAND SHEEPDOG.
shelve[1] /ʃέlv/ *vt* 棚に載せる[置く]; [*fig*] 棚上げする, 握りつぶす, お流れ[無期延期]にする; 解雇する, 退職させる; ...に棚を付ける: ~ a bill 法案を棚上げにする. ♦ **~d** *a* **shélv·er** *n* [*shelves* (pl)<SHELF]
shelve[2] *vi* だらだら坂になる, ゆるい勾配になる ‹*down, up*›. [?逆成<*shelvy*]
shelves *n* SHELF の複数形.
shelv·ing[1] /ʃέlvɪŋ/ *n* SHELVE[1] すること; 棚材, 棚板; 棚数; 棚《集合的》.
shelving[2] *n* ゆるい勾配; その傾度; だらだら坂. ► *a* だらだら坂の, ゆるい勾配の. [*shelve*[2]]
shelvy /ʃέlvi/ *a* ゆるい勾配の, だらだら傾斜した. [*shelve* ledge<*shelve*[1]]
Shem /ʃέm/ 〔聖〕セム《Noah の長子で, セム族の祖先; *Gen* 5:32, 10:1, 21; cf. HAM, JAPHETH》. [Heb=name]
She·ma /ʃəmáː/ *n* [the] シェマ(の朗唱)《神の絶対唯一性に対するユダヤ教の信仰告白; *Deut* 6:4–9, 11:13–21, *Num* 15:37–41》. [Heb=hear (impv)]
she·male /ʃíːmèɪl/ *n* 《米口・方》(いやな)女 (bitch); 《俗》おとこおんな, レズ, たち (butch); 《俗》おかま, 男娼, 女装者, 女役のホモ, ニューハーフ. [*she*+*female*]
Shem·be /ʃέmbeɪ/ *n* 《南ア》シェンベ《キリスト教とバントゥー族の宗教とを結び合わせる一派》.
She·mi·ni Atze·reth /ʃəmíːni ɑːtsέrət, -rəθ, -rəs/ シェミニ・アツェレト《仮庵の祭 (Sukkoth) の8日目で雨乞いの祈りをささげるユダヤ人の祭》. [Heb=eighth convocation]
Shem·ite /ʃέmàɪt/ *n* SEMITE.
She·mit·ic /ʃəmítɪk/, **Shem·it·ish** /ʃέmàɪtɪʃ/ *a* SEMITIC.
She·mo·neh Es·reh, She·mo·na Es·rei /ʃəmóunə έsreɪ/ [the] 〔ユダヤ教〕十八の祝禱, シェモネー・エスレー《立禱 (Amidah) の別称; 19項目からなるが, 本来は18項目であった》. [Heb=eighteen benedictions]
shemozzle ⇨ SCHEMOZZLE.
shen /ʃέn/ *n* (*pl* ~) 〔中国思想〕神(シェン), 精神, 霊魂, 《魂魄(こんぱく)の》魂. [Chin]
Shen·an·do·ah /ʃὲnəndóuə, ʃæ̀nədóuə/ [the] シェナンドア川《Virginia 州北部を北東へ流れ Potomac 川へ注ぐ》.
Shenandóah Nátional Párk シェナンドア国立公園《Virginia 州北部, Blue Ridge 山脈にある自然公園》.
she·nan·i·gan /ʃənǽnɪgən/ 《口》*n* ごまかし, ずるい手, ペテン; [°*pl*] 疑わしい行動; [°*pl*] わるさ, いたずら, 悪ふざけ. [C19<?]
she·nan·nick·ing /ʃənǽnɪkɪŋ/ *n*"《俗》SHENANIGAN.
shend /ʃέnd/ *vt* (**shent** /ʃέnt/) 《古》はずかしめる; 《古》しかる, 非難する; 《方》傷つける; 《方》破壊する. [OE]
Shensi 陝西 (⇨ SHAANXI).
Shen·stone /ʃέnstòun, -stən/ シェンストーン **William ~** (1714–63)《英国の詩人》.
Shen·yang /ʃʌ́njáːŋ; ʃέnjǽŋ/ 瀋陽(しんよう)(シェンヤン)《中国遼寧省の省都; 旧称 奉天 (Mukden, Fengtien)》.
shé-òak *n* 〔植〕モクマオウ《豪州原産》; 《豪口》ビール.
She·ol /ʃíːòul, *ʃióul, "-əl/ *n* 《ヘブライ人の》よみの国, 冥土; [s-] 地獄. [Heb]
shé or hé *pron* [人称代名詞三人称単数通性主格] 彼女または彼は[が] (⇨ HE OR SHE).
Shep·ard /ʃέpərd/ シェパード (**1**) **Alan B**(**artlett**) **~, Jr.** (1923–98)《米国の宇宙飛行士; 1961年米国の飛行士として最初の宇宙飛行を行なった》 (**2**) **Ernest** (**Howard**) ~ (1879–1976)《英国のさしえ画家; A. A. Milne の *Winnie-the-Pooh* などのさしえなどで有名》 (**3**) **Sam** ~ (1943–)《米国の劇作家・俳優; 本名 Samuel Shepard Rogers, Jr.》.
Shépheard's Hotél シェパードホテル《Cairo にあったホテル; 帝国時代の英国の諜報活動家が落ち合う場所としてもっぱら利用した; 1952年の暴動で焼失》.
shep·herd /ʃέpərd/ *n* 羊飼い, 牧羊者; [*fig*] 牧師, 牧会者 (cf. SHEEP), 指導者, 保護者, [the S-] キリスト (⇨ GOOD SHEPHERD); 《豪》採掘権を確保しながら採掘しない鉱山業者; 〔犬〕シェパード (GERMAN SHEPHERD). ► *vt* ‹羊を›飼う, 見張る, 世話する; 《口》よく見張る; 尾行する; ‹群衆などを›導く, 誘う, 誘導する ‹*into, out, through*, etc.›; 《豪》作業しているように見せて‹採掘権を›確保する; 〔豪式フット〕タックルを避けるため敵の進路をふさぐ. ♦ **~·less** *a* [OE *scēaphierde* (SHEEP, HERD[2])]
shépherd dòg 牧羊犬 (sheepdog).
shépherd·ess *n* 羊飼いの女《牧歌中の人物のことが多い》; 田舎娘.
Shépherd kíng 「牧羊者の王」《古代エジプトの Hyksos 王朝の王; Hyksos の語源と思われる古代エジプト語名「ヘカウ・カスウト (異民族の支配者)」を誤訳した呼称》.
shépherd sàtellite 〔天〕羊飼い衛星《その重力によって惑星の環を構成する粒子を軌道に保っている小衛星》.
shépherd's cálendar 羊飼いの暦《その天気予報などはあてにならない》; 〔植〕ルリハコベ (scarlet pimpernel).
shépherd('s) chéck シェパードチェック (=*shepherd's plaid*) 《白黒の小さい弁慶格子(の織物)》.
shépherd's créss 〔植〕欧州・北アフリカの砂地に多いアブラナ科の一年草.
shépherd's cróok 牧羊者の杖《羊をひっかけるため柄先の曲がった杖》.
shépherd's dòg 牧羊犬 (sheep dog).
shépherd's néedle 〔植〕ナガミゼリ, ナガミノセリモドキ (lady's-comb).
shépherd's píe シェパードパイ《挽肉(とタマネギ)をマッシュポテトで包んで焼いたもの》.
shépherd('s) pláid SHEPHERD'S CHECK.
shépherd's púrse 〔植〕ナズナ, ペンペングサ.
shépherd's wéatherglass 〔植〕ルリハコベ (scarlet pimpernel).

shé-píne *n* 〘植〙ナンヨウマキ《豪州産イヌマキ属の高木; 黄色建材となる》.

Shep·pard /ʃépərd/ シェパード **'Jack'** ～ (1702–24)《London の怪盗; 本名 John ～; 脱獄の名人; バラッド・戯曲・小説などに扱われている》.

Shéppard's adjústment 〘統〙シェパードの補正《階級分けされた度数分布表を用いて統計計算する際に行なう補正》. [William F. *Sheppard* (1863–1936) 英国の統計学者]

sheq·el /ʃékəl/ *n* シェケル (SHEKEL).

sher·ard·ize /ʃérərdàɪz/ *vt* 〈鉄鋼〉の表面に亜鉛を拡散浸透させる, …をシェラダイズする. [*Sherard* O. Cowper-Coles (1867–1936) 英国の発明家]

Sher·a·ton /ʃérət(ə)n/ *a, n* 《軽快優美な》シェラトン式の(家具). [Thomas *Sheraton* (1751–1806) 英国の家具製作者]

sher·bet /ʃə́:rbət/, **-bert** /-bərt/ *n* シャーベット《(1) 果汁に甘味を加えて薄めた冷たい飲み物 (2) 果汁に牛乳・卵白またはゼラチンを加えて凍らせた氷菓》; ソーダ水の素, 粉末ソーダ (～ **pòwder**); 《俗》酒, 《豪》ビール. [Turk and Pers＜Arab＝drink; cf. SHRUB[2], SYRUP]

Sher·brooke /ʃə́:rbrʊ̀k/ シャーブルック《カナダ Quebec 州南部の商工業都市》.

sherd /ʃə́:rd/ *n* 〘考古〙《遺跡の》土器片; SHARD. [pot*sherd*]

she·reef, she·rif /ʃərí:f/ *n* SHARIF; 《アラブの》君主, 首長; メッカ (Mecca) の知事, 聖地守護者; 《かつてのモロッコの》国王. [Arab]

Sher·i·dan /ʃérəd(ə)n/ シェリダン (1) **Philip H(enry)** ～ (1831–88)《米国南北戦争時の北軍の将軍; Appomattox で南軍の退却路を断ち (1865), Lee 将軍を降伏させるに至った》(2) **Richard Brinsley (Butler)** ～ (1751–1816)《アイルランド生まれの英国の喜劇作家・Whig 党の政治家; *The Rivals* (1775; cf. Mrs. MALAPROP), *The School for Scandal* (1777), *The Critic* (1779)》.

sherif ⇨ SHEREEF.

sher·iff /ʃérəf/ *n* **1** 〘英〙州長官, 州知事 (＝high ～)《county ごとに王から任命され, 諸種の行政・司法権を委任される; 現在は名誉職で, 政務はだいたい undersheriff が代行する》. **2** 〘米〙郡保安官, シェリフ《郡民に選出される郡の最高官吏で, 通例 裁判所の令状の執行権と警察権を握る》. **3** 〘スコ〙sheriff court の判事, シェリフ; 〘カナダ・豪〙《裁判所の運営事務をつかさどる》事務[書記]官. ♦ **～·dom** *n* sheriff の職[任期, 職権, 管区]; 《スコットランド全域を六分した》裁判管区. [OE *scīr-gerēfa* (SHIRE[1], REEVE[1])]

shériff-députe *n* (*pl* **shériffs-députes**)〘スコ史〙州長官[シェリフ]代理《county や district の首席裁判官》.

shériff príncipal (*pl* **shériffs príncipal**)〘スコ〙首席シェリフ《6 つある裁判管区 (sheriffdom) の首席裁判官; 審理のほか司法行政の一部も担当する》.

shériff('s) cóurt 〘スコ〙シェリフ裁判所《スコットランドの地方にある主たる下位の民刑事裁判所》.

sher·lock /ʃə́:rlɑ̀k/ *n* [°S-] 名探偵, 名推理[解決]者; [S-]*《俗》仲間, 相棒. [↓; OE＝fair-haired]

Shérlock Hólmes /-hóumz/ **1** シャーロック・ホームズ《Conan Doyle の探偵小説の名探偵》. **2** [a ～] 名探偵 (sherlock).

sher·lóck·ian *a* シャーロック・ホームズの[的な]. ► *n* シャーロック・ホームズの熱狂的ファン, シャーロッキアン.

sherm /ʃə́:rm/ *n, vi**《俗》PHENCYCLIDINE (の溶液にタバコを浸して吸う). [*Sherman* タバコのブランド]

Sher·man /ʃə́:rmən/ **1** シャーマン (1) **John** ～ (1823–1900)《米国の政治家; W. T. の弟; 反トラスト法 (Sherman Antitrust Act) (1890) の提案者》(2) **Roger** ～ (1721–93)《米国の法律家・政治家; 独立宣言署名者の一人》(3) **William Tecumseh** ～ (1820–91)《米国南北戦争時の北軍の将軍; 1864 年の Georgia, Carolinas 方面への焦土作戦 (march to the sea) は近代的総力戦の先駆けとされる》. **2** シャーマン (＝～ **tánk**)《第二次大戦で米陸軍が使用した中型戦車》. **3***《俗》SHERM. ♦ **～·ésque** *a* [OE＝shearman or cutter]

Sher·pa /ʃə́:rpə, *ʃér-/ *n* (*pl* **～s,** ～) **1 a** シェルパ族《ネパール東部, ヒマラヤ山脈南斜面の高地に住む登山の荷揚げで知られるチベット族系の一族》. **b** シェルパ語《チベット語の方言》. **2** (山岳)ガイド, ポーター; [[s]s-] 首脳の個人代表《首脳会談に出席する首脳の準備を取り仕切る政府高官》. **3** [s-] シェルパ《羊毛に似た人工繊維; 冬服の裏地用》. [(Nepal and Tibet)]

Sher·riff /ʃérəf/ シェリフ **R(obert) C(edric)** ～ (1896–1975)《英国の劇作家・シナリオ作家》.

Sher·ring·ton /ʃérɪŋt(ə)n/ シェリントン Sir **Charles Scott** ～ (1857–1952)《英国の生理学者; 反射・中枢神経系を研究; ノーベル生理学医学賞 (1932)》.

sher·ris /ʃérɪs/ *n* 《古》SHERRY.

sher·ry /ʃéri/ *n* シェリー《スペイン南端 Jerez 地方原産のアルコール度を強化した白ワイン; 同様の白ワイン》. [Jerez の古形 *Xeres* に由来する *sherris* を複数形と誤ったことから]

Sherry[1] シェリー《R. B. Sheridan の通称》.

Sherry[2] シェリー《女子名》. [⇨ CHARLOTTE]

shérry cóbbler シェリーコブラー《甘口シェリーをベースにした冷たいカクテル》.

shérry-glàss *n* シェリーグラス《テーブルスプーン 4 杯分》.

's-Her·to·gen·bosch /sèərtòugənbɔ́:s/ スヘルトーヘンボス《オランダ南部 North Brabant 州の州都》.

sher·wa·ni /ʃərwɑ́:ni/ *n* シェルワニ《インドで男性が着る詰襟の長い上着》. [Hindi]

Sher·wood /ʃə́:rwʊ̀d/ シャーウッド **Robert E(mmet)** ～ (1896–1955)《米国の劇作家; *The Petrified Forest* (1935), *There Shall Be No Night* (1940)》.

Shérwood Fórest シャーウッドの森《イングランド Nottinghamshire にあった王室林; Robin Hood の根拠地》.

she's /ʃɪz, ʃí:z/ she is [has] の短縮形.

she-she /ʃí:ʃì:/ *n**《俗》若い女, 娘っ子.

Shè Stóops to Cónquer『低く出て勝つ』『負けるが勝ち』《Oliver Goldsmith の喜劇 (1773)》.

Shet·land /ʃétlənd/ **1 a** SHETLAND PONY. **b** SHETLAND SHEEPDOG. **2** シェトランド《Shetland wool に軽く撚(よ)りをかけてできた糸; その織物[衣服]》.

Shétland Íslands *pl* [the] シェトランド諸島《スコットランド本土の北東沖にある島群; 別称 Zetland; 一参事会地域を構成, 歴史的には Shetland 州をなした; ☆Lerwick》. ♦ **Shétland·er** *n*

Shétland láce シェトランドレース《縁取り用》.

Shétland póny 〘馬〙シェトランドポニー《Shetland 諸島原産の頑健なポニー》.

Shétland shéepdog 〘犬〙シェトランドシープドッグ《Shetland 諸島で作出された, 豊かな長毛の愛玩犬》.

Shétland wóol シェトランドウール《シェトランド産の細い羊毛; それで作った糸》.

sheugh, sheuch /ʃú:x, ʃʌ́z/ 《スコ》*n* 小峡谷; 溝. ► *vt* …に溝をつくる; 仮植えする.

she·va /ʃwɑ́:/ *n* SCHWA.

She·va Bra·choth /ʃévɑ: brɑ:xóut/, **She·va Bro·chos** /ʃévə bróuxəs/ *pl* 〘ユダヤ教〙シェヴァ・ベラホート《(1) 結婚式とその後のお祝いで唱える 7 つの祈り (2) 結婚後の 7 日間の祝い膳》. [Heb＝seven blessings]

She·vard·na·dze /ʃèvərdnɑ́:dzə/ シェヴァルドナゼ, シェワルナゼ **Eduard Amvrosiyevich** ～ (1928–)《グルジアの政治家; ソ連外相 (1985–90, 91) として冷戦終結を推進; グルジア最高会議議長 (国家元首, 1992–95), 大統領 (1995–2003)》.

Shevat ⇨ SHEBAT.

Shev·chen·ko /ʃɛftʃéŋkou/ シェフチェンコ **Taras Hryhorovych** ～ (1814–61)《ウクライナの詩人》.

Shevuoth ⇨ SHABUOTH.

shew /ʃóu/ *v* (**shewed** /ʃóud/; **shewn** /ʃóun/, **shewed**)《古・聖》SHOW.

shéw·brèad, shów- *n* 〘ユダヤ教〙供えのパン《古代イスラエルでユダヤの祭司が安息日に幕屋の至聖所の祭壇にささげた種なしのパン》. [G *Schaubrot*]

SHF, s.h.f. 〘通信〙°superhigh frequency.

shh, shhh... /ʃ(:)/ *int* SH. [imit]

Shi'a, Shia, Shi·ah /ʃí:ə/ *n* **1** シーア派《イスラムの二大分派の中の一派; Muhammad の婿 Ali をその正統の後継者として初 3 代の Caliph を教主と認めず, また Sunna を正経と認めない; cf. SUNNI》. **2** シーア派の信徒 (Shi'ite). [Arab]

shi·a·tsu, -tzu /ʃiɑ́:tsu; ʃiǽtsu/ *n* 指圧. [Jpn]

shi·bah /ʃívə/ *n* SHIVAH.

Shi·ba Inu /ʃí:beɪ í:nu/ 柴犬. [Jpn]

shib·bo·leth /ʃíbəlèθ, -ləθ/ *n* 《一部の集団が固執する》時代遅れの用語[主義主張, 慣習 など]; 《特定の集団を他と区別する》特殊なことばづかい[しきたり]; 《一般に》試しことば, 合いことば (test word); 標語, きまり文句. [Heb＝ear of corn, stream; 'sh' を発音できなかった Ephraimites を Gileadites と区別するのに用いた試しことば (*Judges* 12: 6)]

Shi·be·li /ʃɪbéɪli/ [the] シベリ川《アフリカ東部, エチオピア中部から南東へ流れ, ソマリアの Juba 川付近の沼沢地へ流れ込む》.

Shi·bīn el Kōm /ʃɪbí:n ɛlkóum/ シビンエルクーム《エジプト北部, Nile 川デルタ地帯にある市》.

shi·cer /ʃáɪsər/ 《豪》*n* 産出の少ない金鉱; 《口》むだなもの, くだらないこと[やつ], ろくでなし; 《口》いかさま師. [G *Scheisser* one that defecates]

shick /ʃík/ 《豪》*a* 酔っぱらって. ► *n* 酒; 大酒飲み. [*shicker*]

shick·er, shik·ker /ʃíkər/ 《米口・豪口》*a* 酔っぱらって. ► *n* 大酒飲み (drunkard); 酒, アルコール. ● **on the ～** 酔っぱらって; 大酒飲みで. ► *vi* (酔っぱらうまで)酒を飲む. [Yid]

shick·ered /ʃíkərd/ 《俗》*a* SHICKER; "破産して, 金欠で.

shid·duch /ʃídəx/ *n* (*pl* **shid·du·chim** /ʃɪdú:xɪm/)〘ユダヤ教〙**1** 見合い結婚; 縁組み. **2** 取決め, 合意. [Yid]

shiel /ʃí:l/ *n* 《スコ》SHIELING.

shield /ʃí:ld/ *n* **1 a** 盾(たて); RIOT SHIELD; *《警官などの》盾形の記章[トロフィー]; 記章; [the S-]〘天〙たて座 (盾座) (Scutum); 〘紋〙盾形

S

の紋;〘動・植〙《甲盾などの》盾状部;〘植〙裸子器 (apothecium);〘地質〙楯状(たてじょう)(じゅんじょう)地《主として先カンブリア紀岩類からなる広大な盾状の地域; cf. CRATON》: the CANADIAN [BALTIC] SHIELD. **b** [⟨*a*⟩]《…の》盾となる; *ジャーナリストが情報入手先を秘密にできる⟨立法・法律⟩(⇨ SHIELD LAW). **2** 保護物, 防御物; 保障; 保護者, 擁護者; シールド, 構盾(こうじゅん)《トンネル・鉱坑を掘るときに作業員を保護する枠》;《機械などの》鎧装(がいそう);〘電〙遮蔽, シールド;〘理〙放射線の遮蔽物《鉛・コンクリート製》;《砲の》防盾(ぼうじゅん);《ヘルメットの顔面保護用の》シールド;《衣服の》泥よけ, 汗よけ;《犂(すき)の》土よけ; GUMSHIELD. **3** [the]《豪》SHEFFIELD SHIELD;《NZ》RANFURLY SHIELD.

● **both sides of the ～** 盾の両面; ものの表裏. **the other side of the ～** 盾の反面; 問題の他の一面. ► *vt* 保護する, かばう, かくまう, おおう ⟨*against, from*⟩;〘スポ〙⟨ボールを⟩(敵から)守る; 遮蔽する, 遮断する; 人目からさえぎる, 隠す. ► *vi* 盾となる, 保護する.

♦ **～·er** *n* **～·less** *a* 盾のない; 無防備の, 保護のない. [OE *sc(i)eld*; cf. SCALE[1], G *Schild*; Gmc で 'board' の意か]

shíeld bèarer 盾持ち《昔の knight の従者》.

shíeld bùdding〘園〙盾芽接ぎ.

shíeld bùg〘昆〙カメムシ.

shíeld crìcket《豪》SHEFFIELD SHIELD 争奪州対抗クリケット大会.

shíeld fèrn〘植〙盾形の包膜を有するシダ (＝*buckler fern*)《オシダ属, イノデ属などのシダ》.

shield·ing *n* 遮蔽;〘理〙遮蔽物, シールド;〘冶〙シールディング《電気めっきの際, 電解液中に非電導性の物質を置くこと》.

shíeld làw〘米〙守秘権法《ジャーナリストが取材源を明かさない権利, または原告・証人が私事に関する情報を提供しない権利を保証する法律》.

shíeld màtch《豪》SHEFFIELD SHIELD 争奪試合;《NZ》RANFURLY SHIELD 争奪試合.

Shíeld of Dávid [the] MAGEN DAVID.

shíeld volcàno〘地質〙楯状火山.

shiel·ing, sheal- /ʃíːlɪŋ/ ||《方》*n*《羊飼い・登山者・漁夫などの》仮小屋, 羊飼い小屋《夏期宿泊用》;《羊の夜間収容用》家畜小屋;《山岳地帯の》夏期放牧場. [Sc *shiel* pasture]

shier ⇨ SHYER[1].

shiev·er /ʃíːvər/ *n**《俗》裏切り者. [*shiv*]

shift /ʃíft/ *vt* **1 a** 移動させる, 移す, 転じる; ⟨舵など⟩の位置[方向]を変える; *⟨自動車のギアを⟩入れ換える: ～ the blame [responsibility] onto another 責任を人に転嫁する. **b** 変える, 置き[差し]換える, ⟨場面などを⟩転換[変換]する; ⟨住居など⟩の模様替えをする;〘言〙⟨母音などを⟩組織的に音声変化させる;《古・方》⟨服を⟩替える. **2** (苦労して) 除く, 取り払う; ⟨かぜなどを⟩治す; ⟨敵などを⟩片付ける; [*euph*] 殺す;《口》⟨飲食物を⟩平らげる; ⟨金・資源を⟩振り向ける;《口》(多量に)売る, さばく; ⟨馬が乗り手を⟩振り落とす: ～ a stain しみを抜く. ► *vi* **1** 移る, 転じる, 転移する ⟨*from, to*⟩; 位置を変える,《居ごこちが悪いなどで》そわそわする, もぞもぞする; ⟨舞台・場面などが⟩変わる; *《自動車の》ギアを入れ換える;《タイプライターなどの》シフトキーを押す; ⟨風が⟩向きが変わる ⟨*round to* the east⟩;〘言〙組織的音声変化をうける;《古・方》服を替える. **2** やりくり算段する, なんとかして口すぎする, どうにか暮らす;《古》ごまかす, 逃げ口上を言う; 立ち去る ⟨*away*⟩;《俗》さっと動く;《俗》飲食する. ● **～ down** [**up**] ロー[ハイ]ギアに変える. **～ for oneself** 自力でやりくりする, 自活する. **～ off** ⟨義務を⟩延ばす, ⟨責任を⟩のがれる, かぶせる ⟨*on* sb⟩. **～ oneself** [*impv*] ||さっさと行動する, 急ぐ.

► *n* **1 a**《風向きなどの》変化, 変動; 変遷,《まれ》盛衰;〘言〙音の推移 (cf. GREAT VOWEL SHIFT, CONSONANT SHIFT). **b**《場面・態度・見解の》変更, 転換;《タイプライターの》バーのシフト; *GEARSHIFT;《古・方》着替えること. **c** シフトドレス《ウエストに切替えのないストレートラインのワンピース》;《英では古》スリップ, シュミーズ;《方》シャツ. **2 a** 交替; 循環;《勤務の》交替(制); 交替勤務時間; 交替勤務者, 交替組《集合的》: on a day-～ [night-～] 昼間[夜間]勤務で / an 8-hour ～ 8 時間交替 / work in 2 ～*s* 2 交替で働く. **b**《作物の》輪作; 煉瓦互接法. **3** 代用, やりくり; 手段, 方法; 方便, 窮余の策; ごまかし, 言いのがれ, 術策, 機略, 計略, 小細工: be put [reduced] to ～*s* 窮余の策を余儀なくされる / for a ～ 当座しのぎに / live by ～(*s*) やりくりして暮らす. **4 a** ずれ; 目地(めじ)のずれ;〘鉱〙鉱脈のずれ;〘地質〙シフト《断層の変位距離》;〘理〙《電波・光・音波などの》周波数のずれ, 偏移 (cf. DOPPLER EFFECT). **b** 移動させること;〘楽〙シフト《弦楽器[トロンボーン]の演奏で, 左手[スライド]の移動》;〘アメフト〙シフト《プレー直前に 2 人以上の攻撃プレーヤーが位置を変えること》;〘野〙シフト《守備位置の移動》;〘ブリッジ〙シフト《相手が賭けたのと別の組札への賭け》;〘電算〙桁(けた)送り, シフト. ● **make (a) ～** どうにかうまくゆく; なんとかやり遂げる; やりくりする, 工面する ⟨*with, without*⟩; 努力する, 急いでやる.

♦ **～·able** *a* [OE *sciftan* to arrange, divide; cf. G *schichten*]

shíft·er *n* **1** 移す人[もの], 移動装置; GEARSHIFT;《豪》自在スパナ: a scene ～ 舞台方, 大道具方. **2** ごまかす人, 不正直者;《俗》《泥棒と故買者との》仲介人, 故買者.

shíft·ie *n*《俗》あてにならない女の子.

shíft·ing *a* 移動する; 変わる, ⟨風向きなど⟩変わりやすい; 策を弄する, ごまかしの: the ～ sands 移動する砂地; めまぐるしい変化. ► *n* ごまかし, 言い抜け, 術策, 小細工; 移動, 移り変わり, 転移; 取換え, 更迭, 変化. ♦ **～·ly** *adv*

shífting cultivátion《熱帯アフリカなどの》移動農耕, 焼き畑農耕.

shífting spànner《豪》自在スパナ (＝*shifter*).

shífting stréss〘音〙転移強勢.

shíft kèy《タイプライターなどの》シフトキー.

shíft·less *a* いくじのない, ふがいない, 働きのない, 不精な (lazy); 無策な. ♦ **～·ly** *adv* **～·ness** *n*

shíft lèver《自動車の》変速レバー, シフトレバー.

shíft-on-the-flý* *a*〘車〙走行中に二輪–四輪駆動を変えられる.

shíft règister〘電算〙シフトレジスター《データビットを順次ずらしていく機能をもつレジスター》.

shíft·wòrk *n* 交替勤務.

shífty *a* 策略好きの, ごまかしのうまい; 臨機の才のある, 機略に富む; うまく逃げる⟨ボクサーなど⟩; あてにならない, いいかげんな, 不正直な; こそこそする, 信用できない⟨目つきなど⟩. ♦ **shíft·i·ly** *adv* **-i·ness** *n*

Shigatse ⇨ XIGAZÊ.

shi·gel·la /ʃɪgélə/ *n* (*pl* **-lae** /-li, -làɪ/, **～s**) シゲラ, 赤痢菌《腸内細菌科シゲラ[赤痢菌]属 (*S-*) の桿菌の総称; 細菌性赤痢の原因菌》. [*-ella*; 発見者 志賀潔 (1870–1957) にちなむ]

shi·gel·lo·sis /ʃɪgəlóusəs/ *n*〘医〙細菌性赤痢.

Shih Ching /ʃíː ʤíŋ, -ʧíŋ/ [the]『詩経』(＝*Book of Odes* [*Songs*])《中国最古の詩集; 儒教経典の一つで五経の一つ》.

shih tzu /ʃíː dzúː/ (*pl* **～s, ～**) [°S- T-]〘犬〙シーズー《中国原産の長毛の愛玩犬》. [Chin 獅子]

Shi Huang·di /ʃíː hwáːŋdíː/, **Shih Huang-ti** /; -tíː/ 始皇帝 (259–210 B.C.)《秦の皇帝 (221–210 B.C.)》.

Shi'i /ʃíːiː, ― ―/ *n, a* SHIITE.

Shi'·ism, Shi·ism /ʃíːɪz(ə)m/ *n* シーア派 (Shi'a) の教義.

shii·tá·ke (mùshroom) /ʃitáːki(-), ʃiːitáːkeɪ(-)/ シイタケ(椎茸). [Jpn]

Shi'·ite, Shi·ite /ʃíːàɪt/ *n, a* シーア派 (Shi'a) の信徒(の).

♦ **Shi·it·ic** /ʃiítɪk/ *a*

Shi·ji, Shih-chi /ʃíːʤíː/『史記』《司馬遷 (Sima Qian) の史書; *Historical Records, Historical Memoir* などと英訳される》.

Shi·jia·zhuang /ʃíːʤiáːʤuáːŋ/, **Shih-chia-chuang, Shih·kia·chwang** /; -ʧjáːʧwǽŋ/ 石家荘(せっかそう)(シーチャチョワン)《中国河北省の省都》.

shi·kar /ʃɪkáːr/ *n, vt, vi* (**-rr-**)《インド》狩猟[遊猟](する).

shi·ka·ra /ʃɪkáːrə/ *n*《インド》シーカラ《Kashmir 地方に見られるゴンドラに似た小舟》. [Kashmiri]

shi·ka·ri, -ree /ʃɪkáːri, -kǽri/ *n*《インド》猟師(の案内役先住民). [Urdu＜Pers]

Shi·kar·pur /ʃɪkáːrpʊ̀ər/ シカルプール《パキスタン中南部, Karachi の北北東の, Indus 川右岸近くの市》.

shikker ⇨ SHICKER.

shik·sa, -se, -seh /ʃíksə/ *n* [*derog*]《ユダヤ人でない》少女, 女,《正統派ユダヤ人からみて》非ユダヤ的ユダヤ女, だめな女 (cf. SHEGETZ). [Yid]

Shil·ha /ʃílhə/, **Shluh** /ʃ(ə)lúː/ *n* **a** (*pl* **～, ～s**) シルハ族《モロッコ南部のベルベル人》. **b** シルハ語《ベルベル語派に属する》.

shi·lingi /ʃɪlíŋi/ *n* (*pl* **～**)《タンザニアの》SHILLING. [Swahili＜E *shilling*]

Shil·ka /ʃílkə/ [the] シルカ川《シベリア南東部を北東に流れ, Argun 川と合流して Amur 川となる》.

shill[1] /ʃíl/ *《俗》*n*《大道商人・賭博師などと組む》サクラ;《クラブなどで人数確保のための》雇われの遊び人[プレーヤー]; 大道商, 宣伝係, 広告マン;《政党などの》隠れ支持者. ► *vi* サクラをする ⟨*for*⟩; 宣伝する, 売り込む. ► *vt* …のためにサクラをする, サクラとして⟨人を⟩釣る. [C 20＜?]

shill[2] *n**《俗》警棒. [*shill*elagh]

shill[3] *a*《古》SHRILL.

shil·la·ber /ʃíləbər/ *n**《俗》サクラ (shill).

shil·le·lagh, -lah, shil·la·la(h) /ʃəléɪli, -lə/ *n*《アイル》棍棒. [*Shillelagh* アイルランド Wicklow 県の oak で有名な町]

shil·ling /ʃílɪŋ/ *n* **1** シリング: **a** (**1**) 1971 年まで用いられた英国の通貨単位: ＝1/20 pound (＝*twelve pence*); 略 s. **2**) (もと)英連邦内の諸国で用いられた通貨単位; 1/20 pound》: KING'S SHILLING. **b**《ケニア, ウガンダ, ソマリア, タンザニアの通貨単位: ＝100 cents; 記号 Sh》. **2** 1 シリング硬貨: **a**《英国の銀貨, のちに白銅貨》. **b**《植民地時代のアメリカの硬貨: ＝12–16 cents》. **3** SCHILLING. ● **cut** sb **off with** [**without**] **a ～** [**penny**]《申しわけに 1 シリングだけ遺産を与えることにして[1 シリングもやらずに]》…を勘当する. **not the full ～** ||《口》頭の鈍い. **pay twenty ～s in the pound** 全額支払いする. **turn** [**make**] **an honest ～**＝turn an honest PENNY. [OE *scilling*; cf. G *Schilling*]

shílling màrk シリング記号《/; これは long s の変形: 2/6 は two shillings and sixpence, two and six と読む》.

shílling shòcker 煽情的な三文小説, きわもの小説 (cf. PENNY DREADFUL).

shíllings·wòrth *n* 1 シリングで買えるもの[量]; 1 シリングの価値.

Shil·long /ʃɪlɔ́ːŋ/ シロン《インド北東部 Meghalaya 州の州都》.

Shil·luk /ʃɪlúːk/ *n* **a** (*pl* ～, ～**s**) シルック族《南スーダンの主に White Nile 川西岸に住むナイロート系の民族》. **b** シルック語.

shil·ly-shal·ly /ʃíliʃæli/ «口» *n* 優柔不断, ためらい. ► *vi* 《些細なことに》うじうじ[ぐずぐず]する. ► *a, adv* ぐずぐずする[して]. ♦ ～**·er** *n* ［*Shill I, Shall I* Shall I? の加重］

Shi·loh /ʃáɪlou/ **1**〖聖〗シロ《パレスティナの Ephraim 山の斜面にあった町; 契約の箱と幕屋とが置かれていた地; *Josh* 18:1》. **2** シャイロー国立軍事公園《Tennessee 州南西部にあり, 南北戦争の激戦 Shiloh の戦い (1862) を記念》.

shil·pit /ʃílpət/ «スコ» *a* 〈人が〉やつれた, 弱々しい; 〈酒が〉弱い, 気の抜けた. ［C19<?］

shily ⇨ SHY[1].

shim /ʃím/ *n* 〖機・建〗詰め木[金], くさび, かいもの(プレート); «俗» LOID; «俗»《ロックのわからないような》お固い[古臭い]やつ. ► *vt* (**-mm-**) …に詰め木[金]を入れる; «俗» LOID. ［C18<?］

shimal ⇨ SHAMAL.

shim·i·aan /ʃimiáːn/ *n* «南ア» シミアン《糖蜜水を天日にあてて発酵させて造る先住民のアルコール飲料》. ［Zulu］

shim·mer /ʃímər/ *vi* ちらちら[かすかに]光る; ゆらめく. ► *vt* ちらちら光らせる. ► *n* きらめき, ゆらめく光, 微光; ゆらめき;〖気〗かげろう. ♦ ～**·ing** *a* ～**·ing·ly** *adv* **shím·mery** *a* ちらちら光る. ［OE *scymrian*; cf. SHINE, G *schimmern*］

shim·my[1]* /ʃími/ *n* シミー《上半身をゆすって踊るジャズダンス (＝～ shake) で, 第一次大戦後に流行; その音楽》;《特に自動車などの前輪の》異常な震動; *«俗» 腰をゆすること; *«俗»《動かすと揺れる》ゼラチン(菓子), プディング (＝～ **pùdding**): shake a ～ シミーを踊る(ように歩く). ► *vi* シミーを踊る; ぐらぐら揺れる; 軽やかに歩く[動く]. ► *vt* 〈体の一部を〉震わせる. ［*shimmies*＝chemise を複数形と誤ったもの］

shimmy[2] *n* «俗» CHEMIN DE FER.

shimmy[3] *n* «口・方» CHEMISE.

shi·moz·zle /ʃəmáz(ə)l/ *n, vi* «俗» SCHEMOZZLE.

shin[1] /ʃín/ *n* むこうずね《ひざからくるぶしまでの前面》; 脛骨 (shinbone)《特にその先端部[前部]》; 牛のすね肉. ► *v* (**-nn-**) *vi* 《手足を使って》よじのぼる 〈*up*〉, 伝い下りる 〈*down*〉; 早く歩く, 走りまわる 〈*about, along*〉: ～ *down* from a roof. ► *vt* 〈木・綱を〉よじのぼる, 伝い下りる; …のむこうずねを蹴る[打つ]: ～ *oneself against*…にむこうずねをぶつける. ● ～ **it**＝～ **off** *別れる, 立ち去る. ［OE *sinu*; cf. G *Schienbein*］

shin[2] /ʃíːn, ʃín/ *n* シン《ヘブライ語アルファベットの第 21 字》.

Shin /ʃín, ʃíːn/ *n* 真宗. ［Jpn］

Shi·na /ʃíːnə/ *n* シーナー語《Kashmir 北部の少数民族の言語; 印欧語族 Indic 語派の一つ》.

Shi·nar /ʃáɪnər, -nɑ̀ːr/ シナル《聖書の地名; Babylonia の Sumer らしい; *Gen* 11:2》.

Shin Bet [Beth] /ʃín bét/ シンベト《イスラエルの国家保安機関の一つ》.

shín·bòne *n* 脛骨 (tibia).

shin·dig /ʃíndìg/ «口» *n* にぎやかな社交の集まり[ダンスパーティー], 陽気なパーティー; SHINDY. ［? 変形‹*shinty*］

shin·dy /ʃíndi/ «口» *n* 騒動, 騒ぎ, 口げんか; SHINDIG: kick up [make] a ～ 大騒ぎ[けんか]を始める. ［↑］

shine /ʃáɪn/ *v* (**shone** /ʃóun; ʃɔ́n/; cf. *vt*) *vi* 光る, 輝く 〈*at, on*〉; ギラギラ光る; 〈太陽が〉照る; 〈目・顔が〉輝く; 明確に見てとれる, 歴然とする, 際立つ 〈*through*〉; すぐれる, 秀でる 〈*in, at*〉: ～ *away* 光り[輝き]つづける / His face *shone with* joy. 彼の顔は喜びで輝いた / His love ～*s through* (in) his poems. 彼の愛はその詩にはっきり見てとれる / ～ *in* school 学業成績がよい. ► *vt* **1** 〈懐中電灯などの光を照射する[向ける], 光らせる 〈*at, on, through*〉; (～**d**) 〈靴・金具・鏡などを〉磨く 〈*up*〉. **2** *«俗» 無視する, 避ける, しかとする; *«俗» 捨てる, 投げ出す, あきらめる. ● ～ **on** *«俗» 無視する, 知らん顔する. ～ **out** 〈光が〉《さっと》輝き出る; 〈性格・特徴などが〉際立つ. ～ **up to** sb *«口» 〈人・異性〉に好かれるようにふるまう, 取り入る. ► *n* **1** 日光, 照り, 晴れ; 輝き, すばらしさ; 光沢, (靴の)つや;《靴を》磨くこと: RAIN or ～ / put a (good) ～ on one's shoes 靴を(ピカピカに)磨く / lose one's ～ 輝きを失う, 精彩をなくす. **2** [a ～] 騒ぎ; [*pl*] *«口» いたずら, ふざけ; «口» 好み (liking); «口» 密造ウイスキー (moonshine): make [kick up] a ～ 騒動を起こす (cf. SHINDY). **3** *[*derog*] 黒人 (Negro). ● **take a ～ to [for]**… «口» 〈人・もの〉が好きになる, 気に入る. **take the ～ off (of) [out of]**…から輝き[快活さ]を奪う; …をして顔色なからしめる. ［OE *scīnan*; cf. G *scheinen*］

shin·er /ʃáɪnər/ *n* 光る人[もの], 異彩を放つ人; [*pl*] 金銭; "«俗» 金貨, 銀貨,《特に》1 ポンド金貨 (sovereign); *諸種の銀色の淡水魚《しばしば釣りの餌》; 銀色の海魚《ニシン・スズキなど》; «口» 目のまわりの黒あざ (black eye); [*pl*]〖紙〗光る斑点; *«俗»《配っているカードの表側が映る》鏡のような面《テーブルの上面など》; [ᵘ*pl*] «俗» 宝石; 磨く人, 靴磨き, "«俗» 窓ふき《人》.

shin·gle[1] /ʃíŋg(ə)l/ *n* 屋根板, 柿板(こけらいた), 割柾(わりまさ), シングル; 板ぶき屋根; *«口»《医院や弁護士事務所などの前の》小看板;《女性の後部頭髪の》シングル刈り込み《先端がしだいにとがる形の断髪; cf. BINGLE[2]》; *«俗»《1 枚の》トースト. ● **be [have] a ～ short** «豪口» (少々)頭がいかれている (cf. *have a* TILE *loose*). **hang out [up] one's ～** 〈医者・弁護士が〉開業する, 看板を出す. ► *vt* 屋根板[柿板]でふく; 〈頭髪を〉シングル刈りに刈り込む; 重なり合うよう配置する. ♦ **shín·gler** *n* ［L *scindula*］

shingle[2]" *n* [‹*sg*/*pl*›]《岸の》小石, 大砂利《gravel より大きい》; 砂利浜, 小石の川原, 小石原. ♦ **shín·gly** *a* 小石の多い, 砂利だらけの. ［C16<?; cf. Norw *single* pebbles］

shingle[3] *vt*〖金工〗〈鉄を〉打ったり圧縮したりしてスラグを除く, ノッビングする. ［F *cingler* to whip］

shin·gles /ʃíŋg(ə)lz/ *n pl* [ᵘ‹*sg*›]〖医〗HERPES ZOSTER. ［L *cingulum* belt (*cingo* to gird)］

Shin·gon /ʃíngɑ̀n, ʃíːn-/ *n* 真言宗. ［Jpn］

shín guàrd〖スポ〗すね当て (＝*shin pad*).

shin·ing /ʃáɪnɪŋ/ *a* 光る, 輝く (bright), ピカピカする; 目立つ, 卓越した: a ～ example 模範, 目立つ[すばらしい]例. ● **improve the ～** HOUR. ♦ ～**·ly** *adv*

shíning flýcatcher〖鳥〗ビロードヒラハシ (satin flycatcher).

Shíning Páth [the] SENDERO LUMINOSO.

Shin·kan·sen /ʃínkɑːnsèn/ *n* 新幹線. ［Jpn］

shin·kin /ʃíŋkən/ *n* «南ウェールズ» 取るに足らない人. ［Welsh (*Jenkin* オランダ系の姓)］

shín·lèaf *n* (*pl* ～**s**, **-lèaves**)〖植〗イチヤクソウ《アメリカ原産》.

Shin·ner /ʃínər/ *n* «口» Sinn Fein 党員[支持者].

shin·nery /ʃínəri/ *n**《(南)西部の》(scrub oak の)小木の叢林(地).

shin·ny[1], **-ney** /ʃíni/ *n* シニー《ホッケーに似た球技》; シニー用のクラブ. ► *vi* シニーをする;《シニーで》球を打つ. ［?*shin*[1]; 誤ってすねを打つことからか］

shinny[2] *vi* *«口»《手足を使って》よじのぼる (shin) 〈*up*〉, するすると降りる 〈*down*〉.

shinny[3] *n* *«俗» 酒 (liquor). ［*moonshine*］

Shi·no·la /ʃaɪnóulə/〖商標〗シャイノーラ《靴墨》. ● **don't know [can't tell] shit from ～** *«俗» まるっきりわかっちゃいない, 何も知っちゃいねえ, ほんとにばかだ. **No ～!** *«俗» 冗談でしょう, ばか言え.

shín pàd〖スポ〗すね当て (shin guard).

shín·plàster *n* むこうずねに貼る膏薬; «米口・豪口» 濫発(して下落した)紙幣, 小額紙幣; «カナダ»《20 世紀初頭まで使われた》25 セント紙幣.

shín splìnts [‹*sg*/*pl*›] 過労性脛部痛, シンスプリント《特にトラック競技選手に多い脛の炎症・疼痛》.

Shin·to /ʃíntou/ *n, a* 神道(の): a ～ priest 神官, 神主. ♦ ～**·ism** *n* 神道. ～**·ist** *n* 神道家, 神道信者. **Shìn·to·ís·tic** *a* ［Jpn］

shin·ty /ʃínti/ *n* SHINNY[1].

shiny /ʃáɪni/ *a* 光る; 日の照る, 晴天の; 磨いた, 光沢のある, ピカピカの; すれて[手あかなどで]光る, (けばが)すりきれた. ► *n* *«俗» 酒 (liquor). ♦ **shín·i·ly** *adv* **-i·ness** *n*

shíny-àrse[-bùm] *n* «豪俗»《現場[前線]に出ない》事務屋, オフィス[デスク]ワーカー《すわってばかりで尻がてかてかしているという含意》.

ship /ʃíp/ *n* [時に 女性扱い] **1**《大きい》船, 艦 (cf. BOAT);〖海〗シップ(型帆船)《3 本マスト(以上)の横帆船》; "«俗» 競漕用ボート (racing boat);《高級船員を含めて》乗組員 (ship's company); 船形の容器[器具, 装飾など]: a ～*'s* carpenter 船に乗り組んでいる大工 / a ～*'s* doctor 船医 / the ～*'s* journal〖海〗LOGBOOK / We went out *on* [*in*] a ～. 船で出かけた. **2** 飛行機, 飛行船, 宇宙船; «口» 乗物. ● **aboard [on board] (a) ～** 船内に[へ], 船上で, 乗船して. **About ～!** 船を回せ! **break ～** 休暇明けに船に帰りそこなう[戻らない]. **by ～** 船[船便]で, 海路で. **desert [leave, abandon] a sinking ～** 沈みかかった船を棄てる. **give up the ～** [ᵘ*neg*] 降参する, あきらめる. **run a tight [taut] ～** 船をきちんと運航する, 組織をきっちり運営する. ～**s (that pass) in the night** 行きずりの人びと. **spoil the ～ for a ha'p'orth of [o'] ** TAR[1]. **take ～** 船で行く. **when [if] one's ～ comes home [in]** «口» 金がはいったら, つきが回ってきたら. ► *v* (**-pp-**) *vt* **1 a** 船に積む, 船で送る[輸送する], 積み出す 〈*out*〉;《鉄道・トラックなどで》送る, 輸送する, 出荷[発送]する 〈*out*〉. **b** 追っ払う, 取り除く. **2** 〈波を〉かぶる: ～ a sea 〈船・ボートが〉波をかぶる. **3** 船員として雇い入れる; 〈マスト・舵などを〉定所にはめる, 収める; 〈タラップを〉取り付ける; 〈オールを〉オール受けからはずしボート内に置く: ～ oars. ► *vi* 船に乗る, 乗船する; 船で行く[旅行する], 船出する 〈*out*〉; 出荷[発送]する; 水兵[船員]になる, 船に乗組む;《兵役で》派遣される; 〈注文品などが〉発送される. ● ～ **off** 送り出す, 追っ払う. ～ **out** (船で)国を出る[別の任地へ向かう]; (船で)外国[別の任地]へ送る; 船員として航海に出る; 立ち去る, 出かける; 立ち去らせる; «口» やめる, 辞職する, 解雇される. ～ **over** 米国海軍に(再)入隊する. ♦ ～**·less** *a* ［OE *scip*; cf. G *Schiff*］

'ship /ʃíp/ *n* «印刷俗» 植字工仲間. ［companion*ship*］

-ship /ʃɪp/ *n suf* [形容詞に付けて抽象名詞をつくる; また名詞に付けて状態・身分・職・在職期・技量・手腕・特定集団の全体などを示す]: hard*ship*; friend*ship*, horseman*ship*; reader*ship*. ［OE *-scipe*; cf. G *-schaft*］

shíp bìscuit [brèad] 堅パン (hardtack).
shíp·bòard *n* 船; 船側: a life of ～ 船上生活. ● **on ～** 船上[艦上]で[に]: go *on* ～ 乗船する. ► *a* 船上の[での].
shíp·bòrne *a* 海上輸送(用)の.
shíp-brèak·er *n* 船舶解体業者.
shíp bròker 船舶仲立人, シップブローカー《(1) 傭船仲立人 (2) 船舶売買仲立人》.
shíp·build·er *n* 造船家; 造船技師; 造船会社.
shíp·build·ing *n* 造船(業); 造船学.
shíp·bùrial *n* 〘考古〙船棺(ふなかん)葬《塚の中に船にのせて葬ること; 特に 尊敬する人を葬るスカンディナヴィアおよびアングロサクソンの習慣》.
shíp canàl 大型船の通れる運河.
shíp chàndler 船舶雑貨商, 船具商, 船用品商.
shíp chàndlery 船具, 船用品, 船舶用雑貨; 船具販売業; 船具倉庫.
Shíp Còmpass [the] 〘天〙らしんばん座 (羅針盤座) (Pyxis).
shíp fèver チフス (typhus).
shíp·fìtter *n* 〘造船〙取付け工; 〘米海軍〙艤装手.
Shíp·ka Páss /ʃípkə-/ シプカ峠《ブルガリア中部 Balkan 山脈を越える峠 (1330 m); 露土戦争 (1877–78) の激戦地》.
shíp·làp *n, vt* 〘木工〙合いじゃくり(板), 合いじゃくりにする.
Ship·ley /ʃípli/ シップリー **Jenny ～** (1952–)《ニュージーランドの政治家; 首相 (1997–99)》.
shíp·lòad *n* 船 1 隻分の積荷量; 《漠然と》多量, 多数.
shíp·man /-mən/ «古·詩» *n* 船員; 船長.
shíp·màster *n* 船長.
shíp·màte *n* 《同じ船の》船員[乗組員]仲間.
shíp·ment *n* 船積み; 《貨物·商品などの》発送, 出荷; 船積荷, 船荷, 積荷, 委託貨物, 輸送貨物, シップメント; 船積量: a port of ～ 積込み港.
shíp mòney 〘英史〙船舶税《1634 年 Charles 1 世が復活, GREAT REBELLION の原因となった; 1640 年に廃止》.
shíp of státe [the] 国家, 国: steer *the* ～ 国の舵取りをする.
shíp of the désert 砂漠の船《ラクダ》.
shíp of the líne 戦列艦《かつての 74 門以上の砲を備えた軍艦または三層甲板帆船》.
shíp·òwn·er *n* 船主, 船舶(株)所有者.
shíp·pa·ble *a* 船積み[積送り]できる.
ship·pen, ship·pon /ʃíp(ə)n/ *n* ''«方» 牛小屋.
shíp·per *n* 荷主, 荷送り人, 船積人[会社], 積出し人.
shíp·ping *n* 船舶《集合的》; 船舶トン数; (出荷)船積み, 出荷, 積送り, 積出し, 輸送, 発送; 輸送料; 回漕業, 海運業, 運送業. ● **～ and handling** 出荷·運送(料).
shípping àgent 船荷取扱店, 船会社代理店, 回漕[船舶旅行]業者, 海運店.
shípping àrticles *pl* 船員契約(書).
shípping bìll'' 積荷[船積み]送り状.
shípping clèrk 積荷[回漕]事務員, 運送店員; 《会社などの》発送係.
shípping fèver 〘獣医〙輸送熱.
shípping fòrecast'' [news*] 海上気象予報.
shípping làne 大洋航路.
shípping màster 〘英〙海員監督官《雇用契約などに立ち会う》.
shípping òffice SHIPPING MASTER [AGENT] 事務所.
shípping ròom 《商会·工場·倉庫などの》発送室[部], 運輸部.
shípping tòn 積載トン (⇨ TON[1]).
shippon ⇨ SHIPPEN.
shíp ràilway 《海中から船を載せて陸上に揚げる》船用レール; 船舶運搬用鉄道.
shíp-rìgged *a* SQUARE-RIGGED; FULL-RIGGED.
Shíp·ròck, Shíp Ròck シップロック山《New Mexico 州の北西端に位置する孤峰 (2188 m); 周囲より 420 m 高い火山岩頸 (neck)》.
shíp's àrticles *pl* SHIPPING ARTICLES.
shíp's béll 〘海〙《30 分ごとに鳴らす》船内時鐘.
shíp's bìscuit SHIP BISCUIT.
shíp's bóat 〘海〙《船載の》救命[上陸]用ボート.
shíp's bóy CABIN BOY.
shíp's chándler SHIP CHANDLER.
shíp's cómpany 〘海〙全乗組員.
shíp's córporal 〘英海軍〙衛兵伍長.
shíp·shàpe *pred a, adv* 整然と(した), こぎれいな[に]. ● **(all) ～ and Bristol fashion** 整然として, きちんとして.
shíp's húsband 船舶管理人.
shíp·sìde *n* 船積み地, 乗船地; ドック (dock).
shíp's pápers *pl* 〘海〙船舶書類《船舶国籍証書·海員名簿·航海日誌·積荷目録·船荷証券などの必要書類》.
shíp's sérvice 海軍用の PX.
shíp's stóres *pl* 船舶用品.
Ship·ton /ʃípt(ə)n/ [Mother ～] シプトン《1488 年 Yorkshire に生まれ, London の大火や蒸気機関の出現を予告したとされる予言者·魔女; 実在したかどうかは不明》.
shíp-to-shóre *a* 船から陸への; 船と陸の間の. ► *adv* 船から陸へ. ► *n* 海陸間の無線機; *«俗» コードレス電話.
shíp·wày *n* 造船台; 大船運河 (ship canal).
shíp·wòrm *n* 〘貝〙フナクイムシ (=*copperworm, teredo*)《フナクイムシ科の二枚貝》.
shíp·wrèck *n* 難船, 難破; 難破船(の残骸); [*fig*] 破滅, 破壊, 失敗. ● **make ～ of**…を破壊する, ぶちこわす, 滅ぼす. ► *vt, vi* 難破させる[する], 《坐礁[浸水, 沈没]させて》廃船にする; 破滅[破綻]させる[する]: be ～*ed* off Miami マイアミ沖で難破[遭難]する.
shíp·wright *n* 船大工, 造船工.
shíp·yàrd *n* 造船所.
shi·ra·lee /ʃɪrəlí:/ *n* «豪口» 身のまわりの品を携行する包み (swag).
Shi·raz /ʃɪərá:z/ *n* **1** シラズ《イラン南西部の都市; 14 世紀イスラム文化の一中心地; モスクが多く, またシラズじゅうたん (**～ rùgs**) で知られる》. **2** SYRAH.
shire[1] /ʃáɪər; (語末では) ʃɪər, ʃər/ *n* **1 a** «英地名以外では古» 州 (county). ★ 英国の州名には Devon(*shire*) のように -shire を略しうるもの, Essex, Kent のように -shire の付かないものもある. **b** [the S-s] イングランド中部地方《Hampshire, Devon から北東に広がる -shire の付くあるいは以前 -shire の付いた諸州; 狐狩りなど伝統的な地方文化が根強い》. **c** «豪» 独自の議会をもつ地方. **d** [the S-] シャイアー《平和で楽しい hobbit の国》. **2** [ºS-] 〘馬〙シャイヤー (=**～ hòrse**)《イングランド中部地方産の大型で強力な荷馬·農耕馬》. [OE *scīr* office<?; cf. OHG *scīra* care, official charge]
shire[2] /ʃáɪər/ *vt* «アイル» 休ませる, 元気づける. [OE *scīr* clear]
Shi·re, -ré /ʃí:reɪ/ [the] シレ川《マラウィ南部およびモザンビーク中部を流れ Malawi 湖から Zambezi 川へ注ぐ》.
shíre cóunty 〘英〙非大都市圏州《1974 年以後の行政単位; cf. METROPOLITAN COUNTY》.
Shíre Híghlands /ʃí:reɪ-/ *pl* [the] シレ高原《マラウィ南部の高地》.
shíre tòwn 1 〘米〙郡庁所在地 (county seat); 《巡回裁判所や陪審つきの裁判所など》上級裁判所が開廷する町. **2** ''州庁所在地 (county town).
shirk /ʃə́:rk/ *vt, vi* 〈責任を〉回避する, のがれる, 忌避する; ずるける, なまける 〈*from*〉: ～ away [out, off] こっそりのがれる, ずらかる. ► *n* SHIRKER. [*shirk* (obs) sponger<? G *Schurke* scoundrel]
shírk·er *n* 忌避者, 回避者; なまけ者, 横着者.
Shirl /ʃə́:rl/ シャール《女子名; Shirley の愛称》.
Shir·ley /ʃə́:rli/ **1** シャーリー《(1) 女子名; 愛称 Shirl (2) 男子名》. **2** シャーリー **James ～** (1596–1666)《英国の劇作家; *The Lady of Pleasure* (1635)》. [*shire* meadow]
Shírley póppy 〘植〙シャーリーゲシ《ヒナゲシから改良》. [*Shirley* Rectory イングランド Croydon の作出地]
Shírley Témple シャーリー·テンプル《ジンジャーエールとグレナディン (grenadine) のカクテルにマラスキーノ漬けのサクランボを添えた女性向けのノンアルコール飲料; cf. ROY ROGERS》. [Shirley *Temple*]
shirr /ʃə́:r/ *vt* …にひだをつける, シャーリングする, いせる; 〈卵を〉浅皿に割り落として焼く. ► *n* SHIRRING. [C19<?]
shírr·ing *n* 〘洋裁〙ひだ取り, シャーリング《好みの間隔でミシンをかけて下糸を引きギャザーを寄せること》.
shirt /ʃə́:rt/ *n* 《男子用の》ワイシャツ, シャツ; SHIRT BLOUSE; UNDERSHIRT; NIGHTSHIRT: (as) stiff as a boiled ～ 四角張って (cf. BOILED SHIRT) / STUFFED SHIRT. ● **bet one's ～** «口» ぜったい確信がある, 請け合う (bet one's boots); «俗» 有り金を全部賭ける 〈*on*〉. **get one's ～ in a knot [twist]** あせる. **get [have] one's ～ out** «口» おこる. **get sb's ～ out** «口» 人をおこらせる. **give the ～ off one's back** «口» 何でもくれてやる, 金銭的負担をいとわない. **have not a ～ to one's back** シャツも着ていない《非常に貧乏だ》. **have the ～ off sb's back** «口» 人から貸してあるものを全部引き揚げる. **keep one's ～ [wig, hair'', pants] on** [ᵁ*impv*] «口» 落ちついて[冷静で]いる, あわてないで少し待つ, あせらない. **lay [put] one's ～ on**… «口» …に所有物の一切を賭ける; 確信する: *put* one's ～ *on* a horse 馬に有り金を全部[大半]賭ける. **lose one's ～** «口» 《賭け·投機などで》無一物[無一文]になる, 大損をする 〈*on*〉. **stripped to the ～** (上着とチョッキを脱いで)シャツ一枚になって〈働く〉; 身ぐるみはがれて. ► *a**«学生俗» すばらしい. ► *vt* …にシャツを着せる. ♦ **～·ed** *a* **～·less** *a* シャツを着ていない. [OE *scyrte*; cf. SHORT, SKIRT]
shírt·bànd *n* シャツバンド《カラーを付ける部分》.
shírt blòuse 《婦人用の》シャツブラウス.
shírt·drèss *n* SHIRTWAIST DRESS.
shírt·frònt *n* シャツの胸, シャツフロント, イカ胸 (dickey).
shírt·ing *n* シャツ地, ワイシャツ地, シャーティング.
shírt-jac /-ʤæk/ *n* SHIRT JACKET.
shírt jàcket 〘服〙シャツジャケット《シャツ風の軽装用ジャケット》.
shírt·lìft·er *n* «俗» [*derog*] 男性同性愛者, ホモ, おかま.
shírt·màker *n* シャツ製造者; *男ものシャツ風の婦人用ブラウス[ドレス].
shírt·slèeve *n* ワイシャツの袖: From ～*s* to ～*s* in three gener-

ations. 三代経つとまた(上着を脱いで)きつい仕事をしなくてはならなくなる,「売家と唐様で書く三代目」《Andrew Carnegie のことば》. ● **in one's ～** 上着を着ずに[脱いで], シャツ一枚になって. ► *a* ワイシャツ姿の, ワイシャツ姿が快適な〈天気〉; 非公式の, 略式の; 率直な, 単刀直入の (direct), ざっくばらんな; 実際的な; 庶民的な; 粗野な: ～ diplomacy《しきたりにとらわれない》非公式の外交.

shírt·slèeves, -slèeved *a* SHIRTSLEEVE.

shírt sùit シャツスーツ《シャツ(ジャケット)とこれにマッチしたズボン》.

shírt·tàil *n* シャツテール, シャツの裾《腰より下の丸みをおびて切り落とされた部分》;〘新聞〙《記事の最後に添える》付け足しの記事; 些細な[つまらない]もの. ● **hang onto sb's ～s** 人にたよりきる. ► *a* 略式の, 非公式の〈会議など〉; 遠い関係の, 遠縁の; 幼い; ささやかな, わずかな, ちょっとした. ► *vt* 〈項目などを〉付け足す, 書き添える.

shírt·wàist *n* シャツウエスト, シャツブラウス《ワイシャツと同じような身ごろの婦人用ブラウス》; SHIRTWAIST DRESS.

shírtwaist drèss シャツウエストドレス, ワイシャツドレス《ワイシャツ型の前開きのワンピース》.

shírt·wàist·er *n* SHIRTWAIST DRESS.

shirty /ʃə́ːrti/ *a* ″《口》不機嫌な, おこった; *《学生俗》すばらしい. ♦ **shírt·i·ly** *adv* **-i·ness** *n* [cf. have one's SHIRT out]

shi·sha /ʃíːʃə/ *n* 《エジプトなどの》水ギセル (hookah), シーシャ;《水ギセル用に香りなどをつけた》水タバコ. [Egyptian Arab＜Turk]

shish ke·bab /ʃíʃ kəbɑ̀ːb; ʃíːʃ kɪbǽb/, **-ka·bob** /-bɑ̀b/ シシカバブ《羊肉・牛肉などの小片をワイン・油・調味料に漬けこれを野菜と共に焼き串に刺してあぶった料理》. [Turk (*şiş* skewer＋KEBAB)]

shit /ʃít/《卑》*n* くそ; [the ～s] 下痢; [the ～s] うんざり, むかっぱら, かんしゃく (: give sb *the* ～*s*); くそをすること; くだらない野郎, いけすかないやつ, くそ野郎; うそっぱち, でたらめ, だぼら, いんちき, 見せかけ, たわごと; ひどい扱い, 無礼, 侮辱; くだらんもの, げてもの, がらくた; 厄介な難題, くそいまいましい事;《広く》こと, 物, 状況; 財産, 持物; 薬(ヤク)《ヘロイン・コカイン・マリファナなど》; [〈int〉] くそっ, チェッ, ケッ, (こん)ちきしょう, しまった, いけね!; [°*neg*] ゼロ, ほんの少し; なんにも…ない (nothing) (: do ～, get ～); [強い否定] [the] ぜったい…ない; [*pl*] 恐怖のどん底: A ～ a day keeps the doctor away.《豪》一日ひとくそ医者要らず (cf. APPLE 諺) / What is this ～? 何だよこりゃ? / a piece of ～ だめなやつ[もの] / The ～ he did! やったわけねえだろ《強い否定; hell (4c) と同様の用法》! ★ 間投詞的な用法では /ʃíːət/ のようにも発音する. また 強調的に shee-y-it, shee-it のようにつづることもある. ● **act like one's ～ doesn't stink** つんつんする, いやにお高くとまる, 人を見くだす, 偉そうにする. **as ～** すごく: (*as*) easy *as* ～. **beat [hit, kick, knock] the (living) ～ out of…** をぶったたく, ぶちのめす, たたきのめす. **catch ～** どやしつけられる, ぼろくそに言われる〈*from*〉. **clean up one's ～** 行ないを改める (clean up one's act). **eat ～ (and die)** 非難[いやがらせ]をおとなしく耐え忍ぶ (eat dirt); [*impv*] くそくらえ, ばかめ, この野郎! **feel like ～** 気分が悪い. **frighten [scare, etc.] the ～ out of** sb (くそをたれ流すほど)こわがらせる. **full of ～** うそ八百の, でたらめで, 何も知らないで, まるで間違って. **get [have] one's ～ together**《仕事・生活などで》うまくやる, ちゃんとする; 気を取り直す, しっかりとする; 身のまわりのものをまとめる. **grip sb's ～** ひどく悩ます. **have ～ for brains***どうしようもないパーだ. HOLY **～!** **in ～ order** めちゃくちゃ混乱して. **in the ～** *or* **in deep ～** ひでえこと[まずいこと]になって. **like ～** ひどい, ひどく; 必死に, しゃかりきになって; ぜったい…ない, まっぴらで (like hell). **like ～ through a tin horn***ぐんぐん, 猛烈に, 楽々, すいすい. **look like ～** ひどく顔色が悪い. **look like ten pounds of ～ in a five-pound bag***《特に 窮屈な服を着て》だらしないかっこうをしている, しまらないかっこうである; 詰め込みすぎである, 重すぎる, ふくれすぎである. **No ～!** 冗談じゃねえや, うそ, ばか言え!; 本当だよ! **No ～, Sherlock.** あたりまえのこと言うな, 何を今さら. **not…for ～** 全く…できない[しない]: He can't play *for* ～. **not give [care] a ～** 何とも思わない. **not know ～** なんにも知っちゃいない. **～ for the birds** くだらんこと, だぼら. **S～ happens.** よくないことは起こるものだ. **S～ on…!** …なんか知るか[くそくらえだ]. **～ on a shingle***《軍》ビーフシチューを載せたトースト. **～ on wheels***ひどくうぬぼれたやつ, 天狗. **shoot the ～** 大げさに言う, (だぼらを)吹く; しゃべくる, だべる. **shovel (the) ～***大ぼらを吹く, ペラペラ[くだくだ]たわごとを言う. **take a ～** くそをする. **take ～** 屈辱[不当な仕打ち, いやがらせ]に耐える: *take no* ～ 勝手なことを言わせて[させて]おかない, (おとなしく)ばかにされてはいない. **than ～** すごく, 異常に: be hotter *than* ～ くそ暑い. **the ～ hits the fan** 大変な[緊急の]事態になる, まずいことが起こる. **the ～ out of…** [動詞とその目的語の間に挿入して] むちゃくちゃ(…する): beat *the* SHIT *out of* sb / tickle *the* ～ *out of* sb 人をウハウハ喜ばせる / bore *the* ～ *out of* sb. **think one's ～ doesn't stink** てめえの糞は臭くないと思う, ばかみたくうぬぼれている. **Tough ～!** そらお気の毒, ざまあない; このくそったれ. **What [Who, etc.] (in) the ～…?** 一体全体何[だれ]が…? **What the ～!**＝What the HELL! **worth (a) ～** ちっとは(価値がある), [*neg*] これっぽっちも…ない. ► *a* ″最低の, ひでえ, めちゃめちゃな. ► *adv* *ぜんぜん, 全く, すっかり. ● **～ out of luck** まるで運のない, すっかりつきの落ちた《略 SOL》. ► *vi, vt* (**shít·ted, shit, shat** /ʃǽt/; **shít·ting**) **1** (…に)くそをする, くくそ(など)を〉たれる, ひり出す. **2** だまくらかす (deceive), (…に)でたらめを言う; おどかす, 困らせる; どやしつける〈*on* sb〉; 警察にチクる〈*on* sb〉; ひでえめにあわせる〈*on* sb〉: I ～ you not. ほんと[マジ]だって, うそじゃねえよ. **3** たまげる, 頭にくる, びびる. ● **be shat on (from a great [dizzy] height)** (ひどい)雷を落とされる, どなり倒される; ひでえめにあう, 苦しいはめに陥る. **～ around** ぶらぶらする, なまける. **～ (around) with…** をいじくる, もてあそぶ; ひどい扱いをする. **～ green***ひどくこわがる, ショックをうける, かんかんにおこる. **～ on one's own doorstep** みずから面倒をまねく. **～ oneself** うっかり粗相をする; びくつく, びびる. [OE **scitan* to defecate, **scite* dung; cf. ON *skīta* to defecate]

shi·ta·ke /ʃitɑ́ːki/ *n* SHIITAKE.

shít-áll *a*《卑》ちっとも[ぜーんぜん, はなくそほども]ない.

shít-àss《卑》*n* いけすかないやつ, げす, 悪党. ► *vi* 卑劣なまねをする.

shít·bàg《卑》*n*《人の》胴, 腹; [*pl*] くそぶくろ, 大腸; やな野郎; [〈*int*〉] SHIT.

shít·bùm *n*《卑》SHITHEEL.

shite /ʃáɪt/ *n, vi, vt* ″《卑》SHIT.

shít·èat·er *n*《卑》くず野郎, くそったれ, まぬけ, かす.

shít·èat·ing《卑》*a* 見下げはてた, ひでえ; 満悦の, ひとりいい気になった.

shít-èating grín*《俗》満悦の表情, ニタニタ[ニカニカ]顔, ほくそ笑み: He had this ～ on his face and was walking like he was ten feet tall.

shíte-hàwk *n*《インド卑》エジプトハゲワシ (Egyptian vulture)《残飯・死体に群がる》;《卑》げす野郎, くそったれ.

shít fàce《卑》ばかづら[まぬけづら]したやつ.

shít-fàced《卑》*a* ばかづら下げた; べろんべろんの.

shít-for-bràins《卑》*n* 大ばか, 脳タリン, たわけたやつ (cf. *have* SHIT *for brains*). ► *a* たわけた.

shít·hèad《卑》*n* くそったれ野郎, いやなやつ; くそばか, 大たわけ, どあほ; ″マリファナ[大麻]常用者.

shít·hèel *n*《卑》げす, 悪党, できそこない, いやな野郎, かたり, 勝手なやつ.

shít hòle ″《卑》くその出口, くそ穴, けつの穴;《卑》屋外便所, 掘込み便所;《卑》きったねえ[ひでえ]ところ, はきだめ.

shít·hòok *n*《卑》SHITHEEL.

shít-hót《卑》*a* えらく熱心で[入れ上げて], ばりばりやる, しゃかりきで; えらくうまい, できる; グンバツの, ピカ一の.

shít·hòuse《卑》*n* 便所 (lavatory); きたなくてむかつく所; [〈*int*〉] SHIT. ● **a ～ full of…***ものすごくたくさんの…, うんざりするほどいっぱいの. BUILT **like a brick ～.** ► *a* くだらん, 最低の, ひでえ.

shít·kìck·er*《卑》*n* 田舎もん, どん百姓; カントリー演奏家[ファン], [〈*a*〉] カントリーの; 西部劇; [*pl*] どた靴.

shít·kìck·ing《卑》*a* 粗野で田舎っぽい, あかぬけしない, かっぺな, いもい; カントリーの.

shít·less *a*《卑》ひどくこわがっている, くそも出ねえほどの. ● SCARE sb **～.**

shít lìst*《卑》いけすかない連中のリスト.

shít·lòad *n*《卑》多量, 多数, どっさり: a ～ of… ばかみたくたくさんの….

shít·pòt *n*《卑》どっさり (shitload).

shít-scàred *a*《卑》おびえきって, ちびりそうで.

shit·sky /ʃítski/ *《卑》*n* くそ, うんち (dung); いけすかないやつ, くそったれ.

shít stàin《卑》やな野郎, くそばか.

shít·stìck *n*《卑》げすな野郎, くだらんやつ.

shít stìrrer《卑》やたら面倒を起こすやつ. ♦ **shít stirring** *n*

shít stòmper [*pl*] *《卑》どた靴 (shitkickers).

shít·stòrm *n**《卑》てんやわんや, 大騒ぎ, はちゃめちゃな事件.

shít·sùre*《卑》*a, adv* ぜったい確かな, 確信のある〈*of*〉; 間違いなく, ぜったい; [〈*int*〉] そうするとも, そのとおり, もちろんだ, ちがいねえ!: He is ～ *of* him*self*. やつはくそ自信の塊りだ.

shit·tah /ʃítə/ *n* (*pl* **～s, shit·tim** /ʃítəm/)〘植〙SHITTIMWOOD を産する木《アカシアの一種と考えられる》. [Heb]

shít·ter *n* [the]《卑》便所, 便器.

shittim *n* SHITTAH の複数形.

Shit·tim /ʃítəm/〘聖〙シッテム《死海北東の町; Jordan 川を渡る前にイスラエルの民が宿営した; *Num* 25: 1–9》.

shíttim(·wòod) *n* **1**〘聖〙シッテム《ユダヤ人の幕屋 (tabernacle) の中の契約の箱 (the Ark of the Covenant) や, 祭壇その他の器物が作られたという shittah 材; *Exod* 25:10》. **2**〘植〙米国南部産のアカテツ科のとげの多い木.

shít·ty *a*《卑》ひでえ, いやあな, くそのような; 退屈な, くそおもしろくない; 気分わりい, ひでえ調子の; くそまみれの.

shitty-brìtches *n*《卑》幼児, ガキ.

shít·wòrk *n**《卑》くだらない[うんざりする]仕事, 家事.

shi·ur /ʃíːʊər, ʃíʊ́ər/ *n* (*pl* **shi·u·rim** /-rɪm/)〘ユダヤ教〙《特に Talmud の》学習(会). [Yid]

shiv /ʃív/《俗》*n* ナイフ,《特に》飛出しナイフ; 刃物, かみそり. ► *vt* (-vv-) 切りつける, 刺す. [Romany *chiv* blade]

Shi·va /ʃíːvə, ʃívə/ SIVA.
shi·va(h) /ʃívə/ *n* 〘ユダヤ教〙《7 日間の》服喪期間, シヴァ: sit ～ 喪に服する. [Heb=seven (days)].
shiv·a·ree */ʃɪvəríː, ⌐—⌐/ *n* 《新郎新婦のために演じる》どんちゃんセレナーデ; 《一般に》お祭り騒ぎ. ► *vt* 〈新郎新婦〉のためにどんちゃんセレナーデを演奏する. [F *charivari*]
shív àrtist 《俗》ナイフ使い.
shive /ʃáɪv/ *n* 《広口瓶などの》コルク栓; 《スコ》《パンなどの》薄切れ. [ME *sheve* slice]
shi·vee /ʃəvíː/ *n* 《俗》SHIVAREE.
shiv·er[1] /ʃívər/ *vi* 震える 〈*with* [*from*] cold, fear〉; 〘海〙〈帆が〉バタバタする, 〈船が〉帆がばたつくほど風上に向けられる, シヴァーする: ～ *at* the thought of do*ing*…することを思うと身震いする. ► *vt* 震わせる, 〘海〙〈帆を〉風にバタバタさせる, シヴァーさせる. ► *n* 震え, 身震い, おののき; [the ～s] 悪寒, 戦慄, おこり: give sb *the* ～*s* 人をぞっとさせる / get [have] *the* ～*s* ぞっと[身震い]する. ● **send ～s [a ～] up [down, up and down] sb's back [spine]** 人をぞくぞくっと[ぞっと]させる《興奮·心配·恐怖で》. ♦ **～·er** *n* **～·ing·ly** *adv* [ME *chivere* <?*chavele* to chatter (cf. JOWL[1]), -*er*[3]]
shiver[2] *n* 破片: in ～*s* 粉みじん[ばらばら]になって. ► *vt, vi* 粉みじん[ばらばら]に砕く[砕ける] (shatter): *S*～ my timbers! ⇨ TIMBER[1] (成句). [ME *scifre*; cf. SHIVE, G *Schiefer* splinter]
shív·er·ing Líz *《俗》ゼラチンのデザート.
shiv·ery[1] /ʃívəri/ *a* 震える; 震えやすい[がちな]; 震えが出るほど寒い[おそろしい].
shivery[2] *a* すぐこなごなになる, こわれやすい, もろい (brittle).
shi·voo, shiv·voo /ʃəvúː/ *n* (*pl* **～s**) 《豪口》パーティー, 祝宴, ばか騒ぎ. [?F *chez vous*]
Shko·dër /ʃkóʊdər/ シュコデル (*It* Scutari)《アルバニア北西部の市場町》.
shkotzim *n* SHEGETZ の複数形.
shla·moz·zle /ʃləmáz(ə)l/ *n* 《俗》SCHEMOZZLE.
shlang /ʃlǽŋ/ *n* *《俗》SCHLONG.
shlemiel ⇨ SCHLEMIEL.
shle·moz·zle /ʃləmáz(ə)l/ *《口》 *n* SCHLIMAZEL; SCHEMOZZLE.
shlep(p), shlepper ⇨ SCHLEP(P), SCHLEPPER.
shleppy ⇨ SCHLEPPY.
shlock ⇨ SCHLOCK.
shlong /ʃlɔ́(ː)ŋ, ʃláŋ/ *n* *《俗》SCHLONG.
shlontz ⇨ SCHLONTZ.
shlook /ʃlúk/ *《俗》 *n* マリファナタバコの一服. ► *vt, vi* (マリファナタバコを)吸う.
shloomp /ʃlúmp/ *n, vi* SCHLUMP.
shlo·shim /ʃlɑ́ʃɪm, ʃláʊʃɪm/ *n* 〘ユダヤ教〙《死後 30 日間の》服喪期間. [Heb]
shlub /ʃlʌ́b/ *n* *《俗》ZHLUB.
shlub·bo /ʃlʌ́boʊ/ *n* (*pl* **～s**) *《俗》ZHLUB.
Shluh ⇨ SHILHA.
shlump /ʃlʌ́mp/ *n, vi* *《俗》SCHLUMP.
shlunk /ʃlʌ́ŋk/ *vi* *《俗》〈臭いもの·いやなもの·べとつくものが〉ザーッとかぶさる[降りかかる]. [imit; Yid 風にしたもの]
shm- ⇨ SCHM-.
SHM °simple harmonic motion.
shmack /ʃmǽk/ *n* 《俗》SCHMECK.
shmaltz, shmatte, shmear, shmeck ⇨ SCHMALTZ, SCHMATTE, SCHMEAR, SCHMECK.
shmee /ʃmíː/ *n* *《俗》ヘロイン.
shmeer, shmear ⇨ SCHMEAR.
shmegegge, -gy ⇨ SCHMEGEGGE.
shmen /ʃmén/ *n pl* *《俗》新入生, 一年生 (freshmen).
shmendrick ⇨ SCHMENDRICK.
shmo(e) ⇨ SCHMO(E).
shmoo /ʃmúː/ *n* シュムー《Al Capp の新聞漫画 *Li'l Abner* に出る洋ナシ形の架空の動物; 卵を生み, ミルクを出し, その肉はステーキとチキンを合わせたような味がする》.
shmooz(e), shmotte, shmuck, shnaps ⇨ SCHMOOZ(E), SCHMATTE, SCHMUCK, SCHNAP(P)S.
shnazz /ʃnǽz/ *n* 《俗》SNAZZ.
shnazzy /ʃnǽzi/ *a* 《口》SNAZZY.
Shnit·ke, Schnit·ke, Schnit·tke /ʃnítkə/ シュニトケ **Alfred** ～ (1934–98)《ロシア出身の作曲家》.
shnook ⇨ SCHNOOK.
shnorrer ⇨ SCHNORRER.
shnoz(z) /ʃnáz/ *n* *《俗》SCHNOZZ.
Sho·ah /ʃɔːáː, ʃóʊə/ *n* [the]《ナチスによる》ユダヤ人大虐殺 (the Holocaust). [Heb]
shoal[1] /ʃóʊl/ *n* 浅瀬, 瀬, 浅堆(せんたい), 洲(す), 砂洲(さす); [ᵁ*pl*] 隠れた危険[障害]; 落とし穴. ► *a* 浅い; 《船の喫水の》浅い. ► *vi* 浅くなる, 浅瀬になる; 浅瀬に突っ込む. ► *vt* 浅くする; 〈船が水〉の浅いところにはいる; 〈船を〉浅瀬に入れる. ♦ **shóaly** *a* [OE *sceald*; cf. SHALLOW]
shoal[2] *n* 群れ (crowd), 魚群; 多数, 多量: ～*s* of people 大勢の人びと / in ～*s* 大量に. ► *vi* 〈特に 魚が〉群れをなす. [Du; cf. SCHOOL[2]]
shoat[1], **shote** /ʃóʊt/ *n* 離乳したての子豚《1 年以内の》. [ME; cf. Flem *shote*]
shoat[2] *n* GEEP. [*sheep*+*goat*]
sho·chu /ʃóʊtʃu/ *n* 焼酎. [Jpn]
shock[1] /ʃák/ *n* **1** 激突, 衝撃; 激動, 震動; 地震; 《感電の》電撃: get an electric ～ 感電する. **2 a** ぎょっとすること, 衝撃, 憤慨, 驚き; 《心の》動揺, 《精神的な》打撃, ショック: The news came upon me with a ～. 知らせを聞いてわたしは衝撃をうけた / be in (a state of) ～ ショック状態で / be in for a ～ やがてショックをうける. **b** 衝撃を与えるもの, 衝撃的事件[ニュース]: The ruling came as a ～. 判決は衝撃的だった. **3** 〘医〙《精神病の治療手段としての, インスリン·電気などによる》ショック, 電気ショック (cf. SHELL SHOCK); 卒中 (apoplexy), 冠血栓 (coronary thrombosis); 《不均等な加熱などによる金属片の》大きな内部ひずみ: die of ～ ショック死する. **4** [*pl*] 《口》SHOCK ABSORBER. ● **a short, sharp ～** ᵁ短期間の厳罰[きついお灸]; 即時の断固たる処置, 荒療治. **a ～ to the system** 大打撃, 大きなショック. ► *a* **1** 驚くべき, 衝撃的な: a ～ defeat まさかの敗退. **2** 過激さ·どぎつさが売りの: ～ radio / SHOCK JOCK. ► *vt* **1** …に衝撃を与える, ぎょっとさせる, はっと思わせる; いやがらせる, あきれさせる, 憤慨させる: Everyone was ～*ed at* [*by, to* hear] the news. だれもがその知らせを聞いて衝撃をうけた / ～ sb *into* [*out of*] his senses 人にショックを与えて正気にさせる[正気を失わせる] / in ～*ed* silence ショックでことばも出ずに. **2** …に機械的衝撃を与える; 〈電気が〉ビリッとさせる, 感電させる; 〘医〙…にショックを起こさせる; 〈金属〉に大きな内部ひずみを生じさせる. ► *vi* 衝撃を与える, ぎょっとさせる; ショックをうける; 《古·詩》激突する 〈*together*〉. ♦ **～·able** *a* **shòck·abílity** *n* [OF *choc* (*choquer* <? Gmc)]
shock[2] *n* 《通例 12 束の》刈り束の山, いなむら, 立禾, 立束; *トウモロコシの束. ► *vt, vi* いなむら[束]にする[をつくる]. [MDu, MLG; cf. MHG *schoc* heap]
shock[3] *n, a* くしゃくしゃ毛(の), 乱髪(の); 長い剛毛をもった犬 (=～ **dòg**): a ～ of white hair もじゃもじゃの白髪. [C19 <?*shock*[2]; cf. *shock*(*dog*) (obs) < *shough* shaggy-haired poodle]
shóck absòrber 《機械·自動車·飛行機の》緩衝器[装置], ショックアブソーバー (=*shocker*).
shóck àction 〘軍〙急襲, 衝動作戦[行動].
shóck àd [àdvertising] ショック広告《人の恐怖心に訴える広告; 麻薬撲滅·エイズ防止·交通安全などのキャンペーン広告に使われる》.
shóck brigàde SHOCK WORKERS.
shóck còrd 〘空〙ショックコード《**1**) 着陸衝撃を和らげるため小型飛行機の脚に付けられている緩衝ゴム索 **2**) グライダーの離陸牽引用のゴム索》.
shock dog ⇨ SHOCK[3].
shóck·er[1] 《口》 *n* ぞっとさせる人[もの, 行動]; 《古》煽情小説[雑誌], 恐怖[スリル]を与える映画[劇]; いやなやつ[人], だめなやつ; ᵁ粗悪品; 《口》SHOCK ABSORBER.
shocker[2] *n* わら[トウモロコシ]を束ねる人[機械], 結束機.
shóck frònt 〘理〙衝撃波(の前)面; 〘天〙《太陽風が惑星磁場と出合ってつくる弧状の》衝撃波面.
shóck-hèad *n* くしゃくしゃ髪の頭(の人). ► *a* SHOCK-HEADED.
shóck-hèad·ed *a* 頭髪がくしゃくしゃの, 乱髪の.
shóck-hòrror *a* 《口》《特に 新聞の見出しで》衝撃的な, 恐怖の.
shóck hórror *int* ᵁ[*joc*] おーこわい!《実は少しもこわくない時に言う》.
shóck·ing *a* ぞっとする(ような), ショッキングな; けしからぬ, 不都合な; お話にならない, お粗末な, ひどい; たいした: ～ news / a ～ cold ひどいかぜ. ► *adv* 《口》ひどく (very): ～ poor [bad] お話にならぬほど貧しい[悪い]. ♦ **～·ly** *adv* **～·ness** *n*
shócking pínk *n, a* あざやか[強烈]なピンク(の), ショッキングピンク(の).
shóck jòck 《口》ショックジョック《過激な発言やどぎついことばづかいを売り物とするラジオのディスクジョッキー》.
Shock·ley /ʃákli/ ショックリー **William B(radford)** ～ (1910–89)《英国生まれの米国の物理学者; トランジスターの開発でノーベル物理学賞 (1956)》.
shóck probàtion ショック療法的保護観察《犯罪者を短期間の入獄のあと保護観察のもとに釈放すること》.
shóck·pròof *a* 耐震性[耐衝撃性]の〈時計など〉; 電撃防止の, 絶縁した; ᵁショックをうけそうもない. ► *vt* 〈時計·機械などを〉震動[衝撃]から護る.
shóck-resìst·ant *a* SHOCKPROOF.
shóck-ròck *n* ショックロック《スキャンダラスな語りや異様な演奏·服装·道具立てなどで聴衆にショックを与えるロックミュージック》.
shóck stàll 〘空〙衝撃波失速《音速付近で起こる》.
shóck tàctics [<*sg*/*pl*>]《説得·矯正などのためにとられる》過激な[意表をつく]手段[戦術]; 《特に 騎兵の》急襲戦術.
shóck thèrapy [trèatment] 〘医〙ショック療法; 《口》《一般に》ショック療法, 荒療治.

shóck tròops *pl* 〔軍〕突撃専用部隊.
shóck tùbe 衝撃波管《実験室で衝撃波をつくる装置》.
shóck wàve 〔理〕衝撃波; 爆風; [*pl*]《大事件の》連鎖的衝撃, 余波: send ~*s* through…に衝撃を与える.
shóck wòrkers *pl*《かつてのソ連の》特別作業隊《定量以上の仕事をしつづける》.
shod /ʃɑ́d/ *v* SHOE の過去・過去分詞. ► *a* 履物をつけた, 靴を履いた; タイヤを付けた; 蹄鉄[輪止め, 金たがなど]を付けた: well ~ for wet weather 雨の日にふさわしい靴を履いて / DRY-SHOD / ROUGHSHOD.
shodden *v* SHOE の過去分詞.
shod·dy /ʃɑ́di/ *n* ショディ《縮充しない毛製品などのくずから得る再生羊毛; mungo より上質で, 繊維が長い》; 再生毛織地[物]; 安物, まやかしもの; よく見せかける連中. ► *a* ショディ製の; 見かけ倒しの, 安っぽい, まがいものの, 粗雑な; 卑劣な, 軽蔑すべき; いかがわしい, あやしげな. ♦ **shód·di·ly** *adv* **-di·ness** *n* [C19<?]
shóddy dròpper 《豪俗》安物[まがいもの]衣類の行商人.
shoe /ʃúː/ *n* **1 a** 靴, 《くるぶしまでの》短靴 (cf. BOOT[1], OXFORD shoes): a pair of ~*s* 靴1足 / have one's ~*s* on 靴を履いている / put on [take off] one's ~*s* 靴を履く[脱ぐ] / Over ~*s*, over boots. 《諺》毒を食わば皿まで / Only the wearer knows where the ~ pinches. 《諺》靴の痛いところは履いている者にしかわからない / If the ~ fits, wear it. ⇨ CAP[1] / LICK sb's ~*s*. **b** 蹄鉄 (horseshoe). **2** 靴状のもの; 輪止め, ブレーキシュー (brake shoe); 《自動車の》タイヤ(の外被[ケーシング]); 《電車の第3軌条から電気を得るための》集電装置; そりの滑走部の輪金; 〔写〕《カメラの》付属装置取付け座金, シュー (=accessory [hot] ~); 《杖などの》石突き, 金たが; 杭沓(くいぐつ) (pile shoe); 〔土木〕支承, シュー(座), 橋座; 〔海〕マストステップ (step); 《雨樋の》水吐(みずはき); 〔トランプ〕《バカラなどで用いる》カード入れ. **3** [*pl*]《経済的・社会的な》地位; 見地, 立場; 苦境. **4** *《俗》**a** 私服警官 《gumshoe から》. **b** 偽造パスポート. **c** WHITE SHOE; 流行のファッションできめたやつ.
● **another [different] pair of ~s [boots]=another ~** 全く別な事[問題]. **dead men's ~s** 後継者が欲しがる地位[財産]. **die with** one's **~s on**=DIE[1] in one's ~s. **drop the other ~** 《口》やりかけた(不快な)ことを完結させる. **fill** sb's **~s** 人の後継者として十分に責任を果たす, 人に取って代わる. **in** sb's **~s** 人の地位[立場, 境遇]に身を置いて. **(know) where the ~ pinches** 困難[厄介]のたね(がわかっている). **(know) where the ~ wrings** sb 人の痛いところ(を知っている). **not give up the ~** *仕事をやめない, あきらめない. **put** one**self in [into]** sb's **~s** 人の身になって考える. **put the ~ on the right foot** 責めるべき人を責める, ほめるべき人をほめる. **shake [shiver, tremble] in** one's **~s** 身震いする《恐ろしくて》. **step into** sb's **~s** 人の後釜(あとがま)にすわる. **the ~ is on the other foot** *立場が逆転している (the boot is on the other foot [leg]‖). **wait for dead men's ~s** 人の遺産[地位]をねらって待ち受ける, 後釜をねらう. **wait for** sb **to drop the other ~=wait for the other ~ to drop** 《口》きっとそうなる(と思える)結末を予期する; 気をもみながら待つ.
► *a* **1** 靴の: ~ size. **2** *《俗》〈行動・服装が〉お坊ちゃん学校の.
► *vt* (**shod** /ʃɑ́d/, **~d; shod, ~d, shod·den** /ʃɑ́dn/) …に靴を履かせる; 〈馬〉に蹄鉄を打つ, 装蹄する; 《保護・補強・装飾のために》…に〈金たが・鉄輪を〉はめる, …に金具を付ける: a flagpole *shod with* an iron tip 鉄の石突きを付けた旗ざお. ● **~ the** GOOSE.
♦ **~·less** *a* [OE *scōh*; cf. G *Schuh*]
shóe·bìll, shóe·bìrd *n* 〔鳥〕ハシビロコウ《コウノトリに近いくちばしの巨大な鳥; アフリカ産》.
shóe·blàck *n* 《街頭の》靴磨き (bootblack)《人》.
shóe bòil 〔獣医〕馬蹄膿瘍.
shóe·bòx *n* 《ボール紙の》靴箱; 《口》狭苦しい家[部屋].
shóe bùckle 靴の締め金.
shóe·hòrn *n* 靴べら. ► *vt* 狭い所へ押し[詰め]込む.
shóe-ìn *n* *《口》SHOO-IN.
shóe·làce *n* 靴ひも.
shóe-lèather *a* 地道な, こつこつとやる: ~ journalism 足で稼ぐ報道.
shóe lèather 靴革; 靴《集合的》: as good a man as ever trod ~ だれにも負けない正直者. ● **save ~** 歩くのをやめる, 《バスに乗るなど》なるべく歩かないようにする.
shóe·màker *n* 靴屋《作る人; 販売・修繕をする人》: Who is worse shod than the ~'s wife? 《諺》靴屋の女房ぐらいひどい靴を履いている者があろうか, '紺屋(こうや)の白ばかま'.
Shoemaker シューメーカー **'Bill'** [**'Willie'**] ~ [**William Lee** ~] (1931–2003)《米国の競馬騎手》.
Shoemaker-Le·vy 9 /–́– líːvi náɪn/ 〔天〕シューメーカー・レヴィ第9彗星《1992年に木星の潮汐力で分裂し, 94年に木星に衝突した彗星》. [Eugene M. *Shoemaker* (1928–97), Carolyn S. *Shoemaker* (1929–) 米国の天文学者夫妻, David H. *Levy* (1948–) カナダの天文学者]
shóe·màking *n* 靴作り, 靴直し.
shoe·pac(k) */ʃúːpæ̀k/ *n* 《酷寒時用の》ひもで締める防水ブーツ (=*pac*).
shóe pòlish 靴墨; *《俗》酒, (安物の)ウイスキー; *《俗》靴墨《鼻でかいで陶酔状態になる麻薬》.
sho·er /ʃúːər/ *n* 蹄鉄工 (horseshoer).
shóe·shìne *n* 靴を磨くこと, 靴磨き. ♦ **-shìner** *n*
shóeshine bòy * 靴磨きの少年.
shóe·strìng *n* **1** 靴ひも (shoelace); 〔地質〕シューストリング《ひも状の細長い地層で, 幅と厚みの比が5:1以下》. **2** 《口》わずかな資金, はした金, '雀の涙'; *《俗》(安物の赤)ワイン. ● **on a ~** 《口》わずかな元手[金, 利鞘(りざや)]で: get along *on a* ~ 細々と暮らしていく. ► *a* 《口》あぶなっかしい, かろうじて十分な; 《口》わずかな資金による; *《靴ひものように》細長い〈ネクタイ〉: a ~ majority ぎりぎりの過半数.
shóestring càtch 〔野〕地上すれすれの捕球.
shóestring potàtoes * *pl* 細長く切って揚げたフライドポテト.
shóestring tàckle 〔アメフト〕シューストリングタックル《ボールキャリアーへの足首へのタックル》.
shóe trèe 靴型《広げるときまたは形を保つため, 履かないときに靴に入れる》.
sho·far, -phar /ʃóʊfɑ̀ːr/ *n* (*pl* **sho·froth, -phroth** /ʃoʊfróʊt, -θ, -s/, **~s**) ショファル《雄羊の角で作ったユダヤの軍らっぱ; 今では宗教儀式用》. [Heb]
shog /ʃɔ́(ː)g, ʃɑ́g/ 《方》*vi* (**-gg-**) 揺れる, 震える; 動きまわる: ~ off =go away. ► *n* 動揺, 揺れ. [ME; cf. MLG *schocken* to swing]
sho·gun /ʃóʊgən/ *n* 《幕府の》将軍. ♦ **~·al** *a* [Jpn]
sho·gun·ate /ʃóʊgənət, -èɪt/ *n* 将軍職[政治], 幕府: the Tokugawa ~.
sho·het, sho·chet /ʃóʊxət/ *n* (*pl* **~s, -he·tim, -che·tim** /-xətəm/) 〔ユダヤ教〕ショヘート《律法にのっとって動物の屠殺をする人》. [Heb=slaughterer]
sho·ji /ʃóʊdʒi/ *n* (*pl* **~, ~s**) 障子. [Jpn]
Sho·la·pur /ʃóʊləpʊ̀r/ ショラプール《インド西部 Maharashtra 州南東部の商業都市》.
Sholem [Sholom] Aleichem ⇨ ALEICHEM.
Sholes /ʃóʊlz/ ショールズ **Christopher Latham** ~ (1819–90)《米国のタイプライターの発明家》.
Sho·lo·khov /ʃɔ́ːləkɔ̀ːf, -v/ ショーロホフ **Mikhail Aleksandrovich** ~ (1905–84)《ロシアの作家;『静かなドン』(1928–40); ノーベル文学賞 (1965)》.
sho·lom /ʃɑːlóʊm, ʃə-/ *n, int* SHALOM.
shommus /ʃɑ́məs/ *n* *《俗》SHAMUS.
Sho·na /ʃóʊnə/ *n* **a** (*pl* **~, ~s**) ショナ族《ジンバブウェ・モザンビークの Bantu 系の民族》. **b** ショナ語.
shone *v* SHINE の過去・過去分詞.
sho·neen /ʃoʊníːn, –́–/ *n* 《アイル》[*derog*] イングランドかぶれのアイルランド人. [Ir *seóinín* (dim)<*Seón*; イングランド人の典型的な名前 'John びいき' の意]
sho·nick·er, sho·nik·er /ʃɑ́nɪkər/ *n* SHONNICKER.
shonk[1] /ʃɑ́ŋk/ ‖《俗》*n* [*derog*] ユダヤ人, ユダ公 (Jew); 大鼻, わし鼻, かぎ鼻. [? *shonnicker*]
shonk[2] *n* 《豪俗》不法な商売を行なう者, 詐欺師. [逆成(↓)]
shonky /ʃɑ́ŋki/ 《豪俗》*a* 信用できない, あてにならない, 正直でない; 粗悪な, おそまつな. ► *n* いかがわしい商売をしている者, 不法な取引を行なっている者. [?*shonk* (derog) Jew; 一説に (dial) *shonk* smart]
shon·ni(c)·ker, -nack·er /ʃɑ́nɪkər/ *n* 《俗》[*derog*] ユダヤ人, ユダヤ野郎. [Yid]
sho'nuff /ʃɔːnʌ́f/ *adv* 《発音つづり》*《俗》SURE enough.
shoo /ʃúː/ *int* シーッ, シッ!《鶏などを追うときの発声》; 出て行け! ► *vi, vt* シッと言う; シッと言って追う 〈*away, off, out*〉. [imit]
shóo·flỳ * *n* 《馬や白鳥など》動物をかたどった子供の揺り椅子; ハエを追い払うとされる木《ムラサキセンダイハギなど》; SHOOFLY PIE; *《俗》制服警官をスパイして報告する私服警官, 警察内部の腐敗を調査する秘密調査員. ► *int* あれっ, まあ《軽い驚き》.
shóofly pìe * 糖蜜・黒砂糖入りパイ. [寄ってくるハエを追い払わなくてはならないことから]
shoo·gle /ʃúːg(ə)l/ *vt, n* ‖《方》前後にゆさぶる[揺れる](こと); よろよろ歩く(こと). ♦ **shóo·gly** *a* ぐらぐらの, あぶなっかしい. [(freq)<*shog*; cf. G *schaukeln* to shake]
shóo-ìn * *n* 《口》八百長レース(の勝馬); 優勝確実な人[馬], 当選確実な候補, 本命; ヒット確実なもの, 楽勝試合.
shook[1] /ʃʊ́k/ *v* SHAKE の過去形; 《方》SHAKE の過去分詞. ► *a* *《俗》SHOOK-UP. ● **~ on…** 《豪》…に夢中な.
shook[2] *n* 樽[桶, 箱など]を組み立てる板の一束; 《家具の》組立て部品一式; *穀類の束 (shock). ► *vt* 一組ずつ束ねる. [C18<?]
S hook /ɛ́s –́/ S(字形)フック.
shóok-ùp *《俗》*a* 動揺した, 心が乱れた, うろたえた; 興奮した, 調子に乗った, 浮かれた.
shool /ʃúːl/ *n, vt, vi* 《方》SHOVEL. [C18<?]
shoon /ʃúːn, ʃóʊn/ *n* 《古・スコ》SHOE の複数形.
shoot[1] /ʃúːt/ *v* (**shot** /ʃɑ́t/) *vt* **1 a** 〈銃を〉撃つ, 〈矢を〉射る, 発射する; 〈獲物を〉射止める; 射殺[銃殺]する; 《逃亡のため》発砲して〈道を〉ひ

らく;〘鉱〙爆発させる (detonate), 爆破する: ～ a bullet [gun] 弾丸[鉄砲]を撃つ / ～ an arrow [a bow] 矢[弓]を射る / ～ one's BOLT[1] / ～ a bird 鳥を射る[撃つ] / ～ one*self* 銃で自殺する / ～ sb *between* the eyes 人の眉間を撃つ / The prisoner was *shot* dead. 射殺された / Don't ～ the pianist, he is doing his best. 精いっぱいやっていることだから大目に見てやれ《Oscar Wilde, *Impressions of America* で引用された米国の酒場の掲示から》. **b**〈ビー玉を〉はじきとばす;〘玉突〙〈球を〉ポケットする, 突く;〘球技〙シュートする,〈得点を〉あげる;〘ゴルフ〙…のスコアで回る,〈コースを〉回る;〈場所〉で猟をする (cf. HUNT);〈プール・クラップスなどを〉する (play): ～ a basket [a goal, points] シュートする[得点をあげる] / ～ a round of golf コースを一巡する / ～ a covert [the woods] 猟場[森]で猟をする. **c**〈ワクチンなどを〉注射する〈*into*〉;〈光線を〉《突然[断続的に]》放射する, 噴射[噴出]する;〈視線を〉投げる;〈質問などを〉連発する: He *shot* question after question *at* us. 次々と質問を浴びせた / She *shot* me another indignant look. もう一度憤りの表情を向けた. **d**《卑》射精する, 発射する (ejaculate). **2 a** ほうる, 投げ出す;《野球俗》〈ボールを〉力まかせに投げる;〈ごみなどを〉(どっと)あける, 空(き)にする, 急斜面を落とす;〈さいを〉投げる (throw),〈金を〉賭ける: A big box was *shot out of* the truck. 大きな箱がトラックから投げ出された / ～ dice さいを振る. **b**〈機会を〉棒に振る;《口》使いはたす, 浪費する. **3 a**〈手足などを〉突き出す〈*out*〉;〈袖口を〉手首の方に急に引っ張る《気取ったしぐさ》: The snake *shot* its tongue *out*. 舌をちらりと出した / ～ *out* the LIP. **b**〈芽・枝を〉出す〈*out*〉: The trees are ～*ing out* buds. 木々は芽を出しかけている. **4 a**〈ボートが〉勢いよく乗り越す, 乗り切る;〈赤信号を〉無視して突っ走る: ～ the RAPIDS / The boat *shot* the bridge. さっと橋の下をくぐり抜けた / ～ NIAGARA. **b** 高速で走らせる[動かす]; 急いで送る[届ける]〈*over*〉. **5**〈写真を〉撮る, …の写真を撮る (photograph);〘映〙撮影する (film);〘海〙〈天体〉の高度を測る: ～ a commercial コマーシャルを撮影する / ～ the SUN. **6** [^{U}pp] 見方によって色が変わるように織る: …に彩りを添える[変化をつける] (cf. SHOT[2]). **7**《開閉のため》〈かんぬきを〉すべらす, 押す;《食卓で》〈料理を〉回す;〘織〙〈杼(ひ)を〉縦糸に通す;《俗》…に注射をうつ〈*up*〉;《俗》〈麻薬を〉うつ〈*up*〉;〘木工〙〈板の端などを〉まっすぐに削る,〈合わせ目を〉きれいに削る: ～ a bolt (of a door) かんぬきを締める[はずす].

► *vi* **1 a** 射る, 撃つ, 発射する; 射撃する;〈弾丸などが〉飛び出る; 銃猟をする; 銃を巧みに扱う: His revolver did not ～ very straight. 彼の銃はあまりまっすぐ弾が出なかった《的に命中できなかった》/ The police did not ～ to kill. 殺すつもりで撃ったのではなかった《威嚇射撃をした》/ ～ *at* a target 的をめがけて撃つ. **b**〘球技〙シュートする;〘クリケット〙〈ボールが〉地をはうようにして飛ぶ; さいころを投げる. **c**《卑》射精する〈*off*〉. **2 a** 勢いよく飛び出る, すばやく動く; パッと光る; ほとばしる, 噴出する;〈痛みが〉走る, ずきずき痛む: She *shot into* [*out of*] the room. 部屋に飛び込んだ[部屋を飛び出して行った] / Then he began to ～ *ahead*. 《競走で》ぐんぐん(他を)抜き始めた / The fountain *shot up*. 噴水が噴き上がった / The pain *shot through* my nerves. 突き刺すような痛みが全神経に走った. **b** 突き出る〈*out*〉; 芽を出す; (急速に)伸びる,〈植物・子供などが〉急に育つ, 生長[成長]する〈*up*〉;《順位などで》急上昇する: A cape ～*s out into* the sea. 岬が海に突き出ている / The new leaves have *shot forth*. 新しい葉が出た / The snail's horn *shot out*. カタツムリの角が出た / The corn is ～*ing up* in the warm weather. 暖かい天候でトウモロコシがぐんぐん伸びている. **c**〈かんぬきが〉はずれる, かかる. **3** 写真を撮る;〘映〙撮影する[を開始する]. **4**《俗》薬(ヤク)をうつ〈*up* (*on* heroin)〉. **5 a** [*impv*]《口》始めなさい,《特に》(言いたいことを)さっさと話しなさい, 言ってごらん, さあどうぞ (Speak out!), さあ続けて. **b** *《俗》ペラペラしゃべる (shoot the breeze).

● **I'll be shot** (＝damned) **if**…. もし…なら首をやる, …なことがあるものか《強い否定・否認》. **～…(all) to hell**《口》〈人・物を〉完全に撃ち殺す[こわす];《口》…をめちゃめちゃにする. **～ at**…をねらって撃つ; *《口》…を達成しようと努める. **～ away**〈弾薬を〉撃ちつくす;〈物を〉撃ちこわす; 逃げ去る. **～ back** 反撃する; (きっぱりと)言い[やり]返す. **～ down** (1)〈人を〉撃ち倒す, 射殺する. (2)〈飛行機などを〉撃墜する. (3)〈人・案などを〉酷評する, やりこめる, 退ける, 拒絶する. **～ down in flames**＝SHOOT down (3). **～ first and ask questions afterwards [later]** まず発砲してから自分が正しいのか悪いのか確かめる《敵に対する冷酷な態度などについていう》. **～ for**…《バスケットボールで》〈ゴール〉をねらう; *《口》…を目指す: ～ *for* the moon 目標を最高点におく. **～ from the hip** あと先考えずにしゃべる[行動する]《銃を腰に当てて撃つと早撃ちができることから》. **～ home** 的を撃ち[射]あてる. **～ in**〘軍〙〈歩兵隊〉の掩護射撃をする. **～ it out**《口》紛争などを武力で解決する; 最後の一人まで撃ち合う, 徹底抗戦する. **～ off**〈銃などを〉発射する;〈花火などを〉打ち上げる; さっと離れる[出て行く];《卑》発射する, いく (ejaculate). **～ [blow] off one's mouth [face, head, trap]**《口》ペラペラしゃべる, 声高にしゃべって[うっかり]秘密を漏らす;《口》やたら誇張する, 自慢たらたらしゃべる〈*about*〉. **～ out** ⇨ *vt* 3a, b, *vi* 2b;〈火・明かりを〉銃で撃って消す; 撃ち合いで〈けんか〉の決着をつける (cf. SHOOT *it out*);《口》〈間借人などを〉追い出す;〘クリケット〙〈打者などを〉(さっさと)アウトにする, 片付ける. **～ one's breakfast [lunch, dinner, supper, cookies,** etc.]《俗》吐く (vomit). **～ oneself in the** FOOT. **～ one's mouth off**《口》ペラペラしゃべる, 自慢たらたらしゃべる (shoot off one's mouth). **～ straight [square]**《口》掛け値なしに[正直に]やる[つきあう]〈*with*〉. **～ the** BREEZE[1] [BULL[1]]. **～ through**《豪口》出ていく, 逃げる, 消える, '蒸発する';《豪口》死ぬ, いっちまう. **～ up** (*vt*) ⇨ *vt* 7; 射る, 狙撃する, 射殺する, 撃ちまくる, 撃ちまくって使えなくする[だめにする];《口》銃を乱射して〈町を〉荒らす[破壊する]; *《俗》捨てる;《口》〈麻薬を〉うつ; ⇨ SHOT[2] up. (*vi*) ⇨ *vi* 2b, 4;〈物価が〉急騰する; 急増する; そびえ立つ;《口》麻薬をうつ.

► *n* **1 a** 射撃, 発砲, *《ロケットなどの, 特に 実験的な》発射; 射撃(競技)会, "遊猟会; 射撃競技の 1 ラウンド; 遊猟地; 猟場権. **b** 撮影;《光線の》すじ. **2 a** 若枝 (cf. BAMBOO SHOOTS); 3 フィート以下の若木;〘植〙苗条《根に対して葉・茎などの地上部》;《植物の》生育[発芽](量); 分枝, [*fig*] 枝分かれ. **b**〘晶〙支脈のような結晶の生成; 支脈, 分脈;〘鉱〙落とし《傾斜した富鉱体》. **3** 急流, 早瀬; 噴水; 射水路; 滑走路; 落とし樋(ひ), シュート (chute);〘ボート〙stroke 間の時間; 突然の前進, 急進; 刺すような痛み (twinge);〘建〙推力; 土塊[氷塊]の落下. ● **the whole (bang) ～**《俗》なにもかも (everything).

♦ **～·able** *a*

[OE *scēotan*; cf. SHEET, SHOT[1], SHUT, G *shiessen*]

shoot[2] *int* *《口》あらっ, やだーっ, くそっ, チョッ, しまった, フフン《驚き・不快・いらだち》: Oh ～! [*shit* の婉曲語]

shóot àpex〘植〙茎頂 (growing point).

shóot-aròund *n* シュートアラウンド《バスケットボールで, 試合前の短い練習》, 練習試合.

shóot·dòwn *n* 撃墜.

shoot-'em-up /ʃúːtəmʌ̀p/ *《口》*n* 派手に撃ち合うアクションもの[西部劇]; シューティングゲーム; 撃ち合い (shoot-out).

shóot·er *n* 射手, 砲手; 猟師; 拳銃, ガン, ピストル, ハジキ;〘クリケット〙地面をすっていく球;〘球技〙シュートのうまいプレーヤー;《クラップスで》さいを投げる人; カメラマン; 手からはじき出されたマーブル[ビー玉];〘天〙流星; *《俗》《通例 ひと息で飲む》1 杯の酒[ウイスキー]; ショットグラスで出されるつまみ《生ガキなど》: a six-～ 6 連発銃.

shóot·ing *n* 射撃, 狙撃, 銃撃(事件); 射的; 銃猟; 猟場(権); ずきずきする痛み;〘写〙撮影 (cf. SHOT[1]);《植物の》急速な生長,《イネ科植物の》分蘖(ぶんけつ).

shóoting bòx" 狩小屋《シーズン中使用する》.

shóoting bràke" ステーションワゴン;《古》遊猟会用馬車《用具運搬用》.

shóoting còat" 狩猟服 (shooting jacket).

shóoting gàllery《遊園地などの》射撃場, 屋内射撃練習場; *《俗》薬(ヤク)の注射をしに集まる場所, *《俗》薬うちのパーティー.

shóoting gùard〘バスケ〙シューティングガード《司令塔的なポジション》.

shóoting ìron *《俗》火器,《特に》ピストル, ライフル.

shóoting jàcket" 狩猟服 (shooting coat).

shóoting lòdge" SHOOTING BOX.

shóoting màtch 射撃競技. ● **the whole ～**《口》すべて, なにもかも, 事件[仕事]全部.

shóoting rànge ライフル射撃場.

shóoting script〘映・テレビ〙撮影台本, シューティングスクリプト《撮影しやすいようにシーンごとに分けてある》.

shóoting stár 流星, 流れ星 (meteor); 一瞬輝いて消えるもの;〘植〙北米原産サクラソウ科ドデカテオン属の多年草 (＝*American cowslip*),《特に》カタクリモドキ.

shóoting stìck《上部が開いて腰掛けになる》狩猟ステッキ《狩猟や競馬見物などに用いる》.

shóoting wár 兵器による戦争, 実戦 (opp. *cold war*, *war of nerves*).

shóot·ist *n*《口》射撃者, 狙撃手.

shóot-òut *n*《口》《決着をつける》撃ち合い, 銃撃戦; [*fig*]《口》対決, 衝突, 口論;〘サッカー〙PK 戦 (penalty ～);〘アイスホッケー〙GWS 戦 (game winning ～).

shóot-the-chùte(s) *n* [〈*sg*〉]《遊園地などの》ジェットコースター式のウォーターシュート (＝*chute-the-chute(s)*).

shóot-ùp *n*《俗》麻薬の静脈注射;《口》銃撃(戦).

shop /ʃáp/ *n* **1 a** "商店, 小売店, 店 (store*): a flower ～ 花屋 / a grocer's ～ 食料品店 (grocery store*) / *S～!*《店先で》だれかいませんか? / keep a ～ 店を開いている, 店を持つ / keep ～ 店の番をする / the other ～ 商売がたき(の店) / A man without a smiling face must not open a ～.《諺》笑顔なき者は店出すべからず. **b** 専門店 (shoppe);《大きな店の中の》各専門部門. **c** "《口》《食料品・日用品の》買物: do the weekly ～ 週に一度の買物をする. **2 a** 仕事場, 作業場; *《小中学校の》工作室; 工作 (shop class): a carpenter's ～ 大工の仕事場 / a barber's ～ 理髪店, 床屋 (barbershop*) / do well in ～ 工作[技術科目]の成績がよい. **b** 製作[工作]所, 工場 (workshop): an engineering ～ 機械工場 / a repair ～ 修理工場. **c**《口》職場, 勤務先 (office); [the S-] "《俗》《もと》陸軍士官学校 (Royal Military Academy); [the S-] ロンドン証券取引所; [the S-]《メルボルン俗》メルボルン大学 (University of Melbourne): CLOSED [OPEN, UNION] SHOP. **3**《専門の》仕事の話 (shoptalk); "《俗》舞台の仕事(の契約): Cut the ～! 仕事の話はよせ! ● **all over the ～** "《口》そこいら一面に, いたるところに; 乱雑に, 取り散らか

して; 混乱して, 取り乱して. **close up ～***＝shut up SHOP. **come [go] to the wrong ～**《口》お門違いの人に頼みに行く, 行く先を誤る. **fold up ～***《口》店をたたむ, 商売[営業]をやめる. **give away the ～***《口》〈…に対して〉弱腰である, 気前がよすぎる〈*to*〉. **mind the ～** 仕事に専念する. **set up ～** 店を出す, 商売を始める, 開業する〈*as*〉. **shut up ～**"商売をやめる, 閉店する; 仕事《など》をやめる. **sink the ～** 専門の話をしない, 商売を隠す. **smell of the ～**（売らんかなの）商魂が見えている. **talk ～**《口》《特に 時と場所を選ばず》自分の商売上[専門]の話をする, 仕事の話ばかりする. ► *v* (**-pp-**) *vi* 買物をする, 買物(の下見)に行く〈*for*〉; 買得品をあさる; 捜す: go [be out] *shopping* 買物に行く[行っている] / Thank you for shopping with us. ご来店[お買い上げ]ありがとうございます《店の看板などの文句》. ► *vt* *〈店〉に買物に行く, …の商品を見てまわる[調べる]; 〈原稿などを〉売り込む〈*around*〉; "《俗》ムショに入れる, 〈仲間を〉密告する, 売る; *《俗》解職する; "《俗》〈人〉に(演劇関係の)職を与える. ● **～ around**《よい買物をしようと》いくつかの店を見てまわる〈*for*〉; よい職[良案など]を捜し求める〈*for*〉, あれこれ比較検討する. **～ till one drops**《口》へとへとになるまで[心ゆくまで]買物をする. ♦ **～·less** *a* [OF *eschoppe* booth＜MLG, OHG＝porch; cf. OE *sceoppa* stall]

shop·a·hol·ic /ʃɑ̀pəhɔ́(ː)lɪk, -hɑ́l-/ *n* 買物中毒者.

shóp assistant" 店員 (salesclerk*).

shóp bèll" 商店ベル《ドアが開くと鳴る》.

shóp-bòught" *a* STORE-BOUGHT.

shóp·bòy" *n*《男の》店員.

shóp chàirman SHOP STEWARD.

shóp clàss* 工作, 技術《科目》.

shóp committèe《労働組合の》職場委員会.

shóp·cràft *n*《鉄道関係などの》修理補修業; 修理補修業者《集合的》.

shópe vìrus /ʃóʊp-/ ショープウイルス《ウサギにいぼ腫をつくる》. [Richard E. *Shope* (1901–66) 米国の医師で発見者]

shóp·fìtter *n* 店舗設計者[装飾業者].

shóp·fìt·ting *n* [*pl*]《台・棚などの》店舗用備品; 店舗設計[装飾].

shóp flòor"《工場の》作業現場; [the]（工場）労働者, 労働側《集合的》.

shóp·frònt" *n* 店舗の正面(の部屋), 店先, 店頭 (store front*).

shóp·gìrl *n* 女子店員 (saleswoman).

shophar, shophroth ⇨ SHOFAR.

shóp·hòuse *n*《東南アジアの》店舗兼住宅.

shóp·kèep·er *n* 店主, 小売商人 (storekeeper*);《一般に》商人. ● **a nation of ～s** 商業国民, 商人の国, 英国民《Adam Smith のことば; Napoleon 1 世が英国民を卑しんで呼んだとされる》.

shóp·kèep·ing *n* 小売商売.

shóp·lìft *vt, vi* 万引をする. ♦ **～·ing** *n* [逆成く↓]

shóp·lìft·er *n* 万引《人》.

shóp·man /-mən/ *n*"店員, 売り子, 番頭; "店主; *工員, 修理工.

shoppe /ʃɑ́p/ *n* 専門店,《大商店の》専門部門 (shop)《看板などに使われる古風な[気取った]つづり》.

shóp·per *n* 買物客; 買物代理人; "買物袋, ショッピングカート; かご付きの車輪の小さい自転車; *《商店の》競争商品調査係; "《俗》密告者; *《地元商店街の》宣伝用ミニコミ紙.

shóp·ping *n* 買物; 買物の便; 分解修理 (overhauling); "買ったもの《集合的》; アイディア[企画]のいんちきな売込み: I've some ～ to do. 少し買物がある / do the [one's] ～ 買物をする.

shópping bàg*《紙[網, ビニール]製の》買物袋 (carrier bag").

shópping-bàg làdy [wòman]* BAG LADY.

shópping bàsket《スーパーマーケットなどの》買物かご;〘電算〙SHOPPING CART.

shópping càrt《スーパーマーケットなどの》買物用手押し車, ショッピングカート;〘電算〙ショッピングカート《ネットショップの買物かご》.

shópping cènter ショッピングセンター《通例 都市郊外に立地し大駐車場を備えた各種小売店の統一的集合体》.

shópping chànnel《テレビの》テレフォンショッピング[通販]専門チャンネル.

shópping lìst 購入品目リスト, 買物表; 関連品目[項目]のリスト; *《口》《ほしいもの・考慮中の事柄などの》リスト (laundry list)〈*of*〉.

shópping màll《米・豪》《歩行者しかはいれない》商店街, ショッピングモール (mall).

shópping plàza《米》SHOPPING CENTER.

shópping prècinct"《駐車場を備えた》歩行者専用商店街.

shópping sprèe 買物三昧: go on a ～.

shópping tròlley" ショッピングカート (shopping cart).

shópping vìllage《郊外の比較的高級な》ショッピングセンター[モール].

shóp·py *a* 商人の, 商人らしい; 小売りの; 商店の多い〈地域など〉; 自分の商売[専門]の. ► *n*《俗》店員.

shóp·sòiled" *a* SHOPWORN.

shóp stèward《労働争議における》職場代表[委員].

shóp strèet 商店街, 繁華街.

shóp·tàlk *n* 職業[商売]上の用語; 仲間うちのことば;《職場外での》仕事の話 (cf. *talk* SHOP).

shóp·wàlk·er" *n* 売場見まわり人, 売場監督 (floorwalker*).

shóp·wìndow *n* 店の陳列窓, ショーウインドー: put one*self* in the ～ 自分を売り込む. ● **put all** one's **goods [have everything] in the ～** ありったけの品を陳列窓に並べる; 魂胆が見え透いている, あさはかだ.

shóp·wòman *n* 女子店員 (saleswoman).

shóp·wòrk·er" *n* 店員, 売り子; 工場労働者, 作業員,《工房の》職人.

shóp·wòrn* *a*〈商品が〉店(たな)ざらしの; 新鮮さを失った, 陳腐な; 古手の, くたびれた.

sho·ran /ʃɔ́(ː)ræn/ *n* ショーラン《航空機・誘導ミサイルの出す 2 種の電波が 2 つの地上局と往復する時間によって自己の正確な位置を決定するレーダー装置; cf. LORAN》. [*short-range navigation*]

shore[1] /ʃɔ́ːr/ *n*《海・河川・湖の》岸, 浜, 磯 (LITTORAL *a*);〘法〙岸《高潮線と低潮線との間の地》; 海岸地方; 陸(地), 陸(おか) (land) (opp. *water*); [[U]*pl*] 国, 土地: go [come] on ～ 上陸する, 陸に上がる / put …on ～＝SHORE (*vt*) / one's native ～ 故郷 / within these ～*s* この国内に / foreign ～*s* 外国 / Once on ～, pray no more.《諺》陸(おか)に上がれば祈りもせず, のどもと過ぎれば熱さを忘る. ● **in ～**〘海〙岸に近く, 浅瀬に. **off ～** 岸を離れて, 沖合に. **on ～** 陸に, 上陸して (opp. *on the water, on board*). **the wilder ～s of…** 極端な[過度な, 異常な]…. ► *vt* 陸揚げする, 上陸させる. [MLG, MDu; ⇨ *shear*[1]]

shore[2] *n*《船体・建物・塀・樹木などの》支柱, つっかい, 突っ張り. ► *vt* 支柱で支える, …につっかいをする;〈弱体化した物事を〉支える, 支援する, 強化する〈*up*〉. [MDu, MLG＝prop＜?]

shore[3] *v*《古・豪》SHEAR[1] の過去形.

shóre·bìrd *n* シギ・チドリ類.

shóre cràb 浜ガニ《ワタリガニ・クモガニなど》.

shóre dìnner* 魚介料理, 磯料理.

Shore·ditch /ʃɔ́ːrdɪ̀tʃ/ ショアディッチ《London 中北部の旧 metropolitan borough; 現在は Hackney の一部》.

shóre·frònt *n* 岸辺; 海辺, 海岸沿いの土地.

shóre làrk〘鳥〙ハマヒバリ (horned lark).

shóre lèave《海員・水兵などの》上陸許可,《上陸許可による》在陸上時間.

shóre·less *a* 岸のない;《詩》果てしない.

shóre·lìne *n* 海岸線, 汀線.

shóre patròl〘米海軍〙海軍憲兵(隊)《海岸を監視する; 略 SP》;《寄港中の》海員監視担当下士官.

shóre·sìde *a* 岸辺[海岸](近く)の.

shóre·ward *adv, a* 岸[陸]の方へ[の];《風など》岸から(の). ► *n* 岸へ向かう方向.

shóre·wards *adv* SHOREWARD.

shóre·wèed *n*〘植〙オオバコ科リットレラ属の水草.

shor·ing /ʃɔ́ːrɪŋ/ *n* SHORE[2] で支えること, 支保工;《建物・船などの》支柱, つっかい《集合的》.

shorn /ʃɔ́ːrn/ *v* SHEAR[1] の過去分詞. ► *a* 刈り込んだ; 取り去られた, はぎ取られた, 裸にされて〈*of*〉: God tempers the wind to the ～ lamb.《諺》神は刈りたての小羊《弱い者》には風を加減する / ～ *of* glory 栄光を失って.

short /ʃɔ́ːrt/ *a* **1 a**〈長さ・距離・時間が〉短い, 近い (opp. *long*); 短期間の,〈手形など〉短期の; 当番が終わりに近づいて: ～ hair 短髪, ショートヘア / SHORT STORY / at a ～ distance 近距離に, 近くに / a ～ way off 少し離れて / a ～ time ago 少し前に, このあいだ / a ～ life 短い生涯, 短命, 薄命, 夭折 / a ～ trip ちょっとした旅行 / have a ～ MEMORY. **b** 身長[背]の低い,〈木などが〉低い (opp. *tall*). **c** 簡潔な; 簡単な; 短縮した, 薄い〈本〉; 急な, 急ぎの; そっけない, 無愛想な〈*with*〉; 短気な: at [on] ～ NOTICE / The policeman was very ～ *with* me. わたしにひどく無愛想だった / a ～ temper 短気, おこりっぽい性質. **d**〘音〙短音の,《俗に》前舌の;〘韻〙弱音の,《音節が》短い: ～ vowels 短母音. **2 a**《標準に》届かない, 不十分な, 不足な[して] (⇨ 成句 SHORT of);〘クリケット〙〈ボールが〉ウィケットに届かない, SHORT-PITCHED;〈野手が〉浅い守りの;〈打球・送球・テニスのショットが〉短い, 詰まった: SHORT WEIGHT / a ～ hour 1 時間足らず / in ～ supply 供給不足で / I am a little ～. 持合わせ(の金)が少ない / SHORT ODDS. **b** 品不足の;〘商〙空(から)売りの[する]: SHORT SALE. **c** 不自由な生活をする. **3**〈粘土・金属など〉砕けやすい, もろい (friable) (cf. HOT-SHORT, COLD-SHORT); ショートニングを含む[を使って作った],〈菓子など〉さくさく[ぼろぼろ]する: This cake eats ～. この菓子はさくさくする. **4**《口》〈酒が〉水で割らない, 生(き)の, ストレートの;《口》小さいグラスについだ, 少量の: Let's have something ～. 何か一杯きゅっとやろう / a ～ one 小さいグラス[ジガー (jigger)] 一杯のウイスキー; きゅっとやる一杯. **5**〈海が〉波立った.

● **little [nothing] ～ of…** ほとんど…で[…にほかならない]: His escape was *little* ～ *of* miraculous. 脱出は奇跡そのものだった / It is *nothing* ～ *of* madness. 全く気違いざただ. **My name is ～.** 急いでいるので待てない. **～ and sweet** 短くて愉快な, [*joc*] ひどく短い, 簡潔な, ぶっきらぼうな. **～ for…**の略で: 'Phone' is ～ *for* 'tele-

S

phone'. **～ of**…が不足して; …に及ばない, …から離れて (cf. *adv* SHORT *of*): ～ *of* breath 息切れして / They were ～ *of* money [food]. 金[食糧]不足だった / We are ～ *of* hands. 人手が足りない / It was still five minutes ～ *of* the hour. 時間にはまだ 5 分あった. **～ on…** 《口》〈知力・才能・熱意などが〉足りない: ～ *on* brains [talent]. ★ 主語に期待される特性が不足する場合に用いられる; 《口》で short *of* と同様に用いられることも多いが, long *on* と対比される場合は ～ *on* となる: long *on* promise, ～ *on* delivery 約束ばかりで実行しない. **to be ～** 簡単に言えば, 要するに.

► *adv* 短く, 近く; 《守備など》浅く; 手短かに, 簡単に; 不十分に, 不足して; 突然, 不意に; 無愛想に, そっけなく; もろく; 空(ｶﾗ)売りして: break ～ off ボキリと折る[折れる]. ● **be taken [caught] ～** 不意をつかれる; "《口》 [*euph*] 急に(便意[尿意]を)催す; 必要なときにない[足りない]. **bring [pull] up ～** 急に止める[止まる]. **come [fall] ～ (of…)** (…が)不足する; …し損じる; (〈基準・期待など〉に)達しない, 及ばない: His funds *fell* ～. 彼の資金では足りなかった / *come* ～ *of* one's expectation(s) 期待に添わない / He *came* ～*of* finish*ing* his job on time. 仕事を時間までに済ませられなかった. **come up ～** 一歩及ばない, 達成しない. **cut ～** 急に終わらせる; 急にさえぎる; 切り詰める: *Cut* it ～. 《口》手短かに言いなさい / to *cut* a long STORY[1] ～. **fall ～ (of)** ⇨ *come* SHORT (*of*). **go ～** "〈…が〉不足する, 足りないままに[無しで]やっていく 〈*of*〉; 空(ｶﾗ)売りする: *go* ～ *of*…なしでやっていく, 不自由を忍ぶ. **run ～** [しばしば進行形で] 不足する, なくなる, 切れる: Our supplies *ran* ～. 食糧がなくなった. **run ～ of [on]…** [しばしば進行形で] …が不足する, 足りなくなる. **sell ～** (*vi*) 《商》空(ｶﾗ)売りをする. (*vt*) [*fig*] 軽視する, 低く評価する; [*fig*] そしる; [*fig*] 裏切る. **～ of…**を除いて, …は問題外として (except) (cf. *a* SHORT *of*): *S～ of* theft, I will do anything I can for you. 盗みはご免だがきみのためならなんなりと力を貸そう. STOP **～.** STOP **～ of. take** sb **up ～** 人のことばをさえぎる, 話の腰を折る.

► *n* **1 a** 短いもの; SHORT SUBJECT; 《新聞などの》短い記事; 《韻》短音節, 短母音(符号); 《電》短絡, ショート (short circuit); [*pl*] 短期債券; 《衣類の》S サイズ. **b** [*pl*] 半ズボン, ショートパンツ《子供用・おとなのスポーツ用》, *《男子の下着用の》パンツ, BOXER SHORTS, 《昔の》男子用半ズボン. **c** 《野》ショート (shortstop). **d** *《俗》車, 小型のスポーツカー《特に 外車》; *《俗》路面電車. **e** *《俗》刑期の終わりに近い囚人. **f** 短いこと, 簡潔, [the] 要点 (⇨ 成句). **2 a** 不足, 欠損; [*pl*] 不足分[額, 量]; [the ～s] 《俗》金がないこと, 資金難, 金欠病; [*pl*] 《印》不足[追加]部数; [*pl*] 寸足らずの材木; *《俗》量目不足の麻薬. **b** [*pl*] くず, 廃物, はした; [*pl*] 小額の金, 所持品; [*pl*] 中等品, 二番粉 (sharps), 製粉副産物; 水揚げを許可されない小魚, 小エビ; [*pl*] 《鉱》ふるい上《特定の網目を通らない粗い鉱石》. **c** 《軍》《的に届かない》近弾. **3** 《商》空(ｶﾗ)取引, 空相場 (short sale); 空相場師, 安値を見越した相場師. **4** 《口》ストレートの酒; 《口》(酒の)一杯. ● **a case of the ～s** 《俗》金がないこと, 金欠(病). **Eat my ～s!** *《俗》くそくらえ, くたばりやがれ, ばかめが! **for ～** 略して: Thomas is called Tom *for* ～. トマスは略してトムと呼ばれる. **in ～** 一言でいえば, 要するに. SHORT AND CURLIES. **take it in the ～s** *《俗》大敗を喫する, 大損害をこうむる, 痛いめにあう. **The** LONG[1] **and the ～ of it is that….**

► *vt, vi* **1** 〈株など〉空(ｶﾗ)売りする; 少なめに与える, 十分に与えない; 《口》金が足りない[ない]: He ～*ed* me ten bucks. **2** 《口》SHORT-CIRCUIT. **3** *SHORTCHANGE. **4** *《俗》粉末の麻薬を吸い込む.

[OE *sceort*; cf. SHIRT, SKIRT, OHG *scurz*, L *curtus* short]

shórt accòunt 《証券》空(ｶﾗ)売り勘定[総額].

shórt-àct·ing *a* 《薬》短時間[非持続的]作用性の.

shórt·age *n* 不足, 払底, 欠乏; 不足高[額]; *欠点, 欠陥: a ～ *of* rain [food, cash] 雨[食料, 現金]の不足 / there is no ～ *of*…には事欠かない, …はいくらでもある[いる].

shórt ánd AMPERSAND.

shórt and cúrlies *pl* [the] 《俗》じんじろ毛, 陰毛 (cf. SHORT HAIRS). ● **get [have, grab, catch]** sb **by the ～** 《俗》急所をつかまえる, 牛耳る.

shórt-árm *a* 腕を伸ばしきらない, 短い〈パンチなど〉. ► *vt* 《野球俗》腕を伸ばしきらないで〈ボールを〉投げる.

shórt árm ピストル; *《俗》SHORT-ARM INSPECTION.

shórt àrm dríll *《俗》SHORT-ARM INSPECTION.

shórt-árm inspèction *《軍俗》《勃起させない状態での》男根検査, M 検 (=*small-arm inspection*) 《性病検査》.

shórt-áss[-árse] *a, n* 《卑》寸足らず[ちんちくりん]な(やつ), 寸詰まり. ♦ **～ed** *a*

shórt báck and sídes "[〈*sg*〉] ショートバックアンドサイド《耳のまわりと後頭部を短く切った男性の髪型; 軍隊に多い》.

shórt bállot 要職のみ選挙し残りは任命制の投票方式.

shórt bíll 《商》短期手形《通例 30 日未満》.

shórt-billed mársh wrèn 《鳥》コバシヌマミソサザイ《南北アメリカ産》.

shórt blóck *《俗》ショートブロック《シリンダーヘッドなどが取り付けられていない状態のエンジンブロック; ヘッドを取り付けたものは LONG BLOCK と呼ぶ》.

shórt·brèad *n* ショートブレッド《バターをたっぷり入れ厚めに焼いたさっくりしたバタークッキー; cf. SHORTENING》.

shórt·càke *n* *ショートケーキ; "SHORTBREAD.

shórt-chánge *vt* 〈客〉に対して釣銭をごまかす; [*"pass*] …に不当な扱いをする, ないがしろにする (cf. *give* sb *short* CHANGE). ♦ **shórt-chánger** *n*

shórt-chànge ártist 釣銭詐欺師《多くは見世物小屋・サーカスの興行師》.

shòrt-círcuit *vt, vi* 《電》短絡[漏電, ショート]させる[する]; 〈余計なものを〉排除する, 省く; 〈手続きなどを〉簡略化する; 〈計画などを〉妨げる, だめにする.

shórt círcuit 《電》短絡, 漏電, ショート.

shórt·clòthes *n pl* "子供服 (smallclothes) 《ベビー服時代の次に着る》; *《18–19 世紀の》半ズボン.

shórt·còming /, ─ ─́/ *n* [*"pl*] 欠点, 短所, 不十分な箇所; 不足 (cf. *come* SHORT).

shórt cón *《俗》手軽にその場でできる信用詐欺.

shórt-cóupled *a* 胴の短い〈動物〉.

shórt còvering 《商》《空(ｶﾗ)売りの》買戻し(証券[品]).

shórt·crùst *n* ショートクラスト (=～ **pàstry**) 《パイなどの, もろくくずれやすい生地》.

shórt·cùt *n, a* **1** 近道(の); 手っ取り早い(方法), 便法 (=～ methods): take a ～ 近道をする / a ～ *to* disaster. **2** 《電算》ショートカット (SHORTCUT KEY). ► *vt, vi* (…の)近道[手っ取り早い方法]をとる.

shórtcut kèy 《電算》ショートカットキー《GUI 環境で, メニューを経由せずにキーボード操作だけで機能を実現するキーの組合わせ》.

shórt dáte 《商》短期の支払い[償還]期日.

shórt-dáted *a* 〈手形など〉短期の; 《英》〈金縁証券が〉《償還期限が》5 年未満の.

shórt-dáy *a* 《植》短日の状態で花芽を形成する, 短日性の (cf. LONG-DAY, DAY-NEUTRAL): a ～ plant 短日植物《一定時間以上の暗期が必要》/ ～ treatment 短日処理.

shórt divísion 《数》短除法.

shórt dóg *《俗》浮浪者の持ち歩く酒瓶, 安ワイン[安酒]の小瓶.

shórt drínk ショートドリンク《小さいグラスで飲む強い酒; 食前に飲むカクテルなど; cf. LONG DRINK》

shórt-èared háre 《動》スマトラウサギ《耳と毛が短い; Sumatra 島産》.

shórt-èared ówl 《鳥》コミミズク (=*day owl*).

short·en /ʃɔ́:rtn/ *vt* **1** 短くする, 縮める, 詰める; 短く見せる; 〈時・旅などを〉(話などで)紛らす; 削る, 少なくする; 〈帆を〉絞る; 《廃》…の効力をそぐ: ～ a speech *by* five minutes スピーチを 5 分間短くする. **2** もろくする; 〈生地など〉に脂肪を加えて菓子をさくさくさせる; 〈子供〉にベビー服をやめて子供服を着せる (cf. SHORTCLOTHES). ► *vi* 短くなる, 詰まる; 《賭け事で》〈歩(ﾌﾞ)〉が減少する. ♦ **～·er** *n*

shórt énd 《俗》より悪いほう, 負ける側, 損な取引 (cf. STICK[1] 成句).

shórt-ènd·er *n* *《口》敗者, 敗残者, 負け犬.

shórten·ing *n* **1** ショートニング《焼き菓子をさくさくさせるために用いる脂肪》. **2** 短縮; 《言》短縮(化), 短縮語.

Shórter Cátechism 小教理問答《Westminster 会議 (1647) で作られた 2 種の教理問答の一つ; 主に長老派教会が使用》.

shórt éyes [〈*sg*〉] *《俗》子供に性的ないたずらをする者.

shórt·fàll *n* 不足すること; 不足分[量], 不足額.

shórt fìeld 《野》ショートの守備範囲.

shórt-fìred *a* 〈陶磁器が〉焼きの足りない.

shórt fùse 《口》短気, かんしゃく: have a ～ 気が短い. ♦ **shórt-fúsed** *a*

shórt gàme 《ゴルフ》ショートゲーム《アプローチとパットで争う場面; cf. LONG GAME》.

shórt gòwn NIGHTGOWN.

shórt·gràss *n* 《植》短茎草本《プレーリーの構成植物で, 乾燥に強いイネ科の草》.

shórt-gràss práirie 短草型プレーリー《プレーリーのうち Rocky 山脈の東側の乾燥した気候下にある短い草の生えた草原》.

shórt·hàir *n* 《猫》ショートヘア (=*American shorthair*) (= **shórt-hàired cát**) 《被毛の短いイエネコ》.

shórt háirs *pl* [the] 《俗》陰毛, 下の毛. ● **have [get]** sb **by the ～** 《俗》〈特に 男を〉逃げられなくする, 急所[弱み]をつかむ, 意のままに牛耳る.

shórt·hànd *n* 速記法 (cf. LONGHAND); 略式伝達(法), 省略表現(法), 略記(法) 〈*for*〉. ► *a* 速記の, 速記で書いた.

shórt·hánd·ed *a* 人手不足な, 手が足りない (undermanned); 《アイスホッケー》〈得点などが〉ペナルティーでメンバーが欠けている時間の; 手の短い. ♦ **～·ness** *n*

shórthand machìne 速記録機《21 キーからなる》.

shórthand týpist "速記者 (stenographer*).

shórt hàul 近距離; 短距離輸送[飛行], 小旅行; [the] 比較的短期間. ● **over the ～** 近いうちに. ♦ **shórt-hàul** *a*

shórt·hèad *n* 短頭の人. ♦ **～·ed** *a* **～·ed·ness** *n*

shórt hèad "《競馬》頭の差より小さい開き. ♦ **shórt-hèad** *vt* short head で勝つ.

shórt héist «俗» ちんけな盗み[かっぱらい]; «俗» ポルノ.
shórt·hòld *n, a* 期限付き賃借(の), 短期賃借(の).
shórt hòp 〔野〕ショートバウンド: on the ~. ♦ **shórt-hòp** *vt* ショートバウンドで捕る.
shórt·hòrn *n* [°S-]〔畜〕ショートホーン種(の牛) (=*Durham*)《イングランド北部原産の短角牛》; «俗» 新米 (tenderfoot).
shórt-hòrned grásshopper 〔昆〕バッタ.
shórt húndredweight ショート ハンドレッド ウェイト《重量の単位: =100 lb》.
shor·tia /ʃɔ́ːrtiə/ *n* 〔植〕イワウチワ属 (*S-*) の各種の多年草《イワウメ科; 日本·米国南北 Carolina 州原産》. [Charles W. *Short* (1794–1863) 米国の植物学者, -*ia*[1]]
shortie ⇨ SHORTY.
shórt ìnterest 〔証券〕空(から)売り総額.
shórt·ish *a* やや短い, 短めの, 少し身長の低い.
shórt jénny 〔玉突〕ショートジェニー (⇨ JENNY).
Shórt·land Íslands /ʃɔ́ːrtlənd-/ *pl* [the] ショートランド諸島《Solomon 諸島の最西部にある島群; パプアニューギニアに属する Bougainville 島の南端沖に位置》.
shórt·lèaf píne 〔植〕エキナタマツ《米国南東部産の葉が短くて軟らかいマツ; 材は堅く黄色で, 建築·家具などに使う》.
shórt-lèaved píne SHORTLEAF PINE.
shórt léet «スコ» SHORT LIST[1].
shórt lég 〔クリケット〕ショートレッグ《ウィケットから近い野手(の守備位置); cf. LONG LEG》.
shórt-lífe″ *a* 短命の; 一時的な.
shórt lìne 《鉄道など交通機関の》距離が比較的短い線.
shórt lìst[1] 最終候補者リスト: on the ~ 最終選考に残って. ♦ **shórt-lìst** *vt* 最終候補者リストに入れる ‹*for*›.
shórt lìst[2] «俗» SHIT LIST.
shórt-líved /-lívd, -láɪvd/ *a* 短命な, 短年性の; 一時的な, 短期の‹計画など›. ♦ **~·ness** *n*
shórt lóin 〔牛肉〕ショートロイン《肋骨のすぐ後ろの腰肉》.
shórt·ly *adv* まもなく, じきに; 簡単に, 短く, 手短かに; ぶっきらぼうに, 無愛想に: ~ before [after]…のすぐ前[あと]に / to put it ~ 簡単に言えば, つまり.
shórt màn 〔野〕ショートリリーフの逃げ切り投手.
shórt màrk 〔音〕短音符号 (breve)《˘》.
shórt méssage sèrvice SMS.
shórt métre 〔韻〕短韻律連《6, 6, 8, 6 音節 4 行の賛美歌スタンザ》.
shórt·ness *n* 短い[近い, 低い]こと; 不足; 無愛想; もろさ, 脆性(ぜいせい): for ~' sake=for BREVITY's sake / ~ of breath 息切れ / for ~ 時間[距離]を省くため.
shórt-nòsed cáttle lòuse 〔昆〕ウシジラミ.
shórt·nòse gàr 〔魚〕ショートノーズガー《北米産ガーパイク科の細長い魚》.
shórt ódds *pl* 低いオッズ[倍率], 高確率.
shórt-òrder* *a* 簡単な料理を作る[出す]: a ~ cook / ~ divorce *《ゆるい法の州での》即決離婚.
shórt órder* すぐにできる[簡単な]料理(の注文): serve ~*s*. ● **in short** ORDER.
Shórt Párliament [the]〔英史〕短期議会《1640 年 4 月 13 日–5 月 5 日; cf. LONG PARLIAMENT》.
shórt-pèriod váriable 〔天〕短周期変光星《周期 100 日以下》.
shórt pìnt *«俗» ちび, こびと.
shórt-pítched *a* 〔クリケット〕《投手寄りの地点で》ワンバウンドした.
shórt posítion 〔市場〕**1** ショートポジション, 売持ち(ポジション)《証券·商品などの取引で未決済の売り約定があるか売り約定が買い約定を上回る状態, または その残高》. **2** 空(から)売り総額 (short interest).
shórt-ránge *a* 短距離の; 短期の.
shórt ríb [*pl*]〔牛肉〕ショートリブ《リブロース (rib roast) とともばら (plate) の間の小肉片》; ″〔解〕FLOATING RIB.
shórt róbe [the] 短衣《軍人の服; cf. LONG ROBE》; [the] 軍人《集合的》.
shórt-rùn *a* 短期(間)の; 〔冶〕‹鋳物が›湯回り不良の, 入れ干しの.
shórt rún 比較的短い間. ● **in the short** RUN.
shórt sále* 〔金融〕空(から)売り (=*short selling*).
shórt scóre 〔楽〕ショートスコア《大規模な作品のスケッチとして略記した総譜》.
shórt sélling 〔金融〕空売り (short sale). ♦ **shórt séller** 空売り筋.
shórt-shéet *vt, vi* 《人を困らせるため》一枚のシーツを二つ折りにして(‹ベッド›に)敷く; «俗» いたずら[悪ふざけ]をする, ‹人›につけいる.
shórt-shòrt *n* SHORT SHORT STORY.
shórt shórt stòry 超短篇[掌篇]小説, ショートショート《普通の短篇小説よりはるかに短く, 強い効果を意図するもの》.
shórt shríft 思いやりを欠く扱い; «古»《刑執行直前に死刑囚に与える》短い懺悔と免罪の時間: give [get] ~ さっさと片付ける[片付けられる], 容赦なくやっつける[やっつけられる] / make ~ of…をさっさと片付ける, 軽くあしらう.
shórt síght 近眼, 近視 (myopia); 近視眼的見解.
shórt·sìght·ed *a* 近眼の, 近視の (nearsighted*); 先見の明のない, 近視眼的な. ♦ **~·ly** *adv* **~·ness** *n*
shórt-sléeved *a* ‹服が›半袖の, ショートスリーブの.
shórt snórt*«俗» ぐいと一気に飲むこと.
shórt snórter **1** «俗» ぐい飲み会会員《ぐい飲み会は太平洋·大西洋など大洋 (ocean) を飛行機で飛んだことのある人からなる, 特に 1930, 40 年代の会で, 会員は他の会員 (少なくとも 2 名) の署名のある紙幣を常に所持する》. **2** ぐい飲み会会員証《他の会員の署名入り紙幣》.
shórt splíce ショートスプライス《綱の端をほどいたうえでつなぎ合わせる方法》.
shórt-spòken *a* むだ口をきかない, そっけない.
shórt-stáffed *a* スタッフ[人員]不足の.
shórt-stàker *n**«俗» 渡り労働者.
shórt-stáy *a* 短期滞在(用)の.
shórt·stòp *n* 〔野〕遊撃手, ショート(の守備位置); 〔化〕《重合反応の》停止剤; *«俗»《食卓で》料理を他人へ回す前に取る人. ► *vt* ‹重合反応を›停止させる; *«俗» 他の人へまわす前に‹料理を›取る; *«俗» ‹人の客を›横取りする.
shórt-stòp (bàth) 〔写〕現像停止浴[液] (stop bath).
shórt stóry 短篇小説.
shórt sùbject*〔映〕短編映画《記録·教育映画が多い》.
shórt súit 〔トランプ〕ショートスーツ《4 枚そろわない持ち札, その組; cf. LONG SUIT》.
shórt-tàiled álbatross 〔鳥〕アホウドリ.
shórt-tàiled háwk 〔鳥〕ミジカオノスリ《Florida からアルゼンチンにかけて分布》.
shórt-tàiled shréw 〔動〕ブラリナトガリネズミ《北米産; 数種ある》.
shórt-tàiled wéasel 〔動〕オコジョ (ermine).
shórt-témpered *a* 短気な.
shórt-térm *a* 短期(間)の; 〔金融〕‹ローンなど›短期の.
shórt-térm·ìsm *n* 短期主義《政治家·投資家などが短期的収益[成果]に力点を置く傾向》. ♦ **-ist** *n*
shórt-tèrm mémory 〔心〕《忘却曲線的にみた》短期記憶.
shórt tíme **1** 操業短縮: be *on* ~ 操業短縮中である. **2** «俗» 売春婦と短時間過ごすこと, 《性行為のための》ホテルでの休憩.
shórt-tìmer *n* 短期服役囚; *«軍俗» 除隊間近な兵; «俗»《ホテルの》'御休憩' の客, ショートの客.
shórt títle 〔図書〕簡略表題[書名]《目録などで著者名·表題·出版社·発行年(月)·場所のみを記載する方式》.
shórt-tòed éagle 〔鳥〕チュウヒワシ, ハラジロワシ (harrier eagle).
shórt tón 小トン, 米トン (=2000 pounds; ⇨ TON[1]).
shórt wáist ウエストの高いドレス, ハイウエスト; 短い上半身.
shórt-wáist·ed *a* ウエストの高い; ウエストを高く見せる.
shórt·wàll *a* 〔鉱〕短壁法の《採掘区域を狭く区切る方式》.
shórt·wáve *n* 〔通信〕短波《波長 200 [100] m 以下》; SHORTWAVE RADIO; 短波放射. ► *vi, vt* 短波で発信する.
shórt·wàve rádio 短波受信[送信]機; 短波放送.
shórt-wéight *vt, vi* (…の)目方をごまかして売る.
shórt wéight 量目不足.
shórt-wínd·ed /-wínd-/ *a* 息切れする, 息の続かない; ‹話·書き物などが›簡潔な, きびきびした, テンポのいい. ♦ **shórt wínd** *n*
shórty, shórt·ie «口» *n* 短い[小さい]もの; [*derog*] 背の低い人, チビ; 短い服[コート, スカート, 上着など]; «俗» 酒[スピリッツ]の一杯.
Sho·shone /ʃəʃóun, -ʃóuni; ʃóuʃòun/ *n* **1 a** (*pl* ~, ~**s**) ショショニ族《もとは Wyoming, Idaho, Nevada, Utah, California 地方を移動していた先住民》. **b** ショショニ語《Uto-Aztecan 語族に属する》. **2** [the] ショショネ川《Wyoming 州北西部を北東へ流れ Bighorn 川へ注ぐ》.
Sho·sho·ne·an /ʃəʃóuniən, ʃòuʃəníːən/ *n* 〔言〕ショショニ語派《以前の分類で, 北米インディアンの Uto-Aztecan 語族の一語派》.
Shoshóne Fálls *pl* ショショネ滝《Idaho 州南部の, Snake 川の滝; 高さ 64 m》.
Sho·sho·ni /ʃəʃóuni/ *n* (*pl* ~, ~**s**) SHOSHONE 1.
Sho·sta·ko·vich /ʃɔ̀stəkóuvɪtʃ, ʃɑ̀s-, -kɔ́ː-/ ショスタコーヴィチ **Dmitry (Dmitriyevich)** ~ (1906–75)《ソ連の作曲家; ロシア生まれ》.
shot[1] /ʃɑ́t/ *n* **1 a** 発砲, 発射, ショット; 銃声, 砲声; 《ミサイル·ロケットの》発射, 打上げ; 《実験用》核爆発; 発破点火: fire the first [opening] ~ 口火を切る. **b** 弾丸, 弾; 砲弾, 砲丸 (cannonball); 《火砲の, 炸薬のはいらない》実体弾; (*pl* ~) 散弾(の一粒); 《1 回分の》発破薬: several ~ 散弾数発 / LEAD SHOT. **c** 射程, 弾着距離: out of [within] ~ 射程外[内]に. **d** 射手; 射撃能力: He's a good [poor] ~. 射撃がうまい[へただ]. **2 a** ねらい, 狙撃: a flying ~ 飛んでいる鳥[動いているもの]のねらい撃ち / make [take] a ~ *at* a bird 鳥をねらい撃つ. **b** 試み (attempt); 当て推量, あてずっぽう (guess); 勝ち

目, 見込み; 機会, チャンス 〈*at*〉; 出演: give a ～ 《口》 やってみる, トライする / give…one's best ～ 《口》 …にベストを尽くす, 懸命にやってみる / have [take] a ～ *at*…をやってみる (⇨ 成句) / make a ～ *at*…を当て推量する; …を試みる / make a bad [good] ～ 当てそこなう[うまく当てる] (cf. BAD SHOT) / As a ～, I should say she's about forty. 当て推量だが彼女は 40 前後かなあ / The horse is a 10 to 1 ～. 勝てる見込みが 10 対 1 である / a ～ at the title＝a title ～ タイトルをねらう機会. **c** あてこすり, 辛辣なことば: It is a ～ *at* you. それはきみへのあてこすりだ. **d** *《俗》 好み, 趣味, 癖. **3 a** 〔球技〕 突き, 蹴り, 投げ, 打ち, 一撃, ショット, シュート, ホームラン; 《競技用の》 砲丸 (cf. SHOT PUT); 〔海〕 *90 [ᴵᴵ75] フィートの錨鎖(びょうさ): a good ～ いい当たり《など》 / Good ～! いい当たり, いい球! / put the ～ 砲丸投げをする. **b** 《俗》 強打, 殴打, 急襲, 一撃 (blow): take a hard ～ to the body ハードブローをもらう. **c** 〔映・写〕 撮影 (cf. SHOOTING), ショット; 写真; 一場面, ワンカット; 撮影距離[範囲]: CLOSE SHOT / take a ～ *of* sb 人の写真を撮る. **d** 《口》 (皮下)注射, 麻薬の注射; 一回の注射量; 《俗》 射精: have a ～ in the arm 腕に注射してもらう (⇨ 成句). **e** 《口》 《酒の》 ひと口; *《食堂俗》 コカコーラ一杯; 少量; 《口》 《宿屋・飲み屋の》 勘定: Big ～! たっぷりついだね / a ～ of tequila テキーラ一杯 / a ～ of pathos ちょっとばかりの哀感 / pay the [one's] ～. **f** 〔鋳〕 鋳物内部にある硬めの金属小球; 研磨用の金属小球, ショット; 《口》 〔銀行〕 使い古した硬貨, ばら銭. **g** 《口》 BIG SHOT. **4** [a ～] 《俗》 一つ(につき), おのおの, 各 (each). ● **call one's ～** 《射撃で》 発射前に着弾点を予言する; 結果[成り行き]を予言する. **call the ～s** 命じる; 《口》 采配を振る, 決定権がある. **have a ～ at** sb ⇨ 2b; 《豪口》 人をおこらせる, あざける. **like a ～** 《口》 《弾丸のように》 速く; すぐに (at once), 喜んで: He went off *like a* ～. 鉄砲玉のように飛んで行った. LONG SHOT. **not have a ～ in one's [the]** LOCKER. **peg a ～ at**… 《俗》 〈人〉をねらって発射する. **a ～ across the [sb's] bows** ⇨ BOW². **a ～ in the arm** 腕の(麻薬)注射; 《口》 刺激(となるもの), 助け, 'カンフル剤' 〈*for*〉. **a ～ in the ass** 《卑》 a SHOT in the arm; 《卑》 a KICK¹ in the ass. **a ～ in the dark** あてずっぽう, 臆測; 成算のない試み. **stand ～ (to…)** (…の)勘定を引き受ける, (…を)おごる. **That's the ～.** 《豪口》 そのとおり, その調子だ.
► *vt* (-tt-) …に装弾する; 弾を…のおもりにする.
[OE *sc(e)ot*, *gesc(e)ot* (⇨ SHOOT); cf. G *Schoss*]

shot² *v* SHOOT¹ の過去・過去分詞. ► *a* **1** 見る角度で色の変わる織り方の (cf. SHOOT¹ *vt*); 斑入りの, 縞(しま)目のはいった, 〈色・光で〉一面おおわれた, 彩られた: ～ silk 玉虫色の絹布. **2** [ᴾ～ up [away]] 《俗》 酔った; *《口》 病気で, 疲れて, ぼろぼろに[使えなく]なった, がたのきた, すっかりだめになった; 散弾[粒]状の: half ～ だいぶ酔いがまわって. ● **(all) ～ to pieces** めちゃめちゃになって, 大混乱で; 疲れきって. **be [get] ～ of**… ᴵᴵ《口》 be [get] RID¹ of. **～ at** ᴵᴵ《俗》 くたくたで. **～ at dawn** ᴵᴵ《俗》 ひどいことになって, えらいめにあって. **～ through with**…をちりばめて, 織り込んで; …でいっぱいで, …だらけで. **～ to hell** 《俗》 すっかりだめになって, だいなしになって. **～ up** 〔軍〕 〈戦車・連隊など〉大きな打撃[損傷]をうけた. ★ 成句 ⇨ SHOOT¹.

shót bèrry 〔植〕 《ブドウの》 無核小果粒.

shót·blàst·ing *n* 〔冶〕 ショットブラスティング 《金属表面に鋼粒を吹き付ける清浄法》.

shót bòrer SHOT-HOLE BORER.

shót clòck 〔バスケ〕 ショットクロック 《ショットをしなければならない制限時間 (秒) の表示装置》.

shot·crete /ʃátkrìːt/ *n* ショットクリート 《Gunite をミキシングしたもの》. [*shot*＋*concrete*]

shote ⇨ SHOAT¹.

shót effèct 〔理〕 《熱電子放射の》 散弾[ショット]効果.

shót-fìrer *n* 〔鉱〕 《発破の》 点火係.

shót glàss ショットグラス 《強い酒をストレートで飲むときに使う小型グラス》.

shót·gùn *n* **1** 散弾銃, 鳥撃ち銃, 猟銃. **2** 〔アメフト〕 ショットガン 《クォーターバックがセンターの 2–3 ヤード後方に下がり, 他のバックスは flankers や slotbacks として布陣するフォーメーション》. **3** *《俗》 ピリッとした[辛い]ソース; *《俗》 仲人, 結婚周旋屋. **4** [ᵁS-, 〈*int*〉] *《俗》 助手席はわたしだ 《車の助手席に乗る権利を主張する人が大声で言うことば》. ► *vt* shotgun で撃つ; 強制[強迫]する. ► *a* 散弾銃の; 無理にやらさせられた, 強制的な; 手当たりしだいの, 行き当たりばったりの; *長い, 箱状の. ● **ride ～** 駅馬車などに護衛として同乗する; *車[トラック]の助手席に乗る; *〈物事を〉守る, 用心深く見守る 〈*over*〉. **sit ～** *助手席に乗る. ♦ **shót·gùn·ner** *n*

shótgun hòuse [còttage, shàck] ショットガンハウス 《全室が縦一列につながった家》.

shótgun márriage [wédding] 《口》 できちゃった婚; 《口》 必要に迫られての連合[合併, 協力].

shótgun micròphone ショットガンマイク 《微弱な音声用》.

shótgun quíz *《俗》 抜き打ちテスト (pop quiz).

shót hòle 《散弾の》 貫通孔; 装薬[発破]孔, ショットホール 《ダイナマイトを入れるためドリルであけた孔》; 《木の》 虫食い孔; 〔植〕 《葉が散弾を浴びたようになる》 穿孔病.

shót-hòle bòrer 〔昆〕 キクイムシ (＝*shot borer*) 《樹皮に穿孔する》.

shót·màking *n* 《バスケットボールなどの》 シュート力, 《ゴルフなどの》 ショットの腕.

shót nòise 〔理〕 散弾[ショット]雑音 《電子管内での》.

shót-pèen *vt* 〔冶〕 …にショットピーニング (shot-peening) を施す 《shotblasting と同様の方法で表面を仕上げ強化する》.

shót·pròof *a* 矢玉の通らない, 防弾の.

shót pùt 〔競技〕 [the] 砲丸投げ; 砲丸投げの一投. ♦ **shót-pùtter** *n* 砲丸投げ選手. **shót-pùtting** *n*

shott /ʃát/ *n* CHOTT.

shot·ten /ʃátn/ *a* 産卵後の〈ニシンなど〉; 《古》 役立たずの; 《廃》 脱臼した: a ～ herring 弱りきった人, 元気のない人 《Shak., *1 Hen IV* 2.4.143》.

shót tòwer 《溶解鉛を水に落として造る》 弾丸製造塔.

should /ʃəd, ʃʊd, ʃúd/ *v auxil* SHALL の過去形. **1** [各人称に用いて] **a** …すべきである, …するのが当然だ, …したらいい (cf. MUST¹, OUGHT¹): You ～ be punctual. 時間は守りなさい / What ～ I do in such a case? こんな場合にはどうすべきでしょうか / You ～ have seen the film. その映画を見ておくべきだった 《見たらよかったのに》 / Oh, you *shouldn't* have! 《口》 《プレゼントをもらった時など》 こんなことしてくれなくても! **b** [命令・決定・発議・意向などを表わす主節に続く名詞節に用いて]: It was proposed that we (～) do it at once. すぐやるべきだと提案された. ★ should を用いるのは主に 《英》: ⇨ INSIST, ORDER, SUGGEST, etc. **c** [遺憾・驚き・当然などを表わす主節に続く名詞節に用いて]: It is a pity that he ～ miss such a golden opportunity. こういう絶好の機会をのがすのは惜しいことだ / It is strange [surprising] that you ～ not know it. きみが知らないとは不思議だ[驚いた] / I wonder such a man as he ～ commit an error. 彼のような男が間違いをするとはねえ / It is natural that he ～ have refused our request. 要求を拒絶したのはもっともだ. **d** [why, who などと共に用いて驚き・不可解などを表わす]: *Why* ～ he go for you? どうして彼がきみの代わりに行かねばならないのか / There is no reason *why* philosophers ～ not be men of letters. 哲学者が文学者であって悪いという理由はない / *Who* ～ write it but himself? 書いたのはほかならぬ彼自身だ. **e** [条件節に用いて強い仮定または譲歩を表わす]: If it ～ rain, he would not come. 万一雨が降れば来ないだろう / Even if he ～ deceive me, I would still love him. たとえ万一彼がわたしを欺いてもわたしはどこまでも彼を愛する. **f** [確実にありそうな未来または期待] きっと…だろう: They ～ come by three o'clock, I think. 3 時までにはきっと来ると思う. **g** [LEST に続く節で] ᴵᴵ《文》: *lest* he ～ see it 万一彼に見られるといけないから. **2** [間接話法において; should, would は原則として直接話法の shall, will をそのまま引き継ぐ. ただし shall と will の場合と同様, should も would に吸収されつつある] **a** [単純未来]: He said that he ～ get there before dark. (cf. He said, "I *shall* get there before dark."). **b** [意志未来]: I asked if I ～ bring him a chair. (cf. I said, "*Shall* I bring you a chair?") / I asked him if [whether] the boy ～ wait. (cf. I said to him, "*Shall* the boy wait?"). **3** [条件節に対する帰結節で] **a** [単純未来]: If you were to quarrel with him, I ～ feel very sorry. もしきみが彼とけんかするようなことがあればぼくはとても残念に思うだろう / If it had not been for your advice, I ～ have failed in the business. きみの忠告がなかったら商売に失敗していただろう. **b** [意志未来]: If it were possible, he ～ have the answer today. もしできればきょう彼に返事をするのだが. **4** [控えめな意見を表わして] 〈わたしとしては〉…するが: He is over thirty, I ～ think. おそらく 30 過ぎだと思いますが / I ～ think so [not]. ● **～** LIKE¹. [OE *sceolde* (past) 〈 SHALL]

shoul·der /ʃóuldər/ *n* **1 a** 肩, 肩甲関節; [*pl*] 上背部, 肩部; 肩肉, ショルダー 《食用獣の肩付き前肢・前身部》; 〔皮革〕 肩皮: put out one's ～ 肩の骨をはずす / a ～ of mutton 羊の肩肉. **b** [*pl*] 《責任を負う》 双肩: lay the blame on the right ～*s* 責めるべき人を責める / shift the responsibility on to other ～*s* 人に責任を転嫁する / take …on one's own ～*s* 自分で…の責任を負う / fall [rest] on sb's ～*s* 〈仕事などが〉〈人〉の責任になる. **2 a** 肩に当たる部分, 《衣服の》 肩; 肩のようなもの, 《山の》 肩; 《道路の》 肩, 路肩 (cf. HARD [SOFT] SHOULDER); 《活字の》 肩 《突起部外の低い空所》; 《弦楽器・瓶などの》 肩; 〔城〕 肩角 《bastion の前面と側面のなす角》; 迫持受(せりもちうけ)などとなる段; 《柄(え)の》 胴付き; 指輪の宝石台のはめ込み部分; 《溶接の》 ルート面; 〔写〕 肩 《感光材料の特性曲線の, 最大濃度に至る曲線部分》; 《サーフィン俗》 《波の》 肩 《浜辺に砕ける波の静かな部分》. **b** 〈*a*〉 ピーク(時)前後の. ● **come to the ～** 〔軍〕 になえ銃(つつ)をする. **cry on sb's ～** 人に慰め[同情]を求める; 心配[悲しみなど]を人に打ち明ける, ぐちをこぼす. **get the** COLD SHOULDER. **give [show, turn] the** COLD SHOULDER **to**…. **have broad ～s** 肩幅が広い; 重荷[重税, 重責]に耐える. HEAD **and ～s.** **look over one's ～** 肩越しに振り返る; 《悪いことが起きるのではないかと》 びくつく. **look [watch] over sb's ～** 《人がしていることを》 肩越しにのぞき込む[じろじろ見る]. **open one's ～s** 〔クリケット〕 〈打者が〉 《上半身を使って》 ガンガン打つ. **put [set] one's ～ to the wheel** 懸命に努力する, 一肌脱ぐ. RUB¹ **～s with**…. **a ～ to cry [lean] on** 同情を求める[悩みを打ち明ける]相手. **～ to ～** 肩を並べて, 密集して; 一致協力して, 団結して: stand ～ *to* ～. **square one's ～s** 背筋を伸ばす, 姿勢を正す, 胸を張る《決然とした態度を表わす》. (**straight**) **from the ～** 率直に, 正直に, 単刀直入に, ずばり〈評するなど〉《もとボクシングの用語; cf. STRAIGHT-FROM-THE-SHOULDER》.
► *vt, vi* かつぐ, 肩に負う, 担う; [*fig*] 〈仕事・責任などを〉引き受ける, 双肩に担う; 肩で押す[突く], 肩で突いて[押し分けて]進んで行く: ～ sb *aside* [*out of* the way] 人を肩で押しのける / ～ one's way 押し分けて進む 〈*through* a crowd〉. ● **～ arms** 〖軍〗になえ銃(つつ)の姿勢をとる; 《号令》になえ銃!
[OE *sculdor*; cf. G *Schulter*]

shóulder àrm SHOULDER WEAPON.
shóulder bàg ショルダーバッグ.
shóulder bèlt 〖軍〗負い革, 肩帯; 《自動車の》肩かけ式シートベルト (=*shoulder harness*).
shóulder blàde [bòne] 〖解〗肩甲骨 (scapula).
shóulder bòard 《軍服の》肩章; SHOULDER MARK.
shóulder bràce 猫背矯正器.
shóulder chàrge ショルダーチャージ《肩でぶつかる[肩から突っ込む]こと》. ♦ **shóulder-chàrge** *vt*
shóul·dered *a* [*compd*] …な肩をした: round-～.
shóulder flàsh 〖軍〗《連隊・任務を示す》職務肩章.
shóulder gìrdle 〖解〗上肢帯, 肩帯, 胸弓 (pectoral girdle), 《四足獣の》前肢帯.
shóulder gùn SHOULDER WEAPON.
shóulder hàrness *《自動車の》シートベルト (shoulder belt); 《乳幼児を運ぶための》肩帯.
shóulder-hígh *adv, a* 肩の高さまで(ある): carry sb ～ 人をかつぎ上げて運ぶ.
shóulder-hìtter *n**《口》乱暴者, 暴漢.
shóulder hòlster 拳銃装着肩帯, 肩掛け[ショルダー]ホルスター.
shóulder knòt 《17-18 世紀のリボンまたはレースの》肩飾り; 〖軍〗正装肩章.
shóulder-léngth *a* 〈髪の毛などが〉肩までの長さの, 肩に届く.
shóulder lòop 〖米陸軍・空軍・海兵隊〗《将校・准尉の》階級肩章(台), 肩台.
shóulder màrk 〖米海軍〗《将校の》階級肩章.
shóulder nòte 〖印〗肩注.
shóulder-of-mútton *a* LEG-OF-MUTTON.
shóulder pàd 〖服〗肩台, 肩綿, ショルダーパッド; 《アメフトなどの》ショルダーパッド.
shóulder pàtch 〖軍〗袖章(そでしょう).
shóulder-pègged *a* 〈馬が〉肩の硬い.
shóulder rèst 〖楽〗《ヴァイオリンの》肩当て.
shóulder scrèw 段つきねじ《ねじ込み量を制限する肩をもつ》.
shóulder sèason 通常営業期《繁忙期と閑散期の間の期間》.
shóulder stràp 肩ひも, 肩ベルト, ストラップ, ズボン吊り, スカート吊り《など》; SHOULDER LOOP [MARK].
shóulder-sùrf·ing *n* ショルダーサーフィン, ショルダーハッキング《パスワードの入力などを肩越しに盗み見て悪用すること》.
shóulder wèapon 〖軍〗《小銃など》肩に当てて射撃する火器, 肩撃ち火器 (=*shoulder arm, shoulder gun*).
should·na /ʃúdnə/ 《スコ》SHOULDN'T.
should·n't /ʃúdnt/ should not の短縮形.
shouldst /ʃədst, ʃùdst, ʃúdəst/, **should·est** /-dəst/ *v auxil* 《古》SHOULD の第二人称単数形.
shouse /ʃáus/ 《豪俗》*n* 便所. ► *a* 沈んだ, しょげた. [*shit-house*]
shout /ʃáut/ *vi* **1** 叫ぶ, 大声で呼ぶ, どなる; はやしたてる; *《俗》賛美歌などを心をこめて歌う; *〈物事が〉目立つ, 注目を集める, 顕著である: ～ *at* [*to*] sb 人をどなりつける, …に大声で呼びかける / ～ *for* a waiter 大声で給仕を呼ぶ / He ～*ed for* [*to*] her to stop. 彼女に止まれと叫んだ / She ～*ed out* in surprise. 驚いて大声をあげた / They ～*ed with* [*for*] joy. 彼らは歓呼した. **2** 《豪口》《特に 飲み物を》おごる.
► *vt* …を[と]叫ぶ, …を[と]どなって言う[知らせる] 〈*out*〉; …に叫んで〈ある状態に〉させる; 《豪口》〈人〉におごる, 〈飲み物を〉おごる; 〈性質などを〉はっきり示す: "Go out of the room!" he ～*ed*. 「出て行け」と大声で叫んだ / They ～*ed* their approval. 賛成と叫んだ / He ～*ed* (*out*) his orders. 大声で命令した / I ～*ed* that all were safe. みんな無事だとわたしは叫んだ / I ～*ed myself* hoarse. 大声で叫んで声をからした / ～ sb's head off どなって人をうんざりさせる. ● **be all over but [bar] the ～ing** ″《口》勝負は見えた, 決着がついた《あとは喝采だけ》. **be something [nothing] to ～ about** なかなかのものである[取り立てて言うほどのことはない]. **Now you're ～ing!** 《俗》いいことを言うじゃない. **～ down** 大声で反対する[黙らせる], やじり倒す. **～ for** …を熱狂的に支持する. **～ the** ODDS. ► *n* **1** 叫び (call, cry); 大声; 歓声, 歓呼[喝采]の叫び; *感情をこめて歌う賛美歌, ジャズ歌手が歌うゆっくりしたブルース[霊歌]; *伝道集会; *教会の行事に伴う形式ばらないダンスパーティー, 体をリズミカルに動かすこと; 《俗》雨だれ (exclamation point) (cf. SCREAMER, SHRIEK): give sb a ～ (大声で)人を呼ぶ, 《ひと声かけて》知らせる, 教える / give a ～ of triumph 勝鬨(かちどき)の声をあげる / with a ～ 叫びながら. **2** 《英口・豪口》《一座の人びとへの一杯ずつの》おごり(の酒): It's my ～. ぼくがおごる番だ. ● **be in with a ～** ″《口》勝つ見込みがある. ♦ **～·ing·ly** *adv* **～y** *a* やかましい, うるさい, 騒々しい. [ME; SHOOT[1] と同語源か; cf. ON *skúta* to SCOUT[2]]
shóut·er *n* 叫ぶ人; 熱烈な支持者.
shóut·ing dìstance 至近距離, 手の届く範囲: within ～ すぐ近くに.
shóuting màtch 激しい口論, どなり合い.
shóut-òut 《口》*n* 《ライブ演奏・放送などで聴衆に向けて言う》感謝のメッセージ; 《一般に》感謝[お礼]のことば: give a ～ to sb.
shóut sòng シャウトソング《指導者と会衆が掛け合いで歌い叫ぶ, 黒人たちのリズミカルな宗教歌》.
shóut-ùp *n* 《口》やかましい議論.
shove /ʃʌ́v/ *vt* (乱暴に)押す, 突く (push); 突き放す[落とす] 〈*off, over*〉; 押しやる 〈*aside*〉; 押し[突き]のける 〈*away*〉; 無理に進める[通す]; 〈いやなものを〉押しつける; 《俗》〈にせ金を〉つかませる; 《俗》繰り返して〈知識などを〉たたき込む; 《口》《無造作に》置く; [″～ it; *impv*] 《俗》立ち去る, やめる《S～ it up your ASS[2]. の含みがある》; *《俗》殺す, 殺害する 〈*off*〉: ～ one's way 押し進む / ～ sth *down* sb's THROAT.
► *vi* 押す, 突く, 押し進む; 押して離れる; 《俗》立ち去る, 出て行く (depart). ● **～ along** 押して行く; 《俗》立ち去る. **～ around [about]** 《口》こづきまわす, こき使う, ひどい扱いをする. **～ back** 押し戻す; 押し返す. **～ in** 押し入る; 〈物を〉突っ込む. **S～ it** (**up** one's [**your**] ASS[2]). **～ off [out]** 《岸からさおで》舟を押して出す, こぎ去る; 《口》立ち去る, 出発する 〈*for*〉, [*impv*] うせろ. **～ on** 押し[突き]進む; 〈服を〉着る. **～ over** ″席を少し詰める; 〈人・物を〉わきに押しやる[詰めさせる]. **～ past [by]** 押しのけて進む. **～ through** 押し分けて進む. **～ up** 席などを詰める. ► *n* ひと押し, 突き; [the] ″《口》解雇, 首, お払い箱, 肘鉄: He gave me a ～. わたしをぐいと押した / get the ～ ″《口》解雇される, 首になる, ふられる / give sb the ～ ″《口》解雇[お払い箱に]する. [OE *scūfan*; cf. SHOVEL, G *schieben*]
shòve-hálfpenny, -há'penny ″*n* 銭はじき (shovelboard).
shov·el /ʃʌ́v(ə)l/ *n* シャベル, スコップ; 鋤; ショベル付きの機械, 掘削機, パワーショベル; *《俗》スプーン; 《俗》《スキーの》トップ; SHOVELFUL; SHOVEL HAT. ● **be put to bed with a ～** 《俗》埋葬される; 《俗》ぐでんぐでんに酔っぱらっている. **put** sb **to bed with a ～** 《俗》人を殺して埋める. ► *vt, vi* (**-l-** | **-ll-**) シャベルですくう; 〈道などを〉シャベルで作る; [*fig*] かき込む[集める]: ～ *up* coal シャベルで石炭をすくい取る / ～ a path *through* the snow 雪の中にシャベルで道をつくる / ～ *up* [*down*] food がつがつ食う, 食べ物をかっ込む / ～ *up* [*in*] money 大金をどんどんもうける. [OE *scofl* (SHOVE); cf. G *Schaufel*]
shóvel·bìll *n* 〖鳥〗SHOVELER.
shóvel·bòard *n* 円盤突き (shuffleboard)《遊戯》; 《古》銭はじき《シャフルボードの原型》, 銭はじき用テーブル.
shóvel·er | **shóv·el·ler** *n* シャベルですくう人, すくい道具[器械]; *《俗》誇張癖のある人, 話の大きいやつ; 〖鳥〗ハシビロガモ (=*shovelbill*).
shóvel·fùl *n* (*pl* **～s, shóvels·fùl**) シャベル一杯.
shóvel hàt 《英国教会の牧師の広べりの》シャベル帽.
shóvel·hèad *n* 〖魚〗**a** ウチワシュモクザメ (bonnethead) (=～ **shàrk**). **b** 〖魚〗FLATHEAD CATFISH (=～ **càt [càtfish]**).
shóvel·màn /, -mən/ *n* (動力)シャベルを使う作業員.
shóvel·nòse *n* 鼻部[くちばし]の広く平らな魚[鳥].
shóvelnose cátfish 〖魚〗FLATHEAD CATFISH.
shóvel-nòsed *a* 鼻[頭, くちばし]が広く平らな.
shóvelnose [shóvel-nòsed] shárk 〖魚〗**a** カグラザメ (cow shark). **b** サカタザメ (guitarfish). **c** (シロ)シュモクザメ (hammerhead shark).
shóvelnose [shóvel-nòsed] stúrgeon 〖魚〗Mississippi 川産のチョウザメ科の魚 (=*hackleback*).
shóvel-tùsk·er *n* 〖古生〗シャベルタスカー《シャベル状の巨歯をもつマストドンの一種》.
shov·er[1] /ʃʌ́vər/ *n* SHOVE する人[者]; *《俗》にせ金[小切手]使い; *《俗》PENCIL PUSHER. [*shove*]
shover[2] *n* 《俗》[*joc*] お抱え運転手. [*chauffeur*]
show /ʃóu/ *v* (**～ed** /ʃóud/; **shown** /ʃóun/, 《まれ》**～ed**) *vt* **1 a** 見せる, 示す; 〈頭・顔などを〉現わす, 出す; 《売るために》〈家を〉見せる, 売りに出す: *S～* your ticket, please. 切符を拝見します / He ～*ed* me his photos. ＝He ～*ed* his photos *to* me. 彼の写真を見せてくれた《受動態では I was *shown* his photos. His photos were *shown* (*to*) me.》/ ～ one's face [head, [*joc*] nose] 顔を出す, 現われる / ～ one*self* 現われる. **b** 展示する, 出品する; 《映画館で》〈映画を〉上映する, 公演する. **c** 〈感情などを〉表わす, 〈好意などを〉示す; 〈恩恵などを〉与える, 〈親切などを〉尽くす: He ～*ed* me a good deal of friendliness [～*ed* a good deal of friendliness to me]. とても親切にしてくれた. **d** 〈性質などを〉示す: ～ one*self* (to be) a fine leader みずからがよき指導者であることを示す. **e** 目立たせる: Light-colored carpeting will ～ the dirt. 色のうすいじゅうたんはよごれが目立つ. **2 a** 案内する, …の供をする, 送って行く: ～ sb *into* a room 部屋に通す / ～ a guest *to* the door 客を戸口へ送り出す / ～ sb *over* the town ″町を案内してまわる / ～ *in* [*out*] 〈客などを〉通す[送り出す]. **b** 説明する, 教える, 明らかにする: *S～* me how to do it. やり方を教えてください / ～

S

the way やってみせる / I'll ～ you the way. 道をご案内しましょう. **3 a** 表示する, 示す, 表わす: The mercury ～*s* 20°C. 温度計はセ氏 20 度を指している / Polls ～ him winning [～ that he will win] handsomely. 世論調査によれば彼は大差で勝つだろう. **b** 証明する (prove); 〘法〙申し立てる; 《事実として》提示する: I can ～ that the man is innocent [～ the man to be innocent]. 男が潔白だと証明できる / ～ CAUSE.
► *vi* **1 a** 見える, 知れる; 目立つ; あらわになる, 暴露する. **b** 出て[見えて]くる, …のようだ. **c** 《妊娠で》おなかが目立つ. **2 a** «口» 《会などに》(約束どおり)顔を見せる[出す], 現われる; *《競馬・ドッグレースで》3 着(以内)にはいる, 来る. **b** «口» 《商品を》陳列する; 《犬や馬を》ショー[品評会]に出す; 舞台にのる[かかる], 上映される.
● **have something [nothing] to ～ for**…に対する成果をあげている[あげていない]. **I'll ～ you [her, etc.].** 目にものを見せてやる. **It goes to ～ (that…)** (…ということの)証明[例証]になる. **～ sb around (…)** 人に(〈場所〉を)案内してまわる; 《他人に会わせるために》人を連れてまわる. **～ down** 《ポーカーで》持ち札全部を示す. **～ forth** «古» 展示[説明]する. **～ off** 〈力量・学問などを〉見せびらかす, ひけらかす, ちらつかせる 〈*to*〉; 引き立たせる, よく見せる; [*derog*] これみよがしにふるまう, 注意をひこうとする 〈*to*〉. **～ out** 〈来客を〉出口[玄関]まで送る; «方» SHOW off; 〘ブリッジ〙ショウアウトする《なんのスートも持っていないことを明かす》. **～ through** (…を通して)透けて見える, 〈本性などが〉あらわれる. **～ up** (*vt*) …(の正体[欠点])を暴露する, ばらす; «口» 《人前でのふるまいで》〈人〉に恥ずかしい思いをさせる; 〈人を〉形なしにする. (*vi*) 《自然に》あらわれる, 見える, 目立つ; «口» 《会合などに》顔を見せる, 出る, 来る. **～ sb up as [for, to be]**… 《正体をあばいて》人が…であることを明らかにする.
► *n* **1 a** 見せる[示す]こと; 見せびらかし, 誇示, 盛装, 虚飾 (display): He's fond of ～. 派手好きだ / ～ of strength＝SHOW OF FORCE. **b** 展覧会, 展示会, 品評会; 馬術競技会; «口» 《テレビ・ラジオの》番組, 映画, ショー; 見もの, 盛観 (sight); [*fig*] 恥さらし, 笑いぐさ; *«俗» 女が陰部・胸などを見せること: a dog ～ 畜犬品評会, ドッグショー / an auto ～ 自動車展覧会 / a wonderful ～ of flowers in the garden 庭園の花のすばらしい眺め / be the whole ～ ひとり舞台をつとめる / make a (great) ～ of…を見せびらかす, これみよがしに…する / make a ～ of one*self* いい恥をかく, 物笑いになる / The ～ must go on. 《諺》ショーは続けなければならない《あれこれ困難があっても生きていかねばならない》/ The ～ [It] isn't over until the FAT lady sings. **2 a** ふり, 見せかけ; «古» 外貌, 外観, 風(ふう), 様子: in (outward) ～ 外観は / with some ～ of reason もっともらしいところもある, いくぶんもっともらしく / make a good [poor] ～ 〈人・宝石などが〉見ばえがする[しない] / He hid his treachery by a ～ of friendship. 友情を装って裏切り行為を隠した / put on a ～ 見せかける. **b** 痕跡, 徴候, 模様, 《特に 鉱物存在の》しるし (sign) 〈*of*〉; 〘医〙前徴, しるし《分娩の前兆となる出血》. **3 a** «口» もの, 事, 事件, 事業, 企画: The party was a dull ～. 会はつまらなかった / a bad ～ 不運, 不幸, 災難. **b** «口» 機会, 《腕を見せる, または 弁解の》好機; *《競馬などで》3 着(以内) (cf. WIN[1], PLACE): give [get] sb a fair ～ 人に腕を試す公正な機会を与える. **4** [the; °the S-] 〘野〙大リーグ.
● **all over the ～** «口» そこらじゅう (all over the shop). **boss the ～** «口» 采配を振る, 牛耳る. **by a** SHOW OF HANDS. **do a ～** «俗» 映画[芝居など]を見に行く. **for ～** 見せびらかしに, 見えで, うけをねらって; 見本[陳列]用に. **get the [this] ～ on the road** «口» 《組織などの》活動を開始する, 計画などを実行に移す. **give the (whole) ～ away** 見世物の種を明かす; うっかり[故意に]内幕を明かす, 馬脚をあらわす, 失言する. **have [stand] a ～** «口» (かすかな)望み[見込み]がある 〈*of, for, to*〉. **(Jolly) good ～!** ″«口» おみごと, うまい, 上できだ, よくやった! **on ～** 陳列されて: goods *on* ～ 陳列品. **Poor [Bad] ～!** ″«口» ひどい(できだ), やれやれ, みっともない! **put up a good [poor] ～** «口» りっぱにやってのける[へまをやる]. **run the ～** 運営[切り盛り]する. **steal [walk off with] the ～** 人気をさらう, 主役の座を奪う, 衆目を集める. **stop the ～** 《何回もアンコールに答え, あとの出し物ができないほど》大うけする, 演技を一時中止するくらい拍手喝采をうける (cf. SHOWSTOPPER). **the greatest ～ on earth** 地上最大のショー, サーカス (circus). **the** WHOLE SHOW.
[OE *scēawian*; cf. SHEEN, G *schauen*]

shów-and-téll *n* 「話してみよう」「見せてお話」《生徒に何かを持って来させて説明させる, 小学校低学年の教育活動》; 展示と説明, 実物宣伝.

shów·bànd *n* カバー[コピー]バンド《既成曲のカバーを演奏するバンド》; ショーバンド《芝居がかったショーを交えて演奏する(ジャズ)バンド》.

shów bìll 広告ビラ, ポスター, 番付.

shów·bìz «口» *n* SHOW BUSINESS; ばか騒ぎ, 派手な行動. ♦ **shów·bìz·zy** *a*

shów·bòat *n* ショーボート《舞台設備をもち, 芸人一座を乗せて川沿いの町を巡業した蒸気船》; *«俗» 目立ちたがり屋. ► *vi* *«俗» 見せびらかす, ひけらかす, 派手なプレーをする; *«俗» 偉そうにする, いばる. ♦ **～·er** *n* **～·ing** *n*

showbread ⇨ SHEWBREAD.

shów bùsiness 芸能業[界], ショービジネス《演劇・映画・テレビ・ラジオなど》. ● **That's ～ (for you)!** *こんなこともあるさ, これが世の中というものさ.

shów càrd 広告ビラ, ポスター; 商品見本貼付けカード; (教材)提示カード.

shów·càse *n* 陳列(ガラス)箱[棚], ショーケース; 披露の場[手段]; 〘劇〙招待客中心の観客. ► *vt* ショーケースに飾る[展示する]; *披露する.

shów-cáuse *a* 〘法〙理由開示の: a ～ hearing.

shów còpy 〘映〙上演用フィルム.

showd /ʃáud/ «スコ» *vt, n* 〈赤んぼを〉ゆする(こと).

shów dày 〘豪〙農産業展示会のための公休日《州ごとに年 1 回開催》.

shów·dòwn *n* 《争いの》決着, どたんば; 決戦; 《計画などの》発表, 公開, 暴露; 〘ポーカー〙ショーダウン《勝負の最後で手札を全部見せること》: the Berlin ～ 《米ソの》ベルリンの対決 / ～ vote 決選投票.

shów·er[1] /ʃóuər/ *n* 見せる人[もの]; 出品者. [*show*]

show·er[2] /ʃáuər/ *n* **1 a** にわか雨, 驟雨, 夕立, 急に降り出した雪[みぞれ, 雹(ひょう)など]; 流星雨. **b** 《弾丸・手紙などの》雨, 雨あられと来ること, 殺到; たくさん: a ～ of questions 質問攻め. **2 a** シャワーを浴びること; SHOWER BATH: take [have] a ～ シャワーを浴びる. **b** 〘理〙《宇宙線などの》シャワー. **3** ″«口» [*derog*] いやなやつ[連中] (＝～ of shit). ● **send sb to the ～s** «野球俗» 選手[《特に》投手]を引っ込める, 替える, 退場させる; 人を退ける, はずす, 拒否する. ■ the **Séa of S～s** 〘天〙雨の海 (Mare Imbrium). ► *vt* にわか雨で潤す; …に水を注ぐ; …に雨あられと注ぐ[どっさり与える, 投げつける] 〈*with*〉; 〈愛情などを〉注ぐ 〈*on*〉; [～ *-self*] シャワーを浴びる: ～ sb *with* presents＝～ presents *on* sb 人に贈り物をたくさん贈る / ～ curses *down on* sb 人に悪態を浴びせる. ► *vi* にわか雨が降る; 雨のように降り注ぐ[どっさり与えられる] 〈*on*〉; シャワーを浴びる; *«俗» 馬にむちをあてる. ♦ **～·less** *a* [OE *scūr*; cf. G *Schauer* storm]

shówer bàth シャワー(を浴びること); シャワー室, シャワーバス; ずぶぬれ.

shówer càp シャワーキャップ《シャワーで髪がぬれないようにする》; *«俗» コンドーム, ペッサリー.

shówer cùrtain 《浴槽の》シャワーカーテン.

shówer gèl シャワージェル《シャワー用のゲル状石鹸》.

shówer·hèad *n* シャワーヘッド《シャワーのノズル》.

shówer pàrty* 浴びせるように贈り物をするパーティー (shower).

shówer·pròof *a* 〈織物・衣服が〉防滴加工を施した, シャワープルーフの. ► *vt* 防滴加工する.

shówer scùm *«俗» いやな野郎, ひどいやつら.

shówer stìck «方»/[*joc*] 傘, こうもり (umbrella).

shówer trày シャワートレー《シャワーの下の水受け皿》.

shów·ery *a* にわか雨の(多い); にわか雨のような.

shów flàt ″モデルルーム.

shów·fòlk *n pl* 芸能人, 興行人.

shów·gìrl *n* 《ショーなどの》コーラスガール (chorus girl), ダンサー; 演技より容姿本位の女優.

shów·gròund *n* 品評[展覧]会場.

shów hòuse 劇場 (theater); 展示温室; ″展示住宅 (＝**shów hòme**) (model home*).

shów·ing *n* 見せる[示す]こと, 表示, 提示; 展示(会), 展覧(会); 上映; 《テレビ番組の》放映; 外観, 体裁, 状況; でき(ばえ), 成績; 申し立て, 主張; 指摘; 立証: make a good [poor] ～ 体裁がよい[悪い] / on one's own ～ 自分[当人]の言い分[申し立て]によって[よれば]. ● **on present [this] ～** ″現状[このできばえ]から判断すれば.

shów jùmping 〘馬〙障害飛越(ひえつ)《競技場内のコースに設けられた一連のフェンスを越えて一定時間内に完走する競技》. ♦ **shów jùmper** *n*

shów·man /-mən/ *n* 見世物師, 《サーカスなどの》興行師, ショーマン; 演出上手(じょうず)(人). ♦ **～·shìp** *n* 興行術; 《商品[技量]を有利に示す》興行手腕, 芝居っ気.

shów-me /-mi/ *a* *«口» 証拠を見せろと言い張る, 疑い深い.

Shów Mè Stàte [the] 証拠を見せろ州《Missouri 州の俗称; cf. *from* MISSOURI》.

shown *v* SHOW の過去分詞.

shów-òff *n* 見せびらかし; ひけらかす人, 目立ちたがり, 自慢屋; ふざけ騒ぐ人. ♦ **～y** *a*

shów of fórce 武力の誇示.

shów of hánds 《賛否を問う》挙手: by a ～ 挙手で.

shów·pìece *n* 展示物; 絶好の手本, 見本となる傑作.

shów·plàce *n* 名所《公開の建造物・庭園など, 一般に美しさ・豪華さなどで有名な所[建物など]》.

shów pòny ″«口» かっこいい[派手な]やつ, 目立ちたがり屋の芸能人.

shów·rèel *n* ショーリール《映画などのプロモーションビデオ》.

shów rìng 《動物品評会などの》展示場[円].

shów·ròom *n* 《商品の》陳列室, 展示室, ショールーム.

shów·shòp *n* 展示販売店; *«俗» 劇場.

shów·stòpper *n* ショーストッパー《公演を中断するほどの喝采をうける名演技(者)[名せりふ, 歌など]; cf. *stop the* SHOW》; [*fig*] (特に)人目をひきつけるもの[人]; 中断させる人[もの]. ♦ **-stòpping** *a*

Shów Súnday 《Oxford 大学の》記念祭前の日曜日.
shów-thròugh *n* 透き通し《紙が薄いか半透明のため印刷が表に透けて見えること[度合い]》.
shów·tìme *n* **1** 番組[映画, ショー]の開始時刻, ショータイム; *《スポ俗》はなばなしい見せ場. **2** [S-] ショータイム《米国のケーブルテレビチャンネル; 映画などを放送》.
shów trìal 《特に かつての》世論操作のための裁判.
shów tùne ショーチューン《ミュージカルから出たスタンダード曲: *West Side Story* の 'Tonight' など》.
shów·ùp *n* 見せつけること, ショーアップ; *《容疑者などの》面(めん)通しのための整列 (=～ lìne).
shów wìndow ショーウインドー; 陳列場; [*fig*] 見本: ～ of democracy.
shówy *a* 目立つ, 見ばえのする; 派手な, けばけばしい, 見えを張る, これみよがしの. ♦ **shów·i·ly** *adv* **-i·ness** *n*
shówy lády's-slìpper 〖植〗アメリカアツモリソウ《アツモリソウ属の華麗な花をつけるランの一種; Minnesota 州の州花》.
sho·yu /ʃóuju/ *n* 醤油 (soy). [Jpn]
shp, s.h.p. °shaft horsepower.
shpil·kes, schpil- /ʃpílkəs/ *n**《俗》気持が落ちつかないこと, そわそわ, いらいら, 不安: have ～ / be on ～. [Yid]
shpleef /ʃplíːf/ *n**《俗》マリファナ(タバコ) (spliff).
shpos /ʃpɑ́s/ *n**《病院俗》いやな患者. [*s*ub*h*uman *p*iece *o*f *s*hit]
shpritz ⇨ SCHPRITZ.
shpt shipment.
shrank *v* SHRINK の過去形.
shrap·nel /ʃrǽpn(ə)l/ *n* (*pl* ～) 榴散(りゅうさん)弾 (cf. CASE SHOT); 爆弾[銃弾, 砲弾, 地雷, 水雷]の破片; 《口》小銭. [Henry *Shrapnel* (1761–1842) 英国の砲兵隊士官で発明者]
shred /ʃréd/ *n* 一片, 断片, 破片, 切れはし; 僅少, ほんの少し 〈*of*〉: in ～*s* 〈衣服が〉ぼろぼろになって; 〈人が〉ぼろをまとって; ずたずたで, めちゃめちゃで / tear [rip]…into [in, to] ～*s* …を寸断する; 酷評する, ぼろくそにやっつける; 〈議論などを〉完全に論駁する / (not) a ～ of hope 一縷(いちる)の望み(もない). ► *vt, vi* (**-dd-**, 《やや古》**shred**) 切れぎれに裂く[切る], 切り刻む, 千切りにする; 〈文書を〉シュレッダーにかける; 〈布が〉ちぎれる; 《古》切断する; 〈敵などを〉粉砕する; 《サーフィン俗》(水などを) 切って進む. ♦ **～·less** *a* **～·lìke** *a*. [OE **scrēad* piece cut off (*scrēadian*); cf. SHROUD]
shréd·ded *a**《俗》酒に酔って.
shrédded whéat シュレッデッドフィート《小麦を切り刻んだものを固めてビスケット状に焼いた朝食用シリアル》.
shréd·der *n* 粗いおろし金; シュレッダー《秘密書類などを細かく切断して処分する装置》; 《口》スノーボーダー.
Shreve·port /ʃríːvpɔ̀ːrt/ シュリーヴポート《Louisiana 州北西部の, Red River に臨む工業都市・港町》.
shrew /ʃrúː/ *n* 〖動〗トガリネズミ (=*shrewmouse*); 口やかましい女, がみがみ女, 荒々しい女: TAMING OF THE SHREW. ► *vt* 《廃》呪う (curse). [OE *scrēawa* shrewmouse; cf. OHG *scrawaz* dwarf, MHG=devil]
shrewd /ʃrúːd/ *a* **1** 賢い, 洞察力のある, 鋭い, 鋭敏な; 《商売など》抜け目のない, すばしこい (clever); 《古》意地悪な, いたずらな; 《廃》害をなす, 不吉な; 《廃》がみがみ言う (shrewish): do sb a ～ turn 人にいたずらをする. **2** 〈殴打などが〉痛烈な; 《古》〈風が〉膚を刺すような. ♦ **～·ly** *adv* 鋭く; 抜け目なく. **～·ness** *n* 鋭敏; 利口; 抜け目のなさ. [SHREW=evil person or thing, *-ed*; または (pp) < *shrew* (obs) to curse (↑)]
shréwd dúde *《俗》頭の切れるいかしたやつ[若者].
shréwd-hèad *n* 《豪俗》抜け目のない[こすい]やつ.
shréwd·ie *n* 《口》抜け目のない人, なかなかのやつ.
shréw·ish *a* がみがみ言う〈女〉, おこりっぽい; 意地の悪い. ♦ **～·ly** *adv* **～·ness** *n*
shréw mòle 〖動〗**a** ミミヒミズ《中国産; モグラ科》. **b** アメリカヒミズ《北米産》.
shréw·mòuse *n* 〖動〗SHREW.
Shrews·bury /ʃrúːzbèri, -b(ə)ri; ʃróuzb(ə)ri, ʃrúːz-/ シュローズベリー《イングランド西部 Shropshire の州都で, Severn 川に臨む市場町; 別称 Salop》.
Shréwsbury càke シュローズベリーケーキ《Shrewsbury 名物の甘くてさくさくしたビスケット》.
shri ⇨ SRI.
shriek /ʃríːk/ *vi, vt* キャッと言う, かん高い[キンキン声]を出す[で言う] 〈*out*〉; 〈楽器・汽笛などが〉高く鋭い音を出す; 強烈に訴えかける: ～ *with* laughter (抑え切れず)キャッキャッと笑う / ～ curses *at* sb 人に金切り声で毒づく. ► *n* 悲鳴, 金切り声, かん高い声 (scream); 高く鋭い音; 《俗》雨だれ (exclamation point) (cf. SCREAMER, SHOUT): ～*s* of laughter かん高い笑い声 / give [utter] a ～ 悲鳴をあげる. ♦ **～·er** *n* **～·ing·ly** *adv* **shríeky** *a* [imit; cf. ON *skrækja* to SCREECH, SCREAK]
shriev·al /ʃríːv(ə)l/ *a* SHERIFF の[に関する].
shríeval·ty" *n* SHERIFF の職[任期, 管轄区域].
shrieve[1] /ʃríːv/ *n* 《古》SHERIFF.
shrieve[2] *vt, vi* 《古》SHRIVE.
shrift /ʃríft/ *n* **1** 《古》《司祭にする》告解, 懺悔(ざんげ); 臨終の懺悔; 懺悔による赦罪; 償いの賦課《司祭が償いを命じること》; SHORT SHRIFT. **2** 《廃》告解聴聞席 (confessional). [OE *scrift* (*scrīfan* to SHRIVE)]
shrike /ʃráɪk/ *n* 〖鳥〗モズ《モズ科, 特にモズ属の各種》. [?OE *scric* thrush (imit); cf. SHRIEK]
shríke thrùsh 〖鳥〗**a** シロガシラモズチメドリ属の鳥《南アジア産; チメドリ科》. **b** モズツグミ属の鳥《豪州産; モズヒタキ科》.
shríke tìt 〖鳥〗ハシブトモズヒタキ《豪州産; モズヒタキ科》.
shrill /ʃríl/ *a* 鋭い〈声・音〉, 金切り声の, かん高い; 感情むきだしの; 〈光など〉強烈な; 激しい, 鋭い〈ことばなど〉. ► *adv* 金切り声で. ► *vi, vt* 金切り声で歌う[言う] 〈*out*〉; 鋭い音を出す. ► *n* 金切り声, 鋭い音. ♦ **shríl·ly** *adv* 金切り声で, かん高く. **～·ness** *n* [ME<?; cf. OE *scralletan*, G *schrill*, LG *schrell* sharp in tone or taste]
Shri·ma·ti, Sri- /ʃríːməti/ *n* 《インド》Mrs. に相当する敬称: ～ Gandhi ガンディー夫人. [Hindi]
shrimp /ʃrímp/ *n* (*pl* ～, ～**s**) 〖動〗エビジャコ; 小エビ (cf. PRAWN, LOBSTER); 《口》[*derog*] ちび, 取るに足らない者. ► *vi* 小エビを捕る. ♦ **～·like** *a* **shrímpy** *a* 小エビの多い; ちっちゃな. **～·er** *n* 小エビを捕る人, 小エビ漁船. **～·ing** *n* [ME; cf. SCRIMP, MLG *schrempen* to wrinkle, MHG *shrimpfen* to contract]
shrímp·bòat *n* 小エビ漁用の船; 〖空〗シュリンプボート《航空管制官が飛行状態を追跡するためにレーダー画面上の機影に添えておくプラスチック製の小片》.
shrímp cócktail PRAWN COCKTAIL.
shrímp pínk 濃いピンク色.
shrímp plànt 〖植〗コエビソウ《メキシコ原産; キツネノマゴ科》.
shrine /ʃráɪn/ *n* 祀堂(しどう), 霊廟(れいびょう), 聖堂, 宮, 社(やしろ); 聖骨[聖物]容器; [*fig*] 殿堂, 聖地, 霊場: a Shinto ～ 《日本の》神社 / a ～ of art 芸術の殿堂. ► *vt* 《詩》ENSHRINE. ♦ **～·less** *a* [OE *scrīn*<L *scrinium* bookcase]
Shrin·er /ʃráɪnər/ *n* 〖米〗シュライン会会員《フリーメーソンの外郭団体である友愛結社 Ancient Arabic Order of Nobles of the Mystic Shrine (1870 年設立) の会員》.
shrink /ʃríŋk/ *v* (**shrank** /ʃrǽŋk/, **shrunk** /ʃrʌ́ŋk/; **shrunk, shrunk·en** /ʃrʌ́ŋk(ə)n/) *vi* **1** 〈布などが〉縮む, つまる; 〈たくわえなどが〉減る, 減少する. **2** 縮みあがる 〈*up*〉, 恐れる, 萎縮する 〈*at*〉; ひるむ 〈*from*〉; 避ける: ～ *from* (meet*ing*) sb 人(に会うの)をいやがる / ～ *away* 消滅する; しりごみする, 避ける 〈*from*〉 / ～ *back* 避ける, どく, しりごみする, ひるむ 〈*from*〉 / ～ *into* oneself 引っ込みがちになる. ► *vt* 〈織物などを〉《あとで縮まないようにあらかじめ》縮ませる, 地直し[地のし]する; つまらせる; 小さくする, 減らす; 〖機〗焼きばめする 〈*on*〉《高温度で広がったところに部材を挿入し, 冷却して固定する》; 《古》〈手などを〉引っ込める; 《廃》〈肩を〉すくめる (shrug). ● **～ sb's head** 人の精神分析をする, 心の悩みを聞く (cf. HEADSHRINKER). ► *n* **1** しりごみ, 萎縮; 収縮, 縮小. **2** シュリンクセーター《長袖のブラウス[セーター]の上に着るような, ふつう袖のない短くてぴったりしたセーター》; 《口》精神科医, 精神分析医 (headshrinker). ♦ **～·able** *a* 縮みやすい; 収縮できる. **～·er** *n* しりごみする人; 収縮器[剤]; 《俗》精神(科)医 (headshrinker). **～·ing·ly** *adv* しりごみして. [OE *scrincan*; cf. Swed *skrynka* to wrinkle]
shrínk·age *n* 縮み, 収縮(量), 縮小(量), 減少(量); 減価(量), 目減り; 《輸送などによる》肉量の目減り; 《窃盗などによる》商品の減少.
shrínk [shrínkage] fìt 〖工〗焼きばめ.
shrínk·ing víolet 《口》内気[シャイ]な人, はにかみ屋.
shrínk-pàck *vt, n* SHRINK-WRAP.
shrínk-pròof, -resìst·ant *a* 〈生地・衣料品が〉防縮の, 防縮加工された.
shrínk-wràp *vt* 収縮[シュリンク]包装にする《延伸フィルムを加熱して商品の形にぴったり収縮させる包装法》. ► *n* 収縮包装のフィルム. ♦ **-wràpped** *a*
shrive /ʃráɪv/ *v* (～**d**, **shrove** /ʃróuv/; **shriv·en** /ʃrív(ə)n/, ～**d**) 《古》*vt* 〈人〉の告解を聴く; 〈告解者〉に免罪を言い渡す; …に償いの苦行を課する; [～ *-self*] 司祭に告白する. ► *vi* 告解する[に行く]; 〈司祭が〉告解を聴く, 赦罪する. [OE *scrīfan* to impose as penance <L *scribo* to write]
shriv·el /ʃrív(ə)l/ *v* (**-l-** | **-ll-**) *vi* しわが寄る, しなびる, しぼむ, 縮む 〈*up*〉; 身が縮む(思いをする) 〈*up*〉; 使いものにならなくなる. ► *vt* …にしわを寄らせる, しなびさせる, しぼませる, 縮ませる 〈*up*〉; 身が縮む思いをさせる; 使いものにならなくする. [?ON; cf. Swed (dial) *skryvla* to wrinkle]
shriven *v* SHRIVE の過去分詞.
shroff /ʃrɑ́(ː)f, ʃrʌ́f/ *n* 《インドの》両替屋; 《中国の》貨幣鑑定人. ► *vt, vi* 〈貨幣を〉鑑定する. [Hindi<Arab]
shroom /ʃrúːm/ 《口》*n* MAGIC MUSHROOM; MUSHROOM. ► *vi* magic mushroom を食う. ♦ **～·er** *n*
Shrop·shire /ʃrɑ́pʃɪər, -ʃər/ **1** シュロップシャー《イングランド西部の, ウェールズに接する州; ☆Shrewsbury; 旧称 Salop (1974–80); cf. SALOPIAN》. **2** 〖畜〗シュロップシャー種(の羊)《肉・毛兼用種》.

shroud /ʃráud/ *n* **1 a** 《埋葬のために》死体を包む布, 屍衣, 経かたびら. **b** 包むもの, おおい, 幕, とばり (: ～ of mist); 〘機〙 囲い板, 《水車・タービンの》 側板, シュラウド; 〘ロケット〙 宇宙船を発射時の高熱から保護する繊維ガラス; [ᵘ*pl*] 《古》 地下礼拝堂. **c** 《廃》 避難所, 保護. **2** [*pl*] 〘海〙 横(よこ)静索 《マストの頂から両船側に張る》; シュラウド(ライン) (＝～ **line**) 《落下傘の傘体と背負い革をつなぐひも》. ► *vt* …に経かたびらを着せる; おおい隠す, おおう, 包む 〈*in*〉; 偽装する; 《廃》〈人などを〉隠す, かくまう. ► *vi* 《古》 避難する, よける. ◆ **～·less** *a* 経かたびらを着ていない; おおわれない, 曇らない. **～·like** *a* [OE *scrūd* garment; cf. SHRED]

shróud-làid *a* 〘海〙〈索が四つ右撚(よ)り芯入りの.

Shróud of Túrin [the] トリノの聖骸布 (HOLY SHROUD).

shróud-wàvingᵘ *n* 不安あおり戦略 《政治家などが悲惨なデータや将来像を示して政策への支持を促すこと; 特に 医療予算増額を目的とするもの》.

shrove *v* SHRIVE の過去形.

Shróve Súnday /ʃróuv-/ 告解の主日 (Quinquagesima), 〘カト〙 五旬節の主日, 〘英国教〙 大斎前第一主日 《Ash Wednesday 直前の日曜日》.

Shrove·tide /ʃróuvtàɪd/ *n* 告解の三が日 《Ash Wednesday 前の 3 日間》.

Shróve Túesday 告解火曜日 (＝*Mardi Gras, Pancake Day*) 《Ash Wednesday の前日でかつては告解の日とされた》.

shrub[1] /ʃrʌ́b/ *n* 低木, 灌木 (bush) (⇨ HERB). ◆ **～·lìke** *a* [OE *scrubb, scrybb* shrubbery; cf. SCRUB[2]]

shrub[2] *n* シラブ 《レモンなどに砂糖やラム酒を入れた飲料; 氷水にレモン果汁などを入れた飲料》. [Arab＝beverage]

shrúb·bery *n* 低木, 低木林; 低木の植込み.

shrúb·by *a* 低木の多い, 低木の(ような). ◆ **-bi·ness** *n*

shrúb·lànd *n* 低木(林)地.

shrúb làyer 〘生態〙 《植物群落の》 低木層 (⇨ LAYER).

shrug /ʃrʌ́g/ *vt, vi* (**-gg-**) 《両方のてのひらを上に向けて》 (肩を)すくめる: ～ *at* sb *about* Bill 人に対し肩をすくめてビルについては知らないことを示す. ● **～ away** 受け流す, 適当にあしらう. **～ off** 〈侮辱などを〉受け流す, 〈意見などを〉適当にあしらう, 〈逆境などを〉ものともしない; 〈病気・攻撃などを〉振り払う, 振り捨てる, 取り除く, 脱する; 〈衣服を〉身をくねらせて脱ぐ. **～ one's shoulders** 肩をすくめる 《不快・絶望・驚き・疑い・無関心・冷笑などの身振り》. ► *n* 肩をすくめること; シュラッグ 《袖が短く胸と背中上部をおおう女性用カーディガン[上着]》: with a ～ (of the shoulders) 肩をすくめて. [ME＝to shiver, shrug<?]

shrunk *v* SHRINK の過去・過去分詞.

shrunk·en /ʃrʌ́ŋk(ə)n/ *v* SHRINK の過去分詞. ► *a* 〈布などが〉縮んだ; しなびた.

shtar·ker, schtar·ker /ʃtáːrkər/, **star·ker** /stáːrkər/ *《俗》 [°*iron*] *n* 強くて勇敢な男, タフガイ, つわもの, 猛者(もさ); 凶悪犯, やくざ, チンピラ, 用心棒. [Yid]

shtetl, shtet·el /ʃtétl, ʃtéɪ-/ *n* (*pl* **shtet·lach** /-làx/, **shtetls**) 《かつて東欧・ロシアにみられた》 小さなユダヤ人町[村]. [Yid<MHG (dim)<*stat* place, town]

shti(c)k, schti(c)k /ʃtík/ 《俗》 *n* 《ヴォードヴィルなどの》 おきまりの滑稽な場面[しぐさ], おはこ, ギャグ; 端役, ちょい役; 仕掛け, からくり; 特徴, 本領, 特技; (活動)分野, (関心のある)領域. ◆ **shtícky** *a* [Yid＝piece]

shtoom /ʃtúm/, **shtum(m)** /ʃtám/ *a* 《俗》 物を言わない, だんまりの: keep [stay] ～ 一言も言わない. ► *v* ● **～ up** 《俗》 黙っている. [Yid<G *stumm* silent]

shtoonk, shtunk /ʃtúŋk/ *n**《俗》 SCHTOONK.

shtuck, shtook /ʃtúk/ *n* [次の成句で]: **in (dead) ～**ᵘ《俗》 困りはてて, (ひどく)悩んで. [C20<?]

shtup /ʃtúp/ 《卑》 *vt, vi* (〈女〉と)やる; 押す, 突く. ► *n* 性交, 一発; 《亭主以外の男に》 やらせる女, セックスするだけの相手. [Yid]

Shu /ʃúː/ 〘エジプト神話〙 シュー 《Ra の子で大空の神; 妹 Tefnut との間に Geb と Nut を生んだ; 天空の女神 Nut を両腕で差し上げた図で示される》. [Egypt＝emptiness]

Shu·bert /ʃúːbərt/ シューバート **Lee** ～ (1875–1953) 《ロシア生まれの米国の劇場支配人・プロデューサー; 2 人の弟 **Sam** (1879–1905), **Jacob** (1880–1963) と協力して全米主要都市の劇場を支配下におさめ, 一大劇場帝国を築いた》.

shu·bun·kin /ʃubʌ́ŋkɪn/ *n* 〘魚〙 朱文金. [Jpn]

shuck /ʃʌ́k/ *n* **1** 《トウモロコシ・豆・クリなどの》 皮, 殻, さや; *《カキ・ハマグリなどの》 殻. **2** [*pl*] *《口》 つまらぬ[無価値な]もの; [*pl*, 〈*int*〉] *《口》 参ったな, とんでもない, くそっ! 《当惑・謙遜・失望・後悔などを表わす》; *《俗》 まやかし, はったり, ペテン, 盗み; *《俗》 誠意のない人, はったり屋; *《俗》 前科者, マエ持ち: be not worth ～*s* なんの価値もない / AW-SHUCKS. ► *vt, vi* …の皮[殻]をむく; *《口》〈服などを〉脱がせる, はぐ 〈*off*〉; *脱ぎ捨てる, 脱ぐ 〈*down*; *out of*〉; 〈悪習などを〉捨て去る 〈*off*〉; *《俗》 からかう, ふざける, ばかを言う, ほらを吹く; *《俗》 だます, ごまかす, ペテンにかける; *《俗》 (知らない曲に合わせて)即興で和音を演奏する. ● **～ and jive** *《俗》 ふざける, からかう; *《俗》 だます, はったりをかける. ◆ **～·er** *n* [C17<?]

shúck spray CALYX SPRAY.

shud·der /ʃʌ́dər/ *vi* 《こわさ・寒さなどで》 震える, 身震いする, おののき震える; 《いやで》 ぞっとする; 〈機械・乗物・建物が〉がたがた揺れる, 振動する: ～ *at* the thought of…＝～ *to* think of…を考えるとぞっとする. ► *n* 身震い, 戦慄; [the ～s] 《口》 ぞっとする気持; [〈*int*〉] ゾーッ 《恐怖・寒さによる身震い》; 激しい揺れ: send a ～ through…を戦慄[震撼]させる. ◆ **～·ing·ly** *adv* 震えて, 身震いして, ぞっとするほど. **shúd·dery** *a* [MDu and MLG; cf. OE *scūdan* to tremble, G *schaudern*]

shuf·fle /ʃʌ́f(ə)l/ *vt* **1 a** 〈足を〉ひきずって(小刻みに)歩く; 〈足を〉もぞもぞさせる; すり足で〈ダンスを〉踊る; 〈服・靴などを〉ぎこちなく身に着ける[履く] 〈*on*〉, ぎこちなく脱ぐ 〈*off*〉: ～ a saraband すり足でサラバンドを踊る. **b** あちこちに動かす; 並び[入れ]替える; 〈従業員を〉配転する 〈*around*〉, 〈組織などを〉組み替える, 再編成する; 〈書類などを〉ごちゃまぜにする; 〈トランプ札などを〉混ぜる, 切る 〈*up*〉. **2 a** 無造作に押しやる, 急いで移す. **b** 言いつくろう, 言い紛らす, ごまかす. ► *vi* **1** 足をひきずって[のろのろ]歩く; 小刻みのすり足でダンスをする; 《尻[足, 体]を》 落ちつきなく[しきりに]動かす 〈*around*〉; 〈活動などが〉ゆっくり進む 〈*along*〉; トランプ札 《など》 を混ぜる: ～ *out of* a room 足をひきずって部屋を出る. **2 a** 服 《など》 をぎこちなく身に着ける 〈*into*〉. **b** 言い紛らす, ごまかす: ～ out of the blame ごまかして責任をのがれる. **c** おざなりにやる: ～ *through* one's lessons. **3** *《俗》 《街で》〈若者が〉けんかする, なぐり合いをする. **4** *《黒人俗》 白人に卑屈な態度をとる, へいへいする. ● **～ off** (*vt*) 捨てる, 除く; 押しやる; 〈責任などを〉転嫁する 〈*on (to)* others〉. (*vi*) すり足で立ち去る. **～ the cards** トランプ札を混ぜて切る; 役割[政策]を変える. **～ through** ⇨ *vi*; 〈書類など〉の中から探す, ざっと目を通す[整理する]. ► *n* **1** 足をひきずって歩くこと; 〘ダンス〙 急激なすり足動作(で踊るダンス); シャッフル; DOUBLE SHUFFLE. **2** あちこち動かすこと; 配置転換; 《組織などの》 組み替え, 再編成; 混乱; 混合, 《特に》 トランプ札の切り混ぜ; 札を切り混ぜる番[権利]; シャッフル 《曲順を入れ替えて再生する音楽プレーヤーの機能》. **3** ごまかし, 言いのがれ, 小細工. ● **lose…in the ～** *ついい…を抜かす[無視する], うっかり見失う: get *lost in the* ～ 紛れてなくなる[わからなくなる]. [LG＝to walk clumsily; cf. SHOVE, SCUFFLE]

shúffle·bòard *n* シャッフルボード 《長い棒で木製の円盤を突いて点を表示した部分に入れるゲーム; それに用いる点を表示した板》. [変形 <*shove board* (obs)]

shúf·fler *n* SHUFFLE する人; *《俗》 酒飲み, 飲み助; *《俗》 失業者, 渡り労働者, いかさま賭博師; 〘鳥〙 スズガモ (scaup duck).

shúf·fling *a* 足をひきずる; ごまかす, 言いつくろう, 日和見(ひより)的な. ◆ **～·ly** *adv*

shu·fly /ʃúːflàɪ/ *int* SHOOFLY.

shuf·ty, -ti /ʃúfti, ʃʌ́f-/ *n*ᵘ《俗》 見ること, 一見: have [take] a ～ *at*…. [Arab]

Shu·fu /ʃúːfúː/ 疏附(そふ)(シューフー) (KASHGAR の旧名).

shug·gy /ʃʌ́gi/ *n* 《北東イング》 ぶらんこ (swing).

shul, schul /ʃúl, ʃúːl/ *n* (*pl* **s(c)huln** /ʃúln, ʃúːln/) ユダヤ教会 (synagogue), シュール. [Yid]

Shu·lam·ite /ʃúːləmàɪt/ *n* 〘聖〙 シュラムの女 《*Song of Sol* 6:13 に記されている女性の名[肩書]》.

Shul·han Arukh, Shul·chan Aruch /ʃulxáːn ɑːrúːx/ シュルハン・アルーフ 《ユダヤの律法・慣習の法典; 1565 年出版》.

Shull /ʃʌ́l/ シャル **Clifford G(lenwood)** ～ (1915–2001) 《米国の物理学者; 物質中の原子配列を決定する中性子回折の技法を開発; ノーベル物理学賞 (1994)》.

Shultz /ʃúlts/ シュルツ **George Pratt** ～ (1920–) 《米国の政治家・経済学者; 国務長官 (1982–89)》.

Shú·man pròcess /ʃúːmən-/ シューマン工程 《網入りガラス製造法》. [Philadelphia の Frank *Shuman* (1862–1918) が発明]

shun /ʃʌ́n/ *vt* (**-nn-**) 避ける, 遠ざける: ～ temptation [society] 誘惑を遠ざける[社交を避ける]. ◆ **shún·ner** *n* [OE *scunian*<?]

Shun /ʃún/ 舜(しゅん) 《中国の古代伝説上の帝王; 堯 (Yao) に起用されのちに帝位を譲られた; 理想の君主として儒家を中心に尊崇された》.

'shunᵘ /ʃʌ́n/ *int* 〘軍〙 気をつけっ! [atten*tion*]

shún·less *a* 《詩》 避けがたい.

shún·pìke* *vi* 高速道路を避けて裏道を車で行く. ► *n* 高速道路を避けるために使う道路. ◆ **-pìker** *n* **-pìking** *n*

shunt /ʃʌ́nt/ *vt* **1** わきへ向ける, そらす 〈*into, onto*〉; 〘鉄道〙〈車両を〉入れ換える, 転轍する; 〘医〙〈血液を〉外科的に一方の血管から他方へ流す; 〘電〙 …に分路をつくる[用いる], スイッチする; 《俗》 《自動車レースで》〈車を〉衝突[激突]させる. **2** 〈意見・話題・行動などを〉変える; 〈仕事・責任などを〉転嫁する; 〈問題〉の討議を回避する, 〈計画などを〉延期する, 握りつぶす; 〈人を〉ほす, 左遷する 〈*aside, off*〉. ► *vi* わきにそれる; 〈車両などが〉入れ換わる, 転轍する (switch); 往復[前進後退]する; 〘電〙 分路する: a ～*ing* yard [signal] 操車場[入換え信号(機)]. ► *n* わきへ向けること; ᵘ転轍器 (switch), 側線; 〘電〙 分路, 分流(器); 〘医〙 短絡, 吻合, バイパス, シャント 《血管の間に生じた[外科的に設けた]血液の流路》; ᵘ《口》 《自動車レース中の》 衝突事故, 《一般に》 追突[玉突き]事故. [ME *shunten* to flinch<? SHUN]

shúnt·er *n* SHUNT する人; *転轍作業員 (cf. POINTSMAN); *入換え用機関車.

shúnt wìnding /-wàɪnd-/ 〘電〙 分巻(ぶんまき)(法) (opp. *series wind-*

ing). ◆ **shúnt-wòund** /-wàund/ *a* 分巻きの.

shu·ra /ʃúərə/ 〖イスラム〗 *n* 合議制, 合議政治; 協議会, シューラー. [Arab]

shure, shur(r) /ʃúər/ *a, adv* 《俗》 SURE.

shu·ri·ken /ʃúərɪkèn/ *n* 手裏剣. [Jpn]

shush /ʃʌ́ʃ/ *vt* 黙らせる; 静かにさせる. ► *vi* 黙る; サーッ[シャーッ]と音をたてる, ざわめく: *S~ up!* 静かに, 黙れ! ► *n* シッ[シーッ]という合図, サーッ[シャーッ]という音. ► *int* シーッ(静かに)! ★ Shut up の語気を弱めた表現. ◆ **~·er** *n* [imit]

Shu·shan /ʃúːʃən, -ʃæ̀n/ シュシャン《SUSA の聖書名》.

shut /ʃʌ́t/ *v* (~; **shút·ting**) *vt* **1** (opp. *open*) **a** 締める, 閉じる, 閉鎖する (close); …にふたをする, ふさぐ: ~ a window [a drawer] 窓[ひきだし]を閉める / ~ the stable door after the horse is stolen 馬を盗まれてから馬小屋の戸を閉める《あとの祭り》/ ~ one's teeth 歯を食いしばる. **b** 〈本・手・傘・ナイフ・望遠鏡などを〉たたむ, 閉じる《この意味では close が普通》; 〈手・服などを〉はさむ: ~ one's finger in the door＝~ the door on one's finger ドアに指をはさむ. **2** 入れない, 締め出す 〈*to, from*〉; 閉じ込める 〈*into*〉. **3** 〈工場などを〉閉鎖[休業]する 〈*up*〉; ᴴ《1 日の営業を終えて》〈店を〉閉める. ► *vi* 〈戸などが〉閉まる; ふさがる: The door won't ~. この戸はなかなか閉まらない. ● **~ away** 隔離する, 閉じ込める: ~ one*self away in* one's room 部屋に引きこもる. **~ down** 〈上下窓などを〉閉める, 〈窓が〉閉まる; 〈工場・店を〉閉鎖する; 〈工場が〉閉鎖となる; 〈夜のとばり・霧などが〉降りる, たれこめる; 〈降雪などが〉〈道路を〉通行不能にする; 《口》〈相手(チーム)を〉抑え込む; 《口》制止[禁止]する; 〈機械・エンジンなどを[が]〉止める[止まる]; 負かす, 破る. **~ in** 閉じ込める; 囲む, さえぎる, 見えなくする; 迫る, 暗くなる; 《油井(ゆせい)[ガス井]を閉鎖して》〈石油・ガス〉の産出を休止する. **S~ it!** 黙れ! **~ off** 〈ガス・水道・ラジオ・機械などを〉止める, 〈機械が〉止まる; 《口》〈人を〉黙らせる; 除外する, さえぎる 〈*from*〉; 遮断する 〈*from*〉; 負かす, 破る. **~ one*self* of…** 《口》…と縁を切る. **~ one*self* off** 人とつきあわない 〈*from*〉 **~ one's lights (off)** 死ぬ, 自殺する. **~ out** [°*pass*] 締め出す 〈*of*〉; 見えないようにする, さえぎる; *〖競技〗シャットアウトする; 〖ブリッジ〗《高い競り上げて》〈相手〉の機先を制する: ~ idle thought *out of* one's mind 雑念を去る. **~ to** [to は *adv*] ふたをする, 閉じる; 〈戸が〉閉まる: ~ the door *to* 戸を閉める / The door ~ *to*. 戸が閉まった. **~ together** 鍛接する. **~ up** 〈家を〉閉ざす, …の戸締まりをする; …にふたをする; 閉じ込める, 監禁する, 〈ものを〉しまい込む 〈*in*〉; [°*impv*] 《口》黙らせる, 黙る: ~ *up* shop 店をたたむ; ᴴ《1 日の営業を終えて》閉店する / be ~ *up with* a cold かぜで家に引きこもる / *S~ up* about it! そのことはだれにも言うな! ► *a* 閉じた (opp. *open*); ᴴ〈商店が〉休業中で; 〖音〗閉鎖音の; 〈音節が〉子音で終わる, 閉音節の (closed). ● **(be [get]) ~ of** 《口・方》…を免れて; …と縁が切れる, 関係がない. ► *n* 閉鎖, 閉鎖時刻, 終わり; 〖音〗閉鎖音 (stop)《/p, b, t, k/ など》; 溶接線《溶接箇所にできるつなぎ目》. [OE *scyttan*; cf. SHOOT, MDu *schutten* to obstruct]

shút·dòwn *n* 一時休業[閉店], 閉鎖; 操業休止; 活動[機能]停止; 運転停止; 〖電算〗シャットダウン.

shute ⇨ CHUTE.

Shute /ʃúːt/ シュート **Nevil ~** (1899–1960)《英国の小説家・航空工学者; 本名 Nevil Shute Norway; *A Town like Alice* (1950), *On the Beach* (1957)》.

shút-èye 《口》 *n* 眠り, うたた寝 (nap); 無意識, 人事不省, 泥酔: catch [get] some ~ ひと眠りする.

shút-ìn *a* 《病気などで, 家・病院などに》閉じこもった; 押し黙った; 自閉的な. ► *n* 《病気などで》引きこもりきりの人, 寝たきりの病人; 広い谷の一部で崖(がけ)が両側から迫った箇所; 産出が休止されている埋蔵石油[ガス].

shút·òff *n* 栓, 口; 切り止めるもの, 切止め器; 停止, 遮断, 締切り.

shút·òut *n* 締出し; 工場閉鎖, ロックアウト (lockout); *《野球などの》シャットアウト(ゲーム); 〖ブリッジ〗シャットアウト《相手を封じる目的で高く競り上げること》; シャットアウト宣言 (＝~ **bíd**).

shút·ter *n* 閉じる人[もの]; 雨戸, よろい戸, 戸, シャッター, 蓋(ふた); 〖写〗シャッター; 《オルガンの》開閉器; [*pl*] 《俗》まぶた (eyelids): take down the ~*s* 雨戸[よろい戸]を開ける. ● **put up the ~s** 《口》雨戸[よろい戸]を閉める; 店をたたむ; 《1 日の営業を終えて》店を閉める; 心を閉ざす. ► *vt* …に戸を付ける; 〈オルガン・カメラ〉にシャッターを付ける; …のよろい戸[シャッター]を下ろす; 〈工場・店・劇場などを〉閉鎖する. ◆ **~ed** *a* シャッターのある[閉まった]; 《心の内を読まれないように》半分目を閉じた. **~·less** *a*

shútter·bùg *n* *《口》写真狂, アマチュアカメラマン.

shútter·ing *n* SHATTERS; 堰板(せきいた), FORMWORK.

shútter-prìority *a* 〖写〗シャッタースピード優先の《シャッタースピードを設定しておいてカメラが絞りを自動選択する半自動露出システム; cf. APERTURE-PRIORITY》.

shútter relèase 《カメラの》シャッターボタン.

shútter spèed 《カメラの》シャッター速度[スピード].

shút·ting-òut *n* SHUTOUT.

shut·tle /ʃʌ́tl/ *n* 《織機の》杼(ひ), 梭(ひ), シャットル; 《ミシンの》シャトル, ボビンケース《下糸入れのかま》; 《レース用の》紡錘型編具; 往復運動する装置, シャットル; (近距離)折返し運転, (定期)往復運転; 定期往復ルート; 定期往復運転をしている乗物; [the S-] ᴴシャトル《Channel Tunnel を往復するカートレイン; フェリーのように客が自分で車を運転して乗降する》; SPACE SHUTTLE; DIPLOMATIC SHUTTLE; SHUTTLECOCK. ► *vt, vi* 左右に動かす[動く]; 往復便で輸送する; 往復する 〈*between*〉. ► *a* 《輸送手段が》往復の: a ~ flight 近距離往復[折返し]飛行(便) / a ~ bus シャトルバス. [OE *scytel* dart; ⇨ SHOOT[1]]

shúttle ármature 〖電〗移動電機子.

shúttle·còck *n* 《バドミントンの》シャトル(コック), 《羽根つきの》羽子(はご); 羽根つき (battledore and shuttlecock); [*fig*] 往復するもの; ᴴMIGRONAUT; 〖鳥〗オカヨシガモ (gadwall). ► *vt* 互いに打ち返す. ► *vi* 往復する.

shúttle diplòmacy 《特使を使っての》往復外交.

shúttle sèrvice 《近距離の》往復[折返し]運転.

shúttle tráin 近距離往復[折返し運転]列車(便).

shúttle·wìse *adv* 行ったり来たり, あちこちと.

shvantz ⇨ SCHWANTZ.

shvar·tze(h) /ʃvάːrtsə/, **-tzer** /-tsər/ *n* 《俗》[*derog*] SCHVARTZE.

Shver·nik /ʃfέərnɪk/ シュヴェルニク **Nikolay Mikhaylovich ~** (1888–1970)《ソ連の政治家; 最高会議幹部会議長 (1946–53)》.

shwa ⇨ SCHWA.

shwench /ʃwέntʃ/ *n* *《俗》女子新入生, 一年生の女子学生. [*fresh wench*]

shy[1] /ʃáɪ/ *a* (**shý·er, shí·er; -est**) **1 a** 内気な, 引っ込みがちな, はにかみ[照れ]屋の; [複合語で第 1 要素に対する恐れ・嫌悪を表わして] 恥ずかしがる, こわがる, いやがる: be ~ *of* [*with*] strangers 人見知りする / go all ~ ᴴ急に恥ずかしがる / gun-~ 大砲[銃]をこわがる / work-~ 仕事嫌いの. **b** 用心深い (wary); …するのをためらう[好まない], 用心して…しない 〈*of* [*about*] do*ing*〉; 〈鳥・獣・魚などが〉ものに驚きやすい, 人になれない; 繁殖力の弱い, 実なり[花つき]が悪い: ONCE bitten, twice ~. / She is not ~ about speaking up. 物おじせずに意見を述べる. **c** いかがわしい. **2** 《口》不足で, 欠けている 〈*of, on*〉; 前に, …目前で 〈*of*〉; 《口》《ポーカーの ante などを》支払わないで, 未払いで: ~ *of* funds 資金不足で / an inch ~ *of* being six feet 6 フィートに 1 インチ足りない / just ~ *of* his tenth birthday 彼の 10 歳の誕生日の直前に. ● **fight ~ of**…を嫌う, 避ける. **look ~ at**…をうさんくさそうに見る. ► *vi* 《馬が驚いて》飛びのく, あとずさりする 〈*at, from*〉; おびえる, しりごみする 〈*away, off*〉: ~ *away from* accepting full responsibility 全責任を取るのを避ける. ► *vt* よける, 避ける. ► *n* 《馬の》横飛び, わきへそれること. ◆ **shý·er**[1], **shí·er** *n* しりごみする人, ものに驚く人; 《特に》ものに驚く馬, 横飛びする馬. **shý·ly, shí·ly** *adv* 内気に, はにかんで; 臆病に. **~·ness** *n* [OE *sceoh*; cf. G *scheu*]

shy[2] *vt, vi* (**shíed**) 〈石などを〉すばやく(横投げに)投げる. ► *n* すばやく投げること; 標的落とし (cockshy); 《口》試み; 《口》ひやかし, あざけり. ● **have [take] a ~ at** (do*ing*…) 《口》〈…をしよう〉と試みる. ◆ **~·er**[2] *n* [C18<?]

Shy·lock /ʃáɪlɑ̀k/ *n* **1** シャイロック《Shakespeare, *The Merchant of Venice* 中のユダヤ人高利貸し; 借金返済不履行のため Antonio の胸の肉 1 ポンドを要求したが, Portia にしてやられた》. **2** [°s-] (無慈悲な)高利貸し, 金貸し, [*derog*] ユダヤ人. ► *vi, vt* [s-] 高利貸しをする, …からきびしく借金を取り立てる.

Shym·kent /ʃɪmkέnt/, **Chim·kent** /tʃɪmkέnt/ シムケント, チムケント《カザフスタン中南部の市》.

shy·poo /ʃaɪpúː/ *n* 《豪口》安酒(を売る酒場).

shy·ster /ʃáɪstər/ *n* *《口》いかさま師, いんちき弁護士[政治家など]; *《口》弁護士. [? *Scheuster* 1840 年ごろの New York のいかさま弁護士]

si /síː/ *n* 〖楽〗シ (ti)《長音階の第 7 音》, ロ音 (⇨ SOL-FA). [F<It]

sí /síː/ *adv* はい (yes). [Sp]

Si[1] /sáɪ/ サイ《男子名; Silas の愛称》.

Si[2] 西江 (⇨ XI).

Si 〖化〗silicon. **SI** °Sandwich Islands ♦ 〖NZ〗°South Island ♦ °Staten Island ♦ °statutory instrument ♦ [F *Système International (d'Unités)*] °International System of Units (⇨ SI UNIT).

Siá·chen Glácier /sjάːtʃən-/ [the] シアチェン氷河《Karakoram 山脈のインド・パキスタン国境の近くにある世界最長の氷河の一つ》.

si·al /sáɪæ̀l/ *n* 〖地質〗シアル《SIMA 上層にあり大陸地殻上半部を構成する, ケイ素とアルミナに富む物質》. ◆ **si·ál·ic** *a* [*si*licon＋*al*uminum]

si·al- /saɪǽl/, **si·alo-** /saɪǽloʊ, -lə/ *comb form*「唾液」 [Gk *sialon* saliva]

si·al·a·gog·ic, si·al·o- /sàɪələgάdʒɪk/ *a* 唾液分泌促進の. ► *n* SIALAGOGUE.

si·al·a·gogue, si·al·o- /saɪǽləgɑ̀g/ *n* 〖医〗唾液分泌促進薬. ► *a* SIALAGOGIC. [F (Gk *agōgos* leading)]

siálic ácid 〖生化〗シアル酸《血液の糖タンパク質; ムコ多糖分子中に存在》.

si·a·lid /sáɪələd/ 〖昆〗*a, n* センブリ科 (Sialidae) の; センブリ. ◆ **si·al·i·dan** /saɪǽlədən/ *a, n*

si·al·i·dase /saɪǽlədèɪs/ *n* 〖生化〗シアリダーゼ (neuraminidase).
Si·al·kot /siáːlkòut; siǽlkɔ̀t/ シアルコット《パキスタン Punjab 州北東部, Lahore の北北東にある商業都市》.
si·a·loid /sáɪəlɔ̀ɪd/ *a* 唾液状の.
si·al·or·rhea /saɪæ̀lərí:ə/ *n* 〖医〗唾液過剰分泌, 流涎(りゅうぜん)症. [NL (-*rrhea*)]
Si·am /saɪǽm, ⏤⏤/ シャム《THAILAND の旧名》. ■ the **Gúlf of ∼** シャム湾《Gulf of THAILAND の旧称》.
si·a·mang /sí:əmæ̀ŋ, sáɪə-/ *n* 〖動〗フクロテナガザル《Sumatra 島産》. [Malay]
Si·a·mese /sàɪəmí:z, *-s/ *a* シャムの; シャム語[人]の; 非常によく似た. ► *n* (*pl* ∼) シャム人; SIAMESE CAT; シャム語; [s-] SIAMESE CONNECTION. [SIAM]
Síamese cát シャムネコ《短毛・碧眼の飼い猫》.
síamese connéction 送水口, サイアミーズコネクション《Y 字形の消防隊用給水口》. [*Siamese twins*]
Síamese crésted fíreback 〖鳥〗シマハッカン《インドシナ・タイ原産; コシアカキジ属》.
Síamese fíghting físh 〖魚〗シャムトウギョ, ベタ (⇨ BETTA).
Síamese twíns *pl* シャム双生児 (conjoined twins); 密接な関係にある一対のもの. [*Siam* でからだが接合して生まれた Chang と Eng (1811–74) から]
Sian 西安 (⇨ XIAN).
Siang 湘江 (⇨ XIANG).
Siangtan 湘潭 (⇨ XIANGTAN).
sib, sibb /síb/ *a* 血縁関係のある, 血族の; 《まれ》関連の密な. ► *n* 血縁者, 親類; 親類縁者; 兄弟姉妹(の関係にある動植物), 同胞; 〖人〗氏族《父系氏族と母系氏族との双方を含む》. [OE *sib*(*b*) akin; cf. G *Sippe*]
SIB 〖英〗°Securities and Investments Board.
Síb·bald's rórqual /síbəldz-/ 〖動〗シロナガスクジラ (blue whale). [Sir Robert *Sibbald* (1641–1722) スコットランドの科学者]
Si·be·lius /səbéɪljəs/ シベリウス **Jean ∼** (1865–1957)《フィンランドの作曲家》.
Si·be·ria /saɪbíəriə/ **1** シベリア《ロシアの Ural 山脈から太平洋岸に至る地域》. **2** いやな勤務地[仕事].
Si·bé·ri·an *a* シベリア(人)の. ► *n* シベリア人; SIBERIAN HUSKY.
Sibérian cráb (àpple) 〖植〗マンシュウズミ, エゾノコリンゴ (= *cherry apple* [*crab*])《果実はサクランボ大》.
Sibérian expréss *《俗》シベリア特急《カナダやアメリカへ北極から吹く寒気》.
Sibérian húsky 〖犬〗シベリアンハスキー《エスキモー犬と同族の長毛のそり犬》.
Sibérian íris 〖植〗シベリアアイリス[アヤメ], コアヤメ《これを基に多種の交雑種アイリスが作出された》.
Sibérian tíger 〖動〗シベリアトラ, チョウセントラ, アムールトラ《トラの亜種で, かつては東シベリアから朝鮮に生息; 絶滅危惧種》.
Sibérian wállflower 〖植〗エリシマム, シベリアンウォールフラワー《アブラナ科エゾスズシロ属のオレンジ色の花が咲く二年草》.
sib·i·lant /síbələnt/ *a* シューシュー[シーシー]いう (hissing); 〖音〗歯擦音の. ► *n* 〖音〗歯擦音 (/s, z, ʃ, ʒ/ など); 歯擦音文字. ♦ **síb·i·lance, -lan·cy** *n* **∼·ly** *adv* [L (pres p)〈*sibilo* to hiss]
sib·i·late /síbəlèɪt/ *vt* 〖音〗歯擦音化する. ► *vi* シューシューいう; 語頭に /s/ 音をつける. ♦ **sib·i·lá·tion** *n* 歯擦音化. [L (↑)]
Si·biu /sɪbjú:/ シビウ《ルーマニア中西部 Transylvania の商業都市》.
sib·li·cide /síbləsàɪd/ *n* 〖動〗きょうだい殺し《通例 先に生まれた個体があとで生まれた個体を殺害[共食い]すること》.
síb·ling *n, a* [ᵁ*pl*]《両親[片親]が同じ》きょうだい(の); 兄弟分(の), 同胞; 〖人〗氏族 (sib) の一員; 同系統のもの; 〖生〗姉妹細胞. [*sib*]
síbling rívalry 《特に 親の関心をひくための》きょうだい間の競争(心).
síbling spècies 〖生〗同胞[兄妹, 双生]種《形態的にはほとんど区別がつかない 2 種以上の種の一つ》.
síb·shìp *n* 〖人〗氏族 (sib) であること, 氏族の一員であること; 〖生・医〗同胞群, 兄弟姉妹《特定の両親をもつすべての子孫》.
Si·bu·yán Séa /sì:bujá:n-/ [the] シブヤン海《フィリピン中部 Luzon 島, Mindoro 島, Visayan 諸島に囲まれる海域》.
sib·yl, syb·il /síbəl/ *n* **1** [ºS-]《古代に予言能力があるとされた》巫女(みこ), 市子(いちこ); 女占い者, 女予言者; 魔法使いの女; 鬼ばば. **2** [S-] シビル《女子名》. ♦ **si·by(l)·lic** /səbílɪk/ *a* SIBYLLINE. [OF or L〈Gk]
sib·yl·line /síbəlì:n, -làɪn, ˈˈsɪbílàɪn/ *a* [ºS-] SIBYL の(ような); 神託的な, 予言的な, なぞめいた.
Síbylline Bóoks *pl* [the] シビュレーの本《Cumae の巫女の記したという予言集; 古代ローマ人は地震・疫病時に, この書により神の怒りを解く法を見つけた》.
sic[1] /sík, sí:k/ *adv* 原文のまま, ママ《疑わしい[誤った]原文をそのまま引用した際に引用語句のあとに (*sic*) または [*sic*] と付記する》: He signed his name as e.e. cummings (*sic*). 彼は e.e. cummings (原文ノママ)と署名した / He said he seed [*sic*] it all. [L=so, thus]
sic[2], **sick** /sík/ *vt* (**sícced, sícked; síc·cing, síck·ing**) [犬への命令] 攻撃[追跡]する; 〈犬などを〉けしかける, 〈人を〉追跡[見張り]に出す, 同行させる〈*on* sb〉: *Sic* him! かかれ! [(dial)〈*seek*]
sic[3] /sík/ *a* 《スコ》SUCH.
Si·ca·ni·an /sɪkéɪniən/ *a* SICILIAN.
sic·car /síkər/ *a, adv* 《スコ》SICKER.
sic·ca·tive /síkətɪv/ *a* 乾燥力のある, 乾燥を促進する. ► *n* 《油・ペンキなどの》乾燥剤 (drier). [L (*sicco* to dry)]
sice[1], **syce** /sáɪs/ *n* 《さいころの》6 の目. [OF *sis*〈L *sex* six]
sice[2] ⇨ SYCE[1].
Sichem ⇨ SHECHEM.
sicht /síxt/ *n, a, vt, vi* 《スコ》SIGHT.
Si·chuan /sí:ʧuá:n/ *n* 四川(しせん)(スーチョワン)《中国中西部揚子江の上流にある省; ☆成都 (Chengdu)》. ► *a* SZECHUAN.
Sicilia ⇨ SICILY.
Si·cil·ian /səsíljən/ *a* シチリア (Sicily) 島[王国, 人, 方言]の. ► *n* シチリア人; 《イタリア語の》シチリア方言.
si·cil·i·a·no /səsìliá:nou/, **-na** /-nə/ *n* (*pl* ∼**s**) シチリア舞踊[舞曲]. [It=Sicilian]
Sicílian Véspers *pl* [the] シチリアの晩鐘《1282 年 Sicily で復活祭の晩禱の鐘を合図に島民が行なったフランス人大虐殺; Verdi の歌劇にもなった》.
Sic·i·ly /sís(ə)li/ シチリア, シシリー (It, anc. **Si·ci·lia** /siʧí:ljɑ:, səsíljə/)《イタリア南方にある地中海最大の島; 行政的にはイタリアの特別州; ☆Palermo; 古代にはフェニキア人・ギリシア人・カルタゴ人が植民, 241 B.C. ローマが征服; ラテン語名 Trinacria; cf. TWO SICILIES》.
sic itur ad as·tra /sik ítùr à:d á:strə/ かくして人は星に到る; 不滅への道はかくのごときものである. [L=thus one goes to the stars]
sick[1] /sík/ *a* **1 a** 病気の, 病気にかかって[かかった], 加減の悪い, 病人(用)の; 月経中[期間]の: SICK MAN OF EUROPE [OF THE EAST] / He was ∼ *with* [《古》*of*] a fever. 熱病にかかっていた / be ∼ in bed 病気で寝込んでいる / be ∼ and sorry 病気でみじめである / worried ∼=∼ with worry ひどく心配して / fall ∼ / get [be taken, take] ∼. ★ *pred a* としては《米》に普通で (ill は少し固い表現), 《英》では聖書または成句に限られ, 一般には ill を用いる. **b** 〈顔などが〉青白い; 〈考えなど〉病的な; 〈絵・冗談などが〉ぞっとするような, 不気味な, 加虐嗜好的な, 残酷趣味の: a ∼ joke《人の不幸・不具などを笑いものにするような》病的なジョーク, いやな冗談. **c** 心の乱れた, 狂った; 堕落した. **d** *《俗》薬(やく)が切れて苦しい. **2 a** むかついて, 吐きそうで, 吐いて; 《つわりで》気分が悪い: feel [turn] ∼ 胸が悪くなる / I'm going to be ∼. 吐きそうだ / Bob was [got] ∼ on the floor. 床の上に吐いた. **b** いや気がさして, 飽きて, いやになって, うんざりする, しゃくにさわる; 失望して; 《口》取り乱して, 恐れて〈*of* being beaten〉: make sb ∼《口》うんざりさせる; むかつかせる; [*joc*] ねたましく思わせる / He is ∼ *of* this weather [dieting]. こんな天気は[ダイエットなんて]うんざりだ / He was ∼ *with* me *for* being late. わたしが遅刻したので彼はおこっていた / He's ∼ *at* the failure. 失敗でくさっている / be ∼ to death *of*… 《口》…がすっかりいやになって[…にうんざりして]いる / be ∼ at heart 《文》煩悶[悲観]している. **3** こがれて, あこがれて: He is ∼ *for* (a sight of) home. 故郷を恋しがって[見たがって]いる. **4 a** 傾きかけた〈会社など〉, 経営悪化の; 〈船が〉修理を要する: paint-∼ 塗装がいたんだ. **b** 〈鉱物が〉もろい; 〈ワインが〉味の変わった; 〖農〗〈土壌が〉病菌に冒された, 通常の収穫ができない: a wheat-∼ soil 小麦不作地. **c** ひどく劣って: make sth look ∼ ひどく見劣りさせる. **5** 《俗》《スノーボードなどで》〈技が〉普通[半端]じゃない, 'ヤバい'; 《口》すごい, すばらしい.
● **(as) ∼ as a dog [horse,** etc.**]** とても体調が悪くて, すごくむかついて. **(as) ∼ as a parrot** ˈˈ《口》[*joc*] ひどく落胆して. **call [ring**ˈˈ**] in ∼** 病欠の電話をする. **go [report] ∼** 病欠する, 病気の届けをする. **look ∼** 《口》顔色がさえない; 失望[当惑]の表情を見せる. **∼ and tired** 《口》飽きあきして (=∼ to death) 〈*of*〉. **∼ at [to] one's stomach*** 吐き気がして; 気に病んで; 腹が立って.
► *n* 病人, [the, 〈*pl*〉] 病人たち; 吐き気, むかつき; ˈˈ《口》吐いた物, へど; *《俗》薬(やく)切れの苦しみ, 禁断状態. ● **on the ∼** 《口》病気で働けなくて, 疾病手当を受けて.
► *vt, vi* 吐く (vomit), あげる, もどす 〈*up*〉.
[OE *sēoc*; cf. G *siech*]
sick[2] ⇨ SIC[2].
síck bàgˈˈ《乗物酔い用の》エチケット袋, ゲロ袋.
síck bày [bèrth] 《特に 船内の》病室, 診療室, 医務室.
síck·bèd *n* 病床: leave one's ∼ *to* do… 病を押して…する.
síck-bènefit *n* 《国民保険の》疾病手当.
síck búilding sỳndrome シックビル症候群《断熱性能が高く新鮮な空気の導入が少ないオフィスビルで働く人にみられる症状; 頭痛・眼の炎症・かぜに似た症状・無気力などを伴う; 略 SBS; cf. MULTIPLE CHEMICAL SENSITIVITY》.
síck càll 《米軍》診療呼集; 《医師・牧師などによる》往診, 慰問.
síck dày 病気欠勤日《病気で欠勤しても給料の支払われる日》.
sick·en /síkən/ *vi* 病気になる, 具合が悪くなる; 吐き気を催す〈*at, to*

see〉; いやになる, 飽きる 〈of〉: The child is ～ing for something. ᵁ《口》子供は病気になりかけている. ► vt 病気にする; …に吐き気を催させる; いやにならせる, うんざりさせる.

sícken·er n **1** 病気にかからせる[吐き気を催させる]もの; 飽きあき[こりごり]させるもの. **2** [the]〘菌〙ドクベニタケ.

sícken·ing a 病気にならせる, 吐き気を催させる; うんざり[むかむか]させる; ᵁ《口》ねたましい, うらやましい. ◆ **～·ly** adv むかつくほど; うんざりするほど, ねたましいほど.

sick·er /síkər/ 《スコ》a 安全な; 信頼できる. ► adv 安全に; 確かに. ◆ **～·ly** adv [OE sicor<Gmc<L SECURE]

Sick·ert /síkərt/ シッカート **Walter Richard ～** (1860–1942)《英国の印象派の画家》.

síck flàg QUARANTINE FLAG.

síck héadache 吐き気を伴う頭痛,〘医〙片頭痛 (migraine).

síck·ie n*《俗》(精神)異常者, 変態, 変質者; ᵁ《口》SICK LEAVE,《特に》ずる休み.

síck·ish a 少し吐き気がして, ややむかついて; 少し吐き気を催させる; 《古》病気ぎみの. ◆ **～·ly** adv **～·ness** n

sick·le /sík(ə)l/ n 鎌, 小鎌, 手鎌 (cf. SCYTHE);《コンバインなどの》刈取り装置 (sickle bar); かま《シャモに付けるけづめ》; [the S-]〘天〙獅子の鎌;《鶏などの》鎌羽 (sickle feather). ● HAMMER AND SICKLE. ► a 鎌の形をした: the ～ moon. ► vt 鎌で刈る;〘医〙〈赤血球を〉鎌状にする. ► vi〘医〙〈赤血球が〉鎌状になる. [OE sicol<L secula (seco to cut)]

síck lèave 病気休暇(日数): be on ～ 病欠中.

síckle bàr〘機〙《刈取り機などの刃を取り付けたバーを含む》刈取り装置[機構].

síckle bìll〘鳥〙鎌形のくちばしをもつ各種の鳥《(1) カマハシハチドリ; 南米・中米産 (2) マネシツグミ, ツノフウチョウ, カマハシフウチョウ, ユミハシオニフウチョウ; ニューギニア産 (3) ハワイミツスイなど》.

síckle cèll〘医〙鎌状(赤)血球《異常赤血球》. ◆ **síckle-cèll** a

síckle-cèll anèmia [disèase]〘医〙鎌状赤血球貧血《黒人にみられる遺伝病》.

síckle-cèll tràit〘医〙鎌状赤血球傾向[形質]《sickle cell をもつが貧血症状が現われない》.

síckle fèather《雄鶏の尾の中央にある》鎌羽(かまば).

síckle mèdick〘植〙コガネウマゴヤシ《ムラサキウマゴヤシの亜種で黄花品》.

sickl·emia /sìk(ə)lí:miə/ n SICKLE-CELL TRAIT.

síck·ling n〘医〙鎌状赤血球化.

síck lìst 患者名簿: be on the ～ 病気(欠勤)中である, 健康がすぐれない.

síck-lìst·ed a 患者名簿に記載[登録]された.

síck·ly a **1 a** 病身の, 病弱な; 病人らしい; 病的な; 青ざめた; 元気[生気]のない; めそめそした. **b** 気の抜けた〈ビールなど〉, 味気ない; 〈光・色などが〉青白い, かすかな. **2 a** 病気[病人]の多い; 健康に悪い〈気候など〉; 吐き気を催す〈悪臭など〉; 〈食べ物が〉しつこい, 濃厚な. **b** 愛想が尽きる, いやになる, 飽きあきする, うんざりする; いやに感傷的な. ► adv 病的に. ► vt《古》病気[病的]にする, 青白い色でおおう〈over〉. ◆ **sick·li·ly** adv **-li·ness** n

síck-màking a《口》SICKENING.

Síck Mán of Éurope [the Éast] [the] ヨーロッパ[東方]の病人《19–20 世紀のトルコ(のスルタン)に対する呼称》.

síck·ness n 不健康; 病気; 吐き気, むかつき, 悪心 (nausea); 嘔吐 (vomit); 胃の不調;《組織・制度などの》不健全な状態, 病.

síckness bènefit〘英〙《国民保険の》疾病手当.

sick·nick /síknɪk/ n 感情混乱者, 情緒不安定者.

síck nòte 病欠届け.

síck nùrse 看護師, 看護人.

sicko /síkou/*《俗》n (pl **síck·os**) 変質者, 変態 (sickie). ► a 変質的な, 変態の (: ～ prurience); ぞっとさせる, 病的な.

síck-òut*n, vi 仮病スト(をする).

síck paràde《英軍》診療呼集: go on ～.

síck pày 病気休暇中の手当.

síck·ròom n 病室.

síck·sìck·síck a*《俗》狂った, 変態の; ぞっとさせる, 病的な.

sicky /síki/ n《俗》SICKIE.

sic pas·sim /sík pǽsəm, sí:k pá:sɪm/ adv《本書・本文・註解を通じて》すべてこのとおり, 各所同様. [L=so throughout]

sic sem·per ty·ran·nis /sík sémpər tərǽnəs/ 専制者は常にかくのごとく(あれ)《Virginia 州の標語》. [L=thus ever (to) tyrant]

sic tran·sit glo·ria mun·di /sik trá:nsɪt gló:riɑ: mú̇ndi, sík trǽnsɪt gló:riə mʌ́ndaɪ/ こうして世の栄光[名誉]は移り行く. [L=so passes away the glory of the world]

sic·ut an·te /sí:kʊt á:nteɪ/ 以前のごとく. [L=as before]

sic·ut pa·tri·bus sit De·us no·bis /sí:kʊ̀t pá:trɪbʊ̀s sɪt déɪʊs nóʊbì:s/ われらの祖先に対してそうであったように神がわれらに対してあるように《Boston の標語》. [L=as to our fathers (may) God (be) to us]

sic vos non vo·bis /sí:k wóʊs nóʊn wóʊbì:s/ かく汝らは汝らのためならで. [L=thus you (labor, but) not for yourselves]

Si·cy·on /síʃiɑ̀n, sís-, sísiən/ シキュオン (Gk **Sik·y·on** /síkiɑ̀n/)《ギリシア Peloponnesus 半島北東部の古代都市》.

sid /síd/ n [ᴼS-]*《俗》CID.

Sid シッド《男子名・女子名; Sidney, Sydney の愛称》.

SID sports information director.

si·dal·cea /saɪdǽlsiə, sɪ-/ n〘植〙シダルセア, シダルケア《北米西部原産アオイ科キンゴジカモドキ属 (S-) の草本》.

sid·dha /sídə/ n〘ヒンドゥー教〙成就者, シッダ. [Skt]

Sid·dhar·tha /sɪdá:rtə, -θə/ シッダルタ《釈尊の幼名;「願望が満たされたもの」の意; cf. GAUTAMA》. [Skt]

sid·dhi /sídi/ n〘仏教・ヒンドゥー教〙悉地(しっち), シッディ《(1) siddha が修行によって達した完全な境地;「成就」「完成」の意 (2) 悉地に達した者が使う神通力・不思議力》. [Skt]

Sid·dons /sídnz/ シドンズ **Sarah ～** (1755–1831)《英国の悲劇女優; 旧姓 Kemble》.

sid·down /sɪdáun/ int《俗》すわって (sit down).

sid·dur /sídər, -duər/ n (pl **sid·du·rim** /sɛdú̇ərɪm/, **～s**)〘ユダヤ教〙《日々の礼拝に用いる》祈禱書, スィドゥール (cf. MAHZOR). [Heb=order, arrangement]

side /sáɪd/ n **1 a** 側面,《内外・表裏などの》面;《立体の》面;《紙・布・衣類などの》一面; [fig]《問題などの》側面,《観察の》面, 観点: put one's socks on wrong ～ out 靴下を裏返しに履く. **b** 一ページ(分の書き物),《レコードなどの》片面(にはいっている曲);《俗》レコード, 録音; ᵁ《口》《テレビの》チャンネル;〘劇〙書抜き《担当のせりふに線や渡しことば (cue) を配した印刷物》;〘劇〙せりふ. **2 a**《左右・南北などの》側, 方, 方面. **b** 横腹, 脇腹, あばら;《豚などの》脇腹肉;《食肉用家畜の》片側半頭分, 二分体, 半丸, サイド;《獣類の》半頭分の皮; 山腹, 斜面: on the ～ of a hill 山腹に. **c** かたわら, そば;《敵方・味方の》方, 側, 党, 派;《試合の》組, チーム;〘野〙《1 イニングの》全打者: stand by sb's ～ 人の味方をする / He was always on the ～ of the weak. いつも弱い者に味方した / There is much to be said on both ～s.《諺》どちら側にも言い分がある, 言い分は五分五分だ / I'll run you for £5 a ～. 5 ポンドずつ賭けて競走しよう. **d**《血統の》系, …方(かた);《学科目の》系(統), 部門: on the paternal [maternal] ～ 父[母]方で[の] / the science ～ 科学系. **3** 端, 縁; 岸辺; 船側, 船ばた;《三角形などの》辺;〘紋〙たてすじ; ᵁ〘玉突〙ひねり (*English). **4** [ᵁneg] ᵁ《口》もったいぶり, 傲慢, 尊大: have no [be without] ～ 気取り[横柄さ]のない. **5***添え料理. ● BURST **one's ～s with laughter [laughing]**. **by the ～ of…=by one's [its] ～** …のそばに[わきに], 近くに; …に比して. **change ～s** (1) 場所を入れ替わる, 反対側に移る;〘スポ〙サイド[コート]チェンジする. (2) 立場[見解]を変える, 敵方に移る, 寝返る. **come out on the right [wrong] ～** 〈商売人が〉損をしない[する]. **draw sb to [on] one side** ⇨ take sb to one SIDE. **from all ～s [every ～]** 各方面から; 周到に. **from ～ to ～** 右に左に, 左右に; 横切って, 横に. **get [have] a little [some] on the ～***《口》不貞をはたらく, 浮気する. **go over the ～***《海軍俗》無断で船[基地, 持場]を離れる, 脱走する. **hold [shake] one's ～s with laughter** 腹をかかえて笑う. **keep on the right ～ of the law** 法律に違反しない. **let the ～ down** 味方の不利になる[足を引っ張る]ようなことをする, 恥をかかせる. **look on [see] the bright [sunny] ～ (of things)** 物事の明るい面を見る, 楽観する. **No ～!** ⇨ NO SIDE; 終わり! **on all ～s [every ～]** 四方に, 四方八方に, いたるところに. **on one ～** かたわらに. **on sb's bad [wrong] ～=on the bad [wrong] ～ of sb** 人に嫌われて, 人の不興をかって: get on his wrong ～ 彼に嫌われる. **on sb's good [right] ～=on the good [right] ～ of sb** 人に気に入られて: stay on his right ～ 彼にずっと気に入られている. **on the right ～ of sb**=on the good SIDE of sb; 黒字で; 許容できる〈あやまち・欠点〉; 勝ち目のある, 有利で: keep [stay] on the right ～ of one's relations《利益を期待して》親類とうまくつきあう. **on the right [better, bright, green, hither, sunny, etc.] ～ of…**(歳)の坂を越さないで. **on the** SAFE **～. on the ～** 本題を離れて[と別に], 余分に, おまけに; *添え料理に; 本職とは別に, 副業として, SIDE BET として; ᵁひそかに;《口》婚外に[の], 配偶者以外に[の]: a BIT[2] on the ～ / make something on the ～ ᵁ《本給のほかに》余分の金がはいる / have a boyfriend on the ～. **on the…～** …ぎみで: Prices are on the high ～. 物価は上がりぎみ. **on the wrong [far, shady, other, thither, etc.] ～ of…**(歳)の坂を越して. **on the wrong ～ of sb** ⇨ on sb's bad SIDE. **on this ～ of…**《口》…のこちら側で[の]; 《口》…時[日, 歳]以前の[に]. **put [place, set]…on [to] one ～** かたわらに置く, 片付ける; 取っておく; のけ者にする, 無視する; 棚上げ[保留]にしておく. **put on ～** ᵁ《俗》いばりちらす, もったいぶる;〘玉突〙ひねりを入れる. **～ by ～** 並んで, 並行して; 同じ場所[時, 環境]に, 共存して; 近接して; 結託して, 協力して, いっしょに〈with〉. **split one's ～s with laughter [with laughing, for laughter]**=hold one's SIDES with laughter. **take [draw] sb on [to] one ～** 人をちょっとわきに呼んで話をする. **take ～s [a ～] with sb=take sb's ～**《討論などで》人に味方する. **the other ～** 他方(の側), 反対側, 向こう(側); [euph] あの世, 死後の世界;《豪俗》あちら側《境界線などで隔てられた場所[国など]》,《特に》北半球の場所 (cf.

S

COIN, TRACK[1]): on *the other* ~ あの世に(あって) / get to [go to, reach] *the other* ~ あの世に旅立つ. **this ~ of...** (1) ⇨ on this SIDE of.... (2) ほとんど…で: behavior just *this* ~ *of* illegal 違法すれすれの行動.

► *a* **1** わきの, 横の; 側面(から)の, 横からの; 側面[横]への: a ~ face 横顔. **2** 付随的な, 従の, 副の; 主たる部分に加えて[とは別に]なされる; 追加の〈注文など〉: a ~ job 副業, アルバイト / a ~ deal 裏取引 / a ~ benefit 副次的利点.

► *vi* **1**〈…の〉側に立つ[つく], 加担する, 与する, 味方[賛成]する〈*with*〉: ~ *against*…に反対する. **2**"《俗》いばる. ► *vt* **1** …に同調する, 支持する. **2** 片付ける. **3** …に側面[横]を付ける; …と並ぶ; わきに置く. [OE *sīde*; cf. OE *sīd* wide, G *Seite*]

síde·àrm[1] *a, adv*〘野〙横手の[で]: ~ delivery 横手投げ, サイドスロー / pitch ~ 横手投げをする. ► *vi, vt*〘野〙サイドスローで投げる. ♦ **~·er** *n*

sidearm[2] [°*pl*] 腰[ベルト]に付ける武器《銃剣・ピストルなど》; [*pl*] *《軍俗》《食卓の》塩とコショウ, クリームと砂糖《など》.

síde·bànd *n*〘通信〙側波帯.

S

síde·bàr *n* **1**《主なニュースの》補足情報, 付随[関連]記事;《印刷体裁を変えた》補足[添えもの]記事欄. **2** *〘法〙サイドバー協議《裁判官と弁護士による, 陪審のいないところでの協議》. **3**〘電算〙《インターネット画面の》サイドバー. ► *a* 副次的な, 補助的な.

síde bèaring〘印〙サイドベアリング《欧文活字で, 字づらが触れ合うのを防止する左右端の空所》.

síde bèt 本来の賭け以外にする賭け.

síde·bòard *n*《食堂の壁際に備え付けの》食器台[テーブル], 食器棚, サイドボード; 妻板《構造物の横板》; [*pl*]"《口》SIDE-WHISKERS; [*pl*]〘ホッケー〙サイドボード《リンクを囲む木のフェンス》.

síde·bòne *n*〘料理〙《鳥の》腰骨; [°~s, 〈*sg*〉]〘獣医〙蹄軟骨化骨症.

síde·bùrns *n pl* もみあげ; 短いほおひげ (=(*side-*)*whiskers*). ♦ **síde-bùrned** *a* [*burnsides* のアナグラム]

síde-by-síde *a* 並んで(立って)いる《特に 支え合うため》.

síde·càr *n*《オートバイの》サイドカー, 側車; JAUNTING CAR; サイドカー《ブランデー・リキュール・レモン果汁で作るカクテル》.

síde càrd〘トランプ〙得点となる組合わせ以外の最高のカード; 切り札以外のカード.

síde chàin〘化〙側鎖 (=*lateral chain*)《主鎖または炭素環に付いている炭素鎖》.

síde chàir《食堂などに置く》肘のない小椅子.

síde chàpel (教会堂)付属礼拝堂.

síde chèck*《馬の頭の側面から鞍へのびる》止め手綱.

-sid·ed /sáɪdəd/ *a* [*compd*] …の面[辺, 側]を有する;〘造船〙幅…の肋材(ろくざい)を使った: many-~, steel-~. ♦ **~·ly** *adv* **~·ness** *n*

síde dìsh 付け合わせ[添え]料理(の皿), サイドディッシュ.

síde dòor 横からの入口; [*fig*] 間接的接近法. ● **by [through] the ~** ⇨ DOOR.

síde-dòor púllman*《俗》サイドドアプルマン《有蓋貨車》.

síde·drèss *n*〘農〙側方施肥[追肥].

síde-drèss *vt* …の近くに施肥する, 側方施肥[追肥]する.

síde-drèss·ing *n* SIDEDRESS.

síde drùm SNARE DRUM.

síde effèct《薬などの》副作用 (=*side reaction*); 思わぬ結果.

síde fàce 横顔; 側面.

síde·fòot *vt, vi*〘サッカー〙足の横側でキックする, サイドキックする.

síde-glànce *n* 横目(づかい); 間接的[付随的]言及.

síde gràft〘園〙腹接ぎ.

síde·hèad(·ing) *n*《印刷物の欄外の》(小)見出し.

síde·hìll *n*《米・カナダ》山腹 (hillside); [〈*a*〉] 山腹の, 山腹用の.

síde hòrse〘体操〙鞍馬(あんば), (サイド)ホース (pommel horse).

síde ìmpact《自動車などの》側面への衝突. ♦ **síde-ìmpact** *a* 側面への衝突の[に備えた].

síde ìssue 枝葉の問題, 副次的な問題.

síde·kìck* *n*《口》親友, 助手, 相棒, 共謀者;《俗》《ズボンの》わきポケット.

síde làmp"《自動車の》側灯, 車幅灯.

síde·less *a* わきのない, わきのあいた.

síde·lìght *n* **1** 側面光, 横明かり, 側灯; 横窓, 側窓; 舷灯《汽船は夜間右舷に緑, 左舷に赤》; SIDE LAMP. **2** 間接[付随]的説明[情報]: let in a ~ on…を間接に説明する.

síde·lìne *n* **1**《鉄道・パイプラインなどの》側線, 副線;《サッカー・テニスなどの》サイドライン; [*pl*] サイドラインの外側《の控え選手の待機場所》; [*pl*]《一般に》周辺部; [the ~s]《傍観者の》立場, 見地;《動物の片側の前後の足につける》片側足かせ. **2** 副業(的取扱い商品): as a ~ 副業[内職]で. ● **off the ~s** 静観[模様眺め]をやめて. **on the ~s** 側線にいて; 傍観者として; 第一線からはずされて[はずれて]; 出番を待って: stay *on the ~s* 傍観する, 様子を見る. ► *vt* 〈負傷・病気などが〉〈選手を〉出場できなくする, 第一線からはずす; 中心的地位からはずす; かやの外に置く. ♦ **síde·lìner** *n* 傍観者.

side·ling, sid·ling /sáɪdlɪŋ/ *adv*《古》斜めに. ► *a*《古》横に傾いた[向けられた]; 傾斜[勾配]のある. [*-ling*[2]]

síde·lòck *n*《特に 正統派ユダヤ教徒の》側頭部の髪のふさ.

síde·lòng *a* 横の, 斜めの, わきの; 一方に傾いた; 間接的な, 遠まわしの: cast a ~ glance upon [at]…を横目でちらっと見る. ► *adv* 斜めに; 横を向けて; 側面を下にして. [SIDELING]

síde-lòok·ing *a* 側方[横]監視の〈レーダー・ソーナー〉.

síde·màn /, -mən/ *n*《特に ジャズ・スウィングの》楽団員, 伴奏楽器奏者, サイドマン.

síde mèat*《中南部》豚の脇腹肉,《特に》ベーコン, 塩漬け豚肉.

síde mìrror〘車〙SIDEVIEW MIRROR.

síde·nòte *n*《ページの左右側に小活字で組んだ》傍注.

síde-ón *adv* 側面を向けて, 側面から. ► /ˊ—ˋ—/ *a* 側面からの[への],〈衝突が〉側面での.

síde òrder* 付け合わせ[添え]料理.

síde-òut *n*〘バレー・バドなど〙サイドアウト《サーブ側が得点せず, サーブ権を失うこと》.

síde·pìece *n* [the] 側面部, (側面の)添え物.

síde plàte サイドプレート, わき皿《パンや料理の添え物などを載せる直径 15–20 cm 程度の皿で, ディナー用平皿より小さい》.

síde pòcket サイドポケット《腰につけるわきポケット》.

sid·er /sáɪdər/ *n* [*compd*] …の側 (side) に住む人: a west-*sider*.

sid·er-[1] /sídər/, **sid·ero-** /sídəroʊ, -rə/ *comb form*「鉄」[Gk *sidēros* iron]

sid·er-[2] /sídər/, **sid·ero-** /sídəroʊ, -rə/ *comb form*「星」[L *sider- sidus* star]

síde reàction《化学的な》副反応; SIDE EFFECT.

si·de·re·al /saɪdíəriəl, sə-/ *a* 星の; 星座の; 恒星の[に関する]; 恒星観測による. ♦ **~·ly** *adv* [L; ⇨ SIDER-[2]]

sidéreal clóck 恒星時計.

sidéreal dáy 恒星日《23 時間 56 分 4.09 秒》.

sidéreal hóur 恒星時《sidereal day の 1/24》.

sidéreal mínute 恒星分《sidereal hour の 1/60》.

sidéreal mónth 恒星月《27 日 7 時間 43 分 11.5 秒》.

sidéreal períod [revolútion] 恒星周期.

sidéreal sécond 恒星秒《sidereal minute の 1/60》.

sidéreal tíme 恒星時; 春分点の時角.

sidéreal yéar 恒星年《365 日 6 時間 9 分 9.54 秒》.

sid·er·ite /sídəràɪt; sáɪ-/ *n*〘鉱〙菱(りょう)鉄鉱, シデライト (=*chalybite, spathic iron (ore)*);〘鉱〙隕鉄, 鉄隕石, シデライト. ♦ **sìd·er·ít·ic** /-rít-/ *a* [*sider-*[1]]

sidero- /sídəroʊ, -rə/ SIDER-[1,2].

síde ròad わき道, 間道.

sidero·chròme *n*〘生化〙担鉄クローム, シデロクローム《細胞膜を通って細胞内に鉄を運ぶ化合物》.

sídero·cỳte *n*〘医〙担鉄赤血球, シデロサイト.

síde ròd〘鉄道〙《機関車の動力伝達の》側棒, 連結棒.

sid·er·og·ra·phy /sìdərágrəfi; sàɪ-/ *n* 鋼版彫刻(法). ♦ **-pher** *n* **sìd·ero·gráph·ic** *a* [*sider-*[1]]

sid·ero·lite /sáɪdərəlàɪt, síd-/ *n* シデロライト《鉄と岩石が等分に含まれている石鉄隕石》.

sìdero·ná·trite /-néɪtràɪt/ *n*〘化〙曹鉄鉱, シデロナトライト《鉄とナトリウムの含水硫酸塩》.

sídero·phìle *a*〘化・地質〙親鉄性の: ~ element 親鉄元素. ► *n* 親鉄元素.

sid·er·oph·i·lin /sìdəráfələn/ *n* TRANSFERRIN.

sid·er·o·phore /sídərəfɔ̀ːr/ *n*〘生化〙シデロフォア《微生物中で鉄と結合してこれを輸送する分子》.

sid·er·o·sis /sìdəróʊsəs; sàɪ-/ *n*〘医〙鉄沈着症, 鉄症《鉄粉吸入に起因する肺疾患》. ♦ **sid·er·ót·ic** /-rát-/ *a*

sídero·stàt /, sáɪ-/ *n*〘天〙シデロスタット《天体の光を常に一定方向へ導く反射鏡の一種》. ♦ **sìd·ero·stát·ic** *a* [*heliostat* にならったもの]

síde·sàddle *n* 片鞍(かたくら)《婦人用で両脚とも通例 左側にたらす》. ► *adv* 片鞍乗りで; 片鞍乗りみたいに〈腰かけるなど〉: ride ~ 馬に横乗りする.

sídesaddle flòwer〘植〙ムラサキヘイシソウ《サラセニア科の食虫植物; 北米東部原産》.

síde sàlad 添え料理としてのサラダ.

síde-scàn *a* SIDE-LOOKING.

síde-scàn sónar サイドスキャンソナー《主に海底地図の作製のためのデータを収集するため船腹に取り付けて走査を行なう音響測深機》.

síde·sèat *n*《バスなどの》側席, サイドシート.

síde·shòw *n*《サーカスなどの》つけたりのショー, 余興; 枝葉の問題, 付随的な催し[小事件].

síde·slìp *n*《自動車・飛行機・スキーなどの》横すべり; "側枝; 私生児. ► *vi, vt* 横すべりする[させる]; うまくすり抜ける[させる].

sídes·man /-mən/ *n*〘英国教〙教区委員補, 教会世話役《信徒を席に案内したり, 寄付を集めたりする》.

síde·spìn *n*〘球技〙サイドスピン《水平にボールを回転させる》.

síde splìt《床にすわって行なう》開脚運動;《スカート・ドレスなどの》横のスリット;《カナダ》側面スキップフロアの住宅《片側が半階分高くなった床をもつ乱平面の住宅; 一方の階数が少ない》.

síde·splìtter *n*《腹の皮がよじれるような》おかしい冗談[できごと, 状況]; 大笑い, 爆笑.
síde·splìtting *a* おなかの皮がよじれるような〈大笑い〉; 大笑いさせる, 爆笑ものの. ♦ **~·ly** *adv*
síde·stèp *vt, vi* 一歩横に寄ってよける; 〈責任などを〉回避する. ♦ **síde·stèpper** *n*
síde stèp 横歩(よこ), 横へ一歩寄ること; わき踏段《馬車などの出入口の》.
síde·stìck *n*〘印〙締木(しめ).
síde-stràddle hòp 挙手跳躍運動 (jumping jack).
síde·strèam smóke 副流煙《タバコの先から出る煙; cf. MAINSTREAM SMOKE》.
síde strèet《大通りからはいる》横丁, わき道.
síde·stròke *n* 横泳ぎ, サイドストローク; 付随的行為.
síde·swìpe *vt, n*《通りすがりに》側面から打つ[衝突する](こと[事故]); 間接的な非難[批判], あてこすり: take a ~ at…にあてこすりを言う. ♦ **-swìper** *n*
síde tàble サイドテーブル《壁際用》.
síde·tòne *n* 側音《電話機で, 話し手の声が自己の受話器に分流して聞こえる音》.
síde tòol〘機〙片刃バイト.
síde·tràck *n**〘鉄道〙SIDING; [*fig*] わき道にそれること, 脱線. ► *vt* 側線[待避線]に入れる; [*fig*] わきにそらす, 脱線させる; *《俗》逮捕する.
síde trìp《旅行中の》寄り道.
síde-vàlve èngine〘機〙側弁式機関.
síde vìew 側景, 側面図; 側面観, 横顔.
síde-vìew mìrror〘車〙サイドミラー, フェンダーミラー (=*side mirror*); 横顔を見るための鏡.
síde·wàlk* *n*《舗装した》人道, 歩道 (pavement‖, footpath‖). ● **hit the ~s** *《俗》歩く, 歩きまわる, (足を棒にして)仕事を探しまわる; *《俗》ストに突入する.
sídewalk àrtist* 大道絵かき《(1) 歩道にチョークなどで絵を描いて金をもらう 2) 歩道で似顔を描いて金をもらう》.
sídewalk hòstess*《俗》街娼 (street girl).
sídewalk superinténdent*[*joc*] 歩道上の現場監督《建築や取りこわしなどの現場の見物人》;《口》批評をする人, あれこれ文句をいう人, しろうと評論家.
sídewalk sùrfing*《俗》スケートボードを乗りまわすこと.
síde·wàll *n* 側壁, 袖壁;《タイヤの》サイドウォール.
síde·ward, -wards *a, adv* 横向きの; 横へ, 横向きに.
síde·wày *n* わき道, 横道 (opp. *main road*); 路地; 人道, 歩道. ► *a, adv* SIDEWAYS.
síde·wàys *a* 横向きの, 斜め(から)の; 〈人事異動が〉横すべりの; 遠まわしの, 回避的な; 型にはまらない, 自由な: a ~ glance 横目(づかい). ► *adv* 横向きに; 横[側面]から; 片側に傾いて; はすかいに; 軽蔑的なまなざしで; 好色な流し目で. ● **knock [throw]…~**《口》《人に》ショックを与える, 当惑させる,《物事に》悪影響を与える, 混乱させる.
síde·whèel *n*《汽船の》側外車《船尾でなく舷側にある外輪 (paddle wheel)》.
síde-whèel *a* 〈汽船が〉側外車のある.
síde-whèel·er *n* 側外車船 (paddle steamer);《野球俗》左腕, 横手投げの投手,《広く》左利きの者; *《俗》《競馬の》ペースメーカー.
síde-whìskers *n pl* ほおひげ (cf. MUTTONCHOPS). ♦ **síde-whìskered** *a*
síde wìnd 横風, 側風; 間接的な攻撃[手段, 方法]: learn by a ~ 間接に聞く.
síde·wìnd·er /-wàɪnd-/ *n**《口》横合いからのこぶしの強打,〘ボク〙サイド(ワインダー); *《俗》すぐにかっとなって暴力をふるう男; *《俗》用心棒, ボディーガード; *《俗》(こそこそする)卑劣なやつ, 見下げたやつ;〘動〙ヨコバイガラガラヘビ《米国南西部・メキシコの砂漠地帯産》; [S-]〘米軍〙サイドワインダー《赤外線追尾式空対空ミサイル》.
síde·wìse *adv, a* SIDEWAYS.
síde yàrd《家屋の》側庭.
sidhe /ʃíː/ *n* (*pl* ~, ~**s**) [~s]《アイルランドの》妖精の国;《そこの》妖精 (cf. BANSHEE). [Ir=fairies]
Sīdī Bar·rā·ni /síːdi bəráːni/ シーディーバラーニ《エジプト北西部, Alexandria の西方にある, 地中海沿岸の村》.
Si·di-bel-Ab·bes, -Ab·bès /síːdibɛ̀ləbés/ シディベルアベス《アルジェリア北西部の市; 独立までフランス軍外人部隊の駐屯地》.
sid·ing /sáɪdɪŋ/ *n*〘鉄道〙側線, 待避線 (=*sidetrack*); *〘鉄道〙ループ線 (loop); *〘建〙下見板, 羽目板, 板張り, サイディング;《古》一方に味方すること, 加担.
si·dle /sáɪdl/ *vi* 横に歩く; こっそりと[忍び足で]歩く[進む]〈*along, up*〉: ~ *up to* sb 人に忍び寄る / ~ *away* (*from*…)《横歩きなどをして》(…から)そっと離れる[立ち去る]. ► *vt* 横に歩かせる. ► *n* 横歩き; 忍び寄り. ♦ **sí·dler** *n* **sí·dling·ly** *adv* [逆成‹*sideling*]
sidling ⇨ SIDELING.
sid·ney /sídni/ *n* [°S-] *《俗》LSD (cf. SID).
Sidney 1 シドニー《男子名・女子名; 愛称 Sid, Syd》. 2 シドニー Sir **Philip** ~ (1554–86)《イングランドの廷臣・軍人・文人; *Arcadia* (1590), *Astrophel and Stella* (1591), *The Defence of Poesie* (1595)》. [ST. DENIS]
Si·don /sáɪdn/ シドン《レバノン南西部, 地中海に臨む海港都市; 古代フェニキアの中心; アラビア語名 Saida》. ♦ **Si·do·ni·an** /saɪdóʊniən/ *a, n* シドンの(人).
Sid·ra /sídrə/ ■ the **Gúlf of ~** シドラ湾《リビア北岸の地中海に臨む湾》.
sid·rah /sídrə/ *n* (*pl* ~**s**, **sid·rot(h)** /sídròʊt, -θ/)〘ユダヤ教〙シドラ《安息日に読むモーセ五書の一部》. [Heb]
SIDS /sídz/ °sudden infant death syndrome.
sidy /sáɪdi/ *a*‖《俗》うぬぼれた. [*side* (sl) arrogance]
Sie·ben·ge·bir·ge /*G* zíːbŋgəbɪrgə/ [the] ジーベンゲビルゲ《ドイツ西部, Bonn の南南東, Rhine 川右岸の Westerwald の一部をなす‘七つの丘’》.
siè·cle /sjɛ́kəl/ *n* 世紀; 時代. [F]
Sieg·bahn /síːgbàːn/ シーグバーン (1) **Kai** (**Manne Börje**) ~ (1918–2007)《スウェーデンの物理学者; 電子分光法による化学分析法を開発; ノーベル物理学賞 (1981)》(2) (**Karl**) **Manne** (**Georg**) ~ (1886–1978)《スウェーデンの物理学者; X 線分光学を研究; ノーベル物理学賞 (1924); 前者の父》.
siege /síːʤ/ *n* 1 **a** 包囲, 攻囲, 攻城; 包囲期間: a regular ~ 正攻法 / ~ warfare 攻囲戦 / push [press] the ~ 激しく攻囲する / raise [lift] the ~ of…〈包囲軍が〉…の攻囲を中止する; 〈援軍が〉…の包囲を解く / undergo a ~ 攻囲される / stand a long ~ 長い包囲に持ちこたえる. **b**《愛情・好意などを得ようとする》不屈の努力; しつこい病気, 絶え間ない不幸; *《病苦・逆境などの》長期間〈*of*〉. 2《廃》高位の人物の座席, 玉座;〘鳥〙サギの群れ, サギが餌をあさる場 (sedge). ● **lay ~ to**…を包囲[攻囲]する; 執拗に説得する: *lay ~ to* a lady's heart 婦人をしきりに口説く. **under ~** 包囲されて; 非難を浴びて. ► *vt* BESIEGE. ♦ **~·able** *a* [OF *sege* seat]
síege ecònomy〘経〙籠城[たてこもり]経済《戦争・経済制裁などの結果, 国外との関係が完全に絶たれた経済》.
síege gùn〘史〙攻城砲《重砲》.
síege mentàlity 被包囲心理《自分が常に攻撃[抑圧]にさらされていると感じる精神状態》.
Sie·gen /zíːgən/ ジーゲン《ドイツ西部, North Rhine-Westphalia 州南東部にある工業都市》.
Síege Périlous 命取りの座《アーサー王の円卓の空席で, 聖杯 (the Holy Grail) を見いだすことのできる者以外が腰かけると命を失った》.
síege tràin〘史〙攻城砲列.
síege·wòrks *n pl* 攻城堡塁(ほうるい).
Sieg·fried /síːgfrìːd, síg-; *G* zíːkfriːt/ ジークフリート《*Nibelungenlied* で, 大竜を退治して宝物を奪い, 女傑 Brunhild を Gunther 王の妻とした英雄》. [Gmc=victory+peace]
Síegfried Lìne [the] ジークフリート線《(1) HINDENBURG LINE の別称 2) ドイツが 1940 年対仏防衛線として Maginot Line に面して構築した西部国境要塞線 Westwall の英国での呼称》.
sieg-heil /síːghàɪl/ *vt**《俗》あがめる, 持ち上げる.
Sieg Heil /zíːk háɪl/ *int* 勝利万歳《ナチスが使用したことば》. [G =hail to victory]
siehe /*G* zíːə/ 見よ (see)《略 s.》: ~ dies これを見よ《略 s.d.》/ ~ oben 上を見よ《略 s.o.》/ ~ unten 下を見よ《略 s.u.》.
sie·mens /síːmənz, zíː-/ *n*〘電〙ジーメンス《mho に相当するコンダクタンスの SI 単位; 略 S》. [Ernst Werner von *Siemens*]
Sie·mens /síːmənz; *G* zíːməns/ 1 ジーメンス (**Ernst**) **Werner von** ~ (1816–92)《ドイツの技術者; ジーメンス社を設立》. 2 シーメンズ Sir (**Charles**) **William** ~ (1823–83)《ドイツ生まれの英国の技術者・発明家; Werner の弟》.
Si·ena, Si·en·na /siɛ́nə/ シエナ《イタリア中部 Tuscany 地方の市; 有名な大聖堂がある》.
Si·en·ese, Si·en·nese /sìːəníːz, -s; sɪɛ-, sɪə-/ *a* シエナ(人)の: the ~ school《13–14 世紀イタリアの》シエナ画派. ► *n* (*pl* ~) シエナ人.
Sien·kie·wicz /ʃɛnkjéɪvɪʧ/ シェンキェヴィチ **Henryk** ~ (1846–1916)《ポーランドの作家; *Quo Vadis?* (1896); ノーベル文学賞 (1905)》.
si·en·na /siɛ́nə/ *n* シエナ土, シエンナ《酸化鉄・粘土・砂などの混合した黄土顔料》; 赤茶色, シエナ色: ⇨ BURNT [RAW] SIENNA. [It *terra di Siena*]
si·er·o·zem /siɛ́rəzɛ̀m, sièrəzjɔ́(ː)m/ *n*〘土壌〙灰色土《温帯乾燥地域の成帯土壌型; 表層では灰褐色, 下層では石灰質》. [Russ (*seryi* gray+*zemlya* earth)]
si·er·ra /siɛ́rə/ *n* 1《特に スペインや Spanish America の, 峰の突き立った》山脈, 連山; 山岳地方. 2〘魚〙《各種の》サワラ《サバ科》. 3 [S-] シエラ《文字 s を表わす通信用語; ⇨ COMMUNICATIONS CODE WORD》. [Sp‹L *serra* saw]
Siérra Clùb [the] シエラクラブ《米国の環境保護団体; 本部 San Francisco》.
Sierra de Cór·do·ba /-́ də kɔ́ːrdəbə/ [the] コルドバ山脈《アルゼンチン中部の, 主として Córdoba 州に位置する山脈; 最高峰

Cerro Champaquí (2850 m)》.

Siérra de Gré·dos /-də gréɪdous/ [the] グレドス山脈《スペイン中西部の山脈; Madrid の西方を北東から南西に走る; 最高峰 Almanzor 山 (2592 m)》.

Siérra de Gua·dar·rá·ma /-də gwὰːdərάːmə/ [the] グアダラマ山脈《スペイン中部の山脈; 最高峰 Pico de Peñalara (2429 m)》.

Siérra Le·óne /-lióun(i)/ シエラレオネ《西アフリカの国; 公式名 Republic of Sierra Leone (シエラレオネ共和国); ☆Freetown》. ♦ **Siérra Le·ón·ean** *a, n*

Siérra Má·dre /-mάːdreɪ/ [the] シエラマドレ《メキシコの山脈; 東の ～ Oriental, 西の ～ Occidental, 南の ～ del Sur からなる》.

Siérra Mo·ré·na /-məréɪnə/ [the] シェラモレナ《スペイン南西部の, Guadiana, Guadalquivir 両川にはさまれた山脈; 最高峰 Estrella (1323 m)》.

si·er·ran /siέərən/ *a* 山脈の; [S-] シエラネヴァダ山脈の. ► *n* [S-] シエラネヴァダ地方の人[住民].

Siérra Nevada [the] シエラネヴァダ《(1) California 州東部の山脈, 最高峰 Mount Whitney (4418 m) (2) スペイン南部の小山脈, 最高峰 Cerro de Mulhacén (3478 m)》.

Sierra Ne·va·da de Mérida /—— nəvάːdə də ——, -vǽdə-/ [the] メリダ山脈《CORDILLERA MÉRIDA の別称》.

Sierra Nevada de San·ta Mar·ta /—— —— də sὰntə mάːrtə/ [the] サンタマルタ山脈《コロンビア北部, カリブ海沿岸に連なる山脈; 最高峰 Cristóbal Colón (5775 m)》.

Siérra Pacaráima [the] パカライマ山脈《PACARAIMA MOUNTAINS のスペイン語名》.

si·es·ta /siéstə/ *n* 《スペインなどの》昼寝. [Sp＜L *sexta* (*hora*) sixth (hour)]

sieur /*F* sjœːr/ *n* …殿《Mr. に相当する古い敬称》.

síe·va bèan /síːvə-, sívi-/ ライマメ (lima bean) に近縁のマメ. [C19＜?]

sieve /sív/ *n* 《目の細かい》ふるい; 濾(こ)し器; 口の軽い人, おしゃべり; *《俗》(漏れ孔のある)老朽船, 維持に金ばかりかかる家[自動車など], 守り[防御]の悪い選手[チーム], ざるみたいなもの: He is as leaky as a ～. なんでもしゃべってしまう. ● **draw water with a ～＝pour water into a ～** むだ骨を折る. **have a head** [**memory, mind**] **like a ～** 《口》頭がざるだ, 物おぼえが悪い. ► *vt, vi* ふるう, ふるいにかける, ふるい分ける 〈*out*〉. ● **～ through**…を精査する, しらみつぶしに調べる. ♦ **～·like** *a* [OE *sife*; cf. G *Sieb*]

síeve cèll 〔植〕篩(し)細胞.

síeve of Eratósthenes [the] 〔数〕エラトステネスのふるい《素数を見いだす方法の一つ: 自然数を並べて書き小さいほうから素数に行きあたるごとに順次その倍数を消去してゆき 残った数を素数として得る》.

síeve plàte [**dìsk**] 〔植〕篩板(しばん)《篩管の隔壁》.

sie·vert /síːvərt/ *n* 〔理〕シーベルト《電離放射線の線量当量の SI 単位: ＝1 J/kg; 記号 Sv; レムとの関係は 1 rem＝10^{-2} Sv》. [Rolf Maximilian *Sievert* (1896–1966) スウェーデンの放射線学者]

síeve tìssue 〔植〕篩部 (phloem).

síeve tùbe 〔植〕篩管《導管の一種》; 篩管細胞.

Sie·yès /sièɪjés/ シェイエス **Emmanuel-Joseph ～** (1748–1836) 《フランス革命の指導者; 通称 'Abbé ～'; 聖職者だったが「第三身分とは何か」で名を上げ, 理論家として活躍》.

si·fa·ka /səfάːkə/ *n* 〔動〕シファカ《原猿亜目インドリ科; Madagascar 島産》. [Malagasy]

siff /síf/ *n* [°the] 《俗》梅毒 (syphilis).

sif·fleur /siflə́ːr/ *n* (*fem* **sif·fleuse** /siflə́ːz/) 口笛吹き (whistler); 口笛に似た音を出す各種の動物. [F]

SIFMA 〔米〕Securities Industry and Financial Markets Association 証券業金融市場協会.

Sifrei Torah SEFER TORAH の複数形.

sift /síft/ *vt* ふるいにかける; ふるい落とす, より分ける, 精選する 〈*out*; *from*〉; 〈砂・粉などを〉振りかける 〈*over, on, onto*〉; 綿密に調べる, 精査する. ► *vi* ふるい分ける, 取捨選択を行なう; ふるいを通って落ちる 〈*from, through*〉; 〈雪・明かりなどが〉はいり込む, 降り込む 〈*through, into*〉. ► *n* ふるい分け, 選別; ふるい分けたもの. [OE *siftan*; ⇨ SIEVE]

síft·er *n* ふるい手; 精査人; 《小麦粉などの》ふるい.

síft·ing *n* ふるい分け; 鑑別, 精査; [*pl*] ふるいにかけた(ように落ちる)もの; [*pl*] ふるいかす[残り](に似たもの): ～*s* of snow on a road 路上のぱらぱら雪.

sig /síg/ *n* 《口》〔電算〕SIGNATURE.

sig. signal ♦ signature. **Sig.** 〔処方〕[L *signa*] write, mark, label ♦ Signor(s). **SIG** /síg/ special interest group《特定の研究[活動]領域に関心をもつ人の集まり; 電子掲示板などを通じて特定の主題について情報や意見の交換を行なう人の集まり》.

si·gan·id /səgǽnɪd, -géɪ-/ *n, a* 〔魚〕アイゴ科 (Siganidae) の(魚), アイゴ.

sigh /sáɪ/ *vi* 《嘆き・安堵などの》ため息をつく, 吐息をつく 〈*about*〉; 〈人に〉あこがれる, こがれる (long) 〈*for*〉; 〈過去などを〉なつかしむ 〈*for*〉; 〈風が〉そよぐ. ► *vt* ため息まじりに言う, 嘆息して語る 〈*out*〉; 嘆息して〈時を〉過ごす; 《古》嘆き悲しむ. ► *n* ため息, 吐息; 嘆息; [〈*int*〉] フーッ, アーア, ホッ《ため息》; 《風の》そよぐ音: with a ～ of relief ほっとしたため息をついて / breathe [heave, give, utter, let out] a ～ ため息をつく. ♦ **～·er** *n* **～·ing·ly** *adv* ため息をついて, ため息まじりに. [ME (逆成)〈 *sihte* (past)〈 *sīhen*＜OE *sīcan*＜?]

sight /sáɪt/ *n* **1 a** 視力, 視覚 (VISUAL *a*): long [far] ～ 遠視; [*fig*] 先見 / SHORT SIGHT / have good [bad] ～ 目がよい[悪い] / lose one's ～ 失明する. **b** 見ること, 見えること, 一覧, 一見; 閲覧; 見る機会; 判断 (judgment), 見地, 見解 (point of view); 《廃》洞察力: at (the) ～ of…を見て / in one's (own) ～ 自分の見るところで(は) / find [gain] favor in sb's ～ 人にうけがよい / SECOND SIGHT. **c** 視界, 視域; 《銃などの》照準器, 照門, 照星, 照尺; [*pl*] ねらい, 照準: in [within, out of] ～ ⇨ 成句 / come [burst] into ～ 見えてくる[突然目にはいる] / bring sth into ～ 〈動きなどが〉〈目標などを〉視界にはいらせる / Don't let the baby out of your ～! 赤ちゃんから目を離さないで / Out of my ～! うせろ / take a careful ～ よくねらう / adjust the ～(*s*) 照準を合わせる. **2 a** 光景, 風景, 眺め: a wonderful ～＝a ～ to see [behold] すばらしい眺め, 大変な見もの. **b** [the ～s] 名所, 観光地: see *the* ～*s* of London ロンドン見物をする. **c** [a ～] 《口》《見た目の》ひどい[不快な, 異様な]もの[人]: be *a* perfect ～ 全く見られたものでない / What *a* ～ you are! なんて格好してるの! **3** [a ～] 《口》多数, 多量, しこたま: *a* ～ *of* money 金をどっさり / a darned ～ more もっとたくさん (a lot more) / *a* (long) ～ ⇨ 成句. ● **a damn(ed)** [**darn(ed)**] **～** 《口》ずっと, はるかに: My car goes *a damned* ～ faster than yours. **after ～** 〔商〕一覧後《手形面に at…days *after* ～ pay… のように記され, 支払日を示す; 略 A/S, AS》. **a** (**long**) **～** 《口》はるかに; [*neg*] まず[おそらく]…でない; [*neg*] 決して[とうてい]…でない: He's *a* ～ too clever to make such a blunder. 彼は利口だからそんなへまはやりっこない / *not*…by *a long* ～ とうてい…でない. **a ～ for sore eyes** 見るもうれしい[歓迎すべき]もの, 《特に》訪問者; "《口》醜い[妙な]もの[人]. **at** FIRST **～. at ～** (1) 見てすぐ. (2)〔商〕提示のありしだい, 一覧で: a bill payable *at* ～ 一覧払い手形. **by ～** 顔は〈見知っている〉; 〔聖〕目にたよって. **cannot stand** [**bear**] **the ～ of**…の顔など見たくもない, 大嫌いである. **catch** [**gain, get**] **～ of**…を見つける; ちらっと見る[見かける]. **have** [**get**]…(**lined up**) **in** one's **～s** …を目標に設定する. HEAVE **in** [**into**] **～. in ～** 見えて; 〈…の〉見える所に[で] 〈*of*〉; 視野にはいって, (実現)間近で: keep the coast [the goal] *in* ～ 海岸[目標]を見失わないようにする / We came [kept] *in* ～ *of* land. 陸の[から]見える所に来た[いた]. **in sb's ～** 人の面前で. **in the ～ of**…の面前で; …の判断[意見]で. **keep ～ of**…＝**keep**…**in ～** …を見失わないようにする, ちゃんと見守る. **line up in** one's **～s** 〈標的・獲物〉にぴったり照準を合わせる. **lose ～ of**…を見失う; 忘れる: have *lost* ～ *of*…の消息を知らない. **lower** one's **～s** 目標を下げる. **on ～** 見てすぐ, ひと目で (at sight): like her *on* ～ / shoot *on* ～ 見つけしだい撃つ. **out of ～** 見えない[見られない]所に[で]; 遠く, 離れて; 《口》比類のないほど, 信じられない, とてつもない; 《口》めっぽう高値の, おそろしくでかい; 《俗》手の届かない, 実現不可能な, 空想の世界の; 《俗》すっかり酔っぱらって; 《俗》すばらしい, 最高の, しびれる: go *out of* ～ 見えなくなる; 〈値段などが〉やたら高くなる / The dog looked after its master till he was *out of* ～. 主人が見えなくなるまで見送った / *Out of* ～, out of mind. 《諺》去る者は日々に疎し / This is *out of* ～ the best poem that he has ever written. この詩は断然彼の最高傑作だ. **put**…**out of ～** …を隠す; …を無視する; …を食って[飲んで]しまう. **raise** one's **～s** 目標を上げる. **set sb's ～s high** 人の目標を高くもたせる. **set** one's **～s on**…に照準を合わせる, …にねらい[目標]を定める. **sick of the ～ of**…は見るのもうんざりである. **～ unseen** 現物を見ないで〈買う〉 (cf. UNSIGHT). **within ～** 見える所に[で]; 実現間近で, 手の届く所に.
► *a* **1** 初めて見てその場で行なう, 初見(しょけん)での, 即席の (unseen): SIGHT TRANSLATION. **2**〔商〕〈手形など〉一覧払いの: SIGHT DRAFT.
► *vt* (近づいて)認める, 見つける, 目撃する; 〈天体などを〉観測する; ねらう; 〈銃・象限(しょうげん)儀など〉に照星をつける; …の照準装置を調整する: ～ land 船から初めて陸地を認める. ► *vi* ねらいをつける, 照準する; 《一定方向を》じっと見つめる.
♦ **～·able** *a* **～·er** *n* [OE (*ge*)*sihth* (SEE¹); cf. G *Gesicht*]

síght bìll" SIGHT DRAFT.

síght dìstance 視距.

síght dràft*〔商〕一覧払い為替手形.

síght·ed *a* 目が見える; [ᵘ*compd*] 視力[眼識]が…な; [the, 〈*n*〉] 目明き: clear-～.

síght·er *n* 〔射撃・弓〕《競技会で》6 発[本]の練習玉[矢].

síght gàg 《演劇などでの》滑稽なしぐさ, 《ことばによらない》身振りによるギャグ.

síght glàss 《容器内部を見るための透明の》のぞき.

síght·hòle *n* 《観測器械などの》のぞき穴.

síght hòund サイト[視覚]ハウンド《視覚の鋭い猟犬; cf. SCENT HOUND》.

síght·ing *n* 見つけること, 見かけること, 観察; 《UFO, 生存者などの》目撃(例) (cf. ELVIS SIGHTING); 照準の調整.

síghting shòt 《照準調整の》試射(弾).

síght·less *a* 目の見えない (blind); 《詩》目に見えない (invisible).

♦ **~·ly** *adv* **~·ness** *n*

síght lìne 《劇場などで観客とステージを結ぶまっすぐで妨げられない》視線, サイトライン.

síght·ly *a* 見目のよい, 見ばえのする; *見晴らしのよい, 展望のきく. ► *adv* 見目よく; 魅力的に; *見晴らし[展望]よく. ♦ **-li·ness** *n*

síght-rèad /-rì:d/ *vt, vi* 〈楽譜などを〉初見で読む, 視奏[視唱]する. ♦ **síght rèad·er** 視奏[視唱]者. **~·ing** *n* 視奏, 視唱; 即解力; 視奏用の楽譜《など》.

síght rhỳme EYE RHYME.

síght·scrèen *n* 〘クリケット〙サイトスクリーン《打者がボールを見やすいようにウィケット (wicket) の後ろに置く白幕》.

síght·sèe *vi* [主に次の句で] 見物[遊覧]する: go *~ing* 見物に出かける.

síght-sèe·ing *n, a* 観光(の), 遊覧(の): a ~ bus.

síght·sèer *n* 観光客, 遊覧客 (tourist).

síght sìnging SIGHT-READING.

síght trànslation[¹¹] 《下読みなしの》視訳.

síght·wòrthy *a* 見る価値のある, 見がいのある.

sig·il /síʤəl, sígəl/ *n* 印形(いんぎょう), 印, 認印 (seal, signet); 《占星術などで》神秘的なしるし[ことば, 仕掛け]. ♦ **sig·il·lary** /síʤəlèri; -l(ə)ri/ *a* **sìg·il·ís·tic** *a* [L *sigillum* seal]

sig·il·late /síʤəlèɪt, -lət/ *a* 型押し文様のある〈土器・陶器・植物・根茎〉.

sig·il·log·ra·phy /sìʤəlágrəfi/ *n* 印章学.

sig·int, SIGINT /sígìnt/ *n* 《電子信号の傍受による》信号情報収集, シギント (cf. COMINT, HUMINT); 《それによる》信号情報. [*sig*nals *int*elligence]

Sig·is·mond, -mund /sígəsmənd, síʤəs-/ **1** シギスモンド, シギスマンド《男子名》. **2** [-mund] /-mùnd/ ジギスムント (1368–1437) 《ハンガリー王 (1387–1437), ボヘミア王 (1419–37), 神聖ローマ皇帝 (1433–37)》. [Gmc=victory protection]

sig·los /síglɑs/ *n* (*pl* **-loi** /-lɔɪ/) シグロス《古代ペルシアの銀貨: =1/20 daric》. [Gk<Sem]

sig·lum /sígləm/ *n* (*pl* **-la** /-lə/) 《書物の》記号[略語](表). [L (dim)<SIGN]

sig·ma /sígmə/ *n* シグマ《ギリシア語アルファベットの第 18 字; Σ, σ (語末では ς)》; 〘数〙Σ 記号《総和》; 〘統〙σ 記号《標準偏差 (standard deviation) を表わす》; 〘生化〙SIGMA FACTOR; 〘動〙《海綿の》シグマ体; 〘理〙シグマ粒子 (=**~ pàrticle**) 《記号 Σ》. ♦ **sig·mat·ic** /sigmǽtɪk/ *a* [L<Gk]

sígma fàctor 〘生化〙シグマ因子《RNA 鎖の合成を刺激するタンパク質》.

sígma pìle 〘理〙シグマパイル《中性子源を挿入して熱中性子の性質を調べるための減速材の集合体》.

sig·mate *vt* /sígmèɪt/ …の語尾に s を付ける. ► *a* /-mət, -mèɪt/ S [Σ] 字形の. ♦ **sig·má·tion** *n*

sig·moid /sígmɔɪd/ *a* S [C] 字状の; 〘解〙S 状結腸の. ► *n* 〘解〙S 字状湾曲部, S 状結腸. ♦ **sig·mói·dal** *a* **sig·mói·dal·ly** *adv* [Gk; ⇨ SIGMA]

sígmoid flèxure [còlon] 〘動〙《鳥やカメの首などの》S 字状湾曲; 〘解〙S 状[S 字]結腸.

sig·mói·do·scòpe /sɪgmɔ́ɪdə-/ *n* 〘医〙S 状結腸鏡. ♦ **sig·moid·os·co·py** /sìgmɔ̀ɪdáskəpi/ *n* **sig·mòido·scóp·ic** /-skáp-/ *a*

Sig·mund /sígmənd/ **1** シグマンド《男子名》. **2** /, sí:gmùnd; *G* zí:kmunt/ 〘北欧神話〙シグムンド《Sigurd の父》; 〘ドイツ神話〙ジークムント (=*Siegmund*) 《SIEGFRIED の父; オランダ王》. [SIGISMOND]

sign /sáɪn/ *n* **1 a** しるし, 標識, 記号; 《数学・音楽などの》符号, 記号: Words are the *~s* of ideas. 語は思想の記号である / NEGATIVE [MINUS] SIGN, POSITIVE [PLUS] SIGN / a LIKE² ~. **b** 信号, 合図, サイン; 手まね, 身振り (gesture); 合いことば, 暗号; 標示, 掲示; 看板 (signboard), プラカード; ネオンサイン: traffic *~s* 交通標識 / SIGN OF THE CROSS / a ~ and countersign 合いことば《「山」といえば「川」など》/ at the ~ of the White Hart 《古》「白鹿屋」という看板のある店で / give a ~ 合図して知らせる. **2 a** 様子, 気配, そぶり, しるし; 徴候, 前兆 〈*of*〉; 〘医〙《病気の》(確認)徴候: show [give] *~s* of…の様子[徴候]を示す / with *no* ~ of anger おこったようなそぶりも見せずに / listen for *~s* of life 生命体の気配を耳を澄まして探る / as a ~ of…=in ~ of…のしるしとして / a ~ of the times 時代のしるし《動向[時勢]を示すもの; cf. *Matt* 16: 3》/ The robin is a ~ of spring. ロビンは春の前触れである. **b** [ᵁ*neg*] あと, 痕跡, 形跡 (trace); (*pl* ~) 《野生動物の》足跡, 糞《など》: There is *no* ~ of human habitation. 人の住んだ形跡がない. **c** 〘聖〙《神意の》しるし, お告げ, 奇跡: pray for a ~ おしるし(の出現)を祈る / *~s* and wonders 奇跡 《*Acts* 2: 43》/ seek a ~ 奇跡を求める《*Matt* 12: 39》. **3** 〘天・占星〙宮, シグヌム (=~ of the ZODIAC) 《黄道 12 区分の一つ》: What ~ are you? 何座ですか. ● **make no ~** 意識がないようだ; なんら態度で示さない.

► *vt* **1** 〈名を〉サインする; …に記名調印[署名]する; 署名して承認[保証]する; 署名して処分する[譲り渡す], 《証文を書いて》売り渡す[売り払う] 〈*away, off*〉; 〈船員・プロ選手などを〉署名させたうえで雇う 〈*up, on*〉: ~ one's name *to* a check 小切手に署名する / ~ an autograph 〈著名人が〉サインをする / ~ a pot *with* one's name 壺に自分の名前を刻む / He *~ed himself* "Sleepless in Seattle." 彼は自分のことを「シアトルの眠れぬリスナー」と署名した. **2 a** …に手まね[身振り]で知らせる, 合図する, 目くばせする; 〈番組〉に手話通訳をつける; 〈十字を〉切る, 十字を切って清める: He *~ed* them to stop. やめるよう合図した. **b** 《前兆として》示す. ► *vi* **1** 署名する, 記名調印する 〈*to*〉; 契約する 〈*with*〉; 承認する. **2** 手まね[合図]をする, 目くばせする; 手話を用いる. ● **~ed, sealed, and delivered** 〘法〙署名捺印のうえ《相手方へ》交付済み; [*joc*] すべて完了して. **~ for**…の受取りに署名[サイン]する; 〈人〉の代わりに署名[サイン]する; ᴴ〈スポーツクラブ〉と契約する. **~ in** (*vi*) 署名して[タイムレコーダーで]出勤[到着]を記録する; 《クラブなどの》会員となる. (*vt*) 〈人〉の到着[〈物〉の返却[受取り]]を署名して記録する; 〈会員が〉署名して〈非会員を〉〈クラブなどに〉入れさせる 〈*to, at*〉. **~ off** (**1**) 署名のうえで放棄[破棄, 譲渡]を誓う 〈*from*〉. (**2**) 〘放送〙《合図して》放送[放映]を止める (opp. *sign on*); 放送の終了をアナウンスする. (**3**) 話をやめて沈黙する; 仕事[活動]をやめる; 雇用身分をやめる, 契約を終了する; 〈人〉の雇用[契約]を終了する; 会から脱退する; (署名して)手紙を終える: *S~ off!* 黙れ! (**4**) ᴴSIGN off on…. (**5**) 〈医師が〉〈人を〉就業不適当と宣する. (**6**) ᴴ失業給付金の受給終了を通知する. (**7**) 〘ブリッジ〙打切りビッドをする. **~ off on**… *(署名のうえで)〈案など〉を認める, 承認する. **~ on** (**1**) 《雇用契約書に署名して》〈人を〉雇う[採用する]; …の署名をとる; 署名のうえ就職[参加, 加入]する, 署名契約[入隊]する 〈*with, for*〉; 出勤簿に署名する; ᴴ失業登録をする, 〈職安に〉登録する 〈*at*〉: ~ *on as* a member of the group [*for* a new factory] 一団の一人として[新工場の一員として]署名する / ~ *on at* the factory 工場に雇われる / ~ *on with* a project プロジェクトの契約に署名する. (**2**) 〘電算〙《パスワードなどを入力して》コンピューターを使用する, ログオンする. (**3**) 〘放送〙《アナウンス・音楽などで》放送[放映]の開始を知らせる (opp. *sign off*). **~ out** (*vi*) 署名して出発[外出]する: ~ *out of* the hospital. (*vt*) 《名前を書いて》〈…からの〉…の外出[帯出]を認める[記録する] 〈*of*〉; サインして借り出す[預かる]. **~ over** 署名して売り[譲り]渡す, 正式に〈引渡しなどを〉承認する 〈*to*〉. **~ oneself**…と署名[サイン]する. **~ up** (**1**) SIGN on (1); *義務兵役の申告登録をする. (**2**) 〈…の〉購入契約をする 〈*for*〉; 〈人〉に〈…の〉購入契約をさせる 〈*for*〉, 《クラブ・政党・講習などに》参加する[させる], 〈人・動物など〉の名前を参加登録する.

♦ **~·able** *a* [OF<L *signum* mark, token]

sig·na /sígnə/ *v* 〘処方〙《ラベルに》表示[表記]せよ《薬剤用法指示欄に使われる》. [L(impv)<*signo* to mark]

Si·gnac /sinjá:k; -njǽk/ シニャック **Paul** ~ (1863–1935) 《フランスの画家; Seurat と共に新印象主義を創始》.

síign·age *n* *看板, 標識《集合的》.

sig·nal /sígn(ə)l/ *n* **1 a** 信号, 符号, 合図, 暗号; 信号機, 送信[合図]の手段《旗・信号・指示灯など》; 測標; 〘通信〙信号(波)《通信に用いる波動・インパルスなど》, シグナル; 〘トランプ〙《ブリッジで》仲間への合図となる手; 〘アメフト〙《次のダウンでのプレーを伝える》シグナル: a ~ of distress 遭難信号 / a traffic ~ 交通信号 / a ~ between battery mates 〘野〙バッテリー間のサイン / *at* [*on*] a ~ from him 彼からの合図で / give a ~ 合図して知らせる. **b** しるし, 前兆, 徴候. **2** きっかけ, 導火線, 動機 〈*for*〉. ► *a* **1** 信号(用)の. **2** 顕著な, 注目すべき; すぐれた: a man of ~ virtues 高徳の士 / a ~ success めざましい成功者. ► *v* (-l- | -ll-) *vt* …に合図する, 信号を送る 〈sb *to* do〉; 信号で通信する[伝達する, 知らせる]; 表示する; …の前兆となる. ► *vi* 信号を出す, 合図する: ~ *for* a waiter [*for* more drinks] 合図してウェイターを呼ぶ[もっと酒を頼む] / ~ *to* [*for*] sb *to* wait 人に待つように合図する. [OF<L (SIGN)]

sígnal bòard 《発信先を示す》信号盤.

sígnal bòok 《特に 陸海軍で使用するための》暗号表.

sígnal bòxᴴ 《鉄道の》信号室, 信号所 (signal tower*).

sígnal-càll·er *n* 〘アメフト〙シグナルコーラー《クォーターバックのこと》.

Sígnal Còrps 〘米陸軍〙通信隊《信号・電信・気象観測・距離測定などの任務に当たる; 略 SC》.

sígnal·er | -nal·ler *n* 信号手[機]; 〘軍〙通信隊員.

sígnal gènerator 〘電子工〙信号発生器.

sígnal·ìze *vt* 有名にする; 目立たせる; 特に 指摘する; …に信号を送る; …に信号機を取り付ける: ~ one*self* by…で名を揚げる[目立つ, 異彩を放つ]. ♦ **sìgnal·izátion** *n*

sígnal·ly *adv* 著しく, 際立って; 信号によって: fail ~ 大失敗をする.

sígnal·man /-mən, -mæ̀n/ *n* 《鉄道などの》信号手, 信号係; 〘軍〙通信[信号]隊員.

sígnal·ment *n* (警察用)人相書. [F *signalement*]

sígnal sèrvice 《特に 軍用の》通信機関.

sígnals intèlligence 信号情報収集 (⇨ SIGINT).

sígnal-to-nóise ràtio 〘電〙信号対雑音比, SN 比.

sígnal tòwer* 《鉄道の》信号塔 (signal boxᴴ).

sígnal wòrd 〘文法〙合図語《接続詞・代名詞・冠詞・前置詞》.

sígnal zéro [ᴼ*a*] 《警察俗》緊急(の) (emergency). [無線コードから]

sig·na·ry /sígnəri/ *n* 《文字・音の》記号表. [*syllabary* にならって

L *signum* sign から]

sig·na·to·ry /sígnətɔ̀ːri; -t(ə)ri/ *n* 署名者, 調印者, 締約国: a ~ *to* [*of*] the Berne Convention ベルヌ条約の締約国. ► *a* 締約[加入]調印した: a ~ state. [L=of sealing; ⇨ SIGN]

sig·na·ture /sígnəʧər/ *n* **1** 署名(すること), サイン; 〖楽〗KEY [TIME] SIGNATURE; 〖印〗背丁(せちょう)《印刷紙の折順の番号など》; 折丁 (=*section*)《製本の単位となる背丁を付けた全紙》; 《ラジオ・テレビで》番組[出演者]に固有のテーマソング[画像など]; 〖医〗《薬の容器に書く》用法注意《略 S., Sig.》; 〖理〗サイン《泡箱・スパークチェンバー内の, 粒子の識別が可能な痕跡》; 〖電算〗シグネチャー《**1**) E メール送信時に自動的に付加される送信者に関する情報 **2**) ウイルスのファイルを特徴づけるバイナリーコード群》. **2** 特色, トレードマーク, おはこ; 痕跡; 〖薬〗《植物などの外形・特質上の》特徴, 特性《体の器官と相似する葉がその器官の疾患に効くなどと昔考えられた》: the ~ of the oil spills 原油流出の痕跡. ► *a* 典型的な, 代表的な, 特徴的な: his ~ role 彼のはまり役. [L (to SIGN)]

sígnature lòan 〖金融〗無担保貸付け[ローン].

sígnature tùne 《放送》テーマ音楽, テーマソング (theme song).

S

sign·bòard *n* 掲示板, 看板, 広告板 (=*sign*); *案内板, 標識.

sign dìgit 〖電算〗符号桁数字.

sígned Énglish 手話英語《American Sign Language (ASL) の手振りを使用するが, ASL の統語法の代わりに英語の文法を使用するもの》.

sígned númber 〖数〗有符号数字, 符号付き数字《+4, −9 など》.

sign·ee /saɪníː, ⌐⌐/ *n* 署名者 (signer, signatory).

sígn·er *n* 署名者; [S-] 〖米史〗独立宣言書署名者; sign language 使用者; 手話通訳者.

sig·net /sígnət/ *n* 印形(いんぎょう), 印; 《指輪などに彫った》認印, 印章; [the (privy) ~] 王璽(おうじ). ● **Writer to the S~** 〖スコ法〗法廷外弁護士. ► *vt* …に印をおす. [OF or L (dim)‹ SIGN]

sígnet rìng 認印[印鑑, 印章]付き指輪.

sig·ni·fi·ant /sígnəfàɪənt/ *n* **1** SIGNIFICANT, SIGN. **2** /; *F* siɲifjɑ̃/ 〖言〗シニフィアン, 記号表現, 能記 (=*signifier*)《対象を指示する記号; Saussure の用語; cf. SIGNIFIÉ》.

sig·nif·i·cance /sɪgnífɪkəns/ *n* 重要性 (importance), 重大性; 意味, 意義, 趣旨; 意味あること, 意味深長; 《統計上の》有意(性): a person [matter] of little [no] ~ あまり[全く]重要でない人[こと] / a look [word] of great ~ 非常に意味深長な顔つき[ことば]. ♦ **sig·níf·i·can·cy** *n*

signíficance lèvel LEVEL OF SIGNIFICANCE.

signíficance tèst 〖統〗有意(性)検定.

sig·níf·i·cant *a* **1 a** 重要な, 重大な, 意味のある, 意義深い. **b** 意味ありげな, 暗示的な; 意味を表わす[伝える] ‹*of*›: a ~ nod 意味ありげなうなずき / an act ~ *of* sb's intentions 人の意図を示す行為. **c** 〖言〗意味の差を表わす, 示差的な; 《統計的に》有意の, かなりの(数の): ~ speech sounds 示差的言語音. **2** ″《俗》魅力的な, 超モダンな《美術批評用語》. ► *n* 《古》意味あるもの, 記号. [L (pres p)‹ SIGNIFY]

signíficant fígures [dígits] *pl* 〖数〗有効数字《位取りのための 0 を除いた数字》.

signíficant·ly *adv* かなり(大きく), 相当に; 意味ありげに; 重要なことには: *S*~, he didn't deny it. 重要なことだが, 彼はそれを否定しなかった.

signíficant óther 重要な他者《**1**) 配偶者・恋人・同棲の相手; 一般的な用語は partner **2**) 親・同僚・友人などその人の行動や自尊心に大きな影響を及ぼす人物》.

sig·ni·fi·ca·tion /sìgnəfəkéɪʃ(ə)n/ *n* 意味; 意義, 語義; 表示, 表意; 《正式の》通知; 《方》重要性.

sig·nif·i·ca·tive /sɪgnífəkèɪtɪv; -kə-/ *a* 意味深長な, 意味ありげな; ‹…であることを›示す ‹*of*›. ♦ **~·ly** *adv* **~·ness** *n*

sig·nif·ics /sɪgnífɪks/ *n* [‹*sg/pl*›] SEMIOTICS, SEMANTICS.

si·gni·fié /*F* siɲifje/ *n* 〖言〗シニフィエ, 記号内容, 所記 (=*signified*)《記号によって指示される対象; Saussure の用語; cf. SIGNIFIANT》.

síg·ni·fied *n* 〖言〗SIGNIFIÉ.

síg·ni·fier *n* SIGNIFY する人; 〖言〗SIGNIFIANT.

sig·ni·fy /sígnəfàɪ/ *vt* 意味する; 示す, 表わす, 知らせる, 表明する; …の前兆[前触れ]となる: What does this word ~? この語はどういう意味か / What does it ~? なんでもないじゃないか / ~ one's consent by nodding うなずいて同意を示す. ► *vi* **1** [″*neg*] 重大である, 関係[影響]するところが大きい: It does *not* ~ (much). =It *signifies little*. たいしたことじゃない. **2***《俗》偉そうにする, いばる; *《俗》《黒人どうしで》ふざけていばる[ばかにする]; *《俗》騒ぎを起こす, かきまわす. ♦ **síg·ni·fi·able** *a* [OF‹L (SIGN)]

sígnify·ing, -in' *n* *《俗》悪口ゲーム《いかに巧みに相手を侮辱するかを競う都会の若い黒人のことば遊び》.

sígn-ìn *n* 署名運動[集め].

sígn·ing *n* **1** 署名, 調印; 契約; ″《サッカーチーム・レコード会社などと》契約したばかりの人[グループ]; サイン会. **2** 手話; 道路標識設置, 標識による案内.

si·gnior /síːnjɔːr, sinjɔ́ːr/ *n* SIGNOR.

sígn lànguage 《異国人などの間での》手まね[身振り]言語; 指話法, 手話 (dactylology).

sígn mánual (*pl* **signs mánual**) 署名, 《特に国王の, 公文書に添える》親署; 識別のしるし, 特徴; 手でする合図.

sígn of aggregátion 〖数〗括弧記号《{ }, [ ], ( ), — など》.

sígn-òff *n* 〖放送〗放送終了 (cf. SIGN *off*); *《俗》さよなら (farewell); 〖ブリッジ〗打切りビッド.

sígn of the cróss 〖キ教〗《手で切る》十字: make the ~ 十字を切る.

sígn of the zódiac 〖天〗宮 (⇨ ZODIAC).

sígn-òn *n* 〖放送〗放送開始 (cf. SIGN *on*); 入隊, 応召.

si·gnor /síːnjɔːr, sinjɔ́ːr/ *n* (*pl* **~s, si·gno·ri** /sinjɔ́ːri/) 閣下, だんな, 君, さま, 殿《英語の Mr. に当たる; 略 Sr》; 《特にイタリアの》貴族, 紳士. [It‹L SENIOR]

si·gno·ra /sinjɔ́ːrə/ *n* (*pl* **~s, si·gno·re** /-reɪ/) 夫人, 奥さま《英語の Madam, Mrs. に当たる》. [It (fem)]

si·gno·re /sinjɔ́ːreɪ/ *n* (*pl* **-ri** /-ri/) SIGNOR《呼びかけとして人名の前に添えるときは Signor の形を用いる》. [It]

Si·gno·rel·li /sìːnjourélli/ シニョレリ **Luca** ~ (1445 or 50–1523)《イタリアルネサンス期のフレスコ画家》.

Si·gno·ret /*F* siɲɔrɛ/ シニョーレ **Simone** ~ (1921–85)《フランスの映画女優; 本名 Simone Kaminker》.

si·gno·ri·na /sìːnjɔːríːnə/ *n* (*pl* **~s, -ne** /-neɪ/)《イタリアの》令嬢《英語の Miss に当たる》. [It (dim)‹ SIGNORA]

si·gno·ri·no /sìːnjɔːríːnou/ *n* (*pl* **~s, -ni** /-ni/)《イタリアの》令息, 若だんな《英語の Master に当たる》. [It (dim)‹ SIGNORE]

si·gno·ry /síːnjəri/ *n* SEIGNIORY.

sígn-òut *n* 《口》外出[退出]時の署名 (cf. SIGN *out*).

sígn pàinter 看板書き《人》, 看板屋.

sígn·pòst *n* 道標; 交通標識板を支える柱; 《明確な》道しるべ, 手掛かり ‹*to, of*›. ► *vt* ‹道路›に signpost を立てる; …に方向を指示[表示]する ‹*for* London›; はっきりさせる, 明確にする.

sígn tèst 〖統〗符号検定.

sígn-ùp *n* 署名による登録; 《団体などへの》加入.

sígn·wrìter *n* 看板書き《人》. ♦ **-writing** *n*

Sig·ny /sígni/ 〖北欧神話〗シグニュー《Volsung の娘; 兄 Sigmund との間に息子を生む》.

Sig·rid /sígrəd/ シグリッド《女子名》. [Scand=victory]

Sig·urd /síguərd, -gərd/ 〖北欧神話〗シグルズ《Sigmund の息子, Gudrun の夫; 竜の Fafnir を退治し財宝を入手; 昔の許婚者 Brynhild の指図で殺された》. [ON *Sigurthr*]

Si·gurds·son /sígərds(ə)n, -ərð-/ シグルッソン **Jón** ~ (1811–79)《アイスランドの文学者・政治家; Old Norse によるサガ・文献を多数収集して編集》.

Si·han·ouk /síːənʊ̀k/ シアヌーク **No·ro·dom** /nɔ̀rədɑ́m/ ~ (1922–2012)《カンボジア国王 (1941–55, 93–2004)》.

si jeu·nesse sa·vait, si vieil·lesse pou·vait! /*F* si ʒœnɛs savɛ si vjɛjɛs puvɛ/ 若者は経験に乏しく老人は力に乏しい. [F=if youth (only) knew, if age (only) could]

si·jo /ʃíːʤou/ *n* (*pl* **~s**) 時調(じちょう)(シジョ)《3 章, 45 字前後からなる朝鮮の定型詩》. [Korean]

si·ka /síːkə/ *n* 〖動〗ニホンジカ (Japanese deer). [Jpn]

Sikang 西康 (⇨ XIKANG).

sike /sáɪk/ 《スコ・イング》*n* 《夏は干上がる》細流; 溝.

Sikes ⇨ BILL SIKES.

Sikh /síːk/ *n* シク教徒《15 世紀末に北インドの Punjab 地方で Nanak が興した宗教; 唯一の神を強調, 偶像崇拝・カーストを拒絶する》. ► *a* シク教(徒)の. ♦ **~·ìsm** *n* シク教. [Hindi=disciple]

Si·kho·te Alin /síːkətèɪ əlíːn/ [the] シホテアリン山脈《ロシア極東部 Vladivostok の北, 日本海沿岸に延びる山脈》.

Si Kiang 西江 (⇨ XI).

Si·king /síːkíŋ/ 西京(シーチン)《XI'AN の旧称》.

Sik·kim /síkəm, sɪkíːm/ シッキム《インド北東部, ネパールとブータンの間にある州; ☆Gangtok; 古くは王国, 1950 年インドの保護国, 75 年州としてインドに編入》. ♦ **Sik·kim·ese** /sɪkəmíːz, *-s/ *a, n*

Si·kor·ski /səkɔ́ːrski/ シコルスキー **Władysław (Eugeniusz)** ~ (1881–1943)《ポーランドの軍人・政治家; 第二次大戦中の亡命ポーランド政府首相》.

Si·kor·sky /səkɔ́ːrski/ シコルスキー **Igor (Ivanovich)** ~ (1889–1972)《ロシア生まれの米国の航空技術者》.

Sik·si·ka /síksɪkə/ *n* **a** (*pl* ~, **~s**) シクシカ族《Blackfoot 同盟をなした北米先住民の部族》. **b** シクシカ語《Algonquian 語族に属する》. [Blackfoot *siksi-* black, *-ka* foot]

Sikyon ⇨ SICYON.

si·lage /sáɪlɪʤ/ *n* 〖畜〗サイレージ, エンシレージ (=*ensilage*)《サイロ (silo) に貯蔵し嫌気発酵させた飼糧》. ► *vt* ENSILE. [*ensilage*]

si·lane /síleɪn, sáɪ-/ *n* 〖化〗シラン《水素化ケイ素》. [*sil*icon+*methane*]

Si·las /sáɪləs/ サイラス《男子名; 愛称 Si》. [L=? of the forest;

cf. SILVANUS]

Sílas Már·ner /-máːrnər/ サイラス・マーナー《George Eliot の同名の小説の主人公; 親友に裏切られて孤独な金の亡者になるが, 幼児 Eppie によって暖かみを取り戻す》.

Si·las·tic /səlǽstɪk, saɪ-/ 〔商標〕シラスティック《義肢などに用いる柔軟なシリコーンゴム》.

sild /síl(d)/ *n* シルド《ノルウェー産の, sardine としてかんづめにするニシンの幼魚》. [Norw]

sil·den·a·fil /sɪldɛ́nəfìl/ *n* 〔薬〕シルデナフィル《勃起不全治療薬; クエン酸塩 (~ citrate) を処方する》.

sile /sáɪl/ *vi* 《北イング》雨が激しく降る. [? Scand; cf. Norw *sila* to flow gently]

si·le·na·ceous /sàɪlənéɪʃəs/ *a* 〔植〕ナデシコ科 (Silenaceae) の.

si·lence /sáɪləns/ *n* 沈黙, 無言, 音をたてないこと, 静粛; 静寂, 無音; 黙禱; ぶさた, 音信不通, 無音(ぶいん); 沈黙を守ること, 秘密厳守, 口止め, 箝口(かんこう) ‹*on*›; 忘却; 死: break [keep] ~ 沈黙を破る[続ける] / in ~ 黙って, 静かに / pass over in ~ 言わないでおく / put [reduce] sb to ~ 人を言い込めて黙らせる / a man of ~ 無口[寡黙]な人 / *S*~ gives CONSENT. / Speech is silvern [silver], ~ is golden [gold]. 《諺》雄弁は銀, 沈黙は金《おしゃべりより無口がよい意; *S*~ is golden, but speech is silver. などともいう》/ after ten years of ~ 10 年音信[便り]がとだえたあと / buy sb's ~ 金で人に口止めする / give the ~ 《口》無視する / pass into ~ 忘れられる. ► *int* 静かに, 静粛に, 黙れ, シッ! ► *vt* 静かにさせる, 黙らせる; 〈人〉の意見を封じる, 〈牧師〉に説教[勤め]を禁じる; 〈批判を〉封じる; 〈疑念・恐怖などを〉和らげる; 〈銃〉に消音装置を付ける; 〔軍〕《反撃に出て》〈敵の砲撃を〉沈黙させる; 《口》口封じのため殺す. [OF<L; ⇨ SILENT]

sí·lenced *a* 沈黙させられた, 静かにさせられた, 《特に》〈銃が〉消音装置をつけた.

sí·lenc·er *n* 沈黙させる人[もの]; 《銃砲などの》消音装置, サイレンサー; ᴵᴵ《内燃機関などの》消音器, マフラー (muffler*).

si·le·ne /saɪlíːni/ *n* 〔植〕ナデシコ科マンテマ属[シレネ属] (*S*-) の各種の草本.

si·lent /sáɪlənt/ *a* **1** 静かな, しんとした; 音をたてない; 〔音〕発音されない, 黙音の《doubt の b, knife の k, e など》. **2 a** 黙っている, 無口な, 寡黙な; 声を出さない, 無言の; 暗黙の〈同意〉: ~ reading 黙読 / a ~ prayer 黙禱 / a ~ film 無声映画 / fall ~ 〈人が〉黙る; 〈砲声が〉やむ / There is a time to speak and a time to be ~. 《諺》物言う時あり, 黙る時あり. **b** 沈黙を守る, 言及しない; 〈歴史などが〉記載のない ‹*on, of, about*›; ぶさたしている, 音信不通の; 不活動の, 休止している〈火山〉. **3** 表立たない, あまり知られていない, 隠れた〈奉仕活動など〉; 無症状の〈病気など〉. ► *n* [ᵘ*pl*] 無声映画, サイレント. ♦ **~·ness** *n* [L *silent- sileo* to be silent]

sílent áuction 《発声などによらない》入札式競売.

sílent bútler* 食堂用ごみ入れ《フライパンを小さくしたようなふた付きごみ集め器; パンくずや灰皿の灰などをこれに移す》.

sílent cóp 《豪口》《道路の中央にある》半球状の自動車誘導標識.

si·lent le·ges in·ter ar·ma /sílɛnt léɪgeɪs ìntər áːrmaː/ 武器の中にあっては法は沈黙する, 戦時には法律は無力である. [L=the laws are silent in the midst of arms]

sílent·ly *adv* 黙って; 静寂に, ひっそりと; 言及せずに.

sílent majórity 物言わぬ大衆, 声なき声; 一般国民, 大衆 (cf. MAJORITY); 死者. ♦ **sílent majoritárian** 物言わぬ大衆の一員.

Sílent Níght 「きよしこの夜」(‘Silent Night, Holy Night…’ の歌詞で始まるクリスマスキャロル).

sílent pártner* 出資だけして業務に関与しない社員 (sleeping partnerᴵᴵ)《名前は公示される》; 匿名社員 (secret partner).

sílent quáke [éarthquake] 〔地質〕無声地震《有感地震を伴わない地殻・地層のずれ・移動》.

sílent sérvice [the] 海軍; [the] 潜水艦隊.

sílent sỳstem 沈黙制《刑務所内で沈黙を義務づける制度》.

sílent trèatment 《軽蔑・不同意から》完全に無視すること: give the ~ 黙殺する.

Si·le·nus /saɪlíːnəs/ 〔ギ神〕**1** シーレーノス, セイレーノス《酒神 Dionysus の養父で陽気なほてい腹の老人; satyrs の長》. **2** [s-] (*pl* **-ni** /-nàɪ/) サテュロス (satyr) に似た森の精. [L<Gk=? inflated with wine]

Si·le·sia /saɪlíːʃ(i)ə, -ʒ(i)ə, sə-/ **1** シロンスク, シュレジエン, シレジア《ヨーロッパ中東部 Oder 川上・中流域に広がる地方; もとは主にドイツ領, 現在はチェコ東部とポーランド南西部に属する; ポーランド語名 Śląsk, チェコ語名 Slezsko, ドイツ語名 Schlesien》. **2** [s-] シレジア織り《ポケット・裏地用》. ♦ **Si·lé·sian** *a, n*

si·lex /sáɪlɛ̀ks/ *n* サイレックス, シレックス《シリカ (silica), 粉末トリポリなどのケイ酸含有物; 目止め剤・歯科用》; [S-]〔商標〕サイレックス《silex のガラス製の真空式コーヒーメーカー》. [L *silic- silex* flint]

sil·hou·ette /sìluɛ́t/ *n* 影絵, シルエット《特に有名人などの半面を黒く塗りつぶした画像》; 影法師; 輪郭, 外形: in ~ シルエットで, 輪郭だけで. ► *vt* [ᵘ*pass*] シルエットに描く, …の影法師を映す; …の輪郭だけを見せる: be ~*d* against the sky. [Étienne de *Silhouette* (1709–67) フランスの作家・政治家]

sil·ic- /sílək/, **sil·i·co-** /síləkou, -kə/ *comb form* 「火打ち石」「シリカ (silica)」「ケイ素 (silicon)」 [L (↓)]

sil·i·ca /sílɪkə/ *n* 〔化〕二酸化ケイ素, 無水ケイ酸, 珪石粉, シリカ; SILICA GLASS. [*alumina* などにならって *silex* より]

sílica brìck 珪石煉瓦.

sílica cemént シリカセメント.

sílica gèl 〔化〕シリカゲル《乾燥剤などに用いる》.

sílica glàss 石英ガラス, シリカグラス (vitreous silica).

sil·i·cane /síləkèɪn/ *n* 〔化〕シリカン《ケイ化マグネシウムに塩酸を作用させて得られる水素化ケイ素ガス》.

sil·i·cate /sílɪkət, -ləkèɪt/ *n* 〔化〕ケイ酸塩[エステル].

sílicate cótton MINERAL WOOL.

síl·i·càt·ed *a* シリカを化合[注入, 被覆]した.

si·li·ceous, si·li·cious /səlíʃəs/ *a* シリカの(ような), シリカを含む, ケイ質の; 〔鉱〕石英[ケイ酸]質の; SILICICOLOUS.

sil·i·ci- /síləsə/ *comb form* 〔化〕「シリカ (silica)」

si·lic·ic /səlísɪk/ *a* 〔化〕ケイ素を含む, ケイ質の; シリカの.

silícic ácid 〔化〕ケイ酸.

sìlici·clástic *a* 〔地質〕ケイ砕屑(さいせつ)性の《主にケイ酸塩鉱物からなる砕屑岩についていう》.

sil·i·cic·o·lous /sìləsíkələs/ *a* ケイ酸質の土壌に生育する: ~ plants ケイ酸植物.

sil·i·cide /síləsàɪd, -səd/ *n* 〔化〕ケイ素化合物, ケイ化物.

sil·i·cif·er·ous /sìləsíf(ə)rəs/ *a* シリカを含む, シリカを生じる; シリカと結合した.

si·lic·i·fi·ca·tion /səlìsəfəkéɪʃ(ə)n/ *n* ケイ化(作用).

si·líc·i·fìed wóod 珪化木(けいかぼく)《地中に埋没した樹木が地下ケイ酸水のためにケイ化したもの》.

si·lic·i·fy /səlísəfàɪ/ *vt, vi* シリカにする[なる], ケイ化する.

si·li·ci·um /səlísiəm, -líʃ-/ *n* 〔化〕SILICON.

sil·i·cle /sílɪk(ə)l/ *n* 〔植〕短角果《2 枚の心皮が裂開する蒴果(さくか)で, ナズナのような短いもの; cf. SILIQUE》. [L *silicula* (dim)‹SILIQUE]

silico- /síləkou, -kə/ ⇨ SILIC-.

sìlico·mánganese stéel 〔冶〕ケイ素マンガン鋼.

sil·i·con /sílɪkən, -ləkɑ̀n/ *n* 〔化〕ケイ素《非金属元素; 記号 Si, 原子番号 14》; 《電算俗》《コンピューターの》ハードウェア, IC: a ~ brain シリコンの頭脳《処理装置》. [*carbon, boron* などにならって *silica* より]

sílicon cárbide 〔化〕炭化ケイ素.

sílicon chìp 〔電子工〕MICROCHIP.

sílicon-contròlled réctifier 〔電子工〕シリコン制御整流器《サイリスターの一種; 略 SCR》.

sílicon dióxide 〔化〕二酸化ケイ素 (silica).

sil·i·cone /síləkòun/ *n* 〔化〕シリコーン, ケイ素樹脂《耐熱性・耐水性・電気絶縁性にすぐれた合成樹脂》. ► *vt* シリコーン処理する. [*silicon, -one*]

sílicone rúbber シリコーンゴム《高温・低温でも弾性を保持する》.

sílicon flúoride 〔化〕フッ化ケイ素.

sil·i·con·ized /síləkənàɪzd, -kòu-/ *a* シリコーン (silicone) 処理をした.

sílicon nítride 〔化〕窒化ケイ素《ケイ素と窒素の各種化合物; 特に Si_3N_4 は硬く耐熱性・耐腐食性に富むセラミックで, 耐火塗料・研磨材・ロケット噴射口・絶縁材などに用いる》.

sílicon rèctifier 〔電子工〕シリコン整流器.

Sílicon Válley シリコンヴァレー《San Francisco 市の南東にある Santa Clara 渓谷一帯; 有力半導体メーカーが集中している》; エレクトロニクス産業地帯.

sil·i·co·sis /sìləkóusəs/ *n* (*pl* **-ses** /-sìːz/) 〔医〕珪肺症, 珪粉症. ♦ **sìl·i·cót·ic** /-kɑ́t-/ *a, n* 珪肺症の(患者). [*silica, -osis*]

sìlico·thérmic *a* 〔冶〕シリコテルミック法の《金属酸化物などを還元するために, ケイ素(合金)を酸化する法》.

si·lic·u·la /səlíkjələ/ *n* (*pl* **-lae** /-lìː/) SILICLE.

sil·i·cule /síləkjùːl/ *n* SILICLE.

si·lic·u·lose /səlíkjəlòus/ *a* 〔植〕短角果 (silicles) をもった; 短角果状の.

sil·i·qua /síləkwə/ *n* (*pl* **-quae** /-kwìː/) SILIQUE; 《古代ローマの》シリク銀貨 (=1/24 solidus).

si·lique /səlíːk, sílɪk/ *n* 〔植〕長角果《短角よりも長い蒴果(さくか)で, アブラナ科の果実に多い; cf. SILICLE》. ♦ **sil·i·qua·ceous** /sìləkwéɪʃəs/ *a* [F<L *siliqua* pod, husk]

sil·i·quose /síləkwòus/, **-quous** /-kwəs/ *a* 〔植〕長角果 (siliques) のある; 長角果状の.

silk /sílk/ *n* **1 a** 生糸, 蚕糸; 絹糸, 絹; 絹布, 絹織物; 絹の衣服; 〔英〕《勅選弁護士の着用する》絹のガウン (silk gown); ᴵᴵ《口》勅選弁護士 (King's [Queen's] Counsel); *《空軍俗》落下傘; 《俗》スカーフ, マフラー; [*pl*] *《俗》衣服, 洋服; [*pl*] 〔競馬〕騎手の服と帽子, シルク《所属する厩舎の色をしている》: artificial ~ 人絹 (rayon) / RAW SILK / be dressed in ~*s* and satins お蚕ぐるみである, ぜいたくな絹物を着ている / *S*~*s* and satins put out the fire in the kitchen. 《諺》着道楽はかまどの火を消す / You cannot make a ~ PURSE out of a sow's ear. **b** [〈*a*〉] 絹の(ような), 絹製の. **2**《宝石などの見える》絹糸光沢; 絹糸状のもの《クモの糸など》; トウモロコシの毛; *《黒人俗》白人 (cf. SILK BROAD). ● **hit** [**take to**] **the ～**《軍俗》落下傘で脱出する. **take** (**the**) **～** ‖《silk gown を着用する》勅選弁護士となる. ► *vi* 〈ワニスが〉絹状光沢を呈する; *〈トウモロコシが〉開花する (blossom). ► *vt* …に絹を着せる, 絹でおおう. ♦ **～·like** *a* [OE *sioloc*＜L *sericus*＜Gk *Seres* (ヨーロッパに初めて輸入された絹をもっていた東洋人種に与えられた名)]

silk·aline, silk·oline, silk·olene /sìlkəlíːn/ *n* シルカリン《柔らかく薄い木綿布; カーテン・裏地などに用いる》.

sílk bròad *《黒人俗》白人女[娘].

sílk còtton パンヤ, 絹綿, 《特に》カポック (kapok).

sílk-còtton trèe 〘植〙 **a** パンヤノキ, カポック《熱帯産パンヤ科の落葉高木; 花はふつう白》. **b** インドワタノキ, キワタ, ワタノキ《熱帯アジア産; パンヤノキに似るが, 花は紅色》.

silk·en /sílk(ə)n/ *a* 絹(製)の; 絹のような(つや[手ざわり, 練り]の); 柔らかな; 絹物を着た; 上品な, ぜいたくな; 〈声などが〉優しい, 穏やかな.

sílken cúrtain 絹のカーテン《当たりは柔らかだが したたかな, 英国の外事の検閲》.

sílk fòwl 〘鳥〙 SILKY.

sílk glànd 〘動〙《カイコ・クモなどの》絹糸腺.

sílk gówn ‖勅選弁護士である barrister のガウン; 勅選弁護士 (cf. STUFF GOWN).

sílk gràss 〘植〙 イトラン; 〘繊維〙 シルクグラス《イトラン・リュウゼツランから採る実用繊維》.

sílk hát シルクハット. ♦ **sílk-hát·ted** *a*

sil·kie /sílki/ *n* 羽が長くて柔らかい種の鶏のひな; SELKIE.

sílk mòth 〘昆〙 カイコガ《これの幼虫が蚕》.

sílk òak 〘植〙 ヤマモガシ, 《特に》シノブノキ, ハゴロモノキ (＝*silky oak*)《豪州産; 家具用材》.

silkoline, -olene ⇨ SILKALINE.

sílk pàper 絹紙(きぬがみ)《少量の着色絹糸を漉(す)き込んだ紙; 切手用》.

Sílk Róad [the] 〘史〙 シルクロード, 絹の道《中国からインド・アフガニスタン・ギリシアを経てローマに至る東西交易・文化交流の道》.

sílk-scrèen *a* シルクスクリーン捺染法の[で作った, を用いた]. ► *vt* シルクスクリーン捺染法で作る[印刷する].

sílk scrèen シルクスクリーン《捺染用孔版》; SILK-SCREEN PROCESS; SILK-SCREEN PRINT.

sílk-scrèen prínt シルクスクリーン印刷物.

sílk-scrèen prínting 〘印〙 シルクスクリーン印刷 (screen printing).

sílk-scrèen pròcess シルクスクリーンプロセス《絹布その他のスクリーンにおける画像以外の部分の目をつぶしたものを版とし, スキージ (squeegee) でスクリーン目を通してインキを押し出して印刷する方法》.

sílk spìder 大量に吐糸するクモ, 《特に 米国南部産の》ジョロウグモ.

sílk-stócking *a* ぜいたくに[上品に]着飾った; 富裕[貴族]階級の; 〘米史〙 連邦党の.

sílk stócking 絹の靴下; 上品に着飾った人; 富裕[貴族]階級の人; 〘米史〙 連邦党 (Federalist party) 党員: a pair of ～*s* 絹の靴下一足.

sílk trèe 〘植〙 ネムノキ.

sílk·wèed *n* 〘植〙 MILKWEED.

sílk·wòrm *n* 〘昆〙 蚕(かいこ)《カイコガの幼虫》.

sílkworm mòth 〘昆〙 カイコガ.

silky *a* 絹の(ような), すべすべした〈皮膚〉, つやつやかな; 舌ざわりのよい〈酒〉; 優しい, ものやわらかな〈声〉; なめらかな, 流れるような〈動き〉; 〘植〙 〈葉など〉絹毛の密生した. ► *n* 〘鳥〙 ウコッケイ (烏骨鶏) (＝*silk fowl*)《アジア原産》; SILKY TERRIER. ♦ **sílk·i·ly** *adv* **-i·ness** *n*

sílky ánteater 〘動〙 ヒメアリクイ (＝*two-toed anteater, little anteater*)《南米産》.

sílky camélia 〘植〙 ナツツバキ.

sílky córnel [**dógwood**] 〘植〙 アメリカミズキ.

sílky flýcatcher 〘鳥〙 レンジャクモドキ《米国西部原産; 飼鳥ともする》.

sílky óak 〘植〙 SILK OAK.

sílky térrier 〘犬〙 シルキーテリア《被毛が絹糸状で長い, 豪州原産の小型テリア; 単に silky ともいう》.

sill /síl/ *n* 敷居, 沓摺(くつずり) (threshold); 《柱の下の》土台; 《内側・外側の》窓の下枠 (windowsill); ‖《車両などの》台枠, 下枠; 〘鉱〙 坑道の床; 〘地質〙 シル《地層面に平行, 水平な板状貫入岩体》; 〘地質〙 海閾, シル《2 つの海盆を分ける海底の隆起部分の最低所》. [OE *syll*(*e*); cf. G *Schwelle*]

sillabub, sillibub ⇨ SYLLABUB.

Sil·lan·pää /sílənpæ/ シッランパー **Frans Eemil ～** (1888–1964)《フィンランドの作家; ノーベル文学賞 (1939)》.

sil·ler /sílər/ *n* 《スコ》SILVER.

Sil·le·ry /síləri/ シュリ《フランス Sillery 産のシャンパン》.

sil·li·man·ite /síləmənàɪt/ *n* 〘鉱〙 ケイ線石, シリマナイト, フィブロライト (＝*fibrolite*). [Benjamin *Silliman* (1779–1864) 米国の化学者・地質学者]

Sil·li·toe /sílətòʊ/ シリトー **Alan ～** (1928–2010)《英国の小説家; *The Loneliness of the Long Distance Runner* (1959)》.

Sills /sílz/ シルズ **Beverly ～** (1929–2007)《米国のソプラノ, オペラ劇団監督; 本名 Belle Silverman》.

sil·ly /síli/ *a* **1 a** 愚かな (stupid), 不謹慎な, 思慮のない; ばかげた, つまらない, 取るに足りない. **b** ぼけた, もうろくした; 《古》無力な, 弱い. **c** 《古》無邪気な, 質朴な, 質素な. **2** [補語として] 《口》《なぐられるなどして》気絶した, ぼうっとした: knock sb ～ / drink one*self* ～ 酔いつぶれるまで飲む. **3** 〘クリケット〙 〈守備位置が〉打者に極端に近い: a ～ point. ► *n* 《口》おばかさん. ► *adv* SILLILY. ♦ **síl·li·ly** *adv* 愚かに(も). **-li·ness** *n* 愚鈍; 愚行. [ME *sely* happy＜OE *sǣlig*; 'foolish' の意は 15 世紀の 'pitiable' から; cf. G *selig*]

sílly bílly / ; ―́ ―́/ ‖《口》おばかさん.

Sílly Pùtty 〘商標〙 シリーパテ《合成ゴム粘土; 玩具》.

sílly sèason [the] 〘新聞〙 夏枯れ時《大きな新聞種がない 8(–9) 月のこと》; ばかげた[変わった, わけのわからない]ことが行なわれる時期.

si·lo /sáɪloʊ/ *n* (*pl* **～s**) サイロ《穀物・まぐさなどの貯蔵用の塔状建築物[地下室]》; 《石炭・セメントなどの》貯蔵箱[室]; 〘軍〙 サイロ《地下のミサイル格納庫兼発射台》; 《組織などの》なわばり(意識), 'たこ壺'. ► *vt* 〈牧草などを〉サイロに入れる. [Sp＜L＜Gk *siros* pit for corn]

Si·lo·am /sɪlóʊəm, saɪ-; saɪ-/ 〘聖〙 シロアム《Jerusalem 南東部の池; *John* 9: 7, *Luke* 13: 4》.

sílo bùster *《軍俗》《報復攻撃防止のための》サイロ攻撃核ミサイル.

sílo drìppings *pl* *《俗》《中のトウモロコシが発酵してできた》サイロの底にたまった酒, サイロの滴, コーン酒.

Si·lo·ne /sɪlóʊni/ シローネ **Ignazio ～** (1900–78)《イタリアの作家; 本名 Secondo Tranquilli; *Fontamara* (1930); *Pane e vino* (1937)》.

sílo sìtter *《軍俗》サイロ配備要員.

si·lox·ane /səláksèɪn, saɪ-/ *n* 〘化〙 シロキサン《酸化ケイ素の水素化合物》. [*sil*icon＋*ox*ygen＋meth*ane*]

sil·phid /sílfəd/ *n* 〘昆〙 シデムシ《シデムシ科の甲虫の総称》.

silt /sílt/ *n* 沈泥, シルト《砂より細かく粘土より粗い沈積土》. ► *vt, vi* 沈泥[泥]でふさぐ[ふさがる] 〈*up*〉; [*fig*] ゆっくりと[徐々に]流れ込む 〈*into*〉. ♦ **sílty** *a* 沈泥(状)の; 沈泥だらけの. **silt·átion** *n* [ME＜?Scand; cf. Dan, Norw *sylt* SALT marsh]

sílt·stòne *n* シルト岩《silt 粒子を主成分とする》.

sílty cláy 微砂質埴土, シルト質粘土.

si·lun·dum * /sɪlʌ́ndəm/ *n* SILICON CARBIDE.

Sil·u·res /síljəriːz/ *n pl* 《古代ウェールズ南東部の》シルリア人《A.D. 48 年, ローマ人の侵入・征服に強く抵抗した》. [L]

Si·lu·ri·an /sɪlʊ́riən, saɪ-; saɪl(j)ʊ́ə-/ *a* シルリア人の; 〘地質〙 シルル紀[系]の. ► *n* [the] シルル紀[系] (⇨ PALEOZOIC).

si·lu·rid /saɪlʊ́ərɪd, sɪ-/ *a, n* 〘魚〙 ナマズ科 (Siluridae) の(魚), ナマズ. [L *silurus*]

sil·u·roid /síljərɔ̀ɪd/ *a* 〘魚〙 ナマズ類 (Siluroidea) の[に関する]. [Gk *silouros* a large river fish]

sil·va /sílvə/ *n* 《特定地域の》高木林, 樹林, 樹木; (*pl* **～s, -vae** /-vìː/) 樹林誌《ある森林中の樹木に関する記述; cf. FLORA》. [L＝wood, forest]

silvan ⇨ SYLVAN.

Sil·van /sílvən/ シルヴァン《男子名》. [⇨ SYLVAN, ↓]

Sil·va·nus /sɪlvéɪnəs/ **1** 〘ロ神〙 シルウァーヌス《森と未耕地の神; のちに畑地の境界・家・牧人を守る神とされた; ギリシアの Pan に当たる》. **2** シルヴェーナス《男子名》. [L＝of the forest (SILVA)]

Sil·vas·sa /sɪlvɑ́sə/ シルヴァッサ《インド西部 Dadra and Nagar Haveli 連邦直轄地の中心の市》.

sil·ver /sílvər/ *n* 〘化〙 銀 (＝*argentum*)《金属元素; 記号 Ag, 原子番号 47; ARGENT *a*》; 銀細工品, 銀器, 銀食器類, 《ステンレスなどの》食器類; 銀貨, *《俗》硬貨, 小銭; 貨幣, 金銭, 富; 銀の光沢, 銀色, 銀白; 銀色のもの[金属]; 銀メダル (silver medal); 〘魚〙 ギンザケ (coho); 〘写〙 ハロゲン化銀, 《特に》臭化銀. ● **for a handful of ～** ひと握りの銀貨とひきかえに, 金をつかまされて《Browning の詩 'The Lost Leader' から; cf. *Matt* 26:15》. ► *a* **1** 銀の, 銀製の; 〘化〙 銀と化合した; 銀を産する; 〘経〙 銀本位(主義)の. **2** 銀のような, 銀白色の, 銀色に光る; 〈音色・音声が〉澄んだ; 弁舌さわやかな; 《金を第一位とみて》第二位の; 二十五周年の: SILVER TONGUE. ► *vt* …に銀をかぶせる, 銀めっきする, …に銀を塗る, 《他の金属で》銀色にする, 《鏡》にスズと水銀との合金を塗る; 銀色[白髪]にする. ► *vi* 銀白色になる, 銀色に光る; 〈髪などが〉銀色に変わる. ♦ **～·er** *n* [OE *seolfor*＜Gmc (G *Silber*)＜?]

Silver シルバー **Long John ～**《R. L. Stevenson の *Treasure Island* に出る海賊; 片足でオウムを連れている》.

sílver áge [the] 〘ギ神〙《黄金時代に次ぐ》白銀時代 (⇨ GOLDEN AGE); [the] 銀の時代《1) Augustus 帝の死 (A.D. 14) より Hadrian 帝の死 (138) までのラテン文学隆盛時代 2) Anne 女王在位中 (1702–14) の英文学隆盛時代》; [the] 最盛期に次ぐ時代.

sílver anniversáry *SILVER WEDDING.

sílver·bàck *n* 〘動〙 シルバーバック《高齢のために背中の毛が灰色になった雄のマウンテンゴリラ; 通例 群れのリーダー格》.

sílver bánd ‖〘楽〙 銀めっきした金管楽器で編成されたブラスバンド.

sílver báth〔写〕硝酸銀溶液,《湿板用の》銀浴.
sílver béet《豪》フダンソウ, トウヂシャ (chard).
sílver béll, sílver-bèll trèe〔植〕アメリカアサガラ《北米原産エゴノキ科の低木; 白い鈴形の花をつける》.
sílver bèlly《NZ》淡水産のウナギ.
sílver·bèrry *n*〔植〕ギンヨウグミ《北米原産》.
sílver bírch〔植〕**a** シダレカンバ《欧州産; 日本のシラカンバに似るが, 小枝の先が垂れる》. **b** PAPER BIRCH. **c** YELLOW BIRCH.
sílver blíght〔植〕銀皮病 (silverleaf).
sílver bréam〔魚〕**a** ヘダイ. **b** ブリッカ (=*white bream*)《小型のブリームで, マスの餌》.
sílver brómide〔化〕臭化銀《感光剤》.
sílver búllet《口》《問題解決の》特効薬, 魔法の解決策 (magic bullet)《werewolf などの魔物を倒すには銀の弾丸に限るとの俗信から》.
sílver cárp **a**《Mississippi 川流域の》サッカー科の淡水魚. **b** ハクレン《中国原産; コイ科》.
sílver certìficate 銀証券《かつて米国政府が発行した銀兌換紙幣》.
sílver chlóride〔化〕塩化銀.
sílver córd へその緒 (umbilical cord); 母と子[《特に》息子]のきずな.
sílver dísc シルバーディスク《GOLD DISC に準じる特定枚数のシングル盤・アルバムが売れたアーティスト・グループに贈られるフレームにはいった銀色のディスク》.
sílver dóctor〔釣〕サケ・マス用の毛針の一種.
sílver dóllar《米国・カナダの》1 ドル銀貨.
sílver-èared mésia〔鳥〕ゴシキソウシチョウ (mesia).
sílver·èye *n*〔鳥〕メジロ (=*white-eye*).
sílver férn〔植〕**a** 葉裏が銀白色のシダ《ウラジロやギンシダなど》. **b** シルバーファーン (PONGA); シルバーファーンの葉をかたどったもの《ニュージーランドを象徴するマークやロゴに用いる》.
sílver fír〔植〕モミ《葉の裏が銀白色をしたマツ科モミ属の各種》,《特に》ヨーロッパモミ.
sílver·físh *n*〔魚〕銀白色の魚《tarpon, silversides など, または白っぽい金魚》;〔昆〕シミ,《特に》セイヨウシミ (=*fish moth, silver-tail*).
sílver flúoride〔化〕フッ化銀.
sílver fòil 銀箔, アルミ箔.
sílver fóx〔動〕ギンギツネ《銀の色相を呈する red fox》.
sílver fróst 雨氷(うひょう) (glaze).
sílver fúlminate〔化〕雷酸銀《起爆薬》.
Sílver Ghóst シルバーゴースト《1907–27 年の間に製作された Rolls-Royce》.
sílver gílt 金張りの銀(器);《装飾用の》銀箔; 銀箔に施した金色のコーティング.
sílver glánce〔鉱〕輝銀鉱 (argentite).
sílver góose*《俗》直腸鏡 (proctoscope) (cf. GOOSE).
sílver gráin〔木材〕銀杢(もく)《柾目面の太い髄線》.
sílver gráy 銀白色. ♦ **sílver-gráy** *a* 銀白色の.
sílver-háired *a* 銀髪の.
sílver háke〔魚〕シルバーヘイク《北米大西洋岸産のメルルーサ》.
sílver·ing *n* 銀ぎせ[銀張り, 銀めっき](の銀色被覆膜);〔動〕銀化(ぎんか)《サケ・ウナギなどの降河幼魚の体色変化》; 銀色のつや.
sílver íodide〔化〕ヨウ化銀.
sílver Jéff [°s- j-]*《俗》25[5] セント(玉), 5 セント(硬貨). [両硬貨の Thomas *Jeff*erson の肖像から]
sílver júbilee 二十五周年祝典 (⇨ JUBILEE).
sílver kéy [the] 賄賂, 鼻薬 (the golden key).
sílver kíng〔魚〕TARPON;〔鳩〕(シルバー)キング《最も大型の食用バト》.
sílver-làce vìne〔植〕ナツユキカズラ (Russian vine).
sílver Látin 銀の時代のラテン語 (⇨ LATIN).
sílver·lèaf *n* 銀白色の葉をもつ各種の植物;〔植〕銀皮病 (=*silver blight*)《葉が銀白色になる低木・高木の病気》.
sílver léaf 銀箔《SILVER FOIL の薄いもの》.
sílver líning 雲の明るいへり;《不幸中などでの》明るい希望,《前途の》光明. [諺 Every CLOUD has a ～. から]
sílver·ly *adv* 銀色に輝いて, 美しい声[音色]で.
sílver máple〔植〕ギンヨウカエデ《北米東部原産; 葉裏が銀色になる; 材は家具用》.
sílver médal《2 等賞としての》銀メダル.
sil·vern /sílvərn/《古・文》*a* SILVERY; 銀製の.
sílver nítrate〔化〕硝酸銀.
sílver ówl〔鳥〕メンフクロウ (BARN OWL).
sílver óxide cèll (酸化)銀電池.
sílver páper 銀器を包む薄紙; 銀紙, アルミ箔[ホイル], スズ箔 (=*tinfoil*).
sílver pérch〔魚〕**a** アメリカンシルバーパーチ (=*mademoiselle, yellowtail*)《米国南部大西洋岸産のニベ科の魚》. **b** ホワイトパーチ (WHITE PERCH).
sílver phéasant〔鳥〕ハッカン (白鷴)《鑑賞用飼鳥; 中国原産》.
sílver-pláte *vt* …に銀めっきをする.
sílver pláte《食卓または装飾用の》銀器類; 銀めっき《金属表面に電着した銀の薄膜》.
sílver·pòint *n* 銀筆《先端に溶接銀のある金属筆》; 銀筆素描(法).
sílver pòint 銀点《銀の凝固点で国際温度目盛りの定点の一つ: 961.78°C》.
sílver prínt 硝酸銀写真, シルバープリント.
sílver prótein プロテイン銀《銀とタンパクの化合物で粘膜防腐剤》.
Sil·vers /sílvərz/ シルヴァーズ **Phil** ～ (1912–85)《米国のコメディアン》.
sílver sálmon〔魚〕ギンザケ (=*coho(e) (salmon), hoopid salmon*)《北太平洋主産; 北米の淡水に釣り用に放流されている》.
sílver sánd 白砂《造園・園芸用の細かい砂》.
sílver scréen [the] 銀幕, スクリーン; [the] 映画, 映画界[産業].
sílver sérvice スプーン・フォークを片手であやつり食事をする人の席で皿に盛りつける給仕法.
sílver·sìde *n*ᴵᴵ牛のもも肉の上方の(最上の)部分, ランプロース;〔魚〕SILVERSIDES.
sílver·sìdes *n* (*pl* ～)〔魚〕**a** トウゴロウイワシ科の各種小魚《体側に一条の銀色の線が走る》. **b** SILVER SALMON.
sílver·skìn *n*《コーヒー豆の》渋皮.
sílver·smìth *n* 銀細工師. ♦ **～·ing** *n*
sílver sólder 銀鑞(ぎんろう)《硬くて耐熱性・電導性にすぐれる; 銀器をつぐのに用いる》.
sílver spóon [*fig*] 銀のさじ《豊かな富, 特に相続した富; cf. *be born with a silver* SPOON》.
sílver sprúce〔植〕アメリカハリモミ (blue spruce).
sílver stàndard [the] 銀本位制.
Sílver Stár (Mèdal)〔米陸軍〕銀星章《戦闘に勲功のあった者に与える》.
Sílver Stàte [the] 銀州《Nevada 州の俗称》.
Sílver Stíck〔英〕宮中勤務の近衛佐官《銀づくりの杖[権標]を持つ》.
Sílver·stòne シルヴァーストーン《イングランド中南部の Northamptonshire 南部にある自動車レースサーキット; F1 の英国グランプリ (7 月) の会場》.
sílver stréak [the]ᴵᴵ《口》イギリス海峡 (English Channel).
sílver súrfer《口》年輩ネットサーファー.
sílver·swòrd *n*〔植〕ギンケンソウ《ハワイ特産キク科ギンケンソウ属の植物; 葉は剣状で銀色の軟毛におおわれ, 巨大な花茎を伸ばして赤紫色の花をつける》.
sílver·tàil *n*〔昆〕シミ (silverfish);《豪口》金持ちの実力者, 名士, 有力者.
sílver thàw 雨氷 (glaze); 霧氷 (rime).
sílver·tip *n*〔動〕灰色グマ.
sílver tóngue さわやかな[説得力のある]話しぶり; 弁舌のさわやかな[説得力のある]人. ♦ **sílver-tóngued** *a*
sílver·tòp *n*〔植〕葉先白斑病.
sílver trée〔植〕ギンヨウジュ《披針形の葉の表面が絹毛におおわれ, 銀色に輝いて見える; 南アフリカ原産》.
sílver·wàre *n* 銀器,《特に》食卓用銀器; *《ステンレスなどの》ナイフ・フォーク類; ᴵᴵ《口》銀の優勝トロフィー, 銀杯.
sílver wédding 銀婚式《結婚 25 周年記念; ⇨ WEDDING》.
sílver·wèed *n*〔植〕**a** ヨウシュツルキンバイ, ウラジロロウゲ《ともにキジムシロ属》. **b** ウラジロアサガオ《インド原産》.
sílver wíng*《俗》50 セント銀貨, シルバーウイング. [翼を広げたハクトウワシが刻まれている]
sílver·wòrk *n* 銀細工; 銀細工(装飾)品.
síl·very *a* 銀の(ような); 銀白色の; 銀鈴を振るような, 〈音などが〉軽やかな, さわやかな; 銀を含む[被(き)せた]. ♦ **síl·ver·i·ness** *n*
sílver Y moth /─ wáɪ ─/〔昆〕GAMMA MOTH.
Sil·ves·ter /sɪlvéstər/ シルヴェスター《男子名》. [L=of the woodland]
sil·vex /sílvèks/ *n* シルベックス《木質化する植物の除草剤》.
Sil·via /sílviə/ シルヴィア《女子名》. [⇨ SYLVIA]
sil·vi·cal /sílvɪk(ə)l/ *a* 森林の; 林業の.
sil·vi·chémical /sìlvə-/ *n* 木から抽出される化学物質の総称.
sil·vic·o·lous /sɪlvíkələs/ *a* 森林に生息[生育]する.
sil·vics /sílvɪks/ *n* 森林生態学.
síl·vi·cùl·ture, sýl- /sílvə-/ *n* 林学, 植林[育林](法) (forestry) (cf. ARBORICULTURE). ♦ **sìl·vi·cúltural** *a* **-cúltural·ly** *adv* **sìl·vi·cúlturist** *n* 林学者, 植林法研究家. [F; ⇨ SILVA, CULTURE]
s'il vous plaît /*F* sil vu plɛ/ (どうぞ)お願いします《略 s.v.p.》. [F=if you please]
sily ⇨ SYLI.
sim /sím/ *n*《口》シミュレーション[体験]ゲーム.
Sim シム《男子名; Simeon, Simon の愛称》.

SIM /sím/ *n* SIM CARD. [*s*ubscriber *i*dentity *m*odule]
sim simulation ♦ simulator.
si·ma /sáɪmə/ *n* 〖地質〗シマ《ケイ素とマグネシウムに富み, SIAL の下層および海洋地殻をなす》. [*si*lica＋*ma*gnesia]
Si·ma Qian /sə́:má: ʧién/, **Ssu-ma Ch'ien** /sú:má:-/ 司馬遷(しばせん)(スーマーチエン) (c. 145–c. 86 B.C.)《中国前漢の歴史家;『史記』(*Shiji*)》.
si·mar, sy-, cy- /səmá:r/ *n* シマー《17–18 世紀に流行した婦人用の裾広がりの外着》; 〖カト〗ZIMARRA.
sim·a·rou·ba, -ru- /sìmərú:bə/ *n* 〖植〗シマルバ《熱帯アメリカ原産ニガキ科の木》; シマルバ皮《その根皮で薬用》. [Carib]
sim·a·rou·ba·ceous, -ru- /sìmərubéɪʃəs/ *a* 〖植〗ニガキ科 (Simaroubaceae) の.
si·ma·zine /sáɪməzì:n/, **-zin** /-zən/ *n* シマジン《植物によって選択性のある畑作除草剤》. [*sim*- (<? *sym*metrical or *sim*ple)＋tri*azine*]
sim·ba /símbə/ *n* 《東アフリカ》ライオン. [Swahili＝lion]
Sim·birsk /sɪmbíərsk/ シンビルスク《ULYANOVSK の旧称》.
SIM card /sím —/ SIM カード《携帯電話の使用者を同定するためのカード》.
sim·cha /símʧə, -xɑ:/ *n* 《ユダヤ人の内輪の》パーティ, お祝い. [↓]
Sim·chas [Sim·hat(h), Sim·chat(h)] To·rah /símxɑ:s tó:rə, -xəs-/ 〖ユダヤ教〗律法感謝祭《Torah (律法) の読了を祝って Tishri の 23 日 (イスラエルでは 22 日) に行なう》. [Heb＝rejoicing of the Torah]
Sime·non /sì:mənɔ̃ʊ́/ シムノン **Georges(-Joseph-Christian)** ～ (1903–89)《ベルギー生まれのフランスの作家; cf. MAIGRET》.
Sim·e·on /símiən/ **1** シメオン《男子名; 愛称 Sim》. **2** 〖聖〗 **a** シメオン《Jacob と Leah の息子で Simeon 族の祖; *Gen* 29: 33》. **b** シメオン族《イスラエルの十二部族の一つ》. **c** シメオン《幼子イエスを見て神をたたえた敬虔な男; *Luke* 2: 25–32; ⇨ NUNC DIMITTIS》. **3** シメオン ～ **I** (864 or 865–927)《ブルガリアの皇帝 (913 or 918–927); 大帝 (～ the Great) とも呼ばれる》. [Heb＝hearing; Gk＝snub-nosed]
Si·mé·on /*F* simeɔ̃/ シメオン《男子名》. [F (↑)]
Síme̍on Sty·lí·tes /-stəláɪtiz, -stàɪ-/ [Saint] 聖シメオン (c. 390–459)《柱の上に住んだというシリアの苦行者; 祝日 1 月 5 日 または 9 月 1 日》.
si·meth·i·cone /sɪméθɪkòʊn/ *n* 〖薬〗シメチコン《ポリジメチルシロキサン類とシリカゲルの混合物で, 抗鼓脹剤》. [*si*lica＋*meth*yl＋sili*cone*]
Sim·fe·ro·pol /sìmfərɔ́:pəl, -róʊ-/ シムフェロポリ《ウクライナ南部 Crimea 半島の市》.
Simhat(h) Torah ⇨ SIMCHAS TORAH.
sim·i·an /símiən/ *n* 〖動〗サル, 《特に》類人猿 (anthropoid). ► *a* サルの(ような) ♦ **sìm·i·án·i·ty** /-ǽnə-/ *n* [L *simia* ape (?*simus* flat-nosed)]
símian immunodefíciency vírus SIV.
símian líne [créase] サルの掌線《てのひらを横断する一本のひだ》.
símian shélf 〖人〗サルの棚《下顎骨内側前部にあるくぼみで, 類人猿の特徴》.
simian virus 40 /— — fɔ́:rti/ SV40.
sim·i·lar /sím(ə)lər/ *a* 似ている, 類似した 〈*to*〉; 同様の, 同類の, 同種の; 〖数〗相似の; 〖楽〗並進行の. ► *n* 《古》類似[相似]物; [ᵁ*pl*] 《homeopathy の投薬の原料となる》類似症状を起こす物質. ♦ **～·ly** *adv* 類似して; 同様に, 同じく. [F or L (*similis* like)]
sim·i·lar·i·ty /sìməlǽrəti/ *n* 類似(性), 相似, 同様であること 〈*to*〉; 類似[相似]点, 類似度.
símilar mótion 〖楽〗並進行《2 声部が同一方向に異なる音程で進行すること; cf. PARALLEL MOTION》.
sim·i·le[1] /síməli, -lì:/ *n* 〖修〗直喩, 明喩《例 (as) brave as a lion, flow like a river など; cf. METAPHOR》. [L (neut)<*similis* like]
si·mi·le[2] /sí:məlèɪ/ *adv* 〖楽〗同様に, シーミレ. [It (↑)]
si·mi·lia si·mi·li·bus cu·ran·tur /sɪmília: sɪmílɪbʊs kurá:ntʊr/ 毒をもって毒を制する. [L＝like is cured by like]
si·mi·lis si·mi·li gau·det /símɪlɪs símɪli gáʊdɛ̀t/ 似たものは似たものを好む, 類は友を呼ぶ. [L＝like takes pleasure in like]
si·mil·i·ter /səmílətər/ *adv* 同様に. [L＝in like manner]
si·mil·i·tude /səmílət(j)ù:d/ *n* 類似, 相似, 同様 〈*between, to*〉; 外貌, 外形, 姿; 《古》似たもの[人], 類似物, そっくりのもの[人]; 《古·聖》たとえ(話) (parable); 《まれ》SIMILE[1]: in the ～ of…の姿で, …を模して / talk [speak] in ～*s* たとえで話す. [OF or L; ⇨ SIMILAR]
sim·i·lize /síməlàɪz/ *vi* 直喩 (simile) を用いる. ► *vt* 直喩で説明する.
sim·i·ous /símiəs/ *a* SIMIAN ♦ **～·ness** *n*
simitar ⇨ SCIMITAR.
Sim·la /símlə/ シムラ《インド北部 Himachal Pradesh の州都·保養地; 英領時代 (1865–1939) の夏季インド政府所在地》.
SIMM /sím/ *n* 〖電子工〗SIMM (シム)《片側に端子のある小型メモリー回路板; cf. DIMM》. [*s*ingle *i*n-line *m*emory *m*odule]
Sim·men·tal, -thal /zímәntɑ̀:l/ *n* 〖畜〗シンメンタール《スイス原産の黄[赤]斑に頭部と四肢が白色の乳肉役兼用牛》. [*Simmen-t(h)al* スイス中西部 Simme 川の谷]
sim·mer /símər/ *vi* (とろ火で)グツグツ煮える, 〈鉄瓶の湯などが〉チンチンと沸く; 〈考えなどが〉発酵状態にある; 今にも沸騰[爆発]しようとしている; 〈いらいらなどが〉たまる, 鬱積する, くすぶる: ～ with laughter [anger] 笑い[怒り]をじっと抑えている. ► *vt* 沸騰しない程度に保つ, 弱火でコトコト[とろとろ]煮る. ● **～ down** 煮詰まる[煮詰める]; 〈人·事態·興奮などが〉静まる, 落ちつく. **～ off** [ᵁ*impv*] 《俗》落ちつけ (simmer down). ► *n* グツグツ煮える[沸騰寸前の]状態[温度]; 抑えている怒り[笑いなど]が今にも爆発しようとする状態: at a [on the] ～ グツグツ煮え出して, 今にも沸騰[爆発]しようとして. ♦ **～·ing·ly** *adv* [変形<*simper* (? imit)]
símmer dìm 《スコ》白夜.
sím·nel (càke)" /símn(ə)l(-)/ 《四旬節中旬·クリスマス·復活祭などに作る》フルーツケーキ; 《昔の》ふかした[ふかして焼いた]ロールパン. [*simnel*: F<L or Gk＝fine flour]
si·mo·le·on /səmóʊliən/ *n**《俗》1 ドル(札). [C19<?; *napoleon* にならった *simon* (<?), *Simon* の変形か]
Si·mon /sáɪmən/ **1** サイモン《男子名; 愛称 Si, Sim》. **2** 〖聖〗シモン《(1) 十二使徒の一人 (⇨ APOSTLE), **～ Péter** (シメオンペテロ), また単に Peter ともいう; *Matt* 16: 17–18 (2) 十二使徒の一人, **～ the Zéalot** [**～ Ze·ló·tes** /zəlóʊtiz/] (熱心党[ゼロテ党]のシモン; *Luke* 6: 15) または **～ the Cánaanite** (カナン人(びと)シモン) と呼ばれた; 祝日 10 月 28 日または 5 月 10 日 (3) イエスの兄弟ないし血縁者 (4) 伝道者 Philip の奇跡に驚いて信仰するようになったサマリアの魔術師 **～ Má·gus** /-méɪgəs/ (シモン·マゴス); *Acts* 8: 9–24 (5) ヨッパの皮なめし職人 **～ the Tánner**, Peter が伝道中にその家に滞在した; *Acts* 9: 43 (6) イエスが十字架をになうのを手伝わされたクレネ人(びと) **～ the Cyrénian**; *Matt* 27: 32》. **3** サイモン (1) **Herbert A(lexander)** ～ (1916–2001)《米国の社会科学学者; ノーベル経済学賞 (1978)》 (2) **John (Allsebrook)** ～, 1st Viscount ～ (1873–1954)《英国の政治家·法律家》 (3) **Neil** ～ (1927–)《米国の劇作家》 (4) **Paul (Frederic)** ～ (1941–)《米国のシンガー·ソングライター; ⇨ GARFUNKEL》. **4** /*F* simɔ̃/ シモン **Claude(-Eugène-Henri)** ～ (1913–2005)《フランスの nouveau roman の代表的作家; ノーベル文学賞 (1985)》 [⇨ SIMEON]
Si·món /si:mán, -mɔ́:n/ シモン《男子名》. [Sp (↑)]
si·mo·ni·ac /sɪmóʊniæ̀k, saɪ-/ *n* 聖職売買者.
si·mo·ni·a·cal /sàɪmənáɪək(ə)l, *sìm-/ *a* 聖職売買 (simony) の. ♦ **～·ly** *adv* 聖職売買によって.
Si·mon·i·des /saɪmánədì:z/ シモニデス ～ (**of Ceos**) (556?–?468 B.C.)《ギリシアの抒情詩人; 警句·挽歌で有名》.
si·mo·nism /sáɪmənìz(ə)m, sím-/ *n* SIMONY.
si·mo·nist /sáɪmənɪst, sím-/ *n* SIMONIAC.
si·mo·nize /sáɪmənàɪz/ *vt* (ワックスで)磨く, つや出しする. [*Simoniz* 自動車ワックスの商標名]
Símon Le·grée /-ləgrí:/ **1** サイモン·ラグリー《Mrs. Stowe, *Uncle Tom's Cabin* の奴隷売買業者; Tom の最後の主人で彼を打ち殺す》. **2** 冷酷無慈悲な主人, きびしいボス.
Simon Magus ⇨ SIMON.
Si·mo·nov /sí:mənɔ̀:f/ シーモノフ **Konstantin Mikhailovich** ～ (1915–79)《ソ連の作家》.
Simon Peter ⇨ SIMON.
símon-púre *a* 本物の (real), 正真正銘の (genuine); 《口》潔癖な; 正統[純粋]ぶった. [↓]
Símon Púre 本物 (＝the (real) ～). [英国の女優·劇作家 Mrs. Centlivre (1667?–1723) の喜劇 *A Bold Stroke for a Wife* (1717) 中の人物 *Simon Pure* から]
Símon Sáys サイモンが言う《リーダーが命令の最初に 'Simon says' というきまり文句を言った時のみ皆が言われたとおりの動作をし, 言わなければその動作をしてはならないジェスチャーゲーム》.
Si·mons·town /sáɪmənztàʊn/ サイモンズタウン《南アフリカ共和国南西部 Western Cape 州 Cape Town の南にある港町·海軍基地》.
Símon Témplar サイモン·テンプラー《米国の推理作家 Leslie Charteris が創り出した 'The Saint' とあだ名される義賊的泥棒紳士》.
si mo·nu·men·tum re·qui·ris, cir·cum·spi·ce /sì: mɔ̀:numέntum rɛkwí:rɪs kɪrkúmspɪkɛ/ 彼の記念碑を捜し求めるのであればあたりを見まわせ《St. Paul's の中にある設計者 Sir Christopher Wren の墓碑銘》. [L]
si·mo·ny /sáɪməni, *sím-/ *n* 聖物売買によって利益を得ること; 聖職売買(罪). [OF<L; サマリアの魔術師 *Simon* Magus が聖霊を与える力を買い取ろうとした故事から (*Acts* 8: 18)]
Simon Zelotes ⇨ SIMON.
si·moom /səmú:m, saɪ-/, **-moon** /-mú:n/ *n* 《アフリカ·アジアの砂漠の》砂を含んだ強い熱風 (＝*samiel*). [Arab (*samma* to poison)]
simp /símp/ *n**《口》SIMPLETON.

sim·pai /símpàɪ/ *n* 〘動〙クロカンムリリーフモンキー (＝*black-crested monkey*)《Sumatra 島産のハヌマンラングールに類するサル; オナガザル科》.［Malay］

sim·pa·ti·co /sɪmpáːtɪkòʊ, -pǽt-/ *a* 感じがよい, 好ましい; 気の合う, 波長が合う.［It; ⇨ SYMPATHY］

sim·per /símpər/ *vi* 間の抜けた笑い方をする, にたにた笑う. ► *vt* にたにたしながら言う. ► *n* にたにた笑い. ♦ **～·er** *n* **～·ing·ly** *adv*［C16＜?; cf. G *zimp(f)er* elegant］

sim·ple /símp(ə)l/ *a* (**-pler**; **-plest**) **1 a** 簡単な, 単純な; 容易な: a ～ matter 簡単な事柄 / ～ forms of life 単純な[未発達の]生命体《バクテリアなど》/ as ～ as that 全く単純な[で] / in ～ German やさしいドイツ語で. **b** 簡素な, 飾りのない, あっさり[さっぱり]した; 地味な; 〈食事など〉淡白な: ～ food 質素な食物 / the ～ life 簡素な生活. **c** 純然たる, 全くの; 純粋の, まじりけのない; ごく普通の, ありふれた: ～ madness 全くの狂気 / PURE and ～. **2 a** 純真な, 無邪気な, 天真爛漫な〈性質など〉; 気取らない, 誠意のある: (as) ～ as a child 子供のように純真な / with a ～ heart 純真に, ひたすら / She has a pleasant, ～ manner. 感じがよく, 気取った様子がない. **b** だまされやすい, お人よしの; 経験[知識]の乏しい, 無教育の, 無知な, ばかな: a ～ soul お人よし / be ～ enough to believe...をすべて信じるほど人がよい. **c** つまらない, 取るに足りない. **d**《文》〈素姓・身分など〉卑しい, 低い; 平民の出の: a ～ peasant 身分の低い農夫. **3 a**〘各種専門語に付けて〙単(一)… (opp. *compound*, *complex*). **b**〘化〙単一元素からなる; 混合物でない: a ～ substance 単体. **c**〘植〙枝分かれしていない, 一枝からなる, 単一子房からの;〘動〙単一部分からなる, 複合をなさない, 単一遺伝子による. **d**〘文法〙単純語[時制]の; 単文の; 修飾語を伴わない. **e**〘楽〙単純な, 上音を伴わない: SIMPLE INTERVAL. **f**〘法〙絶対的な, 無制限の: FEE SIMPLE. **g**〘数〙単一の, 単純な, LINEAR;〘統〙〈仮説が〉単純な. ► *n* **1**《複合体を構成する》単元, 要素; 単体, 元素. **2** 薬草製剤;《古》薬草. **3 a**《古》ばか者 (simpleton), 無知な人, 知恵遅れ《人》; [the ～s]ᴵᴵ《方》愚かさ. **b** 身分の低い者, 平民.［OF＜L *simplus*］

símple béam〘建〙単純梁(ばり).

símple búd〘植〙単芽《葉芽か花芽のいずれかだけの芽; cf. MIXED BUD》.

símple clósed cúrve〘数〙単一閉曲線.

símple cóntract〘法〙単純契約《口頭契約などの, 捺印証書によらない契約》.

símple equátion〘数〙一次方程式 (linear equation).

símple éye〘動〙《節足動物, 特に昆虫の》単眼.

símple fráction〘数〙単分数.

símple frácture〘医〙単純骨折.

símple frúit〘植〙単果.

símple harmónic mótion〘理〙単振動.

símple·héart·ed *a* 純真な, 無邪気な; 誠実な.

símple hónors *pl*《AUCTION BRIDGE で》パートナーの分を含めた手の中にある 3 枚の最高の役札 (honors).

símple ínterest 単利 (opp. *compound interest*).

símple ínterval〘楽〙単音程, 単純音程《1 オクターブ以内の音程》.

símple léaf〘植〙単葉《1 枚の葉身からなる; cf. COMPOUND LEAF》.

símple machíne 単純器械《てこ・くさび・滑車・輪軸・斜面・ねじの 6 種》.

símple majórity 単純多数《2 位の獲得数を超えた場合の首位の獲得数》.

símple mícroscope〘光〙(単レンズ)拡大鏡.

símple·mínd·ed *a* 純真な, 無邪気な; 頭の鈍い, 単純な; 〈計画・手法などが〉ばかげた, あさはかな, 愚かしい. ♦ **～·ly** *adv* **～·ness** *n*

símple mótion 単純運動《直線運動・円(弧)運動・らせん運動》.

símple·ness *n*《古》SIMPLICITY.

símple péndulum〘理〙単振子.

símple prótein〘生化〙単純タンパク質《加水分解でアミノ酸だけを生成するタンパク質》.

símple séntence〘文法〙単文《I go to bed at ten. のように従属節がなく一組の主語と述語だけからなる文; cf. COMPLEX [COMPOUND] SENTENCE》.

Símple Símon 1 まぬけのサイモン《英国の伝承童謡の主人公》; SIMPLETON: He's a ～ about politics. 政治についてはおめでたい人だ. **2***《韻俗》石, ダイヤモンド (diamond).

símple súgar 単糖 (monosaccharide).

símple sýrup 砂糖と水だけで作るシロップ.

símple ténse〘文法〙《助動詞を伴わない》単純時制.

símple tìme〘楽〙単純拍子《2 拍子・3 拍子・4 拍子》.

sim·ple·ton /símp(ə)lt(ə)n/ *n* ばか者, まぬけ, だまされやすい人.［*-ton*］

símple tóne〘音響〙純音 (pure tone).

símple vów〘カト〙《修道士の》単式誓願《私有財産認可と教会法の下での結婚を有効とする》.

sim·plex /símplɛ̀ks/ *a* 単純な, 単一の (simple);〘通信〙単信方式の (cf. DUPLEX). ► *n* (*pl* **～·es**, **-pli·ces** /símpləsìːz/, **sim·pli·cia** /sɪmplíʃiə/)〘文法〙単一語 (cf. COMPLEX); すべての部屋が同一階にあるアパートの一戸分; (*pl* **～·es**)〘通信〙単信法;〘数〙単体, シンプレックス《2 次元では三角形, 3 次元では四面体》.［L＝single; SIMPLE の異形］

símplex mèthod〘数〙単体法, シンプレックス法《線形計画法の問題の解法の一つで, 最適解を逐次的に求めていく方法》.

símplex píle〘土木〙シンプレックス杭.

sim·pli·cial /sɪmplíʃəl/ *a*〘数〙単体の: ～ mapping 単体写像. ♦ **～·ly** *adv*

sim·pli·ci·den·tate /sìmpləsədénteɪt, sɪmplìsə-/ *a*, *n*〘動〙単歯目[類] (Simplicidentata) の(動物)《齧歯目の旧分類名》.

sim·pli·ci·ter /sɪmplísətər/ *adv*〘主にスコ法〙絶対的に, 無条件に, 無制限に, 全面的に, 全然, 全く.［L］

sim·plic·i·ty /sɪmplísəti/ *n* 簡単, 平易, 明快; 単純, 単一性; 純真, 天真爛漫, 質朴, 実直, 人のよいこと; 愚直, 無知; 簡素, 飾りのないこと, 地味, 淡白: It's ～ itself.《口》簡単至極だ / a ～ of manner 率直な態度.［OF; ⇨ SIMPLEX］

sim·pli·fy /símpləfàɪ/ *vt* 簡単[平易]にする; 単一[単純]にする;〘数〙簡約する. ♦ **-fied** *a* **-fi·er** *n* **sim·pli·fi·cá·tion** *n*［F＜L (SIMPLE)］

sim·plism /símplɪ̀z(ə)m/ *n* 極度の単純化 (oversimplification), 思考短絡《問題の複雑性無視》.

sim·plist /símplɪst/ *n*《説明・理論などを》割り切りがちな人, 単純化する癖のある人, 短絡する人.

sim·pliste /*F* sɛ̃plist/ *a* 単純にすぎる, 割り切りすぎた (simplistic).［F］

sim·plís·tic *a* **1** 簡単[単純]に割り切りすぎた, 極度に単純化された. **2** 単純な. ♦ **-ti·cal·ly** *adv*

Sím·plon Páss /símplɑ̀n-/ [the] シンプロン峠《スイス・イタリア間の Alps 越えの道 (標高 2005 m); Valais と Piedmont の間をつなぐ》.

Símplon Túnnel シンプロントンネル《シンプロン峠の北東寄りのところを貫く鉄道トンネル (19.82 km)》.

sim·ply /símpli/ *adv* **1** 簡単[簡便]に, 平易に; 単純に, 明快に; 飾らずに, 地味に, あっさりと; 無邪気に, 純真に; 愚かに, 愚直に: She is dressed ～. 簡素な服装をしている / speak ～ like a child 子供のように無邪気に話す / put ～＝～ put 簡単に言えば, 要するに. **2** 単に, ただ(…のみで); [強調して] 本当に, 実に, 全然…でない; 平たく言えば, 要するに: It is ～ a cold. かぜにすぎない / ～ beautiful 美しいというほかない / It ～ can't be done. とてもできるものじゃない / *S*～, I'm not a fan of city life. 要するに私は都会暮らしが好きではない.

símply connécted *a*〘数〙単連結の.

símply órdered *a*〘数〙全順序の.

Simp·son /sím(p)s(ə)n/ **1** シンプソン **O(renthal) J(ames)** ～ (1947–)《米国のフットボール選手・スポーツキャスター; 黒人; 1994 年前妻 (白人) とその男友だちを殺害した容疑で逮捕されたが, 95 年無罪の陪審評決を得て放免された》. **2** [The ～s]『ザ・シンプソンズ』《米国のテレビアニメ; 夫婦と子供 3 人の典型的な労働者階級の一家を中心とする》.

Símpson Désert [the] シンプソン砂漠《オーストラリア中部, 大部分が Northern Territory の無人の砂漠》.

Símpson's rúle〘数〙シンプソンの法則《関数のグラフを局所的に放物線弧で置き換えて定積分の近似値を求める方法》.［Thomas *Simpson* (1710–61) 英国の数学者］

Sims /símz/ **1** シムズ **Christopher A(lbert)** ～ (1942–)《米国の経済学者; マクロ経済における原因と効果に関する実証研究によりノーベル経済学賞 (2011)》. **2** [The]〘商標〙ザ・シムズ《米国のパソコン・オンライン用人生シミュレーションゲーム; Sim というキャラクターの境遇・生き方を自由に創造していく》.

sim·sim /símsɪ̀m/ *n*《東アフリカ》ゴマ (sesame).［Arab］

si·mul /sáɪməl; síməl/ *n*〘チェス〙同時対局 (simultaneous display).

sim·u·la·cre /símjəlèɪkər, -læ̀k-/ *n*《古》SIMULACRUM.

sim·u·la·crum /sìmjəléɪkrəm, -lǽk-/ *n* (*pl* **-la·cra** /-krə/, **～s**) 像, 姿 (image); 影, 幻影, 面影; にせもの, まやかしもの 〈*of*〉; 見かけだけ似たもの.［L; ⇨ SIMULATE］

sim·u·lant /símjələnt/ *a* 〈…を〉まねた, 〈…の〉ように見える 〈*of* another〉;〘機〙《構造・機能が》他のパートに類似した〈パート〉. ► *n* 似せる[まねる]もの[人], にせもの, まがいもの.

sim·u·lar /símjələr, -lɑ̀ːr/《古》*n* 猫かぶり (dissembler). ► *a* まがいの, 偽りの; 〈…を〉まねる 〈*of*〉.［L (↓)］

sim·u·late /símjəlèɪt/ *vt*, *vi* まねる, 似せる; 仮装する, 扮装する; …のふりをする;〘生〙擬態する (mimic); …の模擬実験[操縦]をする; シミュレートする, 模擬する《社会的・物理的過程をコンピューター上で再現し, その解明を企てる》; 〈単語が〉ある語に似た語形をとる: ～ surprise 驚いたふりをする. ► *a* /-lət, -lèɪt/《古》SIMULATED.［L; ⇨ SIMILAR］

sím·u·làt·ed *a* まねた, 似せた, 擬態の, 模造の; 〈行為・感情など〉らしく見せた, 偽りの: ～ fur 人工[模造]毛皮.

símulated ránk《文官の》武官相当地位.

sìm·u·lá·tion *n* まねること, 見せかけ;〘生〙擬態; にせもの; 模擬実験, シミュレーション;〘精神医〙詐病(さびょう);〘サッカー〙シミュレーション (DIVING).

sím·u·là·tive *a* まねる, ふりをする, 偽る ‹*of*›.

sím·u·là·tor *n* まねる人[もの]; シミュレーター, 模擬操縦[実験]装置《訓練・実験用に実際と同じ状況をつくり出す装置》; FLIGHT SIMULATOR.

si·mul·cast /sáɪməlkæ̀st, sím-; síməlkɑ̀:st/ *n, vt* サイマルキャスト(で放送する)《テレビとラジオまたは AM と FM での同時放送》; *実況中継[生放送](する). [*simul*taneous broad*cast*]

si·mú·li·um flỳ /səmjú:liəm-/〘昆〙ブユ.

si·mul·ta·ne·ous /sàɪməltéɪniəs, -njəs, sìm-; sɪ̀məl-/ *a* 同時に起こる, 同時に存在する ‹*with*›; ‹チェスの試合が› 1 人のプレーヤーが同時にいくつものゲームをこなす: ~ translation [interpretation] 同時通訳 / a ~ display 同時対局. ► *n*〘チェス〙同時対局. ♦ **si·mul·ta·ne·i·ty** /sàɪməltəní:əti, sìm-; sɪ̀m-/ *n* 同時である[に起こる]こと, 同時性. **~·ly** *adv* 同時に, 一斉に. **~·ness** *n* [L (*simul* at the same time); L *instantaneus* などとの類推か]

simultáneous equátions *pl*〘数〙連立方程式.

si·murg(h) /sɪmúərg, ⌐⌐/ *n*〘ペルシア神話〙シムルグ《巨大な賢鳥; cf. ROC》. [Pers]

sim·va·stat·in /sìmvəstǽt(ə)n, ⌐⌐⌐⌐/ *n*〘薬〙シンバスタチン《高脂血症治療薬》.

sin[1] /sín/ *n* **1**《宗教上・道徳上の》罪, 罪業: one's besetting ~ 陥りやすい罪 / the ~ against the Holy Ghost〘聖〙聖霊を汚す罪《*Matt* 12: 31-32》/ ACTUAL SIN, ORIGINAL SIN, (SEVEN) DEADLY SINS / commit (a) ~ 罪を犯す. **2**《礼儀作法に対する》あやまち, 過失, 違反 ‹*against*›: ~*s* of commission《なすべからざることをなした》作為の罪 / ~*s* of omission《なすべきことをしなかった》不作為の罪. **3** 気がきかないこと, ばかげたこと: It's a ~ to waste so much money. そんなにむだづかいをしてはばちがあたる. ● **as**...**as ~**《口》実に…で: (*as*) ugly *as* ~ 実に醜い. **for one's ~s** ″[*joc*] なにかのばちがあたって. **like ~**《俗》むきになって, 激しく (cf. *like* MAD). **live in ~** [*euph*/*joc*] 不倫をする,《口》同棲する. **than ~**《口》実に, はなはだ: uglier *than* ~. **the man of ~** キリストの敵, 悪魔. **visit a ~** 罰を加える ‹*upon* a sinner›. ► *v* (-nn-) *vi*《宗教上・道徳上》罪を犯す, 罪業を重ねる; ‹礼儀作法などに›背く ‹*against*›. ► *vt* ‹罪悪を›犯す. ● **be more sinned against than sinning** 犯した罪以上に非難される《Shak., *King Lear* 3.2.60》. **~ one's mercies** 幸福[神の恵み]を感謝しない. [OE *syn*(*n*); cf. G *Sünde*]

sin[2] *conj, prep, adv*《スコ》SINCE.

sin[3] /sí:n, sín/ *n* スィン《ヘブライ語アルファベットの第 21 字》.

sin[4] /sín/ *n**《俗》合成マリファナ, THC. [*syn*thetic]

sin /sáɪn/〘数〙sine. **SIN**〘カナダ〙°social insurance number.

Si·nai /sáɪnàɪ, -niàɪ/ **1**《アラビアの》シナイ半島 (the ~ **Peninsula**). **2** [Mount] シナイ山《Moses が神から律法 (十戒) を授かった所; *Exod* 19-20; しばしば Musa 山 (Gebel Musa) のこととされる》.

Si·na·it·ic /sàɪnɪíɪk/**, Si·na·ic** /sənéɪɪk/ *a* シナイ山[半島]の.

sin·al·bin /sənǽlbən/ *n*〘生化〙シナルビン《シロガラシの種子中に存在する配糖体》. [L *sinapis* mustard]

Si·na·loa /sì:nəlóʊə, sìn-/ シナロア《メキシコ西部の, California 湾に面した州; ☆Culiacán》.

Sin·an·thro·pus /sənǽnθrəpəs, saɪ-, sɪ̀nænθróʊ-, sàɪ-/ *n*〘人〙シナントロプス (Peking man). [NL (L *Sinae* (pl) the Chinese, *-anthropus*)]

sin·a·pine /sínəpɪ̀n, -pən/, **-pin** /-pən/ *n*〘生化〙シナピン《クロガラシ種子中に存在するアルカロイド》. [↓]

sin·a·pism /sínəpɪ̀z(ə)m/ *n* MUSTARD PLASTER. [L (Gk *sinapi* mustard)]

Sin·ar·quism, -chism /sínɑ:rk(w)ɪz(ə)m/ *n*《メキシコの》国粋的全体主義.

Sin·ar·quis·ta /sɪ̀nɑ:rkí:stə/**, Sin·ar·chist** /sínɑ:rkɪst/ *n*《1937 年ごろメキシコに組織された》メキシコ国粋党員. [MexSp=without anarchist]

Si·na·tra /sənɑ́:trə/ シナトラ **'Frank' ~** [**Francis Albert ~**] (1915-98)《米国の歌手・俳優》.

Sin·bad /sínbæ̀d/ SINDBAD.

sín bìn《アイスホッケー俗》ペナルティーボックス; ″《俗》問題児収容所, 少年院, 感化院; *《俗》ベッド付きのヴァン (van). ♦ **sín-bìn** *vt* ‹反則した選手を›ペナルティーボックスに入れる, 一時退場させる.

sín bòsun ″《海軍俗》軍艦付き牧師.

since /sɪns/ *conj* **1** …以来, …以後, …の時から: It is [has been] two years ~ we parted.=Two years have passed ~ we parted. 別れてから 2 年になる / We've been friends *ever* ~ we met at school. 学校以来ずっと友人である. **2** …の故に, …だから, …のうえは: *S*~ there's no help, come let us kiss and part. しかたがないのだからさあキスして別れよう. ★ since の導く節は通例 文頭に置かれる; 類語中 because が最も意味が強く, 次は since, as, for の順. ► *prep* …以来, …以後, …から: ~ then その後, あれからずっと / *S*~ when is it against the law to visit your own daughter? 自分の娘に会いに行くのがいつから違法になったんだ! / I have not seen him ~ Monday. 月曜日以来彼を見かけない. ► *adv* /síns/ その後ずっと, その時以来; そのあとで, その後に; (今[あの時]から)…前 (ago): I have not seen him ~. (あの時)以来彼に会いません / two years ~ 2 年前 / At first he denied but ~ he confessed. 初めは否定したが, そのあとで白状した. ● **ever ~** [since を強めて] それ以来ずっと(今まで): She arrived last Sunday and has been here *ever* ~. さる日曜に到着して以来ずっと当地にいる. **long ~** ずっと前に[から]: not *long* ~ つい先ごろ. [ME *sithence*＜OE *siththon* (*sīth thon* after that)]

sin·cere /sɪnsíər/ *a* **1 a** 誠実な, 正直[実直, 律義]な; 真実の, 偽らぬ, 口で言うとおりの, 表裏のない: my ~ hope わたしの心からの希望 / He is ~ in his promise. 約束はきちんと守る人だ. **b** *《俗》地味でいい感じを与えようとする; *《俗》明らかに順応主義的な. **2**《古》純粋な, まぜ物のない. **3**《廃》無傷の. ♦ **~·ness** *n* [L *sincerus* clean, pure]

sincére·ly *adv* 心から, 本当に, 誠実に: Yours ~=*S*~ (yours) 敬具《手紙の結び文句; ⇨ YOURS》.

sin·cer·i·ty /sɪnsérəti, -síər-/ *n* 誠実, 正直, 誠意, 表裏のないこと: a man of ~ 堅い[誠意の]人 / in all ~ うそ偽りなく.

sinch ⇨ SYNC.

sin·ci·put /sínsəpʌ̀t/ *n* (*pl* **~s, sin·cip·i·ta** /sɪnsípətə/)〘解〙前頭(部) (cf. OCCIPUT); 頭頂部. ♦ **sin·cip·i·tal** /sɪnsípətl/ *a* [L (*semi-*, CAPUT)]

Sin·clair /sɪnklέr; síŋklɛər/ **1** シンクレア《男子名》. **2** シンクレア **Upton** (**Beall** /bél/) **~** (1878-1968)《米国の社会主義作家; *The Jungle* (1906)》. [F *St Clair*]

sín cùlture〘社〙罪の文化 (cf. SHAME CULTURE).

sind /sínd/《スコ》*vt* ゆすぎ[洗い]落とす, すすぐ ‹*down, out*›. ► *n* ゆすぎ, すすぎ. [ME＜?]

Sind·bad /sín(d)bæ̀d/ **1** シンドバッド **~ the Sailor**《『アラビアンナイト』中の一人物; 不思議な七航海をする船乗り》. **2** 船乗り.

Sin·de·be·le /sɪndéɪbəli, sɪndɛbéɪli/ *n* シンデベレ語 (Ndebele).

Sindh, Sind /sínd/ シンド《パキスタン南部 Indus 川下流の州; ☆Karachi》.

Sin·dhi /síndi/ *n* **a** (*pl* ~, **~s**) シンド族《Sindh 地方に住む, 主としてイスラム教徒》. **b** シンド語《Indic 語派に属する》. [Arab]

sin·don /síndən/ *n*《古》リンネル;《古》リンネル製のカバー;《キリストの》聖骸布, 埋葬布 (=Christ's ~). [L＜Gk]

sin·do·nol·o·gy /sɪ̀ndənɑ́lədʒi/ *n*〘キ教〙聖骸布研究, 埋葬布学.

sin·dur, -door /síndʊər/ *n*〘インド〙シンドゥール《ヒンドゥー教徒の既婚女性が額や頭髪の分け目につける朱色の粉》. [Hindi]

sine[1] /sáɪn/ *n*〘数〙正弦, サイン《略 sin》. [L SINUS=curve, fold of toga; Arab *jayb* bosom, sine のラテン訳]

si·ne[2] /sáɪni/ *prep* …なしに, …なく (without). [L]

si·ne an·no /sáɪni ǽnoʊ/ *adv, a* 年(の記載)なしに[の]《略 s.a.》. [L=without date]

sín·èat·er *n* 罪食い人《昔 英国で死人の罪をわが身に引き受けると称して謝礼を受け, 死人への供物を食べた人》.

si·ne cu·ra /sáɪnɪ kjúərə/ *adv, a* 職掌なしに[の]. [L=without office]

si·ne·cure /sáɪnɪkjʊ̀ər, síni-/ *n*《待遇のよい》名誉職, 閑職; 無任所聖職禄: hardly a [not a, no] ~ なかなか楽でない仕事. ♦ **-cùr·ism** *n* 閑職にあること. **-cùr·ist** *n* 閑職にある人. [L *sine cura* without care (↑)]

síne cùrve /sáɪn-/〘数〙正弦曲線.

si·ne die /sáɪnɪ dáɪì:, -dáɪ, síneɪ dí:èɪ/ *adv, a* 無期限に[の]《略 s.d.》: adjournment ~《職業や仕事上の》無期延期,《議会の》閉会. [L=without day]

si·ne du·bio /sáɪnɪ djú:bioʊ/ *adv, a* 疑いなく[のない]. [L=without doubt]

si·ne in·vi·dia /sáɪni ɪnvídiə/ *adv, a* 猜疑なく[なしの]. [L=without envy]

si·ne le·gi·ti·ma pro·le /sáɪnɪ lɛdʒítɪmə próʊli/ *adv, a* 合法的子孫なく[のない]《略 s.l.p.》. [L=without lawful issue]

si·ne lo·co, an·no, vel no·mi·ne /sáɪnɪ lóʊkoʊ ǽnoʊ vél nóʊmənì:/ *adv, a* 場所, 年代また名(の記載)なく[のない]《略 s.l.a.n.》. [L=without place, year, or name]

si·ne lo·co et an·no /sáɪnɪ lóʊkoʊ ɛt ǽnoʊ/ *adv, a* 場所および年代(の記載)なく[のない]《略 s.l.e.a.》. [L=without place and date]

si·ne mas·cu·la pro·le /sáɪnɪ mǽskjələ próʊli/ *adv, a* 男子子孫なしに[の]《略 s.m.p.》. [L=without male issue]

si·ne mo·ra /sáɪnɪ mɔ́:rə/ *adv, a* 遅滞なく[のない]. [L=without delay]

si·ne no·mi·ne /sáɪnɪ nɑ́mənèɪ/ *adv, a* 名(の記載)なく[なき]《略 s.n.》. [L=without name]

si·ne odio /sáɪni óʊdiòʊ/ *adv, a* 憎悪なく[なき]. [L=without hatred]

si·ne pro·le /sáɪnɪ próʊli, sɪnéɪ-/ *adv, a*〘法〙子孫[子供]なしで[の]‹死ぬ›《略 s.p.》. [L=without issue]

si·ne qua non /sɪ̀nɪ kwɑ̀: nɑ́n, -nóʊn, sáɪnɪ kwèɪ nɑ́n/ *n* (*pl* **~s, sine qui·bus non** /-kwíbʊs-/) ぜひ必要なもの, 必須条件 ‹*of*, *for*〉. ► *a* 絶対に必要な. [L=without which not]

sin·ew /sínju/ *n* 〘解〙腱 (tendon); 《丈夫なひもとして使われる》動物の腱; [*pl*] 筋肉, 筋骨; [°*pl*] 活力; 強さ, 力; [ᵘ*pl*] 頼みの綱, 経済的[物質的]な支え; 《廃》神経. ● **the ～s of war** 軍資金, 軍備; 《一般に》(運用)資金. ► 《文》 *vt* 強靱にする; 強化する. ♦ **～·less** *a* [OE *sin(e)we* etc. (obl) ‹ *sinu, seonu*; cf. G *Sehne*]

síne wàve /sáɪn-/ 〘理〙正弦波.

sin·ewed /sínjud/ *a* 筋肉を有する; [*compd*] 筋肉が…の: iron-～ 鋼のような筋肉の.

sin·ewy /sínjui/ *a* 腱質の, 筋っぽい, 硬い; 筋骨たくましい, 丈夫な; 力強い, 強靱な. ♦ **-i·ness** *n*

sin·fo·nia /sìnfəníːə/ *n* (*pl* **-nie** /-níːèɪ/) 〘楽〙交響曲 (symphony); 交響楽団; 《初期のオペラの》序曲 (overture). [It]

sinfonía concertánte 〘楽〙協奏交響曲. [It]

sin·fo·niet·ta /sìnfənjétə, -foʊ-/ *n* 〘楽〙シンフォニエッタ《小規模なシンフォニー; 特に 弦楽器だけの小編成のオーケストラ》. [It (dim) ‹ *sinfonia*]

sín·ful *a* 罪のある, 罪の多い, 罪深い; ばちあたりな(ほどおいしい). ♦ **～·ly** *adv* 罪深く; もったいなく. **～·ness** *n*

sing /síŋ/ *v* (**sang** /sǽŋ/, 《まれ》 **sung** /sʌ́ŋ/; **sung**) *vi* **1 a** 歌う, 歌うように言う: She ～*s* well. 歌がうまい / ～ *along with* sb [a CD] 人 [CD] といっしょに歌う / You are not ～*ing* in tune [are ～*ing* out of tune]. 調子はずれだ / He *sang to* the organ. オルガンに合わせて歌った. **b** 詩歌を作る; 詩人である; 謳歌[礼賛, 賛美]する; *《俗》客寄せの口上を述べる: It was in blank verse that she *sang*. 彼女が歌ったのは無韻詩だった / Homer *sang of* Troy. ホメーロスはトロイアのことを詩に歌った. **c** 〈歌詞が〉歌える, 歌になる: This song ～*s* well in French. この歌はフランス語で歌うとよい歌だ. **2 a** 〈鳥が〉鳴く, さえずる; 〈ハチが〉ブンブンうなる. **b** 〈楽器が〉音色を出す; 〈物が〉サラサラ[シューシューなど]鳴る; 〈胸が〉高鳴る: My ears ～. 耳鳴りがする / The kettle was ～*ing* on the fire. やかんがシュンシュン沸いていた. **3** 《俗》密告する, さす (cf. CANARY); *《俗》(洗いざらい)白状する, 吐く, ゲロする: ～ like a canary 全部ばらす. ► *vt* 歌う, 吟ずる, 歌うように言う, 唱える; 〈鳥が歌を〉歌う; 謳歌[礼賛]する, 歌い祝う; 歌って送る[迎える]; 歌って…させる: He almost seemed to ～ his lines from the play. せりふをほとんど歌うように調子をつけて言った / The priest ～*s* Mass. 司祭はミサを唱える / Please ～ us a song [～ a song for us]. 歌を歌ってください / ～ sb's PRAISES / ～ the old year *out* and the new year *in* 歌って旧年を送り新年を迎える / ～ a child *to* sleep 歌って子供を寝つかせる. ● **make sb's head ～** 人の頭をガンとなぐる. **～ another song**=～ another TUNE. **～ for one's supper** ごちそうのお返しに歌を歌う《など》; 応分のお返しをする. **～ from the same song [hymn] sheet** 《公式見解としては》(みんなと)同じことを言う. **～ out** 大きな声で歌う; 大きな声で言う, どなる, 叫ぶ; *《俗》密告する, たれ込む. **～ small** 《口》《大言壮語のあと》恥じ入って神妙にふるまう, しょげかえる. **～ the same song [tune]** 以前[人]と同じことを繰り返す. **～ up** ᵘもっと声を大きくして歌う. ► *n* 歌うこと, 唱歌, 歌唱; *グループによる歌唱, グループ歌唱の集まり; 《弾丸などの》うなり, 《物の》鳴る音. ● **on the ～** 〈やかんが〉シュンシュン鳴って. ♦ **～·able** *a* 歌える, 歌いやすい. **～·ing·ly** *adv* [OE *singan*; cf. SONG, G *singen*]

sing. singular.

síng-alòng *n* 《口》みんなで歌う歌の集い (songfest); みんなで歌える歌. ► *a* みんなで歌える: a ～ tune [melody].

Sin·ga·pore /síŋ(g)əpɔ̀ːr; ⌐—⌐/ シンガポール《**1**) マレー半島南端沖の島 **2**) 同島を中心とした国; 公式名 Republic of ～ (シンガポール共和国); もと英領植民地, 1965 年独立, 英連邦に属する **3**) その首都・港町》. ■ the **Stráit of ～** シンガポール海峡《Singapore 島の南 Malacca 海峡と南シナ海を結ぶ》. ♦ **Sìn·ga·pór·ean** *a, n*

Síngapore slíng シンガポールスリング《ジン・チェリーブランデー・レモン果汁で作るカクテル》.

Síngapore Stráit [the] Strait of SINGAPORE.

Síng a sóng of síxpence 「6 ペンスの歌を歌おう」《Mother Goose の一篇; 冒頭の部分は 'Sing a song of sixpence, A pocket full of rye; Four and twenty blackbirds, Baked in a pie. When the pie was opened, The Birds began to sing; Was not that a dainty dish, To set before the king?'》.

singe /síndʒ/ *v* (**～d**; **～·ing**) *vt* …の表面を焼く, 少し焦がす; 〈鳥・豚などの〉の毛焼きをする; 〈布〉のけばを焼く《製造過程で》; 《散髪・カットのあとなどに》〈髪〉の先端を焼く: ～ sb's hair 頭髪にこてをあてる. ► *vi* 焦げる, 表面が焼ける. ● **～ one's feathers [wings]** 手を焼く, しくじる; 名声を傷つける. ► *n* 焼け焦げ, 軽く焦がすこと; 焦げ跡. ♦ **～·ing·ly** *adv* [OE *sencgan*; cf. G *sengen*]

sing·er[1] /síŋər/ *n* 歌う人, 《特に》歌手, 歌姫, 声楽家; 〘鳥〙鳴鳥(めいちょう); 詩人, 歌人; *《俗》密告者, たれ込み屋, 情報屋: the sweet ～ of Avon エイヴォンの詩人《Stratford-upon-Avon 生まれの Shakespeare のこと》.

sing·er[2] /síndʒər/ *n* 焦がす人[もの], 毛焼きをする人[もの]. [*singe*]

Sing·er /síŋər/ シンガー (**1**) **Isaac Bashevis** ～ (1904–91)《ポーランド生まれの米国のユダヤ系作家; ノーベル文学賞 (1978)》 (**2**) **Isaac Merrit** ～ (1811–75)《米国の発明家; ミシンを発明》.

síng·er-sóng·writer *n* シンガー・ソングライター《歌手兼作曲家》.

Singh[1] /síŋ/ *n* シン《**1**) Khalsa 教団に入会したシク教徒成人男性の姓[称号] **2**) 北インドの武人カーストの称号》.

Singh[2] シン (**1**) **Manmohan** ～ (1932–)《インドの経済学者・政治家; 首相 (2004–)》 (**2**) **V(ishwanath) P(ratāp)** ～ (1931–2008)《インドの政治家; 首相 (1989–90)》.

Sin·gha·lese /sìŋgəlíːz, sìŋ(h)ə-, *-s/ *n, a* SINHALESE.

síng-ìn* *n* 《聴衆も加わる》歌声集会, シングイン.

síng·ing bìrd SONGBIRD; 〘鳥〙鳴鳥(めいちょう)《燕雀類》.

sínging gàme 唱歌ごっこ《童謡に合わせてする遊び; 「ロンドン橋落ちた」や「花いちもんめ」の類》.

sínging hínny [hínnie] 《スコ》フライパンで焼いたレーズン入りケーキ.

síng·ing-màn *n* 《古》《教会聖歌隊などの》職業歌手.

sínging màster 歌の先生; 《教会の》聖歌隊指揮者.

sínging sànd 鳴き砂.

sínging sàw MUSICAL SAW.

sínging schòol 音楽学校[教習所].

sínging télegram 歌う祝賀電報《お祝いの歌の出前サービス》.

Síng·in' in the Ráin /síŋɪn-/ 『雨に唄えば』《米国映画 (1952); Gene Kelly, Stanley Donen (1924–) 共同監督作品; サイレント映画がトーキーに取って代わられる 1920 年代の Hollywood を舞台にした愉快なミュージカル映画》.

sin·gle /síŋg(ə)l/ *a* **1 a** たった一つの, ただ一個の: a ～ tree たった一本の木 / not a ～ day ただの一日も…ない / the ～ most important element なによりも大切な要素《single は most important を強める》. **b** 単一の; 一重(ひとえ)の, 〘植〙単弁の; 〘簿〙単式の; 《古》〈ビールなど〉並みの強さの. **2 a** 個々の, 個別の; 一戸建ての; ᵘ片道(用)の (one-way*): every ～ day 毎日毎日《every day の強調》/ SINGLE TICKET. **b** 独自の; 珍しい, ユニークな. **3 a** 独りの, 孤独の; 独身の (opp. *married*): a ～ man 独身の男 / remain ～ 独身でいる / ～ life 独身生活 / ～ BLESSEDNESS. **b** 一人用の, 一人分の; シングルスの; 単試合の, 一騎討ちの, 一対一の. **4 a** 画一的な, 共通の〈規準・目的など〉; とぎれることのない, (ひとつに)まとまった. **b** 誠心誠意の, 純な: ～ devotion ひたむきな献身 / a ～ eye 〘聖〙正しい目《*Matt* 6:22; cf. EVIL EYE》/ with a ～ eye 誠実に, 一意専心, 誠心誠意.
► *n* 単一, 一個, 一人; [*pl*] 独身者《特に 若くて活動的な》; 一人用の部屋[船室, ベッド, 食卓, 観覧席], 一人席券; [～s, 〈*sg*〉] 〘テニス〙シングルス (cf. DOUBLES); 〘野〙シングルヒット (one-base hit); 〘クリケット〙1 点打; 〘トランプ〙《5 点勝負で》5 対 4 の勝ち; 〘ゴルフ〙シングル, 二人試合《一対一で行なうもの》; [*pl*] 一よりの絹糸; 〘植〙一重の花; ᵘ片道切符 (single ticket); 《口》1 ドル[ポンド]札; 《レコード・CD の》シングル盤; *《俗》《パートナーなしの》単独営業者, 一匹狼, ピン芸人; ソロ公演, 独演; 〘鳴鐘〙シングル《change ringing で 1 組の鐘がラウンドごとに入れ替わる奏法》. ► *adv* 一人で: Most of the guests came ～. お客はたいてい一人で来た / live ～ 独身生活をする. ► *vt* **1** 《特別に》選び出す, 選抜する, えり抜く 〈*out*〉; 〈苗木などを〉間引く; 〈線路を〉単線化する: ～ sb *out for* praise 人を選んでほめる. **2** 〘野〙〈走者を〉シングルヒットで進塁させる, 〈1 打点を〉シングルヒットであげる. ► *vi* 〘野〙シングルヒットを放つ. ♦ **～·dom, ～·hòod** *n* 独り身, 独身. [OF<L *singulus*; SIMPLE と同語源]

síngle-áct·ing *a* 〘機〙一方向にだけ運動する, 単動式の, 単作用の (cf. DOUBLE-ACTING): a ～ pump 単動ポンプ.

síngle-áction *a* SINGLE-ACTING; 〈銃器が〉一発ごとに撃鉄を起こす方式の, 単発式の.

síngle-blìnd *a* 〘医〙単純盲検の《一般に, 実験者はその仕組みを知っているが被験者は知らない実験方法を指すが, 逆の場合もありうる; cf. DOUBLE-BLIND》.

síngle bónd 〘化〙単結合, 一重結合.

síngle-bréast·ed *a* 〘服〙打合わせが片前の, ボタンが一列の, シングルの〈上着など〉 (cf. DOUBLE-BREASTED).

síngle-cèll prótein 〘生化〙単細胞タンパク質《石油の微生物・酵母発酵により生産されたタンパク質; 略 SCP》.

síngle cómbat 一騎討ち, 果たし合い, 決闘.

síngle créamᵘ シングルクリーム《脂肪率が約 18% の軽い, コーヒー用などのクリーム; cf. DOUBLE CREAM》.

síngle-cróp *vi, vt* 〘農〙単作[一毛作]する.

síngle cróss 〘遺〙単交雑《近交系の第 1 代雑種》.

síngle cúrrency 〘経〙単一通貨《複数の国が共通に使う通貨; euro など》.

síngle-cút *a* 〈やすりの目立てが〉筋目の, 単目の.

síngle cùt 〘宝石〙《ダイヤモンドの》一段切り子 (=*half-brilliant cut*).

síngle-déck·er *n* 単層船[艦]; ᵘ二階なしの電車[バス] (cf. DOUBLE-DECKER). ► *a* 一階だけの〈観覧席・バス〉.

síngle-dígit *a* 一桁(率)の.

síngle-ènd *n* 《スコ》一人用宿泊設備.

síngle-énd·ed *a* **1** 〈ボイラーが〉片側からだけ点火される; 〈ボルトが〉片ねじの: a ～ boiler 片面ボイラー. **2** 〘電〙片端接地の, 不平衡の.

síngle-enténdre *n* ぴったりのことば, 決まる一言.

S

síngle éntry 〘簿〙単式記入法, 単式簿記 (cf. DOUBLE ENTRY). ♦ **síngle-éntry** *a*

Síngle Européan Àct [the] 単一欧州議定書《欧州共同体 (EC) 設立を規定したローマ条約 (1957) を改正した条約 (87 年発効); 略 SEA》.

síngle Européan márket 欧州単一市場《商品・サービス・金(かね)・人の自由移動を保証した欧州共同体域内の統合市場; 1992 年末にほぼ完成; 略 SEM》.

síngle-éyed *a* 単眼の; ひたむきな, いちずな, 誠実な.

síngle fíle *n, adv* 〘軍〙一列側面縦隊(で); 一列(縦隊)(で): in single FILE².

síngle-fíre *a* 〈弾薬筒などが〉単発の.

síngle flówer 〘植〙単弁花.

síngle-fòot 〘馬〙*n* (*pl* ~**s**) 軽駆け. ► *vi* 軽駆けで進む. ♦ ~·**er** *n*

síngle-hánd·ed *a, adv* 片手の[で]; 独力の[で]; 単独の[で]. ♦ ~·**ly** *adv* ~·**ness** *n*

síngle-hánd·er *n* 単独航海をする人.

síngle-héart·ed *a* 純真な, 真心からの, 誠実な; いちずな, ひたむきな 〈*in*〉. ♦ ~·**ly** *adv* ~·**ness** *n*

síngle hónours degrèe 〘英大学〙単専攻優等学位 (cf. JOINT HONOURS DEGREE).

síngle-íssue *a* ただ一つの問題に関わる, 単一の問題をめぐる: ~ politics.

síngle-jàck *n**《俗》片足[片腕, 片目]の乞食.

síngle-knìt *n* 縦編みの織地(で作った衣類).

síngle knòt OVERHAND KNOT.

síngle-lèaf (píne [píñon]) 〘植〙PIÑON.

síngle-lèns réflex (càmera) 〘写〙一眼レフ(カメラ)《略 SLR》.

síngle-líne *a* 一方通行の.

síngle-lóad·er *n* 単発火器, 単発銃.

síngle màlt シングルモルト(ウイスキー) (=**síngle-màlt whís-key**)《一つの蒸留所で蒸留されてブレンドされていないモルトウイスキー》.

síngle márket 単一市場《特に SINGLE EUROPEAN MARKET》.

síngle-mínd·ed *a* SINGLE-HEARTED; 目的がただ一つの, 共通目的を有する, 一致団結した. ♦ ~·**ly** *adv* ひたすら, ひたむきに. ~·**ness** *n*

síngle-náme pàper 〘商〙単名手形.

síngle·ness *n* 単一, 単独; 独身; 誠意, 専心: (with) ~ of purpose [eye, mind] 一意専心(に).

síngle-o /-òʊ/*《俗》*n* 単独犯(による犯行). ► *a* 独身の, ひとり者の; 〈犯人が〉単独の, 〈犯罪が〉単独犯による. ► *adv* 単独(犯)で.

síngle-párent *a* 片親の: a ~ family 片親家庭.

síngle párent ひとりで子育てをする親.

síngle-páy·er *a* 政府管掌(制)の[を主張する]: a ~ health care system / a ~ liberal.

síngle-phàse *a* 〘電〙単相の.

síngle-pháser *n* 〘電〙単相交流発電機.

síngle quótes *pl* 一重引用符 (' '; 通例 二重引用符 (" ") の中でさらに引用するとき用いる; この逆の方式もある).

síngle-ràil tráck cìrcuit 〘鉄道〙単レール軌道回路, 単軌条回路.

síngle rhýme 単韻, 男性韻 (MASCULINE RHYME).

síngle róom 一人用寝室[客室], シングル(ルーム).

sín·gles *a*《俗》独身者(専)用の: a ~ party.

síngles bàr シングルズバー (=*dating bar*)《相手を求める独身者のためのバー》.

síngle-séat·er *n* 単座飛行機[自動車 など].

síngle-sèx *a* 男性[女性]だけのための〈教育・訓練〉: a ~ school 男子[女子]校.

síngle shéar 一面剪断, 単剪.

síngle-shót *a* 〈銃が〉単発の.

síngle sídeband 〘通信〙*n* 単側波帯《略 SSB》; [〈*a*〉] 単側波帯の, SSB の: ~ transmission [reception] 単側波帯伝送[受信].

síngle-sóurce *vt* 〘商〙〈製品〉を単一業者から仕入れる, 一元仕入れする.

síngle-spáce *vt, vi* 行間をあけずにタイプ[印刷]する.

síngle Spánish búrton 定滑車の綱が一方では荷を他方では動滑車を支える複滑車.

síngle stándard 単一基準; 男女共通の[平等な](性)道徳律 (cf. DOUBLE STANDARD); MONOMETALLISM.

síngle-stép *vt* 〘電算〙〈プログラムを〉ステップ実行する《デバッグ時などに段階を追って 1 ステップずつ実行する》.

síngle·stìck *n*《かご柄のフェンシング用の》木刀; 棒試合; 短い棍棒.

síngle·stìck·er *n*《口》一本マストの船, 《特に》スループ (sloop).

síngle súpplement 《団体旅行の》1 人部屋追加料金.

sin·glet /síŋglət/ *n*"《袖なしの》(アンダー)シャツ, ランニング, タンクトップ, ジャージー; シングレット《アマチュアレスリングなどの上下一体型ユニフォーム》; 《NZ》《ブッシュで着用する》黒い毛の外套; 〘理・化〙一重項(状態). [*doublet* にならって *single* より]

síngle tápe シングルテープ《片面に磁性材を塗付したテープ》.

síngle tàx 〘米〙一物件税(制), 単一税《一種類の財だけに課税する制度; 特に 地租》. ♦ **síngle-tàx** *a*

síngle thréad 〘電算〙単一スレッド《並列処理なしに実行される逐次的な処理の流れ; cf. MULTITHREADED》.

síngle-thròw swítch 〘電〙単投スイッチ.

síngle tícket" 片道切符 (one-way ticket*) (cf. RETURN TICKET).

sín·gle·ton /síŋg(ə)lt(ə)n/ *n* ばらばらの単独個体; 単生児; ひとりっこ; 独身者; 〘トランプ〙一枚札, シングルトン《組をなす札の一枚(だけの手); cf. DOUBLETON》; 〘数〙単集合. [*simpleton* にならって *single* より]

síngle-tòngue *vt* 〘楽〙《吹奏楽器で》〈速いテンポの楽節を〉単切法で演奏する. ♦ **síngle tòngu·ing** 単切法, シングルタンギング.

síngle-tráck *a* 単線の; 車 1 台分の幅の; 融通がきかない, 単細胞的な (one-track).

síngle transfèrable vóte 単記移譲投票制《有権者が好ましいと思う順に候補者を列挙し, 1 位としての票が規定数に達した者がまず当選する; 規定数を上回る票および最下位者に投じられた票は, 選好順位に応じて再度配分される; 略 STV》.

síngle·trèe *n* WHIFFLETREE.

síngle-úse /-júːs/ *a* 一度だけ使える, 使い捨ての.

síngle-ùser *a* 〘電算〙シングルユーザー用の.

síngle-válued *a* 〘数〙一価の〈関数〉.

síngle-vísion *a* 〈眼鏡が〉単焦点(レンズ)の.

síngle whíp 《綱一本に滑車 1 個の》単滑車(装置).

síngle wícket シングルウィケット《ウィケットを 1 つだけ使うクリケット》.

síngle wíng, síngle wíngback formàtion 〘アメフト〙シングルウイング《1 人のバックがフランカーをつとめ, 2 人がライン後方 4–5 ヤードに位置しセンターからスナップを受け取る攻撃陣形》.

Sing·lish /síŋglɪʃ/ *n* シングリッシュ《**1**) Singapore で話されている英語; 中国語やマレー語の影響がみられる **2**) Sinhalese なまりのスリランカ英語》.

sín·gly *adv* 単独に; 独力で; 一つ[一人]ずつ; 別々に: Misfortunes never come ~.《諺》不幸は続くもの.

Sing Sing /síŋ sìŋ/ シンシン刑務所《New York 州 Ossining の州立刑務所; 1824 年設立》.

síng·sòng *n* 読経(どきょう)口調の詩歌, 声が上がったり下がったりする話しぶり; 単調な韻[リズム]; へたな詩; へぼ歌; "《みんなで歌う》歌の会. ► *a* 読経口調の, 上がったり下がったりする, 単調な; めりはりのない, つまらない, 平凡な. ► *vt, vi* 上がったり下がったりの[単調な]声で読む[話す]. ♦ ~**y** *a*

síngsong gìrl 歌妓(かぎ)《中国の芸者》.

Sing·spiel /síŋspìːl; *G* zíŋʃpiːl/ *n* 〘楽〙ジングシュピール《18 世紀に流行したドイツ・オーストリアの唱歌劇・軽歌劇》. [G=singing play]

sin·gu·lar /síŋgjələr/ *a* **1** 特異な, 異例の; 非凡な, 並はずれた; 風変わりな, 奇異な; 無二の, 無類の, すばらしい; 〘数〙〈行列が〉特異な《その行列式が 0 となる》, 〈一次変換が〉特異な《单射でない》. **2** 個別の, 単一の, 単独の, ひとつだけの; 〘文法〙単数(形)の (cf. DUAL, PLURAL); 〘論〙単称の (cf. PARTICULAR, UNIVERSAL), 単独の; 〘法〙各自の, 別々の. ► *n* [the] 〘文法〙単数, 単数形, 単数形の語; 〘論〙単数名辞. ♦ ~·**ness** *n* [OF<L (SINGLE)]

sin·gu·lar·i·ty /sìŋgjəlǽrəti/ *n* 特異, 希有(けう); 風変わり, 偏屈; 特(異)性; 単独, 単一; 〘文法〙単数性; 〘数〙SINGULAR POINT; 〘気〙気象異常日, 特異日; 〘天〙特異点《密度が無限大となる》; 特異[風変わり]な人[もの].

síngular·ìze *vt* 単数化する, 単数形にする; 個別化する, 目立たせる. ♦ **sìngular·izátion** *n*

síngular·ly *adv* 不思議に, 奇妙に; 著しく, 非常に; 単独で; 《俗》疑いもなく; 〘文法〙単数で[として].

síngular pòint 〘数〙特異点.

sin·gu·lary /síŋgjələri/ *a* 〘言〙単項の《単一の要素からなり, 対(つい)をなさない; cf. BINARY》.

sin·gul·tus /sɪŋgʌ́ltəs/ *n* 〘医〙しゃっくり (hiccup). [L]

sinh /síntʃ; ʃáɪn, sínʃ, saɪnéɪtʃ/ 〘数〙°hyperbolic sine.

Sinhailien 新海連 (⇨ XINHAILIAN).

Sin·ha·la /sɪnháːlə/ *n, a* SINHALESE.

Sin·ha·lese /sìnhəlíːz, *-s/ *n* **a** (*pl* ~) シンハラ族《スリランカの主要民族》. **b** シンハラ語《印欧語族 Indic 語派に属する》. ► *a* シンハラ族[語]の. [Skt *Simhala* Ceylon]

sin·ha·lite /sínəlàɪt, sínhə-/ *n* 〘鉱〙シンハライト《マグネシウムおよびアルミニウムのホウ酸塩からなる鉱物; 時に 宝石として用いられる》.

Sin·i·cism /sáɪnəsìz(ə)m, sín-/ *n* 中国(語)風, 中国的風習[慣用].

Sin·i·cize /sáɪnəsàɪz, sín-/ *vt* [ˢs-] 中国化する. ♦ **Sìn·i·ci·zá·tion** *n*

Sin·i·fy /sínəfàɪ/ *vt* [ˢs-] SINICIZE.

sin·i·grin /sínəgrən/ *n* 〘生化〙シニグリン《クロガラシの種子などに存

在する配糖体). [L *sinapis* mustard, *nigra* black]

Sining 西寧 (⇨ XINING).

sin·is·ter /sínəstər/ *a* **1 a** 不吉な〈兆しなど〉; 凶の; 災いとなる〈*to*〉; 悲惨な; 《古》不幸な, 不都合な. **b** 悪意のある, 邪悪な, 陰険な〈計画など〉; 《古》詐欺的な. **2** 左の; 〘紋〙〈盾の紋地が〉左側の《向かって右; opp. *dexter*》. ♦ **~·ly** *adv* **~·ness** *n* [OF or L=left]

sin·is·tr- /sínəstr, sənístr/, **sin·is·tro-** /-trou, -trə/ *comb form*「左の」「左利きの」「左巻きの」 [L (↑)]

si·ni·stra /səní:strə/ *n* 〘楽〙左手《略 s》. [It (↑)]

sin·is·tral /sínəstrəl, sənís-/ *a* 左側の (opp. *dextral*); 左手の, 左利きの (left-handed); 〈ヒラメなど〉体の左側が上向きの; 〘貝〙左巻きの; 〘地質〙左ずれの. ► *n* 左利きの人. ♦ **~·ly** *adv* **sin·is·tral·i·ty** /sìnəstrǽləti/ *n*

sinístra má·no /-má:nou/ MANO SINISTRA.

sìnistro·déxtral *a* 左から右への[向かう].

sìnistro·gyrátion *n* 〘光・化〙左旋 (levorotation).

sin·is·trorse /sínəstrɔ̀:rs/ *a* 〘植・貝〙左巻きの (opp. *dextrorse*). ♦ **~·ly** *adv* [L (SINISTER, *vers- verto* to turn)]

sin·is·trous /sínəstrəs, sənís-/ *a* 《古》SINISTER.

Si·nit·ic /sənítɪk, saɪ-/ *a* 中国人[中国語, 中国文化]の[に関する].

sink /síŋk/ *v* (**sank** /sǽŋk/, 《英では古》**sunk** /sʌ́ŋk/; **sunk, sunk·en** /sʌ́ŋk(ə)n/) *vi* **1 a** 〈重いものが〉沈む, 沈没する, 埋まる; 〈日・月などが〉没する, 傾く〈*in* the west〉; 見えなくなる〈*under*〉; 〈雲などが〉下がる, 〈闇などが〉おりる: ~ like a stone 石のようにすぐに沈んでしまう. **b** 〈地盤・建物などが〉陥没[沈下]する; 〈目が〉くぼむ, 落ち込む; 〈ほおが〉こける. **c** 〈土地が〉ゆるやかに傾斜する〈*to, toward*〉. **2 a** 〈水が〉退く, 減る; 〈風など〉やむ, 勢いが弱る〈*down*〉; 〈火勢などが〉弱まる; 〈音声など〉低く[弱く]なる. **b** 〈数が〉減る (grow less); 〈価値・評価が〉下落する, 下がる: The figures of unemployment have *sunk*. 失業者数が減った / He *sank in* the opinion of his friends. 友人たちの評判を落とした[男を下げた]. **3 a** 《力尽きて》倒れる, くずおれる〈*to* the ground〉; 身を投げかける, 深々と腰をおろす〈(*back*) *into* a sofa〉; 〈首など〉たれる; 〈目が〉下を向く〈*in*〉; うつむく. **b** へこたれる; 衰弱する, しょげる; 危篤状態に陥る; おちぶれる, 零落する; 堕落する: ~ *under* a burden 重荷に耐えられない / My heart *sank* (within me). 落胆した / ~ *into* poverty [despair] 貧困に陥る[絶望する]. **4 a** 《徐々にある状態に》なる, 〈眠りなどに〉おちる, 〈夢想などに〉ふける〈*into*〉: ~ *into* oblivion しだいに忘れられる. **b** 《品位を落として》〈…に〉陥る, 〈…するまでに〉なる〈*to* do*ing*〉: ~ *to* a life of crime 犯罪者の暮らしに身を落とす. **5** 〈液体が〉染み込む〈*in, into*〉; 〈刀などが〉食い込む; 《心に》しみる, 〈ことばなどが〉よく理解される〈*in, into*〉: The danger *sank into* our minds. 危険を肝に銘じた.

► *vt* **1 a** 沈める, 沈没させる, 撃沈する; 《視界から》見えなくする; 〈陸地など〉の見えないところまで遠ざかる: ~ the land 陸が水平線下に沈むまで沖に出る. **b** 〈姓名・商売・証拠などを〉隠して言わない; 不問に付する, 無視する, 省く: ~ evidence 証拠を隠す / ~ one's identity 身元[素姓]を明かさない / We *sank* our differences. 意見の相違は度外視した. **2 a** 突き刺す, 打ち込む, 食い込ませる〈*into*〉; 埋める; 染み込ませる; 〘スポ〙〈ボールを〉ホール[バスケット]に入れる, 沈める. **b** 〈資本を〉固定させる; 〈金・時間を〉注ぎ込む, 投資する〈*in, into*〉. **c** [~ *-self/pass*] 没頭[熱中]させる〈*in, into*〉. **3 a** 〈水を〉減らす, 退かせる; 〈声・調子を〉下げる. **b** 〈数量・価格などを〉減らす, 下げる; 〈負債を〉償還する; 〈金を〉(へたな)投資で失う. **c** 〈品性・声望などを〉落とす; 弱らせる, 滅ぼす, 破滅させる; 〈計画などを〉だめにする: I'm *sunk*. (もう)だめだ. **d** 〈自尊心などを〉抑える **4** 下げる, たれる, 〈目などを〉うつむける, うなだれる. **5 a** 〈井戸・立穴を〉掘り抜く[下げる]; 刻む, 彫る: ~ a die 極印[鋳型]を彫る. **b** 〘印〙〈表題などを〉《何行分か》下げて組む. **6** ˈˈ《口》〈ビールなどを〉ぐいっと飲みほす: ~ a few (jars) ちょっとやる.

● **~ down** ⇨ *vi* 2a; 〈日などが沈む〈*in* the west〉; 身を沈める, へなへなとくずれる〈*into* a sofa, *on* one's knees〉; 見えなくする. **~ low** 〈太陽が〉低く傾く; 〈評価などが〉低下する; 身を卑しめる: He won't ~ so *low* as to embezzle public money. 公金を横領するような恥ずべき行為はしない. **~ or swim** いちかばちか, のるかそるか. **~ one·self** [**one's own interests**] おのれ[自己の利益]を捨てて人の利益をはかる.

► *n* **1** 《台所の》流し (kitchen sink), シンク; *洗面台; 下水だめ; 汚水溝; 水たまり, 水のたまる低地; 〘地質〙塩湖のできた凹地; 落ち込み穴, ポノール (sinkhole); 〘機〙へこみ; 〘理〙《熱・流体などの》吸込み(装置[系]) (opp. *source*), HEAT SINK; 〘劇〙背景を上下させる溝: Soils serve as a ~ *for* pollutants. 土壌は汚染物質の吸収装置となる. **2** 掃きだめ, スラム, 《悪徳などの》巣, 巣窟: a ~ of iniquity 悪の巣窟. ► *a* 〈学校・地所などが〉物騒な[荒れた]地区にある. [OE *sincan*; cf. G *sinken*]

sínk·able *a* 沈められる; 沈没するおそれのある.

sínk·age *n* 沈下(度); くぼみ; 〘印〙《章の初めなどの》行取り(の空白); SHRINKAGE.

sínk·bòx, sínk·bòat *n* 《野鳥狩に用いる》いかだ形の平船《中央に長方形の凹部があって, ハンターが身を隠すようになっている》.

sínk·er *n* 沈む[沈める]もの[人]; 井戸掘り人, 立坑掘削者[掘下がり工]; SINKER DRILL; SINKING PUMP; 《釣糸・網などの》おもり; 彫る人; 《俗》ドーナツ, ビスケット; 《俗》粗悪硬貨, *ドル《銀貨》; [*pl*] *《俗》(大きな)足; 〘野〙シンカー (=~ **bàll**) 《打者の近くで急に沈む投球》; 〘野〙野手の前で急に落ちる打球.

sínker drìll 《立坑などを掘る》手持ち削岩機, シンカー(ドリル) (=*sinker*).

sínk·hòle *n* 水のたまる穴, 下水だめ, 吸込み穴; 〘地質〙《石灰岩地方のすり鉢形の》落ち込み穴, ドリーネ (swallowˈˈ, swallow holeˈˈ); 《路面などの》陥没で生じた穴; 悪徳と腐敗の巣 (sink); 資金を食いつぶす投資[事業].

Sinkiang Uighur ⇨ XINJIANG UYGUR.

sínk·ing *n* 沈むこと, 陥没; 《海流の》沈降流; 《光が大気で屈折されることによる物体の見かけ上の》沈降; 衰弱, 衰弱感, 元気のないこと, 意気消沈. ► *a* 沈む, 衰える: a ~ feeling 《恐怖・空腹などで》気のめいる感じ, 虚脱感.

sínking fùnd 減債基金, 負債償却積立金.

sínking pùmp 〘鉱〙掘下げポンプ, シンカー, シンキングポンプ (=*sinker*) 《立坑掘削用のポンプ》.

sínking sánd 流砂 (quicksand); [ᵁ*pl*] [*fig*] あやうい道徳基盤.

sínking spèed 《飛行機・鳥類などの滑空時の》降下速度.

sínking spèll 《株価などの》一時的下落; 《健康などの》一時的衰え.

sínk tìdy 流しの三角コーナー《など》.

sín·less *a* 罪のない, 潔白な. ♦ **~·ly** *adv* **~·ness** *n*

sín·ner *n* 《宗教・道徳上の》罪人(ざいにん), 罪深い者; 不信心者; 《軽い意味で》いたずら者, ならず者: a young ~ [*joc*] 若い者, 若造.

sin·net /sínət/ *n* SENNIT. [C17<?]

Sinn Fein [**Féin**] /ʃín féɪn/ シンフェーン党《アイルランドの政治結社・政党; 1905 年結成当初アイルランドの独立, アイルランド文化の再興を目指した; 最近ではアイルランドの統合を主張, IRA と緊密な関係をもつ》; シンフェーン党員. ♦ **Sínn Féin·er** *n* **~·ìsm** *n* [Ir=we ourselves]

si·no- /sáɪnou, -nə, sín-/, **si·nu-** /sáɪn(j)u, -n(j)ə/ *comb form* 「洞」「洞静脈」 [L (SINUS)]

Sino- /sáɪnou, -nə, sín-/ *comb form*「中国(と)」「シナ」(cf. CHINO-): *Sino*phile 中国好き[親中派]の(人) / *Sino*phobe 中国嫌いの(人). [Gk *Sinai* the Chinese]

sìno·átrial, sìnu- *a* 〘解〙洞房結節の.

sinoátrial nóde 〘解〙洞房結節 (=*sinus node*).

sín òffering 罪祭(ざいさい) 《罪あがないの供物・いけにえ》.

Sìno-Japanése *a* 中国日本間の, 日中の.

Síno-Jápanese Wár [the] 日清戦争 (1894–95), 日中戦争 (1937–45).

si·no·logue /sáɪn(ə)lɔ̀(:)g, -làg, sín-/ *n* [ˢS-] シナ学者, 中国研究者 (sinologist).

si·nol·o·gy /saɪnálədʒi, sə-/ *n* [ˢS-] シナ学, 中国研究《中国の言語・歴史・制度・風習を研究する》. ♦ **-gist** *n* SINOLOGUE. **si·no·log·ical** /sàɪn(ə)ládʒɪk(ə)l, sìn-/ *a*

Si·nop /sənɔ́:p/ シノプ《トルコ北部 Ankara の北西, 黒海に突き出た半島にある港町; 古代名 Sinope; ビザンティン帝国の遺跡が残る; クリミア戦争時, ロシア艦隊がトルコ軍を破った所 (1853)》.

Si·no·pe /sənóupi/ **1** 〘ギ神〙シノーペー《河の神 Asopus の娘; Apollo にさらわれ息子を生んだ; そのさらわれて行った先が Sinope と伝えられる》. **2** シノーペー《SINOP の古代名; 古王国 Pontus の都》. **3** 〘天〙シノペー《木星の第 9 衛星》.

Sí·no·phìle /sáɪnə-, sínə-, sí:nə-/, **Síno·phìl** *n, a* 親中国派の(人), 中国(人)びいき(の), 親中国主義者.

Sìno·phóbia *n* 中国嫌い[恐怖症].

si·no·pia /sənóupiə/ *n* (*pl* **-pi·as, -pie** /-pièɪ/) シノピア《赤鉄鉱の一種で, 古代人が顔料として用いた》. [It; 古代小アジアの港 *Si·nop* から]

sin·o·pite /sínəpàɪt/ *n* 赤鉄粘土《古代人の顔料》. [↑]

Sìno-Tibétan *n, a* シナ-チベット語族(の) 《Chinese, Tibetan, Burmese, Thai など》.

sinse /síntʃ/ *n* *《俗》種なしマリファナ. [↓]

sin·se·mil·la /sìnsəmílə, -mí:jə/ *n* シンセミーリャ《種子なしマリファナ》; 《シンセミーリャを採るための》タイマ (hemp) の雌株. [MexSp=without seed]

sín-shìft·er *n* 《俗》牧師.

Sinsiang 新郷 (⇨ XINXIANG).

sín sùbsidy 罪悪補助《夫婦の場合より未婚の二人のほうが少ない所得税》.

sin·syne /sínsàɪn/ *adv* 《スコ》その時以来.

sín tàx *《口》'罪悪' 税《酒・タバコ・賭博などの税》.

sin·ter /síntər/ *n* 湯の華(はな), 温泉華, シンター; 〘冶〙焼結物; CINDER. ► *vt, vi* 焼結[焼固]する: *~ing* furnace 焼結炉. ♦ **~·ability** *n* [G; cf. CINDER]

sín·tered gláss 焼結ガラス《ガラス粉末を焼結させてつくる気孔率を調節したガラス器; 濾過に用いる》.

Sint-Jans-Mo·len·beek /sɪntjá:nsmóulənbèɪk/ シント-ヤンス-モーレンベーク《MOLENBEEK-SAINT-JEAN のフラマン語名》.

Sint Maar·ten /sɪnt má:rtn/ セントマールテン《ST. MARTIN のオランダ語名》.

Sin·tra /sí:ntrə, sín-/ シントラ《ポルトガル西部 Lisbon の北西にある町; 旧称 Cintra》.
Sin·tu /síntu/ *n* 《南ア》[*euph*] バントゥー語 (Bantu). [Bantu]
sinu- /sáɪn(j)ʊ, -n(j)ə/ ⇨ SINO-.
sin·u·ate /sínjuət, -èɪt/ *a* 曲がりくねった (winding);〘植〙〈葉が〉へりが波状の, 強波[深波]状の. ► *vi* /-èɪt/ くねくねと曲がる;〈ヘビなどが〉くねくねとはう〈*along*〉. ♦ **~·ly** *adv* **sìn·u·á·tion** *n* 曲がりくねり; 波状. [L *sinuat- sinuo* to bend; cf. SINUS]
Sin·ui·ju /ʃíniʤù:/ 新義州(しんぎしゅう)(シニジュ)《北朝鮮西部, 鴨緑江岸の市》.
sin·u·os·i·ty /sìnjuásəti/ *n* 曲がりくねり, 湾曲; [°*pl*] 湾曲部,《川・道の》曲がり目.
sin·u·ous /sínjuəs/ *a* 曲がりくねった, 波状の; 動きがしなやかな; 入り組んだ, 込み入った; 遠まわしの, 不正直な, 邪悪な;〘植〙SINUATE. ♦ **~·ly** *adv* **~·ness** *n* [F or L (↓)]
si·nus /sáɪnəs/ *n*〘解・動〙洞 (cavity), 静脈洞, 副鼻洞[鼻腔];〘医〙瘻(ろう) (fistula);〘植〙《葉などの》裂片間のくぼみ, 切れ込み; 湾曲, 湾入; へこみ, 穴; 入江, 湾. ♦ **~·like** *a* [L=recess, curve]
S **si·nus·itis** /sàɪn(j)əsáɪtəs/〘医〙*n* 静脈洞炎; 副鼻腔炎《慢性化したものが俗にいう蓄膿症》.
Si·nus Me·dii /sí:nəs méɪdiì:/ 中央の入江《月面中央の暗い平原》.
sínus nòde SINOATRIAL NODE.
si·nu·soid /sáɪn(j)əsɔ̀ɪd/ *n*〘数〙シヌソイド (sine curve);〘解〙類洞, 洞様血管, シヌソイド. ♦ **sì·nu·sói·dal** *a* SINUSOID の. **-dal·ly** *adv* [F (SINUS)]
sinusóidal projèction〘地図〙正弦曲線[シヌソイダル]図法, サンソン図法《緯線がすべて平行な直線で, それに中央の経線が直交する正積図法; 経線が正弦曲線となる》.
sínus rhỳthm〘医〙洞リズム[律動]《洞房結節による心拍》.
Sínus Ró·ris /-rɔ́:rəs/ 露の入江《月面第 2 象限の暗い平原》.
sínus ve·nó·sus /-vɪnóusəs/〘解〙静脈洞.
Sion **1** /*F* sjɔ̃/ シオン《スイス南西部 Valais 州の州都》. **2** /sáɪən/ ⇨ ZION.
-sion *n suf* ⇨ -ION.
Siou·an /sú:ən/ *n* **a**〘言〙スー語族《北米中部・南東部に分布するアメリカインディアン語の語族》. **b** スー族《スー語族に属する言語を用いる種族》.
Sioux /sú:/ *n* (*pl* ~ /-(z)/) DAKOTA; SIOUAN. [F<NAmInd]
Sióux Cíty スーシティー《Iowa 州北西部, South Dakota 州と Nebraska 州の境界近くにある, Missouri 川沿岸の河港都市》.
Sióux Fálls スーフォールズ《South Dakota 州南東部, Minnesota, Iowa 両州との州境の近くにある市》.
Sióux Státe [the] スー州《North Dakota 州の俗称》.
sip /síp/ *vt, vi* (**-pp-**) 少しずつ[ちびちび]飲む;〈知識を〉吸収する; *《俗》(マリファナタバコを)ひと吹かしする: ~ *on* wine [*at* a glass]. ► *n*《飲み物の》ひと口, ひとなめ; *《俗》マリファナタバコのひと吹かし; [〈*int*〉] ツ(ツ)ー, チュー, ズズッ《すする音》: take a ~ of brandy. ♦ **síp·ping·ly** *adv* [? *sup*[2]; cf. LG *sippen*]
sipe[1] /sáɪp/ *vi*《方》染み出る, にじみ出る. [OE *sipian*]
sipe[2] *n*《車輪・タイヤの》踏み面の溝. [↑]
si·phon, sy- /sáɪf(ə)n/ *n* サイホン, 吸い上げ管; SIPHON BOTTLE;〘動〙水管, 吸管. ► *vt* サイホンで吸う[移す], 吸い上げ(管)で吸う; [*fig*] 吸い上げる, 吸い取る, 空にする〈*off*〉,〈資金などを〉(不正)流用する: ~ (*out*) oil from a tank タンクから油をサイホンで吸い出す / Heavy taxes ~ *off* the huge profits. 重税が巨利を吸収する. ► *vi* サイホンを通る, サイホンから(のように)流れ出る; 流用する. ♦ **~·al** *a* [F or L<Gk=pipe]
si·phon- /sáɪfən/, **si·pho·no-** /sáɪfənou, -nə, saɪfánə/ *comb form* (1)「管」「サイホン」(2)「クダクラゲ目 (Siphonophora)」[↑]
síphon·age *n*〘理〙サイホン作用.
síphon barómeter〘気〙サイホン式気圧計《U 字形の管をもつ水銀気圧計》.
síphon bòttle 炭酸水瓶, サイホン瓶.
síphon cùp〘機〙注油サイホン.
si·phon·et /sáɪfənèt/ *n*〘昆〙《アリマキの》吸蜜管.
síphon gàuge〘機〙曲管圧力計.
si·phon·ic /saɪfánɪk/ *a* サイホン(作用)の;〘動〙水管の.
síphono·phòre / , saɪfánə-/ *n*〘動〙クダクラゲ.
síphono·stele /-stì:l, saɪfánə-, sàɪfənəstí:li/ *n*〘植〙管状中心柱. ♦ **si·pho·no·sté·lic** / , saɪfànə-/ *a* **-ste·ly** /sáɪfənəstì:li, saɪfánə-/ *n*
Siphrei Torah SEPHER TORAH の複数形.
si·phun·cle /sáɪfʌ̀ŋk(ə)l/ *n*〘動〙《オウムガイの》連室細管;〘昆〙《アリマキの》蜜管《旧称 nectary》.
Si·ping /sá:píŋ/, **Ssu-p'ing** /súpíŋ/ 四平(しへい)(スーピン)《中国吉林省西部の市; 旧称 四平街 **Si·ping·jie** /sá:píŋʤiéɪ/, **Sze·ping·kai** /sá:píŋgáɪ; séɪpíŋkáɪ/》.
Si·ple /sáɪp(ə)l/ [Mount] サイプル山《南極大陸 Marie Byrd Land の山 (3100 m)》.
SIPP〘英〙self-invested personal pension 自己投資個人年金.
Sip·par /sɪpá:r/ シッパル《古代バビロニア帝国の都市; 西南アジアの Euphrates 川下流右岸に栄えた; 現在の Baghdad の南南西に位置する》.
síp·per *n* ちびちび飲む人; 酒飲み; [*pl*]‖《海俗》ラムのひとなめ, 回し飲み; *(紙製)ストロー.
sip·pet /sípət/ *n*‖クルトン (crouton); [*fig*] 切れはし. [(dim)<*sop*]
síp·ster *n**《俗》酒飲み, のんべえ (tippler).
si·pun·cu·lid /saɪpʌ́ŋkjələd/〘動〙*n* ホシムシ (PEANUT WORM)《星口動物門 (Sipuncula) の動物》. ► *a* ホシムシ類の.
si quae·ris pen·in·su·lam amoe·nam, cir·cum·spi·ce /si kwáɪrɪs peɪnínsulà:m ɑ:mɔ́ɪnɑ:m kɪrkúmspɪkè/ 美しい半島を探し求めるのであればあたりを見まわせ《Michigan 州の標語》. [L]
Si·quei·ros /sɪkéɪrous/ シケイロス **David Alfaro ~** (1896–1974)《メキシコの壁画画家》.
si quis /sáɪ kwís/ 聖職任命予告《掲示;「異議のある者は(申し出よ)」の意》. [L=if anyone]
sir *n* /sə́:r, sər/ **1 a** あなた;‖《口》先生; 閣下, だんな《男子に対する敬称; 目下より目上に, または 議会で議長に対して用いる》: Good morning, ~. おはようございます / *S~*? ご用でしょうか; もう一度言っていただけませんか. **b** [目下に意見するとき] おい, こら!: Will you be quiet, ~! こら静かにせんか! **c***《口》[性別に関係なく肯定・否定を強めて]: Yes, ~. そうですとも / No, ~. 違いますよ, とんでもない. **d** [*pl*]《スコ》[性別に関係なく驚きを表わして]: You did that, ~*s!* **e** [S-] 拝啓《手紙の書出し; cf. MADAM》: (Dear) *S~s* 各位, 御中《会社などにあてた商用文の場合; 米国では通例 Gentlemen を用いる》. **2** [S-] /sər/ サー《英国で準男爵またはナイト爵の人に姓名と併用; ⇨ BARONET, KNIGHT》: *S~* Isaac (Newton)《一般人の場合の Mr. Newton に当たる; ただし, 日常の呼びかけには *S~* Isaac と名に付け, *S~* Newton とはいわない》/ *S~* J. (=John) Moore / General *S~* Reginald Pinney. **3** [敬称] **a**《古》[職業・地位などを示す名詞に冠する]: *S~* knight 騎士どの / ~ priest お坊さま, 司祭さま. **b** [°S-] [*iron*/*joc*] [職業などを示す名詞に冠する]: ~ critic 批評家氏. **c** [S-] [古代の偉人に冠した敬称]: *S~* Pandarus of Troy トロイアのパンダロスさま. **4** 貴紳, 高位の人. ► *vt* /sə́:r/ (**-rr-**, **~'d**)〈人〉に sir と呼びかける. [SIRE]
Sir.〘聖〙Sirach.
Sirach ⇨ JESUS.
Siracusa ⇨ SYRACUSE.
Si·rāj-ud-Daw·la /sərá:ʤədáulə/ シラージウッダウラー (1732?–57)《Bengal の太守 (1756–57); 英国の植民地化に抗し, Black Hole of Calcutta の虐待を行なう; 1757 年 Robert Clive らに敗れた》.
sir·car, -kar /sə́:rkà:r, sərká:r/《インド》*n* 政庁 (government); だんな (master), 地主様; 家令, 執事; 会計係. [Urdu]
sir·dar /sə́:rdà:r, sərdá:r/ *n*《インド・パキスタンの》軍司令官, 高官;《エジプト軍の英人の》軍司令官 (1882–1936); シク教徒への敬称. [Hindi<Pers=head-possessor]
sire /sáɪər/ *n*〘畜〙《四足獣の》雄親, 種馬, 父, 父畜, 種雄《略 s.; cf. DAM[2]》;《古》/[*voc*] 陛下;《詩》父, 祖先; 創始者;《廃》高位の人. ► *vt* 種馬として〈子を〉つくる;《古風》〈男が〉〈子を〉もうける; 創始する;〈本を〉著わす. ♦ **~·less** *a* [OF<L SENIOR]
si·re·don /saɪrí:dàn, -dn/ *n*〘動〙サンショウウオの幼生,《特に 幼形生殖を行なう》アホロートル.
siree ⇨ SIRREE.
si·ren /sáɪərən/ *n* **1** サイレン, 号笛. **2 a** [°S-]〘ギ神〙セイレーン《美しい歌声で近くを通る船人を誘い寄せて難破させたという半女半鳥の海の精》. **b** 美声の女性歌手; 魅惑的な美人, 妖婦; 誘惑[魅惑]するもの《声など》. **3**〘動〙サイレン《両生類》,《特に》MUD EEL. ► *a* サイレンの; 魅惑的な. ♦ **si·ren·ic** /saɪrénɪk/ *a* [OF, <Gk *Seirēn*]
si·re·ni·an /saɪrí:niən/ *a, n*〘動〙海牛(かいぎゅう)類[目] (Sirenia) の(動物).
síren sòng [càll] 誘惑のことば, 抗しがたい誘い.
síren sùit‖サイレンスーツ《オーバーオールの一種で作業服; それと同型のベビー服; もと防空服》.
Si·ret /sɪrét/ [the] シレット川《ルーマニア東部 Carpathian 山脈に源を発し, 南東に流れて Danube 川へ注ぐ》.
sir·gang /sə́:rgæ̀ŋ/ *n*〘鳥〙ヘキサン《ヒマラヤから中国南部にかけて分布; カラス科》. [(Ceylon, Sumatra)]
Sir Gawáin and the Gréen Knìght『ガーウェイン卿と緑の騎士』《1390 年ころに書かれた頭韻詩; Arthur 王宮殿の新年の祝宴に乗り込んできた一人の巨大な緑色の騎士と, 挑戦をうけた Sir Gawain の物語》.
Sir Húmphrey サー・ハンフリー《英国の典型的な高級官僚の代名詞; テレビ番組 'Yes, Minister' に登場する役人 Sir Humphrey Appleby から》.
Sir·i·an /síriən/ *a*〘天〙シリウスの; シリウスに似た.
si·ri·a·sis /səráɪəsəs/ *n* (*pl* **-ses** /-sì:z/)〘医〙日射病 (sunstroke);《医療のための》日光浴.
Sir·i·us /síriəs/〘天〙シリウス, 天狼(てんろう)星, 狼星 (the Dog Star)《おおいぬ座の α 星で, 全天第 1 位の輝星》. [L<Gk=glowing<?]

sirkar ⇨ SIRCAR.
Sir·leaf /sə́ːrlìːf, sərlíːf/ サーリーフ **Ellen Johnson** ～ (1938–)《リベリアの経済学者·政治家; 大統領 (2006–); アフリカ初の女性大統領; ノーベル平和賞 (2011)》.
sir·loin /sə́ːrlɔ̀ɪn/ *n* サーロイン《牛の腰肉の上部; 最上肉》. [F (*sur*-[1], LOIN)]
si·roc·co /sərɑ́koʊ/ *n* (*pl* ～**s**) シロッコ《1) Sahara 砂漠から地中海沿岸に吹く熱風 2) 同地方に吹く暖かく湿った南東[南]風》;《一般に》強熱風. [F<It<Arab=east wind]
si·ro·nize /sáɪrənàɪz/ *vt*《豪》〈毛織物を〉防縮加工する. [*CSIRO* 同工程を開発した機関]
Sí·ros /síːrɔ̀ːs/ シロス《1) SYROS 島の現代ギリシア語名 2) ERMOÚPOLIS の別称》.
si·ro·set /sáɪroʊsèt/ *n* シロセット《オーストラリア連邦科学産業研究機構 (CSIRO) が開発した, 毛織物にパーマネントプレス効果を与える化学的な加工法》.
sir·ra(h) /sírə/ *n*《古》おい, こらっ! [*sir*]
sir·(r)ee /səríː/ *n* [ˢS-; yes または no を強めて]*《口》SIR: Yes, ～ (Bob [bɑb]). そうだとも. [*sir*]
sìr-réverence《廃》*n* はばかりもの《糞便》; [〈*int*〉] はばかりながら, 失礼, 御免! [C16? (変形) < *save-reverence* (L *salva reverentia* saving (your) reverence の訳)]
Sir Róger de Cóverley /-dɪ-/ サー·ロジャー·ド·カヴァリー《英国の, 二列に向かい合って踊るカントリーダンス》. [⇨ COVERLEY]
sir·ta·ki /sɪrtɑ́ːki; sətǽki/ *n* シルターキ《ギリシアの民族舞踊の一つ》. [Gk]
Sir·te /síərtə/ ■ the **Gúlf of** ～ シルテ湾《SIDRA 湾の別称》.
sirup ⇨ SYRUP.
sir·vente /sərvént; *F* sirvɑ̃ːt/, **-ven·tes** /-véntəs/ *n* (*pl* **-ventes** /-vénts; -vɑ́ːnts; *F* -vɑ̃ːt/)《吟遊詩人がフランス中世の社会悪を諷刺した道徳的または宗教的な》諷刺詩歌. [F<Prov=servant's song]
Sir Wínston Chúrchill [the] サー·ウィンストン·チャーチル《特に若者にチームワークの訓練をさせるのに使われる英国の帆船》.
sis /sís/《口》*n* [ᵘ*voc*] SISTER, ねえさん, 娘さん; めめしい男の子; 若い女, 女の子.
Sis シス《女子名; Cecilia, Cecily, Cicely の愛称》.
-sis /səs/ *n suf* (*pl* **-ses** /-sìːz/)「過程」「活動」 [L<Gk]
SIS〔英〕Secret Intelligence Service《MI6 の別称》.
si·sal /sáɪs(ə)l, sís-, -z(ə)l/ *n* サイザルアサ (=～ **hèmp**)《各種ロープ·ブラシ用麻》;〔植〕サイザル《メキシコ Yucatán 半島原産のリュウゼツランの一種》. [*Sisal* Yucatán 半島にあるその積出し港]
si·sa·la·na /sàɪsəlɑ́ːnə, -zə-, sɪ̀ː-/ *n*〔植〕SISAL.
sis-boom-bah /sísbùːmbɑ́ː/ *n**《俗》見るスポーツ,《特に》アメリカンフットボール. [応援の掛け声から]
sis·co·wet /sískəwèt/ *n*〔魚〕シスコウェット《Superior 湖の陸封マスの変種》. [CanF]
Sis·era /sísərə/〔聖〕シセラ《カナン人(びと)の指導者; Jael に殺された; *Judges* 4: 17–22》.
sis·kin /sískən/ *n*〔鳥〕マヒワ (=*aberdevine*)《欧州·アジアの温帯産》. [Du]
Sis·ley /sízli, sís-; *F* sislɛ/ シスレー **Alfred** ～ (1839–99)《英国に生まれたフランス印象派の風景画家》.
Sis·mon·di /sɪsmɑ́ndi; *F* sismɔ̃di/ シスモンディ **Jean-Charles-Léonard Simonde de** ～ (1773–1842)《スイスの歴史家·経済学者》.
sis·si·fied /sísɪfàɪd/ *a*《口》めめしい, いくじのない.
Sís·sing·hurst Cástle /sísɪŋhə̀ːrst-/ シシングハースト城《イングランド南東部 Kent 州の中南部に残るチューダー朝時代の屋敷跡; 1930 年 Victoria Sackville-West, Sir Harold Nicolson 夫妻が購入, 世界的に知られる英国式庭園を造りあげた》.
sis·soo /sísu/ *n* (*pl* ～**s**)〔植〕ツルサイカチ属の各種の木,《特に》シッソノキ《インド原産; マメ科》; シッソ材《黒色で堅牢な造船·鉄道枕木用材》. [Hindi]
sis·sy[1] /sísi/《口》*n* めめしい男(の子), いくじなし, 弱虫; 小さい女の子; SISTER; 同性愛者, ホモ. ► *a* めめしい; いくじのない. ◆ **sís·si·ness** *n* ～**·ish** *a* [*sis*, *-y*[4]]
sissy[2] *n**《俗》《炭酸入りの》ソフトドリンク. [imit]
síssy bàr《口》オートバイの背もたれ《サドルの後ろの逆 U 字形の金具》.
síssy brítches*《俗》めめしい男の子, いくじなし.
síssy pánts*《俗》やたらいい子ぶる男の子, 気むずかし屋;*《俗》いくじなし, めめしいやつ.
sis·ter /sístər/ *n* **1 a** 女のきょうだい (full sister, sister-german), 姉, 妹; (片)親を同じくする動物の雌; 異父[異母]姉妹 (half sister); 義姉妹 (sister-in-law); 養姉妹: be like ～*s* 非常に親密である. **b** 親友の女性, 親しい女性; 同胞姉妹, 同級の女生徒, 同志[同宗]の女性, ウーマンリブ運動の仲間[同志], *女子学生クラブ (sorority) の会員. **c** 娘, (若い)女; [*voc*]《口》[*joc/derog*] (お)ねえさん, ねえ!;《特に黒人どうしで》シスター《黒人女性》. **d** [ᵒ*voc*]《俗》ホモ(仲間), ホモだち. **2** [ᵒS-]〔カト〕修道女, 尼僧, シスター; 婦人社友, 女性会員; ᴴ看護師《女性》,《特に》(看護)師長. **3** [*fig*] 同種のもの, 姉妹艦[船, 国, 都市など]. **4** 人: WEAK SISTER. ● **the S～s three**〔ギ神〕運命の三女神 (the FATES). ► *a* 姉妹の(関係のような): a ～ company 姉妹会社 / a ～ language 姉妹語 / ～ ships 姉妹船. ► *vt*〔海〕当て木をして補強する. ◆ **～·less** *a* **～·lìke** *a* [ON *systir*; cf. OE *sweoster*, G *Schwester*]
síster àct*《俗》《好み·気質の似た二人の》同性愛関係, ホモの男と女の性的関係.
síster blòck〔海〕姉妹滑車.
síster cìty* 姉妹都市.
síster-gérman *n* (*pl* **sísters-**) 同父母姉[妹] (full sister).
síster·hòod *n* 姉妹であること, 姉妹関係, 姉妹の道[義理]; 婦人団体[慈善会],《特に》婦人伝道会, 修道女会; [the] ウーマンリブ運動家たち; ウーマンリブの同志関係[共同生活体].
síster hòok〔海〕姉妹鉤(かぎ)《2 つ一組で互いにかみ合う》.
síster-in-làw *n* (*pl* **sísters-**) 義理の姉[妹], 義姉(ぎし), 義妹(ぎまい).
síster·ly *a* 姉妹の(ような); 情愛の深い, 優しい, 思いやりのある. ► *adv* 姉妹のように[として]. ◆ **-li·ness** *n*
síster·shìp *n* SISTERHOOD.
Sísters of Chárity [the]〔カト〕愛徳(修道)会《1634 年フランスで St. Vincent de Paul が創設した女子修道会》.
Sísters of Mércy [the]〔カト〕慈悲の聖母童貞(修道女)会《1827 年 Dublin で Catharine Mc·Auley /məkɔ́ːli/ (1787–1841) が創設した the House of Our Blessed Lady of Mercy の通称》.
síster-úterine *n* (*pl* **sísters-**) 同母姉[妹].
sis·te vi·ator /sístɛ wiɑ́ːtɔ̀ːr/ 旅人よ止まれ《ローマの路傍の墓の銘》. [L]
Sis·tine /sístìːn, -tàɪn, sɪstíːn/ *a* ローマ教皇シクストゥス (Sixtus) の,《特に》Sixtus 4 世[5 世]の; SISTINE CHAPEL の.
Sístine Chápel [the] システィナ礼拝堂《Vatican 宮殿にあるローマ教皇の礼拝堂; Sixtus 4 世の命により建立; Michelangelo などの壁画で有名》.
Sístine Madónna [the]『システィナのマドンナ』《Raphael の絵画 (c. 1513–16); 2 人の聖人を左右に従えて空中に浮かぶ雲の上の聖母子の姿を, 2 人のキューピッドが下から見上げている図で, Raphael 晩年の傑作といわれる》.
sis·troid /sístrɔ̀ɪd/ *a*〔数〕交わる 2 曲線の凸部の間の.
sis·trum /sístrəm/ *n* (*pl* **-tra** /-trə/, ～**s**) シストルム《古代エジプトで Isis の礼拝に用いたガラガラに似た打楽器》. [L]
si·Swa·ti, Si·swa·ti, Si·Swa·ti /sɪswɑ́ːti/ *n* シスワティ語《Swazi 族の用いる Bantu 語の一派; ズールー語に類似している》.
Sis·y·phe·an /sɪ̀səfíːən/, **Si·syph·i·an** /sɪsífiən/ *a*〔ギ神〕SISYPHUS 王の; [*fig*] 果てしない: ～ labor 果てしない徒労.
Sis·y·phus /sísəfəs/〔ギ神〕シーシュポス《Corinth の邪悪な王で死後地獄に落ち, 大石を山に押し上げる罰を負わされたが, 石は山頂に近づくたびにもとの場所にころがり落ちたという》. ● **the stone of** ～ 果てしないむだ骨折り[徒労].
sit /sít/ *v* (**sat** /sǽt/; **sat**; **sít·ting**) *vi* **1 a** すわる; 腰をかける, 着席する: ～ *at* (the) table 食卓に着く / ～ *on* [*in*] a chair 椅子にすわる / Please ～ *down*. おすわりください / He *sat* reading a paper. 腰をおろして新聞を読んでいた / ～ right forward on one's chair ぐっと身を乗り出してすわる. **b** ᴴ〈試験などを〉受ける, 〈ある資格のために〉受験する 〈*for*〉; 肖像を描かせる, 写真を撮らせる: ～ *for* an examination 試験を受ける / ～ *to* an artist [a photographer] 肖像画を描いて[写真を撮って]もらう / ～ *for* one's portrait 肖像画を描いてもらう / ～ *for* a painter 画家のモデルになる. **c** 〈犬などが〉腰をつく, すわる; 〈鳥が〉とまる 〈*on*〉; 〈鳥が〉巣につく, 卵を抱く: The hens don't ～ this year. 今年は巣につかない. **d** 看護する, 世話をする, BABYSIT: ～ *with* a child [sick person] 子供[病人]の世話をする / ～ *for* a child 子守りをする / ～ *for* the parents 親に代わって子守りをする. **2**《判事·聖職などの公的な》地位を占める, 〈委員会·議会などの〉一員である 〈*in*, *on*〉: ～ *on* a committee 委員である / ～ *on* the BENCH / ～ *in* Congress [Parliament] 国会議員である / ～ *for* Ohio [a constituency]《議会で》オハイオ州[選挙区]を代表する. **3** 〈議会·裁判所が〉開会[開廷]する, 議事を行なう: The court ～*s* next month. 開廷は来月. **4 a** 位置する, ある; 〈雰囲気·感じが〉ある, 漂う; 〈風が…から〉吹く 〈*in*〉; そのままである, じっと動かない;《古》住む: The wind ～*s in* the east. 東風だ / He *sat at* home all day. 一日中(何もしないで)家にいた / The spoons were left *sitting* on the table. 食卓の上にそのままにされていた. **b** 〈衣服·地位などが〉似合う, 合う, 調和する: That dress [hat] ～*s* well *on* her. 彼女によく似合う / The jacket ～*s* badly *on* your shoulders. 肩のところがうまく合っていない. **c** 〈損害などが〉負担になる, 苦になる; 〈食べ物などが〉もたれる: Care *sat* heavy [heavily] *on* his brow. 心痛の跡が額に刻まれていた / This food ～*s* heavy [lightly] *on* the stomach. 胃にもたれる[さほどもたれない].
► *vt* **1** すわらせる, 〈何人分〉の席がある; *〈選手を〉控えにまわす, メンバーからはずす: *S*～ *yourself* [《古》you] *down*. すわりなさい (Be seated.) / He *sat* the child *at* the table. その子を食卓に着かせた / The Opera House ～*s* 10,000 people. 1 万人分の席がある. **2** ᴴ〈試験を〉受ける. **3** 〈卵を〉抱く. **4** 〈馬〉に乗る, 乗りこなす, 御する: She ～*s* her

horse well. じょうずに馬に乗る. **5** 注意する, 面倒をみる; BABYSIT. ● **～ around** [**about**](…)(家などで)ぶらぶらする. **～ back** (椅子へ)深くすわる, くつろぐ; のんびり構えている, ふところ手をして待つ, 傍観[静観]する; 〈建物が〉引っ込んでいる 〈*from* the street〉. **～ by** 無関心[消極的, 控えめ]な態度をとる; かたわらで見守っている: ～ idly *by* 傍観する. **～ down** 腰をおろす, 着席する 〈*on*〉; 居を定める; 陣取る; 〈人が〉落ちつく; 我慢する, 耐える, 甘受する, あきらめる 〈*under, with*〉; しりもちをつく; 着陸する: ～ *down* to a dinner ディナーの席に着く / ～ *down* and talk じっくり[腰をすえて]話し合う. **～ down before** …の前に陣取る; …を包囲する. **～ down (hard) on**…*…に頑強に反対する. **～ down to**…〈仕事〉を熱心にやり出す. **～ in** (**1**) 客として参加[同席]する, 飛び入りで参加する, 傍聴[参観, 聴講]する 〈*on, with*〉; すわり込みをする. (**2**) ᴴ《口》BABYSIT; 代役をつとめる, 代わりをする 〈*for*〉. **～** LOOSE **to**…. **～ on**… 〈委員会など〉の委員を務める (cf. *vi* 2); …を審理[協議, 調査]する; …の変化[進展]を待つ, 見守る, 追跡する; 《口》きびしく責める, ギャフンと言わせる; 《口》抑えつける, 阻止する; 《口》…の決定[…への対応]を遅らす; 《口》〈情報・ニュースなど〉の公表を抑える[遅らせる]. **～ on a lead** 《スポ》リードを保つために用心してプレーする. **～ on it** [*impv*] 少し静かにしたら, 黙りなさい. **～ on one's** HANDS. **～ on the ball** 《スポ》相手の得点を阻むためにボールを保持する. **～ out** (*vi*) ダンスに加わらない; *試合に最後まで出ない; ᴴ《海》HIKE *out*. (*vt*) 〈ダンス〉に仲間入りしない; 〈選手を〉試合に起用しない; 出場停止にする; 〈試合〉に最後まで出ない; 〈事〉に参加[関与, 口出し]しない; 〈芝居・音楽会などを〉《いやいや》終わりまで見る[聞く]; 〈他の訪問者〉より長居する. **～ over**… 《ブリッジ》…の左隣にいる《有利》. **～ still for**…の間をじっとしている; [ᵁ*neg*] …を(黙って)受け容れる, 負担する. **～ through**…の終わりまでじっとしている. **～** TIGHT. **sitting** PRETTY. **～ under**… 〈人〉の説教を聴聞する, …の講義を聴講する; 〈人〉の下で研究する[教える, 奉仕する]; 《ブリッジ》…の右隣にいる《不利》. **～ up** 起きなおる[上がる]; きちんとすわる; 〈犬が〉ちんちんをする; 寝ずに[起きて]いる; 《口》強い関心を示す, さっと緊張する, 急にきっとなる, はっとする: ～ *up* straight しゃんとすわる / ～ *up at* [*to*] the table 食卓に着く / ～ *up with* sb 寝ないで人といっしょに起きている, 寝ずに人の看病をする / ～ *up* at work 夜業する / make sb ～ *up* 人をはっとさせる, 気合いを入れる; 興味をもたせる. **～ up and take notice** 〈病人が〉快方に向かう; 急に関心を示す, はっとする. **～ well** [**right**] **with**… 〈人〉に似合う, …に向く, 受け容れられる (cf. *vi* 4b): The idea did not ～ *well with* her. その考えは彼女の気に入らなかった.

► *n* **1** すわること, 着席, 待つこと; すわって(待って)いる時間. **2** 《衣服の》似合いぐあい. [OE *sittan*; cf. SET, SEAT, G *sitzen*]

SIT 《E メールなどで》stay in touch.

Si·ta /síːtàː/ 《ヒンドゥー教》シーター《Vishnu 神の化身 Ramachandra の妻》.

si·tar, sit·tar /sɪtáːr/ *n* シタール《さお (neck) の長いインドの撥弦楽器》. ♦ **～·ist** *n* [Hindi]

sit·a·tun·ga, sit·u- /sìtətúŋgə/ *n* 《動》シタツンガ《沼地やヨシ原, 湿地にすむ中央アフリカのネジヅノレイヨウ》. [Subiya and Tonga]

sitch·com /sítʃkàm/ *n**《口》SITUATION COMEDY.

sit·com /sítkàm/ *n* 《口》SITUATION COMEDY.

sít-dòwn *n* 《抗議デモなどの一形態としての》すわり込み (=～ **demonstrátion**); すわり込みストライキ (=～ **stríke**); 集会, ミーティング; 《休息・談話などをするために》すわること, すわって過ごす時間; *椅子にすわって取る食事, 着席会食[パーティー] (cf. BUFFET²). ► *a* 〈食事が〉すわって食べる; すわり込みの; 〈ダンスなどが〉すわった姿勢で行なう. ♦ **～·er** *n* すわり込みをする人; すわり込み罷業員.

sít-dòwn mòney 《豪口》失業手当, 福祉手当.

site /sáɪt/ *n* 敷地, 用地; 遺跡; 《事件などの》現場, 《行事などの》会場; *《海俗》職, 勤め口; 《生態》《植物の》立地; 《体の》部位; 《電算》サイト (WEBSITE): the ～ for a new school 新校舎敷地 / the ～ of an old castle 古城址 / the ～ of the murder 殺人現場. ● **on** [**off**] ～ 《何かが行なわれている》現場で[を離れて]. ► *vt* 〈ある場所に〉置く, 建てる 〈*in, on, near*, etc〉; 〈大砲などを〉設置する. ♦ **sít·ed** *a* [AF or L *situs* local position]

síte addrèss 《電算》サイトアドレス《インターネット上のサイトを特定するアドレスで, ピリオドで区切られた文字列からなる; ⇨ DOMAIN》.

síte lìcense 《電算》サイトライセンス《購入したソフトウェアを施設内の複数端末で利用することを許可する契約》.

si·tel·la /sətélə/ *n* 《豪》《鳥》オーストラリアゴジュウカラ (tree runner). [(Austral)]

síte-specífic *a* 特定の場所の(ために作られた[建てられた]).

sít·fàst *n* 《獣医》鞍ずれ, 鞍胼《鞍による馬の背部の腫瘤》.

sith /síθ, sɪθ/, **sith·ence** /síðəns/, **sith·ens** /-ənz/ *adv, conj, prep* 《古》SINCE. [OE *sithon*]

sít-ìn *n* すわり込みストライキ (sit-down); 《人種差別・大学運営などに対する抗議としての》すわり込み, シットイン. ♦ **sít-in·ner** *n*

sit·ing /sáɪtɪŋ/ *n* 《建》敷地; 敷地割り, 敷地[設置, 建設]計画.

Sit·ka /sítkə/ シトカ《Alaska 州南東部 Alexander 諸島の Baronof 島の西岸にある町; 旧ロシア領アメリカの首都》.

Sítka cýpress 《植》アラスカヒノキ.

sit·ka·mer /sítkàːmər, -kæ̀m-/ *n* 《南ア》居間 (sitting room). [Afrik＜Du *sit* sitting＋*kamer* room]

Sítka sprúce 《植》シトカトウヒ, ベイトウヒ《北米西部産; マツ科》; 米唐檜材.

si·to- /sáɪtou, -tə/ *comb form*「穀粒」「食物」 [Gk *sitos* food]

si·tol·o·gy¹ /saɪtálədʒi/ *n* 食品学. [↑]

sit·ol·o·gy² *n* 《建》立地[敷地]研究. [*site*]

sìto·mánia *n* 《医》病的飢餓, 暴食症.

sìto·phóbia *n* 《医》食物[摂食]恐怖症.

si·tos·ter·ol /saɪtástərɔ̀(ː)l, -ròul, -ràl/ *n* 《化》シトステロール《麦芽や大豆油など植物界に広く分布するステロール》.

sìto·tóxin *n* 穀物毒素《腐敗により生じる》.

sit·rep /sítrèp/ *n* [ᵒS-]*《軍俗》状況[戦況]報告. [*sit*uation *re*port]

Sitsang 西蔵 (⇨ XIZANG).

sít spìn 《スケート》シットスピン《片脚でゆっくり腰を落とし, 他方の足は伸ばして行なうスピン》.

sits vac. SITUATIONS vacant.

Sit·tang /sítàːŋ/ [the] シッタン川《ミャンマー中東部を南流して Martaban 湾に注ぐ》.

sittar ⇨ SITAR.

sit·ten /sítn/ *v* 《古》SIT の過去分詞.

sít·ter *n* **1** 着席者; 肖像画[写真]のモデル; BABYSITTER, 《病人などの》看護人, 付添人, *《俗》麻薬の手引きをする男; *《俗》《バーで》すわって客に酒を勧める者. **2** 巣鳥(とり); とまっている猟鳥; ᴴ《口》命中させやすい的《など》, 楽な仕事; ᴴ《口》《クリケット》処理しやすい打球; 《口》《サッカー》楽に得点できるチャンス, イージーゴール; 《俗》尻.

Sitter デシッテル, ドシッター **Willem de ～** (1872–1934)《オランダの天文学者》.

sitter-ínᴴ *n* (*pl* **sítters-ín**) BABYSITTER.

sít·ting *n* **1** 着席, 着座; 写生[写真]のモデルになること; 教会などの定めの座席; 出席権; 列席; 抱卵, 巣ごもり; 抱卵期; 一かえしのひな, 一回の抱卵数: give five ～*s* to an artist 画家のモデルとして 5 回すわる. **2** 席に着いて[仕事して]いる時間, ひと仕事, 一気: at a [one, two] ～ 一度[一気]に [2 回で]〈読み切るなど〉. **3** 開会, 開廷(期間), (議会)開期 (session); 《《船内の》食堂などで数回[数か所]に分けて定められている》食事の時間[場所]: in two ～*s* 2 回に分けて. ► *a* すわった(ままで行なう); 飛んでいない〈鳥〉; 在職中の, 現職の; 抱卵中の.

Sítting Búll シッティング・ブル (1831?–90)《Sioux インディアンの指導者; 1876 年 Little Bighorn の戦いで Custer 中佐の部隊を全滅させた》.

sítting dúck 《口》簡単な標的, 無防備な人物, いいカモ (=*sitting target*): like a ～ 無防備で.

sítting pàrk 腰かけるためだけの小公園.

sítting ròom 居間, 茶の間 (living room).

sítting tárget SITTING DUCK.

sítting ténant 現在借用中の入居者, 現借家人, 現借地人.

sítting tròt 《rising trot に対して》鞍にすわったままの速足[トロット].

Sit·twe /sítwèɪ/ シットウェ《ミャンマー西部 Bengal 湾に臨む市・港町; 別称 Akyab》.

situ ⇨ IN SITU.

sit·u·ash /sìtʃuéɪʃ/ *n**《俗》SITUATION.

sit·u·ate /sítʃuèɪt/ *vt* [ᵁ*pass*] …に位置を与える, …の位置を定める; 〈考え・できごとなどを〉〈…と〉関連づける 〈*to*〉. ► *a* /-ət, -èɪt/ 《古》/《法》SITUATED. [L *situo* to position (SITE)]

sít·u·àt·ed *a* 位置している (located), ある; 敷地が…の; …の立場[状態]にある; 《経済的に》…の境遇にある: The hotel is ～ on a hill. / He is awkwardly [well] ～. 困った立場[いい境遇]にある.

sit·u·a·tion /sìtʃuéɪʃ(ə)n/ *n* **1 a** 状況, 境遇, 立場, 状態; 形勢, 情勢, 時局, 事態; 《心》事態《ある瞬間に個体に影響する内外の刺激全体》; 《古》健康状態. **b** 難局, 難問; 関係; 《脚本・物語などの》急場, きわどい場面, 大詰め: save the ～ 事態を収拾する. **2 a** 位置, 場所; 敷地, 用地. **b** 《特に 召使などの》勤め口, 職; 《社会的》地位: ～*s* vacant [wanted] ᴴ求人, 求職《広告の見出し》.

situátion·al *a* 場面[環境, 情況]の[による, に応じた, にふさわしい]; 状況倫理の. ♦ **～·ly** *adv*

situátion cómedy 連続ホームコメディー, シットコム (sitcom)《登場人物と場面設定とのからみのおもしろさで笑わせる》.

situátion éthics 状況倫理.

situátion·ìsm *n* 《心》状況主義《行動決定に対する状況の影響を重視する立場》; シチュエーショニズム, シチュアシオニスム《1950–70 年代西欧の国際的反体制・反資本主義運動; パリ五月革命 (1968) などに影響を与えた》. ♦ **-ist** *n, a*

situátion ròom シチュエーションルーム《(**1**) 軍または政治機関の本部の情報伝達室 (**2**) [the S- R-] White House の地下にある危機管理室》.

sit·u·la /sítʃələ/ *n* (*pl* **-lae** /-lìː, -làɪ/) 《考古》シトラ《鉄器時代イタリアの, バケツ形をした鉄製・陶製の容器》. [L＝bucket]

sít-ùp, sít·ùp *n* 上体起こし, シットアップ《あおむけに寝た姿勢から手を使わず上体を起こす運動》.

sít-upòn *n* «口» [*euph*] お尻 (buttocks).
si·tus /sáɪtəs/ *n* (*pl* ～) 〘法〙位置, 場所, 所在地; 《特に 身体・植物などの器官の》正常位置, 原位置. [L=SITE]
sítus in·vér·sus /-ɪnvə́ːrsəs/ 〘解〙内臓逆位. [L *situs inversus* (*viscerum* internal organs)]
sítus pìcketing* COMMON SITUS PICKETING.
situtunga ⇨ SITATUNGA.
Sit·well /sítwèl, -wəl/ シットウェル (1) Dame **Edith** ～ (1887–1964) 《英国の詩人・批評家; Sir George の娘, Osbert, Sacheverell の姉; *Façade* (1922)》 (2) Sir **George Reres·by** /ríərzbi/ ～, 4th Baronet (1860–1943) 《英国の古物研究家・著述家; Edith, Osbert, Sacheverell の父》 (3) Sir **Osbert** ～ (1892–1969) 《詩人・小説家》 (4) Sir **Sacheverell** ～, 6th Baronet (1897–1988) 《詩人・美術評論家》.
sítz bàth /síts-, zíts-/ 《治療目的の》腰湯(ゆ), 坐浴 (hip bath); 坐浴の浴槽. [G *Sitzbad* sitting bath]
sitz·bein, sits- /sítsbèɪn, zíts-/ *n**«俗» 尻. [G=sitting bone]
sitz·fleisch /sítsflèɪʃ, zíts-/*«口» *n* 《人の》尻; 忍耐力, 持久力. [G=sitting flesh, buttocks]
sitz·krieg /sítskrìːg, zíts-/ *n* 《第二次大戦初期などの》膠着戦 (cf. BLITZKRIEG). [G=sitting war]
sitz·mark /sítsmàːrk, zíts-/ *n* 〘スキー〙《雪上についた》しりもちマーク. [G=sitting mark]
sitz·pow·er /sítspàuər, zíts-/ *n**«俗» SITZFLEISCH.
SI unit /èsáɪ ―/ 国際単位 《国際単位系 (Système International d'Unités) の単位: メートル・キログラム・秒・アンペアなど》.
SIV /èsàɪvíː/ *n* サル免疫不全ウイルス 《ヒトの AIDS ウイルスに似たレトロウイルス; サルの免疫機能を低下させる》. [*s*imian *i*mmunodeficiency *v*irus]
Si·va /síːvə, sívə, ʃíːvə, ʃívə/ 〘ヒンドゥー教〙 シヴァ, 湿婆(しば) 《Brahma, Vishnu と共に 3 主神の一で破壊神; ⇨ TRIMURTI》. [Skt]
Síva·ism *n* シヴァ教. ♦ **-ist** *n* **Sìva·ís·tic** *a*
Si·va·ite /síːvəàɪt/ *n* SAIVA.
Si·va·ji /ʃíːvɑːʤi, sɪvɑ́ːʤi/ シヴァージー (1627 or 30–80) 《インドの Maratha 王国の王 (1674–80)》.
Si·van /sívən, sivɑ́ːn/ *n* 〘ユダヤ暦〙シワン, シヴァン 《政暦の第 9 月, 教暦の第 3 月; 現行太陽暦で 5–6 月; ⇨ JEWISH CALENDAR》. [Heb]
Si·vas /sivɑ́ːs/ シワス 《トルコ中東部の, Kizil Irmak 川上流にある古代以来の都市; 古代名 Sebaste, Sebastia》.
siv·a·the·ri·um /sìvəθíəriəm/ *n* 〘古生〙シバテリウム 《洪積世アジアに生息したキリンの祖先》. [*Siva*, *-therium*]
si·ver /sáɪvər/ *n* «スコ» 排水溝, 下水溝, 排水管 (drain). [? OF *sewiere* sewer]
si vis pa·cem, pa·ra bel·lum /si wíːs pɑ́ːkèm pɑ́ːrɑː bélùm/ 平和を欲するならば戦争に備えよ. [L=if you wish peace, prepare for war]
Si·wa /síːwə/ シーワ 《エジプト北西部のオアシス町; AMMON[1] 信仰の中心地; 古称 Ammonium》.
Si·wa·lik /sɪwɑ́ːlɪk/ シワリク 《インド亜大陸北部のヒマラヤ山脈に沿って続く丘陵; インド北東部 Sikkim 州からネパール・インド北西部を経てパキスタン北部に至る》.
Si·wash /sáɪwɔ̀(ː)ʃ, -wɑ̀ʃ/ *n* **1** [ºold ～]*«口» こぢんまりした典型的田舎大学. **2 a** [ºs-]*«北西部俗» **a** [*derog*] インディアン, インディアンのようなやつ 《猟師・山師など》, [s-] 荒くれ者, 《社会の》落伍者. **b** インディアン語, CHINOOK JARGON. **3** [s-] «カナダ» COWICHAN SWEATER. ► *v* [s-]*«北西部» *vi* 野宿する. ► *vt* «俗» ブラックリストに載せる, 〈人〉に酒を買うのを禁止する. [Chinook Jargon<F *sauvage* savage; '田舎大学' は米国の作家 George Fitch (1877–1915) の物語に出る架空の大学の名から]
síwash swéater «カナダ» COWICHAN SWEATER.
six /síks/ *a* 6 つの, 6…; 6 人[個]の. ► *n* **1 a** 《数の》6, 6 つ: Twice three is [are] ～. 3 の 2 倍は 6. **b** 6 の数字[記号] 《6, vi, VI》: write a ～ 6 の字を書く. **2** 6 人[個]; ''6 シリング; 6 ペンス (sixpence); 〘クリケット〙6 点打 (sixer): *S*～ were present. 6 人出席 / *S*～ of them were broken. うち 6 個はこわれていた / ～ and ～ 6 シリング 6 ペンス (6/6) (cf. SHILLING, PENNY). **3 a** 6 時, 6 分; 6 歳: get up at ～ 6 時に起きる / It's ～ past ～. 6 時 6 分 / a boy of ～ 6 歳の男の子 / The girl is ～ today. 今日 6 つになる. **b** 《トランプの》6 の札; 《さいころ・ドミノの》6 の目; 《靴・手袋などのサイズの》6 番, [*pl*] 6 番サイズのもの: the ～ of hearts ハートの 6 / double ～*es* 《2 個のさいころの》6 ぞろい / They are arranged by ～*es*. 6 つずつ配列してある. **c** [後置; 序数の代用] 第 6 の: page ～, line ～ 第 6 ページ第 6 行 (=the sixth page, the sixth line). **4 a** 6 人[個]の一組, 《sixer が指導する》六人隊, アイスホッケーのチーム; [the S-] 欧州共同市場の当初からの 6 か国; [the S-] 〘楽〙六人組 《Milhaud, Honegger を中心とする 1920 年代フランスの作曲家グループ; Les Six /F le sis/ ともいう》. **b** 6 気筒のエンジン[自動車]. ★ 接頭辞 hex-, sex-. ● **(all) at ～es and sevens** «口» (完全に)混乱して; (意見が)一致しないで 〈*about*〉. **hit [knock] for ～** ''〘クリケット〙〈相手投手〉に対して《最高の》6 点打を打つ; ''«口» …にひどい打撃を与える, 打ち負かす, 論破する, あっと驚かす. **(It is) ～ (of one) and half a dozen (of the other)** [**～ and two threes**]. 五十歩百歩だ, 似たり寄ったりだ, どっちもどっちだ. **～ and eight (pence)** 弁護士への普通の謝礼 《もと 6 shillings 8 pence》. **～ feet under** «口» 埋葬されて, 死んで (cf. DEEP SIX). **～ of the best** むち[ステッキ]でたたく罰. **～ to one** 6 対 1; [*fig*] 大差. [OE *siex*; cf. G *sechs*]
six·ain /síksèɪn/ *n* 〘韻〙六行連. [F (*-ain* -an)]
síx-bànd·ed armadíllo 〘動〙ムツオビアルマジロ, 六帯キュウヨ(犰狳) 《南米産》.
six bíts [‹*sg*/*pl*›]*«俗» 75 セント (cf. TWO BITS).
six-bỳ *n* «俗» 大型トラック.
six-by-síx *n* «もと米軍俗» 六輪駆動トラック.
Six Cóunties *pl* [the] 北アイルランド六州 《Antrim, Armagh, Down, Fermanagh, Londonderry および Tyrone》.
Síx-Dày Wár [the] 六日戦争, 第 3 次中東戦争 《1967 年 6 月 5–10 日のアラブ-イスラエル戦争; イスラエルが Gaza Strip, Sinai, Jerusalem, West Bank, Golan Heights を占領》.
síx-éight (tìme) 〘楽〙8 分の 6 拍子.
six·er *n* 《英国・カナダの Boy [Girl] Scout 幼少団員の》六人隊 (six) 隊長; 〘クリケット〙6 点打; ''6 ペンス; *«俗» 6 か月の刑; *«俗» 《ビールなどの》6 本[6 個]入りパック.
síx·fòld *a*, *adv* 6 つの部分[要素]からなる; 6 倍の[に], 6 重の[に].
síx-fóot·er *n* 身長[長さ]6 フィートはある人[もの].
síx-gùn* *n* 六連発銃[ピストル]; 《一般に》リボルバー.
síx-hùndred-póund gorílla*«俗» 強烈な力, 抗しがたい影響力 (=*eight-hundred-pound* [*nine-hundred-pound*] *gorilla*).
six·mo /síksmòu/ *n* (*pl* ～**s**) 六折判(の本[紙, ページ]) (=*sexto*) 《6mo, 6° とも書く; ⇨ FOLIO》.
Six Nátions *pl* [the] **1** 六族連盟 (⇨ IROQUOIS LEAGUE). **2** [the] シックスネーションズ 《イングランド・ウェールズ・スコットランド・アイルランド・フランス・イタリアの代表チームが参加するラグビーユニオン (rugby union) の国際選手権大会》.
síx o'clóck swíll «豪口» 《バーでの》酒のがぶ飲み 《以前は 6 時閉店で, その直前にあわただしく飲んだことから》.
six-o-six, 606 /síksòusíks/ *n* 606 号 (arsphenamine) 《梅毒治療薬》.
síx-pàck «口» *n* 《瓶・缶などの》6 本[6 個]入りパック (cf. JOE SIX-PACK); 6 本[6 缶]のビール《など》; よく発達した[割れた]腹筋, シックスパック. ► *vi* 半ダースパックのビールを飲んで過ごす.
síx·pence /-pəns/ *n* 《英国の》6 ペンス白銅貨 (=～ **bìt**) 《1971 年まで》; 6 ペンスの価, 6 ペンス分: I don't care (a) ～ about it.=It doesn't matter ～. 少しもかまわない.
síx·pen·ny /-pəni, *-pèni/ *a* 6 ペンスの; 安価な (cheap). ► *n* 6 ペンスで買えるもの[乗れる距離].
síxpenny bít 6 ペンス貨 (sixpence).
sixpenny nàil 長さ 2 インチの釘. [もと 100 本 6 ペンス]
síx-ròwed bárley 〘植〙六条大麦, 六角大麦.
síx-shóot·er *n* 六連発銃 (six-gun).
sixte /síkst/ *n* 〘フェン〙第 6 の構え (⇨ GUARD).
six·teen /sìkstíːn, ⌐⌐/ *a* 16 の, 16 人[個]の. ► *n* 《数の》16; 16 の記号 《XVI》; 16 番目(のもの); 《サイズの》16 番; 16 人[個]の一組: SWEET SIXTEEN. [OE *siextiene* (SIX, *-teen*)]
16-gauge /sìkstíːn ―/ *a* 16 番用の 《直径 .662 インチの散弾銃用の弾丸》; 16 番散弾銃の.
six·teen·mo /sɪkstíːnmou/ *n* (*pl* ～**s**) 十六折判(の本[紙, ページ]) (=*sextodecimo*) 《普通は 7×5 インチ大; 16mo, 16° とも書く; ⇨ FOLIO》.
síxteen·pènny nàil 長さ $3^1/_2$ インチの釘. [cf. *sixpenny nail*]
six·teenth /sìkstíːnθ, ⌐⌐/ 《略 16th》 *a*, *n* 第 16 (の), 16 番目(の); 16 分の 1 (の); 《月の》16 日; SIXTEENTH NOTE.
síxteenth nóte*〘楽〙十六分音符 (semiquaver'') (⇨ NOTE).
síxteenth rést*〘楽〙十六分休符.
sixth /síksθ/ 《略 6th》 *a*, *n* **1** 第 6 (の), 6 番目(の); 《月の》6 日; 〘楽〙6 度(音程), 第 6 音; SIXTH CHORD; ''SIXTH FORM. **2** 6 分の 1 (=a ～ part) (の). ► *adv* 6 番目に: He came ～.
♦ **～·ly** *adv*
síxth chòrd 〘楽〙シックス(ス)(コード), 六の和音.
síxth cólumn 〘軍〙第六部隊, 第六列 《FIFTH COLUMN を助ける》.
Síxth dáy 金曜日 《クエーカー教徒の用語》.
síxth fórm 〘英〙第 6 学年 《A level, AS level の試験の準備を目指す 16–18 歳の学生が学ぶ中等学校の最上学年もしくは sixth-form college の課程; 通例 2 年間にわたる》. ♦ **síxth-fórm·er** *n*
síxth-fòrm cóllege 〘英〙シックスフォームカレッジ 《GCE の A level などの試験の準備を目指す 16–18 歳の学生が行く公立カレッジ》.
síxth sénse 第六感, 直感: A [The] ～ told me that. 第六感でそれがわかった.
síxth yéar «スコ» 第 6 学年生 《中等学校の最上学年; イングラン

ド・ウェールズの sixth form に相当》.
six·ti·eth /síkstiəθ/ *a, n* 第 60 (の), 60 番目(の); 60 分の 1 (の).
Six·tine /síkstìːn, -tàɪn/ *a* SISTINE.
Six·tus /síkstəs/ シクストゥス《ローマ教皇 5 名の名; SISTINE *a*》: (1) ~ IV [本名 Francesco della Rovere] (1414–84)《在位 1471–84; ⇨ SISTINE CHAPEL》 (2) ~ V [本名 Felice Peretti] (1520–90)《在位 1585–90》.
six·ty /síksti/ *a* 60 の, 60 個[人]の. ► *n*《数の》60; 60 の記号《lx, LX》;〔商〕60 日払いの手形. ★ 用法は TWENTY の例に準じる. ● **like ~** «口» 猛スピードで, 猛烈に; «口» やすやすと, あっさり. [OE *siextig* (SIX, *-ty*[1])]
síxty-fírst [...**síxty-nínth**] *a, n* 第 61 [...69] (番目)(の). ★ TWENTY-FIRST の例に準じる.
síxty·fòld *a, adv* 60 倍の[に].
síxty-fòur dóllar *a* 難解な: those obscure *$64* medical words. [↓]
síxty-fòur-dóllar quéstion [the] 重大問題, 難問題, 肝心な問題. [1940 年代の米国のラジオのクイズ番組で最高賞金 $64 を賭けた最後の難問から]
sìxty-fóur·mo /-moʊ/ *n* (*pl* **~s**) 六十四折判(の本[紙, ページ])《64mo, 64° とも書く》.
síxty-fóurth nòte *〔楽〕六十四分音符 (hemidemisemiquaver[11]) (⇨ NOTE).
síxty-fóur-thòusand-dóllar quéstion [the] SIXTY-FOUR-DOLLAR QUESTION. [1950 年代の米国の同名のテレビのクイズ番組の最後の難問から]
síxty-fóurth rèst *〔楽〕六十四分休符.
síxty·ish *a* 六十がらみの, 六十歳ぐらいの.
síxty-níne *n* 69; «卑» シックスナイン《相互性器舐啜》.
síxty-óne [...**síxty-níne**] *a, n* [数詞] 61 [...69] (の). ★ TWENTY-THREE の例に準じる.
síxty·pènny *a* 長さ 6 インチの〈釘〉(略 60 d).
síx-yàrd líne〔サッカー〕6 ヤードライン《ゴールエリアの限界線》.
siz·able /sáɪzəb(ə)l/, **síze·able** *a* 相当の大きさの, かなり大きい; 大きな (large); «廃» 手ごろの. ♦ **-ably** *adv* **~·ness** *n*
siz·ar, -er /sáɪzər/ *n* 特待免費生《Cambridge 大学や Dublin 大学の Trinity カレッジにあった他の学生の下僕をつとめる義務付きの給費生; cf. SERVITOR》. ♦ **~·ship** *n* [*size*[1] 3b]
size[1] /sáɪz/ *n* **1** 大きさ, 背格好, 寸法, (型の)大小;《帽子・手袋・靴などの》サイズ, 番, 型,《紙などの》判(はん): for ~ 大きさに従って / (half [twice]) the ~ of...の(半分[倍]の)大きさ(の) / (much) of a (=the same) ~ (ほぼ)同じ大きさの / of all ~*s* 大小とりどりの / of some ~ かなり大きい / take the ~ of...の寸法をとる / What ~ shoe(s) do you wear? 靴のサイズはどのくらいですか / cut plywood to ~ ベニヤ板を適切な大きさに切る. **2 a** 程度, 量, 範囲; かなり[相当]の大きさ[規模];《人の》うつわ, 器量: a man of a considerable ~ 大器量人, 大器. **b** «口» 真相, [the] 実状: ⇨ 成句. **3 a** 真珠ふるい, 真珠尺(じゃく). **b** «廃» 定量, 定額;《Cambridge 大学食料室からの飲食物の》配給定量. **c** [[U]*pl*] [11]«方» 巡回裁判 (assize). ● BEAT [CUT, KNOCK, TAKE, WHITTLE]...**down to ~. That's (about) the ~ of it.** «口» 実状は(まあ)そんなところだ. **try...(on) for ~** (サイズが)合うかどうか試してみる;〈計画などを〉有効かどうか試して[考えて]みる: *Try* that *for* ~. うまくいくかどうかやってごらん. ► *a* [[U]*compd*] ...なサイズの, サイズが...の: life-~. ► *vt* 寸法で分類する, 大小順に並べる; 一定の大きさに作る[切る]. ► *vi*〔ケンブリッジ大学〕定量食を注文する. ● **~ down** 順々に小さくする. **~ up** (1) ...の寸法をみる; «口»〈人・状況などを〉慎重に評価する[判断する]. (2)〈ある条件[基準]に〉合う,〈ある水準に〉達する〈*to, with*〉. ♦ **~·able** ⇨ SIZABLE. [*assize*]
size[2] *n* 陶砂(どうさ)《紙のにじみ止め用》, 織物用糊, 箔下(はくした)糊, サイズ;《粘土の》粘性. ► *vt* ...にサイズを塗る. [ME <?*size*[1]]
sized /sáɪzd/ *a* 大きさに従って並べた; 標準の大きさの; 同じ大きさの; /sàɪzd/ [[U]*compd*] ...なサイズの, サイズが...の: medium-~ / ~ in inches 寸法をインチ(単位)で記した.
size·ism, siz·ism /sáɪzìz(ə)m/ *n*《チビ・デブなどの》体型にかかわる偏見, サイズ差別. ♦ **síz(e)·ist** *a*
siz·er[1] /sáɪzər/ *n* 大きさをそろえる人; 整粒器, 選別機, 選果機; 寸法測定器.
sizer[2] ⇨ SIZAR.
síze stìck《足の長さ・幅などを計る》靴屋の物差し.
síze-ùp *n**«口» 評価, 判断.
síze-wèight illúsion〔心〕大きさ・重さ錯覚《同じ重量でも, 体積の大きいものは小さいものより軽く感じられる》.
síze zéro〔服〕サイズゼロ[0], ゼロサイズ, XS サイズ《米国で, 特に細身の[小柄な]女性用サイズ; 英国のサイズ 4 に相当》.
siz·ing[1] /sáɪzɪŋ/ *n* 大きさ[身長]順に並べること; 粒をそろえること, 整粒, 分粒, サイジング;《樹木の》間引き;〔ケンブリッジ大学〕配給定量《賄い方から供給》. [*size*[1]]
sizing[2] *n* SIZE[2] を塗ること, 糊づけ; にじみ止め材料 (size); 糊づけ機.
sizism ⇨ SIZEISM.
sizy /sáɪzi/ *a* «古» 粘着性の, ねばねばする.
siz·zle /síz(ə)l/ *vi* ジュージューという音をたてる; «口» とても暑い; «口» 怒りで腹が煮えくりかえる〈*over*〉; «俗» すごく人気がある, ホット[エキサイティング]である; *«俗» 電気椅子で死ぬ. ► *vt* ジリジリと焦がす. ► *n*《揚げものをするときなどの》シューシュー[ジュージュー]いう音; «口» 興奮: sexual ~. ● **more ~ than steak** «俗» 見かけ倒しの. [imit]
siz·zled /síz(ə)ld/ *a**«俗»《酒に》酔って.
síz·zler *n* ジュージューいうもの; «口» 熱いもの,《特に》非常に暑い日; «口» 激しい皮肉なことば; «口» 大変な[危険な]代物; «口» 強烈な一撃,〔野〕痛烈なライナー; «俗» ピチピチした[セクシーな]女, ストリッパー; «口» 醜聞, 猥談; «口» 人気絶頂のもの《歌・本・映画・タレント・運動選手など》; «俗» 盗品, 盗難車, 誘拐された人; «俗»《飯場・牧場などの》へぼ料理番.
síz·zling *a* **1** シューシュー[ジュージュー]と音をたてる; 非常に熱い[暑い]: ~ hot «口» うだる[煮え立つ, 焼ける]ような; 大人気の. **2** 激しい〈情事など〉; みごとな, しびれるような; めざましい〈売れ行き〉. **3***«俗» 盗まれた, 身代金として支払う.
sízz-wàter /síz-/ *n**«俗» 炭酸水[飲料].
SJ [L *Societas Jesu*] °Society of Jesus《イエズス会士が名前のあとに付ける》.
Sjæl·land /ʃέlɑːn/ シェラン島 (*E* Zealand, *G* Seeland)《デンマーク東部の同国最大の島; 首都 Copenhagen はその東端にある》.
sjam·bok /ʃæmbάk, -bák; ʃǽmbɔk/ *n, vt* «南ア» サイ[カバ]の皮のむち(で打つ). [Afrik<Malay<Urdu]
SJC〔米〕Supreme Judicial Court.
Sjö·gren('s) syndrome [**disease**] /ʃə́ːgrèn(z) ─, -grən(z)-/〔医〕シェーグレン症候群, シェーグレン病《中高年の女性にみられる, 乾性角結膜炎に粘膜の乾燥・耳下腺腫脹・リウマチ様関節炎などが合併する疾患》. [H. C. S. *Sjögren* (1899–1986) スウェーデンの眼科医]
SK Saskatchewan.
ska /skάː/ *n* スカ《ジャマイカ起源のポピュラー音楽; 初期のレゲエ (reggae)》. [Jamaican E <imit]
skaapsteker ⇨ SCHAAPSTEKER.
skad ⇨ SCAD[1].
skag ⇨ SCAG[1].
Skagen ⇨ SKAW.
Ska·gens Od·de /skάːgəns ɔ́ːdə/ スカーゲンスオッデ《SKAW のデンマーク語名》.
Skag·er·rak /skǽgəræ̀k/ [the] スカゲラク海峡《ノルウェーとデンマークの間》.
skág·gy *a**«俗» ブスの, だらしない, 不潔な.
skald, scald /skɔ́ːld, *skάːld/ *n*《古代スカンディナヴィアの》吟唱詩人. ♦ **skáld·ic, scáld-** *a* 吟唱詩(人)の. **~·shìp** *n* [ON <?]
skam /skǽm/ *n, vt, vi* «俗» SCAM.
Skan·da /skάndə/ *n*〔ヒンドゥー神話〕スカンダ《戦争の神で Siva の息子; 6 つの顔と 12 本の腕をもち, 孔雀の上に乗った姿で表わされる》;〔仏教〕韋駄天. [Skt]
Skan·der·beg /skάːndərbèg/ スカンデルベグ (1405–68)《アルバニアの民族的英雄; 本名 George Kastrioti, *Turk* Iskander Bey; 諸部族を組織して, 独立を求めてゲリラ戦でトルコ軍と戦い, 撃退をつづけたが, 1466 年再征服された》: ~'s sword must have ~'s arm. スカンデルベグの刀はスカンデルベグしか抜けない.
skank[1] /skǽŋk/*«俗» *n* 不快なもの[者], 気持の悪いやつ[物]; 醜い(若い)女, ブス (scank); いつでも OK の[すぐに寝る]女, 淫売. ► *vi* (顔が)醜い, ブスである. [C20<?]
skank[2] «俗» *n* スキャンク《レゲエに合わせて踊るダンス》; レゲエ. ► *vi* レゲエを演奏する; スキャンクを踊る; 色っぽく歩く, セクシーなしぐさをする.
skánky*«俗» *a* きたない, 不潔な, 汚らわしい; 安っぽい, 薄っぺらな, 下劣な. [*skank*[1]]
Ska·ra Brae /skǽrə bréɪ/ スカラブレイ《スコットランド北東部 Orkney 諸島の新石器時代の集落遺跡》.
skarn /skάːrn/ *n*〔地質〕スカルン《鉄に富む接触交代鉱床の脈石》.
skat[1] /skǽt, skάːt/ *n*〔トランプ〕スカート《3 人が 32 枚の札でするドイツ起源の pinochle 系のゲーム; その後家札》. [G<It *scarto* to discard]
skat[2] *n**«俗» ビール (beer).
skate[1] /skéɪt/ *n* **1** [[U](a pair of) ~s] スケート靴 (ice skate); スケート靴の刃; ローラースケート (roller skate); SKATEBOARD;《スケートの》ひとすべり;〔電〕《電車などの電流をとる》接点;《重い物の》移動装置. **2** *«俗» 痛飲, 酒宴; *«俗» 酒飲み, 飲み騒ぐ人. ● **get** [**put**] **one's ~s on** [11][[U]*impv*] «口» 急ぐ. ► *vi, vt* **1** スケート(ボード)ですべる; スケートをする; すべるように(速く)走る; *«俗» 借金を抱えて逐電する; «俗» 急いで去る; *«俗» 義務を避ける, 逃げる. **2***«俗» 酔っぱらう. ● **~ on** [**over**] **thin ice** [通例 進行形で] きわどい問題を扱う, あぶない橋を渡る. **~ over** [**around, round**]...を避けて通る, ...に真剣に取り組まない. ♦ **~·able** *a* スケートですべるのに適した. [Du *schaats*<OF *eschasse* stilt]
skate[2] *n* (*pl* ~, **~s**)〔魚〕ガンギエイ. [ON *skata*]

skate[3] *《俗》 *n* 卑しむべき人物; やせこけた老いぼれ馬; 人, 男, やつ: good ～ 好感のもてる人, いいやつ / a cheap ～ つまらんやつ. [C20 <?; cf. *skite* (Sc, northern England) to defecate]

skáte·bòard *n* スケートボード, スケボー. ► *vi* スケートボードに乗る[ですべる]. ♦ **～·er** *n* **～·ing** *n*

skáte·pàrk *n* スケートボーディング場.

skat·er /skéɪtər/ *n* スケートをする人, スケート(ボード)選手; WATER STRIDER.

skat·ing /skéɪtɪŋ/ *n* スケート: go ～ スケートに行く. ► *a**《俗》 麻薬に酔って.

skáting rìnk ローラー[アイス]スケート場, スケートリンク.

skat·ole /skǽtòul, skéɪ-/, **ska·tol** /-ɔ̀(:)l, -òul, -àl/ *n* 〖化〗 スカトール《糞臭のある白色結晶性化合物; 香料保留剤》. [Gk *skat-skōr* excrement, *-ol(e)*]

skáty-éight /skéɪti-/ *n**《俗》 多数, かなりの数. [cf. *forty-'leven*]

Skaw /skɔ́:/ [the] スカゲン岬 (=**Càpe Ská·gen** /-ská:gən/)《デンマーク Jutland 半島の北端; デンマーク語名 Skagens Odde》.

skean[1], **skene** /skí:(ə)n/ *n* 《アイルランドやスコットランド高地で用いた》両刃の短刀[短剣]. [Gael *sgian* knife]

skean[2], **skeane** /skéɪn/ *n* かせ (SKEIN).

skéan [skéne] dhú /-ðú:, -dú:/ 《昔のスコットランド高地人の正装時の》短刀. [*skean*[1], Gael *dubh* black]

Skeat /skí:t/ スキート **Walter William ～** (1835–1912)《英国の言語学者; *Etymological English Dictionary* を編纂》.

ske·ben·ga /skəbéŋgə/ *n* 《西アフリカ》 ギャング, やくざ者.

sked /skéd/ *n, vt* (-dd-) 《口》 SCHEDULE.

ske·dad·dle /skɪdǽdl/ 《口》 *vi* 急いで逃げる, ずらかる. ► *n* 逃走, 遁走. ♦ **ske·dád·dler** *n* [C19<?]

ske·donk /skədáŋk/ *n* 《南アフロ》 ぽんこつ車.

skee[1] /skí:/ *n, vi* SKI.

skee[2] *n**《俗·方》 WHISKY[1]; *《俗》 アヘン.

Skee-Ball /skí:bɔ̀:l/ 〖商標〗 スキーボール《堅いゴムボールをころがして的の溝に入れて得点する室内戯》.

skée·sicks, -zicks /skí:zɪks/ *n**《俗》 ならず者, 役立たず, [*joc*] いたずらっ子. [*Skeezix* 漫画 *Gasoline Alley* (c. 1850–c. 1910) 中の人物]

skéet /skí:t/ *n* **1** スキート射撃《TRAPSHOOTING の一種; 射手は通常 8 つの位置から撃つ複雑なもの》. **2***《俗》 はなみず. ♦ **skéet·er**[1] *n* [ON *skjóta* to SHOOT; cf. *skeet* (dial) to scatter, SCOOT]

skee·ter[2] /skí:tər/ *n* 《米口·豪口》 MOSQUITO; スキーター《長さ約 16 フィートの 1 枚帆の氷上ヨット》.

skeeter[3] *vi, vt* SKITTER.

skéet shòoting スキート射撃 (skeet); *《俗》《片方の鼻の穴を押えて》はなみずを飛ばすこと, 手鼻をかむこと.

skeevy /skí:vi/ *a**《俗》 きたならしい, みすぼらしい (sleazy), 胸くそ悪い.

skeeze /skí:z/ *《俗》 *vi, vt* (…と)エッチする. ► *n* 尻軽女; ナンパ師; 《ヒップホップミュージシャンなどの》親衛隊, 追っかけ.

skee·zer /skí:zər/ *n**《俗》 変わり者, 変なやつ; SKEEZE.

skeg /skég/ *n* 〖造船〗《船尾下端の》かかと, 舵の下部の支え; 竜骨前端の突出部《機雷防御器を引っ張る》; 《豪》 サーフボードの底の尾, スケグ. [Du *scheg* cutwater]

Skeg·ness /skɛgnés/ スケグネス《イングランド Lincolnshire 東岸のリゾートの町》.

skeigh /skí:x/ 《スコ》 *a* 〈馬が〉元気にあふれた, 威勢のよい; 〈女が〉高慢ちきな. [C16? Scand; cf. Swed *skygg* shy]

skein /skéɪn/ *n* かせ (=*skean, skeane*)《枠に巻き取った糸束; HANK の 1/7》; かせに似たもの《巻き毛など》; [*fig*] もつれ, 混乱; 《飛んでいる》鳥の群れ (cf. GAGGLE). ► *vt* 〈糸を〉かせに巻く. [OF *escaigne*<?]

skel·e·tal /skélətl, skəlí:tl/ *a* 骨格の, 骸骨の; やせこけた, 骨と皮の; 最小限の, 骨子のみからなる. ♦ **～·ly** *adv*

skéletal múscle 〖解〗 骨格筋《骨に直接付いており随意に動かせる横紋筋》.

skel·e·ton /skélət(ə)n/ *n* **1 a** 骨格, 《特に》骸骨; やつれた[やせた]人[動物]: a mere [walking] ～ 骨と皮ばかりの人. **b** 《家屋·船などの》骨組, 軀体, スケルトン; 形骸(化したもの), 焼け残り; 《葉の》組織, 条(すじ); 〖理〗 有機分子の骨格構造. **2** 必要最小限のもの; 骨子, 輪郭, 概略. ● **a [the] ～ at the feast** 興を殺(そ)ぐ人[できごと]. **a [the] ～ in the closet [cupboard**[Ⅱ]**]** =FAMILY SKELETON. ► *a* 骸骨の; 概略の; 〈兵員·乗組員などが〉最小限の: a ～ company [regiment] 基幹だけの中[連]隊; 《戦死などで》人員激減の連隊 / a ～ staff [crew] 最低要員 / a ～ service 《ストライキ中の会社などの》最小限の業務[営業]. ♦ **skèl·e·tón·ic** /-tán-/ *a* [L<Gk (neut)< *skeletos* dried-up]

skéleton constrùction 〖建〗《枠組で荷重を支える高層建築の》骨格[架構式]構造.

skéleton drìll 〖軍〗 仮設演習, 幹部実設演習.

skéleton·ìze *vt* 骸骨にする, …の肉を取り去る; 〈葉を〉支脈だけ残して食いつくす; …の概略[概要]を記す, 〈新聞原稿を〉送信用に縮める; (…の数を)大削減する.

skél·e·ton·ìz·er *n* 葉を食い荒らす鱗翅類の幼虫.

skéleton kèy 《多種の錠の開けられる》合い鍵.

skéleton sèt 〖劇〗 骨格セット《上演中変わらない基本的な舞台装置; 枠張物は場面に応じて入れ換えられる》.

skéleton shrìmp 〖動〗 ワレカラ (=*specter shrimp*).

skelf /skélf/ 《スコ·北イング》 *n* 棚; こっぱ, (刺さった)とげ (splinter); やせっぽち, ちび; うるさい[じゃまくさい]やつ. [? *shelf*]

skell /skél/ *n**《俗》《地下鉄や軒下をねぐらにするような》宿なし, 浮浪者. [? *skeleton*]

skel·lum /skéləm/ *n* 《古·方·スコ》 悪党, 無頼漢, ならず者. [Du *schelm*; cf. G *Schelm*]

skel·ly[1] /skéli/ *n* 〖魚〗 イングランド北西部湖水地方産のコクチマスの一種. [? *skell*<ON *skel* SHELL]

skelly[2] *vt, n* 《スコ·北イング》 やぶにらみ(する), ちらっと見る. [? Scand; cf. ON *skjalgr* wry]

skelm /skélm/ *n* 《南ア》 ごろつき, ならず者.

Skel·mers·dale /skélmərzdèɪl/ スケルマズデール《イングランド北西部 Merseyside 州の計画人口 8 万のニュータウン》.

skelp[1] /skélp/ 《スコ·北イング》 *vt* 打つ, 〈尻を〉たたく, ひっぱたく (spank); 打って追い立てる; てきぱきと[元気よく, さっと]さばく. ► *vi* さっさと[元気よく]歩く. ► *n* ピシャリと打つ一打, 平手打ち. [ME *skelpen* (? imit)]

skelp[2] *n* 丸めて管を作る板金. [? ScGael *sgealb* splinter]

skel·ter /skéltər/ *vi* 急ぐ, あわてる, あわてふためく. [helter-skelter]

Skel·ton /skélt(ə)n/ スケルトン (**1**) **John ～** (1460?–1529)《特に教会を諷刺した英国の詩人; 韻は踏んでいるが不規則な詩行の詩を書いた; *Colyn Cloute* (1522)》 (**2**) **'Red' ～ [Richard Bernard ～]** (1913–97)《米国のパントマイム·喜劇俳優》. ♦ **Skel·ton·ic** /skɛltánɪk/ *a*

Skel·tón·ics *n pl* 〖韻〗 スケルトン風詩行《押韻した不規則な短行からなる技巧的な詩形》. [↑]

sken /skén/ *vi* (-nn-) 《北イング》 横目で見る, じっと見る.

ske·ne[1] /skí:ni/ *n* スケーネ《古代ギリシアの劇場で舞台後方の建物; 楽屋としての機能をもち, その壁が演技の背景となった》. [Gk; ⇨ SCENE]

skene[2], **skene dhu** ⇨ SKEAN[1], SKEAN DHU.

skep /skép/ *n* 《わら作りの》ミツバチの巣; 《農家で使う》円(まる)かご; 円かご一杯の量. [ON *skeppa* bushel]

skep·sel /sképs(ə)l/ *n* 《南アフロ》 やつ《しばしば 黒人·有色人種·カラードに対して用いる》. [Afrik]

skep·sis | **scep-** /sképsəs/ *n* 懐疑(哲学); 懐疑的見解.

skep·tic | **scep-** /sképtɪk/ *n* 懐疑論者, 懐疑主義者, 疑い深い人; 宗教不信論者, 無神論者; [S-] 〖哲〗 懐疑学派の人. ► *a* 懐疑論(者)の, 懐疑的な; [S-] 〖哲〗 懐疑学派の. [F or L<Gk (*skeptomai* to observe)]

skép·ti·cal | **scép-** *a* 懐疑的な, 疑い深い (cf. DOGMATIC); 信用しない; [S-] 〖哲〗 懐疑学派の. ♦ **～·ly** *adv*

skep·ti·cism | **scep-** /sképtəsìz(ə)m/ *n* 懐疑; 懐疑論, 懐疑主義; 宗教不信(論), 無神論; [S-] 〖哲〗《懐疑学派の》懐疑論.

sker·ewy /skɔ́:rui/ *a**《俗》 SCREWY.

skerm /skɔ́:rm/ *n* 《南ア》 野生の動物の侵入を防ぐこんもり茂った生垣. [Afrik=fence]

sker·rick /skérɪk/ *n* 《豪》 ごくわずか, 少量; 小片: Not a ～ of food was left. [C20 northern Eng.<? Scand]

sker·ry /skéri/ 《主にスコ》 *n* 《スコットランド·スカンディナヴィアなどの海の》岩の多い小島; 岩礁. [ON *sker*; cf. SCAR[2]]

sket /skét/ *vt* (-tt-) 《南ウェールズ》 (人に)〈水を〉(はね)かける.

sketch /skétʃ/ *n* 写生図, 下絵, スケッチ; 見取図, 略図; 下書き, 草案; 梗概; 小品, 短篇; 《滑稽な》寸劇; 〖楽〗 スケッチ《通例 短いピアノ曲》; 《口》 滑稽な人[こと, もの]; *《俗》 HOT SKETCH: make a ～ スケッチ[写生]する, 見取図をかく 〈*of*〉. ► *vt* スケッチ[写生]する; …の略図を作る 〈*in, out*〉; 手短かに説明する, 概略を述べる 〈*out*〉; …のしぐさをする: ～ a graceful bow. ► *vi* スケッチ[写生]をする; 寸劇を演じる. ● **～ in** 〈詳細を〉付け加える. ♦ **～·er** *n* [Du *schets* or G *Skizze*,<Gk *skhedios* extempore]

skétch blòck 写生帳, はぎ取り画用紙.

skétch·bòok *n* スケッチブック; 小品[随筆]集; 草案ノート.

skétch màp 略図, 見取図.

skétch·pàd *n* スケッチブック (sketchbook).

skétch plàn 〖建〗 概略計画, スケッチプラン.

skétchy *a* スケッチ[略図, 写生図]の(ような), 素描の; 概略だけの; ざっとした, 表面的な; 《口》 不完全な, 不十分な; よくわからない: a ～ meal 簡単な食事. ♦ **skétch·i·ly** *adv* スケッチ風に; ざっと, おおまかに. **-i·ness** *n*

skete /skí:ti, skí:t/ *n* 〖ギ正教〗 修道士[苦行者]の共同生活地. [Gk *Skētis* 北エジプトの砂漠で修業の場]

skéuo·mòrph /skjú:ə-/ *n* 《先史時代の陶器にみられるような》器物形, スケウオモルフ《器物·用具を表現した装飾[デザイン]》. [Gk *skeuos* vessel, implement]

skew /skjú:/ *a* 斜めの, ゆがんだ, 曲がった; 誤用の, こじつけの; 〖統〗 非対称の; 〔数〕一平面内にない (cf. SKEW LINES, SKEW CURVE); 〔数〕対称性からはずれた (cf. SKEW FIELD, SKEW SYMMETRY). ► *n* 斜めの動き[方向, 位置], ゆがみ, 曲がり, 傾き, 斜角; 偏見, 偏向, えこひいき; 〔統〕非対称; 〔建〕踏止石, 斜切石(はすきり), 塀の斜め屋根; 〔心〕両親の片方だけが異常に強い家庭環境. ● **on the** [**a**] **~** 斜めに, 曲がって. ► *vt* 斜めにする; 〈釘を〉斜めに打つ; ゆがめる, 曲げる, 歪曲する, 偏らせる; 〔統〕非対称にする. ► *vi* 曲がる, それる; 横目で見る 〈*at*〉. ♦ **~ed** *a* 傾いた, 曲がった; 〈意見・情報などが〉片寄った, 歪曲された. ［OF; ⇨ ESCHEW］

skéw àrch 〔建〕斜めアーチ.

skéw·bàck 〔建〕 *n* スキューバック《アーチの端を受ける斜面のある元石》; スキューバックの斜面. ♦ **~ed** *a*

skéw·bàld *a* (白と褐色の)駁毛(ぶち)の (cf. PIEBALD). ► *n* 駁毛の動物《特に 馬》.

skéw brìdge 《両岸に対して直角でない》筋かい橋.

skéw chìsel 斜め(入れ)のみ.

skéw cùrve 〔数〕《平面内にない》空間曲線, 三次元曲線.

skéw distribútion 〔統〕非対称分布.

S **skew·er** /skjúːər; skjúər/ *n* 串, 焼き串; 串状のもの, ピン; [*joc*] 剣, 刀. ► *vt* 串に刺す; きびしく批判する, こきおろす, 槍玉に挙げる. ［C17 (変形)〈 *skiver* (dial)〈?］

skéwer·wòod *n* 〔植〕セイヨウマユミ《欧州・西アジア産》.

skéw-èyed *a* やぶにらみの (squinting).

skéw fìeld 〔数〕非可換体, 歪体.

skéw gèar 〔機〕食い違い軸歯車.

skew-gee /skjuʤíː/ *a, adv* 《口・方》 ASKEW.

skéw lìnes *pl* 〔数〕同一平面内にない[ねじれ位置の]直線(群).

skéw·nàil *n* 〔木工〕斜め釘.

skéw·ness *n* ゆがみ, ひずみ; 〔統〕ひずみ度, 非対称度, 歪度(わいど).

skéw pólygon 〔数〕ねじれ多角形《平面内にない》.

skéw-symmétric *a* 〔数〕歪(わい)対称の《正方行列を転置した行列の元がもとの行列の元と符号が反対である場合にいう》. ♦ **skéw sýmmetry** *n*

skéw whèel 〔機〕スキュー車《2 軸が平行でもなく交わりもしていない, 回転伝達用の摩擦車》.

skéw·whìff *a, adv*ᵁ《口》斜めの[に], ひん曲がって (askew).

ski /skíː/ *n* (*pl* **~, ~s**) スキー(板); WATER SKI; 《雪上の乗物の》スキー(に似た滑走部). ► *vi* (**skíed, skí'd; ~·ing**) スキーで滑走する, スキーをする; WATER-SKI. ► *vt* スキーで行く[越える]. ♦ **~·able** *a* ［Norw〈ON *skíth* billet, snowshoe］

skia- /skáɪə/ *comb form* SCI-.

skía·gràm *n* 影絵; RADIOGRAPH[1].

skía·gràph *n, vt* RADIOGRAPH[1].

ski·ag·ra·phy /skaɪǽgrəfi/ *n* X 線撮影(法); 〔製図〕描影法. ♦ **-pher** *n* **ski·a·graph·ic** /skàɪəgrǽfɪk/ *a*

skiamachy ⇨ SCIAMACHY.

skía·scòpe *n* 〔眼〕検影器.

ski·as·co·py /skaɪǽskəpi/ *n* RETINOSCOPY; FLUOROSCOPY.

skí·bòb *n, vi* スキーボブ(に乗る)《自転車の車輪を短いスキー板にした乗物; ミニスキーを履いて乗る》. ♦ **-bòb·ber** *n* **-bòb·bing** *n*

skí bòots *pl* スキー靴.

skí bùm*《俗》スキー狂(きょう)《特に スキー場の近くに職を求めて転々とする人》.

skí bùnny*《俗》スキー場に通う女の子 (snow bunny).

skid /skíd/ *n* **1**《物をすべらせる》枕木; 《貨車から重荷を降ろすときの》滑材; 荷を支える厚板; 《車輪付きの》低い荷台, スキッド; [*pl*] 〔海〕防舷材, SKIDBOARD; 〔海〕ボートの受台; 《急な坂を下るときの》車輪の輪止め; 〔空〕そり《ヘリコプターなどの着陸用脚部》; 《クレーンなど動力機械の》ブレーキ, スキッド; *《俗》バター. **2** 重心を失ってすべること, 《思わぬ》横すべり, スキッド, スリップ; 〔スポ〕連敗: go into a ~ 横すべりする. ● **be on the ~s***《俗》破滅[失敗, 堕落, 貧困]への坂道を下りつつある. **grease the ~s***《俗》《人・組織などの》堕落[破滅]をたすける[速めてやる]; *《俗》《うまくいくように》〈…のために〉手を貸す 〈*for*〉. **hit the ~s**《口》破滅する, おちぶれる; 《口》暴落する, 激減する. **put the ~s on** [**under**]…《口》(**1**)〈人〉を急がせる; 〈人〉を破滅させる. (**2**)《口》…を遅らせる, 止める; …を挫折させる. ► *v* (**-dd-**) *vi* 〈車が〉輪止めをかけてすべる; 横すべりする, スキッドする, スリップする 〈*across, into*〉; 〔空〕《旋回時に》外すべりする; 〈売上げなど〉急落する. ► *vt* 滑材の上に置く, 滑材の上を引く, 集材する; 〈車〉に輪止めをかける; 〈車を〉横すべりさせる; *《俗》《食卓で》〈食べ物を〉回す. ［C17〈?Scand; cf. SKI］

skíd·bòard *n* 〔海〕《荷積み時に岸壁に置く》滑材 (skids).

skíd chàin TIRE CHAIN.

Skid·daw /skídɔː/ スキドー《イングランド北西部 Cumbria 州中北部にある山 (931 m); Lake District にある》.

skid·der /skídər/ *n* 丸太を引く人; 木材牽引車.

skíd·ding *n* 《自動車の》横すべり, スキッド; 〔機〕すべり.

skid·doo, ski·doo /skɪdúː/ *vi* [ᵁ*impv*]*《口》急いで立ち去る, 逃げる.

skíd·dy *a* すべりやすい〈表面・道路〉.

skíd fìn 〔空〕主翼上垂直板.

skíd lìdᵁ《口》バイク用ヘルメット.

skíd màrk [ᵁ*pl*] 《路面に黒く残った》タイヤのすべり跡; *《俗》《アメリカの》黒人, 黒いの; 《俗》[*joc*] 下着についたうんこのよごれ.

skidoo ⇨ SKIDDOO.

Ski-Doo /skɪdúː, skíːduː/ *n* 〔商標〕スキドゥー《カナダ製のスノーモービル》. ► *vi* [skidoo] スキドゥーに乗る.

ski·doo·dle /skɪdúːdl/ *n* 《口》SKEDADDLE.

skíd pàd スキッドパッド (＝*skidpan*)《スキッドテスト[練習]用にすべりやすくした場所》; 《車輪の》輪止め.

skíd·pàn *n* SKID PAD.

skíd·pròof *a* 横すべりしない, スキッド防止の〈タイヤ・路面〉.

skíd róad* 丸太をすべらせて引き出す道; 町の盛り場; SKID ROW.

skíd rów* /-róʊ/ 《浮浪者・酔っぱらいなどが集まる》貧民街. ［↑］

skíd rów bùm*《俗》《通例 アル中の》浮浪者, ルンペン.

skíd·tòp *n* 《まれ》つるっぱげ, はげちゃびん.

skíd·wày* *n* 《ころ・すべり枕木を並べた》貨物運搬路, 土修羅(どしゅら); 《積み出したり, 挽(ひ)いたりするための》木材を積む台, 積込み盤台.

Ski·en /ʃéɪən, ʃíːən/ シェーエン《ノルウェー南部 Skien 川 (~ **Ríver**) に臨む港町》.

skí·er[1] *n* スキーヤー.

ski·er[2] /skáɪər/ *n* SKYER.

skiey ⇨ SKYEY.

skiff /skíf/ *n* 小型(モーター)ボート; SAINT LAWRENCE SKIFF; 小型の軽装帆船. ♦ **~·less** *a* ［F *esquif*〈It; cf. SHIP］

skif·fle[1] /skíf(ə)l/ *n* スキッフル《**1**) 1920 年代に米国で流行した手作りの楽器を交えたジャズのスタイル **2**) 1950 年代に英国で流行したギターと手作りの楽器を用いる民謡調ジャズ》; *《俗》RENT PARTY. ［C20 (? imit)］

skiffle[2] *n* 《北アイル》霧雨, こぬか雨. ［Sc *skiff* to move lightly, *skift* to shift］

skíffle gròup スキッフル演奏グループ.

skí flỳing スキーフライング《フォームは度外視して距離のみを競うスキージャンプ》. ♦ **skí flìer** *n*

skig /skíg/ *n**《俗》売りにくい商品に対する手数料[口銭], 売りにくい商品を扱うセールスマン[販売員].

skí héil /-háɪl/ シーハイル《スキーヤーの挨拶》. ［G *Schi Heil*］

skí·ing *n* スキー(術[競技]).

ski·jor·ing /skíːʤɔ̀ːrɪŋ, ―⌣―/ *n* 馬や車にスキーを引かせて雪や氷の上をすべる冬季スポーツ. ♦ **skí·jòr·er** *n* ［Norw＝ski driving］

skí jùmp *n* 〔スキー〕ジャンプ(競技); ジャンプ台[コース]. ► *vi* スキージャンプをする. ♦ **skí jùmper** *n* **skí jùmping** *n*

Skik·da /skíkdɑː/ スキクダ《アルジェリア北東部の地中海岸の市・港町; 旧称 Philippeville》.

skilful ⇨ SKILLFUL.

skí lìft (スキー)リフト.

skill[1] /skíl/ *n* **1** 熟練, 老練, 巧妙; 巧みさ, うまさ, 腕前 〈*to do, in doing*〉; わざ, (特殊)技術, 技能, スキル 〈*in, of*〉; 《廃》理解力, 判断力. **2**《廃》理由, 原因. ［ON＝difference, distinction; cf. ↓］

skill[2] *vi* [非人称; 否定または疑問文で]《古》重要である, 役立つ; 《古》理解力がある; 《廃》器用である. ► *vt*ᵁ《方》理解する. ［ON *skila* to give reason for, *skilja* to distinguish］

skíll·cèntre *n* [ᴼS-] 〔英〕技能センター《若者を対象とする国立の職業訓練所》.

skilled /skíld/ *a* 熟練した, ベテランの〈*in, of*〉; 熟練[わざ, 特殊技術]を要する: a ~ worker 熟練労働者 / ~ work.

skílled lábor 熟練労働; 熟練工《集合的》.

skílled wórkman 熟練工.

skilless ⇨ SKILL-LESS.

skil·let /skílət/ *n**フライパン; ᵁ《長い柄(と脚)の付いた》鍋; *《黒人俗》黒人. ［?OF (dim)〈 *escuele* platter］

skil·ley /skíli/ *n**《俗》肉汁, グレービー (gravy). ［'*skillet* から流し出すもの' の意］

skíll·ful, ᵁskil- /skílfəl/ *a* じょうずな, 熟練した, 腕のいい 〈*at, in, of*〉; 〈作品などが〉みごとな. ♦ **~·ly** *adv* 巧みに. **~·ness** *n*

skill·ing[1] /skílɪŋ/ *n* 職業訓練, 技能研修.

skil·ling[2] /skílɪŋ, ʃíl-/ *n* スキリング《北欧諸国で昔用いられた低額の通貨単位》; スキリング硬貨. ［ON; ⇨ SHILLING］

skil·lion[1] /skíljən/ *n* 《豪》差掛け小屋, 離れ家. ［変形〈 *skilling*〈?］

skil·lion[2], **scil-** /skíljən/ *n**《口》[*joc*] 莫大な数.

skíll-less, skil·less /skílləs/ *a* 未熟な, へたな; 《古》無知な. ♦ **~·ness** *n*

skíll sèt 《個々人の》総合能力, 技能範囲.

skil·lyᵁ /skíli/ *n* 《特に オートミールの》薄がゆ《かつて刑務所・救貧院で出された》; 《海俗》まずい飲み物, 紅茶, コーヒー. ［C19 *skilligalee* (arch)〈?］

Skil·saw /skílsɔː/ 〔商標〕スキルソー《米国 Skil 社製の回転のこ・糸のこ》.

skim /skím/ *v* (**-mm-**) *vt* **1 a** 〈液体〉の表面のかす[上皮]をすくい取る, 〈浮きかす[皮膜]を〉液体から除く: ~ milk ミルクの皮膜をすくい取る / ~ the cream *from* [*off*] the milk ミルクからクリームをすくい取る

/ ～ *off* scum (*from* soup) (スープから)あくをすくい取る. **b** …から最良の[最も取りやすい]ものを取る; 〈本などを〉ざっと読む[目を通す] 〈*over, through*〉. **c** *«俗» 〈賭博などの上がりを〉ごまかして申告する, 〈所得を〉隠す; 〈金を〉少しずつくすねる[横領する]; 〈クレジットカードなど〉から情報を不正に読み取る; 〈情報を〉不正に読み取る 〈*from*〉. **2 a** 〈水面などを〉すれすれに飛んで行く, すべって行く: A swallow went *skimming* the lake. 湖面をかすめて飛んで行った / The skaters *skimmed* the ice. 氷上をすべった. **b** すれすれに[水面を切るように]飛ばす[投げる]: ～ a flat stone over the water 平たい石で水切りをする. **3** 薄い表皮[氷]でおおう: Ice *skimmed* the lake. 湖に薄氷が張った. ► *vi* **1 a** かすめて行く, すべるように進む: The swallows were *skimming by* [*along* the ground]. すべるように[地面をかすめて]飛んでいた / The pebble I threw *skimmed over* the water. 投げた小石が水の上をはねて飛んで行った. **b** ざっと読む, いいかげんに考える; *«俗» 所得をごまかす: ～ *through* [*over*] a book 本をざっと読む. **2 a** 上皮を生じる, 皮膜[浮きかす]ができる: During the cold night the puddles *skimmed* over. 水たまりに薄氷が張った. **b** しっくいを塗って仕上げる. ● **～ off** (…から)〈最良のもの・最も有能な人たちを〉取る (cf. *vt* 1b); (…から) 〈金を〉少しずつくすねる: ～ the cream *off* 粒よりの者をえり抜く, いいとこ取りをする (cf. *vt* 1a). **～ the surface** 《物事の》上っつらをなでる.
► *n* 浮きかすを取り除くこと; かすめて行くこと, すべるように飛ぶこと; 走り[斜め]読み, 一覧薄層, 皮膜; 浮きかすを取り除いたもの; SKIM MILK; «廃» 浮きかす (scum); *«俗» 所得隠し, 隠し所得.
► *a* **1** skim するのに用いる; skim した; skim milk から作った. **2** しっくい(仕上げ)の.
[逆成 < *skimmer*; 一説に, ME *skimmen* (< ? *scum*)]

skí màsk スキーマスク, 目出し帽 (balaclava).

skim·ble-skam·ble, -scam- /skímb(ə)lskǽmb(ə)l/ *a, n* «古» 支離滅裂な[とりとめのない, ばかげた](話). [*scamble* (dial) to struggle の加重]

skím·bòard *n* スキムボード《波打ち際などで使う波乗り板; cf. SURFBOARD》. ♦ **～·er** *n* **～·ing** *n*

skím·mer *n* 上皮[浮きかす]をすくう道具[人], 網じゃくし, ひしゃく, 濾器(ろき); スキマー《水面流出油を集め取る器具[船]》; ざっと読む人; 〖鳥〗ハサミアジサシ (＝*scissor(s)bill*)《3 種あり, 熱帯圏に広く分布; 長い下くちばしで水面を切るように飛んで餌を捕らえる》; 〖昆〗アメンボ (water strider); 〖昆〗トンボ科のトンボ (＝*darter*)《水辺にくる太身のトンボで, アカトンボやシオカラトンボ, ヨーロッパハラビロトンボなど》; 水中翼船, ホバークラフト; «野球俗» ゴロ; スキマー《つばの広い山の低く平らな帽子[麦わら帽]》; 〖服〗スキマー《ノースリーブでフレアーになっているドレス》. [OF; cf. SCUM]

skim·mia /skímiə/ *n* 〖植〗ミヤマシキミ《ミカン科ミヤマシキミ属 (*S*-) の常緑低木の総称》. [Jpn]

skim [skímmed‖] mílk 脱脂乳, スキムミルク.

skím·ming *n* 《クレジットカードからの》情報不正読取り, スキミング; «俗» 《脱税目的の》賭博の上がりのごまかし, 所得隠し; «俗» 《麻薬の密売などによる》不正所得の投資; [*pl*] すくい取ったクリーム; [*pl*] 〖冶〗DROSS.

skímming còat 〖建〗《壁の》仕上げ塗り.

skímming dìsh 上皮をすくう皿 (skimmer).

skim·ming·ton /skímɪŋtən/ *n* 〖英史〗スキミントン《良俗に反する行ないをした夫[妻]を嘲笑するために田舎で行なわれた行列; 当人を模した人形ないし仮装した人物を杓子 (skimming ladle) でたたいて見せしめとした》: ride ～ スキミントンを実施する.

skí·mobìle *n* SNOWMOBILE.

skí mountainèering スキー登山, 山スキー.

skimp /skímp/ *vt, vi* けちけちする; 〈食物・金銭を〉ちびちび[けちけち]与える, 極端に切り詰める 〈*on*〉; 〈仕事を〉いいかげんにする. ► *a* 貧弱な, 乏しい. ► *n* «口» 露出度の高い[裸同然の]服. ♦ **～·ing·ly** *adv* けちけちして. [C19 < ?; cf. SCRIMP, *skimp* (C18) scanty]

skímpy *a* 不十分な, 乏しい, 貧弱な; けちけちした; 短くて露出度が高い裸同然の〈服〉. ♦ **skímp·i·ly** *adv* **-i·ness** *n*

skin /skín/ *n* **1 a** 《人体の》皮膚; «口» 生命 (⇨ 成句 save sb's ～); *«俗» 《握手のための》手 (⇨ 成句 give sb some ～): a fair ～ 白い肌 / the true [inner] ～ 真皮 / the outer ～ 外皮 / next to (the) ～ 肌にじかに, 肌身につけて / be wet to the ～ ずぶぬれである. **b** 皮, 皮革; 獣皮《敷物などにする》; 《酒などを入れる》革製の器, 革袋; 《博物館などの》動物の表皮[外皮]の標本; 羊皮紙, 子牛皮紙; [ᵘ*pl*] 《アザラシなどの皮でできた山スキー用の》すべり止め; *«俗» 財布; *«俗» 1 ドル(札); «俗» 大麻タバコの巻き紙. **c** 《種子などの》殻, 果皮; 被膜, 《真珠などの》薄膜, 《ソーセージなどの》皮; «卑» コンドーム, スキン. **d** 〖海・空〗《船体[機体]外側の》外板, 装甲. **2** *«俗» けちんぼ, 詐欺(師); «俗» 馬, ラバ, 《特に》やせ馬; [*joc*] 人, やつ; ‖«口» スキンヘッド (skinhead). **3** [ᵘ*pl*] *«俗» 《ジャズバンドの》ドラム, すりへったタイヤ; *«俗» 欠点, 文書による懲戒. ● **be (all) ～ and bones*** [**bone**‖] 骨と皮ばかりで. **be no ～ off** sb's **nose** [*«卑» **ass, back, butt, teeth, etc.**] «口» …には関係ないことだ, …の知ったことではない. **by** [**with**] **the ～ of** one's **teeth** «口» かろうじて, 命からがら〈逃げる〉. **change** one's **～** 根性を変える. **fly** [**jump, leap**] **out of** one's **～** 《喜び・驚きなどで》跳び上がる. **frighten** sb **out of** his **～s** 人の気を動顛させる. **get under** [**beneath**] sb's **～** «口» 人をおこらせる, いらいらさせる; 人の心を強くとらえる[深く理解する]. **get** sb **under** one's **～** 人を忘れられなくなる, 大好きになる. **give** [**slip**] sb (**some**) **～** *«俗» ハイタッチする. **have (a) thick** [**thin**] **～** 鈍感[敏感, 過敏]である. **have ～ in the game*** «口» 《事業などに》一枚かんで[出資して]いる. **in** [**with**] **a whole ～** 無事に. **in** sb's **～** 人の身になって. **in** one's **～** 裸で. **knock** sb **some ～** *«俗» 人と握手をする. **risk** one's **～** 命にかかわるようなことをする. **save** one's [sb's] **～** «口» (なんとか)無事にのがれる[させる]. **～ and blister** ‖«韻俗» 姉妹 (sister). **The ～ off your nose!** «口» 乾杯! **under the ～** 一皮むけば, 内実は (at heart).
► *a* 肌の, 皮膚の; *«俗» 裸の, ヌード[セックス]を扱う, ポルノの: a ～ magazine ポルノ雑誌.
► *v* (**-nn-**) *vt* **1 a** 〈獣類・果物など〉の皮をはぐ[むく]; 〈おおい・表皮などを〉はぐ, 取り去る; 〈ひじ・ひざなどを〉すりむく. **b** 〈ロープなどを〉伝って登る[降りる]. **2** 皮膜(のようなもの)でおおう. **3 a** 〈役牛などを〉むち打って追い立てる. **b** «俗» 《ばくちなどで》〈人〉から金銭[財産など]を巻き上げる; «口» 〈対戦相手を〉たたきのめす; 〖サッカー〗〈ディフェンダーを〉難なくかわす, あしらう; *«俗» 〈武器を〉[〈人〉から武器を]取り上げる; «口» さんざんに非難する[しかる]. **c** *«俗» SKIN-POP. ► *vi* **1 a** *«俗» 抜け出る, そっと出る, ずらかる 〈*out*〉; «口» 登る, 降りる 〈*up, down*〉. **b** かろうじて通過[合格, 成功]する 〈*by, through*〉. **c** *«俗» SKIN-POP. **2** 〈傷などが〉皮(のような表皮)でおおわれる 〈*over*〉. ● **keep one's eyes skinned** ⇨ EYE[1]. **～ a** FLINT. **～** sb **alive**…の生皮をはぐ; *«口» [*joc*] しかりとばす, こてんぱんにやっつける. **S～ me!** *«俗» 握手してくれ, 握手しようぜ (Give me some skin!). **～ up** ‖«口» マリファナを巻いてタバコにする.
[OE *scin(n)* < ON *skinn*; cf. OHG *scinden* to flay]

skín-bèat·er *n* *«俗» ドラマー (drummer).

skín-bòund *a* 《硬皮症などで》表皮が肉に密着した.

skín·càre *a, n* 肌の手入れ(用の), スキンケア(用の).

skín-déep *a* 〈傷などが〉ごく浅い (cf. BEAUTY); 〈感情・印象などが〉上っつらの, 皮相的な. ► *adv* 皮相的に(は), 表面的に(は).

skín·der /skínər/ *n, vi* «南ア口» うわさ話(をする).

skín disèase 皮膚病.

skín dìving スキンダイビング《フィン・マスクを付けて行なう潜水; 本来は素もぐりのことだが, スキューバダイビングを指すこともある》.
♦ **skín-dìve** *vi* **skín dìver** *n*

skín effèct 〖電〗表皮効果.

skín flìck «俗» ポルノ映画.

skín·flìnt *n* «口» 非常なけちんぼ《人》. ♦ **～y** *a*

skín flùte *«俗» ペニス《特に フェラチオ対象としての》.

skín fòod スキンクリーム《肌の栄養クリームなど》.

skín friction 〖理〗《流体と固体の間の》表面摩擦.

skín·fùl *n* 肉体; 革袋いっぱいのもの; 多量; «口» 《飲食物, 特に 酒の》腹いっぱい[飲みすぎ]の量: have a ～ 飲みすぎる, 酔っぱらう.

skín gàme «口» いかさま(ばくち), 詐欺, ペテン; ‖«俗» 美顔整形.

skín gràft 〖外科〗皮膚移植(片), 植皮(片). ♦ **～·ing** *n*

skín·hèad *n* はげ頭[短髪]の人, 坊主頭; スキンヘッド《1970 年代ごろから現われた, 頭を短く刈り込んだ通例 白人の若者; しばしば 白人優越主義やネオナチズムに傾倒》; *«俗» 海兵隊の新兵. ♦ **～·ìsm** *n*

skín hòuse *«俗» ストリップ劇場, ポルノ映画館.

skink[1] /skíŋk/ *n* 〖動〗トカゲ《トカゲ科の爬虫類の総称》. [F *scinc* or L]

skink[2] *vt* «方» 〈飲み物を〉つぐ. [MDu *schenken*; cf. OE *scencan* to pour out]

skínk·er *n* 酒をつぐ人, 酌をする人, 《特に》酒場の主人.

skín·less *a* 皮のない, むきだしの; 敏感な, 過敏な.

skinned /skínd/ *a* [ᵘ*compd*] 皮膚が…の, …な皮を有する; 皮をはがれた; むきだしの; 〈競技場が〉芝生のない; [ˢ～ out] *«俗» だまされた, 《賭博や事業の失敗で》すってんてんになった: a fair-～ boy 皮膚の白い少年.

skínned músh 《大道商人の》棒, ステッキ. [*mush*room]

skín·ner *n* 毛皮商人; 皮をはぐ[なめす]者; 〖米史〗《独立戦争当時 New York 付近に出没し, 英国派とも米国派とも称した》遊撃隊員 (cf. COWBOY); 詐欺師; «豪口» 賭けの大当たり, 大穴の馬; «古» 役牛[役馬など]を追う人; 大型建設機械[ブルドーザー, トラクターなど]の運転者. ● **be a ～** «NZ口» (1) 空である, なくなってしまった. (2) 一銭ももたない, 文なしである.

Skinner スキナー **B**(**urrhus**) **F**(**rederic**) ～ (1904–90) 《米国の行動主義心理学者》.

Skínner bòx 〖心〗スキナー箱《動物のオペラント条件づけを研究するための装置; 報酬を得るあるいは罰を避けるためのレバーが付いている》. [↑]

Skin·ner·ian /skɪníəriən/ *a, n* スキナー理論の(支持者).

skín·nery *n* 毛皮製造所.

skín·ny *a* 皮状の, 皮質の; やせこけた, やせっぽちの; けちんぼな; 劣等な, 不適切な; 〈服が〉体にぴったりの; *«口» 〈食品が〉低脂肪の, 〈カフェオレなどが〉スキムミルク入りの. ► *n* [the] *«俗» 《内部の, または確かな》情報, 事実; 《ガリガリの》やせっぽち: *the* straight ～ 紛れもない事実 / *the* hot ～ 内部情報 〈*on*〉. ► *v* [次の成句で]: **～ sth down** *«俗» 〈予算などを〉ぎりぎり切り詰める. ♦ **skín·ni·ness** *n*

S

skínny-dìp *vi*, *n* «口» すっ裸で泳ぐ(こと). ♦ **skínny dìp·per** *n* **skínny dìp·ping** *n*
skínny·ma·link(s) /-məlìŋk(s)/ *n* «俗» やせこけた人, やせっぽち.
skínny-rìb *n* 〘服〙 スキニーリブ《体にぴったりフィットしたセーターやカーディガン》.
skín plàning 〘外科〙 DERMABRASION.
skín-pòp *vt*, *vi* «俗» (麻薬を)皮下注射する (cf. MAINLINE). ♦ **-pòp·per** *n*
skín pòp*«俗» 薬(ヤク)の皮下[筋内]注射.
skín sèarch «俗» 裸捜索《裸にして不法品の所持や麻薬注射の跡を調べること》. ♦ **skín-sèarch** *vt*
skint /skínt/ *a* ‖«口» 文無しの, すってんてんの. [*skinned* (pp)＜SKIN]
skín tèst 《アレルギー体質などをみる》皮膚試験[テスト].
skín·tìght *a* 〈服などが〉体に張りつくような, ぴたっとした.
skín vìsion EYELESS SIGHT.
ski·ör·ing /skí:ərɪŋ, ―⌒―/ *n* SKIJORING.
skip[1] /skíp/ *v* (-pp-) *vi* **1 a** 〈子羊·子ヤギ·子供などが〉はねまわる, じゃれる 〈*about*〉; 表面をはねながら[ぴょんぴょん]跳ぶ (ricochet); 〈レコード針·CD が〉飛ぶ, ‖縄跳びをする: ～ *over* an obstacle 障害物を跳び越す. **b** «口» ひそかに[急いで]去る[抜け出す], 逃げる 〈*out*, *off*‖〉: ～ *out on* one's wife 妻を棄てて家を出る / ～ *out on* a bill 料金を踏み倒して逃げる. **2** 拾い読みをする, 飛ばす 〈*over*〉, «口» さっと目を通す 〈*through*〉; 〈仕事·遊び·主題などが〉次々と急転する, 〈職·所を〉転々とする 〈*about*, *around*; *from*...*to*...〉; *〘教育〙 飛び級する; 〈内燃機関が〉発火[着火]しない: read without *skipping* 飛ばさずに読む / ～ *through* a book 本を飛ばして読む. ► *vt* 飛び越す; 〈石を〉水面に投げてはねさせる; 飛ばす, 省く, 抜く; «口» サボる, すっぽかす, 欠席する; 見落とす; «口» ...からひそかに[急いで]去る, ずらかる; *飛び級させる: Her heart *skipped* a beat. 心臓が止まりそうになった / ～ town 町からとんずら[高飛び]する / ～ the country 国外へ逃亡する. ● ～ BAIL[1]. ～ **it** «口» (急いで)去る, 逃げる; [*impv*] «口» (その話は)やめて, もういい (Forget it!). ～ ROPE. ► *n* 軽く飛ぶこと, 跳躍, スキップ; はねるように行くこと; 飛ばす[抜かす]こと, 省略; 《レコード·CD などの》音飛び; 飛ばし読み(した部分); ‖〘楽〙 跳躍進行; 〘印·電算〙 行送り, ページ送り; *«口» 《借金·金銭的責任からのがれるため》とんずらする人: HOP, SKIP, AND (A) JUMP. ♦ **skíp·pa·ble** *a* [ME＜?Scand; cf. ON *skopa* to take a run]
skip[2] *n* CURLING [LAWN BOWLING] のチームの主将; 陸軍大尉; SKIPPER[1]; *«俗» 《バス·タクシーの》運転手; *«俗» 《分署の》署長. ► *vt* (-pp-) 〈...チーム〉の主将をする; SKIPPER[1]. [*skip*per[1]]
skip[3] *n* 《鉱山の》トロッコ; 《鉱山·石切り場の》人員·資材の運搬用かご; ‖ごみ収集用容器; SKIP CAR; SKEP. [変形＜*skep*]
skip[4] *n* 《ダブリン大学の》用務員 (cf. GYP[2], SCOUT[1]). [? *skip-kennel* (obs) lackey]
skí pànts *pl* 《足首のあたりでぴったりした》スキーズボン; 《女性用の》スキーズボン型スラックス.
skí patròl スキーパトロール隊. ♦ **skí patròller** *n*
skíp bòmb *vt* 〘空軍〙 跳飛爆撃する.
skíp bòmbing 〘空軍〙 跳飛爆撃《低空飛行で投下した遅発爆弾が水面[地面]などで反跳して目標近くで爆発する, 船舶などの爆撃法》.
skíp càr 〘冶〙 スキップカー《コークス·鉄鉱石などを炉に運ぶトロッコ》; SKIP[3].
skíp dìstance 〘通信〙 跳躍距離《電波発射地点と電離層からの反射波のかえる地点の最小距離》.
skíp·jàck *n* 水中から飛び上がる魚, 《特に》カツオ (＝～ **tùna**); 〘昆〙 コメツキムシ (click beetle); *小型スループ船《カキ養殖·ヨット用》; «古·方» 思慮の浅い[思い上がった]若者, はねっかえり.
skí-plàne *n* 〘空〙 スキー装着機.
skíp màckerel 〘魚〙 BLUEFISH.
skí pòle* スキーストック.
skíp·per[1] *n* 《特に 小型商船·漁船·レジャー用ボートの》船長, 艇長, 機長; 《スポーツチームの》主将, 指導者, コーチ, 《野球チームの》監督; «軍俗» 指揮官, 隊長; «警察俗» 巡査部長 (sergeant); «俗» ボス, [*voc*] 大将. ► *vt*, *vi* (...の)船長[主将, 監督]をつとめる. [MDu *schipper* (SHIP)]
skipper[2] *n* 跳ぶ[飛ぶ]人, はねる人, 踊り手; 飛ばし読みをする人; はねるもの[昆虫]; 〘昆〙 セセリチョウ; 蛆(うじ), 乾酪ウジの幼虫; 無思慮な若者, はねっかえり (skipjack); 〘魚〙 SAURY. [*skip*[1]]
skipper[3] ‖«俗» *n* 《浮浪者の》戸外の寝場所; 浮浪者, 野宿する人; 野宿: do a ～. [? Cornish *sciber* barn]
Skipper スキッパーちゃん《女の子の人形; Barbie の友だち; 腕を回すと背が伸び, ウエストは細く, 胸は大きくなる》.
skipper's daughters *pl* 白い高浪.
skip·pet /skípət/ *n* 《印章を保護するための》小さな木箱[包み]. [ME＜?]
skíp·ping·ly *adv* 躍りながら; 飛ばして.
skípping ròpe ‖縄跳びの縄 (jump rope*).
skíp·py *n**«黒人俗» めめしい男, ホモ. [*skibby* (sl) Japanese prostitute or mistress＜?; 助平からか]
skíppy strìke*«俗» 手抜きスト(ライキ), 怠業.
skíp ròpe* SKIPPING ROPE.
Skip·ton /skípt(ə)n/ スキプトン《イングランド North Yorkshire の町; 11 世紀の城がある》.
skíp tràcer*«口» 行方をくらました債務者の追跡人. ♦ **skíp-tràcing** *n*
skíp zòne 〘通信〙 跳躍帯, 不感地帯.
skirl /skə́:rl, skírl/ *vi*, *vt* バグパイプを[で]吹く; 《バグパイプのように》ピーピーいう, 金切り声を出す. ► *n* バグパイプの音; 金切り声. [? Scand＜imit]
skir·mish /skə́:rmɪʃ/ *n* 《通例 偶発的な》小戦闘, 小競り合い, 小戦 (opp. *pitched battle*); 衝突, 小論争. ► *vi* 小競り合い[小衝突]をする 〈*with*〉; 捜しまわる. ♦ **～·er** *n* ⁺〘軍〙 散兵, 斥候兵. **～·ing** *n* [OF＜Gmc; cf. G *schirmen* to defend]
Skíros ⇨ SKYROS.
skirr /skə́:r, *skír/ *vi* 急いで去る[行く]; 速く走る[飛ぶ, 帆走する] 〈*off*, *away*〉. ► *vt* «古·文» ...の中を捜しまわる; ...の上をさっとかすめる; «方» 表面をかすめるように飛ばす. ► *n* キーキー[ギシギシ, ヒューヒュー]いう音. [imit]
skir·ret /skírət/ *n* 〘植〙 ムカゴニンジン《根は食用になる; セリ科》.
skirt /skə́:rt/ *n* **1 a** 《衣服の》裾; スカート; [*pl*] 《昔(風)のかさばった》スカート, ペチコート: the ～ of a man's coat 男の上着の裾《腰から下の部分》. **b** «俗» 女(の子): a bit [piece] of ～ «口» [ᵁ*derog*] 《性的対象としての》女(の子) / chase ～*s* 女の尻を追いかける / SKIRT CHASER. **2 a** 《物の》端(はし), はずれ, 縁; 《家具などの》縁飾り; 地表近くの枝; 《鞍の》たれ; 《機械·車両·ホーバークラフトの》鉄板のおおい, スカート; 《椅子·たんす·テーブルなどの》補強材; SKIRTING BOARD; ‖《牛の》脇腹肉の切り身, 《食用の》横隔膜《など》; [*pl*] 裾毛 (skirtings). **b** [*pl*] 郊外, 町はずれ, 周辺 (outskirts) 〈*of*〉. ► *vt* **1 a** 囲む, めぐる; ...と境を接する; ...の端を通る: ～ a forest 林の周囲を回る. **b** ...に裾[へり]をつける, 裾でおおう. **c** 〈羊毛〉から裾毛や異物を除去する, ...の裾毛処理[スカーティング]をする. **2** 〈困難·論争·話題などを〉避けて通る, 回避する; かろうじて免れる. ► *vi* 境にある; 縁[へり]に沿って行く[ある] 〈*along*〉; 《特に 狩猟で》障害物をよけて通る 〈*along*, *around*〉. ● **～ around**... 〈問題〉を回避する. ♦ **～·er** *n* **～·less** *a* **～·lìke** *a* [ON *skyrta* SHIRT, KIRTLE]
skírt chàser «俗» 女の尻を追いかける男, ドンファン, 女たらし. ♦ **skírt-chàse** *vi*
skírt-dànce *vi* スカートダンスをする.
skírt dànce スカートダンス《長い裾を優美にさばいて踊る》.
skírt·ed *a* [ᵁ*compd*] ...なスカートの: a short-[long-]～.
skírt·ing *n* 裾地, スカート地; ‖〘建〙 《壁の下端の》幅木 (baseboard*, skirting board‖); 《機械などの》スカート; [*pl*] 《羊毛の》裾毛《不良部分》.
skírting bòard‖ 幅木 (skirting).
skírt stèak スカートステーキ《脇腹肉の細い骨なしの切り身[ステーキ]》.
skí rùn [slòpe] スキー用スロープ[コース], ゲレンデ.
skí-scòot·er‖ *n* SKIDOO.
skí stìck (スキー)ストック (ski pole*).
skí sùit スキー服.
skit[1] /skít/ *n* 諷刺文, 戯文; 《レビューなどの一部として》滑稽な寸劇, ミニコント; 《アマチュアが演じる》堅い寸劇, スキット 〈*on*〉; 嘲笑, 皮肉. [C16＝frivolous female＜ME＝dirt＜? ON (SHOOT[1])]
skit[2] «口» *n* 多数のもの, 群れ; [*pl*] 多数, どっさり (lots): ～*s* of money. [C20＜?; cf. SCADS]
skitch /skítʃ/ *vt* «NZ» 〈犬が〉襲いかかる, 捕える.
skite[1] /skáɪt/ «豪口» *n* 自慢; 自慢する人. ► *vi* 自慢する. [(dial)＝to defecate＜ON]
skite[2] «スコ» *vi* 急いで行く, すばやく進む; かする 〈*off*〉; ツルッとすべる. ► *n* 斜めからの一撃 [強打], 斜めにあたること; 浮かれ騒ぎ: on the ～ どんちゃん騒ぎをして. [? Scand; ON *skjöta* to shoot]
skí tòuring クロスカントリースキー, ツアースキー《レジャー; cf. X-C SKIING》. ♦ **skí tòurer** *n*
skí tòw スキートウ《ロープ[バー]につかまらせてスキーヤーを頂上に運ぶ》; SKI LIFT; 《ウォータースキーの》牽引ロープ.
skit·ter /skítər/ *vi* (すっと)軽快に[すばやく]進む[走る, すべる] 〈*about*, *along*, *across*, *off*〉; 水面をぴょんぴょんはねて跳ぶ; 〘釣〙 釣針を水面でピクピク動かす. ► *vt* skitter させる. [? (freq)＜*skite*[2]]
skít·tery *a* SKITTISH.
skit·tish /skítɪʃ/ *a* 〈特に 馬が〉ものに驚きやすい, こわがりの; 内気な, 恥ずかしがりの; 用心深い; 軽薄な, 気まぐれな, 移り気な; 陽気な, 元気な, はしゃいでいる; 変わりやすい, 流動的な, 不安定な. ♦ **～·ly** *adv* **～·ness** *n* [*skit*[1]]
skit·tle /skítl/ *n* スキットルズ用のピン; [～s, 〈*sg*〉] スキットルズ (**1**) 木製円盤または木球を用いる英国式の NINEPINS **2**) ＝TABLE SKITTLES **3**) ‖«口» 遊び半分でやるチェス); [～s, 〈*sg*〉] «俗» ばかげたこと, くだらないこと. ● BEER AND SKITTLES. ► *vi* スキットルズをやる. ► *vt* 〈瓶などを〉次々に倒す, ひっくり返す. ● **～ out** 〘クリケット〙 〈打者を〉ばたばたとアウトにする. [C17＜?; cf. Dan *skyttel* shuttle]
skíttle àlley [gròund] スキットルズ場.

skíttle bàll スキットルズ用の木製円盤[木球].
skitz /skíts/ *vi* *《俗》 気が狂う, かっとなる, キレる.
skive[1] /skáɪv/ *vt* 〈革などを〉削る, 薄く切る; 〈宝石を〉磨く. [ON *skifa*; cf. ME *schive* to slice]
skive[2] ⁿ《口》 *vt, vi* 仕事[学校]をサボる 〈*off*〉, 〈義務を〉ほっぽり出す. ● **～ off** こっそり去る. ► *n* 責任のがれ, サボり; ずるけるチャンス; 楽な仕事. [C20＜?]
skiv·er[1] /skáɪvər/ *n* 薄い銀付き羊皮, ローン革; 革をさく道具[人].
skiver[2] *n* ⁿ《口》 サボり屋, ずるけ屋.
Skiv·vies /skíviz/ *pl* 〘商標〙 スキヴィーズ《男性用下着》.
skiv·vy[1] /skívi/ *n* 《米・豪》 T シャツ, 《綿の》タートルネックセーター (＝～ shìrt). [C20＜?]
skivvy[2] ⁿ《口》 *n* 家政婦; きつい[低賃金の]仕事をする人: treat sb like a ～. ► *vi* 家政婦の(ような)仕事をする. [C20＜?]
skivy /skáɪvi/ *a* ⁿ《俗》 不正直な, ずるける. [*shive*[2]]
skí·wèar *n* スキー服, スキーウェア.
sklent /sklɛ́nt/ 《スコ》 *vi* 横目で見る; 中傷する. ► *vt* 斜めに向ける, 傾斜させる.
sko /skóu/, **sgo** /sgóu/ *《俗》 Let's go.
skoal /skóul/ *n* 《健康・幸福・繁栄を祈って行なう》祝杯; [〈*int*〉] 乾杯! ► *vi* 祝杯を上げる, 乾杯する. [Dan *skaal* bowl]
Ško·da /skóudə, ʃkɔ́:dɑ:/ **1** シュコダ **Emil von ～** (1839–1900) 《チェコの技術者・実業家; Škoda Works を設立 (1866), これをヨーロッパ最大級の兵器メーカーとした》. **2** 〘商標〙 シュコダ, スコーダ《チェコのオートバイ・自動車メーカー (～ Works), その製品》.
skok·i·aan /skɔ́:kiɑ̀:n/ *n* 《南ア》 《家庭で造る》アルコール飲料, 密造酒. [C20 Afrik＜?]
skol /skóul, skɑ́l/ *n* **1** SKOAL. **2** [S-] 〘商標〙 スコール《ラガービールの商品名》. ► *vi* SKOAL.
skol·ly, -lie /skɑ́li/ *n* 《南ア》 《白人以外の》ギャング, 悪党, ならず者. [Afrik＜? Du *schoelje* rogue]
skoo·kum /skú:kəm/ 《米北西部・カナダ》 *a* 大きい, 力強い, 強力な; 一流の, すばらしい. [Chinook]
Skop·je /skɔ́:pjèɪ/, **Skop·lje** /-ljèɪ/ スコピエ, スコプリエ (*Turk* Üsküb) 《マケドニアの首都; Vardar 川に臨む; 旧市街は 1963 年の大地震で潰滅》.
skorts /skɔ́:rts/ *n* スカート状ショートパンツ, スコート《短い女性用キュロットの一種》. [*sk*irt＋sh*orts*]
skosh, skoash, scosh /skóuʃ/ *n* *《俗》 少し, ちょっと (bit): I'm a ～ tired. [Jpn 少し]
Skou /skóu/ スコー **Jens C(hristian) ～** (1918–)《デンマークの生物物理学者; イオンを輸送する酵素 Na^+, K^+-Atp アーゼ (ナトリウム・カリウムポンプ) の発見によりノーベル化学賞 (1997)》.
Skr. Sanskrit.
Skrae·ling /skréɪlɪŋ/ *n* スクレーリング人《グリーンランド・北米北東部に定住した中世のスカンディナヴィア人が先住民を呼んだ呼称》. [ON]
skrag /skrǽg/ *n* *《俗》 殺す, バラす.
skreegh, skreigh /skrí:x/ *v, n* 《スコ》 SCREECH[1].
skrimshander ⇨ SCRIMSHANDER.
skrun·gy /skrʌ́nʤi/ *a* 《俗》 さえない, ぞっとしない, むかつく.
Skrya·bin /skriɑ́:bən/ スクリャービン 《SCRIABIN の別つづり》.
Skry·mir /skrí:mɪər/ 〘北欧神話〙 スクリュミール (＝*Utgard-Loki*) 《Jotunheim の巨人族の王》.
Skt. Sanskrit. **SKU** stock-keeping unit 在庫保管単位.
skua /skjú:ə/ *n* 〘鳥〙 トウゾクカモメ, 《特に》オオトウゾクカモメ, 《または》クロトウゾクカモメ. [ON *skúfr*]
Skuld /skʌ́ld/ 〘北欧神話〙 スクルド《Urdar に由来する 3 人の Norns の一人で, 「未来」の化身である小人; cf. URD, VERDANDI》.
skul·dug·gery, skull-, scul(l)- /skʌ̀ldʌ́gəri, ⏝⏝——/ *n* いんちき, 不正, 陰謀. [C18 *sculduddery*＜Sc＝unchastity＜?]
skulk, sculk /skʌ́lk/ *vi* こそこそ忍び歩く, こそこそする 〈*through, about*〉; こそこそ隠れる 〈*behind*〉; ⁿ仕事[義務]をずるける, 責任のがれをする. ► *n* こそこそする人[こと]; 《古》 《キツネの》群れ. ♦ **～·er** *n* [Scand; cf. Norw *skulka* to lurk, Dan *skulke* to shirk]
skull /skʌ́l/ *n* 頭蓋(ずがい)(骨), 頭骨; 《口》 [*derog*] 頭, 脳天; 《俗》 頭 (chief), トップ, 長; *《俗》 一流の人物, インテリ, ガリ勉《人》; 〘冶〙 スカル《炉・取鍋の壁・底に残る溶解金属くず》; DEATH'S-HEAD: have a thick [an empty] ～ 頭が鈍い[からっぽだ]. ● **go out of one's ～** *《俗》 すごく緊張する, 神経質になる; *《俗》 えらく興奮する; *《俗》 退屈する. **out of one's ～** 《俗》 いかれて, 狂って; 《俗》 酔っぱらって, ラリって. ► *vt* *《俗》 …の頭をなぐる. [ME *scolle*＜? Scand; cf. Swed *skulle* skull]
skúll and cróssbones (*pl* **skúlls and cróssbones**) どくろ図《大腿骨を十字に組みその上に頭蓋骨を置いた図形で, 死の象徴; 生命に対する危険の警告マークとして毒薬瓶などに記される; もと 海賊の旗印》.
skúll-bùst·er *n* *《俗》 むずかしい科目[授業], 難問; 《俗》 暴力をふるうやつ; *《俗》 警官, 刑事, デカ.
skúll·càp *n* 《つばのない, 椀を伏せた形の》頭蓋用帽子《主に 老人・聖職者用》, 《特に》ZUCCHETTO, YARMULKE; 脳天; 〘植〙 タツナミソウ.
skúll cràcker 〘建〙 建物解体用の鉄球 (＝*ball buster* [*breaker*], *wrecking* [*wrecker's*] *ball*).
skúll-dràg *vi* *《俗》 猛勉強する, 必死にがんばる.
skullduggery ⇨ SKULDUGGERY.
skulled /skʌ́ld/ *a* **1** [Ucompd] …な頭蓋をもつ. **2** 《俗》 酔っぱらって, ラリって.
skúll·er *n* 《野球俗》 《バッターの》ヘルメット.
skúll-fùck *《俗》 *vt* …にフェラチオをする. ► *n* フェラチオ.
skúll plày 《野球俗》 まずい判断によるエラー.
skúll-pòpper *n* *《俗》 SKULL-BUSTER.
skúll práctice [sèssion] *《俗》 《運動部の》技術研修会, 戦術会議; 相談会, 意見[情報]交換会.
skunk /skʌ́ŋk/ *n* (*pl* **～s, ～**) **1 a** 〘動〙 スカンク; STRIPED SKUNK; スカンクに似た動物; スカンクの毛皮; 《口》 いやなやつ; *《俗》 不細工な女の子; *《俗》 黒人; *《海軍俗》 レーダー上の不審物体; *《西部》 《交替勤務者の》目覚まし係の少年, 雑役ボーイ; 《俗》 SKUNKWEED. **2** 零敗させること, スコンク. ► *vt* *《口》 零敗[完敗]させる; *《俗》 出し抜く, 打ち負かす; *《俗》 〈計画などを〉めちゃめちゃにする; *《俗》 〈借金などを〉踏み倒す; *《俗》 〈人〉からだまし取る 〈sb *out of* sth〉. [Algonquian]
skúnk bèar 〘動〙 クズリ (wolverine).
skúnk blàckbird 〘鳥〙 繁殖期の雄のボボリンク (bobolink) 《羽色がスカンクのような黒と白》.
skúnk·brùsh *n* 〘植〙 SQUAWBUSH.
skúnk càbbage 〘植〙 **a** ザゼンソウ. **b** アメリカミズバショウ《北米西部産; 仏炎苞が黄色をおびる》.
skúnk-drùnk *a* *《俗》 めろめろに酔っぱらって.
skunked /skʌ́ŋkt/ *a* 《俗》 めろめろに酔っぱらった, ぐでんぐでんになった (drunk as a skunk (in a trunk)).
skúnk pòrpoise 〘動〙 カマイルカ (spectacled dolphin).
skúnk·wèed *n* 〘植〙 ひどい悪臭のある草本《skunk cabbage, joe-pye weed など》; 《俗》 強いマリファナ.
skúnk wòrks [〈*sg/pl*〉] *《口》 《コンピューター・航空機などの》(秘密)研究開発部門. [*Skonk Works*: 米国の漫画家 Al Capp (1909–79) の漫画 *Li'l Abner* の中で密造酒が製造される工場の名前]
skunky /skʌ́ŋki/ *a* スカンクのような, スカンクのように臭い[まずい].
skurf /skɔ́:rf/ *vi* 《俗》 スケボーに乗る (skateboard). ♦ **～·er** *n* **～·ing** *n* [*sk*ate＋*surf*]
skut·te·rud·ite /skʌ́tərʌ̀dàɪt/ *n* 〘鉱〙 方コバルト鉱, スクッテルド鉱, スクッテルダイト《コバルト・ニッケルの原鉱》. [*Skutterud* ノルウェー南部の町で発見地]
sky /skáɪ/ *n* **1 a** [the; 《文・詩》 °the skies] 空, 大空, 天空; [the, the skies] 天(国) (heaven): under *the* open ～ 野天で, 戸外で / the stars in *the skies* 《文》 (満)天の星 / be raised to *the skies* 昇天する, 死ぬ / He is in *the* ～ [*skies*]. 天国にいる[あの世に行った] / go to that great…in the ～ [*joc*] 天国の…へ行く《…の位置には, 死んだら行きそうな場所などがはいる; 歌手なら concert hall, 犬なら doghouse など》. **b** [《文・詩》 °*pl*] 《ある状態の》空, 空模様, 天気: a clear, blue ～ 澄んだ青い空 / a starry ～ 星空 / a stormy ～ 荒れ模様の空 / leaden [stormy] *skies* 鉛色[荒れ模様]の空 / A red ～ at night is the shepherd's delight. 《諺》 夕焼けは羊飼いの喜び《翌日は晴れ》 / A red ～ in the morning is the shepherd's warning. 《諺》 朝焼けは羊飼いの警報《翌日は雨》. **2** [°*pl*] 気候 (climate), 土地: a foreign ～ 異郷(の空) / under *the* sunny *skies* of southern France 南フランスのうららかな空のもとで. **3** *《俗》 《制服の》警官, 看守. **4** ⁿ《韻俗》 ポケット (pocket) (＝*skyrocket*). ● **aim for the ～** *《口》 目標を高いところにおく, 大志をいだく. **drop from the skies** 突然現われる, 天下る. **out of a clear (blue) ～** にわかに, 不意に. **praise [laud] sb to the skies [～]** 人をほめそやす. **reach for the ～** *《口》 大志をいだく (aim for the sky); [Uimpv] 《俗》 手を高く上げろ《さもないと撃ち殺すぞ》. **rend the skies** 《文》 大音響をたてる. **shoot for the ～** *《口》 大志をいだく (aim for the sky); 《俗》 全部の持ち金を賭ける, ありったけ賭ける. **The ～ is the limit.** 《口》 限界[上限, 制限]はない, 天井知らずだ; 無限の可能性がある, チャンスはいくらでもある.
► *vt* (**skied** /skáɪd/) 《口》 〈ボールなどを〉高く飛ばす, 〈絵画などを〉天井近くに展示する; 〘ボート〙 〈オールの水かきを〉高く上げすぎる. ► *vi* 〘ボート〙 オールの水かきを高く上げすぎる; 《俗》 急いで行く, さっさと立ち去る; *《俗》 飛行機で行く, 飛ぶ; 高く跳ぶ. ● **～ up** 《鷹狩りで》獲物が空高く上がる. [ME *ski(es)* cloud(s)＜ON *ský*; cf. OE *scēo* cloud; OE 期は HEAVEN を用いた]
ský bèar *《俗》 警察のヘリコプター(に乗った警官).
ský blúe 空色, スカイブルー (azure). ♦ **ský-blúe** *a*
ský-blùe pínk *n, a* [*joc*] 空色のピンク(の)《存在しない[未知の, どうだってよい]色のこと》.
ský-bòrn *a* 《詩》 天界に生まれた.
ský·bòrne *a* AIRBORNE.
ský·bòx **n* スカイボックス《スタジアムなどの高い位置に仕切られた屋根付きの豪華な特別観覧席; 通例 シーズンを通して貸し出される》; ゴンドラ放送席.
ský·brìdge *n* SKYWALK.
ský bùrial 《チベットなどで行なわれる》鳥葬.

sky·càp *n* *空港[航空会社ターミナル]の手荷物運び人[ポーター] (cf. REDCAP).

sky cávalry [cáv] AIR CAVALRY.

sky-clàd *a* 蒼穹を着たる, 服を着けない〈魔女〉.

sky clòth 〔劇〕 空色の背景幕.

sky·dìve *vi* スカイダイビングをする. ♦ **-dìver** *n*

sky·dìving *n* スカイダイビング《飛行機から飛び降り低空までパラシュートを開かず自由降下したり演技したりする》.

Skye /skáɪ/ **1** スカイ《スコットランドの北西にある島; Inner Hebrides 諸島の一つ》. **2** SKYE TERRIER.

sky·er *n* 〔クリケット〕 高打.

Skye térrier 〔犬〕 スカイテリア《長毛短脚のテリア》.

sky·ey, ski- /skáɪi/ *a* 天の(ような); 空色の; 非常に高い.

sky flat 高層アパート.

sky·glòw *n* 光害による夜空の明るさ.

sky-hígh *adv* 空高く; 非常に[法外に]高く; 熱烈に, こっぱみじんに. ● **blow ~** 論破する; 破壊しつくす. ► *a* 非常に[法外に]高い.

sky·hòok *n* 《天にぶらさがっていると考えられている》天空の鉤(かぎ); SKYHOOK BALLOON; スカイフック《**1**) 航空機からの投下物資の降下速度を下げる竹とんぼ様の装置 **2**) 〔バスケ〕 高く弧を描くシュート **3**) 〔登山〕 岩壁にひっかける道具 **4**) 重い荷物を吊って運ぶヘリコプター》; *《俗》 ありもしない道具.

skyhook ballòon スカイフック気球《高い高度での科学観測用》.

sky·jàck *vt, vi* 〈飛行機を〉乗っ取る. ► *n* 飛行機乗っ取り; 飛行機乗っ取り犯. ♦ **~·er** *n* **~·ing** *n*

sky jùice *《学生俗》 [*joc*] 雨; 《俗》 水.

Sky·làb スカイラブ《地球を回る米国の宇宙ステーション; 1973 年打上げ》. [*sky*+*lab*oratory]

sky·làrk *n* 〔鳥〕 ヒバリ; ヒバリに似た鳥《タヒバリなど》; 《口》 ばか騒ぎ, 悪気のないいたずら. ► *vi* 《口》 はねまわる, ばか騒ぎをする, わるさをする; ふざけて船の索具を上げ下げする. ► *vt* …にいたずらする. ♦ **~·er** *n*

sky·less *a* 空[天]の見えない, 曇った.

sky·lìght *n* 天空光, スカイライト《空の散光・反射光》; 夜光; 〔写〕 スカイライトフィルター (=**~ filter**)《スカイライトを抑えると同時に紫外線もカットする淡いピンク色もしくは無色のフィルター》; 《屋根・天井の》天窓, 明かり採り.

sky·lìght·ed, -lìt *a* 天窓のある.

sky·lìne *n* 地平線 (horizon); 《山・高層建築物などの》空を背景とした輪郭, スカイライン; 〔林〕 《架空線集材の》主索, スカイライン.

sky·lòunge *n* スカイラウンジ《市中と空港を結ぶ乗物; ターミナルで拾った乗客を乗せたままヘリコプターで空港まで運ぶ》.

sky·man /-mən/ *n* 《口》 飛行家; 《俗》 落下傘部隊員.

sky màrker パラシュート付き照明弾.

sky màrshal 航空保安官《乗っ取り防止を任務とする米国連邦政府の武器を携行した私服警察官》.

sky pàrlor *《俗》 屋根裏(部屋).

Skype /skáɪp/ 〔商標〕 スカイプ《Skype Technologies S.A. が開発した P2P 形式でサーバーを通さずに直接 IP 電話ができるソフトウェア》.

sky·phos /skáɪfɑ̀s/ *n* (*pl* **-phoi** /skáɪfɔ̀ɪ/) SCYPHUS.

sky pìece *《俗》 帽子 (hat, cap), かつら.

sky pìlot 《俗》 牧師, 軍隊付き牧師 (chaplain), 福音伝道者 (evangelist); *《俗》 飛行家.

sky pìpit 〔鳥〕 SPRAGUE'S PIPIT.

skyr /skíər/ *n* スキール《ヨーグルトに似たアイスランドの乳製品》. [OIcel=sour milk]

sky·ròcket *n* **1** 流星花火, のろし. **2** *《チアリーダーが音頭をとって行なう》集団応援での歓声. **3** 〔植〕 SCARLET GILIA. **4** ‖《韻俗》 ポケット (pocket) (=*sky*). ► *vi, vt* 急に上昇[出世]する[させる]; 《口》 急に増大する, 〈物価などが〉急騰する: **~** *to* fame 一躍有名になる.

Sky·ros /skáɪrəs, -rɑ̀s, skíːrɑ̀s/, **Scy-** /sáɪ-, skíːrɑ̀s/ スキロス (ModGk **Skí·ros, Sky-** /skírɔ̀s/) 《エーゲ海のギリシア領 Northern Sporades 諸島中最大の島》.

sky rùg *《俗》 はげ隠し, 男性かつら (toupee).

sky·sàil /, -s(ə)l/ *n* 〔海〕 スカイスル《royal のすぐ上の横帆》.

sky·scàpe *n* 空の景色(の絵).

sky scòut *《俗》 CHAPLAIN.

sky·scràper *n* 摩天楼, 超高層ビル, 高層建築; 〔建〕 摩天楼《耐力壁によるものに対し, すべて軸組によって支持されている超高層建築》; 〔海〕 三角形のスカイスル《快速大型帆船用》; 《野球俗》 高いフライ, ポップフライ; *《俗》 《何層にも重ねた》ジャンボサンドイッチ[デザート].

sky-shòut·ing *n* 拡声器を使った飛行機からの宣伝.

sky sign ‖ 屋根の上の広告, 空中広告.

sky·sùrf·ing スカイサーフィン《ボードを使って空中でさまざまな技を見せる》. ♦ **sky·sùrf·er** *n*

Sky·swèep·er 〔商標〕 スカイスイーパー《レーダー・電算機を備えた自動対空砲》.

sky·tel /skaɪtél/ *n* チャーター機や自家用機のための小ホテル. [*ho*tel]

sky tràin 空の列車 (=*air train*)《1 機以上のグライダーとそれを曳航している飛行機》.

sky·tròops *n pl* PARATROOPS.

sky·wàlk *n* 《2 つのビルなどを結ぶ》空中連絡通路.

Skywalker ⇨ LUKE SKYWALKER.

sky·ward *adv* 空へ, 空の方に, 上へ. ► *a* 空への, 空へ向かう.

sky·wards *adv* SKYWARD.

sky·wàtch *vi, n* 《航空機などを捜して》空を見張る(こと). ♦ **~·er** *n*

sky wàve 〔通信〕 上空波 (cf. GROUND WAVE).

sky·wày *n* 航空路; *《都市内の》高架幹線道路; SKYWALK.

sky·west *adv* [次の成句で]: **knock…~** *《俗》 knock…GALLEY-WEST.

sky wìre *《俗》 ラジオのアンテナ, 支え線.

sky·wrìte *vi* SKYWRITING する. ► *vt* 空中文字で描く. ♦ **sky·wrìter** *n* skywriting を行なう人[飛行機].

sky·wrìting *n* 《飛行機で》空中文字[広告](を描くこと).

sl. slightly ♦ slip ♦ slow. **SL** °sea level ♦ °Sierra Leone ♦ south latitude.

SLA SECOND LANGUAGE acquisition ♦ 〔電算〕 service level agreement サービス水準合意, サービス品質保証契約.

slab[1] /slǽb/ *n* 《材木の》背板(せいた), 平板(ひらいた), 羽板; 石板, スラブ; 〔登山〕 スラブ《岩場の一枚岩》; 敷石, コンクリート舗装; 《パン・菓子などの》平たい厚切り; 調理台; 《野球俗》 ピッチャーズ[ホーム]プレート; ‖《俗》 手術台, 死体仮置台; 〔印〕 インキ練り盤; *《俗》 町, 都市; *《俗》 墓石; *《俗》 幹線道路, 本道; [*fig*] 基盤: a marble **~** 大理石板. ► *vt* (**-bb-**) 〈木材を〉平板に挽く[する]; 〈丸太〉から背板を切り取る, 厚板にする; 厚板でおおう[支える]; …に敷石を敷く, 石畳にする. ♦ **sláb·by** *a* **~·like** *a* [ME<?]

slab[2] *a* 《古》 ねばつく, 粘着性の; めめしく感傷的な, 誇張表現の多い. [?Scand; cf. Dan *slab* (obs) slippery]

slab·ber /slǽbər/ *vi, vt, n* SLOBBER; ペチャクチャしゃべる; ビチャビチャはねかける[まき散らす].

sláb·bing cùtter 〔機〕 平削りフライス.

slábbing mìll 〔機〕 板用鋼片圧延機.

sláb mill 〔機〕 平削りフライス.

sláb-síded *《口》 *a* 側面の平たい; ひょろ長い.

sláb·stòne *n* 板石 (flag).

slack[1] /slǽk/ *a* **1 a** ゆるい (loose) (opp. *tight*), 〈手綱などが〉ゆるんだ, たるんだ; 〔音〕 弛緩(しかん)音の (lax), 開口音の (open, wide): **~** vowels 弛緩母音. **b** 焼き[乾燥]が十分でない〈パンなど〉; 消化した〈石灰〉: **~** lime 消石灰. **2 a** 元気のない, だるい; いいかげんな, 不注意な (careless), ずさんな, 怠慢な〈*in* one's work〉; だれた, 自主性のない; のろい: feel **~** だるい. **b** 〈風・潮などが〉《流れが》ゆるやかな, よどんだ; ぐずぐずした〈天候〉; 不活発な, だれた, 不景気な, ひまな〈商況など〉; ほのかに暖かい. **3** 《カリブ》 わいせつな; 〈特に 女性が〉性にだらしがない, 性的に不品行な. ● **keep a ~ hand [rein]** 手綱をゆるめておく; いいかげんに扱う.

► *adv* ゆるく; おそく; 手ぬるく; ぞんざいに; なまけて; だらしなく; 不振に, 不活発に; 不十分に.

► *n* **1** ゆるみ, たるみ; 余裕, ゆとり; [the] 《縄・帯・帆の》たるんだ部分; [*pl*] スラックス《男女のスポーティーなズボン》. **2** 《商売などの》不振(期); 憩潮(時) (slack water), よどみ; 風の落ち, なぎ; のんびり休むこと, ひと休み, 息抜き; 〔韻〕 《詩脚の》弱音節; ‖《方》 生意気(な話): have a good **~** ゆっくり骨休めする. **3** 《俗》 売春婦. ● **cut [give] sb a little [some] ~** *《口》 人に対して規則をゆるめてやる, 大目に見てやる. **take up [pick up, take in, pull up, pull in] the ~** 〈ロープの〉たるみを引き締める〈*on, in*〉; 《組織などの》たるみを直す, 刷新する; 人がやり残した[放り出した]仕事を完成させる.

► *vt* ゆるめる, 弱める, 減らす, 和らげる〈*off, up*〉; 怠る, 放っておく; 〔化〕 〈石灰を〉消化する (slake). ► *vi* ゆるむ; なまける; いいかげんにする〈*at* one's job〉; おそくなる, 弱る, 不活発になる〈*off*〉; 〈石灰が〉消化する. ● **~ back** 〈起重機が〉重量でへこむ. **~ it down** 《黒人俗》 髪をとかす. **~ off** 力をゆるめる; 仕事をやめかける. **~ up** 《停車前などに》速力を落とす, 速力がゆるくなる.

♦ **~·ly** *adv* ゆるんで, だらりと. **~·ness** *n* [OE *slæc*; cf. Du *slak*]

slack[2] 《スコ・北イング》 *n* 《丘の間の》谷間; 水たまり; 沼地. [ON *slakki*]

slack[3] *n* 粉炭. [ME<?MDu; cf. G *schlacke* dross]

sláck-bàked *a* 生焼けの; 未熟の, できの悪い.

sláck·en *vt, vi* ゆるめる, ゆるむ; 緩和する; 〈活動など〉減ずる, 弱める, 弱まる, 不活発にする[なる]〈*off, up*〉; 怠る, ぞんざいにする.

sláck·er *n* なまけ者, 仕事のいいかげんな人; 責任回避者; 兵役忌避者; スラッカー《社会通念に背を向け, 無目的・無関心な生き方をする高学歴の若者》.

sláck-fíll *vt* 〈穀類容器〉にゆるく余して詰める. ► *n* 容器内の詰め残した部分.

sláck-jáwed *a* (あんぐり[ぽかんと])口をあけた.

sláck-òff *n* 《口》 怠業, 《仕事の》ペースダウン.

sláck séason 《商売の》閑散期, 霜枯れ時.

sláck sùit * スラックスとジャケット[スポーツシャツ]からなるそろい《男性用ふだん着; 女性用は pants suit ともいう》.

sláck wáter 憩潮(時) (=**sláck tíde**)《潮が静止状態にある時期》; よどみ.

slag /slǽg/ *n* 鉱滓(こうさい)(こうし), からみ, スラグ; 火山岩滓; ᴴ《俗》いやなやつ,《人間の》くず, かす; ᴴ《俗》ふしだら女, 淫売, 売女; 《俗》がらくた, たわごと. ► *v* (**-gg-**) *vt* スラグにする; …からスラグを取り除く; ᴴ《俗》ののしる, けなす, おとしめる, こきおろす 〈*off*〉. ► *vi* スラグを形成する; スラグ状の塊りになる; 《豪俗》つばを吐く. ♦ **slág·gy** *a* スラグ(状)の; 《俗》くずのような, 不快な, 〈女が〉ふしだらな. **~·less** *a* ［MLG ‹? *slagen* to strike, SLAY¹］

slág cemènt 高炉[スラグ]セメント《粉砕した高炉スラグを利用した混合セメント》.

slág fùrnace [hèarth] 〔冶〕スラグ炉《鉛鉱石を焙焼してスラグ化する炉》.

slág·hèap *n* ᴴぼた山. ● **on the ~** もう使いものにならなくて.

slág wóol 鉱滓綿, スラグウール.

slain *v* SLAY¹ の過去分詞.

slàin·te (mhath) /slá:ntʃə (vá:)/ *int* 《スコ・アイル》健康を祝して, 乾杯! ［ScGael=good health］

slais·ter /sléɪstər/ 《スコ・北イング》 *vi* 食いちらかす, よごれにまみれる. ► *vt* ぐちゃぐちゃにする, …によごれをはねかける. ► *n* めちゃくちゃ, ぐちゃぐちゃ. ［C18‹?］

slake /sléɪk/ *vt* 〈渇き・飢え・欲望を〉満足させる; 〈怒りを〉和らげる; 冷ます, 冷やす; 〈火を〉消す; 〈石灰を〉消化[消和]する. ► *vi* 〈石灰が〉消化[消和]する; 〈火が〉消える; 《古》ゆるむ, 不活発になる. ♦ **~·less** *a* いやしがたい, 消しがたい. ［OE *slacian*; ⇨ SLACK¹］

sláked líme 消石灰 (hydrated lime).

sla·lom /slá:ləm, ᴴsléɪ-/ *n* スラローム《**1**) スキーの回転滑降 **2**) ジグザグコースを走るオートレース **3**) 激流で行なうカヌー競技》. ► *vi* slalom ですべる[走る, こぐ]. ♦ **~·er** *n* ［Norw=sloping track］

slálom canòe スラロームカヌー《通例 デッキ付き》.

slam¹ /slǽm/ *v* (**-mm-**) *vt* 〈戸などを〉バタン[ピシャリ]と閉める 〈*to*〉; 〈物を〉ドンと置く, たたきつける 〈*down*, *on* the table〉; 強く打つ[なぐる]; 〈暴風などが〉襲う, …に打撃を与える; 《口》〈ホームラン・ゴールを〉たたき込む; 〈ブレーキを〉思いきり踏む 〈*on*〉; 〈車などを〉突っ込む 〈*into*〉; 《口》…に楽勝する; 《口》酷評する, 罵倒する; *《俗》ゴクゴク飲む: ~ the door (shut) ドアをバタンと閉める. ► *vi* 〈戸などが〉バタンと閉まる, ガーンとぶつかる 〈*against*, *into*〉; すごい勢いで動く[働く]; ののしる; 《俗》スラムダンスを踊る (slam dance). ● **~ a gate** 《俗》戸口で食べ物を乞う. **~ off** *《俗》くたばる. **~ out** 《おこって》ぷいと出て行く. **~ the door (in sb's face)** 《乱暴に》はいるのを拒む, 門前払いを食わせる; (会談[申し入れなど]を)はねつける. ► *n* 乱暴に閉める[打つ, ぶつかる]こと; [〈*int*〉] バタン, バーン, ピシャリ, バシン, ガーン, ガチャン; 〘ゴルフ・テニスなど〙GRAND SLAM; [ᵁthe] *《俗》刑務所; *《俗》敬礼; *《口》酷評, 侮辱; 《野球俗》ヒット; *《俗》ウイスキー[酒]一杯; 詩朗読コンテスト (=poetry ~)《聴衆が判定》: with a ~ ピシャリと, バタンと; 手荒く. ► *adv* ピシャリと, (ドタン)バタンと. ［C17‹? Scand; cf. ON *slam(b)ra*］

slam²〘トランプ〙*vt* (**-mm-**) …に全勝する. ► *n* 全勝; ruff に似た古いゲーム: GRAND [LITTLE] SLAM. ［C17‹?］

slám-báng 《口》*adv* ドタンバタンと, 激しく, 乱暴に; むこうみずに; 徹底的に, もろに; 正確に, まっすぐに. ► *a* ドタンバタンする; 急速に展開する; すごい, わくわくする; がむしゃらな; ストレートな, 徹底した. ► *vt* 攻撃する. ► *n* ドタンバタンいう音; *《俗》《ボクシングの》猛烈な打ち合い.

slám-bòok *n* *《俗》らくがき帳, 寄せ書き帳《友人どうしで回して人の悪口など勝手な意見を書き込んでゆくノート》.

slám dàncing スラムダンシング《ヘビーメタルのファンがコンサートで踊るダンス; 熱狂的に飛び跳ね激しくぶつかり合い, また壁やステージなどに体当たりする》. ♦ **slám dànce** *vi*, *n* **slám dàncer** *n*

slám-dùnk *vt* 〘バスケ〙〈ボールを〉スラムダンクする; 〈相手を〉一蹴する, 拒絶する; 〈提案などを〉ごり押しする; 〈取引を〉一気にまとめる. ► *vi* 〘バスケ〙スラムダンクする. ► *a* 〈決定などが〉強引な, ごり押しの.

slám dùnk 〘バスケ〙スラムダンク (dunk shot); 確実に成功すること, 圧勝; 離れわざ, 快挙; すばやい取引.

slám·mer *n* [the] *《俗》ドア, 扉; [ᵁthe, ˢthe ~s] 《口》ブタ箱, ムショ; スラマー (=*tequila slammer*)《テキーラと炭酸飲料のカクテル; グラスをテーブルに打ちつけ, 泡立ったところを一気に飲むショットガンスタイルが有名》; 〘バスケ〙SLAM DUNK; SLAM DANCER. ［*slam*¹］

slám·ming *n* 《口》スラミング《ローカル電話会社がユーザーの同意を得ずに長距離電話会社を代えること》.

slam·se men·se /slá:msə ménsə/ *pl* 《南ア》《Cape 地方の》マレー人. ［Afrik (ISLAM+*mense* men)］

s.l.a.n., SLAN °sine loco, anno, (vel) nomine.

slan·der /slǽndər; slá:n-/ *n* 中傷, 悪口; 〘法〙口頭誹毀(ひき)《名誉毀損の一種; cf. LIBEL》; 虚偽の宣伝. ► *vt* 中傷する, …の名誉を毀損する; …について虚偽の宣伝をする. ► *vi* 中傷する. ♦ **~·er** *n* 中傷者. **~·ing·ly** *adv* ［OF *esclandre*; ⇨ SCANDAL］

slánder of títle 〘法〙権利の誹毀(ひき)《原告の財産権について, 被告が虚偽の悪意ある陳述を第三者になし, 原告に損害を与えた場合》.

slánder·ous *a* 中傷的な, 誹毀的な, 口の悪い: a ~ tongue 毒舌. ♦ **~·ly** *adv* **~·ness** *n*

slang¹ /slǽŋ/ *n* **1** 俗語, スラング《非常にくだけた場面では頻繁に用いられるが, まだ正統語(法)と認められない語・句・意味》; 卑語, 忌みことば; 《特に 特定の社会内での》通語, 用語 (jargon, shoptalk); 《盗賊などの》隠語, 符牒, 合いことば (argot, cant): BACK SLANG / 'Cop' is (a piece of) ~ for 'policeman.' cop は policeman の俗語である / army ~ 軍隊俗語 / college [students'] ~ 学生語 / doctors' ~ 医者用語 / racing ~ 競馬界の通語 / RHYMING SLANG. **2** [〈*a*〉] 俗語の: a ~ word 俗語 / ~ expressions 俗語的表現. ► *vi* 口ぎたないことばを使う, ののしる. ► *vt* 口ぎたなくののしる. ［C18‹?］

slang² *vt* *《俗》〈麻薬を〉売る, さばく.

sláng·ing màtch ᴴ口げんか, ののしり合い.

slang·kop /slǽŋkɑp/ *n* 〘植〙アフリカ南部に産する葉が家畜に有毒なユリ科の植物. ［Afrik‹Du *slang* snake, *kop* head］

slan·guage* /slǽŋgwɪʤ/ *n* スラング[俗語]風なことば[文章]. ［*slang*+*language*］

slángy *a* 俗語めいた, 俗語の; 俗語を使う; 〈態度・服装など〉けばけばしい. ♦ **sláng·i·ly** *adv* **-i·ness** *n*

slank *v* 《古》SLINK¹ の過去形.

slant /slǽnt; slá:nt/ *vi* 斜めになる, 傾斜する, 坂になる; もたれる 〈*on*, *against*〉; 傾向がある 〈*toward*〉; はすかいに行く, それて行く; 曲がる. ► *vt* 斜めにする, 傾斜させる, もたれ掛からせる; …にある傾向を与える, 歪曲する: ~ a line 線を斜めに引く / ~ the news *against* [*toward*, *in favor of*] sb 人に不利[有利]になるようにニュースにある主観を加える. ► *n* **1 a** 傾斜, 坂, 斜面; 〘印〙斜線 (diagonal)《 / 》: on the [a] ~ 傾斜して, 斜めに. **b** 《口》横目(の一瞥); 〘アメフト〙ボールを持った選手がスクリメージラインへ斜めに走るプレー: take a ~ at sb 人を(横目で)ちらっと見る. **c** *《俗》[*derog*] アジア[東洋]人, つり目; 《古・方》酔える程度の酒量. **2** 傾向, 偏向; 観点, 見地 〈*on*〉; 《方》あてこすり: a humorous ~ ユーモアにおもむく心. ► *a* 斜めの, 傾斜した. ♦ **slánty** *a* ［(n)‹(v) Scand (Swed *slinta* to slide); (a) ME *aslonte*, *o-slante*=ASLANT (adv)］

slánt bòard スラントボード《上に足を高くして横になってトレーニングやリラックスをするための斜めにした板》.

slánt drílling SLANT-HOLE DRILLING.

slánt·ed *a* 傾いた, 斜めの; 偏った.

slan·ter /slǽntər; slá:n-/ *n*, *a* 《豪口》SCHLENTER. ［Du *slenter* trick］

slánt-èye *n* *《俗》[*derog*] つり目野郎, 東洋人.

slánt-èyed *a* 《蒙古皺襞のある》目じりの上がった.

slánt hèight 〘数〙斜高.

slánt-hóle drìlling 《油井の》傾斜穿孔《盗掘などに用いられる》.

slan·tin·dic·u·lar, -ten- /slæ̀ntəndíkjələr; slà:n-/ *a* [*joc*] やや傾斜した. ［perpendicular にならって *slanting* から］

slánt·ing *a* 傾いた, 斜めの. ♦ **~·ly** *adv*

slánt rhỳme 〘韻〙不完全韻, 傾斜韻《強勢のある音節の母音か子音かいずれか一方が同一; 例 eyes-light, years-yours》.

slánt·wìse, -wàys *adv*, *a* 斜めに[の], はすに[の].

slap¹ /slǽp/ *n* **1** ピシャリ(と打つこと), 平たいものでのひと打ち, 平手打ち, びんた; 《機械などの》ガタピシ(いう音); 侮辱, 非難. **2** 《俗》《役者の》メイクアップ (makeup), 《一般に》化粧, 塗りたくり. ● **~ and tickle** 《男女の》ふざけ合い, いちゃつき. BETTER¹ **than a ~ in the eye. a ~ in the face [kisser, teeth]** 顔への平手打ち; [*fig*] 肘鉄, 侮辱. **a ~ on the back** 賞賛, 賛辞. **a ~ [tap] on the wrist** なまぬるい罰. ► *v* (**-pp-**) *vt* ピシャリと打つ, 平手で打つ; 《無造作に》置く, 投げる, 〈本などを〉投げ出す(ように置く); 侮辱[非難]する; 《口》〈召喚状・禁止令など〉押しつける, 見舞う 〈*on*〉, 〈罰金・税・割増し料金などを〉課する, かぶせる 〈*on*, *onto*〉; *《口》罰する, …に科する 〈*with* a fine〉; 《口》〈ペンキ・バターなどを…に〉たっぷり[ぞんざいに]塗りつける 〈*on*, *onto*〉; 《ジャズなどで》〈ベースを〉スラップ奏法で弾く《弦が指板を音をたててはじくように, 弦を大きく引いて弾く》: ~ one's feet on the floor 足で床をたたく / ~ sb *in* jail 人を刑務所にぶち込む. ► *vi* 平手などで打つ; ピシャリと打つ[あたる]; 〈波が〉ピシャピシャ打ち寄せる 〈*against*〉. ● **~ around [about]** 〈妻など〉に暴力をふるう. **~ down** バサリと投げ出す; 〈人を〉平手で打ち倒す; 〈対戦相手を〉軽くひねる; 《口》〈人・反対・動議などを〉押えつける, はねつける, しかりつける. **~ sb in the face [kisser, teeth]** 人の顔をピシャリと打つ; 侮辱する. **~ on** 勢いよく[ぱっと]着る[かぶる]. **~ sb on the back** 《親愛・賞賛の気持を表わして》背中をポンとたたく, 賞賛する. **~ one's gums** *《俗》しゃべる (beat one's gums). **~ sb's wrist**=**~ sb on the wrist** 軽くしかる, なまぬるい処罰をする. **~ together** そそくさと[ぞんざいに]作り上げる. ► *adv* ピシャリと; すっぱり; だしぬけに; 《口》まさに: ~ in the middle (of…) (…の)まっ最中に / run ~ into …と正面衝突する / pay ~ down すっぱり支払う / ~ on time きっかりに, 迅速に. ［LG (imit)］

slap² *n* ᴴ《方》裂け目, 隙間, 口. ［MDu, MLG‹?; cf. SLIP²］

sláp-báng 《口》*adv* ドシンバタンと, あわただしく, やみくもに; だしぬけに, たちまち; 正確に, まっすぐに (slam-bang): ~ in the middle どまん中に. ► *a* SLAPDASH.

sláp bàss 〘楽〙スラップベース(奏法) (⇨ SLAP¹ *vt*).

sláp-dàb *adv* *《俗》まともに, もろに, すぐさま.

sláp·dásh /ˌ⏤ ⏤/ *adv* がむしゃらに, むやみに, しゃにむに; まさしく, ずばり. ► *a* がむしゃらな, 行き当たりばったりの, でたらめの, いいかげんな. ► *n* がむしゃらな態度[しわざ]; やっつけ仕事; 〘建〙あら塗り (roughcast). ► *vt* ROUGHCAST.

sláp·hàppy «口» *a* パンチをうけてふらふらの, くらくらして, ぼうっとして; 判断力をなくした, 頭のいかれた; 夢中になった, 狂気じみた, ばかばかしい, 軽薄な; 有頂天な, 能天気な; 楽天的な, 無頓着な, いいかげんな.

sláp·hèad *n* «俗» [*derog*] 頭のはげた[はげかかった]やつ, はげ頭.

sláp·jàck *n* *GRIDDLE CAKE; スラップジャック《簡単な子供のトランプ遊び》.

SLAPP /slǽp/ *n* 対市民参加戦略的訴訟, スラップ訴訟 (=~ **sùit**)《企業や個人が開発事業に反対する人などを相手に名誉毀損·営業妨害などで訴訟を起こしたり, 訴訟に対して逆提訴したりすること》. ► *vt* 〈人を〉スラップ訴訟によって提訴する. [*s*trategic *l*awsuit *a*gainst *p*ublic *p*articipation]

sláp·per[1] *n* SLAP[1] する人[道具].

slapper[2] *n* ''«俗» ふしだら女, 苦境にもめげない女, すれっからし.

sláp shòt 〘アイスホッケー〙スラップショット《強くシュートすること》.

sláp·stìck *n* 先の割れた打棒《道化芝居·パントマイム用; 打つと音は大きいが痛くない》; どたばた喜劇, スラップスティック. ► *a* どたばたの: a ~ comedy どたばた喜劇. ♦ **sláp·stìcky** *a*

sláp-ùp *a* ''«口» 〈特に 食事が〉一流の, すばらしい, 豪勢な.

slash[1] /slǽʃ/ *vt* **1** 深く[ざっくり]切る; 〈剣などを〉切り下ろす; 〈衣服〉に切り込みをつける; むち打つ; 強打する, 〈むちを〉打ち鳴らす; 〘軍〙逆茂木(さかもぎ)を作るため〈樹木を〉切り倒す; 〈土地を〉切り開く: ~ sb's face with a razor 人の顔をかみそりで切る / ~ the bark *off* a tree with a knife ナイフで木の皮を切り取る / ~ one's way 《やぶなどを》切り開いて進む / a ~*ed* sleeve 切り込みを入れた袖. **2** 〈値段を〉〈大幅に〉切り下げる, 〈予算などを〉〈大〉削減する; 〈書物など〉の内容を削る, 大改訂する; 酷評する, こきおろす. ► *vi* めちゃくちゃに切りつける, 縦横になぎ倒す, むやみにむち打つ 〈(*out*) *at*〉; 〈雨など〉激しく降る; 驀進(ばくしん)する 〈*through*〉; こきおろす. ► *n* **1 a** 一撃, ひとむち; [〈*int*〉] バシッ, スパッ, サッ《切りつけたり切り払ったりする音》. **b** 《物価·予算などの》切り下げ, (大)削減. **2** 深傷(ふかで), 切り傷; 《衣服の》切れ込み, スラッシュ (=*slashing*); *〘林〙末木枝条, 残材《伐採·暴風などのあとの散乱した枝木[樹皮など]》(におおわれた森の空き地) (=*slashing*); 〘軍〙逆茂木; 〘印〙斜線, スラッシュ (=~ **màrk**) (diagonal). **3** ''«俗» 放尿: have a ~. **4** *«俗» 酒のひと飲み[一杯]. [ME <? OF *escla(s)chier* to break in pieces]

slash[2*] *n* [°*pl*] 低木[樹木]の生い茂った低湿地(帯). [C17 (? *sl*ush + p*lash*[1])]

slásh-and-búrn *a* 焼き畑式の; 〈批判などが〉冷酷な, 容赦ない: ~ agriculture 焼畑農業[耕].

slásh·er *n* **1** SLASH[1] する人, ならず者; 剣, ナイフ; ''なたがま (billhook); 数枚の刃のついた円鋸(まるのこ). **2** 〘紡〙スラッシャー《縦糸糊づけ機》. **3** スラッシャー映画 (=~ **fìlm** [**mòvie**])《刃物や切断工具で人間を切り刻む残虐場面が売り物》.

slásh gràin 〘木材〙板目面.

slásh·ing *a* 猛烈な, 激しい; きびしい, 容赦ない; «口» あざやかな; «口» すばらしい, 大きな, 非常な. ► *n* 切り傷, 刃傷; 裁断; 〘紡〙縦糸糊づけ, スラッシング; 《衣服の》切れ込み; 〘林〙SLASH[1]. ♦ **~·ly** *adv*

slásh pìne 〘植〙**a** スラッシュパイン, エリオットマツ《米国南東部の海岸湿地に生える》. **b** カリビアマツ《中米·西インド諸島の海岸湿地に生える; 材は堅材》. **c** LOBLOLLY PINE.

slásh pócket スラッシュポケット《縫い目のないところに切れ込みを入れて作ったポケット》.

Śląsk /ʃlɔ̃:sk/ シロンスク《SILESIA のポーランド語名》.

slat[1] /slǽt/ *n* 小割板, へぎ板, 桶板; 《ブラインドの》羽根板, よろい板; 《椅子の背の》横木; 板石, 張り石; スレート片; *«俗» スキー板; [*pl*] *«俗» 尻 (buttocks); [*pl*] *«俗» あばら骨; *«俗» やせぎすの女; 〘空〙スラット《失速速度を下げるため主翼前縁に付ける小翼》. ► *a* 小割板でできた. ► *vt* (-**tt**-) …に slat をつける, slat で作る; …の slat を閉じる. [OF *esclat* splinter (*esclater* to split)]

slat[2] «主に英方» *vt*, *vi* (-**tt**-) 激しく打つ[たたく]; 勢いよく投げつける. ► *n* ピシャリと打つこと, 強打. [?Scand; cf. ON *sletta* to slap, throw]

slat[3''] *n* やせぼそり (kelt)《産卵直後のやせたサケ》. [C19]

slate[1] /sléɪt/ *n* **1 a** 粘板岩; 《粘板岩の》スレート《屋根ふき用》; 《1 枚の》スレート; 石板 (cf. SLATE PENCIL), (小型の)黒板; スレート色《暗い青みをおびた灰色》; 〘映〙カチンコ(の文字). **b** [〈*a*〉] 石板質の, 石板の(ような). **2** *(指名)候補者名簿; *《試合などの》予定表; 《提示された物の》分量, 全体: What's on the ~ *for* this week? 今週の予定は? ● **clean the ~** 義務をのがれる[放棄する]. **have a ~ loose** [**missing**] «口» have a TILE loose. **put** sth **on the ~** …の代金をつけにする. **wipe the ~ clean** «口» 過去を清算する, 行きがかりを捨てる, 新たに出直す (cf. CLEAN SLATE). ► *vt* **1** 〈屋根を〉スレートでふく: The roof was ~*d* instead of thatched. かやぶきではなくスレートぶきだった. **2 a** [°*pass*] 候補者名簿に登録する, 候補に立てる, 選出する 〈*for*〉: He *is* ~*d for* the office of club president. 会長候補となっている / White ~*d for* Presidency 《新聞見出しで》ホワイト氏大統領候補となる. **b** [*pass*] *予定する: The election has *been* ~*d for* October. 選挙は 10 月に予定されている / The delegation *is* ~*d to* arrive next week. 代表団は来週到着するはずである. ♦ **~·lìke** *a* [OF *esclate* (fem) 〈 *esclat* (⇨ SLAT[1])]

slate[2] *vt* 激しく打つ[たたく]; ''«口» 《特に 新聞の書評劇評欄で》酷評する; 厳罰にする. [? *slat*[2]]

sláte bláck スレートブラック《やや紫がかった黒》.

sláte blùe スレートブルー《灰色がかった青 (=*blue slate*)》.

sláte clùb ''«口» 《クリスマスなどのために会員が小額ずつ積み立てる》貯蓄の会, 親睦会, 倹約の会.

sláte-còlored júnco [**snówbird**] 〘鳥〙ユキヒメドリ《灰黒色で腹と尾羽の外側が白い型; 北米北東部産》.

sláte gráy スレートグレー《暗い青みがかった灰色》.

sláte pèncil 石筆 (cf. SLATE[1]).

slát·er[1] /sléɪtər/ *n* スレート工; 《生獣皮の》肉はがしの道具[機械]; 〘動〙ワラジムシ (wood louse)《体色から》; 《広く》海生等脚類. [*slate*[1]]

slater[2] *n* ''«口» 酷評者, 叱責者. [*slate*[2]]

Slater スレーター **Samuel** ~ (1768–1835)《英国生まれの米国の実業家; 米国最初の綿織物工場を設立 (1793)》.

slat·ey /sléɪti/ *a* SLATY.

slath·er /slǽðər; slá:-/ *n* [°*pl*] *«口» 大量, 多数, どっさり. ● OPEN SLATHER. ► *vt* *«口» 厚く[こってりと]塗る; たっぷりと使う, 浪費する 〈*on*〉; *«俗» 打ち負かす, こてんぱんにやっつける, 'たたく': ~ toast *with* butter = ~ butter *on* [*over*] toast. [C19<?]

slat·ing[1] /sléɪtɪŋ/ *n* SLATE[1] で屋根をふくこと; 屋根ぶき用スレート材.

slating[2] *n* ''«口» きびしい批評. [*slate*[2]]

slat·tern /slǽtərn/ *n* だらしのない女; ふしだらな女, 売春婦. ► *a* SLATTERNLY. [C17<?; cf. *slattering* slovenly (woman etc.) 〈 *slatter* to spill (freq) 〈 *slat*[2]]

sláttern·ly *a* だらしのない, 自堕落な. ► *adv* だらしなく, 無精に. ♦ **-li·ness** *n* だらしなさ, 自堕落.

slát·ting *n* 小割板, よろい板《集合的》; 小割板の原木.

slaty /sléɪti/ *a* スレート (slate) の, 粘板岩(状)の; スレート色の, ねずみ色の. ♦ **slát·i·ness** *n*

slaugh·ter /slɔ́:tər/ *n* 屠殺, 畜殺, 屠畜; 虐殺, 殺戮, 大量殺人; «口» 完敗, 潰滅. ► *vt* 屠殺する, 屠(ほふ)る; 虐殺する; 大量に殺す; …に大勝する, こきおろす. ♦ **~·er** *n* 屠殺者; 殺戮者. [ON = butcher's meat; ⇨ SLAY]

sláugh·tered *a* «口» へべれけに酔った.

sláughter·hòuse *n* 屠殺[屠畜]場, 食肉処理場; [*fig*] 修羅の巷; «俗» 安売春宿, 淫売屋.

sláughter·màn *n* 屠殺者, 屠畜者, 食肉処理業者.

sláughter·ous *a* 屠殺の; 殺戮的な, 殺生な, 残忍な; 破壊的な. ♦ **~·ly** *adv*

Slav /slá:v, slǽv/ *n* **1** スラヴ人. ★ Eastern ~s: Russians, Ukrainians, Belorussians. Southern ~s: Serbs, Croats, Bulgars, etc. Western ~s: Czechs, Poles, Slovaks, etc. **2** スラヴ語 (Slavic). ► *a* スラヴ族[語]の. [L *Sclavus*, *Slavus* 民族名]

slave /sléɪv/ *n* **1** 奴隷; 奴隷のように[あくせく]働く者; SLAVE ANT. **2 a** 他に隷属[依存]する者; 〈…に〉憂き身をやつす人, とりこ 〈*of*, *to*〉; 《主義などに》献身する人; «俗» 奴隷《master-slave の関係における受身役; マゾヒスト》; «古» 卑劣漢: a ~ *to* the bottle 酒の奴隷 / a ~ *to* duty 義務のために献身的に働く人 / ~*s* and masters サドとマゾ, SM (プレー). **b** 〘機〙従属装置, 子装置, スレーブ; つまらない仕事. ► *vi* **1** 奴隷のように[あくせく]働く 〈*at*, *over*〉: ~ *away at* [*over*] a hot stove せっせと料理を作る. **2** 奴隷売買をする. ► *vt* «古» 〈人を〉奴隷にする, 奴隷のように扱う; 〘機〙従属装置として作動させる. ► *a* 奴隷の; 奴隷的な; 奴隷制の; 遠隔操作の: a ~ station 従属局 / ~ tape unit 従テープ装置. ♦ **~·less** *a* **~·lìke** *a* [OF *esclave* <L *Sclavus* SLAV (captive)]

sláve ànt 〘昆〙奴隷アリ (cf. SLAVE-MAKING ANT).

sláve bàngle 《金·銀·ガラスの婦人用》腕輪.

sláve-bòrn *a* 奴隷の身に生まれた.

sláve bràcelet 足首に付ける飾り環[鎖].

Sláve Còast [the] 奴隷海岸《西アフリカ Guinea 湾北岸; 16–19 世紀の奴隷貿易中心地》.

sláve cỳlinder 〘機〙追従シリンダー《油圧ブレーキのブレーキシューなどを作動させるピストンを含む小型のシリンダー; cf. MASTER CYLINDER》.

sláve drìver 奴隷監督者; [*fig*] «口» 鬼上司[教師, 監督], [*joc*] こわい女房, 山の神. ♦ **sláve-drive** *vt*

sláve-gròwn *a* 奴隷に作らせた〈商品〉.

sláve·hòld·er *n* 奴隷所有者. ♦ **sláve·hòld·ing** *n*, *a* 奴隷所有(を許す); 奴隷所有者の住む.

sláve hùnter 《奴隷として売るため》黒人をあさる者, 奴隷狩り人.

sláve lábor 奴隷のする仕事; 奴隷的労働《強制労働·低賃金労働など》; 強制労働者《集合的》.

sláve-màking ànt 〘昆〙奴隷狩り[使役]アリ《他種のコロニーから蛹を略奪してきて奴隷にする; サムライアリ属のアリなど数種; cf. SLAVE ANT》, 《特に》ヨーロッパアカヤマアリ.

sláve màrket 奴隷市場; *«俗» 職安(のあるあたり).

sláve pùncher *《北西部》SLAVE DRIVER.

slav·er[1] /sléɪvər/ *n* 奴隷商人[売買者]; 奴隷所有者; 奴隷船 (slave ship); WHITE SLAVER.

slav·er[2] /slǽvər, *sléɪ-, *slɑ́:-/ *n* 《特に 動物の》よだれ; 卑屈なおべっか; 《口》たわごと. ► *vi* よだれを流す[たらす] 〈*over*〉; [*fig*] 垂涎(すいぜん)する 〈*after, over*〉; おべっかをつかう. ► *vt* 《口》よだれでよごす; …におべっかをつかう. ♦ **~·er** *n* 〔LDu; cf. SLOBBER〕

Sláve Ríver [the] スレーヴ川《カナダ Athabasca 湖の西端から北流して Great Slave 湖へ流れる川; 別称 Great Slave River》.

slav·ery[1] /sléɪv(ə)ri/ *n* 奴隷であること[の身分]; 奴隷制度[所有]; 隷属, 屈従; 《色欲・食欲などの》奴隷であること, 心酔 〈*to*〉; 卑しい[骨の折れる]仕事, 苦役.

slav·ery[2] /slǽvəri, *sléɪ-/ *a* 《古》SLOBBERY.

sláve ship 〔史〕奴隷(貿易)船.

sláve stàte **1** 〔米史〕奴隷州《南北戦争以前奴隷制度が合法とされていた南部の州; cf. FREE STATE》. **2** 全体主義国.

sláve tràde 奴隷貿易, 《特に 南北戦争前の米国における》奴隷売買. ♦ **sláve tràder** *n*

sláve tràffic 奴隷売買.

slav·ey /sléɪvi, ǁslǽvi/ *n* ǁ《口》雑働きの女中[メイド].

Slav·ey /sléɪvi/ *n* **a** (*pl* ~, ~**s**) スレーヴィー族《カナダ Northwest Territories の Great Slave 湖地方に居住する先住民》. **b** スレーヴィー語《Athapaskan 語族の言語で North ~ と South ~ の2系統がある》.

Slav·ic /slɑ́:vɪk, slǽv-/ *a* スラヴ族の; スラヴ語の. ► *n* スラヴ語《インド-ヨーロッパ語族の一語派》. ★ East ~: Russian, Ukrainian, Belorussian. South ~: Bulgarian, Serbo-Croatian, Slovene. West ~: Polish, Czech, Slovak に分かれる.

Slav·i·cist /slɑ́:vəsɪst, slǽv-/, **Sláv·ist** *n* スラヴ語[文学, 文化]専門家[研究者].

slav·ish /sléɪvɪʃ/ *a* 奴隷の(ような); 奴隷根性の, 卑しい, 卑屈な; 独創性のない, 盲目的にまねた; 骨の折れる, 苦しい; 《古》下劣な; 《古》抑圧的な. ♦ **~·ly** *adv* **~·ness** *n*

Slav·kov /slɑ́:fkɔ:f, slɑ́:vkɔ:v/ スラフコフ (*G* Austerlitz)《チェコ南東部 Brno の東南東にある町; cf. the Battle of AUSTERLITZ》.

slav·oc·ra·cy /sleɪvɑ́krəsi/ *n* 〔米史〕《南北戦争以前の》奴隷所有者[奴隷制支持者]の支配[団体].

Sla·vo·nia /sləvóuniə/ スラヴォニア《クロアチア東部の Sava 川, Drava 川, Danube 川にはさまれた地方》.

Sla·vó·ni·an *a* スラヴォニア (Slavonia) の; スラヴォニアの住民の; SLOVENE; 《古》SLAVIC. ► *n* スラヴォニアの住民; スラヴ人; SLOVENIA の住民.

Slavónian grébe 〔鳥〕ミミカイツブリ.

Sla·von·ic /sləvɑ́nɪk/ *a* SLAVIC; スラヴォニア地方(の住民)の. ► *n* SLAVIC; OLD CHURCH SLAVONIC.

Slávo·phìle, -phìl *n, a* SLAVOPHILISM の唱道者(の).

Slav·oph·i·lism /sləvɑ́fəlɪz(ə)m, slɑ́:vəfəlɪz(ə)m, slǽv-/ *n* スラヴびいき; PAN-SLAVISM.

Slávo·phòbe *a, n* スラヴ(人)嫌いの(者). ♦ **Slàvo·phóbia** *n*

slaw /slɔ́:/ *n* キャベツサラダ, コールスロー (coleslaw).

slay[1] /sléɪ/ *vt* (**slew** /slú:/; **slain** /sléɪn/) 殺害する (kill)《英では今は主に 文語・戯言, 米では通例 ジャーナリズム用語》; 根絶する, 押し殺す; 《口》ひどく驚かせる, 《おもしろさで》圧倒する, 〈女性を〉参らせる; 《廃》打つ, なぐる. ► *vi* 殺害する. ♦ **~·er** *n* 殺害者, 殺人犯 (killer). **~·ing** *n* 〔OE *slēan* to strike; cf. G *schlagen*; '殺す' の意では OE, early ME 期の基本語で *kill* は ME より〕

slay[2] ⇨ SLEY.

SLBM submarine-launched ballistic missile 潜水艦発射弾道ミサイル. **SLD** 〔英〕°Social and Liberal Democrats.

SLE 〔医〕°systemic lupus erythematosus. **s.l.e.a.** °sine loco et anno.

Slea·ford /slí:fərd/ スリーフォード《イングランド東部 Lincolnshire 南西部の Slea 川沿岸にある町》.

sleave /slí:v/ *n* 《糸の》もつれ, 《詩》《一般に》もつれたもの; 《廃》繭(まゆ)のけば, 絹綿. ► *vt* 《廃》…のもつれを解く. ► *vi* ほぐれて繊条になる. 〔OE *slǣfan* to cut〕

sléave sìlk 《廃》FLOSS SILK.

sleaze /slí:z/ 《口》*n* 低俗さ, いかがわしさ; むさくるしさ, うすぎたなさ; いやなもの, くず; 汚職, 腐敗, スキャンダル; 見さげはてたやつ, すけべな男, 尻軽女. ► *vi* だらしなく動く; 性的にだらしない, だれとでも寝る 〈*around*〉. ► *vt* くすねる, たかる, せびる. 〔逆成 < *sleazy*〕

sléaze·bàg *n* 《俗》いやなやつ, うすぎたない[不愉快な]やつ (sleaze), 低俗な[卑しい]やつ, いやな場所.

sléaze·bàll *n* *《俗》虫の好かないやつ, いやったらしいやつ.

sléaze-bùcket *《俗》*a* 〈映画・雑誌などが〉俗悪な, きたない, むかつくような. ► *n* むかつくやつ[もの, 場所].

sléaze·mònger *n* *《俗》低俗な娯楽の作者[売人], エロ売人.

slea·zo /slí:zou/ *a, n* *《俗》低俗な (sleazy) (もの), ポルノ(の).

sleaz·oid /slí:zɔ̀ɪd/ 《俗》*a* SLEAZY. ► *n* くだらんやつ, 低俗な人間, しょうのないやつ.

slea·zy, slee·zy /slí:zi, sléɪ-/ *a* 〈織物が〉薄っぺらな, ぺらぺらの (flimsy); だらしのない, 自堕落な, 取るに足らない〈人〉; うすぎたない, みすぼらしい〈家〉, けちな〈パーティー〉; 低俗な, 安っぽい〈内容・筋など〉, くだらない. ♦ **-zi·ly** *adv* **-zi·ness** *n*

sleb /slέb/ *n* 《口》セレブ (celeb).

sled /slέd/ *n* *そり; トボガン (toboggan); ROCKET SLED; 《米国の綿作地帯で使用する》綿摘み機械. ► *v* (**-dd-**) *vt* *そりで運ぶ; 綿摘み機械で〈綿を〉摘む. ► *vi* *そりに乗る, そりで行く 〈*down, over*〉. 〔MLG *sledde*; cf. SLEDGE[1]〕

sléd·der *n* そりに乗る[で運ぶ]人; そりを引く馬[動物].

sléd·ding *n* そりの使用; そりすべり; そりの使用に適した雪[地面]の状態; 進みぶり, 進行状況; 《綿摘み機械による》綿摘み. ● **hard [rough, tough]** ~ *《口》困難な仕事, 不利な状況.

sléd [slédge] dòg 《北極地方の》そり(引き)犬.

sledge[1] /slέdʒ/ *n* ǁそり; トボガン (toboggan); 《NZ》《荒れた土地や泥土上で使う》農場用のそり. ► *vi* ǁそりで行く, そりに乗る. ► *vt* ǁそりで運ぶ. ♦ **slédg·er**[1] *n* 〔MDu *sleedse*; SLED と同語源〕

sledge[2] *n* SLEDGEHAMMER. ► *vt, vi* SLEDGEHAMMER; 《クリケット俗》(相手チームの打者を)きたなくやじる, やじを飛ばす. ♦ **slédg·er**[2] *n* 〔OE *slecg*; ⇨ SLAY[1]〕

slédge·hàmmer *n, vt, vi* 《両手で使用する鍛冶屋の》大ハンマー(で打つ). ● **take [use] a ~ to crack [break] a walnut [nut]** 《口》鶏を割(さ)くに牛刀をもってする. ► *a* 強力な; 容赦しない; 力ずくの: a ~ blow 大[致命的]打撃.

sledg·ied /slέdʒid/ *a* ǁ《俗》酔っぱらった, 《麻薬で》ラリった.

sleek /slí:k/ *a* なめらかな, つやのある〈毛髪・翼・毛皮など〉; 栄養[手入れ]のよい; びしっと決めた, めかしこんだ; 豪壮な, 贅(ぜい)を凝らした; 流線型の, 線の美しい; 洗練された; 物腰の柔らかな; 口先のうまい. ► *vt* なめらかにする; …の光沢を出す; 〈髪を〉なでつける; 隠蔽する, ごまかす 〈*over*〉. ► *vi* 身なりを整える, めかす; すべる. ♦ **~·ly** *adv* **~·ness** *n* 〔変形 < *slick*〕

sléek·en *vt* なめらかに[こぎれいに]にする.

sleek·er /slí:kər/ *n* SLICKER.

sleek·it /slí:kət/ 《スコ》*a* なめらかな; ずるい, 悪賢い.

sléeky *a* SLEEK; 《スコ》狡猾な性格の.

sleep /slí:p/ *v* (**slept** /slέpt/) *vi* **1 a** 眠る; 〔植〕〈植物が〉夜に花弁[葉]を閉じる, 睡眠する; 《詩》/[*euph*] 死んで(葬られて)いる, 永眠している. **b** 寝る, 泊まる; 〈異性と〉寝る 〈*together, with*〉: I *slept in* his house last night. 彼の家に泊まった. **c** 《口》〈ベッドなど〉寝ごこちが…である. **2 a** 活動しない, 静まって[おさまって]いる, 〈海などが〉静か[穏やか]である; 〈こまが〉澄む《よく回って静止しているように見える》: The sword ~*s* in the sheath. 剣はさやにおさまっている / His hatred never *slept*. 憎しみはおさまることがなかった. **b** ぼんやりしている, のんきに構える; 無感覚になる. **c** 〔電算〕スリープモード (sleep mode) になる. ► *vt* **1 a** [同族目的語を伴って] 眠る: ~ a sound *sleep* 熟睡する / ~ one's last *sleep* 死ぬ, 永眠する. **b** [~ *-self*] 眠って〈ある状態に〉至る: He *slept* him*self* sober. 眠って酔いをさました. **2** …人(にん)の宿泊を可能にする: The room ~*s* 4. その部屋には 4 人寝られる. ● **look as if [though] one has slept in that suit** etc. **for a week** よれよれの服を着ている, うすよごれた格好をしている. **~ around** 《口》だれとでも寝る. **~ around the clock** 24 時間通して眠る, 長時間寝る. **~ away** 〈時を〉寝て過ごす; SLEEP off. **~ in** 〈雇人が〉住み込む (cf. SLEEP *out*); 寝過ごす; 遅く起きる[まで寝る]; [ᵁ*pp*] 寝床にはいる: His bed was not *slept in* last night. 昨夜彼のベッドは使われなかった. **~ like a top [log]** 熟睡する. **~ off** 〈頭痛・悩みなどを〉寝て治す[除く]: ~ it *off* 寝て酔いをさます. **~ on**… [しばしば it を伴って] 《口》…の判断を一晩延ばす, …を一晩寝て考える. **~ out** 外泊する; 《口》屋外に寝る, 野宿する, テントに寝る; 住込みでない, 通勤する (cf. SLEEP *in*); 寝て過ごす. **~ over**…を見落とす; 《口》外泊する; SLEEP on…. **~ rough** ǁ《貧困のため》外で眠る. **~ through**…の間中一度も目をさまさず眠る, 眠っていて…に気づかない; 〈…まで〉眠りつづける 〈*until, to*〉. **~ tight** ⇨ TIGHT *adv*.

► *n* **1** 睡眠, 眠り; 眠気; [a ~] 睡眠期間; 静止, 不活動, 休止(状態), 昏睡(状態), 麻痺; 永眠, 死 (=last ~); 《植物の》睡眠, 《動物の》冬眠: get a ~ ひと眠りする / a short [an eight-hour] ~ 短い[8 時間の]睡眠 / talk in one's ~ 寝言を言う / have a good night's ~ ひと晩ゆっくり眠る. **2** 夜, 晩; 一日の旅程; *《俗》一年の刑期, 短い刑期. **3** 《口》目やに. ● **can** do sth **in one's ~** *《口》《何度もやったことがあるので》目をつぶっても[眠ってても]できる. **fall on ~** 《古》寝入る. **get to ~** [ᵁ*neg/inter*] 寝つく. **go to ~** 寝入る; 〈手・足が〉しびれる. **lay to ~** 休ませる, 眠らせる; 埋葬する. **lose ~ over [about]**… [ᵁ*neg*] …が気がかりで眠れない, …を心配する[気にする], くよくよする. **put [send]**…**to ~** …を眠らせる, 寝つかせる; …に麻酔をかける; [*fig*] 〈ペットを〉安楽死させる, 眠らせる (kill); 〈人を〉退屈させる. **one's [the] last [big, long] ~** 最後の[長い]眠り (death). **tear off some ~** 暇をみて睡眠をとる. **the ~ of the just** 《文》安眠, 熟睡.

♦ **~·like** *a* 〔OE (v) *slēpan, slǣpan*, (n) *slēp, slǣp*; cf. G *schlafen, Schlaf*〕

sléep apnèa 〔医〕睡眠時無呼吸《呼吸器系の身体的障害・神経性変調による; 時に 致死性》.

sléep·àway *a* 宿泊設備のある, 宿泊可能な.

sléep·còat *n* スリープコート《ひざ丈の男性用寝巻; パジャマの上着に似る》.

sléep·er *n* **1 a** 眠る人; 寝坊《人》; 〔魚〕カワアナゴ科の魚: a light [heavy] ～ 眠りの浅い[深い]人. **b** 寝ている[目立たない]もの; 横梁(ﾖｺﾊﾞﾘ), 横桁(ﾖｺｹﾀ), ころばし根太(ﾈﾀﾞ)[丸太], 大引き, スリーパー; ″枕木 (tie*); 〔ボウル〕スリーパー《ほかのピンの陰に隠れているピン》. **c** 突然ヒットした[火がついた]もの《企画·興行·映画·タレント·商品·株など》, 《競馬の》穴馬, ダークホース, 突然真価を認められる人. **d** *《フットボールで》相手に気づかれずにボールを奪う選手[プレー]; 待機中の秘密諜報員[スパイ, テロリスト] (mole) (cf. SLEEPER CELL). **e** 《耳標 (earmark) はあるが焼き印を押されていない》子牛; ″耳輪《開けた穴が閉じないようにしておくもの; 通例 金のピアス》. **2 a** 眠らせ(てくれ)るもの[人]; 寝台車 (sleeping car); 寝台車のベッド[座席, 客室]; *ソファーベッド; [ᵘ*pl*] 《特に 子供用の》パジャマ, 《乳児用の》寝袋, おくるみ. **b** *《俗》夜警; 《口》睡眠薬, 鎮静剤; *《学生俗》退屈な授業[講義]; 〔レス〕スリーパー《相手の首の両側を押し, 意識を失わせる技》.

sléeper cèll 《待機中の》スパイ団, 工作組織, テロリストグループ.

sléeper sèat 寝台兼用座席《水平に倒せる飛行機などのリクライニングシート》.

sléep·fèst *n**《俗》《退屈で》寝入ってしまうような催し[講演など].

sléep-ìn *n* スリープイン《一定区域を多数が占拠して眠り込む抗議行動》; 住込みの使用人. ► *a* 住込みの (cf. SLEEP *in*). ► *vi* 住込みで働く.

sléep·ing *a* 眠って(いる), 睡眠(用)の. ► *n* 睡眠; 休止, 不活動, 不活発.

sléeping bàg 《登山用などの》寝袋.

Sléeping Béauty **1** [the] 眠り姫, 眠れる森の美女; [*joc*] お寝坊さん, いつまでも寝てる人. **2** [s- b-] 〔植〕ミヤマカタバミ.

sléeping càr [càrriage″] 寝台車.

sléeping dóg 眠っている犬; [ᵘ*pl*] いやな[不快な]事実[思い出]: Let ～*s* lie. 《諺》眠っている犬は起こすな; さわらぬ神にたたりなし.

sléeping dràught 催眠薬《水薬》.

sléeping gíant 眠れる巨人《真価がまだ広く知られていない人[国など]》.

sléeping pártner″《積極的に活動しない》匿名組合員[社員] (silent partner*) (cf. MANAGING PARTNER); 《一般に 仕事などに》あまり積極的でない仲間; 同衾(ﾄﾞｳｷﾝ)者.

sléeping pìll [tàblet] 睡眠薬《barbital などの錠剤またはカプセル》.

sléeping políceman″《口》SPEED BUMP.

sléeping pòrch 外気の下で眠れるベランダ[部屋].

sléeping sìckness 〔医〕《熱帯アフリカの》睡眠病 (=African ～), (=*African trypanosomiasis*); 〔医〕嗜眠(ｼﾐﾝ)性脳炎.

sléeping sùit SLEEPSUIT.

sléep-lèarn·ing *n* 睡眠学習.

sléep·less *a* 眠れない, 不眠症の; 眠れない〈夜など〉; 油断のない, 不断の〈注意など〉; 眠ることのない, 不眠不休の. ♦ **～·ly** *adv* **～·ness** *n*

sléep mòde 〔電算〕スリープモード《コンピューターで, 一定時間以上使用されなかったディスクなどの機器が動作を止めた状態》.

sléep mòvement 〔植〕《葉·花などの》睡眠[昼夜]運動.

sléep·òut *n* 屋外で寝ること, 野宿; 《豪》寝室としても使える(ガラス張り)ベランダ, 《豪方》寝室として使う離れ屋.

sléep·òver *n* 《友だちの家などでの》お泊まり, 外泊; お泊まりパーティー; 外泊する人.

sléep·shìrt *n* スリープシャツ《寝る時に着るひざ丈のシャツ》.

sléep·sùit *n* 《幼児用の》つなぎパジャマ (=*sleeping suit*).

sléep·tàlk·ing *n* 寝言. ♦ **-tàlk·er** *n* **-tàlk** *vi*

sléep-tèach·ing *n* SLEEP-LEARNING.

sléep·wàlk *vi* 夢中歩行する; 《夢遊病者のように》受動的態度でいる[過ごす]. ► *n* 夢中歩行; *《口》簡単なこと. ♦ **～·ing** *n*, *a* 夢遊病(の). **～·er** *n* 夢遊病者.

sléep·wèar *n* NIGHTCLOTHES.

sléepy *a* **1** 眠い, 眠たがる, 眠そうな; 寝ぼけた; 眠っているような, 活気のない, ぼんやりした; 〈果物が〉熟れすぎて腐りかけた: a ～ little town 活気のない小さな町. **2** 眠くなるような; 催眠(性)の, 嗜眠性の. ♦ **sléep·i·ly** *adv* 眠そうに. **-i·ness** *n* 睡気(を催すこと).

sléepy·hèad *n* 眠たがり屋, 眠そうな人, お寝坊さん. ♦ **～·ed** *a*

sléepy sìckness″ SLEEPING SICKNESS.

sleet /slíːt/ *n* みぞれ《雨まじりの雪》; 凍雨《凍った雨滴の落下; その氷の粒》; *雨氷 (glaze). ► *vi* [it を主語として] みぞれが降る, みぞれのように降る. ♦ **sléety** *a* みぞれの(ような), みぞれの降る. [? OE **slēte*, **slīete*; cf. MLG *slōten* (pl) hail]

sleeve /slíːv/ *n* 《衣服の》袖, たもと; 《レコードの》ジャケット (jacket), 木の箱; 〔機〕スリーブ《軸などをはめる筒·管》; SLEEVELET; 吹流し, 《特に》減速用パラシュート (drogue), SLEEVE TARGET: Every man has a fool in his ～. 《諺》弱点のない人はない. ● **hang on** sb's **～s** 人にたよる, 人の言いなりになる. **laugh up [in]** one's **～** こっそり[陰で]笑う, ほくそえむ. **put the ～ on** sb *《俗》人を逮捕する, 《面通しなどで》人の確認をする; *《俗》人を呼び止めて金の無心をする[借金の返済を求める]. **roll [turn] up** one's **(shirt) ～s** シャツの袖をまくり上げる, 腕まくりする《仕事·けんかの用意》. **up** one's **～** 〈計画·切り札·奥の手などを〉ひそかに用意して (⇨ an ACE up one's sleeve, have a CARD¹ [TRICK] up one's sleeve). **wear** one's HEART **on** one's **～.** ► *vt* 〈衣服〉に袖[たもと]をつける; 〔機〕…にスリーブを付ける, スリーブでつなぐ. ♦ **～·like** *a* [OE *slēfe*, *slīefe*, *slȳf*; cf. Du *sloof* apron]

sléeve bèaring 〔機〕摺動ベアリング.

sléeve·bòard *n* 袖仕上げ台《袖用アイロン台》.

sléeve bùtton カフスボタン; [*pl*]*《俗》タラの身 (codfish) のボール.

sléeve còupling 《軸·管を継ぐ》スリーブ伸縮継手.

sleeved /slíːvd/ *a* 袖の付いた; [*compd*] …な袖のある: half-[long-, short-]～ 半[長, 短]袖の.

slee·veen /slíːvin, slivíːn/ *n* 《アイル·カナダ方》信用できないやつ, ずるいやつ.

sléeve fìsh 〔動〕イカ (squid).

sléeve·less *a* 袖のない, 袖なしの; 無益な, むだな; ″取るに足りない.

sléeve·let *n* 《ひじから手首までの》袖カバー, アームカバー《袖がよごれるのを防ぐ》.

sléeve lìnk カフスボタン (cuff link).

sléeve nòte″ [ᵘ*pl*] ライナーノート (liner notes*).

sléeve nùt 〔機〕締め寄せナット, スリーブナット.

sléeve tàrget 《飛行機に曳かれた空戦·対空射撃演習用の》吹流し標的.

sléeve vàlve スリーブ弁《内燃機関の円筒形吸排弁》.

sleev·ing /slíːvɪŋ/ *n* 〔電〕スリービング《裸線用の絶縁チューブ》.

sleez(e) /slíːz/ *n*, *vi*, *vt* 《口》SLEAZE.

sleezy ⇨ SLEAZY.

sleigh /sléɪ/ *n* 《特に動物が引く》そり (sledge); 〔砲〕砲架の滑動部. ► *vi* そりに乗る, そりで行く. ► *vt* そりで運ぶ. ♦ **～·er** *n* [Du *slee*; ⇨ SLEDGE¹]

sléigh bèd 《19 世紀前半の》頭板·足板がそり上がって外側へ湾曲したベッド.

sléigh bèll そりの鈴, 〔楽〕スレイベル.

sléigh·ing *n* そりに乗ること, そりで旅行すること; そりの走りぐあい; そりを走らせる雪の状態.

sléigh·rìde*《俗》*n* 人と富[権力, 成功]を分かち合うこと[機会], 人生のいい時期; 人にだまされること; 《1 回分の》コカイン, コカインによる陶酔 (cf. SNOW¹): go for [go on, take] a ～ コカインを飲む / be taken for a ～ 人にかつがれる[だまされる]. ► *vi* コカインを飲む[うつ].

sleight /sláɪt/ *n* 手練, 早わざ; 巧妙; 策略; 狡猾. [ON (SLY)]

sléight of hánd 手先の早わざ; 手品, 奇術; 巧妙なごまかし, 狡猾さ.

sléight-of-móuth *n* 《口》ことば巧みにごまかす[だます]こと, まやかしの言辞.

slen·der /sléndər/ *a* **1** ほっそりした, すらりとした; 細長い: a ～ girl. **2** わずかな, 乏しい, 不十分な; 〈音が〉かぼそい, 弱い; 〔音〕狭音の. ♦ **～·ly** *adv* **～·ness** *n* [ME<?]

slénder·ìze *vt*, *vi* 細長くする[なる]; 細長く[ほっそりと]見せる.

slénder lóris 〔動〕ホソロリス, ホソナマケザル (LORIS).

slept *v* SLEEP の過去·過去分詞.

Slesvig ⇨ SCHLESWIG.

sleuth /slúːθ/ *n* 探偵; SLEUTHHOUND. ► *vi* 探偵する, さぐる. ► *vt* …の跡をつける, 追跡する. [ON *slóth* track, trail; cf. SLOT²]

sléuth·hòund *n* 警察犬 (bloodhound); 《口》探偵.

S level /és ―/ 〔英教育〕学問級, 特別級(の試験[資格, クラス]) (scholarship level) (⇨ GENERAL CERTIFICATE OF EDUCATION).

slew¹ /slúː/ *vt* 〈望遠鏡·帆柱などを〉《軸を中心に》回転させる; …の向きを変える, 回す 〈*around*〉. ► *vi* 向きを変える, 回る 〈*around*〉; 横すべりする, すべって進路をそれる; *《俗》酔っぱらうまで飲む. ► *n* 回転; 回転後の位置. [C18 海洋用語<?]

slew² *vt* SLAY¹ の過去形.

slew³ *n* ⇨ SLOUGH¹.

slew⁴ *n**《口》たくさん, 多数, 大量 (lot): a ～ of people [work]. [Ir *sluagh*]

slewed /slúːd/ *a* 《俗》酔っぱらった. [SLEW¹]

sléw·fòot*《俗》*n* 刑事, 探偵; へま[どじ]なやつ[選手]. ► *vi* つまさきを外側に向けて歩く.

sléw ràte 〔電子工〕スルーレート《階段状信号入力に対して出力電圧が変化する割合》.

sley, slay /sléɪ/ *n* 《織機の》おさ. [OE *slege*]

Slezs·ko /sléskɔː/ スレスコ《SILESIA のチェコ語名》.

slice /sláɪs/ *n* **1 a** 《パン·ハムなどの》薄切り, 一枚, スライス; 《パイなどの》ひと切れ; 一部分, 分け前 〈*of*〉: a ～ *of* bread パンひと切れ / a ～ *of* luck 一つの幸運 / get [receive] a bigger ～ より大きな分け前にあずかる 〈*of* sth〉 / A ～ off a cut loaf isn't missed. 《諺》切ってあるパンからひと切れ取っても気づかれない. **b** 《顕微鏡検査用の組織·岩石などの》薄片; 〔鉱〕分層, スライス. **c** 〔スポ〕スライス《利き腕の方向へカーブすること[ボール]; cf. HOOK》. **2** 薄刃(庖丁); 《食卓用》魚切りナイフ (fish slice); へら (spatula). ● **a ～ of the action** = a PIECE of the action. **It's been a ～!** *《俗》楽しかったよ. ► *vt, vi* 《ナイフなどで》切る, 薄く切る, 切り取る[落とす]〈*off, away*〉, 切り分ける, 分割する〈*up*〉; 削り[かき]取る〈*off*〉; 《へらなどで》かきまわす, 塗る; 〈空・水・土などを〉切るように進む〈*through*〉; 〈かいで水を〉切る; 〘スポ〙スライスさせる[する]; *《俗》《ふっかけたりして》だまして取る: ～ *into* a loaf [one's finger] ナイフでパン[指]を切る / ～ sth *in* two [half] 二つに切り分ける[切断する]. ● **any way [however] you ～ it** *《口》どう考えても. **～ and dice** 切り刻む; 多角的に分析する. ♦ **～·able** *a* [OF (n) *esclice*, (v) *esclicier* to splinter＜Gmc; cf. SLIT]

slíce-and-díce (fìlm) *《口》ホラー映画, 《特に》ちなまぐさい映画, スプラッター (splatter movie). [*slice-and-dice* もとフードプロセッサーの宣伝文句]

slíce bàr 火かき棒.

sliced /sláɪst/ *a* 薄く切った, スライスにした; 〈食品が〉スライスにして販売される; 〘スポ〙スライスされた. ● **the best [greatest, etc.] thing since ～ bread** 《口》もっともすばらしいもの, 最高のもの[人].

slíced venéer 突板(つきいた), スライストベニヤ.

slíce of lífe 人生の一断面; 日常生活を現実的に描いた映画[劇]. ♦ **slíce-of-lífe** *a*

slic·er /sláɪsər/ *n* 薄く切る人; 《パン・ハムなどの》スライサー; 〘電〙《過大・過小信号を切り落とす》振幅ゲート, スライサー.

slick /slík/ *a* **1** なめらかな, つやつやした, 《汗などで》てかてか[ぬるぬる]の; 〈道路などが〉つるつるすべる. **2** 口のうまい, 調子のいい〈人・態度・文体〉; 器用な, 巧みな, うまい; しゃれた, 見ばえがいい(が深みに欠ける). **3** 《俗》すばらしい, 最高の; 《俗》セクシーな. ► *adv* なめらかに; きっかり, じかに, まともに; じょうずに: go ～ すいすいと運転する / run ～ into…と正面衝突する. ► *n* なめらかな[すべりやすい]部分; 油を流した(ように)なめらかな水面, 水面[路面]の油膜; 《クリームなどの》ひと塗り; なめらかな表面を作る道具, 広刃のみ; *《口》光沢紙の雑誌 (cf. PULP, GLOSSY), 豪華雑誌; すりへった古タイヤ; スリック(タイヤ)《drag race などに使う表面にトレッドのついていないタイヤ》; *《俗》見ばえのする中古車; *《俗》頭のいいやつ, ずるいやつ, いかさま師; 《俗》スリック《軍の輸送用ヘリコプター》. ► *vt* なめらかにする, つるつる[ぬるぬる]にする; すべりよくする; *《口》きれいにする, きちんとする〈*up, off*〉; 上達させる, 磨く〈*up*〉: be ～*ed up* 身なりがよい. ► *vi* 身なりを整える〈*up*〉. ● **～ down** 〈髪を〉《油などで》なでつける. ♦ **～·ly** *adv* **～·ness** *n* [? OE *slice*, -*slician* to polish; cf. SLEEK]

slíck chíck *《俗》かわいい娘, かわい子ちゃん.

slíck-èar *n* 耳標 (earmark) のない家畜.

slícked-ùp /slíkt-/ *a* 《俗》きちんと片付いた, こぎれいにした, 気のきいた.

slick·ens /slík(ə)nz/ *n pl* 流積シルト層; 〘冶〙《砕鉱機からの》鉱石粉末.

slick·en·side /slíkənsàɪd/ *n* [ᵘ*pl*] 〘地質〙鏡はだ, 滑面, 鏡岩. [*slicken* (dial) smooth]

slíck·er *n* 油布 (oilskin); *スリッカー《長いゆるやかなレインコート》; *《口》いかさま師 (swindler), ずるいやつ; *《口》いきな[世慣れた]都会人 (＝city ～); 〘鋳〙鋳型の表面をなめらかにする小こて; 〘製革〙なめし道具. ► *vt* 出し抜く, だます.

slíck·ròck *n* 《風化して》つるつるした岩.

slíck·ster *n* 抜け目のない人, 狡猾漢; *《黒人俗》いかさま師, 口の達者なやつ, 詐欺師.

slick·um /slíkəm/ *n* *《俗》ヘアオイル, ポマード《など》.

slide /sláɪd/ *v* (**slid** /slíd/; **slid,** 《古》**slid·den** /slídn/) *vi* **1 a** すべる, すべって行く〈*along, on, over*〉; 〈ピストンなど〉すべり動く, 滑動する〈*up and down*〉; 流れる; 滑走する〈*down, off*〉; 氷すべりをする; 〘野〙すべり込む: ～ *on* the ice 氷すべりをする / ～ *into* second base 二塁にすべり込む. **b** そっと動く, こっそり歩く〈*in, out, away*〉; 《口》立ち去る (leave)〈*off*〉. **2** すべるように過ぎる, いつしか進む; 〘楽〙《ある音から他の音に》なめらかに移る; (徐々に)移る, 下降[悪化]する, 陥る〈*into, out of*〉; 〈株価などが〉下落する; 精力を注がずに過ごす, 流す; 人気[信用]を失う: ～ *into* [*to*] a bad habit 悪習に陥る / ～ *from* grave *to* gay 厳粛からしだいに陽気に変わる. ► *vt* すべらせる, 滑走させる〈*down, on, up*〉; すらすら動かす, そっと入れる[手渡す], すべり込ませる, するりと入れる〈*in, into, out*〉. ● **let…～** 〈事態などを〉《悪化しても》かまわない, 成り行きにまかせる, 〈仕事などを〉怠る: *Let* it ～! 《口》ほっとけ! **let…～ by** (1) 〈資格のない者などを〉そのまま通す. (2) 〈大事な日・約束などを〉忘れる; 〈時間を〉浪費する, 過ぎるにまかす. **～ over** 〈問題を〉あっさり片付ける, …に軽く触れる.
► *n* **1 a** すべること, ひとすべり, すべり遊び, 滑走; すべり落ちること, 滑落; 《価格・価値などの》下落; 減少; 〘理〙すべり; 〘野〙すべり込み. **b** 山くずれ, 地すべり (landslide); SNOWSLIDE; くずれ落ちた土[岩]; 断層, 褶曲断層. **c** 〘楽〙PORTAMENTO, 2 音以上の装飾音; SLIDE GUITAR. **2 a** すべり道[坂]; 滑走場; 滑走台; すべり台; すべり金; 引きぶた; おとし (chute); 〘機〙すべり面[溝]; *《俗》ズボンのポケット; サンダル(型の靴) (＝～ shòe). **b** 《トロンボーンなどの》U 字管, スライド; SLIDE GUITAR; 〘機〙すべり弁 (slide valve), 滑動部, 《映写用》スライド (lantern slide); 〘電算〙《画面提示用の》スライド; 《顕微鏡の》載物ガラス, スライドグラス; 《砲の》そり盤; 〘ボート〙SLIDING SEAT; HAIRSLIDE. ● **on the ～** 下降[悪化]中で.
♦ **slíd·able** *a* **-ably** *adv* [OE *slīdan*; cf. SLITHER]

slíde-àction *a* 〈銃が〉スライドアクションの《レバーを前後に動かし, 薬莢を出し, 装塡する》.

slíde bàr 〘機〙すべり棒 (guide bar); 《ギターのスライド奏法用の》スライドバー.

slíde càliper CALIPER SQUARE.

slíde fàstener *ファスナー (zipper).

slíde·fìlm *n* FILMSTRIP.

slíde guitàr 〘楽〙BOTTLENECK.

slíde knòt 引結び (slipknot) の一種.

slíde projèctor スライド映写機[プロジェクター].

slid·er /sláɪdər/ *n* **1** すべるもの[人]; 〘野〙スライダー; 〘機〙すべり子, すべり金, 滑動部, スライダー; 《スライド式の》調整つまみ; 〘電・建〙すり板; [ᵘ*pl*] *SLIDING DOOR; 〘電算〙WRITE-PROTECT TAB, 《画面スクロール用の》スライダー. **2** スライダー《(1) *スナックとして食べるミニハンバーガー 2) 《口》2 枚のウエハースにはさんだアイスクリーム》. **3** 〘動〙アカミミガメ《米国南東部原産; ヌマガメ科》, 《特に》ミシシッピアカミミガメ《両眼のうしろに赤い縞がある; ペットとして飼われる》.

slíde rèst 〘機〙《旋盤の》工具送り台.

slíde rùle 計算尺.

slíde shòw スライド映写[上映](会); 〘電算〙スライドショー《プレゼンテーション[画像閲覧]ソフトで, 画像を次々に表示する機能》.

slíde trombóne 〘楽〙スライドトロンボーン《U 字管をすべらせる普通の型のもの》.

slíde vàlve 〘機〙すべり弁; 〘楽〙スライドバルブ《パイプへの空気を遮断する穴のあいたオルガンのスライド》.

slíde·wày *n* すべり路, 滑斜面.

slid·ing /sláɪdɪŋ/ *a* すべる, 滑動する; 移動する; 変化する.

slíding dóor 引戸, 引込み戸, スライディングドア.

slíding fìt 〘機〙すべりばめ《2 部品が相互にすべるはめ合い》.

slíding frìction 〘機〙すべり摩擦.

slíding kéel 垂下竜骨 (centerboard).

slíding róof スライディングルーフ《自動車などの開閉する屋根》.

slíding rúle 《古》SLIDE RULE.

slíding scále 〘経〙スライディングスケール, 伸縮法, 順応率《賃金・物価・税などが経済状態に応じて上下する率》.

slíding séat 《競漕艇の》すべり座 (＝*slide*).

slíding tíme* FLEXTIME.

sligh /sláɪ/ *vt* *《俗》〈テントなどを〉撤去する.

slight /sláɪt/ *a* **1** わずかな, かすかな; 取るに足らない, たいしたことのない, 微々たる; 軽微な: make ～ of…を軽視する / There is not the ～*est* doubt about it. それには少しの疑いもない / a ～ wound かすり傷 / a ～ fever 微熱 / not…in the ～*est* 少しも…でない (not at all). **2** 〈人が〉細い, きゃしゃな; 〈物が〉こわれやすい, もろい. ► *vt* 軽んじる, 軽視する; 侮辱する; 〈仕事などを〉なおざりにする (scamp). ► *n* 軽視, 軽蔑, 無礼, 冷淡〈*to, on*〉: put a ～ *upon* sb 人を軽視[侮辱]する. ♦ **～·ish** *a* **～·ness** *n* [ON＝level, smooth; cf. MDu *slicht*]

slíght·ing *a* 軽蔑[侮辱]的な, 無視するような, みくびった. ♦ **～·ly** *adv* 軽視[軽蔑]して.

slíght·ly *adv* 少しばかり, わずかに, かすかに; もろく, 弱く: be ～ wounded 軽傷を負う / a ～-built boy きゃしゃな子.

slíght négligence 〘法〙軽過失《特に 分別のある人の払う細心の注意が欠けていること》.

Sli·go /sláɪgoʊ/ スライゴー《(1) アイルランド共和国北部, Connacht 地方北部の県 2) その県都・港市》.

sli·ly /sláɪli/ *adv* SLYLY.

slim /slím/ *a* (**slím·mer; slím·mest**) **1** ほっそりした, スマートな, スリムな; 〈服が〉細身の. **2** 不十分な, 貧弱な; 〈見込みなど〉ほんのわずかな; 〈議論など〉くだらない, 薄っぺらな; ずるい. ► *v* (**-mm-**) *vi* 細く[スリムに]なる〈*down*〉; ダイエットする〈*down*〉; 縮小する, 減る〈*down*〉. ► *vt* 細くする; 減量させる〈*down*〉; 縮小する, 減らす〈*down*〉. ► *n* *《俗》《マリファナに対して》紙巻きタバコ (cigarette); ᴴ肥満解消プロジェクト: a sponsored ～ 慈善目的の減量プロジェクト《参加者は減量の成果に応じて一定額を寄付する》; [ᵘS-] 《東アフリカ》スリム (AIDS) (＝～ **disèase**)《体重が激減することから》. ♦ **～·ly** *adv* 細く, きゃしゃに; 不十分に; 狡猾に. **～·ness** *n* [Du or LG＝slanting; cf. G *schlimm* bad, ill]

slime /sláɪm/ *n* **1** どろどろ[ねばねば, ぬるぬる]したもの, 粘着物, 軟泥, 泥砂, ヘドロ; [ᵒ*pl*] 岩石の粉, スライム; 《カタツムリ・魚などの》粘液, のろ; 《変性したハムなどに生じる》ねと. **2** いやなもの, 悪臭のあるもの; *《俗》悪の世界, 暗黒街; 《口》げす根性, おべんちゃら; 《俗》不名誉な事態, 腐敗; 《俗》いやなやつ, げす. ► *vt* …に slime を塗る; 〈ヘビなどが〉粘液でおおう; 〈魚〉のぬめりを取る; 泥砂に砕く. ► *vi* 泥だらけになる; 泥がつく, ぬるぬるになる; ᴴ《俗》ぬらりくらり抜け出る〈*through, away, past*〉. [OE *slīm*; cf. G *Schleim*, L *limus* mud, Gk *limnē* marsh]

slíme bactèria *pl* 〘菌〙粘液細菌 (MYXOBACTERIA).

slíme·bàg *n* 《俗》SLIMEBALL.

slíme·bàll *n* 《俗》とてもいやなやつ, 不愉快なやつ, げす.

slíme·bùcket *n* 《俗》SLIMEBALL.

slíme mòld 〘菌〙粘菌, 変形菌 (myxomycete).

slíme pìt 瀝青(ﾚｷｾｲ)坑, 瀝青採掘場.
slími·cìde /slάɪmə-/ *n* 〘薬〙殺変形菌剤.
slím-jím /, ─́ ─́/ *n, a**《口》ひょろ長い(人[もの]).
slím·lìne *a* ほっそりした(デザインの); 〈蛍光管が〉細い; 〈食品が〉低カロリーの.
slím·mingᴵᴵ *n* ダイエット. ► *a* ダイエット用の; スリムに見せる〈服・彩色など〉. ♦ **slím·mer** *n*ᴵᴵ減量[ダイエット]中の人.
slím·mish *a* ややほっそりとした, 細めの, やや弱い.
slim·nas·tics /slìmnǽstɪks/ *n* 減量[美容]体操. [*slim*+gym*nastics*]
slim·sy, slimp·sy /slímzi, slím(p)si/ *a**《口》もろい, かよわい, ひよわい, 繊弱な. [*sli*m+*fl*i*msy*]
slimy /slάɪmi/ *a* 泥だらけの, 泥を塗った; ぬるぬるした, 粘液性の; きたない, いやらしい, 下品な; ᴵᴵお世辞たらたらの, さもしい〈態度など〉.
♦ **slím·i·ly** *adv* **-i·ness** *n*
sling[1] /slíŋ/ *n* **1** 投石器, ぱちんこ; 〘医〙吊り包帯, 三角巾; 〘海〙吊り索, 吊り鎖, [*pl*] 帆桁の吊り索を付ける部分; 吊革, 負い革; だっこ[おんぶ]ひも, ベビースリング; 《荷物積み降ろし用の》吊り網; 〘林〙荷縛り索, チョーカ; SLING PUMP; SLING CHAIR. **2** 投石器で石を放つこと; 振り投げ, 投げ飛ばし; 一撃; 吊り上げ. **3**《豪口》チップ, 賄賂, 袖の下.
● **the ~s and arrows** 辛辣きわまる攻撃《*Hamlet* 3.1.59–60 の句 to suffer the *slings and arrows* of outrageous fortune から》.
► *v* (**slung** /slʌ́ŋ/) *vt* **1** 投石器で射る; (放り)投げる, 〈衣服を〉ひっかける; 〈パンチを〉加える, 〈罵詈雑言を〉浴びせる; 〈食べ物を〉客に出す; ᴵᴵ《俗》(投げ)捨てる[落とす]: ~ stones *at* dogs 犬に石を投げる / ~ a man *out of* the room [*in* jail] 人を部屋から放り出す[刑務所に放り込む]. **2** 〘医〙吊り包帯で吊る; 〈剣・銃などを〉つるす, (吊革[負い革]で)負う[運ぶ]; (索などで)吊り揚げる[下げる]: ~ a hammock ハンモックをつるす. ► *vi*《豪口》《賄賂・チップとして》稼ぎの一部を与える.
● **~ a nasty foot** [**ankle**]*《俗》さっそうと[みごとに]踊る. **~ hash***《俗》ウェイター[ウェイトレス]として働く. **~ ink**《口》〈売文者が〉書きなぐる, 新聞記者をする, 事務員をする. **~ it***《俗》(たわいもない)おしゃべりをする, ほらを吹く, 事情に通じている, 通ぶってしゃべる. **~ off**《豪口》非難する, いやみを言う〈*at*〉. **~ oneself up** するすると登る. **~ one's** HOOK. **~ the** BULL[1]. [ON or LDu; cf. OE *slingan* to creep]
sling[2] *n* スリング《ジンなどに果汁・砂糖水・香料などを加えて冷やした飲料; cf. SINGAPORE SLING》. [C18<?]
slíng·bàck *n* SLING PUMP.
slíng càrt 吊り下げ運搬車《大砲などの重量物用》.
slíng chàir スリングチェア《木または鉄の骨組にカンバスなどを張った椅子》.
slíng·er[1] *n* 投げる人; 《昔の》投石戦士; *《俗》ウェーター, ウェートレス《SLING[1] *hash* より》; *《俗》おしゃべり好き, ほら吹き; [ᵁ*pl*]《軍俗》紅茶に浸したパン. [*sling*[1] *vt* 1]
slínger[2] *n* 荷役(監督); 〘機〙《ベアリングの》油切り. [*sling*[1] *vt* 2]
slínger rìng 〘空〙《プロペラの》結氷防止輪管.
slíng psychrómeter 振回し湿度計《急速に回転できるようになっている乾湿計》.
slíng pùmp* バックストラップ・パンプス[サンダル]《かかと部がベルトになった靴》.
slíng·shòt* *n* ぱちんこ (sling, catapultᴵᴵ), 投石器; 〘自動車レース〙スリングショット《**(1)** 後ろにつけていた車が余力をかって一気に先行の車を抜く戦術 **2)** 後輪の後ろに座席のあるレーシングカー》; 〘宇〙スリングショット, 重力加速 (=*swing-by, swing-around*)《天体の重力による宇宙船などの急激な加速[コース変更]》. ► *vi* (-tt-)《重力の影響で》急激に加速する.
slink[1] /slíŋk/ *vi, n* (**slunk** /slʌ́ŋk/,《古》**slank** /slǽŋk/; **slunk**) こそこそ歩く[逃げる](こと), 忍び足で歩く(こと); 《口》〈女性が〉しゃなりしゃなりと歩く(こと). ♦ **slínk·ing·ly** *adv* こそこそと, 忍び足で; しゃなりしゃなりと. [OE *slincan* to crawl]
slink[2] *vt* (**~ed, slunk** /slʌ́ŋk/) 〈特に 子牛を〉早産[流産]する.
► *a* 〈子牛など〉月足らずの; やせこけた. ► *n* 《子牛などの》半産子; 半産子の皮[肉]. [? *slink*[1]]
slínk bùtcher 半産子(の肉)を扱う肉屋.
slínk·wèed *n* 雌牛を早産させると考えられた草.
slínky *a* こそこそした, 内緒の; 《口》しなやかな〈動き〉, 腰をくねらす, セクシーな〈女性〉, 体の曲線を引き立てる〈ドレス〉. ► *n* スリンキー, トムボーイ《階段を 1 段ずつ降りるバネのおもちゃ》. ♦ **slínk·i·ly** *adv* **-i·ness** *n*
slio·ter /ʃlítər/ *n* ハーリング (hurling) の球. [Ir]
slip[1] /slíp/ *v* (-pp-) *vi* **1 a** すべる, ずり落ちる, すべり落ちる〈*down, off*〉, すべり込む〈*into*〉; 〈自動車・飛行機などが〉横すべりする (side-slip); 〈クラッチが〉《摩耗して》すべる; それる. **b** (するりと)はずれる, 抜ける〈*off, out of*〉, ゆるむ, ほぐれる; 〈椎間板が〉ずれる; 脱臼する. **2** すべってころぶ, 踏みはずす, よろける〈*on*〉; [*fig*] うっかり誤る[見のがす]: He often *~s in* his grammar. よくことばづかいを誤る. **3 a** すべるように[するすると]走る[動く, 流れる]; 急いで着る[脱ぐ]〈*into* [*out of*]〉, ひっかける〈*into*〉; すぐに夢中になる[飛びつく]: ~ across to the baker's 向こう側のパン屋までひと走りする / ~ *into* a new way of life. **b** こっそり動く, そっとはいる[出る], 忍び込む〈*in* [*out*]〉; そっと通り過ぎる〈*by, past*〉: ~ *into* [*out of*] a room. **4 a** いつしか…の状態になる[陥る]〈*into*〉; 〈記憶から〉抜け落ちる〈*from* memory〉; 〈秘密などが〉うっかり漏れる〈*out*〉; 〈時が〉いつか過ぎる〈*along, away, by*〉: ~ *off* to sleep 知らぬ間に眠り込む / let… ~ *by* 〈時間・日などを〉(つい)忘れる. **b** 水準[常態]からはずれる, 〈業績など〉低下する, 〈景気・市場が〉落ち込む; 《体力・知能などが》衰える: His calm demeanor *slipped* away. 彼の静かな物腰が消えうせ(て正体が見え)た / He is *slipping*. 体力《など》が衰えている.
► *vt* **1 a** 〈足などを〉すべらせる. **b** すべり込ませる, 忍ばせる; するりとはめる, 急いで着る[脱ぐ], 〈指輪などを〉そっとはめる[はずす]〈*on* [*off*]〉; そっと入れる[出す]〈*into* [*out of*]〉; 〈ことば・条項などを〉そっと[こっそり]入れる〈*in, into*〉; 〈ヘビなどが皮を〉脱ぐ, 脱皮する; そっと通り抜けさせる〈*past, through*〉; 〈金などを〉(そっと)渡す, つかませる: ~ a shawl over one's shoulders 肩にショールをまとう / ~ one's pants *down* a little ズボンを少しずりおろす. **2** 放つ, 放す, 出す, 〈犬などを〉放してやる, 〘海〙〈錨鎖を〉放つ; 〈錨を〉入れる; 〘英鉄道〙〈車両を〉走行中に解放する. **3** 〈牢・追跡者など〉から逃げる, うまくまいて逃げる; 〘ボク〙〈パンチなどを〉かわす; 〈犬が首輪を〉振り放す, はずす, 〈結び目を〉解く; 〈肩などを〉脱臼する, …の関節をはずす; 〈クラッチを〉すべらせる. **4 a** 〈事柄が〉…から抜け落ちる: ~ sb's mind [memory] うっかり忘れる. **b** 見落とす, 抜かす, 言い[書き]落とす; 〘手芸〙〈編み目を〉抜かす, とばす; 〈子牛などを〉早産する.
● **let ~** 放す, 〈人を〉逃がす; 口をすべらす, 失言する: *let* ~ the dogs of war ⇨ DOG (成句) / *let* an opportunity ~ (by) 機会をのがす / *let* a secret ~ (out) (うっかり)秘密を漏らす. **~ along**《俗》さっさと急いで行く. **~ away** (1) 知らぬ間に消える, こっそり去る. (2) 〈好機が〉手からすりぬける, 〈支持が〉弱まる. **~ back** こっそり戻る[戻す]. **~ down** 〈飲み物などが〉さっとのどを通る. **~ into**…をすばやく着る (⇨ *vi* 3a); 《俗》ぶんなぐる; たらふく食う. **~ off** [**out**]=SLIP away (1). **~ one** [**something, it**] **over on**…*《口》=ᴵᴵ《俗》**~ it across**…をだます, ペテンにかける. **~ over** 〈道程〉を急いで進む; …をうっかり見落とす, いいかげんに済ます. **~ one's breath** [**cable, wind**] 死ぬ. **~ one's** TROLLEY. **~ through** 静かに通り過ぎる; 〈要求・法律など〉ひそかに通す[通る], こっそり持ちこむ[持ち出す]; 通り抜ける, すり抜ける. **~ through sb's** FINGERS. **~ up** すべってころぶ, 踏みはずす; 災難にあう; 《口》間違う, 誤る, へまをする, 失敗する〈*in*〉; 姿をくらます. **~ up on**…にこっそり近づく.
► *n* **1 a** すべること; 《車輪の》空転, スリップ; 《飛行機などの》横すべり; すべりやすさ. **b** 〘地質〙滑動(した断層), ずり(量), 《断層の》ずれ; 鏡はだ, 滑面; 〘冶〙《塑性変形での》すべり (=*glide*). **c** 〘海〙失脚, スリップ; 〘機〙ずれ, スリップ, 遊び; 〘電〙すべり, スリップ《誘導電動機で回転子速度の固定子の回転磁界に対する遅れ》. **d** 脱走 (⇨ 成句). **e** 《価格などの》下落, 低下. **2 a** すべりころび, 踏みはずし, つまずき; (突然の)災難, 事故: There's many a ~ 'twixt [between] (the) cup and (the) lip. 《諺》コップを口に持っていく間にもいくらもしくじりはある, 100 里を行く者は 90 里を半ばとす. **b** あやまち (mistake), しくじり; 言いそこない, 書き損じ: a ~ of the pen [tongue, lip] 書き[言い]間違い / a ~ of the press 〘印〙誤植 / a ~ of memory 記憶違い. **3** 簡単に着脱できるもの; スリップ, ペチコート; HALF-SLIP; [*pl*] ᴵᴵ水泳パンツ《男子用》; ᴵᴵ《方》《幼児の》前掛け; 上衣; 枕カバー; 《簡単に取りはずせる》犬索, 犬鎖. **4 a** 《建物間の》狭い路, 小路; [~s, 〈*sg*〉] *《突堤間の》停船用水面; 〘海〙造船台, 船架; 《船架の》斜路. **b** [~s, 〈*sg/pl*〉] 〘クリケット〙スリップ《ウィケットから数ヤード後ろの(打者からみて)右側の位置》; 〘クリケット〙スリップに立つ外野手: in the *~s* 外野手となって. **c** [*pl*] 〘劇〙道具立てなどを引き出す舞台の一部, 登場前に役者が立つ場所. ● **get the ~** うまくまかれる[逃げられる]. **give** sb **the ~** うまく人をまく[まいて逃げる]. **one's ~ is showing** スリップが見えている; [*fig*] お里が知れる, ぼろが出る.
► *a* すべらせる; 取りはずしできる; 引き結びの.
[? MLG *slippen*; cf. SLIPPERY, G *schleifen*]
slip[2] *n* **1** 切れ, かけら, 《土地・材木・紙などの》細長い一片; 紙片, 票, 伝票, 券《通例 長方形》; 〘印〙棒組の校正刷り, ゲラ刷り; *《教会などの》長椅子, 狭い座席; 《断面がくさび形の》小型砥石; 〘工〙スリップ《厚み測定用の小鋼板片》. **2** 〘園〙接ぎ穂, 挿し枝, 挿苗; 子孫, 一家などの若者; (ほっそりした)少年: a (mere) ~ of a boy [girl] ひょろ長い男[女]の子. ► *vt* (-pp-) 〘園〙〈木など〉から接ぎ穂を取る, …の株分けをする; 〈一部分を〉取る. [MLG, MDu=cut, strip, slit]
slip[3] *n* 〘製陶〙泥漿(ﾃﾞｲｼｮｳ), スリップ《固体粒子の懸濁液》. [OE *slipa, slyppe* slime; cf. SLOP[1], COWSLIP]
SLIP /slíp/ 〘インターネット〙SLIP《モデムとシリアル回線 (電話回線) を使って IP 接続するための通信手順; cf. PPP》. [*S*erial *L*ine *In*ternet *P*rotocol]
slíp càrriage [**còach**] 〘英鉄道〙走行解放車《列車が通過駅に切り離していく客車》.
slíp·càse *n* 《一方だけ開いたボール紙製の》本の箱, (ブック)ケース.
slíp càsting 〘窯〙《石膏製鋳型に泥漿を流し込んで陶器を製する》スリップ鋳造(法). ♦ **slíp-càst** *a* [*slip*[3]]
slíp·còver *n**《長椅子などの》おおい(布), カバー; 本のカバー. ► *vt* 〈椅子など〉にカバーをかける.
slíp drèss スリップドレス《スリップ風のドレス》.
slipe /slάɪp/ 《スコ》*vt* …から外皮[樹皮]をはぐ; 薄く切る (slice).
► *n* 《豪》生皮を化学処理して取った羊毛.

slíp flòw 〘理〙 すべり流.
slíp·fòrm *vt* 〘建〙 スリップフォーム工法で建設する.
slíp fòrm 〘建〙 スリップフォーム《コンクリート打設に用いる滑動型枠》.
slíp gàuge ブロックゲージ《精密測定具》.
slíp hòok 〘海〙 すべり鉤《引索(ひきづな)の止め·放しに用いる》.
slíp·hòrn *n* 《口》 TROMBONE.
slíp jòint 〘建·工〙《配管工事の》すべり(型)継手;《入れ子式の》伸縮継手.
slíp-jòint plìers [‹*sg*/*pl*›] 自在プライヤー《継目が可動式になっていてあご部の径が調節できるやっとこ》.
slíp·knòt *n* ひっこき結び, 引結び《一方を引くとすぐ解ける》; RUNNING KNOT.
slíp nòose 輪縄 (running noose).
slíp-òn *a*, *n* スリップオン(の)《簡単に脱いだり着たりできる(衣服); 締め具を用いないで着用する(靴[手袋])》, PULLOVER.
slíp·òut *a*, *n* 《新聞などの》切らずに抜き出せる[抜き取り式の](部分), スリップアウト(の).
slíp·òver *a*, *n* 首を通して着る(セーター[ブラウスなど]).
slip·page /slípɪʤ/ *n* すべること;《目標からの》ずれ, 遅れ;《価値·利益などの》低下, 下落; 〘機〙《ギヤの》(連動[かみ合い])すべり量, ずれ;《送電中や伝導系における動力の》損失(量);《ポンプなどの》漏れ;《計算·理論上の産出量と実際の産出量との》ずれ; 生産上の遅滞量;《目標生産高と実際の生産高との》差.
slípped *a* 〘紋〙‹花·果実などが›茎[枝]付きの.
slípped dísk 〘医〙 椎間板ヘルニア.
slip·per[1] /slípər/ *n* 上靴, 室内履き;《着脱の容易な》ダンス靴, 作業靴, サンダル; すべり金;《車輪の》すべり止め: a pair of ~*s* / glass ~*s* 《Cinderella が履いていた》ガラスの靴 / HUNT THE SLIPPER. ► *vt* 上靴で打って懲らしめる; ‹足を›上靴に入れる. ► *vi* 上靴で歩く; *《俗》改心する, 言うことを聞く. ◆ **~·ing** *n* スリッパで打つこと. **~·less** *a* [*slip*[1]]
slipper[2] *a* 《方》すべりやすい (slippery). [OE *slipor*＜MLG]
slípper animàlcule 〘動〙 ゾウリムシ (paramecium).
slípper bàth 上靴型ぶろ.
slípper chàir 《寝室用の》脚の短い椅子.
slíp·pered *a* 上靴を履いた; くつろいだ.
slip·per·ett /slìpərét/ *n* 簡易スリッパ《特に 旅客機内用の》.
slípper flòwer 〘植〙 キンチャクソウ (calceolaria).
slípper lìmpet 〘貝〙 フナガイ(の類)《カキに害を与える》.
slípper òrchid 〘植〙 LADY'S SLIPPER.
slípper sàtin スリッパサテン《光沢に富んだ強くて硬いしゅす; 主にイブニングドレス·肩掛け·婦人靴用》.
slip·per-slop·per /slípərslɑ̀pər/ *a* 感傷的な. [*sloppy* の加重か]
slípper sòck スリッパソックス《底に革などを張った防寒ソックス》.
slípper·wòrt *n* 〘植〙 キンチャクソウ (calceolaria).
slip·pery /slíp(ə)ri/ *a* **1** ‹道など›すべりやすい, つるつるした; すべって握り[つかみ]にくい; つかみどころのない, あいまいな; ‹人が›つかまえにくい. **2** 信用できない, ずるい (tricky); 不安定な. ● **be on a** [**the**] **~ slope** 先行き不安定[危険]な状況にある ‹*to*, *toward*›. ◆ **slíp·per·i·ly** *adv* **-i·ness** *n* [*slipper*[1]; Luther の *schlipfferig* をまねた Coverdale の造語 (1535) か]
slíppery dìp 《豪口》《遊園地などの》長いすべり台.
slíppery élm 〘植〙 アカニレ《北米東部産のニレ; 材は堅く, 内樹皮は粘液を分泌し粘滑剤 (demulcent) として用いられた》.
slíppery hìtch 帆索止め《端を引くと解ける結び方》.
slíp plàne 〘冶·晶〙 すべり面, スリップ面.
slíp pròof GALLEY PROOF.
slíp·py 《口》 *a* SLIPPERY; ''手早い, すばしこい, 抜け目のない: look [be] ~ ''《口》急ぐ, ぐずぐず[ぼやぼや]しない. ◆ **slíp·pi·ness** *n*
slíp·ràil *n* 《豪》柵の一部をなす横棒《これをはずすと出入口となる》.
slíp rìng 〘電子工〙 集電[滑動]環, スリップリング.
slíp ròad'' 《高速道路の》進入路, 退出路 (ramp*).
slíp ròpe 〘海〙《係船をすぐ解けるように》両端を結んでないロープ.
slíp-shèet* *vt*, *vi* (…の)間に合紙を挿入する.
slíp shèet 《よごれ防止のために刷りたての印刷紙の間に入れる》合紙(あいし)(あいがみ);《ある物の面と他の面との間の》合紙.
slíp·shòd *a* かかとのつぶれた[ぼろぼろの](靴を履いた); 足をひきずって歩く; みすぼらしい; だらしのない, いいかげんな.
slíp·slòp 《古》 *n* 水っぽい酒[食べ物]; だらしのない仕事[話 など], 感傷的な[たわいない, つまらない]文章; MALAPROPISM.
slíp-slòp *a* ‹酒など›水っぽい, 薄い; だらしのない, くだらない; 感傷的な. ► *vi* バタバタ歩く; くだらぬ文章を書く.
slíp·sòle *n* 《靴の》薄い敷革; 中底 (＝*slip tap*)《高さ調節[保温]のため敷革の下に入れる厚革》.
slíp stèp スリップステップ《スコットランドの円舞で, 左足を一歩横にずらし右足を左足に寄せるステップ》.
slíp·stìck* 《俗》 *n* 計算尺 (slide rule); TROMBONE.
slíp stìtch 〘洋裁〙 まつり縫い, スリップステッチ; 〘編物〙 すべり目《編まないで針から針へその糸を渡すステッチ》. ◆ **slíp-stitch** *vt*
slíp·strèam *n* 〘空〙 プロペラ後流; スリップストリーム《レーシングカーなどの直後の, 低圧で空気抵抗の少ない領域》; 余波, 影響. ► *vi* slipstream の中を運転する.
slipt /slípt/ *v* 《古·詩》SLIP[1] の過去形.
slíp tàp SLIPSOLE.
slíp·ùp 《口》 *n* 誤り, 間違い; 手違い, 見落とし; 災難 (mishap). [SLIP[1] *up*]
slíp·wàre *n* スリップウェア《SLIP[3] をつけて焼いた陶器》.
slíp·wày *n* 造船台, 船架; 〘海〙 斜路(しゃろ)《dock と dock の間のスペース》.
slit /slít/ *vt*, *vi* (~; **slít·ting**) 切り開く; (縦に)細長くする[切る, 裂く, 破る]; 細長く裂ける[切れる]; 切断する; (**slít·ted**) ‹目を›細く狭める (cf. *n* 用例): ~ a dress up the back [side] 服の背中[わき]にスリットを入れる. ► *n* 長い切り口, 切れ[切り]込み; 細長い孔[裂目], 隙間, 細隙;《スカートやポケットの》切り口, 裁ち目, スリット;《自動販売機·公衆電話などの》硬貨差入れ口; 長い切り傷;《卑》割れ目 (vagina): make ~*s* of one's eyes 目を細く狭める《敵意·不信·憎悪などの目つき》. ► *a* 細長い; (細長い)切り口のある; スリットのある: SLIT POCKET. ◆ **~·less** *a* [ME *slitte*; cf. OE, OS *slītan* to slice, G *Schlitz*]
slít càrd スリット(ディスプレー)カード《広告用印刷物で, 切り込みによって書籍に取り付けるもの》.
slít-èyed *a* 細長い目の, 切れ長の目をした. ★ しばしば東洋人に対する軽蔑語.
slith·er /slíðər/ *vi* ずるずるすべる[はう]; すべって行く ‹*down*›; すべるように進む[歩く] ‹*along*, *away*›. ► *vt* (ずるずる)すべらせる; ‹頭髪を›そぐ. ► *n* **1** (ずるずる)すべること; すべり, 滑行, 滑走;《水などの》すべり流れる[落ちる]音. **2** 《水など》すべり[流れ]落ちるもの; なめらかなもの; 細長い裂片; [*pl*]《大量の》石ころ. [変形く *slidder* (freq)＜SLIDE]
slíth·ery *a* ぬるぬるした; すべるような‹歩き方›.
slít làmp 〘眼〙 細隙灯《目の検査用》.
slít pòcket 〘服〙 切りポケット, スリットポケット《布を切り込んで作る》.
slít·ter *n* 細長く裂く[切る]器具(を扱う人).
slít trènch 〘軍〙 各個掩体(えんたい), たこつぼ《特に 爆撃弾(片)を防ぐための細長い 1–2 人用掩蔽壕; cf. FOXHOLE》.
slít·ty *a* [[U]*derog*] ‹目が›細長い: ~-eyed＝SLIT-EYED.
sliv·er /slívər/ *n* 《木·材木などの》細長い裂片, ひとかけら; 細長い小区域[一画];《光などの》一筋; 一片, 少量; 小魚の片身《釣り餌》; /, *sláɪvər/ 篠, スライバー《よりをかけていない繊維束》: a ~ of hope [light] 一縷(いちる)の望み[一筋の光明]. ► *vt* 縦に長く切る[裂く], 細長く切る; ‹魚の›片身を切り取る; ‹羊毛·綿を›篠にする. ► *vi* 裂ける, 割れる. ◆ **~·lìke** *a* [ME; cf. *slive* (dial) to cleave (OE *slīfan)]
sliv·o·vitz, -witz, -vic /slívəvɪts, slíː-, -wɪts/ *n* スリヴォヴィッツ《ハンガリーおよびバルカン諸国のプラムのブランデー》. [Serbo-Croat]
sloak ⇨ SLOKE.
Sloan /slóʊn/ スローン **John French** ~ (1871–1951)《米国の Ashcan 派の画家·版画家》.
Sloane /slóʊn/ **1** スローン Sir **Hans** ~ (1660–1753)《英国の医師·博物学者; 集めたコレクションが British Museum の核となった》. **2** SLOANE RANGER.
Slóane Ránger ''《口》[*derog*] スローンレンジャー《特に London に住む, おしゃれで保守的な上流階級の若者, 特に 若い女性》. ◆ **Slóan·ey** *a* [*Sloane* Square＋Lone *Ranger*]
Slóane Squáre スローンスクエア《London の Chelsea にある公園広場; Peter Jones デパートや両世界大戦の戦没者記念碑, Royal Court Theatre などがある》.
Slóan·ie *n*, *a* ''《俗》SLOANE RANGER (の).
slob /slɑ́b/ *n* 《口》うすぎたない[だらしのない, 下品な]やつ, でぶ;《口》凡人, さえないやつ;《アイル》《岸辺の》泥(地): poor ~《口》哀れな[なさけない]やつ. ► *vi* (-bb-) [次の成句で]: **~ around** [**about**, **out**] ''《口》ぶらぶら[だらだら]過ごす. ◆ **slób·bish** *a* **slób·bish·ness** *n* [Ir *slab* mud＜SLAB[2]]
slob·ber /slɑ́bər/ *vi*, *vt* よだれをたらす[でぬらす]; べたべたキスする; めそめそ泣きごとを言う; ‹仕事を›そんざいにやる. ● **~ over...** 《口》…をやたらとかわいがる, べたぼめする. ► *n* よだれ; 泣きごと, たわごと; べたべたしたキス. ◆ **~·er** *n* [Du (imit)]
slóbber·chòps *n* [‹*sg*/*pl*›] SLOBBERER.
slób·bery *a* よだれを流す, よだれでぬれた; 泣きごとを言う, めそめそする; 泥だらけの, ぬかった; だらしない.
slób·by *a* 野暮な[うすぎたない]人の; SLOBBERY.
slób ìce 《海上の》流氷塊.
sloe /slóʊ/ *n* 〘植〙 スロー(ベリー)《リンボクの類のスピノサスモモ (blackthorn) の酸味の強い黒紫色の実》; スピノサスモモ (blackthorn). [OE *slā*(*h*); cf. G *Schlehe*]
slóe-èyed *a* 青みがかった黒目の; SLANT-EYED.
slóe gín スロージン《スローベリー (sloe) で香りをつけた甘いジン》.
slóe-wòrm'' *n* SLOWWORM.
slog /slɑ́g/ *vt*, *vi* (-gg-)《特に スポーツで》強打する, ひっぱたく; 力ずくで駆りたてる; うまず[たゆまず]働く; 重い足取りで進む ‹*through*›: ~

away [on] せっせと働く, 精を出す 〈*at* one's task〉. ● **～ it out** ″《口》とことん戦う[競う, やり合う]. ► *n* 強行軍; 長い骨折り仕事, 苦闘(の時間); 《特に クリケットでの》強打; [〈*int*〉] バーン, ボーン《強打の音》. [C19＜?; cf. SLUG[3]]

slo·gan /slóugən/ *n* 《処世・商売・団体などの》スローガン, モットー, キャッチフレーズ, 標語; 《スコットランド高地人の》ときの声. ◆ **slò·gan·ís·tic** *a* [C16 *slogorn*＜Gael *sluagh-ghairm* army cry]

slo·gan·eer*/slòugəníər/ *n* 《特に 政治・商業用の》スローガン作者[使用者]. ► *vi* スローガンを考案する[使う]. ◆ **～·ing** *n*

slógan·ìze *vt* スローガンの形で述べる, 標語化する; スローガンで影響を与える[説得する].

slóg·ger *n* 《ボクシング・クリケットなどの》強打者 (cf. SLUGGER); 勉強家, 一歩一歩着実に進む人, 勉励の人.

sloid, slojd /slɔ́ɪd/ *n* SLOYD.

slo·ka /ʃlóukə/ *n* 《サンスクリット詩の》二行連句, 対句《特に 1 行 16 音節からなるもの》. [Skt＝noise, praise]

sloke, sloak /slóuk, ʃlóuk/ *n* (食用)海藻《アオサ・アマノリ・トチャカなど》; 《水中の》ぬるぬるしたもの, 藻. [*slawk*＜? Ir *sleabhac*]

slom·mack″ /slʌ́mək, slʌ́m-/ *n* 《口》だらしないやつ, 無精者 (slob). ► *vi* 《口》だらだら過ごす, うろつく; 《方》見苦しい, ぶざまである.

slo-mo /slóumou/ *n* 《口》SLOW MOTION. ► *a* SLOW-MOTION.

sloop /slú:p/ *n* 〖海〗スループ帆船《1 本マストの縦帆の帆船》; SLOOP OF WAR. [Du *sloep*＜?]

slóop of wár スループ型軍艦《1) 10–32 門の砲を装備した軍艦 2) 上甲板のみに砲を備えた小型の軍艦 3) 第二次大戦で対潜護衛などに使われた小型軍艦》.

slóop-rigged *a* 〖海〗スループ式帆装の.

sloosh /slú:ʃ/ *n*″《口》洗う[どっと注ぐ]こと; 洗う[注ぐ, 浴びせる]音, バシャバシャ, ザブザブ, ザブン, バシャーッ. ► *vi, vt* 勢いよく流れる; バシャバシャ音をたてる; バシャーッと浴びせる. [C20 (imit)]

sloot ⇨ SLUIT.

slop[1] /slɑ́p/ *v* (**-pp-**) *vt* (はね)こぼす, 〈液体を〉はねとばす 〈*on, around, over*〉; 泥水[飲み物など]でよごす; 〈食べ物を〉きたならしくよそう[盛る]; がつがつ食べる, がぶがぶ飲む; 〈豚など〉に残飯を食わせる. ► *vi* ぬかるみを進む 〈*along, through*〉; こぼれる, あふれ出る 〈*over, out*〉, 液体をまき散らす. ● **～ around [about]** 〈液体が〉バシャバシャはねる[揺れ動く]; 《水たまりなどで》はねまわる; (…を)ぶらぶら動きまわる, 《きたない身なりで》うろつく. **～ out** 《収監房の》(〈便器〉の)糞尿をぶちまける. **～ over***《口》《やたらと》感情を表に出す, しゃべり[書き]まくる; 限度を超える. **～ up***《俗》酔っぱらう. ► *n* **1 a** ぬかるみ; こぼれ水; はね, しぶき; 〖海〗荒れ模様の海; [*pl*] 汚水, 《台所などの》洗い流し水[汁]; [^{u}*pl*] 糞尿, 屎尿(しにょう); [^{o}*pl*] 〖酒造〗蒸留廃液; 〖石油〗精製排出油. **b** トウモロコシ粉を水に溶いた飼料; [^{u}*pl*] 《家畜用の》残飯; [^{u}*pl*] まずい飲み物[流動食, 食い物]; [^{u}*pl*] 《米俗・豪俗》《水っぽい》ビール, 安酒. **c***《俗》安酒場, 三流レストラン. **2** 《口》安っぽい感傷, オーバーな表現; くだらないもの; 《俗》だらしない男, しまらないやつ. [C18＝slush＜?OE *sloppe; cf. COWSLIP]

slop[2] *n* ゆるやかな上着; [*pl*] 安物の既製服; [*pl*] 海員服, 船員の寝具[タバコ など]; [*pl*] 《特に 16 世紀の》太い(半)ズボン. [ME＜? MDu; cf. OE *oferslop* surplice]

slop[3] *n*″《俗》巡査, 警官 (policeman). [*ecilop*; *police* の逆つづり]

slóp bàsin″ 茶こぼし《残った紅茶やコーヒーをあけるための容器》.

slóp bòwl SLOP BASIN.

slóp bùcket 生ごみ[汚物]バケツ.

slóp chèst 《航海中の海員に支給する》身のまわり品《海員服・タバコなど》; 船内の売店; 《古》《海員の》身のまわり品収納箱.

slóp chùte 〖海〗《船尾の》混合汚水射水路; *《俗》《軍人の行きつけの》安酒場, 飲み屋.

slope /slóup/ *n* **1 a** 坂, 斜面; スキー場, スロープ, ゲレンデ; [^{o}*pl*] 傾斜地, 丘陵地帯, 絶壁; 《大陸内の》斜面《特定の大洋に向かって傾斜した地域》. **b** 傾斜(度), 勾配, 法(のり), 法面勾配; 〖機・建〗たわみ角; 〖数〗傾き, 接線の勾配; 〖印〗字体の傾斜. **2** 景気後退; 《米俗・豪俗》[*derog*] つり目, 東アジア人, 《特に》ヴェトナム人; 〖軍〗になえ銃(つつ)の姿勢 (: at the ～). ► *vt* 傾斜させる, …に勾配をつける 〈*up, down, off, away*〉: ～ the standard 〖軍〗軍旗を斜めに下げる《敬礼の形式》. ► *vi* **1** 傾斜する, 傾く, 坂をなす: ～ *away* [*down*] 傾斜している 〈*toward, to*〉. **2** 《口》行く, 来る, 歩く; *《俗》逃げる, 脱獄する: ～ about ぶらぶらする, うろつく / ～ off [out, away] ″《口》そっと逃げる, ずらかる. ● **S～ arms [swords]!** 〖軍〗担え銃[肩へ刀]! ► *a* 《詩》傾斜した, 傾いた: ～-sided 斜面を有する. ◆ **slóp·er** *n* **slóp·ing** *a* 傾斜した, 勾配のある, 斜めの, はすの. [*aslope*]

Slope スロープ Mr. [Rev. **Obadiah**] ～《Anthony Trollope, *Barchester Towers* に出る偽善家の牧師》.

slópe·hèad *n**《俗》[*derog*] 東洋人, 《特に》ヴェトナム人.

slópe-íntercept fòrm 〖数〗勾配・切片形式《$y=mx+b$ 型の直線の方程式; cf. POINT-SLOPE FORM》.

slópe·wise *adv* 傾斜[勾配]がついて[をつけて].

sló·pey, slópy /slóupi/ *n**《俗》[*derog*] 東洋人, 《特に》中国人, ヴェトナム人.

slo-pitch /slóupítʃ, ⌐⌐/ *n* SLOW-PITCH.

slóp jàr 《寝室用の》汚水[汚物]壺.

slóp pàil 《寝室・台所用などの》汚物入れ[バケツ].

slóp·py *a* **1** 〈道路などが〉水たまりの多い, 〈床などが〉水浸しの; 〈天気が〉じめじめした, 雨がちの; びちゃびちゃの; 〈飲食物が〉水っぽい, べちゃっとした; *《俗》酔っぱらった: a ～ kiss 唾液たっぷりのキス. **2** ずさんな, 〈文章・服装などが〉まとまりのない, だらしのない; 《口》感傷的な, めめしい, めそめそした, ぐちっぽい. ◆ **slóp·pi·ly** *adv* **-pi·ness** *n* [*slop*[1]]

slóppy jóe [^{o}S- J-] 《口》ゆったりしたセーター《主に 学生・女性用》; *ミートソースバーガー.

Slóppy Jóe's*《俗》簡易食堂, 安レストラン.

slóp ròom 水兵[水夫]の寝具部屋.

slóp·sèll·er *n* 《特に 安物の》既製服商.

slóp·shòp *n* 安物の既製服屋.

slóp sìnk 汚物流し, 掃除用流し《汚水を捨てたりモップを洗ったりする深い流し》.

slóp·wòrk *n* 安物既製服(仕立て); ぞんざいな[雑な]仕事. ◆ **slóp·wòrk·er** *n*

slosh[1] /slɑ́ʃ/ *n* **1** ぬかるみ(の行進); 《口》水っぽい飲み物; 水が当たる音; ある量の液体: pour a big ～ of milk 牛乳をたっぷり入れる. **2** ″《俗》パンチ, 強打. ► *vt* **1** 〈泥・水を〉はねとばす 〈*on, over*〉; 泥[水]でよごす; 《口》ザブザブ洗う[動かす]; 〈液体(の容器)を〉振り動かす 〈*around, about*〉; 〈液体を〉あわてて[不器用に, たっぷり]つぐ 〈*in, into*〉, 〈ペンキなどを〉塗りたくる 〈*on, onto*〉; 〈酒を〉ぐいぐい飲む, 〈食べ物を〉かき込む 〈*down*〉. **2** ″《口》ぶんなぐる. ► *vi* 水[泥]の中をバシャバシャ進む 〈*through*〉; 〈液体などが〉ジャブジャブ[バシャバシャ]とはねる[揺れ動く] 〈*around, about*〉; あふれ出る 〈*over*〉; *うろつきまわる 〈*around*〉. ● **～ around [about]** ⇨ *vt, vi*; ″《口》〈金などが〉大量にある, あふれている. [変形く *slush*; *-o-* は *slop*[1] の影響]

slosh[2] *n*″《俗》愚かな感傷癖. [↑]

sloshed /slɑ́ʃt/ *a* [^{o}～ to the ears] 《俗》へべれけに酔って.

slóshy *a* SLUSHY.

slot[1] /slɑ́t/ *n* **1** 溝, 細長い穴, 溝穴; 《自動販売機・公衆電話の》硬貨[料金]投入口 (slit); [^{u}*pl*] SLOT MACHINE; 〖電子工〗スロット《拡張[付加]回路基板などの差込み口; 特に EXPANSION SLOT》; 狭い通路[空間]; 〖空〗スロット《翼の前縁などにある下面から上面に通ずる空気流制御用の隙間》; 《舞台の》落とし戸; 〖アメフト〗スロット《攻撃側のエンドとタックルの間》; 〖アイスホッケー〗スロット《攻撃選手に有利になる相手側ゴール前の地域》; 《豪俗》《刑務所の》独房, 監房, 刑務所; 《俗》割れ目, 陰裂: a mail ～《ドアの》郵便投入口. **2** 《口》《組織・系列などの中の》地位, 立場; 《表・計画の中の》位置, 場所; 《仕事の》口, 空き; スロット《テレビ番組などの時間枠》: finish in the third ～ 3 着になる. ● **in the ～***《俗》ウェーティングサークルにはいって, 出番を待って. ► *vt* (**-tt-**) …に溝[口, 穴]をつける; 差し入れる, 投入する 〈*in*〉, (うまく)はめ込む, 〈予定外のものを〉割り込ませる 〈*in, into*〉; ″《サッカー俗》〈ゴールを〉巧みに決める; 《口》〈組織など〉に配属する; ″《軍俗》撃ち殺す, 撃って負傷させる. ► *vi* はまる, おさまる 〈*in, into*〉; 〈仲間・生活に〉うまく溶け込む, 適応する 〈*in, into*〉. ● **～ into place** 〈物が[を]〉ぴったりはまる[はめる]; 〈事が〉突然理解される, ふに落ちる. **～ together** 〈2 つが[を]〉ぴったり合う[合わせる]. [OF *esclot* hollow of breast＜?]

slot[2] *n* 足跡, 《特に 鹿の》臭跡. ► *vt* (**-tt-**) …の跡を追う. [OF *esclot* hoofprint of horse＜? ON *sloth* trail; cf. SLEUTH]

slót antènna [àerial] 〖電〗スロットアンテナ《金属板に 1 個または数個のスロットを設けたアンテナ》.

slót·bàck *n* 〖アメフト〗スロットバック《slot のすぐ後方のハーフバック》.

slót càr* スロットカー《遠隔操作によって溝を切ったコースを走らせるゲーム用レーシングカー》.

sloth /slɔ́:θ, slóuθ; slóuθ/ *n* 怠惰, ものぐさ, 無精; 《まれ》遅れ; 一群のクマ; 〖動〗ナマケモノ《中南米産》. [SLOW, *-th*[2]]

slóth bèar 〖動〗ナマケグマ, ミツグマ (＝*honey bear*)《インド・スリランカ産》.

slóth·ful *a* 怠惰な, 無精な 〈*in* business etc.〉. ◆ **～·ly** *adv* **～·ness** *n*

slóth mònkey 〖動〗ロリス (loris).

slót machìne 《ギャンブル用の》スロットマシン; スロットに硬貨を入れて作動させる機械《自動販売機など》.

slót màn*《新聞社の》編集主任.

slót mìning 〖鉱〗スロット採掘《ダイヤ採鉱法》.

slót ràcing* スロットカー (slot car) レース. ◆ **slót ràcer** *n*

slót·ted *a* 溝穴のあいた, 溝のついた: a ～ head マイナスねじの頭.

slótted scréw マイナスねじ.

slótted spátula 溝穴のあいたへら[フライ返し].

slótted spóon 溝穴あきスプーン[おたま].

slót·ting fèe [allòwance] 棚スペース代《スーパーなどの陳列スペースに対して取引業者が支払う金額》.

slouch /sláutʃ/ *n* 前かがみ(に歩く[すわる, 立つ]こと), うつむき; 大儀そうな態度[歩き方]; ぶかっこうな人; 《口》不精者, ぐうたら, 不器用者, 能なし; SLOUCH HAT: be *no* ～ なかなかじょうずだ 〈*at* baseball, *as* a carpenter〉. ► *vt* 〈帽子〉の一方の縁をたらす (opp. *cock*), 〈帽子を〉目深にかぶる; 〈肩を〉落とす, 下げる. ► *vi* だらりとたれる[たれ下がる]; 〈帽子の縁などが〉たれる; うつむく, 身をかがめる 〈*down*〉; ぶざまに歩く[すわる, 立つ]: ～ *over* 突っ伏す / ～ around [about] 《だらけた格好で》

うろつきまわる / ～ *along* だらしなく[前かがみに]歩く. ♦ **～·er** *n* [C16＜?]

slóuch hát スローチハット《縁のたれたソフト帽》.

slóuchy *a* 前かがみになった; だらしない, 不精な, ものぐさの; だらりとした〈セーター〉. ♦ **slóuch·i·ly** *adv* **-i·ness** *n*

slough[1] /sláu/ *n* **1 a** ぬかるみ, 泥深い場所; 泥道; /*slúː/《米・カナダ》《平原の中の》低湿地, 泥沼, 沼地, 泥穴, 《太平洋岸の》入江, 潟《この意では slew, slue ともつづる》. **b** [*fig*] 絶望, 失望, 堕落の淵. **2** *《俗》逮捕, 刑事. ► *vt* 泥沼に投げ込む; *《俗》…に鍵をかける, 閉じ込める, 投獄する, 逮捕する〈*up*〉. ► *vi* 泥沼の中を歩む. [OE *slōh, slō(g)*＜?]

slough[2], **sluff** /slʌ́f/ *n* 《ヘビなどの》抜け殻; [*fig*] 捨てた習慣[偏見]; 〖医〗腐肉, かさぶた, 《潰瘍で壊死した》脱落組織; 〖ブリッジ〗捨て札. ► *vi* 抜け落ちる, 抜け替わる〈*off, away*〉; 腐肉を生ずる; 徐々にくずれる[落ちる]; 〖ブリッジ〗札を捨てる〈*off*〉; *《俗》ずらかる; *《俗》のらくらする, ずるける〈*off*〉. ► *vt* 脱皮する, 脱落させる〈*off*〉; 〈不用なものなどを〉棄て去る, (脱ぎ)捨てる, 脱却する〈*off*〉; 〖ブリッジ〗〈要らない札を〉捨てる; *《俗》〈店・テントなどを〉たたむ, 中止する, 〈群衆などを〉追い払う. ● **～ off** 〈発言などを〉無視する; 〖バスケ〗《他のプレーに加わるために》ガードをやめる[抜ける]. **～ over**…を軽視する, みくびる; …をごまかす, 言い抜ける. [ME＜?; cf. MLG *slu(we)* husk, G *Schlauch*]

slough[3] /slʌ́f/ *vt* *《俗》ぶんなぐる. [? 変形＜*slug*[3]]

Slough スラウ《イングランド中南東部, London の西にある町・一元的自治体》.

sloughed /slúːd/ *a* [°～ up] *《俗》SLEWED.

slóugh·fòot /slúː-/ *vi* *《俗》SLEWFOOT.

Slóugh of Despónd /sláu-, *slúː-/ [the] 《Bunyan, *The Pilgrim's Progress* の》落胆の沼《Christian の連れの Pliable が堕落した第 1 の難所》; [the s- of d-] 絶望の泥沼, 堕落の淵.

sloughy[1] /sláui, slúːi/ *a* 泥深い, ぬかるみの, 泥沼のような; 泥穴の多い. [*slough*[1]]

sloughy[2] /slʌ́fi/ *a* 抜け殻のような; かさぶたの. [*slough*[2]]

Slo·vak /slóuvæ̀k, -vɑ̀k, ―⸗/ *n* スロヴァキア人《西スラヴ族の一族》; スロヴァキア語. ► *a* スロヴァキア人[語]の. [Slovak]

Slo·va·kia /slouvɑ́ːkiə, -vǽk-/ スロヴァキア (*Slovak* Slovensko) 《ヨーロッパ中部の国; 公式名 Slovak Republic (スロヴァキア共和国); ☆Bratislava; 1918–92 年チェコスロヴァキアの構成共和国》.

Slo·vá·ki·an *a, n* SLOVAK.

slov·en /slʌ́v(ə)n/ *n* 身なりのだらしない人, 不精者. ► *a* SLOVENLY. ♦ **～·ry** *n* [ME＜? Flem *sloef* dirty or Du *slot* careless]

Slo·vene /slóuviːn, ―⸗/ *n* スロヴェニア (Slovenia) 人《南スラヴ族の一族》; スロヴェニア語. ► *a* スロヴェニアの; スロヴェニア人[語]の. [G *Slowene*]

Slo·ve·nia /slouvíːniə/ スロヴェニア《ヨーロッパ南東部, イタリアの北東, オーストリアの南に位置する国; 公式名 Republic of ～ (スロヴェニア共和国); ☆Ljubljana; 1946–91 年ユーゴスラヴィアの構成共和国》.

Slo·vé·ni·an *n, a* SLOVENE.

slóven·ly *a* 身なりのだらしない; 不精な, 不注意な, ぞんざいな. ► *adv* だらしなく; ぞんざいに. ♦ **-li·ness** *n*

Slo·ven·sko /slɔ́ːvɛnskɔː/ スロヴェンスコ《SLOVAKIA のスロヴァキア語名》.

slow /slóu/ *a* **1** [時間] **a** おそい, のろのろした, 緩慢な (opp. *fast, quick, swift*): a ～ train 鈍行[普通]列車 (opp. *fast train*) / *S*～ and [but] sure [steady] wins the race. 《諺》ゆっくりと着実なのが結局勝つ, '急がば回れ'. **b** 手間どる; 〈進行など〉ゆっくりした: He is ～ *to* come. なかなかやって来ない / ～ *in* answering emails すぐに E メールの返事をくれない. **c** 〈テニスコートなどが〉(球足の)遅い, 〈走路が〉ぬかるんだ, 重い; 〖写〗〈フィルムなど〉感光度の低い, 〈レンズが〉口径が小さい, 暗い; 〈毒など〉まわりのおそい; 〈病気が〉進行のおそい; 〈火縄など〉引火のおそい. **d** 〈時計など〉遅れ(てい)る; 〈人が〉時間に遅れて: Your watch is (two minutes) ～. きみの時計は (2 分) 遅れている / He is ～ *in* arriving. 到着が遅れている. **2** [性質] **a** 鈍い, 遅鈍な (opp. *quick*); ぶきっちょな: a ～ pupil おぼえの悪い生徒 / He is ～ *at* accounts. 計算がおそい / be ～ *of* speech [tongue] 口が重い / be ～ *of* understanding 物わかりがおそい, のみ込みが悪い / He is ～ *to* learn. おぼえが悪い[勉強ができない] / ～ fingers. **b** なかなか…しない; おっとりした, しりごみする: He is ～ *to* anger. / He is ～ *to* make up his mind. なかなか決心がつかない. **c** 保守的な, 時代遅れの. **3** [状態] **a** 活気のない; 火力の弱い; 〈オーブンが〉あまり熱くない. **b** 不景気な, 不振な: ～ market. **c** 時の経つのがおそい, 飽きあきする: The game was very ～. 試合はとてもつまらなかった / We passed a ～ evening. 退屈な一晩を過ごした.

► *adv* おそく, のろく, ゆっくり. ★ how に導かれたり, slow-moving のように複合語をなす場合以外には動詞のあとに用い, SLOWLY よりも口語的で力強い. ● **go ～** ゆっくり行く, のんびりやる; "怠業する, スローダウンする; 控えめにする; あわてない, 警戒する. **～ but [and] sure** 《口》ゆっくりと(だが)確実に (slowly but surely). **take it ～** 《口》慎重にやる.

► *vt* おそくする, 遅らせる; 〈自動車など〉の速力を落とす[ゆるめる], 減速する: ～ one's walk 歩調をゆるめる / The train ～*ed down* [*up*] its speed. 列車は速度を落とした / *S*～ *down* your car. スピードを落とせ. ► *vi* 速度が落ちる, おそくなる; 速度を落とす: *S*～ *down* [*up*] at the intersection. 交差点では速度を落とせ. ● **～ down** 《健康などのため》もっとのんびりする[させる]; 衰える. **～ up** 《老齢・病弱などで》活力が衰える, のんびりやる.

► *n* [the ～s] 《俗》ぐずぐず病. ♦ **～·ish** *a* **～·ness** *n* [OE *slāw* sluggish; cf. OHG *slēo* dull]

slów-bèat gúy *《俗》いやなやつ.

slów bówler 〖クリケット〗《通例 スピンをかけて》スローボールを投げる投手.

slów búrn 《口》徐々につのる怒り[軽蔑の気持]: do a ～ 少しずつ怒りが込み上げてくる.

slów-búrn·ing *a* ゆっくり燃える; 緩燃[難燃]性の.

slów còach (動作の)のろい人, のろま, ぐうたら, ぐず (slowpoke*); 時代遅れの人.

slów cóoker 緩速調理鍋, スロークッカー《肉などを比較的低い温度で数時間調理するための電気鍋》.

slów dànce *n, vi* チークダンス(を踊る).

slów·dòwn *n* 減速; 景気減退; *怠業, スローダウン, のろのろ戦術 (go-slow").

slów drág 〖楽〗ゆっくりしたブルースのリズム, スローなブルース[曲]; *《学生俗》正式な[退屈な]ダンスパーティー. ► *vi* slow drag に合わせて踊る.

slów fìre 《時間制限をしない》精密射撃, 緩射.

slów-fòot·ed *a* 足のおそい, のろい, ゆっくり進展する. ♦ **～·ness** *n*

slów gàit 緩歩歩様, スローゲイト《馬の軽駆け (rack) の一種で, 両側に揺れる》.

slów hándclap パラパラ拍手《不快・いらだちなどを示すわざとゆっくりする拍手》.

slów inféction 〖医〗スロー[遅発]ウイルス感染症.

slów làne [the] 《高速道路の》低速車線 (opp. *fast lane*): in the ～ [*fig*] 遅れをとって.

slów lóris [lémur] 〖動〗スローロリス, ナマケザル (LORIS).

slów·ly *adv* おそく, のろく, ゆっくり, 徐々に: ～ available fertilizer 遅効[緩効]性肥料 / take it ～＝take it SLOW.

slów márch 〖軍〗SLOW TIME による行進.

slów mátch 火縄, 導火索[線].

slów-mo /-mòu/ *n* 《口》SLOW MOTION.

slów mótion スローモーション撮影による(ような)動き[動作], スローモーション (opp. *fast motion*): in ～ のろのろとした動き方で; 〈映画の画面などが〉スローモーションで. ♦ **slów-mótion** *a*

slów-móving *a* 足[動き]のおそい; 売れ行きの緩慢な, 動きの少ない〈株など〉.

slów néutron 〖理〗低速中性子.

slów óven スローオーブン《ゆっくり料理するときの温度 121–163°C [250–325°F] に加熱されたオーブン》.

slów-pítch /, ―́―̀/ *n* スローピッチ《投球をスローボールに限定して行なうソフトボールの一種; cf. FAST-PITCH SOFTBALL》.

slów·pòke *n* *《口》ぐずぐずするやつ, のろま, なまけ者.

slów púncture "徐々に空気が抜けていくパンク.

slów reáctor 低速(中性子)炉.

slów-reléase *a* 〖電〗緩開放の, 緩復旧の; 〖化・薬〗緩効性の (sustained-release): a ～ relay 緩開放継電器 / ～ fertilizer 緩効性肥料.

slów tíme 〖軍〗《葬儀の行進などの》ゆっくりした歩調《普通 一分間 65 歩》; 《口》《夏時間 (daylight saving time) に対して》標準時 (standard time).

slów-twítch *a* 〖生理〗《特に 持久力を必要とする運動で》〈筋繊維が〉ゆっくり収縮する, おそい収縮の (cf. FAST-TWITCH).

slów vírus 遅発(型)ウイルス, スローウイルス.

slów-wáve slèep 〖生理〗徐波睡眠 (ORTHODOX SLEEP).

slów-wítted *a* のみ込みのおそい, 頭の悪い (dull).

slów·wòrm *n* 〖動〗ヒメアシナシトカゲ (blindworm). [OE *slā-wyrm*; *slā*＜? (cf. Norw *slo* slowworm)]

sloyd /slɔ́ɪd/ *n* 《スウェーデンで始まった》木工技術教育法. [Swed ＜ON SLEIGHT]

s.l.p. °sine legitima prole. **SLP** °Socialist Labor Party.

SLR self-loading rifle ♦ °single-lens reflex.

slub /slʌ́b/ *n* 始紡糸, 撚(よ)り綿; スラブ《糸の不均斉な部分; 篠の部分のある糸》. ► *vt* (-bb-) 〈羊毛・綿〉に初めてゆるい撚りをかける, 始紡する. ► *a* 不均斉な. [C18＜?]

slub·ber[1] /slʌ́bər/ *vt* ぞんざいに行なう〈*over*〉; "《方》汚す. [? Du (obs) *slubberen*]

slubber[2] *n* 〖紡〗始紡機, スラッバー. [*slub*]

slub·ber·de·gul·li·on /slʌ̀bərdəgʌ́liən/ *n* 《古》だらしのないやつ, げす.

slúb·bing *n* 〖紡〗始紡, スラッビング.

sludge /slʌ́ʤ/ *n* 軟泥, 泥, (下水)汚泥, スラッジ, ヘドロ; ぬかるみ; [〈*a*〉] 《どぶのように》濁った; 〖鉱〗泥滓(でいし); 《ボイラー・水槽などの》沈澱物, スラッジ; 《鉱油の》不純物; 活性汚泥; 微粉末と水の混合液; 半解けの雪; 〖海〗海面氷; 安っぽい感傷を誘う題材. ♦ **slúdgy** *a* 泥(だらけ)の, ぬかるんだ. 〔? 変形＜*slush*〕

slúdge·bàll *n* *《俗》いやな[だらしない]やつ, げす, 野暮天.

slúdge·wòrm *n* 〖動〗イトミミズ《下水など有機物の多い汚水に生息する貧毛類; 釣りの餌》.

slue[1] /slúː/ *vt, vi, n* SLEW[1]. 〔C18＜?〕

slue[2] *n* ⇨ SLOUGH[1].

slue[3] *n* SLEW[4].

slued /slúːd/ *a* 《俗》SLEWED.

sluff ⇨ SLOUGH[2].

slug[1] /slʌ́g/ *n* 〖動〗ナメクジ; 〖昆〗《まれ》ナメクジ状虫 (＝～ worm)《ハバチ・ガなどの幼虫》; 〖動〗NUDIBRANCH, 《特に》ウミウシ (sea slug); *《口》のろのろした人[動物, 車など]; 《俗》なまけ者, ぐうたら, でぶ. ► *vi, vt* (-gg-) なまける, ぐずぐずする; 寝ている; ″《庭などの》ナメクジを集める[取る]: ～ in bed 不精寝している. 〔ME *slugg(e)* sluggard＜? Scand〕

slug[2] *n* **1** 重い塊状のあら金, スラグ; 《旧式銃の》ざら弾(だま), 《空気銃などの》ばら弾, 散弾, 銃弾, 弾丸 (bullet); 〖印〗スラッグ (**1**) 6 ポ以上の大型のインテル **2**) 植字工が誤りを防ぐため一時的に入れる線 **3**) ライノタイプなどの 1 行分の活字塊); *《俗》1 ドル; 《自動販売機などに用いる》代用[偽造]硬貨, コイン; 50 ドル金貨《1849 年サンフランシスコで私造》; 〖理〗スラグ (＝*geepound*)《1 ポンドの重力が作用して 1 フィート毎秒毎秒の加速度を生じる質量の単位: ≒32.2 pounds》; 〖電〗スラグ《コイル・導波管の特性を変化させるための可動の金属[誘電体]片[管]》; 〖原子力〗スラグ《短い丸棒[管]状の核燃料》; 一定量の液体《ウォーターハンマーなどを発生させる》: catch a ～ 弾を一発食らう. **2**〖ジャーナリズム〗見出し《内容を示す短いフレーズ[タイトル]》. **3**《ウイスキーなどの》一杯; *《俗》ドーナツ. ► *vt* (-gg-) …に銃弾を込める; 〖印〗…にスラッグを入れる; 〖印〗〈ゲラ刷り〉の行頭[行末]の語をチェックする; 〖ジャーナリズム〗〈記事〉に見出しを付ける; がぶがぶ飲む, あおる 〈*down*〉. 〔? *slug*[1]〕

slug[3] *v* (-gg-) *vt* *げんこつでなぐる; *バットで強打する[遠くへ飛ばす]; 《豪口》べらぼうな値をふっかける. ► *vi* *強打力がある; *《雪の中などを》困難を冒して進む; *《口》なぐりかかる, パンチを出す 〈*away*〉. ● **～ it out** 《決着がつくまで》なぐり合う, 闘う, 論争する 〈*with*〉. ► *n* *《特にげんこつでの》強打; 《豪口》べらぼうな値段. **put the ～ on** sb *《俗》人をぶんなぐる, 酷評する. 〔C19＜?; cf. *slog*〕

slúg·abèd *n* 《起床時間後もなかなか起きない》寝坊, 《広く》不精者, なまけ者.

slug·fest /slʌ́gfɛ̀st/ *《口》*n* 激しい打ち合いのボクシング試合, 《野球の》打撃戦, 乱打戦, けんか, なぐり合い; 言い争い, 論戦. 〔*slug*[3], *-fest*〕

slug·gard /slʌ́gərd/ *n* 不精者, なまけ者. ► *a* 不精な, 怠惰な. ♦ **～·ness** *n* 〔*slug*[1], *-ard*〕

slúggard·ly *a* 無精な, ものぐさな. ♦ **-li·ness** *n*

slúg·ger *n* *《口》強打のボクサー《通例 ディフェンスはだめな者》, 《野球の》強打者, スラッガー (cf. SLOGGER); [ᵘ*pl*] *《俗》耳まで達するあごひげ. 〔*slug*[3]〕

slúg·ging àverage [percèntage] 〖野〗長打率《塁打数を打数で割ったもの》.

slúgging màtch 激しく打ち合うボクシングの試合, なぐり合いのけんか; 《口》激論.

slúg·gish *a* のろい, ゆるい〈流れなど〉; (機能[反応]の)鈍い, 不調の; 不振な, 停滞した〈景気など〉; ものぐさな. ♦ **～·ly** *adv* **～·ness** *n* 〔*slug*[1]〕

slúggish schizophrénia [*derog*] ものぐさ分裂病《ソ連邦でしばしば 政治犯に貼られたレッテル》.

slúg-nùtty *a* *《俗》パンチを食らってふらふらの.

slúg pèllet 《菜園・花壇に置く》ナメクジ駆除剤.

slúg wòrm 〖昆〗SLUG[1].

sluice /slúːs/ *n* **1 a** 水門, スルースゲート; 堰(せき); 放水路[樋], 樋門, 樋管; 《丸太などの》運搬用水路; 〖鉱〗《砂金採取場の》流し樋, 洗鉱桶. **b** 堰水; 水門から流出する(余分な)水, 奔流. **c**《口》《流水で》ザブザブ洗うこと, ざっと洗うこと. **2** [*fig*] 口, はけ口; [*fig*] 本(もと), 源. ► *vt* 水門を開いて〈水を〉どっと流す; 〈貯水池など〉の水門を開いて放水する; かけひ[樋]で〈水を〉引く; ザブザブ洗う, …に放水して洗う 〈*down*〉; 〖鉱〗流し樋で洗う; 〈丸太を〉水路で運送する; …に水門をつける: ～ a pipe *out* with water 水をどっと流して管をきれいにする / ～ the worries *《俗》うさ晴らしに大酒を飲む. ► *vi* 〈水など〉どっと流れ(出)る 〈*out, away*〉; 《流水で》すすぐ, ザブザブ洗う. 〔OF *escluse*＜L; ⇨ EXCLUDE〕

slúice gàte 水門(の上げ下げ扉), スルースゲート.

slúice vàlve 仕切り弁, 制水弁, スルースバルブ.

slúice·wày *n* 水門のある水路; 人工水路, 樋門, 樋管; 〖鉱〗流し樋.

sluicy /slúːsi/ *a* どっと流れ落ちる[出る], ほとばしる.

sluit, sloot /slúːt/ *n* 《南ア》《豪雨でできた》峡谷, 深溝; 《灌漑用の狭い》水路, 疏水(そすい). 〔Afrik *sluit*＜Du *sloot* ditch〕

slum[1] /slʌ́m/ *n* [ᵒ*pl*] **1** 不良住宅[市街]地区, 貧民窟, 細民街, スラム(街); 《口》ごみごみした通り[場所, 住居]. **2** *《俗》肉シチュー, 糧食, まずい食い物, 《景品などでくれる》安物の品; *《俗》人造宝石, まがいものの石, にせ石. ► *vi* (-mm-) スラムを訪ねる; いかがわしい場所[グループ]に出入りする; [ᵒ～ it] [ᵒ*joc*] 節約する, つましく暮らす, 安宿に(我慢して)泊まる: go *slumming* スラムを訪ねる. ► *a* *《俗》安っぽい, 粗悪な. 〔C19＜?; もと 隠語〕

slum[2] *n* SLIME; 潤滑油使用中に生ずる残りかす. 〔? G *Schlamm* slime, mud〕

slum·ber /slʌ́mbər/ *vi* 《文》(すやすや)眠る; うとうとする, まどろむ; 〈火山などが〉活動を休止する. ► *vt* 眠って〈時間・生涯などを〉過ごす, 無為に過ごす 〈*away, out, through*〉; 眠って〈心配事などを〉忘れる 〈*away*〉. ► *n* [ˢ*pl*] 《文》眠り, 《特に》うたた寝, まどろみ; [*fig*] 昏睡[無気力]状態, 沈滞: fall into a ～ 眠り込む. ♦ **～·er** *n* 〔ME (freq)＜*slūmen* to doze＜? (n) *slūme* (OE *slūma*); *-b-* は cf. NUMBER〕

slúmber·lànd *n* 《子供たちに話して聞かせる》眠りの国.

slúmber·ous, slum·brous /slʌ́mb(ə)rəs/ 《文》*a* 眠気を催させる; 眠い, うとうとしている; 眠っているような, 静寂な; 怠惰な, 無活動の. ♦ **～·ly** *adv* **～·ness** *n*

slúmber pàrty* パジャマパーティー (＝*pajama party, sleepover*) 《子供たち(特に 十代の少女たち)が一人の家に集まって(パジャマ姿で)行なう一夜のパーティー[お泊まり会]》.

slúmber wèar 夜着《パジャマ・ナイトガウンなど》.

slúm·bery *a* 《古》SLUMBEROUS.

slúm bùrner ″《軍俗》《軍隊の》料理人.

slúm clèarance スラム撤去(政策), スラムクリアランス.

slúm·dwèll·er *n* スラム(街)居住者.

slúm·gùdgeon *n* *《俗》こま切れ肉料理, SLUMGULLION.

slum·gul·lion* /slʌ̀mgʌ́ljən, ⌐ ⌐ ─/ *n* 水っぽい飲み物; スランガリアン(シチュー)《肉シチュー》; *《俗》食い物; 《鯨を解体したあとの》脂肪かす; 《流し樋にたまる》赤みがかった泥; 《俗》つまらないやつ, けちな野郎. 〔C19; slum をもとにした造語〕

slúm gùn ″《軍俗》野戦炊事場.

slúm·ism *n* スラム化.

slúm·lòrd* *n* スラム街住宅の悪徳家主. ♦ **～·shìp** *n*

slúm·mer *n* 貧民窟訪問者, 細民街の教化[隣保]事業家; スラム街住民, 細民, 貧民.

slum·mie /slʌ́mi/ *n* 《口》SLUMMY.

slum·mock /slʌ́mək/ *n, vi* ″《口》SLOMMACK.

slúm·my *a* スラム[貧民窟]の(多い). ► *n* 《口》スラム街住民. ♦ **slúm·mi·ness** *n*

slump /slʌ́mp/ *vi* **1** 急に落ちる; 《疲労などで》くずおれる, へたり込む 〈*down, over*〉; 前のめりになる 〈*down, over*〉; だらしない格好でくつろぐ, ぐだぐだする; 《雪や氷の下の》溝にはまる, ぬかるみに沈み込む. **2** 〈物価などが〉暴落する; 悪化する, 落ち込む; 意気消沈する, スランプになる. ► *n* くずおれる[へたり込む]こと; 《物価などの》暴落, がた落ち, 'がら' (opp. *boom*); 〖経〗DEPRESSION, [the S-] GREAT DEPRESSION; 《活動・元気などの》不調, 不振, スランプ; 前のめりの姿勢[歩き方]; 地すべり; 〖コンクリート〗スランプ《生コン柱状体上部の垂下インチ数》; 《方・俗》(太った)だらしないやつ. ♦ **～ed** *a* くずれ落ちた, へたり込んだ. **～y** *a* 〔C18＝to sink in bog (imit)〕

slump·fla·tion /slʌ̀mpfléɪʃ(ə)n/ *n* 〖経〗スランプフレーション《不景気下のインフレ》. 〔*slump*＋in*flation*〕

slúmp tèst ″〖土木〗スランプ試験《未硬化コンクリートの緊硬度試験》.

slung *vt* SLING[1] の過去・過去分詞.

slúng·shòt *n* 縄・革の先に付けた重い分銅《武器》.

slunk *v* SLINK[1,2] の過去・過去分詞.

slup /slʌ́p/ *vi, vt, n* SLURP.

slur /slə́ːr/ *v* (-rr-) *vt* **1 a** 早口で不明瞭に言う, 〈2 音節を〉続けて一音節に発音する, 〈音を〉飛ばして言う; 〈文字を〉一つに続けて書く; 〖楽〗〈音を〉続けて奏する[歌う], 〈音符〉にスラーを付ける. **b** 〈事実を〉いいかげんに扱う, 〈過失を〉見のがす 〈*over*〉; 〈職務などを〉ないがしろにする. **2** *中傷する, 非難する; 《古・方》汚す. ► *vi* あわてていいかげんにやる, 続けて発音する[書く]; 不明瞭に発音する[書く], ろれつがまわらない; 〖楽〗続けて歌う[奏する]; ひきずって進む; 〈印刷紙が〉ぶれる; ″《方》すべる. ● **～ over**…を不明瞭に発音する; 〈問題など〉を避ける, ごまかす. ► *n* **1** 不明瞭に続けて発音すること; 書き方[印刷, 発音, 歌い方]の不明瞭な部分; 〖楽〗スラー《2 つ以上の音符に付ける ⌣ で, これで連結された音は切らずに演奏する》. **2** 中傷, 非難, 侮辱; 《名声の》きず, 汚点: racial ～*s* 人種差別的発言[ことばづかい] / put [cast] a ～ 侮辱する 〈*on* sb〉. 〔C17＜?; cf. MLG *slūren* to drag〕

slurb* /slə́ːrb/ *n* 郊外スラム. 〔*s*lum＋sub*urb*〕

slurf /slə́ːrf/ *vi, vt* SLURP.

slurp /slə́ːrp/ *vi, vt* ズルズル[チューチュー]食べる[飲む]. ► *n* ズルズル[チューチュー]食べる[飲む]こと; チューチューする音; [〈*int*〉] ペロペロ, ペチャペチャ, ピチャピチャ《柔らかいものを食べたり飲んだりする時の, 特に犬・猫などがたてる音》; 《ジャズ俗》グリッサンド (glissando) のパッセージ. ♦ **～y** *a* 〔Du *slurpen* to lap, sip〕

slur·ry /slə́ːri, slʌ́ri; slʌ́ri/ *n* スラリー《泥・粘土・セメントなどの懸濁液》. ► *vt* スラリーにする. 〔ME; cf. *slur* (dial) thin mud〕

slur·vian /slə́ːrviən/ *n* [ᵘS-] 発音の不明瞭なことば.

slush /slʌ́ʃ/ *n* **1** 半解けの雪[氷], 軟氷, 海綿氷《完全に凍りきっていない塩水の氷》; 泥, ぬかるみ; スラッシュ《シャーベット状にしたソフトドリンク》; セメントモルタル; 〘海〙《調理中に廃物として出る》脂肪; さび止め油, 白鉛石灰混剤, スラッシュ《さび止め》; 液状の製紙パルプ. **2** *《俗》料理, (水っぽい)食い物; *《俗》SLUSH FUND; 《俗》にせ札. **3** 《口》安っぽい感傷を誘う題材; 《口》持込み原稿(の束) (=～ pile). ► *vt* …にさび止めを塗る; …にしっくい[セメント]を詰める ‹*in, up*›; ‹甲板などを›水で洗う. ► *vi* ぬかるみを進む(ような音をたてる) ‹*along*›; 水をかけてジャブジャブ洗う. ● **～ up** ‹道などが[を]›ぬかるむ, ぬかるませる. [C17<? Scand; cf. Dan *slus* sleet]

slushed /slʌ́ʃt/ *a* *《俗》酔っぱらった, 泥酔した.

slúsh fùnd 《政財界などで動く》不正資金, 裏金, 賄賂; 《軍艦乗組員が奢侈品を購入するための》調理後の脂肪を売って得た資金.

slush·ie /slʌ́ʃi/ *n* SLUSHY.

slúsh pùmp *《俗》TROMBONE.

slúshy *a* 雪解けの, ぬかるみの, びちゃびちゃした; 《口》くだらない, たわいなく感傷的な, あまい. ► *n* 《豪俗》《羊毛牧場の》腕の悪い台所の手伝い; 《俗》(船の)料理人. ♦ **slúsh·i·ly** *adv* **-i·ness** *n*

slut /slʌ́t/ *n* だらしのない[ずぼらな]女; ふしだら女, 売春婦; おてんば, 《古》[*joc*] 娘 (girl); 《古》雌犬 (bitch); 《方》油を浸したぼろぎれ《ろうそくの代用》. ♦ **slút·ty** *a* SLUTTISH. [ME<?; cf. SLATTERN, Du *slodder*]

Slu·ter /slúːtər/ スリューテル **Claus** ～ (c. 1340 to 50?–1406)《オランダの彫刻家; フランスで制作》.

slút làmp *《俗》BITCH LAMP.

slút's wóol 綿ぼこり.

slút·tish *a* ふしだらな; だらしのない, ずぼらな. ♦ **～·ly** *adv* **～·ness** *n*

sly /sláɪ/ *a* (**～·er, slí·er; ～·est, slí·est**) ずるい, 悪賢い, 狡猾な; 内密の, ひそかな; 悪ふざけの, いたずらな, ちゃめな, ひょうきんな; 《方》世故にたけた, 巧みな, 熟練の; 《豪俗》不正な, 密売の: (as) ～ as a fox とてもずるい / a ～ dog ずるいやつ. ● **on the ～** こそこそと, 内緒で. ♦ **～·ly** *adv* ずるく; 陰険に; ちゃめに. **～·ness** *n* [ON *slœgr* able to strike, cunning (*slá* to strike); cf. SLEIGHT, SLAY[1]]

Sly スライ **Christopher** ～《Shakespeare の *Taming of the Shrew* の導入部に登場する鋳掛(いかけ)屋で, 酔いつぶれている間に貴族の邸に運び込まれ, その家の主人と思い込まされて見る劇中劇がこの劇という趣向になっている》.

slý·bòots *n* [‹*sg*›] 《口》巧妙なやつ, ずるいやつ, 悪いやつ《「憎めない」意を含む》.

slý gróg 《豪口》密売酒.

slype /sláɪp/ *n* 〘建〙通廊《英国の教会堂の狭い渡り廊下》. [? Flem *slijpe* place for slipping in or out]

sm. small. **Sm** 〘化〙samarium. **SM** °San Marino ♦ [L *Scientiae Magister*] °Master of Science ♦ °Sergeant Major ♦ °service mark ♦ °service module ♦ 〘楽〙short meter ♦ °Soldier's Medal ♦ °stage manager ♦ stationmaster.

S-M, S/M, SM sadomasochism ♦ sadomasochist.

SMA °Sergeant Major of the Army.

smack[1] /smǽk/ *n* 味, 風味, 香味, 香り, 持ち味; 気味, 風, …じみたところ, …臭いところ[点]; 少々, 少し: a ～ *of* the cask in wine ワインに残る樽の香り / a ～ *of* pepper コショウ少々 / He has a ～ *of* recklessness in his character. 少しむこうみずなところがある. ► *vi* 味がある, 香りがする; (不正などの)気味がある: This meat ～*s of* garlic. この肉はニンニクの匂いがする / His behavior ～*s of* treachery. 彼の挙動には裏切りめいたところがある. [OE *smæc*; cf. G *Geschmack* taste]

smack[2] *vt* ピシャリと打つ; "《口》(こぶしで)なぐる; 激しくぶつける[ぶち込む] ‹*onto, into*›; バシッと置く ‹*down*›; ‹むちを›ピシッと鳴らす; ‹ボールを›強打する; ‹唇を›パクパク[ピチャピチャ]させる《おいしいものを食べる時などの表現》; …にチュッとキスをする: ～ sb *on* the cheek / ～ one's LIPS. ► *vi* 舌鼓を打つ; 激しくぶつかる ‹*into, against*›, 激しく打つ; ピシャリ[パチッ]と音をたてる. ● **～ down** ‹人を›ピシャリと打ってやめさせる; *《俗》…の高慢の鼻を折る, …にお灸(きゅう)をすえる; *《俗》ひきずりおろす, 失脚させる. ► *n* 《むちなどの》ピシッという音; 平手打ち, びんた; 強打; 舌鼓; ブチュッというキス; [‹*int*›] チュッ, ブチュッ《派手なキスの音; cf. SMOOCH[1]》, ピシッ, ピシャッ《強い平手打ちや, ボールを打つ音》; *《俗》1ドル; *《俗》試み, 試し. ● **a ～ in the eye [face]** 《口》[*fig*] めんくらわせること, 肘鉄: get *a* ～ *in the eye* めんくらう, 参ってしまう. **have a ～ at**… 《口》…を試しにやってみる. **talk ～** *《口》こきおろす, あしざまに言う. ► 《口》*adv* ピシャリと; いきなり; まともに, もろに: run ～ into…と正面衝突する. [MDu (imit)]

smack[3] *n* *生簀(いけす)を備えた小型漁船 (=～ **bòat**); "sloop に似た沿岸貿易または漁業用の小型帆船. [Du<?]

smack[4] *n* 《俗》薬(ヤク), ヘロイン (schmeck). [*smack*[1]; 一説に Yid *schmeck* sniff]

smáck-báng "《口》*adv* 激しく; SMACK-DAB.

smáck-dáb 《口》*adv* まともに, まさに, もろに: ～ in the middle どまん中に.

smáck·dòwn *《口》*n* 打倒; プロレス試合; 完敗, 敗退; 対決, 激戦.

smáck·er *n* SMACK[2] する人[もの]; 《口》派手な音のキス, チュッ; 《俗》口 (mouth); 《俗》顔 (face); ピシャリと音のする打撃; 逸品, すばらしいもの; 《俗》硬貨, 札, 1ドル, 1ポンド.

smack·er·oo /smæ̀kərúː/ 《俗》*n* (*pl* **～s**) 派手な音のキス; 1ドル, 1ポンド; やっつけること; 衝突, 強打.

smáck·hèad *n* 《俗》ヘロイン常用者.

smáck·ing *n* 唇を鳴らすこと, 舌鼓; 折檻. ► *a* チュッ[ピシャリ]と音のする; 活気のある, 爽快な, 強い‹風など›; 鋭い; "《口・方》とてもいい[でかい].

smáck-to-dáb *adv* *《南部》SMACK-DAB.

smácky *a* [次の成句で]: **play ～ lips [mouth]** *《俗》キス[ネッキング]する.

s-mail /ésー´ー/ *n* SNAIL MAIL.

SMaj °Sergeant Major.

small /smɔ́ːl/ *a* **1 a** 小さい, 小型の (opp. *big, large*); ‹家など›狭い; 細い, やせた; 若い, 幼い‹子供›: a ～ town 小さな町 / ～ animals 小動物 / a ～ letter 小文字《a, *a*, b, *b* など; opp. *capital letter*》/ a ～ (bottle of) soda ソーダ水の小瓶 / a ～ whiskey 普通の量の半分のウイスキー / (It's a) ～ world. 世間は狭い, 世界は小さい. **b** 小規模の; 少ない, 小人数の; ‹時間が›短い: a ～ business (中)小企業 / a ～ businessman (中)小企業主 / a ～ eater 小食家 / a ～ farmer 小農場主, 小規模農業者 / on a ～ scale 小規模に[の] / a ～ number 小さい数 / a ～ sum 少額 / pay ～ attention あまり留意しない. **c** ‹声など›低い, 小さい; ‹酒などが›弱い, 薄めた. **2 a** 些細な, わずかな; ‹あやまちなど›ちょっとした, つまらない, くだらない; 地位の低い, 力のない, 小粒な, 平凡な: She left him, and ～ blame to her. 彼のもとを去ったのは無理からぬことだ. **b** 狭量な, けちな, 卑劣な: a man with a ～ mind 狭量な人. **c** 肩身が狭い, 恥じて; 謙遜な, おとなしい (⇨ 成句). ● **a small** FORTUNE. **feel ～** しょげる, へこたれる, 恥ずかしく思う. **in a ～** WAY[1]. **look ～** 小さくなる, 恥をかく: make sb *look* ～ 人の面目をつぶす. **no ～** かなりの: *no* ～ sum of money なかなか多額の金 / He showed *no* ～ skill. なかなかの腕前を見せた. **with a ～ 'a' ['b', 'c', etc]** 多少の, いくらかの: success with a ～ 's' そこそこの成功 (cf. with a CAPITAL A [B, C, etc.]). ► *adv* 小さく, ‹声など›低く; つましく, 小規模に. ● SING **～.** ► *n* [the] 小さなもの, 卑賤の者 (: GREAT and ～); [the] 小さな[細い]部分, 《特に》ウエストのくびれ ‹*of* the back›; [*pl*] 小型製品; [*pl*] 半ズボン (smallclothes); [*pl*] "《口》下着, 《下着・ハンカチなど》細かい洗濯物; [*pl*] 〘オックスフォード大学〙RESPONSIONS. ● **by ～ and ～** 少しずつ, 徐々に. **do the ～s** "《俗》地方巡業[どさ回り]をする. **in ～** 小規模に. **in the ～** 小単位[小規模, 小型]で[に]. **～ and early** 早く切り上げる小人数のパーティー. [OE *smæl*; cf. G *schmal*]

smáll ád "CLASSIFIED AD.

small·age /smɔ́ːlɪdʒ/ *n* 〘植〙野生のセロリ.

smáll ále スモールエール《モルト・ホップをわずかに加えただけのエールで, 弱い安酒》.

smáll árms *pl* 〘軍〙携帯兵器, 小火器《小銃・ピストルなど; opp. *artillery*》.

smáll-àrm(s) inspèction *《俗》SHORT-ARM INSPECTION.

smáll béer スモールビーア《ビール粕を洗った水などから造る弱いビール》; 小ビール《ふつう 1/2 パイント》; つまらないもの[こと], くだらない人物. ● **think ～ of**…をつまらないものと思う, 軽蔑する, さげすむ: *think no* ～ *of* one*self* うぬぼれる. ♦ **smáll-béer** *a* 《口》つまらない.

smáll bónd* BABY BOND.

smáll-bòre *a* 22 口径の‹銃›; 狭量な; ちっぽけな, つまらない.

smáll·bòy *n* 《西アフリカの西欧人家庭の》執事手伝い.

smáll bréad *《俗》わずかな金, はした金.

smáll búrgh 〘スコ〙スモールバラ《1929–75 年の人口 2 万人未満の町》.

smáll cálorie 小カロリー (⇨ CALORIE).

smáll cápital スモールキャピタル (=**smáll cáp**)《SMALL のような小型頭文字; 略 s.c., sm. cap.》.

smáll cárd 〘トランプ〙数字の小さい札.

smáll-cèll lúng càncer, smáll-cèll carcinóma 〘医〙小細胞肺癌《転移しやすく悪性度の高い肺癌; 癌細胞が小さく, 燕麦に似た形をしている》.

smáll cháir 《腕のない》小椅子.

smáll chánge 小銭; [*fig*] つまらないもの[こと, 人, 話].

smáll chóp 《西アフリカ》カクテル風の軽食.

smáll círcle 小円《球がその中心を通らない平面で切られたときにできる円; cf. GREAT CIRCLE》.

smáll-cláims [smáll-débts] còurt 〘法〙小額裁判所《小額の訴訟を扱う簡易裁判所》.

smáll·clòthes *n pl* 小物衣類《下着・ハンカチ・子供服など》; 《18 世紀の》ぴったりした半ズボン (knee breeches).

smáll cóal 小粒の石炭, 粉炭.

smáll cráft (小型)ボート (boats).

smáll-èared dóg 〘動〙コミミイヌ《南米産の原始的なイヌ》.

smáll ènd 〘機〙《連接棒の》スモールエンド, 小端《ピストン側; opp. *big end*》.

smáller Européan élm bàrk bèetle 〘昆〙セスジキクイム

シ《欧州から北米東部に侵入したニレキクイムシの一種》.
smállest róom [the]《口》便所.
Smal·ley /smɔ́ːli/ スモーリー **Richard E(rrett)** ～ (1943–2005)《米国の化学者; 炭素フラーレン (C_{60}) の発見によりノーベル化学賞 (1996)》.
smáll fórward〘バスケ〙スモールフォワード《フォワード 2 人のうち, 動作が俊敏で, 主にシュートをする役目のプレーヤー》.
smáll frúit*核(さね)のない小さな果物, 小果樹 (soft fruit‖)《イチゴ・スグリなど》.
smáll-frỳ *a* 雑魚(ざこ)の, 二流の, 重要でない (cf. *small* FRY²); 子供(用)の, 子供っぽい: a ～ politician / ～ sports.
smáll gáme〘狩〙小さい獲物《ウサギ・ハトなど; cf. BIG GAME》; 《俗》控えめな目標.
smáll gòods *pl*《豪》調製済みの肉《ソーセージなど》.
smáll gróss 10 ダース.
smáll háil〘気〙氷あられ.
smáll hèath〘昆〙タテハチョウ科ジャノメチョウ亜科ヒメヒカゲ属の小型のチョウ《ユーラシア・アフリカ北西部のヒース原に生息》.
smáll·hòld·er‖ *n* 小自作農.
smáll·hòld·ing‖ *n* 小自作農地; 小自作農地制, 小自作農《職業》.
smáll hóurs *pl* [the] 深更《0 時から 3 時ごろまで; cf. LONG HOURS》: The party went on into *the* (wee) ～. パーティーは深更に及んだ.
smáll intéstine [the]〘解〙小腸.
smáll·ish *a* やや小さい, 小さめの, 小振りの.
smáll líttle *a*《南ア》小さな.
Smáll Magellánic Clóud [the]〘天〙小マゼラン雲.
smáll-mínd·ed *a* 狭量な, 卑劣な (mean), けちくさい. ♦ **～·ly** *adv* **～·ness** *n*
smáll·mòuth (bláck) báss〘魚〙コクチバス.
smáll·ness *n* 微小; 微少; 短小; 貧弱; 狭量.
smáll níckel*《俗》500 ドル(の賭け金).
smáll óctave〘楽〙小文字オクターブ, 片仮名オクターブ《中央のド[ハ]より 1 オクターブ低い c [ハ]に始まる 1 オクターブ; cf. GREAT OCTAVE》.
smáll òne 小さいもの[やつ], *《俗》少量のウイスキー.
smáll píca スモールパイカ《11 ポイント活字; ⇨ TYPE》.
smáll pípe*《俗》アルトサクソフォン.
smáll potátoes [⟨*sg*/*pl*⟩]《口》つまらないもの[こと, 人], はした金.
smáll·pòx *n*〘医〙天然痘, 疱瘡, 痘瘡 (=*variola*).
smáll prínt FINE PRINT.
smáll rèed〘植〙ノガリヤス属の植物《ヤマアワなど; イネ科》.
smáll róyal〘洋紙〙スモールロイアル判 (⇨ ROYAL).
smáll saphénous véin〘解〙小伏在静脈.
smáll-scále *a* 小規模の; 小比率の; 小縮尺の⟨地図⟩ (cf. LARGE-SCALE).
smáll-scàle integrátion〘電子工〙小規模集積(化)《略 SSI》.
smáll-scréen *a*《口》テレビの[でやる, 向けの].
smáll scréen [the]《口》テレビ (cf. BIG SCREEN).
smáll·shòt *n*《俗》取るに足らんやつ, 小者, 下っぱ.
smáll slám〘トランプ〙LITTLE SLAM.
smáll stòres *pl*〘海軍〙酒保の販売品.
smáll stùff〘海〙《船内用》小索 (yarn, marline など). ● SWEAT the ～.
smáll·swòrd *n* 突き剣《17–18 世紀の決闘・フェンシングで突きだけに用いた》.
smáll tàlk 世間話, 雑談, おしゃべり (chitchat).
smáll-tíme *a*《口》つまらない, 小物の, 三流の (cf. BIG-TIME). ♦ **smáll-tím·er** *n*
smáll tíme《口》三流どころの演劇興行, うまみのない商売, けちな犯罪《など》.
smáll-tówn *a* 小都市の, 田舎町の; 純朴な, 田舎風の; あかぬけない, 保守的な, 偏狭な. ♦ **～·er** *n*
smáll véhicle 小乗 (Hinayana).
smáll·wàre‖ *n* [⁽ᵘ⁾*pl*] 小間物 (notions).
smalt /smɔ́ːlt/ *n* **1** 花紺青(はなこんじょう), スマルト《カリ・酸化コバルトを溶かして得た珪酸塩ガラス; 粉末にして顔料として使う》. **2** 花紺青色, 藤紫色. [OF＜OIt＜Gmc; ⇨ SMELT¹]
smalt·ite /smɔ́ːltàɪt/, **smalt·ine** /-tən, -tìːn; -tàɪn/ *n*〘鉱〙砒コバルト鉱, スマルト鉱. [*-ite*]
smal·to /smáːltoʊ, smɔ́ːl-/ *n* (*pl* **～s, -ti** /-ti/)《モザイク用の》色ガラス[エナメル](片). [It]
smar·agd /smǽrægd, smərǽgd/ *n*《まれ》EMERALD.
sma·rag·dine /smərǽgdən, smǽrəgdàɪn/ *a* エメラルド(色)の. [L *smaragdus* emerald]
sma·rag·dite /smərǽgdàɪt, smǽrəgdàɪt/ *n* 緑閃石.
smarm /smáːrm/《口》*vt* 塗りつける, なでつける ⟨*down*⟩; …にへつらう. ► *vi* べたべたしゃべる, へつらう ⟨*over, up to*⟩. ► *n* 安っぽい感傷; お世辞; あくどさ. [C19 (dial)＜?]
smármy *a* SLEEK;《口》お世辞たらたらの, 調子のいい, べたべたした, 鼻につく; *《俗》⟨声など⟩よく響く, 朗々とした; *《俗》独善的な, ひとりよがりの. ♦ **smárm·i·ly** *adv* **-i·ness** *n*
smart /smáːrt/ *a* **1 a** 明敏な, 頭の切れる; さえた, 当意即妙の, 味な. **b** 抜け目のない, 油断のならない, 悪賢い; ませた, 小生意気な, 上すべりな, 軽々しい. **2 a** ⟨身なりが⟩きちんとした, りゅうとした; 気のきいた, 洗練された, あかぬけした; 上流階級(向け)の; 流行の. **b** ⟨機器・兵器などが⟩コンピューター化した, 自動制御の, 高性能の, ハイテクの. **3 a** ⟨歩き方などが⟩きびきびした, はつらつとした, 活発な; 手早い, じょうずな; *《ニューイング・南部》才能のある: be ～ *at* one's work 仕事が手早い / make a ～ job of it 手際よくやってのける. **b** 鋭い; ⟨痛みなどが⟩刺すような, ヒリヒリする; 激しい, 勢いのよい; ⟨批判などが⟩きつい, 手きびしい: a ～ blow 痛打. **c**《方》⟨金額・数・程度が⟩かなりの: a ～ few かなりたくさん(の). ● **get ～**《口》自分の立場[可能性など]に気づく[を悟る], 利口になる; *《口》⟨…に対して⟩生意気な[なれなれしい]態度をとる, 口答えする ⟨*with*⟩.
► *adv* SMARTLY. ● LOOK **～!**
► *vi* **1 a** うずく, ずきずき[ヒリヒリ]痛む ⟨*from, under*⟩; 悩む, 傷心する ⟨*at, from*⟩; 良心がとがめる: The cut ～*s*. 切り傷が痛む / My eyes ～*ed with* tear gas. 催涙ガスで痛かった. **b** 罰をうける: I will make you ～ [You shall ～] *for* this. こんなことをしたからには痛いめにあわせるぞ[ただではおかんぞ]. **2** 憤慨する: ～ *under* an injustice 不当な扱いに怒る. ► *vt* うずかせる, ヒリヒリ痛ませる.
► *n* 痛み, うずき, 苦痛; 苦悩, 傷心, 悲痛, 怒り; きざな男[やつ], 気取り屋; [⁽ᵘ⁾*pl*] *《口》才, 才覚, 抜け目のなさ, 明敏さ, 頭 (brains).
[OE (a) *smeart*, (v) *smeortan*; cf. G *schmerzen, Schmerz*]
smárt àlec(k) [àlick]《口》うぬぼれ屋, 利口ぶる人, 知ったふうなやつ (=*clever dick* [*sticks*]). ♦ **smárt-àlecky, -àlec(k)** *a* **-àleck·ism** *n* [*Alec*(*k*)]
smárt-àss, -àrse *n*《俗》知ったふうなやつ, 生意気なやつ, 思い上がった[こざかしい]野郎 (smart alec). ♦ **smárt-àsse(d), -àrse(d)** *a*
smárt bómb スマート爆弾《テレビ映像あるいはレーザー光線の反射によって誘導される空対地ミサイル》.
smárt càrd スマートカード, IC カード《マイクロプロセッサーやメモリーを組み込んだプラスチックカード; パスポート・クレジットカード・デビットカードなどとして利用》.
smárt còokie *《口》頭の切れる人, 賢い人.
smárt drínk スマートドリンク《フルーツジュースにビタミンやアミノ酸を加えた飲料; 脳のはたらきを活発にするという》.
smárt drùg 頭をよくする薬, 脳機能改善薬.
smárt·en *vi, vt* しゃれる, めかす ⟨*up*⟩; ⟨部屋などを⟩きれい[おしゃれ]にする ⟨*up*⟩; ⟨歩調など⟩きびきびさせる ⟨*up*⟩; …に教えてやる, 鍛える ⟨*up*⟩; *《口》賢くなる; 活発になる.
smárt gríd スマートグリッド《情報技術を活用した効率的送電網》.
smárt grówth〘経〙賢明な成長《資源の浪費・環境破壊をしない努力によって経済成長をはかる》.
smárt gùy《口》SMART ALECK.
smart·ie /smáːrti/ *n* SMARTY; ハイカラ者, 上流社交界の人.
Smar·ties /smáːrtiz/〘商標〙スマーティーズ《ピーナッツにチョコレートをかけ, 色のついた砂糖のコーティングをした菓子》.
smárt·ish *a* すばやい. ► *adv* すばやく, 急いで.
smárt·ly *adv* 強く; きびしく, ひどく, したたか; すばやく; 利口に, 抜け目なく; こぎれいに.
smárt móney 1 *〘法〙懲罰的損害賠償金 (punitive damages); (兵役)免除金;〘英軍〙負傷手当. **2** [the] *くろうとの賭け金, 相場師の投資金; *勝負師たち, (内部情報通の)相場師たち, くろうと筋. ● **～ is on…** 通のみるところ…が成功するだろう[…ということになろう].
smárt·mòuth*《俗》*n* こうるさくて生意気なやつ; 生意気な口きき.
smárt-mòuth *vt**《俗》⟨人⟩に生意気な口をきく, こざかしい口答えをする. ♦ **smárt-mòuthed** *a* 生意気な口をきく.
smárt·ness *n* いきなこと, 粋; 機敏; 抜け目ないこと.
smárt·phòne *n* 多機能携帯電話, スマートフォン.
smárt quótes *pl*〘電算〙きれいな引用符, スマートクウォート (=*curly quotes, typographer's quotes*)《' ' または " " のように開き側と閉じ側がそれぞれ内向きに反った通常の引用符; 特に 1 つのキーが開き側と閉じ側を自動的に変換するもの; cf. STRAIGHT QUOTES》.
smárt sèt [⟨*sg*/*pl*⟩] [the] 上流社交界の人びと.
smárt términal INTELLIGENT TERMINAL.
smárt·wèed *n*〘植〙(ヤナギ)タデ《葉の汁が皮膚をヒリヒリさせるという》;《イラクサなど》触れると皮膚を刺す草.
smárty *n* SMART ALECK. ► *a* 知ったふうの, うぬぼれた.
smárty-pànts, -bòots *n* [⟨*sg*⟩] *《口》SMART ALECK.
smash /smǽʃ/ *vt* 打ちこわす, 打ち砕く, わる, 粉砕する ⟨*up*; *to* atoms [pieces]⟩; ぶんなぐる; 激突させる, 投げつける ⟨*into, against*⟩; ⟨敵を⟩撃破する, 打ちのめす; 破産させる; ⟨剣・こぶしなどを⟩激しく打ちおろす ⟨*down, into, on to*⟩; ⟨ボールを⟩強打する, スマッシュする;〘製本〙⟨綴じた背を⟩ならす: ～ *down* [*in*] a door 戸を打ち倒す[外から打ちこわす] / They ～*ed* them*selves against* the wall. 壁に体当たりした / ～ a stone *through* the window 石を投げつけて窓ガラスをわる / ～ the record 記録を大きく破る. ► *vi* **1** こわれる, われる, こなごなにな

る ⟨*up*⟩; 激突する, 突進する ⟨*against, into, through, together*⟩; 破産する ⟨*up*⟩: ～ *out of* a cell《うちこわして》独房から脱出する. **2**〖テニスなど〗強打する, スマッシュする. ● **～ sb's** FACE [HEAD] **in.** ► *n* **1 a** 破砕, 粉砕; 粉砕する音; 強打, スマッシュ;《衣服などの》かぎ裂き (＝*trap*). **b**《列車などの》大衝突, 激しい倒壊, 墜落; 失敗, 破産; 破滅 (ruin). **c** [⟨*int*⟩] バシッ, ピシャッ, ガチャン, ドン《強打·衝突·破砕などの音》. **2**《口》SMASH HIT. **3***スマッシュ《ブランデーなどに, ミント·砂糖·水·氷を加えた飲料》; *《黒人俗》ワイン《smashed grapes で造ることから》. **4***《俗》パーティー, どんちゃん騒ぎ;《俗》小銭, ばら銭. ● **come** [**go**] **to ～** ぺちゃんこにつぶれる, 破産する; 大失敗する. **play ～*** 破産する, おちぶれる. ► *adv* バシッと; まともに⟨ぶつかるなど⟩: run [go] ～ into…と正面衝突する, まともにぶつかる. ►《口》*a* すばらしい; 大当たり[大成功]の: a SMASH HIT. [C18 (? imit); 一説に, smack² + *mash*]

smásh-and-gráb *a, n*《口》店のウインドーをこわして高価な陳列品をあっという間に奪う(強盗), ウインドー破り.

smásh·bàll *n* スマッシュボール《2 人以上で直接ラケットでスマッシュし合う, コートやネットのないテニスに似たゲーム》.

smashed /smǽʃt/ *a*《俗》べろべろに酔った,《麻薬で》ラリった.

smásh·er *n* 粉砕者, 破砕者, 粉砕機;〖製本〗《背の》ならし機; 大打撃, 痛撃; 墜落; とどめを刺す議論[応答]; にせ金使い; ᴵᴵ《口》すばらしい[すてきな]人[もの], はっとするほどの美人;〖テニスなど〗スマッシュの得意な選手.

smash·e·roo /smæ̀ʃərúː/ *n* (*pl* **～s**)*《俗》SMASH HIT.

smásh hìt《口》《本·映画·俳優などの》大当たり, 大ヒット, スマッシュヒット.

smásh·ing *a* 粉砕する; 猛烈な⟨大打撃など⟩; 圧倒的な⟨勝利など⟩; ᴵᴵ《口》すばらしい⟨大勝利など⟩, とびきりの⟨コックなど⟩, 大成功の, 楽しい⟨ひと時など⟩. ► *n* smash すること; *《俗》キス, ネッキング. ♦ **～·ly** *adv*

smáshing machìne〖製本〗SMASHER.

smásh·mòuth *a**〖スポ〗荒っぽい.

smásh·ùp *n* 大衝突, 転覆, 墜落; 失敗, 破産; 災難; 破滅, 崩壊.

smatch /smǽtʃ/ *n*《まれ》SMACK¹.

S matrix /ɛ́s ─/〖数·理〗S 行列 (＝*scattering matrix*)《粒子·粒子群の衝突過程の記述に用いる行列》.

smat·ter /smǽtər/ *vi, vt* 生半可な知識でしゃべる; ⟨学問を⟩生かじりする ⟨*in, at*⟩. ► *n* 生かじり, 半可通. ♦ **～·er** *n* 半可通《人》. [ME＝to talk ignorantly, prate＜?]

smátter·ing *n* 生かじり, 半可通; 少量, 少数: have a ～ *of*…をちょっとかじっている / a ～ of hearers ぱらぱらの聴衆. ► *a* 生かじりの. ♦ **～·ly** *adv*

smaze /sméɪz/ *n* 煙霞(えんか), スメイズ《煙と霧の混じったもので, smog より湿気が少ない》. [C20 (*sm*oke＋h*aze*)]

sm. c., sm. cap. °small capital.

SME /ɛ́sèmíː/ *n* 中小企業. [*s*mall to *m*edium-sized *e*nterprise]

SME Suriname.

smear /smíər/ *vt* **1** ⟨油などを…に⟩塗る ⟨*on*⟩; …に⟨油などを⟩塗りつける[塗りたくる] ⟨*with*⟩; よごす; こすってわからなく[不鮮明に]する. **2** …の名誉を傷つける, 中傷する ⟨*with* charges⟩; *《俗》決定的にやっつける, 圧倒する,〖ボク〗ノックアウトする; *《俗》殺害する, 消す;《俗》爆撃で破壊する; 買収する, …に取り入ろうとする, …に口きき料を出す. ► *vi*《誤って触れたために》⟨油·生乾きのインキなどが⟩きたなくなる, 不鮮明になる. ► *n* **1** べとべとした[油性の]物質;《油性の》よごれ, しみ;〖電子工〗スミアー《テレビ画像のにじみ》; 塗りつけるもの[物質];《陶器の》うわぐすり; 顕微鏡の検鏡板に塗った少量の物質, 塗抹(標本), なすりつけ標本; SMEAR TEST. **2** 名誉毀損, 中傷; *《俗》こてんぱんにやっつけること: ～ tactics 中傷戦術. **3**〖登山〗不安定な足場. ♦ **～·er** *n* [OE *smierwan*; cf. G *shmieren, Schmer*]

sméar campàign《新聞記事などによる》組織的中傷[攻撃].

smear·case, smier- /smíərkèɪs/ *n**《中部》COTTAGE CHEESE.

sméar-shèet *n*《口》低俗新聞[雑誌]《ゴシップ·スキャンダル·中傷記事が中心》.

sméar tèst〖医〗スミア試験 (Pap smear).

sméar wòrd 人を中傷することば, 誹謗(ひぼう).

sméary *a* よごれた; しみだらけの; べたつく, ねとねとする (sticky); 油じみた (greasy). ♦ **sméar·i·ness** *n*

smec·tic /sméktɪk/ *a*〖理〗スメクチックの《液晶で, 細長い分子が長軸を平行にして稠密に配列された分子層をなし, かつ長軸方向に積層した相についていう; cf. CHOLESTERIC, NEMATIC》. [L＝cleansing]

smec·tite /sméktàɪt/ *n*〖鉱〗スメクタイト (montmorillonite). ♦ **smec·tit·ic** /smɛktítɪk/ *a* [Gk *smektis* fuller's earth]

smed·dum /smédəm/ *n* **1**《小麦粉·殺虫剤などの》粉, 粉末. **2**《スコ》元気, 気力, 活力, 精力. [OE *smedma*]

smeechᴵᴵ /smíːtʃ/ *n*《方》濃い煙. ► *vi* 煙を出す, 蒸気を発する. [OE (↓)]

smeek /smíːk/ *vt*《スコ》煙[煙霧, 蒸気]で消毒する[追い出す, 乾かす]. ♦ **sméeky** *a* [OE *smēocan*]

smeg·ma /smégmə/ *n*〖生理〗皮脂,《特に》恥垢(ちこう). [L＜Gk ＝detergent]

smell /smél/ *v* (**～ed** /-d/, **smelt** /smélt/) *vt* **1 a** 香り[匂い]で知る[さとる]; ⟨犬が⟩かぎ出す; ⟨陰謀などを⟩感づく, かぎつける: I (can) ～ (something) burning. 何かきなくさい匂いがする / ～ a RAT. **b** かぐ, …の匂いをかいでみる (sniff); *《俗》⟨麻薬を⟩吸う, かぐ: ～ POWDER / ～ a flower 花の香りをかぐ / ～ the milk《酸敗していないか》ミルクの匂いをかいでみる. **2** …の匂いがする: You ～ whiskey. ウイスキー臭い. **3** [ᵁ*neg*] ᴵᴵ《俗》《能力などで》…に接近[匹敵]する. ► *vi* **1** 匂いをかぐ[かいでみる] ⟨*at*, **about*, **of*,《古》*to*⟩; 匂いがわかる, 嗅覚がある. **2 a** 匂う, ⟨よい·悪い⟩匂いがする; …くさい, …のあとが見える, …の気味がある ⟨*of*⟩: This flower ～*s* sweet. この花はよい香りがする / It ～*s* like a rose. バラのような匂いがする / The room *smelt of* tobacco. 部屋はタバコの匂いがした / ～ *of* corruption 堕落の匂いがする, 堕落の気味がある / ～ *of* the LAMP / ～ *of* the SHOP. **b** 悪臭がする, 非常に臭い;《口》怪しい, 疑わしい, うさんくさい; 醜い, いかがわしい, 下劣である: The meat ～*s* terribly. その肉はすごく臭う / The story ～*s* fishy. その話はくさい. ● **I ～ you.***《俗》きみの言うことはわかるよ. **～ about** [**around**] かぎまわる, せんさくする. **～ it up***《俗》薬[コカイン]を吸う. **～ out** かぎ出す, かぎつける, 探り出す; 悪臭で満たす. **～ to** (**high**) **heaven**＝STINK to high heaven. **～ up***悪臭で満たす (smell out). ► *n* 嗅覚; (ひと)かぎ; 匂い, 香り; 悪臭; 臭味, 気味, 独特の感じ, 雰囲気; 跡, しるし: take a ～ at…をかいでみる. ● **get a ～ at**… [*neg/inter*] ᴵᴵ《俗》…に接近する. ♦ **～·able** *a* [ME *smel(le)*＜?OE; cf. MDu *smölen* to scorch]

sméll·er *n* かぐ人[もの]; かぎ分ける人; 触毛,《特に》猫のひげ;《口》[*joc*] 鼻; 嗅覚;《俗》《鼻っ柱への》一撃, 強打;《俗》ドスンと落ちること: come a ～.

smell·ie /sméli/ *n* 匂いの出る映画.

smélling bòttle《昔の》気付け瓶, かぎ瓶《smelling salts の小瓶》.

smélling sàlts [⟨*sg/pl*⟩] 芳香塩, かぎ薬《炭酸アンモニウムが主剤の気付け薬》.

sméll-less *a* 匂いのない, 無臭の.

smélly *a* いやな[強烈な]匂いのする, 臭い. ♦ **sméll·i·ness** *n*

smelt¹ /smélt/ *vt* ⟨鉱石·粗金属を⟩(溶解して)製錬[精錬]する, 吹き分ける; ⟨金属を⟩製錬[精錬]する. ► *vi* 製錬[精錬]する[を受ける]. [MDu, MLG; cf. MELT, G *schmelzen*]

smelt² *n* (*pl* **～s**, **～**)〖魚〗キュウリウオ科の各種の食用魚. [OE ＜?; cf. SMOLT, Norw *smelta* whiting]

smelt³ *v* SMELL の過去·過去分詞.

smélt·er *n* 製錬[精錬]業者, 製錬[精錬]工;〖冶〗溶解炉; 製錬[精錬]所 (smeltery).

smélt·ery *n* 製錬[精錬]所 (smelter).

smet·a·na /smétənə/ *n* サワークリーム. [Russ, Yid]

Sme·ta·na /smét(ə)nə/ スメタナ **Bedřich ～** (1824–84)《チェコの作曲家》.

smew /smjúː/ *n*〖鳥〗ミコアイサ (nunᴵᴵ)《カモの一種》. [C17＜?]

smice /smáɪs/ *n* 霧氷. [*sm*oke＋*ice*]

smid·gen, -geon, -gin /smídʒən/, **smidge** /smídʒ/ *n*《口》微量, 少々, ほんの少し: a ～ of talent. [? 変形＜*smitch* (dial) soiling mark]

smiercase ⇨ SMEARCASE.

Śmigły-Rydz ⇨ RYDZ-ŚMIGŁY.

smi·la·ca·ceous /smàɪləkéɪʃəs/ *a*〖植〗サルトリイバラ科 (Smilacaceae) の.

smi·lax /smáɪlæks/ *n*〖植〗**a** シオデ属 (*S*-) の各種の低木[草本]《ユリ科》. **b** クサナギカズラ, アスパラガス, スマイラックス《南アフリカ原産》. [L＜Gk＝bindweed]

smile /smáɪl/ *vi* **1** 笑う, 笑顔を見せる, 微笑する, ほほえむ, にっこりする; ⟨風景などが⟩晴れやか[ほがらか]である: ～ heartily [scornfully, philosophically] 心から[ばかにして, あきらめ顔で]笑う / ～ *to* oneself ほくそ笑む. **2** 是認する, ⟨…に⟩賛意を示す ⟨*on*⟩; ⟨運·機会が⟩開ける, 向く ⟨*on*⟩: Fortune ～*s on* us. 運が向いてきた. **3**《軽蔑して》口をゆがめる, 冷笑する. ► *vt* [同族目的語を伴って] (…な)笑い方をする; 笑顔で示す; 笑顔を見せて…させる ⟨*into*; *out of*⟩: ～ a cynical *smile* 皮肉な笑い方をする / ～ one's consent [thanks] 笑顔で承諾[感謝]を表わす / ～ one's grief *away* 笑って悲しみを忘れてしまう / She ～*d* him *into* good humor. ほほえみかけて機嫌をなおさせた / ～ sb *out of*… 笑って人に…を忘れさせる. ● **come up smiling**《口》⟨新しいラウンドを迎えたボクサーが⟩元気に立ち上がる,《広く》新たな困難に元気に立ち向かう. **I should ～!***《口》いいでしょう; [*iron*] 笑わせるね, なるほど. **～ at**…を見てほほえむ; ⟨脅迫など⟩を一笑に付す, 冷笑[無視]する; ⟨困難⟩に辛抱強く耐える: What are you *smiling at?* 何をにこにこしているのか. **S～ when you say that.**《口》そんな(無礼な)ことを口にするときは笑ってみせるものだよ《にっこりして冗談に言っているだけだというサインを示しなさい》. ► *n* **1** 笑い, 笑顔, 微笑, ほほえみ, にこにこ, 喜色; 冷笑, あざわらい; 恵み, 好意: be all ～*s* 上機嫌だ / with a ～ にこにこして / a ～ of fortune 運が向くこと / put a ～ on sb's face 人をにっこり[満足]させる / raise a ～ 微笑を誘う / CRACK a ～. **2**《口》酒(の一杯). ● **wipe** [**take**] **the ～** [**grin**] **off** one's [sb's] **face**《口》《自己満足げな》にやにや笑いをやめる[人にやめさせる],《急に》まじめになる[させる]. [ME＜? Scand (Norw *smila*,

Dan *smile*); SMIRK と同語源]

smíle·less *a* 笑顔を見せない; まじめくさった, すました. ♦ **~·ly** *adv* にこりともせず.

smil·er /smáɪlər/ *n* 微笑する人; «口» 酒(の一杯) (smile).

Smiles /smáɪlz/ スマイルズ **Samuel** ~ (1812–1904)《スコットランドの作家; *Self-Help* (1859)》.

smil·ey, smily /smáɪli/ *a* にこにこした, にこやかな. ► *n* **1** SMILEY FACE. **2** «口» 酒(の一杯) (smile).

smíley fàce スマイリー(フェイス)《(1) ふつう黄色の地に黒で目と口だけ簡単に描いた丸いにこにこした顔 2) emoticon の笑顔》.

smil·ing /smáɪlɪŋ/ *a* にこにこした; 晴れやかな〈風景など〉. ♦ **~·ly** *adv* にこにこと, 莞爾(かんじ)と, 晴ればれと. **~·ness** *n*

smi·lo·don /smáɪlədàn/ *n* 〘古生〙スミロドン《剣歯虎の新世界種; 更新世期》. [Gk *smilē* woodcarving knife]

smily ⇨ SMILEY.

smir, smirr /smə́:r/ *n, vi* «方·スコ» SMUR.

smirch /smə́:rtʃ/ *vt* 《泥·すすなどで》よごす; 〈名声などを〉汚す. ► *n* 汚れ, 汚点. [ME<?]

S

smirk /smə́:rk/ *n* 得意げな[したり顔の]笑み. ► *vi* 得意げににやにやする, ほくそ笑む 〈*at, on*〉. ► *vt* 得意げに笑みを浮かべて言う[表わす]. ♦ **~·er** *n* **~·ing·ly** *adv* [OE *sme(a)rcian* < *smerian* to laugh at; cf. SMILE]

smírky *a* 得意げに笑みを浮かべた, にやにやした. ♦ **smírk·i·ly** *adv*

smirr ⇨ SMIR.

smit /smít/ *n* [the] «スコ·北イング» はやり病, 伝染病, 感染 (infection).

smite /smáɪt/ *v* (**smote** /smóʊt/; **smit·ten** /smítn/, **smote,** «古» **smit** /smít/) *vt* **1** 〈病気·欲望·恐怖などが〉襲う; 懲らす; «文» 強打する, 〈一撃を〉加える, なぐって…の状態にする; 殺す, 打ちのめす: ~ sb HIP¹ and thigh. **2** [ᵒ*pass*] 魅する, うっとりさせる 〈*with*〉. ► *vi* «古·文»/[*joc*] 強打する 〈*at*〉; 打ち当たる, 現われる, 降りかかる 〈*on*〉. ► *n* «口» 強打; «口» 試み, 企て. ♦ **smít·er** *n* [OE *smītan* to smear; cf. G *schmeissen* to throw]

smith /smíθ/ *n* [ᵒ*compd*] 金属細工人, 《特に》鍛冶屋 (blacksmith); [ᵒ*compd*] [*fig*] (製)作者: GOLDSMITH, SILVERSMITH, TINSMITH, WHITESMITH, gun*smith*, tune*smith*. ► *vt* 鍛えて造る (forge). [OE<?; cf. G *Schmied*]

Smith 1 スミス (1) **Adam** ~ (1723–90)《スコットランドの哲学者·経済学者で, 古典派経済学の祖; *The Wealth of Nations* (1776)》 (2) **Alfred E(manuel)** ~ (1873–1944)《米国の政治家; 4 期 New York 州知事, カトリックとして初めて大統領候補に指名された (1928)》 (3) **Bessie** ~ (1894 or 98–1937)《米国のブルース歌手》 (4) **David (Roland)** ~ (1906–65)《米国の画家·彫刻家; 金属彫刻の草分け》 (5) **George E(lwood)** ~ (1930–)《米国の物理学者; 電荷結合素子 (CCD) センサーの発明によりノーベル物理学賞 (2009)》 (6) **Hamilton Othanel** ~ (1931–)《米国の微生物学者; 特定の部位で DNA を切断する制限酵素を発見; ノーベル生理学医学賞 (1978)》 (7) **Ian (Douglas)** ~ (1919–2007)《ローデシアの政治家; 1965 年英国植民地 Southern Rhodesia の一方的独立を宣言》 (8) **John** ~ (c. 1580–1631)《イングランドの探検家; 北米最初の定住植民地 Jamestown の指導者; cf. POCAHONTAS》 (9) **Joseph** ~ (1805–44)《米国のモルモン教会の創始者》 (10) **'Kate'** ~ [**Kathryn Elizabeth** ~] (1909–86)《米国の歌手; あだ名 'first lady of radio'》 (11) **Margaret Chase** ~ (1897–1995)《米国の政治家; 連邦下院議員·上院議員をともにつとめた最初の女性》 (12) **Michael** ~ (1932–2000)《英国生まれのカナダの生化学者; ノーベル化学賞 (1993)》 (13) **Stevie** ~ (1902–71)《英国の女性詩人·小説家; 本名 Florence Margaret ~》 (14) **Sydney** ~ (1771–1845)《英国の聖職者·エッセイスト; *Edinburgh Review* の創刊者の一人》 (15) **Vernon L(omax)** ~ (1927–)《米国の経済学者; ノーベル経済学賞 (2002)》 (16) **William** ~ (1769–1839)《英国の地質学者》. **2** スミス **WH** ~ (社) (~ PLC)《書籍·新聞·文具などを販売する英国の大手チェーン; 1792 年 London で両親が開いた新聞販売店を William Henry Smith (1792–1865) が発展させた》.

Smith-Dor·ri·en /smíθdɔ́:riən, -dár-/ スミスドリアン Sir **Horace Lockwood** ~ (1858–1930)《英国の将軍》.

smith·er·eens /smìðərí:nz/, **smith·ers** /smíðərz/ *n pl* «口» (こっぱ)微塵, 小破片: smash…into [to] ~. [C19 *smithers* (dial)<?; cf. IrGael (dim) < *smiodar* fragment]

smith·ery /smíθəri/ *n* 鍛冶(職), 金属細工; "《海軍工廠の》鍛冶屋; 鍛冶屋の仕事場.

Smíth·fìeld スミスフィールド《もと家畜の市があった, London の City 北西方向の一地区; 肉市場で有名; 16 世紀には異端者焚刑の地》.

Smíthfield hàm 〘商標〙スミスフィールドハム《米国 Smithfield Ham & Products 社製のヴァージニアハム (Virginia ham)》.

Smith·ies /smíθiz/ スミシーズ **Oliver** ~ (1925–)《英国生まれの米国の遺伝学者; 胚性幹細胞を使用してマウスの特定の遺伝子に変異を起こさせる原理を発見し, ノーベル生理学医学賞(2007)》.

smith·ing /smíðɪŋ, smíθ-/ *n* 鍛冶(かじ), 鍛造.

Smíth's crèss 〘植〙マメグンバイナズナ属[コショウソウ属]の多年草.

Smith·son /smíθs(ə)n/ スミッソン **James** ~ (1765–1829)《英国の化学者·鉱物学者; SMITHSONIAN INSTITUTION 設立のために遺産を寄贈した》.

Smith·só·ni·an Institútion /smɪθsóʊniən-/ [the] スミソニアン協会《米国の学術研究機関; 俗に Smithsonian Institute ともいい, James Smithson の残した基金により 1846 年創立; Washington, D.C. を中心に多数の博物館·美術館·研究所を擁する》. [↑]

smith·son·ite /smíθsənàɪt/ *n* 〘鉱〙菱(りょう)亜鉛鉱; 異極鉱. [James *Smithson*]

smithy /smíði, -θi/ *n* 鍛冶屋《人》; 鍛冶場.

smit·ten /smítn/ *v* SMITE の過去分詞. ► *a* なぐられた; 苦しんでいる 〈*with, by*〉; «口» ほれ込んだ, 夢中の 〈*with, by*〉.

smittle ⇨ SMIT.

smock /smák/ *n* 《幼児·婦人·画家などの》上っ張り, 仕事着, スモック; SMOCK FROCK; «古» 婦人用肌着, 《特に》シュミーズ. ► *vt* …にスモックを着せる; …に SMOCKING をする. [OE *smoc*; cf. ON *smjúga* to put on a garment]

smóck fròck 《SMOCKING のついたヨーロッパの農民の》仕事着, 野良着.

smóck·ing *n* スモッキング《等間隔の小さな襞(ひだ)を刺繍で留めた襞飾り; その刺繍法》.

smóck mìll [**wìndmill**] 〘史〙主柱式風車《本体は動かず cap だけ回って風をうける風車》.

smog /smág, smɔ́(:)g/ *n* スモッグ (cf. SMAZE). ► *vt* (**-gg-**) スモッグでおおう[包む]. ♦ **~·less** *a* [C20 *smoke*+*fog*]

smóg·bòund *a* スモッグにおおわれた.

smog·gy /smági, smɔ́(:)gi/ *a* スモッグのかかった, スモッグの多い.

smóg·òut *n* スモッグにおおわれた状態, 一面のスモッグ.

smók·able /smóʊkəb(ə)l/, **smóke-** *a* 喫煙に適した.

smoke /smóʊk/ *n* **1 a** 煙; 煤煙; 噴煙; 〘理〙煙; 蚊やり火, いぶし火; 煙色, くすんだ灰色, うす青色: (There is) no ~ without fire. «諺» 火のない所に煙は立たない. **b** 煙に似たもの, 霧, しぶき (spray), 湯気, 蒸気. **c** [the S-] «口» BIG SMOKE. **d** «俗» [*derog*] 黒人, 黒ん坊. **2 a** 実体のないもの, 空(くう); もやもやした状態[状況]; *«学生俗» 1 ドル《煙みたいな小額》. **b** *«俗» うそ, ほら, おべっか. **c** *«俗» あやしげなウイスキー[ワイン], メチル(と水を混ぜた飲料). **3** «野球俗» すごいスピード, 豪速球. **4** [動詞から転じて]《タバコ·マリファナの》一服(の量); 葉巻, 巻きタバコ, パイプ: have [take] a ~ 一服する. ● **blow ~** «俗» マリファナを吸う; «俗» 自慢する, ほらを吹く, 大げさなことを言う; [ᵒblow ~ up sb's ass] «俗» 惑わす, '煙幕を張る'. **cut no ~** *«俗» 少しも影響を与えない, まるで重要でない 〈*with*〉. **from ~ into smother** «古» 一難去ってまた一難. **go [end] up in ~** «口» 無に帰す, 立ち消えになる; 盛んに[完全に]燃える; かっとなる. HOLY **~!** **in ~** «豪俗» 隠れて: go *into* ~ 姿を隠す, 身を潜める. **like ~** «俗» とんとん拍子に, たやすく (=like a house on fire). **sell ~** "だます, ペテンにかける. SMOKE AND MIRRORS. WATCH sb**'s ~**.
► *vi* **1 a** 煙を出す, 噴煙を上げる; 煙る, いぶる, くすぶる: The chimney is *smoking*. **b** 《煙のように》広がる, 立ち昇る; 湯気が立つ, 蒸発する; 汗をだらだら流す; 〈刀が〉血煙をあげる; «まれ» 〈馬車などが〉ほこりを立てて走る, 飛ばす. **2** タバコを吸う, «俗» マリファナを吸う; 〈タバコ·パイプが〉吸える: Do you ~? タバコをお吸いですか / ~ like a chimney やたらにタバコを吸う / This pipe ~*s* well. このパイプは吸いやすい. **3** *«俗» おこる; «学生俗» 赤面する; «野球俗» 豪速球を投げる; *«俗» すごい勢いで演奏しまくる, 疾走する; «古» 罰をうける, 苦しむ; «古» 感づく. **4** «豪俗» 急いで立ち去る, 逃亡する, ずらかる, 消える 〈*off*〉. ► *vt* **1** 煙らせる, いぶす, 煙で黒くする; 燻製にする; 煙臭くする; 煙で消毒する, 〈虫を〉いぶし殺す, 〈植物を〉いぶして虫を除く, 《smokebox で》〈ミツバチを〉燻煙する; *«俗» 〈人を〉撃つ, 消す (kill); *«俗» ガス室で処刑する; «俗» …に圧勝する; 〈ボールを〉強打する; «古» いじめる, からかう, だます, かつぐ: The lamp has ~*d* the wall. / ~ a room *up* 部屋に煙を充満させる / ~*d* glass いぶしガラス; すすけたように暗く着色したガラス, スモークガラス / ~*d* salmon 燻製サケ. **2** 〈タバコ·アヘン·パイプなどを〉吸う; 喫煙によって…にならせる: ~ one*self* sick [silly] タバコを吸って気持が悪くなる / ~ one's time *away* タバコを吹かして時を過ごす / be ~*d out* *«俗» ラリった, ハイになった. ● **~ and joke** *«俗» ゆったりくつろぐ, リラックスする. **~ off** «豪俗» 急いで立ち去る, 逃げ出す. **~ out** 〈穴などから〉いぶし出す, 〈隠れ場所から〉〈犯罪者を〉おびき出す 〈*of*〉; *〈計略などを〉かぎ出す, 感づく, 〈人〉から情報を引き出す; 公けにする, 暴露する. ♦ **~·like** *a* [OE (v) *smocian* (*smēocan* to emit smoke) < (n) *smoca*]

smóke abàtement 《都市の》煙突排煙規制.

smoke alarm ⇨ SMOKE DETECTOR.

smóke and mírrors 巧妙に人を欺くもの, 錯覚を起こさせるもの, 偽装, 煙幕《魔術師のトリックから》.

smóke bàll 発煙筒[弾], 煙幕弾; 〘菌〙ホコリタケ (puffball); «野球俗» 豪速球, スモークボール.

smóke blàck 《顔料としての》カーボンブラック.

smóke bòmb 発煙弾《攻撃目標明示·風向観測·煙幕などに用いる》.

smóke·bòx *n* 《燻製用の》燻煙炉; 《蒸気機関·ボイラーの》煙室;

燻煙器 (＝*smoker*)《ミツバチが人を刺さないよう煙を吹き付けて鎮静させる発煙具》.

smóke bùsh〘植〙SMOKE TREE.

smóke·chàser *n* 森林消防士《軽装のため現場に急行できる》.

smóke detèctor [alàrm] 煙感知器, 火災報知器.

smóked rúbber [shéet] /smóukt-/ スモークシート[ラバー]《カビの発生防止のために天然ゴムを燻煙したもの》.

smóke-drỳ *vt*〈肉などを〉燻製にする. ► *vi* 燻製になる.
♦ **smóke-drìed** *a*

smóke èater《俗》消防士 (firefighter), 溶接工.

smóke-fìlled róom〘政〙紫煙の間《政治家が小人数で秘密裡の話し合い・駆引き・取引などをするホテルなどの一室》,《密室政治の》密室.

smóke-frée /ˌ ─ ─ / *a* 禁煙の: ～ area [zone].

smóke hèlmet 消防用ガスマスク.

smóke-ho ⇨ SMOKE-OH.

smóke·hòuse *n*《魚類・肉類の》燻製場[小屋].

smóke-ìn *n* スモークイン, 喫煙[マリファナ吸引]集会《社会的承認を要求して行なわれるもの》.

smóke·jàck *n* 焼き串回し《台所煙突の上昇気流を利用して下の焼き串を回す装置》.

smóke jùmper《地上からの接近の困難な火災現場に落下傘で降下する》森林降下消防士.

smóke·less *a* 煙を出さない, 無煙の; 煙のない: ～ coal 無煙炭.
♦ **～·ly** *adv* **～·ness** *n*

smókeless pówder 無煙火薬.

smókeless tobácco かぎタバコ (snuff), かみタバコ (chewing tobacco).

smókeless zòne 無煙地区《都市部の無煙燃料しか使えない地区》.

smóke of Chár·ren /-kǽrən/ カレンの煙《妻に打たれた夫が泣きながら外に出て, この涙は煙のせいだと言った昔話》.

smóke-òh, -ò, -hò *n* (*pl* ～**s**)《豪口》喫煙休憩時間, お茶の時間 (break); SMOKING CONCERT.

smóke·òut *n* COOKOUT;《永久禁煙の一段階としての》一日禁煙.

smóke pìpe 煙道管《熱源と煙突をつなぐ》.

smóke plànt〘植〙SMOKE TREE.

smóke-pòle *n*《俗》銃, 小火器.

smóke pollùtion 煙汚染, 煙公害.

smóke pòt 発煙筒.

smóke·pròof *a* 煙を通さない, 防煙の〈ドアなど〉.

smók·er /smóukər/ *n* 喫煙者, 愛煙家;《列車の》喫煙車,《建物の》喫煙所; (聴衆も演奏に加わる)気軽な演奏会; SMOKING CONCERT; *男だけの気軽な集まり; SMOKING STAND; 燻製業者; 蒸気機関車; 燻煙器 (smokebox): a heavy ～ ヘビースモーカー.

smóke rìng《タバコの》煙の輪.

smóke ròcket スモークロケット《パイプなどの漏れを発見するために発煙させる装置》.

smóke ròomǁ 喫煙室 (smoking room).

smóker's cóugh〘医〙喫煙者咳.

smóker's héart [the] TOBACCO HEART.

smóker's thróat [the] 喫煙家咽喉《過度の喫煙から生じる咽喉病》.

smóke scrèen〘軍〙煙幕; [*fig*] 偽装(工作), カムフラージュ: lay down [put up] a ～ 煙幕を張る.

smóke·shàde *n* スモークシェード《大気中の粒子状汚染物質; その計量単位》.

smóke shèll 発煙砲弾.

smóke shòp *タバコ屋;《俗》麻薬[マリファナ]の密売所;《俗》HEAD SHOP.

smóke sìgnal のろし; [*fig*]《意図などを表わす》信号, ほのめかし: send out a ～ それとなく伝える.

smóke·stàck *n*《汽船・機関車・建物・工場などの》煙突. ► *a*《特に 重工業など煙突に象徴される》製造業の[にかかわる, を特徴とする], 在来型[旧式]産業の: the ～ industry 重工業, 重厚長大産業.

smóke-stìck *n*《俗》銃, 小火器.

smóke stòne〘鉱〙煙水晶 (cairngorm).

smóke trèe〘植〙**a** ハグマノキ, スモークツリー, ケムリノキ, カスミノキ (＝*Venetian sumac*)《花や果実が煙って見える装飾用のウルシ科の低木》. **b** 米国南東部産のハグマノキの近縁種.

smóke tùnnel〘空〙煙風洞《煙を用いて気流の動きを調べる風洞》.

smóke-wàgon *n**《俗》銃, 小火器.

smóke wàgon《蒸気時代の》汽車.

smokey ⇨ SMOKY.

Smok·ey, Smoky /smóuki/ *n* **1** 熊のスモーキー (＝～ **the Béar**)《米国の forest ranger の服装をした漫画の熊; 山火事防止・環境保護のシンボルで, モットーは "Only you can prevent forest fires"》. **2**《CB 無線俗》《ハイウェーパトロールの》おまわり, パトカー (＝～ **Béar**, ～ **the Béar**, the **Smókies**): ～ two-wheeler 白バイ野郎.

Smókey Béar*《俗》広縁の帽子. ★ ⇨ SMOKEY.

smok·ie /smóuki/ *n*《スコ》タラの燻製.

Smok·ies /smóukiz/ *pl* [the] GREAT SMOKY MOUNTAINS.

smok·ing /smóukɪŋ/ *n* 煙る[いぶる]こと; 発煙; 燻煙; 燻蒸; 発汗; 喫煙: No ～ (within these walls)! (構内)禁煙. ► *a* 煙る, いぶる; タバコを吸っている; 喫煙者用の; 湯気の立つ; 血煙のあがる; [ᵁsmokin']*《俗》強烈な (overpowering), わくわくさせる, ホットな: a ～ volcano / a ～ horse 汗を出している馬. ► *adv* 湯気の出るほど: ～ hot food.

smóking càp スモーキングキャップ《昔 喫煙時にしゃれてかぶった帽子》.

smóking càr《列車の》喫煙車 (smoker).

smóking càrriageǁ《列車の》喫煙車 (smoker).

smóking compàrtment《列車の》喫煙室.

smóking cóncertǁ 喫煙随意の音楽会;《クラブなどの》男だけの気楽な集まり.

smóking gún [pístol]《特に 犯罪の》決定的証拠.

smóking jàcket スモーキングジャケット《**1**) 家でくつろぐときに着るジャケット **2**) タキシード》.

smóking làmp〘海〙《船の》喫煙灯《これがともっている間は喫煙できる》.

smóking mìxture パイプ用ブレンドタバコ.

smóking-ròom *a* 喫煙室(で)の[向きの], 下卑た, 野卑な, わいせつな: ～ talk 喫煙室の(女抜きの)話, 猥談.

smóking ròom 喫煙室.

smóking stànd 灰皿スタンド.

smo·ko /smóukou/ *n* (*pl* ～**s**) SMOKE-OH.

smoky, smok·ey /smóuki/ *a* 煙る, くすぶる; 黒煙を出す; 黒煙だらけの, 煙の立ちこめた; 煙のような, 煙色[灰青色]の, すすけた, 曇った, くすんだ; 燻製風の, いぶしたような〈味〉; かすれ気味の, ハスキーな〈声〉《例: Norah Jones》. ♦ **smók·i·ly** *adv* **-i·ness** *n*

smóky bát〘動〙ツメナシコウモリ《中南米産》.

Smóky Híll [the] スモーキーヒル川《Colorado 州に源を発し, 東流して Kansas 州で他と合流して Kansas 川となる》.

Smóky Móuntains *pl* [the] GREAT SMOKY MOUNTAINS.

smóky quártz〘鉱〙煙水晶 (cairngorm).

smóky séat*《俗》電気椅子.

smóky tópaz〘鉱〙煙黄玉 (cairngorm).

smol·der | smoul- /smóuldər/ *vi* いぶる, くすぶる; くすぶったまま燃え尽きる〈*out*〉;〈感情が〉鬱積[内攻]する;〈目などが〉怒り・情熱などで〉燃える〈*with*〉: ～*ing* discontent 胸の内にたまった不満. ► *vt* いぶして黒くする. ► *n* 煙; いぶり火; 感情の鬱積. [ME＜?; cf. LG *smöln*, MDu *smölen* to scorch]

smólder·ing *a*〈木材などが〉くすぶっている;〈怒りなどが〉鬱積した;〈目などが〉怒り[色情]を秘めた; セクシーな, そそる. ♦ **～·ly** *adv*

Smo·lensk /smoulénsk/ スモレンスク《ヨーロッパロシア西部の Dnieper 川上流に臨む市; Moscow の西南西に位置; ロシア軍が Napoleon に大敗した地 (1812)》.

Smol·lett /smálət/ スモレット **Tobias** (**George**) ～ (1721–71)《スコットランド生まれの英国の作家; *Roderick Random* (1748), *Peregrine Pickle* (1751), *Humphry Clinker* (1771)》.

smolt /smóult/ *n*〘魚〙《初めて海へ下る》二年子のサケ.

SMON /smán/ *n* スモン《亜急性脊髄視神経障害》. [*s*ubacute *m*yelo-*o*ptico-*n*europathy]

smooch[1] /smúːtʃ/《口》*n, vi* 熱いキス(をする) (kiss); チュッ《キスの音; cf. SMACK[2]》; 愛撫(する) (pet); チークダンス(に合う曲). ♦ **～·er**《口》*n* キスする人; チークダンスに合う曲. **smóochy**[1] *a* [*smouch* (dial) to kiss loudly (imit)]

smooch[2]* *vt* よごす (smudge, smear);《俗》くすねる, ぱくる, ちょろまかす. ► *n* 汚点, しみ; すす, ほこり. ♦ **smóochy**[2] *a* すすけた, よごれた (smudgy). [? 変形＜*smutch*]

smoo(d)ge /smúːdʒ/《豪口》*vi, n* キス[愛撫](する), いちゃいちゃする(こと) (smooch); ご機嫌取り(をする)〈*to*〉. ♦ **smóo(d)g·er** *n*

smoosh /smúːʃ/ *vt**《俗》SMUSH.

Smoot /smúːt/ スムート **George F**(**itzgerald**) ～ **III** (1945–　)《米国の天体物理学者; ビッグバン理論を裏付ける発見によりノーベル物理学賞 (2006)》.

smooth /smúːð/ *a* **1 a** なめらかな (opp. *rough*); 平坦な;〈タイヤなど〉すりへった, つるつるの;〈縁が〉でこぼこのない, ぎざぎざでない;〘数〙〈曲線・関数が〉なめらかな;〈体などが〉毛[ひげ]のない;〘動・植〙すべすべした, 無毛の, 短毛種の;〘テニス〙《ラケットの》スムース側の;〘理〙《表面が》なめらかな, 摩擦なしの: (as) ～ as silk [a baby's bottom, velvet] とてもなめらかで[すべすべして]. **b**〈毛髪が〉すべすべした, つやのある; 手入れの行き届いた;〈物質など〉むらなく混ざった[練れた], 均質な: ～ batter. **c**〈水面が〉静かな; 静穏な, 平静な, 落ちついた: reach [get to] ～ water 静かな海に出る, 困難を切り抜ける / *in* ～ WATER. **2 a** 円滑に動く, きしらない; なだらかな;〈物事が〉すらすらいく, 順調な: make things ～ 障害を除いて事を容易にする. **b** 流暢な; 口先のうまい; 人をそらさない, 人当たりのよい, 慇懃(いんぎん)な: ～ things お世辞 / ～ face うわべは人当たりのよい顔. **c**〈音楽・リズムが〉調子のよい; 快い;〈飲み物などが〉口当たりのよい, 柔らかい; よく練れた[混ざった];〘音〙気(息)音の

S

ない. **d** «口» 動きの軽快な‹ダンサー›, 洗練された; «俗» 魅力的な, いかす, かっこいい.
► *adv* SMOOTHLY.
► *n* **1** なめらかにすること; ならし; なでつけ; なめらかにする器具《やすりなど》: give a ~ to the hair 髪をなでつける. **2** 平面, 平地; *草原, 草地; [the] 物事の快い一面; 〚テニス・スカッシュ〛《ラケットの》スムース面, 表. ● **take the rough with the ~** 人生の苦楽[浮沈]を平然と受ける.
► *vt* **1 a** なめらかにする, 平滑にする; ならす, なでつける ‹*back*›, ‹布を›のす, ‹しわを›伸ばす ‹*away, out, down*›; ‹羽・毛などを›つくろう, 整える, ‹角などを›削り取る: ~ the rough ground with bulldozers でこぼこの地面をブルドーザーで平らにする / ~ (*down*) one's hair 髪をなでつける / ~ *on* some lotion ローションを塗りつける. **b** …の障害を取り払う[取り除く] ‹*away, out*›, 容易にする: ~ the way [path] 行く手の障害を除く / ~ *away* difficulties 困難を除く. **2 a** 流暢[円滑]にする, 磨く, 洗練する ‹*out*›. **b** ‹けんか・怒りなどを›静める ‹*down*›; ‹顔つきを›和らげる. **3** ‹グラフなどを›なめらかにする. ► *vi* なめらかになる, 平らになる, 穏やかになる ‹*down*›; おさまる, 円滑にいく ‹*down*›. ● **~ over** (1) ‹事態・不和などを›静める, 丸くおさめる; 和らげる; 調整する. (2) ‹過失などを›取りつくろう, かばう.
♦ **~·ish** *a* [OE *smōth* (*smēthe* が普通の形)<?; (v) は (a) より]

smóoth árticle «口» 口のうまい[如才ない, かっこいい]やつ (smoothy).

smóoth·bòre *n* 滑腔(こう)銃[砲]. ► *a* ‹銃腔や砲腔が›旋条のない, 滑腔の.

smóoth bréathing 〚音〛《ギリシア語の語頭母音の》気息音を伴わない発音; それを示す符号《(᾿); cf. ROUGH BREATHING》.

smóoth bróme [brómegrass] 〚植〛コスズメノチャヒキ《イネ科の牧草; ユーラシア原産; 北米にも帰化》.

smóoth dógfish 〚魚〛ホシザメ《総称; 背びれの前縁にとげがない; cf. SPINY DOGFISH》.

smoothe /smúːð/ *vt* SMOOTH.

smóoth·en *vt, vi* なめらかにする[なる].

smóoth·er *n* SMOOTH にする人[器具, 装置].

smóoth-fáced *a* ひげのない, きれいにひげをそった; ‹布が›表面のすべすべした, なめらかな; 人当たりのよい; 猫をかぶった.

smóoth fóx térrier 〚犬〛スムースフォックステリア《なめらかな毛が密生した被毛のフォックステリア》.

smóoth hòund 〚魚〛ホシザメ属の小型のサメ, 《特に》モトホシザメ《欧州産》.

smooth·ie /smúːði/ *n* «口» SMOOTHY; «米・豪» スムージー《バナナなどのフルーツをミキサーでミルク[ヨーグルト, アイスクリーム, 氷]と混ぜた飲み物》.

smóothing cìrcuit 〚電〛平滑回路《整流器出力側などのリプルを減らす回路》.

smóoth·ing ìron アイロン, 火のし, こて (flatiron); スムーザー《アスファルト舗装用の圧延具》.

smóoth(ing) plàne 〚木工〛仕上げかんな.

smóoth·ly *adv* なめらかに; すらすらと, 円滑に, スムーズに; 流暢に; ことば巧みに; 穏やかに.

smóoth múscle 〚解〛平滑筋.

smóoth·ness *n* 平滑; 静穏; 平易; 流暢; 口先じょうず; 人当たりのよいこと; 《飲み物の》口当たりのよさ.

smóoth óperator «口» 如才ない人, 口のうまい人 (smoothy).

smooth plane ⇨ SMOOTHING PLANE.

smóoth sáiling* 《計画・仕事などの》スムーズな進捗, 快調 (plain sailing).

smóoth-sháven *a* ひげをきれいにそった.

smóoth snáke 〚動〛ヨーロッパナメラ《無毒ヘビ》.

smóoth-spóken *a* ことばが流暢な; 口のじょうずな.

smóoth-tàlk *vt* 口達者に丸め込む, お世辞を使って言いくるめる. ♦ **smóoth tàlk** «口» 口達者, うまい話しぶり. **smóoth tàlker** *n*

smóoth-tóngued *a* 口達者の, ことば巧みな, 口先だけの.

smóothy *n* «口» 口のうまいやつ; «口» 洗練された物腰の人, 上品なやつ; «口» 如才ないやつ, 女の機嫌を取る男; *«俗» つや出し上質紙の(大衆)雑誌 (slick); SMOOTHIE.

s'more* /smɔ́ːr/ *n* スモア《キャンプファイアで焼いたマシュマロと板チョコをグラハムクラッカーではさんだデザート》. [*some more*]

smor·gas·bord, smör·gås- /smɔ́ːrgəsbɔ̀ːrd/ *n* バイキング料理 (buffet); [*fig*] ごったまぜ, 雑多. [Swed (*smör* butter, *gås* goose, lump of butter, *bord* table)]

smor·re·brod /smɔ́ːrəbrɔ̀d/, **smør·re·brød** /smœ́ːrəbrœ̀ːð/ *n* バターを塗ったパンにいろいろな具を載せたオープンサンドイッチ, スミュアブローズ. [Dan]

smor·zan·do /smɔːrtsáːndou/ *a, adv* 〚楽〛徐々に音を弱めおそくして(ゆく), スモルツァンドの[で]《略 **smorz.**》. [It (*smorzare* to tone down)]

smote *v* SMITE の過去・過去分詞.

smoth·er /smʌ́ðər/ *vt* **1 a** 息苦しくする; 窒息(死)させる, …の息を止める ‹*in, with*›; *あっさり負かす[征服する]. **b** 《キス・贈り物・親切などで》息をつけないようにする, 圧倒する ‹*in, with*›. **2 a** 厚くおおう ‹*up*›, 包んでしまう, くるむ ‹*in*›; 埋めつくす ‹*in*›; ‹火を›おおい消す, いける: a town ~*ed in* fog 霧に包まれた町. **b** 厚く塗る, たっぷりかける ‹*with, in*›: ~ a salad *with* dressing. **c** 蒸す, 蒸し煮にする. **3** ‹あくびを›かみころす, ‹感情を›押しころす; ‹罪悪を›隠蔽する, うやむやに葬る; …の成長[自由]を妨げる: ~ (*up*) a crime 犯罪をもみ消す. **4** 〚スポ〛‹ボール›におおいかぶさる. ► *vi* 息が詰まる, 窒息(死)する ‹*in* smoke etc.›; 抑えられる, 隠蔽される; «古・方» ‹火など›くすぶる (smolder).
► *n* **1** いぶるもの; いぶり灰[火]; いぶり; [a ~] 濃い煙, 濃霧, 濃いほこり. **2** 散乱, 混乱, 大騒ぎ.
[ME *smorther* < *smoren* < OE *smorian* to suffocate]

smóth·ered máte 〚チェス〛キングが味方のコマで動けないときのナイトによる詰み.

smoth·ery /smʌ́ðəri/ *a* 窒息させる, 息苦しい; 煙[ごみ]の多い.

smoudge /smúːʤ/ *n**«俗» ぶしつけな人. [? 変形く↓]

smouge /smúːʤ/ *v, n* SMOOCH[1,2].

smoulder ⇨ SMOLDER.

smous(e) /smáus/ *n* «南ア» 《地方を回る》行商人.

s.m.p. °sine mascula prole.

SMPTE 〚米〛Society of Motion Picture and Television Engineers 映画テレビ技術者協会, シンプティ.

smri·ti /smríti/ *n* 聖伝書, スミリティ《Veda の教えを基にしたヒンドゥー教の聖典》. [Skt]

SMS /ɛ̀sɛ̀mɛ́s/ *n* SMS《(1) 携帯電話間で短い文字メッセージを送受信できるサービス 2) そのメッセージ》. ► *vt, vi* (…に) SMS でメッセージを送る. [*short message service*]

SMSA 〚米〛Standard Metropolitan Statistical Area 標準都市統計地区.

SMSgt °senior master sergeant.

SMTP 〚電算〛Simple Mail Transfer Protocol.

SMTP server /ɛ̀sɛmtìːpíː ─/ SMTP サーバー (mail server).

smudge /smʌ́ʤ/ *n* よごれ, しみ, しみ状斑; [*fig*] 汚点, きず; 《遠くの物体など》輪郭のはっきりしないもの; «俗» (街[新聞社]の写真家が撮った)写真, 街[新聞社]の写真家; *《防虫・防霜用の》いぶし火, 蚊やり火 (=~ fìre); 息が詰まるような煙; 〚トランプ〛《オークションピッチで》4 点を取るという宣言《4 点で勝ち》. ► *vt* …にしみをつける《比喩的にも》, (こすって)よごす; 不明瞭にする, ぼかす; *‹露営テントなど›の蚊をいぶしをする, いぶし火で‹果樹園など›の霜を防ぐ. ► *vi* よごれる, 不鮮明になる, ‹インクが›にじむ; 煙る, いぶる. ♦ **~·less** *a* [ME<?]

smúdge pòt* 《霜よけなどに用いる灯油などの入った》いぶし器.

smudg·er /smʌ́ʤər/ *n* **1** SMUDGE する人, 《特に》《果樹園の》いぶし火係[番]. **2** ″«俗» 友人 (friend, mate); ″«俗» 写真屋, カメラマン; ″«俗» うぬぼれたやつ, ちゃらちゃらしたやつ.

smudgy /smʌ́ʤi/ *a* よごれた, しみだらけの; すすけた; 不鮮明な; 煙る, 煙を出す; «方» むっとする, うっとうしい‹空気など›. ♦ **smúdg·i·ly** *adv* よごれて. **-i·ness** *n*

smug /smʌ́g/ *a* (**smúg·ger; smúg·gest**) 独善的で狭量な, ひとりよがりの, したり顔の, いやに気取った; こぢんまりした; 几帳面な; «古» こぎれいな. ► *n* ″«学生俗» ガリ勉学生; 気取り屋. ♦ **~·ly** *adv* **~·ness** *n* [C16=neat<LG *smuk* pretty]

smug·gle /smʌ́g(ə)l/ *vt, vi* 密輸入[密輸出]する, 密輸する, 密入国[密出国]させる ‹*in, into, out; over* [*across*] the frontier›; 密航する; ひそかに持ち込む[持ち出す] ‹*in, out*›; 隠す ‹*away*›: ~ cocaine *past* the customs コカインを隠して税関を通過する. ♦ **smúg·gler** *n* 密輸業者; 密輸船. **smúg·gling** *n* [LG; cf. OE *smūgen* to creep]

smur, smurr /smə́ːr/ «方・スコ» *n, vi* 霧雨(が降る) (drizzle). [C19<?]

smurf /smə́ːrf/*«俗» *n* 闇金の資金源を隠すために銀行間で操作する人, 資金洗浄をする人. ► *vt, vi* 資金源を隠すために(闇金を)次々に移す. [*Smurf* 米国のテレビ漫画に出るこびと]

smúrf·bràin *n**«俗» 無邪気な人, 単純なやつ, お人よし.

smurfed /smə́ːrft/ *a**«俗» 不正な金を合法的にみせるのに利用された, 資金洗浄された.

smush /smʌ́ʃ/*«俗» *n* 口. ► *vt* 砕く, つぶす. [*mush*[1]]

smut /smʌ́t/ *n* すす; よごれ, しみ ‹*on*›; 下ネタ, エロ本[写真, DVD など]; 〚植〛黒穂病; 黒穂病菌; ″〚釣〛小さい生き餌. ► *v* (**-tt-**) *vt* すす[煙など]でよごす, 黒くする; みだらにする; ‹麦などを›黒穂病にかからせる; …のよごれを取る. ► *vi* よごれる, 黒くなる; 黒穂ができる. [C16 <?; cf. SMUDGE, OE *smitt*(*ian*) to smear]

smút bàll 〚植〛**a** 黒穂菌の焦胞子. **b** ホコリタケ (puffball).

smutch /smʌ́ʧ/ *vt, vi, n* SMUDGE, SMOOCH[2].

smútchy *a* よごれた, 黒ずんだ.

smút gràss 〚植〛西インド諸島原産イネ科ネズミノオ属の植物.

smút mìll 黒穂病の穀粒をきれいにする機械.

Smuts /smʌ́ts, smǽts/ スマッツ **Jan** /jáːn/ **Christiaan ~** (1870–1950)《南アフリカ共和国の軍人・政治家; 首相 (1919–24, 39–48)》.

smút·ty *a* よごれた, すすだらけの, 黒くなった; わいせつな, エロチックな; 黒穂病にかかった. ♦ **smút·ti·ly** *adv* **-ti·ness** *n*

SMV slow-moving vehicle.

Smyr·na /smə́ːrnə/ スミルナ《IZMIR の旧称; 古代ギリシアの植民市, 初期キリスト教の中心》. ♦ **Smýr·ne·an, -ne·ote** /-niòut/ *a, n*

Smýrna fìg 〚植〛スミルナイチジク《Izmir 付近産の良質品》.

Smythe /smáɪθ/ スマイス **'Conn' ～ [Constantine Falkland Cary ～]** (1895–1980)《カナダのアイスホッケー選手・コーチ・チームオーナー》.

s.n. °secundum naturam ♦ °sine nomine ♦ °sub nomine.

Sn〘化〙[L *stannum*] tin. **SN**〘米海軍〙seaman ♦ Senegal.

snack /snǽk/ *n* 軽食, おやつ, スナック; 《飲食物の》ひと口; 少量; «まれ» 分け前; «豪口» 簡単な仕事, 朝めし前のこと: ～ foods スナックフード《ポテトチップ・ピーナッツなど》. ● **go ～(s)** 山分けにする, 分け前にあずかる ‹*in*›. ► *vi* *(…で)軽食を取る, おやつにする ‹*on*›. ● **～ off…** = «口» **～ off of…**を少しずつちぎって食べる. [ME=snap, bite＜MDu]

snáck bàr 《カウンター式の》軽食堂, スナックバー (=ǁ**snáck còunter**); 《家庭の》軽食用カウンター.

snack·ette /snǽkɛt/ *n* «カリブ» SNACK BAR.

snáck tàble 一人前の飲食物を載せて持ち運びできるテーブル (=*TV table*).

snaf /snǽf/ *n* 〘電算〙耳《プリンター用連続用紙から切り取られた穴のあいた紙片》.

snaf·fle[1] /snǽf(ə)l/ *n* 小勒(しょうろく)[水勒](はみ) (=～ **bìt**). ● **ride (sb) in [on, with] the ～** (人を)優しく統御する, 穏やかに扱う. ► *vt* ‹馬›に小勒をはませる, 小勒で制する; [*fig*] 軽く制御する. [C16＜? LDu; cf. MLG, MDu *snavel* beak, mouth]

snaffle[2] ǁ«口» *vt* くすねる; われがちに取る; かっさらう. [C18＜?]

sna·fu /snæfúː, ⌐⌐/ «俗» *a* 混乱した, 手のつけられない; 間違った; だいなしの. ► *n* 混乱(状態); 大へま, ひどい間違い; 愚かさ. ► *vt* 混乱させる; へまをやる, だいなしにする. ► *vi* だめになる, 失敗する. [*s*ituation *n*ormal, *a*ll *f*ucked-*u*p [*f*ouled-*u*p]]

snag /snǽg/ *n* **1 a** 《枝下ろし後や折れた残りの》鋭く突き出た大枝[切り株]; 《水中から突き出て船の進行を妨げる》倒れ木, 沈み木; *立枯れの木. **b** 思わぬ障害[故障, 欠点]: strike [hit, come up against] a ～ 問題に出くわす. **2** 突き出たもの[部分]; こぶ, 節, 枝株(えだかぶ); 鹿の角の小枝; 出っ歯, そっ歯, 歯の欠け残り; 《靴下・服の》鉤(かぎ)裂き, 裂け穴; [ᵘ*pl*] «豪口» ソーセージ. ► *v* (**-gg-**) *vt* 妨げる; [ᵘ*pass*] ‹船を›倒れ木[暗礁]に乗り上げる; 沈み木[木の枝, 針金]で破損する; ‹釘などが›‹衣類›にひっかかる; ‹衣類を›ひっかける ‹*on*›; ‹河川›から沈み木を取り払う; 乱暴に切り払う[切り倒す]; さっと取る, かっさらう, 思いがけず手に入れる. ► *vi* *(水中の)倒れ木に乗り上げる[ぶつかる]; 障害になる; ひっかかる, からまる ‹*on*›. [C16＜? Scand; cf. Norw (dial) *snag(e)* spike]

snag·ged /snǽgəd/ *a* 沈み木が多い; 沈み木にはばまれた; 沈み木の害をうけた; こぶだらけの, ぎざぎざの.

snág·gingǁ *n* 《新築建造物の》瑕疵検査.

snag·gle /snǽg(ə)l/ *n* もつれた塊り. ► *vi* もつれる, からまる.

snággle·tòoth *n* 乱杭歯, そっ歯, 欠け歯.

snággle·tòothed /-tùːθt/ *a* 乱杭歯[そっ歯]の.

snág·gy *a* 倒れ木[沈み木]の多い; こぶだらけの; 鋭く突き出た.

snail /snéɪl/ *n* 〘動〙カタツムリ, 《広く》巻貝《水生・陸生とも》; のろま; 渦形カム, 渦形輪 (=～ **whèel**)《時計の鳴る数を定める輪》: an edible ～ 食用カタツムリ / (as) slow as a ～ ひどくのろい. ► *vi* のろのろと進む[動く]. ♦ **～·lìke** *a* カタツムリのような, のろまな. [OE *snæg(e)l*; cf. OS, OHG *snegil*]

snáil dàrter 〘魚〙スズキ目パーチ科の小魚《Tennessee 川のみに生息し, 絶滅の危機にある》.

snáil·ery *n* 食用カタツムリ飼養場.

snáil fèver 〘医〙SCHISTOSOMIASIS.

snáil·fìsh *n* SEA SNAIL.

snáil·flòwer *n* 〘植〙スネイルフラワー《マメ科ササゲ属の多年生つる植物; 熱帯アメリカ原産》.

snáil·ish *a* カタツムリのような, ゆっくりとした, のろい. ♦ **～·ly** *adv*

snáil màil «口»《E メールに対して》普通の郵便; «口» 郵便制度.

snáil-páced, snáil-slów *a* カタツムリのようにのろい, ゆっくりした; ものぐさな.

snáil's páce [gállop] 特別のろいこと, 蝸牛の歩み: at [to] a ～ 実にのろのろと.

snake /snéɪk/ *n* **1** ヘビ (cf. SERPENT)《HISS *v*》; [*fig*] 蛇のような人間, 陰険[冷酷, 狡猾]な人; *«俗» 女たらし; *«俗» まじめ学生; *«俗» ポリ公; [S-s!, ‹*int*›] ちくしょう!《怒声》: SCOTCH[1] the ～. **2** へび, スネーク (=*plumber's snake*)《曲がった導管の詰まりを除く通し棒》; 〘建〙リード線《電線をつけて電線管に通す針金》; 〘軍〙スネーク《地雷破壊用の爆薬入りの長いパイプ》. **3** [ᵘthe] 共同変動為替相場制, スネーク (=currency ～) (cf. BOA). ● **have ～s in one's boots** *«口» see SNAKES. **raise [wake] ～s** 騒ぎを起こす. **see ～s** アルコール中毒にかかっている, アル中で禁断症状[幻覚]が出ている. **a ～ in the grass** 目に見えない危険; 隠れた敵, 裏切るやつ, 油断のならない人物, 不実の友. **warm [cherish, nourish] a ～ in one's bosom** 恩をあだで返される. ► *vi* そっと[こっそり, くねくね]進む, 蛇行する; *«俗» 策を練る, たくらむ (scheme). ► *vt* ‹通り道を›くねりつつ進む; *(ぐいと)引っ張る, 《チェーンやロープで》‹丸太などを›ひきずる; *束ねる, 巻く; スネークで‹導管›の詰まりを除く. ● **get ～d** *«俗» 面倒なことになる, 迷惑をこうむる. ♦ **～·lìke** *a* [OE *snaca*; cf. MLG *snake*, ON *snákr*, OHG *snahhan* to crawl]

Snake [the] スネーク川《Wyoming 州北西部に発し, Idaho 州南部を通り Washington 州で Columbia 川に合流する》.

snáke·bàrk máple 〘植〙カエデ属の数種のカエデ, 《特に》シナカエデ《中国産》, シロスジカエデ (striped maple)《北米産》.

snáke·bìrd *n* 〘鳥〙ヘビウ (=*darter, anhinga*).

snáke·bìt, snáke·bìtten *a* 毒ヘビにかまれた; *«俗» 不幸な, 不遇な.

snáke·bìte *n* ヘビ咬傷; ヘビ咬傷の痛み[症状]; ǁスネークバイト《ラガービールとりんご酒を半々に混ぜたカクテル》.

Snáke·bòard 〘商標〙スネークボード《(**1**) 2 枚の板を金属の細いフレームでつなぎ車輪を付けた乗物; streetboard の前身 **2**) それぞれ車輪が 1 つ付いた前後 2 枚のボードをパイプでつないだ乗物》. ♦ **～·er** *n* **～·ing** *n*

snáke chàrmer 蛇使い. ♦ **snáke chàrming** *n*

snáke dànce 蛇踊り《特に ガラガラヘビを使う Hopi インディアンの宗教儀式の一部》; 《優勝祝いやデモの》蛇行行列[行進], ジグザグ行進. ♦ **snáke-dànce** *vi*

snáke dòctor 〘昆〙**a** HELLGRAMMITE. **b** *«中部・南部» トンボ (dragonfly).

snáke-èat·er *n* 〘鳥〙ヘビクイワシ (secretary bird); 〘動〙MARKHOR.

snáke èyes *«俗» *pl* 《CRAPS で》1 が 2 つ出ること, ピンぞろ; 《さいころの》2 の目; 不運, ついてないこと; TAPIOCA: come up ～ うまくいかない.

snáke fèeder *«中部» トンボ (dragonfly).

snáke fènce* WORM FENCE.

snáke·fìsh *n* 〘魚〙エソ・アカタチなどヘビに似た魚.

snáke flỳ 〘昆〙ラクダムシ《総称》.

snáke·hèad *n* **1** 〘魚〙タイワンドジョウ, ライギョ. **2** TURTLEHEAD. **3** 蛇頭(じゃとう)《海外密航を請け負う中国人組織の者》.

snáke-hìpped *a* 細くしなやかな腰をした.

snáke·hìps *n* [‹*sg*›] スネークヒップス《腰をくねらすスイングダンスの一種》; [‹*sg*›] *«俗» 腰を器用に使う人[選手]《フットボールでタックルに強いランナーやフラダンサーなど》.

snáke jùice «豪俗» 強い酒, 質の悪い[自家製の]ウイスキー.

snáke kìller 〘鳥〙**a** ミチバシリ (roadrunner). **b** ヘビクイワシ (secretary bird).

snáke·let *n* 小さなヘビ, 小蛇.

snáke màckerel 〘魚〙クロタチカマス《熱帯・温帯の深海に生息し, 突き出た顎と強い歯をもつ》, 《広く》同科の魚 (escolar).

snáke mòss 〘植〙ヒカゲノカズラ.

snáke·mòuth *n* 〘植〙北米の湿地原産のトキソウ属の一種 (=*adder's mouth*) (=～ **pogònia**)《ラン科》.

snáke òil *《medicine show で売る》いんちき(万能)薬; たわごと, うそ, ほら.

snáke pìt ヘビを入れておく囲い[穴]; «口» 大混乱の場所, 修羅場; «口» いかがわしい場所; «口» 精神病院.

snáke pòison «米俗・豪俗» ウイスキー.

snáke-ràil fénce WORM FENCE.

snáke rànch *«俗» うすよごれた安酒場, 賭博宿, 売春宿.

snáke·ròot *n* 〘植〙ヘビ咬傷に効くという各種植物(の根)《bugbane, senega root など》.

snákes and ládders [‹*sg*›] ヘビとはしご《さいころを振ってこまを進めるすごろくの一種; 蛇の頭の絵まで来ると尾まで逆戻りし, はしごの下端に来ると上に急に前進できる》.

snáke's hèad 〘植〙**a** 欧州・西アジア原産バイモ属の多年草. **b** TURTLEHEAD.

snáke·skìn *n* ヘビの皮; 蛇革. ► *a* 蛇革製の.

snáke spìt 《アワフキのつくる》泡 (cuckoo spit).

snáke·stòne *n* ヘビ咬傷に効くといわれる石; «方» AMMONITE[1].

snáke·wèed *n* ヘビを連想させる[ヘビの毒に効くとされる]植物 (bistort など).

snáke·wòod *n* 〘植〙**a** マチン (nux vomica)《インド原産》. **b** ヤツデグワ (trumpetwood)《熱帯アメリカ原産》. **c** スネークウッド, レターウッド《中米・南米熱帯産》.

snaky, snak·ey /snéɪki/ *a* ヘビの; ヘビ状の; ヘビの多い; ヘビの巻きついた‹杖など› (cf. CADUCEUS); 曲がりくねった, 蛇行する‹川など›; 陰険な, ずるい, 冷酷な; «豪口» おこった, 機嫌の悪い, すぐ腹を立てる. ♦ **snák·i·ly** *adv* **-i·ness** *n*

snap /snǽp/ *v* (**-pp-**) *vt* **1** …にパチン[パタッ]と音をさせる; パチン[カチッ]と閉める[はめる, 消す, 開ける, はずす など]; ピシッ[パシッ]と打つ; ‹棒などを›ポキッ[ボキッ]と折る, プツッと切る: ～ a whip むちを振ってピシッと鳴らす / ～ *down* [*on*] the lid of a box 箱のふたをパタッと閉める / ～ a plug *out of* the socket ソケットからプラグを引き抜く / ～ *off* a twig 小枝を折り取る. **2 a** かむ, かみ取る, 食い取る ‹*off*›; かみつく, パクリとかむ: The shark *snapped off* his leg. サメが足を食い切った. **b** ひったくる, かき集める ‹*up*›; 先を争ってつかむ, われがちに買う, 《他より先に》‹人を›雇う, …と結婚する ‹*up*›; 性急に決定[判断]する: ～ *up* an offer 申し出にわれがちに応ずる. **3** 鋭く[ぶしつけに]言う, がみがみ言う ‹*out*›; 急にさえぎる, …にぶっきらぼうに言い返す. **4** さっと動かす[投げる]; すばやく撃つ[発砲する]; (…のスナップ写真を)撮る; 〘アメフト〙‹ボールを〉スナップする (⇨ *n*). **5** *〈同点〉の均衡を破る, 〈連敗〉にストップをかける.

► *vi* **1 a** パチン[ピシッ]と鳴る[いう], パタッと響く; カチッ[パチン]と閉まる[はまる]; 〈ピストルなどが〉カチッという, 不発に終わる. **b** ぷっつり切れる, ポキンと折れる; ぱったりとだえる, ふっつりやむ. **c** *《俗》頭がおかしくなる, キレる, プッツンする. **2 a** 機敏に[パッと]動く; 突然[パッと]変わる; まばたきする; パクリとかみ[食い]つく 〈*at* the bait; *into*〉, 飛びつく 〈*at* a bargain〉; スナップ写真を撮る; 〖狩〗ねらわずすばやく撃つ; 二つ返事で承知する. **b** 《怒りなどで》〈目が〉ギラギラする, 輝く. **3** がみがみ言う, *《俗》あざわらう, ばかにする 〈*at* sb〉: ～ and snarl 口ぎたなくののしる. ● **～ back** はね返る, はね返らせる; つっけんどんに言い返す 〈*at*〉; 《口》すばやく立ち直る[回復する]. **～ (in)to it** [*impv*] 《口》勢い込んで始める, 本気でやり出す, 急ぐ. **～ it up** 《口》SNAP into it. **～ out of it** 《口》気持[態度, 習慣 など]をパッと改める, 目をさます, 健康[心の平静, 快活さ]を取り戻す. **～ one's** CAP[1]. **～ one's** FINGERS **at…**. **～ sb's head [nose] off** 人の出はなをくじく; 乱暴に人のことばをさえぎる; 人にがみがみ言う, つっけんどんにする. **～ short** ポキッと折れる, ぷっつり切れる; どなって〈人の話などを〉さえぎる. **～ to (attention)** さっと気をつけの姿勢をとる, しゃんとする.

► *n* **1 a** パチッ[パタッ, ピシャッ, ピシッ, カチン]といわすこと[という音], 指をパチッとならすこと; ポキンと折れること, プツッと切れること, パチンと割れること; パチンと閉まる[開く]音: shut…with a ～ …をパチンと締める. **b** 締め金, 留め金, 尾錠, スナップ (snap fastener); [*pl*] 《俗》手錠; [*compd*] カリカリするクッキー, 《特に》GINGERSNAP. **2 a** パクッとかむこと, 食いつくこと 〈*at*〉. **b** かみ取ったもの, ひったくって得たもの; 《古》利益の分け前; "《方》大急ぎの食事, スナック, (労働者の)弁当. **3** 小言, 叱責, 鋭い語気, とげとげしい反駁. **4 a** 《口》精力, 元気, 活気, 熱中; 敏捷なしぐさ, きびきびしたところ: a style without much ～ あまり締まりのない文体. **b** 〖野〗スナップ(スロー); 〖アメフト〗スナップ《スクリメージラインのセンターがボールを股の間から後ろにいるバックへ手渡すかパスしてダウンを開始する法》; SNAPSHOT. **5** 《天候の》急変, 激変; 《特に》急に襲うひどい寒さ: a cold ～ 急な寒さ. **6** "スナップ《トランプ遊びの一種; カードを1枚ずつ出していき, 同じランクのカードが出たとき最初に snap と言った者が他のカードも得る》. **7** [a ～] *《口》楽な[ぼろい]仕事, 楽な試験[授業], たやすいこと; *《俗》扱い[御し]やすいやつ, 点が甘い教師: *a* soft ～ 楽な仕事. ● **in a ～** すぐに. **not a ～** 少しも…ない: do *not* care *a* ～ 少しもかまわない / *not* worth *a* ～ 少しの価値もない.

► *attrib a* **1** 〈締め金・留め金など〉ばね仕掛けの. **2** 急の, 不意の, とっさの, 即座の; *《口》楽な, たやすい, 容易な: a ～ judgment 急仕立ての判断[意見(決定)] / take a ～ vote 抜き打ち投票[票決]を行なう / a ～ course 点が取りやすい[楽な]科目, 楽勝コース.

► *adv* ポキンと, プツッと, パチンと.

► *int* "〖トランプ〗スナップ! 《スナップで同じランクのカードが出たとき発する声》; "《口》これだ, やっ, やった, これこれ《思いがけず同じようなものに出合ったとき発する声》.

◆ **snáp·pable** *a* **snáp·ping·ly** *adv* ［MDu or MLG *snappen* to seize; 一部 imit］

snáp·bàck *n* 〖アメフト〗スナップバック《センターが手ですばやく球を送り返すこと》; 急な反発[回復].

snáp bèan* さやごと食用とする各種のマメ科植物, さや豆《サヤインゲン・サヤエンドウなど; cf. SHELL BEAN》.

snáp bòlt 自動かんぬき《ばね仕掛けで締まる》.

snáp-brìm (hát) スナップブリム《上をへこませつばの前を下ろし後ろを上げた(フェルト)ハット》.

snáp·dràgon *n* **1** 〖植〗キンギョソウ属の各種草本, 《特に》キンギョソウ《花が dragon の顔に似ているとされた》. **2** 干しブドウつまみ(の干しブドウ) (=*flapdragon*) 《ブランデーの燃えている皿の中から干しブドウを取り出すクリスマスのゲーム》.

snáp fàstener 《衣服などの》スナップ, ホック (press stud").

snáp hòok SPRING HOOK.

snáp-in *a* スナップで取り付ける[留める].

snáp lìnk スナップリンク《鎖などに付ける, スナップばね付きの環; 他の環につなぐもの》.

snáp-lòck *a* 所定の位置に押し込むと締まる[固定する], スナップロック式の.

snáp lòck SNAP BOLT.

snáp-òn *a* スナップ(で留める)方式の.

snáp pèa 〖園〗スナップエンドウ (=*sugar snap pea*) 《丸くパリッとしたさやのついたエンドウ》.

snapped /snǽpt/ [°～ up] *《俗》*a* 酔って; 逮捕されて, つかまって.

snáp·per[1] *n* **1** スナップ, ホック (snap fastener); パチッと鳴るもの; *かんしゃく玉; [*pl*] 《俗》歯, 入れ歯; がみがみ言う人; *《俗》変わり者; PUNCH LINE; スナッパー《深海底からの試料引揚げ用ふた付きバケット》; 〖動〗SNAPPING TURTLE; 〖昆〗コメツキムシ (click beetle). **2** (*pl* **～s**, ～) 〖魚〗**a** ゴウシュウマダイ (=*schnapper*) 《豪州・ニュージーランド産》. **b** フエダイ《メキシコ湾産》. **c** アミキリ (bluefish). **3** 写真を撮る人, [*joc*] 写真家; 《俗》検札係. **4** *《卑》包皮; *《卑》膣, まんこ, 巾着. **5** 《ジョークの》落ち, さげ. ［*snap*］

snapper[2] 《スコ》*n* つまずき; すり傷; [*fig*] へま. ► *vi* つまずく; へまをやる. ［ME; cf. MHG *snappen* to snap, stumble］

snápper-bàck *n* 〖アメフト〗《攻撃側の》センター.

snápper-úp *n* (*pl* **snáppers-úp**) 《特価品などに》飛びつく人.

snáp·ping bèetle [bùg] 〖昆〗コメツキムシ (CLICK BEETLE).

snápping shrìmp 〖動〗テッポウエビ.

snápping tùrtle [tèrrapin] 〖動〗**a** カミツキガメ《北米産》. **b** ワニガメ (alligator snapper).

snáp·pish *a* がみがみ言う, おこりっぽい; ぶっきらぼうな; 〈犬が〉すぐにかみつく, 咬癖のある. ◆ **～·ly** *adv* **～·ness** *n*

snáp·py *a* きびきびした, 威勢のよい, 元気のよい, てきぱきした; 簡潔な, 気のきいた; 《口》スマートな, パリッとした, いかした; SNAPPISH; 《口》身を切るような〈寒気など〉; パチパチいう〈火など〉; ぼろぼろする, かさかさする〈チーズなど〉; 香りの強い〈茶など〉; 〖写〗〈ネガまたはポジが〉コントラストの強い; 即席の, 突然の. ● **look ～** "《口》急ぐ. **Make it ～!** 《口》さっさと[てきぱきと, 急いで]やれ, 急げ! ► *adv* きびきびと, みごとに, スマートに. ◆ **snáp·pi·ly** *adv* **-pi·ness** *n*

snáp rìng 〖登山〗KARABINER; PISTON RING.

snáp-ròll *vt, vi* 〖空〗急横転させる[する].

snáp ròll 〖空〗急横転 (flick roll).

snáp·shòot *vt* …のスナップ(写真)を撮る. ◆ **～·er** *n*

snáp·shòt *n* スナップ(写真), 速写; 垣間見ること; 断片, 片鱗, 一場面; 〖電算〗スナップショット《ある時点でのメモリーやレジスターの内容出力》: take a ～ of…を速写する, …のスナップ(写真)を撮る. ► *vt* (**-tt-**) SNAPSHOOT.

snáp shòt 速射, 即座撃ち; 限秒射撃; 〖サッカー・ホッケー〗スナップショット《すばやく小さいモーションでするシュート》.

snare[1] /snέər/ *n* わな; [*fig*] 落とし穴, 誘惑, 失敗[つまずき]のもと; 〖外科〗係蹄, シュリンゲ《腫瘍などの切除用の》: lay a ～ わなを仕掛ける 〈*for*〉. ● **a ～ and a delusion** わな, 落とし穴. ► *vt* 〈動物などを〉わなで捕る, わなにかける; 巧妙に勝ち取る[つかむ]; 〈人を〉陥れる, 誘惑する, 釣り込む. ◆ **snár·er** *n* わなをかける人; わなを用いる人. ［OE *sneare*＜ON *snara*; cf. G *Schnur*］

snare[2] *n* 《小太鼓の》響線, さわり弦; [[s]*pl*] SNARE DRUM. ［? Du *snaar* string (↑); cf. OE *snēr*］

snáre drùm スネア(ドラム) (=*side drum*) 《響線付きの小太鼓》.

snarf /snáːrf/ *vt* *《口》がつがつ食う, がぶがぶ飲む.

snark /snáːrk/ *n* スナーク《何ともえたいの知れない怪動物; Lewis Carroll の詩 'The Hunting of the Snark' (1876) より》. ［*sn*ake or *sn*ail＋sh*ark*］

snar·ky /snáːrki/ 《口》*a* 短気な, おこりっぽい; 辛辣な, 皮肉っぽい.

snarl[1] /snáːrl/ *vi* 〈犬などが〉(歯をむきだして)うなる, いがむ; がみがみ言う, どなる 〈*at*〉. ► *vt* どなる: ～ *out* an answer どなりつけるように答える. ► *n* うなり (growl), いがみ; いがみ合い; ののしり, 口論; [〈*int*〉] ウ(ウ)ーッ《犬などがうなる声》. ◆ **～·er**[1] *n* **～·ing·ly** *adv* うなって, うなるようにして. ［(freq)＜*snar* (obs); cf. G *schnarren* to rattle］

snarl[2] *n* もつれ; 混乱; 交通渋滞. ► *vt, vi* 〈交通・通信など〉混乱させる[する], 〈話・関係など〉紛糾させる[する] 〈*up*〉; もつれさせる[もつれる] 〈*up*〉. ◆ **～·er**[2] *n* ［ME *snare*[1], *-le*］

snarl[3] *n* 《木の》こぶ. ► *vt* snarling iron で〈金属細工〉に浮出し模様をつける. ［↑］

snarler[3] 《豪軍俗》*n* 解雇, クビ; 《不品行で》帰国させられた軍人. ［*s*ervices *n*o *l*onger *r*equired］

snárl·ing ìron 打出したがね.

snárl-ùp *n* 《口》混乱, 遅滞; (交通)渋滞.

snarly[1] *a* がみがみ言う, 意地の悪い, つむじまがりの.

snarly[2] *a* もつれた; 混乱した.

snash /snǽʃ/ 《スコ》*n* 無礼, 生意気. ► *vi* ののしる.

snatch /snǽtʃ/ *vt* **1 a** ひったくる, ひっつかむ 〈*up, down, away, off, from, out of*〉; 万引きする; 《口》〈子供などを〉誘拐する, かっさらう; *《俗》逮捕する, ぱくる; 〖重量挙〗スナッチで挙げる: ～ a purse 財布をひったくる / ～ a kiss *from* a girl 不意にキスする / ～ a dish [one's hand] *away* さっと皿[手]を引っ込める / He ～*ed off* his hat and bowed. ひょいと帽子を取ってお辞儀した. **b** 《この世などから》急に運び去る, …の姿を消させる, 殺す 〈*away, from*〉: He was ～*ed from* us by sudden death. 突然死んでしまった. **c** ひったくるように[かろうじて]救い出す: The child was ～*ed from* the danger. あやうく危険から救出された. **2** 急いで取る[食う]; 不意に得る, やっと[運よく]得る[つかむ]: ～ a hurried meal / ～ a few hours of sleep ひまを見て 2–3 時間眠る. ► *vi* ひったくろうとする 〈*at*〉; 喜んで飛びつく 〈*at* a chance etc.〉. ● **～ one's time** 《豪口》金をもらって仕事をやめる. ► *n* **1** ひったくり, かっぱらい, 強奪; 万引き; 《口》誘拐; 飛びつくこと 〈*at*〉; *《俗》逮捕; 〖重量挙〗スナッチ《一気に連続動作で頭上まで引き挙げる; cf. CLEAN AND JERK, PRESS[1]》: make a ～ (*at*…を)ひったくろうとする, つかみかかる[飛びつく] / put the ～ on… *《俗》…を逮捕する[誘拐する]; …をかっぱらう[ひったくる]. **2 a** 断片, 僅少, 一片, 一節; 大急ぎの食事, ひと口(の食べ物); *《俗》PAYROLL; [[U]*pl*] ひと働き, ひとしきり, ひと代わり, ひと休み: short ～*es* of song とぎれとぎれの歌 / a ～ of sleep ひと眠り / work in [by] ～*es* (思い出したように)時々働く. **b** 《卑》性交, 一発; 《卑》まんこ (vagina); 《卑》女; 《卑》ホモの受け役; 《卑》尻, けつ. ● **look like Mag's ～** 《俗》だらしない. ［ME＜?; cf. SNACK］

snátch blòck 〖海〗開閉[切欠き]滑車, スナッチブロック.

snátch·er *n* ひったくり, かっぱらい《泥棒》; 墓あばき, 死体泥棒; 《口》誘拐犯人; 《屠殺場の》臓物剔出(てきしゅつ)係; *《俗》おまわり, サツ.

snátch squàd ″《騒乱首謀者の》引抜き逮捕班.

snátchy *a* 時々の, 折々の, 断続的な, 不規則な. ♦ **snátch·i·ly** *adv* 時々思い出したように, とぎれとぎれに.

snath /snǽθ, snéθ/, **snathe** /snéɪð, -θ/ *n* 大鎌 (scythe) の柄.

snáved ín /snéɪvd-/ *a**《俗》麻薬に酔って, ハイになって.

snav·el, snav·vel /snǽv(ə)l/ *vt* 《豪俗》取る, 盗む, 奪う, ひったくる. [? *snabble, snaffle*]

snazz /snǽz/ *n* 《俗》洗練された派手さ, 人目をひくおしゃれ, 優雅. ► *v* [次の成句で]: **~ up** 《俗》もっとおしゃれ[エレガント, スマート]にする, ドレスアップする. [逆成〈*snazzy*]

snaz·zy /snǽzi/ *a* 《口》人目をひく, あざやかな, ピカピカの, おしゃれな; 《口》ここちよい, 快適な; *《俗》けばけばしい, 趣味の悪い. ♦ **snáz·zi·ly** *adv* **-zi·ness** *n* [? *snappy*+*jazzy*]

SNCC /sník/ 〖米〗Student National [《もと》Nonviolent] Coordinating Committee 学生全米[非暴力]調整委員会《1960–70 年代の黒人公民権運動学生組織》.

snead /sní:d/ *n* SNATH.

Snead スニード **Sam**(**uel Jackson**) ~ (1912–2002)《米国のプロゴルファー》.

sneak /sní:k/ *v* (~**ed**, ***snuck** /snʌ́k/) *vi* **1** こそこそとはいる[出る] 〈*in, out*〉, うろうろする〈*around, about*〉, こそこそ立ち去る[逃げる] 〈*off, away, past*〉; 潜む〈*in, behind*, etc.〉: ~ *out of* one's duty [a task, etc.] 義務[仕事など]をずるくのがれる. **2** へいへいする, おべっかをつかう〈*to*〉; ″《学生俗》(先生に)告げ口をする, チクる. **3** 〖アメフト〗《ゴールラインを越えて》クォーターバックスニークで得点する. ► *vt* こっそりと入れる[取る]; 《口》そっと取る[盗む], 失敬する; こっそり見せる[渡す]; *《俗》sneak preview で見せる: ~ a look [glance] at…を盗み見する. ● **~ up** 忍び寄る, 〈事が〉いつの間にか近づく〈*on, to*〉. ► *n* こそこそすること[人], ひそかに抜け出す[立ち去る]こと; こそ泥; ″《学生俗》告げ口をする生徒; 《俗》密告者; 〖クリケット〗ゴロ; [*pl*] *《口》SNEAKERS《靴》; 〖アメフト〗QUARTERBACK SNEAK; *《口》SNEAK PREVIEW. ► *a* こそこそした, 内密の; 不意の: a ~ attack 奇襲. [C16<?; cf. OE *snícan* to creep]

snéak·er *n* こそこそする[卑劣な]人[動物]; *運動靴, スニーカー. ♦ **~ed** *a*

snéak·er·nèt *n* 《ハッカー》スニーカーネット《電子的に接続されていないコンピューターの運用システム; スニーカー履きの社員がフロッピーディスクを持って行き来する光景から》.

snéak·ing *a* 忍び歩く, こっそりやる; 卑劣な, 卑しい; 内緒[秘密]の, 口には出さない〈親切・尊敬など〉: a ~ suspicion ひそかな[ふっきれない]疑い / have a ~ sympathy for…にひそかに同情を寄せる. ♦ **~·ly** *adv*

snéak péek 《公開・発表前に》ちょっとだけ見せること, 試写, プレビュー, ちら見せ.

snéak préview 《観客の反応を見るための題名を知らせずに見せる》覆面試写会; 内覧会.

snéak thíef 空き巣ねらい, こそ泥.

snéaky *a* こそこそする, 卑劣な, うしろぐらいところのあるような, 陰険な. ♦ **snéak·i·ly** *adv* **-i·ness** *n*

snéaky Péte *《俗》粗悪な酒, 自家製の酒, 密造酒; *《俗》安物ワイン; *《俗》ワインに混ぜたマリファナ; *《俗》油断のならない人物.

sneap /sní:p/ *vt* ″《方》しかる (chide); 《古》《寒さで》枯らす, しおれさせる. ► *n* 《古》叱責, 非難.

sneck[1] /snék/ 《スコ》*n* 《ドアの》掛け金 (latch). ► *vt* 〈門・ドア〉に掛け金をかける. ► *vi* 〈門戸が〉閉まる. [ME<?; cf. SNATCH]

sneck[2] *n* 〖建〗飼石(かいいし)《石積みの石の間に詰める小石・砕石》. ♦ **~ed** *a* 飼石をした. [ME<?]

sned /snéd/ *vt* (-**dd**-) 《スコ》〈枝を〉下ろす, 〈木を〉刈り込む.

sneer /sníər/ *vi* あざわらう, 冷笑する, 鼻であしらう〈*at*〉; 皮肉る〈*at*〉. ► *vt* せせら笑って言う; 軽蔑する; 冷笑して…させる: ~ sb *down* 人を冷笑して黙らせる / ~ sb *into* insignificance 人を冷笑して無視する, 一笑に付する. ► *n* 冷笑, 軽蔑〈*at*〉. ♦ **~·er** *n* **~·ful** *a* **~·ing·ly** *adv* [C16<?LDu; cf. NFris *sneere* to scorn]

sneesh /sní:ʃ/ *n* ″《方》SNUFF[1].

sneeze /sní:z/ *n* くしゃみ; *《俗》誘拐, 逮捕. ► *vi* くしゃみをする 〈*at* [*on*] sb, *into* a handkerchief〉; *《俗》誘拐[逮捕]する. ● **~ at** … 《口》…を軽視する, ないがしろにする: *not* to be ~*d at*=nothing to ~ *at* 《口》ばかにならない. ♦ **snéez·er** *n* sneeze する人; *《俗》刑務所. [ME *snese* (変形)<? *fnese*<OE **fnēosan*]

snéeze·guàrd *n* くしゃみよけ《汚染防止のためにサラダバー・ビュッフェなどの食品上に張り出したプラスチック[ガラス]板》.

snéeze·wèed, -wòrt *n* 〖植〗**a** ダンゴギク《匂いをかぐとくしゃみが出るという; 北米原産》. **b** オオバナノコギリソウ.

sneezy /sní:zi/ *a* くしゃみの出る; くしゃみを起こさせる.

snell[1] /snél/ *n* 〖釣〗はりす (leader)《おもりと釣針の間の糸》. ► *vt* 〈釣針を〉はりすに付ける. [C19<?]

snell[2] 《スコ》*a* 〈動作が〉敏捷な; 〈頭脳が〉鋭い, 切れる; 〈刃物が〉鋭利な; 〈寒風などが〉突き刺すような, 身を切るような; きびしい, ひどい. [OE *snel*(*l*); cf. G *schnell* swift]

Snell スネル **George Davis** ~ (1903–96)《米国の免疫遺伝学者; ノーベル生理学医学賞 (1980)》.

Snél·len's chárt /snélənz-/ 〖眼〗スネレン視力表《英語圏で広く用いられる視力検査表》. [Hermann *Snellen* (1834–1908) 考案者のオランダの眼科学者]

Snéllen tèst SNELLEN'S CHART による視力検査《視力表示は 20/20, 20/40 のように分数で表わす》.

Snéll's láw 〖光〗スネルの法則《波動が等方性の媒質から他の等方性の媒質に入射して屈折するとき, 入射角と屈折角のおのおのの正弦の比は入射角に関係なく一定であるというもの》. [Willebrord *Snell* (1591–1626) オランダの天文学者・数学者]

SNF skilled nursing facility.

SNG substitute [synthetic] natural gas 代替[合成]天然ガス.

snib[1] /sníb/ 《スコ・アイル》*n* 掛け金(かね). ► *vt* (-**bb**-) …に掛け金をかける. [C19<?]

snib[2] *vt, n* (-**bb**-) 《スコ》SNUB.

snick[1] /sník/ *vt, n* 切り込む(こと), …に刻み目をつける(こと); 摘み切る(こと); 《ひもなどの》結び目; 鋭く打つ(こと); 〖クリケット〗〈球を〉切る(こと), 切れた打球. [*snick*ersnee]

snick[2] *vt, vi, n* カチカチ鳴らす[鳴る](音) (click); 発砲する, 〈引金を〉カチリと鳴らす. [imit]

snick·er /sníkər/ *vi* にやにや[にたにた]笑う〈*at, over*〉; 〈馬が〉いななく. ► *vt* にやにや[にたにた]笑いながら言う. ► *n* にやにや[にたにた]笑うこと, 忍び笑い. ♦ **~·er** *n* **~·ing·ly** *adv* **snick·ery** *a* [imit]

snick·er·snee /sníkərsnì:/ *n* 大型ナイフ; 《古》大型ナイフによる闘い. [C17 *stick or snee*<Du (*steken* to thrust, *snij*(*d*)*en* to cut)]

snick·et /sníkət/ *n* 《北イング》狭い路地.

snide /snáɪd/ *a* にせの, まやかしの, 下等な, くずの; ずるい, 卑劣な; 悪意に満ちた, 人を傷つけるような, 傲慢な: ~ remarks 悪口雑言, 中傷. ► *n* snide なもの[人], 信用できない人物, 軽蔑すべきやつ, 詐欺師; にせ金, にせものの宝石. ♦ **~·ly** *adv* **~·ness** *n* [C19<?]

Sni·der /snáɪdər/ *n* スナイダー式後装銃《1860–70 年代の英軍で用いた》. [Jacob *Snider* (1820–66) 米国の発明家]

snid·ey, snidy /snáɪdi/, **snid·dy** /snídi/ *a* 《口》悪い, 卑劣な, SNIDE.

sniff /sníf/ *vi* フンフン[クンクン]かぐ, 匂いをかぐ〈*at* a flower〉; 鼻で吸う; コカイン[接着剤]の蒸気などを鼻から吸い込む; 〈かぜの人などが〉鼻をすする. ► *vt* 鼻で吸う, …の匂いをかぐ; 〈薬(やく)を〉吸入する, かぐ; 嘲笑して言う; 〈獲物・犯罪・危険を〉かぎつける, …に感づく, 《口》探し[見つけ]出す〈*out*〉: ~ *up* cocaine コカインを吸う. ● **~ around** [**round**](…) 《口》《情報などを求めて》(…を)かぎまわる, 《セックスの相手として》(…を)探しまわる, (…に)付きまとう. **~ at**… 《口》…を鼻であしらう, ばかにする: not to be ~*ed at* ばかにできない. ► *n* フンフン[クンクン]かぐこと; [〈*int*〉] クンクン, フンフン《匂いをかぐ音》, クスン, グスン《鼻をすする[べそをかく]音》; ひとかぎ, ひと吸い; かすかな香り[匂い]; 《口》気配; 鼻であしらうこと, 軽蔑; *《俗》麻薬 (narcotics), コカイン(の一服); *《俗》酒のひと飲み[一杯]: give a ~ フンとかいでみる[鼻であしらう]. ♦ **~·ing·ly** *adv* [imit; cf. SNIVEL]

sníff·er *n* 麻薬を吸う人, シンナー[塗料, 靴墨 など]をかぐ者; 《口》《特に 麻薬・爆発物の》捜索犬 (=~ **dòg**); 《俗》鼻; *《俗》ハンカチ.

sníff·ish *a* 軽蔑した, 尊大な. ♦ **~·ly** *adv* **~·ness** *n*

snif·fle /sníf(ə)l/ *vi* 鼻をすする (snuffle); 鼻をすすって[すするように]話す. ► *n* 鼻をすすること[音]; [the ~s] 鼻かぜ (the snuffles); [the ~s] 泣きじゃくり. ♦ **sníf·fler** *n* **sníf·fly** *a* [imit; cf. SNIVEL]

sníffy 《口》*a* 〈人が〉鼻であしらう, 高慢な, お高くとまった; ″鼻につく, 臭い. ♦ **sníff·i·ly** *adv* **-i·ness** *n*

snif·ter /sníftər/ *n* スニフター《上のほうが狭くなった洋ナシ形のブランデーグラス》; 《口》《酒の》ひと口; *《俗》コカイン常用者 (sniffer), コカインのひとかぎ; *《俗》携帯用無線方向探知器. [*snift* (dial) sniff<?Scand]

snífter vàlve, sníf·ting vàlve /sníftɪŋ-/ 《蒸気機関の》空気調節バルブ, 漏らし弁.

snif·ty /snífti/ *a**《俗》尊大な, 傲慢な, SNIFFY.

snig /sníg/ *vt* 《豪》〈荷物・丸太を〉ロープ[鎖]で引っ張る. [C19<?]

snig·ger /snígər/ *vi, vt, n* SNICKER. ♦ **~·er** *n* **snígger·ing·ly** *adv*

sníg·ging chàin 《豪》丸太を移動させる鎖.

snig·gle /sníg(ə)l/ *vi* 穴釣りをする〈*for eels*〉. ► *vt* 穴釣りで〈ウナギを〉釣る. ► *n* 穴釣り用針. ♦ **sníg·gler** *n* 穴釣りをする人. [ME *snig* small eel]

snip /sníp/ *v* (-**pp**-) *vt* チョキン[チョキチョキ, パチン]とはさみ切る, 切り取る: ~ *off* the ends 端を切り取る / ~ a hole in a sheet of paper はさみで紙に穴をあける. ► *vi* チョキンと切る〈*at*〉. ► *n* **1 a** チョキン[パチン]とはさみ切ること[音]; [〈*int*〉] チョキン, パチン; 《はさみで切って作った》小さな切れ目[刻み目]; 切れはし, 断片, 小片; 《馬などの顔の》白い斑(ふ). **b** [~s; 〈*sg/pl*〉] 《金属を切るための》手ばさみ; *《俗》手錠. **2** ″《口》仕立屋, 裁縫師; 《口》小生意気な[でしゃばった]やつ《特に 女の子》. **3** 《俗》成功の見込みが確かなもの, 確実なこと[もの], 簡単な仕

事; ᴵᴵ《口》 買い得品, バーゲン品. ♦ **sníp·per** *n* ［LG and Du (imit)］

snipe /snáɪp/ *n* **1** (*pl* ～, ～**s**)〘鳥〙《チドリ・シギ類の》くちばしの細い鳥, 《特に》タシギ《猟鳥》; *《俗》 架空の動物. **2**〘海〙スナイプ《レース用小帆船》. **3** 《潜伏地からの》ねらい撃ち, 狙撃; 卑しむべき人物, 卑劣なやつ; *《俗》 保線係[員]; *《海軍俗》 機関室員, 空母の飛行機整備員; *《俗》 吸いさし(の(葉)巻きタバコ). ► *vi* シギ猟をする; 《潜伏地・遠距離から》敵を狙撃する 〈*at*〉; 非難攻撃する 〈*at, away*〉; *《俗》 盗む, 入手する. ► *vt* 狙撃する; *《俗》 盗む, 手に入れる. ♦ ～**·lìke** *a* ［ME＜? Scand; cf. OHG *snepfa*］

snípe èel〘魚〙シギウナギ《総称》.

snípe·fìsh *n*〘魚〙サギフエ (bellows fish).

snípe flỳ〘昆〙シギアブ《総称》.

snip·er /snáɪpər/ *n* シギ猟をする人; 狙撃兵, スナイパー; *《俗》 空き巣, 万引, スリ, もく拾い《人》.

snípér·scòpe *n*〘軍〙《ライフル銃・カービン銃に取り付けた赤外線応用の》夜間[暗視]狙撃用単眼鏡, 暗視狙撃装置 (cf. SNOOPERSCOPE); 《塹壕用の》ライフル銃用狙撃展望鏡.

snípper·snàpper *n* WHIPPERSNAPPER.

snip·pet /snípət/ *n* はさみ取った切れはし, 断片; 小部分, 《特に 文章などの》部分的引用, 抜粋, 断章; *《口》 小さな[つまらぬ]人物. [*snip*]

sníp·pety *a* きわめて小さい; 断片からなる; ひどくそっけない.

snip·py *a* 断片的な, 寄せ集めの; 《口》 ぶっきらぼうな, 横柄な; 気取った, 高慢な; 短気な, 辛辣な. ♦ **sníp·pi·ly** *adv* **-pi·ness** *n*

sníp-snàp *n* 《はさみなどの》チョキンチョキンという音; 当意即妙の応答. ► *adv* チョキンチョキンと; 当意即妙に.

snip·snap·sno·rum /snípsnæpsnɔ́:rəm/ *n*〘トランプ〙コヴェントリ伯爵《1 人のプレーヤーが出したカードと同位のカードを最初に出した者は snip, 2 番目の者は snap, 3 番目の者は snorum と言い, 最初にカードがなくなった者が勝ちになる》.

snip·tious /snípʃəs/ *a* 《方》 魅力的な, いきな.

snit* /snít/ *n* 興奮, いらいら: be in a ～ いらいらしている / send sb into a ～ 人をいらいらさせる / get one*self* into a ～ いらつく. ♦ **snít·ty** *a* ［C20＜?］

snitch[1] /snítʃ/ *vt* ひったくる, くすねる, 盗む. ► *n* 窃盗. ［C18＜?; cf. SNATCH］

snitch[2] *vi* 告げ口をする, 密告する, チクる 〈*on*〉. ► *n* 通報者, 密告者 (snitcher); ᴵᴵ[*joc*] 鼻. ● **have** [**get**] **a** ～ **on** sb 《NZ俗》 人を嫌う, 恨む. ♦ ～**·er** *n* ［↑］

snítch·wise *adv, a* 《古・方》 斜めに[の], 交差する(ように).

snitchy /snítʃi/ *a* 《豪》 機嫌の悪い, 気むずかしい.

sniv·el /snív(ə)l/ *v* (-l- | -ll-) *vi* はな[はなみず]をたらす; はなをすする; すすり泣く; 鼻声を出す, 泣きごとを言う, めそめそする; 哀れっぽいそぶりをする, しおらしいふりをする. ► *vt* すすり上げながら言う. ► *n* はなみず; [the ～s] 軽い鼻かぜ; 泣き声, 鼻声; すすり泣き[上げ]; しおらしげなさま, 哀れっぽい話しぶり. ♦ **snív·el·(l)er** *n* **snív·el·(l)ing** *a* **-el·(l)ing·ly** *adv* ［OE *snyflan (*snofl* mucus); cf. SNUFFLE］

sniz·zle /sníz(ə)l/ *n* [*joc*] SNEEZE.

snob /snáb/ *n* **1** 紳士[通人, セレブ]気取りの俗物, 地位[財産など]の崇拝家; 上にへつらい下に横柄な人物: an intellectual ～ インテリを気取る人. **2** ᴵᴵ《口・方》 靴屋, 靴直し (cobbler); 《豪口》《最後に回される》毛の刈りにくい羊 (cobbler). **3** 《古》《地位も金もない》庶民, 平民. ［C19＝flatterer＜C18＝cobbler＜?］

snób appèal 《高価・稀少・舶来といった》俗物根性に訴える要素.

snób·bery *n* 俗物根性, 紳士気取り, 上にへつらい下にいばること, 貴族崇拝.

snób·bish *a* 俗物的な, 紳士気取りの. ♦ ～**·ly** *adv* ～**·ness** *n*

snób·bism *n* SNOBBERY.

snób·by *a* SNOBBISH. ♦ **snób·bi·ly** *adv* **-bi·ness** *n*

snob·oc·ra·cy /snabákrəsi/ *n* 俗物階級.

snob·og·ra·phy /snabágrəfi/ *n* 俗物誌, 俗物階級論.

SNOBOL /snóʊbɔ̀(:)l/ *n*〘電算〙スノーボル《文字列を取り扱うための言語》. [*S*tring *O*riented Sym*bo*lic *L*anguage]

snób vàlue 《高級品・珍品・外国製品といった》俗物根性に訴える価値.

snób zòning* スノッブ線引き《貧乏人の不動産取得を妨げるために郊外地などで敷地の最低面積を定めたりすること》.

Sno-Cat /snóʊkæ̀t/〘商標〙スノーキャット《キャタピラー付きの雪上車; そり牽引用》.

snock·ered /snákərd/, **schnock·ered** /ʃnákərd/, **snog·gered** /snágərd/, **schnog·gered** /ʃnág-/ *a* 《俗》 酔っぱらった; *《俗》 終わった, 解決した. [*snock* (dial) a blow; to hit]

snó-còne /snóʊ-/ *n* SNOW CONE.

snodg·er /snádʒər/ *a, n* 《豪口》 すばらしい(もの).

Snod·grass /snádgræ̀s; -grɑ̀:s/ スノッドグラス《Dickens, *Pickwick Papers* 中の詩人的気質の男》.

snoek /snú:k/ *n* 《南ア》 動きの活発な各種海水魚, 《特に》クロタチカマス. ［Afrik＜Du＝pike］

snoep /snú:p/ *a* 《南ア》 卑しい, けちな.

sno·fa·ri /snoʊfá:ri/ *n* スノーファリ《極地などの氷原・雪原探検》. [*snow*＋sa*fari*]

snoff /snɔ́(:)f, snáf/ *n**《俗》 一時的なガールフレンド. [*S*aturday *n*ight *o*nly *f*riend *f*emale]

snog /snág/ ᴵᴵ《口》 *vi* (-gg-) キスや抱擁をする, ネッキングする. ► *n* ネッキング. ♦ **snóg·ger** *n* ［C20＜?］

snoggered ⇨ SNOCKERED.

snol·ly·gos·ter /snáligɑ̀stər/ *n**《俗》 無節操なずる賢い人, 《特に》悪徳政治屋[弁護士]. ［変形＜*snallygaster* 鶏と子供を襲う怪物］

snood /snú:d/ *n* 《昔 スコットランド・イングランド北部で未婚のしるしにした》ひも状のヘアバンド; スヌード《**1**) 後方の髪を入れる袋型のヘアネット **2**) ヘアネット状の帽子》; 〘釣〙はりす (snell). ► *vt* 〈髪を〉リボンで縛る; 〘釣〙…にはりすを付ける. ［OE *snōd*＜?; cf. OIr *snáth* thread］

snook[1] ᴵᴵ /snúk, snú:k/ *n* 《口》 親指を鼻先にあて他の四指を広げて見せること《軽蔑の動作》; [S-s!] つまらん! ● **cock** [**cut, make**] **a** [**one's**] ～ [～**s**] **at** [**to**]… 《口》 …に軽蔑のしぐさをする, ばかにする. ［C19＜?］

snook[2] 《スコ》 *vi* クンクンかぎまわる; 待伏せする; SNEAK. ［?ON; cf. Norw, Swed *snoka* to sniff around］

snook[3] *n* (*pl* ～, ～**s**)〘魚〙スヌーク (＝*robalo, sergeant fish*)《熱帯アメリカ主産のスズキ目アカメ科ホソアカメ属の大型の沿岸魚; 釣りの対象・食用魚》, 《広く》アカメ科の海産魚. [*Du* SNOEK]

snook[4], **snuck** /snák/ *n* ᴵᴵ《古・方》 SNACK. ● **go** ～**s** *《俗》 平等に分ける, 共同で行なう.

snook·er /snúkər, snú:-; snú:-/ *n* SNOOKER POOL; 〘玉突〙《snooker pool または pool で》ほかの球がじゃまをして的球を直接ねらえない状態. ► *vt*〘玉突〙snooker で〈相手〉を劣勢にする; [ᵁ*pass*] 妨げる, 妨害する; [ᵁ*pass*] *《俗》 だます, ペテンにかける 〈*into*〉. ［C19＜?］

snóoker póol〘玉突〙スヌーカー《白の手球 1 つで 21 の球を一定順序でポケットに落とす競技》.

snoo·kums /snú:kəmz/ *n**《俗》《小犬や赤ん坊・恋人への呼びかけにも用いて》大事な子, かわいこちゃん.

snoop /snú:p/ 《口》 *vi* (こそこそ)のぞき[嗅ぎ]まわる 〈*around, about*〉; 立ち入ってせんさくする 〈*into*〉; 〈人を〉監視する 〈*on*〉. ► *vt* せんさくする. ► *n* せんさく(する人), おせっかい(屋); 探偵, 検査官, スパイ《など》. ［Du *snoepen* to eat on the sly］

snóop·er *n* **1** のぞきまわる人, せんさく好きな人. **2** ᴵᴵ《口》《社会保障省 (DSS) の》不正受給調査員.

snóop·er·scòpe *n* 暗視眼鏡, 赤外線暗視装置.

snóopy *a* 《口》 おせっかいな, せんさく好きな. ► *n* [S-] スヌーピー《Charles Schulz の新聞漫画 *Peanuts* のキャラクター; Charlie Brown が飼っているビーグル犬で, 外科医や弁護士などに変身, 小説を書いたりする》. ♦ **snóop·i·ly** *adv*

snoose /snú:s, -z/ *n**《方》 かぎタバコ.

snoot /snú:t/ *n* **1** 《口》 鼻, SNOUT; 《口》 軽蔑的な顔つき, しかめっつら; 《口》 SNOOK[1]. **2** 《口》 横柄な人 (snooty person), 俗物. **3** 〘写〙スヌート《ライトにかぶせてビーム状の細い光をつくる円錐形の集光器》. ● **cock** [**make**] **a** ～ [～**s**] **at**… ᴵᴵ《口》 cock a SNOOK[1] at…. **have** [**get**] **a** ～ **full** 《俗》 飽きる, うんざりする; 酔う, 酔っぱらう. ► *vt* *《口》 ばかにする, 見くだす. ► *a* 《口》 粋な, おしゃれな. ［変形＜*snout*］

snóot·ful *n* 《口》 酔うに足る酒量: get a ～ 酔う.

snóoty 《口》 *a* 横柄な, 人を見くだした[小ばかにした], 傲慢な; 紳士気取りの, うぬぼれた; 俗物向けの. ♦ **snóot·i·ly** *adv* **-i·ness** *n* [*snoot*]

snoo·za·mo·rooed /snú:zəmərù:d/ *a**《俗》 酒に酔っぱらって.

snooze /snú:z/ 《口》 *vi* 居眠りをする (doze). ► *vt* なまけて〈時を〉過ごす 〈*away*〉. ► *n* うたた寝, 居眠り; 退屈なもの, 眠気を催させること[人]. ♦ **snóozy** *a* ［C18＜?］

snóoze bùtton 《目覚まし時計の》スヌーズボタン《押して音を止めても少ししてまたアラームが鳴る》.

snooz·er /snú:zər/ *n* SNOOZE する人; 《俗》 やつ, 野郎, 男.

snoo·zle /snú:z(ə)l/ *vi, vt* 《方》 NUZZLE.

snop /snáp/ *n**《俗》 マリファナ.

Snopes* /snóʊps/ *n* (*pl* ～**·es**, ～) [ᵒs-] 無節操な実業家[政治家]. ［William Faulkner の作品中の *Snopes* 家の人びとから］

snore /snɔ́:r/ *n* いびき. ► *vi* いびきをかく. ► *vt* いびきをかいて〈時を〉過ごす 〈*out, away*〉: ～ oneself awake [into a nightmare] 自分のいびきで目をさます[うなされる]. ［ME＜? imit; cf. SNORT］

snóre-òff *n* 《豪口》 (飲酒後の)ひと眠り, うたた寝.

snor·er /snɔ́:rər/ *n* いびきをかく人; 《俗》 鼻; 《口》 強い風(のひと吹き).

snork /snɔ́:rk/ *vi**《俗》 マリファナ[ハシーシ]を吸う. ► *n* 《豪俗》 赤ちゃん, 赤んぼ. ［変形＜*stork*; *snort, snot* の影響もある］

snor·kel /snɔ́:rk(ə)l/ *n* シュノーケル, スノーケル《**1**) 潜水艦などの潜航時用の 2 本の吸排気管 **2**) 潜水中に呼吸するための管》; スノーケル《消防自動車に取り付けたバケツ形の座席のついた消火用水圧起重機》. ► *vi* (-l- | -ll-) シュノーケルで潜水する. ♦ ～**·ing** *n* シュノーケリング. ～**·er** *n* ［G *Schnorchel* air-intake］

snor·ky /snɔ́:rki/ *a**《方》 SNARKY.

Snor·ri Stur·lu·son /snɔ́:ri stə́:rləs(ə)n, snári-/ スノッリ・ストゥルルソン (1179–1241)《アイスランドの政治家・歴史家・詩人; 詩論 *Younger* [*Prose*] *Edda*, ノルウェー王朝史 *Heimskringla* は貴重な資料》.

snort /snɔ́:rt/ *vi* **1**〈馬が〉鼻を鳴らす;〈蒸気機関が〉蒸気を噴く. **2**《軽蔑・驚き・不満などで》鼻を鳴らす 〈*at*〉; 軽蔑したようにおおっぴらに[騒々しく]笑う; 《俗》麻薬を鼻で吸う[かぐ]. **3**《海俗》〈潜水艦が〉スノーケルを使って潜水航行する. ► *vt* 鼻息荒く言う; 鼻を鳴らして表明する 〈*out*〉;〈空気・音などを〉荒い鼻息のように強く出す; 《俗》〈麻薬などを〉鼻で吸う, かぐ. ► *n* 荒い鼻息, 鼻あらし; 鼻を鳴らすこと; ᴴSNORKEL; *《俗》少量, 短い距離; 《口》《通例 生(ᵏ)の酒の》ぐい飲み; 《俗》鼻で吸う麻薬一服分, 麻薬をかぐこと. ♦ **~·ing·ly** *adv* [ME (? imit); cf. SNORE]

snórt·er *n* 鼻息の荒い人[動物], 《特に》鼻あらしを吹く馬[豚]; ᴴ《口》すばらしいもの[芸, わざ, 人], 巨大[困難, 危険]なもの; ᴴ《俗》ばかばかしい人[もの]; 《クリケットの》速球; 《俗》疾風, 強風; 《俗》ぐい飲み (snort), ぐい飲みする酒; 《俗》麻薬を鼻で吸う[かぐ]音.

snórty *a* 鼻息の荒い; 人をばかにする; すぐむかっ腹を立てる, 機嫌の悪い.

snot /snát/ 《口》*n* 鼻汁, はなみず, 鼻くそ; 鼻くそ[生意気]野郎, げす, 若造; 横柄な言いぐさ. ► *vt* …に見くだした態度をとる, 偉そうな口をきく. [OE *gesnot*; cf. SNOUT]

snót·nòse *n* 《俗》くそ生意気な[鼻持ちならない]やつ.

snót-nòsed *a* 《口》(若造のくせに)生意気な, 偉そうにした, はねっかえりの, 鼻たれの.

snót·ràg *n* 《卑》HANDKERCHIEF; 《俗》いやなやつ.

snot·ter /snátər/ *n* 《スコ・北イング》はなみず, 鼻くそ, [*fig*] 無価値なもの. ► *vi* 荒く息をする, いびきをかく; すすり泣く.

snót·tie *a* 《俗》SNOTTY.

snót·ty *a* 《口》はなをたらした, はなったれの; 《口》うすぎたない; 《口》横柄な, 思い上がった, 鼻持ちならない, 生意気な. ► *n* ᴴ《海軍俗》MIDSHIPMAN. ♦ **snót·ti·ly** *adv* **-ti·ness** *n* [cf. *snooty*]

snótty·nòse *n* 《口》SNOTNOSE.

snótty-nòsed 《口》*a* はなをたらした; うすぎたない.

snout /snáut/ *n* 《豚などの》鼻, 口吻; 〔昆〕額角, 吻《特に SNOUT BEETLE の》; 《口》[*joc*/*derog*] 大鼻, 醜い鼻; 《水管などの》筒口 (spout); 銃口; 船首; 氷河の末端, 《断崖の》突端; ᴴ《俗》タバコ, モク; ᴴ《俗》密告者, たれ込み屋. ● **have (got) a ~ on [against]**… 《豪俗》〈人に恨みをいだく. ► *vt* …に筒口をつける; 《豪口》嫌う, …に肘鉄を食わす, のけものにする. ► *vi* 鼻で掘る; ᴴ《俗》《金をもらって》情報屋をつとめる 〈*for, on*〉. ♦ **~·ed** *a* **~·ish** *a* [MDu, MLG *snut(e)*; cf. G *Schnauze*]

snóut bèetle 〔昆〕ゾウムシ (WEEVIL).

snóuty *a* 鼻[筒口]のような; とがった鼻を有する.

snow[1] /snóu/ *n* **1** 雪; 降雪; [*pl*] 一面の雪, 積雪, 万年雪(の地帯); 《詩》雪白: heavy ~ ひどい雪, 豪雪 / (as) white as ~ [(the) driven ~] 雪のように白い, まっ白な / (as) pure as (the) driven ~ 汚れなく純真で / the first ~*s* of winter 初雪. **2** 雪に似たもの; 《詩》白い花《など》; [*pl*] 《詩》白髪, '霜'; 泡雪《卵の白身と砂糖と果肉を強く泡立てて作ったデザート》; 〔化〕ドライアイス; 〔テレビ〕スノー(ノイズ)《画面の斑点》; 《俗》(粉末)コカイン, ヘロイン; 《俗》ぜに, 銀貨; *《俗》まことしやかな話, 甘言, SNOW JOB. ► *vi* **1** [it を主語として] 雪が降る: *It* is ~*ing* heavily. 雪は激しく降っている. **2** 殺到する, 流れ込む; まっ白くなる; *《俗》(繰り返して)言う: Congratulations [Presents] came ~*ing in*. 祝辞[贈り物]が殺到した. ► *vt* **1** 雪でおおう; どんどん降らせる[流れ込ませる]; まっ白くする. **2***《俗》まことしやかにだます[信じさせる など] 〈*in, up*〉; [ᵘ*pass*]*《俗》…に麻薬を与える 〈*in, up*〉. ● **~ in [over, up]** [ᵘ*pass*] 雪でおおう[包む], 雪で閉じ込める; ⇨ *vt* 2: They *were* ~*ed up* in the valley. 雪で谷間に閉じ込められた. **~ off** [ᵘ*pass*] 〔スポ〕雪のため〈試合を〉中止にする. **~ under** [ᵘ*pass*] 雪で埋める; [ᵘ*pass*] 《口》《数量で》圧倒する 〈*with*〉; [ᵘ*pass*]*《口》《選挙などで》…に圧勝[大勝]する: The cars *were* ~*ed under* by drifts. 車は雪の吹きだまりに埋まった / *be* ~*ed under with* work 仕事が多すぎて処理しきれない. ♦ **~·less** *a* 雪のない, 雪の降らない. **~·lìke** *a* [OE *snāw*; cf. G *Schnee*]

snow[2] *n* スノー型帆船. [Du *sna(a)uw* or LG *snau*<?]

Snow スノー (1) **C(harles) P(ercy)** ~, Baron ~ (1905–80)《英国の小説家・物理学者; *Strangers and Brothers* (1940–70), *The Two Cultures* (1959)》 (2) **Edgar Parks** ~ (1905–72)《米国の新聞記者; *Red Star Over China* (1937)》.

snów àngel* 雪の天使《雪の上に大の字に寝て, 両腕, 両足を動かして作る, 翼を広げた天使の形》.

snów·bàll *n* **1** 雪玉(ゆきだま), 雪つぶて; スノーボール《(1) シロップで味をつけたボール状のかき氷 2) advocaat とレモネードなどで作るカクテル 3) ᴴ中にリンゴを入れたライスプディング》; 〔植〕ガマズミ属の各種低木, 《特に》ヨウシュカンボク (=**~ bùsh [trèe]**)《白い花をつける》; *《俗》アジサイの花; *《俗》SNOWBIRD; *《俗》コカインの粉末. **2** ᴴ雪だるま式寄付募集《寄付者が他を勧誘しその者がまた次を勧誘する》; ᴴ2 人 1 組から始まって集まった人全員に及んでいくダンス. ● **not have [stand] a ~'s chance in hell [in July]=have [stand] no more chance than a ~ [snowflake] in hell=not have [stand] a ~ [snowflake] in hell's chance=have a ~'s chance in hell** 《口》全く見込みなしである, 可能性ゼロである. ► *vt, vi* …に雪玉を投げつける, 雪合戦をする; 雪だるま式に増大させる[する] 〈*into* a riot〉.

snówball effèct 雪だるま式増大, 加速度的効果.

snówball fìght 雪合戦.

snów·bànk *n* 《山腹・峡谷の》雪(の吹き)だまり, 雪堤.

snów·bèll *n* 〔植〕エゴノキ属の各種の低木[高木].

snów·bèlt *n* 豪雪地帯; [S-] スノーベルト (=*Frostbelt*)《太平洋から大西洋に及ぶ米国の北部地域; cf. SUNBELT》.

snów·bèrry /, -b(ə)ri/ *n* 〔植〕**a** セッコウボク《北米原産の落葉小低木》. **b** 白い果実(を結ぶ低木)《総称》.

snów·bìrd *n* **1** 〔鳥〕**a** ユキヒメドリ (junco). **b** ユキホオジロ (snow bunting). **c** ノハラツグミ (fieldfare). **2***《俗》コカイン[ヘロイン]常用者, 麻薬中毒者. **3***《口》避寒客, 避寒労務者《冬期に南部へ旅[移動]する人》.

snów·blàde *n* スキーボード, ファンスキー《ストックを使わずに乗る 1 m 前後の短いスキー板》. ♦ **-blàd·er** *n* **-blàd·ing** *n*

snow blìndness 《雪の反射する光線による一時的な》雪盲, 雪眼炎, ゆきめ. ♦ **snów-blìnd, -blìnd·ed** *a*

snów·blìnk *n* 〔気〕雪映(せつえい)《雪原の反映によって地平線近くの空が明るく見えること》.

snów·blòw·er *n* 噴射式除雪機[車], スノーブロワー.

snów·bòard *n* スノーボード, スノボー. ► *vi* スノーボードですべる. ♦ **~·er** *n* **~·ing** *n*

snów·bòard·cròss *n* スノーボードクロス《ジャンプ台やカーブのあるコースで競うスノーボード競技》.

snów bòot 《足首またはそれ以上に達する》雪靴, スノーブーツ.

snów·bòund *a* 雪に降り込められた, 雪で立ち往生した.

snów·brèak *n* 雪よけ, 防雪林[柵]; 雪解け (thaw); 《樹木の》雪折れ; 雪折れの起こった地域.

snów-bròth *n* 解けた雪, 雪と水の混じったもの, 雪水.

snów·brùsh *n* 〔植〕ソリチャ《北米原産; クロウメモドキ科の低木》.

snow bùnny*《俗》スキーの初心者《特に 女の子》, 女性スキーヤー, (社交目的で)スキー場通いをする女の子 (=*ski bunny*).

snow bùnting 〔鳥〕ユキホオジロ (=*snowbird, snowflake*)《全北区に分布》.

snów·bùsh *n* 〔植〕ヨウシュコバンノキ, ブレイニア《トウダイグサ科タカサゴコバンノキ属の常緑低木; 南洋諸島原産; 葉に白い斑点がある》.

snow cànnonᴴ SNOW GUN.

snów·càp *n* 山頂[木のこずえ]の雪, 雪冠; 〔鳥〕ワタボウシハチドリ《中米産の頭の白いハチドリ》. ♦ **-càpped** *a* 雪を頂いた.

snów·càt *n* 雪上車.

snow càve 〔登山〕SNOWHOLE.

snow chàins *pl* タイヤチェーン.

snów-clàd[-còvered] *a* 雪におおわれた, 雪をまとった, 雪化粧した.

snow còck [chùkar] 〔鳥〕セッケイ(雪鶏)《アジアの山岳地帯産》.

snow còne スノーコーン (snowball)《氷菓》.

snow cràb 〔動〕ズワイガニ《北太平洋の食用クモガニ》.

snow dày* 大雪休校日[休業日].

Snow·den /snóudn/ スノーデン **Philip** ~, 1st Viscount ~ of Ickornshaw (1864–1937)《英国の労働党政治家; 労働党内閣蔵相 (1924, 29–31)》.

snow dèvil 《カナダ》柱状に巻き上がる雪, 雪のたつまき.

Snow·don /snóudn/ スノードン《ウェールズ北西部 Gwynedd 州にある山; ウェールズの最高峰 (1085 m)》.

Snow·do·nia /snoudóuniə/ スノードーニア《ウェールズ北西部 Snowdon 山を囲む山地で国立公園》.

snów·drìft *n* 雪の吹寄せ, 雪の吹きだまり; 〔植〕ニワナズナ (sweet alyssum).

snów·dròp *n* **1**〔植〕**a** マツユキソウ, スノードロップ《ヒガンバナ科》, 《俗に》ユキノハナ. **b** ヤブイチゲ (wood anemone). **2***《軍俗》憲兵.

Snów Dròp 白雪姫 (Snow White).

snówdrop trèe 〔植〕アメリカアサガラ属の各種落葉樹, 《特に》アメリカアサガラ (silver bell).

snów·èat·er* *n* チヌーク風 (⇨ CHINOOK).

snów·fàll *n* 降雪; 降雪量.

snow fènce 《小なだれを防ぐ》防雪柵.

snów·fìeld *n* 雪原, 《氷河源流部などの》万年雪原.

snow fìnch 〔鳥〕ユキスズメ《南欧・アジアの高山にすむ》.

snów·flàke *n* 雪片; 〔鳥〕SNOW BUNTING; 〔植〕スズランズイセン, スノーフレーク; [*pl*]*《俗》コカイン, 粉雪. ⇨ SNOWBALL 成句.

snow flèa 〔昆〕初春に雪上に集まる虫, 《特に》トビムシ.

snów·flìer *n**《俗》SNOWBIRD.

snow flỳ 〔昆〕カワゲラ (stone fly).

snow gàuge 積雪標, 雪尺, 雪量計.

snow gòggles *pl* スキーゴーグル.

snow gòose 〔鳥〕ハクガン.

snow gràss 〔植〕**a** オーストラリア高地産イネ科イチゴツナギ属の草

本. **b** ニュージーランド高地産イネ科 *Danthonia* 属の草本.
snów gròuse〘鳥〙ライチョウ (ptarmigan).
snów guàrd《屋根の》雪止め.
snów gùm〘植〙豪州の高地のユーカリノキ (sallee).
snów gùn 人工降雪機 (snow cannon‖).
snów·hòle *n*〘登山〙雪洞《露営用の雪穴》.
snów ìce 雪氷《氷河のように雪が圧搾された氷, または半ば溶解した雪が凝固した不透明な氷; cf. WATER ICE》.
snów ìnsect〘昆〙カワゲラ (stone fly).
snów-in-súmmer, -in-hárvest *n*〘植〙シロミミナグサ.
snów jòb*《俗》口車, 甘言; *《俗》いっぱしの専門語を使ってみせること, 専門家気取り: do [pull] a ～ *on* sb 人をだます, 欺く, 口車に乗せる. ♦ **snów-jòb** *vt**《俗》口車に乗せる. [*snow*[1] to deceive, to charm glibly]
snów knìfe《カナダ》スノーナイフ《igloo 作りに使う刃が広い長いナイフ》.
snów lèmming〘動〙PIED LEMMING.
snów lèopard〘動〙ユキヒョウ (=*ounce, mountain* [*snow*] *panther*)《中央アジア山岳地帯産》.
snów lìly〘植〙GLACIER LILY.
snów lìne [the] 雪線(せっせん)《万年雪のある最低境界線》; 降雪線《降雪の南限[南半球では北限]を示す》.
snów machìne* 雪上車.
snów·màker *n* 人工雪製造機.
snów·màking *a* 人工雪製造(用)の.
snów·màn *n* 雪だるま, 雪人形; 雪の研究家, 雪学者; 雪男 (abominable snowman); *《俗》もっともらしいことばで人をだます人.
snów·mèlt *n* 雪解け(の水).
snów·mìst *n*〘気〙細氷 (ice crystals).
snów·mobìle* *n* 雪上車, スノーモービル. ► *vi* 雪上車で進む[行く]. [*snow*+auto*mobile*]
snów·mo·bìl·ing *n* スノーモービリング《snowmobile を乗りまわすスポーツ》. ♦ **-mo·bìl·er, -mo·bìl·ist** *n*
snów mòld〘植〙《穀草の》雪腐れ病(菌).
Snów Móuntains *pl* [the] スノー山脈《MAOKE MOUNTAINS の別称》.
snów-on-the-móuntain *n*〘植〙ハツユキソウ (=*ghost-weed*)《白い花が咲くトウダイグサ科の一年草; 米西部原産》.
snów òwl〘鳥〙SNOWY OWL.
snów·pàck *n* 固く降り積もった雪, 固まった積雪.
snów pànther〘動〙SNOW LEOPARD.
snów pàrtridge〘鳥〙ユキシャコ《ヒマラヤ山系産》.
snów pèa〘植〙サヤエンドウ.
snów pèllets *pl*〘気〙雪あられ (GRAUPEL).
snów phèasant〘鳥〙**a** SNOW COCK. **b** EARED PHEASANT.
snów pìgeon〘鳥〙ユキバト《チベット・ヒマヤラ山系産》.
snów plànt〘植〙California 州の山中の松林に生じるシャクジョウソウ科サルコデス属の寄生植物《全体があざやかな赤色で葉緑体をもたない; 早春の雪が消える前にも見られる》;〘動〙赤雪鞭毛虫.
snów·plòw | -plòugh *n* 雪かき, 除雪機[車], スノープラウ;〘スキー〙全制動, プルークボーゲン, ダブルステム (double stem). ► *vi*〘スキー〙全制動をかける.
snów púdding スノープディング《泡立てた卵白とレモン味のゼラチンを加えてふわふわに作ったプディング》.
snów quèen *《口》白人を好む黒人ゲイ.
snów ròute* スノールート《降雪時の除雪作業のために道路外への車の移動が求められる重要な市街道路》.
snów·scàpe *n* 雪景色.
snów·shèd *n*〘鉄道〙なだれよけ; 降水の大部分が降雪によってまかなわれる流域.
snów shèen SNOWBLINK.
snów·shòe *n* かんじき, 輪(わ)かん(じき), スノーシューズ《テニスラケットのような形状をしたものが多く, 靴の下にくくりつけて用いる》; SNOWSHOE RABBIT; *《俗》探偵, 私服の刑事. ► *vi* かんじきを履いて歩く. ♦ **snów·shò·er** *n*
snówshoe ràbbit [hàre]〘動〙カンジキウサギ《夏毛は褐色で冬毛は白く足の被毛が厚い; 北米産》.
snów shòvel 木製雪かき, シャベル.
snów·slìde, snów·slìp *n* なだれ.
snów·stòrm *n* 吹雪; 吹雪のようなもの; *《俗》コカインパーティー, 麻薬による恍惚状態: be caught in a ～ コカインに酔っている.
snów·sùit *n* スノースーツ《上下つなぎの(フード付き)防寒着》.
snów thròwer SNOWBLOWER.
snów tìre《自動車の》スノータイヤ.
snów tràin《スキー[スケート]地へ行く》スキー列車.
snów-whíte *a* 雪のように白い, 雪白の, 純白の.
Snów Whíte 白雪姫 (=*Snow Drop*)《Grimm 童話の主人公》.
snówy *a* 雪の多い, 雪の降る; 雪の積もった, 雪におおわれた; 雪でできた; 雪のような; 雪白[純白]の; 清い, 清らかな, 清浄な, 純潔な (pure). ► *n* [the S- *or* the Snowies]《豪口》SNOWY MOUNTAINS. ♦ **snów·i·ly** *adv* 雪で; 雪のように. **-i·ness** *n*
snówy égret〘鳥〙アメリカコサギ, ユキコサギ《米国南部からチリにかけて生息する; 装飾羽が美しいシラサギ》.
snówy més·pi·lus /-méspələs/〘植〙バラ科ザイフリボク属の数種の落葉低木[小高木]《白い花をつけ, 花木として栽培される》,《特に》ラマルクザイフリボク《北米原産; 英国にも帰化》. [L *mespilus* medlar]
Snówy Móuntains *pl* [the] スノーイ山脈《オーストラリア南東部, オーストラリアアルプスの一部; 水力発電計画で知られる》.
snówy ówl〘鳥〙シロフクロウ (=*snow owl*)《ユーラシア北方・北米北辺産》.
snówy plóver〘鳥〙シロチドリ.
Snówy Ríver [the] スノーイ川《オーストラリア南東部を流れ, Victoria 州南東部で太平洋に注ぐ; 発電用・灌漑用に水が Murray, Murrumbidgee 川に送られている》.
snoz·zle /snáz(ə)l/ *n*《俗》SCHNOZZLE.
SNP /sníp/ *n*〘遺〙一塩基多型, SNP, スニップ《ゲノム DNA の塩基配列が個体間で少しずつ違うことをいう多型のうち, 1 塩基のみの置換・挿入・欠失によるもの》. [*s*ingle *n*ucleotide *p*olymorphism]
SNP °Scottish National Party. **Snr** ‖Senior.
SNS social networking service ♦ social networking site.
snub /snʌ́b/ *vt* (**-bb-**) **1** …に肘鉄砲を食わせる, …の出はなをくじく; しかりとばす; 鼻であしらう, 相手にしない, 無視する. **2**〈繰り出している綱を〉《杭などに巻きつけて》急に止める;〈船・馬などを〉急に止める,〈動きなどを〉抑える, *《方》縛る, 固定する; *〈タバコ〉の先をつぶして火を消す〈*out*〉. ► *a* あぐらをかいた〈鼻〉, ずんぐりした; 無愛想な; 急に止めるための〈綱〉. ► *n* 肘鉄砲; ひどいことば; 無視;《繰り出した綱や馬などの》急停止;《舟の》緩衝器; しし鼻 (snub nose). ♦ **snúb·bing** *n* **snúb·bing·ly** *adv* [ON *snubba* to chide]
snubbed *a*〈鼻が〉あぐらをかいた, ずんぐりした (snub).
snúb·ber *n* 肘鉄砲を食わせる人, しかりとばす人;《ロープなどの》急停止装置, 索制動装置, スナッバー; *《自動車の》緩衝器;〘電〙スナバ回路《過渡的な高電圧を吸収する》.
snúb·by *a* しし鼻の, あぐらをかいた〈鼻〉; 短くて太い, ずんぐりした〈指〉; つっけんどんな, 頭ごなしにしかりつける. ♦ **snúb·bi·ness** *n*
snúb-nòsed *a* しし鼻の (pug-nosed); 短銃身の〈ピストルなど〉; 先端がずんぐりした. ♦ **snúb nòse** *n*
snúb-nòsed cáchalot〘動〙PYGMY SPERM WHALE.
snúb-nòsed lángur [mónkey]〘動〙シシバナザル《中国西部・チベット産》.
snuck /snʌ́k/ *v**SNEAK の過去・過去分詞.
snuff[1] /snʌ́f/ *vi* 鼻から吸う,〈犬や馬などが〉鼻をフンフンいわせる, かぐ〈*at*〉; かぎタバコをかぐ;《俗》コカインを吸う;《廃》《フンといって》鼻であしらう, いやな顔をする〈*at*〉. ► *vt*〈海風・タバコなどを〉鼻から吸う; かぐ; かぎとる, かぎつける. ► *n* 鼻をフンフンいわせて息を吸うこと[音]; かぎタバコ(ひとつまみ); 鼻から吸入する薬用粉末;《俗》コカイン; 匂い, 香り: take ～ かぎタバコを吸う. ● **beat…to ～** …を打ちのめす. **give** sb **～** 人を冷遇する. **up to ～** (1) ‖《口》抜け目ない, 用心深い, 世慣れた. (2) [°*neg*]《口》健康で, 正常で, まずまずのできで. ♦ **～·ing·ly** *adv* [Du *snuf* (*tabak* tobacco)<MDu *snuffen* to snuffle]
snuff[2] *n* ろうそく[ランプ]の芯の燃えて黒くなった部分; 残りかす, つまらないもの;《スコ》立腹. ► *vt*〈ろうそくなど〉の芯を切る;〈ろうそくなどを〉消す;《口》抑える, 終わらせる;《口》殺す, 消す (kill). ► *vi* 消える〈*out*〉. ● **～ it** ‖《俗》くたばる (die). **～ out…** (*vt*) …の芯を切って消す; 消滅させる; 突然終わらせる; 鎮圧する, 潰滅させる;《口》〈人を〉消す, 抹殺する (kill): ～ itself *out*〈ろうそくなどが〉消える; 消滅する, 自滅する. (*vi*)《俗》くたばる (die). [ME<?]
snúff·bòx *n* かぎタバコ入れ《通例 携帯用》.
snúff-còlored *a* かぎタバコ色の, 黄褐色の.
snúff·er[1] *n* かぎタバコをかく人; 鼻をフンフン[クンクン]いわせる人[動物].
snuffer[2] *n* ろうそくの芯を切る人; ろうそく消し《柄の先に小さなベル型の金具を付けた器具》; [ᵘ(a pair of) ～s] 芯切り(ばさみ).
snúff fìlm [mòvie] 殺人実写(ポルノ)映画, スナッフフィルム[ビデオ].
snuf·fle /snʌ́f(ə)l/ *vi* 鼻をフンフンいわせる[詰まらせる], 鼻汁をすする; 鼻声で話す[歌う]〈*out*〉; すすり泣く, 鼻を鳴らす;《古》〈清教徒などが〉信心家ぶって話す. ► *vt* 鼻から吸う; クンクンかぐ, かぎ出す, 匂いで試す; 鼻声で言う. ► *n* 鼻を鳴らすこと[音]; 鼻詰まり; [the ～s] 鼻かぜ, 鼻カタル; 鼻声, 哀れっぽい声: speak in a ～ 鼻声で話す. ♦ **snúf·fler** *n* **snúf·fly** *a* [LG and Du *snuffelen*; cf. SNUFF[1], SNIVEL]
snúff stìck*《中部》かぎタバコを歯[歯茎]につけるための楊子(ようじ).
snúffy *a* **1** かぎタバコ色の; かぎタバコを常用する; かぎタバコでよごれた[臭い]; いやな, うすぎたない. **2** おこりっぽい; 横柄な, 尊大な. **3**《俗》酔った. ♦ **snúff·i·ness** *n*
snug /snʌ́g/ *a* (**snúg·ger; snúg·gest**) **1** 居ごこちのよい (cozy); 気持のよい, 安楽な, 気持よく暖かい〈席など〉; こぢんまりした, こぎれいな;〈衣服などが〉ぴったり合う;〈収入・食事などが〉不自由のない: (as) ～ as a bug in a rug 居ごこちよくぬくぬくと納まっていて. **2** きちんと整備された, 航海に適する, 上等の〈船など〉. **3** 隠れるのに安全な; 安全な〈港〉;

隠れた, 秘密の: a ～ hideout かっこうの隠れ家. ► *n* 《英・アイル》《居酒屋の》こぢんまりした個室, 《旅館の》酒場; *《俗》《隠すのに便利な》小型のピストル. ► *adv* ここちよく (snugly). ► *v* (**-gg-**) *vt* きちんとする, 気持よくする; 《あらしなどに備えて》〈綱・帆などを〉きちんと張る. ► *vi* 寄り添って[ここちよく]横たわる 〈*down*〉; ねぐらに就く, 就寝する. ● **～ down** 〖海〗〈船を〉荒天の航行に備える. ◆ **～·ly** *adv* 居ごこちよく; こぎれいに. **～·ness** *n* [C16＝《海洋語》 prepared for storms＜? LDu *snögge* smart]

snúg·gery, -ge·rieᵘ *n* 居ごこちのよい場所[部屋]; 《特に》パブ[酒場]の個室 (snug).

snug·gies /snʌ́giz/ *n pl* 暖かいニットの婦人[子供]用下着[長めのパンティー].

snug·gle /snʌ́g(ə)l/ *vi* すり寄る, 寄り添う 〈*in, up, up to, to, against*〉: ～ *down* in bed 気持よくベッドに寝そべる / ～ *up to* sb 人に寄り添う. ► *vt* すり[抱き]寄せる, 抱きしめる; すっぽり納める: ～ the baby *to* one's arms 両腕に抱きしめる. ► *n* すり寄り. [C17 (freq)〈*snug*]

snúg·gy *n* 《俗》セクシーで男好きの女.

snurf·ing /snə́ːrfɪŋ/ *n* スノーサーフィン, スナーフィン《雪上で特殊なボードを用いてする》. [*snow*＋*surfing*]

snurge /snə́ːrʤ/ 《俗》 *vi* 《いやな仕事・人物などを避けるため》ひそかに抜け出す, ずらかる. ► *n* 告げ口屋, たれ込み屋, おべんちゃら屋, いやなやつ. [C20＜? (*sn*eak＋?)]

sny /snáɪ/ *n* 〖造船〗《船首・船尾の外板の》上曲がり. [C19＜?]

Sny·ders /snáɪdərs/ スナイデルス **Frans ～** (1579–1657)《フランドルのバロック画家》.

snye /snáɪ/ *n* 《米・カナダ》《河川の》水路, 支流. [CanF＜F *chenal* CHANNEL]

so[1] *adv* /sóu/ **1** [様態・方法] **a** そう, その[この]ように, そんなに, 同じように, そのとおり: He [It] is better *so*. 彼[それ]はそのままがよい. **b** [補語として]: Is that so? (成句) / Not *so*. そうではない / How *so?* どうしてそうなるのか / if *so* もしそうなら / He is poor—as much *so* (as) or more *so* than I. ぼくと同じぐらいあるいはぼく以上に貧乏だ. **2** [程度] **a** それほど, そんなに: He did not live *so* long. そんなに長生きはしなかった / He couldn't speak, he was *so* angry. そんなにも言えなかった, そんなにおこっていたのだ. **b** 《口》[主に女性語法] ほんとに, とっても (very); 《口》ひどく: (I'm) *so* sorry! すみません / My head aches *so!* 頭がとても痛い / I'm *so* not going. 絶対に行かないわ. **3** [*v auxil* を伴って] **a** [先行の陳述に対する同意・確認・強調を表わして] まさに, いかにも, 確かに, 実際: You said it was good, and *so* it is /íz/. きみはいいと言ったがいかにもいいね / My birthday? Why, *so* it is /íz/. ぼくの誕生日だって? おや全くだ / They work hard.—*So* they do /dúː/. 彼らは勉強家だね—全くだ. **b** [主語の異なる肯定の陳述を付加して] …もまた: My father was a Tory, and *so* am I /áɪ/. 父は保守党員でしたがわたしもそうです / I have to go now.—*So* do I. もう行かなくちゃ—わたしも / Bill can speak French, and *so* can his brother. ビルはフランス語を話せるが, ビルの弟も話せる. ★ **a** と **b** との語順およびアクセントの差に注意. **c** [主に子供の用法; 先行の非難・否定の陳述を否定して] もちろん, ほんとうに: I didn't do it.—You did *so!* ぼくはやらなかった—いや, やったとも / You weren't at the party.—I was *so* at the party! あなたはパーティーにはいなかった—間違いなくいました. **4** [〈*pron*〉] **a** [動詞 say, tell, think, hope, expect, suppose, believe, fear, hear などの目的語として]: I *suppose so*.＝*So* I *suppose*. 大抵そうだと思うが / I *told* you *so*. だから言ったじゃないか / Do you *say so?*＝You don't *say so?* まさか, そうですか《驚き》. ★ しばしば目的語としての *that* 節を代表する. この用法の so に対応する否定形は NOT: The war will soon end.—I hope *so* (＝*that* it will) [I'm afraid *not* (＝*that* it won't)]. **b** [or so で] …ばかり, …ほど: a day *or so* 1 日かそこら / ten *or so* books 10 冊くらいの本. **5** [〈*conj*〉] **a** それゆえ, だから, それで: The dog was hungry (and) *so* we fed it. ひもじそうにしていたので, 食べ物を与えた. **b** [文頭に用いて驚き・皮肉・あきらめなどを表わして] では, いよいよ, どうやら: *So* you are here again. では[そういうわけで]またやって来ましたね / *So* there you are! まずそういったぐあいなのだ / *So* that's that. ではそれはそうしておくさ《話や議論を打ち切ることば》. **6** [相関詞として] **a** [as…so…で] …と同様に…: Just *as* the lion is the king of beasts, *so* the eagle is the king of birds. ちょうどライオンが百獣の王であるのと同様にワシはすべての鳥の王である. **b** [(not) so…as…で] …ほどには, …と同じ程度には(…でない): People here do *not* shake hands *so* much *as* you do in Europe. 当地の人びとはヨーロッパ人ほど握手はしない. ★ not as…as ともいう (⇨ AS[1] ★ (1)). **c** [so…as to do で] (1) [程度] …するほどに: Nobody can be *so* stupid *as to* believe it. それを信ずるほどのばかは一人もあるまい. (2) [結果] 非常に…ので…する: He was *so* angry *as to* be unable to speak (＝*so* angry *that* he could not speak). 怒りのあまりものも言えなかった (cf. d (2)). **d** [so…that…で] (1) [様態・程度] …ように, ほど: It *so* happened *that* he was not at home. たまたま不在だった. (2) /ᵘsə/ [結果] 非常に…ので: Those ponds are *so* small (*that*) they cannot be shown in your maps. 小さいので地図には書き表わせない. ★ 米口語では *that* がしばしば省かれる. (3) [目的] …するように (cf. so *that*): He *so* handled the matter *that* he won over his opponents. 反対者たちを抱き込むように事件を処理した. **e** [so…but (that)…で] ＝so…that…not (⇨ d (2)): He is not *so* deaf *but* he can hear a gunshot. 銃声が聞こえぬほど耳が悪くはない.

► *conj* /sou, sə/ [so *that* の *that* を略して] **1** 《口》…するために: Turn it from time to time *so* it may be cooked alike on both sides. 両側が同じに焼けるように時々返しなさい. **2** 《古》…さえすれば, …ならば (cf. so *that* (3)): *So* it is done, it matters not how. できさえすれば方法はかまわない.

► *int* /sóu/ **1** そう, まあ, やあ, さて (well); [So? の形で不信感・軽蔑など表わして] それで, だからなんなの? **2** それでよし, そのままでいなさい, 静かにせよ, 止まれ, 《牛馬に》どうどう!: A little more to the right, *so!* もうちょっと右, それでよし.

● **and so** 同様に, また (cf. *adv* 3b); 従って, それゆえに (cf. *adv* 5a); 《英では古》次いで. AND **so on** [**forth**]. **be it so**＝so be it. EVEN **so**. EVER **so**. EVERY **so often**. **Is that so?** そうですか, それはすごい[おもしろい]; へえー, まさか, ばかばかしい, 何てことを! JUST[1] **so**. LIKE[2] **so**. **or so** ⇨ *adv* 4b. **quite so** 全くおっしゃるとおりで. **so and in no other way**＝**so and so only** 方法はそれ一つでほかにない. **so and so**＝SO-AND-SO. **so as** 《古》もし…ならば (provided that…). **so as to** do…するように (cf. *adv* 6c): Come early *so as to* have plenty of time. ゆっくりするために早くいらっしゃい. **so be it** そうあれかし; それでよろしい, それはそれとして《承諾・あきらめ》. **so called** といわれて(いる), いわゆる (cf. SO-CALLED): Their justice, *so called*, was nothing but partiality. 彼らのいわゆる正義はえこひいき以外の何物でもなかった. **so** FAR. **so** FAR **as…**. **So it goes.** 世の中はそんなものだ. **so** LONG[1]. **so** LONG[1] **as…**. **so many**…と同数(の), それだけ(の); いくついくつの, ある数の: They worked like *so many* ants. アリの群れのように働いた / *So many* men, *so many* opinions. 《諺》十人十色 / three times in *so many* days 3 日で 3 度 / *so many* apples and *so many* pears リンゴいくつにナシいくつ. **so much** (1) (…と)同量(の), それだけ(の); いくら: It is only *so much* rubbish. 全くのがらくただ / at *so much* a week [a head] 一週につき[一人当たり]いくらで / *so much* brandy and *so much* water ブランデーいくらに水いくら / (not) *so* MUCH as…. (2) [比較級を伴って] それだけいっそう, かえって: *so much* the better かえって好都合だ. **so much** [**bad**] **one can taste it***《俗》大いに, とても〈欲しいなど〉. **so much for…** (1) …の事はそれだけ, …はそれでおしまい: *So much for* him, now about… 彼の件はそれでよいとして次は…. (2) …はそんなところだ: *So much for* his learning! [*derog*] やつの学問はそんなもの. **so much more** ますます, なおさら. **so** MUCH **so that….** **so please you** 《古・文》御免をこうむって. **so so** 可もなく不可もなし, たいしたことない, まずまずで (cf. so-so). **So's your old man.***《俗》全くそうだろうよ《軽蔑しきった不信の返答》. **so that** (⇨ *adv* 6d) (1) [目的] …するため (in order that): Switch the light on *so that* we can see what it is. 何なのか見えるように明かりをつけなさい. ★ 口語では that が省かれることがある (cf. *conj* 1). (2) [結果] それで, そのため: The roof had fallen in, *so that* the cottage was not inhabitable. 屋根が落ち込んでいたので小屋は住めなかった. (3) [条件] もし…ならば (if) (cf. *conj* 2). **so then** それだから, それじゃ, そうだとして. **so to say** [**speak**] いわば, まるで. **So** WHAT?

► *pred a* /sóu/ 正しい; きちんとした, 水準以上の; 《古俗》[*euph*] あの気(ᵏ)の, ホモの: Is he *so?* やつはアレかい?

[OE *swā* etc.; cf. G *so*, Du *zoo*]

so[2] *n* 〖楽〗 SOL[1].

s.o. °seller's option. **So.** south ♦ southern. **SO** °seller's option ♦ °Special Order ♦ °Staff Officer ♦ °Stationery Office ♦ 〖野〗 strikeout(s) ♦ °symphony orchestra.

soak /sóuk/ *vt* **1 a** 浸す, つける, 浸漬[水浸, 水漬け]する; ぬらす, ずぶぬれにする: ～ clothes *in* water 着物を水につける / The coat was ～*ed with* blood. 上着は血に染まっていた / I was ～*ed through* [*to* the skin]. ずぶぬれになった. **b** [～ *-self*] 〈…に〉専心[没頭]する; 《口》酔っぱらう 〈*in*〉: ～ one*self in* music 音楽に打ち込む. **2** 〈液体などを〉吸い込む, 吸い取る, 吸収する 〈*up*〉; 〈知識を〉吸収する, 理解する 〈*up*〉; 《口》信じ込む 〈*up*〉; 《口》がぶ飲み[痛飲]する: ～ *up* ink / ～ *up* the sunshine 日光を吸収する. **3***《俗》厳罰に処する, なぐる; 《口》…に法外な値をふっかける[税を課す], …から巻き上げる[せしめる]; 《俗》質(ˢ)に入れる. **4** 〖冶〗均熱する. ► *vi* 浸る, (ゆっくり)つかる; 染みとおる[込む], にじむ 〈*in, into, through*〉; 〈心に〉染みる, わかってくる 〈*in, into*〉; 《口》大酒を飲む: The reason began to ～ *into* my mind. 理由がだんだんとわかってきた. ● **Go ～ yourself!***《俗》いいかげんにしろ《不信・いらだちの返答》, とっととうせろ. **～ in** 〈雰囲気など〉に浸る. **～ it** ひどいめにあわせる, *罰する 〈*to*〉. **～ its way** 〈水など〉染み込む, 染みとおる. **～ off** 〈切手・壁紙などを〉水につけてはがす. **～ out** 染み出させる. **～ up** ⇨ *vt* 2; 《口》〈雰囲気を〉楽しむ, …に浸る; 《口》〈金・時間などを〉使う, 要する. ► *n* 浸す[つける]こと; ゆったりした入浴; 染み込み, 浸透; 浸液, つけ汁; 酒宴; 《口》大酒飲み, のんだくれ; 《俗》質 (pawn); 《豪》水のたまる穴, 水たまり: Give the clothes a thorough ～. 衣服をよく水に浸しておきなさい / put sth in ～ ある物を質に入れる. [OE *socian*; SUCK と同語源]

sóak·age *n* 浸すこと, 浸されること, つけること; 染み込み, 浸出; 浸出液[量], 浸透液[量]; 《豪》水たまり (soak).
sóak·awày‖ *n* 《荒石などを詰めた》排水穴.
soaked /sóukt/ *a* ずぶぬれの (⇨ SOAK *vt* 1a); 染み込んだ; *《俗》酔っぱらって, 酒がまわって.
sóak·er *n* 浸す[つける]人[もの]; 豪雨; 大酒家; [*pl*] ニットのおむつカバー.
sóak·ing *a* 浸るほどの, ずぶぬれの: a ～ downpour どしゃ降りの雨. ► *adv* 浸るほどに: ～ wet ずぶぬれで.
sóak·ing·ly *adv* 徐々に, じわじわと (gradually); ずぶぬれに, ぐしょぐしょに (drenchingly).
sóaking pìt 〘冶〙均熱炉《鋳塊の温度が均一となるように加熱する》.
sóaking solùtion コンタクトレンズ保存液.
só-and-sò *pron* (*pl* ～**s**, ～**'s**) **1** 何某(なにがし), だれそれ; しかじか, 何々: Mr. *S*～ 某氏 / say ～ 何々と言う. **2**《口》[*euph*] 悪いやつ, 嫌われ者, (いやな)やつ (bastard): He really is a ～. ほんとにいやなやつだ / a dirty ～.
Soane /sóun/ ソーン Sir **John** ～ (1753–1837)《英国の建築家》.
soap /sóup/ *n* **1** 石鹸《脂肪酸のナトリウム・カリウムなどのアルカリ金属塩; 広義には脂肪酸の金属塩》: a cake [bar, cube, tablet] of ～ 石鹸 1 個 / washing ～ 洗濯石鹸 / ～ and water 石鹸水《スキンケアのための特別な製品に対して》. **2***《俗》金(かね), 《特に 政治上の》賄賂; 《俗》おべっか (soft soap). **3** SOAP OPERA. **4**《俗》自白薬《ペントタールナトリウム(とアンフェタミンの混合物); sodium pentothal の頭文字のもじり》. ● **no** ～*《俗》だめ, むだ, 不承知 (not agreed); 失敗 (a failure); わからない (I don't know). **not know** sb **from a bar of** ～《豪口》人を全然知らない, どんな人だかさっぱりわからない. **wash** one's **hands in invisible** ～ もみ手をする《へつらい・困惑のしぐさ》. ► *vt* 石鹸でこする[洗う], …に石鹸をつける; 《口》…におべっかを言う, おもねる; *《俗》買収する 〈*up*〉: ～ one*self down* 石鹸で(体を)きれいに洗う. ● ～ **out** (*vi*)《俗》〈大きさ・力などが〉減る, 落ちる. ～ **the ways** 仕事を楽にする. ♦ ～**-like** *a* [OE *sāpe*; cf. G *Seife*]
sóap·bàll *n* 《糊などで》ボール状に固めた石鹸《緩和剤》.
sóap·bàrk *n* 〘植〙セッケンボク, シャボンノキ, キラヤ (＝～ **trèe**)《チリ産のバラ科の常緑樹》; キラヤ皮《その内皮で石鹸の代用にする》.
sóap·bèrry /, -b(ə)ri/ *n* 〘植〙 **a** ムクロジ《同属の総称》; ムクロジの実. **b** BUFFALOBERRY.
sóapberry fàmily 〘植〙ムクロジ科 (Sapindaceae).
sóap-bòil·er *n* 石鹸製造人.
sóap·bòx *n* 石鹸を詰める木箱; 即製[間に合わせ]の演台; 意見開陳の場: Where's your ～? いっぱしの雄弁家気取りじゃないか. ● **climb** [**get**] **on** one's ～ 自分の意見を主張する. ► *vi* 街頭演説をする 〈*for, at*〉. ► *a* 石鹸箱の形をした; 即製の演台から呼びかける, 街頭演説の: a ～ orator 街頭演説者. ♦ ～**·er** *n*
Sóap Bòx Dérby 〘サービスマーク〙ソープボックスダービー《手製のまたは市販キットを自分で組み立てたモーターのないレーシングカーで坂道を下る 11–15 歳の子供のレース》.
sóap bùbble シャボン玉; [*fig*] 楽しいがはかない事, 美しいがありそうもない事《など》.
sóap dìsh 《浴室などの》石鹸入れ, 石鹸置き.
sóap èarth SOAPSTONE.
sóap·er[1] *n* 石鹸製造人; 石鹸商人; *《口》SOAP OPERA.
soa·per[2] /sóupər/ *n**《俗》SOPOR[2].
sóap·ery *n* 石鹸工場.
sóap flàkes [**chìps**] *pl* 鱗片石鹸.
sóap·grèase *n* 《方》金 (money).
sóap·less *a* 石鹸(分)のない; 洗濯してない, よごれた.
sóapless sóap ソープレスソープ《油脂または脂肪酸を用いない合成洗剤》.
sóap·màking *n* 石鹸製造(業).
sóap nùt SOAPBERRY の実.
soap·o·lal·lie /sóupəlæli/ *n* 《カナダ》ソーポラリ《北米産のグミ (soapberry) をつぶした飲み物》.
sóap òpera ソープオペラ《テレビ・ラジオの連続メロドラマ; もとは日中に放送された》; [*fig*] ソープオペラ的な一連のできごと; 《ソープオペラ的な》メロドラマ, 感傷; メロドラマ的[感傷的]な小説《など》. ♦ **sóap-operátic** *a* [もとアメリカで石鹸会社が多くスポンサーになったことから]
sóap plànt 石鹸の代用にする植物, 《特に》シャボンノキ《California 産の白い花が咲くユリ科の多年草》; SOAPWORT.
sóap pòwder 粉石鹸, 粉末洗剤.
sóap·ròck *n* 〘鉱〙凍石 (steatite).
sóap·ròot *n* 〘植〙《南欧産の数種の》カスミソウ《根が石鹸の代用となる》.
sóap·stòne *n* 石鹸石, ソープストーン《滑石の一種; 磨いて浴槽・テーブル板に使う》.
sóap·sùds *n pl* 泡立った石鹸水, 石鹸泡. ♦ **-sùdsy** *a*
sóap·wèed *n* SOAP PLANT.
sóap wòrks (*pl* ～) 石鹸工場.
sóap·wòrt *n* 〘植〙サボンソウ《ナデシコ科サボンソウ属の植物, 特に bouncing Bet とか Boston Pink と呼ばれる植物》.
sóapy *a* 石鹸(質)の; 石鹸のような; すべっこい; 石鹸だらけの; お世辞たらたらの, へつらいの; SOAP OPERA のような: ～ water 石鹸水. ♦ **sóap·i·ly** *adv* なめらかに, つるつる[すべすべ]と; 《俗》お世辞たらたらに, へつらって. **-i·ness** *n*
soar /sɔ́ːr/ *vi* **1** 高く昇る, 舞い上がる; 空をかける; 飛翔する; 〘空〙エンジンを止めて高度を下げずに飛ぶ, 〈グライダーが〉ソアリング[滑翔]する (cf. GLIDE); 〈鳥が〉《はばたきをせずに》滑空する; 高らかに歌う, 〈音楽が〉鳴り響く. **2** 〈希望・元気などが〉高まる, 高揚する; 〈山・塔などが〉そびえる; 〈温度など〉急上昇する, 〈物価が〉暴騰する: a ～*ing* ambition 天かける大望 / His ambition ～*ed* to the throne. 彼は野心が大きくなって王位をねらった. ► *vt* 《詩》《飛翔して》…に達する. ► *n* 飛翔; 天かけること; 飛翔の範囲[限度, 高度]. ♦ ～**·er** *n* ～**·ing·ly** *adv* [OF *essorer*＜L (*ex*-[1], AURA)]
sóar·awày *a* 急上昇する; めざましい.
Soar·es /s(ə)wáːrɪʃ/ ソアレス **Mário** (**Alberto Nobre Lopes**) ～ (1924–)《ポルトガルの政治家; 首相 (1976–78, 1983–85)・大統領 (1986–96); 1986 年 60 年ぶりに文民の元首として選出された》.
sóar·ing *n* 滑翔, ソアリング《グライダーなどで, 上昇気流を利用して飛翔すること》. ► *a* 舞い上がる; そびえ立つ; 急上昇する, 急増する.
Soa·ve /swáːveɪ, souáː-/ *n* ソアーヴェ《イタリアの Verona 地区で造られる辛口の白ワイン》. [*Soave* Verona 近くの村]
So·ay /sóueɪ, ‖sáuə/ *n* 〘畜〙ソアイ種の羊, ソーア羊 (＝～ **shéep**)《スコットランド西方 St. Kilda 諸島の Soay 島原産》.
sob[1] /sáb/ *v* (**-bb-**) *vi* 涙にむせぶ, すすり泣く, 泣きじゃくる, しゃくり上げる; 〈風が〉ザワザワいう, 〈波が〉ザーザーいう; 〈機関が〉シューシューいう; 息をはずませる[切らす]. ► *vt* すすり泣き[泣きじゃくり]ながら話す, 涙にむせびながら言う 〈*out*〉; すすり泣いて〈ある状態に〉する 〈*to*〉: ～ one*self to* sleep 泣き寝入りする. ● ～ **one's heart out** 身も世もあらぬようにむせび泣く. ► *n* すすり泣き, 泣きじゃくり; むせぶような音, ザーザーいう音; [〈*int*〉] クスン, グスン《すすり泣き》. ► *a* お涙頂戴の. ♦ **sób·ber** *n* **sób·bing·ly** *adv* [ME (? imit); cf. Du *sabben* to suck]
sob[2] *n*‖《俗》1 ポンド. [*sov*]
SOB, s.o.b. /èsòubíː/ *n**《俗》畜生, 野郎, くそったれ (son of a bitch).
so·ba /sóubə/ *n* そば (蕎麦). [Jpn]
So·bat /sóubæt/ [the] ソーバト川《エチオピア西部と南スーダン北東部にまたがって西流し, White Nile 川に合流する》.
so·be·it /soubíːɪt/ *conj* 《古》PROVIDED.
so·ber /sóubər/ *a* (～**·er**; ～**·est**) **1** しらふの, 酒を飲んでいない (opp. *drunken*); 《飲食で》節制している, ふだん酒を飲まない〈人など〉: become ～ 酔いがさめる / (as) ～ as a judge (on Friday) 大まじめな, (全く)しらふの / appeal from PHILIP drunk to Philip ～. **2 a** 穏健な〈批評など〉, 理にかなった; 誇張[偏見]のない, ありのままの〈事実など〉(: in ～ fact); 落ちついた; 謹直な, まじめな; 《古》冷静な. **b** 〈色・衣服が〉地味な, 落ちつきのある. ► *vt* …の酔いをさます 〈*up*〉; 落ちつかせる, まじめにする 〈*down, up*〉; 陰気にする 〈*down*〉. ► *vi* 酔いがさめる 〈*up, off*〉; 落ちつく, まじめになる 〈*down, up*〉. ♦ ～**·er** *n* ～**·ness** *n* しらふ; まじめさ: What ～*ness* conceals, drunkenness reveals. 《諺》正気が隠し, 酩酊これを漏らす. [OF＜L *sobrius*]
sóber·ing *a* 人をしらふ[まじめ]にさせる: a ～ thought 胸を突く[はっとする]思い. ♦ ～**·ly** *adv*
sóber·ìze *vt* 《古》SOBER.
sóber·ly *adv* しらふで, 酔わないで; まじめに; 落ちついて.
sóber-mínd·ed *a* 落ちついた, 冷静な; 分別のある.
So·bers /sóubərz/ ソーバーズ Sir **Garfield St. Aubrun** ～ ['**Gary**' ～] (1936–)《バルバドス出身のクリケット選手》.
sóber·síded /, ⌐—⌐—/ *a* まじめな, 謹厳な. ♦ ～**·ness** *n*
sóber·sìdes *n* [〈*sg/pl*〉] まじめで落ちついた人, 謹厳な人, ユーモアのない人, お堅いさん.
So·bies·ki /soubjéski/ ソビエスキー **John** ～ 《John III の生名》.
so·bo·so·bo /sòubousóubou/ *n* (*pl* ～**s**) 〘植〙ソボソボ《アフリカ産のイヌホオズキの一変種; 果実をジャムやパイに使う》.
So·bran·je /soubráːnji/ *n* [the] ブルガリア国会《一院制》. [Bulg]
so·bri·e·ty /soubráɪəti, sə-/ *n* しらふ; 節酒, 禁酒; 節制; 正気; まじめ; 沈着; 穏健: ～ test 《呼気分析による》飲酒検知(法). [OF or L (SOBER)]
so·bri·quet /sóubrɪkèɪ, -kèt, ⌐—⌐/, **sou-** /súːbrɪkèɪ, ⌐—⌐/ *n* あだ名 (nickname); 仮名(かめい). [F＝tap under chin]
sób sìster 《悲話・美談などの》感傷的記事専門の(女性)記者, 身上相談欄担当の(女性)記者; 《しばしば 非実際的な》人のいい感傷(的慈善)家; 薄幸の女を演じる女優; 《口》涙もろい女.
sób stòry 《言いわけがましい》お涙頂戴話.
sób stùff 《口》お涙頂戴物《身上話・小説・映画・場面など》.
soc[1] ⇨ SOCH.
soc[2] /sóuʃ/ *n**《口》《特に 教科としての》社会学 (sociology).
soc., Soc. social ♦ socialist ♦ society ♦ sociology.
SOC system-on-chip.
so·ca /sóukə, -kɑː/ *n* 〘楽〙ソカ《ソウルとカリプソが融合したポピュラー音楽》. [*soul*＋*calypso*]

SOCA /sákə/ 〖英〗 Serious Organised Crime Agency 重大組織犯罪庁.
So·ča /sóutʃə/ ソーチャ川 《Isonzo 川のセルビア-クロアチア語名》.
So·Cal /sóukæl/ 《口》 Southern California.
só-cálled *a* いわゆる, 世に言う, …とやら 《しばしば 不信・軽蔑の意を含む; cf. so[1] *called*, WHAT *is called*》.
soc·(c)age /sákɪdʒ, sóu-/ *n* 〖英中世法〗 犂(すき)奉仕保有, ソケージ 《兵役以外の特定の農役[金納地代]による土地保有》; 〖英法〗 土地自由保有. ♦ **sóc·(c)ag·er** *n* 農役的土地保有小作人[領民]. [AF (*soc*<OE *sōcn* SOKE)]
soc·cer /sákər/ *n* サッカー (=*association football*). [*association*, *-er*]
sóccer mòm* サッカーママ 《郊外に住み, 子供をサッカーなどの習いごとに送迎する典型的中流家庭の母親》.
Soc·cer·oos /sὰkərúːz/ *n pl* [the] 《豪口》 オーストラリア代表サッカーチームの略式名. [*soccer*+*kangaroo*]
soch, soc, sosh /sóuʃ/ *n**《俗》 社交に熱心な者[女の子], 社交人, 立身出世をねらう者. [? *socialite*]
Soche ⇨ SHACHE.
So·chi /sóutʃi/ ソチ 《ロシア, 北 Caucasus 地方の黒海北東岸にある市・港町・保養地》.
so·cia·bil·i·ty /sòuʃəbíləti/ *n* 社交性; 交際好き, 愛想のよさ, 交際じょうず; 社交; [ᵘ*pl*] 社交的行事; 〖生態〗 群度.
so·cia·ble /sóuʃəb(ə)l/ *a* 社交的な, 交際好きな; 交際じょうずな, 人好きのする, 愛敬のある; なごやかな, 懇親の〈会など〉: just to be ~ like 《口》 おつきあいに. ► *n* 一種の四輪馬車 《座席が向かい合う》; 並列二人乗り飛行機[三輪自転車]; 二人用 S 字形椅子; *懇親会, 親睦会, 《特に 教会[教派]の》 団欒(だんらん)の会 《奉仕活動の下準備などをすることもある》. ♦ **-bly** *adv* 社交的に, うちとけて. **~·ness** *n* [F or L (SOCIUS)]
sóciable wéaver(bird) 〖鳥〗 シャカイハタオリ(ドリ), シュウダンハタオリドリ 《アフリカ南部産》.
so·cial /sóuʃ(ə)l/ *a* **1 a** 社会の, 社会的な, 社会に関する; 社会奉仕[事業]の: the ~ code 社会道義, 社会礼儀 / ~ morality 社会道徳 / ~ politics [problems] 社会政策[問題]. **b** 社会生活を営む; 〖動〗 社会性の〈ハチなど〉 (opp. *solitary*); 〖植〗 〈森林の樹木が〉 群落をなす, 群生する (opp. *solitary*): ~ insects 社会性昆虫. **c** 社会主義の; 〖ギ・ロ史〗 同盟国[都市]間の〈戦争など〉. **2 a** 人と人との間の; 人づきあいの, つきあいでやる, 社交の, 社交的な, 懇親の〈会など〉; 交際じょうずな, うちとけた: a busy ~ life 多忙な社交生活 / ~ skills 社会生活技能. **b** 社交界の, 上流社会の; 儀礼的な, 形式ばった (formal): ~ columns 《新聞の》 社交欄. **c** 社会階級の: a ~ set 社会階級集団. ► *n* 懇親[親睦]会, 社交クラブ (sociable); [the] ″《口》 社会保障手当 (SOCIAL SECURITY). ♦ **~·ness** *n* [F or L *socialis* allied; ⇨ SOCIUS]
sócial accóunting 社会会計 (=*national accounting*) 《GNP や国民所得など国民経済の分析・計算を行なう》.
sócial áction 社会的行為; ソーシャルアクション 《利益集団が福祉などに関する制度の変更を目指して行なう活動》.
Sócial and Líberal Démocrats *pl* [the] 〖英〗 社会自由民主党 (=**Sócial and Líberal Democrátic pàrty**) 《1988 年社会民主党の多数派と自由党が合同して結成された政党; 89 年 Liberal Democrats と改称; 略 SLD》.
sócial anthropólogy 文化人類学 (cultural anthropology); 社会人類学 《主として 文字のない社会の社会構造を研究する》. ♦ **sócial anthropólogist** *n*
sócial assístance 《政府の》 社会福祉.
sócial bée 〖昆〗 社会性ミツバチ 《ミツバチ上科の各種》.
sócial bóokmark·ing 〖インターネット〗 ソーシャルブックマーク 《自分のブックマークをネット上に公開し, 他の利用者と共有すること》.
sócial bútterfly パーティー好き人間.
sócial cápital 〖社〗 社会関係資本, ソーシャルキャピタル 《ある社会集団がうまく機能するために必要な成員相互の互助的なきずな・社会組織・道徳意識など》.
sócial cásework CASEWORK.
Sócial Chárter [the] (ヨーロッパ)社会憲章 (=*European Social Charter*) 《欧州共同体 (EC) 加盟国が社会権の地域的実現を確保するために作成した憲章; 1965 年発効; 労働権・団結権・団体交渉権, 労働者保護の保証, 労働者の移動の自由などを定める》.
sócial cláss 〖社〗 《経済・文化・政治的地位による》 社会階級.
sócial clímber 立身出世をねらう人, 《特に 取り入って》 上流階級[社交界]にはいりたがる人. ♦ **sócial clímbing** *n*
sócial cómmerce ソーシャルコマース 《ソーシャルメディア上の人間関係を利用した電子商取引[ネット通販]》.
sócial cónscience 《社会問題・社会的不公正などに対する》 社会的良心.
sócial cóntract [cómpact] 社会契約 《17-18 世紀の思想家が唱えた社会・国家を成立させる個人相互間の契約》; [the Social Contract] 社会契約 《1974 年英国政府と労働組合の間に結ばれた物価・賃金に関する非公式な協定》: *The Social Contract* 『社会契約論』 《Rousseau, *Du contrat social* (1762) の英訳名》.
sócial contról 〖社〗 社会統制 《社会生活の一定形式を維持するために行なわれる有形無形の統制》.
sócial crédit **1** [ˢS- C-] 〖経〗 社会的信用説 《資本主義社会では購買力の分配が不適当なので国民配当を消費者に支給し購買力を増加する必要があるとする, C. H. Douglas の説》. **2** [S- C-] 〖カナダ〗 社会信用党 《1920 年に結成され最初は Social Credit を唱えていた》. ♦ **~·er** *n*
sócial dánce 社交ダンスの集まり[会].
sócial dáncing 社交ダンス, ソシアルダンス (ballroom dancing).
sócial Dárwinism 社会ダーウィン主義[ダーウィニズム] 《Darwinism を社会現象に適用しようとするもので, 社会文化の進歩は社会集団間の抗争・競争の産物であり, 社会的エリート階級は生存競争において生物学的に優越性を有しているとする》. ♦ **sócial Dárwinist** *n*, *a*
sócial demócracy 社会民主主義[国家].
sócial démocrat 社会民主主義者; [S- D-] 社会民主党員. ♦ **sócial democrátic** *a*
Sócial Democrátic and Lábour Pàrty [the] 社会民主労働党 《1970 年に北アイルランドで結成された政党; 支持者は主としてカトリックの穏健派; 南北アイルランドの国家統一を目指している》.
Sócial Democrátic Pàrty [the] 社会民主党 《略 SDP》 《**1**》 〖ドイツ〗 1875 年ドイツ社会主義労働者党として発足 **2**》 〖米史〗 1897 年ごろ結党 **3**》 〖英〗 1981 年結党, 88 年多くの党員が自由党に合流して SOCIAL AND LIBERAL DEMOCRATS を結成》.
sócial devélopment SOCIAL EVOLUTION.
sócial differentiátion 〖社〗 社会分化 《分業の結果起こる専門化のように社会の要素がそれぞれ独自の特徴をもつようになること, またそのような状態》.
sócial diséase 社会病 《結核のようにその影響が直接社会的・経済的要因に関係するもの》; 社交病, 性病.
sócial disorganizátion 〖社〗 社会解体 《社会の組織がくずれて, 本来の機能が果たしえなくなった状態》.
sócial dístance 〖社〗 社会(的)距離 《個人・集団間の親近度を表わす》.
sócial drínker 社交的飲酒家 《社交的な場に限って適度に酒をたしなむ人》.
Sócial Educátion Cèntre 〖英〗 社会教育センター 《障害者のための DAY CENTER》.
sócial engineéring 社会工学 《システム工学と社会科学を結合した応用社会科学》. ♦ **sócial engineér** *n*
sócial envíronment 〖社〗 社会環境 《人間の行動様式を規制する文化・社会・経済などの諸条件; 自然環境に対する》.
sócial évil 社会悪; [the] 《古》 売春 (prostitution).
sócial evolútion 〖社〗 社会進化.
sócial exclúsion 社会的排除 《失業・貧困・無教育・差別・障害などによって個人の社会参加やまっとうな生活が妨げられ, 社会的に孤立すること》.
sócial fúnd [the] 〖英〗 社会基金 《生活困窮者に対するローンと補助金のために政府が留保しておく資金》.
sócial geógraphy 社会地理学.
sócial góspel 社会的福音 《**1**》 イエスの教えを社会問題に適用すること **2**》 [S- G-] 20 世紀初頭の工業化・都市化した米国で, プロテスタントが社会秩序をイエスの教えに一致させようとした運動》. ♦ **sócial góspeler** *n*
sócial héritage 〖社〗 社会的遺産.
sócial hístory 社会史. ♦ **sócial históriạn** *n*
sócial hóusing 〖英〗 《公的機関などが提供する》 低価格[低家賃]住宅.
sócial índicator 〖社〗 社会指標.
sócial insúrance 社会保険.
sócial insúrance nùmber 〖カナダ〗 社会保障番号 《略 SIN》.
sócial interáction 〖社〗 社会的相互作用 《特に 文化活動において個人・集団が互いに相手の意識や行動に影響を与え合うこと》.
sócial·ism *n* 社会主義; [ˢS-] 社会主義運動.
sócial isolátion 〖社〗 社会的孤立[隔離] 《他者とのコミュニケーション・協働が失われること》.
sócial·ist *n* 社会主義者; [S-] 〖米史〗 社会党員; [S-] 〖英〗 労働党員. ► *a* 社会主義の; 社会主義的な; [S-] 社会党の: ~ ideas.
so·cial·is·tic /sòuʃəlístɪk/ *a* 社会主義(者)の; 社会主義的な傾向のある. ♦ **-ti·cal·ly** *adv* [*socialism*, *-istic*]
Sócialist Internátional [the] 社会主義インターナショナル (Second INTERNATIONAL).
Sócialist Lábor Pàrty [the] 〖米史〗 社会主義労働党 《1877 年結成》.
Sócialist Párty [the] 社会党; 〖米史〗 社会党 《1901 年に Eugen V. Debs の指導下に社会民主党と社会主義労働党のメンバーが結成》; ″《口》 英国労働党 《など》.
sócialist réalism 社会主義リアリズム 《マルクス主義芸術理論で, 現実をその革命的発展において描き, 人民大衆を教育する創作方法》. ♦ **sócialist réalist** *n*, *a*

S

sócial·ìte *n* 社交界の名士[淑女].
so·ci·al·i·ty /sòuʃiǽləti/ *n* 交際好き; 社交性; 社交本能, 群居性; 社会生活; 社交; [ᵘ*pl*] 社交行事.
sócial·ize *vt* **1** 社会的なものにする, 社会化する; 社会主義化する; *政府[集団]の保有[統制, 管理]の下におく, 国有化する; 〘教育〙〈学習を〉生徒と教師との合同作業にする, グループ活動にする; 〘心〙…に社会生活への順応教育を与える, 社会化する. **2** 社交的にする. ► *vi* つきあう 〈*with*〉; 社交的催しに参加する. ◆ **-iz·er** *n* **sòcial·izá·tion** *n* 社会化; 社会主義化.
só·cial·ìzed médicine* 社会化[公的]医療, STATE MEDICINE.
sócial·ly *adv* 社会(階級)的に; 社交上, 社交的に, つきあいで; 仲よく, うちとけて; 社会的には[に言えば].
sócial márket (ecónomy) 〘経〙社会的市場経済《失業者や高齢者の保護などには政府が介入する市場経済; もともと第二次大戦後の西ドイツの経済体制について使われた用語》.
sócial márketing ソーシャルマーケティング (=*societal marketing*)《マーケティングの諸概念や技法を社会的な目標達成に役立てること; 環境破壊や資源浪費を避けながら消費者のニーズや欲望を満足させること》.

S

sócial média ソーシャルメディア《多数のユーザーによる情報の共有を効率的に行なう媒体; 電子掲示板・ブログ・動画共有サービス・オンライン百科事典などで参加ユーザーが自由に書き込める形態のものなど》.
sócial médicine 社会医学, 公衆医学.
sócial-mínd·ed *a* 社会(の福祉)に関心をもつ.
sócial mobílity 〘社〙社会移動(性)《一つの社会の中で人びとが場所・職業・階級などの間を移動すること》.
sócial nétworking ソーシャルネットワーキング《参加者どうしがメッセージを交換するなどして交流する形のネットワークサービス利用》.
sócial órder 《人間関係の》社会組織.
sócial órganism [the] 〘社〙社会有機体《社会を生物有機体に類似するものとみて名づけたもの》.
sócial organizátion 〘社〙社会組織.
sócial pártner 〘社〙社会的パートナー《相互利益をはかるために協調関係をつくる雇用者・労働組合・被雇用者などの個人または組織》.
sócial pathólogy 社会病理学《貧困・失業・犯罪・離婚などを人間社会の '病気' とみなして研究する》; 社会病理.
sócial préssure 社会的圧力《社会の成員に対して, 社会秩序に従わせるようにはたらく》.
sócial prócess 〘社〙社会過程《文化および社会組織が変化し維持される過程》.
sócial promótion 《学業成績でなく》年齢に基づく進級.
sócial psychíatry 社会精神医学.
sócial psychólogy 社会心理学. ◆ **sócial psychólogist** *n*
sócial réalism 〘芸〙社会的リアリズム《Ashcan 派などの》; SOCIALIST REALISM.
Sócial Régister 〘商標〙ソーシャルレジスター《名士録》.
sócial scíence 社会科学《経済学・社会学・政治学などの総称; その一部門》; 社会科. ◆ **sócial scíentist** *n*
sócial sécretary 渉外担当秘書.
sócial secúrity 社会保障; 〘英〙生活保護; [ˢS- S-] 〘米〙社会保障制度《1935 年連邦政府が社会保障法 (Social Security Act) の成立をうけて導入》; 生活保護手当: be *on* ~ ʺ生活保護を受けている.
Sócial Secúrity Àct [the] 〘米〙社会保障法《1935 年 New Deal 立法の一環として成立した連邦法》.
sócial secúrity nùmber [ˢS- S- n-] 〘米〙社会保障番号《社会保障費[年金]の徴収[支給]のため政府が個人につける 9 桁の番号; 身分証明の番号として, 銀行口座・納税などで利用される; 略 SSN》.
sócial seléction 〘社〙社会淘汰.
sócial sérvice 《教会・病院・慈善団体などの組織的な》社会福祉事業, ソーシャルサービス; [*pl*] ʺ政府の社会福祉事業; [*pl*] 《地方自治体内の》社会福祉部. ◆ **sócial-sérvice** *a*
sócial séttlement 〘社〙セツルメント (settlement).
sócial strúcture 〘社〙社会構造.
sócial stúdies *pl* 社会科学; 社会科.
sócial wáge 〘経〙社会的賃金《市民生活の便益のために公的財源から支払われている一人当たりの費用》.
Sócial Wár [the] 同盟市戦争《**1**)〘ギ史〙アテナイとその同盟市との戦い (357–355 B.C.) **2**)〘ロ史〙ローマとその同盟市との戦い (90–88 B.C.)》.
sócial wásp 〘昆〙社会性[群生]スズメバチ.
sócial wéaver(bird) SOCIABLE WEAVERBIRD.
sócial wélfare 社会福祉; SOCIAL WORK.
sócial wòrk 社会(福祉関連)事業, ソーシャルワーク《専門的立場で行なう貧困者・非行者などに対する援助・対策・調査など》. ◆ **sócial wòrker** ソーシャルワーカー.
so·ci·e·tal /səsáɪətl/ *a* 社会の (social). ◆ **~·ly** *adv*
socíetal márketing SOCIAL MARKETING.
so·cié·té ano·nyme /*F* sɔsjete anɔnim/ (*pl* **so·cié·tés ano·nymes** /—/) 株式会社, 有限会社《略 SA》. [F=anonymous society]
so·ci·e·ty /səsáɪəti/ *n* **1** 社会; 〘生態〙生物社会, 《群落内の亜優占種による》社会, ソサエティー; 《群落単位としての》群集 (association); 《ミツバチなど》社会的単位をなす一対の昆虫の子孫: Ants have a well-organized ~. アリには非常に組織立った社会がある. **2 a** [形容詞を伴って] 社会層; 社交界, 上流社会 (=**hígh ~**): polite ~ 上流社会 / move in ~ 社交界に出入りする. **b** 社交, 交際, 交友, つきあい; 仲間, 友人; 世間, 世の中: in ~ 人前で / She enjoys his ~. 彼とのつきあいが楽しい / prefer one's own ~ 1 人でいるのを好む. **3** 会, 協会, 学会, 組合, 団体, 講; 〘米〙教会法人《会衆派の組織で各教会建物の所有権や牧師の報酬の決定について管理をする》: a literary ~ 文学会 / the *S*~ for the Propagation of the Gospel 福音伝道協会《略 SPG》. ► *a* 社交界の; 社交界的な; 社交会を取り扱う: a ~ man 社交界の人 / a ~ wedding. ◆ **~·less** *a* [F<L (SOCIUS)]
socíety còlumn* 《新聞の》社交界欄《社会的に著名な人びとのニュースを載せる》.
socíety fìnch* 〘鳥〙ジュウシマツ (十姉妹).
Socíety Íslands *pl* [the] ソシエテ諸島 (*F* Îles de la Société) 《南太平洋のフランス領 Polynesia に属する諸島; 最大の島は Tahiti; cf. LEEWARD [WINDWARD] ISLANDS》.
Socíety of Fríends [the] キリスト友会(ゆうかい), フレンド教会《1650 年ごろイングランドで George Fox が創立したプロテスタントの一派; Quakers の公称; 内なる光 (Inner Light) を強調し, 聖餐を否定, あらゆる戦争に反対する》.
Socíety of Jésus [the] イエズス会《1534 年 Ignatius of Loyola によって創立されたカトリックの男子修道会; cf. JESUIT》.
socíety vèrse VERS DE SOCIÉTÉ.
socii *n* SOCIUS の複数形.
So·ci·ni /soutsí:ni/ ソツィーニ《SOCINUS のイタリア語名》.
So·cin·i·an /sousíniən, sə-/ *n* ソッツィーニ派信徒《Faustus Socinus を指導者とする, 16–17 世紀の反三位一体的神学運動の信奉者》. ► *a* ソッツィーニの, ソッツィーニ派[主義]の. ◆ **~·ism** *n* ソッツィーニ主義.
So·ci·nus /sousáɪnəs/ ソツィーニ (**1**) **Faustus ~** (*It* Fausto So(z)zini [Socini]) (1539–1604)《イタリアに生まれた反三位一体論的立場の神学者》 (**2**) **Laelius ~** (*It* Lelio So(z)zini [Socini]) (1525–62)《反三位一体論運動に影響を与えたイタリアの神学者; 前者の叔父》.
so·cio- /sóusiou, sóuʃiou, -ə/ *comb form* 「社会の」「社会学の」 [L SOCIUS]
sòcio·biólogy *n* 社会生物学. ◆ **-gist** *n* **-biológical** *a* **-ical·ly** *adv*
sòcio·cúltural *a* 社会文化的な. ◆ **~·ly** *adv*
sòcio·ecólogy *n* 社会生態学. ◆ **-gist** *n* **-ecológical** *a*
sòcio·económic *a* 社会経済の, 社会経済的な. ◆ **-ical·ly** *adv*
socioeconómic gróup 社会経済的集団 (=**socioeconómic gráde [classificátion, státus]**)《人口を社会的・経済的指標で分けたもの; 特に 英国では市場区分 (market segment) に利用される世帯主の職業による次の 6 集団を指すことが多い: A 上級管理職と高収入の専門職, B 中級管理職と中位の専門職, C1 監督職 (職長・作業長など)・事務職・下位管理職, C2 熟練労働者, D 不熟練労働者, E 年金生活者・不定期就労者・失業者》.
sócio·gràm *n* 〘社〙ソシオグラム《人びとの関係を計量社会学的に示した図式・図表》.
sòcio·históric al *a* 社会史 (social history) の; 社会と歴史の.
so·ci·o·lect /sóusiəlèkt/ *n* 社会方言《特定の社会集団が使用する言語変種》. [dia*lect*]
sòcio·linguístic *a* 言語の社会的な面に関する; 社会言語学の. ◆ **-tical·ly** *adv*
sòcio·linguístics *n* 〘言〙社会言語学. ◆ **-línguist** *n*
so·ci·ol·o·gese /sòusiɑ̀ləʤí:z, -ʃi-, -s/ *n* 社会学(的)用語, 社会学者的語法[文体]. [*sociology*, *-ese*]
so·cio·log·i·cal /sòusiəlɑ́ʤɪk(ə)l, -ʃ(i)ə-/, **-ic** *a* 社会学の, 社会学的な, 社会学上の; 社会の, 社会問題[組織]の. ◆ **-i·cal·ly** *adv* 社会学的に(みて).
so·ci·ol·o·gy /sòusiɑ́ləʤi, -ʃi-/ *n* 社会学; 群集生態学 (synecology). ◆ **-gist** *n* [F]
sòcio·métric *a* ソシオメトリーの; 社会関係を測定する, 社会関係の存在[程度, 質]を示す. ◆ **-rical·ly** *adv*
so·ci·om·e·try /sòusiɑ́mətri, -ʃi-/ *n* 計量社会学, ソシオメトリー《社会関係の測定・診断・変革の技法》. ◆ **-trist** *n*
sócio·pàth *n* 〘精神医〙社会病質者《人格障害のために社会的に好ましくない行動を示す》. ◆ **sòcio·páthic** *a* **so·ci·op·a·thy** /sòusiɑ́pəθi/ *n* [*psychopath* にならったもの]
sòcio·polítical *a* 社会政治的な.
sòcio·psychológical *a* 社会的かつ心理的な; 社会心理学に関する; PSYCHOSOCIAL.
sòcio·relígious *a* 社会宗教的な.

sòcio·séxual *a* 性の個人間の関係に関する. ◆ **sòcio·sexuálity** *n*
sòcio·technológical *a* 社会工学的な《社会的要素と科学技術(との調和)にかかわる》.
so·ci·us /sóuʃiəs/ *n* (*pl* **-cii** /-ʃiàɪ/) ASSOCIATE, FELLOW, COLLEAGUE. [L=comrade, companion]
sócius crí·mi·nus /-krímənəs/ 〘法〙共犯(者), 従犯(人). [L=partner in crime]
sock[1] /sák/ *n* **1 a** (*pl* **~s, sox** /sáks/) 短い靴下, ソックス (cf. STOCKING). **b** 《靴に入れる》中敷き, 敷革, インソール; 《古》浅い靴; 《ギリシア・ローマの喜劇役者の履いた》軽い靴 (cf. COTHURNUS); [the] 喜劇: a pair of ~*s* ソックス 1 足 / in one's ~*s* 靴を脱いで. **c** 《馬の》脚の下部の毛色が上部と異なった部分 (stocking): white ~. **d** 〘気〙WIND SOCK. **2** *《俗》金を入れる袋[箱], 金庫, 金の隠し場所《銀行口座など》; ため込んだ金, へそくり; (相当額の)金. ● **beat sb's ~s off** *《口》人を打ちのめす, …に圧勝する. **beat to the ~s** *《俗》くたびれはてて, へとへとで. **be walking on rocky ~s** *《俗》一杯機嫌で歩いている, 酔っぱらっている. **in one's ~s [~ feet]** *靴下だけで, 靴を脱いで. **knock sb's ~s off** 《口》人をまげさせる, どぎもを抜く, 狂喜させる, ゾクゾクさせる (=**blow sb's ~s off**); 《口》人をたたきのめす. **Pull your ~s up!=Pull up your ~s!** ‖《口》がんばれ, しっかりやれ, ふんどしを締めてかかれ. **Put [Stuff] a ~ in it!** 《口》黙れ, 静かにして! **one's ~s off** 熱心に, 懸命に: work [run, play, etc.] one's ~*s off*. **the ~s off** *《口》徹底的に, めちゃくちゃ, 完全に: beat *the ~s off* (of) sb=beat sb's SOCKS off. ► *vt* …に sock をつける, …に靴下を履かせる. ● **~ away** *《口》〈金を〉ため込む. **~ in** [U *pass*] *《俗》〈濃霧などが〉〈空港・滑走路を〉閉鎖させる, 〈飛行機〉の離着陸を不可能にする. ◆ **~·less** *a* [OE *socc*<L *soccus* slipper]
sock[2] 《口》*vt* 打つ, なぐる; 〈あらしなどが〉襲う; 〈悪い知らせなどが〉…に衝撃を与える, 苦しめる; 〘ジャズ〙〈音楽を〉スウィングして演奏する 〈*out*〉: ~ sb *on* the jaw 人のあごを(げんこつで)なぐる, 打つ. ► *vi* なぐる. ● **~ it to**…をぶんなぐる, (ガツンと一発)やっつける, …のどぎもを抜く, …を活気づける[陽気にする]: *S~ it to* me! *さあかかってこい, どこからでも来やがれ, いいから言ってみな, もっとして. ► *n* 《げんこつでの》一撃, 強打; *強打力, 'パンチ'; *衝撃, ショック; 〘野〙ヒット; SOCK CYMBAL; *大当たり(を取った作品[興行, 人]); *(ばかな)やつ, とんま: give sb ~(*s*) 人をなぐる / take a ~ at sb 人をなぐりつける. ► *adv* 強烈に, まともに. ► *a* パンチのきいた, 強烈な, 衝撃的な; 大当たりの. [C18<? Scand]
sock[3] *n* ‖《学生俗》食べ物, 菓子, 間食. [C19<?]
sóck cỳmbal 〘楽〙フットシンバル (high hat).
soc(k)·dol·a·ger, -dol·la-, -o·ger /sakdálɪʤər/ *《俗》*n* とてつもなく大きい[重い]もの, 途方もないもの, すばらしい人[もの]; 決定的打撃, 決定的議論[回答], とどめの一撃. [? 変形く *doxology*]
socked /sákt/ *a* *《俗》酒に酔って.
sock·er[1] ‖ /sákər/ *n* SOCCER.
socker[2] *n* 《俗》強打者.
sock·er·oo /sàkərúː/ *n* (*pl* **~s**) 《口》めざましい成功, 大成功, 大ヒット作.
sock·et /sákət/ *n* 受口, 軸受, 軸吊り孔, ソケット, ‖コンセント; 《燭台の》ろうそく差し; 〘解〙窩(か), 槽(そう); 〘ゴルフ〙クラブのヒール(ショット); 〘インターネット〙ソケット《IP ADDRESS と PORT NUMBER の組合わせ》: the ~ of the eye 眼窩. ► *vt* …に socket を付ける; socket にはめる; 〘ゴルフ〙クラブのヒールで打つ. [AF (dim)<OF *soc* plowshare<? Celt]
sócket òutlet 〘電〙《壁の》コンセント.
sócket wrènch *〘機〙ソケットレンチ《筒状のソケットを着脱交換できる box spanner の一種》.
sóck·eye (sálmon) /sákàɪ(-)/ ベニザケ (=*red salmon*)《北太平洋産》.
sóck hòp *《俗》ソックホップ《特に 1950 年代に高校生の間で流行した, ソックス姿で踊るくだけたダンスパーティー》.
sock·ing /sákɪŋ/ ‖《口》*adv* とても, ものすごく: a ~ great hole ばかでかい穴. ► *a* いまいましい, べらぼうな. [?*sock*[2]]
socko /sákou/ *《俗》*a* すばらしい, すごい, 圧倒的な; 大当たりの. ► *n* (*pl* **sóck·os**) 大ヒット, 大当たり; 〘ボク〙痛打. ► *int* ボカッ, ボカリ, ガーン, バーン《殴打を表わす》. ► *vi* 〘ボク〙《あごなどを》痛打する; 大成功を収める. [*sock*[2] impact]
sóck pùppet 靴下人形; 〘電算〙あやつり人形, 分身《チャットなどの参加者がひそかに別のアカウントを使って別人になりすましたもの》.
sóck suspènders ‖ *pl* 靴下留め (garters*).
so·cle /sóuk(ə)l, sák-/ *n* 〘建〙《柱・壁の》台石, 礎石.
soc·man /sákmən, sóuk-/ *n* SOKEMAN.
SOCO /sákou/ 〘英〙scene-of-crime officer 鑑識官.
So·co·tra, So·ko·tra, Su·qu·tra /səkóutrə/ ソコトラ《Aden 湾の東にある島; ☆Tamridah; イエメンに属する》.
Soc·ra·tes /sákrətìːz/ ソクラテス (c. 470–399 B.C.)《古代アテナイの哲学者; その思想と問答式思考法は弟子 Plato の *Dialogues* の中に伝えられる》.
So·crat·ic /səkrǽtɪk; sɔk-/ *a* ソクラテス(哲学)の; ソクラテス門下の; ソクラテス的問答法の. ► *n* ソクラテス門下[学徒]. ◆ **-i·cal·ly** *adv* [L<Gk (↑)]
Socrátic elénchus ソクラテスの問答法.
Socrátic írony ソクラテス的反語[アイロニー]《論敵に教えを請うふりをしてその誤りを暴露する論法》.
Socrátic méthod [the] ソクラテスの問答教授法.
Soc·red /sákrɛ̀d/ *n, a* 〘カナダ〙SOCIAL CREDIT 派[運動]支持者(の).
sod[1] /sád/ *n* 土つき芝; 切芝《四角のマット状》; 芝生, 芝地; 草地; 《詩》土地. ● **the** OLD SOD. **under the ~** 葬られて. ► *vt* (-dd-) …に芝を敷く. [MDu, MLG<?]
sod[2] ‖《卑》*n* 男色者, ホモ; いやな[厄介な]やつ[こと, もの]; 男, やつ: the poor old ~ かわいそうな老いぼれ / This stain is a ~ to get off. このしみはなかなか落ちない. ● **not give [care] a ~** 全くかまわない. **~ all** 全く…ない, ゼロ: do ~ *all* 何もしない / pay ~ *all* attention 全く注目しない. ► *vt* (-dd-) 呪う (damn): *S~* it [that]! ちきしょうめ, ばかめ, くそっ / *S~* you! 知ったことか, くそくらえ. ● **~ off** ‖《卑》立ち去る, [*impv*] 失せろ. **S~ this [that] for a** LARK[2]! [*sodomite*]
sod[3] *v* 《古》SEETHE の過去形: And Jacob ~ pottage 《*Gen* 25: 29》.
so·da /sóudə/ *n* **1** ソーダ, 炭酸ソーダ, 重炭酸ソーダ, 苛性ソーダ, 酸化ナトリウム, ナトリウム; *SODA POP; SODA WATER; ICE-CREAM SODA: ~ alum ソーダ[ナトリウム]ミョウバン / (a) brandy and ~ ブランデーソーダ. **2** 〘トランプ〙見せ札, 初札, ソーダ《銀行 (faro) でプレーの前に表を向ける札》. **3** 《豪口》たやすい相手, 朝めし前のこと (pushover). [It<? L *sodanum* glasswort (頭痛薬)]
sóda àsh 〘化〙ソーダ灰《工業用炭酸ソーダ》.
sóda bìscuit ソーダビスケット《重曹と酸敗乳またはバターミルクでふくらませた丸パン》; SODA CRACKER.
sóda brèad ソーダパン《イーストを使わず重曹と酒石英でふくらませたパン》.
sóda cràcker ソーダクラッカー《薄味軽焼きビスケット》.
sóda fòuntain *《蛇口の付いた》ソーダ水容器 (soda siphon); ソーダ売場《アイスクリームなども出す軽食カウンター》.
sóda jèrk(er) *《口》SODA FOUNTAIN のカウンター係.
sóda làke ソーダ湖《ナトリウム塩に富むアルカリ性の湖沼》.
sóda lìme ソーダ石灰, ソーダライム. ◆ **sóda-lìme** *a*
sóda-lìme glàss ソーダ石灰ガラス, 軟質ガラス.
so·da·list /sóud(ə)lɪst, soudǽl-/ *n* 〘カト〙兄弟会[信心会] (sodality) 会員.
so·da·lite /sóud(ə)làɪt/ *n* 方ソーダ石.
so·dal·i·ty /soudǽləti/ *n* 友好, 友愛, 同志の交わり; 組合; 〘カト〙兄弟会, 信心会, 《特に》マリア信心会《信心・慈善のための信者団体》. [L=comradeship]
so·da·mide /sóudəmàɪd/ *n* 〘化〙SODIUM AMIDE.
sóda nìter ソーダ硝石, チリ硝石.
sóda pòp *《果物味の》ソーダ(水).
sóda pòp wìne POP WINE.
so·dar /sóudɑ̀ːr/ *n* 音波レーダー, ソーダー. [*so*und *d*etecting *a*nd *r*anging]
sóda sìphon ソーダサイホン《ソーダ水注入器》.
sóda wàter ソーダ[炭酸]水; SODA POP; 重炭酸ナトリウムの希溶液《健胃薬》.
sód·bùster *n* *《口》農夫 (farmer).
sod·den[1] /sádn/ *a* 水につかった, びしょぬれの 〈*with* rain〉; 酒浸りの; 《アル中で》ぼけている, 無表情な; 愚鈍な; 〈パンなどが〉生焼けの, ふやけた; 〈顔などが〉むくんだ; 《古》ゆでた (boiled). ► *vt* 浸す, つける, びっしょりぬらす 〈*with*〉; 酒浸りにする; ぼけさせる, ばかにする. ► *vi* 水に浸る, 水浸しになる; 柔らかくなる, ふやける, 腐る. ◆ **~·ly** *adv* **~·ness** *n* [↓]
sodden[2] *v* 《古》SEETHE の過去分詞.
sód·ding ‖《卑》*a* いまいましい, ひどい, 忌まわしい: this ~ car. [*sod*[2]]
sód·dy *a* 芝土の, 芝生の. ► *n* *芝土の家. [*sod*[1]]
Soddy ソディー **Frederick ~** (1877–1956)《英国の化学者; 放射性元素の崩壊について研究, 同位元素を発見; ノーベル化学賞 (1921)》.
Sö·der·blom /sə́ːdərblùːm/ セーデルブルーム **Nathan ~** (1866–1931)《スウェーデンのルター派神学者; ノーベル平和賞 (1930)》.
Sö·der·täl·je /sə̀ːdərtéljə/ セーデルテリエ《スウェーデン南東部, Stockholm 郊外の市》.
sodg·er /sáʤər/ *n, vi* ‖《方》SOLDIER.
sód hòuse 芝つき土の家《芝つき土を積み上げて壁にした家; 米国の大草原地帯の初期の移民たちがこれを建てて住んだ》. [*sod*[1]]
so·dic /sóudɪk/ *a* ナトリウム (sodium) の[を含む].
so·dio- /sóudiou, -diə/ *comb form* 「ナトリウム (sodium)」
so·di·um /sóudiəm/ *n* 〘化〙ナトリウム《金属元素; 記号 Na, 原子番号 11》. [NL (*soda*, *-ium*)]
sódium ámide 〘化〙ナトリウムアミド.
sódium ársenite 〘化〙亜ヒ酸ナトリウム《猛毒の粉末; シロアリ・

カイガラムシ殺虫剤や防腐剤とする).
sódium ázide 〘化〙 アジ化ナトリウム《有毒性無色結晶; 起爆薬のアジ化鉛の製造に用いる》.
sódium bénzoate 〘化〙 安息香酸ナトリウム.
sódium bicárbonate 〘化〙 重炭酸ナトリウム, 重曹.
sódium bichrómate SODIUM DICHROMATE.
sódium borohýdride 〘化〙 水素化ホウ素ナトリウム.
sódium brómide 〘化〙 臭化ナトリウム.
sódium cárbonate 〘化〙 炭酸ナトリウム, ソーダ灰 (soda ash); 結晶[炭酸]ソーダ.
sódium chlórate 〘化〙 塩素酸ナトリウム.
sódium chlóride 〘化〙 塩化ナトリウム, 食塩.
sódium cítrate 〘化〙 クエン酸ナトリウム《白色の粉末; 利尿剤・去痰剤・血液凝固防止剤や清涼飲料・チーズなどに用いる》.
sódium cýanide 〘化〙 シアン化ナトリウム.
sódium cýclamate 〘化〙 サイクラミン酸ナトリウム, チクロ《合成甘味料》.
sódium dichrómate 〘化〙 二[重]クロム酸ナトリウム.
sódium dó·de·cyl súlfate /-dóudəsɪl-/ 〘化〙 ドデシル硫酸ナトリウム (sodium lauryl sulfate).
sódium flúoride 〘化〙 フッ化ナトリウム.
sódium flùoro·ácetate 〘化〙 フルオロ酢酸ナトリウム《殺鼠剤》.
sódium glútamate 〘化〙 グルタミン酸ナトリウム (monosodium glutamate).
sódium gly·co·chól·ate /-glàɪkoukálèɪt, -glàɪkoukóulèɪt, -glaɪkákəlèɪt/ 〘生化〙 グリココール酸ナトリウム《胆汁の成分》.
sódium hydróxide 〘化〙 水酸化ナトリウム, 苛性ソーダ (=*caustic soda*).
sódium hypochlórite 〘化〙 次亜塩素酸ナトリウム.
sódium hyposúlfite 〘化〙 次亜硫酸ナトリウム《チオ硫酸ナトリウム; 亜二チオン酸ナトリウム》.
sódium íodide 〘化〙 ヨウ化ナトリウム《写真・動物飼料・呼吸器および神経性疾患の治療に用いる》.
sódium làmp [lìght] SODIUM-VAPOR LAMP.
sódium láuryl súlfate 〘化〙 ラウリル硫酸ナトリウム (=*sodium dodecyl sulfate*).
sódium mèta·sílicate 〘化〙 メタケイ酸ナトリウム.
sódium nítrate 〘化〙 硝酸ナトリウム.
sódium nítrite 〘化〙 亜硝酸ナトリウム《染料の製造や肉の保存料に用いる》.
sódium óxide 〘化〙 酸化ナトリウム《脱水剤》.
Sódium Péntothal 〘商標〙 ペントタールナトリウム《チオペンタールのナトリウム塩》.
sódium perbórate 〘化〙 過ホウ酸ナトリウム.
sódium peróxide 〘化〙 過酸化ナトリウム.
sódium phósphate 〘化〙 リン酸ナトリウム《清罐剤・洗浄剤・細菌培養などに用いる》.
sódium própionate 〘化〙 プロピオン酸ナトリウム.
sódium púmp 〘生化〙 ナトリウムポンプ《細胞膜を通してのナトリウムイオンとカリウムイオンの交換的能動輸送(を担う膜タンパク質)》.
sódium salícylate 〘化〙 サリチル酸ナトリウム.
sódium sílicate 〘化〙 ケイ酸ナトリウム.
sódium stéarate 〘化〙 ステアリン酸ナトリウム.
sódium súlfate 〘化〙 硫酸ナトリウム.
sódium thiosúlfate 〘化〙 チオ硫酸ナトリウム《写真の定着液に用いる; 俗称 hypo, fixer, (sodium) hyposulfite》.
sódium trì·pòly·phósphate 〘化〙 トリポリリン酸ナトリウム.
sódium-vàpor làmp 〘電〙 ナトリウム灯[ランプ]《橙黄色光を発する; 主に道路照明用》.
Sod·om /sádəm/ **1** ソドム《死海南岸にあったパレスティナの古都; 男色など住民の邪悪さのため神に滅ぼされたという; *Gen* 18, 19; cf. GOMORRAH》: the APPLE OF SODOM. **2**《一般に》罪悪[堕落]の場所 (cf. SODOMITE). ★ Sodom and Gomorrah と並べて用いられることが多い.
So·do·ma /sɔ́:dɔ:mɑ:/ [Il /ì:l/ ～] ソドマ (1477–1549)《イタリアの画家; 本名 Giovanni Antonio Bazzi; 人体描写における優美な様式を確立》.
sódom·ist *n* 男色者, 獣姦者, 異常性行為者 (sodomite).
Sódom·ite *n* ソドム人; [s-] 男色者, 獣姦者, 異常性行為にふける人. [F,＜Gk; ⇨ SODOM]
sod·om·it·ic /sàdəmítɪk/, **-i·cal** *a* [°S-] 男色の, ソドミーの. ◆ **-i·cal·ly** *adv*
sod·om·ize /sádəmàɪz/ *vt* …にソドミーを行なう.
sod·omy /sádəmi/ *n* ソドミー《同性間の性行為, 獣姦, 異性間の異常性行為》,《特に》男色, 肛門性交. [OF＜L *sodomia*; ⇨ SODOM]
Sód's láw ˈˈ[*joc*] こんちきしょうの法則 (MURPHY'S LAW).
sód wídow *《方》 未亡人 (cf. GRASS WIDOW).
SOE 〘英〙°Special Operations Executive.
sœur /*F* sœ:r/ *n* SISTER.
so·ev·er /souévər/ *adv* たとえ[どのように]…とも; [否定語を強めて] 少しも, 全然 (at all): how wide ～ (=how ～ wide) the difference may be 差がどんなに大きくても / He has *no* home ～. 全くの家なしだ. [*so*¹+*ever*]
so·fa /sóufə/ *n* ソファー. [F, ＜Arab=long bench]
sófa bèd 寝台兼用ソファー, ソファーベッド.
sófa lízard *《学生俗》 けちで家に閉じこもっているやつ; *《学生俗》 デートの金をけちってガールフレンドの家に入りびたりの男, いちゃつき野郎.
so·far /sóufɑ:r/ *n* 〘海〙 ソファー《海難者が救命ボートから爆薬を海中に爆発させ, 海岸の 3 受信局が位置を確認する水中測音装置》. [*so*und *f*ixing *a*nd *r*anging]
sófa spùd *《俗》 COUCH POTATO.
sófa tàble ソファーテーブル《ソファーの前, 後ろまたはわきに置くテーブル》.
sof·fit /sáfət/ *n* 〘建〙《部材・建築部位の》下の面, 下端(ばた),《特に》《アーチの》内輪, 内迫(うちせり), ソフィット. [F or It; ⇨ SUFFIX]
sof·frit·to /soufrí:tou/ *n* 〘イタリア料理〙 ソッフリット《スープや肉料理のベースとなる野菜をみじん切りにして混ぜたもの》; SOFRITO. [It]
So·fi /sóufi/ *n* 《廃》 SUFI.
So·fia¹ /sóufiə, soufí:ə/ ソフィア (Bulg **So·fi·ya** /sɔ́:fiə/)《ブルガリアの首都; 古称 Serdica, Sardica》.
So·fia² /səfí:ə, -fáɪə, *sóufiə/ ソフィア, ソファイア《女子名》. [⇨ SOPHIA]
so·fri·to /soufrí:tou/ *n* SOFFRITTO; ソフリート《ラテンアメリカ料理で使われるトマト・タマネギ・ニンニク・コショウ・コリアンダーなどで作ったソース》. [Sp]
S. of Sol., S. of S. 〘聖〙°Song of Solomon, Song of Songs.
soft /sɔ́(:)ft, sáft/ *a* **1 a** 柔[軟]らかい, 柔軟な (opp. *hard, tough*); くにゃくにゃの, 〈筋肉など〉たるんだ; 消化しやすい; 〘冶〙〈はんだが〉溶けやすい; 〘美〙 ソフト(アート)の: ～ ground 軟らかい地面 / ～ butter / ～ metal 軟質金属. **b** 手ざわりの柔らかな; なめらかな; すべすべした;《金属でなく》紙の (cf. SOFT MONEY): (as) ～ as baby's bottom とても柔らかで / (as) ～ as velvet 手ざわりがとても柔らかで / ～ skin 柔肌 / ～ fur. **2 a** 〈光・色彩など〉柔らかな; 落ちついた, くすんだ, 地味な; 〈輪郭・線など〉丸みをおびた, 〘写〙 軟調の (opp. *contrasty*); 〈焦点・レンズが〉甘い; 《俗》 ソフトコアの (soft-core): ～ pornography. **b** 〈音が〉静かな, 低い; メロディーが美しい; 〘音〙 軟音の《gem の g /ʤ/, city の c /s/; cf. HARD》; 有声音の《k に対する g など》;《スラブ語の子音が》口蓋化された, 軟音の. **c**《衝撃が》軽い, ゆるやかな; 軟着陸の (cf. SOFT LANDING); 《古》 動きのゆっくりした, 緩慢な; なだらかな〈坂など〉: a ～ tap そっとたたくこと, 軽いノック. **d** アルコール分を含まない (cf. SOFT DRINK); 《口》〈麻薬が〉害の少ない, 常習[中毒]にならない (cf. SOFT DRUG); 〘理〙〈X 線など〉透過能の低い (opp. *hard*). **3 a** 〈季節など〉温和な, 温暖な; 〈風など〉快い; ˈˈ〈天候など〉湿っぽい, 雨降りの, 雪解けの. **b** ここちよい〈まどろみなど〉;《味・香りが》まろやかな, 口当たりのよい. **4 a** 〈気性など〉優しい, 柔和な, 慈悲深い, 情にもろい; 謙遜した, 控えめな; 〈目が〉柔和な, 澄んだ: a ～ heart 優しい[ほれっぽい]心 / the ～*er* sex 女性 (opp. *the rougher sex*) / He appealed to the ～*er* side of his master's character. 主人の慈悲心に訴えた / *S*～ and fair goes far. 《諺》 柔よく剛を制す / A ～ answer turneth away wrath. 〘聖〙 優しい返事は怒りをそらす《*Prov* 15: 1》. **b** 〈政策などが〉穏健な, 穏便な; 〈競争が〉適度な; 〈判決など〉きびしくない, 寛大な; 確度が低い, 主観的[推論的]な〈証拠・データ〉(cf. SOFT SCIENCE). **c** 〈ことばなど〉甘い, 感傷的な; 〈ニュースが〉軟らか路線の, 芸能中心の; 口のうまい; 感じやすい; 人の言いなりになる; 〈性格など〉柔弱な, めめしい; 恋心をいだいた 〈*on*〉: ～ nothings お世辞, 睦言(むつごと) / ～ things 情事, 色事 / ～ glances 色目. **d** 甘い, きびしくない 〈*on*〉; 浮動的な; 力のない, きゃしゃな; 〘軍〙 敵の攻撃に対して無防備の: ～ voters 浮動票. **e** のんきな, だらけた; 《口》 うすばかの: He is (a bit) ～ in the head. 頭が(少し)足りない / Bill's gone ～. 頭がおかしくなった. **f** *《俗》 酒に酔って. **5 a** 《口》〈仕事など〉楽な, 楽に金のもうかる: a ～ thing [job, number, option] ぼろい仕事. **b** 〘金融〙〈ローンが〉低利長期の; 〈市場・相場が〉弱含みの. **6** 〘化〙 軟性の, 軟水の, やわらかい (opp. *hard*); 〈洗剤が〉生物分解性の, ソフトの (biodegradable); 〘化〙 分極化しやすい; 〘理〙 帯磁[消磁]しやすい: ～ acid [base] やわらかい酸[塩基] / ～ water 軟水. **7**《太陽熱・風力・潮流・バイオマス (biomass) のエネルギー転換などを利用した》再利用可能なエネルギー源の[を用いた], 地球にやさしいエネルギーの[を用いた]. **8** 〘電算〙〈キーが〉異なる機能を割り当てられる, ソフトな. ● **have a ～** SPOT **[place] for**….
► *n* **1** 柔らかいもの, 軟部; ˈˈ《俗》 札 (banknotes); [*pl*] 〘商〙 SOFT COMMODITIES. **2** 《口》 あほう, うすばか. **3** *《俗》 楽にもうけた金, 悪銭, [the] 金(かね).
► *adv* 穏やかに, 静かに, 優しく; 《口》 ばかみたいに: Don't talk ～. ばかなこと言わないでよ.
► 《古》 *int* 静かに, しっ!; ゆっくり, 止まれ!: *S*～ you! 待て!
◆ **～·ness** *n* 柔軟(性); 優しさ; 寛大.
[OE *sōfte* agreeable＜*sēfte*; cf. G *sanft*]
sof·ta /sɔ́(:)ftə, sáf-/ *n* 〘トルコ〙 イスラム寺院の宗教活動に関係する人,《特に》イスラム神学研究の初心者. [Turk＜Pers=burnt]
sóft árt ソフトアート《芸術的完成よりも創造の過程を重視する, 柔軟な素材を使った美術: ソフト彫刻など》.
sóft-áss *a* 《卑》 たるんだ, なってない, 役立たずの.

sóft·bàck *n, a* (本が)ペーパーバック(の) (paperback).
sóft·bàll *n* **1** ソフトボール; ソフトボール用のボール. **2** 〘料理〙 ソフトボール《砂糖の煮詰め加減; 冷水に浸すと粒状に固まる段階》. **3** 簡単に答えられる問題. ► *a**《俗》 ささいな, つまらん, どうでもいいような.
sóft bérth*《俗》 楽な境遇[勤め口].
sóft-bìll *n* 昆虫を食べるのに適した軟らかい嘴(くちばし)をもつ鳥 (cf. HARD-BILL).
sóft-bóiled *a* 半熟の〈卵など〉; [*iron*] 〈文体が〉健全かつ道徳的な (opp. *hard-boiled*); [*iron*] 感傷的な, 涙もろい.
sóft·bòund *n* SOFTCOVER, PAPERBACK.
sóft bréathing 〘ギリシア文法〙 SMOOTH BREATHING.
sóft-céntered *a* 〈チョコレートなど〉中にクリームなど詰めた; 根は優しい.
sóft cháncre 〘医〙 軟性下疳(げかん) (chancroid).
sóft clám SOFT-SHELL CLAM.
sóft cóal 軟(質)炭, 瀝青(れきせい)炭 (bituminous coal) (cf. HARD COAL).
sóft-còat·ed whéaten térrier 〘犬〙 ソフトコーテッド・ウィートンテリア《アイルランドで作出された淡黄褐色の豊かな被毛の中型テリア》.
sóft commódities *pl* 〘商〙《先物取引の》非金属商品《砂糖・コーヒー・穀物など》.
sóft cópy 〘電算〙 ソフトコピー《スクリーンに表示されたり, 音声によって与えられたりする情報, あるいは, 磁気媒体などに人が直接に読み取れない形で記憶された情報》.
sóft-córe *a* 〈映画・雑誌など〉性描写がどぎつくない, ソフトコアの (＝*soft*) (opp. *hard-core*); おとなしい, 穏やかな. ► *n* SOFT CORE.
sóft córe ソフトコアのポルノ.
sóft córn 足の指の間のたこ.
sóft·còver *a, n* ペーパーバック(の) (paperback).
sóft cúrrency 〘経〙 軟貨《発行国の国際収支が不安定なためドルやマルクと自由に交換できない通貨; opp. *hard currency*》; *《口》 SOFT MONEY.
sóft detérgent ソフト洗剤《生物分解性洗剤》.
sóft dóck 〘宇〙 軟合体, ソフトドッキング《機械的結合でないナイロン線などによる船体のドッキング》. ♦ **sóft-dòck** *vi*
sóft drínk 《アルコール分を含まない, 特に 炭酸入りの》清涼飲料, ソフトドリンク.
sóft drúg 《口》 常習[中毒]にならない幻覚剤[麻薬]《マリファナ・メスカリンなど; opp. *hard drug*》.
sóft·en /sɔ́(ː)f(ə)n, sɑ́f-/ *vt* 柔らかにする; 軟水にする; 〈心を〉和らげる, 穏和にする; 柔弱にする, めめしくする; 〈音・声を〉和らげる, 低くする; 〈色を〉和らげる; 地味にする; 穏やかにする; 〈相場などを〉軟化させる: ～ water 水を軟水にする. ► *vi* 柔らかになる 〈*up*〉; 〈心が〉優しくなる 〈*up*〉; 融和する, 和らいで…になる; 〈景気が〉衰える; 〘商〙〈相場などが〉軟化する, 値下がりする: ～ *into* tears 感泣する. ● **～ up** 《爆撃などで》〈敵軍など〉の抵抗力[士気]を弱める; 〈人を〉説いて抵抗を弱める.
sóften·er *n* 柔らかにする人[もの]; 和らげる人[もの]; 《硬水を軟水に変える》軟化剤[装置] (water softener); 《衣類を柔らかくする》柔軟剤, ソフナー (fabric softner).
sóft énergy ソフトエネルギー《太陽熱・風力などを利用して得られるもの》.
sóften·ing *n* 柔らかにする[なる]こと, 軟化, 軟水法.
sóftening of the bráin 〘医〙 脳軟化(症); 《口》 耄碌, 愚鈍; 《廃》 全麻痺性痴呆.
sóft érror 〘電算〙 ソフトエラー《微量の放射線などにより, 一時的に発生する再現性のないエラー》.
sóft fíber 軟質繊維《亜麻・大麻・黄麻・苧麻 (ramie) など可紡性の繊維》.
sóft-fínned *a* 〘魚〙 ひれの軟らかい, 軟鰭(なんき)類の (cf. SPINY-FINNED).
sóft fócus 〘写〙 軟焦点, 軟調, ソフトフォーカス; 故意のあいまいさ. ♦ **sóft-fócus** *a*
sóft frúit" SMALL FRUIT.
sóft fúrnishings" *pl* 《マット・クッション・椅子カバーなど》インテリア繊維製品.
sóft gòods *pl* 非耐久財, 《特に》繊維製品 (cf. HARD GOODS); "織物と衣類 (dry goods); 〘電算〙 ソフトウェア.
sóft háil GRAUPEL.
sóft hánds *pl* 《野球俗》(強い)ゴロを処理する柔軟なグラブさばき.
sóft há'porth"《俗》 簡単にかつがれるやつ.
sóft hát* 中折れ帽, ソフトハット (felt hat).
sóft·hèad *n* 低能, ばか, 抜作; たわいない感傷家.
sóft-héad·ed /, ⏤ ⏤/ *a* 《口》 頭のやわな, ばかな. ♦ **～·ly** *adv* **～·ness** *n*
sóft-héart·ed /, ⏤ ⏤/ *a* 心の優しい, 情け深い, 慈愛深い, 思いやりのある; 寛大な, 手ぬるい. ♦ **～·ly** *adv* **～·ness** *n*
sóft hýphen ソフトハイフン《文書の行末で分綴(ぶんてつ)のために使用される本来のつづり字にはないハイフン; cf. HARD HYPHEN》.
softie ⇨ SOFTY.
sóft íron 〘冶・工〙 軟鉄《炭素含有量が低く磁化しやすい鉄》.
sóft·ish *a* いくらか[比較的]柔らかい, 柔らかめの.
sóft-lànd *vi, vt* 軟着陸する[させる]. ♦ **～·er** *n*
sóft lànding 《天体への》軟着陸 (opp. *hard landing*); *〘経〙 ソフトランディング《不況をまねかずに, 徐々に経済成長率を下げること》; 《一般に》穏やかな解決策.
sóft lég(s)*《黒人俗》 少女, 女.
sóft léns ソフトコンタクト(レンズ).
sóft lìne 柔軟[話し合い]路線. ♦ **sóft-líne** *a*
sóft-líner *n* 穏健派(の人).
sóft lóan 長期低利貸付, ソフトローン.
sóft·ly *adv* 穏やかに, 静かに, そっと; 優しく; お手柔らかに, 寛大に. ● **～, ～ (catch·ee** /kǽtʃi/ **monkey)** ゆっくりとあわてないでやれ, そーっとそーっと (cf. SOFTLY-SOFTLY).
sòft·ly-sóft·ly" *a* 〈やり方などが〉穏やかな, 慎重な.
sóftly spóken *a* SOFT-SPOKEN.
sóft máple 〘植〙 軟らかな材質のカエデの類の総称《**1)** ウラジロサトウカエデ (silver maple), アメリカハナノキ (red maple) など **2)** その材》.
sóft móney 紙幣, 手形; 《インフレで》購買力[価値]の落ちた通貨; *《俗》 楽にもうけた金, 悪銭; *《口》 連邦選挙委員会の規制をうけない選挙運動寄付金 (＝*soft currency*) (cf. HARD MONEY); *《俗》《許可が更新されなければ尽きてしまう》研究助成金 (＝*soft currency*).
soft·nom·ics /sɔ(ː)f(t)nɑ́mɪks, sɑf(t)-/ *n* ソフトノミックス《製造業からサービス業 (特に 情報テクノロジー) への先進国の経済基盤の変化を扱う学問分野》. [*soft*ware＋eco*nomics*]
sóft-nósed *a* 〈弾丸が〉軟弾頭の《衝撃で先端が広がる》.
sóft pálate 〘解〙 軟口蓋 (＝*velum*).
sóft pàste 軟磁器, ソフトペースト (＝**sóft-pàste pórcelain**) 《1300°C 以下の比較的低温で焼成された磁器; cf. HARD PASTE》.
sóft pátch 《経済の》軟調局面, 景気軟化局面.
sóft pàth ソフトパス《太陽熱・風力など自然エネルギーを利用する方針[考え方]》.
sòft-pédal *vi* ソフトペダルを用いる 〈*on*〉; 調子を和らげる, 抑える 〈*on*〉. ► *vt* 〈ピアノ・楽節など〉の音をソフトペダルで和らげる; 〈事実・考えなどを〉目立たないようにする, 〈マイナス面を〉抑えて言う, 軽く扱う.
sóft pèdal 《ピアノ・ハープの》弱音ペダル, ソフトペダル; 効果を弱める[おおい隠す]もの.
sóft pórn ソフトコア (soft-core) のポルノ.
sóft pówer ソフトパワー《軍事力などを背景とした物理的強制によるのではなく, 価値観・政策などに共感を得ることによって他国を説得する力; cf. HARD POWER》.
sóft ròck 〘楽〙 ソフトロック《電気楽器の音を抑えたデリケートなロックで, 通例 曲よりも歌詞のほうが重要; cf. HARD ROCK》.
sóft róe 魚精, しらこ.
sóft ròt 〘植〙《菌類による》腐敗病.
sóft-sáwder *vt* 《方》 お世辞を言う, へつらう.
sóft sáwder お世辞, おべっか, お追従.
sóft scále 〘昆〙 カタカイガラムシ.
sóft·scàpe *n* 〘園〙 ソフトスケープ《植込み・生垣などの植栽; cf. HARDSCAPE》.
sóft scíence ソフトサイエンス《政治学・経済学・社会学・心理学などの社会科学・行動科学の学問; cf. HARD SCIENCE》. ♦ **sóft scíentist** *n*
sóft scúlpture ソフト彫刻《布・プラスチック・気泡ゴムなどを素材とした彫刻》.
sóft séll [ºthe] ソフトセル《静かな説得による広告・販売方法; cf. HARD SELL》. ♦ **sóft-sèll** *vt*
sóft-sèrve *n* ソフトクリーム.
sóft·shèll *n* SOFT-SHELLED TURTLE.
sóft-shèll *a* 〘動〙《特に 脱皮して間もないため》殻[甲]の軟らかい; 〈主義・思想などが〉中道的な, 穏健な, 過激に陥らない. ► *n* SOFT-SHELL CRAB; SOFT-SHELL CLAM; 中道[穏健, 自由]主義者.
sóft-shèll clám 〘貝〙 セイヨウオオノガイ (＝*soft clam, steamer*) (＝**sóft-shèlled clám**)《殻の薄い食用二枚貝》.
sóft-shèll cráb ソフトシェルクラブ (＝**sóft-shèlled cráb**)《脱皮直後の殻の軟らかいカニ; cf. HARD-SHELL CRAB》.
sóft-shélled *a* SOFT-SHELL.
sóft-shèlled túrtle 〘動〙 スッポン (＝*softshell*).
sóft-shòe *n* ソフトシュー《底に金具の付いていない靴で踊るタップダンス》. ► *vi* ソフトシューを踊る; そっと動く, 目立たぬように移る: ～ *into* a corner [a new topic]. ► *a* ソフトシューの
sóft shóulder* 軟路肩, 保護路肩《舗装してない路肩》.
sóft shówer CASCADE SHOWER.
sóft sìgn 軟音記号《キリル文字の Ь, ь; 先行する子音が口蓋化することを示す》.
sóft sílk ソフトシルク《十分に精練した絹糸》.
sóft-sóap *vt* 軟石鹸で洗う; 《口》 お世辞で丸め込む, …におべっかをつかう. ► *vi* 軟石鹸を使う; 《口》 愛想よくふるまう. ♦ **～·er** *n*
sóft sóap 軟石鹸《油の鹸化に水酸化カリウムを使うとできる》; 《口》 お世辞, 巧みな取り入り[説得].
sóft sólder 軟質はんだ, 軟鑞(なんろう)《約 370°C 以下で溶融する鉛とすずの合金はんだ; cf. HARD SOLDER》; SOFT SAWDER. ♦ **sóft-**

sòlder *vt* 軟質はんだで修理[接着]する.
sóft sóre 〘医〙軟性下疳 (chancroid).
sóft-spóken *a* 〈人が〉口調の柔らかな; 〈ことばが〉説得調の, 優しい; 優しい声の.
sóft spòt 弱い所, 弱点, 弱み; 好み, 愛好, 偏愛; 感じやすさ. [cf. have a soft SPOT for…]
sóft stéel 軟鋼.
sóft súgar グラニュー糖, 粉末糖.
sóft tàck 《hardtack に対して》普通のパン《など》.
sóft tárget ソフトな標的《軍事[テロ]攻撃などに対して比較的無防備な人・もの》.
sóft technólogy ソフトテクノロジー《太陽熱・風力など自然エネルギー利用の科学技術》.
sóft tíssues *pl* 〘生〙《骨・軟骨でない》柔組織.
sóft tómmy 〘海〙パン (soft tack).
sóft-tòp *n* 屋根が折りたためる車, オープンカー; 《車の》折りたためる屋根.
sóft tóuch 《口》説得しやすい相手, すぐ乗せられる人; 《口》くみしやすい相手, 金の無心に弱い人, カモ; 《口》容易なわざ; 《口》簡単に片付けられる仕事, 朝めし前のこと; 《口》簡単に手に入れた金(かね), あぶく銭.
sóft tóy" ぬいぐるみ (stuffed animal*).
sóft túrtle [tórtoise] 〘動〙SOFT-SHELLED TURTLE.
sóft vérge SOFT SHOULDER.
sóft·wàre *n* 〘電算〙ソフトウェア《**1**) コンピューターにかけられるプログラム・規則・手続きなどの総称, 特に(製品化された)プログラム; cf. HARDWARE **2**) 視聴覚機器に使用する教材の類 **3**) ロケットなどの図面[燃料など]》; 〘軍〙ソフトウェア《武器によらない戦略; cf. HARDWARE》.
sóftware càche 〘電算〙ソフトウェアキャッシュ《RAM の一部に確保されるキャッシュ》.
sóftware engineèring ソフトウェア工学.
sóftware hòuse ソフトウェア(開発・販売)会社.
sóftware pìracy ソフトウェアの不正コピー.
sóft whéat 軟質小麦《澱粉が多く麸質(ふすま)が少ない》.
sóft wícket 〘クリケット〙ぬれた芝の状態.
sóft-wítted /, ―́―̀―/ *a* SOFTHEADED.
sóft·wòod *n, a* 軟材(の)《pine, spruce, fir など》; 軟材の採れる木, 軟木《普通は針葉樹, cf. HARDWOOD》; 緑枝(りょくし): ~ cutting [grafting] 緑枝挿し[接ぎ].
sóft-wòod·ed *a* 軟材(製)の.
softy, soft·ie /sɔ́(:)fti, sáfti/ 《口》*n* だまされやすいやつ, 軟弱な人, 気の弱いやつ; うすらばか, だまされやすいやつ; 優しい人, センチメンタルな人.
sog /ság, *sɔ́:g/ *vi, vt* ずぶぬれになる[する]; 湿っぽくなる[する]. [ME <?ON]
Sog·di·an /ságdiən/ *n, a* ソグディアナの住民(の); ソグディアナ語(の)《イラン語系に属した言語; 今は死語》.
Sog·di·a·na /sàgdiǽnə, -á:nə, -éɪnə/ ソグディアナ《Jaxartes 川と Oxus 川にはさまれた, ペルシア帝国の一州; ☆Maracanda (現在の Samarqand)》.
so·ge·nannt /*G* zó:gənant/ *a* いわゆる (so-called).
sog·gy /sági, sɔ́(:)gi/ *a* ずぶぬれの (soaked), 水浸しの, ぐしょぐしょの; 湿気のある, うっとうしい〈天候など〉; 〈パンなど〉生焼けの; 《口》無気力な, だれた, 沈滞した. ♦ **sóg·gi·ly** *adv* **-gi·ness** *n* [*sog*]
Sóg·ne Fjórd /sɔ́:ŋnə-/ ソグネフィヨルド《ノルウェー南西部の, 同国最大のフィヨルド》.
soh[1] /sóʊ/ 《古》*int* えっ, まー!《不快な驚きを示す》; ドードー!《あばれる馬を静める発声》. [C19 ?imit]
soh[2] *n* SOL[1].
So·hâg /sóʊhà:g, -hæʤ/**, Saw·hāj** /sɔ́:hæʤ, sáʊ-/ ソーハーグ《エジプト中部 Asyūṭ の南東にある, Nile 川西岸の市》.
so-ho /soʊhóʊ/ *int* そーら!《獲物を発見したときの叫び》; ドー!《馬を静める発声》; チェッ, いまいましい!《突然の事態におこる発声》. [imit]
So·ho /sóʊhòʊ/ ソーホー《London 市の一区, イタリア人・中国人など外国人経営の(格安)料理店・ナイトクラブなどで有名》.
So·Ho /sóʊhòʊ/ ソーホー《New York 市 Manhattan 南部の地区; ファッション・芸術などの中心地》. [*So*uth of *Ho*uston Street, および SOHO]
SOHO Small Office, Home Office《パソコンを活用して自宅などで行なう小規模な業務形態》: ~ business.
soi-di·sant /swà:dizá:ŋ; *F* swadizɑ̃/ *a* [*derog*] 自称の, いわゆる, にせの. [F (*soi* oneself, *disant* saying)]
soi·gné(e) /swɑ:njéɪ; ―́―̀/ *a* 入念な, しゃれた, 品のよい; 身なりの整った. [F (pp)〈*soigner* to take care of]
soil[1] /sɔ́ɪl/ *n* **1 a** 土, 土壌, うわつち, 表土, 耕土; 地味: rich [poor] ~ 肥えた[やせた]土地 / sandy ~ 砂地. **b** 土地, 国: one's native [parent] ~ 母国, 故郷 / set foot on foreign ~ 異国に第一歩をしるす. **c** [the] 農業(生活), 農事, 耕作: belong to *the* ~ 農家である, 百姓をする. **2** 《害悪などの》温床 〈*for* crime〉, 生育地. [AF<? L *solium* seat, *solum* ground]
soil[2] *n* 汚損; 堕落; 汚物; 廃物, くず; 汚点, しみ; くそ, 下肥. ► *vt* よごす, 汚損する, 〈家名などを〉汚す; 堕落させる; …に下肥を施す: ~ one's HANDS (成句). ► *vi* よごれる, しみがつく; 堕落する. [OF *soill(i)er* (*soil* pigsty<L (dim)〈*sus* pig)]
soil[3] *vt* 〈牛馬〉に青草を食わせる[食わせて太らせる]; …に青草で通じをつける. [? *soil*]
soil·age[1] /sɔ́ɪlɪʤ/ *n* 汚損.
soilage[2] *n* 青刈り飼料, 青草《家畜の飼料》.
sóil amèndment 土壌改良(剤).
Sóil Associàtion [the] 〘英〙土壌協会《1946 年に設立された有機農産物の検査機関》.
sóil bànk 〘米〙土壌銀行《余剰作物の栽培をやめて耕地の地味向上に努めた者に政府が報賞金を出す制度; 1956 年 制定》; 土壌銀行制度による休耕地.
sóil·bòrne *a* 土壌によって伝えられる, 土壌伝播性の: ~ fungi 土壌菌類.
sóil-cemént *n* ソイルセメント《土にセメントを混ぜ適当な湿りを与えて固まらせたもの》.
sóil cólloid 土壌コロイド.
sóil condìtioner 土壌調整[改良]剤[薬], 団粒形成促進剤.
sóil conservàtion 〘農〙土壌保全.
sóil crèep 土壌クリープ《重力の影響による緩慢で目に見えないほどの地すべり》.
sóil eròsion 土壌浸食.
sóil fertìlity 土壌肥沃度.
sóil·less *a* 土壌を用いない: ~ agriculture 無土壌[水耕]農業.
sóil màp 《一地域の》土壌図, 土性図.
sóil mechànics 土質力学.
sóil pìpe 《トイレなどの》汚水管.
sóil ròt 〘植〙《特に サツマイモの》瘡痂(そうか)病 (pox).
sóil scìence 土壌学 (pedology). ♦ **sóil scìentist** *n*
sóil sèries 土壌統《同様な気候・植生のもとで, 特定の母材から発達し, 土壌断面内の配列が同様な土壌層位をもつ土壌の一群》.
sóil solùtion 土壌溶液.
sóil stàck 汚水スタック《上階で出た汚水をまとめて下層の配管へ流す垂直の排水管》.
sóil strùcture 土壌構造.
sóil sùrvey 土質調査.
sóil tỳpe 土壌型.
soil·ure /sɔ́ɪljər/ 《古》*n* 汚損, 汚れ; 汚点, しみ.
soi·ree, soi·rée /swɑ:réɪ; ―́―/ *n* 《個人宅で音楽・談話などを楽しむ》夜会, …の夕べ (cf. MATINEE): a musical ~. [F (*soir* evening)]
Sois·sons /*F* swasɔ̃/ ソアソン《北フランスの, Aisne 川に臨む古都》.
soix·ante-neuf /*F* swasɑ̃:tnœf/ *n* 《卑》相互性器舐啜, 69 (sixty-nine). [F=sixty-nine]
só·ja (bèan) /sóʊʤə(-), sɔ́ɪə-; sɔ́ɪə(-)/ SOYBEAN.
so·journ /sóʊʤə̀:rn, ―́―; sɔ́ʤ(ə)n, sáʤ-, -ʤə:n/ 《文》*n, vi* 一時逗留[滞在](する); 寄寓[寄留](する) 〈*in, at* a place; *with, among* men〉. ♦ **~·er** *n* 一時逗留者[滞在客], 寄留者. [OF<Romanic (L *sub-*, *diurnum* day)]
so·ju /sóʊʤù:/ *n* 焼酒(ソジュ)(しょうちゅう)《韓国産の蒸留酒》. [Korean]
so·kai·ya /sóʊkàɪjə/ *n* (*pl* ~) 総会屋. [Jpn]
soke /sóʊk/ 〘英史〙*n* 領主裁判権, ソーク (=*sac and soc* [*soke*])《国王から移譲された私的裁判権で, 通例 領主が有する》; 裁判管区. [AL *soca*<OE *sōcn* inquiry, jurisdiction]
sóke·man /-mən/ *n* 〘英史〙《Danelaw で, 兵役以外の賦役によって土地を保有する》封建領民 (socman).
So·khu·mi, Su- /súkəmi, súx-/ スフミ《グルジア北西部の黒海に面する市・港町; Abkhazia 共和国の首都》.
so·kol /sɔ́:kɔ̀:l/ *n* 健康増進協会, アスレチッククラブ. [Czech=falcon]
So·ko·to /sóʊkətòʊ/ ソコト《**1**) ナイジェリア北西部の州 **2**) その州都; 19 世紀 Fulah 族の王都》.
Sokotra ⇨ SOCOTRA.
sol[1] /sál, sóʊl/ *n* 〘楽〙ソ《長音階の第 5 音》, ト音 (⇨ SOL-FA). [L *solve*]
sol[2] /sɔ́(:)l, sóʊl, sál/ *n* (*pl* **~s, so·les** /sóʊleɪs/) ソル《ペルーの通貨単位: =100 centavos; 記号 $ *or* S/》; ソル銀貨[紙幣], 《かつての》ソル金貨. [AmSp; ⇨ SOL]
sol[3] /sɔ́(:)l, sóʊl, sál/ *n* ソル《フランスの旧金[銀, 銅]貨: =12 deniers, =1/20 livre》. [OF; ⇨ SOU]
sol[4] /sɔ́(:)l, sóʊl, sál/ *n* 〘化〙コロイド溶液, ゾル《液体を分散媒とするコロイド; cf. GEL[1]》. [*sol*ution]
sol[5] /sál/ *n**《俗》独房監禁. [*sol*itary confinement]
Sol /sál/ **1 a** 〘ロ神〙ソール《太陽の神; ギリシアの Helios に当たる; cf. APOLLO》. **b** [*joc*] 太陽 (=old [big] ~)《擬人化》. **2** 《廃》〘錬金術〙金(きん). [L *sol* sun; cf. SOLAR]
sol. soluble. **Sol.** Solicitor ♦ Solomon.
so·la[1] /sóʊlə/ *n* 〘植〙ショウ《インド産マメ科クサネム属の低木性草本》, ショウの髄《TOPEE を作るのに使う》. [Urdu]

sola[2] *n* SOLUM の複数形.
sola[3] *a* SOLUS の女性形.
sol·ace /sáləs/ *n* 慰め, 慰藉(いしゃ), 慰撫, 慰安; 慰めとなるもの: seek [find, take] ～ *in* nature. ► *vt* 慰める; 元気づける; 〈苦痛・悲しみなどを〉和らげる: ～ *oneself* with…でみずからを慰める. ♦ **～·ment** *n* 慰め; 慰めるもの. **sól·ac·er** *n* [OF<L *solatium* (*solor* to console[1])]
sol·a·na·ceous /sὰlənéɪʃəs/ *a* 〖植〗ナス科 (Solanaceae) の (=*nightshade*).
so·lán·der (**càse** [**bòx**]) /soʊlǽndər(-), sə-/ 《本・書類・植物標本などを入れる》本の形をした箱[ケース]. [Daniel C. *Solander* (1736–82) スウェーデンの植物学者]
só·lan (**góose**) /sóʊlən(-)/ 〖鳥〗シロカツオドリ. [? ON *súla* gannet, *and-* *önd* duck]
so·la·nin(**e**) /sóʊlənì:n, -nən/ *n* 〖生化〗ソラニン《ナス科植物の有毒な結晶アルカロイド》.
so·la·no /soʊlá:noʊ/ *n* (*pl* **～s**) 〖気〗ソラノ《夏スペインの海岸地方で吹く乾いた暖かい東寄りの風》. [Sp<L (*sol* sun)]
so·la·num /soʊléɪnəm, -lá:-, -lǽn-/ *n* 〖植〗ナス属 (*S-*) の各種植物. [L=nightshade]
so·lar /sóʊlər/ *a* 太陽の[に関する] (cf. LUNAR); 太陽光線[熱]の作用による[を利用した]; 太陽の運行によって決まる; 〖占星〗太陽の影響をうけた[うけやすい]. ► *n* 日光浴室; ソーラー《中世の大邸宅や城の上の階にある家族部屋》; 太陽エネルギー (solar power). [L (SOL)]
sólar ápex 〖天〗太陽向点《太陽系の移動方向に当たる天球上の点でヘラクレス座にある》.
sólar báttery 太陽電池《1 個以上の solar cell よりなる》.
sólar cálendar 太陽暦.
sólar céll 太陽(光)電池《1 個》.
sólar colléctor 太陽熱収集器, 太陽熱集熱器.
sólar cónstant 太陽定数《途中減衰のない場合の地表での太陽放射エネルギーの量》.
sólar cóoker ソーラークッカー《太陽光を熱源とする調理器》.
sólar cýcle 太陽活動周期《黒点の増減などの現象が循環する周期: 約 11 年》; 太陽循環期 (cycle of the sun).
sólar dáy 太陽日(じつ)《太陽が子午線を通過して次に通過するまでの時間》; 〖法〗昼間《日の出から日没までの期間》.
sólar eclípse 日食. ♦ **sólar eclíptic** *a*
sólar énergy 太陽エネルギー.
sólar fláre 〖天〗太陽面爆発, フレア.
sólar fúrnace 太陽炉《太陽熱を利用》.
sólar héat·ing 太陽熱暖房; 太陽放射加熱.
sólar hòuse ソーラーハウス《広いガラス面と多量の吸熱材を用いた太陽熱を最大限に利用するように設計された住宅》.
so·lar·im·e·ter /sòʊlərímətər/ *n* 太陽(輻射)熱測定器.
sólar índex 太陽熱示数《太陽熱温水器に利用できる一日当たりの日光量を 0 から 100 までの数字で, エネルギー省などが発表するもの》.
sólar·ìsm *n* 《神話・伝説解釈上の》太陽中心説. ♦ **-ist** *n*
so·lar·i·um /soʊléəriəm/ *n* (*pl* **-ia** /-riə/, **～s**) 日焼け室[サロン]; 《病院などの》日光浴室, サンルーム; 《まれ》日時計 (sundial). [L=sundial, sunning place; ⇨ SOLAR]
sòlar·izátion *n* SOLARIZE すること, 感光; 〖写〗ソラリゼーション《露光過度による反転現象》; 〖植〗ソラリゼーション《太陽照射過度による葉内光合成などの抑止》; 〖理〗ソラリゼーション《長く強い太陽光線にさらすため起こるガラスの透光度の変化》.
sólar·ize *vt* 〈患者などを〉太陽光線にさらす; 太陽光線の作用によって…に変化を起こさせる; 太陽中心説の立場から解釈する; 〖写〗露光過度にする, 〈ネガ〉にソラリゼーションを行なう. ► *vi* 〖写〗露光過度になる, ソラリゼーションを起こす.
sólar máss 〖天〗太陽質量《太陽の質量を 1 として恒星などの質量を示す単位》.
sólar mónth 太陽月《30 日 10 時間 29 分 3.8 秒》.
sólar mýth 太陽神話.
sólar pánel 《太陽光発電用の》ソーラーパネル.
sólar párallax 〖天〗太陽視差《太陽から地球の赤道半径をみた角度》.
sólar pléxus [the] 〖解〗太陽神経叢 (=*coeliac plexus*); [the] 《口》みぞおち(にうけた強打).
sólar pónd 太陽(熱)温水池, ソーラーポンド《太陽熱発電用の海水集熱池》.
sólar pówer 太陽エネルギー.
sólar próminences *pl* 〖天〗《太陽の》紅炎, プロミネンス.
sólar radiátion 太陽輻射, 日射.
sólar sáil 〖宇〗ソーラーセイル《人工衛星の姿勢安定や推進用に太陽光の圧力を利用するための帆》.
sólar sált 天日塩(てんぴえん), 天塩(あまじお), 粗塩(あらじお).
sólar stíll 太陽蒸留器《太陽光線によって海水または汚染された水を飲料水に換える》.
sólar sỳstem [the] 〖天〗太陽系; 《一般に》恒星系, 惑星系.
sólar tráp 《庭やテラスに寒風よけを施した》日だまり.
sólar wínd 〖天〗太陽風, 太陽微粒子流.
sólar yéar 太陽年 (tropical year)《太陽暦の 1 年; cf. LUNAR YEAR》.
SOLAS /sóʊləs/ safety of life at sea 海上における人命の安全, SOLAS (条約)《海の安全に関する国際条約の通称》.
sol·ate /sáleɪt, só(:)l-/ *vt, vi* 〖化〗ゾル化する. ♦ **sol·á·tion** *n* ゾル化.
so·la·ti·um /soʊléɪʃiəm/ *n* (*pl* **-tia** /-ʃiə/) 慰藉料, 見舞金, 涙金; 賠償金. [L SOLACE]
sóla tópee [**tópi**] ソラトピー《SOLA[1] の髄で作った日よけ帽》.
sold *v* SELL[1] の過去・過去分詞.
sol·dan /sáldən, sóʊl-/ *n* イスラム教国の支配者[皇子]; [°S-] 《古》イスラム教国君主 (sultan), 《特に》エジプト君主. [OF<Arab SULTAN]
sol·da·nel·la /sὰldənélə, sòʊl-/ *n* 〖植〗ソルダネラ属 (*S-*) の各種の草本《サクラソウ科; 欧州原産》.
sold co·ber /sóʊld kóʊbər/ *a**《俗》全くしらふで《cold (=completely) sober の頭音転換 (spoonerism)》.
sol·der /sádər; sɔ́l-, sɔ́ʊl-/ *n* はんだ, しろめ(白鑞, 白目), 鑞(ろう) (⇨ HARD [SOFT] SOLDER); [*fig*] 接合物, かすがい, きずな (bond). ► *vt* はんだづけする; 修繕する; [*fig*] しっかり[ぴったり]結合する. ► *vi* はんだづけをする; はんだでつく[なおる]; 結合する. ♦ **～·able** *a* **～·abílity** *n* **～·er** *n* [OF<L (*solido* to fasten; ⇨ SOLID)]
sólder·ing ìron はんだごて.
soldi *n* SOLDO の複数形.
sol·dier /sóʊldʒər/ *n* **1** 陸軍軍人, 軍人; 兵, 兵士, 兵員, 兵隊, 隊員, 下士官 (opp. *officer*); 《技量のある》将校, 将軍, 指揮官; *《海俗》要領よくなまける[役立たずの]船員, ずるける人; 《主義の》闘士, 活動家 〈*of*〉; 救世軍の一員; *《俗》《マフィアなどの》BUTTON MAN; *《俗》チップをはずむ客; 〖昆〗兵アリ (=～ ant)《あご・頭が強大で, 生殖力はない》; SOLDIER BEETLE; SOLDIERFISH: ～*s* and sailors 陸海軍人 / go [enlist] for a ～ 兵役を志願する, 軍人になる / a common ～ 兵士, 兵卒 (private) / play at ～*s* 兵隊ごっこをする / a ～ of Christ [the Cross] 熱心なキリスト教伝道者. **2** ‖棒状のパン; 《俗》燻製ニシン; 〖建〗ソルジャー《長手側面を垂直に見せて積まれた煉瓦》; *《俗》酒[ビール]の空(から)瓶 (dead soldier). ● BUGGER[1] **this for a game of ～s!** **play** [**come**] **the** OLD SOLDIER. ► *vi* 軍人になる (=go ～ing), 兵役に就く; 軍人のようにふるまう; 《口》仕事を陰でなまける, 仮病をつかう. ● **～ on** 兵隊として勤務を続ける; 《断固として》働きつづける, がんばる. [OF (*sou*(*l*)*de* (soldier's) pay<L SOLIDUS)]
sóldier ànt 〖昆〗**a** 兵アリ (soldier). **b** BULLDOG ANT. **c** ARMY ANT.
sóldier bèetle 〖昆〗ジョウカイボン《成虫・幼虫ともに捕食性》.
sóldier bùg 〖昆〗カメムシ.
sóldier còurse 〖建〗ソルジャー列《長手側面を垂直に見せて積んだ煉瓦積みの横の列》.
sóldier cràb 〖動〗**a** HERMIT CRAB. **b** FIDDLER CRAB.
sóldier·fìsh *n* 〖魚〗**a** イットウダイ (squirrelfish). **b** 《豪》ネンブツダイの一種.
sóldier·ing *n* 軍人生活[行為]; 軍人の務め, 兵役; 《口》仕事をずるけること, 仮病をつかうこと.
sóldier·lìke *a* SOLDIERLY.
sóldier·ly *a* 軍人の, 軍人らしい, 軍人かたぎの; 勇敢な, 勇ましい; きちんと[きりりと]した. ► *adv* 軍人らしく, 勇ましく. ♦ **-li·ness** *n*
sóldier of fórtune 《利益・冒険などのために雇われてどんな所にでも行く》傭兵; (血気盛んな)冒険家.
sóldier òrchid [**òrchis**] MILITARY ORCHIS.
sóldier sèttlement 〖豪史〗退役軍人に対する官有地の割当て. ♦ **sóldier sèttler** *n*
sóldier's fárewell 《俗》別れ際ののしりことば.
sóldier·shìp *n* 軍人たる身分[地位, 資質], 軍人精神; 軍事科学.
sóldiers' hòme 復員軍人保護救済施設.
Sóldier's Mèdal 〖米軍〗軍人勲章《交戦以外で英雄的行為のあった者に与えられる》.
sóldier's wínd 〖海〗《どちらにも進める》側風. [陸軍の人間にも操縦できる]
sól·diery *n* 《特に 悪い》軍人, 兵隊《集合的》; 軍隊; 軍人の職; 軍事教練[科学].
sol·do /sɔ́(:)ldoʊ, sál-/ *n* (*pl* **-di** /-di/) ソルドー《イタリアの旧銅貨: =1/20 lira》. [It<L SOLIDUS]
sóld-óut *a* (チケット)完売の; 満員の; 予約満杯の.
sole[1] /sóʊl/ *a* ただ一つの, 唯一の, たった一人の; 単独の, 独占的な, 総[一手]…; 〖法〗〈主に女性が〉未婚の, 独身の (cf. FEME SOLE); 《古》ただ…だけ (alone); 《古》孤独の: the ～ agent 一手[総]代理人. ♦ **～·ness** *n* [OF<L SOLUS]
sole[2] *n* 足裏, 足底; 《馬の》ひづめの底, 蹄底; 《靴などの》底, 基部; 〖木工〗《間柱の》敷板 (soleplate); 船室の床; そりの底面; 炉床, 《オーブンの》底部; かんなの裏; あぜ溝の底; 犂頭(すきさき)の下部; 〖ゴルフ〗クラブの底面, ソール; 《アイロンなどの》底面; 〖地質〗底面, 基底部, ソール. ► *vt* 〈靴など〉に底をつける; 〖ゴルフ〗〈クラブ〉のソールを地面につけて打つ構えをする. ♦ **～·less** *a* [OE *sole<L *solea* sandal]

S

sole[3] *n* 〔魚〕カレイ目ササウシノシタ科の各種, シタビラメ,《特に》(ヨーロッパ)ソール (Dover sole);《広く》ヒラメ, カレイ. [OF<Prov<L (↑); 形の類似から]

sol·e·cism /sáləsìz(ə)m, sóu-/ *n* 文法[語法]違反, 破格; 言い違い; 無作法; 不適当, 誤り, 矛盾. ♦ **-cist** *n* 文法違反者; 無作法者. [F or L<Gk (*soloikos* speaking incorrectly); 俗 Attic が話された古代 Cilicia の町 *Soloi* にちなむ]

sol·e·cis·tic /sɑ̀ləsístɪk, sòu-/, **-ti·cal** *a* 文法違反の, 破格の; 無作法な, 不穏当な. ♦ **-ti·cal·ly** *adv*

soled /sóuld/ *a* [*compd*] …の底の, 靴底が…の.

solei *n* SOLEUS の複数形.

sóle lèather 《靴底用の》丈夫な厚革, 底革.

sóle·ly *adv* ただ一人で, 単独で, 唯一; ただ, 単に, 全く, もっぱら.

sol·emn /sáləm/ *a* 厳粛な, まじめな, 重々しい, 謹厳な, 荘重な, 荘厳な; 重大な; まじめくさった, しかつめらしい, もったいぶった; 儀式ばった; 宗教上の, 神聖な, 宗教上の形式にのっとった; くすんだ, 陰気な;〔法〕正式の: (as) ～ as a judge とても謹厳な / (as) ～ as an owl まじめくさった / a ～ oath 正式の誓言. ♦ **～·ly** *adv* 荘厳に; まじめに. **～·ness** *n* [OF<L *solemnis* customary, celebrated at fixed date]

S

so·lem·ni·fy /səlémnəfàɪ/ *vt* SOLEMN にする.

so·lem·ni·ty /səlémnəti/ *n* 厳粛, 荘厳, 荘重, 神々しさ; しかつめらしさ, 謹厳, 勿体(もったい), 荘重なことば[式];〔法〕《法令・契約などを有効にする》正規の方式[手続き]; [°*pl*] 儀式, 祭典.

sol·em·nize /sáləmnàɪz/ *vt* 〈式, 特に 結婚式を〉挙げる; 式を挙げて祝う; 荘厳[厳粛]にする, まじめにする. ► *vi* 厳粛に話す[ふるまう], まじめになる. ♦ **-nìz·er** *n* **sòl·em·ni·zá·tion** *n*

Sólemn Léague and Cóvenant [the]〔スコ史〕厳粛同盟《長老制度維持のため, 1643 年に英国議会との間に締結》.

sólemn máss [°S- M-]〔カト〕荘厳ミサ.

sólemn vów 〔カト〕盛式(修道)誓願《財産私有と結婚を認めない; cf. SIMPLE VOW》;《一般に》堅い誓い, 正式誓約.

so·len /sóulən/ *n* 〔貝〕マテガイ (razor clam). [↓]

so·len- /soulí:n, -lén/, **so·le·no-** /soulí:nou, -lénou, -nə/ *comb form*「導管」「管」「管状の」[Gk *sōlēn* tube]

so·le·net·te /sòulənét/ *n* 〔魚〕英国最小型のソール (sole).

so·lé·no·cỳte /soulí:nə-, -lén-/ *n* 〔動〕有管細胞《軟体動物・環形動物などの幼生にみられる排出細胞》.

so·le·no·don /soulí:nədɑ̀n, -lén-/ *n* 〔動〕ソレノドン《大型のジネズミに似た原始的な食虫哺乳動物; キューバと Hispaniola 島に生息する 2 種のみ》.

so·le·no·glyph /soulí:nəglìf, -lén-/ *n* 〔動〕管牙類, クサリヘビ《毒ヘビ》.

so·le·noid /sóulənɔ̀ɪd/ *n* 〔電〕ソレノイド, 線輪筒, 筒形コイル;〔気〕(気象学的)ソレノイド《2 つの等圧面と 2 つの等比容面で囲まれる部分》. [F; ⇨ SOLEN]

sò·le·nói·dal *a* 〔電〕ソレノイドの;〔数〕管状の, わき出しなしの《発散が 0 となるベクトル場についていう》. ♦ **～·ly** *adv*

So·lent /sóulənt/ [the] ソレント海峡《Britain 本土と Wight 島の間; 東部は Spithead と呼ばれる》.

sóle párent 《豪》片親.

sóle·plàte *n* 〔建〕《間柱の》敷板, 床板, ソールプレート;〔機〕基礎板;《アイロンの》掛け面;〔解〕足底板《横紋筋運動神経端を囲む有核原形質》.

sóle·prìnt *n* 足形(あしがた)《特に 病院での新生児識別用》.

so·le·ra /souléərə/ *n* ソレラ《シェリー製造で, 3–6 段に積み重ねた樽の組》; ソレラ方式 (=～ **sỳstem**)《ソレラの最上段の樽に若酒を, 最下段の樽に成熟酒を入れ, 最下段から酒を取り出すごとに補充分を上から下へ移して品質を均一に保つ熟成法》; ソレラシェリー[ワイン] (=～ **shèrry** [**wìne**]). [Sp=crossbeam]

soles *n* SOL[2] の複数形.

Soleure ⇨ SOLOTHURN.

so·le·us /sóuliəs/ *n* (*pl* **-lei** /-lìaɪ/)〔解〕《すねにある》ひらめ筋. [NL (*solea* sole[3])]

sol-fa /sòulfá:, sòul-, ⏑⏑/〔楽〕*n* 音階のドレミファ《do, re, mi, fa, sol, la, ti》; 階名唱法[練習]; TONIC SOL-FA: sing ～ ドレミファを歌う. ► *vi, vt* (～**ed**) ドレミファを歌う, ドレミファで歌う《歌詞でなく》. ♦ **～·ist** *n* ドレミファ音階使用者[提唱者, 支持者]. [*sol*[1]+*fa*]

sól-fa sỳllables *pl* 音階を歌うドレミファの音節.

sol·fa·ta·ra /sàlfətá:rə, sòul-/ *n* 〔地質〕硫気孔, 硫質噴気孔, ソルファタラ. ♦ **sòl·fa·tá·ric** *a* [*Solfatara* (*solfo* SULFUR) イタリア Naples 近郊の火山]

sol·fège /sɑlféʒ/ *n* 〔楽〕ソルフェージュ《旋律や音階をドレミファの階名で歌うこと; また ドレミファを用いた視唱法》; 音楽の基礎理論教育. [F<It (↓)]

sol·feg·gio /sɑlféʤiòu, -ʤou/ *n* (*pl* **-feg·gi** /-féʤi/, ～**s**) SOLFÈGE. [It; ⇨ SOL-FA]

sol·fe·ri·no /sàlfərí:nou/ *n* (*pl* ～**s**) FUCHSINE; 帯紫鮮紅色.

Solferino ソルフェリーノ《イタリア Lombardy 州南東部の村; 1859 年のフランス軍とオーストリア軍との激戦地》.

sól·gèl /-ʤèl/ *a* 〔化〕ゾルになったりゲルになったりする.

Sol. Gen. °Solicitor General.

soli *n* 〔楽〕SOLO の複数形.

so·li-[1] /sóulə, sálə/ *comb form*「単一の」「唯一の」[L SOLUS]

so·li-[2] /sóulə/ *comb form*「太陽」[L SOL]

so·lic·it /səlísət/ *vt* 請い求める, 懇請する, せがむ, 勧誘する〈*for*〉; 〈主義・主張などを〉熱心に説く; …に物乞いをする;《よからぬ目的で》〈人など〉に近づく; (贈賄して)悪事に誘う; 〈売春婦が客を〉誘惑する, 引く;《廃》〈女を〉誘惑しようとする: ～ advice [trade] 助言[通商]を求める / ～ sb *for* sth = ～ sth *of* sb 人に物を請い求める / ～ sb *to* do… 人に…してくれと懇願する. ► *vi* 懇請する〈*for*〉; 注文取りをする, 勧誘する; [°-ing]〈売春婦が〉客を誘惑する; SOLICITOR として働く. [OF<L=to agitate (*sollicitus* anxious)]

so·lic·i·tant /səlísətənt/ *n* SOLICIT する人.

so·lic·i·ta·tion /səlìsətéɪʃ(ə)n/ *n* 懇願, 懇請, うるさく求めること; 勧誘; 誘導; 誘惑;〔法〕教唆; 贈賄教唆;〔法〕売春・買春勧誘;《売春婦の》袖引き, 客引き.

so·lic·i·tor /səlís(ə)tər/ *n* **1**〔米〕《地方自治体あるいは官庁の》主任法務職員;〔英〕事務弁護士, ソリシター《不動産譲渡手続き, 遺言書の作成その他の法実務を扱い, また法廷弁論の前提となる訴訟手続きの代行権を独占する; 原則として上位裁判所での法廷弁論権はもたないが, 下位裁判所の弁論権は有する; cf. BARRISTER》. **2** 懇願者, 求める人, 口説く人;《米》〔商〕勧誘人, 注文取り; 選挙運動員. ♦ **～·ship** *n*

solícitor géneral (*pl* **solícitors géneral**) [S- G-]《米国の》法務次官, 訟務長官《attorney general (司法長官) を補佐する行政官; 合衆国最高裁判所において連邦政府の代理人として訴訟遂行に当たる》;《州の》法務長官;《英国の》法務次官《イングランド・ウェールズでは Attorney General (法務長官) の次位, スコットランドでは Lord Advocate (法務長官) の次位》.

Solícitors' Compláints Bùreau [the]〔英〕事務弁護士苦情処理部《事務弁護士 (solicitor) に対する依頼人の苦情を聴いて裁定を下す機関; 1996 年, 業務が事務弁護士監督所 (Office for the Supervision of Solicitors) に引き継がれ, 現在は法的苦情処理部門 (Legal Complaints Service) という名称になっている》.

so·lic·i·tous /səlís(ə)təs/ *a* 案ずるような, 気づかいを見せる; 案ずる, 気づかう〈*about, for, of, that*〉; 細心な, きちょうめんな; 熱心な, 熱心に求める〈*of*〉; しきりに(…する)〈*to* do〉: be ～ *of* sb's help 人の助力を求める / be ～ *to* please 気に入ろうと努める. ♦ **～·ly** *adv* **～·ness** *n* [L; ⇨ SOLICIT]

so·lic·i·tude /səlísət(j)ù:d/ *n* 気をもむこと, 気づかい, 憂慮〈*about*〉; 切望, 憂き身をやつすこと, 配慮〈*for*〉; 余計な心配[気づかい]; [*pl*] 心配のたね. [OF<L; ⇨ SOLICIT]

sol·id /sáləd/ *a* **1 a** 固体の, 固形体の; 固い;〔数〕立体の, 立方の: ～ food 固形食 / a ～ foot 1 立方フィート / a ～ figure 立体図形. **b** 中まで固い; うつろでない, 中実の; 充実した, 中身[実質]のある〈食事など〉. **c** 中まで同じ材質の, 無垢の: ～ gold 金無垢 / a ～ oak table ナラ無垢材のテーブル. **d** 間断のない, 連続した;〔印〕行間をあけない, べた組みの; 〈複合語が〉ハイフン[スペース]なしで一語に書かれた; 正味の: for two ～ hours まるまる 2 時間, 2 時間ぶっ通しで. **e** 〈色が〉濃淡のない, 一様の, 無地の. **2 a** がっしりした, がんじょうな, 堅牢な; [°good ～] 強力な, 徹底的な: a *good* ～ blow 猛烈な一撃 (cf. GOOD *a* 9). **b** (基礎の)しっかりした〈学問・理由など〉;《財政的に》堅実な; 手堅い, 賢明な; まじめな, 信頼できる: ～ evidence 確証 / a ～ reputation 手堅い評判, 定評. **3 a** 結束した, 満場一致の; *《口》仲がしっくりいっている, 親密な〈*with*〉: be [go] ～ for [in favor of]…に賛成して一致団結している[する]. **b** *《口》常に支持して〈*for* sb〉, 定期的に出席して. **4** *《俗》〈音楽・リズムなど〉すばらしい, すごい. **5** 《豪俗》きびしい, 度の過ぎた, 不当な. ► *n* 固体 (cf. FLUID, GAS, LIQUID), 固形体, 固形物; [*pl*] 固形食;〔数〕立体; むらのない色; ハイフンなしの複合語; *《俗》信頼できる友. ► *adv* 一致して;《口》いっぱいに, 完全に, すっかり;《口》連続して; [〈*int*〉]*《俗》《返答に用いて》もちろん: vote ～ (満場)一致して投票する / packed ～ ぎゅう詰めの, ぎっしり詰まった / for five days ～ 連続[ぶっ通し] 5 日間. ● **S～, Jackson.** そうだきみの言うとおり. ♦ **～·ly** *adv* **～·ness** *n* [OF or L *solidus* firm]

sol·i·da·go /sɑ̀lədéɪgou, -dá:-/ *n* (*pl* ～**s**)〔植〕アキノキリンソウ属 (*S*-) の各種草本《キク科; 主に 北米原産》.

sólid ángle 〔数〕立体角.

sol·i·da·rism /sálədərìz(ə)m/ *n* 《「一人は万人のために, 万人は一人のために」と説く》連帯主義; SOLIDARITY. ♦ **-rist** *n* 連帯主義者. **sòl·i·da·rís·tic** *a*

sol·i·dar·i·ty /sɑ̀lədǽrəti/ *n* **1** 結束, 団結,《意見・利害などの》一致, 協同一致;《利害・感情・目的などの》共有, 連帯;〔法〕連帯責任. **2** [S-] 連帯《ポーランドの自主管理労組全国組織; 1980 年結成; 89 年の非共産主義体制への転換において主導的な役割を果たした》. [F; ⇨ SOLID]

sol·i·da·rize /sálədəràɪz/ *vi* 団結する, 連帯[結束]する.

sol·i·dary /sálədèri; -d(ə)ri/ *a* 連帯(責任)の, 共同(利害)の, 合同の.

sólid-dráwn *a* 〈鉄管が〉引抜きの《継ぎ目がない》: ～ steel pipe 引抜き鋼管.

sólid fóam ソリッドフォーム《固体状の泡・スポンジ様の固体; 固体

がセルをなして分散した構造をもつ; closed-cell (solid) foam はセルが面で囲まれているもの, open-cell (solid) foam はセルが辺からなるものをいう》.

sólid fúel 《ロケットの》固体燃料 (solid propellant); 《石油・ガスに対して》石炭などの固形燃料.

sólid-fúeled *a* 固体燃料による: a ～ rocket 固体燃料ロケット.

sólid geólogy 固体地理学《ある地域の, 漂積物を除いた地理的特性》.

sólid geómetry 立体幾何学.

solidi *n* SOLIDUS の複数形.

so·lid·i·fy /səlídəfàɪ/ *vt, vi* 凝固[凝結, 結晶]させる[する], 固める[固まる]; 団結[結束]させる[する]. ◆ **so·líd·i·fì·er** *n* 固めるもの, 凝固剤. **so·lìd·i·fi·cá·tion** *n* 団結; 凝固.

sólid injéction 〘機〙無気噴射《圧縮空気を用いずに内燃機関へ燃料を噴射する方式; cf. AIR INJECTION》.

so·lid·i·ty /səlídəti/ *n* 固いこと, 固体性, 固形性 (cf. FLUIDITY); 実質性; (中身の)充実; 堅固; 信頼性; 堅実さ, 健全さ; 立体性; 〘機〙《プロペラ・ファンなどの》剛率, 《ローターの刃の》弦節比; 《古》容積. [F; ⇨ SOLID]

sólid ívory*《俗》ぼんくら頭, まぬけ (bonehead).

sólid-lòok·ing *a* いかにもしっかりした.

sólid mòtor 固形燃料モーター.

sólid of revolútion 〘数〙回転体, 〘機〙回転立体.

sólid propéllant 固体推進剤, SOLID FUEL.

sólid ròcket 固体燃料ロケット.

sólid sènder*《俗》エキサイティングなスウィングミュージシャン; *《俗》すばらしいスウィングの曲[編曲]; *《俗》すてきな人《特に スウィング通》.

sólid solútion 〘理〙固溶体.

Sólid Sóuth [the] 〘米〙堅固な南部《南北戦争後一貫して民主党支持で固まった南部(諸州)》.

sólid-státe *a* 〘理〙固体物理の; 〘電子工〙〈ラジオ・ステレオ装置など〉ソリッドステートの《電子管の代わりに半導体素子などを用いた》: ～ science 物性科学.

sólid státe 〘理〙固体の状態, 固態.

sólid-stàte electrónics 固体電子工学.

sólid-stàte máser 〘電子工〙固体メーザー.

sólid-stàte phýsics 固体物理学.

sol·id·un·gu·late /sɑ̀lədʌ́ŋgjələt, -lèɪt/ *a* 〘動〙単蹄の. ► *n* 単蹄動物 (soliped).

sol·i·dus /sɑ́lədəs/ *n* (*pl* **-di** /-dàɪ, -dìː/) **1** 斜線《(1) shilling と penny の間にはさむ斜線で s の長字 ſ の変形: 2/6 は 2 シリング 6 ペンス (2) また 日付や分数を示す斜線: 1/6 は《米》1 月 6 日, 《英》6 月 1 日; または 6 分の 1》. **2** 〘化〙固相線, ソリダス (=∼ **cùrve**) (cf. LIQUIDUS). **3** ソリドゥス《(1) Constantine 大帝制定のローマの金貨; 後世の bezant (2) 中世ヨーロッパの 12 denarii 相当の計算通貨》. [L *solidus* (*nummus*) gold coin; ⇨ SOLID]

sol·i·fid·i·an /sɑ̀ləfídiən/ 〘神学〙*n* 唯信論者. ► *a* 唯信論の.

so·li·fluc·tion | -flux·ion /sóuləflʌ̀kʃ(ə)n, sάl-/ *n* 〘地質〙土壌流, 流土, ソリフラクション《通例 凍土地帯で, 水で飽和した土壌が斜面をゆるやかに移動する現象》. [SOLUM, *fluct- fluo* to flow]

So·li·hull /sòulɪhʌ́l, ⏑⏑⏑/ ソリハル《イングランド中部 West Midlands 州 Birmingham の南東にある町》.

so·lil·o·quist /səlíləkwɪst/ *n* 独語する人, 独白者.

so·lil·o·quize /səlíləkwàɪz/ *vi, vt* 独語する; 〘劇〙独白する. ◆ **-quìz·er** *n* **-quìz·ing·ly** *adv*

so·lil·o·quy /səlíləkwi/ *n* 独語(すること); 〘劇〙独白. [L (*soli-*, *loquor* to speak)]

Sol·i·man /sɑ́ləmən/ SÜLEYMAN.

So·li·mões /sùːlɪmóuĩʃ/ [the] ソリモンエス川《Amazon 川上流, ペルー国境から Negro 川との合流点までのブラジル名》.

So·ling·en /zóulɪŋən, sóu-/ ゾーリンゲン《ドイツ西部 North Rhine-Westphalia 州の市; Düsseldorf の東南東にある; 刃物やナイフ・フォークなど食器類の製造で有名》.

sól·ìon *n* ソリオン《溶液中のイオンの移動を用いた検出・増幅電子装置》.

sol·i·ped /sɑ́ləpɛ̀d/ *a, n* 〘動〙SOLIDUNGULATE.

sol·ip·sism /sάləpsìz(ə)m, sóul-/ *n* 〘哲〙独我論, 唯我論, 独在論. ◆ **-sist** *n* **sòl·ip·sís·tic** *a* **-ti·cal·ly** *adv* [*soli-*, *ipse* self, *-ism*]

sol·i·taire /sάlətɛ̀ər, ⏑⏑⏑/ *n* **1** ソリティア《(1) ダイヤモンドなどの指輪用一つ石 (2) 一つ石の指輪・イヤリングなど》. **2** 一人で遊ぶゲーム; *ソリティア (patience[II])《トランプの一人遊び》; ひとりぼっち, ソリティア《駒やピンを使うボードゲームの一種》; *《俗》自殺. **3** 〘鳥〙**a** ロドリゲスドードー《1730 年インド洋 Rodriguez 島で絶滅したドードー科の無飛力の鳥》. **b** ヒトリツグミ《北米産》. **4** 《古》隠者, 世捨て人. [F＜L (↓)]

sol·i·tary /sάlətèri; -t(ə)ri/ *a* ひとり(暮らし)の, ひとりぼっちの〈散歩など〉; 単独の; 孤独の; 寂しい; 人通りのまれな, 人里離れた〈家・村など〉; 単一の, ただ一つの (sole); 〘植〙房をなさない, 単生の; 〘解・医〙孤立(性)の〈器官・組織・腫瘍など〉; 〘動・植〙群居[群生]しない, 単生の (opp. *social*): a ～ cell 独房. ► *n* 独居者; 隠者; 《口》SOLITARY CONFINEMENT. ◆ **sòl·i·tár·i·ly** /; sάlɪt(ə)rɪ-/ *adv* ひとり寂しく (in solitude). **sól·i·tàr·i·ness** /; -t(ə)rɪ-/ *n* [L (*solitas* aloneness ＜SOLUS)]

sólitary ánt 〘昆〙アリバチ (velvet ant).

sólitary confínement 独房監禁.

sólitary wásp 〘昆〙単生スズメバチ《sand wasp, mud wasp など; cf. SOCIAL WASP》.

sólitary wáve 〘海洋〙孤立波《ただ一つの波頭が形を変えずに進行する波》.

sol·i·ton /sάlətὰn/ *n* 〘理〙ソリトン《粒子のようにふるまう孤立波》. [*solitary*, *-on*[2]]

sol·i·tude /sάlət(j)ùːd/ *n* 《気ままな》ひとりの時間, 独居; 孤独, 寂しさ; 《詩》寂しい場所, 荒野: in ～ ひとり静かに[寂しく]. ◆ **sòl·i·tú·di·nous** *a* [OF or L; ⇨ SOLUS]

sol·i·tu·di·nar·i·an /sὰlət(j)ùːd(ə)nέəriən/ *n* 隠者, 世捨て人 (recluse).

sol·ler·et /sὰlərέt, ⏑⏑⏑/ *n* 鉄靴《中世のよろいの一部》.

sol·lick·er /sάlɪkər/ *n* 《豪俗》途方もなく大きいもの.

sol·mi·za·tion /sὰlməzéɪʃ(ə)n/ *n* 〘楽〙階名[音名]唱法, ソルミゼーション. ◆ **sól·mi·zàte** *vi, vt* [F (SOL[1], MI)]

soln solution.

so·lo /sóulou/ *n* **1** (*pl* ～**s**, **-li** /-li/) 〘楽〙独唱(曲), 独奏(曲[部]), ソロ; 《一般に》独演; 〘空〙単独飛行. ★ 二重唱[奏]から九重唱[奏]まで次のとおり: (2) duet, (3) trio, (4) quartet, (5) quintet, (6) sextet *or* sestet, (7) septet, (8) octet, (9) nonet. **2** 〘トランプ〙ソロ《1 人で 2 人以上を相手とするゲーム, 特にホイスト》. ► *a* 独唱[独奏]の, ソロの; 独演の; 単独の: a ～ flight 単独飛行. ► *adv* 単独で, 一人で (alone). ► *vi* 一人でする[生活する]; 単独飛行[行動]をする. ► *vt* 〈飛行機を〉一人で飛ばす. [It＜L SOLUS]

Solo [the] ソロ川《インドネシアの Java 島中部を流れる川》; ソロ《SURAKARTA の別称》.

sólo·ist *n* 独奏者, 独唱者, ソリスト, ソロイスト.

Sólo màn 〘人〙ソロ人《化石が Solo 川付近で発見された旧人系に属する化石人類》.

Sol·o·mon /sάləmən/ **1** ソロモン《男子名; ユダヤ人に多い; 愛称 Sol》. **2 a** ソロモン《紀元前 10 世紀のイスラエルの賢王; David の子で後継者; cf. Queen of SHEBA》: (as) wise as ～ 非常に賢い / He is no ～. 全くのばかだ. **b** [°s-] 大賢人. [Gk＜Heb]

Sólomon Grún·dy /-grándi/ ソロモン・グランディ《英国の伝承童謡の主人公; 月曜に生まれ, 日曜に埋葬された》.

Sol·o·mon·ic /sὰləmάnɪk/, **-mo·ni·an** /-móuniən/ *a* ソロモンの; ソロモンのような; 知恵[思慮分別]のある, 賢明な.

Sólomon Íslands *pl* [the] ソロモン諸島《(1) New Guinea 島の東方に位置する島群 (2) 同諸島からなる国 (ただし同諸島北部の Buka, Bougainville の 2 島 はパプアニューギニア領); ☆Honiara (Guadalcanal 島); もと 英国保護領, 第二次大戦中は日本が一時占領, 1978 年独立, 英連邦に属する》. ◆ **Sólomon Íslander** *n*

Sólomon Íslands Pídgin ソロモン諸島で話すピジン語《新しい Melanesian》.

Sólomon Séa [the] ソロモン海《Solomon 諸島の西の珊瑚海 (Coral Sea) の入海》.

Sólomon's séal, Sol·o·mon·seal /sὰləmənsíːl, ⏑⏑⏑⏑/ **1** ソロモンの封印《濃淡 2 組の三角形を組み合わせた六星形✡; 中世, 熱病に対する魔除けとして用いられた》. **2** 〘植〙アマドコロ属の各種草本 (=*sealwort*)《ユリ科》.

sólo móther 《NZ》母子家庭の母親.

sólo mótor cýcle 単車《サイドカーのないオートバイ》.

So·lon /sóulən, -lὰn/ ソロン (638?–?559 B.C.)《アテナイの立法家でギリシア七賢人の一人》; [°s-] 名立法者, 賢人; [°s-]*《口》議員.

sol·on·chak /sὰlənʧǽk/ *n* 〘土壌〙ソロンチャク《乾燥ないし亜湿潤気候下に分布する成帯内性の塩類土》. [Russ]

sol·o·netz, -nets /sὰlənέts/ *n* 〘土壌〙ソロネッツ《ソロンチャクから塩類が溶脱されてできるアルカリ性の成帯内性土壌》. ◆ **-nétz·ic** *a* [Russ＝salt marsh]

so·lo·ni·an /soulóuniən, sə-/, **so·lon·ic** /soulάnɪk/ *a* SOLON (の立法)のような; [S-] ソロンの.

sólo párent 《NZ》片親《母子[父子]家庭の親》.

sólo stòp 〘楽〙ソロストップ《ソロオルガン用のストップ》.

So·lo·thurn /zóulətùərn, sóu-/, **So·leure** /*F* sɔlœːr/ ゾーロトゥルン, ソルール《(1) スイス北西部の州 (2) その州都; Aare 川に臨む》.

So·low /sóulou/ ソロー **Robert** (**Merton**) ～ (1924–　)《米国の経済学者; ノーベル経済学賞 (1987)》.

sólo whíst 〘トランプ〙ソロホイスト《1 人で 3 人を相手にする方式を含むホイスト》.

sol·stice /sάlstəs, *sóul-, *sɔ́ːl-/ *n* 〘天〙《太陽の》至(し)《太陽が赤道から北または南に最も離れた時; ⇨ SUMMER [WINTER] SOLSTICE》; 〘天〙至点; [*fig*] 最高点, 極点, 転換点. [OF＜L (*sol* sun, *stit- stito* to make stand)]

sol·sti·tial /sɑlstíʃ(ə)l, *soul-, *sɔːl-/ 〘天〙*a* 至の, 《特に》夏至の; 至の時に起こる[現われる]. [L (↑)]

Sol·ti /ʃóulti, sóul-; ʃɔ́l-/ ショルティ Sir **Georg** ～ (1912–97)《ハン

ガリー生まれの英国の指揮者》.

sol·u·bil·i·ty /sɑ̀ljəbíləti/ *n* 溶けること, 溶解性, 可溶性, 溶解度;《問題・疑問などの》解釈[解決]できること.

solubílity pròduct 〘化〙溶解度積.

sol·u·bi·lize /sɑ́ljəbəlàɪz/ *vt* 可溶性にする, …の溶解度を高める. ♦ **sòl·u·bi·li·zá·tion** *n* 可溶化.

sol·u·ble /sɑ́ljəb(ə)l/ *a* 溶ける, 溶解できる, 溶性の ‹*in* water›; 乳化できる (emulsifiable); 溶けやすい; 解ける, 説明できる. ► *n* 溶けるもの. ♦ **-bly** *adv* **~·ness** *n* ［OF＜L; ⇨ SOLVE］

sóluble gláss 水ガラス (water glass).

soluble RNA /─́─ ɑ́:rènéɪ/ 〘生化〙(可)溶性 RNA《略 sRNA》.

sóluble stárch 可溶性澱粉《澱粉を加水分解したもので湯に溶けやすい》.

so·lum /sóʊləm/ *n* (*pl* **-la** /-lə/, **~s**) 〘地質〙土壌体, ソラム《土壌が各段階を経て自然に形成された層で, A 層・B 層からなる》. ［L＝ground, soil］

so·lu·nar /soʊlú:nər, sɑ-; sə-/ *a* 太陽と月の(影響による)‹潮汐表など›. ［*sol*ar＋*lunar*］

so·lus /sóʊləs/ *a* (*fem* **-la** /-lə/) **1** ひとりで (alone)《主に 脚本のト書(ﾄｶﾞｷ)用語; 戯言的にも用いる》: Enter the king ~. 王ひとり登場 / I found myself ~. [*joc*] わたしはただひとりだった. **2**‹広告が›《1 ページ中などで》単独の, 一項目[一品目]のみ扱う; 単独広告の. ［L＝alone］

sol·ute /sɑ́ljù:t/ *n* 〘化〙溶質. ► *a* 溶けた; 〘植〙遊離した (separate).

so·lu·tion /səlú:ʃ(ə)n/ *n* **1**《問題などの》解決; 解法, 解決策, 対応策; 解答,《特に 方程式の》解 ‹*of, for, to*›. **2 a** 溶液《溶媒 (solvent) に 溶質 (solute) が溶けたもの》; 溶剤; ゴム液《ゴムタイヤ修理用》; 〘医〙液剤, 水薬. **b** 溶かすこと, 溶解 ‹*in* water etc.›; 分解, 解体, 崩壊; 〘地質〙溶流《岩石と水との水和作用により, 溶解物質が流れ下ること》; 〘法〙《債務などの償却による》解除; 〘医〙《病気の》消散, 峠; 〘医〙《正常では連続しているものの》離解, 離断 (＝**~ of continúity**)《骨折・脱臼など》. ● **in ~** 溶解状態で; ‹考えが›ぐらついて. ♦ **~·ist** *n*《新聞などの》なぞ解答専門家. ［OF＜L; ⇨ SOLVE］

solútion sèt 〘数・論〙解の集合, TRUTH SET.

So·lu·tre·an, -tri- /səlú:triən/ *a* 〘考古〙ソリュートレ文化(期)の. ► *n* [the] ソリュートレ文化(期)《欧州の後期旧石器時代中葉の文化》. ［*Solutré* フランス東部の遺跡］

solv·able /sɑ́lvəb(ə)l, *sɔ́:l-/ *a* 解ける, 解答[解決]できる;《古》分解できる, 溶ける. ♦ **sòlv·abíl·i·ty** *n*

solv·ate /sɑ́lvèɪt, *sɔ́:l-/ 〘化〙 *n* 溶媒和物, 溶媒化合物. ► *vt, vi* 溶媒和[化]する. ♦ **sol·vá·tion** *n* 溶媒和.

Sól·vay pròcess /sɑ́lvèɪ-/ ソルベー法 (＝*ammonia soda process*)《塩化ナトリウム・アンモニア・二酸化炭素から炭酸ナトリウムを製造する方法》. ［Ernest *Solvay* (1838–1922) ベルギーの化学者］

solve /sɑ́lv, *sɔ́:lv/ *vt, vi* 解く, 解釈する; 説明する; 解答する; 解決する; …に決着をつける; 完済する; 解ける, 溶解する (melt);《古》‹結び目などを›解く. ♦ **sólv·er** *n* ［ME＝to loosen＜L *solut- solvo* to release］

Sol·veig /sóʊlvèɪg/ ソルヴェイグ《ひたすら PEER GYNT を愛する百姓娘で金髪の美少女》.

sol·ven·cy /sɑ́lv(ə)nsi, *sɔ́:l-/ *n* 支払い能力, 資力; 溶解; 溶解力[性].

sól·vent *a* 〘法〙支払い能力のある; 溶解力がある, 溶かす ‹*of*›;《信仰・伝統などを》弱める, 人心を和らげる. ► *n* 溶剤, 溶媒 ‹*for, of*›; 解決策, 解答, 説明;《信仰などを》徐々に弱めるもの ‹*of*›. ♦ **~·less** *a* **~·ly** *adv* ［L (pres p) ‹ SOLVE］

sólvent abùse 溶剤濫用, シンナー遊び.

sol·vi·tur am·bu·lan·do /sɔ́:lwɪtʊ̀r ɑ̀:mbulɑ́:ndoʊ/ それは歩行によって解かれる; その問題は実験によって解決する. ［L＝it is solved by walking］

sol·vol·y·sis /sɑlvɑ́ləsəs, *sɔ:l-/ *n* 〘化〙加溶媒分解, ソルボリシス. ♦ **sol·vo·lyt·ic** /sɑ̀lvəlítɪk, *sɔ̀:l-/ *a*

Sól·way Fírth /sɑ́lwèɪ-/ [the] ソルウェー湾《イングランドとスコットランド間の Irish Sea の入江》.

Sol·y·man /sɑ́ləmən/ SULEIMAN.

Sol·zhe·ni·tsyn /sɔ̀(:)lʒəní:tsən, sòʊl-, sɑ̀l-/ ソルジェニーツィン **Aleksandr (Isayevich)** ~ (1918–2008)《ロシアの作家; 1974 年反体制的という理由で国外追放となり, 米国で生活したが, 94 年ソ連邦崩壊後の祖国に帰還; ノーベル文学賞 (1970)》.

som /sɑ́m, sóʊm/ *n* (*pl* ~) ソム《キルギスの通貨単位: ＝100 tiyin(s)》; SUM².

Som. Somerset(shire).

so·ma¹ /sóʊmə/ *n* (*pl* **-ma·ta** /-tə/, **~s**) 〘生〙体(ﾀｲ)《生物体の生殖細胞を除く全組織・器官》;《精神に対して》身体. ［Gk *sōmat- sōma* body］

soma² *n* 〘植〙ソーマ《ガガイモ科の乳液を出す葉のないつる植物; インド産》; 蘇摩(ｿﾏ), ソーマ《その樹液から造ったといわれる古代インドヴェーダ時代の聖酒》. ［Skt *sōma*］

-so·ma /sóʊmə/ *n comb form* (*pl* **-so·ma·ta** /-tə/, **~s**)「体(ﾀｲ) (soma)」: hydro*soma*. ［Gk］

So·ma·li /soʊmɑ́:li, sə-/ *n* **1 a** (*pl* ~, **~s**) ソマリ族《東アフリカの Somaliland に居住する民族; 黒人・アラビア人その他の混血》. **b** ソマリ語《クシ語派 (Cushitic) に属する》. **2** 〘猫〙ソマリ《長い絹様毛と羽毛様の尾をもつ, アビシニアンに近いネコ》.

So·ma·lia /soʊmɑ́:liə, sə-, -ljə/ ソマリア《アフリカ東部の Aden 湾とインド洋に面する国; 公式名 Republic of ~ (ソマリア共和国); ☆Mogadishu》. ♦ **So·má·lian** *a, n*

Somáli·lànd ソマリランド《ソマリア, ジブチ, およびエチオピア東部 Ogaden 地区を含む東アフリカの地域の旧称》.

So·man /sóʊmən/ *n* ソマン《ナチスドイツが開発した有機リン系の神経ガス; 旧ソ連軍が保有; 抗コリンエステラーゼ作用を有し, 多量に吸入すると死に至る》.

so·mat- /soʊmǽt, sóʊmət/, **so·mato-** /soʊmǽtə, sóʊmətə/ *comb form*「身体」「体(ﾀｲ) (soma)」 ［Gk］

somata *n* SOMA¹ の複数形.

so·mat·ic /soʊmǽtɪk, sə-/ *a* 身体の, 肉体の; 〘解・動〙体腔(ﾀｲｺｳ)[体壁]の (parietal); 〘生〙体 (soma) の: ~ sensation 体性感覚 / ~ nervous system 体神経系. ♦ **-i·cal·ly** *adv*

somátic céll 〘生〙体細胞《生殖細胞以外》.

somátic déath 〘医〙身体死《全生細胞活性の停止; opp. *local death*》.

so·ma·ti·za·tion /sòʊmətəzéɪʃ(ə)n; -taɪ-/ *n* 〘精神医〙身体化 (**1**) 鬱や不安などを身体症状に転換する防衛機制 **2**) 器官に明確な病理所見を欠いていながら身体的不調を訴える状態).

somàto·génic /, sòʊmətə-/ *a* 〘生・心〙体細胞から生じる, 体細胞原性[起原]の, 体因性の (cf. PSYCHOGENIC).

so·ma·tol·o·gy /sòʊmətɑ́lədʒi/ *n* PHYSICAL ANTHROPOLOGY;《もと》体質学, 体形学. ♦ **-gist** *n* **sò·ma·to·lóg·i·cal** *a*

somàto·mé·din /-mí:d(ə)n, sòʊmətə-/ *n* 〘生化〙ソマトメジン《肝・腎内で合成され, somatotropin の作用を刺激するホルモン》.

so·ma·tom·e·try /sòʊmətɑ́mətri/ *n* 人体[生体]計測.

somáto·plàsm /, sóʊmətə-/ 〘生〙 *n*《生殖細胞の胚芽形質と区別して》体細胞原形質;《生殖質と区別して》体質. ♦ **somàto·plástic** /, sòʊmətə-/ *a*

somáto·pleure /-plʊ̀ər, sóʊmətə-/ *n* 〘発生〙体壁葉. ♦ **so·màto·pléu·ric, -pléu·ral** /, sòʊmətə-/ *a*

somàto·sénsory /, sòʊmətə-/ *a* 〘生理〙体性感覚の, 体知覚の.

somàto·státin /, sòʊmətə-/ *n* 〘生化〙ソマトスタチン《somatotropin 放出抑制因子》.

somàto·thérapy /, sòʊmətə-/ *n* 〘医〙《心理的問題についての》身体治療. ♦ **-thérapist** *n*

somàto·tónia /, sòʊmətə-/ *n* 〘心〙身体型《筋骨が発達した人に多くみられる活動的な気質; cf. CEREBROTONIA, VISCEROTONIA》. ♦ **-tónic** *a*

somáto·tròphic hórmone /, sóʊmətə-/ SOMATOTROPIC HORMONE.

somáto·tròpic hórmone /, sóʊmətə-/ 〘生化〙成長ホルモン (growth hormone).

somàto·tró·pin /-tróʊpən, sòʊmətə-/, **-phin** /-fən/ *n* 〘生化〙成長ホルモン, ソマトトロピン (growth hormone).

somáto·tỳpe /, sóʊmətə-/ *n* 〘心〙体型 (cf. ENDOMORPH, MESOMORPH, ECTOMORPH). ♦ **somàto·týpic** /-típ-, sòʊmətə-/ *a* **-týpical·ly** *adv*

som·ber, som·bre /sɑ́mbər/ *a* うす暗い; ‹色が›くすんだ, 地味な; 陰気な, 陰鬱な, 憂鬱な; きまじめな, 厳粛な. ♦ **~·ly** *adv* **~·ness** *n* ［F＜Romanic (*sub-*, UMBRA)］

som·bre·ro /sɑmbréəroʊ, səm-/ *n* (*pl* **~s**) ソンブレロ《米国南西部・メキシコなどで用いる山が高くつばが広いフェルト[麦わら]製の帽子》. ［Sp *sombrero* (*de sol*) shade from the sun (↑)］

som·brous /sɑ́mbrəs/ *a*《古・文》SOMBER.

some *a, pron, adv* ★ 用法は someone, somebody, something, somewhere に共通するところが多い. [肯定に用い, 否定の not ANY, 疑問の ANY?, 条件の if…ANY に対応する] ► *a* **1** /s(ə)m/ [不可算名詞または複数形普通名詞に付けて] いくらかの, 多少の, 少しの: I want ~ books [money]. 本[金]が(少し)欲しい / Will you have ~ more coffee? もう少しコーヒーを召し上がりませんか《形は疑問文であるが, 実際は Please have ~ more coffee. と同じ意味》/ Aren't there ~ books that you want to buy? 買いたい本があるでしょう《形は疑問文であるが, 肯定の yes を予期するから》. ★ 単数構文の不定冠詞に対応する (⇨ A²). **2** /sʌ̀m, sʌ́m/ [複数形の前に付けて, some, others, the rest と対照的に用いる] 人[もの]によると…(もある), 中には… (cf. *pron* 2): *S*~ people like it and ~ don't. それが好きな人もあり, 嫌いな人もある. **3** /sʌ̀m/ [単数普通名詞の前に付けて] 何かの, だれかの, どこかの, いつかの: ~ one (or other) だれか / in ~ way (or other) なんとかして, どうにかこうにかして / for ~ reason 何かの理由で, どういうわけか (cf. EVERY *reason*) / He went to ~ place in the United States. 合衆国のどこかへ行った. ★ 知らない人またはものに用いる (cf. CERTAIN). **4** /sʌ́m/ [文アクセントをつけ強調して]《口》**a** 相当な, かなりの, ちょっとした, なかなかの, たいした, すてきな, すごい: I stayed there for ~ days [time]. 何日も[相当長い間]滞在した / It was ~ party.

なかなかの盛会だった / He is ~ scholar. たいした学者だ / I call that ~ poem. すばらしい詩だと思う. **b** [通例 文頭に用いて] [*iron*] たいして[全く]…でない: *S*~ friend you are! You won't even lend me $1! 友だちがいのあるやつだよ, まったく. 1ドルも貸してくれんとは / *S*~ HOPE(s)! / That's ~ help, isn't it? あまり助けにならんね. **5** /sʌm/ **a** [数詞の前に付けて] 約, …ぐらいの: ~ fifty students 学生約 50 人 / ~ (=about a) hundred books 約 100 冊 (cf. *some* hundreds *of books* 数百冊). **b** 《古》 [距離・時間などの単数名詞に付けて]: ~ mile [hour] or so 1マイル[1 時間]くらい. **● ~ day** いつか, そのうち, 他日 (cf. ONE *day*). **~** FEW. **~ little** (=*a little*) (ink) (インクが)少しある《など》. **~ one** (**1**) /sʌ́m wʌ́n/ どれか一つ(の), だれか一人(の): *S*~ *one* man must lead. だれか一人が指揮しなければならぬ. (**2**) /sʌ́m wʌ̀n/ SOMEONE (*pron*). **~…or other** 何か[だれか, どこか, いつか]の《SOME *a* 3 の意味で, or other は ぼかす気持》: in ~ book *or other* 何かの本で / in ~ time *or other* いつか, 他日, 何かの時に, 早晩 / *S*~ idiots or *other* have done it. どこかのばかどもがやったのだ. **~ other time** いつかほかの時に. **~ time** (**1**) しばらく(の間); かなり長い間. (**2**) いつか, そのうち.

► *pron* **1** /sʌ̀m/ 若干の数[量], 多少, いくぶん, いくらか, 一部 ‹*of*›: I want ~ (*of* them [it]). 少し欲しい. **2** /sʌm, sʌ́m/ ある人たち, あるもの; 人[もの]によると, …の人[もの](もある)《others と対照させることが多い》: *S*~ say it is true, ~ not. 本当だと言う人もあるしそうでないと言う人もある / *S*~ are good, and ~ are bad, and *others* are indifferent. 良いのもあり悪いのもありまたどっちつかずのもある. **● and (then) ~***《口》 さらにもっと, もっとたくさん (and plenty more than that). **get ~***《俗》《セックスの相手として》いい娘を見つける, モノにする, やってしまう, やる: *Getting* ~ since. ここんとこころよろしくやってるよ《男同士の会話で用いる》/ *get* ~ on the SIDE.

► *adv* **1** /sʌ́m, sʌ̀m/ 《口》 いくらか, 少しは: I feel ~ better. 少しは気分がよい / The sea had gone down ~ during the night. 海は夜のうちに多少静まっていた. **2** /sʌ́m/ *《口》 ずいぶん, なかなか; *《口》 大いに; *《口》 速く (rapidly): He seemed annoyed ~. 非常に当惑したらしかった / Do you like it?—*S*~! 好きかい—そうとも (Rather!) / That's going ~! なかなか速いぞ.

[OE *sum*; cf. OS, OHG *sum*, ON *sumr*, Goth *sums*]

-some[1] /səm/ *a suf* **1**「…に適する」「…を生じる」「…をきたす」「…させる」. **a** [名詞に付けて]: hand*some*. **b** [形容詞に付けて]: blithe*some*. **2**「…しやすい」「…の傾向がある」「…する」: tire*some*. [OE *-sum*; cf. ↑]

-some[2] *n suf* [数詞に付けて]「…人[個]からなる群[組]」: two*some*. [ME *sum* (pron) one, some]

-some[3] /sòʊm/ *n comb form*「体(たい)(soma)」「染色体」: chromo*some*. [Gk (*soma*[1])]

some·body /sʌ́mbədi, -bɑ̀di, -bdi/ *pron* [肯定文で] ある人, だれか: There is ~ at the door. 玄関にだれか来ている / General *S*~ (=Something) 何某(なにがし)将軍 / *S*~ left his [their] umbrella here. だれかが傘を忘れた / ~ famous だれか有名な人. ★ somebody は単数形で, 受ける代名詞も単数形であるが, 口語では時に上例の their のように複数形になることがある. **● or ~** だれかその種の人. ► *n* 何某といわれる(偉い)人, ひとかど[いっぱし]の人物, 相当な人, たいした者, 名うての者, 傑物: He thinks him*self* to be (*a*) ~. 自分を偉いとうぬぼれている. **● ~ else** ほかのだれか: ~ *else*'s problem だれかほかの人の問題. **~ up there***《口》 天上のだれか《神・運》. ★ somebody, anybody, nobody, everybody はそれぞれ someone, anyone, no one, everyone と同義的であるが, -body のほうがいくらか口語的とされる.

sóme·dày *adv* いつか, 他日.

sóme·dèal *adv* 《古》 ある程度 (somewhat).

sóme·hòw *adv* **1** なんとかして, どうにか, なんとかかんとか, ともかくも: I must get it finished ~. なんとかしてそれを仕上げてしまわねばならない. **2** どういうわけか, どうも: *S*~ I don't like him. どうも彼が好きじゃない. **● ~ or other** ぜひなんとかして《somehow の強調形》; なんらかの形で, ともかくも.

some·one /sʌ́mwʌ̀n, -wən/ *pron* SOMEBODY. ★ sómeone, ányone, éveryone は 2 語に離して書くこともあるが, アクセントは常に第 1 音節にあり, some [any, no] one man, some [any, no, every] one of them などの用法とは区別すべきである: Some óne man must lead. だれか一人が… / No óne man could move the stone. だれも一人では… / Every óne of them was wrong. どれも[だれも]….

sóme·plàce *adv**《口》 SOMEWHERE.

som·er·sault /sʌ́mərsɔ̀ːlt/ *n, vi* 宙返り[とんぼ返り](をする), 前転[後転](をする); [*fig*]《意見・態度などの》反転, 百八十度の転換: turn [cut, make, execute] a ~ とんぼ返りをする, とんぼを切る. [OF (*sobre* above, *saut* jump)]

som·er·set /sʌ́mərsèt/ *n, vi* SOMERSAULT. ► *vt* 投げてひっくり返す; …にとんぼ返りをさせる. [C16 (変形) ‹*somersault*]

Som·er·set /sʌ́mərsèt, -sət/ **1** サマセット《イングランド南西部の州; ☆Taunton; 略 Soms., Som.》. **2** [Duke of ~] サマセット公 (Edward Seymour) (c. 1500–52)《イングランドの軍人・政治家; Edward 6 世の伯父で, 摂政として権威をふるったが刑死》. **3** サマセット《男子名》. **4** [s-]*《片脚の人のための》サマセット鞍《これを用いた将軍 Lord Fitzroy Henry Somerset にちなむ》. [OE=dweller at Somerton]

Sómerset Clùb サマセットクラブ《Massachusetts 州 Boston の男子専用のクラブ》.

Sómerset Hòuse サマセットハウス《London の Thames 河畔の Strand にある大規模な建物; Courtauld 美術館, 歳入・関税委員会 (Revenue and Customs), Kings College などを収容; もと Somerset 公の邸宅に始まる》.

Sómerset Níle [the] サマセットナイル川《VICTORIA NILE 川の別称》.

Som·er·ville /sʌ́mərvìl/ **1** サマヴィル (**1**) **E. Œ.** ~ [**Edith Oenone** ~] (1858–1949)《アイルランドの小説家; Somerville and Ross の名で, 従妹の Martin Ross (本名 Violet Florence Martin, 1862–1915) との共作で 19 世紀アイルランドの社会を描いた》 (**2**) Sir **James Fownes** /fóʊnz/ ~ (1882–1949)《英国の海軍軍人; 東方艦隊司令長官 (1942–44); 元帥 (1945)》. **2** サマヴィル《Massachusetts 州北東部の Boston 郊外の市》. **3** サマヴィル《Oxford 大学の女子カレッジ; 1879 年創立》.

som·esthésis /sòʊm-/ *n* 体性感覚, 体感.

So·me·şul /soʊméʃul/, **So·meş** /soʊméʃ/ [the] ソメシュ川《ハンガリー北東部とルーマニア北西部にまたがって北西に流れ, Tisza 川に合流する川; ハンガリー語名 Szamos》.

some·thing /sʌ́mθɪŋ/ *pron* **1 a** あるもの, ある事, 何か: ~ to eat [drink] 何か食べる[飲む]物 / ~ good [sweet] 何かよいもの[うまいもの] / Here is ~ for you. これは少ないがきみにあげる / There is ~ (=some truth) to [in] it. それには一理ある / There is ~ (=~ strange [curious]) about Bill. ビルにはどこか変なところがある / He is [has] ~ in the Customs. 税関の何かをやっている. **b** [数詞または洗礼名のあとに用いて]: the four ~ train 4 時何分かの列車 / at five ~ 5 時何分かに / Tom ~ トムなにがし / THIRTYSOMETHING. **2** [~ of の形で] いくらか, 少し, やや, 多少: There is ~ *of* uncertainty in it. どこか不確かだ / He is ~ *of* a musician. ちょっとした音楽家だ. **● …or ~** 《口》 …か何か: He is a lawyer *or* ~. 弁護士か何かだ / He turned dizzy *or* ~ and fell out. めまいか何かして落後した. SEE[1] **~ of…**.

► *a* [特に 年齢を示す数詞のあとにつけて] …代の: a forty-~ golfer 40 代のゴルファー.

► *adv* **1** やや, いくぶん, 多少, 少し: look ~ like a mouse 多少ネズミに似ている. **2** [形容詞を副詞化して] 《口》 かなり, ひどく, えらく: She told him off ~ fierce. ものすごくしかりつけた. **● ~** LIKE[2].

► *n* **1** 《口》 重要なもの[人], たいしたもの, 驚くべきもの: quite ~ すごいもの, たいしたもの / He thinks he is ~.=He thinks ~ of him*self*. 自分をひとかどの人物と思っている / It's ~ to be safe home again. 無事に帰れたのはいささか慰めだ / That's ~ それはすごいことだ. **2** [不定冠詞を付けて] あるもの: *an* indefinable ~ 一種名状しがたいもの. **3** [*euph*] DEVIL, DAMN(ED): What the ~ (=devil) are you doing here? 一体全体ここで何してやがるんだ / [‹*a*›] You ~ villain! この悪党め! / [臨時動詞として] I'll see you ~*ed* (=damned) first! 何をぬかす大べらぼうめ. **● a little ~** ちょっとした(贈り)物; (軽くひっかける)一杯, (ちょっと)ひと口, 軽食. **get [have] ~** GOING. **have ~ about** one 《口》 人をひきつけるものをもっている. **it comes [we come] to ~ (when…)** 《口》 (…とは)驚くべき[変な]ことだ. **make ~ of**…を重要視する; …の用途を見つける, …を利用する; …をとりたてて問題にする[争いのたねとする], …にいちゃもんをつける. **make ~ of** one**self** [**one's life**] 成功する, 出世する. **make ~ out of nothing** 《俗》 言いがかりをつける. **~ doing** おもしろい[異常な]こと. **~ else** 何かほかのもの; 《口》 傑出した[異例の]もの, たいしたもの[やつ]. **~ else again** 別のもの, 別個の事柄, 別問題. **~ or other** 《口》 何か. **S~'s got to give.** 《口》 今すぐ決断をせねばならない, 事態は差し迫っている. **S~ tells me….** 《口》 たぶん…ではないかと思う.

[OE *sum thing*; ⇨ SOME, THING[1]]

some·thingth /sʌ́mθɪŋθ/ *a* 何番目かの, いくつ目かの: in his seventy-~ year 七十何歳かに.

sóme·tìme *adv* いつか, そのうち, いずれ(は), 近々に; 《古》 ある時, 以前, かつて; 《古》 SOMETIMES: ~ or other いつか, 早晩. ► *attrib a* 前の, かつての; 《米口・英古》 たまの, 時おりの: a ~ professor もと教授.

sóme·tìmes /, s(ə)mtáɪmz/ *adv* **1** 時には, 時々, たまに: I ~ hear from him. / I have ~ heard from him. / *S*~ I went fishing and ~ I went swimming. **2** 《廃》 かつて, 以前. ► *a* 《古》 前の (former). [*-s*[2]]

some·ti·mey /sʌ́mtàɪmi/ *a* *《俗》 (気が)よく変わる, 不安定な.

sóme·wày, -ways *adv* なんとかして.

sóme·whàt /, *-(h)wɑt/ *pron* 少し, 少量, いくらか: He neglected ~ *of* his duty. 職務を少し怠った. ► *adv* やや, いくぶんか, 多少, 少々. **● more than ~** 《口》 大いに.

sóme·whèn *adv* いつか, そのうち, 早晩 (sometime).

sóme·whère *adv* どこかに‹ある・いる›, どこかへ‹行く›; ある時, いつか; およそ, ほぼ ‹*about, around, between*, etc.›: ~ *about* here [fifty] どこかこの辺[およそ 50 ぐらい]. **● GET[1] ~. I'll see** sb **~**

first [**before**...].=《口》I'll see sb DAMNED before.... ► *n* ある場所, 某所, 某地: ～ quiet to relax どこかくつろげる静かな所.
sóme·whères *adv* 《方·口》SOMEWHERE.
sóme·whìle(s) 《古》*adv* 時々; しばらく; いつか, やがて; 以前に, かつて. [*-es*[1]]
sóme·whìther *adv* 《古》どこかへ.
sóme·wìse *adv* 《古》SOMEWAY. ● **in ～** どうやら, かなり.
-so·mic /sóumɪk/ *a comb form* 〖生〗「…染色体の[をもつ]」: tri*somic*. [*-some*[3], *-ic*]
som·ite /sóumàɪt/ *n* 〖発生〗(原)体節, 中胚葉節, 上分節. ♦ **so·mit·ic** /soumítɪk/ *a*
som·ma /sámə/ *n* 外輪山. [It=summit]
Somme /sám, sʌ́m; sɔ́m; *F* sɔm/ **1** ソンム《フランス北部の県; ☆Amiens》. **2** [the] ソンム川《フランス北部を北西に流れて英国海峡へ注ぐ; 第一, 第二次大戦の激戦地》.
som·me·lier /sʌ̀məljéɪ, ⌐⌐⌐; *F* sɔməlje/ *n* (*pl* **～s** /-(z); *F* —/) 《レストランなどの》ワイン係, ソムリエ. [F=butler (*somme* pack)]
S **som·mer** /sámər/ *adv* 《南アロ》単に, ただ (just).
som·nam·bul- /sɑmnǽmbjəl/ *comb form*「夢遊(症) (somnambulism)」「夢遊症(患)者」[NL]
som·nam·bu·lant /sɑmnǽmbjələnt/ *a* 夢遊する; 夢遊病的な. ► *n* SOMNAMBULIST. ♦ **～·ly** *adv*
som·nam·bu·lar /sɑmnǽmbjələr/ *a* 夢遊(症)の.
som·nam·bu·late /sɑmnǽmbjəlèɪt/ *vi, vt* (場所を)夢遊する. ♦ **som·nám·bu·là·tor** *n* **som·nàm·bu·lá·tion** *n* 夢遊. [L *somnus* sleep, *ambulo* to walk]
som·nam·bu·lism /sɑmnǽmbjəlɪ̀z(ə)m/ *n* 夢遊(症). ♦ **-list** *n* 夢遊症(患)者. **som·nàm·bu·lís·tic** *a* **-ti·cal·ly** *adv*
Somni ⇨ PALUS SOMNI.
som·ni- /sámnə/ *comb form*「睡眠」[L (*somnus* sleep)]
sòmni·fácient *a* 催眠性の (hypnotic). ► *n* 催眠薬.
som·nif·er·ous /sɑmníf(ə)rəs/ *a* 催眠性の, 眠くする. ♦ **～·ly** *adv*
som·nif·ic /sɑmnífɪk/ *a* SOMNIFEROUS.
som·nil·o·quence /sɑmníləkwəns/ *n* 寝言癖.
som·nil·o·quy /sɑmníləkwi/ *n* 寝言(癖). ♦ **-quist** *n* 寝言を言う人.
som·nip·a·thy /sɑmnípəθi/ *n* 〖医〗睡眠疾患.
som·no·lent /sámnələnt/ *a* 眠けを催している, 眠い; 眠けを催させる, 催眠の; 動きの少ない, 眠ったような. ♦ **-lence, -cy** *n* 傾眠, 嗜眠. **～·ly** *adv*
Som·nus /sámnəs/ 〖ロ神〗ソムヌス《眠りの神; ギリシアの Hypnos に当たる》. [L (*somnus* sleep)]
SOM1 《E メールなどで》someone.
so·mo·ni /sòumouníː/ *n* (*pl* ～) ソモニ《タジキスタンの通貨単位: =100 dirams》.
So·mo·za /səmóusə, -zə/ ソモサ **Anastasio ～ Garcia** (1896–1956)《ニカラグアの軍人·政治家; 1936 年クーデターを起こし, 以後独裁; その暗殺後も長男 **Luis ～ Debayle** (1922–67), 次男 **Anastasio ～ Debayle** (1925–80) が大統領となり (それぞれ在任 1957–63, 67–79), 同族支配が続いたが, 79 年 Sandinista 勢力に追われた》.
SOMPA /sámpə/ *n* 〖米〗ソンパ《文化的背景の類似する児童の得点を対照させることによって, 文化の相違による知能指数の偏向を排除する方式》. [*S*ystem *o*f *M*ulticultural *P*luralistic *A*ssessment]
son /sʌ́n/ *n* 息子, せがれ, 男の子 (opp. *daughter*); SON-IN-LAW; 《男の》まま子; 《男子の》子孫; …国人, …の住人 ‹*of*›; 子弟, 党人, 継承者 ‹*of*›; 従事する人, …の子; [*voc*] 若者, 友; [the S-] 神の子《三位の第 2 位, イエスキリスト》: He is his father's ～. その父親にふさわしい[似た]息子だ / the ～*s* of Abraham ユダヤ人 / a ～ *of* toil 労働者 / a ～ *of* the Muses 詩人 / my ～ 若いの《呼びかけ》/ old ～ おまえ(さん)《親しみをもった呼びかけ》. ● EVERY **mother's ～ (of you [them])**. **～ of the soil** その土地[地方, 田舎]の人, 農民. **～s of darkness** 暗黒の子《非キリスト教徒》. **～s of light** 光明の子《キリスト教徒》. **one's ～ and heir** 跡取り息子, 長男. ⇨ SON OF A BITCH [A GUN, ADAM, GOD, MAN], SONS OF LIBERTY, etc. [OE *sunu*; cf. G *Sohn*]
son- /sán/, **soni-** /sánə/, **sono-** /sánou, -nə/ *comb form*「音」[L *sonus* sound]
so·nance /sóunəns/, **-cy** *n* 鳴り響き; 〖音〗有声; 《廃》音 (sound), 音調.
só·nant *a* **1** 音の, 音声の; 〖音〗有声の, 有声字の《b, d, g, v, z など》; 〖音〗‹子音が›音節主音の. **2** 《まれ》響く, 鳴る. ► 〖音〗*n* 有声音《/b, v, z/ など; opp. *surd*》; 音節主音をなす子音; 《印欧語の》自鳴音 (sonorant). ♦ **so·nan·tal** /sounǽntl/, **-nán·tic** *a* [L (pres p) ‹ *sono* to sound]
so·nar /sóunàːr/ *n* ソナー《音波の反射による水中物体·海底状況·潜水艦などの探知装置[法]》; ECHOLOCATION 1; SONIC DEPTH FINDER. [*so*und *na*vigation (and) *r*anging; *radar* にならったもの]
sónar·man /-mən, -mæ̀n/ *n* 〖海軍〗水測員.
so·na·ta /sənáːtə/ *n* 〖楽〗ソナタ, 奏鳴曲. [It (fem pp)=sounded]
sonáta fòrm 〖楽〗ソナタ形式《提示部·展開部·再現部からなる楽曲形式》.
son·a·ti·na /sɑ̀nətíːnə/ *n* (*pl* **～s, -ne** /-neɪ/) 〖楽〗ソナティナ, ソナチネ《小規模なソナタ》. [It (dim) ‹ *sonata*]
son·dage /sɑndáːʒ/ *n* 〖考古〗層位を調べるための深い試掘溝. [F=sounding (*sonder* to sound)]
sonde /sánd/ *n* ゾンデ (**1**) 高層気象観測用の気球·ロケットなど **2**) 体内検査用消息子). [F=sounding line]
son·de·li /sandéɪli/ *n* 〖動〗**a** ジャコウネズミ (musk shrew). **b** ジネズミ. [Kannada]
Sond·heim /sándhàɪm/ ソンドハイム **Stephen (Joshua) ～** (1930–)《米国の作詞作曲家; ミュージカル *West Side Story* (1957, 作詞), *Sunday in the Park with George* (1984, 作詞作曲) など》.
Son·dra /sándrə/ ソンドラ《女子名; Alexandra の愛称》.
sone /sóun/ *n* 〖音響〗ソーン《感覚上の音の大きさの単位》. [L *sonus* sound]
son et lu·mi·ère /*F* sɔ̃ e lymjɛːr/ ソン·エ·リュミエール《史跡などで夜, 照明·音響効果とともに録音された説明を用いてその由来を語る催し物》. [F=sound and light]
song /sɔ́(ː)ŋ, sáŋ/ *n* **1 a** 歌, 唄, 小歌; 歌曲; 歌集; 《特に 歌うに適した》短詩, バラッド, 短歌; 《やや古》詩, 詩歌, 詩文 (poetry); *《俗》告白; 《口》SONG AND DANCE: a marching ～ 進軍歌, 行進歌 / sing a ～ 歌を歌う / renowned in ～ 詩歌に名高い. **b** 歌うこと, 唱歌, 声楽 (singing); 《鳥·虫などの》鳴く[さえずる]声, 〖鳥〗《地鳴き (call note) に対して》さえずり, 囀鳴(てんめい): the gift of ～ 歌う才能 / break [burst (forth)] into ～ 歌い出す / be in full ～ 声を張りあげて鳴く[さえずる] / No ～, no supper. 《諺》歌わなければごちそうをやらない《するだけのことをしなければ何もしてやらない; cf. SING for one's supper》. **2** 態度, 性癖; 大騒ぎ, 大あばれ: put up quite a ～ ひと騒ぎする. ● CHEW **a lone ～**. **for a ～**=《古》**for an old [a mere] ～** 二束三文で, 捨て値で. **not worth an old ～** 無価値で. **on ～** ″《口》実に快調に. **sing another [a different] ～**=sing another TUNE. [OE *sang* (SING); cf. G *Sang*]
Song, Sung /súŋ/ *n, a* 〖中国史〗宋(の) (960–1279).
Song Ai·ling /súŋ áɪlíŋ/ 宋靄齢 (SOONG AI-LING).
sóng and dánce 1 《vaudeville の》歌と踊り. **2** *《口》(おもしろいが)真偽の疑わしい[要領を得ない]話[説明], 大げさな[手の込んだ]話, 言いわけじみた話, ごまかし, ナンセンス (nonsense); ″《口》空(から)騒ぎ: make a ～ (大げさに)騒ぎたてる / nothing to make a ～ about 全くつまらないもの. ● **go into one's ～** *《俗》ごたくを並べる, いつもの話[口上, 言いわけ]を始める ‹*about*›.
sóng·bird *n* 鳴鳥(めいちょう), 鳴禽; 女性歌手, 歌姫; 《俗》情報提供者, 自白者, 自供者, たれ込み屋.
sóng·bòok *n* 唱歌帳, 歌集; 賛美歌集.
Song Coi [Koi] ⇨ COI.
sóng cỳcle 〖楽〗連作歌曲《全体で一つの音楽的まとまりをなす一連の歌曲; 例 Schubert の『冬の旅』》.
sóng·fèst *n* みんなで歌う歌の集い (**1**) 自然発生的に歌の輪ができるもの **2**) 客席とステージがいっしょになって歌うもの》.
sóng fòrm 〖楽〗歌曲形式, リート形式.
sóng·ful *a* 歌の; 調子のよい. ♦ **～·ly** *adv* **～·ness** *n*
Son·ghai /saŋgáɪ/ *n* **a** (*pl* ～, **～s**) ソンガイ族《アフリカ西部マリの Niger 川湾曲部地方に住む》. **b** ソンガイ語.
Song Hong ⇨ HONG.
Song·hua /súŋhwáː/, **Sun·ga·ri** /súŋgəri/ [the] 松花江, スンガリ川《中国北東部の川; 朝鮮国境の白頭山に発し, 北東および北西に流れて Amur 川に流入する》; 松花湖《松花江上流の人造湖》.
Song·jiang /súŋʤiáːŋ/, **Sung·kiang** /; -kjǽŋ/ 松江《満洲の旧省》.
Song Koi ⇨ COI.
song·kok /sáŋkɑː/ *n* ソンコ《マレー·インドネシアで男子がかぶる頭にぴったりのビロード製つばなし丸帽》. [Malay]
sóng·less *a* 歌のない, 歌わない, 歌えない‹鳥›. ♦ **～·ly** *adv*
sóng·lìke *a* 歌に似た, 歌のような.
Song Mei·ling /súŋ méɪlíŋ/ 宋美齢 (SOONG MEI-LING).
Song·nam /sɔ́ːŋnáːm/ 城南(ソンナム)(じょうなん)《韓国北西部の市》.
Sóng of Degrées [Ascénts] 〖聖〗都詣での歌《詩篇 120–134 の 15 の歌のそれぞれ》.
Sóng of Sólomon [The] 〖聖〗雅歌 (=the **Sóng of Sóngs**)《旧約聖書の一書; 劇的かつ抒情的な愛の詩からなり, 伝統的には Solomon の作とされる; 略 S. of Sol., **Song of Sol.**; ドゥエー聖書では Canticle of Canticles》.
Sóng of the Thrée Chíldren [the] 〖聖〗三童子の歌《旧約聖書外典の **The Sóng of the Thrée Hóly Chíldren**》.
son·go·lo·lo /sɑ̀ŋgəlóulou/ *n* (*pl* **～s**) 《南ア》ヤスデの一種.
sóng-plùgging *n* 《レコードやラジオによる》歌曲宣伝.
Song Qingling 宋慶齢 (⇨ SOONG CH'ING-LING).
sóng·smìth *n* 歌曲作曲家[者], 歌謡作者.

Sóngs of Práise「ソングズ・オヴ・プレイズ」《英国で日曜日の夕方に放送されるテレビ番組; さまざまな教会で賛美歌が歌われる》.
sóng spàrrow〘鳥〙ウタスズメ《北米西部のホオジロ科の鳴鳥》.
sóng·ster *n* 歌手; 鳴鳥(めいちょう); 詩人, 作詞家; 流行歌手; *《特にポピュラーの》歌集 (songbook). ♦ **sóng·stress** /-strəs/ *n fem*
sóng thrùsh〘鳥〙ウタツグミ (=*mavis, throstle*)《ヨーロッパ産》.
sóng·wrìter *n*《歌謡曲の》作詞[作曲]家, 作詞作曲家, ソングライター. ♦ **-wrìting** *n*
Song Zi·wen /súŋ zə́:wʌ́n/ 宋子文 (SOONG TZU-WEN).
són·hood *n* SONSHIP.
soni- ⇨ SON-.
So·nia /sóunjə/ ソーニャ《女子名》. [Russ; ⇨ SOPHIA]
son·ic /sánɪk/ *a* (可聴)音の, 音波の;〘空〙音速の (⇨ SUPERSONIC, SUBSONIC, TRANSONIC); 音を発する. ♦ **són·i·cal·ly** *adv* [L *sonus* sound]
sónic altímeter〘理〙音響高度計.
son·i·cate /sánəkèɪt/ *vt* 〈細胞・ウイルスなど〉に超音波をあてて分解する, (超)音波処理する. ♦ **sòn·i·cá·tion** *n*
sónic bárrier 音速障壁, 音の障壁 (=*sound barrier*)《航空機の速力が音速に近いとき急激に増大する空気抵抗など超音速飛行を妨げる壁》.
sónic bóom [bángᴵᴵ**]**〘空〙ソニックブーム《超音速飛行の航空機による衝撃波が地上に達して発する轟音》.
sónic dépth fìnder 音響測深器 (=*echo sounder, Fathometer, sonar*).
sónic guíde ソニックガイド《超音波を発信・受信する, 盲人が眼鏡に付けて直前にある物体を感知するための装置》.
sónic míne〘軍〙音響機雷 (acoustic mine).
són·ics *n* 音響効果 (acoustics); ソニックス《広義の音波を利用する工学》.
sónic spéed 音速.
so·nif·er·ous /səníf(ə)rəs, sou-/ *a* 音を生じる[伝える].
són-in-làw *n* (*pl* **sóns-in-làw**) 娘の夫, 女婿(じょせい).
són·less *a* 息子のない[いない].
són·ly *a* FILIAL.
son·net /sánət/ *n*〘韻〙十四行詩, ソネット《通例 10 音節弱強格 14 行の詩; cf. ENGLISH [ITALIAN] SONNET》; 短詩. ► *vi, vt* (-**t**(**t**)-) SONNETIZE. [F or It *sonetto* (dim) < SOUND[1]]
son·ne·teer /sànətíər/ *n* ソネット詩人; へぼ詩人. ► *vi, vt* SONNETIZE. ♦ **sonnetéer·ing** *n*
sónnet·ìze *vi* ソネットを作る. ► *vt* …について[をたたえて]ソネットを作る. ♦ **sònnet·izátion** *n*
sónnet sèquence《しばしば一貫したテーマについての》一連のソネット, ソネット集.
son·ny /sáni/《口》*n* きみ, 坊や《親しい呼びかけ》; 若造, 青二才, あんちゃん《侮蔑的な呼びかけ》. [*son*]
Sónny Jímᴵᴵ《口》《特に悪いことをした年下の男性・少年に》君ねえ, ちょっと君.
sono- /sánou, -nə/ ⇨ SON-.
sóno·bùoy *n*〘海〙自動電波発信浮標, ソノブイ (=*sono-radio buoy*)《水面下の音を探知し, 増幅して受信機に無線信号を送る》.
sóno·chèmistry *n*〘化〙音(響)化学《超音波による化学反応とその応用に関する化学》. ♦ **sòno·chémical** *a*
son of a b [bee] /sán əv ə bí:/ [*euph*] SON OF A BITCH.
són·of·a·bítch *n*《卑》SON OF A BITCH.
són of a bítch《卑》(*pl* **sóns of bítch·es**) 野郎, 畜生《侮蔑のことば; 略 SOB》; [おどけて・親しみをこめて] やつ; いまいましい仕事; すばらしい人, すごいもの; [(*int*)]《驚き・失望を表わして》畜生, くそっ.
són-of-a-bítch·ing *a*《卑》(くそ)いまいましい, できそこないの (damned).
són of Ádam 男, 男子.
són of a gún《口》(*pl* **sóns of gúns**) 悪党, 悪いやつ, 悪たれ; [°*joc*] おまえ, 大将; 面倒なこと, やっかいなもの; [(*int*)]《驚き・失望を表わして》おやおや, しまった, チェッ: you old ～ やあきみ, よう大将.
són of a só-and-sò [*euph*] SON OF A BITCH.
són of Gód [°S- of G-] 天使 (angel); 聖寵の状態にあるキリスト教徒; [the S- of G-] 神の子, キリスト《三位の第 2 位》; 神の子《神の意志と導きを受容し, 神の愛を受けた者》.
són of mán 人間; [the S- of M-] 人の子《救世主, イエスキリスト》: the *sons of men* 人類.
sóno·gràm *n* SONOGRAPH; 超音波検査図.
sóno·gràph *n* 音響記録装置[図], ソノグラフ; 音波ホログラフィーによる三次元像.
so·nog·ra·phy /sənágrəfi/ *n*〘理〙音波ホログラフィー;〘医〙超音波検査(法) (ultrasonography). ♦ **so·nóg·ra·pher** *n* **so·no·graphic** /sòunəgrǽfɪk/ *a*
sòno·luminéscence *n*〘理〙音ルミネセンス《液中の気泡に(超)音波をあてると発光する》. ♦ **-luminéscent** *a*
so·nom·e·ter /sənámətər/ *n* ソノメーター《弦の震動数測定器》;〘医〙聴力計. [*-meter*]
So·no·ra /sənɔ́:rə/ **1** ソノーラ《メキシコ北西部の州; California 湾および米国 Arizona 州と接する; ☆Hermosillo》. **2** [the] ソノーラ川《Sonora 州を南西に流れ, California 湾に注ぐ》. ♦ **So·nó·ran** *a, n*
sóno-rádio bùoy SONOBUOY.
sòno·radiógraphy *n* 音波ホログラフィーを用いた三次元 X 線写真術《医療診断・非破壊検査用》.
Sonóran Désert, Sonóra Désert [the] ソノーラ砂漠《メキシコ北西部 Baja California の北 4 分の 3 と Sonora 州西部および米国 Arizona 州, California 州南部にわたって広がる砂漠》.
so·no·rant /sənɔ́:rənt; sánə-, sóu-/ *n*〘音〙自鳴音《閉鎖音や摩擦音と母音との中間音; /m, n, ŋ, l/ など》.
so·no·rif·ic /sòunərífɪk/ *a* 音響を生じる.
so·nor·i·ty /sənɔ́(:)rəti, -nár-/ *n* 鳴り響くこと;〘音〙《音の》聞こえ(度); 朗々とした話[調子].
so·no·rous /sənɔ́:rəs, sánə-/ *a* (よく響く)音を発する, 鳴り響く, 響きわたる, 朗々とした; 〈文体・演説などが〉調子の高い, 堂々とした, 大げさな;〘音〙〈母音など〉聞こえの高い. ♦ **～·ly** *adv* **～·ness** *n* [L (*sonor* sound)]
sonórous fígures *pl*〘理〙音響図形 (=*Chladni figures*)《音を出す振動体の上にまいた細かい砂などにできる模様》.
so·no·vox /sóunəvàks, sán-/ *n* ソノヴォックス《音響効果装置の一つで, のどに当てて喉頭を振動させ, 録音した滝の音や汽笛などを人間の発することばのようにする》.
són·ship *n* 息子の父に対する関係, 息子たること 〈*to*〉.
Sóns of Fréedom *pl* 自由の子《19 世紀末にカナダの主に British Columbia 州に移住したロシアの Doukhobor 派; 1950–60 年代に反政府テロ活動を展開した》.
Sóns of Líberty *pl* [the]〘米史〙自由の息子《英国の植民地支配に反対して組織された団体; 秘密結社として発足, 印紙税法 (1765) に対する抵抗運動を指導, のち米国独立を目指して活動した》.
son·sy, -sie /sánsi/《スコ・北イング・アイル》*a* 幸運をもたらす; 丸ぽちゃで愛くるしい (buxom); 快活な, 気持のいい, 楽しい, 人のよい. [Sc *sons* health < IrGael *sonas* good fortune]
Son·tag /sántæg/ ソンタグ **Susan** ～ (1933–2004)《米国の作家・批評家; *Against Interpretation* (1966), *Illness as Metaphor* (1978)》.
Soo /sú:/ [the] SAULT STE. MARIE.
Sóo Canáls *pl* [the] スー運河《北米の Superior 湖と Huron 湖を結ぶ; ⇨ SAULT STE. MARIE》.
Soochow 蘇州 (⇨ SUZHOU).
soo·ey /sú:i/ *int* スーイ《豚を呼び寄せるときの発声》.
soo·gee, -gie, sou·gje, -jge /sú:ʤi/《海俗》*n*《甲板や壁面清掃用の》麻糸, 石鹸液. ► *vt* ごしごしこする, 洗い落とす. [? Jpn 掃除]
sóo·gee-mòo·gee, sóo·gie-mòo·gie /-mù:ʤi/ *n*《海俗》苛性ソーダ入り洗浄液(による甲板などの清掃), SOOGEE.
soojee ⇨ SUJI.
sook /súk/ *n*《豪口・カナダロ》手飼いの子牛; 臆病者, 弱虫, 卑怯者, ばか;ᴵᴵ《南西部》赤んぼ. ♦ **～y** *a* [? OE *sūcan* to suck]
sool /sú:l/《豪》*vt* 〈犬が〉襲う, …にかみつく; けしかける 〈*after, on*〉. [*sowl* (dial) 耳を引っ張る < ?]
soon /sú:n/ *adv* **1** もうすぐ, 間もなく, そのうちに, 近いうちに: She will ～ be here. じきに来ます / He will be better ～. **2** 早く, 早めに; 速やかに, やすやすと, わけなく: at the ～*est* いくら早くても / How ～ will it be ready? どのくらいで用意できる? / The ～*er*, the better. 早いほどよい / ～*er* or LATER / LEAST said, ～*est* mended. / *S*～ got [gotten], ～ gone [spent].《諺》得やすければ失いやすし, '悪銭身につかず'. ● **as ～**…(**as**…) (…するより)むしろ…: He could *as* ～ write an epic *as* drive a car. 彼に自動車の運転ができるぐらいなら叙事詩が書けよう《運転など思いもよらない》/ I would just *as* ～ stay at home (*as* go). (行くより)むしろ家にいたい. **as [so] ～ as**…するとすぐに, …や否や: Tell me *as* ～ *as* you have finished. 終わりしだい言ってください / *as* ～ *as* possible [one can, may be,《口》maybe] できるだけ[なるべく]早く, 一刻も早く. **as ～ as** LOOK **at** sb. **none too ～** 遅すぎて. **no ～er…than [but]** …するや否や: He had *no* ～*er* [*No* ～*er* had he] arrived *than* he fell ill. 到着するや病気になった / *No* ～*er* said *than* done. 言うや否や実行された, 電光石火の速さでやった. **～er** you etc. **than me**《口》わたしでなくあなた《など》でよかった. **speak too ～** 早く口をききすぎる, 早とちりする. **would [should, had] ～er**… (**than**…) (…するより)むしろ…したい (=would as ～…as…): I *would* ～*er* die (*than* do it). (そんなことをするくらいなら)死んだほうがましだ. [OE *sōna*; cf. OS, OHG *sān* immediately]
sóon·er *n* *先駆け移住者《**1**) 政府所有未開地の分譲発令前に西部の現地に行って先取権を取った人 **2**) [S-] Oklahoma 州人の俗称》; *抜け駆け利得者; [S-] *《俗》オーストラリア先住民;《豪俗》なまけ者;《豪俗》流れ者; *《黒人俗》安もの.
Sóoner State [the] 先駆け移住者州《Oklahoma 州の俗称》.
Soong Ai-ling /súŋ áɪlíŋ/ 宋靄齢(そうあいれい)(ソンアイリン) (1888–1973)《中国の政治家孔祥熙 (H. H. Kung) の夫人; 宋慶齢, 美齢, 子文の姉》.

Soong Ch'ing-ling, Song Qing·ling /súŋ ʧíŋlíŋ/ 宋慶齢(そうけいれい)(ソンチンリン) (c. 1892–1981)《孫文 (Sun Yat-sen) の夫人; 中国国家副首席 (1959–81)》.

Soong Mei-ling /súŋ méɪlíŋ/ 宋美齢(そうびれい)(ソンメイリン) (1897–2003)《蔣介石 (Chiang Kai-shek) の夫人》.

Soong Tzu-wen [Tse-ven, Tsŭ-wên] /súŋ tsúwʌ́n/ 宋子文(そうしぶん)(ソンツーウェン) (1894–1971)《中国の政治家; 中国国民政府の財政政策の責任者; 1949 年米国に亡命; 英語名 T. V. Soong》.

sóon·ish *adv* あまり間をおかないで, かなり早めに.

soo·per-doo·per /sú:pərd(j)ú:pər/ *a* *《俗》SUPER-DUPER.

soor /sú:ər/ *n* 《インド俗》見下げはてたやつ. [Hind *suār* pig]

soot /sʊ́t, *sú:t, *sʌ́t/ *n* すす, 煤煙. ► *vt* すす[煤煙]だらけにする[でよごす]. ♦ **~·like** *a* [OE *sōt*<Gmc=that which settles; cf. SIT]

sóot·blòw·er *n* 〘機〙すす吹き器, スートブロワー.

soot·er·kin /sʊ́tərkən/ *n* 《オランダ女性の分娩後に出てくると信じられていた》後産(あとざん); [*fig*] 不完全なもの, 不成功に終わる企て, 《特に》ずさんな著作; 《古》DUTCHMAN. [C17; ↑ からか; cf. *sooterkin* (obs) sweetheart]

S

sooth /sú:θ/ *n* 《古・詩》真実 (TRUTH), 事実; 《廃》甘言, 追従(ついしょう). ● **for ~**=FORSOOTH. **in (good [very]) ~** 実際, 真に (truly). **~ to say** 実を言えば, 実際は. ► *a* 真実[事実]の; 柔軟な; 甘美な. [OE *sōth* true]

soothe /sú:ð/ *vt, vi* なだめる, すかす, 慰撫する; 〈神経・感情を〉静める, 〈苦痛などを〉和らげる; 《古》〈人〉におもねる, 〈虚栄心を〉くすぐる. ♦ **sóoth·er** *n* なだめる人; へつらう人; 《乳児の》おしゃぶり. [OE *sōthian* to verify (↑)]

sóoth·fàst 《古》*a* 真実の, 本当の (true); 誠実な, 正直な, 忠実な, 信頼のおける (reliable).

sooth·ing /sú:ðɪŋ/ *a* なだめる, 慰める, 和らげる: ~ words ほっとすることば. ♦ **~·ly** *adv* **~·ness** *n*

sóoth·ly *adv* 《古》まことに, 確かに.

sóoth·sày *vi* 占う, 予言する. ♦ **~·ing** *n* 占い, 予言.

sóoth·sày·er *n* 占い師; 予言者; カマキリ (mantis).

sóot·less *a* すすのない; すすを出さない.

sooty /sʊ́ti, *sú:-, *sʌ́ti/ *a* すす (soot) の, すすのような; すすを出す; すすでよごれた, すすけた; 〈鳥・動物が〉すす色の, うす黒い. ► *n* **1** "《俗》[*derog*] 黒いの, 黒人, 有色人. **2** [S-] スッティー《英国のテレビの子供番組に登場する指人形の熊》. ♦ **sóot·i·ly** *adv* **-i·ness** *n*

sóoty álbatross 〘鳥〙ススイロアホウドリ《全身黒褐色, 眼のまわりに白い輪》, ハイイロアホウドリ (=*quakerbird*)《やや色が薄い; いずれもハイイロアホウドリ属; 南海産》.

sóoty gróuse 〘鳥〙アオライチョウ (blue grouse).

sóoty móld 〘植〙すす病(菌).

sóoty shéarwater [pétrel] 〘鳥〙ハイイロミズナギドリ《南太平洋・日本近海産》.

sóoty térn 〘鳥〙セグロアジサシ《熱帯産》.

sop /sάp/ *n* **1 a** ソップ《**1**) ミルク・スープなどに浸した食物片, パンきれ **2**) そのスープ[ミルク]; パンなどを浸して食べる汁》. **b** 水浸しのもの[人]; 《俗》酒飲み; 《俗》酒; 《口》いくじなし, 弱虫 (milksop). **2** 機嫌を取るためのもの, 飴(玉), 餌, 賄賂; 譲歩. ● **throw [give] a ~ to** CERBERUS. ► *v* (**-pp-**) *vt* **1** 〈パンきれを〉浸す 〈*in* milk〉; びしょぬれにする; 《スポンジなどで》吸い取る, 吸わせて取る 〈*up*〉: be *sopped* through [to the skin] びしょぬれ[ずぶぬれ]になる. **2** 買収する, …に賄賂をつかう. ► *vi* **1** 浸る, 染み込む, 染みとおる 〈*in, into, through*〉; ずぶぬれ[びしょぬれ]になる. **2** 《俗》《ビールなどを》飲む. [OE *sopp*<? *sūpan* to SUP²; cf. SOUP, OHG *sopfa* bread and milk]

SOP standing operating procedure, 《俗に》°standard operating procedure.

so·pai·pil·la /sòupaɪpí:(l)jə/, **so·pa·pil·la** /sòupə-/ *n* ソパイピーヤ《四角い形をした練り粉の揚げ物; 蜜をかけたりしてデザートにする》. [Sp]

soper ⇨ SOPOR².

soph* /sάf/ *n* 《口》二年生 (sophomore). ► *a* 《俗》未熟な, 子供っぽい.

soph. sophomore.

Sophi ⇨ SOPHY¹.

So·phia /səfí:ə, -fáɪə, *sóufiə/ ソフィア, ソファイア《女子名》. [Gk =wisdom]

So·phie, So·phy /sóufi/ ソフィー《女子名; Sophia の愛称》.

soph·ism /sάfìz(ə)m/ *n* 詭弁(きべん), こじつけ(の議論); 詭弁の使用, 詭弁術.

soph·ist /sάfɪst/ *n* [S-] ソフィスト《古代ギリシアの哲学・修辞学の教師》; [ˢS-] 学者, 哲学者, 思想家; 詭弁家, 屁理屈屋. [L<Gk= expert (*sophos* wise)]

soph·is·ter /sάfɪstər/ *n* 〘史〙《Cambridge 大学などで》大学上級生《2 年生は junior ~, 3 年生は senior ~》; 詭弁家; 《まれ》ソフィスト (sophist).

so·phis·tic /səfístɪk, *sɑ-/ *a* 〈議論などが〉詭弁(家)の, ソフィストの; 〈人が〉詭弁を弄する, 屁理屈を並べる. ► *n* 〘哲〙《古代ギリシアの》詭弁法; 詭弁, こじつけ.

so·phís·ti·cal *a* SOPHISTIC. ♦ **~·ly** *adv*

so·phis·ti·cate /səfístəkèɪt/ *vt* **1 a** 〈人を〉世慣れさせる, 世間ずれさせる; 洗練させる. **b** 〈酒・タバコなど〉にまぜ物する, 〈原文を〉みだりに変える, 改竄(かいざん)する; 詭弁でごまかす[惑わす]. **2** 〈機械を〉複雑化する, 精巧にする, 精妙にする. ► *vi* 詭弁を弄する, 屁理屈を言う. ► *n* /-tɪkət, -təkèɪt/ 世慣れた人, すれっからし, 洗練された人; 教養人, 知識人. ► *a* /-tɪkət, -təkèɪt/ SOPHISTICATED. [L=to tamper with; ⇨ SOPHIST]

so·phís·ti·càt·ed *a* **1 a** 洗練された, あかぬけした, しゃれた; 〈人が〉高尚な, 見識のある; 世慣れた, 世間ずれした, 如才ない: a ~ audience 耳の肥えた聴衆. **b** 非常に複雑な, 精巧な, 高性能の; 文明化した; 〈文体など〉凝った. **2** 不純な, まぜ物をした; 改竄(かいざん)した; こじつけた, 迷わす. ♦ **~·ly** *adv*

so·phis·ti·ca·tion /səfìstəkéɪʃ(ə)n/ *n* **1** 世慣れ; 高度の知識[素養], 洗練; 複雑(化), 精巧(にすること). **2** まぜ物をすること; にせもの; 詭弁を弄すること; こじつけ, 屁理屈.

soph·is·try /sάfəstri/ *n* 《古代ギリシアの》詭弁法; 詭弁, こじつけ, 屁理屈.

Soph·o·cles /sάfəklì:z/ ソポクレース (c. 496–406 B.C.)《ギリシアの悲劇詩人; *Oedipus Rex* など 7 作だけが現存; 略 Soph.》. ♦ **Sòph·o·clé·an** *a*

soph·o·more* /sάf(ə)mɔ̀:r/ *n* 四年制大学[ハイスクール]の二年生 (⇨ FRESHMAN); 《ある分野・プロスポーツなどで》2 年の経験者, 二年生. ► *a* 2 年目の, 2 番目の; 《俗》未熟な, いまだしの, 子供っぽい. [*sophom* (obs) (変形)<*sophism*]

soph·o·mor·ic /sὰfəmɔ́(:)rɪk, -mάr-/, **-i·cal*** *a* SOPHOMORE の; 気取っているが[尊大だが]未熟な, 生意気な. ♦ **-i·cal·ly** *adv*

Soph·o·ni·as /sὰfənáɪəs, sòu-/ 〘ドゥエー聖書〙ZEPHANIAH.

so·pho·ra /səfóurə/ *n* 〘植〙エンジュ (槐)《エンジュ属 (*S*-) の各種》.

So·phro·nia /səfróuniə/ ソフロニア《女子名》. [Gk *sophron* prudent]

so·phros·y·ne /səfrάs(ə)ni/ *n* 思慮分別, 節度, 穏健, ソプロシュネー. [Gk (↑)]

-so·phy /-səfi/ *n comb form*「知識体系」「学」: anthropo*sophy*, theo*sophy*. [OF,<Gk]

So·phy¹, So·phi /sóufi/ *n* 〘史〙《ペルシアの》サファヴィー朝の王(の称号). [Pers; Arab で 'pure of religion' の意]

Sophy² ⇨ SOPHIE.

so·pite /soupáɪt/ 《古》*vt* 眠らせる, 寝つかせる; 終わらせる, …に決着をつける. [L (↓)]

so·por¹ /sóupər, -pɔ̀:r/ *n* 〘医〙昏眠. [L=deep sleep]

so·por², so·per /sóupər/ *n* *《俗》眠り薬. [*Sopor*: Methaqualone の商品名 (↑); 一説に<*soporific*]

sop·o·rif·er·ous /sὰpəríf(ə)rəs, sòu-/ *a* 昏眠性の. ♦ **~·ly** *adv* **~·ness** *n*

sop·o·rif·ic /sὰpərífɪk, sòu-/ *a* 眠らせる, 催眠性の; 睡眠の, 眠い; ぼんやりさせる. ► *n* 催眠剤, 麻酔剤. **-i·cal·ly** *adv* [L SOPOR¹]

sóp·ping *a* ずぶぬれの, びしょぬれの; *《俗》酔っぱらって. ► *adv* びっしょり, びしょびしょに: ~ wet ずぶぬれになって; *《俗》酔っぱらって.

sóp·py *a* びしょぬれの; 〈天候が〉雨降りの, 雨天の; 《口》いやにセンチメンタルな; 大好きで, 弱くて 〈*about*〉; とりこになって 〈*on*〉; 《口》おめでたい, バーの; *《俗》酒に酔っぱらって. ► *n* 《俗》酒飲み, 酔っぱらい. ♦ **sóp·pi·ly** *adv* **-pi·ness** *n*

so·pra·ni·no /sὰprəní:nou, sòu-/ *n, a* (*pl* **~s**) 〘楽〙ソプラニーノの(楽器)《ソプラノよりももっと高い音域をもつ》. [It (dim)<*soprano*]

so·pran·ist /səprǽnɪst, -prά:-; -prά:-/ *n* ソプラノ歌手.

so·pra·no /səprǽnou, -prά:-; -prά:-/ 〘楽〙*n* (*pl* **~s, -ni** /-ni/) 最高音部, ソプラノ《略 sop., s.》; 女声[少年]の最高音域 (⇨ BASS¹); ソプラノ歌手; ソプラノ楽器: in ~ ソプラノで〈歌う〉. ► *a* ソプラノの: a ~ recorder=DESCANT recorder. [It (*sopra* above<L SUPRA)]

sopráno clèf 〘楽〙ソプラノ記号《第 1 線に書かれたハ音記号 (C clef); これによって第 1 線が一点ハ音になる》.

Sop·ron /ʃóuproun/ ショプロン《ハンガリー西部の市; 中世の教会がある》.

SOR /ɛ́sòuά:r/ *n* 返還権付き売買, 返品可能条件付き売買. [*sale or return*]

só·ra (ràil) /sɔ́:rə(-)/ 〘鳥〙カオグロクイナ《北米産》.

So·ra·ta /sərά:tə/ ソラタ《ILLAMPU 山塊の別称》.

sorb¹ /sɔ́:rb/ *n* 〘植〙オウシュウ[ヨーロッパ]ナナカマド; オウシュウナナカマドの実 (=**~ apple**). [F or L=service tree (berry)]

sorb² *vt* 吸着する, 吸収する. ♦ **~·able** *a* **sòrb·abílity** *n* [逆成<*absorb, adsorb*]

Sorb *n* ソルブ人 (Wend); ソルブ語 (Wendish). ♦ **Sór·bi·an** *a, n*

sor·bate /sɔ́:rbèɪt, -bət/ *n* 〘化〙ソルビン酸塩[エステル] (cf. POTASSIUM SORBATE); 吸収されたもの.

sor·be·fa·cient /sɔ̀:rbəféɪʃ(ə)nt/ 〘医〙*a* 吸収促進性の. ► *n* 吸収促進薬. [L *sorbeo* to suck up]

sor·bent /sɔ́:rbənt/ *n* 吸収剤, 吸着剤.

sor·bet /sɔ́:rbət, sɔ:rbéɪ; sɔ́:beɪ/ *n* ソルベ, シャーベット《フルーツ味の氷菓》. [F, ＜Arab＝drink]

sórb·ic ácid /sɔ́:rbɪk-/ 〘化〙 ソルビン酸《白色針状結晶体; 殺菌・防腐剤》.

Sor·bi·o·du·num /sɔ̀:rbiəd(j)ú:nəm/ ソルビオドゥヌム《OLD SARUM の古代名; Sarum は Sorbiodunum のくずれた形》.

s-orbital /ɛ́s──/ *n* 〘理〙 s 軌道(関数)《s は角運動量量子数 1＝0 であることを表わす》.

sor·bite /sɔ́:rbàɪt/ *n* 〘冶〙 ソルバイト《焼入れ鋼の焼戻し または炭素鋼の空気焼入れによってできる鉄酸化物と鉄炭化物の微細混合鋼》. ◆ **sor·bit·ic** /sɔ:rbítɪk/ *a* [Henry C. *Sorby* (1826–1908) 英国の地質学者]

sor·bi·tol /sɔ́:rbətɔ̀(:)l, -tòul, -tàl/ *n* 〘化〙 ソルビトール, ソルビット《糖アルコールの一種; ナナカマド (sorb) などの果実に含まれる; 工業的に製造され, 砂糖の代用品となるほか, 練製品・合成ビタミン C の原料にされる》.

Sor·bo /sɔ́:rbou/ 〘商標〙 ソーボ《英国製のゴム製スポンジ (sponge rubber)》. [*absorb, -o*]

Sor·bon·ist /sɔ:rbánɪst, -bʌ́n-/ *n* ソルボンヌ大学の博士[神学生, 学生, 卒業生].

Sor·bonne /sɔ:rbán, -bʌ́n/ [the] ソルボンヌ《旧パリ大学神学部; 今はパリ大学中の文理両学部》. [神学者 Robert de *Sorbon* (1201–74) 設立の神学大学]

sórbo rùbber″ スポンジゴム.

sor·bose /sɔ́:rbòus/ *n* 〘生化〙 ソルボース《ビタミン C の合成に用いる単糖》. [*sorb*[1]]

sor·cer·er /sɔ́:rs(ə)rər/ *n* 魔法使い, 魔術師, 妖術家. ◆ **sor·cer·ess** /-s(ə)rəs/ *n fem* [OF *sorcier*; ⇨ SORT]

Sórcerer's Appréntice [The]『魔法使いの弟子』《Paul Dukas の交響的スケルツォ (1897); Goethe の詩に基づく; 魔法使いの留守中にうろ憶えの呪文をかけて失敗する弟子の話》.

sor·cery /sɔ́:rs(ə)ri/ *n* 魔法, 魔術, 妖術, 邪術. ◆ **sór·cer·ous** *a* 魔術の; 魔法を使う. **～·ly** *adv*

Sor·del·lo /sɔ:rdélou/ ソルデッロ (c. 1200–1269 以前)《イタリアのトルバドゥール》.

sor·des /sɔ́:rdiz/ *n* (*pl* ～) **1** よごれ, かす, ごみ. **2** 〘医〙 ソルデス《単純ヘルペス (fever blister) によってできたかさぶた》. [L＝dirt, filth]

sor·did /sɔ́:rdəd/ *a* **1 a** 〈環境など〉むさくるしい, 猥雑な, きたない, 不潔な; みすぼらしい. **b** 〈鳥・魚など〉くすんだ色の, 土色の. **2** 〈動機・行為・人物など〉けちな, 強欲な, あさましい, さもしい, 卑しい. ◆ **～·ly** *adv* **～·ness** *n* [F or L (*sordeo* to be dirty)]

sor·dine /sɔ:rdì:n/ *n* 〘楽〙 **a** 《トランペットの口に挿入する》弱音器 (mute). **b** SOURDINE. [OF; ↓]

sor·di·no /sɔ:rdí:nou/ *n* (*pl* **-ni** /-ni/) 〘楽〙 弱音器 (mute); 《ピアノの》止音器. [It (*sordo* silent)]

sor·dor /sɔ́:rdər/ *n* むさくるしさ, あさましさ, 強欲.

sore /sɔ́:r/ *a* **1** ちょっと触れても痛い, ヒリヒリする; 痛そうな: a ～ bruise [leg] 痛む打ち身[足]. **2** 悲嘆に暮れた, 悲しむ; 人を悲しませる, 悲しい: be ～ at heart 悲嘆に暮れる / with a ～ heart 悲嘆に暮れて / a ～ subject 悲しい話題. **3** 《口》 おこっている, いらいらしている; *いらいらさせる: like [as mad as] a BEAR[1] with a ～ head / feel ～ 痛む; おこる, しゃくにさわる 〈*about*〉 / get ～ 腹を立てる 〈*on, over, at*〉 / a ～ loser 負けっぷりのよくない人. **4** 《古・詩》 **a** 耐えられない, 苦しい. **b** 非常な, はなはだしい: in ～ need ひどく困って. ► *n* さわると痛いところ; 皮膚の破れた箇所, 赤膚; 傷, ただれ, はれもの; [*fig*] 古傷, いやな問題[思い出], 深い恨み: an open ～ 宿弊. ► *adv* 《古・詩》 ひどく, はなはだしく, いたく: ～ afraid. ► *vt* 〈馬〉に SORING を施す. [OE *sār*; cf. G *sehr* very (much)]

so·re·di·um /sərí:diəm, sɔ:-/ *n* (*pl* **-dia** /-diə/) 〘菌〙《地衣類の》粉芽(ふんが)(体). [Gk *sōros* heap]

sóre·hèad*《口》 *n* おこりっぽい[不機嫌な]人, 不平家, おこりんぼ, 《特に》負けてぼやく[くよくよする]人; 腹を立てて政党を変える人物. ► *a* おこりっぽい, 不機嫌な, おこりんぼの.

sóre·héad·ed *a* SOREHEAD.

sor·el″ /sɔ́(:)rəl, sár-/ *n* 3 歳のダマジカ (fallow deer) の雄.

So·rel /sərél; F sɔrɛl/ ソレル **Georges(-Eugène)** ～ (1847–1922)《フランスの社会主義者;『暴力論』(1908),『進歩の幻想』(1908)》.

sóre·ly *adv* 痛んで; いたく, ひどく, 激しく, 非常に.

sóre móuth 〘獣医〙 伝染性膿瘡《ポックスウイルスによるヒツジ・ヤギの皮膚病で, 口唇・歯茎・舌に水疱が広がり, 潰瘍ができる》.

sóre·ness *n* SORE であること; 《心身の》うずき, 痛み, 苦痛; 《戦闘などの》激しさ; 痛む[うずく]もの.

sóre spót [póint] 痛い所, 弱点, 人の感情を害するような点[問題]: touch a ～ (*with* sb) (人の)痛いところに触れる.

sóre thróat 〘医〙 咽喉炎, 咽頭炎, 口峡炎, 扁桃炎.

sorgho ⇨ SORGO.

sor·ghum /sɔ́:rgəm/ *n* 〘植〙 モロコシ属 (*S-*) の各種, 《特に》穀実(こくじつ)用モロコシ, サトウモロコシ; サトウモロコシ製のシロップ[糖蜜]; やけに感傷的な[甘い]もの. [NL (It SORGO)]

sórghum wèbworm 〘昆〙 モロコシヤガ《緑色の毛虫はモロコシの大害虫》.

sor·go, -gho /sɔ́:rgou/ *n* (*pl* **～s**) 〘植〙 サトウモロコシ (＝*sweet sorghum*)《牛馬の飼料にもする》; ソルゴー《アフリカ先住民の酒》. [It]

sori *n* SORUS の複数形.

So·ria /sɔ́:riə/ ソリア《**1**) スペイン中北部 Castilla y León 自治州の県 **2**) その県都; Zaragoza の西に位置する》.

sor·i·cine /sɔ́(:)rəsàɪn, sár-/ 〘動〙 *a* トガリネズミ科の, トガリネズミの(ような). ► *n* トガリネズミ (shrew). [L]

sor·ing /sɔ́:rɪŋ/ *n* 《馬にショーで高く[大げさに]はねたりさせるために》(打撲や水ぶくれで)(前)足を痛むようにすること.

so·ri·tes /səráɪtiz, sɔ:-; sə-/ *n* (*pl* ～) 〘論〙 連鎖式. ◆ **so·rit·i·cal** /-rít-/ *a*

sorn /sɔ́:rn/ *vi* 《スコ》 《食事・宿泊などで》人の親切につけこむ[乗じる] 〈*on* sb〉. ◆ **～·er** *n* [*sorren*＜Ir **sorthan* free quarters]

So·ro·ca·ba /sɔ̀:rəkǽbə/ ソロカーバ《ブラジル南東部 São Paulo 州南東部の工業都市》.

so·ro·che /səróutʃi/ *n* 高山病 (mountain sickness). [AmSp ＜Quechua＝antimony; 誤って原因とされた]

So·rol·la y Bas·ti·da /sərɔ́:ljə ì: ba:stí:də, -rɔ́ɪə-, -stí:ðə/ ソロリャ・イ・バスティダ **Joaquín** ～ (1863–1923)《スペインの画家》.

So·rop·ti·mist /səráptəmɪst, *sɔ:-/ *n* ソロプティミスト《専門職に就いている女性や企業の女性幹部による奉仕団体 Soroptimist Club の会員》.

so·ro·ral /sərɔ́:rəl/ *a* 姉妹の(ような): ～ polygyny 姉妹型一夫多妻. ◆ **～·ly** *adv* [L *soror* sister]

so·ro·rate /sərɔ́:rət, sɔ́(:)rərèɪt/ *n* ソロレート《亡くなった または 不妊の妻の妹と再婚する慣習》.

so·ror·i·cide /sərɔ́(:)rəsàɪd, -rár-/ *n* 姉[妹]殺し; 姉[妹]を殺す人. ◆ **so·ròr·i·cí·dal** *a*

so·ror·i·ty /sərɔ́(:)rəti, -rár-/ *n* 《教会などの》婦人会[クラブ]; *《大学の》女子学生クラブ (cf. FRATERNITY). [L (*soror* sister); *fraternity* にならったもの]

sorórity hòuse*《大学の》女子学生クラブ会館.

so·ro·sis[1] /səróusəs/ *n* (*pl* **-ses** /-sì:z/) 〘植〙 桑果(そうか)《クワの実・パイナップルなど多数の花の集合が成熟してできた肉質の果実》. [NL ＜Gk *sōros* heap]

sorosis[2]* *n* (*pl* **-ses, ～·es**) 婦人(社交)クラブ. [*Sorosis* 1869 年設立の婦人団体; cf. L *soror* sister]

sorp·tion /sɔ́:rpʃ(ə)n/ *n* 〘理・化〙 収着, 吸収. ◆ **sórp·tive** *a* [逆成 ＜*absorption, adsorption*]

sor·ra /sɔ́(:)rə, sárə/ *n, vi* 《スコ・アイル》 SORROW.

sor·rel[1] /sɔ́(:)rəl, sár-/ *n, a* 淡赤茶色, 栗色(の); 栗毛の動物, 栗毛(の馬)《明るい栗色の馬; しばしば たてがみ・尾が白いもの》. [OF (*sor* yellowish＜Frank **saur* dry)]

sorrel[2] *n* 〘植〙 酸味のある植物 (＝*sour grass*)《スイバ・カタバミなど》. [OF＜Gmc; ⇨ SOUR]

sórrel trèe SOURWOOD.

Sor·ren·to /səréntou/ ソレント (anc. **Sur·ren·tum** /səréntəm/)《イタリア南部, Naples 湾南岸の保養地》.

sór·ri·ly *adv* 悲しんで; 気の毒に思って; 《古・文》へたに.

sor·row /sárou, *sɔ́:-/ *n* **1** 悲しみ (grief), 悲哀, 悲痛, 哀悼, 悲嘆; [°*pl*] 悲しみのもと[たね], 不幸, ふしあわせ, 難儀, 難渋; 悲しいできごと: feel ～ *for*...を悲しむ / in ～ and in joy 悲しいにつけうれしいにつけ. **2** 悔い, 後悔, 残念, 遺憾 〈*at, for, over*〉; なごり惜しさ, 惜別の感; 残念なできごと. **3** [°the, 〈*adv*〉] 《スコ・アイル》 決して...ない (not, never): ～ a bit これっぽっちも...ない. ● **drown one's ～s** 酒で悲しみを紛らす. **more in ～ than in anger** 怒りよりは悲しみで《Shak., *Hamlet* 1.2.232》. **the** MAN OF SORROWS. ► *vi* 《文》 悲しむ, 気の毒に思う, なごり惜しく思う: ～ *at* [*for, over*] a misfortune 不幸を悲しむ / ～ *for* sb 人を気の毒に思う / ～ *after* [*for*] a lost person 亡くなった人を嘆く, 哀悼する. ◆ **～·er** *n* **～·ing** *a* [OE *sorh, sorg*; cf. G *Sorge*; 語源上は *sorry* と無関係]

sórrow·ful *a* **1 a** 悲しむ, 悲嘆に暮れる; 哀悼する; 悲しそうな, 愁いをおびた. **b** 悔やむ, 残念がる, なごり惜しがる. **2** 悲しませる, いたましい, 悲惨な, みじめな. ◆ **～·ly** *adv* **～·ness** *n*

sórrow-stricken *a* 悲しみにうち沈んだ, 悲嘆に暮れた.

sor·ry /sári, *sɔ́:ri/ *a* **1** [*pred*] [時に 形式的・儀礼的 または皮肉に] **a** 気の毒で, 気の毒に思って, かわいそうで 〈*about* sth, *for* sb, *to* hear sth, *that*...〉: I am ～ *for* you. お気の毒に存じます / (I'm) ～ *to* hear that. それはお気の毒に / I'm ～ *for* him, but it's his own fault. 気の毒ながら自業自得さ. **b** すまないと思う, 後悔する 〈*for*〉; 残念で, 遺憾で, 惜しい: (I'm) so ～. どうもすみません; よくわかりませんが, 知りませんねえ / I am ～ *about* [*for*] it. それは遺憾に存じます / I am ～ (*that*) you can't stay longer. もっとおいでになれないのが残念です / I am ～ (*to say*) *that* I cannot come. 残念ながら伺えません / (I'm) ～ you asked (that). (そのことは)聞いてほしくなかった / *S*～ (*that*) I asked. 聞かなければよかったね /You'll be ～. 後悔するぞ; 憶えてろよ. **2** [S～?]″《口》 今なんとおっしゃいましたか (I beg your pardon.). **3** [*attrib*] 《文》 なさけない, くだらない, みじめな, 哀れな, ひどい, 哀れを誘う: a ～ fellow あさましいやつ / a ～ state みじめな状態 / a ～ excuse

おそまつな言いわけ / in ～ clothes みすぼらしい服を着て. ● **S～ about that.** 《口》 すみませんね, こりゃどうも. **～ for oneself** 《口》 すっかりしょげて. ◆ **sór·ri·ness** *n* ［OE *sārig* (⇨ SORE); cf. OS, OHG *sērag*］

sórry-àss *a**《卑》みじめったらしい, 気の毒な, くだらん.

sort /sɔ́:rt/ *n* **1** 種類 (kind), 分類; たち, 品質 (quality); [修飾語を伴って] (…な)種類[性質]のもの[人]; 《古》群れ, 集団: all ～*s* and conditions of men あらゆる種類[階級]の人びと (cf. 成句) / It takes all ～*s* (to make a world). 《諺》世の中はさまざまな人でできあがっている / He is not my ～. あんなやつは嫌いさ / That's the ～ of thing I want. そんなのが欲しいのだ / He is a good [decent] ～. 《口》彼はいい人だ. **2**〘印〙ソート《**1**) 活字のひとそろい (font) 中の一字 **2**) 普通のそろいにない活字; 記号など》. **3**《古》方法, 仕方, 程度: That's your ～. きみのやり方はそれだね; そうすればいいのだ / in some ～ ある程度まで. **4**《英俗・豪俗》女, 女の子. **5**〘電算〙《データの》並べ換え, 整列, ソート. ● **after [in] a ～** 一種の, いくぶん, やや; いいかげんに, でたらめに; 曲がりなりにも. **all ～s (of…)***《口》たくさん(の…). **a ～ of (a)…** 一種の…, …のようなもの: *a* ～ *of* politician まあ政治家といってよい人 (cf. *of a* SORT). **in bad ～s** いらいらして, 不機嫌で. **of a ～** (**1**) 同種の: all *of a* ～ 似たり寄ったりの. (**2**) その種としては不十分な, いいかげんな: a politician *of a* ～ 政治屋 (cf. *a* SORT *of*). **of ～s** いいかげんな; ある種[程度]の (=of a ～); 〈目録など〉整理されてない. **of the ～** そういう, そんな: I said nothing *of the* ～. そういうことは何も言わなかった. **out of ～s** いつもの元気がない (depressed), 少し加減が悪く (slightly sick); いらいら[ぷりぷり]して (in a bad temper); 〘印〙ある種の活字が足りない. **～ of** [〈*adv*〉] 《口》多少, いくらか, かなり, まあ, みたいな, いわば《～o', ～er, ～a などともつづる; cf. KIND[1] *of*》: He was ～ *of* angry. ちょっとおこっていた / *S～ of* turn round. 回りぎみにしなさい / Do you like movies? — *S～ of*. 映画は好きですか—まあね.

► *vt* 分類する, 区分けする 〈*out, over, through*〉; 〘電算〙〈データを〉並べ換える, 整列させる, ソートする; 《スコ・北イング》整理する, 整頓する, 整える, 直す 〈*up*〉. ► *vi* 〈同類の者と〉交わる 〈*with*〉; 《古》調和する, 似合う. ● **～ out** えり分ける, 区別する 〈*from*〉; 整理する, 仕分けする, 〈紛争・問題などを〉解決する, 処理する, 片付ける; 見つけ出す; [特に wh- 節を伴って] わかる, 理解する; ‖手配する; ‖〈集団など〉の体制を整える, まとめる; ‖懲らしめる; ‖《口》〈人〉に用意する 〈*with* sth〉, 〈物を〉提供する 〈*for* sb〉. **～ out the men from the boys** ⇨ MAN[1]. **～ oneself out** 〈事態などが〉正常な状態になる, おさまる; ‖〈人が〉(自分のことは)自分でちゃんとやれるようになる, 落ちつく (=get one*self* ～*ed out*). **～ through**…を仕分ける, 探す 〈*for*〉. **～ well [ill] with**…にふさわしい[ふさわしくない].
［OF＜L *sort- sors* lot, condition］

sorta /sɔ́:rtə/ *adv* 《俗》SORT of (成句).

sórt·able *a* 分類[類別]できる, そろえられる. ◆ **-ably** *adv*

sórt còde‖ 《銀行の》店番号 (routing number*).

sórt·ed *a* **1** **a** 整理[分類]された: ～ waste 分別ごみ. **b** 処理[解決]されて; 〈人が〉しっかりして, まともで: get a problem ～ 問題を処理する. **2**‖《口》必要なものを手に入れて, 満足して 〈*for*〉; 麻薬を持って[吸って]: I am ～ *for* a place to stay. 宿は確保してある. **3**〘地質〙分級された《堆積物の粒子の大きさが一様な; 堆積岩が一様な大きさの粒子からなる》: ～ bedding 分級成層.

sórt·er[1] *n* えり分ける人[機械], 分類機, 選別機, ソーター; 《郵便局の》区分け係.

sort·er[2] /, sɔ́:rtə/ *adv* 《俗》SORT of (成句).

sor·tes /sɔ́:rtiz/ *n pl* くじ, 《作品などの》一節による占い. ［L (pl)＜SORT］

sórtes Bí·bli·cae /-bíbləsì:/ 聖書の一節による占い.

sórtes Ho·mé·ri·cae /-houmɛ́rəkì:/ ホメーロス (Homer) の一節による占い.

sor·tie /sɔ́:rti, sɔ:rtí:/ *n* 〘軍〙《特に 被包囲軍・城内からの》出撃(隊); 《軍用機の》(単機)出撃(回数), ソーティ; 慣れない所への小旅行; (新しい)試み, 進出 〈*into*〉: make a ～ 打って出る. ► *vi* 出撃する. ［F (pp)＜*sortir* to go out］

sórtie làb [càn, mòdule] SPACE LAB.

sor·ti·lege /sɔ́:rt(ə)lɪʤ, -lɛ̀ʤ/ *n* くじ占い; 魔法, 妖術.

sórt·ing *n* 〘地質〙淘汰作用《堆積粒子が大きさや形状などの特質によって分離される過程》.

sórting òffice‖ 郵便物仕分け所.

sórting yàrd 〘鉄道〙操車場 (switchyard*).

sor·ti·tion /sɔ:rtɪ́ʃ(ə)n/ *n* くじ引き, 抽籤, 抽籤による決定.

sórt kèy 〘電算〙整列[ソート]キー (KEY[1]).

sorto' /sɔ́:rtə/ *adv* 《俗》SORT of (成句).

sórt-òut‖ *n* 整理, 片付け; ‖《口》争い, けんか, 論争.

so·rus /sɔ́:rəs/ *n* (*pl* **-ri** /-ràɪ/) 〘植〙《シダ類の》胞子嚢群. ［Gk＝heap］

sor·va /sɔ́:rvə/ *n* 〘植〙ブラジル産キョウチクトウ科の木《果実は食用, 樹液はガム・ゴムの材料となる》. ［Port］

SOS[1] /ɛ́sòuɛ́s/ *n* 遭難[救難]信号; 危急呼び出し《電信用》; 《口》助けを求める叫び, 救援要請: send out an ～ / an ～ call. ［急の際に最も打電しやすいモールス符号の組合わせ ···−−−···; *S*ave *O*ur *S*ouls [*S*hip] などの略とするのは通俗語源］

SOS[2] *n**《軍俗》いつものうんざりするやつ《ほら話・しかつめらしい話など》, 例のみじめな食い物《など》. ［*s*ame *o*ld *s*hit］

SOS[3] *n**《軍俗》SHIT on a shingle.

so·sa·tie, sas·sa- /səsá:ti/ *n* 《南ア》ササーティ《カレーで味付けしたマトン[豚肉]を串刺しにして焼いた料理》. ［Malay］

sosh ⇨ SOCH.

Sos·no·wiec /sɑsnóuvjɛ̀ts/, **-wi·ce** /sɔ̀:snəví:tsə/ ソスノヴィエツ, ソスノヴィーツェ《ポーランド南西部の工業都市》.

só-só /, ⏤⏤/ 《口》*a* 可もなく不可もない, たいしたことのない, まずまず[ちょぼちょぼ]の. ► *adv* まあまあ〈いいなど〉.

sos·sled /sáz(ə)ld/ *a* 《俗》酔っぱらった (sozzled).

sos·te·nu·to /sɑ̀stənú:tou, sòu-/ 〘楽〙 *adv, a* 音を保持して[した], 各音符を十分に, ソステヌートで[の]. ► *n* (*pl* **～s, -ti** /-ti/) ソステヌートの楽節[楽章]. ［It (pp)＜*sostenere* to SUSTAIN］

sostenúto pèdal 〘楽〙ソステヌートペダル《ピアノの第 3 ペダルで, 音を保持する》.

sot[1] /sát/ *n* のんだくれ, のんべえ, 飲み助; 《古》痴れ者, ばか者. ► *v* (-tt-) *vt* 〈時間・財産などを〉飲みつぶす 〈*away*〉; 《古》ばかにする. ► *vi* 酒浸りになる, のんだくれる, のんべえになる. ［ME＝fool＜OE *sott* and OF *sot* foolish＜L＜?］

sot[2] *adv* [否定の陳述に反駁して] 《スコ》(いや,)そうなんだ: I am *not!* —You are ～! わたしはちがう—いや, そうだ. ［so＋*not*］

so·te·ri·ol·o·gy /sətɪəriálədʒi/ *n* 〘神学〙救済[救世]論. ◆ **so·tè·ri·o·lóg·i·cal** *a* ［Gk *sōtēria* salvation］

Soth·e·by's /sʌ́ðəbiz, sáð-/ サザビーズ《世界最大の競売商; 1744 年 Samuel Baker (d. 1778) が London で創業, 社名はのちに経営者となった甥の John Sotheby から; London の New Bond Street に本店がある》.

So·thic /sóuθɪk, sáθ-/ *a* 狼星(ろうせい) (Sirius) の; 狼星年 (Sothic year) の; SOTHIC CYCLE の. ［*Sothis*］

Sóthic cýcle [pèriod] 狼星周期《閏年のない古代エジプト暦で 1460 年; ユリウス暦の 1461 年に当たる》.

Sóthic yéar 狼星年《古代エジプト暦で Sirius が日の出直後に東の空に昇る周期; 365 ¼ 日》.

So·this /sóuθəs/ SIRIUS. ［Gk］

So·tho /sóutou, sú:tu/ *n* **a** (*pl* **～, ～s**) ソト族《南アフリカの Bantu 系の種族; 主にレソト・ボツワナ・南アフリカ共和国に住む; cf. BASOTHO》. **b** ソト語《ソト族の使うバントゥー諸語(の一つ); 特に Sesotho》.

so·tol /sóutòul/ *n* 〘植〙ユッカに似たリュウゼツラン科ダシリリオン属の植物《米国南西部・メキシコ北部産》; 《その搾液から造る》リュウゼツラン酒, ソトル. ［AmSp＜Nahuatl］

sots /sáts/ *n* ソッツ《ソ連で社会主義リアリズムを諷刺する反体制的芸術様式》. ［Russ *sotsialist* socialist］

sot·ted /sátəd/ *a* BESOTTED. ［ME］

sót·tish *a* ばかな; のんべえの. ◆ **～·ly** *adv* **～·ness** *n*

sot·to vo·ce /sátou vóuʧi/ *adv, a* 小声で[の], わきぜりふで[の]; 〘楽〙声を和らげてひそやかに[な], ソットヴォーチェで[の]. ［It＝under voice］

sót-wèed *n* 《口》タバコ.

sou /sú:/ *n* **1** スー《**1**) フランスの昔の銅貨; 特に 5[10] centimes のもの **2**) 〘ペルー〙＝SOL[2]》. **2** 小銭, びた銭: not have a ～ 文無しだ. ［F＜L; ⇨ SOLID］

sou' /sáu/ *n, a, adv* 〘海〙SOUTH (⇨ NOR').

sou·a·ri /suá:ri/ *n* 〘植〙バターナットノキ《南米熱帯地方産の高木; 材 (**～ wòod**) は耐久性があり有用》. ［F］

souári nùt スワリナッツ, バターナッツ (＝*butternut*)《バターナットノキの果実; 食用, また 搾油して料理油を採る》.

sou·bíse (sàuce) /subí:z(-)/ スービーズ《タマネギを主材料にしたホワイト[ブラウン]ソース》. ［F; Charles de Rohan, Prince de *Soubise* (1715–87) にちなむ］

sou·brette /subrɛ́t/ *n* **1** 〘劇〙 **a** 《貴婦人に付き添う》小間使, 腰元《はすっぱで情事のたくらみなどを助ける; cf. INGÉNUE》. **b** これを演じる女優[ソプラノ歌手], スブレット. **2** おてんば娘, はすっぱ. ◆ **sou·brét·tish** *a* ［F＜Prov＝coy (L *supero* to be above)］

soubriquet ⇨ SOBRIQUET.

sou·car, sow- /saukáːr/ *n* 《インドなどの》銀行家, 金貸し. ［Hindi］

sou·chong /sú:ʃɔ́(:)ŋ, -ʧɔ́(:)ŋ, -ʃáŋ, -ʧáŋ/ *n* 小種, スーチョン《一番若い芽から取る大葉の上等紅茶; 特に 中国産のもの》. ［Chin］

Soudan, Soudanese ⇨ SUDAN, SUDANESE.

souf·fle /sú:f(ə)l/ *n* 〘医〙《聴診で聞く器官の》(吹鳴)雑音. ［F (*souffler* to blow)］

souf·flé /sú:flèɪ, ⏤⏤/ *n* スフレ《**1**) 泡立てた卵白に卵黄・魚・チーズなどを加えて焼いた料理 **2**) 泡立てた卵白に果汁・チョコレート・バニラなどを加えたデザート》. ► *a* スフレの; ふくらんだ; 〈陶器など〉表面がぶつぶつした. ► *vt* 料理してふくらませる, スフレ(風)にする. ［F＝blown (↑)］

souf·fleur /*F* suflœ:r/ *n* (*fem* **-fleuse** /*F* suflø:z/) 〘劇〙PROMPTER.

sou·fri·ère /F sufriɛːr/ *n* SOLFATARA.

Soufrière スフリエール《**1**) 西インド諸島の St. Vincent 島の火山 (1234 m); 1902 年の爆発で 2000 人の死者が出た **2**) 西インド諸島の Montserrat 島の火山 (915 m) **3**) 西インド諸島 Guadeloupe の Basse-Terre 島南部の火山 (1467 m)》.

sough[1] /sáu, sʌ́f/ *vi* 〈風が〉ヒューヒュー鳴る, 〈樹木などが〉ザワザワいう, ざわめく. ► *n* 風の鳴る音, ヒューヒュー, ザワザワ, ざわめき; ″うわさ. ♦ **~·ful·ly** /sáufəli, sʌ́fəli/ *adv* **~·less** *a* ［OE *swōgan* to resound］

sough[2]″ /sʌ́f/ *n* じめじめした所, 沼沢地; 下水溝, 溝. ［ME *sogh* ＜?］

sought *v* SEEK の過去・過去分詞.

sóught-àfter *a* 需要の多い, ひっぱりだこの, 人気の.

sougje, soujge ⇨ SOOGIE.

souk[1], **suq** /súːk/ *n* 《北アフリカ・中東の》(野外)市場, スーク. ［Arab］

souk[2] *vt, vi, n* 《スコ》 SUCK.

sou·kous /súːkúːs, ⌐⌐/ *n* スクース《中央アフリカ起源のダンス音楽; ラテンアメリカのリズムをもつ》. ［F *secousse* shake］

soul /sóul/ *n* **1 a** 霊魂, 魂 (opp. *body, flesh*); 精神, 心; 死者の魂[霊]; 亡霊: the abode of the departed **~s** 肉体を離れた霊魂の住みか, 天国 / BLESS my ~! / He has a ~ above material pleasures. 物質的快楽を超越した精神の持主だ / HEART and ~. **b** 気魄, 熱情, 生気, (感)情: put [pour] one's ~ into music 音楽に情熱を注ぐ. **c** 《口》 米国の黒人が伝える強烈な感じ, ソウル《特に 演奏家の情熱・気魄など》, NEGRITUDE, SOUL MUSIC, SOUL FOOD, SOUL BROTHER [SISTER]. **2 a** 《主義・運動・党派などの》首脳, 中心人物, 指導者; [S-] 〘クリスチャンサイエンス〙魂 (God): the (life and) ~ of the party 一座の中心人物. **b** 《事物の》精髄, 極意, 生命: BREVITY is the ~ of wit. **3 a** [the] 《精神の現われとみた》人物; [the] 《ある徳の》権化(ごん), 化身, 典型, かがみ: *the ~ of* honesty 正直の権化. **b** 人, 人命, (…な)人間: every living ~ 《口》 すべての人 / Not a ~ was to be seen. 人っ子ひとり見えなかった / I won't tell a ~. だれにも言いません / The jet liner fell apart with 100 **~s** on board. 100 人乗せたまま空中分解した / Be a good ~ and do it. いい子だからそうしておくれ / an honest ~ 正直な人 / Poor ~! かわいそうに. ● **cannot call** one**'s ~ one's own** 他者に完全に支配されている. **commend** one**'s ~ to God** 〈臨終の人が〉霊魂を神に託する, 死後の冥福を祈る. **for the ~ of me**＝**for [to save] my ~** どうしても〈思い出せない など〉. **give [yield] up the ~**＝give up the GHOST. **in my ~ of ~s** 心の奥底では. **search** one**'s ~** 《口》 反省する (search one's heart). **sell** one**'s ~ (to the devil)** 《悪魔に》魂を売り渡す 〈*for*〉《金・権力などのために良心に恥ずることをする》. **upon [on, 'pon, by] my ~** 誓って, 確かに; これは驚いた, おやおや! ► *a* 《口》 **1** 《米国の》黒人の, 黒人文化の. **2** 黒人のための, 黒人管理の; 黒人を差別しない, 黒人歓迎の. ［OE *sāwol, sāw(e)l*; cf. G *Seele*］

Sŏul ⇨ SEOUL.

sóul bròther 《黒人の仲間としての》黒人男性, 同胞; 《考えを同じくする》仲間.

Sóul Cìty *《黒人俗》 HARLEM.

sóul-destròy·ing *a* 死ぬほど単調[退屈]な.

souled /sóuld/ *a* 精神をもった; [*compd*] 精神[心]が…な: high-~ 高潔な / mean-~ 心の卑しい.

sóul fòod ソウルフード《米国南部黒人の伝統的な食べ物; 豚の小腸[脚]・サツマイモ・トウモロコシパンなど》; *《黒人俗》心から満足のいくもの.

sóul·ful *a* 深い感情[悲しみ]を表わす, 情感をこめた; 黒人の感情がこめられた, ソウルフルな; 《口》 とても感情的な. ♦ **~·ly** *adv* **~·ness** *n*

sóul kìss ソウルキス (FRENCH KISS).

sóul·less *a* 霊魂のない; 魂[気魄]のこもっていない, つまらない; 心[情け, 情]のない, 非情な; 卑劣な. ♦ **~·ly** *adv* **~·ness** *n*

sóul màte 心の友, 親友, ソウルメイト; 《思想・信条を同じくする》仲間; 愛人, 情夫, 情婦.

sóul mùsic 〘楽〙 ソウルミュージック《リズムアンドブルースと現代向きの黒人霊歌であるゴスペルソングが混じってできた米国黒人の音楽》.

sóul pàtch 口下ひげ, ソウルパッチ《下唇の下に生やした小さなひげ》.

sóul ròck 〘楽〙 ソウルロック《soul music の影響をうけたロック》.

sóul-sèarch·ing *n, a* 《動機・真意などに関する》自己分析[省察, 反省](を示す), 自分の魂[心]を探る(こと).

sóul sìster 《黒人の仲間としての》黒人女性; 仲間.

sóul·ster *n* 《口》 ソウル歌手.

Soult /súːlt/ スルト **Nicolas-Jean de Dieu ~**, Duc de Dalmatie (1769–1851) 《フランスの軍人; Napoleon 1 世の下で元帥, のちに陸相》.

Sóul·vìlle *n**《黒人俗》 HARLEM.

Sou·mak, Su·mak /súːmɑːk/ *n* スーマック(ラグ) (＝**~ rúg**) (＝*Kashmir rug*) 《アゼルバイジャン東部 Shemakha の近辺で作られる羊毛のタペストリー; 独特の幾何学模様をもち, 裏は杉綾になっている》; [s-] スーマック特有の織り.

sou mar·kee /súː mɑːrkíː/, **sou mar·qué** /-kéɪ/ (*pl* **~s** /—/) スーマルケー《18 世紀フランスの植民地用の烙印つきの鋳造貨》; (ほとんど)価値のないもの. ［F *sou marqué*＝marked sou］

sound[1] /sáund/ *n* **1 a** 音(おと), 音響, 響き; 音(おん), 音声, 〘音〙言語音, 単音 (speech sound); 物音: a dull ~ にぶい物音 / Not a ~ was heard. 物音ひとつ聞こえなかった / a vowel ~ 母音. **b** 騒音, 騒ぎ, ざわめき: ~ and fury 空(から)騒ぎ《Shak., *Macbeth* 5.5.27 から》. **c** 聞こえる範囲: within ~ of…の聞こえる所で. **2 a** 声, 調子, 音調; 《録音された》音声; サウンド《個人・グループ・地域に特有の音楽スタイル》; [°*pl*] 《俗》 歌, 曲, 音楽, レコード; 《テレビに対して》ラジオ(放送): a joyful [mournful] ~ うれし[悲し]そうな声 / I don't like the ~ of it. その調子が気に入らない / the Detroit ~. **b** 《声・ことばの》印象, 感じ: catch the ~ of…がほぼわかる. **3** 《映画などの》音響部[技師], 音響機器. **4** 《古》 知らせ, 便り, うわさ. ● **like [be fond of] the ~ of** one**'s voice** [*derog*] 自分だけでペラペラしゃべりすぎる, 口数が多い. ► *vi* **1 a** 音がする[出る], 音を出す, 鳴る, 響く; 〈らっぱ・ベルなどが〉召集の合図をする: The organ **~ed**. オルガンが鳴った / "Rough" and "ruff" ~ alike. rough と ruff は同じ発音だ. **b** 音で伝わる, 伝わる, 広まる, 公けになる. **2** [補語を伴って] 〈…のような〉音がする, 〈…に〉聞こえる, 見える, 思われる (seem) 〈*like*〉: That excuse **~s** queer. その言いわけは変だ / strange as it may ~ 妙に聞こえるかもしれないが / Sorry to ~ critical. 批判しているように聞こえたらごめん. **3** 〘法〙 〈訴訟など〉…の趣旨をもつ 〈*in*〉. ► *vt* **1 a** 〈トランペットなどを〉鳴らす, 吹く; [°*pass*] 〈文字を〉発音する: The h of hour is not **~ed**. hour の h は発音しない. **b** 《鐘・らっぱ・太鼓などで》知らせる, 合図する, 〈警報などを〉発する: ~ the retreat 退却のらっぱを鳴らす / ~ the KNELL of…. **2** 〈評判などを〉広める; 賛美する: He **~ed** her praises. 彼女をほめそやした. **3** 《俗》 からかって[いろいろ言って]おこらせる, 挑発する. **4** 〈壁・レール・車輪などを〉槌でたたいて調べる; 〘医〙 打診[聴診]する. **5**″…の印象を与える, …のように聞こえる. ● **~ off** 《口》 大声で言う[答える]; 《口》 勝手にまくしたてる, 自慢げに言う 〈*about, on*〉; *《口》 文句を言う, ぼやく 〈*about*〉; *《行進中に》歩調を数える, 《軍隊で》〈番号・名前などを〉順番に大声で言う; [°*impv*] 《観閲式・警衛交代の際や部隊の行進の前後に》短い旋律を演奏する, 合図のらっぱを吹く. ► *a* 《テレビに対して》ラジオ(放送)の. ［OF *son*＜L *sonus*; *-d* は 15 世紀からの添え字］

sound[2] *a* **1 a** 〈身体が〉健全な, 正常な; 《精神的に》健全な, 穏健な, しっかりした, 正直な, 信頼できる: A ~ mind in a ~ body. 《諺》 健全な身体に健全な精神を / of ~ mind 精神の正常な《責任能力のある》/ (as) ~ as a BELL[1]. **b** 〈行為などが〉堅実な, 手堅い, まっとうな; 〈財政状態などが〉健全な; 資産[支払い能力]がある. **2** 腐っていない, 無きずの; 〈建物などが〉堅固な, 安全な. **3 a** 実質的な, 永続性のある; 〈睡眠が〉十分な; 完全な: (as) ~ as a top ぐっすり眠って. **b** 〈打撃などが〉したたかな, 思う存分の, じょうずな: give a ~ beating たたきのめす. **4** 論理的に正しい; 〈教義・神学者など〉正統の; 〘法〙 有効な. ● **~ in** WIND[1] **and limb.** ► *adv* 深く, ぐっすり: sleep ~ 熟睡する / ~ asleep 熟睡して. ♦ **~·ly** *adv* **~·ness** *n* ［OE *gesund*; cf. G *gesund*］

sound[3] *vt* 《測鉛・測量ロッドで》…の深さを測る, 〈深さを〉測る; …の底を探る[調査する]; 〈大気・宇宙を〉調査する; 〘医〙 …にゾンデを入れて調べる, ゾンデ挿入[検査]をする. ► *vi* 水深を測る, 測深する; 〈測鉛が〉沈下する, 底に達する; 〈鯨などが〉水底にもぐる; 情勢を探る 〈*for*〉. ● **~ out** 〈人〉の考えを探る, 〈考え・事実などを〉探る, 打診する 〈*on, about, as to*〉. ► *n* 〘医〙 《外科用》消息子, ゾンデ. ［OF＜L (*sub-, unda* wave)］

sound[4] *n* 海峡, 瀬戸; 入江, 河口; 《魚の》うきぶくろ. ［ON *sund* swimming, strait; cf. SWIM］

Sound [The] サウンド《ØRESUND の英語名》.

sóund·able *a* 鳴らすことのできる.

sóund absòrption 〘音響〙 吸音.

sóund·alìke *n, a* 似たように聞こえる(人[もの]), 似たような(名前の人[もの]); 《声[歌声]などをまねる》そっくりさん.

sóund-and-líght *a* 音と光(と録音)を用いた〈ディスコ〉; SON ET LUMIÈRE の.

sóund and líght SON ET LUMIÈRE.

sóund-and-líght shòw 音と光のショー (SON ET LUMIÈRE).

sóund bàrrier [the] 音の障壁 (SONIC BARRIER): break *the* ~ 音速を超えて飛ぶ.

sóund bìte サウンドバイト《ニュース番組などで短くして引用される, 政治家などの発言; しばしば趣旨を誤り伝える》; 印象的なコメント. ♦ **sóund-bìte** *a*

Sóund Blàster 〘商標〙 サウンドブラスター《IBM 互換パソコン用の業界標準サウンドカード (sound card)》.

sóund·bòard *n* 《楽器の》共鳴板 (sounding board).

sóund bòard 〘電算〙 サウンドボード (sound card).

sóund bòw /-bòu/ 《鐘・鈴の》丸(たま)[舌(ぜつ)]が当たる裾の部分.

sóund bòx 《楽器の》音響室, 共鳴室; 《蓄音機の》サウンドボックス《ピックアップの針と振動板を組み合わせた音響変換部分[装置]》.

sóund bròadcasting 《テレビと区別して》ラジオ放送.

sóund càmera 〘映〙 サウンドカメラ《録音も同時に行なう撮影機》.

sóund càrd 〘電算〙 サウンドカード (＝*sound board*) 《音の入出力用の拡張カード》.

sóund chèck サウンドチェック, 音合わせ《演奏前に行なう楽器・器材のテスト》.
sóund effècts *pl*〔放送・劇〕音響効果, 擬音, 効果音.
sóund engineèr 音響技師.
sóund·er[1] *n* 鳴るもの, 響くもの, 音を出す人, 鳴らす人;〔通信〕音響器. [*sound*[1]]
sounder[2] *n* 水深などを測る人, 測深士[手]; 測深器. [*sound*[3]]
sound·der[3] /sáundər/ *n*《古》猪の群れ. [OF＜Gmc; cf. OE *sunor* herd of swine]
sóund fìeld〔理〕音場(おんば).
sóund fìlm 発声映画(フィルム), サウンドフィルム.
sóund·hèad *n*〔映〕サウンドヘッド《映写機の発声部》.
sóund hòle〔楽〕《弦楽器の》響孔,《リュート・ギター属楽器の》響き口,《ヴァイオリン属楽器の》*f* 字孔.
sóund·ing[1] *a* 鳴る; 鳴り響く (resonant); [*compd*] …のように聞こえる; 偉そうに聞こえる; 大げさな, 大言壮語する: a funny-sounding fruit 耳慣れない果物 / a ～ title 堂々たる肩書 / ～ oratory 大げさな雄弁. ► *n**《俗》SIGNIFYING. ♦ **～·ness** *n* [*sound*[1]]

S

sounding[2] *n* [°*pl*] 水深[深浅]測量, 測深; 水深; [*pl*] 測鉛の届く程度の海, 深さ 600 フィート未満の海; [*pl*] 測鉛による測深の結果[値];《いろいろな高度における》気象観測, 宇宙探測; [°*pl*]《世論などの》(慎重な)調査. ● **off** [**out of**] **～s**〈船が〉測鉛の達しない所に. **on** [**in**] **～s**〈船が〉測鉛の達する所に. **strike ～s** (測鉛で)水深を測量する. **take ～s** 水深を測る; 慎重に意見調査する, 探りを入れる. [*sound*[3]]
sóunding ballòon〔気〕探測気球.
sóunding bòard 1《楽器の》共鳴板 (＝*sound board*);《ステージの上, スピーカーの後ろなどに設置する》反響板; 吸音[防音]板, 響止板. **2** 考え[意見など]を宣伝する人[グループ];《考え・意見などに対する》反応[反響]をテストされる人[グループ], 相談役, 顧問.
sóunding lèad /-lɛ̀d/ 測鉛, 測錘, レッド.
sóunding lìne 測鉛線, 鉛線 (＝*lead line*).
sóund·ing·ly *adv* 鳴り響かんばかりに; 堂々と, はっきりと.
sóunding ròcket (気象)観測用ロケット.
sóunding ròd 測棒, 測量ロッド.
sóunding sànd SINGING SAND.
sóund làw〔音〕音(おん)[音声]法則 (phonetic law).
sóund·less[1] *a* 音のしない, 音を出さない, 無音の, 静かな (silent). ♦ **～·ly**[1] *adv* **～·ness** *n* [*sound*[1]]
soundless[2] *a*《詩》非常に深い, 底知れぬ (unfathomable). ♦ **～·ly**[2] *adv* [*sound*[3]]
sóund·màn *n* 音響効果係; SOUND MIXER《人》.
sóund mìxer (サウンド)ミキサー《**1**) 録音・放送などのために多種の音を調整してミックスする人 **2**) ミキシング装置》.
sóund mòtion pìcture 発声映画, トーキー.
sóund-múltiplex sỳstem 音声多重方式.
Sóund of Músic [The]『サウンド・オブ・ミュージック』《米国映画 (1965); 7 人の子供を抱えたやもめの Trapp 大佐の家に家庭教師として派遣された Maria (Julie Andrews) が, 子供たちをのびのびと育て, 一家で合唱団をつくり, やがて大佐と結婚する; 'Do-Re-Mi' 'Edelweiss' 'My Favorite Things' などの挿入歌も有名》.
sóund pollùtion 騒音公害 (noise pollution).
sóund pòst〔楽〕《ヴァイオリン属楽器の表板・裏板間の》魂柱(こんちゅう), 響柱.
sóund prèssure〔理〕音圧.
sóund·pròof *a* 音の通らない, 防音の. ► *vt* …に防音装置を施す. ♦ **～·ing** *n*
sóundproof brá*《俗》パッド入りブラジャー.
sóund ràdio[11] ラジオ(放送).
sóund rànging《音源の位置・距離を求める》音響測量(法), 音響測位, 音源標定.
sóund recòrding 録音.
sóund·scàpe *n* 音の風景[景観], サウンドスケープ《**1**) 楽音以外の音を含めて, 音の織りなす聴覚的環境 **2**) 音のテクスチャーとして見た一篇の音楽》.
sóund scùlpture 音の出る彫刻《快い音を発する金属棒などを用いる》.
sóund shèet《俗》ソノシート《広告・販売用》.
sóund shìft〔言〕音韻推移《Great Vowel Shift のような推移》.
sóund spèctrogram〔理〕音響スペクトログラム《音響スペクトログラフによる記録図》.
sóund spèctrograph〔理〕音響スペクトログラフ《周波数スペクトルの時間的変化を記録する装置》.
sóund·stàge *n* サウンドフィルムを制作する防音スタジオ.
sóund sỳmbolism〔音〕音表象《ことばの音声要素とそれが表わす意味との間に恣意的ではない連関があるもの; たとえば drip-drop, clink-clang の母音の口の開きが水滴または音の大きさを表わす場合》.
sóund sỳstem 1《言語などの》音体系. **2** 音響システム.
sóund·tràck *n*《映画フィルムの端の》録音帯, サウンドトラック; サウンドトラックに録音した音[音楽], サントラ(盤). ► *vt*〈映画〉にサウンドトラック[音楽]を付ける.
sóund trùck* ラウドスピーカーを取り付けたトラック, 宣伝カー (loudspeaker van[11]).
sóund wàve〔理〕音波; 地震波; 超音波.
soup /sú:p/ *n* **1**〔料理〕スープ; どろどろしたもの, 混合(溶)液 (cf. PRIMORDIAL SOUP); 廃液;《口》濃霧, 厚い雲; *《俗》《特に 金庫破りの》ニトロ (nitroglycerin), ゼリグナイト, ダイナマイト;《口》《写真の》現像液. **2**《俗》《競走馬に飲ませる》興奮剤;《俗》《飛行機や自動車の》強化燃料;《俗》スピード;《俗》馬力;《サーフィン俗》スープ《波が砕けてから岸に向かって速く走る波泡》. ● **from ～ to nuts***《口》初めから終わりまで, なにからなにまで; ピンからキリまで. **in the ～**《口》苦境[困難]に陥って, まずいことになって. **S～'s on!** 食事の用意ができました. ► *vt* [[u]*pass*]《口》苦境に陥れる. ● **～ up**《口》…の馬力[出力, 能力, 効力]を大きくする, パワーアップする; [*fig*]〈物語などを〉いっそう刺激的[魅力的]にする, サビを効かせる; 興奮させる. ♦ **～·less** *a* [F *soupe* sop, broth＜L; cf. SOP, SUP]
sóup and físh《口》《男性用の》正式夜会服. [正式のディナーに出る料理から]
sóup·bòne *n* スープのだし用の骨《牛のすねなど》;《野球俗》《投手の》利き腕.
soup·çon /sú:psɔ̀n; *F* supsɔ̃/ *n* 少し, 少量, 気味: a ～ of doubt [brandy]. [F SUSPICION]
soup [**soupe**] **du jour** /sú:p də ʒúər/《レストランで日替わりで出す》本日のスープ. [F＝soup of the day]
sóuped-úp *a*《口》パワーアップした, 高性能にした〈エンジン・車〉; 刺激的[劇的, センセーショナル]にした, 魅力を高めた; 興奮した.
sóup·er[1] *n*《野球俗》SOUPBONE.
sou·per[2] /*F* supe/ *n* SUPPER.
sóup·fìn shárk, sóup·fìn〔魚〕イコクエイラクブカ, スープフィンシャーク《ふかひれスープのひれをとるサメ; ドチザメ科》.
Sou·phan·ou·vong /sù:fænuvɑ́ŋ/ [Prince] スファヌヴォン (1909–95)《ラオスの政治家; 王族出身; ラオス愛国戦線議長, のち大統領 (1975–86)》.
sóup hòuse*《俗》安食堂.
sóup jòb*《俗》パワーアップした改造車.
sóup jòckey*《俗》給仕, ウェーター, ウェートレス.
sóup kìtchen《貧者のための》給食施設《主にスープ(とパン)を出す; その食券は soup ticket》;〔軍〕移動調理車.
sóup-màigre, -mèagre *n*《古》薄い野菜[魚]スープ.
sóup plàte スープ皿《深皿》.
sóup·spòon *n* スープスプーン《大きく深い》.
sóup-stràin·er *n*《俗》[*joc*] 長い口ひげ (mustache).
sóup tìcket スープ券 (⇨ SOUP KITCHEN).
sóupy *a* スープのような, どろどろした;《口》むやみと感傷的な, めそめそした, やけに理想主義的な;〈天気が〉霧の濃い, どんよりした, じめじめした. ► *n**《軍俗》食事(の合図). ♦ **sóup·i·ly** *adv* **-i·ness** *n*
sour /sáuər/ *a* **1 a** 酸っぱい, 酸い; 酸敗した〈牛乳など〉; 発酵の; 酸い匂いのする: (as) ～ as vinegar [a crab] とても酸っぱい / ～ breath 臭い息. **b**〔農〕〈土壌が〉酸性の, 冷湿の;〔石油〕〈ガソリンなどが〉硫黄(化合物)で不純な[よごれた], サワーな (opp. *sweet*): ～ gas [oil, crude] サワーガス[油, 原油]. **2** 意地の悪い, ひねくれた; 不機嫌な, 気むずかしい;〈…に〉敵意をもつ, 幻滅している, 嫌っている〈*on*〉; 不愉快な, いやな;〈天気が〉じとじとする. **3 a** 標準以下の, だめな, まずい;《口》悪い, 怪しげな, 不徳の, 不法[違法]の. **b**《口》〔楽〕(ひどく)調子のはずれた, 音程が狂った. ● **for ～ apples** [*neg*]《俗》ぜんぜん[全く]…ない: I *can't* dance *for* ～ *apples*. **go** [**turn**] **～**〈食物が〉酸っぱくなる; まずいことになる, うまくいかなくなる;〈…に〉幻滅する, 興味を失う〈*on*〉;〈…に〉嫌悪感をいだく, 敵対する〈*on*〉. ► *vt*, *vi* 酸っぱくする[なる]; 酸敗する; 不機嫌にする[なる]; 不愉快にする[なる];〔農〕〈土壌が〉酸性になる; 腐らせる, だめにする. ● **～ on**…*…に対する関心[熱意]を失う. **～ sb on**…*…に対する人の関心[熱意]を失わせる. ► *n* 酸っぱい味, 酸味; 酸っぱいもの; *サワー《ウイスキーなどにレモンまたはライム果汁を入れたカクテル: ⇨ WHISKEY SOUR》; いやなもの, にがにがしい事;《漂白・染色などの》酸浴. ● **in ～** 不首尾で, 困って, 出だしが悪くて. **take the sweet with the ～** 人生の苦楽を甘受する, のんきに構える. ► *adv* SOURLY. ♦ **～·ish** *a* やや酸っぱい. **～·ness** *n* 酸味. **～·ly** *adv* 酸っぱく; 気むずかしく, にがにがしく. [OE *sūr*; cf. G *sauer*]
Sour ⇨ SUR.
sóur·bàll *n**《口》気むずかし屋, 不平家.
sóur bàll サワーボール《やや酸っぱい堅くて丸いキャンディー》.
sóur·bèlly *n**《口》SOURBALL.
source /sɔ́:rs/ *n* **1 a** 源泉 (spring), 水源;《古》泉. **b** 供給源, 光源, 電源, 熱源, (放射)線源,〔理〕《一般にエネルギー・流体などの》わき出し, 湧源, 源 (opp. *sink*);〔電子工〕ソース《FET で, 電荷担体が流れ込む電極をもつ領域》: the ～ *of* revenue [wealth] 財源[富源]. **c**《情報の》出所, 情報源, よりどころ, 出典: a news ～ ニュースの出所 / a reliable ～ 確かな筋 / diplomatic ～*s* 外交筋 / historical ～*s* 史料. **d**《償還・配当金などの》支払人. **2** もと, 源, 原因〈*of*〉; 起点, 始まり; 創始者, 原型. ● **at ～** 原点において: bottled *at* ～ 現地で瓶詰めして. ► *vt*〈引用〉の出典を明示する; [[u]*pass*]〈部品などを〉(ある供給源から)手に入れる, 調達する〈*from*, *in*〉. ► *a*〔電算〕ソースの

《プログラミング言語によるプログラムについていう》. ♦ **~·less** *a* ［OF (pp)＜*sourdre* to SURGE］

sóurce·bòok *n* 出典書籍, 種本; 原典; 原典資料集.

sóurce còde 〘電算〙原始[ソース]コード《コンパイラーやアセンブラーを用いて機械語に変換するもとになる形のプログラム》.

sóurce crìticism 原典批評. ［G *Quellenkritik*］

sóurce dòcument 〘電算〙ソース文書《OLE で, 埋め込むべきオブジェクトを作成した側の文書; cf. DESTINATION DOCUMENT》.

sóurce fóllower 〘電子工〙ソースフォロアー《FET の電力増幅回路》.

sóurce lànguage 〘言〙起点言語《翻訳の原文の言語; cf. TARGET LANGUAGE》; 〘電算〙原始言語《自然言語に近く機械語に変換しないとコンピューターを作動させられない》.

sóurce matèrial 《調査・研究の》原資料《記録・日記・手記など》; 基本素材.

sóurce prògram 〘電算〙原始プログラム《原始言語で書かれたプログラム; cf. OBJECT PROGRAM》.

sóur chérry 〘植〙スミノミザクラ[酸果オウトウ]の木.

sóur clóver 〘植〙シナガワハギ・シャジクソウの類の植物《土壌保全用》.

sóur [sóured"] crèam 酸敗乳, 酸性クリーム, サワークリーム.

sour·dine /suərdí:n/ *n* 〘楽〙弱音器 (mute); スルディーヌ《軍隊の進軍の合図に用いたトランペットの類の古楽器》; KIT². ［F (*sourd* deaf)］

sóur·dòugh *n* **1** サワードー《発酵させた生のパン種で, 酸味がある》; サワードーブレッド (=~ **brèad**). **2***《アラスカ・カナダでの越冬経験をもつ》古参探鉱者[開拓者].

Sóurdough Stàte [the] サワードー州《Alaska 州の俗称》.

sóurdough tòurist*《俗》野外キャンパー.

sóur fíg 〘植〙HOTTENTOT FIG.

sóur góurd 〘植〙**a** 豪州北西部産パンヤ科バオバブ属の木《ひょうたん形の酸っぱい果実をつける》. **b** BAOBAB.

sóur grápes *pl*《欲しいけれど入手できないものへの》負け惜しみ, 酸っぱいブドウ. ［イソップ物語の中の FOX AND THE GRAPES から］

sóur gràss 〘植〙SORREL².

sóur gùm 〘植〙BLACK GUM, COTTON GUM.

sóur másh* サワーマッシュ《ウイスキーなどの蒸留で乳酸発酵を高度に行なわせるため古いもろみを少し混ぜたもろみ; そのもろみを使って造るウイスキー》.

sóur órange 〘植〙ダイダイ, サワーオレンジ (=*bitter orange, Seville orange*) (cf. SWEET ORANGE).

sóur·pàn *n*《俗》SOURPUSS.

sóur·pùss *n*《口》不機嫌な人, 陰気くさいやつ, ひねくれ者, 興をそぐ[不愉快な]やつ.

sóur sált 酸味塩, 結晶クエン酸 (citric acid).

sóur·sòp *n* 〘植〙トゲバンレイシ《熱帯アメリカ原産; cf. SWEETSOP; 果実はひょうたん形》.

sóur·wòod *n* 〘植〙スイバノキ《葉に酸味のある北米南東部原産のツツジ科の高木》; サワーウッド《その堅材》.

sous /sú:/ *a* 補佐の, 副…, 次…: a ~-chef 副料理長. ［F=under］

Sou·sa /sú:zə, -sə/ スーザ **John Philip** ~ (1854–1932)《米国の軍楽隊長・作曲家で 'マーチの王' (the March King) といわれる; *The Stars and Stripes Forever* (1897)》.

sou·sa·phone /sú:zəfòun, -sə-/ *n* スーザフォーン《helicon に似た楽器; 主に軍楽隊・演奏行進用》. ♦ **sóu·sa·phòn·ist** *n* ［↑］

souse¹ /sáus/ *n* 塩[酢]漬け汁, 塩水; 《豚の頭・足・耳, ニシンなどの》塩[酢]漬け; ずぶぬれ, 水浸し; 《俗》大酒飲み, のんだくれ, 酔っぱらい; 《俗》酔い, 泥酔, 酩酊; *《俗》どんちゃん騒ぎ. ► *vt, vi* 塩[酢]漬けにする[なる]; ずぶぬれ[水浸し]にする[なる], 浸す[浸る]〈sth *in* [*into*] liquid〉; 〈水などを〉かける, 〈水などが〉かかる; 《俗》酒に酔わせる, 酔っぱらう: be ~*d* to the skin ずぶぬれになる / ~ water over sth 物に水をかける. ♦ **sous·er** *n* 酔っぱらい. ［OF=pickle＜Gmc; ⇨ SALT］

souse² 《古・方》*vt, vi, n* 〘鷹狩〙急襲[(…に)急降下]する(こと), 《獲物が》舞い上がること. ► *adv* ザブンと; まっさかさまに. ［? 変形＜*source* (obs) rising of hawk etc.］

soused /sáust/ *a* 酢[アルコール]に漬けた; 《俗》酔っぱらった. ● **~ to the gills** 《俗》べろんべろんに酔っぱらって.

sóuse pòt 《俗》酔っぱらい, のんべえ.

souslik ⇨ SUSLIK.

sou-sou, su·su /sú:su/ *n* 《カリブ》無尽(むじん).

Sousse /sú:s/, **Su·sa, -sah** /sú:zə/ スース, スーサ《チュニジア北東部の港町; フェニキア人が建設; 古代名 Hadrumetum》.

sous vide /*F* su vid/ *n, a, adv* 真空調理法(の[で])《半ば加熱調理した食品を真空パックして冷却保存したり, 生のまま真空パックして専用機器で加熱調理する方式》. ［F=under vacuum］

sou·tache /sutǽʃ/ *n* スータッシュ《矢筈(やはず)模様の細い飾りひも》. ［F＜Hung］

sou·tane /sutǽn, -tá:n/ *n* 〘カト〙スータン《聖職者が日常着用する長衣 (cassock)》. ［F＜It (*sotto* under)］

sou·te·neur /sù:tənə́:r; *F* sutnœ:r/ *n* ヒモ (pimp). ［F=protector］

sou·ter, -tar /sú:tər/ *n* 《スコ》靴屋 (shoemaker). ［OE *sūtere*＜L; ⇨ SEW］

sou·ter·rain /sú:tərèɪn/ *n* 〘考古〙地下室, 地下道. ［F (*terre* earth)］

south /sáuθ/ 《ここにない成句・用例については NORTH 参照》*n* **1** [ᵁthe] 南, 南方《略 S, S.; cf. MERIDIONAL, AUSTRAL *a*》. **2** [the]《ある地域の》南部地方[地域], 南部. **a** [the S-] *南部諸州《Mason-Dixon line および Ohio 川から南の地方; 南北戦争時 Confederacy を形成》; [the S-] 〘米史〙CONFEDERACY: DEEP SOUTH. **b** [the S-]《イングランドの》南部《ほぼ Severn 川と Wash 湾を結ぶ線の南の地域》. **c** [the S-]《アジア・アフリカ・中南米などの》発展途上国. **3** [the S-]《磁石の》南極; [the S-]《地球の》南極地方. **4 a**《教会堂の》南側《祭壇に向かって右側; cf. EAST》. **b** [ᴼS-]《図上の》南, 下; [ᴼS-]《ブリッジなどで》南の座(の人), 《特に》ディクレアラー. **5** 《詩》南風. ● **a mouth full of S~** *《口》南部なまり: a man with *a mouth full of S~* 南部なまりの男. ► *a* **1** 南(へ)の, 南にある; [S-] 南部の; 南に面した; 《教会堂の》南側の, 祭壇に向かって右側の. **2** 〈風が〉南からの. ► *adv* 南へ, 南に; 《まれ》南から; 衰退[荒廃]して. ● **down ~ [S~]** 南へ[で, に]; *《米国の》南東部へ[で]; "イングランド南部へ[で]. **go [head] ~** 南へ向かう; *《口》〈景気などが〉下向く, 〈価格・指数などが〉下落する; *《俗》姿をくらます, 消える, いなくなる. **~ of**…の南に, …より南方で; 〈額・数字〉を下回って, …以下[未満]で. ► *vi* /, -ð/ 南進する; 南に方向転換する; 〘天〙〈月などが〉南中する. ［OE *sūth*; cf. G *Süd*; SUN と関係あり］

South サウス **Robert** ~ (1634–1716)《英国の説教者》.

Sòuth África 南アフリカ《公式名 Republic of South Africa (南アフリカ共和国); 旧英領 the Union of South Africa (1910–61); ☆Pretoria (行政府), Cape Town (立法府), Bloemfontein (司法府)》.

Sòuth Áfrican *a* アフリカ南部の; 南アフリカ共和国(の住民)の. ► *n* 南アフリカ共和国の住民, 《特に》南アフリカ生まれの白人 (Afrikaner).

Sòuth Áfrican Dútch 南アフリカオランダ語 (AFRIKAANS); 南アフリカオランダ人.

Sòuth Áfrican Repúblic [the] 南アフリカ共和国《19 世紀半ばから 1902 年までの Transvaal にあった Boer 人の国》.

Sou·thall /sáuθɔ:l, "-ðɔ:l/ サウソール《イングランド南部 Middlesex 州にあった自治都市; 現在は London 西部 Ealing の一地区; アジア系住民が多い》.

Sóuth América 南アメリカ, 南米(大陸). ♦ **Sóuth Américan** *a, n*

Sóuth Amérıcan trypanosomíasis 〘医〙南米トリパノソーマ症 (Chagas' disease).

South·amp·ton /sauθ(h)ǽm(p)t(ə)n/ サウサンプトン《イングランド南部の市・港町; イギリス海峡の入江サウサンプトン湾 (~ **Wáter**) の奥に位置》.

Southámpton Insurréction [the] サウサンプトン反乱《Virginia 州で Nat Turner の率いる奴隷が起こした暴動 (1831); Southampton 郡に起こったのでこの名がある》.

Southámpton Ísland サウサンプトン島《カナダ北部 Hudson 湾入口の島; 主にイヌイットが住む》.

Sóuth Arábia ■ the **Federátion of ~** 南アラビア連邦《南イエメン (⇨ YEMEN) の旧称 (1963–67; Aden を除く)》.

Sóuth Ásia 南アジア. ♦ **Sóuth Ásian** *a, n*

Sóuth Austrália サウスオーストラリア《オーストラリア中南部の州; ☆Adelaide》. ♦ **Sóuth Austrálian** *a, n*

Sóuth Bánk [the] サウスバンク《London の Thames 川にかかる Waterloo Bridge 南端の一帯; 首都の文化センターの趣きがあり, National Theatre, Royal Festival Hall, Queen Elizabeth Hall などがある》.

Sóuth Bénd サウスベンド《Indiana 州北部の市; カトリック系の the University of Notre Dame (1842), St. Mary's College (1844) の所在地》.

sóuth·bòund *a* 南行きの.

sóuth by éast *n* 南微東《南から 11°15′ 東寄り; 略 SbE》. ► *a, adv* 南微東に(ある)[から(の), へ(の)].

sóuth by wést *n* 南微西《南から 11°15′ 西寄り; 略 SbW》. ► *a, adv* 南微西に(ある)[から(の), へ(の)].

Sóuth Carolína サウスカロライナ《米国南東部の州; ☆Columbia; 略 SC》. ♦ **Sóuth Carolínian** *a, n*

Sóuth Caucásian *n, a* 南カフカス語族(の)《Caucasus 山脈南側で使用されるグルジア語などを含む》.

sóuth celéstial póle 〘天〙天の南極 (south pole).

Sóuth Chína Séa [the] 南シナ海.

Sóuth Círcular [the] 南環状線《London の Thames 川の南を半円状に走る環状道路 A205 号線》.

Sóuth Dakóta サウスダコタ《米国中北西部の州; ☆Pierre; 略 S. Dak., SD》. ♦ **Sóuth Dakótan** *a, n*

Sóuth Dévon 〘畜〙サウスデボン種(の牛)《赤の乳肉兼用種; Devonshire cream はこの牛乳から得る)》.

Sóuth·dòwn *a, n* 〖羊〗サウスダウン種(の羊)《角がない; 肉は美味》.

Sóuth Dówns *pl* [the] サウスダウンズ《イングランド南部, Hampshire 東部から East Sussex まで東西に走る低い草地性丘陵; cf. DOWNS》.

sòuth·éast /, (海) sàʊíːst/ *n* **1** [the] 南東《略 SE》. **2** [the S-] 南東地方, 南東部《英国では London を中心にした地方》. **3**《詩》南東の風. ► *a* 南東(へ)の[にある, に面した]; 南東からの. ► *adv* 南東に[へ, から].

Sóutheast Ásia 東南アジア. ♦ **Sóutheast Ásian** *a, n*

Sóutheast Ásia Tréaty Organizàtion [the] 東南アジア条約機構 (⇨ SEATO).

southéast by éast *n* 南東微東《南東から 11°15′ 東寄り; 略 SEbE》. ► *a, adv* 南東微東に(ある)[から(の), へ(の)].

southéast by sóuth *n* 南東微南《南東から 11°15′ 南寄り; 略 SEbS》. ► *a, adv* 南東微南に(ある)[から(の), へ(の)].

sòuth·éast·er /, (海) sàʊíːstər/ *n* 南東の風, 南東の強風[暴風].

sòuth·éast·er·ly *adv, a* 南東へ(の); 南東から(の). ► *n* 南東の風.

sòuth·éast·ern *a* 南東(部)にある; 南東からの; [°S-] 南東部地方の. ♦ **Sòuth·éast·ern·er** *n* 南東部人. **~·mòst** *a*

sòuth·éast·ward *adv, a* 南東へ(の). ► *n* [the] 南東方(の地点[地域]). ♦ **~·ly** *adv, a* 南東へ(の); 南東から(の).

sòuth·éast·wards *adv* SOUTHEASTWARD.

Sóuth·ènd-on-Séa サウスエンド・オン・シー《イングランド南東部の町・参事会地域(歴史的には Essex 州に含まれていた); Thames 河口北岸にあり, 2 km を超す観光用桟橋で有名》.

south·er /sáʊðər/ *n* 南風, 強い南風, 南からの暴風.

south·er·ly /sʌ́ðərli/ *a* 南寄りの; 南方への; 南からの. ► *adv* 南の方へ; 南の方から. ► *n* 南風. ♦ **-li·ness** *n*

sóutherly búrster [búster] 《豪》 BUSTER.

south·ern /sʌ́ðərn/ *a* **1** 南(へ)の[にある], 南に面した; 南から吹く; 〖天〗南天の. **2** [°S-] 南部地方の, *南部諸州の; [°S-]*南部方言(独特)の: the *S*~ States《米国の》南部諸州. ► *n* [S-] SOUTHERNER; [S-]《アメリカ英語の》南部方言 (＝**S~ díalect**). ♦ **~·ly** *a*

Sóuthern Álps *pl* [the] 南アルプス《ニュージーランド南島の山脈; 最高峰 Mt. COOK》.

Sóuthern Báptist 南部バプテスト《1) SOUTHERN BAPTIST CONVENTION 2) 同連盟に所属する教会の会員》.

Sóuthern Báptist Convéntion [the]〖キ教〗南部バプテスト教会連盟《1845 年に Georgia 州 Augusta で結成された米国南部のバプテスト諸教会の団体で, 米国最大のプロテスタント教団; 本部は Tennessee 州 Nashville; 出版, 慈善事業, 教育活動などを行なう》.

Sóuthern bélle《かつての》南部の令嬢《米国南部の上流階級出身の女性》.

Sóuthern blót〖生化〗サザンブロット《DNA を固定したニトロセルロースシート (blot); 特定の DNA を検出するのに用いる; cf. WESTERN BLOT》. ♦ **Sóuthern blótting** *n* [Edward M. *Southern* (1938–) 英国の分子生物学者で, この方法の考案者]

Sóuthern Brítish Énglish 南部英語 (Southern English).

Sóuthern Cómfort〖商標〗サザンカンフォート《Missouri 州 Southern Comfort Corp. 製のリキュール》.

Sóuthern Cóne [the] サザンコーン, コーノ・スール《アルゼンチン・ウルグアイ・パラグアイ・(ブラジル・)チリからなる地域》.

sóuthern córn ròotworm SPOTTED CUCUMBER BEETLE.

Sóuthern Cróss **1** [the]〖天〗みなみじゅうじ座 (南十字座), 南十字星 (Crux). **2** [the]《豪》南十字旗《1) EUREKA STOCKADE で揚げた旗 2) オーストラリア国旗》 **3** [the]〖米史〗南十字旗《南北戦争時の南部連合軍の軍旗; cf. STARS AND BARS》.

Sóuthern Crówn [the] CORONA AUSTRALIS.

Sóuthern Énglish 南部英語《イングランド南部の, 特に教養のある人びとの英語》; 米国南部方言 (Southern).

sóuthern·er *n* 南部地方の人; [S-] 米国南部(諸州)の人, 南部人.

Sóuthern Físh [the]〖天〗みなみのうお座 (南魚座) (Piscis Austrinus [Australis]).

Sóuthern-fríed* *a* 南部風に揚げた, 南部風のフライにした (＝*Kentucky-fried*)《特にころもをつけて揚げたチキンについていう》; [°s-]《俗》南部風の, 南部出の.

Sóuthern frìed chícken* 南部風フライドチキン《一般に fried chicken は南部の名物とされる》.

sóuthern hémisphere [the, °the S- H-] 南半球.

Sóuthern Íreland 南アイルランド《Republic of IRELAND の別称》.

sóuthern·ìsm *n*《米国の》南部語法, 南部なまり; 南部(人)的特性, 南部(人)かたぎ.

sóuthern·ìze *vt* [°S-]《特に米国の》南部風にする.

Sóuthern Karóo 南カルー (⇨ KAROO).

sóuthern líghts *pl* [the] AURORA AUSTRALIS.

sóuthern·ly *a* SOUTHERLY.

sóuthern·mòst *a* 最も南の, 極南の, (最)南端の.

Sóuthern Ócean [the] ANTARCTIC OCEAN.

Sóuthern Paiúte 南パイユート族 (⇨ PAIUTE); 南パイユート語.

sóuthern péa〖植〗ササゲ (cowpea).

Sóuthern Rhodésia 南ローデシア《1923–65 年の ZIMBABWE の名称》. ♦ **Sóuthern Rhodésian** *a, n*

sóuthern ríght whàle〖動〗ミナミセミクジラ, オーストラリアセミクジラ (＝*black whale*)《南半球産》.

Sóuthern Sótho SESOTHO.

Sóuthern Spórades *pl* [the] 南スポラデス諸島 (⇨ SPORADES).

Sóuthern stràtegy [the]〖米政治〗南部戦略《選挙で南部の白人票を制するものは全国を制するという考え方》.

Sóuthern Úplands *pl* [the] 南部高地, サザンアップランズ《スコットランド南部の高地》.

Sóuthern Wáter サザン水道(社) (～ Services Ltd.)《イングランド南部の上下水道管理会社》.

sóuthern·wòod *n*〖植〗キダチヨモギ, サザンウッド (＝*boy's-love, lad's-love, old man*)《南欧産のニガヨモギの一種》.

Sóuthern Yémen 南イエメン (⇨ YEMEN).

Sou·they /sáʊði, sʌ́ði/ サウジー **Robert** ～ (1774–1843)《英国の文学者・桂冠詩人 (1813–43); *The Curse of Kehama* (1810), *Life of Nelson* (1813)》.

Sóuth Frígid Zòne [the] 南寒帯.

Sóuth Geórgia サウスジョージア《大西洋南部 Falkland Islands 保護領の島》. ♦ **Sóuth Geórgian** *a, n*

Sóuth Glamórgan サウスグラモーガン《ウェールズ南部の旧州 (1974–96); ☆Cardiff》.

Sóuth Hólland ゾイト[南]ホラント (Du **Zuid-Hol·land** /zaɪt-hɔ́ːlɑːnt/)《オランダ南西部の州; ☆The Hague》.

south·ing /sáʊðɪŋ, -θɪŋ/ *n*〖海〗南距 (⇨ NORTHING);〖海〗南進, 南航; 南方(へそれること);〖天〗南中;〖天〗南[負]の赤緯.

Sóuth Ísland《ニュージーランドの 2 主島の》南島.

Sóuth Kénsington サウスケンジントン《London の Kensington の南地区; 略して South Ken ともいう; Victoria and Albert Museum をはじめとする博物館群のほか, 高級ショッピング街もある》.

Sóuth Koréa 南朝鮮, 韓国 (⇨ KOREA). ♦ **Sóuth Koréan** *a, n*

sóuth·lànd /, -lənd/ *n* [°S-] 南方の地,《地球・一国などの》南国, 南部地方. ♦ **~·er** *n*

sóuth·mòst /, ″-məst/ *a* SOUTHERNMOST.

Sóuth of Fránce [the] 南フランス《フランスの RIVIERA の別称》.

Sóuth Órkney Íslands *pl* [the] サウスオークニー諸島《大西洋南部 Horn 岬の南東にある無人島群; British Antarctic Territory の一部》.

Sóuth Ossétia 南オセティア《もとはグルジア北部の Caucasus 山脈南麓にある自治州だが, 独立を宣言している; ☆Tskhinvali》.

Sóuth Pacífic〖商標〗サウスパシフィック《パプアニューギニアの South Pacific Brewery 製のビール; 5%》.

sóuth·pàw《口》*n*〖野・ボク〗左利きの選手, 左腕(投手), サウスポー; 左利きの人. ► *a* 左利きの; 左手で行なった[書いた]. [球場は本塁を西側とする造りになっていて, 左投手の腕が南から出てくるため; 南部出身の左腕投手が多かったからという説もある]

sóuth póle [the, °the S- P-]《地球の》南極;《天の》南極;《磁石の》南極. ♦ **sóuth-pólar** *a* 南極の.

Sóuth·pòrt サウスポート《1) イングランド北西部 Merseyside 州, Liverpool の北の海岸にある市 2) オーストラリア Queensland 州南東岸の町; cf. GOLD COAST》.

south·ron /sʌ́ðrən/ *n**《南部》南部諸州の人, 南部人 (Southerner); [°S-]《スコ》南部地方の人, イングランド人. ► *a* [°S-]《スコ》イングランド(人)の. [変形 < *southern*]

Sóuth Sándwich Íslands *pl* [the] サウスサンドイッチ諸島《大西洋南部 Falkland Islands 保護領の》.

Sóuth Saskátchewan [the] サウスサスカチェワン川《カナダ中南部を流れ, North Saskatchewan 川と合流して Saskatchewan 川となる》.

Sóuth Sèa Búbble [the]〖英史〗南海泡沫事件《1711 年に英国で創立された South Sea Company が株の下落のため 1720 年多数の破産者を出した事件》.

Sóuth Sèa Íslands *pl* [the] 南洋諸島《南太平洋の諸島》. ♦ **Sóuth Sèa Ísland·er** *n*

Sóuth Séas *pl* [the] 南洋,《特に》南太平洋.

sóuth-sèek·ing póle《磁石の》南を指す極, 南極 (south pole).

Sóuth Shétland Íslands *pl* [the] サウスシェトランド諸島《大西洋南部 Horn 岬の南東にある島群; 南極半島先端沖にあり, British Antarctic Territory の一部》.

Sóuth Shíelds サウスシールズ《イングランド北部 Tyne and Wear 州, Tyne 川河口の市・港町・保養地》.

Sóuth Shóre [the]《New York 市郊外 Long Island の》南海

岸《広く平坦な砂地で, 海岸線一帯は行楽客でにぎわう》.
Sóuth Slávic 南スラブ諸語 (⇨ SLAVIC).
sóuth-sòuth·éast /, (海) sáusàu-/ *n* [the] 南南東《略 SSE》. ► *a, adv* 南南東に(ある)[から(の), へ(の)].
sóuth-sòuth·wést /, (海) sáusàu-/ *n* [the] 南南西《略 SSW》. ► *a, adv* 南南西に(ある)[から(の), へ(の)].
Sóuth Súdan 南スーダン《アフリカ中東部の国; 公式名 Republic of ～ (南スーダン共和国); 2011 年にスーダンから独立; ☆Juba》.
Sóuth Témperate Zòne [the] 南温帯.
Sóuth Tiról 南ティロル《ALTO ADIGE の別称》.
Sóuth Vietnám 南ヴェトナム《17 度線以南のヴェトナム; ヴェトナム統一前のヴェトナム共和国; ☆Saigon》.
sóuth·ward /, (海) sʌ́ðərd/ *adv, a* 南方へ[の]. ► *n* [the] 南方(の地点[地域]). ● **go ～** 《口》〈人気・価値などが〉落ちる. ♦ **～·ly** *adv, a*
sóuth·wards *adv* SOUTHWARD.
South·wark /sʌ́ðərk, sáuθwərk/ サザーク《Thames 川南岸にある London boroughs の一つ; Globe Theatre や大聖堂がある》.
sòuth·wést /, (海) sàuwέst/ *n* **1** [the] 南西《略 SW》. **2** [the S-] 南西地方, 南西部《米では Texas, New Mexico, Arizona, California, Nevada, Utah, Colorado および Oklahoma, 英では Cornwall, Devon, Somerset など》. **3** 《詩》南西の風. ► *a* 南西(へ)の[にある, に面した]; 南西からの. ► *adv* 南西に[へ, から].
Sóuth-Wèst África 南西アフリカ《NAMIBIA の旧称; 1919 年まで German Southwest Africa》.
southwést by sóuth *n* 南西微南《南西から 11°15′ 南寄り; 略 SWbS》. ► *a, adv* 南西微南に(ある)[から(の), へ(の)].
southwést by wést *n* 南西微西《南西から 11°15′ 西寄り; 略 SWbW》. ► *a, adv* 南西微西に(ある)[から(の), へ(の)].
sòuth·wést·er /, (海) sàuwέstər/ *n* 南西の風, 南西の強風[暴風]; SOU'WESTER.
sòuth·wést·er·ly *adv, a* 南西へ(の); 南西から(の). ► *n* 南西の風.
sòuth·wést·ern *a* 南西(部)にある; 南西からの; [°S-] 南西部地方の. ♦ **Sòuth·wést·ern·er** *n* 《特に米国の》南西部人. **～·mòst** *a*
sóuthwèstern córn bòrer 〘昆〙トウモロコシノメイガ《幼虫はトウモロコシの茎に穴をあける害虫》.
sòuth·wést·ward *adv, a* 南西へ(の). ► *n* [the] 南西方(の地点[地域]). ♦ **～·ly** *adv, a* 南西へ(の); 南西から(の).
sòuth·wést·wards *adv* SOUTHWESTWARD.
Sóuth Wèst Wáter 〘英〙サウスウェスト水道(社) (～ Services Ltd)《イングランド南西部の上下水道の管理を行なっている会社》.
Sóuth Yémen 南イエメン (⇨ YEMEN).
Sóuth Yórkshire サウスヨークシャー《イングランド北部の metropolitan county》.
Sou·tine /sutí:n/ スーティン **Chaim** ～ (1893–1943)《リトアニア生まれのフランスの表現主義の画家》.
sou·ve·nir /sù:vəníər, ―――/ *n* かたみ, 記念, 記念品, みやげ 〈*of*〉; 思い出: a ～ shop みやげ物店. ► *vt* [*euph*] 記念に持って行く, 失敬する. [F＜L *sub*-(*venio* to come)＝to occur to the mind]
souvenír hùnter 記念品泥《来訪記念に備品などを勝手に持ち帰る人》.
souvenír shèet 記念切手シート.
sou·vla·ki(a) /suvlá:ki(ə)/ *n* スヴラーキ(ア), スブラキ《子羊を用いたギリシア風のシシカバブ (shish kebab)》. [Gk]
sou'·west·er /sauwέstər/ *n* 時化(しけ)帽《前より後ろのつばの広い, 耳おおいの付いた防水帽》; 《暴風雨に着る》丈(たけ)長の防水コート; SOUTHWESTER.
sov /sɑ́v/ *n*ᴵᴵ《口》1 ポンド(金貨) (sovereign).
sov·er·eign /sɑ́v(ə)rən, sʌ́v-, -vərn/ *n* **1** 主権者; 元首, 君主, 国王 (monarch), 支配者; 最もすばらしい人[物]; 独立国, 主権国. **2** ソヴリン《英国の 1 ポンド金貨; 今は流通していない; 略 **sov.**》. ► *a* **1** 主権を有する, 君主の, 君臨する; 君主にふさわしい; 絶対的な; 独立の, 自主の: ～ authority 主権 / a ～ prince 君主, 元首 / a ～ state 主権国, 独立国. **2** 最上の, 至高の; 卓越した; 極度の; 〈薬が〉特効のある: the ～ good 〘倫〙至上善 / a ～ remedy 霊薬. ♦ **～·ly** *adv* きわめて; 主に; 特に; 有効に; 君主として. [OF *soverain*; *-g-* は *reign* との類推]
sóvereign débt 国家債務, 公的債務.
sov·er·eign·tist /sɑ́v(ə)rəntɪst, sʌ́v-, -vərn-/ *n* 《カナダ》主権連合構想の支持者.
sóvereign·ty *n* 主権, 統治権; 支配力; 独立; 独立国; 君主の身分[地位]; 《廃》最上[最善](のもの).
sóvereignty associàtion 《カナダ》主権連合《Quebec が主権を獲得し, 同時にカナダとの経済的連合を達成するという構想》.
sóvereign wéalth fùnd ソブリンウェルスファンド, 国富ファンド《外貨準備など国家の資産を運用する政府系ファンド; 略 SWF》.
So·vetsk /səvjέtsk/ ソヴィエツク《ヨーロッパロシア西端, リトアニアをはさんだ飛び地にある Neman 川に臨む市; 旧ドイツ領 Tilsit》.
So·vet·ska·ya Ga·van /səvjέtskəjə gá:vən/ ソヴィエツカヤガヴァニ《ロシア極東の Khabarovsk 州南東部にある, 間宮海峡 (Tatar Strait) に面する港町》.
so·vi·et /sóuviət, sɑ́v-, -vièt, sòuviέt/ *n* **1** 《旧ソ連邦など共産主義国家の政治組織である》会議, 評議会, ソヴィエト; 《革命前の》革命会議. **2** 《ソ連邦を構成した》共和国; [the S-(s)] ソ連邦; [the S-s] ソ連邦政府[国民]; [S-s] BOLSHEVIKS. ► *a* ソヴィエトの; [S-] ソ連邦(の人民)の. [Russ＝council]
Sóviet blóc [the] ソヴィエトブロック《旧ソ連およびその同盟国》.
sóviet·ìsm *n* [°S-] ソヴィエト政体, 労農社会主義, 共産主義.
sóviet·ìze *vt* [°S-] ソヴィエト化[ソ連化]する. ♦ **sòviet·izá·tion** *n*
So·vi·et·ol·o·gy /sòuviətɑ́lədʒi, sɑ̀v-/ *n* KREMLINOLOGY. ♦ **-gist** *n*
Sóviet Rússia ソヴィエトロシア《**1**) ＝SOVIET UNION **2**) ＝RUSSIAN REPUBLIC》.
Sóviet Únion [the] ソヴィエト連邦《公式名 Union of Soviet Socialist Republics (ソヴィエト社会主義共和国連邦; 略 USSR); ☆Moscow; 1922 年成立, 91 年解体》.
Sóviet Zòne ソ連占領地区《ソ連軍が 1945 年に占領したドイツの地域; ドイツ民主共和国となった; 別称 Russian Zone》.
sov·khoz /sɑfkɔ́:z, -s; -kɔ́z/ *n* (*pl* **-kho·zy** /-kɔ́:zi; -kɔ́zi/, **～·es**) 《旧ソ連諸国の》国営農場, ソフホーズ. [Russ]
sov·ran /sɑ́vrən, sʌ́v-/ *n, a* 《詩》SOVEREIGN.
sóvran·ty *n* 《詩》SOVEREIGNTY.
Sov. Un. °Soviet Union.
sow[1] /sóu/ *v* (**～ed; sown** /sóun/, **～ed**) *vt* **1** 〈種子を〉まく; 〈作物〉の種子をまく, 作付けする; 〈畑など〉に種子をまく. **2** 振りまく, まきちらす, 広める, 鼓吹(こすい)する, 植え付ける; ちりばめる: ～ the seeds of hatred 憎しみのたねをまく / ～ the wind and reap the WHIRLWIND. ► *vi* 種子をまく; 事を始める[起こす]: As you ～, so you reap. 《諺》種をまいたように収穫があるものだ (⇨ REAP). ♦ **～·able** *a* **～·ing** *n* 播種(はしゅ). [OE *sāwan*; cf. G *säen*]
sow[2] /sáu/ *n* **1** 雌豚; 《熊などの》雌; 〘動〙SOW BUG; 《俗》デブ女, いやな[だらしない]女, メス豚: You cannot make a silk PURSE out of a ～'s ear. / (as) drunk as a ～ 酔っぱらって. **2** ᴵᴵ〘冶〙大型鋳鉄, 大鋳型, ソー; *《俗》NICKEL. ● **get the wrong ～ by the ear** 間違ったものをつかまえる; お門違いの人を責める. ♦ **～·lìke** *a* [OE *sugu*; cf. G *Sau*, L *sus* pig, swine, hog]
so·war /sou(w)ɑ́:r, -wɔ́:r/ *n* 《かつてのインドにおける英国軍隊の》インド人騎兵[騎乗警官]. [Urdu＜Pers]
sów·bàck /sáu-/ *n* HOGBACK.
sów·bàne /sáu-/ *n* 〘植〙ウスバアカザ《欧州・西アジア原産》.
sów·bèlly /sáu-/ *n**《口》塩漬け豚肉[ベーコン].
sów·brèad /sáu-/ *n* 〘植〙ブタノマンジュウ, マルバシクラメン.
sów bùg* /sáu-/ 〘動〙ワラジムシ (wood louse).
sowcar ⇨ SOUCAR.
sow·ens, -ans /sóuənz, sú:ənz/ *n* [〈*sg/pl*〉] 《スコ・アイル》オートミールのかゆの一種《オート麦のふすま[外皮]を発酵させてつくるかゆ》. [ScGael (*sūgh* sap)]
sow·er /sóuər/ *n* 種をまく人, 種まき機; 流布者, 首唱者.
So·we·to /səwéitou, -wέt-/ ソウェト《南アフリカ共和国北東部 Gauteng 州の, Johannesburg の南西にある黒人居住区域; 1976 年の反アパルトヘイト蜂起の地》. ♦ **So·wé·tan** /-tən/ *a, n* [*S*outh *We*st *To*wnships]
sown *v* SOW[1] の過去分詞.
sów thìstle /sáu-/ 〘植〙ノゲシ, 《特に》ハルノノゲシ.
sox /sɑ́ks/ *n* 《口》SOCK[1] の複数形.
SOx 〘化〙sulfur oxide.
sóxh·let apparàtus [extràctor] /sɑ́ksløt-/ 〘化〙ソックスレー抽出器《溶剤抽出に使用するガラス器具》. [Franz von *Soxhlet* (1848–1926) ドイツの農芸化学者]
soy /sɔ́ɪ/, **soya** /sɔ́ɪə/ *n* 醤油 (＝～ **sàuce**); 〘植〙大豆 (soybean); 大豆タンパク《代用肉などの原料》. [Jpn]
sóy·bèan, sóya bèan *n* 〘植〙大豆.
sóybean cýst nèmatode 〘動〙ダイズ・アズキに寄生するシストセンチュウ.
sóybean [sóya] mìlk 豆乳.
sóybean [sóya-bèan] òil 大豆油.
Soy·in·ka /sɔɪíŋkə, ʃɔ:jíŋkə/ ショインカ **Wole** ～ (1934–)《ナイジェリアの劇作家・小説家・文芸評論家; ノーベル文学賞 (1986)》.
sóy·mìlk *n* 豆乳 (soybean milk).
So·yuz /sɔ́:juz, səjú:z/ ソユーズ《ソ連・ロシアの宇宙船》. [Russ＝union]
so·zin /sóuzən/ *n* 〘生化〙ソジン《正常な体内にある防御タンパク質》.
Soz·zi·ni, So·zi·ni /soutsí:ni/ ソッツィーニ《SOCINUS のイタリア語名》.
soz·zle /sɑ́z(ə)l/ *vt* *ザブザブ洗う; 《俗》酩酊[泥酔]させる. ► *vi* *のらくらする; 《俗》酒を飲む. [C19 (? imit)]
sóz·zled *a* 《俗》酩酊した, 酔っぱらった.
soz·zler /sɑ́z(ə)lər/ *n**《俗》酒飲み, のんだくれ (drunkard).

sp. special ♦ (*pl* **spp.**) species ♦ specific ♦ specimen ♦ spelling.
s.p. °sine prole. **Sp.** Spain ♦ Spaniard ♦ Spanish.
SP °shore patrol(man) ♦ shore police ♦ °Socialist party ♦ specialist ♦〘競馬など〙°starting price ♦ °stirrup pump.
spa /spάː, spɔ́ː/ *n* 鉱泉, 温泉; 鉱泉湯, 湯治場; 高級リゾート[ホテル]; スパ《**1**) ヘルスリゾート **2**) エステサロン》; ジェットバス; *《東部》SODA FOUNTAIN. ► *a* 〈食べ物が〉グルメ志向で健康食の. [↓]
Spa スパー《ベルギー東部の鉱泉で知られる保養地; 14 世紀に再発見された》.
SpA [It *Società per Azioni*] °joint-stock company.
Spaak /spάːk/ スパーク **Paul-Henri** (**Charles**) ～ (1899–1972)《ベルギーの政治家; 首相 (1938–39, 47–50), NATO 事務総長 (1957–61)》.
spaan·spek /spὰːnspέk/ *n* 《南ア》〘植〙カンタロープ (cantaloup) の一種. [Afrik]
space /spéɪs/ *n* **1 a** 空間; 《地球気圏外の》宇宙(空間); 〘美〙空間, 立体効果; 〘理〙絶対空間 (absolute space); 〘数〙《集合の要素が配位される》空間: vanish into ～ 虚空に消える. **b** 《列車・飛行機・船などの》(座)席, 室; 《俗》《人の》生活空間, 存在; 《行動・自己主張の》場, 自由, 機会. **2 a** 間隔, 距離; 場所, 余地; 区域; 《記事などが占める》紙面, 行数; 《新聞・雑誌の》広告欄: take up ～ 場所をとる / (an) open ～ 空き地 / blank ～ 余白 / sell ～ for a paper 新聞の紙面を売る. **b** 〘印〙行間文字仕切り, スペース; 《タイプの》1 文字分の幅, スペース; 〘通信〙《モールス符号の符号 (mark) と符号の》間, 間隔 (opp. *mark*[1]); 〘楽〙(譜線の)間(かん), 線間; 〘電算〙《ディスクの》スペース, 空き(領域). **3** [a ～, the] (時の)間, 時間; [a ～] しばらく, 短時間 (while); 〘ラジオ・テレビ〙《スポンサーに売る》時間: within [in] *the* ～ of two years 2 年の間に / for [after] *a* ～ しばらくの間[した後] / for *a* ～ of four years 4 年の間. ● **watch this ～** 《新聞などで》引き続き当欄にご注目ください, これについてしばらくよく見ていてください, 乞ご期待《のちに案内や広告を出すために確保されたスペースに付けたキャプションから》. ► *vt* …(の間)に(一定の)間隔[距離, 時間]をおく[あける] 〈*out*〉; 区切る; 〘印〙…に語間[行間, 字間]をあける, スペースを入れる 〈*out*〉; 《俗》〈麻薬などが〉ぼうっとさせる 〈*out*〉. ► *vi* 間隔をあける, 〘印〙行間[語間, 字間]をあける 〈*out*〉; *《俗》空想にふける, 《麻薬などで》ぼうっとする 〈*out*〉. [OF *espace*＜L *spatium* area, interval]
spáce-áge *a* 宇宙時代の, 現代の, 最新の.
spáce àge [the, the S- A-] 宇宙時代《1957 年 10 月 4 日ソ連の Sputnik 1 号打上げより始まった》.
spáce·bànd *n* 〘印〙スペースバンド《行鋳機 (linecaster) に付属し, 語間を調節して行をそろえる装置》.
spáce bàndit 《俗》PRESS AGENT.
spáce bàr スペースバー[キー] (＝*space key*)《語間をあけるはたらきをするタイプライター[電算機のキーボード]の横長のキー》.
spáce biòlogy 宇宙生物学《**1**) 宇宙に存在する(かもしれない)生物の研究 **2**) 人間を含めた生物の宇宙においてうける影響の研究》.
spáce blànket スペースブランケット《アルミニウムのコーティングを施した光沢のある極薄のプラスチックシート; 体表からの輻射熱を逃がさないため保温効果が高い》.
spáce·bòrne *a* 宇宙を運ばれる; 宇宙中継の〈テレビ〉.
spáce cadèt 1 宇宙飛行訓練生; 宇宙旅行に夢中な人[若者]; 現実離れした人. **2** 麻薬中毒者, いつもハイなやつ, 薬中; ぼんやりした人, '宇宙人'.
spáce càpsule 宇宙カプセル.
spáce chàracter 〘電算〙空白[スペース]文字《space bar [key] によって入力される文字間の空白》.
spáce chàrge 〘理〙空間電荷.
spáce còlony 宇宙島《人類を移住させるための大型人工衛星》.
spáce·cràft *n* 宇宙船, 宇宙(航行)機, スペースクラフト (＝*space vehicle*)《宇宙船・人工衛星などの総称》.
spaced /spéɪst/ *a* (ある)間隔をあけた (: at equally ～ intervals); 《俗》SPACED-OUT.
spáce debrìs SPACE JUNK.
spáce dènsity 空間密度《**1**) 体積当たりの個数 **2**) 〘天〙天球上での密度に対して宇宙空間の体積当たりの密度》.
spáced-óut 《俗》*a* 麻薬[疲労など]でぼうっとした.
spáce·fàrer *n* 宇宙旅行者; 宇宙飛行士.
spáce·fàring *n*, *a* 宇宙旅行(の).
spáce fìction 宇宙小説.
spáce·flìght *n* 《地球大気圏外の》宇宙飛行; 宇宙旅行 (space travel).
spáce fràme スペースフレーム《建物・レーシングカーなどの構造を定め, 構造体の重量を全方向に均一に分布させた骨組》.
spáce gùn 宇宙銃, スペースガン《宇宙飛行士が携行する噴射式の推進装置》.
spáce hèater 《持ち運びもできる》室内暖房器.
spáce hèating 暖房.
Spáce Ìnvaders 〘商標〙スペースインヴェーダーズ《宇宙からの侵入者との戦いを模したコンピューターゲーム》.
spáce jùnk 宇宙ごみ (＝*space debris*)《宇宙船などから排出される投棄物や宇宙船の残骸など》.
Spa·cek /spéɪsɪk/ スペイシク **Sissy** ～ (1949–)《米国の映画女優; 本名 Mary Elizabeth Spacek》.
spáce kèy SPACE BAR.
spáce làb 宇宙実験室, スペースラブ.
spáce làttice 〘晶〙空間格子《結晶において三次元的に一定の間隔を隔てて現われるような点の配列》.
spáce làw 宇宙法《宇宙開発のもたらす諸問題に関する国際法》.
spáce·less *a* 無限の, 果てしない; スペースをとらない.
spáce·màn /, -mən/ *n* 宇宙旅行家, 宇宙飛行士, 宇宙船乗組員; 宇宙開発関係者[研究者]; 宇宙人.
spáce màrk 〘印〙スペース記号《#; ♯ (sharp) とは異なる》.
spáce mèdicine 宇宙医学.
spáce òpera スペースオペラ《宇宙を舞台とした壮大な SF 小説・映画など》.
spáce-òut *n* 《俗》ぼうっとなった人, ぼんやりしたやつ.
spáce·plàne *n* 〘航宙〙スペースプレーン《着陸・再突入などのためのロケットエンジンを備えた宇宙航行機》.
spáce plàtform SPACE STATION.
spáce·pòrt *n* 宇宙港《宇宙船のテスト・発射用の施設》.
spáce pròbe 宇宙探測[探査]機.
spáce prògram 宇宙計画.
spac·er /spéɪsər/ *n* 間隔をあけるもの[装置, 人], スペーサー; SPACE BAR; 〘電〙逆電流器; 〘遺〙スペーサー《構造遺伝子の間にみられる DNA の非転写領域》.
spáce ràce 《米ソ間の》宇宙(開発)競争.
spáce ròcket 宇宙船打上げロケット.
spáce-sàving *a* スペースをとらない, 省スペースの, 小型の.
spáce scìence 宇宙科学.
spáce·shìp *n* 宇宙船: *S*～ Earth 宇宙船地球号.
spáce·shòt *n* 《宇宙船の》大気圏外打上げ, 宇宙飛行.
spáce shùttle スペースシャトル《宇宙空間と地球を往復する宇宙船; NASA が開発, 2011 年打上げを終了; 建造されたのは Atlantis, Challenger, Columbia, Discovery, Endeavour の 5 機》.
spáce sìckness 宇宙酔い, 宇宙病《宇宙飛行時に起きるめまい・嘔吐など》. ♦ **spáce·sìck** *a*
spáce stàtion 宇宙ステーション (＝*space platform*)《宇宙船の燃料補給・宇宙観測などに用いる有人人工衛星》.
spáce sùit 宇宙服; 〘空〙耐加速度服 (G suit).
spáce thùnder 宇宙雷《地球磁場の弧に従って宇宙に向かって発生する》.
spáce-tíme *n* 時空《相対性原理で時間空間の四次元》; SPACE-TIME CONTINUUM.
spáce-tíme contìnuum 時空連続体《四次元》.
spáce tràvel 宇宙旅行. ♦ **spáce tràveler** *n*
spáce tùg 宇宙タグ《宇宙船と宇宙ステーション間の連絡・運搬用ロケット》.
spáce vèhicle SPACECRAFT.
spáce wàlk *n* 宇宙遊泳. ♦ **spáce·wàlk** *vi* **spáce·wàlker** *n*
spáce·ward *adv* 宇宙へ(向かって).
spáce wàrp 《SF で》スペースワープ《空間の超空間的歪曲または異次元空間への裂け目; それによって星間旅行が可能になるとする》.
spáce·wòman *n* 女性宇宙飛行士.
spáce·wòrthy *a* 宇宙航行に耐える.
spáce wrìter 刷り上がりの紙面の面積[行数]に基づいて原稿料をもらう新聞記者[コピーライター など].
spacey ⇨ SPACY.
spacial ⇨ SPATIAL.
spac·ing /spéɪsɪŋ/ *n* 間隔をあけること, スペーシング; 〘建〙柱[スパン]割り; 〘印〙字間や行間の空きぐあい; 語間, 行間, 字間, スペース; あき, 間隔; 〘電〙線間距離.
spa·cious /spéɪʃəs/ *a* 広々とした, ゆったりした; 雄大な; 〈見解が〉高邁な. ♦ **～·ly** *adv* **～·ness** *n* [OF＜L; ⇨ SPACE]
spack·le /spǽk(ə)l/ *n* [S-]〘商標〙スパックル《水と混ぜてペンキ塗りの下地に詰める壙充用粉末》. ► *vt*, *vi* …にスパックルをつける, スパックルで修理する. [*sparkle* と G *Spachtel* putty knife からか]
spacy, spac·ey /spéɪsi/ 《俗》*a* (**spác·i·er; -est**) うっとり[夢ごこちに]させる〈薬・音楽など〉; SPACED-OUT.
SPAD[*] /spǽd/ signal passed at danger《列車による》危険な信号無視[見落とし].
spade[1] /spéɪd/ *n* スコップ, シャベル, 鋤(すき), 踏み鍬(くわ), 手鋤, スペード; 幅広の短いオール; 《鯨切開用の》のみ; 《砲架の》駐鋤(ちゅうじょ)《発射の反動による後退を防ぐ》. ● **call a ～ a ～**＝《ロ》[*joc*] **call a ～ a (bloody) shovel** ありのままに言う; 直言する, あからさまに言う. ► *vt*, *vi* spade で掘る 〈*up*〉, spade を使う; 〘捕鯨〙〈鯨を〉のみで切る. ♦ **spád·er** *n* [OE *spadu*, *spada*; cf. G *Spaten*]
spade[2] *n* **1** 〘トランプ〙スペード(の札); [～s, 〈*sg/pl*〉] スペードの一組 (suit); [*pl*] 〘カジノ〙スペード札を過半数獲得すること: (play) a small ～ スペードの低位札(を出す) / the five [jack, queen, king, ace] of ～*s* スペードの 5 [ジャック, クイーン, キング, エース]. **2** 《俗》[*derog*] 黒人《特に 男性》. ● **in ～s** 《ロ》大いに, すごく, とことん, 徹底して; 歯

に衣(きぬ)着せず, ずけずけと. [It *spade* (pl)<L<Gk=sword; ↑と同語源, 形の類似から]

spade[3] *vt* SPAY.

spáde bèard スペード[鋤]形のあごひげ. ♦ **spáde-bèard·ed** *a*

spáde·fìsh *n* 〔魚〕**a** 西大西洋熱帯産マンジュウダイ科の食用・釣り用の魚. **b** ヘラチョウザメ (paddlefish).

spáde fòot 〔家具〕スペードフット《18 世紀の家具の, 洋鋤形の先が細くなった脚》.

spáde·fòot tóad 〔動〕スキアシガエル.

spáde·fùl *n* ひと鋤(分).

spáde guìnea スペードギニー《英国で George 3 世時代に鋳造された, 裏面にスペード形の盾模様がある金貨》.

spáde·wòrk *n* 《土地の》掘り返し, 鋤仕事; きつい[退屈な]予備工作[作業], 下準備: do the ~.

spad·ger 《俗》/spǽʤər/ *n*"雀 (sparrow); 小柄な少年, ちび. [? 変形<*sparrow*]

spa·di·ceous /speɪdíʃəs/ *a* 明るい栗(くり)色の; 〔植〕肉穂花 (spadix) を有する, 肉穂花質の.

spa·dille /spədíl, -díː/ *n* 〔トランプ〕最高の切り札, スパディーラ《ombre におけるスペードのエースなど》. [F<Sp *espadilla*<*espada* broad sword, SPADE[2]]

spa·dix /spéɪdɪks/ *n* (*pl* **spa·di·ces** /speɪdáɪsiz, spéɪdəsìːz/) 〔植〕肉穂(にくすい)花序; 〔動〕《四鰓(しさい)類の》交接腕.

spa·do /spéɪdoʊ/ *n* (*pl* **spa·do·nes** /speɪdóʊneɪz/) 去勢した人[動物]; 〔法〕生殖不能者. [L<Gk]

spae /spéɪ/ *vt* 《スコ》予言する. ♦ **spá·er** *n*

spaetz·le, spätz·le /ʃpétslə, ʃpéts(ə)li/ *n* (*pl* ~, ~**s**) 〔料理〕シュペッツレ《小麦粉に牛乳・卵・塩を加えて作った生地をだんご状またはひも状にして, ゆでたり軽く揚げたりして肉料理の付け合わせなどにするもの》. [G]

spáe·wìfe *n* 《スコ》女予言者.

spag[1] /spǽg/ *vt* 《南ウェールズ》〈猫が〉爪でひっかく.

spag[2] *n* 《口》スパゲッティ (spaghetti).

spág ból /-bál/"《俗》スパゲッティ・ボロネーズ (spaghetti Bolognese).

spag·gers /spǽgərz/ *n*"《俗》スパゲッティ.

spa·ghet·ti /spəgéti/ *n* スパゲッティ; 〔電〕《裸線をおおう》絶縁チューブ; 《俗》消火ホース (fire hose); 《俗》テレビアンテナ(の引込線); 《俗》[*derog*] イタリア(系)人, イタ公. ♦ **~·lìke** *a* [It (dim)<*spago* string]

spaghétti bàngbang スパゲッティバンバン《バンバン撃ち合う暗黒街もの・マフィア映画》.

spaghétti Bolognése スパゲッティ・ボロネーズ《牛の挽肉・トマト・タマネギなどを入れたソースで食べる》.

spa·ghet·ti·fi·ca·tion /spəgètəfəkéɪʃ(ə)n/ *n* 〔理〕[*joc*] スパゲッティ化《ブラックホールの重力の潮汐力によって物体が引き伸ばされること》.

spaghétti júnction いくつもの層をなす複雑なインターチェンジ《イングランド Birmingham 北部の M 6 自動車道の Gravelly Hill Interchange の俗称から》.

spa·ghet·ti·ni /spəgetíːni/ *n* スパゲッティーニ《spaghetti より細く vermicelli より太いもの》. [It (dim)]

spaghétti squàsh 〔植〕糸カボチャ, ソウメンカボチャ, キンシウリ《ペポカボチャの変種で, 果肉がそうめん状にほぐれるもの》.

spaghétti stràp 〔服〕スパゲッティストラップ《婦人服の肩ひもなどに使用される細く丸みのある吊りひも》.

spaghétti wèstern [°s- W-] 《口》マカロニウェスタン《主にイタリア人制作の西部劇映画; スペインロケが多い》.

spa·gyr·ic /spəʤírɪk/, **-i·cal** 《古》*a* 錬金術の. ► *n* [-ic] 錬金術師. ♦ **-i·cal·ly** *adv*

spa·hi, spa·hee /spáː(h)i/ *n* 《Janissaries 全滅後の》不正規トルコ騎兵; アルジェリア人騎兵《フランス軍隊に所属》. [OF<Turk]

spaik, spake /spéɪk/ *n* 《スコ》SPOKE[1].

Spain /spéɪn/ スペイン (*Sp* España)《ヨーロッパ南西部, イベリア半島の大半を占める国; ☆Madrid》. ⇨ CASTLE IN SPAIN.

spait /spéɪt/ *n* SPATE.

spake /spéɪk/ *v* 《古》SPEAK の過去形.

Spalato ⇨ SPLIT.

spale, spail /spéɪl/ *n*"《方》破片, かけら.

spall /spɔ́ːl/ *vt* 〈鉱石などを〉砕く, 荒割りする. ► *vi* 砕ける, 剝落する. ► *n* 《鉱石などの》切片, 破片, 細片, 石屑, かけら. ♦ **~·able** *a* [(v)<(n) ME<?]

Spal·lan·za·ni /spɑ̀ːləntsáːni/ スパランツァーニ **Lazzaro** ~ (1729–99)《イタリアの生物学者; 実験生物学の祖》.

spall·ation /spɔːléɪʃ(ə)n/ *n* 〔理〕破砕《高エネルギー粒子の衝突後, 原子核が数個の破片に分離する核反応; cf. FISSION》; 〔地質〕《特に 疎密波の作用による岩屑(がんせつ)の》剝落.

spal·peen /spælpíːn, ⌐⌐, spɔːlpíːn/ 《アイル》*n* ごくつぶし (good-for-nothing); よた者. [Ir<?]

spalt·ed /spɔ́ːltəd/ *a* 〈木材が〉帯線(たいせん)のはいった《腐朽菌の作用によって不規則な黒い筋がはいったもので, 時に装飾に利用する》. [(pp)<*spalt* (dial) to split, tear]

spam /spǽm/ 〔電算〕*n* スパム[迷惑]メール《同時に大量発信される宣伝用 E メール》. ► *vi, vt* (…に)スパムを送る. ♦ **spám·mer** *n* **spám·ming** *n* [Spam を連呼する Monty Python の歌詞からか?]

Spam 〔商標〕スパム《豚肉のランチョンミートのかんづめ》.

Sp. Am. °Spanish America ♦ °Spanish American.

spám kìller スパム対策ソフト.

Spám médal 《軍俗》全隊員に与えられるメダル.

span[1] /spǽn/ *n* **1** しばらくの間, 期間; 寿命; 範囲: the ~ of life 人の一生 / the whole ~ of…の期間全体 / ATTENTION SPAN. **2 a** 支点間距離, 支間; さしわたし, 全長. **b** 親指と小指とを張った長さ; スパン《英国の長さの単位: ≒9 inches》. ★ handspan ともいう. **c** 指極(しきょく)《両腕を水平に伸ばしたときの左右の中指間の距離》; 短い距離. **d** 〔空〕翼長, 翼幅 (wingspan); 〔建〕張間[梁間](はりま), 径間(けいかん), スパン《迫持(せりもち)・橋梁などの支柱から支柱まで》; 〔数〕スパン《ベクトルの組によって張られる空間》. **3** [*pl*] 《南アフロ》多数 〈*of*〉. ► *v* (-nn-) *vt* **1 a** 〈川など〉に橋をかける (bridge), …の両岸をつなぐ 〈*with* a bridge〉; 〈川など〉にかかる; 〔数〕張る. **b** …にわたる; 〈目が〉…に及ぶ, 見渡す; 〈記憶・想像などが〉…に及ぶ, 広がる, またがる. **2** (指で)測る; …に(両)手を回す[回して測る]. ► *vi* 〈範囲・期間が〉及ぶ, わたる 〈*from* A *to* B〉; 〈シャクトリムシが〉段々に進む; 伸び縮みして進む. [OE *span(n)* or OF *espan*; cf. G *Spanne*]

span[2] *n* **1** 〔海〕張り綱《両端に縛りつけその中間が V 字形にたるむ》. **2***一くびきの牛[馬, ロバなど], 《南アフリカなどで》2 対以上の牛. ► *vt* (-nn-) くびきに結びつける. [LG and Du (*spannen* to unite =OE *spannan*)]

span[3] *v* 《古》SPIN の過去形.

Span. Spanish.

spa·na·ko·pi·ta /spæ̀nəkápitə/ *n* 〔料理〕スパナコピータ《伝統的ギリシア料理の一つ; ホウレンソウ・フェタチーズ (feta cheese) と香辛料を, フィロ (phyllo) でくるんで焼いたパイ》. [ModGk (*spanaki* spinach, *pita* pie)]

span·cel /spǽns(ə)l/ *n* 《牛馬の後脚にかける》足かせのロープ. ► *vt* (-l- | -ll-) 〈牛・馬〉に足かせロープをかける. [LG; ⇨ SPAN[2]]

Span·dau /spáːndaʊ, ʃpáːn-; spǽn-, ʃpǽn-/ シュパンダウ《Berlin 西部の地区; 1946 年以降当地の刑務所にナチスの戦犯が収容された》.

span·dex /spǽndèks/ *n* スパンデックス《ゴムに似たポリウレタン系の合成繊維》; スパンデックス製品《ガードルや水着など》. [*expand* のアナグラム]

span·drel, -dril /spǽndrəl/ *n* 〔建〕**1** 三角小間(こま), スパンドレル《アーチの背面と, その額縁をなす水平・垂直部材で形成する三角形の部分》. **2** スパンドレル《鉄骨建築物の窓の上の枠と上階の窓敷居の間のパネル》; spandrel に似たもの[に付ける飾り]. [? AF *(e)spaund(e)re* to EXPAND]

span·dy /spǽndi/*《口》*a* すばらしい, すてきな, しゃれた. ► *adv* 全く, 完全に. [? 変形<*spander*-new (dial)=span-new]

spang[1] /spǽŋ/*《口》*adv* 完全に; ちょうど, まさに; まともに; 不意に. [C20<?]

spang[2] 《米口・スコ》*n* はね返り; 突然の激しい動き. ► *vi* はね返る. ► *vt* 投げつける. [C16<?]

span·gle /spǽŋg(ə)l/ *n* スパングル, スパンコール《衣類に付けるピカピカ光る金属[飾り]》; ピカピカ光るもの《星・霜・雲母など》; OAK SPANGLE. ► *vt* …に[を]スパングルを付ける[で飾る] 〈*with*〉. ► *vi* 金具[ピカピカ光るもの]で光る, キラキラ輝く. ♦ **~ed** *a* **spán·gly** *a* [ME *spang*<MDu]

Span·glish /spǽŋglɪʃ/ *n, a* スペイン語と英語の混ざった言語(の). [*Spanish*+*English*]

Span·iard /spǽnjərd/ *n* **1** スペイン人 (cf. the SPANISH). **2** 〔植〕《ニュージーランド原産の》SPEAR GRASS. [OF (*Espaigne* Spain)]

span·iel /spǽnjəl/ *n* 〔犬〕スパニエル《四肢が短く, 被毛は長くてなめらか, 耳が垂れ下がっている小型犬》; [*fig*] おべっか者, 卑屈でへいへいする人. ♦ **~·lìke** *a* [OF=Spanish]

Span·ish /spǽnɪʃ/ *a* スペイン(人)の; スペイン語[風]の; スペイン文学の; SPANISH-AMERICAN. ● **walk** ~ *《俗》《首根っことズボンの尻をつかまれて》つまさき立ちで歩かされる; *《俗》〈人を〉つまみ出す; 《俗》お払い箱になる[する]. ► *n* スペイン語; [the] スペイン人《集合的; cf. SPANIARD》. ♦ **~·ness** *n* [ME (*Spain*, -*ish*)]

Spánish América スペイン系アメリカ《**1)** ブラジル・ガイアナ・スリナム・フランス領ギアナ・ベリーズを除く中南米諸国 **2)** 米国内のスペイン系地域》.

Spánish-Américan *a* スペイン系アメリカ(人)の; スペインと米国(間)の.

Spánish Américan スペイン系アメリカ人《**1)** 特に スペイン人が先祖のスペイン系中南米諸国の住民 **2)** 米国のスペイン系人》.

Spánish-Américan Wár [the] 〔史〕米西戦争 (1898)《スペインが敗北した結果, キューバの独立, フィリピン・プエルトリコ・グアムの米国への割譲が決定した》.

Spánish Árabic 《900–1500 年ごろ》ムーア人支配下のスペインで使用されたアラビア語.

Spánish Armáda [the] スペイン無敵艦隊 (Armada).

Spánish bayonét 〔植〕センジュラン, チモラン.
Spánish bláck スペイン墨《黒色のえのぐ》.
Spánish bróom 〔植〕**a** レダマ《南欧原産; マメ科》. **b** 欧州南西部原産のヒトツバエニシダの一種.
Spánish brówn スペイン土《赤褐色のえのぐ》.
Spánish búrton 〔海〕スパニッシュバートン《単滑車を2個使ったテークル》.
Spánish cédar 〔植〕セドロ, ニシインドチャンチン《熱帯アメリカ産センダン科の高木》; セドロ材《芳香があり葉巻の箱などに用いる》.
Spánish chéstnut 〔植〕ヨーロッパグリ (=*marron, sweet chestnut*)《地中海地方産》.
Spánish Cívil Wár [the] スペイン内乱 (1936–39)《Franco の率いる反乱軍が人民戦線政府を打倒》.
Spánish dágger 〔植〕**a** アツバキミガヨラン. **b** SPANISH BAYONET.
Spánish flú 〔医〕スペインかぜ (=*Spanish influenza*)《汎流行性; 1918–19年, 世界的に大流行して多数の死者を出した》.
Spánish flý 〔昆〕ゲンセイ (芫青)《欧州南部に多い BLISTER BEETLE の一種》; 〔薬〕CANTHARIS; 《俗》催淫剤.
Spánish góat 〔動〕スペインアイベックス (=*Spanish ibex*)《Pyrenees 山地にすむヤギ》.
Spánish Guínea スペイン領ギニア《EQUATORIAL GUINEA の旧称》.
Spánish guitár 〔楽〕スパニッシュギター《6弦のアコースティックギター; エレキギターと区別していう》.
Spánish héel スパニッシュヒール《木製の型に革をかぶせた前面が鉛直のハイヒール》.
Spánish íbex 〔動〕スペインアイベックス (SPANISH GOAT).
Spánish influénza 〔医〕SPANISH FLU.
Spánish Inquisítion [the]〔カト〕《1478–1834年の》スペインの異端審問.
Spánish máckerel 〔魚〕サワラ《同属の総称; 食用魚》.
Spánish Máin [the] **a** スペイン系アメリカ本土《南米の北岸, 特にパナマ地峡からベネズエラの Orinoco 川河口までの地域》. **b** 《海賊が出没した当時の》カリブ海.
Spánish Morócco スペイン領モロッコ《モロッコ独立前のスペイン保護領; 地中海沿いの部分; ☆Tetuán》. ♦ **Spánish Moróccan** *a, n*
Spánish móss 〔植〕サルオガセモドキ (=*long moss*)《樹木の枝などから下垂するパイナップル科ハナアナナス属の着生植物; 米国南東部・西インド諸島などに多い》.
Spánish néedles (*pl* ~)〔植〕センダングサ, 《特に 米国東部産の》コバノセンダングサ; センダングサの痩果(そうか).
Spánish ómelet スペイン風オムレツ, スパニッシュオムレツ《**1**) 細かく刻んだピーマン・タマネギ・トマトを含むソース入りのオムレツ **2**) ソテーにしたジャガイモで作ったオムレツ》.
Spánish ónion 〔植〕スペインタマネギ《しばしば 生食用; 大きくて汁が多く甘い》.
Spánish papríka 〔植〕ピメント (pimento); ピメントで作ったパプリカ.
Spánish potáto サツマイモ (sweet potato).
Spánish ríce スペイン風米料理, スパニッシュライス《タマネギ・ピーマン・トマト入り》.
Spánish Sahára [the] スペイン領サハラ《今は WESTERN SAHARA》.
Spánish tópaz スパニッシュトパーズ《赤橙色・茶橙色の黄水晶》.
Spánish Tówn スパニッシュタウン《ジャマイカ中南東部, Kingston の西にある市; 1872年まで同国の首都》.
Spánish túmmy 《口》スペイン腹《スペイン旅行者が起こす下痢》.
Spánish-wálk *vt**《俗》つまみ出す, 追っ払う (cf. *walk* SPANISH).
Spánish Wést África [the] スペイン領西アフリカ《アフリカ北西部の旧スペイン領; 1958年海外州 Ifni とスペイン領サハラに分割》. ♦ **Spánish Wést Áfrican** *a, n*
Spánish wíndlass ひもを強く張るねじり棒.
spank[1] /spǽŋk/ *vt* 《特に子供への罰として》…の尻をペンペンする; 《俗》《ゲームなどで》やっつける. ► *vi* ピシャッと音をたててあたる[落ちる]. ► *n* お尻ペンペン. [C18 (? imit)]
spank[2] *vi* 《口》〈馬・車などが〉疾走する〈*along*〉. [逆成 < *spanking*[1]]
spánk·er *n* **1**〔海〕スパンカー《横帆艤装船の最後檣にかけた縦帆》; スパンカーマスト《4本マスト以上のスクーナー型帆船の最後檣にかけた帆》. **2**《口》とてもすばらしい[大きい]もの[人]; 《口》活発な人[動物], 駿馬.
spánk·ing[1] *a* 疾走する; 活発な, 威勢のよい; 強い〈風など〉; 《口》りっぱな, すてきな. ► *adv* 《口》非常に, すごく, とっても (very): a girl in a ~ new dress 真新しい服を着た少女. ♦ **~·ly** *adv* [C17 < ?]
spanking[2] *n* お尻を(平手で)たたくこと《体罰》. ● **take a ~** 《俗》やっつけられる; 《俗》報いをうける. [*spank*[1]]
spán·less *a* 測れない.
spán lòading 〔空〕翼幅荷重.
spán·ner[1] *n* 指で寸法をとる人; SPANWORM; 〔海〕六分儀用水平装置, スパナ.
spanner[2] *n*ᴵᴵスパナ (wrench*)《ナットを締める工具》; C スパナ. ● **throw [put] a ~ in [into] the works** ᴵᴵ《口》《計画や仕事の進行に》じゃまする, 横槍を入れる, ぶちこわす. [G (*spannen* to draw tight)]
spán-néw *a* 真新しい (brand-new).
spán of apprehénsion 〔心〕《短時間見せたものについて報告できる》把握範囲.
spán of contról 〔経営〕管理限界, 管理範囲, 管理の幅《1人の管理者が有効に管理できる部下の数》.
spa·no·ko·pi·ta /spæ̀nəkápitə/ *n* SPANAKOPITA.
spán ròof 〔建〕《両側とも同勾配の山形の》切妻屋根.
spán sàw FRAME SAW.
span·speck /spáːnzpɛk, -spɛk, spǽn-/ *n* 《南ア》CANTALOUPE.
Span·sule /spǽnsəl, -s(j)ul/〔商標〕スパンスル《長時間効果があるように各種粒子が一定の間隔をおいて溶けるようになっている薬のカプセル》. [*span*+*capsule*]
spán·wòrm *n* 〔昆〕シャクトリムシ (looper).
spar[1] /spáːr/ *n* 〔海〕円材, スパー《帆柱・帆桁など》; 〔空〕翼桁(よくこう); 縦通材 (longeron). ► *vt* (-rr-) …に円材[桁]を取り付ける. ♦ **~·like** *a* [ON *sperra* or OF *esparre*]
spar[2] *vi* (-rr-) 〔ボク〕スパーリングする〈*with*〉; (軽く)打ってかかる〈*at*〉; 口論する〈*with*〉; 〈いやな質問などを〉うまく受け流す[やりすごす]〈*with*〉; 〈シャモが〉けづめで蹴り合う〈*at*〉; 蹴り合う. ► *n* 〔ボク〕スパーリング; ボクシング試合; 口論; 闘鶏; ᴵᴵ《口》親友. [OE *sperran* to thrust < ?; cf. SPUR, ON *sperrask* to kick out]
spar[3] *n* 〔鉱〕スパー《通例 劈開(へきかい)ができ, 光沢のある非金属鉱物の総称; しばしば 複合語として用いる: calc*spar*, fluor*spar*》. [MLG; cf. OE *spærstān* gypsum]
Spar, SPAR /spáːr/ *n* 《米》沿岸警備隊婦人予備員. [沿岸警備隊のモットー *S*emper *Par*atus から]
Sp. Ar. °Spanish Arabic.
spar·a·ble /spǽrəb(ə)l/ *n* 《靴底用の》無頭の小釘, 切り釘.
spa·rax·is /spərǽksəs/ *n* 〔植〕スパラクシス属[スイセンアヤメ属] (*S*-) の各種草本《アヤメ科》.
spár bùoy 〔海〕円柱浮標[ブイ].
spár dèck 〔海〕軽甲板(こうはん)《軽甲板船の上甲板》.
spare /spέər/ *vt* **1 a** 容赦[勘弁]する, 《特に》助命する; 〈人〉に免れさせる; 斟酌(しんしゃく)する, 思いやる: I may meet you again if I am ~*d*. 《神のご加護で》命があったらまた会えよう / *S*~ me my life. 命ばかりはお助けを / Hawaii was ~*d* the tsunami. ハワイは津波(の被害)を免れた. **b** 〈人〉に〈面倒・世話を〉かけさせない: I'll ~ you the details. 詳しく話すのはやめておく / I was ~*d* the trouble. その苦労はしないですんだ. **2 a** 惜しんで使わない, 節約する; なしで済ませる: *S*~ no pains [money]. 労[金]を惜しむな / *S*~ the rod and spoil the child. 《諺》甘やかすと子供はだめになる. **b** 〈私見などを〉控える, 遠慮する. **3 a** 〈時間を〉割く, 〈人にものを〉分けてやる: have no time to ~ 暇がない / I cannot ~ time for it. それに時間を割くことはできない / Can you ~ me a few minutes? ちょっと話があるのですが. **b** 余分[余地]として残す: He caught the train with a few minutes to ~. 数分の余裕をもって列車に間に合った / have no room to ~ for…を入れる余地がない. **4**〔ボウル〕スペアにする (⇨ *n*). ► *vi* 容赦する; 倹約する; 《廃》自制する, 思いとどまる. ● **enough and to ~** あり余る: have time *enough and to* ~ 時間があり余るほどある. **~ oneself** 骨惜しみする; のんきに構える; 損しないようにする. ► *n* 予備品, 《機械などの》予備部品, スペア; スペアタイヤ (=~ tire); 余分のもの; 〔ボウル〕スペア《2投で10ピンを倒すこと; また それによる得点》; [°a bit of ~] ᴵᴵ《俗》相手のいない女, (いつでも)相手してくれる女. ● **make ~** 倹約する. **without ~** 容赦なく. ► *a* **1** 余分の, とっておきの, 割くことのできる, 予備の《名詞の直後にも置ける》: a ~ man 補欠選手 / a ~ room ᴵᴵ予備の[客用の]寝室, *客間 / in one's ~ time 余暇[空いた時間]に / a ~ half-hour 30分の暇. **2 a** 乏しい, 貧弱な; 倹約な, 切り詰めた, けちけちした, 〈文体が〉簡潔な; 〈人が〉控えめな. **b** やせた, やせぎすの. **3** ᴵᴵ《俗》なまけている. ● **be going ~** 手にはいる, 利用できる, 空いている. **go ~** ᴵᴵ《口》ひどく心配する[取り乱す, おこる]; 《口》余る, 空いている. ♦ **~·able** *a* [OE (v) *sparian*, (n) *spær*; cf. G *sparen*]
spáre·ly *adv* けちけちして; 乏しく; やせて.
spáre·ness *n* 乏しさ; やせていること; 骨惜しみ.
spáre párt 予備品, 予備[交換用]部品, スペア部品, スペアパーツ; 《口》移植臓器.
spáre-pàrt súrgery 《口》臓器移植手術.
spar·er /spέərər/ *n* SPARE する人[もの]; 破壊を緩和するもの.
spáre·rìb *n* [ᵁ*pl*] スペアリブ《肉のついた豚のあばら骨》.
Spáre Ríb 『スペアリブ』《英国の月刊のフェミニスト雑誌; 1972年創刊》.
spáre tíre スペアタイヤ (spare wheelᴵᴵ); 《口》[*joc*] 腰まわりの贅肉(ぜいにく); 《俗》《ゲームなどで》余った一人, あぶれ; 《俗》余計者, 退屈な[いやがられる]やつ; 《俗》田舎者.
sparge /spáːrdʒ/ *vt* 散布[噴霧]する; 〈液体を〉空気でかきまわす, 曝気する;〘醸造〙〈モルト〉に熱湯をかける. ► *vi* まき散らす. ► *n* 散布, 噴霧.

spárg·er *n*〘化〙多孔分散管, スパージャー; 噴霧器.

spar·id /spǽrəd/ *a, n*〘魚〙タイ科 (Sparidae) の(魚).

spar·ing /spέərɪŋ/ *a* 控えがちな, 倹約な ‹*in, of*›; 寛大な, ゆるやかな; 乏しい. ● **be ~ of** one**self** 骨惜しみする. ♦ **~·ly** *adv* 倹約して; 不足して; 寛大に; (ことばなどを)慎んで, 控えめに, ほどほどに; たまに. **~·ness** *n*

spark[1] /spɑ́ːrk/ *n* **1 a** 火花, 火の粉; 閃光, 《宝石などの》きらめき; 《放電の際の》電気火花, スパーク; 《点火栓の》スパーク(発生装置); 〈紛争などの〉火種, 引金 ‹*for*›: a ~ of light 閃光 / strike a ~ (from a flint) (火打ち石で)火花を出す. **b** [~s, ‹*sg*›] «口» 電気技師, 《船・航空機の》無線電信技師《あだ名》; 《ガラス切りなどの》小さいダイヤモンド; ‖«俗» 放射線科. **2** 生気[活気, 生命](を添えるもの); [*fig*] 《才気などの》ひらめき: the ~ of life 生命の火, 生気, 活気 / VITAL SPARK / strike ~*s* out of sb 人の才気などを発揮させる. **3** [a ~] [°*neg*] 痕跡, いくぶん, 少し; 兆し, 芽生え: *not a* ~ of interest みじんもない関心. ● **as the ~s fly upward** 自然の理によって, 必然的に; 間違いなく《*Job* 5:7》. **be ~ out** «俗» 意識を失って, 気絶して. **get a ~ up** «NZ口» 酒で気分を高める. **make the ~s fly** 《議論・感情の》火花を散らす. ► *vi* **1** 火花を出す; 火花となって[のように]飛び散る[輝く], 閃光を発する;〘電〙スパークする: A love ~*ed* between the two. 二人の間に突然愛が芽生えた. **2** 才気煥発である, はつらつとしている. ► *vt* …に行動[活動]を起こさせる, 〈興味・活動などを〉突然ひき起こす[誘発する] ‹*off*›; 〈火災・爆発を〉ひき起こす ‹*off*›: ~ a heated discussion 激論を巻き起こす. ♦ **~·lìke**[1] *a* [OE *spærca, spearca*<?]

spark[2] *n* 元気で愉快な男, いきな若者; 色男, 愛人《男》; 求愛者; 美人, 才女: BRIGHT SPARK. ► *vi, vt* (…に)求愛する, 言い寄る, 口説く (woo); いちゃつく. ● **~ it** 求愛する (spark). ♦ **~·lìke**[2] *a* [? *spark*[1]]

Spark スパーク Dame **Muriel** (**Sarah**) ~ (1918–2006)《英国の作家; 小説 *Memento Mori* (1959)》.

spárk arrèster〘鉄道〙《蒸気機関車の》火の粉止め;〘電〙火花止め[防止装置]; 《煙突などの》火の粉防止装置.

spárk chàmber〘理〙放電箱, スパークチェンバー《荷電粒子の飛跡を観測する装置》.

spárk còil〘電〙火花コイル.

spárk·er[1] *n* 火花を出すもの; 絶縁検査器; 小さな花火; ‖《船の》無線技師; 点火器 (igniter).

sparker[2] *n* 恋人, 愛人《男》. [*spark*[2]]

spárk eròsion〘工〙《金属の》放電加工.

spárk gàp〘電〙《放電が行なわれる両電極間の》火花距離, 火花ギャップ; 火花ギャップ装置.

spárk gènerator〘電〙火花式発電機.

spárk·ing plùg‖ SPARK PLUG.

spárking potèntial〘電〙SPARKING VOLTAGE.

spárking vòltage〘電〙火花電圧.

spárk·ish *a* 派手な, いきな; 色男ぶる. ♦ **~·ly** *adv*

spárk killer〘電〙火花止め.

spar·kle /spɑ́ːrk(ə)l/ *n* 火の粉, 閃光; きらめき; 光沢; 《ワインなどの》泡立ち; 生気, 才気. ► *vi* **1** 火花を発する; ひらめく, きらめく, 輝く; 〈宝石などで〉きらめく ‹*with* gems›; 〈ワインなどが〉泡立つ, 発泡する. **2** 〈喜びなどに〉輝く, 〈才気などで〉生きいきとする ‹*with* pleasure, wit›; 〈才気が〉ほとばしる; はつらつと動く[プレーする]. ► *vt* きらめかす, ひらめかす; 照らし出す. ♦ **spár·kly** *a* «口» はつらつとした. [(freq)<*spark*[1]]

spár·kler *n* 輝いている人, きらめくもの; 才人, 美人; 《手に持つ》花火, 線香花火; «口» ダイヤモンド(の指輪), 宝石; «口» 輝く目; SPARKLING WINE.

spárk·less *a* 火花を発しない, スパークしない. ♦ **~·ly** *adv*

spárk·let *n* 小さい火花; 《服などの》キラキラした小さい飾り.

spár·kling *a* 火花を発する, スパークする, きらめく; 活気に満ちた; ほとばしる〈才気〉; 〈ワインが〉発泡性の (opp. *still*). ♦ **~·ly** *adv* **~·ness** *n*

spárkling wáter ソーダ水 (soda water).

spárkling wíne 発泡性[スパークリング]ワイン.

spárk photògraphy スパーク写真《速いスピードで動くものをスパークを利用して撮影する写真》.

spárk·plùg *vt**«口» 〈仕事などを〉促進する, …の主役[指導的役割]を演ずる, 督励する.

spárk plùg 《内燃機関の》点火プラグ; *«口» 《一団・一座・仕事などの》指導者, 推進役, 中心的人物.

spárk transmìtter〘通信〙火花式送信機《放電で電波を生成した》.

spárky *a* 活発な, はつらつとした, 生きいきした. ► *n* ‖«口» 電気技師, 電気工事屋. ♦ **spárk·i·ly** *adv*

spar·ling /spɑ́ːrlɪŋ, -lən/ *n* (*pl* ~, ~**s**)〘魚〙ニシキュウリウオ《欧州産》. [OF<Gmc; cf. G *Spierling*]

spar·oid /spǽrɔɪd/ *a, n*〘魚〙タイ科に近縁の(魚).

spar·rer /spɑ́ːrər/ *n**«俗» SPARROW.

spár·ring *n*〘ボク〙スパーリング; 仲間うちの議論[競技].

spárring pàrtner〘ボク〙スパーリングパートナー《試合に備え, 練習相手として雇われたボクサー》; 論争相手.

spar·row /spǽroʊ/ *n* **1**〘鳥〙スズメ《スズメ科スズメ属の総称》, 《特に》イエスズメ (house sparrow); 《広く》ホオジロ科のスズメに近い鳥. **2** [S-]〘米軍〙スパロー《空対空ミサイル》. ♦ **~·less** *a* **~·lìke** *a* [OE *spearwa*; cf. OHG *sparo*]

spárrow·bìll *n* SPARABLE.

spárrow-bràin *n* «口» 乏しい知性(の人), ちっぽけな脳みそ, スズメの脳みそ.

spárrow-fàrt *n* «豪俗・英古俗» [*joc*] 雀屁, スズメのおなら時, 夜明け (dawn)《cockcrow のもじり》.

spárrow·gràss *n* «方・卑» ASPARAGUS.

spárrow hàwk〘鳥〙**a** アメリカチョウゲンボウ (kestrel). **b** ハイタカ《雌》, コノリ (＝*musket*)《雄》《旧世界産》. **c** 《広く》小型のタカ.

spár·ry *a*〘鉱〙スパー (spar) (状)の; スパーの多い.

sparse /spɑ́ːrs/ *a* 希薄な, まばらな; まばらに生えている, 散在する (opp. *dense*); 乏しい, 貧弱な: a ~ beard 薄いあごひげ / ~ planting〘園〙疎植. ♦ **~·ly** *adv* **~·ness** *n* **spar·si·ty** /spɑ́ːrsəti/ *n* 希薄, まばら. [L *spars- spargo* to scatter; cf. SPARGE]

Spar·ta /spɑ́ːrtə/ スパルタ (＝*Lacedaemon*)《Peloponnesus 半島にあった古代ギリシアのポリスで, Laconia の首都; スパルタ式軍事訓練・教育で知られる》.

Spar·ta·cist /spɑ́ːrtəsɪst/ *n* スパルタクス団員.

Spar·ta·cus /spɑ́ːrtəkəs/ スパルタクス (d. 71 B.C.)《トラキア出身の奴隷剣士; ローマに対して奴隷の大反乱を起こした》.

Spártacus Párty [**Léague**] スパルタクス団《第一次大戦勃発後 Liebknecht, Luxemburg などを中心に結成されたドイツ社会民主党左派の結社; 共産党の前身》.

Spar·tan[1] /spɑ́ːrtn/ *a* (古代)スパルタ(流)の; [°s-] 剛勇の, 勇敢な, 鍛え上げられた, 質実剛健な; [ˢs-] 簡素な, 質素な. ► *n* スパルタ人[住民]; 剛勇[質実剛健]の人. ♦ **~·ly** *adv*

Spartan[2] *n*〘園〙スパルタン《カナダ産の生食用リンゴ; 皮は深い赤色, 果肉がしゃきっとしている》.

Spártan·ism *n* スパルタ主義[式], スパルタ精神[気質].

spar·te·ine /spɑ́ːrtiən, -tìːn/ *n*〘化〙スパルテイン《有毒アルカロイドで, かつては強心剤》. [L *spartum* broom; これから抽出]

Spar·ti /spɑ́ːrtàɪ/ *pl* [the]〘ギ神〙スパルトイ《Cadmus が退治した竜の歯を蒔いた場所に生まれた 5 人の武士》.

spar·ti·na /spɑ́ːrt(ə)nə, spɑːtáɪnə, -tíːnə/ *n*〘植〙イネ科スパルティナ属 (*S-*) の各種多年草《cordgrass 類》. [Gk＝rope]

spár trèe〘林〙支柱《架線集材用のケーブルを支えるために枝を払った高木》.

spár vàrnish スパーワニス《戸外用; 耐水性》.

spas /spǽs/ *n* «俗» 変人, どじなやつ (spaz).

spasm /spǽz(ə)m/ *n*〘医〙痙攣(けいれん); 発作, 衝動(的奮起); «口» ひとしきり (spell): have a ~ of industry [temper] 時々勉強する気[かんしゃく]を起こす. ► *vi* 痙攣する[を起こす]. [OF or L<Gk (*spaō* to pull)]

spas·mod·ic /spæzmɑ́dɪk/, **-i·cal** *a*〘医〙痙攣(性)の, 痙性の; 《一般に》発作的な, 突発的な, やったりやめたりの, 断続的な; «まれ» 激しやすい. ♦ **-i·cal·ly** *adv* [NL<Gk; ↑]

spas·mo·lyt·ic /spæ̀zməlítɪk/ *a* 鎮痙(ちんけい)(性)の. ► *n* 鎮痙薬[剤]. ♦ **-i·cal·ly** *adv*

spás-òut /spǽz-/ *n* SPAZ-OUT. [*spastic*]

Spas·sky /spǽski/ スパスキー **Boris Vasilyevich** ~ (1937–)《ロシアのチェスプレーヤー; 世界チャンピオン (1969–72)》.

spassy ⇨ SPAZZY.

spas·tic /spǽstɪk/ *a*〘医〙痙攣(性)の, 痙性の, 痙直性の; [*derog*] 痙性麻痺にかかった; 《一般に》発作的な, 断続的な; *«俗» 過剰反応する, かっとくる[なる]; «俗» [*derog*] 不器用な, ばかな, とろい《主に子供の用語》. ► *n* 痙性麻痺患者; «俗» [*derog*] 変なやつ, ばか, いかれたやつ; «俗» どじなやつ. ♦ **-ti·cal·ly** *adv* **spas·tic·i·ty** /spæstísəti/ *n* 痙性, 痙直. [L<Gk＝pulling; ⇨ SPASM]

spástic cólon〘医〙痙性結腸 (irritable bowel syndrome).

spástic parálysis〘医〙痙攣性麻痺.

SPASUR, Spa·sur /spéɪsər/ *n* スペーサー《米国南部上空を通過する衛星をとらえる米海軍のレーダー監視ライン》. [*Space Surveillance*]

spat[1] /spǽt/ *n**小競り合い, 口げんか, 口論; 《雨などの》パラパラいう音; «方» 強打. ► *v* (**-tt-**) *vi**小競り合いする; パラパラ音をたてて降る. ► *vt* パラパラ音をたてて打つ; «方» 強打する. [C19 (? imit)]

spat[2] *v* SPIT[1] の過去・過去分詞.

spat[3] *n* スパッツ《くるぶしの少し上まである短いゲートル》;〘空〙スパッツ《固定脚の空気抵抗を小さくするためのカバー》. [*spat*terdash; cf. SPATTER]

spat[4] *n* 貝[《特に》カキ]の卵; 稚貝, 子ガキ. ► *vt, vi* (**-tt-**) 〈カキが〉産卵する. [AF<?; cf. SPIT[1]]

spatch·cock /spǽtʃkɑ̀k/ *n* 《ねかせずに, 殺してすぐに作る》鳥の即席料理. ► *vt* 〈鳥を〉即席料理にする; ‖«口» 〈あとで思いついた事などを〉挿入する, 書き入れる ‹*in, into*›. [C18 (? 変形)<*spitchcock*]

spate /spéɪt/ *n* **1** ᵘ大水 (flood), 豪雨,《大雨などによる》出水; [*fig*]《ことばなどの》ほとばしり,《感情などの》爆発,《事件などの》多発, 急増〈*of*〉. **2** 多数, 多量〈*of*〉: in ~〈河川水が氾濫して. ● **in full ~**ᵘ=in full FLOOD. [ME<?]

spa·tha·ceous /spəθéɪʃəs/ *a* 仏炎苞(ほう)状の[を有する].

spathe /spéɪð/ *n*〘植〙仏炎苞. ♦ **~d** *a* 仏炎苞のある. [L<Gk=broad blade, stem]

spath·ic /spǽθɪk/ *a*〘鉱〙葉片状の, スパー (spar) 状の. [*spath* spar<G]

spáthic íron (òre)〘鉱〙菱(りょう)鉄鉱 (siderite).

spath·ose[1] /spéɪðòʊs/, **spath·ous** /spéɪðəs/ *a* SPATHACEOUS.

spath·ose[2] /spǽθòʊs/ *a* SPATHIC.

spath·u·late /spǽθjələt, -lèɪt/ *a* SPATULATE.

spa·tial, -cial /spéɪʃ(ə)l/ *a* SPACE の, 空間的な, 場所の, (ある)空間[場所]に存在する; 宇宙の. ♦ **~·ly** *adv* **~·ize** *vt* 空間化する, 空間として考察する[扱う], …に空間としての特性を付与する. **~·izátion** *n* [L; ⇨ SPACE]

spátial abílity〘心〙空間認識能力.

spátial fréquency〘テレビ〙空間周波数.

spa·ti·al·i·ty /spèɪʃiǽləti/ *n* 空間性, (空間的)広がり (cf. TEMPORALITY).

spátial summátion〘生〙空間的加重《異なる部位の刺激による刺激効果の合成》.

spa·tio- /spéɪʃioʊ, -ʃiə/ *comb form*「空間 (space)」[L]

spa·ti·og·ra·phy /spèɪʃiɑ́grəfi/ *n* 宇宙地理学; 宇宙図.

spàtio·percéptual *a* 空間知覚[認知]の.

spàtio·témporal *a* 空間と時間上の, 時空の[に関する], 時空的な. ♦ **~·ly** *adv*

Spät·le·se /ʃpéɪtlèɪzə/ *n* (*pl* **~s, -le·sen** /-zən/) シュペートレーゼ《おそ摘みのブドウで造る白ワイン; 自然な甘みがある》. [G=late picking]

spat·ter /spǽtər/ *vt*〈水・泥などを〉はねかける, まきちらす〈*around*〉; 振りかけた液体でよごす〈*up*〉;〈人に〉悪口[中傷など]を浴びせる;〈評判を〉傷つける: The car ~*ed* mud *on* us.=The car ~*ed* us *with* mud. 泥をはねかけた / ~ sb *with* slander 人に中傷を浴びせる. ► *vi* はねる, 飛び散る〈*up*〉; 大粒の水滴となって落ちる; 雨あられと降る[打ちつける]. ► *n* **1** はねること; はね, はねたもの, はねる音, 斑点, 汚点〈*of* mud〉;〘冶〙スパッター《溶接の際に飛散する金属粒子》;《銃声・雨・拍手などの》パラパラいう音. **2** 少量, 少し: a ~ of concern 一抹の不安. ♦ **~·ing·ly** *adv* [imit; cf. Du *spatten* to burst, spout]

spátter còne〘地質〙溶岩滴丘, スパターコーン.

spátter·dàsh *n* スパターダッシュ《ひざまである泥よけのゲートル; 乗馬用など》. ♦ **~ed** *a*

spátter dàsh*〘建〙《下地の》モルタル; モルタル吹付け仕上げ; ROUGHCAST; 下地の上に塗るペイント.

spátter·dòck *n*〘植〙コウホネ《黄色い花をつけるスイレン科コウホネ属の数種の多年生水草》.

spátter glàss END-OF-DAY GLASS.

spat·u·la /spǽtʃələ, -tʃʊ-/ *n*《ナイフ状の薄い》へら, スパチュラ; フライ返し; SLOTTED SPATULA, FISH SLICE; ᵘ〘医〙舌押し器, 圧舌子, スパーテル (tongue depressor*);〘昆〙匙器(しき). ♦ **spát·u·lar** *a* [L (dim)<SPATHE]

spat·u·late /spǽtʃələt, -lèɪt/ *a*〘動・植〙へら状の.

spätzle ⇨ SPAETZLE.

spav·in(e) /spǽvən/ *n*〘獣医〙《馬の》飛節内腫. [OF]

spáv·ined *a*〈馬が〉飛節内腫にかかった; びっこの, 不具の; 盛りを過ぎた, ぽんこつの.

spawn /spɔ́ːn/ *n* **1**《魚・カエル・貝・エビなどの》卵, はらご, 卵からかえったばかりの子; [*derog*] (うじゃうじゃいる)子供, ガキども;《栽培用キノコの》菌糸. **2** 原因, もと, たね; 所産, 結果, 落とし子. ► *vi, vt* **1 a**〈魚・カエルなどが〉卵を産む, 放下する, 産卵する;〈卵を〉産む;〈魚〉に産卵させる; …に菌糸をまく[植える]. **b** [*derog*]〈人が〉どっさり子を産む; [*fig*] 大量に生産する. **2** 生む, ひき起こす. ♦ **~·er** *n* [AF *espaundre* to shed roe; ⇨ EXPAND]

spáwn·ing *n*《魚などの》産卵, 放卵;《魚卵の》採卵.

spáwning gròund《魚類などの》産卵場.

spay /spéɪ/ *vt*〘獣医〙…から卵巣を除去[摘出]する, …に不妊手術を施す. [AF=to cut with a sword (ÉPÉE); cf. SPATHE]

spaz, spazz /spǽz/《俗》*n* (*pl* **spáz·zes**) とろいやつ, ばか, 大げさに騒ぐやつ; 発作, かっとなること: have a ~. ► *vi* [次の成句で]: **~ around***ぶらぶらする. **~ down***落ちつく. **~ out***痙攣する, 体がいうことをきかなくなる, ひどく興奮する, かーっとなる. [*spastic*]

spa·za /spɑ́ːzə/ *n*《南ア》《黒人居住区などの個人家屋を利用した》商店.

spáz-òut *n**《俗》感情的反応, かーっとなること.

spaz·zy, spas·sy /spǽzi/ *a*《俗》ばかな, 変な, 狂った.

Spc specialist.

SPCA Society for the Prevention of Cruelty to Animals《英国では現在 RSPCA》. **SPCC** Society for the Prevention of Cruelty to Children《現在は NSPCC》. **SPCK**〘英〙Society for Promoting Christian Knowledge キリスト教知識普及会.

SPD〘ドイツ〙[G *Sozialdemokratische Partei Deutschlands*] SOCIAL DEMOCRATIC PARTY.

speak /spíːk/ *v* (**spoke** /spóʊk/; **spo·ken** /spóʊk(ə)n/) *vi* **1** ものを言う, 話す, 話しかける〈*to*〉, しゃべる; ことばを交わす, 口をきく; 談話をする, 話をする〈*about, on*〉; 演説をする;《文章で》語る〈*of*〉: Please ~ more slowly. もっとゆっくり話してください / I'll ~ *to* him *about* it. そのことは彼に話しましょう / ~ *from* experience 体験を語る / Hello, (this is) Tom ~*ing*.《電話で》もしもし, トムです / Can [Could] I ~ to Mary?《電話で》メアリーさんをお願いします / Is Tom there?—*Speaking*.《電話で》トムはいますか—わたしです / ~ in public 公衆の前で演説する. **2**〈物・事が〉事実[意見, 思想など]を伝える[表わす], 語る; 合図する;〈心に〉訴える〈*to*〉; 証言する: Actions ~ better than words. ことばよりも行動のほうが雄弁だ / This portrait ~*s*. この肖像画は真に迫っている. **3**〈楽器・風などが〉鳴る, 響く,〈犬・大砲などが〉うなる; どなる. ► *vt* **1 a**〈言語を〉話す,〈ある種のことばを〉使う (use); 言う, 発する, 口に出す;《文書で》声明する; 朗読する: What language is *spoken* in Canada? カナダでは何語を話しますか / ~ the truth 真実を語る / ~ a piece 作品を朗読する. **b**〘海〙〈船〉と通話[通信, 交信]する;《古》…に話しかける: ~ a passing ship 通過する船と交信する / ~ sb fair 人に丁寧にものを言う. **2** 伝える;《古》表わす, 証明する;《古》描く: His action ~*s* him generous [a rogue]. 行動で寛大[悪人]なのがわかる. ● **as they [men] ~** いわゆる. **as we ~** ちょうど今, ただいま. so[1] **to ~.** **~ against**…に反対する, …を批判する. **~ as** one FINDS. **~ aside** わきを向いて(そっと)話す;〈舞台の俳優が〉傍白を言う. **~ at**…にあてつけて言う. **~ down to**…《必要以上に》…に優しく[へりくだって]話す. **~ for**…を代弁[代表]する, 弁護する; …を証明する; …を表示する; [ᵘ*pass*] …を注文[予約]する, 申し込む (⇨ SPOKEN *for*): ~ well *for*…〈事が〉…の有利な証拠となる, …のためによい印象を与える. **~ for itself [themselves]**〈事が〉《注釈の必要がないほど》はっきりしている, 雄弁に物語っている: let the facts ~ *for themselves* 事実をして語らしめる. **~ for oneself** 自説(だけ)を述べる: *S~ for yourself!*《口》私はそう思わない. **~ing for myself [ourselves]** わたし[わたしたち]の意見を言えば. **~ of**…のことを言う, …を評する;《文》〈行動などが〉…をよく示す[物語る]: not to ~ *of*…のことは別として, …はさておき / be *spoken of* as…と言われている / ~ WELL[1] [ILL] of / ~*ing of*… [話題を引き継いで] …と言えば. **~ out** (1) [speak up ともいう] 自分の意見を遠慮なく話す, 率直にものを言う, 声を上げる〈*about, on; for, against*〉: ~ *out* [*up*] *for* sb's rights 人の権利を堂々と弁護する. (2) ⇨ SPEAK UP. **~ to**…に話しかける, …と話す,《交渉などのため》…と話をする;〈事・問題〉に言及する; …に忠告する;《口》…をしかる; 非難する〈*about*〉; …の証拠である, …を物語る; …の興味をひく: *S~* when you're *spoken to!* 話しかけられたら返事をなさい, 勝手にしゃべるな《特に 子供に対して言う》/ I know him to ~ *to*. ことばを交わす程度の仲だ. **~ too** SOON. **~ up** (1) [speak out ともいう]《ちゃんと聞こえるように》大きな声で話す. (2) 発言する. (3) ⇨ SPEAK out. **~ with**…と話す, 相談する; …をしかる. **to ~ of** [否定語のあとで] 言及[注目]に値するほどの: The island has *no* trees *to* ~ *of*. 木というほどのものはない / It is *nothing to* ~ *of*. 取り立てて言うほどのことではない, 些細なことだ.

► *n**《俗》SPEAKEASY. [OE *sprecan, specan*; cf. G *sprechen*; 16 世紀ごろ pp の類推で過去形 *spake* は *spoke* に]

-speak /spìːk/ *n comb form*「…特有の言いまわし[専門語, 用語]」「…語」: ad*speak*, computer*speak*, future*speak*, tech*speak*. ★ George Orwell の造語 New*speak* に由来し, 通例 軽蔑的なニュアンスで使用される.

spéak·able *a* 話してもよい; 話すのに適した. ♦ **~·ness** *n*

spéak·èasy *n**《特に 禁酒法時代の》もぐり酒場.

spéak·er *n* **1** 話す人,《言語の》話者; 語り手, 演説者, 弁士,《特に》雄弁家; 代弁者; [the S-]《議会の》議長: be a good [bad] ~ 演説がうまい[へた] / Mr. *S~* [*voc*] 議長! / CATCH the *S~*'s eye. **2** 演説教本, 弁論術教本; スピーカー (loudspeaker);《俗》ハジキ (gun). ● **not be on ~s**ᵘ=be not on SPEAKING terms ♦ **~·ship** *n* 議長の職[任期].

Spéaker of the Cómmons [the]〘英〙下院[庶民院]議長.

Spéaker of the Hóuse [the]〘米〙下院議長.

spéak·er·phòne *n*〘電話〙スピーカーホン《マイクロホンとスピーカーが一つになった送受話器》.

Spéakers' Còrner スピーカーズコーナー《London の Hyde Park の東北の一角にある, だれでも自由に演説ができる広場》.

spéak·ing *a* **1** 話す(時の), 口をきく, 会話の; 話しができる; 朗読の, 演説の, 雄弁術の; [*compd*] …語を話す: a ~ voice《歌声などに対し》話し声 / have a ~ knowledge of English 英語が話せるぐらいの知識がある / a ~ acquaintance 会えばことばを交わすぐらいの(深くはない)面識[知り合い] / be not on ~ terms 会ってもことばを交わすほどの間柄ではない, 仲たがいしている〈*with*〉/ a Japanese-~ salesclerk 日本語を話す店員. **2** (今にも)ものを言うような, 真に迫った〈写真・肖像画〉; 実証的な〈例など〉; 表情たっぷりの, 人を感動させる, 生きいきした〈目など〉. ► *n* 話すこと, 話, 語り; 談話, 演説; 政治的な集会; [*pl*] 口伝え[口承]の文学, 口碑 (opp. *writings*): at the [this] present ～ こう話している現在(では). ♦ **～·ly** *adv* **～·ness** *n*

spéaking clóckᴵᴵ 電話時刻案内.

spéaking in tóngues [the] 異言(を語ること) (⇨ GLOSSOLALIA).

spéaking trùmpet 伝声管, 拡声器, メガホン.

spéaking tùbe 《建物・船などで, 部屋間の》伝声管.

speako /spíːkou/ *n* (*pl* **spéak·os**)*《俗》SPEAKEASY.

spéak-òut *n* 《体験・意見を》自由に語る集い.

spean /spíːn/ *vt* 《スコ》WEAN[1].

spear[1] /spíər/ *n* **1** 槍, 投げ槍; 《魚を突く》やす; 槍[やす]で突くこと, 串[フォークなど]で刺すこと; 《古》槍兵, 槍持ち; *《俗》フォーク. **2** [the] 《豪口》解雇, 首: get *the* ～ 首になる. ● **take the ～ (in one's chest)** *《俗》すべての責めを負う, 完全に責任をとる. ► *a* 父(親)の (paternal); 男の (male) (cf. DISTAFF): the ～ side 父方, 男系. ► *vt* 槍で突く[刺す]; 〈魚を〉やすで刺す[捕える]; 《フォークなどで》刺す; 刺して出す〈*out*〉; 《口》〈ボールを〉手を伸ばしてワンハンドキャッチする; *《俗》物乞いする, (ただで)もらう; 《豪口》首にする. ► *vi* 槍のように(突き)刺さる; 突き進む; 〘アイスホッケー・アメフト〙スピアリングする; *《俗》物乞いする. ♦ **～·er** *n* [OE *spere*; cf. G *Speer*]

spear[2] *n* 芽, 若枝 (sprout), 幼根. ► *vi* 発芽する, すくすく伸びる. [変形〈*spire*[1]; ↑の影響]

spéar-càrrier *n* 槍持ち; 歌劇合唱団員; 《演劇の》通行人, ちょい役; 下っぱ, 部下, 手下; 《仲間の》先頭に立つ者, 旗手, リーダー.

spéar·fìsh *n* 〘魚〙フウライカジキ. ► *vi* やす[水中銃]で魚を捕る.

spéar gràss 〘植〙**a** 堅く細い 50 cm もの放射状葉をつけるニュージーランド産のセリ科植物. **b** 槍状の長葉を有する草《特に カモジグサ・ヌカボ・スズメノカタビラなど》.

spéar·gùn *n* 水中銃.

spéar·hèad *n* 槍の穂先; 先鋒, 先頭, 攻撃の最前線, 陣頭(に立つ人[もの]); 《事業などの》率先者: at the ～ of…の先頭に立って. ► *vt* …の最前線[先頭]に立つ, 陣頭指揮する.

spéar·ing *n* スピアリング《(**1**)〘アイスホッケー〙スティックの先で相手を突くこと; 反則 **2**)〘アメフト〙ヘルメットで相手に頭突きをくれること》.

spéar·man /-mən/ *n* 槍兵(ᵑᵑ); 槍持ち; 槍使い.

Spéarman's ránk-òrder (correlátion) coefficient 〘統〙スピアマンの順位(相関)係数. [Charles E. *Spearman* (1863–1945) 英国の心理学者]

spéar·mìnt /, -mənt/ *n* 〘植〙オランダハッカ, ミドリハッカ, スペアミント《香味料用》.

spéar of Achílles [the] ACHILLES' SPEAR.

spéar sìde [the] 父方, 男系 (opp. *distaff side*).

spéar thìstle 〘植〙アメリカオニアザミ (bull thistle) 《欧州原産の葉が槍形の普通種のアザミ》.

spéar-thròw·er *n* **a** THROWING-STICK; 槍投げ器《未開社会で使用される槍投げの道具で, 通例 槍に短いひもを巻きつけ空中で槍が回転するようにするもの》. **b** 《古代メキシコの》槍発射器 (atlatl).

spéar·wòrt *n* 〘植〙キンポウゲ属の槍形の葉を有する植物, 《特に》イトキンポウゲ, マツバキンポウゲ.

spec[1] /spék/ 《口》*n* おもわく, 投機. ● **on ～** 《口》投機[賭け]として, おもわくで: do sth *on* ～ やまをかける. ► *a* SPECULATIVE, 《特に》投機目的で家[建物]を建てる〈業者〉: a ～ letter 《求人のない会社への》押しかけ求職状. ► *vi* 《学生》やまをかけて暗記する. [*specu*lation]

spec[2] *n**《俗》豪華ショー, 見もの. [*spec*tacle]

spec[3] *vt* (**specced, ～'d** /spékt/) 《口》…の明細書を書く; ある仕様で組み立てる[構成する]. ► *n* [ᵒ*pl*] 《口》明細書, 仕様書; 《機能面の》仕様, スペック (specification). [*spec*ification]

spec[4] *n**《口》技術兵, 専門員 (specialist).

spec. special ♦ specialist ♦ specifically.

spe·cial /spéʃ(ə)l/ *a* **1** 特別の, 特殊の (opp. *general*); 独特の, 固有の; 専用の; 専門[専攻]の (specialized); 特別用の; 臨時の〈列車など〉; ある特定の: a ～ agency 特別代理店 / a ～ case 特例; 〘法〙特別事件 / ～ anatomy 解剖学各論 / ～ logic 《ある特別の事物についての》特別論法. **2** 格別の, 別段の; 並はずれた, 例外的な; 大切な, 大事な: We are ～ friends. 大の仲よしだ / take ～ care 特に注意[配慮]する. ► *n* **1** 特別の人[もの], 臨時の人[もの]; 特派員, 特使; 臨時警官; *選科生. **2** 特別試験; 特別[臨時]列車[バスなど]; 特別通信, 特電, 号外, 臨時増刊; 〘映〙特作; 〘テレビ〙特別番組, 特番. **3** 《レストランなどの》特別料理[コース], おすすめ品; 《食料品・衣料品など》特売, 特価(品), おつとめ品, 目玉商品, 特別料金: Lamb chops are *on* ～ today.＝They are having a ～ *on* lamb chops today.＝The ～ today is (*on*) lamb chops. 今日はラムチョップが特売です. ► *vt* 《俗》〈看護師が一人の患者〉の専従看護をする. ♦ **～·ness** *n* [OF ESPECIAL or L; ⇨ SPECIES]

spécial áct 特別法《特定の人びとまたは特定の地域に適用される法律》.

spécial ágent 《FBI の》特別捜査官.

Spécial Áir Sèrvice [the] 〘英〙陸軍特殊空挺部隊《破壊活動・対ゲリラ活動を行なう; 略 SAS》.

spécial área 〘英〙特別地域《政府の特別給付を受ける, 疲弊地域や特別開発地区》.

spécial asséssment 〘米〙《公共事業の利益を受ける施設・財産に対する》特別課税.

Spécial Bránch [the] 〘英〙《ロンドン警視庁の》公安部.

spécial cléaringᴵᴵ 特別手形交換《特別料金を払い通常の 3 日より早く交換する》.

spécial cónstable 〘英〙特別警察官《非常時などに任務に就くボランティアの警察官》.

spécial correspóndent 特派員.

spécial cóurt-màrtial 〘米軍〙特別軍法会議《高等軍法会議 (general court-martial) より軽い, 軍規違反を扱う会議》.

spécial delívery 速達郵便(物); 速達扱いの印; 《定時外の》特別配達.

spécial dístrict 〘米〙特別区《上[下]水道など単一の公共事業のために設定された一州内の行政区》.

spécial dráwing rìghts *pl* 《国際通貨基金の》特別引出し権《略 SDRs》.

spécial edítion 〘新聞〙《締切り後のニュースを刷り込んだ》特別版; ᴵᴵ《最終版直前の》特別夕刊 (cf. EXTRA-SPECIAL); 《雑誌の》特別号, 特別番組; 特別限定販売品.

spécial educátion 《障害をもつ児童などのための》特別支援教育《略 SpEd, SPED》; 英才教育.

spécial efféсts *pl* 〘映・テレビ〙特殊効果; 特殊撮影, 特撮, SFX.

spécial eléction 〘米〙特別選挙, 補欠選挙.

spécial fórces *pl* 〘軍〙特殊(勤務)部隊.

spécial hándling 〘米郵〙特殊扱い《第四種郵便物や小包郵便の特別料金による第一種郵便扱い》.

spécial hóspital 〘英〙特殊病院《精神障害をもつ犯罪人を収容・介護する病院》.

spécial inténtion 〘カト〙《ミサ・祈禱の》特別の意向.

spécial ínterest [ᵒ*pl*] 特別利益団体《経済の特殊な部門に特別の権益を有する人[団体, 法人]》, 《特に》院外圧力団体 (lobby).

spécial ínterest gròup SPECIAL INTEREST; SIG.

spécial ínterest hòliday 特別な趣味をテーマにしたツアー.

spécial·ìsm *n* 専門, 専攻(分野); 専門化, 細分化.

spécial·ist *n* 専門家 (opp. *generalist*); 専門医 〈*in*〉; 〘米陸軍〙技術兵, 専門員《特殊技術をもつ兵》; 〘証券〙スペシャリスト《特定の銘柄を扱う取引所の会員》. ► *a* SPECIALIST [SPECIALISM] の; SPECIALISTIC.

spè·cial·ís·tic *a* 専門化する傾向のある; SPECIALIST の.

spé·cia·li·té /*F* spesjalite/ *n* SPECIALTY.

spe·ci·al·i·tyᴵᴵ /spèʃiǽləti/ *n* SPECIALTY.

spècial·izátion *n* 特殊[専門]化; 専門科目[分野]; 《意味の》限定; 〘生〙分化(した器官[組織]).

spécial·ìze *vt* 特殊化する; 〈意味・陳述を〉限定する; 《裏書によって》〈手形など〉の支払いを限定する[支払先を指定する]; 〈研究などを〉専門化する; 〘生〙分化させる; 詳説する. ► *vi* 専攻する, 得意とする 〈*in*〉; 詳しく述べる; 〘生〙分化する.

spé·cial·ìzed *a* 専門の; 〘生〙分化した.

spécial júry 〘法〙特別陪審 (cf. COMMON JURY) 《(**1**)＝BLUE-RIBBON JURY **2**)〘米〙＝STRUCK JURY》.

Special K /—kéɪ/ スペシャル K 《麻酔薬のケタミン (ketamine); 幻覚効果を得る目的で, 非合法的に粉末を吸入用に使う》.

spécial lícence 〘英法〙例外的特権を認める許可証, 《特に Canterbury 大主教による》結婚特別許可証《結婚予告を必要としない》.

spécial·ly *adv* 普通以上に, 特に; 特別の目的で, わざわざ; 《口》とても, たいへん.

spécial máster 〘法〙《判事を補佐する》特別裁判所主事 (master).

spécial néeds *pl* 《障害者などに生じる》特殊ニーズ: children with ～ 障害児たち. ♦ **spécial-néeds** *a*

spécial óffer 特別提供(品).

Spécial Olýmpics *pl* [the] 特別オリンピック《1968 年に創設され, 4 年に一回開催される精神薄弱者の国際スポーツ大会》.

spécial órder 〘軍〙《司令部からの》個別[特別]命令 (cf. GENERAL ORDER); 《歩哨などの》特別守則.

spécial pártner* 特殊社員, 有限責任社員 (＝*limited partner*).

spécial pártnership* LIMITED PARTNERSHIP.

spécial pléading 〘法〙特別訴答《相手方の陳述を否定する代わりに行なう》; 《口》自己に有利な事だけを述べる[一方的な]陳述[議論]. ♦ **spécial pléader** *n*

spécial prívilege 《法により特定の個人や団体に与えられた》特殊権益, 特権, 特典.

spécial relatívity SPECIAL THEORY OF RELATIVITY.

spécial schóol 《障害児のための》特別支援学校.

spécial séssion 《議会の》特別開会[会期]; [*pl*] 〘英法〙特別期治安裁判所《2 人以上の治安判事の下に飲酒店開業許可など行政事件を扱う》.

spécial situátion 〘証券〙特殊状況《会社合併などの例外的事

由により株価の大幅値上がりが見込まれる状況》: ～ investment 特殊投資.

spécial sórt 〘印〙 特殊活字 (arbitrary[II], peculiar[II]).

spécial stáff 〘軍〙 専門[特別]幕僚.

spécial stúdent 〘米大学〙《資格獲得を目指さない》特別聴講生, 専科生.

spécial téam 〘アメフト〙 スペシャルチーム《キックオフ・パント・エクストラポイント・フィールドゴールなど特定の場面だけに起用される選手の一団; 通例 リザーブや交替選手で構成する》.

spécial théory of relatívity 〘理〙 特殊相対性理論 (=*special relativity*).

spe·cial·ty /spéʃ(ə)lti/ *n* **1** 専門(分野), 本職, 専攻, 得意, 得手. **2**《ある店の》特製品, 名物 (=～ of the house), 特別品; 新型品 (new article); 《高い需要のため価格競争からはずされた》特別品. **3** 特質, 特性, 特色, 特異点, 特別事項. **4** 〘法〙 捺印証書, 捺印契約; 捺印しない譲渡証書《この意のほかは英では speciality が普通》. ► *a* 《ある店の》特製の; 〘劇〙《ヴォードヴィルで》特殊演技の, 特別の, ショーのほかの出し物とは別個の〈歌・踊り〉.

spécialty shòp [stòre]*《特選品を売る》専門店.

spécial vérdict 〘法〙 特別評決《陪審が特定の事実の存否だけを認定する評決; cf. GENERAL VERDICT》.

spe·ci·ate /spíːʃièɪt, *-si-/ *vi* 〘生〙 新しい種に分化する.

spe·ci·a·tion /spìːʃiéɪʃ(ə)n, *-si-/ *n* 〘生〙 種形成, 種分化. ♦ **～·al** *a*

spe·cie[1] /spíːʃi, *-si/ *n* 正金, 正貨 (opp. *paper money*): ～ payment 正貨支払い / ～ shipment 正貨現送. ● **in ～** 種類としては, 本質的には; 〘法〙 同じ形で, 規定されたとおりに; 正貨で, 正金で (in actual coin). [*in specie*<L=in kind; ⇨ SPECIES]

specie[2] *n* 《非標準》 SPECIES.

spécie pòint 〘経〙 正貨現送点 (GOLD POINT).

spe·cies /spíːʃiz, *-siz/ *n* (*pl* ～) **1** 〘生〙 種(しゅ) (⇨ CLASSIFICATION); 種類; 〘論〙 種 (cf. GENUS); 〘理〙 核種: *The Origin of S*～『種の起源』《Darwin の著書》 / birds of many ～ 多くの種の鳥 / extinct [vulnerable, rare] ～ 〘生〙 絶滅[危急, 稀少]種 / the [our] ～ ヒト, 人類 (the human race) / a highly musical ～ すぐれた音楽的才能をもった人びと / a new ～ of watch 新しいタイプの時計 / I felt a ～ of pride. ある種の誇らしさを感じた. **2** 〘法〙 形式, 体裁; 〘教会〙 ミサ用のパンとぶどう酒, パンとぶどう酒の外観[形色]; 〘哲〙 形象, 形質. ► *a* 《園芸上でなく生物学上の》種に属する. [L=appearance, kind (*specio* to look)]

spécies bàrrier 〘生〙 種の壁《病気がある種から別の種に転移するのを妨げる仕組み; 狂牛病がヒトにはクロイツフェルト-ヤコブ病として感染することなどに関連して言及される》.

spécies-gròup *n* 〘生〙《いくつかの種からなる》種群; 《種・亜種を含む》種グループ.

spécies·ìsm *n* **1** 《動物に対する》種(による)差別, 種偏見《たとえば犬や猫に対するのと実験動物に対するのとで態度に差のあること》. **2** 動物蔑視, 人間優位主義. ♦ **spé·cies·ist** *n, a*

spécies-specífic *a* 〘医〙〈薬効が〉1 種に限定された, 種特異(性)の.

spe·cif·ic /spɪsífɪk/ *a* **1 a** 特定の, 特定の目的[意味]をもつ, 一定の; 特有の, 固有の, 独特の〈*to*〉; 〘医〙〈薬が〉特効のある; 〘医〙〈症状・治療など〉特殊の, 特異性の: music ～ *to* the region / a ～ medicine 特効薬. **b** 種の; その種に特有な. **2** 明確な, 具体的な: Could you be more ～? もう少し詳しく教えてください. **3 a** 〘理〙 比の《1) 基準量に対する: SPECIFIC GRAVITY 2) 単位質量に対する: SPECIFIC HEAT》. **b** 〘商〙 従量の. ► *n* **1** 特定のもの; 特効薬[療法] 〈*for* [*against*]〉; 特性, 特質. **2** [[U]*pl*] 詳細, 細目; [*pl*] 明細書 (specifications). ♦ **spe·cíf·i·cal** *a* 《まれ》 SPECIFIC. **～·ness** *n* [L; ⇨ SPECIES]

-specific *comb form*「…に特有[固有]な」: culture-～.

specífic actívity 〘理〙 比放射能《1) 純粋な放射性同位元素の単位質量当たりの放射能 2) 単位質量の試料中の放射性同位元素の放射能》.

spe·cíf·i·cal·ly *adv* 明確に, はっきりと〈言う・規定する など〉; 特に, とりわけ; はっきり[厳密に, 具体的に]言えば, すなわち.

spec·i·fi·ca·tion /spɛ̀s(ə)fəkéɪʃ(ə)n/ *n* **1** 詳述; 列挙; [*pl*] 明細書, 設計書, 仕様書(しよう); [[C]*pl*] 仕様, スペック; 明細, 内訳; 〘法〙《特許出願の際の》発明明細書: a high-～ car 高級仕様車. **2** 明確化, 特定化; 特性を有する状態[こと]; 〘民法〙 加工(品).

specífic cáuse 《ある病気の》特異的原因.

specífic cháracter 〘生〙《種(しゅ)の区別となる》特異性, 特徴.

specífic chárge 〘理〙 比電荷《荷電粒子の電気量と質量の比》.

specífic condúctance 〘電〙 導電率 (conductivity).

specífic dífference 〘生〙 種差.

specífic diséase 〘医〙 特異的疾患.

specífic dúty 〘商〙 従量税 (opp. *ad valorem duty*).

specífic épithet 〘生〙《学名の》種小名 (=*trivial name*)《二命名法で属名のあとに, 通例 ラテン語の小文字で示す種名形容詞》.

specífic grávity 〘理〙 比重《略 sp. gr.》.

specífic héat (capàcity) 〘理〙 比熱《1) 1 グラムの物質の温度を 1°C 高めるのに必要な熱量 2) もと, 物体の温度を 1°C 高めるのに要する熱量と, 等質量の水の温度を 1°C 高めるのに要する熱量との比; 略 sp.ht.》.

specífic humídity 〘理〙 比湿.

specífic ímpulse 《ロケット燃料の》比推力.

spec·i·fic·i·ty /spɛ̀səfísəti/ *n* SPECIFIC なこと, 特異性, 限定性: the ～ of an enzyme 〘生化〙 酵素の特異性.

specífic náme 〘生〙 種名.

specífic perfórmance 〘法〙 特定履行《契約不履行に対する救済が損害賠償では不十分な場合, 契約条件どおりの履行を裁判所が強制すること》.

specífic resístance 〘理〙 比[固有]抵抗, 抵抗率 (resistivity).

specífic thérmal conductívity 〘理〙 熱伝導度 (=*thermal conductivity*).

specífic viscósity 〘理〙 比粘度.

specífic vólume 〘理〙 比体積[容積]《密度の逆数》.

spéc·i·fìed *a* 仕様[スペック]が…の: highly [well, similarly, etc.] ～.

spec·i·fy /spésəfàɪ/ *vt* 明細に記す[述べる]; 明細書[設計書]に記入する; 条件として指定する. ► *vi* 明記する. ♦ **spéc·i·fì·able** *a* **spéc·i·fì·er** *n* [OF or L; ⇨ SPECIFIC]

spec·i·men /spés(ə)mən/ *n* 見本, 適例; 例, 実例; 〘生・医〙 標本, 試料, 検体, サンプル; 《口》[[C]*derog*]《特定のタイプの》人, 妙な人: a ～ page 見本刷り / stuffed ～*s* 剝製 / ～*s* in spirits アルコール漬けの標本 / a shabby ～ しけたやつ / What a ～! 変なやつ! [L (*specio* to look)]

spécimen plànt 《庭の》主木, 中心木.

spe·ci·ol·o·gy /spìːʃiálədʒi/ *n* 種族学. ♦ **spè·ci·o·lóg·i·cal** *a*

spe·ci·os·i·ty /spìːʃiásəti/ *n* 見かけ倒し; もっともらしさ, まことしやかさ; 《廃》 美しさ, 美, 美しいもの.

spe·cious /spíːʃəs/ *a* 見かけ倒しの, うわべだけの, もっともらしい, まことしやかな, 猫をかぶった; 知覚できる, 意識上存在する, 知りうる, 経験しうる; 《廃》(見た目に)美しい, 派手な. ♦ **～·ly** *adv* **～·ness** *n* [ME=beautiful<L; ⇨ SPECIES]

spécious présent 〘哲〙 見かけ上の現在.

speck[1] /spék/ *n* **1 a** 小さいしみ[きず], 小斑点, 《果物の》小さい腐りきず; きず[斑点]のあるもの. **b** 小粒, 微小片; ぼつ, 点; 少量, 微量: a ～ of dust 一片のほこり / Our earth is only a ～ in the universe. この地球は宇宙の一点にすぎない. **2** [II]《俗》《フットボール試合などの》見物席. ● **not a ～** 全然…でない. ► *vt* [[U]*pp*] …にしみ[汚点, きず, 点々]をつける: ～*ed* apples きずのあるリンゴ. [OE *specca*; cf. SPECKLE]

speck[2] *n* スペック, シュペック《Tirol 地方の燻製生ハム》; *脂身(あぶら)の多い肉, 豚肉, ベーコン; *《オットセイ・鯨などの》脂肪. [Du *spek* and G *Speck*; cf. OE *spec*, *spic* bacon]

spéck bùm *《俗》どうしようもなく堕落しきったやつ.

speck·le /spék(ə)l/ *n* 小斑点, ぼつ, 斑(ふ); [[C]*attrib*] 〘理〙 スペックル《粗面で散乱されたレーザー光などで見られる細かい斑点状の干渉模様 (speckle pattern); またその生成》. ► *vt* [[U]*pp*] …に小斑点をつける, ぼつをつける; 斑入りにする; …に点在する; 雑多にする〈*with*〉. ♦ **spéck·led** *a* 斑(入り)の. [MDu *spekkel*; cf. SPECK[1]]

spéckled pérch 〘魚〙 BLACK CRAPPIE.

spéckled tróut 〘魚〙 BROOK TROUT, SEA TROUT《など》.

spéckled wóod **1** 斑紋のある木: **a** スネークウッド (snakewood). **b** オウギヤシを薄板に挽(ひ)いたもの《など》. **2** 〘昆〙 キマダラジャノメ《ヨーロッパ産の黄色の斑紋のあるジャノメチョウ》.

spéckle interferòmetry 〘光〙 スペックル干渉法《微小変位[変形]測定法》.

spéckle pàttern 〘理〙 スペックルパターン (speckle).

spéck·less *a* 斑点のない, しみのない, 無きずの.

speck·sion·eer /spɛ̀kʃ(ə)níər/ *n* 〘捕鯨〙 一等銛師(もり). [Du (*spek* blubber, *snijden* to cut)]

spécky *a* [II]《口》 眼鏡をかけた.

specs /spéks/ *n pl* 《口》 眼鏡. [*spectacles*]

spec·ta·cle /spéktɪk(ə)l/ *n* **1** 光景, 見世物; 美観, 壮観, 見もの (sight); 見るもかわいそうな[いやな]もの, 哀れな光景. **2** [*pl*; [C]a pair of ～*s*] 《古》 眼鏡 (glasses); [*pl*] 眼鏡に似たもの《オオパンダの隈・腕木信号の着色したためがねなど》. **3** [*pl*; [U]a pair of ～*s*] 〘クリケット〙 打者の(2 回)連続無得点. ● **make a ～ of oneself** 人に笑われるふるまい[服装]をする, いい恥をさらす, 物笑いのたねになる. **see [look at, behold, view]** sth **through rose-colored [rose-tinted, rosy] ～s [glasses]** 物事を楽観的にみる. [OF<L (*spect- specio* to look)]

spéc·ta·cled *a* 眼鏡をかけた; 〈動物が〉眼鏡形の斑(ふ)のある.

spéctacled béar 〘動〙 メガネグマ《南米産》.

spéctacled cáiman 〘動〙 メガネカイマン《眼鏡をかけたような顔つきをした中南米産アリゲーター科カイマン属のワニ》.

spéctacled cóbra 〘動〙 インドコブラ (Indian cobra).

spéctacled dólphin 〘動〙 カマイルカ (=*skunk porpoise*).

spéctacled wárbler 〖鳥〗ノドジロハッコウチョウ《欧州産》.
spec·tac·u·lar /spɛktǽkjələr/ *a* 見世物的な; 壮観の, めざましい, あっといわせる, はなばなしい. ▶ *n* 見もの, 《特に》超大作映画, 豪華(テレビ)ショー; 《人目をひく》特製大広告. ♦ **~·ly** *adv* [*oracle*: *oracular* などの類推で *spectacle* より]
spec·tate /spékteɪt/ *vi* 見物する, 観戦する.
spec·ta·tor /spéktèɪtər, ─ ─ ─; ─ ─ ─/ *n* (*fem* **-tress** /-trəs/, **-trix** /-trɪks/) **1** 見物人, 観客: The ~ sees more [most] of the game. 《諺》見物人のほうが試合の形勢がよくわかる, 傍目(おか)八目. **2** [The S-]『スペクテーター』(**1**) Steele と Addison が London で刊行した日刊紙 (1711–12, 1714); 主として文学に関する二人のエッセイを掲載した **2**) 英国の政治・文芸を中心とした評論週刊誌; 1828 年創刊). **3 a** スペクテーターシューズ (=**~ shòe**)《白をベースに, つまさきの wing tip とかかとに焦げ茶・黒などを配し, 飾り穴をつけた革靴》. **b** スペクテーターパンプス (=**~ pùmp**)《婦人用のスペクテーターシューズ》. ♦ **~·ship** *n* **spec·ta·to·ri·al** /spèktətɔ́:riəl/ *a* [F or L (*spectat- specto* to look)]
spectátor·ìsm *n* 《スポーツなどの》観戦者主義《自分ではプレーしない》.
spec·ta·tor·itis /spɛktèɪtəráɪtəs/ *n* 観戦[傍観]者症《自分では運動せず, 観戦ばかりすること》.
spéctator spòrt 見て楽しむスポーツ (cf. PARTICIPATION SPORT).
spec·ter | -tre /spéktər/ *n* **1** 幽霊, 亡霊 (ghost); こわいもの, 恐ろしいもの: raise the ~ of nuclear terrorism 核テロの恐怖をよび起こす. **2** [〈*a*〉]《動物名につけて》体形の細い. [F or L SPECTRUM]
spécter bát 〖動〗チスイコウモリモドキ《中南米産》.
spécter lémur 〖動〗メガネザル (tarsier).
spécter of the Brócken BROCKEN SPECTER.
spécter shrímp 〖動〗**a** スナモグリ (ghost shrimp). **b** ワレカラ (skeleton shrimp).
spec·ti·no·mýcin /spèktənə-/ *n* 〖薬〗スペクチノマイシン《淋病用抗菌薬》.
Spec·tor /spéktər/ スペクター **'Phil'** ~ [**Harvey Phillip** ~] (1940–)《米国のレコードプロデューサー》.
spectra *n* SPECTRUM の複数形.
spec·tral /spéktrəl/ *a* **1** 幽霊 (specter) の(ような); 空虚な. **2** 〖理〗スペクトル (spectrum) の(ような): ~ colors 分光色《虹色》. ♦ **~·ly** *adv* 幽霊のように; スペクトルで.
spéctral análysis スペクトル解析[分析]《波長[エネルギーなど]に分けて解析すること》.
spéctral cláss SPECTRAL TYPE.
spéctral classificátion 〖天〗《星の》スペクトル分類.
spéctral distribútion 〖理〗分光分布.
spéctral índex 〖天〗スペクトル指数《電波源の放射の強さを振動数の冪乗(べきじょう)で表わしたときの指数》.
spéctral líne 〖理〗スペクトル線.
spéctral lúminous effíciency 〖光〗《単色放射の》比視感度《(**1**) ある波長の放射が目に光感覚を与える効率 **2**) ある波長の放射と基準波長の放射が等しい光感覚を与えるときの後者の放射束の前者のそれに対する比; 記号 V(λ) (明所視), V′(λ) (暗所視)》.
spéctral séries 〖理〗スペクトル線系列.
spéctral týpe 〖天〗《恒星の》スペクトル型 (=*spectral class*).
spec·trin /spéktrən/ *n* 〖生化〗スペクトリン《赤血球皮膜にある巨大タンパク質分子》.
spec·tro- /spéktroʊ, -trə/ *comb form*「スペクトル(の)」「分光器の付いた」 [L (SPECTRUM)]
spèctro·bolómeter *n* 〖光〗スペクトロボロメーター《分光器とボロメーターを合わせたもので, スペクトルのエネルギー分布測定用》. ♦ **-bolométric** *a*
spèctro·chémistry *n* 〖理〗分光化学. ♦ **-chémical** *a* 分光化学の.
spèctro·colorímeter *n* 分光比色計.
spèctro·colorímetry *n* 〖光〗分光比色(法)《分光測光法 (spectrophotometry) による色彩の測定》.
spèctro·fluorómeter, -fluorímeter *n* 〖光〗分光蛍光計. ♦ **-fluorómetry** *n* **-rométric** *a*
spéctro·gràm *n* 分光[スペクトル]写真, スペクトログラム; SOUND SPECTROGRAM.
spéctro·gràph *n* 分光器, 分光写真機; 分光写真 (spectrogram); SOUND SPECTROGRAPH. ♦ **spec·trog·ra·phy** /spɛktrágrəfi/ *n* 分光写真術. **spèc·tro·gráph·ic** *a* **-i·cal·ly** *adv*
spèctro·hélio·gràm *n* 〖天〗単光太陽写真, スペクトロヘリオグラム.
spèctro·hélio·gràph *n* 〖天〗単光太陽写真機, スペクトロヘリオグラフ. ♦ **-heliógraphy** *n*
spèctro·heliómeter *n* 〖天〗分光太陽波長計.
spèctro·hélio·scòpe *n* 〖天〗単光太陽(望遠)鏡, スペクトロヘリオスコープ; SPECTROHELIOGRAPH.
spec·trol·o·gy /spɛktrálədʒi/ *n* 幽霊学, 妖怪学. ♦ **spec·tro·log·i·cal** /spèktrəládʒɪk(ə)l/ *a*
spec·trom·e·ter /spɛktrámətər/ *n* 〖理〗分光計, スペクトロメーター. ♦ **spec·tróm·e·try** *n* 分光測定法. **spèc·tro·mét·ric** *a* 分光計[分光術]の.
spèctro·photómeter *n* 〖光〗分光光度計[測光器]. ♦ **-photómetry** *n* 分光測光法. **-phò·to·mét·ric, -métrical** *a* **-rical·ly** *adv*
spèctro·polarímeter *n* 〖光〗分光偏光計《分光器 (spectroscope) と偏光計 (polarimeter) からなり, いろいろな波長の光に対して, 溶液による偏光面の回転の度合いを測定する器械》.
spéctro·scòpe *n* 〖光〗分光器. ♦ **-scop·ic** /spɛ̀ktrəskápɪk/, **-i·cal** *a* 分光器の[による]. **-i·cal·ly** *adv*
spectroscópic análysis 分光[スペクトル]分析.
spectroscópic bínary 〖天〗分光連星.
spec·tros·co·py /spɛktráskəpi/ *n* 分光学; 分光器の使用(術). ♦ **spec·trós·co·pist** *n*
spec·trum /spéktrəm/ *n* (*pl* **-tra** /-trə/, **~s**) **1** 〖理〗スペクトル《(**1**) プリズムなどによる分光で得られる色の列 **2**) 一般に, ある量を振動数などごとに分解して表わしたもの》: ABSORPTION [EMISSION] SPECTRUM, MASS SPECTRUM. **2** 《振動数などの》範囲, 周波数域, 可視波長域, 可聴振動数域, RADIO SPECTRUM, ELECTROMAGNETIC SPECTRUM. **3 a** 《一般に》一連のもの(の範囲), 変域: cover the entire ~ of issues ありとあらゆる問題を論ずる. **b** スペクトル《(**1**) 〖医〗抗生物質の有効な病原菌の範囲 **2**) 〖生〗ある環境に生息する生物の種類》. **4** 《目の》残像 (=ocular ~) (afterimage). [L=image, apparition; ⇨ SPECTACLE]
spéctrum anàlysis 〖理〗スペクトル分析, 《特に》分光化学分析.
spéctrum ànalyzer 〖理〗スペクトル分析器.
specula *n* SPECULUM の複数形.
spec·u·lar /spékjələr/ *a* 〈磨いた金属など〉鏡のような, 反映する; 〖医〗鏡の[による]; 正反射の. ♦ **~·ly** *adv* **spec·u·lar·i·ty** /spɛ̀kjəlǽrəti/ *n* [C16 *specular stone* 鏡として用いられた (SPECULUM)]
spécular íron (òre) 〖鉱〗鏡(きょう)鉄鉱.
spécular refléction 〖光〗正反射 (regular reflection).
spec·u·late /spékjəlèɪt/ *vi* **1** 思索[沈思]する, 思いめぐらす, 思索的に述べる〈*on*〉; 臆測[推測]する〈*about, as to, how, whether, that*, etc.〉. **2** 投機をする, おもわく売買をする: ~ *in* stocks [shares″] 株に手を出す / ~ *on* a rise [a fall] 騰貴[下落]を見越してやまをはる. [L *speculor* to spy out, observe (*specula* watchtower < *specio* to look)]
spec·u·la·tion /spɛ̀kjəléɪʃ(ə)n/ *n* **1** 思索, 思弁, 沈思, 考察; 空論, 空理, 推測, 臆測 (guess). **2** 投機, おもわく売買, やま, あてこみ: buy land as a ~ 土地のおもわく買いをする / on ~ 投機[やま]で.
spec·u·la·tive /spékjələtɪv, -lèɪ-/ *a* **1** 思索的な, 純理論的な; 推論的な. **2** 投機的な, おもわくの; 投機好きな[に手を出す]; 危険な (risky), 不確かな: ~ importation 見越し輸入 / ~ buying おもわく買い / ~ stock 仕手株. **3** 好奇の〈目など〉; 見晴らしのきく, 展望に地の利を得た. ♦ **~·ly** *adv* **~·ness** *n*
spéculative philósophy 〖哲〗思弁哲学.
spéc·u·là·tor *n* 投機家, 山師, 相場師; ダフ屋; 思索家, 理論家; 空論家.
spec·u·la·to·ry /spékjələtɔ̀:ri; -t(ə)ri/ *a* 《古》見晴らしのきく (speculative).
spec·u·lum /spékjələm/ *n* (*pl* **-la** /-lə/, **~s**) 〖医〗《口・鼻・子宮・膣などの》検鏡, 鏡; 金属鏡, 反射鏡; SPECULUM METAL; 〖鳥〗《カモなどの翼の》翼鏡(よくきょう); 中世の学問全般の概要論文; 《占星術などの》惑星図: an eye ~ 開眼[開瞼(かいけん)]器. [L (*specio* to look)]
spéculum mètal 鏡金《望遠鏡などの反射鏡用》.
sped *v* SPEED の過去・過去分詞.
SpEd, SPED °special education.
speech /spí:tʃ/ *n* **1 a** 《一般に》言語, ことば; 〖言〗運用言語 (parole), 話しことば; 話すこと[能力]; 話し方, 話しぶり; 国語, 方言: have ~ *of* [*with*] sb 人と談話する / be slow of ~ 訥弁(とつべん)である. **b** 〖文法〗話法 (narration); 話しことば[運用言語]の研究: REPORTED SPEECH. **2 a** 話, 談話; せりふ; 演説〈*on*〉, 《…の》辞, 挨拶, スピーチ: a farewell ~ 告別の辞 / make [deliver] a ~ 演説をする. **b** 《古》流言, うわさ. **3** 音, 《オルガンなどの》音色. ● **the ~ from the throne** 〖英〗議会開会[閉会]のことば (=the Queen's [King's] ~). ♦ **~·ful** *a* 話し好きの; 〈目などが〉表情豊かな, ものを言うような. [OE *spræc*, late OE *spēc*; cf. SPEAK, G *Sprache*]
spéech àct 〖哲・言〗発話行為《要求・忠告・警告・説得など話者の発話 (utterance) がそれ自体で一つの行為を形成するもの; illocutionary act ともいう》.
spéech bùbble 《漫画の》吹出し.
spéech clìnic 言語障害矯正所.
spéech commùnity 〖言〗言語共同体.
spéech corrèction 言語矯正.
spéech dày″ 《学校の》終業式日《賞品授与・来賓スピーチが行なわれる》.
spéech dèfect [disòrder] 言語障害.

S

spéech fòrm 〔言〕 LINGUISTIC FORM.
speech·ifi·ca·tion /spìːtʃəfəkéɪʃ(ə)n/ *n* 演説, 訓辞.
speech·ify /spíːtʃəfàɪ/ *vi* 《口》 [*joc*/*derog*] 演説をぶつ, 長談義をする. ♦ **~·ing** *n* 長談義. **-ifì·er** *n* 弁士, 演説屋.
spéech ìsland 〔言〕 言語の島《より大きな言語共同体に囲まれている少数集団の言語共同体: 米国の Pennsylvania Dutch など》.
spéech(-lànguage) pathòlogy 言語病理学, 言語療法. ♦ **spéech(-lànguage) pathòlogist** *n*
spéech·less *a* 口をきかない, 無口の, 無言の; 口のきけない; ことばで表わせないほどの, 言語を絶する; 啞然とした: I was left ~ at the sight. その光景にことばもなかった. ♦ **~·ly** *adv* **~·ness** *n*
spéech·màker *n* SPEECH を行なう人, 演説者, 弁士. ♦ **-màking** *n*
spéech màrks" *pl* QUOTATION MARKS.
spéech·rèad·ing *n* LIPREADING.
spéech recognìtion 〔電算〕 発話認識, 音声認識.
spéech sòund 〔音〕 言語音《一般の音・咳・くしゃみなどと区別して》; 〔音〕 単音《母音と子音に分類される》.

S

spéech sỳnthesis 音声合成《ヒトの言語音を電気的に合成すること》.
spéech sỳnthesizer スピーチシンセサイザー, 音声合成装置.
spéech thèrapy 言語療法, 言語治療. ♦ **spéech thèrapist** 言語療法士.
spéech tràining 《人前で話すための》 話し方訓練, スピーチトレーニング; 発音矯正練習.
spéech·wày *n* 言語様式《特定の地域・集団が共有する話しことばの様式・特徴》.
spéech·wrìter *n* スピーチライター《政治家などのスピーチの草稿を書く人》.
speed /spíːd/ *n* **1 a** 速力, 速さ, 敏速さ; 勢力, はずみ: a horse of ~ 早馬 / with all ~ 大急ぎで / More haste, less ~. 《諺》 急がば回れ. **b** 速度, スピード: *at* full [top] ~ = full ~ 全速力で / travel *at* a ~ of 30 miles an hour 時速 30 マイルで進む. **c** 《自動車などの》 変速装置, ギア: shift to low ~ 低速に変える / a 5-~ car 5 (段変) 速車. **d** 〔写〕 シャッタースピード, 露光速度, 《フィルムや感光紙などの》 感度; 〔写・光〕 《レンズの》 集光能力 (cf. F-NUMBER). **2** 《俗》 (静脈注射する) 中枢神経刺激剤, 覚醒剤, スピード (meth). **3** 《口》 《人の》 能力[性格]に合ったもの[こと], 好みの人[もの]. **4** *《俗》 《男性に対する愛称・呼びかけ》 おじさん, おにいさん. **5** 《古》 成功, 繁栄, 幸運: Send [God send] you good ~. ご成功を祈る. ● **at ~** 急いで. **bring [get, keep]...up to ~** …に通常[目標]のスピードを出させる; 目いっぱい働かせる, …に最大の効果をあげさせる; …に最新の情報を伝える. **Full ~ ahead!** どんどんやれ[働け]! **get up [pick up, gather] ~** 速度を上げる. ► *v* (**sped** /spéd/, **~·ed**) *vi* **1** 急ぐ, 疾走[疾駆]する 〈*away*〉; スピード違反をする: The car *sped along* the road. 疾走して行った. **2** 加速度的に進行[作用, 発生]する 〈*up*〉: My heart *sped up* frantically. 心臓がバクバクした. **3** 《俗》 中枢神経刺激剤[アンフェタミン]を飲む[うつ]. **4** 《古》 〈物事が〉うまくゆく; 《古》 やっていく; 《古》 〈人が〉栄える: How have you *sped?* どんな具合でしたか《うまくゆきましたか》; いかがお過ごしでしたか. ► *vt* **1 a** 急がせる, 〈事業など〉促進する, 能率を上げる; 〈機関・機械など〉の速度を速める: ~ a horse 馬を急がせる / He *sped* his pen to complete his novel. 小説を完成するためにペンを走らせた. **b** 〈帰る人を〉急がせる, 〈客〉が帰るのを送る. **2** 〈矢などを〉放つ. **3** 《古》 成功させる, 繁栄させる; 〈旅立つ人〉の道中安全を祈る: God ~ you! ご成功を祈る. ● **~ by** サーッと通り過ぎる[追い越す]; 〈月・日などが〉どんどん過ぎる. **~ off** 《車などで》 走り去る. **~ through** ハイスピードで通り抜ける; すばやく[精力的に]なし遂げる. **~ up** (…の)速度を上げる, 加速する (cf. *vi* 2); 〈効果などを〉速める: get ~*ed up* 速度[能率]が上がる. [OE (n) *spēd* success＜Gmc **spōan* to prosper]
spéed bàg* 《ボクシング練習用の》 スピードバッグ, パンチングボール (= *speedball*).
spéed·bàll *n* **1** 《俗》 スピードボール《コカインにヘロイン・モルヒネ, またはアンフェタミンを混ぜた麻薬で, 普通は注射する》; *《俗》 すぐ効いてくる安ワイン, アルコールを加えたワイン(一杯); 《豪》 リッソール (rissole) 《特に 羊毛刈り職人が食べる, 緩下剤のはいったもの》. **2*** スピードボール《soccer に似た球技; ただし, 手を使うことも許される》; SPEED BAG. **3** 《口》 ばりばり[手早く]仕事をする人. ► *vi* 《俗》 スピードボールをやる[注射する].
spéed·bòat *n* 快速モーターボート. ♦ **~·er** *n* **~·ing** *n*
spéed·bòy *n** 《記者俗》 快足の[すばしっこい]選手.
spéed bràke 〔空〕 スピードブレーキ《飛行中・着陸時に減速するための空気抵抗板》.
spéed bùmp スピード防止帯 (= *speed hump*) 《車両のスピードを制限するために道路上を横切るように設けた隆起》; *《口》 進歩をはばむもの.
spéed càmera スピードカメラ, 自動速度取締まり機.
spéed chèss 速打ちチェス《制限時間内で競うチェスの一種; 先に待ち時間を超えたほうが負け》.
spéed còp 《俗》 スピード違反取締まり(警)官.
spéed còunter 〔機〕 《エンジンなどの》 回転計数器.
spéed dàting スピードデート《一人当たり数分話して交代するようにして大勢の異性と話しができるお見合いパーティー》.
spéed dèmon 《口》 スピード狂 (speedster); *《俗》 メタンフェタミン常用者.
spéed-dìal *vt* 〈電話番号を〉短縮機能を使ってダイヤルする.
spéed dìal 《電話の》 短縮ダイヤル機能.
spéed·er *n* **1** むやみに飛ばすドライバー. **2***《俗》 SPEEDING TICKET. **3***《俗》 アンフェタミン[メタンフェタミン]の錠剤[カプセル, アンプル]; *《俗》 アンフェタミン[メタンフェタミン]使用者.
spéed frèak 《俗》 アンフェタミン[メタンフェタミン]常習者, 覚醒剤中毒者.
spéed·hèad *n**《俗》 アンフェタミン[メタンフェタミン]使用者, シャブ中 (speed freak).
spéed hùmp SPEED BUMP.
spéed ìndicator 速度計 (speedometer).
spéed·ing *a* 高速で動いている. ► *n* 高速進行, 猛スピード運転; スピード違反, 最高速度違反: He was arrested for ~. スピード違反で逮捕された.
spéeding tìcket スピード違反の呼出し状.
spéed kìng 《俗》 自動車レースのチャンピオン.
spéed·lìght, -làmp *n* スピードライト, STROBOTRON.
spéed lìmit 制限速度, 最高許容速度.
spéed mèrchant "《口》 《自動車運転などの》 スピード狂; *《俗》 すばやい動きをする人, 駿足の選手; *《俗》 速球投手.
spéed mètal スピードメタル《heavy metal にパンクロックの暴力的かつ過激なメッセージを取り入れたもの; thrash, thrashcore, thrash metal もほぼ同義語》.
speedo /spíːdou/ *n* **1** (*pl* **spéed·os**) "《口》 SPEEDOMETER. **2** [Speedos] 〔商標〕 スピード《英国の Speedo International Ltd 製の水着》.
spéed of lìght 〔理〕 光速 (＝*velocity of light*) 《電磁波の真空中での伝搬速度; 2.99792458×108 m/s で不変; 記号 *c*》.
speed·om·e·ter /spɪdɑ́mətər/ *n* 速度計《しばしば走行距離計が組み込まれている》.
spéed-rèad·ing *n* 速読. ♦ **spéed-rèad** *vt*
spéed shòp スピードショップ《hot-rodder 向けの特製自動車部品[用品]を扱う店》.
spéed skàting スピードスケート競技. ♦ **spéed skàter** *n*
spéed spràyer CONCENTRATE SPRAYER.
spéed·ster *n* **1** 抜群に速い選手[乗物, 馬]; スピード狂ドライバー, 走り屋 (speeder). **2***《俗》 アンフェタミン[メタンフェタミン]常用者, シャブ中 (speeder).
spéed tràp スピード違反取締まり[ねずみ取り]区間; 速度違反摘発装置.
spéed·ùp *n* 速力増加, 加速, スピードアップ; 《機械などの》 能率促進; 生産効率の向上, 労働強化.
spéed·wàlk *n* 動く歩道.
spéed·wày *n* オートレース[競輪]場; オートバイの短距離レース; *高速(自動車)道路.
spéed·wèll *n* 〔植〕 クワガタソウ, ベロニカ《ゴマノハグサ科クワガタソウ属の各種草本》, 《特に》 コモンスピードウェル, ヤクヨウベロニカ.
Spéed·wrìting 〔商標〕 スピードハンド《アルファベットの文字を使用する速記法》.
spéedy *a* 迅速な, きびきびとした; 早速の, 即座の: a ~ answer 即答. ► *n**《俗》 配達人, メッセンジャー; *《俗》 速達郵便物. ♦ **spéed·i·ly** *adv* 速く, 直ちに, てきぱきと, さっさと. **spéed·i·ness** *n*
spéedy tríal 迅速な裁判《合衆国憲法第 6 修正はこれを保障している》.
speel /spíːl/ *vt, vi* 《スコ》 CLIMB. ► *n* 《マンチェスター》 こっぱ, 小さい板. [C18＜?]
speer, speir /spíər/ *vt, vi* 《スコ》 尋ねる (inquire).
Speer /spíər; G ʃpéːr/ シュペーア **Albert ~** (1905–81) 《ナチスドイツの建築家; 軍需相 (1942–45)》.
spéer·ings *n pl* 《スコ》 消息.
speiss /spáɪs/ *n* 〔冶〕 砒鈹(ひ), スパイス《ある種の金属鉱石を製錬する際に発生する金属ヒ化物》. [G *Speise* food]
spek·boom /spékbùːm/ *n* 〔植〕 ポーチュラカリア《アフリカ南部産スベリヒユ科の多肉の低木; 葉を飼料とする》. [Afrik (*spek* speck[2], *boom* tree)]
Speke /spíːk/ スピーク **John Hanning ~** (1827–64) 《英国の探検家; アフリカ東部の Victoria 湖にヨーロッパ人として最初に到達, Nile 川の水源と確認》.
spe·lae·an, -le- /spɪlíːən/ *a* 洞窟の(ような); 穴居の, 洞窟に住む. [Gk (*spēlaion* cave)]
spe·le·ol·o·gy, -lae- /spìːliɑ́lədʒi/ *n* 洞窟学, 洞穴学; 洞窟探検. ♦ **-gist** *n* 洞窟学者; 洞窟探検家 (spelunker). **spe·l(a)e·o·log·i·cal** /spìːliəlɑ́dʒɪk(ə)l/ *a* [F,＜Gk(↑)]
spe·leo·them /spíːliəθèm/ *n* 洞窟二次生成物《鍾乳石など》.
spelk /spélk/ *n* 《北イング》 こっぱ, 小さい板.
spell[1] /spél/ *v* (**~ed** /spéld, spélt/, **spelt** /spélt/) *vt* **1** 〈語 (word)

を〉つづる, …のつづりを言う[書く]; 〈語・句を〉つづり上げる: How do you ~ your name? お名前はどうつづりますか / This is *spelt* rightly [wrongly]. このつづりは正しい[間違っている] / O-n-e ~*s* 'one.' オー・エヌ・イーとつづって one (という語)になる. **2** 〈物事が…にとって〉意味する, 《結果として》きたす, 伴う, …に導く〈*for*〉: ~ trouble 厄介なことになる / Failure ~*s* death *for* him. 失敗すれば命はない. ► *vi* **1** 字[1 語]をつづる, 正しく書く[読む]; 一字一字拾い読みする: ~ on the phone 電話で(名前などの)つづりを言う. **2** 《詩》 研究する, 考察する. ● **~ backward** 逆につづる; 曲解する. **~ down** スペリングコンテスト (spelldown) で〈相手を〉負かす. **~ out** 一字一字骨折って読む; 察する, 理解する; 〈語・句の〉つづりを略さずに書く; 詳細に[明快に]述べる[説明する]: Do I have to ~ it *out* (for [to] you)? まだわからないのかい. **~ over**…に考慮を払う. ♦ **~·able** *a* [OF *espe(l)er*, **espeldre*<Frank=to discourse (↓)]

spell[2] *n* 呪文, まじない; 魔力, 呪縛, 魅了; 魅力: cast [lay, put]… under a ~=cast a ~ on [over]…に魔法をかける, …を魔法で金縛りにする; 完全に…の愛をかちえる / break the ~ 呪縛を解く / fall under sb's ~ 人に魅せられる, 人のとりこになる / have…in [under] one's ~ 〈女性・観衆などを〉とりこにする / weave a [one's] ~ 魔法を使う; 魔力をもつ; 効果を現わす. ► *vt* 呪文で縛る; 魅する. [OE *spel(l)*; cf. OHG *spel* tale, talk]

spell[3] *n* **1 a** ひと続き, ひとしきり; しばらくの間, 一時, 暫時; 《仕事・活動の》期間; 《豪》 休息期間, 一服, ひと休み: a short ~ *of* fine weather 束の間の好天 / Come in and sit a ~. 中へはいって(ちょっと)おかけください. **b** *《口》《ひとしきりの》発作, 気分の悪いひと時: a ~ of coughing 咳の発作. **2** ひと仕事; 〖クリケット〗《一人の投手が投げる over の》連続[連投](回数); 《仕事の》順番, 交替; 《古》 交替要員: have [take] a ~ 交替する / give a ~ (人に)仕事を交替してやる. **3** 《方》 近距離, すぐ近く. ● **~ and [for] ~** 交替(で); 絶えず. **S~ oh [ho]!** (仕事を)休め! ► *vt* 《口》〈人〉としばらく交替する, ちょっと…に代わって働く; 《豪》〈馬など〉に休息時間を与える, ひと休みさせる. ► *vi* 交替で働く; 《豪》 休息[ひと休み]する. [(n)〈(v) *spele* (dial) to substitute<OE *spelian*<?]

spell[4] *n* 《方》 木切れ, 切れはし; 《英方》 横木 (bar, rung). [? 変形〈ME *speld* spark, flake]

spéll·bìnd *vt* 呪文で縛る; 魅する, 魅了する. ♦ **~·ing** *a* **~·ing·ly** *adv*

spéll·bìnd·er *n* 《口》 雄弁家, 《特に》聴衆をひきつける政治家; 人をとりこにする本[劇など].

spéll·bòund *a* 呪文で縛られた, 魔法にかかった; 魅せられた, うっとりした (enchanted).

spéll-chèck 〖電算〗 *vt* スペルチェックする. ► *n* スペルチェック; SPELL-CHECKER.

spéll-chèck·er *n* 〖電算〗 スペルチェッカー (=*spell-check, speller, spelling checker*).

spéll·dòwn *n* スペリングコンテスト (=*spelling bee*) 《全員が立って競技を始め, 間違えた者はすわり, 起立者が一人になるまで続ける》.

spéll·er *n* つづる人; *SPELLING BOOK; SPELL-CHECKER: a bad ~ つづりをよく間違える人.

spel·li·can /spɛ́lɪkən/ *n* SPILLIKIN.

spéll·ing *n* (文字を)つづること; 綴字(ていじ)法, 正字法 (orthography); 正しくつづる能力; 《語の》つづり, スペリング, スペル; つづり方.

spélling bèe SPELLDOWN.

spélling bòok つづり字[綴字]教本.

spélling chècker 〖電算〗 スペリング[スペル]チェッカー (spell-checker).

spélling pronunciàtion つづり字発音 《boatswain /bóus(ə)n/ を /bóutswèɪn/ と発音するなど》.

spelt[1] *v* SPELL[1] の過去・過去分詞.

spelt[2] /spɛ́lt/, **speltz** /spɛ́lts/ *n* 〖植〗 スペルトコムギ 《現在は家畜飼料・健康食品用》; EMMER. [OE<OS; cf. G *Spelt*]

spel·ter /spɛ́ltər/ *n* 亜鉛(鋳塊); 《はんだ用》亜鉛棒.

spe·lunk·er /spɪlʌ́ŋkər, spíːlʌ̀ŋkər/ *n* 《アマチュアの》洞窟探検家. ♦ **spe·lúnk·ing** *n* [L *spelunca* cave]

Spe·mann /ʃpéɪmàːn/ シュペーマン **Hans ~** (1869–1941) 《ドイツの動物学者; ノーベル生理学医学賞 (1935)》.

spence, spense /spɛ́ns/ *n* 《古・英方》 食料貯蔵室, 食器棚; 《スコ》《通例 台所に近い》奥の間.

Spence スペンス (1) **A(ndrew) Michael ~** (1943–) 《米国の経済学者; ノーベル経済学賞 (2001)》 (2) Sir **Basil (Urwin) ~** (1907–76) 《インド生まれのスコットランドの建築家; Coventry 大聖堂 (1962)》.

spen·cer[1] /spɛ́nsər/ *n* スペンサー 《(1) 19 世紀初期の短い外套[上着] 2) 昔の女性用胴着[ベスト]》. [George John, 2nd Earl *Spencer* (1758–1834) 英国の政治家]

spencer[2] *n* 〖海〗 スペンサー 《前檣[大檣]の補助となる縦帆》. [? K. *Spencer* 19 世紀の人物]

spencer[3] *n* スペンサー 《18 世紀の英国で使用されたかつらの一種》. [Charles *Spencer*, 3rd Earl of Sunderland (1674–1722) 英国の政治家]

Spencer 1 スペンサー 《男子名; Spenser ともつづる》. **2** スペンサー (1) **Herbert ~** (1820–1903) 《英国の哲学者; *First Principles* (1862), *Principles of Sociology* (3 vols, 1876–96)》 (2) Sir **Stanley ~** (1891–1959) 《英国の画家; 聖書・キリスト教説話を題材にした》. ♦ **Spéncer·ìsm** *n* SPENCERIANISM. [OF=dispenser (of provisions)]

Spéncer Gúlf スペンサー湾 《オーストラリア South Australia 州南東部の湾》.

Spen·ce·ri·an /spɛnsíəriən/ *a* **1** スペンサー (Herbert Spencer) (の哲学)の. **2** 〈書体が〉米国の書家 スペンサー (Platt R. Spencer (1800–64)) 流の, 丸みをおび右へ傾く. ► *n* スペンサー派の哲学者.

Spencérian·ism *n* スペンサー哲学, 総合哲学 (=*synthetic philosophy*) 《進化論的哲学で, すべて自然にまかせよと主張》.

spend /spɛ́nd/ *v* (**spent** /spɛ́nt/) *vt* **1** 〈金を〉つかう, 費やす, 支出する; 〈金を〉かける: ~ a lot of money *on* books たくさんの金を本につかう / Ill gotten [got], ill *spent*. 《諺》 悪銭身につかず / Don't ~ it all in one place. 一度に全部つかわないでね 《人に(少額の)金を渡すときに言うことば》. **2** 〈時を〉過ごす, 暮らす, 送る: ~ some time in the hospital しばらく入院する. **3 a** 《主義・運動などのために》ささげる; 使いつくす, 消費する; 浪費する: ~ all one's energies 全精力を使いはたす / ~ one's breath [words] 意見などしてもむだになる. **b** [ᵘ*pp* or ~ *-self*] 疲れきらせる, 弱らせる; 《廃》〖海〗〈マストを〉失う (⇨ ~ a MAST[1]): The storm has *spent itself*. あらしがおさまった / The night *is* far *spent*. 《古》 夜はふけた. ► *vi* 金をつかう[費やす, つかいはたす]; 浪費をする; 〈魚が〉しらこを放出する; 《俗》 射精する, いく; 《廃》 使いはたされる, 尽きる. ● **~ and be spent** 〖聖〗 物を費やしまた身をも費やす 《*2 Cor* 12: 15》. ► *n* 《口》 支出(額), 費用; [*pl*] ᵘ《北西部》《子供の》おこづかい: ad ~=ADSPEND. ♦ **~·able** *a* 消費[支出]しうる; つかってもよい: ~*able* income 手取りの収入. **~·er** *n* 金をつかう人; 浪費家. **~·ing** *n* 支出(額); 消費. [OE *spendan*<L EXPEND; ME 期 DISPENSE も影響]

spend·a·hol·ic /spɛ̀ndəhɔ́(ː)lɪk, -hál-/ *a, n* 《口》 消費[買物]中毒の(人). [*-aholic*]

spénd·àll *n* 浪費家 (spendthrift).

Spen·der /spɛ́ndər/ スペンダー Sir **Stephen (Harold) ~** (1909–95) 《英国の詩人・批評家; 1930 年代の左翼文学に貢献, *Horizon* (1939–41), *Encounter* (1953–67) の共同編集人をつとめた》.

spénding mòney 手持ちの金, こづかい (pocket money).

spénd·thrìft *a* 金を浪費する, 金づかいの荒い. ► *n* 金づかいの荒い人, 浪費家, 濫費家; 《酒色・ばくちで》身代をつぶす者, 道楽者.

spénd-ùp *n* 《口》 気ままに金をつかう時[こと].

spendy /spɛ́ndi/ *《口》 *a* 値がはる, 高い; 金づかいの荒い.

Spen·gler /spɛ́ŋglər, ʃpɛ́ŋ-/ シュペングラー **Oswald ~** (1880–1936) 《ドイツの哲学者; *Der Untergang des Abendlandes* (西洋の没落; 2 vols, 1918–22)》.

Spen·gle·ri·an /spɛŋglíəriən, ʃpɛŋ-/ *a, n* シュペングラー (Oswald Spengler) の歴史哲学の(信奉者).

spense ⇨ SPENCE.

Spen·ser /spɛ́nsər/ **1** スペンサー 《男子名; ⇨ SPENCER》. **2** スペンサー **Edmund ~** (c. 1552–99) 《イングランドの詩人; *The Shepheardes Calender* (1579), *The Faerie Queene* (1590, 96), *Epithalamion* (1594)》.

Spen·se·ri·an /spɛnsíəriən/ *a* スペンサー(流)の. ► *n* スペンサー流[信奉, 模倣]の人[詩人]; SPENSERIAN STANZA (による詩).

Spensérian sónnet 〖韻〗 スペンサーソネット 《SPENSER が *Amoretti* に用いた詩形; 押韻形式は abab, bcbc, cdcd, ee》.

Spensérian stánza 〖韻〗 スペンサー連 《Spenser が *The Faerie Queene* に用いた詩形: 弱強五歩格 8 行と弱強六歩格 1 行, 押韻形式は ababbcbcc》.

Spénser Móuntains *pl* [the] スペンサー山脈 《ニュージーランド南島北部の連山; 最高峰 Travers 山 (2338 m)》.

spent /spɛ́nt/ *v* SPEND の過去・過去分詞. ► *a* 消費された, 空(から)になった; 疲れきった, 弱った; 効力[成分, 勢い]のなくなった; 〈魚が〉放卵[放精]した: ~ (nuclear) fuel 使用済み核燃料 / a ~ force かつての勢いを失った人[もの].

Spen·ta Mai·nyu /spɛ́ntə máɪnju/ 〖ゾロアスター教〗 スペンタマイニュ 《Ormazd の子で善と創造の神》.

spént gnát 〖釣〗 交尾[産卵]後の弱ったカゲロウ(を模した毛針).

spe·os /spíːɑ̀s/ *n* 〖古代エジプト〗 岩窟神殿, スペオース 《岩壁に彫られた神殿[墓]》. [Gk=cave]

Spe·ran·sky /spərǽnski/ スペランスキー **Mikhail Mikhaylovich ~**, Count ~ (1772–1839) 《ロシアの政治家; Alexander 1 世の内大臣》.

sperm /spɔ́ːrm/ *n* (*pl* **~**, **~s**) 〖生理〗 精液 (semen); 精子; SPERM WHALE; SPERMACETI; SPERM OIL. [L<Gk *spermat- sperma* seed (*speirō* to sow)]

sperm- /spɔ́ːrm/, **sper·mo-** /-moʊ, -mə/, **sper·ma-** /-mə/, **sper·mi-** /-mə/ *comb form* 「種子」「精子」「精液」 [Gk (↑)]

sper·ma·ceti /spɔ̀ːrməséti, -síːti/ *n* 鯨脳, 鯨蠟. ♦ **spèr·ma·cét·ic** *a* [L *sperma ceti* whale sperm]

sper·ma·go·ni·um /spɔ̀ːrməgóʊniəm/ *n* (*pl* **-nia** /-niə/) 〖菌・

S

植》《菌類・紅藻類の》精子器, 雄精器.

-sper·mal /spə́:rməl/, **-sper·mous** /spə́:rməs/ *a comb form* 〘植〙「…な[…個の]種子を有する」: angio*spermal*, gymno*spermous*. [*sperm*, *-al*]

sper·ma·ry /spə́:rm(ə)ri/ *n* 精子腺, 精嚢, 睾丸, 精巣.

sper·mat- /spərmǽt, spə́:rmət/, **sper·mato-** /-toʊ, -tə/ *comb form*「種子」「精子」 [Gk (SPERM)]

sper·ma·the·ca /spə̀:rməθí:kə/ *n* 〘動〙《昆虫・無脊椎動物の雌性生殖器にある》貯精嚢. ♦ **-thé·cal** *a*

sper·mat·ic /spərmǽtɪk/ *a* 精液の; 精嚢の; 睾丸の; 生殖の.

spermátic córd 〘解・動〙精索, 精糸.

spermátic flúid 〘生理〙精液 (semen).

spermátic funículus SPERMATIC CORD.

spermátic sác 〘解・動〙精嚢.

sper·ma·tid /spə́:rmətəd/ *n* 〘動〙精子細胞, 精細胞.

sper·ma·ti·um /spərméɪʃiəm, -tiəm/ *n* (*pl* **-tia** /-ʃiə, -tiə/) 〘植〙《紅藻類などの》雄精体, 不動精子. ♦ **sper·má·tial** *a* [L; ⇨ SPERM]

spermáto·blàst /, spə́:rmətə-/ *n* 〘生〙精芽細胞.

spermáto·cìde /, spə́:rmətə-/ *n* 殺精(子)薬[剤]. ♦ **spermàto·cíd·al** *a*

spermáto·cỳte /, spə́:rmətə-/ *n* 〘生〙精母細胞.

spermàto·génesis /, spə̀:rmətə-/ *n* 〘生〙精子形成[発生]. ♦ **-genétic** /, spə̀:rmətoʊ-/, **-génic** *a*

sper·ma·tog·e·ny /spə̀:rmətɑ́ʤəni/ *n* SPERMATOGENESIS. ♦ **-tóg·e·nous** *a*

sper·mato·go·ni·um /spərmæ̀təgóʊniəm, spə̀:rmətə-/ *n* (*pl* **-nia** /-niə/) 〘生〙精原細胞, 《菌類の》精子器. ♦ **-gó·ni·al, -gón·ic** /-gɑ́n-/ *a* [SPERM, L *gonium* (Gk *gonos* seed)]

sper·ma·toid /spə́:rmətɔ̀ɪd/ *a* SPERM のような[に似た].

spermáto·phòre /, spə́:rmətə-/ *n* 〘動〙《ある種の昆虫・軟体動物などの》精莢(せいきょう), 精包. ♦ **sper·ma·toph·o·ral** /spə̀:rmətɑ́fərəl/ *a*

spermáto·phỳte /, spə́:rmətə-/ *n* 〘植〙種子植物. ♦ **spermàto·phýtic** /, spə̀:rmətə-/ *a*

sper·ma·tor·rhea, -rhoea /spə̀:rmətərí:ə, spərmæ̀t-/ *n* 〘医〙精液漏《性的観念なしに精液が尿道から漏出すること》.

sper·ma·to·zo·al /spə̀:rmətəzóʊəl, spərmæ̀tə-/ *a* 〘動〙精子[精虫]の[に似た].

sper·ma·to·zo·an /spə̀:rmətəzóʊən, spərmæ̀tə-/ *n* SPERMATOZOON. ► *a* SPERMATOZOAL.

sper·ma·to·zo·ic /spə̀:rmətəzóʊɪk, spərmæ̀tə-/ *a* SPERMATOZOAL.

sper·ma·to·zo·id /spə̀:rmətəzóʊəd, spərmæ̀tə-/ *n* 〘植〙動的雄性配偶子, 精子; SPERMATOZOON.

sper·ma·to·zo·on /spə̀:rmətəzóʊɑ̀n, -ən, spərmæ̀tə-/ *n* (*pl* **-zoa** /-zóʊə/) 〘動〙精子, 精虫; SPERMATOZOID.

spérm bànk 精子銀行.

spérm cèll 〘動〙精子, 精細胞.

spérm còunt 〘医〙精子数測定《精液中の生存精子数の測定; 男子の授精能力の尺度とする》.

spermi- /spə́:rmə/ ⇨ SPERM-.

sper·mic /spə́:rmɪk/ *a* SPERMATIC.

spérmi·cìde *n* SPERMATOCIDE. ♦ **spèrmi·cídal** *a* **-cídal·ly** *adv*

sper·mi·dine /spə́:rmədì:n, -dən/ *n* 〘生化〙スペルミジン《特に精液中に含まれるポリアミン》.

sperm·ine /spə́:rmì:n, -mən/ *n* 〘生化〙スペルミン《精液などに含まれる一種のポリアミンで, 精液の特異臭はこれによる》.

sper·mio·génesis /spə̀:rmioʊ-/ *n* 〘生〙精子完成[変態]; SPERMATOGENESIS. ♦ **-genétic** *a*

spérm nùcleus 〘生〙精核, 雄核.

sper·mo·go·ni·um /spə̀:rməgóʊniəm/ *n* (*pl* **-nia** /-niə/) SPERMAGONIUM.

spérm òil 〘化〙鯨油, 抹香(まっこう)鯨油.

spérmo·phìle *n* GROUND SQUIRREL.

spérmo·phỳte *n* SPERMATOPHYTE.

sper·mous /spə́:rməs/ *a* SPERM の(ような), SPERMATIC.

-spermous ⇨ -SPERMAL.

spérm whàle 〘動〙マッコウクジラ.

-sper·my /spə̀:rmi/ *n comb form* 〘生〙「…の受精状態」: poly*spermy* 多精 / di*spermy* 二精. [Gk (SPERM)]

Sper·ry /spéri/ スペリー (1) **Elmer Ambrose** ~ (1860–1930)《米国の発明家; ジャイロコンパスを発明》 (2) **Roger (Wolcott)** ~ (1913–94)《米国の神経生物学者; ノーベル生理学医学賞 (1981)》.

sper·ry·lite /spérɪlàɪt/ *n* 〘鉱〙砒白金鉱, スペリー鉱. [Francis L. *Sperry* (19 世紀のカナダの化学者), *-lite*]

spesh /spéʃ/ *a* ‖《俗》特別の, 最高の (special).

spes·sar·tite /spésərtàɪt/, **-tine** /-tì:n/ *n* 〘鉱〙マンガンざくろ石; 〘岩石〙スペッサルト岩《塩基性火成岩》. [*Spessart* ドイツの山脈]

speug /spjʌ́g/ *n* 《スコ》スズメ (sparrow).

spew /spjú:/ *vi, vt* (へどを)吐く ‹*up, out*›; 噴出する, どっと吐き出す ‹*out, up*›; にじみ出る. ► *n* 吐き出したもの, へど; はみ出した[にじみ出た]もの; 〘皮革〙スピュー《銀面に現われる白い結晶や黒い粘質物》. ♦ **~·er** *n* [OE *spīwan*; cf. G *speien*]

spéw·ing *a* 《豪俗》おこって, 頭にきて, かっかして.

Spey /spéɪ/ [the] スペイ川《スコットランド北東部から北海 Moray 湾へ流れる川; サケ漁で有名》.

Spey·er /spáɪər, ʃpáɪər/ シュパイアー (*E* Spires)《ドイツ西部 Rhineland-Palatinate 州の Rhine 川に臨む港市; しばしば神聖ローマ帝国国会が開催された》.

Spezia ⇨ LA SPEZIA.

SPF °sun protection factor. **sp. gr.** °specific gravity.

sphac·e·late /sfǽsəlèɪt/ *vt, vi* 〘医〙壊疽(えそ)[脱疽]にかからせる[かかる]. ♦ **sphàc·e·lá·tion** *n* 〘医〙壊疽[脱疽]にかかること, 湿性壊死(えし).

sphac·e·lus /sfǽsələs/ *n* 〘医〙壊疽 (gangrene), 壊死組織.

sphaer- ⇨ SPHER-.

sphag·nous /sfǽgnəs/ *a* ミズゴケの(多い).

sphag·num /sfǽgnəm/ *n* (*pl* **sphag·na** /-nə/) 〘植〙ミズゴケ (= **~ mòss**)《ミズゴケ属 (*S*-) のコケの総称》. [Gk *sphagnos* a moss]

sphai·ree /sfaɪrí:/ *n* 《豪》スファイリー《テニスに似た球技》.

sphal·er·ite /sfǽlərὰɪt, sféɪl-/ *n* 〘鉱〙閃亜鉛鉱, スファレライト (=*blackjack*, (*zinc*) *blende*).

S phase /és ―/ 〘生〙S 相, S 期《細胞周期における DNA 合成期; cf. G_1 [G_2, M] PHASE》.

sphen- /sfí:n/, **sphe·no-** /sfí:noʊ, -nə/ *comb form*「くさび」「蝶形骨」 [Gk (*sphēn* wedge)]

sphene /sfí:n, spí:n/ *n* 〘鉱〙くさび石, 榍石(せっせき), チタン石 (=*titanite*)《宝石ともする》.

sphe·nic /sfí:nɪk/ *a* くさび状[形]の.

sphen·odon /sfí:nədɑ̀n/ *n* 〘動〙ムカシトカゲ (tuatara). ♦ **-odònt** *a*

sphéno·gràm *n* くさび形文字.

sphe·noid /sfí:nɔ̀ɪd/ *a* 〘解〙蝶形骨の; SPHENOIDAL. ► *n* 〘解〙蝶形骨 (=**~ bóne**); 〘鉱・晶〙榍(せつ)(面), スフェノイド《くさび形の結晶形》. ♦ **sphe·noi·dal** /sfɪnɔ́ɪdl/ *a* くさび状[形]の. [Gk *sphēn* wedge]

sphe·nop·sid /sfɪnɑ́psəd/ *n* 〘植〙トクサ類[綱] (Sphenopsida) の各種のシダ[化石].

spher- /sfíər/, **sphaer-** /sfíər/, **sphe·ro-, sphae·ro-** /sfíəroʊ, sféroʊ, -rə/ *comb form*「球 (sphere)」 [Gk (SPHERE)]

spher·al /sfíərəl/ *a* 球 (sphere) の, 球状の, 丸い; 天球の; 完璧な, 相称の, 均斉[調和]のとれた. ♦ **sphe·ral·i·ty** /sfɪrǽləti/ *n*

spher·a·tor /sfíərèɪtər/ *n* 〘理〙スフェレーター《磁場閉じ込め型核融合実験炉》.

sphere /sfíər/ *n* **1** 球; 球形, 球体, 球面; 天体, 星, 惑星; 天球 (celestial sphere); 《古代天文学で存在すると考えられた》天球層; 地球儀, 天体儀; 《詩》空, 天, 天空; *《俗》《野球・ゴルフなどの》ボール, 球; 《廃》〘天〙軌道: the HARMONY [MUSIC] OF THE SPHERES. **2** 範囲, 活動範囲, 勢力範囲, 圏域; 領分, 圏; 本分, 本領; 社会的地位, 身分, 階級: be out of one's ~ 自分の領域外にある / remain in one's (proper) ~ 本分を守る. ► 《詩》*vt* (天)球内に置く; 球状にする; 取り巻く, 囲む. [OF, <Gk *sphaira* ball]

sphére of ínfluence [ínterest] 《国・個人の》勢力範囲[圏].

spher·ic /sfíərɪk, sfér-; sfér-/ *a* 球(体)の; 球状の; 球面の.

sphér·i·cal *a* 球形の, 球状の, 丸い; 球(面)の[に関する]; 天体の; 天球の[に関する]. ♦ **~·ly** *adv* **~·ness** *n*

sphérical aberrátion 〘光〙球面収差.

sphérical ángle 〘数〙球面角.

sphérical astrónomy 球面天文学.

sphérical coórdinates *pl* 〘数〙球(面)座標.

sphérical geómetry 球面幾何学.

sphérical léns 球面レンズ.

sphérical pólygon 〘数〙球面多角形.

sphérical sáiling 〘海〙球面航法, 大圏航法 (globular sailing).

sphérical tríangle 〘数〙球面三角形.

sphérical trigonómetry 球面三角法.

sphe·ric·i·ty /sfɪrísəti/ *n* 球形, 球面; 球形度, 真球度.

sphér·ics[1] *n* SPHERICAL GEOMETRY; SPHERICAL TRIGONOMETRY.

spherics[2] *n* SFERICS.

spher·oid /sfíərɔ̀ɪd, *sfér-/ *n* 〘数〙回転楕円面, 長球, 偏球, スフェロイド; *《俗》野球ボール. ► *a* SPHEROIDAL.

sphe·roi·dal /sfɪərɔ́ɪdl/ *a* 回転楕円面(状)の. ♦ **~·ly** *adv*

spher·oid·ic·i·ty /sfìərɔɪdísəti/, **sphe·roi·di·ty** /-rɔ́ɪdəti/ *n* 長球形(であること).

sphe·rom·e·ter /sfɪərɑ́mətər/ *n* 球面計, 度弧器, 球指(きゅうし)《球面の曲率を測る》.

sphéro·plàst *n* 〔菌〕スフェロプラスト《細胞壁をほとんど[全部]取り去った菌細胞》.
spher·ule /sfíər(j)ù:l, sfér-; sfér-/ *n* 小球(体). ♦ **spher·u·lar** /sfíər(j)ələr, sfér-; sfér-/ *a* [L (dim)‹SPHERE]
spher·u·lite /sfér(j)əlàɪt, sfér-; sfér-/ *n* 球顆, スフェルライト《火成岩にみられる, 一種以上の鉱物が放射状に集まり, 外側が球状になっているもの》. ♦ **sphèr·u·lít·ic** /-lít-/ *a* 球顆の[からなる].
sphery /sfíəri/ «詩» *a* 天球の; 球状の; 天球を思わせる; 天球の音楽の(ような); 星のような.
sphex /sféks/ *n* 〔昆〕アナバチ; [*S*-] アナバチ属.
sphinc·ter /sfíŋ(k)tər/ *n* 〔解〕括約筋. ♦ **~·al** *a* **sphinc·tér·ic** /-tér-/ *a* [L<Gk (*sphiggō* to bind tight)]
sphin·gid /sfíndʒəd/ *n* 〔昆〕スズメガ (hawkmoth).
sphin·go·lípid(e) /sfìŋgoʊ-/ *n* 〔生化〕スフィンゴ脂質《スフィンゴシンを含む複合脂質の総称》.
sphin·go·mýelin /sfìŋgoʊ-/ *n* 〔生化〕スフィンゴミエリン《生体組織に広く存在し, 特に脳組織に多いリン酸脂質》.
sphin·go·sine /sfíŋgəsì:n/ *n* 〔生化〕スフィンゴシン《特に神経組織や細胞膜に含まれている不飽和アミノグリコール》.
sphinx /sfíŋ(k)s/ *n* (*pl* **~·es, sphin·ges** /sfíndʒì:z/) **1 a** スフィンクスの像《人頭のライオン, 特に エジプトの Giza 付近の巨像》. **b** [the S-]〔ギ神〕スピンクス, スフィンクス《女の頭とライオンの胴に翼をもった怪物で, 通行人になぞをかけ解けない者を全部殺していたが, Oedipus に解かれてみずから滅びた; もとはエジプトからはいったもの》. **2** なぞの人物. **3** 〔昆〕スズメガ (hawkmoth) (=**~ mòth**). ♦ **~·lìke** *a* スフィンクスのような, なぞめいた. [L<Gk (? *sphiggō* to draw tight)]
sphra·gis·tic /sfrədʒístɪk/ *a* 印章(学)の, 印章に関する. [F<Gk (*sphragis* seal)]
sphra·gís·tics *n* 印章学.
sp. ht °specific heat.
sphyg·mic /sfígmɪk/ *a* 〔生理・医〕脈拍の.
sphyg·mo- /sfígmoʊ, -mə/ *comb form*「脈拍 (pulse)」 [Gk (*sphugmos* pulse)]
sphýgmo·gràm *n* 〔医〕脈波曲線.
sphýgmo·gràph *n* 〔医〕脈波計.
sphyg·mog·ra·phy /sfɪgmágrəfi/ *n* 〔医〕脈波記録法. ♦ **sphỳg·mo·gráph·ic** *a* **-i·cal·ly** *adv*
sphyg·moid /sfígmɔ̀ɪd/ *a* 〔生理〕脈拍様の.
sphyg·mol·o·gy /sfɪgmálədʒi/ *n* 脈拍学, 脈波学. ♦ **sphỳg·mo·lóg·i·cal** *a*
sphỳgmo·manómeter *n* 〔医〕血圧計, 脈圧計. ♦ **-ma·nómetry** *n* 血圧測定. **-manométric** *a*
sphyg·mom·e·ter /sfɪgmámətər/ *n* 脈拍計. ♦ **sphỳg·mo·mét·ric** *a*
sphýgmo·phòne *n* 〔医〕脈拍発声器.
sphyg·mus /sfígməs/ *n* 〔生理〕脈拍 (pulse).
Sphynx /sfíŋks/ *n* スフィンクス《カナダ原産の無毛種の猫》.
spic ⇨ SPIK.
spi·ca /spáɪkə/ *n* (*pl* **-cae** /-kì:, -sì:/, **~s**)〔植〕穂状(すいじょう)花序; 〔医〕穂状包帯, 麦穂; 〔考古〕穀類の穂; [S-]〔天〕スピカ《おとめ座の α 星; 漢名は角(かく)》. [L=SPIKE, ear of grain]
spic-and-span ⇨ SPICK-AND-SPAN.
spi·cate /spáɪkèɪt/, **-cat·ed** /-kèɪtəd/ *a* 〔植〕穂のある, 穂状(花序)の; 〔動〕穂状をした.
spic·ca·to /spɪkáːtoʊ/ *a, adv* 〔楽〕弓を弦上に跳躍させる[させて], 分断的に, スピッカートの[で]. ► *n* (*pl* **~s**) スピッカート奏法[パッセージ]. [It (pp)=detached]
spice /spáɪs/ *n* 薬味, 香辛料, 香味料, スパイス; «文» 芳しい香り; 趣味, 情趣, ピリッとした感じ ‹*in*›; «口»《映画・雑誌などの》きわどい内容; «古» 気味, …らしいところ; «ヨークシャー方言» 菓子類: Variety is the ~ of life. 変化があるからこそ人生は楽しい / rock music with a ~ *of* reggae レゲエテイストのロック. ► *vt* …にスパイスを入れる, 味付けする ‹*up*; *with*›; 〈話など〉に趣き[おもしろみ]を添える ‹*up*; *with*›: highly ~*d* スパイス[薬味]の効いた, スパイシーな. ♦ **~·less** *a* **spíc·er** *n* [OF *espice*<L SPECIES]
spíce·bèrry /, -b(ə)ri/ *n* 〔植〕**a** シラタマノキ属の低木, 《特に》ヒメコウジ (wintergreen)《芳香の実がなる》; その実. **b** SPICEBUSH.
spíce bòx 薬味入れ, スパイスボックス.
spíce·bùsh *n* 〔植〕**a** アメリカモクロジ, ニオイベンゾイン《クスノキ科クロモジ属; 北米原産》. **b** クロバナロウバイ属の低木《北米原産》.
spícebush swàllowtail 〔昆〕TROILUS BUTTERFLY.
spíce càke スパイスケーキ《シナモン・ナツメグなどスパイスのはいったケーキ》.
Spíce Íslands *pl* [the] 香料諸島 (MOLUCCAS).
spic·ery /spáɪs(ə)ri/ *n* 薬味類 (spices); 芳しい味[香り]; «古» 薬味貯蔵室.
spíce trèe 〔植〕CALIFORNIA LAUREL.
spíce·wòod *n* ピリッとした芳香のある木, 《特に》SPICEBUSH.
spicey /spáɪsi/ *a* SPICY.
spick ⇨ SPIK.
spick-and-span, spic- /spík(ə)nspǽn/ *a* 〈部屋・家などが〉しみひとつない, ピカピカの; 真新しい, 〈衣服が〉仕立ておろしの, 新調の. ► *adv* ピカピカに. [C16 *spick and span new*; ME *span new* の強調<ON=new as a chip (*spánn* chip, *nýr* new)]
spicknel ⇨ SPIGNEL.
spic·u·la /spíkjələ/ *n* (*pl* **-lae** /-lì:, -làɪ/) SPICULE (cf. SPICULUM).
spíc·u·lar *a* 針骨状の; 〈氷片など〉針状の.
spic·u·late /spíkjəlèɪt, -lət/ *a* 針骨状の; とがった; 針骨のある[でおおわれた]. ♦ **spìc·u·lá·tion** *n*
spic·ule /spíkjù:l/ *n* 針状体; 〔植〕《イネ科植物などの》小穂(しょうすい); 〔動〕《海綿などの》骨片, 針骨; 〔植〕珪藻の殻, スピキュール; 〔天〕スパイキュール《太陽の彩層からコロナに鋭く突出する短寿命の紅炎》. ♦ **spic·u·lif·er·ous** /spìkjəlíf(ə)rəs/ *a* 小穂をつける. [L (dim) ‹SPICA]
spic·u·lum /spíkjələm/ *n* (*pl* **-la** /-lə/)〔動〕針状部; 《線虫類の》交尾矢[針]; SPICULE. [L (dim)‹SPICA]
spicy /spáɪsi/ *a* **1** 薬味[香辛料]を入れた; 香辛料のような; 香辛料に富む[を産する]; 香辛料の香りがする, 芳しい. **2 a** ピリッとした, 痛快な; 風味[趣き]のある, 味な; 元気な, 快活な. **b** きわどい, わいせつぎみの; «口» 外聞の悪い; "«俗» 派手な, 目立つ. ♦ **spíc·i·ly** *adv* 芳しく; 痛快に. **spíc·i·ness** *n* [*spice*]
spi·der /spáɪdər/ *n* **1 a**〔動〕クモ; 謀略[奸計]をめぐらす人: a ~ and a fly うまく立ちまわる者としてやられる者. **b** 生糸製造者[労働者]. **2** *フライパン《鋳鉄製; もとは炉用短脚付き》; *三脚台《鍋などを載せて火にかける》; 〔機〕スパイダー《放射状に棒または腕が出ている部品》; 《スピーカーのボイスコイルを支持する》ダンパー, スパイダー; "《自動車・オートバイの荷台の》荷押え用の放射状のゴムバンド (=*octopus*); 〔海〕スパイダー《マスト基部の揚げ綱を巻きつける金具》; 《SNOOKER などで》スパイダー《キュー先をあずけるための, 球より高いクモ形の支え》; SPIDER PHAETON; 〔農〕《中耕機に付いている》土粉砕機. **3** «豪口» ICE-CREAM SODA. **4**〔インターネット〕スパイダー《新情報を自動的に検出するプログラム; Web からの連想による呼称》. ► *vi* カサコソはう[動く]; クモ[くもの巣]状の模様をつくる. ♦ **~·ish** *a* **~·lìke** *a* [OE *spīthra*; ⇨ SPIN]
spíder bùg 〔昆〕アシナガサシガメ.
spíder cràb 〔動〕クモガニ.
spíder·gràm, -gràph *n* スパイダーグラム《中心から枝分かれしてゆく相関図》.
spíder hòle *«軍俗» 偽装たこ壺《狙撃兵が潜む》.
spíder hùnter 〔鳥〕クモカリドリ《タイヨウチョウ科; インド・東南アジア産》.
spíder-hùnt·ing wàsp 〔昆〕SPIDER WASP.
spíder lìnes *pl* 〔光〕十字線 (cross hairs).
spíder·ling *n* 子グモ, クモの子.
spíder·màn *n* ビル建築現場高所作業員; STEEPLEJACK.
Spíder-Màn スパイダーマン《米国コミックスの人気キャラクター》.
spíder mìte 〔動〕ハダニ (red spider).
spíder mònkey 〔動〕クモザル《熱帯アメリカ産》.
spíder òrchid 〔植〕スパイダーオーキッド.
spíder phàeton 《車輪が細くて大きく, 車体が高い》クモ形馬車.
spíder plànt 〔植〕**a** オリヅルラン, 《特に》ソトフオリヅルラン (=*ribbon plant*). **b** ムラサキツユクサ (spiderwort).
spíder's wèb SPIDERWEB.
spíder vèin 〔医〕蜘蛛(くも)状血管腫[血管拡張]《放射状に広がる毛細血管拡張症 (telangiectasia) の一種》.
spíder wàsp 〔昆〕幼虫の餌にクモを狩るハチ, 《特に》ベッコウバチ.
spíder·wèb *n* くもの巣(をおもわせるもの). ► *vi, vt* くもの巣状に広がる[のものでおおう].
spíder·wòrt *n* 〔植〕ムラサキツユクサ (=*spider plant*).
spi·dery /spáɪdəri/ *a* クモのような; クモの足のような; 細長い; くもの巣のような; 網目状の; 繊細な, デリケートな; クモの多い.
spi·e·di·no /spì:ədí:noʊ/ *n* (*pl* **-di·ni** /-dí:ni/) スピエディーノ《**1)** ミートボールに衣をまぶし串に刺して調理したもの **2)** 薄切りのパン・モッツァレラチーズを同じように調理してアンチョビーソースをかけたもの》. [It =skewer]
Spie·gel /*G* ʃpí:gl/ [*Der* /*G* der/]『シュピーゲル』《ドイツのニュース週刊誌; 1947 年創刊》.
spie·gel·ei·sen /spí:gəlàɪz(ə)n/, **spíegel (ìron)** *n* 鏡鉄《多量のマンガンを含む銑鉄》. [G (*Spiegel* mirror, *Eisen* iron)]
spiel[1] /spí:l/ «俗» *n* 長広舌, 客寄せ口上, 《手品師の》呪文; 《ラジオ・テレビの》宣伝文句(のコピー). ► *vt, vi* 大げさに[ペラペラ]しゃべる, 客寄せ口上を述べる; ことば巧みに釣る[だます]; 音楽を鳴らす, 演奏する; 賭け事をする. ● **~ off** *«俗» 《まる暗記したように》しゃべりまくる. [G=play, game]
spiel[2] *n* «スコ» BONSPIEL.
Spiel·berg /spí:lbə̀:rg/ スピルバーグ **Steven ~** (1947–)《米国の映画監督・制作者; 冒険・ファンタジーもので知られる》. ♦ **Spìel·bérg·ian** *a*
spíel·er «俗» *n* 能弁家; 客引き, セールスマン, コマーシャルのアナウンサー; «豪» (トランプ)詐欺師, 賭博師; 賭博クラブ. [G (SPIEL)]
spi·er[1] /spáɪər/ *n* 偵察[監視]する人, スパイ (spy).

spier[2] /spíər/ *vt, vi* 《スコ》 SPEER.
spif /spíf/ *n*ᴵᴵ《口》会社のイニシャル入り切手. [*s*tamp *p*erforated with *i*nitials of *f*irm]
spiff /spíf/ *vt* 《口》こぎれいにする, めかす 〈*up*〉. [C19<?]
spiffed /spíft/ *a* [〜 out, 〜 up] 《口》 おしゃれな, めかしこんだ; 《俗》 酔っぱらった.
spiff·ing /spífɪŋ/ *a* 《口》 SPIFFY.
spiffy /spífi/ *《口》 *a* きちんとした, いきな身なりの, 気のきいた, おしゃれな; すばらしい, りっぱな; 愉快な〈ひと時〉; めかした. ► *adv* じょうずに, うまく. ♦ **spiff·i·ly** *adv* **-i·ness** *n*
spif·i·cat·ed /spífəkèɪtəd/ *a**《俗》 SPIFLICATED.
spif·li·cate, spif·fli- /spífləkèɪt/ 《俗》 *vt* [*joc*] 暴力で[手荒に]かたをつける, バラす; なぐる; おたおたさせる. [C18<?]
spíf·li·càt·ed, spíf·fli- *a* 《俗》 酔った, 酔っぱらった.
spig ⇨ SPIK.
Spi·gé·lian lóbe /spaɪʤíːljən-, -liən-/ *n* 〖解〗《肝臓右葉下面にある》スピゲリウス葉, 尾状葉. [Adriaan van den *Spieghel* (1578–1625) Flanders の解剖学者]
spig·nel /spígnəl/, **spick-** /spík-/ *n* 〖植〗 欧州の山地に生える白花をつけるセリ科の多年草 (=*baldmoney*). [C16<?]
spig·ot /spígət/ *n* 《樽などの》栓; *《水道・樽などの》飲み口, 蛇口, コック; 《管の》差し込み[ねじ込み]部; [*fig*] 調節弁, 調整器. [ME<? Prov *espigou*(*n*)<L (dim)<*spicum* SPICA]
spik, spick, spic /spík/, **spig** /spíg/ *n**《俗》 [*derog*] ラテン系人, 《特に》*ラテンアメリカ系人, ヒスパニック; スペイン語. ● **〜 and span** *《俗》 [*derog*] プエルトリコ人と黒人(の二人連れ). [ʻno spik (=speak) Englishʼ]
spike[1] /spáɪk/ *n* **1 a** 大釘; 忍び返し《尖頭を外にして塀・垣に打ち付ける》; 靴底の釘, スパイク; 《鉄道用の》犬釘, スパイキ; 《俗》 皮下注射針[器], 薬(やく)の注射. **b** [*pl*] スパイクシューズ; SPIKE HEEL (の靴). **c** 卓上書類刺し (spindle). **2** 鋭くとがったもの[部分]. **a** 〖魚〗 6 インチ以下の小サバ; 若い鹿の一本角; 〖空〗 スパイク《ラムジェットエンジン前方に設けられた気流調整用の円錐形の突起物》; 〖砲〗 火門栓. **b** 《グラフなどの》波形の尖頭; 〖理〗 スパイク《他のパルスに比べてはるかに大きい振幅をもったパルス》; 〖生理〗 スパイク波 (action potential). **c** 《数量・率などの》急上昇, 急増, 急騰: a 〜 in sales. **d** 〖バレー〗 スパイク. **3** ᴵᴵ《口》 高教会派の人 (High Churchman). **4** ᴵᴵ《俗》 木賃宿, ドヤ. **5** *《俗》《飲み物に加える》強い酒. ● **hang up** one's **〜s** 《口》 プロスポーツ界から引退する. **have** [**get**] **the 〜** 《俗》 気を悪くする, おこる. ► *vt* **1** 大釘で打ち付ける; …にスパイクをつける[忍び返しをつける]; 〖史〗《砲を使用できなくするため》〈口装砲〉の火門をふさぐ: 〜*d* shoes スパイクシューズ. **2** 封ずる, 抑圧する, つぶす; 〈記事を〉差し止める, ボツにする: 〜 the rumor うわさの根をとめる. **3 a** 《剣などで》突き刺す; 〖野球など〗 スパイクシューズで〈選手〉に傷を負わせる, スパイクする. **b** 〖バレー〗〈ボールを〉スパイクする; 〖アメフト〗《タッチダウン後などに》〈ボールを〉地面にたたきつける. **4** 《口》〈飲み物〉に酒[薬など]を加える, 強い酒を加えて強くする; 《スパイスなどで》ピリッとさせる; 〖理〗《放射性のトレーサーなど》反応性の高いものを…に加える; 《俗》 …に薬(やく)をうつ. **5** 《急に》〈熱を〉出す. ► *vi* 大釘のように突き出る; 急上昇[急増]する 〈*up*〉, 急降下[急落]する 〈*down*〉; 《俗》 薬(やく)をうつ 〈*up*〉. ● **〜 sb's guns** ᴵᴵ人の計画の裏をかく, 人をやっつける. ♦ **〜·like** *a* **spík·er** *n* [ME<? MLG, MDu *spiker*; cf. SPOKE[1]]
spike[2] *n* 〖植〗《コムギ・トウモロコシなどの》下穂(かすい); 《オオバコ・ワレモコウなどの》穂状(すいじょう)花序. [ME=ear of corn<L SPICA]
spiked[1] /spáɪkt/ *a* 〈植物が〉穂状花序の.
spiked[2] *a* **1** 先のとがった; 《俗》〈髪が〉突っ立った. **2** 《口》〈飲み物が〉酒を加えた; *《俗》 酒[麻薬]に酔って.
spíked béer 《口》 強化ビール《電流などで人工加齢したビール; ウイスキーを入れたビール》.
spíked lóosestrife 〖植〗 PURPLE LOOSESTRIFE.
spíke héel スパイクヒール, ピンヒール《婦人靴で, 接地面が非常に小さいとがったハイヒール》.
spíke làvender 〖植〗 スパイク《主に地中海地方に産するラベンダーの一種》.
spíke·let *n* 〖植〗《イネ科植物の》小穂(しょうすい) (spicule).
spike·nard /spáɪknàːrd, -nərd/ *n* 〖植〗 カンショウ (甘松); 甘松香; 〖植〗 米国産ウコギ科の多年草.
spíke rùsh 〖植〗 ハリイ属の各種《カヤツリグサ科》.
spíke-tòoth hárrow 歯杆ハロー, ツースハロー《とがった歯がたくさん付いた砕土機》.
spiky /spáɪki/ *a* **1** 釘 (spike) のような, 先端のとがった; 釘[スパイク]付きの, 釘だらけの. **2** ᴵᴵ《口》 短気な, おこりっぽい, 気むずかしい, とげとげしい; ᴵᴵ《口》 [*derog*] 頑固な〈英国高教会派など〉. ♦ **spík·i·ly** *adv* **-i·ness** *n*
spile[1] /spáɪl/ *n* 捨て杭, 板杭, 杭 (pile); 栓 (spigot); SPILEHOLE; *《サトウカエデの幹に差し込んで樹液を桶に導く》差し管(かん). ► *vt* 〈樽〉に穴をあける[あけて中身を出す]; *〈木〉から樹液を取る; …に捨て杭を打つ, 杭を打ち込んで支える; 栓で〈穴を〉ふさぐ. [MDu=wooden peg]
spile[2] *vt, vi* 《視覚方言》 SPOIL.
spíle·hòle *n* 《樽などにあけた》通気孔 (vent).
spilikin ⇨ SPILLIKIN.
spil·ing /spáɪlɪŋ/ *n* 杭 (spiles); FOREPOLE; 〖造船〗 外板木口の内ぞり[そりぐあい].
spill[1] /spíl/ *v* (〜**ed** /spíld, spílt/, **spilt** /spílt/) 《米では spilt は限定形容詞用法》 *vt* **1 a** 〈液体・粉などを〉こぼす; 〈血などを〉流す; 〈油などを〉まき散らす, 漏らす, たれ流す; 〖海〗〈帆〉から風をもらす, 〈風を〉帆から抜く: 〜 money 《俗》《賭けなどで》金を失う / 〜 the blood of…を殺す / 〜 blood 流血事件を起こす. **b** 《古》 殺す, こわす, 浪費する. **2** 《口》〈馬・車などに乗っている人を〉放り出す, 投げ出す, 振り落とす. **3** 《口》〈情報・秘密を〉漏らす, ばらす. ► *vi* **1** こぼれる; あふれる, 漏れる; こぼす; 《口》《馬・車などから》転落する. **2** 《俗》 言ってしまう, 白状する, 口を割る; 《俗》 告げ口する, くさす. ● **〜 out** 〈容器から〉こぼれる[こぼす] 〈*of*〉; 〈人が〉あふれ出る 〈*into*〉; (あらいざらい)ぶちまける, しゃべる. **〜 over** 〈容器・中身が〉あふれる, あふれ出る 〈*on, onto*〉; こぼす; 〈人口などが〉《過剰になって》あふれ出る, 広がる 〈*into, to*〉. **〜 the beans** [**works**] 《口》 秘密を漏らす[ぶちまける]. ► *n* **1 a** こぼす[こぼれる]こと, 《廃液などの》流出; こぼれたもの[量]; 《口》 ひと降り, 土砂降り; 《口》《馬・自転車などからの》転落, 《スキーなどでの》転倒; SPILLWAY: take a bad [nasty] 〜 ひどい落ち方をする, ひっくり返る. **b** 《豪》《議会要職の異動に伴う》大幅改変. **2** しみ, よごれ; *《俗》 [*derog*] 黒人, プエルトリコ人; 黒人とプエルトリコ人の合いの子. ♦ **〜·able** *a* [OE *spillan* to kill<?; cf. OE *spildan* to destroy]
spill[2] *n* 薄い一片[かけら], 裂片 (splinter); つけ木, 点火用こより; 金属製釘[ピンなど]; 《樽の》小栓, つめ (stopper); 円錐形紙コップ. [ME; cf. SPILE[1]]
spíll·age *n* こぼれること, 漏れ, 流出; こぼれたもの[量], 流出物[量]: data 〜 データの流出.
Spil·lane /spəléɪn/ スピレーン **Mickey** 〜 (1918–2006) 《米国のミステリー作家; 本名 Frank Morrison 〜; 私立探偵 Mike Hammer を主人公にしたハードボイルドシリーズがある》.
spíll·er *n* SPILL[1] する人; 〖ボウル〗 スピラー《当たりはまともでないが結果的にはストライクになる球》; 〖サーフィン〗 スピラー《一様に波頭が立って砕ける波》.
spil·li·kin, spil·i- /spílɪkən/ *n* 《JACKSTRAWS に用いる》木片, 骨片《など》; [〜s, 〈*sg*〉] JACKSTRAWS 《ゲーム》. [*spill*[2]]
spíll·òver *n* あふれこぼれること, あふれ出し; あふれ出た[こぼれた]もの[量], 過剰人口; *過剰, 豊富; 《ほかへの》広がり, おこぼれ, とばっちり; 余波, 副次的影響, 波及効果 (=〜 **effèct**), 〖経〗 溢出(いっしゅつ)効果《公共支出による間接的影響》; 〖通信〗 こぼれ信号.
spíll·pìpe *n* CHAIN PIPE.
spíll·pròof *a* 〈容器など〉(密閉式で)中身がこぼれない.
spíll·wày *n* 《貯水池・ダム・湖などの》余水[洪水]吐き, 余水路.
spi·lo·site /spáɪləsàɪt/ *n* 〖岩石〗 スピロサイト《粘板岩の緑色の接触変成岩》.
spilt *v* SPILL[1] の過去・過去分詞.
spilth /spílθ/ *n* こぼす[流し出す]こと; こぼれたもの; 流し捨てられたもの, くず, かす; 余剰.
spim /spím/ *n* 〖電算〗 スピム《E メールの代わりに INSTANT MESSAGING を使ったスパム (spam)》.
spin /spín/ *v* (**spun** /spʌ́n/, 《古》 **span** /spǽn/; **spun**; **spín·ning**) *vt* **1 a** 紡ぐ; 〈クモ・カイコなどが糸を〉吐く, 〈巣・繭(まゆ)を〉かける; 〈ガラスなどを〉紡ぐように出す: 〜 cotton *into* threads 綿を紡いで糸にする / 〜 threads out of cotton 綿から糸を紡ぐ / Silkworms 〜 cocoons. 蚕が繭をつくる. **b** 〈金を〉長持ちさせる; 〈話を〉引き延ばす, (長々と)話す (tell): 〜 a yarn 長々と物語[作り話]をする. **2** 《旋盤などで》回転して作る; 〈こまなどを〉回す, 〈人を〉振り向かせる 〈*around, round*〉; 《氷や砂の上で》〈車輪を〉空転させる; 〖クリケット・テニス〗〈ボール〉にスピンをかける; 脱水機にかける; *《俗》〈レコードを〉(プレーヤーに)かける: 〜 a coin 《机の上などへ》硬貨をほうる《何かを表か裏で決める場合》; 《こまのように》硬貨を回す / 〜 a top こまを回す. **3** …にきりきり舞いをさせる; 《俗》〈情報を〉粉飾して語る, 偏向させる; [ᵁ*pp*] ᴵᴵ《俗》 落第させる, はねる. **4** ᴵᴵ《俗》 探す, 捜索する. ► *vi* **1** 紡ぐ; 〈クモ・カイコが〉糸を吐く, 巣[繭]をかける. **2 a** 〈こまなどが〉回る; 〈人・物が〉回転する, ぐるっと回る 〈*around, round*〉; めまいがする, 〈頭が〉くらくらする: send sb [sth] *spinning* 《強打して》人[物]を倒す[ころがす, よろめかす], ぶっ飛ばす / My head 〜*s*. めまいがする (⇨ make sb's HEAD 〜). **b** 〈車輪が〉空転する; 〈車・人が〉疾走する 〈*along, past*〉, 動きまわる 〈*around*〉: 〜 out of control 〈経済などが〉対策を打つ間もなく急激に変化する. **3** スピナー (spinner) で釣る. **4** 〖空〗 きりもみ降下する; 《どうしようもなく》〈ある状態に〉落ち込む 〈*to*〉. **5** 情報操作をする. ● **〜 down** 〖天〗〈恒星・惑星が〉スピンダウンする (⇨ SPINDOWN). **〜 off** (*vt*) 《遠心力で》除去[分離]する, 振り落とす, 捨てる; 付随的に産する[生み出す] 〈*from*〉; 〈会社・資産などを〉分離独立させる; 〈子会社〉の株式を親会社の株主に分配する. (*vi*) 分離独立する, 付随的にできる[生まれる]. **〜 out** 《遠心力で》〈水などを〉除去する, 振り落とす 〈*of*〉; 〈討論・相談を〉引き延ばす; 〈金を〉長持ちさせる; ぐずぐず過ごす; 〈車が〉スピンアウトする (cf. SPINOUT). **〜 round in** sb's **head** 〈考えなどが〉頭をめぐる. **〜 up** 〖天〗〈恒星・惑星が〉スピンアップする (⇨ SPINUP).
► *n* **1 a** 回転; 《ロケットやミサイルの》スピン《方向安定性を得るための回転》; 〖車〗 スピン《コーナリングの際に内側にまわりすぎてくるっと回転すること》; 〖理〗 スピン《素粒子などのもつ固有内部角運動量》: give the

ball (a) ～ ボールにスピンをかける. **b** «口» めまい, 混乱; 〘空〙きりもみ降下(させること), スピン. **c** 急降下, «商・口» 価格[価値]の急落. **2** «自転車・船・馬車などの» 疾走, ひと走り: go for a ～＝take a car for a ～ 車でドライブに出かける. **3** «豪口» 運, 機会, 経験. **4** ひねり, 工夫; 独特の解釈; SPIN CONTROL: put a favorable ～ on…を好意的[楽観的]に解釈する. ● **go into a (flat) ～** 〈飛行機が〉きりもみ状態になる; «口» 〈人が〉自制心を失う (cf. FLAT SPIN). **in a (flat) ～** めまいがして; «口» 動揺して.

♦ **～·less** *a* [OE *spinnan*; cf. G *spinnen*]

spin- /spáɪn/, **spi·ni-** /spáɪnə/, **spi·no-** /spáɪnoʊ, -nə/ *comb form*「脊柱」「脊髄」 [L (SPINE)]

spi·na bi·fi·da /spáɪnə báɪfədə, -bíf-/〘医〙脊椎披裂, 二分脊椎. [L＝cleft spine]

spi·na·ceous /spɪnéɪʃəs/ *a* ホウレンソウ (spinach) の(ような): ～ herbs.

spin·ach /spínɪʧ, -ʤ; -ɪʤ, -ɪʧ/, **-age** /-ɪʤ/ *n* **1**〘植〙ホウレンソウ; *«俗» (ドル)札 (greenback). **2** «口» 要らないもの, 余計なもの, いやなもの, くだらんこと, だぼら; *«俗» むさくるしく生えた[茂った]もの «ひげ・芝生など». ♦ **～·like** *a* **spín·achy** *a* [?MDu<OF,<Pers; そのとがった種子の形から L *spina* SPINE に同化か]

spínach àphid GREEN PEACH APHID.

spínach bèet 〘野菜〙フダンソウ (＝*perpetual spinach*) «葉を食用とする BEET».

spi·nal /spáɪn(ə)l/ *a* 〘解〙背骨 (spine) の(近くの), 脊柱の, 脊髄の[に作用する]; 〘生〙脊髄と脳を分断した〈動物〉; とげの, 針の, とげ状突起の: a ～ animal 脊髄動物 «手術によって脊髄と脳を機能的に分断した動物». ► *n* SPINAL ANESTHESIA; 脊髄麻酔薬.

spínal anesthésia 〘医〙脊髄麻酔.

spínal blóck 〘医〙«脊髄神経麻酔による» 脊髄ブロック.

spínal canàl 〘解〙脊柱管.

spínal còlumn 〘解〙脊柱 (backbone).

spínal còrd 〘解〙脊髄.

spínal gànglion 〘解〙脊髄神経節.

spínal·ly *adv* 脊髄に関して; 脊髄に沿って.

spínal màrrow 〘解〙脊髄.

spínal nèrve 〘解〙脊髄神経.

spínal tàp 〘医〙脊髄穿刺(せんし) «分析または麻酔薬注入のために髄液を採ること».

spín·ar /spínɑ̀ːr/ *n* 〘天〙高速回転星, スピナー. [*quasar* にならった造語]

spín·bòwl·er *n* 〘クリケット〙スピンボール投手.

spín càsting 〘釣〙擬餌針[ルアー]による釣り方[投げ釣り].
♦ **spín-càst** *vi* **spín càster** *n*

spín contròl «俗» «問題・事件・人物などに関し, 特定の印象を植えつける目的で行なう» 情報操作, 世論の誘導.

spin·dle /spíndl/ *n* **1 a** つむ, 紡錘(ぼうすい); スピンドル «紡ぎ糸の単位: 綿は 15,120 ヤード, 麻は 14,400 ヤード». **b** 〘生〙紡錘体; MUSCLE SPINDLE; 〘海〙危険標 «先端に角灯または球の付いた鉄の棒»; HYDROMETER. **2 a** 軸, 心棒; 小軸; 車軸; «旋盤の» 支軸; ドアの取っ手の軸: a live [dead] ～ 回る[回らない]軸. **b** «手すり・椅子の背などの» ねじり形に彫った小柱; 〘建〙NEWEL; 卓上書類刺し (spindle file). **c** 細長いもの[人]. ► *vi* 〈植物・茎が〉細長く伸びる; «花・果実にならずに» 茎[枝]を伸ばす. ► *vt* 紡錘形にする, 細長くする; …に spindle を取り付ける; *«書類刺しに» 刺す. ♦ **spín·dler** *n* [OE *spinel* < SPIN[1]; -*d*- は (M)Du の語形から; cf. G *Spindel*]

spíndle·bèrry *n* SPINDLE TREE の実.

spíndle bush ⇨ SPINDLE TREE.

spíndle cèll 〘生〙紡錘細胞.

spíndle fìle «釘状の» 卓上書類刺し.

spíndle-lègged *a* 細長い脚[足]をした.

spíndle·lègs *n pl* 細長い脚; [〈*sg*〉] «口» ひょろ長い脚の人.

spíndle-shànked *a* SPINDLE-LEGGED.

spíndle·shànks *n pl* SPINDLELEGS.

spíndle-shàped *a* 紡錘状の.

spíndle sìde DISTAFF SIDE.

spíndle trèe [bùsh] 〘植〙ニシキギ (euonymus).

spín·dling *a, n* ひょろ長い(人[もの]).

spín·dly *a* ひょろ長い; 虚弱な, きゃしゃな.

spín dòctor «口» «特に 政治家の» 報道対策アドバイザー, 対メディアスポークスマン (＝*spinmeister, spinmaster*) «メディアに党派的な分析を伝えたり, 話題についての新解釈を述べたりする». ♦ **spín-dòctor** *vi*

spín·dòwn *n* 〘天〙スピンダウン «天体の自転速度の減少»; 〘理〙スピンダウン «素粒子のスピンで, spinup と逆の軸ベクトルをもつもの».

spín drìer [drỳer]" «遠心分離式»脱水機 «特に 洗濯機の».

spín·drìft *n* 〘海〙«強風に飛び散る» 波しぶき; 砂煙, 雪煙. [Sc 変形 < *spoondrift* (*spoon* (obs) to scud)]

spín-drý *vt* 〈洗濯物を〉脱水機にかける.

spine /spáɪn/ *n* **1 a** 脊柱, 脊椎, «俗に» 背骨; 〘魚〙棘条(きょくじょう); 〘動・植〙針, とげ, とげ状突起, 針骨. **b** 〘製本〙«本の» 背; 尾根; *«俗» «貨物列車の屋根の» 渡り板. **c** «組織などの» 中核, 屋台骨: the ～ of our team チームの柱. **2** 勇気, 気骨, 気力: have the ～ to do…するだけの根性がある. **3** PAY SPINE. ♦ **spined** *a* (…な形[数]の) spine をもった. **～·lìke** *a* [OF *espine*<L *spina* thorn, backbone]

spíne-bàsh·ing *n* «豪口» あおむけに寝そべること, のらくら暮らすこと. ♦ **-bàsh·er** *n* «豪口» のらくら者.

spíne·bìll *n* 〘鳥〙キリハシミツスイ «同属の 2 種; 豪州産».

spíne-chìll·ing *a* 背筋も凍る(ような). ♦ **spíne-chìll·er** *n*

spi·nel, -nelle /spənέl/ *n* 〘鉱〙尖晶石, スピネル «これと類似の構造をもつ鉱物群 ～ group はスピネル系列・磁鉄鉱系列・クロム鉄鉱系列に大別される».

spíne·less *a* 無脊椎の, 背骨のない; とげ[突起]のない; 背骨の弱い[軟らかい]; [*fig*] いくじのない, 軟弱な, 決断力のない. ♦ **～·ly** *adv* **～·ness** *n*

spinél rùby 〘宝石〙紅尖晶石, スピネルルビー.

spi·nes·cent /spaɪnés(ə)nt/ *a* 〘植・動〙とげ状の, とげのある; 〈毛などが〉粗い. ♦ **spi·nés·cence** *n*

spin·et /spínət, spɪnέt/ *n* スピネット «チェンバロの一種; 16–18 世紀にヨーロッパの家庭で愛用された»; 小型アップライトピアノ[電子オルガン]. [F<It (dim) < *spina* SPINE; 弦をはじくことから; 一説に Venice の楽器発明者 G. *Spinetti* から]

spíne·tàil *n* 〘鳥〙**a** SPINE-TAILED SWIFT. **b** オナガカマドドリ «南米・中米産». **c** RUDDY DUCK.

spíne-tàiled swíft 〘鳥〙ハリオアマツバメ.

spíne-tìngling *a* わくわく[ぞくぞく]する, スリリングな; SPINE-CHILLING. ♦ **spíne-tìngler** *n*

spín fìsherman SPIN CASTER.

spín fìshing SPIN CASTING.

spín-flìp *n* 〘理〙スピンフリップ «素粒子・原子核などのスピンの向きが逆転すること».

spín-flìp láser 〘理〙スピンフリップレーザー «電子のスピンフリップで放出される光を発振させる半導体レーザー».

spini- /spáɪnə/ ⇨ SPIN-.

spi·nif·er·ous /spaɪníf(ə)rəs/ *a* とげのある[多い].

spin·i·fex /spínəfèks, spáɪ-/ *n* 〘植〙**a** ツキイゲ属 (*S-*) の各種多年草 «とげのある種子と堅く鋭い葉をもつイネ科植物; 豪州主産». **b** 豪州内陸部に叢生するとげ状の葉をもつイネ科トリオディア属の雑草. [NL (*spin-*, *-fex* (*facio* to make))]

spíni·fòrm *a* とげ状の.

spi·nig·er·ous /spaɪníʤ(ə)rəs/ *a* SPINIFEROUS.

spín·mèister, spín·màster *n* SPIN DOCTOR.

spin·na·ker /spínɪkər, (海) spǽŋkər/ *n* 〘海〙スピンネーカー «レース用ヨットの大マストに張る大三角帆»: a ～ boom スピンネーカーの支柱. [*Sphix* これを最初に用いた船の名; 語尾は *spanker* にならったものか]

spín·ner *n* 紡ぎ手, 紡績工, 紡績業者; 紡績機; 〘動〙クモ (spider); 〘動〙SPINNERET; 〘釣〙スピナー «回転式の擬餌針[ルアー] (＝*spinnerbait*); その回転翼»; SPIN DRIER; 〘空〙スピナー «プロペラ軸先端に付ける流線形キャップ»; 〘野・クリケット〙スピンをかけたボール(が得意な投手); «チェスなどで次の手を示す» 回転式の矢印; 〘アメフト〙SPINNER PLAY; 〘サーフィン〙スピナー «ボード上に立ってボードを直進させたまま体を逆向きにすること»; "«口» (ヨーロッパ)ヨタカ (nightjar); DISC JOCKEY; *«俗» トラック運転手; SPIN DOCTOR.

spínner·bàit *n* 〘釣〙SPINNER.

spínner dólphin 〘動〙ハシナガイルカ «マイルカ科のくちばしの長いイルカで, 水面からのジャンプ時に身体を回転させる».

spin·ner·et, -ette /spìnərέt, ⌐–⌐/ *n* 〘動〙«クモ・カイコなどの» 出糸[紡績]突起; 紡糸口金 «レーヨンなど合成繊維製造用».

spínner plày 〘アメフト〙スピナープレー «ボールキャリヤーがどこを突くかをわからなくするためにすばやく回転するトリックプレー».

spín·ner·ule /spínərùːl/ *n* 〘動〙«クモの» 紡績管.

spín·nery *n* 紡績工場.

spin·ney" /spíni/ *n* (*pl* ～**s**) 雑木林, 木立, やぶ, 茂み. [OF<L *spinetum*; ⇨ SPINE]

spín·ning *n* 糸紡ぎ, 紡績(業); 擬餌針による投げ釣り(の技術), スピニング; «天体などの» 急速な回転; 〘機〙«金属板の» へら絞り, スピニング; スピニング «固定自転車に乗り, 音楽に合わせて身体を動かす有酸素運動». ► *a* 糸紡ぎの, 紡績(業)の.

spínning fìeld 〘動〙«クモの出糸突起先端にある» 紡績区.

spínning fràme 精紡機.

spínning hòuse «昔の英国の» 売春婦感化院.

spínning jènny ジェニー紡績機 «James Hargreaves が 1764 年に発明した, 初期の多錘紡ぎ機».

spínning machìne 紡績機, 紡機; 〘機〙«金属板の» へら絞り盤; «電線の» 絶縁材巻きつけ機.

spínning mùle ミュール精紡機.

spínning rèel 〘釣〙スピニングリール.

spínning rìng 〘繊維〙リング (RING[1]).

spínning ròd 〘釣〙スピニングロッド «軽くしなやかなスピナー釣り用のリールざお».

spínning tòp «おもちゃの» こま.

S

spínning whèel 紡ぎ車《足踏み または 手動》.
spin·ny[1] /spíni/ *n* SPINNEY.
spinny[2] *a* 《カナダロ》 頭の変な, あぶない.
spin·ode /spínòud, spáɪ-/ *n* 〘数〙 尖点 (cusp).
spín-òff *n* **1** 《産業・技術開発などの》副産物, 副次的[波及]効果, 副作用; 《好評を博した番組の(脇役を主人公にした)》姉妹編, リメイク, スピンオフ; [〈*a*〉] 副産物の, 人気番組・キャラクターに関連した: ～ merchandizing キャラクター商品[グッズ]. **2** *〘経営〙 親会社が株主に子会社の株を分配して新会社を分離独立させること, 企業分割, スピンオフ (hive-off[II]); スピンオフによって設立された(子)会社. **3** 《俗》 ノイローゼ.
spin·or /spínər, -ɔ̀ːr/ *n* 〘数・理〙 スピノル《2[4] 次元空間で複素数を成分とするベクトル; スピンの状態記述に用いる》. [*tensor*, *vector* にならって *spin* (v) から]
spi·nose /spáɪnòus, ─⸗/ *a* とげでおおった, とげの多い. ♦ **～·ly** *adv*
spi·nos·i·ty /spaɪnásəti/ *n* とげのある[多い]こと; とげのあるもの[部分]; 困難なこと; とげとげしさ; とげのある[辛辣な]評.
spi·nous /spáɪnəs/ *a* とげの(多い), とげ状の, とげでおおわれた; とがった; とげのある〈評・ユーモア〉; 困難な, 扱いにくい.
spínous pròcess 〘解・動〙 棘(状)突起.
spín·òut* *n* スピンアウト《自動車がスピンして道路から飛び出すこと》; SPIN-OFF.
Spi·no·za /spɪnóuzə/ スピノザ **Ba·ruch** /bərúːk/ [**Benedict de**] ～ (1632–77) 《オランダの哲学者; 汎神論の代表的思想家; *Ethica* (1677)》.
Spi·nó·zìsm *n* スピノザの哲学説, スピノザ主義. ♦ **-zist** *n* スピノザ哲学信奉[研究]者. **-zis·tic** /spìnouzístɪk, spɪnòu-/ *a*
spín rèsonance 〘理〙 スピン共鳴《磁場共鳴の一つ》.
spín stabilizàtion 〘空〙 スピン安定化《宇宙船などを回転させて方向安定性を得ること》. ♦ **spín-stàbilized** *a*
spin·ster /spínstər/ *n* **1** 行かず後家, オールドミス (old maid); 結婚しそうもない女性; 〘法〙 未婚女性 (cf. BACHELOR); 《古》 良家の未婚女性. **2** 紡ぎ女. ♦ **～·hòod** *n* 《女性の》独身, 未婚. **～·ish** *a* オールドミスの(ような). **～·ly** *a* [ME＝woman who SPINS]
spin·thári·scòpe /spɪnθǽrə-/ *n* 〘理〙 スピンサリスコープ《放射線源からの *α* 線による蛍光板のきらめきを見る拡大鏡》. ♦ **spin·thàri·scóp·ic** /-skáp-/ *a* [Gk *spintharis* spark]
spín the bóttle* 瓶回し《**1)** spin the plate の皿を瓶で行なうゲーム **2)** 人を決めるのに瓶回しの最後に瓶の口が向いた人にする方法; これでキスをしてもらう人を決めるゲーム》.
spin the pláte [plátter]* 皿回し《グループの一人が皿を立てて回し, この間に指名された者が皿を倒れる前につかまえるゲーム; 失敗すると罰金を払う》.
spin·to /spíːntou/ *a* 〘楽〙 《声が》基本はリリックだが非常にドラマティックな要素ももった, スピントの. ► *n* (*pl* **～s**) スピントの声[歌手]. [It＝pushed]
spín tùnnel 〘空〙 きりもみ風洞.
spi·nule /spáɪnjul/ *n* 〘動・植〙 小さいとげ.
spin·u·lose /spáɪnjəlòus, spín-/, **spi·nu·lous** /spáɪnjələs/ *a* 〘動・植〙 小さなとげでおおわれた; 小さいとげ状の.
spín·ùp *n* 〘天〙 スピンアップ《恒星・惑星などの自転角速度の増大》; 〘理〙 スピンアップ《素粒子のスピンで, spindown と逆の軸ベクトルをもつもの》.
spín wàve 〘理〙 スピン波《強磁性体の結晶内を伝播する整列したスピンの乱れ》.
spiny /spáɪni/ *a* とげだらけの, とげでおおわれた; とげ状の; 〈問題など〉困難な, 面倒な. ♦ **spín·i·ness** *n*
spíny ánteater 〘動〙 ハリモグラ (echidna).
spíny clót·bùr [cócklebur] 〘植〙 トゲオナモミ《ヨーロッパ南部原産; 北米・日本にも帰化している》.
spíny dógfish 〘魚〙 アブラツノザメ (cf. SMOOTH DOGFISH).
spíny dórmouse 〘動〙 トゲヤマネ《インド産》.
spíny éel 〘魚〙 体形がウナギに似て背・腹にとげがある魚: **a** ソコギス《同科の底生性の深海魚の総称》. **b** スパイニーイール, トゲウナギ《トゲウナギ科トゲウナギ属の淡水魚の総称; アフリカ・東インド諸島産》.
spíny-fínned *a* 〘魚〙 ひれに堅いとげのある, 棘鰭(きょく)類の (cf. SOFT-FINNED).
spíny-hèad·ed wórm 〘動〙 鉤頭(こうとう)虫 (＝*acanthocephalan*, *thorny-headed worm*).
spíny lóbster 〘動〙 イセエビ (＝*crawfish*, *crayfish*, *langouste*, (*rock*) *lobster*).
spíny móuse 〘動〙 **a** トゲマウス, アフリカトゲネズミ《地中海沿岸産; 背中の毛の一部が硬いとげに変化》. **b** モリポケットマウス, トゲポケットマウス (＝*spiny rat*) (＝**spíny pócket mòuse**) 《中南米産; ポケットマウス科》.
spíny rát 〘動〙 **a** アメリカトゲネズミ (＝*hedgehog rat*, *porcupine rat*) 《同科の総称; とげか剛毛のような毛をもつ; 中南米産》. **b** スンダトゲネズミ《東南アジア産》. **c** (リュウキュウ)トゲネズミ《南西諸島産》. **d** モリポケットマウス (spiny mouse).
spíny-ráyed *a* とがった堅い鰭条(きじょう)のある〈ひれ〉; ひれに堅いとげのある (spiny-finned).
spir- /spáɪər/, **spi·ri-** /spáɪərə/, **spi·ro-** /spáɪərou, -rə/ *comb form* 「渦巻」「らせん」 [L (SPIRE[2])]
spi·ra·cle /spáɪərɪk(ə)l, spírɪ-/ *n* 過気孔; 〘動〙 《昆虫などの》呼吸孔, 気孔, 気門; 《鯨などの》噴気孔; 〘地質〙 《溶岩表面の》小噴気孔. ♦ **spi·rac·u·lar** /spərǽkjələr, spaɪə-/ *a* [L; ⇨ SPIRANT]
spi·rac·u·lum /spərǽkjələm, spaɪə-/ *n* (*pl* **-la** /-lə/) SPIRACLE.
spi·raea /spaɪríːə/ *n* SPIREA.
spi·ral[1] /spáɪərəl/ *a* 渦巻[らせん]形の; らせん仕掛けの; らせん綴じの〈本・ノート〉; 〘数〙 渦巻線[らせん]の: a ～ notebook リング[スパイラル]ノート. ► *n* **1** 〘数〙 渦巻線, らせん; らせん形のもの; らせん発条[ばね]; 巻貝; らせん形のもののひと巻き[一回転]. **2** 〘空〙 らせん降下[上昇], スパイラル; 〘経〙 循環的上昇[下降], 連続的変動, 悪循環, スパイラル; 〘アメフト〙 ボールが長軸を中心に回転するキック[パス]; SPIRAL GALAXY: an inflationary ～ 悪性インフレ. ► *vt*, *vi* (-l- | -ll-) らせん形にする[を描く], 渦巻形に進める[進む]; 〈物価・賃金などが〉(急)上昇[(急)下降]する; 〈状況が〉悪化する; 〘空〙 らせん降下[上昇]をする: ～ *up* [*down*] らせん状に上昇[下降]する / My debt ～*ed* out of control 借金で首が回らなくなった. ♦ **～·ly** *adv* らせん状に. **spi·ral·i·ty** /spaɪərǽləti/ *n* spiral なこと; 《渦巻曲線の》渦巻度. [F or L; ⇨ SPIRE[2]]
spi·ral[2] *a* 尖塔 (spire) の(ような); 高くとがった.
spíral anténna 〘電〙 スパイラルアンテナ《渦巻状の導体を用いた平面アンテナ》.
spíral bálance らせんはかり.
spíral bínding 《本・リングノートの》らせん綴じ. ♦ **spíral-bòund** *a*
spíral cléavage 〘発生〙 らせん卵割《割球が卵の主軸に対してらせん状の配置となるもの; 軟体動物などの卵にみられる; cf. RADIAL CLEAVAGE》.
spíral gálaxy 〘天〙 渦巻銀河 (＝*spiral nebula*).
spíral gèar 〘機〙 ねじれ歯車, スパイラルギヤー.
spíral nébula 〘天〙 渦巻星雲 (spiral galaxy).
spíral of Archimédes [the] 〘数〙 アルキメデスのらせん.
spíral spríng 〘機〙 渦巻ばね.
spíral stáirs [stáircase] (*pl*) 回り階段, らせん階段.
spi·rant /spáɪərənt/ *n* 〘音〙 せばめ音, 摩擦音 (fricative). ► *a* せばめ音[摩擦音]の. ♦ **spiránt·ize** *vt* **spirànt·izátion** *n* [L *spiro* to breathe]
spire[1] /spáɪər/ *n* 尖塔, 《塔の》尖頂, スパイア; 円錐形のもの, 《木や枝角(えだづの)の》尖端; 切り立った山頂, 尖峰; 細茎, 細い葉[芽]; 《幸福などの》絶頂 (summit). ► *vi* 突き出る, そびえ立つ; 芽を出す. ► *vt* …に尖塔[尖頂]をつける; …に芽を出させる, 伸ばす. ♦ **～d**[1] *a* 尖塔[尖頂]のある; (頂部が)とがった. [OE *spīr* spike, blade; cf. G *Spier*]
spire[2] *n* 螺旋(ひと巻き), 渦巻; 〘動〙 螺塔《巻貝の上部》. ► *vi* 螺旋(状)になる. ♦ **～d**[2] *a* 渦巻いた; 渦巻状の. [F<L *spira*<Gk *speira* coil]
spi·rea, -raea /spaɪríːə/ *n* 〘植〙 シモツケ属 (*Spiraea*) の各種の低木. [NL<Gk (↑)]
spíre·let *n* 〘建〙 FLÈCHE.
spi·reme /spáɪərìːm/ *n* 〘生〙 《染色体の》核糸, らせん糸.
Spires /spáɪərs/ SPEYER の英語名.
spiri- /spáɪərə/ ⇨ SPIR-.
spi·rif·er·ous /spàɪəríf(ə)rəs/ *a* 〘動〙 渦巻状部[器官]を有する.
spi·ril·lum /spaɪərɪ́ləm/ 〘菌〙 *n* (*pl* **-la** /-lə/) スピリルム (*S～* 属のらせん状の形態をもつグラム陰性菌), 《広く》らせん菌. ♦ **spi·ríl·lar** *a* [L (dim) < SPIRE[2]]
spir·it /spírət/ *n* **1 a** 精神, 霊 (soul), 魂, 心, 《人体を離れた》霊魂 (opp. *body*, *flesh*, *matter*): I am with you in (the) ～. 気持の上ではあなたと共にいる / the poor in ～ 《古》 心貧しき者 (*Matt* 5:3). **b** [[U]S-] 神霊; [the S-] 聖霊 (Holy Spirit); [S-] 〘クリスチャンサイエンス〙 霊 (God). **c** 亡霊, 幽霊; 悪魔; 妖精 (sprite, elf); 天使. **d** 《ある特徴をもった》人, 人物 (person): a noble [generous] ～ 高潔な[寛大な]人 / leading ～*s* 指導者たち / a MOVING ～. **2 a** 元気, 熱心, 勇気; 気魄, 意気; 熱烈な帰属意識, 忠誠心: fighting ～ 闘志 / people of ～ 活動家, 容易に屈服しない人びと / with some ～ 多少活気をおびて / break sb's ～ 人の意気をくじく / That's the ～. その意気[調子]だ, そうこなくちゃ, さすがだ / school ～ 愛校心. **b** [*pl*] 気分, 心持, 気炎: in ～*s* 上機嫌で / (in) high [good, great] ～*s* 上機嫌(で) / (in) low [poor] ～*s* 意気消沈(して) / out of [depressed in] ～*s* 意気消沈して / raise sb's ～*s* 元気づける / ANIMAL SPIRITS. **c** 気質; 時代精神, 時勢; 《行事などの》雰囲気, ムード: meek in ～ 気だての優しい / the ～ of the age [times] 時代精神 / a ～ of reform 改革の気運. **3 a** 心的態度, 意図: say in a kind ～ 親切のつもりで言う / from a ～ of contradiction 揚げ足取りに / in the ～ of chivalry [the drama] 古武士風[芝居がかり]に / approach in the right [wrong] ～ 正しい[誤った]心構えで向かう. **b** 《法などの》精神, 真意: the ～ of the law 法の精神《法の字義どおりの意味とは異なる法の目的・理念; cf. the LETTER[1] of the law》. **4 a** [[°]*pl*] 酒精, アルコール (alcohol); [[°]*pl*] 蒸留酒, スピリッツ; (工業用)アルコール; [[°]*pl*]

〘薬〙酒精剤, エキス (essence), (揮発性の)有機溶剤《アルコール・エステル・炭化水素など》: a glass of ~(*s*) and water 水で割ったスピリッツ一杯 / SPIRIT(S) OF WOOD / aviation ~ 航空燃料. **b** 生命の液《昔体に充満していると考えられていた》; 〘錬金術〙ヒ素・塩化アンモニア・水銀・硫黄のいずれか一つ. ● **as the ~ takes** [**moves**] one 気の向くままに, 気が向いたときに. **knock the ~ out of...** «口» knock the STUFFING out of....
► *a* 精神の; 心霊術の; アルコールの: a SPIRIT LAMP.
► *vt* **1** 元気づける, 鼓舞する ‹*up*›. **2** 誘拐する, 神隠しにする, さっと[こっそり]運び去る ‹*away, off*, etc.›.
[AF (*e*)*spirit*<L *spiritus* breath, spirit; ⇨ SPIRANT]

spírit blúe アニリン青, スピリットブルー《染料》.

spírit dùck 〘鳥〙**a** ヒメハジロ (bufflehead). **b** ホオジロガモ (goldeneye).

spírit dúplicator スピリット複写器《画像転写にアルコールを使用する》.

spírit·ed *a* 元気のよい, はつらつとした, 活発な, 精力的な; [*compd*] ...の精神を有する, ...な気分の: PUBLIC-SPIRITED / high-~. ♦ **~·ly** *adv* **~·ness** *n*

spírit gùm 付けひげなどに用いるゴム糊の一種.

spírit·ing *n* «文» 精神活動, 精神のはたらき.

spírit·ìsm *n* 心霊主義 (spiritualism). ♦ **-ist** *n* **spìr·it·ís·tic** *a*

spírit làmp アルコールランプ.

spírit·less *a* 元気のない, しおれた, 熱意のない; 生命のない; 精神のない. ♦ **~·ly** *adv* **~·ness** *n*

spírit lèvel アルコール水準器.

Spírit of St. Lóuis [the] スピリット・オヴ・セントルイス号《Charles Lindbergh が史上初の大西洋単独無着陸横断飛行 (1927) をした時の単葉機》.

spir·i·to·so /spìrətóusou/ *a, adv* 〘楽〙元気のよい[よく], 活発な[に], スピリトーソの[で]. [It; ⇨ SPIRIT]

spírit·ous *a* アルコール性の (spirituous); «古» 《蒸留して》純化した, 純粋な; «古» 元気のいい.

spírit ràpping 叩音(こうおん) (=*table tapping*)《降霊術で亡霊がテーブルなどをコツコツとたたくこと》; 叩音降霊[交霊](術). ♦ **spírit ràpper** *n*

spírit(s) of ammónia 10% のアンモニアのアルコール溶液.

spírit(s) of hártshorn アンモニア水《水酸化アンモニウムの旧称》.

spírit(s) of sált 塩酸.

spírit(s) of túrpentine テレビン油.

spírit(s) of wíne 純アルコール.

spírit(s) of wóod 木精, メタノール.

spir·i·tu·al /spírɪʧuəl/ *a* 精神(上)の, 精神的な, 心の (opp. *material, physical*); 霊的な; 形而上の; 霊魂の; 超自然的な, 心霊術の; 聖霊の, 神の; 神聖な, 宗教上の, 宗教的な (opp. *secular*); 教会の, 教法上の (opp. *temporal*); 霊妙な; 崇高な: Gandhi's ~ heir ガンディーの精神を受け継ぐ者. ► *n* [*pl*] 教会関係の事柄, 精神[宗教]的な事[もの]; 黒人霊歌, スピリチュアル; [S-]《13-14 世紀の》フランシスコ会の厳格主義者; [the] 精神界. ♦ **~·ly** *adv* **~·ness** *n* [OF<L; ⇨ SPIRIT]

spíritual bouquét 〘カト〙霊的花束《特別の日にカトリック教徒の他人の献身的行為や, 最近死んだ人の名を印して人に渡すカード》.

spíritual déath 聖寵を失うこと, 霊的死, 精神生活の喪失[不在], 精神の死.

spíritual diréctor 〘キ教〙霊的指導者.

spíritual héaling 霊的ないやし.

spíritual hóme [one's] 人の心のよりどころとなる場所, 《生地とは別の》精神的な[魂の]ふるさと[故郷].

spíritual íncest 〘カト〙霊的インセスト《**1**) 同時に洗礼を受けた者[純潔を誓った者]どうしの結婚または肉体関係 **2**) 同一司祭による２つの聖職禄保持》.

spíritual·ìsm *n* 心霊主義《死後も心霊とは霊媒を通じて交信できるとする》; 降神術, 降霊[交霊, 心霊]術; 精神主義; [S-]《宗教団体による》心霊主義運動, 〘哲〙唯心論, 観念論 (opp. *materialism*); 精神性, 霊性. ♦ **spir·i·tu·al·ís·tic** *a*

spíritual·ist *n* [°S-] 降霊[降神]術者, 巫女(みこ); 精神主義者, 心霊主義者.

spir·i·tu·al·i·ty /spìrɪʧuǽləti/ *n* **1** 精神性, 霊性, 霊的なること (opp. *materiality, sensuality*); 敬神, 崇高, 脱俗. **2** 霊的権威, 聖職者《集合的》; [°*pl*] 霊的なもの[財産], 教会[聖職者]の収入, 聖職禄.

spíritual·ìze *vt* 精神的[霊的]にする; 高尚にする; 霊化[浄化]する; 精神的な意味にとる, ...に精神的意味を与える. ♦ **spìritual·izátion** *n* 霊化, 浄化.

spíritual·ty «古» *n* 聖職者一般; SPIRITUALITY.

spir·i·tu·el /spìrɪʧuél/ *a* (*fem* **-elle** /—/) ‹態度・容姿など›気高く洗練された, 高雅な, しとやかな (graceful), 上品な, 機知に富む. [F SPIRITUAL]

spir·i·tu·ous /spírɪʧuəs/ *a* アルコールを含む; ‹アルコール飲料が›蒸留した (distilled); «古» 元気のいい, 意気盛んな; «古» SPIRITUAL.
♦ **spir·i·tu·os·i·ty** /spìrɪʧuásəti/ *n* [L SPIRIT, *-ous*, or F]

spir·i·tus /spírətəs/ *n* 酒精, エキス; 気息 (breathing). [L SPIRIT]

spíritus ás·per /-ǽspər/ ROUGH BREATHING. [L]

spíritus fru·mén·ti /-fruméntàɪ, -ti/ 穀精 (whiskey). [L]

spíritus lé·nis /-léɪnəs, -lɛ́n-, -líː-/ SMOOTH BREATHING. [L]

spírit vàrnish 〘化〙揮発性ワニス.

spírit wrìting 〘心霊〙心霊書写.

spíri·vàlve *a* 〘動〙‹腹足動物が›渦巻殻をもった; ‹貝が›らせん形の.

spir·ket·ing, -ket·ting /spə́ːrkətɪŋ/ *n* 〘造船〙内部腰板(こしいた); 《船室の》舷窓から天井にかけての裏張り板.

spi·ro-[1] /spáɪərou, -rə/ *comb form*「呼吸」[L *spiro* to breathe]

spiro-[2] /spáɪərou, -rə/ ⇨ SPIR-.

spi·ro·chete, -chaete /spáɪərəkìːt/ *n* 〘菌〙スピロヘータ《らせん状の細菌で, 再帰熱・梅毒の病原菌》. ♦ **spi·roch(a)é·tal, -ch(a)é·tic** *a*

spi·ro·chet·osis, -chaet- /spàɪərəkìːtóusəs/ *n* (*pl* **-oses** /-sìːz/) 〘医〙スピロヘータ症; 〘獣医〙《スピロヘータによる鶏のひなの》伝染性敗血症. ♦ **-tót·ic** /-tát-/ *a*

spíro·gràph *n* 呼吸運動記録器. ♦ **spi·rog·ra·phy** /spaɪərágrəfi/ *n* **spì·ro·gráph·ic** *a*

Spirograph 〘商標〙スパイログラフ《複雑な曲線や図形を描くためのさまざまな形をしたプラスチック製の器具; 子供用の教育玩具》.

spi·ro·gy·ra /spàɪərəʤáɪərə/ *n* 〘植〙アオミドロ; [*S-*] アオミドロ属.

spi·roid /spáɪərɔ̀ɪd/ *a* らせん[渦巻]状の.

spi·rom·e·ter /spaɪərámətər/ *n* 肺活量計. ♦ **spi·róm·e·try** *n* 肺活量測定(法). **spì·ro·mét·ric** *a*

spi·ro·no·láctone /spaɪərə̀nə-, spərɔ̀unou-/ *n* 〘生化〙スピロノラクトン《ラクトン環をもつステロイド; 利尿剤》.

spíro·plàsma *n* 〘生〙スピロプラズマ《らせん形で細胞壁を欠いた微生物》.

spirt ⇨ SPURT.

spir·u·la /spír(j)ələ, spáɪər-/ *n* 〘動〙スピルラトグロコウイカ(の殻)《スピルラ属 (*S-*) の小型のコウイカ, 殻はらせん形で管状》. [L=small coil]

spi·ru·li·na /spàɪərəláɪnə/ *n* 〘植〙ラセン藻, スピルリナ《ラセン藻属 (*S-*) の藍藻類の総称; 栄養価が高く, ビタミン・必須アミノ酸も豊富に含み, しばしば 食物に添加される; (亜)熱帯産で, 栽培もされている》. [NL (↑, *-ina*)]

spiry[1] /spáɪəri/ *a* 細長くてとがった; 尖塔状の; 尖塔の多い‹町など›. [*spire*[1]]

spiry[2] *a* «詩» 螺旋(らせん)状の. [*spire*[2]]

spit[1] /spít/ *v* (**spat** /spǽt/, **spit; spít·ting**) *vt* **1 a** ‹つば・食べ物・血・砲火などを›吐く, 吐き出す ‹*out*›; ‹火の粉などを›吹き出す, 噴出させる; ‹雨・雪を›パラパラと降らす: ~ blood 喀血する (⇨ 成句). **b** ‹導火線など›に点火する, セットする. **2** ‹悪口・暴言などを›吐く, 言ってのける, 吐き出すように言う ‹*out*›. ► *vi* **1** つばを吐く[吐きかける] ‹*at, on*›; 《憎悪・軽蔑して》つばを吐く ‹*at*›; ‹おこった猫などが›シャーッとうなる. **2** ‹雨・雪が›パラパラ降る(: It is only *spitting*.); ‹料理の油などが›パチパチはねる; ‹ろうそくなど›ジージー流れる. ● **~ blood** «口» 猛烈におこる; «俗» ‹スパイなどが›発覚を恐れる. **~ chips** «豪口» のどがからからである; «豪口» 猛烈におこる. **~ in sb's** EYE[1]. **~ it out** «口» 吐き出すように言う; «口» 残らず言ってしまう, 泥を吐く; [*impv*] «口» もっと大きな声で言え[歌え]. **~ on** [**at**]...にっぱを吐きかける; 侮辱する. **~ up***«口» (少し)吐きもどす, 咳き上げる. ► *n* **1** つば; つばを吐くこと[音]; 《おこった猫などの》うなり; 唾液状の泡; 〘昆〙アワフキ(の泡); ぱらつく雨, 小雪. **2** «口» よく似たもの (likeness): He is the very [the dead] ~ *of* his father. 父親に生き写しだ / the ~ and image *of*...の生き写し / SPITTING IMAGE. ● **go for the big ~** «豪口» 吐く. **not count for ~** «俗» 取るに足らない, 全く重要でない. **not give ~** «俗» ちっとも気にしない, 全く関心がない, 気にもとめない. **(not) worth a bucket of ~** «俗» 何の価値もない, くだらん. **a ~ and a drag** [**draw**]"«俗» こっそりやる喫煙, 隠れタバコ.
♦ **spít·ty**[1] *a* [OE *spittan*<imit; cf. SPEW, G *spützen*]

spit[2] *n* **1** 金属の串, 焼き串, 鉄串; 焼き肉器, バーベキューセット. **2** 岬, 砂嘴(さし), 出洲(です). ► *v* (**-tt-**) *vt* 焼き串に刺す; 棒に刺す《ニシンを乾かす時に》; 《剣・串などで》突き刺す. ► *vi* 焼き串に刺す, 串焼きする. ♦ **spít·ty**[2] *a* [OE *spitu*; cf. G *Spiess*]

spit[3] *n* 洋鍬(すき) (spade) の刃だけの深さ, ひとくわ. [MDu and MLG; cf. OE *spittan* to dig with spade]

Spit *n*"«口» SPITFIRE《戦闘機》.

spit·al /spítl/ *n* «古・詩»《貧者・老人・病人の》収容施設; «スコ»《旅人の》避難施設. [ME *spitel*<L *hospitale* HOSPITAL]

Spit·al·fields /spítlfìːldz/ *n* **1** スピタルフィールズ《London の東部にある地区; 野菜・果実・生花の卸売市場があった》. **2** スピタルフィールズ織り《スピタルフィールズで織られた絹・ビロードなどの織物》. ► *a* スピタルフィールズ織りの.

spít and pólish 《兵士・水兵などの》磨き仕事; 磨きたて; «口» いやに凝った服装; 体裁を整えることに汲々とすること. ♦ **spít-and-pólish** *a* 磨きたてた, いやに凝った, めかしこんだ.

spít and sáwdust *n, a*ᵘ《俗》古風で飾りけがない[大衆的な](パブ); ᵘ《俗》荒削りな, 大ざっぱな. [床におがくずをまいてあって客がつばを吐くような, かつてのパブの造りから]

spít·bàll *n*《かんで固めた》紙つぶて;〖野〗スピットボール《つば[汗]をつけてベース付近でストンと落ちるようにしたボール; 反則》; *《俗》きたないが効きめのない攻撃. ► *vi, vt*〖野〗(…に)スピットボールを投げる; *《俗》(…に)弱々しい[効果のない]攻撃[批評]をする;《議論のために》(考えを)ちょっと言ってみる. ♦ **~·er** *n*

spít·bòx *n* 痰壺 (spittoon);《俗》《競馬・ドッグレースの出走前の》尿検査用の尿.

spitch·cock /spítʃkɑ̀k/ *n* ウナギの蒲焼[フライ]. ► *vt*〈ウナギを〉開いて蒲焼き[フライ]にする; ひどい扱いをする. [C16<?]

spitch·ered /spítʃərd/ *a*《俗》こわれた, だめになった.

spit cùrl* 額[ほお, びん]に平たくぴったりとくっつけた巻き毛. [時につばでなでつけることから]

spite /spáɪt/ *n* 悪意, 意地悪; 怨恨, 遺恨, 怨念, 意趣, 恨み (grudge);《古》いらいらさせるもの, 悩みのたね: have a ~ *against*… を恨む / out of [from] ~ 腹いせに. ● **in ~ of**…にもかかわらず, …はあるにしても, …を物ともせずに;《古》…を無視して. **in ~ of oneself** われ知らず, 思わず, (その気でないのに)つい. ► *vt* …に意地悪をする, いじめる, 困らせる; …に意趣返しをする;《古》いらいらさせる, おこらせる: She did that just to ~ me. ただわたしを困らせるためにそういうことをした / cut off one's NOSE to ~ one's face. [OF *despit* DESPITE]

spíte·ful *a* 意地の悪い, 悪意に満ちた, くやしまぎれの, 執念深い. ♦ **~·ly** *adv* **~·ness** *n*

spít·fìre *n* **1** 短気者, かんしゃく持ち《特に女性》; 火を吐くもの《火山・大砲など》. **2** [S-] スピットファイア《第二次大戦中の, 英国の単座戦闘機》.

Spìt·héad スピットヘッド《イングランド南岸, Portsmouth と Wight 島の間の停泊地; Solent 海峡の東口にあたる》.

spít·less *a* つばの出ない. ● SCARE sb ~.

spít-ròast *vt*〈肉を〉串焼きにする.

Spits·ber·gen /spítsbɜ̀ːrgən/ スピッツベルゲン《**1**) 北極海にあるノルウェー領の島群; ⇨ SVALBARD **2**) この島群の最大の島》.

spit shìne *n*《ブーツなどを》つばをつけたりしてピカピカに磨き上げた状態. ► *vt*〈ブーツなどを〉つばをつけたりしてピカピカに磨き上げる.

spit·stick /spítstɪ̀k/, **-stick·er** /-stɪ̀kər/ *n* 輪郭線彫り用の彫刻刀, 尖刀.

Spit·te·ler /ʃpít(ə)lər, spít-/ シュピッテラー **Carl** ~ (1845–1924)《スイスの叙事詩人; 筆名 Carl Felix Tandem /tɑ́ːndɛm/; ノーベル文学賞 (1919)》.

spít·ter[1] *n* つばを吐く人; SPITBALL. [*spit*[1]]

spitter[2] *n* ようやく角が生えかかった子鹿. [*spit*[2]]

spit·ting cóbra [snáke]〖動〗**a** ドクハキコブラ (rinkhals). **b** クロクビコブラ (black-necked cobra).

spítting dìstance 短い距離, すぐ手の届く距離: *in* [*within*] ~ (*of*…) (…の)すぐ近くに.

spítting ímage 1 [ᵘthe]《口》生き写し (spit and image)〈*of*〉. **2** [S- I-]「スピッティング・イメージ」《英国のテレビ番組; デフォルメした有名人の人形を使ってニュース・政治を諷刺する》.

spit·tle[1] /spítl/ *n*《特に 吐き出された》つば;〖昆〗《アワフキの吹いた》泡: LICK sb's ~ / LICKSPITTLE. [ME *spattle*<OE *spātl*< *spǣtan* to spit; 語形は *spit*[1] の影響]

spittle[2] *n* SPITAL.

spíttle·bùg, spíttle ìnsect *n*〖昆〗アワフキ (=*froghopper*)《総称》.

spit·toon /spɪtúːn, spə-/ *n* 痰吐き器, 痰壺 (=*cuspidor*).

spitz /spíts/ *n* [ˢS-]〖犬〗スピッツ《小型で口のとがったポメラニアン種の犬》. [G=pointed; cf. SPIT[2]]

Spitz スピッツ **Mark (Andrew)** ~ (1950–)《米国の水泳選手; Munich 五輪 (1972) で 7 つの金メダルを獲得》.

spit·zen·burg, -berg /spíts(ə)nbɜ̀ːrg/ *n*〖園〗スピッツェンバーグ《夏に熟する赤や黄色の数種の米国のリンゴ》. [AmDu]

spitz·flö·te /ʃpítsflèɪtə, -flɜ̀ːtə/, **spítz·flùte** /spíts-, ʃ-/ *n*〖楽〗スピッツフルート《円錐形のパイプをもつパイプオルガンの音栓》. [G (*flöte* flute)]

spitz·kop·pie /spítskɑ̀pi/ *n*《南ア》KOPJE.

spiv /spív/ *n*ᵘ《口》《派手になりで定職もなく》悪知恵で世を渡る男, いかがわしいやつ; 闇屋; 仕事をずるけるやつ, 横着ななまけ者. ► *vi* spiv として[悪知恵で]世を渡る. ► *vt* [~ *-self*] めかしこむ〈*up*〉. ♦ **spív·(v)ery** *n*ᵘ《口》spiv 的な世渡り, 他人におんぶする渡世. **spív·vish, spív·vy** *a* [C20<?; ?逆成< *spiving* (dial) smart, または ? *spiff* (dial) (n) flashy dresser, (a) smartly dressed]

spiz·zer·inc·tum, -ink- /spɪ̀zəríŋ(k)təm/ *n**《俗》やる気, 元気, 精力.

SPK《E メールなどで》speak.

splake /spléɪk/ *n*〖魚〗カワマスとレークトラウトを人工交配したマス. [*sp*eckled trout+*lake* trout]

splanch* /splǽntʃ; splɑ́ːntʃ/ *n*〖建〗スプランチ《乱平面の農場式家屋》. [*spl*it-level+*ranch*]

splanch·nic /splǽŋknɪk/ *a* 内臓の.

splanch·no- /splǽŋknoʊ, -nə/ *comb form*「内臓」[Gk (*splagkhna* entrails)]

splanch·nol·o·gy /splæŋknɑ́ləʤi/ *n* 内臓学.

splanch·not·o·my /splæŋknɑ́təmi/ *n*〖医〗内臓切開[解剖].

splash /splǽʃ/ *vt* **1 a**〈水・泥などを〉はね返す, はねかける,〈ペンキなどを〉勢いよく塗りつける〈*about, on, over*〉; …に〈水・泥などを〉はねかけてよごす[ぬらす]〈*up*; *with*〉;〈壁紙などを〉散らし模様にする; まき散らす: Don't ~ your dress. 服を(水[泥など]で)よごすな / ~ water *on* [*over*] the floor=~ the floor *with* water 床に水をバシャッとかける. **b** バシャバシャ泳ぐ; ザブザブ音をたてて…する: ~ one's way (水中を)ザブザブ音をたてて進む. **2***《口》撃墜する; ᵘ《口》〈金などを〉まき散らす〈*about, out* (*on*)〉; 書きなぐる; でかでかと書く;《口》《新聞などが》書き立てる, 大々的に取り上げる: ~ one's money *about* 札びらを切る. ► *vi*〈水などが〉はねる, はねかかる〈*about, around, over, on*〉, 水をはね返して騒ぐ〈*about, around*〉; ザブンと落ちる〈*into* the water〉; ザブン[バチャバチャ]と音をたてる; ジャブジャブいわせて進む〈*across, along, through*〉;〈弾丸が〉物にあたって砕ける; ᵘ《口》(…に)大金を使う〈*out* (*on*)〉. ● **~ down**〈宇宙船が〉着水する. **~ one's boots** ᵘ《俗》have a SPLASH. ► *n* **1 a** はね返し, はねかけ; はねかす音; [〈*int*〉] バシャッ, パシャッ, ザバッ, ザブン, ザブザブ, ピチャピチャ, パチャパチャ, ドーッ: with a ~ ザブンと〈飛び込む〉. **b** どっと流れる水; *《俗》水 (water), 一杯の水; ᵘ《口》《ウイスキーなどを割る》少量のソーダ水など〈*of*〉;《俗》水, 大洋, 湖, ふろ(水): Scotch and a ~ ソーダで割ったスコッチ. **c** 少量, 少し (sprinkling). **d***《俗》アンフェタミン剤 (amphetamines). **2 a**《インクなどの》とばしり, しみ,《色・光などの》斑点〈*of*〉,《動物の》斑. **b** スプラッシュ《おしろいの一種》;《口》派手な見せかけ(が生むあざやかな印象), 大々的な扱い(の記事);《俗》はなばなしい事, 壮観なできごと;《俗》大成功, 大当たり; ᵘ《俗》派手な金づかい. ● **have a ~** ᵘ《俗》〈男性が〉放尿する. **make [cut] a ~** ザブンといわせる;《口》《通例 一時的に》大評判をとる, 世間をあっといわせる;《俗》派手に札びらを切ってみせる. ► *adv* ザブン[バシャッ]と. [変形 < *plash*[1]]

splásh·bàck *n*《流し台・ガスレンジなどの》はねよけ板[壁].

splásh·bòard *n* 泥よけ (splash guard, mudflap);《流しの裏などの》はね水よけ;〖海〗《船の》防波板, しぶきよけ;《貯水池などの》水吐き口止栓, 水量調節用水門.

splásh dàm《木材放流用の》放流堰.

splásh·dòwn *n*《宇宙船の》着水; 着水場所[時刻].

splásh·er *n* はねかす人[もの]; 泥よけ.

splásh guàrd《自動車の》はねよけ.

splásh héadlineᵘ〖新聞〗(派手な)大見出し.

splásh lubricàtion〖機〗はねかけ注油.

spláshy *a* はねる; パチャパチャと音のする; はね[泥]だらけの; 見えを張る[張った], 目立つ, 派手な; 斑点からなる[になっている, のある]. ♦ **splásh·i·ly** *adv* **-i·ness** *n*

splat[1] /splǽt/ *n*《椅子の背の中央に張った》縦長の平板. [*splat* to SPLIT up]

splat[2] *n* [〈*int*〉] ピシャッ, パシャッ, ベチャッ, ペチャッ. ► *adv* ピシャッと, ベチャッと. ► *vt* ピシャッとたたく. ► *vi* ベシャッと落ちる. [imit]

splat·ter /splǽtər/ *vt, vi* バチャバチャいわせる,〈水・泥などを〉はねかす; バシャッと飛び散る[落ちる]; …にはねかける〈*up*; *with*〉; ペチャクチャしゃべる;《口》《新聞で》大きく[センセーショナルに]扱う. ● **get ~ed** ᵘ《俗》大敗する. ► *n* はね;〖通信〗スプラッター《信号のひずみ・混信》. [imit]

splátter·dàsh *n* ガヤガヤ (noise), 大騒ぎ (clamor); [*pl*] SPATTERDASHes.

splátter mòvie [fìlm], splát mòvie [fìlm]《俗》血みどろ[残虐]映画, スプラッタームービー《グロテスクな場面を売り物にする大量殺人・ホラー・大災害・大事件を扱う映画; SNUFF FILM を指すこともある》.

splátter·pùnk *n*《口》スプラッターパンク《恐怖[暴力, ポルノ]シーンなどの露骨な描写を特徴とする文学ジャンル》.

splay /spléɪ/ *vt*〈ひじ・足などを〉広げる〈*out*〉;〖建〗〈窓など(の側面)を〉外広がりにする;〈桶・樽などを〉朝顔形に上部を開いて作る;〖獣医〗脱臼させる. ► *vi* 傾斜する, 斜角をなす, 外に広がる〈*out*〉; 上向きに広がる. ► *a* 広がっている, 外へ開いた; 斜めの, 曲がった; ぶかっこうな, ぶざまな: ~-legged 脚を広げた[て]. ► *n*〖建〗斜面, 斜角, スプレー; 広がり, 拡張; *《俗》マリファナ. [*display*]

Splayd /spléɪd/《豪》〖商標〗スプレイド《ナイフ・フォーク・スプーンの機能を兼ね備えた道具》.

spláy·fòot *n* 扁平足,《特に》そと輪の扁平足. ► *a*〈足が〉扁平足の; ぶかっこうな. ♦ **spláy·fòot·ed** *a*

spleef /splíːf/ *n**《俗》マリファナ(タバコ) (spliff).

spleen /splíːn/ *n* 脾臓《かつてさまざまな感情が宿る所とされた》; 不機嫌, かんしゃく; 意地悪; 恨み, 遺恨; 意気消沈;《古》憂鬱: a fit of (the) ~ 腹立ちまぎれ / vent one's ~ on [at]…に鬱憤を晴らす, あたりちらす. [OF *esplen*, <Gk *splēn*]

spléen·ful *a* 不機嫌な, おこりっぽい; 意地の悪い. ♦ **~·ly** *adv*

spléen·ish *a* SPLEENFUL.

spléen·wòrt *n* 〘植〙 **a** チャセンシダ《かつて憂鬱症の薬に用いた》. **b** メシダ.
spléeny *a* かんしゃくを起こした;《ニューイング》気むずかしい.
splen- /splíːn, splén/, **sple·no-** /splíːnou, splén-, -nə/ *comb form*「脾臓」 [Gk (SPLEEN)]
splen·dent /spléndənt/《古》*a* 輝く, 光輝ある; 華麗な; 傑出した. ♦ **~·ly** *adv*
splen·did /spléndəd/ *a* すばらしい, あざやかな, 〈思いつきなど〉申し分のない, 傑出した; りっぱな, 華麗な, 壮麗な; あっぱれな; 輝かしい; ただならぬ, 並はずれた: a ~ idea すばらしい思いつき / have a ~ time とても愉快に時を過ごす. ● **in ~ isolation** ひとり[ひとつ]ぽつんと, 完全に孤立して《19 世紀後半の英国の孤立政策より》. ♦ **~·ly** *adv* すばらしく, みごとに, 申し分なく. **~·ness** *n* [F or L (*splendeo* to shine)]
splen·di·de men·dax /spléndɪdèɪ méndàːks/ 輝かしく虚偽なる. [L=nobly untruthful; Horace *Odes* より]
splen·dif·er·ous /splɛndíf(ə)rəs/ *a*《口》[°*joc*/*iron*] すばらしい, たいした (splendid). ♦ **~·ly** *adv* **~·ness** *n* [↓, *-ferous*]
splen·dor | **-dour** /spléndər/ *n* 輝き, 光輝, 光彩; りっぱ, みごとさ, 壮麗, 堂々たること;《名声などの》顕著, 卓越; 輝きを示す[与える]もの. ⇨ SUN IN SPLENDOR. [AF or L; ⇨ SPLENDID]
splen·dor·ous /spléndərəs/, **-drous** /-drəs/ *a* 光輝に満ちた, 輝いた, 壮麗な.
sple·nec·to·my /splɪnéktəmi/ *n* 〘医〙 脾臓摘出(術), 脾摘. ♦ **sple·néc·to·mìzed** /-màɪzd/ *a*
sple·net·ic /splɪnétɪk/ *a* 脾臓の, 脾の; 不機嫌な, かんしゃく持ちの, 気むずかしい, おこりっぽい, 意地の悪い;《古》憂鬱症の. ► *n* 気むずかしい人, おこりっぽい人; 脾病患者; 脾病薬. ♦ **-nét·i·cal** *a* **-i·cal·ly** *adv* [L; ⇨ SPLEEN]
sple·ni·al /splíːniəl/ *a* 〘解〙 板状筋の.
splen·ic /splénɪk, splíːn-/ *a* 〘解·医〙 脾の, 脾臓の: the ~ artery 脾動脈. [F or L<Gk; ⇨ SPLEEN]
splénic féver 〘医〙 脾脱疽; TEXAS FEVER.
sple·ni·tis /splɪnáɪtəs/ *n* 〘医〙 脾炎.
splen·i·tive /splénətɪv/ *a* SPLENETIC.
sple·ni·us /splíːniəs/ *n* (*pl* **-nii** /-niàɪ/) 〘解〙《首の》板状筋.
sple·ni·za·tion /splìːnəzéɪʃ(ə)n; -nàɪ-/ *n* 〘医〙《肺の》脾変, 脾臓化.
sple·noid /splíːnɔ̀ɪd/ *a* 脾臓様の, 脾様の.
sple·no·meg·a·ly /splìːnəmégəli, splèn-/ *n* 〘医〙 脾腫, 巨脾(症). [*-megaly* (⇨ MEGAL-)]
splent /splént/ *n* SPLINT.
spleu·chan, -ghan /splúːxən/ *n*《スコ·アイル》《タバコ·金などを入れる》小袋. [Gael]
splib /splíb/ *n**《黒人俗》黒人《特に 男》. [C20<?]
splice /spláɪs/ *vt* **1** (2 本のロープの端を解いて)ない継ぎ[添え継ぎ]する 〈*to, together*〉; 〈材木などを〉継ぐ; 〈フィルム·テープなどを〉重ね継ぐ. **2** 〘生〙 〈遺伝子や DNA の切片·染色分体などを〉接合[再接合]する, 〈変形させた新遺伝子などを〉挿入する, 植え込む, スプライシングする. **3** 《口》結婚させる: get ~*d* 結婚する. ► *vi* 《口》結婚する. ● **~ the** MAIN BRACE. ► *n* **1** 組織, 接着; 〘電〙 接続; 《ロープの》ない継ぎ, 本継ぎ, スプライス; 《材木·軌条などの》添え継ぎ, 添え板継ぎ, 重ね継ぎ, さつま継ぎ. **2** 継いだもの; 接ぎ木; 〘電〙 接続具; クリケットバットのハンドルのくさび形の先端《球をあてる部分に差し込む》. **3** 《俗》結婚. ● **sit on the ~** 《クリケット俗》用心して守勢で戦う, STONEWALL. [? MDu *splissen*<?; cf. SPLIT]
splíce gràft 〘園〙 合わせ接ぎ《ともに斜めに切った接ぎ穂と台木とを合わせる接ぎ木》. ♦ **splíce gràfting** *n*
splic·er /spláɪsər/ *n* SPLICE する人[機械], 継ぎ台; スプライサー《フィルム·テープなどをつなぐ道具》.
spliff, splif /splíf/ *n*《俗》マリファナタバコ.
spline /spláɪn/ *n*《金属や木の》細長い薄板, へぎ板 (slat); しない定規, たわみ尺; 〘機〙《心棒の》キー (key), キー溝, スプライン; 〘建〙 雇いざね; 〘数〙 スプライン関数 (=~ **fùnction**). ► *vi* 〘機〙 …にキー(溝)をつける. [C18<?; cf. SPLINTER]
splint /splínt/ *n* **1** 〘医〙 副木(ふくぎ), 当木, 添え木; 裂片, 破片, へぎ板, 小割り; 《マッチなどの》軸木; 《方》SPLINTER. **2** 《よろいの》札(さね); 《よろいの》篭手(こて). **3** 〘獣医〙 管骨瘤; 〘解〙 副木骨. ► *vt* …に副木[当木, 添板]を施す. [MDu or MLG=metal plate or pin; cf. SPLINTER]
splínt àrmor 鉄札(てつざね)の防護服[胴よろい].
splínt bòne 〘動〙 副木骨; 腓骨 (fibula).
splínt còal 裂炭, スプリント炭《燃焼温度が高い》.
splin·ter /splíntər/ *n* 裂片, 砕片, 切れ, こっぱ, そぎ; 《木·竹などの》とげ; 《砲弾の》破片, かけら: SPLINTER GROUP. ► *vt, vi* 裂く[裂ける], わる[われる] 〈*off*〉; こっぱみじんにする[なる]; 《意見の相違などで》分裂させる[する]. ► *a* 分離[分裂]した; 分派の (factional). [MDu; cf. SPLINT]
splínter bàr 《ばねを支える》馬車の横木; ᴴWHIFFLETREE.
splínter bòne 《口》腓骨 (fibula).
splínter gròup [**pàrty**] 〘政〙 分裂派, 分(離)派.
splínter·less *a* われにくい; 〈ガラスなどが〉われても飛び散らない, 飛散防止の.
splínter·pròof *n* 砲弾破片よけ, 防弾片構造のもの, 弾片よけ. ► *a* 弾片に耐える; 〈ガラスなどが〉飛散防止型の.
splín·tery *a* 裂け[われ]やすい, 裂片の(ような), 〈鉱石など〉ぎざぎざのある.
split /splít/ *v* (**split**; **splít·ting**) *vt* **1 a** 裂く, 割る, 縦に裂く; 〈厚いもの·皮などを〉薄くはがす; 分割する 〈*between*〉, 分離する; *〈ウイスキーなどを〉水で割る; 〈唇·頭など〉にけがをする; 〘理〙 〈分子·原子を〉分裂させる; 〈化合物を〉分解する, 分解して除去する 〈*off, away*〉: ~ HAIRS [STRAWS¹, the DIFFERENCE]. **b** つんざく; *《俗》ぶんなぐる: A roar ~ my ears. 轟音が耳をつんざいた / ~ one's SIDES with [for] laughter / ~ a GUT. **2** 分裂[分離]させる; 仲たがいさせる: The issue ~ the country *in* two. その問題は国論を二分した. **3** 分ける, 分配する (divide), 共にする (share); *〈株式を〉分割する《株主に無償で株式を発行する》: ~ booty もうけを分配する / ~ a bill 割り勘にする. **4** 《俗》《急いで》…から立ち去る (leave): ~ the scene 足早にその場を離れる. ► *vi* **1 a** (縦に)割れる, 裂ける, 割裂する, 破れる: This wood ~*s* easily. この木材はたやすく割れる / The bottom ~ open. 底が抜けた / ~ on a rock 難破する. **b** 腹を抱えて笑う; [進行形で] 〈頭が〉割れるように痛む, ガンガンする. **2** 〈党などが〉分裂する 〈*up*〉; 関係を絶つ; 《口》不和になる, 別れる 〈*with, in, into, on*〉; 分割投票をする. **3** 《口》分かち合う, 共有する. **4 a** 速く歩く[走る]; 《俗》《さっさと》出発する, 離れる, 逃亡する, ふける: I've got to ~. もう行か[帰ら]なくちゃ. **b** ᴴ《俗》秘密を漏らす, 密告する, さす 〈*on* sb〉. ● **~ across** 二つに分かれる, 割れる. **~ off** [**away**] 割る, 裂く; 割れる, 裂ける; 分裂[分離]する 〈*from*〉. **~ one's vote** [**one's ballot, the ticket**] 《連記投票で》相反する党の候補者に票を分割する. **~ the vote** 《票を奪い合って》共倒れになる. **~ up** 分裂[分離]させる, 分ける; 分裂する (cf. *vi* 2), 割れる, 裂ける, 分かれる 〈*into*〉; 《口》離婚する, 別れる 〈*with*〉.
► *a* **1** 《特に 縦にまたは木目なりに》裂けた, 割れた, 分離した, 分裂した; 間隔のあいた; 開いて製した, 開いて乾かした[塩にした]〈魚など〉. **2** *〘証券〙 分割の; 分割(投票)の. **3** 〈飼鳥など〉《遺伝的に》異型[分岐]の 〈*for*〉.
► *n* **1 a** 裂ける[裂く]こと, 割れる[割る]こと; 裂け目, 割れ目, ひび, すじ. **b** [ᵘ*pl*] 柳の割り枝《かご作り用》; 破片, かけ, とげ, きれぎれ; へぎ板, 小割り板; スプリット, 筬羽(おさは) (dent²); 2 枚にはいだ皮, 薄皮. **2** 分裂, 仲間割れ, 不和 〈*in*〉, 破局, 離婚 〈*with*〉; 分流; 分派, 党派. **3** 《俗》通報者, 刑事, 警官. **4** 株式分割; 《口》《もうけ·略奪品などの》分配, 分け前; 〘トランプ〙 分け《faro で同時に 2 枚の同位札が出て, 賭け金が親と折半されること》; 《口》半杯, 《酒·ソーダなどの》小瓶《1) 普通の瓶の 1/2 2) 6 [6½] オンス入りの瓶》. **5 a** [°the ~s, 〈*sg*〉] 両脚を一直線に広げて地にすわる演技, 股割り, 〘体操〙 開脚坐[ジャンプ]. **b** 〘ボウル〙 スプリット《第 1 投でピンの間があいて残ること》. **6 a** スプリット《薄切りのフルーツ[《特に》半分に割ったバナナ]にアイスクリームとシロップをかけた菓子; クルミや生クリームを添えることもある》. **b** 《口》混ぜ合わせたもの《アルコールとソーダ水など》. **7** スプリット《レース競技中の特定区間の所要時間》. **8** *《試合·連続試合の》引分け. ● **run like ~** *全速力で走る. [MDu *splitten*; cf. G *spleissen*]
Split /splít/, **Spljet** /spliét/ スプリト, スプリェト (It **Spa·la·to** /spáːlətòu/) 《クロアチア南部, アドリア海に臨む市·港町; Diocletian 帝が晩年を過ごした宮殿の一部が残る》.
splít bàr 〘電算〙 スプリットバー《ウインドーを分割する線; ドラッグにより分割位置を変更できる》.
splít béaver 《卑》SPREAD BEAVER.
splít-bráin *a* 〘医〙 視交叉と脳梁の離断した, 分割[離断, 両断]脳の.
splít cáne 〘釣〙 スプリットケーン (=*built cane*)《断面が三角形の竹の棒を先細にしてから貼り合わせて六辺形の棒にしたもの; 釣りざおの材料にした》.
splít clóth 縛り端が数個ある包帯《頭部·顔面用》.
splít decísion 〘ボク〙《レフェリー·ジャッジ 3 者間の》割れた判定, スプリットの判定.
splít énd 〘アメフト〙 スプリットエンド《フォーメーションから数ヤード外に位置している攻撃側のエンド》; [ᵘ*pl*] 《髪の》枝毛の割れ始めの部分.
splít-fíngered fástball 〘野〙 スプリットフィンガード·ファストボール《速球と同じ腕の振りで投げるフォークボールに似た変化球; 打者の手前で急に落ちる》.
splít géar 〘機〙 割歯車.
splít infínitive 分離不定詞《'to'-infinitive の間に副詞(句)がはさまった形: He wants *to* really *understand*.; 誤用とする意見もあるがごく普通に使われる》.
splít-lével *a* 〘建〙 〈住宅·部屋が〉乱平面の; 〈レンジが〉オーブンとバーナーが別のユニットになっている. ► *n* /⸗ー ⸗ー/ 〘建〙 乱平面の住宅《中二階がある》.
splít mínd 統合失調症 (schizophrenia).
splít móss 〘植〙 ウロコゴケ《総称》.
splít-nèw *a* 《スコ》真新しい, 新品の, まっさらの (brand-new).
splít-òff *n* **1** 裂き取ること, 切り離すこと, 分割, 分離; 裂き取られたもの, 切り離されたもの. **2** 〘経営〙 スプリットオフ《会社組織再編成の一方法; 子会社, 系列会社または合併された会社の全株式が, 親会社の株式の一部と交換に親会社の株主に委譲される; cf. SPIN-OFF, SPLIT-UP).

split páge 〘新聞〙第 2 部の第 1 ページ, 二部第一面.

split péa さやをむいた干しエンドウ《スープ用》.

split personálity 分離性性格, 二重[多重]人格 (multiple personality); 統合失調症 (schizophrenia).

split-pháse *a* 〘電〙分相の.

split pín 〘機〙割りピン.

split púlley 〘機〙割りベルト車(ぐるま) (=*split wheel*).

split ráil 背板で作った柵の横木.

split ríng 〘機〙割りリング《互いに絶縁したリングを多数積み重ねたもので, モーターの整流子として用いた》.

split scréen (techníque) 〘映画・テレビ〙分割スクリーン(法)《2 つ以上の画像を同時に並べること》.

split-sécond *a* 正確無比な; ほんの一瞬の, 瞬間的な.

split sécond 一秒の何分の一かの時間, 瞬時: in a ～ たちまち, すぐさま, (その)瞬間.

S

split shíft 分割勤務, 分割シフト《休息[食事]時間を長くとって, 一定労働時間を 2 つ以上に分割する就労制》.

split shót **1** 〘クロッケー〙スプリットショット, 散らし打ち《相接した鉄球を別々の方向へ打つこと》. **2** (*pl* **～s, ～**) 〘釣〙ガン玉, かみつぶし《釣糸をはさむ割れ目のついたおもりの粒》

splits·ville /splítsvìl/ *n* 《俗》別れていること, 関係の終わり, 別居, 離婚. [*-ville*]

split·ter *n* 裂く[割る]人[道具], スプリッター; 分裂派の人; HAIRSPLITTER; 《生物分類上の》細分派の学者 (opp. *lumper*); *《俗》家出者; 《口》激しい頭痛; 〘野〙SPLIT-FINGERED FASTBALL.

split tícket 〘米政治〙分割投票の票《複数政党の候補者に投票した連記票; cf. STRAIGHT TICKET》.

split tínᴵᴵ クラスト部分を増やすために上部に割れ目をつけた長いパン.

split·ting *a* 割れるような〈頭痛〉; ガンガン響く〈騒音〉; 飛ぶような, 迅速な; 《口》腹をよじる, おかしくてたまらない (sidesplitting). ► *n* [ᵁ*pl*] 破片, 砕片, かけら; 〘精神分析〙分裂《両価性の葛藤などを回避する防衛機制》.

split·tìsm *n* 《共産党員・共産主義国家内の》分派傾向, 独立路線. ♦ **-tist** *n*

split-ùp *n* 分割, 分裂, 解体, 分解; けんか別れ, 物別れ; 離婚; 株式分割 (cf. SPLIT-OFF); 会社分割.

split wéek 《演劇俗》《前半と後半を》二つの劇場に掛け持ちで出演する週; *《俗》〘ポーカー〙まん中の札の抜けたストレートくずれ.

split whéel SPLIT PULLEY.

split wíngs *pl* 〘釣〙《擬似針の》V 字形に分かれた羽.

Spljet ⇨ SPLIT.

splodge[1] /spláʤ/ *n*, *vt* SPLOTCH. ♦ **splódgy** *a* SPLOTCHY.

splodge[2] *vi* バシャバシャ進む.

splog /splág/ *n* スプログ《検索順位の高い人気ブログを勝手にコピーするなどしてユーザーを引き寄せるサイト; しばしば広告やいかがわしいサイトへのリンクを掲載する》. [*sp*am+b*log*]

splore /splɔ́ːr/ 《スコ》*n* 浮かれ騒ぎ; 騒動. [C18<?]

splosh /spláʃ/ *n* 《口》ぶちまけた水(の音) (splash), バシャッ, ボチャン, ザーッ; 《俗》金 (money); ᴵᴵ《俗》女, セックス. ► *adv* バシャッと: go ～《水中などに》バシャッと落ちる. ► *vt*, *vi* SPLASH. [imit]

splot /splát/ *n* [〈*int*〉] ベシャッ, ピチャッ, ペチャッ《ぬれぞうきんなどがぶつけられたときなどの音》. [imit]

splotch /spláʧ/ *n* 《大きくふぞろいの》ぶち, まだら, 斑点, しみ. ► *vt*, *vi* ...に斑点[しみ]をつける, (すぐ)よごれる[しみになる]. ♦ **splótchy** *a* 斑点[しみ]のある, よごれた. [*sp*ot+*plotch* (obs) BLOTCH か]

splurge /spláːrʤ/ 《口》*vi*, *vt* 見せびらかす, 誇示する; (金を)湯水のようにつかう, 散財する 〈*on*〉. ► *n* 見せびらかし, 誇示; 派手な金づかい, 散財 〈*on*〉. [C19 (? imit)]

splurt /spláːrt/ 《口》*vt*, *n* ピュッ[ペッ]と吹き[吐き]出す(こと), パッとはね飛ばす[飛び散らす](こと): a ～ of laughter 突然の笑い, ぷっと吹き出す[どっと笑う]こと.

splut·ter /splʌ́tər/ *n* せきこんだ話し声などの音, 混乱した音; ピシャリという音, ブツブツ噴き出す音《など》. ► *vi* ブツブツ[パタパタ]音をたてる; せきこんで[ゴホゴホ]言う; はね水をとばす. ► *vt* ゴホゴホ話す; ブツブツ噴き出す; 飛び散らせる. ♦ **～·er** *n* **splút·tery** *a* **～·ing·ly** *adv* [変形＜*sputter*; *splash* との連想]

Spock /spák/ スポック **Benjamin (McLane) ～** (1903-98)《米国の小児科医; 育児書 *The Common Sense Book of Baby and Child Care* (1946)》. ★ ⇨ MR. SPOCK

spod /spád/ *n*ᴵᴵ《口》おもしろくない[ダサい]やつ, ガリ勉屋. ♦ **spód·dy** *a*

Spode /spóud/ **1** スポード **Josiah ～** (1754-1827)《英国の陶芸家; 英国独特のボーンチャイナを開発した》. **2** 〘商標〙スポード《Josiah Spode の流れを引くメーカーの陶磁器》.

Spod·o·sol /spádəsɔ̀(ː)l, -sòul, -sàl, spóu-/ *n* 〘土壌〙スポドゾル《多孔性の灰白色の表層と鉄分に富む下層からなる森林性湿性土壌》. [Gk *spodos* ashes, SOLUM]

spod·u·mene /spáʤəmìːn/ *n* 黝輝(ゆうき)石, リシア輝石.

spof·fish /spáfɪʃ/ *a*ᴵᴵ《俗》こうるさい, 騒ぎたてる, せわしない, おせっかいな.

spoil /spɔ́ɪl/ *v* (**～ed** /spɔ́ɪld; spɔ́ɪlt, spɔ́ɪld/, **spoilt** /spɔ́ɪlt/ 英では spoilt が普通) *vt* **1 a** 害する, 損じる, だいなしにする, ぶちこわす; 〈興味などを〉そぐ; ᴵᴵ《わざと誤記などして》〈投票用紙を〉無効にする: ～ an egg 卵を(長くおいて)腐らせる / The heavy rain ～*ed* the crops. / I'll ～ your beauty for you. 《なぐって》きれいな顔をだいなしにしてやろうか / Too many COOKS ～ the broth. / You'll ～ your appetite [dinner]. 《間食しすぎて》ごはんが食べられなくなるよ. **b** 〈人・物を〉そこなう (ruin), 《特に》甘やかしてだめにする, スポイルする: a *spoilt* child だだっ子 / ～ a dog 犬を甘やかす. **c** 〈客などを〉ちやほやもてなす: *S*～ your*self*. 遠慮せずに召し上がれ / You ～ me. こんなにまでしてもらってありがとう. **d** *《俗》バラす (kill); 《古》破壊する, 滅ぼす, 殺す. **2** (**～ed**) 《古・文》〈人〉から略奪する, ぶんどる: ～ sb *of* sth 人から物を略奪する. ► *vi* 悪くなる, いたむ, 損じる, だいなしになる, 《特に》腐敗する; 〘スポ〙相手の得点を阻む; 《古》略奪する. ● **be ～ing for** 《口》〈けんか・論争など〉がしたくてうずうずしている. **spoilt for choice** あまり選択枝が多く選ぶのに困って. **～ the Egyptians** 容赦なく敵のものを奪う《*Exod* 3:22》. ► *n* **1 a** [ᴼ*pl*] ぶんどり品, 略奪品, 戦利品; [*pl*] *《政権を獲得した政党の権利としての》官職, 役得, 利権: the ～*s* of office 役得. **b** [*pl*] 《努力などの》成果, 見返り 〈*of*〉; 《蒐集家の》掘出し物. **2 a** 発掘[浚渫(しゅんせつ), 採掘など]で廃棄される土[石など], 廃石, 捨土, ぼた; 不良品, きずもの. **b** 《まれ》破損, 損傷. **3** 《古》略奪(行為); 《略奪などの》目的物, 戦略上の要所《建物・町など》. ♦ **～·able** *a* [OF (n) *espoille*, (v) *espoillier*＜L (*spolium* spoil, plunder); または＜*despoil*]

spóil·age *n* 損じる[だめにする]こと, 損傷, 《食物の》腐敗; 損傷物[高]; 〘印〙刷りそこない.

spoil·a·tion /spɔɪléɪʃ(ə)n/ *n* SPOLIATION.

spóiled príest 還俗神父.

spóil·er *n* **1** 損ずる[甘やかしてだめにする]人[もの]; 略奪者, 泥棒; 《スポ俗》大物食い《チーム・選手》; *有力候補の票を食う候補者; ライバル紙[誌](の記事)を食うために発行[発表]される新聞[雑誌, 記事]; 《口》ネタバレ記事, ネタばらしする人. **2 a** スポイラー《**1)** 〘空〙揚力を減らし抗力を増加する主翼上面の可動板 **2)** 〘車〙高速時に車が浮き上がってスピンするのを防止する空力的付加物》. **b** 〘通信〙スポイラー《指向性を変化させるために, パラボラアンテナに取り付けられた格子》.

spóiler pàrty* 二大政党の一方の票をくずすねらいで組織された第三党.

spóil fìve 〘トランプ〙スポイルファイブ《1 人が 3 組以上取れば場の賭け金を得る, whist 系のゲーム》.

spóil gròund 〘海〙浚渫(しゅんせつ)土砂の指定投棄海域.

spóil·ing tàctics *pl* 〘スポ〙《相手の得点をはばむ》妨害作戦.

spóils·man* /-mən/ *n* 猟官者, 利権屋; 猟官制擁護者.

spóil·spòrt *n* 場の雰囲気[ムード]をこわす人: Don't be a ～. しらけること言うなよ.

spóils sỳstem* 猟官制《政権を獲得した政党が情実で官職の任免を決める慣行; cf. MERIT SYSTEM》.

spoilt *v* SPOIL の過去・過去分詞.

Spo·kan, -kane[1] /spoukǽn/ *n* **a** (*pl* ～, ～**s**) スポカン族《Washington 州北東部の Salish 語系先住民》. **b** スポカン語《Kalispel 語の方言》.

Spokane[2] スポカン, スポケイン《Washington 州東部の市》.

spoke[1] /spóuk/ *n* 《車輪の》輻(や), スポーク; 〘海〙舵輪の取っ手; 輪止め (drag); 《はしごの》段, こ (rung); 《傘の》骨. ● **put a ～ in sb's wheel**ᴵᴵ 人のじゃまをする. ► *vt* 〈車輪〉にスポークをつける; ...に輪止めをする. ♦ **～·less** *a* [OE *spāca*; cf. SPIKE[1]]

spoke[2] *v* SPEAK の過去形・《古》過去分詞. [cf. SPAKE]

spo·ken /spóuk(ə)n/ *v* SPEAK の過去分詞. ► *a* 口頭の, 口上の; 口語の; [*compd*] 話し方が...な: ～ language 話しことば, 口語 / fair-～ 口先のうまい. ● **～ for** 《口》要求されて, 予約済みで; すでに結婚して[恋人がいて]: These seats are ～ *for*.

spokes- /spóuks/ *pref* 《口》[*joc*]「イメージキャラクター」: *spokes*dog.

spóke·shàve *n* 南京鉋(かんな)《刃の両側に 2 本の柄をもち, 凹凸面を削る; もと車輻を削った》.

spokes·man /spóuksmən/ *n* 代弁者, 代表者, スポークスマン; 演説家. ♦ **～·ship** *n* **spókes·wòman** *n fem* [*spoke*[2]; *crafts-man* などにならったもの]

spókes·mòdel *n* (有名人)イメージキャラクター《企業・政党などの顔となる有名人》.

spókes·pèople *n pl* 代弁者たち, スポークスピープル.

spókes·pèrson *n* 代弁者, スポークスパーソン (spokesman).

spóke·wise *adv* 輻射[放射]状に.

Spo·le·to /spəléɪtou/ スポレト《イタリア中部 Perugia の南東にある古都; ウンブリア人が建設し, ローマ時代の橋・劇場, ロマネスクの大聖堂がある》.

spo·lia /spóuliə/ *n pl* ぶんどり品 (spoils).

spólia opí·ma /-oupáɪmə; spɔ́ːliaː ɔːpíːmaː/ 敵将との一騎討ちによる戦利品, 最も価値ある戦利品. [L＝rich spoils]

spo·li·ate /spóulièɪt/ *vt*, *vi* 略奪する. ♦ **-à·tor** *n*

spo·li·a·tion /spòʊliéɪʃ(ə)n/ *n* 《特に 交戦国の中立国船舶に対する》略奪, ぶんどり; 横領; 強奪 (extortion); 《徹底的な》破壊, ぶちこわし; 〘法〙《第三者による》文書の変造[破棄]; 〘英教会法〙《他人の聖職禄の》横領. ◆ **spo·li·a·to·ry** /spóʊliətɔ̀:ri; -t(ə)ri/ *a* 略奪の; 略奪的な. [L; ⇨ SPOIL]

spon·da·ic /spɑndéɪɪk/, **-i·cal** *a, n* 〘韻〙強強[長長]格の(詩).

spon·dee /spɑ́ndì:/ *n* 〘韻〙強強格《´ ´》, 長長格《— —》. [OF or L *spondeus*＜Gk]

spon·du·licks, -lix /spɑnd(j)ú:lɪks/ *n pl* 《俗》ぜに, 現ナマ; 《古》小額通貨. [C19＜?]

spon·dyl /spɑ́ndl; -dɪl/, **-dyle** /-dàɪl/ *n* 《古》VERTEBRA. [Gk *spondulos* spine, whorl]

spon·dyl- /spɑ́ndəl/, **spon·dy·lo-** /spɑ́ndəloʊ, -lə/ *comb form*「椎骨」「渦巻」[Gk (↑)]

spon·dy·li·tis /spɑ̀ndəláɪtəs/ *n* 〘医〙脊椎炎.

spon·dy·lo·sis /spɑ̀ndəlóʊsəs/ *n* 〘医〙脊椎症《脊柱関節の強直・癒着》. [*-osis*]

sponge /spʌ́nʤ/ *n* **1 a** 〘動〙海綿動物; 海綿, スポンジ《海綿動物の繊維組織》: have a memory like a ～ 物おぼえがよい. **b** 海綿状のもの, 吸収物; パン種を入れた生パン; 穴のあいた軽くて甘いプディング; SPONGE CAKE; 〘冶〙海綿状金属; 《海綿状になった》カニの卵, かにご. **2 a** 《発射後砲腔を掃除する》洗桿(せんかん), 掃桿; 〘医〙(脱脂綿入り)滅菌ガーゼ; 避妊スポンジ《殺精子剤を含むスポンジで, 子宮頸に装着する》; スポンジでぬぐう[ふく]こと: have a quick ～ スポンジでさっと体をぬぐう. **b** 《古》印象[思い出]をぬぐい去るもの; 《廃》借金の棒引き[帳消し](法). **3** いそうろう (sponger), いつも借りてばかりいる[人にたかる]やつ; 《口》野郎, やつ; 《口》大酒飲み; 《口》《知識などを》貪欲に吸収する人. **4** SPONGE BATH, SPONGE-DOWN. ● **pass the ～ over**... 《古》...をもみ消す[水に流す]. **throw** [**toss**] **up** [**in**] **the ～** = **chuck up the ～** 〘ボク〙負けたしるしにスポンジを投げ出す; 降参する, 「参った」と言う. ► *vt* 海綿[スポンジ]でぬぐう[ふく]; (スポンジで)吸い取る, ぬぐい去る ‹*up, away*›; たかる, ただでせしめる ‹*from, off*›; ‹陶器・壁・家具›に海綿を押しあてて彩色する, ‹顔料を›押しあてる: ～ a dinner *off* sb 人から(ただで)ごちそうをせしめる. ► *vi* 液体を吸収する; 海綿を採取する; 人にたよる, 寄食する, 食い物にする, たかる ‹*on, from, off* sb *for* sth›; 《口》大酒を飲む. ● **～ away** (**out**) (海綿で)ぬぐい消す. **～ down** (海綿で)洗い流す; ...の水分をふき取る. **～ over** (海綿で)洗い流す. ◆ **～·able** *a* **～·lìke** *a* [OE and OF＜L *spongia*]

spónge bàgᴵᴵ (防水の)浴用スポンジ入れ, 化粧品入れ; [*pl*] チェック[縞]のズボン (=**spónge-bàg tròusers**).

spónge bàth* スポンジバス《ベッドに寝たままぬらしたスポンジ[タオル]で体をふくこと》.

spónge bìscuit スポンジビスケット《スポンジケーキに似た軽いビスケット》.

spónge càke スポンジケーキ《ショートニングを入れず卵をたくさんつかった軽いケーキ》.

spónge clòth スポンジクロス《表面がしわになった目の粗い各種の綿織物》; RATINÉ.

spónge cùcumber 〘植〙ヘチマ (dishcloth gourd).

spónge-dòwnᴵᴵ *n* SPONGE BATH: have a ～.

spónge fìngerᴵᴵ LADYFINGER《菓子》.

spónge gòurd 〘植〙ヘチマ (dishcloth gourd).

spónge ìron 〘冶〙海綿鉄《酸化鉄を鉄の融点以下の温度で還元して得られる多孔質の鉄》.

spónge mùshroom 〘植〙アミガサタケ (morel).

spónge pùddingᴵᴵ スポンジプディング《スポンジケーキを使った温かいプディング》.

spóng·er *n* 海綿でぬぐう人[もの]; 《布などを洗う》海綿洗濯機; 海綿採取船[者]; いそうろう ‹*on*›.

spónge rúbber スポンジゴム《加工ゴム; クッション・詰め物ゴム・ボールなどに用いる》.

spónge trèe 〘植〙キンゴウカン (huisache).

spónge·wàre *n* スポンジウェア《海綿で釉(うわ)をつけて斑紋を残した, 主に 19 世紀米国の古陶器》.

spónge wòod 〘植〙SOLA[1].

spón·gi·fòrm /spʌ́nʤə-/ *a* 海綿[スポンジ]状の.

spóngiform encephalópathy 〘医〙海綿状脳症 (cf. BOVINE SPONGIFORM ENCEPHALOPATHY).

spon·gin /spʌ́nʤən/ *n* 〘動〙海綿質, スポンジン《海綿の骨格である繊維を構成する硬タンパク質》.

spóng·ing hòuse 〘英史〙債務者拘留所.

spón·gio·blàst /spʌ́nʤioʊ-/ *n* 〘生〙海綿質(繊維母)細胞《胚の原始神経細胞》.

spon·gy /spʌ́nʤi/ *a* 海綿状[質]の; 小穴の多い; ぶくぶく[ふわふわ]した; 水をたっぷり含んだ; 吸収性の, 吸水[吸湿]性の; 多孔性で硬質の‹金属・骨など›; [*fig*] ‹態度・信念など›あやふやな; 〘車〙‹ブレーキペダル・サスペンションが›たよりない. ◆ **spón·gi·ly** *adv* **-gi·ness** *n*

spóngy céll 〘植〙《葉の》海綿状細胞.

spóngy parénchyma 〘植〙《葉肉を構成する》海綿状組織 (= **spóngy láyer, spóngy tíssue**).

spon·sion /spɑ́nʃ(ə)n/ *n* 《人のためにする》保証, 請合い; 〘国際法〙《権限外の》保証. [L; ⇨ SPONSOR]

spon·son /spɑ́ns(ə)n/ *n* 〘海〙《外車汽船などの》(舷側)張出し; 《軍艦・タンクなど》張出し砲門, 側面砲塔; 《カヌーの舷側の》うき; スポンソン《**1**) 飛行艇の安定性を増し離水を容易にする艇側の短翼 **2**) ハイドロ艇 (hydroplane) の船体の両側にあるうき》; 〘空〙短翼, スポンソン《昔のオートジャイロや今日のヘリコプターの一部などにみられる主脚取付け[収納]あるいは外部兵装搭載などのための小翼》. [C19＜? *expansion*]

spon·sor /spɑ́nsər/ *n* 保証人 (surety) ‹*of, for*›; 〘キ教〙教父[母], 代父[母], 名親 (godparent); 《進水式の》命名者; 発起人, 後援者, 《選挙立候補者の》後援会; *《商業放送の》広告主, スポンサー ‹*to*›: stand ～ *to* sb 人の名親になる / a ～ program スポンサー提供番組. ► *vt* ...の発起人[後援者, スポンサー]となる; 主催[提供]する; ‹法案を›提出する; ...の保証人[名親]となる, 保証[援助]する. ◆ **～·shìp** *n* 名親[保証人, スポンサー]であること; 後援(金). **spon·so·ri·al** /spɑnsɔ́:riəl/ *a* [L = guarantor, surety (*spons- spondeo* to pledge)]

spón·sored *a* スポンサー付きの, 支援を受けた; ᴵᴵ《参加者が》慈善団体に寄付をする‹イベント›: a ～ SLIM / a ～ walk ⇨ CHARITY WALK.

spon·ta·ne·i·ty /spɑ̀nt(ə)ní:əti, -néɪə-/ *n* 自発(性); 自発行動[活動]; 自然生長性; 《特に 植物の》自生; (無理のない)自然さ.

spon·ta·ne·ous /spɑntéɪniəs/ *a* **1** 自発的な, 内発的な, 任意の; 無意識的な; 自動的な; ‹文体など›(無理がなく)自然な, のびのびした: ～ suggestion 自然発想 / ～ declaration [utterance] 無意識的言明[発言]. **2** 自生の‹樹木・果実›; 自然にできる, 自然発生的な, 自発性の. ◆ **～·ly** *adv* **～·ness** *n* [L (*sponte* of one's own accord)]

spontáneous abórtion 自然流産.

spontáneous combústion [**ignítion**] 自然発火, 自然燃焼.

spontáneous emíssion 〘理〙自然[自発]放出《励起した物質からの外部刺激によらない電磁波の放出》.

spontáneous generátion 〘生〙ABIOGENESIS.

spontáneous recóvery 〘心〙《消去された条件反応の》自発的回復.

spon·toon /spɑntú:n/ *n* 《17-18 世紀の英国歩兵の下級将校が用いた》半矛(ほこ); 《警官の》警棒 (truncheon). [F＜It (*punta* sharp point)]

spoof /spú:f/ 《口》*n* だますこと, 一杯食わすこと; 《罪のない》もじり, パロディー ‹*of, on*›. ► *vi* だます, かつぐ. ► *vt* だます, かつぐ; からかう, 茶化す; ‹信号を›妨害する; 〘電算〙‹他人のアドレス›になりすます, ‹メールを›他人になりすまして送る, ‹サイト›になりすます. ◆ **～y** *a* **～·er** *n* **～·ery** *n* **～·ing** *n* [英国のコメディアン Arthur Roberts (1852-1933) の造語]

spook /spú:k/ *n* 《口》幽霊, おばけ (ghost, specter); 《口》変人, 奇人; 《俗》GHOSTWRITER; *《俗》スパイ, 秘密工作員, 密偵; 《俗》精神科医; *《俗》[*derog*] 黒人; *《学生俗》むっつりしたやつ, 人の機嫌を取って仲間入りしようとするやつ. ► *《口》*vt* ‹ある場所・人を›幽霊となって訪れる (haunt); おびえさせる; ‹動物などを›びっくりさせておびき出す. ► *《口》*vi* 驚いて逃げ出す; 恐怖におびえる, びくつく. ◆ **～·ery** *n* 気味悪さ; こわいもの. **～·ish** *a* [Du＜MLG = ghost; cf. G *Spuk*]

spooked /spú:kt/ *《口》*a* 不幸に取りつかれた; おびえた, 落ちつきのない; [°～ up] いらいらして, かっかして.

spook·er·ic·an /spù:kəríkən/ *n* *《俗》黒人とプエルトリコ人との混血児. [*spook*＋Puerto *Rican*]

spóok fàctory [the] *《俗》スパイ工場《Washington, D.C. にある CIA のこと; スパイの訓練が行なわれるとされることから》.

spóoky *a* 《口》幽霊のような[出そうな], 気味の悪い, こわい; ものおじした, おびえた, びくびくした; 《サーフィン俗》‹波が›おっかない; *《俗》スパイ(行為)の. ◆ **spóok·i·ly** *adv* **-i·ness** *n*

spool[1] /spú:l/ *n* 糸巻 (bobbin); 糸巻状のもの, 《テープ・フィルムなどの》リール, スプール; 《糸など》巻かれたもの[量]; 糸巻枠; 〘機〙スプール《ホイストの胴》: a ～ of tape テープ 1 巻. ► *vt, vi* spool に巻く[巻かれる]; ‹糸・テープなどを›巻く, ‹糸などが›巻かれる; 巻き戻す, ほどく ‹*off*›; ‹エンジンなどが›《回転数を上げて》作動し始める ‹*up*›. [OF *espole* or MLG *spōle*, MDu *spoele*＜?; cf. G *Spule*]

spool[2] *vt, vi* 〘電算〙(データを)スプールする《処理する前に一時的にファイルなどにためる》. [*s*imultaneous *p*eripheral *o*peration *o*n*l*ine]

spóol·er *n* 〘電算〙スプーラー《出力データを一時的にファイルなどにためながら順次処理を行なうプログラム》.

spoom /spú:m/ *vi* 《古》‹船など›追い風をうけて走る.

spoon /spú:n/ *n* **1 a** スプーン, さじ; [*pl*] 《楽器としての》スプーン《2 本を打ち鳴らす》; *《俗》FLAKE SPOON; スプーン一杯の量; *《俗》ヘロイン 2 グラム: He who gives fair words feeds you with an empty ～. 《諺》うまいことばは空(から)のスプーン. **b** スプーン形のもの; 〘ゴルフ〙スプーン《WOOD[1] の 3 番》; 〘海〙さじかい《水かきが縦に曲がったオール》; 《魚雷管の頭から突出した》スプーン《水平に誘導するためのもの》; 〘釣〙スプーン (=～ **bàit**) 《くるくる回って魚を誘う金属製の擬似餌》; 〘サーフィン〙スプーン《ボードの全体のカーブ》. **2** 《俗》ばか (simpleton); 《俗》女に甘い男, 鼻下長(びかちょう); 《俗》いちゃつくこと, [the ～s] べたべた, いちゃいちゃ, てれつき. ● **be born with a silver ～ in** one's **mouth** 富貴の家に生まれる (cf. SILVER SPOON). **be ～s on**…にほれている. **Gag me with a ～!** *《俗》へどが出そうだよ, うんざりするね, やだーっ, ひどーい, ゲーッ! 《嫌悪・驚きを表わす》. **on the ～** 口説いて, 言い寄って. ▶ *vt* スプーンですくい取る, スプーンで移す[配る] ‹*up, out*›; ‹くぼみを›つくる, くりぬく; ‹ボールを›すくい上げるように打つ; 《口》‹女を›愛撫する. ▶ *vi* ボールをすくい上げるように打つ; 〘釣〙スプーンで釣る; 《口》‹男女が›愛撫し合う (pet) ‹*with*›. ◆ **～·lìke** *a* [OE *spōn* chip of wood; cf. G *Span*]

spóon bàck 《人の背に合わせてややくぼみをつけた》スプーン形の背もたれ, スプーンバック《特に Anne 女王時代の椅子に多い》. ◆ **spóon-bàck** *a*

spóon·bìll, -bèak *n* 〘鳥〙ヘラサギ《トキ科; オランダの国鳥》; 〘鳥〙ハシビロガモ (shoveler) (の類の鳥); 〘魚〙SPOONBILL CAT.

spóonbill càt 〘魚〙ヘラチョウザメ (paddlefish).

spóonbill cátfish 〘魚〙FLATHEAD CATFISH.

spóon-bìlled *a* 〘鳥・動〙くちばし[鼻先]が突き出てへら状をした.

spóon-bìlled cátfish SPOONBILL CAT.

spóon-bìlled sándpiper 〘鳥〙ヘラシギ.

spóon brèad *《南部・中部》スプーンブレッド《1) トウモロコシ粉に牛乳・卵などを入れたパン; 柔らかいのでスプーンを用いて食べる 2) 練り粉をスプーンからフライパンに落として作る菓子パン》.

spóon·drìft *n* 波しぶき, 浪煙 (spindrift).

spóon·er *n* SPOON する人; スプーナー《余分の teaspoons を入れる容器》.

spoo·ner·ism /spú:nərìz(ə)m/ *n* 〘音〙頭音転換《たとえば a *c*rushing *bl*ow を a *bl*ushing *c*row という類》. [Rev William A. *Spooner* (1844–1930) この種の言い間違いをした Oxford 大学 New College の学寮長]

spooney ⇨ SPOONY.

spóon-fèd *a* さじで食べさせられる‹子供・病人›; 甘やかされた, 過保護の; 《自分で判断する余地のないほど》一方的に教え込まれた; 極端に保護された‹産業›.

spóon-fèed /, ⌐–⌐–/ *vt, vi* さじで食べさせる[食べる]; 甘やかす; かんで含めるように教える; ‹産業を›極端に保護する; ‹情報などを›一方的に与える.

spóon·fùl *n* (*pl* **～s, spóons·fùl**) (茶)さじ一杯, ひとさじ; 少量.

spóon hòok 〘釣〙スプーン付き釣針.

spóon mèat 《小児・病人用の》流動食.

spóon nàil 〘医〙さじ[スプーン]状爪 (koilonychia).

spóon-nèt *n* 手網(たも).

spoony, spoon·ey /spú:ni/ 《口》*a* (**spóon·i·er; -i·est**) 浅薄な, ばかな, 情にもろい, 子に[女に]甘い, でれでれした ‹*on, over*›. ▶ *n* うすばか, 甘ちゃん. ◆ **spóon·i·ly** *adv* **spóon·i·ness** *n* [C19 <?]

spoor /spúər, spɔ́:r/ *n* 《野獣の》臭跡, 足跡; 《物事の》軌跡, 《人の》足跡. ▶ *vt, vi* (…の)跡をつける, 追跡する. ◆ **～·er** *n* [Afrik <MDu; cf. OE *spor*, G *Spur*]

spor- /spɔ́:r/, **spo·ri-** /spɔ́:rə/, **spo·ro-** /spɔ́:rou, -rə/ *comb form* 「種子」「胞子」 [Gk (*spora* SPORE)]

Spor·a·des /spɔ́(:)rədì:z, spɑ́r-/ *pl* [the] スポラデス諸島《エーゲ海にあるギリシア領の諸島; ギリシア東岸沖の Northern ～ と, Dodecanese 諸島のある Southern ～ がある》.

spo·rad·ic /spərǽdɪk, spɔ:-/, **-i·cal** *a* 時々起こる, 散発的な; 孤立した; 散在する, まばらな‹植物の種類など›; 〘医〙散発性の. ◆ **-i·cal·ly** *adv* あちこち; 時々, たまに; ばらばらに, ばらりと; 独りで, 孤立して, 単独に. [L<Gk (*sporad-* *sporas* dispersed)]

sporádic chólera 〘医〙散発性コレラ (cholera morbus).

sporadic E layer /⌐–⌐í: ⌐–/ スポラディック E 層《電離層の E 層内に突発的に発生する, 電子密度が部分的に大きい層》.

spo·rán·gio·phòre /spərǽnʤiə-/ *n* 〘植〙胞子嚢柄.

spo·ran·gi·um /spərǽnʤiəm, spɔ:-/ *n* (*pl* **-gia** /-ʤiə/) 〘植〙胞子嚢, 芽胞嚢. ◆ **-rán·gi·al** *a* 胞子嚢の[からなる]. [NL (↓, Gk *aggeion* vessel)]

spore /spɔ́:r/ 〘生〙*n* 《菌類・植物の》胞子, 芽胞; 胚種 (germ), 種子 (seed), 因子. ▶ *vi* 胞子を有する[生じる]; 胞子によって繁殖する. ▶ *vt* 胞子によって生む[繁殖させる]. ◆ **～d** *a* [NL<Gk *spora* sowing, seed (*speirō* to sow)]

-spore /spɔ̀:r/ *n comb form* (1) 「…な性質[起源]をもつ胞子」: macro*spore*. (2) 「胞子膜」: endo*spore*. [NL ↑]

spóre càse 〘植〙胞子嚢 (sporangium).

spóre frùit 〘植〙子嚢果, 子実体 (fruiting body).

spóre móther cèll 〘植〙胞子母細胞.

spóre prìnt 〘菌〙胞子紋《キノコの傘を伏せて紙の上に置き, 胞子を落としてつくる模様》.

spori- /spɔ́:rə/ ⇨ SPOR-.

spòri·cídal *a* SPORE を殺す, 殺胞子(性)の.

spóri·cìde *n* 胞子撲滅剤, 殺胞子剤.

spo·rid·i·um /spərídiəm, spɔ:-/ *n* (*pl* **-ia** /-iə/) 〘植〙担子胞子, 小生子《前菌糸体にできる胞子》.

spo·rif·er·ous /spəríf(ə)rəs/ *a* 〘生〙胞子を生ずる.

spork /spɔ́:rk/ *n* 先割れスプーン, スポーク. [*spoon*+*fork*]

sporo- /spɔ́:rou, -rə/ ⇨ SPOR-.

spóro·blàst *n* 〘動〙胞子細胞.

spóro·càrp *n* 〘植〙胞子嚢果.

spóro·cỳst *n* 〘植〙胞子嚢子; 〘動〙スポロシスト《1) 胞子虫類で胞子が形成される場合の被嚢, また その内容 2) 吸虫類の発育における単性虫の第一代》. ◆ **spò·ro·cýst·ic** *a*

spóro·cỳte *n* 〘植〙胞子母細胞.

spóro·dùct *n* 〘植〙《胞子が排出される》胞子管.

spòro·génesis *n* 〘生〙胞子生殖, 芽胞繁殖; 胞子形成. ◆ **spo·rog·e·nous** /spərɑ́ʤənəs/, **spòro·génic** *a*

spo·rog·e·ny /spərɑ́ʤəni/ *n* SPOROGENESIS.

spo·ro·go·ni·um /spɔ̀:rəgóuniəm/ *n* (*pl* **-nia** /-niə/) 〘植〙スポロゴン (=*moss fruit*) 《コケ類の胞子体》. ◆ **-ni·al** *a*

spo·rog·o·ny /spərɑ́gəni/ *n* 〘生〙《胞子虫の》伝播生殖. ◆ **spo·ro·gon·ic** /spɔ̀:rəgɑ́nɪk/, **spo·róg·o·nous** *a*

spo·ront /spɔ́:rɑ̀nt/ *n* 〘動〙スポロント《胞子虫類の配偶子母細胞》.

spóro·phòre *n* 〘植〙担胞子体. ◆ **spo·roph·o·rous** /spərɑ́f(ə)rəs/ *a*

spóro·phỳl(l) *n* 〘植〙胞子葉, 芽胞葉. ◆ **spo·roph·yl·lary** /spərɑ́fəlèri; -fɪl(ə)ri/ *a*

spóro·phỳte *n* 〘植〙胞子体, 造胞体 (cf. GAMETOPHYTE). ◆ **spòro·phýtic** *a* **-ic·al·ly** *adv*

spòro·pól·len·in /-pɑ́lənən/ *n* 〘生化〙スポロポレニン《花粉や高等植物の胞子の外膜を形成する化学的に不活性の重合体》.

spòro·trichósis *n* 〘医〙スポロトリクム症《皮膚・リンパ節に潰瘍を生じる》.

-spor·ous /⌐– spɔ́:rəs, ⌐ spərəs/ *a comb form* 「…な胞子を有する」: homo*sporous*. [L (SPORE)]

spo·ro·zo·an /spɔ̀:rəzóuən/ 〘動〙*a* 胞子虫類 (Sporozoa) の. ▶ *n* 胞子虫《マラリア原虫はこれに属する》. ◆ **-zó·ic** *a* **-zó·al** *a*

spo·ro·zo·ite /spɔ̀:rəzóuàɪt/ *n* 〘動〙《胞子虫の》種虫(しゅちゅう).

spo·ro·zo·on /spɔ̀:rəzóuɑ̀n/ *n* (*pl* **-zoa** /-zóuə/) SPOROZOAN.

spor·ran /spɔ́(:)rən, spɑ́r-/ *n* スポーラン《スコットランド高地人が kilt の前にベルトからつるす毛皮をかぶせた革[シールスキン]の袋》. [ScGael<L; ⇨ PURSE]

sport /spɔ́:rt/ *n* **1 a** 《個々の》スポーツ, 運動; [*sg*]"《一般に》スポーツ; [*pl*] 運動会, 競技会: athletic ～*s* 運動競技; "陸上競技 / be fond of ～*s* ["～] スポーツを好む. **b** 慰み, 気晴らし, 娯楽, たのしみ (fun), (お)遊び; 冗談, ふざけ, からかい, あざけり; 愛の[男女の]戯れ: What ～! 実におもしろいなあ! / spoil the ～ 興をそぐ (cf. SPOILSPORT) / a ～ of terms [wit, words] しゃれ. **c** [the] もてあそばれるもの (plaything), 物笑い(のたね); 〘動〙変種; 〘植〙枝変わり; 〘生〙変わりもの《形質に変化の生じた個体》: *the* ～ of Fortune 運命に翻弄される人 / *the* ～ of nature 自然の戯れ《奇形・変種》. **2** 《口》**a** 運動家 《sportsman ほど技量をもたなくてもよい》, スポーツマン; 遊猟家: a good [poor] ～ スポーツのうまい[へたな]人. **b** スポーツマンタイプの人, 勝敗にこだわらない人; 気のおけない[気のいい]やつ; [ˢold [good] ～] おい, きみ《主に男同士の親しみをこめた呼びかけ》; [ˢ*pl*] 《豪》きみ《特に面識のない者同士の呼びかけ》: Be a ～. まあいいから(つきあえよ), 話のわかる人間になれよ《など》. **c** ばくち打ち, 遊び人; きざなやつ, 派手好き, 遊び人, プレイボーイ. **3** [ᵒ～s, ‹*sg*›] 《口》《新聞の》スポーツ欄. **4** [～s, ‹*sg*›] 《口》スポーツカー[タイプ車]. ● **have good ～** 大猟[大漁]をする. **in** [**for**] **～** 冗談に, ふざけて. **make ～ of**…をばかにする, からかう. ▶ *attrib a* *SPORTS. ▶ *vi* **1 a** ‹子供・動物が›陽気に遊び戯れる; 楽しむ; 《廃》いちゃつく, 戯れる. **b** もてあそぶ, からかう ‹*with*›. **2** スポーツに参加する, 運動をする. **3** 〘生〙変種になる. ▶ *vt* **1** 《口》見せびらかす, これみよがしに着る[身に着ける, かぶる]; 浪費する, 派手につかう ‹*away*›. **2** ‹時を›楽しく過ごす; 《廃》楽しませる ‹*oneself*›. **3** 変種として発生させる. ● **～ one's** OAK. [ME=pastime < *disport*]

spórt càr SPORTS CAR.

spórt·càst *n* SPORTSCAST. ◆ **～·er** *n*

spórt còat SPORTS JACKET.

spórt èditor SPORTS EDITOR.

spórt·er *n* スポーツマン; 派手な浪費家; スポーツ(としての狩猟)用の器具[猟銃, 猟犬].

spórt·er·ìze *vt* ‹軍用ライフルなどを›猟銃に作り変える.

spórt fìsh 釣魚(ちょうぎょ), スポーツフィッシュ《釣師が特にねらう魚》.

spórt·fìsherman *n* スポーツフィッシング用の大型モーターボート.

spórt·fìsh·ing *n* スポーツフィッシング《趣味・遊びとしての, 特にルールを決めた釣り》.

spórt·ful *a* 戯れる, はしゃぐ, 陽気な; 冗談の, 本気でない; 気晴らしになる, 楽しい. ◆ **～·ly** *adv* **～·ness** *n*

spor·tif /spɔ́:rtɪf; *F* spɔrtif/ *a* スポーツ好きの; ‹衣類が›スポーツ向きの, ふだん着の; SPORTIVE.

spórt·ing *a* **1** 運動(用)の, スポーツの; 運動[スポーツ]好きの; スポーツマンらしい, 正々堂々とした: ～ news スポーツニュース. **2** 冒険的な, 危険を伴う; 賭け事の好きな, 賭博的な, 遊興(用)の: a ～ chance (*of doing*…) (…する)かなりの可能性 / a ～ thing to do 冒険的な事. **3** 〘生〙変わりもの (sport) を形成しがちな. ◆ **～·ly** *adv*

spórting blóod 冒険心.
spórting dòg 猟犬.
spórting èditor SPORTS EDITOR.
spórting gìrl [làdy, wòman] «口» 売春婦.
spórting gùn スポーツ銃, 猟銃.
spórting hòuse *売春宿; «古» 賭博[ばくち]宿.
spor·tive /spɔ́ːrtɪv/ *a* ひょうきんな, 陽気な; 冗談の, ふまじめな, いいかげんな; (アウトドア)スポーツの; スマートな, 派手な, スポーティーな; 〘生〙変種の, 変種を形成しがちな; «古» 好色な, みだらな. ◆ **~·ly** *adv* **~·ness** *n*
spórt jàcket SPORTS JACKET.
spórt of kíngs [the] 王侯の遊び[スポーツ]《競馬, 時に 鷹狩り, ハンティング, 戦(いくさ), 波乗り; 少し尊大な表現》.
sports /spɔ́ːrts/ *attrib a* スポーツの; スポーツに適した, カジュアルな〈コート〉: a ~ festival スポーツの祭典.
spórts bàr スポーツバー《スポーツ中継を流しているバー》.
spórts càr スポーツカー.
spórts·càst *n* *«口» スポーツ放送[ニュース]. ◆ **~·er** *n*
spórts cènter スポーツセンター.
spórts còat SPORTS JACKET.
Spórts Cóuncil [the] 〘英〙体育協議会, スポーツ審議会《スポーツの振興, スポーツ施設の拡充をはかる独立団体; 1972 年設立》.
spórts dày 《学校などの》体育祭の日.
spórts drìnk スポーツドリンク, スポーツ飲料.
spórts èditor 《新聞社の》スポーツ欄編集主任.
spórts fìnder 〘写〙スポーツファインダー《簡単なフレームで構成された直視式ファインダーで, のぞきながら外の状況を見ることもできる》.
spórt shìrt スポーツシャツ《カジュアルな男性用シャツ》.
Spórts Íllustrated 『スポーツ・イラストレーテッド』《米国の総合プロスポーツ週刊誌; 1954 年創刊》.
spórts jàcket カジュアルジャケット.
spórts·man /-mən/ *n* **1** スポーツマン《狩猟・釣り・屋外スポーツをする人など》; 運動好きの人; スポーツマン精神をもつ人, 正々堂々とやる人, 勝負《など》にこだわらない人 (cf. GAMESMAN). **2** «古» 競馬師, 博徒. ◆ **~·lìke, ~·ly** *a* スポーツマンらしい, 正々堂々とした.
spórtsman·shìp *n* スポーツマンシップ; 運動の技量.
spórts mèdicine スポーツ医学.
spórts pàge 《新聞の》スポーツのページ.
spórts·pèrson *n* スポーツパーソン《性(差)別回避語》.
spórts shìrt スポーツシャツ; カジュアルシャツ.
spórts sùpplement スポーツサプリメント《スポーツ用栄養補助食品》.
spórt·ster *n* スポーツカー (sports car).
spórts·wèar *n* スポーツウェア; カジュアルウェア.
spórts·wòman *n* スポーツウーマン.
spórts·wrìter *n* 《特に 新聞の》スポーツ記者.
spórts·wrìting *n* スポーツ記事を書く仕事.
spórt-ute /-jùːt/, **spórt-utìlity** *n* SPORT-UTILITY VEHICLE.
spórt-utílity trùck SUT《SUV をベースにした多目的トラック》.
spórt-utílity vèhicle 〘車〙スポーツ多目的車, SUV 車, RV 車《軽トラック車台のがんじょうな四輪駆動車; オフロード用にも使える》.
spórty «口» *a* スポーツマン[ウーマン]らしい, スポーツ好きの; スポーツに適した, スポーティーな; 派手な, かっこいい; スポーツカータイプの〈車〉; 遊び好きな, 調子のいい, うわついた; スマートな, 身だしなみのよい. ◆ **spórt·i·ly** *adv* **-i·ness** *n*
spor·u·late /spɔ́(ː)rjəlèɪt, spár-/ 〘生〙 *vi* 胞子形成をする. ► *vt* 胞子にする. ◆ **spòr·u·lá·tion** *n* 胞子形成. **spór·u·là·tive** *a*
spor·ule /spɔ́(ː)rjùːl, spár-/ *n* 〘生〙(小)胞子. ◆ **spór·u·lar** /-rjələr/ *a* [L (dim) ‹ SPORE]
-spo·ry /spɔ̀ːri, spəri/ *n comb form* 「…な胞子を有する状態」: hetero*spory*. [*-sporous, -y*[4]]
spot /spát/ *n* **1 a** 《特定の》地点, 箇所, 所, 現場; 〘玉突〙球置き点, スポット; 〘サッカー〙PENALTY SPOT; «口» 行楽地, 観光地, 歓楽街; «口» ナイトクラブ, バー, レストラン《など》. **b** «口» 《組織の中での》地位 (position), 職; 《レースなどの》順位; «口» (困った)立場: in a TIGHT SPOT. **2 a** ぶち, 斑, 斑点, 斑紋, まだら, 水玉模様, 《石材の》ぼさ; 《さいころ・ドミノの》点; [*pl*] «俗» 音符, オタマジャクシ; さしえ, カット (=~ illustration). **b** 〘医〙ほくろ; 発疹, おでき, にきび, あばた; 付けぼくろ (beauty spot): ~*s* on one's face 顔の吹出物. **c** 《インクなどの》しみ, よごれ; [*fig*] 《人格などの》きず, 汚点, 汚名, 汚辱 ‹*on*›: a ~ of ink [mud, oil] on the clothes 衣服についたインク[泥, 油]のしみ / a character without ~ or stain 一点のきずもない性格[人物]. **3 a** [*pl*] «口» ヒョウ (leopard); 〘鳥〙額に斑点のある家バト; (*pl* ~) 〘魚〙米国東岸産のニベ科の小さな食用魚. **b** トランプ札(の図形); [数詞を伴って] *«口» 《小額の》ドル札 (cf. FIVE-SPOT, TEN-SPOT); *«俗» 地図 (map). **c** 〘玉突〙黒点のある白球 (spot ball) (を突く人). **d** SPOT BOARD. **4** «口» 《優勝と, また 犯人だと》目星をつけること, 目星をつけた馬[競走者, レーサー], 「ほし」: He is a safe ~ for the hurdles. ハードルで勝つのは確実だ. **5 a** «口» 《一覧表・プログラムなどの中の》順番; 《娯楽番組の》出演(コーナー), 持ち時間; 〘放送〙スポット(アナウンス[コマーシャル]). **b** «口» SPOTLIGHT. **6** [*pl*] 〘取引〙現金売り物, 現物, 現地品 (=~ goods). **7 a** "«口» 少し, 少量, ちょっぴり, ひと口(の食事); «口» 一杯(のウイスキー[紅茶 など]) ‹*of*›: a ~ *of* lunch 軽い昼食 / ~*s of* rain パラパラと降る雨 / have a ~ *of* bother [trouble] ちょっとしたごたごた[トラブル]にあう. **b** «俗» ひと眠り; *«俗» 《短い》刑期の宣告: a two-~ 2 年の刑.
● **a ~ in the sun** 〘天〙太陽の黒点; [*fig*] 玉にきず. **a tender [sore] ~** [*fig*] 弱点, 痛い所: touch *the tender* [*sore*] ~ 急所をつく. **change one's ~s** [[U]*neg*] 基本的性格を変える, がらっと変わる (⇨ LEOPARD 諺). **get off the ~** 窮境を脱する: Can you help me *get off the* ~? **have a soft [weak] ~ [place] (in one's heart) for...** 〈人・物〉が大好きである, 《好きで》…には弱い (cf. SOFT SPOT). **hit the high ~s** «口» 主だった箇所だけを訪問する; 要所を押える; 〈浪費・宴会などが〉最高潮に達する, 行き過ぎる. **hit the ~** «口» 全く正しい, 図星をさす; «口» 〈飲食物が〉まさに必要を満たす, おあつらえ向きだ. **in a (bad) ~** «口» 困って, 窮して; in a TIGHT SPOT. **in ~s** *時々; ある面では. **keep off the ~** *«俗» 窮地から遠ざかって. **knock (the) ~s off [out of]...** "«口» …を完全に[楽々と]打ち負かす, …よりはるかによい. **on the ~** (1) その場に, 現場で[に, の]; 即座に, 即刻, その場で; 同じ場所で; 〘商〙現物で(の), 現金で(の). (2) 用意ができて, 抜かり[油断]なく; 一番いい立場で. (3) «口» 困った立場に, なんとかすべき立場に; *«俗» 危険な立場に, 命をねらわれて: put sb *on the* ~ «口» 人に決断[即答]を迫る, 人を窮地に追い込む; *«俗» 人の命をねらう / If so, you'll be put *on the* ~. もしそうならきみは困ったことになるだろう. ROOT[1] **to the ~.** TOUCH **the ~.**
► *a* **1 a** 即座の; 現金の; 現金取引に限る; 現物の: ~ cash 即金 / ~ delivery 現場渡し / a ~ firm 現金取引会社 / SPOT MARKET / a ~ transaction 現金取引 / ~ wheat [cotton] 小麦[綿花]の現物. **b** 限られた要点[事例, 標本]についての; 任意に抽出した. **2** 〘通信〙現地[現場]からの; 〘ラジオ・テレビ〙地方局からの: ~ broadcasting 現地放送. **3** 〘ラジオ・テレビ〙スポットの《番組間に挿入して放送する》〈広告など〉; 臨時の: a ~ announcement スポットアナウンス《差し込み広告放送》/ ~ inspection 立入り検査.
► *adv* "«口» ぴったり (cf. SPOT-ON). ● **~ on** "«口» ぴったり正確な, 正鵠(せいこく)を射て: ~ *on* time.
► *v* (-tt-) *vt* **1 a** …にしみをつける; …に点を打つ; ぶちにする; [*fig*] 汚す, …に泥を塗る: ~ one's dress *with* ink ドレスをインクでよごす. **b** …からしみを抜く, 〈しみを〉抜く. **2 a** …にスポットライトをあてる; «口» …に目星をつける, 見つける, 見抜く, 見分ける, 指摘する, 言い当てる ‹*as*›; 〈特に 飛行機から敵陣を〉突きとめる; "《趣味として》〈機関車などの〉型式などを見分ける; 〘軍〙〈砲撃〉の照準を合わせる: ~ the winner 勝者を見抜く / I instantly *spotted* him *as* a phony. 彼がいんちきだと即座に見抜いた. **b** 〘軍〙〈弾着を〉観測する; 〘体操〙《けが防止のため》〈演技者〉の介添えをする, 監視する. **3 a** 配置する, 点在させる; …に点在する; 〘玉突〙〈球を〉特定のスポットに置く. **b** 《特定の場所[時間]に》設定する, 割り振る; *«口» 〈競争相手など〉に利点[ハンディ]を与える; *«俗» …に 〈金などを〉貸す. **4** *«俗» バラす (kill). ► *vi* **1** しみ[汚点]がつく, よごれる; しみになる, よごす; 〈雨など〉パラパラ降る; 《子宮から》少量の異常出血をみる: It's *spotting* (with rain). **2** 《競技の》介添え[補助]をする; 〘軍〙弾着観測をする.
[ME=moral blemish ‹ Gmc; cf. MDu *spotte* stain, speck]
spót bàll 〘玉突〙球置き点にある球; 〘玉突〙黒点のある白球.
spót-bàrred gáme "〘玉突〙spot stroke を続けてできないゲーム.
spót bòard こて板 (mortarboard).
spót brèaker 〘放送〙スポットブレーカー《2 つのコマーシャルの間にはさむスポット放送》.
spót càrd 〘トランプ〙数札《2 から 10[9] までのカード》.
spót chèck 任意抽出で行なう検査, 抜き取り検査; 抜き打ち点検. ◆ **spót-chèck** *vt, vi*
spót-fàce *vt* 座ぐりする《ねじ穴のボルト頭・ナットの当たる部分を平滑にする》.
spót hèight 独立標高.
spót kìck «口» 〘サッカー〙PENALTY KICK.
spót·less *a* しみのない, ちりひとつない; 無垢の, 清浄な; 無きずの, 潔白な. ◆ **~·ly** *adv* **~·ness** *n*
spót·lìght *n* スポットライト (=**spót làmp**); [the] 世間の注目, 脚光; 明るく照らすもの: in [under] *the* ~ 皆の注目を浴びて / come into *the* ~ 世間の注目を集める. ● **steal the ~** 〈脇役が〉主役を食う. ► *vt* スポットライトで照らす, [*fig*] …にスポットライト[焦点]をあてる.
spót màrket 現金取引市場, 当用買い市場 (CASH MARKET).
spót néws スポットニュース《速報される最新のニュース》.
spót-ón *a, adv* "«口» ねらいあやまたぬ[あやまたず], 正確な[に], ぴったりの[と]: His intuition was ~. 彼の直観はどんぴしゃりだった.
spót páss 〘スポ〙スポットパス《レシーバーとあらかじめ決めておいた地点へのパス》.
spót prìce 〘取引〙スポット価格, 現物価格《即時渡しの商品価格; cf. FUTURE PRICE》.
spót stàrter 〘野〙臨時の先発投手, 谷間の投手.
spót strìke 《労働組合の一支部による》一点ストライキ.

spót stròkeᴮ〘玉突〙スポットストローク《イングリッシュビリヤードで, 手球を次のショットがしやすい位置に置くため赤球をポケットするショット》.
spót·ta·ble *a* しみ[よごれ]のつきやすい.
spót·ted *a* しみのついた, よごされた; 傷つけられた〈名誉など〉; 斑点のある, まだらの; 目印をつけた〈木・山野の道・境界線など〉. ♦ **~·ly** *adv* **~·ness** *n*
spótted ádder〘動〙**a** KING SNAKE《米国産》. **b** HOGNOSE SNAKE《北米産; 無毒》.
spótted alfálfa àphid〘昆〙マダラアルファルファアブラムシ.
spótted cávy〘動〙パカ (paca).
spótted ców bane〘植〙アメリカドクゼリ.
spótted cráke〘鳥〙チュウクイナ (=*spotted rail*)《欧州産》.
spótted cránesbill〘植〙北米東部産のフウロソウ属の一種.
spótted cúcumber bèetle〘昆〙キュウリやメロンの立枯れ病を媒介するハムシモドキ科の甲虫の一種.
spótted cúscus〘動〙ブチクスクス《豪州産》.
spótted díckᴮ 干しブドウ入りの SUET PUDDING.
spótted dóg 濃い斑点のある犬; [ºS-D-]〘犬〙DALMATIAN; ᴮSPOTTED DICK.
spótted féver〘医〙斑点熱《脳脊髄膜炎・発疹チフス・ロッキー山熱など》.
spótted féver tìck〘動〙ロッキー山熱を媒介するマダニ《特に 北米西部産の》.
spótted flýcatcher〘鳥〙ハイイロヒタキ.
spótted gúm〘植〙葉に斑点のある豪州産のユーカリノキ.
spótted hyéna〘動〙ブチハイエナ《アフリカ産》.
spótted jéwfish〘魚〙西インド諸島海域・メキシコ西岸産の大型のハタ.
spótted knápweed〘植〙ピンクの花をつけるヤグルマギク属の一種《ユーラシア原産だが, 今は米国でも一般的》.
spótted láurel〘植〙(斑入り)アオキ《日本原産》.
spótted órchid〘植〙**a** ユーラシア産ハクサンチドリ属の葉に斑点があるラン. **b** オーストラリア産ディポディウム属の花被に斑点があるラン.
spótted ówl〘鳥〙ニシアメリカフクロウ《カナダの British Columbia からメキシコ中部にかけての湿った古い森林や渓谷の密林にすむ》.
spótted ráil〘鳥〙SPOTTED CRAKE.
spótted sálamander〘動〙**a** 欧州産マダラサンショウウオ. **b** カナダ・米国東部産トラフサンショウウオ.
spótted sándpiper〘鳥〙アメリカイソシギ.
spótted séa tròut〘魚〙米国大西洋岸産のニベに似た釣用・食用魚.
spótted skúnk LITTLE SPOTTED SKUNK.
spótted súnfish〘魚〙**a** 米国東部河川下流域のサンフィッシュ科の魚. **b** STUMPKNOCKER.
spótted túrtle〘動〙キボシイシガメ《米国東部産の甲に円い黄色の斑がある淡水ガメ》.
spótted wílt〘植〙斑点立枯れ病.
spót·ter *n* **1** 斑点[目印]をつけるもの[人]; 《ドライクリーニングなどで》しみ抜きをする人. **2 a***探偵, 《特に 店員などの》監督者, 見張り; 不良箇所[不良品]チェック係, ネタ探しをする人, 新人発掘人; *《戦時などの》民間対空監視員; 〘空軍〙偵察兵, 偵察機; 〘軍〙弾着観測者, 観測気球. **b**〘鉄道〙《車両に設置された》検路器. **3**《競技の》補助員; 〘アメフト〙コーチ助手; スポーツアナ助手; 〘ボウル〙ピンセッター (pinsetter). **4**ᴮ機関車[バスなど]のナンバーや型式を憶え込んで識別するのが好きな人 (cf. TRAIN SPOTTER). **5** 適当な場所に置く人, 配置係.
spót tèst その場で直ちに行なうテスト, 任意に抽出したいくつかの標本について行なうテスト, スポット分析[試験]; 概略見本テスト; 〘化〙斑点試験《微量定性分析》.
spót·tie *n* 《NZ》《生後 3 か月以下の》子鹿.
spót·ting *n*〘医〙《特に 経口避妊薬の副作用としての》膣からの少量の出血(によるしみ); 〘軍〙標定, 弾着観測, 敵影発見》.
spót·ty *a* 斑点の(多い), 斑(ふ)入りの, まだらな; しみだらけの; 発疹[にきび]のある; *〈仕事の質など〉むらのある, 不完全な (patchyᴮ); *まばらな. ♦ **spót·ti·ly** *adv* **-ti·ness** *n*
Spótty Dóg スポッティードッグ《1960 年代の英国の子供番組のキャラクター; 小さな木製の犬》.
spót-wèld *vt* スポット溶接する. ► *n* スポット溶接による接合部. ♦ **~·er** *n*
spót wèlding スポット溶接《電極で加圧した接合面に電流を流し, 抵抗を利用して溶融する》.
spous·al /spáuz(ə)l, -s(ə)l/ *n* 結婚; [ᵘ*pl*] 結婚式. ► *a* 結婚の; 配偶者の. ♦ **~·ly** *adv* [OF ESPOUSAL]
spouse *n* /spáus, -z/ 配偶者. ► *vt* /spáuz, -s/ 《古》…と結婚する. [OF<L *sponsa* (fem), *sponsus* (masc); ⇨ SPONSOR]
spout /spáut/ *vt* **1 a** 噴き出す, 噴出する〈*out*〉; ベラベラしゃべる, とうとうと弁じる, 〈詩などを〉劇的に朗読する〈*out*〉. **b** …に飲み口[管]をつける. **2**《俗》質に入れる (pawn). ► *vi* 噴出する, ほとばしり出る〈*from, out of*〉; 〈鯨が〉潮を噴く; とうとうと弁じる, 朗唱する, ベラベラしゃべる〈*off*〉. ► *n* **1 a**《土瓶・容器などの》口, 注ぎ口, 飲み口; 吐水口, 放出口; 《鯨の》噴気孔 (spout hole). **b** 雨どい, とい, 樋 (waterspout); 管; 《穀類などの》運搬用の樋; 《昔の質屋の》質物運搬エレベーター; ᴮ《俗》質屋; 《俗》銃身. **2** 鯨の噴き上げる潮; 噴水, 噴流; ほとばしり; 〘気〙たつまき. ● **down the ~** ᴮ《俗》破産して, 零落して (cf. DOWNSPOUT). **up the ~** ᴮ《口》役に立たなくて, むだになって, だめになって, どうしようもなくなって; ᴮ《口》質にはいって; ᴮ《口》妊娠して; ᴮ《口》〈弾が〉込められて, すぐ撃てる状態で: go *up the* ~ だめになる / put one's jewels *up the* ~ 宝石を質に入れる. ♦ **~·less** *a* **~·lìke** *a* [ME<?MDu *spoiten*<ON *spýta* SPIT[1]]
spóut cùp 吸い飲み (feeding cup).
spóut·ed *a* 〈容器が〉つぎ口のある; 樋(とい)のように中空な.
spóut·er *n* SPOUT する人[もの]; 噴出しっぱなしの油井(ゆせい)[ガス井]; とうとうとしゃべる人; 潮噴き鯨; 捕鯨船(長).
spóut hòle《鯨などの》噴水孔; 《アザラシなどの》鼻孔.
spóut·ing *n*《屋根から雨水を地上に流す》樋系; 樋の材料, 樋材.
spóuty *a*《歩くと》ピチャピチャする〈湿地〉.
spp. species. **SPQR** [L *Senatus Populusque Romanus*] the Senate and the People of Rome ♦ small profits and quick RETURNS. **Spr**〘英〙Sapper.
Sprach·ge·fühl /*G* ʃprá:xgəfy:l/ *n* 言語感覚, 語感; 言語の特質. [G=speech feeling]
sprad·dle /sprǽdl/ *vt, vi* (両脚を)広げる, 大股に歩く; SPRAWL. [Scand; cf. Norw *spradla* to thrash about]
spráddle-lègged /-lèg(ə)d/ *a, adv* 大股の[で], 足を広げた[て].
sprag[1] /sprǽg/ *n*《車の後退防止用》輪止め; 《炭坑内の》支柱. [C19<? Scand; cf. Swed (dial) *spragg* branch]
sprag[2] *n* タラの幼魚. [C18<?]
Sprágue's pìpit /spréɪgz-/〘鳥〙ヤブタヒバリ (=*Missouri skylark, sky pipit*)《北米草原部産》. [Isaac *Sprague* (1811–95) 米国の植物画家]
sprain /spréɪn/ *vt* 〈足首などを〉くじく, ひねる: ~ one's finger 突き指する. ► *n* 捻挫. [C17<?]
spraint /spréɪnt/ *n* [º*pl*] カワウソの糞. [OF (*espraindre* to squeeze out)]
sprang[1] *v* SPRING の過去形.
sprang[2] /sprǽŋ/ *n* スプラング《糸[ひも]をない合わせてオープンワークのメッシュにする織り方》. [? ON=lace weaving; cf. Du *sprank* pattern, ornament]
sprat /sprǽt/ *n*〘魚〙スプラット《欧州大西洋沿岸産ニシン科の小魚; 重要な食用魚》; スプラットに似た小魚《カタクチイワシ類など》; [*joc/derog*] 子供, ガキ, つまらないやつ, 小人; ᴮ《俗》SIXPENCE. ● **throw a ~ to catch a herring [mackerel, whale]**「エビで鯛(たい)を釣る」. ► *vi* (**-tt-**) sprat を釣る. ♦ **sprát·ter** *n* **sprát·ting** *n* [C16 *sprot*<OE<?; cf. G *Sprott*]
sprát dày〘英〙スプラットデー《11 月 9 日; ニシンの季節が始まる》.
Sprát·ly Íslands /sprǽtli-/ *pl* [the] スプラトリー諸島《南シナ海中部, ヴェトナムとフィリピンの間にある小島群・サンゴ礁; 中国・ヴェトナム・フィリピン・台湾・ブルネイ・マレーシアが領有権を主張している; 中国語名 Nansha (南沙)》.
sprat·tle /sprǽtl/ *n*《スコ》苦闘, 戦い.
sprát wéatherᴮ 11 月–12 月の陰鬱な天候.
spraun·cy /sprɔ́:nsi/ *a*ᴮ《俗》かっこいい, スマートな, パリッとした. [cf. *sprouncey* (dial) cheerful]
sprawl /sprɔ́:l/ *vi* **1 a** 手足を伸ばす[伸ばしてすわる], (大の字に)寝そべる〈*out*〉, ぶざまに手足を投げ出してすわる, 腹ばいになる〈*about, around*〉; 大の字に倒れる: send sb ~*ing* 人をなぐり倒す. **b** あがく, はい歩く[まわる]; 《古》のたうつ. **2**〈都市・つる・筆跡などが〉不規則に広がる, スプロール化する, はみ出す; 延びる, のたくる. ► *vt* 〈手足などを〉無造作[ぶざま]に伸ばす〈*out*〉; 〈人を〉大の字に倒す; 不規則に広げる[延ばす]: find sb ~*ed out* in a chair 人が椅子にだらしなく腰かけているのを見る. ► *n* (だらしなく)大の字に横たわること; 不規則に延び広がること; ばらばらな集団[集まり]; 《都市などの》スプロール現象: in a (long) ~ 大の字になって〈眠る・横たわる〉. ♦ **~·ing** *a* **~·ingly** *adv* **sprάwly** *a* (不規則に)延び広がった. [OE *spreawlian*; cf. NFris. *spraweli*, Dan *sprelle* to kick about]
spray[1] /spréɪ/ *n* しぶき, 水煙, 波の花; 《ひと吹きの》スプレー, 消毒液[ペンキ, 殺虫剤, 香水 など]の噴霧; 噴霧器; スプレー用溶液; 空中に飛び散るもの: a ~ of sand 砂煙. ► *vt* 噴霧する〈*on, onto, over*〉; …に〈しぶきなどを〉はねかす〈*with*〉; …にスプレーをかける; …に雨あられと浴びせる; 〈物・場所〉にマーキング[におい付け]する; 〈砂利・ボールなどを〉四方八方に飛ばす; ᴮ〈自動車に〉スプレー塗装する: ~ paint *on* a wall =~ a wall *with* paint 壁に吹付け塗装をする / ~ crops 作物に噴霧器で有毒液[殺虫剤]をかける. ► *vi* 霧状になる; スプレーをかける; 〈雄ネコなどが〉におい付けする. ♦ **~·able** *a* **~·er** *n* spray する人[器具], 噴霧器. [C17 *spry*; cf. MHG *spræjen* to sprinkle]
spray[2] *n* 小枝《特に 先が分かれて花や葉の付いたもの; cf. BRANCH》; 飾りつけた切り花[小枝]; 《宝石などの》枝飾り, 枝模様, 花模様. ♦ **~·lìke** *a* [OE **spræjg*<?]
spráy càn スプレー容器[缶].
spráy·dèck *n*《カヤックの上部に張る》しぶきよけ.
spráy-drý *vt* 〈スープ・ミルク・卵などを〉吹付け乾燥する, スプレードライする. ♦ **spráy drýer** *n*
spray·ey[1] /spréɪi/ *a* 水しぶきのような; 水しぶきを立てる.

sprayey[2] *a* 小枝からなる; 小枝のような; 分かれ広がった.

spráy gùn 《ペンキ・殺虫剤などの》吹付け器, スプレーガン.

spráy hìtter 〘野〙スプレーヒッター《広く散らして打ち分けられる打者》.

spráy nòzzle [hèad] 霧吹き[スプレー]ノズル.

spráy-òn *a* スプレー式の.

spráy-pàint *vt* 吹付け塗装する; スプレー塗料で書く.

spráy pàint スプレー式塗料[ペンキ].

spráy plàne 農薬散布機 (crop duster).

spráy·skìrt *n* SPRAYDECK.

spráy stèel 〘冶〙噴射鋼《高炉を出た直後の溶解鉄に酸素を噴射し, 不純物を酸化させて造る速成鋼》.

spread /sprέd/ *v* (**spread**) *vt* **1 a** 広げる, 〈枝を〉張る, 伸ばす, 出す; 〘音〙〈唇を〉横に広げる (cf. ROUND): ～ *out* one's arms [hands] (肩をすくめて)手を広げる《驚き・絶望のしぐさ》. **b** 〈たたんだものを〉開く (open) 〈*out*〉; 開いて示す 〈*before*〉: ～ a map 地図を広げる / ～ a cloth *on* [*over*] the table＝～ the table *with* a cloth テーブルにテーブルクロスを掛ける / ～ *out* a carpet じゅうたんを広げる / A breathtaking view was ～ *out* below. 息を飲む光景が眼下に広がった / ～ one's WINGS. **2** 押し広げる, 引き離す; 平らに[薄く]延ばす; こてこて塗る, おおう 〈*with*〉; 《古》 おおいつくす: ～ paint ペンキを塗る / ～ butter *on* the toast＝～ the toast *with* butter トーストにバターを塗る. **3 a** まき散らす, 散布する 〈*around*〉; 〈香りなどを〉放つ, 発散する; [^{U}*pass*] 〈人びとを〉分散させる 〈*around, out*〉; 分配する, 行き渡らせる; 〈病気を〉蔓延(まんえん)させる, 広める: ～ manure *over* the field 畑に肥料をまく / Flies ～ disease. ハエは病気を蔓延させる. **b** 〈報道・うわさ・不平などを〉流布させる, 広げる, まき散らす 〈*around*〉; 公けにする (publish); 広がらせる, 〈興味などを〉進展させる. **4 a** 〈料理などを〉並べる, 出す, 用意する: ～ dishes *on* the table＝～ the table (*with* dishes) 食卓に料理を並べる, 食卓を整える. **b** 記録[詳しく記入]する: ～ the resolution *on* the minutes 決議を議事録に記録する. **5** 長引かせる, 〈支払い・リスクなどを〉分散させる; [^{U}*pass*] 〈仕事・支払いなどを〉《ある期間に》わたって配分する[続ける] 〈*out, over*〉. ► *vi* **1 a** 広がる, 延びる, 及ぶ (expand) 〈*out*; *to*〉; 《圧力・重さでレールなどが》押し広がる, 離れる; 展性がある, 延びる. **b** 〈人びとが〉散開する, ちらばる, 〈風景などが〉展開する 〈*out*〉. **2** 広まる, 流布する, 普及する; 伝染する, 転移する 〈*to*〉. **3** 《時間的に》わたる, 及ぶ 〈*over*〉. **4** 《俗》〈女が〉脚を広げる, 男を受け入れる 〈*for* sb〉. ● **～ abroad** 〈うわさなどを〉広める, まき散らす. **～ it (on) thick** 《口》 LAY[1] it (on) thick. **～ oneself (around)** 《事業・研究などで》いろいろな方面に手を広げる, 無理をする; 気前のよさを見せる, いいところを見せようと努力する, 奮発する; ほらを吹く (brag). **～ oneself (too) thin** 無理して一時に多くのことをしようとする, 手を広げすぎる.

► *n* **1 a** 広げる[広がる]こと; 《口》 見せびらかし. **b** 延び, 展性. **c** 《口》《腰まわりなどが》太ること: develop a middle-age ～ 中年太りする. **d** 広まり, 流布, 普及, 分布; 《病気などの》蔓延; 《火の》燃え広がり, 延焼; 拡張, 展開. **2 a** 広がり, 幅, 広さ (extent); 二点[二者]間の間隔 (gap); 〘空〙 WINGSPAN. **b** *《西部》(大)農場 (ranch), 家畜の群れ; *《口》 大きな家[屋敷, 土地]. **3 a** 《口》 (食卓に並べられた)ごちそう, 《ごちそうの並んだ》テーブル, 《形式ばらない》宴会, ディナー: What a ～! たいしたごちそうだ. **b** パンに塗るもの《ジャム・バターなど》. **c** 敷くもの《シーツ・テーブルクロスなど》, ベッドカバー: a table ～＝TABLECLOTH. **4 a** 《新聞・雑誌の》見開きページ(の写真[主要記事, 広告など]) (cf. DOUBLE-PAGE SPREAD); *《俗》 新聞; 〘ジャーナリズム〙《2 段[ページ]以上にわたる》詳細レポート[記事]. **b** 〘トランプ〙《ラミーなどで》数の同じ 3–4 枚のカード, 同じ組の連続した 3 枚以上のカード. **5 a** 〘商〙値開き《原価対売価など》; 〘証券〙スプレッド《買い呼値と売り呼値の差》; 《異なる債券間の》利回り格差; 〘商〙スプレッド (SPREAD OPTION). **b** *《フットボール試合などで賭ける場合の》点差, ハンデ (POINT SPREAD).

► *a* 《*pp* から》広がっている, 広がった, 平面の; 〘宝石〙薄石の《深さが不十分で光沢の弱いもの》; 〘音〙平唇の.

♦ **～·able** *a* **～·abílity** *n* [OE *sprǣdan*; cf. SPROUT, G *spreiten*]

spréad béaver 《卑》 満開《ポルノ写真などで広げて見せた女性の陰部》, 《腰をかけた女性の》のぞいて見えるあそこ.

spréad bétting [bét] スプレッド賭け《賭ける人があらかじめ指定したレベルと試合などの結果[得点]との開き[点差]の程度に応じて勝つ[負ける]金額が決まる賭け》.

spréad cíty* むやみにスプロール化した都市.

spréad-èagle /; ─́ ─̀─/ *a* SPREAD-EAGLED; *誇張的な, 大げさな, お国自慢の. ► *vi* 〘スケート〙スプレッドイーグル型ですべる; 《俗》 手足を広げて立つ[進む]. ► *vt* 翼を広げたワシのような形にする; 四肢を広げて縛りつける; 打ちのめす; 〈土地を〉四肢を広げたようにおおう.

spréad éagle **1 a** 〘紋・宝石〙脚を開き翼を広げた(白頭)ワシ《米国の紋章》. **b** *米国に対する狂信的愛国心のあらわな大言壮語[自慢家]. **2** 〘スケート〙スプレッドイーグル《両かかとを接し, つまさきを一直線上に 180 度に開いてすべる型》. **3** 手足を大の字に広げて縛りつけられた人; 背割りにして焼いた鳥. **4** [the S- E-] 開翼ワシ《かつてドイツワインを出した宿屋の看板; ドイツ国章にちなむ》.

spréad-èagled /; ─́ ─̀─/ *a* 手足を広げて立った, 大の字になった.

spréad-éagle·ìsm* *n* 誇大な愛国主義, 大げさな米国自慢. ♦ **-ist** *n*

spread énd SPLIT END.

spréad·er *n* **1 a** 広げる[広がる]もの; 伝播者[機]; 延展機《麻・絹用》; バターナイフ; 《肥料・乾草・砂などを》広げる道具, 散布機. **b** 《アンテナの》掛け枠; 〘海〙支索を張る棒; 平行する電線などを一定間隔に離しておくための横棒; 〘鉱〙スプレッダー《枠組の横木の下に添える水平部材》. **2** 展着剤, 乳化剤, 浸潤剤 (wetting agent), スプレッダー.

spread F /─́ έf/ 〘通信〙スプレッド F《F 層で反射された微弱で乱れた電波の受信状態》.

spréad formàtion 〘アメフト〙スプレッドフォーメーション《エンドはタックルの 3–5 ヤード外側, テールバックはラインの 7–8 ヤード後方, ほか 3 人のバックはライン近く側面をねらう位置》.

spréad·ing àdder 〘動〙ハナダカヘビ (hognose snake).

spréading declìne 〘植〙柑橘(かんきつ)類の線虫病.

spréading fàctor 〘生化〙拡散因子 (HYALURONIDASE).

spread òption 〘商〙スプレッドオプション《同一の基礎証券[資産]に対するプットまたはコールオプションの異なる行使価格[限月]による売りと買いを同時に行なうこと; 単に spread ともいう》.

S

spréad·shèet *n* 〘電算〙スプレッドシート《**1**) 縦横の升目を埋める形で表現されたデータ **2**) そのようなデータを編集・計算処理・印刷することができるソフトウェア (spreadsheet program)》.

spréadsheet prògram 〘電算〙スプレッドシートプログラム, 表計算ソフト.

spreathed /sprí:ðd/ *a* 《南西イング・南ウェールズ》〈皮膚が〉ひび割れる, 痛い, ひりつく (chapped).

Sprech·ge·sang /*G* ʃprέçgəzaŋ/, **-stim·me** /*G* -ʃtɪmə/ *n* 〘楽〙シュプレヒゲザング《歌と語りの両方の性格をもつ声楽演奏法》. [G＝speaking song [voice]]

spree /sprí:/ *n* はめをはずした行動, ばか騒ぎ; 飲み騒ぎ (＝drinking ～); 旺盛な活動; 《犯罪がらみの》活動: be on the ～ 飲み騒ぐ / go on [have] a ～ 痛飲する / SHOPPING SPREE / a spending ～ 消費ブーム / a shooting ～ 銃撃騒ぎ[事件]. ► *vi* 浮かれる. [C19 〈?; cf. Sc *spreath* plundered cattle]

Spree /ʃpréɪ, spréɪ/ [the] シュプレー川《ドイツ東部を北に流れ, Berlin を通って, Havel 川に合流する》.

Spree·wald /*G* ʃpré:valt/ シュプレーヴァルト《ドイツ南東部 Cottbus の北西に位置する, Spree 川流域の低湿地; 水郷風景の中を遊覧船で巡る観光客が多い》.

spre·ke·lia /sprəkí:liə, sprε-/ *n* 〘植〙スプレケリア, ツバメズイセン《メキシコ・グアテマラ原産ヒガンバナ科の球根植物》. [NL; J. H. von *Spreckelsen* (1691–1764) ドイツの植物学者]

sprent /sprέnt/ *a* 《古》 まき散らした, 振りかけた (sprinkled). [(pp) 〈 *sprenge* (arch) to sprinkle]

sprez·za·tu·ra /sprètsət(j)ύərə/ *n* 《文学・美術における, 意図的な》さりげなさ, 無造作風. [It]

sprig /spríg/ *n* **1** 小枝, 若枝 (cf. BRANCH); 株分けした草; 《織物・壁紙などの》小枝模様. **2** 子, 子孫, …の出 〈*of*〉; 《口》 [^{U}*derog*] 小僧, 若造, ガキ; 《口》 [*joc*] 世継ぎ, 後継者. **3** 無頭釘 (dowel pin); 《パテが乾くまでガラスをサッシに固定しておく》葉鋲, 三角釘; 《スポーツ靴の》スパイク. **4** 小さな[ちょっとした]見本. ► *vt* (**-gg-**) 小枝で飾る, …に小枝模様をつける; 〈飾り部品を〉付ける 〈*on*〉; 〈低木など〉の小枝を払う; 無頭釘で留める 〈*on, down*〉; 匍匐茎[株分け]でふやす: *sprigged* muslin 小枝模様のモスリン. [LG *sprick*; cf. SPRAG[1], SPRAY[2]]

spríg·gy *a* 小枝[若枝]の多い; 小枝のような.

spright /spráɪt/ *n* 《古》 SPRITE.

spríght·ful *a* SPRIGHTLY. ♦ **～·ly** *adv* **～·ness** *n*

spríght·ly *a* 活発な, 元気な, 威勢のよい, かくしゃくとした, 達者な; 陽気な (gay); 〈味が〉ピリッ[スカッ]と快い. ► *adv* 活発に; 陽気に; ピリッと, スカッと. ♦ **spríght·li·ness** *n* 活発; 陽気; 爽快な刺激性. [変形 〈 *sprite, -ly*[1]]

spríg·tàil *n* 〘鳥〙**a** オナガガモ (pintail). **b** アカオタテガモ (ruddy duck). **c** ホソオライチョウ (sharp-tailed grouse).

spring /spríŋ/ *v* (**sprang** /sprǽŋ/, **sprung** /sprʌ́ŋ/; **sprung**) *vi* **1 a** 跳ぶ, おどる, はねる (jump); 《飛ぶように》さっと[急に]動く; 〈獲物が〉穴などからさっと飛び出す; 《口》 脱獄する, 釈放される, 出される; *《俗》 仕事にかかる, 仕事を始める: ～ *to* one's feet パッと立ち上がる《驚き・怒りで》/ ～ *to* attention パッと気をつけの姿勢をとる / ～ *out of* bed 寝床を飛び出す / ～ *at* [*upon*] sb 人に飛びかかる / ～ *to* sb's defense すぐ人の防御[弁護]にまわる. **b** 一躍[突然]…になる: ～ *into* fame 一躍有名になる / ～ *to* life 急に活気を見せる. **2 a** はじく, はね返る, パッと…する: ～ *back* 《ばねなどで》はね返る / The doors ～ open. 戸がパッと開く / The lid *sprang to*. ふたがパタンと閉まった. **b** 〈材木・板などが〉そる, ひずむ, 裂ける (split); 〈機械の部品などが〉ゆるむ, はずれる; 弾力を失う, 伸びきる: The door has *sprung*. ドアが反(そ)った. **3 a** 〈水・涙などが〉わき出る, 〈火花・火などが〉パッと出る 〈*forth, out, up*〉; 〈地雷などが〉爆発する: The river ～*s* in the Alps. その川は源をアルプスに発する / The tears [Tears] *sprang* from [*sprang up* in] her eyes. 目から涙が流れた[目に涙があふれ出た]. **b** 〈状態・感情などが〉生じる 〈*from*〉; 心に浮かぶ 〈*up*〉. **4 a** 生える, 芽を出す 〈*up*〉; 《急に》〈都市・雑草などが〉現われる, 〈風などが〉起こる, 発生する 〈*up*〉; 《古・

詩»〈曙光などが〉見えてくる (dawn): Where on earth did you ～ *from?* いったいきみはどこから現われたのだ / New products are ～*ing up* to make life convenient. 生活を便利にする新製品が次々に生まれている. **b**〈人が貴族などの〉出である〈*from, of*〉: ～ *from* the aristocracy 貴族の出である / be *sprung of* [*from*] a royal stock 王家の出である. **5 a** そびえる, 上に高く出る〈*above, from*〉; 〘建〙〈迫持(せりもち)が〉台輪から出る. **b** *«口» 支払う, おごる〈*for*〉: I'll ～ *for* the lunch. 昼めし代はわたしが払う. ► *vt* **1 a** 跳ばす, 躍らせる; 〈馬などを〉はねさせる; 〈わななどを〉ばねではね返らせる; [ᵘ*pp*]〈自動車など〉にばね[スプリング]をつける (cf. SPRUNG): ～ a trap 〈獲物が〉パチンとわなにはまる; 〈人が〉わなにはめる《比喩的にも使う》. **b** 〈猟鳥などを〉(隠れ場から)飛び立たせる; «口» 《刑務所・拘留・兵役などから》釈放[保釈]する[させる], 脱獄させる. **2** 〈地雷などを〉爆発させる; 急に持ち出す, だしぬけに言い出す〈*on*〉: ～ a surprise 人を驚かすことを言う[する]. **3** 〘建〙〈迫持を〉積む; 〘木工〙無理にはめる〈*in, into*〉; 〈材木などを〉そらせる, 曲げる; 裂く, 割る; ゆるめる, はずす; 《弾性の限界を超えて》伸ばす, 曲げる, 使いすぎてだめにする; 〈足などを〉くじく, いためる; 〈マストなどを〉割る. **4** «俗» 〈人〉に飲み食いさせる, おごる; «口» …に金をつかう. ● **～ with**… «口» …と共に現われる, …を紹介する[知らせる].

► *n* **1 a** 跳ぶ[はねる]こと, 跳躍, 飛躍; 跳躍距離; «スコ» 陽気で活発なダンス曲: make a ～ (toward…) (…の方へ)跳ぶ. **b** はね返り, 反動; 弾性, 弾力; 《心の》弾力, 元気, 活力: rubber bands that have lost their ～ 弾力を失ったゴムひも. **c** «俗» 脱獄, 釈放. **2 a** ばね, ぜんまい, スプリング; 弾金(はじきがね); 弾力を与える装置[仕組み]《クリケットバットのハンドルの内側のゴムなど》. **b** 動機, 原動力; *«俗» 借金 (loan). **3** 泉, 源, 水源, 源泉; 本源, 根源; 発生, 発祥: hot ～*s* 温泉. **4 a** 春, 春季《天文学上は春分から夏至まで, 通俗には 3, 4, 5 月; cf. VERNAL *a*》: in (the) ～ 春(は), 春になると / in the ～ of 2012 2012 年の春に / *S*～ has come [is over]. 春が来た[終わった] / early ～ 春先 / this [last, next] ～ この[この前の, この次の]春(に). **b** [ˢ*pl*] 大潮(の時期) (spring tide). **c** [*fig*] 初期, 若々しい時期; «古» 夜明け. **5 a** 〘機〙そったもの, ゆがんだもの; そり, ゆがみ, ひずみ; 〘海〙《マスト・円材などの》割れ, 裂け目; 〘海〙《船の》漏れ口; 〘海〙引索(ひきづな), スプリング. **b** 〘建〙《アーチの》起拱(ききょう)点, 迫高(せりだか). **6** コガモ (teal) の群れ. **7** [〈*a*〉] **a** ばね[弾力]のある, ばね[スプリング]に支えられた. **b** 春の; 春向きの〈帽子など〉; 春蒔きの; 若い: ～ flowers 春咲く花 / ～ rain 春雨 / the ～ holidays 春休み. **c** 源の, 源[泉]から出る. ● **a ～ in one's step** 足取りの軽さ.

[OE *springan*; cf. G *springen*; '春' の意 (OE は *lencten* lenten, ME は *somer* summer) は 16 世紀から]

spring·al(d)[1] /spríŋəl(d)/ *n* «古» 若者. [ME (↓)]

springal(d)[2] *n* «古» 投石器, 弩砲(どほう). [OF *espringale*＜Gmc; ⇨ SPRING]

spríng ázure 〘昆〙ルリシジミ《青色小型のシジミチョウ》.

spríng·bàck *n* 〘冶〙スプリングバック《外力により変形した金属がもとの形に戻ろうとすること; また その力》.

spríng bàck 〘製本〙HOLLOW BACK.

spríng bàlance ぜんまいばかり, ばねばかり.

Spríng Bànk Hóliday [the] 春の公休日 (＝*Spring Holiday*)《イングランド・ウェールズ・北アイルランドで, 5 月の最終月曜日》.

spríng bèam 〘海〙《外輪船の外輪軸の》ばね梁(ばり), 大桁(おおけた)《中間に支柱がない》.

spríng béauty 〘植〙クレイトニア《北米産スベリヒユ科クレイトニア属の野草》.

spríng bèd ばね入りマットレス(を用いたベッド).

spríng·bòard *n* 《体操用の》踏切り板, 《飛込み競技用の》飛び板; [*fig*] 新たな出発点, 飛躍のためのきっかけ[足掛かり], 跳躍台; «カナダ・豪» 木の幹に打ち込んだきこりの作業板.

spring·bok /spríŋbɑ̀k/, **spríng·bùck** *n* (*pl* ～**s**, ～) 〘動〙スプリングボック《南アフリカ産のガゼル》; [ᵒS-; ᵒ*pl*] 南アフリカ人, 《特に》南アフリカナショナルチームのメンバー, 南アフリカ兵. [Afrik＜Du (SPRING＋*bok* buck[1])]

spríng bòlt ばね付きかんぬき.

spríng bréak 《大学などの》春休み, イースター休暇. ♦ **spríng bréaker** 春休み(旅行)中の学生[行楽客].

spríng bùtt ばね付き[自由]丁番; *«俗» むやみに張り切るやつ, EAGER BEAVER.

spríng càrriage ばね車両.

spríng càrt ばね付き荷車[荷馬車].

spríng càtch 〘機〙ばね締まり《押すと引っ込み, 放すとスプリングで錠がかかるようになっている取っ手》.

spríng chícken 《フライ・ボイル用の》若鶏; «俗» (経験のない)若い者: She is no ～. «口» うぶな小娘ではない.

spríng-cléan *vt, vi* (…の)(春季)大掃除をする. ► *n* /ˊ-ˋ-/ ᴴSPRING-CLEANING.

spríng-cléan·ing *n* (春季)大掃除.

spríng córn 〘スキー〙CORN SNOW.

springe /sprínʤ/ *n* 《鳥などを捕える》わな, おとし. ► *vt* わなにかける. ► *vi* わなを仕掛ける. [ME＜OE *sprencg]

spríng équinox [the] 春分(点) (vernal equinox).

spring·er /spríŋər/ *n* **1** 跳ぶ人[もの], はねる人[もの]; 〘犬〙SPRINGER SPANIEL; 〘動〙SPRINGBOK; 〘動〙サカマタ (grampus); 〘魚〙春に遡河(そか)する大西洋のサケ. **2** 出産間近の牛 (＝*springing cow*); 春子のひな《フライ料理用》. **3** 〘建〙《アーチの》起拱(ききょう)石, 迫元(せりもと). **4** «俗» 急に賭けの歩が減少した競走馬. **5** ᴴ«海軍俗» 体操教官.

spring·er·le /ʃpríŋərlə, sp-/ *n* シュプリンゲルレ《アニス入りクッキー; ドイツ菓子》. [G (dial)＝hare, springer]

spríngər spániel 〘犬〙スプリンガースパニエル《獲物を見つける[飛び立たせる]のに用いる狩猟用のスパニエル》: ENGLISH [WELSH] SPRINGER SPANIEL.

spríng féver 春の高揚[うきうき]感; 春先のものうさ, 春愁.

Spríng·fìeld **1** スプリングフィールド《**1**) Illinois 州の州都 **2**) Massachusetts 州南西部の市; 陸軍最古の兵器工場でスプリングフィールド銃, Garand 銃が設計された **3**) Missouri 州南西部の市》. **2** スプリングフィールド銃 (＝**～ rifle**)《**1**) 19 世紀後半に米陸軍で使用した口径 .45 の元込め銃 **2**) 第一次大戦で米陸軍が使用した遊底で作動する口径 .30 の銃》.

spríng·fòrm pàn 底が抜けるようになった(ケーキ用などの)型《中身が取り出しやすい》.

spríng gréen [ᵘ*pl*] 若いキャベツの葉.

spríng gùn ばね銃 (＝*set gun*).

spring·haas /spríŋhɑ̀:s/ *n* (*pl* ～, **-ha·se** /-hɑ̀:zə/, ～**·es**) 〘動〙トビウサギ (jumping hare). [Afrik]

spríng·hàlt *n* 〘獣医〙STRINGHALT.

spríng hàre 〘動〙トビウサギ (jumping hare).

spríng·hèad *n* 水源, 源泉; 源.

spríng hìnge 〘建〙ばね付き丁番《自動的に閉まるようになっている》.

Spríng Hóliday SPRING BANK HOLIDAY.

spríng hòok 《ばねでパチッと留まる》ばね[スプリング]フック, ホック; 〘釣〙ばね鈎(ばり).

spríng·hòuse* *n* 《泉・小川などにまたがって建てられた》肉類[酪製品]貯蔵小屋.

spríng·ing *n* SPRING する運動[動作]; 〘建〙SPRING, SPRINGING LINE; 《自動車の》スプリング装置.

spríngìng bów /-bóu/ 《弦楽器の》スピッカート奏法, 飛躍弓.

spríngìng ców 出産間近の牛 (springer).

spríngìng lìne 〘建〙《アーチの》起拱線; 〘海〙斜舫索, 斜係船索《ばねを利用した係留索》.

spríng lámb 晩冬ないし早春に生まれ 6 月 30 日以前に肉用に売られる子羊.

spríng·less *a* スプリング[ばね]のない; 元気[生気]のない.

spríng·let *n* 小さな泉, 小さな流れ.

spríng·lìke *a* 春のような, 春らしい; スプリング[ばね]のような: become ～ 春めく.

spríng lìne 〘海〙斜係船索.

spríng-lóad *vt* ばねを利用して力を加える; ばね上げする. ♦ **-lóad·ed** *a*

spríng lòck ばね錠 (cf. DEADLOCK).

spríng màttress ばね入りのマットレス.

spríng ónion 〘植〙ネギ (Welsh onion).

spríng péeper 〘動〙サエズリ[ジュウジ]アマガエル《早春に笛を鳴らすような高い声を出す, 背に X 形紋のある北米東部産のカエル》.

spríng rìng PISTON RING.

spríng ròll 《中国料理の》春巻 (egg roll).

Springs /spríŋz/ スプリングズ《南アフリカ共和国北東部 Gauteng 州東部の市; かつて石炭, のち金, 現在はウランの産地》.

spríng sálmon 〘魚〙KING SALMON.

spríng scàle* ばねばかり, ぜんまいばかり.

spríng snòw CORN SNOW.

spríng stèel 〘冶〙ばね鋼.

Spring·steen /spríŋstì:n/ スプリングスティーン **Bruce** ～ (1949–)《米国のロックシンガー・ソングライター・ギタリスト; あだ名 'The Boss'》.

spríng·tàil *n* 〘昆〙トビムシ (collembolan).

spríng tíde 大潮《新月時と満月時に起こる; cf. NEAP TIDE》; [*fig*] 奔流, 高潮, 氾濫〈*of*〉.

spríng·tìme, -tìde *n* 春, 春季; 初期; 青春.

spríng tòoth 〘機〙《耕耘(こううん)機などの》ばね歯桿.

spríng tráining 《野球チームの》春季トレーニング.

spríng wàgon スプリングのついた農事用軽荷馬車.

spríng wàsher 〘機〙ばね座金.

spríng·wàter *n* わき水, 湧水 (cf. RAINWATER, SURFACE WATER).

spríng·wòod *n* **1** 《材木の 1 年輪内の》春材(しゅんざい), 早材 (＝*earlywood*)《春に形成された層; cf. SUMMERWOOD》. **2** 若木の林.

springy *a* 弾力[弾性]のある (elastic); ばねのような; 軽快な〈足取りなど〉; 泉の多い; 湿った. ♦ **spríng·i·ly** *adv* **-i·ness** *n*

sprin·kle /spríŋk(ə)l/ *vt* **1** 〈水・砂などを…に〉まく, 振りかける〈*on, onto*〉; 〈場所・物〉に〈…を〉(まき)散らす〈*with*〉; 軽くぬらす[湿らせる]; 〈液体などが〉…に振りかかる; …に水を振りかけて清める[洗礼する]: ～ water *on* (*to*) the street＝～ the street *with* water. **2** 散在させる〈*on, over*〉; …に〈…を〉点在させる, 〈…で〉多彩にする〈*with*〉: a book

~*ed with* humor ユーモアがちりばめられた本. ► *vi* まき散らす; 降り注ぐ, 散在する; [it を主語として] 雨がぱらつく. ► *n* **1** まき散らすこと; ぱらぱら雨; 点在するもの; [*pl*] クッキーなどに振りかけた粒状のチョコレート《など》: a brief ~ 束(つか)の間の小雨. **2** 少量, 少し ‹*of*›. [ME <?MDu *sprenkelen*]

sprínkled édges *pl* 〔製本〕《染料を振りかけた》バラ掛け小口.

sprín·kler *n* 《水などを》振りかける人[もの]; じょうろ; 霧吹き; 散水車; SPRINKLER SYSTEM.

sprín·klered *a* スプリンクラー[散水消火装置]を備えた.

sprínkler sỳstem スプリンクラー消火装置; 《炭坑などの》スプリンクラー防塵装置; 《芝生・ゴルフコースなどの》散水装置 (=**sprínkling sỳstem**).

sprín·kling *n* まき散らすこと; 散水灌漑; 《雨・雪などの》小降り, ちらほら ‹*of*›; 《客などの》ちらほら[ぱつぽつ](来ること); 少し, 少量: a ~ *of* visitors / not a ~ *of* sympathy 少しの思いやりもない.

sprínkling càn じょうろ (=*watering pot*).

sprint /sprínt/ *n* 短距離競走[レース]; 全力疾走, スプリント; 《一時的な》大奮闘. ► *vt, vi* ‹短距離を›全力で走る. [Scand<?]

sprínt càr スプリントカー《主として短距離の dirt track 用の中型のレーシングカー》.

sprínt·er *n* 短距離走者, スプリンター; 快速の乗物, 《特に》短距離快速列車.

sprit /sprít/ *n* 〔海〕スプリット《縦帆船で斜めに帆を張り出す小円材》. [OE *sprēot* pole; cf. SPROUT]

sprite /spráɪt/ *n* **1** 妖精, 小妖精, 妖精のような人; 《古》おばけ; 《古》霊魂 (soul); 〔気〕スプライト《落雷後に雲から電離層へ生じる赤い柱状の放電現象》. **2** 〔電算〕スプライト《あらかじめ作成された図形パターンを高速に表示する方式》. **3** [S-]〔商標〕スプライト《Coca-Cola 社製の清涼飲料》. ♦ **~·like** *a* [ME *sprit* <OF *esprit* SPIRIT]

spríte·ly *a* SPRIGHTLY.

sprít·sàil /, (海) -s(ə)l/ *n* 〔海〕スプリットスル《sprit で張り出された帆; 昔 bowsprit の下方のヤードに張られた横帆》.

spritz*/spríts, ʃpríts/ *vt, vi* (液体を)振りかける, 撒(ま)く. ► *n* **1** 振りかけること; 《俗》《ワインに》炭酸水を加えること; 《俗》小雨, にわか雨. **2** 《通例 滑稽な》即興演説. **3** 《ショートニングを多く含む型抜きの》クッキー. [?G *Spritze* squirt, injection]

sprítz·er[1] *n**《俗》信用詐欺師.

spritzer[2] *n* スプリッツァー《ワインをソーダで割った冷たい飲み物》. [G=a splash]

spritz·ig /spríts ɪg; *G* ʃprítsɪç/ *a* ‹ワインが› 発泡性の (sparkling). [G]

sprítzy *a**《俗》軽い, 軽快な, 空気[泡]のような.

sprock·et /sprákət/ *n* 〔機〕鎖止め; SPROCKET WHEEL (の歯); 〔建〕茅負(かやおい), スプロケット《軒先の勾配を緩くするため棰(たるき)上端に打つくさび形の木》. [C16<?]

sprócket whèel 〔機〕《フィルムの耳 (perforation) をかける》スプロケット, 《自転車などの》鎖歯車.

sprog /spró(:)g, sprág/ ‖《俗》*n* 赤んぼ, ガキ, 若者; 新兵, 新米; 新入生. ► *vi* (-gg-) 子供をつくる. [*sprig, sprout* からか]

sprout /spráut/ *n* **1** 芽, 新芽, 萌芽 (shoot); [*pl*] ‖芽キャベツ (Brussels sprouts); [*pl*] もやし. **2** 新芽に似たもの; 子孫; 《口》若者, 子供. ● **put through a course of ~s***《口》猛訓練する, 懲らしめる. ► *vi* 芽を出す, 発芽する ‹*out, up*›; 生え始める, 発生する; 急速に生長[成長]する ‹*up*›. ► *vt* ‹芽を›出させる, 芽生えさせる; 《口》‹ジャガイモなど›の芽をとる; 発出させる, ‹角を›出す, ‹ひげを›生やす. [OE **sprūtan*; cf. G *spriessen*]

spróut·ing bróccoli 〔野菜〕ブロッコリー.

spróut·ling *n* 小芽, 小新芽.

sproutsy /spráutsi/*《俗》*a* 《生活習慣や意見が》風変わりな, 異端的な, 型破りの. ► *n* 菜食主義者《豆もやし (bean sprouts) を食べることから》.

spruce[1] /sprú:s/ *a* こぎれいな, きちんとした; 生きいきした, きりりと引き締まった. ► *vt, vi* こぎれいにする[になる], めかす ‹*up*›; ‹イメージを›改善する ‹*up*›. ♦ **~·ly** *adv* **~·ness** *n* [? *spruce*[2]]

spruce[2] *n* 〔植〕トウヒ (唐檜)《マツ科トウヒ属の常緑高木の総称》; トウヒ材; トウヒに似た木《米松(べいまつ)・アメリカツガなど》; とくさ色; SPRUCE BEER. [*Pruce* (obs) Prussa; cf. PRUSSIAN]

spruce[3] *vi, vt* ‖《俗》うそをつく, でたらめを言う, (うそを言って)ごまかす, 欺く, ずるける, 仮病をつかう. ♦ **sprú·cer** *n*

sprúce bèer スプルースビール《トウヒの枝や葉を入れた糖蜜[砂糖]をゆでて造る発酵酒》.

sprúce bùdworm 〔昆〕トウヒノシントメハマキの幼虫《ハマキガ科; トウヒなどの葉を食害する》.

sprúce fìr 〔植〕トウヒ, 《特に》ドイツトウヒ (Norway spruce).

sprúce gròuse [pàrtridge] 〔鳥〕**a** ハリモミライチョウ《北米産》. **b** カラフトライチョウ《シベリア・樺太産》.

sprúce gùm スプルースガム《トウヒ・モミより得る含油樹脂; チューインガムの材料》.

sprúce pìne 〔植〕**a** スプルースパイン《北米産の材が軽くてもろいマツ; バージニアマツ, グラブラマツなど》. **b** カナダツガ. **c** クロトウヒ.

sprucy /sprú:si/ *a* SPRUCE[1].

sprue[1] /sprú:/ 〔鋳〕*n* 《縦》湯口; 押し金《《縦》湯口に残る金属のかす》; スプルー《鍛造していない部分をなめらかにする鍛造型中の通路》. [C19<?]

sprue[2] 〔医〕*n* スプルー《口腔炎と下痢を伴う腸吸収不全症; 熱帯性のものと非熱帯性のものがある》; CELIAC DISEASE. [Du *spruw* THRUSH[2]; cf. Flem *spruwen* to sprinkle]

sprue[3] *n* 細長いアスパラガス. [C19<?]

spruik /sprú:k/ 《豪俗》*vi* 熱弁をふるう, 一席ぶつ; 《客引きのため》宣伝する, 売り込む. ♦ **~·er** *n* [C20<?]

spruit /sprú:t, spréɪt/ *n* 《アフリカ南部の》雨期だけ水のある小さい支流. [Afrik]

sprung /sprʌ́ŋ/ *v* SPRING の過去・過去分詞. ► *a* 《口》一杯機嫌の, ほろ酔いの; ばねのこわれた, 弾力を失った; ばね仕掛けの, スプリング入りの.

sprúng rhỳthm 〔韻〕スプラングリズム《一つの強勢が 4 つまでの弱い音節を支配し, 主に 頭韻・中間韻および語句の繰返しによってリズムを整える韻律法; Gerard Manley Hopkins の造語》.

spry /spráɪ/ *a* (~·er, sprí·er; -est, sprí·est) かくしゃくとした, 達者な (sprightly). ♦ **~·ly** *adv* **~·ness** *n* [C18 (dial and US)<?; cf. Swed (dial) *spragg* SPRIG]

spt seaport.

spud /spʌ́d/ *n* **1** 小鋤(すき)《除草用》; 〔外科〕小すき《異物を除去する扁平なへら》; 《木などの》剝皮用具. **2** 短く太い(挿入[突起])物; スパッド《先のとがったドリルビット》; 〔鉱〕スパッド《頭部に穴のある釘の一種》; SPUDDER; 《浚渫(しゅんせつ)機[船]などの》保持脚[台], スパッド; スパッド《金属パイプと便器などを接続する部品》. **3** 《口》ジャガイモ; 《俗》ぜに (money); *《俗》ウオツカ (vodka) (ののんだくれ)《ウオツカがジャガイモから造られると考えられたことから》; 《俗》背の低いやつ, ちび, ずんぐりしたやつ, 太くて短いもの; 鈍いやつ. ► *vt, vi* (-dd-) 小鋤で掘る[刈る, 除く] ‹*out, up*›; ‹油田などを›本格ボーリングを始める, 開坑する ‹*in*›. [ME=short knife<?]

spúd bàrber 《俗》[*joc*] ジャガイモの皮むき人.

spúd-bàsh·er *n*‖《軍》俗》ジャガイモの皮むき《人》.

spúd-bàsh·ing *n*‖《軍》俗》ジャガイモの皮むき《懲罰》.

spúd·der *n* 《木皮はぎに用いる》のみ形の道具; 《口》《油井の》開坑作業員, 掘削装置.

spud·dle‖/spʌ́dl/ *vt, vi* ちょっと掘る, 掘りまわす.

spud·dy /spʌ́di/ *a* ずんぐりした (pudgy).

spúdge /spʌ́ʤ/ *vi**《俗》ばりばり動きまわる[働く], 活発にやる ‹*around*›.

Spúd Ísland 《俗》スパッド島 (PRINCE EDWARD ISLAND の俗称; ジャガイモが有名だから). ♦ **~·er** *n*

spúd lìne [次の成句で]: **in the ~** 《俗》妊娠して.

spúd wrènch スパッドレンチ《長い柄の付いた開口スパナ》.

spue /spjú:/ *vi, vt, n* 《古》SPEW.

spug·gy /spúgi/, **spug** /spúg/ *n* 《北イング》イエスズメ.

spu·man·te /spəmá:nti; spumǽn-/ *n* スプマンテ《イタリアの発泡性白ワイン, 特に Asti Spumante》. [It=sparkling]

spume /spjú:m/ 《文》*n* 《特に 波の》泡 (foam, froth, scum). ► *vi* 泡立つ. ► *vt* ブツブツ[ブクブク]と噴き出す ‹*forth*›. ♦ **spúmy** *a* 泡(状)の. [OF or L *spuma*]

spu·mes·cent /spjumés(ə)nt/ *a* 泡立った. ♦ **-cence** *n* 泡状, 泡立ち.

spu·mo·ni, -ne /spumóuni/ *n* スプーモーネ《味・香りの異なる層のある(フルーツ[ナッツ]入り)アイスクリーム》. [It (aug)‹*spuma*<L SPUME]

spu·mous /spjú:məs/ *a* 泡を含んだ, 発泡性の.

spun /spʌ́n/ *v* SPIN の過去・過去分詞. ► *a* 紡いだ; 引き伸ばした ‹*out*›; ‖《俗》疲れきった: ~ gold [silver] 金[銀]糸.

spún·bònd·ed *a* スパンボンデッドの《化学繊維を紡糸しながら作られた不織布についていう》.

spún-dỳed *a* ‹合成繊維が›スパン染色の《紡糸時[以前]に染色を施す》.

spunge /spʌ́nʤ/ *n, vt, vi* SPONGE.

spún glàss FIBERGLASS; スパンガラス《加熱し引き延ばして糸状にしたもので, ガラス細工などに用いる》.

spunk /spʌ́ŋk/ *n* **1** 火口(ほくち), 朽ち木 (tinder). **2** 《口》勇気, 気力, 元気, 自信; 《口》快活さ; 《口》かんしゃく; 《卑》精液; 《豪口》セクシーな男[女]. ● **get one's ~ up** 《口》元気を出す, 勇気を奮い起こす; 《口》おこる. **~ of fire** 小火, 炎. ► *vi* 《スコ》‹話などが›明るみに出る, 漏れる, 知れる ‹*out*›; 《方》かっとなる, おこる; *奮い立つ ‹*up*›; 《俗》射精する, いく. ► *vt**‹勇気などを›奮い起こす ‹*up*›. ♦ **~·less** *a* [C16=spark<?; cf. *punk*[1,2], ScGael *spong* tinder, sponge]

spunk·ie /spʌ́ŋki/ 《スコ》*n* IGNIS FATUUS; LIQUOR; 血気盛んな人, 短気者.

spúnky 《口》*a* 血気盛んな, 勇敢な; 活気のある, 威勢のいい; 短気な; セクシーな. ♦ **spúnk·i·ly** *adv* **-i·ness** *n*

spún ráyon 〔紡〕スパンレーヨン, スフ.

spún sílk 絹紡糸, スパンシルク; 絹紡糸の織物.

spún súgar* 綿菓子 (candyfloss‖).

spún yárn 紡績糸(ぃと); 〖海〗撚(よ)り縄, スパニヤン.

spur /spə́ːr/ *n* **1** 拍車; 〖史〗金の拍車《KNIGHT の象徴》; [*fig*] 刺激, 激励, あおり, 動機. **2 a** 拍車状突起; 《登山用の》アイゼン; 《鶏などの》けづめ, 距(きょ); 《シャモのけづめに付ける》鉄けづめ; 〖動〗とげ, 針; 《昆虫などの》とげ; 〖医〗棘(きょく)突起 (osteophyte). **b** 〖地理〗山脚《山・山脈から分岐した支脈部》, 海脚; 《急流から土手を守るための》突堤; 〖海〗潜岬(せんこう); 〖鉄道〗SPUR TRACK; 〖建〗けづめ (griffe), 控え壁, 支柱; 〖窯〗トチ (stilt), スプール, けづめ. **c** 〖植〗《萼・花冠基部の》距(きょ); 突き出た(若)枝, 《果樹などの》花をつけた若枝, 短果枝; 横に伸びた太い木の根; 〖植〗麦角(ばっかく)病 (ergot). ● **on the ～ of the moment** 時のはずみで, できごころで; 即座に, 突然. **put [set] ～s to**...に拍車をかける; 激励する. **win [gain] one's ～s** 〖史〗《武勲により》勲爵士に叙せられる; [*fig*] 初めて偉功を立てる, 名を揚げる; 《俗》一人前になる. **with whip and ～**＝**with ～ and yard** 大急ぎで, 直ちに (at once). ► *vt, vi* (**-rr-**) 〈馬〉に拍車をあてる[あてて進める], 急く, 急行する 〈*on, forward*〉; 激励する, 刺激する, 駆る 〈*on*〉; [ᵘ*pp*] ...に spur を付ける; 〈闘鶏などが〉けづめで傷つける; 〖園〗〈(広がりすぎた)枝を〉切り詰める: ～ sb *to* [*into, up to*] action 人を行動へ駆りたてる / Do not ～ a willing horse. 《諺》自分で進む馬に拍車は無用. ♦ **spúr·rer** *n* ［OE *spora, spura*; cf. SPURN, G *Sporn*］

spúr·dòg *n* 〖魚〗アブラツノザメ (spiny dogfish).

spúr fòwl 〖鳥〗ケヅメシャコ《インド・スリランカ産》.

spúr·gàll 《古》*n* 拍車ずれ. ► *vt* (拍車で)傷つける.

spurge /spə́ːrdʒ/ *n* 〖植〗トウダイグサ《樹液は下剤》. ［OF *espurge* ＜L (EXPURGATE)］

spúr gèar 〖機〗平歯車 (＝*spur wheel*).

spúrge fàmily 〖植〗トウダイグサ科 (Euphorbiaceae).

spúrge làurel 〖植〗**a** スパージローレル《黄花無香のジンチョウゲ属の常緑低木; ユーラシア原産》. **b** ヨウシュジンチョウゲ (mezereon).

spu·ri·ous /spjúəriəs/ *a* にせの, 偽造の; 見せかけの, うさんくさい, (一見)もっともらしい, まことしやかな; 〖生〗まがいの, 擬似の; 〖通信〗スプリアスの《所要波と異なる周波数の電波の》; 《まれ》私生児の, 庶出の: ～ pregnancy 偽妊娠, 想像妊娠. ♦ **～·ly** *adv* **～·ness** *n* ［L *spurius* false］

spúr·less *a* 拍車のない; けづめをもたない[付けない].

spúr lìne 〖鉄道〗支線, 分岐線, 引込み線 (spur track).

spurn /spə́ːrn/ *vt* 一蹴する, はねつける; 《古》踏んづける, 足蹴にする. ► *vi* 《古》はねつける, 鼻であしらう 〈*at*〉. ► *n* けとばし, 蹴り; はねつけ, 冷たい仕打ち. ♦ **～·er** *n* ［OE *spurnan*; cf. SPUR］

spúr-of-the-móment *a* 思いつきの, とっさの, 急ごしらえの, 即席の, 臨時の: a ～ meeting.

spurred /spə́ːrd/ *a* 拍車[けづめ]を付けた[もった]; せきたて[駆りたて]られた; 〖植〗距(きょ) (spur) のある.

spur·ri·er /spə́ːriər, spʌ́riər/ *n* 《まれ》拍車製造者.

spúr róyal 〖英〗スパーロイヤル《主として James 1 世時代に鋳造された 15 シリング金貨》.

spur·ry, -rey /spə́ːri, spʌ́ri; spʌ́ri/ *n* 〖植〗オオツメクサ. ［Du］

spurt, spirt /spə́ːrt/ *vi* 噴出する 〈*up, out, down*〉; 発芽する, 育つ; スパートをかける: Smoke ～*ed* (*out*) *from* a window. 煙が窓から噴き出した. ► *vt* ほとばしらせる, 噴出させる 〈*out; from*〉. ► *n* 噴出, ほとばしり; 《感情・行動などの》激発, 爆発 〈*of*〉; 《値段の》急騰(の期間), 突然の活況; スパート; 一瞬, 瞬間: a growth ～《思春期の》急激な成長 / the finishing ～ ラストスパート / make [put on] a ～ スパートする. ● **by [in] ～s** 時々, 思い出したように, とぎれとぎれに. ♦ **～·er** *n* ［C16＜?］

spur·tle /spə́ːrtl/ 《スコ》*n* 《料理用の》へら, オートミールをかきまぜる棒; 刀, 剣 (sword).

spúr tràck 〖鉄道〗《一方だけが本線に連結する》分岐線.

spúr whèel 〖機〗SPUR GEAR.

spúr-wìnged *a* 〖鳥〗翼角に SPUR のある, ツメ....

spúr-wìnged góose 〖鳥〗ツメバガン《アフリカ産》.

spúr-wìnged plóver 〖鳥〗チドリ (plover), 《特に 北アフリカ周辺の》ツメバゲリ.

spúr·wòrt *n* 〖植〗ハナヤエムグラ (FIELD MADDER).

sput /spʊ́t, spʌ́t/ *n* 《俗》SPUTNIK.

sput·nik /spʊ́tnɪk, spʌ́t-/ *n* [ᵒS-] スプートニク《ソ連の人工衛星; 1 号は 1957 年》. ［Russ＝traveling companion］

sput·ter /spʌ́tər/ *vt, vi* ブツブツ[パチパチ]いわせる[いう]; 《しゃべりながら》つばを飛ばす; 〈つば・食べ物を〉飛ばす; 〈フライ鍋などが〉ブツブツ噴き出す; 〖理〗高エネルギーの粒子を衝突させて物体の表面から〈原子〉を放出させる, そのようにして〈金属膜を〉付着させる, スパッターする; 《興奮して》しどろもどろに[つかえつかえ]言う; とぎれとぎれ進む, 息切れする. ● **～ out** パチパチ音を出して消える; 〈反乱などが〉徐々に終了する; つかえつかえしゃべる. ► *n* ブツブツ(いう音); 早口; しどろもどろ; 口から飛び出した[吐き出された]もの. ♦ **～·er** *n* **～·ing·ly** *adv* ブツブツ(言いながら), しどろもどろに. ［Du (imit)］

spu·tum /sp(j)úːtəm/ *n* (*pl* **-ta** /-tə/, **～s**) 〖医〗痰(たん), 喀痰(かくたん) (expectoration); つば. ［L *sput-* *spuo* to spit, SPEW］

Spúy·ten Dúy·vil Créek /spáɪtn dáɪvəl-/ [the] スパイテンダイヴィル水路《New York 市 Manhattan 島の北の, Hudson, Harlem 両川をつなぐ水路》.

sp. vol. ᵒspecific volume.

spy /spáɪ/ *n* **1** 軍事探偵, 間諜, 密偵, スパイ; 斥候(せっこう), 探偵; 産業スパイ; 探偵[スパイ]行為, 精査: be a ～ on...を偵察する. **2** 《廃》よく見ること. ● **a ～ in the cab** 《口》TACHOGRAPH. ► *vt, vi* ひそかに探る, 探偵する, スパイをする, 諜報活動をする; 見つける: ～ *into* a secret 秘密をひそかに探る / ～ *on* sb('s conduct) 人(の行状)を監視する. ● **I ～ STRANGERS.** **～ out** 偵察する; 見つけ出す, かぎ出す: ～ *out* the LAND. ♦ **～·shìp** *n* ［OF *espier* to ESPY＜Gmc; cf. OHG *spehōn* to watch］

spý·er *n* SPIER[1].

spý·glàss *n* 小型望遠鏡.

spý·hòle *n* 《外来者確認用の》のぞき穴 (peephole).

spý·màster *n* スパイ組織のリーダー, スパイの親玉.

spý plàne スパイ機, 偵察機.

Spy·ri /spíəri, ʃpíəri/ シュピーリ, スピリ **Johanna ～** (1827–1901) 《スイスの児童文学者; 旧姓 Heusser; *Heidi* (1880–81)》.

spý sàtellite 偵察衛星, スパイ衛星.

spý shìp スパイ船.

spý·wàre *n* 〖電算〗スパイウェア《コンピューターに侵入し, 記録されている情報やユーザーのキー入力などを外部に送信しようとするプログラム》.

Spý Wédnesday 〖カト〗裏切りの水曜日《聖金曜日 (Good Friday) の直前の水曜; Judas Iscariot がキリストを裏切った日; 主にアイルランドで記念される》.

sq. squadron ♦ square. **Sq.** Squadron ♦ Square《街区名で》. **SQC** ᵒScottish Qualifications Certificate. **Sqdn Ldr** ᵒSquadron Leader. **sq ft** ᵒsquare foot [feet]. **sq in** ᵒsquare inch(es).

SQL /éskjùːél, síːkwəl/ *n* 〖電算〗SQL, エスキューエル, シークエル《リレーショナルデータベースのデータを定義したり操作したりするための言語》. ［*S*tructured *Q*uery *L*anguage］

sq m ᵒsquare meter(s). **sq mi** ᵒsquare mile(s).

Sqn Ldr ᵒSquadron Leader.

squab /skwɑ́b/ *n* **1** (*pl* **～s, ～**) 《特に まだ羽の生えそろわない》若鳩, ひな鳥《特に 食用》; *《俗》[*derog*] 娘, 若い女, いい女; ずんぐりした人. **2** 柔らかく厚いクッション; カウチ, ソファー, ᵘ《自動車のシートの》クッション部分. ► *a* ずんぐりした; 〈鳥が〉かえりたての, まだ羽の生えそろわない: a ～ chick. ► *adv* ドシンと (plump). ［C17＜?; cf. *quab* (obs) shapeless thing, Swed *sqvabba* (dial) fat woman］

squab·ble /skwɑ́b(ə)l/ *n* つまらない口げんか, 口論. ► *vi* つまらないことで口論する 〈*with* sb; *about* [*over, with*] sth〉; 〖印〗〈組んだ活字が〉ごっちゃになる. ► *vt* 〖印〗〈組んだ活字を〉ごっちゃにする. ♦ **squáb·bler** *n* ［C17 (? imit); cf. Swed *sqvabbel* (dial) a dispute］

squáb·by *a* ずんぐりした (squat).

squáb pie 鳩肉パイ; タマネギ・リンゴ入りのマトンパイ.

squac·co /skwǽkou/ *n* (*pl* **～s**) 〖鳥〗カンムリサギ (＝**～ hèron**) 《アジア・アフリカ・南欧産》. ［It (dial)］

squad /skwɑ́d/ *n* 〖米軍〗分隊 (⇨ ARMY); 〖英軍〗班; 小勢, 隊, 団; 〖警察〗分隊, 班, 係; 《スポーツの》チーム, 代表(団); *チアリーダーチーム; *《俗》GOON SQUAD: ～ drill 分隊教練 / FLYING SQUAD / VICE SQUAD / a sex crime ～ 性犯罪取締班[係]. ► *vt** 分隊に編成[編入]する. ［F *escouade* (変形)‹ *escadre*＜It SQUARE］

squád càr 《本署との連絡用無線設備のある》パトロールカー (cruise car*, cruiser*, prowl car*).

squad·die, -dy /skwɑ́di/ *n* 《口》班員《squad の一員》; ᵘ《俗》新兵, 兵卒, 兵士.

squad·rol /skwɑ́dròul/ *n* 《警察の》救急車兼用のパトロールカー; 《俗》おまわり, 警官の一隊.

squad·ron /skwɑ́drən/ *n* **1** 〖陸軍〗騎兵大隊; 〖海軍〗小艦隊, 戦隊《艦隊 (fleet) の一部》; 〖米空軍〗飛行(大)隊《2 個以上の中隊 (flight) からなる》; 〖英空軍〗飛行中隊《10–18 機よりなる》, 飛行編隊. **2** 団体, グループ; 多数 〈*of*〉. ► *vt* squadron に編成する. ［It; ⇨ SQUAD］

squádron lèader 〖英空軍〗飛行中隊長, 航空少佐 (⇨ AIR FORCE).

squád ròom 〖軍〗《兵舎の》分隊員の大寝室; 《警察署の》警官集合室.

squailᵘ /skwéɪl/ *n* [～s, 〈*sg*〉] スクウェールズ《玉はじき遊戯》; スクウェール《**1**) スクウェールズ用の小円盤状 'おはじき' **2**) スクウェールズ用の(円)テーブル[ボード] (＝**～-bòard**)》. ► *vi, vt* 《方》(鉛などを詰めた)ステッキを投げる[でたたく] 〈*at*〉.

squa·lene /skwéɪliːn/ *n* 〖生化〗スクアレン《サメ肝油に多量に存在する鎖状炭化水素で, ステロール類生合成の中間体》. ［L *squalus* shark, *-ene*］

squal·id /skwɑ́ləd, *skwɔ́ː-/ *a* むさくるしい, 猥雑な, ごみごみした, きたない; [*fig*] うすぎたない, 不道徳な, 卑劣な, あさましい〈けんかなど〉. ♦ **～·ly** *adv* **～·ness, squa·lid·i·ty** /skwɑlídəti, *skwɔː-/ *n* ［L (*squaleo* to be rough or dirty)］

squall[1] /skwɔ́ːl/ *n* **1** はやて, 陣風, 突風, スコール《短時間の局部的突風; しばしば 雨・雪・みぞれなどを伴う》; ARCHED SQUALL, BLACK SQUALL, WHITE SQUALL. **2** 《口》突発的な騒動[事件]. ● **look**

out for ~s 危険[もめごと]を警戒する. ► *vi* [it を主語として] はやてが吹く; はやてのように吹く. ♦ **~·ish** *a* [C17<? Scand (Swed and Norw *skval* rushing water)]

squall[2] *vi* 《特に 子供が》悲鳴をあげる, わめき声をたてる. ► *vt* わめき声で言う 〈*out*〉. ► *n* 悲鳴, 金切り声, わめき声. ♦ **~·er** *n* [*bawl* との類推で *squeal* からか; cf. ON *skval* useless chatter]

squáll clòud スコール雲《スコールや雷を伴う大型の暗雲の下に現われるロール型の雲》.

squáll lìne 〔気〕 スコールライン《スコールまたは雷を伴う寒冷前線に沿った線; cf. LINE SQUALL》.

squálly *a* はやての吹く, しけになりそうな, 荒れ模様の, 〈風が〉激しい; 《口》 雲行きが怪しい, 険悪な, 騒然とした.

squa·loid /skwéɪlɔɪd/ *a* サメ (shark) に似た; サメの.

squal·or /skwálər, *skwɔ́ː-/ *n* きたなさ, 不潔 (filth); みじめさ, みすぼらしさ; あさましさ: live in ~ 極貧の生活を送る. [L=foulness; ⇨ SQUALID]

squam- /skwéɪm, skwáːm/, **squa·mo-** /skwéɪmoʊ, skwáː-, -mə/ *comb form* 「うろこ (scale, squama)」 [L (↓)]

squa·ma /skwéɪmə, skwáː-/ *n* (*pl* **-mae** /skwéɪmiː, skwáːmàɪ/) 〔動〕 うろこ(状のもの), 鱗(りん); 〔植〕 鱗片; 〔昆〕 鱗板, 履片 (alula); 〔昆〕 《双翅類の》 冠弁 (alula). [L]

squa·mate /skwéɪmèɪt, skwáː-/ *n* 〔動〕 有鱗目 (Squamata) の爬虫類の動物《ヘビ・トカゲ・ミミズトカゲ》. ► *a* /; -mət/ 有鱗目の.

squa·ma·tion /skweɪméɪʃ(ə)n, skwə-/ *n* うろこ状, 鱗片状; 〔動〕 鱗片配列.

squá·mi·fòrm /skwéɪmə-, skwáː-/ *a* うろこ状の.

squa·mo·sal /skwəmóʊs(ə)l, -z(ə)l/ 〔解・動〕 *a* 側頭鱗の; SQUAMOUS. ► *n* 《側頭骨の》 側頭鱗.

squa·mose /skwéɪmòʊs, skwáː-, skwəmóʊs/ *a* SQUAMOUS.

squa·mous /skwéɪməs, skwáː-/ *a* うろこでおおわれた; 鱗片のある; 鱗苞のある; うろこ状の; 側頭鱗の[に関する]. ♦ **~·ly** *adv*

squámous céll 〔医〕 扁平上皮細胞.

squámous céll carcinóma 〔医〕 扁平上皮癌.

squa·mule /skwéɪmjul/ *n* 小鱗片.

squam·u·lose /skwǽmjəlòʊs, skwéɪ-, skwáː-/ *a* 小鱗でおおわれた.

squan·der /skwándər/ *vt* 〈時間・金・才能などを〉浪費[むだづかい]する 〈*away*; *on*〉; ちらばらせる; 〈機会を〉のがす, 失う. ► *vi* 流浪する, さまよう; 濫費する; あちこちにちらばる. ► *n* 浪費, 濫費, 散財. ♦ **~·er** *n* [C16<?]

squànder·mánia *n* 《特に 政府の》 濫費, むだづかい.

Squan·to /skwántoʊ/ スクワント (d. 1622) 《アメリカ先住民ポータクセット (Pawtuxet) 族の通訳・ガイド; 植民地で入植者の力となった》.

square /skwέər/ *n* **1 a** 正方形; 四角なもの[面]; 《デザートの》 四角い一切れ; 《チェス盤などの》 升目; 四角な広場, スクエア (cf. CIRCUS), 広場を囲む建物; *《都市で四辺を街路に囲まれた》 一区画, 街区(の一辺の距離) (block); *《新聞広告欄などの》 ひと区切り; 苞を付けた開いていない綿の花; 《昔の軍隊の》 方陣; 《軍俗》 閲兵場; 〔クリケット〕 スクエア《グラウンド中央の試合用エリア; この範囲内に pitch の面を取る; しばしば複数の面を並べて整備しておき, 試合ごとに替えて使う》: They live at No. 30 Russell *S*~. ラッセルスクエアの 30 番地に住んでいる / The house is two ~*s* down. その家は 2 丁下手にある / move 2 ~*s* forward コマを 2 つ進める. **b** スクエア《100 平方フィート; 床・屋根・タイル張りなどを測る単位》. **c** 〔数〕 平方, 二乗 (cf. CUBE[1]). **2** 直角のもの[状態]. **a** かね尺, 曲尺, 直角定規, スコヤ. **b** 〔製本〕 ちり《表紙の, 中身より張り出している部分》. **c** 〔ボート〕 《水にはいる直前の》 水に垂直なオールの水かきの位置; 〔占星〕 矩(く), クワルトゥス (quartile). **3 a** 《口》 流行遅れの人, 野暮天, 堅物(かたぶつ), だまされやすいやつ; *《俗》 人が薬(やく)を用いるのを承認しないやつ. **b** *SQUARE MEAL; *《俗》 まともなタバコ《マリファナタバコなどに対して》. ● **at ~** 《古》 不和で. **break no ~s** "たいした影響はない, たいしたことではない. **by the ~** 《古》 精密に (exactly). **on the ~** 直角をなして; きちんと, きちょうめんに; 《口》 正直に; 公正に, 同等に, 同格に 〈*with*〉; フリーメーソン (Freemason) 会員で《四角はフリーメーソンのシンボル》. **out of ~** 直角でない; 不調和で, 不一致で, 不正確で[に]; 不正で[に].

► *a* **1 a** 正方形の, 長方形の (opp. *round*); 四角い; 断面[底面]が方形の; 角張った, がっしりした〈肩・人など〉; 〔ダンス・トランプ〕 4 人[4 組]が四角に向き合う. **b** 直角をなす, 直角の 〈*with*, *to*〉; 〔海〕 横の, 〈帆桁が〉竜骨と直角をなす; 〔クリケット〕 ウィケットとウィケットを結ぶ線に直角の; 〔サッカー・ホッケー〕 まっすぐサイドラインに向かう〈パス〉. **c** 〔数〕 二乗の, 平方の《略 sq》; 《面積が》 平方の (: 144 ~ inches equals 1 ~ foot); …四方の (: a room ten feet ~). **2 a** まっすぐな, 水平の, 平行している 〈*with*〉; 〈馬の足並が〉着実な, しっかりした. **b** 同等の, 五分五分の (even); 同点の, タイの. **c** 整頓した, きちんとした; 貸借のない, 勘定済みの 〈*with*〉: get one's accounts ~ *with* sb 人と貸借を清算する. **d** 絶対的な, きっぱりした〈拒絶など〉. **3 a** 公明正大な, 正直な, まともな, まっとうな, 合法の: You are not being ~ with me. 君のやり方はフェアじゃない. **b** 〈食事など〉質量ともに十分な: SQUARE MEAL. **4** 《口》 古臭い, 流行遅れの, 旧式な, 昔かたぎの, (お)堅い, 野暮な; 単純な〈リズム〉. ● **all ~** 《ゴルフなどで》 互角の; 同点の; 準備が全く整った, やるべきことはすべてやった; 貸し借りなしで. **back at [to] SQUARE ONE. call it ~** 五分五分と認める, けりをつける. **get ~ with…** と五分五分[同等]となる, 貸借なしにする, 話をつける; …に仕返しする. **get things ~** 《口》 整頓する, 直す; 事をのみ込む.

► *adv* **1 a** 四角に; 直角に; 〔サッカー・ホッケー〕 サイドラインに直角に. **b** 向き合って, 面して. **2** 《口》 まともに, かっきりと; がっしりと, しっかりと; 公平に, 正々堂々と. ● FAIR[1] **and ~.**

► *vt* **1 a** 正方形にする; 〈材木などを〉四角[直角]にする 〈*off*, *up*〉; 四角に仕切る, 升目状にする 〈*off*〉; 直角に置く; まっすぐに[平らに]する; 〔海〕 〈帆桁を〉竜骨と直角にする; 〔ボート・カヌー〕 《水にはいる直前に》 〈オールの水かきを〉水面に垂直に向ける; 〔占星〕 〈他の天体〉と矩(く)をなす. **b** 〈肩を〉怒らす, 〈ひじを〉張る. **2** 〔数〕 2 乗する; …の面積を求める; …の平方積を求める: Three ~*d* is nine. 3 の 2 乗は 9. **3** …の直角[直線, 平面]からのずれを調べる[正す]; 適合[適応]させる, 一致させる 〈*with*, *to*〉, 《規範などによって》 正す, 規制する; 〈航路などを〉定める. **4 a** 清算する 〈*up*〉; 報復する; 〈試合を〉同点にする. **b** 《口》 買収する, 賄賂でかたをつける; 《豪俗》 〈失態などを〉あとでちゃんとする, わびる, 埋め合わせる, 〈人を〉なだめる 〈*off*〉.

► *vi* **1 a** 直角をなす. **b** 《ボクシングで》 ファイトの構えをする 〈*up*〉; 〈相手に〉 《戦う構えで》 立ち向かう 〈*up to*〉; 〈困難などと〉がっちり取り組む 〈*up to*〉: ~ *up to* difficulties [problems] 困難[問題]と正面から取り組む. **2** 一致する, 調和する, 適合する 〈*with*〉; 《スポーツで》 同点になる. **3** 清算する, 決済する, 勘定を払う 〈*up*〉: ~ *up with* a waiter ウェーターに勘定を払う. ● **~** ACCOUNTS. **~ around** 〔野〕 〈打者が〉投手に向かって身構える. **~ away** *片付ける, 処理する; 〈人〉に〈…について〉丁寧に教える 〈*on*〉; SQUARE off; 〔海〕 追い風をうける. **~ off** ⇨ *vt*; *けんかの身構えをする 〈*against*〉; 戦う. **~ oneself** 《過去の誤りなどの》 責任を負う, 〈人に〉わびる 〈*with*〉; 清算する; 仕返しする. **~ the** CIRCLE. **~ up** 〈図を〉多数の方眼を使って転写する; "SQUARE off. **~ (…) with…** と仲直りする; …にわびる; …と話し合って〈事の〉了解を取る; …と〈事を〉きちんと適合させる, 折り合いをつける. ♦ **~·like** *a* **~·ness** *n* [+]直角度. [OF *esquare* (L *ex-*[1], *quadra* square)]

squáre báck 〔製本〕 角背 (cf. ROUND BACK).

squáre-bàsh·ing *n* "《口》 軍事教練. ♦ **squáre-bàsh** *vi* 軍事教練をする[に加わる].

squáre bódy 〔海〕 船体平行部.

squáre brácket 〔印〕 角括弧《[または]》.

squáre bróad *《俗》 《売春婦などでない》 堅気の女.

squáre-búilt *a* 肩の張った, 角張った.

squáre cáp 大学帽, 角帽.

squáre-dànce *vi* スクエアダンスをする.

squáre dànce スクエアダンス《2 人ずつ 4 組で踊る》; ホーダウンのダンスパーティー (hoedown). ♦ **squáre dàncer** *n* **squáre dàncing** *n*

squáred círcle [ríng] 《口》 リング (boxing ring).

squáre déal 公正な取引[扱い]; 〔トランプ〕 札を公正に配ること; 《関係者の立場を公平に勘案する》 公平政策: get a ~ 公平な扱いをうける / give sb a ~ 公平に遇する.

squáre·dom *n* 《俗》 きまじめ[野暮]な状態[連中].

squáred páper 方眼紙.

squáre èyes *pl* "[*joc*] テレビの見過ぎで変になった目; テレビに釘付けになる人. ♦ **squáre-èyed** *a*

squáre·fàce *n* "《俗》 安物の強い酒.

squáre·flìpper *n* 〔動〕 アゴヒゲアザラシ (bearded seal).

squáre fóot 平方フィート.

squáre gàme 2 組のカップルが向かい合ってやるゲーム.

squáre gó 《スコ》 《路上での》 一対一のなぐり合い, 素手のけんか.

squáre·hèad 《俗》 *n* でくのぼう, うすのろ, のろま; [*derog*] ドイツ[オランダ, スカンディナヴィア]人.

squáre ín 〔アメフト〕 スクエアイン《パスの一種》.

squáre ínch 平方インチ.

squáre Jóhn [ˀs- j-] *《俗》 *n* 正直な男, まともなやつ; 麻薬をやらないやつ; お堅い男, おめでたいやつ.

squáre jòint **1** 〔建〕 空合わせ継手 (straight joint). **2** /ˊ-ˋ ˊ-/ *《俗》 《マリファナタバコに対して》 まともなタバコ (square).

squáre knòt こま結び (=*reef knot*).

squáre-làw detéctor 〔電子工〕 二乗検波器.

squáre lèg 〔クリケット〕 守備側の打者と直角をなすオンサイドの守備位置[野手].

squáre·ly *adv* 四角に; 直角に; 真正面に, まともに; 正確に, まさに; 公平に, 公明正大に; 正々堂々と, 正直に; はっきりと, ずけずけと, きっぱり; 《俗》 〈食事など〉腹いっぱいに.

squáre mátrix 〔数〕 正方行列.

squáre méal 《量的にも内容的にも》 充実した食事.

squáre méasure 〔数〕 平方積《面積の単位; 144 sq in=1 sq ft / 9 sq ft=1 sq yd / 640 acres=1 sq mi》.

squáre méter 平方メートル, 平米.

squáre míle 平方マイル; [the S- M-] 《London の》 シティー (the City).

squáre·mòuthed rhinóceros 〔動〕 シロサイ (white rhinoceros).

squáre númber 〔数〕平方数《整数の二乗で表わせる数》.
squáre of opposítion 〔論〕対当の方形.
squáre óne 出発点, 初め: from ～ 最初から. ● **back to [at]** ～〈調査・実験など〉振出しに戻って.
squáre óut 〔アメフト〕スクエアアウト《パスの一種》.
squáre pég *《俗》《環境・仕事などに》合わない人[もの], 不向きな人, 不適応者 (cf. PEG 成句).
squáre piáno 〔楽〕スクエアピアノ《18 世紀に流行した長方形の小型ピアノ》.
squar·er /skwέərər/ *n* 《石材・材木などを》四角にする人.
squáre ríg 〔海〕横帆艤装(ぎそう).
squáre-rígged *a* 〔海〕横帆艤装の.
squáre-rígger *n* 〔海〕横帆艤装船.
squáre ród 平方ロッド《＝30¼ 平方ヤード, ＝25.29 平方メートル》.
squáre róot 〔数〕平方根《9 に対する 3 など》.
squáre sàil 〔海〕横帆 (cf. FORE-AND-AFT SAIL).
squáre shóoter *《口》正直者, 一徹者 (straight shooter). ♦ **squáre shóoting** *n*
S
squáre-shóuldered *a* 肩の張った, いかり肩の.
squáres·vìlle 《俗》*n* 旧弊な[お堅い, 型どおりの]世界[社会]. ▶ *a* 時代遅れの, 遅れた, こちこちの.
squáre-tàil *n* 〔魚〕カワマス (brook trout); 〔魚〕ドクウロコイボダイ; 〔鳥〕ソウゲンライチョウ (prairie chicken).
squáre thréad 〔機〕角ねじ《ねじやまの断面が正方形に近い》.
squáre tín ″四角いブリキ皿で焼いた中型パン.
squáre-tóed *a* つまさきの四角な〈靴など〉; [*fig*] 旧式の, 保守的な, 形式ばった. ♦ **～·ness** *n*
squáre-tòes *n* [〈*sg*〉] 四角張った人, 旧弊家.
squáre wáve 〔電〕矩形(くけい)波, 方形波.
squáre yárd 平方ヤード.
squár·ing the círcle /skwέərɪŋ-/ 〔数〕QUADRATURE OF THE CIRCLE.
squar·ish /skwέərɪʃ/ *a* 角張った, ほぼ四角の. ♦ **～·ly** *adv* **～·ness** *n*
squark /skwάːrk, skwɔ́ːrk/ *n* 〔理〕スクォーク, スカラークォーク《超対称性によりクォークと対になる粒子》.
s quark /ɛ́s —/ STRANGE QUARK.
squar·rose /skwǽròus, skwάr-, -z/, **-rous** /-rəs/ *a* 〔生〕《うろこなどで》ざらざらした; 〔植〕広がった包葉 (bract) の. ♦ **～·ly** *adv* [L ＝scurfy]
squar·son ″/skwάːrs(ə)n/ *n* [*joc*] 地主兼牧師. [*squire*＋*parson*]
squash[1] /skwάʃ, *skwɔ́ːʃ/ *vt* **1** 押しつぶす, ぐにゃぐにゃにする, ぺちゃんこにする〈*down, up*〉; 押し込める, 詰め込む〈*in, into*〉: ～ a hat flat 帽子をぺちゃんこにする. **2**〈暴動などを〉鎮圧する; 《口》〈人を〉やりこめる, 黙らせる; 〈提案などを〉退ける, 却下する. ▶ *vi* **1** つぶれる, ぐにゃぐにゃになる; グシャッと落ちる. **2** 強く押し合う, 押し分けて行く; ピシャピシャ音をたてて[水をはねながら]進む: We *～ed into* the seat. ぎゅうぎゅう押し合って座席にすわった / ～ *through* the gates *into* the hall 押し合いへしあい門を通って公会堂へはいる / ～ *through* the mud 泥道をピシャピシャと進む. ● **～ up**＝SQUEEZE up. **～ up against** …に強く押し当たる, 圧迫する. ▶ *n* **1 a** つぶす[つぶれる]こと; グシャッと落ちること[音]; 《ぬかるみを通る, または ずぶぬれの靴で歩く》ピシャピシャいう音. **b** つぶれたもの, ぐにゃぐにゃ(の塊り); 《廃》簡単につぶれるもの, 《特に》熟していない豆のさや. **2** すし詰め[ぎゅうぎゅう詰め](の人). **3** ″スカッシュ《果汁に砂糖を加え水で割った飲料》: lemon [orange] ～ レモン[オレンジ]スカッシュ. **4** SQUASH RACQUETS; SQUASH TENNIS. **5**《柔らかくしてつぶした》顕微鏡観察試料. ▶ *adv* グシャリと, ピシャリと(音をたてて). ♦ **～ed** *a* **～·er** *n* [OF *esquasser* (*ex*-[1], QUASH)]
squash[2]* *n* (*pl* **～·es, ～**) 〔植〕カボチャ《野菜として広く栽培されるウリ科の植物の総称; PUMPKIN, ZUCCHINI, CUCUMBER を含む; cf. SUMMER SQUASH, WINTER SQUASH》; カボチャの果肉《パイの中身用など》; *《俗》顔, つら, 《特に》いやな顔. [(*i*)*squoutersquash* (obs)＜Narraganset (*asq* uncooked)]
squásh·bèrry *n* 〔植〕北米産ガマズミ属の低木《実は食用》.
squásh bùg 〔昆〕カボチャのつるや葉を食害するヘリカメムシの一種.
squashed flý bìscuit ″《口》干しブドウをはさんだ薄いビスケット (garibaldi).
squash hát つばの広いソフト帽《折りたためる》.
squash ràcquets [ràckets] [〈*sg*〉] スカッシュ《四面を壁で囲まれたコートで, 柄の長いラケットとゴムボールを用いてする球技》.
squásh tènnis SQUASH RACKETS に似た球技.
squáshy *a* つぶれやすい, とても柔らかい; どろどろの〈土地など〉; 熟してぶよぶよの; ひしゃげた, 平らな〈鼻など〉. ♦ **squásh·i·ly** *adv* **-i·ness** *n* [*squash*[1]]
squat /skwάt/ *v* (**squát·ted, ～**) *vi* **1** しゃがむ, 両ひざを曲げて腰を落とす, うずくまる〈*down*〉; あぐらをかく; 〈動物が〉地に伏す, 身をひそめる; 《口》すわる (sit)〈*down, on*〉; *《俗》〈男が〉くそをする, 〈女が〉小便[くそ]をする, しゃがむ; 〔海〕《スピードを出したとき》船尾が沈下する. **2**〔法〕《他人の土地[官有地]に》無断居住[定住]する; 《米・豪》《所有権獲得のため法律に従って》公有地に定着する. ▶ *vt* しゃがませる; …に無断で居着く: ～ one*self* down しゃがむ. ● **～ hot** *《俗》電気椅子 (hot squat) にすわる. ▶ *a* しゃがんだ, うずくまった; ずんぐりした, ごろっとした. ▶ *n* **1** しゃがむこと; しゃがんだ姿勢; スクワット《**1**) 直立の姿勢から両ひざを曲げて腰を落とした姿勢をとることを繰り返す反復運動; 〔重量挙〕バーベルを肩にかついで立ち, しゃがみ込んでからまた立ち上がる動作; その競技》; SQUAT THRUST; *《俗》脱糞, くそ (shit): take a ～ *《俗》くそをする. **2** 居着いた土地; ″不法居住者に占拠された空き家, 不法占拠; 《動物の》巣. **3** *《口》無, ゼロ《強調》(diddly-squat): I don't know ～ about it. そのことは何も知らない. ● **cop a ～** *《俗》すわる, 気楽にする. ♦ **～·ly** *adv* **～·ness** *n* [OF *esquatir* to flatten (*ex*-[1], *quatir* to press down, crouch)]
squatt /skwάt/ *n* ハエうじ《釣りの餌にする》.
squát·ter[1] *n* しゃがむ人[動物]; 《公有地・未開地・建物の》無断居住者, 不法居住者[占拠者]; 《米・豪》《所有権獲得のため法律に従って》土地に定住する人; 〔豪史〕官有地で認可をうけて[賃借で]牧畜を営む者; (大規模)牧羊[牧牛]業者, 大牧場主.
squatter[2] *vi* 水の中をバチャバチャ進む. [? Scand]
squátter sóvereignty 〔米史〕[*derog*] POPULAR SOVEREIGNTY.
squátter's ríght 公有地定住[占有]権.
squát thrùst スクワットスラスト《直立姿勢からしゃがんで腕を伸ばしたまま両手を床につき, 両脚を屈伸させてまた立つことを繰り返す運動》.
squat·toc·ra·cy /skwatάkrəsi/ *n* [the] 《豪》《社会的・政治的グループとしての》大牧場主階級.
squát·ty *a* ずんぐりした, 短軀の; 〈家などが〉低くて幅が広い. ♦ **squát·ti·ness** *n*
squaw /skwɔ́ː/ [*derog*] *n* アメリカインディアンの女 (cf. SANNUP); *《俗》[°*joc*] 女, 細君, 女房, めめしい男; *《俗》ブスな淫売. [Narraganset＝woman]
squáw·bèrry /, -b(ə)ri/ *n* 〔植〕**a** DEERBERRY. **b** ヒメコウジ(の実) (partridgeberry).
squáw·bùsh *n* 〔植〕北米西部産ウルシ属の悪臭を発する低木 (＝*skunkbrush*).
squáw·fish *n* 〔魚〕**a** 北米西部産のコイ科プティコケイルス属の大きな食用淡水魚. **b** 北米太平洋岸産のウミタナゴの一種.
squawk /skwɔ́ːk/ *vi, vt, n* 〈鶏・アヒルなどが〉ガーガー鳴く(こと[声]); 《口》ギャーギャー不平を鳴らす(こと), 不平; 激しく抗議する(こと); *《俗》告げ口する, チクる, さす; *《俗》自白する; 《軍俗》〈仕事を〉点検する; 〔鳥〕ゴイサギ. [C19 (imit)]
squáwk bòx 《口》《場内放送などの》スピーカー; 《口》インターホン.
squáwk·er *n* SQUAWK する人[もの]; スコーカー《中音用のスピーカー》.
squáwky *a* 不快な音の, 耳ざわりな音調の.
squáw màn [°*derog*] アメリカインディアンの女を妻とする白人.
squáw·ròot *n* 〔植〕**a** 北米東部産のハマウツボ科の多年草. **b** ルイヨウボタン (blue cohosh).
squáw wìnter* インディアン女の冬《Indian summer の前の冬めいた気候》.
squeak /skwíːk/ *vi* **1**〈ネズミなど〉チューチュー鳴く, 〈赤んぼなど〉ギャーギャー泣く, 《興奮して》キーキー声で言う; きしむ, きしる, キュッ(キュッ)[キー(キー), ギシ(ギシ)]いう, 〈車が〉キーッと鳴る; 《口》密告する, 告げ口をする, 告白する (squeal). **2** かろうじて勝つ[成功する]. ▶ *vt* キーキー声で言う; キーキーいわせる. ● **～ by [through]** やっと通り越す[通り抜ける]; 《口》やっと成功する[勝つ], 辛勝する, 〈議会などを〉かろうじて通る, なんとか生き延びる. ▶ *n* **1** ネズミの鳴き声, チューチュー; きしる音, キーキー; ギャーギャー; *《俗》密告(者); *《俗》けちんぼ: put in the ～ たれ込む / don't hear a ～ (人から)何の便り[音さた]もない. **2** 《口》(最後の)機会; 《口》危機一髪の成功: He had a ～ of it. やっとのがれた / a narrow [close, near] ～ ⇨ CLOSE CALL / BUBBLE AND SQUEAK. **3** *《俗》助手, アシスタント. [ME (imit); cf. SQUEAL, SHRIEK]
squéak·er *n* キーキーいうもの; ひな, 《特に》ひな鳩; 《俗》密告者, 裏切り者; 《口》大接戦(のすえ勝った試合), 辛勝の選挙《など》.
squéaky *a* チューチュー[キーキー]いう, ギャーギャー泣く; きしる. ♦ **squéak·i·ly** *adv* **-ki·ness** *n*
squéaky-cléan 《口》*a* 実にきれいな, ピカピカの; [*fig*]《倫理的に》清潔な, 非難の余地がない.
squéaky tóy キーキーおもちゃ (＝*squeeze toy*)《押すとキーキーいうアヒルなど》.
squéaky whéel 不平屋: The ～ gets the grease. ごねる者が得をする.
squeal /skwíːl/ *vi* キーキーいう[泣く]; 〈車が〉タイヤをきしらせる, 鳴かせる; 悲鳴[歓声]をあげる〈*with* pain, delight, etc.〉; 泣きごとを言う; 《俗》反対する, 抗議する〈*against* taxation〉; 《俗》〈…を〉密告する〈*on* sb〉. ▶ *vt* キーキー声で言う; 〈ドア・車輪・タイヤなどを〉キーッといわせる. ● **make sb ～** 《俗》人をゆする (blackmail). ▶ *n* **1**《子供・豚などの》悲鳴, キーッ, ギャーッ《squeak より高い音》, 歓声; 《ブレーキ・タイヤの》きしり音; 《俗》不平, 抗議; 《俗》密告; 《俗》密告者, たれ込み屋; ″《警察俗》援助[捜査]要請, 捜査報告

(書). **2**《俗》ハム, ポーク. [ME (imit)]

squéal·er *n* 不平屋; キーキー鳴く鳥《ひな鳩など》; 豚, 小豚; 《俗》告げ口屋, 密告者, たれ込み屋.

squéaler's márk *《俗》《密告の仕返しなどでつけられた》顔のきずあと.

squea·mish /skwí:mɪʃ/ *a* 吐き気を催しやすい[催した]; すぐに気分を害する[ショックをうける]; 潔癖な, こだわりの強い: This film is not for the ～. この映画は心臓の弱い人向きではない. ♦ **～·ly** *adv* **～·ness** *n* [squeamous (dial)<AF *escoymos*<?]

squee·gee /skwí:ʤi:, ─⊥/ *n* **1** スクイージー《(1) 柄の先にワイパー状ゴムが付いた窓ふき用具 2) 写真現像・石版画などで表面の液を除いたりインクをならしたりするゴム板[ローラー]》. **2***《俗》まぬけ, とんま, 抜作. ► *vt* …にスクイージーをかける. [*squeege* (強形)<SQUEEZE]

squéegee kìd [màn, mèrchant"] 《口》スクイージー族《交差点で止まった車のフロントガラスを勝手にふいてチップをせびる者》.

squeel /skwí:l/ *n* 《俗》密告者, たれ込み屋 (squeal).

Squeers /skwíərz/ スクウィアズ Mr. **Wackford** ～《Dickens, *Nicholas Nickleby* に登場する校長で, 大の悪党》.

squeez·able /skwí:zəb(ə)l/ *a* しぼれる; ゆすり取れる, 圧迫にへこむ, 無気力な; 抱きしめたくなるような. ♦ **squèez·abílity** *n*

squeeze /skwí:z/ *vt* **1 a** 圧搾する, しぼる; おしつぶす, 〈手などを機械に〉はさむ; 押し[詰め]込む 〈*oneself*, sb [sth] *into* a vehicle〉; 《びっちりのスケジュールの中に》割り込ませる, 押し込む 〈*in*〉; 〈生コンなどを〉圧入する: ～ the juice *from* [*out of*] a lemon レモンの汁をしぼり出す / ～ toothpaste *out* (*of* a tube) (チューブから)練り歯磨をしぼり出す / ～ a lemon (dry) レモンをしぼる / ～ to death 圧殺する / ～ one's way *through* (a crowd) (群衆を)押し分けて進む. **b** 強く握手する, 《意味ありげに》ぎゅっと握り締める, きつく抱く (hug). **c** 〈石版刷りなどを〉刷り取る, 圧写する, 〈硬貨など〉の型を取る. **2 a** 圧迫する, 強制する; しぼり取る[出す], 無理に出させる 〈*out* (*of*), *from*〉; 《経済的に》圧迫する; 〖ブリッジ〗〈相手〉に大事な札を捨てさせる; …から搾取する; 〈利益などを〉減少させる: They ～*d* a confession *from* him. 口を割らせた / ～ sb dry 人の全財産をしぼり取る. **b** 《議会などで》〈ある得票差を〉かろうじて獲得する; 〖野〗スクイズで〈走者を〉かえす[〈得点を〉あげる]. ► *vi* **1** 圧搾する; 圧搾される, しぼれる; 圧力をかける: Sponges ～ easily. スポンジはたやすくしぼれる. **2** 押し分けて進む, 無理に[なんとか]通る 〈*by*, *through*〉; 押し入る, 割り込む 〈*in*〉. ● **～ off** 《口》引金を引いて〈弾丸を〉発射する; 発砲する; 〈写真を〉撮る. **～ out** 閉め[追い]出す; 謀略をもって破産[廃業]に追い込む. **～ through** [**by**] 《口》かろうじて勝ちを得る[成功する]. **～ up** "〈乗客などを[が]〉詰め込む[詰める]. **～ up against**…に体を押しつける.

► *n* **1 a** 圧搾; しぼること; しぼり取ったもの, ひとしぼり; *《黒人俗》酒 (liquor). **b** 強い握手; ぎゅっと抱きしめること, 抱擁; 押し合い, 雑踏; すし詰めのパーティー. **c** 《石版刷りなどの》圧写, 型取り, 文字刷り. **2 a** 規制, 圧力, しめつけ, 《財政上の》圧迫; 《経済上の》引締め, 《政府による》金融引締め; 搾取; 収賄; 《口》ゆすり, 強要; 〖ブリッジ〗札を捨てさせられること, 追い落とし, スクイズ; 〖野〗SQUEEZE PLAY. **b** 《役人などが取る》不正手数料; 《東洋の召使が請求する》手数料; 《中間商人の》利鞘. **3** 《口》のっぴきならぬはめ, 苦境: be in a ～ 苦境に立つ / a close [narrow] ～＝TIGHT SQUEEZE. **4***《俗》恋人, 彼, 彼女 (main squeeze). **5** 《俗》ホモ男. ● **put a** [**the**] **～ on**… 《口》…に圧力をかける, …を締めつける.
[*squise* (強形)<*queise* (obs)<?]

squéeze bòttle スクイーズボトル《中身をしぼり出せるプラスチック容器》.

squéeze·bòx *n* 《口》CONCERTINA, ACCORDION, HARMONIUM.

squéeze bùnt 〖野〗スクイズバント.

squéezed órange しぼりかす, 役立たず (cf. *squeeze an* ORANGE).

squéeze gùn 《俗》圧力リベット締め機.

squéeze-pìdgin *n* 《俗》賄賂.

squéeze plày 〖野〗スクイズプレー; 〖ブリッジ〗切り札で相手の大事な札を吐き出させること; ゆすり, 強要 (squeeze).

squeez·er /skwí:zər/ *n* 圧搾器, スクイーザー; 搾取者; 《俗》チップを出さないやつ, どけち野郎; 〖トランプ〗左上隅にマークと数が記されたカード.

squéeze tòy SQUEAKY TOY.

squeezy /skwí:zi/ *a* 〈容器が〉しぼり出し式の, チューブの; 狭苦しい.

squeg /skwέg/ *vi* (-gg-) 〖電子工〗《過度の帰還のために》〈回路が〉不規則に発振する. [逆成<↓]

squég·ger *n* 〖電〗断続発振器. [*squegg* (*squeeze* と *wedge* の混成); 一説に self-quenching の変形]

squelch /skwέlʧ/ *vt* おしつぶす, 踏みつぶす; 黙らせる; 〈提案・計画などを〉たたきつぶす; ゴボゴボ[ビシャビシャ]いわせる. ► *vi* ガボガボ音をたてる; 《泥の中などを》ビシャビシャ音をたてて進む; つぶれる, ぐにゃぐにゃになる. ► *n* ガボガボ, ビシャビシャ; 押しつぶされたもの; 押しつぶし, 抑圧; 《口》やりこめること[ことば], 痛撃; 〖電子工〗スケルチ回路 (＝～ **cìrcuit**)《搬送波が止まると雑音が大きくなるので自動的に受信機の音声回路の動作を止める回路》. ♦ **～·er** *n* おしつぶす人[もの]; 相手を沈黙させるに足る返答. **squélchy** *a* [imit; ? squash＋*quelch* to squelch]

sque·teague /skwɪtí:g/ *n* (*pl* ～) 〖魚〗WEAKFISH.

squff /skʌ́f/ *vi**《俗》たらふく食う, 満腹する.

squib /skwíb/ *n* **1** 爆竹; 《シュシュシュッと音を出す》小花火; 《ロケットの火工式点火器の》導火爆管, スキブ, 不発弾: DAMP SQUIB. **2** 諷刺的な話, 諷刺文; 短いニュース, 埋め草; 《口》短いコマーシャル. **3** 《豪俗》スタミナのない馬[犬]; 《豪俗》臆病者; 《俗》取るに足らんやつ. **4** 〖アメフト〗ONSIDE KICK; 〖野〗SQUIBBER. ► *vt*, *vi* (-bb-) **1** 爆竹(など)が鳴る; 〈爆竹などを〉鳴らす, 投げる, 飛ばす; シュッと飛び出す[爆発する]; ちょこちょこ動きまわる; 〖アメフト〗《キックオフで》〈ボールを〉短く蹴る; 〖野〗〈ボールを〉当てそこねる. **2** 《古》諷刺文を書く, あてこする 〈*against*〉; 気軽にしゃべる; *《俗》ちょっと大げさに言う, うそをつく; 《豪俗》びくびくする; 《豪俗》《こわくて・臆病で》…から手を引く, 逃げる; 《豪俗》見捨てる, 裏切る 〈*on*〉. [C16<?; imit か]

squíb·ber *n* 〖野〗ボテンヒット, ぼてぼてのヒット.

squíb kìck 〖アメフト〗ONSIDE KICK.

squid[1] /skwíd/ *n* (*pl* ～, ～**s**) 〖動〗イカ《特に ジンドウイカ・アカイカに類するイカ》; イカ餌《(1) イカの身餌 2) イカに似せた擬餌(針)》; 対潜水艦臼砲. ► *vi* (-dd-) イカを釣る; イカ餌で釣る; イカ餌を投げて引く[流す]; 〈パラシュートが〉風圧で細長いイカ形になる. [C17<?]

squid[2], **SQUID** /skwíd/ *n* 〖理〗超伝導量子干渉素子, スキッド《微弱磁場測定器》. [*s*uperconducting *qu*antum *i*nterference *d*evice]

S

squidge /skwíʤ/ *n**《俗》人の代わりに厄介なことをやらされる者, いやな仕事の代役, 雑働き. ► *vt*, *vi* グニャッとつぶす[つぶれる]; ビシャビシャ音をたてる. [?]

squidgy /skwíʤi/ *a* "《口》グニャッ[フニャッ]とした.

squiff /skwíf/ *vi* 《俗》むやみに食う. ► *n* [次の成句で]: **on the ～** 痛飲して. [逆成<*squiffy*]

squiffed /skwíft/ *a* 《俗》SQUIFFY.

squif·fer /skwífər/ *n* "《俗》CONCERTINA.

squif·fy /skwífi/ *a* 《俗》ほろ酔いの; 《俗》斜めになった, ひん曲がった (askew). [C19<?]

squíffy-èyed *a* 《俗》SQUIFFY.

squig·gle /skwíg(ə)l/ *vi* ねじれる, のたくる, のたうつ; なぐり書きする. ► *vt* ねじる; なぐり書きに書く[記す]; …にくねくねした曲線をつくり出す. ► *n* くねった線; ひん曲がって読めない文字, なぐり書き; 《ハッカー》クネクネ《記号 ~ (tilde) の呼称の一つ》. ♦ **squíg·gly** *a* ねじれた, くねくねした. [imit; 一説に *squirm*＋w*riggle*]

squil·gee, squill- /skwílʤi:, skwí:ʤi:, ─⊥/, **squil·la·gee** /skwíləʤi:/ *n*, *vt* SQUEEGEE.

squill /skwíl/ *n* 〖植〗カイソウ(海葱) (＝*sea onion*, *sea squill*); 海葱根《乾燥させたものは去痰剤; 新鮮な鱗茎は殺鼠剤》; 〖植〗シラー (scilla), シラーの球根; 〖動〗SQUILLA. [↓]

squil·la /skwílə/ *n* (*pl* ～, ～**s**, **-lae** /-lì:, -làɪ/) 〖動〗シャコ (＝*mantis prawn* [*shrimp*]). [L<Gk]

squil·lion /skwíljən/ *n* 《俗》巨大な数, ン千万. [*billion*, *trillion* をもとにした造語; cf. SKILLION[2]]

squil·lion·aire /skwìljənέər, ⊥─⊥/ *n* 《俗》途方もない大金持.

squin·an·cy /skwínənsi/ *n* 〖植〗地中海地方などのアカネ科クルマバソウ属の多年草 (＝**～ wòrt**).

squinch[1] /skwínʧ/ *n* 〖建〗入隅迫持(いりすみせりもち), スキンチ《塔などを支えるために方形の隅に設けるアーチなど》. [*scunch* (obs)<*scuncheon*＝SCONCHEON]

squinch[2] *vt* 〈目を〉細くする, 〈まゆを〉寄せる, 〈鼻〉にしわを寄せる, 〈顔を〉しかめる; 圧搾する, 縮める, うずくまらせる. ► *vi* 目を細くする; 小さくなる, うずくまる; たじろぐ 〈*up*, *down*, *away*〉. [*squint*＋*pinch*]

squin·ny /skwíni/ *vi*, *vt*, *n*, *a* SQUINT.

squint /skwínt/ *a* 横目の; 斜視の, やぶにらみの; 《口》斜めの, 傾いた, ゆがんだ. ► *n* 横目, 流し目; 細目(ほそめ); 斜視 (strabismus); 《口》ちらっと目をやること, 一瞥; 《逸脱する》傾向, 偏向 〈*to*, *toward*〉; 〖建〗スキント (HAGIOSCOPE): have a bad [fearful] ～ ひどいやぶにらみだ / Let's have [take] a ～ at it. それをちょっと見ようではないか. ► *vi* 横目で見る, 目を細くして見る 〈*at*, *through*〉; 斜視である; それとなく[間接に]触れる; 傾く 〈*toward*〉; それる 〈*at*, *toward*〉: ～ *out of* a window 目を細めて窓越しに見る. ► *vt* 〈目を〉細くする; しばたく; すが目にする. ♦ **～·er** *n* 斜視の人. **～·ing·ly** *adv* **squínty** *a* [*asquint*; cf. Du *schuinte* slant]

squínt brìck 側面が斜めの異形煉瓦.

squínt-èyed *a* [*derog*] 斜視の; 《古》意地の悪い, 偏見をもった.

squínt·ing constrúction 〖文法〗SQUINTING MODIFIER (を含む構文).

squínting módifier 〖文法〗やぶにらみの修飾語(句)《前後いずれの語(句)を修飾するかあいまいな語(句); 例 getting dressed often is a nuisance の often》.

squire /skwáɪər/ *n* **1 a** 《英国の地方の》地主, 地方の名士, [the]《その土地の》大地主. **b** 〖史〗騎士の従者である若い貴人, 郷士, スクワイア (esquire) (cf. KNIGHT); 従者, お供. **c** 婦人に付き添う人, 女にちやほやする男 (gallant), しゃれ者 (beau). **2** 治安判事, 裁判官, 弁護士《敬称として》; "《口》《商店主・セールスマンなどの呼びかけ》ねえだんな. **3** 《豪》マダイの類の若魚[稚魚]. ► *vt*, *vi* 〈婦人〉に付き添う (escort). ♦ **squír·ish** *a* **～·ly** *a* squire の(ような); squire にふさわ

しい. ［OF *esquier* ESQUIRE］

squir(e)·arch /skwáɪərὰ:rk/ *n* 地主階級 (squirearchy) の人, 地主. ♦ **～·al** *a*

squír(e)·àr·chy *n* [the]《政治的·社会的影響力をもつ》地主階級, 地主連; 地主政治. ♦ **-chi·cal** *a*

squíre·dom *n* squire の身分[威信, 領地]; 地主階級 (squirearchy).

squi·reen /skwaɪərí:n/ *n*"《特に アイルランドの》小地主.

squíre·hòod *n* SQUIREDOM.

squíre·ling, -let *n* 小地主, 若い地主.

squíre·shìp *n* SQUIREDOM.

squirl /skwə́:rl/ *n* 《口》 手書き文字の飾り. ［? *squiggle*＋*twirl* or *whirl*］

squirm /skwə́:rm/ *vi*《虫のように》のたくる, 身をくねらせて進む 〈*into, out of*〉; 〈きつい衣服を〉身をくねらせて着る 〈*into*〉; 身もだえする; [*fig*] もじもじする, きまりわるがる: ～ *with* pain [shame]. ● **～ out of**… 〈責任など〉からのがれる. ► *n* squirm すること. ♦ **～·er** *n* **squírmy** *a* もじもじする; のたうつ. ［C17 (imit); *worm* との連想か］

squir·rel /skwə́:rəl, skwʌ́r-; skwír-/ *n* (*pl* **～s, ～**) **1**〖動〗リス; リスの毛皮; *《卑》(女の)陰毛, ヘア, 女性性器. **2 a**《口》がらくたを後生大事にしまい込んでいる人. **b***《俗》心理学者, 精神科医《nuts を診るから》. **c**《俗》ホットロッドのおじけづいた[むちゃな]ドライバー; *《俗》SQUIRREL-FOOD; *《俗》グループにはいりたがっているやつ, メンバーみたいな顔をするやつ. **d***《俗》自動車エンジンのシリンダー[馬力]. **3**《古·方》ウイスキー. ► *v* (**-l-** | **-ll-**) *vt* 〈特に 金を〉しまい込む, ため込む 〈*away*〉; *《俗》〈列車〉の屋根に登る. ► *vi*《特に ホットロッドで》曲がりくねって進む; きょろきょろする, せかせか動く 〈*around*〉. ［AF＜L (dim)〈 *sciurus*＜Gk (*skia* shade, *oura* tail)］

squírrel-bàit *n**《俗》SQUIRREL-FOOD.

squírrel càge 1 リスかご《回転筒を取り付けたリスやハツカネズミを入れるかご》; SQUIRREL-CAGE MOTOR; リスかご型扇風機. **2**《口》きりがない状態[こと], むなしい繰返し.

squírrel-càge mótor かご型電動機.

squírrel còrn〖植〗カナダケマンソウ (＝*colicweed*)《北米原産》.

squírrel·fìsh *n*〖魚〗イットウダイ(に似たハタ科の魚).

squírrel-fòod *n**《俗》変な[いかれた]やつ.

squírrel fròg〖動〗米国南部産の緑色の樹上性アマガエルの一種.

squírrel gràss〖植〗SQUIRRELTAIL.

squírrel hàwk〖鳥〗FERRUGINOUS HAWK.

squírrel(·l)y *a* リスの(ような); *《口》落ちつきのない, そわそわした; *《俗》頭の変な, いかれた.

squírrel mònkey〖動〗リスザル《南米産》.

squírrel rìfle [gùn] 22 口径のライフル銃.

squírrel·tàil (gráss [bárley])〖植〗ふさふさした穂をもつ各種の野生オオムギ.

squirt /skwə́:rt/ *vt, vi* 噴出させる[する], ほとばしらせる, ほとばしる 〈*at, from, out*〉; 注射する 〈*at*〉; 吹き[はね]かける 〈*with* the liquid〉; 〈データを〉送る. ► *n* **1 a** 噴出, ほとばしり; 噴水. **b** 注射器; SQUIRT GUN; 消火器; *《俗》SODA JERK; *《俗》ジェット機; 《俗》ビール, シャンパン. **2**《口》生意気な若造, でしゃばりな青二才; 《口》子供, 男の子; 《口》小男, ちび, くず; 《俗》けちんぼ; *《俗》25 セント. **3** データ通信. ● **have a ～**《俗》しょんべんする. ♦ **～·er** *n* ［imit; cf. LG *swirtjen* to squirt］

squírt gùn* 水鉄砲 (water pistol); SPRAY GUN.

squírt·ing cúcumber〖植〗テッポウウリ《地中海地方原産》.

squish /skwíʃ/ *vt* ガボガボ[ピシャピシャ]とぬかるみ[水]に入れる[から出す]; 《口》つぶす (squash); 無理に押し込む. ► *vi* ガボガボ[ピシャピシャ]と音をたてる; つぶれる; 無理に割り込む 〈*in*〉. ► *n* ガボガボ[ピシャピシャ]という音; 《口》つぶすこと, つぶれたもの; 《口》MARMALADE. ［? *squash*］

squíshy *a* 湿って柔らかい, ぐにょっと[ぐにゃっと]した, ぐちゃぐちゃの; クチョクチョ[ゴボゴボ, ピシャピシャ]いう; 《俗》感傷的な; きびしくない; 不正確な, センチな. ♦ **squísh·i·ness** *n*

squit /skwít/"《俗》*n* **1** 役立たず, 生意気なやつ, げす; ナンセンス, たわごと. **2** [the ～s]"《俗》下痢. ［? *skit* (obs) skittish person; cf. SQUIRT］

squítch (gràss) /skwítʃ(-)/〖植〗COUCH GRASS.

squit·ters /skwítərz/ *n pl* [the]"《口·方》《特に 家畜の》下痢.

squiz /skwíz/《豪俗》*n* (*pl* **～·zes**) ちらっと見ること. ► *vi, vt* ちらっと見る, じっと見る 〈*at*〉. ［C20＜?］

squizzed /skwízd/ *a**《俗》酔っぱらった. ［C19＜?］

squoosh /skwúʃ, skwú:ʃ/《口》*vt* SQUASH¹; SLOSH¹.

squooshy /skwúʃi, skwú:ʃi/ *a*《口》柔らかい (soft), ぐちゃぐちゃの (squishy).

squush /skwʌ́ʃ/ *vt, vi* SQUASH¹.

sq yd °square yard(s). **sr**〖数〗steradian(s). **Sr** Senior ♦ Senor, Señor ♦ Signor ♦〖キ教〗Sister ♦〖化〗strontium.

SR °seaman recruit ♦ shipping receipt ♦〖英〗Southern Railway《国有化前の》♦ °Southern Rhodesia ♦ °synchrotron radiation. **Sra** Senora, Señora.

SRA〖英〗Strategic Rail Authority 戦略鉄道庁 (2001–06)《現在は NETWORK RAIL および Office of Rail Regulation (鉄道規制局, 略 ORR) に引き継がれている》. **SRAM** static RAM《記憶保持動作が不要で電源を切らないかぎり記憶を保持する RAM》.

Sra·nan /srá:nən/ *n* スラナン (＝**～ Tón·go** /táŋgoʊ/)《南米スリナムで話されている英語をベースとするクレオール言語 (creole)》. ［Sranan＝Suriname tongue］

SRC〖英〗Science Research Council (⇨ SERC).

S-R connection /ésá:r ─/〖心〗刺激-反応結合, S-R 説 (stimulus-response connection).

sri, shri /ʃrí:, srí:/ *n* スリー《ヒンドゥーの神·至尊者·聖典に付ける敬称》; …様, …先生《Mr., Sir に相当する》. ［Hind＝majesty, holiness］

Sri Ja·ya·war·de·ne·pu·ra Kot·te /srì: ʤà:jɑ:wɑ:rdèɪneɪpú:rə kó:teɪ/ スリ·ジャヤワルダナプラ·コッテ《スリランカの首都》.

Sri Lan·ka /sri lá:ŋkə/ スリランカ《インド南方の Ceylon 島を占める国; 旧称 Ceylon, 公式名 Democratic Socialist Republic of ～ (スリランカ民主社会主義共和国); ☆Sri Jayawardenepura Kotte》. ♦ **Sri Lán·kan** *a, n*

Srimati ⇨ SHRIMATI.

Sri·na·gar /srɪnʌ́gər, -ná:-/ スリナガル《インド北部 Jammu and Kashmir 州の夏期の州都》.

SRINF short-range intermediate nuclear forces 短射程中距離核戦力《射程 500–1000 km の核戦力; cf. LRINF, BATTLEFIELD NUCLEAR WEAPON》. **SRN** °State Registered Nurse.

sRNA /èsὰ:rènéɪ/ *n*〖生化〗SOLUBLE RNA.

SRO〖英〗self-regulatory organization《証券·金融などの》自主規制機関 ♦ *single-room occupancy 一室居住 (: ～ hotel) ♦ STANDING ROOM only. **Srta** Senorita, Señorita. **SRY**〖遺〗sex-determining region Y Y 染色体上にある性決定に関与する領域《生殖巣原基を精巣に分化させる遺伝子座》♦《E メールなどで》sorry.

SS /èsés/ *n* [the]《ナチスの》親衛隊 (cf. SA). ［G *Schutzstaffel* elite guard］

ss. scilicet ♦〖処方〗［L *semis*］ one half ♦〖野〗shortstop. **s.s.** *《俗》°suspended sentence. **SS** Saints (: ～ Peter and Paul) ♦ °screw steamer ♦ °Secretary of State ♦〖米陸軍〗°Silver Star ♦ °Social Security ♦ steamship ♦ °Straits Settlements ♦ °Sunday School. **SSA** Social Security Administration. **SSAFA** /sǽfə/〖英〗Soldiers', Sailors' and Airmen's Families Association 陸海空軍人家族協会《困窮退役軍人およびその家族を援助する》. **SSB**〖通信〗°single sideband (transmission).

SSBN /èsèsbí:én/ *n*〖海軍〗弾道ミサイル搭載原子力潜水艦. ［*SS* (＝submarine)＋*b*allistic＋*n*uclear］

SSC〖スコ〗Solicitor in [to] the Supreme Court ♦〖理〗superconducting super collider. **SSE** south-southeast.

SSG °Staff Sergeant. **S.Sgt** °Staff Sergeant.

ssh /ʃ(:)/ *int* SH.

SSI °small-scale integration ♦ °Supplemental Security Income.

SSL *n*〖インターネット〗SSL《暗号の利用によりセキュリティーを高める規格》. ［*S*ecure *S*ocket *L*ayer］

S sleep /és ─/〖生理〗S 睡眠 (SYNCHRONIZED SLEEP).

SSM〖米空軍〗°Staff Sergeant Major.

SSN /èsèsén/ *n*〖海軍〗原子力潜水艦. ［*SS* (＝submarine)＋*n*uclear］

SSN °social security number. **ssp.**〖生〗(*pl* **sspp.**) subspecies. **SSP** °statutory sick pay. **SSPE**〖医〗subacute sclerosing panencephalitis 亜急性硬化性汎[全]脳炎. **SSR** Soviet Socialist Republic. **SSRC**〖英〗Social Science Research Council 社会科学研究会議 (⇨ ESRC).

SSRI /èsèsὰ:ráɪ/ *n*〖薬〗選択的セロトニン再取込み阻害薬 (＝*selective serotonin reuptake inhibitor*)《神経伝達物質のセロトニンの再取り込みを阻害して神経刺激の伝達を促進する抗鬱薬》.

SSS〖米〗°Selective Service System.

SSSI〖英〗site of special scientific interest 特別自然科学地区《稀少種や科学的に貴重な種の野生動植物が多く, 政府により開発などから守られている地域》.

SST /èsèstí:/ *n* 超音速旅客機 (supersonic transport), SST.

Ssu-ma Ch'ien 司馬遷 (⇨ SIMA QIAN).

Ssu-p'ing 四平 (⇨ SIPING).

SSW south-southwest.

St., st. /sèɪnt, sənt; sən(t), sn(t)/ *n* (*pl* **Sts., SS.**) (SAINT) 聖…, セント…: (1) [聖徒·大天使·使徒名などに付けて]: *St.* Paul, *St.* Michael. (2) [教会·病院·学校名などに付けて]: *St.* Peter's. (3) [教会から採った町名·人名; しばしば ['] を略す]: *St.* Andrews. (4) [saint 以外のものに付けて教会名]: *St.* Saviour's. ★ 本辞典では St. の複合語は (1) 聖人の場合は St. を除いた人名の項に, (2) その他の場合は St.＝Saint としての語順で見出し語としてある.

-st¹ /st/ ⇨ -EST².

-st² /st/ 数字 1 のあとに付けて序数を示す: 1*st*, 41*st*.

st. stanza ♦ state ♦ stitch ♦〖単位〗stone ♦〖クリケット〗stumped (by).

s.t. °short ton. **St** Saint ♦〖気〗stratus. **St, ST** stokes.

St. Saint ♦ Street. **ST** °São Tomé and Príncipe ♦ °short ton ♦ °standard time ♦ °summer time.
sta. station. **Sta.** Station.
stab /stǽb/ *v* (**-bb-**) *vt* **1** (グサリと)刺す, 突く ‹*at*›; 《とがったもの・指で》突くしぐさをする, 指す; [*fig*] ‹名声・感情・良心などを›鋭く傷つける, 中傷する: ～ sb *with* a dagger＝～ a dagger *into* sb 人を短刀で刺す / ～ sb to death 人を刺し殺す. **2** 《しっくいが着きやすいように》‹煉瓦壁›の表面を突いてざらざらにする; 〘製本〙‹折丁など›に目打ちをする. ► *vi* 刺す, 突いてかかる ‹*at*›; 刺さる ‹*into, through*›; 《とがったもので》突くしぐさをする ‹*at*›; 傷つける; 刺すように痛む ‹*at*›. ● **～ sb in the back** (卑劣に)人の背を刺す; 人を中傷する, 人を裏切る. ► *n* **1** 突き刺し; 刺傷, 突き傷; 突くしぐさ; 刺すような痛み; 急にわいてくる(不快な)感情, うずき: a ～ of jealousy. **2** 《口》 企て, 試み ‹*at*›: have [make, take] a ～ *at* (do*ing*)…をやってみる, …に挑戦してみる. ● **a ～ in the back** 中傷; 裏切り[背信]行為. **a ～ in the dark**＝a SHOT[1] in the dark. [ME＜?; cf. STOB]
Sta·bat Ma·ter /stáːbæt máːtər, stéɪbæt méɪtər/ 「悲しめる聖母は立てり」「スターバト・マーテル」《キリストが十字架にかけられたときの聖母の悲しみを歌う 13 世紀のラテン語賛美歌; それに基づく曲》.
stáb·ber *n* STAB する人[もの]; 刺客; 錐(きり); 〘海〙縫帆用の突き錐.
stáb·bing *n* 突き刺すこと; 刺傷事. ► *a* 刺すような‹痛み›.
stáb cùlture 〘菌〙穿刺(せんし)培養.
stab·i·la·tor /stéɪbəlèɪtər/ *n* 〘空〙スタビレーター《水平尾翼全体が可動で水平安定板と昇降舵を兼ねるもの》. [*stabilizer*＋*elevator*]
sta·bile *a* /stéɪbàɪl, -bìl/ 安定した, 静止した, 変動しない; 血清成分など安定な (opp. *labile*); 〘医〙電極を固定した. ► *n* /stéɪbìːl; -bàɪl/ 〘美〙スタビル《金属板・鉄線・木材などで作る静止した抽象彫刻[構築物]; cf. MOBILE》. [F STABLE[1]]
sta·bil·i·ty /stəbíləti/ *n* **1** 安定, 確固; 〘理・化・工・電〙安定性, 安定度; 《船舶・飛行機の》復原力, 復原性; 〘気〙《大気の》安定《上昇気流などがない》; 〘気〙《対流などの大気擾乱に対する》安定度. **2** 着実, 堅忍不抜, 不変(性), 永続(性); 〘カト〙《一か所の男子修道院への》定住(の誓願).
sta·bi·lize /stéɪbəlàɪz/ *vt, vi* 安定させる[する]. ♦ **stà·bi·li·zá·tion** *n* 安定(化), 安定処理.
stá·bi·lìz·er *n* 安定させる人[もの], 安定化装置, 安定器; 〘空〙安定板(ばん), 《特に》水平安定板 (＝horizontal ～); 《船舶の》《横揺れ防止用》安定装置, スタビライザー, 《特に》GYROSTABILIZER, GYROSCOPE; [*pl*] ᵘ《子供用自転車の》補助輪 (training wheels*); 《材料・火薬などの変質を防ぐ》安定剤; 〘経〙スタビライザー《物価・生産・雇用などの過度の変動を抑制するために用いられる政策手段》.
stábilizer bàr 〘車〙スタビライザー(バー)《自動車の前部サスペンション 2 つを連結する車体揺れ止め装置の水平の金属棒》.
stáb kìck 〘豪式フット〙すばやいキックパス (＝*stab pass*).
sta·ble[1] /stéɪb(ə)l/ *a* (**-bler; -blest**) **1** 安定した, 堅固な, ゆるぎない; 〘機〙復原力の大きい; 〘化〙‹化合物・薬剤などが›《化学的に》安定な; 〘理〙非放射性の, 安定な‹原子核・素粒子›. **2** 永続[持続]性のある; 決心の固い, しっかりした; 《精神的に》安定した, 落ちついた. ♦ **stá·bly** *adv* 安定して, しっかりと. **～·ness** *n* STABILITY. [AF＝OF *estable*＜L (*sto* to stand)]
stable[2] *n* **1 a** 馬(小)屋, 《時に》牛小屋, 畜舎; 厩舎, 馬房; 《俗》きたならしい部屋[家, 建物]. **b** [*pl*] 〘軍〙馬屋の手入れ, 馬の世話; [*pl*] 〘軍〙馬の手入れを命じるらっぱ (＝～ càll). **c** 馬丁. **2 a** 《ある厩舎に属するすべての》競走馬, …所有馬. **b** 同じマネージャーに所属する人たち《クラブ所属選手・劇団所属俳優など》. **c** 《ある人の》全所持品; 《ある人の所有する》全レーシングカー; 《特定メーカーの》製品, ラインナップ; 同一企業傘下の企業: be out of the same ～. ► *vt* 馬屋[小屋]に入れる[入れておく]; ‹乗物・人などを›‹特定の場所に›入れておく, 保管[収容]する ‹*in*›. ► *vi* 馬屋(みたいな所)に住む[泊まる]. ♦ **～·ful** *n* [OF *estable*＜L (↑)]
stáble·bòy, stáble làd ᵘ *n* 厩舎で働く少年, 男性厩務員.
stáble compànion 《口》同一ジム[クラブ]の選手 (stablemate).
stáble dòor 馬小屋の扉; オランダ扉 (Dutch door): It is too late to lock [close, shut] the ～ [barn door] after [when] the horse [steed] is stolen [has bolted]. 《諺》馬を盗られてから馬屋に鍵をしてもおそすぎる, 泥棒を捕えて縄をなう.
stáble equilíbrium 〘理〙安定な平衡, 安定釣合い《系が平衡状態から離れると, 平衡へ戻そうとする力を生じる平衡》.
stáble flỳ 〘昆〙サシバエ (＝*biting housefly*).
Sta·ble·ford /stéɪb(ə)lfərd/ *n* 〘ゴルフ〙ステーブルフォード《各ホールの基準のスコアをあらかじめ決めてプレーし, そのストローク数で点が与えられる競技方式》. [Frank B. *Stableford* (c. 1870–1959) 考案者である米国の医師]
stáble·gìrl *n* 厩舎で働く少女, 女性厩務員.
stáble·man /-mən, -mæn/ *n* (*pl* **-men** /-mən, -mèn/) 馬丁.
stáble·màte *n* 同じ厩舎の馬; 同じ馬主の馬; 同じクラブ[会社, 組織など]の仲間[製品].
stáble pùsh 《俗》内部情報[通報].
sta·bler /stéɪblər/ *n* 馬屋番; 厩務員.
stáble vìce 厩舎の悪癖《後足で立ち上がるなど, 厩舎での馬の神経質なふるまい; 単に vice ともいう》.
sta·bling /stéɪblɪŋ/ *n* 馬屋に入れること; 馬屋の設備; 馬屋 (stable(s)).
stab·lish /stǽblɪʃ/ *vt* 《古》 ESTABLISH. ♦ **～·ment** *n*
stáb pàss 〘豪式フット〙STAB KICK.
stac·ca·to /stəkáːtoʊ/ 〘楽〙*a, adv* 断奏の[で], 断音的な[に], スタッカートの[で] (opp. *legato*) 《略 **stacc.**》; 断続的な[に], とぎれとぎれの[に]. ► *n* (*pl* **～s, -ti** /-ti/) スタッカート; ぽつぽつとぎれるもの[話し方]. [It (pp) ‹ *staccare*＝*distaccare* to DETACH]
staccáto màrk 〘楽〙スタッカート記号《音符上[下]の記号: ˙ 》.
stache /stǽʃ/ *n, v* 《口》 STASH[1,2].
sta·chys /stéɪkəs/ *n* 〘植〙シソ科イヌゴマ属 (*S*-) の各種草本《カッコウチョロギ (betony) など》.
stack /stǽk/ *n* **1 a** 稲むら, 乾草[麦わら]の山; 堆積, 積重ね; [a ～ of arms] 叉銃(さじゅう); ひとたな《英国で薪炭を計る単位: ＝108 立方フィート》. **b** 《口》たくさん, 多量 ‹*of*›: a ～ *of* books [money, evidence] / I have ～*s of* work to do. 仕事が山のようにある. **2 a** [ᵘthe ～*s*] 《図書館・書店の》書架, 書庫. **b** 〘電算〙スタック《一時的な記憶用にとられた記憶(領域); 最後に入れた情報を最初に取り出す積み重ね形式で読み書きする》. **c** 積み上げた音響機器. **3 a** 《屋上に並ぶ一群の》組合わせ煙突, スタック (chimney stack); 〘機〙煙突, 立て筒, 縦管スタック; 《単独の》汽車[汽船, 工場]の煙突 (smokestack); 〘冶〙《溶鉱炉などの炉口の》炉胸; 《俗》《車の》排気管; 〘通信〙スタック《いくつかのアンテナ素子を組み合わせたもの》. **b** 《波食によって孤立化した》離れ岩, 孤立岩, 塔岩, スタック. **4** 高度差をもって旋回して着陸順を待つ一群の飛行機. **5** 《ポーカーなどで》一度に賭えるチップの額, 手持ちのチップ. ● BLOW[1] one**'s ～. swear on a ～ of** BIBLES. ► *vt* **1 a** 積み上げる ‹*up*›; …に積み上げる ‹*with*›; 〘電算〙スタックに入れる; ‹銃を›叉銃する ‹*up*›: ～ books *against* the wall 壁際に本を積み上げる / a table ～*ed* with books / *S*～ arms! 組め銃(つつ)! **b** ‹交通を›渋滞させる. **2** 〘トランプ〙‹カードを›あらかじめ仕組む, 積み上げをする; ‹陪審員などを›有利になるようにそろえる. **3** 対比する, 比較する ‹*against*›. ► *vi* 積み重なる ‹*up*›; 渋滞する, 列[群]をなす ‹*up*›; たまる, 増える ‹*up*›. ● **～ the cards** [**deck, odds**] [*fig*] 《人の不利または有利になるよう》不正工作[下準備]をする: *The cards are* ～*ed* against him [in his favor]. 不利[有利]な立場にある / That's the way *the cards are* ～*ed*. [*joc*] 人生とはそんなものだ. **～ up** (1) *《口》‹…と比べて›…である ‹*against, to*›: How do I ～ *up against* the competitors? (2) [ᵘ*neg*] つじつまが合う, 意味をなす: Your explanation does*n't* ～ *up*. (3) なんとか暮らす: How are you ～*ing up*? 元気ですか. (4) ‹事が›運ぶ: That's how things ～ *up*. 人生ってそんなもの. (5) 合計で[結果として]…になる ‹*to*›: Our profits will ～ *up to* well over a million dollars. 利益は優に 100 万ドルを超えるだろう. (6) ‹飛行機を›着陸待機の一団に入れる; ‹飛行機が›着陸待機の一団にはいる. (7) *《口》少しずつ手に入れる. (8) 《スノーボードで》転倒する.
♦ **～·able** *a* 積み重ねられる[やすい]: ～*able* tableware. **～·er** *n* [ON *stakkr* haystack; cf. STAKE]
stacked /stǽkt/ *a* ‹物が›積み上げられた; ‹場所が›物をいっぱい詰めた; ‹機械などが›積み重ね式の; ‹ヒールが›貼り合わせの; ‹トランプが›あらかじめ仕組まれた; ‹女性が›大きな胸をした, グラマーの.
stácked déck 不正工作したカード. ● **play with a ～** 事を仕組む, 八百長する.
stácked héel, stáck hèel* スタックヒール《交互に色違いの革などの層を重ねて作ったヒール; 婦人靴用》.
stáck·ing *n* 〘空〙旋回待避《着陸待機中の数機の飛行機の高度差をとった旋回》.
stácking cháir スタッキングチェア《積み重ねできる椅子》.
stácking trùck PALLET TRUCK.
stáck ròom 書庫.
stáck·ùp *n* 〘空〙STACKING; 《俗》玉突き事故.
stáck yàrd 《畑などの》stack 置場.
stac·te /stǽkti/ *n* 蘇合香(そごう)《古代ユダヤ人の神聖な香料; *Exod* 30: 34》. [L＜Gk (*stazō* to drip)]
stac·tom·e·ter /stæktámətər/ *n* 滴量計.
stad·dle /stǽdl/ *n* 小樹, 若木; 《乾草などの》堆積の下層部[支え枠, 台]; 《一般に》支え枠, 土台. [OE＝base]
stáddle·stòne *n* 乾草を積む土台石.
stade /stéɪd/ *n* **1** スタディオン (⇨ STADIUM). **2** 〘地質〙亜氷期《間氷期中の一時的に氷河が前進した期間》.
sta·dia[1] /stéɪdiə/ *n* STADIA ROD; 《スタジア標尺を用いる》視距[スタジア]測量; 《スタジア線の付いた》視距儀. ► *a* スタジア測量の. [C19? STADIA[2]]
stadia[2] *n* STADIUM の複数形.
stádia hàirs [**wìres**] *pl* 〘測〙《経緯儀などの》スタジア線.
stádia ròd 〘測〙スタジア標尺.
sta·di·om·e·ter /stèɪdiámətər/ *n* スタジオメーター《曲線・破線などの上を歯車を走らせて長さを測る道具》; 古い型の TACHYMETER.
sta·di·um /stéɪdiəm/ *n* (*pl* **～s, sta·dia** /-diə/) **1 a** 《陸上競技の》競技場, 野球場, フットボール競技場, スタジアム; 〘古ギ・古ロ〙《通例半円形の》徒歩競走場. **b** 〘古ギ・古ロ〙スタディオン《長さの単位: ≒ 185 m; もと オリュンピア競技場の長さ》. **2** 〘医〙《病気の》第…期

(stage); 〘動〙《成長, 特に 昆虫の脱皮の》…期, 齢. ［L＜Gk *stadion* racecourse］

stádium còat スタジアムコート《ひざ上までのコートで冬のカジュアルウェアー》.

stád(t)·hòld·er /stǽt-/ *n* 〘史〙《William 1 世以来歴代 Orange 公が務めたネーデルラント連邦共和国 (United Provinces) の》総督, 統領; 《もと オランダの》州知事. ♦ **~·ate** /-ət, -èɪt/ *n* **~·shìp** *n* ［Du *stadhouder* deputy］

Staël /stáːl/ スタール夫人 Mme **de** ~ [Baronne Anne-Louise-Germaine de Staël-Holstein] (1766–1817)《フランスのロマン派の先駆となった文学者; Necker の娘; *De l'Allemagne* (1810)》.

staff[1] /stǽf; stáːf/ *n* **1** (*pl* **~s**) **a** 《企業・学校などで働く》職員集団, 事務職; 《特定の》職種グループ; (*pl* ~) staff の一員, 職員, 部員, (事務)局員: be on the ~ 職員[部員]である / the teaching ~ 教授陣 / the editorial ~ 編集部員 / employ ten ~ 10 人雇う. ★ 1 人の場合は a ~ member [person] というのが普通. **b** 《専門知識によって補助的・諮問的役割を果たす》補佐職, スタッフ (cf. LINE[1]); 〘軍〙参謀, 幕僚, 《司令官を補佐する》将校団; [ᵘS-] STAFF SERGEANT: CHIEF OF STAFF. **2** (*pl* **~s, staves** /stéɪvz, *stǽvz/) **a** 《武器または支えとしての》杖, 棒, 棍棒, さお; 権標, 指揮棒; 《牧師の》牧杖(ぼくじょう); 旗ざお; ピボット式の心棒; "時計の軸; [*fig*] 杖, たより, 支え; 〘楽〙譜表 (＝*stave*); 《はしごの》横棒; 《古》《槍・ほこなどの》柄. **b** 〘測〙準尺, 標尺, 測量ざお, 箱尺(はこじゃく), スタッフ; 《鉄道の》通票, タブレット; 《外科の》誘導[導入]消息子. ► *a* 幹部[職員, 参謀]の; 常勤の; 《団体の目的に対して》補助的[諮問的]関係にある, スタッフの[としての]. ► *vt* …に職員[部員など]を置く; …の職員[部員など]として勤める: an office fully ~*ed* スタッフが十分そろっている事務所. ● **~ up**…の人員を増やす, 増員する. ♦ **~·ing** *n* 職員配置; 職員数. ［OE *stæf*; cf. G *Stab*］

staff[2] *n* つた入り石膏《麻くずを入れた建築材料; 一時的建造物用》. ［C19＜?; cf. G *Stoff* stuff］

Staf·fa /stǽfə/ スタッファ《スコットランド西部 Inner Hebrides の小島; FINGAL'S CAVE で有名》.

staf·fage /stəfáːʒ/ *n* 点景(物)《風景画の人物など》. ［G (*staffieren* to trim)］

stáff associàtion 職員組合.

stáff cóllege 〘英軍〙幕僚養成大学《選ばれた将校が幕僚任務に就くための研修機関; 終了後は名前の後ろに psc (＝*p*assed *S*taff *C*ollege) と記される》.

stáff còrporal 〘英陸軍〙上級特務曹長.

stáff·er, stáff·màn *n* STAFF[1] の一員; 《口》職員, 部員, 《特に》新聞記者[編集人]; [-man] 測量ざおを持つ人.

stáff notàtion 〘楽〙譜表記法 (cf. TONIC SOL-FA).

stáff nùrse" 副看護師長《sister に次ぐ地位の看護師》.

stáff of Aesculápius [the] アイスクラーピウスの杖《ヘビの巻きついた棒で, Royal Medical Corps, Royal Canadian Medical Corps, American Medical Association の紋章》.

stáff òfficer 〘軍〙参謀将校 (cf. LINE OFFICER).

stáff of lífe 生命の糧(かて), 《特に》パン《もったいぶった表現》: Bread is the ~. 《諺》パンは生命の糧.

Staf·ford /stǽfərd/ **1 a** スタッフォード《イングランド中西部 Staffordshire の州都》. **b** STAFFORDSHIRE. **2** スタッフォード Sir **Edward William** ~ (1819–1901)《スコットランド生まれのニュージーランドの政治家; 首相 (1856–61, 1865–69, 1872)》.

Staf·ford·shire /stǽfərdʃɪər, -ʃər/ スタッフォード(シャー)《イングランド中西部の州; ☆Stafford; 略 Staffs.》.

Stáffordshire búll térrier 〘犬〙スタッフォードシャーブルテリア《ブルテリアよりやや小さくて筋肉のたくましい犬; 英国原産で, 元来は闘犬; cf. AMERICAN STAFFORDSHIRE TERRIER》.

Stáffordshire térrier 〘犬〙スタッフォードシャーテリア《American Staffordshire terrier の旧称》.

stáff·ròom" *n* 《学校の》職員室; 職員一同.

Staffs. /stǽfs/ Staffordshire.

stáff sèction 〘軍〙参謀部, 幕僚部.

stáff sérgeant 〘米陸軍・海兵隊〙二等軍曹 (⇨ ARMY, MARINE CORPS); 〘米空軍〙三等軍曹 (⇨ AIR FORCE); 〘英〙曹長.

stáff sérgeant májor 〘米空軍〙上級曹長《master sergeant より上, warrant officer より下の下士官》.

stáff sỳstem 〘鉄道〙《列車運転上の》通票方式.

stáff trèe 〘植〙ツルウメモドキ.

stáff-trèe fàmily 〘植〙ニシキギ科 (Celastraceae).

stáff wòrk スタッフ業務《助言・立案の仕事》.

stag /stǽg/ *n* **1 a** (*pl* ~, **~s**) 雄鹿《特に 5 歳以上のシカ; cf. DEER》. **b** 雄; 雄鶏; 雄七面鳥; 成熟後に去勢した雄豚[牛], スタッグ (cf. STEER[2]); 《スコ》(乗りならされていない)雄の子馬. **2** *《パーティーなどで》女性を同伴しない男; 《俗》独身男, 一人者; *《口》STAG PARTY: No *S~s* Allowed ご婦人同伴でない方お断わり. **3** "短期利食いが目的で新株買いをする者. **4** *《黒人俗》DETECTIVE; "《俗》密告者. **5** 《口》(見張りの)仕事. ► *a* 男だけの, 女性抜きの〈パーティーなど〉; 男性向けの, ポルノの (: ~ books); 《口》異性同伴者[エスコート]なしの. ► *adv* 〈特に 男が〉《異性の》同伴者なしで: go ~ 同伴者なしで行く. ► *v* (**-gg-**) *vi* "利食いのために新株に応募する; "密告する, 裏切る; "見張る; *《口》〈男が〉女性同伴者なしで行く. ► *vt* "密偵をする, 見張る; "stag として〈株を〉買う; 《廃・俗》見いだす; "切って短くする; *《俗》〈ズボン〉の裾を切り落とす《水泳パンツにする》. ［OE *stagga; cf. *docga* dog, *frogga* frog, Icel *steggr* male fox, tomcat］

stág bèetle 〘昆〙クワガタムシ.

stág bùsh 〘植〙BLACK HAW.

stage /stéɪdʒ/ *n* **1 a** 《発達などの》期, 程度, 段階; ある発達段階のもの[生物]; 《建物の》階; 〘地質〙階《統の下位》; 〘医〙《病気の》第…期; 《川の》水位: at an early ~ 初期に / at this ~＝《口》at this ~ of the game 現段階では, 今のところ / the ~ of full bloom 盛花(せいか)期 / by [in] ~*s* 徐々に, 段階的に (⇨ 成句) / ~ by ~ 一段階ずつ. **b** 〘機〙《行程の》階, ステージ; 《多段式ロケットの》段; 《多段増幅器の》段. **2 a** 《劇場の》舞台, ステージ; SOUNDSTAGE; 演壇; [the] 演劇, 劇, 劇文学 (the drama), 演劇界, 俳優業: ~ money 講演料 / bring on [to] *the* ~ 上演する / come on [go on, take to] *the* ~ 俳優[役者]になる / quit *the* ~ 舞台を退く; 〈職・政界などを〉退く; 死ぬ / TREAD *the* ~. ★ right [left] ~ は「(観客に向かって俳優の)右手[左手]の舞台」「舞台の下手[上手]」が伝統的; この逆に用いることもある. **b** 活動の舞台, 活動範囲 〈*of*〉; 《戦争・殺人などの》舞台, 場所 〈*of*〉: take center ~ 注目の的となる. **3** 波止場, 桟橋; 足場 (scaffold); 《顕微鏡の》載物台; 〘鉱〙鉱車台, ステージ. **4 a** 《昔の旅中の》駅, 宿場; 旅程; "《バスなどの》(同一)料金区間(の終点) (fare stage). **b** STAGECOACH. ● **by** [**in**] **easy ~s** 急がず, ゆっくり, 休み休み〈旅行する, 仕事をするなど〉. **hold the ~** 〈劇が〉上演を続ける; 〈俳優が〉舞台をもたせる; 注目の的になる, その場の主役[中心]となる. **set the ~ for**…のための舞台装置をする; [*fig*] お膳立てをする. ► *a* 舞台でよく見かける, ドラマに出てくるような, 紋切り型の. ► *vt* **1** 上演する; 脚色する; …に舞台を設ける; 〈劇〉の時と場所を設定する. **2** 開催[主催]する; 〈ストライキ・抗議行動・軍事作戦などを〉計画する, 企てる, たくらむ; …のお膳立てをする; 実現する; 《口》UPSTAGE: ~ a comeback カムバックを果たす. **3** 〘医〙《病状の進行について》〈病気・患者を〉分類[診断]する. ► *vi* **1** 上場できる, 芝居になる: ~ well [badly] 芝居になる[ならない]. **2** 駅馬車 (stagecoach) で旅行する. ♦ **~·able** *a* **stàge·abílity** *n* **~·fùl** *n* **~·lìke** *a* ［OF *estage* dwelling＜Romanic (L *sto* to stand)］

stáge bùsiness 〘劇〙しぐさ, 所作, 動き.

stáge·còach *n* 《昔の》駅馬車, 乗合馬車.

stáge·còach·man /-mən/ *n* 駅[乗合]馬車の御者.

stáge·cràft *n* 脚色[演出, 演技など]の技法[経験].

stáge dirèction 〘劇〙ト書(とがき); 演出技術.

stáge dirèctor *演出家; "舞台監督.

stáge-dìving *n* (ステージ)ダイブ《立見のコンサートでステージから客席へ飛び込むパフォーマンス; このあとしばしば CROWD SURFING をする》. ♦ **-dìve** *vi* **-dìver** *n*

stáge dóor 《劇場の》楽屋口: a ~ keeper 口番.

stáge-dòor Jóhnny *《口》女優[コーラスガール]に近づこうとして足しげく劇場に通いステージ入口で待つような男.

stáge drìver 駅馬車の御者.

stáge effèct 《効果音・音楽・照明などによる》舞台効果; 大げさなしぐさ, 場当たり的演技, けれん.

stáge fèver 《俳優になりたがる》俳優熱, 舞台熱.

stáge fright 舞台であがること, 場おくれ, 舞台負け.

stáge·hànd *n* 舞台係, 裏方《劇場の照明係・道具方など》.

stáge léft *n, adv* 〘劇〙《観客に向かって》舞台左手(に[で]), 上手(に[で]) (⇨ STAGE *n* 2a ★).

stáge-mànage *vt* 効果的に演出する; 舞台監督として指揮する; 背後で糸を引く[指図する]. ► *vi* 舞台監督をつとめる. ♦ **stáge mànagement** *n*

stáge mànager 舞台監督, ステージマネージャー《演出家を助け, 上演中は舞台の全責任を負う》.

stáge mòther ステージママ《芸能界で活躍しているわが子に献身するマネージャーのような母親》.

stáge nàme 《俳優の》舞台名, 芸名.

stáge plày 舞台演技; 《放送劇に対して》舞台劇.

stáge prèsence 舞台上での存在感[貫禄].

stag·er /stéɪdʒər/ *n* [ᵘan old ~] "老練家, 古参者, ベテラン; 《古》俳優.

stáge rìght *n* **1** [*pl*] 《芝居の》興行権, 上演権. **2** /⌐—⌐—/ 〘劇〙《観客に向かって》舞台右手, 下手 (⇨ STAGE *n* 2a ★). ► *adv* /⌐— —/ 舞台右手[下手]に[で].

stáge sèt 舞台装置 (set).

stáge-strùck *a* 俳優(志望)熱にうかされた, 舞台生活にあこがれる.

stáge wàit 演技の滞り[ひっかかり].

stáge whìsper 〘劇〙傍白, わきぜりふ; 聞こえよがしの私語.

stáge·wìse *a* 演劇的に当を得た[効果的な]. ► *adv* 演劇的な視点から; 舞台の上では.

stagey ⇨ STAGY.

stág fìlm" 男性向け映画, 《特に》ポルノ映画 (stag movie*).

stag·fla·tion /stægfléɪʃ(ə)n/ *n* 〘経〙スタグフレーション《景気停滞

下のインフレーション》. ♦ **～·àry** /; -(ə)ri/ *a* [*stag*nation＋in*flation*]

Stagg /stǽg/ スタッグ **Amos Alonzo ～** (1862–1965)《米国のスポーツコーチ; 近代フットボールの作戦を考案》.

stag·gard /stǽgərd/ *n* 4 歳の雄のアカシカ (cf. STAG).

stag·ger /stǽgər/ *vi* よろめく, ふらふら[千鳥足で]歩く; [*fig*]〈組織などが〉ふらふらする, 揺れる; 激しく揺れる; 二の足を踏む, 心がぐらつく, ためらう〈*at*〉: ～ *along* よろよろ歩いて行く / ～ *about* [*around*] よろよろと歩きまわる / ～ *to* one's feet よろよろ立ち上がる / ～ *on* なんとか持ちこたえる. ► *vt* **1** よろめかせる; 〈決心・信念・自信などを〉ぐらつかせる, 動揺させる; 仰天させる, びっくりさせる. **2**〈輻(ᵃ)などを〉互い違い[乱, 千鳥]に配列する; 〈休暇時期・勤務時間・出勤時間などを〉ずらす[交互交替的にする], 日替え[時差制]にする; 〈交差点を〉食い違い交差させる; 〘空〙〈複葉機の翼を〉《前後に》食い違わせる. ● **～ under**... 〈重荷〉でよろめく; 〈借金などに〉苦しむ. ► *n* **1** よろけ, よろめき; ぐらつき; [～s, 〈*sg*〉] 減圧症 (decompression sickness); [～s, 〈*sg/pl*〉]〘獣医〙《特に 馬・羊の》旋回病, 回旋病, 腰ふら (cf. BLIND STAGGERS); [the ～s, 〈*sg*〉]《酔うなどして》ふらふらなこと, 千鳥足; [～s, 〈*sg*〉] めまい (giddiness). **2** [～s]*《俗》(強い)酒 (liquor). **3**〘機〙《複葉機翼の配置に見るような》食い違い(度); ジグザグ配置; [the]《セパレートコースのスタート地点の》ずらした配置. **4**〘劇・テレビ〙STAGGER-THROUGH. ► *a* ジグザグ[波形]配置の, 千鳥形[配列]の, 乱…; 部分的にずらした, 時差的な; 交互交替的な. [変形 < ME *stacker* < ON (freq) < *staka* to push, stagger]

stágger·bùsh *n*〘植〙米国東部産ツツジ科ネジキ属の低木《葉は家畜に有毒》.

stag·gered /stǽgərd/ *a* びっくりした, 呆然とした; 時間[場所]を少しずつずらして配列した, 時差的な, 千鳥状の: a ～ board of directors 期差選任制取締役会.

stággered círcuit〘電〙スタガー回路《中心同調周波数の異なる増幅器を組み合わせた広帯域特性の回路》.

stágger·er *n* よろめく人; 仰天させるもの, 大事件, 難題.

stágger·ing *a* よろめく, 千鳥足の; よろめかせる(ような); 圧倒的な, 驚異的な: a ～ cost 膨大な費用. ♦ **～·ly** *adv* よろめいて, 蹌踉として; ためらって; 仰天して[するほど].

stágger-thròugh *n*〘テレビ〙カメラの前で行なう最初のリハーサル; 〘劇〙通し稽古.

stág·gery *a* よろめく, ぐらつく (unsteady).

stág·gy *a*〈女が〉男みたいな; 〈雌・去勢した雄が〉雄の成獣のような.

stág·head *n* 枝が鹿の角状に枯れ上がること; WITCHES'-BROOM.

stág·hòrn *n* 鹿の角; 〘植〙ヒカゲノカズラ (＝**～ móss**); 〘植〙ビカクシダ (＝**～ férn**); 〘動〙ミドリイシ (＝**～ córal**)《サンゴの一種》.

stághorn súmac〘植〙北米東部産のウルシ属の木.

stág·hòund *n*〘犬〙スタッグハウンド《もと 鹿など大型動物の狩りに用いたフォックスハウンドに似た大型猟犬》.

stag·ing /stéɪʤɪŋ/ *n* **1** 足場 (scaffolding); 温室の棚. **2** 脚色, 演出, 上演; やらせ. **3** 駅馬車業[旅行]; 〘軍〙《部隊・物資の》輸送, 輸送集合; 〘ロケット〙ステージング《一段切離し後次の点火までの一連の作業》. [*stage*]

stáging àrea〘軍〙中間準備地域《新作戦[任務]に参加する人員が集結し態勢を整える地域》.

stáging gròund《行動の》準備[開始]地域.

stáging pòstᴵᴵ STAGING AREA; 発達の一段階, 準備段階; 《旅の》立ち寄り地; 《飛行機の》定期寄航地.

Sta·gi·ra /stəʤáɪrə/, **-ros** /-rəs/ スタゲイロス《古代マケドニアの都市; Aristotle の生地》.

Stag·i·rite /stǽʤəràɪt/ *n* スタゲイロスの住民; [the] スタゲイロス人《ARISTOTLE の俗称》.

stág lìne*《口》同伴者なしでダンスパーティーに出て一か所に固まっている男たち.

stág móvie* 男性向け映画, 《特に》ポルノ映画 (stag filmᴵᴵ).

stag·nant /stǽgnənt/ *a* 流れない, よどんでいる; 濁った, よごれた; 停滞した; 不活発な, 不景気な (dull), 鈍麻した. ♦ **-nan·cy, -nance** *n* 沈滞, 停滞; 不景気, 不況. **～·ly** *adv* [L (*stagnum* pond)]

stágnant anóxia〘医〙鬱血性酸素欠乏(症).

stag·nate /stǽgnèɪt, ─ ́/ *vi* 〈液体が〉流れない, よどむ; 濁る, 腐る, 悪くなる; 〈生活・活動・心・仕事・人など〉沈滞[停滞]する. ► *vt* よどませる, 沈滞させる; 不振[不活発]にする. ♦ **stag·ná·tion** *n* よどみ, 沈滞, 停滞; 不振, 不景気.

stag·nic·o·lous /stægnɪ́k(ə)ləs/ *a* 湿地[よどんだ水中]にすむ[生長する]. [L *stagnum* pond, pool, *-i-*, *-colous*]

stág nìghtᴵᴵ《男性にとっての》独身最後の夜; STAG PARTY.

stág pàrtyᴵᴵ スタッグパーティー《男だけのパーティー, また 結婚直前の男を囲む男だけの会 (bachelor party*); opp. *hen party*》.

stág's hòrn, stág's hòrn móss〘植〙ヒカゲノカズラ (staghorn).

stág·wòrm *n*〘昆〙ウマバエの幼虫.

stagy,《米》**stag·ey** /stéɪʤi/ *a* (**stág·i·er; -est**) 舞台の; 芝居がかった, 大げさな, 場当たりをねらう (theatrical). ♦ **stág·i·ly** *adv* **-i·ness** *n*

Ståhl·berg /stɔ́ːlbə̀ːrg, -bɛ̀ri/ ストールベリ **Kaarlo Juho ～** (1865–1952)《フィンランドの政治家; 初代大統領 (1919–25)》.

Stahl·helm /*G* ʃtáːlhɛlm/ *n* 鉄兜(ᵃ)団, シュタールヘルム《第一次大戦直後, 帝政復活をもくろむ軍人によってドイツに組織された右翼的国家主義団体》. [G＝steel helmet]

staid /stéɪd/ *v*《古》STAY[1] の過去・過去分詞. ► *a* (き)まじめな, 堅苦しい, 退屈な; 地味な, 保守的な, 古めかしい; 落ちついた, 沈着な; 《まれ》固定した, 不変の. ♦ **～·ly** *adv* **～·ness** *n*

stain /stéɪn/ *n* **1** しみ, よごれ, 変色〈*on*〉; 斑点, 縞(ᵃ); さび; [*fig*] 汚点, 不名誉, きず〈*on*〉. **2** 着色, 焼付け, 色付け; 染料, 着色剤, ステイン; 《顕微鏡検査用の》染料, ステイン; 〘紋〙ステイン《紋章の一部に用いられる黄褐色・暗赤色》. ► *vt* **1** よごす (soil), …にしみをつける〈*with*〉; [*fig*]〈名声・人格を〉汚す, 傷つける〈*with*〉. **2**〈ガラス・材木・壁紙などに〉着色する, 色付けする, 焼き付ける; 〈顕微鏡標本を〉染色する. ► *vi* よごれる, しみがつく; さびる. ♦ **～·able** *a* 着色[焼付け, 染色]できる. [ME *distain* < OF (*dis-*[1], TINGE)]

stàin·abílity *n* 染色性《細胞・細胞要素が特定の色素で染色される性質》.

stáined gláss ステンドグラス. ♦ **stáined-gláss** *a*

stáin·er *n* 着色工, 染工; 着色剤; 餌をよごす昆虫.

stáin·less *a* よごれのない, しみのない; さびない, ステンレス(製)の; 無きずの; 清浄な, 潔白な. ► *n* ステンレス(の食器類). ♦ **～·ly** *adv* **～·ness** *n*

stáinless stéel ステンレス鋼(ᵃ), ステンレススチール《クロム含有》.

stáin·pròof *a* よごれ防止の, さび止めの.

stair /stέər/ *n*《通例 屋内の階段の》一段《cf. STEP》; [ᵒ～s, 〈*sg/pl*〉] 階段; 《文》STAIRCASE: the bottom ～ 階段の最下段 / down ～*s* 階下で[へ] / up ～*s* 階上で[へ] / DOWNSTAIRS, UPSTAIRS / a flight [pair] of ～*s* ひと続きの階段 / He lives *up* two [three] pairs of ～*s*. 三[四]階に住んでいる. ● **above ～s** 階上で, ᴵᴵ《特に かつての》主人居住域で. **below ～s**＝BELOWSTAIRS. [OE *stæger*; Gmc で 'to climb' の意, cf. STY[2]]

Stair [Viscount ～ & Earl of ～] ステア子爵・伯爵 (⇨ DALRYMPLE).

stáir càrpet 階段用じゅうたん.

stáir·càse *n*《手すりなどを含めて》階段; 階段室.

stáircase shèll〘貝〙イトカケガイ (wentletrap).

stáir·clìmb·er *n* ステアクライマー《**1)** 踏板を交互に踏むことで階段を上る効果を得る有酸素運動器具 **2)** 階段で荷物を上げ下げするのに使う台車》. ♦ **-clìmb·ing** *n*

stáir·fòot *n* 階段の上がり口.

stáir·hèad *n* 階段の頂上.

stáir·lìftᴵᴵ *n* 階段昇降機.

stáir ròd《階段の》じゅうたん押え(金棒).

stáir·stèp *n*《階段の》一段; 《口》年齢差・身長差がほぼ一定の兄弟の中の一員.

stáir·wày *n*《二つの階をつなぐ》階段室《踊り場も含む》.

stáir·wèll *n*〘建〙階段吹抜け《階段とその中心をなす井戸状の空間とを含む》.

staithe /stéɪð/ *n*ᴵᴵ《方》(給炭)桟橋[突堤].

stake /stéɪk/ *n* **1 a** 杭, 棒, 支柱; 〘建〙遣形(ᵃ)杭; 《荷台の端の積荷を支える》垂直棒; かご作りに用いる長い垂直の棒; STAKE TRUCK; 《ブリキ屋の》小さい金敷. **b** 火刑柱; [the] 火刑, 火あぶり: suffer [be burnt] at *the* ～ 火刑に処せられる. **2 a** 賭け (wager); [～s, 〈*sg*〉] 賭け競技, 《特に》賭け競馬《主に レース名に言う》; [～s, 〈*sg*〉] 競争: VEEPSTAKES / neck-and-neck in the popularity ～*s* 人気の点では紙一重. **b** [ᵘ*pl*] 賭け金, 賭け物, 元手; [*pl*] 賞金; *《俗》ちょっとした[まとまった]金; *《口》GRUBSTAKE: play for high ～*s* 大ばくちを打つ / the ～*s* are high 大きな賭けだ, かなり危険だ. **3** 利害(関係), (個人的)関与; 《事業への》出資分, 株: have [hold] a ～ *in* an undertaking ある企画にかかわっている / take a majority ～ in…の株を 50% 以上得る. **4**〘モルモン教〙ステーキ部《いくつかのワード部 (wards) からなる教区》. ● **at ～** 賭けられて; あやうくなって; 問題で: My honor is *at* ～. わたしの名誉にかかわる問題である(から捨てておけない) / what is *at* ～ is… 危機にあるのは; 問われるべきは…. **burn at the ～** ⇨ 1b; きびしく責める, 叱責する. **drive ～s***《口》杭を打って払い下げ請求地を確保する; 《口》テントを張る, 居を定める. **go to the ～**〈信念のために〉どんな罰[困難]も覚悟している〈*for*, *over*〉. **in the… ～s** …に関しては: *in the* love [popularity] ～*s*. **pull up ～s***＝**up ～s**ᴵᴵ《口》立ち去る, 職業[住所など]を変える. **raise the ～s** 賭け金を上げる〈*to*〉; 事態を一段と深刻[重大]にする. ► *vt* **1**〈金・名誉・生命などを〉賭ける〈*on*〉: Nothing ～, nothing draw. 《諺》なにも賭けないではなにも取れない. **2 a**〈牛・馬などを〉杭につなぐ; 〈植物〉に支柱をかう; 杭で固定する; 串刺しの刑に処する. **b***《口》〈人・事業を〉経済[物質]的に助ける〈*to*, *with*〉; *《口》GRUBSTAKE: He ～*d* me *to* a meal 食事をおごってくれた. **3 a** 杭で囲う〈*up*, *in*〉; 杭を打って区画する[仕切る]〈*out*, *off*, *in*〉; 〈土地・利益など〉の分け前を確保[要求]する〈*out*〉. **b**〈警官などがある場所〉の張り込みをする. ● **～ out**〈立場・見解などを〉明確に主張する; 《口》〈容疑者などを〉見張る; 《口》〈警官・刑事などを〉張り込ませる, 張らせる〈*on*〉. **～ (out)** one's [a] **claim to** [**on**]…に対する権利を主張[明確に]する, …を自分のものと言う.

[OE *staca* pin＜WGmc＝to pierce; STICK[1] と同語源; '賭け' の意は 16 世紀から (＜?)]

stáke bòat 《ボートレース》《スタート線・決勝線に置く》固定ボート; 他の船をつなぐため錨で固定した船.

stáke bòdy ステーキボデー《トラックの荷台の枠代わりに棒を差し込むようにしたボデー》.

stáke·bùild·ing *n* 《ある会社の》持株を増やすこと.

Staked Plain ⇨ LLANO ESTACADO.

stáke·hòld·er *n* 賭け金[賭け物]預かり人, 胴元, 親; 〘法〙係争物受寄者(じゅきしゃ)《複数の者が所有権を主張している財産[金]を保持している利害関係のない第三者》; 《事業などの》利害関係者, ステークホルダー. ♦ **stáke·hòld·ing** *n*

stákeholder pénsion 〘英〙ステークホルダー年金《保険料・手数料に上限のある主に中・低所得層向けの確定拠出型個人年金》.

stáke hòrse ステークス競走馬《ステークス競走 (stake race) に定期的に出場する馬》.

stáke nèt 《杭に掛けて張った》立て網.

stáke·òut «口» *n* 《警官などの》張り込み(区域), 見張り(場所); 見張人.

sták·er *n* 勝負[賭博]師, ギャンブラー; «カナダ» 採掘権を要求する人.

stáke [stákes] ràce 〘競馬〙特別競走, ステークス競走《出馬登録料など各馬主が持ち寄った金が勝馬[入着馬]に配分されるレース》.

stáke trùck* STAKE BODY のトラック.

stak·ey /stéɪki/ *a* «カナダ俗» 金をどっさりもった.

Sta·kha·nov /stɑːxɑ́ːnəf, -kɑ́ː-/ スタハーノフ《ウクライナ東部の市; 旧称 Kadiyevka》.

Sta·kha·nov·ism /stəkɑ́ːnəvɪz(ə)m/ *n* スタハーノフ法《能率を上げた労働者に報酬を与えて生産の増強をはかる方法》. ♦ **-ist** *n, a* [Aleksey G. *Stakhanov* (1905 or 06–77) ノルマの 14.5 倍もの仕事をしたソ連の炭鉱労働者]

Sta·kha·nov·ite /stəkɑ́ːnəvàɪt/ *n* 生産能率を上げて報酬を得た労働者. ► *a* Stakhanovite [Stakhanovism] の.

sta·lac·tic /stəlǽktɪk/ *a* STALACTITIC.

sta·lác·ti·fòrm /stəlǽktə-/ *a* 鍾乳石状の.

sta·lac·tite /stəlǽktàɪt, stǽlək-/ *n* 鍾乳石. [NL (Gk *stalaktos* dripping)]

staláctite wòrk 《イスラム建築の》鍾乳飾り.

stal·ac·tit·ic /stæ̀ləktítɪk, stəlæ̀k-/, **-i·cal** *a* 鍾乳石の(ような); 鍾乳石でおおわれた. ♦ **-i·cal·ly** *adv*

sta·lag /stɑ́ːlɑ̀ːg, stǽləg; stǽlæg, -ləg/ *n* [ˢS-]《特に 第二次大戦中の下士官・兵卒用のドイツの》捕虜収容所. [G *Stammlager* (*Stamm* base, *Lager* camp)]

sta·lag·mite /stəlǽgmàɪt, stǽləgmàɪt/ *n* 石筍(せきじゅん). ♦ **stàl·ag·mít·ic, -i·cal** /-mít-/ *a* 石筍のような. **-i·cal·ly** *adv* [NL＜Gk; cf. STALACTITE]

stal·ag·mom·e·ter /stæ̀ləgmɑ́mətər/ *n* 〘理・化〙滴数計, 測滴計, スタラグモメーター《表面張力測定用》. ♦ **stàl·ag·móm·e·try** *n* 滴数計測定.

stale[1] /stéɪl/ *a* **1 a** 〈食物など〉新鮮でない, 古い (opp. *fresh*); 〈酒など〉気の抜けた; 〈肉や卵など〉腐りかけた; 〈パンなど〉かび臭い (musty); 〈空気が〉むっとする. **b** 〈しゃれ・冗談が〉陳腐な, 使い古された; つまらない, 平凡な; 〘法〙《権利などが行使されなかったため》失効した: a ~ claim 失効請求権. **2** 〈人が〉《過労・退屈から》生気のない, 不調の. ► *vt, vi* stale にする[なる]. ♦ **~·ly** *adv* **~·ness** *n* [AF and OF (*estaler* to come to a stand); cf. STALL]

stale[2] *n* 《馬などの》尿. ► *vi* «古・方» 〈ラクダ・馬が〉放尿する. [?OF *estaler* to adopt position; cf. ↑]

stale[3] «古» *n* おとり; 笑いもの; STALKING HORSE. [AF＜?OE *stæl*- decoy]

stále·màte *n* 行き詰まり, 手詰まり, 膠着状態; 〘チェス〙ステイルメイト《指し手がなくて勝負のつかない状態, へたにさせば王手になること》; 引分け(試合): reach [end in] (a) ~. ► *vt* 〘チェス〙指し手がないようにする; 手が出ないようにする, 行き詰まらせる. [*stale* (obs) stalemate (OF; ⇨ STALE[1])＋MATE[2]]

stále·ness *n* 腐敗; 陳腐; 気抜け.

Sta·lin /stɑ́ːlən, stǽl-, -lìːn/ **1** スターリン **Joseph** ~ (1879–1953)《ソ連の政治家; 本名 Iosif Vissarionovich Dzhugashvili; 共産党書記長 (1922–53), 首相》. **2** スターリン《**1**) BRAŞOV の旧称 **2**) DONETSK の旧称 **3**) VARNA の旧称 (1949–57)》. ♦ **~·ìsm** *n* スターリン主義. **~·ist** *n, a* **~·ìze** *vt* スターリン(主義)化する. **~·òid** *n, a* スターリン主義の(者).

Sta·lin·abad /stɑ̀ːlɪnəbɑ́ːd, stæ̀lɪnəbǽd/ スターリナバード《DUSHANBE の旧称 (1929–61)》.

Sta·lin·grad /stɑ́ːləngræ̀d/ スターリングラード《VOLGOGRAD の旧称; 1942 年夏から翌年 2 月にかけての独ソ攻防戦の舞台で, 戦いの結果ドイツ軍が潰滅的敗北を喫した》.

Sta·li·no /stɑ́ːlɪnòʊ, stǽl-/ スターリノ《DONETSK の旧称》.

Stálin Péak スターリン峰《ISMAIL SAMANI PEAK の旧称》.

Sta·linsk /stɑ́ːlɪnsk/ スターリンスク《NOVOKUZNETSK の旧称》.

stalk[1] /stɔ́ːk/ *n* **1** 〘植〙茎, 軸, 稈; 〘植〙葉柄, 花梗, 《胚珠の》珠柄(しゅへい), 《キノコの》柄; 〘動〙茎状部, 肉茎, 柄; 羽軸; 《車の》ウインカー[ワイパー]レバー; «俗» 《勃起した》ペニス, さお. **2** 細長い支え; 《杯の》脚; 高い煙突; 〘建〙茎状飾り. ♦ **~·like** *a* [?(dim)＜*stale* (obs) rung of ladder, long handle＜OE *stalu*]

stalk[2] *vt, vi* 〈敵・獲物など〉に)忍び寄る; つけまわす, …にストーカー行為をする; 〈獲物を求めて〉…を歩きまわる, あさる 〈*for*〉; 《時に 犯意をもって》〈人〉にしつこく近づく[電話する]; [*fig*] 〈疾病・恐怖・災厄などが〉(…に)はびこる, 蔓延する; 《憤慨するなどして》ゆっくり大股に歩く 〈*along, into, out of*, etc.〉: The hunters ~*ed* the lion. ライオンに忍び寄った / Terror ~*ed* (through) the country. 恐怖が国中に行きわたった. ► *n* 獲物に忍び寄ること, そっと追跡すること; 大手を振って大股に歩くこと. ♦ **~·er** *n* ストーカー. **~·ing** *n* ストーキング, ストーカー行為. [OE **stealcian*＜Gmc (freq)＜**stal*-, **stel*- to STEAL]

stalked /stɔ́ːkt/ *a* 柄 (stalk) のある: a ~ eye 《カニなどの》有柄眼.

stálk-èyed *a* 〘動〙〈カニなど〉有柄眼の, 凸眼の.

stálk·ing hòrse 隠れ馬《猟師が獲物に近づくとき姿を隠すための馬[馬形のもの]》; 隠れみの, 偽装, 口実; 〘米政治〙当て馬候補《他の立候補者を隠すため, 敵を分断するためなどに立てられる》.

stálk·less *a* STALK[1] のない; 〘植〙無柄の (sessile).

stálk·let *n* 小さい STALK[1], 小花梗.

stalky /stɔ́ːki/ *a* STALK[1] の多い; 茎のような, 細長い; 〈ワインが〉茎くさい.

stall[1] /stɔ́ːl/ *n* **1** 馬屋, 牛舎; 《1 頭ずつ入れる》馬房, 牛つなぎ枠, 牛房, ストール; 〘競馬〙STARTING GATE; «俗» きたない部屋. **2** 売店, 屋台店, 露店; *«俗» 店, 事務室, 仕事場 (stand); 商品陳列台, BOOKSTALL. **3** [ᵖthe ~s]ᴵᴵストール《劇場一階正面の舞台に近い特別席(の客); cf. PIT[1]》; 聖職者席, 《教会の》聖歌隊席; 《教会の》座席 (pew); 《図書館の書庫内の》個人閲覧席. **4** 《駐車場・シャワー・トイレなどの》一区画, 個室; 〘鉱〙採炭場, 切場, 切羽(きりは); 〘冶〙焙焼(ばいしょう)室. **5** 指サック (fingerstall). **6** エンスト; 〘空〙失速, ストール. ● **set out one's ~**ᴵᴵ《事業などの》地盤を築く, 地歩を固める 〈*to* be, *to* do, *for*〉; 頭角を現わす 〈*as*〉. ► *vt* **1** 馬屋[牛舎, 駐車場]に入れる[入れておく]; 〈畜舎〉に仕切りをつける; «廃» 就任させる. **2** 〈馬・自動車・軍隊などを〉立ち往生させる; エンストさせる; 〘空〙〈飛行機を〉失速させる; 〈事を〉遅らせる. ► *vi* 立ち往生する; エンストする; 〘空〙〈飛行機が〉失速する, 〈操縦士が〉飛行機を失速させる; 〘海〙〈帆船が〉《風力不足で》失速する; 〈事・景気回復などが〉停滞する, 遅れる; 馬屋[畜舎]にはいっている. [OE *steall*; cf. STAND, G *Stall*, OF *estal*]

stall[2] *n* **1** «口» 口実, ごまかし; «口» 時間かせぎ(戦術); «俗» でっちあげのアリバイ. **2** «俗» 《被害者の注意をそらす》スリの相棒[助手]; «俗» 《犯罪・逃亡などの》手助けをする者, 見張り: ~ and dip *«俗» コンビ泥棒. ► *vt* «口» 口実をもうけて[だまして]避ける, かわす, …に対して時間かせぎをする 〈*off*〉; 引き止めておく 〈*off*〉. ► *vi* «口» 巧みに時間かせぎをする 〈*on, over*〉; *«口» 〘スポ〙《敵の目をごまかすため》手を抜いて戦う; «俗» スリの相棒をつとめる. ● **~ for time** のろのろ戦術をとる, 時間かせぎをする. ♦ **~·er** *n* [C16＝decoy＜AF *estal(e)*; ↑と同語源か]

stáll·age *n* 〘英法〙《市などでの》売店設置権(料).

stáll-fèed *vt* 牛舎に入れて太らせる.

stáll·hòld·erᴵᴵ *n* 市場の屋台の持主, 露店商.

stáll·ing àngle 〘空〙失速角.

stálling spèed 〘空〙失速速度.

stal·lion /stǽljən/ *n* 雄馬, 種馬; 《一般に》種付け用の雄; *«俗» 男, いかしたやつ, 遊び人, わかってる男 (stud); *«黒人俗» 色気のある女[大女]. [OF *estalon*＜Gmc; ⇨ STALL[1]]

Stal·lone /stəlóʊn/ スタローン **Sylvester** (**Enzio**) ~ (1946–) 《米国の映画俳優・監督; *Rocky* (ロッキー, 1976), *Rambo* (ランボー, 1985)》.

Stal·loy /stǽlɔ̀ɪ, stəlɔ́ɪ/ 〘商標〙スターロイ《ケイ素 3.5% までの鋼板; ヒステリシス損が少なく, 電気機器に使用される》.

stáll tùrn 〘空〙失速旋回《垂直に上昇して失速してから反転し急降下する曲技飛行》.

stal·wart /stɔ́ːlwərt/ *a* 〈支持者・ファンなどが〉(志操)堅固な, 信念の固い, 忠実な; がんじょうな; 勇敢な. ► *n* stalwart な人, 《特に》忠実な支持者. ♦ **~·ly** *adv* **~·ness** *n* [Sc (obs) *stalworth*＜OE *stælwierthe* place worthy]

stal·worth /stɔ́ːlwərθ/ *a* «古» STALWART.

Stam·boul, -bul /stæmbúːl/ スタンブール《Istanbul の旧市街》; ISTANBUL.

sta·men /stéɪmən/ *n* (*pl* **~s, sta·mi·na** /stéɪmənə, stǽm-/) 〘植〙雄蕊(ゆうずい), おしべ (cf. PISTIL). ♦ **~ed** *a* 雄蕊のある. [L *stamin- stamen* warp, thread]

Stam·ford /stǽmfərd/ スタムフォード《Connecticut 州南西部の都市》.

Stámford Brídge **1** スタムフォードブリッジ《イングランド北部 York の東にある村; 1066 年, イングランド王 Harold が兄トスティグ (Tostig) とノルウェー王ハーラル (Harald Hardrada) の軍を破った村》. **2** スタムフォードブリッジ《London 西部にある Chelsea Football Club の本拠地》.

stam·in /stǽmən/ *n* 荒い毛織物.

sta·min- /stéɪmən, stǽm-/, **sta·mi·ni-** /stéɪmənə, stǽm-/ *comb form*「雄蕊 (stamen)」 [L]

stam·i·na[1] /stǽmənə/ *n* 耐久力, 元気, 精力, 体力, 根気, スタミナ; [⟨*pl*⟩] 《古》 根源的要素, 本源. [L (pl) ＜STAMEN＝warp, threads spun by the Fates]

stamina[2] *n* STAMEN の複数形.

stam·i·nal[1] /stǽmən(ə)l, stéɪ-/ *a* STAMEN の.

stam·i·nal[2] /stǽmən(ə)l/ *a* STAMINA[1] の.

stam·i·nate /stǽmənət, -nèɪt, stéɪ-/ *a* 〖植〗 雄蕊(だけ)を有する.

stam·i·nif·er·ous /stæ̀mənɪ́f(ə)rəs, stèɪ-/ *a* 〖植〗 雄蕊のある.

stam·i·node /stǽmənòʊd, stéɪ-/ *n* STAMINODIUM.

stam·i·no·di·um /stæ̀mənóʊdiəm, stèɪ-/ *n* (*pl* **-dia** /-diə/) 〖植〗 仮雄蕊(ずい) 《雌花などにみられる不稔性雄蕊》.

stam·i·no·dy /stǽmənòʊdi, stéɪ-/ *n* 〖植〗 雄蕊化, 雄蕊変態.

Sta·mitz /ʃtáːmɪts/ シュターミツ **Johann** (**Wenzel Anton**) ～ (1717–57) 《ボヘミアの作曲家・ヴァイオリン奏者》.

stam·mel /stǽməl/ *n* 《廃》 スタンメル 《通例 赤く染めた粗いラシャ》; 《古》 スタンメルの明るい赤色.

stam·mer /stǽmər/ *vi* どもる, 口ごもる. ► *vt* どもり[口ごもり]ながら言う ⟨*out*⟩. ► *n* どもること, どもり, 口ごもり; どもった発話. ♦ **～·er** *n* 吃音(きつおん)者, どもり《人》. **～·ing·ly** *adv* [OE *stamerian*; cf. G *stammern*]

stamp /stǽmp/ *vt* **1** 踏みつける; ⟨足を⟩踏み鳴らす; ⟨泥・雪などを⟩足を踏んで落とす; 踏みつぶす ⟨*out*⟩; ⟨鉱石などを⟩粉砕する, 粉にひく: ～ the ground じだんだを踏む. **2 a** …に⟨極印・木判・ゴム印などを⟩おす ⟨*with*⟩; ⟨名前・模様などを…に⟩捺印する ⟨*on, onto*⟩; ⟨封筒・書類⟩に切手[印紙]を貼る; [*fig*] 肝に銘じさせる: ～ an envelope *with* one's name＝～ one's name *on* an envelope 封筒に名前を印でおす / The date was ～*ed on* her memory. **b** 類別する, 特徴づける, ⟨…という⟩烙印をおす ⟨*as*⟩: His manners ～ him *as* a gentleman. 態度で紳士であることがわかる / a face ～*ed* with grief 悲しみが刻印された顔. **3** 〖機〗 打ち抜き型[ダイス型]で圧断する, 打ち抜く ⟨*out*⟩. ► *vi* 搗(つ)く (pound); 足を踏み鳴らす; ドシンドシンと歩く; 踏みにじる, 踏みつける ⟨*on* a beetle, book, etc.⟩: ～ into the kitchen ドタドタと台所にはいって行く. ● **～ on…** ‖…を断固やめさせる; ‖⟨人を⟩抑え込む. **～ out** ⟨火を⟩踏み消す; ⟨暴動などを⟩鎮圧する, 撲滅する; 根絶する, ⟨悪癖などを⟩⟨…から⟩除去する; 《俗》 ⟨人を⟩殺す, 消す.
► *n* **1** 切手, 印紙, 《各種の》 証紙 (cf. TRADING STAMP); ‖《口》 国民保険料; 景品券. **2 a** stamp すること; 捺印によってできたしるし; 印章, 刻印, 極印; 公印, 証印; 痕跡. **b** 打印器, スタンプ; 〖機〗 打出し機, 圧断機; 〖鉱〗 搗鉱(とうこう)機(の杵(きね)). **3** [ᵁ*sg*] 特質, 特徴; [ᵁ*sg*] 性格, 種類, 型: of the same ～ 同種類の. **4** 踏みつけること[音].
♦ **～·less** *a* [? OE **stampian* (cf. G *stampfen*); STEP と同語源か; (n) ＜ (v) and OF *estampe*＜Gmc]

Stámp Àct [the] 〖史〗 印紙税法 《アメリカ植民地で発行される商業・法律関係の書類・新聞・パンフレットなどすべてに印紙を貼付することを規定した英国議会法 (1765); 本国議会がアメリカ植民地に直接課税する最初のもので, 植民地人の 'No taxation without representation' というスローガンの下, 大反対にあって 1766 年 3 月廃止》.

stámp collèctor 切手蒐集家 (philatelist). ♦ **stámp collècting** *n*

stámp dùty 印紙税 (＝*stamp tax*).

stámped addrèssed énvelope‖ 切手を貼った返信用封筒 《略 SAE; cf. SASE》.

stam·pede /stæmpíːd/ *n* **1 a** 《野獣・家畜の群れが》 驚いてどっと逃げ出すこと, 暴走; 先を争って逃げ[駆け, 動き]出すこと, 《軍勢の》 総くずれ, 大敗走. **b** 《群集の》 殺到; 〖米政治〗 候補者を支持する選挙民代表の殺到. **2** 《米西部・カナダ》 ロデオ・展示会・競技・ダンスなどを行なうはなやかな催し, お祭; ロデオ. ► *vi, vt* どっと逃げ出す[逃げ出させる] ⟨*out of*⟩; ⟨…に⟩殺到する[させる] ⟨*in, into*⟩; *《選挙時に》 候補者の支持に殺到する; 衝動的行動に駆り立てる ⟨*into*⟩. ♦ **stam·péd·er** *n* [Sp＝crash, uproar＜Romanic＜Gmc]

stámp·er *n* STAMP する人[もの]; *《郵便局の》 スタンプ係; 《文様などの》 捺印[捺染]工; きね (pestle); 搗鉱(とうこう)機(の操縦者); スタンパー 《レコードをプレスする型》.

stámp hìnge 〖郵趣〗 HINGE.

stámp·ing gròund [°*pl*] 人のよく行く[集まる]場所, 根城, お気に入りの場所, 《動物の》 よく集まる場所: sb's ～ 行きつけの場所.

stámp machine 切手自動販売機.

stámp [stámping] mìll 〖鉱〗 砕鉱機, 搗鉱機, スタンプミル (＝*quartz battery*).

stámp nòte 関税支払済証書 《荷揚許可証となる》.

stámp òffice 〖英〗 印紙局.

stámp pàper 収入印紙を貼った書類[証書]; 切手シートの耳, 耳紙, スタンプシート.

stámp tàx STAMP DUTY.

stámp wèed 〖植〗 イチビ (Indian mallow).

Stan /stǽn/ スタン 《男子名; Stanley の愛称》.

stance /stǽns, ‖stáːns/ *n* 《岩登りの》 足場; 〖スポ〗 構え, 《ゴルファー・打者の》 足の位置, スタンス; (立った)姿勢; 《心的な》 姿勢, 態度; 《スコ》 《建物の》 位置; 《スコ》 バス停, タクシー乗場: take [adopt] a neutral ～ *on*… 中立的な姿勢で…に臨む. [F＜It STANZA]

stanch[1] /stɔ́ːntʃ, stǽntʃ; stáːntʃ/ *vt* **1** ⟨血・涙などを⟩止める; ⟨傷⟩の血止めをする; ⟨傾向などに⟩歯止めをかける; ⟨漏れ口などを⟩ふさぐ. **2** 《古》 ⟨苦痛を⟩鎮める, 和らげる. ► *vi* ⟨血・涙などが⟩止まる. ● **～ out** 《俗》 踏み出す, 始める. ► *n* 《船が浅瀬を通れるように》 水位を上げるための水門. ♦ **～·er** *n* **～·less** *a* [OF *estanchier*＜Romanic (**stancus* dried up＜?); cf. STAUNCH[1]]

stanch[2] *a* STAUNCH[2].

stan·chion /stǽntʃən; stáːn-, stǽn-/ *n* 柱, 支柱; 《牛をつなぐ》 仕切り柱, スタンチョン. ► *vt* …に支柱をする[つける]; 《一般に》 支える; スタンチョンにつなぐ. ♦ **～ed** *a* [AF; cf. STANCE]

stand /stǽnd/ *v* (**stood** /stʊ́d/) *vi* **1 a** 立つ; 立ち上がる, 起立する ⟨*up*⟩; ‖立候補する: ～ straight まっすぐ立つ / My hair *stood* on end. (恐ろしさで)髪が逆立った / ～ *up* ⇨ 成句. **b** 《ある姿勢で》 立っている; ⟨猟犬が⟩獲物を指示する (point): ～ *at* the window 窓際に立っている / ～ *aside* わきへ寄る / ～ *away* 離れている, 近寄らない / ～ *apart from*…から離れて[超然として]いる. **c** ⟨涙が⟩宿る ⟨*in* one's eyes⟩; ⟨汗が⟩にじむ. **2 a** 立ち止まる; ⟨自動車などが⟩静止したままである, 動かない, *《荷の積み降ろし・人待ちで》 一時駐車する; 《廃》 ためらう. **b** ⟨水などが⟩よどんでいる; 〖印〗 ⟨活字が⟩組んだままである. **3 a** ⟨物が⟩直立している; 位置する, ある: Our school ～*s* on a hill. 丘の上にある / ～ outside the scope of… ⟨問題などが⟩…の範囲外である. **b** 《尺度上に》 位置する; 高さが…(で)ある, ⟨温度計など⟩…度を示す, 値段が…だ: ～ first in his class クラスで 1 番である / These films ～ high in public favor. 世評がよい / ～ high in the opinion of…＝～ well with…にうけ[評判]がよい / ～ 6 feet tall 身長 6 フィート / I ～ six feet [foot] three. 身長 6 フィート 3 インチ / ～ *at* 90° 90 度を示す / The quotation ～*s at* 100 yen per dollar. 相場は時価 1 ドル 100 円だ. **c** …の状態にある, ⟨ある立場に⟩ある, …である: He ～*s* innocent of any wrong. なにも悪いことはしていない / ～ sb's friend 人の友人でいる / ～ in need of help 助けを要する / The door ～*s* open. ドアが開いている / as matters [affairs] ～＝as it ～*s* 現状では; そのままで(は) / how [where] sb ～*s* 人の立場[感じ方]. **4 a** しっかりしている, 倒れない; 自己の立場[見解]を守る, 節操を曲げない; 抵抗する; 〖海〗 《ある方向へ》 着実に進む: ～ on the course 針路を変えずに進む (cf. STAND *on* 成句) / ～ *out to* sea ⟨船が⟩沖に乗り出す / ～ *in toward(s)* [*for*] the shore 岸に向かう. **b** もとのままである, 持ちこたえる, 耐える; 一致する, 合う: It ～*s* to REASON that…. **c** 有効である, 変更されない, 実施中である: The regulation still ～*s*. その規定は今でも有効である / Let that word ～. その語はそのままにしておけ / STAND good (成句). **5** ⟨種馬が⟩種付けに用いられる: ～ *at* STUD[2]. **6** 〖クリケット〗 審判をつとめる. **7** 〖トランプ〗 新たにカードをもらわない, 手なりでゆく.
► *vt* **1** 立たせる, (台などに)載せる, 立てる ⟨*up*⟩, 立て掛ける ⟨*against*⟩: ～ a ladder *against* the fence はしごを塀に立て掛ける / ～ a naughty boy in the corner いたずらっ子を部屋の隅に立たせる. **2 a** …に固執する, 踏みとどまる; ⟨見張りなど⟩の任務を果たす; 〖軍〗 …の隊形をとる: ～ one's GROUND. **b** ⟨攻撃など⟩に立ち向かう (face); 受ける: ～ (one's) trial [test] 裁判[検査]を受ける. **c** 《口》 ⟨食事など⟩の費用を支払う; ⟨人に⟩おごる: ～ TREAT (成句) / ～ sb *to* a treat 人におごる / I will ～ you (to) a dinner. 夕食をおごりましょう. **3** 辛抱する, 我慢する, 耐える; もつ: I can't ～ this noise. この騒音には耐えられない / I just can't ～ him (telling lies). 彼(がうそをつくの)には我慢がならない / ～ the test of time 時の試練に耐える, 時代を超えて(生き)残る / He looked as if he could ～ a drink. *《口》 一杯ひっかけても悪くないといった顔だった / You could ～ (*to* go on) a diet. ダイエットしたほうがいい. **4** 《古》 《費用が》 かかる ⟨*in*⟩ (cost): It'll ～ you *in* a pound a week. 1 週 1 ポンドかかるでしょう. **5** ⟨種馬を⟩種付けに使う.
● **～ against…** ‖…に反対する; ‖…の対立候補として選挙に出る. **～ alone** 孤立する[している]; 並ぶものがない, 無類である. **S～ and deliver!** 有り金をさっさと渡せ 《昔の追いはぎの文句》. **～ apart** ⟨…と⟩はっきり違っている ⟨*from*⟩ (cf. *vi* 1b). **～ around** [**about**] 《何もしないで》 突っ立っている, じっとしている. **～ around with one's finger up one's ass** [**in one's ear**] *《俗》 ぼんやりと何もしないでいる. **～ aside** ‖傍観する; 身を引く, 職を譲る. **～ back** 引っ込んで[離れて]いる ⟨*from*⟩; あとへ下がる, 《全体をよく理解するために》 離れてみる; ⟨決定・論争などから⟩手を引く ⟨*from*⟩. **～ behind…**＝**～ (in) back of…**を支持する, …の後ろ盾となる. **～ between**＝COME[1] between: Nothing ～*s between* you and success. あなたの成功を妨げるものはなにもない. **～ by** (…の)かたわらにいる; 傍観する (cf. BYSTANDER); 待機[準備]する; 〖通信・ラジオなど〗 次の通信[放送など]を待つ, スタンバイしている; …を援助[味方]する; ⟨約束など⟩を守る, ⟨言明⟩を曲げない; 〖海〗 救助のため近くにいてやる; 〖海・空〗 用意する 《機関を止めるためなどで》; 〖法〗 ⟨陪審員が⟩《忌避されて》 陪審からはずれる; 〖英史〗 ⟨国王・訴追側が⟩⟨陪審員候補者を⟩陪審員候補者名簿から(理由を示すことなく)はずす. **～** CORRECT**ed.** **～ down** 〖法〗 証人席から降りる; 《候補を譲って》 身を引く, 降りる ⟨*as*⟩; ‖⟨兵士が⟩非番になる[する], (…の)警備態勢を解く, 解隊する[させる], 《広く》 ⟨労働者を⟩一時帰休させる (lay off). **～ fire** 敵の砲火[批評]に敢然と立ち向かう. **～ for…**を表わす, 表象する; 代理[代表]する; ⟨主義・階級など⟩のために公然と戦う, …の味方をする, 支持する; ‖⟨議員・役職⟩に立候補する[している] (cf. RUN *vi* 3b); …に役立つ, …の代わりになる; 〖海〗 …に向かう; [ᵁ*neg*] …を耐え忍ぶ, …を許す, …に従う. **～ from under…** 《口》…からのがれる. **～ good** 依然として真実[有効]である. **～ in** 代役[代理, 代人]をつとめる ‹*for*› (cf. STAND-IN); ‹賭けなど›に参加する; 〘海〙岸に向かって針路をとる[進む] (⇨ *vi* 4a). **～ (in) back of** … ⇨ STAND behind…. **～ in with**…と一致する, …に味方する, …を助ける; 《口》…と仲がいい, ぐるになる; …の割り前を持つ. **～ off** 遠ざかっている ‹*from*›; …に応じない, はねつける; ‹人を›近づけない; ‹敵を›退ける; 行き詰まる; ᴵᴵ一時解雇する; ‹債権者など›を避ける, ‹支払いなど›をうまく延ばす; 〘海〙 ‹岸など›から)離れている. **～ off and on** 〘海〙陸地に近づいたり離れたりしてある点を見失わないよう航行する. **～ on**…の上に立つ; …を踏む; …に基づく, かかっている, …しだいである (depend on); ‹儀式など›を固く守る, …にやかましい; …を主張する, …に固執する; 〘海〙一定の針路をそのまま進む: ～ *on* CEREMONY / ～ *on* one's DIGNITY / I'm ～*ing on* my legal right. 法的権利を主張します. **S～ on me.** ᴵᴵ《俗》あてにしてくれ, 信じてくれ. **～** sth [sb] **on its [his] head** ‹物事を›覆す, 混乱させる, ‹人を›混乱[当惑]させる, 驚かす; ‹やり方・考え方など›を逆にする, ‹議論など›の逆手をとる. **～ on one's head [hands]** 逆立ちする; できるかぎりのことをする (⇨ can do sth standing on one's HEAD). **～ or fall** ‹…と›生死を共にする, ‹…を›死守[固守]する, すべて‹…に›かかっている ‹*by* [*on*] one's belief [the result]›. **～ out** 突出する, 突き出る ‹*from*›; 目立つ ‹*against* a background›, 卓越している ‹*from* the rest›; ᴵᴵ《他が屈しても》あくまでがんばる ‹*against*, *for*›; 介入しない; 〘海〙岸から離れた針路をとる[進む] (⇨ *vi* 4a): ～ *out* of war 戦争に加わらない / ～ *out* in sb's mind はっきりと記憶されている. **～ over**… 《近くにいて》‹人›を見張る, 監督する; 延期になる[する]; 《豪口》脅迫する, おどす. **～ one's colors** あくまで踏みとどまる, がんばる, 固執する. **～ still** 動かずに[じっとして]いる; [ᵁ*neg*] *耐える, 我慢する ‹*for*›. **～** TALL. **～ to** ‹条件・約束など›を守る; ‹申し立てなど›の真実を固執[主張]する; [to は *adv*] ᴵᴵ〘軍〙《敵の攻撃に備えて》待機する[させる]. **～ to** do…しそうである: ～ *to* win [lose] 勝ち[負け]そうな形勢にある / Who ～*s to* benefit from his death? 彼が死んで得をしそうなのはだれか. **～ together** 並んで立つ; 団結する. **～ under** ‹告発などを›受ける(に値する). **～ up** 起立する; 《ずっと》立っている; 耐える, 長持ちする, 持ちこたえる, 有効である, ‹主張など›説得力がある ‹*in* court›; 反抗する ‹*against*›. **～** sb **up** 立たせる; 《口》《約束の時間に現われず》人を待たせる, 人との約束を破る[デートをすっぽかす], 人との情事[関係]をやめる; 《俗》人を軽く見る[扱う]. **～ up and be counted** ⇨ COUNT¹. **～ up for**…を擁護[弁護]する, …の味方をする; *‹花婿・花嫁›の付添い役をつとめる: ～ *up for* one's own rights. …を主張[固執]する. **～ up to**…に勇敢に立ち向かう[対抗する]; ‹ものが›…に耐える, ‹文書・議論などが›‹吟味・分析など›に耐える, …ののちも通用する: This dress ～*s up* well *to* wear. **～ up with** ‹花婿・花嫁›の付添い役をつとめる. **～ with**…に賛成する, …を主張する.

► *n* **1 a** 立つ[立っている]こと, 起立(の姿勢); 《俗》勃起; 抵抗, 反抗; 防御; 〘クリケット〙 PARTNERSHIP. **b** 停止, 行き詰まり; 〘海洋〙平均海面, 停潮 (=tidal ～); *《俗》強盗 (robbery): bring [put] to a ～ 停止させる; 行き詰まらせる / come to a ～ 停止する; 行き詰まる / at a STAND (成句). **c** 《巡業中の劇団などの》立ち寄り(興行) (cf. ONE-NIGHT STAND); 興行地; 試合. **2 a** 立場; 見解, 根拠, 主張; 位置, 場所. **b** 成績, 点. **3 a** 台, 小卓; …掛け, …載せ, …台, …立て, …入れ, スタンド. **b** 屋台店, 露店, 《駅・路傍などの》《新聞雑誌》売店, スタンド. **4 a** 《路傍などの》さじき, 観覧席; [*pl*] 《競技場などの段々になった》観客席, 見物席, スタンド, 観客. **b** 野外音楽堂, 演奏壇; 演壇; *《法廷の》証人席 (witness-boxᴵᴵ) (: take the STAND); ᴵᴵ《産業見本市の》出展企業ブース, 展示場. **5 a** 商売に適した土地[場所]; *営業所[地]; 《南ア》建築予定地. **b** 《タクシーなどの》客待ち駐車場, 乗り場; ハンターが獲物を待ち構える場所. **c** 《豪》羊毛刈り込み人の仕事場(の道具一式). **6 a** 立ち木, 立木(りゅうぼく); 《一定面積に対する》立ち木の数[密度], 株立本数; 〘生態〙植(林)分, 林分; 生えたままの草本, 植生, 草生《雑草・穀物などの》. **b** 一つの巣(箱)の蜜蜂の群れ (hive). **c** 《古》《武具などの》一式, 一そろい: a ～ of arms ⇨ ARM² / ～ of colours 〘英軍〙連隊旗. ● **at a ～** 行き詰まって, 途方に暮れて. **hit the ～s** *《俗》発売される. **make a ～** 立ち止まる; 抵抗する ‹*against*, *for*›; 一定の立場[見解]を支持する. **take one's [a] ～** 位置[持ち場]につく, 陣取る; ‹…に›立脚する ‹*on*›; 立場を表明する ‹*on*, *over*; *for*; *against*›. **take the ～** *証人席につく, 証人台に立つ; ‹…を›保証する ‹*on*›.

[OE *standan*; (n) ‹ (v); 「耐える」の意は 17 世紀「立ち向かう」の意より; cf. OS, Goth *standan*, G *stehen*]

stánd-alòne *a* 〘電算〙《他の装置を必要とせず》それだけで動く, 独立型の, スタンドアロンの‹周辺装置›; ‹会社・組織などが›《金銭的に》独立した. ► *adv* 独立して, スタンドアロンで‹作動する›. ► *n* 独立したもの; 独立型の周辺装置[ソフトウェア]; 単独の会社[組織].

stan·dard /stǽndərd/ *n* **1 a** [ᵒ*pl*] 標準, 基準, 規格; 規範, 模範: set the ～ 基準を定める / up to (the) ～ 標準[基準]に達して, 合格して. **b** 《衣類などの》標準サイズ; 〘材木〙スタンダード《木材の体積単位: 米では 165 立方フィート (=4.67 m³), 英では 16²/₃ 立方フィート (=0.472 m³)》. **c** 《度量衡の》原基, 原器; 〘機〙標準器. **d** 〘造幣〙本位; 《硬貨の》法定成分; 《金・銀の》規定純度: GOLD [SILVER, SINGLE, MULTIPLE] STANDARD. **e** *《口》標準演奏曲目, スタンダードナンバー. **2** ᴵᴵ《小学校の》学年, 年級 (grade*); 《南ア》《高校の》学年. **3** 旗; 《主力部隊を示す》軍旗, 《特に》騎兵連隊旗; 〘紋〙《国王・王族などの》長旗; 〘植〙《エンドウなどの花の》旗弁(きべん): the Royal *S*～ 国王旗 / join the ～ of…の旗下にはせ参じる / march under the ～ of… [*fig*] …の軍に加わる / raise the ～ of revolt [free trade] 反旗[自由貿易の旗]を翻す. **4** ランプ台, 燭台; 柱脚; 杯の脚; 脚台付きの大杯; まっすぐな支え, 支柱, 電柱; 〘建〙建地(たて), 建地丸太; 水道[ガス]管《など》; 〘園〙《低木を接ぐ》台木, 元木(もと); (まっすぐな)自然木, 立ち木; 〘園〙立ち木作りの低木[草本]; 〘植〙《イリスの花の直立した》内花被. ● **by …'s ～s** …の基準[水準, 価値観]からすると[見て]: *by anybody's* ～*s* だれが見ても. ► *a* **1 a** 標準の; 普通の, 並みの; 一般的な, 広く使われて[知られて]いる; 規格に合った; ᴵᴵ《1977 年末まで》‹卵が›標準の大きさの《large の下, medium の上》. **b** 公認の; 権威のある‹作家・参考書など›; ‹言語・語法・発音などが›容認できる, 標準の. **2** 〘園〙立ち木作りの, スタンダード仕立ての.

♦ **～·less** *a* **～·ly** *adv* [ME=a flag on a pole ‹ AF *estaundart* (⇨ EXTEND); 意味上 *stand* の影響あり]

stándard aménities *pl* 〘英福祉〙住宅標準設備《浴槽[シャワー]・給湯式洗面台・水洗トイレなどの衛生設備》.

Standard & Poor's 500 /─́ ən(d) ─́ fáɪv hʌ́ndrəd/ 〘証券〙スタンダード・アンド・プアーズ社 500 種平均株価《略 S & P 500》.

stándard asséssment tàsk 〘英〙標準評価課題《national curriculum の主要 3 教科である英語・数学・理科について行なわれるテスト; 略 SAT》.

stándard átmosphere 〘気・理〙標準大気.

stándard-bèar·er *n* 〘軍〙旗手; 主導[唱道]者, リーダー, 首領, 党首; 《党選出の》看板候補; 〘鳥〙STANDARD-WING.

stándard breadᴵᴵ 標準パン《混合小麦粉パン》.

stándard·brèd* *n* [ᵒS-] 〘馬〙スタンダードブレッド種 (S-) (の馬) (=*American trotter*)《北米産; 主に 繋駕競走用》.

stándard-brèd* *a* 標準性能に合うように飼育された, 《特に》スタンダードブレッド種(の馬)の.

stándard cándle 1 〘光〙標準燭(光)《鯨蠟で製したろうそくが 1 分間に 2 グレーン焼尽するときの光度》. **2** 〘天〙標準光源《距離測定の基準とする絶対光度が既知の天体》.

stándard céll 〘理〙標準電池[セル]《電圧較正(こうせい)用》.

stándard cóin 標準硬貨《額面価値と同等またはそれ以上の地金価値をもつ貨幣》.

stándard condítion 1 〘理・化〙《一連の実験における》標準状態. **2** [*pl*] 〘理・化〙標準状態 (=*standard temperature and pressure*)《温度 0° C 気圧 1 気圧の状態; 気体の体積の比較の場合などに用いられる》.

stándard cóst 〘会計〙標準原価 (cf. ACTUAL COST).

stándard dedúction* 標準控除額.

stándard deviátion 〘統〙標準偏差.

stándard dóllar 標準ドル《一定量の金を含む, 米国ドルの基本単位》.

Stándard Énglish 標準英語.

stándard érror 〘統〙標準誤差.

stándard fórm 標準形《大きな数, 小さな数を書くときに, 小数点の前に 1 つだけ整数を置き, 10 の累乗を掛けて調整する方式; たとえば, 12,345 は 1.2345×10⁴ とする》.

stándard gáuge 〘機〙標準ゲージ; 〘鉄道〙標準軌《米英とも 4 フィート 8¹/₂ インチ (=1.435 m); これより広いものは broad gauge, 狭いものは narrow gauge》; 標準軌の鉄道[機関車, 貨車]. ♦ **stándard-gáuge(d)** *a*

stándard gráde 〘スコ教育〙標準級《SCE 試験のうち 14-16 歳前後に受験する下級試験》.

stándard hóusing bènefit 〘英〙標準住宅手当《収入と家族の人数に応じて地方自治体が給付する》.

stándard íssue 《兵員の》標準装備. ♦ **stándard-íssue** *a*

stándard·ìze *vt* 標準に合わせる; 標準[規格]化する; 標準と比較する; 〘化〙標準化する; 《定量分析のため》‹溶液›の濃度を定める, 標定する; 試験する. ► *vi* 標準として採用する ‹*on*›. ♦ **-ìz·able** *a* **-ìz·er** *n* **stàndard·izátion** *n* 標準化, 規格化, 画一化.

stándard làmpᴵᴵ フロアスタンド (floor lamp*).

stándard léngth 〘魚〙標準体長《鼻先から尾びれの根元まで》.

stándard létter 標準回答《企業が使用する紋切り型の手紙》.

stándard módel 〘理〙標準模型 (STANDARD THEORY).

stándard móney 〘経〙本位貨幣.

stándard nórmal distribútion 〘統〙標準正規分布.

stándard notátion 〘チェス〙国際式記法 (=*algebraic notation*)《指し手の記録のために, 盤の縦列を左から順に a, b, …h, 横列を下から順に 1, 2, …8, と名づけて, 座標式に表わす方法》.

stándard of líving [life] 生活水準 (=*living standard*).

Stándard Óil Còmpany and Trùst [The] スタンダードオイル社・トラスト《かつて米国の石油市場を支配した会社・トラスト; John D. Rockefeller が始めた石油精製工場が, 1870 年 Standard Oil 社となり, 82 年関連会社と Standard Oil トラストを結成; 1911 年 Sherman 反トラスト法違反として 34 の会社に分割された》.

stándard óperating procèdure 標準実施要領, 〘電算〙

標準操作手順, 〘軍〙管理運用規定, 作戦規定, 《俗に》標準的な手順[やり方] (=*standing operating procedure*) (略 SOP).
stándard posítion 〘数〙《角の》標準的な位置《直交座標系の原点に頂点をとり, 一辺が *x* 軸と一致する》.
stándard schnáuzer 〘犬〙スタンダードシュナウツァー《霜降りまたは黒の被毛をもつ中くらいの大きさのシュナウツァー》.
stándard scóre 〘統〙標準得点《標準偏差を単位とした測定値》.
stándard solútion 〘化〙標準液.
stándard stár 〘天〙《星の位置などを定めるのに用いる》基準星.
stándard théory 標準理論 (=*standard model*) (**1**) 素粒子論において WEINBERG-SALAM THEORY に基づく理論 **2**) ビッグバンと素粒子の標準理論に基づく宇宙論).
stándard tìme 1 標準時 (=*slow time*) (cf. LOCAL TIME). ★(1) 米国ではこれに ATLANTIC TIME, EASTERN TIME, CENTRAL TIME, MOUNTAIN TIME, PACIFIC TIME, ALASKA TIME, HAWAII-ALEUTIAN TIME, SAMOA TIME がある. (2) ⇨ BRITISH STANDARD TIME. **2** 〘経営〙標準(作業)時間《平均的作業者が所定の作業をするのに必要な時間》.
stándard-wìng *n* 〘鳥〙**a** シロハタフウチョウ. **b** PENNANT-WINGED NIGHTJAR.
stándard-wìnged níghtjar PENNANT-WINGED NIGHTJAR.
stánd·awày *a* 首元[体]から離れて広がった, スタンダウェーの〈カラー[スカート]〉.
stánd·bỳ *n* いざという時たよりになる人[もの]; 非常時用物資, 予備, 備蓄; なにかにつけ好む[たよりにする]もの; 予備, 控え(の選手[役者]), 代役; 〘ラジオ・テレビ〙予備番組; キャンセル待ちの旅行者; 待機状態; STANDBY TIME. ● **on ～** 待機中[状態]で; キャンセル待ちして. ► *a* 緊急時にすぐ使える, 代役の; 控えの, 待機の; キャンセル待ちの. ► *adv* キャンセル待ちで: fly [travel] ～.
stándby tìme 1 《携帯電話の》連続待受時間, スタンバイタイム《完全充電後に待ち受け状態で次に充電が必要になるまでの時間》. **2** 待ち[待機]時間 (**1**) 労働者の拘束時間のうち仕事がなかったり着手できなかったりする時間 **2**) 〘電算〙送信・スリープなどを開始するまでの猶予時間).
stánd càmera 三脚などの支持台に据え付けて使用する大判カメラ, スタンドカメラ.
stánd-dòwn *n* STAND down すること.
stand·ee /stændíː/ 《口》*n* 《劇場・バス・電車などの》立ち客; 立ち客用のバス[列車].
stánd·er *n* 立っている人[もの]; 狩り出される獲物を待つハンター.
stánd·er-bý *n* (*pl* **stánd·ers-bý**) BYSTANDER.
stánd·fàst *n* 固定[安定]した位置.
stánd-ìn *n* 《俳優の》代役, 吹き替え, スタンドイン, スタントマン; 《一般に》代人, 代理, 替え玉, つなぎ; 《口》有利な立場.
stánd·ing *a* **1 a** 直立の, 立っている; 生えたままの, まだ刈っていない, 立ち穂のままの; 立った姿勢で行なう: ～ corn / a ～ jump 立ち幅跳び. **b** 動かない, 静止した; 〈工場など〉操業してない; よどんだ〈水など〉; 〈器具など〉据え付けの, 固定した; 〘印〙組み置きの〈活字など〉(cf. DEAD). **2 a** 持続[永続, 継続]的な; 常設の, 常置の, 常備の; 〈色・つやが〉あせない; いつもの, おきまりの, あいかわらずの: ～ mortgage 継続抵当. **b** 慣習的[法的]に確立された; 現行の, 現在もなお有効な. **3** 種馬となった (at stud). ● **all ～** 〘海〙帆を降ろすひまがなく, 不意をつかれて; 用意万端整って. LEAVE[1]…～. ► *n* **1 a** 立っていること, 起立; 《人・ものの》立つ場所[位置]. **b** *《俗》《New York 市などで》暫時停車《車中に一人は残す》. **2 a** 身分, 地位 (status); 順位, 評価; *《政治家の》支持率; 名声, 名望; [*pl*] 〘競技〙順位表, ランキング表: people of high [good] ～ 身分の高い人びと. **b** 経歴, 《経歴からくる》資格; 〘法〙原告適格《個人的利害関係があるために訴訟提起できる資格》. **3** (継続[存続, 持続])期間 (duration): a custom of long ～ 長年の慣習. **4** 牛舎, 馬屋. ● **in ～** 《規則を守り, 会費を納めている》きちんとした, ちゃんとした: a member *in* good ～. **of old ～** 古くからの, 年を経た.
stánding ármy 常備軍.
stánding bróad jùmp 立ち幅跳び.
stánding chàrge[ll] 《公共料金の》基本料金.
stánding chóp 《NZ》《木割り競技での》立ち切り《丸太を垂直に立てて切る》.
stánding committee 常任[常設]委員会.
stánding cróp 〘農〙立毛(たちげ) (growing crop); 〘生〙《ある時点における特定の空間内の》生物体量, 現存量.
stánding (éight) cóunt 〘ボク〙スタンディング(エイト)カウント《ダウンはしていないがダメージの大きなボクサーに対してレフェリーがエイトまで数えること》.
stánding invitátion 《いつ訪ねてもよい》継続招待(状).
stánding jóke いつもながらの物笑いのたね[お笑いぐさ].
stánding mártingale 〘馬具〙固定式マーチンゲール《腹帯より鼻革に取り付ける》.
standing O /-́— óʊ/ STANDING OVATION.
stánding óperating procédure STANDARD OPERATING PROCEDURE.
stánding órder [[U]*pl*] 〘議会〙議院規則; 〘軍〙《かつての》服務規定; 継続注文, 定期購入[購読]注文; [ll]《銀行への》自動振替依頼 (=*banker's order*).
stánding ovátion 立って行なう拍手[喝采], スタンディングオベーション: receive [get] a ～ 総立ちの拍手で迎えられる.
stánding pàrt 〘海〙《索具の》固定部.
stánding rígging [géar] 〘海〙静索《取り付けられたら動かさない索; stay, shroud など》.
stánding ròom 《電車などの》立つだけの余地; 〘劇〙立見席, 立席: ～ only 立見席のみ(あり) (略 SRO).
stánding rúles *pl* 暫定規則; 定款(ていかん).
stánding stárt 〘競技〙スタンディングスタート (**1**) 助走なしにするスタート; opp. *flying start* **2**) 直立姿勢からのスタート; opp. *crouch start*).
stánding stòne 〘考古〙立石, MENHIR.
stánding wáve 〘理〙定常波, 定在波 (=*stationary wave*) (cf. TRAVELING WAVE).
stan·dish /stǽndɪʃ/ *n* インク壺, ペン立て, ペン皿.
Standish スタンディッシュ **Myles [Miles]** ～ (1584?–1656) 《イングランド人のアメリカ植民者; Plymouth 植民地の軍事的指導者》.
stánd·òff *a* 離れて[孤立して]いる; よそよそしい; 《電線などの》表面から離れたものを支える〈碍子〉; 〘軍〙〈航空機から発射される射程の長い誘導ミサイルが〉スタンドオフ型の. ► *n* *《口》離れている[距離をおく]こと, よそよそしくすること, 遠慮, 冷淡, 孤立; *平衡力, 相殺効果; 行き詰まり, 膠着状態, デッドロック; *同点, 引分け (draw); STANDOFF HALF; 〘電〙隔離碍子.
stándoff hàlf 〘ラグビー〙スタンドオフハーフ (=*fly half, outside half*) (scrum half と three-quarter backs の中間を守るハーフバック, その位置).
stand·óff·ish *a* 間を隔てた, よそよそしい, 冷淡な, 遠慮がちな. ● **～·ly** *adv* **～·ness** *n*
stánd òil スタンド油, 濃化油《亜麻仁油を加熱してねばねばさせたものでペンキ・印刷インキなどに用いる》.
stánd·òut* *a, n* 際立った[すばらしい](もの[人]); 《口》妥協嫌い, 一匹狼《人》.
stánd·òver *n* 《豪口》おどし, 脅迫: a ～ man [merchant] 《賭博の借金などの》取立て人, 用心棒.
stánd·pát *a* 現状維持を主張する; 執拗に保守的な (⇨ *stand* PAT[2]). ► *n* STANDPATTER. ♦ **stánd·pàt·tism** *n* **stánd·pàt·ter** *n* 改革反対者, 現状維持派の人.
stánd·pìpe *n* 直立管, 立管, 配水[貯水, 給水]塔, スタンドパイプ.
stánd·pòint *n* 見地, 観点, 見方; 立っている場所, 《景色を見る》ビューポイント. [cf. G *Standpunkt*]
stánd·stìll *n* 停止, 休止, 止まり, 足踏み(状態), 行き詰まり: cardiac ～ 心臓の停止 / at a ～ 行き詰まって; ぴたりと止まって / come to a ～ 止まる, 行き詰まる / bring…to a ～ …を止める, 行き詰まらせる.
stándstill agrèement 据え置き合意 (**1**) 債務者[債務国]と債権者[債権国]との間で結ばれる債務弁済繰延べの合意 **2**) 株式会社と同社株式の大量保有者との間で結ばれる保有株の売却・買増しなどの凍結の合意).
stánd-tò[ll] *n* 〘軍〙待機: be on ～ 待機している (cf. STAND *to*).
stánd-ùp *a* 立っている, 〈カラーなどが〉直立した (opp. *turndown*); 〈食事などが〉立ちながらの, 〈パーティーなどが〉立食式の, 〈バーなどが〉スタンド式の; 独演の; 〈けんかが〉どなり[なぐり]合いの; 〘ボク〙足を止めて打ち合う; 〈人が〉信用できる; 〘野〙〈二[三]塁打が〉《すべり込む必要のない》余裕の. ► *n* STAND-UP COMEDY; STAND-UP COMEDIAN; STAND-UPPER; どなり[なぐり]合い; 《デートなどの》すっぽかし; [ll]《俗》《警察の》面通し.
stánd-ùp cómedy 観客の前に立って諷刺ネタなどを披露する漫談, ピン芸. ♦ **stánd-ùp comédian** *n*
stánd-ùp cómic STAND-UP COMEDIAN.
stánd-úp·per *n* 《テレビニュースの》現場レポート.
stane /stéɪn/ *n, a, adv, vt* 《スコ》STONE.
Stán·ford-Bi·nét (tèst) /stǽnfərdbɪnéɪ(-)/ 〘心〙スタンフォード-ビネー知能検査 (=**Stánford revision**). [*Stanford* University; ⇨ BINET-SIMON TEST]
Stánford Univérsity スタンフォード大学《California 州 Palo Alto 近郊にある私立総合大学; 鉄道事業家 Leland Stanford 夫妻が早逝した一人息子の記念のために 1885 年創立》.
stang[1] /stǽŋ/ *v* 《古・方》STING の過去形.
stang[2] *vt, vi, n* 《スコ・英方》STING.
stang[3] *n* 《スコ》PANG. [ME=sting]
stang[4] *n* 《スコ》杭, 棒. [ON *stöng*; cf. OE *steng*]
stang[5] *n* SATANG.
stan·hope /stǽnəp, stǽnhòʊp/ *n* 幌のない二輪[四輪]軽馬車; スタノップ式印刷機. [Fitzroy *Stanhope* (1787–1864) 英国の聖職者; 最初の馬車は彼のために作られた]
Stanhope スタノップ **Philip Dor·mer** /dɔ́ːrmər/ ～ ⇨ 4th Earl of CHESTERFIELD.
staniel ⇨ STANNEL.

sta·nine /stéɪnàɪn/ *n* 〘教育〙ステイナイン《テストの得点を正規分布を基礎にして9段階に区切った場合の一区分》. [*stan*dard (score)+*nine*]

Stan·is·laus /stǽnəslɔ̀ːs; -làus/ [Saint] 聖スタニスワフ (1030–79)《ポーランドの守護聖人》.

Sta·ni·slav /stæ̀nəsláːf, -slǽv/ スタニスラフ《IVANO-FRANKIVSK の旧称》.

Stan·i·slav·sky /stæ̀nəsláːfski, -sláːv-; -lǽv-/ スタニスラフスキー **Konstantin** (**Sergeyevich**) ~ (1863–1938)《ロシアの俳優・演出家; 本姓 Alekseyev》.

Stanislávsky mèthod [**sỳstem**] 〘劇〙スタニスラフスキーシステム (⇨ the METHOD).

Stan·is·ław /stǽnəslɔ̀ːf, -slàːv/ スタニスワフ ~ **I Lesz·czyń·ski** /lɛʃʧínski/ (1677–1766)《ポーランド王 (1704–09, 33–35)》.

stank[1] *v* STINK の過去形.

stank[2] /stǽŋk/ *n* ᴴ小さいダム,《川の》堰(せき); «北イング» POND, POOL[1]; ᴴ«方» どぶ, 排水渠, 下水溝. ► *vt* 《粘土で》〈土手など〉の水漏れを防ぐ. [OF *estanc*; cf. STANCH[1]]

Stan·ley /stǽnli/ **1** スタンリー《男子名; 愛称 Stan》. **2** スタンリー (**1**) **Edward** (**George Geoffrey Smith**) ~ ⇨ 14th Earl of DERBY (**2**) Sir **Henry Morton** ~ (1841–1904)《英国のアフリカ探検家; 消息を断った Livingstone を救出した》(**3**) **Wendell Meredith** ~ (1904–71)《米国の生化学者; ウイルスを結晶として分離することに成功; ノーベル化学賞 (1946)》. **3** [Mount] スタンリー山《アフリカ中東部 Ruwenzori 山群の高峰 (5109 m), 現地語名 Mount Ngaliema》. **4**《ポート》スタンリー (=**Pòrt ~**)《南大西洋, 英領 Falkland 諸島の中心地》.

Stánley cráne BLUE CRANE.

Stánley Cùp [the] スタンリーカップ《米国・カナダのナショナルホッケーリーグのチャンピオンに毎年授与されるトロフィー; その争奪戦》.

Stánley Fálls *pl* [the] スタンリー滝《BOYOMA FALLS の旧称》.

Stánley Gíbbons スタンリー・ギボンズ《英国の切手商社・出版社; 各国切手カタログおよびアルバムの発行と, 切手の販売やオークションもする; 1856 年創立》.

Stánley knìfe 〘商標〙スタンリーナイフ《カッターナイフ》.

Stánley Póol スタンリープール《Pool MALEBO の旧称》.

Stánley·vìlle スタンリーヴィル《KISANGANI の旧称》.

stann- /stǽn/, **stan·ni-** /stǽnə/, **stan·no-** /stǽnou, -nə/ *comb form*「スズの[を含む]」[L STANNUM]

stan·na·ry /stǽnəri/ *n* スズ鉱区; [ᵁthe Stannaries]〘英〙《Devon と Cornwall の》スズ鉱区[鉱山], スズ鉱業地.

stánnary còurt 〘英〙スズ鉱山裁判所《the Stannaries における採鉱問題を扱う》.

stan·nate /stǽnèɪt/ *n* 〘化〙スズ酸塩[エステル].

stan·nel /stǽn(ə)l/, **stan·iel** /stǽnjəl/ *n* 〘鳥〙KESTREL.

stan·nic /stǽnɪk/ *a* 〘化〙スズ(IV)の, 第二スズの (cf. STANNOUS); スズの.

stánnic ácid 〘化〙スズ酸.

stánnic óxide 〘化〙酸化スズ(IV), 酸化第二スズ.

stánnic súlfide 〘化〙硫化スズ(IV), 硫化第二スズ.

stan·nif·er·ous /stæníf(ə)rəs/ *a* スズ (tin) を含む.

stan·nite /stǽnàɪt/ *n* 硫錫石[鉱], 黄錫(きしゃく)鉱; 〘化〙亜スズ酸塩.

stan·nous /stǽnəs/ *a* 〘化〙スズ(II)の, 第一スズの (cf. STANNIC); スズの.

stánnous chlóride 〘化〙塩化第一スズ, 塩化スズ(II)《鐘の銀めっき材・還元剤》.

stánnous flúoride 〘化〙フッ化第一スズ《歯の腐食防止剤》.

stan·num /stǽnəm/ *n* 〘化〙スズ (TIN). [L]

sta·nol /stǽnɔ̀ːl, stéɪ-; -nɔ̀l/ *n* 〘生化〙スタノール《ステロールを水素化して飽和させたもの》. [cholesterol, *-ane*, *-ol*[1]]

Stan·o·vóy Ránge /stæ̀nəvɔ́ɪ-/ [the] スタノヴォイ山脈《東シベリア南東部 Amur 川の北に東西に連なる山脈》.

Stans /*G* ʃtáns/ シュタンス《スイス中部 Nidwalden 準州の州都》.

Stán·sted Áirport /stǽnstɛ̀d-, -stəd-/ スタンステッド空港《London の北東郊外にある国際空港; Heathrow, Gatwick に次ぐ London 周辺で第 3 の空港》.

Stan·ton /stǽnt(ə)n/ スタントン (**1**) **Edwin M**(**cMasters**) ~ (1814–69)《米国の政治家; Lincoln 大統領の陸軍長官 (1862–68)》(**2**) **Elizabeth** (**Cady**) ~ (1815–1902)《米国の婦人参政権運動指導者》.

stan·za /stǽnzə/ *n* **1** 〘韻〙連, スタンザ《通例 有韻の詩句 4 行以上からなるもの》. **2** «俗»〘ボク〙ラウンド, 〘野〙イニング, 〘アメフトなど〙クォーター. ♦ **~ed, stan·za·ic** /stænzéɪɪk/ *a* [It=standing place, room, stanza<Romanic=abode (L *sto* to stand)]

stap /stǽp/ *vt* (**-pp-**) «古» STOP. ● **~ my vitals** [**me**] こいつあ驚いた, へえ, いまいましい, ちくしょう. [Vanbrugh の *The Relapse* (1697) 中の気取った発音]

sta·pe·dec·to·my /stæ̀pɪdɛ́ktəmi/ *n* 〘医〙あぶみ骨摘出(術). ♦ **-mized** /-màɪzd/ *a*

sta·pe·di·al /stəpíːdiəl, steɪ-/ *a* あぶみ骨 (stapes) の(近くにある).

sta·pe·lia /stəpíːljə/ *n* 〘植〙スタペリア《熱帯アフリカ産ガガイモ科の悪臭のある花の咲く無葉多肉植物》. [J. B. van *Stapel* (d. 1636) オランダの植物学者]

sta·pes /stéɪpiz/ *n* (*pl* ~, **sta·pe·des** /stəpíːdìːz, stéɪpədìːz/) 〘解〙《中耳の》鐙骨(とうこつ), あぶみ骨 (cf. INCUS, MALLEUS). [L=stirrup]

staph /stǽf/ *n* (*pl* ~) «口» STAPHYLOCOCCUS.

staph·yl- /stǽfəl/, **staph·y·lo-** /stǽfəlou, -lə/ *comb form*「ブドウのふさ」「《目の》ブドウ腫」「ブドウ球菌」「口蓋垂 (uvula)」[Gk *staphulē* bunch of grapes]

staph·y·li·nid /stæ̀fəlínəd, -láɪ-/ *n* 〘昆〙ハネカクシ. ► *a* ハネカクシ科 (Staphylinidae) の.

staph·y·li·tis /stæ̀fəláɪtəs/ *n* 〘医〙口蓋垂炎.

stàphylo·cóccus *n* (*pl* **-cócci**) 〘菌〙ブドウ球菌. ♦ **-cóc·cal, -cóc·cic** *a* [NL (*-coccus*)]

staph·y·lo·ma /stæ̀fəlóumə/ *n* (*pl* **~s, -ma·ta** /-tə/) 〘医〙ブドウ(膜)腫.

stáphylo·plàsty *n* 〘医〙口蓋垂形成(術).

staph·y·lor·rha·phy /stæ̀fəlɔ́(ː)rəfi, -lár-/ *n* 〘医〙軟口蓋縫合(術).

sta·ple[1] /stéɪp(ə)l/ *n* **1 a** 主要産物, 重要商品; 中心的要素, 中心部分[項目, 題目, テーマ], 主成分 〈*of*〉; 定番 〈*of*〉; 必需食料品; 原料 〈*for*〉. **b** 主要産品の集散地, 中央[重要]市場; *供給地[源]. **c** 〘英史〙指定取引所, ステープル《中世, イングランドの特産物を輸出するために設けられた排他的取引市場》. **2** 短繊維(の束[長さ]), 《綿・麻・羊毛の品質をいう場合の》繊維. ► *a* **1** 主要な, 重要な; いつもの, おきまりの; 規則的に多量に生産される[需要のある]. **2** 短繊維の. ► *vt* 〈羊毛などを〉選別する. [OF *estaple* market<MLG, MDu *stapel*; ↓]

staple[2] *n* 《ホッチキスの》針; またくぎ, つぼくぎ, U 字釘. ► *vt* ホッチキスで留める. [OE *stapol* post, pillar]

stáple díet 主食, 常食; 定番, おきまりのもの.

stáple gùn 大型ホッチキス.

stáple·pùncture *n* 〘医〙ステープル穿刺《外耳に針を挿入し, 食欲・薬物障害を減じる》.

stá·pler[1] *n* STAPLE[1] の商人; 羊毛などの[品質]選別人.

stapler[2] *n* STAPLE[2] を用いる紙綴じ機[板打ち](の操作員), ステープラー, ホチキス.

stápl·ing machìne 〘製本〙けとばし《足で操作して小冊子を綴じる針金綴じ機》.

stapp /stǽp/ *n* スタップ《航空医学における単位: 1 秒当たり 1 G の加速度変化に相当》. [John P. *Stapp* (1910–99) 米国の空軍将校]

star /stáːr/ *n* **1 a** 星, 恒星 (cf. PLANET[1]) (ASTRAL, SIDEREAL, STELLAR *a*); «口»《一般に》天体: Through hardship to the ~*s*. «諺» 艱難(かんなん)を経て星へ (per ardua ad astra). **b** 〘占星〙運勢の星; [ᵖ*pl*] 星回り, 運勢; «廃» 運命: trust one's ~ 自分の成功を信じる / His ~ has set [is in the ascendant]. 彼の運勢の星は沈んだ[上向いている] / be born under an unlucky ~ 不幸(の星の下)に生まれつく. **2** 星形のもの; 星章; 星形の勲章; 《その個数により評価を示す》星印 (cf. FOUR-STAR); 〘印〙星印 (asterisk) (*); 〘宝石〙スター《上面の下に 6 つの正三角形の平面を有するブリリアント形ダイヤモンド》; 《馬の額の》白い星; STARFISH; 〘電〙星形(結線); STAR NETWORK. **3** 大御所, 花形, 人気者, スター; «口» 親切な人; ᴴ«囚人俗» 刑務所の新入り. **4** 〘玉突〙番のなくなった人が買う突き番. ● **a bright particular ~** 精魂を傾ける対象(人物). **have ~s in one's eyes** 夢見ごこち[ロマンチックな気分]である; 芸能界にあこがれている. **My ~s!** «口» ええっ, 何と! 《驚き》. **reach for the ~s** 不可能なことをしようとする. **see ~s** 目から火が出る, 目がくらむ: The blow on the head made him *see ~s*. **thank one's** (**lucky**) **~s** «口» 幸運[幸福]だと思う: You can *thank your lucky ~s* you didn't fail. ► *a* **1** スターの; 最も大事な, 第一級の, すぐれた: a player of ~ quality スター級の選手. **2** 星の. ► *v* (**-rr-**) *vt* …に星印を付ける《目立たせたり評価を与えたりするため》; [ᵁ*pp*] …に星(飾り)をちりばめる 〈*with*〉; スター[主役]にする; 呼び物[売り物]にする: The film ~*s* Matt Damon. その映画の主演はマット・デーモンだ. ► *vi* 星のように輝く, みごとに演じる, 際立つ; 〈…の役で〉主演する 〈*as*〉, 〈…と〉共演する 〈*opposite, with*〉; ᴴ〘玉突〙金を出して突き番を買う: a *starring* role 主役. [OE *steorra*; cf. ASTER, G *Stern*]

stár ànise 〘植〙トウシキミ《中国原産の常緑樹》; 八角(茴香(ういきょう)), 大茴香, スターアニス《トウシキミの乾燥果実で, 中国料理の香辛料》.

stár àpple 〘植〙カイニット《熱帯アメリカ原産アカテツ科の果樹; 星形の芯のあるリンゴ大のその食用果実》.

Sta·ra Za·go·ra /stáːrə zəgɔ́ːrə/ スタラザゴラ《ブルガリア中部の市》.

star·board /stáːrbərd, ᴴ-bɔ̀ːd/ *n* 〘海〙右舷《夜間などに緑色灯をつける; opp. *port*》, 〘空〙《航空機の》右側. ► *a* 右舷の; 〘海〙右舷に風をうけた; *«俗» 〈投手など〉右腕の. ► *vt, vi* 右舷へ向ける[向く]: *S*~ (the helm)! 面(おも)かじ! 《古くは「取りかじ」; cf. PORT[3]》. [OE=rudder board (STEER, BOARD); 舵取り用の櫂(かい)が右舷にあったから]

stár bóarder *«俗» たらふく食べる人.

Star·bucks /stáːrbʌ̀ks/〖商標〗スターバックス《コーヒーチェーン》.
stár·bùrst *n* 星形[放射]模様;《カメラレンズの》光線エフェクター;〖天〗スターバースト《形成期の銀河などに見られる爆発的な星形成》.
stár cáctus〖植〗鸞鳳玉(らんぽうぎょく)《白い斑点 '星点' でおおわれた 4–6 稜のサボテン》.
starch /stáːrtʃ/ *n* **1 a** 澱粉, 糊; [*pl*] 澱粉食品; *《俗》まぜ物をした[粗悪な]薬. **b** [*fig*] 堅苦しいこと, 儀式ばること. **2***《口》元気, 勇気, スタミナ, 生気, 熱意. ● **take the ~ out of**… 堅苦しさを取り除く; *《口》…を弱らせる, 意気消沈[がっくり]させる. ► *vt*〈布など〉に糊をつけて堅くする; 堅苦しくする, こわばらせる; *《ボク俗》ノックアウトで倒す, のす. ► *a* 堅苦しい;《古》きちょうめんな. ♦ **~·er** *n* **~·less** *a* **~·ly** *adv* **~·ness** *n* [OE **stercan* to stiffen; (a) < (n) < (v); cf. STARK, G *stärken*]
stár-chámber *a* 星室裁判所的な, 専断不公平な.
Stár Chàmber [the]〖英史〗星室裁判所《15 世紀末に発展し 1641 年 Long Parliament によって廃止された裁判所; 俗説では専断不公平で有名; 元来は Westminster 宮殿内の星の間 (Camera Stellata), また中世以来ここで開かれた国王評議会のこと》; [ˢs- c-] [*fig*] 専断不公平な裁判所[委員会など].
stár chàrt〖天〗星図.
stárch blòcker, stárch·blòck 澱粉遮断剤《澱粉の代謝を妨げることによって体重を減らすとされる物質, 特にダイエット用丸薬》.
starched /stáːrtʃt/ *a* **1** 糊のきいた. **2**《俗》酔っぱらった《stiff の俗語義にかけたもの》.
stárch gùm 糊精(こせい), DEXTRIN.
stárch-redùced *a* 澱粉を減らした〈パン〉.
stárch sỳrup 水飴, 澱粉シロップ,《特に》CORN SYRUP.
stárchy *a* 澱粉(質)の; 糊をつけた, こわばった; 堅苦しい, 形式ばった;《俗》酔っぱらった (starched). ♦ **stárch·i·ly** *adv* **-i·ness** *n*
stár clòud〖天〗恒星集団 (cf. NEBULA).
stár clùster〖天〗星団.
stár connèction〖電〗星形結線[接続]《多相交流でのトランスコイル・インピーダンスなどの結線方式; cf. Y CONNECTION》. ♦ **stár-connèct·ed** *a*
stár-cròssed *a*《文》星回りの悪い (ill-fated): ~ lovers 幸(さち)薄き恋人たち.
stár cùt〖宝石〗スターカット《六角形の上面の下を, 6 つの正三角形が囲む琢磨(たくま)法》.
stár·dom *n* 主役[スター]の地位[身分], スターダム; スターたち: rise to ~ スターダムにのし上がる.
stár drìft〖天〗星流運動 (=*star stream*)《一部の恒星にみられる見かけ上の穏やかな移動で, その方向により二群に分かれる》.
stár·dùst *n* 星くず;《口》輝く[うっとりする]魅力;《口》夢見ごこち, 恍惚: have ~ in one's eyes = have STARS in one's eyes.
stare[1] /stέər/ *vi* **1**〈人が〉目を見開いて凝視する[見つめる]〈*at* [*upon*] an object; *into* space; *with* surprise〉: ~ out 外を見つめる. **2** 目立つ, 際立って見える〈*out*〉;〈毛が〉逆立つ, 荒れて色つやがない. ► *vt* じろじろ[じっと]見る, 凝視する (cf. GAZE); じっと見つめて…させる〈*into* silence etc.〉. ● **~ sb down** [**out**] 人をじっと見つめて顔をそむけさせる: ~ sb *out* (of countenance) 人を(どぎまぎさせるほど)じろじろ見る. **~ sb in the** FACE. ► *n* じっと見ること, 凝視. ♦ **stár·er** *n* [OE *starian* < Gmc **star-* to be rigid (G *starren*)]
stare[2] *n*《古・方》STARLING[1].
sta·re de·ci·sis /stέəri dɪsáɪsəs, stáː-/〖法〗先例拘束性の原則, 先例法理. [L = to stand by decided matters]
sta·rets /stáːr(j)əts/ *n* (*pl* **star·tsy** /stáːrtsi/)〖ギ正教〗スターレッツ《霊的指導者》. [Russ = old man]
stár fàcet〖宝石〗スターファセット《ブリリアントカットで, テーブルのまわりの 8 つの三角形の面》.
stár·fìsh *n*〖動〗ヒトデ.
stár·flòwer *n* 星状の花をつける草本《star-of-Bethlehem や, ツマトリソウ属の草本など》.
stár frùit〖植〗ゴレンシ, スターフルーツ (⇨ CARAMBOLA)《果実》; 星形の実をつけるオモダカ科の一年草《欧州産》.
stár·fùck·er *n*《卑》《映画・ロックなどの》スターと遊ぶやつ, グルーピー,《特に》スターと寝る女.
stár·gàze *vi* 星を眺める; うっとりと[夢ごこちに]見つめる.
stár·gàzer *n*《口》[°*joc*] 占星術師, 天文学者; 夢想家, 空想家;〖魚〗ミシマオコゼ;《俗》疾走中に周囲が気になる馬.
stár·gàzing *n* [°*joc*] 星学, 天文学; 夢見がちなこと, 放心状態, うわのそら.
stár·gazy píe /stáːrgèɪzi-/ スターゲージーパイ《イワシ・野菜・ベーコン・卵を使った Cornwall 地方独特のパイ》.
stár gràss〖植〗星状の花または放射状の葉を有する草本《colicroot, blue-eyed grass など》.
Star·hem·berg /stáːrəmbə̀ːrg; G ʃtáːrəmbɛrk/ シュターレンベルク **Ernst Rüdiger ~, Fürst von ~** (1899–1956)《オーストリアの政治家》.
star·ing /stέərɪŋ/ *a* 見つめる;〈色など〉けばけばしい;〈毛髪・羽毛が〉逆立った. ► *adv* 全く: be stark ~ mad《口》[*joc*] 全く気が狂っている, 本気違いだ. ♦ **~·ly** *adv*
stár jùmpᴴ《両手足を思いっきり広げる》大の字ジャンプ.
stark /stáːrk/ *a* **1 a** 純然たる, 全くの; くっきりした, 明確な;《古》激しい. **b**〈眺めなど〉空漠[荒涼]とした; からっぽの (bare), がらんとした〈部屋など〉; きびしい, 過酷な〈現実など〉. **2**〈特に死体が〉こわばった, 硬直した;〈信念などが〉堅固な, 厳格な;《古》がんじょうな: ~ and stiff 硬直した[して]. ► *adv* 全然, 全く;《方》力強く, がんじょうに: ~ naked すっ裸で, すっぽんぽんで / ~ dead. ♦ **~·ly** *adv* **~·ness** *n* [OE *stearc*; cf. G *stark* strong]
Stárk effèct〖理〗シュタルク効果《光源が電場にあると, スペクトル線が分岐する》. [Johannes *Stark* (1874–1957) ドイツの物理学者]
starker ⇨ SHTARKER.
Star·ker /stáːrkər/ シュタルケル **János ~** (1924–2013)《ハンガリー生まれの米国のチェリスト》.
stark·ers /stáːrkərz/ᴴ《俗》*a* すっ裸の; 完全にいかれた. ● HARRY **~**. **in the ~** すっ裸で. [*stark*, *-ers*]
stár kèy《電話・パソコンなどの》星印 (*) のキー.
stárk-nàked *a* まっ裸の, すっぽんぽんの, 一糸まとわぬ. [*start-naked* (*start* tail); cf. red*start*; *stark* (adv) に同化]
starko /stáːrkou/ *a*ᴴ《俗》すっ裸で, すっぽんぽんで. [*-o*]
stár·less *a* 星[星影]のない. ♦ **~·ly** *adv* **~·ness** *n*
stár·let *n* 小さな星; 売出し中の若手女優, スターの卵.
stár·light *n* 星明かり. ► *a* 星明かりの, 星月夜の.
stárlight scòpe〖軍〗スターライトスコープ《星明かりを増感して利用する星夜照準器》.
stár·lìke *a* 星のような, キラキラする; 星形の.
star·ling[1] /stáːrlɪŋ/ *n*〖鳥〗ムクドリ,《特に》ホシムクドリ. [OE *stærlinc* (*stær* starling, *-ling*[1])]
starling[2] *n*〖土木〗《橋脚の》水切り, 水そぎ. [? *staddling* (STADDLE, *-ling*[1])]
stár·lìt *a* 星明かりの; 星の見える, 星空の.
stár màp〖天〗星図.
stár nètwork〖電〗星形回路《3 本以上の枝路が 1 つの端末を共有する回路》.
stár-nòse(d) móle, stár·nòse〖動〗ホシバナモグラ《米国北東部・カナダ南東部に分布し, 鼻先のまわりに 22 個の肉質の触手がある半水生のモグラ》.
Stár of África [the] アフリカの星《Cullinan diamond からカットした世界最大のカットダイヤモンド (530 カラット); 英国王の王笏にはめ込まれている》.
stár-of-Béthlehem *n* (*pl* **stárs-**)〖植〗星形の白花をつけるユリ科オルニトガラム属の草本,《特に》オオアマナ.
Stár of Béthlehem [the] ベツレヘムの星《キリスト降誕時に現われ, 東方の三博士を導いた; *Matt* 2: 1–10》.
Stár of Dávid [the] MAGEN DAVID.
Stár of Índia [the]〖英史〗インド星勲章《1861 年インド直接統治開始を記念したもの》.
stár prìsonerᴴ 新入りの囚人.
stár·quàke *n*〖天〗星震《地球以外の天体での地震; 特に中性子星の減速により遠心力と形状の不均衡が蓄積して生じる震動》.
stár quártz 星彩石英, スタークォーツ《針状結晶を包含し, 星彩を呈する》.
Starr /stáːr/ スター (**1**) ⇨ BELLE STARR (**2**) **Ringo ~** (1940–)《英国のロックミュージシャン; 本名 Richard Starkey; もと Beatles のメンバー》.
starred /stáːrd/ *a* 星をちりばめた; 星印のある; 星章をつけた;〈俳優が〉主演の; (…の)運命にある: ILL-STARRED.
stárred fírst《Cambridge 大学などの》第一級学位.
stár·rer /stáːrər/ *n*《口》一流スター主演の映画[劇].
stár ròute〖米〗《特に 2 つの町や過疎地区の間で特定契約者の運ぶ》局(駅)間郵便物運搬ルート. [公報で * を付したことから]
stár rúby〖鉱〗スタールビー《星状光彩を呈するルビーの一種; 6 条の変彩線を有する》.
stár·ry *a* 星の多い, 星をちりばめた, 星明かりの〈空など〉; 星のように光る, キラキラした〈目など〉; 星(から)の, 星からなる;《口》スターの; 星形の, 放射状の; 星に届くほど高い; STARRY-EYED. ♦ **stár·ri·ly** *adv* **stár·ri·ness** *n*
stárry-èyed *a*《口》夢見がちな, 夢想的な, 非現実的な.
Stárs and Bárs [the, 〈*sg*〉]〖米史〗南部連盟旗《赤白赤の横線と, 左上に青地に脱退した州を表わす 7 つの白星を環状にあしらった旗》.
Stárs and Strípes [the, 〈*sg*〉] 星条旗 (=*Star-Spangled Banner*)《米国国旗》.
stár sápphire〖宝石〗星彩青玉, スターサファイア.
stár shèll 照明弾, 曳光(えいこう)弾.
stár·shìp *n* (恒星間)宇宙船, スターシップ.
stár shòwer〖天〗流星雨.
stár sìgn〖占星〗宮, …座 (sign).
Star·sky /stáːrski/ スタスキー **Dave ~**《米国の刑事物テレビドラマ *Starsky and Hutch* (刑事スタスキー & ハッチ, 1975–79) の主人公である Los Angeles のはみだし刑事》.
stár-spàngled *a* STAR-STUDDED; はなばなしい; [*joc*] 米国国旗の, アメリカ的な: a ~ career.

Stár-Spàngled Bánner [the] 星条旗《**1**》米国国旗 Stars and Stripes **2**》米国国歌; 1814 年弁護士 Francis Scott Key が第 2 次米英戦争で砲撃に耐えた Baltimore McHenry 要塞になお翻る星条旗に感動して作詞, 英国の歌 'To Anacreon in Heaven' (John Stafford Smith 作曲) のメロディーで愛唱されたもの; 1931 年連邦議会で公認された; 'Tis the star-spangled banner; O long may it wave | O'er the land of the free, and the home of the brave. の一節がある》.

stár·spòt *n* 星の表面の比較的暗い部分.

stár·stòne *n* 星光石,《特に》星彩青玉.

stár strèam 〘天〙 STAR DRIFT.

stár-strùck *a* スターたち[スターの世界]に魅せられた.

stár-stùdded *a* 星でいっぱいの, 星をちりばめた; スターでいっぱいの, きら星のごとき, 豪華キャストの.

stár sỳstem [the]〘映・劇〙スターシステム《観客動員のため人気スターを使うやり方》.

start /stá:rt/ *vi* **1 a** 始める, 着手する〈*on* a task〉; 出発する, 一歩を踏み出す〈*from* a place, *for* a destination, *on* a journey〉;《競技・試合などで》先発する: ~ *on* a new enterprise 新事業を始める / ~ *in* business [life] 商売[世渡り]を始める. **b** 先に悪口を言う[手を出す]; いやなことを言い出す: *He ~ed.* こいつが先にやったんだ / Don't (you) ~ (with me)! やめろ, ぐずぐず言うな! **2 a**〈機械が〉始動[起動]する, 動く, 回る〈*up*〉. **b**〈…から〉始まる; 急に起こる[生じる]〈*at, with*〉; 突然見えてくる[現われる];《口》〈悪口・自慢話などが〉出始める;〈血など〉噴き出す: How did the war [fire] ~? 戦争[火事]はどうして起こったのか. **3 a**《驚いて》飛び出す〈*forward, out*〉, 飛びのく〈*aside, away*〉, 飛びさがる〈*back*〉, 飛び上がる[立つ]〈*up*〉;《驚き・恐怖などで》びくっ[はっ, ぎくっ]とする〈*forward*; *at* a cause; *with* feeling〉. **b**〈目など〉突き出る, 飛び出す. **4**〈船材・釘などが〉ゆるむ, 曲がる, はずれる, 反(そ)る; はがれる.

► *vt* **1 a** 始める (begin);〈仕事などを〉始める, …に取りかかる;〈旅行など〉に出かける: She *~ed* crying [to cry]. 泣き出した / ~ a newspaper 新聞事業を始める / ~ one's journey. **b**〈討論・話題などの〉口火を切る,〈苦情などを〉言い出す, 持ち出す,〈うわさを〉流す;〈賞賛・舞踏などを〉先に立ってする, 先導する, 主唱する: ~ an idea ある思想を主唱する. **c**〈子を〉宿す. **2**〈機械を〉始動[起動]させる;〈火事などを〉起こす; 使い始める;〘海〙〈容器〉から注ぎ出す,〈樽など〉の口を切る: ~ a car 自動車をスタートさせる. **3 a**《競走で》…にスタートの合図をかける, スタートさせる; 先発メンバー[出場者]にする;〈試合〉に先発出場する. **b**〈人を〉旅行に行かせる;《商売・店などを》〈人〉に始めさせる, 身の立つようにしてやる; …の初期の面倒をみる;〈ねじ・釘などを〉あらかじめ少し打ち込んでやる: ~ sb *in* life 人を人生に旅立たせる / ~ sb (*up*) *in* business 人に商売を始めさせる. **c**〈人を〉〈初任給…で〉雇う〈*at*〉: They *~ed* him *at* $200 a week. **d** [目的語と現在分詞を伴って] 始めさせる, …の原因になる: That *~ed* him think*ing*. そのため彼は考え始めた. **4**〈獲物を〉飛び立たせる, 狩り出す;《古》びっくりさせる, ぎょっとさせる. **5**〈船材・釘などを〉ゆるませる, 反らせる, はずれさせる, 曲がらせる.

● **get ~ed (on…)** (仕事などを)始める. **get…~ed** 〈エンジンなどを〉始動させる;〈人〉に(…を)始めさせる. **~ against**…に対抗して立候補する. **~ (all) over again** 再び初めからやりなおす. **~ at [from]**… ⇨ *vi*;〈料金などが〉最低…である. **~ back** 帰り[戻り]始める〈*to*〉; 再び勉強[仕事]を始める;〈学校が〉再開する. **~ in** 始める, 取りかかる〈*to* do; (*on*) do*ing*, *on* one's work〉; 人生を踏み出す, 初めて就職する〈*as*〉;〈人を〉〈…として〉採用する〈*as*〉; *《口》どなり出す,〈…を〉非難し始める〈*on*〉. **~ off**〈事業などが〉始まる; 始める〈*with* a song, (*by*) do*ing*, *on* a subject, *as* a waiter〉;〈人〉に〈勉強・話などを〉始めさせる〈*on*〉;《口》〈人を〉感情的にふるまわせる, 泣かせる, 笑わせる; 旅立つ, 動き出す. **~ on (at)**…"《口》〈人〉とけんかを始める, …をいじめる[責める], …に文句を言う〈*about*〉. **~ out** 取りかかる; 乗り出す〈*to* do〉; 出かける, 出発する, 旅立つ; 人生[仕事]を始める〈*as* a teacher, *on* an investigation〉;〈事業などが〉始まる〈*as*〉;〈人を〉〈…として〉仕事に就かせる〈*as*〉. **~ over** *やりなおす; *〈人〉にやりなおさせる. **~ something**《口》事[騒ぎ]を起こす. **~ up** (*vi*) 急に現われる; 急に出世する; 仕事[事業]を始める〈*in* teaching, a trade〉(cf. *vt* 3b); 演奏を始める;〈車などが〉始動する;〈心に〉浮かぶ. (*vt*)〈自動車などを〉始動させる;〈事業などを〉始める;〈人を〉採用する〈*as* a clerk〉. **to ~ with** まず第一に (to begin with), とにかく; 始めに[は].

► *n* **1 a**《旅行などの》出発;《事業などの》着手, 開始; 始めの部分, 出だし: make an early ~ 早く出発する / He had an hour's ~ *on* me. 一時間先に出かけた / give sb a ~ in life 人を世の中へ出してやる, 人に商売を始めさせる / get a good [poor] ~ in life 人生の好スタートを切る[出だしでつまずく]. **b**《競走の》出発, スタート; スタートの合図; [the] 出発点, スタートライン. **c**《競争で》出足; リード, 先行; 有利, 機先, 先発(権);《レースへの》参加, 出走; 先発出場. **2** 跳び上がり, 跳びのくこと; はっと[ぎくっと]すること;《口》びっくりするできごと;《古》突発, ほとばしり: get [give sb] a ~ はっとする[させる] / with a ~ ぎくっと(して). **3** ゆるみ, ずれ, ゆがみ, 反(そ)り; 裂け目, 亀裂. ● **at the ~** 初めは. **by [in] fits (and ~s)** ⇨ FIT². **for a ~**《口》まず, 手始めに (to start with). **from ~ to finish** 終始一貫(して), 徹頭徹尾. **get (…) off to a good [bad] ~** (…に)調子よく[悪く]スタートする[させる];〈事業などが[を]〉好調に[不調で]始まる[始める]. **get the ~ of**…の機先を制する. **make a ~ (on…)** (…に)着手する. [OE **stiertan*, **styrtan*, etc. to jump up; cf. G *stürzen* to overthrow; 現在の語形は Kent 方言より, また '出発する' の意は 18 世紀より]

START /stá:rt/ °Strategic Arms Reduction Talks.

stárt bìt 〘通信〙スタートビット《非同期通信で, 送信される各バイトの先頭に付加されてデータビット列の始めを示すビット; cf. STOP BIT》.

stárt·er *n* **1 a**《競走・競馬などの》スタート係, スターター;《乗物などの》出発[発車]係;〘鉄道〙出発信号機;〘機〙起動装置, 始動機 (=~ **mòtor**), スターター(付き自動車);〘電子工〙始動器,《蛍光灯の》グローランプ;〘発酵〙スターター《乳製品などの発酵用に培養する微生物》, イーストの種, パン種;《化学反応の》誘発剤;〘農〙根付け肥. **b** きっかけ,《議論などの》いとぐち, 手始め(の材料), たたき台;《豪口》《企画などの》火つけ役, 推進者, もとになったアイディア. **2** 競走[競技]に出る人, 出走馬, 先発メンバー[投手]; 最初に出る料理, 前菜;〘工〙一番錐(きり). **3** 出だし[始めるの]が…な人: a late ~ *in* music. ● **as [for] a ~** =**for ~s**《口》手始めに, まず第一に. **under ~'s orders**〈競走馬などが〉出発合図を待って.

stárter hòme 初めて買う(のに手ごろな)住まい.

stárter kìt [pàck] 入門セット, スターターキット《趣味などを始めるのに基本となる道具・材料一式》.

stár thìstle 〘植〙ムラサキイガヤグルマギク (=*caltrop*),《広く》ヤグルマギク(類).

stárt·ing blòck《競走用の》スターティングブロック,《プールの》スタート台.

stárting gàte《競馬の》発馬機, スターティングゲート;《スキー競技などの》スターティングゲート.

stárting grìd 〘自動車レース〙(スターティング)グリッド (=*grid*)《スタート時に出走車が並ぶレースコース上の升目》.

stárting hàndle"《内燃機関の》始動ハンドル.

stárting lìneup 先発メンバー.

stárting pìstol [gùn] スタート合図用ピストル.

stárting pìtcher 〘野〙先発投手.

stárting pòint 出発点, 起点, 原点.

stárting pòst《競馬などの》出発点: left at the ~ 最初から差をつけられて.

stárting prìce《オークションの》開始値;《商品の》基本価格; 売却最低価格;《競馬など》《スタート時の》最終賭け率.

stárting sàlary 初任給.

stárting stàll 〘競馬〙STARTING GATE.

star·tle /stá:rtl/ *vt*《驚き・恐怖・ショックで》跳び上がらせる, ぎょっと[ぎくっと]させる; 刺激する, 刺激[激励]して…させる: You *~d* me! びっくりしたなあ / be *~d at*…にはっと驚く / I was *~d by* the news. その知らせに驚いた / The noises *~d* me *out of* my sleep. 騒音ではっと目がさめた. ► *vi* はね起きる, はね上がる, びっくりする〈*at*〉. ► *n* はっとする驚き; はっとさせるもの. ♦ **~d** *a* **~·ment** *n* [OE (freq)〈START]

stártle còlor 〘動〙驚愕色《動物が脅威を感じた際に露出するあざやかな色》.

stár·tler *n* 驚かす人[もの]; 驚くべき事実[陳述].

stár·tling *a* 驚くべき, はっとするような: ~ news. ♦ **~·ly** *adv* **~·ness** *n*

stár topólogy 〘電算〙スター[星形]トポロジー《ネットワークを構成する装置 (node) の接続方式の一つ; 中心となる 1 基のコンピューターに各装置を接続する》.

stárt pàge 〘電算〙スタートページ《ブラウザーの起動時に最初に表示されるホームに設定したウェブサイトのページ》.

Stár Trèk「宇宙大作戦」「スタートレック」《米国のテレビ SF シリーズ (1966–69, 87–94); 巨大宇宙船 Enterprise 号とその乗組員が宇宙を探検しさまざまな冒険をする; 'Trekker' 'Trekkie' と呼ばれる熱心なファンが増え, テレビアニメ・劇場映画も作られている》.

startsy *n* STARETS の複数形.

Stárt·up *n* 〘電算〙スタートアップ《Windows で, 起動時にまず実行すべきプログラムアイコンを格納するグループ》.

stárt·ùp *n* 操業[運転]開始, 始動, 起動; 新興企業;《古》成り上がり者 (upstart). ► *a* 操業[運転]開始の(ための); 活動を始めたばかりの, 新進の.

stártup dìsk 〘電算〙BOOT DISK.

stár tùrn《演劇・ショーなどで》呼び物(の寸劇[一番]),《広く》《グループの中で》最も広く知られた人[もの], 主役.

star·va·tion /stɑ:rvéɪʃ(ə)n/ *n* 餓死; 飢餓, 窮乏: ~ diet 飢餓[断食]療法, 飢餓食 / a ~ policy 兵糧攻め.

starvátion wàges *pl* 飢餓賃金《最低生活も不可能なほどの薄給》.

starve /stá:rv/ *vi* **1** 餓死する; 飢えに苦しむ;《口》ひどく空腹である; 極貧に苦しむ;《古・方》凍死する;"《方》極寒に苦しむ. **2** 渇望する: ~ *for* affection 愛情に飢える. ► *vt* **1**〈人・動物を〉飢えさせる; 餓死させる;《古・方》凍死させる, 凍えさせる: ~ the enemy *out* [*into* surrender(*ing*)] 兵糧攻めで敵を追い出す[降服させる] / be *~d* to death 餓死する. **2** [°*pass*]〈…の〉欠乏で苦しめる〈*of*〉, …に〈…を〉渇望させる〈*for*〉: *~d of* oxygen 酸素が欠乏して / *~d for* love 愛に

餓えて. ［OE *steorfan* to die＜Gmc＝?to be rigid (G *sterben* to die); '餓死' の意は 16 世紀から］

stárve·ling *n*《古・文》**1**《飢えのため》やせこけた[栄養不良の]人[動物, 植物]. **2**［〈*a*〉］飢えた; 貧困[欠乏]に苦しむ; やせこけた; いじけた; おそまつな.

Stár Wàrs 1『スター・ウォーズ』《米国映画 (1977); George Lucas 脚本・監督作品; 暴虐な銀河帝国の支配に対する反乱を背景として主人公 Luke Skywalker が悪と戦うスペースオペラ》. **2**［°s- w-］《口》スターウォーズ《SDI のニックネーム》.

stár·wòrt *n*〔植〕**a** シオン《キク科》. **b** ハコベ《ナデシコ科》. **c** アワゴケ《アワゴケ科》.

stase /stéɪs/ *n* もとの姿のままの化石植物.

stash[1] /stǽʃ/ *vt, vi*《口》〈金・貴重品などを〉そっとしまって[隠して]おく, 隠匿する, 隠す, 銀行に預け入れる〈*away*〉;《口》置く, 片付ける; [°*impv*]《米では古》やめる〈*up*〉, 〈場所を〉去る. ► *n*《口》隠し場所;《口》隠れ家, 会合場所;《口》隠したもの, ひそかに確保してある麻薬. ［C18＜?］

stash[2] *n**《俗》口ひげ (mustache).

stásh [stúff] bàg マリファナを入れておく小さな袋;《俗》口紅や運転免許証を入れておく小さな袋, 小物入れ.

stashie ⇨ STUSHIE.

Sta·si /ʃtɑ́ːzi/ *n* [the]《東ドイツの》国家公安局, 秘密警察, シュタージ. ［G *Staatssicherheitsdienst* State Security Service］

stas·i·mon /stǽsəmɑ̀n/ *n* (*pl* **-ma** /-mə/)《ギリシア劇で》合唱歌. ［Gk］

sta·sis /stéɪsəs, stǽs-/ *n* (*pl* **-ses** /-sìːz/)《勢力などの》均衡[平衡]状態, 静止, 停滞;《進化上の》停滞;〔医〕血行停止, 鬱血;〔医〕腸内容鬱滞. ［NL＜Gk (*sta-* to STAND)］

-sta·sis /stéɪsəs, stǽs-, ˌ⌒stəsəs/ *n comb form* (*pl* **-sta·ses** /-sìːz/)「停止」「安定状態」: hemo*stasis*, homeo*stasis*. ［↑］

stass·fur·tite /stǽsfərtàɪt, ʃtɑ́ːs-/ *n* 塊硼(ほう)石. ［*Stassfurt* ドイツの産地］

stat[1] /stǽt/ *adv*《処方などで》直ちに, すぐに, 至急. ［L *statim* immediately］

stat[2]《口》*n* THERMOSTAT; PHOTOSTAT.

stat[3] *n*《口》STATISTIC.

stat- /stǽt/ *comb form*〔電〕「cgs 静電単位系の」: *stat*coulomb. ［electro*stat*ic］

-stat /stæ̀t/ *n comb form*「安定装置」「反射装置」「発育阻止剤」: aero*stat*, gyro*stat*, thermo*stat*, bacterio*stat*. ［Gk *statos* standing］

stat. statics ♦ statuary ♦ statue ♦ statute(s).

stat·al /stéɪtl/ *a*《米国などの》州 (state) の[に関する].

sta·tant /stéɪtnt, stǽt-/ *a* [後置]〔紋〕〈ライオンなどが〉四本足で立っている (⇨ RAMPANT). ［L *sto* to stand］

sta·ta·ry /stéɪtəri/ *a*〔昆〕〈軍隊アリ(の行動相)が〉停留(期)の《行軍しない》.

stat·cóulomb *n*〔電〕スタットクーロン《cgs 静電単位系の電荷の単位》.

state /stéɪt/ *n* **1 a** 状態, ありさま, 形勢, 事情;《形・発達段階などの》〈ある〉状態: the married [single] ～ 結婚[独身]状態 / the liquid ～ 液体状態, 液相 / the larval ～ 幼虫段階. **b**〈ある〉精神状態;《口》興奮[混乱, 錯乱]状態: She was *in* (quite) *a* ～. (完全に)取り乱していた / Don't get *into a* ～. 興奮[心配]するな / What *a* ～ you are *in!* その様子はどうだ! **c** 版画製作中の一段階(を写した版);〔書誌〕同版中で相異なる部分の一方. **2 a** 階級, 身分, 地位,《特に》高位;《客間・食卓などの》上席; [*pl*]《貴族・聖職者・平民等の》国会内に勢力を有する支配階級 (cf. STATES GENERAL); [the S-s]〔英〕《王室保護領の 3 つの島 Jersey, Guernsey, Alderney の》議会,《オランダの》州議会. **b** 威厳; 堂々とした様子, もったいぶり; 儀式; りっぱさ, 荘厳: in ～ 正式に, 堂々と, 盛装して / in great [easy] ～ ものものしい[くつろいだ]様子で / keep (one's) ～ もったいぶっている / live [travel] in ～ ぜいたくな生活[旅行]をする / a visit of ～ 公式訪問. **3 a** [ᵘthe S-] 国家, 国; 国土, 国の領土. **b** 国事, 国務, 国政; [the S-]*《口》国務省 (＝the Department of S~);《しばしば church に対し》政府: Church and *S*~ 教会と国家, 政教 / the head of ～ 国家元首. **4** [°S-]《米国や豪州などのある程度自治権をもった》州; [the S-s]《口》米国《米国人が外国で用いる》. **5**〔英軍〕軍事報告書;《古》計算書, 会計報告書. ● **lie in ～**《埋葬の前に公衆の前に》〈国王などの遺骸が〉正装安置される. **lose a ～***《口》(選挙に負けて) 州を失う. **～ of life** 階級, 地位, 職業. STATE OF THE ART. **the ～ of affairs [things, play]** 情勢, (進行[得点])状況, 現状. ► *attrib a* **1** 大礼[儀式]用の, 公式の, りっぱな〈馬車など〉: ～ apartments《宮殿などの》儀式用室, 大広間; 華麗な部屋 / a ～ chamber 儀式用室 / a ～ dinner *《政府主催の》公式晩餐会 / a ～ visit《国家元首による》公式訪問. **2** [°S-] 国家の, 国事に関する. **3** [°S-] 州の (cf. NATIONAL, FEDERAL): STATE HOUSE / STATE POLICE.

► *vt*《明確に》述べる, 申し立てる, 言う;〔法〕陳述する, 供述する; [ᵘ*pp*]〈日取り・値段などを〉決める;〔数〕符号[代数式]で示す;〔楽〕提示する: It is ～*d* that…と言われている / as ～*d* above 上述のとおり. ♦ **stát(e)·able** *a* ［ESTATE and L STATUS］

státe áid 国庫補助. ♦ **státe-áid·ed** *a* 国庫補助を受けている.

státe attórney STATE'S ATTORNEY.

státe bánk 国立銀行;〔米〕州法銀行《州法により設立される商業銀行》.

státe bénefit〔英〕《失業・病気などに対する》国家給付金.

státe bírd〔米〕州鳥.

státe cápitalism 国家資本主義; STATE SOCIALISM.

státe cárriage [cóach]《儀式・祭典用の》盛装馬車.

státe chúrch 国教会, 国家制定教会 (established church).

státe cóllege〔米〕州立カレッジ《州立の単科大学, または STATE UNIVERSITY を構成するカレッジ》.

státe·cràft *n* 治国策, 経世, 政治;《古》政治的手腕.

stat·ed /stéɪtəd/ *a* 定まった, 定期の; 公認[公式]の; 明白に規定された. ♦ **～·ly** *adv*

státed cáse〔法〕CASE STATED.

státed clérk《米国長老派の》常任書記長, 事務総長《総会の moderator の次位の役職》.

Státe Depàrtment [the]〔米〕国務省 (DEPARTMENT OF STATE).

State Duma ⇨ DUMA.

státe educátionᴴ《私立学校における教育と区別して》公教育.

Státe Enrólled Núrse〔英〕《かつての》国家登録看護婦[看護士]《略 SEN》.

státe flówer〔米〕州花.

státe fùnction〔理〕状態量[関数] (＝*state quantity*)《ENTHALPY, FREE ENERGY など》.

státe·hòod *n* 国家[州]としての地位.

státe·hòuse *n*〔米〕州会議事堂.

státe hòuse《NZ》国庫建設住宅; STATEHOUSE.

státe·less *a* 国[国籍]のない[を失った]; ᴴ威厳を欠いた: a ～ person 無国籍者. ♦ **～·ness** *n*

státe·let *n* 小国家.

státe líne〔米〕州境界線.

státe·ly *a* 威厳のある, 堂々とした; 荘厳な, 品位のある; 高慢な, いばった. ► *adv*《まれ》堂々と; 荘重に. ♦ **-li·ness** *n* 荘重, 威厳.

státely hóme 大邸宅《特に 英国で, 広大な敷地をもち, 一般に公開されているもの》.

státe médicine 医療の国家管理, 国家医療.

státe·ment *n* **1** 言うこと, 所説, 言い方; 言明, 陳述, 供述, 申告, 声明;〔楽〕《主題の》提示;《作品・行動などを通じての間接的な》意見[態度]の表明, 主張: make a ～ 声明を出す; [*fig*] 態度を明確に示す. **2** 声明書, 記事;〔文法〕陳述文 (declarative sentence);〔電算〕文, ステートメント《コンパイラーにとって意味のある, 命令などの最小構成単位》;〔数〕完結した表現によって示された概念. **3**〔商〕計算書, 貸借表, 一覧表, 明細書; BANK STATEMENT. **4**ᴴ特別教育該当認定. ► *vt*ᴴ〈児童を〉特別教育該当者と認定する.

státement of cláim〔英法〕原告の最初の訴答;〔米法〕請求原因の陳述; 特許請求の範囲の記載.

Stát·en Ísland /stǽtn-/ スタテンアイランド《**1**) New York 湾内の島 **2**) 同島を含む New York 市南西部の自治区 (borough); 旧称 Richmond; 略 SI》.

státe-ó /-óu/ *n* (*pl* **～s**)*《俗》州刑務所の囚人服. ［*o*fficial clothes］

státe-of-the-árt *a* 最先端技術を用いた, 最高技術水準の, 現状最新技術の, 最新式の.

státe of the árt [the] 到達水準; [the] the STATE of affairs.

Státe of the Mídnight Sún [the] 白夜(びゃく)州《Alaska 州の俗称》.

Státe of the Únion addrèss [mèssage] [the]〔米〕一般教書《毎年 1 月に大統領が議会に対して行なう国政報告で, 三大年頭教書の一つ》.

Státe of the Wórld Mèssage [the]〔米〕《議会に対する》大統領の外交教書.

státe of wár 戦争[交戦]状態; 交戦期間.

Státe Ópening of Párliament [the]〔英〕議会開会(式典)《通例 11 月もしくは 12 月, また総選挙のある年はその直後に行なわれる; 当日には国王のことばがある》.

státe páper 政府[国家](関係)文書.

státe políce〔米〕州警察.

státe práyers *pl*〔英国教会〕護国の祈り《国王・王室・議会に対してささげる祈り》.

státe príson 国事犯監獄 (＝**státe's príson**);〔米〕州刑務所《重罪犯用》.

státe prísoner 国事犯人 (political prisoner).

státe quàntity STATE FUNCTION.

sta·ter /stéɪtər, stɑːtéər/ *n* スタテル《古代ギリシア都市国家の各種の金貨[銀貨, 金銀合金貨]》.

Státe Régistered Núrse〔英〕《かつての》国家公認看護婦[看護士]《略 SRN》.

státe relígion 国教.

státe ríghts *pl* STATES' RIGHTS.
státe róad commìssion 〔米〕州道路委員会.
státe·ròom *n* 《宮中・大邸宅などの》大広間, 儀式室; 《客船の》個室, 船長[高級船員]室; *《列車の》個室.
státe's attórney 〔米〕州検事 (=*state attorney*).
státe schólarship 〔英〕《かつての》国家奨学金.
státe schòol 〔英〕公立学校《義務教育は無償》; *STATE UNIVERSITY.
Státe Sécond Pénsion 〔英〕国家第二年金《ある年齢に達したらだれもが支給される定額部分の基礎年金に加えて, 会社勤めの人に支給される報酬比例部分の付加年金; 2002 年に SERPS に取って代わったもので, SERPS より低所得者に有利になっている; 略 S2P》.
státe sécret 国家機密.
státe sérvices *pl* 〔英国教〕《戴冠式などの》国家的祝賀行事に行なわれる礼拝.
Státe Sérvices Commìssion 〔NZ〕《政府指定の》公共事業体.
státe's évidence [ºS-]〔米〕共犯証言《共犯の一人が行なうもので他の被告は不利となり, 当人は減刑; cf. KING'S [QUEEN'S] EVIDENCE》; 共犯証言者; 犯罪に対して国家が提出する証拠: turn ~ 共犯者に不利な証言をする.
Státes Géneral [the] **1** 《上下両院からなる》オランダ国会; 全国会議《16–18 世紀オランダ共和国の国家最高機関》. **2** 〔フランス史〕三部会 (Estates General)《僧族・貴族・第三身分からなるフランス革命までの身分制議会》.
státe·sìde [ºS-]*《口》*a* 《国外からみて》米本国(へ)の, 米本国での. ▶ *adv* 米本国へ[に, で]. ▶ *n* アメリカ本国. ♦ **-sìd·er** *n**《口》米本国生まれの人, 本土人.
státes·man /-mən/ *n* 《特に 指導的な》政治家; 経世家; ‖《方》小地主. ♦ **~·lìke** *a* **~·ly** *a* 政治家にふさわしい. **~·ship** *n* 政治的手腕. [F *homme d'état* にならったもの]
státe sócialism 国家社会主義. ♦ **-ist** *n*
Státes of the Chúrch *pl* [the] PAPAL STATES.
státes·pèrson *n* 政治家《性差別を避けた語》.
state's prison ⇨ STATE PRISON.
státes' ríght·er [ºS-]*《口》州権論者《合衆国憲法を厳密に解釈して, 州の問題に対する連邦政府の干渉に反対する》.
státes' ríghts *pl* 州権《合衆国憲法で中央政府への委任を規定しておらず, また 各州に禁じていない権限》; 州権拡大論.
Státes' Ríghts Demócratic párty [the]〔米〕州権民主党《1948 年, H. Truman が大統領候補となるのに反対した南部民主党員が結成; cf. DIXIECRAT》.
státes·wòman *n* 《特に 指導的な》女性政治家. ♦ **~·lìke** *a* **~·shìp** *n*
state térrorism 《主権国家による, または主権国家により支援を受けた》国家テロ行為.
state trée 〔米〕州木.
state tríal 国事犯裁判.
state tróoper 〔米〕州警察官.
state univérsity 〔米〕州立大学《しばしば単一の大学ではなく, 州内のいくつかの大学の集合体 (~ system) をいう; たとえば UCLA は University of California を構成する大学の一つ》.
state véctor 〔理〕状態ベクトル《量子力学的な系の状態を表わすベクトル》.
státe·wíde* *a, adv* 州全体の[に], 全州で(の).
stat·fárad *n* 〔電〕スタットファラッド《cgs 静電単位系の静電容量の単位》.
stat·hénry *n* 〔電〕スタットヘンリー《cgs 静電単位系のインダクタンスの単位》.
Sta·tia /stéɪʃə/ ステーシア《SAINT EUSTATIUS 島の別称》.
stat·ic /stǽtɪk/ *a* **1** 〔理〕静的な, 静止の, 定位の (opp. *dynamic, kinetic, astatic*); 変化[動き, 進展など]の(ほとんど)ない, つまらない; 〔経〕静(学)的な; 〔社〕静態の; 〔電算〕スタティック[静的な]〈メモリー〉《リフレッシュを行なわなくても記憶内容が保持される; cf. DYNAMIC》. **2** 〔電〕空電の, 《俗に》静電気の. ▶ *n* **1** 〔電〕空電 (atmospherics), 《受信機の》雑音. **2***《口》激烈な反対, うるさい批評, やかましい議論, 雑音. ♦ **-i·cal** *a* **-icky** *a* **-i·cal·ly** *adv* [NL<Gk (*statos* standing)]
-sta·tic /stǽtɪk/ *a comb form* -STASIS に対応する形容詞をつくる.
stat·i·ce /stǽtəsìː/ *n* 〔植〕SEA LAVENDER, THRIFT.
státic electrícity 〔電〕静電気.
státic fíring 〔空〕《ロケットエンジンの》地上燃焼試験.
státic fríction 〔理〕静止摩擦《面上に静止している物体を押して動かそうとするとき, それに抗してはたらく力; cf. KINETIC FRICTION》.
státic líne 〔空〕自動索《パラシュート収納袋と飛行機を結ぶ柔軟な索; 自動的に傘体を開かせる》.
státic machíne 静電誘導起電機, 《特に》WIMSHURST MACHINE.
státic-préssure tùbe STATIC TUBE.
stát·ics *n* 〔理〕静力学 (opp. *kinetics, dynamics*); 〔経〕静学. [*static* (n), *-ics*]
státic tésting 《ロケット・ミサイル・エンジンなどの》静止試験, 地上試験.
státic tùbe 静圧管《流体の静圧を測定する》.
státic wáter タンク[貯水池]に貯蔵した水.
stat·in /stǽt(ə)n/ *n* 〔薬〕スタチン《体内でのコレステロール産生を制御する酵素のはたらきを抑制することによって血中の LDL コレステロールを減らす薬剤の総称; lovastatin, simvastatin など》.
sta·tion /stéɪʃ(ə)n/ *n* **1** 駅, 停留所; ‖貨物駅; 駅舎, 停留所の建物 (depot*); BUS STATION. **2** 署, 本署, 本部, 局, 所; 《地域を対象とする》営業所, 公益事業所; FIRE STATION; POLICE STATION; SERVICE STATION; GAS STATION; *《郵便局の》支局; 放送局[設備]; 《口》《テレビの》チャンネル. **3 a** 《人・物が立つ[配置される]特定の》位置, 場所; 持ち場, 部署; 警備区域, 警戒海域, 戦艦の乗組員の持ち場: take up one's ~ 部署につく / a nurse ~ 看護師詰所 / ACTION STATION. **b** 駐屯地; 〔海軍〕根拠地; 〔生〕生息場所 (habitat); 《野球俗》塁 (base). **c** 《もとインドで》衛戍(えいじゅ)地住民. **4** 身分, 地位; 高位; 《成績順位・能力評価などでの》地位: one's ~ in society 社会的地位 / people of ~ お歴々. **5 a** 観測所, 研究所. **b** 〔測〕測点, 基点, 測量線に沿って 100 フィートの長さ; 〔造船〕断面図. **6** 〔鉱〕《立坑などの中の》広場, 置場; 《豪》《建物・土地を含む》牧場, 農場. **7 a** 《古》静止, 姿勢. **b** 〔宗〕小斎, 断食, 精進《ギリシア正教は水曜・金曜に, カトリックは金曜に行なう》; 〔カト〕十字架の道(行き)の留(りゅう)《STATIONS OF THE CROSS の一つ》; 《ローマの》指定参詣聖堂.
● **above one's ~** 自分の地位[身分]を忘れて, 分不相応な, 身のほど知らずな: MARRY[1] *above* one's ~.
▶ *vt* 部署につかせる, 配置する, 駐在させる, 置く 〈*at, on*〉: ~ one*self* 配置につく.
♦ **~·al** *a* [ME=standing, <L (*stat- sto* to stand)]
státion àgent 〔米鉄道〕《小さな駅の》駅長, 《大きな駅の》課長.
státion·àry /; -(ə)ri/ *a* **1** 動かない, 静止した, 止まっている; 変化のない, 居すわりの, 停滞した; 定着した, 増減[変動]のない〈人口など〉, 不変の〈温度など〉; 〔天〕〈惑星が〉一見したところ経度に変化のない, 留の: a ~ satellite 静止衛星. **2** 据え付けの, 固定の; 駐屯した, 常備の〈軍隊など〉. ▶ *n* 動かない人[もの]; [*pl*] 駐屯軍, 常備軍. ♦ **stà·tion·ár·i·ly** /; stéɪʃ(ə)nərəli/ *adv* **stá·tion·àr·i·ness** /; -ərɪ-/ *n*
státionary áir 〔医〕《機能的》残気《通常の呼吸のときに肺に残っている空気》.
státionary bícycle [bíke] EXERCISE BICYCLE.
státionary éngine 《建物内の》定置機関.
státionary enginéer 定置機関[機械]担当技師.
státionary frónt 〔気〕停滞前線.
státionary lóad 〔工〕常時荷重.
státionary órbit 〔宇〕SYNCHRONOUS ORBIT.
státionary póint 〔天〕《惑星の》留(りゅう); 〔数〕定留点《連続な曲線上で, その傾きが零または無限大となる点》.
státionary státe 〔理〕定常状態.
státionary wáve [vibrátion] 〔理〕定常波 (standing wave).
státion bìll 〔海〕《乗組員の》非常時配置表.
státion brèak *〔ラジオ・テレビ〕ステーションブレーク《放送局名などを知らせる番組間の短い時間》; 《その間の》お知らせ, コマーシャル.
sta·tio·ner /stéɪʃ(ə)nər/ *n* 文房具商 (⇨ STATIONERY); [or **stá·tio·ner's**] ‖文房具店[屋]; 《古》書籍商, 出版業者. [ME= bookseller; PEDDLER に対して shopkeeper の意]
Státioners' Còmpany [the]〔英〕印刷出版業組合《1557 年 London に設立された, 印刷業者・書籍商・製本業者・文具商などからなる同業者組合》.
Státioners' Háll 〔英〕書籍出版業組合事務所《London にあり, 1911 年まで出版書はすべてここに届け出を要した》: Entered at ~ 著作権登録済み.
sta·tio·nery /stéɪʃ(ə)nèri; -n(ə)ri/ *n* 文房具《紙・ノート・インク・ペンなど》; 《通例 封筒のついた》書簡紙, 便箋. [*stationer*]
Státionery Óffice 〔英〕政府(刊行物)出版局《正式名 Her [His] Majesty's Stationery Office; 略 HMSO; 2006 年より OPSI の一部局》.
státion hànd 《豪》牧場[農場]使用人.
státion hòspital 〔軍〕基地病院, 衛戍(えいじゅ)病院.
státion hòuse *警察本署 (police station); *消防署 (fire station); 《田舎の》駅舎.
státion identificàtion [ìdent] *《口》STATION BREAK.
státion kèeping 〔海〕《移動する艦隊などにおいて》みずからの位置[列位]を保つこと.
státion·màster *n* 《鉄道の》駅長.
státion pòinter 〔測〕三脚分度器[分度規].
státion póle [stàff] 〔測〕ポール, 標柱.
státion sèrgeant 〔英〕《警察署の》巡査部長.
státions of the cróss *pl* [the; ºthe S- of the C-]〔教会〕十字架の道(行き)の留(りゅう)《キリストの苦難を表わす 14 の像; その前で順次行なう祈り》.
státion-sów *vt* 〔園〕〈種子を〉条に一定間隔でまく.
státion-to-státion *a* 《長距離電話が》番号通話の《かけた番号

に通じた時点で料金が課せられる; cf. PERSON-TO-PERSON》. ► *adv* 局から局へ; 番号通話で.

station wàgon* ステーションワゴン (estate (car)[R])《後部に折りたたみ[取りはずし]式の座席があり, 後部扉から荷物の積み降ろしができる自動車》.

stat·ism /stéɪtɪz(ə)m/ *n* 《経済・行政の》国家統制; 国家主権主義; 《廃》政治.

stat·ist[1] /stéɪtɪst/ *n* 国家統制[主権]主義者; 《古》政治家. ► *a* 国家統制[主権](主義者)の. [*state*]

stat·ist[2] /stǽtɪst/ *n* STATISTICIAN.

sta·tis·tic /stətístɪk/ *n* 統計値[項目]; 統計量《標本から得られる推定量; 特に 平均値・中央値・最大値など》; 《口》《事故の死者など》単なる統計上の数字: In six months, the tragedy will become just another ～. 半年もすればその悲劇も忘れられてしまうだろう. ► *a* 《まれ》STATISTICAL. [G; cf. STATISTICS]

sta·tís·ti·cal *a* 統計(学上)の, 統計的な. ♦ **-ti·cal·ly** *adv*

statistical indepéndence 〔統〕統計的独立.

statistical ínference 〔統〕統計的推論.

statistical linguístics 統計言語学《言語の分析に統計的手法を適用する言語学の一分野》.

statistical mechánics 〔理〕統計力学.

statistical phýsics 〔理〕統計物理学.

statistical signíficance 統計上の有意(性).

statistical tábles *pl* 〔統〕統計表.

stat·is·ti·cian /stæ̀təstíʃ(ə)n/ *n* 統計学者, 統計(専門)家 (＝*statist*).

sta·tís·tics *n* 統計学; [〈*pl*〉] 統計, 統計表: You can prove anything with ～. 統計を持ち出せばどんな議論だってできる. [G *Statistik* study of political facts and figures; cf. STATE]

Sta·tius /stéɪʃ(i)əs/ スタティウス **Publius Papinius** ～ (c. A.D. 45–96)《ローマの叙事詩人; *Thebaid*, *Achilleid*》.

sta·tive /stéɪtɪv/ 〔文法〕 *a* 〈動詞が〉状態を表わす. ► *n* STATIVE VERB.

státive vérb 〔文法〕状態動詞《belong, know, resemble など状態もしくは非意志的行為を表わし, 通例 進行形や命令形は不可能; 単に stative ともいう; cf. DYNAMIC VERB》.

stato- /stǽtou, stǽtə/ *comb form*「休止」「平衡」 [Gk (*statos* standing)]

státo·blàst 〔動〕 *n* 休(止)芽《淡水産コケムシ類の無性芽》; 芽球 (gemmule).

státo·cỳst *n* 〔動〕平衡胞《無脊椎動物の平衡感覚をつかさどる器官》; 〔植〕平衡石が存在する細胞. ♦ **stàto·cýs·tic** *a*

sta·tol·a·try /steɪtálətri/ *n* 《古》国家(統制)崇拝.

státo·lìth *n* 平衡石, 耳石《1)〔動〕平衡胞にある分泌物 2)〔植〕重力感受の役割を演じるとされる澱粉粒など》. ♦ **stàto·líthic** *a*

sta·tor /stéɪtər/ *n* 〔電〕固定子, ステーター (cf. ROTOR); 〔空〕静翼: a ～ armature 固定電機子.

státo·scòpe *n* 微気圧計; 〔空〕昇降計. [Gk *statos* fixed]

stats /stǽts/ *n pl* 《口》統計学, 統計 (statistics).

stat·u·ary /stǽtʃuèri; -(ə)ri/ *n* 彫塑術; 彫像, 塑像《集合的》; 彫刻 (sculpture); 彫刻家. ► *a* 彫塑の[に適した].

státuary màrble 彫像用大理石《きめの細かい純白に近い大理石; 建築・彫刻用材》.

stat·ue /stǽtʃu/ *n* 像, 彫像, 塑像. ♦ **～d** *a* 彫像で飾った, 彫刻した. [OF＜L (*stat*- *sto* to stand)]

Státue of Líberty 1 [the] 自由の女神像《New York 港内の Liberty 島にある巨大な銅像; 正式な名称は Liberty Enlightening the World で, 右手に自由のたいまつを掲げ, 左手には独立宣言書を抱えている; 1886 年フランス国民から贈られた; cf. LAZARUS》. 2〔アメフト〕'自由の女神' (＝**Státue of Líberty plày**)《バックがボールを持つ手を高く上げて投げるように見せながらわきのプレーヤーに渡すプレー》.

stat·u·esque /stæ̀tʃuésk/ *a* 彫像の(ような), 動かない; 威厳のある, 堂々たる; しゃちこばった; 均斉のとれた, すらりとした. ♦ **～·ly** *adv* **～·ness** *n* [*picturesque* にならって *statue* から]

stat·u·ette /stæ̀tʃuét/ *n* 小(彫)像.

stat·ure /stǽtʃər/ *n* 身長, 背丈, 《物の》高さ; 心的[道徳的]成長(の程度); 《精神的・道徳的な》偉大さ; 才能, 器量; 名声, 威信. [L; ⇨ STATUE]

sta·tus /stéɪtəs, stǽt-/ *n* 1《特に 高い》身分, 地位; 資格; 〔法〕身分: the ～ of (a) wife 妻の座[地位]. 2 状態, 現状; 〔電算〕《入出力装置の動作などの》状態, ステータス. [L＝standing; ⇨ STATUE]

státus asth·mát·i·cus /-æzmǽtɪkəs/ 〔医〕喘息持続状態《持続的な喘息発作で, 呼吸困難・チアノーゼ・疲憊(ひはい)を特徴とし, 時に虚脱状態に至る》.

státus bàr 〔電算〕ステータスバー《アプリケーションプログラムで, 編集中のファイル名, カーソル位置などの情報を表示する棒状領域》.

státus ep·i·lép·ti·cus /-ɛ̀pəléptɪkəs/ 〔医〕癲癇(てんかん)重積持続状態《意識を回復することなく癲癇発作が連続する状態》.

státus lìne 〔電算〕STATUS BAR.

státus offènder* 虞犯(ぐはん)少年《家出や無断欠席のために裁判所の監督下にある少年》.

státus quó /-kwóu/ [the] 現状 (＝**státus in quó**): maintain *the* ～ 現状を維持する. [L＝state in which]

státus quò án·te /-ǽnti/ [the] 以前の状態, 原状. [L＝state in which before]

sta·tus quo an·te bel·lum /stáːtʊs kwoʊ àːntɛ bɛ́lum/ 戦前の状態. [L＝state in which before the war]

státus snèaker 《俗》SOCIAL CLIMBER.

státus sỳmbol ステータスシンボル《特に 高い社会的地位の象徴とされる所有物・習慣など》.

sta·tusy /stéɪtəsi, stǽt-/ *a* 《口》高い地位[権威]をもつ[表わす, 与える].

stát·ut·able *a* 成文律の, 法令の; 法令による[基づく]; 〈違反・罪など〉制定法に抵触する. ♦ **-ably** *adv* 法令に基づいて, 法律上. **～·ness** *n*

stat·ute /stǽtʃut, -ʧət/ *n* 〔法〕(議会)制定法, 法律, 法令, 法規; 《法人などの》規則, 定款 〈*of*〉; 〔国際法〕《条約などの》付属文書; 国際機関設立文書; 神の法則: private [public] ～ 私[公]法. ● **～s at large** 法律全集. [OF＜L *statut*- *statuo* to set up; ⇨ STATUS]

státute-bárred *a* 〔法〕法定出訴期限[期間]を過ぎて訴権を失った, 時効になった.

státute bòok [the; °*pl*] 制定法全書: on *the* ～ 法律として制定されて.

státute hòliday 《カナダ》法定休日.

státute làw STATUTORY LAW.

státute mìle 法定マイル (⇨ MILE).

státute of limitátions 〔法〕出訴期限[期間]法.

Státute of Wéstminster [the] ウェストミンスター憲章《英帝国内の自治領の完全な独立を認めた; 1931 年成立》.

státute ròll STATUTE BOOK; 〔英法〕委任立法(政令[省令, 規則, 条例])集.

stat·u·to·ry /stǽtʃətɔ̀ːri; -t(ə)ri/ *a* 制定法の, 制定法上の; 制定法によって定められた, 法定の; 《口》儀礼的な, (お)義理の: ～ tariff 法定税率 / ～ ownership 法定所有権. ♦ **stàt·u·tó·ri·ly** /; stǽtʃʊt(ə)rɪli/ *adv*

státutory críme STATUTORY OFFENSE.

státutory declarátion 〔英法〕制定法上の宣言《宣誓の代わりに, 下級判事または宣誓管理官のもとで, 議会の法に従って行なわれる宣言》.

státutory ínstrument 〔英法〕《行政機関が制定する》法規命令, 制定法的文書《略 SI》.

státutory láw 成文法, 制定法 (cf. UNWRITTEN [CASE, COMMON] LAW).

státutory offénse 〔法〕制定法上の犯罪, 《特に》STATUTORY RAPE.

státutory órder 〔英法〕STATUTORY INSTRUMENT の旧称.

státutory rápe 〔米法〕制定法上の強姦《承諾年齢 (age of consent) 未満の者との性交》.

státutory rúles and órders *pl* 〔英法〕委任立法(集)《1946 年以降 statutory instruments と呼ばれている》.

státutory síck pày 〔英〕法定疾病給付金《疾病のため休職する被雇用者に対し雇用者が支払う法定給付金 (有給休職期間は最高 28 週); 略 SSP》.

státutory ténant 〔英法〕《契約満了時に同一条件で契約を更新できる》制定法上の借家権者.

stát·vòlt *n* 〔電〕スタットボルト《cgs 静電単位系での電圧の単位: ＝2.9979×10^2 volt》. [*stat*-]

Stau·ding·er /ʃtáudɪŋər/ シュタウディンガー **Hermann** ～ (1881–1965)《ドイツの化学者; ノーベル化学賞 (1953)》.

Stauf·fen·berg /G ʃtáufnbɛrk/ シュタウフェンベルク **Claus von** ～, Graf (Schenk) von ～ (1907–44)《ドイツの軍人; 1944 年 Hitler 暗殺をはかるが失敗; 仲間と共に処刑された》.

staun /stɔ́ːn/ *vi, vt, n* 《スコ》STAND.

staunch[1] /stɔ́ːnʧ, *stáːnʧ/ *vt, vi, n* STANCH[1].

staunch[2] *a* 水を漏らさない, 浸水しない; がんじょうな; 忠実な, 志の固い, 筋金入りの. ♦ **～·ly** *adv* 断固として, とことん. **～·ness** *n* [OF *estanche*＜Romanic; cf. STANCH[1]]

stau·ro·lite /stɔ́ːrəlàɪt/ *n* 十字石《十字形の双晶をなすことが多い》. ♦ **stàu·ro·lít·ic** /-lít-/ *a*

stáu·ro·scòpe /stɔ́ːrə-/ *n* 十字鏡《結晶体に対する偏光の方位を測定する》. ♦ **stàu·ro·scóp·ic** /-skáp-/ *a* **-i·cal·ly** *adv* [Gk *stauros* cross]

Sta·vang·er /stəváːŋər, -vǽŋ-/ スタヴァンガー《ノルウェー南西部の市・港町》.

stave /stéɪv/ *n* 1 桶板, 樽板; 《車の》輻(や); 《はしごの》段; 棒, かんぬき, さお; 《武器にする》棍棒, 金棒; 《椅子の》桟(さん) (rung); 〔楽〕譜表 (staff). 2《詩の》一節, 連 (stanza); 《一行中の》頭韻音. ► *v* (**～d**, (特に 海) **stove** /stóuv/) *vt* 1 …に stave をつける; …に桶板をつける. 2 〈桶・ボートなどを〉突き破る, …に穴をあける; 《樽などをこわして》〈酒を〉出す; 《棒などで》打つ, 突き出す, 追いやる. 3 こなごなに砕く, 打ち砕く; 〈箱・帽子などを〉つぶす 〈*in*〉; 〈鉛などを〉圧し固める. ► *vi**激しくぶつかる, こわれる ⟨*in*⟩; 突進する. ● **～ off** ⟨敗北・破滅・暴露などを⟩かろうじて食い止める[先へ延ばす, のがれる]. [STAFF[1]; *staves* (pl) の影響]

stáve chùrch 樽板教会《北欧起源の中世の教会堂; 樽の板造りで切妻・半球天井がある》.

stáve rhỳme 〘韻〙 頭韻, 頭声.

staves *n* STAFF[1], STAVE の複数形.

staves·acre /stéɪvzèɪkər/ *n* 〘植〙 ヒエンソウの一種《ユーラシア産; 種子を殺虫剤や吐剤として用いる》.

Stav·ro·pol /stævrɔ́:pəl, -róʊ-/ スタヴロポリ《1) ヨーロッパロシア南部, Caucasus 北部の地方 2) Stavropol 地方の中心都市; 1777 年要塞として建設された; 旧称 Voroshilovsk 3) TOLYATTI の旧称》.

stav·u·dine /stǽvjudì:n/ *n* 〘薬〙 スタブジン (d4T).

stay[1] /stéɪ/ *v* (**～ed**, «古» **staid** /stéɪd/) *vi* **1 a** とどまる, じっとしている: *S～* here till I call you. 呼ぶまでここにいなさい / ～ *at* home [*in* bed] うちに[床について]いる / ～ *away* (*from* school) 欠席する / ～ *around* 《去らないで》とどまる / ～ *out* 外に[家にはいらないで]いる (cf. 成句). **b** 立ち止まる; [*impv*] 止まれ, 待て! 《注意を促す》; «古» やめる, 中止する. **2** 滞在する, 客となる ⟨*at*, *in* a hotel, *with* sb *on* a visit⟩; 《一時的に》住む (live) ⟨*for*⟩; «スコ方» 永住する, «南ア» ⟨…に⟩住む ⟨*at*⟩: I am ～*ing with* my uncle. おじの家に滞在しています / ～ overnight 一泊する / ～ *for* [*to*] supper ゆっくりして夕食までいる. **3** 《ある状態に》とどまる, …のままでいる: ～ *out of* trouble 面倒に巻き込まれずにいる / Please ～ *out of* my business. ぼくのことはかまわないでください / We cannot ～ young. いつまでも若くはいられない / I hope the weather will ～ fine. 天気が続くといいが. **4** «口» 耐える, 持ちこたえる, 持続する ⟨*with*⟩; «口» 《遅れずに》ついていく ⟨*with*⟩; 〘ポーカー〙《賭け・吊り上げなどに応じて》勝負に残る; «卑» ⟨一物が⟩立ちっぱなしである; «古» 踏みとどまる, ふんばる. ► *vt* **1 a** 止まらせる, とどまらせる, 停止させる; «古・文» ⟨疾病などを⟩食い止める, 阻止する; «古» ⟨争い・反乱・いらだちなどを⟩鎮める, 抑える: ～ sb's HAND / ～ one's steps «文» 立ち止まる. **b** ⟨欲望を⟩(一時的に)満足させる, ⟨飢えを⟩(一時)しのぐ: ～ one's anger / ～ one's stomach 飢えをしのぐ. **2** 停止する, 延期する, 猶予する, 見送る. **3 a** …の終わりまで居る ⟨*out*⟩; ⟨ある期間⟩のあいだ居る; «口» …の最後まで持ちこたえる, 持続する: ～ the week *out* まるまる 1 週間いる. **b** …まで居る[とどまる]; «古» 待つ (await): ～ supper (＝«口» ～ for [to] supper) ゆっくりして夕食までいる. ● **be here [have come] to ～** «口» ⟨習慣・状況などが⟩定着する, 根をおろす, 日常化する, ⟨好天などが⟩永続する, 当分続く. **～ after**…のあとにとどまる; ⟨人⟩に《あることをするように》催促しつづける; ⟨プロジェクトなど⟩の推進を促しつづける. **～ ahead (of…)** (…の)先に進んでいる; (…に)通じている; (…の)裏をかく; (物事を)うまく処理していく. **～ away (from…)** (…から)離れている, (…に)手出しをしない (cf. *vi* 1): Don't ～ *away* so long. もっとたくさん遊びに来てください《客に対することば》. **～ back** 後ろに下がっている; STAY behind. **～ behind** あとに残る, 居残る. **～ down** ⟨ハンドル・スイッチなどが⟩おりたままになっている; 《水中に》もぐったままでいる; ⟨食べ物・薬などが⟩《もどされないで》胃におさまっている; ″坑内居すわりストライキをする. **～ in** 家にいる, 外出しない (stay indoors); ⟨物が⟩《正常な位置などに》とどまる, はまっている, 残る; 《学校などに罰で》居残る; すわり込みストライキをする; 〘クリケット〙《アウトにならずに》打者の位置についている. **～ off** (…から)離れている, (…に)近づかない; ″⟨仕事・学校⟩を休む; ⟨話題⟩を避ける; ⟨減った体重が⟩そのままにとどまる; ⟨飲食物・タバコなど⟩を控えている, ⟨薬⟩を用いない. **～ on** ⟨ふたなどが⟩(…に)はまっている; 《ある期間後も》⟨学校・会社などに⟩続いて残る ⟨*at*⟩; ⟨薬⟩を飲み[使い]つづける; ⟨人よりも⟩長生きする ⟨*after*⟩; ⟨明かり・テレビなどが⟩ついたままになっている. **～ on**…⟨問題など⟩に取り組みつづける. **～ out** (*vi*) ⟨物が⟩外に出したままである (cf. *vi* 1a); ストライキを続ける; (…に)加わらないでいる ⟨*of*⟩ (cf. *vi* 3). (*vt*) …よりも長くとどまる (cf. *vt* 3a): ～ *out* one's welcome＝OUTSTAY one's welcome. **～ over** 外泊する ⟨*at*⟩. **～ put** «口» 同じ所にとどまる[いる], そのままでいる, 定着[確立]している. **～ the course** (競走の)終わりまで走る, 完走する; 最後までがんばる[あきらめない], 商売を続けていく. **～ together** ⟨夫婦などが⟩別れずにいる. **～ up** 起きて[寝ないで]いる; 倒れない[沈まない]でいる; ⟨絵・飾り・カーテンなどが⟩掛けられたままである: ～ *up* (till) late [all night] 夜ふかし[徹夜]する. **～ well** [*impv*] «南ア» どうぞお達者で. **～ with**… «口» 《がんばって》…を続ける, 《いやでも》⟨人⟩の話を続けて聞く (cf. *vi* 2, 4); …と同じところにとどまる: Just ～ *with* me a minute longer. もうちょっと話を聞いてください / *S～ with* us. 《放送で》(コマーシャルのあとも)引き続きこのチャンネルでお楽しみください. **S～ with me!** 死ぬな! ► *n* **1 a** (立ち)止まること, 止められること; 逗留, 滞在; 滞在期間; 休止, 停止; «古» 行き詰まり: make a long ～ 長逗留する. **b** 〘法〙《手続き・判決などの》停止, 中止, 延期, 猶予: (a) ～ of execution 強制執行の停止; 刑の執行停止. **2** «口» 耐久力, 持久力, 根気. [AF<L (*sto* to stand)]

stay[2] *n* 〘海〙 支索, ステーガイ (guy); 《一般に》縄, 綱, ロープ (rope). ● **be in ～s** ⟨船が⟩上手回しに回る, 間切っている; 風上に向いて帆がばたついている: *be* quick *in* ～*s* ⟨船が⟩すばやく回る. **miss [lose] ～s** ⟨船が⟩回りそこなう. ► *vt* 支索で支える; ⟨マストを⟩傾ける, ⟨マスト⟩の角度を変える; ⟨船を⟩上手回しにする. ► *vi* 上手回しになる, 間切る. [OE *stæg*; cf. G *Stag*]

stay[3] *n* **1** 支柱 (prop); 〘工〙 控え, ステー《ボイラーなどの内壁面の支え》; 〘電〙 支線; 《カラー・コルセット・衣類などの》ステー《プラスチック板・金属板などで作った芯》; [*pl*; °a pair of ～s] ″コルセット (corset). **2** [*fig*] 支え, たより, 杖とも柱とも頼むもの: He is the ～ of my old age. 彼は老後の杖と頼む人だ. ► «文» *vt* 支柱で支える ⟨*up*⟩; 安定させる; 《台などに》据える, 支える ⟨*on*, *in*⟩; 《精神的に》支援する, 励ます. [OF and OE; ↑]

stáy-at-hóme *a*, *n* ずっと家にいる(人); 出不精の(者); 居住地[自国]を離れない(人); [ᵘ*pl*] «俗» 《選挙の》棄権者: a ～ mother 《子持ちの》専業主婦.

stáy bàr [ròd] 《建物・機械の》支え棒, ステーバー.

stáy bòlt 〘機〙 控えボルト, ステーボルト.

stay·ca·tion /steɪkéɪʃ(ə)n/ *n* 《家や近所だけで過ごす》うち休み, 巣ごもり[地元]休暇. ♦ **～·er** *n* [*stay*＋*vacation*]

stáy-dòwn stríke ″坑内居すわりストライキ.

stáy·er[1] *n* 滞在者, とどまる人; 根気強い人[動物]; 〘競馬〙 長距離馬, ステイヤー; 抑制者. [*stay*[1]]

stayer[2] *n* 支える者, 擁護者 (supporter). [*stay*[3]]

stáy·ing pòwer 持久力, 耐久力[性], スタミナ.

stáy-ìn (strìke) すわり込みストライキ.

stáy·làce *n* コルセットのひも.

stáy·less *a* コルセットを着けていない; «廃» 支持のない.

stáy·màker *n* コルセット製作者.

Stay·man /stéɪmən/ *n* **1** 〘園〙 ステイマン《リンゴの一品種 Winesap の改良種; 米国で栽培した人物に由来する名称》. **2** 〘ブリッジ〙 ステイマン《コントラクトブリッジで, パートナーのノートランプ (no-trump) ビッドに対し, いったんクラブスーツで競り上げてパートナーに 4 枚以上のメジャースーツ (major suit) をリビット (rebid) させる取決め; 米国のトランプ師 Samuel M. Stayman (1909–93) に由来》.

stáy·òver *n* 逗留, 滞在.

stay rod ⇨ STAY BAR.

stáy·sàil /, (海) -s(ə)l/ *n* 〘海〙 ステースル《支索に張った長三角形の帆》.

stáy·stìtch·ing *n* ステイステッチング《あとでへりがくずれるのを防ぐために, シームラインの外側にステッチをかけておくこと》. ♦ **stáy·stìtch** *vt*

stáy-ùp *n* ステイアップ《靴下留めが不要のストッキング》.

STB [L *Sacrae Theologiae Baccalaureus*] Bachelor of Sacred Theology ♦ [L *Scientiae Theologiae Baccalaureus*] Bachelor of Theology ♦ 〘米〙 Surface Transportation Board 陸上運輸委員会《運輸省内の機関; 1996 年設立》.

STD /ɛ́stì:dí:/ *n* 〘医〙 性(行為)感染症 (STI). [*s*exually *t*ransmitted *d*isease]

std standard.

STD [L *Sacrae* [*Sanctae*] *Theologiae Doctor*] Doctor of Sacred Theology ♦ 〘電話〙 °subscriber trunk dialling.

STD code ″/ɛ́stì:dí: ―/ 〘電話〙 長距離ダイヤル地方局番.

Ste [F *Sainte*] (fem) Saint.

stead /stéd/ *n* «文» 代わり, 身代わり; «文» 助け, 利益, ため; «廃» 場所. ● **in sb's ～** «文» 人の代わりに. **in (the) ～ of** «文» INSTEAD of. **stand [put, hold] sb in good ～** «文» 人に大いに役立つ. ► *vt* «古» ⟨人⟩の役に立つ[助けとなる]. [OE *stede* place; STAND と同語源; cf. G *Statt*]

stead·fast /stédfæ̀st, -fəst; -fəst, -fɑ̀:st/ *a* 固定した; しっかりした, 断固とした, ぐらつかない, 不変の, 不動の (firm); 忠実な; ⟨制度・習慣など⟩定着した, 確立した: be ～ in one's faith 信念を曲げない / be ～ *to* one's principles 自分の主義を貫く. ♦ **～·ly** *adv* **～·ness** *n* [OE (↑, FAST[1])]

Stead·i·cam /stédikæm/ 〘商標〙 ステディカム《移動撮影時にカメラのぶれや振動を抑える装置》.

stéad·i·er *n* しっかりとさせるもの.

stéad·i·ly *adv* 着々と, 着実に, 堅実に; 絶え間なく.

stéad·ing /stédɪŋ/ «スコ» *n* 農場の建物《馬屋・納屋など》; 小農場; 《建物の》敷地.

steady /stédi/ *a* **1** しっかりした, ぐらつかない, 安定した; ひるまない; 〘海〙《荒海などで》方向[針路, 進路]の変わらない: give a ～ look じっと見つめる, 凝視する ⟨*at*⟩ / hold a ladder ～ はしごをしっかり押えている / a ～ hand 震えない手; [*fig*] 断固とした[しっかりした]指導[命令] / (as) ～ as a ROCK[1] / play ～ あせらない / READY, ～, go! / Keep her ～. 船(の進路)をそのまま! / ～ on (こぎ方)やめ (stop). **2** 一様[不変]の, 間断のない, じりじり進む; 定期的な, 常連の, いつもの, 常習の; 〘理〙 不変の, 定常の. **3** 堅実[着実]な, まじめな; たよりになる; 落ちついた; 節度のある, 規律正しい. ● **go ～** 節度をもつ, 注意して使う ⟨*with*⟩; «口» きまった異性と交際する, ステディーである ⟨*with*⟩ (opp. *play the field*). ► *adv* しっかりと; 堅実に; 落ちついて; 〘海〙 一定方向に. ► *n* **1** «口» きまった相手[恋人], ステディー. **2** 〘機〙 台, 受け; 《トレーラーハウスなどを固定する》支柱. ► *vt* しっかりさせる, 強固にする, 揺れないようにする; 落ちつかせる. ► *vi* 安定する, 落ちつく ⟨*down*⟩. ► *int* 〘海〙 ようそろ《「船首をそのままに保て!」の意》; «口» 気をつけろ, あぶない!; [～ on] 《行き過ぎた言動に対して》よせよ, やめろ! ♦ **stéad·i·ness** *n* 着実; 根気; 不変. [*stead*]

stéady-gó·ing *a* 堅実な, 着々進む; 歩調の変わらない.
stéady mótion 定常運動《液体の速度が場所によらず一定の》.
stéady-stàte *a* 〘理〙定常状態の[にある], 比較的安定な; 〘天〙定常宇宙論の.
stéady státe 〘理〙定常状態.
stéady stàte théory [cosmólogy] [the] 〘天〙定常宇宙論《宇宙は膨張とともに物質を創成し, 密度などが時間が経っても大局的には変わらないとする立場; cf. BIG BANG THEORY》. ♦ **stéady-stàt·er** *n*
steak /stéɪk/ *n* ステーキ《牛肉・魚肉などの厚い切り身, 特に牛肉の厚切り》; ‖《煮込み用などの》牛肉の切り身[角切り]; 挽肉のステーキ (: HAMBURG STEAK). [ON *steik*; cf. STICK[1], ON *steikja* to roast on spit]
stéak-and-kídney pìe ステーキアンドキドニーパイ《牛肉・子牛[子羊]の腎臓・マッシュルームなどを詰めたパイ》.
stéak-and-kídney pùdding ステーキアンドキドニープディング《牛肉・腎臓・タマネギなどをスエット (suet) で包みプディング型に詰めて蒸す》.
steak au poivre /─́─ oʊ pwá:vr(ə)/ ペッパーステーキ《黒コショウをまぶして焼きバターソースをかけたステーキ; しばしば コニャックをかけ火をつけて供する》. [F *poivre* pepper]
stéak Diáne バターソースをかけたステーキ《しばしば コニャックをかけ火をつけて供する》.
stéak hòuse ステーキ専門店, ステーキハウス.
stéak knìfe 《しばしば 鋸歯のある》ステーキナイフ.
stéak tar·táre /-tɑ:rtá:r/ タルタルステーキ (=*tartar steak*)《卵黄・タマネギなどを添えた粗挽きの生の牛肉料理》.
steal /stí:l/ *v* (**stole** /stóʊl/; **sto·len** /stóʊlən/) *vt* **1 a** 盗む ‹*from, off*›: She had her purse *stolen*. 財布を盗まれた. **b** 無断借用する, 盗用する; こっそり取る; こっそり動かす[移す, 置く など] ‹*away, from, in, into*, etc.›; うまく手に入れる; 《スポーツで》運よく[相手の隙に乗じて]得る; 〘野〙‹走者が›‹塁を›盗む: ～ a kiss from…の知らぬ間にキスする / ～ a glance at…を盗み見る / ～ a nap during the sermon 説教中にこっそりひと眠りする / ～ sb's HEART / ～ a visit こっそり訪ねる / ～ an election 不正な手段で選挙に勝つ / ～ second 二盗する. **c** 《不当に》奪う: ～ sb's happy life しあわせな生活を奪う. **2** ‹ショーなどを›一人占めする, …の人気をさらう. ► *vi* **1** 盗みをする, 窃盗をはたらく ‹*from*›: Thou shalt not ～. 〘聖〙なんじ盗むなかれ《*Exod* 20:15》. **2 a** そっと行く[来る] ‹*along, by, up, through*›, 忍び込む ‹*in, into*›, こっそり抜け出る ‹*out, out of*›; 〘野〙盗塁する: ～ *away* (*from*…) (…から)そっと立ち去る / ～ *up on* sb 人にそっと近づく. **b** 知らぬ間に過ぎる[生じる, 広がる]; ‹気分・睡魔などが›いつの間にか‹人を›襲う ‹*over, upon*›: The years *stole by*. いつしか年月が過ぎ去った / A sense of happiness *stole over* [*upon*] her. 幸福感がいつの間にか彼女を包んだ. ● **～ a** MARCH[1] **on**…. **～ sb blind** 《口》(知らぬ間に)人からごっそり盗む, すっかり巻き上げる. **～ sb's** THUNDER. **～ one's way** こっそり来る[行く].
► *n* **1** 盗み, 窃盗; 〘野〙盗塁, スチール; いかがわしい(政治)取引. **2** 盗品, 剽窃(ひょうせつ); 《口》買い得品, 掘出し物.
♦ **～·able** *a* [OE *stelan*; cf. G *stehlen*]
stéal·age *n* 盗み (stealing, theft); 盗難の損害.
stéal·er *n* 盗む人, 泥棒 (thief).
stéal·ing *n* 盗むこと, 窃盗; [ᵘ*pl*] *盗品 (stolen goods). ► *a* (こっそり)盗む; こそこそする. ♦ **～·ly** *adv*
stealth /stélθ/ *n* こっそりすること, 忍び, 内密; 人目を忍んで出発する[はいり込む]こと; ステルス技術; ステルス機; 《古》窃盗; 《廃》盗品. ● **by ～** こっそりと, ひそかに: Do good *by* ～, and blush to find it fame. ひそかに善行を行ない, それが知られると赤面する《Pope, *Imitations of Horace* (1738) より》. ► *a* ステルス技術の[に関連する, に従って設計された]《レーダー・赤外線・可視光線によって探知されにくい航空機などを開発する技術》; こっそり行なう, 忍びの, 内緒の: a ～ aircraft ステルス機 / a ～ bomber ステルス爆撃機 / ～ technology ステルス技術. [ME (STEAL, *-th*[2])]
stéalth tàx‖ ステルス税《納税者に見えにくいやり方で負担が行なわれている税》.
stéalthy *a* 人目を盗む (sly), 人目をはばかる, こそこそした, 内緒の. ♦ **stéalth·i·ly** *adv* こっそり, ひそかに. **-i·ness** *n*
steam /stí:m/ *n* **1 a** (水)蒸気, スチーム; 蒸気力; 湯気, もや, 霧; *《俗》密売ウイスキー; 《豪俗》安ワイン, メチルアルコール. **b** 汽船(の旅). **c** 蒸気機関車による鉄道. **2** 《口》力, 元気, 活力: put more ～ in sb's ability. ● **at full ～＝full ～ ahead** ‹船など›全速力で: *Full ～ ahead!* 全力でやれ[仕事をしろ]. **by ～** 蒸気で; 汽船で. **gather [pick up, build up] ～** ‹蒸気機関などが›出力を上げる, 速度[勢い]を増す, 活発[本格]化する. **get up ～** 蒸気を起こす, 出力を上げる; 《口》力をためる, 精を出す, 活発化する; 《口》急いで行く; おこる. **let [blow, work] off ～** 余分の蒸気を出す; 余分な精力を発散させる; 《口》《第三者に話したりして》鬱憤を晴らす, 緊張をほぐす. **put on [work off] ～** 《口》精を出す. **run out of [lose] ～** 《口》‹人が›気力をなくす, ‹運動・攻撃などが›勢いを失う, 停滞する, 下火になる. **S～ is coming out of sb's ears.** 人が頭から湯気を出しておこっている. **take the ～ out of**…‹事態を›改善する. **under one's own ～** 自力で, 援助なしで. **under ～** 蒸気の力で[の]; 進行中で[の], 元気を出して.
► *a* 蒸気の[による, 用の]; ‖《口》[*joc*] 時代物の, 旧式な.
► *vt* 蒸す, ‹ジャガイモなどを›ふかす, 蒸煮する; ‹蒸気を›(噴き)出す; 蒸気力で運ぶ; 《消毒・軟化などのため》蒸気にあてる; 《口》…に恋心を起こさせる, 燃え立たせる; 《口》‹人を›おこらせる: ～ stamps *off* (an envelope) 蒸気をあてて(封筒から)切手をはがす / ～ the wrinkles *out of* pants スチームをあててズボンのしわを伸ばす / ～ open a letter 手紙の封を蒸気にあてて開ける. ► *vi* **1 a** 湯気を立てる; 蒸気を発生する; 蒸気で進む ‹*across, along, away, out*, etc.›; 蒸発する ‹*away*›; 汗をかく. **b** 《口》おこる (boil), いきまく. **2** 《口》すごいスピードで走る, (懸命に)働く, どんどん進む[はかどる] ‹*ahead, along, away, up*›, 全力で走る. **3** ‖《俗》集団強盗 (steaming) に加わる, スティーミングする. ● **～ in** ‖《俗》けんかを始める[に掛かり合う]. **～ up** ‹窓ガラスなど›(蒸気などで)曇る[曇らせる]; [ᵘ*pass*] 《口》…に刺激を与える, 励ます, おこらせる, 興奮させる; ‖‹分娩前の家畜›にたくさん餌を与える: get (all) *～ed up* about…のことでかんかんになる.
[OE *stēam*; cf. Du *stoom* steam]
stéam àge 蒸気の時代《蒸気機関車が列車を牽引していた時代》.
stéam bàth 蒸しぶろ, スチームバス(にはいること); スチームバスルーム[施設]; 《実験室で使用する》水蒸気浴(装置).
stéam bèer スチームビール《米国西部で造られる発泡性の強いビール》.
stéam·bòat *n* 《主に 川・内海用の》汽船.
stéamboat Góthic* スチームボートゴシック《19 世紀(中葉)の念入りに汽船に似せて作った建築様式》.
stéam bòiler 蒸気ボイラー.
stéam chèst [bòx] 《蒸気機関の》蒸気室.
stéam clèan *vt* ‹布製品を›蒸気が出る機械で浄化する.
stéam còal ボイラー用炭.
stéam còlor 蒸気色止め染色.
stéam cràcking 〘化〙水蒸気分解, スチームクラッキング《石油炭化水素の, 水蒸気の存在下での高温分解; ナフサを高温分解してエチレンを得る場合など》.
stéam cỳlinder 蒸気シリンダー.
stéam distillàtion 蒸気蒸留《液混合物に蒸気を吹き込むことによって, 揮発性成分をその沸点より低い温度で留出させる蒸留法》.
steamed /stí:md/ *a* 蒸した, ふかした; [°～ up] 《口》おこった, かっかした; [ᵘ～ up] 《俗》酒[麻薬]に酔った.
stéam èngine 蒸気機関(車) (cf. VAPOR ENGINE). ● **like a ～** 元気いっぱいで.
stéam·er *n* 汽船; 蒸気機関, 蒸気自動車; 蒸し器; steam する人[もの]; ‖《韻俗》おばかさん, カモ (mug)《steamer＝steam tug から》; ‖《俗》集団強盗 (steaming) のメンバー; 《口》WET SUIT; 《俗》(女役のホモを求める)ホモ; 《豪俗》《チームどうしの》激しいぶつかり合い; 〘貝〙オオノガイ (soft-shell clam). ► *vi* 汽船で旅行する.
stéamer bàsket (船)旅をする人へのはなむけのかご《果物・菓子類を詰める》; 蒸し器用のかご[ざる].
stéamer chàir DECK CHAIR.
stéamer dùck 〘鳥〙フナガモ《水面を蹴るように進む; ニュージーランド産》.
stéamer rùg* 《甲板の椅子に腰かけるときに使う》ひざ掛け毛布.
stéamer trùnk 《船の寝台の下にはいるような》薄い幅広のトランク.
stéam fìddle *《サーカス俗》蒸気オルガン (calliope).
stéam·fìtter *n* スチームパイプ取付け工[修理工].
stéam fìtting スチームパイプ取付け工事.
stéam gàuge 蒸気圧力計.
stéam hàmmer 気力杭打ち機, 蒸気ハンマー.
stéam héat 汽熱; 蒸気熱量; スチーム暖房(システム).
♦ **stéam-héat** *vt*
stéam hèating スチーム暖房.
stéam·ie *n* 《スコ方》公共洗濯場.
stéam·ing *a* 湯気を立てている; 《口》かっとなった; 《口》べろべろに酔った; 《口》大変な, ひどい. ► *adv* 湯気が出るほど: ～ hot. ► *n* 湯気をかけること, 湯のし; 蒸煮; 汽船での旅程; ‖《俗》集団強盗, スティーミング《バス・列車・商店などを集団で急襲して逃走する》: a distance of one hour's ～ 汽船で 1 時間のところ.
stéam ìron 蒸気アイロン, スチームアイロン.
stéam jàcket 《シリンダー・汽罐などをおおうようにした内部加熱用の》蒸気ジャケット.
stéam locomòtive 蒸気機関車.
stéam nàvvy‖ STEAM SHOVEL.
stéam òrgan [piàno] 蒸気オルガン (calliope).
stéam pìpe スチームパイプ.
stéam pòint 《水の》沸点.
stéam pòrt 汽門, 蒸気口.
stéam pòwer 蒸気動力, 汽力.
stéam pùmp 蒸気水揚げポンプ.
stéam rádio ‖《口》ラジオ(放送)《テレビと区別して, 旧式という考え方から; cf. STEAM *a*》.
stéam refòrming 〘化〙水蒸気改質.

stéam·ròll *vt, vi* STEAMROLLER.
stéam·ròll·er *n* 蒸気ローラー, 《一般に》ROAD ROLLER; 《有無を言わせぬ》圧力(をかける人[物]). ► *vt* 蒸気ローラーでならす; 〈反対などを〉圧倒的な力でつぶす, 圧倒する; 〈人を〉強引に…させる, むりやり…に至らせる 〈*into*〉; 〈議案などを〉強引に押し通す[進める]. ► *vi* しゃにむに押し切る[進む].
stéam ròom 蒸しぶろ室.
stéam·shìp *n* 汽船 《略 SS》.
stéamship ròund 《ローストビーフ用の》巨大腿肉(ももにく) 《牛の尻肉からかかとまでの後肢部分のまるごと》.
stéam shòvel 蒸気ショベル 《蒸気力による掘削機》, 《広く》POWER SHOVEL; *《陸軍俗》ジャガイモの皮むき《人》.
stéam tàble* スチームテーブル 《スチームの通った金属製の台; レストランなどで料理を容器ごと保温する》.
stéam·tight *a* 蒸気の漏れない, 気密の.
stéam tràin 蒸気機関車.
stéam tràp 《配管内などに生じる水滴を取り除く》蒸気トラップ.
stéam tùg 《小型の》蒸気曳航船.
stéam tùrbine 蒸気タービン.
stéam whìstle 汽笛.
stéamy *a* 蒸気の(ような); 蒸気を出す; 湯気でもうもうの; 蒸し暑い; 霧の深い, もやった, 湿った; 《口》性的な, 色気たっぷりの, 濃厚な. ► *n**《俗》エロ映画. ♦ **stéam·i·ly** *adv* **-i·ness** *n*
ste·ap·sin /stiǽpsən/ *n* 〔生化〕ステアプシン 《膵液中の脂肪分解酵素》. [Gk *stear* fat; *pepsin* にならったもの]
ste·ar- /stíər, stíːər/, **ste·a·ro-** /-ərou, -rə/ *comb form* 「ステアリン酸」 [*stearic*]
ste·a·rate /stíərèɪt, stíːə-/ *n* 〔化〕ステアリン酸塩[エステル].
ste·ar·ic /stiǽrɪk, stíər-/ *a* スエット[脂肪]の; 〔化〕ステアリンの(ような), ステアリンから誘導した, ステアリン酸の.
steáric ácid 〔化〕ステアリン酸.
ste·a·rin /stíərən, stíːə-/, **-rine** /-rən, -riːn/ *n* 〔化〕ステアリン; 硬脂ステアリン酸 《ろうそく製造用, この意味では通例 stearine とつづる》; 脂肪の固形部. [F (Gk *steat- stear* tallow)]
ste·a·rop·tene /stìːərɑ́ptiːn, stìər-/ *n* 〔化〕ステアロプテン 《揮発性油の固形部; cf. ELEOPTENE》.
sté·a·ryl álcohol /stíːərìl-, stíər-/ 〔化〕ステアリルアルコール 《ステアリン酸からつくられる固体の脂肪族アルコール; 軟膏・化粧品に用いられる》.
ste·at- /stíːət/, **ste·a·to-** /stíːətou, -tə/ *comb form* 「脂肪」 [Gk (↓)]
ste·a·tite /stíːətàɪt/ *n* 〔鉱〕凍石, ステアタイト 《soapstone の一種》; ステアタイト 《絶縁用の滑石磁器》. ♦ **stè·a·tít·ic** /-tít-/ *a* [F (Gk *steat- stear* tallow)]
ste·a·tol·y·sis /stìːətɑ́ləsəs/ *n* 〔生理〕《消化過程での》脂肪融解; 〔化〕脂肪分解.
ste·a·to·py·gia /stìːətəpáɪʤiə, -píʤ-/, **-py·ga** /-páɪgə/ *n* 脂肪臀(症) 《特に ホッテントット・ブッシュマンなどの女性にみられる》. ♦ **-pyg·ic** /-píʤ-, -páɪ-/, **-py·gous** /-təpáɪgəs, -tɑ́pəgəs/ *a* [Gk *pugē* rump]
ste·a·tor·rhea, -rhoea /stìːətəríːə/ 〔医〕*n* 脂肪便 《過度の脂肪が排出される症状》; 脂漏症 (seborrhea).
ste·a·to·sis /stìːətóusəs/ *n* (*pl* **-ses** /-sìːz/) 〔医〕脂肪症.
Stę·bark /stɛ́mbɑ̀ːrk/ ステンバルク 《TANNENBERG のポーランド語名》.
sted·fast /stɛ́dfæ̀st, -fəst; -fəst, -fɑ̀ːst/ *a* STEADFAST.
Sted·man /stɛ́dmən/ *n, a* ステッドマン法(の) 《CHANGE RINGING の一つ》.
steed /stíːd/ 《文》*n* 《乗馬用の》馬, 《特に》元気な馬, 軍馬. ♦ **~·less** *a* [OE *stēda* stallion; cf. STUD[2]]
steek[1] /stíːk/ *vt, vi* 《スコ》閉める, 閉じる. [ME *steken* <?]
steek[2] *n* ひと縫い (stitch). [*stitch* の北部形]
steel /stíːl/ *n* **1 a** 鋼(こう), はがね, 鋼鉄, スチール; [the *or* one's] 《文》剣(つるぎ), 刀 (cf. COLD STEEL); 火打ち金 (: FLINT and ~); 《庖丁を研ぐ棒状の》鋼砥(はがね); 《コルセットの》張輪(はり)鋼: hard [soft, mild] ~ 硬[軟]鋼 / (as) hard as ~ 強健で, 堅忍不抜で, 精神的に強固で, 固く覚悟して / with a grip of ~ 堅く握りしめて. **b** 鉄鋼産業; [*pl*] 〔証券〕鉄鋼株(券). **c** 《カナダ》線路; 鉄道. **2** 《鋼鉄をおもわせる》堅さ, きびしさ, 仮借のなさ: a heart of ~ 冷酷な心 / an enemy worthy of one's ~ 好敵手. **3** [〈*a*〉] 鋼の, 鋼製の; 鋼を製造する, スチール生産の, 製鋼の; 鋼に似た; はがね色の; 不屈の; 堅い, 無感覚な; *《黒人俗》白人の. ► *vt* **1** …に鋼をかぶせる, 鋼で刃をつける; *《俗》刺す (stab). **2** 鋼鉄のようにする, 強固にする; 〈心などを〉固める, 堅固にする, 冷酷にする, 〈自分〉の覚悟を固める 〈*for, against*〉: ~ *oneself* [one's heart] *against*…に対して心を鬼にする / ~ one*self for* [*to* meet] an attack 強い決意で攻撃を迎える. ♦ **~·less** *a* **~·like** *a* [OE *stȳle*; cf. STAY[2], G *Stahl*]
stéel bánd 〔楽〕スティールバンド 《西インド諸島の steel drum によるバンド》.
stéel blúe はがね色, 鋼青色.
stéel-clàd *a* よろいを着けた[で身を固めた]; 装甲の.
stéel-còllar wórker 産業用ロボット.
stéel-dìe prìnting 《彫画など》凹刻印刷.
stéel drúm スティールドラム 《すり鉢状にしたドラム缶の底をいくつかの面に分けてたたき上げ, 各面が異なる音を出すようにしたトリニダードの民族楽器》.
Steele /stíːl/ スティール Sir **Richard** ~ (1672–1729) 《アイルランド生まれの英国の文人・政治家; *The Tatler* (1709–11), *The Spectator* を創刊; ⇨ ADDISON》.
stéel èlbow 人を押し分けて進む力.
stéel engràving 鋼版彫刻(術); 鋼版印画.
stéel gráy 鉄灰色 《青みがかった金属性灰色》.
stéel guitár スチールギター (Hawaiian guitar); ペダルスチールギター (pedal steel). ♦ **~·ist** *n*
stéel·hèad *n* (*pl* ~, ~**s**) 〔魚〕スチールヘッド(トラウト) 《降海型のニジマス》.
steel·ie /stíːli/ *n* はがね製のビー玉.
stéel·màker *n* 製鋼業者.
stéel·màking *n* 製鋼.
stéel mìll 製鋼所 (steelworks).
stéel órchestra STEEL BAND.
stéel pán STEEL DRUM.
stéel plàte 鋼板.
stéel-plàted *a* 板金よろいを着けた; 装甲の.
stéel-tòe bóot 安全靴.
stéel tràp 鋼鉄製のわな, 虎ばさみ. ♦ **stéel-tráp** *a* 鋭い, 機敏な; 強力な: a ~ mind 切れる頭脳.
stéel wóol 《研磨・さび落とし用などの》鋼綿, スチールウール.
stéel·wòrk *n* 鋼鉄構造(部); 鋼鉄製品; [~s, 〈*sg/pl*〉] 製鋼所.
stéel·wòrk·er *n* 製鋼所職工, 鉄鋼労働者.
stéely *a* 鋼鉄(製)の; 《鋼鉄のように》堅い, 《色など》鋼鉄をおもわせる; 無情な, 容赦しない; 頑固な, きわめて厳格な. ► *n* STEELIE. ♦ **stéel·i·ness** *n*
stéel·yàrd /, stíljərd/ *n* さおばかり.
steen[1], **stein** /stíːn, stéɪn/ *vt* 〈井戸・地下室などに〉石[煉瓦など]の側積みをする. ♦ **~·ing** *n* [OE *stǣnan* to STONE]
steen[2], **'steen** *a* UMPTEEN. [? *sixteen*]
steen[3] /stíən, stíːn/ *n* スティーン 《**1**) 南アフリカ産の白ブドウ **2**) それから造る白ワイン》.
Steen /stéɪn, stíːn/ ステーン **Jan** (**Havickszoon**) ~ (1626–79) 《オランダの画家; 居酒屋などの風俗を描いた》.
steen·bok /stíːnbɑ̀k, stéɪn-/, **stein·bo(c)k** /stáɪnbɑ̀k, stéɪn-/, **-buck** /-bʌ̀k/ 〔動〕*n* スタインボック 《アフリカ南部・東部平原産の小型の羚羊》; [ᵘsteinbock] (アルプス)アイベックス (ibex). [Afrik=stone buck[1]]
steenkirk ⇨ STEINKIRK.
steenth, 'steenth /stíːnθ/ 《俗》*a* SIXTEENTH. ► *n* 16 分の 1; *《株価の》16 分の 1 ポイント (teenie).
steep[1] /stíːp/ *a* **1** 切り立った, 急勾配の, 急な, 急峻な, 険しい (opp. *gentle*); 《廃》波高い〈海〉. **2** 急激な, 著しい; 《口》法外な, ひどい, 信じがたい〈話など〉; 《口》むちゃな〈要求・値段など〉: That's a bit ~. そりゃむちゃだ. ► *n* 険しい所, 急坂, 絶壁. ♦ **~·ly** *adv* 急勾配に; 急速に. **~·ish** *a* **~·ness** *n* [OE *stēap* high, steep, deep; cf. STOOP[1]]
steep[2] *vt* **1** 液に浸す, つける, 浸漬する (soak); ぬらす, ずぶぬれにする; 〈霧などが〉立ちこめる: ~*ed in* crime 悪が染み込んだ. **2** [*fig*] 深く染み込ませる; 没頭させる (absorb): ~ one*self* in…に没頭する, 夢中になる. ► *vi* 浸る, つかる: This tea ~*s* well. この紅茶は出がよい. ► *n* 浸す[つける]こと, 浸る[つかる]こと; つける液, 《種子を》浸す液; 浸すタンク. ♦ **~·er** *n* 浸す人[器]. [OE **stīepan*, **stēpan*; cf. STOUP]
stéep·en *vt, vi* 急勾配にする[なる], 険しくする[なる].
stéep·gràss *n* 〔植〕ムシトリスミレ (=*butterwort*).
stee·ple /stíːp(ə)l/ *n* とがり屋根, 《教会などの》尖塔; 尖塔状部; 尖頂 (spire). ► *vi* 尖塔のようにそびえる. ► *vt* 尖塔の形にする. ♦ **~d** *a* 尖塔のある, 尖塔状の. [OE *stēpel*; ⇨ STEEP[1]]
stéeple·bùsh *n* 〔植〕北米産シモツケ属の低木 (hardhack).
stéeple·chàse *n* 〔競馬〕固定障害競走, スティープルチェイス (cf. FLAT RACE); 《まれ》POINT-TO-POINT; 〔陸上〕(3000 m) 障害物競走. ► *vi* 障害競走に出る《など》. ♦ **-chàser** *n* steeplechase の出走者[馬, 騎手]. **-chàsing** *n* [ゴールに教会の尖塔 (steeple) をおいた]
stéeple-crówned *a* てっぺんが尖塔状の〈帽子など〉.
stéeple hèaddress HENNIN.
stéeple·jàck *n* 尖塔職人, 煙突屋 《取付け・修理・塗装をする》.
stéeple·tòp *n* 尖塔の頂; 〔動〕GREENLAND WHALE.
stéepy *a* 《古・詩》STEEP[1].
steer[1] /stíər/ *vt* 〈船〉の舵をとる, 〈自動車・飛行機などを〉操縦する; (ある方向に)向ける, 進める; 〈進路を〉とる 〈*for, to*〉; 指導する, 誘導する 〈*into*〉; 《俗》〈客・カモを〉引く, おびき寄せる: ~ the boat *for* [*toward*] the island ボートを島に向ける / ~ the team *to* victory チームを勝利に導く / ~ sb *through* complex procedures 人を手引きして

複雑な手続きをさせる. ► *vi* 舵[ハンドル]をとる[あやつる]; 操縦[運転]される; (ある方向に)向かう, 進む ⟨*for*, to⟩; 身を処する; «俗» 客引きをする, サクラをやる: This car ~*s* well. この車は運転しやすい.
● **~ away from**…から離れる, …を避ける. **~ clear of**…を避ける, …に関係しない. ► *n* 〘車〙操舵(方式) (: four-wheel ~); *«口» 助言, 指図; «俗» 《賭博などの》情報; *«俗» 客引き (steerer): BUM STEER. [OE *stieran*; cf. STARBOARD, STERN², G *steuern* to steer; Gmc 'rudder' の意]

steer² *n* 《4 歳未満の》雄の子牛, 《特に》早期去勢牛《食用》. [OE *stēor*; cf. G *Stier*]

steer³ *vt, vi, n*ˈˈ«方» STIR¹.

stéer·able *a* ⟨気球などが⟩舵がきく, 操縦できる.

stéer·age *n* **1** 操舵, 操縦; 舵きき, 操縦性: go with easy ~ 舵がとりやすい, 操舵が楽である. **2** 船尾, とも (艫) (stern); «古» 三等船室, 下級船客たち; 〘史〙《軍艦の》下級士官室. ► *adv* 三等で: go [travel] ~.

stéerage pàssenger 〘海〙三等船客.

stéer·age·wày *n* 〘海〙舵きき速力《舵をきかせるのに必要な最低進航速度》.

stéer-by-wíre *n, a* 〘車〙半自動操縦(の)《エンジン・ハンドリング・サスペンションなどをコンピューター制御するシステム》.

stéer·er *n* 舵取り (steersman); «俗» 《取込み詐欺・賭博などの》客引き.

stéer·ing *n* 舵取り, 操舵, 操縦, ステアリング, STEERING GEAR; *舵取り《不動産業者が黒人に白人地区の物件を知らせないこと》.

stéering còlumn 〘車〙舵取り柱, ステアリングコラム《steering wheel と steering gear の連結棒とそれを保持する円柱部》.

stéering commìttee [gròup] 運営委員会.

stéering gèar 舵取り装置, 操舵機; 《自動車などの》ステアリングギア.

stéering [stéer] òar 舵取りオール.

stéering whèel 《船の》(操)舵輪; 《自動車の》ハンドル.

stéers·man /-mən/ *n* (操)舵手 (helmsman); 《機械の》運転士.

steeve¹ /stíːv/ *n* 〘海〙仰角《第一斜檣(しょう)と水平面との角度》. ► *vt, vi* 斜めにする[なる]. [C17<?]

steeve² *n, vt* 〘海〙起重檣(で積荷する). [? Sp *estibar* or Port *estivar* to pack tightly]

steever ⇨ STIVER.

Ste·fan /stéfaːn; stéfən/ ステファン《男子名》. [Bulg, Pol, Yugo, G; ⇨ STEPHEN]

Stéfan-Bóltz·mann láw /-bóultsmən-/, **Stéfan's láw** 〘理〙シュテファン(-ボルツマン)の法則《黒体の全放射エネルギーは絶対温度の 4 乗に比例するという法則; オーストリアの Josef Stefan (1835–93) が 1879 年に発見, 同じく Ludwig Boltzmann (1844–1906) が 84 年に証明》.

Ste·fans·son /stéfəns(ə)n/ ステファンソン **Vil·hjal·mur** /víljaʊmər/ ~ (1879–1962)《カナダ生まれの米国の北極探検家》.

Stef·fens /stéfənz/ ステフェンズ (**Joseph**) **Lincoln** ~ (1866–1936)《米国のジャーナリスト・作家; *The Shame of the Cities* (1904), *Autobiography* (1931)》.

steg- /stég/, **stego-** /stégoʊ, -gə/ *comb form*「おおい (cover)」[Gk (*stegos* roof)]

steg·a·nog·ra·phy /stègənágrəfi/ *n* ステガノグラフィ《データやメッセージを他のメッセージ・画像・ファイルに隠す技術》; «古» 暗号作成[解読](法) (cryptography). ♦ **steg·a·no·graph·ic** /stègənəgrǽfɪk/ *a*

stego·don /stégədàn/, **-dont** /-dànt/ *n* 〘古生〙ステゴドン《大型化石象; 鮮新世・更新世に東アジアからアフリカに分布》.

stego·my·ia /stègəmáɪə/ *n* 〘昆〙シマカ属 (*S-*) のカ, 《特に》ネッタイシマカ (yellow-fever mosquito).

stégo·sàur *n* 〘古生〙剣竜《剣竜亜目 (Stegosauria) の恐竜の総称》.

stègo·sáurus *n* 〘古生〙ステゴサウルス属 (*S-*) の剣竜《Colorado, Wyoming 両州の上部ジュラ系から出土》.

Stei·chen /stáɪkən/ スタイケン **Edward** (**Jean**) ~ (1879–1973)《米国の写真家》.

Stei·er·mark /stáɪərmàːrk; G ʃtáɪərmark/ シュタイアーマルク《STYRIA のドイツ語名》.

stein¹ /stáɪn/ *n* 《陶磁製の》ビール用のジョッキ《約 1 pint 入り》; stein 一杯分の量; 《一般に》ジョッキ. [G=stone]

stein² ⇨ STEEN¹.

Stein **1** スタイン (**1**) **Gertrude** ~ (1874–1946)《Paris に住んだ米国の小説家; *Three Lives* (1908), *The Autobiography of Alice B. Toklas* (1933)》 (**2**) **William H**(**oward**) ~ (1911–80)《米国の生化学者; タンパクリボヌクレアーゼの構造・機能の研究でノーベル化学賞 (1972)》. **2** シュタイン (**Heinrich Friedrich**) **Karl ~, Freiherr vom und zum** ~ (1757–1831)《プロイセンの政治家; プロイセン改革の指導者》.

Stein·beck /stáɪnbèk/ スタインベック **John** (**Ernst**) ~ (1902–68)《米国の小説家; *The Grapes of Wrath* (1939), *East of Eden* (1952); ノーベル文学賞 (1962)》.

Stein·berg /stáɪnbə̀ːrg/ スタインバーグ **Saul** ~ (1914–99)《ルーマニア生まれの米国の漫画家・イラストレーター》.

Stein·berg·er /stáɪnbə̀ːrgər/ シュタインバーガー **Jack** ~ (1921–)《ドイツ生まれの米国の物理学者; ニュートリノの発見・研究によりノーベル物理学賞 (1988)》.

steinbo(c)k ⇨ STEENBOK.

Stein·em /stáɪnəm/ スタイネム **Gloria** ~ (1934–)《米国のフェミニズム運動家・作家》.

Stei·ner /stáɪnər; G ʃtáɪnər/ シュタイナー **Rudolf** ~ (1861–1925)《ドイツの哲学者・人智学者; ⇨ ANTHROPOSOPHY》.

Stéin·heim mán /ʃtáɪnhàɪm-, stáɪn-/ 〘人〙シュタインハイム人《ドイツ南西部で頭骨が発見された, 第三間氷期の先史人類》.

Stei·nitz /stáɪnɪts; G ʃtáɪnɪts/ スタイニッツ **Wilhelm** ~ (1836–1900)《Prague 生まれの米国のチェスプレーヤー; 世界チャンピオン (1866–94)》.

stein·kern /ʃtáɪnkə̀ərn, stáɪn-/ *n* 〘考古〙石核《二枚貝の殻などの間に注入した岩石・鉱物により形成された化石》. [G (*Stein* stone, *Kern* grain)]

stein·kirk, steen- /stíːnkərk/ *n* スティーンカーク《18 世紀の男女が用いた, ゆるくたらした cravat》. [F (*cravate à la*) *Steinkerke*; ベルギーの *Steenkerke* (フランス軍がイングランド軍を破った (1692) 地)]

Stein·man /stáɪnmən/ スタインマン **Ralph M**(**arvin**) ~ (1943–2011)《カナダの免疫学者・細胞生物学者; 樹状細胞と, 適応免疫系におけるその役割の発見によりノーベル生理学医学賞 (2011)》.

Stein·metz /stáɪnmèts, ʃtáɪn-/ スタインメッツ **Charles Proteus** ~ (1865–1923)《ドイツ生まれの米国の電気技術者・発明家》.

Stein·way /stáɪnwèɪ/ 〘商標〙スタインウェイ《米国 Steinway & Sons 社製のピアノ》.

Steitz /stáɪts/ スタイツ **Thomas A**(**rthur**) ~ (1940–)《米国の生物物理学者・生化学者; リボソームの構造と機能の研究によりノーベル化学賞 (2009)》.

ste·la /stíːlə/, **ste·le¹** /stíːl, stíːli/ *n* (*pl* **-lae** /-liː/, **-les**) 〘考古〙記念石柱, 石碑; 〘古ギ・古ロ〙ステレ《墓碑としての石板》; 〘建〙《建物の正面の》銘額, 《岩面の》銘盤. ♦ **sté·lar¹** *a* [L *stela*, Gk *stēlē* standing block]

Stel·a·zine /stéləzìːn/ 〘商標〙ステラジン《トリフルオペラジン (trifluoperazine) 製剤》.

stele² *n* 〘植〙中心柱. ♦ **sté·lar²** *a* [Gk STELE¹]

stel·la /stélə/ *n* 〘米史〙ステラ《1879–80 年にメートル法に基づく国際的通貨として実験的に鋳造した硬貨; 価値は約 4 ドル》. [L STAR; 裏面の星印より]

Stella **1** ステラ《女子名》. **2** ステラ (**1**) Sir Philip Sidney が *Astrophel and Stella* (1591) で純愛の対象としてうたった女性 **2**) Swift が恋人 Esther Johnson を呼んだ愛称; 彼女への手紙をまとめた *The Journal to Stella* (1766, 68) がある》.

Stel·la Ar·tois /F stɛla artwa/ 〘商標〙ステラアルトワ《ベルギー Brasseries Artois 製のビール》.

Stélla Poláris POLARIS.

stel·lar /stélər/ *a* 星の; 星のような, 星形の; 星をちりばめた; きらびやかな, 花形の; 主要な; すぐれた, 最高の: a ~ performance みごとな演奏[活躍 など]. [L (STELLA)]

stel·lar·a·tor /stélərèɪtər/ *n* 〘理〙ステラレーター《トロイド形の閉管と外部磁場による高温プラズマ閉じ込め装置》.

stéllar evolútion 〘天〙恒星進化.

stéllar wínd 〘天〙恒星風.

stel·late /stélət, -èɪt/, **-lat·ed** /-èɪtəd/ *a* 星形の; 星状の; 放射状の; 〘植〙⟨葉が⟩輪生の. ♦ **-late·ly** *adv*

Stel·len·bosh /stélənbàʃ, -bàs/ *n* ステレンボス《南アフリカ共和国南西部 Western Cape 州の Cape Town の東にある町; Cape Town に次いで同国で 2 番目に古いヨーロッパ人入植地 (1679 年建設)》. ► *vt* «主に南ア» ⟨士官を⟩体よく左遷する (relegate). [*Stellenbosch* の基地がしばしば利用されたことから]

Stél·ler's éider [dúck] /stélərz-/ 〘鳥〙コケワタガモ《アラスカ・東アジア産》. [Georg W. *Steller* (1709–46) ドイツの博物学者]

Stéller's jáy 〘鳥〙ステラーカケス《アオカケス属; アメリカ北西部産》. [↑]

Stéller's séa còw 〘動〙ステラーカイギュウ《ジュゴン科; Bering 海産; 18 世紀に絶滅》. [↑]

Stéller's séa lìon 〘動〙トド《北太平洋産》. [↑]

stel·lif·er·ous /stɛlíf(ə)rəs/ *a* 星[星印]のある, 星の多い.

stél·li·fòrm /stélə-/ *a* 星形の; 放射状の.

stel·li·fy /stéləfàɪ/ *vt* 星に変える; スターの仲間入りさせる; …に天の栄光を授ける, 称賛[称揚]する.

Stel·lite /stélàɪt/ 〘商標〙ステライト《コバルト・クロム・炭素・タングステン・モリブデンの合金で, 耐摩耗性・耐食性に富む; 刃先・医療器具などに用いる》.

stel·lu·lar /stéljələr/, **-late** /stéljələt/ *a* 星模様の; 小星形の, 小放射状の. [L *stella* star]

stem¹ /stém/ *n* **1 a** 《草木の》茎, 幹, 軸, 樹幹; 《菌類の》柄; 葉柄, 花梗, 小花梗; 果柄, へた; 《バナナの》軸; 《ブドウの》穂梗(すいこう). **b** 切り花(の一本). **c** 《鳥の》羽軸, 毛幹. **2** 茎[軸]状部, 茎[幹]に似たもの.

S

a《stemware の》脚;《温度計の》胴; [*pl*]《俗》(きれいな)脚 (legs). **b**〔機〕軸, 心棒;《時計の》竜頭(りゅうず)の心棒; 弁棒, バルブステム;〔電〕《電球・電子管などの》ステム;《道具の》柄;《パイプの》軸,《キセルの》ラオ; *《俗》アヘンパイプ;《鍵を差し込む》錠内の軸. **c**《活字の》太縦線;〔楽〕符尾《音符に付ける垂線》; DRILL STEM. **d** *《俗》《乞食や浮浪者がたむろする》目抜き通り; *《俗》物乞い. **e** 船首: from ～ to stern 船首から船尾まで; 端から端まで; ことごとく. **3**〔文法〕語幹《接辞を付けることができる部分; cf. ROOT[1], BASE[1]》. **4**《特に 聖書で》種族, 系統, 血統, 家系. ● **work the ～** *《俗》物乞いする, たかる.
► *v* (**-mm-**) *vt* **1 a**〈タバコ・サクランボなど〉の茎を取り去る, 除茎する. **b**〈造花など〉に茎を付ける. **2** *《俗》目抜き通り[路上]でたかる[ねだる]. **3**〈船などが〉…に逆らって進む; …に逆らう. ► *vi* 生じる, 起こる, 由来する〈*from, in, out of*〉.
♦ **～·less** *a* 茎[幹, 軸]のない. **～·lìke** *a* ［OE *stemn, stefn*; STAND と同語源; cf. G *Stamm*］

stem[2] *v* (**-mm-**) *vt*〈水などを〉せき止める;《スコ》〈出血を〉止める;〈穴などを〉ふさぐ, 詰める;〈反対などを〉食い止める;〔スキー〕〈スキーを〉制動回転する: ～ the tide [flow] of…を食い止める. ► *vi* 自制する; 止まる;〔スキー〕制動(回転)する. ► *n* せき止める[食い止める]こと;〔スキー〕制動, シュテム《片方または両方のスキーの後端を開き速度を制御すること》. ［ON＜Gmc (**stam-* to check; G *stemmen* to prop); cf. STAMMER］

stém-and-léaf dìagram [**displày**]〔統〕幹葉表示, 茎葉図.

stém cèll〔生〕幹細胞: EMBRYONIC STEM CELL / INDUCED PLURIPOTENT STEM CELL.

stém chrìstie [°s- C-]〔スキー〕シュテムクリスチャニア回転.

stém cùtting〔園〕枝[茎]挿しの挿し穂の樹.

stém fìre《FOREST FIRE の》樹幹火.

stém·flòw *n*〔環境〕樹幹流《森林への降水で, 樹木の幹を伝って流れ落ちるもの; cf. THROUGHFALL》.

stém gìnger CANTON GINGER.

stém·hèad *n* 船首.

stem·ma /stémə/ *n* (*pl* **-ma·ta** /-tə/, ～**s**)〔昆〕単眼;〔昆〕触角基部;《写本の》系統, 系図;《古代ローマなどの》家系図. ♦ **stem·mat·ic** /stɛmǽtɪk/ *a* ［L＜Gk＝wreath］

stem·mat·ics /stɛmǽtɪks/ *n* 写本系統学《残された写本間の関係を分析して原本の復元を目指す本文批評 (textual criticism) の一分野》.

stemmed /stémd/ *a* 茎を取り除いた, 除茎した; [*compd*] (…な)茎のある: short-～, rough-～.

stém·mer[1] *n* タバコ《など》の茎を取る人, タバコ除茎機[具], ブドウ《など》の茎取り機[具]. ［*stem*[1]］

stemmer[2] *n* 込め棒 (tamper), 詰め具. ［*stem*[2]］

stem·mery /stéməri/ *n* タバコの除茎工場[所].

stém mòther〔昆〕幹母(かんぼ)《夏期におけるアリマキの大発生のもととなる春に孵化した母虫》.

stém·my *a* 茎の多い[混じった], 茎ばかりの;〈ワインが〉後味が苦い.

stem·ple, -pel /stémp(ə)l/ *n*〔鉱〕立坑の足場材. ［C17＜?］

stém rùst〔植〕《ムギ類の》黒サビ病(菌).

stem·son /stéms(ə)n/ *n*〔造船〕副船首材《船首材を内側から補強する曲材》.

stém stìtch ステムステッチ《芯糸上に針目を詰めて巻くようにかがるステッチ》.

stém tùrn〔スキー〕制動回転, シュテムターン.

stém·wàre *n* 脚付きグラス類《ワイングラスなど》.

stém-wìnd·er /-wàɪnd-/ *n* 竜頭(りゅうず)巻き時計; *《口》第一級の人[もの]; *《俗》熱烈な演説, 熱弁(をふるう人).

stém-wìnd·ing *a*〈時計が〉竜頭巻きの; *すばらしくいい, 丈夫な, 第一級の.

Sten /stén/ *n* STEN GUN.

sten- /stén/, **steno-** /sténoʊ, sténə/ *comb form*「小さい」「狭い」「薄い」(opp. *eury-*). ［Gk (*stenos* narrow)］

stench /sténtʃ/ *n* いやな匂い, 悪臭[異臭](を放つもの); [*fig*] 不快な気配, '臭い'. ♦ **sténchy** *a* ［OE *stenc* odor (good or bad); ⇨ STINK］

sténch·ful *a* 悪臭に満ちた.

sténch tràp《下水管などの》防臭弁.

sten·cil /sténs(ə)l/ *n*《板金・紙・皮革などに切り抜いた》刷込み型, ステンシル; ステンシルの[で刷り上げた]模様[文字]; ステンシル印刷(法). ► *vt* (**-l-** | **-ll-**)〈文字・模様などを〉ステンシルで刷り出す;〈紙面など〉にステンシルで模様[文字]を刷る. ♦ **-cil·(l)er** *n* ［OF＝to sparkle, to cover with stars＜L; ⇨ SCINTILLA］

sténcil·ìze *vt* ステンシルで刷る; …のステンシルを作る.

sténcil pàper 謄写版原紙.

Sten·dhal /stɛndɑ́:l, stæn-; *F* stɛ̃dal/ スタンダール (1783–1842)《フランスの小説家; 本名 Marie-Henri Beyle; *Le Rouge et le Noir* (1830), *La Chartreuse de Parme* (1839)》. ♦ **～·ian** *a*

Stén gùn ステンガン《英国のサブマシンガン》. ［Major R. V. *S*hepherd (英国の陸軍士官)＋H. J. *T*urpin (英国の文官), *-en* (*Bren gun* にならった語尾); 考案者］

steno /sténoʊ/ *《口》*n* (*pl* **stén·os**) STENOGRAPHER; STENOGRAPHY.

Ste·no /stéɪnoʊ/ ステノ **Nicolaus** ～ (1638–86)《デンマークの地質学者・解剖学者; デンマーク語名 Niels Ste(e)nsen; 地層累重の法則を発見》.

steno·bath /sténəbæθ/ *n*〔生態〕狭深性生物《狭い範囲の水深でのみ生息できる; opp. *eurybath*》. ♦ **stèno·báth·ic** *a* 狭深性の.

sténo·chròme *n* ステノクロミー印刷物.

steno·chro·my /sténəkròʊmi, ‖stɪnɔ́krəmi/ *n* ステノクロミー《1 回の印圧で行なう多色印刷法》.

ste·nog /stənɑ́g/ *n* *《口》STENOGRAPHER.

sténo·gràph *n* 速記文字; 速記物; 速記タイプライター. ► *vt* 速記文字で書く, …の速記をとる. ［逆成く↓］

ste·nog·ra·pher /stənɑ́grəfər/, **-phist** * *n* 速記者 (shorthand typist‖).

ste·nóg·ra·phy *n* 速記(法) (shorthand). ♦ **steno·graph·ic** /stènəgrǽfɪk/, **-i·cal** *a* **-i·cal·ly** *adv*

stèno·há·line /-héɪlàɪn, -hǽl-, -lən/ *a*〔生態〕狭塩性の, 狭鹹(きょうかん)性の (opp. *euryhaline*).

stèno·hý·gric /-háɪgrɪk/ *a*〔生態〕狭湿性の (opp. *euryhygric*).

ste·no·ky /stənóʊki/ *n*〔生態〕狭環境性 (opp. *euroky*).
♦ **ste·nó·kous** *a*

stèno·pá·ic /-péɪɪk/ *a*〔光〕小開口径の[による].

stèno·pétal·ous *a*〔植〕狭い花弁の, 狭弁の.

ste·noph·a·gous /stənɑ́fəgəs/ *a*〔生態〕〈動物が〉狭食性の.

stèno·phýllous *a*〔植〕狭い葉の, 狭葉の.

ste·nosed /stənóʊst, -zd/ *a*〔医〕狭窄した[にかかった].

ste·nos·ing /stənóʊsɪŋ, -zɪŋ/ *a*〔医〕狭窄[閉鎖]性の.

ste·no·sis /stənóʊsəs/ *n* (*pl* **-ses** /-sì:z/)〔医〕狭窄(症).
♦ **ste·not·ic** /stənɑ́tɪk/ *a* ［NL (*-osis*)］

sténo·thèrm *n*〔生態〕狭温性生物 (opp. *eurytherm*).
♦ **sténo·thèrmy** *n* 狭温性. **stèno·thérmal, -thér·mic, -mous** *a*

stèno·tóp·ic /-tɑ́pɪk/, **-trópic** *a*〔生態〕狭場所性の (opp. *eurytopic*).

sténo·tỳpe *n* ステノタイプ《速記用の一種のタイプライター》; ステノタイプ文字. ► *vt* ステノタイプで記録する. ♦ **sténo·tỳpy** /, stənɑ́təpi/ *n* ステノタイプ速記(法)《普通のアルファベットを用いる》. **-tỳpist** *n*

stent /stént/ *n*〔医〕ステント《**1**) 管や血管の中に治癒促進や閉塞を緩和する目的で入れる副子 **2**) 植皮を固定するために用いる鋳型》. ［Charles T. *Stent* (1807–85) 考案した英国の歯科医］

stent·er /sténtər/ TENTER[1].

Sten·tor /sténtɔ:r, -tər/ **1**〔ギ神〕ステントール《*Iliad* 中トロイア戦争に出る 50 人に匹敵する声をもつ伝令》. **2** [ᵘs-] 大声の人; [s-]〔動〕ラッパムシ.

sten·to·ri·an /stɛntɔ́:riən/ *a* 大声の, 大音響を発する: a ～ voice 大音声. ♦ **～·ly** *adv* ［↑］

sten·to·ri·ous /stɛntɔ́:riəs/ *a* STENTORIAN.

sten·to·ro·phon·ic /stèntərəfɑ́nɪk/ *a* STENTORIAN.

stén·tor·phòne /sténtər-/ *n*《オルガンの》ステントルフォン《8 フィートの大音量のフルートストップ》.

step /stép/ *n* **1 a** 歩み, 歩(ほ); 足音; 歩きぶり, 足取り, 歩調, 足と体の動き,《ダンスの》ステップ: make [take] a ～ forward 一歩前へ進む / make [take] a false ～ 足を踏みはずす / Change ～! 踏みかえ! **b** 歩幅《約 1 ヤード》; 歩程; ひと足, ひとまたぎ, ひと走り, 近距離; 一段の高さ: It's only a ～ to the store. **c** 足跡; [*pl*] 道(順): retrace one's ～*s* 戻る / tread in the ～*s* of…のあとについて行く; [*fig*] …を範とする / follow [tread] in sb's ～*s* 人の例にならう. **2** 手段, 処置, 方法;〔電算〕ステップ《単一の計算機命令[操作]》: take a rash ～ 早まった処置をとる / take ～*s* ⇨ 成句. **3**《行動・過程の》一歩, ひと区切り; [*fig*] 昇進, 昇級; 級, 階級, 度合い, 段階;〔理〕《電圧などの》段階的変化 (＝*step change*), ステップ (cf. STEP-DOWN[-UP], STEP RESPONSE);〔楽〕度, 音程: the first ～ *in*…における第一歩 / a great ～ forward 大きな進歩 / a backward ～ 一歩後退, あと戻り / every ～ of the way 途中ずっと / get one's ～《特に 軍隊で》昇進する / What's the next ～? 次はどうしたらよいのか. **4 a** [*pl*]《特に 屋外の》階段, はしご (cf. STAIRS); 戸口の上がり段, はしごの段,《列車・馬車などの》昇降段; [*pl*] 脚立 (＝a pair of ～s);〔工〕足掛け, ステップ;〔登山〕《氷の斜面に刻む》足場, ステップ. **b** 段状になったもの[部分], 水中翼船[水上飛行機]の艇体下面の段;《鉱脈・採石場などの》岩棚, 段;〔機〕《段車の》受金;〔木工〕欠(か)込み;〔海〕檣根(しょうこん)座, (マスト)ステップ (＝*shoe*)《マストの下端を受ける部分》;《輸送パイプの》湾曲部, かど;〔工〕ステップ《岩芯やドリル孔に生じる小さなずれ》. **5** STEP AEROBICS (用踏台). ● **a** [**one**] **～ ahead of**…より一歩先んじて; …より一枚うわてで. **a ～ in the right** [**wrong**] **direction** 正しい[間違った]施策. **at** EVERY **～**. **bend** [**direct**] **one's ～s**《文》歩を進める, 行く. **break ～** 歩調を乱す[やめる]. **change ～**《行進の途中で正しい歩調に》踏み変える. **fall into ～** (**with**…) (…と)歩調をそろえて歩き出す; [*fig*] (…の)やり方を受け入れる. **go up the ～s** ‖《俗》上級裁判所[《特に》中央刑事裁判所]に送られる[で審理される]. **in ~** 歩調を整えて〈*with*〉; 一致[調和]して〈*with*〉;〖理〗同期して, そろって: keep *in* ~ *with*...と足並がそろっている, 調和している / *in* ~ *with* the times 時代に取り残されないで. **keep ~** 歩調を合わせる〈*with, to*〉. **out of ~** 歩調を乱して; 調和しないで〈*with* society〉;〖理〗同期はずれで, ふぞろいで; 時代遅れで, 古臭くて. **~ by ~** 一歩一歩と, 段々に; 着実に; STEP for ~. **~ for ~** 歩調をそろえて, 相並んで. **take ~s** 処置をとる, 取り計らう, 行動を起こす. **turn one's ~s**《ある方向へ》向かう, 足を向ける. **watch [mind] one's ~** 足もとに気をつける;《口》言動に気をつける.

► *v* (**-pp-**) *vi* **1** (わずかな距離を)歩む; (特殊な)歩き方をする; ダンスをする; 歩を進める, 行く, 進む; 威勢よく[速く]行く〈*along*〉; 立ち去る, 出かける〈*along*〉;《廃》前進する: ~ long [short] 大股[小股]に歩く / ~ *forward* [*back*] 前進[後退]する / ~ *outside* (ちょっと)外出する, (すぐそこまで)出かける (cf. 成句) / ~ lively 急ぐ / *S~* this way, please. どうぞこちらへ《Come here. の丁寧な表現》/ ~ upstairs 階上へ行く / Will you ~ *inside?* どうぞおはいりください. **2**〈...を〉踏む, 踏みつける〈*on*〉; *《口》ステップを踏む, 踊る: ~ *on* sb's foot 人の足を踏む; 人をおこらせる / ~ *back on* sb 後ろへ下がって人の足を踏んづける / ~ through a dance. **3** あっさり[うまく]手に入れる, 〈...に〉ありつく〈*into*〉.

► *vt* **1 a**〈歩を〉踏む, 〈足を〉踏み入れる; 徒歩で横切る[渡る]; 〈距離を〉歩測する〈*off, out*〉: ~ three paces 三歩あゆむ / ~ foot in a place ある場所に(初めて)足を踏み入れる. **b**〈ダンス〉のステップを踏む, 踊る. **2 a**〖機〗〈段を〉切り込む; ...に(階)段[切り込み]をつける. **b** 階段状に並べる, ...に等級をつける. **3** 軸受にはめる;〖海〗〈マストを〉据える, 立てる〈*up*〉.

● **~ all over** = WALK all over. **~ aside** わきへ寄る; 身を引く, 退任する; 〈人に〉任せる, 譲る〈*for*〉; 脱線する. **~ back** 身を引く, 一歩下がる;《客観的に考えるために》距離をおく〈*from* a problem〉. **~ down** 車《など》から降りる; 〈電圧を〉下げる, 〈明かりを〉少し暗くする; (徐々に)...のスピードを落とす; 減少する; 〈地位から〉降りる, 退く, 身を引く〈*from*〉;《議論から》降りる, 引き下がる. **~ forward**《援助などを》申し出る; 〈証人などが〉進み出る, 出頭する. **~ high**〈馬が〉跑(だく)を踏む. **~ in** (1) 立ち寄る, 踏み入る, はいる; [*impv*] おはいり. (2) [*fig*] 介入する, 干渉する, 割り込む; 加勢する, 乗り出す. **~ into...**〈仕事・役割〉に取りかかる, 始める. **~ it**《口》踊る; 歩く, 徒歩で行く. **~ off** (1) ...から降りる. (2) 行進を開始する. (3) *《俗》結婚する (step off the carpet); 死ぬ. **~ off the deep end** *《俗》《確かめもしないで》行動に走る, 掛かり合いになる; *《俗》狂う; *《俗》くたばる (die). **~ on** sb《口》〈人〉に対してひどい扱いをする, 〈人〉を踏みつけにする. **~ on it**《口》車を飛ばす, 急ぐ (cf. *step on the* GAS[2]); *《俗》黙る; *《俗》ひどい間違いをやらかす, へまをする. **~ on sb's toes** = TREAD on sb's toes. **~ out** *ちょっと持ち場を離れる, 席をはずす; 歩度を伸ばす, 威勢よく歩く;《口》社交にふける, 遊び[パーティーなど]に出かける,《特に》デートに出かける; *《口》手を引く; *死ぬ. **~ out of line** 独立行動をとる; ルールを破る, 勝手にふるまう. **~ out on...**を裏切る, ...に不義をはたらく. **~ outside** *《口》《けんかなどをするために》外に出る, 席をはずす. **~ over...**をまたぐ; 〈...に〉近寄る〈*to*〉; 犯す. **~ up** (一段一段)上る, 進み出る, ...に近づく〈*to*〉; ...に言い寄る, 求婚する〈*to*〉;《口》〈電圧・生産などを[が]〉増す, 増強する, 〈警備などを〉強化する, ...のレベルを上げる; 昇進する[させる];《口》進歩する, ステップアップする. **~ up to the** PLATE.

♦ **~·lìke** *a* [OE (n) *stæpe, stepe,* (v) *stæppan, steppan*; cf. G *stapfen, Stapfe* footprint]

step- /stép/ *comb form*「親などの再婚によって縁続きとなった自分とは血縁のない...」「まま...」「継(まま)...」「義理の」 [OE *stēop-* orphaned; cf. OHG *stiufen* to bereave]

stép aeròbics ステップエアロビクス[エクササイズ]《踏台に昇り降りして行なうエアロビクス》.

Ste·pa·na·kert /stèpənəkέərt/ ステパナケルト《XANKÄNDI のアルメニア語名》.

stép·bròther *n* 継父[継母]の息子《当人との血縁はない; cf. HALF BROTHER》.

stép-by-stép /-bə-, -baɪ-/ *a* 一歩一歩の, 次第次第の, 段階的な, 徐々に進む.

stép chànge 大幅な改革[改善], 飛躍的な変化[進歩];〖理〗段階的変化 (step).

stép·chìld *n* 継子, まま子; [*fig*] のけ者.

stép cùt〖宝石〗階梯(かいてい)形, ステップカット.

stép·dàme *n*《古》STEPMOTHER.

stép dànce ステップダンス《姿勢よりステップに重点をおくダンス; tap dance など》.

stép·dàughter *n* まま娘, 継子《女》.

stép-dòwn *a* 段階的に減少する; 電圧を下げる (opp. *step-up*): a ~ transformer 逓降変圧器. ► *n* 減少, 低下.

stép·fàmily *n* まま親[継父, 継母]のいる家族, まま子まま親家族.

stép·fàther *n* 継父.

stép fàult〖地質〗階段断層.

Step·ford /stépfərd/ *a* 従順な, 絶対服従の《米国映画 *The Stepford Wives* (ステップフォードの妻たち, 1975) に登場する完璧な妻の役割を果たすロボットから》.

stép fùnction〖数〗階段関数.

Steph·a·na /stéfənə/, **-nie** /-ni/ ステファナ, ステファニー《女子名》. [fem < STEPHEN]

steph·an·ite /stéfənàɪt/ *n*〖鉱〗脆安(ぜいあん)銀鉱《銀の原鉱》. [G; Archduke *Stephan* of Austria (d. 1867)]

steph·a·no·tis /stèfənóutəs/ *n*〖植〗シタキソウ属 (*S-*) の各種のつる植物《ガガイモ科》. [NL < Gk = fit for a wreath (*stephanos* crown, wreath)]

Ste·phen /stí:v(ə)n/ **1** スティーヴン《男子名; 愛称 Steve》. **2** スティーヴン (c. 1097–1154)《イングランド王 (1135–54); 通称 ~ of Blois; Henry 1 世の甥; 従妹 MATILDA と王位を争うが, 最終的には彼女の息子を王位継承者として認めることで和解》. **3** [Saint] 聖ステパノ (d. c. A.D. 35)《原始キリスト教会最初の殉教者で, 使徒を補佐するための 7 人の一人; 祝日 12 月 26 日; *Acts* 6–7》. **4** Sir **Leslie** ~ (1832–1904)《英国の哲学者・評論家で, *Dictionary of National Biography* の初代編集者; V. WOOLF の父》. **5** [Saint] 聖ステファヌス ~ **I** (d. 257)《ローマ教皇 (254–57); 祝日 8 月 2 日》. **6** [Saint] イシュトヴァーン ~ **I** (975?–1038)《ハンガリー王 (997–1038); 祝日 8 月 16 日 (もと 9 月 2 日)》. [Gk (↑)]

Ste·phens /stí:v(ə)nz/ スティーヴンズ (1) **Alexander Hamilton** ~ (1812–83)《米国の政治家; 南部連合の副大統領 (1861–65)》 (2) **James** ~ (1882–1950)《アイルランドの詩人・小説家》.

Ste·phen·son /stí:v(ə)ns(ə)n/ スティーヴンソン (1) **George** ~ (1781–1848)《英国の技師; 蒸気機関車の発明者》 (2) **Robert** ~ (1803–59)《前者の子; 鉄道橋を設計・建設》.

stép-ìn *a*〈衣類・スキー靴などが〉足を突っ込んで着る[履く]. ► *n* 足を突っ込んで着用する衣類[靴]; [*pl*] パンティー.

Step·in·fetch·it* /stépənfétʃɪt/ *n* へいへいした黒人の召使, 卑屈な黒人下僕. [*Stepin Fetchit* (1902–85) 米国の黒人芸人の芸名]

stép·làdder *n* 脚立, 馬.

stép machìne ステップマシン (stairclimber)《負荷調節できるペダルを, 階段を上るように左右交互に踏むトレーニング器具》.

stép·mòther *n* 継母, まま母. ♦ **~·ly** *a* まま母の(ような), 無情な. **~·li·ness** *n*

step·ney" /stépni/ *n* [°S-]《昔の自動車の》予備車輪.

Stepney ステップニー《London 東部, Thames 川北岸の旧 metropolitan borough; 現在の Tower Hamlets の一部》.

stép·pàrent *n* まま親《継父 または 継母》.

stép·pàrent·ing *n* まま親による養育.

steppe /stép/ *n* ステップ《木のない, 特に ロシアの大草原》; [the S-(s)]《ヨーロッパ南東部・アジア南西部などの》大草原地帯. [Russ]

stepped /stépt/ *a* 段のある, 階段..., 飛び石的な; 段階的な.

stépped-úp *a* 強化[増強, 増大, 増加]された.

stéppe lèmming〖動〗ステップレミング《中央アジアに生息する小型の齧歯(げっし)類》.

stép·per *n* 足取りが...な人[馬],《特に》前足を高く上げて進む馬;《口》DANCER; *《学生俗》社交好き; ステッパー《step aerobics 用踏台》; STEPPER MOTOR: a good ~ りっぱな足取りの馬.

stépper mòtor〖電〗ステッピングモーター (= *stepping motor*)《ドライブシャフトが普通のモーターのように回転しつづけないで, 一つの電気パルスが与えられるごとに一定の角度だけ回るモーター》.

stép·ping mòtor STEPPER MOTOR.

stépping-óff plàce 外へ向かう交通の起点; 未知の土地への出立地.

stépping-stòne *n* 踏石, 飛石; [*fig*] (到達)手段[方法], 足掛かり, 踏台〈*to* fame〉.

stépping switch〖電〗ステッピング継電器《接触子が段階的に 360 度回転するスイッチ》.

stép respònse〖電子工〗ステップ応答《入力がある一定の値から他の一定の値に突然変化したときの応答》.

stép ròcket 多段式ロケット.

stép·sìster *n* 継父[継母]の娘 (cf. HALF SISTER).

stép·sòn *n* 継子, まま子《男》.

stép stòol ステップストゥール《ふだんは下の 1–2 段を座部の下にたたみ込めるようになっている脚立式のストゥール》.

stép·tòe *n*〖地質〗ステップトウ《米国北西部に見られる, 溶岩流[原]によって囲まれ, 孤立した山[丘]》.

stép tùrn〖スキー〗ステップターン, ウムトレーテン.

stép-ùp *a* 段階的に増大する; 電圧を上げる (opp. *step-down*): a ~ transformer 逓昇変圧器. ► *n* 増大, 増加, 向上: a ~ in production.

stép·wày *n*《ひと続きの》階段.

stép wèdge〖光〗階段くさび《光学濃度が位置によって段階的に変化する光学くさび (optical wedge)》.

stép·wise *adv, a* 段階を追って(の), 徐々に[の]; 階段風に[の]; *〖楽〗順次進行の[で].

-ster /stər/ *n comb form*「する人」「作る人」「扱う人」「...人」「...に関係のある人」: rhyme*ster*, young*ster*, gang*ster*, team*ster*. ★ しばしば 軽蔑的意味をもつ. [OE *-estre* etc.; 本来 *-er*[1] に対する女性形]

ster. sterling.

ste·ra·di·an /stəréɪdiən/ *n* 〘数〙ステラジアン《立体角の大きさの単位; 略 sr》. [Gk *stereos* solid, RADIAN]

ster·co·ra·ceous /stə̀ːrkəréɪʃəs/ *a* 〘生理〙糞便(状)の. [L *stercor- stercus* dung]

ster·co·ral /stə́ːrkərəl/ *a* 糞(便)の[に関する, による].

ster·co·ric·o·lous /stə̀ːrkəríkələs/ *a* 〘昆〙糞生活の.

ster·cu·lia /stərkjúːliə/ *n* 〘植〙ゴウシュウアオギリ属 (*S-*) の各種の梧桐《カカオノキ・コラノキなど》.

ster·cu·li·a·ceous /stəːrkjùːliéɪʃəs/ *a* 〘植〙アオギリ科 (Sterculiaceae) の.

stercúlia gùm KARAYA GUM.

stere /stíər, *stɛ́(ə)r/ *n* ステール《薪の体積を計る単位: =1 m³》. [F (↓)]

stere- /stɛ́rɪ, stíərɪ/, **ster·eo-** /stɛ́rioʊ, stíər-, -riə/ *comb form* (1)「固い」「固体の」(2)「三次元[空間]の」「立体の」「実体[立体]鏡の」「立体化学の」 [Gk *stereos* solid]

ster·eo /stɛ́riòʊ, stíər-/ *n* (*pl* **stér·e·òs**) **1 a** «口» ステレオ《立体音響方式[効果]; その装置[レコード, テープなど]》. **b** 立体鏡[装置, 効果]; 立体写真(フィルム). **2** STEREOTYPE; STEREOTYPY. ► *a* STEREOSCOPIC; STEREOPHONIC; STEREOTYPIC; STEREOTYPED: a ~ broadcast ステレオ放送番組. ► *vt* STEREOTYPE. [略]

ster·e·o·bate /stɛ́riəbèɪt, stíər-/ *n* 〘建〙土台 (foundation, base); 《古典建築で stylobate を含む》台座, ステレオベート《その上に円柱が立つ》. ♦ **stèr·e·o·bát·ic** /-bǽt-/ *a*

stéreo càmera 立体写真撮影用カメラ, 立体[ステレオ]カメラ.

stèreo·chémistry *n* 立体化学《原子(団)の空間的配置およびその化学物質の性質との関係を研究する》; 〘化〙原子(団)の空間的配置. ♦ **stèreo·chémical** *a*

stéreo·chròme *n* ステレオクローム《stereochromy で描いた画》. ► *vt, vi* ステレオクローム画法で描く. ♦ **stèreo·chrómic, -chromátic** *a*

stéreo·chrò·my /-kròʊmi/ *n* ステレオクローム画法 (=*water-glass painting*)《水ガラスを展色剤または定着剤として用いる壁画法》.

stèreo·compárator *n* 〘測・天〙ステレオコンパレーター《立体視原理を用いた測距[天体の位置変動検出]装置》.

ster·e·og·no·sis /stɛ̀riəgnóʊsəs, stìər-/ *n* 立体認知《物体に触れたり持ち上げたりすることによってその物体の形や重さなどを決定する能力》. ♦ **stèr·e·og·nós·tic** /-nás-/ *a*

stéreo·gràm *n* 《物体の実体的印象を写し出すようにした》実体図表, 実体画; STEREOGRAPH; ″ステレオ装置.

stéreo·gràph *n* 実体画, 立体図, 《特に stereoscope に用いる》立体写真. ► *vt* …の stereograph を作る.

stereográphic projéction 〘地図〙平射図法, 平射影, 極射影, ステレオ投影法.

ster·e·og·ra·phy /stɛ̀riágrəfi, stìər-/ *n* 実体[立体]画法《立体幾何学の一分野》; 立体写真術. ♦ **stèr·e·o·gráph·ic, -i·cal** *a* **-i·cal·ly** *adv*

stèreo·ísomer *n* 〘化〙立体異性体. ♦ **stèreo·isoméric** *a* 立体異性の. **-isómerism** *n* 立体異性.

stèreo·lithógraphy *n* ステレオリソグラフィー, 光造形法《レーザーを光硬化性ポリマーに照射してつくった断面形を積み重ねて立体像を形成する技術; 3D プリンターなどに用いる》. ♦ **-lithográphic** *a*

ster·e·ol·o·gy /stɛ̀riáləʤi, stìər-/ *n* 《平面的な測定結果から三次元情報を引き出す》立体解析学. ♦ **stèr·e·o·lóg·i·cal, -ic** *a* **-i·cal·ly** *adv*

ster·e·ome /stɛ́riòʊm, stíər-/, **-om** /-àm; -əm/ *n* 〘植〙《厚壁組織・厚角組織などの》機械組織; 〘動〙《無脊椎動物外皮骨格の》硬組織. [Gk=solid body]

stèreo·métric, -métrical *a* 体積測定の, 容易に測定できる. ♦ **-rical·ly** *adv*

ster·e·om·e·try /stɛ̀riámətri, stìər-/ *n* 体積測定, 求積法 (cf. PLANIMETRY).

stèreo·mícro·scòpe *n* (双眼)実体[立体]顕微鏡. ♦ **stèr-eo·microscópic** *a* **-ical·ly** *adv*

stéreo·phòne *n* ステレオホン《ステレオ用ヘッドホン》.

stèreo·phónic *a* 立体音響(効果)の, ステレオの (cf. MONOPHONIC, BINAURAL, QUADRAPHONIC): ~ sound 立体音. ♦ **-phón·i·cal·ly** *adv*

stèreo·phónics *n* 立体音響学, ステレオフォニックス.

ster·e·oph·o·ny /stɛ̀riáfəni, stìər-/ *n* 〘理〙立体音響(効果).

stèreo·photógraphy *n* 立体写真術. ♦ **-phóto·gràph** *n* **stèreo·photográphic** *a*

stère·ópsis *n* 〘生理〙立体視《距離のわかる二眼視》.

stère·óp·ti·con /-áptɪkən, -tɪkàn/ *n* 《溶暗装置のある》実体[立体]幻灯機; STEREOSCOPE.

stèreo·régular *a* 〘化〙立体規則性の: ~ rubber ステレオゴム. ♦ **-regulárity** *n*

stéreo·scòpe *n* 立体鏡, 実体鏡.

stèreo·scóp·ic /-skáp-/ *a* 実体鏡学の, 立体鏡の; 立体的に見える, 立体映像 [3D] の. ♦ **-i·cal·ly** *adv*

stéreoscopic mícroscope STEREOMICROSCOPE.

ster·e·os·co·py /stɛ̀riáskəpi, stìər-/ *n* 実体鏡学; 立体知覚. ♦ **-pist** *n*

stèreo·seléctive *a* 〘化〙〈反応が〉立体選択的な《特定の立体配置をもつ化合物を優先的に生成する》. ♦ **-selectívity** *n*

stéreo separátion 《ステレオの左右チャンネルの》分離.

stèreo·sónic″ *a* STEREOPHONIC.

stèreo·specífic *a* 〘化〙立体特異性の: ~ rubber ステレオゴム. ♦ **-ical·ly** *adv* **-specifícity** *n* 立体特異性.

stéreospecific cátalyst 〘化〙立体特異性触媒.

stéreospecific polymerizátion 〘化〙立体特異性重合.

stèreo·spóndyl *n* 〘古生〙全椎(ぜんつい)亜目 (Stereospondyli) の動物《両生綱切椎(せっつい)目に属し, 二畳紀・三畳紀に生存した》.

stèreo·tác·tic /-tǽktɪk/ *a* STEREOTAXIC; STEREOTAXIS の[に関する]. ♦ **-ti·cal·ly** *adv*

stéreo·tàpe *n* ステレオテープ《ステレオ再生用録音テープ》.

stèreo·táx·ic /-tǽksɪk/ *a* 〘医〙定位の《脳深部の特定な部位に電極などを三次元座標に従って挿入する技術・装置に関連していう》. ♦ **-i·cal·ly** *adv* [↓]

stèreo·táxis *n* 〘生・生理〙走固[走触]性, 接触走性《接触刺激に走性を示す》; 〘医〙定位固定《技術・処置》.

stèreo·télescope *n* TELESTEREOSCOPE.

ster·e·ot·o·my /stɛ̀riátəmi, stìər-/ *n* 〘石工〙規矩(きく)術, 切石法, 石切法, 立体石刻術. ♦ **-mist** *n* **stèr·e·o·tóm·ic** /-tám-/, **-i·cal** *a*

ster·e·ot·ro·pism /stɛ̀riátrəpɪ̀z(ə)m, stìər-/ *n* 〘生〙接触屈性, 屈触性 (=*thigmotropism*); STEREOTAXIS. ♦ **stèreo·tróp·ic** /-tráp-/ *a*

stéreo·tỳpe *n* **1** 固定観念, 既成概念, きまり文句, 常套手段; 〘社〙紋切り型, ステレオタイプ; 型にはまった人[もの]; 〘医〙STEREOTYPY: He doesn't fit the ~ of a nerd. 普通のオタクとはちょっと違う. **2** 〘印〙ステロ(版), 鉛版 (=*stereo*)《紙型に溶融金属[プラスチック, ゴムなど]を注いでつくる複製版》; ステロ版製造; ステロ版印刷. ► *vt* ステロ版にする, ステロで印刷する; 固定化する, 型にはめる: *be ~d as* gay 同性愛者という色眼鏡で見られる. ♦ **-tỳp·er** *n* **-tỳp·ing** *n* 型にはまった扱い.

stéreo·tỳped *a* ステロ版[鉛版]に取った; ステロ版で印刷した; [*fig*] 型にはまった, 紋切り型の, 陳腐な.

stèreo·týp·i·cal /-típɪk(ə)l/, **-týp·ic** /-típɪk/ *a* ステロ版の; ステロ印刷[製造]の; 紋切り型の, 陳腐な. ♦ **-i·cal·ly** *adv*

ster·eo·typy /stɛ́riətàɪpi, stíər-/ *n* ステロ印刷術, ステロ版製造法; 〘医〙常同症.

stéreo·vision *n* 立体視.

ster·ic /stɛ́rɪk, stíər-/, **-i·cal** *a* 〘化〙(分子中の)原子の空間的[立体的]配置に関する, 立体の. ♦ **-i·cal·ly** *adv*

stéric híndrance 〘化〙立体障害《分子内の大きな原子・原子団による構造の不安定化・ひずみなど》.

ste·rig·ma /stərígmə/ *n* (*pl* **-ma·ta** /-tə/, **~s**) 〘植〙柱頭《雌蕊(しずい)の先端》; 〘植〙《菌類の》小柄(しょうへい); 〘動〙《原生動物の》眼点. [NL<Gk=support]

ster·il·ant /stɛ́rələnt/ *n* 滅菌[殺菌]剤, 消毒薬, 《特に》除草剤; 滅菌器[機].

ster·ile /stɛ́rəl; -àɪl/ *a* **1 a** 不妊の; 不毛の, やせた〈土地など〉(opp. *fertile*); 〘植〙中性の, 実のならない, 不稔(性)の, 発芽しない. **b** 滅菌[殺菌]した, 無菌の; 安全[機密]保持のための処置を済ませた, STERILIZED: ~ culture 無菌培養. **2** 無効の, (結果を)生じない 〈*of*〉, 実りのない. **3** つまらない, 内容の貧弱な〈講演など〉; 興味のない, 迫力のない〈文体など〉; 独創性[個性]のない. **4** 〘経〙〈金(きん)が〉不胎化された《信用増大や国内通貨量増加阻止に当てられない》. ♦ **~·ly** *adv* [F or L=unfruitful]

stérile fìeld 〘医〙無菌手術野《適切に消毒された手術野》.

ste·ril·i·ty /stərílәti/ *n* 生殖[繁殖]不能(症), 不妊(症); 《土地の》不毛; 無効, 結果を生じないこと; 内容の貧弱; 《思想の》貧困; 無趣味; 〘植〙中性, 不稔性.

ster·il·ize /stɛ́rəlàɪz/ *vt* 滅菌[殺菌]する; *…に対し安全[機密]保持のための処置をする; 不妊にする; 〈土地を〉不毛にする; 〈思想・興味・内容などを〉貧弱にする; 無効にする. ♦ **-iz·able** *a* **stèr·il·izá·tion** *n* 断種; 不妊化; 滅菌.

stér·il·ìzed *a* 《空港でハイジャック防止のための》金属探知検査をうけた者以外搭乗禁止の (=*sterile*).

stér·il·ìz·er *n* 不毛にするもの; 滅菌[消毒]者; 滅菌装置[器], 滅菌釜.

ster·let /stə́ːrlət/ *n* 〘魚〙カワリチョウザメ《カスピ海とその付近の川の産で美味; この卵で作った caviar は最高級品》. [Russ]

ster·ling /stə́ːrlɪŋ/ *a* **1 a** 英貨の, ポンドの《通例 stg と略し, 端銭のつかない金額の次に付記する》; 英貨で支払える: £20 *stg* 英貨 20 ポンド / five pounds ~ 英貨 5 ポンド. **b** スターリング銀 (sterling silver) 製の: a ~ teapot 純銀の紅茶ポット. **2 a** 真正の, りっぱな, 信用のおける, 確かな, 一級(品)の: This is ~ stuff. これはすばらしいものだ / ~ worth 真価. **b** 〘豪史〙英本国生まれの (opp. *currency*). ► *n* 英貨; 英貨の規定純度《銀貨は 0.500, 金貨は 0.91666》; (法定)純銀, スターリング銀 (=**~ sílver**)《銀含有率 92.5% 以上》; 純銀(製品),

銀食器類; 〘豪史〙 英本国生まれの人. ♦ **~·ly** *adv* **~·ness** *n* [? OE **steorling* coin with a star (*steorra*); 初期 Norman penny の意匠から]

stérling àrea [blòc] [the] 《かつての》 ポンド地域, スターリングブロック (=*scheduled territories*) 《貿易決済がポンドで行なわれる地域; 1931 年発足》.

stérling bàlance 〘経〙 ポンド残高.

Ster·li·ta·mak /stèərlıtəmǽk/ ステルリタマク 《ヨーロッパロシア東部 Ural 山脈南部の Bashkortostan 共和国の Belaya 川に臨む市》.

stern[1] /stə́ːrn/ *a* 〈人・規制などが〉厳格な, きびしい; 〈決意・態度などが〉断固とした, ゆるぎない; 〈状況などが〉苦しい, 過酷な; 〈顔つきなどが〉険しい, いかめしい; 〈命令・要求・処置などが〉容赦しない, 手きびしい; 〈気候が〉きびしい; 〈土地などが〉荒れはてた: He is ~ *in* discipline [*to* his students]. 訓練が[学生に]きびしい / a ~ necessity やむをえぬ必要 / the ~*er* sex 男性. ♦ **~·ly** *adv* 厳格に, きびしく; いかめしく. **~·ness** *n* [OE *styrne*; cf. STARE; WGmc で 'to be rigid' の意]

stern[2] *n* 〘海〙 船尾, とも (opp. *stem, bow*); 《一般に》 後部; 《口》 [*joc*] お尻; 《特に 狐狩り猟犬の》 尾; 〘紋〙 狼の尾; [the S-] 〘天〙 とも座 (船尾座) (Puppis): *S*~ all! =*S*~ hard! 〘海〙 あとへ! / ~ foremost = STERNFOREMOST. ● **(down) by the ~** 〘海〙 〈船が〉船尾トリムで, ともあしで 《船首よりも船尾の喫水線が深い; cf. down by the HEAD》. **~ on** 船尾を向けて. ♦ **~ed** *a* [*compd*] …な船尾をもつ: a square-~*ed*. [ME=rudder<?ON *stjórn* steering (*styra* to STEER[1])]

Stern 1 スターン **Isaac** ~ (1920–2001) 《ロシア生まれの米国のヴァイオリン奏者》. **2** /; *G* ʃtɛ́rn/ シュテルン, スターン **Otto** ~ (1888–1969) 《ドイツ生まれの米国の物理学者; ノーベル物理学賞 (1943)》.

stern- /stə́ːrn/, **ster·no-** /stə́ːrnoʊ, -nə/ *comb form* 「胸骨 (sternum)」 [Gk]

sterna *n* STERNUM の複数形.

ster·nal /stə́ːrn(ə)l/ *a* 〘解〙 胸骨 (sternum) の; 胸骨部にある; 〘昆〙 腹板の[に関する]: the ~ ridge 軟骨条.

stérnal ríb 〘解〙 胸(骨)肋骨 (true rib).

Stern·berg /stə́ːrnbə̀ːrg/ スタンバーグ **Josef von** ~ (1894–1969) 《オーストリア生まれの米国の映画監督》.

stérn chàse 〘海〙 真後ろからの追撃[追跡], 正尾追撃.

stérn chàser 艦尾砲.

stérn drìve INBOARD-OUTBOARD.

Sterne /stə́ːrn/ スターン **Laurence** ~ (1713–68) 《英国の作家; *The Life and Opinions of Tristram Shandy, Gentleman* (1759–67), *A Sentimental Journey Through France and Italy* (1768)》.

stérn fàst 〘海〙 船尾(繋船)索.

stèrn·fóre·mòst /, ″-məst/ *adv* 船尾を前にして, 後進して; ぶざまに, 不器用に, 苦労して.

Stérn Gáng [the] スターンギャング 《パレスティナで活動したシオニストのテロ組織; 1940 年地下組織 Irgun Zvai Leumi から分離した Avraham Stern (1907–42) が結成》.

ster·nite /stə́ːrnàıt/ *n* 〘昆〙 腹板.

stérn knèe STERNSON.

stérn·mòst /, ″-məst/ *a* 船尾にいちばん近い; 最後の, しんがりの.

Ster·no /stə́ːrnoʊ/ 〘商標〙 スターノ 《変性アルコール・水・ゲルからなる缶入りの燃料》.

sterno- /stə́ːrnoʊ, -nə/ ⇨ STERN-.

stèrno·clavícular *a* 〘解〙 胸骨と鎖骨の, 胸鎖の.

stèrno·clei·do·más·toid /-klàıdəmǽstɔ̀ıd/ *a* 〘解〙 胸鎖乳様突起[乳突]性の.

stèrno·cóstal *a* 〘解〙 胸骨と肋骨との(間にある), 胸肋の.

stèrno·mástoid *a* 〘解〙 胸乳突の (sternocleidomastoid).

stèrno·scápular *a* 〘解〙 胸骨肩甲骨の.

stérn·pòst *n* 〘海〙 船尾材.

stérn shèets *pl* 《ボートなど無甲板船の》 船尾床板, 艇尾座 (opp. *foresheets*).

stern·son /stə́ːrns(ə)n/ *n* 〘海〙 内竜骨 (keelson) の末端 (=~ **knèe**). [*stern*[2]+keelson]

ster·num /stə́ːrnəm/ *n* (*pl* **~s, -na** /-nə/) 〘解・動〙 胸骨 (=*breastbone*); 《節足動物の》 腹板. [NL<Gk *sternon* chest]

ster·nu·ta·tion /stə̀ːrnjətéıʃ(ə)n/ *n* 〘医〙 くしゃみ. [L *sternuo* to sneeze]

ster·nu·ta·tive /stəːrn(j)úːtətıv/ *a, n* STERNUTATORY.

ster·nu·ta·tor /stə́ːrnjətèıtər/ *n* くしゃみ誘発薬.

ster·nu·ta·to·ry /stə̀ːrn(j)úːtətɔ̀ːri; -t(ə)ri/ 〘医〙 *a* くしゃみ誘発性の; くしゃみ性の. ► *n* STERNUTATOR.

stérn·ward, -wards *adv, a* 船尾[後部]に[の].

stérn·wày *n* 《船の》 後進, 後退: have ~ on 〈船が〉後進する[している].

stérn-whèel·er *n* 船尾外車汽船.

ster·oid /stérɔ̀ıd, stíər-/ 〘生化〙 *n* ステロイド 《ステロイド核 $C_{17}H_{14}$ をもつ化合物の総称; ステロール・ホルモンなど重要な生理作用, 特殊な薬理作用をもつものが多い; アレルギー治療薬などのほか, しばしば筋肉増強剤として使われる》. ● **on ~s** ステロイドを使って; [*joc*] 巨大な, 強大な: today's capitalism *on* ~*s* 肥大化した現代の資本主義. ► *a* ステロイド(性)の. ♦ **ste·rói·dal** *a* [*sterol* (Gk *stereos* stiff), *-oid*]

ste·roido·génesis /stərɔ̀ıdə-, stıər-, stɛr-/ *n* 〘生化〙 ステロイド合成. ♦ **ste·ròido·génic** *a*

ster·ol /stérɔ̀(ː)l, -òʊl, -ràl, stíər-/ *n* 〘生化〙 ステロール, ステリン 《生物体から得られるアルコール性の固体状の類脂質》. [chole*sterol*, er*gosterol* などから]

-ster·one /⌐stəròʊn, stíəròʊn/ *comb form* 「ステロイドホルモン (steroid hormone)」

Ster·o·pe /stérəpìː, stér-/, **As·ter·o·pe** /æ-/ 〘ギ神〙 (ア)ストロペー 《PLEIADES の一人》; 〘天〙 アステローペ 《Pleiades 星団の一星》.

ster·tor /stə́ːrtər/ *n* 〘医〙 いびき, いびき呼吸. [L *sterto* to snore]

ster·to·rous /stə́ːrtərəs/ *a* いびきをかく, 高いびきを伴う; ゼイゼイした息づかいの. ♦ **~·ly** *adv* **~·ness** *n*

stet /stét/ *vi, vt* (-tt-) 〘校正〙 生きる, 生かす, [〈*int*〉] イキ 《消した語句の下に点線を打つなどして示す; cf. DELE》. ► *n* イキ記号. [L=let it stand (*sto*)]

steth- /stéθ, *-ð/, **stetho-** /stéθoʊ, -θə, *stéðoʊ, *-ðə/ *comb form* 「胸 (chest)」 [F<Gk (*stēthos* breast)]

stétho·gràph *n* 〘医〙 呼吸運動記録[描画]装置.

ste·thom·e·ter /stɛθámətər/ *n* 《胸壁や腹部の》 呼吸運動測定器.

stétho·scòpe *n, vt* 聴診器(で診察する). ♦ **ste·thos·co·py** /stɛθáskəpi/ *n* 聴診法.

stetho·scop·ic /stɛ̀θəskápık/, **-i·cal** *a* 聴診法の, 聴診による; 聴診器の. ♦ **-i·cal·ly** *adv*

ste·thos·co·pist /stɛθáskəpıst/ *n* 聴診器 (stethoscope) 使用技術を身につけた人, 聴診(法)士.

Stet·son /stéts(ə)n/ 〘商標〙 ステットソン 《縁の広いフェルト帽, カウボーイハット》. [John B. *Stetson* (1830–1906) 米国の製帽業者]

Stet·tin /stɛtíːn, ʃtɛ-/ シュテティーン 《SZCZECIN のドイツ語名》.

Steu·ben /st(j)úːbən, ʃtɔ́ı-/ シュトイベン Baron **Friedrich Wilhelm (Ludolf Gerhard) Augustin von** ~ (1730–94) 《プロイセンの軍人; 米国独立戦争では独立派の将軍》.

Steve /stíːv/ スティーヴ 《男子名; Stephen, Steven の愛称》.

Stéve Cányon スティーヴ・キャニオン 《米国の漫画家 Milton Caniff (1907–88) の同名の漫画 (1947) の主人公; 退役軍人で紛争調停人》.

Stéve Ca·rél·la /-kərélə/ スティーヴ・キャレラ 《Ed McBain のミステリー 87 分署シリーズに登場する職務に忠実で良心的な警察官》.

ste·ve·dore /stíːv(ə)dɔ̀ːr/ *n* 港湾労働者, (沖)仲仕, 荷役作業員, ステベ; 荷役会社. ► *vt* (沖)仲仕として〈荷を〉扱う; 〈船〉の荷を積む[降ろす]. ► *vi* (沖)仲仕として働く. [Sp *estivador* (*estivar* to stow a cargo)]

stévedore [stévedore's] knòt 仲仕結び.

Ste·ven /stíːv(ə)n/ スティーヴン 《男子名; 愛称 Steve》. [⇨ STEPHEN]

Ste·ven·age /stíːv(ə)nıʤ/ スティーヴェネッジ 《イングランド南東部 Hertfordshire のニュータウン (1946)》.

Stéven·gràph, Stévens- *n* スティーヴングラフ 《絹地に織り込んだカラフルな絵》. [Thomas *Stevens* (1828–88) 英国の織り師]

Ste·vens /stíːv(ə)nz/ スティーヴンズ (**1**) **Thaddeus** ~ (1792–1868) 《米国の政治家; 奴隷制度に反対, 南北戦争後は再建計画を指導, また A. Johnson 大統領弾劾の先頭に立つ》 (**2**) **Wallace** ~ (1879–1955) 《米国の詩人; *Harmonium* (1923)》.

Stevensgraph ⇨ STEVENGRAPH.

Stévens-Jóhnson sỳndrome 〘医〙 スティーヴンズ-ジョンソン症候群 《口腔および肛門・性器の粘膜に現われる多形紅斑の重症型で, 倦怠感・頭痛・発熱・関節痛・結膜炎などの身体症状を呈する》. [Albert Mason *Stevens* (1884–1945), Frank Chamblis *Johnson* (1894–1934) ともに米国の小児科医]

Ste·ven·son /stíːv(ə)ns(ə)n/ スティーヴンソン (**1**) **Adlai Ewing** ~ (1900–65) 《米国の政治家・国連大使 (1961–65); 2 度民主党の大統領候補となったがいずれも敗れた (1952, 56)》 (**2**) **Robert Louis (Balfour)** ~ (1850–94) 《スコットランドの作家; 略 R.L.S.; *Treasure Island* (1883), *A Child's Garden of Verses* (1885), *Kidnapped* (1886), *The Strange Case of Dr. Jekyll and Mr. Hyde* (1886)》 (**3**) **Robert** ~ (1772–1850) 《灯台建設で有名なスコットランドの技師》.

ste·via /stíːviə/ *n* 〘植〙 アマハステビア 《パラグアイ産のキク科の多年草》; ステビア 《アマハステビアの葉から作る低カロリー甘味料; 栄養補助食品》.

Ste·vin /stəváın/, **Ste·vi·nus** /stəvíːnəs/ ステヴィン **Simon** ~ (1548–1620) 《フランドルの数学者; 小数を発見》.

ste·vi·o·side /stíːviəsàıd, stév-/ *n* 〘化〙 ステビオシド 《stevia の葉から得るグルコシド (glucoside); 普通の砂糖の 300 倍の甘さがある》.

stew[1] /st(j)úː/ *vt* **1** とろ火で煮る, 煮込む, シチューにする; 〈お茶を〉 《煮出しすぎて》 にがくする; 《古》 蒸す. **2** *《口》 …に気をもませる, いらいらさせる: ~ *oneself* into an illness やきもきして病気になる. ► *vi* とろ火で煮える; 〈お茶が〉 《煮出しすぎて》 にがくなる; 《暑く狭い場所で》 汗だくになる; 《口》 気をもむ, やきもきする, 腹を立てる 〈*over, about*〉;

《俗》猛勉強する (swot). ● **～ in one's (own) juice [grease]** 自業自得で苦しむ. ► *n* **1 a** 煮込み(料理), シチュー: beef [veal, mutton, lamb] ～. **b**《廃》シチュー鍋;《古》蒸しぶろ, スチームバス (hot bath). **c** ごたまぜ; 雑踏; 込み合って蒸し暑いこと;《古》売春宿; [ᵘ*pl*] 売春地帯, スラム街. **2**《口》気をもむこと, 心配, 当惑. **3**《俗》酔っぱらい;《俗》どんちゃん騒ぎ. ● **in a ～** 混乱して, めちゃくちゃになって;《口》やきもきして, いらいらして ‹*about*›. [OF *estuver*＜Romanic (? *ex-*[1], **tufus*＜Gk *tuphos* smoke, steam)]

stew[2] *n* カキ養殖場; ᴴ生簀(いけす) (fishpond). [F *estui* (*estoier* to confine); cf. STUDY]

stew[3] *n**《口》STEWARD, STEWARDESS.

stew·ard /st(j)úːərd, st(j)ʊ́ərd/ *n*《領主館などの》執事, 家令《食卓および所領管理の最高責任者》; 財産管理人;《組合・団体などの》会計官; SHOP STEWARD;《クラブ・大学などの》給仕長;《旅客機・客船などの》乗客係, 客室乗務員, スチュワード (cf. FLIGHT ATTENDANT);《船の》司厨(しちゅう)長, 賄い長;《クラブなどの》支配人; ᴴ《展覧会・舞踏会・競馬などの》世話役, 幹事, 主催者;〖米海軍〗将校宿舎[食堂]担当下士官. ► *vt, vi* (…の) steward をつとめる. ♦ **～·ship** *n* steward の任務; [*fig*]《一個人としての社会的・宗教的な》責務. [OE *stīweard* (*stig* ? house, hall, *weard* WARD)]

stéward·ess *n* 女性の STEWARD,《旅客機・客船・列車などの》乗客係, 女性客室乗務員, スチュワーデス (cf. FLIGHT ATTENDANT). ♦ **～·shìp** *n*

Stew·art /st(j)úːərt, st(j)ʊ́ərt/ **1** スチュアート《男子名》. **2** スチュアート (**1**) **Dugald ～** (1753–1828)《スコットランドの常識学派の哲学者》(**2**) **Henry ～** ⇨ Lord DARNLEY (**3**) **Jackie ～** (1939–　)《スコットランド生まれの自動車レーサー; F1 の世界チャンピオン (1969, 71, 73)》(**4**) **James (Maitland) ～** (1908–97)《米国の映画俳優; 善良でほのぼのとした温かい持ち味で息の長い人気を博した; *Mr. Smith Goes to Washington* (スミス都へ行く, 1939), *Rear Window* (裏窓, 1954)》(**5**) **Robert ～**, Viscount **Castlereagh** (1769–1822)《英国の政治家; ウィーン会議に出席し, ウィーン体制擁護の反動政策を推進した》(**6**) **Rod ～** (1945–　)《英国のロック歌手》. **3** スチュアート《Mary, Queen of Scots [Mary Stuart] より前のスチュアート王家のつづり》. [⇨ STEWARD]

Stéwart Ísland スチュアート島《ニュージーランド南島の南にある火山島・避暑地》.

stew·art·ry /st(j)úːərtri/ *n*《昔のスコットランドの王領地における》執事管轄区.

stéw·bùild·er *n**《俗》コック.

stéw·bùm *n**《俗》浮浪者, のんだくれ.

stéwed *a* とろ火で煮た, 煮込んだ, シチューにした; ᴴ‹茶が›出すぎた;《口》やきもき[いらいら]して;《口》酔っぱらって. ● **～ to the ears [eyebrows, gills, etc.]**《口》酔っぱらって.

stéw·ie[1] *n**《俗》安酒飲み《人》.

stewie[2] *n*《俗》STEW[3].

stéw·ing *a* シチュー用の: ～ steak《角切りにした》シチュー用牛肉.

stéw·pàn *n*《長柄付きの》浅いシチュー鍋.

stéw·pòt *n*《取っ手の 2 つある深い》シチュー鍋.

St. Ex., St. Exch. °stock exchange.

Steyn /stáɪn/ ステーン **Marthinus Theunis ～** (1857–1916)《南アフリカの法律家・政治家; Orange 自由国の大統領 (1896–1900)》.

stg sterling. **Sth** South.

sthe·nia /sθənáɪə, *sθíːniə/ *n*〖医〗強壮, 昂進 (opp. *asthenia*). [Gk *sthenos* force]

sthen·ic /sθénɪk/ *a* たくましい, 頑強な;〖医〗‹心臓・動脈など›病的に活発な, 昂進性の; PYKNIC. [*asthenic* にならって ↑ から]

Sthe·no /sθíːnoʊ, sθén-/〖ギ神〗ステンノー《「強い女」の意; GORGONS の一人》.

STI /éstìːáɪ/ *n*〖医〗性(行為)感染症 (＝*STD*)《梅毒・エイズなど》. [*s*exually *t*ransmitted *i*nfection]

stib- /stíb/, **stibi-** /stíbə/, **stib·io-** /stíbioʊ, -ə/, **stibo-** /stíboʊ, -ə/ *comb form*「アンチモン (stibium)」

stib·i·al /stíbiəl/ *a*〖化〗アンチモンの(ような).

stib·ine /stíbiːn, ᴴ-bàɪn/ *n*〖化〗スチビン《(**1**) アンチモン化水素, 無色の有毒気体 **2**) その水素をアルキル基で置換した化合物》.

stib·i·um /stíbiəm/ *n*〖化〗ANTIMONY; STIBNITE. [L＜Gk＜Egypt]

stib·nite /stíbnàɪt/ *n*〖鉱〗輝安鉱 (＝*antimonite, antimony glance, stibium*)《アンチモンの重要鉱石》.

stich /stík/ *n*《詩の》行 (verse, line). [Gk *stikhos*]

stich·ic /stíkɪk/ *a* 行の, 行単位の; 同一韻律からなる. ♦ **-i·cal·ly** *adv*

sti·chom·e·try /stɪkɑ́mətri/ *n* 行分け法《散文を意味とリズムに応じた長さの行に分けて書く, 句読点の発達しなかった時代の書記法》. ♦ **sticho·met·ric** /stìkəmétrɪk/, **-ri·cal** *a* **-ri·cal·ly** *adv*

sticho·myth·ia /stìkəmíθiə/, **sti·chom·y·thy** /stɪkɑ́məθi/ *n* 隔行対話《1 行おきに書いた対話; 古代ギリシア劇に用いられた一形式》. ♦ **sticho·mýth·ic** *a* [Gk]

-sti·chous /–́ stɪkəs/ *a comb form*〖動・植〗「…列の」: di*sti*chous, mono*stichous*. [L＜Gk; ⇨ STICH]

stick[1] /stík/ *n* **1 a**《切り取った, または枯れた》枝木, そだ; 棒, 棒きれ;《建築素材としての》棒, 丸太; 柄, ばち; [*pl*]《海軍俗》鼓手;〖海〗[*joc*] マスト(の一部), 帆桁 (yard): *S~s* and stones may break my bones, but names [words] can never hurt me. (棒っきれや石じゃなし)口で何と言われてもへっちゃらだ《子供のけんかの文句》/ (as) CROSS as two ～*s*. **b** ステッキ, 杖;《官位などを示す》杖(じょう); 杖をもつ人: walk with a ～ ステッキをついて歩く. **c** 棍棒, [*fig*] 人を強制する手段, おどし; むち; [(the)] むち打ち, [*fig*] 厳罰, 仕置き; ᴴ《口》[*fig*] 酷評, 非難: give sb *the* ～ 人を折檻する. **d**〖機〗スティック《剛性をもった棒》;〖空〗操縦桿 (control stick);《自動車の》変速レバー (cf. STICK SHIFT); マニュアル車;〖楽〗指揮棒;〖印〗植字架, ステッキ (＝composing ～), STICKFUL;《俗》かなてこ, バール. **2 a** 棒状のもの;《チョコレート・封蠟・ダイナマイトなどの》棒;《セロリなどの》茎; スティック《柏子木に切った[まとめた]材料を(衣を付けて)揚げた食べ物》; *《1/4 ポンドの》棒状バター[マーガリン]; *《俗》クラリネット;《俗》鉛筆, 万年筆, 計算尺; [*pl*]《俗》足 (legs);〖昆〗STICK INSECT. **b** 1 本;《口》1 点の家具: a ～ of chalk / a ～ of soap 棒状石鹸(1 本) / a few ～*s* of furniture 家具数点 / I might as well be a ～ of furniture. あたしは家具じゃないのよ《相手にしてもらえない妻が夫に言う文句》. **3**〖スポ〗**a**《野球の》バット,《ビリヤードの》キュー,《ゴルフの》クラブ, CROSSE,《競走の》バトン,《スキー俗》スキー, スキーストック, *《俗》サーフボード. **b**《口》《障害物競走の》ハードル《など》; [*pl*]《サッカーの》ゴールポスト,《クリケットの》ウィケットの柱: be over the ～*s* ハードルをやっている / between the ～*s* ゴールキーパーで. **c**〖ホッケー〗スティック, [*pl*] スティックを肩まで振り上げること《反則》. **4 a**《俗》ひょろ長いの, のっぽ. **b** [形容詞を伴って](…な)人, やつ;《口》くそまじめ[退屈]なやつ, のろま, ぐず: dull [dry, funny] old ～. **c***《俗》おまわり, 夜警, 守衛, ガードマン,《賭博台の》CROUPIER; *《俗》サクラ (shill). **d** *《俗》酔っぱらい, 大酒飲み (drunkard). **5***《口》タバコ, 葉巻,《特に》マリファナタバコ (＝～ of gage [tea]);《口》《飲み物などに入れる》少量のブランデー. **6** [the ～s]《口》森林地, 未開の奥地, へんぴな所, 僻地; *《俗》《ホーボーの》キャンプ. **7**〖軍〗棍状投弾 (cf. SALVO[1]), BOMBLOAD;〖軍〗ミサイル連続発射; 空挺隊降下隊員群;〖軍〗特殊部隊. **8**〖証券〗大量の売れ残り株《特に 引受人が買い取らねばならぬ部分》.

● **a ～ to beat** sb **with** 攻撃材料(となる事実). **at the ～'s end** ある距離をおいて, 遠くに. **beat** sb **all to ～s***《口》完全に打ち負かす, さんざんなめにあわせる. **be on the ～**《俗》油断がない, てきぱきやる. BIG STICK. **cannot hold a ～ to…** ⇨ CANDLE. **carry the ～***《俗》浮浪者生活をする, ホームレスになる. **cut one's ～**《俗》逃げる, 逃げ去る. **get [have] a ～ up** one's **ass [butt]**＝**get [have] a ～ in** one's **tail***《卑》せっせと仕事をする, 懸命に働く. **get (hold of) [have] the dirty [short, sticky,**《卑》**shit(ty)] end of the ～**《俗》不当な扱いをうける, 酷評される, 貧乏くじを引く. **get (hold of) [have] the right end of the ～** (物事を)ちゃんと理解する. **get (hold of) [have] the wrong end of the ～** 完全に誤解する, (情勢)判断を誤る. **get on the ～**《俗》仕事に取りかかる, さっさと仕事を始める. **get [take] ～**《口》ひどくたたかれる[しかられる, いやなめをみる]. **give** sb **～**《口》人をひどくしかりつける[非難する]. **go to ～s (and staves)** ばらばらになる, 瓦解する. HOP[1] **the ～**. **in a cleft ～** ᴴ進退窮まって. **more…than** sb **can shake a ～ at***《口》非常に多くの…, 数えきれないほどの…. **on the ～**《俗》ちゃんと心得て[わかって], つぼを押えて, 有能で, できる. **play a good ～** ヴァイオリンをうまく弾く; りっぱに役割を果たす. **shake a ～ at…**《口》…に気づく. **up ～s**《俗》up STAKES. **up the ～** ᴴ《俗》妊娠して, 腹ぼてで. **work behind the ～***《俗》警官をする, パトロール警官として活動する.

► *a**《口》‹車が›手動変速式の, マニュアルの.

► *vt* ‹植物などを›棒で支える; ‹活字を›植字架に組む; ‹材木を›積み上げる.

♦ **～·less** *a* **～·like** *a* [OE *sticca*＜WGmc (**stik-*, **stek-* to pierce; cf. G *stecken*)]

stick[2] *v* (**stuck** /stʌ́k/) *vt* **1 a** 刺す, 突く; 突き出す ‹*out*›; 突き刺す ‹*into*›, 突き通す, 貫く ‹*through*›; 刺し殺す, 刺殺する;〖アイスホッケー〗スティックでなぐる[突く]: ～ a fork *into* a potato / ～ an apple *on* a fork / ～ *out* one's tongue *at* sb 人に向かって舌を突き出す / ～ one's head *out of* the window 窓から顔を出す / ～ one's hand *out to* sb 人に手を差し出す. **b** 差し[打ち]込む ‹*in*›, はめる ‹*into*›, 突っ込む;《ピンなどで》留める, 留めて展示する;《口》置く, 据える (put) ‹*on, in*›: ～ a flower *in* a buttonhole ボタン穴に花を差す / *S~* your bag *on* the chair. **2 a** 貼り付ける ‹*on*›; ‹壁・塀など›に(べたべた)貼り付ける[貼り付けて飾る];《にかわなどで》くっつける ‹*together*›, 固着させる ‹*down, in, to, on*›; 修繕する: *S~* no bills. ᴴビラ貼り禁止 / ～ a stamp *on* a letter 手紙に切手を貼る / ～ broken pieces *together* 砕片をくっつける. **b**《口》《塗りつけて》べとべとにする. **3 a**《★ この語義の用例は ⇨ STUCK[1] *a*)》[ᵘ*pp*] くっついた状態にする, 動けなくする, 立ち往生させる, 行き詰まらせる; 当惑[閉口]させる; [ᵘ*pp*] ‹人›に‹いやなことを›押しつける ‹*with*›. **b** ‹人›に‹安物などを›売りつける, つかませる ‹*with*›, だます: ～ sb *for* money 人をだまして金を巻き上げる. **c**《口》好きなように処分する, とっとと持ち帰る《申し出などをおこって拒否する時に使う表現》: (You can) ～ it (up your ass, in your ear, where the sun never shines, etc.). そんなものはいらん[ごめんだ]. **4**

[°neg]ᴵᴵ《口》我慢する, 耐える (⇨ STICK it (成句)): I can't ～ that man. あいつには我慢がならない. ► *vi* **1** 刺さる, 刺さっている; 突き出る[出す] 〈*through, out*〉. **2 a** くっつく 〈*on, to*〉, こびりつく, 離れない, 膠着する〈*together*〉: *S*～ close to me. わたしのそばを離れないで / The mud *stuck to* my shoes. **b** 〈悪評・あだ名・光景などが〉いつまでも残る, 定着する; 《口》〈非難などが〉有効である, 〈証拠などが〉通用する, 説得力をもつ, しっかりしている: The event ～*s in* my mind [*with* me]. その事件は忘れられない. **3** 《場所に》とどまる, 持続する 〈remain〉; 《追跡・競技などで》離れずついて行く, 密着する 〈*together*〉; しがみつく 〈*to*〉; 固執する 〈*to, by*〉; こつこつやる 〈*with, at, to*〉: ～ indoors all day. **4 a** 立ち往生する, 止まってしまう, 動かなくなる, 故障する; 止まって動かない 〈*on*〉; はまり込む. **b** 当惑する, 《暗誦などに》詰まる; いやになる; 《おじけなどで》やめる, 思いとどまる 〈*at*〉. **5** 〘トランプ〙《ブラックジャックなどで》札をもらわない.

● **～ around [about]** 《口》そば[そこら]で待つ, 《待って》じっとしている. **～ at**…にかじりつく; ᴵᴵ〈仕事など〉を辛抱強く続ける; …に当惑する; …にこだわる. **～ at it** ᴵᴵ《口》辛抱する; 屈しない. **～ at nothing** ᴵᴵ《口》何事にも躊躇しない; 平気である〈(*in order*) *to* do〉. **～ by**…に忠実である, …を支援する; 〈約束など〉を守る. **～ down** 《口》下に置く, 〈住所・名前などを〉書きつける. **～ fast** 粘着する; 行き詰まる. **～ in** 家の中にいる; 地位にかじりつく; 《スコ》辛抱する. **～ in with**… 《口》…といっしょに暮らす. **～ it** (1) [°～ it out] 《口》我慢する, 最後まで続ける[がんばる, やり抜く]. (2) ⇨ *vt* 3c. **～ it on** 《俗》法外な値を要求する; 《俗》ほらを吹く. **S～ it there!** 《口》握手しよう (Put it there!). **～ it to**… *《俗》…にひどい仕打ちをする. **～ on** 離れない; 〈人が〉しっかり馬に乗っている. **～…on sb** 《口》人に〈物を〉むりやり押しつける; 《口》〈責任などを〉人になすりつける. **～ one [it] on**… 《口》…に一発見舞う, ぶんなぐる. **～ out** 突出する〈*from, of*〉; 突き出す (cf. *vt* 1a); 目立つ 〈*against*〉; 《口》最後まで抵抗[固執, 我慢]する. **～ [stand] out a mile＝～ out like a sore thumb** 《口》一目瞭然である, ひどく目立つ, さしでがましい. **～ out for**… 〈賃上げなど〉をあくまで要求する. **～ pigs** 馬上から槍で野豚を突き殺す《遊び》. **～ one's heels [toes, feet] in** ⇨ HEEL[1]. **～ to**…に執着する; 〈主題など〉から離れない; 〈友人など〉に忠実である; …を継続して雇う[使う]; 〈決心・約束など〉を守る. **～ together** 《口》助け合う, 団結する. **～ to it** がんばる (cf. STICK-TO-ITIVE). **～ to sb's fingers** 《口》〈お金が〉横領される. **～ up** 突き出る[出す], 直立する; 〈棒・柱などを〉立てる; 〈ポスターなどを〉高いところに貼り付ける[固定する]; *《口》〈銀行・店などを〉襲う, 《おどされて》〈両手を〉上げる: ～ *up* one's nose at the idea of…という考えにつんと鼻を上げる《嫌悪のしるし》/ *S*～ 'em [your hands] *up!* 手を上げろ. **～ up for**… 《口》…を支持[擁護]する, 守る. **～ up to**… 《口》…に果敢に[強力に]抵抗する; ᴵᴵ《方》〈女〉に言い寄る. **～ with**… 《口》《安全などのため》…から離れないでいる; 《口》…に忠実である, …の支援を続ける; 《口》〈理想など〉を守る: ～ *with* it あくまでも[最後まで]やり通す.

► *n* **1** (ひと)突き; 粘着力[性], 粘着状態; ねばねばしたもの; 一時的停止, 遅延, 障碍: (as) thick as a ～ とても濃厚で. **2** [S-] ᴵᴵ《俗》STICKIE.

[OE *stician*<Gmc (↑); cf. G *stechen* to pierce]

stìck·abílity *n* 忍耐力, 我慢強さ; 《ウェブサイトの》訪問者を飽きさせない力[魅力].

stíck·bàll* *n* スティックボール《ほうきの柄などと軽いボールで路上または狭い場所で子供たちがする野球》.

stíck dràwing 棒線画 (stick figure).

stíck·er *n* **1 a** 刺し手; 《俗》《武器としての》ナイフ, だんびら; 《俗》ナイフ使い; 《屠殺場の》刺殺人; *いが, とげ. **b** 突き具; 《ピアノ・オルガンの》スティッカー《往復する 2 つのてこを連結する木桿》. **2 a** 貼る人[もの], 広告貼り (billposter); 展着剤. **b** 糊付きレッテル, ステッカー, シール. **3** ためらう[こだわる]人; 《規則・計画などに》固執[執着]する人〈*to*〉; 粘りのある人, がんばり屋; 長居する客; 〘クリケット〙粘る[慎重な]打者. **4** 《口》困らせる人[もの], 厄介なもの, 難問(提出者), なぞ (puzzle); なかなか売れない商品, 店(たな)ざらし品.

stícker prìce* 《口》値札表示価格《自動車などの, 通例 割引の対象とされるメーカー希望小売価格》.

stícker shòck* 《口》値札ショック《商品の高価格[値上がり]が買手に与えるショック》.

stíck fìgure 《人や動物を, 頭は丸, 体と手足は線で描いた》棒線画; 《小説などで》深みのない[現実味のない, 皮相的に描かれた]人物.

stíck flòat 〘釣〙釣糸の上下につけるうき.

stíck·fùl *n* 〘印〙ステッキ一杯分(の組活字).

stíck·hàndle *vi* 〘ラクロス・ホッケー〙ボール[パック]をスティックで操作する.

stíck·hàndler *n* ラクロス[ホッケー]選手.

Stick·ie, Sticky /stíki/ *n* ᴵᴵ《俗》スティッキー《オフィシャル IRA メンバー [Sinn Fein 党員]のあだ名》.

stíck·ing *n* 〘木工〙繰形(くりかた)かんな削り.

stíck·ing-pìeceᴵᴵ *n* 首の下部の牛肉.

stícking plàce 足場, 落ちつく場所; ねじのきく所, ひっかかり; 《屠殺する際の》動物の首の急所. ● **screw one's courage to the ～** 気力を奮い起こす《Shak., *Macbeth* 1.7.60》.

stícking plàster ばんそうこう.

stícking pòint 《議論・交渉の》合意できない点, 膠着点; STICKING PLACE.

stíck ìnsect 〘昆〙ナナフシ (＝*walking stick*).

stíck-in-the-mùd 《口》*a, n* ぐずな(人), のろまな(人); 因習的な(人), 保守的な(人). ● **Mr. [Mrs.] S～** 《俗》何とか氏[夫人] (What's-His-[Her-]Name)《名前を忘れたときの代用》.

stick·it /stíkət/ *a* 《スコ》不完全な, 未完の, 望んだ職業に就けなかった: a ～ minister 牧師になれなかった有資格者.

stíck·jàw *n* ねばついてかみにくいタフィー[ガム, プディングなど].

stíck làc 〘化〙スティックラック《ラックカイガラムシの体表をおおう樹脂で shellac などの原料》.

stíck·le /stík(ə)l/ *vi* 頑固に言い張る〈*for*〉; 異論を唱える〈*about*〉; 抵抗を感じる, 気を悪くする〈*at*〉. ► *n* 《方・口》騒ぎたてること, やきもき, 狼狽. [C16＝to be umpire<ME (freq)〈*stight*<OE *stiht(i)an* to set in order]

stíckle·bàck *n* 〘魚〙トゲウオ. [OE＝thorn-back]

stíck·ler *n* 《細かいことに》やかましい[こだわる]人, 厳格主義者〈*for*〉; 難問, 難題.

stíck·màn /, -mən/ *n* 賭博[クラップス (craps) など]の一座の世話人, クルピエ (croupier); STICK[1] を用いる競技の選手, バッター; ドラマー (drummer); 《俗》おまわり, ポリ; STICK FIGURE.

stíck-nèst rát 〘動〙コヤカケネズミ《オーストラリア産コヤカケネズミ属のネズミ; 小枝をからみ合わせて巣を作る》.

stíck-òn *a* 《裏に糊[接着剤]が付いていて》貼り付け式の.

stíck·òut *n* 《口》際立った[ぬきんでた]人[もの]; 《俗》抜群の馬, 本命(馬). ► *a* 飛び出た, 突き出た; *《口》際立った, 抜群の, 目立つ.

stíck·pìn* *n* 飾りピン, 《特に》TIEPIN.

stíck·sèed *n* 〘植〙ノムラサキ《実・種子のいがで衣服などにくっつく》.

stíck shìft* 《車の》手動変速レバー; マニュアル車.

stíck-slìp *n* [°*attrib*] スティック-スリップ式(の)(運動)《なめらかにすべらず, ちょっと動いてはつっかえることを繰り返す; 部品の振動や異音の原因となる》.

stíck slìp 〘地質〙スティックスリップ《岩石の割れ目に沿って起こる急激なすべり; 地震の原因の一つ》.

stíck·tìght *n* 〘植〙**a** BUR MARIGOLD. **b** STICKSEED.

stick-to-it·ive /stìktú:ətɪv/ *a* 《口》がんばり屋の, 粘り強い. ♦ **～·ness** *n* 《口》がんばり, 粘り強さ.

stíck·um /stíkəm/ *n* 《口》粘着物, 接着剤; 《俗》整髪料, ポマード. [*stick*[2], *-um* (〈? *'em* them)]

stíck·ùp *n* ピストル強盗; ピストル強盗犯人 (＝～ **màn**); 立ち襟, 立ちカラー (＝～ **còllar**).

stíckup inìtial 〘印〙突き出し大文字《章などのはじめの文字を大きくしたもので, 文字下端は後続文字にそろっているが, 上端がはみだしているもの; cf. DROP CAPITAL》.

stíck·wàter *n* 《魚を蒸気加工するときに生じる》悪臭のある粘性廃液《飼料などの原料となる》.

stíck·wèed *n* RAGWEED; AGRIMONY; BEGGAR('S)-LICE; STICKSEED.

stíck·wòrk 《口》*n* 《ラクロス・ホッケーなどの》スティックさばき; 《太鼓の》ばちさばき; 〘野〙打力.

sticky *a* **1 a** ねばねばする, くっつく, 粘着する, 粘着性の; 〈天候が〉蒸し暑い, じめじめした; *《口》〈歌などが〉頭から離れない; 〘電算〙〈ウェブサイトが〉いつまでも見ていたい, くせになる. **b** 《口》いやにセンチメンタルな; 《口》不愉快な, いたましい. **2** なかなか動かない; 《口》しぶる, 異議を唱える; 《口》気むずかしい, 頑固な; 《口》ぎこちない. **3** 《口》厄介な〈立場〉, むずかしい〈問題など〉; 《口》売れ行きのよくない, 動きがにぶい.
● **come to [meet] a ～** END[1]. **the ～ end of the stick** 《俗》いちばん損な取り分[役回り]. ► 《口》*n* くっつくもの, 粘着性のもの《切手など》; STICKY NOTE; STICKY WICKET. ♦ **stíck·i·ly** *adv* **-i·ness** *n* [*stick*[2]]

Sticky ⇨ STICKIE.

stícky·bèak 《豪口》*vi* せんさく[おせっかい]する. ► *n* せんさく好き, おせっかい屋.

sticky bómb [chárge, grenáde] 〘軍〙粘着性爆破薬, 粘着爆弾.

sticky dóg 《口》STICKY WICKET.

sticky énds *pl* 〘生化〙《二本鎖核酸分子の》接着末端, スティッキーエンド.

sticky-fíngered 《口》*a* 盗癖のある, 手が長い; 握り屋の, けちな.

sticky fíngers 《口》*pl* 盗癖, こそ泥趣味; 〘アメフト〙パスを取るのがうまいこと: have ～.

Sticky Nòte 〘商標〙ステッキーノート《繰り返し貼りなおしができる粘着メモ用紙[付箋]》.

sticky tápe 《口》粘着テープ, セロテープ.

sticky wícket 〘クリケット〙スティッキーウィケット (＝*sticky dog*)《雨上がりのボールのはずまないフィールドで, 打者に不利》; ᴵᴵ《口》厄介な立場, やりにくい相手[人物]: be on [have, bat on] a ～ ᴵᴵ《口》苦境にある.

sticky wíllie 〘植〙シラホシムグラ (cleavers).

stic·tion /stíkʃ(ə)n/ *n* 〘工〙《特に 可動部品間の》静止摩擦 (static friction).

Stieg·litz /stíːɡləts, -lɪts/ スティーグリッツ **Alfred** ～ (1864–1946)《米国の写真家・編集者》.

sti·fa·do /stɪfáːdoʊ/ *n* スティファード《牛肉・タマネギ・トマトを煮込んだギリシア料理》. [ModGk＜It *stufato* stew]

stiff /stíf/ *a* **1 a** 堅い, 硬直した, こわばった; きつい, 固い; 〈首・肩など〉凝った, 〈ひざが〉よく曲がらない, 硬い; 〈粘土・練り粉など〉固練りの; 〈土壌など〉堅い, 通気性のない; 〖海〗容易に傾かない (opp. *crank*); 張り切った, 堅い〈綱など〉: a ～ collar 堅いカラー / have ～ shoulders 肩が凝っている. **b** なめらかに動かない, 動きの鈍い; 《俗》酔っぱらって, ひどく酩酊して, 酔いつぶれて; 《俗》死んで, くたばって. **2 a** 無理な, 不自然な; 堅苦しい, 形式ばった; 自尊心の強い: (as) ～ as a poker [ramrod] 堅苦しい不動の姿勢で, 直立して / make a ～ bow 堅苦しいお辞儀をする. **b** 〈デザインなど〉型にはまりすぎた; 《俗》偽造の〈手形〉. **3 a** 断固とした, 不屈の; 猛烈な〈抗議など〉; かたくなな; 強烈な, 力強い; 激しい〈風・流れなど〉; 強い〈酒・薬など〉; 《スコ・英方》元気な, 強壮な: take a ～ line 強硬に出る / turn ～ toward…に対する態度を硬化させる. **b** 〖商〗強含みの; 高価な, 法外な〈値段など〉; きびしい, 重い〈刑・罰金など〉. **4** むずかしい〈試験など〉, きびしい〈競争〉; つらい, 骨の折れる; 険しい〈地形など〉; ″《俗》〈…で〉いっぱいで, 動きがとれない 〈*with*〉; 《豪俗》不運な: a ～ climb 骨の折れる登り / The book is ～ reading. その本は読むのに骨が折れる.

● **(as) ～ as a crutch** 《豪》一文もない (penniless). **a ～ 'un** 体のきかなくなった老選手; 強いやつ一杯; 《俗》死体. BORE² sb ～. **come** CAPTAIN **S～ over**…. **keep a ～ face [lip]** まじめくさる; ものに動じない. STIFF UPPER LIP. **～ with**… 《口》…が豊富な, …がわんさとあって.

► *adv* 堅く, 堅苦しく, 硬直して; 《口》ひどく, すっかり, とても; 〖ゴルフ〗楽にパットを決められる位置に: The shirt was starched ～. シャツはパリパリに糊がきいていた / be bored [scared] ～ ひどく退屈して[おびえて] / hit the ball ～.

► 《俗》*n* **1** 流通紙幣, にせ札, 偽造手形; 秘密情報; 《特に 囚人の間でこっそりやりとりされる》手紙, 密書. **2 a** 死体; 酔っぱらい, 酔漢; やつ, 野郎; 浮浪者; (肉体)労働者, 渡り労務者. **b** 堅苦しいやつ, 融通のきかない男, 不器用者, 役立たず; 救いがたいやつ (big stiff), 《一般に》やつ, 男; ペテンのカモ; 勝算のない競走馬, だめなもの[選手, チーム], ヒットしないもの[レコード など]; 〖サッカーなど〗[the ～s] 補欠選手, 補欠団, 二軍; 失敗; *チップをけちる[出さない]人; ぐる. **c** 《卑》勃起.

► *《俗》*vt* …にチップを出さないで去る, …の支払いを踏み倒す; だます, ペテンにかける; …に支払いを押しつける, …からだまし取る; 不当に扱う; ぶちのめす; 〈馬を〉負けさせる; 殺す, やる (kill). ► *vi* 《俗》経済的に失敗する[行き詰まる] (flop)《特に 興行・スポーツなどで》.

♦ **～·ish** *a* やや堅い[こわばった]; いくぶんむずかしい. **～·ly** *adv* 堅く; 堅苦しく; 頑固に. **～·ness** *n* 堅さ; 堅苦しさ; 頑固さ; 〖理〗剛性, こわさ, スチフネス. [OE *stīf*; cf. G *steif*]

stíff-àrm *vt, vi, n* STRAIGHT-ARM.

stíff-ársed, -ássed *a* ″《卑》傲慢な, 横柄な, 偉そうにした, つんつんした.

stiff cárd *《俗》正式な招待状.

stiff·en /stíf(ə)n/ *vi* **1** 堅くなる, こわばる 〈*up*〉; 固まる; 固練りになる, 濃く[どろどろに]なる. **2** 強情[頑固]になる; 堅苦しくなる, よそよそしくなる. **3** 〈風・流れ・抵抗などが〉強くなる; 〖商〗騰貴する, 強含みになる, 〈市況が〉引き締まる. ► *vt* 堅くする, こわばらせる, 硬直させる 〈*up*〉; 〈糊などを〉固練りにする; 頑固にする, 〈態度などを〉硬化させる, 強める; 不随にさせる; 堅苦しくする; 〖電〗…の感応を増す; 〖土木〗補剛する; 〖軍〗〈軍隊を〉補強する. ♦ **～·ing** *n* 堅くする材料《衣類の芯など》.

stíffen·er *n* **1** 堅くする人[もの], 固まらせる人[もの]; 《ボク俗》ノックアウトパンチ; 《スポ俗》決め手. **2** 《襟・帯・本の表紙などの》芯; 〖建・土木〗補剛材, スチフナー. **3** 《勇気・決心などを》強める[強化する]もの; 強壮剤 (tonic); 《俗》酒; 《俗》飲み物に加えるウイスキー.

stíff-héart·ed ″*a* 頑固な, 強情な, かたくなな.

stíff-lámb disèase 〖獣医〗小羊硬直病 (white muscle disease).

stiff néck 《寝違えやリウマチなどのための》曲げると痛い首; 斜頸; 頑固者, 高慢なやつ, スノッブ; 頑固. ● **with ～** 頑固に.

stíff-nécked *a* 首が凝った; 頑固[強情, 横柄]な, 融通のきかない.

stíff·tàil, stíff-tàiled dúck *n* 〖鳥〗アカオタテガモ (ruddy duck).

stiff úpper líp 不屈の精神. ● **carry [have, keep] a ～** 《不運にめげず》動じない, 弱音を吐かない. ♦ **stíff-úpper-líp** *a*

stíffy *n* 《俗》体の麻痺を装う乞食; 《俗》単純な人, ばか者; ″《俗》招待状《厚紙製であることから》; 《卑》勃起.

sti·fle¹ /stáɪf(ə)l/ *vt* 息をできなくして殺す, 窒息(死)させる 〈*by, with*〉; 〈火などを〉消す; 〈反乱などを〉鎮圧する, 抑えつける, 阻止する; 〈怒りを〉抑える; 〈声・息を〉ころす, 〈笑い・あくびを〉かみころす. ► *vi* 窒息(死)する; 息苦しい; いぶる, くすぶる. ● **S～ it!** *《俗》黙れ!
♦ **stí·fler** *n* [? ME *stuff(l)e*＜OF *estouffer*＜Romanic]

stifle² *n* 《馬・犬などの》後(ᵃᵗᵒ)ひざ(関節) (＝**～ jòint**); 《ヒトの》膝関節; 膝蓋骨病, ひざ関節病. [ME＜?]

stífle bòne 《馬の》膝蓋骨 (patella).

sti·fling /stáɪflɪŋ/ *a* 息詰まるような, むっとする, 重苦しい〈空気など〉; 窮屈な〈礼儀など〉. ♦ **～·ly** *adv*

Stig·ler /stíɡlər/ スティグラー **George J(oseph)** ～ (1911–91)《米国の経済学者; ノーベル経済学賞 (1982)》.

Stig·litz /stíɡlɪts/ スティグリッツ **Joseph E(ugene)** ～ (1943–)《米国の経済学者; ノーベル経済学賞 (2001)》.

stig·ma /stíɡmə/ *n* (*pl* **～s, -ma·ta** /stíɡmətə, stɪɡmáːtə, -mǽtə/) **1** 汚名, 恥辱, 不名誉 〈*for* sb〉; 欠点, きず. **2 a** 〖解・動〗斑点, 〖動・植〗《無脊椎動物・下等藻類などの》眼点, 〖昆〗縁紋《翅前縁の着色斑紋》; 〖動〗《昆虫・クモ類などの》気孔, 呼吸孔[門], 門; 〖医〗小(紫)斑, 紅斑, 出血斑; 〖医〗徴候, スチグマ; 〖植〗柱頭. **b** [stigmata] 傷痕, 聖痕《St Francis of Assisi その他の信者の体に現われたという十字架上のキリストの傷と同一形状のもの》. **c** 《古》《奴隷・罪人におした》焼き印, 烙印. ♦ **stíg·mal** *a* [L＜Gk *stigmat- stigma* brand; STICK¹ と同語源]

stig·mar·ia /stɪɡméəriə/ *n* (*pl* **stig·mar·i·ae** /-riìː/) 〖古生〗スティグマリア《石炭紀に繁栄した巨大シダ植物, リンボク・フウインボクの類の根の化石》. ♦ **stig·már·i·an** *a*

stig·mas·ter·ol /stɪɡmǽstərɔ̀(ː)l, -ròʊl, -ràl/ *n* 〖生化〗スチグマステロール《大豆・カラバルマメから単離し, ステロイドホルモン合成の原料とする》. [physo*stigma*＋*sterol*]

stig·mat·ic /stɪɡmǽtɪk/ *a* 不名誉な; 醜い; STIGMA のある; 〖光〗ANASTIGMATIC. ► *n* STIGMA を有する者, 〖カト〗傷痕を有する人.
♦ **-mát·i·cal** *a* **-i·cal·ly** *adv*

stig·ma·tism /stíɡmətɪ̀z(ə)m/ *n* 〖カト〗傷痕発現; 〖医〗紅斑[出血斑]のある状態; 〖医〗正視; 〖光〗無非点収差《1 点が 1 点に結像すること; opp. *astigmatism*》. ♦ **-tist** *n* STIGMATIC.

stig·ma·tize /stíɡmətàɪz/ *vt* …に汚名をきせる, 烙印をおす 〈*as*〉; …に小斑[聖痕]を生じさせる; 《古》…に焼き印をおす. ♦ **-tìz·er** *n* **stìg·ma·ti·zá·tion** *n*

Stijl ⇨ DE STIJL.

stilb /stílb/ *n* 〖光〗スチルブ《輝度の単位: ＝1 cd/cm²》.

stil·bene /stílbìːn/ *n* 〖化〗スチルベン《染料製造用》. [*-ene*]

stil·bes·trol, -boes- /stɪlbéstrɔ̀(ː)l, -tròʊl, -tràl, ″stɪlbíːstrəl/ *n* 〖生化〗スチルベストロール《**1)** 合成発情ホルモン物質 **2)** DIETHYLSTILBESTROL》. [↑, *oestrus*]

stil·bite /stílbàɪt/ *n* 〖鉱〗束(ᵗᵃᵇᵘ)(ᶠᵘᵗᵒ)沸石《zeolite の一種》.

stile¹ /stáɪl/ *n* 踏越し段《牧場などの垣に設置された, 人間だけ越せて家畜は通れない踏み段式の通用口》; TURNSTILE: help a LAME¹ dog over a ～. [OE *stigel* (*stigan* to climb); cf. G *steigen*]

stile² *n* 〖建〗縦がまち, 縦桟 (cf. RAIL¹). [? Du *stijl* pillar, doorpost]

sti·let·to /stəlétoʊ/ *n* (*pl* **～s, ～es**) 錐(ᵏⁱʳⁱ)状の小剣[短剣], 錐刀; 〖刺繍〗穴あけ, 目打ち; STILETTO HEEL. ► *vt* 錐刀で刺す[殺す]. [It (dim)〈*stilo* dagger＜L STYLUS]

stilétto hèel スティレットヒール《**1)** spike heel よりさらに細い婦人靴の高いヒール **2)** そのヒールをもつ靴》.

Stil·i·cho /stílɪkòʊ/ スティリコ **Fla·vi·us** /fléɪviəs/ ～ (c. 365–408)《西ローマ帝国の将軍》.

still¹ /stíl/ *a* **1** 動きのない, 静止した; 風のない; 〈ワインなどが〉泡立たない, 炭酸を含まない (opp. *sparkling*); 〖映・写〗スチール(写真)の; 《古》一か所にとどまっている; 《廃》〈赤子が〉死産の: (as) ～ as a statue じっと動かないで, きわめて静かで / dead ～ じっと動かずに / STILL WATER / keep [hold] ～ 静かに[じっと]している / sit ～ 静かに[じっと]すわっている. **2** 静かな (quiet)〈夜・聴衆など〉; しんとした, 音のしない, 黙った; 〈声が低い, やさしい (soft); 静穏な, 平和な: (as) ～ as death [the grave, a stone] きわめて静かで / a [the] ～ small voice 静かな細い声《神・良心の声; *1 Kings* 19–12》/ You'd better keep ～ about it. そのことでは黙っているほうがいいよ. ● **hold [stand] ～ for**…をじっと[おとなしく]我慢する.

► *n* **1** [the] 静けさ, 静寂, 沈黙; 《口》STILL ALARM: in *the* ～ of the night 夜の静寂の中. **2** 〖映・写〗《movies に対して》写真, 《特に 映画俳優・場面の》スチール写真; 《口》静物画. ► *v* 《文》*vt* 〈感情を〉静める; 〈反乱などを〉鎮める, 収める; 〈泣く子を〉なだめる; 〈食欲・良心などを〉満足させる; 〈音などを〉止める; 黙らせる; 動かなくする, 静止させる. ► *vi* 静まる; 〈風が〉なく.

► *adv* **1** まだ, なお, 今でも, 今までどおり: He is ～ alive. まだ生きている / She ～ stood there. まだそこに立っていた. **2** それにもかかわらず, それでも(やはり), なお《接続詞のように用いられ but, however よりも強い》: He had many faults, ～ she loved him. 欠点があっても, やはり彼を愛していた. **3** さらに; [主に比較級を強めて] いっそう, もっと, なおさら: ～ better [worse]＝better [worse] ～ さらによい[悪い]ことに. **4** 《古》常に, 絶え間なく; 《古》ますます. ● **～ and all** *《口》それにもかかわらず. **～ less** [否定を受けて] いわんや, まして: If you don't know, ～ *less* do I. きみが知らないなら, ましてぼくなどは. **～ more** なお多く; [肯定を受けて] まして, いわんや.
[OE (adv)〈(a) *stille*, (v) *stillan*＜WGmc (**stel-* to be fixed; G *still*)]

still² *n* 《特に ウイスキー・ジンなどの》蒸留器, スチル; DISTILLERY; *《俗》熱交換器 (heat exchanger). ► *vt, vi* DISTILL, 《特に》《方》(ウイスキー・ジンなどを)密造する. [*still* (obs) to DISTIL]

stil·lage /stílɪdʒ/ *n* 《樽などを載せる》低い台, 物置台. [C16＜? Du *stellagie* scaffold]

stíll alàrm* 《通常の警報装置でなく, 電話などによる》火災警報.
stíll bànk 《動物の形などをした》貯金箱.
stíll·bìrth /, ─ ─/ *n* 死産; 死産児 (cf. LIVE BIRTH).
stíll·bórn *a* 死産の (cf. LIVE-BORN); 初めから失敗の[うまくいかない]. ► /─ ─/ *n* (*pl* ～, ～**s**) 死産児.
stíll·er *n* 《まれ》 DISTILLER.
stíll fráme 《映画フィルム・テレビの》静止画像.
stíll-hùnt* *vt, vi* 《犬を連れずに》〈獲物など〉に忍び寄る, 待伏せする.
stíll hùnt 《獲物・敵などに》忍び寄る[待伏せする]こと; 《口》ひそかな追求, 《政治的な》裏面[秘密]工作.
stil·li·cide /stíləsàɪd/ *n* 〘法〙滴下権《屋根の雨水を他人の土地に落とす権利》. [L (*stilla* drop, *cado* to fall)]
stíl·li·fòrm /stílə-/ *a* 《まれ》水滴[小球]状の.
stil·lion /stíljən/ *n**《俗》とてつもない大きな数, 巨大数.
still lìfe (*pl* ～**s**) 《絵画・写真などの》静物; 静物画ジャンル.
♦ **stíll-lífe** *a* 静物画ジャンルの.
stíll·man /-mən/ *n* 蒸留所経営者; 精製装置技師.
stíll·ness *n* 静けさ; 平静, 沈黙; 不動, 静止; 静かな場所.
still pícture 〘映・写〙スチール写真.
stíll·ròomᴵᴵ *n* 《火酒製造の》蒸留所[室]; 《大邸宅・ホテルで調理室に接した》食料品貯蔵室《紅茶・コーヒーをいれるのにも使う》.
Stíll's disèase 〘医〙スティル病, 若年性慢性関節リウマチ. [Sir George F. *Still* (1868–1941) 英国の小児科医]
Stíll·son /stíls(ə)n/ 〘商標〙スティルソン《ハンドルを押すとあごが締まるスパナ》. [D. C. *Stillson* (1830–99) 考案者の米国人]
stíll wáter 《流れの》一見動きのない水, 淀(よど): *Still waters* run deep. 《諺》音なし川は水深し, 賢者は黙して語らず.
stilly[1] /stíli/ *a* (**stíll·i·er; -i·est**) 《詩》静かな. [*vasty* などにならって *still*[1] から]
stil·ly[2] /stílli/ *adv* 《古・文》静かに, 穏やかに, 落ちついて. [OE (STILL[1], *-ly*[1])]
stilt /stílt/ *n* [ᵘ*pl*] 《2 本一組の》竹馬; たかあし, 《建造物の》支柱, 脚柱; 〘窯〙トチ (＝*spur*), ハマ, スティルト《窯に入れる焼成品を支える小台型の詰め道具; stilt, spur は特に三角形で爪型の支えがあるもの》; (*pl* ～, ～**s**) 〘鳥〙渉禽, 《特に》セイタカシギ (＝～**-bird**). ● **on** ～**s** 竹馬に乗って; [*fig*] 大言壮語して, 大げさに. ► *vt* 支柱で持ち上げる. ♦ ～**-less** *a* [ME and LG *stilte*; cf. STOUT]
stílt bùg 〘昆〙イトカメムシ《体が細く脚の長いイトカメムシ科の植食性の昆虫の総称》.
stílt·ed *a* 竹馬に乗った; 〈話・文体など〉大げさな, 気取った, 偉そうな; 形式ばった, 堅苦しい, ぎこちない; 〘建〙普通より高位置の: a ～ arch 〘建〙上心迫持(せりもち). ♦ ～**·ly** *adv* 大げさに; 偉そうに; 堅苦しく. ～**·ness** *n*
Stíl·ton (chéese) /stíltn(-)/ スティルトンチーズ《イングランドで造られる, 濃厚な上質チーズ; 初めて売られた Cambridgeshire の村 Stilton から》.
stílt pètrel 〘鳥〙シロハラウミツバメ《メラネシア・ポリネシア産》.
stílt sàndpiper 〘鳥〙アシナガシギ《アメリカ大陸産》.
sti·lus /stáɪləs/ *n* STYLUS.
Stil·well /stílwɛ̀l, -wəl/ スティルウェル **Joseph W**(**arren**) ～ (1883–1946) 《米国の将軍; 第二次大戦で中国・ビルマ・インド方面の司令官; あだ名 'Vinegar Joe'》.
stim /stím/ *n* 《スコ・アイル》STIME.
stime, styme /stáɪm/ 《スコ・アイル》 *n* ひと目 (glimpse); 微量, ほんの少し. [ME (northern dial)]
stim·u·lant /stímjələnt/ *a* 刺激する (stimulating); 〘医〙興奮性の. ► *n* 興奮薬; 《コーヒーなどの》刺激物; 活性化するもの, 刺激策; 《口》酒.
stim·u·late /stímjəlèɪt/ *vt* 刺激する, 活気づける, 活性化する; 酒[麻薬]で興奮させる; 〘医・生理〙〈器官などを〉刺激[活性化]する: Praise ～*d* him *to* further efforts [*to* work hard, *into* work*ing* hard]. ほめられていっそう努力した[勉強した]. ► *vi* 刺激となる; 酒を飲む. ♦ **stìm·u·lá·tion** *n* 刺激; 活性化; 酒(を飲むこと). **stím·u·là·tive** /; -lə-/ *a, n* 刺激的な, 刺激性の; 興奮させる; 鼓舞する; 刺激薬[物質]. **-là·tor, -làt·er** *n* 刺激者, 刺激物[物質]; 〘医〙刺激器. **stím·u·la·tòry** /-lətɔ̀ːri; -t(ə)ri/ *a* [L; ⇨ STIMULUS]
stím·u·làt·ed emíssion 〘理〙誘導放出《外から入射した光の刺激により励起状態にある原子・分子が光を放出する過程; メーザー・レーザーはこの原理を利用したもの》.
stím·u·làt·ing *a* 刺激する, 興奮[発奮]させる, 刺激的な.
♦ ～**·ly** *adv*
stim·u·lose /stímjəlòʊs/ *a* 〘植〙刺毛(しもう)でおおわれた.
stim·u·lus /stímjələs/ *n* (*pl* **-li** /-làɪ, -lìː/) **1 a** 刺激 〈*to*〉; 激励, 鼓舞; 〘生理・心〙刺激; 〘機〙励振. **b** 刺激物[物質], 興奮薬; 〘植〙刺毛; 〘昆〙針. **2** 活性化させるもの, 刺激策; [〈*a*〉] 景気改善のための: (an) economic ～ 景気刺激策 / a ～ package 総合景気対策. [L ＝goad, spur, incentive]
stimy ⇨ STYMIE.
sting /stíŋ/ *v* (**stung** /stʌ́ŋ/) *vt* **1 a** 針で刺す: A bee *stung* me on the arm. ハチに腕を刺された. **b** ヒリヒリさせる, ズキズキさせる; 〈舌など〉にピリッとした感じを与える: Smoke ～*s* my eyes. 煙で目がヒリヒリする / The fragrance of coffee *stung* my nostrils. コーヒーのいい香りが鼻をついた. **c** 〈人・心を〉さいなむ, 苦しめる: be *stung* with self-reproach 自責の念に駆られる. **2** 刺激する, 駆って…させる 〈*into, to*〉: Their words *stung* him *to* [*into*] action. 彼らのことばに刺激されて行動を起こした. **3** 《口》だます; ᴵᴵ《口》〈人〉に〈法外な金を〉ふっかける[払わせる] 〈*for*〉; ᴵᴵ《口》〈人〉から〈金を〉借りる 〈*for*〉; *《俗》わなにかけて[おとり捜査で]逮捕する: He got *stung* on the deal. 彼は取引でだまされた / How much were you *stung for*? いくらぼられたんですか. ► *vi* **1** 刺す, 刺す[刺激する]力がある; とげ[針]がある; 苦しめる, 腹立たしくさせる. **2** 痛む, チクチクする, ヒリヒリする; 苦悩する, いらいらする. ● ～ sb **to the** QUICK.
► *n* **1 a** 刺すこと; 刺し傷, 虫さされ; 刺痛, 刺すような痛み[感覚], 激痛; 辛辣さ, 皮肉: be driven by the ～ of jealousy 激しいねたみに陥る. **b** 刺激; さわやかさ: have no ～ in it 刺激がない; 〈水など〉うまみがない. **c** 〘動〙針, 毒牙, 毒針; 〘植〙刺毛(しもう), いら, とげ. **2 a***《俗》信用詐欺, おとり捜査; 《俗》強盗. **b***《俗》犯罪で得た金, 上がり, 盗品. **3** 《豪口》強い酒; 《豪口》薬物《特に競走馬にうつ皮下注射》.
● **a** ～ **in the tail** 《話・手紙などの》いやな結末. **take the** ～ **out of**… 《口》〈失望・失敗・非難など〉のきびしさを和らげる. ♦ **stíng·ing** *a* 刺すような; 強烈な; 手きびしい. ～**·ing·ly** *adv* ～**·less** *a* とげ[針]のない. [OE *stingan*; cf. ON *stinga* to sting]
Sting スティング (1951–) 《英国のロックシンガー・ソングライター・ベーシスト; 本名 Gordon Sumner》.
sting·a·ree /stíŋərìː, ─ ─ ─/ *n* 《米・豪》STINGRAY.
stíng·er *n* 刺すもの; 刺す動物[植物]; 〘動〙針; 〘植〙刺毛(しもう); [S-] 〘軍〙スティンガー (＝**S～ mìssile**) 《肩撃ちの地対空携帯ミサイル》; 《俗》《爆撃機などの》機尾機銃; 《口》いやみ, あてこすり, 痛撃, 皮肉; *スティンガー《辛口のカクテル》; ᴵᴵ《口》HIGHBALL; *《俗》鉄道駅員[夜警]; *《俗》むずかしい問題, 障害; 《俗》《湯沸かしなどの》電熱コイル; 《放送俗》コマーシャルの終わり際の音楽[効果音].
stíng(·ing) hàir 〘植〙刺毛(しもう) (＝*sting, stinger*).
stínging nèttle 〘植〙イラクサ, 《特に》セイヨウイラクサ.
stíng mòth 〘昆〙幼虫の体の前後に強力な刺鬚(しゅ)をもつ 4 本の突起のある豪州産のイラガ科のガ.
stin·goᴵᴵ /stíŋgoʊ/ *n* (*pl* ～**s**) 強いビール; [*fig*] 熱心, 気力, 元気.
sting operàtion 《FBI などの》おとり捜査.
stíng·ràу *n* 〘魚〙アカエイ《尾に猛毒のとげがある》.
stíng wìnkle 〘貝〙イギリスヨウラクガイ.
stin·gy[1] /stíndʒi/ *a* けちな; 少ない, 不十分な: be ～ with…を出し惜しむ. ♦ **stín·gi·ly** *adv* けちけちして. **-gi·ness** *n* けち. [? *stinge* (dial) to sting]
stingy[2] /stíŋi/ *a* とげ[針]をもった, 刺す. ► *n* 《南ウェールズ方言》〘植〙イラクサ. [*sting*]
stink /stíŋk/ *v* (**stank** /stǽŋk/, **stunk** /stʌ́ŋk/; **stunk**) *vi* **1** いやな匂いがする, 悪臭を放つ; 〈悪事・不正などの〉においがする 〈*of*〉: This fish ～*s*. / He ～*s of* wine. 酒臭い. **2** 不快である, おぞましい, 評判が悪い; 《口》ひどくおそまつである, 最低である: It ～*s*. ぞっとするね, ばからしい, くだらん. ► *vt* 悪臭で苦しめる; 悪臭で追い出す 〈*out*〉; 悪臭で満たす 〈**up*, ᴵᴵ*out*〉: ～ the place *up with* fish 魚の悪臭で場所をいっぱいにする. ● ～ **in the nostrils of** sb＝～ **in** sb**'s nostrils** 人に嫌われる. ～ **of** [**with**] (money etc.) 《口》(金などが)腐る[うなる]ほどある. ～ **on ice** 《俗》とてもひどい, どうしようもない (stink). ～ **to high heaven** 《口》強い悪臭を放つ; [*fig*] ひどくいかがわしい, ひどい. ► *n* 悪臭, ひどくいやな匂い; 《口》《不正などに対する》大騒ぎ, 世間の物議; [～s, 〈*sg*〉] ᴵᴵ《俗》化学, 自然科学《学習科目として》.
● **like** ～ 《口》すごく速く[熱心に]. **raise** [**create, kick up, make**] **a** (**big** [**real**, etc.]) ～ 《口》〈不正などが〉物議をかもす, 〈人が〉大騒ぎする 〈*about*〉. [OE *stincan*; cf. STENCH, G *stinken*]
stink·ard /stíŋkərd/ *n* 悪臭を放つ人[動物]; 〘動〙TELEDU; 鼻持ちならないやつ (mean fellow); 《アメリカ先住民の》下層民.
stínk bàdger 〘動〙スカンクアナグマ《東南アジア産スカンクアナグマ属のアナグマ; teledu など; 肛門腺から悪臭のする液体を敵に放出する》.
stínk·bàll *n* 悪臭弾 (stinkpot); 鼻持ちならない人[もの].
stínk·bìrd *n* 《口》ツメバケイ (hoatzin).
stínk bòmb 悪臭弾《爆発すると悪臭を放つ》; むかつくもの, 大失敗.
stínk·bùg *n* 悪臭を発する甲虫, カメムシ, ヘッピリムシ.
stínk·er *n* **1** 悪臭を放つ人[もの]; 〘鳥〙オオフルマカモメの類の臭い鳥. **2** 《口》鼻持ちならない人物, いやなやつ《子供や配偶者への親称としても用いる》; くだらんもの[映画, 劇など]; ᴵᴵ《俗》語調のきつい文書[不平, 手紙, 批判]; 《俗》すごい難物, 難問; 《俗》ひどく疲れること, 放蕩: a ～ of a trip ひどい旅.
stink·er·oo, stink·a·roo /stìŋkərúː/ 《俗》 *a, n* (*pl* ～**s**) 実にくだらない[退屈きわまる](催し); いやったらしい[卑しい](代物). [*-eroo*]
stínk fìnger 《卑》指でワレメを刺激すること, 壺いじり, 指マン: play (at) ～＝FINGERFUCK.
stínk flỳ 〘昆〙クサカゲロウ科の各種の昆虫《触れると臭気を発する》.
stínk·hòrn *n* 〘植〙スッポンタケ《悪臭がある》.
stínk·ie *n* 《俗》おめえ《嫌いな相手に子供が用いる》.
stínk·ing *a* 悪臭[異臭, 腐臭]のある; 《口》ひでえ, いまいましい, むかつく; «口» 腐るほど金をもって, たんまりとあって ‹*with*›; «俗» ぐでんぐでんに酔っぱらって, めろめろで: a ~ cold ひでえかぜ. ● **cry ~** FISH. ► *adv* «口» ひどく: ~ rich [drunk]. ♦ **~·ly** *adv* **~·ness** *n*

stínking cédar [**yéw**] 〔植〕イチイ科カヤ属の葉に悪臭のある木《California 州産》.

stínking chámomile 〔植〕MAYWEED.

stínking íris 〔植〕いやな匂いのする赤花をつけるアヤメ (gladdon[ᴵᴵ]).

stínking níghtshade 〔植〕ヒヨス (henbane).

stínking róg·er /-rάʤər/ 〔植〕悪臭を放つ各種の植物《henbane など》.

stínking smút 〔植〕《小麦の》黒穂病 (bunt).

stinko /stíŋkoʊ/ «俗» *a* 酔っぱらって; いやな匂いのする, 臭い; いやな, 不快な; くだらん. ► *n* (*pl* **stínk·os**) いやなやつ. [*-o*]

stínk·pòt *n* 悪臭を放つものを入れる容器, 便器; 《昔 海戦で使用した》悪臭弾; «俗» 臭く匂うもの; «俗» くせえやつ, いやなやつ, スカンク野郎; «俗» おしめちゃん, うんちくん《大小便の匂いのする赤ん坊》; «俗» 鼻持ちならないやつ; «俗» [*derog*] 排気の臭いボート[乗物], モーターボート; 〔動〕ニオイガメ (musk turtle); 〔鳥〕オオフルマカモメ《など》.

stínk·stòne *n* 臭石, シュティンクシュタイン《打ったり割ったりこすったりすると石油臭を発する各種の有機物含有石》.

stínk tràp 防臭弁 (stench trap).

stínk·wèed *n* 悪臭のある草, 《特に》PENNYCRESS, JIMSONWEED, MAYWEED, WALL MUSTARD, WALL ROCKET.

stínk·wòod *n* 臭木《悪臭のある各種の樹木; 特に アフリカ南部産のクスノキの一種》; 臭木材.

stínky *a* «口» 臭い; «口» いやな; «俗» くだらん.

stínky pínky, skínky pínkie **1** スティンキーピンキー《一人が語句の定義を出し, それに他の者が韻を踏む語句で答えることば遊び; たとえば foolish horse に対して silly filly と答えるなど》. **2** «卑» STINK FINGER.

Stin·nes /ʃtínəs, stín-/ シュティンネス **Hugo ~** (1870–1924)《ドイツの実業家; コンツェルンを設立, 欧州および南米における船舶業・鉱業・製造業・電力業などを支配》.

stint[1] /stínt/ *vt* ‹金・食料などを›出し惜しみする, 切り詰める; ‹人・動物›に‹…を›出し惜しむ ‹*of, in*›; ‹人›に仕事を割り当てる; «古» 中止[阻止]する: ~ food / ~ sb *of* [*in*] food 人に食料を出し惜しむ / ~ one*self of* sleep 睡眠を切り詰める. ► *vi* つましく暮らす, 倹約する; ‹…を›けちけちする ‹*on*›; «古» やめる: ~ *on* food 食費を惜しむ. ► *n* 制限, きびしい節約; 定量, 定額, 定限; 《一定の量の》割り当てられた仕事, 一定期間の仕事[勤務], 勤め; 勤務期間: a brief ~ as a reporter 記者としての短い期間 / do one's usual ~ 平生どおりの仕事をする. ● **without ~** 無制限に, 惜しみなく. ♦ **~·er** *n* **~·ing·ly** *adv* 出し惜しみして, けちけちして. **~·less** *a* 無制限の. [OE *styntan* to blunt, dull; cf. STUNT[1]]

stint[2] *n* (*pl* **~s, ~**) 〔鳥〕小型のシギ《トウネン・ハマシギなど》. [ME <?]

stipe[1] /stáɪp/ *n* 〔植〕茎, 《キノコの》柄, 《シダ類の》葉柄, 《藻類の》茎, 《被子植物の》子房柄; 〔動〕STIPES. ♦ **~d** *a* [STIPES]

stipe[2] *n* [ᴵᴵ]«俗» 有給治安判事; «豪俗» 有給の競馬世話役. [*sti*-*pendiary*]

sti·pel /stáɪp(ə)l, staɪpél/ *n* 〔植〕小托葉.

sti·pel·late /staɪpélət, stɪ-, stáɪpəlèɪt, stíp-/ *a* 〔植〕小托葉を有する.

sti·pend /stáɪpènd, -pənd/ *n* 固定給, 《牧師の》聖職給; 奨学金, 給付金; 《恩給・社会保険などの》年金. ♦ **~·less** *a* [OF or L (*stips* wages, *pendo* to pay)]

sti·pen·di·ary /staɪpéndièri; -diəri/ *a* 有給の; STIPEND の. ► *n* 有給者, 奨学生; 〔英〕STIPENDIARY MAGISTRATE, 有給牧師.

stipéndiary mágistrate 〔英〕有給治安判事《2000 年 district judge (magistrates' court)《治安判事裁判所地方裁判官》という呼称に変更》.

sti·pes /stáɪpìːz/ *n* (*pl* **stip·i·tes** /stípətìːz/) 〔昆〕蝶咬(ちょうこう)節; 〔動〕眼柄; 〔植〕STIPE. [L=tree trunk]

stí·pi·fòrm /stáɪpə-/, **stíp·i·ti-** /stípətə-/ *a* 〔植・動〕柄[茎] (stipe) 状の.

stip·i·tate /stípətèɪt/ *a* 〔植〕柄[茎]のある, 有柄の.

stip·ple /stíp(ə)l/ *n* 点描[点彩, 点刻](法); 点描[点彩, 点刻]画; 〔建〕スチップル仕上げ《乾く前の塗料にローラーなどで模様をつける仕上げ法》. ► *vt, vi* 点描[点彩, 点刻]する; …に斑点をつける; 〔建〕…にスチップル仕上げを施す. ♦ **stíp·pler** *n* **stíp·pling** *n* 点描(法); 〔医〕《赤血球・網膜などに見られる》斑点. [Du (freq)‹*stippen* to prick (*stip* point)]

stip·u·lar /stípjələr/, **-lary** /-lèri; -ləri/ 〔植〕*a* 托葉(状)の; 托葉のある; 托葉(の近く)に生じる.

stip·u·late[1] /stípjəlèɪt/ *vt, vi* 約定[契約]する; ‹契約書・条項などが›規定する, 明記する, 明文化する ‹*that*…›; 約束する ‹*to* do›; 〔ローマ法〕‹口頭契約を›問答形式にする; 約定の条件として要求する ‹*for*›. ♦ **-là·tor** *n* 約定者, 契約者. [L *stipulor*; 約束を確認するとき *stipule* を折ったことからといわれる]

stip·u·late[2] /stípjələt/, **-lat·ed** /-lèɪtəd/ *a* 〔植〕托葉 (stipule) のある.

stip·u·la·tion /stìpjəléɪʃ(ə)n/ *n* 約定, 契約; 規定, 明文化; 条項, 条件: on [under] the ~ that…という条件で (on condition that…). ♦ **stip·u·la·to·ry** /stípjələtɔ̀ːri; -t(ə)ri/ *a* 契約の[によって規定された].

stip·ule /stípjul/ *n* 〔植〕托葉. ♦ **~d** *a* [L *stipula* stalk, straw]

stir[1] /stə́ːr/ *v* (**-rr-**) *vt* **1** 《軽く・ちょっと》動かす (move); そよがす: do not ~ an eyelid 少しも動じない / The wind *stirred* the leaves. 風で木の葉が揺れた. **2 a** かきまわす, かきまぜる, 攪拌する ‹*around*›; 入れてかきまぜる ‹*in, into*›; «古» かき乱す, 悩ます: ~ one's tea 紅茶をかきまぜる / ~ the milk *into* the tea ミルクを加えて紅茶をかきまわす. **b** ‹火などを›かきおこす. **3 a** 奮起[感動]させる; ‹人を›煽動する ‹*to, into; to* do›; ‹記憶などを›よび起こす: ~ sb's imagination 人の想像をかきたてる / ~ sb's bile [pity, spirit] かんしゃく[同情心, 元気]を起こさせる / be *stirred* to the depths by the sight of…の光景に深く感動する / ~ sb *to* [*into, to* take] action 人を行動に駆りたてる / *S~* yourself! 元気を出しなさい, 働きなさい; 起きなさい. **b** 提起する. ► *vi* **1** 《かすかに》動く; 動き出す, 身動きする; ‹感情が›動く, 起こる: Don't ~ or I'll shoot! 動くな, 動くと撃つぞ! / Love *stirred* in her heart. 愛が心にわいた. **2** 起きる, 起きている; 活動している; 広まっている: He is not *stirring* yet. まだ起きていない. **3** かきまぜる, 攪拌する; かきまぜられる. **4** [ᴵᴵ][ᴼ~ it] «口» 《うわさ・ゴシップを流して》騒ぎを起こす. ● **look as if** [**though**] sth **has been stirred with a stick** «口» ‹部屋・家などが›散らかっている, ごちゃごちゃになっている. **~ the** [**sb's**] BLOOD. **~ up** よくかきまぜる; ‹闘争心・好奇心などを›かきたてる; ‹騒ぎなどを›ひき起こす; ‹人を›奮起させる, 煽動する, 興奮させる: You want *stirring up*. おまえには活を入れてやる必要がある《しようのないなまけ者だ》. ► *n* **1** 動かすこと, 攪拌; かすかな動き, そよぎ; 突き, 押し: Not a ~ is heard. そよともしない. **2** 大騒ぎ; 物議, 評判; 衝動, 感情, 気持: cause a ~ 物議をかもす / make a great ~ 大騒ぎ[大評判]となる / feel a ~ of excitement 興奮が込み上げる. ● **S~, ~!** «口» またひっかきまわそうとしている, 煽動しようとしている《だれかが人と人との間にもめごと[言い争い]をひき起こそうとしているときに用いる; しばしば 大鉢の中味をかきまわすように両腕を動かすジェスチャーをしながら言う》. [OE *styrian*; cf. G *stören*]

stir[2] *n* «俗» ムショ (prison): just out of ~ / in ~ / STIR-CRAZY. [C19<?; cf. OE *stēor* discipline, restraint]

stír·abòut[ᴵᴵ] *n* 《アイルランド起源の》オートミール[ひき割りトウモロコシ]のかゆ; 駆けずりまわっている人, 忙しい人.

stír-crázy *a* «俗» 《長い監禁・投獄などで》いかれた, 気が変になった (=**stír-bùgs, stír-dáffy**): go ~.

stír-frỳ *vt, vi, n* 《中国料理などで》フライパンをゆすりながら強火ですばやく炒める[炒めた料理]. ♦ **stír-frìed** *a*

stirk /stə́ːrk/ *n* [ᴵᴵ]1 歳牛; [ᴵᴵ]まぬけ. [OE *stirc* ? (dim)‹*stēor* STEER[2]]

stír·less *a* 動かない, そよともしない, 静かな.

Stir·ling /stə́ːrlɪŋ/ **1** スターリング《**1)** スコットランド中部の参事会地域 **2)** その中心の町; スコットランド王の居城が残る》. **2** スターリング《第二次大戦中の英国空軍の 4 発エンジンの重爆撃機》. **3** スターリング Sir **James Frazer ~** (1926–92)《英国の建築家》.

Stírling cỳcle 〔理〕スターリングサイクル《2 つの等温・等積過程を組み合わせた可逆サイクル; cf. CARNOT CYCLE》. [Robert *Stirling* (1790–1878) スコットランドの技師]

Stírling èngine 〔理〕スターリングエンジン《スターリングサイクルではたらく熱機関》. [↑]

Stírling's fórmula 〔数〕スターリングの公式《非常に大きい数の階乗の近似値を与える》. [James *Stirling* (1692–1770) スコットランドの数学者]

Stírling·shire /-ʃɪər, -ʃər/ スターリングシャー《スコットランド中部の旧州; 現在の STIRLING とほぼ同域》.

stirp /stə́ːrp/ *n* 血統. [L STIRPS]

stír·pi·cùlture /stə́ːrpə-/ *n* 優種養殖.

stirps /stə́ːrps, *stírps/ *n* (*pl* **stir·pes** /stə́ːrpiz, *stírpeɪs/) 家系; 〔法〕先祖; 〔生〕品種, 種族: PER STIRPES. [L=stock]

stír·rer *n* 攪拌者[器, 装置], マドラー; [ᴵᴵ]«口» 《他人間に》もめごとを起こすやつ, トラブルメーカー; 活動家.

stir·ring /stə́ːrɪŋ/ *a* 感動[興奮]させる; 壮快な; 鼓舞する; 大評判となる; 活発な, 活躍する, 多忙な (busy); 雑踏する, 繁華な: a ~ speech 感動的な[奮い立たせるような]演説 / ~ times 騒がしい世の中. ► *n* [ᵁ*pl*] 活動; 《革命・季節などの》鼓動, 兆し; 《感情の》芽生え. ♦ **~·ly** *adv*

stir·rup /stə́ːrəp, stír-, stʌ́r-; stír-/ *n* 《鞍からつるす》あぶみ, あぶみがね; 〔建〕《木材端を支えるための》あぶみ金物, 箱金物, 梁吊巻(はりつりまき)金物; 〔土木・建〕《鉄筋コンクリートの》あばら筋(きん), スターラップ; 〔海〕あぶみ綱; 〔登山〕あぶみ (étrier); 〔解〕《耳の》あぶみ骨 (=**~ bòne**); [*pl*] STIRRUP PANTS; [*pl*] 《婦人科検診用の》足乗せ台, あぶみ (=*lithotomy stirrups*). ♦ **~·like** *a* [OE *stigrāp* climbing rope (*stīgan* to climb); cf. G *Stegreif*]

stírrup cùp いでたちの杯《馬に乗って出立する人にすすめる酒; その容器》; 別れの杯.

stírrup ìron あぶみの金環.
stírrup lèather [stràp] 《あぶみを吊るための》あぶみ革, 力革.
stírrup pànts *pl* スティラップパンツ, トレンカ《裾のひもを足の裏に掛けてはく女性用タイツ・ズボン》.
stírrup pùmp 《消火用の》手押しポンプ.
stír-sìmple *a* 《俗》 STIR-CRAZY.
stír wìse *a**《俗》《刑務所暮らしのおかげで》よく知っている, 年季がはいっている.
stishie ⇨ STUSHIE.
stish·ov·ite /stíʃəvàɪt/ *n* 〘晶〙スチショバイト, スチショフ石《ケイ酸鉱物の高圧多形の一つ》. ［S. M. *Stishov* (20 世紀のロシアの鉱物学者), *-ite*］
stitch[1] /stítʃ/ *n* **1 a** ひと針, ひと縫い, ひと編み, ひとかがり; ひと針[ひと縫い]の糸, 針目, すき目; 〘外科〙《傷口を縫う》ひと針 (suture): A ～ in time saves nine. 《諺》今日の一針, 明日の十針《早めの対応が大切》/ CAST on [off] ～*es* / drop a ～ 《編物で》ひと針かがり落とす, ひと目すき落とす / put some ～*es* in sb's forehead《けがをした》人の額を数針縫う. **b** わずかな衣服: not have a dry ～ on one ずぶぬれである / be without a ～ of clothing＝not have a ～ on 身に一糸もまとっていない. **c** かがり方, 縫い[編み]方, ステッチ; 〘製本〙綴じ; 布, 布地; 〘農〙うね. **2** 《口》ほんの少々 ‹*of*›: He wouldn't do a ～ *of* work. 少しも仕事をしようとしない. **3** [a ～] 《脇腹などの》激痛, さしこみ. **4** [a ～]*《俗》ひどくおかしいもの[人], 傑作 (《'in stitches' から》). ● **in ～es** 《口》おかしくてたまらない, 腹が痛くなるほど笑って: have [keep] sb *in* ～*es* 人を笑いこけさせる. **not have a ～ to one's back** ろくな服も着られないほど貧乏している. ► *vt*, *vi* 縫う; 縫い綴じる; 縫い合わせる[繕う], ‹傷を›縫合する ‹*up*›; 〘製本〙綴じる; ‹ボール紙などを›ステープラーで綴じる; 縫い飾る, 縫取りする: ～ a zipper *on* (*to* the dress) ドレスにジッパーを縫い付ける. **～ together*** ‹複数のものを›ひとつにまとめる; ‹取引を›まとめる. **～ up** ″《口》‹人を›陥れる, はめる, ‹人›が有罪となる[逮捕される]ように仕組む; ″《口》だます; ″《口》‹取引を›うまく[有利に]まとめる, …にけりをつける. ♦ **～·less** *a* **～·er** *n* ［OE *stice*; ⇨ STICK[2]; cf. G *Stich* sting, stitch］
stitch[2] *n* ″《方》(歩行)距離: a good ～ 歩いてかなりの距離. ［? ME *sticche* piece］
stítch·bìrd *n* 〘鳥〙シロツノミツスイ《ニュージーランド産のミツスイ; 稀少種; かん高い声が stitch と言っているように聞こえる》.
stítch·ery *n* 縫取り法, 針編み法, 針仕事 (needlework); 縫取り[針編み]装飾品.
stítch·ing *n* 縫う[かがる]こと; 縫い目; 繕い.
stítch-ùp ″《口》*n* でっちあげ, ぬれぎぬ, わな; 《取引などを》うまくまとめること.
stítch whèel 《馬具製造で用いる》革に縫い穴をあける刻み目のある輪.
stítch·wòrk *n* 針仕事(品), 刺繍.
stítch·wòrt *n* 〘植〙ハコベ.
stithy /stíði, *stíθi/ *n* ANVIL; 《古・方》SMITHY. ► *vt* 《古・詩》FORGE[1].
stiv·er, stui- /stáɪvər/, **stee·ver** /stíː-/ *n* スタイヴァー《オランダの旧通貨単位: ＝1/20 gulden》; ほんの少額: not worth a ～ 一文の価値もない. ［Du *stuiver*］
stk stock. **STL** ［L *Sacrae Theologiae Licentiatus*］ Licentiate of Sacred Theology 神学修士. **STM** ［L *Sacrae Theologiae Magister*］ Master of Sacred Theology ♦ °scanning tunneling microscope ♦ scanning tunneling microscopy.
stoa /stóʊə/ *n* (*pl* **～s, sto·ae** /stóʊìː/, **sto·ai** /stóʊàɪ/) 〘古ギ〙柱廊, 歩廊, ストア; [the S-] ストア哲学(派). ［Gk］
stoat[1] /stóʊt/ *n* (*pl* **～s, ～**) 〘動〙《特に 夏毛の》オコジョ (ermine). ［ME＜?］
stoat[2] *vt* ‹縫い目が見えないように裂け目・布の縁を›縫う, 縫い合わせる, くける. ［C19＜?］
stob /stáb/ 《方》*n* 棒, 杭; 折れ枝; 切り株. ［ME＝stump; cf. STUB］
stoc·ca·do /stəkáːdoʊ/, **-ca·ta** /-tə/ *n* (*pl* **～s**) 《古》《剣などでの》突き, 突き刺し (stab, thrust). ［It］
sto·chas·tic /stəkǽstɪk/ *a* 推計学[推測統計学]的な, 確率論的な, 偶然量を含む; 《まれ》推測の: a ～ function 確率関数 / ～ limits 推計限度[限界] / a ～ variable 確率[偶然]変数. ♦ **-ti·cal·ly** *adv* ［Gk (*stokhos* aim)］
sto·cious /stóʊʃəs/ *a* 《アイル俗》 STOTIOUS.
stock /stɑ́k/ *n* **1 a** 貯蔵, たくわえ; 《知識などの》蓄積, 蘊蓄(うんちく): lay in a ～ of flour 小麦粉を仕入れる / have a good ～ of information 豊富な情報をもっている, 消息通である. **b** 仕入れ品, 在庫品, 持合わせ, ストック (: running ～ 正常[運転]在庫); 〘劇〙上演目録, レパートリー; レパートリー劇団 (stock company) (による上演); 〘トランプ〙置き札, ストック. **2 a** 家畜 (cattle); 飼育用動物; 《農場・牧場などの》全資産: fat ～ 食肉用家畜. **b** 〘鉄道〙 ROLLING STOCK. **c** STOCK CAR. **3 a** 公債証書, 国庫債券; [the ～s] ″公債, 国債; 借金, 負債; 《古》割符 (tally): have money in the ～*s* 国債に投資している / a ～*s* and share broker 公債株式仲買人. **b***株式, 株(券) (SHARE[1]); [*fig*] 《人の》評価, 評判, 株, 信用; 地位: COMMON [PREFERRED] STOCK / one's ～*s* rise [fall] [*fig*] 株が上がる[下がる]. **c** 資本金 (capital stock); 《古》基金, 資本. **4 a** 資源; 原料 ‹*for*›; 製紙原料 (＝paper ～); 《特定の》印刷用紙 (: heavy ～); フィルム材料. **b** スープ種, 《肉・魚骨などの》煮出し汁, ストック. **c** [*pl*] ″上質煉瓦; 〘冶〙溶鉱炉で製錬中の原鉱石; 鍛造用の金属片. **d** …の的(まと)[たね]: LAUGHINGSTOCK. **5 a** 幹, 茎; 根茎, 地下茎; 〘岩石〙岩株(がんしゅ); 《古》丸太, 木片, 切株, 根株. **b** 《接ぎ木の》台木, 親木; 《接ぎ穂・挿し枝をとる》親株, 親, 母株(ぼかぶ) (＝～ plant). **c** 血統, 系統, 家系, 家柄; 〘法〙先祖: of Irish [farming] ～ アイルランド系[農家の出]の / He comes of (a) good ～. よい家柄の出である. **d** 〘人〙系種; 種族, 民族; 〘生〙群体, 群落, 群生. **e** 〘言〙語系; 関連諸語. **6 a** 台木, 銃床, 《かんな・金床の》台, 《すき・むちなどの》柄, 《まわし錐の》まわし柄 (bitstock), 《釣りざおなどの》基部; 〘海〙ストック《錨の横棒》, [*pl*] 舵の心棒; 《車輪の》こしき (hub); ねじ切り用のダイス (dies) をつかむスパナ. **b** 主要な直立部分, 支持構造物; [*pl*] 造船台[架]; 砲架; 《砲架の》梁(はり). **c** [the ～s] 〘史〙《足を板の間にはさむ》足かせ(と手かせ)の付いたさらし台 (cf. PILLORY): sit in *the* ～*s* さらし台にさらされる. **d** 一匹[一頭]だけ入れるおり; 《蹄鉄をつけるときなどに》馬を留めておく枠. **7** ばか, まぬけ; 生命[感情など]のないもの, 木石. **8 a** ストック《以前 特に軍服に用いた革製などの一種の襟巻》. **b** ストック《婦人用立ち襟》. **c** 《牧師がカラーの下に巻く》絹のスカーフ. **d** 《方》ストック (stocking). **9** 〘植〙ストック《アラセイトウ属》. **10** ストックカー (stock car). ● **in ～** 入荷して, 在庫して: have [keep]…*in* ～ …を持ち合わせている. LOCK[1], **～, and barrel. off the ～s** 進水して, 完成して. **on the ～s** 《船が》建造中で; 準備[製作]中で. **out of ～** 品切れ[売切れ]で. **put ～ in…** [°*neg*] 《口》…を信用する, …を重視する. **～ in trade**＝STOCK-IN-TRADE. **～s and stones** [*derog*] 偶像; 非情[無情]な人間, 木石. **stop a ～** 《取引所》契約時の時価で特定数の株を後日売る[買う]ことに同意する. **take ～** 棚卸しをする; (全体的に[初めから])よく考えて[検討して]みる. **take ～ in…** ‹会社›の株を買う; [*fig*] …に関係[関与]する; [°*neg*] 《口》…を信用する, …を重んじる. **take ～ of…** [*fig*] …を評価[鑑定]する; 《口》もの珍しげに‹人を›せんさくする, …をつくづく眺める: *take* ～ *of* the situation 現状を判断する / *take* no ～ *of*…を問題にしない.
► *a* **1 a** 持合わせの, 在庫[ストック]の; 在庫管理の. **b** レパートリー(劇団)の; レパートリーにそって出演する, 座付きの; 習慣的に決まった役柄の. **2** 標準の; 普通の, ありふれた: ～ sizes in hats 既製[標準]サイズの帽子 / a ～ phrase ありふれた句 / one's ～ jokes あいかわらずの[いつもの]冗談. **3** 家畜(用)の; 家畜番用の‹犬・馬›; 繁殖用の‹雌馬など›: STOCK HORSE. **4** ″公債[国債]の; *株(式)の.
► *vt* **1 a** ‹農場›に家畜を供給する; ‹土地›に種子をまく, 播種する ‹*with*›; ‹家畜›に種付けする; 放牧する; ‹川など›に魚を放流する. **b** ‹店›に仕入れる, 仕込む ‹(*up*) *with*›; 《店に》‹品物を›置く; たくわえる, 備える ‹*with*›; 《将来のために》取っておく; …に補充[補給]する ‹*with*›. **2** …に柄[台木, 銃床など]をつける; 〘史〙さらし台にかける. ► *vi* 仕入れる, 仕込む ‹*up*›; 〘植〙吸器[吸枝] (suckers) を生じる: ～ *up with* [*on*] wine (for the party) (パーティー用に)ワインを仕入れる. ● **～ in on**…を仕込む.
► *adv* [*compd*] 完全に: STOCK-STILL.
［OE *stoc(c)* stump, stake; cf. G *Stock* stick, cane］
stóck accòunt ″〘簿〙在庫品(元帳)勘定.
stock·ade /stɑkéɪd/ *n* 防御柵, 矢来; 柵内の土地, 囲い地; 〘米軍〙営倉; 杭の防波堤. ► *vt* 柵[杭]で囲む. ［F *estocade*＜Sp; cf. STAKE］
stóck àgent 《豪》牧畜商(人); 《豪》牧畜用品商店.
stóck and státion *a* 《豪》農場や畜産物・用品を扱う.
stock·a·teer /stɑ̀kətíər/ *n* 《俗》いんちき証券ブローカー.
stóck bòok 在庫品元帳; 《馬・犬などの》血統記録; 切手帳.
stóck·bòy *n* 《商品の》棚出し[補充陳列]係(の少年); 《豪》《先住民の》牧夫.
stóck·brèed·er *n* 牧畜[畜産]業者. ♦ **-brèed·ing** *n*
stóck brìck ストック煉瓦《原料を型に入れ, 押して造る硬質煉瓦》.
stóck·bròker *n* 株式仲買人, 株屋.
stóckbroker bèlt ″《口》《都市, 特に London 郊外の》高級住宅地 (exurbia*).
stóck·bròking, -bròker·age *n* 株式仲買(業).
stóck càr*〘鉄道〙家畜車 (cattle truck″); 《特注車に対して》一般市販車; ストックカー《市販の(古)乗用車のエンジンなどを取り換えたレーシングカー》.
stóck-càr ràcing *ストックカーレース; ″DEMOLITION DERBY.
stóck certìficate *株券; ″公債証書.
stóck cháracter 《喜劇などの》おきまりの登場人物.
stóck clèrk 《商品の》在庫管理事務員.
stóck còmpany* 株式会社; 《特に スターのいない》レパートリー劇団 (repertory company).
stóck contròl 在庫調整[管理].
stóck cùbe 固形スープの素, ブイヨンキューブ.
stóck dìvidend 株式[株券]配当; 配当株式.
stóck dòve 〘鳥〙ヒメモリバト《カワラバト属; 欧州産》.
stóck·er *n**在庫品係; 《商品の》棚出し[補充陳列]係; 若い食肉牛; 繁殖用の家畜《heifer など》; ストックカー (stock car).

stóck exchànge [°S- E-] **1** 株式[証券]取引所 (＝*stock market*)《略 SE》; 株式仲買人組合: He is on the *S~ E~*.《London の》株式仲買人組合員である. **2** [the] 取引所の商い[値, 取扱高, 取引値 など].
stóck fàrm 牧畜場. ◆ **stóck fàrmer** 牧畜業者. **stóck fàrming** 牧畜業, 畜産.
stóck·fèed *n*〔畜〕家畜の餌, 家畜飼料.
stóck·fìsh *n*《塩引きをしない》干し魚《タラなど》; 《南ア》HAKE².
Stock·hau·sen /stɑ́khàuz(ə)n; *G* ʃtɔ́khauzn/ シュトックハウゼン **Karlheinz** ～ (1928–2007)《ドイツの作曲家》.
stóck·hòld·er *n* *株主; 《豪》(大)牧畜業者; 《原材料・部品の》納入[卸]業者, 仕入れ先.
stóck·hòld·ing* *a* 株式を所有する. ► *n* 株式所有, 株式保有.
Stock·holm /stɑ́khòu(l)m; -həum/ ストックホルム《スウェーデンの首都・港湾都市》. ◆ **～·er** *n*
Stóckholm sỳndrome ストックホルム症候群《人質が, ある種の状況下で犯人に進んで協力し, これを正当化しようとする現象[傾向]》. [1973 年 Stockholm での銀行強盗事件から]

Stóckholm tár [pítch] ストックホルムタール《樹脂製タール; 造船用》.
stóck hòrse 《米・豪》《牛の群れを見張る》牧畜馬.
stóck ìndex* 株価指数.
stock·i·net /stɑ̀kənét/ *n* メリヤス (stockinette).
stock·i·nette /stɑ̀kənét/ *n* メリヤス《靴下・下着用》; メリヤス編み (＝～ **stìtch**). [*stocking*+*net*]
stock·ing /stɑ́kɪŋ/ *n* **1 a** ストッキング《普通 ひざの上まである長いもの》; CHRISTMAS STOCKING: a pair of nylon ～*s* ナイロンストッキング一足. **b** SOCK¹. **c** ストッキングに似たもの, 馬の脚などの他と毛色の異なる部分. **2** ‖メリヤス編み (＝～ **stìtch**). **3**〔医〕ELASTIC STOCKING. ● **in one's ～ [～ed] feet [～s]** 靴を脱いで: He is [stands] six feet *in his ～ feet* [*～s*]. 靴を履かないで身長が 6 フィートある. ◆ **～ed** *a* 靴下を履いた. **～·less** *a* [*stock* (dial) stocking]
stócking càp ストッキングキャップ《冬のスポーツなどでかぶる, 先にふさなどの付いた毛編みの円錐帽》.
stócking·er *n* STOCKING を編む人.
stócking fìller ‖STOCKING STUFFER*.
stócking fràme [lòom, machìne] 靴下編み機; メリヤス編み機.
stócking màsk 《強盗などが使う》ナイロンストッキングの覆面.
stócking stùffer* クリスマスに靴下に入れて贈るささやかな贈り物; ささやかなクリスマスプレゼント.
stóck-in-tráde *n* 手持ち品, 在庫品; 商売道具《道具と材料》; 常套手段.
stóck·ish *a* 愚かな, 鈍い; がんじょうな. ◆ **～·ly** *adv*
stóck·ist ‖ *n* 《特定商品の》仕入れ業者.
stóck·jòbber *n* [°*derog*] *相場師, 投機屋; ‖《Big Bang 以前の仲買人相手の》株式売買業者. ◆ **-jòbbing, -jòbbery** *n*
stóck·kèep·er *n* 家畜飼養者, 牧夫; 在庫品係.
stóck·kèep·ing *n* STOCK CONTROL.
stóck·less *a* 〈錨など〉STOCK のついていない.
stóck lìst ‖ 株式相場表.
stóck lòck 木箱入りのドアの錠.
stóck·man /-mən, -mæ̀n/ *n* 牧夫 (herdsman); 《米・豪》牧畜業者; 在庫品係, 在庫管理員.
Stock·mar /ʃtɔ́:kmɑ̀:r, stɑ́k-/ シュトックマル **Christian Friedrich von** ～, Baron von ～ (1787–1863)《ベルギーの政治家; Leopold 1 世の秘書, その後 Leopold の姪である Victoria 英女王と夫 Albert の顧問 (1837–57)》.
stóck màrket **1** 株式市場, 証券取引所 (stock exchange); 株式売買; *株価, 株式相場. **2** 家畜市場. ● **play the ～** ⇨ play the MARKET.
stóck òption* 株式買受[選択]権, ストックオプション (share option‖)《会社役員などに報奨として与えられる一定株数の自社株を一定値段で買い取る権利》; 株式オプション《株式を対象とするオプション (OPTION)》.
stóck·òut *n* 在庫切れ, 欠品.
stóck pìgeon STOCK DOVE.
stóck·pìle *n* 《不時の用または不足を見越した食糧・原料・資材・武器などの》蓄積[貯蔵](量), 買いだめ, 備蓄(量); 山積みの資材[在庫]; 《採掘後》山積みにした石炭[鉱石], 貯鉱の山. ► *vt, vi* 貯蔵[蓄積, 備蓄]する. ◆ **stóck·pìler** *n*
stóck plànt 〔園〕母株 (stock).
Stóck·pòrt ストックポート《イングランド北西部 Greater Manchester 州にある町; 19 世紀初頭の労働争議の地》.
stóck·pòt *n* **1** ストックポット《スープストックを作るのに用いる深鍋》; いろいろな肉と野菜のはいったスープの一種. **2** 物置, 貯蔵庫.
stóck·pròof *a* 家畜の通り抜けられない〈通電柵など〉.
stóck ràising 家畜育成(業). ◆ **stóck ràiser** *n*
stóck·rider *n* 《豪》乗馬牧夫, カウボーイ.
stóck·ròom *n* 《物資・商品などの》貯蔵室[庫]; *《ホテルなどで巡回販売員の》商品展示室.
stóck-ròute *n* 《豪》《私有地の通行権が認められている》牧畜移動路.
stóck sàddle* ウェスタンサドル (＝*western saddle*)《元来カウボーイが使用した前橋が高く垂れが広い深い鞍》.
stóck splìt 株式分割《株主に 1 株当たり一定数の新株を発行すること; 額面は減少する》.
stóck-stíll *a* 全く動かない[じっとしている] (cf. STOCK *adv*).
stóck·tàking *n* ‖在庫調べ, 棚卸し (inventory*); 実績[自己]評価, 現状把握. ◆ **-tàke** *n, vt, vi* **-tàker** *n*
stóck tìcker 株式相場表示器, チッカー (ticker).
Stock·ton /stɑ́ktən/ **1** ストックトン《California 州中部の市》. **2** ストックトン **Frank R.** ～ (1834–1902)《米国の小説家・短篇作家; 本名 Francis Richard ～; *Rudder Grange* (1879)》.
Stóckton-on-Tées /-tí:z/ ストックトン・オン・ティーズ《イングランド北東部 Tees 川河口近くの港町; 1825 年 Darlington との間に世界初の公共鉄道が開通》.
stóck ùnit 〔NZ〕家畜の評価単位《課税基準》.
stóck wàtering 〔会計〕株式水割り[水増し]《現物出資の過大評価などの結果, 資産の裏付けを超えて株式を発行すること; このような株式を WATERED STOCK という》.
stóck·whìp 《英・豪》*n* 乗馬牧童用むち. ► *vt* 〈家畜を〉牧童用むちで追い集める.
stócky *a* 〈人・動物が〉ずんぐり[がっしり]した (sturdy); 〈植物が〉がんじょうな(太い)茎の. ◆ **stóck·i·ly** *adv* **-i·ness** *n*
stóck·yàrd *n* 《船[貨車]積みや屠場(とじょう)・市場へ送る前の》家畜一時置場; 《農場の》家畜囲い(地), 放飼場.
stodge /stɑ́dʒ/ *n* こってりした[胃にもたれる]食べ物; ごてごてした[退屈な]もの[読物]; のろま. ► *vt, vi* がつがつ食う, 詰め込む; 《泥の中などを》のろのろ歩く. ◆ **stódg·er** *n* 《口》のろま, ぐず. [imit; (n) ＜(v); *stuff* と *podge* の混成か]
stódgy *a* **1 a** 〈食べ物が〉こってりした, 胃にもたれる (heavy); いっぱいに詰め込んだ. **b** 〈書物・文体などが〉ごてごてした, くどい; さえない, 退屈な; 旧式な, 格式ばった; 〈服装などが〉あかぬけしない, 野暮ったい. **2** のろのろ歩く; ずんぐりした. ◆ **stódg·i·ly** *adv* **-i·ness** *n*
stoechiology ⇨ STOICHIOLOGY.
stoechiometry ⇨ STOICHIOMETRY.
stoep /stú:p/ *n* 《南ア》ひな壇式ベランダ, ポーチ. [Du]
stog /stɑ́g/ *vt* [*pass*] 《方》はまらせる, はまり込ませる.
sto·gie, sto·gy, sto·gey* /stóugi/ *n* 長い粗製葉巻, 《一般の》葉巻; がんじょうな安靴, どた靴. [C19 *stoga*; Pennsylvania 州の町 *Conestoga* より]
Sto·ic /stóuɪk/ *a* ストア哲学[学派]の; [s-] 克己[禁欲]的な, ストイックな, 冷静な. ► *n* ストア哲学者; [s-] 克己[禁欲]主義者. [L＜Gk (*stoa* portico); Zeno が Athens の *Stoa Poikilē* Painted Porch で教えたことから]
stó·i·cal *a* STOIC; [S-] STOIC. ◆ **～·ly** *adv* **～·ness** *n*
stoi·chi·ol·o·gy, 《英》**-chei-, stoe·chi-** /stɔ̀ɪkiɑ́lədʒi/ *n* 要素学, 《特に》細胞組織学, 細胞生理学. ◆ **stoi·chi·o·log·i·cal,** 《英》**-chei-** /stɔ̀ɪkiəlɑ́dʒɪk(ə)l/ *a* [Gk *stoikheion* element]
stoi·chio·met·ric, 《英》**-cheio-** /stɔ̀ɪkiəmétrɪk/, **-ri·cal** *a* 化学量論の; 化学量論的な, 化学式どおりの〈化合物〉; 化学式どおりの化合物を生成する〈混合物〉: ～ coefficient 化学量論係数 / ～ number 化学量数. ◆ **-ri·cal·ly** *adv*
stoi·chi·om·e·try, 《英》**-chei-** /stɔ̀ɪkiɑ́mətri/ *n* 化学量論; 化学量論性, ストイキオメトリー《化合物の構成要素間の量的関係》.
Sto·i·cism /stóuəsìz(ə)m/ *n* ストア哲学[主義]; [s-] 克己, 禁欲, 冷静[平然]たる態度を持すること.
stoke¹ /stóuk/ *vt* 〈機関車・炉など〉に火をたく, …にくべる 〈(*up*) *with*〉; 〈火を〉たく 〈*up*〉; 〈人〉に食べ物を腹いっぱい与える; 《俗》興奮[わくわく]させる. ► *vi* 火夫をつとめる; 火をたく, 燃料をくべる 〈*up*〉; 腹いっぱい食べる 〈*up* (*with* food)〉. ● **～ up** 〈憎悪などを〉かきたてる; 〈…に〉備える 〈*for*〉. [逆成＜*stoker*]
stoke² ⇨ STOKES.
stoked /stóukt/ 《俗》*a* 大喜びして, 狂喜して 〈*on, about*〉; とても気に入って, 夢中で 〈*on*〉.
stóke·hòld *n* 《汽船の》かま前; 《汽船の》火たき室, ボイラー室 (＝*fireroom*).
stóke·hòle *n* 《炉・ボイラーの》燃料投入口, たき口; 《炉の前の》火夫の立つ場所.
Stóke Mándeville ストークマンデヴィル《イングランド南部 Buckinghamshire の Aylesbury 近くの村; 脊髄の専門病院がある》.
Stóke Néw·ing·ton /-n(j)ú:ɪŋtən/ ストークニューイントン《London 北部にあった metropolitan borough; 今は Hackney の一部》.
Stóke-on-Trént ストーク・オン・トレント《イングランド中西部 Staffordshire 北部の市; 英国の製陶の中心地》.
Stóke Póges /-póudʒəs/ ストークポージス《イングランド中南部 Buckinghamshire の村; 教会墓地は Gray の *Elegy* の舞台という》.
stok·er /stóukər/ *n* 《機関車・汽船の》火夫, 汽罐(きかん)夫, 機関助士; 自動給炭機, ストーカー. [Du＜MDu *stoken* to push; STICK² と同語源]

Stoker ストーカー **'Bram' ～** [**Abraham ～**] (1847–1912)《アイルランドの作家; *Dracula* (1897)》.

stokes /stóʊks/, **stoke**[2] /stóʊk/ *n* 〖理〗ストーク(ス)《運動粘性率の cgs 単位; 記号 St, ST》. [Sir George G. *Stokes* (1819–1903) 英国の物理学者]

Stokes ストークス Sir **Frederick Wilfrid Scott ～** (1860–1927)《英国の発明家・技師》.

Stókes-Ádams sỳndrome [**disèase**] 〖医〗ストークス-アダムズ症候群《主に房室ブロックまたは洞不全症候群による心停止に由来する, めまい・失神・痙攣などの症候群》. [William *Stokes* (1804–78), Robert *Adams* (1791–1875) ともにアイルランドの医師]

Stókes' áster 〖植〗ストケシア, ルリギク (=*stokesia*)《米国南東部原産; キク科》.
[Jonathan *Stokes* (1755–1831) 英国の植物学者]

sto·ke·sia /stoʊkí:ʒiə, stóʊksiə/ *n* 〖植〗ストケシア (Stoke's aster).

Stókes' láw 〖理〗ストークスの法則《**1**) 流体中を動く球と, それにはたらく抵抗に関する法則 **2**) 光励起による発光の波長は励起光波長より短いことはないという法則》. [⇨ STOKES]

stok·in' /stóʊkɪn/ *a**《俗》すばらしい, すてきな, すごい.

Sto·kow·ski /stəkɔ́:fski, -kɔ́:v-; stəkɔ́fski/ ストコフスキー **Leopold** (**Antoni Stanislaw Boleslawowicz**) **～** (1882–1977)《米国の指揮者; London 生まれ》.

stok·vel /stákfɛ̀l/ *n*《南ア》貯蓄組合, 投資クラブ; ストックフェル《会員から基金を集めて定期的にパーティーを開き, 主催者が利益を得る仕組みの会; そのパーティー》. [Afrik＜E *stockfair*]

STOL /stóʊl, stɔ́:l; stɔ́l/ *n* 〖空〗STOL (ストール)(エストール)《短距離離着陸》; STOL 機. [*s*hort *t*ake*o*ff and *l*anding]

sto·la /stóʊlə/ *n* (*pl* **-lae** /-lì:/) STOLE[2]. [L]

stole[1] *v* STEAL の過去形.

stole[2] /stóʊl/ *n*《聖職者の》頸垂帯, ストール, ストラ;《俗に》法衣, ころも;《婦人用の》毛皮などの肩掛け, ストール;〖古ロ〗主婦のゆるやかな上着, うちかけ. ♦ **stóled** *a* stole を着けた. [OE *stol(e)*＜L *stola*＜Gk=equipment, clothing]

sto·len /stóʊlən/ *v* STEAL の過去分詞. ► *a* 盗んで得た; ひそやかな, 人目を忍ぶ: ～ goods 盗品 / a ～ base 盗塁 / *S*～ kisses are always sweetest.《諺》人目を盗んで得た快楽が最高だ.

stólen generátion [the]〖豪〗失われた世代《白人社会との同化政策により, 自分の家族や社会から引き離された先住民アボリジニーの子供たち; 1900 年代から, 地域によっては 60 年代まで続いた》.

stol·id /stáləd/ *a* なんの感情[興味]も示さない, ぼんやりした, 無感動な, 鈍感な, 鈍重な. ♦ **～·ly** *adv* **～·ness** *n* **sto·lid·i·ty** /stəlídəti; stɔ-/ *n* [F or L=dull, stupid]

stol·len /stóʊlən, ʃtóʊ-, stɔ́:-, ʃtɔ́:-, stʌ́l-/ *n* (*pl* **～, ～s**) シュトレン《ナッツと果物のはいった甘いパン》. [G=wooden post; 形の類似からか]

sto·lon /stóʊlən, -làn/ *n* 〖植〗匍匐(ほふく)枝[茎], ストロン;《クモノスカビなどの》分生子を連結する菌糸;〖動〗走根, 芽茎. ♦ **stó·lon·ate** /-nət, -nèɪt/ *a* [L=scion]

sto·lo·nif·er·ous /stòʊlənɪ́f(ə)rəs/ *a* 〖植〗匍匐枝を生じる;〖動〗走根のある. ♦ **～·ly** *adv*

stól·pòrt, STÓL- *n* ストール用空港.

Sto·ly·pin /stəlípɪn/ ストルイピン **Pyotr Arkadyevich ～** (1862–1911)《帝政ロシアの首相 (1906–11); 労働組合運動や革命運動を徹底的に弾圧; 暗殺された》.

stom- /stóʊm/, **sto·mo-** /stóʊmoʊ, -mə/ *comb form*「口」「小孔」 [Gk (↓)]

sto·ma /stóʊmə/ *n* (*pl* **-ma·ta** /stóʊmətə, stámə-, stoʊmá:-/, **～s**)〖動〗小孔, 口;〖植〗気孔;〖医〗小孔, 瘻(ろう). [Gk *stomat- stoma* mouth]

stom·ach /stʌ́mək, -ɪk/ *n* **1** 胃, 胃袋《GASTRIC *a*》; 胃部; 腹部, 腹, 下腹; 太鼓腹: be SICK[1] at [to] one's ～ / lie (heavy) on one's ～〈食べ物が〉胃にもたれる / The way to a man's heart is through his ～.《諺》男心をつかむには胃袋から / An army marches on its ～. 兵隊はしっかり食って行進する, 腹が減っては戦はできぬ《Napoleon のことばとされる》/ lie at full length on one's ～ 長々と腹ばいになる. **2** 食欲 (appetite); [°*neg*] 欲望, 好み, 気分, 気持〈*for*,《古》*to* do〉: have *no* ～ *for*…に気が向かない, …がいやである. **3**《古》性格, 性癖;《廃》気力, 勇気;《廃》傲慢さ;《廃》怒り. ● **have a strong ～** 胃が丈夫だ, 簡単にむかついたりしない; (…するだけの)度胸がある〈*to* do〉. **on a full ～** 満腹の時に. **on an empty ～** 何も食べないで, 空腹で, 《特に》朝食抜きで. **settle the ～** 吐き気を抑える, 胃を落ちつかせる. **turn sb's ～** 人の胸をむかつかせる, ひどく不快にする. ► *vt* [°*neg*] 食べる, 腹に入れる; [°*neg*]〈侮辱などを〉我慢する (bear);《古》…に腹を立てる. ► *vi*《廃》おこる, 立腹する. ♦ **～·less** *a* [OF,＜Gk=gullet (↑)]

stómach·àche *n* 胃痛 (gastralgia): have a ～ 胃が痛い / suffer from ～ 胃痛に悩む.

stómach·al *a* STOMACHIC.

stómach-chùrn·ing *a* 胃がむかむかする: a ～ ride.

stómach crùnch 腹筋運動 (sit-up).

stom·ach·er /stʌ́məkər, -ɪk-/ *n*〖史〗胸衣《15–17 世紀に流行した, しばしば 宝石・刺繍の付いた胸飾り; のちには女性が胴着の下に着用した》.

stómach·fùl *n* 胃[腹]一杯(分); 堪忍袋一杯(分).

sto·mach·ic /stəmǽkɪk/ *a* 胃の; 胃によい. ► *n* 胃機能亢進剤, 健胃剤. ♦ **sto·mách·i·cal** *a* **-i·cal·ly** *adv*

stómach pùmp 〖医〗胃ポンプ, 胃洗(浄)器.

stómach ròbber *《俗》材木伐り出し現場の料理番.

stómach stàggers *pl* 〖獣医〗BLIND STAGGERS.

stómach swéetbread 《子牛・子羊などの》膵臓 (sweetbread)《食用》.

stómach tòoth 《口》《幼児の》下顎犬歯《これが生える時よく胃をこわす》.

stómach tùbe 〖医〗胃管《経管栄養用》.

stómach ùpset 腹痛.

stómach wòrm 〖動〗《人・動物・羊に寄生する》毛様線虫, 《特に》ネンテンイチュウ (wire worm).

stóm·achy *a* 太鼓腹の; 元気な; [ᴮ]《方》おこりっぽい.

stom·ack /stʌ́mək, -ɪk/ *n* [次の成句で]: **have a ～** 《東アフリカ口》妊娠している.

sto·mal /stóʊməl/ *a* STOMATAL.

sto·mat- /stóʊmət, stám-/, **sto·ma·to-** /stóʊmətoʊ, stám-, stoʊmǽtoʊ, -tə/ *comb form*「口」「小孔」 [Gk (*stomat-* STOMA)]

stomata *n* STOMA の複数形.

stom·a·tal /stóʊmətl, stám-/ *a* STOMA の[をなす].

sto·mate /stóʊmèɪt/ *a* STOMATOUS. ► *n* 〖植〗気孔 (stoma).

sto·mat·ic /stoʊmǽtɪk/ *a* 口の; STOMA の.

sto·ma·ti·tis /stòʊmətáɪtəs, stàm-/ *n* (*pl* **-tit·i·des** /-títədì:z/, **～·es**)〖医〗口内炎. ♦ **stò·ma·tít·ic** /-tít-/ *a* [STOMA, *-itis*]

sto·ma·tol·o·gy /stòʊmətáləʤi, stàm-/ *n* 〖医〗口腔病学.
♦ **-gist** *n* **stò·ma·to·lóg·ic, -i·cal** *a*

sto·mat·o·my /stoʊmǽtəmi/, **sto·ma·tot·o·my** /stòʊmətátəmi/ *n* 〖医〗子宮口切開(術).

stómato·plàsty /, stoʊmǽtə-/ *n* 〖医〗口内形成術.

sto·ma·to·pod /stóʊmətəpàd, stoʊmǽtə-/ *a, n* 〖動〗口脚類の(甲殻動物).

stómato·scòpe /, stoʊmǽtə-/ *n* 〖医〗口内鏡.

stom·a·tous /stámətəs/ *a* 小孔[気孔]のある.

-stome /stòʊm/ *n comb form*「口 (mouth)」: cyclo*stome*. [Gk; ⇨ STOMA]

sto·mo·d(a)e·um /stòʊmədí:əm, stàm-/ *n* (*pl* **-d(a)ea** /-dí:ə/, **～s**)〖発生〗口陥《のちに口になる外胚葉の陥入》. ♦ **-dáe·al, -dé·a**

-s·to·mous /⸗stəməs/ *a comb form*「…な[…個の]口 (mouth) をもつ」: mono*stomous*. [Gk; ⇨ STOMA]

stomp /stámp/ *n*《口》足の踏み鳴らし (stamp); [〈*int*〉] ドシン, ドスン, バン《床・地面を強く踏みつける音》; ストンプ《リズムビートの強い初期のジャズ; それに合わせて踊るダンス》;《俗》ダンス; *《俗》いつもカウボーイブーツを履いているやつ. ► *vt, vi*《口》踏みつける;《口》ドスドスと歩く; ストンプに合わせて踊る;《口》やっつける, ぶんなぐる, ぶちのめす: ～ *on*…を踏みにじる, …を踏みつけて殺す. ● **～ one's foot** 足でリズムを取る; 地団駄を踏む. ♦ **stómpy** *a* **～·ing** *a*〈音楽が〉強烈なビートの. **～·er** *n* [(US dial) *stamp*]

stómp-àss *a**《卑》めちゃくちゃになぐり合う, でっちあいの.

stómp·er *n*《俗》靴, ブーツ, どた靴, 厚底靴, 作業靴.

stomp·ie /stámpi/ *n*《南アロ》タバコの吸いさし. [Afrik *stomp* stump]

stómp·ing gròund STAMPING GROUND.

-s·to·my /⸗stəmi/ *n comb form* 〖医〗「開口術」: entero*stomy*, ileo*stomy*. [Gk; ⇨ STOMA]

stone /stóʊn/ *n* **1 a** 石, 小石: (as) cold [hard] as (a) ～ 石のように冷たい[堅い, 無情な] / ROLLING STONE / mark with a WHITE ～. ★ stone は rock の小塊で, その小さいものを pebble, gravel, 砕いたものを ballast という. **b** 岩; 石材, 石; 建築用ブロック: a house made of ～ 石造りの家. **c** 薄い[明るい]灰色[ベージュ]. **2** 臼石; 砥石(といし); 敷石; 墓石, 記念碑, 石碑, 里程[境界]標石; 隕石;《石版印刷の》石版石, 整紙盤; (活版)組付け台; CURLING STONE. **3**《西洋すごろく・碁・ドミノなどの》コマ, 石; ひょう, あられ (hailstone); 宝石 (gemstone), 玉, ダイヤ;《モモ・プラム・デーツなどの》堅い種;〖医〗結石(病) (cf. GALLSTONE); [°*pl*]《古・俗》睾丸, きんたま (testicles). **4** (*pl* **～, ～s**)〖英〗ストーン《体重のときには 1 ストーンは通例 14 ポンド (=6.35 kg), 肉は 8 ポンド, チーズは 16 ポンド, 乾草は 22 ポンド, 羊毛は 24 ポンド; 略 st.》: a man of 12 *st.* 体重 12 ストーンの男. **5** 白[茶色]っぽい灰色. **6** [the S-s] ROLLING STONES. ● **break ～s** (敷き砂利用に)石を砕く; [*fig*] もっとも卑しい仕事をする, 最低生活をする. **carved** [**set, etched, engraved**] **in ～** [°*neg*] 石に刻まれて; 確定した, 変更できない, 絶対的な. **cast** [**throw**] **～s** [**a ～**] **at**…に石を投げる; …を非難する: *Cast* not *the first* ～.《諺》先に立って石を投げつけるな《人を責める前に自分のことも反省せよ》. **give a ～ and a beating to**…に楽々と勝つ《もと 競馬用語》. **give** sb **a ～ for**

bread 〘聖〙パンを求める者に石を与える, (助けるふりをして)人を愚弄する《*Matt* 7:9》. **harden into ～** [°*fig*] 石化する. **have a heart of ～** 石のように冷たい心の持主である, 無情[残忍]である. **leave no ～ unturned** あらゆる手段を尽くす, 八方手を尽くす〈*to* do〉. **like getting** BLOOD **from** [**out of**] **a ～.** SERMONS **in ～s. S～s will cry out.** 〘聖〙石叫ぶべし, 悪事はかならず露見する《*Luke* 19:40》.
► *a* **1** [*attrib*] 石の, 石製の, 石造の; 炻器(せっ)製の. **2** 石のような, 非情の; 《俗》完全な, 全くの, きわめつきの (: ～ madness / a ～ jazz fan); *《黒人俗》りっぱな, 魅力的な.
► *adv* [°*compd*] 完全に, 疑う余地なく, 全く, 断然: ～ crazy すっかり狂って / ～ dead 死にきって.
► *vt* …に石を投げつける[投げつけて殺す]; 〈果物〉の核[たね]をとる; 去勢する; …に石を据える[敷く], 石で固める; 石で磨く, 砥石で研ぐ; 《俗》《酒・麻薬などで》酔わせる, 無感覚[恍惚状態]にする, 麻痺させる; 《古》…の感情を殺す, 鈍感にする. ► *vi* 《俗》《酒・麻薬で》酔っぱらう〈*out*〉. ● **S～ me [the crows]!** "《口》おっ, ヒェーッ, すごい, しまった, あーあ《驚き・困惑など》.
[OE *stān*; (v) は ME より; cf. G *Stein*]

Stone ストーン (**1**) Sir (**John**) **Richard** (**Nicholas**) ～ (1913–91)《英国の経済学者; ノーベル経済学賞 (1984)》 (**2**) **Oliver** ～ (1946–)《米国の映画監督・脚本家》.

Stóne Àge *n* [the]〘考古〙石器時代 (cf. BRONZE [IRON] AGE). ► *a* 石器時代の; 原始的な, 時代遅れの.

stóne àx 《石工用の》石切りおの; 〘考古〙石斧(せきふ).

stóne·bàss /-bæs/ *n* 〘魚〙アルゼンチンオオハタ (＝*wreckfish*)《西大西洋産スズキ科ニシオスズキ属の魚; 2 m にも達する》.

stóne-blínd *a* 全盲の (⇨ GRAVEL-BLIND); *《俗》泥酔して. ♦ **～·ness** *n* [ME]

stóne·bòat* *n* 岩石[重量物]運搬用平底そり.

stóne bòiling 焼け石を投げ込む湯沸かし法.

stóne bòrer 岩石に穴をあける動物, 《特に》穿孔貝, イシマテガイ類 (stone eater)《貝》.

stóne bràmble 〘植〙欧州産のキイチゴの一種.

stóne bràsh 石の破片からなる下層土.

stóne·brèak·er *n* 《道路の表面を仕上げるための》石を砕く人, 砕石機, ストーンブレーカー.

stóne-bróke *a* 《口》完全に一文無しの, からっけつの.

stóne brùise 石による足の裏[タイヤ側面]の打ち傷.

stóne canàl 〘動〙《棘皮動物の》石管.

stóne·càst *n* STONE'S THROW.

stóne·càt *n* 〘魚〙Mississippi 川流域・五大湖地方産のナマズの一種《胸びれ基部に毒腺をもつ》.

stóne cèll 〘植〙石(せき)細胞《厚壁[異型]細胞の一種》.

stóne·chàt *n* 〘鳥〙ノビタキ, 《特に》ヨーロッパノビタキ.

stóne chína イングランド産長石を原料とする炻器(せっ)の一種, 《一般に》硬質(白色)陶器.

stóne cìrcle 〘考古〙環状列石, ストーンサークル (＝*megalithic circle*).

stóne còal 無煙炭 (anthracite).

stóne-cóld *a* 冷えきった; 冷たくなって, 死んで. ► *adv* 完全に: ～ dead / ～ sober. [*as cold as stone*]

stóne cràb 〘動〙米国南部大西洋沿岸・カリブ海地域に産する大型のカニ《食用》.

stóne crèss 〘植〙エティオネマ《アブラナ科; 地中海地方原産》.

stóne·cròp *n* 〘植〙ベンケイソウ, マンネングサ, 《特に》ヨーロッパマンネングサ.

stónecrop fàmily 〘植〙ベンケイソウ科 (Crassulaceae).

stóne crùsher 砕石機.

stóne cùrlew 〘鳥〙イシチドリ (＝*Norfolk plover*, *thick-knee*).

stóne·cùtter *n* 石工, 石切り[石割り]工; 石切り機, 石材加工機. ♦ **stóne·cùtting** *n* 石切り, 石割り.

stoned /stóund/ *a* 核(さね)を取り除いた〈干しスモモなど〉; [°～ out]《俗》酔いつぶれた, マリファナ[麻薬]で恍惚となった: ～ out of one's mind [skull] 正体もなく酔っぱらって / ～ to the eyes すっかり酔っぱらって.

stóne-déad *a* 完全に死んだ[破壊された]: kill sth ～ ぶちこわしにする.

stóne-déaf *a* 耳がまるきり聞こえない. ♦ **～·ness** *n*

stóne drèsser STONECUTTER.

stóned sílly *a**《俗》《酒・麻薬に》酔っぱらって.

stóne èater STONE BORER.

stóne·fàce *n* 〘植〙リトープス (lithops).

stóne-fàced /, ⸺⸺/ *a* (石のように)無表情な, 感情をまるで表わさない.

stóne fènce *《中部》石垣, 石塀 (stone wall); *《俗》ストーンフェンス《りんご酒とウイスキーなどを混ぜた飲み物》.

stóne fèrn 〘植〙SCALE FERN.

stóne·fìsh *n* 〘魚〙オニダルマオコゼ《インド洋・太平洋熱帯のサンゴ礁に多い; 猛毒》.

stóne flỳ 〘昆〙カワゲラ (＝*snow fly* [*insect*]).

stóne frìgate "《海軍俗》海岸にある海軍の施設[兵舎], 《かつては特に》海軍刑務所.

stóne frùit 〘植〙石果 (drupe).

stóne gínger 《俗》確信しきっていること, ぜったい間違いのないこと《強かったニュージーランドの競走馬の名から》.

stóne-gróund *a* 珪石の石臼でひいた.

stóne·hànd *n* 〘印〙STONEMAN.

stóne hànds *pl**《俗》《スティックさばき・フィールディング・捕球などで》手の動きが悪いこと.

stóne hàtch "〘鳥〙ハジロコチドリ (ring plover).

Stone·ha·ven /stòunhéɪv(ə)n, stèɪnhǽɪ/ ストーンヘヴン《スコットランド北東部 Aberdeen の南にある港町; 北海に臨む海岸保養地》.

Stone·henge /stóunhèndʒ; ⸺⸺/ ストーンヘンジ《イングランド南部 Wiltshire にある, 先史時代の環状列石》.

stóne-hòrse *n* 《古・方》種馬 (stallion).

stóne jùg 《俗》刑務所 (jug).

stóne·less *a* 石[宝石]のない; 種のない[を取り除いた].

stóne lìly ウミユリの化石.

stóne·man /-mən/ *n* 〘印〙整版工; STONEMASON.

stóne màrten 〘動〙ブナテン (＝*beech marten*); ブナテンの毛皮.

stóne·màson *n* 石工, 石屋. ♦ **～·ry** *n*

stóne mìnt 〘植〙ハナハッカの一種 (dittany).

Stóne Móuntain ストーン山《Georgia 州 Atlanta の東にある山 (514 m); 南北戦争時の南軍勇士の彫像がある》.

stóne òak 〘植〙ジャワナラ.

Stone of Scone ⇨ SCONE.

stóne pàrsley 〘植〙欧州・小アジア産のセリ科植物の一種《種子は香辛料》.

stóne pìne 〘植〙イタリアカサマツ, カサマツ (＝*umbrella pine*)《地中海沿岸原産のマツの一種; 食用のマツの実がなる》.

stóne pìt 石切り場 (quarry), 砕石場.

stóne plòver 海岸にすむ各種の鳥《stone curlew, black-bellied plover, dotterel など》.

ston·er /stóunər/ *n* STONE する人[道具, 機械]; 《俗》酔っぱらい; 《俗》麻薬常用者, こすぼけ; [*compd*] "《重さが》…ストーンの人[物]: a 10-～.

stóne ròller 〘魚〙石をころがして藻をかじり取って食べる淡水魚《北米産のコイ科・サッカー科などの魚》.

stóne sàw 石切りのこ.

stóne's càst STONE'S THROW.

stóne shòot 〘登山〙がれ(場).

stóne snìpe 〘鳥〙**a** イシチドリ (stone curlew). **b** オオキアシシギ (greater yellowlegs)《北米産》.

Stónes Ríver /stóunz-/ [the] ストーンズ川《Tennessee 州中部を北西へ流れて Cumberland 川に合流する川; 南北戦争で北軍が勝利をあげた地 (1862–63)》.

stóne's thrów 石を投げて届く距離, 近距離: within a ～ of… ＝(just) a ～ (away) from…からすぐ近くに.

stóne·wàll /; ⸺⸺/ *vi* 〘クリケット〙《アウトにならぬよう》慎重に球を打つ; 《英・豪》議事妨害をする (filibuster*); 妨害[遅延]工作をする, 捜査妨害をする, 協力を渋る[拒む], のらりくらりと消極的態度をとる. ► *vt* 《英・豪》〈議事を〉妨害する; 〈捜査・反対者〉の妨害をする, 〈要請・人など〉に対する協力を拒む, はぐらかす. ► *n* 妨害(行為). ♦ **～·er** *n* **～·ing** *n* 議事妨害.

stóne wáll 石垣, 石壁, 《特に》荒石を積み上げただけの囲い; 《政治上などの》大きな障害, 越えがたい壁: run into a ～ 障害にぶつかる.

stóne·wàre *n*, *a* 炻器(せっ)(の)《陶磁器の一種》.

stóne·wàsh(ed) *a* 〈ジーンズなどが〉ストーンウォッシュ加工した《生地に使い込んだ感じを出すため, 製造の最終段階で研磨作用のある石といっしょに機械洗いをした》.

stóne·wèed *n* 〘植〙ムラサキ《総称》.

stóne·wòrk *n* 石造(建築)物; 石[宝石]細工; [～s, 〈*sg*/*pl*〉] 石細工場, 石材工場. ♦ **～·er** *n*

stóne·wòrt *n* 〘植〙シャジクモ《淡水産の緑藻》.

stonk /stáŋk/ *n*, *vt* 集中砲撃[爆撃](する). [砲兵隊用語 Standard Regimental Concentration からか]

stonk·er[1] /stáŋkər/ *n* 《俗》どぎもを抜くもの, とてつもないもの, 圧倒的なもの; [*pl*]《俗》パイオツ, ボイン (breasts); 《俗》勃起.

stonker[2] 《豪俗》*vt* ぶんなぐる, なぐって気絶させる; 殺す; こわす; 負かす, 出し抜く. [C20<?]

stónk·ered 《豪俗》*a* ぶちのめされた, やっつけられた; 殺された, 死んだ; 疲れきった, へとへとの; 酔った, 酒のまわった.

stonk·ing /stáŋkɪŋ/ *a*, *adv* 《俗》ばかでかい, すごい, すごく.

stony, ston·ey /stóuni/ *a* (**stón·i·er**; **-i·est**) **1 a** 石でおおわれた, 石(ころ)の多い〈土地・道など〉; 《古》石造りの. **b** 〈果物などが〉核のある. **2** 石のような; 固い; 冷酷な, 非情な; 動きを示さない, 無表情な; 立ちすくませるような〈恐怖・悲しみなど〉. **3** "《俗》STONE-BROKE. ● **～ cold broke** 《俗》すっからかんで, すかんぴんで. ► *n* [*pl*]《俗》激しい性欲. ♦ **stón·i·ly** *adv* **-i·ness** *n*

stóny-bróke *a* 《口》STONE-BROKE.

stóny córal 〘動〙イシサンゴ.

stóny-fàced *a* STONE-FACED.
stóny·hèart·ed *a* 冷酷な. ♦ **~·ly** *adv* **~·ness** *n*
Stóny·hurst Cóllege /stóunihə̀ːrst-/ ストーニーハーストカレッジ《イングランド Lancashire にあるカトリックの男子カレッジ》.
stóny-ìron *a* 〔天〕〈隕石が〉石と鉄を含む. ► *n* 石鉄隕石.
stóny méteorite 石質隕石《主にケイ酸塩からなる》.
Stóny Póint ストーニーポイント《New York 州南東部の, Hudson 川に面する村; 独立戦争時当地にあった英軍の堡塁をアメリカ軍が襲撃して奪取に成功した (1779)》.
Stóny Tungúska [the] ポドカメンナヤトゥングースカ川《シベリア中部を流れる Yenisey 川の支流; 中央シベリア高原南部から西流して本流に合流する》.
stood *v* **1** STAND の過去・過去分詞. **2***《非標準》STAY[1] の過去・過去分詞: You should have ~ in bed. (ろくなことはない[なかった]から)寝てたほうがよかった.
stooge /stúːʤ/ *n* 《口》《喜劇の》つっこみ役 (straight man) (cf. THREE STOOGES),《手品師などの》助手; 《口》だましやすいやつ, まぬけ; 《口》名ばかりの頭目[首領], あやつり人形, 傀儡(かいらい), 手先; 《口》《警察などの》おとり, スパイ; 《俗》新米, ムショの新入り; ″《空軍俗》敵機に遭遇しそうにない飛行; ″《俗》飛行練習生. ► *vi* 《口》ぼけ役[手先]をつとめる 〈*for* sb〉; ″《俗》飛行機で旋回する, うろつく, うろうろして待つ 〈*about, around*〉. [C20<?; もと米]
stook /stúːk, stúk/ *n, vt, vi* ″SHOCK[2]; 《豪俗》タバコ (cigarette). ● **in ~** ″《俗》金が足りない, 窮迫して.
stook·ie /stúki/ *n* 焼き石膏; 石膏像, 蠟人形; のろま, とんま.
stool /stúːl/ *n* **1 a** 《背のない》腰掛け, スツール; 足置き (footrest); 踏み台; ひざ突き台. **b** 便座, 便器; [°*pl*] 便通; 大便, 糞: go to ~ 用便する. **2 a** 窓敷居; おとりのとまり木; STOOL PIGEON; *私服《警官》. **b** 《芽の生ずる》根, 切り株; 親木[親株](から出る芽), ひこばえ. **3** 権能の座, 権威, 威光. ● **at ~** 〔医〕排便時に. **fall (to the ground) between two ~s** アブハチ取らずに終わる. **the ~ of repentance**＝CUTTY STOOL. ► *vi* 芽を出す, ひこばえを生じる; *《俗》おとり役[密告者, 情報屋]をつとめる 〈*on*〉; 《古》排便する. ► *vt* *〈野鳥などを〉おとりで誘う; 《ひこばえの発芽を促すため》〈親木を〉根元(近く)で切る. [OE *stōl*; cf. G *Stuhl*]
stóol·bàll *n* スツールボール《一種のクリケットで, 16 世紀ごろの主に女子のゲーム; 今も Sussex に残る》.
stóol·ie, -ey, stóoly *n**《俗》スパイ, イヌ (stool pigeon).
stóol làyering MOUND LAYERING.
stóol pìgeon おとり(に使う)鳩; 'サクラ'; 《警察などの》スパイ, イヌ.
stoop[1] /stúːp/ *vi* **1 a** (上)体を前にかがめる, かがむ 〈*down, over*〉; 猫背である, 前かがみで立つ[歩く]. **b** 〈木・がけなどが〉傾く, おおいかぶさる. **2** みずからの品位を落とす 〈*to* do a base thing, *to* lying, *to* folly〉; 《まれ》屈服する, 屈従する 〈*to* meanness〉. **3** 〈鷹などが〉飛びかかる 〈*at, on*〉; 《古》降下する, 降りる. ► *vt* 〈頭・首・肩・背を〉かがめる, 曲げる; 《古》卑しめる, 屈従させる. ● **~ low** 身をかがめる; 卑劣なふるまいをする: ~ so *low* as to *do*…という見下げはてたまねをする. **~ to conquer** 屈辱を忍んで目的を達する. ► *n* 前かがみ, 猫背; 屈従, 卑下; 《古》〈鷹などが〉襲いかかること, 襲撃: walk with a ~ 前かがみになって歩く. ♦ **~·er** *n* ⁺《俗》《捨てられた的中券を捜す》馬券拾い. **~·ing·ly** *adv* かがんで, 前かがみになって. [OE *stūpian*; STEEP[1] と同語源]
stoop[2]* *n* 玄関口のポーチ, 玄関前の階段. [Du STOEP; cf. STEP]
stoop[3] *n* 《スコ・北イング》柱, 支柱. [変形<*stulpe*<?ON *stolpe*; cf. STELA]
stoop[4] ⇨ STOUP.
stoop[5] *n* 《俗》STUPE[2].
stóop·bàll *n* ストゥープボール《野球の一変種; 攻撃側が階段や壁にぶつけたボールを守備する》.
stóop cròp 多くの手仕事と耕作・収穫などにかがみ込むことの多い作物《野菜など》.
stooped /stúːpt/ *a* 前かがみになった, 猫背の.
stóop·ing *a* 前かがみの, 猫背の.
stóop làbor 《stoop crop に必要な》かがみ込む仕事(をする人).
stoop·na·gel /stúːpnèɪg(ə)l/ *n**《俗》まぬけ, へまなやつ.
stoor /stúər/ *n* 《スコ》STOUR[1].
stooshie ⇨ STUSHIE.
stop /stáp/ *v* (**-pp-**) *vt* **1 a** 〈…するのを〉やめる, 終える 〈*doing*〉, 中止する; 中断する, 停止する: ~ work 仕事を中止する / ~ smoking タバコをやめる[吸うのを中止する] (cf. ~ to smoke 立ち止まって[していることをやめて]一服する, 一服するために立ち止まる[していることをやめる]). **b** 〈供給などを〉止める, 差し止める; [°*pass*] 〈税金などを〉差し引く 〈*out of* pay〉: ~ gas supplies ガスの供給を止める / ~ a check 銀行に小切手の支払いを停止させる. **2 a** 〈動いているもの・人を〉止める, 停止させる, 抑える; 〈出るものを〉止める; 〔園〕〈木の芯を〉止める; 《フェンシングなどで》受け止める, かわす; 《口》〈銃弾〉にあたる, 〈一撃を〉くらう: ~ one*self* 止まる / ~ the way 進行を妨害する / *S~* thief! 泥棒! 《追っ手の掛け声》/ I was *stopped* by the police for speeding. スピード違反で警官に車の停止を命じられた / ~ sb's breath 人の息の根を止める / ~ a blow with one's head [*joc*] 脳天に一撃をくらう. **b** 妨げる (check), 思いとどまらせる, 抑制する 〈sb *from doing*, sb's *doing*〉; 困惑させる. **c** 〔証券〕…の逆指値(ぎゃくさしね)注文をする; 〔ブリッジ〕…にストップをかける. **3 a** 〈穴などを〉ふさぐ, 詰める, 埋める 〈*up*〉; …にふた[栓]をする; ″〈歯を〉埋める: ~ sb's mouth [*fig*] 人を黙らせる, 口止めする / ~ one's ears ⇨ EAR[1] (成句) / ~ one's jaw おしゃべりをやめる / ~ a bottle 瓶に栓をする. **b** 〔楽〕〈弦を〉調子を変えるため指で押える, …にストップをかける, 《管楽器の》〈指孔を〉閉じる, 〈ホルンの朝顔〉に手を差し込む, ストップで〈特定の音を〉出す. **c** ″〔修〕…に句読点をつける, 区切る (punctuate). **4** 固定する; 〔海〕くくりつける. **5** 〈相手(チーム)を〉打ち破る, 撃退する; 〔ボク〕ノックアウトで破る; 殺す. **6** 《豪俗》飲む. ► *vi* 止まる, 立ち止まる, 停止する; 〈運転が〉止まる; やむ, 終わる; 中止する, 休む; 立ち寄る, 短期滞在する; ″とどまる 〈*for* [*to*] supper〉; 詰まる 〈*up*〉: ~ *for* a red light 赤信号で止まる / ~ *and* think ちょっと考えてみる / Where is…going to ~? …はどこで止まるのか, どこに歯止めがあるのだろう / I'm *stopping with* my aunt. おばのところに泊まっている.
● **~ a bullet** [**a shell, a packet**] 《軍俗》弾にあたって死ぬ[傷つく]. **~ and start** 止まったり進んだりする, つっかえつっかえしながら進む. **~ at** 〈困難などに〉躊躇する: ~ *at* nothing (to do…) 何でもやりかねない. **~ away** ″《口》行かない, 欠席する 〈*from*〉. **~ behind** 《会などの終了後》あとに残る, 居残る. **~ by** (…)*(…に)立ち寄る, 訪ねる. **~ dead** [**cold**] 急に止まる[止める]. **~ down** 〔写〕〈レンズ〉の有効口径を減じる, 絞る. **~ in** ″《口》家にいる, 外出しない (＝**~ in·doors**), 《罰で》学校に居残る; STOP by. **~, look, and listen** 「止まれ, 見よ, 聞け」《交差点などでの安全確認》; [*fig*] よく気をつける. **~ off** 〔鋳〕〈鋳型の不用な部分〉に砂[土など]を詰める; 《口》STOP over 〈*at*〉. **~ on** 《ある期間後も》〈学校などに〉続いて残る 〈*at*〉. **~ one** 《口》撃たれる, 殺される; *《豪俗》酒を飲む. **~ out** 遮断する; 〈写真版などの一部〉をおおう; ″《口》外に出ている, 家に戻らない; ストを続ける; *《何かほかのことをするために》大学を休学[留年]する; 〔証券〕逆指値注文 (stop order) に従って〈株券所有者〉の有価証券を売る. **~ over** 途中で降りる, 途中下車[下船]をする, 立ち寄る 〈*at, in*〉; 《旅行先[途中]で》短期間滞在する 〈*at, in*〉; ″《口》人の家に泊まる. **~ round**＝STOP by. **~ short** 突然止まる. **~ short at** (*doing*)…(すること)で終わる[やめておく]; …(する)までには至らない: He wouldn't ~ *short at* murder. 人殺しもやりかねない. **~ short of** (*doing*)…の手前で止まる; …するまでには至らない. **~ up** ⇨ *vt, vi*; 起きている (stay up).
► *n* **1 a** 中止, 休止; 停止, 終わり: be at a ~ 停止している / bring [come, pull] to a ~ 止める[止まる, 終わる, やむ] / put [give] a ~ to …を止める, 中止させる, 終わらせる / without a ~ 絶えず, 止まらずに. **b** 《小切手などの》支払い停止通知; 〔証券〕STOP ORDER. **2 a** 停車, 停泊, 着陸; 《一時的な》滞在, 立寄り. **b** 停車場, 停留所, 着陸場: a bus ~ バス停留所. **3 a** 妨害(物), 障害(物); 防止, 阻止. **b** 〔光・写〕絞り, F 数[ナンバー], 絞りの目盛り. **c** 〔音〕閉鎖(音). **d** 〔スポ〕防御プレー, 受止め, かわし, 撃退; 〔フェン〕アレ, クーダレ (＝~ thrust) 《相手の攻めを封じる打ち》. **e** [~s, *sg*] ストップがかかるまで続けるトランプゲームの総称; ストップをかけるカード; STOPPER. **4** 〔建〕戸当たり; 《ひきだしなどの》栓, 止め具; 〔海〕支え, 止め索, くくり縄; 《豪》フットボール靴の鋲; 〔機〕抑制[制御]装置, 栓, つめ; 録画停止機能. **5 a** 詰めること, 栓; 《オルガンの》音栓, ストップ《**1**) 同一形態・同一音色のパイプの系列 **2**) リードオルガンのリードの系列 **3**) ＝STOP KNOB》; 《管楽器の》指孔; 《六弦琴の》琴柱(ことじ), 《ギターなどの》フレット: pull out all (the) STOPS (成句). **b** 〔楽〕指で弦[指孔]を押えて調子を変えること, ストップで調子を変えること; ″口調, 語調, 調子. **6** ″句読点, 《特に》ピリオド (full stop); 句点《電文では句点の代わりに STOP とつづる》; 《詩の》切れ目, 句切り (pause). **7** 《動物の》前額部と鼻口部の間のへこみ. **8** *《俗》盗品受取り人, 故買人. ● **pull out all (the) ~s** オルガンの全音栓を使って演奏する; 最大限の努力をする. **with all the ~s out** 全力を傾けて.
► *a* 停止の, 停止を示す: a ~ line [signal].
♦ **~·less** *a* **stóp·pa·ble** *a* [OE -*stoppian* (cf. G *stopfen*, Du *stoppen*)<L *stuppo* to stop with a tow (⇨ STUFF)]
stóp-áction *n* [°〈*a*〉] STOP-MOTION.
stóp-and-gó /-ən-/ *a* 少し進んでは止まる, のろのろ運転の; (交通)信号規制の: ~ traffic 交通渋滞.
stóp-and-stárt *a* STOP-START.
stóp·bànd *n* 〔電子工〕阻止帯域《フィルターなどが通過させない周波数範囲》.
stóp·bànk *n* 《豪》《河川の》護岸堤防 (levee).
stóp bàth 〔写〕(現像)停止浴[液] (＝*short-stop*).
stóp bèad 〔建〕押え玉縁(たまぶち)《ドアや窓の戸当たりになる繰形》.
stóp bìt 〔通信〕ストップビット《非同期通信で, 送信される各バイトの最後に付加されてデータビット列の終わりを示すビット; cf. START BIT》.
stóp chòrus 〔ジャズ〕ストップコーラス《ソロ演奏; リズムセクションは各フレーズの最初だけを演奏する》.
stóp·clòck *n* 卓上型ストップウォッチ.
stóp·còck *n* コックの栓[ねじ], バルブ.
stóp-cỳlinder prèss 停止円筒[ストップシリンダー]印刷機.
stóp drìll 《一定以上はいらないようにした》ストップ付きドリル.
stope /stóup/ *n, vi, vt* (階段状)採掘場(で採鉱する). [?LG *stope*; cf. STEP]

stop·er /stóupər/ *n* 削岩機, ストーパー《本来 STOPE を掘るのに使われた》.

Stopes /stóups/ ストープス **Marie** (**Charlotte Carmichael**) ～ (1880–1958)《英国の産児制限運動の草分け》.

stóp·gàp *n* 穴ふさぎ, 穴埋め; 埋め草, 間に合わせ(の人[もの]). ► *attrib a* 間に合わせの, 一時しのぎの: a ～ cabinet 暫定内閣.

stóp-gò‖ *a, n* 〈進歩・活動など〉断続的な (stop-and-go); 経済の引締めと拡大[景気の抑制と浮揚]とを交互に行なう(経済政策), 交互的経済調整策(の) (=*go-stop*).

Stoph /stɔ́:f/ シュトフ **Wil·li** /víli/ ～ (1914–99)《ドイツの政治家; 東ドイツ首相 (1964–73, 76–89), 国家評議会議長 (1973–76)》.

stop·ing /stóupɪŋ/ *n* 〘地質〙ストーピング (=*magmatic stoping*)《上昇するマグマが母岩を破壊しながら進入する貫入機構》.

stóp knòb 〘楽〙《オルガンの》ストップ[音栓]ハンドル.

stóp làmp‖ 停止灯 (stoplight).

stóp·lìght *n* 《交通の》停止信号, 赤ランプ; 《自動車後尾の》停止灯, ストップライト (=*brake light*) (stop lamp‖).

stóp list 取引禁止[差し止め]対象者リスト; 〘電算〙《コンコーダンスや索引から自動的に排除されるべき》排除対象語リスト, ストップリスト《stopword のリスト》.

stóp-lòss *a* 損失の増大を防ぐための, 損失をある一定点で食い止めるための.

stóp-mótion *n* [°〈*a*〉]〘映〙微[低]速度撮影, コマ抜き撮影, ストップモーション《時間のかかるプロセスを短時間で見せるために一定時間ごとに 1 コマずつ撮る撮影法》.

stóp-òff *n* 《口》STOPOVER.

stóp òrder 〘証券〙逆指値(ぎゃくさしね)注文 (=*stop*)《ある値以上になれば買い, 以下になれば売る仲買人に対する指図》; 支払い停止指図, 差し止め命令.

stóp-òut *n**《何かほかのことをするための》自発的休学[留年](生); ‖《口》帰りの遅い人, 午前様.

stóp·òver *n* 《旅行中に》立ち寄ること, 立ち寄り先, 短期滞在(地); 途中下車[下船](権[地]).

stop·page /stápɪʤ/ *n* 止まること; 《競技などの》中断; 停止, とだえ, 障害, 故障, 支障; 《管の》詰まり; 作業中止, ストライキ; 〘ボク〙ノックアウト; [*pl*]《税金・年金など給料からの》天引額; 支払い停止.

stóppage tìme 《サッカー・ラグビーなど》ロスタイム《試合中断による延長時間; cf. INJURY TIME》.

Stop·pard /stápà:rd/ ストッパード **Sir Tom** ～ (1937–)《チェコ生まれの英国の劇作家; *Rosencrantz and Guildenstern are Dead* (1967), *Dirty Linen* (1976)》.

stóp páyment 《小切手振出人が銀行に対して要求する特定の小切手の》支払い停止指図.

stopped /stápt/ *a* **1** ふさいである, 詰まった; 〘楽〙〈オルガンのパイプが〉上端が閉じられた; 〘楽〙〈音が〉弦[音孔]を押えて出された. **2** 止められた, 停止された. **3**〘音〙閉鎖が関与する.

stópped diapáson 《オルガンの》閉管ストップ.

stóp·per *n* **1** 止め手, 妨害者[物], 《機械などの》停止装置; 〘トランプ〙ストッパー《相手の得点をはばむ札》; 〘野〙切り札投手, エース; 〘野〙抑え(投手), クローザー (closer); 〘サッカーなど〙ディフェンダー; 《口》人の注意[関心]をひくもの[人]; 《ボク俗》ノックアウト. **2**《瓶・樽などの》栓, 詰め物 (plug); 《管の》止め栓; 湯口栓, ストッパー; 〘海〙止め索; 輪止め; ストッパー《パイプにタバコを詰める道具》. ● **put a** ～ [**the** ～**s**] **on**…を止める, …に栓をする; [*fig*]〈人を〉ぐうの音も出ぬようにへこませる. ► *vt* …に栓をする[つける]; 〘海〙…に止め索をかける[で押える].
♦ **stóp·pered** *a* 栓をした. **～·less** *a*

stópper knòt ストッパーノット《滑車などでロープ端が抜けるのを防ぐ結び目》.

stóp·ping *n* **1** 止めること, 停止, 中止; 句読点をつけること. **2** ふさぐ[埋める]こと, 充塡(物); 〘歯〙仮封剤, ストッピング《歯を埋める材料》; 〘楽〙ストッピング《指で弦を押えること》. **3**〘鉱〙遮断壁, 板張り《ガス[空気]の流れや火炎などをさえぎる仕切り》.

stópping pòwer 〘理〙阻止能.

stópping tràin‖《各駅停車など》鈍行列車.

stóp plàte 《車両の》軸受.

stop·ple /stáp(ə)l/ *n* 栓; *耳栓. ► *vt* …に栓をする. [*stop*, *-le*²]

stop·po /stápou/ *n* 《俗》逃走, 逃亡: a ～ car 逃走用の車.

stóp-prèss‖ *a* 〘新聞〙輪転機止めの; 最新の.

stóp prèss‖《新聞の》印刷開始後に挿入した最新ニュース(欄).

stóp sìgn* 一時停止標識.

stóp-stàrt *a* 止まったり進んだりの.

stóp strèet 《優先道路 (through street) にはいる前に車が停止しなければならない》完全停止道路.

stopt /stápt/ *v* 《古・詩》STOP の過去・過去分詞.

stóp thrùst 〘フェン〙STOP.

stóp tìme 〘ジャズ〙ストップタイム《ビートが一時停止するパッセージ》.

stóp vàlve 《流体の》止め弁, ストップバルブ.

stóp vòlley 〘テニス〙ストップボレー《返球できないようにネットのすぐそばにゆるい球を落とすこと》.

stóp·wàtch *n* ストップウォッチ.

stóp·wòrd *n* 〘電算〙ストップワード《検索対象外の機能語など》.

stóp wòrk 〘時計〙《ゼンマイの》巻止め装置.

stor. storage.

stor·able /stɔ́:rəb(ə)l/ *a* 貯蔵 (store) できる. ► *n* [*pl*] 貯蔵できるもの.

stor·age /stɔ́:rɪʤ/ *n* **1** 貯蔵, 保管, 倉庫保管; 収納, ストレージ; 倉庫の収容力[量]; 〘電〙蓄電; [〈*a*〉] 収納用の: COLD STORAGE / put …in ～ …を倉庫に保管する / in ～ 入庫中で / ～ facilities. **2** 貯蔵所, 倉庫, 物置; 〘電算〙記憶(装置), 記憶された情報量, メモリー(容量) (memory). **3** 倉敷料, 保管料. [*store*]

stórage bàttery 蓄電池 (storage cell).

stórage capàcity 〘電算〙記憶容量.

stórage cèll 蓄電池 (=*accumulator, storage battery*) (⇨ CELL); 〘電算〙記憶素子.

stórage devìce 〘電算〙記憶装置 (memory).

stórage hèater 蓄熱ヒーター.

stórage rìng 〘理〙ストレージリング《高エネルギーの荷電粒子ビームを長時間エネルギーを落とさず貯蔵する》.

stórage tànk 《水・石油・ガスなどの》貯蔵タンク, ストレージタンク.

stórage tùbe 〘電子工〙《情報の》蓄積管.

sto·rax /stɔ́:ræ̀ks/ *n* エゴノキの樹脂《安息香の一種》; 蘇合香(そごう) (=Levant ～)《フウの樹皮から採る樹脂で医薬や香料に用いた》; 〘植〙モミジバフウ (copalm); 〘植〙エゴノキ《*Styrax* 属の木の総称》. [L (変形)<STYRAX]

stórax fàmily 〘植〙エゴノキ科 (Styracaceae).

storch /stɔ́:rʧ/*《俗》*n* 普通の人[男] (Joe Storch); カモ (mark).

store /stɔ́:r/ *n* **1 a***店, 商店 (shop); ‖大型店, 百貨店, デパート (department store); [°～s, 〈*sg/pl*〉] ‖雑貨店; *《俗》《カーニバルなどの》屋台店, 売店; *《俗》事務所, 仕事場: a shoe ～ 靴屋 / a general ～(*s*) 雑貨屋[店]. **b** [〈*a*〉] *既製の, できあいの, 市販の, 大量生産品の: a ～ bed 既製寝台 / ～ clothes 既製服 / a ～ tooth 義歯. **2 a** [°*pl*] たくわえ, 貯蔵, 《食物などの》備蓄, 備え; [°*pl*]《知識などの》たくわえ, 蘊蓄(うんちく); たくさん: have ～*s* [a great ～] of wine ワインをたくさん貯蔵している / lay in ～*s* of fuel for the winter 冬に備え燃料を仕入れる / a ～ of information [learning, etc.] / have a great ～ of knowledge 豊富な知識をもつ. **b** [*pl*] 用品, 備品: SHIP'S STORES. **c** 倉庫, 貯蔵所 (storehouse); ‖《電算機の》記憶装置 (memory). **d** [°～s, 〈*a*〉] 倉庫の, 貯蔵用の, 在庫の. **3** [ᵘ*pl*] ‖太らせるために買い入れたやせ牛, 肥育用素牛 (=～ cattle); 乳離れしてない 40 キロ以下の豚 (=～ pig). ● **in** ～ たくわえて, 用意して (opp. *out of store*); 〈事が〉〈人に〉起ころう[降りかかろう]として 〈*for* sb〉, 行なわれようとして; 《廃》大量に, 十分に: He did not know what was [lay] *in* ～ *for* him. 自分に何が起ころうとしているのかわからなかった / Nobody knows what the future may hold *in* ～. 将来どんなことになるかだれにもわからない / I have a surprise *in* ～ *for* you. きみをひとつ驚かせることがあるよ. **give away** (**the key to**) **the** ～ =give away the SHOP. **mind the** ～*《口》仕事に専念する, 《特に代理で》店番をする, 仕事を切りまわす, 取りしきる. **out of** ～ 備えて[用意して]ない (opp. *in store*). **set** [**put, lay**] ～ **by** [**on**]…を重んじる (value): *lay* great [little] ～ *on*…を重ん[軽ん]じる / *set* no (great) ～ *by*…を軽視する.
► *vt* **1** たくわえる, 蓄積する 〈*up, away*〉; …に備える 〈*with*〉; 保管する, 収納する, しまう; 〘電〙蓄電する; 〘電算〙記憶装置に入れる[保存する]: ～ *up* energy [knowledge] エネルギー[知識]をたくわえる / ～ *up* trouble [problems] 問題のもとをため込む / ～ the mind *with* useful knowledge 役に立つ知識を頭にたくわえる. **2**〈倉庫・容器などが〉入れておく (hold). ► *vi* たくわえておく; たくわえておける: ～ well 日持ちがする.
♦ **stór·er** *n* [OF *estore*(n), *estorer* (v)<L *instauro* to renew; cf. RESTORE]

stóre and fórward 〘電算〙蓄積交換, 蓄積転送《通信システムで, 1 つのノードにはいってくるパケットやメッセージを一度蓄積してから宛先コードなどで相手局を識別してその情報を伝送すること》.

Sto·re Bælt /sdó:rə béld/ スドーレベルド《GREAT BELT 海峡のデンマーク語名》.

stóre-bòught *a* 店で買える[買った], 商品として作った, 既製の (opp. *homemade*): ～ cookies.

stóre brànd 自社ブランド, ストアブランド《小売店自身のブランドで売られる商品》.

stóre càrd ストアカード《特定の店が発行したクレジットカード・代用硬貨で, その店での買物だけに使用できる》.

stóre chèese CHEDDAR.

stóre detèctive 店内保安員, 売場[万引き]監視員.

stóre·frònt* *n* 店舗の正面, 店頭, 店先; 正面が通りに面した建物[部屋], ビル 1 階の商店; 〘電算〙ショッピングサイト, オンラインストア. ► *a* 店舗ビル一階正面側にある; 商店街に構えた〈法律事務所・診療所など〉; STOREFRONT CHURCH の.

stórefront chúrch* 《都会の》店先で集会を行なう教会《貧困地区の福音派などの教会》.

stóre·hòuse *n* 倉庫, 蔵, 貯蔵庫; 《知識などの》宝庫: Spinach is a ～ of nutrition. ホウレンソウは栄養たっぷりだ.

stóre·kèep·er *n* *店主 (shopkeeper‖); 倉庫管理人, 〔米海軍〕《艦船や補給基地の》補給係. ◆ **stóre·kèep·ing** *n*
stóre·man /-mən/ *n* (*pl* -men /-mən/) **1** *《特にデパートの》店主, 支配人. **2**《船・商店の》貯蔵係, 倉庫係.
store mànager* 店長.
store of válue 〔経〕《貨幣の》価値保蔵機能.
stóre·ròom *n* 貯納室, 物置; 宝庫 (storehouse).
stóre·shìp *n* 軍需物資輸送船.
stóre·wìde *a* 全店(あげて)の〈売出しなど〉.
storey ⇨ STORY².
sto·ri·at·ed /stɔ́ːrièɪtəd/ *a* HISTORIATED.
sto·ried¹ /stɔ́ːrid/ *a* 物語[歴史, 伝説 など]で名高い; 歴史[伝説]的主題を扱った絵画[彫刻]で装飾を施した. [*story*¹]
storied², sto·reyed /stɔ́ːrid/ *a* …階[層]の: a two-[three-]~ house 二階[三階]家 / a five-~ pagoda 五重の塔. [*story*²]
sto·ri·ette, -ry- /stɔ̀ːriét/ *n* ごく短い小説[物語], 掌篇.
sto·ri·ol·o·gy /stɔ̀ːriɑ́lədʒi/ *n* 民話研究.
stork /stɔ́ːrk/ *n* **1**〔鳥〕コウノトリ《巣をかけた家には幸運が訪れるという俗信があり, 赤ちゃんはコウノトリが運んでくると子供に説く》: The ~ came (to our house) last night. 昨夜赤んぼが生まれた. **2** [S-]〔商標〕ストーク《マーガリンの一種》. ● **a visit from the ~** 子供が生まれること. ► *vt* *《俗》妊娠させる, はらませる. [OE *storc*; STARK と関係あり(その硬直した感じの脚・姿からか); cf. G *Storch*]
storked /stɔ́ːrkt/ *a* *《俗》妊娠して.
stórk pàrking ストークパーキング《妊婦や新生児を連れた母親の運転する車のためにとってある駐車場内のスペース》.
stórks·bìll *n*〔植〕**a** テンジクアオイ. **b** オランダフウロ (heron's-bill).
storm /stɔ́ːrm/ *n* **1 a** あらし, 暴風(雨), 大しけ; 豪雨, 大吹雪, 激しい雷[雹]; 〔海・気〕暴風 (=violent ~)《時速 64–72 マイル, 103–117 km; ⇨ BEAUFORT SCALE》; WHOLE GALE; STORM SYSTEM: A ~ caught us. 大しけに襲われた / After a ~ (comes) a calm. 《諺》あらしのあとはなぎ(が来る). **b** [*pl*]《口》STORM WINDOWS. **2 a**《弾丸・喝采・ののしりなどの》あらし, 雨あられ 〈*of*〉: a ~ *of* protest(s) あらしのような抗議. **b** 激発, あらし; 殺到, 襲来; 〔軍〕強襲, 急襲; 騒動, 波乱, 激動: a ~ patrol 突撃隊. ● **a ~ in a teacup [teapot, puddle]**‖ 内輪もめ, 小波乱, 空(から)騒ぎ (a tempest in a teacup [teapot]*). **blow up a ~** 《ジャズ俗》すばらしい演奏をする; *《俗》怒り狂う; *《俗》大騒ぎをひき起こす. **go down a ~** 大人気を博する. **in a ~** *《俗》興奮[混乱]して. **in [at] the eye of the ~** 台風の眼の中に; 騒動の中心[まっただ中]で. **piss [kick] up a ~** *《俗》大騒ぎする, ギャーギャー言う. **ride the ~**=ride the WHIRLWIND. **take…by ~**〔軍〕強襲して…を取る; [*fig*] たちまち心酔[うっとり, ぼうっと]させる. **up a ~** *《口》精いっぱい, 熱心に, 元気よく. **whip up a ~** 《口》人びとに大きな反応[反発]をひき起こす. ► *vi* **1** 〈天気が〉荒れる, あらしになる, 〈風が〉吹きまくる 〈*around*〉: It ~*s*. *あらしが起こる. **2** どなりちらす 〈*at* sb〉; あばれまわる 〈*around*〉; 乱暴に…する; 突撃する. **3** 《俗》猛スピードでぶっ飛ばす; [*fig*] 突き進む 〈*into*〉: ~ *into* the finals: ~ *in* [*into* the room] おこって[荒々しく](部屋に)乱入する / ~ *out* (*of* the room) おこって[荒々しく](部屋から)飛び出す / ~ *upward* 〈飛行機などが〉(勢いよく)飛び上がる. ► *vt* 襲撃[強襲]する, 襲いかかって取る; 攻めたてる; わめきたてる. ● **~ one's way into…** 〈群衆など〉…に殺到する, なだれ込む. [OE<Gmc (*sturto STIR¹); cf. G *Sturm*]
Storm /ʃtɔ́ːrm/ シュトルム **(Hans) Theodor Woldsen ~** (1817–88)《ドイツの抒情詩人・小説家; *Immensee* (1852)》.
stórm and stréss [the] 動揺, 動乱; [ºthe S- and S-] STURM UND DRANG.
stórm bèach 〔地質〕暴風海浜《暴風波浪によって, 海浜の外縁にある通常は波の届かない所に, その砂礫(されき)が積もった地形》.
stórm-béaten *a* 暴風雨に荒らされた.
stórm bèlt 暴風雨帯 (=*storm zone*).
stórm·bìrd *n* しけ鳥, あらし鳥《しけ・暴風を知らせるといわれる storm petrel など》.
stórm bòat 突撃艇《上陸作戦用》.
stórm·bòund *a* 暴風(雨)に妨げられた[て立ち往生した].
stórm cànvas 〔海〕荒天帆一式.
stórm cèllar [càve]* CYCLONE CELLAR.
stórm cènter 暴風の中心, 台風の眼 (eye); [*fig*] 騒動の中心人物[問題], 議論の核心.
stórm chàser 《趣味としての》たつまき追っかけ人.
stórm clòud あらし[しけ]雲; [*pl*] 動乱の前兆, 暗雲.
stórm·còck *n*〔鳥〕**a** ヤドリギツグミ (mistle thrush). **b** ノハラツグミ (fieldfare). **c** STORM PETREL.
stórm còllar ストームカラー《上着の高い襟》.
stórm còne‖ 暴風(雨)警報円錐標識, ストームコーン.
stórm cùff 風雨よけ袖口, 風防カフ《二重袖口の内側のカフで, 手首にぴたっと締まるもの》.
stórm dòor 《雪・寒風などを防ぐために出入口ドアの外側に付ける》防風ドア.
stórm dràin 雨水排水管, 雨水管 (storm sewer).
stórm drùm 暴風(雨)警報円筒標式, ストームドラム.
stórm·er *n* 大あばれする人, どなりちらす人; 急襲者, 突撃隊員; ‖《俗》すごい[でかい]もの, すばらしいもの.
Stör·mer /ʃtɔ́ːrmər; G ʃtǿrmər/ シュテルマー **Horst L(udwig) ~** (1949–)《ドイツ生まれの米国の物理学者; ノーベル物理学賞 (1998)》.
stórm fìnch STORM PETREL.
stórm flàp 《テントやコートの開口部の》雨よけフラップ.
stórm glàss 暴風雨予報器《密封瓶で天候によってその内容液の沈澱状態が変化する》.
stórm·ing *a* 《俗》《スポーツで》あらしのような, 怒涛の〈攻撃など〉; 《俗》すばらしい, みごとな. ► *n* 襲撃.
stórming pàrty 〔軍〕襲撃隊, 強襲隊, 攻撃部隊.
stórm jìb 〔海〕ストームジブ《荒天用の船首三角小帆》.
stórm làntern [làmp]‖ 風防付きのランプ, カンテラ (hurricane lamp).
stórm·less *a* あらしのない.
Stor·mont /stɔ́ːrmənt, -mɑ̀nt/ ストーモント《北アイルランドの首都 Belfast の東郊外にある地区; ⇨ Stormont Castle》.
Stórmont Cástle ストーモント城《Stormont にある北アイルランド政府・議会の置かれた城》.
stórm pètrel 〔鳥〕ヒメウミツバメ (=*storm finch, stormy petrel*)《あらしを予報するという; 北大西洋・地中海主産》; ウミツバメ.
stórm·pròof *a* 暴風(雨)に耐える, 耐暴風雨性の.
stórm sàil 〔海〕荒天(用の)帆, ストームスル.
stórm sàsh STORM WINDOW.
stórm sèwer 雨水渠《豪雨・洪水用の排水溝》.
stórm sìgnal 《船舶に対し海岸に立てられる》暴風信号; 困難の兆し (storm warning).
stórm sùrge 〔気〕風津波, 高潮.
stórm sỳstem 強い低気圧.
stórm-tòssed *a* 暴風に揺られる; 心が動揺する.
stórm tròoper 《特にナチスの》突撃隊員.
stórm tròops *pl* 《ナチスの》突撃隊 (Sturmabteilung).
stórm wàrning 暴風信号を揚げること; 暴風雨警報; 困難の近づく兆し.
stórm wìnd あらしの前の風; 暴風, しけ風.
stórm wìndow 《雪・寒風などを防ぐため窓の外に付ける》防風窓, 雨戸 (=*storm sash*).
stórmy *a* **1** 暴風(雨)の, あらしの, しけの; 暴風雨を伴う, 暴風雨になりそうな: a ~ sunset あらしを予告するような夕焼け. **2** 怒り狂う, 激しい〈熱情など〉, 論争的な, 荒れた〈会議など〉: a ~ life 激動[波乱]の生涯 / a ~ debate 激論. ◆ **stórm·i·ly** *adv* **-i·ness** *n*
stórmy pétrel 〔鳥〕STORM PETREL; いやな予感をいだかせる人, 疫病神; もめごとが好きな人.
stórm zòne STORM BELT.
Stor·no·way /stɔ́ːrnəwèɪ/ ストーノウェイ《スコットランド北西の Lewis and Harris 島の Lewis 地区にある町; 旧 Western Isles 州の州都》.
Stor·t(h)ing /stɔ́ːrtɪŋ/ *n*《ノルウェーの》国会《Lagt(h)ing と Odelst(h)ing からなる》. [Norw]
sto·ry¹ /stɔ́ːri/ *n* **1 a** 物語 (tale); おとぎ話 (fairy tale); 昔話, 言い伝え, 伝説 (legend). **b** 話, うわさ話; 《会社などの》評判 (cf. STORY STOCK); 言(げん), 所説; 顛末 (account): a very different ~ 全然別な話[事] / OLD STORY / The ~ goes that…との話だ, と伝えられる / That is his ~ and he's sticking to it. それが彼の言い分でそれを変えようとしない / It's not the whole ~. それだけの話じゃない. **c** 《幼児・口》作り話, うそ, うそつき: a TALL ~ / tell *stories* 作り話をする, うそをつく / Oh, you ~! やーうそつき! **2 a** 小説, 《特に》短篇小説, ストーリー: detective *stories* 探偵小説. **b** 《文学の一ジャンルとしての》物語《集合的》. **3** 《小説・詩・劇などの》筋, 構想, ストーリー: a novel without a ~ 筋のない小説. **4** (ひとつの)歴史, 沿革 〈*of*〉; 伝記, 素姓, 身の上話; 来歴, 逸話; 《古》歴史 (history): a woman with a ~ いわくのある女. **5** 〔新聞・放送〕記事, 新聞だね, ニュース. ● **But that's (quite) another ~.** 《口》だがそれは別の話[別問題]だ; 《口》だが今それを話すのはやめておこう, だがその話はまた別の機会にしよう. **end of ~** 《口》《話は》これ[それ]でおしまい. **It is quite another ~ now.** [*fig*] 今では事情が一変している. **It's [That's] the ~ of my life.** 《嘆いて》ついてないなあ, いつもこうだ. **tell one's [its] own ~** 身の上話をする; 事情を明らかにする, それだけで明らかだ. **to make [cut] a long ~ short**=**to make short of a long ~**=《口》**long ~ short** かいつまんで話せば, 手短かに言うと. ► *vt* 物語[史実を主題とした絵]で飾る; 《古》物語る: It is *storied* that…との由. ► *vi* 話をする; うそを言う. [AF *estorie* (OF *estoire*)<L HISTORY]
sto·ry², 《英》**sto·rey** /stɔ́ːri/ *n* (*pl* **stó·ries**, 《英》**stó·reys**) 《建物の》階層, 階 (cf. FLOOR); 同じ階の全部屋; 《建造物の外面に付けられた》水平方向の区切り; 建物一階分の高さ: a house of one ~ 平家(ひらや) / the second ~ 二階; ‖三階. ● **the upper ~** 《俗》頭: He is wrong in *the upper* ~. [*joc*] 頭が変だ. [AL *historia* HISTORY; 中世の絵飾り窓からか]

stóry àrt ストーリーアート《言語的要素と視覚的要素とを用いる芸術形態》.

stóry·bòard *n* ストーリーボード, 絵コンテ《テレビドラマや映画の撮影イメージをつかむため, 主要場面を簡単に描いた絵を並べて貼り付けたパネル》. ► *vt* ストーリーボードを使って練る.

stóry·bòok *n* おとぎ話の本, 物語の本. ► *a* おとぎ話の(ような).

stóry èditor ストーリーエディター《映画やテレビの台本の内容・形式について助言する編集者》.

storyette ⇨ STORIETTE.

stóry hòuse 《西アフリカ》 二階以上ある建物.

stóry lìne 〖文芸〗 筋, 構想 (plot).

stóry stòck *《証券俗》 話題株《会社についての魅力的なうわさで買われる株》.

stóry·tèll·er *n* 話のじょうずな人; はなし家; 《児童図書館などの》お話し役; (短篇)作家, 物語作家 (storywriter); 《口》 うそつき (fibber, liar).

stóry·tèll·ing *n, a* 物語を話す[書く](こと); 《口》 うそをつく(こと).

Stóry·vìlle ストーリーヴィル《New Orleans の旧赤線地帯; 20 世紀初頭ジャズの中心地であった》.

stóry·writer *n* (短篇)小説家, 物語作家.

stoss /stɔ́(:)s, stóus, stás, ʃtóus; G ʃtóːs/ *a* 〖地質〗〈山腹・岩石などが〉氷河の流れてくる方を向いた (cf. LEE).

Stoss /ʃtóus/ シュトース **Veit** ~ (1438 or 1447–1533)《ドイツの彫刻家; 代表作はポーランドの Kraków にある聖母聖堂の『マリア大祭壇』(1477–89)》.

stot[1] /stát/ 《スコ》 *vt, vi* (**-tt-**) はねる, はずませる; よろめく. [C16 <?]

stot[2] *n* ‖《方》 (去勢した)若い雄牛, 子牛. [OE]

sto·tin /stɔ(:)tíːn/ *n* (*pl* ~**s**) ストティーン《スロヴェニアの旧通貨単位: =1/100 tolar》. [Slovene]

sto·tin·ka /stoutíŋkə, stɑ-, stə-/ *n* (*pl* **-ki** /-ki/) ストティンキ《ブルガリアの通貨単位: =1/100 lev》. [Bulg]

sto·tious /stóuʃəs/ *a* 《アイル》 酔っぱらった.

stot·ter /státər/ *n* 《スコ》 いかす女, いい女. [*stot*[1]]

stot·ty, -tie /státi/ *n* 《北イング》 ストッティ (=**stótty càke**)《白パン生地の余りで作るきめの粗いパン》.

stound[1] /stáund, stúːn(d)/ *n* 《古》 しばらくの間 (short time); 《廃・スコ》 痛み, 衝撃. ► *vi* 《スコ》 痛む. [OE *stund*; cf. G *Stunde*]

stound[2] 《古》 *n* 茫然自失[驚愕]状態. ► *vt* 茫然とさせる, 仰天させる (astound).

stoup, stoop /stúːp/ *n* 《聖堂入口の》聖水盤; 水の容器, 大コップ, 杯; stoup 一杯の量; 《スコ》 水桶, バケツ. [ON *staup*; STEEP[2] と同語源]

stour[1] /stúər, ‖stáuər/ *n* 《古》 戦闘; ‖《方》 動乱, 騒動, あらし; 《スコ》 (堆積した)ほこり, 土煙; 《古》 動乱期[時]. ♦ **stoury** *a* 《スコ》 ほこりまみれの, ほこりの舞う. [OF *estor* battle<Gmc; ⇨ STORM]

stour[2] 《スコ》 *a* 丈夫な, 強壮な; 厳格な, 苛酷な. [OE *stōr*]

Stour /stúər/ [the] ストゥール川 (**1**) イングランド南東部, Essex, Suffolk 両州の境を東流して北海に注ぐ **2**) /, stáuər/ イングランド南東部 Kent 州を北東流して北海に注ぐ; 下流は二分して Thanet 島を本土より隔てる》.

Stour·bridge /stáuərbrìʤ/ スタワーブリッジ《イングランド中西部 West Midlands 州の工業の町》.

stoush /stáuʃ/ 《豪口》 *n* なぐり合い, けんか; 口げんか, 口論; 砲撃. ● **the big** ~ 第一次大戦. ► *vt* …となぐり合う, 争う; 〈物事〉と取っ組む. [C19<?]

stout /stáut/ *a* **1 a** 《造りが》丈夫な, しっかりした, がんじょうな; でっぷりした, かっぷくのよい《fat の婉曲語》. **b** 〈酒など〉強い, こくのある. **2** 雄々しい, 勇敢な; 手ごわい〈相手〉; 断固とした; 頑固な, 強情な; 激しい〈風など〉. ● ~ **fellow** 《古・口》 勇敢な闘士; ‖《口》 りっぱな人, 名士, お偉いさん. ► *n* 肥満した人; 肥満型の衣服; スタウト《英国の強い黒ビール》. ♦ ~**·ish** *a* 太りぎみの. ~**·ly** *adv* ~**·ness** *n* [AF=bold, proud<WGmc; cf. STILT]

Stout スタウト Sir **Robert** ~ (1844–1930)《スコットランド生まれのニュージーランドの政治家; 首相 (1884–87)》.

stóut·en *vt, vi* しっかりさせる[する], がんじょうにする[なる].

stóut·hèart·ed *a* 勇敢な, 豪胆な; 強情な, かたくなな. ♦ ~**·ly** *adv* ~**·ness** *n*

stove[1] /stóuv/ *n* 料理用レンジ, こんろ (=cooking ~); ストーブ; 乾燥室[炉]; ‖〖園〗 温室. ► *vt* ストーブで熱する; 〈金属製品などを〉炉で焼く; ‖〈植物を〉温室栽培する; 《スコ・北イング》 とろ火で煮る, シチューにする (stew). ♦ ~**·less** *a* [ME=sweating room<MDu, MLG *stove*; cf. STEW[1], G *Stube* (heated) room]

stove[2] *v* STAVE の過去・過去分詞.

stóve bòlt ストーブボルト《軸全体にねじを切った小型ボルト》.

stóve còal ストーブ用(無煙)炭《直径 $1^5/_8$–$2^7/_{16}$ インチ大; ⇨ ANTHRACITE》.

stóve enàmel 耐熱エナメル[琺瑯]. ♦ **stóve-enàmelled** *a* 耐熱エナメル処理を施した.

stóve léague HOT STOVE LEAGUE.

stóve·pìpe *n* ストーブの煙突; 《口》 STOVEPIPE HAT; [*pl*] 《口》 ストーブパイプ (=~ **tròusers** [**pànts**])《ヒップの下から直線的になった細身のズボン》; *《俗》 迫撃砲, 曲射砲; *《俗》 ジェット戦闘機.

stóvepipe hát 《口》 シルクハット.

stóve plànt 〖園〗 温室植物.

sto·ver /stóuvər/ *n* 粗末なかいば, わら; *(トウ)モロコシの実を取ったあとの茎や葉《家畜のかいば》; ‖《方》 《一般に》 かいば, まぐさ (fodder).

stóve·tòp *n* レンジの上部表面《調理面》. ► *a* レンジ用の.

sto·vies /stóuviz/ *n* 《スコ》 《タマネギ・肉などのはいった》ジャガイモの煮込み.

stow[1] /stóu/ *vt* **1** (きちんと)しまい込む, 詰め込む 〈*away, in*〉; 〈容器〉に詰め込む 〈*with*〉; 《俗》 とっておく, あとにする; 〖海運〗〈荷・船具などを〉積み込む, しまう: ~ cargo *in* a ship's hold = ~ a ship's hold *with* cargo 船倉に貨物を積み込む. **2** 〈部屋・容器などが〉収容する, 入れる; 《廃》 宿泊[宿営]させる; 《廃》 監禁する. ● ~ **away** (*vt*) 《安全な場所などに》 しまう, 片付ける; 《俗》 がつがつ食う, がぶがぶ飲む. (*vi*) ひそかに船中[機中, 車中]に隠れて行く, 密航する. **S~ it!** 《口》 (くだらないことは)やめろ, 黙れ! **S~ the gab!** 《俗》 黙れ! [*bestow* to place]

stow[2] *vt* ‖《方》 刈り込む, 〈羊の耳〉の端を切る. [C17<?]

Stow ストウ **John** ~ (1525–1605)《イングランドの歴史家・年代記作者》.

stów·age *n* 積むこと, 積み込み; 積み(込み)方; 《船・飛行機の》 荷物置き場, 貨物室; 収容場所[施設], 容器; 積み込み品, 積荷; 荷積み料; 収容能力.

stów·awày *n* 密航者, 《船・飛行機などの》 無賃乗客 (cf. STOW[1] *away*); 隠れ場所.

Stowe /stóu/ ストウ **Harriet** (**Elizabeth**) **Beecher** ~ (1811–96)《米国の作家; *Uncle Tom's Cabin* (1852)》.

stowp /stóup/ *n* 《スコ》 STOUP.

STP[1] /éstìːpíː/ 〖商標〗 STP《ガソリン・モーターオイルなどの品質改良剤》. [*S*cientifically *T*reated *P*etroleum]

STP[2] *n* STP《LSD 類似の効果をもち, より強力とされる合成幻覚剤》. [*S*erenity, *T*ranquillity, and *P*eace; その効果を STP[1] のそれにかけていったもの]

STP [L *Sacrae Theologiae Professor*] Professor of Sacred Theology ♦ 〖生理〗 shielded twisted pair ♦ short-term potentiation ♦ 〖理〗 standard temperature and pressure. **str.** streamer ♦ stretch ♦ 〖楽〗 string(s) ♦ 〖ボート〗 stroke. **str., Str.** strait.

Stra·bane /strəbǽn/ ストラバン《北アイルランド西部の行政区》.

stra·bis·mus /strəbízməs/ *n* 〖医〗 斜視 (squint). ♦ **stra·bís·mal, -bís·mic** *a* **-mal·ly** *adv* [NL<Gk (*strabos* squinting)]

Stra·bo /stréɪbou/ ストラボン (c. 64 B.C.–c. A.D. 23)《ギリシアの地理学者; 地誌 17 巻》.

stra·bot·o·my /strəbátəmi/ *n* 〖医〗 斜視切開(術).

STRAC 〖米〗 Strategic Army Corps 陸軍戦略機動軍団.

strac·cia·tel·la /strɑ̀ːʧiətélə; stræʧə-/ *n* 〖イタリア料理〗 ストラッチャテッラ《溶き卵とパルメザンチーズなどを入れたスープ》. [It]

Stra·chey /stréɪʧi/ ストレイチー (**1**) (**Evelyn**) **John** (**St. Loe**) ~ (1901–63)《英国の社会主義著述家・労働党政治家》 (**2**) (**Giles**) **Lytton** ~ (1880–1932)《英国の伝記作家; *Eminent Victorians* (1918), *Queen Victoria* (1921)》.

strack /strǽk/ *a* *《軍俗》 軍人らしい身だしなみをきびしく守る. [? ; 一説に *STRAC*]

Strad /strǽd/ *n* 《口》 STRADIVARIUS.

strad·dle /strǽdl/ *vi* **1** 両足を広げる[ふんばる], 股を広げて立つ[歩く, すわる]; 不規則に広がる (sprawl). **2** 日和見(ひより)する, 賛否を明らかにしない 〈*on*〉; 〖証券〗 株を一方では買い他方では売る, 両建てにする. ► *vt* **1** またいで立つ[歩く, すわる], 〈馬など〉にまたがる; 〈脚を〉広げる; 〈地域〉(の両側)にまたがる. **2** 〈さまざまな分野〉にまたがる[及ぶ]; 〈対立意見〉についての立場を明らかにしない; 〖ポーカー〗〈賭けを〉倍にする. **3** 〖軍〗 爆撃する; 〖軍〗 夾叉(きょうさ)する (bracket)《射程測定のため敵艦など目標物の前後に試射する》. ● ~ **the** FENCE. ► *n* **1** 両足をふんばること, またがること; 〖陸上〗 《高跳びの》 ベリーロール; ひとまたぎの間隔. **2** 去就不明の態度; 〖商〗 ストラドル《同一基礎資産に対する同一行使価格・同一満期の put と call のオプションを同数同時に買いまたは売ること》; 〖ポーカー〗 倍賭け. ♦ **strád·dler** *n* [変形 < *striddle* (逆成) < *striddlings* astride; ⇨ STRIDE]

stráddle càrrier [**trùck**] 〖車〗 ストラドルキャリヤー[トラック]《木材などにまたがって荷をつかみ上げ, 運搬・他のトラックなどへの荷積みを行なう》.

Strad·i·var·i·us /strædəvéəriəs, -vɑ́ː-/, **-va·ri** /-vɑ́ːri, *-véri, *-væ̀ri/ ストラディヴァリ(ウス)《イタリア人 Antonio [*L* Antonius] Stradivarius (1644–1737) または その一家が製作したヴァイオリンなど弦楽器の名器》.

strafe /stréɪf, strɑ́ːf/ *vt* 《飛行機で》 地上掃射する, 猛爆撃する; 《俗》 ひどくしかる[罰する]. ► *n* 機銃掃射, 猛爆撃. ♦ **stráf·er** *n* [G *Gott strafe* (=God punish) *England*; 第一次大戦時のドイツの標語]

Straf·ford /strǽfərd/ ストラフォード **Thomas Wentworth**, 1st Earl of ~ (1593–1641)《イングランドの政治家; Charles 1 世の助言

者; 長期議会により反逆罪で処刑).

strag·gle /strǽg(ə)l/ *vi* **1 a** 列などからはぐれる; 落伍する, 戦列から脱落する; 同類から離れる. **b** 散らばる, ばらばらに行く[来る]; 散在する. **2** 〈服装など〉締まりがない, 〈毛髪が〉ほつれる. ► *vt* 散在[点在]させる. ► *n* 散在する一群, 点在する一団. [?変形〈**strackle* (freq)〈*strake* (dial) to go; cf. STRETCH]

strág·gler *n* 落伍者, (連れに)はぐれた者, 居残った者; 帰艦遅刻者; 流浪者; 不規則にはびこる枝; 迷鳥《渡り鳥で暴風などのため例年と異なる土地に迷い着く》.

strág·gling *a* 落伍した; 連れから離れた; ばらばらに進む〈行列など〉; 〈村・家など〉散在[点在]する (scattered); 〈髪が〉ほつれた; はびこった〈枝など〉. ♦ **~·ly** *adv*

strág·gly *a* ばらばら[不規則]に広がった; STRAGGLING.

straight /stréɪt/ *a* **1 a** まっすぐな, 一直線の; 直立した, 垂直な; 水平な, 平坦な; 〈アーチが〉上が平らの; 《他のものと》一直線をなす, 平行する; 〈スカートが〉フレアのない, ストレートの; 〈毛髪などが〉縮れていない; 〖ボク〗ストレートの. **b** 〈列などが〉連続した, とぎれない; 〖機〗〈エンジンが〉直列型の (cf. STRAIGHT-EIGHT[-SIX]); 〖ポーカー〗ストレートの: get ~ A's 全優(の成績)をとる (cf. STRAIGHT A) / win in ~ sets《テニス・バレーボールなどの試合で》ストレートで勝つ / a ~ eight 直列 8 気筒エンジン[車]. **2** 整頓した; 清算済みの; «口» 貸し借りなしの. **3 a** 《目的に向かって》ひたむきな; 直接の, 率直な〈話など〉, きっぱりした; *生粋の, 徹底した: give a ~ answer 率直な返答をする / a ~ Republican 生粋の共和党員. **b** 〖劇〗〈劇・演技が〉まじめな, シリアスな, 踊り・音楽を伴わない; 〈音楽が〉楽譜どおりの. **c** «俗» まともな, 正常な; お固い, きまじめな; 麻薬[酒]をやらない; 異性愛の, ノンケの (cf. BENT[1]). 犯罪者でない, まっとうな; *«俗» 薬(ヤク)をうって快調な[しゃきっとした]; «口» 保守的な, 型どおりの. **4 a** 正直な, 公明正大な; 貞淑な; 筋道立った, 正確な; «口» 確かな, 信頼できる: Are you being ~ *with* me? うそは言ってないね / a ~ tip 《競馬・投機などの》確かな筋からの情報[予想] / STRAIGHT GOODS. **b** 変更[改変]を加えてない; 〈酒が〉割っていない, 生(き)の; 〈選択・交換が〉二者間の: ~ whiskey＝whiskey ~ ストレートのウイスキー. **c** 〖ジャーナリズム〗客観的な, 私見・論評を含まない〈ニュースなど〉. **d** 《売買の数量に関係なく》均一値[掛け値なし]で[の]; 《給料の支給形態が》単一の: a salesman on ~ commission 歩合だけ(で固定給なし)のセールスマン. ● **get ~** *«俗» 《麻薬をやって》落ちつく. **get**…**~** …を整理する; …をしっかり頭にたたき込む[再確認する]. **get [put, set] the** RECORD[2] **~**. **keep** one's FACE **~**. **keep ~** 地道にやる; いつも正直にする, 〈女が〉貞操を守る. **make ~** まっすぐにする; 整頓する. **put** oneself **~** *«俗» 必要な薬(ヤク)をとる [とって気分をよくする]. **put [set] ~** 〈部屋・髪などを〉整える, きちんとする; 〈人〉の誤解を正す, 事態のありのままを[包み隠さず]伝える; 〈誤りなどを〉訂正する, 正す. **~ and narrow** ⇨ *n* 成句. **~ up** 〈ウイスキーが〉ストレートで; 正直な, 率直な. **~ up and down** ″«俗» まっ正直な; ″«俗» いともたやすい.

► *adv* **1 a** まっすぐに, 一直線に; 直立して, 垂直に, 背筋を伸ばして; 直接に, それずに: keep ~ on まっすぐ進む[進みつづける] / run ~ まっすぐに走る; 曲がったことをしない / shoot [hit] ~ 命中させる (cf. SHOOT[1] *straight*). **b** 連続して, たてつづけに; «古» 直ちに. **2** 率直に, きっぱりと; 誠実に; ありのままに, 客観的に, 変更[粉飾, 修正など]なしに; きちんと, 正しく; 《酒を》ストレートで; [〈*int*〉] «卑» まったくだ, 違いない! (truly): think ~ 筋道立てて考える. ● **go ~** «口» 《出所後》更生する, 堅気になる; «口» 薬(ヤク)をやめる, 〈同性愛者が〉異性愛者になる. **play it ~** 事に誠実に対処する; 《ジャズなどで, 即興でなく》楽譜どおりに演奏する. **play ~** 公正な態度で接する 〈*with*〉; play it STRAIGHT. **ride ~** 障害物を越して馬を飛ばす. **~ as they make them** ″«俗» まっ正直な. **~ away** 直ちに, 即刻. **~ off** «口» 即座に, あれこれ考えずに. **~ out** 率直に; 徹底的に; [〈*int*〉] そのとおり, ほんとに, まったく! **~ up** «口» ほんと言って, 掛け値なして, そのとおり; *«口» まぜ物なしで, 薄めずに: *S~ up?* 確かか, ほんとか? **tell** sb **~** «口» はっきり[面と向かって]言う. **(You're) damn(ed) [darn(ed)] ~**…! *«俗» 本当に…, 絶対…, 確かに…!

► *n* **1 a** まっすぐ, 一直線; まっすぐな部分, [the] ホームストレッチ. **b** 〖ポーカー〗ストレート《数が 5 枚続くこと; cf. FLUSH[3]; ⇨ POKER[2]》; 〖競技〗ストレート, (一連の)満点のプレー; 〖競馬〗1 着, 優勝 **2** [the] *真相: give sb *the* ~ of it 人に本当のことを言う. **3** «俗» まともなやつ, ヒッピーでない男, 薬(ヤク)をやらないやつ, 異性愛者, ノンケ; «俗» 堅物; «俗» 《麻薬のはいらない》普通のタバコ. ● **on the ~** まっすぐに (opp. *on the bias*); «口» 正直に. **out of the ~** 曲がっている. **the ~ and narrow (path [way])** 実直な生活: follow [keep to] *the ~ and narrow* (*path* [*way*])＝be [keep] on *the ~* (*and narrow*) «口» 堅気な生活[まじめな暮らし]をする, 一貫して品行方正である (*Matt* 7: 14).

► *vt* «スコ» STRAIGHTEN.

♦ **~·ish** *a* **~·ly** *adv* **~·ness** *n* [(pp)〈STRETCH]

straight A /ˌ—ˈeɪ/ *a* 全優の, トップクラスの〈学生〉.

stráight-ahéad *a* 飾りけのない(演奏の); ごまかしのない, 正統な, まっすぐな, ひたむきな.

stráight àngle 〖数〗平角《180°; cf. RIGHT ANGLE, OBLIQUE ANGLE》.

stráight-àrm *n* 〖アメフト〗敵に腕をまっすぐに突き出してタックルを防ぐこと. ► *vt, vi* 腕をまっすぐ突き出して〈敵〉の)タックルを防ぐ.

stráight árm lìft 〖レス〗ストレートアームリフト《相手の腕を関節と逆にねじって(肩などを支点にして)持ち上げる技》.

stráight árrow *«口» まじめ人間, 正直者, 堅物(かたぶつ).
♦ **stráight-árrow** *a* *«口» 堅物の, こちこちの.

stráight·awày *adv* straight AWAY. ► *a* *〈競走路などが〉直線の, 直線を飛ぶ; 即座の. ► *n* *直線走路, 直線コース, まっすぐ続く道路.

stráight-bàcked *a* 背筋のまっすぐな; 〈椅子が〉背もたれのまっすぐな.

stráight bát 〖クリケット〗垂直に構えたバット; ″«口» 正直な行動, りっぱな行ない.

stráight·bréd *n, a* 純(血)種(の) (cf. CROSSBRED).

stráight cháin 〖化〗《炭素鎖の》直鎖(ちょくさ) (opp. *branched chain*).

stráight chàir 背もたれがまっすぐの椅子.

stráight-cùt *a* 〈タバコが〉葉を縦切りにした, ストレートカットの.

stráight·èdge *n* 直定規(ちょくじょうぎ).

stráight-éight *n* 直列 8 気筒エンジン(の車).

stráight·en *vt, vi* **1** まっすぐにする[なる] 〈*up, out*〉; 《進路変更後に》直進する: ~ (oneself) *up* (背を伸ばして)まっすぐに立つ. **2** 〈混乱・誤解などを[が]〉正す[正される], 解決する 〈*out*〉; 整頓[整理]する, 〈人〉の身なりを整える 〈*up*〉; 〈勘定を〉清算する 〈*out*〉. **3** まともにする[なる], 改心させる[する] 〈*out, up*〉; *«俗» …に麻薬を与える; *«俗» 手助けする, …に力をかす; ″«俗» 買収する, 賄賂で丸め込む 〈*out*〉. ● **~ out** «口» …の考え[疑念]を正す, 罰する, しかる. **~ one's face** 真顔になる (cf. STRAIGHT FACE). **~ up and fly right** «口» 行ないを改める, まっとうになる. ♦ **~·er** *n*

straight éye 曲がっているのを見つける能力.

straight fáce まじめな顔: with ~ 真顔で, ポーカーフェイスで.
● **keep a straight** FACE. ♦ **stráight-fáced** *a* 感情[喜び]を顔に出さない. **stráight-fáced·ly** /-féɪsədli, -féɪstli/ *adv*

stráight fíght ″《二候補者[二党派]間の》一騎討ち.

stráight flúsh 〖ポーカー〗ストレートフラッシュ《straight と flush の組合わせの役; ⇨ POKER[2]》.

stràight·fórward /ˌ—ˈ—/ *a* まっすぐな; 直接の; 正直な, 率直な, ごまかしのない, 単刀直入な; ″どうということもない, 簡単な; 明白な, 紛れもない. ► *adv* まっすぐに; 率直に. ♦ **~·ly** *adv* **~·ness** *n*

stràight·fórwards *adv* STRAIGHTFORWARD.

stráight-from-the-shóulder *a* 〈評言など〉率直な, 単刀直入な (cf. *straight from the* SHOULDER).

stráight glàss ストレート[パイント]グラス《側面のまっすぐな 1 パイント (pint) 入りビールグラス》.

stráight góods *«俗» *pl* 掛け値なしの真実[事実]; 正直者.

straightjacket ⇨ STRAITJACKET.

stráight-jèt *a* 〖空〗《プロペラなしで》純ジェット噴射式の.

stráight jób *«トラック運転手俗» 普通のトラック《semitrailer などに対して》.

stráight jòint 〖建〗芋目地(いもめじ), 一文字継手《目地が続く煉瓦などの並べ方》; 突合わせ《2 材の頭と頭とを単に突き合わせる接合法》.

straightlaced ⇨ STRAITLACED.

stráight-lég *a* ヒップの下から裾まで同じ太さの, ストレートレッグの〈ズボン〉.

stráight lég *«軍俗» 《飛行要員に対して》地上要員.

stráight lífe insùrance 終身生命保険 (ordinary life insurance).

stráight-líne *a* **1** 直線の[よりなる]; 〖機〗〈機械の運転部分が〉一直線に配列された, 〈機械装置が〉直線運動の[をする]: ~ motion 直線運動機構. **2** 〖会計〗《毎期同一額を償却する》定額[直線]方式の, 定額….

stráight-lìne depreciátion 〖会計〗《減価償却の》定額法 (cf. DECLINING-BALANCE METHOD).

stráight lów *«刑務所俗» ありのままの真相, 本当のところ.

stráight màn 《喜劇の》まじめ役, つっこみ役.

stráight-óut *«口» *a, adv* 率直な[に], 遠慮のない[なく], ぶっきらぼうな[に]; 全く(の), 徹底した[して], 妥協しない(で).

stráight pín 《頭つきの》ピン.

stráight pláy 《音楽などのない》対話劇.

stráight póker 〖トランプ〗ストレートポーカー《ディールされた 5 枚だけで賭けるポーカー》.

stráight quótes *pl* 〖電算〗まっすぐの引用符 (＝*typewriter quotes*)《開き側と閉じ側で形の区別がない直線状の引用符 ' '; cf. SMART QUOTES》.

Stráight Ránge [the] 直線山列《月面の「雨の海」(Mare Imbrium) にある山脈》.

stráight rázor 西洋かみそり《取っ手になるケースに刃の部分を折りたためるもの》.

stráight-rùn gásoline 直留ガソリン.

stráight shóoter *«口» 正直者, まじめ人間, 公正な人, 一徹者.
♦ **stráight-shóot·ing** *a*

S

stráight-síx *n* 直列6気筒エンジン(の車).
stráight tàlk 率直な[肚を割った]話.
stráight tícket 〖米政治〗同一政党候補者投票の票《同一政党の候補者ばかりに投票した同時[連記]票; cf. SPLIT TICKET》.
stráight tìme (週間)規定労働時間(数); 労働時間賃金 (cf. OVERTIME). ♦ **stráight-tìme** *a*
stráight-to-vídeo *a* DIRECT-TO-VIDEO.
stráight-ùp *a* 垂直の; 《口》正確な, 全くの; 《口》正直な, まっすぐな; *《口》まぜ物のない, 薄めていない, 〈カクテルが〉氷なしで出される.
stráight·wáy /, ─ ─/ *adv* 《英では古》直ちに (at once); 一直線に, 直接に. ► *a* (一)直線の, 《液体などを》まっすぐに通す.
stráight whískey* ストレートウイスキー《80–110 プルーフのウイスキー原酒》.
strain[1] /stréɪn/ *vt* **1 a** 〈ロープなどを〉(ぴんと)張る, 引っ張る, 引き締める; 巻きつける; 抱きしめる 〈*to* one's bosom [heart]〉, 締めつける. **b** 緊張させる, 精いっぱい働かせる; 〈目を〉みはる, 〈耳を〉澄ます, 〈声を〉ふりしぼる: ～ every nerve 全神経を緊張させる, 全力を注ぐ / ～ one*self* 無理をする / ～ oneself to do…するために精いっぱいやる[無理をする] / Don't ～ your*self!* 《口》[*iron*] そんなにがんばりなさんな《ずいぶんゆっくり[のんびり]やっているじゃないか》. **2 a** 曲げる, ひずませる; …に過大の負担をかける; 使いすぎて弱める[痛める], 無理をしてだめにする; 〈筋などを〉違える, くじく; 〈関係などを〉こじらせる, 損なう: ～ one's ankle 足首をくじく. **b** 〈法・意味を〉曲げる, 曲解する, こじつける; …にたよりすぎる; 〈権力などを〉濫用する: ～ sb's good temper 人のよいのに付け込む. **c** 《廃》強いる (constrain) 〈*to*〉: The quality of mercy is not ～'*d*. 慈悲は強いられるべきものにあらず《Shak., *Merch V* 4.1. 184》. **3** 漉(こ)す; 裏漉しする; 漉して除く 〈*out, off, away*〉: ～ (*off* the water from) the vegetables 野菜の水気を切る. ► *vi* **1 a** 引っ張る 〈*at*〉; 緊張する, 《便所で》力む 〈*at* stool〉, 〈…に抗して〉力をこめる 〈*against*〉; 〈歌手が〉声をふりしぼる 〈*after* a high note〉. **b** 懸命につとめる, 必死になる 〈*after, for, to* do〉; 逡巡する 〈*at*〉. **2** ねじれる, 狂いを生じる. **3** 漉される, 染みとおる[出る], したたる. ● **～ after an effect [effects]** 無理に効果を上げようとする. **～ a** POINT. **～ at**…を引っ張る; …に懸命に努力する; あくせくする: ～ *at* a GNAT / ～ *at* the LEASH. **～ away** 続けて懸命に努力する 〈*at*〉. ► *n* **1 a** 強く引っ張られること, 張りつめ; 極度の緊張, 重圧, 重荷; 酷使, たよりすぎること 〈*on*〉; 《心身の》過労, ストレス: at (full) ～ ＝on the ～ 緊張して / crack under the ～ 過労でダウンする / put a great ～ on…に重圧をかける / stand the ～ of…の重圧に耐える / take the ～ きつい仕事を引き受ける / without ～ 無理をしないで. **b** 懸命の努力, 奮闘; よどみない弁舌, 突然わめき始めること. **2 a** 〖理〗ひずみ, (応力)変形; ひずみ度; 筋違い, 捻挫; 損傷. **b** 《古》こじつけ, 曲解. **3** 極み, 頂点.
♦ **～·able** *a* **～·less** *a* [OF *estreindre*<L *stringo* to draw tight]
strain[2] *n* **1 a** 種族, 血統, 家系, 先祖; 系統; 菌株; 《古》子孫; 《廃》生殖: of good ～ 血統のよい. **b** 傾向, 特徴, 気味 〈*of*〉; 素質, 気質 〈*of*〉; 気分; 種類. **2** 調子, 句調, 書き[話し]ぶり; [°*pl*] 歌, 曲, 旋律; [°*pl*] 《詩》詩歌, 歌: in the same ～ 同じ調子で. [ME＝progeny<OE *strēon* begetting]
strained /stréɪnd/ *a* 無理に引っ張られた; 緊張[緊迫]した; こじれた, 気詰まりな; 無理をした, 不自然な, わざとらしい, こじつけの; 漉された, 裏漉しされた: ～ relations / a ～ laugh 作り笑い / a ～ interpretation こじつけの解釈.
stráin ènergy 〖理〗ひずみのエネルギー《弾性変形によってたくわえられたエネルギー》.
stráin·er *n* 引っ張る人[もの]; 緊張した人; 漉(こ)す人; 漉し器, 濾過器, 水切り《など》; 張り器, 伸張具, ストレーナー.
stráin gàuge 〖機〗ひずみゲージ, EXTENSOMETER.
stráin hàrdening 〖冶〗ひずみ硬化《再結晶温度以下で塑性変形させることで, 金属の硬さと強さが増大すること》.
stráining bèam [pìece] 〖建〗二重梁《2本の対束(つか)の先をつないで屋根の重みを支える水平のはり》.
stráin·mèter *n* 〖機〗ひずみ計; 〖地質〗地殻ひずみ計.
strain·om·e·ter /streɪnámətər/ *n* EXTENSOMETER.
strait /stréɪt/ *n* **1 a** 海峡, 瀬戸, 水道《地名に付ける場合はしばしば ～s で単数扱い》; [the S-s] 《もとは》Gibraltar 海峡, 《今は》Malacca 海峡: the *S*～(*s*) of Dover ドーヴァー海峡 / the Bering *S*～ ベーリング海峡. **b** 《古》狭い場所[通路]; 《まれ》地峡. **2** [°*pl*] 窮境, 難局, 困難: be in great [dire, desperate] ～*s* for…に難儀をする, …で窮境にある. ► *a* 《古》狭い; 《古・文》〈場所・衣服など〉窮屈な, 〈時間が〉限られた; 《古》厳重な, 厳格な《*Acts* 26:5》; 《まれ》困難な, 窮迫した: the ～ gate 〖聖〗狭き門《*Matt* 7:13–14》. ► *adv* 《廃》ぴったりと, 窮屈に. ♦ **～·ly** *adv* **～·ness** *n* [OF *estreit* tight, narrow (place)<L STRICT]
stráit·en *vt* [°*pp*] 苦しめる, 難儀させる; 制限する; 《古》狭める, 閉じ込める, 束縛する: in ～*ed* circumstances 窮乏して; 金[時間, 余地]がなくて困って.
stráit·jàcket, stráight- *n* 《暴れる囚人・患者に着せる》拘束衣; [*fig*] きびしい束縛, 締めつけ. ► *vt* …に拘束衣を着せる; 拘束する.
stráit·láced, stráight- *a* 厳格な, 堅苦しい; 胴着[コルセットなど]をぴったり締めつけた. ♦ **～·ly** /-léɪsədli, -léɪstli/ *adv* **～·ness** /-léɪstnəs, -léɪsədnəs/ *n*
Stráits dóllar 海峡ドル《Straits Settlements のもとの通貨単位, また その銀貨》.
Stráits Séttlements *pl* [the] 《東南アジアの》(旧英領)海峡植民地 (1826–1946) 《☆George Town (1826–36), Singapore (1936–46)》.
stráit-wáistcoat" *n, vt* STRAITJACKET.
strake /stréɪk/ *n* 〖造船〗外板の条列(の幅); 〖空〗ストレーキ《飛行性能向上のため主翼の付け根などに設けた張り出し部分》; 〖機〗《車輪の》輪鉄(わがね); 縞, すじ. [ME<?; cf. OE *streccan* to STRETCH]
Stral·sund /*G* ʃtráːlzʊnt/ シュトラールズント《ドイツ北東部 Mecklenburg-West Pomerania 州の, バルト海に面する市・港町; 中世ハンザ都市; Wallenstein に包囲された (1628)》.
stra·mash /strəmǽʃ, strǽməʃ/ 《スコ・北イング》 *n* 騒動; 崩壊, 破滅; 衝突. ► *vt* 破壊する, 打ち砕く. [? imit]
stra·min·e·ous /strəmíniəs/ *a* わら色の, 淡黄色の; 《古》わらの, わらのような, つまらない. ♦ **～·ly** *adv*
stra·mo·ni·um /strəmóuniəm/ *n* ダツラ葉, マンダラ葉《シロバナヨウシュチョウセンアサガオやその近縁種 (*Datura* 属) の干した葉; アルカロイドを含み, 鎮痛・鎮痙剤とする》; 〖植〗シロバナヨウシュチョウセンアサガオ (jimsonweed). [?Tartar *turman* medicine for horses]
strand[1] /strǽnd/ *vt, vi* **1** 坐礁させる[する], 岸に打ち上げる[打ち上げられる]; 取り残す[残される]; 〖野〗〈走者を〉塁に残す. **2** 困らせる, 困る: be ～*ed* 足止めを食う; 《資金・手段の不足で》窮する, 立ち往生する. ► *n* 《文》《海・湖・川などの》岸辺, 浜, 磯; 異郷の地. ♦ **～·ed** *a* 岸に打ち上げられた. [OE; cf. ON *strönd*, G *Strand*]
strand[2] *n* **1 a** 《ロープ・鋼索の》子縄, 絢(こ), 片撚(よ)り, ストランド; 《動植物の》繊維; 撚り糸, 撚った縄[ワイヤー]; 《髪の》房, ひと筋; 《ビーズ・真珠などの》糸に通したもの, 連. **b** 分子の連鎖, 鎖, らせん構造, ストランド: a ～ of DNA. **2** (構成)要素. ► *vt* 〈ロープ〉の子縄を切る[撚りを切る]; 子縄を撚り合わせて〈ロープなどを〉つくる; 撚り合わせて子縄をつくる. ♦ **～·less** *a* [ME<?]
strand[3] 《スコ》 *n* 小川, 流れ; 海. [ME ‹ ?STRAND[1]]
Strand [the] ストランド街《London の, ホテル・劇場・商店が多い大通り; 昔は Thames 河岸であった》.
stránd·ed *a* [[u]*compd*] …な[…本の]要素をもつ: double-～ DNA 二本鎖 DNA. ♦ **～·ness** *n*
stránd·er *n* 縄ない機, 製索機.
stránd·lìne *n* 汀線 (＝*shoreline*), 《特に》隆起汀線.
strand·lop·er, -loop·er /strǽntlùəpər/ *n* **1** [S-] ストランドルーパー《1) 先史時代からアフリカ南部の南海岸に住んでいた Bushmen や Nama 族に近縁の部族; 絶滅 2) 現在もナミビア海岸に住む, あるいは上記と同じ, 部族》. **2** 《南ア》浜辺で漂着物を集める人. [Afrik (Du *strand* shore, *looper* runner)]
stránd wòlf 〖動〗カッショクハイエナ (brown hyena).
strange /stréɪndʒ/ *a* **1** 妙な, 不思議な, 一風変わった; わからない, 予想外の: ～ as it may sound 変なことを言うようだが / ～ enough 不思議[奇妙]なことだが / Truth is *stranger* than fiction. 事実は小説よりも奇なり. **2 a** 知らない, 見[聞き]なれない 〈*to*〉; 場違いの, 外来の; 《古》外国の (foreign), 異国の: a ～ face 見なれない顔. **b** よそよそしい, うちとけない: make one*self* ～ 〖聖〗知らないような[けげんな, 驚いたような]ふりをする. **3 a** [*pred*] 慣れなくて, 未熟で 〈*to, at*〉: I am quite ～ here [*to* this place]. ここは不案内[初めての土地]です. **b** 不安な, 疎外された. **4** 〖理〗0 以外のストレンジネス量子数をもつ粒子の, ストレンジな. ● **feel ～** 体の調子が変だ, めまいがする; 勝手が違う. **it feels ～** 変わった感じがする. **～ to say [tell]** 不思議な[妙な]話だが. ► *adv* [[u]*compd*] 《口》STRANGELY: act ～ 変な行動をする / ～-clad 変な風采の / ～-fashioned 妙な作りの. [OF *estrange*<L *extraneus* EXTRANEOUS]
stránge attráctor 〖数〗ストレンジアトラクター《ATTRACTOR の一つ; 非周期的な軌道をもつ》.
stránge bìrd 《口》変わり者 (odd bird).
Stránge·lòve *n* [°Dr.] 全面核戦争推進論者. [映画 Dr. *Strangelove* (1964) 中の狂った科学者]
stránge·ly *adv* 奇妙に, 変に; 不思議にも, 奇しくも; うちとけずに: ～ enough 奇妙なことに(は).
stránge·ness *n* 不思議さ[な状態]; 〖理〗ストレンジネス《ストレンジクォーク (strange quark) のもつ量子数; 歴史的にはある種の素粒子が必ず対で生成するなどといった奇妙な現象を説明するために導入された; 記号 *S*》.
stránge párticle 〖理〗ストレンジ粒子《ストレンジネスが0でない粒子》.
stránge quárk 〖理〗ストレンジクォーク《ストレンジネス −1, 電荷 −1/3 をもつクォーク; 記号 s》.
stran·ger /stréɪndʒər/ *n* **1 a** (見)知らぬ人[もの], 他人; 訪問者, 客, 闖入者, よそもの; *《俗》あんた (sir) 《未知の人へのいくぶんぶしつけな呼びかけ》: He is a ～ *to* me. わたしは彼を知りません / an utter ～ 赤の他人 / make a [no] ～ of…をよそよそしく扱う[暖かくもてなす] / You are quite a ～. ＝[*joc*] Hello, ～! お久しぶりですね / the little ～

[*joc*] 生まれたばかりの赤ん坊. **b**〘生態〙客員種; 外国人(居住者): a ~ in a strange land 異邦の客 (*Exod* 2:22). **c** 珍客来訪の前兆《茶柱や自分の方に飛んでくるガなど》. **2** 不案内者; 門外漢, しろうと ‹*to*›; 不慣れな人, 初めての人 ‹*to*›; 〘法〙第三者 ‹*to*›: I'm quite a ~ *to* [*in*] London. ロンドンは全く知りません《to はロンドンの外で, in は中にいていうとき》/ He is no ~ *to* poverty. 貧乏の味をよく知っている. ● **I spy** [**see**] **~s.** 〘英下院〙傍聴禁止を求める. ► *a* stranger の. ► *vt* 《廃》疎遠にする, 不和にする. ♦ **~·like** *a* [OF *estrangier* <L; ⇨ STRANGE]

stránger crìme 見知らぬ者による暴力犯罪.

stránger ràpe 見知らぬ者による強姦[レイプ].

stránger's [**strángers'**] **gàllery** [the] PUBLIC GALLERY.

stránge wóman 遊女, 売春婦《*Prov* 5:3》.

stran·gle /strǽŋg(ə)l/ *vt* 絞め殺す; 窒息させる; ‹あくびを›かみころす; ‹議案を›握りつぶす, ‹発展・成長・活動などを›抑制[抑圧]する. ► *vi* 窒息する; 窒息して死ぬ. ♦ **strán·gled** *a* ‹声などが›のどを絞められたような, 不明瞭な. **strán·gler** *n* ⁺ᴵᴵ《自動車の》チョーク (choke); しめころし植物. [OF *estrangler*<L *strangulo*<Gk (*straggalē* halter)]

strángle·hòld *n* 支配, 拘束, 束縛 ‹*on, of*›; 〘レス〙のど輪, 締めつけ《反則》: have a ~ on…を支配[抑圧]する / break the ~ of…の束縛を解く.

strángler fìg 〘植〙《イチジク属の》絞め殺し植物《他の木に寄生し, その先端にまで達すると, 根でおおったり巻きついたりして絞め殺し, それに取って代わる木》: **a** Florida, Bahama 諸島産のイチジク属の木. **b** 《熱帯アメリカ産の》オトギリソウ科クルシア属の高木.

stran·gles /strǽŋg(ə)lz/ *n* [‹*sg/pl*›]《馬などの》腺疫.

stran·gu·late /strǽŋgjəlèɪt/ *vt* STRANGLE. ► *vi* 〘医〙‹導管・腸など›血行が圧止するほど括約する, 絞扼(こうやく)する. ♦ **strán·gu·làt·ed** *a* 〘医〙絞扼性の, 嵌頓(かんとん)の; STRANGLED. [L; ⇨ STRANGLE]

strángulated hérnia 〘医〙嵌頓ヘルニア.

stran·gu·la·tion /strӕ̀ŋgjəléɪʃ(ə)n/ *n* 絞殺; 発展[成長, 活動]の阻止; 〘医〙絞扼, 嵌頓.

stran·gu·ry /strǽŋgjəri, -gjuəri/ *n* 〘医〙有痛排尿困難.

Stran·raer /strænrɑ́ːr/ ストランラー《スコットランド南西端 Dumfries and Galloway の漁港・市場町》.

strap /strǽp/ *n* **1** ひも, 帯, ベルト; 折檻用の革ひも, [the] 折檻; 《引っ張ったり持ち上げたりするための》革ひもなどの輪, 《電車などの》吊革; 時計バンド; 革砥(かわと) (razor strap); 吊りひも, 肩ひも, ストラップ; 肩章; 《トラックなどの》台づけロープ; 〘海〙STROP: hold on to a ~ 吊革につかまる. **2** 天井吊木; 管[棒]受け金物, 樋受け金物; 〘機〙帯金, 帯環, 目板; 〘建など〙短冊金物, 《木箱などの》鎹(かすがい)金物; ストラップ (=~ **shòe**)《バックルで留める型の靴》. **3** 〘植〙小舌片; 〘ジャーナリズム〙小見出し; *《俗》100 ドル札の札束. **4** *《俗》(勉強はしない)運動にばかり熱心な人[学生] (cf. JOCKSTRAP); 《アイル》ふしだら女. ● **on** (**the**) **~** ᴵᴵ《俗》つけで (on credit). ► *vt* (**-pp-**) ひもで結びつける ‹*up, on*›; ひもで縛る, 締めつける; …にばんそうこうを貼る, テーピング[包帯]する ‹*up, down*›; ‹滑車など›に帯索を付ける; 革ひもで折檻する; 革砥で研ぐ; 《口》困窮させる. ● **~ oneself** [**be ~ed**] **in** シートベルトをする[している] ♦ **~·like** *a* **stráppy** *a* ストラップ[ひも, 肩ひも]の付いた‹靴・服など›. [*strop* の方言形]

S trap /ɛ́s —/ 〘配管〙S トラップ.

stráp·hàng *vi* (~**ed**)《口》吊革にぶらさがる.

stráp·hàng·er 《口》*n* 吊革にぶらさがっている乗客; 《電車・バスなどの》通勤客.

stráp hìnge 帯蝶番(ちょうつがい)《留める面の長いもの》.

stráp-làid *a* ‹ロープが› 2 本並べて吊革のようにした, 平打ちの.

stráp·less *a, n* STRAP のついていない, 《特に》肩吊りひもなしの(ドレス[ブラジャーなど]).

stráp·lìne *n* 〘ジャーナリズム〙小見出し (strap).

stráp·òil *n* ᴵᴵ《俗》《革ひもでの》折檻.

stráp-òn 〘宇〙*a* 《付加推進のための》船体[外部]取付け用の. ► *n* 外部取付け式ブースター[エンジン].

strap·pa·do /strəpéɪdoʊ, -pɑ́ː-/ *n* (*pl* **~s**) つるし刑《罪人を後ろ手に縛り, 高所に吊り上げ吊り落とす》; つるし刑具. ► *vt* 《廃》つるし刑で苦しめる. [F<It]

strapped /strǽpt/ *a* ひもでくくりつけた; 《俗》(金に)困った (cf. CASH-STRAPPED): ~ *for* cash 金欠の.

stráp·per *n* ひもで締める人[もの]; 馬丁; *《口》大きくて元気な人, 大男, 大女.

stráp·ping *n* ひも材料; ひも類; ひもで結ぶこと; 革ひもで折檻すること; ᴵᴵばんそうこう, 包帯, ひも状膏薬; ひもで結ぶ[ばんそうこうを貼る]こと. ► 《口》*a* 背が高くてがっしりした, 大柄の; 大きい, でっかい: a ~ lie.

stráp·wòrk *n* 〘建〙帯模様, 帯飾り, ストラップワーク; ひも細工.

stráp·wòrt *n* 〘植〙欧州原産ナデシコ科コレギオラ属の草本.

Stras·berg /strǽsbə̀ːrg/ ストラスバーグ **Lee ~** (1901–82)《オーストリア生まれの米国の演出家・演劇教育者; 米国における Stanislavsky の Method による演技法の代表的提唱者; GROUP THEATRE を結成》.

Stras·bourg /strǽsbə̀ːrg, strɑ́ːzbʊ̀rg; strǽzbəːg; *F* strasbuːr/ ストラスブール (G **Strass·burg** /*G* ʃtráːsbʊrk/)《フランス北東部 Alsace 地方の市, Bas-Rhin 県の県都》.

Stras·bour·geoise /*F* strasburʒwaːz/ *a* 〘料理〙ストラスブール風の《フォアグラやザウアークラウトを付け合わせた》. [↑]

Strásbourg gòose ストラスブール鵞鳥《フォアグラ用に肝臓を肥大させる目的で肥育したガチョウ》.

strass[1] /strǽs/ *n* 《模造宝石製造用の》鉛ガラス (paste). [G; J. *Strasser* 18 世紀ドイツの宝石商で考案者]

strass[2] *n* 《かせ (skein) を作るときに出る》絹くず. [F<It (*stracciare* to tear asunder); cf. DISTRACT]

Strass·mann /*G* ʃtrásman/ シュトラスマン **Fritz ~** (1902–80)《ドイツの物理化学者; Otto Hahn と共にウランの核分裂を発見》.

strata *n* STRATUM の複数形.

strat·a·gem /strǽtəʤəm, -ʤɛ̀m/ *n* 戦略, 軍略; 策略, 術策; 計略[策略]の才. ♦ **stràt·a·gém·i·cal** *a* [F, <Gk (*stratos* army, *agō* to lead)]

stra·tal /stréɪtl, strǽtl; strɑ́ːtl, stréɪ-/ *a* 層 (stratum) の, 地層の.

stráta títle 《豪》《高層建築やタウンハウス住民の》登記された空間所有権《土地付き家屋の住民の登記した土地に相当する》.

stra·te·gic /strətíːʤɪk/, **-gi·cal** *a* 戦略(上)の; 計略の; 戦略上重要な, 敵の軍事・経済的枢要をねらった‹爆撃など›; 巧みな戦略の, 有利な: a ~ point 要所. ♦ **-gi·cal** *a* **-gi·cal·ly** *adv* 戦略的に, 戦略上.

Stratégic Áir Commànd 〘米〙戦略空軍総司令部《1992 年廃止・再編された; 略 SAC》.

Stratégic Àrms Limitátion Tàlks *pl* [the]《米ソ間の》戦略兵器制限交渉《略 SALT; SALT I は1969 年に開始, 72 年に調印; SALT II は 1972 年に開始, 79 年調印されたが, 米議会が批准せず失効》.

Stratégic Àrms Redúction Tàlks [**Trèaty**] [the]《米ソ[露]間の》戦略兵器削減交渉[条約]《略 START; 1987 年開始, 91 年調印; 2009 年に一度失効したが 10 年新 START が調印され, 翌年発効》.

stratégic núclear fórces *pl* 戦略核戦力《strategic nuclear weapon による核戦力; cf. LRINF, SRINF》.

stratégic núclear wéapon 戦略核兵器《一般に 6400 km 以上離れた目標に対して直接, 核攻撃を加える能力をもつ兵器; ICBM, SLBM がその二本柱》.

stra·té·gics *n* 戦略, 兵法 (strategy).

strat·e·gist /strǽtəʤɪst/ *n* 戦略家; 策士; 《政党などの》戦略担当者; 投資戦略専門家: a campaign ~《政党・特定候補者の》選挙参謀.

strat·e·gize /strǽtəʤàɪz/ *vi, vt* (…に対する)戦略[作戦]を練る, 入念に計画する.

strat·e·gy /strǽtəʤi/ *n* 〘軍〙戦略, 兵法 (cf. TACTICS); (周到な)方策, 計画, 戦略; 〘生態〙戦略《ある環境で生き残るために個々の種がとる行動・代謝・構造面での適応》: national [economic] ~ 国家[経済]戦略. [F<Gk=generalship; ⇨ STRATAGEM]

Strat·ford /strǽtfərd/ ストラトフォード《**1**) Connecticut 州南西部 Bridgeport 郊外の町 **2**) カナダ Ontario 州南東部の市; シェイクスピア劇場がある》.

Strátford de Réd·clìff [Viscount] ストラトフォード・ド・レッドクリフ子爵 (⇨ Stratford CANNING).

Strátford-upon-Ávon, -on- ストラトフォード・アポン・エイヴォン《イングランド中部 Warwickshire, Birmingham の南南東にある町; Shakespeare の生地・埋葬地で, 毎年 Shakespeare フェスティバルが行なわれる》.

strath /strǽθ/ 《主にスコ》*n* 広い底を川が流れている(大)渓谷, 陸棚谷(りくほうこく); 《その川の岸の》谷床(こくしょう)平野. ★ しばしば 地名をつくる: *Strath*clyde, *S*~ Spey. [Gael]

Strath·clyde /stræθkláɪd/ ストラスクライド《**1**) スコットランド南西部の旧州 (region) (1975–96); ☆Glasgow **2**) スコットランド南部とイングランド北西部にまたがった 6–11 世紀のケルト人の王国; ☆Dumbarton》.

Strath·có·na and Mount Róyal /stræθkóʊnə-/ ストラスコナ・アンド・マウント・ロイヤル **Donald Alexander Smith,** 1st Baron ~ (1820–1914)《スコットランド生まれのカナダの毛皮貿易商・財政家・鉄道敷設者・政治家》.

Strath·more /stræθmɔ́ːr/ ストラスモア《スコットランド中東部の大渓谷》.

strath·spey /stræθspéɪ/ *n* ストラススペー《スコットランドの, reel に似るがそれよりおそい快活なダンス; その曲》. [*Strath Spey* スコットランド高地の *Spey* 川の谷]

strati *n* STRATUS の複数形.

strati- /strǽtə/ *comb form*「層, 地層 (stratum)」

stra·tic·u·late /strətíkjələt, -lèɪt/ *a* 〘地質〙薄層からなる.

strat·i·fi·ca·tion /strӕ̀təfəkéɪʃ(ə)n/ *n* 層化; 〘統〙層別(化); 層状(構造); 〘地質〙層理, 成層; 〘地質〙《地層中の》単層 (stratum); 〘社〙社会成層(化). ♦ **~·al** *a*

stratificátional grámmar 〘言〙成層文法.

S

strát·i·fìed chárge èngine 〔機〕 層状給気機関《シリンダー内に濃淡二層の混合気を吸入させる内燃機関; 排気対策・燃費改善に有利》.

strátified sámple 〔統〕 層化抽出標本《母集団を層別化して抽出した標本》.

stráti·fòrm *a* 層状の, 層をなす; 〔地質〕 成層(性)の, 層理の; 〔気〕〈雲が〉層状の.

strat·i·fy /strǽtəfàɪ/ *vt* 層(状)にする; 〔社〕〈人びとを〉階層ごとに分類する[分ける]; 等級別に分類する[分ける]; 〈種子を〉土の層の間に保存する: *stratified* rock 成層岩. ► *vi* 層をなす; 〔社〕 階層化する. [F; ⇨ STRATUM]

stra·tig·ra·phy /strətígrəfi/ *n* 層位; 〔地質〕 層位[層序, 地層]学; 〔考古〕 断層. ◆ **-pher** *n* 層位学者. **strati·graph·ic** /strætəgrǽfɪk/, **-i·cal** *a* 層位学(上)の. **-i·cal·ly** *adv*

strato- /strǽtoʊ, stréɪ-, ″strá:-, -tə/ *comb form*「層雲」「成層圏」[*stratus*]

stràto·círrus *n* 〔気〕 高層雲と同層の巻層雲.

stra·toc·ra·cy /strətákrəsi/ *n* 軍政; 軍閥政治. ◆ **strat·o·crat** /strǽtəkræt/ *n* **stràt·o·crát·ic** *a*

stràto·cúmulus *n* 層積雲《略 Sc》.

strato·pàuse *n* 〔気〕 成層圏界面.

stra·tose /stréɪtòʊs/ *a* 〔植〕 層状の.

strato·sphere /strǽtəsfɪ̀ər/ *n* [the] **1** 〔気〕 成層圏 (=*isothermal region*)《対流圏 (troposphere) の上の大気層》: a ~ plane 成層圏飛行機. **2**《価格・料金体系などの》最高額帯; 《階級・等級などの》最上層; 高度に抽象的[実験的]な領域: hit [soar *into*] the ~ 高騰する / the ~ of modern art モダンアートというきわめて実験的な分野. [*atmosphere* にならって *stratum* から]

strato·spher·ic /strætəsférɪk, *-sfɪ́r-/, **-i·cal** *a* 成層圏の; 高騰した; 最上層の: a ~ flying 成層圏飛行. ◆ **-i·cal·ly** *adv*

stráto·vision *n* 〔通信〕 成層圏テレビ [FM] 放送《航空機中継方式》.

stràto·volcáno *n* 〔地質〕 成層火山《溶岩と砕屑物の交互層からなる火山; 通例 円錐形》.

stra·tum /stréɪtəm, strǽt-; strá:təm, stréɪ-/ *n* (*pl* **-ta** /-tə/, ~**s**) 層; 《大気・海洋の》層; 〔生態〕《植生の》層; 〔地質〕 単層, 地層, 《考古学上の》遺跡を含む層; 〔生〕《組織の》(薄)層 (lamella); 時代区分, 発展段階; 〔社〕《教育・教養などからみた》層, 階層; 〔統〕 層; レベル, 段階. [L=something spread or laid down (pp)〈*sterno* to strew]

strátum cór·ne·um /-kɔ́:rniəm/ 〔解〕 角質層《表皮の最外層》.

stra·tus /stréɪtəs, strǽt-/ *n* (*pl* **-ti** /-tàɪ/) 〔気〕 層雲《略 S, St》. [L (STRATUM)]

strátus fráctus 〔気〕 片層雲.

Straus /stráʊs; *G* ʃtráʊs/ シュトラウス **Oscar** [**Oskar**] ~ (1870–1954)《オーストリア生まれの作曲家; のちにフランス・米国で活躍》.

Strauss /stráʊs; *G* ʃtráʊs/ シュトラウス (**1**) **David Friedrich** ~ (1808–74)《ドイツの神学者・哲学者》 (**2**) **Johann** ~ (1804–49), **Johann** ~ (1825–99), **Josef** ~ (1827–70)《オーストリアの作曲家父子》 (**3**) **Richard** (**Georg**) ~ (1864–1949)《ドイツの作曲家》. ◆ **~·ian** *a, n*

stra·vage, -vaig /strəvéɪg/ *vi*《スコ》あてもなくぶらつく. [? *extravage* (obs) extravagate]

Stra·vin·sky /strəvínski/ ストラヴィンスキー **Igor** (**Fyodorovich**) ~ (1882–1971)《ロシア生まれの米国の作曲家》. ◆ **Stra·vín·sky·an, -ski·an** *a*

straw[1] /strɔ́:/ *n* **1 a** わら, 麦わら; わら一本: A drowning man will catch [clutch, grab, grasp, seize, snatch] at a ~ [~s, any ~(s)].《諺》溺れる者はわらをもつかむ / A ~ shows [*S*~*s* tell] which way the wind blows.《諺》わら一本の動きで形勢がわかる, '桐一葉落ちて天下の秋を知る'. **b**《マット・帽子・バッグ・靴などを編む》編組(へんそ)細工用の天然[合成]繊維. **c** わらで作ったもの; 《飲み物を吸う》ストロー;《口》麦わら帽子 (straw hat): a man in white ~ 白い麦わら帽子をかぶった人. **d** (麦)わら色. **e***《俗》マリファナ; *《俗》マリファナタバコを巻く紙. **2** つまらない[たよりない]もの; MAN OF STRAW; 少し: do not care a ~ [two ~*s*, three ~*s*] 少しもかまわない / not worth a ~ 一文の価値もない. ● **as a last ~** 挙句のはてに. **a ~ in the wind** わずかな兆し, 風向き[世論の動向]を示すもの (cf. 1a 用例). **draw ~s** (わら)くじを引く 〈*for*〉. **draw the short ~** 貧乏くじを引く. **in the ~**《古》お産の床について. **make** BRICKS **without ~.** **out of ~**《古》お産が済んで. **split ~s** 些細なことを問題にして争う, 無用な区別立てをする. **the last** [**final**] **~ that breaks the camel's back=the ~ that broke the camel's back=**the LAST STRAW. **throw ~s against the wind** 不可能なことを企てる. ► *a* **1** (麦)わらの, (麦)わら製[色]の. **2***無価値な, つまらない; *まがいの, にせの, 虚偽の; *STRAW VOTE の. [OE *strēaw*; STREW と同語源; cf. G *Stroh*]

straw[2] *vt*《古》STREW.

stráw·bèrry /, -b(ə)ri/ *n* **1 a** [°〈*a*〉] 〔植〕 (オランダ)イチゴ, ストロベリー; いちご色. **b** STRAWBERRY MARK;《俗》酒の飲みすぎでできた吹出物[にきび] (toddy blossom), 《酒による》赤鼻. **2** [*pl*] *《軍俗》まぬけども, 連中: army *strawberries*. [OE *strēa(w)berige* (STRAW[1], BERRY); 匍匐枝が麦わらに似ているためか]

stráwberry báss /-bǽs/ 〔魚〕 BLACK CRAPPIE.

stráwberry blìte [**spìnach**] 〔植〕 赤い漿果をつけるアカザ属の一年草《北米産》.

stráwberry blónd(e) *a* 〈髪が〉ストロベリーブロンドの《赤みがかったブロンド; cf. BLOND(E)》. ► *n* ストロベリーブロンドの人[女性].

stráwberry bùsh 〔植〕 ニシキギ属の低木 (=*bursting heart*)《北米産》.

stráwberry fìnch 〔鳥〕 ベニスズメ (avadavat).

stráwberry gerànium 〔植〕 ユキノシタ (=*mother-of-thousands, strawberry saxifrage*).

stráwberry jàr 側面に苗を植え込むポケット型の口をつけた陶器プランター.

stráwberry léaves″ *pl* [the] 高位貴族の位階《duke, marquis および earl; 冠にイチゴの葉の装飾がついていることから》.

stráwberry màrk 〔医〕 イチゴ状血管腫, 赤あざ.

stráwberry pèar 〔植〕 ビャクレンカク (白蓮閣)《ヒロセレウス属の柱サボテン》; ビャクレンカクの酸味をおびた果実.

stráwberry róan 地色がはっきりした赤の糟毛(かすげ)の馬.

stráwberry sàxifrage STRAWBERRY GERANIUM.

stráwberry shrùb 〔植〕 クロバナロウバイ《花は暗い赤茶色で香りがよい》.

stráwberry sócial* イチゴ親睦会《教会などが催す慈善の集いで, イチゴのデザートが出る》.

strawberry spinach ⇨ STRAWBERRY BLITE.

stráwberry tomàto 〔植〕 ショクヨウホオズキ《北米東部原産》.

stráwberry tòngue 〔医〕《猩紅熱などの》いちご舌.

stráwberry trèe 〔植〕 **a** イチゴノキ (=*madrona*)《欧州原産ツツジ科アルブツス属の常緑低木》. **b** STRAWBERRY BUSH.

stráw·bòard *n* 黄板紙, 黄ボール紙.

stráw bóater かんかん帽.

stráw bòss*《口》小頭(こがしら), 職工長代理; 自分も仕事しながら仲間の監督をする労働者;《口》実権のないボス.

stráw càt 〔動〕 PAMPAS CAT.

stráw còlor 麦わら色, 淡黄色 (=*straw yellow*). ◆ **stráw-còlored** *a* わら色[淡黄色]の.

stráw·flòwer *n* 〔植〕 乾燥[永久]花, 《特に》ムギワラギク《切ってもしおれずもとのままの姿を保つ》.

stráw·hàt* *n, a* 夏期劇場 (=~ **thèater**) (の): a ~ circuit.

stráw hàt 麦わら帽子.

stráw màn MAN OF STRAW.

stráw mùshroom 〔菌〕 フクロタケ《東アジアで広く栽培されるテングタケ科の小型で茶色の食用キノコ》.

stráw-nècked íbis 〔鳥〕 ムギワラトキ《豪州産》.

stráw pláit 麦わらさなだ.

stráw vòte [**pòll**] /; ⸗́ ⸗̀/《投票前にする》非公式世論調査 (cf. *a* STRAW[1] *in the wind*).

stráw wíne ストローワイン《わら床で日干ししたブドウで造るワイン》.

stráw·wòrm *n* 麦などの茎を荒らす虫, 《特に》CADDISWORM, JOINTWORM.

stráwy *a* わらの(ような), わら製の; わらを敷いた[詰めた], わらぶきの; つまらない.

stráw·yàrd *n* 敷きわらをした家畜の囲い地《越冬用》;《口》麦わら帽子.

stráw yéllow STRAW COLOR.

stray /stréɪ/ *vi* **1 a** 道に迷う, さまよう, 迷い出る; はぐれる《(*away*) *from*》; 〈目などが〉無意識に[うつろに]動く. **b** 道からそれる[はずれる]; 脱線[逸脱]する, 〈主題などから〉それる《(*away*) *from*》, 《注意力などが》散漫になる; 人の道を踏みはずす, 堕落する; 浮気する. **2** 曲がりくねる. ► *attrib a* **1** 迷い出た, 迷える; 離ればなれの, 散らばった; 〔電〕〈電流・容量などが〉漂遊の: a ~ dog 野良犬 / a ~ bullet 流れ弾 / ~ hair(s) ほつれ毛, おくれ毛. **2** たまの, ひょっこりやって来る〈顧客・実例など〉; 余計な, 望ましくない. ► *n* **1** 迷子, 迷い出た[所有者不明の]家畜, 野良犬[猫]; はぐれた者, 浮浪者, 無宿人; 一つ同類のものから離れているもの;《古》さまようこと: waifs and ~*s* ⇨ WAIF[1]. **2** 偶然のできごと, 変種; 〔地質〕《油田[ガス田]試掘の際にぶつかる》思いがけない累層, ストレー; [*pl*] 〔通信〕 空電 (static). ◆ **~·er** *n* 迷う人; 迷鳥. [AF *strey*; ⇨ ASTRAY]

Stráy·hòrn ストレイホーン **'Billy'** ~ [**William** ~] (1915–67)《米国のジャズ作曲家・編曲者・ピアニスト; Duke Ellington 楽団の作曲者・アレンジャー》.

stráy lìght 〔光〕《光学機器で発生する》迷光.

stráy lìne 〔海〕《測程索の》贅索(ぜいさく), 漂遊線.

streak[1] /strí:k/ *n* **1 a** すじ, 条, 縞(しま), 線; 光線, 稲妻: a ~ of smoke ひと筋の煙 / the first ~ of dawn 夜明けの初光, 曙光 / ~*s* of lightning 稲妻. **b** 鉱脈, (狭い[薄い])層; 〔鉱〕《条痕板 (streak plate) にこすりつけると見える》条痕; 〔菌〕 画線培養(物); 〔植〕 条斑(病). **2** 傾向, …なところ, …味, 気味, 調子, 要素〈*of*〉: have a ~ *of* …の気味がある / There was a ~ *of* humor in his character. 彼の性格にはユーモラスなところがあった / There is in him a ~ *of* Irish blood. 少しアイルランドの血が混じっている. **3** «口» 期間, 短期間 (spell), 連続 (series): have a ～ of good [bad] luck 少し好運[不運]が続く / be on a winning [losing] ～ 連勝[連敗]中である. **4** «口» ストリーキング. **5** "«口» やせて背の高い人, のっぽ《人》. ● **a (long) ～ of misery** "«俗» やせていやに気むずかしいやつ. **like a ～ (of lightning)** 電光石火のように, すごい速さで (cf. BLUE STREAK). **make a ～ for**…に向かって急ぐ. ► *vt* **1** [ᵁ*pp*] …にすじをつける, 縞[すじ状]にする; 〈髪に〉ポイントカラー[メッシュ]を入れる. **2** «口» 〈場所・劇など〉でストリーキングする. **3** 〘菌〙〈菌などを〉画線培養する. ► *vi* **1** 縞[すじ]になる; 〈髪・ひげなど〉濃淡の縞になる. **2** (稲妻のように)ひらめく; すごいスピードで走る[飛ぶ, 仕事をする]; «口» ストリーキングをする. **3** 続けて経験[達成]する. ♦ **～·er** *n* [OE *strica* pen stroke; cf. G *Strich*]

streak² *n* STRAKE.

stréak càmera ストリークカメラ《瞬間現象撮影用》.

streaked /strí:kt/ *a* 縞[すじ]入りの; *«口» 不安な, 《病気・心配などで》苦しむ, 体をこわした.

stréak·ing *n* ポイントカラー, メッシュ《薬品などで髪の毛の色を部分的に薄くして縞状にすること; cf. FROSTING》; ストリーキング《公衆の面前を突然裸で駆け抜けること》.

stréak plàte 〘鉱〙 条痕板《こすりつけて鉱物の条痕を見るための素焼きの陶器板》.

stréaky *a* **1** すじのついた, 縞のはいった; すじ[縞]状の: ～ bacon" ストリーキーベーコン《縞状に脂肪がはいったベーコン; cf. CANADIAN BACON》. **2** むらのある, 均一でない, あてにならない; おこりっぽい, いらいらした; 〘クリケット〙〈ショットが〉バットの縁で打った. ♦ **stréak·i·ly** *adv* **-i·ness** *n*

stream /strí:m/ *n* **1** 流れ, 流水, 小川: down [up] (the) ～ 下流[上流]へ / Cross the ～ where it is shallowest. «諺» 川はいちばん浅いところを渡れ《無理をせず簡単な方法を選べ》. **2 a** 《空気・粒子・人・車・物資などの》流れ 〈*of*〉; 光線; 流れの方向, 流勢; 趨勢, 傾向, 動向: the ～ of time [times] 時の流れ[時勢] / It is ill striving against the ～. «諺» 流れに抗するは難し / in the ～ 中流に; 時勢に明るい. **b** 《事件などの》連続: in a ～ [～*s*] 続々と. **3** "〘教育〙 能力別クラス. **4** 〘電算〙 ストリーム《データのビット列; cf. STREAMING *a*》. ● **on ～** 〈工場など〉生産[操業]中で. SWIM [**go**] **against** [**with**] **the ～.** ► *vi* 流れる, 流れ出る, 流れ込む; 間断なく続く; 流れるように動く, 続々と行く[やって来る]; 〈涙・汗・雨などが〉流れ下る, したたる 〈*down*〉; ぬれる 〈*with* tears〉; 〈旗などが〉翻る; 〈髪など〉ふさふさとたれる; 〈光が〉流れ[射し]込む; 〈隕石・星など〉光芒を放つ: Water ～*s down* the walls. = The walls ～ *with* water. 壁を伝わって水が流れ落ちる. ► *vt* **1** 流す, 流出させる; 翻す, なびかせる; 《流体で》おおう, いっぱいにする. **2** "〘教育〙〈生徒を〉能力別クラスに分ける; 〘鉱〙 洗鉱する. **3** 〘電算〙 ストリーミング配信[視聴]する. ♦ **～·less** *a* **～·lìke** *a* [OE *strēam*; cf. G *Strom*; IE で 'to flow' の意]

stréam ànchor 〘海〙 中いかり, 中錨(ちゅうびょう).

stréam·bèd *n* 河床(かしょう).

stréam·er *n* **1** 流れるもの; 吹流し, 長旗; 翻る飾り, 飾りリボン; 《汽船出発の際に用いる》テープ; 細長い小枝[雲など]; 〘新聞〙 BANNER; 〘釣〙 ストリーマー《小魚を模した毛針》. **2** 《極光などの》射光, 流光; 《皆既日食の間だけ見られる》コロナの射光; 〘電〙 ストリーマー《気体放電の一種》; [*pl*] AURORA BOREALIS. **3** 〘電算〙 TAPE STREAMER.

stréamer chàmber 〘理〙 ストリーマーチェンバー《気体放電を利用した荷電粒子飛跡観測装置》.

stréamer flỳ 小魚に似せた毛針.

stréamer wèed 〘植〙 長い葉が水流に揺れる淡水生植物, 《特に》WATER CROWFOOT.

stréam·ing *n* 流れ; "〘教育〙 能力別クラス編成 (tracking*); 〘生〙 CYCLOSIS. ► *a* 〈かぜが〉はなみずや涙が多量に出る; 〘電算〙 ストリーミングの《音声・動画データを配信する際に, 全データのダウンロードを待つ必要がなく, 受信しながら同時に再生できる配送方式》.

stréam·let *n* 小川, 小さな流れ.

stréam·lìne *n* 流線; 流線型; [〈*a*〉] 流線型の. ► *vt* 流線型にする; 現代風にする; 〈組織・活動・システムなどを〉能率的にする, 合理化[簡素化, スリム化]する, すっきりさせる.

stréam·lìned /, ━́ ━̀ ━/ *a* 流線型の(優美な)曲線をなす; 最新式の; 能率化[合理化]された, 簡素化[すっきり]した; STREAMLINE FLOW の[に関する].

stréamline flòw 〘流体力学〙 流線流, 層流《流体中の各部分が乱れや混合を起こさない流れ》, 《特に》LAMINAR FLOW.

stréam·lìner *n* 流線型列車[バス].

stréam of cónsciousness [the] 意識の流れ; 内的独白 (interior monologue). ♦ **stréam-of-cónsciousness** *a* 意識の流れ[内的独白]の: a *stream-of-consciousness* novel [technique] 「意識の流れ」の小説[技法].

stréam·sìde *n* 川のほとり, 河岸.

stréam tàble 流体の動きと地学的過程を研究するための砂・土・水などを入れた盆.

stréam·wày *n* 《河川の》流床; 《河川流の》主流.

stréamy *a* 流れ[水流]の多い; 川のように流れる; 翻る; 光[光線]を発する. ♦ **stréam·i·ness** *n*

streek /strí:k/ «スコ» *vt* 〈四肢を〉拡げる; 《ものを取ろう[差し出そう]として》〈手・腕を〉伸ばす; 〈死体を〉横たえる. [*stretch* の ME 期北部方言形]

streel /strí:l/ «主にアイル» *vi* さまよう, うろつく, ぶらぶらする; 漂う. ► *n* だらしのない人物[女], ふしだらなやつ, 娼婦. [? Ir *straoillim* to trail]

Streep /strí:p/ ストリープ **Meryl ～** (1949–)《米国の女優; 本名 Mary Louise ～》.

street /strí:t/ *n* **1 a** 街(まち), 通り, 街路, …街, …通り《通例 St. と書き, 第二強勢しかない: Oxford *St.* /-strì:t/; cf. AVENUE》. **b** 道路, 往来, 車道. **2 a** [the] 大通り, 本通り; «古» 街道; WATLING STREET. **b** 《商業などの》中心地区; [the S-] "«口» FLEET STREET, "«口» LOMBARD STREET, *«口» WALL STREET, *«俗» 《都市の》歓楽街; [the S-] *«俗» 《New York 市の》BROADWAY. **c** [the ～(s)] «俗» 《刑務所に対して》シャバ, 《悪徳のはびこる》きたない世の中, 《売春・麻薬売買・犯罪などが日常的な》都会の街路, 貧民街, ストリート: keep kids off the ～*s* 子供をあぶない通り[悪い場所]から遠ざける. **3** 町内の人びと, 街へ足しげく通う人. **4** [〈*a*〉] 街路(で)の, 通りで働く[生活する, 演奏する]; 通りに面した〈ドア〉; ふだん外出用の〈服など〉, 《婦人服が》丈がひざ[ふくらはぎ, くるぶし]までで地面につかない; 〘医〙 STREET VIRUS による: a ～ corner [map] / ～ fighting [music] / a ～ band. ● **by a ～** "大差で: win *by a* ～. EASY STREET. **in the ～** 〘取引所〙 時間後に仕事をしている. **live in the ～** 外出がちである. **the** MAN¹ **in** [**on**] **the ～. not in the same ～** «口» 〈…には〉はるかに及ばない 〈*with, as*〉. **on** [**in**] **the ～** 住む所がなくて, ホームレスで; ぶらぶらして, あぶれて; «俗» 《刑務所から》シャバに出て, 自由の身で. **on the ～** *«俗» 広く知られて: put…*on the* ～ …をみんなに知らせる, おおっぴらにする / It's *on the* ～. **on the ～s** 路頭に迷って, 宿無しで; 街娼をして. **(right** [**just, bang**]**) up** [**down**] **one's ～** [**alley**] «口» (まさに)お手のもの[うってつけ]で, 最も得意とするところで, (ぴたり)好み[興味, 柄]に合って. **take it to the ～** «口» 問題をだれかれなく話す, 私的な争い事を公的な場に持ち込んで争う. **take to the ～s** 街頭行動[デモ]を行なう[に加わる]. **the ～ paved with gold** すぐに金持になれる[景気のよい]街. WALK **the ～s.** WOMAN OF THE STREET(s). **work both sides of the ～** *«口» 〈政治家などが〉矛盾する立場[態度]をとる, 二股かける. ► *adv* [～s] "«口» はるかに, ずっと: ～*s* ahead of [better than, above]…よりずっといい[進んでいる] / ～*s* apart まるきり異なって. [OE *strǣt*<L *strata* (*via*) paved (way) (⇨ STRATUM); cf. G *Strasse*]

stréet acàdemy* ストリートアカデミー《高等学校を中退した生徒に教育を続けるために細民街などに設けた学校》.

stréet addrèss 居住地[連絡先]住所, 所在地住所.

stréet Àrab /, -èɪ-/ [ᵒs- a-] «古» 宿無し子, 浮浪児.

stréet·bòard *n* ストリートボード《3 枚の板を直列に組み合わせたものに車輪が付いたスケートボードに似た乗物; cf. SNAKEBOARD》. ♦ **-bòard·ing** *n*

stréet-brìght *a**«俗» STREETWISE.

stréet bròker 場外取引人.

stréet·càr* *n* 路面[市街]電車 (tram").

Stréetcar Nàmed Desíre [A ～] 『欲望という名の電車』《Tennessee Williams の戯曲 (1947); 南部の没落農園の娘である Blanche DuBois が New Orleans の妹を訪れ, その夫 Stanley に陵辱されて気が狂う》.

stréet-càst·ing *n**«俗» 役者[モデル]としてしろうとを使うこと, しろうとの起用.

stréet chìld [ᵁ*pl*] 《街路に寝起きする》浮浪児, みなしご.

stréet Chrìstian* 放浪[街頭]クリスチャン《Jesus Movement 参加者》.

stréet clèaner 街路清掃人.

stréet clùb* 一街区内の補導をうけている少年たち.

stréet crèd /-krèd/ «口» STREET CREDIBILITY.

stréet credibìlity ストリートカルチャーを形成する人たちの間での人気[信用], その時々の流行[社会的関心事など]に通じていること.

stréet crỳ [*pl*] 呼び売り商人の声.

stréet cùlture ストリートカルチャー《都市環境で生活する若者の間ではやっている価値観[ライフスタイル]》.

stréet dòor 街路に接した表戸口.

stréet·ed *a* 通り[街路]のある.

stréet entertàiner 大道芸人. ♦ **stréet entertàinment** 大道芸.

stréet·er *n**«俗» 都会のホームレス.

stréet fàir «俗» 街頭市(いち)《屋台などが立つ, 街の祭り》.

stréet fìghter 街の闘士《ボクサーとは異なり, 街頭で行なうけんかでなぐり合いの技術をおぼえた者》; 戦闘的な人, けんかじょうず.

stréet fùrniture 街路備品, ストリートファニチュア《屋根付きのバス停・街灯・くず入れなど》; *«俗» 《まだ利用できる》路上廃棄家具.

stréet gàng ストリートギャング《チンピラ・暴走族の類の, メンバーの年齢が若いならず者集団》.

stréet gìrl 売春婦, 街娼.

stréet hòckey ストリートホッケー《ローラースケートを履いた 6 人

チームで対戦するアイスホッケーに似た屋外ゲーム).
stréet jèwellery" 《蒐集の対象としての》琺瑯(ほうろう)の看板.
stréet-lègal *a* 〈車が〉車両法に適合した.
stréet-lèngth *a* 街で着るのにふさわしいスカート丈の, ストリートレングスの (cf. FULL-LENGTH).
stréet lìfe 街の生活《大都市の細民街などに多くの人びとが集まって暮らす生活》.
stréet·lìght, -làmp *n* 街灯.
stréet·man /-mən/ *n**《俗》街頭で稼業をする小物の犯罪者《スリ·麻薬売人など》.
stréet nàme **1**〖証券〗仲買人名義, 証券業者名義, 名義貸し《譲渡手続きを簡素化するためまたは担保とするために, 顧客名義ではなく株式仲買人名義となっている有価証券を表わす語》. **2**《種々の麻薬の》通り名, 街頭名.
stréet òrderly" 市街清掃夫 (scavenger).
stréet pàrty 《国家的·地域的な祝祭の時に》通りで開かれるパーティー, 街頭祝典.
stréet pèople *pl* 街[住宅密集地, ゲットー]の住民; ホームレスの人びと.
stréet piàno ストリートピアノ (=*hurdy-gurdy*)《街路上で奏する手回しピアノ》.
stréet prìce 市価; 《麻薬などの》末端価格.
stréet ràilway 市街電車[バス]会社.
stréet·scàpe *n* 街[街路]の光景; 街景写真, 街の絵.
stréet-smàrt *a**《俗》STREETWISE.
stréet smàrts *pl**《口》都会で生きていくためのしたたかさ.
stréet swèeper 街路掃除人[機].
stréet tàlk 街中のうわさ; スラング.
stréet thèater GUERRILLA THEATER.
stréet tìme 《俗》シャバにいられる間《執行[判決]猶予期間》.
stréet tràder STREET VENDOR. ♦ **-tràding** *n*
stréet ùrchin STREET ARAB.
stréet vàlue 市価(相場), 闇値; 《麻薬などの》推定末端価格.
stréet vèndor 街頭商人, 露天商.
stréet vìrus 《固定ウイルス (fixed virus) と区別して》街上ウイルス, 街上毒.
stréet·wàlk·er *n* 売春婦, 街娼. ♦ **stréet·wàlk·ing** *n* 売春(生活).
stréet·ward *adv, a* 通りの方へ[の].
stréet·wìse *a* 都会で生きていくためのしたたかさ[術(すべ)と才覚]をもった, 都会生活の心得のある; 新しい都会文化に通じている.
stréet·wòrk·er *n* 《米·カナダ》街頭補導員《非行少年や悩みをもった少年を補導する社会奉仕家》.
Stre·ga /stréigə/〖商標〗ストレーガ《イタリア産のオレンジ風味のリキュール》.
Strei·cher /ʃtráikər, strái-; *G* ʃtráiçər/ シュトライヒャー **Julius** ～ (1885–1946)《ナチのジャーナリスト·政治家; 1919 年以来 反ユダヤ宣伝を行なう; 戦後戦犯として絞首刑になった》.
Strei·sand /stráizənd, -zænd; -sænd/ ストライサンド **Barbra** ～ (1942–)《米国の歌手·映画女優》.
stre·lit·zi·a /strəlítsiə/ *n*〖植〗ゴクラクチョウカ属 (*S-*) の各種草本, ストレリチア《バショウ科; 南アフリカ原産》. [Charlotte Sophia, Princess of Mecklenburg-*Strelitz* (1744–1818) にちなむ]
streng·ite /stréŋgàit/ *n*〖鉱〗ストレング石《リン酸鉄石》. [Johann A. *Streng* (1830–97) ドイツの鉱物学者]
strength /stréŋ(k)θ/ *n* **1 a** 力 (force), 強さ; 体力; 《城·要塞などの》攻撃に耐える力, 抵抗力, 堅固さ; 《物の》がんじょうさ, 耐久力, 強度; 《薬品·酒·音·色·香りなどの》強度, 濃度: a man of great ～ 大力の男. **b** 気力; 威力, 影響力; 《法律·薬などの》効果, 《議論などの》説得力; 知力, 能力; 道義心, 勇気; 《芸術作品の》力強さ, 表現力. **c** 強み, 長所; 力となるもの, たより, 支え (support): the ～*s* and weaknesses of theory / God is our ～. 神はわれらの力なり. **2 a** 兵力, 人数, 人手; 優勢, 多勢: What is your ～? きみのほうの人数は? **b**《古·詩》とりで. **3** 真意, 本当の意味: get the ～ of…の真相をつかむ. **4**《通貨·株·商品相場などの》強さ, 勢い; 《俗》《高く売りつけて得られる》もうけ. **5**〖ブリッジ〗《手札の》強さ. ● **at full** ～ 全員そろって, 勢ぞろいして. **below [under]** ～ 人手不足で; 定員を欠いて; 兵力[戦力]が不足して. **by main** ～ **(and awkwardness)**=by main FORCE. **from** ～ 強い位置[立場]から. **Give me** ～**!**《口》もう我慢ならん! **go from** ～ **to** ～ 急速に力をつけて[名を揚げて]くる (*Ps* 84: 6). **in (full [great])** ～ 全員[大勢]そろって, 大挙して. **on the** ～〖英軍〗兵籍に編入されて; 団体[会社など]に所属して. **on the** ～ **of**…を力[もと]に, …に援助されて[力を得て]; …しそうになって. [OE *strengthu* (⇨ STRONG); cf. OHG *strengida*]
stréngth·en *vt, vi* 強くする[なる]. ♦ ～**·er** *n*
stréngth·less *a* 力のない, 無力な. ♦ ～**·ness** *n*
stren·u·ous /strénjuəs/ *a* 精力的な; 奮闘的な, 熱心な; 努力を要する, 困難な, 激しい: make ～ efforts 奮闘する, 大いに骨折る. ♦ ～**·ly** *adv* ～**·ness** *n* **stren·u·os·i·ty** /strènjuásəti/ *n* [L *strenuus* brisk]
strep /strép/ *a, n*《口》連鎖球菌(の) (streptococcus).
Streph·on /stréfɑn; -ən/ **1** ストレフォン《Sir Philip Sidney, *Arcadia* 中の, 恋人を失って嘆く羊飼い》. **2**《田舎者の》恋に悩む男. ● ～ **and Chloe** 恋人どうし.
strep·i·to·so /strèpətóusou/〖楽〗*adv, a* 騒々しく[騒々しい], やかましく[やかましい], ストレピトーソで[の]. [It]
strep·i·tous /strépətəs/, **-i·tant** /-ətənt/ *a* 騒々しい.
strepo·gen·in /strèpədʒénən/ *n*〖生化〗ストレポゲニン《細菌·ハツカネズミの成長を促進するペプチド》.
strep·sip·ter·al /strɛpsípt(ə)rəl/, **-ter·an** /-t(ə)rən/, **-ter·ous** /-t(ə)rəs/ *a*〖昆〗ネジレバネ類[目] (Strepsiptera) の[に関する].
strept- /strépt/, **strep·to-** /stréptou, -tə/ *comb form*「よった (twisted)」「連鎖球菌」[Gk *streptos* twisted (*strephō* to turn)]
strép thròat *《口》SEPTIC SORE THROAT.
strèpto·bacíllus *n* 連鎖桿菌.
strep·to·car·pus /strèptəkɑ́:rpəs/ *n*〖植〗ウシノシタ, ストレプトカーパス (=*Cape primrose*)《アフリカ·アジア原産のイワタバコ科ウシノシタ属 (*S-*) の各種の一年草[多年草]; 白·淡紅色などの派手なじょうご状の花をつけ観賞用に栽培される》.
strèpto·cóccus *n* (*pl* **-cócci**) 連鎖球菌. ♦ **-cóc·cic** /-kák(s)ɪk/, **-cóc·cal** /-kákəl/ *a*
strep·to·dor·nase /strèptoudɔ́:rnèɪs, -z/ *n*〖生化〗ストレプトドルナーゼ《連鎖球菌に含まれる核酸分解酵素》. [*deoxyribonuclease*]
strèpto·kínase *n*〖生化〗ストレプトキナーゼ (fibrinolysin)《連鎖球菌から採った繊維素分解酵素》.
strèpto·lýsin *n*〖生化〗ストレプトリジン《連鎖球菌から得られる溶血素》.
strep·to·my·ces /strèptoumáisì:z/ *n* (*pl* ～)〖菌〗ストレプトミセス属 (*S-*) の放線菌. [Gk *mukēs* fungus]
strèpto·mýcete /, -maisí:t/ *n*〖菌〗ストレプトミセス科の放線菌.
strèpto·mýcin *n*〖薬〗ストレプトマイシン《抗生物質; 結核などに対する特効薬》. [*streptmyces, -in*]
strèpto·ní·grin /-náigrən/ *n*〖生化〗ストレプトニグリン《放線菌より得られる核酸に有害な抗生物質》.
strèpto·thrí·cin, -thrý·sin /-θráis(ə)n, -θrís-/ *n*〖薬〗ストレプトトリシン《抗生物質》. [*thrix-, -in*]
strèpto·va·rí·cin /-vəráis(ə)n/ *n*〖薬〗ストレプトバリシン《放線菌より得られる結核治療用抗生物質》.
strèpto·zót·o·cin /-zátəsən/ *n*〖生化〗ストレプトゾトシン《ストレプトミセス属の放線菌から単離される, 抗腫瘍性·糖尿病誘発性をもった広域スペクトルの抗生物質》.
Stre·sa /stréizə/ ストレーザ《イタリア北西部 Piedmont 州北東部, Maggiore 湖西岸にある町; 保養·観光地》.
Stre·se·mann /stréizəmɑ̀:n, ʃt-/ シュトレーゼマン **Gustav** ～ (1878–1929)《ドイツの政治家; 第一次大戦後外相として協調外交を進めた; ノーベル平和賞 (1926)》.
stress /strés/ *n* **1 a** 圧迫, 強制;〖理〗圧力;〖機〗応力; (圧力による) ひずみ: under (the) ～ of weather [poverty] 天候険悪のため[貧に迫られて]. **b** 緊張, ストレス; 緊急: in times of ～ 非常時に; 《商況の》繁忙期に / ～ disease ストレス病 / ～ management ストレス管理. **2** 力説, 強調, 力, 重み, 力点, 重点;〖音〗強勢, 強め, 語勢, アクセント;〖韻〗強勢, 強勢のある音節;〖楽〗アクセント(記号), ビート. **3**《古》努力, 奮闘. ● **lay [put, place] (a)** ～ **on**…を力説[強調]する. **No** ～**.***《俗》何でもないよ, 問題ないさ (No problem.). ► *vt* **1** 強調する, 力説する;〖音〗…に強勢[アクセント]をつける (accent). **2** 緊張させる, …にストレスを加える, ストレスで疲れさせる 〈*out*〉;〖機〗…に圧力[応力]を加える. ► *vi* ストレスに悩む 〈*out*〉. [distress or OF *estresse* narrowness, oppression; ⇨ STRICT]
-stress /strəs/ *n comb form* -STER の女性形: song*stress*. [*-str* -STER, *-ess*]
stréss àccent〖音〗《英語などの》強さアクセント (cf. TONIC [PITCH] ACCENT).
stréss corròsion〖冶〗応力腐食《応力により誘発·促進される腐食》: ～ cracking 応力腐食割れ.
stréss dìagram 《応力計算の》応力図.
stréssed *a* stress のかかった[ある]; STRESSED-OUT.
stréssed-óut *a* ストレスで疲れきった, ストレスがたまった.
stréssed skín〖空〗応力外皮(構造) (cf. MONOCOQUE).
stréss fràcture〖医〗疲労骨折《繰り返しあるいは長時間圧迫をうけることによって生じる足の骨などの毛細状のひび; 陸上競技走者·ダンサーなどに多い》.
stréss·ful *a* 緊張[ストレス]の多い. ♦ ～**·ly** *adv* ～**·ness** *n*
stréss incòntinence〖医〗緊張[腹圧](性)尿失禁《せきをしたりとびはねたりして急に腹圧が上がった時に不随意に起こる尿失禁; 経産婦や高齢の女性に多くみられる; cf. URGE INCONTINENCE》.
stréss·less *a* 圧迫のない; 緊張[ストレス]のない; 強勢[アクセント]のない. ♦ ～**·ness** *n*
stréss màrk〖音〗強勢[アクセント]記号.
stress·or /strésər, -ɔ̀:r/ *n* ストレッサー《STRESS をひき起こす刺激》.
stréss-stráin cùrve 応力度-ひずみ度曲線, 応力ひずみ曲線.
stréss tèst ストレステスト《**1**〖医〗ストレス下における心臓機能のテ

スト **2**) 負荷や圧力のもとにおけるシステム・機械・ソフトウェアの機能の評価 **3**)《経》銀行に対する健全性審査). ◆ **stréss-tèst** *vt*

stréss-tìmed *a*〘音〙〈言語が強勢によるリズムをもった《強勢のある音節が, その中間の非強勢音節の数に関係なく, 一定の時間間隔をおいて現われる; cf. SYLLABLE-TIMED》.

stréss-vèrse *n*《音節数不定の》強勢アクセント詩.

stretch /strétʃ/ *vt* **1 a**〈綱などを〉引き伸ばす, 引っ張る; ぴんと張る; 張り渡す; 〈手足などを〉伸ばす, 広げる; 〈手を〉差し伸べる, 差し出す〈*out* (*to*)〉; 〈口などを〉大きく開く; 無理に伸ばす[広げる]; 〈能力などを〉伸ばす; 無理に伸ばして〈筋などを〉いためる; 緊張させる: ~ sb's patience 人に我慢を強いる. **b**《口》のす, 大の字に倒す〈*out*〉; *《俗》バラす (kill); 《方》〈死人〉の手足をまっすぐ伸ばす; 《古・口》縛り首にする, つるす (hang): ~ sb on the ground. **2**〈パイプラインなどを〉敷く, 広げる (extend); 拡大する; 延長する, 延期する〈*out*〉; 〈食料・金を〉やりくりしてつかう, 長持ちさせる; 《走って》〈単打を〉長打にする. **3** 拡大解釈する; 〈信用などを〉悪用する; 《口》誇張する: ~ the truth 真実を曲げる / That's ~*ing* it a bit. そりゃちょっとオーバー[やりすぎ]だ. ► *vi* **1** 手(足)を伸ばす; (背)伸びをする; 大の字に寝る〈*out*〉; 《古・口》縛り首になる. **2 a** 伸びる; 伸縮性がある: These gloves want ~*ing*. この手袋はよく伸びない. **b**《空間的・時間的に》広がる, 〈線が〉伸びている, 〈土地が〉広がっている〈*for, across, along, over, forth*〉; 〈時が〉続く, わたる〈*over*〉; 〈金・物質などが〉続く, もつ, 届く〈*to*〉: The forest ~*es* (*away* [*out*]) *for* miles. 森林は何マイルも続いている. **3** 勢いよく進む; 〈船が〉帆走する; 《口》ほらを吹く. ● **be ~ed for**…が不足している. **~ a** POINT. **~ out** (…の)手足[体]を伸ばす (cf. *vt* 1a); 大股に歩き始める; 力漕する; 〈金・食料などを[が]〉もたせる[もつ], 間に合う(ようにする); 《俗》のびのびと演奏する, 羽を伸ばす, 気持をまる出しにする: He ~*ed* him*self out* on the lawn. 芝生の上に大の字に横たわった. **~ oneself** 伸びをする, 手足を伸ばす; 全力を尽くす. **~ one's** LEGS. ► *n* **1 a** 伸ばすこと, 伸ばし, 張り, 伸び, 引っ張り; 拡張; 伸縮性; 体[手足, 足腰など]を伸ばすこと, 柔軟体操; 〘野〙《投手の》ふりかぶり; 《投手の》セットポジション; 《疲れをいやす》散歩: pitch from the ~ セットポジションから投球する. **b** 緊張: bring…to the ~ …を張りつめる / on the (full) ~ 緊張して / put [set] sb on the ~ 人に全力を出させる. **c** 無理[最大限]に使うこと; 拡大解釈; 濫用. **d**《口》無理(なこと): It would be a financial ~. 経済的にむずかしい. **2 a** 範囲, 限度; 極度; 広がり; 〘海〙ひと間切りの区間; *〘競技〙直線コース, [the] 最後の直線コース (homestretch) (cf. BACKSTRETCH): a wide ~ of water 広々と続く水面 / in the ~ 追い込みで, 最終段階で. **b** 一気, ひと息, 一度, ひと続きの仕事[努力, 時間]; 《俗》懲役, 禁固; 《俗》刑期, "1 年の刑期; 《野球・選挙などの》最後の追い込み: for a long ~ of time 長時間にわたって / do half a ~ "《俗》半年の刑期をつとめる. **3** [*pl*]《俗》ズボン吊り; 《口》車体を長くしたリムジン (stretch limo). ● **at a ~** 一気に; at full STRETCH. **at full ~** 体をできるかぎり伸ばして; 全力を出して: The factory is (working) *at full* ~. **by no** [**not**(…)**by any**] **~ of the imagination** どんなに想像力をたくましくしても[どう考えても]…でない.
► *a* 伸縮性のある: ~ fabric.
◆ **~·able** *a* **~·abílity** *n* [OE *streccan*; cf. STRAIGHT, G *strecken*]

strétch cóveralls* *pl* ストレッチカバーロール (BABYSTRETCH).

strétch·er *n* **1** 伸ばす[張る, 広げる]人; 張り器, 伸張具, 手袋張り器, 靴[帽子]の型つけ. **2 a** 張り材, 突っ張り; 《机・椅子の脚を結ぶ》横桟; 《ボートの》足掛け; 《傘の》骨; 《煉瓦[石]造り壁の》長手積みにした煉瓦[石] (cf. HEADER); 《塀などの》露側石. **b** 担架, ストレッチャー; カンバス[画布]台; 《豪》折りたたみ式ベッド: on a ~ 担架に乗って. **c**《俗》首 (neck); 〘釣〙先糸 (leader) の先端に付ける毛針. **3**《口》ほら, 大うそ. ► *vt* 担架で運ぶ.

strétch·er-bèar·er *n* 担架を運ぶ人, 担架兵.

strétcher [**strétch·ing**] **bònd** 長手積み《表に煉瓦の長手面を出す》.

strétcher pàrty 担架隊.

strétch lìmo 《口》STRETCH LIMOUSINE .

strétch lìmousine 車体を長くしたリムジン.

strétch màrks *pl* 伸展線《急激に肥満した場合や妊娠した場合に腹部・腿・乳房などに生じる線状の浅い裂創; 妊婦の場合は '妊娠線' という》.

strétch-òut* *n*《賃金の比例的増加を伴わない》労働強化; 引延ばし(戦術), 《一定量の生産のための時間を故意に引き延ばす》生産遅延; ローンの返済期間の延長.

strétch recèptor 〘解〙《筋の》伸展[伸張]受容器.

strétch rèflex 〘生理〙《筋肉の》伸展[伸張]反射.

strétch rùnner 〘競馬〙ホームストレッチで強い馬, 追い込み馬, 後行馬.

strétchy *a* 伸びる, 弾力のある; 伸びすぎる, 伸びやすい; 〈豚が〉胴の長い. ◆ **strétch·i·ness** *n*

stret·to /strétoʊ/, **stret·ta** /-ə/ 〘楽〙 *n* (*pl* **-ti** /-ti/, **-tos**) ストレッタ《**1**) フーガの終結部で主題・応答が重なり合って緊迫すること[部分] **2**) テンポが速くなり緊張感が増す終結部》. ► *adv* [stretto] 速めて, ストレットで. [It＝narrow]

streu·sel* /strúːs(ə)l, -z(ə)l, strɔ́ɪ-, ʃtrɔ́ɪ-/ *n* シュトロイゼル《バター・砂糖・小麦粉などで作ったコーヒーケーキの上に載せる飾り》. [G ＝something strewn]

strew /strúː/ *vt* (**~ed**; **strewn** /strúːn/, **~ed**) まき散らす, ばらまく〈*on, over*〉; 〈…を〉…にまき散らす, …に振りかける〈*with*〉; 《詩・文》…(の表面)に散らばる; 広める: ~ sand *on* the surface＝~ the surface *with* sand 表面に砂をまき散らす. ◆ **~·er** *n* [OE *stre(o)wian*; cf. G *streuen*]

stréw·ment *n* 《古》ばらまくもの《花など》.

stréwn fíeld テクタイト (tektites) を多く産出する地域, テクタイト飛散地域.

'strewth, strewth /strúːθ/ *int* 《口》'STRUTH.

stria /stráɪə/ *n* (*pl* **stri·ae** /-ìː/) (細い)溝; 〘地質・鉱〙条線 (＝*striation*); 〘医〙線, 線条, 《筋肉の》すじ; 〘建〙《円柱の溝と溝との間の》あぜ (strix). [L＝furrow, channel]

stri·a·tal /straɪéɪtl/ *a* 〘解〙線条体 (corpus striatum) の.

stri·ate *vt* /stráɪèɪt/ …に線[すじ, 溝]をつける. ► *a* /stráɪət, -èɪt/ STRIATED.

strí·at·ed *a* 平行に走るすじ[溝]のある; 横紋筋の.

stríated múscle 横紋筋 (cf. SMOOTH MUSCLE).

stri·a·tion /straɪéɪʃ(ə)n/ *n* すじづけ, 筋入り; 筋具合; 線紋, 条痕, 層紋; 《横紋筋の》筋原繊維; 細溝縞(じま); 〘地質〙条線 (stria); 〘電子工〙光条.

stri·a·tum /straɪéɪtəm/ *n* (*pl* **-ta** /-tə/) CORPUS STRIATUM.

strib /stríb/ *n**《俗》看守.

strick /strík/ *n* すき分けた亜麻[インド亜麻, 大麻]の束; 《くしけずった層から取り出した》絹織維束.

strick·en /strík(ə)n/ *v* 《古》STRIKE の過去分詞. ► *a* **1**《弾丸などで》撃たれた, 傷ついた, 手負いの; 不幸[恐怖]に襲われた; 使えなくなった, 廃用の: ~ heart 悲しみにうちひしがれた心 / ~ *with* disease 病気にかかった / terror-~ 恐怖に襲われた. **2** 中身がちょうど升目いっぱいの, すり切りの. ● **~ in years** 《古》年老いた. ◆ **~·ly** *adv*

strícken fíeld 《文》戦場 (battleground); 互角の激戦.

strick·le /strík(ə)l/ *n*《升の》斗かき (cf. STRIKE *vt*); 《鋳型用の》掻き板, 引き板; 《大鎌用の》棒砥石. ► *vt* 斗かきで除く.

strict /stríkt/ *a* きびしい, 厳格な, きちょうめんな (opp. *loose*); 厳密な, 精密な; 全くの, 完全な, 徹底的な; 《古》〈抱擁など〉固い, 親密な; 《古》狭い; 〘植〙垂直の: be ~ with one's pupils 生徒たちにきびしい / in the ~ sense 厳密な意味で(の), 厳密に言えば / in the ~*est* confidence ごく内密に / in ~ secrecy 極秘で. ◆ **~·ness** *n* [L *strict- stringo* to draw tight]

stríct constrúction 〘法〙《法律や文書の, 法廷による》厳格解釈. ◆ **stríct constrúctionist** *n*

stríct cóunterpoint 〘楽〙厳格対位法.

stríct implicátion 〘論〙厳密含意《「A ならば B」という含意を表わす命題をより厳密に「A であって B でないことは不可能である」と解釈しなおしたもの; □ (A→B) と記す》.

stric·tion /strík∫(ə)n/ *n* 締めつけ, 圧縮.

stríct liabílity 〘法〙厳格責任, 無過失責任《発生した事故などについて, 故意・過失の立証を要することなく行為者に負わせられる責任; 製造物責任 (product liability) がその一例》.

stríct·ly *adv* きびしく; 厳密に; *《口》断固として, きっぱりと; 《ジャズ俗》とてもよく, きっちりと, うまく; 厳密に言えば: ~ forbidden 固く禁じられて. ● **~ speaking**＝**speaking ~** 厳密に言えば; 規則によれば.

stric·ture /stríktʃər/ *n* **1**〘医〙狭窄(症) (constriction), 狭窄部; 〘音〙《声道の》せばめ. **2** [ᵁ*pl*] 非難, 酷評: pass ~*s on*…を非難する. **3** 拘束(物), 制限: moral ~*s* 道徳的束縛, 戒め. ◆ **stríc·tured** *a* [L; ⇨ STRICT]

stride /stráɪd/ *v* (**strode** /stróʊd/; **strid·den** /strídn/) *vi* 大股に歩く〈*into, out of*〉(cf. TROT¹); またぎ越す〈*over* [*across*] the ditch〉; またがる; 《ボートレースで》リズムに乗る. ► *vt* 〈溝などを〉またぐ, またぎ越す; 〈街など〉闊歩する; 大股で〈…マイルなど〉踏破する; 《古・詩》〈物〉にまたがる, またがって立つ. ► *n* **1** 大股に歩くこと, 闊歩; 大股の一歩; 《動物の》ひとまたぎ, ひと駆け; 《ボートの》ひとこぎ; 《横・縦の》ひとまたの幅; [*fig*] いつもの調子, [ᵁ*pl*] 進歩: at [in] a ~ ひとまたぎで. **2**〘ジャズ〙STRIDE PIANO. **3** [*pl*]《豪口》ズボン (trousers). ● **break (one's) ~** 歩調を変える[ゆるめる]. **get into one's ~**"＝**hit one's ~*** 本来の調子を出す. **lengthen** [**shorten**] **one's ~** 速度を上げる[ゆるめる]. **make great** [**rapid**] **~s** 長足の進歩をする. **match** sb **~ for ~** 互角に戦う. **put off** sb's **~** [**stroke**]《口》人の足取りを乱れさせる[リズムを狂わせる]. **take…in (one's) ~** 苦もなく〈障害などを〉乗り越える, 平常のやり方を乱さずに[冷静に]…を処理する[扱う]. ► *a* STRIDE PIANO のスタイルの. ◆ **stríd·er** *n* ⁺[*pl*]《俗》ズボン. [OE *strīdan*; cf. MLG *strīden* to straddle, G *streiten* to fight]

stri·dent /stráɪdnt/ *a* 耳ざわりな, きしむ, キーキーいう; どぎつい, 不快な, 露骨な; 〘音〙歯擦音の. ◆ **~·ly** *adv* **strí·den·cy, -dence** *n* [L *strido* to creak]

stríde piàno 〘ジャズ〙ストライド奏法《右手はメロディーを弾き, 左手は 1・3 拍でベース (主に 基音) を, 2・4 拍ではベースから 1 オクターブ以上離れたところで和音を, 鍵盤をまたぎ越すように弾くピアノ奏法》.

stri·dor /stráɪdər, -dɔ̀ːr/ *n* 〘医〙喘鳴(ぜんめい); 《文》ギシギシ[キーキー]いう音, きしり声. [⇨ STRIDENT]

strid·u·lant /strídʒələnt; -dju-/ *a* STRIDULOUS.

strid·u·late /strídʒəlèɪt; -dju-/ *vi* 〈昆虫が〉《翅をこすり合わせて》ギシギシとかん高い音を出す. ♦ **strìd·u·lá·tion** *n* 摩擦発音(作用); 摩擦音. **strid·u·la·to·ry** /strídʒələtɔ̀ːri; -djulèɪt(ə)ri/ *a* [F＜L; ⇨ STRIDENT]

strid·u·lous /strídʒələs; -dju-/ *a* ギーギーと耳ざわりな音をたてる; 〘医〙喘鳴 (stridor) の. ♦ **~·ly** *adv* **~·ness** *n*

strife /stráɪf/ *n* 争い, 不和, 敵対; 競争 (contest); 《豪》困ったこと, もめごと; 《古》努力, 奮闘: be at ~ 争っている, 仲が悪い 〈*with*〉. ♦ **~·less** *a* [OF *estrif*＜? STRIVE]

striges *n* STRIX の複数形.

strig·i·form /strídʒəfɔ̀ːrm/ *a* 〘鳥〙フクロウ類の.

strig·il /strídʒəl/ *n* 〘古ギ·古ロ〙《浴場の》肌かき器; 〘建〙《古代ローマの》S 字形溝彫り装飾; 〘昆〙《ハチなどの前脚末にある》脛節櫛歯(しつ). [L (*stringo* to graze)]

stri·gose /stráɪgòʊs/ *a* 〘植〙剛毛のある, 粗面の〈葉など〉; 〘動〙細溝のある.

stri·gous /stráɪgəs/ *a* 〘植〙STRIGOSE.

Strij·dom /stráɪdəm, stréɪ-/ ストレーダム **Johannes Gerhardus** ~ (1893–1958)《南アフリカの政治家; 南アフリカ連邦首相 (1954–58) で, アパルトヘイトの推進者》.

strik·able /stráɪkəb(ə)l/ *a* STRIKE されうる, 打たれうる; ストライキの原因となるような〈労働問題〉.

strike /stráɪk/ *v* (**struck** /strʌ́k/; **struck,** 《古》**strick·en** /strík(ə)n/) *vt* **1 a** 打つ, なぐる, 〈人〉に一撃をくらわす, 〈一撃を〉加える; 〈戦闘を〉する, 攻撃する; たたく; たたいて払いのける 〈*up, down, aside*〉; 〈ボールを〉打つ, 蹴る; 〈ゴール·得点を〉決める: ~ one's knee *with* one's hand＝~ one's hand *on* one's knee 手でひざをたたく / He was *struck* a blow. 一撃をくらった / ~ a gun *from* sb's hand 人の手から銃をたたき落とす. **b** 打って[たたいて]作り出す, 鋳造する (coin), 〈模様を〉刻印する; 《火打ち石で》〈火を〉打ち出す, 〈火花·電弧を〉生じる, 〈マッチを〉する: *S~* a light, please. 火をつけてください (cf. 成句). **c** 〈音·楽器などを〉(打ち)鳴らす; 〈時計が〉〈時を〉打つ, 打って報じる; 〘ボート〙〈特定数〉のピッチでこぐ: ~ a note of WARNING / The clock has *struck* five. 時計が 5 時を報じた. **2 a** 突き当てる, 打ち当てる, …にぶつかる; 突き刺す (thrust), 貫く; 〈鯨〉にもりを打ち込む; 〈ヘビが〉…に毒牙を食い込ませる, 〈動物などが〉襲う; 〈魚を〉ひっかける, 合わせる; 〈魚が餌〉に食いつく: ~ one's head *on* the door ドアに頭をぶつける / ~ a knife *into* sb's heart 人の心臓にナイフを突き刺す. **b** 〈病気·災難·死が〉襲う, 見舞う (afflict); 〈恐怖心などを〉ひき起こす; (強い感情で急に)圧倒する; 〈寒さ·ぬくもりなどを〉急速に染み込ませる: He *struck* terror *into* them.＝They were *struck with* terror. 彼らを恐れおののかした / ~ sb dumb 人を唖然とさせる / ~ sb blind 一撃で人の目をくらます. **3 a** …に衝突する[させる]; …に偶然に会う, ばったり出会う; 〈地下資源を〉発見する, 掘り当てる; 〈大通りなど〉にふと出る, 達する; 〈道を〉進む; 《マレーシア》〈くじなど〉に当たる: ~ GOLD / ~ OIL. **b** 照らす; 〈耳など〉に達する, 〈目〉に映る. **4** 〈人〉に印象を与える (impress); 感心[感動]させる; 〈考えが人〉の心に浮かぶ: The scheme *struck* me *as* ridiculous. その案はばかげたものに思えた / It ~*s* me that you are losing weight. やせてきたみたいだね / Almost everything she said *struck* me funny. 彼女の言うことほとんどすべてがおかしかった / How does it ~ you? それをどう思う / A bright idea *struck* me. 名案が浮かんだ. **5 a** 〈工場など〉でスト(ライキ)をする, 〈使用者〉に対してストをする, ストで〈仕事〉を放棄する. **b** 〈旗·帆·索具·テントなどを〉おろす, 引き払う; 〘海運〙船倉に〈荷を〉降ろす; 〈酒樽など〉に飲み口をあける: ~ CAMP[1] / ~ one's FLAG. **c** 〘劇〙〈舞台装置·道具を〉取り払う; 〈照明を〉暗くする, 消す. **d** 〈表·記録から〉削除する 〈*from*〉 (cf. STRIKE *off* [*out*]). **6 a** 〈線を〉引く, 〈大工が墨縄(すみなわ)を〉打つ; 〈升目を〉斗かき (strickle) でならす, 平らにする; 〘石工〙こてでモルタルの継目をならして仕上げる. **b** 決済する, 計算[算定]する; 〈協定·条約などを〉取り決める[結ぶ], 批准する, 確定する; 〘法〙〈陪審を〉選ぶ, 選任する: ~ a BALANCE / ~ a compromise 妥協点に達する / ~ a BARGAIN. **c** 《カナダ》〈委員会〉をつくる, 設置する. **7** 〈ある姿勢·態度を〉とる. **8** 急に…し始める (start); 《口》〈人〉にすごい勢いで訴える[泣きつく, ねだる] 〈*for* sth〉. **9** 〈挿し枝を〉根付かせる, 〈根を〉張る; 〈植物〉を挿し木で増やす; 〈昆虫が〉…に産卵する. **10** 〘映〙〈上映用のプリントを〉作る.

► *vi* **1 a** 打つ, なぐる 〈*against*〉, なぐりかかる 〈*at*〉; 戦う, 攻撃する 〈*at*〉; ゴール[得点]を入れる; 〈ヘビ·トラなどが〉急襲する; 凶行[犯行]に及ぶ; 〈災難が〉襲う, 見舞う; 〈魚が〉餌に食いつく; 釣りざおをぐいと引く[合わせる]: ~ *at* the heart of…の心臓部を攻撃する, 根幹を揺るがす / *S~* while the iron is hot. 《諺》鉄は熱いうちに打て, 好機を逸するな. **b** 《手足·オールで》水をかく; 音を出す, 演奏する; 〈オーケストラが〉演奏を開始する; 通る, 貫く, 染み込む 〈*through, into, to*〉; 〈ベル·時計が〉鳴る, 打つ; 〈時が〉来る; 行動を開始する, 動き出す: The hour has *struck for* reform. 改革の時機が到来した. **c** 削除する, 消す. **2** 衝突する, 坐礁する 〈*on* [*against*] a rock〉. **3** 照らす 〈*on*〉; 〈音が〉達する 〈*on*〉; 知覚される, 印象を残す. **4** 〈マッチなどが〉点火する, (火が)つく. **5** ストライキをする: ~ *for* [*against*]…を要求して[…に反対して]ストをする. **6 a** (新たな方向へ)向かう, 行く 〈*across, down, into, off, to,* etc.〉. **b** 〈人が〉努力する, 励む 〈*for*〉; 〘米陸軍〙将校の従卒をする; 〘米海軍〙懸命に働く 〈*for*〉. **7** 〈植物が〉根付く, 〈種が〉発芽する; 〈カキの殻などが〉固着する, つく. **8 a** 旗を降ろす, 旗を降ろして降参する[敬意を表わす]. **b** 〘劇〙《終演になって》セットなどをたたむ.

● **S~ a light!** 《口》STRIKE me pink! **~ aside** 〈ほこ先を〉かわす. **~ back** 打ち返す, 反撃する 〈*at, against*〉, やり返す; 〘機〙火が逆流する. **~ down** 打ちのめす; 殺す; 取り除く, 取り消す; 〈法律·裁定を〉無効にする, 〈禁止を〉解除する; [[u]pass] 〈病気が〉襲う, 急死させる; 〈魚を〉樽詰めにする; 〈太陽が〉照りつける. **~** HANDS. **~ home** 〈釘などを〉深く打ち込む; 〈打撃などが〉急所をつく; 〈ことばなどが〉〈…に〉期待した効果をあげる, 痛切に感じ取られる 〈*to, with*〉. **~ in** 突然口を出す; 急に割り込む; じゃまする; 〈痛風などが〉内攻する. **~ into**… 突然…へはいる; 〈駆け足など〉を急に始める; …に打ち込む, 突き刺す. **~ it rich** いい鉱脈[油脈, 埋もれた財宝 など]を掘り当てる; [*fig*] 思わぬもうけものをする, 急に[思いがけなく]金持ちになる[成功する]. **~ (it) lucky** うまくいく, ちょっといいめをみる. **S~ me dead if**…. 《俗》…だったら首をやるよ, …に決まってるさ. **S~ me pink [blind]!** 《口》こりゃ驚いたね, ほんとかいな. **~ off** 〈道を〉横へはずれる, 離れる; 勢いよく進む, 突き進む 〈*across, through*〉; たたいてはがす; 切り取る, 〈首などを〉打ち落とす; [[o]*pass*] 削除する; 除く; [[u]*pass*] [[‖]]《違法行為などのため》〈医者·弁護士など〉の名を(〈名簿〉から)削除する, 除名する; 〈利息を〉割り引く; 印刷する; 〘印〙《組版から》〈校正刷りを〉とる; 即座に[正確に]描く[書く]. **~ on**＝STRIKE upon. **~ out** (勢いよく)進む 〈*across, for, into, toward*〉; 新しい道を進み始める; 〘ボク〙肩から腕を打ち出す, ストレートを放つ 〈*at*〉; こぶしを振りまわす, なぐりかかる 〈*at, against*〉; 批判する 〈*at*〉; 〘野〙三振する[させる]; *《口》失敗する (fail); 愛顧を失う, 嫌われる; 削除する; 〈火打ち石などで火花などを〉打ち出す; 〈原理を〉発見する; 〈計画を〉案出する: ~ *out* on one's own 独り立ちする. **~ over** 〈タイピストが〉〈打ち誤った部分を〉《消さずに》二重打ちにする. **~ through** 抹消する; (…に)貫く, 染みとおる. **~ together** 打ち合う[合わせる], 衝突する[させる]; 〈鐘を〉一斉に鳴らす. **~ up** 〈敵の剣などを〉はね上げる; 〈曲を〉歌い[演奏し]始める, 〈曲が〉始まる; 〈楽団〉に演奏開始を合図する; 〈会話を〉始める, 〈交わり·取引を〉結ぶ 〈*with*〉; 手打ちする, 約定を取り決める; テントを張る; 〈金属などに〉浮彫りする; [[u]*pass*] *困る, ほれる 〈*with, on*〉. **~ upon** 〈ある考え·計画など〉をふと思いつく; 〈明かりが〉照らす.

► *n* **1 a** 打つこと, 打撃, 殴打; 《ヘビなどが》獲物を急襲すること; ゆすり, 恐喝; 〘軍〙空襲(の編隊), 《単一目標への》集中攻撃; 不利な点, ハンディ 〈*against*〉. **b** 時計が時を打つ音; 時計の打方機構. **c** 〘劇〙《公演の最後に》セットなどをたたむこと. **d** 一回分の鋳造高; *《俗》薬(やく)の一回分 (hit). **2** 同盟罷業, ストライキ; [*joc*] 就業[参加]拒否, 'ストライキ': go [be] (out) on ~ [a ~*] ストライキをする[ストライキ中である]. **3 a** 《油脈·金鉱などの》発見; 《口》《事業の》大当たり: an oil ~ / a lucky ~ 《俗》大当たり. **b** 〘野〙ストライク, 《一塁などへの》完璧な送球; (得点となった)キック; 〘ボウル〙ストライク(の得点): three ~*s* 三振 (strikeout) / Three ~*s* and you're out. 《諺》三振すればアウト, 3 度失敗すればあとはない (cf. THREE-STRIKES LAW). **4 a** 《魚が》餌にかかること; 《魚を》ひっかけること, 合わせ; 植物が根付くこと, 活着. **b** 《ドアの錠の》受座, 受(うけ). **5** STRICKLE. **6** 〘醸造〙ビールの等級[品質]; 〘醸造〙麦芽を湯に混ぜるときの臨界温度. **7** 《羊の》皮膚蠅蛆(ようそ)症. **8** 〘地質〙走向. ● **have [get] two ~s against [on]** one 〘野〙ストライク 2 つとられている; *《口》不利な立場にある. **take ~** 〘クリケット〙《打者が》打つ構えをする.

[OE *strican* to go, stroke; cf. G *streichen*]

stríke bènefit STRIKE PAY.

stríke·bòund *a* ストライキで動きのとれなくなった〈工場など〉, ストに悩む: ~ Britain.

stríke·brèak·er *n* スト破り(労働者); スト破り労働者周旋屋; *《俗》恋人代わり. ♦ **stríke·brèak·ing** *n* スト破り. **-brèak** *vi* スト破りをする.

stríke fàult 〘地質〙走向断層《断層面の走向が地層走向と平行; cf. DIP FAULT, OBLIQUE FAULT》.

stríke fòrce 〘軍〙STRIKING FORCE; 《警察の》組織犯罪対策班.

stríke·less *a* STRIKE のない[を免れた].

stríke méasure 《斗かきで升の上をならす》斗かき量り.

stríke nòte STRIKE TONE.

stríke-òff *n* 〘印〙校正刷り, 試(し)刷り; 〘建など〙均(なら)しごて[定規].

stríke·òut *n* 〘野〙三振; *《口》やりそこない, 失敗; 〘電算〙取消線(の効果) (＝*strikethrough*)《ワードプロセッサーで, 文字列を貫く直線》: ~ text / display text with ~*s* / remove ~*s*.

stríke·òver *n* タイプライター文字の二重打ち.

stríke pày 《労働組合が出す》スト手当 (＝*strike benefit*).

stríke prìce 〘金融〙行使価格 (EXERCISE PRICE); 《IPO などの入札発行で》最終的に決まる(落札)公募[売出]価格.

strik·er /stráɪkər/ *n* **1** 打つ人; ストライキ参加(労働)者; もりで鯨を捕る人, やすで魚を捕る人; 《各種球技の》打者; 《口》《サッカーの》ストライカー; [[‖]]《テニスの》レシーバー; 《鍛冶屋の》助手, あいづち; 〘米陸軍〙《士官の雑用をする》当番(兵), 従卒, 《広く》助手; 〘米海軍〙特務兵への教育をうけている下士官; *《海軍俗》うまいことやって昇進しようとしているやつ. **2** 打つもの; 鳴る時計, 《鳴る時計の》槌; 《銃の》撃鉄; もり; 〘塗装〙LONG ARM.

stríke ràte《スポーツチームの, ゴールなどの》成功率.

stríke-slìp *n* [°〈a〉]〘地質〙走向移動《断層の走向と平行な》; 走向移動断層, 横ずれ断層.

stríke·thròugh *n*〘電算〙取消し線(の効果) (strikeout).

stríke tòne 鐘を打ったとき最初に出る音[音調].

stríke zòne〘野〙ストライクゾーン.

strik·ing /stráɪkɪŋ/ *a* **1** 目立つ, 著しい, 人目をひく; 印象的な, すばらしい. **2** 打つ; 時報を打つ〈時計〉. **3** ストライキ中の. ◆ **~·ly** *adv* びっくりするほど, きわめて. **~·ness** *n*

stríking cìrcle〘ホッケー〙ストライキングサークル《ゴール前の半円で, その中からボールを打って得点となるエリア》.

stríking dìstance 打力の及ぶ距離[範囲]. ● **within ~** ごく近くに.

stríking fòrce〘軍〙《即出撃可能な》打撃部隊.

stríking plàte〘機〙受座 (keeper).

stríking prìce〘金融〙行使価格 (EXERCISE PRICE).

stríking tràin〘時計〙打ちまわり輪列, 時打[打方]輪列《打方機構の輪列; cf. GOING TRAIN》.

strim /strím/ *vt, vi* ストリマー (Strimmer) で刈る.

Strim·mer /strímər/〘商標〙ストリマー《金属の刃ではなく強い合成樹脂のひもを回転させて刈る草刈り機》.

Strimón ⇨ STRYMON.

Strind·berg /strín(d)bə̀ːrg, strínbèri/ ストリンドベリ (**Johan**) **August ~** (1849–1912)《スウェーデンの劇作家・小説家》. ◆ **Strind·berg·ian** /strɪn(d)bə́ːrgiən/ *a*

Strine /stráɪn/ *n*《口》オーストラリア英語, オーストラリア英語発音をもじった音訳《例 Gloria Soame＜glorious home》; オーストラリア人. [Alastair Morrison が *Australian* の発音をもじったもの]

string /stríŋ/ *n* **1 a** ひも, 糸ひも, 糸; ひもに通したもの, 数珠つなぎになったもの, ネックレス; 《帽子・エプロンなどの》ひも, リボン; STRING BIKINI, G-STRING, T バック; 《俗》ネクタイ: a piece [ball] of ~ 糸一本[糸の玉] / a ~ of pearls 真珠ひと掛け / PURSE STRINGS. **b** 《弓の》つる; 《ラケットの》ガット; 《弦楽器・ピアノ内部などの》弦, いと; [the ~s]《オーケストラの》弦楽器, 弦楽器奏者たち: touch *the* ~*s* 弾奏する. **c**〘植〙巻きつる; 繊維, 《豆などの》すじ; 《古》筋, 腱. **2 a** 一連のもの, ひと続き; 《虚言などの》連発;〘数・言〙記号・単語の連なり, 記号[文字]列, ストリング;〘言〙ひと続きの文; 《同一経営者の》チェーン店: a ~ of cars 一列に続く自動車 / a ~ of errors 相次ぐ失敗. **b** 《人などの》ひと続き, 一列, 一隊; 《特定厩舎[馬主]所属の》競走馬《集合的》; 《牛馬の》群れ, 隊; 《能力別に分けた》選手の一団, 軍; *《俗》同一人物[組織]の下で働く売春婦《集合的》: a ~ *of* hit songs 一連のヒット曲 / the first ~ of a team 一線級の選手, 一軍, レギュラー / FIRST-STRING, SECOND-STRING. **3 a** [*pl*]《口》付帯条件, 拘束, 'ひも': with no ~*s* attached＝without (any) ~*s* ひも付きでない〈援助金など〉. **b** 方便, 手段 (cf. *pull every* STRING). **4**〘理〙ひも, ストリング《string theory で, 素粒子をひも状のものとして表現したもの》; COSMIC STRING. **5**〘建〙《階段の》側桁(がわけた);〘建〙STRINGCOURSE;〘建〙ささらげた (bridgeboard). **6**〘工〙《井戸掘りなどの》垂直穴あけ機械, (ドリル)ストリング (＝*drill string*). **7** [°*pl*] *《口》一杯食わせること, うそ, ペテン. **8**〘玉突〙得点, ボークライン (⇨ BALKLINE), プレーの順を決めるための突き (lag), 数取り器;〘ボウル〙LINE[1]. ● **by the ~ rather than the bow** 単刀直入に. HARP **on a [one, the same, etc.] ~.** **have (got) [keep] sb on a [the] ~**＝*have a ~ on sb*《口》人を支配する[手玉に取る]. **have [add] two ~s [another ~, an extra ~, a second ~, more than one ~, several ~s] to one's bow** 第二の手段[策]をもつ[用意している], 万一の備えがある, 機略に富んでいる. **How long is a piece of ~?** 明確には答えられない. **on a ~** 宙ぶらりんで, はらはらして; 《人の》言いなりで. **pull every ~** 全力を尽くす. **pull (some [a few]) ~s** 陰で糸を引く, 黒幕となる; コネを利用する. **pull the ~** 陰で糸を引く (pull strings); 《野球俗》《速球のあとで》スローボール[チェンジアップ]を投げる; *《俗》秘密をあばく, 真相[本音]を暴露する, すっぱ抜く. **touch a ~ in sb's heart** [*fig*] 人の心の琴線に触れる, 人を感動させる.

► *a* 弦楽器の; 糸を編んでできた, 網状の, メッシュの. ► *v* (**strung** /strʌ́ŋ/) *vt* **1 a** 糸に通す[さす], 数珠なり[つなぎ]にする; 結ぶ; 固くする: ~ beads ビーズを糸に通す / ~ *together*〈語句・事実などを〉つなぎ合わせる. **b** 一列に並べる, 配列する〈*out*〉. **2 a** 広げる, 張る, 引き伸ばす; 〈弓〉に弦を張る; 〈ラケット〉にガットを張る; 〈楽器〉に弦をつける; …の弦を締める; …の調子を整える〈*up*〉; …に張りめぐらす, 飾る. **b** [°*pp*]〈人・神経などを〉緊張させる, 興奮させる〈*up*〉: be highly *strung* ひどく緊張して[神経質になって]いる. **3**〈豆などの〉すじ[繊維]を取り除く. **4** *《俗》だます (fool). ► *vi* **1** 糸になる; 〈にかわなど〉糸を引くようになる. **2** 並ぶ, 〈猟犬などが〉並んで進む〈*out, away, off, in*〉;〘玉突〙《球を突いて》順を定める. **3**《口》STRING CORRESPONDENT をつとめる. ● **~ sb along**《口》〈人を〉引っ張って[待たせて]おく; 《口》"人に変に気をもたせる, だます, からかう. **~ along (with…)** "《口》(…に)くっついて行く; 《口》《信頼して》(…に)従う, (…と)同調する. **~ on**《口》《時間かせぎに》だます. **~ out** 一列に並べる[並ぶ]; 散開する, 広がる, 伸びる, 及ぶ; 〈針金などを〉《解いて》伸ばす; 〈話などを〉引き延ばす, 長引かせる; *《俗》酔わせる; *《俗》困らせる, 〈人〉の気持を乱す. **~ sb out to dry**《俗》＝HANG sb out to dry. **~ up** 高い所につるす; 《口》〈人を〉つるし首にする. STRUNG **out.** STRUNG **up.** ◆ **~·less** *a* **~·like** *a* [OE *streng*; cf. STRONG, STRAIN[1], G *Strang*]

stríng álphabet《盲人用の》ひも文字, ひもアルファベット《種々の結節で文字を示す》.

stríng bàg 粗く編んだ袋[手提げ].

stríng bànd《フォークやカントリーの》弦楽バンド.

stríng·bàrk *n* STRINGYBARK.

stríng bàss /-bèɪs/〘楽〙DOUBLE BASS.

stríng bèan すじを取ってさやのまま食べる豆(のさや)《サヤエンドウ・インゲンなど; cf. SHELL BEAN》; 《口》[*fig*] ひょろ長い人; *《黒人卑》ひょろ長いペニス, いんげんチンポ.

stríng bèd CHARPOY.

stríng bikìni ストリング(ビキニ) (＝*string*)《ひもで結ばれたブラとひもで結ばれたビキニパンツの水着》.

stríng·bòard *n*〘建〙階段側木.

stríng chèese* ストリングチーズ《スティック状で, ひも状に裂ける》.

stríng correspòndent 現地雇いの[パートタイムの]通信員, ストリンガー (＝*stringer*).

stríng·còurse *n*〘建〙蛇腹(じゃばら)層, 胴蛇腹, 帯, ストリングコース.

stríng devèlopment RIBBON DEVELOPMENT.

stringed /stríŋd/ *a* (…の)弦を有する; 弦楽器の.

stringed ínstrument 弦楽器.

strin·gen·cy /strínʤ(ə)nsi/ *n* 《規則などの》厳重さ; 《商況などの》切迫, 《金融などの》逼迫, 金詰まり; 《学説などの》説得力, 迫力.

strin·gen·do /strɪnʤéndou/ *a, adv*〘楽〙しだいに速い[速く], 漸次急速な[に], ストリンジェンドの[で]. [It＝pressing]

strin·gent /strínʤ(ə)nt/ *a* 〈規則など〉厳重な, きびしい; 厳密な;〘経〙〈金融など〉逼迫(ひっぱく)した, 金詰まりの (tight); 〈学説などが〉説得力のある; 《まれ》きつい, 窮屈な. ◆ **~·ly** *adv* **~·ness** *n* [L; ⇨ STRICT]

stríng·er *n* **1 a**〘建・土木〙大桁, 縦桁, 《橋の》行桁(ゆきげた); *〘建〙《階段の》側桁(がわけた) (string);〘米鉄道〙縦枕木 (sleeper);〘船〙縦材; 《航空機の胴・翼の》(細い)縦通材, 梁受(はりうけ)縦材, ストリンガー. **b** 釣った魚の口から通して留めておくひも, ストリンガー;〘鉱〙鉱条. **2** 《弦楽器の》弦張り師;〘新聞〙非常勤通信員, 特約記者 (string correspondent), 《一般に》通信員, 記者; [*compd*]《能力が》…級の人: first-~.

stríng·hàlt *n* 《馬の》跛行症 (＝*springhalt*). ◆ **~·ed** *a*

stríng·ing *n* 《ラケットの》ガット《ガット・絹糸またはナイロン》; 《家具の》筋状のはめ込み装飾.

stríng·lìne *n*〘建〙《煉瓦積みなどで水平を示す》張り糸.

stríng lìne〘玉突〙BALKLINE.

stríng órchestra 弦楽合奏団, ストリングオーケストラ.

stríng·pìece *n*〘建〙横梁(はり), 横桁(げた); 階段ささらげた.

stríng-pùll·ing *n*《口》陰で糸を引くこと, 裏工作. ◆ **stríng-pùll·er** *n* 黒幕

stríng quartét〘楽〙弦楽四重奏団[曲].

stríng tèlephone 糸電話.

stríng thèory〘理〙ひも理論, 弦理論, ストリング理論《素粒子をひも状のもの (string) として扱うことにより, 点として扱った場合に生じる多くの数学的困難を回避する理論》.

stríng tìe ひも[ストリング]タイ《幅が狭く短い(蝶)ネクタイ》.

stríng vàriable〘電算〙文字列変数.

stríng vèst《袖なしの》網シャツ.

stríng-whàng·er *n*《ジャズ俗》ギター奏者.

stringy *a* 糸[ひも]の(ような); 筋の; 繊維質の, 筋だらけの〈肉など〉; 〈髪が〉くたびれた感じの, よれよれの; 〈人が〉細身で筋肉質の, 筋張った; 弦楽器の音のような; 〈液体などが〉糸を引く, 粘質の. ◆ **stríng·i·ness** *n*

stríngy·bàrk *n* 豪州産の粗く繊維質の皮をもつユーカリノキ(の皮) (＝*stringbark*).

strip[1] /stríp/ *v* (**-pp-**; **stript** /strípt/) *vt* **1** 〈外皮・外衣などを〉はぐ, むく, 取り除く〈*off, away*〉; 〈人〉の服[着衣]をはぐ[脱がす]; 〈犬〉の古毛をすいて落とす; 〈古ペンキなどを〉はがす〈*off, away*〉, …のペンキ[壁紙など]をはがす〈*down*〉;〘機〙…のねじやま[歯]をすりへらす: ~ sb naked [*to* the skin] 人をまる裸にする / ~ a bed ベッドのシーツなどをはがす. **2** …から奪う[取る, 除去する]; 〈タイトル・権利・名声などを〉〈人・物〉から剝奪する〈*of*〉; 〈資産などを〉売却する; 〈乳牛・乳を〉しぼりつくす; 〈タバコ〉の茎を取る, 切柄する; 〈タバコの葉〉の中央脈を取る, 除骨する; 〈魚〉から卵[しらこ]を押し出す: ~ sb *of* his wealth 人の財産を巻き上げる / ~ a room *of* furniture 部屋から家具を出す. **3** 〈船・車などを〉解装[解体]する, 〈エンジンなどを〉分解する〈*down*〉; 《貨物輸送で》〈コンテナを〉解く (cf. STUFFING AND STRIPPING);〘化〙〈混合物〉から軽質分を除去する, ストリッピングする, 〈成分を〉分離する〈*from*〉;〘証券〙《別々に売るために》〈元本証書〉から利札を切り離す. **4**〘医〙〈静脈瘤を〉切除する. ► *vi* 衣服を脱ぐ〈*off, down*; *for* a shower〉; 裸になる; むける; 《ねじの》山がくずれる; 〈銃弾が〉回転しないで飛び出る; STRIPTEASE: ~ *down to* one's underpants [the waist] 衣服を脱いでパンツひとつになる[上半身裸になる]. ● **~ away [off]** 〈うわべ・気取りなどを〉はぎ取る. **~ down** 〈人を〉しかりつける. ► *n* ストリップ (striptease): do a ～. ◆ **stríp·pable** *a* [? OE **strȳpan, bestrīepan* to despoil; cf. *G streifen*]

strip[2] *n* **1**《布・紙・板などの》細長い一片; 細長い鉄[鋼鉄]片;〘郵〙ストリップ《3 枚以上続きの切手》; COMIC STRIP; ″《口》《サッカーチームの》カラーユニフォーム: in ～s 細長く切れぎれになって. **2 a** 細長い土地; 仮設滑走路 (airstrip);《俗》DRAG STRIP: GAZA STRIP. **b** [°the S-]*《メイン通り沿いの》繁華街, 歓楽街; [the S-]*《俗》ストリップ《Las Vegas メイン通りの通称 (＝the (Las) Vegas S～)》. **3** ″帯番組. ● **leave a ～** *《俗》急に減速する, ブレーキをかける,《路面にタイヤの帯状の跡をつけて》急停止する. **tear a ～ [～s] off** sb＝**tear** sb **off a ～** ″《口》人をしかりとばす. ► *vt* (**-pp-**) 細長い形に切る[する];《写真製版で》〈ネガなどを〉貼り込む, 挿入する〈*in*〉. [MLG *strippe* strap, thong; cf. STRIPE]

strípa·gràm, stríp·pa- /strípə-/ *n* ストリップ電報, ストリッパグラム《配達時にストリップのサービスがつく電報・メッセージ》.

stríp àrtist ストリッパー (stripteaser).

stríp bònd〘米証券〙ストリップ債《債券の元本部分と利札部分を分離した取引での元本部分・利札部分の総称》.

stríp cartòon ″COMIC STRIP.

stríp cèll *《俗》《刑務所の》空き部屋.

stríp chàrt 帯状記録図《時間経過に伴う測定値の変化を記録した図》.

stríp-chàrt recòrder 帯状記録装置. ◆ **-recòrding** *n*

stríp cìty《2 つの都市間の》路線型市街地, 帯状都市.

stríp clùb ストリップクラブ[劇場].

stríp-cròp *vt, vi*〘農〙(…で)帯状作をする.

stríp-cròpping *n*〘農〙帯状作[栽培]《丘陵地などで侵食を防ぐため別種の作物を交互に帯状に植え付ける方法》.

stripe /stráɪp/ *n* **1 a** 縞(しま), すじ, ストライプ; 細長いひも(類)[テープ]; 細長い一片; [*pl*]《馬の顔の》流星; [～s, 〈*sg*〉]《口》虎 (tiger); [°*pl*]《古》むち打ち, むち跡. **b** ストライプのある生地; [*pl*] 縞模様の服,*《俗》囚人服. **c** [°*pl*]〘軍〙袖章, 階級: earn one's ～《ある階級の地位にふさわしい》十分な業績をあげる / get [lose] one's ～*s*〘軍〙昇進する[階級を下げられる]. **2**《人物などの》種類, タイプ: politicians of all ～*s* あらゆるタイプの政治家. ● **wear (the) ～s** *刑務所にいる, 服役中である. ► *vt* …に縞[すじ]をつける; むちで打つ. ◆ **～·less** *a* [? 逆成く*striped*, or MDu, MLG *strīpe*<?]

striped /stráɪpt/ *a* 縞[すじ, ストライプ]のある.

stríped báss /-bǽs/〘魚〙米国産のシマスズキ.

stríped hyéna〘動〙シマハイエナ《アフリカ北東部からインドにかけて生息》.

stríped lízard〘動〙RACE RUNNER.

stríped máple [dógwood]〘植〙シロスジカエデ (＝*moosewood*)《北米東部産の樹皮に縞のあるカエデ》.

stríped móuse〘動〙JUMPING MOUSE.

stríped múscle 横紋筋 (striated muscle).

stríped-pànts《口》*a* 外交団の; 外交的な.

stríped pólecat〘動〙ZORIL.

stríped póssum〘動〙フクロシマリス《豪州産》.

stríped skúnk〘動〙シマスカンク《北米産》.

stríped squírrel〘動〙背中に縞のあるリス,《特に》シマリス (chipmunk).

stríped tábby とらねこ (tiger cat).

strip·er /stráɪpər/ *n* 縞[ストライプ]をつける人[絵筆, 編み機]; STRIPED BASS;《軍俗》階級[服役年数]を示す袖章を付けた軍人: FOUR-STRIPER / a five-～ 五年兵.

strípe rùst〘植〙黄サビ病.

strípe smùt〘植〙黒穂病.

strip·ey /stráɪpi/ *n* STRIPY.

stríp fàrming〘史〙《欧州で, 土壌の差による不平等を防ぐために行なった》土地帯状分配法; STRIP-CROPPING.

stríp·fìlm *n* FILMSTRIP.

strip·ing /stráɪpɪŋ/ *n* 縞[ストライプ] (stripes) をつけること; つけられた縞[すじ]; 縞のデザイン, 縞模様, ストライプ.

stríp jòint《口》STRIP CLUB.

stríp·lìght *n* ストリップライト《細長い箱に電球を並べた, 舞台照明用のライト》; 棒状蛍光灯.

stríp lìghting 棒状蛍光灯[フィラメント]による照明.

stríp·ling *n*《古》若造, 青二才. [STRIP[2]]

stríp màll ストリップモール《商店やレストランが一列ひと続きに隣接し合い, 店の前に細長い駐車スペースがあるショッピングセンター》.

stríp màp《進路沿いの地域を細長く示した》進路要図.

stríp mìll ストリップミル《鉄・アルミニウム・銅などの帯状の金属板を連続的につくる圧延機[工場]》.

stríp mìne* 露天鉱. ◆ **stríp-mìne** *vt* 露天掘りする. **stríp mìner** 露天掘り鉱山労働者.

strippagram ⇨ STRIPAGRAM.

strípped bónd〘米証券〙STRIP BOND.

strípped-dówn *a* 余分なものを除いた, 切り詰めた;〈車など〉余分な装備をいっさい除いた.

strip·per *n* STRIP[1] する人[道具, 器械], ストリッパー; 剝離[はがし]剤; 乳の出なくなった乳牛; 生産量の激減した油井(ゆせい); ストリッパー (stripteaser).

strípper·gràm *n* STRIPAGRAM.

stríp pòker 負けたら衣服を一枚ずつ脱いで行くポーカー.

stríp sèarch《俗》SKIN SEARCH. ◆ **stríp-sèarch** *vt*

stript *v* STRIP[1] の過去・過去分詞.

stríp·tèase *n* ストリップショー (＝**stríp shòw**). ► *vi* ストリップショーを演じる. ◆ **stríp·tèaser** *n* ストリッパー.

stripy /stráɪpi/ *a* すじ[縞] (stripes) のはいった, 縞になった. ► *n* *《海軍俗》(善行章をもらった)ベテラン水兵.

strive /stráɪv/ *vi* (**strove** /stróʊv/; **striv·en** /strív(ə)n/) 努力する, 励む〈*to* do; *for, after, toward*〉; 戦う, 抗争する, 奮闘する〈*with, against*〉; せめぎ合う; 張り合う〈*together*; *with* each other〉. ● **～ an effect**＝STRAIN after an effect. ◆ **strív·er** *n* [OF *estriver*; cf. STRIFE]

strix /stríks/ *n* (*pl* **stri·ges** /stráɪʤìːz/, **～·es**)《古代建築の柱身の》溝彫り, フルーティング. [L＝furrow, groove]

strob /stráb/ *n* ストロブ《角速度の単位: ＝1 rad/sec》.

strobe /stróʊb/《口》*n* STROBOSCOPE; ストロボ; STROBOTRON. ► *vi* 明滅する, チカチカ光る; strobing を起こす. ► *vt* チカチカ照らし出す.

stróbe lìght《ストロボの》閃光; ストロボ.

strob·ic /strábɪk/ *a* くるくる回る(ように見える).

stro·bi·la /stroʊbáɪlə, stróʊbə-/ *n* (*pl* **-lae** /-báɪli, stróʊbəlìː/)〘動〙《ハチクラゲ類・条虫類などの》横分体, ストロビラ幼生; SCYPHISTOMA. ◆ **stro·bí·lar** *a*

strob·i·la·ceous /stràbəléɪʃəs/ *a*〘植〙球果の(ような); 球果をつける.

strob·i·la·tion /stròʊbəléɪʃ(ə)n/ *n*〘動〙横分体形成 (cf. STROBILA).

strob·ile /stróʊbàɪl, -bəl, *strábəl/〘植〙*n* 球果;《シダ類の》球花, 円錐体. [F or L<Gk (*strephō* to twist)]

strob·i·lus /stroʊbáɪləs, stróʊbə-, strábə-/ *n* (*pl* **-li** /stroʊbáɪlàɪ, stróʊbəlàɪ, strábə-/)〘植〙円錐体, 胞子嚢穂(ほ);〘動〙STROBILA. [L (↑)]

strob·ing /stróʊbɪŋ/ *n*《テレビ・映画の》画面[映像]の乱れ《画像の更新レートが不十分なために動きがとびとびになること》.

stró·bo·scòpe /stróʊbə-/ *n* ストロボスコープ《急速に運動するものを止まっているように観測[撮影]する各種の装置》;〘写〙ストロボ. [Gk *strobos* whirling, *-scope*]

stro·bo·scop·ic /stròʊbəskápɪk/ *a* ストロボ(スコープ)の. ◆ **-scóp·i·cal·ly** *adv*

stroboscópic lámp〘写〙ストロボ《フラッシュ撮影の放電電球[装置]》.

stroboscópic photógraphy ストロボ写真(術).

stro·bo·tron /stróʊbətràn/ *n*〘電〙ストロボ放電管.

strode *v* STRIDE の過去形.

Stroess·ner /strɛ́snər/ ストロエスネル **Alfredo ～** (1912–2006)《パラグアイの軍人; 大統領 (1954–89)》.

stro·ga·noff /strɔ́(ː)gənɔ̀(ː)f, *stróʊ-/ *a*〘料理〙薄く切ってコンソメ・サワークリーム・タマネギ・からしのソースで煮込んだ. ► *n* BEEF STROGANOFF. [Count Pavel *Stroganoff* 19 世紀ロシアの外交官]

Stro·heim /stróʊhàɪm, ʃtróʊ-/ シュトローハイム **Erich von ～** (1885–1957)《オーストリア生まれの米国の映画監督・俳優》.

stroke[1] /stróʊk/ *n* **1 a** 打つこと, 打撃 (blow), ひと突き[打ち], 一撃;《クリケット・ゴルフ・テニス・ビリヤードなどの》打撃(法), ストローク: a ～ of the lash むちのひと打ち / a ～ of lightning 落雷 / Little ～*s* fell great oaks.《諺》ちりも積もれば山となる. **b**《時計・鐘などの》打つ音, 鳴ること; 心臓の鼓動, 脈拍 (throb): at [on] the ～ of twelve 12 時が鳴ると[ちょうどに]. **c** 病気の発作,《特に》(脳)卒中; 日射病 (sunstroke). **2 a**《手や器具の》ひと振り;《ボートなどの》ひとこぎ, こぎ方, 漕法; 整調手 (stroke oar) (の位置): row a fast ～ 急ピッチでこぐ / row ～ ⇨ ROW[2] 用例 / keep ～ 調子をそろえてこぐ. **b**《翼の》ひとはばたき, 一搏(ぱく);《水泳の》手足の動き, 泳法, ストローク (cf. BACKSTROKE, BREASTSTROKE);《スケートの》蹴り;《手による》ひとなで. **c** 一筆, 筆法, 筆づかい; 筆致;〘電子工〙《陰極線管上の電子ビームの》ストローク; 一刀, ひと彫り; 一画, 字画; ″斜線 (slash)《/》: the FINISHING ～ / with a ～ of the pen ただ一筆書いて[署名して]くれれば. **d**〘機〙前後往復運動(距離), 行程;《振子の》一往復. **3** ひと働き; 奮闘, 努力; 手段; 手腕; 手柄, 成功, 偉業;《幸運などの》到来: not do a ～ of work 少しも働かない / a ～ of business もうかる取引 / a ～ of genius 天才の手際, 天才的な考え[ひらめき] / a ～ of (good) luck 思いがけない幸運. ● **a ～ above** (…より)一枚うわ手で. **at [in] a [one] ～** 一撃で; 一気に, あっという間に. **Different ～s for different folks.**《俗》十人十色. **in broad ～s**《説明など》おおまかに, かいつまんで. **off one's ～** いつもの調子が出ないで. **pull a ～** ″《俗》うまいことやってのける, まんまと出し抜く, きたない手を使う. **put off** sb**'s ～** ⇨ STRIDE. **put** sb **off his [her] ～**〈人の〉調子を狂わせる.

► *vt* **1**〈t の字など〉に短い線を引く;〈書いた語句など〉に線を引いて消す〈*out*〉. **2**〈ボート〉のピッチを決める,〈ボート〉の[〈レース〉で]整調手をつとめる. **3** 打つ; 〘球技〙〈ボールを〉巧みに打つ[蹴る]; 《巧みな球さばきで》〈点を〉入れる, 〈ヒットを〉打つ. ► *vi* ボールを打つ; 《ボートの》整調手をする.
[OE **strāc* (⇨ STRIKE); cf. G *Streich* (↓)]

stroke² *vt* なでる, なでつける, さする; 〈化粧品・ペンキを〉塗る 〈*on*〉; *《口》なだめる, おだてる, 丸め込む; 《俗》〈女〉とセックスをする. ► *vi* *《俗》マスをかく. ● **～ sb down** 人(の怒り)をなだめる, なだめすかす. **～ sb [sb's hair] the wrong way** 毛[感情]を逆なでする, 人をおこらせる. ► *n* なでること, ひとなで; *《口》甘言, ほめことば; *説得力. ♦ **～·able** *a* **strók·er** *n* [OE *strācian*; cf. G *streichen*]

stróke bòok 《俗》マスかき本, オナペット本, エロ本.

stróke hòuse *《俗》マスかき映画館, ポルノ劇場.

stróke òar 〘ボート〙整調手のこぐオール; 整調手.

stróke plày 〘ゴルフ〙ストロークプレー《コースを一巡する間の打数の少ない者から順位を決める; cf. MATCH PLAY》.

strókes·man /-mən/ *n* 整調手 (cf. BOWMAN¹).

stroll /stróʊl/ *vi* **1** ぶらつく, 散歩する 〈*around* (a park)〉; 放浪する, 〈俳優などが〉巡業する, 旅回りする: ～ *about* [*through*] the town 町をぶらつきまわる / ～*ing* players [musicians] 旅役者[辻音楽師]. **2** 気楽に[のんきに]やる: ～ *through* the qualifying round [*to* victory] 楽に予選を勝ち進む[優勝する] ► *vt* *〈街などを〉ぶらつき歩く. ● **S～ on!** 《俗》なんということだ, いやはや! ► *n* ぶらぶら歩き, 散歩; *《俗》道路, 街路; 楽勝(なこと): go for [take] a ～ 散歩をする.
[? G *strollen, strolchen* (*Strolch* vagabond＜?)]

stróll·er *n* ぶらぶら歩く人; 放浪者; 旅役者, 巡業者; *《折りたたみ式腰掛け型の》ベビーカー.

stro·ma /stróʊmə/ *n* (*pl* **-ma·ta** /-tə/) 〘解〙ストロマ《赤血球などの無色の細胞膜》; 〘解〙基質, 間質, 支質; 〘植〙子座《密集した菌糸》; 〘植〙《葉緑体の》ストロマ《葉緑素の微粒が散在するタンパク質の細胞間質》: cancer ～ 癌の基質. ♦ **stró·mal, stro·mat·ic** /stroʊmǽtɪk/ *a* [L＜Gk＝coverlet]

stro·mat·o·lite /stroʊmǽt(ə)làɪt/ *n* 〘岩石〙ストロマトライト《緑藻類の活動により生じた薄片状の石灰岩》. ♦ **stro·màt·o·lít·ic** /-lít-/ *a*

stro·ma·top·o·roid /stròʊmətɑ́pərɔ̀ɪd/ *n* 〘古生〙層孔虫, ストロマトポロイド《古生代・中生代に繁栄した固着性の海生動物; 柱体と薄層からなるサンゴに似た石灰質の骨格を有する》.

stromb /strɑ́m/ *n* 〘貝〙ソデボラ《殻はボタン・カメオの材料》.

Strom·bo·li /strɑ́mbəli/ ストロンボリ《イタリア Lipari 諸島の島, 同島の火山 (926 m); 古代名 **Stron·gy·le** /strɑ́nʤəlì:/》.

Strom·bó·li·an volcáno /strɑmbóʊliən-/ 〘地質〙ストロンボリ式火山《短い間隔で火山弾を伴う噴火をする流動性マグマ火山》.

stro·mey·er·ite /stróʊmaɪəràɪt/ *n* 〘鉱〙輝銅銀鉱. [G; Friedrich *Strohmeyer* (1776–1835) ドイツの化学者]

Strom·lo /strɑ́mloʊ/ [Mount] ストロムロ山《オーストラリア南東部, 首都 Canberra の西にある山 (758 m); オーストラリア国立大学の天文台 (1924 年創設) がある》.

strong /strɔ́(:)ŋ, strɑ́ŋ/ *a* (**～·er** /-gər/; **～·est** /-gəst/) **1 a** 強い (opp. *weak*), 力のある; 筋骨たくましい; 丈夫な, たくましい, 健全な〈体〉: the ～*er* sex 男性 / (as) ～ as a horse [an ox] きわめて頑強な, 激務に耐える / ～ silent man [type] 強い寡黙な男, 無口だがたよりになる男. **b** 〈物が〉強固な, がんじょうな, 丈夫な, 強い; 〈食物が〉堅い, 消化しにくい. **2 a** 強い, 激しい〈風など〉; よく通る, 太くて大きな〈声〉. **b** 強烈な〈光・音・色・臭気など〉; あざやかな〈印象〉, 顕著な〈類似・対照〉; 悪臭のある: ～ cheese 匂いの強いチーズ. **c** 〈茶などが〉濃い, 〈酒類が〉強い, アルコール分を多く含む; 強力な〈薬など〉; 〘化〙イオンを多量に遊離する, 強…: STRONG DRINK / ～ acid 強酸. **d** 強度の〈顕微鏡・レンズなど〉. **3 a** 〈感情などが〉強い, 深い; 大胆な, 力強い〈作品など〉: a ～ situation 《劇・話などの》感動させる場面. **b** 強硬な, 激烈な; 熱烈な, 一徹の; 抜きがたい〈偏見〉; 精力的な: He is ～ *against* compromise. 強硬に妥協に反対している / ～ measures 強硬手段 / a ～ socialist. **c** ひどい, 残虐な〈処罰など〉; 《廃》目にあまる〈犯罪〉. **d** "激しい, 冒瀆的な〈ことばなど〉. **4 a** 《精神的に》しっかりした, 確固不抜の; 確信する, 自信のある〈意見など〉〈*on*〉; 有能な, 得意の, 達者な; *《俗》気前のよい, 札びらを切る: one's ～ point 得意な点, 長所, 特質 / He is ～ *in* judgment [*in* mathematics]. 判断がしっかりしている[数学が得意]. **b** 有力な, ゆるぎない〈議論・証拠など〉; 大きな, 高い〈可能性〉: a ～ candidate 有力な候補 / a ～ possibility 大きな可能性. **c** 〘商〙強気の; *《俗》不当な利益を上げる; *《俗》《遊ぶ[賭ける]のに》25 セント以上かかる: a ～ market 強気の市場 / Prices are ～. **5 a** 多数の, 優勢な: a ～ army 優勢な軍隊. **b** 人員[兵員]が…の, …の兵力の: an army 200,000 ～ 兵力 20 万の軍隊 / a 30,000-～ demonstration 3 万人参加のデモ. **6** 〘文法〙強変化の, 不規則変化の (opp. *weak*) (⇨ CONJUGATION); 〘音〙強勢のある: ～ verbs 強変化動詞 《sing, sang, sung の場合など》/ ～ grade 〘文法〙強階梯 / ～ form 〘音〙強形. **7** 〘理〙《素粒子間の》強い相互作用の. ● **by the ～ hand＝with a [the] ～ hand** 力ずくで, 無理に. **have a ～ head** 〈人が〉酒に強い, 酒に酔わない. **have a ～** STOMACH. **～ on** …《口》…がたくさんある; …を大いに重んじて[強調して].
► *adv* 強く, 力強く, 猛烈に, 途方もなく: The tide is running ～. 潮の流れは激しい. ● **be a bit ～** "《口》きびしすぎる, 言いすぎだ. **be (still) going ～** 《口》元気にやっている; 《口》まだだいじょうぶである, 繁盛している, 当たりをとっている. **come [go, pitch] it (a bit [rather, too]) ～** 《口》やりすぎる, 言いすぎる (cf. DRAW *it mild*). **come on ～** 《競馬俗》《レースで》どんどん前に出てくる; 優位に立つ; 《口》強力に自己主張する, 《性的な意味で》強引に迫る. **come out ～** 誇張する; 力説する. **put it ～** ひどく[悪く]言う, 誇張する.
► *n* 《豪口》意味, 主意 (strength): What's *the* ～ *of* it? その本当のところはなんだい?
► *vt* [次の成句で]: **～ it** 《英口・米方》大げさにする (exaggerate), やりすぎる (overdo).
[OE; cf. STRING, G *streng* strict]

stróng anthrópic príncìple 〘天〙強い人間原理 (⇨ ANTHROPIC PRINCIPLE).

stróng-àrm 《口》*a* 力の強い; 腕力に訴える, 力ずくの: a ～ man 用心棒. ► *vt* …に腕力[暴力]を用いる; いじめる, おどす; 〈人〉から暴力で奪う; 力ずくで〈人〉に…させる (force) 〈*into*〉: ～ sb *into* cooperating むりやり人を協力させる.

stróng àrm 力; 暴力; 《人の手下になって》暴力をはたらく男, 暴漢: the ～ of the law＝the LONG ARM of the law (成句).

stróng·bàrk *n* 〘植〙米国南東部・西インド諸島産のムラサキ科の小低木《材は緻密で工芸用; 果実から飲料を作る》.

stróng·bòx *n* 《貴重品を入れる》金庫, 金箱.

stróng bréeze 〘海・気〙雄風《時速 25–31 マイル, 39–49 km; ⇨ BEAUFORT SCALE》.

stróng drínk 酒類, 《醸造酒に対して》蒸留酒.

strong·ers /strɔ́(:)ŋərz, strɑ́ŋ-/ *n* 《海俗》SOOGEE-MOOGEE.

stróng éye 《NZ》《牧羊犬の》羊のコントロール能力; 《NZ》羊をコントロールできる牧羊犬.

stróng fórce 〘理〙強い力 (STRONG INTERACTION).

stróng gále 〘海・気〙大強風《時速 47–54 マイル, 75–88 km; ⇨ BEAUFORT SCALE》.

stróng-héad·ed *a* 頑固な (headstrong); 頭のいい.

stróng·hòld *n* とりで, 要塞, 城; 《絶滅しそうな生物・言語などが》わずかに残る所; 本拠地, 拠点.

stróng interáction 〘理〙《素粒子間の》強い相互作用 (＝*strong force*) (cf. WEAK INTERACTION).

stróng·ish *a* 丈夫そうな, 強そうな, かなり強い.

stróng lánguage 激しい[乱暴な]ことば, [*euph*] 冒瀆[ののしり]のことば (cf. STRONG *a* 3d).

stróng·ly *adv* 丈夫に; 強く, 強硬に〈主張するなど〉; 猛烈に; 熱心に: feel ～ about…に思い入れ[こだわり]がある.

stróng·màn *n* 力の強い[丈夫な]人, 力持ち, 《サーカスの》怪力男; 有力者, 実力者; 威圧的な人, 独裁者.

stróng máyor 〘米〙強い市長《首長–議会方式 (mayor-council) を採る都市で, 議会に対して強大な権限をもつ市長; cf. WEAK MAYOR》.

stróng méat 《多くの人に》恐怖心・怒り・反発などを起こさせるもの, どぎつい[ぞっとする]もの《cf. *Heb* 5: 12; opp. *milk for babes*》.

stróng-mínd·ed *a* 意志の強い, 決然とした, 断固とした; 〈女性が〉男女同権を要求する, 男まさりの, 勝ち気な. ♦ **～·ly** *adv* **～·ness** *n*

stróng·pòint *n* 〘軍〙防衛拠点.

stróng ròom 安全庫, 金庫室, 貴重品室, ストロングルーム; 重症精神病患者を入れる部屋.

stróng sáfety 〘アメフト〙ストロングセーフティー《攻撃側のストロングサイドに対面する safetyman》.

stróng sìde 〘アメフト〙ストロングサイド《フォーメーションにおける選手の多いサイド; 特に tight end の位置している側》.

stróng sùit 〘トランプ〙強い組札; [*fig*] 《人の》得意手, 強み, 長所, 得手.

stróng wáter 《古》酸, 《特に》硝酸; 《古》蒸留酒.

stróng-wílled *a* 意志強固な; 頑固な, 片意地な.

stron·gyle /strɑ́nʤəl, -ʤàɪl/, **-gyl** /-ʤəl/ *n* 〘動〙円虫, ストロンギルス《円虫科の寄生虫; 馬に下痢を起こさせる》; 〘動〙《カイメンの》棍棒体《両端の丸い棒状骨片》. [Gk *stroggulē* (fem) round]

Strongyle ⇨ STROMBOLI.

stron·gy·loi·di·a·sis /strɑ̀nʤəlɔɪdáɪəsəs/, **-loi·do·sis** /-dóʊsəs/ *n* 〘獣医・医〙糞線虫症. [*-iasis*]

stron·gy·lo·sis /strɑ̀nʤəlóʊsəs/ *n* 〘獣医〙《馬の》円虫症, ストロンギルス(感染)症. [*-osis*]

stron·tia /strɑ́ntiə, -ʃ(i)ə/ *n* 〘化〙ストロンチア《酸化ストロンチウムまたは水酸化ストロンチウム》. [*Strontian* Scotland の発見地]

stron·ti·an /strɑ́ntiən, -ʃ(i)ən/ *n* STRONTIUM; STRONTIANITE; STRONTIA.

stróntian·ìte *n* 〘鉱〙ストロンチウム石, ストロンチアナイト.

stron·ti·um /strɑ́ntiəm, -ʃ(i)əm/ *n* 〘化〙ストロンチウム《金属元素; 記号 Sr, 原子番号 38》. ♦ **strón·tic** *a* [*strontia, -ium*]

strontium 90 /-́— náɪnti/ 〘化〙ストロンチウム 90 (＝*radiostrontium*)《ストロンチウムの放射性同位体; 記号 ^{90}Sr》.

stróntium hydróxide 〘化〙水酸化ストロンチウム.

stróntium óxide 〘化〙酸化ストロンチウム.

stróntium-rubídium dàting RUBIDIUM-STRONTIUM DATING.
stróntium ùnit 〔理〕ストロンチウム単位《有機物中の ^{90}Sr の量を, カルシウムに対する相対量で表わした単位》.
strook /strúk/ *v* 《廃》 STRIKE の過去・過去分詞, STRUCK.
strop[1] /stráp/ *n* 《滑車などのロープの端を環にした》環索; ストロップ《ヘリコプターの巻揚げ装置 (winch) から垂らすロープの先端に取り付けるレスキュー用の帯状の輪》; 《かみそりの》革砥(かわと). ► *vt* (**-pp-**) 革砥で研ぐ. ［MDu, MLG; cf. OE *strop* oar thong］
strop[2] *n*ˈˈ《口》不機嫌, かんしゃく: in a ～. ［? 逆成く *stroppy*］
stro·phan·thin /stroufǽnθən/ *n* 〔薬〕ストロファンチン《キンリュウカ類から採る配糖体; 強心剤用》. ［Gk *strophos* twisted cord, *anthos* flower］
stro·phan·thus /stroufǽnθəs/ *n* 〔植〕キンリュウカ属 (*S*-) の各種低木《キョウチクトウ科》; キンリュウカ類の乾燥種子《強心配糖体 strophanthin を含み, 矢毒に用いた》.
stro·phe /stróufi/ *n* ストロペ《古代ギリシア劇のコロス (chorus) の左方転回; またそのとき歌う歌章; cf. ANTISTROPHE》; 〔韻〕段《ピンダロス風オードの詩節中の第 1 連》; 《自由詩の》連, 節. ［Gk=turning］
stroph·ic /stróufɪk, stráf-/, **-i·cal** *a* ストロペ (strophe) の; 〔楽〕有節の〈歌曲〉《詩の各節が第 1 節の旋律を繰り返す; cf. THROUGH-COMPOSED》.
stroph·i·ole /stráfiòul/ *n* 〔植〕ある種の種子のほぞ付近にある小突起, 種阜(しゅふ).
stro·phoid /stróufɔɪd/ *n* 〔数〕葉形線, ストロフォイド《三次曲線の一つ》.
stroph·u·lus /stráfjələs/ *n* 〔医〕ストロフルス (=*red gum, tooth rash*)《特に 幼児にできる, 通例 無害の汗疹》.
strop·py /strápi/ˈˈ《口》*a* 反抗的な, 手のかかる; 不平を鳴らす, ぷりぷりしている; 不機嫌な, いこじな, すぐつっかかる, おこりっぽい. ［C20 <?; *obstropolous* からか］
stroud /stráud/ *n* ストラウド《**1**) 昔アメリカインディアンとの物々交換に使った粗いウール地 (=**stróud·ing**) **2**) それで作った毛布[衣類]》.
strove *v* STRIVE の過去形.
strow /stróu/ *vt* (～**ed**; **strown** /stróun/, ～**ed**) 《古》 STREW.
stroy /strɔ́ɪ/ *vt* 《古》 DESTROY. ♦ **～·er** *n*
struck /strʌ́k/ *v* STRIKE の過去・過去分詞. ► *a*ˈˈ《口》ほれた, 夢中の 〈*with, on*〉; *スト中の: a ～ factory.
strúck jóint 〔建〕《煉瓦の》斜目地.
strúck júry 〔米法〕特別陪審 (=*special jury*)《双方の弁護士が特別協定によって 48 名の陪審員から選ぶ 12 名》.
strúck méasure 斗かきでならした升目, すりきり.
struc·tur·al /strʌ́ktʃ(ə)rəl/ *a* 構造(上)の, 組織の〈美など〉; 〔生〕生体構造の, 形態(上)の; 〔化〕化学構造の; 経済構造上の〈不況・失業など〉; 建築(用)の; 地質構造の; 構造を研究する. ♦ **～·ly** *adv*
strúctural anthropólogy 〔人〕構造人類学《Lévi-Strauss によって創始された構造言語学の枠組に基づいた人類学》.
strúctural engineéring 構造工学《大規模な建物, ダムなどを扱う土木工学の分野》. ♦ **-engineér** *n*
strúctural fórmula 〔化〕構造式 (cf. EMPIRICAL [MOLECULAR] FORMULA).
strúctural fúnctionalism 〔社〕構造機能主義《社会構造を相互に依存する部分からなる体系としてとらえ, その構成部分の機能を分析することによって社会現象を把握しようとする方法論》.
strúctural géne 〔生〕構造遺伝子.
strúctural geólogy 構造地質学.
strúctural íron 〔建〕建築用鉄材.
strúctural·ìsm *n* 《人間科学において》機能より構造に重点をおく説, 構造主義; STRUCTURAL LINGUISTICS; STRUCTURAL PSYCHOLOGY.
strúctural ísomer 〔化〕構造異性体.
strúctural isómerism 〔化〕構造異性.
strúctural·ist *n* 構造主義者. ► *a* 構造主義(者)の.
strúctural·ìze *vt* 構造化[組織化]する. ♦ **strùctural·izá·tion** *n*
strúctural linguístics 構造言語学. ♦ **strúctural língui st** *n*
strúctural psychólogy 構成心理学.
strúctural stéel 〔建〕構造用鋼.
strúctural unemplóyment 《経済構造の変化に起因する》構造的失業.
struc·tur·a·tion /strʌ̀ktʃəréɪʃ(ə)n/ *n* 組織構造《組織体における構成部位相互の関係》.
struc·ture /strʌ́ktʃər/ *n* **1** 構造, 構成, 組織, 組立て, 体系; 社会構造; 石理(いし), きめ; 《生活などの》規則性: the ～ of the human body 人体の構造. **2** 建造物, 構築物, 工作物《建物・ダム・橋・大型機械など》; 建築様式; 《まれ》建造. ► *vt* 構造化[組織化]する; 構築する. ［OF or L (*struct- struo* to build)］
strúc·tured *a* 構造化された.
strúctured géne 〔生〕STRUCTURAL GENE.
strúctured ínterview DIRECTIVE INTERVIEW.
strúctured prógramming 〔電算〕構造化プログラミング《制御構造を明快なものにして可読性・保守性の高いプログラムを作成する手法》.
strúcture·less *a* 構造のない, 無組織の. ♦ **～·ness** *n*
strúcture plàn 〔英〕構造計画《指定地区における土地の開発・利用・保全などについて地方自治体が策定することを義務づけられていた計画》.
struc·tur·ism /strʌ́ktʃərɪz(ə)m/ *n* 〔美〕構造主義《基本的な幾何学的形態[構造]を重視する美術》. ♦ **-ist** *n*
struc·tur·ize /strʌ́ktʃəràɪz/ *v* 構造化[組織化]する.
stru·del /strúːdl, ʃtrúː-/ *n* シュトルーデル《通例 果物・チーズなどを紙のように薄い生地に巻いて焼いたデザート用菓子》. ［G］
Stru·en·see /ʃtrúːənzèɪ, strúː-/ シュトルーエンゼー **Johann Friedrich** ～, Graf **von** ～ (1737–72)《ドイツの医師・政治家; デンマーク王 Christian 7 世の侍医》.
strug·gle /strʌ́g(ə)l/ *vi* もがく, あがく; 戦う, 組討ちする, 格闘する 〈*against, with*〉; 骨折る 〈*with*〉; 懸命に努力する, 苦心する 〈*to* do; *for* sth〉; 苦労して行く[進む], どうにかやっていく 〈*along, in, out of, through, up*〉: ～ *for* [*to* obtain] freedom 自由の獲得のために奮闘する / ～ *through* the snow 雪の中を苦労して進む / ～ *on* [*along*] with an old car 古い車でやっていく. ► *vt* 苦闘してやり遂げる[処理する]; 〈道を〉苦労して進む. ► *n* もがき, あがき; 努力, 苦闘; 闘争, 戦闘; 組討ち, 格闘; *《俗》《ダンス》パーティー: class ～ 階級闘争 / an existential ～=a STRUGGLE FOR EXISTENCE / a ～ *with* [*against*] cancer 癌との闘い. ♦ **strúg·gler** *n* ［ME *strugle, strogel* (freq)<?; imit か］
strúggle for exístence [**lífe, survíval**] [the *or* a ～] 生存競争[闘争].
strúg·gling *a* もがく, あがく, じたばたする; 奮闘する, やっきとなる, 《特に》生活苦と闘う, 世に認められようと苦闘する: a ～ painter [genius] 奮闘する画家[天才] / a ～ student 苦学生. ♦ **～·ly** *adv*
Struld·brug /strʌ́l(d)brʌ̀g/ *n* 不死の呪いをうけて生まれたという種族の人《Swift, *Gulliver's Travels* より》.
strum /strʌ́m/ *vt, vi* (**-mm-**) 〈弦楽器・曲を〉軽く[無器用に]かき鳴らす; 震わす, 震える: ～ (*on*) a guitar ギターをつまびく. ► *n* 弦楽器を軽くかき鳴らすこと[軽くはじく(ような)音]. ♦ **strúm·mer** *n* ［imit; cf. THRUM[2]］
stru·ma /strúːmə/ *n* (*pl* **-mae** /-mi, -màɪ/, ～**s**) 〔医〕甲状腺腫 (goiter), 《古》瘰癧(るいれき) (scrofula); 〔植〕こぶ状突起. ♦ **strú·mous** /-məs/ *a* struma の(ある), 甲状腺腫(性)の (goitrous). ［L］
Struma ⇨ STRYMON.
stru·mose /strúːmòus/ *a* 〔植〕こぶ状突起を有する.
strum·pet /strʌ́mpət/ *n* 売春婦 (prostitute); ふしだらな女. ［ME<?］
strung /strʌ́ŋ/ *v* STRING の過去・過去分詞. ► *a* 〈ピアノなど〉特別の弦を張った. ● **highly** ～ˈˈ《口》HIGH-STRUNG. **～ out** 引き延ばされて, 長引いて; 並んで; 《俗》〈麻薬を〉常用して 〈*on*〉; 《俗》麻薬の常用で衰弱して; 《俗》麻薬でぼうっとして; 《俗》麻薬が切れて苦しんで, 持ちつけていたものがなくて困って; 《俗》緊張して, 神経過敏で; *《黒人俗》《恋で》のぼせあがって 〈*on, over*〉. **～ up** 《口》ひどく緊張して, 神経質になって; 《俗》麻薬でぼうっとして.
strúng-òut shápe *《俗》疲れはてた[へとへとの]状態.
strunt[1] /strʌ́nt/ *vi* 《スコ》 STRUT[1].
strunt[2] *n* 《スコ》 LIQUOR.
strut[1] /strʌ́t/ *v* (**-tt-**) *vi* 〈クジャクなどが〉いばって[気取って]歩く 〈*about, around*〉; ふくらむ. ► *vt* 〈服などを〉見せびらかす, 誇示する. ● **～ one's stuff** *いいところを見せる, 力量[功績]をひけらかす. ► *n* いばった[気取った]歩き方; 見せびらかし, 誇示, 自慢. ♦ **strút·ter** *n* ［ME=to bulge, strive<OE *strūtian*? to be rigid］
strut[2] *n* 圧縮材《棒状の構造部材》, 《隅の》つっぱり, 支柱; 〔建〕小屋束(づか). ► *vt* (**-tt-**) …に突っ張り[支柱]をかう. ［C16 ? *strut*[1]］
'struth, struth /strúːθ/ *int* 《口》ウヘーッ, シェー, ヒャー, ちくしょう《驚き・軽いののしりの声》. ［God's *truth*］
Struth·er /strʌ́ðər/ ストラザー **Jan** ～ (1901–53)《英国の作家 Joyce Maxtone Graham の筆名; cf. MINIVER》.
stru·thi·ous /strúːθiəs/ *a* ダチョウ(のような走鳥類)の. ［L *struthio* ostrich］
strút·ting *a* 気取って歩く, もったいぶった. ♦ **～·ly** *adv*
Stru·ve /strúːvə/ ストルーヴェ **Otto** ～ (1897–1963)《ロシア生まれの米国の天文学者》.
strych·nia /stríkniə/ *n* STRYCHNINE.
strych·nic /stríknɪk/ *a* ストリキニーネの[から得られる].
strych·nine /stríknìːn, -nən, -nàɪn/ *n* 〔薬〕ストリキニーネ, ストリキニン《中枢神経興奮剤》; NUX VOMICA. ［F, <Gk *strukhnos* nightshade］
strých·nin·ìsm *n* 〔医〕ストリキニーネ中毒.
Stry·ker /stráɪkər/ 〔米軍〕ストライカー《戦車や従来の装甲車よりも軽量で小回りのきく 8 輪の装甲車》.
Stry·mon /stráɪmàn, -mən/ [the] ストルマ川 (ModGk **Strimón** /strɪmɔ́ːn/, Bulg **Stru·ma** /strúːmə/)《ブルガリア西部, ギリ

シア北東部を南東に流れてエーゲ海に注ぐ》.

Stry·món·ic Gúlf /straɪmánɪk-/ ストリモン湾 (Gk **Stri·mon·i·kós Kól·pos** /strimɔ̀nikó:s kɔ́:lpɔ:s/)《ギリシア北東部 Chalcidice 半島の北東にあるエーゲ海の入江》.

Sts Saints. **STS** scanning tunneling spectroscopy ♦〖医〗serologic test for syphilis 梅毒血清反応試験.

Stu·art /st(j)ú:ərt, st(j)úərt/ **1** スチュアート《男子名》. **2 a**〖英史〗スチュアート王家の人. **b** [the ~s] スチュアート王家 (=the **Hóuse of ~**)《Robert 2 世から James 6 世まで (1371–1603) スコットランドを支配し, その James 6 世がイングランド王 James 1 世となって (1603), 以後 Charles 1 世および 2 世, James 2 世, William 3 世と Mary 2 世, Anne まで, Commonwealth 時代 (1649–60) を除いて, 1714 年まで英国を統治》. [STEWARDS of Scotland の意] **c Charles Edward ~** (1720–88)《英国の王位僭称者; 通称 'the Young Pretender', 'Bonnie Prince Charlie'; スチュアート朝復興をねらってジャコバイト (Jacobites) の反乱を起こしたが撃滅された (1745–46)》. **d James Francis Edward ~** (1688–1766)《英国の王位僭称者; 通称 'the Old Pretender'; James 2 世の子, 前者の父; 王位を要求して反乱を起こした (1708, 15) が 2 度とも失敗した》. **e** MARY STUART. **3** スチュアート (**1**) **Gilbert** (**Charles**) **~** (1755–1828)《米国の肖像画家; George Washington 像で有名》 (**2**) **J**(**ames**) **E**(**well**) **B**(**rown**) **~** (1833–64)《米国南部連邦の将軍; 愛称 'Jeb'》. **4** スチュアート《ALICE SPRINGS の旧称》. [⇨ STEWART]

stub /stʌ́b/ *n* **1** 短い突出部; 《木の》切り株, 株; 《倒木などの》根, 切れ残り; 《歯などの》根, 折れ残り; 《鉛筆・タバコ・ろうそくなどの》使い残り; 《犬の》断尾した短い尾; 《小切手帳などの》控え, 台紙, 《入場券などの》半券. **2** 短く太い釘, 蹄鉄の古釘; ペン先の丸い短いペン; *《俗》ずんぐりした人[女の子]. ► *vt* (**-bb-**) 〈木を〉根こそぎ抜く 〈*up*〉, 〈切り株・根を〉引き抜く 〈*up*〉; 〈土地〉から切り株を引き抜く; 切り株にする, …の端を切る, 短くする; 〈タバコ〉の火をもみ消す 〈*out*〉; 〈つまさきを〉切り株[石など]にぶつける 〈*against, on*〉: ~ one's TOE. ♦ **stúb·ber** *n* [OE *stub*(*b*)]

stúb àxle〖車〗スタブアクスル《車のフレームに取り付けられた, 前輪を支える短い車軸》.

stub·bed /stʌ́bəd, stʌ́bd; stʌ́bd/ *a* 切り株にした; 切り株のような, 短く太い; 切り株だらけの. ♦ **~·ness** *n*

Stub·bies /stʌ́biz/〖商標〗スタッビーズ《ショートパンツ》.

stub·ble /stʌ́b(ə)l/ *n* [ᵁ*pl*] 《作物の》刈り株, 切り株; 刈り株畑《集合的》; 刈り株状のもの; 無精ひげ《など》. ♦ **stúb·bled, stúb·bly** *a* [AF<L *stupula*=*stipula* straw]

stúbble-jùmp·er *n* 《カナダ俗》大草原の農夫.

stúbble mùlch 刈株マルチ《土壌浸食を防ぎ, 水分を保持し, 有機物を補うための植物残渣》.

stub·born /stʌ́bərn/ *a* 頑固な, 強情な; 頑固そうな; 頑強な, 不屈の〈抵抗など〉; 扱いにくい, 手に負えない, なかなか動かない[治らない]; 堅い〈石・木材など〉, 溶けにくい〈金属など〉; 永続する, 不変の: Facts are ~ things. 《諺》なかなか理論どおりにはいかない / ~ cold しつこいかぜ / (as) ~ as a MULE. ♦ **~·ly** *adv* 頑固に; 頑強に. **~·ness** *n* [ME<?]

Stubbs /stʌ́bz/ スタッブズ (**1**) **George ~** (1724–1806)《英国の画家; 馬の精密な描写で知られる》 (**2**) **William ~** (1825–1901)《英国の歴史家・主教; *The Constitutional History in Its Origin and Development* (1873–78)》.

stúb·by *a* 切り株 (stub) のような; 短く太い〈指など〉, ずんぐりした〈姿など〉; ちびた〈鉛筆など〉; 〈毛髪が〉短くてこわい; 切り株だらけの: a ~ pencil 短くなった鉛筆. ► *n* 《豪俗》ビールの小瓶. ♦ **stúb·bi·ly** *adv* **-bi·ness** *n*

stúb mòrtise〖木工〗短柄(たんぽ)穴.

stúb nàil 短く太い釘; 蹄鉄の古釘.

stúb tènon〖木工〗短柄(たんぽ).

stúb tràck SPUR TRACK.

stúb wìng〖空〗短翼.

stuc·co /stʌ́kou/ *n* (*pl* **~es, ~s**) 化粧しっくい, スタッコ; スタッコ塗り(の壁[天井]など) (=**~·wòrk**). ► *vt* (**~es, ~s; ~ed; ~·ing**) …にスタッコを塗る. [It<Gmc (OE *stocc* stock)]

stuck[1] *v* STICK[2] の過去・過去分詞. ► *a* **1** 付着して, くっついて, 固定されて; 動かなく[動けなく]なって; 足止めを食って, 立ち往生して 〈*in, at*〉; 〈数値などが〉固定して 〈*at*〉: My cursor is ~. カーソルが動かない / be [get] ~ *in* a traffic jam 交通渋滞にはまる. **2 a** 行き詰まって, 困って 〈*in, on, for*〉: be ~ *in* the middle 板ばさみになる / ~ *on* a question 返答に窮して / ~ *for* words ことばに詰まって. **b** 押しつけられて, もてあまして 〈*with*〉: be ~ *with* a tough job / be ~ *with* an old computer / I was [got] ~ (*with*) babysitting. 子守りをするはめになった. ● **get ~ in** [**into**…] (仕事などに)熱心に取りかかる; (ものを)食べ始める. **get ~ on** sb 人を好きになる, ほれ込む.

stuck[2] /ʃtúk/ *n* [次の成句で]: **in** [**out of**] **~** 《口》苦境に陥って[をのがれて]. [Yid]

stúck-úp /stʌ́k-/ *a* 《口》お高くとまった, 高慢な, とりすました.

stud[1] /stʌ́d/ *n* 鋲, 飾り鋲, 飾り釘; 飾りボタン; 間柱(まばしら);〖建〗天井高;〖時計〗ひげ持ち; 《鎖の》鐶柱, スタッド; 《路面の》植込みボルト, ロードスタッド; 両端ねじ付きボルト; 《靴底の》スパイク, すべり止め; 《スノータイヤの》鋲, スタッド; 《ピアス式の》鋲型の耳飾り. ► *vt* (**-dd-**) …に stud を付ける; …にちりばめる; …に点在させる; …に散在する, 散らばる; 間柱で支える. [OE *studu* post; cf. G *stützen* to prop]

stud[2] *n* **1** 《遊猟・競馬・繁殖・乗用などの》馬匹(ばっ)群, 馬群; 種馬; 《一般に》種畜; 馬[種畜]の飼育場. **2** 《口》(精力)絶倫男, プレーボーイ; *《俗》男, やつ, かっこいい男; *《俗》マッチョな男. **3** STUD POKER. ● **at ~** 種馬として: stand *at* ~ 種馬となる. **be put** (**out**) **to ~** 種馬として使われる. ► *a* 《口》男っぽい魅力のある; *《俗》すばらしい. [OE *stōd* (⇨ STAND); cf. G *Stute* mare]

stud. student.

stúd bòlt〖機・建〗スタッド(ボルト).

stúd·bòok *n* 《馬・犬などの》血統記録, 登録簿.

stúd·ded *a* (飾り)鋲を打った; (…の)点在した, ちりばめられた: STAR-STUDDED.

stúd·ding *n*〖建〗間柱; 間柱材.

stúdding sàil /, (海) stʌ́ns(ə)l/〖海〗スタンスル, 補助帆. [C16 <?; cf. MDu, MLG *stōtinge* a thrusting]

Stu·de·ba·ker /st(j)ú:dəbèɪkər/ スチュードベーカー **Clement ~** (1831–1901)《米国の実業家; 兄弟で会社を興し, 世界最大の馬車メーカーに発展させたのち自動車製造に進出》.

stu·dent /st(j)ú:d(ə)nt/ *n* 学生《英では本来は大学の, 米では中学・高校以上の; cf. PUPIL[1]》; 研究者, 学究; 《大学・研究所などの》研究生; [ᵒS-]《Oxford 大学 Christ Church 学寮などの》給費生; 《まれ》勉強好き; *《俗》《麻薬の》見習い, 初心者: a ~ teacher 教育実習生, 教生. ♦ **stú·denty** *a* ᴵᴵ《口》学生ふうの; 学生ばかりの. [L; ⇨ STUDY]

stúdent advìser 《学生に対する》カウンセラー.

stúdent-at-láw *n* 《カナダ》《法律家になるための》実務修習生.

stúdent bòdy 《大学などの》全学生, 学生(全体).

stúdent còuncil* 学生自治委員会.

stúdent góvernment 学生自治(会).

stúdent intérpreter 《領事館の》見習い通訳官, 通訳生, 《外務省の》外国語研修生.

stúdent làmp 《高さを調節できる》読書用ランプ.

stúdent lóan 学生ローン《大学生向けの教育ローン; 卒業後就職して返済する》.

stúdent núrse 《看護学校・病院の》看護実習生.

stúdent pówer スチューデントパワー《学生自治会による大学[学校]管理》.

stúdent·shìp *n* 学生であること, 学生の身分; ᴵᴵ大学奨学金(受給資格).

Student's t distribution /—́ tí: —̀/〖統〗《確率密度の》スチューデント t 分布 (t distribution). [*Student* 英国の統計学者 W. S. Gossett (1876–1937) のペンネーム]

Student's t-test /—́ tí:—̀/〖統〗スチューデントの t 検定 (T-TEST).

stúdent téacher 教育実習生, 教生 (=*practice* [*pupil*] *teacher*). ♦ **stúdent téaching** 教育実習.

stúdent [**stúdents'**] **ùnion** 学生自治会; 《大学構内の》学生会館.

stúd fàrm 種馬飼育場.

stúd·hòrse *n* 種馬 (stallion).

stud·ied /stʌ́did/ *a* よく考え抜いた; 故意の, 作意のある; 《まれ》博学な, 精通した 〈*in*〉: with a ~ indifference 気のないふりをして. ♦ **~·ly** *adv* **~·ness** *n*

stu·dio /st(j)ú:diòu/ *n* (*pl* **-di·òs**) 《芸術家の》仕事場, アトリエ; 《ダンス・音楽などの》練習所, スタジオ; [ᵁ*pl*] (映画)撮影所, スタジオ; 映画会社; 《ラジオ・テレビの》放送室; 《レコードの》録音室; STUDIO APARTMENT. [It=study<L STUDY]

stúdio apàrtment [**flàt**] 1K バスルーム付きのアパート, ワンルームマンション; 《芸術家のスタジオのように》天井が高く窓の大きい部屋のあるアパート.

stúdio àudience 《ラジオ・テレビの》番組参加者[見物人, 観覧者]《集合的》.

stúdio còuch ソファーベッド.

stúdio pòrtrait 《スタジオで撮影した》肖像写真.

stúdio thèater スタジオシアター《実験的作品を上演する小劇場》.

stu·di·ous /st(j)ú:diəs/ *a* **1** 学問に励む, 勉強好きな, 篤学の; 学問(上)の, 学問的な; 《詩》学問に適した〈場所〉. **2** 熱心な, 努めて行なう 〈*to do*〉, 非常に…したがる 〈*of doing*〉. **3** 《文》注意深い, よく考え抜いた; 《まれ》故意の, わざとらしい. ♦ **~·ly** *adv* **~·ness** *n* [L; ⇨ STUDY (n)]

stúd·ly *a* *《俗》男っぽい, たくましい, いかす.

stúd màre 繁殖用雌馬.

stúd-mùffin *《俗》*n* 筋骨たくましい男; 美男子, イケメン, 男前; 手腕家, やり手.

stúd póker〖トランプ〗スタッドポーカー《最初の 1 枚は伏せて配り, 残り 4 枚は 1 枚ずつ表にして配るごとに賭けをする》.

stúd·wòrk *n* 間柱で支えた煉瓦積み[建築物]; 鋲を打った革細工《よろいなど》.

study /stʌ́di/ *n* **1 a** [ᵒ*pl*] 研究, 学問 〈*of*〉; 勉強, 勉学, [*pl*] 学校教

育: He is devoted to his ～ [*studies*]. 研究に余念がない. **b** 検討, 調査: under ～ 〈計画など〉検討中で. **c** 思案, 沈思, 瞑想 (cf. BROWN STUDY). **d** 《絶えざる》努力, 骨折り; 努力[配慮]の対象[目標]. **2 a** 学科, 科目 (subject): HUMANE *studies*. **b** [a ～] 研究の価値あるもの, 見もの; 見本, 典型 〈*in*〉: Her face was *a* ～ [*a* ～ *in* innocence]. 彼女の顔は見もの[無邪気そのもの]だった. **3** 研究論文, 論考, 研究 〈*of, in, on*〉. **4** 書斎, 研究室, 《個人の》事務室. **5** 《美術・文学などの》スケッチ, 習作, 試作; 〘楽〙練習曲, エチュード (étude). **6** 〘劇〙 せりふ憶えの…な人[俳優]: a slow [quick] ～ せりふの憶えがおそい[速い]役者. ● **make a ～ of**…を研究する; …を得ようと心がける. ► *vt* **1 a** 研究する; 調査する: ～ English literature [medicine] 英文学[医学]を研究する. **b** 学ぶ, 勉強する; 稽古する; 〈せりふなどを〉憶える, 暗記する. **2 a** 注視する, じっと見る; 熟読する; 〈地図などを〉調べてみる. **b** 〈人の希望・感情・利益などを〉考慮する, …のために憂き身をやつす. **3** 志す, 目的とする. ► *vi* **1** 勉強する, 学ぶ 〈*at* a college〉; 研究する; 調査する: ～ *for* the bar [church, ministry] 弁護士[牧師]になるために勉強する. **2** 《英では古》努める, …しようと苦心する 〈*to do*〉. **3** 瞑想する. ● **～ out** 研究し遂げる; 案出[考案]する; 明らかにする, 解く. **～ up** 《口》猛[にわか]勉強する; *《口》〈…を〉詳しく調べる 〈*on*〉. ♦ **stúdi·er** *n* [OF *estudie(r)* (L *studium* diligence, *studeo* to be diligent)]

stúdy bèdroomᴵᴵ 《学生寮などの》寝室兼勉強部屋.

stúdy gròup 《定期的に集まる》研究会, 勉強会.

stúdy hàll* 《大部屋で監督付きの》学校の自習室; 《授業時間割の一部としての》自習時間.

stúdy-ìn* *n* スタディーイン 《黒人大学の水準向上計画》.

stúdy tòur 体験学習旅行.

stu·fa /stúːfɑː/ *n* (*pl* **～s, -fe** /-feɪ/) 《火山地帯の》噴出蒸気. [It]

stuff /stʌ́f/ *n* **1** 材料 (material), 原料, 資料, 素材; 教材; 建材; [the] 重要な特徴, 本質 〈*of*〉; [one's] 《口》素質, 才能, 才: This shows what ～ he is made of. これで彼の人物がわかる / *the* ～ *of* art 芸術の本質. **2 a** 《漠然と》もの, 代物, 物事; 問題, 課題: nasty ～ いやなもの / poor ～ 愚作 / big ～ 重要なもの; [ˢ*iron*] たいしたやつ[もの] / KID STUFF. **b** 食べ物, 飲み物; 薬; 《俗》麻薬, 薬(ᵗ) 《マリファナ・ヘロインなど》; [the] (密輸[密造])ウイスキー: garden ～ 野菜類 / doctors' ～ 薬 / smell the ～ コカインを吸う / on the ～ 《俗》薬をやって / a drop of *the hard* ～ ウイスキーちょっぴり / HARD STUFF. **c** 織物, 反物; 《silk, cotton などに対して》毛織物, ラシャ; ᴵᴵ《普通の法廷弁護士の》ラシャの法服 (⇨ STUFF GOWN). **d** [one's] 家財, 持物, 所持品; 《廃》軍用行李. **e** [ᵁthe] 《口》カネ, 現ナマ; 〘バスケ〙 DUNK SHOT; 《俗》盗品, 密売品. **f** 《卑》《セックスの対象として見た》女. **3 a** ひどい代物; 廃物, くず; がらくた, ごみ: Do you call this ～ beer? こんな(まずい)ものをビールといえるか. **b** くだらないもの, たわごと, ばかげたこと[考え, 話, 作品 など]: *S*～ and nonsense! とんでもない, ばか言え, くだらない! / What ～! 何だ, くだらない! / Cut the funny ～! 《口》冗談[ばかなまね]はやめろ. **4 a** 《口》《芸術・文学の》作品, 演奏, 上演. **b** 《コメディアンの》おはこ; 《野球俗》制球力, 球のきれ, 球種, カーブ, スピン; 《発砲された》弾丸, 砲弾. ● **a** [**sb's**] (**nice**) BIT² **of ～.** … **and ～** (**like that**) 《口》…など. **do** [**show**] **one's ～** 《口》《期待どおり》腕前を示す, うまくやる, 十八番[おはこ]を出す. **get one's ～ together*** 《俗》持物をまとめる, 準備する; 《俗》ちゃんとやる, しっかりする (get one's act together). **know one's ～** 《口》抜かりはない, 万事心得ている. **not give a ～** 《豪俗》ちっともかまわん. **That's the** (**sort of**) **～ to give 'em** [**the troops**]. 《口》(やつらには)それが[そうするのが]一番だ, そうこなくっちゃ! **That's the ～.** 《口》それが欲しかったんだ, それはいい, いいぞ, そうこなくっちゃ, うってつけだ! **the right ～** 《口》(ものになるだけの)能力[才能], 必要な資質《勇気・自信・大胆さなど》: have *the right* ～ 見込みがある, 優秀だ, いいものをもっている.

► *vt* **1** …に詰め物をする, 詰め込む 〈*with*〉; 押し込む, 詰め込む 〈*down, in, into*〉; 〘海運〙〈コンテナ〉に積み込む 〈*with*〉; 〈頭〉に詰め込む 〈*with*〉; 〈本〉に満載する 〈*with*〉; 〈肉・魚などに〉詰め物をする 〈*with*〉; 〈鳥獣を〉綿を詰めて剝製にする; …にたらふく食わせる; 〈管・穴・耳などを〉詰めてふさぐ, 充塡する 〈*up*〉; 〘皮革〙〈生皮を〉蠟などで処理する, 加脂する; 〘アメフト〙〈ランを〉急にやめる: ～ a cushion クッションに詰め物をする / ～ old clothes *into* a bag＝～ a bag *with* old clothes 袋に古着を詰め込む / My nose is ～*ed* (*up*). 鼻が詰まっている / ～ one*self* (*with*…) (…を)食べすぎる / ～ sb's head *with* useless facts 人の頭に無用な事実を詰め込む. **2*** 〈投票箱〉に不正投票をする; *《俗》〈人〉に盗品[にせもの]をつかませる, ペテンにかける, 物笑いのたねにする. **3** 〈ボール・パックを〉近距離から思いきりシュートする; 《卑》〈女〉に一発ぶち込む, …と性交する (fuck); ᴵᴵ《口》《試合で》こてんぱんにする, たたきのめす; 《俗》《いやだといって》放り出す. ► *vi* がつがつ[たらふく]食べる; 《卑》性交する. ● **Get ～ed!** 《俗》《いらだち・怒り・軽蔑などを表わして》行っちまえ, うせろ, もうたくさんだ, くそくらえ, うるせえ, やだよ! **S～ it!**＝**S～ you!** 《俗》うるせえ, もうたくさんだ, 黙れ, やだよ, うせろ, ばかにするな, くそっくらえ (Get stuffed!). [OF (n)‹(v) *estoffer* to equip, furnish＜Gk *stuphō* to pull together; cf. OHG *stopfen* to cram full]

stuff bag ⇨ STASH BAG.

stúffed ánimal* 動物のぬいぐるみ (soft toyᴵᴵ); 動物の剝製.

stúffed dérma /stʌ́ft-/ KISHKE.

stúffed shírt 《口》気取り屋, うぬぼれ屋, 堅苦しいやつ; 《口》有力者, 名士; 《口》金持.

stúff·er *n* STUFF する人[もの]; 〘皮革〙加脂者; 《請求書・給料袋などに同封の》通知書, 広告; 覆経(ふくけい) 《カーペットに厚さを添える縦糸》.

stúff gòwnᴵᴵ 《下級法廷弁護士の着る》ラシャのガウン; 下級弁護士 (cf. SILK GOWN).

stúff·ing *n* 詰めること, 押し込んでシールすること, スタッフィング; 〘皮革〙加脂; 詰め物; 《ふとんなどに詰める》詰め物, 羽毛, 毛, 綿, わら; 《新聞などの》埋め草; 《料理の鳥などに詰める》詰め物; 大敗, 惨敗. ● **knock** [**beat, take**] **the ～ out of**… 《口》…を打ちのめす, 痛めつける, …の鼻柱をへし折る, 〈病気が〉…を弱らせる.

stúffing and stríp·ping 〘海運〙 コンテナの荷の積み降ろし.

stúffing bòx 〘機〙 パッキン箱, 詰め箱.

stúffing nùt 《パッキン箱の》締めつけナット.

Stuff·It /stʌ́fɪt/ 〘電算〙 スタッフイット 《Macintosh 用のデータ圧縮ソフトウェア; これによるファイルは SIT の拡張子をもつ》.

stúff·less *a* 実のない.

stúff sàck スタッフサック 《収納・運搬用に寝袋・衣類などを入れる袋》.

stúff shìrt 《口》 STUFFED SHIRT.

stúff shòt 〘バスケ〙 DUNK SHOT.

stúff-ùp *n* 《豪口》へま, しくじり, 失策, 不手際.

stúffy *a* 〈部屋など〉風通しの悪い, 息詰まる, むっとする, 蒸し暑い; 鼻が詰まった, 頭が重い; 不機嫌な (sulky), おこった; 《口》おもしろみのない, つまらない; 《口》こせこせした; 堅苦しい, 狭量な, 融通のきかない, 古臭い; もったいぶった, 尊大な: have a ～ nose 鼻詰まりだ. ♦ **stúff·i·ly** *adv* **-i·ness** *n*

stug·gy /stʌ́gi/ *a* 《方》ずんぐりの (stocky).

stuiver ⇨ STIVER.

Stu·ka /stúːkə; *G* ʃtúːka/ スツーカ 《第二次大戦でのドイツの急降下爆撃機》. [G *Sturzkampfflugzeug*]

stull /stʌ́l/ *n* 〘鉱〙《切羽(きりは)の部分を支える》横木, 押木. [? G *Stollen*]

Stülp·na·gel /ʃtúlpnàːgəl, stúlp-; *G* ʃtýlpnaːgl/ シュトゥルプナーゲル **Karl Heinrich von ～** (1886–1944) 《ドイツの将軍》.

stul·ti·fy /stʌ́ltəfàɪ/ *vt* ばからしく見せる, 無意味にする; だいなしにする; 〈気力などを〉鈍らせる; [ᵁ～ *-self*] 〘法〙 …の(精神的)無能力を申し立てる[証明する]《特に 責任回避の目的で》; [～ *-self*] 自己矛盾をきたす. ♦ **-fì·er** *n* **stùl·ti·fi·cá·tion** *n* [L (*stultus* foolish)]

stúltify·ing *a* ぼーっとさせる[気力をなくさせる]ような, うんざりする(ような). ♦ **～·ly** *adv*

stum¹ /stʌ́m/ *n* 未発酵のぶどう液[発酵防止液](を混ぜて再発酵させたワイン). ► *vt* (**-mm-**) stum を混ぜて〈ワインを〉再発酵する; 〈ぶどう液〉の発酵を防止する. [Du *stom* dumb]

stum²* 《俗》 *n* マリファナ, はっぱ; 鎮静剤, 睡眠薬 (stumbles).

stu·ma /stjúːmə/ *n* 《豪俗》動揺, 腹立ち (stumer).

stum·ble /stʌ́mb(ə)l/ *vi* **1** つまずく, よろめく 〈*at, on, over, into*〉; つまずきながら[よろよろ]歩く 〈*along*〉; うっかりぶつかる 〈*against, into*〉; 遭遇する, 偶然発見する[でくわす] 〈*on, onto, in, into, across*〉; 誤って陥る, うっかり[何気なく]はいる 〈*into*〉: ～ *over* [*on*] a stone 石につまずく / ～ *into* the wall つまずいて壁にぶつかる. **2** どもる, とちる 〈*over, at*〉; へまをやる, やりそこなう; 《道徳上の》罪[あやまち]を犯す; *《俗》つかまる, 逮捕される; 《信じるうえで》つまずきを覚える, 障害にぶつかる; 《古》たじろぐ, ためらう 〈*at*〉: ～ and learn 間違えながらおぼえる / ～ *over* one's words どもりながら話す / ～ *through* a speech とちりながら講演を終える. ► *vt* つまずかせる; 困惑させる. ► *n* **1** つまずき, よろめき; [*pl*]*《俗》立って歩けない状態; 《倫理的な》あやまち; 失錯, 過失. **2** [*pl*]*《俗》鎮静剤, トランキライザー, バルビツール剤, アルコール. ♦ **stúm·bler** *n* **stúm·bling·ly** *adv* よろよろと; まごつきながら. [ME *stomble, stumble*＜?Scand (Norw *stumla*); *-b-* は 14 世紀借入時の添え字で *stammer* と同語源]

stúmble·bùm 《俗》 *n* へたなボクサー; 相手にならんやつ, へま[どじ]なやつ; *落後者, 《のんだくれの》乞食.

stúmbling blòck つまずきの石 《*Rom* 14: 13》; 障害(となるもの), ネック.

stu·mer /st(j)úːmər/ *n* **1** ᴵᴵ《俗》にせもの, 偽造小切手, にせ札, にせ金. **2** ᴵᴵ《俗》《通例 八百長による》負け馬; ᴵᴵ《俗》ばか; ᴵᴵ《俗》失敗, へま, くず; 間違い; 《アイル》高い買物, 貧乏くじ. **3** 《豪俗》動揺, 腹立ち, 心配, やきもき (＝*stuma*). ● **come a ～** ᴵᴵ《俗》どうと倒れる, 猛烈に下落する; 《豪》破産する. **run a ～** 《豪俗》八百長レースをやる. [C19＜?]

stumm /ʃtʌ́m/ *a, v* 《俗》 SHTOOM.

stump /stʌ́mp/ *n* **1 a** 《木の》切り株, 刈り株, 根株; 《植物・野菜などの葉を取り除いた》基, 幹, 軸; 《折れた》歯根; 《切断された手足の》付け根, 断端; 痕跡器官; [*pl*] 短く刈り込んだ毛; 《タバコの》吸いさし; 短くなった鉛筆[ろうそく]; 〘炭鉱〙《切羽に残す》炭柱; 〘美〙擦筆(さっぴつ); ずんぐりした人. **b** 《米国の開拓地で演壇代わりにした》切り株; 演壇 (cf. STUMP ORATORY, STUMP SPEECH); 遊説(ゆうぜい); 旅行: go on [take (to)] the ～ 遊説してまわる. **2 a** [*pl*] 《口》 [*joc*] 足 (legs); 義足; 椅子[ソファー]の肘の前部の支柱; 〘クリケット〙柱, STUMPER; [°*pl*]《豪》家を支える杭 (pile). **b** 《義足をつけたような》重い足取り[足音]. **3** *《口》挑戦 (challenge). ● **draw (the) ~s** 〘クリケット〙プレーを中断[試合を終了]する. **stir one's ~s** 《口》手足を動かす, 歩く; 動き出す, 働き出す, 急ぐ. **up a ~** *《口》返答に窮して, 途方に暮れて, 当惑して (perplexed). ► *vt* **1** 〈木を〉切って株にする, 刈り込む; 〈土地〉の木を根こぎにする, 抜根する; ″[°*pp*]《俗》一文無しにさせる. **2** 《口》《質問などで》立ち往生させる, 悩ます, 困らせる; *《口》思いきってやってみる, 挑む, 挑戦する: That *~s* me. そいつは参った / You've got me *~ed*. (その質問には)お手上げだ. **3** *遊説する[してまわる]; *訪れる, 旅行する; …の上を重い[ぎこちない]足取りで歩く; *《南部》〈足・つまさきを〉切り株[石など]にぶつける; 〘クリケット〙柱を倒して[横木を落として]アウトにする; 〘美〙擦筆で和らげる[ぼかす]: ~ the country [a constituency] 国内[選挙区]を遊説する. ► *vi* 重い足取りで歩く, ドシンドシン歩く; *遊説する 〈*for*〉: ~ along 重い足取りで歩いて行く / a *~ing* tour 遊説旅行. ● **~ it** 歩いて行く, 逃げる; *遊説してまわる. **~ up** ″《口》《しぶしぶ》(金を)支払う, (金を)出す. [ME＜MDu *stomp*, OHG *stumpf*; cf. STAMP]

stúmp·age * *n* 《市場価値のある》立木(りゅうぼく)(たちき); 立木価値; 立木伐採権.

stúmp·er *n* STUMP する人[もの]; 抜根機; 難問, 難題, 奇問; 〘クリケット〙WICKETKEEPER; *STUMP SPEAKER; *《黒人俗》靴 (shoe).

stump fàrm 《カナダ口》STUMP RANCH.

stúmp-jùmp·er *n* *《口》農夫, 百姓, 田舎者.

stúmp-jùmp plòugh 《豪》木の根や切り株に当たらないよう設計されたすき.

stúmp·knòck·er *n* 〘魚〙スポッテッドサンフィッシュ (＝*spotted sunfish*)《South Carolina から Florida にかけて生息するサンフィッシュ科の淡水魚; 体に縦の褐色の斑点の列がある》.

stúmp·nòse *n* (*pl* ~) 〘魚〙ヘダイ《太平洋・インド洋の熱帯産》.

stúmp òrator 街頭政治演説家; 民衆煽動者.

stúmp òratory 街頭演説向きの雄弁(術) (cf. STUMP).

stúmp rànch 《カナダ口》《開発されていない》切り株が残る放牧場.

stúmp spèaker 街頭演説家.

stúmp spèech 街頭演説 (cf. STUMP).

stúmp-tàiled macáque [mónkey] 〘動〙ベニガオザル《東アジア産オナガザル科マカック属の尾の短いサル; 顔の赤い皮膚が露出している》.

stúmp wórk スタンプワーク《詰め物をしたところに複雑な題材を高く浮き彫り状にした刺繍》.

stúmpy *a* 切り株のような, 太くて短い, ずんぐりした; 切り株だらけの. ♦ **stúmp·i·ly** *adv* **-i·ness** *n*

stun /stʌ́n/ *vt* (-nn-) 《なぐって》気絶[失神]させる, 動けなくする; どぎもを抜く, 唖然とさせる; …の判断力を奪う, …の頭をまっ白にさせる; 〈爆音などが〉呆然とさせる; (極度に)感動させる. ► *n* 衝撃; 失神, 気絶; 呆然自失の状態. [OF *estoner* to ASTONISH]

Stun·dism /stúndɪz(ə)m, ʃtún-; stúːn-/ *n* シュトゥンダ教《1860 年ごろ南ロシアに始まった反正教の一派》. ♦ **-dist** *n*

stung /stʌ́ŋ/ *v* STING の過去・過去分詞. ► *a* 《俗》ペテンにかかった; 《豪俗》酔っぱらった.

stún gàs 錯乱ガス, スタンガス《一時的な錯乱や方向感覚の麻痺をひき起こす; 暴動鎮圧用》.

stún grenàde スタン擲弾(てきだん)[榴弾(りゅうだん)]《強烈な音・光で一時的に錯乱させて暴徒を鎮圧したり占拠犯を追い出したりするもの》.

stún gùn スタンガン《1) 標的に電気ショックなどを与えて気絶させる[動けなくする]銃 2) 砂・散弾などを入れた袋を発射する; 暴動鎮圧用》.

stunk *v* STINK の過去・過去分詞.

stúnned *a* **1** 《なぐられて》動けない: lie ~ on the floor 動けず床に横たわっている. **2** 唖然とした, 呆然とした 〈*at, by*〉: in ~ disbelief 唖然として信じられずに. **3** *《俗》酔っぱらって.

stún·ner *n* 《口》驚くべき事[もの, 人], 《特に》すごい美人, 名人; 不意のできごと, 大打撃, ショック.

stún·ning *a* 気絶させる, ぼうっとさせる; 唖然とさせる, 驚くべき; 《口》すばらしい, すごく美しい. ♦ **~·ly** *adv*

stun·sail, stun·s'l /stʌ́ns(ə)l/ *n* STUDDING SAIL.

stunt[1] /stʌ́nt/ *vt* …の発育[成長, 生長]を妨げる; 〈発育・成長・生長を〉妨げる; 挫折させる. ► *n* 発育阻害(された植物[動物]); 《植物の》矮化病. ♦ **~·ed** *a* **~·ed·ness** *n* [*stunt* (obs) foolish, short; cf. STUMP]

stunt[2] *n* 妙技, 離れわざ, 軽業; 目立つ[派手な]芸当[行為]; 曲芸飛行, スタント; 〘アメフト〙スタント《ラインバッカーとディフェンスライン, またはラインマンだけによる計画的なラッシュ》; 《口》《人目をひくための》危険な[愚かしい]行為, ふるまい, (…な)まね; 《口》任務. ● **pull a ~** 愚かな[あぶない]ことをする; 〈人に〉悪さをする, ペテンにかける 〈*on* sb〉. ► *vi* 離れわざをする; 曲技飛行をする. ► *vt* 〈飛行機〉で離れわざをする. [C19 (米学生語)＜?; *stump* challenge からか]

stúnt·màn *n* スタントマン《危険な場面などで俳優に代わって特技を演じる人》. ♦ **stúnt·wòman** *n fem*

stup /ʃtʌ́p/ *vt, n* 《卑》SHTUP.

stu·pa /stúːpə/ *n* 〘仏教〙ストゥーパ (窣堵波), 仏舎利塔, 仏塔 (cf. CHAITYA, DAGOBA). [Skt]

stupe[1] /st(j)úːp/ *n* 〘医〙温湿布. ► *vt* …に温湿布をする; 〈患部を〉温蒸する, 蒸す. [L *stupa* tow＜Gk]

stupe[2] *n* 《俗》鈍物, まぬけ, ばか, ぼんくら. [*stup*id]

stu·pe·fa·cient /st(j)ùːpəféɪʃ(ə)nt/ *a* 麻酔する, 無感覚にする. ► *n* 麻酔剤.

stu·pe·fac·tion /st(j)ùːpəfǽkʃ(ə)n/ *n* 麻酔; 麻酔状態; ぼうっとすること, 仰天. ♦ **stù·pe·fác·tive** *a*

stu·pe·fy /st(j)úːpəfàɪ/ *vt* 麻痺させる; 無感覚にする; ぼうっとさせる, 呆然とさせる. ♦ **stú·pe·fied** *a* **stú·pe·fì·er** *n* **~·ing** *a* **~·ing·ly** *adv* [F＜L (*stupeo* to be amazed)]

stu·pen·dous /st(j)upéndəs/ *a* 途方もない; すばらしい, ずばぬけた; 巨大な. ♦ **~·ly** *adv* **~·ness** *n* [L (gerundive)＜*stupeo* ↑]

stu·pid /st(j)úːpəd/ *a* (~·er; ~·est) **1** 愚かな, 無分別な, ばかな; くだらない, おもしろくもない; いまいましい, 腹立たしい. **2** 無感覚の, 麻痺した, ぼうっとした: ~ *with* sleep. **3** [°~ fresh] *《俗》すげえ, かっこいい. ● **get ~** 《俗》《酒・薬に》酔っぱらう. ► *n* 《口》ばか, まぬけ, ぼんくら. ♦ **~·ly** *adv* 愚かしく, ばかみたいに; ばかなことに. **~·ness** *n* [F or L; ⇨ STUPEFY]

stúpid-àss *a* *《卑》ぼんくらの, まぬけな, とんまな (dumb-ass).

stu·pid·i·ty /st(j)upídəti/ *n* ばか, 愚かさ, 愚鈍; [°*pl*] 愚行, ばかげた考え.

stu·por /st(j)úːpər/ *n* 無感覚; 麻痺, 人事不省; 無感動; 茫然自失, 恍惚; 〘医〙昏迷《意識の混濁》. [L; ⇨ STUPEFY]

stúpor·ous *a* 〘医〙昏迷の; 《広く》昏睡の, 人事不省の.

stur·dy[1] /stə́ːrdi/ *a* 〈体が〉たくましい (stout); 強い, 元気な; がんじょうな, こわれにくい; 〈抵抗など〉頑強な, 〈勇気など〉不屈の; 〈植物など〉丈夫な, 耐寒性の; [*fig*] 健全な, しっかりした. ♦ **stúr·di·ly** *adv* **-di·ness** *n* [ME＝reckless, violent＜OF (pp)＜*estourdir* to stun, daze (L *ex*-[1], *turdus* thrush[1]; 酔っぱらいのイメージとして)]

sturdy[2] *n* 〘獣医〙《羊の》旋回病 (gid). [F *esturdi* (↑)]

stúrdy béggar 《古》丈夫なのに働かない乞食.

stur·geon /stə́ːrʤ(ə)n/ *n* 〘魚〙チョウザメ. [AF＜Gmc]

stur·ine /stə́ːriːn, -rən/ *n* 〘生化〙スツリン《チョウザメの精子核中に存在する塩基性タンパク質》.

Sturluson ⇨ SNORRI STURLUSON.

Sturm·ab·tei·lung /*G* ʃtúrmaptaɪlʊŋ/ *n* 《ナチスの》突撃隊 (＝*storm troops*)《略 SA》.

Stur·mer /stə́ːrmər/ *n* 〘園〙スターマー《皮が黄緑で果肉は甘みと水分に富む食用リンゴの一品種; イングランド Essex 州の Sturmer 村が原産地とされる》.

Sturm und Drang /*G* ʃtúrm unt dráŋ/ **1** 疾風怒濤(どとう), シュトルム・ウント・ドラング《18 世紀後半のドイツに起こったロマン主義的文学運動; Schiller, Goethe などが中心》. **2** 動乱, 混乱. [G＝storm and stress; Friedrich M. von Klinger の同名の劇 (1776) より]

sturt /stə́ːrt/ *n* 《スコ》争い (contention).

Sturt スタート **Charles** ~ (1795–1869)《英国のオーストラリア探検家》.

Stúrt Désert [the] スタート砂漠《オーストラリアの South Australia 州と Queensland 州の境の乾燥地域》.

Stúrt's désert pèa 〘植〙(スタート)デザートピー《豪州産の真紅の花をつけるマメ科植物》.

Stúrt's désert ròse 〘植〙スタートデザートローズ (desert rose).

stush·ie /stʌ́ʃi/, **stoosh·ie** /stúʃi/, **stish·ie** /stíʃi/, **stash·ie** /stǽʃi/ 《スコ》*n* 騒ぎ, 騒動, けんか; 取り乱すこと, 興奮(状態).

stut·ter /stʌ́tər/ *vi* 《特に 癖で》どもる, 口ごもる; どもりながら言う 〈*out*〉; 〈機関銃など〉連続音を発する; ぎくしゃく動く[進む]. ► *vt* どもりながら言う. ► *n* どもること; どもり(癖), 吃(きつ); 〘通信〙《ファクシミリ信号の》スタッター: speak *with* a ~ / have a ~. ♦ **~·er** *n* **~·ing·ly** *adv* [(freq)＜*stut* (dial)＜Gmc＝to knock]

stútter stèp 〘アメフト・バスケ〙スタッターステップ《短い歩幅で速く走ったり, フェイントをかけたり, 戻ったりして相手を攪乱する動き》. ♦ **stútter-stèp** *vi, vt* スタッターステップで(相手を)攪乱する.

stútter tòne スタッタートーン《ボイスメールの着信を知らせる音》.

Stutt·gart /stútgàːrt, ʃtút-, stʌ́t-/ シュトゥットガルト《ドイツ南西部 Baden-Württemberg 州の州都; Neckar 川に臨む工業都市》.

Stúttgart pìtch 〘楽〙INTERNATIONAL PITCH.

Stuy·ve·sant /stáɪvəsənt/ ストイヴェサント **Peter** ~ (c. 1610–72)《オランダの植民地行政官; New Netherland 植民地最後の総督 (1646–64)》.

STV /éstìːvíː/ *n* STV《スコットランド中部向けに放送している民放テレビ局》. [*S*cottish *TV*]

STV °Single Transferable Vote ♦ °subscription television.

S2P 〘英〙°State Second Pension.

sty[1], **stye**[1] /stáɪ/ *n* (*pl* **sties, styes**) 豚小屋; きたない家; 不徳の巣, 売春宿. ► *v* (**stied**; **~·ing**) *vt* 豚小屋(みたいな所)に入れる. ► *vi* きたない家に泊まる[住む]. [OE *stī*＝?*stig* hall; cf. STEWARD]

sty[2], **stye**[2] *n* (*pl* **sties, styes**) 〘医〙ものもらい, 麦粒腫: have a ~ in one's eye 目にものもらいができる. [*styany* (dial)＝*styan eye*

(OE *stīgend* sty, riser (*stīgan* to rise)＋EYE)]

Styg·i·an /stíʤ(i)ən/ *a* [°s-] 地獄 (Hades) の, ステュクス (Styx) の; 地獄のような; 陰鬱な, 暗い; 破ることのできない〈誓約など〉. [L＜Gk; ⇨ STYX]

Stýgian Láke STYX.

styl-[1] /stáɪl/, **sty·lo-**[1] /stáɪloʊ, -lə/ *comb form*「柱」「管」 [L (Gk *stulos* pillar, column)]

styl-[2] /stáɪl/, **sty·li-** /stáɪlə/, **sty·lo-**[2] /stáɪloʊ, -lə/ *comb form*「尖筆(状突起)」 [L (STYLUS)]

sty·lar /stáɪlər, -là:r/ *a* 尖筆状の (styliform); ペン[鉛筆]状の; 〖植〗花柱の. [↑]

-sty·lar /stáɪlər, -là:r/ *a comb form*「…な柱を有する」: amphi*stylar*. [Gk *stulos* pillar, *-ar*]

sty·late /stáɪlèɪt, -lət/ *a* 〖動〗棒状体[茎状体, 吻針(ふんしん)] (style, stylus) をもつ, 針[茎]状の (styloid); 〖植〗《散らないで残る》永存性の花柱をもつ.

style[1] /stáɪl/ *n* **1 a** 《一般に》やり方, 流儀, 方式; …流, …式; 構え, 態度, 様子, 風采: cooking in purely Japanese ～ 純日本(式)料理 / the ～ of a fencer [a tennis player] フェンシング[テニス]競技者のスタイル / an awkward ～ of walking ぎこちない歩き方 / in true boy ～ 典型的な男の子のやり方で. **b** でき, 格好, 形, 型; 類, たち, 風(ふう): made in all sizes and ～*s* あらゆる大きさと型に作られた / What ～ of house do you want? どんな風な家が欲しいのですか. **2 a** 文体, スタイル; 話しぶり, 表現法; 《芸術上の》様式; 〖建〗様式, 様(よう); 《特定の国・時代・流派・個人の》独自の風, 芸風, 流派: the ～ and the matter of a book 本の文体と内容 / in a familiar [heavy, plain, pompous] ～ くだけた[重苦しい, 平明な, 大仰な]文体[話しぶり]で / a writer without ～ [with a ～ of his own] 文体をもたない[独自の文体をもった]作家 / the Gothic [Norman, Renaissance] ～ ゴシック[ノルマン, ルネサンス]様式《建築の諸様式》/ in the ～ of Wagner ヴァーグナー風に. **b** 《生活・服装などの》様式, 風(ふう); スタイル, 流行型: changing ～*s* of costume 移り変わる服装のスタイル / be in ～ はやっている / go out of ～ すたれる / the latest ～ in shoes 靴の最新流行型. **c** 上流生活の様式; 品のよさ, 上品, 品格, 品位: have no ～ 品がない; 平凡である / live in (great [grand]) ～ 豪奢な暮らしをする / do sth in ～ 上品にする, 一流のやり方でやる, (することが)あかぬけしている. **d** 書式, 印刷様式, スタイル《つづり・句読点・活字などの規約》. **e** 暦法: OLD STYLE, NEW STYLE. **3** 称号, 肩書, 商号; 呼び名: the ～ of Mayor [Professor] 市長[教授]という称号 / under the ～ of…の称号で. **4 a** 尖筆, 鉄筆; 《詩》筆, ペン, 鉛筆; 尖筆状のもの; 彫刻刀, 刀筆; 《日時計の》針. **b** 〖動〗針状構造, 棒[茎]状体; 〖植〗花柱(かちゅう). ● CRAMP[2] sb**'s ～. like it's going out of ～** 《口》はめをはずして, めちゃくちゃに, 思うままに, やけになって (like there's no tomorrow).

► *vt* **1** 称える, 呼ぶ, 称する, …の称号で呼ぶ: Joan of Arc was ～*d* "the Maid of Orléans". ジャンヌダルクは「オルレアンの少女」と呼ばれた / He should be ～*d* "His Excellency". 彼は閣下と呼ばなければいけない. **2** 〈衣服などを〉流行[一定のスタイル]に合わせてデザインする; 〈髪を〉セットする; 〈原稿などを〉ある特定の様式に合わせる. ► *vi* **1** 鉄筆[彫刻刀]で装飾を施す, 装飾品を作る. **2** 《俗》かっこうをつける, 見せびらかす, 気取って歩く. ● **～…after [on]** sb [sth]〈人・物事〉のスタイルをまねて…を作る.

♦ **～·less** *a* **～·less·ness** *n* [OF＜L *stilus* STYLUS; 語形は Gk *stulos* column の影響]

style[2] *n* 《古》STILE[1].

-style[1] /stàɪl/ *n comb form*「…の柱[柱式]の建造物」: poly*style*. ► *a comb form*「…の柱[柱式]をもった」: di*style*. [L＜Gk (*stulos* pillar)]

-style[2] *a comb form*「…様式[風]の」: Japanese-*style*. ► *adv comb form*「…様式[風]で」 [*style*[1]]

stýle·bòok *n* スタイルブック《**1**) 服装の流行型を図示したもの **2**) 書式・印刷規則の便覧》.

stýle gùide 〖印〗STYLE SHEET.

styl·er /stáɪlər/ *n* デザイナー (stylist).

stýle shèet 〖印〗スタイルシート (＝*style guide*)《カード・パンフレット・小冊子形式の編集・印刷様式一覧》; 〖電算〗書式《ワードプロセシングなどで, 用紙の大きさ・余白・字体など, 文書のレイアウトを決める要素を指定したもの》.

sty·let /stáɪlət, staɪlét/ *n* 〖医〗スタイレット《**1**) 細い探針 **2**) カテーテルなどに挿入する細い針金》; 《彫刻用などの》とがった道具; 〖動〗吻針; STILETTO.

styli *n* STYLUS の複数形.

styli- ⇨ STYL-[2].

sty·li·form /stáɪləfɔ̀:rm/ *a* 〖動〗尖筆状の, 針状の.

styl·ing /stáɪlɪŋ/ *n* 様式, スタイル; 《論文・文章などを》ある様式に合わせること; 《衣服・自動車などに》あるスタイルを与えること, スタイリング: ～ mousse 整髪用ムース. ► *a** 《俗》流行の先端をいく, かっこいい (cool).

styl·ish /stáɪlɪʃ/ *a* 今風の, 流行の, いきな, おしゃれな, スマートな. ♦ **～·ly** *adv* **～·ness** *n*

styl·ist /stáɪlɪst/ *n* 文章家, 名文家; 名演説家; 特有の[凝った]スタイルで知られる文筆家[選手, 歌手 など]; 《服装・室内装飾などの》意匠デザイナー[アドバイザー]; ある様式の創始者; HAIRSTYLIST.

sty·lis·tic /staɪlístɪk/, **-ti·cal** *a* 文体[様式]の; 文体に留意した. ♦ **-ti·cal·ly** *adv* 文体[様式]上.

sty·lis·ti·cian /stàɪləstíʃən/ *n* 文体論研究家.

sty·lís·tics *n* [〈*sg/pl*〉] 文体論, スタイル論.

sty·lite /stáɪlàɪt/ *n* 〖キ教〗《昔 高柱上で苦行した》柱頭行者. ♦ **sty·lit·ic** /staɪlítɪk/ *a* [Gk (*stulos* pillar)]

Stylites ⇨ SIMEON STYLITES.

styl·ize /stáɪlàɪz/ *vt* 〈表現・手法を〉ある様式に一致させる; 様式化する, 型にはめる. ♦ **stýl·ized** *a* **stỳl·izá·tion** *n*

sty·lo /stáɪloʊ/ *n* (*pl* ～**s**) 《口》STYLOGRAPH.

stylo- /stáɪloʊ, -lə/ ⇨ STYL-[1,2].

sty·lo·bate /stáɪləbèɪt/ *n* 〖建〗土台床, スタイロベート, ステュロバテス《土台 (stereobate) の最上段で, この上に柱列 (peristyle) が立つ》. [L＜Gk (*styl-*[1], *bainō* to walk)]

stýlo·gràph *n* 尖筆型万年筆, ステログラフ《先端に針先が出ていて, 書くと引っ込んでインクが出る》. ♦ **sty·log·ra·phy** /staɪlágrəfi/ *n* 尖筆書法[画法], スタイログラフィー. **stỳ·lo·gráph·ic, -i·cal** *a* 尖筆(書法)の. **-i·cal·ly** *adv*

sty·loid /stáɪlɔɪd/ *a* 〖解〗尖筆状の, 茎状の, 棒状の: a ～ process 《骨の》茎状突起.

sty·lo·lite /stáɪləlàɪt/ *n* 〖地質〗スティロライト《石灰岩などにみられる柱状構造》. ♦ **stỳ·lo·lít·ic** /-lít-/ *a*

stỳlo·mandíbular *a* 〖解〗茎突下顎の.

stỳlo·mástoid *a* 〖解〗茎乳突の.

sty·lom·e·try /staɪlámətri/ *n* 統計文体論, 文体計量学《作家[ジャンル]間の文体の相違を統計的に分析する研究》. ♦ **sty·lo·met·ric** /stàɪləmétrɪk/ *a*

Sty·lo·phone /stáɪləfòʊn/ 〖商標〗スタイロフォン《付属のペンでキーボードにタッチして音を出す小型電子楽器》.

sty·lo·pized /stáɪləpàɪzd/ *a* 〈ハチなどが〉ネジレバネ (stylops) が寄生した《通常の性徴の発現がそこなわれ, 中性化が起こる》.

sty·lo·po·di·um /stàɪləpóʊdiəm/ *n* (*pl* **-dia** /-diə/) 〖植〗花柱基部, 柱下体, 柱脚《セリ科植物の子房上にあって花柱を支える平円突起》.

sty·lops /stáɪlɑps/ *n* 〖昆〗ネジレバネ《他の昆虫に寄生する》.

stỳlo·statístics *n* 〖言〗文体統計学, 計量文体論.

sty·lo·stix·is /stàɪloʊstíksəs/ *n* 〖医〗刺鍼術 (acupuncture).

-sty·lous /stáɪləs/ *a comb form*「…な[…個の]花柱を有する」: mono*stylous*. [*style*[1], *-ous*]

sty·lus /stáɪləs/ *n* (*pl* **-li** /-làɪ/, ～**·es**) 尖筆(せんぴつ), 鉄筆 (style); 《レコードの音溝を刻む》カッターの針; レコード針; 《日時計の》針; 《点字用の》針; 《自動記録計器の》針; 〖電算〗スタイラス《タブレットで使われる座標入力用のペン》; 〖動〗茎, STYLE[1]; 〖動〗《ヒモムシ類の》吻針; 〖植〗STYLE[1]. [L *stilus* STYLE[1]]

styme ⇨ STIME.

sty·mie, sty·my, sti·my /stáɪmi/ *n* 〖ゴルフ〗スタイミー《グリーンでホールと打者のボールの間にほかのボールがある状態》; 困った状態[立場], 窮境. ► *vt* (**-mied; -my·ing**) スタイミーする; 妨害する, 挫折させる, のっぴきならなく[身動きできなく]する. [C19＜?]

Stym·phál·i·an bírds /stɪmféɪliən-, -ljən-/ *pl* 〖ギ神〗ステュムパーロスの鳥《Hercules が退治した Arcadia のステュムパーロス湖畔にいた無数の猛禽》.

stýph·nic ácid /stífnɪk-/ 〖化〗スチフニン酸《爆薬の原料》.

styp·sis /stípsəs/ *n* 〖医〗収斂(しゅうれん)剤[止血薬]による処置.

styp·tic /stíptɪk/ *a* 収斂性の; 血止めの. ► *n* 収斂剤; 止血薬. ♦ **stýp·ti·cal** *a* **styp·tic·i·ty** /stɪptísəti/ *n* 収斂性. [L＜Gk (*stuphō* to contract)]

stýptic péncil 《ひげそり傷などの》スティック状血止薬.

Styr /stíər/ [the] スティリ川《ウクライナ北西部を北流し Pripet 川へ注ぐ》.

sty·ra·ca·ceous /stàɪərəkéɪʃəs/ *a* 〖植〗エゴノキ科 (Styracaceae) の.

sty·rax /stáɪəræks/ *n* 〖植〗エゴノキ属 (*S-*) の各種低木.

sty·rene /stáɪəri:n/ *n* 〖化〗スチレン《合成樹脂・ゴム原料》. [*styrax*, *-ene*]

stýrene-butadíene rùbber ブタジエンスチレンゴム, SBR《スチレンとブタジエンの共重合体; 代表的合成ゴム》.

stýrene rèsin スチレン樹脂.

Styr·ia /stíriə/ スティリア, シュタイアーマルク (*G* Steiermark)《オーストリア南東部の州; ☆Graz》. ♦ **Stýr·i·an** *a, n*

Stý·ro·fòam /stáɪərə-/ 〖商標〗スタイロフォーム《発泡スチロール》.

Sty·ron /stáɪərən/ スタイロン **William** ～ (1925–2006)《米国の作家; *The Confessions of Nat Turner* (1967)》.

Styx /stíks/ [the] 〖ギ神〗ステュクス (＝*Stygian Lake*)《冥界を 7 巻きする三途(さんず)の川; cf. CHARON》: (as) black as the ～ まっ暗闇の. ● **cross the ～** 死ぬ.

SU °Soviet Union ♦〖理〗°strontium unit.

su·able /sú:əb(ə)l; sjú:-/ *a* 訴訟の対象となりうる. ♦ **sú·ably** *adv* **sù·abíl·i·ty** *n* [*sue*]

Su·a·kin /swá:kən/ スアキン《スーダン北東部の, 紅海に臨む港町》.
Süanhwa 宣化 (⇨ XUANHUA).
suan-la tang /swá:nlá: tá:ŋ/ 〖中国料理〗 酸辣湯(スアンラータン) (= *hot-and-sour soup*)《豚または鶏の血を固めたものを細切りにし, これを酢と胡椒で酸味と辛味をつけたスープで煮たもの》.
Suá·rez /swá:rɛz, -θ/ スアレス **Francisco** (**de**) ~ (1548–1617)《スペインの神学者・哲学者》.
Sua·rez Gon·zá·lez /swá:rəz gənzá:ləs, -reɪθ gɔ:nθá:leɪθ/ スアレスゴンサレス **Adolfo** ~ (1932–)《スペインの政治家; 1976–81 年首相をつとめ, 独裁制から立憲君主制への移行に重要な役割を果たした》.
sua·sion /swéɪʒ(ə)n/ *n* [主に次の句で] 勧告, 説得 (persuasion): moral ~ 道義的[良心に訴える]勧告. [OF or L (*suas- suadeo* to urge)]
sua·sive /swéɪsɪv/ *a* 説きつける, 説得する, 口のうまい. ♦ **~·ly** *adv* **~·ness** *n*
suásive vérb 〖文法〗 説得動詞《ask, insist, persuade など》.
sua spon·te /s(j)ú:ə spánti/ 〖法〗 自発的に (of his [its] own will [motion]). [L]
suave /swá:v/ *a* 気持よい, 快い; 〈態度・話しぶりなど〉慇懃(いんぎん)な, 優しい, (いやに)人当たりのよい; 〈ワイン・薬など〉口当たりのよい; 仕上げのなめらかな; *《俗》 すてきな, 魅力的な, スマートな. ► *n* *《俗》 洗練された[ものやわらかな]態度. ► *vi* *《俗》 魅力的にふるまう. ♦ **~·ly** *adv* **~·ness** *n* [F or L *suavis* agreeable; SWEET と同語源]
sua·vi·ter in mo·do, for·ti·ter in re /swá:wɪtɛ̀r ɪn mó:doʊ fɔ́:rtɪtɛ̀r ɪn réɪ/ 態度は柔らかに, 行動は毅然と. [L = gently in manner, strongly in deed]
suav·i·ty /swá:vəti, swǽv-/ *n* 気持よさ, 快さ; 柔和; 慇懃; 口当たりのよいこと; [*pl*] 丁寧な応答, 礼儀.
sub[1] /sʌ́b/ 《口》 *n* 補欠[控え](選手) (substitute); 属官 (subordinate); ''准大尉, 中[少]尉 (subaltern), 海軍少尉 (sublieutenant); ''SUBEDITOR; *《俗》 知能の足りない人, 低能; ''《給料などの》前払い; SUBSCRIPTION; SUBMARINE; SUBMARINE SANDWICH; ''SUBEDITOR; *SUBSTITUTE TEACHER; [*pl*] *《俗》 足 (feet); 〖写〗 SUBSTRATUM. ► *a* 下位の, 副次的な; 標準[水準]以下の. ► *v* (**-bb-**) *vi* 代わりをする 〈*for*〉; ''《給料などを》前払い[前借り]する. ► *vt* …を代わりに使う 〈*for*〉; 〈選手を〉交代させる; ''〈人〉に給料などを前払いする, 〈ある金額を〉前払い[前借り]する; ''〈原稿を〉整理する (subedit); 下請けに出す (subcontract); 〖写〗 〈フィルムなど〉にゼラチンの下塗りをする: ~ soy milk *for* regular milk 牛乳の代わりに豆乳を使う. [略]
sub[2] *prep* …の下に (under). [L]
sub- /sʌb, 後続の要素の第一音節に第一強勢があるときは sʌ́b の発音もある/ *pref* 「下」「下位」「以南」「副」「亜」「やや」「半」(cpp. *super-*). ★ c の前では suc-; f の前では suf-; g の前では sug-; m の前では時として sum-; p の前では sup-; r の前では sur-; c, p, t で始まるラテン語およびその派生語の前では sus- となる. [L (↑)]
sub. subaltern ♦ subscription ♦ subsidiary ♦ suburb.
sùb·abdóminal *a* 〖解〗 腹腔下の.
sùb·ácetate *n* 〖化〗 塩基性酢酸塩.
sùb·ácid *a* やや酸っぱい; [*fig*] 少し鋭い, やや辛辣な〈批評など〉. ♦ **~·ly** *adv* **~·ness** *n*
sùb·acídity *n* 〖医〗 (胃)酸減少(症), 低酸性.
sùb·acúte *a* やや鋭い〈角度など〉; やや強い〈痛み〉; 亜急性の〈病気など〉. ♦ **~·ly** *adv*
subacúte scle·ró·sing panencephalítis 〖医〗 亜急性硬化性汎脳炎.
sùb·adúlt *n, a* 成長期をほぼ終了した(人[動物]), 半成人(の), 〖動〗 亜成体(の).
sùb·áerial *a* 地面[地表]の (cf. AERIAL, SUBTERRANEAN). ♦ **~·ly** *adv*
sùb·ágency *n* 副代理(店), 下取次(業); 補助機関.
sùb·ágent *n* 副代理人.
su·bah /sú:bə/ *n* 〖インド〗 《ムガル帝国の》 地方; SUBAHDAR. [Pers]
su·ba(h)·dar /sù:bədá:r/ 〖史〗 *n* 《インド人傭兵の》 中隊長; 《ムガル帝国の》 地方総督, 知事. [Urdu＜Pers]
sùb·álpine *a* (アルプス)山麓の; 〖生態〗 亜高山帯の.
subálpine fír 〖植〗 ミヤマバルサム, ミヤマモミ《北米の亜高山帯に分布する葉が青灰色のモミ》.
sub·al·tern /səbɔ́:ltərn; sʌ́b(ə)lt(ə)n/ *n* 〖英軍〗 准大尉, 《特に》少尉; 下位の人; 〖論〗 特称命題《universal (全称命題) に対して》. ► *a* 次位の, 副の; 属官の, 部下の; 〖英軍〗 准大尉[少尉]の; 〖論〗 〈命題が〉特称の. [L (*alternus* alternate)]
sùb·álternate *a* 下位の, 次位の, 副の (subordinate); 〖植〗 準[亜]互生の. ► *n* 〖論〗 《一般的な命題に対して》 特称命題 (subaltern). ♦ **~·ly** *adv* **sub·alternátion** *n*
sùb·antárctic *a, n* 南極圏に接する, 亜南極の(地帯).
Su·ba·nun /subá:nù:n/ *n* **a** (*pl* **~, ~s**) スバノン族《フィリピン Mindanao 島西部の先住民》. **b** スバノン語《オーストロネシア語族の一つ》.
sùb·ápical *a* APEX の下[近く]にある. ♦ **~·ly** *adv*
sùb·apostólic *a* 〖キ教〗 使徒時代に次ぐ時代の, 使徒直後時代の.
sùb·áqua *a* 水中の, 潜水の; 水中スポーツの.
sùb·aquátic *a* 〖動・植〗 半水生の; SUBAQUEOUS.
sùb·áqueous *a* 水中にある, 水中(用)の, 水中に起こる.
sùb·aráchnoid *a* 〖解〗 蜘蛛(くも)膜下の: ~ hemorrhage 蜘蛛膜下出血.
sùb·arachnóidal *a* SUBARACHNOID.
subaráchnoid spáce 〖解〗 クモ膜下腔《クモ膜と軟膜の間の空間で, 脳脊髄液が循環する中を結合組織の微細な小柱が延びる》.
sùb·árctic *a, n* 北極圏に接する, 亜北極の(地帯).
súb·àrea *n* AREA の下位区分, 小地域, サブエリア.
sùb·árid *a* 〖生態〗 亜乾燥の.
sùb·assémbly *n* 〖機〗 サブアセンブリー《機械などの下位部分品(の組立て)》.
sùb·ástral *a* 《まれ》 星の下の, 地上の (terrestrial).
sùb·astríngent *a* 弱収斂性の.
Sùb-Atlántic *a* 大西洋の下[海中]の[にある]; 〖地質〗 サブアトランティック期の《北ヨーロッパで後氷期の第 5 気候期; 約 2800 年前から現在まで》.
sùb·atmosphéric *a* 大気中より低い〈温度など〉.
sùb·átom *n* 〖理〗 原子構成要素《陽子・電子など》.
sùb·atómic *a* 〖理〗 原子内で生じる; 原子より小さい(粒子の), 原子未満の.
subatómic párticle 〖理〗 原子スケール以下の粒子《素粒子や原子核のような, 原子より小さい粒子》.
sùb·áudible *a* 〈周波数など〉可聴(値)以下の.
sub·au·di·tion /sʌ̀bɔ:díʃ(ə)n/ *n* 言外の意味をさとること; 言外の意味; 補充された意味.
sùb·aurícular *a* 〖解〗 耳介下の.
sùb·áverage *a* 標準に達しない.
sùb·áxillary *a* 〖解〗 腋窩(えきか) (axilla) 下の; 〖植〗 葉腋 (axil) 下の.
súb·bàse *n* 〖建〗 《円柱の土台の》 基部 (cf. SURBASE); 〖土木〗 《道路の》 補助基層, (下層)路盤.
súb·bàse·ment *n* 〖建〗 地下二階《地下室の下の階》.
súb·bàss, -bàse /-bèɪs/ *n* 〖楽〗 《オルガンの》 最低音のストップ, ズブバス音栓.
súb·bing *n* 〖写〗 乾板[フィルム]のゼラチンの下塗り(材)《感光剤を完全に固着させるため》.
sùb·bitúminous *a* 亜瀝青質の《瀝青炭より品質が劣るが, 褐炭より高い石炭についていう》.
Sùb-Bóreal *a* 〖地質〗 サブボレアル期の《北ヨーロッパで後氷期の第 4 気候期; 約 5000–2800 年前の冷温・乾燥期; 人類史の新石器時代・青銅器時代に相当する》.
súb·brànch *n* 小枝; 《支店の下位の》 出張所, 分店.
súb·brèed *n* 〖畜〗 亜品種.
Sub·bu·teo /səb(j)ú:tiòʊ/ 〖商標〗 サブティオ《テーブルサッカーゲーム》.
sùb·cábinet *a* 《米政府で》 閣僚レベルに次ぐ, 大統領の(非公式)顧問団の: ~ appointments 次官級人事.
sùb·cáliber *a* 縮射用の《弾丸が大砲の口径よりも小さい; 大砲が口径よりも小さい弾丸用の》.
sùb·cápsular *a* 〖解〗 被膜下の.
sùb·carboníferous *a, n* 〖地質〗 石炭紀前期(の).
sùb·cárrier 〖通信〗 *n* 副搬送波; サブキャリアー《搬送波を細分したもの》.
sùb·cartiláginous 〖解・動〗 *a* 軟骨に近い, 半軟骨の; 軟骨下の[にある].
sùb·cátegory *n* 下位範疇(はんちゅう), 下位区分. ♦ **-cátegorize** *vt* **-categorizátion** *n*
sùb·cáudal *a* 〖動〗 尾部下の: a ~ pouch.
sùb·celéstial *a* 天の下の, 地上の (terrestrial); 現世の, 世俗の. ► *n* 地上の生き物.
súb·cèllar *n* 地下室の下の地下室.
sùb·céllular *a* 細胞レベル下の, 亜細胞(性)の.
sùb·cénter *n* 《商業中心地外の》 副商業地区, 副都心.
sùb·céntral *a* 中心下の; 中心に近い. ♦ **~·ly** *adv*
sub·cep·tion /sʌbsépʃ(ə)n/ *n* 〖心〗 SUBLIMINAL PERCEPTION.
súb·chàpter *n* 《特に 法律の章・条などの下位区分としての》 節.
súb·chàser *n* SUBMARINE CHASER.
súb·chéese *n* [ºthe whole ~] ''《軍俗》 なにもかも, 全部. [Hind]
sùb·chíef *n* 副主任, 副首長, 副団長.
sùb·chlóride *n* 〖化〗 亜塩化物.
súb·clàss *n* CLASS の下位分類; 〖生〗 亜綱; 〖数〗 部分集合 (subset). ► *vt* 下位[亜綱]に分類する.
sùb·classificátion *n* 下位分類[区分]. ♦ **-clássify** *vt*
súb·clàuse *n* 〖法〗 下位条項; 〖文法〗 従属節 (subordinate clause).
sub·cla·vi·an /sʌ̀bkléɪviən/ 〖解〗 *a* 鎖骨 (clavicle) の下の; 鎖骨

下動脈[静脈 など]の. ► *n* 鎖骨下部, 鎖骨下動脈[静脈 など].
subclávian ártery 〔解〕鎖骨下動脈.
subclávian gróove 〔解〕鎖骨下溝.
subclávian véin 〔解〕鎖骨下静脈.
sùb·clímax *n* 〔生態〕亜極相, 亜安定期, サブクライマックス.
sùb·clínical *a* 〔医〕亜臨床的な, 無症状の, 潜在性の: a ～ infection 無症状感染. ♦ **～·ly** *adv*
sùb·collégiate *a* 大学レベルに達しない学生のための.
sùb·colúmnar *a* ほぼ円柱形[状]の.
sùb·commíssion *n* 分科委員会, 小委員会.
sùb·commíssion·er *n* 分科委員会員; 副委員.
súb·commìttee *n* 分科委員会, 小委員会.
sùb·commúnity *n* 《大都市圏にみられる》小社会.
súb·cómpact* *n* COMPACT[1] より小型の車. ► *a* COMPACT[1] より小型の.
sùb·compónent *n* サブコンポーネント《部品の一部で, 部品の特性をもつ部分》.
sùb·cónical *a* ほとんど円錐状の, 準円錐の.
sùb·cónscious *a* 潜在意識の, 下意識の; ぼんやり意識している. ► *n* [the *or* one's] 潜在意識, 下[副]意識. ♦ **～·ly** *adv* **～·ness** *n* 潜在意識, 下意識.
sùb·cóntinent *n* 亜大陸《インド・グリーンランド など》. ♦ **sùb·continéntal** *a*
sùb·cóntract *n* /, ⌐⌐—/ 下請負い, 下請け契約. ► *vi, vt* /⌐—⌐, ⌐⌐—/ 下請けする; 下請けに出す ‹*out*›.
sùb·cóntractor *n* 下請け(契約)人, 下請け会社[業者, 工場].
sùb·cònta·óctave *n* 〔楽〕下(した)二点音《中央のド[ハ]より4オクターブ低い C〃 に始まるオクターブ》.
sùb·contraríety *n* 〔論〕小相反.
sùb·cóntrary 〔論〕*a* 小反対の. ► *n* 小反対命題.
sùb·cóol *vt* SUPERCOOL.
sùb·córdate *a* 心臓形に近い〈葉など〉. ♦ **～·ly** *adv*
sùb·córtex *n* 〔解〕(脳)皮質下.
sùb·córtical *a* 〔解〕皮質下の. ♦ **～·ly** *adv*
sùb·cóstal *a, n* 〔解〕肋骨下の(筋肉).
sùb·cránial *a* 〔解〕頭蓋下の.
sùb·crítical *a* 決定的とまではいかない; 〔核物〕臨界未満の (cf. SUPERCRITICAL); 〔理〕亜臨界流の《流速がその中の音波の伝搬速度より小さい》: a ～ experiment 臨界未満実験.
sùb·crústal *a* 〔地質〕地殻下の.
súb·cùlture *n* [[°]*derog*] 下位文化, サブカルチャー《同一社会の中の異文化(集団)》; 〔菌〕植継ぎ[継代, 二次, 副次]培養(物). ► *vt* /, ⌐⌐—/ 〔菌〕新培養基で培養する, 植え継ぐ, 二次培養する. ♦ **sub·cúltural** *a* **sub·cúltural·ly** *adv*
sùb·cutáneous *a* 皮下の; 皮下にすむ〈寄生虫〉: a ～ injection 皮下注射 / ～ fat 皮下脂肪. ♦ **～·ly** *adv* 皮下(的)に. **～·ness** *n*
sùb·cútis *n* 〔解〕皮下組織.
sùb·déacon *n* 〔教会〕副助祭, 副輔祭, 副執事. ♦ **～·ate** /-ət/ *n* SUBDIACONATE.
súb·dèan /; ⌐⌐—/ *n* 〔英国教〕副監督補[主教補]. ♦ **～·ery** /⌐⌐⌐—; ⌐⌐⌐—/ *n* subdean の職[地位].
súb·dèb *n** 《口》SUBDEBUTANTE.
sùb·débutante* *n* 近く社交界へ出る女性; 15-16 歳の娘.
sùb·decánal *a* 副監督補[副主教補] (subdean) の.
sùb·delírium *n* 〔医〕亜譫妄(せんもう). ♦ **-delírious** *a*
sùb·depártment *n* 支部; 分局.
sùb·déntate *a* 部分的[不完全]に歯のある[歯状をなす].
sùb·dépot *n* 〔軍〕補給所支所.
sùb·dérmal *a* SUBCUTANEOUS. ♦ **～·ly** *adv*
sùb·diáconal *a* SUBDEACON の.
sùb·diáconate *n* SUBDEACON の職[地位, 集団].
súb·díalect *n* 下位方言《方言の下位区分》.
sùb·diréctory *n* 〔電算〕サブディレクトリー《あるディレクトリーの下位にあるディレクトリー》.
sùb·díscipline *n* 学問分野の下位区分.
súb·dìstrict *n* 小区域, 小管区.
sùb·divíde *vt* さらに分ける, 再分[細別]する ‹*into*›; *〈土地を〉分筆する, 《分譲用に》区画割りする. ► *vi* さらに細かく分かれる. ♦ **-di·vídable** *a* **-divíder** *n*
súb·divìsion *n* 再分, 小分け, 細別, 下位区分[部門], 一部分の一部; *《土地の》分筆, 区画[敷地]割り, 宅地割り; *分譲地, 住宅団地; 〔植〕亜門. ♦ **sùb·divísible** *a*
súb·domàin *n* 〔電算〕サブドメイン《あるドメイン内の下位のドメイン》.
sùb·dóminant *n* 〔楽〕下属音《音階の第四音》, サブドミナント, 下属和音; 〔生態〕亜[次]優占種. ► *a* 〔楽〕サブドミナントの《下属音を根音とする和音, 下属音を主音とする調についていう》. ♦ **-dómi·nance** *n*
sùb·dórsal *a* 背部下の; 背部に近い.
sub·duce /səbd(j)úːs/ *vt* 《廃》取り去る.
sub·duct /səbdʌ́kt/ *vt* 除く, 除去する (remove, withdraw); 減じる, 引く (subtract); 〔生理〕〈眼球を〉引き下げる; 〔地質〕〈プレートを〉隣接するプレートの下に沈みこませる[もぐり込ませる]. ► *vi* 〔地質〕〈プレートが〉他のプレートの下にもぐり込む. [L *sub-(duct- duco* to draw)]
sub·duc·tion /səbdʌ́kʃ(ə)n/ *n* 減じる[引く]こと, 除去; 〔地質〕沈み込み, もぐり込み, サブダクション《プレートのへりが別のプレートのへりの下に沈み込むこと》.
subdúction zòne 〔地質〕沈み込み帯.
sub·due /səbd(j)úː/ *vt* 征服する (conquer), 鎮圧する; 〈笑い・怒りなどを〉押しころす, 抑制する; 和らげる, 緩和する, 弱める, 軽減する; 〈土地を〉開墾する. ♦ **sub·dú·able** *a* **sub·dú·al** *n* **sub·dú·er** *n* [OF=to deceive, seduce＜L *subduco* to conquer]
sub·dúed *a* 征服された, 服従させられた; 抑制された; 和らげられた, 弱められた; 静かな, おとなしい, 沈んだ: a ～ color [tone, effect] やわらかな色[調子, 効果] / ～ light やわらかな光. ♦ **～·ly** *adv*
sùb·dúral *a* 〔解〕硬膜下の.
subdúral hematóma 〔医〕硬膜下血腫.
súb·dwàrf *n* 〔天〕準矮星(わいせい)《恒星分類における中間型; 光度は H-R 図で主系列星と白色矮星の中間》.
sùb·édit[II] *vt, vi* (…の)編集を助ける; 〈原稿を〉整理する. [逆成 ＜↓]
sùb·éditor[II] *n* 編集助手, 編集補佐; 原稿整理部員, 編集部員. ♦ **-editórial** *a*
sùb·emplóyed *a* 半[低所得]雇用状態の.
sùb·emplóy·ment *n* 半[低所得]雇用《失業・パートタイム・低賃金の専任など; cf. UNDEREMPLOYMENT》.
súb·éntry *n* 下位記載, 副次的記入.
sùb·epidérmal *a* 〔解〕表皮下の.
sùb·équal *a* ほとんど等しい.
sùb·equatórial *a* 亜赤道帯(特有)の.
su·ber /súːbər; s(j)úː-/ *n* 〔植〕コルク組織, コルク質.
su·ber·ate /súːbərèɪt; s(j)úː-/ *n* 〔化〕スベリン酸塩[エステル].
sùb·eréct *a* ほとんど直立の, 亜直立の.
su·be·re·ous /subíəriəs; s(j)u-/, **su·ber·ic** /subérɪk; s(j)u-/ *a* コルク(質[状])の. [L *suber* cork]
subéric ácid 〔化〕スベリン酸, コルク酸《樹脂・染料の原料》.
su·ber·in /súːbərən; s(j)úːbə-/ *n* 〔植〕コルク質, スベリン.
súber·ìze *vt* 〔植〕コルク質化する. ♦ **-ìzed** *a* **sùber·izátion** *n* コルク化.
su·ber·ose /súːbəròus; s(j)úː-/, **su·ber·ous** /-rəs/ *a* コルク質の, コルク状の (corky).
sùb·esséntial *a* 必須に次ぐ, 絶対的ではないが重要な.
súb·fàmily *n* 〔生〕亜科; 〔言〕語派《語族の下位区分》.
sùb·fébrile *a* 〔医〕亜熱性の.
súb·fìeld *n* 〔数〕部分体; 《学問などの》下位分野, サブフィールド.
sub fi·nem /sʌ̀b fáɪnəm, sùb fíːnɛm/ *adv* 《章などの》終わりのほうで《略 s.f.》. [L=toward the end]
súb·fìx *n* 〔印〕下付きの記号[文字, 数字 など].
súb·flòor *n* 下張り床, 床下地.
sùb·fóld·er *n* 〔電算〕サブフォルダー《あるフォルダーの下位にあるフォルダー》.
súb·fòrm *n* 派生型[様式].
súb·fòssil *a, n* 準[半]化石(の).
súb·fràme *n* 〔車〕サブフレーム《エンジンを載せ, サスペンションを支える骨組》, 《窓枠などを支える》下地枠; 〔通信〕サブフレーム《情報単位のフレームを分割したもの》.
súb·fréezing *a* 氷点下の.
sub·fusc /sʌ́bfʌ̀sk, ⌐—/ *a* 黒ずんだ, くすんだ; 陰鬱な; 暗褐色の. ► *n* 黒ずんだ色の服; 〔オックスフォード大学〕式服. [L (*fuscus* dark brown)]
sub·fus·cous /sʌbfʌ́skəs/ *a* うす暗い, くすんだ.
súb·gènre *n* 《さまざまな芸術の》下位部門[区分], サブジャンル.
súb·génus *n* (*pl* **-génera**) 〔生〕亜属《略 **subg.**》. ♦ **sùb·genéric** *a* 亜属の.
sùb·glácial *a* 氷河下[底]の[にあった]. ♦ **～·ly** *adv*
súb·gòvern·ment *n* 第二の[影の]政府《政府に対して多大の影響力を有する非公式の会など》.
súb·gràde *n* 〔土木〕地盤, 《道路の》路床. ► *a* 路床の.
súb·gràph *n* 部分グラフ《より大きいグラフに含まれるグラフ》.
súb·gròup *n* 《群を分割した》小群, 下位集団, サブグループ; 〔化〕亜族; 〔数〕部分群; 〔地質〕亜層群.
sub·gum* /sʌ́bgʌ́m/ *a, n* 各種野菜を混ぜて調理した(中国料理), 五目…. [Chin=mixture]
sùb·harmónic *n, a* 〔通信〕低[分数]調波(の).
súb·hèad *n* 小見出し, 見出しの小区分; 副題; *副学長[校長], 副主事.
súb·hèad·ing *n* 小見出し; 副題.
sùb·hédral *a* 〔鉱〕半自形の《結晶面が一部しか発達していない》.
sùb·hepátic *a* 〔解〕肝下の.
sùb-Himaláyan *a* ヒマラヤ山麓の.
sùb·húman *a* 人間以下の; 人間にふさわしくない; 〈動物などが〉人

間に近い; ヒトより下等な. ► *n* 人間以下の人.
sùb·húmid *a* やや湿気をおびた, やや雨の多い, 亜湿の.
Sú·bic Báy /sú:bɪk-/ スービック湾《フィリピンの Luzon 島南西部, Manila 湾の西にある南シナ海の入江; 湾岸には Subic と Olongapo の 2 つの町があり, 後者に 1901 年 米国の海軍基地が設けられ, 拡張されて極東最大規模にまでなったが, 92 年フィリピンに返還》.
sùb·imágo *n* 〖昆〗《カゲロウの類の》亜成虫.
sùb·incísion *n* 《オーストラリア先住民などの》陰茎の下側を切開する割礼.
sùb·índex *n* 《主要分類を下位区分したものの》副索引; 〖数〗下付き数字[文字, 記号].
sub·in·feu·date /sʌ̀bɪnfjú:dèɪt/ *vt, vi* 〖封建法〗…に領地[保有権]をさらに分け与える, 再下封する.
sùb·infeudátion 〖封建法〗 *n* 再下封《自分の受けた領地をさらに臣下に与えること》; 再下封関係; 再下封保有権[領地, 封土].
sub·in·feu·da·to·ry /sʌ̀bɪnfjú:dətɔ̀:ri; -t(ə)ri/ 〖封建法〗 *n* 再下封[転封]によって与えられた封土の保有者. ► *a* 再下封[転封]の.
sùb·inhíbitory *a* 〈定量の薬などが〉細菌の増殖をやや抑制する.
sùb·ínterval *n* 《大きな期間の》下位区分の期間; 〖楽〗部分音程; 〖数〗部分区間.
sùb·írrigate *vt* 《パイプなどで》…の地下灌漑をする. ♦ **sùb·irri·gátion** *n*
su·bi·tize /sú:bətàɪz; sʌ́b-/ *vi* 〖心〗即座の把握を行なう《提示された対象の数を瞬時に知覚する; 人間の能力の限界はおよそ 6》. [L *subitus* sudden, *-ize*]
su·bi·to /sú:bɪtòʊ/ *adv* 〖楽〗すぐに, 直ちに (suddenly, abruptly): f(orte) [p(iano)] ~ 直ちに強く[弱く]. [It]
subj. subject ♦ subjective ♦ subjectively ♦ subjunctive.
sub·ja·cent /sʌbʤéɪs(ə)nt/ *a* 下にある; 基礎[基盤]をなす; 《山などに接して》直下にある. ♦ **-cen·cy** *n* **~·ly** *adv*
sub·ject /sʌ́bʤɪkt/ *n* **1 a** 主題, 問題; 題目; 演題; 画題, モチーフ; 〖楽〗テーマ, 主題: change the ~ 話題を変える. **b** 《教授すべき》学科, 《試験の》科目. **c** 〖文法〗主語, 主部 (cf. PREDICATE); 〖論〗主語, 主辞; 〖哲〗主体, 主観, 自我, 我 (opp. *object*); 実体, 物自体. **d** 起因, たね, 対象 〈*for, of*〉: a ~ *for* complaint 苦情のたね / a ~ *for* ridicule あざけりの的. **e** 素質者, 患者; 本人: a hysterical ~ ヒステリー患者. **2** 臣, 家来; 臣民《共和国では citizen という》: rulers and ~*s* 支配者と被支配者. **3** 解剖[剖検]用死体 (=~ for dissection); 被験者, 《催眠術などの》被術者: a ~ for experiment 実験台. ● **on the ~ of**…に関して[について].
► *a* **1** 服従する, 従属する, …の支配下にある, 属国の. **2** [*pred*] 受ける, 受けやすい, こうむりやすい, 〈…に〉なりやすい (liable) 〈*to*〉: The prices are ~ *to* change. 価格は変えることがあります / be ~ *to* colds [attacks of fever] かぜをひき[発熱し]やすい. **3** [*pred*] 〈承認などを〉受けなければならない, ただし…を必要とする 〈*to*〉: The sale is ~ *to* government approval. 売却には政府の承認が必要だ. ● **~ to**…を(得ることを)条件として, …を仮定して, …に服従して: *S~ to* your consent, I will try again. ご承諾くださるならもう一度やってみます.
► *vt* /səbʤékt/ **1** 服従[従属]させる 〈*to*〉; 〈人をいやなめに〉あわせる 〈*to*〉: King Alfred ~*ed* all England *to* his rule. イングランド全土を支配下におさめた / ~ sb *to* torture 人を拷問にかける / ~ one*self to* law 法律に従う / ~ one*self to* insult 侮辱される. **2** さらす, 当てる, かける 〈*to*〉: The metal was ~*ed to* intense pressure [various tests]. その金属は強い圧力を[種々のテストに]かけられた.
♦ **~·less** *a* [OF<L SUB*ject- -icio* (*jacio* to throw)]
súbject càtalog 主題別分類カタログ, 件名目録.
súbject còmplement 〖文法〗SUBJECTIVE COMPLEMENT.
súbject hèading 《カタログ・索引などの》件名標目.
sub·jec·ti·fy /səbʤéktəfàɪ/ *vi* 主観的にする; 主観的に解釈する.
sub·jec·tion /səbʤékʃ(ə)n/ *n* 征服; 服従, 従属.
sub·jec·tive /səbʤéktɪv/ *a* **1 a** 主観の, 主観的な (opp. *objective*), 個人的な; 実体のない, 現実性に乏しい; 〖哲〗主観的な; 〖心〗内観的な; 〖医〗〈症状が〉自覚的な, 主観的な; 本来的な, 本質的な. **b** 〖文法〗主格の (nominative), 主語の: the ~ case 主格. **2** 《廃》臣民の, 柔順な. ► *n* 〖文法〗主格. ♦ **~·ly** *adv* **~·ness** *n*
subjéctive cómplement 〖文法〗主格補語《たとえば He lies dead. の dead; cf. OBJECTIVE COMPLEMENT》.
subjéctive génitive 〖文法〗主格属格《たとえば the doctor's arrival の doctor's; cf. OBJECTIVE GENITIVE》.
subjéctive idéalism 〖哲〗主観的観念論.
sub·jéc·tiv·ism *n* 主観論, 主観主義, 主観的論法 (opp. *objectivism*). ♦ **-ist** *n* 主観論者. **sub·jèc·tiv·ís·tic** *a*
sub·jec·tiv·i·ty /sʌ̀bʤɛktívəti/ *n* 主観的なこと, 主観性; SUBJECTIVISM.
sub·jec·tiv·ize /səbʤéktɪvàɪz/ *vt* 主観的にする. ♦ **sub·jèc·tiv·izá·tion** *n*
súbject lìne 〖電算〗《E メールの》件名欄.
súbject màtter 《著作などの形式・文体に対し》内容; 主題, 題目, テーマ; 素材, 材料; 《発明の》主題, 《特許の》対象.
súbject-óbject *n* 〖哲〗主観的客観《知識の主体であると同時にその客体である「自我 (ego)」を指す Fichte の用語》.
súbject ràising 〖変形文法〗主語上昇変形《たとえば I believe that John is the author. の基底構造から I believe John to be the author. の基底構造を導く》.
sub·join /səbʤɔ́ɪn/ *vt* 追加[増補]する, …に補遺を付す. [F<L *sub-*(*junct- jungo* to join)]
sub·join·der /səbʤɔ́ɪndər/ *n* 《まれ》追加のことば[文書など], 付け足し.
súb·jòint *n* 〖動〗《節足動物の脚などの》副関節.
sub ju·di·ce /sùb jú:dɪkèɪ, sʌ̀b ʤú:dɪsì:/ *adv* 〖法〗審理中(で), 未決で: The matter is [remains] ~. [L=under a judge]
sub·ju·gate /sʌ́bʤəgèɪt/ *vt* 征服する, 服従[隷属]させる; 〈欲求などを〉(…のために)犠牲にする 〈*to*〉. ♦ **sùb·ju·gá·tion** *n* **súb·ju·gà·tor** *n* [L=to bring under the yoke (*jugum*)]
sub·junct /sʌ́bʤʌŋ(k)t/ *n* 〖文法〗従接詞《基本的な節構造の一部とはならない副詞または前置詞句》.
sub·junc·tion /səbʤʌ́ŋkʃ(ə)n/ *n* 追加[増補, 添加](物).
sub·junc·tive /səbʤʌ́ŋktɪv/ 〖文法〗 *a* 仮定法の, 叙想法の (cf. INDICATIVE). ► *n* 仮定法, 叙想法 (=~ mood); 仮定法の動詞《たとえば if he go の go》. ♦ **~·ly** *adv* [F or L (⇨ SUBJOIN); Gk *hupotaktikos* の訳]
súb·kìngdom *n* 〖生〗亜界.
súb·lànguage *n* 《あるグループ・社会の中でのみ通用する》特殊言語, 通語.
sub·lap·sar·i·an /sʌ̀blæpsέəriən/ *a, n* INFRALAPSARIAN. ♦ **~·ism** *n*
sub·late /sʌbléɪt/ *vt* 〖論〗否認[否定]する (cf. POSIT); 《ヘーゲル哲学で》止揚する. ♦ **sùb·lá·tion** *n*
súb·làteral *n* 〖植〗亜側(生)枝《側枝からさらにわきに伸びた枝》.
súb·lèase *n* /ˌ ⏤ ⏤/ 不動産転貸借, 転貸, また貸し, 転借, また借り. ► *vt* /⏤ ⏤, ˌ ⏤ ⏤/ また貸し[また借り]する.
sùb·lessée *n* 転借人, また借り人, 再賃借人.
sùb·léssor /ˌ ⏤ ⏤/ *n* また貸しする人, 転貸人.
súb·lét /ˌ ⏤ ⏤/ *vt, vi* 転貸[転借]する (sublease); 下請けに出す (subcontract). ► *n* /ˌ ⏤ ⏤, ⏤ ⏤/ 不動産転貸借, 転貸, 転借; 転貸用の家; 転借した家.
sùb·léthal *a* ほとんど致死量に近い, 致死下の, 亜致死の: a ~ dose. ♦ **~·ly** *adv*
súb·lèvel *n* 《他のレベルに対して》より低いレベル; 〖理〗副殻 (subshell); 中段坑道.
sùb·lícense *n* 二次ライセンス, 二次認可, サブライセンス《ライセンスを受けた者が第三者に製品・ブランド名などの特定の使用権を認めるもの》. ► *vt* …に二次ライセンスを与える.
sùb·lieuténant *n* 〖英〗海軍中尉 (⇨ NAVY).
sub·li·mate /sʌ́bləmèɪt/ *vt, vi* 〖理・化・精神分析〗昇華させる[する] 〈*into*〉; 純化する, 高尚にする[なる]. ► *a* /, -mət/ 昇華した; 高尚になった, 理想化[純化]した, 気高い. ► *n* /, -mət/ 〖化〗昇華物; 昇汞(しょうこう). ♦ **sùb·li·má·tion** *n* 昇華; 純化, 理想化.
sub·lime /səbláɪm/ *a* (**sub·lím·er**; **-lím·est**) **1** 崇高な, 高尚な, 高貴な; 荘厳な, 壮大な; 最高の, 卓越した, 抜群の; [S-]《かつてのトルコ皇帝などへの尊称として》至高なる. **2** 《口》[*iron*] えらい, すごい; 《古》高い, 高められた; 《詩》尊大[傲慢]な, 得意満面の: ~ ignorance 全くの無知. ► *vt, vi* 〖理・化〗昇華させる[する] 〈*into*〉; 高尚にする[なる], 浄化する. ► *n* [the] 崇高なもの, 荘厳美; [the] 絶頂, きわみ, 極致 〈*of*〉: from *the* ~ to the ridiculous 極上から劣悪へ〈変わる〉; ピンからキリまで. ♦ **~·ly** *adv* **sub·lím·able** *a* **sub·lím·er** *n* 昇華者[器]. [L *sublimis* uplifted, high]
Sublíme Pórte [the] 高き門 (⇨ PORTE).
sùb·líminal 〖心〗 *a* 閾下(いきか)の, 閾値下の (cf. LIMINAL). ► *n* SUBLIMINAL SELF. ♦ **~·ly** *adv*
sublíminal ádvertising 《閾下知覚への作用を意図したテレビなどの》閾下広告, サブリミナル広告.
sublíminal percéption 〖心〗閾下知覚.
sublíminal sélf [the] 〖心〗閾下自我 (=*subliminal*).
sub·limi·na·tion /səblɪ̀mənéɪʃ(ə)n/ *n* 閾下知覚へのはたらきかけ.
súb·lìmit *n* 《最大限度以下の》二次限度, 副次制限, サブリミット.
sub·lim·i·ty /səblíməti/ *n* 崇高, 高尚, 荘厳, 壮大; 絶頂, 極致; [°*pl*] 荘厳なもの, 崇高な人[もの].
súb·lìne *n* 一つの種族内の同系統繁殖による系統, 亜系.
sùb·língual 〖解〗 *a* 舌下の: the ~ gland [artery] 舌下腺[動脈] / ~ tablets 舌下錠. ► *n* 舌下腺[動脈など]. ♦ **~·ly** *adv*
sùb·líterary *a* 文学以下の.
sùb·líterate *a* (読み書きの)十分な素養に欠ける.
súb·lìterature *n* 文学以下の文学, 亜流文学作品.
sùb·líttoral 〖生態〗 *a* 岸辺近くの水中にある, 低潮線から大陸棚の間の, 亜沿岸[潮間](帯)の. ► *n* 亜沿岸帯, 亜潮間帯.
Sub-Lt 〖英〗Sublieutenant.
sùb·lúnar *a* SUBLUNARY.
sub·lu·nary /sʌblú:nəri, *sʌ́blunèri/ *a* 月下の; 地球(上)の; 現世の.
sùb·lúnate *a* ほぼ三日月形の.

sùb·luxátion *n* 〖医〗亜脱臼, 不全脱臼.
sùb·machíne gùn 小型機関銃, サブマシンガン《拳銃の弾丸を使用し, 連射が可能な小型の銃》.
súb·màn *n* (*pl* **-mèn**) [*derog*]《野蛮・愚昧であるなど》人間的機能が劣っている人, 亜人 (cf. SUPERMAN).
sùb·mandíbular 〖解〗*a* SUBMAXILLARY. ► *n* 顎下腺 (=~ **glànd**) (submaxillary gland).
sùb·márgin·al *a* へりに近い; 限界以下の, 必要最低限以下の, 〈農地が〉耕作限界以下の. ♦ **~·ly** *adv*
sub·ma·rine /sʌ́bmərìːn, ⏤⏤⏤/ *n* **1** 潜水艦 (=*sub*), 海底植[動]物; 〖サーフィン〗サーファーの体に比べて小さすぎるサーフボード. **2***サブマリン(サンド) (=*grinder, hero, hoagie, Italian sandwich, poor boy, sub, torpedo*) (=~ **sàndwich**)《長いロールパンに冷肉・チーズ・野菜をはさんだサンドイッチ》; *《俗》大きなマリファナタバコ. ► *a* 海底の, 海底に生じる[生活する], 海中の; 海中で使う: a ~ boat 潜水艦 / a ~ cable [volcano] 海底電線[火山] / a ~ depot ship 潜水母艦. ► *vt* 潜水艦で襲撃[撃沈]する; 下から攻撃する; *《俗》(…の活動を)妨害する, 破壊する; 〖野〗下手投げで投げる. ► *vi* 〖アメフト〗〈ディフェンスのラインマンが〉オフェンスのラインマンのブロックの下をかいくぐる; もぐる, 下にすべり込む; 下がる.
súbmarine chàser 駆潜艇.
súbmarine-làunched *a* 潜水艦から発射する (cf. SLBM).
súbmarine pèn 潜水艦待避所.
sub·ma·ri·ner /sʌ̀bmərìːnər, -mǽrənər; -mǽrənər/ *n* 潜水艦乗組員; 〖野〗下手投げ投手.
submarine sandwich ⇨ SUBMARINE.
súbmarine wàtching *《学生俗》NECKING.
súb·màster *n* 副校長.
sùb·maxílla *n* 〖解・動〗下顎, 下顎骨.
sùb·máxillary 〖解・動〗*a* 下顎の; 顎下腺の. ► *n* 下顎部[骨, 動脈].
submáxillary glànd 〖解〗顎下腺.
sùb·médiant 〖楽〗*n* 下中音《音階の第6音》; 下中音の鍵盤[コード]. ► *a* 下中音の.
sùb·méntal *a* 〖解〗おとがい下の, 顎下の; 〖昆〗亜基節の, 亜鰓(あさい)の.
súb·mènu *n* 〖電算〗サブメニュー《メニューからある項目を選んだときに表示される下位のメニュー》.
sub·merge /səbmə́ːrdʒ/ *vt* 水中に入れる, 沈める 〈*in, under*〉; 水没[浸水, 冠水]させる; 〈感情などを〉おおい隠す. ► *vi* 沈降[潜没]する, 〈潜水艦などが〉水中に沈む, 潜水[潜航]する (opp. *emerge*). ● **~ oneself in**…に没頭する. ♦ **sub·mér·gence** *n*
sub·mérged *a* 水没[浸水]した, 水中(で)の, 〖生〗液内(で)の〈培養〉; 〖植〗沈水生の (submersed); おおい隠した; 没頭した 〈*in*〉; 貧窮した. ● **the ~ tenth [class]**《貧窮の》どん底階級 (cf. UPPER TEN (THOUSAND)).
submérged-àrc wélding サブマージアーク溶接.
sub·mérg·ible *a, n* SUBMERSIBLE.
sub·merse /səbmə́ːrs/ *vt* SUBMERGE. ► *a* 〖植〗SUBMERSED. ♦ **sub·mér·sion** /-ʒ(ə)n; -ʃ(ə)n/ *n*
sub·mérsed *a* 水中に沈んだ; 〖植〗沈水生の.
sub·mérs·ible *a* 水中に沈めうる; 水中で作動する. ► *n* 潜水艦, 《特に科学測定用の》潜水艇.
sùb·mèta·céntric 〖生〗*a* 次中部動原体(型)の. ► *n* 次中部動原体.
sùb·metállic *a* 亜金属の: a ~ luster 亜金属光沢.
sùb·mícro·gràm *a* マイクログラム未満の.
sùb·mícron *a* 《特に直径が》ミクロンより下の; ミクロン以下の粒子からなる.
sùb·microscópic *a* 〈物体が〉超顕微鏡的な; 極微小物体の. ♦ **-ical·ly** *adv*
sùb·mílli·mèter *a* 《直径・波長などが》ミリメートル未満の: a ~ particle.
sùb·míniature *a* 〈カメラ・電気部品など〉超小型の. ► *n* SUBMINIATURE CAMERA.
submíniature cámera 超小型カメラ.
sùb·míniaturize *vt* 〈電子装置を〉超小型化する (microminiaturize).
sub·miss /səbmís/ 《古・詩》*a* 従順な (submissive); 音を低めた, 抑えた, 小声の.
sub·mis·sion /səbmíʃ(ə)n/ *n* **1** 服従, 降服; 従順 〈*to*〉; 柔和; 〖レス・柔道〗降参, ギブ(アップ); 《古》《あやまちなどの》告白 (admission): in ~ *to*…に服従して / with all due ~ うやうやしく. **2** 提出(物), 投稿, 提示案, 具申(書), 申し立て; 〖法〗仲裁付託合意; 付託, 依頼: in my ~ 私見では. [OF or L; ⇨ SUBMIT]
sub·mis·sive /səbmísɪv/ *a* 服従する, 従順な, すなおな. ♦ **~·ly** *adv* **~·ness** *n* [*remissive* などにならったもの]
sub·mit /səbmít/ *v* (**-tt-**) *vt* **1** 服従[降服]させる; 《処置などを》〈人〉に受けさせる, 〈物を〉《分析などに》かける 〈*to*〉: ~ *oneself to* questioning 尋問を甘んじてうける. **2 a** 〈申請・文書などを〉提出[提示]する; 《意見・検討などを求めて》提起する, 付託する 〈*to*〉: ~ a question *to* the court 問題を法廷へ持ち出す. **b** 〖法〗〈弁護人・検事が〉具申する, 申し立てる 〈*that*〉. ► *vi* 服従する, 降参する; 〈人の意見などに〉従う, 甘受する 〈*to*〉; 〈手術などを〉うける 〈*to*〉. ♦ **sub·mít·ta·ble** *a* **sub·mít·tal** *n* **sub·mít·ter** *n* [L *sub-*(*miss- mitto* to send)=to lower]
sùb·mitochóndrial *a* 〖生〗ミトコンドリアの部分の[からなる], 亜ミトコンドリア(性)の〈膜・粒子〉.
sùb·módifier *n* 〖文法〗従属修飾語《形容詞や他の副詞を修飾するためにその前に置かれる副詞; 例 a *far* easier question / heal *remarkably* fast》. ♦ **-módify** *vt* **-modificátion** *n*
sub mo·do /sʌ̀b móʊdoʊ/ *adv* 一定の条件[制限]下に. [L=under a qualification]
sùb·móntane *a* 山[山脈]の下[ふもと, 緩斜面]の.
sùb·mucósa *n* 〖解〗粘膜下組織. ♦ **-mucósal** *a*
sùb·múcous *a* 〖解〗粘膜下(組織)の.
sùb·múltiple *n, a* 〖数〗約数(の).
sùb·munítion *n* 子爆発体, 子爆弾《射出兵器により弾頭として運ばれ, 目標に近づくと発射される爆発体》.
sùb·narcótic *a* 軽麻酔性の; 〈麻酔薬の量が〉完全麻酔には不十分な.
sub·na·sale /sʌ̀bneɪzéɪli/ *n* 鼻下点《正中矢状平面における鼻中隔と上唇の接点》.
sùb·nét, sùb·nét·wòrk *n* 〖電算〗サブネット, サブネットワーク《上位のネットワークの部分をなすネットワーク》.
sub nom·i·ne /sʌ̀b nɑ́mənèɪ, -nóʊ-, -nìː/ *adv* 名[題]の下に《略 s.n.》. [L=under the name]
sùb·nórmal *a* 普通[正常]より下の[劣る]; 亜[準]正常の《特に知能が普通より低い》. ♦ **sùb·normálity** *n* **~·ly** *adv*
sùb·nóte·bòok /, ⏤⏤⏤/ *n* 〖電算〗サブノートブック(型)コンピューター[パソコン] (=~ **compùter**) 《notebook computer より小さく palmtop computer より大きい》.
sùb·núclear *a* 〖理〗原子核内の, 原子核より小さい, 素粒子の.
sùb·núcleon *n* 〖理〗《quark が確認される前の》核子構成素. ► *a* 核子より小さい.
sùb·occípital 〖解〗*a* 後頭骨下部の; 大脳後頭葉下の.
sùb·oceánic *a* 大洋の下の, 海底の〈石油資源など〉.
sùb·ócular *a* 〖解〗眼下の.
sùb·ópposite *a* 〖植〗ほぼ対生の〈葉など〉.
sùb·óptimal *a* SUBOPTIMUM.
sùb·óptimize *vi* サブシステム[サブプロセス]を最大限に利用する.
sùb·óptimum *a* 最適状態に及ばない, 最適下限の, 次善の.
sùb·orbícular *a* ほぼ球状[環状]の〈葉など〉.
sùb·órbit·al *a* 〖解〗眼窩(がんか)下の; 完全な軌道に乗らない(ように設計された): a ~ flight 《人工衛星などの》軌道に乗らない飛行.
súb·òrder *n* 〖生〗亜目. ♦ **sùb·órdinal** *a*
sub·or·di·na·cy /səbɔ́ːrd(ə)nəsi/ *n* 従属性, 従属状態; SUBORDINATION.
sùb·órdinary *n* 〖紋〗準普通紋, サブオーディナリー.
sub·or·di·nate /səbɔ́ːrd(ə)nət/ *a* 下位の, 次位の, 重要度の低い; 従属[付随]する, 依存する 〈*to*〉; 〖文法〗従属の (opp. *coordinate*); 部下の, 属官の. ► *n* 従属者, 部下, 属官; 〖生態〗劣位者[種]; 〖文法〗従(属)節, 従属語[句]. ► *vt* /-nèɪt/ 下[下位]に置く; 〈…の〉二の次にする, 〈…より〉軽視する 〈*to*〉; 従属[服従]させる 〈*to*〉: ~ career *to* family life 仕事より家庭生活を大事にする. ♦ **~·ly** *adv* **~·ness** *n* [L (*sub-*, ORDAIN)]
subórdinate cláuse 〖文法〗従属節《例 I'll go *if it is fine.*; opp. *coordinate* [*main*] *clause*》.
sub·ór·di·nàt·ed débt 〖金融〗劣後債権《会社清算の際には有担保の債権と比べて弁済の順位が低い無担保の債権》.
subórdinate legislátion 〖法〗従位的立法 (delegated legislation).
sub·ór·di·nàt·ing [subórdinate] conjúnction 〖文法〗従位接続詞《従属節を主文に接続する as, if, that, though など; cf. COORDINATING CONJUNCTION》.
sub·or·di·na·tion /səbɔ̀ːrd(ə)néɪʃ(ə)n/ *n* 下位に置くこと, 後順位化; 従属, 従位, 後順位; 〖法〗債権劣後; 〖生態〗劣位; 〖文法〗従属関係; 《まれ》服従, 従順: in ~ *to*…に従属して.
subordinátion·ìsm *n* 〖神学〗従属主義, (聖子)従属説《三位一体に関する異端説で, 子は父に従属し, 聖霊は父と子に従属すると説く》. ♦ **-ist** *n*
sub·or·di·na·tive /səbɔ́ːrd(ə)nèɪtɪv; -nə-/ *a* 従属的な, 従属関係を表わす; 下位[次位]の; 〖文法〗SUBORDINATE; 〖言〗内心的構造の (opp. *coordinative*).
sub·ór·di·nà·tor *n* 従属させるもの[人]; SUBORDINATE CONJUNCTION.
sub·orn /səbɔ́ːrn/ *vt* 〖法〗《賄賂などを与えて》…に偽誓[偽証]させる; 〈証言を〉不法な手段によって手に入れる, 〈偽証を〉引き出す; 買収する, そそのかす. ♦ **~·er** *n* 〖法〗偽証教唆者, 偽証させる人, 買収者. [L *sub-*(*orno* to equip)=to incite secretly]
sub·or·na·tion /sʌ̀bɔːrnéɪʃ(ə)n/ *n* 〖法〗偽誓[偽証]させること; 買収: ~ of perjury 偽誓[偽証]教唆罪.

sùb·óscine *a, n* 〖鳥〗 鳴禽(めいきん)亜類の(鳥)《かつての分類によるスズメ目の亜類; 鳴禽類よりも音声器官が発達していない, より原始的とされる鳥の類》.

Su·bo·ti·ca /súːbɔtìːtsə/ スボティツァ《セルビア北部 Vojvodina 北部のハンガリー国境の近くにある市》.

sùb·óvate, sùb·óval *a* ほぼ卵形の.

sùb·óxide *n* 〖化〗 亜酸化物.

sùb·pár *a, adv* 標準より下の[に].

sùb·páragraph *n* 《特に 正式文書の》従属的な[補足的な]パラグラフ[項, 節, 段落].

sùb·párallel *a* ほぼ平行な, 準平行の.

súb·phỳlum *n* (*pl* **-phỳla**) 〖生〗 亜門.

súb·plàte *n* 〖地質〗 小地殻プレート, サブプレート.

súb·plòt *n* 《脚本・小説の》わき筋, サブプロット (cf. MAIN[1] plot, COUNTERPLOT); 地面 (plot) の小区分, 小[副]調査区.

sub·poe·na, -pe- /sə(b)píːnə/ 〖法〗 *n* 《従わぬ時の罰金・罰則の警告付きの》召喚状, 罰金[罰則]付き召喚令状 ‹*to*›. ► *vt* (**~ed, ~'d**) 罰金[罰則]付きで召喚する, 呼び出す, …に罰金[罰則]付き召喚状を発する ‹sb *to* do›; 〖米法〗 ‹文書・記録などを›罰金[罰則]付きで証拠として法廷に提出させる. [L=under penalty]

subpóena àd tes·ti·fi·cán·dum /-æ̀d tèstəfɪkǽndəm/ 〖法〗 罰金[罰則]付き証人召喚令状. [L=under penalty to give testimony]

subpóena dù·ces té·cum /-dùːsəs tíːkəm/ 〖法〗 罰金[罰則]付き証人指定書類[指定物件]携帯召喚令状. [L=under penalty you shall bring with you]

sùb·pólar *a* 極[極地]に近い, 亜極(地帯)の.

sùb·populátion *n* 〖統〗 部分母集団; 〖生態〗《混系中の》特定生物型群, 副次集団, 分集団.

sùb-póst·màster″ *n* 副郵便局 (sub-post office) の局長. ♦ **sùb-póst·mìstress** *n fem*

sub-póst òffice″ 副郵便局《main post office (主郵便局) に対して, 街角の新聞店や雑貨店などと併営されている小規模な郵便局》.

sùb·pótent *a* 通常の効力より弱い. ♦ **sùb·pótency** *n* 〖生〗 遺伝形質伝達能力の減少.

sùb·préfect *n* PREFECT の代理; 《フランスの》郡長.

sùb·préfecture *n* SUBPREFECT の職[権限]; 《prefecture 内の》小区(域).

súb·prìme *a* 二級の, 二流の; サブプライムの《特に 低所得者など経済的信用度の低い人に貸し出すローンに対するプライムレートより高い金利についていう》; サブプライムローンを貸し出す[借りる].

súbprime lóan サブプライムローン《経済的信用度が低く, 債務不履行となる危険性の高い人に対する譲渡抵当 (mortgage) あるいは住宅担保付きの融資; 審査基準はゆるいが, 金利は高い》.

sùb·príncipal *n* 副長官, 副校長, 副社長, 副会長, 長官代理, 校長代理; 〖木工〗 補助垂木(たるき)[支え木材]; 〖楽〗 サブプリンシパルストップ《オルガンの低音を出す開口ストップ》.

sùb·príor *n* 副修道院長.

súb·pròblem *n* 《より包括的問題に含まれる》下位の問題, 副次的問題.

sùb·proféssion·al *a, n* 準専門職の(人).

sùb·prógram 〖電算〗 *n* サブプログラム《プログラムのうちで独立して翻訳しうる部分》; SUBROUTINE.

súb·púnch *vt* ‹鋼材›に所定径より小さい径の孔をあける, サブポンチする.

súb·règion *n* 《region 内の》小区(域); 小地域; 〖生物地理〗 亜区. ♦ **sùb·région·al** *a*

sub·rep·tion /səbrɛ́pʃ(ə)n/ *n* 〖教会法〗《教皇庁への》虚偽の陳述; 《目的を達するための》事実の隠匿, 虚偽の申し立て(による推論). ♦ **sub·rep·ti·tious** /sʌ̀brɛptíʃəs/ *a* **-tí·tious·ly** *adv*

súb·rèsin *n* 〖化〗 サブレジン《樹脂中で沸騰アルコールにより分解分離する部分》.

súb·rìng *n* 〖数〗 部分環.

sub·ro·gate /sʌ́brougèɪt/ *vt* 〖法〗 代位する, 代位弁済する, 肩代わりする; 《一般に》…の代わりをする. [L (*rogo* to ask)]

sub·ro·ga·tion /sʌ̀brougéɪʃ(ə)n/ *n* 〖法〗 代位, 代位弁済; 《一般に》肩代わり.

sub ro·sa /sʌ̀b róuzə/ *a, adv* 内密の[に], 極秘裏の[に], ひそかに: a ~ meeting / investigate ~. [L=under the ROSE]

súb·routìne *n* 〖電算〗 サブルーチン《特定または多数のプログラムで繰り返し用いられる独立した命令群》.

sùb-Saháran *a* サハラ(砂漠)以南の: ~ Africa.

sùb·sáline *a* 少し塩気のある, あまり塩からくない.

súb·sàmple 〖統〗 *n* 副標本. ► *vt* /,⌐–⌐/ …の副標本をとる.

sùb·sátellite *n* 《他の衛星国の支配下にある》衛星国内の衛星国, 二次衛星国; 〖宇〗 軌道にある人工衛星から発射された小型人工衛星, 二次衛星.

sùb·sáturated *a* ほぼ浸透[飽和]した, 亜飽和の. ♦ **sùb-saturátion** *n* 亜飽和.

sùb·scápular 〖解〗 *a* 肩甲骨の下の, 肩甲下の. ► *n* 肩甲下動脈[静脈], 肩甲下筋[神経].

sub·scribe /səbskráɪb/ *vt* ‹寄付などを›(記名)承諾する; 寄付する; 応募する, 申し込む, 予約する; …に賛成(署名)する; ‹名前を›書く, ‹証書などに›署名する: ~ money 《慈善事業に》金を出す / ~ (one's name *to*) a petition 請願書に署名する / ~ *oneself* (記名)承諾する, 署名する. ► *vi* 寄付簿に署名する, 寄付[出資](を約束)する ‹*to* a fund, *for* an object›; 同意する ‹*to*›; 署名する ‹*to*›; ‹本などを›予約する ‹*for*›, ‹新聞・雑誌を›定期購読する, 取る ‹*to* a newspaper, magazine›; ‹ケーブルテレビ・ネット上のサービス›に加入する, 会員登録する ‹*to*›; 〖電算〗 ‹ニュースグループ›に加入する; ″‹株›を申し込む, 応募する ‹*for*›; 理解[好意]を示す ‹*to*›: ~ liberally *to* charities 慈善事業に惜しげもなく寄付する / He never ~*s to* anything unfair. 曲がったことには賛成しない. [L (*sub*-, SCRIBE)]

sub·scríb·er *n* 寄付者 ‹*to*›; 購読者, 申込者, 応募者, 予約者, 加入者 ‹*for, to*›; 署名者; 《コンサートなどの》定期会員.

subscríber trúnk dìalling″ ダイヤル即時通話 (direct distance dialing*) 《略 STD》.

sub·script /sʌ́bskrɪ̀pt/ *a* ‹文字・記号が›下に書かれた, 下付きの (inferior) (cf. ADSCRIPT, SUPERSCRIPT): iota ~ 下に書いたイオータ《ギリシア文字の ᾳ, ῃ, ῳ の下に書く ι》. ► *n* 下付き文字[数字, 記号] (H_2SO_4 の 2, 4 など).

sub·scrip·tion /səbskrípʃ(ə)n/ *n* **1 a** (予約)申し込み, 応募; 定期購読契約(の有効期間); 定期会員の申し込み; 予約(代)金, 購読料金, ″《会員制クラブなどの》会費 ‹*to*›; 《本などの》予約販売; *勧誘販売. **b** 寄付申し込み; 寄付金, 出資金, 基金 (=*sub*). **2 a** 下方[末尾]に書かれたもの; 署名(したもの); 署名承諾, 同意; 《古》 忠誠. **b** 〖教会〗《統一のための》教理の受諾; 〖英国教〗《39 信仰箇条 (1563) と祈禱書の》正式受諾. **3** 〖薬〗 調剤指示書《処方箋において薬剤師への調剤法を記した部分》. ● **by ~** 予約で; 寄付で: *by* public ~ 公募寄付で. **make** [**take up**] **a ~** *寄付を募る. [L; ⇨ SUBSCRIBE]

subscríption bòok 予約者帳簿; 予約出版書.

subscríption còncert* 定期演奏会.

subscríption edìtion 予約(限定)版.

subscríption lìbrary 会員制貸出し図書館.

subscription TV /-⌐–tìːvíː/, **subscríption télevision** 会員制有料テレビ放送.

súb·sèa *a* SUBMARINE, UNDERSEA.

súb·sèction /,⌐–⌐/ *n* 《section の》小分け, 小区分, 細別, 小区款(かん); 下位区分, 分課, 係.

sub·sel·li·um /səbséliəm/ *n* (*pl* **-lia** /-liə/) 《まれ》 MISERICORD.

súb·sènse *n* 派生的[特殊]な意味.

sub·se·quence[1] /sʌ́bsɪkwəns/ *n* あと(であること); 次(であること), 続いて起こること[事件], 続き, 結果. [SUBSEQUENT]

súb·sèquence[2] *n* 〖数〗 部分列.

súb·se·quent *a, n* あとの(人[もの]), そのあとの; 次の(事), 続いて起こる, 二次の ‹*to*›; 結果として[伴って]起こる (consequent) ‹*upon*›; 〖地質〗 適従の《谷・河川が地質構造の弱い線に沿って形成された》. ● **~ to**…以後, …のあとで. ♦ **~·ness** *n* [OF or L (*sequor* to follow)]

súbsequent·ly *adv* その後, のちに, 続いて ‹*to*›.

sub·sere /sʌ́bsɪ̀ər/ *n* 〖生態〗 二次遷移系列《伐採などによる人為的裸地における遷移系列; cf. PRISERE》.

sub·serve /səbsə́ːrv/ *vt* ‹目的・計画・人など›の役に立つ, …の促進に寄与する; 《廃》 …に仕える. [L (*sub*-, SERVE)]

sub·ser·vi·ence /səbsə́ːrviəns/, **-cy** *n* 役立つこと, 貢献; 卑屈; 従属.

sub·sér·vi·ent *a* 補助[従属]的な (subordinate), 従位の, 優先順位の低い ‹*to*›; 役立つ, 貢献する ‹*to*›; 卑屈な, へつらう, 人の言いなりになる. ♦ **~·ly** *adv*

súb·sèt *n* 全体の中の一部, サブセット; 〖数〗 部分集合.

súb·shèll *n* 〖理〗 副殻 (=*sublevel*) 《殻構造で同じ殻に属するもののうち, 特定の方位量子数をもつ粒子のつくる殻》.

súb·shrùb *n* 〖植〗 亜低木.

sub·side /səbsáɪd/ *vi* **1** 沈澱する; ‹土地・建物が›沈下する, ‹地面が›陥没する; ‹船が›沈む; 《口》 [*joc*] ‹人が›腰をおろす ‹*into* a chair›, 横になる. **2** ‹風雨・騒動・激情などが›静まる, ‹洪水・はれもの・熱などが›ひく; ‹論争者などが›沈黙する. ● **~ into**… ‹笑いなどを›こらえきれなくなる. ♦ **sub·síd·er** *n* [L *sub*-(*sido* to settle)]

sub·si·dence /səbsáɪd(ə)ns, sʌ́bsə-/ *n* 沈下, 沈降(運動), 沈没; 鎮静, ひくこと, 減退.

sub·sid·i·ar·i·ty /səbsɪ̀diǽrəti/ *n* **1** 補助的[副次的, 従属的]であること. **2** 補完原則 (=principle of ~), 補完性, サブシディアリティー《中央の権力は下位または地方的組織が効率的に果たせない機能だけを遂行するという原則》.

sub·sid·i·ary /səbsídièri, -sídəri; -diəri/ *a* 補助の; 従属的な, 補足的な, 副次的な ‹*to*›; 支流の; 助成金の[による]; 《他国の》雇い兵になった; 《議決権のある株の過半数を有する》親会社に支配された[が所有する]. ► *n* 補助的な人[もの]; 〖楽〗 副主題; SUBSIDIARY COMPANY; [*pl*] 〖印〗 BACK MATTER. ♦ **-i·ar·i·ly** /səbsɪ̀diɛ́rəli; səbsídiər(ə)li/ *adv* [L (SUBSIDY)]

subsídiary còin 補助貨幣, 補助貨《特に 銀貨》.

subsídiary cómpany 従属会社, 子会社.
subsídiary ríghts *pl* 副次的権利《小説などを原作に基づいた別形態で発行・上演する権利; 小説の映画化やハードカバー版の原作をペーパーバック版で出版する場合など》.
sub·si·dize /sʌ́bsədàɪz, -zə-/ *vt* 〈政府が〉…に助成[補助, 奨励]金を支給する; 報酬を払って〈傭兵など〉の助力[協力]を得る; 買収する (bribe). ♦ **-dìz·er** *n* **sùb·si·di·zá·tion** *n*
sub·si·dy /sʌ́bsədi, -zə-/ *n* 《政府の》補給金, 助成金, 補助金; 交付金, 寄付金; 《国家間の軍事援助[中立]に対する》報酬金; 〔英史〕《王室用に徴収した》臨時[特別]税. [OF＜L *subsidium* help]
sub si·gil·lo /sʌ̀b sɪgílou/ *adv* 捺印[極秘]の下に. [L＝under the seal]
sub si·len·tio /sʌ̀b sɪlénʃiòu, -sàɪ-, -ti-/ *adv* 無言にて. [L＝under or in silence]
sub·sist /səbsíst/ *vi* 生存する, 生活する, 《やっと》生計を立てる〈*on, by*〉; 存在[存続]する; 内在する〈*in*〉; 〔哲〕自存する, 真である, 論理的に考えうる. ► *vt* 《古》…に衣食を供給する. [L *sub*-(*sisto* to set, stand)＝to stand firm]
subsíst·ence *n* 生活, 生存, 存続; 生計の道, 最低限の生活の糧(ᵃ); SUBSISTENCE ALLOWANCE; 存在, 実存 (existence); 内在; 〔哲〕自存.
subsístence allòwance 特別手当, (出張)手当; 就職支度金; 《軍隊の》食費手当.
subsístence cròp 自給用作物.
subsístence fàrming [àgriculture] 自耕自給農業; 生存水準の収穫しかない農業.
subsístence lèvel 最低生活水準, 生存水準.
subsístence mòney SUBSISTENCE ALLOWANCE.
subsístence wàge 《最低限度の》生活[生存]賃金.
subsíst·ent *a* 存在する, 実在の; 固有の (inherent). ► *n* 実在するもの; 〔哲〕《抽象概念としての》存在物.
súb·sìze *a* 標準よりも小さい, やや小型の, 小振りの.
sùb·sócial *a* 完全社会をもたない, 亜社会性の〈昆虫〉.
súb·sòil *n* 〔土壌〕下層土, 心土(しんど). ► *vt* …の心土を掘り起こして耕す. ♦ **～·er** *n* 心土犂(すき)[心土プラウ, サブソイラー](を使う人).
sùb·sólar *a* 太陽直下の, 《特に》両回帰線間の.
subsólar póint 《地球上の》太陽直下点.
súb·sòng *n* 〔鳥〕ぐぜり《ある種の若鳥や繁殖期以外の成鳥が出す不規則な小さな鳴き声; cf. CALL NOTE, SONG》.
sùb·sónic *a* 〔理〕音速以下の, 亜音速の; 亜音速飛行の; 可聴下周波の (infrasonic). ► *n* 亜音速(航空)機 (cf. SUPERSONIC). ♦ **-i·cal·ly** *adv*
subsónic vibrátion 低周波振動.
súb·spàce *n* 〔数〕部分空間; 亜空間《光速以上の移動・通信が可能とされる SF 上の時空連続体》.
sùb·spécialty *n* 下位専門分野.
sub spe·cie /sʌ̀b spí:ʃìː/ *adv* …の形態の下に. [L＝under the aspect of]
sub spe·cie ae·ter·ni·ta·tis /sub spékièɪ aɪtèrnətá:təs, səb spí:ʃìː itə̀ːrnətéɪtəs/ *adv* 永遠の姿の下に. [L *aeternitas* eternity]
súb·spècies *n* 〔生〕亜種; 下位分類[区分], サブグループ. ♦ **sùb·specífic** *a*
sub·sphérical *a* 完全には球でない; 長球の (spheroidal).
sùb·spínous *a* ややとげの多い; 〔解〕脊柱下の.
súb·stàge *n* 《顕微鏡の載物台の下の》付属部品取付け台; 〔地質〕亜階.
sub·stance /sʌ́bst(ə)ns/ *n* **1** 物質 (material), 物; 《麻薬・覚醒剤などの》薬物; 資産, 財産: a solid ～ 固体 / CONTROLLED SUBSTANCE / a man of ～ 資産家 / waste one's ～ 浪費[濫費]する. **2 a** 実質, 内容, 中身, 真実, 実(み)(じつ), 《織物などの》地; [the] 大半 (majority) 〈*of*〉: This cloth lacks ～. この織物は地が薄い / ⇨ SHADOW 《諺》. **b** 〔哲〕実体, 本体, 本質; 固体[実在]性; 神性; 〔クリスチャンサイエンス〕永遠のもの. **3** [the] 要旨, 大意, 主題: *the* ～ of his lecture 彼の講演の大要. ● **in** ～ 実質的には; 本質上; 現に, 事実上; 大体は. **of** ～ 重要な. ♦ **～·less** *a* [OF＜L *sub*-(*stantia* essence＜*sto* to stand)]
súbstance abùse 〔医〕薬物濫用, 《俗に》アルコール[麻薬]濫用, アルコール[麻薬]中毒. ♦ **súbstance abùser** *n*
substance P /―― pí:/ 〔生化〕P 物質《痛みの感覚をひき起こすと考えられている化学物質》.
sùb·stándard *a* 標準以下の[に達しない], 低水準の; 〈語法・発音など〉標準語以下の《使用者の無教養を示す; cf. NONSTANDARD》; 〈製品〉規格はずれの; 〔保〕標準下体の.
sub·stan·tia al·ba /səbstǽnʃiə ǽlbə/ (*pl* **-ti·ae al·bae** /-ʃìː ǽlbi/) 〔解〕《大脳の》白質 (white matter). [L]
substántia gel·a·ti·nó·sa /-ʤèlət(ə)nóusə/ (*pl* **-tiae gel·a·ti·nó·sae** /-si/) 〔解〕膠様質《痛覚情報を伝える》. [L]
sub·stan·tial /səbstǽnʃ(ə)l/ *a* **1** 実[内容]のある〈食事など〉; 《数量が》相当な, かなりの; しっかりした, 丈夫な, 堅固な; 重要な, 価値のある〈貢献など〉; 資産のある, 裕福な; 金銭上の信用のある; 実力のある〈学者など〉. **2** 実質の, 実体の, 実在する, 本当の; 〔哲〕実体の, 本質の; 実質的な, 実体的な, 事実上の〈一致など〉. ► *n* [U*pl*] 実体[実質]のあるもの, 重要な価値のあるもの. ♦ **～·ly** *adv* 大体は, 要点は; 実質上; 十分に; しっかりと. **～·ness** *n* [OF or L (SUBSTANCE, *-al*¹)]
substántial·ìsm *n* 〔哲〕実体論. ♦ **-ist** *n, a*
sub·stan·ti·al·i·ty /səbstæ̀nʃiǽləti/ *n* 実在性, 実質のあること; 本体, 実質; 堅固.
substántial·ìze *vt* 実体とする, 実体化する; 実在させる, 実在化する; 実現する, 実地に表わす.
substántia ní·gra /-náɪgrə, -níg-/ (*pl* **-stántiae ní·grae** /-gri/) 〔解〕《中脳の》黒質.
sub·stan·ti·ate /səbstǽnʃièɪt/ *vt* 実体化する; 強固にする; 実証する (prove); 具体化する. ♦ **sub·stán·ti·à·tive** *a* **sub·stàn·ti·á·tion** *n* 実証, 立証; 実体化; 証拠.
sub·stan·ti·val /sʌ̀bstəntáɪv(ə)l/ *a* 〔文法〕実(名)詞の, 名詞のはたらきをする. ♦ **～·ly** *adv*
sub·stan·tive /sʌ́bstəntɪv/ *n* 〔文法〕実(名)詞, 名詞(相当語句) 《略 s., sb., subst.》. ► /, səbstǽntɪv/ *a* **1 a** 実在を示す, 実在的な; 本質的な, 核心に触れる; 現実の; 〔法〕実体の, 明文化された: a ～ motion《手続き的でない》実体的動議; 実体上の申し立て. **b** 〔文法〕名詞に用いられた, 存在を示す, 実(名)詞の: a ～ clause 名詞節 / NOUN SUBSTANTIVE. **2** 独立の, 自立の; 〔染色〕〈染料が〉媒染剤を不要とする, 直接… (opp. *adjective*); 〔軍〕〈肩書が〉正式の; 強固な; 《数量が》相当な, かなりの: ～ dye 直接染料. ♦ **～·ly** *adv* 独立に; 実質的に; 〔文法〕実(名)詞として. **～·ness** *n* [OF or L; ⇨ SUBSTANCE]
súbstantive dúe prócess 〔米法〕実体的適正過程《立法が実体面で適正なものであることを求める憲法解釈の考え方; 「法律は, 個人への不公平な, 専断的な, 理不尽な処遇をもたらすような規定をもってはならない」という原則を前提とする》.
súbstantive láw 〔法〕実体法《権利の創造・定義・規制をする法律; cf. ADJECTIVE LAW》.
súbstantive ránk 〔軍〕《代理などでない》正式位級.
súbstantive ríght 〔法〕実体的権利《生命・自由・財産・名誉などの権利》.
súbstantive vérb 〔文法〕存在動詞《動詞 be》.
súb·stan·tiv·ìze *vt* 〔文法〕〈動詞・形容詞を〉実詞化する.
súb·stàtion *n* 〔電〕変電所; 《パイプ輸送などの》中間加圧基地, サブステーション; 支署, 支局, 派出所.
sùb·stéllar *a* 〔天〕普通の星よりもはるかに小さい.
sùb·stérnal *a* 〔解〕胸骨下の.
sub·stit·u·ent /səbstítʃuənt/ 〔化〕*n* 《原子・原子群の》置換基, 置換分. ► *a* 置換基としてはたらく.
sub·sti·tute /sʌ́bstət(j)ùːt/ *vt* 代える, 取り換える〈*for*〉, 代用する, 代理させる〈*for* another〉; 〔化〕置換する: ～ A *for* B B の代わりに A を用いる[起用する] / ～ A *by* [*with*] B 《口》A の代わりに B を用いる[起用する]. ► *vi* 代わりになる, 交替する〈*for*〉; 〔化〕置換する. ► *n* 代理人, 補欠(者); 〔スコ法〕代理; 補欠[控え]選手 (＝*sub*); SUBSTITUTE TEACHER; 《劇の》代役; 替え玉; 《もと》身代わり兵; 代用(食)品〈*for*〉; 〔文法〕代用語《He writes better than I do. の *do* など》; 〔海〕代表旗 (repeater): be a poor ～ *for*…には(とても)及ばない[見劣りがする]. ► *a* 代理[代用, 代替]の, 代わりの. ♦ **súb·sti·tùt·able** *a* **sùb·sti·tùt·abíl·i·ty** *n* [L (pp)〈*sub*-(*stituo*＝*statuo* to set up)＝to put in place of]
súbstitute téacher* 代替[代用]教員 (supply teacher‖).
sub·sti·tu·tion /sʌ̀bstət(j)úːʃ(ə)n/ *n* 代理, 代用, 交代〈*for*〉; 〔数・論〕代入, 置換; 〔化〕置換; 代わりの人[もの]. ♦ **～·al, ～·àry** /; -(ə)ri/ *a* **～·al·ly** *adv*
substitútion cìpher 換字(式)暗号(法)《原文の文字を代わりの文字で置き換えた暗号文[法]; cf. TRANSPOSITION CIPHER》.
sub·sti·tu·tive /sʌ́bstət(j)ùːtɪv/ *a* 代用となる; 〔化〕置換の. ♦ **～·ly** *adv*
súb·stòrm *n* 《オーロラ現象などになる》地球磁場の小あらし.
sub·strate /sʌ́bstrèɪt/ *n* SUBSTRATUM; 〔生化〕基質《酵素の作用をうけて化学反応を起こす物質》; 〔化〕基体; 〔生・菌〕培養基 (medium); 〔電子工〕回路基板, (半導体)基板; 接着基面, 支持層, サブストレート. [*substratum*, *-ate*³]
sùb·stráto·sphère *n* 亜成層圏《俗に 成層圏のすぐ下》. ♦ **sùb·stràto·sphéric** *a*
sub·stra·tum /sʌ́bstrèɪtəm, -stræ̀t-, ―́―/ *n* (*pl* **-stra·ta** /-tə/) (深部)下層, 基層; 〔地質〕下層土, 心土 (subsoil), 基岩, 床岩 (bedrock); 土台, 根本; 〔植〕《接ぎ木などの》台, 台木; 〔哲〕実体, 実質; 〔生〕底質, 基底《生物が生育し運動する基盤》; 〔社〕階層 (stratum) の下位区分; 〔言〕基層(言語); 〔写〕乾板[フィルム]のゼラチンの下塗り (＝*sub*), 下地; 〔宇〕媒質流体. [NL (*substratus* strewn beneath)]
sub·struc·tion /sʌ̀bstrʌ́kʃ(ə)n/ *n* 《建物・ダムなどの》基礎. ♦ **～·al** *a*
súb·strùcture /, ―́―/ *n* 基礎[下部]構造, 土台, 基礎 (cf. SUPERSTRUCTURE); 橋台, 橋脚. ♦ **sùb·strúctural** *a*

sub·sume /səbsú:m; -sjú:m/ *vt* 包含[統合]する, 組み入れる, 組み込む ‹*by, into, under, within*›. ◆ **-súm·able** *a* [L (*sumpt- sumo* to take)]
sub·sump·tion /səbsʌ́mpʃ(ə)n/ *n* 〔論〕包摂, 包含; 包摂された命題, 《三段論法の》小前提 (minor premise); 《一般に》包含, 包容 (inclusion). ◆ **sub·súmp·tive** *a*
sùb·súrface *a, n* 地表下の(岩など), 水面下の.
súb·sỳstem *n* 下位[副]組織, サブシステム; 《ミサイル・ロケットなどの》コンポーネントシステム《構成部分》.
sùb·tángent *n* 〔数〕《*x* 軸上の》接線影.
súb·téen *n* «口» サブティーン《12 歳ぐらいまでの青年期前の子供, 特に女子》. ► *a* サブティーン(向き)の.
sùb·téen-àger *n* SUBTEEN.
sùb·témperate *a* 亜温帯の.
sùb·ténant *n* 《家屋・土地の》転借人. ◆ **-ténancy** *n*
sub·tend /səbténd/ *vt* …の範囲[限界]を定める; 〔数〕‹弦・三角形の辺が›‹弧・角›に対する; 〔植〕葉腋(ようえき)に抱く; …に内在する. [L; ⇨ TEND[1]]
sub·tense /səbténs/ *n* 〔数〕弦, 対辺.
sùb·ténure *n* 転借(期間).
sub·ter·fuge /sʌ́btərfjù:dʒ/ *n* 逃げ口上, 口実; ごまかし. [F or L (*subter* beneath, *fugio* to flee)]
sùb·términal *a* 端[終わり]近く(で)の.
sub·ter·nátural /sʌ̀btər-/ *a* 自然とはいえない, やや不自然な.
sùb·terráne, -ráin *n* SUBTERRANEAN, 洞窟, 地下室; 〔地質〕堆積土層などの下にある岩床, 下盤層.
sub·ter·ra·ne·an /sʌ̀btəréiniən/ *a* 地下(部)の, 地中の (cf. SUBAERIAL); 隠れた, 秘密の: ~ water 地下水 / a ~ maneuver 地下工作. ► *n* 地下に住む人, 地下で働く人; 地下のほら穴, 地下室. ◆ **~·ly** *adv* [L (*terra* land)]
subterránean clóver 〔植〕ジモグリツメクサ《地中海沿岸原産のマメ科の草本で, 地下で結実する; オーストラリア・米国で牧草とする》.
sub·ter·ra·ne·ous /sʌ̀btəréiniəs/ *a* SUBTERRANEAN.
sub·ter·rene /sʌ̀btərí:n/ *n* 〔土木〕《岩盤を溶かしながら掘削する》溶融ドリル.
sùb·terréstrial *a* SUBTERRANEAN.
súb·tèst *n* 《一連の試験[検査]の一部をなす》下位試験[検査].
sùb·tetánic *a* 〔医〕軽症テタニー性の‹痙攣›.
súb·tèxt *n* サブテキスト《文学作品のテキストの背後の意味》; 言外の意味, 含み. ◆ **sùb·téxtual** *a* **-téxtual·ly** *adv*
súb·thème *n* 副主題, サブテーマ.
sùb·therapéutic *a* 〔医〕《投薬[服用]量が》通常治療量以下の.
sùb·thréshold *a* 閾値(いきち)下の, 反応を起こすに不十分な: a ~ stimulus.
sùb·tídal *a* 下干潮帯の.
sub·tile /sʌ́tl, sʌ́bt(ə)l/ *a* ([s]**súb·til·er; -til·est**) «古» SUBTLE. ◆ **~·ly** *adv* **~·ness** *n*
sub·til·i·sin /sʌ̀btíləsən/ *n* 〔生化〕サブチリシン《真正細菌の一種から得られる細胞外タンパク質分解酵素》.
sub·til·i·ty /sʌ̀btíləti/ *n* «古» SUBTLETY.
sub·til·ize /sʌ́t(ə)làiz, sʌ́btə-/ *vt* 薄くする, 希薄にする; …に細かい区別立てをする, 微細に論じる; 洗練する, 微妙[高尚]にする; ‹感覚などを›鋭敏にする. ► *vi* 細かく区別を立てる; 微細に論じる. ◆ **sùb·til·izá·tion** *n*
sub·til·ty /sʌ́tlti, sʌ́b-/ *n* «古» SUBTLETY.
súb·tìtle *n* 小見出し, 副(表)題, サブタイトル; 《本文第 1 ページの上に付ける》略表題; [[u]*pl*] 《映画の》字幕, スーパー. ► *vt* …に副題を付ける; 〔映〕‹フィルム›にスーパー[字幕]を入れる.
sub·tle /sʌ́tl/ *a* (**súb·tler; -tlest**) **1** 繊細な‹区別など›; 微妙な, とらえにくい, かすかな, ほのかな, 名状しがたい, 不思議な‹魅力など›; 難解な. **2 a** ‹知覚・感覚など›敏感な; ‹人が›鋭い, 頭の切れる; 巧妙な, 巧緻な. **b** ずるい, 陰険な; 油断のならない‹敵›; 潜行性の‹毒物›. **3** ‹溶液など›薄い; ‹気体など›薄く広がる. ◆ **~·ness** *n* **súb·tly** *adv* [OF<L *subtilis* finely woven]
súbtle·ty *n* 微妙, 機微, 不思議; 巧妙, 精妙; 鋭敏, 敏感; 細かい区別立て, 微妙なニュアンス; 難解; ずるさ, 陰険; 希薄; 精妙[微妙]なもの. [OF (↑)]
sùb·tónic *n* 〔楽〕導音 (leading tone).
sub·to·pia" /səbtóupiə/ *n* [*derog*] 郊外住宅地《小さな文化住宅のずらずら並んだ郊外》. ◆ **-tó·pi·an** *a* [*suburb*+*utopia*]
sùb·tópic *n* 《論題の一部をなす》副次的な論題.
sùb·tórrid *a* SUBTROPICAL.
súb·tòtal /, ⌣ ⌣⌣/ *n* 小計. ► *vt, vi* (…の)小計を出す. ► *a* 完全に近い, ほぼ全面[全体]的な; 〔医〕‹手術・けがが›部分的な. ◆ **~·ly** *adv*
sub·tract /səbtrǽkt/ *vt* 減じる, 引く, 控除する: *S*~ 2 *from* 5 and you get 3. ► *vi* 引き算をする (opp. *add*). ◆ **~·er** *n*
sub·trac·tion /səbtrǽkʃ(ə)n/ *n* 引く[減じる]こと, 控除; 引き算, 減法; 権利の差し止め.
sub·trac·tive /səbtrǽktɪv/ *a* 減じる, 引き去る; 〔数〕減ずべき, 負号《−》で表わされた, 負の.
subtráctive cólor 〔写〕減法混色の原色《青・緑・赤のそれぞれの補色, イエロー[黄]・マゼンタ[赤紫]・シアン[青緑]》.
subtráctive pròcess 〔写〕減法混色, 減色法《イエロー・マゼンタ・シアンの 3 色の混合によって色を作るカラー写真などの色生成法; cf. ADDITIVE PROCESS》.
subtráct·or *n* 〔電子工〕減算器.
súb·tràde* *n* 《建築工事における》下請けの専門業者《配管工事・電気工事などの業者》.
sub·tra·hend /sʌ́btrəhènd/ *n* 〔数〕減数 (opp. *minuend*).
sùb·tréasury *n* 《国庫などの》支金庫; 〔米史〕財務省分局《9 分局あった》.
súb·trìbe *n* 亜族.
sùb·trópic *a* SUBTROPICAL.
sùb·trópical *a, n* 亜熱帯の; 亜熱帯性の(植物).
sùb·trópics *n pl* [the] 亜熱帯地方.
súb·tỳpe *n* 亜類型; 《一般型に内包されている》特殊型.
Su·bud /subú:d/ スブド《1947 年に Java 島の神秘家 Muhammad Subuh (1901–87) が創始した宗教運動》.
su·bu·late /sú:bjələt, -lèɪt, sʌ́b-/ *a* 〔動・植〕錐(きり)状の.
sùb·umbrélla *n* 〔動〕《クラゲの》下傘面. ◆ **-um·brél·lar** *a*
sùb-únder·write *vt* 〔金融〕‹他人の負債を›下引受けする. ◆ **-únder·wrìter** *n*
sùb·úngulate *n* 〔動〕亜有蹄動物《ゾウ・ジュゴンなど》.
súb·ùnit *n* 副次[部分]単位; 〔生化〕サブユニット《生体粒子[高分子]を成り立たせる基本単位》.
sub·urb /sʌ́bə̀:rb/ *n* 《都市の》近郊, 郊外; [the ~s] 《都市の》郊外[近郊]住宅地区; 周辺部: in *the* ~*s* of Bristol. [OF or L (*urbs* city)]
sub·ur·ban /səbə́:rb(ə)n/ *a* 郊外の, 郊外に住む; 都市近郊特有の, [*derog*] 偏狭な, あかぬけない. ► *n* SUBURBANITE; STATION WAGON.
subúrban·ìte *n* 郊外住宅地区の住人, 郊外居住者.
sub·ur·ban·i·ty /səbə̀:rbǽnəti/ *n* 郊外[都市近郊]の特徴[性格, 雰囲気].
subúrban·ìze *vt* 郊外(住宅)化する. ◆ **subùrban·izátion** *n*
subúrban spráwl* URBAN SPRAWL.
sub·ur·bia /səbə́:rbiə/ [[o]*derog*] *n* 郊外; 郊外居住者《集合的》; 郊外生活特有の様式[風俗, 習慣]. [*suburb, -ia*[1]]
sub·ur·bi·car·i·an /səbə̀:rbəkéəriən/ *a* 都市[ローマ市]近郊の; 近郊住宅地区の; 〔カト〕(ローマ)近郊 7 管区の. [L *urbicarius* にならった *suburbicarius* から]
sùb·varíety *n* 〔生〕亜変種.
sub·vene /səbví:n/ *vi* «まれ» 助けとなる.
sub·vent /səbvént/ *vt* 助成する.
sub·ven·tion /səbvénʃ(ə)n/ *n* 助成金, 補助金, 保護金; 助成, 補助. ◆ **~·àry** /; -(ə)ri/ *a* [OF<L *sub-(vent- venio* to come)=to assist]
sub ver·bo /sub wérbou, sʌ̀b vá:rbou/ …の語の下に, …という語を見よ《略 s.v.》. [L=under the word]
sub·ver·sion /səbvə́:rʒ(ə)n, -ʃ(ə)n/ *n* 転覆, 潰滅; «廃» 転覆[滅亡]させるもの[の原因]. ◆ **~·àry** /; -əri/ *a* [OF or L; ⇨ SUBVERT]
sub·ver·sive /səbvə́:rsɪv/ *a* 転覆する, 覆す, 打倒する, 滅亡させる, 反体制的な ‹*of, to*›. ► *n* 破壊活動分子, 反体制活動家. ◆ **~·ly** *adv* **~·ness** *n*
sub·vert /səbvə́:rt/ *vt* ‹宗教・国家・主義・道徳などを›覆す, 打倒する, 滅亡させる; 堕落させる, むしばむ. ◆ **~·er** *n* [OF or L (*vers- verto* to turn)]
sùb·vértical *a* ほとんど垂直[鉛直]な.
sùb·víral *a* 《タンパク質など》ウイルスの一部分をなす構造(体)の[による]: ~ influenza.
sùb·vísible *a* 肉眼で見えない.
sùb·vítreous *a* ガラス質[状]になりきっていない; 準透明の.
sùb·vócal *a* 発声を(ほとんど)伴わない. ◆ **~·ly** *adv*
sùb·vòcal·izátion *n* 発声を(ほとんど)伴わずに言うこと.
sùb·vócal·ìze *vt* 《読書・ひとりごと・暗唱などの際に》声を(ほとんど)出さずに言う.
sub vo·ce /sub wóukɛ, səb vóusi/ SUB VERBO. [L]
súb·wày *n**地下鉄 (underground", tube"); "地下道《特に街路横断用》; [*pl*]*«俗» 足 (feet); *«俗» 《食べ物・飲み物の売り子に渡す》5[10] セント硬貨のチップ, [‹*int*›] チップをどうも(ありがとう)《地下鉄運賃から》. ► *vi**地下鉄で輸送する, 地下鉄に乗って行く.
súbway alùmni *pl**«俗» 《卒業生ではない》町の大学フットボール応援団.
súb·wòof·er *n* サブウーファー《超低音域再生用スピーカー》.
sùb-zéro *a* (華氏)零下の; 零下の気温用の.
suc- /sək, sʌ̀k/ ⇨ SUB-.
Su·car·yl /sú:kəril/ 〔商標〕スーカリル《低カロリー甘味料》.
suc·cade /səkéid/ *n* 砂糖漬けの果物; 糖果.
succah ⇨ SUKKAH.
suc·ce·da·ne·ous /sʌ̀ksədéiniəs/ *a* 代用物の; 代用の.

S

suc·ce·da·ne·um /sʌ̀ksədéɪniəm/ *n* (*pl* ～**s, -nea** /-niə/) 代用物, 代用薬.

suc·ce·dent /səksíːdnt/ *a* 次に続く (succeeding).

suc·ceed /səksíːd/ *vi* **1 a** 成功する (opp. *fail*), 〈計画などが〉成功する, うまくいく; 立身[出世]する, 繁昌する 〈*in* life, *at* a task, *as* a doctor〉: ～ *in* discovery 発見に成功する / ～ *in* fly*ing* across the Atlantic 大西洋横断飛行をなし遂げる. **b** 《廃》…な結果になる: ～ badly ひどい結果に終わる. **2** 続く, 続いて起こる; 後任となる, 跡を継ぐ; 継承[相続]する 〈*to*〉; 《廃》〈財産などが〉相続される: ～ *to* an estate 地所を受け継ぐ / ～ *to* the throne 王位を継ぐ, 即位する. ► *vt* …に続く, …のあとに来る[従う]; …の跡を継ぐ, …に代わる, …の後釜(あとがま)にすわる; 《廃》継承[相続]する: Queen Mary was ～*ed* by Elizabeth I. メアリー女王のあとはエリザベス 1 世が継いだ. ● ～ **one-self*** 再選される, 留任する. ♦ ～**·able** *a* ～**·er** *n* [OF or L *success- succedo* to come after]

succéed·ing *a* 続いて起こる, 続く, 次の. ♦ ～**·ly** *adv*

suc·cen·tor /səkséntər/ *n* 《教会の》聖歌隊長[前詠者]代理; 聖歌隊の低音主唱者. ♦ ～**·ship** *n*

suc·cès de scan·dale /*F* syksɛ də skɑ̃dal/ スキャンダルによって有名になった作品, 問題作; (ひどい)悪評, 悪名.

suc·cès d'es·time /*F* syksɛ dɛstim/ くろうとうけした作品; 批評家にうけること, くろうとうけ.

suc·cès fou /*F* syksɛ fu/ 桁はずれの大成功, 大当たり. [F = mad success]

suc·cess /səksés/ *n* **1 a** 成功 (opp. *failure*); 幸運, 上首尾; 出世: Nothing succeeds like ～. 《諺》一事成れば万事成る / drink ～ to…の成功を祝して乾杯する / make a ～ of…を首尾よくやる / score a ～ 成功する. **b** 《文》でき, 結果: good ～ 上でき, 成功 / ill ～ 不でき, 不成功. **2** [多く補語として] 成功者; 《劇などの》大当たり, 大ヒット(作): become an overnight ～ 一夜にして成功をおさめる. ● **the sweet smell of** ～ 成功の甘い香り, 成功への誘惑. [L; ⇨ SUCCEED]

succéss·ful *a* 成功した; 成功裡の, 好結果の, 上できの; 試験に及第した; 〈興行などが〉大当たりの; 幸運な; 立身[出世]した; 盛大な〈会など〉: be ～ *in*…に成功する. ♦ ～**·ly** *adv* 首尾よく, うまく, 成功裡に; 幸運に(も). ～**·ness** *n*

suc·ces·sion /səkséʃ(ə)n/ *n* 継起, 連続; ひと続きのもの; 継承, 承継, 相続 〈*to* the throne〉; 承継[相続]権, 王位継承権; 相続[承継]順位(の人びと), 子孫 (posterity); 系統, 〖生〗系列; 〖生態〗遷移, サクセッション: a ～ of 一連の, 相次ぐ, 歴代の / the law of ～ 相続法 / settle the ～ 後継者を決める. ● **by** ～ 世襲によって. **in** ～ 連続して[した], 引き続いて[引き続いた]: *in* quick ～ 矢継ぎばやに, 間断なく. **in** ～ **to**…を継承[相続]して. ■ **the Áct of S**～ 〖英〗王位継承者法 《**1**) 1534 年 Henry 8 世と第 2 王妃 Anne Boleyn の結婚を認め, 2 人の間の子供が王位を継ぐべきと宣言した **2**) 1536 年, 1534 年の法を廃止し, Henry 8 世と Jane Seymour との間に生まれる子供に継承権を認めた **3**) 1544 年 Henry 8 世の 3 人の王子·王女の継承順位を, Edward, Mary, Elizabeth の順と定めた》. [OF or L; ⇨ SUCCEED]

succéssion·al *a* 連続的な, 連綿とした; 法定相続の, 承継の[に関する]. ♦ ～**·ly** *adv* 連続して, 連綿と.

succéssion státe 後継国家 《もとはオーストリア-ハンガリー国の分裂で生じた諸国について言った》.

suc·ces·sive /səksésɪv/ *a* 連続する, 継続的な, 継時[経年]的な; 次の; 相続[継承]の: It rained three ～ days. 3 日間降りつづいた / on the third ～ day 3 日目に. ♦ ～**·ly** *adv* 引き続いて, 次々に, 連続的に, 逐次. ～**·ness** *n*

suc·cés·sor *n* 後任, 後釜(あとがま), 後継者, 継承者; 相続人, 承継者 (opp. *predecessor*); 取って代わるもの 〈*to*〉. ♦ ～**·al** *a* [OF < L; ⇨ SUCCEED]

succéssor státe SUCCESSION STATE.

succéss stòry 成功談, 出世物語, サクセスストーリー; 成功例.

suc·ci·nate /sʌ́ksənèɪt/ *n* 〖化〗コハク酸塩[エステル].

súccinate dehýdrogenase SUCCINIC DEHYDROGENASE.

suc·cinct /sə(k)síŋ(k)t/ *a* 簡潔な, 簡明な (concise), 圧縮した; 《古》〈衣類が〉体にぴったりした; 《古》《帯などを》巻きつけられた; 《古》からげた, まくった (tucked up). ♦ ～**·ly** *adv* ～**·ness** *n* [L *suc-(cinct- cingo* to gird) = to tuck up]

suc·cin·ic /səksínɪk/ *a* 琥珀(こはく)の; 〖化〗コハク酸の. [F (L *succinum* amber)]

succínic ácid 〖化〗コハク酸 《主に塗料·染料·香水製造用》.

succínic dehydrógenase 〖生化〗コハク酸脱水素酵素, デヒドロゲナーゼ.

suc·ci·nyl /sʌ́ksənl, -nìl, ˈˈ-nàɪl/ *n* 〖化〗スクシニル 《コハク酸から誘導される 2 価[1 価]の酸基》. [*-yl*]

sùccinyl·chóline *n* 〖化〗スクシニルコリン (＝*suxamethonium*) 《クラーレ (curare) 様の作用をする塩基性化合物; 塩化スクシニルコリンを手術時の短時間作用性の筋弛緩薬として用いる》.

sùccinyl·sùlfa·thíazole *n* 〖薬〗スクシニルスルファチアゾール 《腸の細菌性疾患の治療に用いる》.

suc·cise /səksáɪs/ *a* 〖植〗下端が切り取られたような, 切形(せっけい)の (abrupt). [L = cut from below]

suc·cor | suc·cour /sʌ́kər/ 《文》 *n* まさかの時の救助, 救援, 援助; 救い[助け]になるもの; [*pl*] 《古》援軍. ► *vt* 援助する, 救う. ♦ ～**·er** *n* ～**·less** *a* [OF < L (*curro* to run) = to run up]

suc·cor·rance /sʌ́kərəns/ *n* 依存 (dependence); 養育依存. ♦ **-rant** *a*

suc·co·ry /sʌ́k(ə)ri/ *n* 〖植〗CHICORY.

suc·cose /sʌ́kòus/ *a* 汁の多い, 多汁の (juicy).

suc·co·tash* /sʌ́kətæ̀ʃ/ *n* サコタッシュ《ライマビーンとトウモロコシ[オート麦と大麦]を煮た豆料理》. [Narraganset]

succoth *n* SUCCAH の複数形.

Succoth ⇨ SUKKOTH.

suc·cu·ba /sʌ́kjəbə/ *n* (*pl* **-bae** /-bìː/) SUCCUBUS.

suc·cu·bous /sʌ́kjəbəs/ *a* 〖植〗〈葉が〉覆瓦(ふくが)状の; 覆瓦状葉の (cf. INCUBOUS).

suc·cu·bus /sʌ́kjəbəs/ *n* (*pl* **-bi** /-bàɪ/) スックブス 《睡眠中の男と情交接するという女の悪魔; cf. INCUBUS》; 悪魔, 悪霊; 売春婦. [L (*suc-*, *cubo* to lie)]

suc·cu·lence /sʌ́kjələns/, **-cy** *n* 多汁, 多肉; 多肉植物; 趣きのあること.

súc·cu·lent *a* 汁の多い, 水気の多い, 液の多い (juicy); 汁気が多くて美味の; 〖植〗多汁(組織)の, 多肉の; 興趣に富む, 興味深い. ► *n* 〖植〗《サボテンなどの》多肉植物. ♦ ～**·ly** *adv* [L (*succus* juice)]

suc·cumb /səkʌ́m/ *vi* 屈服する, 圧倒される, 負ける 〈*to* temptation〉; 倒れる (die): ～ *to* fever 熱病で死ぬ. [OF or L (*cumbo* to lie)]

suc·cur·sal /səkə́ːrs(ə)l/ *a, n* 従属的な, 付属の(教会[銀行など]).

suc·cuss /səkʌ́s/ *vt* むりやり[激しく]ゆさぶる; 〖古医〗〈患者を〉ゆすって胸部の空洞を探る, 震盪(しんとう)聴診する. [L SUC*cuss- -cutio* to shake from below]

suc·cus·sa·to·ry /səkʌ́sətɔ̀ːri; -t(ə)ri/ *a* 〈地震が〉小さな振幅で上下に揺れる.

suc·cus·sion /səkʌ́ʃ(ə)n/ *n* 強く揺り動かすこと; 強く揺れるさま; 〖医〗震盪(しんとう)[振水]音診断法; 震盪[振水]音. ♦ **suc·cus·sive** /səkʌ́sɪv/ *a*

such /sʌ́tʃ, sətʃ/ *a* **1 a** こういう, こんな, こう[ああ]いう, そんな, あんな; 同様の, 類似の: ～ *a* man [thing] そんな人[もの] / any [some] ～ man [thing] だれかそんな人[何かそんなもの] / all ～ men そういう人はみな / He is not well off, only he seems ～. 裕福ではなくそう見えるだけ / *S*～ as the food was, there was plenty of it. たいした料理ではなかったが, 量はたっぷりあった (cf. SUCH *as it is* [*they are*]). **b** [法律または商業文体] 前述の, 上記の, 上記の種類の: Whoever shall make ～ return…. 前記の申告をなすものは…. **2** [相関詞として] **a** [such(…)as…] (cf. AS[1]): *S*～ poets *as* Blake (is) are rare. = Poets ～ *as* Blake (is) are rare. = Poets ～ *as* (= like) Blake are rare. ブレークのような詩人はまれだ. ★ 上例のように as の導く clause の be 動詞は多く略される / conifers, ～ *as* pines and firs 針葉樹, たとえば松やモミ / There is ～ a thing *as*…なんてことがあるからね《婉曲に油断を戒めることば; またおどしに響くこともある》/ I hate ～ delays *as* (= *those* delays *which*) make one impatient. 人をじらすような遅滞は大嫌いだ / I am not ～ a fool (= *so* foolish) *as to* believe that. それを信じるほどのばかではない. **b** [such(…)that…]: She had ～ a fright *that* she fainted. 驚きのあまり卒倒した (cf. SO[1]…*that*). ★ 口語ではしばしば that を省く: She wore ～ thin clothes (*that*) she caught cold. あんな薄着だったのでかぜをひいた. **3 a** [形容詞を伴って] あれほど[これほど]まで, あんな[そんな]に, このように; 非常に, とても: You can't master a language in ～ a short time. 一つの言語をそんな短期間にものにすることはできない / We had ～ a pleasant time. 実に愉快だった / Physically, he is not in ～ good shape. 体のほうはあまり丈夫ではない. **b** [形容詞を伴わず次に直ちに名詞がくる場合] あんないい, すてきな, たいした; 途方もない, とんでもない: We had ～ sport! 実におもしろかった / He is ～ a liar. ひどいうそつきだ / Did you ever see ～ weather? こんないい[ひどい]天気が今までにあったか. **c** これこれの, しかじかの (such and such).
● **no** ～ **thing** [**person**] そんな事[人]は…(し)ない, そんなもの[人]は存在しない; なかなかもって!, とんでもない!: There's *no* ～ *thing as* a FREE LUNCH. ～ **and** ～ [不定の意味で] これこれの (cf. *pron* 成句): on ～ *and* ～ a day これこれの日に / in [on] ～ *and* ～ a street しかじかの街で. ～ **a** [《古》**an**] **one** 《文》このような人[もの]; 《古》なにがし. **S**～ **as**…? [話しの続きを促して] たとえば? ～ **as it is** [**they are**] たいしたものではないが: You may use my car, ～ *as it is*. こんなものですが[おそまつながら]ぼくの車をお使いくださってけっこうです. ～…**but** (**that** [**what**])…しないほどの… (= ～…that…not): He is not ～ a coward *but* he can do that. それができないほどの卑怯者ではない. ～ **other** [**another**] こんな他の(もの): I hope never to have ～ *another* experience. こんな経験は二度としたくないものだ. ～…, ～… この…にしてこの…あり: *S*～ master, ～ servant. 《諺》この主にしてこの召使(あり), 似たもの主従. ★ Such father, such son. など類句をつくる.
► *pron* [〈*sg/pl*〉] こんな[そんな]人[もの], かようなもの, …の人; 《俗·商》上述の事物, それ, これ, 彼ら: *S*～ were the results. 結果はそのようで

あった / *S*~ is life [the world]! 人生[世の中]はそんなものだ《あきらめの文句》/ We note your remarks, and in reply to ~ (=your remarks)…. ご高見承りましたがそのお答えとして…. ● **all ~** そのような人びとすべて: So peace to *all* ~! かような人びとすべてに平安あれ. …**and [or] ~** など, 等々 (etc.): tools, machines, *and* ~ 工具, 機械等々. **another ~** もう一つそんなもの[人], それに同じ人[もの]. **as ~** それ相当に, それなりに; それ自体, ふつうの[厳密な]意味での: I am an adult and want to be treated *as* ~. おとななんだからおとなとして扱ってほしい / I'm not interested in politics *as* ~. 政治そのものに興味があるわけではない. **~ and ~** しかじか(のもの), これこれ(の人) (cf. *a* 成句). **~ as** 《古・詩》 all who: ~ *as* dwell in tents テントに住む人たち / all ~ *as* (=those who) have had similar experiences 同じような経験をした人はみな. [OE *swilc*, *swylc* so like; cf. G *solch*]

súch-and-sùch *n**《俗》無頼漢, ならず者 (rascal) (⇨ SUCH 成句).

súch·lìke *a*, *pron* 《口》そんな(人), こんな(もの).

súch·ness *n* 基本的性質, 本質, 特質.

Suchou 蘇州 (⇨ SUZHOU).

Süchow 徐州 (⇨ XUZHOU).

suck /sʌ́k/ *vt* **1** 吸う, すする; 吸い込む ‹*in, down, under, up*›; ‹知識を›吸収する; ‹利益を›得る, 搾取する ‹*out of*›; [ᵘ*pass*] ‹いやなことに›引き込む ‹*into*›: ~ the breast おっぱいを飲む / ~ *up* water into a tank 水を吸い上げて水槽に入れる. **2** ‹あめ・指などを›しゃぶる; 《卑》‹人›にフェラチオ[クンニリングス]をする. ► *vi* **1** 吸う, すする; 乳を吸う[飲む]; ‹指などを›しゃぶる ‹*on*›; ‹ポンプが›空(から)吸いする; 吸う[吸うような]音をたてる; 《卑》フェラチオ[クンニリングス]をやる; *《俗》‹事が›失敗に終わる, つまらない: ~ at…を吸う, 飲む. **2** 《俗》おもねる, ごまをする; *《俗》むかつく, 不快だ, ひどい. ● **~ around** *《俗》《人に取り入ろうと》付きまとう, うろつく. **~…dry** …の汁を吸いつくす; ‹金・情報などを›しぼり取る ‹*from, out of*›, ‹人・会社など›からしぼり取る ‹*of*›. **~ in** (*vt*) ‹学識などを›吸収する; ‹渦巻などが›巻き込む; ‹腹を›へこます; [ᵘ*pass*] 《俗》だます, ペテンにかける; [ᵘ*pass*]《いやなことに》引き込む. (*vi*) ‹物が›吸い込む. **~ it and see** 《口》実際に試してみる. **~ it up***《つらい[いやだ]けれども》がんばってやる. **~ off** 《卑》‹人›にフェラチオ[クンニリングス]をしていかせる; [*impv*] 《俗》出て行け; SUCK up to. **~ rope***《俗》むかつくほどひどい, 最低である (suck). **~ up***《俗》《スピードレース・ドラッグレースで》やっつける, 抜き去る; *《俗》‹知識などを›よく吸収する, すぐのみ込む[なじむ]. **~ up to**… 《口》…にごまをする, おべっかをつかう, へつらう. **~ WHEELS.** ► *n* **1 a** 乳を飲むこと, 吸乳; 吸い込み, 吸い込む力[音]; 渦巻, 《渦の》巻き込み; 《口》ひと吸い[すすり, なめ], ひと口, 一杯 ‹*of*›; 《卑》フェラチオ: a child at ~ 乳飲み子 / give ~ to… 《古》…に乳を飲ませる / have [take] a ~ at… をひと口吸う. **b** 吸われるもの, 母乳; 《俗》(強い)酒, ワイン, ビール (suction); ᴴ《俗》菓子 (a sweet *or* sweets). **2** 《俗》おもねる人[学童]; くすぐり, おだて; 《カナダ俗》見下げはてたやつ, くず. **3** ᴴ《俗》失望, 《不面目な》大失敗: What a ~! =*S*~*s* (to you)! なんというざまだ, 痛快痛快! / Yah boo ~*s* to you. ᴴ《俗》ざまーみろ《特に子供のことば》. **4***《俗》影響力, コネ (suction). [OE *sūcan*; cf. L *sugo*]

súcked órange しぼりかす, 役立たず (cf. suck an ORANGE).

súck·er *n* **1 a** 吸う人[もの], 吸収者; 乳飲み子, 豚[鯨]の乳児; *《学生俗》先生のお気に入り. **b** 〘動〙吸盤; 《ゴム製などの》吸盤; 〘魚〙サッカー《コイ科に近い北米の淡水魚》; (腹)吸盤を有する魚, SUCKERFISH; 〘機〙ピストン, 吸子(きゅうし), 吸込み管; 《おもちゃの》吸いくだ; 〘植〙吸枝, ひこばえ, 台芽(だいめ), 徒長枝; 〘植〙《寄生植物の》吸器, 吸枝, 吸根, 粘着器 (haustorium). **2 a** 《口》だまされやすい[おめでたい]人, カモ; 《口》…に弱い人 ‹*for*›, つられやすい人, ファン; *《俗》げす野郎, くそったれ; *《口》あれ, あいつ, そいつ, こいつ: There is a ~ born every minute. 《諺》だまされやすい者[カモ]はいくらでもいる, いつもおめでたいやつは多い. **b***《口》ペロペロキャンディー (lollipop). ► *vt* **1** …から吸枝を取り去る, 株分けする. **2***《俗》だます, カモにする: ~ sb *into* do*ing* a job for free 人にうまいこと言ってただ働きをさせる. ► *vi* 吸枝を出す.

súcker bàit*《俗》人をだます[カモる]ための餌.

suck·er·el /sʌ́k(ə)rəl/ *n* 〘魚〙米国 Mississippi 川流域産のサッカーの一種.

súck·er·fìsh *n* 〘魚〙**a** サッカー (sucker). **b** コバンザメ (remora).

súck·er-fòot·ed bàt 〘動〙サラモチコウモリ.

súcker lìst*《俗》上得意客名簿, カモリやすい人物のリスト.

súcker plày 《俗》ばかな動き; 《スポ俗》相手にばかなプレーをさせるプレー, だましプレー.

súcker pùnch**n* いきなりくらわすパンチ, 不意討ち. ► *vt* …に不意にパンチをくらわす, いきなりなぐる.

Súcker Stàte [the] 吸いくだ州《Illinois 州の俗称; 昔, 開拓民が sucker で地下の泉の水を吸い上げたことから》.

súck·et fòrk /sʌ́kət-/ 砂糖漬け果物用のフォーク《一方の端がフォークで他方の端がスプーンになっている》. [sucket ‹ succade]

súck·fìsh *n* 〘魚〙**a** コバンザメ (remora). **b** 太平洋岸産のワバウオの一種.

súck-hòle *n* 《カナダ卑・豪卑》おべっかつかい, ごますり; *《口》WHIRLPOOL. ► *vi* 《カナダ卑・豪卑》ごますりをやる ‹*to* sb›.

súck-ìnᴴ *n* だまされること, 詐欺にかかること.

súck·ing *a* 乳離れしていない; 乳臭い, 未熟な, 駆け出しの.

súcking dìsc 〘動〙吸盤 (sucker).

súcking fìsh 〘魚〙**a** コバンザメ (remora). **b** ヤツメウナギ (lamprey).

súcking lòuse 〘昆〙《哺乳類に寄生する吸血性の》シラミ.

súcking pìg 豚の乳児《特に丸焼き料理用》.

suck·le /sʌ́k(ə)l/ *vt* …に乳を飲ませる, 授乳する; …の乳を吸う; [*fig*] 育てる; 栄養として摂取する; 吸わせる: I was ~*d on* the Beatles music. ビートルズの音楽を聞いて育った. ► *vi* 乳を吸う, 吸乳する. [? 逆成 ‹ *suckling*]

súck·ler *n* SUCKLING; 哺乳動物.

súck·ling *n* 乳児, 乳飲み子; 哺乳子, 乳獣, 幼獣; 青二才, 駆け出し. ► *a* ひどく幼い; まだ乳離れしない. [*suck*, *-ling*¹]

Suckling サックリング Sir John ~ (1609–42)《英国 Charles 1 世の宮廷詩人; *Aglaura* (1637), *The Discontented Colonel* (1640)》.

súckling fìsh 〘魚〙コバンザメ (remora).

súckling pìg SUCKING PIG.

súck-òff *n* **1** 《卑》性器口舌愛撫, 《特に》フェラチオ. **2***《俗》げす, 見下げはてたやつ, へいこらするやつ, ごますり屋. ► *a**《俗》いやったらしい, げすな.

súck-ùp *n* 《俗》おべっかつかい, へつらう[こびる]やつ.

súcky *a* 《俗》不快な, 下等な, いやな, いけすかない, ひどい.

sucr- /sú:kr; sjú:-/, **su·cro-** /sú:krou, -krə/ *comb form*「糖」[OF *sucre* sugar]

su·cral·fate /sú:krəlfèɪt/ *n* 〘薬〙スクラルファート《十二指腸潰瘍の治療に用いられる糖硫酸アルミニウム》.

su·cra·lose /sú:krəlòus/ *n* スクラロース《スクロースの誘導体; 砂糖の 600 倍の甘さがある》.

su·crase /sú:krèɪs, -z/ *n* 〘生化〙スクラーゼ (INVERTASE).

Su·cre /sú:kreɪ/ **1** スクレ **Antonio José de** ~ (1795–1830)《南米の革命家; ボリビアの初代大統領 (1826–28)》. **2** スクレ《ボリビア中南部の, 同国の憲法上の首都; cf. LA PAZ》. **3** [s-] スクレ《エクアドルの旧通貨単位: =100 centavos; 記号 S/》.

su·cri·er /s(j)ú:krièɪ/ *n* 《通例ふた付きの》砂糖壺.

sùcro·clás·tic /-klǽstɪk/ *a* 〘生化〙‹酵素が›複合炭水化物を加水分解できる.

su·crose /sú:kròus, -z/ *n* 〘化〙蔗糖, スクロース. [F *sucre* sugar]

suc·tion /sʌ́kʃ(ə)n/ *n* 吸うこと, 吸い上げ, 吸い込み, 吸い出し, 吸引; 吸引力; ᴴ飲酒; 《俗》(強い)酒; *《俗》影響力, コネ; 誘引通風, 吸込み送風; 吸引装置付属器具, ポンプ付属の吸入管《など》: a ~ pad 吸着パッド, 吸盤(式固定具) / in a ~ *《俗》ほれて, 《恋で》のぼせて, ぼうっとして. ► *vt* 吸い出す, 吸引して除去する. ♦ **~·al** *a* [L (*suct-* *sugo* to suck)]

súction cùp 吸着[吸引]カップ《ゴム・ガラス・プラスチックなどでできた, 吸着させたり吸い出したりするための器具》, 吸盤.

súction filtràtion 吸引濾過《吸引装置を用いて透過を速める濾過》.

súction mèthod 〘医〙吸引法 (⇨ VACUUM ASPIRATION).

súction pìpe 吸込み管, 吸気管.

súction pùmp 〘工〙吸い上げポンプ (=*lift pump*) (cf. FORCE PUMP).

súction stòp 〘音〙吸着閉鎖音, 舌打ち音 (click).

súction vàlve 吸込み弁, 吸気弁.

suc·to·ri·al /sʌktɔ́:riəl/ *a* 吸入の; 吸う[吸着]に適した; 〘動〙吸って生きている, 吸盤をもつ. ♦ **~·ly** *adv*

suc·to·ri·an /sʌ̀ktɔ́:riən/ *n* 〘動〙吸管虫; 吸着性動物.

su·dam·i·na /sudǽmənə/ *n pl* (*sg* **-da·men** /-déɪmən/) 〘医〙汗疹. [L *sudo* to sweat]

Su·dan /sudǽn, -dá:n/ **1** [the] スーダン (F **Sou·dan** /*F* sudɑ̃/) **(1)** アフリカ北東部の国; 公式名 Republic of the ~ (スーダン共和国); ☆Khartoum; もと **Ánglo-Egýptian ~** (1899–1956); 2011 年, 南スーダン (South Sudan) が分離独立 **(2)** 北アフリカのサハラ・リビア砂漠の南部, 大西洋から紅海にまで広がる帯状の地域》. **2** 〘植〙SUDAN GRASS.

Su·da·nese, Sou- /sù:d(ə)ní:z, -s/ *a* スーダン(人[語])の. ► *n* (*pl* ~) スーダン人.

Sudanése Repúblic [the] スーダン共和国《MALI の独立前 (1958–60) の名称》.

Sudán gràss 〘植〙スーダングラス《スーダン原産の強壮で草丈 2 m ほどに伸びるモロコシ属の一年草; 乾草・牧草用》.

Su·dan·ic /sudǽnɪk/ *a* SUDANESE; スーダン語群の. ► *n* スーダン語群《セネガルからスーダン南部にかけて広がる非バントゥー語・非ハム語の言語群》.

su·dar·i·um /sudériəm; s(j)udéər-/ *n* (*pl* **-ia** /-riə/) **1** 《古代ローマの上流人士が用いた》ハンカチ; 《特に》ヴェロニカの聖帛 (⇨ VERONICA); キリストの顔を描いた布地, 聖顔布, 聖帛《信心のしるし》. **2** SUDATORIUM. [L; ⇨ SUDOR]

su·da·tion /sudéɪʃ(ə)n; s(j)u-/ *n* 〘生理〙発汗.

su·da·to·ri·um /sù:dətɔ́:riəm; s(j)ù:-/ *n* (*pl* **-ria** /-riə/) 蒸しぶろ《汗を出すための》. [L; ⇨ SUDOR]

su·da·to·ry /sú:dətɔ̀:ri; s(j)ú:dət(ə)ri/ *a* 発汗させる, 発汗(性)の. ► *n* 発汗剤; SUDATORIUM.

Sud·bury /sʌ́dbèri, -b(ə)ri; -b(ə)ri/ サッドベリー《カナダ Ontario 州南東部の市・ニッケル生産の中心地》.

sudd /sʌ́d/ *n* 浮芝(ʼʼ)《WHITE NILE で航行を妨げる植物体》. [Arab=obstruction]

Sudd スッド《南スーダンの大沼沢地帯; White Nile 川の上流地域》.

sud·den /sʌ́dn/ *a* 突然の, 急な, いきなりの, にわかの; 《まれ》性急な, せっかちな; 《古》即製の, 即席の. ► *n* 《廃》突然のできごと. ● **(all) of a** ～= 《やや古》**(all) on a [the]** ～ 不意に, いきなり, 急に. ► *adv* 《詩》SUDDENLY. ♦ **～·ness** *n* [AF<L *subitaneus* (*subitus* sudden)]

súdden déath 急死, 頓死; 《口》《さいころ・コイン投げ (toss) などの》一回決め, 《ゴルフ・サッカーなどでタイスコアのゲームの》決勝の一回勝負, サドンデス: die a ～ 頓死する.

súdden ìnfant déath sỳndrome 〔医〕乳児突然死症候群 (crib* [cot‖] death)《略 SIDS》.

súdden·ly *adv* 突然(に), にわかに, 突如として, 不意に, いきなり.

Su·der·mann /zú:dərmɑ̀:n/ ズーダーマン **Hermann** ～ (1857–1928)《ドイツの劇作家・小説家》.

Su·de·ten /sudéɪtn; s(j)u-/ *n* **1** [the] ズデーテン山地 (=**Su·de·tes** /-dí:tiz/)《チェコとポーランドにまたがる山地》. **2** [the] ズデーテン地方 (=**Sudéten·lànd**)《チェコ北部の山岳地方; 1938 年ドイツに併合され, 45 年チェコスロヴァキアに返還された》. **3** ズデーテン地方の住民. ► *a* ズデーテンの.

Su·dét·ic Móuntains /sudétɪk-; s(j)u-/ *pl* [the] ズデーテン山地 (Sudeten).

Su·de·ty /*Czech* sʊ́dɛtji; *Pol* sudéti/ スデティ《SUDETEN 山地のチェコ語名・ポーランド語名》.

Su·dír·man Ránge /sudíərmən-/ [the] スディルマン山脈《New Guinea 中央高地の連山 Maoke 山脈の西方部分の呼称; インドネシア Papua 州に位置し, 最高峰 Jaya 山 (5030 m); 旧称 Nassau Range》.

su·do·ku /sudóuku/ *n* 数独, ナンバープレース, ナンプレ《一辺 9 個, 計 81 個の升目をもつ正方形を 3×3 の正方形 9 区画に区切って 1–9 の数字をいくつかの升目に配置し, 空白の目を縦横と各区画で数字が重複しないように埋めてゆくパズル; 「数独」は日本では商標》. [Jpn 「数字は独身に限る」の略]

su·dor /sú:dɔ̀:r; s(j)ú:-/ *n* 汗; 発汗. [L=sweat]

su·do·rif·er·ous /sù:dəríf(ə)rəs; s(j)ù:-/ *a* 発汗する.

su·do·rif·ic /sù:dərífɪk; s(j)ù:-/ *a* 発汗させる, 発汗性の. ► *n* 発汗薬.

su·do·rip·a·rous /sù:dəríp(ə)rəs; s(j)ù:-/ *a* 発汗性の.

Su·dra /sú:drə; s(j)ú:-/ *n, a* シュードラ[首陀羅](の)《インド四姓の最下位の賤民で, 農耕・畜殺などを生業とする; ⇨ CASTE》. [Skt]

suds /sʌ́dz/ *n* [‹*sg*/*pl*›] 石鹸水; 石鹸泡; 石鹸水の中でのひと洗い; 《一般に》泡, *《俗》ビール(の泡); [‹*int*›] やだなあ, ばかみた! ● **bust (some)** ～*《俗》(いくらか)ビールを飲む; *《俗》皿洗いをする. **crack some** ～*《俗》いくらかビールを飲む. **in the** ～ 《口》困って, ふさぎこんで; *《俗》(ビールで)酔っぱらって. ► *vi* 泡立つ. ► *vt**石鹸水で洗う. ♦ **～·less** *a* [C16=fen waters etc.<?MDu, MLG *sudde, sudse* marsh, bog; cf. SEETHE]

suds·er /sʌ́dzər/ *n* 泡立つもの, *《俗》SOAP OPERA.

Súds·vìlle, Súds Cìty *《俗》MILWAUKEE《ビール (suds) の町》.

sudsy /sʌ́dzi/ *a* (石鹸の)泡だらけの, 泡を生じる[含む]; 泡のような; 泡に似た; *《俗》昼メロ (soap opera) 的な.

sue /sú:; s(j)ú:/ *vt* ‹人を›訴える; ‹訴訟を›起こす; 《まれ》…に懇願する; 《古》‹女性›に求婚する: ～ sb *for* libel 文書誹毀(ʼʼ)で人を訴える / ～ the enemy *for* peace 敵に和を請う. ► *vi* 《裁判に》訴える ‹*for*›; 懇願する, 請う ‹*to* sb, *for* a favor›; 《古》求婚する: ～ *for* peace 講和を求める. ● **(So)** ～ **me!***《俗》《できるものなら》訴えてみろ. ～ **out** ‹令状・裁判所命令などを発するよう›申し立てて取得する. ♦ **sú·er** *n* [AF *suer*<Romanic (L *sequor* to follow)]

Sue[1] スー《女子名; Susan, Susanna(h) の愛称》.

Sue[2] /sú:; *F* sy/ シュー **Eugène** ～ [本名 Marie-Joseph ～] (1804–57)《フランスの小説家》.

suede, suède /swéɪd/ *n* スエード《なめした子ヤギ[子牛など]の革》; スエードクロス (=～ **clòth**)《それに似せた織物》. ► *vt, vi* スエード加工する. ♦ **suéd·ed** *a* スエードに似せてつくった. [F (*gants de*) *Suède* (gloves of) Sweden]

suéde·hèad *n* 《英国の》スエードヘッド《1970 年代後半の SKINHEAD より少し髪の毛を伸ばした若者》.

sue·dette /sweɪdét/ *n* 人造[模造]スエード, スエードクロス.

suer·te /swéərteɪ/ *n* 〔闘牛〕技(の段階)《picador, banderillero, matador が行なう各段の技》.

su·et /sú:ət; s(j)ú:-/ *n* スエット《牛[羊]の腎臓・腰部の硬い脂肪で料理用, また石鹸・ろうそくの原料》. ♦ **sú·ety** *a* スエットの(ような), スエットの多い. [AF<L *sebum* tallow]

Sue·to·ni·us /switóuniəs, sù:ə-/ スエトニウス (Gaius ～ Tranquillus) (c. 69–122 以後)《ローマの伝記作家・歴史家》.

súet púdding スエットプディング《刻んだ牛脂と小麦粉にレーズン・スパイスなどを入れて煮たり蒸したりしたプディング》.

Sue·vi·an /swéɪviən/ *n, a* スエーヴィー人(の)《中部ヨーロッパ Rhine 川の東の広域に居住した古代ゲルマン民族》.

Su·ez /suéz, sú:èz; sú:ɪz/ スエズ《エジプト北東部の港市》. ■ the **Gúlf of** ～ スエズ湾. the **Ísthmus of** ～ スエズ地峡.

Súez Canál [the] スエズ運河《1869 年完成》.

Súez Crísis [the] スエズ動乱《1956 年に Suez 運河の管理などをめぐって発生した武力紛争; エジプトの Nasser 大統領が運河の国有化を宣言; イスラエル軍がエジプトに侵入, 英仏軍が運河に進撃, 国連特別総会は, イスラエル軍・英仏軍の撤退要求決議案を採択, 国連軍の派遣を承認; 英仏軍・イスラエル軍は撤退し, Nasser が勝者として力を強めた》.

suf- /səf, sʌf/ ⇨ SUB-.

suf suffix.

suff /sʌ́f/ *n* 《口》SUFFRAGIST.

Suff. Suffolk.

suf·fer /sʌ́fər/ *vt* **1** ‹苦痛・不快な事・変化などを›経験する, こうむる, 受ける, …に遭う: ～ death 死ぬ / ～ losses 損害をこうむる / ～ martyrdom 殉教する. **2** [°*neg*] 《文》忍ぶ, 辛抱する, 容赦する; 《古・文》許容[容認]する, 黙って…させる (allow): I will *not* ～ such insults. そのような侮辱は黙認しない / *not* ～ fools (gladly) ばかなまね[ばか者]は容赦しない《*2 Cor* 11: 19》. ► *vi* **1** 苦しむ, 悩む; 病気になる, 病む, 患う, 罹災する ‹*from*›; ‹…で›傷つく, 損害をうける ‹*from*›; ‹…を›欠点としてもつ, ‹…に›ふける(傾向がある) ‹*from*›: ～ *from* rheumatism リウマチを病む / He is ～*ing from* poverty. 貧乏に苦しんでいる / His style ～*s from* overelaboration. 凝りすぎるのが彼の文体の欠点だ. **2** 《放置されて》悪化[低迷]する: The global economy is ～*ing*. 世界経済が低迷している / If price is the only factor, quality might ～. 価格しか頭にないと品質が犠牲になりかねない / Don't let your work ～. 仕事の手を抜かないように. **3** 罰せられる; ‹既決囚が›死刑に処せられる; 殉教[殉死]する: ～ for impudence 生意気で罰せられる. ● **S～ing cats [catfish, Christ, saints]!** 《俗》これはたまげた, こりゃひどい, 何てこった, こんなことって, ありゃりゃ, ゲゲッ, ヒェーッ! 《米語では S～ing snakes [sassafras, sea serpents, seaweeds]! などの変形もある》. [OF<Romanic (L SUF*fero* to bear up)]

súffer·able *a* 忍べる, 耐えられる, 許容できる. ♦ **-ably** *adv* **～·ness** *n*

súffer·ance *n* 黙許, 寛容, 許容; 《古・文》忍耐(力); 《古》従順; 《古》苦痛. ● **on [by, through]** ～ 黙許されて, 大目に見られて, お情けで.

súffer·er *n* 苦しむ者, 受難者, 罹災者, 被害者, 患者: war ～*s*.

súffer·ing *n* 苦しみ, 苦労; 受難, 被害; [°*pl*] 災害, 難儀, 苦痛.

suf·fete /sʌ́fi:t/ *n* 《古代カルタゴの》執政官《二人制》.

suf·fice /səfáɪs/ *vt* 《文》満足させる, …に十分である (be enough for): Two meals a day ～ an old man. 一日 2 食で老人には十分. ► *vi* 《文》十分である ‹*to* do, *for*›: One hundred dollars will ～ *for* me. ● **S～ it that…=S～ (it) to say that…**と言うにとどめておく, …と言えば十分だ (It ～*s* to say that…). ♦ **suf·fíc·er** *n* [OF<L SUF*ficio* to put under]

suf·fi·cien·cy /səfíʃ(ə)nsi/ *n* 十分(な状態); 十分な数量[力量]; 十分な富[収入]; 適度に満ち足りた生活; 《古》能力: eat a ～ 十分食べる / ～ of evidence 〔法〕証拠の十分性.

suf·fí·cient *a* 十分な, 足りる ‹*for* one's family, *to*›; 《古》能力がある, 資格のある; [°～ for [unto] oneself] 《古》自給自足できる (self-sufficient): *S～ unto* the day is the evil thereof. 〔聖〕その日の事はその日にて足れり《翌日の事まで気に病むな; *Matt* 6: 34》/ Not ～! 〔銀行〕資金不足《略 n.s., n/s》. ► *n* 十分な数量: Have you had ～? おなかいっぱい食べましたか. ♦ **～·ly** *adv* 十分に; いやというほど. [OF or L (pres p) ‹ SUFFICE]

suffícient condítion 〔論・哲〕十分条件 (cf. NECESSARY CONDITION); 《一般に》十分な条件.

suffícient réason 〔哲〕充足理由(律).

suf·fix /sʌ́fɪks/ *n* 〔文法〕接尾辞; 末尾に付加したもの. ► *v* /, səfíks/ *vt* …に接尾辞として付ける; …の終わり[下]に付ける ‹*onto*›. ► *vi* 接尾辞が付く; 接尾辞を付ける. ♦ **～·al** *a* **suf·fix·ion** /səfíkʃ(ə)n/ *n* **sùf·fix·á·tion** *n* 接尾辞添加. [L (*fixigo* to fasten)]

suf·flate /səfléɪt/ *vt* 《古》ふくらます (inflate). ♦ **suf·flá·tion** *n*

suf·fo·cate /sʌ́fəkèɪt/ *vt* …の息を止める, 窒息(死)させる (smother); 呼吸困難にする, 息苦しくさせる; ‹火などを›消す, おしつぶす; …に窮屈な思いをさせる: be ～*d* by the smoke 煙で息が詰まる. ► *vi* 窒息(死)する, むせる, あえぐ, 息が切れる; 《空気が悪くて》気分が悪くなる; 発達が阻止される; 窮屈な思いをする. ♦ **súf·fo·càt·ing** *a* 窒息するような, 息苦しい; 《不自由で》息がつまりそうな, 窮屈な. **-càt·ing·ly** *adv* **-cà·tive** *a* **sùf·fo·cá·tion** *n* [L SUF*foco* (*fauces* throat)]

Suf·folk /sʌ́fək/ **1** サフォーク《イングランド東部の北海に臨む州; ☆Ipswich》. **2** 〔畜〕サフォーク種の羊[馬, 豚など] (cf. SUFFOLK PUNCH).

Súffolk Bróads *pl* [the] サフォークブローズ《イングランド東部, Suffolk 州にある低地・湖沼地帯; Norfolk Broads と合わせて the Broads と呼ばれる; 準国立公園地域》.
Súffolk pùnch 〔馬〕サフォーク種《脚が短くがんじょうで馬車または農耕用》.
suf·fo·sion /səfóuʒ(ə)n/ *n* 〔地質〕地下浸潤《地下において岩石中へ水が染み込むこと》.
suf·fra·gan /sʌ́frəgən/ *a* 属司教[属主教, 副監督](管区)の: a ～ see 副監督の管轄区. ► *n* SUFFRAGAN BISHOP. ♦ **～·ship** *n* suffragan bishop の職[階級]. [OF＜L＝assistant (bishop)]
súffragan bíshop 〔カト〕属司教, 〔英国教〕属主教, 〔監督教会〕副監督 (＝*bishop suffragan*).
suf·frage /sʌ́frɪʤ/ *n* 投票 (vote); [*pl*]《投票の示す》賛意, 同意; 選挙権, 参政権; [ᵘ*pl*]《祈禱書中の》とりなしの祈り, 代禱: manhood ～ 成年男子選挙[参政]権 / universal [popular] ～ 普通選挙権 / WOMAN SUFFRAGE. [OF or L *suffragium* vote, political support]
suf·frag·ette /sʌ̀frɪʤét/ *n* 婦人参政権論を唱える婦人;《20 世紀初頭の》過激な婦人参政権活動家. ♦ **sùf·frag·étt·ism** *n* 婦人参政権論[運動].
suf·fra·gi /sʊfrá:gi/ *n*《アラビア語圏で》給仕, 執事. [Arab *sufra*＝food]
suf·frag·i·nis /səfrǽʤənəs/ *n* 飛節《ウマの踵(きびす)の長骨で, 競走馬がよく骨折する部位》.
suf·frag·ism /sʌ́frəʤɪz(ə)m/ *n* 参政権拡張論, 婦人参政論.
suf·frag·ist /sʌ́frɪʤɪst/ *n* 参政権拡張論者,《特に》婦人参政論者: a universal [woman] ～ 普選[婦人参政]論者.
suf·fru·tes·cent /sʌ̀frù:tés(ə)nt/ *a* 〔植〕亜低木性の.
suf·fru·tex /sʌ́frʊtèks/ *n* 〔植〕亜低木《幹の基底部が木質で, 一年生草本をつける低木》.
suf·fru·ti·cose /səfrú:təkòus/ *a* 〔植〕亜低木(状)の.
suf·fu·mi·gate /səfjú:məgèɪt/ *vt* 下からいぶす; 下から…に蒸気[煙霧, 香煙など]を送る. ♦ **suf·fù·mi·gá·tion** *n* 下からいぶす[蒸す]こと; 下からいぶす[蒸す]ときの煙[蒸気など].
suf·fuse /səfjú:z/ *vt* [°*pass*]〈液・湿気・色・光・涙などで〉おおう, いっぱいにする 〈*with*〉: Tears ～*d* his eyes. 涙が目にいっぱいになった / the sky ～*d with* crimson 深紅色に染まった空. ♦ **suf·fú·sive** *a* みなぎる, おおう. [L＝to pour beneath; ⇨ FOUND³]
suf·fu·sion /səfjú:ʒ(ə)n/ *n* おおうこと, みなぎること;《顔などの》さっと赤くなること, 紅潮.
Su·fi /sú:fi/ *n, a* スーフィー(の)《イスラムの神秘主義者・神秘家》. ♦ **Su·fic** /sú:fɪk/ *a* **Su·fism** /sú:fɪz(ə)m/ *n* [Arab]
Su·fu /sú:fú:/ 疏附 (SHUFU).
su·fur·ia /sufú:riə/ *n*《東アフリカ》煮炊き用鍋.
sugᴵᴵ /sʌ́g/ *vi, vt* (〈人〉に)市場調査のふりをして売りつける. [*s*ell *u*nder the *g*uise of market research]
sug- /səg, sʌ̀g/ ⇨ SUB-.
su·gan /sú:gən, súg-, sʌ́g-/ *n**《方・古》キルト, 粗末な毛布;《アイル》《麦わら[革]製の》ロープ.
sug·ar /ʃúgər/ *n* **1** 砂糖; *MAPLE SUGAR; 砂糖 1 個[ひとさじ]; 〔化〕糖《ブドウ糖・果糖など》; 糖質, 糖分;《俗》麻薬《LSD, ヘロインなど》; 砂糖壺; 〔医〕糖尿病 (sugar diabetes): a lump of ～ (角)砂糖 1 個 / block [cube, cut, lump] ～ 角砂糖 / ～ and spice and all things nice 砂糖にスパイスにいろいろいいもの《女の子の中身; cf. FROGS and snails and puppy-dog's tails》. **2 a** [*fig*] 甘ったるさ, お世辞, おべっか, 甘言;《俗》賄賂, 袖の下, 金 (money). **b** [*voc*]*《口》あなた, おまえ (darling, honey); [〈*int*〉]《口》《いらだち・失望などを表わして》チェッ, ちくしょう! ● **not made of ～** 張り子ではない《ぬれても溶けない》. ► *vt* **1** …に砂糖を入れる; 砂糖で甘くする; …に砂糖をかぶせる[振りかける]; 蛾を捕えるため〈木〉に糖蜜を塗る. **2** 快い[甘美な]ものにする;《口》〈人〉のご機嫌を取る 〈*up*〉, 買収する; (偽って)飾りたてる 〈*up*〉; [*pass*] 呪う: ～ the PILL¹ / Liars *be* ～*ed!* うそつきくたばれ! / Well, I'*m* ～*ed!* ちくしょう! ► *vi* 砂糖になる, 糖化する; *かえで糖を造る; ᴵᴵ《俗》ずるける, 仕事をなまける. ● **～ off** (*vi*)*《かえで糖製造の際に》糖(蜜)状に煮詰める; 顆粒(状態)になる. [OF＜It＜L＜Arab; cf. G *Zucker*]
sug·ar·al·lie /ʃùgərǽli/ *n*《スコロ》LIQUORICE.
súgar àpple 〔植〕バンレイシ (sweetsop) の果実.
súgar bàg 1 砂糖袋. **2**《豪》野生ミツバチ(の巣[蜜]). **3**《豪》鼻薬[袖の下]のきく人.
súgar básinᴵᴵ SUGAR BOWL.
súgar bèet 〔植〕テンサイ, 砂糖大根 (cf. BEET SUGAR; ⇨ BEET).
súgar·bèrry /; -b(ə)ri/ *n* 〔植〕**a** 食用の甘い実のなるエノキ. **b** ザイフリボク(の実) (JUNEBERRY).
súgar·bìrd *n* 〔鳥〕**a** 花蜜を吸う鳥《honeycreepers, honey eaters など》. **b** キビタイシメ (evening grosbeak)《北米産》. **c** サトウドリ《ミツスイ科; 南アフリカ産》.
súgar bòwl 《食卓用》砂糖壺, シュガーボウル.
Súgar Bòwl [the] シュガーボウル《**1**) Louisiana 州 New Orleans にあるフットボール競技場 **2**) 同所で毎年 1 月 1 日に招待大学チームによって行なわれるフットボール試合》.
súgar bùsh 《米・カナダ》サトウカエデ園 (＝*sugar grove*); 〔植〕シュガーブッシュ《ヤマモガシ科の花が多蜜な木; 南アフリカ共和国の国花》; 〔植〕米国南西部乾燥地のウルシ.
súgar càmp* 《中部》サトウカエデ (sugar maples) の木立.
súgar cándy シュガーキャンディー《純粋な砂糖で作ったキャンディー》; ᴵᴵ氷砂糖; 甘い人, 甘美な[快い]もの.
súgar·càne *n* 〔植〕サトウキビ (cf. CANE SUGAR).
súgar·còat *vt* 〈錠剤など〉に糖衣をかける; …の口当たりをよくする, …の見かけ[体裁]をよくする, 〈悪い知らせを〉うまく伝える, 〈いやな仕事〉に報酬を出す. ♦ **～·ed** *a*
súgar còrn SWEET CORN.
súgar cùbe 角砂糖.
súgar-cùred *a* 〈ハム・ベーコンが〉砂糖・塩・硝酸塩などのピックルで保蔵処理した.
súgar dàddy 《口》若い女に金をつぎ込んで相手をしてもらう中年男, おじさま, パパ;《口》政治活動などに気持よく援助を与える人.
súgar diabètes 糖尿病 (diabetes mellitus).
súg·ared *a* 砂糖で甘くした[をまぶした]; 甘美な; 甘ったるい.
súgar-frée *a* 砂糖を含まない, 無糖の.
súgar glìder 〔動〕フクロモモンガ《豪州産》.
súgar gròve* サトウカエデ園 (sugar bush).
súgar gùm 〔植〕ユーカリノキの一種《豪州産》.
súgar·hèad *n**《俗》密造ウイスキー.
Súgar Híll [ˢs- h-]*《俗》シュガーヒル《**1**) 黒人の売春街[宿] **2**) New York 市の Harlem を見おろす金持階級の居住地区》.
súgar·hòuse *n* 製糖用の建物, 製糖小屋.
súgar·ing *n* 甘くする[甘みをつける]こと;《錠剤などに》糖衣を施すこと; *かえで糖製造 (＝*sugaring off*); 贈賄, 買収; シュガリング《レモン汁・砂糖・水を混ぜたものを皮膚に塗って乾かしたあと, 体毛と共にはがすむだ毛処理法》.
súgaring óff* かえで糖製造; かえで糖製造打上げパーティー (＝**súgar·ing-óff pàrty**).
súgar·less *a* 砂糖のはいっていない, 無糖の; 合成甘味料使用の, シュガーレスの.
súgar·lòaf *n* ほぼ円錐形の砂糖塊《昔の家庭用; cf. LOAF SUGAR》; 円錐形帽子; 円錐形の山. ♦ **súgar-lòaf** *a* 円錐形の.
Súgarloaf Móuntain シュガーローフ山《PÃO DE AÇÚCAR の英語名》.
súgar lùmpᴵᴵ SUGAR CUBE.
súgar màple 〔植〕サトウカエデ《北米主産》.
súgar mìll 砂糖キビ圧搾機.
súgar mìte 粗糖につくダニ.
súgar núcleotide 〔生化〕糖ヌクレオチド《ヌクレオチドのリン酸部分に糖の結合したもの》.
súgar of léad 〔化〕酢酸鉛, 鉛糖 (lead acetate).
súgar of mílk 乳糖 (lactose).
súgar òrchard*《東部》SUGAR BUSH.
súgar pèa さやごと食べる豆,《特に》サヤエンドウ (snow pea).
súgar pìll 〔医〕偽薬, プラセボ (placebo).
súgar pìne 〔植〕サトウマツ, ナガミマツ《米国北西部産の五葉松》.
súgar·plùm *n* 球形[円形]の砂糖菓子 (sweetmeat), ボンボン; 甘言; 賄賂; 〔植〕JUNEBERRY.
súgar refìner 製糖業者.
súgar refìnery 製糖所.
súgar repòrt*《学生俗・軍俗》恋人からの手紙《女性が男性へ出す》.
súgar-shàker, -sìft·erᴵᴵ *n* 粉砂糖振りかけ器.
súgar shèll 先が貝殻形のシュガースプーン.
súgar snáp pèa 〔園〕SNAP PEA.
súgar sòap 黒砂糖石鹸《水溶液はアルカリ性で, 塗装面の洗浄に使う》.
súgar spòon シュガースプーン《コーヒーなどに砂糖を入れるのに使う小さいスプーン》.
Súgar Stàte [the] 砂糖州《Louisiana 州の俗称》.
súgar-tìt, -tèat *n* 砂糖を乳首形に布でくるんだおしゃぶり;《俗》このうえなく安心感を与えるもの.
súgar tòngs *pl* 角砂糖ばさみ《食卓用》.
súg·ary *a* 砂糖の(ような), 砂糖でできた; 甘い, 甘すぎる; へつらう, お世辞の; 〈詩・音楽など〉甘く感傷的な, 甘美な; 粒状組織[表面]を有する. ♦ **súg·ar·i·ness** *n*
Su·ger /*F* syʒe/ シュジェ(ル) (1081–1151)《フランスの修道士・政治家; St-Denis 修道院長》.
sug·gest /sə(g)ʤést; səʤést/ *vt* **1** 提唱する, 提案する: ～ some idea *to*…にある考えを申し出る / It is ～*ed that* he (should) go at once. 彼がすぐ行くべきだという提案が出ている《should を用いるのは主に英》. **2** 暗示する, 示唆する, ほのめかす 〈*to* sb *that*〉; 思い[考え]つかせる, 連想させる, 示す; …の動機となる, 触発する;《催眠術で》暗示する, …に暗示を与える;《廃》そそのかす, 誘惑する: Her attitude ～*s that* …. 彼女のそぶりからするとどうやら…らしい. ● **I ～ that**…と思うが事実はどうか《弁護士の尋問などの文句》. **～ itself (to**…) 〈考えが〉(…の)心[念頭]に浮かぶ. ♦ **～·er** *n* [L *sug-*(*gest- gero* to bring) ＝to put under, furnish]

suggést·ible *a* 暗示をうけやすい, 暗示にかかりやすい; 提案できる. ♦ **sug·gèst·ibíl·i·ty** *n* 被暗示性, 暗示感応性.

sug·ges·tio fal·si /sə(g)ʤéstʃiòu fɔ́:lsàɪ; səʤésti-/ 虚偽の暗示[陳述] (cf. SUPPRESSIO VERI). [L]

sug·ges·tion /sə(g)ʤéstʃ(ə)n; səʤés-/ *n* **1** 提案, 提言, 提議: make [offer] a ～ 提案する / at [on] sb's ～ 人の提案で / He made the ～ that the prisoners (should) be set free. 囚人を釈放するように提案した. **2 a** 暗示, 示唆, ほのめかし; 思いつかせること, 思いつき, 入れ知恵; 連想; 動機, 誘因; (劣情)誘発; 〖心〗暗示; 暗示された事物: an article full of ～ 示唆に富む論文. **b** 風(ふう), 様子, 気味 ⟨*of*⟩: blue with a ～ *of* green 緑がかった青 / There's a ～ *of* foreign accent in his speech. 少し外国なまりがある.

suggéstion(s)-bòok *n* 改善提案ノート.

suggéstion(s)-bòx *n* 投書箱.

suggéstion schème‖ 提案制度《会社に有効な提言をした従業員に対する報奨制度》.

sug·ges·tive /sə(g)ʤéstɪv; səʤés-/ *a* ⟨…を⟩連想させる ⟨*of*⟩; 示唆に富む; (催眠術的)暗示の; 刺激的な, きわどい. ♦ **～·ly** *adv* **～·ness** *n*

sug·gest·ol·o·gy /sʌ̀(g)ʤestɑ́ləʤi; sʌ̀ʤ-/ *n* 《教育・心理療法における》暗示学.

sug·ges·to·pe·dia /sə(g)ʤèstəpí:diə; səʤès-/ *n* サジェストペディア《暗示学を応用して学習効率を高める語学などの指導法》.

Su·har·to /suhá:rtou, sə-/ スハルト (1921–2008)《インドネシアの軍人・政治家; 大統領 (1967–98)》.

sui /s(j)ú:i, -àɪ/ *n* 《口》〖チェス〗SUIMATE.

Sui /swí:, ‖swéɪ/ 〖中国史〗隋 (581–619).

su·i·ci·dal /sù:əsáɪdl; s(j)ù:ɪ-/ *a* 自殺の; 自殺願望の; [*fig*] 自殺的な, 致命的な. ♦ **～·ly** *adv*

su·i·cide /sú:əsàɪd; s(j)ú:ɪ-/ *n* 自殺; 自殺行為, 自滅; 自殺者: commit ～ 自殺する / political [artistic] ～ 政治的[芸術的]自殺行為 / an attempted ～＝a ～ attempt 自殺未遂. ► *vi* 自殺する. ► *vt* ⟨自分を⟩殺す ⟨one*self*⟩. [NL (L *sui* of oneself, *caedo* to kill)]

súicide blònde 《俗》金髪に染めた女.

súicide bòmber 自爆テロリスト.

súicide càrgo [lòad] 《CB 無線俗》危険なお荷物《爆発物・劇薬など》.

súicide machìne 自殺幇助装置《不治の病気などにかかって死を求めている人が致死量の毒薬や一酸化炭素を摂取できるように考案された装置; cf. ASSISTED SUICIDE》.

súicide nòte 《自殺者の》遺書, 書き置き.

súicide pàct 心中[集団自殺]の約束.

súicide pìlot 特攻隊飛行士.

súicide sèat 《口》《車の》助手席.

súicide squàd 〖軍〗特攻隊, 決死隊; 〖アメフト〗スイサイドスクワッド《キックオフやパントのときのスペシャルチーム》.

súicide squèeze 〖野〗スイサイドスクイズ《三塁走者が投球と同時にスタートするスクイズプレー; cf. SAFETY SQUEEZE》.

su·i·ci·do·génic /sù:əsàɪdə-; s(j)ù:ɪ-/ *a* 自殺誘発性の.

su·i·cid·ol·o·gy /sù:əsaɪdɑ́ləʤi; s(j)ù:ɪ-/ *n* 自殺研究, 自殺学. ♦ **-gist** *n*

sui ge·ne·ris /sù:àɪ ʤénərəs, sù:i-/ *a* [ᵘ*pred*/後置] それだけで独立の種類をなす, 独特な, 特殊な, 無類の. [L＝of its own kind]

sùi júr·is /-ʤúərəs/ *a* 〖法〗法律上の能力を十分にもった, 行為能力を有する; すべての市民権を享受する資格のある. [L＝of one's own right]

sui·ker·bos /séɪkərbɑ̀s, sú:-/ *n* 《南ア》SUGAR BUSH.

su·il·line /sú:əlàɪn, -lən/ *a* 豚の.

sui·mate /sú:àɪmèɪt, sú:i-; s(j)ú:-/ *n* 〖チェス〗自殺.

su·int /sú:ənt, swínt/ *n* スイント《羊毛についている脂肪》. [F (*suer* to sweat)]

Suisse ⇨ SWITZERLAND.

suit /sú:t; s(j)ú:t/ *n* **1 a** 《男子服の》三つぞろい, スーツ《coat, vest, trousers》; 婦人服ひとそろい, スーツ《coat, skirt, 時に blouse》; [修飾語を伴って] …服[着]; [the]*《俗》軍服; [ᵘ*pl*] 《俗》《スーツを着込んだ》ビジネスマン[ウーマン], 背広組, 重役, お偉方, 専門職の人, 高級官僚: in one's birthday ～ すっ裸で / BATHING SUIT / a protection ～ 防護服 / I got the ～. 《軍隊から》召集が来た. **b** 《馬具・武具などの》ひとそろい ⟨*of* harness, armor⟩; 〖トランプ〗ひと組, スート《hearts, diamonds, clubs, spades で各 13 枚》, 組札; 同じ組の持札; 〖ドミノ〗そろい; 《ゲームで得点の計算に用いる》カウンター一式; 〖海〗帆ひと組; ひと組[ひとそろい]のもの (suite); 《古》一行, 随員 (suite): LONG SUIT, STRONG SUIT. **2 a** 訴訟; 請願, 懇願; 《文》求婚 (wooing); 《領主に対する》家臣の訴え: a civil [criminal] ～ 民事[刑事]訴訟 / bring [file] (a) ～ against…を告訴する / have a ～ to…に請願がある / make ～ 懇願する / press [push, plead] one's ～ しきりに嘆願[求婚]する / reject sb's ～ 求婚を断わる. **b** 〖史〗《封建時代の》裁判所出廷(義務) (＝～ of court). ● **follow ～** 〖トランプ〗最初に出された札と同じ組の札を出す《これに違反すると反則》; 先例に従う. **out of ～** 不和で.

► *vt* **1** …に好都合だ, さしつかえない; …の気に入る, 満足させる; ⟨服装など⟩…に似合う; ⟨気候・食べ物など⟩…に合う, 適する: Saturday ～*s* me best. 土曜がわたしにはいちばん好都合です / (It) ～*s* me (fine). わたしにはそれで好都合です, わたしはかまいません / ～ all tastes 万人向きである / This doesn't quite ～ me. これはあまり気に入りません. **2** 適応[適合]させる, 合わせる ⟨*to*⟩; 《古》…にひとそろいの服[よろい]を着せる: ～ the ACTION *to* the word / He tried to ～ his speech *to* his audience. つとめて講演を聴衆に合わせるようにした. ► *vi* **1 a** 合う, 似合う, 適合する ⟨*with, to*⟩. **b** 好都合である, さしつかえない. **2***特別の服を着る, 制服[ユニフォーム]に着替える ⟨*up*⟩. ● **S～ yourself!** どうぞご自由に, 勝手にしろ. **the men in (gray) ～s** 《政界などの》黒幕, 陰で糸を引く実力者たち. [ME＝act of following, set of things＜AF *suite*＜Romanic; ⇨ SUE]

súit·able *a* 適した, 適合した, 好適な, 似合う, …向きの ⟨*to, for*⟩; 《廃》同様の, 相応する. ♦ **-ably** *adv* 適当に, ふさわしく. **～·ness** *n* **sùit·abílity** *n* 適当, 適合, 相当, 似合うこと.

súit·càse *n* スーツケース; *《俗》ドラム (drum). ● LIVE[1] **out of a ～.**

súitcase fàrmer* スーツケース農業家《耕作・種まき・収穫時以外は土地を離れて生活している農業家》.

súit-drèss *n* 婦人のツーピースのスーツ.

suite /swí:t/ *n* **1** 組, そろい, 一式, ひと続き ⟨*of*⟩; ひと続きの部屋, 続きの間, スイート《寝室・居間・浴室が組みになっているホテルなどの部屋》; 《共同住宅で 1 世帯が住む》部屋; /, *sú:t/ ひと組[そろい]の家具《食卓・椅子・食器棚や, 肘掛け椅子 2 つとソファーなど》; 〖楽〗組曲《もとはひと続きに演奏されるべきダンス曲》; 〖電算〗総合ソフトウェア(パッケージ); 〖地質〗《同じ場所から出て特性を共有する》鉱物群, 岩石群: a three-piece ～ 《椅子 2 つとソファーの》三点セット. **2** 一行, 随(行)員, 供奉(ぐぶ): in the ～ of…に随行して. [F SUIT]

súit·ed *a* …のスーツを着た; 適した, ふさわしい ⟨*to, for*⟩; ⟨2 人が⟩相性のよい: Is he ～ *for* [*to*] the post? そのポストに適任ですか.

súit·er *n* [ᵘ*compd*] …着のスーツがはいるスーツケース.

suit·ing /sú:tɪŋ; s(j)ú:-/ *n* (洋)服地; スーツ《1 着》.

suit·or /sú:tər; s(j)ú:-/ *n* 求婚者; 《チーム・会社などに》誘う人; 訴人, 原告 (plaintiff); 企業買収をはかる者[企業]; 《まれ》請願人, 懇願者.

Sui·yuan, Sui·yüan /swí:juá:n/ 綏遠(すいえん)(スイユエン)《中国北部の旧省; 現在内モンゴル自治区の一部》.

su·jee /sú:ʤi/ *n* SOOGEE.

su·ji, soo·jee /sú:ʤi/ *n* インド産の上等小麦粉, スージ. [Hindi]

suk, sukh /sú:k/ *n* SOUK[1].

Su·kar·na·pu·ra /sukɑ̀:rnəpúərə/ スカルナプラ (JAYAPURA の旧称).

Su·kar·no /suká:rnou/ スカルノ (1901–70)《インドネシアの政治家; 初代大統領 (1945–67)》.

Su·kho·thai /súkətáɪ/ スコータイ《タイ中北部の町; 13–14 世紀に栄えたスコータイ王朝の古都》.

Sukhumi ⇨ SOKHUMI

su·ki·ya·ki /sù:kijá:ki, sùk-, *ski-, ‖-jǽki/ *n* すきやき. [Jpn]

suk·kah, suc·cah /súkə, suká:/ *n* (*pl* **suk·koth, suc·coth** /súkəs, -kout, -kòuθ, -kòus, sukɔ́:t, -kóus/, **～s**) スッカー (Sukkoth の期間, 食事に使われる枝葉で屋根をふいた仮庵). [Heb＝thicket]

Sukkot(h), Succot(h) *n* 〖ユダヤ教〗仮庵(かりいお)の祭, スッコート, スコット (＝*Feast of Booths* [*Tabernacles*])《荒野を漂泊した天幕生活を記念して第 7 月 (Tishri) の 15 日から祝う秋の収穫の祭》. [Heb (pl)＜↑]

Suk·kur /súkər/, **Sa·khar** /sʌ́kər/ スックル《パキスタン南部の Indus 川に面する市》.

Su·ku·ma /sʊkú:mə/ *n* **a** (*pl* ～, ～**s**) スクマ族《タンザニアの Victoria 湖より南の地域に住む農耕・牧畜民; 同国最大の部族集団をなしている》. **b** スクマ語《Nyamwezi 語に近縁の Bantu 語》.

Su·ky /sú:ki/ スーキー《女子名; Susan, Susanna(h) の愛称》.

Su·lai·mán Ránge /sùlaɪmá:n-/ [the] スライマン山脈《パキスタン中西部 Indus 川の西の山脈》.

Su·la·we·si /sù:ləwéɪsi/ スラウェシ《CELEBES のインドネシア語名》.

sul·cate /sʌ́lkèɪt/, **-cat·ed** /-kèɪtəd/ *a* ⟨茎などが⟩縦溝のある; ⟨ひづめなどが⟩割れた. ♦ **sul·cá·tion** *n* [L (↓)]

sul·cus /sʌ́lkəs/ *n* (*pl* **-ci** /-kàɪ, -sàɪ/) 溝 (groove), 縦溝; 〖解〗《特に大脳の》溝(こう). [L; cf. OE *sulh* plow]

Sü·ley·man, Su·lei- /sú:leɪmà:n, -lɪ-, ‖⏑–⏑–/ スレイマーン ～ **I** ['～ the Magnificent'] (1494 or 95–1566)《オスマントルコの皇帝 (1520–66); オスマン帝国の最盛期をなした》.

sulf- /sʌlf/, **sul·fo-** /sʌ́lfou, -fə/, **sulph-** /sʌlf/, **sul·pho-** /sʌ́lfou, -fə/ *comb form*「硫黄」「硫酸」「スルホン酸」 [L SULFUR]

sul·fa, -pha /sʌ́lfə/ 〖薬〗 *a* スルファニルアミド (sulfanilamide) に関連した; サルファ薬の. ► *n* サルファ薬[剤] (sulfa drug).

sul·fa-, -pha- /sʌ́lfə/ *comb form*「スルファニルアミドを含む」「スルファニリル基を含む」 [↑]

sùlfa·díazine *n* 〖薬〗サルファダイアジン, スルファジアジン《ブドウ球菌・淋菌などによる疾患の特効薬》.
sul·fa·di·mi·dine /sʌ̀lfədáɪmədì:n/ *n* 〖薬〗スルファジミジン (SULFAMETHAZINE). [*di-*, pyri*midine*]
súlfa drùg 〖薬〗サルファ薬[剤].
sùlfa·guánidine *n* 〖薬〗スルファグアニジン《赤痢などに用いた抗菌薬》.
sul·fa·mate /sʌ́lfəmèɪt/ *n* 〖化〗スルファミン酸塩[エステル].
sul·fa·mer·a·zine /sʌ̀lfəmérəzì:n, -zən/ *n* 〖薬〗スルファメラジン《サルファ剤; スルファジアジンの誘導体で類似の効力をもつ》.
sul·fa·meth·azine /sʌ̀lfəméθəzì:n, -zən/ *n* 〖薬〗スルファメタジン《抗菌物質》. [*meth-*, *azine*]
sùlfa·mèth·óxazole *n* 〖薬〗スルファメトキサゾール《抗菌剤》. [*ox-*, *azole*]
sul·fám·ic ácid /səlfǽmɪk-/ 〖化〗スルファミン酸《金属表面の洗浄・有機合成に用いる》.
sul·fa·nil·amide /sʌ̀lfəníləmàɪd, -məd/ *n* 〖薬〗スルファニルアミド《化膿性疾患の特効薬》.
sul·fa·níl·ic ácid /sʌ̀lfənílɪk-/ 〖化〗スルファニル酸《染料製造の中間体》.
sul·fan·i·lyl /sʌ̀lfǽnəlìl/ *n* 〖化〗スルファニリル基 (=∼ **gròup** [**ràdical**]).
sul·fa·pyr·a·zine /sʌ̀lfəpírəzì:n, -zən/ *n* 〖薬〗スルファピラジン《ブドウ球菌・淋菌抗剤》.
sùlfa·pýridine /sʌ̀lfə-/ *n* 〖薬〗スルファピリジン《sulfonamide 族の一つ; 抗皮膚炎剤》.
sùlfa·quinóxaline *n* 〖薬〗スルファキノクサリン《家畜用抗菌剤》.
sùlf·ársenide *n* 〖化〗硫ヒ化物.
sùlf·arsphénamine *n* 〖薬〗スルファルスフェナミン《以前梅毒の治療に用いられた》.
sul·fa·tase /sʌ́lfətèɪs, -z/ *n* 〖生化〗スルファターゼ《有機硫酸エステルを加水分解する酵素》.
sul·fate, -phate /sʌ́lfèɪt/ *n* 〖化〗硫酸塩[エステル]. ► *vt* 硫酸(塩)で処理する[と混ぜる]; 硫酸塩に変える, 硫酸化する; 〖電〗〈蓄電池の鉛板〉に硫酸塩化合物を沈積させる. ► *vi* 硫酸化する. ♦ **sul·fá·tion** *n* 硫酸化. [F<L; ⇨ SULFUR]
súlfate of pótash POTASSIUM SULFATE.
súlfate pàper クラフト紙 (⇨ KRAFT).
súlfate pròcess 〖化〗硫酸塩法 (=*kraft process*)《パルプの原料を水酸化ナトリウムと硫化ナトリウムの混液でパルプ化する方法》.
súlfate pùlp 硫酸塩パルプ.
sùlfa·thíazole *n* 〖薬〗スルファチアゾール《もと 肺炎, ブドウ球菌による感染症などの特効薬》.
sul·fa·tize /sʌ́lfətàɪz/ *vt* 〈鉱石などを〉硫酸塩に変える. ♦ **sùl·fa·ti·zá·tion** *n* 硫酸塩化.
sul·fa·zin /sʌ́lfəzən/ *n* 〖薬〗スルファジン《ソ連の精神病院で用いられた, 発熱・体重減退・疲労をもたらす懲罰用薬剤》.
sulf·hy·dryl, sul·phy·dryl /sʌ̀lf(h)áɪdrəl/ *n* 〖化〗スルフヒドリル《メルカプト基》.
sul·fide, -phide /sʌ́lfàɪd/ *n* **1** 〖化〗**a** 硫化物: ∼ of copper 硫化銅 / ∼ of iron 黄鉄鉱 / ∼ of mercury 硫化水銀, 辰砂(しんしゃ) (cinnabar). **b** スルフィド, チオエーテル. **2** [-phide] 浅浮彫りにした肖像を透明ガラスに封じ込んで銀色に光るようにした焼物. [*sulf-*, *-ide*]
sul·fin·py·ra·zone /sʌ̀lfənpáɪrəzòʊn/ *n* 〖薬〗スルフィンピラゾン《尿酸排泄促進剤として痛風治療に用いる》.
sul·fi·nyl /sʌ́lfənìl/ *n* 〖化〗スルフィニル(基) (=∼ **gròup** [**ràdical**])《SO で表わされる 2 価の基》. [*sulfin-*, *-yl*]
sul·fi·sox·a·zole /sʌ̀lfəsɑ́ksəzòʊl/ *n* 〖薬〗スルフィソキサゾール《抗菌剤》. [*iso-*, *ox-*, *azole*]
sul·fite, -phite /sʌ́lfàɪt/ *n* 〖化〗亜硫酸塩[エステル]. ♦ **sul·fít·ic, -phít-** /səlfítɪk/ *a* [F (変形)〈*fulfate*]
súlfite pàper 亜硫酸紙.
súlfite pròcess 〖化〗亜硫酸法《パルプの原料を重亜硫酸カルシウムの水溶液でパルプ化する方法》.
súlfite pùlp 亜硫酸パルプ.
sùlfo·bròmo·phthálein *n* 〖薬〗スルホブロモフタレイン《肝機能検査用》.
súlfo gròup [**ràdical**] /sʌ́lfoʊ-/ 〖化〗スルホ基.
sul·fon-, sul·phon- /sʌ́lfoʊn/ *comb form* 「スルホン基の[を含む]」「スルホニル」 [*sulfonic*]
sul·fo·nal /sʌ́lfənæ̀l/ *n* SULFONMETHANE.
sul·fon·amide /sʌlfɑ́nəmàɪd, -məd, -fóʊ-, sʌ̀lfənǽməd/ *n* 〖化・薬〗スルホンアミド《抗菌作用がある》.
sul·fo·nate, -pho- /sʌ́lfənèɪt/ *n* 〖化〗スルホン酸塩[エステル]. ► *vt* スルホン化する; 硫酸で処理する. ♦ **sùl·fo·ná·tion, -pho-** *n*
sul·fone /sʌ́lfòʊn/ *n* 〖化〗スルホン《2 つのアリール基[炭水素鎖]をスルホニル基で結んだ化合物の総称》. [G (SULFUR, *-one*)]
sul·fon·ic /sʌ̀lfɑ́nɪk, -fóʊ-/ *a* 〖化〗スルホン基の[を含む, から誘導された].
sulfónic ácid 〖化〗スルホン酸《スルホン基を含む酸》.
sul·fo·ni·um /sʌ̀lfóʊniəm/ *n* 〖化〗スルホニウム《1 価の硫黄三水素基》. [*-onium*]
sulfónium sált 〖化〗スルホニウム塩.
sùlfon·méthane *n* 〖薬〗スルホンメタン (=*sulfonal*)《催眠・鎮静剤用》.
sul·fo·nyl /sʌ́lfənìl/ *n* 〖化〗スルホニル基《有機化合物中での 2 価の二酸化硫黄基; cf. SULFURYL》. [*sulfon-*, *-yl*]
súlfonyl chlóride 〖化〗スルホニルクロリド《スルホン酸の塩化物》.
sùlfonyl·uréa *n* 〖薬〗スルホニル尿素《血糖降下作用があり, インスリンの代用にする》.
sul·fo·raph·ane /sʌ̀lfouræ̀fæn, -réɪ-/ *n* 〖生化〗スルフォラファン《ブロッコリーなどアブラナ科の野菜に含まれるイソチオシアナート (isothiocyanate); 発癌物質から体を護る解毒酵素の生成を誘発する》.
sulf·ox·ide /sʌ̀lfɑ́ksàɪd/ *n* 〖化〗スルホキシド《スルフィニル基をもつ有機化合物の総称》.
sul·fur, -phur /sʌ́lfər/ *n* **1** 〖化〗硫黄《非金属元素; 記号 S, 原子番号 16》: a roll [stick] of ∼ 棒状硫黄. **2** SULPHUR YELLOW; 硫黄を連想させるもの, 《特に》痛烈で仮借のないことば[話し方]. **3** [-phur] 〖昆〗SULPHUR BUTTERFLY. ► *a* 硫黄の(ような); 硫黄を含む. ► *vt* 硫黄で処理する; 硫黄でいぶす[漂白する], 硫黄燻蒸する. [ME=brimstone<AF<L]
sul·fu·rate, -phu- /sʌ́lfjərèɪt/ *vt* SULFURIZE. ♦ **sùl·fu·rá·tion, -phu-** *n*
súl·fu·ràt·ed pótash 〖医・獣医〗含硫ポタシュ, 含硫カリ (=*liver of sulfur*)《主として多硫化カリウムとチオ硫酸カリウムからなる黄褐色の混合物; 医薬品製剤における硫化物源として使用され, 獣医学においては疥癬(かいせん)などの治療に使用される》.
súl·fu·rà·tor *n* 硫黄漂白[いぶし]器.
súlfur bactèrium 〖菌〗硫黄細菌 (=*thiobacterium*)《硫黄(化合物)を酸化することができる》.
súlfur cándle SULPHUR CANDLE.
súlfur dióxide 〖化〗二酸化硫黄, 亜硫酸ガス, 無水亜硫酸.
súlfur dỳe 〖化〗硫化染料.
sul·fu·re·ous, -phu- /sʌ̀lfjʊ́riəs/ *a* 硫黄質の, 硫黄を含む; 硫黄色の《緑がかった黄色》. ♦ **∼·ly** *adv* **∼·ness** *n*
sul·fu·ret /sʌ́lfjərèt/ 〖化〗*n* SULFIDE. ► *vt* (**-t(t)-**) 硫黄と混ぜる, 硫化する.
súlfuret·(t)ed hýdrogen HYDROGEN SULFIDE.
sul·fu·ric, -phu- /sʌ̀lfjʊ́ərɪk/ *a* 〖化〗硫黄の; 《特に》6 価の硫黄を含む (cf. SULFUROUS).
sulfúric ácid 〖化〗硫酸.
sulfúric éther 《特に 麻酔薬としての》エチルエーテル (ether).
sul·fu·rize, -phu- /sʌ́lf(j)əràɪz/ *vt* 硫黄と混ぜる, 硫化する; 硫黄で漂白する, 亜硫酸ガスでいぶす. ♦ **sùl·fu·ri·zá·tion, -phu-** *n* 硫化.
sul·fu·rous, -phu- /sʌ́lf(j)ərəs, sʌ̀lfjʊ́r-/ *a* **1** 〖化〗硫黄の; 《特に》4 価の硫黄を含む (cf. SULFURIC); 硫黄色の. **2** 雷鳴の; 火薬の煙の(立ちこめる); 地獄の火[業火]の; 〈非難のことばなど〉痛烈な, 毒気を含んだ, 冒瀆的な, 野卑な. ♦ **∼·ly** *adv* **∼·ness** *n*
súlfurous ácid 〖化〗亜硫酸《有機合成用, 漂白剤》.
súlfur pòint 〖化〗硫黄点《硫黄の沸点: =444.6°C》.
súlfur sprìng 硫黄泉.
súlfur trióxide 〖化〗三酸化硫黄.
súl·fury *a* 硫黄の(ような).
sul·fur·yl /sʌ́lf(j)ərìl/ *n* 〖化〗スルフリル(基) (=∼ **gròup** [**ràdical**])《無機化合物中での二酸化硫黄基; cf. SULFONYL》.
súlfuryl chlóride 〖化〗塩化スルフリル.
Sul·grave /sʌ́lgrèɪv/ サルグレーヴ《イングランド Northamptonshire 南西部, Banbury の北東にある村; George Washington の先祖の地 **Súlgrave Mánor** のある所; 屋敷は現在 Washington 記念館となっている》.
sulk /sʌ́lk/ *n* [°*pl*] すねること, 不機嫌; すねた人 (sulker): have [be in] a (fit of) ∼ [the ∼*s*] むっつりしている, すねている, ふくれている. ► *vi* すねる, むっつりしている 〈*about*, *over*〉. ♦ **∼·er** *n* [C18 (? 逆成)〈↓; (n)〈(v)]
súlky *a* **1** すねた, むっつりした, ぶすっとした, 不機嫌な[ふてくされた]〈態度〉; 〈天候などが〉陰鬱な, うっとうしい. **2** 運転席つきの, 乗用の〈プラウ (plow) など〉. ► *n* 一人乗り一頭立二輪馬車, サルキ《繋駕競走に用いる》. ♦ **súlk·i·ly** *adv* **-i·ness** *n* [? *sulke* (obs) hard to dispose of]
Sul·la /sʌ́lə/ スラ **Lucius Cornelius** ∼ (**Felix**) (138–78 B.C.)《ローマの将軍・政治家; ディクタトル (82–79)》.
sul·lage /sʌ́lɪʤ/ *n* かす, おり; 下水, 家庭排水; 沈泥 (silt); 鉱滓.
sul·len /sʌ́lən/ *a* **1** むっつりした, すねた, 不機嫌な, おこって口をきかない. **2** 陰気な (gloomy), 陰鬱な; 〈色・音など〉沈んだ, さえない; 重々しい; 緩慢な, ゆるやかな〈流れなど〉. ► *n* [the ∼s] 《古》不機嫌, むっつり, 憂鬱. ♦ **∼·ly** *adv* むっつりと, ぶすっとして, 不機嫌に. **∼·ness** *n* [ME=solitary, single<AF (*sol* SOLE[1])]
Sul·li·van /sʌ́ləvən/ サリヴァン (**1**) **Annie** ∼ (1866–1936)《Helen Keller の先生; 本名 Anne Mansfield ∼ Macy》 (**2**) Sir **Arthur** (**Seymour**) ∼ (1842–1900)《英国の作曲家; Sir W. S.

Gilbert と Savoy operas と呼ばれる喜歌劇を共作した》 (3) **Harry Stack** ～ (1892–1949)《米国の精神医学者》 (4) **John L(awrence)** ～ (1858–1918)《米国のボクサー》 (5) **Louis (Henri)** ～ (1856–1924)《米国の建築家》.

Súllivan Príncíples *pl* [the] サリヴァン原則《南アフリカ共和国における米国企業は雇用の際に人種差別をしないという原則》. [Leon H. *Sullivan* (1922–2001) 米国のバプテスト派聖職者]

Sul·lom Voe /sʌ́ləm vóu/ サラムヴォー《スコットランドの Shetland 諸島本島の北部にある入江; 英国最大の北海油田基地・輸出港》.

sul·ly /sʌ́li/ *vt* 《文》〈名声・品性・功績などを〉汚す, …に泥を塗る, 傷つける. ► *vi* 《廃》汚れる, しみになる. ► *n* 《古》汚点, 汚れ, 汚すこと. [C16<? F *souiller*; ⇨ SOIL²]

Sul·ly¹ /sʌ́li/ サリー **Thomas** ～ (1783–1872)《英国生まれの米国の画家》.

Sul·ly² /sʌ́li, səlí:; *F* syli/ シュリ Duc **de** ～, Maximilien de Béthune, Baron de Rosny (1560–1641)《フランス王 Henry 4 世の下で活躍した政治家》.

S

Sul·ly Pru·dhomme /*F* syli prydɔm/ シュリ・プリュドム (1839–1907)《フランスの詩人・評論家; 本名 René-François-Armand Prudhomme; ノーベル文学賞 (1901)》.

sulph-, sulpho- ⇨ SULF-.

sulpha, sulphate, sulphur, etc. ⇨ SULFA, SULFATE, SULFUR, etc.

súlphur-bòttom (whále) 〖動〗シロナガスクジラ (blue whale).

súlphur bútterfly 〖昆〗モンキチョウ《など》《黄色で縁の黒い翅をもつシロチョウ科の各種のチョウ》.

súlphur cándle 硫黄ろうそく《燻蒸用の二酸化硫黄を発生するろうそく》.

súlphur tùft 〖菌〗ニガクリタケ《硫黄色をおびた毒キノコ》.

súlphur·wèed, -wòrt, -ròot *n* 〖植〗カワラボウフウ属の草本 (＝*hog's fennel*)《欧州・アジア産; セリ科》.

súlphur yéllow 硫黄色《明るい緑がかった黄色》.

Sul·pi·cian /sʌlpíʃ(ə)n/ *n* 〖カト〗シュルピス会士《同会は, 1642 年 Jean Jacques Olier (1608–57) によって Paris に創設された修道会で, 神学校経営と司祭養成を目的とする》.

Sul·ston /sʌ́lstən/ サルストン Sir **John E(dward)** ～ (1942–)《英国の遺伝学者; 器官発生と細胞のプログラム死に関する遺伝学的制御を研究; ノーベル生理学医学賞 (2002)》.

sul·tan /sʌ́lt(ə)n/ *n* **1** スルタン, サルタン, イスラム教国君主; [the S-] トルコ皇帝《1922 年以前の》; 専制君主. **2**〖鳥〗キガシラガラ, サルタンガラ《南アジア産》; サルタン種 (S-) の(白色の)鶏; 〖植〗スイートサルタン (sweet sultan), 《または》イエローサルタン《ヤグルマギク属の草花》. ♦ **～·ship** *n* **～·ic** /sʌltǽnɪk/ *a* [F or L<Arab＝power, ruler]

sul·tana /səltǽnə, -tá:nə; -tá:nə/ *n* **1** イスラム教国王妃[王女, 王姉妹, 皇太后]; 《スルタンの》側室. **2 a** スルタナ《地中海地方産の種なし黄ブドウ; その干しブドウ》. **b**〖鳥〗(ヨーロッパ)セイケイ (青鶏) (＝～ **bìrd**). **c** 暗い赤. [It (fem)<↑]

Sul·tan·a·bad /sultɑ̀:nəbá:d/ スルタナバード (ARAK の旧称).

sul·tan·ate /sʌ́lt(ə)nèɪt, -nət/ *n* SULTAN の位[統治, 領土] (cf. OMAN).

súltan·ess *n* 《古》SULTANA.

sul·try /sʌ́ltri/ *a* **1** 蒸し暑い, 暑苦しい, うっとうしい; 焼けるように熱い, 灼熱の. **2**〈気質・言語など〉乱暴な; 興奮した, かっかした; 〈話・目つきなど〉みだらな, きわどい; 〈女性・音楽など〉官能的な. ♦ **súl·tri·ly** *adv* **-tri·ness** *n* ⁺〖気〗蒸暑. [*sulter* (obs) to SWELTER]

su·lu /sú:lu/ *n* スールー《フィジーそのほかのメラネシアで着用する sarong に似た腰布》.

Sulu *n* (*pl* ～, ～**s**) スールー族《Sulu 諸島の Moro 族》. ♦ **Su·lú·an** *a*

Súlu Archipélago [the] スールー諸島《フィリピン Mindanao 島の南西にある諸島》.

Súlu Séa [the] スールー海《フィリピン諸島と Borneo 島北部の間の内海》.

Sulz·ber·ger /sʌ́lzbə̀:rgər/ サルズバーガー **Arthur Hays** ～ (1891–1968)《米国の新聞経営者》.

sum¹ /sʌ́m/ *n* **1** 合計, 和, 総額, 総数; 量, 額, 金額; 合計すべき一連の数(量); 〖数〗和, 和集合, 合併集合 (union); 〖論〗選言 (disjunction); 算数問題; [*pl*] 算数, 計算; 《古》絶頂: find [get] the ～ (of…) (…という)和を得る / SUM TOTAL / a good [large, round] ～ かなりの金, まとまった金 / do a ～ 計算する. **2** 総和, 総体; 概要, 大意, 大要; 要点, 要旨, 骨子. ● **be greater [more, better] than the ～ of its parts** 《集団のほうが》部分の総和以上の力が出る. **in ～** 要するに. **the ～ and substance** 要点, 根本 〈*of*〉. ► *v* (**-mm-**) *vt* 総計[合計]する 〈*up*〉; 要約する 〈*up*〉; …の大勢を判断する, 即座に判断[評価]する 〈*up*〉: ～ sb *up as* a fool. ► *vi* 要約[概説]する 〈*up*〉; 合計すると…になる 〈*to, into*〉. ● **～ up** ⇨ *vt, vi*; 〖法〗《両当事者側が裁判所・陪審に対して》〈証拠を〉要約する, 《弁論終結時に裁判官が》〈証拠を〉概説し陪審に対して法律上の論点につき説示する, summing-up を行なう, 最終弁論を行なう. **to ～ up** 約言[要約]すれば. ♦ **súm·ma·ble** *a* **sùm·ma·bíl·i·ty** *n* [OF<L SUMMA]

sum² /súm/ *n* (*pl* **sumy** /súmi/) スム (＝*som*)《ウズベキスタンの通貨単位: ＝100 tiyin(s)》.

sum- /səm, sʌ̀m/ ⇨ SUB-.

su·mac, -mach /ʃú:mæ̀k, sú:-/ *n* 〖植〗ウルシ, ハゼノキ; ハゼノキ材; スマック, シューマック《南欧産; 葉や花の乾燥粉末を皮なめし・染料用とするほか, 中東では乾燥した果実をスパイス[酸味の香辛料]として用いる》. [OF<Arab]

súmac fàmily 〖植〗ウルシ科 (Anacardiaceae).

Su·ma·tra /sumá:trə/ スマトラ《インドネシア西部, マレー半島の南にある島》; [°s-] マラッカ海峡の突風. ♦ **Su·má·tran** *a, n*

Sumátran rhinóceros 〖動〗スマトラサイ《マレーシアから Borneo にかけての山岳地の多雨林にすむ 2 本角のサイ》.

su·ma·trip·tan /sù:mətríptæn, -tən/ *n* 〖薬〗スマトリプタン《トリプタン製剤; 片頭痛の治療に用いる》.

Sum·ba /sú:mbə/ スンバ (*Eng* Sandalwood Island)《インドネシア, 小スンダ列島中の島》.

Sum·ba·wa /sumbá:wə/ スンバワ《インドネシア, 小スンダ列島の島; cf. TAMBORA》.

sum·bitch /sʌ́mbɪ̀tʃ/ *n* 《卑》SON OF A BITCH.

súm·bìtch·ing *a* 《卑》SON-OF-A-BITCHING.

sum·bul /səmbúl, sʌ́mbəl/ *n* 〖植〗強い香りがあり薬として用いられる草本の乾燥根茎《甘松やセイヨウカノコソウなど》. [Arab]

Su·mer /sú:mər/ シュメール《古代バビロニアの南部地方; 世界最古の文明が起こった; cf. AKKAD, SHINAR》.

Su·me·ri·an /sumíəriən, -mɛ́ər-/ *a* シュメール(人[語])の. ► *n* シュメール人[語].

Su·me·rol·o·gy /sù:mərɑ́lədʒi/ *n* シュメール学《シュメール人の歴史・言語・文化などの研究》. ♦ **-gist** *n*

Sum·ga·it /sumgáɪɪt/ スムガイト (SUMQAYIT のロシア語名).

su·mi /sú:mi/ *n* 《日本の》墨. [Jpn]

súmi-e /-èɪ/ *n* 墨絵. [Jpn]

súm·less *a* 計算できない, 無数の, 無量の.

sum·ma /súmə, sʌ́mə, -mɑ:/ *n* (*pl* **-mae** /súmàɪ, sʌ́mi:/) 総合的研究論文, 学問的集大成, 大全. [L＝main part, top]

sum·ma cum lau·de* /súmə kum láudə, sʌ́mə kʌ̀m lɔ́:di/ *adv, a* 最優等で[の]《卒業証書などに用いる句; cf. (MAGNA) CUM LAUDE》. [L＝with highest praise]

summa genera SUMMUM GENUS の複数形.

sum·mand /sʌ́mæ̀nd, ⏑⏑/ *n* 〖数〗加数 (addend).

sum·mar·i·ly /səmérəli; sʌ́mərɪ-/ *adv* 略式で, 即決で; 即座に, たちどころに.

sum·ma·rist /sʌ́mərɪst/ *n* SUMMARIZE する人.

sum·ma·rize /sʌ́məràɪz/ *vt, vi* 要約する, 手短かに述べる, 約言する. ♦ **-rìz·able** *a* **-rìz·er** *n* **sum·ma·ri·zá·tion** *n*

sum·ma·ry /sʌ́məri/ *n* 一覧, 摘要(書); 要約, 概要, 梗概. ● **in ～** 要するに, 一言で言えば. ► *a* 要約した, かいつまんだ; 手短かな (brief); 〖法〗略式の, 即決の (opp. *plenary*); 手っ取り早い, 即座の. ♦ **súm·ma·ri·ness** *n* [L; ⇨ SUMMA]

súmmary cóurt 簡易裁判所.

súmmary cóurt-màrtial 〖米軍〗《将校 1 人による》略式軍法会議.

súmmary júdgment 〖法〗《正式審理を経ないでなされる》略式判決.

súmmary jurisdíction 〖法〗略式裁判権.

súmmary jústice 〖法〗略式裁判; '天罰てきめん'.

súmmary offénse 〖法〗略式起訴犯罪, 軽犯罪.

súmmary procédure 《簡易裁判の》略式手続き.

súmmary procéeding 簡易裁判.

sum·mat /sʌ́mət/ *pron, adv* 《英方・非標準》SOMETHING, SOMEWHAT.

sum·mate /sʌ́mèɪt/ *vt* 合計する; 要約する. ► *vi* 合計される.

sum·ma·tion /səméɪʃ(ə)n/ *n* 加法, 合計, 総計; 要約; 累積(効果); 〖医〗《刺激の》加重; 〖米法〗《弁護人が事件の要点を説明する》最終弁論. ♦ **～·al** *a* [L; ⇨ SUMMA]

sum·ma·tive /sʌ́mətɪv, -èɪt-/ *a* 付加の, 累積的な.

súmmative evaluátion 〖教育〗総括的評価《プログラムが十分に開発・実施されたのちに行なう全体的な影響・成果の評価; cf. FORMATIVE EVALUATION》.

sum·mer¹ /sʌ́mər/ *n* 夏, 夏季《天文学上は夏至から秋分まで: 北半球では通例 6–8 月; AESTIVAL *a*》; 《一年 2 期の地方の》夏季 (opp. *winter*); [*fig*] 最盛期, 絶頂, 《人生の》盛り; [*pl*] 《詩》《若い人の》年, 年齢, 歳: regions of everlasting ～ 常夏の地帯 / the ～ of (one's) life 壮年期 / a youth of twenty ～*s* 20 歳の青年. ► *a* 夏の(ような), 夏向きの; 〈作物が〉春まき(秋収穫)の, 夏物…: ～ vacation*[holidays"] 夏の休暇. ► *vi* 夏を過ごす, 避暑する 〈*at* the seashore, *in* Switzerland〉. ► *vt* 〈家畜を〉夏季放牧する; 夏のように暑く[明るく]する. ♦ **～·lìke** *a* [OE *sumor* summer, warmer half of the year (opp. *winter*); ME では時に「春」の意; cf. G *Sommer*]

summer[2] 〘建〙 *n* 大梁(おおばり); まぐさ; まぐさ石, 台石. ［AF, OF＝packhorse, beam＜L (Gk *sagma* packsaddle)］
Súmmer Bànk Hóliday [the] 夏の公休日《イングランド・ウェールズで, 8 月の最終月曜日》.
súmmer càmp*《児童のための》夏期キャンプ.
súmmer chrysánthemum 〘植〙 シュンギク (crown daisy).
súmmer cýpress 〘植〙 ホウキギ《欧州原産アカザ科の一年草》.
súmmer flóunder 〘魚〙 北米大西洋沿岸産のヒラメの一種.
súmmer·hòuse *n* サマーハウス《**1**) 庭園・公園などのあずまや; 好天の日にくつろぐ目的で個人が庭に建てた小屋 **2**)*夏の別荘》.
súmmer·ìze *vt* 暑気から護る; 《冷房装置などで》暑さに対して準備する.
súmmer kìtchen* サマーキッチン《母屋に隣接し夏に使用する料理小屋》.
súmmer lìghtning 稲妻 (heat lightning).
súmmer·ly *a* 夏の; 夏にふさわしい. ♦ **-li·ness** *n*
Súmmer Pálace [the] 頤和園(いわえん)(イーホーユエン)《北京市の北西郊外にある中国最大級の庭園; 英語での通称; もとは乾隆帝の避暑地だが, 1860 年英仏連合軍に破壊され, 88 年西太后 (Cixi) が再建, 頤和園と名づけた; 1900 年義和団事件で再び大破したが 3 年後に修復》.
súmmer púdding" サマープディング《パンとベリー類などの夏のフルーツで作るプディング》.
súmmer rédbird 〘鳥〙 SUMMER TANAGER.
súm·mers* *adv* 夏の間は, 夏は(いつも).
sum·mer·sault /sʌ́mərsɔ̀:lt/, **sum·mer·set** /-sèt/ *n*, *vi* SOMERSAULT.
súmmer sáusage サマーソーセージ《乾燥させた燻製ソーセージ》.
súmmer sávory 〘植〙 キダチハッカ, セボリー《地中海沿岸地方原産; ハーブとして利用される; cf. WINTER SAVORY》.
súmmer schòol 夏期学校[講習], サマースクール.
súmmer sólstice [the] 〘天〙 夏至点; 夏至《北半球では 6 月 22 日ごろ; opp. *winter solstice*》.
súmmer squásh 〘植〙 ペポカボチャ(系のカボチャ), ポンキン《実が熟して皮や種子が硬くなってしまわないうちに野菜として利用する》.
súmmer stóck 《劇・ミュージカルなどの》夏の出し物[上演]; 夏期軽劇場, 夏期劇公演《集合的》.
súmmer stùdent 《カナダ》 夏のアルバイト大学生.
súmmer swèet 〘植〙 アメリカリョウブ《米国東部原産》.
súmmer tánager 〘鳥〙 ナツフウキンチョウ (＝*summer redbird*)《全身が赤い; 米国中部・南部産》.
súmmer théater 《行楽地・郊外などの》夏期劇場.
súmmer·tìme, -tìde *n* 夏期, 夏時, 暑中.
súmmer tìme" 夏時刻(法), 夏時間, サマータイム (daylight saving time)《時計を 1 時間早める; 略 ST》: double ～ 〘英〙 二重夏時間《2 時間早める》.
súmmer·trèe *n* 〘建〙 SUMMER[2].
súmmer tríangle 〘天〙 夏の大三角形《夏によく目立つ 3 個の明るい星 Vega, Deneb, Altair のなす三角形》.
súmmer-wèight *a* 〈服・靴など〉夏向きの, 軽い.
súmmer·wòod *n* 《材木の 1 年輪内の》秋材(しゅうざい), 晩材 (＝*late wood*)《夏から秋にかけて形成された層; cf. SPRINGWOOD》.
súm·mery *a* 夏の(ような), 夏らしい, 夏向きの.
súm·ming-úp *n* (*pl* **súm·mings-úp**) 要約, 摘要; 略述; 《裁判官が陪審に与える》事件要点および法律上の論点の説示.
sum·mist /sʌ́mɪst/ *n* SUMMA の著者, 《特に》*Summa Theologica* (神学大全) の著者 (Thomas Aquinas).
sum·mit /sʌ́mət/ *n* いただき, 頂上; 絶頂, 極点, 極致; 首脳級; 首脳会談[外交], サミット / Climate *S*～《国連主催の》気候変動サミット: a meeting at the ～ 首脳[頂上]会談 / a G8 economic ～ 主要 8 か国首脳会談. ► *a* 首脳レベルの: a ～ conference [meeting]＝～ talks 首脳[頂上]会談. ► *vt* …の頂上[頂点]に達する. ► *vi* サミットに参加する; 頂上に達する, 登頂する. ♦ **～·al** *a* **～·less** *a* ［OF (*som* top＜L *summus* highest, *-et*)］
sum·mit·eer /sʌ̀mətíər/ *n* 《口》 首脳会談[サミット]出席者; 登頂者.
súmmit lèvel 最高クラス; 《道路・鉄道などの》最高地点. ● **at** ～ 《口》 首脳レベル[会談]で(の).
súmmit·ry *n* 《外交問題における》首脳会談(にたよること[の運営]).
sum·mon /sʌ́mən/ *vt* **1** …に裁判所への出頭を命じる, 召喚する (＝*summons*); 呼び出す, 呼びつける 〈*to, before*〉; 迎えにやる; 〈議会などを〉召集する; 〈勇気などを〉奮い起こす 〈*up*〉; 〈思い出・イメージを〉呼び起こす 〈*up*〉: They were ～*ed* (*in*)*to* his presence. 彼の前に呼び出された / be ～*ed* to (appear in) court 裁判所に召喚される / ～ (*up*) one's courage [spirit] 勇を鼓して…する 〈*to* do, *for* sth〉. **2** 〈人〉に命令する, 要求する 〈*to* do〉; …に降服を勧める[要求する]: ～ the fort *to* surrender 要塞に降服を要求する. ♦ **～·able** *a* **～·er** *n* 召喚人; 〘史〙 法廷の召喚係. ［OF＜L *summoneo* (*sub-*, *moneo* to warn, advise)］
súm·mons *n* (*pl* **～·es**) 召喚, 呼び出し; 呼び出しの合図《らっぱ・ノックなど》; 勧告, 命令 〈*to* do〉; 《議会などの》召集, 召集状; 〘法〙《裁判所への》出頭命令, 召喚状: serve a ～ on sb 人に召喚状を送達する / WRIT OF SUMMONS. ► *vt* …に召喚状を送達する, 裁判所に召喚する (summon). ［OF *somonse* (*semondre* to warn＜↑)］
sum·mum bo·num /súməm bóunəm, sú:-, sʌ́m-/ 最高善, 至高善. ［L＝highest good］
súmmum gé·nus /-génəs, -géɪ-, -ʤí:-/ (*pl* **sum·ma ge·nera** /súmə génərə, sú:-, -géɪ-, sʌ́mə ʤénərə/) 〘哲〙《もはや他の概念の種概念となりえない》最上類, 最高群. ［L＝highest genus］
Sum·ner /sʌ́mnər/ サムナー (**1**) **Charles** ～ (1811–74)《米国の政治家・奴隷解放論者》 (**2**) **James Batcheller** ～ (1887–1955)《米国の生化学者; 酵素の結晶化に成功し, 酵素がタンパク質性のものであることを証明した; ノーベル化学賞 (1946)》 (**3**) **William Graham** ～ (1840–1910)《米国の社会経済学者・教育者》. ［ME＜OF＝summoner］
su·mo /sú:mou/ *n* 相撲 (＝～ **wréstling**): a ～ wrestler 相撲取り, 力士. ♦ **～·ist** *n* 相撲取り, 力士. ［Jpn］
sump /sʌ́mp/ *n* 水たまり; 排水だめ, CESSPOOL; 《社会の》掃きだめ; 〘鉱〙《坑底などの》水ため; 《本掘削前の》試掘坑; "《自動車・機関などの》油だめ, 油受け; "《方》(泥)沼. ［ME＝marsh＜MDu, MLG or G; cf. SWAMP］
sumph /sʌ́mf, súmf/ 《スコ・北イング》 *n* ばか者, まぬけ; おどおどしたやつ; 不機嫌な[むっつりした]男. ［C18＜?］
sum·pin' /sʌ́mp(ə)n/ 《発音つづり》《口》 SOMETHING.
súmp pùmp 《水たまりの水[油だめの油]を汲み上げる》排出ポンプ.
sump·ter /sʌ́m(p)tər/ *n* 《古》 荷馬, 《荷物運搬用》役畜.
sump·tion /sʌ́m(p)ʃ(ə)n/ *n* 仮定, 臆測; 〘論〙 大前提.
sump·tu·ary /sʌ́m(p)ʧuèri; -(ə)ri/ *a* ぜいたく[出費]規制の; 《宗教的・道徳的な》倫理規制の. ［L (*sumptus* cost＜*sumpt- sumo* to take; cf. CONSUME)］
súmptuary láw 〘法〙 奢侈禁止法[令], 倫理規制令.
sump·tu·os·i·ty /sʌ̀m(p)ʧuɑ́səti/ *n* 豪華, 豪勢; ぜいたく.
sump·tu·ous /sʌ́m(p)ʧuəs/ *a* 高価な; 豪華な, 壮麗な; ぜいたくな, おごった. ♦ **～·ly** *adv* **～·ness** *n* ［OF＜L; ⇨ SUMPTUARY］
Sum·qay·it /sumkáɪt/ スムカイト《アゼルバイジャン東部, カスピ海沿岸の市; ロシア語名 Sumgait》.
Sumter ⇨ FORT SUMTER.
súm tótal 総計; [the] 全体, すべて; 要旨: This is the ～ of my savings. 貯金は全部でこれだけ(しかない).
súm-ùp *n* 《口》 要約, 総集.
Su·my /sú:mi/ スーミ《ウクライナ北東部の市》.
sun /sʌ́n/ *n* **1 a** [the] 太陽 (HELICAL, SOLAR *a*); [the] 日光, 日なた (sunshine); 《紋章などに描かれる人間の顔をした》太陽の図案, SUN IN SPLENDOR; 《古》 日の出; 日の入り; 《詩》 日, 年; 《詩》 気候: *The* ～ rises [sets]. 日が昇る[沈む] / rise with *the* ～ 早起きする / Let not *the* ～ go down upon your wrath. 《諺》 怒りは翌日まで持ち越すな, いつまでもおこるな《*Ephes* 4: 26》/ take [bathe in] *the* ～ 日光浴をする. **b** 恒星; 〘気・天〙 PARHELION. **2** 太陽のような存在, 輝しい[暖かな]もの; 《文》 栄光, 光輝; 全盛; 権勢: His ～ is set. 彼の全盛は過ぎた. **3** [The S-]『サン』《英国の日刊大衆紙; 1964 年創刊; 日刊紙では同国最大の部数を誇る; cf. PAGE THREE GIRL》.
● **against the** ～ 左回りに (opp. *with the sun*). **catch** [**get**] **the** ～ 太陽光線をうける[浴びる], 日のあたる場所にある; 軽く日に焼ける. **from** ～ **to** ～ 日の出から日没まで, 一日中. **hail** [**adore**] **the rising** ～ 日の出の勢いの人にこびる. **have been in the** ～ 《俗》 酔っている. **have the** ～ **in** one's **eyes** 日差しで目がくらむ; 《俗》 酔っている. **hold a candle to the** ～ 太陽にろうそくをかざす, 余計[無意味]なことをする. **in the** ～ 日なたで; 心配[苦労]なしに; 公衆の注目の的となって (cf. *in the* SHADE): His day *in the* ～ is over. 彼は盛りを過ぎた. **on which the** ～ **never sets** 世界中あまねく. **one's** [**a**] **place in the** ～ だれでも受けられるものに対する分け前; 順境, 好条件; 自分[国家]のため力を尽くすべき地位; 《世間の》注目, 認識. **see the** ～ 生まれる; 生きている. **take** [《俗》 **shoot**] **the** ～ 〘海〙《六分儀で》緯度を測定する. **the** ～ **drawing water**＝〘海〙 **the** ～**'s eyelashes** [**backstays**] 雲間を漏れる光線で空間の微塵(みじん)が照らし出される現象. **the S**～ **of Righteousness** 正義の太陽, キリスト. **think the** ～ **shines out of** sb's **bum** [**behind, backside, bottom, ass, asshole**] 《卑》 人をやたらにほめる, 買いかぶる. **touch of the** ～ 軽い日射病. **under** [**beneath**] **the** ～ この世で (in the world); [強調句として] 一体全体: everything *under the* ～ この世のありとあらゆること / There is nothing new *under the* ～. 《諺》 日の下[この世]に新しいものはなにひとつない《*Eccles* 1: 9》. **where the** ～ **doesn't** [**don't**] **shine** *《俗》 陽の差さぬところ, 尻の穴, 肛門. **with the** ～ 右回りに (opp. *against the sun*).
► *v* (**-nn-**) *vt* 日にさらす, 日干しにする, 日光にあてて…する: ～ one*self* 日なたぼっこ[日光浴]をする. ► *vi* **1** 日なたぼっこをする, 日にさらされる. **2** 光線を発する, 輝く. ♦ **～·lìke** *a*
［OE *sunne*＜Gmc (Du *zon*, G *Sonne*)＜IE (L *sol*)］
Sun. Sunday.
sún-and-plánet gèar 〘機〙 遊星歯車装置.
sún-and-plánet mòtion 〘機〙 遊星運動《遊星歯車装置の》.

sún animálcule〔動〕太陽虫 (heliozoan).
Sún·a·pee tròut /sǽnəpi-/〔魚〕米国東部産のイワナの一種. [*Sunapee* Lake: New Hampshire の湖]
sún·bàck *a*《夏向きに》背中の大きく開いた〈服〉.
sún·bàke《豪》*vi* 日光浴する. ► *n* 日光浴.
sún·bàked *a* 日光で熱せられた[ひからびた]; 天日で焼いた.
sún·bàth *n* 日光浴; 太陽灯浴.
sún·bàthe *vi* 日光浴[太陽灯浴]をする. ♦ **-bàth·er** *n*
sún·bèam *n* 太陽光線, 日光;《豪俗》食卓で使わなかった皿・ナイフなど.
sún bèar〔動〕マレーグマ (=*Malay(an) bear*)《東南アジア産》.
sún bèd 日光浴用ベッド; サンベッド《太陽灯に組み合わせたベッド》.
Sún·bèlt [the] サンベルト《米国 California 州から Virginia 州に至る温暖地帯; cf. SNOWBELT》.
sún·bèrry / , -b(ə)ri; -b(ə)ri/ *n*〔植〕イヌホウズキ(の実) (black nightshade).
sún·bìrd *n*〔鳥〕**a** タイヨウチョウ《アフリカ・アジアの熱帯産》. **b** SUNGREBE.
sún bìttern〔鳥〕ジャノメドリ《中南米産》.
sún·blìndᴵᴵ *n* AWNING, VENETIAN BLIND.
sún·blòck *n* 日焼け止め(クリーム)《sunscreen よりも効果が強い》.
sún·bònnet *n* サンボンネット《赤ちゃん・婦人用日よけ帽》.
sún·bòw /-bòu/ *n* 太陽光線でできる虹《滝のしぶきなどに生じる》.
sún·brèak *n* 日の出; BRISE-SOLEIL (=**sún·brèak·er**).
sún·bùrn *n*《ひどい》日焼け (cf. SUNTAN); 日焼け色. ► *vt* 日に焼く. ► *vi* 日に焼ける: My skin ~*s* quickly. ♦ **-bùrned, -bùrnt** *a*
sún·bùrst *n*《雲間を漏れる》強烈な日光; 日輪花火; 日輪型(宝石[ブローチ]); 日輪模様; 旭日(きょくじつ)旗《日本の軍旗・軍艦旗》.
súnburst plèats *pl*〔服〕サンバーストプリーツ (=*sunray pleats*)《スカートの上が狭く下が広くなったプリーツ》.
sún·càtch·er / , ―́ ―́/ *n* サンキャッチャー《窓を装飾する色つきガラス》.
sún·chòke *n*〔植〕キクイモ (Jerusalem artichoke).
Sun Chung-shan /sún ʤúŋʃá:n/ 孫中山(そんちゅうざん)(スンチュンシャン) (⇨ SUN YAT-SEN).
sún·crèam *n* サンクリーム《肌を保護し, きれいに日焼けさせるクリーム》.
sún·cùred *a*〈肉・果実・タバコなど〉日光で乾燥させた, 日干しした.
sun·dae /sʌ́ndi, -deɪ/ *n* サンデー《アイスクリームの上にフルーツ・シロップ・ナッツなどを載せたもの》. [C20〈? *Sunday*; 週末売れ残りの安売りからか]
Sún·da Íslands /sú:ndə-, sʌ́n-; sʌ́ndə-/ *pl* [the] スンダ列島《Sumatra, Java, Borneo, Celebes その他付近の島々からなる Greater ~ と, Bali 島から東の Timor 島へ延びる Lesser ~ がある; 北 Borneo と東ティモールを除きインドネシア領》.
sún dànce 太陽踊り《アメリカインディアンの太陽崇拝に関連する宗教的行事; 夏至に行なう》.
Sun·da·nese /sʌ̀ndəní:z, -s/ *a* スンダ人[語]の. ► *n* (*pl* ~) スンダ人; スンダ語.
Sun·dar·bans /súndərbʌ̀nz/ スンダルバン《Ganges 川デルタの大湿地帯; インドの Hugli 川河口からバングラデシュの Meghna 川河口に至る》.
Súnda Stráit [the] スンダ海峡《Java 島と Sumatra 島の間》.
Sun·day¹ /sʌ́ndi, -deɪ/ *n* 日曜日《週の第 1 日; 略 Sun.》;《キリスト教会の》安息日 (Sabbath); 日曜紙 (Sunday newspaper); [*pl*] よそ行き (Sunday clothes): on a ~ ある日曜日に. ● **a** MONTH [WEEK] **of ~s.** **look two ways to find ~** やぶにらみである. **forty** [**six**] **ways to ~***《俗》ありとあらゆる手を使って, とことん. ► *a* 日曜日の; いちばん上等の, よそ行きの; 日曜日[ひまな時]だけの; アマチュアの, しろうとの: one's best ~ manners. ► *adv*《口》日曜日に (on Sunday). ► *vi* 日曜を過ごす. ★ 語法 ⇨ MONDAY. [OE *sunnan-dæg*; L *dies solis*, Gk *hēmera hēliou* day of the sun の訳; cf. G *Sonntag*]
Sunday² **1** サンデー《女子名》. **2** サンデー **'Billy' ~** [**William Ashley** ~] (1862–1935)《米国の福音伝道者; 20 世紀の初期に大きな影響力をもちつづけた; 禁酒法の熱心な支持者》. [↑]
Sún Dày 太陽の日《太陽エネルギー開発促進の日》.
Súnday bést [**clóthes**] (*pl*)《口》よそ行きの服, 晴れ着 (cf. EVERYDAY *clothes*): in one's ~ 晴れ着を着て.
Súnday dínner SUNDAY LUNCH.
Súnday dríver 休日ドライバー《不慣れで慎重な運転をする》.
Súnday Expréss [The]『サンデー・エクスプレス』《英国の日曜大衆紙; 1918 年創刊; *Daily Express* と同じく保守系》.
Súnday-gò-to-méet·ing *a*《口》[*joc*]〈ことばづかい・衣服など〉日曜日の教会行きにふさわしい, 一番いい, よそ行きの.
Sunday joint ⇨ SUNDAY ROAST.
Súnday létter DOMINICAL LETTER.
Súnday lúnch 日曜日の昼食《日曜日の午後 1 時ごろに家族がそろって取る食事; Sunday dinner ともいう; 英国家庭の伝統的な日曜日の昼食には, ローストビーフ, Yorkshire pudding, グレービーソース (gravy) が出される》.
Súnday Mírror [The]『サンデー・ミラー』《英国の日曜大衆紙; 1915 年創刊; *Daily Mirror* と同じく政治的には中道左派》.
Súnday obsérvance〔キ教〕日曜日の遵守《日曜日を休息と礼拝の日とする慣例; cf. *Exod* 20: 7–11》.
Súnday páinter 日曜画家, しろうと画家.
Súnday páper 日曜紙《日曜日に発行される新聞; ふつう日刊紙よりページ数が多く, スポーツ・娯楽・ビジネス・職業などのセクションに分かれている》.
Súnday pítch*《俗》力強い投球.
Súnday púnch*《俗》《ボクシングの》強打, ノックアウトパンチ; *《俗》豪速球; *《俗》[*fig*] 強力な打撃, 破壊的な一撃.
Súnday róast [**jóint**] [the] サンデーロースト[ジョイント]《英国の家庭で伝統的に日曜日の昼食に食べるローストビーフ[ステーキ など]; 金曜日に魚を食べ, 祝日の日曜日に肉を食べるというキリスト教の慣習から》.
Súnday rún*《俗》長距離(の旅).
Sún·days¹ *adv* 日曜日には(いつも) (on Sundays).
Súndays² [the] ソンダグス川《南アフリカ共和国 Eastern Cape 州南部を流れインド洋に注ぐ》.
Súnday Sáint《俗》日曜日だけ信心顔をする人, 日曜聖人;《俗》偽善者.
Súnday schòol《教会の》日曜学校. ● **go to ~**《俗》ポーカーをやる《伐採人の用法》.
Súnday sóldier*《俗》日曜軍人 (WEEKEND WARRIOR).
Súnday Télegraph [The]『サンデー・テレグラフ』《英国の高級日曜紙; 1961 年創刊; *Daily Telegraph* と同じく中道右派》.
Súnday thínker*《俗》夢想家, 変人.
Súnday Tímes [The]『サンデー・タイムズ』《英国の高級日曜紙; 1822 年創刊; *Times* の日曜版》.
sún·dèck *n*〔海〕日向(ひなた)甲板, サンデッキ《上甲板》; 日光浴用の屋上[テラス].
sun·der /sʌ́ndər/《文》*vt* 分ける, 隔てる; 離す, 切る, 裂く. ► *vi* 分かれる, 離れる. ► *n* [次の成句で]: **in ~** ばらばらに: break [cut, tear] *in* ~ ばらばらにこわす[切る, 裂く]. ♦ **~·ance** *n* 隔離, 分離. [OE *sundrian*; cf. ASUNDER]
Sun·der·land /sʌ́ndərlənd/ サンダーランド《イングランド北部 Tyne and Wear 州の港湾都市》.
sún·dèw *n*〔植〕モウセンゴケ (drosera).
sún·dìal *n* **1** 日時計: What is the good of a ~ in the shade?《諺》日陰で日時計がなんの役に立とうか?《才能は隠すな; Benjamin Franklin のことば》. **2**〔貝〕クルマガイ (=**~ shèll**)《クルマガイ科の平たい巻貝の総称; 熱帯・亜熱帯産》.
sún dìsk [**dìsc**] 日輪; 日輪像《円板の両側に, たとえばエジプトの太陽神 Ra などを象徴する翼が広がる》.
sún dòg 幻日 (parhelion); 内暈(かさ)のすぐ外側の弧状の暈; 小さい[不完全な]虹.
sún·dòwn *n* 日没(時), たそがれ (sunset). ► *vi*《環境に不慣れのため》夜間に幻覚を経験する.
sún·dòwn·er *n*《豪口》放浪者《特に 日没時をねらって牧場に到着し, 労働をせずに食事と宿泊をせしめる者》;《口》日暮れ時の一杯《酒》;《NZ俗》なまけ者の牧羊犬, ぐうたらな牧畜犬;《海俗》規律にやかましい幹部船員, やかまし屋.
sún·drènched *a* 日差しをいっぱいに浴びた, (年中)陽光の降り注ぐ.
sún·drèss *n* サンドレス《肩・腕などを出す夏服》.
sún·dried *a*〈煉瓦・果物などが〉日干しの, 天日干しの; 干上がった, 日光でしおれた[枯れた]; 日に焼けた: ~ tomatoes ドライトマト.
sun·dries /sʌ́ndriz/ *n pl* 雑貨; 雑件; 雑費;〔簿〕諸口.
súndries·manᴵᴵ /-mən/ *n* 雑貨商.
sún·dròps *n* (*pl* ~) マツヨイグサ属の各種昼咲き植物.
sun·dry /sʌ́ndri/ *a* いろいろな (various): ~ goods 雑貨. ► *pron* [〈*pl*〉] いろいろな人[もの]: ALL and ~. ► *n*《豪》〔クリケット〕エキストラ《打球以外で得た得点》. [OE *syndrig* separate; cf. ASUNDER]
súndry shòp《マレーシア》主に中国食料品を売るデリカテッセン.
Sunds·vall /sʌ́ntsvɑ̀:l, súnts-/ スンツヴァル《スウェーデン東部の市・港町》.
sún·fàst*a*〈染料など〉日にあせない.
sún fìlter SUNSCREEN.
sún·fìsh *n*〔魚〕**a** マンボウ (ocean sunfish). **b** クサビフグ. **c** サンフィッシュ《北米産スズキ目サンフィッシュ科の扁平な淡水魚》.
Sunfish〔商標〕サンフィッシュ《帆が一本で 2 人用の座席がある小型帆船》.
sún·fìsh·er *n**《俗》あばれ馬, 悍馬(かんば).
sún·flòwer *n*〔植〕ヒマワリ《Kansas 州の州花》.
súnflower séed òil ひまわり油.
Súnflower Stàte [the] ひまわり州《Kansas 州の俗称》.
sung *v* SING の過去分詞,《古》SING の過去形.
Sung 宋(の) (⇨ SONG).
Sungari ⇨ SONGHUA.

sún·gàzer *n* 〔動〕オオヨロイトカゲ (=*giant zonure*)《アフリカ南部産ヨロイトカゲ科同属のトカゲ; 太陽を見上げて日なたぼっこをしているような様子を見せる》.
sún gèar 〔機〕太陽歯車《遊星歯車装置の中心歯車》.
Sungkiang 松江 (⇨ SONGJIANG).
sún·glàss *n* 《太陽熱を集める》凸レンズ; [*pl*] サングラス.
sún·glòw *n* 朝焼け, 夕焼け.
súng máss [°S- M-] HIGH MASS.
sún gòd 神としての太陽; 日神, 太陽神. ♦ **sún gòddess** *n fem*
sún·gràzer *n* 〔天〕太陽をかすめる彗星《太陽のごく近くを通る彗星の総称》.
sún·grèbe *n* 〔鳥〕ヒレアシ (=*finfoot*)《中南米・アフリカ・東南アジア産のクイナに近縁の種》.
sún hàt 《つばの広い》日よけ帽.
sún hèlmet 日よけ帽, 日よけ用ヘルメット (topee).
su·ni /sú:ni/ *n* 〔動〕ジャコウアンテロープ, スニ《東アフリカ産》. [(Southeast Afr)]
sún in spléndor 〔紋〕光芒を放つ太陽《人間の顔をして四囲に光を放つ太陽の図》.
sunk /sʌ́ŋk/ *v* SINK の過去分詞; «古» SINK の過去形. ► *a* 沈没[埋没]した (sunken); [*pred*] «口» 負けて, やられて (subdued): Now we're ~. もうだめだ.
sunk·en /sʌ́ŋk(ə)n/ *v* SINK の過去分詞. ► *a* 〈目・ほおなどが〉くぼんだ; 水没した, 水底の; 沈下した; 〈庭などが〉一段低くなった; 落胆した: ~ rocks 暗礁.
súnken córd 〔製本〕沈み緒 (cf. RAISED BAND).
súnken gárden 沈床園 (=**súnk gárden**)《一段低い所に造った庭園》.
sun·ket /sʌ́ŋkət/ *n* «スコ・英方» おいしい食べ物, 珍味.
súnk fénce 隠れ垣 (=*ha-ha*)《庭園の景観をそこねないように境界に溝を掘ってその中に造る》.
Sún Kìng [the] 太陽王《Louis 14 世の通称》.
sún-kìssed *a* 日光をたっぷり浴びた; 日焼けした, 小麦色の; 日差しの豊かな.
súnk relíef 〔彫〕沈み彫り, 陰刻 (=*cavo-relievo*).
sún·làmp *n* 〔医〕太陽灯《皮膚病治療・美容用》.
sún làmp SUNLAMP; 〔映〕放物面鏡を有する大電灯.
sún·less *a* 日の射さない; 曇った; 暗い, 希望のない, わびしい, 陰鬱な. ♦ **~·ness** *n*
sún·lìght *n* 太陽の明かり, 太陽光, 陽光, 日光. ● **let ~ into…** «口» 〈問題点などを〉明るみに出す, はっきりさせる (let daylight into).
sún·lìt *a* 太陽で照らされた; 希望に満ちた.
sún lòunge" 窓が大きく太陽光線がよくはいる部屋, サンルーム《日光浴に用いる》.
sún·lòunger *n* 日光浴用寝椅子.
sún mỳth SOLAR MYTH.
sunn /sʌ́n/, **súnn hèmp** *n* サンヘンプ《タヌキマメ属の繊維植物; また これから作る靭皮(じんぴ)繊維》. [Hindi]
sun·na, -nah /súnə, sʌ́nə/ *n* [the, °the S-] スンナ《Muhammad の言行に基づいてできたというイスラムの口伝律法》. [Arab=form, way]
Sun·ni /súni, "sʌ́ni/ *n, a* **1** スンニー派(の), スンナ派(の)《イスラムの二大分派の一つ; 最初の 4 代の Caliph を正統と認め, Sunna を重視する; cf. SHIʻA》. **2** (*pl* **~, ~s**) スンニー派の信徒 (Sunnite).
sun·nies /sʌ́niz/ *n pl* «豪口» サングラス (sunglasses).
Sún·nìsm *n* スンニー派 (Sunni) の教義.
Sun·nite /súnàɪt/ *n, a* スンニー派の(信徒).
sún·ny *a* 明るく輝く; 日が照る, 日当たりのよい〈部屋〉(opp. *shady*); 晴れわたった; 太陽の(ような); 陽気な, 快活な, 明るい (opp. *dark*). ♦ **sún·ni·ly** *adv* 明るく輝いて; 快活に. **-ni·ness** *n*
sunnyasee ⇨ SANNYASI.
súnny sìde 太陽が当たる側; 明るい面, 好ましい面: look on [see] the sunny SIDE (of things) / on the sunny SIDE of….
súnny-side úp *a* 〈卵が〉片面だけ焼いた, 目玉焼きの (cf. TURNOVER); *«俗» うつ伏せに伸びて.
Sun·ny·vale /sʌ́nivèɪl/ サニーヴェール《California 州西部 San Jose の西北西にある市; いわゆる Silicon Valley にあり, 世界のエレクトロニクス産業の最先端》.
sún pàrlor* 日光浴室, サンルーム (sunroom).
sún plànt 〔植〕マツバボタン; 陽性植物.
sún pòrch* ガラス張りの縁側[ベランダ], サンポーチ.
sún pòwer 太陽光線の熱を集めて得るエネルギー, 太陽(熱)エネルギー.
sún·pròof *a* 太陽光線を通さない; 耐光性の, 色のさめない.
sun protèction fàctor 太陽光線保護指数, 日焼け止め指数《日焼け防止用化粧品が紫外線など太陽光線の悪影響から皮膚を保護する効果を表わすもので, 2 から数十程度の数値で表現される; 略 SPF》.
sún·rày *n* 《一条の》太陽光線; [*pl*] 人工太陽光線《医療用紫外線》: ~ treatment 日光療法.
súnray plèats *pl* SUNBURST PLEATS.

Sún rèader" [*derog*] サン愛読者《政治的に右翼的で高等教育を受けていない, *The Sun* の読者層に当たる人》.
sún·rìse *n* 日の出, 日の出時刻 (=*sunup*), 暁, 日の出の空, 朝焼け; 《物事の》初め, 始まり, '夜明け': at ~ 日の出時に / at ~ of the 20th century 20 世紀初めに.
súnrise ìndustry 《技術集約型の》新興[成長]産業.
súnrise shèll 〔貝〕ニッコウガイ《二枚貝綱ニッコウガイ科の貝の総称; 殻頂からさまざまな色の帯が放射状に伸びる》.
sún·ròof *n* 日光浴用の陸(ろく)屋根; 《自動車の》開閉できる天窓付きの屋根, サンルーフ (=*sunshine roof*).
sún·ròom *n* サンルーム (sun parlor).
sún·ròse *n* 〔植〕**a** ハンニチバナ (helianthemum). **b** マツバボタン (sun plant).
sún·scàld *n* 〔植〕日焼け《暑さと太陽光による葉・果実の局所的な損傷》; 《冬の寒暖差などによる》裂傷, 霜割れ.
sún·screen *n* 日焼け止め剤[クリーム, ローション], サンスクリーン; 《車中などの》日よけ(幕), ブラインド. ♦ **sún·scrèen·ing** *a*
sún·sèek·er *n* 冬期に太陽の光と熱を求めて旅をする人, 避寒客; 〔宇〕太陽追跡装置《衛星・船体を常に太陽方向へ向ける光電装置》.
sún·sèt *n* 日没, 入り日; 日暮れ; 夕焼け(色); 《物事の》終わり, 末, 晩年, 斜陽: at ~ 日没時に / after ~ 日没後に. ● **go [ride, sail] off into the ~** [°*iron*] ハッピーエンドになる, めでたしめでたしで終わる. ► *vi, vt* 《期限条項により》終了[失効]する[させる].
Súnset Bóulevard **1** サンセット大通り《Los Angeles を東西に走る大通り; Hollywood, Beverly Hills を通る》. **2** 『サンセット大通り』《米国映画 (1950); Billy Wilder 監督作品; 凋落したサイレント映画の大女優のナルシシズムとアナクロニズムを描いて Hollywood の栄光の亡霊を白日のもとにさらした異色作》.
súnset ìndustry 斜陽産業.
súnset làw* サンセット法《政府機関[事業]は定められた期間後更新手続きがとられぬかぎり当然に廃止されるべきことを規定する法》.
súnset provìsion [clàuse]* 期限条項, サンセット条項《計画・合意などが, 特に延長しないかぎり, 特定期日で自動的に失効することを記した条項》.
súnset shèll 〔貝〕SUNRISE SHELL.
Súnset Stàte [the] 日没州《Oregon 州の俗称》.
sún·shàde *n* 日よけ, 日おおい, 日傘, AWNING, 《婦人帽の》ひさし, レンズフード《など》; [*pl*] «俗» サングラス.
sún·shìne *n* 日光, 陽光, 日照; 日なた; 晴天; 快活, 陽気; 快活[幸福]をもたらすもの; [〈*voc*〉] "«口» やあ, なあ(きみ), おい, よお, 兄さん《男性間で親しく, 時に威嚇的に用いる》; *«俗» SUNSHINE PILL: in the ~ 日なたで / You are my ~. あなたはわたしの太陽だ. ● **a ray of ~** あたりをパッと明るくするもの, 陽気な人. ♦ **-shìny** *a* 日当たりのよい, 日なたの; 晴天の; 明るい, ほがらかな, 陽気な.
súnshine làw 〔米〕サンシャイン法, 議事公開法《政府機関の会議・記録の公開を定めた法律; cf. FREEDOM OF INFORMATION ACT》. [Florida (=*Sunshine* State) で最初に施行された]
súnshine pìll *«俗» サンシャインピル《LSD のオレンジ色の錠剤》.
súnshine recòrder 自記日照(時間)計, 日照計.
súnshine ròof SUNROOF.
Súnshine Stàte [the] 陽光州《Florida, New Mexico, South Dakota 州の俗称》.
sún shòwer 《特に 夏期の》日照り雨, 天気雨.
sún sìght 《海洋上での位置を求めるための》太陽観測.
sún sìgn 〔占星〕BIRTH SIGN.
sún·spàce *n* サンスペース《サンルームや温室などのように, 太陽熱によって暖められる住宅内[付属]の部屋》.
sún spìder 〔動〕WIND SCORPION.
sún·spòt *n* 〔天〕太陽黒点; 夏日斑, そばかす (freckle); "«口» 休日に人が日光浴に集まる場所.
súnspot cỳcle 〔天〕太陽黒点周期《約 11 年》.
sún spùrge 〔植〕トウダイグサ.
sún squìrrel 〔動〕タイヨウリス《アフリカ産タイヨウリス属の樹上生活をするリスの総称; 日なたぼっこをすることで知られる》.
sún stàr 〔動〕ニチリンヒトデ.
sún·stòne *n* 日長石, サンストーン; AVENTURINE.
sún·stròke *n* 日射病.
sún·strùck *a* 太陽に彩られた, 陽光に映えた; 日射病にかかった.
sún·sùit *n* 《日光浴などのための》(子供用の)胸当て付き半ズボン, サンスーツ.
sún·tàn *n* 《日光浴による健康な》日焼け (cf. SUNBURN); 明るい茶色; 日焼け色, 小麦色; [*pl*] 淡褐色の夏季用軍服; *«黒人俗» 黒人の白っぽい肌: ~ cream [lotion, oil]《きれいに日焼けするための》サンタンクリーム[ローション, オイル]. ♦ **sún·tànned** *a* **-tàn·ning** *a, n*
sunt la·cri·mae re·rum /sunt lá:krɪmàɪ réɪrum/ 人間の事に涙あり. [L=there are tears for things; Virgil, *Aeneid*]
sún·tràp *n* SOLAR TRAP.
sún trèe 〔植〕ヒノキ(檜) (=*fire tree*).
sún·ùp* *n* SUNRISE.
Sún Válley サンヴァレー《Idaho 州中南部, Boise の東方にある行楽地》.

S

sún vìsor サンバイザー《**1**) 自動車のフロントガラス上部の遮光板 **2**) スポーツ用日よけ帽》.
sún·ward *adv* 太陽の方へ. ► *a* 太陽に面した.
sún·wards *adv* SUNWARD.
Sun Wen /sún wʌ́n/ 孫文 (⇨ SUN YAT-SEN).
sún whèel 〘機〙 SUN GEAR.
sún·wise *adv* 太陽の進行と同方向に, 右[時計]回りに.
sún wòrship 太陽[太陽神]崇拝.
sún-wòrshipper *n* 太陽(神)崇拝者; 《口》 日光浴で肌を焼くのが好きな人.
sun·ya·ta /ʃúːnjətɑ̀ː, súː-/ *n* 〘仏教〙 空性(くうしょう)《実体的本性をもたない絶対的存在; cf. TATHATA》. [Skt=emptiness]
Sun Yat-sen /sún jáːtsén/ 孫逸仙(そんいっせん) (スンヤットセン), 孫文 (Sun Wen), 孫中山 (Sun Chung-shan) (1866–1925)《中国の政治家·革命家; 国民党の指導者; 逸仙は字(あざな), 中山は号》.
suo ju·re /sùːou júːrɛ/ 〘法〙 その者[彼, 彼女]自身の権利に基づいて. [L=in one's own right]
suo lo·co /sùːou lɔ́ːkou/ 〘法〙 適所に. [L=in its proper place]
suo Mar·te /sùːou máːrtɛ/ 自分自身の努力で. [L=by one's own Mars, by one's own exertions]
Suo·mi /swɔ́ːmi/ スオミ《FINLAND のフィンランド語名》.
sup[1] /sʌ́p/ *v* (**-pp-**) *vi* 夕食を取る; 夕食に食べる ‹*on, off*›: ～ *on* seafood and steak シーフードとステーキで夕食にする. ● **～ out** 外で夕食を取る. [OF *souper*<Gmc; ⇨ SOP, SOUP]
sup[2] *v* (**-pp-**) *vt* 飲む, ぐいっと飲む ‹*off, up*›; 《方》‹飲み物·スープなどを›少しずつ飲む, すする. ► *vi* 《方》 すする: He must have a long spoon that ～*s* with the devil. 《諺》 悪者と組む者は油断もすきもあってはならない. ● **～ sorrow** 悲哀を味わう, 苦汁をなめる. ► *n* 《飲み物·スープの》ひと口, ひとすすり ‹*of*›; 《北イング·アイル》 酒, ウイスキー: take neither bite nor ～ of the food 食べ物にひと口も口をつけない. [OE *sūpan*; cf. G *saufen*]
sup[3] /súːp; s(j)úːp/ *n* 〘数〙 SUPREMUM.
Sup? /sʌ́p/ 《口》 TSUP?.
sup- /səp, sʌ̀p/ ⇨ SUB-.
sup superior ♦ supra.
Su·pa·driv /súːpədràɪv/ 〘商標〙 スパドライブ《改良型の十字ドライバー》.
Sup. Ct °Superior Court ♦ °Supreme Court.
supe /súːp/ *n* 《俗》 SUPER.
su·per /súːpər; s(j)úː-/ *n* 《口》 臨時雇い, 臨時雇いの役者, エキストラ (supernumerary); 《口》 監督者, 管理人; ᴴ《口》 警視; 〘商〙 特大品, 特上品; SUPERMARKET; 〘製本〙《本の背の補強に使う》寒冷紗(かんれいしゃ); 〘養蜂〙 ミツバチの蜜をたくわえる巣箱の上部; *《口》 SUPERCALENDERED PAPER; SUPERPHOSPHATE; 《豪》 退職年金. ► 《口》 *a* 極上の, 最高(級)の, 特大の; すばらしい, すごい巨大な, 超強力な; 極度の, 極端な; ‹単位が›面積の, 平方の (superficial): Oh, ～! すごい! ► *adv* 《口》 非常に, とても, 過度に, 極度に, ひどく. ► *vt* ‹本の背を›寒冷紗で補強する. ► *vi* エキストラ[監督]をつとめる. [super で始まる語の省略語]
su·per- /súːpər; s(j)úː-/ *pref* [形容詞·名詞·動詞に付けて]「(以)上」「(すぐ)上」「付加」「過度」「極度」「超過」「超…」「〘化〙 過…(per-)」(opp. *sub-*). [L (*super* above)]
su·per·a·ble /súːpərəb(ə)l; s(j)úː-/ *a* 征服[克服]できる, 打破できる (surmountable). ♦ **-bly** *adv* **～·ness** *n* [L (*supero* to overcome)]
sùper·abóund *vi* 多すぎる; あり余るほど多い ‹*in, with*›.
sùper·abúndant *a* 多すぎる, 過剰な; 余るほど豊富な. ♦ **-abúndance** *n* 過多, 過分; あり余る豊かさ. **～·ly** *adv*
súper·àcid *n* 〘化〙 超酸《強酸より酸性が強い》.
sùper·áctinide sèries 〘化〙 スーパーアクチニド系列《transactinide series より大きな原子番号をもつ超重元素のつくる系列》.
sùper·acúte *a* 極度に鋭い, 激烈な.
sùper·ádd *vt* さらに加える[付加する].
sùper·addítion *n* 付加; 付加物. ♦ **～·al** *a*
sùper·adiabátic *a* 〘気〙 超断熱の《断熱状態で生じるよりも急な気温傾度を示す》.
sùper·àero·dynámics *n* 〘理〙 超空気力学《密度の非常に小さい気体の流れを扱う空気力学の一部門》.
súper·àgency *n* 出先機関を監督する政府機関, 上部監督機関.
sùper·álloy *n* 超合金《酸化·高温·高圧に耐える》.
súper·àltar *n* 〘カト〙 携帯祭壇 (altar stone).
sùper·áltern *n* 〘論〙《対当推理における》全称命題.
su·per·an·nu·ate /sùːpərǽnjuèɪt; s(j)ùː-/ *vt* [ᵁ*pass*]《年金をつけて》老齢[病弱]のため退職させる; 老朽[時代遅れ]のゆえに取り除く; 時代遅れとする. ► *vi* 老齢で退職する; 時代遅れ[老朽廃物]になる. ♦ **-án·nu·able** *a* [逆成‹↓]
su·per·án·nu·àt·ed *a* 老齢[病弱]で退職した; ‹雇用者·職が›年金を約束された, 年金付きの; 老齢で能率の落ちた; 老齢で現役の職に耐えない; 古くなって使用に耐えない; 時代遅れの; 一般的年齢より上の. [L (*super-*, *annus* year)]
sù·per·àn·nu·á·tion *n* 老朽; 老齢; 老齢[病弱]退職; 退職年金[手当].
superannuátion schème 退職者[企業]年金制度.
sùper·áqueous *a* 水面上の.
su·perb /supə́ːrb, sə-; s(j)ʊ-/ *a* すばらしい, すてきな, とびきり上等[上質]の; ‹建物など›堂々とした, 壮麗な, 華麗な, 目もあやな. ♦ **～·ly** *adv* **～·ness** *n* [F or L=proud]
súper·bàby *n* スーパーベビー《特別な教育によって知能の発達と言語の獲得が早まっていると考えられる乳幼児》.
Súper·Bàll 〘商標〙 スーパーボール《米国製の, よくはずむ合成ゴムボール》.
súper bántamweight スーパーバンタム級のボクサー[ボクシング選手] (⇨ BOXING WEIGHTS); [‹*a*›] スーパーバンタム級の.
súper·bazá(a)r *n* 〘インド〙 スーパーバザー《特に政府設立の協同組合方式の大型スーパーマーケット》.
súper·bìke *n* スーパーバイク《高性能オートバイ》.
súper·blòck *n* 超街区, スーパーブロック《車両の通行を遮断した住宅·商業地区》.
súper·bòlt *n* 〘気〙 超電光《10^{13} ワットもの光エネルギーを放出する稲妻》.
súper·bòmb *n* 超強力爆弾《水素爆弾など》.
súper·bòmb·er *n* 超爆撃機《superbomb を搭載》.
Súper Bówl [the] 〘サービスマーク〙 スーパーボウル《NFL のチャンピオンを決めるプロフットボールゲームで, 米国スポーツ界最大のイベント; レギュラーシーズンの終了後, AFC および NFC の各地区優勝チームほか好成績のチームがプレーオフに進出, トーナメント形式で両カンファレンスの優勝チームが決定し, 毎年 1 月末か 2 月始めの日曜日に対決する; この日は全米が熱狂することから 'Super Sunday' と呼ばれる》; 最大の競技会[イベント].
súper·bùg *n* スーパーバグ《**1**) 遺伝子工学を駆使して作られた有用細菌 **2**) 抗生物質などが効かない多剤耐性菌 **3**) 殺虫剤の効かない害虫》.
súper·càlender *n* 〘紙〙 スーパーカレンダー《紙に強光沢をつけるロール機械》. ► *vt* スーパーカレンダー処理する.
súper·càlendered páper 〘紙〙 スーパー仕上げ紙《強光沢紙》.
su·per·cal·i·frag·i·lis·tic·ex·pi·al·i·do·cious /sùːpərkæ̀ləfræ̀ʤəlɪ́stɪkɛ̀kspiæ̀lədóuʃəs/ *a* スーパーカリフラジリスティクエクスピアリドーシャス《子供が英語で最も長い語として使うナンセンス語; ミュージカル映画 *Mary Poppins* (1964) 中の歌に出てくるもので, いやなことを忘れるためのおまじないのことばとされている》.
súper·càr *n* スーパーカー《高性能スポーツカー》.
sùper·cárgo /, ⌐―⌐―/ *n* (*pl* **～s, ～es**) 貨物上乗(うわのり)人《商船乗組みの船荷監督》. [C17 *supracargo*<Sp *sobrecargo* (*sobre* over)]
súper·càrrier *n* 《原子力などによる》超大型空母.
sùper·cávitating propéller 《特に高速船用の》空洞現象による推力損失を抑えたプロペラ.
supercede ⇨ SUPERSEDE.
sùper·celéstial *a* 天より上の, 天国を超えた, 超天国的な, 超神聖な.
súper·cèll *n* 〘気〙 スーパーセル《巨大な cell; 巨大なセルがひき起こす激しいあらし》.
súper·cènter *n* スーパーセンター《ディスカウントストアとスーパーマーケットを合わせた超大型小売店舗》.
súper·chàrge *vt* …に‹感情·緊張などを›過剰にこめる ‹*with*›; ‹エンジンなど›に過給する; 与圧する (pressurize). ► *n* 過給.
súper·chàrged *a* 〘機〙 加給機[スーパーチャージャー]の装備された, 過給…; ‹気体·液体が›加圧された, 与圧…; 活力に満ちた, 感情[緊張]にあふれた; 《俗》 飲みすぎた, 酒に酔った; 《俗》 麻薬に酔った.
súper·chàrger *n* 〘機〙 過給機, スーパーチャージャー.
súper·chùrch *n* 巨大教会, スーパーチャーチ《**1**) 諸派の統合教会 **2**) 巨大建物で諸設備を備えた教会》.
sùper·cíl·i·ary /-sílièri; -əri/ 〘解·動〙 *a* まゆの; まゆに接した; 眼窩(がんか)上の; 《目の上の》眉斑(びはん)のある‹鳥›. ► *n* SUPERCILIARY RIDGE; 《鳥などの》眉斑.
supercíliary rídge [árch] 〘解〙 眉弓(びきゅう).
su·per·cil·i·ous /sùːpərsíliəs; s(j)ùː-/ *a* 高慢な, 傲慢な, 尊大な, 人を見くだした. ♦ **～·ly** *adv* **～·ness** *n* [L (↓)]
su·per·cil·i·um /sùːpərsíliəm; s(j)ùː-/ *n* (*pl* **-ia** /-iə/) 〘建〙《軒蛇腹の冠繰形(かんむりくりかた)の上の, または深くえぐった繰形上下の》平縁; 〘解〙 まゆ, 眉. [L=eyebrow, haughtiness (*cilium* eyelid)]
súper·cìty *n* MEGALOPOLIS; 巨大都市.
súper·clàss *n* 〘生〙 **a** 《分類上の》上綱. **b** 亜門.
súper·clùster *n* 〘天〙 超銀河集団 (supergalaxy).
súper·còil 〘生化〙 *n* スーパーコイル, 超[高次]コイル, 超へリックス (superhelix). ► *vt, vi* スーパーコイル化する.
súper·collìder /, ⌐―⌐―/ *n* 〘理〙 スーパーコライダー《超大型で強力な衝突型加速器》.
sùper·colóssal *a* 《誇張表現として》途方もなく大きい.
sùper·colúmnar 〘建〙 *a* 円柱上に築いた; 重列柱式の.
sùper·columniátion *n* 〘建〙 重列柱.

súper·compùter *n* 〘電算〙 スーパーコンピューター, スパコン《超高速演算用》. ◆ **-compùting** *n*
sùper·condúct *vi* 〘理〙 超伝導する. ◆ **-condúct·ing** *a*
sùper·condúction *n* 〘理〙 超伝導.
sùper·conductívity *n* 〘理〙 超伝導性. ◆ **-condúctive** *a*
sùper·condúctor *n* 〘理〙 超伝導体.
sùper·cónscious 〘心〙 *a* 人間の意識を超えた, 超意識の. ► *n* 超意識. ◆ **～·ly** *adv* **～·ness** *n*
súper·còntinent *n* 〘地質〙《かつて現存の全大陸がひとつにまとまっていたとされる》超大陸 (＝*protocontinent*)《Pangaea など》.
sùper·cóol *vt, vi* 〘化〙〈液体を〉凝固させずに凝固点以下に冷却する, 過冷する[される] (cf. SUPERHEAT); 〘生〙〈好冷[耐冷]微生物などが〉氷点下で生息する. ► *a* すごく冷静な; すごくかっこいい[クールな].
súper·còuntry *n* 超大国.
súper·cràt *n* 《口》《閣僚クラスの》高級官僚, 高官.
sùper·crítical *a* **1** きわめて批判的な, 酷評する. **2** 〘理〙 超臨界的な; 〘空〙〈翼(よく)が〉超臨界の《遷音速飛行中に, 衝撃波が弱く, より後部に発生するよう, 上面を平らに後縁を下に曲げた》. ◆ **～·ly** *adv*
supercrítical wíng 〘空〙 スーパークリティカル翼, 超臨界翼.
súper·cròss *n* スーパークロス《競技場にヘアピンカーブやジャンプ台を設けて行なうモトクロス競技》.
sùper·cúrrent *n* 〘理〙 超伝導電流.
súper·dèlegate *n* 〘米〙 幹部代議員, 特別代議員《党幹部・連邦議員など, 予備選挙などによらずに選出された党全国大会のための代議員》.
sùper·dénse *a* 超高密度[濃度]の.
superdénse thèory 〘天〙 超高密度説《宇宙は超高密度の物質塊が爆発して生成したとする理論》.
sùper·dóminant *n* 〘楽〙 下中音 (submediant).
su·per-doop·er /sùːpərdúːpər; s(j)ùː-/ *a* 《口》 SUPER-DUPER.
sùper·dréad·nòught *n* 超弩級(どきゅう)(戦)艦.
Súper·drùg スーパードラッグ《英国の医薬品・トイレタリー製品の安売りチェーン店》.
su·per-du·per /súːpərd(j)úːpər; s(j)úː-/ *a* 《口》 特別にすごい, 格別すばらしい, 巨大な, 極端な. [加重 ‹ *super*]
sùper·égo *n* 〘精神分析〙 超自我, 上位自我《自我を監視する無意識的良心》. [NL; cf. G *Über-ich*]
sùper·elástic *a* 〘理〙 超弾性の.
sùper·élevate *vt* 〘鉄道・高速道路〙…に片勾配をつける (bank).
sùper·elevátion *n* **1** 〘鉄道・高速道路〙 片(かた)勾配《曲線部における内側レールと外側レール[外側端と内側端]の高さの差》. **2** 追加的に高く上げること.
sùper·éminent *a* 卓絶[卓越]した, 抜群の, 傑出した. ◆ **-éminence** *n* **～·ly** *adv*
sùper·empírical *a* 経験を超えた, 超験的な.
sùper·en·cípher *vt* 〈暗号(文)を〉さらに暗号化する. ◆ **～·ment** *n*
su·per·er·o·gate /sùːpərérəgèɪt; s(j)ùː-/ *vi* 義務以上の働きをする.
su·per·er·o·ga·tion /sùːpərèrəgéɪʃ(ə)n; s(j)ùː-/ *n* 義務以上の働き, 余分の努力; 〘神学〙 功徳(くどく): works of ～ 〘カト〙 余徳の業(わざ). [L (SUPER*erogo* to pay in addition)]
sù·per·eróg·a·tò·ry /-ɪrágətɔ̀ːri; -t(ə)ri/ *a* 義務以上の; 余分の, 蛇足的な.
su·per·ette* /sùːpərét, ´ ─ ─ ` ; s(j)ùː-/ *n* 小型スーパーマーケット.
sùper·éxcellent *a* きわめて優秀な, 無上の, 絶妙な. ◆ **sù-per·éxcellence** *n* **～·ly** *adv*
súper·fàmily *n* 〘生〙《分類上の》上科, 超科; 〘化〙 スーパーファミリー《構造の似た化合物群》.
sùper·fátted *a* 脂肪分過剰の: ～ soap 過脂肪石鹸.
súper féatherweight スーパーフェザー級のボクサー[ボクシング選手] (⇨ BOXING WEIGHTS); [〈*a*〉] スーパーフェザー級の.
sùper·féc·ta* /-féktə/ *n* 〘競馬〙 超連勝単式《1 着から 4 着までを予想する賭け; cf. PERFECTA, TRIFECTA》. [*super-*, per*fecta*]
sùper·fecundátion *n* 過妊娠, (同期)複妊娠《同じ排卵期に出た 2 個以上の卵子が, 特に異なる父の精子によって受胎すること》; 種にとって数が多すぎる卵子の同時受精.
sùper·fémale *n* METAFEMALE.
sùper·fetátion *n* 〘動〙 過受胎[受精], 異期複妊娠《異なる排卵期に出た 2 個以上の卵子が受胎すること》; 〘植〙 同一胚珠の異なる種類の花粉による受精; 過剰産出[蓄積], 累積. ◆ **sùper·fé·tate** /-fíːtèɪt/ *vi* 過受胎する.
su·per·fi·cial /sùːpərfíʃ(ə)l; s(j)ùː-/ *a* **1 a** 表面(上)の, 外面の, 見かけの; 〈感覚・炎症・微生物が〉表在[浅在]性の. **b** ˈ〈単位が〉面積の, 平方の. **2** 深みのない, 皮相[表面]的な, うわすべりな, うわべだけの, 中身のない, つまらない. ◆ **～·ly** *adv* 外面的に, 皮相的に, 浅薄に. **～·ness** *n* [L＝of the surface (*superficies*)]
superfícial fáscia 〘解〙 浅筋膜, 皮下組織 (＝*hypodermis*).
su·per·fi·ci·al·i·ty /sùːpərfìʃiǽləti; s(j)ùː-/ *n* 浅薄, 皮相, 上っつら; 浅薄な事物.
su·per·fi·ci·es /sùːpərfíʃ(i)ìːz; s(j)ùː-/ *n* (*pl* ～) 表面, 外面; 《本質に対して》外観, 外貌; 面積; 〘法〙 地上権. [L; ⇨ FACE]
sùper·fíne *a* あまりに上品な; 非常に細かい〈区別立て・砂糖など〉; 〘商〙 極上の; 細かすぎる, 気むずかしすぎる.
súper·fìx *n* 〘音〙 上被《合成語など一定の語結合に共通にみられる強勢の型》.
súper·flàre *n* 〘天〙 超火焔, スーパーフレア《恒星の表面で起きるエネルギーの大爆発》.
sùper·flúid *n, a* 〘理〙 超流動体(の). ◆ **-fluídity** *n* 超流動.
su·per·flu·i·ty /sùːpərflúːəti; s(j)ùː-/ *n* 余分, 過分, 過剰; 過多 〈*of*〉; 余計[余分]なもの, なくてもよいもの; ぜいたくな生活.
su·per·flu·ous /sʊpə́ːrfluəs; s(j)u-/ *a* 余分の, 余計な, あり余る; 不必要な; 《廃》 ぜいたくな. ◆ **～·ly** *adv* **～·ness** *n* [L＝running over (*fluo* to flow)]
sùper·flúx *n* 過剰.
súper·flỳ *a**《黒人俗》 すばらしい, 好ましい, 魅力的な; *《口》 派手な, きざな〈服など〉. ► *n**《俗》 薬の売人; *《口》 派手な[きざな]やつ.
súper flýweight スーパーフライ級のボクサー[ボクシング選手] (⇨ BOXING WEIGHTS); [〈*a*〉] スーパーフライ級の.
súper·fòod *n* スーパーフード《大豆・リンゴなど, 健康によい栄養素をたっぷり含んだ食品》.
Súper·fòrtress, -fòrt 〘米軍〙 超空(ちょう)の要塞, スーパーフォートレス《第二次大戦末期の四発長距離爆撃機 B-29 (のちの B-50) の愛称》.
súper·fùnd *n* **1** 大型基金, スーパーファンド《膨大な費用のかかるプロジェクトのための大型の資金》. **2** [S-] 〘米〙 有害産業廃棄物除去基金, スーパーファンド《総合環境対策補償責任法 (Comprehensive Environmental Response, Compensation and Liability Act) (1980) で創設された放置有害廃棄物除去のための基金》.
su·per·fuse /sùːpərfjúːz; s(j)ùː-/ *vt* SUPERCOOL; 《廃》〈液体を〉注ぐ, …に注ぐ[まく]. ◆ **sù·per·fú·sion** /-ʒ(ə)n/ *n*
súper·gàlaxy *n* 〘天〙 超銀河系[集団] (＝*supercluster*).
súper·gene[1] /-dʒìːn/ *a* 〘地質〙〈鉱床が〉下降水によって形成された, 浅成の (cf. HYPOGENE).
supergene[2] *n* 〘遺〙 超遺伝子《同一染色体上にあり単一の遺伝子としてふるまう遺伝子群》.
súper·gìant *n, a* 著しく巨大な(もの); 〘天〙 超巨星 (＝～ **stár**) (cf. GIANT STAR).
sùper·glácial *a* 氷河上の, 氷河の上面にあった.
súper·glùe *n* 《特にシアノアクリレート (cyanoacrylate) 系の》強力接着剤, 瞬間接着剤. ► *vt* superglue で接着する.
Súper Glùe 〘商標〙 スーパーグルー《米国 Super Glue Corp. 製の瞬間接着剤》.
sùper·granular, -gránulated *a* 〘天〙 超粒状の.
sùper·granulátion *n* 〘天〙《太陽光球面の》超粒状斑.
sùper·gráphics *n* [〈*sg/pl*〉] スーパーグラフィックス《明るい色彩と単純なデザインの看板大のグラフィック》.
súper·gràss *n* **1** ˈ《口》《司法取引のため多くの仲間を売る》密告者. **2***《俗》 PCP; *《俗》 上質のマリファナ.
sùper·grávity *n* 〘理〙《超対称性より導かれる》超重力.
súper·gròup *n* 〘楽〙 スーパーグループ《**1**) 解体したいくつかのグループのすぐれたメンバーにより再編成されたロックバンド **2**) ばかうけしているロックバンド》.
súper·gùn *n* スーパーガン《イラクが開発した, 射程数百キロの超長距離砲》.
súper·hàwk *n* 《核戦争をも辞さない》超タカ派の人物.
sùper·héat *vt* 〘化〙〈液体を〉沸騰させずに沸点以上に熱する, 過熱する (cf. SUPERCOOL); 〈液体の蒸気を〉結露しなくなるまで加熱する. ► *n* /´ ─ `, ` ─ ´/ 過熱(状態[度]). ◆ **～·er** *n* 過熱器, 加熱装置.
súper·hèat·ed /, ` ─ ´ ─/ *a* 過熱した; 熱烈[激烈, 熾烈]な.
sùper·héavy 〘理〙 *a* 超重の《既知のものより大きな原子番号・原子質量をもつ》: ～ element 超重元素. ► *n* 超重元素.
súper héavyweight 《オリンピックの重量挙げ・レスリング・ボクシングなどの》スーパーヘビー級の選手, 重量が最大のクラスの選手.
súper·hèlix *n* 〘生化〙 超ヘリックス, 超[高次]らせん (＝*supercoil*)《DNA などのらせん構造をもつ二本鎖がさらによじれたもの》. ◆ **sù-per·hélical** *a* **-helícity** *n*
súper·hèro *n* スーパーヒーロー《**1**) 超一流[人気抜群]のタレント・スポーツ選手 (＝*superstar*) **2**) 漫画などで悪を退治する架空の英雄》. ◆ **súper·hèroine** *n fem*
súper·hèt /-hèt/ *n* 《口》 SUPERHETERODYNE.
sùper·hétero·dỳne *n* 〘通信〙 スーパーヘテロダイン受信装置 (＝～ **recèiver**). ► *a* スーパーヘテロダインの《到来電波の周波数を一度それより低い周波数に変換して安定な増幅を行なう方式にいう》.
súper·hìgh fréquency 〘通信〙 超高周波, センチメートル波《3–30 gigahertz; 略 SHF》.
sùper·hígh·wày /, ` ─ ` ─ ´ ─/ *n* **1***《片方向 2 車線以上の》高速(幹線)道路. **2** 〘電算〙 スーパーハイウェイ (information superhighway).
sùper·húman *a* 超人的な, 人間わざでない; 神わざの, 神の (divine). ◆ **～·ly** *adv* **～·ness** *n* **-humánity** *n*

sùper·húmeral *n* 〘キ教〙《聖職者の》肩に着ける祭服《ephod, pall, amice, stole など》.
sùper·impóse *vt* 載せる, 重ね合わせる 〈*on, onto*〉; 〈…に〉添える 〈*on*〉; 〈…の上位に人を〉置く 〈*on*〉; 〘映・テレビ〙〈像・文字などを〉重ねる 〈*on*〉, 〈(字幕)スーパーを〉焼き込む. ♦ **-impósed** *a* **-im·pós·able** *a* **-imposítion** *n*
sùper·incúmbent *a* 上にある, おおいかぶさる; 上からの〈圧力など〉. ♦ **～·ly** *adv* **-incúmbence, -cy** *n*
sùper·indivídual *a* 個人(の領分)を超えた, 超個人的な.
sùper·indúce *vt* さらに加える; さらに誘発する. ♦ **-indúction, ～·ment** *n*
sùper·inféction *n* 〘医〙重感染, 重複感染, 追い打ち感染. ♦ **sùper·inféct** *vt*
su·per·in·tend /sù:p(ə)rɪnténd; s(j)ù:-/ *vt, vi* 〈作業・集団などを〉監督する (supervise), 〈組織・地域などを〉管理する, 支配する. [L; Gk *episkopō* の訳]
su·per·in·tend·ence /sù:p(ə)rɪnténdəns; s(j)ù:-/ *n* 監督: under the ～ of…の監督の下に.
S
sù·per·in·ténd·en·cy *n* 監督権; 監督者の職[地位, 任期, 持場]; SUPERINTENDENCE.
sù·per·in·ténd·ent *n* 監督者, 指揮者, 管理者; 長官, 部長, 局長, 院長, 校長, 教育長 (＝～ of schools); 〘プロ〙《一定地域の》監督者; 〘英〙警視; 〘米〙警察本部長, 警察署長 (⇨ POLICE); *《建物の》管理人. ► *a* 監督[支配, 管理]する.
sùper·iónic condúctor 〘理〙超イオン伝導体, 固体電解質.
su·pe·ri·or /supíəriər; s(j)u-, s(j)ʊ-/ *a* (opp. *inferior*) **1 a** すぐれた, まさった 〈*to*〉; 優秀な, 上等の; 優勢な, 多数の 〈*to*〉: His car is ～ *to* (＝better than) mine. 彼の車はわたしのより上等だ / ～ persons 優秀な人びと; [*iron*] お偉方 / the ～ numbers 優勢 / escape by ～ speed 相手より速いスピードで逃げる[逃げ切る]. **b** 上級の, 上官の, 上位の, 〈…より〉上の 〈*to*〉; 傲慢な: with ～ airs 傲慢に. **c** 超越した, 左右されない 〈*to*〉: rise ～ *to*…に動かされない / ～ *to* bribery [temptation] 賄賂[誘惑]に動かされない. **2 a** 上部の, 上方の; 〘植〙(子房)の上にある〈萼〉, 萼がついていない〈子房〉, 上生の, 上位の; 〘動・解〙上の, 上位の, 〘畜〙背側の; 〘昆〙〈翅が〉上から重なった; 〘印〙上付きの; 〘天〙外側の (cf. SUPERIOR PLANET [CONJUNCTION]): move the camp to ～ ground キャンプを高い土地に移す / a ～ figure [letter] 上付き数字[文字]《shock², xⁿ の 2, n など》. **b** 〈用語・概念など〉より一般的な, 上位の (generic). ► *n* **1** よりすぐれた人, 優越者, うわて; 上官, 上役, 目上の人, 長上, 先輩; [ᴼthe Father [Mother, Lady] S-] 上長者, 修道院[会]長: one's immediate ～ 直属の上司. **2** 上付き文字[数字] (superscript). ♦ **～·ly** *adv* すぐれて, 優勢に, 卓越して; 上に, 高く; 横柄に, 傲慢に, 偉そうに. [OF<L (compar) 〈*superus* upper; ⇨ SUPER-]
Superior [Lake] スペリオル湖《北米五大湖の一つで, 世界最大の淡水湖》.
supérior conjúnction 〘天〙外合《合のうち内惑星が太陽をはさんで地球の反対側にあること》.
supérior cóurt 〘米〙上位裁判所; 〘英〙高等法院, 控訴裁判所.
supérior·ess *n* 女子修道院長; 女性上官[長上, 上司].
supérior géneral (*pl* **supériors géneral**) 〘教会〙修道会長.
su·pe·ri·or·i·ty /supìərió(:)rəti, -ár-, su-; s(j)u-/ *n* 優越, 卓越, 優勢, 上, うわて 〈*over, to*〉 (opp. *inferiority*): assume an air of ～ 偉そうにする.
superióríty còmplex 〘精神分析〙優越複合, 優越感 (opp. *inferiority complex*); 《口》優越感.
supérior plánet 〘天〙外惑星《地球より大きな軌道をもつ惑星》.
supérior véna cáva 〘解〙上大静脈.
su·pe·ri·us /səpíəriəs; s(j)u-/ *n* 〘楽〙スペリウス《多声楽曲の最高声部》.
su·per·ja·cent /sù:pərʤéɪs(ə)nt; s(j)ù:-/ *a* 上にある.
súper·jèt *n* 超大型ジェット旅客機; 超音速ジェット機.
súper·jòck *n**《俗》超一流のスポーツ選手, スタープレーヤー《男子; 特に フットボールの》.
superl. superlative.
su·per·la·tive /supə́:rlətɪv; s(j)u-, s(j)ʊ-/ *a* 最高(度)の, 最上の; 無比の (supreme); 過度の (excessive), 大げさな; 〘文法〙最上級の (cf. POSITIVE, COMPARATIVE): the ～ degree 最上級. ► *n* [the] 〘文法〙最上級 (＝～ degree); 最上級の語(形); [ᵁ*pl*] 最上級の[大げさな]ことば[賛辞]; 極致, 完璧; 最高[無比]の人[もの]: be full of ～*s* [all ～*s*] 〈話など〉誇張たっぷりである / speak of it in ～*s* それを絶賛する. ♦ **～·ly** *adv* **～·ness** *n* [OF<L SUPER*lat- -fero* to carry over, raise high]
súper·làttice *n* 〘晶〙超格子《**1**) 複数の結晶格子を組み合わせた構造 **2**) 異なる(半導体)材料の結晶層を積層した構造》.
Súper Lèague スーパーリーグ《英国のベストチームからなるサッカーリーグ》.
súper líghtweight スーパーライト級のボクサー[ボクシング選手] (⇨ BOXING WEIGHTS); [〈*a*〉] スーパーライト級の.
súper·lìner *n* スーパーライナー《**1**) 大型豪華快速客船 **2**) Amtrak の二階建て車両》.
súper·lòad *n* LIVE LOAD.
súper·lòng *a* 長すぎる (overlong); きわめて長い.
súper·lúminal *a* 〘天〙超光速の.
su·per·lu·na·ry /sù:pərlú:nəri; s(j)ù:-/, **-lúnar** *a* 月上の, 月のかなたの, 天の, 現世の外の.
súper·majòrity *n* 超多数, 《法案などを可決するのに必要な多数 (たとえば過半数) をはるかに超えた》圧倒的多数.
súper·màle *n* METAMALE.
súper·màn *n* **1** 超人, スーパーマン; 《Nietzsche の》超人; 暴君. **2** [S-] スーパーマン《Jerry Siegel (1914–96) 作, Joe Shuster (1914–92) 画のアメリカ漫画 (1938) の主人公》. [G. B. Shaw が Nietzsche の *Übermensch* から造った語]
súper·màrket *n* スーパーマーケット.
súpermarket tàbloid スーパーマーケットタブロイド紙《スーパーのレジ付近に置かれている煽情的新聞》.
sùper·mássive *a* 〘天〙超大質量の: a ～ black hole.
supermássive stár 〘天〙超大質量星《太陽の質量の 1 万倍程度以上の質量をもつ星》.
sùper·médial *a* 中より上の; 中心より上の.
súper·mìcro *n* 〘電算〙スーパーマイコン[パソコン]《ミニコン (minicomputer) 級の能力をもつ高速・強力なマイクロコンピューター》.
súper míddleweight スーパーミドル級のボクサー[ボクシング選手] (⇨ BOXING WEIGHTS); [〈*a*〉] スーパーミドル級の.
súper·mìni *n* 〘電算〙スーパーミニコン(ピューター)《大型コンピューター (mainframe) 級の能力をもつ高速・強力なミニコンピューター》; スーパーミニ《強力エンジンを搭載した小型車》.
sùper·míni·compùter *n* 〘電算〙SUPERMINI.
súper·mòdel *n* スーパーモデル《世界的な知名度をもつファッションモデル》.
súper·mòlecule *n* 〘化〙超分子. ♦ **sùper·molécular** *a*
súper·mòm *n* スーパーママ《**1**) 模範的母親 **2**) 常勤の仕事と家事・育児をやってのける母親》.
súper·mòon *n* スーパームーン《月が地球に最接近する日と満月の日とが重なる現象; 月が通常よりも大きく見える》.
súper·mùltiplet *n* 〘理〙《原子核などの内部状態を分類する》超多重項.
sùper·múndane *a* 超俗界の, 超現世的な.
su·per·nac·u·lum /sù:pərnǽkjələm; s(j)ù:-/ *adv* 最後の一滴まで: drink ～. ► *n* 上等のもの, 上物, 《特に》極上の酒.
su·per·nal /supə́:rn(ə)l; s(j)u-/ *a* 空(から)の, 上空(から)の; 《詩・文》天の, 天上の, 神の (divine); 高邁な; 頂上の, 高い; このうえない, 卓越した. ♦ **～·ly** *adv* [OF]
sùper·nátant *a* 表面に浮かぶ; 〘化・生〙上澄み[上清]の. ► *n* 〘化〙上澄み(液), 上清.
sùper·nátional *a* 一国の規模を超えた, 超国家的な.
sùper·nátural *a* 超自然の; 不(可)思議な; 神わざの, 神通の; 異常な, まれにみる; 不気味な. ► *n* [the] 超自然のもの《霊・妖精など》, 不(可)思議; 神わざ, 神通力. ♦ **～·ly** *adv* **～·ness** *n*
sùper·nátural·ism *n* 超自然性; 超自然主義[崇拝]. ♦ **-ist** *n, a* **sùper·naturalístic** *a*
sùper·nátural·ize *vt* 超自然的にする; …に超自然性を付与する; 超自然の作用と考える.
súper·nàture *n* 超自然.
sùper·nórmal *a* 通常[並]でない, 平均を超えた, 超常の; 人知では測りがたい (paranormal). ♦ **～·ly** *adv* **-normálity** *n*
sùper·nóva *n* (*pl* **-nóvae, ～s**) 〘天〙超新星《太陽の 1 千万倍–1 億倍明るい》; 超人気者, スーパースター. [NL]
sùper·númerary *a* 定数外の, 余分の, 《特に 軍編制で》定員外の, 予備の, より多い; 余計な, 不必要な; 端役[エキストラ]の. ► *n* 冗員, 過剰物; 臨時雇い; 〘劇〙せりふのない端役者, エキストラ. [L; ⇨ NUMBER]
supernúmerary búd 〘植〙副芽 (accessory bud).
sùper·óctave *n* 〘楽〙1 オクターブ高い音.
súper·òrder *n* 〘生〙《分類学上の》上目(もく).
sùper·órdinary *a* 並より上の, 並はずれの.
sùper·órdinate *a* 〈格・地位などが〉上位の 〈*to*〉; 〘論〙上位の〈概念〉. ► *n* 上位の人[もの]; 〘言〙上位語《下位範疇を包含するような一般的類を表わす語; たとえば, boy と girl に対して child が上位語となる》. ► *vt* /——/ 上位にする[置く].
sùper·ordinátion *n* 〘論〙上位; 《聖職位の》予備叙階.
sùper·orgánic *a* 超有機的な, 形而上の; 精神的な; 〘社・人〙超有機体の《社会・文化において個人を超えた要素についていう》.
sùper·órganism *n* 〘生態〙超個体《一つの個体であるかのようにふるまう社会性のある昆虫などの集団》.
sùper·óvulate *vi, vt* 過剰排卵する; 排卵過度にする. ♦ **-ovulátion** *n* 排卵過度.
sùper·óxide *n* 〘化〙超酸化物, スーパーオキシド.
superóxide dis·mú·tase /-dɪsmjú:tèɪs, -z/ 〘生化〙超酸化物不均化酵素, スーパーオキシドジスムターゼ《超酸化物イオン (O_2^-) の不均化反応を触媒する, 金属を含む酵素; 活性酸素の毒性から生物を保護するものと考えられる》.

sùper·párallel compúter〘電算〙超並列計算機《1000 程度以上のプロセッサーをもつ並列計算機》.

sùper·párasite *n*〘生態〙重寄生者 (=*hyperparasite*).

sùper·párasitism〘生態〙*n* 過寄生《一寄主に, 通例 同一種の複数の寄生者が寄生すること》; HYPERPARASITISM.

súper·pàrticle *n*〘理〙超粒子《超対称性 (supersymmetry) を用いた理論に現われる粒子》.

sùper·pátriot *n* 狂信的愛国者. ♦ **-patriótic** *a* **-pátriot·ism** *n*

sùper·phósphate *n*〘化〙過リン酸塩; 過リン酸肥料.

súper·phỳlum *n*〘生〙亜界《生物分類で, 界 (kingdom) 内の関連のある複数の門 (phyla) からなる範疇》.

sùper·phýsical *a* 超物質的な, 超物理学的な.

sùper·plástic *a* 超(可)塑性の; 超塑性材料の. ► *n* スーパープラスチック《超可塑性をもつ金属》. ♦ **-plastícity** *n* 超(可)塑性.

súper·pòrt *n* 超大型港《マンモスタンカーなどのため, 特に 海上に建設されるもの》.

su·per·pose /sù:pərpóuz; s(j)ù:-/ *vt* …の上に置く, 重ねる ‹*on* another›;〘数〙‹図形などを›重ね合わせる. ♦ **sù·per·pós·able** *a* [F; ⇨ POSE]

sù·per·pósed *a*〘植〙上生の, 上位の; ‹花部が›対生の.

su·per·po·si·tion /sù:pərpəzíʃ(ə)n; s(j)ù:-/ *n* 上に置くこと, 重ね合わせ: LAW OF SUPERPOSITION.

sùper·pótent *a* 特に強力な, ‹薬品など›超[過]効力の. ♦ **-pótency** *n*

súper·pòwer *n* 異常[強大]な力;〘電〙過力, 超出力; 超大国;《列強を抑える》強力な国際機関. ♦ **~ed** *a*

súper·ràce *n* 優秀民族.

súper rát《従来の殺鼠剤などの毒物に対して遺伝的免疫性を獲得した》超ネズミ, スーパーラット.

sùper·rátional *a* 理性を超えた, 超理性的な.

sùper·réal·ism *n* スーパーリアリズム《極端な写実を行なう美術・文学の手法》; SURREALISM. ♦ **-ist** *n*

súper róyal スーパーロイヤル《印刷用紙の規格; 英国では $20^1/_2 \times 27^1/_2$ インチ, 米国では 22×28 インチ, 筆記用紙では 19×27 インチ》.

sùper·sáturate *vt* 過飽和する.

sùper·sáturated *a* 過飽和状態の.

sùper·saturátion *n* 過飽和.

Súper Sáver* 超割引国内航空運賃, スーパーセーバー《30 日前に購入; 7 日以上の旅行が条件》.

sùper·scálar árchitecture〘電算〙スーパースカラーアーキテクチャー《複数の演算ユニットをもち, 各クロックサイクルごとに複数の演算を実行できるような, マイクロプロセッサーのアーキテクチャー; cf. SCALAR ARCHITECTURE》.

super·scrìbe /, ─ ─ ́/ *vt* ‹書類など›の上に書く[記す, 彫る], ‹手紙›に宛名を書く; ‹名前・題名などを›書類などの上部[表紙など]に書く; ‹文字・記号などを›既存の文字[記号など]の上に書き入れる. [L; ⇨ SCRIBE]

súper·scrìpt *a* ‹文字・数字・符号が›上付き, 肩付きの. ► *n*《横上に書く》上付き文字[記号, 数字], スーパースクリプト《例 $a^3 \times b^n$ の 3, n, ^{13}C の 13 など; cf. SUBSCRIPT》.

sùper·scríption *n* 上書き; 表題, 銘;《手紙などの》宛名;〘薬〙上記《処方箋の最初の部分; recipe (L=take) または記号で ℞ と記入する》.

sùper·sécret *a* 超極秘の (top secret).

su·per·sede, -cede /sù:pərsí:d; s(j)ù:-/ *vt* …に取って代わる, …の地位を奪う; 廃棄する, すたれさせる; 取り替える, 更迭(こうてつ)する. ♦ **-séd·er** *n* **-séd·ence** *n* SUPERSEDURE. [OF<L *super-*(*sedeo* to sit)=to be superior to]

su·per·se·de·as /sù:pərsí:diəs; s(j)ù:-/ *n* (*pl* ~)〘法〙訴訟休止令状. [L=you shall desist]

su·per·se·dure /sù:pərsí:ʤər; s(j)ù:-/ *n* 取って代わること; 取り替えること,《特に》(新旧)女王蜂の交替.

sùper·seniórity *n*《復員軍人などの》就職最優先権.

sùper·sénsible *a* 五感を超越した, 精神的な, 霊魂の. ♦ **-sénsibly** *adv*

sùper·sénsitive *a* HYPERSENSITIVE; ‹感光乳剤・撃発信管など›超高感度の. ♦ **~·ly** *adv* **-sensitívity** *n*

sùper·sénsitize *vt* 過敏にする; 超高感度にする.

sùper·sénsory *a* 五感の及ばない[とは別の], 超感覚の.

sùper·sénsual *a* 五感を超越した, 精神的な, 観念的な; 非常に官能的な.

súper·sèrver *n*〘電算〙スーパーサーバー《サーバーにおいて, 複数のサービスに関する要求を監視し, 必要に応じてサービス提供プロセスを立ち上げる管理プロセス》.

sùper·sérvice·able *a* 余計な世話をする, おせっかいな (officious).

su·per·ses·sion /sù:pərsέʃ(ə)n; s(j)ù:-/ *n* 取って代わること; 取り替えること; 交替. ♦ **-sés·sive** *a*

súper·sèt *n*〘数〙上位集合, 上位セット《ある集合の要素をすべて含んだうえにさらに要素を追加したもの; cf. SUBSET》.

súper·sèx *n*〘遺〙超性《性指数が正常のものと異なり, 生殖能力をもたない》.

súper·shìp *n* 超大型船[タンカー].

súper slúrper 超吸収材《大量・急速に液体を吸収する》.

súper·size *a* 特大の. ► *n* 特大サイズ(のもの). ► *vt* 特大サイズにする. ► *vi* 特大になる.

sùper·sónic *a* 超音速の《音速の 1–5 倍; cf. HYPERSONIC》; 超音速機[ミサイル]の;《古》〘理〙《周波が 20,000 以上の》超音波の. ► *n* 超音波(の周波数); 超音速(航空)機. ♦ **-són·i·cal·ly** *adv*

sùper·són·ics *n* 超音速学; 超音速航空機産業; 超音波学.

supersónic tránsport 超音速旅客機《略 SST》.

súper·sòund *n* ULTRASOUND.

súper·spàce *n*〘理〙超空間《三次元空間を点で表わし, その物理的に可能なすべての集合によりつくられる空間》.

súper·spècies *n*〘生〙上種.

sùper·spéctacle *n* 特に目をみはらせるもの.

súper·spèed *a* 超高速の,《特に》超音速の.

súper·stàr *n*《スポーツ・芸能の》スーパースター; 大物, 巨人, 巨星;〘天〙電磁波の強力な発生源である天体. ♦ **~·dom** *n*

súper·stàte *n*《加盟国の上位にあって支配する》国際政治機構, 国家連合; 全体主義国家; 超大国 (superpower).

súper·stàtion *n** スーパーステーション《通信衛星経由で全国に番組を提供するラジオ・テレビ局》.

su·per·sti·tion /sù:pərstíʃ(ə)n; s(j)ù:-/ *n* 迷信; 迷信に基づく習慣[行為]; 盲信;《信仰に関連した》恐れ, 恐怖(心); [*derog*] 邪教信仰. [OF or L=standing over (as witness or survivor) (*sto* to stand)]

su·per·sti·tious /sù:pərstíʃəs; s(j)ù:-/ *a* 迷信的な, 迷信深い, 御幣かつぎの. ♦ **~·ly** *adv* 迷信にとらわれて. **~·ness** *n*

súper·stòre *n* 大型スーパー(マーケット), スーパーストア (hypermarket);《特定分野の》超大型(量販)店.

súper·stràp *n**《俗》ガリ勉学生 (cf. STRAP).

súper·stràtum *n*〘地質〙上層;〘言〙上層(言語).

súper·strìng *n*〘理〙超ひも, スーパーストリング《superstring theory でのストリング》.

súperstring thèory〘理〙超ひも理論, 超弦理論, スーパーストリング理論《string theory に超対称性 (supersymmetry) を採り入れたもの; 重力をも含む素粒子の統一理論の候補》.

su·per·struct /sù:pərstrʌ́kt; s(j)ù:-/ *vt* 建築物の上に建てる; 土台の上に建てる.

súper·strùcture *n* 上部構造《**1**) 土台に対して建物; cf. SUBSTRUCTURE **2**) 船楼など船の主甲板上の部分 **3**) 橋の橋脚より上の構造》; ある原理に基づく哲学(体系);《マルクス主義でいう》上部構造;〘冶〙《合金の》超格子構造, 規則格子. ♦ **sùper·strúctural** *a*

súper·sùb *n*《スポ俗》一流の控え選手, スーパーサブ.

sùper·súbmarine *n* 大型で強力な潜水艦, 超弩級潜水艦, スーパーサブマリン.

sùper·substántial *a*《聖餐のパン・神の属性など》超物質的な. ♦ **~·ly** *adv*

sùper·súbtle *a* 微細にすぎる, 細かすぎる; きわめて微細な. ♦ **-súbtle·ty** *n*

Súper Súnday* スーパーサンデー《NFL の王座決定戦 Super Bowl が行なわれる日曜日》.

súper·sỳmmetry *n*〘理〙《素粒子間の相互作用を統一的に説明するため, ボソンとフェルミオンを対等に扱うよう導入された》超対称性. ♦ **sùper·symmétric** *a*

súper·sỳstem *n* 上位体系[システム].

súper·tànk·er *n* 超大型タンカー.

súper·tàsk *n* 超課題《無限連続の課題の完成を要求する各種の論理的逆説》.

súper·tàster *n* 超味覚者, スーパーテイスター《味蕾の数が多いため味覚が鋭敏[過敏]な人》.

súper·tàx *n* 付加税 (additional tax);〘英〙高額所得特別付加税《1909–29 年実施, 以後 surtax となる》.

sùper·témporal[1] *a* 時を超越した, 超時間的な, 永遠の.

supertemporal[2] *a* こめかみの上にある. [TEMPORAL[2]]

sùper·terránean *a* 地上の, 地上にすむ.

su·per·ter·rene /sù:pərtərí:n, -tε-; s(j)ù:-/ *a* SUPERTERRANEAN; SUPERTERRESTRIAL.

sùper·terréstrial *a* 超地上的な, 超俗の; 天上の.

Super 301 /─ θrí:òuwʌ́n/〘米〙スーパー 301 条《1988 年米国包括通商法 (Omnibus Trade Act) 301 条の略称; 1974 年通商法 301 条 (不公正貿易慣行への報復) を強化する形で成立; USTR が不公正貿易慣行を有すると判断した国とその撤廃を求めて交渉し 3 年以内に解決しなければ報復措置を取りうるとするもの》.

súper·tìtle *n* スーパータイトル (=*surtitle*)《オペラ上演の際に, 台本の一部の翻訳やあらすじなどを舞台上のスクリーンに映し出すもの》. ► *vt* …にスーパータイトルを出す.

sùper·tónic *n*〘楽〙上主音(の鍵[弦])《音階の第 2 音》.

sùper·tràns·uránic *n, a*〘理・化〙超々ウラン元素(の).

Súper Túesday スーパーチューズデー《米国の大統領選挙で, 予備選挙や党員集会が集中する火曜日).

súper·ùn·léad·ed /-lέd-/ *a, n* 無鉛プレミアム[ハイオクタン]の(ガソリン).

súper·ùser *n* 〘電算〙 スーパーユーザー《システム管理者をつとめる特権ユーザー》.

su·per·vene /sù:pərví:n; s(j)ù:-/ *vi* 〈深刻な事態が〉思いがけない形で起きる; 続いて[付随して]起こる, 併発する 〈*on*〉. ♦ **sù·per·vén·tion** /-vέnʃ(ə)n/ *n* ［L *super-(vent- venio* to come)］

su·per·ve·nient /sù:pərví:njənt; s(j)ù:-/ *a* 続発的な, 付随的な, 思いがけなく起こる. ♦ **sù·per·vé·nience** *n*

su·per·vise /sú:pərvàız; s(j)ú:-/ *vt* 監督[指図, 指揮]する, 取り締まる, 管理する. ［L *super-(vis- video* to see)］

su·per·vi·sion /sù:pərvíʒ(ə)n; s(j)ù:-/ *n* 監督, 指揮, 監視, 管理: under the ～ of…の監督下で.

supervísion òrder 〘英法〙《少年裁判所などの》保護観察命令.

sú·per·vì·sor *n* 管理者, 監督者[員], 監視者[員], 検定員, 主任; 取締まり人, 管理人; 〘米〙《民選の》郡[町]政執行者; 〘米教育〙 指導主事; 〘英大学〙 指導教官. ♦ **su·per·vi·so·ry** /sù:pərváız(ə)ri; s(j)ú:pəvàı-/ *a* 監督の, 管理の, 監視する.

súper·vòltage *n* 〘医〙 超高圧《特に X 線治療用の 500 kV 以上の領域の電圧》.

súper·wàter *n* POLYWATER.

súper·wèapon *n* 超強力兵器, 超精密誘導兵器, スーパーウェポン.

súper·wèed *n* スーパー雑草《特に 遺伝子組換え作物との交雑で農薬耐性を得た雑草》.

súper wélterweight スーパーウェルター級のボクサー[ボクシング選手] (⇨ BOXING WEIGHTS); [〈*a*〉] スーパーウェルター級の.

súper·wòman *n* (*pl* **-wòmen**) 超人的な女性, スーパーウーマン《特に 仕事も母親役・妻役もみごとにこなす人》.

su·pi·nate /sú:pənèıt; s(j)ú:-/ *vt, vi* あおむけにする[なる]; 〘生理〙 てのひら[足の裏]を上に向ける, 回外させる (opp. *pronate*). ♦ **sù·pi·ná·tion** *n* 《手・足の》回外.

sú·pi·nà·tor *n* 〘解〙 回外筋.

su·pine[1] /supáın, sú:ᅳ; s(j)u-, sjú:ᅳ/ *a* **1** あおむけになった (cf. PRONE); 〈てのひらが〉上向きの; «古» 後ろに寄り掛かった[傾いた]. **2** 無気力な, 怠惰な, 惰弱な, ふがいない. ♦ **～·ly** *adv* **～·ness** *n* ［L =lying on the back］

su·pine[2] /sú:pàın; s(j)ú:-/ *n* 〘ラテン文法〙《過去分詞幹からつくられた》動詞状名詞, 動名詞《略 sup.》; 〘英文法〙 to 付き不定詞; 《他の言語の》動詞状名詞. ［L ↑］

su·plex /sú:plὲks/ *n* 〘レス〙 スープレックス《相手を背後から腰のあたりで抱えて後方に投げる技》. ［C20＜?］

supp., suppl. supplement ♦ supplementary.

sup·per /sʌ́pər/ *n* 《昼 dinner を食べた人が取る》夕食, サパー; 夜食; 《資金集めなどの》夕食会; «スコ・北イング» フライドポテト添えの軽食: ⇨ LAST [LORD'S] SUPPER / a church ～ / a fish ～ = FISH-AND-CHIPS. ● SHOOT[1] **one's ～.** SING **for one's ～.** ► *vt, vi* «まれ» supper を出す[食べる]. ♦ **～·less** *a* 夕食を取らない, 夕食抜きの. ［OF *souper*; ⇨ SUP[1]］

súpper clùb* サパークラブ《小規模な NIGHTCLUB》.

súpper·tìme *n* 夕食時.

suppl. ⇨ SUPP.

sup·plant /səplǽnt; -plá:nt/ *vt* …に取って代わる; 《策略・陰険な手段・力で》…に取って代わる, 乗っ取る; 取り替える, すげ替える; «廃» 根こぎにする: Men are being ～*ed* by machines. 人は機械に取って代わられつつある / plot to ～ the king 王位を奪おうとたくらむ. ♦ **～·er** *n* **sup·plan·ta·tion** /sʌ̀plæntéıʃ(ə)n; -pla:n-/ *n* 乗っ取り; すげ替え. ［OF or L *sup-(planto*＜*planta* sole of the foot) =to trip up］

sup·ple /sʌ́p(ə)l/ *a* (**-pler; -plest**) しなやかな, 柔軟な, 柔らかい; 順応性のある, 柔軟な; 柔順[従順]な, 《特に》へつらう, 卑屈な. ► *vt, vi* しなやかにする[なる]; 柔順[従順]にする[なる]; 和らげる. ♦ **～·ly** *adv* しなやかに, 柔軟[柔順]に. **～·ness** *n* ［OF＜L *supplex* submissive, bending under］

súpple·jàck *n* 〘植〙 フジ・ヤナギの類の攀縁(はんえん)植物, 《特に》クマヤナギ; クマヤナギのステッキ.

sup·ple·ment *n* /sʌ́pləmənt/ 補充[拡充]するもの, 補足, 追加 (cf. COMPLEMENT); 栄養補助食品[補給物], サプリメント; 付録, 増刊, 別冊, 補遺; 追加[割増]料金; 〘数〙 補角, 補弧: vitamin ～*s* ビタミン補給剤. ► *vt* /-mὲnt/ 補う, …に増補を付ける, …に追加する 〈*with*〉. ♦ **súp·ple·mènt·er** *n* **sùp·ple·men·tá·tion** /-mèn-, -mən-/ *n* ［L (*suppleo* to SUPPLY)］

sup·ple·men·tal /sʌ̀pləméntl/ *a, n* 補充[補足, 補完]する(もの), 補充[補足, 補完]的な; 不定期の〈便〉: ～ rules. ♦ **～·ly** *adv*

Suppleméntal Secúrity Íncome 〘米〙 補足的保障所得《低所得の高齢者・身障者に対する生活保護の一種; 略 SSI》.

sup·ple·men·ta·ry /sʌ̀pləmént(ə)ri/ *a* 補充[補完]する, 補足の; 〘数〙 補角の. ► *n* 補充, 補完; 〘英議会〙《答弁後の》追加[関連]質問. ♦ **-ri·ly** *adv*

suppleméntary ángle 〘数〙 補角.

suppleméntary bénefit 《かつての英国の》補足給付《現在は income support》.

suppleméntary únit 補助単位《SI 単位系で, 基本単位を補う 2 つの無次元の単位 radian と steradian》.

sup·ple·tion /səplí:ʃ(ə)n/ *n* 〘言〙 補充法《語形変化の一項を別の語の変化形で充当すること: go の過去形 went など》.

sup·ple·tive /səplí:tıv, sʌ́plə-/ *a* 〘言〙 補充法の, 補充法的な, 補充法による.

sup·ple·to·ry /səplí:təri, sʌ́plətɔ̀:ri; -t(ə)ri/ *a* «やや古» 補充の, 補遺の.

Sup·plex /sʌ́plὲks/ 〘商標〙 サプレックス《空気や水蒸気を通す伸縮性のある合成織物; スポーツ用・アウトドア用衣類に使われる》.

sup·pli·ance[1] /səpláıəns/, **sup·pli·al** /səpláıəl/ *n* 供給, 補充. ［SUPPLY］

sup·pli·ance[2] /sʌ́pliəns/, **-cy** *n* 嘆願, 哀願 (supplication): in *suppliance* for…を懇願して. ［↓］

súp·pli·ant «文» *a* 嘆願[哀願]する, 懇望する (entreating); 折り入って頼むような, すがりつくような. ► *n* 嘆願者, 哀願者. ♦ **～·ly** *adv* ［F; ⇨ SUPPLICATE］

sup·pli·cant /sʌ́plıkənt/ *a* 嘆願する. ► *n* 嘆願者. ♦ **～·ly** *adv*

sup·pli·cate /sʌ́pləkèıt/ *vt* …に懇願[嘆願]する, 泣きつく; 請い求める. ► *vi* 嘆願する, 哀願する 〈*to* sb, *for* sth〉; 神頼みする. ♦ **sùp·pli·cá·tion** *n* ［L (*supplico* to kneel; ⇨ SUPPLE)］

sup·pli·ca·to·ry /sʌ́plıkətɔ̀:ri; -kèıt(ə)ri/ *a* 嘆願の, 懇願の, 哀願の.

sup·pli·er /səpláıər/ *n* 供給する人[もの]; 供給国[地]; 供給[納入]業者.

sup·ply[1] /səpláı/ *vt* **1** 〈必要物などを〉供給する, 与える; …に〈…を〉供給する, 納入する 〈*with*〉; 〈器官・細胞などに〉に血液[神経繊維など]を供給する: Cows ～ us (*with*) milk. 雌牛は牛乳を供給する《with を省くのは米》/ The city *supplies* books *for* [*to*] the children. = The city *supplies* the children *with* books. 市が児童に教科書を供給する / Families *supplied* daily. (ご注文の品は)毎日ご家庭まで配達いたします《商店の広告》. **2** 〈必要などを〉満たす; 補充する, 埋め合わせる; 〈地位などを〉代わって占める, …の代役[補欠]をする; …で代理をつとめる: ～ a need [want] 必要を満たす, 不足を補う / ～ the demand 需要に応じる / ～ the place of…の代わりをする[となる]. ► *vi* 《牧師・教師などの》代理をつとめる. ► *n* **1 a** 供給, 配給, 支給, 補給; 供給量; 供給品, 支給物, 備え: ～ and demand 〘経〙 需要と供給 / in short ～ 不足して, 不十分で. **b** [[U]*pl*] 《消耗品の》たくわえ, 貯蔵品《燃料・紙・文具など》; [*pl*] 《軍隊・探検隊などの》食糧, 装備, 生活用品; 〘軍〙 兵站(へいたん); «廃» 援助, 補強; [[○]*pl*] «廃» 増援隊. **c** [*pl*] 《政府の》歳出, 経費; [*pl*] 《個人の》支出, 仕送り, 送金; 〘電〙 電源: the Committee of *S*～ 〘英〙 下院予算[歳出調査]委員会 / cut off the *supplies* 仕送りをやめる. **2** 補欠, 《特に 牧師・教員の》代理(人). ● **on ～** 臨時雇い[代理]として. ［OF＜L *suppleo* to fill up］

sup·ply[2] /sʌ́pli/ *adv* SUPPLELY.

supplý chàin 供給連鎖, サプライチェーン《生産から流通に至る一貫したプロセス》.

supplý dày 〘英〙 政府歳出の概算の承認を議会に要請する日.

supplý lìne 〘軍〙 補給線, 兵站(へいたん)線.

supplý-sìde *a* 〘経〙 供給サイド[供給側重視]経済理論の.

supplý-sìde económics 供給側(重視)の経済学[経済理論]《減税などの政策を通じて財・用役の供給の増加をはかり, 雇用を拡大しようとする理論》. ♦ **supplý-sìde ecónomist, supplý-sìder** *n*

supplý tèacher" 代替[代用]教員 (substitute teacher*).

sup·port /səpɔ́:rt/ *vt* **1 a** (倒れないように)支える; 〈価格を〉維持する, …の価格を維持する; 持続[継続]させる. **b** (精神的に)支える, 元気づける; …の生命を維持する, …の存続を支える; 〈施設などを〉財政的に援助する, 維持する; …の生活を支える, 扶養する; 支持[支援]する, 援助する, 応援する; 〘ブリッジ〙 〈パートナー(の組札)を〉ビッドして助ける; 〘劇・映〙 〈役目・人物を〉十分につとめる; 〈主演者を〉助演する, 〈スターの〉脇役をつとめる; 〘楽〙 伴奏する; 付き添う, 補佐する; 〘電算〙 …の[に関する]機能を有する, …をサポートする: Hope ～*s* us in trouble. 困った時に希望は人を元気づける / ～ a family 一家を養う / ～ one*self* 自活する. **c** 〈陳述などを〉証拠立てる, 裏書きする, 裏付ける, 確認する. **2** 我慢[辛抱]する: I cannot ～ his insolence. 彼の無礼には我慢がならない. ► *n* **1** 支え, 支持; 維持; 扶養; 鼓舞, 援助, 後援; TECHNICAL SUPPORT: give ～ to…を支持[後援]する / MORAL SUPPORT / have no (visible) means of ～ (これといった)生計を維持する手段をもたない. **2 a** 支え[たより]となるもの, 支持物, 支柱, 土台 〈*of*〉; 〘土・建〙 支承, 支保工; 衣食, 生活費; 裏付け, 証拠; 〘楽〙 伴奏部; 《油絵用の》画布, 木板; 〘スポ〙 サポーター; 〘医〙 副木. **b** 援助[後援]者; [the] 《スターなどの》助演者, 脇役; 〘軍〙 予備隊, 援軍. **3** 〘証券〙 SUPPORT LEVEL. **4** 〘ブリッジ〙 サポート《パートナーのビッドした組札への助けとなるような手札の同じ組札》 ● **in ～** (1) 支持[支援]して: speak *in* ～ of a motion 動議の賛成演説をする. (2) 〘軍〙 援護の, 予備の: troops *in* ～ 予備隊, 支援(部)隊. ♦ **～·less** *a* ［OF＜L *sub-(porto* to carry)=to bear, endure］

suppórt·able *a* 支持[賛成]できる; 我慢できる; 扶養できる. ♦ **-ably** *adv* **suppòrt·abílity** *n*

suppórt àrea SUPPORT LEVEL.

suppórt·er *n* **1** 支持者, 支援者, 後ろ盾;《スポーツ・チームの》応援をする人, ファン, サポーター; 介添え; 扶養者;〘劇〙脇役, 助演者;〘紋〙盾持ち《紋章の盾の両側一対の人物・動物の一方》. **2** 支持物, 支柱; 靴下留め, ガーター; 運動用のサポーター (athletic supporter).

suppórt gròup 協同支持グループ, サポートグループ《アルコール中毒者や遺族など共通の悩みや経験をもつ人びとが集まって接触を深め, 精神的に支援し合うグループ》.

suppórt hòse サポート[弾性]ストッキング《脚部保護用の伸縮性のあるストッキング》.

suppórt·ing *a* 支える; 支持[支援]する, 後援する; 裏付けとなる: a ~ actor 助演者, 脇役 / a ~ part [role] 脇役 / a ~ program [film, picture] 同時上演演目[上映映画] / a ~ act" [an opening act*] 前座(の演奏). ♦ **~·ly** *adv* 支えるように.

suppórt·ive *a* 支えとなる, 支援する: be ~ *of* each other 互いの力になる. ♦ **~·ly** *adv* **~·ness** *n*

suppórtive thérapy [tréatment]〘医〙支持療法《体力的・精神的に患者を支えてやる》.

suppórt lèvel〘証券〙《値下がり市場の》買い支え値, 梃(て)入れ相場 (=*support, support area*).

suppórt mìssion〘軍〙支援任務.

suppórt prìce《農家などに対する政府補助金の》最低保障価格.

suppórt sỳstem 支援体制, 支援者ネットワーク.

suppórt tìghts *pl* SUPPORT HOSE.

sup·pós·able *a* 想像[仮定]できる, 考えられる (conceivable). ♦ **-ably** *adv* おそらく, たぶん.

sup·pos·al /səpóuz(ə)l/ *n* SUPPOSE すること; 考え出された[仮定された]もの, SUPPOSITION, HYPOTHESIS.

sup·pose /səpóuz, (I のあと) °spóuz/ *vt* **1 a** 想定する, 仮定する (assume); 思い描く, 想像する: Let us ~ (that) you are right. きみの言い分が正しいと仮定しよう. **b** [-ing *or impv*] もし…ならば (cf. SUPPOSING); [*impv*] …したらどうだ: *S*~ (=If) it rains, what shall we do? もし雨が降ったらどうするか / *S*~ I do [don't]? もしわたしがそうしたら[そうしなかったら]どうなるというのだ / *S*~ we (=Let's) go for a walk. 散歩に行ってはどうだ. **2** 思う, 考える (think); 推測する, 推定する (guess): I ~ you are right. きみの言うとおりだろう / You are Mr. Smith, I ~. スミスさんですね / Most people ~*d* him (to be) innocent. 大抵の人が彼は無罪だと思っていた / I ~ so. そうだろうね《ためらいがちな賛意》/ I ~ not. そうではなかろう / I don't ~ you could do…. 《口》…してはいただけませんよね《丁寧な依頼》/ I don't ~ you forgot the promise. 約束を忘れたんじゃないだろうね **3** まず…(の仮定)を必要とする, 前提とする, 暗に意味する (imply): Purpose ~*s* foresight. 目的は先見を前提とする. ► *vi* 仮定する; 推量する; 思う. ● **be ~d to** do…することになっている; …するためにつくられている; [*neg*] …してはいけない: Everybody *is* ~*d to* know the law. 法律はだれもが知っていることになっている《知らなかったといってのがれられない》/ You *are* not ~*d to* do that. そんなことしちゃだめだよ. **What's that ~d to mean?** 《口》いったいどういう意味だ《相手の発言にむっとした時の表現》. ♦ **sup·pós·er** *n* [OF *sup-*(*poser to* POSE)]

sup·posed /səpóuz(ə)d/ *a* 想像[仮定]上の; 思われている(が実際はそうではない); おもわく上の: the ~ accident 事故とされる(があやしい)こと.

sup·pós·ed·ly /-(ə)dli/ *adv* …ということになっている; おそらく: He is ~ worth a billion dollars. 彼は資産 10 億ドルとされる(があやしいものだ) / *S*~, everything is back to what it was. おそらくすべてがもとどおりになっているだろう.

sup·pos·ing /səpòuzɪŋ, ─ ─́ ─/ *conj* もし…と仮定するならば (cf. SUPPOSE): *S*~ it were true, what would happen? 本当だとしたらどんなことになるだろう / *S*~ (that) you are wrong, what will you do then? 間違っていたとしたらどうするのだ.

sup·po·si·tion /sʌ̀pəzíʃ(ə)n/ *n* 想像, 推測; 仮定, 仮説: on the ~ that…と仮定したうえで, …とみなして. ♦ **~·al** *a* **~·al·ly** *adv* [L=act of placing beneath; ⇨ SUPPOSE]

sup·po·si·tious /sʌ̀pəzíʃəs/ *a* SUPPOSITITIOUS.

sup·pos·i·ti·tious /səpɑ̀zətíʃəs/ *a* 偽りの, にせの, すり替えた; 想像[仮定]に基づいた, 推測の. ♦ **~·ly** *adv* **~·ness** *n* [L; ⇨ SUPPOSE]

sup·pos·i·tive /səpɑ́z(ə)tɪv/ *a* 想像の, 仮定の; 偽りの;〘文法〙想像[仮定]を表わす. ► *n*〘文法〙仮定を表わす接続詞 (if, assuming, provided など). ♦ **~·ly** *adv*

sup·pos·i·to·ry /səpɑ́zətɔ̀:ri; -t(ə)ri/ *n*〘医〙坐剤, 坐薬.

sup·press /səprés/ *vt* **1** 〈反乱などを〉抑圧[鎮圧, 鎮定]する; 〈慣行など〉廃止する, やめさせる; 〈本を〉発売[出版]禁止にする; 〈本の一部を〉削除[カット]する; 〈証拠・事実・姓名などを〉隠す, 伏せる, 握りつぶす; 〈血液など〉止める. **2** 抑制する, 〈うめき・あくび・感情を〉(かみ)ころす, 抑える; …の生長を妨げる;〘精神医〙〈観念・衝動などを〉《意識的に》抑制する;〘遺〙…の表現型変化を消す, 抑圧する;〘電〙〈回路内の不要な振動・信号中の特定の周波数(帯)を〉抑制する;《廃》…にのしかかる, 押えつける: with laughter ~*ed* 笑いをこらえて. ♦ **~·er** *n* 抑圧する人[もの] (suppressor). **~·ible** *a* 抑制[抑圧]できる; 隠しうる; 禁止[削除]できる. **~̀·ibílity** *n* [L *sup-*(PRESS)]

sup·prés·sant *a* 抑止[抑制]する. ► *n* 抑止剤[薬], 抑制剤.

sup·préssed cárrier modulàtion〘通信〙搬送波抑圧変調.

sup·pres·sion /səpréʃ(ə)n/ *n* 抑圧, 鎮圧;〘精神医〙抑制;《血液・流出などを》止めること, 抑止; 隠蔽; 発売[出版]禁止, 弾圧; 削除;〘電〙抑制;〘植〙抑制《霜・病気などで一部の器官がなくなること》.

sup·pres·sio ve·ri /səprésiou vérài; -víərài/ 真実の隠蔽 (cf. SUGGESTIO FALSI). [L]

sup·pres·sive /səprésɪv/ *a* 抑圧[抑制]に有効な;〘精神医〙抑制的な. ♦ **~·ly** *adv* **~·ness** *n*

sup·prés·sor *n* 抑圧する人[もの];〘生〙抑制[抑圧]遺伝子, サプレッサー;〘電〙抑制器《雑音などを減少させる》.

suppréssor grìd〘電子工〙抑制格子.

suppressor T cell /─ ─ tí: ─́─/, **suppréssor cèll**〘免疫〙サプレッサー[抑制] T 細胞《リンパ球の中で B 細胞と他の T 細胞の活動を抑制するはたらきをする T 細胞; cf. HELPER T CELL, KILLER T CELL》.

sup·pu·rate /sʌ́pjərèɪt/ *vi* 化膿する. [L; ⇨ PUS]

sùp·pu·rá·tion *n* 化膿(作用); 膿(う).

súp·pu·rà·tive /, -pjuərə-/ *a* 化膿する[させる], 化膿性の. ► *n* 化膿促進剤.

su·pra /sú:prə; s(j)ú:-/ *adv* 上に, 上記, 前記 (opp. *infra*); 以前に: VIDE SUPRA. [L=above]

su·pra- /sú:prə; s(j)ú:-/ *pref*「上の」「上に」「以前に」 [L (↑)]

sùpra·céllular *a* 細胞より上の[大きい].

sùpra·chiasmátic núcleus〘解〙視(神経)交差上核《視神経交差のすぐ背側にある神経細胞群》.

sùpra·génic *a* 遺伝子(のレベル)を超えた, 超遺伝子的な.

sùpra·glóttal *a*〘解〙声門上の.

su·pra·lap·sar·i·an /sù:prəlæpséəriən, "s(j)ù:-/〘神学〙*n* 堕罪前予定論者. ► *a* 堕罪前予定説[論者]の.

supralapsárian·ìsm *n*〘神学〙堕罪前予定説《神の善人選択は人祖の堕罪以前になされているとする説; opp. *infralapsarianism*》. [L *lapsus* fall]

sùpra·líminal *a*〘心〙閾(いき)上の, 意識の内の, 刺激閾[弁別閾]を超えた (cf. LIMINAL). ♦ **~·ly** *adv*

sùpra·líttoral〘生態〙*a* 潮上帯の《湖・海などの沿岸部で常に水上にあるが波しぶきや毛管現象によって湿っている生物地理学的地域の》. ► *n* 潮上帯.

sùpra·máxillary *a*〘解〙上顎骨の.

sùpra·molécular *a*〘理〙超分子の《分子よりもさらに複雑な; 多くの分子からなる》.

sùpra·múndane *a* 超俗界の, 霊界の.

sùpra·nátional *a* 超国家的な. ♦ **~·ìsm** *n* **~·ist** *n* **-nationálity** *n*

sùpra·óptic *a*〘解〙視(神経)交差の上に位置する.

sùpra·órbit·al *a*〘解〙眼窩(がんか)上の.

supraórbital rídge〘解〙SUPERCILIARY RIDGE.

sùpra·prótest *n*〘法〙《手形の》参加[名誉]引受け.

sùpra·rátional *a* 理性を超えた.

sùpra·rénal〘解〙*a* 腎臓の上の, 副腎の. ► *n* 腎上体,《特に》副腎 (adrenal gland) (=~́ **glánd**).

sùpra·segméntal *a* 分節の上にある;〘音〙超分節的な.

suprasegméntal phóneme〘音〙超分節音素《pitch, stress, juncture など》.

sùpra·thérmal *a*〘理〙超熱的な〈粒子〉《熱平衡分布から突出した高エネルギーをもつ》.

suprathérmal íon detèctor〘宇〙超熱イオン検出装置《太陽風のエネルギーを測定する目的で月面上に設置された》.

sùpra·ventrícular *a*〘解〙上室性の: ~ tachycardia 上室(性)頻拍.

sùpra·vítal *a*〘医〙超生体の〈染色〉《生体から取り出した生きている組織・細胞などの染色》. ♦ **~·ly** *adv*

su·prém·a·cist *n* 至上主義者《特定集団の至上性を主張する》; WHITE SUPREMACIST. ♦ **-cìsm** *n*

su·prem·a·cy /səpréməsi, su-; s(j)u-, s(j)ʊ-/ *n* 至高, 至上, 無上, 最高位; 主権, 大権, 至上権; 覇権. ■ **the Áct of S~́**〘英史〙国王至上法《イングランド国王を国教会の最高権威者とすることを定めた法 (1534, 59)》. [*prime*: *primacy* にならって *supreme* より]

su·prem·a·tism /səprémətìz(ə)m, su-; s(j)u-, s(j)ʊ-/ *n* [°S-]〘美〙絶対主義, シュプレマティスム《1913 年ごろロシアに始まった芸術運動で, 単純な幾何学模様による造形をする》. ♦ **-tist** *a, n*

su·preme /səprí:m, su-; s(j)u-, s(j)ʊ-/ *a* 至高の, 至上の, 無上の;《程度・質・権力・地位などが》最高の; 究極の, 最大限の〈努力など〉; 最重要の, 決定的な〈時〉;《古》最後の, 臨終の: a ~ fool このうえもない愚か者 / reign ~ 最高位にある. ► *n* 至高のもの; 無上[最高]の状態[度合い]; [the] 最高度, 絶頂 (height); [the S-] 神 (Supreme

Being); [the S-s] *《口》最高裁判所; SUPRÊME. ♦ ~·ly *adv* きわめて, 非常に: ~*ly* confident 自信満々の. **~·ness** *n* [L (superl)〈*superus* that is above; ⇨ SUPER-]

su·prême /səpríːm, su-, -préɪm; s(j)u-, s(j)ʊ-/ *n* **1** シュープレーム《鶏のだし汁とクリームで作るソース; これを添えて出す料理[鶏のささみ]》. **2** 最上肉. [F]

Supréme Béing [the] 《文》至上者, 神.

supréme commánder 〔米軍〕最高司令官.

supréme cóurt [the]《国・州などの》最高裁判所, 最高法院《英国では 2005 年法で連合王国最高裁判所 (**Supréme Cóurt of the Uníted Kíngdom**) を新設, その下に Senior Court がある; ⇨ HOUSE OF LORDS》; [the]〔法〕高位裁判所《New York 州で, 一審の一般的管轄裁判所 (court of general jurisdiction)》.

Supréme Cóurt of Júdicature [the]〔英〕最高法院《Senior Court の旧称; ⇨ HIGH COURT》.

supréme góod [énd] SUMMUM BONUM.

supréme póntiff PONTIFF.

supréme sácrifice [the] 最高の犠牲 (⇨ SACRIFICE).

S

Supréme Sóviet [the] 最高ソヴィエト[会議]《ソ連邦の最高議会あるいはソ連邦各共和国の最高議会》.

su·pre·mo ᵘ/səpríːmoʊ, su-; s(j)u-, s(j)ʊ-/ *n* (*pl* ~**s**) 至上の指導者[支配者], 総統; 権威, 大物, ドン. [Sp=SUPREME]

su·pre·mum /səpríːməm, su-; s(j)u-, s(j)ʊ-/ *n*〔数〕上限 (= *sup*) (least upper bound). [L *supremus* supreme]

Supt Superintendent.

suq ⇨ SOUK[1].

Suqutra ⇨ SOCOTRA.

sur /*F* syr/ *prep* ON.

Sur, Sour /sʊ́ər/ スール《TYRE のアラビア語名》.

sur-[1] /sə́ːr/ *pref*「過度に」「上に」 [OF〈SUPER-]

sur-[2] /sə́ːr/ ⇨ SUB-.

su·ra, -rah[1] /sʊ́ərə/ *n*《Koran の》章, スーラ. [Arab]

Su·ra·ba·ya, -ja /sʊ̀ərəbáɪə/ スラバヤ《インドネシア Java 島北東部の港湾都市》.

Surabáya Stráit [the] スラバヤ海峡《Java 島と Madura 島西端の間》.

su·rah[2] /sʊ́ərə/ *n* シュラー《柔らかい軽めの絹・レーヨン》. [*surat* のフランス語読みか]

su·rai /suráɪ/, **su·ra·hi** /surɑ́ːhi/ *n*《インド》スラーイー, スラーヒー《水を入れておく首の長い素焼きの土器》. [Hindi]

Surajah Dowlah ⇨ SIRĀJ-UD-DAULA.

Su·ra·kar·ta /sʊ̀ərəkɑ́ːrtə/ スラカルタ《インドネシア Java 島中部の市; 別称 Solo》.

su·ral /súrəl; s(j)ʊ́ə-/〔解〕*a* 腓腹の, ふくらはぎの; 腓腹動脈[静脈]の: ~ artery. [L *sura* calf]

sur·a·min /súrəmən/ *n*〔薬〕スラミン《初期段階のアフリカ睡眠病の治療に静脈注射される殺トリパノソーマ薬》.

Su·rat /súrət, sərǽt; sʊ́ərət/ **1** スラト《インド西部, Gujarat 州南東部の市; インドにおける英国の最初の拠点となる (1612)》. **2** [s-] スラト《インド産の木綿[綿花]》.

sur·base /sə́ːrbèɪs/ *n*〔建〕《腰羽目などの》笠(かさ),《柱などの台石の》頂部の繰形(くりがた) (cf. SUBBASE).

súr·bàsed *a* SURBASE のある; くぼんだ, 平たくなった;〈アーチなど〉扁円の《高さが梁間の半分より低い》.

Sur·bi·ton /sə́ːrbət(ə)n/ サービトン《London の西南西にある Kingston upon Thames の一地区; 住宅地》.

sur·cease /sərsíːs, sə́ːrˋ-/《古》*vi* やむ, 止まる; 終結する. ► *vt* 中断する; 放棄する. ► *n* 終わり, 一時的休止;《苦痛などの》緩和. [OF *sursis* (pp)〈*surseoir*〈L (⇨ SUPERSEDE); 語形は *cease* に同化]

sur·charge /sə́ːrtʃɑ̀ːrdʒ/ *n* **1** 追加料金, 特別料金, 割増金, 上乗せの課金; 不足金(の指摘[請求]);《課税財産の不正申告に対する》追徴(金), 加算税;《不当支出に対する》賠償額; 郵便切手の価格訂正印, 訂正印付きの切手; 紙幣の額面金額訂正印. **2** 積み過ぎ, (載)過重; 過充電. ► *vt* /ˋ-ˊ, ˊ-ˋ/ **1** …に追加料金を課する;《不正申告に対し》…に追徴金を課する; 不当支出賠償として〈金高を〉徴収する;〈計算書〉の脱漏を指摘する;〈計算書を〉無効とする; …に過当請求をする (overcharge);〈切手〉に価格訂正印をおす. **2** 充満させる, 満杯にする; …に積みすぎる (overload); 過充電する; ᵘ《古》〈入会地など〉に家畜を許容されている以上に入れる. [OF (*sur-*[1])]

sur·cin·gle /sə́ːrsɪŋg(ə)l/ *n*《馬の》上腹帯, 腹帯;《古》法衣の帯. ► *vt*〈馬〉に腹帯をかける, 腹帯で結びつける; 巻く (surround). [OF (*cengle* girdle; ⇨ CINGULUM)]

sur·coat /sə́ːrkòʊt/ *n*〔史〕《中世騎士が鎧の上に着た》外衣;《中世の女性の》長袖のガウンの上に着た袖なし外衣; サーコート《ベルト付きで丈の長い一種のジャンパー》. [*sur-*[1]]

sur·cu·lose /sə́ːrkjəlòʊs/ *a*〔植〕吸枝を出す. [L (*surculus* twig)]

surd /sə́ːrd/ *a* 意味のない, 不合理な;〔音〕無声(音)の (voiceless). ► *n*〔数〕不尽根数, 無理数;〔音〕無声音 (opp. *sonant*); 道理では割り切れない性質. [L=deaf, dull]

sure /ʃʊ́ər, ᵘʃɔ́ːr/ *a* **1** [*pred*] **a** 確かで (certain), 自信をもって, だいじょうぶで〈*of, that*…〉: I am ~ *that* it is true. それは確かだ / (as) ~ as death [fate, a gun, hell, nails, eggs (is [are] eggs)]=(as) ~ as I'm sitting [standing] here=(as) ~ as the sun is shining=(as) ~ as (God made) (green) little apples 確かに, きわめて確かで / (as) ~ as shooting [《卑》shit] ぜったい確実で[に] / Don't be too ~. あまり自信をもたないほうがよい, 断言しないほうがいいよ / He is [feels] ~ *of* himself. 彼には自信がある / He is ~ *of* success. 彼には成功する自信がある / I am ~ *of* his living [~ *that* he will live] to eighty. きっと彼は 80 歳まで生きるにちがいない. **b** きっと…する〈*to do*〉: He is ~ *to* come. 彼はきっと来る / Be ~ *to* close the windows. 窓を必ず閉めなさい. **2** 確かな, 確実な; しっかりした, 強い, 丈夫な (firm); 信頼できる〈友人など〉, あてになる〈出所など〉; 疑いのない, 本当の〈希望など〉; あやまたない, 的中する; 不可避の;《廃》安全な: a ~ shot 腕の確かな射手 / SURE thing (成句). ● **a ~ draw**《口》確かにキツネを追い出せそうな茂み; 人を確実にかまにかけうることば. **be ~ and** do…《口》必ず…する (=be ~ to do). **for ~**《口》確かに (for certain): (and) that's *for* ~ それは確実だ. **make ~** (1) 確かめる; きっと…する, 手段を講じる: *make* ~ of…を確かめる; 手に入れる; 念を押す. (2) 確信する (=feel ~). **~ thing**《口》確実[だいじょうぶ]なこと, 際立ったもの; [〈*adv, int*〉] *《口》《返答として》きっと, 必ず, もちろん, いいとも; どういたしまして. **to be ~** (1) [譲歩句] なるほど, いかにも(…だが): She's not perfect, *to be* ~, but she is pretty. なるほど完璧とは言えないにしても, かわいい. (2) [驚きの叫び] これはこれは!: Well, *to be* ~!=Well, I'm ~! これは驚いた! ►《口》*adv* 確かに, 本当に (surely); はい, もちろん, いいとも: It ~ is cold out. 外はきっと寒い / (as) ~ as…同様確かに / Are you coming?—*S~!* 行くとも / Oh, ~ (you will)! [皮肉に] そうでしょうよ(あんたならやるでしょうよ). ● **~ enough**《口》はたして, 案の定, 実際に; きっと, 本当に. ♦ **~·ness** *n* [OF〈L SECURE]

súre-enóugh *a* *《口》実際の, 本物の, 事実上の.

súre·fìre《口》*a* 間違いのない, 確かな; 成功請け合いの.

súre·fóot·ed *a* 足もとの確かな, 転ばない; 確かな, 頼もしい, 着実な. ♦ **~·ly** *adv* **~·ness** *n*

súre-hánd·ed *a* 腕の確かな. ♦ **~·ness** *n*

súre·ly *adv* 確実に, しっかりと; 自信をもって; [文頭または文尾] [ᵘ*neg*] まさか, よもや; 本当に, きっと; 必ずや;《依頼・質問に対して》はい, もちろん;《古》安全に, しっかり: slowly but ~ のろいが確実に / as ~ as…同様確かに / *S~* you will not desert me? まさかぼくを見捨てはすまいね / *S~* not! そんなはずはない, とんでもない.

Sûre·té /*F* syrte/ *n* [la *or* the]《Paris の》(フランス)警視庁.

sure·ty /ʃúr(ə)ti; ʃɔ́ːrəti, ʃʊ́ər-/ *n* 保証(金), 抵当(物件); 保証人, 引受人; 自信[安全]の根拠; 確信, 自信;《古》確実(性): stand [go] ~ for…の保証人になる / ~ of good behavior〔法〕良きふるまいについての保証[保証書, 保証人]. ● **of [for] a ~**《聖・古》確実に. [OF〈L; ⇨ SECURITY]

súrety bònd《契約・義務遂行の》保証書.

súrety·shìp *n*〔法〕《他人の債務・不履行などに対する》保証, 保証関係, 保証契約; 保証人の地位[責任].

surf /sə́ːrf/ *n* 磯波, 打ち寄せる波, 寄せ波, 寄せては砕ける波(の音), 浜辺の波. ► *a* *《カリフォルニア俗》すごい, カッコイイ. ► *vi* **1** サーフィン[波乗り]をする;《口》走る列車[車など]の屋根に乗って遊ぶ: go ~*ing* サーフィンをしに行く. **2** NETSURFING をする; CHANNEL SURFING をする. ► *vt* **1**〈波〉に乗る;《口》〈列車・車〉の屋根などに乗って遊ぶ. **2**〈テレビのチャンネルやインターネットなどを〉漫然と見てまわる. [*suff* (obs) が *surge* と同化したものか]

súrf·able *a*〈波・海岸が〉サーフィンに適した.

sur·face /sə́ːrfəs/ *n* 表面, 外面; 外部, そと;〔数〕面; うわべ, 外観; 地表, 水面;《台の》作業面;〔スポ〕コート面[サーフェス](の材質);〔空〕AIRFOIL: on the ~ 外観[表面上]は. ● **below [beneath, under] the ~** 水面下で, ひそかに. **come to the ~** 浮上[表面化]する. **rise [raise] to the ~** 浮上[表面化]する[させる]. SCRATCH **the ~ (of…)**. ► *a* 表面だけの, 外観の, 皮相の; 表面の, 外面の, 地表の, 水面の; 陸上の, 路面の, 水上の, 地表[陸上, 海上]輸送の: ~ politeness うわべだけの丁寧 / ~ forces 地上軍 / ~ transportation 地表運輸. ► *vt* **1**〈紙など〉に薄い表紙をつける, …に表面をつける; 平ら[なめらか]にする;〈路面を〉舗装する. **2** 表面[水面]に出す,〈潜水艦を〉浮上させる. ► *vi* **1** 表面[水面, 地上]に現われる,〈潜水艦などが〉浮上する; 表面化する, 姿を現わす, 明るみに出る;《口》[*joc*] はっきり目をさます, 起き出してくる. **2** もと[本来]の生活に戻る; 地表[地上, 水上]で働く. **3**〔鉱〕地表(近く)で採鉱する,《鉱石の》表面堆積物を洗う. ♦ **súr·fac·er** *n* [F (*sur-*[1])]

Surface サーフェス **Charles ~, Joseph ~**《Sheridan の喜劇 *The School for Scandal* (1777) に登場する兄弟; 弟の Charles は金づかいはおおまかだが性格がよく, 兄 Joseph は偽善者》.

súrface acóustic wáve〔通信〕表面弾性波《略 SAW》.

súrface-àctive *a*〔化〕表面[界面]活性の, 界面張力を著しく低下させる: a ~ agent 表面[界面]活性剤.

súrface área 表面積.

súrface bóundary làyer〔気〕表面境界層, 接地(気)層 (= *surface* [*friction, ground*] *layer*)《地球面約 1 km の大気の層》.

súrface bùrst 《爆弾の》地表面[水表面]爆発.
súrface càr* 《地下・高架鉄道の車両に対して》路面電車.
súrface còlor 《宝石などの》表面色 (cf. BODY COLOR).
súrface cràft 《潜水艦に対して》水上船.
súr·faced *a* [°*compd*] …の表面をもつ: smooth-～ 表面がなめらかな.
súrface dénsity 〔理〕(表)面密度.
súrface drèssing 簡易舗装による道路の補修(材).
súrface-effèct shìp* 水上ホバークラフト (cf. GROUND-EFFECT MACHINE).
súrface fèeder 〔鳥〕DABBLING DUCK.
súrface fìre 《FOREST FIRE の》地表火.
súrface frìction dràg 〔空〕表面摩擦抗力.
súrface làyer 〔気〕表面層 (SURFACE BOUNDARY LAYER).
súrface màil 陸上[船舶]輸送郵便物; 陸上[船舶]便取扱い(制度), 《特に》船便 (opp. *airmail*).
súrface·man /-mən/ *n* 保線工夫; 坑外作業夫; 地上兵[員].
súrface nòise 《レコードの溝で生じる》表面雑音.
súrface of revolútion 〔数〕回転面.
súrface plàte 〔機〕定盤(じょう).
súrface prìnting 凸版印刷 (letterpress); 平板印刷 (planography).
súrface-rìpened *a* 〈チーズが〉表面熟成した.
súrface sòil 〔土壌〕表層土, 表土.
súrface strùcture 〔言〕表層構造《文の発音を決定する; cf. DEEP STRUCTURE》.
súrface ténsion 〔理〕表面張力.
súrface-to-áir *a* 地[艦]対空の〈ミサイル・通信など〉: ～ missile ⇨ SAM[1]. ► *adv* 地から空へ.
súrface-to-súrface *a* 地対地の, 艦対艦の. ► *adv* 地から地へ.
súrface-to-únder·wàter *a* 地対水中の, 艦対水中の. ► *adv* 地から水中へ.
súrface wàter 地上[地表]水, 表流水 (cf. RAINWATER, SPRINGWATER); 《海・湖沼などの》表層水 (cf. BOTTOM WATER).
súrface wàve 《地震による, 地球表面を走る》表面波.
súr·fac·ing *n* 表面形成[仕上げ]; 表面材; 浮上; 〔鉱〕表面堆積物洗浄.
sur·fac·tant /sərfǽktənt, ⌐―⌐/ *n, a* 〔化〕表面[界面]活性剤(の); 〔医〕《肺表面の》活性物質, サーファクタント《RDS 治療用》.
súrf and túrf 〔料理〕《一皿に盛った》シーフードとステーキ《通常 ロブスターとフィレミニョン》.
sur·fa·ri /sərfɑ́:ri; -fǽri/ *n* 《口》サーフィン向きの海岸を捜しまわるサーファーグループ. [*surf*ing＋sa*fari*]
súrf·bìrd *n* 〔鳥〕アワチドリ《北米・南米の太平洋岸産》.
súrf·bòard *n* 波乗り板, サーフボード; 〔レス〕サーフボード《床にすわって相手の足首を両足でロックし, 両腕[頭]をつかんで両ひざを相手の背中にあてて弓なりにそらせるホールド》. ► *vi* 波乗りをする. ♦ **～·er** *n* **～·ing** *n*
súrf·bòat *n* サーフボート《特に 浮力を大きくした丈夫な荒波[磯波]乗切りボート》.
súrf-bùm *n* 《俗》熱心なサーファー.
súrf bùnny* 《俗》BEACH BUNNY.
súrf-càst *vi* 磯釣りをする. ♦ **～·er** *n*
súrf càsting 投げ釣り, 磯釣り.
súrf clàm 〔貝〕バカガイ《同科の各種の貝》.
súrf dùck 〔鳥〕SURF SCOTER.
sur·feit /sɔ́:rfət/ *n* 過剰, 過多; 氾濫; 暴食, 暴飲; 《古》食べ[飲み]すぎによる消化器系の不調, 不節制による病気; 食傷, 飽満, 飽きあきすること: a ～ *of* advice うんざりするほどの忠告. ► *vi* 《古》食べ[飲み]すぎる 〈*of, on* food, etc.〉; 飽きあきする 〈*with*〉; ふける, おぼれる. ► *vt* 食べ[飲み]すぎさせる; 飽きあきさせる: ～ one*self with* fruit 果物を飽きるほど食べる. ♦ **～·er** *n* [OF (SUR*faire* to overdo)]
súrf·er *n* サーファー; *《麻薬俗》PCP; NETSURFER.
súrfer's knòt サーファーだこ《サーファーのひざや足の甲にできる》.
súrf-fìsh *vi* 磯釣りをする.
súrf fìsh 〔魚〕**a** ウミタナゴ (＝*surfperch*). **b** 鳴き魚, ニベ (croaker).
súrf guitàr サーフギター《サーフィンミュージックに独特のギター奏法》.
sur·fi·cial /sə̀:rfíʃiəl/ *a* 表面 (surface) の; 〔地質〕地表の. ♦ **～·ly** *adv*
súrf·ie *n* 《豪口》波乗り野郎, サーフィン狂.
súrf·ing *n* 波乗り, サーフィン; CHANNEL SURFING; NETSURFING.
súrfing mùsic サーフィンミュージック《1960 年代前半に流行した California 南部の明るく軽快なリズムをもったロック音楽》.
súrf lìfesaver 《豪》海岸監視員, 救助員 (lifeguard).
súrf·man /-mən/ *n* 寄せ波の中で巧みに舟をあやつる人.
súrf·màt *n* サーフマット《サーフボードの代わりに用いる丈夫なマット》.
súrf mùsic SURFING MUSIC.
súrf 'n' túrf /-ən-/ SURF AND TURF.
súrf·pèrch *n* 〔魚〕ウミタナゴ (surf fish).
súrf-rìding *n* 波乗り, サーフィン (surfing). ♦ **-rìder** *n*
súrf scòter 〔鳥〕アラナミキンクロ (＝*surf duck*)《クロガモの一種》.
súrfy *a* 寄せ波の多い; 寄せ波の(ような).
surg. surgeon ♦ surgery ♦ surgical.
surge /sɔ́:rʤ/ *vi* **1** 〈群集・感情など〉波のように押し寄せる 〈*in, onto*〉; 一気に加速する; 〈海・麦など〉波打つ; 〈船など〉揺らぐ, 波にもまれる; 〔海〕〈ロープが〉急にゆるむ, ロープ[ケーブル]をゆるめる: Envy ～*d* (*up*) within her. 嫉妬が心中で渦巻いた. **2** 急騰する; 〔電〕〈電流・電圧が〉急増する, 激しく変動する. ► *vt* 波打たせる; 〔海〕〈ロープをゆるめる. ► *n* **1** 大波, うねり; 波打つ海; 波動; 〔海洋〕高潮. **2** 《物価・利子・需要などの》高騰, 急騰; 《感情などの》高まり, うねり; 〔工〕サージ《工程中における流体の変動》; 〔電〕サージ《電圧・電流の急増[動揺]》; 〔海〕《車地などの》ロープがすべるくぼみ; ロープのゆるみ(による急な動き); 〔機〕サージ《エンジンの不規則な動き》; 〔天〕サージ《太陽の紅炎の射出》. [OF＜L *surgo* to rise, spring forth]
súrge chàmber 〔機〕サージ室, SURGE TANK.
sur·geon /sɔ́:rʤ(ə)n/ *n* 外科医 (cf. PHYSICIAN); 〔軍〕軍医; SURGEONFISH. ♦ **～·cy, ～·ship**" *n* surgeon の職[地位]. [AF＜L *chirurgia* surgery＜Gk＝handiwork]
súrgeon déntist 歯科医, 口腔外科医.
súrgeon·fìsh *n* 〔魚〕ニザダイ (＝*doctorfish, tang*)《ひれに有毒なとげをもつ》.
súrgeon géneral 〔米〕(*pl* **súrgeons géneral**) [S- G-] 公衆衛生(医務)長官《もとは公衆衛生総局 (PHS) の長官》; 軍医総監; 医務総官.
súrgeon's knòt 〔医〕外科結び.
súrge protèctor 〔電〕サージプロテクター《サージから機器を保護するための回路[装置]》.
sur·gery /sɔ́:rʤ(ə)ri/ *n* 外科; 外科診療[治療]; 手術; 手術室; "医院, 診療所; 《医師・歯科医の》診療時間; "《議員の》面会時間, 面談室; "《弁護士などによる》無料相談, 面談. [OF; ⇨ SURGEON]
súrge supprèssor 〔電〕SURGE PROTECTOR.
súrge tànk 〔機〕サージタンク《水量水圧の急変を抑えるための調整タンク》.
Surg. Gen. °Surgeon General.
sur·gi·cal /sɔ́:rʤɪk(ə)l/ *a* 外科(術)の, 外科的な, 外科用の; 手術上の, 手術に起因する〈熱など〉; 外科医の(ような), 冷静な, 正確な; 矯正[整形]用の. ♦ **～·ly** *adv*
súrgical applíance 外科的固定装置.
súrgical bóot [shóe] 《足の治療用の》矯正靴, 整形外科靴.
súrgical spírit" 外科用アルコール.
súrgical stríke 〔軍〕局部攻撃《特定目標だけに対する迅速・精確な攻撃》.
súr·gi·cènter* /sɔ́:rʤə-/ *n* 《入院を必要としない小手術を行なう》外科センター.
súrg·ing *a* 押し寄せる; 勢いづく; 高まる; 増加[増大]する: ～ crowds 押し寄せる人の波 / ～ demand for energy 高まるエネルギー需要.
surgy /sɔ́:rʤi/ *a* 荒波の, うねりの高い; 《古》寄せ波の多い.
su·ri·cate /súrəkèɪt; sjúə-/, **-cat** /-kæ̀t/ *n* 〔動〕スリカタ《ジャコウネコ科; アフリカ南部産》. [F *suricate*]
su·ri·mi /surí:mi/ *n* すり身, 《ホタテやカニ身などに似せて造った》練製品. [Jpn]
Súrinam chérry 〔植〕タチバナアデク(の実), ピタンガ《フトモモ科》.
Su·ri·na·me /sùərənɑ́:mə/, **Su·ri·nam** /súrənæ̀m, sùrənɑ́:m; sùərɪnǽm/ スリナム《南米北東部の国; 公式名 Republic of Suriname (スリナム共和国); ☆Paramaribo; 旧称 Dutch [Netherlands] Guiana》. ♦ **-nám·er** *n* **Su·ri·nam·ese** /sùərənəmí:z, -s/ *a, n*
Súrinam tóad 〔動〕コモリガエル (＝*pipa*)《南米産》.
sur·jec·tion /sərʤékʃ(ə)n/ *n* 〔数〕全射.
sur·jec·tive /sərʤéktɪv/ *a* 〔数〕上への (onto) 〈写像〉.
sur·loin /sɔ́:rlɔɪn/ *n* SIRLOIN.
sur·ly /sɔ́:rli/ *a* (意地悪く)不機嫌な, 〈動物が〉気が立っている; 無愛想な, むっつりした; ぶっきらぼうな; 〈天候が〉荒れ模様の, 険悪な; 《廃》高慢な. ► *adv* 傲慢に, 尊大に. ♦ **súr·li·ly** *adv* **-li·ness** *n* [*sirly* (obs) haughty (SIR, *-ly*[2])]
Sur·ma /súərmə/ [the] スルマ川《インド北東部 Manipur 州に発し(同州では Barak 川と呼ばれる), 西流してバングラデシュにはいる川》.
sur·mise /sərmáɪz, sɔ́:rmàɪz; sɔ́:màɪz/ *n* 推量, 推測; 意見. ► *vt, vi* /―⌐/ 推量する, 推測する; …かと思う. ♦ **sur·mís·able** *a* **sur·mís·er** *n* [AF and OF＜L *supermiss- supermitto* to accuse]
sur·mount /sərmáunt/ *vt* 〈困難・障害を〉乗り越える, 打破する, 切り抜ける; …の上にある[そびえる]; [[U]*pass*] …の上に置く, …に載せる 〈*by, with*〉; 〈山〉に登る, 越える; 《廃》しのぐ, …より多い: peaks ～*ed with* snow 雪を頂く峰々. ♦ **～·able** *a* 克服[打破]できる. [OF (*sur*-[1])]
sur·mul·let /sə̀:rmʌ́lət/ *n* (*pl* **～s, ～**) 〔魚〕ヒメジ.
sur·name /sɔ́:rnèɪm/ *n* 姓, 氏, 名字 (⇨ NAME); 《もと 居住地・職業・個人的特徴などからつけられた》異名, 添え名, あだ名. ► *vt*

/, *sər ⏤́⏤/ …にあだ名をつける; 姓で呼ぶ. ◆ **sur·nàmed** *a* [変形＜*surnoun*＜AF (*sur-*[1], NOUN name)]

sur·pass /sərpǽs; -pɑ́:s/ *vt* …にまさる, しのぐ, 凌駕する ‹*in* size, speed›; …の限界を超える; …の向こう側へ行く, 越える: His work ～*ed* expectations. 彼の仕事は予想以上のできだった / ～ description 言語に絶する. ◆ **～·able** *a* **～·er** *n* [F (*sur-*[1])]

surpáss·ing *a* すぐれた, 卓越した; 非常な. ► *adv* 《古・詩》 SURPASSINGLY. ◆ **～·ly** *adv* 並はずれて; 非常に.

sur place /*F* sy:r plas/ その場で, 現地で. [F]

sur·plice /sə́:rpləs/ *n* サープリス《儀式で聖職者・聖歌隊員が着る白衣》; 前が斜めに交差した衣服. ► *a* ‹衣服が›前で斜めに交差した. ◆ **～d** *a* surplice を着けた. [AF＜L (*super-*, PELISSE)]

súrplice fèe 〘英国教〙ころも代《結婚式・葬式などで渡す牧師への謝礼》.

sur·plus /sə́:rpləs, -plʌ̀s/ *a* 余りの, 過剰の; 黒字の; *《連邦の価格支持計画によって政府が買い上げる》余剰の‹農産物など›: a ～ population 過剰人口 / ～ *to* one's needs 必要以上に, 余分に / be ～ to requirements 必要でない. ► *n* 余り, 過剰; 〘会計〙剰余(金); 黒字 (opp. *deficit*); *余剰農産物: in ～ 余剰[黒字]で. [AF＜L (*super-*, PLUS)]

súrplus·age *n* 余分, 剰余, 過剰; 余計な文句[事項など]; 〘法〙過剰, 余剰《争点の判断に不必要な事項》.

súrplus válue 〘経〙剰余価値.

sur·print /sə́:rprìnt/ *vt, n* 〘印〙 OVERPRINT.

sur·pris·al /sərpráɪz(ə)l/ 《やや古》 *n* 驚き, 思いがけない事[もの]; 不意討ち, 奇襲.

sur·prise /sərpráɪz/ *vt* **1** 驚かす, 仰天させる, 意外に思わせる《物を主語とする場合のほかは, 通例 受動態》; びっくりさせて…させる; 驚かせて‹事実などを›引き出す: His conduct ～*d* me. 彼の行ないにはびっくりした / You ～ me. びっくりするなあ, 驚いたよ / I *am* ～*d at* you [*by* your rudeness]. きみには[きみの無作法ぶりには]あきれたよ / We *were* ～*d* to find the shop empty. 店が空き家になっていたので驚いた / I shouldn't [wouldn't] *be* ～*d* if [to learn that] another war broke out. また戦争が起こっても驚かない[不思議ではない] / They ～*d* me *with* a gift. 思いがけない贈り物でわたしを驚かせた / He ～*d* me *into* consent. わたしをあわてさせて同意させた. **2** 奇襲(で占領)する, 不意討ちにする, …の油断を襲う: They were ～*d* by the enemy. 敵に不意をつかれた. **3** 思いがけなく…にでくわす, 突然…に気づく; …の現行中を捕える. ► *vi* 驚く. ► *n* **1** 驚き, びっくり, 驚愕; びっくりさせるもの, 驚くべき事件[報道], 意外な事, 思いがけない贈り物, 番狂わせ: in ～ 驚いて / to one's [sb's] ～ 驚いたことには / (it is [comes as]) no ～ 驚くにあたらない ‹*to* do, *that*›. **2** 不意討ち, 奇襲; [‹*a*›] 予期しない, 思いがけない: take sb *by* ～ 不意を襲う; びっくりさせる / a ～ attack 不意討ち. ● **S～, ～!** さあ驚くなかれ, びっくりするぞ!; 驚きましたね, いやはや《皮肉な調子》. ◆ **sur·prís·ed·ly** /-(ə)dli/ *adv* 驚いたように. **sur·prís·er** *n* [OF (pp)＜*sur-*[1](*prendre*＜L=to seize)=to overtake]

surpríse pàckage [pàcket]" びっくり包み《中から硬貨などが出てくる菓子包み; しばしば 比喩的に用いる》.

surpríse pàrty* サプライズパーティー《主賓が知らないうちにこっそり準備してびっくりさせるパーティー》.

surpríse vìsit 不意の訪問; 臨検.

sur·prís·ing *a* 驚くべき, 意外な: ～ news / It is ～ that [how, what, where, etc.]…とは驚きだ. ◆ **～·ness** *n*

surprísing·ly *adv* 驚くほど; 驚いたことに: not ～ 驚くほどのことではないが.

sur·ra(h) /súərə/ *n* 〘獣医〙スーラ, スルラ《インド・ミャンマー地方の牛・ラクダ・象・犬などの悪性伝染病》. [Marathi]

sur·re·al /səríː(ə)l, -ríəl/ *a* 超現実主義(的)の, 妙に現実離れした, シュールな: the ～ 超現実的なもの[雰囲気]. ◆ **～·ly** *adv* **sur·re·al·i·ty** /sərìǽləti/ *n* 超現実性, シュールな状態.

surréal·ìsm *n* 〘芸術〙超現実主義, シュールレアリスム《Freud の説に影響をうけた, Dadaism に続く芸術理論で, Chirico, Dalí, Miró などに代表される》. ◆ **-ist** *n, a* 超現実主義者; 超現実主義の. [F]

sur·re·al·is·tic /sərì:əlístɪk, -rɪ̀ə-/ *a* 超現実主義の, シュールレアリスムの; 超現実主義的な, シュールな. ◆ **-ti·cal·ly** *adv*

sur·re·but /sə̀:r(r)ɪbʌ́t; sʌ̀rɪ-/ *vi* (**-tt-**) 〘法〙‹原告が›第四訴答をする.

sùr·re·bút·tal *n* 〘法〙再抗弁, 再反論, 再反証《rebuttal に対する反論》.

sùr·re·bút·ter *n* 原告第四訴答《rebutter に対する原告の訴答》. [*sur-*[1] in addition; *surrejoinder* にならったもの]

sur·re·join /sə̀:r(r)ɪʤɔ́ɪn; sʌ̀rɪ-/ *vi* 〘法〙‹原告が›第三訴答をする.

sur·re·join·der /sə̀:r(r)ɪʤɔ́ɪndər; sʌ̀rɪ-/ *n* 〘法〙原告第三訴答.

sur·ren·der /səréndər/ *vt* **1** 引き渡す, 手渡す, 明け渡す, 開城する; ‹職業・希望・自由など›(潔く)放棄する, 辞職する; 〘スポ〙‹点・ヒットなどを›許す, ‹試合などを›落とす; 〘法〙‹賃貸権を›期限切れ以前に放棄する; 《返戻金を受けて》‹保険を›解約する: ～ the fortress *to* the enemy 要塞を敵に明け渡す / ～ *oneself to* justice [the police] 自首する / ～ to one's BAIL[1]. **2** [～ *-self*] おぼれる, ふける: ～ *oneself* *to* despair [sleep] 自暴自棄に陥る[眠りに落ちる]. ► *vi* 降参[降伏, 陥落]する ‹*to*›; ‹議論・感情などに›屈する, 負ける ‹*to*›. ► *n* 引渡し, 明渡し, 譲渡; 特許権の放棄; 降服, 陥落; 自首; 保険解約: ～ of a fugitive 〘国際法〙逃亡犯人の引渡し / unconditional ～ 無条件降服. [AF＜OF *sur-*[1](*rendre* to RENDER)]

surrénder vàlue 〘保〙解約返戻(へんれい)金, 解約返還金額.

Surrentum ⇨ SORRENTO.

sur·rep·ti·tious /sə̀:rəptíʃəs, sʌ̀r-; sʌ̀r-/ *a* 秘密の, 内密の, こそこそとする; 不正の. ◆ **～·ly** *adv* **～·ness** *n* [L (SURrept- -ripio to seize secretly)]

sur·rey* /sə́:ri, sʌ́ri; sʌ́ri/ *n* サリー《2 座席 4 人乗り馬車[自動車]》. [↓; 最初の製作地]

Surrey サリー《イングランド南東部の内陸州; ☆Kingston upon Thames》. ■ **Éarl of ～** サリー伯爵 (⇨ Henry HOWARD).

Súrrey Cóunty Crícket Gròund [the] サリー州クリケットグラウンド (OVAL).

sur·ro·ga·cy /sʌ́rəgəsi/ *n* **1** 代理人 (surrogate) の役目[任務], 代理制. **2** 代理母 (surrogate mother) をつとめること, 代理母制度.

sur·ro·gate /sə́:rəgèɪt, sʌ́rə-, -gət; sʌ́rəgɪt/ *n* 代理(人), 代用物 ‹*for, of*›; 代理母 (SURROGATE MOTHER); 〘精神分析〙代理《無意識のなかで父母に代わる権威者》; 〘英国教〙監督代理《BANNS なしに結婚の許可を与える》, 宗教裁判所判事代理; *検認裁判官. ► *vt* /-gèɪt/ 代理に任命する; 自分の後任に指名する; 〘法〙代位する. ◆ **～·ship** *n* [L *sur-*[2](*rogo* to ask)=to choose as substitute]

súrrogate móther 代理母《通常の妊娠・出産ができない女性に代わって妊娠・出産を引き受ける女性》; 母代わり《人・動物・物》. ◆ **súrrogate móther·hood** *n*

súrrogate's cóurt 〘米〙《New York 州で》(遺言)検認裁判所.

sùr·ro·gá·tion *n* 代理[人]を立てること; 《情報検索システムで》長い項目の箇所に簡単な代理となるものを使用すること, 置換.

sur·round /səráund/ *vt* 囲む, 取り巻く; 〘軍〙包囲する; ‹有力者›の取巻きとなる; ‹危険・不安などが›…にまつわる, 付きまとう: be ～*ed by* fans [walls] ファン[塀]に取り囲まれる / be ～*ed with* bad rumors 悪いうわさが付きまとう / ～ oneself *with* sycophants ちやほやしてくれる人だけを身のまわりに置く. ► *n* 取り巻くもの, 縁, へり; "へり敷物《壁とじゅうたんの間の》; [ᵘ*pl*] 周囲, 周辺; 〘狩〙包囲猟法[猟場]. ◆ **～·er** *n* [ME=to overflow＜AF＜L (*sur-*[1], *unda* wave); 語義上 ME *rounden* to round の影響あり]

surróund·ing *a* 囲む; 周囲の, 近辺の. ► *n* 取り囲むもの[こと]; [*pl*] 四囲(の状態), 環境, 周囲; [ˢ*pl*] 側近, 取巻き.

surróund sòund 〘オーディオ〙サラウンドサウンド《コンサートホールなどの現場で聴いているように前だけでなく周囲から聞こえる再生音》.

sur·roy·al /sə:(r)rɔ́ɪəl/ *n* 《鹿の》先端の枝角《royal antler の先》.

sur·sum cor·da /súərsum kɔ́:rdɑ:, sə́:rsəm kɔ́:rdə/ 勇気を奮い起こさせるもの; [ºS- C-] 〘キ教〙「こころをあげて主を仰がん」《ミサ序唱の文句》. [L=lift up your hearts]

sur·tax /sə́:rtæ̀ks/ *n* 付加税 (additional tax); 所得税特別付加税《英国では supertax に代わり 1929–30 年以後実施, 1973 年廃止》. ► *vt* /, *⏤́⏤/ …に付加税を課する. [F (*sur-*[1])]

Sur·tees /sə́:rtiz/ サーティーズ **Robert Smith ～** (1803–64)《英国の狩猟小説家・ジャーナリスト; *Jorrocks' Jaunts and Jollities* (1838)》.

súr·tìtle *n, vt* SUPERTITLE.

sur·tout /sə́:rtù:(t), sər⏤́/ *n* シュルトゥ《男子用のぴったりした外套; 婦人用フード付きマント》. ► *a* 〘紋〙‹盾の紋が›部分的に他の紋と重なる. [F (*sur-*[1], *tout* everything)]

Surts·ey /sə́:rtsèɪ, súərt-/ サートセイ《アイスランド南岸沖の島; 1963 年火山の爆発によって形成された》.

surv. survey.

sur·veil, -veille /sərvéɪl/ *vt* 監視[監督]する. [逆成く↓]

sur·veil·lance /sərvéɪləns/ *n* 監視, 見張り, 監督, 検視的監査, サーベイランス: be kept under ～ 監視される. [F (*sur-*[1], *veiller*＜L *vigilo* to watch)]

sur·véil·lant *n* 監視者, 監督者. ► *a* 監視[監督]する.

sur·vey *v* /sərvéɪ, sə́:rvèɪ/ *vt* 見渡す, 見晴らす; …の概略を調べる, 概観する, 概説する; 調べる, 精査する; しげしげと見る; "‹建物を›鑑定する, 査定する; ‹船›の耐航性を調べる; ‹人›にアンケート調査を行なう, アンケートを取る; ‹考え方などを›調査する; 測量する. ► *vi* 測量をする. ► *n* /sə́:rvèɪ, sərvéɪ/ 見渡すこと; 概観, 通覧, *SURVEY COURSE; 測量, 実地踏査; 測量部[局]; 測量図, 実測図; アンケート調査, 世論調査; "《建物の》鑑定(書); 調査表[書]; 〘統〙標本調査. ● **make a ～** 検分する, 測量する ‹*of*›; 概観する ‹*of*›. [AF＜L (*super-*, *video* to see)]

súrvey còurse 概説講義.

survéy·ing *n* 測量(術).

survéy·or *n* 測量士[技師]; "《不動産などの》鑑定士, 〘法〙*(租)税査定官, *《税関の》検査官; 《船の》耐航性検査官; 監視人, 監督者. ◆ **～·ship** *n* surveyor の職[地位, 身分].

survéyor géneral (*pl* **survéyors géneral, ～s**) 〘米〙公[官]有地監督官; 検査主任.

survéyor's chàin 〘測〙測量士チェーン (⇨ CHAIN).
survéyor's lèvel 《測量用》水準儀, レベル.
survéyor's mèasure 《測量士チェーンによる》測量単位.
Surv. Gen. °Surveyor General.
sur·viv·able /sərváɪvəb(ə)l/ *a* 生き残れる; 〈病気・事故などが〉死ぬほどひどくない. ♦ **sur·viv·abíl·i·ty** *n*
sur·viv·al /sərváɪv(ə)l/ *n* 生き残り, 残存, 助かること, 生存; 〘植〙活着; 生存者, 残存物, 遺物, 遺風. ► *a* 〈食料・衣類など〉緊急[非常]時用の.
survíval bàg サバイバルバッグ《登山者が遭難したときなどに身を包むビニール製の袋》.
survíval cùrve 生存曲線《放射線被曝者・癌患者など特定の集団の生存率を示す曲線グラフ》.
survíval guìlt 生存(者)の自責[罪悪感]《戦争や災害で生き残った者が犠牲者に対していだく》.
survíval·ìsm *n* 生き残り[生残]第一主義, サバイバリズム; サバイバルゲームを趣味とすること, サバイバリズム.
survíval·ist *n* 生存主義者, サバイバリスト《待避施設や備蓄食糧により戦争などの大災難で生き残ることを第一の目標とする人》. ► *a* 生存主義(者)の.
survíval kìt 緊急[非常]時用品セット, サバイバルキット.
survíval of the fíttest [the] 〘生〙適者生存 (natural selection). [Herbert Spencer, *Principles of Biology* (1865) から]
survíval sùit 救命スーツ, サバイバルスーツ《冷水中に遭難したときの, 手足や前額部を含め全身を包むネオプレンゴム製の胴衣》.
survíval vàlue 〘生〙生存価《生体の特質が生存競争において果たす有効性》.
sur·viv·ance /sərváɪvəns/ *n* SURVIVAL.
sur·vive /sərváɪv/ *vt* …より長生きをする; …にもかかわらず生きている, …から助かる, 生還する, 生き延びる, 生き抜く; 《口》〈激務など〉に耐え抜く: ~ one's children 子供に先立たれる / ~ one's usefulness 長生きをして役に立たなくなる / The deceased is ~*d* by his wife and two sons. 遺族は夫人と 2 人の子息 / ~ all perils あらゆる危険を冒してなお生きている / ~ a shipwreck [an operation] 難船[手術]して助かる. ► *vi* 生きながらえる, 生き残る; 残存[存続]する, 生き残っている; 《口》《不幸など》ものともしない, 平気でいる: I'll [He'll] ~. 《やっかいな状況だが》わたしはだいじょうぶだ[彼には関係ないさ]. ♦ **sur·vív·er** *n* 《古》SURVIVOR. [AF *survivre*<L (*super-*, *vivo* to live)]
sur·vív·ing *a* 生き残っている, 残存[現存]している.
sur·ví·vor *n* 生き残った人, 生残者, 生存者, 生還者; へこたれない人, たくましい人; 遺族; 〘法〙同一権益共有者中の生存者; 残存物, 遺物; 〘生〙(系統的)遺存種, 残存種.
survívor guìlt SURVIVAL GUILT.
survívor·shìp *n* 〘法〙生残者権《共有財産の権利を生き残った者が取得する権利》; 生き残り, 残存; 《ある年齢まで生きる》生存確率; 《ある年齢群の》生存者数[率].
survívor sỳndrome 〘精神医〙生存者症候群《戦争・災害の生存者が示す罪悪感に基づく精神症状》.
sus ⇨ SUSS.
sus- /səs, sʌs/ ⇨ SUB-.
Sus. 〘聖〙Susanna.
Su·sa /súːzə, -sə/ **1** スーサ《イラン南西部の遺跡; 古代エラム (紀元前 4000 年ごろ) の首都で, Darius 1 世と Artaxerxes 1 世の宮殿があった; 聖書名 Shushan》. **2** スーサ《SOUSSE の別称》.
Su·sah /súːzə, -sə/ スーサ《SOUSSE の別称》.
Su·san /súːz(ə)n/, **Su·san·na(h)** /suzǽnə/, **Su·sanne** /suzǽn/ スーザン, スザンナ《女子名; 愛称 Sue, Suky, Susie, Susy, Suzie, Suzy》. [Heb=lily]
Susan B. Anthony Day /— bíː ―́―/ スーザン B. アンソニー誕生日 (2 月 15 日).
Susanna **1** ⇨ SUSAN. **2** 〘聖〙スザンナ《Joachim の妻で,「スザンナ物語」中の貞女》; スザンナ物語《旧約聖書外典の The History of ~; 略 Sus.; ドゥエー聖書のダニエル書の 13 章として保存される》.
sus·cep·tance /səséptəns/ *n* 〘電〙サセプタンス《インピーダンスの逆数の虚数部分; 単位はモー (mho)》.
sus·cep·ti·bil·i·ty /səsèptəbíləti/ *n* 感じやすさ, 感受性; [*pl*] 感情; 〘動・植〙罹病性, 感染性; 〘機〙故障発生度; 〘電〙磁化率, 帯磁率; 〘電〙電気分極率.
sus·cep·ti·ble /səséptəb(ə)l/ *pred a* **1** 許す, できる, 可能な (capable): facts not ~ *of* [*to*] proof 立証不可能な事実 / This passage is ~ *of* various interpretations. この一節はいろいろな解釈が可能だ. **2** 感じやすい; 影響されやすい, 受けやすい: a ~ youth 多感な青年 / a girl of [with] a ~ nature ものに感じやすい少女 / ~ *to* flattery 甘言に乗りやすい / ~ *to* colds かぜをひきやすい. ♦ **-bly** *adv* **~·ness** *n* [L *sus-*(*cept- cipio*)=to take up]
sus·cep·tive /səséptɪv/ *a* RECEPTIVE; SUSCEPTIBLE. ♦ **~·ness** *n* **sus·cep·tiv·i·ty** /sʌ̀sɛptívəti/ *n*
sush /sʌ́ʃ/ *vt* SHUSH.
su·shi /súːʃi/ *n* 鮨. [Jpn]
súshi bàr 寿司屋(のカウンター).
Su·si·an /súːziən/ *n* SUSA [SUSIANA] の人; エラム語 (Elamite).
Su·si·ana /sùːziǽnə, -áː-, -éɪ-/ スシアナ《ELAM の別称》.
Su·sie /súːzi/ スージー《女子名; Susan, Susanna(h) などの愛称》.
sus·lik, sous- /sʌ́slɪk, súːs-/ *n* 〘動〙ジリス《アジア北部産》; ジリスの毛皮. [Russ]
sus·pect *v* /səspékt/ *vt* **1 a** 〈危険・陰謀など〉に感づく, 気づく, うすうす感じる: I ~ trouble. 面倒なことになりそうだ. **b** …ではないかと思う, 想像[推測]する (guess): I ~ so [not]. そうだろうね[は思わないね]. ★ suspect は「…であろう」とひそかに思うことで, doubt は「…であるかどうか疑う」の意: I *suspect* (that) he is ill. 彼は病気だろうと思う (cf. I doubt if he is ill. 彼は病気なのかどうか疑わしい). **2** 〈人〉に疑いをかける, 怪しいとにらむ; 怪しむ, 疑う (doubt): ~ sb *of* murder 人に殺人の疑いをかける / He is ~*ed of cheating*. 彼はいんちきをやっていると疑われている / I ~*ed* the truth of his words. 彼のことばが本当とは信じられなかった. ► *vi* 疑いをかける, 邪推する. ► *a* /sʌ́spɛ̀kt, səspékt/ 疑わしい, 怪しい, 不審な, うさんな: His statements are ~. 彼の供述は怪しい / a ~ package 怪しげな[不審な]包み. ► *n* /sʌ́spɛ̀kt/ 容疑者, 被疑者, 不審者, 要注意人物. [L *suspect-* -*picio* (*sus-* up, secretly)=to look up at]
suspéct·ed *a* 怪しい, (…ではないかと)疑われる: a ~ package / a ~ murderer 殺人容疑者.
sus·pend /səspénd/ *vt* **1 a** 吊る, つるす, 掛ける, 吊り下げる, 懸垂する; 《空中・水中に》浮遊させる; 〘化〙懸濁する: ~ a decoration *by* a rope ロープで飾りをつるす / be ~*ed from* the ceiling 天井からつるされている. **b** 宙ぶらりんの[不安な]気持にしておく, はらはらさせる. **2** 中止する; 不通にする; 見合わせる, 一時停止する, 延期する; 停職にする, (しばらく)…の特権を停止する, 〈生徒を〉停学にする 〈*from* a post, team〉; 〘楽〙掛留(けいりゅう)する; 〘電算〙サスペンドさせる《節電のため不使用時にシステムを停止させる》: ~ payment 支払いを停止する, 〈会社が〉倒産を認める / ~ disbelief 《一時的に》フィクションの世界を現実として受け入れる / ~ one's judgment 決定[判決]を保留する / He has been ~*ed from* school. 停学になった / His sentence was ~*ed* for a year. 彼の刑は 1 年間執行猶予された. ► *vi* (一時)停止する, 中止する; 支払いを停止する, 負債が払えなくなる; 浮遊している; ぶらさがる; 〘電算〙サスペンドする: ~ to disk メモリー内容をディスクに書き出してサスペンドする. [OF or L *sus-*(*pens- pendo* to hang)]
suspénd·ed animátion 仮死(状態); 人事不省; 停滞.
suspénded cádence 〘楽〙DECEPTIVE CADENCE.
suspénded céiling 〘建〙吊天井.
suspénded séntence 〘法〙執行猶予 (cf. DEFERRED SENTENCE).
suspénd·er *n* [ᵘ(a pair of) ~s]*ズボン吊り, サスペンダー (braces ᴵᴵ); [*pl*]ᴵᴵ靴下吊り (garters); 《吊橋の》吊索. ♦ **~ed** *a*
suspénder bèltᴵᴵ GARTER BELT.
sus·pense /səspéns/ *n* 未決, 未定(状態), 宙ぶらりん, あやふや, どっちつかず; 不安, 気がかり, 《小説・劇・映画などの》サスペンス; 〘法〙《権利の》停止: be [keep sb] *in* ~ (どうなるかと)心配する[させる], 気をもむ[もませる], はらはらする[させる]. ♦ **~·ful** *a* **~·ful·ly** *adv* **~·ful·ness** *n* **~·less** *a* [AF and OF (pp)<L SUSPEND]
suspénse accòunt 〘簿〙仮勘定.
sus·péns·er *n* 《口》サスペンスもの[映画].
sus·pen·si·ble /səspénsəb(ə)l/ *a* **1** 吊り下げできる; 掛けられる. **2** 中止[停止]可能な.
sus·pen·sion /səspénʃ(ə)n/ *n* **1** つるすこと; 吊り下げる支柱[装置]; 吊り下げた[かけた]もの; 《自動車・電車などの》懸架装置, サスペンション (=~ **sỳstem**); 〘電〙《電気の通る部分を吊るための》吊り線. **2** 浮遊, 浮漂; 未決(定), 宙ぶらりん; 〘理〙浮遊(状態); 〘化〙懸濁(液); 《液体・気体中の》浮遊物; 〘地質〙浮流《岩屑が浮遊しながら流れること; cf. SALTATION》. **3** 停職, 停学, 出場停止, 停権, 中止, 《法律などの一時的な》停止, 不通; 《取引資格などの》一時停止; 支払い停止, 破産; 《頭字などによる》略語; 〘カト〙聖職停止; 〘楽〙掛留(音); 〘修〙懸延法《話の主要部をあとにまわす方法》.
suspénsion brìdge 吊橋.
suspénsion pòints [pèriods]* *pl* 〘印〙省略符号《文中の省略を示し, 文中では 3 点…, 文尾では 通例 4 点….》.
sus·pen·sive /səspénsɪv/ *a* 中止[保留]する, 未決定の; 保留[延期, 停止]権のある; 不安な, 不確かな, あやふやな; 〈語句など〉気をもませる, はらはらさせる; 《まれ》吊り下げた. ♦ **~·ly** *adv* **~·ness** *n*
suspénsive véto 停止権.
sus·pen·soid /səspénsɔɪd/ *n* 〘化〙懸濁質, 懸濁コロイド.
sus·pén·sor *n* 〘植〙胚柄(はいへい); 〘解〙懸垂帯; 吊り包帯.
sus·pen·so·ry /səspéns(ə)ri/ *a* 吊る, 吊り下げの, 懸垂の; 一時停止の, 中断している, 未決定の. ► *n* 〘解〙懸垂帯, 提挙帯; 〘医〙吊り包帯; サポーター (athletic supporter).
suspénsory lígament 〘解〙提靭帯.
sus·pi·cion /səspíʃ(ə)n/ *n* **1** 容疑, 疑い, いぶかり, 怪しみ; 感づくこと, 気づくこと: be looked upon with ~ 疑いの目で見られる / have ~*s* [a ~] about…=attach ~ to…=hold…in ~=cast ~ *on*… に嫌疑をかける / have a ~ *of* [*that*]…に[ということに]感づく. **2** [a ~] 微量, 気味 〈*of*〉: *a* ~ *of* onion in the soup かすかなタマネギの匂い. ● **above** [**beyond**] ~ 嫌疑がかかっていない 〈*of* theft〉. **on** (**the**)

～ **of**…の嫌疑で. **under** ～ 嫌疑をうけて: come [fall] *under* ～ (for [of] fraud) (詐欺の)疑いをかけられる. ► *vt* 《非標準》SUSPECT. ♦ ～**·less** *a* [AF<L (⇨ SUSPECT); 語形は F に同化]
suspícion·al *a* (病的に)疑い深い.
sus·pi·cious /səspíʃəs/ *a* 疑い深い, 邪推する; 嫌疑を起こさせる, うさんくさい, うろんな, 挙動不審の, 怪しい; 疑わしげな〈目つき·表情など〉: a ～ nature 疑い深い性質 / Our dog is ～ *of* strangers. うちの犬は知らない人には気をゆるさない / a ～ character 怪しげな人物. ♦ ～**·ness** *n*
suspícious·ly *adv* 疑い深げに, うさんくさそうに; 怪しげな態度で, 不審な様子で; 妙に, 疑わしいほどに: The man was wearing a ～ large coat. 《なにか隠していることを疑わせるほど》妙に大きなコートを着ていた / look [sound] ～ like… 《そのように見せまいとしているが》…と思わせる[酷似している].
sus·pi·ra·tion /sʌ̀spəréɪʃ(ə)n/ *n* 《古·詩》ため息, 嘆息, 長大息.
sus·pire /səspáɪər/ 《古·詩》 *vi* 嘆息する 〈*for*〉; 呼吸する. ► *vt* 嘆息して言う. [L (*spiro* to breathe)]
Sus·que·han·na /sʌ̀skwəhǽnə/ [the] サスケハナ川《New York 州中部から南流して Chesapeake 湾に注ぐ》.
suss, sus /sʌ́s/ ˈˈ《口》 *vt* (**-ss-**) **1** 疑う, 疑いをかける (suspect); 推測する. **2** 捜索[調査]する〈*out*〉; 理解する, 悟る, 見抜く, 感づく, わかる〈*out*〉《1960 年代 beatniks の間で流行》. ► *n* 疑い, 嫌疑 (suspicion); 疑わしい[うさんくさい]行動; 《犯罪の》容疑者; 実際的知識, ノウハウ. ● **on** ～ 嫌疑がかかって, 疑われて. ► *a* うさんくさい, うさんな, 怪しい; 抜け目ない, 用心深い. ► *adv* 疑わしげに. [*suspect*]
sussed /sʌ́st/ *a* ˈˈ《口》〈人が〉うまく適応した, ちゃんとわかっている, 自信のある. [*suss*]
Sus·sex /sʌ́sɪks/ **1** サセックス《(1) イングランド南東部の旧州; 略 **Suss.**; 1974 年 East ～, West ～ の 2 州に分割された 2) アングロサクソンの七王国 (heptarchy) の一つ》. **2** 《鶏·食肉牛の》サセックス種.
Sússex spániel 〘犬〙サセックススパニエル《鳥猟犬》.
súss làw ˈˈ《俗》不審者抑止法《不審者を呼び止めて逮捕する権限を警察に認めた法; 1981 年廃止》.
sus·so /sʌ́sou/ *n* (*pl* ～**s**) 《豪俗》失業手当(受給者): on (the) ～. [*sustenance*, *-o*]
sussy /sʌ́si/ *a* ˈˈ《俗》疑わしい, 怪しい.
sus·tain /səstéɪn/ *vt* **1 a** 下から支える; 〈重責など〉担う; …に耐える. **b** 〈損害などを〉うける, こうむる; 経験する; 〈役を〉演じる: ～ a defeat 敗北する / ～ a great loss 大損害をこうむる. **2** 維持する, 持続させる; 継続する; …に栄養[食料, 必需品]を補給する, …の生命を維持する; 〈音調を〉一様に保つ: ～*ing* food 力をつける食物. **3** 支持する, 支援する; 励ます, 元気づける. **4** 正当と認める, 認可する; 確認[確証]する; 立証する: *S~ed*. 《異議に対して裁判長が》認めます (cf. Denied. ⇨ DENY). ► *n* 〘楽〙音の持続(効果), サステイン. ♦ ～**ed** *a* 支えられた; 維持された; 長期間の. ～**·ed·ly** *adv* ～**·ment** *n* [AF *sustenir*<L *sus-*(*tent- tineo*=*teneo* to hold)]
sustáin·able *a* **1** 支持できる, 支えられる; 維持できる; 持続できる, 持ちこたえられる. **2** 〈開発·農業などが〉資源を維持できる方法の, 持続可能な; 〈社会などが〉持続可能な方法を採用する生活様式の: ～ development 持続可能な開発. ♦ **-ably** *adv* **sustàin·abílity** *n* 持続可能性.
sus·táined-relèase *a* 〘化·薬〙〈肥料·製剤が〉徐放性の (=*time*(*d*)*-release*, *long-acting*, *prolonged-action*, *slow-release*) 《活性成分の溶解に時間差がでて効果を持続させることができる》.
sustáined yíeld 持続的生産《木材や魚など生物資源の収穫した分が次の収穫以前に再び生育するように管理すること》. ♦ **sustáined-yíeld** *a*
sustáin·er *n* SUSTAIN する人[もの]; 〘ロケット〙持続飛行(用ロケットエンジン); *SUSTAINING PROGRAM.
sustáin·ing *a* 支える, 維持する; 自主番組の: a ～ meal 体力を保つ食事 / a ～ member 維持会員.
sustáining prògram* 自主番組, サスプロ《営業的ラジオ·テレビ放送にはさむ放送局自身の非商業番組》.
sustáin [sustáining] pèdal サステインペダル (DAMPER PEDAL).
sus·te·nance /sʌ́stənəns/ *n* 生計(手段), 暮らし; 食物, 食べ物; 栄養(物), 滋養(物); 支持, 維持; 耐久, 持続; 支え, 支える手段. [OF; ⇨ SUSTAIN]
sus·ten·tac·u·lar /sʌ̀stəntǽkjələr/ *a* 〘解〙支える, 支持[把持, 提挙]する.
sustentácular céll 〘解〙支持細胞.
sus·ten·tac·u·lum /sʌ̀stəntǽkjələm/ *n* (*pl* **-la** /-lə/) 〘解〙支持組織, 提靱帯, 載突起. [L=stay]
sus·ten·ta·tion /sʌ̀stəntéɪʃ(ə)n/ *n* 支持, 生命[生活]の維持, 扶助; 食物; 支えるもの. ♦ **sús·ten·tà·tive** /, səsténtətɪv/ *a*
sustentátion fùnd 《長老派教会の》伝道師扶助基金.
sus·ten·tion /səsténʃ(ə)n/ *n* SUSTENTATION.
sus·ti·neo alas /sustíneòu á:là:s, səstíniòu éɪlæs/「われ翼を支う」《米国空軍の標語》. [L=I sustain the wings]
su·su[1] /sú:su/ *n* 〘動〙ガンジスカワイルカ. [Bengali]
susu[2] ⇨ SOU-SOU.
Susu *n* **a** (*pl* ～, ～**s**) スス族《西アフリカのマリ·ギニアなどに居住する》. **b** スス語《Mande 語派に属する》.
su·sur·rant /susə́:rənt, -sʌ́r-; s(j)usʌ́r-/ 《文》 *a* ささやく (whispering).
su·sur·rate /susə́:rèɪt, -sʌ́r-; s(j)ú:sərèɪt/ 《文》 *vi* ささやく; さらさらいう.
su·sur·ra·tion /sù:səréɪʃ(ə)n; s(j)ù:-/ *n* 《文》ささやき.
su·sur·rous /susə́:rəs, -sʌ́r-; s(j)ú:sə-/ 《文》 *a* ささやきに満ちた; さらさらと音をたてる.
su·sur·rus /susə́:rəs, -sʌ́r-; s(j)ú:sə-/ *n* 《文》ささやく(ような)声[音]. [L=hum, whisper]
Su·sy /sú:zi/ スージー《女子名; Susan, Susanna(h) の愛称》.
Sut·cliff /sʌ́tklɪf/ サトクリフ **Herbert** ～ (1894–1978)《英国のクリケット選手》.
Sut·cliffe /sʌ́tklɪf/ サトクリフ **Peter** ～ (1946–)《英国の殺人犯; 1975–80 年に売春婦を中心に 13 名の婦女を殺害; 'the Yorkshire Ripper' と呼ばれた》.
sute /sú:t/ *n* マガモの一群.
Suth·er·land /sʌ́ðərlənd/ **1** サザランド (**1**) **Donald** ～ (1935–)《カナダの映画俳優》(**2**) **Graham** (**Vivian**) ～ (1903–80)《英国の画家; 宗教壁画·戦災画や Churchill, Maugham などの肖像で有名》(**3**) Dame **Joan** ～ (1926–2010)《オーストラリア生まれのソプラノ》. **2** サザランド (=～**·shire** /-ʃɪər, -ʃər/)《スコットランド北部の旧州, ☆Dornoch; 現在の Highland 参事会地域に含まれる》.
Sútherland Fálls *pl* [the] サザランド滝《ニュージーランドの南島南西部にある; 落差 580 m》.
SU(3) symmetry /ésjù:θrí: ―́―/ 〘理〙SU(3) 対称性《三次元特殊ユニタリー行列のなす対称性; 素粒子の理論に現われる》. [SU は *s*pecial *u*nitary から]
Sut·lej /sʌ́tlɛʤ/ [the] サトレジ川《Tibet 南西部から西流し, Punjab 地方を通って Chenab 川と合流する》.
sut·ler /sʌ́tlər/ *n* 《かつての軍隊の》酒保の商人, 従軍商人. [Du *soeteler*<LG=sloppy worker]
su·tra /sú:trə/, **sut·ta** /sútə/ [ˢS-] *n* 《ヴェーダ文学の》戒律·金言(集), スートラ; 〘仏教〙経. [Skt=thread, list of rules; ⇨ SEW]
sut·tee, sa·ti /sʌtí:, sʌ́tì:/ *n* 妻の殉死《夫の火葬の薪の上で焼身自殺するヒンドゥー教徒の旧習》; 夫に殉死する妻. [Skt]
Sut·ter /sʌ́tər, sú:-/ サッター **John** (**Augustus**) ～ (1803–80)《ドイツ生まれの California 地方開拓者》.
Sútter's Míll サッターズミル《California 州北部 Sacramento の北東にあった John Sutter の製材所; 1848 年ここで金が発見され, 翌年のゴールドラッシュとなった》.
Sutt·ner /zútnər, sʌ́t-/ ズットナー **Bertha** (**Félicie Sophie**), Freifrau von ～ (1843–1914)《オーストリアの小説家·平和運動家; ノーベル平和賞 (1905)》.
Sut·ton /sʌ́tn/ サットン《London boroughs の一つ》.
Sútton Cóld·fìeld サットンコールドフィールド《イングランド中部 West Midlands 州北部の町》.
Sútton Hóo /-hú:/ サットンフー《イングランド Suffolk 州の考古遺跡; 1939 年ここで発見されたアングロサクソン時代の舟は 650 年ごろの East Anglia 王のために埋めたものとされる》.
Sútton-in-Ásh·fìeld サットン-イン-アッシュフィールド《イングランド中北部 Nottinghamshire 西部の町》.
su·ture /sú:ʧər/ *n* 縫い線, 《頭蓋などの》縫合(線); 〘動·植〙縫合, 縫い目; 〘医〙傷の縫い合わせ, 縫合術, ひと針; 縫糸; 〘地質〙《2 つの地殻プレート間の》縫合[境界]線. ► *vt* 〘医〙縫合する. ♦ **su·tur·al** /sú:ʧ(ə)rəl/ *a* **sú·tur·al·ly** *adv* ～**d** *a* [F or L (*sut- suo* to sew)]
Suu Kyi ⇨ AUNG SAN SUU KYI.
su·um cui·que /sùum kwíkwɛ/ 各人にその分を(与えよ). [L=to each his own]
SUV /ésjù:ví:/ *n* SPORT-UTILITY VEHICLE.
Su·va /sú:və/ スヴァ《フィジーの首都·港町; Viti Levu 島にある》.
Súv·la Báy /sú:vlə-/ スーヴラ湾《トルコの Gallipoli 半島の西岸にある; 1915 年 8 月 Anzac 軍団の上陸の地》.
Su·vo·rov /suvɔ́(:)rəf, -vár-, -rəv/ スヴォーロフ **Aleksandr Vasilyevich** ～ (1729–1800)《ロシアの陸軍元帥; 露土戦争に大勝, またアルプスを越えて革命フランス軍を破った常勝の名将》.
Su·wał·ki /suvá:lki/ スヴァウキ《(1) ポーランド北東部 Masurian 湖群の東の地域 2) ポーランド北東部 Bialystok の北方にある市》.
Su·wan·nee /səwáni/ [the] スワニー川《Georgia, Florida 両州を流れてメキシコ湾に注ぐ川; S. C. Foster の曲で知られる》. ★ ⇨ SWANEE 成句.
Su·won /sú:wʌ́n/ 水原(スウォン)《韓国北西部, 京畿道の市·道庁所在地, Seoul の衛星都市》.
suxa·me·tho·ni·umˈˈ /sʌ̀ksəməθóuniəm/ *n* 〘化〙スキサメトニウム (succinylcholine).
Su·zann(e) /suzǽn/ スーザン《女子名》. [F; ⇨ SUSAN]
su·ze·rain /sú:z(ə)rèɪn, -ərən/ *n* 封建領主, 宗主; 《属国に対する》宗主国. [F; *souverain* SOVEREIGN にならって *sus* above から か]

súzerain·ty *n* 宗主権[領]; SUZERAIN の地位[権力].
Su·zhou /sú:ʤóu/, **Su·chou, Soo·chow** /-ʤóu, -ʧáu; -ʧáu/ 蘇州(そしゅう)(スーチョウ)《中国江蘇省の市》.
Su·zú·ki mèthod /səzú:ki-/ 鈴木メソード《鈴木鎮一 (1898–1998) が創始したヴァイオリンの才能教育法》.
Su·zy, -zie /sú:zi/ スージー《女子名; Susan, Susanna(h), Suzann(e) の愛称》.
sv 〔野〕save(s). **s.v.** °sailing vessel ♦ °sub verbo [voce].
Sv 〔理〕sievert(s). **SV** °El Salvador.
Sval·bard /svá:lbɑ:r/ スヴァールバル《北極海にあるノルウェー領の島群; Spitsbergen 諸島とその周辺の島々からなる》.
svan·berg·ite /sfá:nbərgàɪt, svá:-/ *n* 〔鉱〕スワンベルグ石, スバンベルジャイト. [Swed; Lars S. *Svanberg* (1805–78) スウェーデンの化学者]
sva·ra·bhak·ti /sfɑ̀:rəbá:kti, svɑ̀:-, swɑ̀:-/ *n* 〔言〕母音嵌入(かんにゅう)《サンスクリット語で, 特に r [l] と直後の子音の間に母音が挿入されること; また 他の言語における同様の現象》.
svc service. **SVD** °swine vesicular disease.
Sved·berg /svédbə̀:rg, sféd-, -bèri/ **1** スヴェードベリ **The(odor H. E.)** ~ (1884–1971)《スウェーデンの化学者; コロイド化学を研究, 超遠心分離器を考案; ノーベル化学賞 (1926)》. **2** [°s-]〔理〕スヴェードベリ単位 (=~ **ùnit**)《コロイド粒子の沈降定数の単位: =10^{-13} 秒; 記号 S》.
svelte /svélt, sfélt/ *a* 〈特に 女性が〉ほっそりした, すらっとした (slender); 都会風な, 洗練された. ♦ **~·ly** *adv* **~·ness** *n* [F <It (*svellere* to pull out)]
Sven·ga·li /svɛŋgá:li, sfɛn-/ **1** スヴェンガーリ《Du Maurier の小説 *Trilby* (1894) で, ヒロインを催眠状態に陥れてあやつる音楽家》. **2** 抗しがたい力で人をあやつる人物.
Sverd·lovsk /svɛərdló:fsk/ スヴェルドロフスク《YEKATERINBURG の旧称》.
Sver·drup /svéərdrəp, sféər-/ スヴェルドルップ **Otto Neumann** ~ (1855–1930)《ノルウェーの北極探検家》.
Svérdrup Íslands *pl* [the] スヴェルドルップ諸島《カナダ北部北極海の Ellesmere 島の西に位置する島群; 一年の大半は氷雪におおわれる》.
Sve·ri·ge /svéərijə, sféər-/ スヴェリイェ《SWEDEN のスウェーデン語名》.
Sver·rir /svérər/ スヴェッレ (c. 1149–1202)《ノルウェー国王 (1184–1202); Sigurd 2 世の庶子を称し, **Svérrir Sí·gurds·son** /-sígərd-s(ə)n/ とも呼ばれた》.
Sve·tam·ba·ra /ʃvɛtá:mbərə/ *n* 白衣(びゃくえ)派の人, シュヴェーターンバラ《ジャイナ教の二大教団の一つで, 裸行派 (Digambara) と違って僧尼の着衣を認める》. [Skt=white-clad]
Sve·vo /svéɪvou/ ズヴェーヴォ **Italo** ~ (1861–1928)《イタリアの小説家; 本名 Ettore Schmitz》.
SV40 Simian Virus 40 シミアンウイルス 40《サルに潜伏感染していて, 実験動物に接種すると腫瘍を形成するウイルス》.
SVGA Super VGA《一画面の表示ピクセル数を VGA の 600×480 に対して 800×600 または 1024×768 とした IBM PC および同互換機用のビデオ規格》.
S-video /és ―/ *n* 〔電子工〕S ビデオ《色信号と輝度信号を分けて送る高画質映像方式》. [*S* < separate]
Svizzera ⇨ SWITZERLAND.
s.v.p. °s'il vous plaît. **sw.** switch. **s.w.** °salt water.
SW shortwave ♦ southwest ♦ southwestern.
SWA °South-West Africa.
swab /swáb/ *n* **1** モップ《甲板用》; 綿棒; 綿棒で集めた標本《細菌検査用の分泌物など》; 銃口[砲口]掃除具. **2** ″《海軍将校の》肩章 (epaulet); *《俗》SWABBIE; 《俗》不器用者, 役立たず, のろま. ► *vt* (**-bb-**) モップで掃除する; ふき取る; 〈モップを〉かける; 〈患部〉に綿棒で薬をつける; 〈薬などを〉綿棒で塗る: ~ *down* the deck 甲板をふく / ~ *out* the room 部屋をモップで掃除する / ~ *up* water 水をモップでふき取る. [MDu *swabbe* mop; 一説に (n)<(v) 逆成<*swabber*]
swáb·ber *n* モップ(を使う船員); 《俗》のろま.
swáb·bie, -by *n* [ᵘ*voc*] *《俗》海軍下士官, 水兵 (swab).
Swa·bia /swéɪbiə/ シュヴァーベン (*G* Schwaben)《ドイツ南西部の地方 (中世の公国); 現在の Baden-Württemberg 州と西 Bavaria 州からなる》.
Swá·bi·an *a* シュヴァーベン(人)の. ► *n* **a** シュヴァーベン人. **b** 《高地ドイツ語の》シュヴァーベン方言.
swacked /swǽkt/ *a* *《口》《酒·麻薬で》酔った.
swad /swád/ *n* 《俗》軍人, 兵士.
swad·dle /swádl/ *vt* 〈特に 乳児を〉細長い布で包む[くるむ, 巻く], …の全体をおおう 〈*in*〉; 押える, 束縛する. ► *n* *SWADDLING CLOTHES. [SWATHE²]
swád·dling clòthes [bànds] *pl* 《かつての》赤ん坊の(動きを抑える)巻き布; うぶ着, むつき; 幼年時代[期], 揺籃期; [*fig*]《子供などに対する》束縛, きびしい監視.
swad·dy /swádi/ *n* ″《俗》軍人, 兵士.
Swa·de·shi /swədéɪʃi/ *n* スワデーシー《独立前のインドでの, 国産品愛用, 特に 英国品排斥運動》. ► *a* インド製[産]の. [Bengali =own-country things]
swag¹ /swǽg/ *n* 《俗》略奪品 (booty), 盗品, 不正利得; 《俗》銭, 貴重品, 密輸品; 《豪》《放浪者·坑夫などの携帯する》身のまわり品の包み; 《豪俗》たくさん, 多量 〈*of*〉. ► *v* (**-gg-**) *vi* [°~it] 《豪》《身のまわり品を持って》旅する. ► *vt* 《豪》〈身のまわり品を〉持って旅する, 〈土地を〉身のまわり品を持って旅する (: ~ one's way); 《俗》押す, 突く, ひったくる. [ME=bulging bag<?Scand (ON *sveggja* to cause to sway)]
swag² *n* 花綱(装飾), 花飾り (festoon); だらりと掛けたカーテン; 揺れ; SWALE; ″《中部方言》鉱山陥没のあと水のたまった穴. ► *v* (**-gg-**) *vi* 揺れる, よろよろ動く; だらりとたれる[たれさがる], 沈む. ► *vt* たらす; ゆすぶる; 花飾りで飾る. [↑]
swág-bèllied *a* 太鼓腹の, 布袋(ほてい)腹の.
swage /swéɪʤ, swéʤ/ *n* タップ《鍛造や圧縮によって金属を変形·成形する道具》; SWAGE BLOCK; 《装飾的な》溝, 繰形. ► *vt* タップで造る, スエージング[スエージ加工]する. [OF=decorative groove <?]
swáge blòck 《鍛冶仕事用の》はちのす(金敷(かなしき)), ばち形あさり機.
swag·ger¹ /swǽgər/ *vi* 尊大に[偉そうに]ふるまう, いばる; ふんぞり返って歩く 〈*about, in, out*, etc.〉; 自慢する. ► *vt* おどしつけて…させる 〈*into*〉; おどして…をやめさせる[奪う] 〈*out of*〉. ► *n* いばる[自慢する]こと; いばって歩くこと, 闊歩: with a ~ いばって. ► *a* 《口》流行の(スタイルを誇る), いきな (posh). ♦ **~·er** *n* **~·ing·ly** *adv* いばって; 誇らしげに. [*swag*¹; 語尾は cf. CHATTER]
swagger² *n* 《豪》放浪者, 渡り労働者 (swagman).
swágger còat スワガー《肩が張って後ろにフレアのはいった婦人用コート》.
swágger stìck [càne] 《軍人などが散歩などにだてに持つ》短いステッキ.
swag·gie /swǽgi/ *n* 《豪口》SWAGMAN.
swág·man, swágs- /-mən, -mæ̀n/ *n* 《豪》放浪者, 渡り労働者 (⇨ SWAG¹).
Swa·hi·li /swɑ:hí:li/ *n* **a** (*pl* ~, ~**s**) スワヒリ人《アフリカのザンジバルと付近の沿岸に住む Bantu 人》. **b** スワヒリ語《Bantu 語に属するアフリカの代表的言語; アフリカ東部から中部にかけて諸部族間の共通語 (lingua franca) として広く用いられる》. [Arab (pl)<*sāhil* coast]
swain /swéɪn/ *n* 《古》田舎の若者, 牧夫; 《文》《牧歌に出る》女を慕う若者, 恋人. ♦ **~·ish** *a* 田舎者の, 粗野な, 無作法な. **~·ish·ness** *n* [ON=lad; OE *swān* swineherd と同語源]
Swáin·son's háwk /swéɪns(ə)nz-/ 〔鳥〕アレチノスリ《アメリカ大陸産の茶灰色のタカ》. [William *Swainson* (1789–1855) 英国の博物学者]
SWAK /swǽk/ sealed with a kiss《ラブレターに記す文句》.
Swa·ka·ra /swəká:rə/ *n* スワカラ《ナミビア産のカラクール羊 (karakul) の子(の毛皮)》. [*S*outh *W*est *A*frica *kara*kul]
swale* /swéɪl/ *n* 草の生い茂った湿地帯; 〔ゴルフ〕スウェイル《フェアウェー·グリーンのかすかなくぼみ》. [ME=shade<?Scand]
Swale·dale /swéɪldèɪl/ *n* スウェイルデイル《特に イングランド北部で飼育される羊の一種; その粗い羊毛》. [North Yorkshire の地名]
SWALK /swɔ́:lk/ sealed with a loving kiss《ラブレターの封筒裏に書く; cf. SWAK》.
swal·let /swálət/ *n* ″《方》地下水流, 水流が地下に吸い込まれる穴, ポノール.
swal·low¹ /swálou/ *vt* **1 a** ぐっと飲む, 飲み下す, 飲み込む 〈*in, up*〉; 平らげる, よくかまずに急いで食べる; 無理に飲み下す 〈*down*〉. **b** 《文》吸い込む, 〈海·森·炎などが〉飲み込む, 包む, おおう 〈*up*〉: He was soon ~ed (*up*) by [in] the crowd. 彼はやがて人込みに飲み込まれた. **2** 《口》うのみにする, 軽信する; 〈無礼を〉忍ぶ, 我慢する; 〈怒り·笑いなど〉抑える; 取り消す; 〈ことばを〉不明瞭に言う, つぶやく: ~ sth whole 〈話などを〉うのみにする / hard to ~ 信じがたい / ~ one's PRIDE / ~ one's words 前言を取り消す; ことばをぼそぼそと言う. ► *vi* のむ, のみ込む; 《感情を抑えて》ぐっとつばをのむ: ~ hard (ごくっと)生つば[かたず]をのむ. ● **~ a** CAMEL. **~ the** ANCHOR. **~ up** [°*pass*] 〈小企業·小国などを〉吸収する; 〈物事が〉〈金·時間·労力を〉大量に使う, 使いはたす. ► *n* 飲むこと, 飲み下すこと; ひと飲み; ひと飲みにした物, ひと飲みの量; 飲み込む力, 食欲; 食道; ″〔地質〕SINKHOLE; 〔海·機〕《滑車の》通索孔, スワロー: take a ~ *of* water 水をひと口飲む. ♦ **~·able** *a* [OE *swelgan*; cf. G *schwelgen*]
swallow² *n* 〔鳥〕ツバメ《HIRUNDINE *a*》; ツバメのように速く飛ぶ鳥《ハリオアマツバメなど》: One ~ does not make a summer. 《諺》ツバメ一羽で夏にはならぬ《早合点は禁物》. [OE *swealwe*; cf. G *Schwalbe*]
swállow dìve″ SWAN DIVE.
swállow·er *n* (物を)飲み込む人; 大食家 (glutton).
swállow flỳcatcher 〔鳥〕WOOD SWALLOW.
swállow hàwk 〔鳥〕SWALLOW-TAILED KITE.
swállow hòle″〔地質〕《石灰岩地方にできる雨水が地下に流れ込む》吸込み穴, ポノール.
Swállows and Ámazons 『ツバメ号とアマゾン号』《Arthur

S

Ransome 作の, 子供たちの休暇中の冒険を描いた連作物語 (1930–47) の第 1 作; cf. HOLIDAY STORY》.

swállow shrìke 〔鳥〕 WOOD SWALLOW.

swállow·tàil *n* ツバメの尾; 燕尾形のもの; 〔昆〕 キアゲハ (= ~ **bùtterfly**); 〔木工〕 ありかけほぞ; 〔海〕 長旗の末端, 三角形旗の末端; 燕尾服 (tailcoat) (= ~ **cóat, swállow-tàiled cóat**).

swállow-tàiled *a* 燕尾(形)の〈服〉; 燕尾をもつ〈鳥〉.

swállow-tàiled kíte 〔鳥〕 ツバメトビ (= *swallow hawk*) 《北米産》.

swállow·wòrt *n* 〔植〕 **a** クサノオウ (celandine). **b** ガガイモ科の数種の植物 《soma, butterfly weed など》.

swam *v* SWIM の過去形.

swa·mi, -my /swá:mi/ *n* スワーミー 《ヒンドゥー教の教師に対する尊称; ヒンドゥー教の偶像》; *ヨーガ行者 (yogi); 学者 (pundit), 賢者. [Hindi=master]

Swam·mer·dam /swá:mərdà:m/ スワンメルダム **Jan** ~ (1637–80) 《オランダの博物学者; 初めて赤血球を記載 (1658)》.

S **swamp** /swámp, *swɔ́:mp/ *n* 沼, 沼地, 沼沢地, 湿地, 湿原 《低木・高木も生える; PALUDAL *a*》; 難局, 難題. ► *vt* **1 a** 水浸しにする, 〔海〕 水を入れて〈船を〉沈める; …にどっとあふれる, 押し寄せる: The big wave ~*ed* the boat. 大波でボートは浸水した. **b** [ᵘ*pass*] 窮地に陥れる; 圧倒する, 手も足も出なくする 〈*with*〉, *…に圧勝する: He *was* ~*ed with* invitations. 招待攻めにあった. **2***〈土地・道などを〉切り開く 〈*out*〉; 〈伐採した木〉の枝を払う. ► *vi* 〈船などが〉水浸しになる, 沈む; 沼地にはまり込む; 窮地に陥る, 困惑する; 《豪俗》 車[乗物]に便乗させてもらう (cf. SWAMPER). ► *a* 沼沢地にすむ. ♦ **~·ish** *a* [? MDu *somp* morass; cf. MHG *sumpf* marsh, Gk *somphos* spongy]

swámp bày 〔植〕 **a** ヒメタイサンボク (sweet bay). **b** 米国南東部産クスノキ科アボカド属の低木.

swámp bòat 《沼沢用の》 エアボート (airboat).

swámp bùggy* スワンプバギー 《沼沢地用の自動車 または空中プロペラ船 (airboat)》.

swámp càbbage 〔植〕 SKUNK CABBAGE.

swámp cỳpress 〔植〕 BALD CYPRESS.

swámp dèer 〔動〕 バラシンガジカ (= *barasingh*) 《インド産》.

swamped /swámpt, *swɔ́:mpt/ *《俗》 *a* 猛烈に忙しい, 超多忙で; 酒に酔って.

swámp·er *n* *沼沢地住民, 沼沢地の精通者; *枝払い作業員; 助力者, アシスタント, 《鉱山の》 鉱車運転助手, *《俗》 トラックの運転助手, かつぎ人夫; 《豪》 牛[馬]追いの助手, 手伝いをして車に乗せてもらう者; 《古》 《ラバ隊などの》 御者の助手.

swámp féver マラリア (malaria); INFECTIOUS ANEMIA; LEPTOSPIROSIS.

Swámp Fòx [the] 沼狐 《Francis MARION のあだ名》.

swámp gàs 沼気 (marsh gas).

swámp hàre 〔動〕 ヌマチウサギ (SWAMP RABBIT).

swámp·hèn *n* 〔鳥〕 大型のバン 《セイケイ (coot) やバン (gallinule) など》.

swámp·lànd *n* 《耕作可能な》 沼沢地, 湿地.

swámp lóosestrife 〔植〕 アメリカミズヤナギ 《ミソハギ科の多年草》.

swámp mahògany 〔植〕 オオバユーカリ, テリハユーカリ 《オーストラリア東部原産》.

swámp pìnk 〔植〕 **a** ヘロニアス 《北米東部の湿地帯原産のユリ科の多年草; 小型で芳香のある紅紫色の花をつける》. **b** PINXTER FLOWER. **c** ARETHUSA.

swámp ràbbit 〔動〕 ヌマチウサギ (= *swamp hare*) 《Mississippi 川流域の低湿地にすむ大きなウサギ; 泳ぎが巧みでよく泳ぐ; 丈の高いササを好み, canecutter とも呼ばれる》.

swámp ràt 〔動〕 アフリカ産の湿地にすむネズミ 《ヤブカローネズミ属 (vlei rat), オオアシヌマネズミ属のネズミなど》.

swámp ròot* 《古・方》 ウイスキー.

swámp snàke 〔動〕 クロハラヌマヘビ 《オーストラリア東海岸沿いの沼地や湿地にすむコブラ科の毒ヘビ》.

swámp sprùce 〔植〕 クロトウヒ (black spruce).

swámpy *a* 沼沢地[湿原]の(ような); 湿地のある. ♦ **swámp·i·ness** *n*

swan[1] /swán/ *n* **1** 〔鳥〕 ハクチョウ, スワン 《pen は雌, cob は雄》; [the S-] 〔天〕 はくちょう座 (白鳥座) (Cygnus). **2** 際立って美しい[優雅な, 純粋な]人[もの]; 《まれ》 歌手, 《すぐれた》 詩人. **3** 《俗》 ぶらり旅, あてのない旅. ● **the (sweet) S~ of Avon** エイヴォンの白鳥 《Shakespeare の美称》. ► *vi* (**-nn-**) ᴵᴵ《口》 歩きまわる, ぶらつく, 遊びまわる 〈*about, around, off*〉; 悠々と泳ぐ[進む]. ● **~ it** 《口》 ぶらつく, ぶらぶら過ごす. ♦ **~·like** *a* [OE; cf. G *Schwan*; OE *swinsian* to make music, *swinn* melody と同語源; 死ぬ前に歌うという伝説からか]

swan[2] *vi* (**-nn-**) *《方》 誓う, 断言する 《通例 'I ~!' で驚き・いらいらした気持を表わす》. [*swear* の euph か]

Swan [the] スワン川 《Western Australia 州南西部の川; 上流は Avon /ǽvən/ 川と呼ばれる》.

swán bòat 《遊園地などの》 白鳥型ボート.

swán dìve* 〔泳〕 《両腕を広げる》 前飛び伸び型飛込み, スワンダイブ (swallow diveᴵᴵ).

Swa·nee /swáni/ [the] SUWANNEE. ● **go down the ~** 《俗》 むだ[おじゃん]になる, 破滅[破産]する.

swánee whìstle 〔楽〕 スワニーホイッスル 《ピストンで操作する簡単な木管楽器; トラッドジャズのレコーディングに使用》.

swán·flòwer *n* 〔植〕 白鳥の首形の花をつけるラン科植物.

swang *v* 《まれ》 SWING の過去形.

swán gòose 〔鳥〕 サカツラガン (Chinese goose).

swán·hèrd *n* 白鳥の番人.

Swán Íslands *pl* [the] スワン諸島 《カリブ海にあるホンジュラス領の 2 つの小島; ホンジュラスの北東に位置》.

swank[1] /swǽŋk/ 《口》 *n* 《服装・態度などの》 人目につくスマートさ, 派手さ; 見せびらかし, からいばり, 虚勢; 粋(いき), エレガンス; ᴵᴵSWANKER; *いきな服. ► *vi* 見せびらかす, これみよがしにふるまう, 気取る, いばる, 自慢する. ★ **~ it** ともいう. ► *a**派手な, 豪奢な; スマートな; しゃれた〈レストランなど〉. ♦ **~·er** ᴵᴵ *n* うぬぼれ屋, 見せびらかし屋. [C19 (dial) < ?MHG *swanken* to sway]

swank[2] *a* 《スコ》 敏捷な, 活発な.

swánk·pòt *n* ᴵᴵ《俗》 自慢屋, 見せびらかし屋.

swánky 《口》 *a* SWANK[1]; うぬぼれた. ♦ **swánk·i·ly** *adv* **-i·ness** *n*

Swán Láke [The] 『白鳥の湖』 《Tchaikovsky 作曲のバレエ音楽 (初演 Moscow, 1877); ⇨ ODETTE》.

swán màiden 白鳥のおとめ 《欧州・アジアに広く伝わる魔法の衣[指環]で白鳥になったという伝説上のおとめ》. [G *Schwanenjungfrau*]

swán·màrk *n* 《上くちばしに刻んだ》 白鳥の所有主の印.

swán mùssel 〔貝〕 ホンドブガイ 《ユーラシアの淡水に産するイシガイ科の大型二枚貝; ドブガイに近縁で, 幼生は魚に寄生する》.

Swann /swán/ スワン **Donald (Ibrahim)** ~ (1923–94) 《ウェールズの作曲家・作詞家; Michael Flanders と協力, Swann が音楽を, Flanders が台本・歌詞を書き, 2 人で演じるレヴューで成功》.

swán-nèck *n* **1** 白鳥のような首; 雁首形(のもの). **2** [ᵘ**swán-nèck**] 〔植〕 SWANFLOWER. ♦ **~ed** *a*

swán·nery *n* 白鳥飼育場.

Swáns·combe màn /swánzkəm-/ スウォンズクーム人 《Thames 川下流域の Swanscombe に出土した化石人類》.

swáns·dòwn, swán's- *n* 白鳥の綿毛 《ドレスの縁飾りやパフ用》; スワンズダウン 《きめ細かく柔らかな厚手のウール地[綿ネル]の一種》.

Swan·sea /swánzi, -si/ スウォンジー 《ウェールズ南部の市・港町》.

swán shòt がんだま 《白鳥など大型の鳥を撃つ普通より大きい散弾》.

swán·skìn *n* 羽毛付きの白鳥皮; スワンスキン 《片毛の綿ネル, 片綾ネル》.

Swan·son /swáns(ə)n/ スワンソン **Gloria** ~ (1899–1983) 《米国の映画女優; サイレント時代の Hollywood を代表するスター》.

swán sòng 《白鳥が臨終に歌うとされた》 白鳥の歌 (cf. CYGNUS); 《俳優・選手などの》 最後のお目見え[公演, 試合]; 《作家などの》 最後の作品, 絶筆, 遺作.

swán-ùpper ᴵᴵ *n* 白鳥調べ係員.

swán-ùpping ᴵᴵ *n* 白鳥調べ 《白鳥の所有者を明らかにするため年々白鳥のひなを捕えてくちばしに所有者のしるしを刻む; Thames 川の年中行事の一つ》.

swap, swop /swáp/ *vt, vi* (**-pp-**) 《口》 交換する, 交易する 〈*with* sb, *for* sth〉; 交互に話す[語る]; 《卑》 夫婦交換[スワッピング]する: ~ stories / ~ places with sb 人と席[立場]を取り換える / Never ~ horses while crossing the [a] stream. 《諺》 流れを渡っている間は馬を乗り換えるな 《危機が去るまで現状を維持せよ》. ● **~ over [round]** (席・順番などを)取り換える; 交代する[させる]. ► *n* 《口》 交換(品); 〔金融〕 スワップ 《異なる通貨の債務元本および金利支払い交換を複数の当事者間で行なうこと; cf. CURRENCY SWAP, INTEREST RATE SWAP》; 外国為替スワップ; スワップ取引; 《卑》 夫婦交換, スワッピング: do a ~ 交換[交代]する. ♦ **swáp·pa·ble** *a* **swáp·per, swóp-** *n* [ME=to hit < ?imit; 交換成立の '手打ち' か]

swáp arràngement [agrèement] 〔金融〕 スワップ協定[取決め] 《2 国の中央銀行間で自国通貨の預託とひきかえに相手国通貨の融通を受ける取決め》.

swáp fìle 〔電算〕 スワップファイル 《仮想メモリー上で, RAM にはいりきれないデータを一時的に書き出すためのディスク上の隠しファイル》.

swáp mèet* 《同好者間の》 交換会; フリーマーケット (flea market).

SWAPO /swá:pou/ 南西アフリカ人民機構, スワポ (South-West Africa People's Organization) 《ナミビアの独立を目指した黒人の解放組織》.

swáp shòp 《特に 中古品の》 交換店, 不用品交換屋.

swap·tion /swápʃ(ə)n/ *n* 〔金融〕 スワップション 《スワップ (swap) とオプション (option) の組合わせ; スワップを一定期間内に行なう権利の売買で, 現在は金利スワップ (interest rate swap) が中心》.

swa·raj /swərá:ʤ/ 《インド》 *n* 自治, 独立, スワラージ; [the S-] スワラージ党 (1923–26) 《英国からの独立を主張した》. ♦ **~·ism** *n* **~·ist** *n* [Skt=self-rule]

sward /swɔ́ːrd/ «文» *n* 草土, 芝生 (turf); 草地, 芝地. ► *vt* [ᵘ*pass*] 芝生[草]でおおう. ► *vi* 芝生[草]でおおわれる. ♦ **~·ed** *a* [OE *sweard* skin, rind]
sware *v* «古» SWEAR の過去形.
swarf /swɔ́ːrf, swáːrf/ *n* 《木·石·金属などの》削りくず, やすりくず. [ON=file dust]
Swar·fe·ga /swɔːrfíːɡə/ 〘商標〙 スウォーフィーガ《手などについた油·塗料などを洗い落とすのに用いるゼリー状の洗剤》.
swarm¹ /swɔ́ːrm/ *n* **1** 群れ, うじゃうじゃした群れ, 《特に》巣別れ[分封(ぶんぽう)]するハチの群れ, 一つの巣のハチの群れ; 〘生〙 遊走群: a ~ *of* ants アリの群れ. **2** 大勢, たくさん, 多数 ‹*of*›: ~*s of* children 大勢の子供たち. **3** 〘地質〙 群: a ~ of faults 断層群 / an earthquake ~ 群発地震. ► *vi* 群がる, たかる ‹*around, about, over, through*›; 群れをなして移住[移動, 集合]する ‹*in, into, out of*›; ‹ハチが›巣別れ[分封]する ‹*off*›; ‹場所が…で›いっぱいである, うようよする ‹*with*›; 〘生態〙 群飛する, 群泳する: Tramps ~ *over* the road.=The road ~*s with* tramps. その道は浮浪者でいっぱいだ. ► *vt* ‹場所›に押し寄せる, 群がる; 包囲する, 取り囲む. [OE *swearm*; cf. G *Schwarm*]
swarm² *vt, vi* よじのぼる (shin) ‹*up*›. [C16<?]
swárm·er *n* うようよ群がる人[もの]; 群れの中の一人[一個]; 巣別れする用意のできたミツバチ; 〘生〙 SWARM SPORE.
swárm spòre [cèll] 〘生〙 遊走子 (zoospore).
swart /swɔ́ːrt/ *a* «古·文» SWARTHY; 肌を浅黒くする[日焼けさせる]; 邪悪な. ♦ **~·ness** *n* [OE *sweart*; cf. G *schwarz*]
swart ge·vaar /swáːrt xəfáːr/ «南ア» 黒禍《黒人の勢力伸長に対して白人層がいだくという恐怖感》. [Afrik=black peril]
swarth¹ /swɔ́ːrθ/ «古·方» *n* 乾草用作物; SWARD. [変形 < SWATH]
swarth² *n* «方» 皮膚, 皮. ► *a* «古» SWARTHY. [SWARD]
Swárth·more Cóllege /swɔ́ːrθmɔ̀ːr-, swáːθ-/ スワスモアカレッジ《Pennsylvania 州 Philadelphia 郊外の町 Swarthmore にある私立リベラルアーツ·カレッジ; 1864 年クエーカーのヒックス派 (Hicksites) が創立》.
swarthy /swɔ́ːrði, -θi/ *a* 浅黒い, 黒ずんだ, 日に焼けた. ♦ **swárth·i·ly** *adv* **-i·ness** *n* [*swarty* (obs) < SWART]
Swárt·krans màn, Swárt·kranz àpe-man /sfáːrt-krɑ̀ːnz-, swáːrt-/ スワートクランス猿人《南アフリカ共和国 Johannesburg の西の Swartkrans [Swartkranz] で発見された化石人類》.
swash¹ /swáʃ, *swɔ́ːʃ/ *vi* ザブザブ音をたてて動く; 騒々しく激しく動く; «古» いばりちらす. ► *vt* ‹水などを›はねかける, 激しくぶつける; ‹容器の水を›バチャバチャいわせる. ► *n* 打上げ波; 《水が》激しくぶつかること[音], 奔流(の音); 河口の浅瀬; 砂洲を通る[砂洲と岸との間の]狭い水路[瀬戸]; «古» からいばり (swagger); «古» SWASHBUCKLER; 強打. [C16 (?imit)]
swash² *a* 斜めに傾いた; ‹文字など›飾りのついた. ► *n* 〘印〙 SWASH LETTER. [C17<?]
swásh·bùckle *vi* からいばりする.
swásh·bùckler *n* 《歴史物·ロマンス·映画などの》からいばりする人物[剣士, 兵士], あばれん坊, 暴漢 (bravo); がむしゃらな人; あばれ者を扱った作品[映画].
swásh·bùck·ling *n* からいばり. ► *a* からいばりする; がむしゃらな, 蛮勇をふるう; ‹映画が›あばれ者を扱った.
swásh bùlkhead 〘海〙 制水板《タンカーなどで艙内の液体載荷の動揺を抑えるための隔壁》.
swásh·er *n* SWASHBUCKLER.
swásh·ing *a* SWASHBUCKLING; 激しくぶつかる音をたてる; ザブンと音をたてる: a ~ blow 強打. ♦ **~·ly** *adv*
swásh lètter 〘印〙 巻きひげ文字《ひげ付きのイタリックキャピタル(字体)》.
swásh plàte 〘機〙 (回転)斜板; SWASH BULKHEAD.
swas·ti·ka /swástɪkə/ *n* かぎ十字《十字の変形, まんじ (卍) または逆まんじ (卐); cf. GAMMADION》; HAKENKREUZ. [Skt (*svastí* well-being, prosperity); 幸運をもたらす印とされた]
swat¹ /swát/ *vi, vt* (-tt-) ピシャリ[バシッ]と打つ. ► *n* 殴打, 強打; 〘野〙 長打, 《特に》ホームラン; SWATTER; [*pl*] *«俗» 《ドラムやシンバルをこする》ブラシ. [C17=to sit down (dial) < SQUAT]
swat² *v, n* (-tt-) ᴴ«口» SWOT¹.
swat³ *v* «方» SWEAT の過去·過去分詞.
Swat **1** [the] スワート川《パキスタン北部を流れ, Kabul 川に合流する川》. **2 a** スワート《パキスタンの Swat 川流域地方; かつてインドの藩王国》. **b** (*pl* ~, ~s) スワート人 (=*Swati*).
SWAT /swát/ *n* 〘米〙 《人質救出などに出動する, 警察の》特殊攻撃隊, 特別機動隊, スワット. [*S*pecial *W*eapons *a*nd *T*actics]
swatch /swátʃ/ *n* 布きれ; 見本[飾り]の小ぎれ; 見本; 部分, 区画 (patch); ちょっとした寄せ集め, 少数のまとまったもの; 帯状のもの (swath). [C17<?]
Swatch 〘商標〙 スウォッチ《スイスのクォーツ腕時計メーカー Swatch SA の製品; 斬新でカラフルなデザインが有名》.
swath¹ /swáθ, swɔ́ːθ/ *n* 一列の刈り跡《牧草·麦などの》; 刈り幅; ひと刈り; 一列に刈りそろえた草[穀物]; 帯状のもの[土地]; [*fig*] 大きな部分, 広い範囲; なぎ倒された跡. ● **cut a ~** 草を刈って道をつける; [*fig*] なぎ倒す, ひどく破壊する, つめあとを残す ‹*through*›; *注目を集める, 派手にふるまう (=**cut a wide [big] ~**). [OE *swæth* footstep, trace]
swath² /swáð, swɔ́ːð, -θ/ *n* SWATHE².
swathe¹ /swéɪð, *swáð, *swɔ́ːð/ *n* SWATH¹.
swathe² «文» *vt* 包帯する; 包む, 巻く ‹*in*›: be ~*d* in…を着ている, …にすっぽり包まれている. ► *n* 包帯, 包むもの; [ᵒ*pl*] «古» SWADDLING CLOTHES. ♦ **swáth·er**¹ *n* [OE *swathian*; cf. *swæthel* swaddling clothes (⇨ SWADDLE)]
swath·er² /swáθər, swɔ́ːθər/ *n* ウインドローアー《(**1**) 穀類を刈り取って並べる収穫用機械 **2**) モーアーに取り付ける, 刈った草を並べるための装置》. [*swath*¹]
swáth·ing clòthes /swéɪðɪŋ-, *swáð-, *swɔ́ːð-/ *pl* «廃» SWADDLING CLOTHES.
Swa·ti /swáːti/ *n* (*pl* ~, ~s) スワート人 (SWAT).
Swatow 汕頭 (⇨ SHANTOU).
swats /swǽts, swáts/ *n pl* «スコ» 飲み物, 《特に》新しいエール[ビール]. [OE *swātan* (pl) beer]
swát·stìck *n* «野球俗» バット.
swát·ter *n* ピシャと打つ人[もの]; はえたたき; 〘野〙 強打者.
swave /swéɪv/ *a**«俗» すばらしい, すてきな, いかす (suave).
S wave /ɛ́s —/ 〘地震〙 S 波《地震波の実体波のうちの横波; cf. P WAVE》. [*S*<L *secundae* secondary]
sway /swéɪ/ *vt* **1** ‹風が草木などを›ゆすぶる, 振る, 振り動かす, 動揺させる, ぐらつかせる; 《特定の方向に》動かす, 傾かせる; 《目的·進路などから》はずれさせる. **2** …に強い影響を与える; …の考え[行動]を左右する ‹*sb to do*›; «古·詩» 支配する, 統治する; «古» ‹武器·権力などを›振りまわす; 〘海〙 ‹帆桁を›揚げる ‹*up*›: His speech ~*ed* the audience [voters]. 聴衆の心を動かした[有権者の投票を左右した] / ~ the scepter 笏(しゃく)[王権]をふるう, 支配する. ► *vi* 揺れる, 振れる, 動揺する, 浮き足立つ; 《意見などが》ふらつく, 傾く; «文» 統治する: ~ back and forth 前後に揺れる. ► *n* 動揺, 振動; 揺れ, 傾き; 強い影響(力), 勢力, 威; «古·文» 支配, 統治: under the ~ of…の統治[影響]下にあって / own love's ~ ほれたと自白する. ● **hold ~** (**over**…) (…を)支配する, (…に対して)強い勢力をもつ. ♦ **~·er** *n* [ME *swey* to fall, swoon<?Scand (ON *sveigja* to sway, bend)]
swáy·bàck *n* 〘獣医〙 《馬の》脊柱湾曲症; 湾曲した背; 〘医〙 脊柱前湾症 (lordosis). ► *a* SWAYBACKED.
swáy·bàcked *a* 〘獣医〙 ‹馬が›脊柱が湾曲した.
swáy bàr 〘車〙 スウェイバー (STABILIZER BAR).
swáy bràce 〘土木〙 つなぎ材《橋梁·塔などに使う対傾補強材》.
swayed /swéɪd/ *a* SWAYBACKED.
Swa·zi /swáːzi/ *n* **a** (*pl* ~, ~s) スワジ族《アフリカ南東部の Bantu 系の農耕民》. **b** スワジ語 (siSwati).
Swázi·lànd スワジランド《アフリカ南東部の内陸国; 公式名 Kingdom of ~ (スワジランド王国); ☆Mbabane》.
swaz·zled /swáz(ə)ld/ *a**«俗» 酔っぱらった.
SWB short wheelbase. **SWbS** °southwest by south.
SWbW °southwest by west.
sweal /swíːl/ «方» *vi, vt* 焦げる, 焦がす; ‹ろうそくが[を]›溶ける[溶かす]. [OE *swelan, swælan* to (cause to) burn]
swear /swɛ́ər/ *v* (**swore** /swɔ́ːr/, «古» **sware** /swɛ́ər/; **sworn** /swɔ́ːrn/) *vi* **1 a** 誓う, 誓いを立てる ‹*by* God, *on* the Bible, etc.›: ~ *on* one's honor [the Book] 名誉にかけて[聖書に手を載せて]誓う / I ~ *to* God, …. 神に誓って[絶対に]…. **b** 〘法〙 ‹証拠などを›誓って言う[述べる] ‹*to*›; [ᵘ*neg*] «口» 断言する: I will ~ *to* it [*to* having seen him there]. それを[彼をそこで見たことを]誓います / can't [couldn't] ~ to it «口» そうとは断言できない. **2** みだりに神の名を呼ぶ, 神の名を汚す, もったいない[ばちあたりな]ことを言う, 悪口を言う: ~ like a TROOPER / The captain *swore at* the crew. 乗組員をののしった. ★ swearing とは驚きや軽蔑などを表わすのに By God!, Jesus Christ!, Damn! などを用いること; 教会で禁じられたが代用として golly, gum, gosh, Goodness (gracious), Heavens, jee, darn などいろいろ変種ができている. ► *vt* **1** 誓う, 宣誓する; 神に誓う ‹*to* do, (*on* the Bible) *that*…›; 誓って約束する, 誓って言う; «口» 断言する, 言明する: ~ an oath 宣誓する; ののしる / ~ eternal friendship 生涯変わらぬ友情を誓う / ~ a charge against sb 宣誓のうえ人を訴える / Do you ~ *to* tell the truth, the whole truth, and nothing but the truth (so help you God)? あなたは, 真実, すべての真実を語り, 真実のみを語ることを誓いますか / I ~ it's true. 本当だと断言する / I'll be *sworn*. きっとだ, 誓う / I could have *sworn* (*that*)…. 確か…のはずだ(が), てっきり…と思っ(てい)たんだが / ~ sb's life away 宣誓により人の命[人生]を奪う. **2** ‹証人›に誓わせる; 誓わせて守らせる: ~ a witness 宣誓のうえ証人とする / ~ sb *to* secrecy [silence] 人に秘密を誓わせる. ● **enough to ~ by** «口» ほんの少し[わずか]. **~ at…** ‹色·服装など›…と調和しない. **~ away** 誓って奪う. **~ blind** ᴴ«口» 断言する. **~ by…** (**1**) ‹神·聖書など神聖なもの›にかけて誓う: ~ *by* all that is holy [sacred]=~ *by* all the gods. (**2**) «口» …を信じきる, 大いに推奨する, …にたよりきる: He ~*s by* his doctor. お医者さんを信じきっている. **~ for**…を保証する. **~ in** [ᵘ*pass*] ‹新任者·証人›に所定の宣誓をさせる, 宣誓就任[入会]させる: be *sworn*

S

in as president 宣誓のうえ大統領に就任する. **～ off**… ‹酒・タバコなどを›誓って断つ. **～ out** 誓って‹飲酒などを›断つ; *宣誓して‹逮捕状を›出してもらう ‹*against* sb›. **～ the peace against**…に殺される[危害を加えられる]恐れがあると宣誓して訴える.
► *n* 宣誓; «口» 呪い[ののしり](のことば), 悪口.
♦ **～·er** *n* **～·ing·ly** *adv* [OE *swerian*; cf. ANSWER, G *schwören*]

swear bòxᴵᴵ ののしり禁止箱《ののしり語を使ったときに罰としてお金を入れる箱》.

swéar·ing-ín *n* 宣誓就任(式).

swéar·wòrd *n* 不敬[冒瀆]の言, 悪口, ののしり; ののしりことば《強意だけでほとんど無意味; ⇨ SWEAR *vi* 2 ★》.

sweat /swét/ *n* **1 a** 汗; [ᵒ*pl*]《運動後・病中などの》ひどい汗; [a ～] 発汗, ひと汗, *《競馬などの》レース前の足ならし: break (a) ～ 汗をかく; がんばる / wipe the ～ off one's brow 額の汗をふく / *A* ～ will do you good. ひと汗かくといいでしょう / nightly ～*s* 寝汗. **b**《表面の》水滴, 結露; 〖冶〗あせ; 《加工のための》水分の除去, 発汗. **2** [*pl*] «口» スウェットスーツ (sweat suit), スウェットパンツ (sweat pants). **3 a** [a ～] «口» 骨の折れる[つらい]仕事; *«俗» 拷問. **b** «口» 冷や汗, 不安, 心配 (⇨ COLD SWEAT). ● **all of a ～** «口» 汗だくになって; ひやひやして. **by [in] the ～ of** one's **brow [face]** 額に汗して, 正直に働いて (cf. *Gen* 3: 19). **in a ～** 汗を流して; «口» 心配[緊張]して, いらいら[びくびく]して (=**in a cold ～**) ‹*to* do›. **no ～** «口» わけなく[ない], 容易に[な], なんのことなく[ない], いいんだよ. OLD SWEAT.
► *v* (～, ～·ed) *vi* **1** 汗をかく, 汗ばむ; 湿気[水分]を出す[発散する]; ‹壁・ガラスなどが›汗をかく, 結露する; ‹分泌物が›滲出する; ‹タバコの葉など›発酵する; ‹野菜・肉などが›水分を出しながら煮える: ～ *with* fear [emotion] 恐ろしさのあまり[感きわまって](冷や)汗をかく / ～ like a PIG¹. **2 a** 汗水たらして働く ‹*over*›, 低賃金で長時間働く, 搾取される ‹*for*›; «口» 苦労する, ひどく苦しむ, 心配する, ひどいめにあう, «古» 罰をうける. **b** «俗» どきどき[わくわく]して待つ ‹*on*›. ► *vt* **1 a** …に汗をかかせる, 《薬などで》発汗させる; 汗を流して ‹脂肪・体重・かぜなどを› 取り除く, 減らす; 汗でぬらす[よごす]; ‹馬›の汗をふき取る: ～ *away* [*off*] two pounds in a steam bath 蒸しぶろで汗を流して 2 ポンド目方を減らす. **b** ‹脂肪・水分などを›分泌する; ‹タバコの葉などを›発酵させる; 《加工のため》…から水分を取る. **2 a** 汗水流して[苦労して]動かす[処理する, 作り上げる, 得る]; 酷使する; 搾取する; *«俗» ‹人›からだまし取る, 奪う; «俗» 詰問する, 拷問にかける; «口» おどし[詰問]によって聞き出す ‹*out of* sb›; «俗» …に圧力をかける, 無理強いする ‹*to* do›. **b** «口» …のことを心配する[気にする]. **3** ‹金貨を›袋に入れ摩擦して粉末を取る. **4** 〖冶〗‹はんだを›溶かす, ‹接合部を›はんだづけする; 〖冶〗‹鉱石を›加熱して可溶物を除く; ‹肉・野菜などを›汁[水分]を出させて煮る. ● **～ down** ひどく圧縮する. **～ for it** 後悔する. **～ it** «口» 心配する, 思い悩む; SWEAT it out: Don't ～ *it*. 心配するな. **～ it out** «口» 激しい運動をする; «口» 最後まで耐える, 結果を待ちわびる; *«俗» きびしく[脅迫的に]問いただす, 拷問にかける. **～ on** «俗» 大いに期待[心配]して待つ, 《入手間近で》わくわくして待つ. **～ out**… 汗を出して‹かぜを›追い出す; ‹情報を›引き出す ‹*of, from*›; «口» …の結果を待ちわびる, じっと…に耐える; ‹目標・解決›に向かって励む. **～ one's GUTS out. ～ the small stuff** *«口» 小さなことにくよくよする.
[OE *swǣtan* (v) ‹ *swāt* sweat; cf. G *schweissen* to fuse]

swéat·bànd *n* 《帽子の内側につけた》びん革, 汗革; 《額・腕の》汗止め.

sweat bàth 発汗浴《発汗を誘発するための入浴》.

sweat bèe 〖昆〗コハナバチ.

swéat·bòx *n* 《牛皮など原皮の》発汗箱, 《タバコの葉などの》乾燥箱; 豚の速成飼育おり; «口» 発汗治療室[法]; *«口» 囚人懲罰箱[室], 訊問室.

sweat clòth 《馬の》汗取り《鞍下・首輪などに置く薄い毛布》.

sweat dùct 〖解〗汗腺管.

swéat·ed *a* 搾取の, 搾取労働で生産された: ～ goods 搾取労働で生産された製品.

sweat èquity* スウェット・エクイティ《所有者が土地・家屋に施した改善; 労働による純資産(増)の意》.

swéat·er *n* 〖服〗セーター; 《アイスホッケーなどの》ジャージ; 労働搾取者; 発汗者, (ひどい)汗っかき; 発汗剤.

swéater còat セーターコート《ニットのコート; 太い糸を使い編込み模様を入れたものなど》.

swéater·drèss *n* 〖服〗セータードレス《長いセーターのような感じのニットのドレス》.

swéater girl «口» 胸の大きい娘[女優, モデル], ボインちゃん, 《特に》ぴったりセーターを着てバストを強調する女の子.

swéater sèt セーターセット《カーディガンと半袖[ノースリーブ]セーターの女性用アンサンブル》.

swéat·er-vèst *n* 〖服〗セーターベスト《セーター素材のベスト》.

sweat glànd 〖解〗汗腺.

sweat hòg *«学生俗» デブでブスな女, ブタ娘; *«俗» 性的にルーズな女, 淫乱女, メスブタ; *«俗» 個人指導の対象となる厄介な学生.

swéat·hòuse *n* 《アメリカ先住民などの》蒸しぶろ.

swéat·ing bàth 蒸しぶろ.

swéating ròom 《トルコぶろの》発汗室; チーズ乾燥室.

swéating sìckness 〖医〗MILIARY FEVER; 〖獣医〗粟粒(ぞくりゅう)熱.

swéating sỳstem 労働者搾取制度.

swéat lòdge SWEATHOUSE.

swéat·pànts* *n pl* スウェットパンツ.

swéat·shìrt *n* スウェットシャツ, トレーナー.

swéat·shòp *n* 搾取工場《低賃金で長時間労働》.

swéat sòck* スウェットソックス《汗を吸いやすい厚手のスポーツ・レジャー用ソックス》.

swéat sùit スウェットスーツ (=*jogging suit*).

swéat tèst 〖医〗汗検査《嚢胞性線維症 (cystic fibrosis) の検査法; 患者の汗に異常に高濃度の塩分が含まれているかどうかを調べる》.

swéaty *a* 暑くて汗の出る; 汗びっしょりの, 汗じみた, 汗くさい; 骨の折れる. ♦ **swéat·i·ly** *adv* **-i·ness** *n*

Swed. Sweden ♦ Swedish.

Swede /swíːd/ *n* スウェーデン人《個人; cf. SWEDISH》; [s-]ᴵᴵ〖植〗スウェーデンカブ (rutabaga); [ᵒs-]*«俗» へまなやつ[仕事]. [MLG and MDu *Swēde*‹? ON (*Svíar* Swedes, *thjóth* people)]

swéde-bàsh·er *n* «俗» 農場労働者, 田舎者.

Swe·den /swíːdn/ スウェーデン (*Swed* Sverige)《北欧の国; 公式名 Kingdom of ～ (スウェーデン王国); ☆Stockholm》.

Swe·den·borg /swíːdnbɔ̀ːrg/ スウェーデンボリ **Emanuel ～** (1688–1772)《スウェーデンの科学者・神秘主義者・哲学者; cf. NEW JERUSALEM CHURCH》.

Swe·den·bor·gi·an /swìːdnbɔ́ːrʤ(i)ən, -giən/ *n* スウェーデンボリの教説を信奉している人, スウェーデンボリ派の人. ► *a* スウェーデンボリ(の教説)の, スウェーデンボリ派の. ♦ **～·ìsm** *n* スウェーデンボリ主義.

Swéde sáw «カナダ» スウェーデンのこぎり《弓形の管状フレームがある手挽きのこ》.

Swed·ish /swíːdɪʃ/ *a* スウェーデン(人)の; スウェーデン風の; スウェーデン語の. ► *n* **a** スウェーデン語《Germanic 語派の一つ》. **b** [the, ‹*pl*›] スウェーデン人 (cf. SWEDE).

Swédish dríll 〖医〗スウェーデン訓練《治療のための筋肉運動》.

Swédish masságe 〖医〗《スウェーデン式運動を応用した》スウェーデン式マッサージ.

Swédish míle スウェーデンマイル《=10 km》.

Swédish móvements *pl* スウェーデン式運動.

Swédish túrnip [ᵒs-] 〖植〗RUTABAGA.

Swee·linck /swéɪlɪŋk/ スヴェーリンク **Jan Pieterszoon ～** (1562–1621)《オランダのオルガン奏者・作曲家》.

Swee·ney /swíːni/ *n* [the]ᴵᴵ«韻俗»《警察の》特別機動隊 (Sweeney Todd); [ᵒs-] «俗» 特別機動隊員. ● **Tell it to ～!** «口» そんなこと信じられるものか, うそつけ!

Swéeney Tódd [the]ᴵᴵ«韻俗»《警察の》特別機動隊 (=*flying squad*)《自動車・オートバイなどを備えた別働隊》. [George D. Pitt (1799–1855) の戯曲に登場する客を殺害する床屋]

swee·ny* /swíːni/ *n* 〖獣医〗《馬の肩の》筋肉萎縮症.

sweep /swíːp/ *v* (**swept** /swépt/) *vt* **1 a** 掃く, 掃除する ‹*down, out, up*›, ‹ちりを›払う ‹*off*›, 掃きのける ‹*away, up*›; 一気に払いのける ‹*off*›; 《ほうきなどで》掃いて‹小道・空き地を›つくる; ‹川・海・井戸など›の底をさらう: ～ (*out*) the room [a chimney] 部屋[煙突]の掃除をする. **b** ‹急流・なだれなどが›押し流す, 洗い流す ‹*along, down*›; 吹き払う, 吹き飛ばす, 運び去る, さらう ‹*away, off*›: be *swept along* in the crowd 人波に押される / ～ everything into one's net 何でも自分のものにしてしまう. **2 a** 一掃[掃討]する ‹*away*›; ‹場所・表面›から一掃する ‹*of*›; なぎ倒す, 全滅させる; ‹火などが›なめつくす; 掃射する; 追い払う, 駆逐する; 圧倒する; ‹土地›で大流行する: ～ the seas 海上の敵を一掃する / ～ the deck 甲板を掃射する / ～ one's audience *along* with one 聴衆の人気をさらう / The song *swept* the town in the night. その歌は一夜のうちに町の人気をさらった. **b** ‹試合など›に全勝する, ‹選挙など›に圧勝する: ～ the election [constituency] 選挙に圧勝する. **3 a** さっと通る, すれすれに通る; ‹腕・手を›さっと伸ばす; ‹裾などが›‹地を›ひきずる; 上品に‹お辞儀を›する: A swallow *swept* my shoulder. ツバメが肩すれすれに通った / ～ the seas ‹船が›海上を縦横に走る. **b** ぐるっと見渡す; ‹探照灯が›サーッと照らす; ‹目・視線などを›向ける: His eyes *swept* the sky. ひとわたり空を見渡した. **c** ‹指が›‹弦楽器を›さっと弾く, かき鳴らす; ‹絵筆を›さっとふるう ‹*over* a canvas›; ‹線などを›なぞる, 描く. **d** ‹髪を›《後方に》なでつける, カールさせる ‹*back, up*›. **e** 〖カーリング〗‹氷を›掃く; 〖クリケット〗スイープで打つ. **f** 〖海〗‹はしけなどを›長柄のオールでこぐ. **4** ‹場所・地域を›くまなく探す[捜索する]; ‹建物・電話線›の盗聴装置の有無を調べる.
► *vi* **1 a** 掃除する ‹*up*›; 掃海する, 引綱で探る. **b** ‹女性など›服の裾をひいて歩く; あたりを払って進む, 堂々と[さっそうと]進む ‹*in, out*›; ‹服が›裾をひく: She *swept into* [*out of*] the room. さっそうと[つかつかと]はいってきた[出ていった]. **2** 吹きまくる, 猛威をふるう, たちまち広まる, 大流行する ‹*over, through*›; さっと動く, 飛び去る, さっと過ぎる, さっとやって来る[立ち去る] ‹*in, into, off, out of, through*›; *«俗» 逃亡する: The wind *swept along* the road. 風が道路をさっと吹き抜けて行った. **3** 大きな曲線[弧]を描いて動く[長く延びる など]; わたる, 及ぶ, ‹目が›届く, 見渡す, 見まわす ‹*around*›; 広がる, ‹山が›裾をひく, ‹島が›

根をひく: as far as the eye can ～ 目の届くかぎり / The coastline *swept away* to the west. 海岸線は大きな曲線を描いて西へ長く延びていた / The plain ～*s away* to the sea. 平原ははるか海まで広がっている.

● **～ all [everything, the world] before** one ⇨ CARRY. **～ along** 〈人を〉夢中にさせる. **～ aside** 押し[払い]のける; 〈批判・反対などを〉一蹴する. **～ away** 〈疑念などを〉払拭する, 一掃する; 〈習慣などを〉速やかに廃止する; [ᵘ*pass*] 夢中にさせる, 巻き込む. **～ down on**…を急襲する. **～ in [into power [office]]** 〈政党が[を]〉《楽勝して》政権に就く[就かせる]. **～** sb **off** his **feet** ⇨ FOOT. **～ over** …〈感情・疲れなどが〉〈人を〉圧倒する, おしつぶす. **～ the board [table]** 勝って卓上の賭け金をさらっていく; 褒美を一手に占める, 全部の競技に勝つ. **～ the** FLOOR **with**…. **～ through**…をさっさと済ませる. **～ to power** 《選挙で》圧勝する. **～ to victory** 楽勝する. **～ under the** CARPET. **～ up** 夢中にさせる, 巻き込む 〈*by, in*〉. **swept and garnished** 掃き清め飾りたてた《悪魔を迎え入れるのにふさわしい状態としていう; *Matt* 12: 44, *Luke* 11: 25》; 《一般に》きれいに掃除して磨きたてた.

► *n* **1 a** 掃くこと, 掃除; [ᵘ*pl*] 掃き寄せたもの《特に 貴金属工場のやすりくずなど》. **b** ᴴ煙突掃除人, 《広く》掃除夫; 《俗》卑劣漢, いやなやつ: a regular little ～ とてもきたない子 / (as) black as a ～ まっ黒な, きたならしい. **2** 一掃, 全廃; なぎ倒し, 掃射, 掃討; 全域捜査; 《選挙などの》大勝, 《賭け事・トランプ・競技などの》全勝; 〘カジノ〙スイープ《卓上の札を一度に全部取ること》; [ᵒ～s, 〈*sg*/*pl*〉] 《口》SWEEPSTAKES. **3** 《手・鎌などを》さっと動かすこと, ひと振り, 《オールの》ひとこぎ; 裾をひきずること; 〘クリケット〙スイープ《片ひざをついて水平にバットを振り leg 方向にボールを打つ打法》; 〘放送〙スイープ《コメントなしに次々曲をかけること》; [ᵘ*pl*] *視聴率調査(期間): at one ～ 一挙に. **4 a** 《風・水などの》吹き[押し]寄せ; 前進; 〘アメフト〙スイープ《1 人以上のラインマンが走りやすくしてくれている後方をボールを持って走り込むプレー》; 〘カーリング〙スイープ《ストーンの前の氷を掃くこと》. **b** [the] 《文明・科学などの》進歩, 発展 〈*of*〉. **5 a** 《道路・土地などの》広がり, 一帯; [the] 範囲, 限界 〈*of*〉: a long ～ of meadow 一面の牧草地 / within [beyond] the ～ of the eye 目の届く範囲内[外]に. **b** 湾曲; 曲がった道, 《特に 門から玄関までの》車[馬車]回し. **c** 《基準線に対する》傾斜度, 《特に》後退角 (=*sweepback*). **6** 〘海〙長いオール; 《豪》長いオールでサーフボードをあやつる人; はねつるべ(のさお) (swipe); 《耕耘(うん)機についている三角形の》除草づめ; 風車の翼板. **7** 〘電子工〙掃引(を起こす電圧[電流]); 〘理〙熱平衡にいたるまでの不可逆的過程.

[OE *swāpan*; ⇨ SWOOP]

Sweep スイープ《英国のテレビの子供番組に登場する指人形の黒と白の犬》.

swéep·bàck *n* 〘空〙後退角: ～ wings 後退翼.

swéep·er *n* 掃き手, 掃除人; 《ビルなどの》管理人, 用務員 (janitor); 《特に カーペットの》掃除機; 〘サッカー〙スイーパー (=～ **bàck**) 《ゴールキーパーとディフェンスラインの間に位置する》; 〘カーリング〙掃き手, スイーパー; 〘魚〙ハタンポ《ハタンポ科 の魚の総称; 主にインド洋・太平洋熱帯海域の岩礁の陰で大群をつくっていることが多い》; 《カナダ》川端の[川に張り出した]木, 流木.

swéep hànd SWEEP-SECOND HAND.

swéep·ing *a* **1** 一掃[掃討]する; 破竹の勢いで進む; 〈勝利などが〉徹底的な, 圧倒的な. **2** 大きな弧を描いて動く[延びる], 大きく広がる; 曲線をなす, 湾曲した. **3** 広範な, 包括的な, 全面的な; 大ざっぱな, おおまかな: ～ changes [reforms] 全面的変更[改革] / a ～ generalization 十把ひとからげの議論. ► *n* 掃除; 掃海; [*pl*] 掃き寄せたもの, ごみ, くず. ♦ **～·ly** *adv* **～·ness** *n*

swéep nèt 地引網 (=*sweep seine*); 捕虫網.

sweepo /swíːpou/ *n* (*pl* **swéep·os**) 《豪口》BROOMIE.

swéep-sàw *n* 回し挽きのこ.

swéep's brùsh 〘植〙スズメノヤリ (wood rush).

swéep-sècond hànd 〘時計〙《時針・分針と同心の》中央秒針.

swéep sèine 地引網 (sweep net).

swéep·stàke *n* SWEEPSTAKES.

swéep·stàkes *n* [〈*sg*/*pl*〉] 勝者が全賞金を取得する競走[勝負事]; STAKE RACE; 《勝者が得る》全賞金; 富くじ競馬; 《一般に》競走, 競争, …戦; 富くじ, 宝くじ.

swéep·swìng·er *n* *《学生俗》シェル (shell) の漕手.

swéep tìcket SWEEPSTAKES の馬券.

swéepy *a* 大きな曲線を描いて延びる[進む].

sweer /swíər/ 《スコ・北イング》*a* 無精な, 怠惰な, 不活発な; いやがる, 気が進まない. [OE *swǣr* heavy]

sweet /swíːt/ *a* **1** 甘い (opp. *bitter*); 飲んで甘い, 〈酒が〉甘口の (opp. *dry*); うまい, 味のよい; 香りのよい; 〈空気が〉さわやかな, 清らかな: (as) ～ as honey とても甘い; とてもここちよい[感じのよい] / ～ stuff 砂糖菓子 / I like my tea ～. 紅茶は甘いのが好き / It smells ～. いい香りがする. **2** 〈音・声が〉調子のよい, 美妙な; 〈人が〉声のよい; 《目や耳に》ここちよい, 気持よい; 楽しい; 〈ジャズ・ダンス音楽が〉ゆるやかで快く甘い《しばしば初期の白人による演奏スタイルについていう》: a ～ singer 美声の歌手 / ～ going 快適な旅[ドライブ] / ～ love 甘い恋 / ～ toil 好きでする骨折り / ～ hour of prayer 静けき祈りの時《賛美歌の文句》/ ～ and low 〈音楽が〉甘美で静かな. **3 a** 親切な, 優しい (kind); 感じのよい, しとやかな; みごとな, 巧妙な; [特に 女性用語] きれいな, かわいらしい, ほれぼれする, すてきな, 魅惑的な; [ᵒ*voc*] 愛する, いとしい: a ～ temper 優しい気質 / It's very ～ of you to do that. そんなにしていただいてどうもありがとう / Be ～ and do…. お願い[悪いけど]…して / ～ and twenty はたちの美人(で) / SWEET SEVENTEEN [SIXTEEN] / Isn't it ～? すてきじゃない? / *S*~! すごいね, いいね / ～ one=[*voc*] DARLING. **b** 甘ったるい, 甘ったるくてうんざりする, センチメンタルな; [*iron*] ひどい 〈一撃など〉 (cf. FINE¹): I gave him a ～ one on the head. 《俗》やつの頭をいやというほどぶんなぐった. **4** 扱い[御し]やすい, 簡単な〈乗物など〉; *《俗》うまみのある, ぼろい〈商売〉; 《豪俗》言うことない (all right): get a ～ deal on…でぼろもうけする. **5** 〈水・バターが〉無塩の (opp. *salt*), 硬水でない; 〈土壌が〉酸性でない; 〘化〙腐食性[酸性]物質を含まない; 〘石油〙硫黄分を含まない, スイートな (opp. *sour*): ～ gas [oil, crude] スイートガス[オイル, 原油] (cf. SWEET OIL). **6** 《俗》[強調] 全くの(ゼロ), まるで(なし): ～ nothing これっぽっちもない. ● **at one's own ～ will** 勝手気ままに. **be ～ on**… 《口》…にほれて[夢中になって]いる. **in one's own ～ way [time]** 自分の好きなよう[時]に. **keep** sb **～** 人に好かれるようにしている[取り入っている]. **She's ～.** 《豪口》万事オーケーだ.

► *adv* SWEETLY.

► *n* **1** 甘み, 甘さ; 甘いもの; 砂糖菓子《キャンディー・ボンボンの類》; ᴴ甘味, 甘いもの, デザート《食後のプディング・アイスクリーム・ゼリーなど》; ᴴHARD CANDY; *《口》(砂糖をかぶせた)サツマイモ; [ᵘ*pl*] *《俗》薬(ﾔｸ), アンフェタミン錠: the ～ course=DESSERT. **2** 甘美; [*pl*] 愉快, 快楽; [ˢ*pl*] [ᵘ*voc*] 愛人, いとしい人; 《古・詩》芳香; [*pl*] 《古》芳香のあるもの: the ～ and bitter [～*s* and bitters] of life 人生の苦楽.

[OE *swēte* (SUAVE, PERSUADE); cf. G *süss*]

Sweet スウィート **Henry ～** (1845–1912) 《英国の音声学者・言語学者・英語学者; *History of English Sounds* (1888), *A New English Grammar: Logical and Historical*, 2 vols (1892–98)》.

swéet álmond 甘扁桃, スイートアーモンド《**1**) 食用になる甘仁種アーモンド **2**) その木; cf. BITTER ALMOND》.

swéet alýssum 〘植〙ニワナズナ, スイートアリッサム (=*snowdrift*) 《アブラナ科; 地中海地方原産》.

swéet-and-sóur *a* 甘酸っぱく味付けした: ～ pork 酢豚《中華料理》.

swéet áss 《卑》女の性的欲求: have the ～ for sb. ● **bust one's ～** 《卑》懸命にがんばる, しゃかりきになってやる.

swéet·bàck (màn) *《俗》情夫, 色男, ヒモ.

swéet bálm 〘植〙セイヨウヤマハッカ (lemon balm).

swéet básil 〘植〙メボウキ, バジル (⇨ BASIL¹).

swéet báy 〘植〙**a** ゲッケイジュ. **b** ヒメタイサンボク.

swéet bélls (*pl* ～) 〘植〙米国東部産のイワナンテンの一種.

swéet bírch 〘植〙スイートバーチ, アメリカミズメ (=*black birch*) 《北米東部産のカバノキ; 樹皮から精油が採れる》.

swéet·brèad *n* 《子牛・子羊の》胸腺 (=throat ～, neck ～), 膵臓 (=stomach ～) 《食用》.

swéet·brìer, -briar *n* 〘植〙スイートブライア (=*eglantine*) 《野バラの一種で, 花は白から赤までいろいろある; 欧州・中央アジア産》.

swéet bútter 《新鮮な低温殺菌クリームで作る》無塩バター.

swéet cassáva 〘植〙アマキャッサバ《キャッサバの甘味種; 青酸の含有量が少ない栽培品種で煮食用》.

swéet chérry 〘植〙セイヨウミザクラ(の実), 甘果(かんか)オウトウ.

swéet chéstnut 〘植〙SPANISH CHESTNUT.

swéet chócolate 甘みを加えたチョコレート.

swéet cícely 〘植〙**a** ミリス(オドラータ), スイートシスリー (=*myrrh*) 《セリ科の観賞用植物》. **b** セリ科ヤブニンジン属の草本.

swéet cíder *《未発酵の》りんご果汁 (cf. CIDER); ᴴ甘口のりんご酒.

swéet clóver 〘植〙シナガワハギ, スイートクローバー《飼料・土壌改良用》.

swéet córn 〘植〙**a** 《特に 甘味種の》トウモロコシ, スイートコーン. **b** GREEN CORN.

swéet·en *vt* **1** 〈食品を〉甘くする, …に砂糖を入れる, 加糖する 〈*up*〉. **2 a** …の口当たり[響き, 感じ]をよくする, 快い[愉快な]ものにする; 〈息・空気などを〉《スプレーなどで》よい香りにする, 脱臭する, さっぱりさせる; 和らげる, 軽減する, 楽にする 〈*up*〉. **b** …の価値[魅力]を高める 〈*up*〉; 〘商〙〈有価証券などの〉条件を魅力的にする, 〈担保を〉有価証券を加えて増す; 〘トランプ〙〈場を〉味増しする《賭け増しする》; *《俗》〈サウンドトラックに〉録音しておいた笑い声を加えて喜劇的な感じを増す. **c** 《口》…の機嫌を取る, …に取り入る, ごまをする, 贈賄する 〈*up*〉. **d** 《口》〈酒を〉つぎ足す. **3** 〈土・胃などの〉酸性を弱める; 清める, 消毒する; …の有害物[悪臭]を除く, 《特に》〈ガソリン・天然ガス〉にスイートニング仕上げを施す. ► *vi* 甘くなる; 匂いがよくなる, 芳しくなる; 音[調子]がよくなる; 美しくなる; 愉快になる.

swéet·en·er *n* 甘くするもの, 甘味料; 《誘引[奨励]するための》魅力付加材料, 'いろ', 'うまみ'; 《口》賄賂, 鼻薬: an artificial ～ 人工甘味料.

swéet·en·ing *n* 甘みをつけること; 甘味料; 〘化〙スイートニング《石油製品などから硫黄分を除去すること》.

sweet FA /—́ èféi/, **swéet Fánny Ádams** ᴴ《俗》ゼロ, 無 (⇨ FANNY ADAMS).

S

swéet fénnel〘野菜〙FLORENCE FENNEL.

swéet férn〘植〙コンプトニア属のヤマモモ《北米原産; 葉はシダ状で芳香がある》.

swéet·fìsh *n*〘魚〙アユ (ayu) (鮎, 香魚).

sweet flág〘植〙ショウブ (菖蒲) (=*calamus, sweet root* [*rush, sedge*]).

swéet gále〘植〙ヤチヤナギ (=*gale, bog myrtle*)《ヤマモモ属の黄色の花に芳香のある沼沢地の低木》.

swéet gálingale〘植〙セイタカハマスゲ (galingale).

swéet gráss 甘みがあり飼料とされる草,《特に》ドジョウツナギ (manna grass), コウボウ《イネ科》.

swéet gúm〘植〙モミジバフウ (=*red gum*)《マンサク科フウ属; 北米原産》;《それから採った》蘇合香《芳香性の液体樹脂》.

swéet·heart *n* 恋人, 愛する人《普通は女性; cf. LOVER》; [*voc*] DARLING, SWEET (one); [*voc*] お嬢さん《知らない女性への呼びかけ; 不快感を与えることが多い》;《口》気持のよい人, すてきな人;《口》すばらしいもの: a ～ of a...《口》すばらしい.... ► *a* なれあいの: a ～ deal なれあい取引. ► *vi* 恋をする. ► *vt* ...に言い寄る.

swéetheart agrèement 仲裁なしの労使協約; SWEETHEART CONTRACT.

swéetheart còntract なれあい協約, スイートハート協約《雇用者と組合指導者のなれあいで結ぶ協約》.

swéetheart néckline スイートハートネックライン《婦人服の前開きがハート形の上部のようになっている》.

swéetheart ròse〘園〙スイートハートローズ《小さなピンク, 白または黄色の花をつけるポリアンタ系のバラ; つぼみが特に愛らしい》.

swéet hérb 香草, 香味野菜.

swéet·ie *n*《口》恋人, 彼, 彼女 (sweetheart); [*voc*] 君, あなた, ねえ (=～ **píe**);《口》いい人, やさしい人; [ᵘ*pl*]《英口・スコ》糖菓 (sweetmeat), キャンディー.

swéetie·wìfe《スコ方》*n* おしゃべり女; キャンディー売りの女.

swéet·ing *n* 甘味リンゴ;《古》SWEETHEART.

swéet·ish *a* いくらか甘い; いやに甘い. ♦ **～·ly** *adv*

sweet Jóhn《古》〘植〙細葉ビジョナデシコ.

swéet·lìps *n* (*pl* ～)《豪》〘魚〙**a** フエフキダイ《フエフキダイ属の魚の総称; インド洋・太平洋の熱帯産; 吻(ふん)が突き出ている》,《特に》ハマフエフキ (scavenger). **b** インド洋・太平洋産イサキ科コショウダイ属などの魚《幼魚から成魚にかけての体色・斑紋の変化が著しい; ムスジコショウダイ (oriental sweetlips) など》.

swéet·ly *adv* 甘く, うまく, 香りよく; 愛想よく, にこやかに, 親切に; 美しく, 愛らしく;〈切れ味などが〉よく; ここちよく, すらすらとじょうずに, みごとに; 順調に, スムーズに.

swéet máma*《俗》官能的で気前のよい愛人, 'おばさま'.

swéet mán*《俗》《だてで気前のよい》恋人;《カリブ》《女に養われる》ヒモ.

sweet márjoram〘植〙マヨラナ, スイートマージョラム《芳香のあるシソ科ハナハッカ属の多年草; 葉は香味料》.

sweet márten〘動〙マツテン (pine marten).

swéet·mèal *a*〈ビスケットが〉全粒小麦粉製で甘みのついた.

swéet·mèat *n*《果物の》砂糖漬け; 砂糖菓子.

sweet mílk (buttermilk に対して) 新鮮な全乳.

swéet·mòuth *vt**《俗》おだてる, 甘口をくれる.

swéet·ness *n* 甘味; 新鮮; 芳香;《音・声の》美しさ; 愉快; 親切, 柔和; 優しさ, 愛らしさ.

swéetness and líght 優美と明知《Swift や Matthew Arnold の用語; 美と知性の調和のとれた結合のことで, 人間の理想とみなされた》; 政治[社会]的融和; [ᵒ*iron*] 温和, 柔和, にこやかさ; [ᵒ*iron*] のどかさ, なごやかさ.

swéet nóthings *pl*《口》優しい愛のことば, 睦言.

swéet òil オリーブ油 (olive oil), 菜種油 (rape oil)《食用; cf. SWEET oil》.

swéet órange〘植〙(スイート)オレンジ (cf. SOUR ORANGE).

swéet pápa*《俗》気前のよい中年のプレーボーイ, 'おじさま'.

swéet pèa〘植〙スイートピー; *《俗》恋人, 愛人; *《俗》だまされやすい人, 甘ちゃん, カモ.

swéet pépper〘植〙アマトウガラシ, シシトウガラシ,《特に 俗にいう》ピーマン (=*green pepper, bell pepper*).

swéet potàto〘植〙サツマイモ, 甘藷 (Spanish potato); *《口》OCARINA.

swéet rócket〘植〙ハナダイコン (dame's violet).

sweet ròll スイートロール《**1**) レーズン・ナッツ・砂糖漬け果物などがはいった甘いロールパン **2**) =COFFEE ROLL》.

swéet·ròot *n*〘植〙**a** カンゾウ (licorice). **b** ショウブ (sweet flag).

swéet rùsh〘植〙ショウブ (sweet flag).

swéet scábious〘植〙セイヨウマツムシソウ.

swéet-scènt·ed *a* 香りのよい, 香気のある.

swéet sèdge〘植〙**a** ショウブ (sweet flag). **b** キショウブ (yellow iris).

swéet séventeen《女の子の》花の 17 歳.

swéet·shòpᴵᴵ *n* 菓子屋 (candy store*).

sweet sixtéen **1**《女の子の》花の 16 歳. **2** [ᵁSweet 16]〘米〙16 強, スイートシックスティーン《NCAA 男子バスケットボールトーナメント大会のプレーオフトーナメントで残った最終 16 チーム(どうしの対戦); cf. MARCH MADNESS》.

swéet·sòp *n*〘植〙バンレイシ《熱帯アメリカ原産; cf. SOURSOP》; バンレイシの果実 (=*custard* [*sugar*] *apple*).

swéet sórghum〘植〙サトウモロコシ (sorgo).

swéet spírit of nítre〘薬〙甘硝石精, ETHYL NITRITE SPIRIT.

swéet spót スイートスポット《**1**) クラブ・ラケット・バットなどの面で, そこに当たるとボールが最もよく飛ぶ箇所 **2**) 最大の利益が見込める価格 **3**) 有利な立場[状況]》.

swéet·stùff *n* SWEETMEAT.

swéet súltan〘植〙ニオイヤグルマ, スイートサルタン.

swéet-tàlk *vt, vi**《口》(...に)追従を言う, おべっかをつかう: ～ sb *into* doing... 甘いことばで...させる.

swéet tàlk《口》追従, お愛想, おべっか.

swéet téa 甘茶.

swéet-témpered *a* 心の優しい, 人柄[気だて]のよい.

swéet tòoth 甘いもの好き[欲しさ]; *《俗》麻薬中毒: have a ～ 甘党だ. ♦ **swéet-tóothed** *a* 甘党の.

sweet·ums /swíːtəmz/ *n* [*voc*]*《俗》愛する人, いとしい人 (sweets).

swéet·vèld《南ア》*n* よい牧草の生えた放牧地; 栄養豊富な植生.

swéet vérnal gráss〘植〙ハルガヤ, スイートバーナルグラス (=*vernal grass*).

swéet vibúrnum〘植〙SHEEPBERRY.

swéet víolet〘植〙ニオイスミレ (=*garden violet*).

swèet wílliam [ᵒs- W-]〘植〙アメリカ[ビジョ]ナデシコ.

swéet·wòod *n*〘植〙ゲッケイジュ (laurel).

swéet wóodruff〘植〙セイヨウクルマバソウ《乾燥させたものは芳香がある》.

swéety *n* [ᵁ*pl*]ᴵᴵ《口》SWEETIE.

sweir[1] /swíər/ *vi, vt, n*《スコ》SWEAR.

sweir[2] *a*《スコ・北イング》SWEER.

swell /swɛ́l/ *v* (～**ed**; ～**ed**, **swol·len** /swóʊl(ə)n/,《古》**swoln** /swóʊln/) *vi* **1 a** ふくれる, 膨張する, 大きくなる;〈手足など〉はれる, はれあがる 〈*up, out*〉;〈帆などが〉風をはらむ, ふくらむ 〈*out*〉;〈土地が〉隆起する. **b** 増水する;〈潮が〉差す,〈海が〉うねる;〈泉・涙が〉わき出る. **2**〈数量・強さなど〉増加する;〈音・声が〉高まる;〈胸が〉感情でいっぱいになる 〈*with* pride〉;〈怒りなどの感情が〉高まる. **3** いばる, 得意げにふるまう[しゃべる]; しゃれ者をきめこむ: ～ like a turkey-cock 七面鳥のようにいばる / sb's head ～*s* うぬぼれる. ► *vt* ふくらませる; はれさせる;〈量・数などを〉増す 〈*with*〉; 興奮させる, あふれる思いで満たす 〈*with*〉; 得意にする;《一時的に》〈声・音などを〉高くする, 強める: ～ the sail 帆をふくらませる / ～ the ranks of...に加わる / ～ a note 音調を張る[強める] / ～ the chorus of admiration 崇拝者の一人となる. ► *n* **1** 膨張, ふくれ(ること), はれること, はれ(あがり), ふくらみ; 増加, 増大;《波の》うねり, 大波;《土地の》隆起, 起伏, 丘,〘地質〙地[海]膨《陸地[海底]のゆるやかなドーム状隆起》. **2** 感情の高まり;《音・声の》高まり;〘楽〙抑揚, 増減, 抑揚記号 (<, >); SWELL BOX; SWELL ORGAN. **3**《口》ダンディー, しゃれ者;《口》名士, 大立者, 達人;《古》気取り, かっこつけ: a ～ *in* politics 政界の名士 / a ～ *at* tennis テニスの名手. ► *a* *《口》一流の, すばらしい, たいした, すてきな; [〈*int*〉] [ˢ*iron*] けっこうだね;《古俗》しゃれた(服装をした), いきな,《社会的に》著名な: a ～ hotel [speech] / We had a ～ time. 実に愉快だった / Have a ～ time! 大いに楽しめ.
► *《口》*adv* みごとに, すばらしく, 愉快に; いきに. [OE *swellan*; cf. G *schwellen*]

swéll bòx《オルガンの》増音箱, スエルボックス.

swéll-bùtted *a*〈木が〉幹の根元が大きい.

swéll·dom *n*《口》上流社会, お偉方.

swélled héad《口》うぬぼれ, 思い上がり; SWELLHEAD: get [have] a ～ ひどく思い上がる / give sb a ～ 人をうぬぼれさせる.
♦ **swélled-hèad·ed** *a* **-hèad·ed·ness** *n*

swelled rule ⇨ SWELL-RULE.

swéll·élegant *a**《俗》とってもすばらしい, とびっきりの, かっこいい (swell).

swéll·fìsh *n*〘魚〙マフグ (globefish).

swéll frónt〘家具〙《たんす・家屋などの》弓形に張り出した前面.
♦ **swéll-frónt** *a*

swéll·hèad《口》*n* 思い上がった人物, うぬぼれ屋, 天狗; 思い上がり, うぬぼれ. ♦ **～·ed** *a* **～·ed·ness** *n*

swéll·ing *n* 膨張; 増大;〘機〙膨潤, スエリング; はれあがり; はれもの, 腫脹, こぶ; 小山; 突出部, 隆起部, ふくれた部分;《河水の》増水,《波の》うねり. ► *a*〈土地が〉隆起した, 盛り上がった, ふくれた; 増長した, 尊大な, 思い上がった.

swéll·ish *a*《俗》ダンディーな, いきな.

swéll móbᴵᴵ《古俗》紳士風の悪漢仲間.

swéll-móbsman *n*ᴵᴵ《古俗》紳士風の悪漢[スリ].

swéll òrgan〘楽〙増音オルガン, スエルオーガン《オルガンの swell box 内のパイプ群を指す》.

swéll-rùle, swélled rúle *n* 〘印〙中央部のふくらんだ罫.
s'welp /swélp/ 《発音つづり》 so help. ● **S~ me (God)!** 《俗》 誓って, 本当に, なんということだ, やれやれ!
swel·ter /swéltər/ *vi, vt* 暑さにうだる[あてられる, うだらせる], 汗だくになる[する]; 《古》〈毒などを〉にじみ出させる. ► *n* 炎熱, 炎暑; 興奮(状態); WELTER[1]: in a ~ 汗だくの状態で; 興奮して. [OE *sweltan* to die, be overcome by heat; cf. SULTRY, OHG *swelzan* to burn with passion]
swélter·ing *a* うだるように暑い, 暑くて汗だくに[気が遠く]なるような; 暑さにあえぐ, 汗だくの. ♦ **~·ly** *adv*
swel·try /swéltri/ *a* SWELTERING.
swem·pi /swémpi/ *n* 〘鳥〙コクイシャコ《アフリカ産》. [Zulu]
swept *v* SWEEP の過去・過去分詞.
swépt-báck *a* 〘空〙〈翼が〉後退角を有する, 〈飛行機・ミサイルなど〉後退翼を有する; 〈髪が〉オールバックの.
swépt-fórward *a* 〘空〙前進翼の.
swépt-ùp *a* UPSWEPT.
swépt vólume 〘機〙行程容積 (volumetric displacement).
swépt·wìng *a* 〘空〙後退翼を有する. ► *n* 後退翼.
swerp·ing* /swə́ːrpɪŋ/ *n* スワーピング《自動録音の際にテープが回転を始める時に音がひずんで録音されること》. [imit]
swerve /swə́ːrv/ *vi* (急に)それる, はずれる, カーブする〈(*away*) *from* the mark〉; 正道を踏みはずす, 迷う〈*from* one's duty〉: The car ~*d into* a wall. 車はそれて塀にぶつかった. ► *vt* それ[はずれ]させる, ゆがませる〈*from*〉: ~ a ball 球にカーブをかける. ► *n* それ, はずれ, 踏みはずし, 曲がり, ゆがみ; 〘クリケットなど〙カーブ. ♦ **~·less** *a* それない; ひたむきな (unswerving). **swérv·er** *n* [OE *sweorfan* to scour[1]; cf. OHG *swerban* to wipe, ON *sverfa* to file]
swev·en /swévən/ *n* 《古》夢, まぼろし.
Sweyn /swéɪn/ スウェイン (d. 1014)《デンマーク王 (987?–1014), 通称 '~ Forkbeard'; イングランドを征服 (1013); Canute の父》.
SWF single white female 《個人広告で用いる》 • °sovereign wealth fund. **SWG** standard wire gauge.
swid·den /swídn/ *n* 焼き畑《雑木などを焼き払った一時的耕地》.
swift /swíft/ *a* 速い, 迅速な, 敏捷な (opp. *slow*); 束の間の; 早速の, 即座の; すぐ…する, …しやすい〈*to* do〉; *《俗》頭の切れる, 利口な (smart), かしこい, すばらしい; *《俗》〈女が〉尻軽の, ふしだらな: ~ and sure 速やかで確実な / be ~ *of* foot 足が速い / be not too ~ *《俗》利口でない, ばかだ. ► *adv* 速やかに, 迅速に《複合語以外は古》. ► *n* 動作の速い人[もの]; 敏捷な小さいトカゲ; 〘昆〙コウモリガ (=**~ mòth**); 〘鳥〙アマツバメ《鳥類中で最も飛翔性が大》, 《特に》ヨーロッパアマツバメ; 〘動〙スウィフトギツネ (swift fox); 〘機〙線材巻取り[供給]リール, スイフト; 〘紡〙かせ枠車, フワリ, トンボ; 《俗》スピード. ♦ **~·ly** *adv* 迅速に, 速く. **~·ness** *n* [OE; SWIVEL と同語源]
Swift スウィフト **Jonathan ~** (1667–1745)《アイルランド生まれの英国の文人・諷刺作家; *A Tale of a Tub* (1704), *Gulliver's Travels* (1726)》. ♦ **~·ian** *a*
SWIFT /swíft/ Society for Worldwide Interbank Financial Telecommunication 国際銀行間通信協会, スイフト《1973 年欧州と北米の主要銀行が外国為替取引国際通信の合理化のために設立; 日本の銀行は 1981 年に加入》.
SWIFT code /ˊ— ˋ—/ [the] スイフトコード (BIC).
swíft·er *n* 〘海〙補助ステー.
swíft-fóot·ed *a* 足の速い, 快速の.
swíft fóx 〘動〙スウィフトギツネ (KIT FOX).
swíft-hánd·ed *a* 手の速い; (行動の)迅速な.
swíft·ie, swífty *n* 《口》機敏な人, すばしっこいやつ; ˈˈ《口》軽くひっかける酒; 《豪俗》策略, 計略, いんちき.
swíft·let *n* 〘鳥〙アナツバメ《アマツバメ科; 南アジア産; cf. EDIBLE BIRD'S NEST》.
swíft-wínged *a* 速く飛ぶ.
swig[1] /swíg/ 《口》 *vt, vi* (**-gg-**) ぐいっ[がぶっ]と飲む, (酒を)ひと飲みする. ► *n* ぐいっと飲むこと, がぶ飲み: take a ~ がぶ飲みする〈*at*〉. ♦ **swíg·ger** *n* [C16=liquor<?]
swig[2] *vi* (**-gg-**) 〘海〙《たるんだ部分を直すのに》ロープを引っ張る〈*off, to*〉. [? *swag*[1]]
swig·ged /swígd/ *a* 《口》酔っぱらった.
swig·gled /swíg(ə)ld/ *a* 《口》SWIGGED.
swill /swíl/ *vt* がぶがぶ飲む〈*down*〉; すすぐ (rinse), 洗い流す〈*out, down*〉; 〈液体を〉《容器の中で》ぐるぐる回す〈*around, round*〉; 〈豚など〉に残飯を十分に与える. ► *vi* がぶ飲みする, がつがつ食う; 〈液体が〉《容器の中で》ぐるぐる回る〈*around, round*〉, 勢いよく流動する〈*over*〉. ► *n* [a ~] 洗い流し; 痛飲, がぶ飲み; 《豚に与える水やミルクを混ぜた》残飯; 台所のくず[ごみ], 生ごみ; まずい飲み物[食べ物], 安酒; 水が勢いよくはねること: Give the pail *a* good ~ (out). よくゆすぎなさい. ● **the six [ten] o'clock ~** 《口》《6 時 [10 時]閉店直前の酒場での》あおり飲み, ぐいぐい飲み. [OE *swillan* to wash out<?]
swíll·er *n* 《口》大酒飲み, 酒豪.
swíll·ing *n* がぶがぶ飲むこと; [*pl*] 洗い流しの汚水.
swíll-ùp *n**《俗》飲み騒ぎ, 酒盛り.
swim /swím/ *v* (**swam** /swǽm/, 《古》 **swum** /swʌ́m/; **swum**; **swím·ming**) *vi* **1 a** 泳ぐ, 水泳する; 水遊びをする: ~ on one's back [chest, side] 背泳ぎ[平泳ぎ, 横泳ぎ]する / ~ to the bottom 全然泳げない, 金槌だ / He ~*s* like a stone [brick]. 泳ぎがへたくそだ, 金槌だ / SINK or ~. **b** 浮かぶ, 浮遊する. **c** 浸る, つかる〈*in*〉; あふれる, いっぱいになる〈*with, in*〉: with her eyes *swimming with* tears 目に涙をいっぱい浮かべて / be *swimming in* money 金に埋もれている. **2**〈人が〉スーッと進む, なめらかに動く; 〈船・星など〉走る, 浮き出る: ~ into the room 部屋にスーッとはいる. **3** ちらつく; めまいがする; 回るように見える: Spots [The room] *swam* before his eyes. 《めまいがして》斑点がちらついた[部屋がぐらぐらした] / The heat made my head ~. 暑さでめまいがした. ► *vt* 泳いで横断する; 〈特定の泳法〉で泳ぐ; 〈競泳を〉する; …と競泳する; 〈馬・犬などを〉泳がせる; 〈舟などを〉浮かべる, 航行させる; 〈種子・卵などを〉水に浮かせる: I cannot ~ a stroke. まるで泳げない / ~ a breaststroke 平泳ぎをする / ~ a race 競泳する / ~ sb half a mile 人と半マイルの競泳をする. ● **~ [go] against the tide [current, stream]** 流れ[時勢]に逆らう. **~ for it** 泳いで逃げる. **~ [drift, go] with the tide [current, stream]** 流れ[時勢]に順応する.
► *n* **1 a** 水泳; 泳ぐ距離[時間]; なめらかな[すべるような]動き; めまい; [〈*a*〉] 水泳(用)の: take a ~ ひと泳ぎする. **b** 魚が寄ってくる淵. **c** SWIM BLADDER. **2** [the] 成り行き, 傾向. ● **be in [out of] the ~** 時勢に明るい[暗い], 時流に乗っている[いない], 実情に通じている[いない] (=**be in [out of] the ~ of things**); 〈仲間・隣人などと〉折り合いがよい[よくない]〈*with*〉.
♦ **swím·ma·ble** *a* **swím·mer** *n* 泳ぐ人[動物]. [OE *swimman*; cf. G *schwimmen*]
swím blàdder 《魚の》うきぶくろ, 鰾 (bladder).
swím·fèed·er *n* 〘釣〙まき餌を少しずつ出す穴のあいた管.
swím fìn 《スキンダイビング用の》ひれ, フィン (flipper).
swím mèet 水泳大会[競技会].
swim·mer·et /swímərèt, ˌ— —ˊ/ *n* 〘動〙《甲殻類の》遊泳器, 遊泳脚.
swímmer's éar 〘医〙水泳耳《長時間泳いだり泳いだあと耳をふかなかったりした場合に起こりやすい, 通例 細菌による外耳炎》.
swímmer's ítch 〘医〙沼地皮膚症《幼虫型住血吸虫が皮膚に侵入しておこる掻痒(そうよう)性皮膚炎》.
swím·ming *n* 水泳; 〘動〙遊泳《飛翔・足行・匍匐(ほふく)に対して》; 水泳術; 競泳; [a ~] めまい. ► *a* 遊泳性の〈鳥など〉; 水泳[遊泳]用の; 水[汗, つば など]であふれた, 水につかった; 流れるような, すらすらした〈動作など〉; めまいがする: ~ eyes 涙でいっぱいの目.
swímming bàthˈˈ [ˢ*pl*] SWIMMING POOL.
swímming bèll 《クラゲなどの》泳鐘(えいしょう).
swímming bèlt 腰につける浮袋《泳ぎ練習用》.
swímming blàdder SWIM BLADDER.
swímming càp [hàt] 水泳帽.
swímming còstumeˈˈ 水着, 海水着.
swímming cráb 〘動〙ワタリガニ, ガザミ.
swímming hòle 《川中の》水泳のできる深み.
swímming·ly *adv* とんとん拍子に, すらすら[すいすい]と, 申し分なく: go [get] on [along] ~ すらすらと事が運ぶ.
swímming pòol 水泳プール; 《原子力発電所の》用水タンク《放射性廃棄物の冷却・一時的貯蔵用》.
swímming pòol reàctor スイミングプール炉《軽水減速型原子炉の一種》.
swímming stòne 軽石 (floatstone).
swim·my /swími/ *a* めまいのする(ような); 〈目など〉ぼやけた, かすんだ. ♦ **swím·mi·ly** *adv*
swím·sùit *n* 《特に 女性用の》水着 (bathing suit). ♦ **~·ed** *a*
swím [swímming] trùnks *pl* 水泳パンツ, スイミングトランクス.
swím·wèar *n* スイムウェア《水着・海浜着 など》.
Swin·burne /swínbəːrn/ スウィンバーン **Algernon Charles ~** (1837–1909)《英国の詩人・文芸評論家; *Atalanta in Calydon* (1865), *Poems and Ballads* (1866, 78, 89)》. ♦ **Swin·búrn·ian** *a*
swin·dle /swíndl/ *vt, vi* 〈人を〉かたる, 〈金を〉詐取する: ~ sb *out of* his money=~ money *out of* sb 人から金をだまし取る. ► *n* 詐取, 詐欺, かたり; ペテン; 食わせもの, いかさま, いんちき, 見かけによらない人[もの]; *《俗》(商)取引, 仕事: This advertisement is a real ~. この広告は全くいんちきだ. ♦ **swín·dler** *n* 詐欺師, ペテン師. [逆成‹*swindler*<G=giddy person (*schwindeln* to be dizzy)]
swíndle shèet *《俗》必要経費請求書, [*joc*] 勤務時間記録表.
swíndle stìck CHEAT STICK.
Swin·don /swíndən/ スウィンドン《イングランド南部 Wiltshire 北東部の町; 鉄道工場がある》.
swine /swáɪn/ *n* **1** (*pl* ~) **a** 豚. ★ 主に米語で用い, やや改まった語もしくは動物学用語. 今では通例集合的に用い, *sg* には pig または hog を用いる. **b** 〘動〙イノシシ. **2** (*pl* **~s**) 《口》卑劣[すけべ]なやつ, くそったれ; いやなこと, やっかいな代物: You ~! この野郎! [OE *swīn*; cf. sow[2], *G Schwein*]
swíne crèss 〘植〙カラクサナズナ (=*wart cress*).

swíne fèver 〘獣医〗HOG CHOLERA; SWINE PLAGUE.
swíne flú 〘獣医〗豚インフルエンザ《ヒトのインフルエンザのウイルスに近いウイルスによる》.
swíne·hèrd *n* 養豚業者, 豚飼い.
swíne plàgue 〘獣医〗豚疫《豚のパスツレラ菌感染症》.
swíne pòx 〘獣医〗豚痘.
swin·ery /swáɪn(ə)ri/ *n* 養豚場, 豚小屋; 豚《集合的》; 不潔(な状態[行為]).
swíne vesícular diséase 〘獣医〗豚水疱病.
swing /swíŋ/ *v* (**swung** /swʌ́ŋ/, 《まれ》**swang** /swǽŋ/; **swung**) *vi* **1 a** (ぶらぶら)揺れる, 振動する; ぶらんこに乗る; [*fig*]《意見·立場·好みなどが》揺れる, 動揺する: ～ *to* the opposite side 反対側に変わる. **b** 弧を描く(ように動く); 《一点を軸として》回転する; ぐるっと回る[向きを変える] ‹*around*›; ひょいと飛び移る; 〘クリケット〙‹ボールが›曲がる, それる: The door *swung* open. ドアが勢いよく開いた / He *swung round on* his wife. 急に振り向いて妻のほうを見た / ～ up into the driver's seat. ひらりと運転席に跳び乗る. **c** 《腕などを振るようにして》打つ, 一発くらわせる ‹*at*›. **d** ぶらさがる (hang) ‹*from*›; 《口》絞首刑になる, つるされる: ～ *for* a crime 罪で縛り首になる. **2 a** 威勢よく[軽快に]行く[歩く] ‹*along*›; さっと[すばやく]とりかかる ‹*into*›: ～ *into* ACTION. **b** ‹バンドなど›スウィングを演奏する, スウィングを踊る; スウィング感のある演奏[歌唱]をする, よくスウィングする; ‹音楽など›調子よく進む; *《俗》‹作品など›よく書けて[できて]いる. **3** かっこよく生きいきしている, 進んでいる, イケてる; ‹場所が›活気に満ちている; 《俗》《快楽·セックスを》思いきり楽しむ, 夫婦交換をする, フリーセックスをする; 《俗》‹二人が›親密である, いい仲である; *《俗》(不良)仲間にはいっている.
► *vt* **1 a** 振る, 振り動かす; ‹こぶし·武器などを›振りまわす ‹*at*›; 《ぶらんこなどに乗せて》揺する, ゆすぶる; ‹子供などを›さっと回して持ち[すくい]上げる ‹*up*›. **b** (ぶらりと)つるす, ぶらさげる. **2 a** ぐるっと回す; 《クレーンなどが》宙づりにして運ぶ; 〘空〙《エンジンの始動のため》‹プロペラを›手で回す; …の向きをくるっと変える; ‹コンパスの自差修正のため船·飛行機を›回す; 〘クリケット〙‹ボールを›左右にそらす; 〘野·ゴルフ〙‹バット·クラブを›振る, スイングする: ～ the door shut ドアを回してさっと閉める / ～ a car around the corner 街角で車をまわす. **b** ‹意見·立場·好みなどを›変える, ‹関心を›向ける. **3** 《口》‹世論などを›左右する; [°～ it] 《口》うまく処理[手配, 調達]する, なんとかする (manage): ～ a business deal 商取引をうまくやってのける. **4** スウィングスタイルで‹踊り[歌]を›踊る[歌う, 演奏する].
● **I'll ～ for** sb. ″《古風口》《死刑になってもいいから》人をぶっ殺してやる. **～ both ways** *《俗》両刀を使う (to be bisexual). **～ by** (…) *《口》(…に)立ち寄る. **～ like a (rusty) gate** 《野球俗》大振りする; *《俗》スウィングを巧みに奏する, スウィングする. **～ on…** *《口》‹人›をげんこつで打とうとする. **～ over** *《口》立ち寄る. **～ round the circle** *ひとわたり概説する; 次から次へと異なる説[立場]をとる; 選挙区内を遊説する. **～ round** (to…) ‹風などが›向きを(…に)変える; ‹人が›(反対の意見[立場など]に)変わる. **～ the** LEAD². **～ through…** *《口》…に立ち寄る. **～ with…** 《俗》…のグループ[仲間]に加わる, …に同意する; 《俗》…が気に入る, …を楽しむ, エンジョイする.
► *n* **1 a** 《前後·左右の》揺れ, 振り, 振動, 往復運動; 振幅; 〘機〙振り; 《武器などの》ひと振り, 一撃; 《ゴルフ·テニス·野球など》振り(方), スイング; 〘ボク〙スイング; 〘アメフト〙スイング (=～ pass) 《外側を走るバックに渡す短いパス》: a long [short] ～ 大振り[小振り] / take a ～ at sb 人になぐりかかる. **b** 揺れるもの; ぶらんこ(に乗ること): ride in a ～ ぶらんこに乗る / What one loses on the ～*s* one gains [wins] on the roundabouts. 《諺》一方で悪いことがあれば他方でよいことがある, 苦あれば楽あり. **c** 回ること; 〘機〙旋回, スイング; *周遊(旅行); *遊説; *《俗》《ジェット機を使う》あわただしい旅行; 曲がったコース; 〘クリケット〙《ボールの》カーブ; 〘ダンス〙スイング《二人が腕を組んで[手を取り合って]行なう旋回》: a ～ around the country 国内一周旅行 / a ten-state campaign ～ 10 州をまわる選挙運動ツアー. **d** 《口》〘商〙《株価·経済活動などの》規則的変動; 《世論·得票·得点などの》変動, 動き. **2** 大手を振って歩くこと; 力強い前進; 自由な[活発な]活動; 進展; やってみること (attempt): let it have its ～ = give full [free] ～ to it それを思うままに活動させる. **3 a** 《詩や音楽などの》律動, 音律, 調子. **b** スウィング《揺れるようなリズミカルな要素》; SWING MUSIC; スウィング愛好家たち. **4** *《口》《交替勤務の》午後勤務 (cf. SWING SHIFT); *《俗》《労働者の》昼休み, 休憩時間. ● **get into full ～** 最高潮に達する, たけなわになる. **get into the ～ of…** 《口》…の調子をつかむ, …にすっかり慣れる. **go with a ～** 《口》調子よく運ぶ, すらすら行く, ‹会などが›盛り上がる; ‹曲などが›乗りがいい. **in full ～** たけなわで, 最高に調子[スピード]が出て, 大車輪で. **～s and roundabouts** 差し引きゼロ[とんとん]の状態, 帳尻があった状態 (cf. 1b 諺).
► *a* スウィング(音楽)の; 揺れ[振動]の; 決定[選挙の結果]を左右する; 絞首刑(用)の; 《口》《夜勤などの》交替用の: SWING STATE.
♦ **～·able** *a* **～·ably** *adv* [OE *swingan* to beat, fling; cf. G *schwingen*]
swíng-aròund *n* SLINGSHOT.
swíng·bàck *n* 《特に 政治的な》揺れ戻し, 逆戻り.
swíng·bèat *n* NEW JACK SWING.
swíng·bìn ″ *n* 回転蓋付きのごみ箱.
swíng·bòat *n* 《遊園地などの》船形の大ぶらんこ.
swing brídge 旋開橋(せんかいきょう) (=*swivel bridge*).
swíng-bỳ *n* (*pl* ～**s**) 〘宇〙スイングバイ (slingshot).
swíng còat 〘服〙スイングコート《動くと軽やかに揺れるコート》.
swing dóor 《前後に開いて自動的に閉じる》自在[スイング]ドア (swinging door*).
swinge¹ /swínʤ/ 《古·詩》*vt* むち打つ (thrash), 強打する; ‹人を›懲らしめる (punish). [ME *swenge* to shake, shatter < OE *swengan*]
swinge² *vt* 《方》SINGE.
swinge·ing ″ *n* 強打. ► *a* ‹打撃が›強烈な; ‹批判攻撃が›きびしい; ‹取決めが›強力な; 圧倒的な; 特大の, 大量の; ‹罰金など›きわめてきびしい; とびきり上等の. ► *adv* とても, すごく. ♦ **～·ly** *adv*
swing·er¹ /swíŋər/ *n* SWING する人; 《俗》活動的で洗練された人, 流行の先端を行く人; *《俗》とても陽気な人, お祭り好き; 《俗》自由に快楽にふける人, プレーボーイ, スワッピング[フリーセックス]する人; 《スポ俗》2 つのポジションをこなす選手.
swing·er² /swínʤər/ *n* むち打つ人, 懲らしめる人; 《口》とてつもなく大きなもの. [*swinge*¹]
swing·ing¹ /swíŋɪŋ/ *a* 揺れる, 揺れ動く; 生きいきとリズミカルな, よくスウィングする, 軽快な‹小走り·メロディー›; 《口》活気がある, とても陽気な, 流行の先端を行く, とんでる, 最高の; 《俗》性的に自由奔放な; 《俗》スワッピングをする: the ～ sixties 活気に満ちた 60 年代.
● **get ～ on…** 《俗》…に取りかかる. ► *n* SWING すること; 《俗》フリーセックス, 《特に》夫婦[恋人]交換, スワッピング. ♦ **～·ly**¹ *adv* 揺れて; 《口》活発に.
swing·ing² ″ /swínʤɪŋ/ *a, adv* SWINGEING.
swínging búoy 〘海〙回頭浮標.
swínging dóor* SWING DOOR.
swínging gáte ″《俗》演奏に没入しているスウィングミュージシャン.
swing·ing·ly²″ /swínʤɪŋ-/ *adv* たいへん, とても (very).
swínging póst 自在門柱 (gatepost).
swínging vóter 《豪口》《選挙の》浮動層.
swin·gle¹ /swíŋ(ə)l/ *n* 《からざおの》振り棒, 麻打ち棒. ► *vt* ‹麻を›振り棒で打って精製[製線]する. [MDu]
swingle² *n* *《俗》独身のプレイボーイ. [*swing*ing¹+*single*]
swíngle·bàr ″ *n* WHIFFLETREE.
swíngle·trèe *n* WHIFFLETREE.
swín·gling tòw 粗亜麻.
swíng lòan つなぎ融資 (BRIDGE FINANCING).
Swíng Lów, Swèet Cháriot 「静かに揺れよ, 懐かしのチャリオット」《農民が歌った黒人霊歌》.
swíng·màn *n* *移動中の牛を監視するカウボーイ; スウィングミュージシャン; 異なったポジションをこなせる選手, 《特に》守りと攻めの両方に強いバスケットボールのプレーヤー; 《俗》決定票を投じる人; 《俗》麻薬の売人[仲介人].
swíng mùsic スウィング(ミュージック)《揺れるようなリズミカルな躍動感を特徴とするジャズ》.
swing·om·e·ter /swɪŋámətər/ *n* 《口》《総選挙期間中のテレビ報道で》政党間の票の動きを示す装置.
swíng-òver *n* 《好み·意見などの》転換, 切換え.
swíng pàss 〘アメフト〙SWING.
swíng plòw 無輪プラウ.
swíng ròom*《俗》《工場内などの》休憩室.
swíng sèt ブランコセット《いくつかのぶらんこにすべり台などが付いた複合遊具》.
swíng shìft* 夜間[夜半]交替《24 時間操業工場の, 通常 16 時から 24 時までの勤務時間》; 夜間シフトの作業員《集合的》.
swíng stàte 〘米〙スイングステート, 激戦州《浮動票の投票者 (swing voters) が多く, 小さいながらしばしば大統領選挙の結果を左右する州》.
swíng·ster *n* 《俗》スウィング演奏者, よくスウィングするジャズミュージシャン.
swíng tàil 〘空〙スイングテール《折り曲げるような形で開口する航空機尾部》.
swíng tìcket 《内容説明などを記載してぶらさげる》商品タグ.
swíng vòte* 浮動票. ♦ **-vòter** *n* 浮動票投票者.
swíng-wìng *a* 〘空〙可変(後退)翼の(付いた).
swíng wìng 〘空〙可変(後退)翼(機).
swingy /swíŋi/ *a* ‹スカートなどが›揺れる, 揺れ動く; スウィング風の; 躍動的な; 活発な.
swin·ish /swáɪnɪʃ/ *a* 豚 (swine) のような; 意地きたない; 好色な. ♦ **～·ly** *adv* 豚のように; 下品に. **～·ness** *n*
swink /swíŋk/ 《古·方》*vi* 汗水流して働く. ► *n* 骨折り, 労働 (toil). [OE *swincan*]
Swin·ner·ton /swínərt(ə)n/ スウィナートン **Frank Arthur ～** (1884–1982)《英国の小説家·批評家; *Nocturne* (1917), *The Georgian Literary Scene* (1935)》.
swin·ney /swíni/ *n* 〘獣医〙SWEENY.
Świ·no·ujś·cie /ʃfiːnoúːɪʃʧeɪ/ シフィノウィシチェ《ポーランド北西部, バルト海沿岸の町; 漁港·保養地》.

swipe /swáɪp/ *n* 《口》腕を振りまわすこと, 強打, SIDESWIPE; 辛辣なことば[批評]; 《井戸の》はねつるべのさお (sweep); *《特に 競馬場の》馬丁; *《俗》自家製の質の悪いウイスキー[ワイン]; 《俗》いやなやつ[連中]. ● **take a ~ at**… 《口》…をたたく, …に一撃[痛棒]を加える[加えようとする]; …を非難する; 《口》…を試みる, やってみる. ► *vt* 《口》力いっぱい打つ; 《口》かっぱらう, くすねる, 無断で持ち出す[借用する]; 《口》〈クレジットカードなどを〉読取り機に通す. ► *vi* 《口》強打する 〈*at*〉; 〈酒を〉がぶりと飲む. ◆ **swíp·er** *n* [? 変形 < *sweep*]

swípe càrd 《読取り機に swipe させる》磁気カード.

swipes /swáɪps/ *n pl* ‖《口》水っぽい安ビール, 《一般に》ビール (beer). [C18 < ?*sweep*]

swi(p)·ple /swíp(ə)l/ *n* 《からざおの》振り棒 (swingle).

swirl /swə́ːrl/ *vi* 渦を巻く 〈*about, around*〉; 〈スカートなどの裾が〉翻る, 揺れる; 渦を巻きながら進む; 〈頭が〉ふらふらする; 〈うわさなどが〉飛びかう. ► *vt* …に渦を巻かせる 〈*about, around*〉: ~ wine in a glass グラスのワインをぐるぐる回す. ► *n* 渦巻, 渦; 渦巻形; 巻き毛 (curl); めまい; 混乱. ◆ **~·ing** *a* **~·ing·ly** *adv* [Sc<?LDu]

swírly *a* 渦巻く, 渦巻形の, 渦の多い; 《スコ》もつれた, よじれた (tangled).

swish /swíʃ/ *vi* 〈むちが〉ヒューと音をたてる[鳴る], 〈波などが〉サーッという; 〈飛ぶ鳥が〉ヒュッヒュッと風を切る; 〈草を切るとき鎌が〉シュッシュッと音をたてる; 〈絹など〉サラサラ音をたてる; *《俗》おかまっぽくふるまう[歩く, しゃべる など]. ► *vt* 〈杖・尾などを〉振りまわす; 〈草などを〉杖などで打ち切る 〈*off*〉; むち打つ; 振り払う 〈*off*〉; 〚バスケ〛〈シュートを〉リングに当てずに決める. ► *n* **1** 《杖・むちの》ヒューヒューいう音; 《水などの》シューという音; 衣ずれの音; [〈*int*〉] ヒューッ, ピュッ, ピシッ, ビューン, シュッ, サッ; ヒュッ[シュッ]という音を伴う動作; むち; 《むちなどの》ひと振り, 一撃; 〚バスケ〛スイッシュ《リングに当たらずスパッとはいるショット》. **2** *《俗》同性愛者, ホモ, おかま; *《俗》凝った装飾, めめしさ. **3** 《西アフリカ》スイッシュ《モルタルと泥[紅土]を混ぜた建築材料; 近年はセメントと泥》. ► *a* 《口》豪華な, さっそうたる, しゃれた, エレガントな〈服など〉; 《俗》なよなよした, 女みたいな, おかまっぽい (swishy). ◆ **~·er** *n* ヒュー[シュッ]というもの; 〚バスケ〛リングに当たらないではいるシュートのボール: shoot a ~*er*. **~·ing·ly** *adv* [C18 (imit)]

swíshy *a* ヒューと音をたてる; めめしい, なよなよした.

Swiss /swís/ *a* スイス (Switzerland) の, スイス人の, スイス風[産, 製]の. ► *n* (*pl* ~) スイス人; [°s-] スイス《元来スイスで生産された, 透けて見えるきめの細かい綿織物, 特に DOTTED SWISS》; SWISS CHEESE. ◆ **~·er** *n* スイス人 (Swiss). [F *Suisse*<MHG *Swiz*]

Swíss ármy knìfe (スイス)アーミーナイフ, 万能[十徳]ナイフ《ナイフのほか, はさみ・コルク抜きなど多用途の金具を折りたたみ式に収める》.

Swíss chárd 〚野菜〛フダンソウ (chard).

Swíss chéese スイスチーズ《スイス原産のチーズ; 特に Emmental に代表される, 硬質で気孔のあるものをいう》; [*fig*] 穴[欠陥]だらけのもの: have ~ *for*… 〈人・ものが〉…に欠陥がある.

Swíss chéese plànt 〚植〛CERIMAN.

Swiss Confederation ⇨ SWITZERLAND.

Swíss dàrning スイスかがり《編物にあとから色糸で模様を縫い込む技法》.

Swiss F °Swiss French.

Swíss Fàmily Róbinson [The] 『スイスのロビンソン』《Wyss 父子の冒険小説 (1812–27); 無人島に漂着してたくましく生活していくスイスの牧師一家の物語; 原題 *Der schweizerische Robinson*》.

Swíss Frénch スイスで使用されるフランス語の方言.

Swíss Gérman スイスで使用されるドイツ語の方言.

Swíss guárd スイス人衛兵《昔 フランスなどの王を護衛したスイス人傭兵, 現在もローマ教皇の衛兵として残っている》; [the ~(s)] スイス人護衛隊.

Swíss mílk 加糖練乳[コンデンスミルク].

Swíss múslin スイスモスリン《薄い綿モスリンで平織りまたは点々の柄を出したもの》.

Swíss róll 〚菓子〛スイスロール (JELLY ROLL).

Swíss stéak* スイス風ステーキ《ステーキ肉に小麦粉をまぶして焦げめをつけ, タマネギ・トマトなどと煮込んだ料理》.

Swíss tóurnament 〚チェス〛スイストーナメント《ラウンドごとに得点に応じてペアの組み替えをする方式》.

switch /swítʃ/ *n* **1 a** 交換; 切替え, 《特に 急な》転換, 変更; 〚トランプ〛別の組札への乗換え; 《口》すりかえ. **b** 〚電〛開閉器, スイッチ; 〚電話〛交換台; 〚電算〛スイッチ《**1**) プログラミングにおいて, 選択可能な経路の 1 つを選択する分岐命令 **2**) コマンドに付加してコマンドのはたらきを修飾するオプション **3**) LAN のセグメント間でパケットの伝送を切り替える装置》; 〚鉄道〛転轍機, 側線; 《ガスなどの》ねじ, 栓. **2** 《木から切り取った》しなやかな小枝; しないむち; むち打ち; *《俗》(飛出し)ナイフ. **3** 《婦人の結髪の》入れ毛[髪], かもじ; 《牛・ライオンなどの》尾端のふさ毛, 尾房(ぼう). **4** [°S-] ‖〚金融〛スイッチ《DEBIT CARD の一種 Switch card によって EFTPOS システムを使って行なわれる商品代金自動決済》. ● **asleep** [**sleeping**] **at the ~** 転轍係としての勤務中に眠りこけて; *《口》うっかりして, 油断して, 義務を怠って. **not have all the ~es on** 《俗》知恵遅れである, いかれている. **That's a ~.** *《口》それは珍しい, どういう風の吹き回しだ.

► *vt* **1 a** 〈考え・話などを〉変える, 転じる 〈*from, to*〉; 取り替える, 交換する 〈*around*〉. **b** 〈ガス・電灯・ラジオなどを〉消す 〈*off, out*〉, つける, 通ずる 〈*on*〉; 〈電話を〉つなぐ 〈*on*〉, 切る, 切断する 〈*off*〉; 〚鉄道〛転轍する, 〈貨車を〉切り離す, 連結する. **c** 〚ブリッジ〛〈あるスーツ・ビッドを〉別なスーツ[ビッド]に変える, 切り札の競り落としで他の組札 (suit) に乗り換える; 〈馬を〉他の名で競馬に出す. **2** むち打つ (whip); 《罰として》むちで打つ; 〈尾・むち・釣糸などを〉振りまわす. ► *vi* 〈人などが〉《別の方式などに》変わる, 変える, 転換する 〈*from, to*〉; *〈人〉と交替する, 代わりに働く 〈*with* sb〉; (さっと)方向を変える 〈*around*〉; 交換する, 交代する 〈(*around*) *with*〉; (電灯などを)消す, 切る 〈*off*〉, つける 〈*on*〉; 〚鉄道〛支線にはいる; しなやかなむちで打つ(ように左右に激しく当たる); *《俗》通報[密告]する. ● **I'll be ~ed.** *《俗》I'll be DAMNed. **~ around** 〈家具・職員など〉の配置を入れ替える. **~ back** 〈もとのもの[方法]など〉に戻る[戻す]; 〈道が〉ジグザグする. **~ into**…に着替える. **~ off** 《口》〈人〉に興味を与えなくなる (cf. *vt*); 《口》〈人が〉興味を失う, 話を聞かなくなる (cf. *vi*). **~ on** (*vt*) 《口》《急にまたは自然に》〈涙などを〉出す; [°*pp*] 《口》生きいきとさせる, 興奮させる; [°*pp*] 《口》《考え・服装などで》モダンにする, …に先端を行かせる; [°*pp*] 《俗》〈人を〉麻薬に誘う. (*vi*) 《口》生きいきとなる, 活発になる; 《口》モダンになる, 先端をいく; 《俗》麻薬をうつ, 麻薬で酔う. **~ over** 《スイッチなどで》切り替える; ‖別のテレビ[ラジオ]局に切り替える 〈*to*〉; 〈別の職[立場]などに〉変わる[変える] 〈*to*〉; 〈別の方式[燃料]などに〉転換する[させる]. **~ through** 《電話で》〈…に〉つなぐ 〈*to*〉: *S*~ this call *through to* Mr. Jones on extension 241. この電話を内線 241 のジョーンズさんにつないでください. ◆ **~·able** *a* [C16 *swits, switz*<?LG; cf. LG *swukse* long thin stick, MDu *swijch* branch, twing]

swítch·bàck *n* ジグザグの山岳道路, ヘアピンカーブ; 〚鉄道〛スイッチバック《**1**) ジグザグの軌道を走る山岳鉄道 (=~ **ráilway**) **2**) 急勾配を上り下りするための折り返し式の線路》; ‖ROLLER COASTER (=~ **ráilway**). ► *vi* ジグザグに進む.

swítch·blàde* *n* 飛出しナイフ (=~ **knífe**) (flick-knife‖).

swítch·bòard *n* 〚電〛配電盤, 分電盤; 〚電〛交換機; (電話)交換台.

swítch bòx* 〚電〛配電箱.

swítch càne 〚植〛メダケ属のササ《まぐさ用》.

swítched-óff *a* 《俗》今ふう[流行]でない, 型破りの.

swítched-ón *a* 《口》流行に敏感な, 進んだ; 最新事情に通じた; 《俗》興奮した, 盛り上がった; 麻薬に酔った.

swítched-stár *a* スイッチトスターの《CATV で, 各加入者には 1-2 のチャンネルのみが供給され, チャンネルの変更は中央交換機の切換えによって行なう方式についていう》.

swítch èngine 〚鉄道〛入換え機関車, 構内機関車.

swítch·er *n* 〚米鉄道〛入換え機関車; 〚テレビ〛《複数のカメラなどの》画面切換え装置; 《他党への》乗換え投票者; 《組織・体制などからの》離脱者[国] 〈*out of*〉.

switch·er·oo /swìtʃərúː/ *n* (*pl* ~**s**) *《俗》不意の転換[逆転], 突然の変化, どんでん返し.

swítch·gèar *n* 〚電〛《高圧用》開閉器[装置].

swítch·gìrl *n* 《豪口》電話交換手.

swítch·gràss *n* 〚植〛スイッチグラス《米国西部産のキビ属の一種; 乾草用》.

swítch-hít *vi* 〚野〛右打ちと左打ちを使い分ける.

swítch-hítter *n* 〚野〛スイッチヒッター; *《俗》二つのことを巧みにこなす人, 器用な人; *《俗》両性愛者, 両刀使い (bisexual).

swítch-hítting 〚野〛*n, a* スイッチヒッティング(の); スイッチヒッターであること; *《俗》両性愛.

swítch hòg* 《俗》操車場長.

swítch knífe SWITCHBLADE KNIFE.

swítch·man /-mən/ *n* 〚鉄道〛転轍手; 車両切離し・連結をする構内作業員, 操車係.

swítch·òver *n* CHANGEOVER.

swítch plàte 《配電箱の》スイッチ板.

swítch sèlling おとり販売《安い品の広告で客を集め高い商品を売りつける; cf. BAIT-AND-SWITCH》.

swítch sìgnal 転轍信号; 《発電所の》開閉装置室.

swítch tòwer* 《鉄道の》信号所 (signal box).

swítch tràding スイッチトレード《通貨に代わってサービス・便益・稀少商品などで支払う国際貿易》.

swítch·yàrd* *n* 〚鉄道〛操車場, 列車仕立て場 (marshalling yard‖); 〚電〛開閉所《発[変]電所などの系統切替え装置を屋外に設置した場所》.

swith(e) /swíθ/ *adv* ‖《方》即座に, 速やかに.

swith·er /swíðər/ 《スコ》*vi* ためらう, 疑惑をいだく. ► *n* 不安, 疑念, 躊躇; 狼狽, 混乱. [C16<?]

Swith·un, -in /swíðən, swíθən/ [Saint] 聖スウィジン (c. 800–862) 《アングロサクソンの聖職者; Winchester の司教; 祝日は 7 月 2 [15] 日》.

Switz. Switzerland.

Switz·er /swítsər/ *n* スイス人; スイス人傭兵.

Switz·er·land /swítsərlənd/ スイス (F **Suisse** /*F* sɥis/; G **Schweiz** /*G* ʃváɪts/; It **Sviz·ze·ra** /svíːttseɪrɑː/; *L* Helvetia)

S

《ヨーロッパ中部の国; 公式名 Swiss Confederation (スイス連邦); ☆Bern; cf. SWISS, HELVETIAN》.

swive /swáɪv/ *vt, vi* 《古》(…と)交接[交尾]する.

swiv·el /swív(ə)l/ *n* 〔機〕回り継手, スイベル, 《俗に》さる環(かん); 回転砲架; SWIVEL GUN; *顔だち(のよい面を見せようとして首を回すこと). ► *v* (**-l-** | **-ll-**) *vt* 旋回させる, 〈目などを〉ぐるりと動かす 〈*around, round*〉; 回り継手をつける[で支える, で留める]. ► *vi* 旋回する, (くるっと)回る, 振り向く. [OE *swifan* to sweep, revolve; cf. SWIFT]

swível brìdge SWING BRIDGE.

swível chàin スイベルチェーン, 回り継手付きチェーン.

swível chàir 回転椅子.

swível èye くるくる動く眼; 斜視の眼.

swível-èyed *a* やぶにらみの. ● **a ~ git** ‖《俗》やぶにらみ野郎, こんちきしょう.

swível gùn 旋回砲.

swível-hip *vi* 尻を振って歩く.

swível-hipped *a* 腰をくねくねさせた.

swível·hìps *n**《俗》腰をうまく使う選手[ダンサーなど] (snake-hips).

swível hòok 〔機〕回しフック.

swível knìfe スイベルナイフ《皮革製品の装飾用》.

Swiv·el·ler /swív(ə)lər/ スウィヴェラー **Dick ~** 《Dickens, *Old Curiosity Shop* (1840–41) 中の, 能弁の書記》.

swível pìn 《自動車の》キングピン (kingpin).

swiv·et /swívət/ *n* 《方·口》焦燥, 激昂: in a ~ あわてて, いらだって, そわそわして. [C19<?]

swiz(z) /swíz/ *n* (*pl* **swízz·es**) ‖《口》失望させること, かたり, ペテン, いんちき. [C20<?]

swiz·zle[1] /swíz(ə)l/ *n* スウィズル《ラム·ライム果汁·砂糖·砕氷などで作るカクテル》. ► *vi* 酒をがぶ飲みする. ► *vt* (マドラーで)かきまぜる. ♦ **-zler** *n* [C19<?]

swizzle[2] *n* ‖《口》SWIZZ.

swíz·zled *a* 《口》酔っぱらった.

swízzle stìck 《カクテル用の》攪拌棒, マドラー; *《俗》大酒のみ (drunkard).

SWM single white male《個人広告で用いる》.

swob /swáb/ *n, vt* (**-bb-**) SWAB.

swob·ble /swáb(ə)l/ *vi, vt**《俗》あわてて食う, かっこむ.

swol·len /swóul(ə)n/, 《古》**swoln** /swóuln/ *v* SWELL の過去分詞. ► *a* ふくれた; はれあがった; 増水した; 誇張した, 大げさな. ♦ **~·ly** *adv* **~·ness** *n*

swóllen héad SWELLED HEAD. ♦ **swóllen-hèad·ed** *a*

swóllen shóot 〔植〕幹や根の節間が短縮したりはれたりするカカオのウイルス病.

swoon /swú:n/ *vi* 卒倒する, 気絶する 〈*over*〉; 魅了される, うっとりする, 恍惚となる 〈*over*〉; 衰える, 弱まる, 〈音など〉徐々に消えていく. ► *n* 卒倒, 気絶; 眩惑, 恍惚; 活動停止の状態: be in [fall into] a ~ 気絶している[気絶する]. ♦ **~·er** *n* **~·ing** *a* 気が遠くなる(ような); 徐々に衰えていく. **~·ing·ly** *adv* [ME? (逆成) < *swogning* (OE *geswogen* (pp) overcome)]

swoony /swú:ni/ *a, n**《俗》魅力的な[かわいい](男の子).

swoop /swú:p/ *vi* 〈猛禽·飛行機などが空から舞い降りる, 急降下する 〈*down; on*〉; 急襲する. ► *vt* さっとつかむ, さらう, ひったくる 〈*up, away, off*〉. ► *n* 《猛禽などの》急襲, 急降下; 飛びかかってさらうこと; ひったくり; 電撃作戦, 《警察の》手入れ, 強制捜査; [〈*int*〉] スーッ, スイー, サッ, パッ, ピューッ: with a ~ 一撃をもって. ● **at [in] one (fell) ~** 一挙に, 一気に. ♦ **~·er** *n* [ME *swopen* < OE *swāpan* to SWEEP]

swoop·stake /swú:pstèɪk/ *adv* 《廃》無差別に.

swoosh /swú:ʃ, swúʃ/ *vi* シューッという音をたてる; 勢いよく動く[ほとばしり出る], ビュンビュン走る. ► *vt* シューッと音をたてて吹き出す[移動させる]. ► *n* 噴射, 噴出; シューッという音; スウッシュ《Nike 社のロゴマーク》; [〈*int*〉] シューッ, ビューッ, ダーッ《疾走·衣ずれ·ほとばしる水》. [C19 (imit)]

swoo·zled /swú:z(ə)ld/ *a**《俗》酔っぱらった.

swop ⇨ SWAP.

sword /sɔ́:rd/ *n* 剣, 刀; 刀状のもの《カジキの上顎など》; [the] 武力, 暴力, 軍事力, 戦争, 殺戮(さつりく), 兵馬の権; 《軍俗》銃剣 (bayonet); 剣, ソード《タロットのマークの一つ; トランプのスペードに相当》: a court [dress] ~ 礼服に着用する剣 / MEASURE *~s* / FIRE and ~ / The PEN[1] is mightier than *the* ~. / They that live by the ~ shall perish [die] by the ~. 《諺》剣により生きる者は剣により滅びる (cf. *Matt* 26: 52). ● **at the point of the ~=at ~ point** 剣[武力]で強迫して. **beat [turn] ~s into plowshares** 剣を打ちなおして鋤(すき)にする, 資源を戦争よりも平和目的に使う《*Isa* 2: 4, *Mic* 4: 3》. **be at ~s' points=be at ~s drawn** (今にも戦端を開きそうなほど)不和である, 一触即発の状態である. **cross ~s** 剣を交える 〈*with*〉; [*fig*] 激論を戦わす, 渡り合う 〈*with* sb, *on* sth〉. **draw one's ~ against**…を攻撃する. **draw the ~** 剣を抜く; 戦端を開く. **fall on one's ~** 自刃する; [*fig*] 辞任する, 責任をかぶる. **put** sb **to (the edge of) the ~** 〈特に 勝者が〉人を刀にかける, 斬り殺す, 大虐殺する. **put up [sheathe] the ~** 剣を納める; [*fig*] 講和する. **the ~ of justice** 司法権. **the ~ in the stone** 石中の剣《古くからの言い伝えで, 石に突き刺さった Excalibur という名の剣; これを抜き取った者がイングランド王になるという》. **the** SWORD OF STATE [HONOR]. **the** SWORD OF THE SPIRIT. **throw one's ~ into the scale** 武力にものを言わせて要求を押し通す. **wear the ~** 兵士である. ♦ **~·less** *a* **~·lìke** *a* [OE *sw(e)ord*; cf. G *Schwert*]

swórd and sórcery 剣と魔法《超自然的な魔法や怪物の存在する異世界を舞台に, 超人的な剣士が邪悪な敵と戦うというファンタジー文学のジャンル》.

swórd àrm 利き腕, 《通例》右腕.

swórd bàyonet 銃剣.

swórd bèan 〔植〕ナタマメ (=*saber bean*).

swórd-bèar·er *n* 剣を帯びた人; ‖剣[太刀]持ち.

swórd bèlt 剣帯, 刀帯.

swórd·bìll, swórd-billed húmmingbird *n* 〔鳥〕ヤリハシハチドリ《南米産》.

swórd càne 仕込み杖 (=*sword stick*).

swórd·cràft *n* 剣の腕前; 《まれ》用兵術, 戦力.

swórd cùt 刀傷《生傷 または きずあと》.

swórd dànce つるぎの舞い《**1**) 剣を振りかざしたり交差した剣の下または地上に並べた剣の間を踏みまわる **2**) 右手で刀を左手で隣の人の刀尖を持って踊る輪舞》. ♦ **swórd dàncer** *n*

swórd dòllar 剣ドル《裏に剣の模様があった James 4 世時代のスコットランドの銀貨》.

swórd fèrn 〔植〕**a** タマシダ, 《特に》ヤンバルタマシダ. **b** イノデ《シダ類》の一種.

swórd·fìsh *n* 〔魚〕メカジキ; [the S-] 〔天〕かじき座 (旗魚座) (Dorado).

swórd·fìsh·ing *n* メカジキ釣り.

swórd flàg 〔植〕キショウブ (yellow iris).

swórd gràss 〔植〕へりにとげのある葉[刀状の葉]をもつ草, 《特に》シシキリガヤの類の草本.

swórd guàrd 刀のつば.

swórd hànd 《通例》右手, 馬手(めて).

swórd knòt 《剣の》つかふさ, 下げ緒.

swórd làw 武断[武家]政治; 軍政.

swórd lìly 〔植〕グラジオラス (gladiolus).

swórd of Dámocles [the, °the S-] ダモクレスの剣, (栄華の最中にも)身に迫る危険《あまり王位の幸福をたたえたので Syracuse の Dionysius 1 世が Damocles を王座につかせその頭上に毛一本で剣をつるして, 王位にあるものの幸福がいかに不安定なものであるかを示した故事から》.

swórd of Státe [hónor] [the] 御剣《英国で国家的式典の際に国王の前に捧持する宝剣》.

swórd of the Spírit [the] 御霊(みたま)の剣, 神のことば (the word of God) 《*Eph* 6: 17》.

swórd·plày *n* 剣[太刀]さばき, 剣術, 剣道; 火花を散らす激論, 当意即妙な[丁々発止の]やりとり. ♦ **swórd·plày·er** *n* 《古》剣客, 剣士.

swórd ràttling SABER RATTLING.

swórd(s)·man /-mən/ *n* 剣客, 剣士; 《古》《剣で武装した》軍人. ♦ **~·shìp** *n* 剣術, 剣道.

swórd stìck SWORD CANE.

swórd-swàllow·er *n* 剣をのみ込む曲芸師. ♦ **swórd-swàllow·ing** *n*

swórd·tàil *n* 〔魚〕ソードテール《中央アメリカ原産の熱帯魚》; 〔動〕カブトガニ (king crab).

swórd-tàiled *a* 《カブトガニのように》長くて鋭い尾[尾びれ]のある.

swórd·wèed *n* 〔植〕ハブソウ《マメ科カワラケツメイ属の低木状多年草》.

swore *v* SWEAR の過去形.

sworn /swɔ́:rn/ *v* SWEAR の過去分詞. ► *a* 誓った, 契(ちぎ)った (pledged); 公然の (avowed): ~ brothers 義兄弟 / ~ enemies [foes] 不倶戴天の敵, 宿敵 / ~ friends 盟友, 無二の友 / a ~ broker 宣誓して取引所員になった仲買人 / ~ statement 宣誓陳述(書).

swot[1] /swát/ ‖《口》*vi, vt* (**-tt-**) ガリ勉する, 猛勉強する (grind) 〈*for* an exam〉: ~ *up(on)* a subject ある学科をがむしゃらに詰め込む. ► *n* ガリ勉; 骨折り仕事; ガリ勉屋: It's too much ~. / What a ~! ♦ **swót·ty** *a* [変形 (dial) < *sweat*]

swot[2]* *vi, vt, n* SWAT[1].

SWOT /swát/ *n* 〔商〕スウォット, SWOT《新商品の強み, 弱み, (販売)機会 (時宜を得た商品であるかどうか), 脅威 (当該商品に対する外的マイナス要因や競争相手によるもの)》: a ~ analysis スウォット分析. [*s*trengths, *w*eaknesses, *o*pportunities, *t*hreats]

swound /swáund, swú:nd/ *vi, n* 《古·方》SWOON.

swounds, 'swounds /z(w)áundz, zwú:ndz/ *int* 《古》チェッ, ちきしょう! (zounds).

swoz·zled /swáz(ə)ld/ *a**《俗》SWOOZLED.

swum *v* SWIM の過去分詞·《古》過去形.

swung *v* SWING の過去·過去分詞.

swúng dàsh 〖印〗スワングダッシュ(〜).

swut·ty /swáti/ *n**《俗》SWEETIE.

swy /swáɪ/ *n*《豪》TWO-UP. [G *zwei* two]

sy- /sɪ, sə/ ⇨ SYN-[1].

-sy /si/ *n suf* [°*derog*]「小さい[かわいい]もの(の愛称)」: pop*sy*, foot*sy*. [(pl 語尾) *-s*, *-y*[3] (=*-ie*)]

SY steam yacht.

Syb·a·ris /síbərəs/ シュバリス《イタリア南部にあった古代ギリシアのぜいたく好み·遊び好きで有名な都市; 紀元前 510 年に滅亡》.

Syb·a·rite /síbəràɪt/ *n* シュバリス市民; [°s-] 享楽生活を好む者, 遊蕩者.

syb·a·rit·ic /sìbərítɪk/, **-i·cal** *a* [S-] シュバリス市民の; 享楽的な (voluptuous). ♦ **-i·cal·ly** *adv*

syb·a·rit·ism /síbəràɪtìz(ə)m/ *n* 享楽, 奢侈逸楽.

sybil, Sybil ⇨ SIBYL.

sy·bo(w), sy·boe /sáɪbòʊ/ 《スコ》*n* 〖植〗ワケギ; 《もと》ネギ (cibol). [F *ciboule*]

syc·a·mine /síkəmàɪn, -mən/ *n* 〖聖〗桑木 (mulberry) 《*Luke* 17: 6》. [L, <Heb]

syc·a·more /síkəmɔ̀ːr/ *n* 〖植〗**a** [or **sýc·o·mòre** /síkə-/] エジプトイチジク, イチジクグワ, クワイチジク (=〜 **fíg**) 《アフリカ北東部から小アジアにかけて産し, 聖書にあらわれる (cf. *Amos* 7: 14, *Luke* 19: 4); 高さ 10–13 m, 幹の周囲 7 m に達する常緑樹で, よく道端に植えられる; 果実は普通のイチジクよりは劣る》. **b***スズカケノキ (plane), 《特に》アメリカスズカケノキ《北米東部·中部産; 高さ 30–50 m に達する》. **c** セイヨウカジカエデ, シカモア《欧州産; 庭園樹·街路樹》(=〜 **máple**); シカモアの堅材《特に 弦楽器に用い, 高価》. [OF, <Gk]

syce[1], **sice, saice** /sáɪs/ *n*《インド》馬丁, 召使. [Hindi< Arab]

syce[2] ⇨ SICE[1].

sy·cee /saɪsíː, ⏑⏑/ *n*《中国の》銀塊, 馬蹄銀 (=〜 **sílver**). [Chin=fine silk]

Sychem ⇨ SHECHEM.

sy·con /sáɪkɑ̀n/ *n* 〖動〗シコン型, サイコン型《海綿動物の溝系の型で, 厚い体壁がひだになって胃腔に通じる多数の短い水溝を形成している; cf. ASCON, LEUCON》. ♦ **sy·co·noid** /sáɪkənɔ̀ɪd/ *a* [Gk *sukon* fig[1]]

sy·co·ni·um /saɪkóʊniəm/ *n* (*pl* **-nia** /-niə/) 〖植〗イチジク果, 隠花果, 嚢托花. [L (Gk *sukon* fig[1])]

syc·o·phan·cy /síkəfənsi/ *n* へつらい, おべっか; 《特に 古代アテナイで》中傷.

sýc·o·phant *n* おべっか者[つかい], 追従屋; 《特に 古代アテナイで》中傷者. ► *a* SYCOPHANTIC. ♦ **〜·ly** *adv* [F or L<Gk= informer (*sukon* fig[1], *phainō* to show)]

syc·o·phan·tic /sìkəfǽntɪk/, **-ti·cal** *a* へつらう, おべっかをつかう; 中傷的な. ♦ **-ti·cal·ly** *adv*

syc·o·phant·ish /sìkəfǽntɪʃ/ *a* SYCOPHANTIC. ♦ **〜·ly** *adv*

sýcophant·ìsm *n* SYCOPHANCY.

sy·co·sis /saɪkóʊsəs/ *n* (*pl* **-ses** /-sìːz/) 〖医〗毛瘡(もうそう). [L< Gk (*sukon* fig[1]); 形の類似から]

Syd /síd/ シッド《男子[女子]名; Sydney, Sidney の愛称》.

Syd·en·ham /síd(ə)nəm, *sáɪd(ə)nhæ̀m/ シドナム **Thomas 〜** (1624–89) 《英国の医師》.

Sýdenham's chorèa 〖医〗シドナム舞踏病.

Syd·ney /sídni/ **1** シドニー《男子[女子]名; 愛称 Syd, Sid; cf. SIDNEY》. **2** シドニー《**(1)** オーストラリア南東海岸の海港, 同国最大の都市で, New South Wales 州の州都 **2)** カナダ Nova Scotia 州 Cape Breton 島の海港》. ● **〜 or the bush!** 《豪口》すべてか無か, いちかばちか! (all or nothing!). ♦ **〜·ite** *n*

Sydney Carton ⇨ CARTON.

Sýdney Gáy (and Lésbian) Márdi Gràs シドニー·ゲイ·(アンド·レズビアン·)マルディグラ《毎年 Sydney で開催される同性愛者の祭典; 単に Mardi Gras ともいう》.

Sýdney·sid·er /-sàɪdər/ *n* シドニー人, シドニーっ子.

Sýdney sílky 〖犬〗シドニーシルキー (SILKY TERRIER).

Syd·ow /sídoʊ/ シドー **Max von 〜** (1929–) 《スウェーデンの映画俳優; 本名 Carl Adolf von 〜》.

Sy·e·ne /saɪíːni/ シエネ《ASWAN の古名》.

sy·e·nite /sáɪənàɪt/ *n* 閃長岩. ♦ **sỳ·e·nít·ic** /-nít-/ *a* [エジプト '*Syene* の石' の意]

syff ⇨ SYPH.

syke /sáɪk/ *n*《スコ》SIKE.

Syk·tyv·kar /sìktɪfkáːr/ シクティフカル《ヨーロッパロシア北東部 Komi 共和国の首都》.

Syl /síl/ シル《女子名; SYLVIA の愛称》.

syl- /sɪl, səl/ ⇨ SYN-[1].

Syl·heti /sɪlhéti/ *n* **a** (*pl* 〜, **Syl·hét·is**) シレット人《バングラデシュ北東部の Sylhet 市周辺の人》. **b** シレット方言《ベンガル語の方言》.

sy·li, si·ly /síːli/ *n* シリー《ギニアの旧通貨単位: =100 cauris; 記号 Sy》.

syl·la·bar·i·um /sìləbέəriəm/ *n* (*pl* **-ia** /-iə/) SYLLABARY. [L; ⇨ SYLLABLE]

syl·la·bary /síləbèri; -bəri/ *n* 音節表[目録]; 音節文字表《日本語の五十音図·かな表·いろは など》. [NL (↑)]

syllabi *n* SYLLABUS の複数形.

syl·lab·ic /səlǽbɪk/ *a* 音節の, つづりの; 音節を表わす; 各音節を発音する, 発音がきわめて明瞭な; 〖音〗音節(の中核)をなす, 成節的な; 〈詩が〉《リズム·強勢などよりむしろ》音節数による; 〖楽〗歌詞の 1 音節を 1 音だけに当てる. ► *n* 音節を表わす文字; 〖音〗音節主音 (cf. SONANT); [*pl*] 音節詩. ♦ **syl·láb·i·cal** *a*《古》SYLLABIC. **-i·cal·ly** *adv* [F or L<Gk; ⇨ SYLLABLE]

syl·lab·i·cate /səlǽbəkèɪt/ *vt* SYLLABIFY.

syl·làb·i·cá·tion *n* 音節に分けること, 分節法.

syl·la·bic·i·ty /sìləbísəti/ *n* 成節(性), 音節(主音)をなすこと.

syl·lab·i·fi·ca·tion /səlæ̀bəfəkéɪʃ(ə)n/ *n* SYLLABICATION.

syl·lab·i·fy /səlǽbəfàɪ/ *vt* 音節に分ける.

syl·la·bism /síləbìz(ə)m/ *n* 音節文字の使用[発達]; 分節 (syllabication).

syl·la·bize /síləbàɪz/ *vt* 分節する (syllabify); 音節ごとに明確に区切って発音する[読む].

syl·la·ble /síləb(ə)l/ *n* 〖音〗音節, シラブル; 音節を表わす文字[つづり]; 一語, 一言半句, 片言; SOL-FA SYLLABLES: Not a 〜! 一言も口をきくな. ● **in words of one 〜** やさしいことばで, わかりやすく; 率直に言えば. **not** BREATHE **a 〜.** ► *vt* 音節ごとに発音する; はっきり発音する; 〈詩行など〉の音節の数[配列]を定める. ► *vi* ことばを発する, 話す. ♦ **〜d** *a* [AF<L<Gk=that which holds together (*syl-*, *lambanō* to take)]

sýllable-timed *a* 〖音〗〈言語が〉音節によるリズムをもった《音節の長さがほぼ同じであるため規則的な時間をおいて連続するようなリズムをもつ; cf. STRESS-TIMED》.

syl·lábo·gràm /sɪlǽbə-/ *n* 音節を表わす文字.

syl·lab·og·ra·phy /sìləbɑ́grəfi/ *n* SYLLABISM.

syl·la·bub, sil·la-, sil·li- /síləbʌ̀b/ *n* **1** 〖料理〗シラバブ《**(1)** 泡立てた牛乳にワインなどを加えたデザート **2)** ラム·ワイン·ブランデーをミルクに加えた飲み物》. **2** [*fig*] 中身のない[空虚な]もの. [C16<?]

syl·la·bus /síləbəs/ *n* (*pl* **〜·es, -bi** /-bàɪ/) 《講義·論文などの》摘要, 大要, 要目; 授業計画表, シラバス; 〖法〗判決要旨, 判決の頭注; 〖カト〗教書要目, 教会摘要; [°S-] 〖カト〗謬説表, シラブス (=**S〜 of Érrors**) 《特に 教皇 Pius 9 世が 1864 年に発表した 80 項目からなるもの》. [NL (誤記) < L *sittybas* (acc pl) < *sittyba*<Gk *sittuba* label]

syl·lep·sis /səlépsəs/ *n* (*pl* **-ses** /-sìːz/) 兼用法《**(1)** 〖修〗He lost his temper and his hat. の lost のように 1 語を同時に 2 義に用いること **2)** 〖文法〗Neither she nor we are wrong. の are のように 1 語と文法的に一致し, 他とは一致しない場合》. ♦ **syl·lép·tic** *a* **-ti·cal·ly** *adv* [L<Gk=taking together; ⇨ SYLLABLE]

syl·lo·gism /sílədʒìz(ə)m/ *n* 〖論〗三段論法, 推論式; 演繹法; もっともらしい論法, 巧妙な議論. [OF or L<Gk=a reckoning together (*logos* reason)]

sýl·lo·gist *n* SYLLOGISM を用いる人[の得意な人].

sỳl·lo·gís·tic *a* 三段論法の, 三段論法的な. ► *n* 《論理学の一部としての》三段論法(論); 三段論法的推論. ♦ **-ti·cal·ly** *adv*

sỳl·lo·gís·tics *n* SYLLOGISTIC.

syl·lo·gi·za·tion /sìlədʒəzéɪʃ(ə)n; -dʒaɪ-/ *n* 三段論法による推論.

syl·lo·gize /sílədʒàɪz/ 〖論〗*vi* 三段論法を使う, 推論する. ► *vt* 〈事実·議論を〉三段論法にする, 三段論法で論じる.

sylph /sílf/ *n* 空気[風]の精; ほっそりした優美な女性[少女]; 〖鳥〗光沢のある羽根を長い尾にもつハチドリ, 《特に》アオフタオハチドリ. ♦ **〜·lìke** *a* [NL *sylphes*, G *Sylphen*; ? 混成<L *sylvestris* of the woods+*nympha* NYMPH]

sylph·id /sílfəd/ *n* 小さな[若い] SYLPH. ♦ **sýlph·id·ine** /-dən, -dàɪn/ *a* sylph の(ような).

Sylt /zílt, sílt/ ジュルト《ドイツ北西部 North Frisian 諸島の主島》.

syl·va /sílvə/ *n* SILVA; 《古》詩集, 文集《書名に用いる》.

Sylva シルヴァ **Carmen 〜** 《ルーマニア女王 ELIZABETH の筆名》.

syl·van, sil- /sílvən/ 《文》*a* 森林の, 森の中の, 森林[樹木]の多い, 樹木の; 牧歌的な. ► *n* 森の精; 森の鳥獣; 森林(地方)に住む人. [F or L SILVANUS (*silva* a wood)]

Sylvan シルヴァン《男子名》. [⇨ SYLVANUS]

Syl·vana /sɪlvǽnə/ シルヴァナ《女子名》. [⇨ SYLVIA]

Syl·van·er /sɪlváːnər/ *n* シルヴァナー《**(1)** Rhine 地方または California 産の白ブドウの品種 **2)** これから造る白ワイン》.

syl·van·ite /sílvənàɪt/ *n* 〖鉱〗シルバニア鉱, 針状テルル鉱. [Transyl*vania* ルーマニアの発見地]

Syl·va·nus /sɪlvéɪnəs/ **1** シルヴェーナス《男子名》. **2** SILVANUS.

syl·vat·ic /sɪlvǽtɪk/ *a* SYLVAN; 〈病気が〉野生鳥獣に発生[伝染]する.

sylvátic plágue 森林ペスト, 梨鼠(りす)ペスト.

Syl·ves·ter /sɪlvéstər/ **1** シルヴェスター《男子名》. **2** シルヴェステル (**1**) Saint ～ **I** (d. 335)《ローマ教皇 (314–335)》 (**2**) ～ **II** (c. 945–1003)《ローマ教皇 (999–1003); 本名 Gerbert of Aurillac; フランス人として最初の教皇》. [⇨ SILVESTER]
Sylvéster Médal 〔英〕シルヴェスターメダル《英国学士院が2年ごとに数学の研究に対して授与する; 1901年発足》. [James J. *Sylvester* (1814–97) 英国の数学者]
syl·ves·tral /sɪlvéstrəl/ *a* 森林の, 森林に生えている.
Syl·via /sílviə/ シルヴィア《女子名; 愛称 Syl, Sylvie》. [L＝(girl) of the forest (*silva*)]
Sýl·vi·an físsure /sílviən-/ 〔解〕シルヴィアン裂溝 (＝*lateral fissure*)《大脳半球の外側溝》. [Franciscus *Sylvius* (1614–72) ドイツの医学者·解剖学者·化学者]
sylviculture ⇨ SILVICULTURE.
Syl·vie /sílvi/ シルヴィー《女子名; SYLVIA の愛称》.
syl·vin·ite /sílvənàɪt/ *n* 〔鉱〕シルビナイト《カリ岩塩と岩塩の混合物》. [*sylvine, -ite*]
syl·vite /sílvàɪt/, **syl·vin(e)** /sílvì:n, -vən/ *n* カリ岩塩. [旧名 (*sal digestivus*) *Sylvii*; Franciscus *Sylvius* (⇨ SYLVIAN FISSURE) にちなむ]
sym- /sɪm, səm/ ⇨ SYN-[1].
sym. symbol ♦〔化〕symmetrical ♦ symphony.
symar ⇨ SIMAR.
sym·bi·ont /símbiànt, -bàɪ-/, **-on** /-àn/ *n* 〔生態〕共生者, 共生生物. ♦ **sỳm·bi·ón·tic** *a* [Gk *sumbiōn* living together]
sym·bi·o·sis /sìmbióusəs, -bàɪ-/ *n* (*pl* **-ses** /-si:z/) 〔生態〕(相利[双利])共生, 共同生活 (cf. PARASITISM); [*fig*]《人の》共働, 協力. [Gk (*sym-*, *bios* life)]
sym·bi·ote /símbiòut, -bàɪ-/ *n* SYMBIONT.
sym·bi·ot·ic /sìmbiátɪk, -bàɪ-/ *a* 〔生〕共生の (cf. PARASITIC, FREE-LIVING); 共生している; 共生による. ♦ **-i·cal·ly** *adv*
sym·bol /símb(ə)l/ *n* 象徴, 表象, シンボル; しるし, 符牒, 記号, 符号; 〔通信〕シンボル《変調データを表わす振幅と位相の組》;《宗教上の》信条 (creed); 〔精神分析〕シンボル《抑圧された無意識の欲求を示す行為[物]》. ► *v* (-l- | -ll-) *vt* SYMBOLIZE. ► *vi* symbol を用いる. [L＜Gk＝sign, token (*sym-*, *ballō* to throw)]
sým·bo·le·og·ra·phy, -lae- /sìmbəliágrəfi/ *n* 法律文書作成法. [Gk (*symbolaigraphos* notary)]
sym·bol·ic /sɪmbálɪk/, **-i·cal** *a* 象徴的な, 表象的な; 象徴主義的な; 符号の, 記号的な; 〔言〕音表象の;《もと 意味論で》対象や概念を間接的に表わす (opp. *presentive*): be ～ *of*…を表象する. ♦ **-i·cal·ly** *adv*
symbólical bóoks *pl* 〔教会〕信条集.
symbólic ìnter·áction·ìsm 〔社〕象徴的[シンボリック]相互作用論《人間どうしの言語·身振りというシンボルによる相互作用を行為者の観点から明らかにしようとする理論》.
symbólic lánguage 記号言語.
symbólic lógic 記号論理学 (＝*mathematical logic*).
sym·ból·ics *n* 〔神学〕信条学; 〔人〕儀式研究.
symbólic theólogy 各派信条比較神学.
sýmbol·ìsm *n* 〔文芸·美〕象徴主義, 象徴派, [S-]《19世紀後半の》フランス象徴主義, サンボリスム; 象徴的意味, 象徴性; 符号[記号]使用; 符号性; 記号体系; 〔教会〕象徴説《聖餐におけるパンとぶどう酒は実体的に変化せず, キリストの肉と血を象徴的に表わすとする》.
sýmbol·ist *n, a* 象徴主義者(の), [S-] フランスの象徴主義者(の), サンボリスト(の); 符号[記号]学者(の); 符号使用者(の); [°S-] 〔教会〕象徴説論者(の);《宗教儀式における》象徴使用論者(の). ♦ **sỳm·bol·ís·tic** *a* **-ti·cal·ly** *adv*
Sýmbolist móvement [the]《19世紀後半のフランス·ベルギーの》象徴主義運動《Mallarmé, Valéry, Verlaine, Rimbaud, Maeterlinck などを中心にした文芸運動》.
sỳmbol·izátion *n* 象徴化, 記号化;《人間特有の》記号体系を発展させる能力.
sýmbol·ìze *vt* 表わす, …の符号[表象]である, 象徴する; 符号[記号]で表わす; 象徴[表象]化する; 象徴として見る. ► *vi* 象徴[記号]を用いる. ♦ **-ìz·er** *n*
sym·bol·o·gy /sɪmbálədʒi/ *n* 象徴学, 記号論; 象徴[記号]使用; 記号体系. ♦ **-gist** *n* **sym·bo·log·i·cal** /sìmbəládʒɪk(ə)l/ *a*
sym·bol·ol·a·try /sìmbəlálətri/ *n* シンボル崇拝.
sym·bo·lo·phóbia /sìmbəlou-/ *n* シンボル恐怖(症)《自分の行動を象徴的に解釈されることへの異常な恐れ》.
sýmbol retàiler 〔商〕VOLUNTARY CHAIN の共通商号を用いる独立小売店.
sym·met·al·lism /sɪmmét(ə)lìz(ə)m/ *n* 〔経〕合成[複]本位制《数種の金属 (たとえば金と銀) の合金を通貨単位とすること[政策]》.
Sym·me·trel /símətrèl, -trəl/ 〔商標〕シンメトレル《アマンタジン (amantadine) 製剤》.
sym·met·ric /səmétrɪk/, **-ri·cal** *a* (左右)相称的な, (左右)対称の, 釣り合った, 均斉のとれた; 〔植〕相称の; 〔数〕対称的な《何らかの変換で不変な》; 〔数·論〕対称的な《役割を入れ替えても成り立つような2者間の関係をいう; cf. REFLEXIVE, TRANSITIVE》; 〔医〕対称性の〈発疹など〉. ♦ **-ri·cal·ly** *adv* **-ri·cal·ness** *n*
symmétric gróup 〔数〕対称群.
symmétric kéy cryptògraphy 共通鍵暗号法《暗号化と解読に同じ鍵を用いる旧来の暗号法; cf. PUBLIC KEY CRYPTOGRAPHY》.
symmétric mátrix 〔数〕対称行列.
sym·me·trist /símətrɪst/ *n* 対称を研究する[好む]人.
sym·me·trize /símətràɪz/ *vt* 対称的にする; …の釣合いをよくする, 調和させる. ♦ **sỳm·me·tri·zá·tion** *n*
sym·me·tro·phóbia /sɪmètrə-/ *n*《古代エジプトの建築や日本風の構図などにみられる》対称忌避, 均斉嫌い.
sym·me·try /símətri/ *n* (左右の)対称, シンメトリー, 釣合い, 均斉(美), 調和(美); 〔植〕相称; 〔数·理〕対称(性)《座標·変数などの変換に対して図形·関数·物理系が変化しないこと》. [F or L＜Gk (*sym-*, *metron* measure)]
sýmmetry brèaking 〔理〕対称性の破れ《自然法則が対称性をもっていても, 実現された系の状態がその対称性をもたないこと》.
sýmmetry èlement 〔晶〕対称要素《結晶の次の4つの点·線·面の一つ: 対称中心 (center of symmetry), 鏡映面 (reflection plane), 回転軸 (rotation axis), 回反軸 (rotation-inversion axis)》.
Sy·monds /símən(d)z, sáɪ-/ シモンズ **John Addington** ～ (1840–93)《英国の著述家·批評家; *Renaissance in Italy* (1875–86)》.
Sy·mons /símənz, sáɪ-/ シモンズ (**1**) **Arthur** (**William**) ～ (1865–1945)《英国の詩人·批評家; フランス象徴主義を英国に紹介した》 (**2**) **Julian** (**Gustave**) ～ (1912–94)《英国の詩人·伝記作家·ミステリー作家》.
sym·path- /símpəθ/, **sym·pa·tho-** /símpəθou, -θə/ *comb form*「交感神経 (sympathetic nerve)」
sym·pa·thec·to·my /sìmpəθéktəmi/ *n* 〔医〕交感神経切除(術). ♦ **sỳm·pa·théc·to·mìzed** *a*
sym·pa·thet·ic /sìmpəθétɪk/ *a* 同情[思いやり]のある〈*to, toward*〉; 好意的で, 賛成して〈*to, toward*〉; 好感のもてる, 感じのよい; 〈環境などが〉好みに合った, 快適な; 〔生理·解〕交感[感応]的な, 交感神経(系)の,《古》自律神経系の; 〔理〕共鳴[共振]する: lend a ～ ear 親身になって話を聞く / a ～ atmosphere ここちよい雰囲気 / a ～ pain 同情苦痛; 交感苦痛. ► *n* 〔解〕交感神経(系); 〔心〕(催眠術などに)感じやすい人. ♦ **-i·cal·ly** *adv* 同情[共鳴]して, 好意的に; 交感して. [*sympathy, pathetic*]
sympathétic gánglion 〔解〕交感神経節.
sympathétic ínk SECRET INK.
sympathétic mágic 共感呪術《ある物事が非物理的な結びつきによって離れた他の物事に影響を及ぼしうるという信仰による呪術》.
sympathétic nérve 〔解·生理〕交感神経.
sympathétic (**nérvous**) **sýstem** 〔解·生理〕交感神経系 (cf. PARASYMPATHETIC NERVOUS SYSTEM);《古》AUTONOMIC NERVOUS SYSTEM.
sympathétic ophthálmia 〔医〕交感性眼炎.
sympathétic stríke SYMPATHY STRIKE.
sympathétic stríng 《楽器の》共鳴弦.
sympathétic vibrátion 〔理〕共鳴.
sym·pa·thin /símpəθən/ *n* 〔生化〕シンパシン《交感神経節後繊維から分泌される化学伝達物質》. [*-in*[2]]
sym·pa·thique /*F* sɛ̃patik/ *a* 感じのよい (congenial);《感性的に》芸術のわかる.
sym·pa·thize /símpəθàɪz/ *vi* 同情する〈*with* sb *in* his grief〉; 慰める〈*with*〉; 同感[共鳴, 賛成, 同意]する〈*with* sb *in* his point of view〉; 交感[同調, 感応]する; 一致する, 調和する. ♦ **-thìz·er** *n* 同情者; 支持[共鳴]者, シンパ(サイザー). **-thìz·ing·ly** *adv*
sympatho- ⇨ SYMPATH-.
sym·pa·tho·lyt·ic /sìmpəθoulítɪk/ *a* 交感神経遮断性の. ► *n* 交感神経遮断剤.
sym·pa·tho·mimétic /sìmpəθou-/ *a* 交感神経興奮性の. ► *n* 交感神経興奮剤.
sym·pa·thy /símpəθi/ *n* **1** 同情, 思いやり; [°*pl*] 弔慰, 悔やみ, 慰問〈*with*〉: excite (sb's) ～ (人の)同情をかう / feel [have] (a) ～ *for* …に同情する / a letter of ～ 悔やみ状 / express ～ *for*…に見舞いを言う, …を慰問する / You have my *sympathies*.＝My *sympathies* are with you. 心中お察しいたします / in ～ 同情して. **2 a** [°*pl*] 同感, 共鳴, 賛成, 好感, 承認 (opp. *antipathy*); 〔心〕共感: be in [out of] ～ *with* a plan 計画に賛成する[しない] / one's *sympathies* lie with…に賛成である. **b** 感応(性); 〔生理〕交感, 共感; 〔理〕共振, 共鳴. **3** 調和, 融和, 一致〈*with*〉. [L＜Gk＝fellow feeling (*sym-*, PATHOS)]
sýmpathy càrd 《家族をなくした人に送る》お悔やみカード.
sýmpathy strìke 〔労〕同情ストライキ.
sym·pat·ric /sɪmpǽtrɪk/ *a* 〔生·生態〕同所(性)の (opp. *allopatric*): ～ species 同所種 / ～ hybridization 同所性交雑 / ～ speciation 同所的種分化. ♦ **-ri·cal·ly** *adv* **sym·pat·ry** /símpæ̀tri/ *n* 同所性.

sym·pétal·ous /sɪm-/ *a* 〘植〙合弁の (gamopetalous). ♦ **-pet·aly** /-pét(ə)li/ *n* 合弁.
sym·phile /símfàɪl/ *n* 〘昆〙容生者《その分泌物を得るためにアリなどに飼育される昆虫》.
sym·phi·lid /símfələd/ *a*, *n* 〘動〙結合綱の(節足動物).
sym·phi·lism /símfəlɪ̀z(ə)m/ *n* SYMPHILY.
sym·phi·ly /símfəli/ *n* 〘生態〙友好共生. ♦ **sým·phi·lous** *a*
sym·pho·nette /sìmfənét/ *n* 小交響楽団.
sym·phon·ic /sɪmfánɪk/ *a* 交響曲の; 交響曲のような; 〈音が〉調和した; 〈ことばなど〉音の類似した: a ~ suite 交響組曲. ♦ **-i·cal·ly** *adv*
symphónic bállet シンフォニックバレエ《演奏会用交響曲をバレエ化したもの》.
symphónic póem 〘楽〙交響詩《管弦楽による標題音楽の一種; 交響曲よりも形式は自由》. [G *symphonische Dichtung*]
sym·pho·ni·ous /sɪmfóuniəs/ 《文》 *a* 協和する, 協和音の 〈*with*〉; 調和する 〈*to*, *with*〉. ♦ **~·ly** *adv*
sym·pho·nist /símfənɪst/ *n* 交響曲作者[作家]; 交響楽団員.
sym·pho·nize /símfənàɪz/ *vi* 〈音が〉協和[交響]する; 交響曲風な演奏をする.
sym·pho·ny /símfəni/ *n* **1** 〘楽〙交響曲, シンフォニー; シンフォニア《バロックオペラ・オラトリオなどに含まれる器楽曲, すなわち序曲・間奏曲の類》; *交響楽団(のコンサート); 交響曲をおもわせるもの; 調和のとれたもの《聖画など》. **2** 音の協和; 色の調和; 《古》 調和. [OF, <Gk=concordant in sound; ⇨ PHONE]
sýmphony òrchestra 交響楽団.
sym·phy·si·ot·o·my /sìmfəziátəmi/ *n* 〘産科〙《出産時の》恥骨結合切開(術).
sym·phy·sis /símfəsəs/ *n* (*pl* **-ses** /-sì:z/) 〘植〙合生, 癒合; 〘解・動〙(繊維軟骨)結合(線); 〘医〙《病的な》癒合. ♦ **sym·phy·se·al** /sìmfəsí:əl/, **-phys·i·al** /sɪmfíziəl/ *a* [NL<Gk (*sym*-, *phuō* to grow)]
sym·pi·e·som·e·ter /sìmpiəsámətər/ *n* 流水圧力計; 《初期の》気圧計.
sým·plàsm *n* 〘植〙シンプラスム《シンプラスト (symplast) を構成する細胞質》. ♦ **sỳm·plás·mic** *a*
sým·plàst *n* 〘植〙シンプラスト《細胞壁を貫く原形質連絡 (plasmodesm) を介してつながっている原形質の系》. ♦ **sỳm·plás·tic** *a*
sym·po·di·al /sɪmpóudiəl/ *a* 〘植〙仮軸の(ような): ~ branching 仮軸分枝. ♦ **~·ly** *adv*
sym·po·di·um /sɪmpóudiəm/ *n* (*pl* **-dia** /-diə/) 〘植〙仮軸 (=*pseudaxis*) (cf. MONOPODIUM).
sym·port /símpɔ̀:rt/ *n* 〘生化〙共輸送《2 種の分子が同方向に連関し合って輸送される能動輸送》.
sym·po·si·ac /sɪmpóuziæ̀k/ *a* SYMPOSIUM の[に似た, にふさわしい]. ► *n* 《古》 SYMPOSIUM.
sym·po·si·al /sɪmpóuziəl/ *a* SYMPOSIAC; 〘楽〙一つの主題について異なる作曲家が書いた一群の変奏曲に関する[からなる].
sym·po·si·arch /sɪmpóuzià:rk/ *n* SYMPOSIUM の主宰者; 《まれ》 宴会の司会者.
sym·po·si·ast /sɪmpóuziæ̀st, -əst/ *n* SYMPOSIUM の参加[寄稿]者.
sym·po·si·um /sɪmpóuziəm/ *n* (*pl* **~s, -sia** /-ziə/) **1 a** 《ある主題を論じる》討論会, シンポジウム; 話し合い, 談話会. **b** 《古代ギリシアの》酒宴, 饗宴; 《一般に》宴会. **2** 《ある主題についての諸家の》論(文)集, 論叢. [L<Gk (*sumpotēs* fellow drinker)]
symp·tom /sím(p)təm/ *n* しるし, 現われ, 兆し 〈*of*〉; 〘医〙(自覚)症状, 症候. ♦ **~·less** *a* [ME *synthoma*<L<Gk=chance]
symp·to·mat·ic /sìm(p)təmǽtɪk/ *a* 症候性の, 症状の; 症候に関する[基づく]; 〈…を〉表わす, 示す 〈*of*〉. ♦ **-i·cal·ly** *adv*
symp·tom·a·tize /sím(p)təmətàɪz/ *vt* …の症状[徴候]となる[を示す].
symp·tom·a·tol·o·gy /sìm(p)təmətálədʒi/ *n* 〘医〙症候学; 《病気の》総合的症状 (cf. SYNDROME). ♦ **symp·tom·at·o·log·i·cal** /sìm(p)təmæ̀t(ə)ládʒɪk(ə)l/, **-log·ic** *a* **-i·cal·ly** *adv*
sýmptom·ìze *vt* SYMPTOMATIZE.
symp·tom·ol·o·gy /sìmptəmálədʒi/ *n* SYMPTOMATOLOGY.
sýmp·to·thèrmal méthod /símptə-/ 〘医〙症候体温法《女性の基礎体温と排卵期を組み合わせた避妊法で, 月経期の妊娠しやすい期間をより正確に特定できる》.
syn-[1] /sɪn, sən/, **sym-** /sɪm, səm/, **syl-** /sɪl, səl/, **sys-** /sɪs, səs/, **sy-** /sɪ, sə/ *pref* 「共に」「同時に」「類似」★ギリシア語系の語に付けて, l の前では *syl*-; b, m, p の前では *sym*-; s の前では *sys*-; sc, sp, st, z の前では *sy*- となる. [Gk (*sun* with)]
syn-[2] /sín/ *comb form* 「合成 (synthetic)」
syn. synonym♦synonymous.
syn·ac·tic /sɪnǽktɪk/ *a* 共働の; 協同の; 共同作用の.
synaeresis ⇨ SYNERESIS.
synaesthesia ⇨ SYNESTHESIA.
syn·aes·the·sis /sìnəsθí:səs/ *n* 《芸術作品が喚起する》異なった[相反する]衝動の調和.
syn·a·gogue, 《米》 **-gog** /sínəgàg, *-gɔ̀:g/ *n* ユダヤ教会堂, シナゴーグ; [the] 《礼拝に参集した》ユダヤ会衆; ユダヤ人会; ユダヤ教. ♦ **sỳn·a·góg·al** *a* **sỳn·a·góg·i·cal, -ic** /-gádʒ-/ *a* [OF, <Gk *sunagōgē* assembly]
syn·al·gia /sɪnǽldʒiə/ *n* 〘医〙交感疼痛, 遠隔痛.
syn·al·lag·mat·ic, -a·lag- /sìnəlægmǽtɪk/ *a* 〘法〙〈契約など〉双務的な. [Gk *allassō* to exchange]
syn·a·loe·pha, -le- /sìnəlí:fə/ *n* 〘文法〙《次の語頭母音の前での》語尾母音消失《例 *th'* (=the) omnipotent》. [Gk=smearing together]
Syn·a·non /sínənən, -nàn/ シナノン《かつての米国の麻薬中毒者の更生団体》.
syn·anth·er·ous /sənǽnθərəs/ *a* 〘植〙葯(やく)で癒着した雄蕊(ずい)をもつ, 合着葯の〈キクなど〉.
syn·ánthous 〘植〙 *a* 離花癒着の; 葉と花と同時に出る, 同時花の.
syn·anthrópic *a* 〘生態〙ヒト(の生活)と関連して存在する, 共ヒト生の〈ハエ〉. ♦ **syn·an·thro·py** /sənǽnθrəpi/ *n*
syn·an·thy /sínænθi, ⌐⌐⌐/ *n* 〘植〙2 つ(以上)の花の異常結合.
sy·nap·o·mor·phy /sɪnǽpəmɔ̀:rfi/ *n* 〘生〙子孫形質共有《二種の生物が, 共通の祖先の同一の特質から派生した特質を共有していること》; 共有派生形質.
syn·apse /sínæ̀ps, sənǽps; sáɪnæ̀ps, sínæps/ *n* 〘解〙シナプス《神経細胞 (neuron) 相互間の接合部》; 〘生〙SYNAPSIS. ► *vi* シナプスを形成する; SYNAPSIS となる.
syn·ap·sid /sənǽpsəd/ *n*, *a* 〘古生〙シナプシド(の)《単弓亜綱 (Synapsida) の絶滅爬虫類; ペンシルヴェニア紀・ペルム紀・ジュラ紀に存在した一対の側頭窓をもつ哺乳類型爬虫類で, 哺乳類の先祖と考えられている》.
syn·ap·sis /sənǽpsəs/ *n* (*pl* **-ses** /-siz/) 〘生〙対合(たいごう), シナプシス《細胞の減数分裂初期の相同染色体の, 通例 並列の接着》; 〘解〙SYNAPSE. ♦ **syn·áp·tic** *a* **-ti·cal·ly** *adv* [Gk=point of juncture]
syn·ap·te /sì:nɑ:ptí:, sɪnǽpti/ *n* 〘東方正教会〙連禱(れんとう)《東方式典礼の一種で, 西方の litany に相当する》.
syn·ap·tene /sɪnǽptì:n/ *n* ZYGOTENE.
synáptic cléft [gáp] 〘解・生理〙シナプス間隙《神経伝達物質によって神経インパルスが伝わる, シナプス前膜とシナプス後膜との間のナノメートル単位で測定される微細な隙間》.
syn·ap·tol·o·gy /sìnæptálədʒi/ *n* シナプシス学[研究].
syn·ap·to·né·mal cómplex, syn·ap·ti- /sənæ̀ptəní:məl-/ 〘生〙対合複合体, 対合糸構造, シナプトネマ構造《減数分裂の初期にみられる相同染色体が対合した構造》.
syn·áp·to·sòme /sənǽptə-/ *n* 〘生理〙シナプトソーム《神経組織をミキサーにかけて得られる神経端末がちぎれたものと考えられる構造物》. ♦ **syn·àp·to·só·mal** *a*
syn·archy /sínərki, -nà:r-/ *n* 共同支配. ♦ **syn·ar·chist** /sənɑ́:rkɪst/ *n*
syn·ar·thro·dia /sìnɑ:rθróudiə/ *n* (*pl* **-di·ae** /-diì:/) SYNARTHROSIS. ♦ **-thró·di·al** *a* **-di·al·ly** *adv*
syn·ar·thro·sis /sìnɑ:rθróusəs/ *n* (*pl* **-ses** /-sì:z/) 〘解〙不動結合, 関節癒合(症) [*arthrosis*]
syn·as·try /sənǽstri, sínəstri/ *n* 相性占星術. [L<Gk (*aster* star)]
syn·ax·is /sɪnǽksəs/ *n* (*pl* **-ax·es** /-siz/) 《初期教会の》礼拝式, ミサ聖祭, 聖体拝領.
sync, synch /síŋk/ 《口》 *n* SYNCHRONISM; SYNCHRONIZATION. ● **in [out of] sync** 〘映・テレビ〙《音声と画像が》きちんと同期[同調]して[しないで] 〈*with*〉; 《口》 調和して[しないで], 合って[合わないで], 衝突なしに[して] 〈*with*〉. ► *vt*, *vi* SYNCHRONIZE.
syn·carp /sínkà:rp/ *n* 〘植〙多花果, 集合果, 複果.
syn·car·pous /sɪnká:rpəs/ 〘植〙 *a* 合成心皮を有する (opp. *apocarpous*); SYNCARP の. ♦ **sýn·càr·py** *n*
syn·cat·e·gor·e·mat·ic /sɪnkæ̀təgɔ̀(:)rəmǽtɪk, -gɑ̀r-/ *a* 〘論〙単独では意味をもたず他の表現との関連においてのみ意味をもつ, 共義的な. ♦ **-i·cal·ly** *adv*
syn·cérebrum *n* 〘昆〙複合脳.
syn·chon·dro·sis /sìŋkəndróusəs/ *n* (*pl* **-ses** /-sì:z/) 〘解〙軟骨結合. ♦ **-dro·si·al** /-dróusiəl/ *a*
syn·chro /síŋkrou, sín-/ *n* (*pl* **~s**) SELSYN; SYNCHROMESH; SYNCHRONIZED SWIMMING. ► *a* 同調の, シンクロの.
syn·chro- /síŋkrou, -krə, sín-/ *comb form* 「同時(性)の」「同時発生の」 [*synchronized*, *synchronous*]
sỳnchro·cýclotron *n* 〘理〙シンクロサイクロトロン《加速電場に周波数変調を与えた大型サイクロトロン》.
sýnchro·flàsh *n*, *a* 〘写〙シンクロフラッシュ(の)[による]《シャッターと閃光球の発光を同調させて撮影する》.
sýnchro·mèsh *n*, *a* 〘車〙ギア同期かみ合い装置(の), シンクロメッシュ(の). [*synchronized mesh*]
syn·chro·nal /síŋkrən(ə)l, sín-/ *a* SYNCHRONOUS.
syn·chro·ne·ity /sìŋkrəní:əti, -néɪəti, sìn-/ *n* SYNCHRONOUS の状態.

syn·chron·ic /sɪŋkránɪk, sɪn-/, **-i·cal** *a* SYNCHRONOUS; 〘言〙共時的な《言語を時代ごとに区切り 史的背景を排除して研究する; opp. *diachronic*》. ◆ **-i·cal·ly** *adv*

syn·chro·nic·i·ty /sìŋkrənísəti, sìn-/ *n* **1** 同時発生, 同時性 (synchronism). **2**〘精神医〙共時性《C. G. Jung が提唱した概念; 2 つ以上のできごとが同時に生じ, 意味のある関連があるようにみえていて因果関係が判明しない, という現象を説明するための原理》.

synchrónic linguístics 共時言語学.

syn·chro·nism /síŋkrənìz(ə)m, sín-/ *n* 同時発生, 同時性, 斉時性; 〘理・電〙同期(性); 〘映・テレビ〙映像と音声の同期; 《歴史的事件・人物などの》年代別配列; 対照歴史年表; 時代の異なる事件を組み合わせた作品. ◆ **sỳn·chro·nís·tic, -ti·cal** *a* **-ti·cal·ly** *adv* [Gk; ⇨ SYNCHRONOUS]

syn·chro·nize /síŋkrənàɪz, sín-/ *vi* 同時に発生[進行, 反復]する, 同時性をもつ ‹*with*›; 〘映・テレビ〙‹映像と音声が›同期する, シンクロする. ► *vt* …に同時性をもたせる, ‹事件を›同時代別に配列する; ‹時計・行動›の時刻を合わせる ‹*with*›; 同時に進行[作動, 発生]させる; 〘映・テレビ〙‹音楽・音声などを›映像と同期させる, ‹場面›の映像と音声を同期させる; 〘電算〙‹ファイル・フォルダーなどを›同期させる《内容を同じにする》: ～*d* attack [bombing]《テロリストなどによる》同時攻撃[爆撃]. ◆ **sýn·chro·nìz·er** *n* 同期装置. **sỳn·chro·ni·zá·tion** *n* 同期(化).

sýn·chro·nìzed shífting〘車〙同期かみ合い変速装置でギアチェンジすること.

sýnchronized sléep〘生理〙同期性睡眠 (ORTHODOX SLEEP).

sýnchronized swímming シンクロナイズドスイミング. ◆ **-swímmer** *n*

syn·chróno·scòpe /sɪŋkránə-, sɪn-/ *n*〘電〙同期検定器 (SYNCHROSCOPE).

syn·chro·nous /síŋkrənəs, sín-/ *a* 同時(性)の; 同時に発生[反復, 作動]する; 同時代の異なるできごとを扱う[関連づける]; 〘電〙同期(式)の (opp. *asynchronous*); 〘宇〙静止軌道を回る, 静止衛星の (geosynchronous); 〘言〙SYNCHRONIC. ◆ **～·ly** *adv* **～·ness** *n* [L<Gk (*khronos* time)]

sýnchronous compúter 同期式計算機.

sýnchronous convérter〘電〙回転[同期]変流機.

sýnchronous machíne〘電〙同期機.

sýnchronous mótor〘電〙同期電動機.

sýnchronous órbit〘宇〙同期軌道《24 時間周期の円形軌道で, 衛星は地球の特定点上に静止したようになる》.

sýnchronous sátellite〘宇〙静止(軌道)衛星.

sýnchronous spéed〘電〙同期速度.

sýnchronous transmíssion〘電算〙同期伝送《クロック信号によって同期を取りながら行なう伝送方式》.

syn·chro·ny /síŋkrəni, sín-/ *n* SYNCHRONISM; 〘言〙共時態[相], 共時的研究, 共時言語学.

syn·chrop·ter /síŋkràptər, sín-/ *n* 交差回転翼ヘリコプター《同時に回転する 2 つのかみ合った回転翼をもつヘリコプター》. [*synchro*nized roter+helico*pter*]

sýnchro·scòpe *n*〘電〙同期検定器; シンクロスコープ《同期掃引型オシロスコープ》.

syn·chro·tron /síŋkrətràn, sín-/〘理〙*n* シンクロトロン《cyclotron を改良した閉軌道荷電粒子加速装置》; SYNCHROTRON RADIATION.

sýnchrotron radiàtion〘理〙シンクロトロン放射[輻射](光)《相対論的に大きなエネルギーをもつ荷電粒子が加速される際に放出する光; 星雲・シンクロトロンなどでみられる》.

sýnchro ùnit〘電〙シンクロユニット《離れた場所にある電動機の回転軸との同期を保つようになっている電動機》.

syn·clas·tic /sɪnklǽstɪk/ *a*〘数・理〙‹面が›曲率中心が常に面の一方にある, 全面凸[凹]の (opp. *anticlastic*).

syn·cli·nal /sɪnkláɪn(ə)l/ *a* 反対方向から相会するように互いに傾斜した; 〘地質〙向斜した[の] (opp. *anticlinal*). ► *n* SYNCLINE. ◆ **～·ly** *adv*

syn·cline /sínklàɪn/ *n*〘地質〙向斜 (opp. *anticline*).

syn·cli·no·ri·um /sìnklənɔ́ːriəm/ *n* (*pl* **-ria** /-riə/)〘地質〙複向斜.

Syn·com /sínkàm/ シンコム《米国の静止通信衛星》. [*syn*chronous *com*munication]

syn·co·pate /síŋkəpèɪt, sín-/ *vt*〘文法〙中略する《every を ev'ry とするなど》; 短縮する, 省略する; 〘楽〙切分(せつぶん)する, シンコペートする: ～*d* music シンコペーテッドミュージック《ジャズの異称》. ◆ **-pàt·ed** *a* **sýn·co·pà·tor** *n* [L; ⇨ SYNCOPE]

syn·co·pa·tion /sìŋkəpéɪʃ(ə)n, sìn-/ *n*〘文法〙中略; 〘楽〙切分(音), シンコペーション《正規的なアクセントの位置を故意にずらすこと; 特に弱拍部にアクセントを置くこと》; シンコペーションのリズム[楽節, ダンス]. ◆ **sýn·co·pà·tive** *a*

syn·co·pe /síŋkəpi, sín-/ *n*〘医〙失神, 卒倒 (faint); 〘言〙語中音消失, 中略 (cf. APHAERESIS, APOCOPE); 中略語; 〘楽〙切分(法). ◆ **syn·co·pal** /síŋkəpəl, sín-/ *a* [L<Gk (*syn-*, *koptō* to strike, cut off)]

syn·cret·ic /sɪnkrétɪk, sɪŋ-/ *a* 混合主義の; 〘言〙他の異なる格の機能を吸収した.

syn·cre·tism /síŋkrətìz(ə)m, sín-/ *n*《哲学・宗教などにおける》混合(主義), 習合(主義), シンクレティズム; 〘言〙《異なった機能の語形の》融合. ◆ **-tist** *n*, *a* **sỳn·cre·tís·tic** *a* [NL<Gk=alliance of Cretans (*Krēs* a Cretan)]

syn·cre·tize /síŋkrətàɪz, sín-/ *vi* 融和する, 団結する; 諸派合併に賛成する; ‹諸派が›合併する. ► *vt*《思想上の違和はひとまずおいて》‹諸派を›融和統合しようと努める. ◆ **sỳn·cre·ti·zá·tion** *n*

syn·cri·sis /síŋkrəsəs, sín-/ *n*《まれ》〘修〙《反対の人[もの]の》比較対照法.

sýn·crùde *n*《石炭から得られる》合成原油.

syn·cy·tium /sɪnsíʃ(i)əm/〘生〙*n* (*pl* **-tia** /-ʃ(i)ə/) 合胞体, シンシチウム《2 個以上の細胞が癒合した多核体》; COENOCYTE. ◆ **syn·cý·tial** *a* [*syn-*, *-cyte*, *-ium*]

syn·dac·tyl, -tyle /sɪndǽkt(ə)l/ *a* 合指の《指 (digits) が癒着した》. ► *n* 合指動物.

syn·dác·ty·lìsm *n* SYNDACTYLY.

syn·dac·ty·lous /sɪndǽktələs/ *a* SYNDACTYL.

syn·dac·ty·ly /sɪndǽktəli/ *n*〘医〙合指(症); 〘獣医〙癒合趾, 指趾(しし)癒合.

syn·de·sis /síndəsəs/ *n* SYNAPSIS; 〘文法〙接続詞付き構文の使用; 〘修〙POLYSYNDETON. [NL<Gk=binding together]

syn·des·mo·sis /sìndɛsmóʊsəs, -dɛz-/ *n* (*pl* **-ses** /-sìːz/)〘解〙靭帯結合. ◆ **sỳn·des·mót·ic** /-mát-/ *a*

syn·det /síndɛt/ *n* 合成洗剤. [*syn*thetic+*det*ergent]

syn·det·ic /sɪndétɪk/, **-i·cal** *a* 連結する, 結合する; 〘文法〙接続詞の, 接続詞を用いた. ◆ **-i·cal·ly** *adv*

syn·de·ton /síndɪtàn, -tən/ *n*〘文法〙接続詞を使った構文 (cf. ASYNDETON).

syn·dic /síndɪk/ *n*《アンドラ (Andorra) などの》地方行政長官; ″《大学などの》評議員, 理事; 《Cambridge 大学の》特別評議員. [F<L (*syndicus*<Gk=advocate)]

sýn·di·cal *a* SYNDIC の; syndic の権力を執行する委員会の; 職業組合の; SYNDICALISM の.

sýndical·ìsm *n*〘社〙サンディカリスム《**1**) ゼネスト・サボタージュなど直接行動で議会制民主主義を廃し, 政治の実権を労働組合の手中に収めようとする主義・運動 **2**) その理論に基づく経済体制 **3**) 地域の代表でなく職能集団の代表によって政治を行なおうという理論》. ◆ **-ist** *n*, *a* **sỳn·di·cal·ís·tic** *a* [F (*chambre syndicale* trade union)]

syn·di·cate /síndɪkət/ *n* 企業(家)連合, シンジケート; 社債[国債]引受組合[銀行団], シンジケート団, シ団; (協調)融資(銀行)団; 新聞雑誌用記事[写真, 漫画]配信企業; 同一経営の下にある新聞社グループ; *組織暴力連合, シンジケート; 《ファシズム体制下イタリアの》サンジカリスト同盟; SYNDIC の職[権限]; 《大学などの》(特別)評議員会. ► *v* /-dəkèɪt/ *vi* シンジケートを作る. ► *vt* シンジケートの下に置く; シンジケート組織にする; ‹記事・写真などを›多くの新聞[雑誌]に同時に売る[配信する]; *‹テレビのシリーズ番組などを›地方局に直接売る; 〘競馬〙‹種馬を›シンジケートに売る. ◆ **sýn·di·càt·ed** *a* **-cà·tor** *n* **sỳn·di·cá·tion** *n* [F; ⇨ SYNDIC]

sýndicated cólumn シンジケートコラム《多くの新聞・インターネットサイトなどに同時配信されるコラム》. ◆ **-cólumnist** *n*

syn·dio·táctic /sìndioʊ-, sɪndàɪə-/ *a*〘化〙‹重合体が›シンジオタクチックの《主鎖に対して側鎖が交互に反対方向に配位した; cf. ISOTACTIC》. [Gk *sunduo* two together]

syn·drome /síndròʊm/ *n* 症候群《**1**)〘医〙ある根本原因から生じる身体的・精神的症状の総体 **2**) 個人や社会のある状況に付随する特徴的感情・行動の型》: burnout ～ 燃え尽き症候群. ◆ **-drom·ic** /sɪndróʊmɪk, -drám-/ *a* [NL<Gk=running together (*dromos* course)]

syndrome X /-ɛ́ks/〘医〙症候群 X, X 症候群《通例 良性の狭心症で, 冠状動脈図は正常》; METABOLIC SYNDROME.

syne[1] /sáɪn, saɪn/ *adv*, *prep*, *conj*《スコ》以前に (since): AULD LANG SYNE.

syne[2] /sáɪn/《スコ・北イング》*vt*, *n* SIND.

syn·ec·do·che /sənékdəki/ *n*〘修〙提喩(法), 代喩《一部で全体を表わす法; blade で sword を, sail, keel または bottom で ship を示すなど; また 全体で部分を表わす法; cf. METONYMY》. ◆ **syn·ec·doch·ic** /sìnɛkdákɪk/, **-i·cal** *a* **-i·cal·ly** *adv* [L<Gk (*ekdekhomai* to take up)]

syn·ec·do·chism /sənékdəkìz(ə)m/ *n* 提喩法的文体; 提喩[代喩]の使用; 〘人〙感染呪術で対象となる人[物]の一部を用いて呪術の効果を全体に及ぼすこと.

syn·ech·ia /sənékiə, -níː-; sìnəkáɪə/ *n* (*pl* **-i·ae** /-kìiː, -káɪiː/)〘医〙癒着(症). [Gk=continuity]

syn·ec(h)·thry /sínɛkθri, ―⌐―/ *n*〘生〙敵対共生.

synecious ⇨ SYNOECIOUS.

syn·ecólogy *n* 群(集)[群落]生態学 (cf. AUTECOLOGY). ◆ **-gist** *n* **sỳn·ecológic, -i·cal** *a* **-i·cal·ly** *adv*

syn·ec·tics /sənéktɪks/ *n* 創造工学, シネクティックス《多様なメン

バーからなる小グループの自由な討論によって問題の発見や解決をはかる方法》. ♦ **syn·éc·tic** *a* **-ti·cal·ly** *adv* [*synectic* (<Gk= holding together); *dialectics* にならったものか]

syn·edri·al /sɪníːdriəl/, **-an** /-ən/ *a* SANHEDRIN の.

syn·er·e·sis, -aer- /sənérəsəs; -níərə-/ *n* (*pl* **-ses** /-sìːz/) 〘音〙合音 (2 母音または 2 音節を一つに縮める, 特に 二重母音化); SYNIZESIS; 〘化〙離液, シネレシス《ゲルの収縮によりゲルから液体が分離されること》. [Gk=a shortening]

syn·er·ga·my /sənə́ːrgəmi/ *n* 《数組の男女による》共同婚, グループ婚.

syn·er·get·ic /sìnərʤétɪk/ *a* SYNERGIC.

syn·er·gic /sənə́ːrʤɪk/ *a* 共に働く, 共同する. ♦ **-gi·cal·ly** *adv*

synérgic cúrve 〘空〙燃料経済曲線《最小のエネルギーでロケットなどに所定の位置・速度を与える軌道》.

syn·er·gid /sənə́ːrʤəd, sínər-/ *n* 〘植〙助(胎)細胞《種子植物の珠孔近くにある 2 つの細胞の一つ》.

syn·er·gism /sínərʤìz(ə)m, sənə́ːrʤìz(ə)m/ *n* 相乗[相助]作用; 《薬などの》協力(作用), 共力(作用); 〘神学〙神人協力主義. [Gk SYNergos working together]

syn·er·gist /sínərʤɪst, sənə́ːr-/ *n* 〘化・薬〙共力薬, 相乗剤; 〘医〙共力器官[筋]; 〘神学〙神人協力主義者.

sỳn·er·gís·tic, -ti·cal *a* 〘神学〙神人協力主義の; 〈薬・筋肉など〉共力性の; 〈反応・効果など〉相乗(作用)的な. ♦ **-ti·cal·ly** *adv*

syn·er·gize /sínərʤàɪz/ *vi* 共力する, 相乗作用を示す. ► *vt* …の作用を助ける.

syn·er·gy /sínərʤi/ *n* SYNERGISM, 共同; 相乗効果, シナジー.

syn·e·sis /sínəsəs/ *n* 〘修〙意味による文法無視; 〘文法〙意味構文《例 these *sort* of things, either of them *are*》. [Gk=union]

syn·es·the·sia | -aes- /sìnəsθíːʒ(i)ə, -ziə/ *n* 〘生理〙共感《刺激された部位と別の部位に感じる感覚》; 〘心〙共感覚《ある音である色, ある色である匂いを感じるような場合》. ♦ **sỳn·es·thét·ic** /-θét-/ *a* [*syn-*; an*esthesia* にならったもの]

syn·es·thete /sínəsθìːt/ *n* 〘心〙共感覚所有者《共感覚 (synesthesia) をもつ人》.

sýn·fùel *n* SYNTHETIC FUEL.

syn·ga·my /síŋgəmi/ 〘生〙*n* 配偶子合体; 有性生殖. ♦ **syn·gam·ic** /sɪŋgǽmɪk, sɪŋ-/, **syn·ga·mous** /síŋgəməs/ *a*

sýn·gàs *n* 《石炭から得られる》合成ガス.

Synge /síŋ/ シング (**1**) **J**(**ohn**) **M**(**illington**) ～ (1871–1909)《アイルランドの劇作家・詩人; *Riders to the Sea* (1904), *The Playboy of the Western World* (1907)》 (**2**) **R**(**ichard**) **L**(**aurence**) **M**(**illington**) ～ (1914–94)《英国の生化学者; 分配クロマトグラフィー・濾紙クロマトグラフィーを考案; ノーベル化学賞 (1952)》.

syn·ge·ne·ic /sìnʤəníːɪk/ *a* 〘生・医〙共通遺伝子の, 同系の, 先天性の (=*isogeneic*)〈移植など〉.

syn·ge·ne·sious /sìnʤəníːʒ(i)əs/ *n* 〘植〙葯(やく)が合着した, 合着の〈雄蕊(ずい)〉.

syn·génesis *n* 〘生〙有性生殖; 〘地質〙同生《鉱床が母岩と同時に生成すること; cf. EPIGENESIS》. ♦ **sỳn·genétic** *a*

syn·i·ze·sis /sìnəzíːsəs/ *n* 〘音〙母音融合; 〘生〙《減数分裂の接合糸期における染色糸の》収縮(期); SYNAPSIS. [Gk=collapse]

syn·kar·y·on /sɪnkǽriàn, -ən/ *n* 〘生〙融合核, 合核, シンカリオン.

sỳn·kinésia *n* SYNKINESIS.

sỳn·kinésis *n* 〘生理〙《筋肉の反射的・不随意的な》連合[共同]運動. ♦ **sỳn·kinétic** *a*

sýn·mètal *n* 合成金属.

syn·od /sínəd, -àd/ *n* 教会会議, 宗教会議, シノッド (cf. GENERAL SYNOD); 《まれ》《一般に》会議; 《長老派において》地方長老会《長老会と総会の中間にある組織》; synod の管轄区; 〘天〙《惑星の》合. ♦ **～·al** *a* [L<Gk *sunodos* meeting, assembly (*syn-*, *hodos* way)]

syn·od·ic /sənádɪk/, **-i·cal** *a* SYNOD の; 〘天〙合の.

synódic(al) mónth 朔望月 (=*lunar month*)《朔または望が繰り返す周期の平均値: =29 日 12 時間 44 分, 俗に 4 週間》.

synódic períod 〘天〙会合周期《2 つの惑星間の, 合から次の合[衝から次の衝]までの期間》.

syn·oe·cete /səníːsìːt/, **-kete** /-kìːt/ *n* 〘昆〙《アリなどの巣にすむ》片利共生者, 客共生者.

syn·oe·cious /səníːʃəs/, 《米》 **syn·e-, syn·oi·cous** /sənɔ́ɪkəs/ *a* 〘植〙雌雄同株[同体, 共株]の; 〘生態〙《運搬[住込み]》共生の. ♦ **～·ly** *adv* **～·ness** *n* [Gk *oikia* house; *dioecious* などにならったもの]

syn·oe·cism /sɪníːsìz(ə)m/ *n* 《古代ギリシアなどの》町村合併. [Gk *synoikismos* < *synoikizō* to make to live together]

syn·oe·cize /sɪníːsàɪz/ *vt* 〈町村を〉合併する. [↑]

syn·onym /sínənìm/ *n* 類義語, 同義語 〈*for*, *of*〉 (opp. *antonym*); METONYM; 別名, 別称, 異名, 《他国語の》相当語; 〘生〙《種名・属名などの》異名; 〘遺〙シノニム《同一のアミノ酸を指定するコドン》; 《口》似たようなもの, 類似物. ♦ **sỳn·oným·ic, -i·cal** *a* **sỳn·oným·i·ty** *n* [L<Gk=of like meaning or name (*onoma* name)]

syn·onym·ics /sìnənímɪks/ *n* 類義語論, 同義語論.

syn·ón·y·mist *n* 類義語学者.

syn·on·y·mize /sənánəmàɪz/ *vt* …の類義語を示す; 〈ある語〉の類義語を分析する; 〈辞書など〉に類義語の分析解説を載せる; 〈種属名など〉が異名であることを示す. ► *vi* 類義語を使用する.

syn·on·y·mous /sənánəməs/ *a* 類義語の, 同意語の, 同義の, 同じことを表わす, 同じ意味合いの 〈*with*〉: Madison Avenue is ～ *with* the advertising business. マディソン街といえば広告業界の代名詞である. ♦ **～·ly** *adv* **～·ness** *n*

syn·on·y·my /sənánəmi/ *n* 類義語比較研究; 同意語集《主に書名》; 《強調のための》同意語畳用《例 in any shape or form》; 〘生〙《分類上の》(同物)異名(表); 類義[同義](性) (synonymity). [L<Gk; ⇨ SYNONYM]

syn·op·sis /sənápsəs/ *n* (*pl* **-ses** /-sìːz/) 梗概, あらすじ, 大意, 概要 (summary), 一覧(表); 簡易動詞活用表. [L<Gk (*opsis* view)]

syn·op·size* /sənápsàɪz/ *vt* …の梗概[一覧]を作る.

syn·op·tic /sənáptɪk/ *a* 梗概の, 大意の; 通観的な; [°S-] 共観的な〈福音書〉, 共観福音書の; 〘気〙総観的な: ～ chart 天気図. ► *n* [°S-] 共観福音書 (synoptic Gospel); SYNOPTIST. ♦ **syn·óp·ti·cal** *a* **-ti·cal·ly** *adv* [Gk; ⇨ SYNOPSIS]

synóptic Góspels *pl* [the, °the S-] 共観福音書《マタイ伝・マルコ伝・ルカ伝の三福音書》.

synóptic meteorólogy 総観気象学.

syn·op·tist /sənáptɪst/ *n* [°S-] 共観福音書の著者.

sỳn·ostósis, syn·os·te·ó·sis /-àstióusəs/ *n* (*pl* **-ses** /-sìːz/) 〘解・医〙骨癒合(症). ♦ **sỳn·os·tót·ic** /-tát-/ *a* [Gk *osteon* bone]

syn·ou·si·acs /sɪnúːsiæks/ *n* 社会論. [Gk *synousa* (< *syneimi* to be with), *-ics*]

syn·o·vec·to·my /sìnəvéktəmi/ *n* 〘医〙滑膜切除(術).

syn·o·via /sənóuviə, saɪ-/ *n* 〘生理〙(関節)滑液. [NL (? *syn-*, OVUM); Paracelsus の造語]

syn·ó·vi·al *a* 〘生理〙滑液の[を分泌する]: ～ membrane.

synóvial flúid 〘生理〙滑液 (=*joint fluid*, *synovia*).

synóvial jóint 〘解〙滑膜性関節 (diarthrosis).

syn·o·vi·tis /sìnəváɪtəs/ *n* 〘医〙滑膜炎.

sy·no·vi·um /sənóuviəm/ *n* 〘解〙滑膜.

syn·pétal·ous *a* 〘植〙SYMPETALOUS.

syn·sépal·ous *a* 〘植〙GAMOSEPALOUS.

syn·spérmy *n* 〘植〙種子合体《2 つ以上の種子の合体[癒着]》. ♦ **-spérmous** *a*

syn·tac·tic /sɪntǽktɪk/, **-ti·cal** *a* SYNTAX (上)の; SYNTACTICS (上)の. ♦ **-ti·cal·ly** *adv*

syntáctic constrúction 〘文法〙統語的構造《その直接構成要素が自由形式のみで拘束形式は含まない構造》.

syntáctic fóam シンタクチックフォーム《微細な中空球を多数プラスチックに埋め込んだ物質で浮揚性がある; 潜水艦・宇宙船で用いる》.

syn·tac·ti·cian /sìntæktíʃən/ *n* 統語論研究者[学者].

syn·tác·tics *n* [〈*sg/pl*〉] 統辞論《記号と記号の結合関係を規定する, 記号論の一部門》.

syn·tagm /síntæm/ *n* SYNTAGMA.

syn·tag·ma /sɪntǽgmə/ *n* (*pl* **～s, -ma·ta** /-tə/) 〘言〙シンタグマ《統合的関係をもつ語句; 発話の秩序だった集合; cf. PARADIGM》. ♦ **syn·tag·mat·ic** /sìntægmǽtɪk/ *a* 統合的な. **-i·cal·ly** *adv* **sỳn·tàg·mát·ics** *n* シンタグマ論[研究]. [Gk; ⇨ SYNTAX]

syntagmátic relátion 〘言〙統合関係《構造をもつ言語要素の連なりにおける, 言語要素相互間の関係; cf. PARADIGMATIC RELATION》.

syn·tax /síntæks/ *n* 〘文法〙統語論[法], 構文法, シンタックス; 〘論〙SYNTACTICS; 〘電算〙《プログラミング言語やシステム命令などの》文法, シンタックス; 調和のとれた構成, 体系. [F or L<Gk=arrangement (*tassō* to arrange)]

sýntax èrror 〘電算〙シンタックスエラー《プログラミングの構文の誤り》.

syn·téchnic *a* 〘生〙類似の環境にあることにより類縁関係のない生物が互いに似通う.

syn·te·ny /síntəni/ *n* 〘遺〙同一の染色分体に数個の遺伝子がのっていること.

syn·tex·is /səntéksəs/ *n* 〘地質〙シンテクシス《異種の岩石のマグマによる同化・再溶融作用》.

synth /sínθ/ *n* 《口》SYNTHESIZER.

syn·thase /sínθèɪs, -z/ *n* 〘生化〙シンターゼ, 合成酵素《逆方向にリアーゼ (lyase) 反応をする酵素》.

syn·the·sis /sínθəsəs/ *n* (*pl* **-ses** /-sìːz/) 総合, 統合, 組立て (opp. *analysis*); 総合[統合, 組立て]体[物]; 〘哲〙演繹的推論; 〘論・哲〙総合, ジンテーゼ; 〘化〙合成, 人造; 〘言〙総合; 〘言〙語の合成, 複合[派生]語をつくること; 〘外科〙接骨, 復位; 《制御などの》システム設計[合成]. ♦ **sýn·the·sist** *n* 総合者, 統合者; 合成者. [L<Gk (*sun tithēmi* to put together)]

sýnthesis gàs SYNGAS.

syn·the·size /sínθəsàɪz/ *vt, vi* 総合する;〘化〙合成する;〈音楽・音声を〉シンセサイザーでつくる[合成する]; 総合的に扱う. ♦ **syn·the·si·za·tion** /sɪnθəsəzéɪʃ(ə)n; -sàɪ-/ *n* 総合(化);〘化〙合成.
sýn·the·sìz·er *n* 総合[統合]する人[もの]; シンセサイザー《電子音響合成装置》.
syn·the·tase /sínθətèɪs, -z/ *n*〘生化〙シンセターゼ (=*ligase*)《ATP など三リン酸のピロリン酸結合の開裂と共役して分子の結合を触媒する酵素》.
syn·thet·ic /sɪnθétɪk/ *a* **1**〘化〙人造の, 合成の; つくりものの, 偽りの, わざとらしい: ~ dye 合成染料 / put on a ~ smile 作り笑いを浮かべる. **2** 総合の, 統合的な, 組み立てる;〘言〙〈言語が〉総合的な;〘論〙総合の《命題の真偽を決定するのに言語外の知識を必要とする》: a ~ language 総合的言語《言語の類型分類の一つ; 代表例はラテン語; cf. ANALYTIC [POLYSYNTHETIC, INFLECTIONAL] language》. ► *n* 合成品[物], 《特に》合成[化学]繊維, プラスチック. ♦ **-thét·i·cal** *a* SYNTHETIC. **-i·cal·ly** *adv* [F or NL<Gk=of composition; ⇨ SYNTHESIS]
synthétic-áperture ràdar 合成開口レーダー《飛行機・人工衛星などに搭載する空対地高分解能レーダー》.
synthétic cúbism〘美〙総合的キュビスム《キュビスム後期の一傾向》.
synthétic divísion〘数〙組立除法.
synthétic fíber 合成繊維.
synthétic fúel 合成燃料 (=*synfuel*)《合成原油[ガス]など》.
synthétic geómetry 総合幾何学.
syn·thet·i·cism /sɪnθétəsìz(ə)m/ *n* 統合的原理[方法].
synthétic philósophy 総合哲学 (Spencerianism).
synthétic proposítion〘論〙総合命題.
synthétic résin 合成樹脂.
synthétic rúbber 合成ゴム.
syn·thét·ics *n* 合成化学; 合成化学産業.
syn·the·tism /sínθətìz(ə)m/ *n*〘美〙総合主義, サンテティスム《1890 年ごろの Paul Gauguin やナビ派 (the Nabis) の理論》; 総合システム;〘医〙骨折接合法.
syn·the·tist /sínθətɪst/ *n* SYNTHESIST.
syn·the·tize /sínθətàɪz/ *vt* SYNTHESIZE.
syn·théto·gràph /sɪnθétə-/ *n* 合成図.
syn·thon /sínθɑ̀n/ *n*〘化〙シントン《有機化合物の合成経路を考える際に基礎とみなされる分子内構造単位》. [*synthes*is, *-on*[2]]
sýnth-pòp *n* 《1970–80 年代の》シンセポップ, テクノポップ.
syn·thy /sínθi/ *a* synthesizer の, 電子音楽[テクノポップ]の.
syn·ton·ic /sɪntánɪk/ *a*〘心〙《環境に対して》同調性を有する;〘電〙同調する, 同調の. ♦ **-i·cal·ly** *adv*
syn·to·nism /síntənìz(ə)m/ *n* SYNTONY.
syn·to·nize /síntənàɪz/ *vt*〘電〙同調する[させる]. ♦ **sỳn·to·ni·zá·tion** *n*
syn·to·nous /síntənəs/ *a* SYNTONIC.
syn·to·ny /síntəni/ *n*〘心〙《環境に対する》同調(性);〘電〙同調.
sýn·tỳpe *n*〘生〙等価基準[総模式]標本 (=*cotype*).
syn·u·ra /sən(j)úərə/ *n* (*pl* **-rae** /-ri/, ~**s**)〘動〙シヌラ属 (*S-*) の各種の黄色鞭毛虫《飲料水をキュウリ臭くする》. [*syn-*, *-ura*]
syph, syff /síf/ *n* [°the]《俗》梅毒 (syphilis).
sy·pher /sáɪfər/ *vt*〘建〙そぎはぎする.
sýpher jòint〘建〙そぎはぎ.
syph·il- /sífəl/, **syph·ilo-** /sífəlou, -lə/ *comb form*「梅毒 (syphilis)」
syph·i·lid /sífəlɪd/ *n*〘医〙梅毒疹.
syph·i·lis /síf(ə)ləs/ *n*〘医〙梅毒. [NL<*Syphilus*; ラテン詩 *Syphilis, sive Morbus Gallicus* (=Syphilis or the French disease) (1530) 中の梅毒に最初にかかった羊飼い]
syph·i·lit·ic /sìfəlítɪk/ *a, n* 梅毒の[にかかった](患者).
syph·i·lize /sífəlàɪz/ *vt* 梅毒にかからせる; …に梅毒を持ち込む.
syph·i·loid /sífəlɔ̀ɪd/ *a* 梅毒状の, 類梅毒の.
syph·i·lol·o·gy /sìfəlálədʒi/ *n* 梅毒学. ♦ **-gist** *n*
syph·i·lo·ma /sìfəlóumə/ *n* (*pl* ~**s**, **-ma·ta** /-tə/)〘医〙梅毒腫.
syph·i·lous /sífələs/ *a* SYPHILITIC.
syphon ⇨ SIPHON.
SYR Syria.
Syra ⇨ SYROS.
Syr·a·cuse /sírəkjùːs, -z/ **1** /; sáɪərəkjùːz/ シラクーザ, シラクサ, シュラクサイ (It **Si·ra·cu·sa** /sìːrəkúːzə/, anc. **Syr·a·cu·sae** /sìrəkjúːsi, -zi/)《イタリアの Sicily 島南東部の市・港町; 古代ギリシア人の都市》. **2** シラキュース《New York 州中部の市》. ♦ **Sỳr·a·cú·san** *a, n*
Sy·rah /sìrɑ́ː/ *n* シラー《(1) 黒ブドウの品種; もとは Rhône 川北岸で栽培されていたが, 今では California, オーストラリアなどでも広く栽培される (2) これで造った赤ワイン》.
Syr Dar·ya /sɪər dáːrjə/ [the] シルダリア《天山山脈から西流して Aral 海へ注ぐ中央アジア最大の川; 古称 Jaxartes》.
sy·ren[||] /sáɪərən/ *n, a* SIREN.
Syr·ette /sərét/〘商標〙シレット《1 回分の注射液がはいっている使い捨ての応急用注射器》. [*syringe*, *-ette*]
Syr·ia /síriə/ **1** シリア《地中海東端に臨む西アジアの国; 公式名 Syrian Arab Republic (シリア・アラブ共和国); ☆Damascus; もとフランス委任統治領 (1920–44)》. **2** シリア《古代の地中海東岸地方; 現代のシリア・レバノン・イスラエル・ヨルダンを含む地域》.
Syr·i·ac /síriæ̀k/ *n* シリア語《シリアで広く用いられたセム系言語; アラム語と近親関係にあり, 東方教会で今も使われる》. ► *a* シリア語の.
Syr·i·a·cism /síriəsìz(ə)m/ *n* シリア語法.
Sýr·i·an *a* シリアの; シリア教会の. ► *n* シリア人; シリア教会の信徒;《現代アラビア語の》シリア方言; ZYRIAN.
Sýrian Désert [the] シリア砂漠《シリア南東部, イラク西部, ヨルダン北東部, サウジアラビア北部にまたがる》.
Sýrian hámster GOLDEN HAMSTER.
sy·rin·ga /səríŋgə/ *n*〘植〙**a** PHILADELPHUS. **b** LILAC. [NL ↓; 茎から笛をつくった]
sy·ringe /səríndʒ, sírɪndʒ/ *n* 注射器; 洗浄器; スポイト; 浣腸器,〘畜〙注射筒; 手動ポンプ, 水鉄砲; *《俗》避妊液注入器; *《俗》トロンボーン. ► *vt* …に注射する; 洗浄する;〈園芸植物などに〉に葉面灌水する. [NL *syringa* < SYRINX]
sy·rin·ge·al /səríndʒiəl/ *a* SYRINX の.
syrínge·fùl *n* 注射器一杯, 一回の注射[洗浄]量.
syr·in·gi·tis /sìrɪndʒáɪtəs/ *n*〘医〙耳管炎.
sy·rin·go·my·e·lia /səriŋgoumaɪíːliə/ *n*〘医〙脊髄空洞症. ♦ **sy·rin·go·my·él·ic** /-él-/ *a*
syr·inx /sírɪŋks/ *n* (*pl* **sy·rin·ges** /səríndʒìːz/, ~**·es**)《鳥の》鳴管;《エジプト古墳の中のトンネル状の》通廊;〘解〙EUSTACHIAN TUBE; [S-]〘ギ神〙シューリンクス《牧神 Pan に追われ葦に変身したニンフで, Pan の葦笛となった》; PANPIPE. [L<Gk *surigg- surigx* pipe]
Sy·ro- /sáɪrou, sír-, -rə/ *comb form*「シリア(人)」 [Gk *Suro-* (*Suros* a Syrian)]
Sy·ros /sáɪrɑ̀s/, **Sy·ra** /sáɪrə/ シロス, シラ《(1) ギリシア Cyclades 諸島中部の島 (2) ERMOÚPOLIS の別称》.
syr·phi·an /sə́ːrfiən/ *n, a* SYRPHID.
syr·phid /sə́ːrfəd, *sír-/〘昆〙*a* ハナアブ科 (Syrphidae) の. ► *n* ハナアブ (=~ **flỳ**) (HOVERFLY).
sýr·phus flỳ /sə́ːrfəs-, *sír-/〘昆〙ハナアブ (HOVERFLY).
syr·tic /sə́ːrtɪk/ *a* 浮砂[漂砂, 流砂]に関する[に似た].
syr·tis /sə́ːrtəs/ *n* (*pl* **-tes** /-tiz/)《古》QUICKSAND.
Sýrtis Májor **1**〘天〙大シルティス《火星の北半球で赤道の付近にある暗黒部》. **2** 大シルティス《SIDRA 湾の古代名》.
Sýrtis Mínor 小シルティス《GABÈS 湾の古代名》.
syr·up, 《米》 **sir-** /sírəp, *sə́ːrəp, *sʌ́rəp/ *n* シロップ;〘薬〙シロップ剤; 糖蜜, 蜜; [*fig*] 甘ったるさ, 感傷. ► *vt* シロップ状にする; シロップでおおう[甘くする]. [OF or L<Arab=beverage; cf. SHERBET]
sýr·upy *a* シロップの(ような); (単)舎利別のような; 糖蜜性の; べたべた[どろどろ]した; 甘ったるい, 感傷的な〈文体など〉.
sys- /sɪs, səs/ ⇨ SYN-[1].
SYS〘電算〙システムファイルを示す拡張子.
sys·ad·min /sísədmìn/ *n* SYSTEM ADMINISTRATOR, シスアド.
sys·op /sísɑp/ *n*〘電算〙シスオペ《コンピューターネットワークの掲示板 (bulletin board), SIG を管理・主宰する人》. [*system operator*]
sys·sar·co·sis /sìsɑːrkóusəs/ *n* (*pl* **-co·ses** /-sìːz/)〘解〙筋骨連結. [Gk (*sark- sarx* flesh)]
syst. system.
sys·tal·tic /sɪstǽltɪk, -tɔ́ːl-/ *a*〘生理〙拍動性の.
sys·tem /sístəm/ *n* **1 a** 組織, 組立て, 体系,《通信・輸送などの》組織網 (network), システム; 系統: a mountain ~ 山系 / a ~ of grammar 文法体系 / a telephone ~ 電話網. **b** 制度, 体制; [the, °the S-] (支配)体制 (the establishment): the school ~ 学校制度. **c**〘生〙系統, 系, 組織, 器官;〘天〙系, 系統;〘化・理〙系;〘晶〙系;〘地質〙《地層区分の》系;〘楽〙譜表《2 段以上の五線譜を括弧で連繋したもの》: the digestive ~ 消化器官[系統] / NERVOUS SYSTEM / SOLAR SYSTEM. **d** 複合的な機械装置, 系,《オーディオの》システム;《サイバネティックスの》システム, 制御系;〘電算〙システム《プログラムやハードウェアの組織化された集まり》; [°*pl*] システム《目的達成のため組織化された人・機械を含めた手順》: a suspension ~《自動車の》懸架装置. **e** [the, one's] 身体, 五体, 全身. **f** [the, this, etc.] 世界, 宇宙. **2 a** 組織的な方法, 方式, 手順; 分類(法): the sales ~ 販売方法 / do sth without ~ でたらめなやり方をする. **b** 統一的理論[説明], 学説, 仮説: PTOLEMAIC SYSTEM / COPERNICAN SYSTEM. **3** 秩序, 統一性; 順序, 規則. ● **all ~s (are) go**《口》[°*joc*] 準備完了《宇宙用語から》. BEAT **the ~.** **get…out of one's ~**〈有害なものを〉体外に出す[排出する];《口》〈考え・心配などを〉捨て去る,《感情を率直に表わすなどして》…から自由になる,《大いにやって》卒業する. ♦ **~·less** *a* [F or L<Gk *sustēmat- sustēma* (*sy-*, *histēmi* to set up)]
sýstem admìnistrator システム管理者 (system operator).
sys·tem·at·ic /sìstəmǽtɪk/, **-i·cal** *a* **1** 組織的な, 体系的な, 系統的な, 規則正しい, 整然とした, 計画的な; 分類(法)の; 宇宙の, 宇宙的な (cosmical): ~ botany [zoology] 植物[動物]分類学. **2** 意図的な, 故意の: a ~ liar わざとうそを言う人. ♦ **-i·cal·ly** *adv*

-ic·ness *n* ［L＜Gk (*system*)］

systemátic desensitizátion 〘心〙系統的脱感作.

systemátic érror 〘統〙定誤差, 系統誤差《原因が明らかで補正可能な誤差》.

sỳs·tem·át·ics *n* 系統学, 分類学; 〘生〙系統分類学; 分類法 (taxonomy).

systemátic theólogy 組織神学.

sys·tem·a·tism /sístəmətìz(ə)m, sɪstémə-/ *n* 系統立てること; 分類; 体系[系統, 組織]固守[重視]; 分類癖.

sys·tem·a·tist /sístəmətɪst, sɪstémə-/ *n* 体系[系統, 組織]を作る人; 体系[系統, 組織]に従う[固執する]人; 分類学者 (taxonomist).

sys·tem·a·tize /sístəmətàɪz/ *vt* 組織化する, 系統立てる, 体系化する; 順序立てる, 分類する. ♦ **-tìz·er** *n* **sỳs·tem·a·ti·zá·tion** *n*

sys·tem·a·tol·o·gy /sìstəmətáləʤi/ *n* 体系学, 系統学.

sýstem buìlding 組立て式工法[建築法]; 体系的思考. ♦ **sýstem-buìlt** *a*

sýstem dìsk 〘電算〙システムディスク (BOOT DISK).

sýs·temed *a* 組織化された, 系統化された.

Sys·tème In·ter·na·tio·nal d'U·ni·tés /*F* sistɛm ɛ̃tɛrnasjɔnal dynite/ 国際単位系《基本単位は meter, kilogram, second, ampere, degree Kelvin, candela》.

sýstem fàilure 〘電算〙システムの故障 (crash).

sýstem fìle 〘電算〙システムファイル《OS が動作するのに必要なプログラムまたはデータを納めたファイル》.

sys·tem·ic /sɪstémɪk/ *a* 組織[系統, 体系]の; 〘生理〙全身の, 全身性の; 《特定の》系の; 〈農薬が〉浸透性の《植物・高等動物そのものには無害だが, 樹液・血流に吸収されてその植物・動物体が害虫や菌に対して有害となる》; 〈問題・変化が〉全体に及ぶ. ► *n* 浸透性農薬. ♦ **-i·cal·ly** *adv*

systémic circulátion 〘生〙体循環, 大循環《血液が心臓から出て全身を回ってまた心臓にかえってくる循環経路》.

systémic grámmar 〘言〙体系文法 (SYSTEMIC LINGUISTICS).

sys·te·mic·i·ty /sìstəmísəti/ *n* 体系性, 系統性, 組織性.

systémic linguístics 〘言〙体系言語学 (＝*systemic grammar*)《1961 年に英国の言語学者 M. A. K. Halliday が J. R. Firth などの考えを基にして提唱した言語分析の方法; 言語の社会的機能を重視し, 階層組織的構造と特定の条件の下で話者に利用可能な相互排除的選択の体系によって文法を記述しようとするもの》.

systémic lúpus er·y·the·ma·tó·sus /-èrəθì:mətóusəs/ 〘医〙全身性エリテマトーデス, 全身紅斑性狼瘡《略 SLE》.

systémic páinting システミックペインティング《MINIMAL ART の絵画》.

sýstem ìntegrator 〘電算〙システムインテグレーター (integrator).

sýstem·ist *n* SYSTEMATIST.

sýstem·ìze *vt* SYSTEMATIZE. ♦ **sỳstem·izátion** *n*

sýstem-on-chíp *a* 〘電子工〙システム・オン・チップの《メモリーと演算回路を一つの半導体チップの上に組み込む; 略 SOC》.

sýstem òperator 〘電算〙システム管理者[オペレーター] (sysop).

sýstem prògram 〘電算〙システムプログラム《基本的なプログラム; オペレーティングシステム・コンパイラーなど》.

sýstem requìrements *pl* 〘電算〙動作環境《システムの動作に必要なメモリーなどの環境》.

sýstems anàlysis システム分析《ある活動[業務]の目標を明確にし, その目標達成のための最も有効な手順を探る, 計量的方法による活動[業務]分析》. ♦ **sýstems ànalyst** システムアナリスト.

sýstems desìgn システム設計《電算機処理のしやすい形に問題を分析し体系化すること; 一連の情報処理システムが機能を果たすよう組織化すること》.

sýstems dìsk 〘電算〙システムディスク (BOOT DISK).

sýstems dìskette 〘電算〙システムディスケット[フロッピー].

sýstems engineèring 組織工学, システム工学. ♦ **sýstems engineèr** *n*

sýstems ìntegrator 〘電算〙SYSTEM INTEGRATOR.

sýstems òperator 〘電算〙SYSTEM OPERATOR.

sýstems prògram 〘電算〙SYSTEM PROGRAM.

sýstem(s) sòftware 〘電算〙システムソフト(ウェア)《ソフトウェアをその用途により 2 つに大別したときの, オペレーティングシステムやコンパイラー・アセンブラー・デバッガーなどの application 開発用プログラム類を含むカテゴリー; cf. APPLICATIONS SOFTWARE》.

sýstem·wìde *a* 全組織[系列, 体系]に及ぶ[またがる].

sys·to·le /sístəli/ *n* **1**〘生理〙心収縮(期) (cf. DIASTOLE). **2**〘古典韻律〙《長音節の》音節短縮. ♦ **-tol·ic** /sɪstálɪk/ *a* ［L＜Gk＝contraction (*stellō* to place)］

systólic préssure 〘医〙収縮期圧《最大血圧》.

Sys·tox /sístɑks/ 〘商標〙シストックス《殺虫剤デメトン (demeton) の商品名》.

sys·tyle /sístàɪl/ *n* 〘建〙集柱式, 二径間式, シュステュロス《柱と柱の間隔を柱の基部直径の 2 倍にする柱割様式; cf. INTERCOLUMNIATION》; 集柱式の列柱[建物]. ► *a* 集柱式の.

sy·ver /sáɪvər/ *n* 《スコ》SIVER.

Syz·ran /sízrən/ シズラニ《ヨーロッパロシア南東部の Volga 川に臨む市; Samara の西に位置する》.

syz·y·get·ic /sìzəʤétɪk/ *a* SYZYGY の[に関する, をなす]. ♦ **-i·cal·ly** *adv*

syz·y·gy /sízəʤi/ *n* 〘天〙シズジー《惑星の合 (conjunction) または衝 (opposition); 月の同様の位置》; 〘古典韻律〙二詩脚併用; 対のものの一組; 《グノーシス教義の》陰陽両霊体の一対; 〘生〙連接. ♦ **sy·zyg·i·al** /sɪzíʤiəl/ *a* ［L＜Gk (*suzugos* yoked)］

Sza·bad·ka /sá:bɑ:dkà:/ ソボトコ《SUBOTICA のハンガリー語名》.

Sza·mos /sɔ́:mòuʃ/ [the] ソモシュ川《SOMEŞUL のハンガリー語名》.

Szcze·cin /ʃʧétsì:n/ シチェチン (*G* Stettin)《ポーランド北西部 Oder 河口近くの都市》.

Sze·chuan, Sze·chwan /séʧwá:n/ *n* SICHUAN. ► *a* /⌐⌐/ 四川風[料理]の.

Sze·ged /ségɛd/ セゲド《ハンガリー南部の市》.

Szé·kes·fe·hér·vár /séɪkɛ̀ʃfɛ̀ərvà:r/ セーケシュフェヘールヴァール《ハンガリー中西部, Budapest の南南西にある市; 1027–1527 年, 代々の国王が戴冠した地》.

Szell /sél, zél/ セル **George** ～ (1897–1970)《ハンガリー生まれの米国の指揮者》.

Szent-Györ·gyi /seɪntʤɔ́:rʤ(i)/ セントジェルジ **Albert (von Nagyrapolt)** ～ (1893–1986)《ハンガリー生まれの米国の生化学者; ビタミン C を発見; ノーベル生理学医学賞 (1937)》.

Szepingkai ⇨ SIPING.

Szi·lard /sílà:rd, zíl-, zəlá:rd/ シラード **Leo** ～ (1898–1964)《ハンガリー生まれの米国の物理学者》.

Szol·nok /sóulnòuk/ ソルノク《ハンガリー中東部 Budapest の東南東にある町》.

Szom·bat·hely /sóumbɔ:thèɪ/ ソンボトヘイ《ハンガリー北西部の市》.

Szo·stak /ʃɔ́:stæk/ ショスタク **Jack W(illiam)** ～ (1952–)《英国生まれの米国の遺伝学者; 染色体がテロメア (telomere) とテロメラーゼ (telomerase) によって保護される仕組みを発見; ノーベル生理学医学賞 (2009)》.

Szy·man·ows·ki /ʃɪmɑ:nɔ́:fski/ シマノフスキ **Karol** ～ (1882–1937)《ポーランドの作曲家》.

Szym·bors·ka /ʃɪmbɔ́:rskə/ シンボルスカ **Wisława** ～ (1923–2012)《ポーランドの詩人・翻訳家・文芸評論家; ノーベル文学賞 (1996)》.

T

T, t /tíː/ *n* (*pl* **T's, Ts, t's, ts** /-z/) ティー《英語アルファベットの第 20 字; ⇨ J》; T または t の表わす音; T 字形(のもの); [ᵁT] T FORMATION; [ᵁT] T-SHIRT; 20 番目(のもの); [T] TECHNICAL FOUL; [T]《俗》マリファナ (tea); [T]《俗》1 g のメタンフェタミン (methamphetamine): a *T* bandage [pipe, square] T 字包帯 [T 状管, T 定規]. ● **cross the T**〖海軍・史〗T 字態勢をとる《敵に舷側砲を向けられるよう敵艦隊に対して直角に進む》. CROSS **the** [**one's**] **t's. marked with a T**ᴴ〈罪人が〉親指に T 字の焼き印を押された; 盗賊 (T=Thief) として知られている. **to a T** 正確に, ぴったり, 完全に, うまく, ちょうどよく (to a tittle): This job suits [fits] me *to a T*.

t'¹ /tə/ *prep* TO《母音で始まる動詞の不定詞に付くとき》: *t'*attempt=to attempt.

t'² /(子音の前) tə, (母音の前) t/ *a* [定冠詞]《方》THE: *t'* boy=the boy.

't /t/ *pron* IT¹: 'tis /tɪz/=it is / see't=see it.

t〖統〗distribution ♦ temperature ♦〖理〗°top quark. **t.** metric ton ♦ tablespoon ♦ teaspoon(s) ♦ technical ♦〖楽〗tempo ♦ [L *tempore*] in the time of ♦〖楽〗tenor ♦〖文法〗tense ♦ time ♦ ton(s) ♦ township ♦〖文法〗transitive ♦ troy ♦ true. **t-, t.**〖化〗tertiary.

T〖理〗°absolute temperature ♦〖理〗half-life ♦〖理〗°kinetic energy ♦ temperature ♦〖理〗(surface) tension ♦〖単位〗tera- ♦〖理〗tesla(s) ♦ Thailand ♦〖生化〗thymine ♦ toddler ♦〖数〗topology ♦ town ♦〖化〗°triple bond ♦〖化〗tritium ♦〖論・電算〗true.

T-〖米軍〗trainer 練習機: *T*-38.

ta /tɑ́ː/ *int*, *n*ᴴ《口》ありがと (thank you): *Ta* muchly.=*Ta* ever so. どうもありがと. [幼児ことば]

TA /tìːéɪ/ *n**《俗》T AND A.

Ta〖化〗tantalum. **TA** °teaching assistant ♦ TELEGRAPHIC address ♦〖英〗°Territorial Army ♦〖心〗°transactional analysis.

taal /tɑ́ːl/ *n*〖楽〗TALA¹.

Taal¹ *n* [the] タール語 (AFRIKAANS).

Ta·al² /tɑːɑ́ːl, tɑ́ːl/ タール《フィリピンの Luzon 島南部のタール湖 (～ **Láke**) 中央にある活火山 (300 m)》.

taa·ta /tɑ́ːtɑː/ *n*《東アフリカ幼児》FATHER.

tab¹ /tǽb/ *n* **1 a**《引っ張ったりつるしたりするための》小さな耳[輪, 垂れ]; *プルタブ (pull tab);《ファイルなどの》耳, つまみ;〖電算〗タブ《ラベル状の選択部》; ラベル;《ナンバープレートに付ける》小さなラベル;《俗》耳 (ear). **b**《衣服の》たれ(飾り),《襟[袖]留め用などの》タブ;《帽子の》耳おおい;〖英軍〗《参謀将校の》赤い襟章;〖弓〗タブ《引手の指を守る革製の防具》. **c**《靴の》つまみ(革);ᴴ《方》《靴・サンダルなどの》留革;ᴴ《方》ひも, 靴ひも;ᴴ《方》靴ひもの先金具. **d**〖空〗(トリム)タブ《補助翼・方向[昇降]舵などに付いている平衡調整用の小さな可動翼[板]》;〖劇〗垂れ幕(の吊輪[コード]). **e**ᴴ《俗》タバコ, モク (cigarette). **2**《口》**a**《出納の》記録, 勘定; *請求書,《特に 飲食物の》勘定書, 伝票; 借用証. **b** 経費, 支出. ● **keep ～s** [**a ～**] **on**…《口》(**1**) …の勘定[記録]をつける. (**2**) …のあらゆる動きを追う, …を監視する. **pick up the ～** *《口》勘定[全費用]を持つ 〈*for*〉;《俗》責任をとる, (自分の行為の)結果を甘受する. **put** sth **on a ～**《レストランなどで》…の勘定をつけておく. **throw up a ～**《口》借金を重ねる. ► *vt* (**-bb-**) …に tab をつける; tab で飾る; *指名[指定]する, 選び出す 〈*for*〉; TABULATE; *《俗》…がだれであるかわかる (identify). [C17? (dial); cf. TAG¹]

tab² *n* TABULATOR;〖電算〗タブ (TAB CHARACTER): TAB KEY / TAB STOP. ► *vi* タブキーを押す.

tab³ *n* TABLET,《俗》《LSD などの》錠剤.

tab⁴ *n* TABLOID.

tab⁵ *n*《俗》年配の女;《豪俗》女, 女の子. [*tabby*¹]

tab⁶ ᴴ《軍俗》*vi*, *n* YOMP (すること), 強行軍.

Tab *n*ᴴ《俗》ケンブリッジ大生 (Cantab).

TAB〖豪〗Totalizator Agency Board 場外馬券公社 ♦〖医〗typhoid-paratyphoid A and B (vaccine) TAB ワクチン, 腸チフス-パラチフス混合ワクチン.

ta·bac /tɑbɑ́ːk; tǽbæk/ *n* (*pl* ～)《フランス語圏で》タバコ屋. [F =tobacco]

ta·ban·ca /təbǽŋkə/ *n*《カリブ》《片思いや失恋による》傷心, 失意, ショック.

tab·a·nid /tǽbənəd, təbéɪ-, -bǽn-/ *a*〖昆〗アブ科 (Tabanidae) の. ► *n* アブ (horsefly).

tab·ard /tǽbərd/ *n* **1**《中世の小作農が着たような》袖なしのゆったりした上衣[ケープ];《騎士がよろいの上に着た》家紋入りの陣羽織;《伝令官の》君主の紋章入りの官服;《脇にスリットを入れた女性用の》袖なしコート. **2** [the T-] 陣羽織亭《London の Southwark にあった旅亭で, Chaucer が描いたように Canterbury 詣での巡礼が集まった店》. [OF *tabart*<?]

tab·a·ret /tǽbərət/ *n* タバレット《波紋織としゅすを交互に織った家具用の強い絹織物》.

Ta·bas·co /təbǽskou/ **1** タバスコ《メキシコ南東部の州; ☆Villahermosa》. **2**〖商標〗タバスコ (=～ **sàuce**)《辛いトウガラシソース》; [t-] トウガラシ《香辛料》.

tab·a·sheer, -shir /tæ̀bəʃíər/ *n* 竹みそ, タバシーア《熱帯産の竹の節に集まった水液の乾燥したもの; インドで医療用》. [Arab]

tabbed /tǽbd/ *a**《黒人俗》身なりのいい, りっぱな服を着た, りゅうとした. [*tab*¹]

tabbinet ⇨ TABINET.

tab·bou·leh /təbúːlə, -li/, **tab·bou·li, tab·bu·li** /təbúːli/ *n* タブーラ《タマネギ・パセリ・トマトにひき割った小麦を混ぜたレバノン風サラダ》. [Arab]

tab·by¹ /tǽbi/ *n* **1 a** ぶち[とら, しま]猫 (=～ cat); 飼い猫;《古風》雌猫 (cf. TOMCAT). **b** 意地の悪いおしゃべり女; ᴴオールドミス;《俗》女の子, ねえちゃん, かわい子ちゃん. **2** 平織り, タビー (plain weave);《古》《波状紋を浮かして織った》琥珀織りの絹地. ► *a* ぶちの, 縞のある〈猫など〉; 波状紋のある; tabby の[で作った, のような]. ► *vt* 〈織物〉に波状紋を浮き出させる. [F *tabis*<Arab; Baghdad の絹織物地区の名から]

tabby² *n* 石灰・砂利・カキ殻・水を混ぜたコンクリートの一種. [Gullah<Afrik]

táb chàracter〖電算〗タブ文字 (=*tab*)《カーソル・印字位置などを次の tab stop まで進める文字》.

táb còllar タブカラー《ワイシャツなどの左右に付いた小さなタブをまん中で留めるタイプのカラー》.

tab·e·fac·tion /tæ̀bəfǽkʃ(ə)n/ *n*〖医〗痩削, 消耗症.

tab·erd·ar /tǽbərdɑ̀ːr, -dər/ *n*《Oxford 大学 Queen's College で》カレッジから奨学金を受けて上級学位を目指す学生. ♦ **～·shìp** *n* [L (*tabard*, *-ar*); その服装から]

tab·er·na·cle /tǽbərnæ̀k(ə)l/ *n* **1**《古》**a** 仮の住まい, 仮小屋, テント小屋; 住みか, 住まい. **b**《魂の仮の宿としての》身体, 体. **2 a** [the, °T-]〖聖〗幕屋(まくや)《ユダヤ人が Palestine を最後の住まいとするまで荒野を放浪した時に契約の箱を納めていた移動神殿; *Exod* 25–27》: FEAST OF TABERNACLES. **b** [°T-] ユダヤ神殿;《一般に》礼拝堂,《非国教派の》(大)会堂,《福音伝道の》大きな会館[幕舎]. **3**〖教会〗《聖体を安置する》聖櫃(せいひつ)《カトリック教会で, 通例 祭壇に設置してある》;〖建〗《聖像などを安置する》天蓋(てんがい)付壁龕(へきがん);〖海〗檣根(しょうこん)枠. ► *vi* 仮住まいする; 〈霊魂が〉肉体に宿る. ► *vt* tabernacle に納める[安置する]. ♦ **～d** *a*〖建〗天蓋造りの. [OF or L (dim) <*taberna* TAVERN]

tábernacle clòck 塔時計《教会の塔の形をした金属ケースに入っている置時計》.

tábernacle wòrk〖建〗天蓋造り.

tab·er·nac·u·lar /tæ̀bərnǽkjələr/ *a* 天蓋造りの.

ta·bes /téɪbiz/ *n* (*pl* ～)〖医〗癆(ろう)(症), 消耗; TABES DORSALIS. [L=wasting away]

ta·bes·cent /təbés(ə)nt/ *a* 消耗性の; やせ衰える, やつれる. ♦ **-cence** *n*

tábes dor·sá·lis /-dɔːrsǽləs, -séɪ-, -sɑ́ː-/〖医〗脊髄癆 (=*locomotor ataxia*). [L=dorsal tabes]

ta·bet·ic /təbétɪk/ *a*〖医〗(脊髄)癆の(ような). ► *n* (脊髄)癆患者.

ta·bi /tɑ́ːbi/ *n* (*pl* ～) たび (足袋). [Jpn]

tab·id /tǽbəd/ *a*《古》TABETIC.

tab·i·net, tab·bi·net /tǽbənèt/ *n* タビネット《通例 波状紋を浮かした, ポプリンに似た絹毛交ぜ織り》.

Tab·i·tha /tǽbəθə/ タビサ《女子名》. [Aram=roe, gazelle]

táb kèy《タイプライターなどの》TABULATOR;〖電算〗タブキー《tab character を入力するためのキー; アプリケーションによっては入力欄の移動などに用いる》.

ta·bla /tɑ́ːblə/ *n*〖楽〗タブラ《インド音楽で用いられる一対の手打ちの太鼓; 木をくりぬいた筒型の太鼓 (高音用) と, 主に金属製の椀型の太鼓 (低音用) の対で, 合わせて tabla baya (タブラ・バヤ)ともいう》. [Urdu<Arab=drum]

tab·la·ture /tǽblətʃər/ *n*〖楽〗タブラチュア《音符でなく文字・数字・符号などを用いる記譜法》;《古》文字[絵, 模様]の記された平板[平面];《古》《美術作品としての》絵画,《一般に》絵;《古》意識に思い浮かべる絵, 心像. [F<It (*tavolare* to set to music)]

ta·ble /téɪb(ə)l/ *n* **1 a** テーブル, 卓; 仕事台, 細工台, 手術台《など》; 〘印〙 INK TABLE; 聖餐台 (=communion ~, the Lord's ~). **b** 台状の墓石. **2** 食卓; 食べ物, ごちそう, 料理: pleasures of the ~ 食道楽 / keep a good ~ いつもごちそうを食べる[出す] / set a good [poor] ~ いい[粗末な]食事を出す / *at* ~ 食卓で, 食事中で[に] / sit (down) *at* ~ 食卓に着く / keep an open ~ 《食卓を開放して》客を歓迎する / lay [set, spread] the ~ 食卓の用意をする / clear the ~ 食卓を片付ける / WAIT *at* ~(*s*)=wait *on* ~*s*=*wait (*on*) ~. **3**《食事・ゲーム・会議などで》テーブルを囲む人びと, 列座の人びと; 委員(会), 局, 部; 会議[交渉]の席: keep the whole ~ amused 一座の人びとを楽しませる, 座を取り持つ / set the ~ in a roar 食卓の人びとを大笑いさせる / the peace ~ 和平交渉の席. **4** 表; 一覧表, リスト, 目録; [*pl*] 算数表《度量衡などの》; MULTIPLICATION TABLE: a ~ of interest [rates] 利息[税率]表 / a ~ of weights and measures 度量衡表 / a ~ of contents 目次 / a ~ of descent 系図 / the ~ of (prohibited [forbidden]) degrees 禁婚親等表 / learn one's ~*s* 九九表《など》をおぼえる. **5 a** 版, 木版, 石板, 金属版; 画板, 書牌; 画板絵画, 銘刻文; [*pl*] 法典: the two ~*s*=the ~*s* of the law モーセの十戒 (Ten Commandments) / the TWELVE TABLES. **b** 〘楽〙《弦楽器の》共鳴板; 《古》平板, 薄板, 薄層. **6 a** 平面; 〘建〙長方形面, 額板, 蛇腹(じゃばら), 繰形(くりがた). **b** テーブル《**1**) 宝石の上部の平滑面 **2**) table cut のダイヤモンド》. **c** [ᵒ*pl*] ゲーム台; [*pl*] BACKGAMMON; backgammon の台の半分 [4 分の 1]; 〘ブリッジ〙ダミー (dummy) の手. **d** 〘手相〙たなごころ; 〘解〙(頭蓋)骨板. **7** 卓状地, 平原, 高原, 台地 (tableland); 水平の地層; 〘クリケット〙ピッチ (pitch) の面. **8** [the] 〘天〙テーブルさん座 (テーブル山座) (Mensa). ● **bring...to the ~** ...を議論にかける, 《計画などに》〈材料を〉提供する. **get around the ~** 〈労使などが[を]〉交渉の席に着く[着かせる]. **go to the ~** 《方》聖餐を受ける. **have...on the ~** 〈問題を〉かかえている. **lay [put] it on the ~** 率直に言う, 忌憚なく言う. **off the ~** 議題から取り下げて, 検討[考慮]外で: take...*off the* ~ ...を議論[検討, 考慮]しないことにする. **on the ~** ǁ〈議案など〉検討用に提出されて, 上程[提案]されて; *〈議案など〉審議延期になって, 棚上げされて; 公開[公表]されて: lay...*on the* ~ ǁ...を討議に付す; *...を棚上げにする / let a bill lie *on the* ~ *法案を棚上げにする / put one's cards *on the* ~ ⇨ CARD¹. **run the ~** 残り試合に全勝する; 〘球突き〙残りのショットをすべて決める. SWEEP **the ~**. **~ from hell** *《食堂俗》酔っぱらった迷惑客(の席). **the ~ is set** 《野球俗》お膳立ては整った, 満塁のチャンスである. **turn the ~s** 形勢[局面]を一変[逆転]する[させる]; 逆襲する, 反撃を加える 〈*on* sb〉《backgammon の用語から》: The ~*s* were *turned* overnight. 形勢は一夜にして逆転した. **under the ~** 《口》(**1**) 酔いつぶれて(いる): drink sb *under the* ~ 人を飲み負かす (**2**) こっそりと, 袖の下で, 非合法な, 闇取引の[で]. ► *a* テーブルの, 卓上(用)の, 机の; 食卓(用)の; 食事の: TABLE MANNERS. ► *vt* **1** 卓上に置く, テーブルに出す; 〈人〉に食事を出す. **2***〈議案などを〉棚上げにする; ǁ〈議案などを〉上程[提案]する. **3** 表にする, 表に記入する. **4** 〈木材を〉かみ合わせて接合する; 〈帆を〉縁布(ふちぬの)補強する. 〔OF<L *tabula* board〕

tab·leau /tǽbloʊ, *—ˊ/ *n* (*pl* **-leaux** /-(z)/, ~**s**) **1** 絵画; 活人画, タブロー (=~ vivant)《生きた人が扮装し静止した姿勢で舞台上などで名画や歴史的場面を再現すること》. **2** 絵画的な描写; 印象的[芸術的]な配列; 《思いがけない》劇的[印象的]な情景[場面]: What a ~! なんという(滑稽な)図だろう. ● **T~!** 《あるできごとを描写した》その情景[様]を想像せよ! 〔F=picture (dim)<↑〕

tábleau cùrtain 〘劇〙割緞(帳)《中央から斜め上に開閉する引幕》.

tableau vi·vant /*F* tablo vivɑ̃/ (*pl* **tableaux vi·vants** /—/) 活人画 (⇨ TABLEAU).

Táble Báy テーブル湾《南アフリカ共和国 Western Cape 州南西部の湾; 湾に臨んで Cape Town の町が広がる》.

táble bèer (普通の)軽いビール.

táble-bòard *n* 食事, 賄い.

táble-bòok *n* ノート (notebook), はぎ取り式ノート (notepad), メモ帳.

táble bòok 《応接室の》卓上装飾用書籍; 《古》手帳.

táble·clòth *n* テーブルクロス.

táble cùt 〘宝石〙テーブルカット《大きなテーブルをもつ薄い台形状のカット; 横から見るとガードル (girdle) が台形の底辺に当たる》.
◆ **táble-cùt** *a*

ta·ble d'hôte /tɑ́ːbəl dóʊt, *tǽb-; *F* tabl doːt/ (*pl* **tables d'hôte** /—/) 《レストラン・ホテルの》セットメニューの食事, コースの食事 (cf. A LA CARTE); 《ホテルなどで, 定められた時間に一律に客に供される》定食. 〔F=host's table〕

táble-flàp *n* 《蝶番(ちょうつがい)式テーブルの》折り板.

táble·fùl *n* (*pl* ~**s**, **tábles·fùl**) 一食卓に上る数量[を囲める人数].

táble gràde *n, a* 《卑》性的魅力のある(女), おいしそうな(女)《EAT の俗語義との連想》.

táble-hòp *vi**《口》《レストラン・ナイトクラブなどで》テーブルからテーブルへと歩きまわってしゃべる. ◆ **-hòp·per** *n*

táble knìfe 食卓用ナイフ, テーブルナイフ.

táble làmp 卓上(電気)スタンド.

táble·lànd *n* 卓状地, 台地, 高原 (plateau).

táble lèaf 《テーブルを広げるための》差し込み板; TABLE-FLAP.

táble lìcenceǁ 《食事と共に出す場合に限っての》酒類販売許可(証).

táble lìfting 《降霊会 (séance) において》超自然力でテーブルが持ち上がる現象; 降霊術.

táble lìnen 食卓用リネン《テーブルクロス・ナプキンなど》.

táble mànners *pl* 食事作法, テーブルマナー.

táble màtǁ テーブルマット《食卓で熱い料理の皿などを置く敷物》.

táble·màte *n* 食事を共にする人.

táble mòney 《英軍高級将校の》接待費手当; 《クラブの》食堂使用料.

táble·mòunt *n* 平頂海山 (GUYOT).

táble mòuntain 卓状山地《頂上が平坦》.

Táble Móuntain テーブル山《南アフリカ共和国南西部の山 (1087 m); Cape Town と Table 湾を見おろす山で頂上が台地状になっている》; [the] 〘天〙テーブルさん座 (テーブル山座) (Mensa).

táble nàpkin テーブルナプキン.

táble of organizátion 〘軍・経営〙編成表《略 TO》.

táble ràpping SPIRIT RAPPING.

Táble Róund ROUND TABLE.

táble sàleǁ JUMBLE SALE.

táble sàlt 食卓塩.

táble sàw テーブルソー《テーブルに円鋸(まるのこ)をセットしたもの; 円鋸の刃の部分だけがテーブルの上に出ている》.

táble skìttles [〈*sg*〉] テーブルスキットルズ《ひもにつるしたボールを揺らして盤上のピンを倒すゲーム》.

táble sòccer FOOSBALL.

táble·spòon *n* 《料理の》取り分け用スプーン, テーブルスプーン; DESSERTSPOON, SOUPSPOON; 《計量用の》テーブルスプーン; [〈*a*〉] テーブルスプーン 1 杯分(の).

táble·spòon·fùl *n* (*pl* ~**s**, **-spòons·fùl**) テーブルスプーン[大さじ]一杯(分)《料理の計量単位としては, teaspoonful の 3 倍, 約 15 cc; 略 T., tbs., tbsp.》.

táble sùgar グラニュー糖; 《一般に》砂糖.

tab·let /tǽblət/ *n* **1** 〘薬〙錠剤; *[*euph*]《避妊用の》ピル; 平たい小塊《ǁ石鹸・キャンディーなど》: a sleeping ~ 睡眠薬 1 錠 / a ~ of chocolate 板チョコ 1 枚. **2** 《石・金属・木などの》銘板, 碑(版), タブレット; 《通例 何枚かつづり合わせた》書字板, 書き板; *はぎ取り式用箋[ノート] (pad); 〘建〙笠石: a memorial ~ 記念牌. **3** タブレット《単線の鉄道で列車運転の際機関手に渡す円形証票》. **4** 〘電算〙タブレット (GRAPHICS TABLET); タブレットパソコン[コンピューター, PC] (=~ PC /—— pìːsíː/, ~ **compúter**)《板[クリップボード]状の携帯用パソコン; (ほぼ)全面が画面になっており, 直接手でまたはペン状機器で触れて入力できる》. ● **be written [carved, set] in ~s of stone** *or* **be written [laid down] on ~s of stone** [ᵁ*neg*] 石の銘板に記されて[刻まれて]いる; 決定済みである, 変更の余地がない. **Keep taking the ~s!** 《口》薬はそのまま飲み続けなさい《気がふれたような言動をした人に言う文句》. ► *vt* 書字板[飾り額]をつける; 〈メモを〉便箋帳にしるす; 錠剤[小片]にする. 〔OF<L (dim)<TABLE〕

táble tàlk 食卓[くつろいだ場]での雑談(となる話題), 座談; 《書物などに載った》有名人の座談[談話].

táble tàpping SPIRIT RAPPING.

táblet(-àrm) chàir タブレットチェア《右側の肘掛けの先が広がって筆記台となっている椅子》.

táble tènnis 卓球 (cf. PING-PONG).

táble tìpping [tìlting] 〘降霊術〙《霊託としての》テーブル傾転現象.

táble tòmb 《ローマのカタコンベの》箱型の墓.

táble·tòp *n* テーブルの上面; テーブル面状の平面; 〘写〙テーブルトップ《テーブル上にミニチュアや小物を配して撮った静物写真; cf. STILL LIFE》. ► *a* 卓上用の; テーブル状の; 〘写〙ミニチュアの.

tábletop sàleǁ テーブルトップ・セール《不用品をテーブルに並べて売る(チャリティー)バザー》.

táble tùrning TABLE TIPPING; 心霊術, 念力.

táble·wàre *n* 食卓用食器具, テーブルウェア《皿・カップ・グラス・スプーン・ナイフ・フォーク類》.

táble wàter 食卓用ミネラルウォーター.

táble wìne テーブルワイン《食事中に飲むのに適した(アルコール度 14% 以下の)ごく普通のワイン》.

tab·li·er /tǽblièɪ/ *n* 《婦人服の》エプロン風装飾. 〔F=apron<TABLE〕

táb·lìft·er *n**《俗》ナイトクラブの客.

ta·bling /téɪblɪŋ/ *n* 《壁の上の》笠石 (coping); 〘海〙《帆の縁を補強する》縁布(ふちぬの).

tab·loid /tǽblɔ̀ɪd/ *n* **1** タブロイド新聞[版]《普通の新聞紙の半ページ大; 伝統的に写真が多くて, 記事が短く, しばしば煽情的な内容; しかし, 今日では高級紙でもタブロイドサイズになっているものが多い; cf. BROADSHEET, QUALITY PAPER》: a supermarket ~ 大衆芸能紙, ゴシップ紙. **2** 要約, 摘要. ► *a* 要約した, 圧縮した; タブロイド新聞の(ような); 煽情的な, 低俗な〈記事・テレビ番組など〉. ♦ **～·ism** *n* [圧縮成形した錠剤の商標 (*tablet*, *-oid*)]

tàbloid·izátion *n* 要約, 圧縮; タブロイド化, 煽情的に扱うこと, 低俗化.

tábloid prìnter 〔電算〕タブロイド版プリンター《B-SIZE 紙用のプリンター》.

tab·nab /tǽbnæ̀b/ *n*ᴵᴵ《海俗》菓子ケーキ, 菓子パン, スナック, 軽食.

ta·boo, ta·bu /təbúː, tæ-/ *n* (*pl* ～s) 《触れたり, 口に出したり, 行なったりすることを社会通念上禁ずる》禁忌, タブー; 《一般に》禁制, 禁止, 法度(はっと), タブー視[扱い], 禁句扱い; タブー信奉: put a ～ on… =put…under (a) ～ …をタブーとする. ► *a* 禁忌[タブー]となっている; 禁制の, 避ける[忌む]べき; 《危険などの理由で》禁じられた: a ～ word タブー語, 禁句 / a ～ subject タブーの話題. ► *vt* タブーにする; 禁制にする, 避ける, タブー視[扱い]する. [Tongan=set apart, inviolable]

ta·boo·ley, ta·boo·li /təbúːli/ *n* TABBOULEH.

ta·bor, -bour /téɪbər/ *n* テイバー《笛を吹きながら片手で打つ小太鼓》. ► *vi* 《方》テイバーを打ち鳴らす. ► *vt* 《古》トントンとたたく. ♦ **～·er** *n* [OF=drum; cf. TABLA]

Ta·bor /téɪbər, -bɔːr/ [Mount] タボル山《イスラエル北部 Nazareth の東にある山 (588 m); キリストの変容 (Transfiguration) が起こった山と考えられている》.

Ta·bo·ra /təbɔ́ːrə/ タボラ《タンザニア中西部の町; 交易の拠点》.

tab·o·ret, tab·ou- /tǽbərət, *tæ̀bərét/ *n* タボレット《円筒形の低いスツール》; 《植木鉢などを載せる》小さな台[飾り棚]; 小さな TABOR; 刺繍枠. [F (dim)‹TABOR]

tab·o·rin /tǽbərən/, **-rine** /tæ̀bəríːn, tǽbərən/ *n* TABRET.

ta·bou·leh, ta·bou·li /təbúːlə, -li/ *n* TABBOULEH.

tab·ret /tǽbrət/ *n* 小さな TABOR.

Ta·briz, Te- /təbríːz/ **1** タブリーズ《イラン北西部の市; 古代名 Tauris》. **2** タブリーズラグ《中央にメダル模様のあるペルシアじゅうたん》.

táb shòw *《俗》《旅回りの》小ミュージカル.

táb stòp タブ位置, タブストップ《タイプライターや電算機で TAB KEY により入力位置が進められる桁位置》.

tabu ⇨ TABOO.

Tab·u·a·er·an /təbùːəéːrən/ タブアエラン《キリバス領 Line 諸島の島; 旧称 Fanning Island》.

tab·u·la /tǽbjələ/ *n* (*pl* **-lae** /-liː/) 〔動〕《床板サンゴ類の》床板. [L=board, tablet]

tab·u·lar /tǽbjələr/ *a* **1** 平板状の, 卓状の; 平板状の層からなる, 板状の〈結晶など〉. **2** 表(ひょう)の, 表にした, 表を用いた; 表計算した; TABLE [TABLET, TABLATURE] の形をした: in ～ form 表になって, 表にして. ♦ **～·ly** *adv* [L (↑)]

tab·u·la ra·sa /tǽbjələ ráːzə, -sə/ (*pl* **tab·u·lae ra·sae** /tǽbjəlàɪ ráːzàɪ, -sàɪ/) 文字の書いてない書き板; 《特に Locke の哲学で》白紙状態の心, タブラ・ラサ; 原初のままの純粋な状態を保つもの. [L=scraped tablet]

tábular dífference 〔数〕表差《数表の隣り合う二つの数値の差》.

tábular·ìze *vt* TABULATE.

tábular stándard 〔経〕計表本位《貨幣価値の変動による貸借時の不公平をなくすため, 複数商品を基準に貨幣価値を定める》.

tab·u·late *v* /tǽbjəlèɪt/ *vt* 表に記入する; 〈データなどを〉表にする[まとめる]. ► *vi* タビュレーターを操作する. ► *a* /, -lət/ 平面になった, 薄く平たい; 〔動〕〈サンゴが〉床板を有する. ♦ **tàb·u·lá·tion** *n*

táb·u·là·tor *n* 図表作成者; タビュレーター《タイプライターなどの図表作成装置》; 〔電算〕タビュレーター《データを読み込み, 内容を順次項目別にプリントし, 最終的に表を作成する》. [L; ⇨ TABULA]

ta·bun /táːbùn/ *n* [°T-] 〔化〕タブン《液体の有機燐酸エステル; 神経ガス》. [G‹?; 1930 年代ドイツで開発]

tac ⇨ TIC[2].

Tac. (Publius Cornelius) Tacitus.

TAC /tǽk/ 〔米空軍〕°Tactical Air Command.

tac·a·ma·hac, -hack /tǽkəməhæ̀k/, **-haca** /tæ̀kəməhǽkə/ *n* タカマハック樹脂; 〔植〕タカマハック樹脂を産する樹木, 《特に》BALSAM POPLAR. [Sp‹Aztec]

TACAN, Tac·an, tac·an /tǽkæ̀n/ *n* 戦術航法装置, タカン《極超短波によって送信局からの方位と距離を与える航法システム》. [*tac*tical *a*ir *n*avigation]

tac-au-tac /tǽkoutǽk/ *n* 〔フェン〕かわして突き返すこと. [F (imit)]

tace /tǽs, téɪs/ *n* TASSE.

ta·cet /tǽsət, téɪs-, táːkèt/ *vi* [*impv*] 〔楽〕休止せよ (be silent). [L=(it) is silent; ⇨ TACIT]

tach[1] */tǽk/ *n* 《口》TACHOMETER.

tache[1], **tach**[2] /tǽtʃ/ *n* 《古》留め金, 締め金. [OF *tache* clasp, nail‹Gmc; cf. TACK[1]]

tache[2] /tǽʃ/ *n*ᴵᴵ《口》MUSTACHE, ひげ.

tach·e·om·e·ter /tæ̀kiámətər/ *n* TACHYMETER.

tàch·e·óm·e·try *n* TACHYMETRY.

ta·chi /táːtʃi; tǽtʃi/ *n* 太刀. [Jpn]

tách·i·na flỳ /tǽkənə-/ 〔昆〕ヤドリバエ《同科の総称; 昆虫の幼虫に寄生》.

Ta-ch'ing 大慶 (⇨ DAQING).

Ta Ch'ing 大清 (⇨ DA QING).

tach·i·nid /tǽkənəd, -nìd/ *a*, *n* 〔昆〕ヤドリバエ科 (Tachinidae) の(ハエ).

tach·ism /tǽʃɪz(ə)m/, **tach·isme** /*F* taʃism/ *n* [°T-] 〔美〕タシスム《第二次大戦後から 1950 年代に Paris を中心に行なわれた, カンバスにえのぐをたらしたりかけたりする抽象画の様式; 米国では ACTION PAINTING ともいう》. ♦ **tach·ist** /tǽʃɪst/, **tach·iste** /*F* taʃist/ *n*, *a* [F (*tache* stain)]

ta·chís·to·scòpe /təkístə-, tæ-/ *n* 〔心〕瞬間露出器, タキストスコープ《絵・文字など視覚的刺激を与える装置》. ♦ **ta·chìs·to·scóp·ic** /-skáp-/ *a* **-i·cal·ly** *adv* [Gk *takhistos* swiftest]

tacho ᴵᴵ/tǽkou/ *n* (*pl* **tách·os**) 《口》TACHOMETER, TACHOGRAM.

tacho- /tǽkə/ *comb form*「速度」[Gk=speed]

tácho·gràm *n* タコグラム《タコグラフの記録》.

tácho·gràph *n* 自記回転速度計, タコグラフ; TACHOGRAM.

ta·chom·e·ter /tækámətər, tə-/ *n* 回転速度計, タコメーター; 流速計; 血流速度計. ♦ **ta·chóm·e·try** *n* 回転速度測定; 流速測定; 血流速度測定.

tachy- /tǽki, tǽkɪ/ *comb form*「急速な」[Gk *takhus* swift]

tàchy·arrhýthmia *n* 〔医〕不整頻拍.

tachy·car·dia /tæ̀kɪkáːrdiə/ *n* 〔医〕頻脈, (心)頻拍 (cf. BRADYCARDIA).

táchy·gràph *n* TACHYGRAPHER; 早書き[続け書き, 省略書き]の文書; 速記文字の文書.

ta·chyg·ra·phy /tækígrəfi, tə-/ *n* 速記法, 《特に 古代ギリシア・ローマの》早書き法; 《中世の》ギリシア・ラテン語の省略体(による続け書き法). ♦ **ta·chýg·ra·pher, -phist** *n* **tàchy·gráph·ic, -i·cal** *a*

tàchy·kínin *n* 〔生化〕タキキニン《平滑筋を速やかに収縮させる作用をもつ一群のペプチド》.

tachy·lyte, -lite /tǽkɪlàɪt/ *n* 玄武岩質ガラス, タキライト (basalt glass). ♦ **tàchy·lýt·ic** /-lít-/ *a*

ta·chym·e·ter /tækímətər/ *n* 〔測〕タキメーター, スタジア測量器, 視距儀; 速度計.

ta·chým·e·try *n* スタジア測量, 視距測量. ♦ **tàch·y·mét·ric** *a*

tachy·on /tǽkiàn/ *n* 〔理〕タキオン《光より速い速度をもつとされる仮説的素粒子》. ♦ **tàchy·ón·ic** *a* [*-on*[2]]

tachy·phy·lax·is /tæ̀kɪfɪlǽksəs/ *n* (*pl* **-phy·lax·es** /-fɪlǽksìːz/) 〔医〕タキフィラキシー《生理学的有効成分の反復投与によって反応が次第に弱まること》.

tachy·pnea, -pnoea /tæ̀kɪ(p)níːə/ *n* 〔医〕頻呼吸.

ta·chys·ter·ol /tækístəròː(ː)l, -ròul, -ràl/ *n* 〔生化〕タキステロール《エルゴステリンに紫外線を照射して生成される物質》.

tachy·tely /tǽkɪtèli/ *n* 〔生〕急進化 (cf. BRADYTELY, HOROTELY). ♦ **tàchy·tél·ic** *a*

tac·it /tǽsət/ *a* ことばに表わさない, 無言の(うちに表明された[行なわれた]); 暗黙の (understood); 鳴りを静めた[潜めた], しんとした; 〔法〕《明示されていないが》黙示の; 暗黙法による: a ～ agreement 黙契 / a ～ understanding 暗黙の了解 / ～ approval 黙認 / a ～ consent 黙諾 / ～ prayers 黙禱 / a ～ law 暗黙法. ♦ **～·ly** *adv* 黙って; 暗黙のうちに, 暗に, それとなく. **～·ness** *n* [L *tacit- taceo* to be silent]

Tac·i·te·an /tæ̀sətíːən/ *a* タキトゥス(の簡潔な文体)の(ような), タキトゥス風の.

tac·i·turn /tǽsətə̀ːrn/ *a* 無口な, 口数の少ない, 寡黙な. ♦ **～·ly** *adv* **tàc·i·túr·ni·ty** *n* [F or L; ⇨ TACIT]

Tac·i·tus /tǽsətəs/ タキトゥス (**Publius**) **Cornelius** ～ (c. 56–c. 120)《ローマの歴史家・雄弁家・政治家; *Germania* (ゲルマニア), *Historiae* (歴史); 略 Tac.》.

tack[1] /tǽk/ *n* **1 a** 鋲, 留め鋲; *画鋲 (thumbtack) (drawing pinᴵᴵ); (軽く[仮に])結びつける[留める]もの. **b** しつけ, 仮縫い. **2** 〔海〕**a** 横帆の風上下隅(索); 横帆の両下端索; 縦帆の前下隅. **b** 《帆の》開き, 間切り《開きを変えること》; 間切りと間切りの間の航程: sail on the port [starboard] ～ 左舷[右舷]開きで帆走する / ～ and ～ 間切りに間切って. **3** 《陸上の》ジグザグな道(をたどる動き). **4** 針路, 《特に 方向転換をした》方針, 政策: be on the right [wrong] ～ 針路[方針]を誤っていない[いる] / try a new [different] ～ 新しい[別の]方針でやってみる / change ～ 方針を変える. **5** 付加(物); 〔英議会〕付加条項, 条項付加. **6** 《ワニス・半乾きの印刷インキなどの》粘(着)性, べたつき. **7** *《俗》《男子校の》学生指導員, 学生部長. ● **(as) sharp as a ～** (1) 身なりが実にきちんとして. (2) 頭の切れる, 物わかりが非常によい. **come [get] down to** BRASS TACKS. **go sit on a ～** [ᴵᴵ*impv*]《俗》黙って立ち去る, じゃまをしないでいる. ► *vt* **1 a** 鋲で留める, 取り付ける 〈*up, down, together*〉; 〈二つのものを〉ちょっとつなぎ合わせる; 《仮縫いで》縫い付ける 〈*on, onto*〉, 仮縫いする 〈*together*〉. **b** 付加する, くっつける 〈sth *to* [*on, onto*] another〉; 〔英議会〕〈付加条項を〉法案に追加する. **2** 〔海〕〈帆船を〉間切らせる. ► *vi* 〔海〕間切る,間切って針路をしばしば変える ‹about›; ジグザグに進む; [fig] 急に方針[態度]を変える: ～ to port 左舷へ転ずる. [ME＜?; cf. TACHE[1]]
tack[2] *n* 〔海〕食物,《特に》HARDTACK; [derog] もの, くず. ● **on the ～** 禁酒して. [C19＜?]
tack[3] 《スコ》*n* 《不動産などの》保有; 一網の漁獲. [ME *tak* (*taken* to TAKE)]
tack[4] *n* 馬具一式《特に 鞍と頭部馬具 (bridle)》. ► *vt* ‹馬›に馬具を付ける. ► *vi* 馬具を付ける ‹up›. [*tackle*]
tack[5] 《口》*n* うすぎたなさ, ばっちさ, 俗悪さ, 安っぽさ; 俗悪なもの, 安ピカもの, ごみ, くず. [逆成＜*tacky*[2]]
táck bòard 《通知・図表などの》貼り出し掲示板.
táck clàw 鋲抜き.
táck còat タックコート《道路工事で, 上層との結合を強化するために, 下層の表面に薄く散布するタールまたはアスファルト剤》.
táck drìver 自動鋲打ち機.
táck·er *n* TACK[1] する人[もの]; 鋲打ち機; 仮縫い人.
tack·et /tǽkət/ *n* [u]《方》《靴底に打つ》頭の大きな鋲.
tackey ⇨ TACKY[1].
táck hàmmer 鋲槌, 鋲打ちハンマー; *《俗》《テントを張るときに用いる》杭打ちハンマー.
táck·hèad*《俗》*n* ばか, とんま, うすのろ; 悶着[もめごと]を起こすやつ; 着飾りすぎた[盛装しすぎた]やつ.
tack·ie, tak·kie, tacky /tǽki/ 《南ア口》*n* テニスシューズ, ゴム底のズック靴; タイヤ. ● **a piece of old ～** たやすいこと, 朝飯前. [? *tacky*[1]]
tack·i·fy /tǽkəfàɪ/ *vt* 粘着しやすくする; …の粘着性を強める. ♦ **táck·i·fi·er** *n* 粘着性付与剤.
tack·le /tǽk(ə)l; (海) téɪk(ə)l/ *n* **1 a** 道具[用具]一式; 漁具, 釣り道具; 弓矢の道具; 馬具; 船の索具. **b** 滑車装置, テークル《ロープと滑車を組み合わせたもの》: a single [compound] ～ 単[複]車地. **c** [u]《俗》衣類; [u]《俗》道具, えてもの (penis): WEDDING TACKLE. **2**〔ラグビー・アメフト〕タックル《ボールを持つ敵に組みついて前進を妨げること》;〔アメフト〕タックル《**1**) ガードとエンドの間のセンターの両側の攻撃線に位置する 2 選手中の一人 **2**) 防御線内の 2 選手の一人》;〔サッカー・ホッケーなど〕タックル《相手のもつボールを奪取する動作》. ► *vt* **1** tackle で取り付ける[固定する]; …に tackle を付ける,《特に》‹馬›に引き具を付ける. **2 a** …に組みつく, つかまえる, 捕捉する;〔ラグビーなど〕…にタックルする. **b** ‹仕事・問題など›に決然と取り組む, 格闘する; ‹食物を›食べ始める, …にとりかかる; ‹人›と議論をたたかわす, 渡り合う, 対決する, …にはっきりと話す ‹sb *about*, *on*, *over* sth›. ► *vi* 〔ラグビーなど〕タックルする; 仕事[問題]に取り組む. ● **～ low** 〔ラグビーなど〕《腰から下に》低くタックルする. ♦ **táck·ler** *n* [ME＝gear＜MLG (*taken* to lay hold of)]
táckle blòck 枠付き滑車.
táckle bòx 釣り道具箱.
táckle fàll 《滑車装置の》通索.
táckless strip 《じゅうたんの下からとがった突起で固定する》細長いじゅうたん留め, 逆さ釘板.
táck lìfter [pùller] 《小型の》鋲[釘]抜き (tack claw).
táck·ling *n* 船の索具; 《まれ》道具[用具]一式;〔ラグビーなど〕タックルの動作[技量], タックリング.
táck ràg タックラグ《塗装する面からちりを落とすための油を染み込ませた綿布》. [*tack*[1]]
táck ròom 《うまや付属の》馬具部屋.
tácks·man /-mən/ *n* (*pl* **-men** /-mən/) 《スコ》借地人 (leaseholder, lessee),《特に Highlands で, 借地を転貸する》中間借地人. [*tack's man*]
táck wèlding 〔工〕仮づけ溶接, タック溶接.
tacky[1], **tack·ey** /tǽki/ *a* ‹のり・塗料など›粘着性の, べたべた[ねばねば]する; *《俗》酔っぱらった. ♦ **táck·i·ly**[1] *adv* **-i·ness**[1] *n* 粘着性. [*tack*[1]]
tacky[2] 《口》*a* 品のない, 俗っぽい; みすぼらしい, うすぎたない; 洗練を欠く, 野暮ったい; 悪趣味な, けばけばしい; 安っぽい (cheap), しけた, せこい. ► *《南部》*n* みすぼらしい馬; みすぼらしい[貧しい]人. ♦ **táck·i·ly**[2] *adv* **-i·ness**[2] *n* [C19＜?]
tacky[3] ⇨ TACKIE.
Ta·clo·ban /tɑːklóʊbɑːn/ タクロバン《フィリピンの Leyte 島北東部 San Pedro 湾に臨む港湾都市》.
tac·ma·hack /tǽk(ə)məhæ̀k/ *n* TACAMAHAC.
Tac·na /tǽknə, tɑ́ːk-/ タクナ《ペルー南部, チリとの国境の近くにある市; cf. TACNA-ARICA》.
Tac·na-Ari·ca /tǽknəɑríːkə/ タクナ-アリカ《ペルーとチリにまたがる沿岸地域; 領有をめぐって紛争が続いたが, 1929 年北側 Tacna はペルー領, 南側 Arica はチリ領となった》.
tac·node /tǽknòʊd/ *n* 〔数〕接触接点《曲線の 2 つの分枝が接し合う点》. ♦ **tac·nód·al** *a*
ta·co /tɑ́ːkoʊ/ *n* (*pl* **～s**) **1** タコス《トルティーヤ (tortilla) に肉・チーズ・野菜などをくるんで食べるメキシコ料理》. **2** *《俗》[derog] メキシコ(系)人 (＝**～ bènder**, **～ hèad**). ● **toss [shoot] one's ～s** *《俗》ゲーッとやる, 吐く (vomit) (toss one's cookies). [MexSp]
Táco Bèll 〔商標〕タコベル《タコス (taco) 料理のチェーン店》.
táco chìp [°*pl*] タコスチップ(ス)《トルティーヤをポテトチップスのように揚げたもの》.
Ta·co·ma /təkóʊmə/ **1** タコマ《Washington 州西部の海港都市》. **2** [Mount] タコマ山《Mount RAINIER の旧称》.
TACOMSAT 〔米〕tactical communications satellite 戦術用通信衛星, タコムサット (1969–72).
Ta·con·ic /təkɑ́nɪk/ *a* 〔地質〕タコニック造山運動の《北米北東部でオルドビス紀の末に起こった》. [*Taconic* Range 米国北東部の山脈]
tac·o·nite /tǽkənàɪt/ *n* 〔鉱〕タコナイト《含鉄チャート (chert)》. [C20 (↑, *-ite*)]
táco stànd*《俗》うすぎたない場所, しけた店.
tac·rine /tǽkrìːn/ *n* 〔薬〕タクリン《抗コリンエステラーゼ; 塩酸塩をアルツハイマー病初期患者の認識能の改善に用いる》.
TACSAT 〔米〕tactical communications satellite 戦術用通信衛星, タクサット (TACOMSAT) ♦〔米〕tactical satellite.
tact /tǽkt/ *n* 《人をそらさない》気転, 気配り, 如才なさ; 鋭敏な感覚[審美眼], 敏感な察知(能力); 《古》手ざわり, 感触. [F＜L＝sense of touch (*tact- tango* to touch)]
Tac·tel /tǽktɛ̀l/ 〔商標〕タクテル《しなやかで絹のような肌ざわりのポリアミド繊維[生地]》.
táct·ful *a* 気[気転]のきく, 気配りのある, 如才ない; (美的)感覚のさえた; 適切な. ♦ **～·ly** *adv* **～·ness** *n*
tac·tic /tǽktɪk/ *a* 順序[配列, 組織]の; 〔生〕走性の[を示す]; 《古》戦術(上)の. ► *n* TACTICS; 用兵, 作戦, 戦法; 方策, 手段, 策略. [NL＜Gk (*tekhnē* art)]
-tac·tic /tǽktɪk/ *a comb form*「…な順序[配列(型)]の[を有する]」「…に対して走性を示す」: para*tactic*; photo*tactic*. [Gk (↑)]
tac·ti·cal /tǽktɪk(ə)l/ *a* **1** 戦術的な, 戦術上の, 用兵上の; 駆け引きのうまい: a ～ point 戦術上の要点, 戦術地点. **2**〔軍〕‹爆撃・兵器など›戦術的な, 近距離(用)の《戦場における友軍への直接支援を目的とした; cf. STRATEGIC》;〔軍〕‹航空機・航空部隊が›戦術航空支援[作戦]の, 戦術…《空から戦場の友軍を直接支援する》. **3** [u]‹投票・投票者が›戦術的な《自分が反対する政党・候補者の当選を阻止するため, 支持政党以外の, 次点が予想される政党・候補者に投票することについていう》. ♦ **～·ly** *adv*
Tàctical Áir Commànd 〔米〕戦術空軍司令部《略 TAC》.
tàctical núclear wèapon 〔軍〕戦術核兵器《射程 800 km 以下の核兵器; 現在は, 500 km 以上のものは SRINF の分類に入れられ, 500 km 以下のものは battlefield nuclear weapon と呼ばれることが多い; 略 TNW》.
táctical únit 〔軍〕戦術単位(部隊).
tac·ti·cian /tæktíʃ(ə)n/ *n* 戦術家; 策士.
tác·tics *n* [[u]‹sg›]《戦略に基づいた短期目標を達成する学問・技術としての》戦術(学), 兵法, 用兵学 (cf. STRATEGY); [‹pl›]《戦術の応用としての》作戦; [‹pl›] 策略, 駆け引き, (巧妙な)方法[やり方]; [‹sg/pl›]〔言〕配列論《音素配列論 (phonotactics) など》: grand [minor] ～ 高等[局地]戦術 / His ～ were successful. 彼の策は成功した. ★ strategy は全体の作戦計画, tactics は個々の戦闘の用兵: Strategy wins wars; ～ wins battles. [NL＜Gk *taktika* (*tassō* to arrange)]
tac·tile /tǽktl, -tàɪl; -tàɪl/ *a* 触覚の; 触覚を有する; 触知できる; 《親愛の情から》人にさわる癖がある; 〔画〕実体感の(ある): a ～ impression [sensation] 触感 / a ～ organ 触覚器. ♦ **～·ly** /tǽktàɪli, -tli/ *adv* [L; ⇨ TACT]
táctile córpuscle 〔生〕触小体, 触覚小体.
tac·til·i·ty /tæktíləti/ *n* 触知できること; 触覚の鋭さ[感度].
tac·tion /tǽkʃ(ə)n/ *n* 接触.
táct·less *a* 気[気転]のきかない, 気配りのない, 無神経な, ぶしつけな, 不用意な. ♦ **～·ly** *adv* **～·ness** *n*
tac·tu·al /tǽktʃuəl/ *a* 触覚(器)の. ♦ **～·ly** *adv*
TACV tracked air-cushion vehicle 空気浮上式超高速鉄道《hovertrain など》.
tad /tǽd/ 《口》*n* **1** *小さな(男の)子, 少年, チビっこ. **2** [a ～, °‹adv›] 少し, ちょっと, ちびっと. [*tad*pole; 一説に *tadde* (Brit dial) toad]
Tad **1** タッド《男子名; Theodore, Thaddeus の愛称》. **2** 《俗》アイルランド(人)のカトリック教徒. [*Thad*deus アイルランドに多い名前]
ta·da(h), tah- /tɑːdɑ́ː/ *int* ジャジャーン, パンパカパーン《人や物を発表・示すとき》.
Tadema ⇨ ALMA-TADEMA.
tadger ⇨ TODGER.
Ta·djou·ra, -ju- /tədʒúːrə/ ■ the **Gúlf of ～** タジュラ湾《ジブチ東部に湾入する Aden 湾の支湾》.
Tad·mur /tǽdmʊ̀ər/, **Tad·mor** /tǽdmɔ̀ːr/ タドムル, タドモル《PALMYRA の別称》. [Heb＝date palm]
tad·pole /tǽdpòʊl/ *n* 〔動〕オタマジャクシ(形幼生); *《俗》潜水夫 (frogman) の卵[見習い, 訓練生]; [T-] オタマジャクシ《Mississippi 州人の俗称》. [ME (TOAD, POLL[1])]
tádpole gàlaxy 〔天〕タドポール銀河《オタマジャクシ様の外観をもつ電波銀河》.
Ta·dzhik, Ta·djik /tɑːdʒík, -dʒíːk/ *n* (*pl* **～, ～s**) TAJIK.
Tadzhikistan ⇨ TAJIKISTAN.

Tadzhík Repúblic [the] タジク共和国 (⇨ TAJIKISTAN).
tae[1] /téɪ/ *prep* 《スコ》 TO.
tae[2] *adv* 《スコ》 TOO.
tae[3] *n* 《スコ》 TOE.
Tae-Bo /tàɪbóʊ/ 〘商標〙 タエボー《キックボクシングのような動きとダンスを組み合わせたエクササイズ》. [*tae* kwon do＋*boxing*]
tae·di·um vi·tae /tíːdiəm váɪtìː, táɪdium wíːtàɪ/ 生の倦怠, 厭世(観). [L＝weariness of life]
Tae·dong /tædúŋ, taɪ-/ [the] 大同江(だいどうこう)(テードンガン)《北朝鮮南部を南西に流れて西朝鮮湾に注ぐ川》.
Taegu 大邱 (⇨ DAEGU).
Taejon 大田 (⇨ DAEJEON).
tae kwon do /táɪ kwán dóʊ/ [ºT- K- D-] 跆拳(たいけん)道, テコンドー《韓国発祥の格闘技》. [Korean]
tael /téɪl/ *n* 両, テール《中国など東アジアの衡量単位: 通例 37.7 g; 1 テールの銀相当の中国の旧通貨単位》. [Malay]
ta'en /téɪn/ *v* 《古・詩》 TAKEN.
tae·nia, te·nia /tíːniə/ *n* (*pl* **-ni·ae** /-niàɪ, -niìː/, ～**s**) 《古代ギリシア・ローマの》頭に巻くリボン[ひも]; 〘建〙 タイニア《ドーリス式建築の entablature の frieze と architrave の間の平縁(ひらぶち)》; 〘解〙《神経組織・筋肉の》ひも(状組織), 帯; 〘動〙 条虫, サナダムシ (tapeworm). [L＝ribbon]
táe·nia·cìde, té- /tíːniə-/ *n* 条虫殺虫薬, 殺条虫薬. ◆ **tàe·nia·cí·dal** *a*
táenia [ténia] có·li /-kóʊlàɪ/ (*pl* **táeniae [téniae] cóli**) 〘解〙 結腸ひも《大腸の外側を縦走する 3 本の筋肉の帯》.
táe·nia·fùge, té- /tíːniə-/ *n* 条虫駆除薬. ► *a* 条虫を駆除する.
tae·ni·a·sis, te- /tináɪəsəs/ *n* 〘医〙 条虫症.
tae·ni·odont /tíːniədànt/ *n* 〘古生〙 紐歯(ちゅうし)目 (Taeniodonta) の哺乳動物《北米の暁新世および始新世に生息した貧歯目に近縁の哺乳類》.
tae·ni·oid, te- /tíːniɔ̀ɪd/ *a* 条虫(状)の.
Tae·po·dong /téɪpóʊdɔ́ːŋ/ *n* テポドン《北朝鮮の中・長距離弾道ミサイル》. [発射施設付近の地名 大浦洞(テポドン)から]
TAF Tactical Air Force 戦術空軍 ♦ 〘生化〙 tumor angiogenesis factor 腫瘍血管生成因子.
TAFE /tǽfi/ technical and further education《特に オーストラリアの》技術職業教育[学校], 専門学校.
ta·fel /tάːfəl/ *n* 《南ア》 TABLE《地名で平らな頂(いただき)を示す》.
ta·fel·berg /tάːfəlbɜ̀ːrg/ *n* 《南ア》 卓上山地 (table mountain), メサ (mesa). [Afrik]
ta·fel·kop /tάːfəlkɔ̀p/ *n* 《南ア》 ターフェルコップ (BUTTE). [Afrik＝table head]
Taff /tǽf/ *n*"《口》 [º*derog*] ウェールズ人(の男) (Taffy).
taf·fe·rel, taf·fa·rel /tǽf(ə)rəl, -fərɛ̀l/ *n* 《廃》 TAFFRAIL.
taf·fe·ta /tǽfətə/ *n* 琥珀(こはく)(織り), タフタ《光沢のあるやや堅い平織り》. [OF or L＜Pers]
táffeta wèave PLAIN WEAVE.
taf·fe·tized /tǽfətàɪzd/ *a* 〈布地が〉タフタ様仕上げの.
taf·fia /tǽfiə/ *n* TAFIA.
Taf·fia, Taf·ia /tǽfiə/ *n*"《口》 [*joc*] ウェールズマフィア, タフィア《ウェールズの有力者のしばしば民族主義的なネットワーク[派閥]》. [*Taffy*＋*Mafia*]
taff·rail /tǽfrèɪl, -rəl/ 〘海〙 船尾手すり; 船尾の上部. [Du *taffereel* panel (dim)＜*tafel* TABLE]
taf·fy[1] /tǽfi/ *n* 《米・スコ》 タフィー《黒砂糖[糖蜜]を煮詰めて練って作ったキャンディー》; *《口》 おべっか. [C19＜?]
taffy[2] *n* [ºT-] テクノ家庭《ホームコンピューターその他のハイテク機器を備えた家庭》. [*t*echnologically-*a*dvanced *f*amily]
Taffy 1 タフィー《男子名; Davy (＝David, *Welsh* Dafydd) のウェールズ語形とされる》. **2**"《口》 [º*derog*] ウェールズ人(の男), ウェールズ者 (Welshman)《あだ名; ⇨ JOHN BULL》. **3** タフィー《'Taffy was a Welshman, Taffy was a thief' で始まる伝承童謡に登場する泥棒》.
táffy pùll* タフィー (taffy) を作る集まり.
taf·ia /tǽfiə/ *n* タフィア《ラム酒の一種; 西インド諸島産》. [C18＜?]
Tafia ⇨ TAFFIA.
Ta·fi·lalt /tæ̀fɪlǽlt/, **Ta·fi·lelt** /-lɛ́lt/, **Ta·fi·let** /-lɛ́t/, **Ta·fi·la·let** /-lάːlət/ タフィラルト《モロッコ南東部にある Sahara 砂漠最大のオアシス》.
TAFN 《E メールなどで》 that's all for now.
Taft /tǽft, "tάːft/ タフト (1) **Lo·ra·do** /ləréɪdoʊ/ ～ (1860–1936)《米国の彫刻家》 (2) **Robert A(lphonso)** ～ (1889–1953)《米国の弁護士・政治家; 共和党保守派の指導者; W. H. Taft の子》 (3) **William Howard** ～ (1857–1930)《米国第 27 代大統領 (1909–13); 共和党; 合衆国最高裁判所首席裁判官 (1921–30)》.
Táft-Hárt·ley Àct /-hάːrtli-/ [the] 〘米〙 タフト-ハートリー法《労使関係を規定する連邦法 Labor-Management Relations Act「労使関係法」(1947) の通称; 全国的緊急事態のストライキ・工場閉鎖に対し, 政府が連邦裁判所を通じて 80 日間の中止を命ずることができる》. [R. A. *Taft*, F. A. *Hartley* (1903–69) 連邦下院議員]
tag[1] /tǽg/ *n* **1 a** たれさがったもの[布]; 《服に付けた》たれ飾り, 結び飾り, ふさ飾り; 《服の襟裏に付いている》襟吊り; 《靴ひもなどの》先端具 (aglet); 《深靴の》つまみ(革); 〘釣〙《毛針の》タグ《胴の端に巻いたティンセル (tinsel) など》. **b** 毛髪のふさ; 《羊の》もつれ毛, 毛玉; 《特に キツネの》尾(の先端), しっぽ. **c** 《署名などの最後の》飾り書き. **2 a** 末尾, 終末部, 最終段階. **b** 《講演・文章などの》締めくくりのことば[短い引用句, 文]; 〘劇・文芸〙 TAG LINE; 《詩歌の》折返し句, リフレイン; 〘文法〙 付加疑問 (＝*question tag*)《It's fine, isn't it? における isn't it など; cf. TAG QUESTION》. **c** (陳腐な)きまり文句[ことわざ, 格言, 金言]; 《小説などの》頻出する[特徴的な]表現. **d** 《楽曲の》終結部, 締めくくりのフレーズ, タッグ. **3 a** 《認識・分類用の》標識, 付け札; 名札 (name tag), 宛名札, 荷札, 番号札, 値札, タグ (price tag); *《俗》 認識標 (dog tag); 〘電算〙 標識, タグ《テキスト中に埋め込まれる書体その他の情報や sentinel》; (電子)タグ (＝*electronic tag*)《取り付けたもの[人]の所在が追跡できるようにした電子装置; 万引き防止のために商品に付けたり, 囚人や仮釈放中の犯罪者の腕輪や足輪に組み込んだりする》; 〘理・化〙 標識 (label); *《俗》 刑務所から持ち出された手紙; *《俗》 逮捕状; [º*pl*] *《車の》ナンバープレート; 交通違反のチケット. **b** 目印, 旗. **c** *《俗》 名前; 形容辞, あだ名, 異名, レッテル. **d** 《俗》 タッグ, らくがきサイン《スプレーペンキで公共の場所の壁などに装飾的に描かれたらくがき画家の個性的なサイン[ニックネーム, シンボルマーク]》. **4** 断片, かけら; 《廃》 下層民; TAG, RAG, AND BOBTAIL. **5** *《俗》《麻薬による》快感, 恍惚感 (rush). ● **keep a ～ on**…＝keep TABS on… (2).
► *v* (**-gg-**) *vt* **1 a** …に tag を付ける; …に値をつける; …に(…という)名をつける[烙印を押す, レッテルを貼る]; 〘理・化〙 …に標識をつける (label): be *tagged* as stupid ばか者の烙印を押される. **b** 《俗》 …にらくがき(サイン)をスプレーで書く, 〈らくがき(サイン)を〉公共の場などに書き残す. **c** 電子タグで…の所在をモニターする. **d** *《口》〈自動車〉に交通[駐車]違反チケットを貼る; *《口》〈運転者・所有者〉に交通違反チケットを渡す; 〈人〉に責任を負わせる, 告発する; *《俗》 逮捕する. **e** 〈講演・文章など〉に締めくくりの文句を付ける; 結合[連結]する, 〈詩行を〉押韻でつなぐ. **2** 付け加える, 付記する 〈*on, on to*〉. **3** 《口》 …に付きまとう. **4** 〈羊〉のもつれ毛を解きほぐす[刈り取る]. ► *vi* 《口》 付き従う, (絶えず)付きまとう 〈*at* one's heels, *after* [*behind*] sb〉. ● **～ along** [**on**] (**after** [**behind**] sb) (人のあとに)くっついて行く, 付き従う, 付きまとう (cf. TAGALONG).
[ME＜? Scand (Swed and Norw *tagg* barb, prickle)]
tag[2] *n* 鬼ごっこ; 〘野〙《走者・塁への》タッチ; 〘レス〙《タッグマッチで》タッチ; *《口》《ボクシングで》パンチ, ブロー. ★「鬼」は it または tagger. ● **beat a ～** 〘野〙〈走者が〉すべり込みセーフとなる. **T～!** 《鬼ごっこで》つかまえたっ! ► *a* 《プロレスで》タッグ方式の. ► *vt* (**-gg-**) **1** 〈鬼が〉つかまえる; 〘野〙〈走者を〉タッチアウトにする 〈*out*〉; 〈走者・塁〉にタッチする, 〈ベースを〉踏む; 〈投手〉から打つ 〈*for* a base hit〉; 〈ボールを〉打つ 〈*for* a home run〉; 〘レス〙〈仲間〉にタッチする. **2** 強く打つ[なぐる, 突き当たる]. **3** 選び出す. ● **～ up** 〘野〙〈走者が〉ベースにつく, タッチアップする. [C18＜?]
TAG 〘米〙 the Adjutant General.
Ta·ga·log /təgάːlɔ̀(ː)g, -lὰg, -ləg/ *n* **a** (*pl* ～, ～**s**) タガログ人《フィリピンの Luzon 島中部に住む》. **b** タガログ語《オーストロネシア語族に属する; フィリピンの公用語で, 公式には Filipino または Pilipino と呼ぶ》.
tág·alòng *a*, *n**《口》 しつこく[うるさく]人に付きまとう(者).
Ta·gan·rog /tǽgənrὰg/ タガンログ《ヨーロッパロシア南部 Azov 海のタガンログ湾 (the **Gúlf of ～**) に臨む市》.
ta·ga·ri /təgάːri/ *n* タガリ《ギリシアのショルダーバッグ》.
tág àrtist タッグアーティスト《らくがきサイン (tag) を描く人》.
tág·bòard *n* 《荷札・ポスターなどに用いる》丈夫な厚紙, ボール紙.
tág dày* 街頭募金日《寄付者は襟に tag (小札) を付けてもらうことから; cf. FLAG DAY》.
tág énd* [ᵘthe] 《進行・経過していくものの》最終部分, 最後尾, 末尾, 最後; [ᵘ*pl*] 切れっぱし, 断片.
tage·tes /tæʤəːtiːz, təʤétiz/ *n* (*pl* ～) 〘植〙 センジュギク属[マンジュギク属] (*T-*) の植物の総称《marigold など》. [*Tages* エトルリアの神]
tag·gant /tǽgənt/ *n* 爆弾の識別のために爆薬に混入される添加剤. [*tag*[1], *-ant*]
tágged átom /tǽgd-/ 〘理〙 標識(を付けた)原子.
tág·ger[1] *n* TAG[1] する人[もの]; TAG ARTIST; [*pl*] (薄い)ブリキ: black ～*s* スズめっきしてない薄鉄板.
tagger[2] *n* TAG[2] する人[もの]; 《鬼ごっこの》鬼.
ta·gine, ta·jine /təʤíːn/ *n* タジン《(1) モロッコのうわぐすりをかけた陶器製の鍋; 浅い皿と円錐形の先のとがったふたからなり, 蒸し料理など少ない水分で効率的に調理ができる 2) その鍋でつくる料理》. [Arab＝frying pan]
ta·glia·tel·le /tὰːljətɛ́leɪ/, **-li** /-li/ *n* タリアテッレ《(1) ひもかわ状のパスタ 2) これを主体とした料理》. [It]
tág lìne 〘劇・文芸〙《趣旨を明確にする[劇的効果を高める]ための》最後の一句, 《役者退場の》最後のせりふ, *《軽口ばなしなどの》おち; *《特定の個人・団体・商品などが直ちに連想される》標語, キャッチフレーズ, うたい文句 (slogan).
tag·ma /tǽgmə/ *n* (*pl* **-ma·ta** /-tə/) 〘動〙《節足動物の》合体節《昆

虫の頭部・胸部・腹部など). [Gk *tagma* arrangement]
tag·meme /tǽgmìːm/ *n* 〖言〗文法素, タグミーム《意味をもつ文法上の最小単位》. ♦ **tag·mé·mic** *a* [↑, *-eme*]
tag·mé·mics *n* 〖言〗文法素論, タグミーミックス. ♦ **tag·mé·mi·cist** *n*
Ta·gore /təgɔ́ːr/ タゴール **Ra·bin·dra·nath** /rəbíndrənɑ̀ːt/ ～ (1861–1941)《インドの詩人; ノーベル文学賞 (1913)》.
tág quèstion 〖文法〗付加疑問(文)《平叙文・命令文のあとに添える簡単な疑問文 (=*tag*); また これを添えた文章全体; 例 You know it, *don't you?* / It isn't right, *is it?* / Sit down, *won't you?*》.
tág·ràg *n* RAGTAG; ぼろきれ.
tág, ràg, and bóbtail or **tágrag and bóbtail** [the] 有象無象 (rabble), 下層民, わいわい連, 烏合(うごう)の衆.
tág·ròpe *n* 〖プロレス〗タッグロープ《リングのコーナーに付いている短いロープで, リング外のレスラーがタッチの時につかんでいなければならないもの》.
tág sàle* GARAGE SALE《売り物に値札が付いていることから》.
tág tèam タッグチーム《(1)〖プロレス〗互いに交代する2人以上の組 (2)*《口》協力して事に当たる2人[人びと]》. [*tag*[2]]
ta·guan /tɑ́ːgwɑ̀ːn/ *n* 〖動〗オオアカムササビ《インド・東南アジア産》.
tá·gua nùt /tɑ́ːgwə-; tǽgwə-/ タグアナッツ (IVORY NUT). [Sp＜Quechua]
Ta·gus /téɪgəs/ [the] タホ[テージョ]川 (Sp **Ta·jo** /tɑ́ːhoʊ/, Port **Te·jo** /téɪʒu/)《スペイン中部からポルトガルを経て大西洋に注ぐイベリア半島最長の川》.
tág wrèstling 〖プロレス〗タッグレスリング《2人以上が組んだチームどうしが対戦するレスリング》.
ta·ha /tɑ́ːhɑː/ *n* 〖鳥〗オウゴンチョウの一亜種《アフリカ南部にすむハタオリドリ科キンランチョウ属の鳥; 雄の羽色は黒と黄》. [Zulu *taka*]
tah-dah ⇨ TA-DA(H).
ta·hi·ni /təhíːni, tɑː-/, **ta·hi·na** /-híːnə/ *n* タヒニ《ゴマの実で作る練り粉; houmous などの材料》. [Turk]
Ta·hi·ti /təhíːti; tɑː-/ タヒチ《南太平洋のフランス領 Society 諸島の主島; ☆Papeete》.
Ta·hi·tian /təhíːʃ(ə)n, -tiən/ *a* タヒチ島(人)の; タヒチ語の. ► *n* タヒチ島人; タヒチ語.
Tahl·tan /tɑ́ːltən; tǽl-/ *n* **a** (*pl* ～, ～**s**) タールタン族《カナダ British Columbia 州の北西部に住むインディアン》. **b** タールタン語《アタパスカ語群 (Athapascan) に属する》.
Ta·hoe /tɑ́ːhòʊ/ [Lake] タホ湖《California と Nevada の州境にある湖; 海抜 1898 m, リゾート地》.
tahr, thar /tɑ́ːr/ *n* 〖動〗タール《野生ヤギ》,《特に》ヒマラヤタール (Himalayan tahr)《ニュージーランドに移入された》. [Nepali]
tah·sil /təsíːl, tɑː-/ *n* 《インド》行政[税務]管轄支区. [Urdu＜Turk]
tah·sil·dar /təsíːldɑ̀ːr, tɑː-/ *n* 《インド》収税吏, 税務官. [Urdu＜Arab]
Tai[1] /tɑ́ɪ/ *n* **a** (*pl* ～) タイ系諸族《タイ族・ラオ族・ディオイ[チュンキア]族・シャン族などインドシナおよび中国南西部に広く分布する諸族》. **b** タイ諸語《Thai, Shan を含む東南アジア・中国の諸言語》. ► *a* タイ系諸族の; タイ諸語の.
Tai[2] [Lake] 太湖(たいこ)(タイホウ) (=**Tai Hu** /tɑ́ɪ húː/)《中国江蘇省南部の湖》.
TAI [F *Temps atomique international*] °International Atomic Time.
tai·a·ha /tɑ́ɪəhɑ̀ː/ *n* 《NZ》タイアハ《彫刻を施した杖形の武器; 今日では Maori 族の儀式で用いられる》. [Maori]
tai chi, t'ai chi /tɑ́ɪ ʤíː, -ʧíː-/ **1** [°T- C-] 太極拳 (=**tai chi chuan, t'ai chi ch'uan** /tɑ́ɪ ʤíː ʧuɑ́ːn, -ʧíː-/). **2** 〖中国哲学〗太極 (taiji).
Taichow ⇨ TAIZHOU.
Tai·chung /tɑ́ɪʧʊ́ŋ/ 台中(たいちゅう)(タイチョン)《台湾中西部の商業都市》.
Ṭā'·if /tɑ́ːɪf/ [Aṭ- /ɑːt-/] ターイフ《サウジアラビア西部 Mecca の東南東の高地にある市; 同国の代表的な避暑地》.
Taig /téɪg/ *n* 《北アイル俗》[°*derog*]《プロテスタントからみた》カトリック教徒. [*Teague*＜*Tadhg*《アイルランド人のあだ名》]
tai·ga /tɑ́ɪgə, taɪgɑ́ː/ *n* タイガ《シベリアなどの針葉樹林帯》. [Russ＜Turk]
tai·hoa /tɑ́ɪhoʊə/ *int* 《NZ》待て, あわてるな.
Tai Hu ⇨ TAI[2].
tai·ji /tɑ́ɪʤíː/ *n* 〖中国哲学〗太極《天地陰陽が分化する以前の万物の源》.
tai·ko·naut /tɑ́ɪkənɔ̀ːt, *-nɑ̀ːt/ *n* 中国人宇宙飛行士. [Chin *taikong* 太空 (=宇宙), astro*naut*]
tail[1] /téɪl/ *n* **1** 《動物の》尾, しっぽ, 《微生物・精子などの》尾部: TREAD on one's own ～. **2** 尾状物: **a** 《洋服の》たれ, 《シャツの》裾; [*pl*] 婦人服の長い裾; [*pl*]《口》燕尾服 (tailcoat), 《男子の》夜会服, 正装. **b** おさげ髪; たこ (kite) の尾; 〖天〗彗星(すいせい)の尾; 尾状突起《蝶や蛾の後翅の尾部》. **c** 〖印〗テール《文字の並び線以下に出る部分》; 〖楽〗符尾, 棒 (stem): the ～ of 'g' or 'y' 文字 g, y の下に出る部分. **d** 〖機〗尾部; 〖空〗尾部, 尾翼 (=～ group, ～ unit). **e** 〖建〗下縁, 葺足(ふきあし)《かわら・スレートなどの露出している部分》; 《煉瓦などの》積込み尻 (tailing). **3 a** 末尾, 後部, 尻(の方), 《行列などの》後尾; 〖印〗罫下(けした)《ページ下方の余白》; 《本の》地 (foot); 〖韻〗尾部; 流れの末端[よどみ] (=the ～ of a stream): at the ～ of …の一番あとに. **b** 終わり; 《強風の》吹き終わりの静穏. **4 a** 下っぱ, 末輩 ‹*of*›; 《クリケットなどの》下位選手, へぼ選手; 従者の一行, 随行員たち (retinue); 並んだ人たち; 《軍俗》《各部隊の》非戦闘班, 軍属連. **b** 《口》尾行者: put a ～ *on* sb 人に尾行をつける. **5** [*pl*] 残り, かす (tailings). **6** [[U]*pl*] 硬貨の裏面, 'なめ' (opp. *head*): Heads or ～*s?* 《コイン投げで》表か裏か? **7 a** 《俗》尻, けつ, 'みこし' (ass, buttocks): fall on one's ～ しりもちをつく. **b** 《卑》女性器, 《性の対象としての》女, 男, 性交 (ass)《しばしば a (nice) bit [piece] of tail, some [any] tail の形で用いる》.
● **at the ～ of**…の後について. **chase one's ～** むだな努力をする. **cover one's ～** ⇨ cover one's ASS[2]. **drag one's ～** 《俗》しょげる; *《俗》のろのろ動く[働く]. **drag ～** 《俗》のろのろ動く. **get into ～s** (子供が大きくなって)燕尾服《など》を着るようになる. **get off one's ～** 《俗》仕事にかかる, 尻を上げる. **get one's ～ down [up]** しょげる[元気が出る]. **get one's ～ in a gate** 《口》苦境に立つ, 苦しい立場に陥る. **get one's ～ out of** …*《俗》…からずらかる, とんずらする. **Go chase your ～!** *《俗》とっととうせろ[消えろ]. **have sb [sth] by the ～** *《俗》人[事]を掌握している; *《俗》…の急所[弱み]を握っている. **have one's ～ between one's legs** しっぽを巻いている, おじけづいている, しょげている, こそこそしている. **have one's ～ down [up]** しょげている[元気が出ている]. **keep one's ～ up** 元気でいる. **keep the ～ in waters** 《俗》繁盛する. **off sb's ～** *《俗》人にうるさく言うのをやめて, 人を監視[尾行]するのをやめて, 人(の車)から離れて: Get *off my* ～! ほっといてくれ, ついてくるな, あっち行け! **on sb's ～** (1) 人を尾行[追跡]して, ぴったりつけて: sit *on* sb's ～ (前の車などの)あとにぴったりくっついている. (2) *《俗》人に付きまとって, うるさく文句をつけて[監視して]. do one's **～ off** *《俗》力いっぱい[目いっぱい, むちゃくちゃ]…する (do one's ASS[2] off): work one's ～ *off* ⇨ 成句 / run one's ～ *off*. **～(s) up** 上機嫌で; [*fig*] 戦おうとして. **the ～ of the eye** 目じり: with [out of] *the* ～ *of the eye* 横目で‹盗み見る›. **the ～ wagging the dog** [通例 it is (a case of) のあとで] 主客転倒[下剋上](の状況). **turn ～** (1) 恐れをなして[背を向けて]逃げる, 退散する (=**turn ～ and flee [run]**) (2) 背を向ける, 見捨てる, 見限る ‹*on*›. **twist the ～ of**…にいやがらせをする. **with one's ～ down [up]** しょげて[自信をもって]. **with the [one's] ～ between the [one's] legs** おじけづいて, しょげて, こそこそと. **work one's ～ off** 猛烈に働く, しゃかりきにやる, むちゃくちゃがんばる.
► *a* 尾部の, しんがりの; あとから来る.
► *vt* **1** …に尾をつける; 結びつける, つなぐ‹(*on*) *to*›; 〖建〗際梁(きわばり)受けにする《木材の一端を壁・梁(はり)などにはめ込む》‹*in, into*›. **2** …の尾[端, 果柄]を切る[切り取る]; ‹犬など›の尾を引っ張る[つかむ]. **3 a** …に随行する; ‹行列など›のしんがりになる; …の後につく, …に後れをとる. **b** 《口》尾行する; 《豪》‹家畜を›追って行く, …の番をする. **4** 《俗》‹女›と性交する, やる. ► *vi* **1 a** 尾を引く; ついて行く; 列をなす; 〖建〗際梁受けになる. **b** 落伍する. **2** 〖海〗《特定方向に》船尾を向ける, 《暗礁などに》船尾を乗り上げる; ‹魚が›尾を水面に現わす. **3** *‹投球などが›《ある方向に》それる, カーブする. ● **～ after**…について行く, …のあとをつける, 尾行する. **～ away**=TAIL off. **～ back**[[U]]‹交通が›渋滞する. **～ off** (1) しだいに減少する[させる], 先細りになる, 消失する; ‹声などが›小さくなる, とぎれる, ‹人が›声が小さくなる, 黙ってしまう ‹*into* silence›. (2) 逃げ去る. (3) 遅れてばらばらの列になる. **～ out** ‹木材を›《電動のこから出てくる時に》支える. **～ to the tide**=**～ up and down the stream** ‹停泊船が›潮の干満につれて船尾を振り向ける.
♦ **～·like** *a* [OE *tæg(e)l*; cf. OHG *zagal*, Goth *tagl* hair]
tail[2] 〖法〗*n* 相続人限定, 限嗣 (entail): an estate in ～ 限嗣相続財産 / an HEIR IN TAIL. ► *a* 継嗣限定の: FEE TAIL / an estate ～=an estate in TAIL. [TAILLE]
táil assèmbly EMPENNAGE.
táil·bàck[1] *n* 〖アメフト〗テールバック《オフェンスフォーメーションの中で最後尾に位置するランニングバック》.
tailback[2][U] *n* 渋滞している車の列 (backup*).
táil bày 《運河の》水閘(すいこう)の尾門のすぐ下流の狭い水域; 〖建〗梁(はり)と壁の間.
táil blòck 〖海〗テール滑車.
táil·bòard[U] *n* 《トラックなどの》尾板, 後尾扉 (tailgate).
táil·bòne *n* 〖動・解〗尾椎(びつい); 〖解〗尾骨 (coccyx); *《俗》お尻.
táil bòom 〖空〗尾部支材 (boom).
táil bùd 〖植〗終末芽.
táil·còat *n* 燕尾服 (=*claw hammer, claw-hammer coat, swallowtail(ed) coat*). ♦ **～·ed** *a* 燕尾服を着た.
táil còmb テールコーム《髪を整えるのに使う尾部のついた櫛》.
táil còne 〖空〗テールコーン《機体尾部の円錐形構造物》.
táil còvert 〖鳥〗尾筒, 覆尾羽.
táil·dràgger *n* 〖空〗テールドラッガー《機首を上げ, 尾輪[尾そり]から着地して着陸滑走を行なう飛行機》.
tailed /téɪld/ *a* 尾を切り取られた, 断尾した; [*compd*] (…な)尾のある: long-～ 尾の長い.
táiled rhýme TAIL RHYME.

táiled sónnet 〔韻〕有尾ソネット《ソネットに数行の尾連が追加されたもの》.
táil énd [the] 最後尾, 末尾, 下端, 末端; [the] 最終段階, 末期, 終末部, 終段; 《口》尻, 臀部.
táil-ènd Chárlie 《英空軍俗》《軍用機の》後部砲手[射手], 最後尾機; "《俗》最後尾の者.
táil·ènd·er *n* 《競走などの》びり[最下位]の人[動物]; 〔クリケット〕イニングの終わり近くに登場する力の落ちる打者.
táil·er *n* TAIL[1] する人[もの], 《特に》尾行者 (shadow).
táil fàn 〔動〕《エビ・ザリガニなどの》尾扇.
táil fèather 《鳥の》尾羽.
táil-fémale *n* 《馬, 特にサラブレッドの》牝系, 母系.
táil fìn 《魚の》尾びれ (caudal fin); テールフィン (fin)《1) 自動車などの尾部にあるひれ状突起 2) 潜水艦などの水平舵 3) 飛行機の垂直安定板》.
táil·fírst *adv* 尾[尾部]を先にして, あとずさりに.
táil gàs テールガス《精油所で発生するガスから硫黄を回収したあとに残るガス》.
táil·gàte *n* **1** 《水閘(すいこう)の》尾門; 《トラック・荷馬車・ステーションワゴンなどの後部の荷物の上げ降ろし用の》尾板, 後尾扉, テールゲート. **2** 〔ジャズ〕テールゲート《伝統的ニューオーリンズジャズのトロンボーン奏法; スライドをフルに使った大きなグリッサンドが特徴; パレードで演奏者が馬車[トラック]の後方にすわったことから》. **3** TAILGATE PARTY. ► *vi* **1** *《危険なほど》前車にぴったりつけて運転する, あおる; *《俗》〈人の発言〉のあとすぐ発言する; *《俗》通り過ぎていく女の子を目で追う. **2** *テールゲートパーティー (tailgate party) をやる. ► *vt* *〈前車〉にぴったりつけて運転する.
táilgate pàrty **1** *テールゲートパーティー《フットボールの試合やコンサートが始まる前などに駐車場でステーションワゴンの後尾扉を水平に倒して飲食物を出して行なう戸外パーティー》. **2** 《ジャズ俗》初期の New Orleans ジャズスタイルのジャズ.
táil·gàt·er *n* テールゲートのプレーヤー; 先行する車にぴったりつけて運転するドライバー.
táil gròup 〔空〕TAIL UNIT.
táil-héavy *a* 〔空〕尾部の重い, 尻重の.
táil·ing *n* TAIL[1] すること; 尾行; テーリング《サラサ捺染などのにじみ・染めきず》; 《煉瓦などの》積込み尻, 際梁(きわはり)受け; [*pl*] くず, 残りかす, くず殻[粉]《など》; [*pl*] 尾鉱, 廃石.
táil·làmp TAILLIGHT.
taille /téɪl, táɪ, táːjə; *F* tɑːj/ *n* 〔史〕人頭税, タイユ《フランスの封建時代に国王[領主]が平民に課した租税》; 〔服〕ウエスト, 胴体; ブドウの二番しぼりジュース[ワイン]. [OF＝notch, cut, tax (*tailler* to cut); ⇨ TALLY]
Taille·ferre /tàɪəféər; *F* tajfɛr/ タイユフェール **Germaine** ～ (1892–1983)《フランスの女性作曲家・ピアニスト; 六人組 (⇨ SIX) の一人》.
táil·less *a* 尾[尾部]のない. ♦ **～·ly** *adv* **～·ness** *n*
tálless áirplane 〔空〕無尾翼機《水平尾翼をもたず, 主翼のみで縦の釣合いと安定を保つ飛行機[グライダー]》.
tállless whíp scòrpion 〔動〕無鞭目の蜘蛛(くも)形動物.
tail·leur /*F* tajœːr/ *n* タイユール《テーラー仕立ての女性服》. [F＝tailor]
táil·lìght *n* 《列車・自動車などの》尾灯, テールランプ.
táil-mále *n* 《馬, 特にサラブレッドの》牡系, 父系.
táil mále 〔法〕《一定の男性子孫のみへの》男子限嗣(権).
táil-òff *n* 《特に需要の》落ち込み, 先細り.
tai·lor /téɪlər/ *n* 洋服屋, 仕立屋, 裁縫師, テーラー《主に男子服を注文で作る; cf. DRESSMAKER; SARTORIAL *a*》; 〔魚〕TAILORFISH, TAILOR HERRING: Nine [Three] ～*s* make [go to] a man. 《諺》仕立屋 9 [3] 人で男一人前《男の服装を整えるには多くの手がかかる, の意;「仕立屋は 9 [3] 人で一人前になる」と解し, 仕立屋をばかにした表現とすることもある; cf. the NINTH part of a man》/ The ～ makes the man. 《諺》馬子にも衣裳 / ride like a ～ 乗馬がへたである. ► *vt* **1** 〈服を〉仕立てる; 〈人〉のために服を仕立てる; 〈婦人服を〉男もの風に仕立てる, 男仕立てにする《スーツなどを簡素で端整なラインに仕立てる》; 〈家具のカバーなど〉ぴったり合うように作る: He is well ～*ed*. 仕立てのよい服を着ている. **2** 《目的や必要に合わせて》作る, こしらえる, 調整する 〈*to*, *for*〉: a system ～*ed to* the needs of the users ユーザーの要求に応えて作られたシステム. ► *vi* 服を仕立てる; 仕立屋を営む. [AF *taillour* cutter; ⇨ TAILLE]
táilor·bìrd *n* 〔鳥〕サイホウチョウ《同属の総称; 南アジア・南中国・アフリカ産; 枝についた葉をクモの糸などで縫い合わせて巣を作る》.
tái·lored *a* **1 a** 仕立屋が縫った[仕立てた], オーダーメードの (custom-made). **b** 〈婦人服が〉男仕立ての (⇨ TAILOR). **2** (まるで)あつらえたような, 仕上がりのりっぱな, ぴったり合う; 手入れ[管理]の行き届いた; 目的[状況]に合った.
táilor-fàshion *adv, a* あぐらをかいて[かいた]: sit ～.
táilor·fìsh *n* 〔魚〕アミキリ (bluefish).
táilor hèrring 〔魚〕FALL HERRING.
táilor·ing *n* 洋服仕立職; 仕立て方; 仕立屋の仕事ぶり[手並み, 腕]; 目的に合うように作る[調整する, 改変する]こと.
táilor-máde *a* **1** *オーダーメード, 特製の; 〈婦人服が〉男仕立てのようにすっきりした仕上がりの, きっちり身につく (cf. DRESSMAKER). **2** 〈人が〉きりりと[きちんと]した; あつらえむきの, 目的[好み]にぴったりの 〈*for*〉; 《俗》〈巻きタバコが〉《手巻きでなく》機械巻きの. ► *n* /ˊ–ˋ–/ tailor-made のもの[婦人服, 人]; 《俗》工場製巻きタバコ; *《俗》私服警官[刑事].
táilor's cháir 《仕立職が用いるような》座椅子.
táilor's chálk 《裁縫用の》チャコ.
táilor's táck テーラーズタック《2 枚の厚手の生地を扱う際のしつけ法》.
táilor's twíst テーラーズツイスト《洋服屋が用いる太く強い絹糸》.
táil·pìece *n* 尾部[末尾]の一部分, 末端の付属部分, 最後[末尾]に付け加えられたもの (appendage); 最後の部分; 《弦楽器の》緒(お)止め板; 《書物の》章末飾りカット; 〔建〕はんぱ根太(ねだ).
táil·pìpe *n* 《ポンプの》吸込み管; *《自動車などの》排気管(の末端部); 〔空〕《ジェットエンジンの》尾管, テールパイプ. ● BLOW[1] **it out your ～!**
táil-pìpe búrner AFTERBURNER.
táil plàne 〔空〕水平尾翼.
táil·ràce *n* 《水車の》放水路; 〔鉱〕鉱石くずの流し路.
táil rhỳme 〔韻〕尾韻 (＝*tailed rhyme*)《行末で押韻する普通の韻》.
táil ròtor 〔空〕《ヘリコプターの》尾部回転翼.
táils *a, adv* 《投げ上げたコインの》裏が出て (opp. *heads*).
táil skìd 〔空〕尾橇(そり).
táil slìde 〔空〕後(あと)すべり, 尾部すべり.
táil·spìn *n* 〔空〕きりもみ垂直降下, スピン; 意気消沈, 志気阻喪; 大混乱, 恐慌, きびしい不景気, 《株価などの》下落: get [go] into a ～ きりもみを始める; 意気消沈[混乱]する. ► *vi* 制御不能に陥る.
táil·stòck *n* 〔機〕《工作機械の》心(しん)押し台.
táil sùrface 〔空〕尾翼面.
táil ùnit 〔空〕尾部, 尾翼 (tail, tail group).
táil·wàter *n* 《水車の》放水路の水; 《ダムなどの》放水された水, 《旧畑から》あふれた灌漑(かんがい)用水.
táil whèel 《飛行機などの》尾輪.
táil·wìnd *n* 〔空・海〕追い風.
tai·men /táɪmən/ *n* (*pl* ～) 〔魚〕タイメン《シベリア・東アジアの川に分布するサケ科イトウ属の食用魚の》. [Russ]
Taimyr Peninsula ⇨ TAYMYR PENINSULA.
tain /téɪn/ *n* 薄いスズ板; 《鏡の裏止め用》スズ箔.
Tai·nan /táɪnáːn; -nǽn/ 台南《台湾南西部の都市・旧首都》.
Taí·na·ron /téɪnərɔ̀ːn/ [Ákra ～ /áːkrɑː-/] テナロン岬 (*E* Cape Matapan)《ギリシア南部 Peloponnesus 半島の南端にある岬》.
Taine /téɪn; *F* tɛn/ テーヌ **Hippolyte(-Adolphe)** ～ (1828–93)《フランスの批評家・哲学者・文学史家》.
Tai·no /táɪnoʊ/ *n* **a** (*pl* ～, ～**s**) タイノー族《西インド諸島のインディアンの一族; 現在は絶滅》. **b** タイノー語. [Sp]
taint /téɪnt/ *n* **1 a** 汚れ, 汚点, しみ, きず, 汚名: a ～ of dishonor 不名誉な汚点. **b** 腐敗, 堕落; 汚すもの, 病菌, 病毒, 害毒: meat free from ～ 腐っていない肉. **2** (…の)気味, 痕跡; 《廃》色, 色合い: a ～ of insanity 狂気の気味. ► *vt* 汚す, 汚染する; *〈食物を〉腐らせる, 傷ませる, 悪くする; [[U]*pass*] …に汚点をつける, 毒する, そこなう, 腐敗[堕落]させる 〈*with*, *by*〉; 《廃》染める; 《廃》〈名誉などを〉傷つける, 汚す: ～*ed* money 汚れた金. ► *vi* 汚れる, 汚染[感染]する; 腐敗[堕落]する; 《廃》弱くなる, くじける. [OF＜L (pp) ‹ TINGE]
'tain't /téɪnt/ 《俗・方》it ain't の短縮形.
táint·less *a* 汚点のない; 無垢の, 清浄な; 病毒のない. ♦ **～·ly** *adv* **～·ness** *n*
tain·ture /téɪntʃər/ *n* 《古》TAINT.
tai·pan[1] /táɪpæn/ *n* 大班《旧中国における外国商社の支配人》. [Chin]
taipan[2] *n* 〔動〕タイパン《オーストラリア北部・太平洋諸島産のコブラ科の巨大な猛毒のヘビ》. [(Austral)]
Tai·pei, Tai·peh /táɪpéɪ, *-béɪ/ 台北(たいほく)(タイペイ)《台湾の首都》.
Tai·ping /táɪpíŋ/ *n* 〔中国史〕太平天国軍の戦士: the ～ Rebellion 太平天国の乱 (1851–64). [Chin 太平]
Tai Shan /táɪ ʃáːn/ 泰山(たいざん)(タイシャン)《中国山東省西部の山 (1524 m)》.
Tait /téɪt/ テート **Archibald Campbell** ～ (1811–82)《英国の宗教家; Canterbury 大主教 (1869–82)》.
T'ai-tsu ⇨ TAIZU.
T'ai Tsung ⇨ TAI ZONG.
Tai·wan /táɪwáːn/ 台湾 (＝*Formosa*) (⇨ CHINA). ♦ **Tai·wan·ese** /tàɪwəníːz, -s/ *a, n* (*pl* **-ese**) 台湾の; 台湾人(の); 台湾語(の).
Táiwan Stráit [the] FORMOSA STRAIT.
Tai·yuan /táɪjuáːn/ 太原(たいげん)(タイユワン)《中国山西省の省都; 旧称 陽曲 (Yangku)》.
Tai·zhou /táɪdʒóʊ/, **-chow** /-dʒóʊ, -tʃáʊ; -tʃáʊ/ 泰州(たいしゅう)(タイチョウ)《中国江蘇省中部の市》.
Tai Zong, T'ai Tsung /táɪ dzʊ́ŋ/ 太宗(たいそう) (598–649)《中国,

唐の第 2 代皇帝 (626–649); 諱(いみな)は李世民(りせいみん) (Li Shih-min)》.

Tai·zu /táızú:/, **T'ai-tsu** /táıdzú:; -tsú:/ 《宋の》太祖《ZHAO KUANGYIN の廟号》.

Ta·'izz, Ta·iz /tæíz/ タイズ《イエメン南西部の市; 標高約 1350 m の高原都市》.

taj /tá:ʒ, tá:ʤ/ *n* タージ《イスラム教国の縁なし円錐帽; 特に dervish がかぶる》; 《インド史》《王族がかぶった》冠. [Pers]

Ta·jik /tɑ:ʤík, -ʤí:k/ *n* **a** (*pl* ～, ～**s**) タジク人《アフガニスタン・トルキスタン地方に住むイラン系の人》. **b** タジク語《タジク人の用いるペルシア語の変種で, Dari 語に近い; Iranian 語派の一つ; タジキスタンの公用語》.

Ta·jiki /tɑ:ʤíki, -ʤí:-/ *n* タジク語 (Tajik).

Ta·jik·i·stan, Ta·dzhik- /tɑ:ʤìkıstǽn, tə-, -ʤì:-, -stá:n, ―――/ タジキスタン《中央アジア西部, 中国・アフガニスタンに接する国; 公式名 Republic of ～ (タジキスタン共和国); ☆Dushanbe; 1929–91 年 Tadzhik 共和国の名でソ連邦構成共和国》.

tajine ⇨ TAGINE.

Taj Ma·hal /tá:ʤ məhá:l, *tá:ʒ-/ [the] タージマハル《インドの Agra にある白大理石の霊廟(れいびょう); ムガル帝国皇帝 Shah Jahan が妃のために建造》.

Tajo ⇨ TAGUS.

Ta·ju·mul·co /tà:humú:lkoʊ/ タフムルコ山《グアテマラ西部にある中米の最高峰 (4220 m); 死火山》.

Tajura ⇨ TADJOURA.

taka /tá:kə, -kɑ:/ *n* (*pl* ～, ～**s**) タカ《バングラデシュの通貨単位: ＝100 paisa; 記号 Tk》. [Bengali＜Skt]

ta·ka·he /tɑ:ká:heı, təkáı, tá:kəhi/ *n* 〘鳥〙 タカヘ (＝*notornis*) 《ニュージーランド産の飛力のないクイナ; くちばしが太く赤い; 絶滅危惧種》. [Maori]

Ta·ka·pu·na /tà:kəpú:nə/ タカプナ《ニュージーランドの Auckland 北郊の市》.

take /téık/ *v* (**took** /tʊ́k/; **tak·en** /téık(ə)n/) *vt* **1 a** 手に取る, 持つ, つかむ, 握る (seize, grasp); 抱く (embrace): I *took* him *by* the arm. 彼の腕を押えた / ～ sb's arm 人の手を取って導く[支える]. **b** 獲得する; 〘法〙〈財産を〉取得する; 〘法〙〈財産を〉《公用に》収用する; かせぐ. **c** 〈ゲーム・人〉に勝つ, 負かす, 破る; 〘クリケット〙アウトにする; 〈ウィケットを〉取る《アウトにすること》. **d** 無断で借用[利用]する, わが物とする, 盗む: Who has *taken* the book *from* the library? **2 a** 《わな・餌などで》捕える; 捕縛[逮捕]する; 捕虜にする; 〈打球を〉捕る; 《ゲームで》〈相手の札やコマを〉取る; 占領する, 奪取する, 奪う, 没収する; 〈敵船を〉捕獲[拿捕(だほ)]する; 《現場で》取り押える, 見つける, …の不意を襲う; 《俗》…に立ち向かう, 攻撃する, 殺す; 《俗》…に追いつく (overtake): The thief was *taken* in the act. 現行犯でつかまった / ～ sb by surprise 人の不意を打つ / ～ sb CAPTIVE. **b** 〈人を〉一撃する; 〈病気が〉冒す 〈sb *in* the chest〉, 〈発作が〉襲う: ～ the boy a smart box on the ear 男の子の横っ面をいやというほどなぐる / be *taken* ill [《口》bad]＝be *taken with* [*of*] a disease＝be *taken with* illness 病気にかかる / be *taken with* a fit 発作を起こす. **c** 《精神的に》襲う; [°*pass*] 〈耳目・心を〉ひきつける, 〈人を〉うっとりとさせる 〈*with, by*〉: The song *took* their fancy. 歌は彼らにうけた / He *was* much *taken with* her beauty. 彼女の美しさに魅了された. **d** 《俗》〈人〉につけこむ, だます, かつぐ; 《俗》…から〈金を〉だまし取る[巻き上げる] 〈*for*〉: He was badly *taken*. まんまとしてやられた / ～ sb *for* all his money. **e** 《俗》…から強奪する (rob). **3** 〈物を〉持って行く, 携帯する; 運ぶ; 連れて行く 〈*along*〉; 《ある状態に》〈人を〉到達させる, 導く: You can't ～ it with you. 《口》お金はあの世まで持って行けない《生きている間にせいぜい使え》/ I can't ～ you anywhere. 《口》《行儀が悪いので》どこへも連れて行けない, 一緒に歩けない / ～ a child *across* (a road) 子供を連れて(道を)横切らせる / ～ sb *around* [*about*] a town 人に町を案内してまわる / Will this bus [road] ～ me *to* the station? このバス[道]は駅に行きますか / His constant efforts *took* him *to* the top. たゆまぬ努力によって頂点に登りつめた. **4 a** 〈食事を〉取る, 食べる; 〈薬を〉飲む, 服用する; 吸入する, 吸う; かぐ; 〈塩・砂糖などを〉使う, 入れる; 〈風・太陽などに〉あたる: ～ tea [coffee] 紅茶[コーヒー]を飲む《口語では have が普通》/ ～ a deep breath 深く息を吸い込む / ～ the AIR[1] (成句). **b** 入れる, 〈建物・容器などが〉収容できる, 〈機器などが〉受け入れる, 使用する: The bus ～*s* 40 passengers. / The bottle ～*s* a liter. / What sort of film does this camera ～? そのカメラにはどんなフィルムが使えますか. **c** 〈火を〉引く; 〈染料などを〉吸収する, …に染まる; 〈磨きが〉きく: ～ fire 火がつく; かっとなる / ～ ink インクがつく[染みる] / The butter *took* the flavor of tea. バターに茶の香りが移った / ～ a high polish よく磨ける. **5** 買う; 〈座席などを〉予約する; 〈新聞など〉予約してとる; 〈家などを〉約束して借りる: ～ a house for the holidays 休暇用に家を借りる. **6 a** 採る, 〈手段を〉講ずる; 選ぶ (select); 〈名称・機会・道具・器具などを〉使用[利用]する; (例として)挙げる, 引合いに出す: ～ a means [policy] 手段[政策]をとる / ～ size nine shoes (ふだん) 9 号サイズの靴を履く / ～…for instance 例として…を挙げる, …を例にとる. **b** 〈乗物〉に乗る: ～ a bus [plane, ship, etc.] バス[飛行機, 船など]に乗る. **c** 〈道を〉とる, たどる; …に(途中で)立ち寄る, 訪ねる; …に逃げ込む, 隠れる: ～ the shortest way home いちばん近道を通って帰る / ～ a place [sb] in [on] one's way 道すがら場所[人]を訪ねる. **d** 〘文法〙語尾[従属的要素]にとる: Most nouns ～ -s in the plural. 大抵の名詞の複数形には -s が付く / ～ an object 目的語をとる. **7 a** 〈ある場所・位置〉に身を置く, つく; 〈先頭など〉に立つ, 〈指揮などを〉とる; 〘楽〙奏する, 弾く, 歌う: ～ a seat 席に着く / (Is) this (seat) *taken?* こちらの席は空いていますか / ～ the place of sb＝～ sb's place 人に取って代わる, 人のあとを継ぐ. **b** 〈政権などを〉取る, 握る; 〈官職・地位〉に就く; 〈役目・職務などを〉つとめる, 行なう; 〈役割を〉演ずる; 〈誓いを〉立てる; 〈決定を〉下す: ～ the throne [crown] 王位につく / ～ the evening service 晩の礼拝を執り行なう. **8 a** 〈人を〉採用する; 〈弟子を〉取る; 〈下宿人を〉置く; 配偶者に迎える; 〈妻を〉娶(めと)る; 〈特に 男が〉…と性交する; 〈敵を〉相手にする: ～ a woman to wife 女性を妻に迎える, 妻とする. **b** 〈責任などを〉負う, 引き受ける, 受け持つ: ～ the blame 過失の責任をとる / ～ a class クラスを受け持つ / ～ a boy in charge 子供を引き取る[預かる] / Mr. Smith will ～ you *for* maths. スミス先生があなたに数学を教えてくれます. **9 a** 〈授業・レッスンを〉受ける, 習う; 〈科目を〉取る, 履修する; 〈学位を〉とる; 〈専門家の意見を〉求める; 〈試験などを〉受ける: ～ medical [legal] advice 医者の診察をうける[弁護士の意見を求める]. **b** 〈問題などを〉取り上げる, 取り扱う; 考慮する: *taken* all in all＝*taking* one thing with another あれこれ考え合わせると, 全体としてみると / ～ together ⇨ 成句 / ～…further …をさらに突きつめて考える, 追求する. **10 a** 〈与えられたものを〉もらう, 受け取る, 取る, 受け入れる (accept); 〘野〙〈投球を〉見送る: ～ a bribe / What [How much] will you ～ *for* this watch? この時計をいくらで売りますか / ～ things as they come 物事をあるがままに受け入れる / ～ people as they are [as one finds them] 人々をありのままに受けとめる / Do you ～ visa? 《店で》ビザカードを使えますか / ～ two and hit to right 〘野〙 2 つ見送って[ツーストライクまで待って]右へ打て《ヒットを打つ可能性が低そうな打者に対する, ベンチなどからの掛け声》. **b** 〈忠告などを〉いれる, …に従う; 〈非難・罰・害などを〉うける, こうむる, 甘受する, 耐え忍ぶ, [しばしば can と共に] …に耐える; 〈申し出・賭けなど〉に応ずる: *T～* my advice. わたしの忠告を聞きたまえ / ～ a paycut 減俸を受け入れる / I will ～ no nonsense. ばかげたことは言ってもらいたくない / I'm not *taking* any more insults from her. これ以上彼女に侮辱されているつもりはない / be able to [can] ～ just so much それが我慢の限界だ, もうこれ以上耐えられない. **c** 〈形・性質・姿などを〉とる: Water ～*s* the shape of the vessel containing it. 水は方円の器に従う. **11** 取り除く; 引き去る 〈*from*〉; 〈命を〉奪う; [°*pass*] [*fig*] 〈人〉の命を奪う: If you ～ 3 *from* 10, you have 7. 10 から 3 を引くと 7 残る / ～ the life of…を殺す / He *was taken* in his prime. 若い盛りで死んだ. **12 a** 《根源から》得る, 取り出す, 引き出す; 抜粋[引用]する, 引き写す 〈*from*〉; 書き取る; 描く; 〈写真を〉撮る; 写真に撮る; 〈指紋を〉採る; 〈ゲラを〉刷る: ～ its name *from* the inventor 発明者の名をとる / ～ a copy 写し[コピー]をとる / ～ a speech 演説を筆記する / ～ notes ノートをとる / ～ sb's name and address 人の住所氏名を書き留める. **b** …から生ずる[起こる], …に由来する. **13** 〈体温などを〉計る, 確かめる, 調べる: ～ (the) measurements 寸法をとる 〈*of*〉. **14** [しばしば it を形式主語として] 〈時間・労力・金・燃料などを〉要する, 費やす, 食う; 必要とする: *It* only ～*s* ten minutes to walk there. 歩いて 10 分しかかからない / *It took* me two days to do the work.＝I *took* two days to do the work.＝The work *took* me two days. 仕事に 2 日かかった / Don't ～ too long *over* it. それにあまり時間をかけるな / *It* ～*s* some [a lot of] doing. なかなか骨が折れる仕事だ, …するのは骨が折れる[時間がかかる] / *It* ～*s* courage to surrender. 降服するには勇気がいる / *It* ～*s* a thief to catch a thief. 《諺》蛇(じゃ)の道はヘビ / *It* ～*s* one to know one. 《諺》同類のことがわかるのは同類, 同類相知る《しばしば非難に対する切り返しのことば》/ That ～*s* some believing. 信じがたい. **15 a** 〈言語・行動〉の意味をとる, 解釈する; 〈人(の意図)を〉理解する; …についてある心構え[態度]をとる: Would you ～ this passage literally? / ～ sth [it] well [in good part] 善意にとる / ～ sth ill [amiss, in ill part, the wrong way] 悪くとる, 怒る / ～ sth lightly 軽く[深刻でなく]受け止める (cf. TAKE…*hard*) / I ～ your point. きみの言うことももっともだ / Do you ～ my meaning, sir? / ～ it [things] EASY / ～ it well 動揺しない, 恨まない. **b** 〈…だと〉思う, みなす, 思い込む, 思い誤まる 〈*to be, for, as*〉: I *took* her *to* be [*for*] an actress. 彼女を女優だと思った / He *took* her silence *to* mean a yes. 彼女の沈黙をイエスだと解釈した / Do you ～ me *for* a fool [an idiot]? わたしのことをばかだと思っているのですか / What do you ～ me *for?* わたしを何者だと思っているのか, (そんなまねをするもんか)見そこなうな / I *took* it *for* the truth. それが真相だと思った / He was *taken for* [*as*] a foreigner 外国人と間違えられた / I'll ～ that *as* a compliment. 《あるいは皮肉ともとれる賛辞に対して》それはほめことばとして受け取っておきます / so seriously injured that they were *taken for* dead at first 重傷だったので最初は死んでいると思われた / ～ (it) *for* GRANTed (that…). **16** …へ行く, …に到る; 越える, 飛び越す, 渡る: ～ a corner [slope] 角を曲がる[坂を上がる] / ～ the fence 〈馬が〉垣根[障害柵]を飛び越える. **17 a** 〈行動などを〉とる, 〈動作などを〉する; 〈会合〉に参加する; 〈注意などを〉はたらかせる; 〈休暇などを〉とる, 享受する: ～ a trip 旅行する / ～ prudence 慎重に構える / TAKE five [ten] (成句). **b** 〈感情・好悪・考えなどを〉起こす, 経験する; 〈意見・見解を〉とる, いだく: ～ a dislike to [for]…を嫌う / ～ pity [compassion] on…を憐れむ. **c**〈発作などを〉起こす, …になる; 〈病気に〉かかる, 感染する: ～ a fit.

► *vi* **1** 取る, 得る; 獲得する; 受ける; 〘法〙財産[所有権]を取得[相続]する. **2 a** ひっかかる, 〈錠など〉かかる, 〈歯車など〉かみ合う; 《餌・鉤(かぎ)・わななどに》かかる, 〈魚が〉餌に食いつく, 〈魚・鳥が〉かかる, つかまる. **b**〈インクなどが紙に〉つく, なじむ, のる, 染み込む; 〈燃料が〉発火する. **c** 効果がある, 〈薬などが〉効く, 〈種痘が〉つく. **d** 根付く (＝～ root), 〈接ぎ木・挿し木が〉活着する, つく; 〈種子が〉芽ぐむ. **e** *凍る. **3 a** 人気を博する, うける 〈*with* a certain class〉; 《まれ》〈計画などが〉成功する, 当たる. **b** 《古》魔法をかける. **4** 《口》写真に撮れる: She always ～*s* well [badly]. いつも写真うつりがいい[悪い]. **5**〈価値などを〉減ずる, 落とす 〈*from*〉(⇨ TAKE (away) from…). **6** 《口・方》〈病気に〉なる: ～ sick [ill^II] 病気になる. **7 a** (ずんずん)行く, 進む 〈*across, to*〉: ～ down the hill on a run いっさんに丘を駆け下りる / ～ *to* the streets 《デモなどで》街に繰り出す. **b** *《方》進んで…する. ★ take and… の形式をとり, ほとんど無意味: I'll ～ *and* bounce a rock off on your head. 頭に石をぶっつけるぞ.

● **be taken** ABACK [**back**]. **be taken up with**…に心を奪われている, …に没頭している. **have what it ～s** 《口》〈…するのに〉必要な素質[力, 資格]をもっている 〈*to* do〉. **～ after** …〈親・兄・姉などに〉似る; …をまねる; *…を追う, 追跡する. **～ against**… ^II…に反抗する[反感をもつ]. **～ apart** (*vt*) 分解する, ばらばらにする; 分析する; 《口》さんざんやっつける, 酷評する, ひどくしかりつける; *《俗》たたきのめす. (*vi*) 分解がきく, ばらばらにできる[なる]. **～ around** (**with** one) いつも連れてまわる. **～** sb **aside** [**to one side**] (話のために)人をわきへ連れ出す. **～ away** (*vt*) 運び去る, 〈銃・菓子・特権などを〉取り上げる, 剝奪する 〈*from*〉; 〈数を〉減じる 〈*from*〉; 〈喜び・苦痛などを〉取り去る 〈*from*〉; ^II〈食べ物を〉《店から》買って帰る: The child *was taken away from* school. 退学させられた. (*vi*) 食卓を片付ける; 立ち去る, 逃げる. **～** (**away**) **from**…の効果[価値]を減ずる: ～ *from* his credit 彼の信用を落とす. **～ back** 取り戻す, 連れ戻す, 〈家出人などを〉再び迎え入れる 〈*from*〉; …と縒(よ)りを戻す; …に〈昔を〉思い起こさせる 〈*to*〉; 〘印〙前の行へ戻す; 取り消す, 取り下げる, 撤回する; 〈返品を〉引き取る; 返す 〈*to*〉. **～** sb **before**… 人を…のところに出頭させる. **～ down** (*vt*) 降ろす, 下げる; ^II〈被告人を〉退廷させる; 書きつける, 書き留める 〈*on*〉; 《機械で》記録する; 取りこわす, 解体する; 分解する; 〈結った髪を〉ほどく; 切り倒す; 〈人を〉殴り[撃ち]倒す; 〘電算〙〈サイトなどを〉ネットから除去する; *《俗》殺す; 罵倒する; (やっと)飲み下す; 〘印〙解版する. (*vi*) 〈病気などで〉倒れる 〈*with*〉. **～ down** (**to size**) へこませる, 謙虚にさせる. **～ five** *《口》(5分間)休憩する (cf. TAKE *ten*). **～…hard** …に激しいショック[痛手]をうける, …を重大に受け止める. **～ in** 取り入れる, 受け入れる, 《収入などとして》得る, かせぐ; 〈食物などを〉摂取する, 〈空気などを〉吸い込む; 収容する, 引き取る, 泊める; 〈下宿人を〉置く; 〈洗濯・縫い物などを〉(内職として)引き受ける; (修理に)持ち込む; ^II〈新聞などを〉取る, 予約購読する; ^II〈女性を〉客間から食堂に案内して並んですわる; 《俗》警察に連行する, 逮捕する; 〈議論・講演などを〉理解する; 〈事態などを〉(真実[現実]と)受け入れる); 〈虚報などを〉信じ込む, 真に受ける; 〈衣服など〉の丈や幅を詰める (cf. LET[1] *out*); 〈帆を〉巻き上げる, たたむ (furl); 〈荷物を〉積み込む; 包括する, 含める; 〈状況などを〉目にする, 見て取る, 認める, …に気づく; 含む, 考慮に入れる, 旅程に入れる; 《口》見物する, 見に行く, 訪れる; [^U*pass*] 《口》だます, ひっかける: I *was* nicely *taken in*. まんまとだまされた. **～ it** (**1**) 信じる, 受け入れる; 〈…と〉理解する, 思う 〈*that*〉: You can ～ *it* [*T～ it*] *from* me (＝You can ～ my word for it). ぼくが言うのだから本当だと思ってよい / He knows it, I ～ *it?* 彼は承知しているんですね. (**2**) 受諾する (⇨ TAKE *or leave*). (**3**) [通例 can (not) と共に] 《口》罰[辛苦, 攻撃 など]に耐える, 罰をうける. (**4**) [《口》^U*impv*] 《漠然と》やる, する, 《演奏・話などを》始める: ～ *it* from here [there, the TOP[1]] / ～ *it* in TURNS. **～ it away** [*impv*] 〘ラジオ・テレビ〙本番願います; *《俗》始める. **～ it down a thou**(**sand**) [^O*impv*] *《俗》落ちつく, 静かになる, 頭を冷やす. **～ it in** *《俗》警邏をやめて休憩する; *《俗》すべてを理解する. **～ it on** *《俗》がつがつと食う. **～ it on** one [one**self**] **to** do…する責任を引き受ける; 思い切って[さしでがましくも]…する (cf. TAKE…*upon* one [one*self*]). **～ it or leave it** ⇨ TAKE *or leave*. **～ it out in**… 《口》(貸した金などの)代償を〈品物など〉で帳消しにしてやる[もらう]: ～ *it out in* trade 現物で払ってもらう. **～ it out of**… 《口》(**1**)〈事が〉…を疲れさせる; 〈人が〉…に腹いせ[やつあたり, 仕返し]をする. (**2**) …から弁済させる. **～ it out on** sb 人にやつあたりする. **～** KINDLY **to**…. **～…lying down** 〈侮辱などを〉甘受する (⇨ LIE[2] *down*). **～ off**(…) (*vt*) (…から)取り去る[はずす]; 〈帽子・靴などを〉脱ぐ (opp. *put on*); 〈手足などを〉切断する; (…から)除(の)ける, 〈体重・目方を〉減らす; (勤務などから)はずす; (…から)〈電車・バスなどを〉廃止する, 〈…の上演を〉打ち切る; 〈手・ブレーキを〉放す; 《休暇などで》〈ある日・期間〉仕事を休む 〈(*from*) work〉; (…から)移す, 移送する; 〈…へ〉連れて行く 〈*to*〉; 〈子供を〉誘拐する; 〈注意を〉そらす, 紛らす; (…から)〈値段などを〉引く; 刷り取る, 写し取る, コピーする; ^II《口》〈人の癖を〉まねる, まねてからかう; 飲みほす; 〈刺客が〉殺す, 〈病気が〉…の命をとる; 〈受信機から電信を〉写し取る; *《俗》…から強奪する, 襲う. (*vi*) 《口》立ち去る, 出かける 〈*for*〉; 追いかける 〈*after*〉; 飛び立つ, 飛び上がる; 〘空〙離陸[離水]する 〈*at, from* a spot, *for*〉; 〈…を[…について]〉論じ始める 〈*on*〉; 〈景気などが〉上昇し始める, 〈商品などが〉よく売れ出す, (急に)人気が出る[うまく行き出す, 勢いづく, 盛り上がる]; *《口》急に[ぐんぐん]成長する[広まる]; 〈潮・風など〉減退する, 〈雨が〉やむ; 《価値などを》減ずる; 《本流・幹などから》分かれる; 〈…に〉由来する 〈*from*〉; 《仕事などを》休む 〈*from* work〉; *《口》攻撃する; *《俗》自分で麻薬注射をうつ; *《俗》麻薬の効果を感じる. **～ on** (*vt*) 雇う, 雇い入れる; 〈仕事・役・敵・患者・農場などを〉引き受ける, しょいこむ; …とけんか[口論]する, …(の挑戦)を受けて立つ, 〈競技などで〉…と対戦[対決]する 〈*at*〉; 仲間に入れる; 〈客を〉乗せる, 〈荷を〉積み込む; 〈衣類・体重などを〉身につける; 〈性質・形態・様相などを〉獲得する, 帯びる, まねる; 〘数〙〈関数・変数が〉〈値を〉取る; 〘数〙〈関数が〉…を引数とする; 《口》〈警官が人を〉止めて身体捜査する, 身元の証明を求める, きびしく尋問する. (*vi*) *《口》気取る, 横柄にふるまう; ^II《口》取り乱す, 騒ぎたてる, 悲嘆に暮れる; 《口》人気を取る, はやり出す: Don't ～ *on* so! そうやきもきするな. **～ or leave** (**1**) [^U*impv* または You can と共に] (申し出を)そのまま受諾するか拒むかどちらかにする; [(I) can と共に] (申し出を)受諾してもしなくてもどちらでもけっこうと思う, (それは)好きでも嫌いでもない: The price is $50. *T～* [*You can ～*] it *or leave* it. 値は50ドルです, (その値で)受けるなりよすなりご自由に / Britney? *I can ～* her *or leave* her. ブリトニー? 好きでも嫌いでもないね. (**2**) 多少の出入りがあるとして (give or take): $1000, ～ *or leave* a few dollars 1000ドル, プラスマイナス5–6ドル. **～ out** (*vt*) 取り出す, 持ち出す; 控除する; 除外する; 〈うっぷんを〉(…に)ぶちまける 〈*on*〉; *〈食べ物を〉《レストランから》買って帰る, テイクアウトする; 〈人を〉誘って外出する, 《食事・映画などに》連れ出す, 〈人〉とデートする; 《試合などに》呼び出す; 〈歯・しみなどを〉抜く; 〈専売権・免許などを〉(申請して)取得する; 〈召喚状などを〉取る, 発給してもらう 〈*against*〉; 〈保険契約を〉手に入れる, 〈保険〉にはいる, 〈ローン (mortgage) を〉うける; 〈広告などを〉〈…に〉出す 〈*in*〉; 《豪口》《特にスポーツで》勝ち取る; 〈給料・返金などを〉《現金以外のもので》受け取る, 払う 〈*in*〉(⇨ TAKE *it out in*…); 〈書物などを〉借り出す; 写し取る; 抜粋する; ^II〈衣服など〉の丈や幅を広げる (let out); 《口》〈女性を〉食堂[舞踏室]へ案内する; 〘ブリッジ〙違う組札で〈パートナー〉より高く競り上げる; *《口》《フットボールなどで》〈相手を〉ブロックする; 《俗》殺す, バラす, 破壊[殲滅]する, ノックアウトする. (*vi*) 出かける; 走り出す, 追いかける 〈*after*〉. **～…out of**…から…を取り[連れ]出す; …から〈しみ・歯などを〉抜く; …から《代償として》…を取る[差し引く]; 《口》…から〈元気などを〉奪う: ～ a lot [a great deal] *out of* sb 〈事が〉人をくたくたに疲れさせる (⇨ TAKE *it out of*… (1)). **～** sb **out of** him**self** 《楽しませて》人に心配事[悩み]を忘れさせる, 気晴らしになる. **～…out on** sb …のゆえに人にやつあたりする: Don't ～ your anger *out on* me. 怒っているからといってこちらにあたりちらさないでよ / TAKE it out on sb. **～ over** (*vt*) 持って[連れて]行く, 運ぶ 〈*to*〉; 〈仕事・責任などを〉引き継ぐ, 肩代わりする, 〈人を〉引き受ける 〈*from*〉; 引き取る, 接収する, 乗っ取る; 借用[採用, 模倣]する; 〘印〙次の行へ送る. (*vi*) 《責任を》引き継ぐ 〈*from*〉; 支配する, 占有[占領]する; 広まる, 行き渡る: Who ～*s over as* manager of the team? チームの監督は誰が引き継ぐんだ. **～** one**self away** [**off**] 立ち去る, 去る; 引きこもる. **～ ten** *《口》(10分間)休憩する (cf. TAKE *five*). **～** sb **through**… 《確認などのために》…を人と読み合わせる[人に繰り返す, 人に説明する]; 〘劇〙人に〈場面など〉の下稽古をつける. **～ to**… の世話をする; …に赴く, 避難する, 逃げ込む; 《手段として》…に訴える[たよる]; …し始める, …するようになる; …に専心[従事]する; …になじむ[なつく], …が好きになる, 気に入る, 〈飲酒・喫煙などを〉おぼえる; 《NZ俗》〈人〉を攻撃する, …になぐりかかる: ～ *to* (one's) BED (成句) / ～ *to* the STREETS (成句). **～ together** ひとまとめにして考える: *Taken together*, there cannot be more than a dozen. みんな合わせても1ダース以上あるはずはない. **～ up** (*vt*) (**1**) 取り上げる, 手に取る, 拾い上げる; 〈床板・舗装などを〉はがす. (**2**) (寄せ)集める; 捕縛[引致]する; 《乗物に》乗せる, 〈客を〉拾う, 〈船が荷物を〉積み込む. (**3**) 〈糸巻・リールなどが〉〈糸・テープなどを〉巻き取る, 《すそ上げ・タックなどで》〈衣服を〉詰める. (**4**) 〈水・栄養などを〉吸収する; 溶解する. (**5**) 〈(余計な)時間・場所などを〉取る, ふさぐ, 食う; 〈心・注意などを〉ひく. (**6**) 《趣味などとして》始める, …に興味をもつ, 心を留める. (**7**) 〈仕事・研究などを〉始める, …に従事する, 〈任〉に就く; 〈歌・コーラスなど〉に加わる, 唱和する; 〈問題などを〉取り上げる, 論じる, 処理する; 〈態度を〉とる: ～ a matter [question, etc.] *up with*… 〈関係者・責任者〉に問題を持ち出す[問い合わせる, 相談する]. (**8**) 続ける, 再び始める, 〈とぎれた話〉の穂を継ぐ. (**9**) 〈しゃれなどを〉解する. (**10**) 保護する, 庇護する; 後援する, 援助する. (**11**) 〈募債・挑戦・注文・招待などに〉応ずる, 〈人〉の申し出に応ずる (⇨ TAKE sb *up on*…). (**12**) 〈手形を〉引き受ける, 〈借金を〉皆済する (pay off); 買い上げる, 〈抵当・手形などを〉買い戻す. (**13**) 〈住居・宿を〉定める, …に住みつく; 《豪》〈土地を〉開墾する, 〘豪史〙拝領する. (**14**) 〈話し手を〉さえぎる, …に質問する. (**15**) しかる, 非難する. (**16**) *〈蜜蜂を〉いぶし殺す《蜜を採るため》. (**17**) 〈寄付などを〉集める. (**18**) 〈ほどけた縫い糸などを〉縛る, くくる; 〈たるみなどを〉除く, とる. (*vi*) (**19**) 再開する; 人の仕事を引き継ぐ: ～ *up* where one left off やめた所からまた始める. (**20**) 《テープなどを》巻き取る; 縮む, 詰まる. **～ up for**… *…の味方をする, …の肩を持つ. **～** sb **up on**…について人と議論[論争]する; 〈申し出・賭け・招待など〉について人の意向に応ずる, 人に〈主張・保証など〉を実証させる: I *took* him *up on* his bet [invitation]. 彼の賭け[招待]に応じた. **～…upon** one [one**self**] 〈責任などを〉負う, 引き受ける; …に着手する (cf. TAKE *it on* one [one*self*] *to* do). **～ up**

with… «口» 〈特によからぬ相手〉とつきあい始める[交わる, 親しくなる]; …と同宿する; …に興味をもつ, 夢中になる; «古» 〈説など〉を採る; «廃» 〈虐待など〉を忍ぶ. **～ what's coming (to** one) 当然の報いをうける. **～ with**… «スコ» …を好む (like); 我慢する; 認める. **You can ～ that** [**your**…] **and**…. そんなもの[…]なんか勝手にしろ[くそくらえだ] ⦅stuff [stick, shove] it (up your ASS² [arse]) を省略した婉曲表現⦆.

► *n* **1** 獲得したもの; 捕獲高, 猟, 漁; «口» 売上高, ⦅入場料などの⦆上がり(高), 収入, 水揚げ, 稼ぎ, もうけ, *«俗» 盗んだ[巻き上げた]金; «俗» 取り分, 分け前; *«俗» 賄賂: a great ～ of fish [game] 大漁[大猟]. **2 a** 取る[受ける]こと; ⦅新聞記者の⦆取材; 反応, 応対(ぶり); «口» 試み. **b** 〈…に対する〉見解, 見方, 評価, 解釈, 扱い(方), 切り口 〈*on*〉. **c** 種痘[植皮, 接いだ骨, 接ぎ木]がつくこと. **3**〔印〕⦅植字工が⦆一回に組む原稿; ⦅書物・講演の⦆一部, 一節; 〔映・テレビ〕⦅カメラを止めずに行なった⦆一回分の撮影[放映], 1 シーン, テイク; 一回分の録音[テープ取り], テイク. **4** «豪俗» 詐欺師, いかさま師, 泥棒; «豪俗» 詐欺, いかさま. ● **cut a ～** *«俗» 録音する; *«俗» 正確に説明する. **on the ～** «俗» (人を出し抜く)チャンスをねらって; *«俗» 収賄の機をねらって, 賄賂を受け取って[受け取ろうとして]: a policeman *on the* ～. ♦ **ták·able, ～·able** *a* ［OE *tacan*＜ON *taka*］

táke-alòng *a* 携帯用の.

táke-awày *n* ⦅ゴルフスイングの⦆引き; 〔スポ〕⦅相手チームからの⦆ボール[パック]奪取; ″TAKEOUT 3. ► *a* ″TAKE-OUT.

táke-chàrge *a* 〈指導者が〉やり手の, 辣腕の, ぐいぐい引っ張る.

táke·dòwn *a* 分解式の. ► *n* ⦅機械などの⦆分解, ⦅建物などの⦆解体; 分解[組立て]式の機械[銃]; 打倒, 撲滅; 〔レス〕テークダウン; «口» 警察の手入れ, 逮捕; «口» 殺害; «口» はずかしめ; «豪口»泥棒, 詐欺師, 食わせ者.

táke-hòme *a* 生徒が家庭に持ち帰って行なう, 宿題用の.

táke-hòme pày 手取りの給料[賃金].

táke-hòme sàle″ 持ち帰り用酒類販売 (off-sale).

táke-in «口» *n* TAKE in すること, ⦅特に⦆いんちき, ごまかし, 詐欺, かたり; 詐欺師, 食わせ者; TAKE in された数[量].

ta·ken *v* TAKE の過去分詞. ► *«俗» *a* カモ[食い物]にされた (⇨ TAKE *vt* 2d); 麻薬でラリった[意識がもうろうとした], いかれた; 死んだ; すでに他の人の恋人になっている, 相手が決まっている.

táke-nò-prísoners *a* とことんまでやる覚悟の, 闘志[やる気]満々の, 手をゆるめない, 情け容赦をしない.

táke·òff *n* **1** 出発(点), 発進(基地), 開始(段階); ⦅跳躍の⦆踏切り(点); ⦅鳥・飛行機・ロケットなどの⦆離陸[離水](点); ⦅活動・人気などの⦆飛躍的上昇, 急成長; 〔経〕離陸⦅急速な自立的経済成長の第 3 期⦆: ～ speed [distance] 離陸(滑走)速度[距離]. **2** 取りはずし, 除去; *«俗» 盗み (rip-off); «口» 模倣, まね, ⦅特に⦆諷刺的な[おどけた]物まね, パロディー. **3 a** 別の場所[目的]に向けて導く手段[装置, 部分], ⦅エンジンの力などを他へ導く⦆伝導機構[装置]. **b** ⦅建築に先立って行なう必要資材一切の種類・数量・規格の⦆見積もり調査. **4** 欠点.

táke-òff àrtist *«俗» RIP-OFF ARTIST.

táke·òut *n* **1** TAKE out すること; 〔ブリッジ〕テークアウト⦅パートナーがビッドしたのとは異なる組札を切り札に指定すること⦆. **2** 取り出した[取り分けた]もの; 持ち出して[切り離して]用いるもの; ⦅雑誌などの⦆綴じ込み部分, ⦅新聞の, その部分だけ抜き取れるように, 連続したページに印刷された⦆特別記事; 研究, リポート; *«俗» 取り分. **3** *持ち帰り用の料理[テークアウト](を売るレストラン[店]) (takeaway″).

táke-òut *a* *持ち帰り用の〈料理〉; *持ち帰り用の料理を売る〈店など〉.

tákeout dòuble 〔ブリッジ〕テークアウトダブル⦅敵方がビッドした時, 自分の手が強いことを示してパートナーになんらかのビッドを要請するためのダブル⦆.

táke·òver *n* TAKE over すること; 支配権取得, 企業買収, 乗っ取り; ⦅軍事的な⦆占領, 支配; ⦅リレーの⦆バトンタッチ (＝*changeover*): a ～ target 買収対象(企業).

tákeover bìd″ 〔証券〕⦅買収をねらう企業の⦆株式公開買付け, テイクオーバービッド⦅経営権の獲得をねらって, 買付け価格・買付け数量・買付け期間などを公示して株式を不特定多数の株主から買い集める申し出; «米» では tender (offer) ともいう; 略 TOB⦆.

tak·er /téɪkər/ *n* 取る人; つかまえる人, 捕獲者; 受取人, 受け手; 購読者; 飲用者, 消費者, 買手 (buyer); 賃借人, ⦅鉱区などの⦆租借者; 挑戦[賭け]に応ずる人; [ᵘ*pl*] «口» 提供[申し出]を受ける人; 賄賂に弱い人; *«口» 欲張り.

táke-ùp *n* 吸い上げ通風管 (uptake); 緊張装置, 糸締め機, ⦅織物・壁紙などの⦆巻掛け装置, ⦅フィルムなどの⦆巻取り装置; ⦅織物の⦆縮充, 縮み; ″⦅政府・会社などの提供する給付金・募債などの⦆受取り[受給, 請求, 応募](率).

táke-ùp spòol [**rèel**] ⦅音楽テープ・映写フィルムの⦆巻取りリール.

takht /tá:kt/ *n* ⦅西アジア諸国の⦆長椅子, ソファー, ベッド; «インド» 王座, 帝権. ［Pers］

ta·kin /tá:kì:n/ *n* 〔動〕ターキン⦅がっしりした大型カモシカに似たヤギ; チベット産⦆. ［Tibetan］

tak·ing /téɪkɪŋ/ *a* 魅力[愛敬]のある, 興味をそそる, 関心をひく; «口» 〈病気が〉伝染性の. ► *n* **1 a** 取ること, 取得, 獲得, 逮捕, 捕獲; 〔法〕領得, 占有, 奪取; 〔米法〕(公用)収用[使用]. **b** (受け)取ったもの; ⦅魚・鳥獣などの⦆捕獲高; [*pl*] ″収入, 売上げ, 事業所得. **2** ⦅病気の⦆発作. ● **for the ～** (手に)取りさえすれば (cf. *for the* ASKING): It's yours *for the* ～. 手に取りさえすれば自分のものになります. **in a ～** 困惑して, 動揺して, 気をもんで. ♦ **～·ly** *adv* **～·ness** *n*

táking-òff *n* 命をとること, 殺害, 暗殺.

Ta·ki-Ta·ki /tà:kitá:ki, ⌐ー⌐ー/ *n* ターキターキ語⦅スリナムで話されている英語をベースとするクレオール言語 (creole)⦆. ［変形加重＜talk］

takkie ⇨ TACKIE.

Ta·kla Ma·kan, Ta·kla·ma·kan, Ta·kli- /tá:klə mə-ká:n/ タクラマカン⦅中国新疆ウイグル自治区中部の天山山脈と崑崙山脈の間にある砂漠⦆.

Takoradi ⇨ SEKONDI-TAKORADI.

taky /téɪki/ *a* «口» 魅力的な, ひかれる.

ta·la¹ /tá:lə/ *n* 〔楽〕ターラ⦅インドの音楽理論で, 打楽器による強弱のリズム型; cf. RAGA⦆. ［Skt＝hand clapping］

ta·la² /tá:lə, -la:/ *n* (*pl* ～) ターラー⦅サモアの通貨単位: ＝100 senes; 記号 WS $⦆. ［Samoan＝dollar］

Ta·laing /tɑ:láɪŋ/ *n* (*pl* ～, ～**s**) MON.

tal·a·poin /tǽləpɔ̀ɪn/ *n* ⦅ミャンマー・タイなどの⦆仏教修行僧(の尊称); 〔動〕タラポアン⦅最小種の GUENON; 西アフリカ産⦆. ［F＜Port＜Mon＝our lord］

ta·lar·ia /təléəriə, -lá:-/ *n pl* 〔ギ神・ロ神〕⦅特に Hermes [Mercury] がはいている⦆翼のついたサンダル. ［L (*talus* ankle)］

Tá·la·ud Íslands /tá:lɑ:ù:d-/, **Tá·laur Íslands** /tá:-lɑ:ùər-/ *pl* [the] タラウド諸島⦅インドネシアの Celebes 島の北東にある島群⦆.

Ta·la·ve·ra de la Rei·na /tà:ləvéərə dèɪ lɑ: réɪnə/ タラベラ・デ・ラ・レイナ⦅スペイン中部の Tagus 川に臨む町; 半島戦争 (the Peninsular War) で英国・スペイン軍がフランス軍を破った地⦆.

ta·la·yot /tələ́:jòut/ *n* ⦅地中海のバレアレス諸島にみられる⦆先史時代の石塔. ［Cat＜Arab］

Tal·bot /tɔ́:lbət, ″tɔ́l-/ **1** [ᵒt-] /, *tǽlbət/ 〔犬〕タルボット(ハウンド) (＝～ **dòg** [**hòund**]) ⦅現在は絶滅した大型の獣猟犬; bloodhound などの祖⦆. **2** ⇨ Fox TALBOT. **3** タルボット⦅英国 Peugeot Talbot Motor Co. 製の自動車⦆.

talc /tǽlk/ *n* 滑石, タルク; TALCUM POWDER; ⦅つや出し用の⦆雲母. ► *vt* (**tálc(k)ed; tálc(k)·ing**) 滑石(粉)でこする[処理する]; …にタルカムパウダー (talcum powder) をはたく[つける]. ♦ **tálcky** *a* TALCOSE. **tálcy** *a* ［F or L *talcum*＜Arab＜Pers］

Tal·ca /tá:lkə/ タルカ⦅チリ中部の市; Santiago の南方に位置⦆.

Tal·ca·hua·no /tà:lkə(h)wá:nou/ タルカワノ⦅チリ中南部の太平洋岸の市・港町⦆.

talc·ose /tǽlkòus, ー⌐/ *a* 滑石 (talc) の[を含む].

tálc·ous *a* 滑石からなる; 滑石に似た.

tálc pòwder TALCUM POWDER.

tal·cum /tǽlkəm/ *n* TALC; «口» TALCUM POWDER. ► *vt* …にタルカムパウダーを塗る[つける].

tálcum pòwder 滑石粉; タルカムパウダー⦅滑石粉にホウ酸末・香料などを加えた化粧用のパウダー⦆.

tale /téɪl/ *n* **1 a** ⦅事実または架空の⦆話, 物語, 説話, 譚; 説明: a ～ of WOE / A good ～ is none the worse for being told twice. «諺» おもしろい話は何度でもおもしろい / A ～ never loses in the telling. «諺» 話は繰り返せば大げさになるものだ / His ～ is [has been] told. 彼はもうだめだ⦅運が尽きた⦆ / tell the ～ of…の話をする. **b** むだ話; 打ち明け話, 秘密; うわさ話; ありもしない話, 中傷; 作り話, うそ: If all ～*s* be true… 人のうわさが皆本当なら… / a ～ of a roasted horse 作り話 / a ～ of nought つまらない事物. **c** «廃» 談話 (discourse, talk). **2** «古・文» 計算, 総計, 総額: The shepherd tells his ～ [the ～ of his sheep]. 羊飼いが羊の頭数を数える / The ～ is complete. 数がそろっている. ● **(and) thereby hangs a ～** (そして)これには少しおもしろい話[いわく]がある. **live** [**survive**] **to tell the ～** [ᵒ*joc*] 生き延びて(その恐ろしい体験の)話をする, 無事生還する, 難局を切り抜ける. **a ～ of a tub** たわいない話, 信じがたい話 ⦅Swift の諷刺小説 *A T～ of a Tub* (桶物語, 1704) から⦆. **a ～ told by an idiot** 白痴のしゃべる物語(である), (それは)無意味だよ ⦅Shak., *Macbeth* 5:5⦆. **tell a ～** 話をする; 意味深い, 示唆的である: That *tells a* ～. それにはなにか事情[いわく]がある, (なるほど,)そういうことか. **tell its own ～** 説明を待たずして明らかである. **tell one's own ～** 自分の言い分を述べる. **tell** one**'s ～** 身の上話をする; tell one's own TALE. **tell ～s** ″告げ口する, (秘密などを)言い触らす; うそをつく. **tell ～s out of** SCHOOL¹. **tell the ～** «俗» ⦅同情を得ようとして⦆哀れっぽい話をする. ［OE *talu*; cf. TELL, OS and ON *tala* talk, G *Zahl* number］

Taleban ⇨ TALIBAN.

tále·bèar·er *n* 告げ口屋; 人のうわさを言いふらす人, 金棒(かなぼう)引き. ♦ **tále·bèar·ing** *a, n*

ta·leg·gio /təlédʒiòu/ *n* [ᵒT-] タレッジョ⦅全乳から作るイタリア産の軟質チーズ⦆. ［*Taleggio* 北イタリア Lombardy 州の谷］

tal·ent /tǽlənt/ *n* **1 a** 生来の[天賦の]才能, 天分, 天稟(てんぴん) ⦅*Matt* 25: 14–30⦆; [ˢ*pl*] ⦅特殊な⦆すぐれた才能[適性] 〈*for doing* [sth], *in*

sth〉; 《一般的な》能力, 手腕, 知能: a man of many ~*s* 多才な人 / a man of ~ 才人, 逸材 / hide one's ~*s* in a napkin 自分の才能を持ち腐れにする. **b** 《古》《人間・動物の》特性, 性向, 性癖. **2 a** 《特定分野の》才能ある者, 人材《集合的にも》: a minor ~ in space fiction 宇宙小説の二流作家 / footballing ~ ''サッカーの名手 / a wealth of ~ 豊かな人材 / look for local ~ その土地の人材《通例 音楽・芸能方面の人材》を捜す. **b** [the] 《俗》〔競馬〕自分の知識と判断で賭ける賭師《集合的》; 《豪俗》暗黒街(の人間), やくざ, その筋の者; [〈*sg*/*pl*〉] ''《口》魅力的な異性[女, 男]たち: eye up *the* local ~ その土地の女たちを観賞する. **3** 〔史〕タラント, タレント《古代ギリシア・ローマ・中東の重量および貨幣の単位; 価は時・所によって異なる》.
♦ **~·ed** *a* 才能のある, 有能な. **~·less** *a* [OE and OF＜L＝inclination of mind＜Gk *talanton* balance, weight]

tálent còntest [competìtion] TALENT SHOW.

tálent mòney 《野球・クリケットなどのプロの選手に与えられる》成績優秀特別賞金, ボーナス.

tálent scòut 人材発掘人, タレントスカウト.

tálent shòw タレントコンテスト《プロを目指すアマチュアが歌・演技・演奏などを披露する》.

tálent spòtter TALENT SCOUT.

ta·ler, tha·ler /tɑ́ːlər/ *n* (*pl* ~, ~**s**) ターラー《15–19 世紀のドイツの銀貨: ＝3 marks》.

ta·les /téɪliz/ *n* (*pl* ~) [*pl*] 〔法〕《法廷傍聴人中から選ばれる》補欠[補充]陪審員; 陪審員候補者追加(令状). [L *tales de circumstantibus* such (persons) of the bystanders]

tales·man /téɪlzmən, téɪliz-/ *n* 〔法〕《傍聴人からの》追加陪審員候補者《TALES の一員》; 陪審員候補者.

tále-tèll·er *n* 物語をする人; TALEBEARER. ♦ **tále-tèll·ing** *a*, *n* 人のうわさを言いふらす(こと).

taleysim *n* TALLITH の複数形.

tali *n* TALUS[1] の複数形.

Talib /tǽlɪb/ *n* TALIBAN の一員.

Tal·i·ban, Tal·e- /tǽlɪbæ̀n/ [the; 〈*pl*〉] タリバン《アフガニスタンのイスラム原理主義武装勢力; 1996 年から 2001 年まで同国を実効支配した》. ♦ **Táliban·ìze** *vt* **Tàliban·izátion** *n* [Pers＝students, seekers of knowledge]

Talien ⇨ DALIAN.

Ta·li·e·sin /tæliésən/ タリエシン《6 世紀ウェールズの吟唱詩人》.

tal·i·grade /tǽləgrèɪd/ *a* 〔動〕足の外側に体重をかけて歩行する.

tal·ik /tɑ́ːlɪk; tǽl-/ *n* 〔地質〕タリク《永久凍土内またはその上下の凍結していない層》.

tal·i·on /tǽliən/ *n* LEX TALIONIS.

tal·i·ped /tǽləpèd/ *a*, *n* 湾(曲)足の(人[動物]).

tal·i·pes /tǽləpìːz/ *n* 湾(曲)足.

tal·i·pot /tǽləpɑ̀t/ *n* 〔植〕コウリバヤシ, タリポットヤシ (＝~ **pálm**) 《スリランカ・インド南部原産》; タリポットヤシの澱粉. [Bengali]

tal·is·man /tǽləzmən, -əs-/ *n* (*pl* ~**s**) お守り, 護符, 魔除け《福を招き厄を払う符号[図形, 文字]を刻んだ石・指輪など; 作った時に優勢であった天体の影響による効験を有するとされる》; 不思議な力[効果]のあるもの, 霊験あらたかなもの. ♦ **tàl·is·mán·ic** /-mǽn-/ *a* **-i·cal·ly** *adv* [F and Sp＜Gk *telesma* completion (*teleō* to complete)]

talk /tɔ́ːk/ *vi* **1 a** 口をきく, 話をする, しゃべる, 語る 〈*about*〉; 講演する, 話す 〈*on* a problem; *to* the audience; *for* a club〉: ~ in one's sleep 寝言を言う / know what one is ~*ing about* ちゃんと心得ている, 精通している / What are you ~*ing about?* 何の話をしているの / I'm ~*ing* to you. 《口》お前に話してるんだ《まじめに聴け》/ ~ BIG[1] [TALL]. **b** [*fig*] ものを言う (carry weight): Money ~*s*. (世の中)金がものを言う. **c** 〈オウムなどが〉(人をまねて)話す, しゃべる. **2** 〈人と〉話す 〈*to*, *with*〉; 話し合う; 相談する: She is ~*ing with* [*to*] her neighbors. 隣人たちと話をしている / ~ together 相談する / ~ *with* a family doctor [*over* the telephone] / Who do you want [wish] (to ~ *to*)? どなたを呼んでほしいのですか《電話をかけてきた相手に対することば》/ (It's been) good [nice] ~*ing to* you. お話しできて楽しかったです《別れ際に》/ Can we ~? ちょっと話[相談]があるんだが / Who do you think you're ~*ing to*? だれに向かって口をきいていると思っているんだ, よくそんな口がきけるね. **3** ペラペラ[ペチャクチャ]しゃべる; うわさ話をする; 秘密を漏らす; 白状する, 口を割る; 密告する: People will ~. 人の口に戸は立てられない, 世間は口がうるさい / get one*self* ~*ed about* うわさのたねになる / We were just ~*ing about* you. うわさをすれば影だね / We have ways of making you ~. (秘密を)しゃべってもらう方法はいろいろあるんだ《おどし文句》. **4** 《ことば以外の方法で》意思を通ずる; 〔通信〕《無線で》通信する; 〔電算〕データを伝送する: ~ *with* a radio station 無線局と交信する. **5** 〈無生物が〉話し声を思わせる音を発する. ► *vt* **1 a** 話す, 語る; 談ずる, 論ずる; [進行形で]《口》《ほかならぬ》…の話をしている, …のことを言っている; …の金[時間]がかかるっていうことだ: ~ rubbish [nonsense] ばかなことを言う / ~ business 商談する; まじめな話をする / ~ politics 政治を論じる / ~ scandal [treason] 醜聞[大逆罪]になる事を話す / ~ BABY / We are ~*ing* millions of dollars here. 《百ドル, 千ドルの話じゃない》これは何百万ドルの話なんだ[何百万ドルが相場なんだ]. **b** 〈外国語などを〉話す, 使う: ~ sailor 船乗りことばを使う. **2** 話して[しゃべって]〈ある状態に〉ならせる; 〈人を〉説得して…させる[…するのを思いとどまらせる] 〈*into* [*out of*] do*ing*〉: She ~*ed* her child *to* sleep. 子供に話をして寝つかせた / ~ sb *into* a better mood [*out of* his bad temper] 人に話をして機嫌をよくさせる / ~ one*self out of* breath 息が切れるほどしゃべる / ~ one*self* hoarse しゃべって声をからす / ~*ed* my father *into* buy*ing* a car 父を口説いて車を買わせた / ~ sb *out of* leav*ing* school 人を説きつけて退学を思いとどまらせる / ~ sb *out of* his resolution 決意を翻させる / ~ one's way *out of*… しゃべることで[舌先三寸で]〈困難など〉を回避する[切り抜ける, 言いのがれる] / ~ one's way *into*… 説得して[言いくるめて]〈事を〉なし遂げる. **3** 話して〈時間を〉過ごす: TALK away (成句).

● **(I'll) ~ to you soon.** 《口》あとでまた電話します. **Look [Hark] who's ~ing!** ＝You can't TALK. **Now you're ~ing!** 《口》そいつは話せる, そうこなくちゃ. **~ about**… (1) …について話す[話し合う] (⇨ *vi* 1a); …のうわさ話をする (⇨ *vi* 3); 〈…しよう(か)〉と言う[考える]〈*doing*〉《実践が伴わないのが通例》: We need to ~ *about* something. ちょっと話し合いたい[相談したい]ことがあるんだ / She's ~*ing about* go*ing* abroad. 海外に行こうかと言っている. (2) [*impv*] 《口》[通例 前言を強めて]《誇張的に》…とは(まさに)このことだ, 《反語的に》…だなんて(とんでもない): *T~ about* trouble [eat, hot]! 困った[食った, 暑かった]のなんのって / *T~ about* good film! 全くけっこうな映画だよ《とんでもない映画だ》. **~ against time** 話を延ばして時間切れにする[時間をかせぐ]. **~ a** MILE **a minute.** **~ around**… 《肝心なことに触れないで》…について(まわりのことを)あれこれ話す, まともに話すのを避ける. **~ sb around** 人を説得する, 説き伏せて〈…に〉同調させる〈*to*〉. **~ at** sb 人にあてつけて言う, もったいぶった口をきく; 《聴衆などに話すように》人に向かって(一方的に)話す: You always seem to be ~*ing at* me rather to me. いつもわたしと話すというより一方的にしゃべるだけみたいだ. **~ away** のべつしゃべる, しゃべりまくる; しゃべって〈時間を〉過ごす: ~ *away* an evening 宵を談話に過ごす. **~ back** 口答えする〈*to*〉; 〈視聴者・読者などが〉反応する, 答える; 〔通信〕応答する. **~ down** (1) ''言い負かす, 大声で圧倒する, まくしたてて黙らせる. (2) 軽んじる, けなす, みくびる; 人を下に見たしゃべり方をする, 上から目線で話す〈*to* sb〉. (3) 〈人を〉説得して値引きさせる〈*to*〉. (4) 〈人を〉説得して高所から降ろす; 〈人を〉説得して気を鎮めさせる[落ちつかせる]. (5) 〔空〕〈パイロット・飛行機〉に無線で着陸を指示する, 無線誘導する. **~ down to**… 《相手を理解力の劣る者とみて》…にみくびった態度で話す. **~ from the point** 脱線[逸脱]する. **~ Greek [Hebrew, gibberish]** 唐人の寝言のような[わけのわからない]ことをしゃべる. **~ in** 〔空〕TALK down. **~ing of**… [独立句] …と言えば, …の話ついでだが: *Talking of* travel, have you been to Bath yet? 旅行といえばバースへ行ったことがありますか. **~ of**…＝TALK about…. **~ on** 話しつづける. **~ on the big** WHITE PHONE. **~ out** 〈問題を〉徹底的に[とことん]論じる, 論じつくす, 話し合いで解決[明らかに]する; ''閉会時刻まで討議を引き延ばして〈議案を〉葬る[廃案とする]; [*pass* /~ *-self*] しゃべりすぎで疲れさせる. **~ sb out of**… 〈人を〉説得して…をやめさせる《(*doing*) sth》. **~…over**…について相談[議論]する〈*with*〉; TALK sb around. **~ round**…''＝TALK around…. **~ sb round**''＝TALK sb around. **~ oneself out** 話し疲れる. **~ one's head (off)** 《口》しゃべりまくる. **~ sb's head off** 《口》＝《俗》**~ sb's arm [ear, leg] off** しゃべりまくって人をうんざりさせる. **~ the** BARK[2] **off a tree.** **~ the hind leg(s) off a donkey [mule]**＝**~ a donkey's [horse's] hind leg off** のべつ幕なしにしゃべる. **~ the talk** ⇨ *n* 成句. **~ through** 〈問題などを〉徹底的に議論する〈*with*〉. **~…through (…)** 〔劇・映〕〈人〉に(場面の)演技指導をする; 〈人〉に…の手順を詳しく説明する; 説き伏せて〈議案など〉を通す; 《相手が納得するまで》じゅんじゅんと説く. **~ to**…に話しかける, …と話す (⇨ *vi* 1a, 2); 《口》…に談じ込む, 意見する, …をしかる: ~ *to* one*self* ひとりごとを言う (cf. SAY[1] *to oneself*) / TALKING-TO. **~ to death** 《口》のべつ幕なしにしゃべる; 〈議案を〉討論で時間切れにして葬る. **~ to hear one's own voice** *《俗》自分勝手にしゃべりまくる. **~ up** 臆せず[率直に]話す; (大声で)はっきり話す; …のことを興味をひくように話す, ほめ上げる, 宣伝[推奨]する〈*to* sb〉. **~ sb up to**… 人に話して…させる, 人を説き伏せる. **~ with**…と話す, …を口説き落とそうとする. **Yóu can ~.** 《口》よく言うよ《(1) けっこうなご身分だねえ 2) あなたも同罪でしょうが》. **You can't [should(n't)] ~.**＝**You're a fine one to ~!**＝**Who are you to ~?** 《口》よく言うよ, きみだって大きなことは言えないよ, (人のことが)言えた義理か, おめえに言われたかねえよ.

► *n* **1** 話, 談話, 座談 (speech); [°*pl*] 会談, 協議 〈*with*, *between*, *on*〉; 《短い》講演, 講義, 講話 〈*about*, *on*〉; 〔ラジオ〕話《会話体で短いもの》; 語り口調の本[書物]: have a (long [friendly]) ~ (ゆっくり[親しく])話をする〈*with*〉/ SMALL TALK / BIG TALK / hold [have] peace ~*s* 和平会談[交渉]を行なう / That's the ~. *謹聴, ヒヤヒヤ! / *T~* is cheap. どうせ口先だけだ / give a ~ 話をしてきかせる; 講演をする. **2** 言及, 報告; うわさ, 風説; 話の種, 話題; むだ話, 空論: It's just [only] ~. 単なるうわさだ / be the ~ of the town [company] 町[会社]のうわさである / I heard it in ~. うわさに聞いた / He is all ~ (and no deed). 彼は口先だけの男だ / end in ~ 議論だけに終わる. **3** 口調, 話し方; 《特殊社会の》ことば, 用語; 話し声に似た音[鳴き声]:

BABY TALK / sailor's ～ 水夫口調 / campus ～ 学生用語 / a halting ～ たどたどしい話しぶり / bird ～ 鳥のさえずり. ● **make ～** 時間つぶしにだらだらしゃべる; 評判[うわさの種]になる. **talk the ～** 《口》[ˢ*derog*] うまい[いい]ことを言う, 口(だけ)達者である〈*of*〉. (**talk the ～ and**) **walk the walk**＝**walk the ～** 口先だけでなく実行してみせる.
［ME *talk(i)en* (freq)＜TALE OR TELL[1]; *-k-* は Fris *talken* to talk も影響］

talk·a·thon /tɔ́:kəθɑ̀n/ *n* 長時間討論[演説]; 長演説 (filibuster); 《ラジオ・テレビ局からの電話による》候補者との長時間にわたる一問一答《選挙運動の一方法》. ［*talk*＋mara*thon*］

talk·ative /tɔ́:kətɪv/ *a* 話し好きな, おしゃべりな; しゃべりっぱなしの; 話がしたくなるような〈気分など〉. ♦ **～·ly** *adv* **～·ness** *n*

tálk·bàck *n* 《視聴者などの》反応, 応答; 〖テレビ・ラジオ〗トークバック《指令室とスタジオ内のカメラマン・ディレクターなどとの指令・応答の通話システム》; 〖豪ラジオ〗視聴者参加番組 (phone-in).

tálk·boàrd *n* 〖電算〗トークボード《インターネット上で, 時に専門家も交えて特定の問題を討論する場[グループ]》.

tálk·bòx *n* VOICE BOX.

tálk·dòwn *n* 《航空機に対する》無線による着陸指示.

talk·ee-talk·ee /tɔ́:kitɔ́:ki/ *n* あやしげな語法, 《黒人などの》あやしい英語; おしゃべり, 饒舌.

tálk·er *n* 話す人, 話し手; よく[たくさん]しゃべる人; 話す鳥; 《口》《サーカスなどで》見世物の客引き (barker): a good ～ 話し上手 / SMOOTH TALKER.

tálk·fèst *n* 《口》長時間の討論会[ディスカッション], トークセッション, 《特にテレビ番組での》長時間討論.

talk·ie /tɔ́:ki/ *n* 《無声映画 (silent film) に対して》発声映画, トーキー; *《俗》《第二次大戦で米軍が用いた》ハンディートーキー《携帯用無線電話機》. ［*movie* にならったもの］

tálk-ìn *n* 抗議討論集会, トークイン; くだけた講義; 会議.

tálk·ing *a* ものを言う; ものが言える; 表情豊かな; おしゃべりな, 口数の多い: a ～ doll 話す人形 / ～ eyes ものを言う目 / DRINK TALKING. ► *n* 話すこと, 討論, 会話, 談話, おしゃべり: do (all) the ～ 代弁する, 説明する.

tálking blúes トーキングブルース《歌詞を語るように歌うブルース》.

tálking bóok 話す本, トーキングブック《視覚障害者用に書籍・雑誌の朗読を録音したテープや CD》.

tálking drúm 〖西アフリカ〗トーキングドラム《遠方への信号を送るために用いられる, 異なるピッチをもつドラムのセットのうちの一つ》.

tálking fílm TALKIE.

tálking hèad 〖テレビ〗画面一杯に写される話し手, キャスター.

tálking machìne 《古風》蓄音器 (phonograph).

tálking pícture 《古風》トーキー, 発声映画 (talkie).

tálking pòint 論拠; 論点, 論題, 話題; 売込みに用いるかっこうな呼び物[話の種].

tálk(ing) shòpᴵᴵ [*derog*] おしゃべりの場《議会など》.

tálk·ing-tò *n* (*pl* **～s, tálk·ings-tò**) 《口》お目玉, お説教, 小言: give sb a ～.

tálk jòckey* おしゃべり番組司会者.

tálk plàn 《携帯電話の》通話プラン, トークプラン.

tálk ràdio トークラジオ《聴取者が電話で参加するラジオの討論番組》.

tálk shòw* 〖ラジオ・テレビ〗トークショー《**1**) 有名人をゲストに迎えて司会役などがあれこれ話を聞き出す番組 (chat showᴵᴵ) **2**) 視聴者が電話で参加する討論番組》.

tálk-tàlk *n**《俗》うわさ話.

tálk thèrapy 〖精神医〗話し合い療法《精神療法士と患者との話し合いを重視する精神療法》.

tálk tìme トークタイム《携帯電話の連続通話時間; cf. STANDBY TIME》.

tálky *a* 話し好きな, おしゃべりの; 〈劇・本などが〉おしゃべりに終始する, 会話が多すぎる. ♦ **tálk·i·ness** *n*

tálky tálk 《口》おしゃべり, くだらない話.

tall /tɔ́:l/ *a* **1 a** 背[丈]の高い (opp. *short*); 高さ[背, 丈]が…: ～, dark and handsome 背高く色浅黒くハンサムな《美男子の一典型》/ six feet ～ 身長[高さ] 6 フィート / a man six feet ～ 身長 6 フィートの男. **b** 《普通より》〈背丈の〉高い〈建物・木・本・グラスなど〉, 長めの〈ストッキングなど〉. **2***《口》大げさな, 信じられない, 荒唐無稽な; 《口》〈数量が〉大きな; 《口》すてきな, 上等の: a ～ price 法外な値段 / a ～ storyᴵᴵ ほら(話) (cf. TALL TALE) / a ～ ORDER (成句) / ～ talk オーバーな話, 大ぶろしき / have a ～ time (of it) 愉快に過ごす. **3***《俗》《マリファナなど》薬(ヤク)でうきうきして, ハイの (high). **4** 《廃》勇敢な; 《廃》りっぱな; 《廃》身だしなみのよい; 《廃》適切な. ● **feel** [**look,** etc.] **ten feet ～** 意気揚々とした気分[様子]である, 自分が誇らしい気分[様子]だ. ► *adv* 《口》大げさに; 《口》意気揚々と: talk ～ 大ぶろしきを広げる. ● **be** [**sit**] **～ in the saddle***《俗》誇り高い, 得意げである, 胸を張っている. **stand ～***《俗》頭を高くあげている, 胸を張っている, 堂々としている; *《俗》注意をひくようになる; *《軍俗》用意ができている. WALK **～**. ♦ **～·ish** *a* **～·ness** *n* ［ME＝big, comely, valiant＜OE *getæl* swift; cf. OHG *gizal* quick］

tal·lage /tǽlɪʤ/ *n* 〖史〗特別賦課税, タレッジ《中世の領主が領民に恣意的に課した税》. ► *vt* …に tallage を課す. ［OF; ⇨ TAILLE］

Tal·la·has·see /tæ̀ləhǽsi/ タラハシー《Florida 州北部の市・州都》.

Tal·la·poo·sa /tæ̀ləpú:sə/ [the] タラプーサ川《Georgia 州北西部から Alabama 州東部を南西に流れ, 他と合流して Alabama 川となる》.

táll·bòy *n*ᴵᴵ高脚付き洋だんす (highboy*); 短脚付き重ねだんす (chest-on-chest); ᴵᴵCLOTHESPRESS; 煙突頂部の高い煙出し; 高脚グラス.

táll càse clóck トールケースクロック《床に置く背の高い振子時計》.

táll drínk トールドリンク《アルコール飲料にソーダ・果汁・氷などを入れて丈の高いグラスで出す飲み物》.

Tal·ley·rand(-Pé·ri·gord) /tǽlirænd(d)(pèrəgɔ́:r); *F* talrɑ̃ (perigɔ:r), talɛrɑ̃(-)/ タレーラン(-ペリゴール) **Charles-Maurice de ～**, Prince de Bénévent (1754–1838)《フランスの政治家・外交官; 外相 (1797–1807, 1814–15)》.

táll féscue (gràss) 〖植〗ヒロハノウシノケグサ《イネ科の多年草; 欧州原産》.

táll·gràss pràirie トールグラスプレーリー《Mississippi 川流域の肥沃な大草原》.

táll hát シルクハット (top hat).

Tal·linn, -lin /tǽlən, tá:-/ タリン《エストニアの首都・市・港町; 旧称 Revel》.

Tal·lis /tǽləs/ タリス **Thomas ～** (c. 1505–85)《イングランドの作曲家・オルガン奏者; 同国教会音楽の確立に貢献》.

tal·lith, -lit, -lis /tá:ləs, tǽl-, -ləθ, -lət/ *n* (*pl* **tal·li·thim, -li·tim, -li·sim** /tà:ləsí:m, -θí:m, -tí:m/**, ta·ley·sim** /təléɪsəm/) タリス, タリート《**1**) ユダヤ教徒の男子が朝の礼拝のとき頭[肩]に掛ける毛織り[絹織り]の肩衣(かたぎぬ) (＝*prayer shawl*) **2**) これより小さく, ユダヤ人男子が上着の下に着用するもの》. ［Heb＝a cover, garment］

táll òil /tá:l-, tɔ́:l-/ トールオイル《木材パルプ製造の際に生ずる樹脂様の副産物; 塗料・石鹸製造用》.

táll òne 《口》背の高いグラスに入った酒 (＝*long one*) (cf. SHORT one).

tal·low /tǽloʊ/ *n* 獣脂, タロー (animal fat, suet); 獣脂に似た油脂: beef [mutton] ～ 牛[羊]脂. ► *vt* …に獣脂を塗る; 〈羊・牛を〉(脂肪採取の目的に合うように)肥やす. ► *vi* 獣脂を生じる. ［MLG＜?; cf. G *Talg*］

tállow càndle 獣脂ろうそく.

tállow chàndler 獣脂ろうそく製造人[販売人].

tállow dròp 〖宝石〗タロードロップ《片面または両面をドーム形に磨いたカット》.

tállow-fàced *a* 青白い顔の.

tállow gòurd 〖植〗トウガンの実 (wax gourd).

tállow pòt*《鉄道俗》機関車の火夫.

tállow trèe 〖植〗**a** ナンキンハゼ (Chinese tallow tree). **b** ククイノキ (candlenut).

tállow·wòod *n* 〖植〗タローウッド《豪州産ユーカリノキ属の一種; 樹皮は繊維状で材は堅く油性樹脂を含む》.

tál·lowy *a* 獣脂のような; 脂肪質の, 脂っこい; 〈乳製品が〉脂肪酸化臭がある; 青白い.

táll póppy 《豪口》目立って金のある[力のある, 地位の高い]人, とびぬけた人.

táll póppy sỳndrome 《口》名声や富を得た人をけなす傾向, '出る杭は打とう' 症候群.

táll shíp 大型帆船, 《特に》SQUARE-RIGGER.

táll tále* ほら(話) (TALL storyᴵᴵ); トールテール《西部の辺境で語り継がれた荒唐無稽の信じがたい作り話》.

táll tímber **1** 《米・カナダ》無人の森. **2** [the ～s] **a***《ショービジネス俗》田舎, 地方(都市), '山奥'. **b** 《野球俗》MINOR LEAGUE. ● **break** [**strike**] **for** (**the**) **～***逃げ出す, 引き払う. **take to the ～**＝《豪口》break for the TALL TIMBER.

tal·ly /tǽli/ *n* **1 a** 割符(わりふ) (＝**～ stìck**)《昔 貸借関係者が棒に刻み目をつけて計数を表わし, 縦に 2 つに割ってそれぞれ所有し後日の証とした》. **b** 物品[金銭]授受などの記録の手段; 簿記用紙, 計算用紙; 《手に持って操作する》計数器. **2** 書き[刻み]つけた記録[勘定]; 《競技などの》得点; 得票, 投票結果: keep a ～ of visitors 訪問者数を記録する / pay the ～ 勘定を払う / make [earn] a ～ 得点する / The ～ was 67 to 33. 開票結果は 67 対 33 だった. **3 a** 符合する対の片方, 合札(あいふだ), 割符, 半券; 《古風》うりふたつ[そっくり]のもの. **b** 符合, 一致. **c** 《植物・物品などに付ける》付札, 名札, プレート, ラベル; 《船の機械類に付ける金属製の》使用法指示札. **4 a** 《物品受渡しの》計算単位《1 ダース・1 束など》; ちょうど《20 を単位とする場合 '16, 18, *tally*' と言えば tally は 20 のこと》. **b** 物品・行為などの数を記録するしるし《5 を区切りとする場合に用いる 卌 (横水平) または 卌 (横斜め) など; 日本での「正」の字に相当》. **5** 《豪》タリー《**1**) 一定期間に毛を刈った羊の数 **2**) かつて 100 頭の羊の毛を刈るごとに棒に刻んだ印》. ● **by the ～** まとまった単位で. **live ～** 《北英俗》同棲する〈*with*〉. ► *vt* 〈数を〉割符に刻む; 〈計算などを〉記録する; 〈貨物などを〉数え上げる, 一つずつ表に記載する[表の記載事項と照合する]; 〈得点を〉記録する, 取る; 数え上げる, 計算[合算]する 〈*up*〉; …に名札を付ける; 符合[一致]させる. ► *vi* 割符[計算書, 記録]を作る; 《競技で》得点する; 符合する, 一致する 〈*with*〉. ♦ **tál·li·er** *n* [AF *tallie*＜L *talea* rod; cf. TAILLE]

tálly bòard 勘定板, 計算板.

tálly càrd TALLY SHEET.

tálly clèrk 分割払い販売人 (tallyman); 《船荷や入荷の》計数係; *《投票の》集計係.

tal·ly·ho /tæ̀lihóu/ *n* (*pl* ～**s**) **1** タリホー! 《猟師がキツネを認めて犬にかける掛け声》. **2** 大型四頭立ての馬車. ► *v* /*ー́ーー̀/ *vi* タリホーと掛け声をかける. ► *vt* タリホーと叫んで〈猟犬を〉けしかける; タリホーと叫んで〈キツネ〉のいることを知らせる. [cf. F *taïaut* hunter's cry]

tálly·man /-mən, -mæ̀n/ *n* (*pl* **-men** /-mən, -mèn/) ⁿ分割払い[クレジット]で商品を販売する人 《特に 訪問販売員》; 《船荷や入荷の》計数係, 検数係; ⁿ《俗》女と同棲している男.

tálly shèet 計数[点数]記録用紙.

tálly·shòpⁿ *n* 分割払い[割賦]販売店, クレジットの店.

tálly sỳstem [tràde]ⁿ 分割払い(販売)法, クレジット方式.

tal·ma /tǽlmə/ *n* 《19 世紀の》タルマ外套《大きなケープあるいはゆったりした短い外套》. [François-Joseph *Talma* (1763–1826) フランスの悲劇役者]

tál·mi gòld /tǽlmi-/ タルミ金, 金被(き)せ真鍮(しんちゅう) (＝*Abyssinian gold*). [G]

Tal·mud /tǽlmʊ̀d, -məd, *tá:lmʊ̀d/ *n* [the] タルムード《ユダヤの律法とその解説の集大成; Mishnah と Gemara からなる》. ♦ **～·ist** *n* タルムード編集者[研究家, 信奉者]. **～·ism** *n* タルムードの教義(の信奉). **Tal·mud·ic** /tælm(j)ú:dɪk, -mʌ́d-, tɑ:lmʊ́d-; tælmʊ́d-, -mʌ́d-, -mjú:-/, **-i·cal** *a* タルムードの(ような); タルムード編纂の時代の. [Heb＝instruction]

Tálmud Tórah 〖ユダヤ教〗律法研究; タルムードトーラー《1) ヨーロッパにおけるユダヤ教の教区付属学校 2) 〖米〗シナゴーグを使って小学生にヘブライ語[文化], ユダヤ教などを教える補習教室》. [Heb＝study of the Torah]

tal·on /tǽlən/ *n* **1** 《鳥獣, 特に 猛禽の》つめ, かぎづめ; 《口》物をつかむ人の指[爪]. **2** かぎづめ状のもの; 《刀の》柄元(つかもと) (heel); 〖建〗葱花繰形(そうかくりかた); 《錠の》舌《ボルトの鍵がかかる部分》. **3** 《トランプの》置き札, 残り札, 捨て札; 〖証券〗《債券の》利札引替券. ♦ **～ed** *a* [OF＝heel＜TALUS[1]]

Ta·los /téɪlɑ̀s/ **1** 〖ギ神〗タロ(ー)ス《1) Daedalus の甥; 発明の才をねたまれて彼に殺された 2) Crete 島の番をするため Hephaestus が造った青銅人間》. **2** タロス《米海軍の地対空誘導ミサイル》.

tal. qual. [L *talis qualis*] average quality, such as it is.

ta·luk /tá:lʊ̀k, ー́ー̀/ 《インド》 *n* 世襲地; 徴税支区. [Urdu＝estate＜Arab]

ta·lus[1] /téɪləs/ *n* (*pl* **-li** /-làɪ/) 〖解〗距骨 (＝*anklebone, astragalus*); 足首, くるぶし. [L＝ankle]

talus[2] *n* (*pl* **～·es**) 《特に 岩屑(がんせつ)の堆積による》斜面 (slope); 《城壁の》斜面; 〖地質〗崖錐(がいすい), テーラス (＝*scree*) 《崖下にくずれ落ちた岩屑の堆積》. [F＜? L *talutium* slope indicating presence of gold under the soil]

tal·weg /tá:lvɛ̀g/ *n* THALWEG.

Tal·win /tǽlwɪn/ 〖商標〗タルウィン《ペンタゾシン (pentazocine) 製剤》.

tam /tǽm/ *n* TAM-O'-SHANTER; 《カリブ俗》タム《ラスタファリアン (Rastafarians) がかぶるウールの大きい帽子》.

TAM /tǽm/ Television Audience Measurement テレビ視聴者数(測定): ～ rating.

tamable ⇨ TAME.

Tamachek ⇨ TAMASHEK.

Ta·ma·got·chi /tæ̀məgátʃi/ 〖商標〗たまごっち《電子玩具》. [Jpn]

ta·ma·le /təmá:li/ *n* タマーレ《ひき割りトウモロコシと挽肉を混ぜ, トウガラシなどで味をつけてトウモロコシの皮に包んで蒸す[焼く]メキシコ料理》. [MexSp]

Tamale タマレ《ガーナ中北部の町》.

Ta·man /təmá:n/ タマニ《ロシア南西部の黒海, Azov 海間にある半島・岬; Kerch 海峡をはさんで西対岸は Kerch 半島; 油田地帯》.

ta·man·dua /təmǽnduə, təmæ̀nduá:/ *n* 〖動〗コアリクイ《キタコアリクイとミナミコアリクイの 2 種; 樹上生; 熱帯アメリカ産》. [Port＜Tupi]

Ta·mang /tɑ:má:ŋ; tæmǽŋ/ *n* **a** (*pl* ～, ～**s**) タマン族《ネパールの少数民族; チベット仏教を信仰している》. **b** タマン語《チベット-ビルマ語派に属する》.

tam·a·noir /tæ̀mənwá:r/ *n* 〖動〗オオアリクイ (antbear). [F＜Carib]

Tam·an·ras·set /tæ̀mənrǽsət/ タマンラセト《アルジェリア南東部の Sahara 砂漠にあるオアシス町》.

Ta·mar /téɪmər/ [the] テーマー川《1) イングランド南西部 Devon 州北西部から南東に流れ, Plymouth 湾へ注ぐ 2) オーストラリアの Tasmania 島北部を北流し, Bass 海峡へ注ぐ》.

ta·ma·ra /təmá:rə/ *n* タマーラ《桂皮・丁子(ちょうじ)などを混ぜたイタリアの香辛料》. [?]

tam·a·rack /tǽm(ə)ræ̀k/ *n* 〖植〗アメリカカラマツ (＝*hackmatack*). [Algonquian]

tam·a·rau, -rao /tæ̀mərάu/ *n* (*pl* ～**s**) 〖動〗ミンドロスイギュウ, タマラオ《フィリピンの Mindoro 島産の小さな水牛》. [Tagalog]

ta·ma·ri /təmá:ri/ *n* たまり, たまり醤油 (＝～ **sàuce**, ～ **sóy sàuce**). [Jpn]

ta·ma·ril·lo /tæ̀mərílou, -rí:jou/ *n* (*pl* ～**s**) 〖植〗コダチトマト, トマトノキ, タマリロ (＝*tree tomato*) 《南米原産のナス科の低木; 実はスモモに似ていて食用となる》.

tam·a·rin /tǽmərən, -ræ̀n/ *n* 〖動〗タマリン《マーモセット科タマリン属・ライオンタマリン属の小型のサルの総称; 南米産》. [F＜Carib]

tam·a·rind /tǽmərənd, -rɪ̀nd/ *n* 〖植〗タマリンド《熱帯産マメ科の常緑高木; 実は清涼飲料・薬用・調味用》. [Arab＝Indian date]

tam·a·risk /tǽmərɪsk/ *n* 〖植〗ギョリュウ属の低木 (＝*salt cedar*).

ta·ma·ru·go /tɑ̀:mɑ:rú:gou/ *n* (*pl* ～**s**) 〖植〗タマルーゴ《チリ産マメ科のメスキート (mesquite) に近い低木; 土中の塩分の多い砂漠で生育できる》.

ta·ma·sha /təmá:ʃə/ *n* 《インド》見世物, 興行, 催し, 式典; 騒ぎ, ごたごた. [Urdu＜Arab]

Tam·a·shek, -chek /tǽməʃɛ̀k/ *n* タマシェク語《北アフリカ Sahara 地方の Tuareg 族の話す Berber 語》.

Ta·ma·tave /tæ̀mətá:v, tɑ̀:-/ タマタヴ《TOAMASINA の旧称》.

Ta·mau·li·pas /tɑ̀:maulí:pəs, təm-/ タマウリパス《メキシコ北東部の州; ☆Ciudad Victoria》.

Ta·ma·yo /təmáɪou/ タマヨ **Ru·fi·no** /rufí:nou/ ～ (1899–1991) 《メキシコの画家》.

tam·bac /tǽmbæk/ *n* TOMBAC.

tam·ba·la /tɑ:mbá:lə/ *n* (*pl* ～, ～**s**) タンバラ《マラウィの通貨単位: ＝1/100 kwacha》. [(Malawi)＝cockerel]

Tam·bo[1] /tǽmbou/ *n* [ºMr.] 《minstrel show で》タンバリンを鳴らす END MAN.

Tambo[2] /tá:mbou, tǽm-/ タンボ **Oliver** ～ (1917–93) 《南アフリカの政治活動家; ANC 議長 (1977–91)》.

Tam·bo·ra /tɑ:mbɔ́:rə/ [Mount] タンボラ山《インドネシアの Sumbawa 島にある火山 (2850 m); 1815 年の大噴火で標高が約 1150 m も減じた》.

tam·bour /tǽmbʊ̀ər, ー́ー̀/ *n* **1** タンブール《特に 低音の太鼓》; 鼓手. **2 a** (円形の)刺繍枠(で作った刺繍). **b** 〖医〗タンブール《浅い金属カップに弾性膜を張り, 内圧の動きを記録するための記録針を取り付けたもの; 脈波図などに応用》. **c** 〖建〗《円柱の》太鼓石; 〖建〗丸天井を支える環状壁. **d** 〖魚〗DRUM[1]; 〖魚〗GLOBEFISH. **3** 《キャビネットなどの》よろい戸; 〖建〗《教会玄関の》天井と折戸のある通廊; 《コートテニス場などの》傾斜控え壁. ► *a* よろい戸式の. ► *vt, vi* tambour で刺繍する. ♦ **～·er** *n* [F＝drum＜TABOR]

tam·bou·ra, -bu- /tæmbʊ́ərə/ *n* 〖楽〗タンブーラ (＝*tanpura*) 《インドのリュート属の楽器》; タンブール《トルコ・バルカン諸国のリュート属の楽器》. [Pers]

támbour clòck タンブール時計《左右に延びた台座に取付けた丸型の置時計》.

tam·bou·rin /tǽmbərən; *F* tɑ̃burɛ̃/ *n* タンブラン《南フランスの細長い太鼓》; 《エジプトの》瓶の形をした太鼓; タンブラン踊り[舞曲]. [F (dim)＜TAMBOUR]

tam·bou·rine /tæ̀mbərí:n/ *n* 〖楽〗タンバリン; 小さな太鼓; 〖鳥〗シロハラマミジロバト, タンバリンバト《アフリカ産; 鳴き声がよく響く》. ♦ **-rín·ist** *n* [C16 (↑)]

Tam·bov /tɑ:mbɔ́:f, -v/ タンボフ《ヨーロッパロシア中南部 Moscow の南東に位置する市》.

tambura ⇨ TAMBOURA.

tam·bu·rit·za /tæ̀mbərítsə/ *n* 〖楽〗タンブリッツァ《Balkan 地方のギター形の弦楽器; 音色はマンドリンに近い》.

Tamburlaine ⇨ TAMERLANE.

tame /téɪm/ *a* **1 a** なれた, 飼いならされた (opp. *wild*); [*joc*] 専属の〈道化役など〉. **b** 柔順な, すなおな; 無気力な, ふがいない〈服従など〉: (as) ～ as a (house) cat しごくおとなしい. **c** 野生味[野趣, 生彩]を欠く, 迫力のない, 刺激性に乏しい, 単調な〈叙述など〉. **2** *栽培の; 耕された〈土地〉: ～ plants 栽培植物. **3** 〈天然資源が〉《利用できるように》管理下に置かれた. ► *vt* **1 a** 飼いならす, 家畜化する; 服従させる, 馴致(じゅんち)する. **b** 〈勇気・熱情などを〉抑える, くじく; いくじなくする. **c** 〈色彩などを〉和らげる, 弱める 〈*down*〉. **2** 栽培する, 耕作する. **3** 利用できるように管理[制御]する. ► *vi* なれる; すなおになる. ♦ **tám·able, táme-** *a* **～·ly** *adv* **～·ness** *n* **tám·er** *n* tame する人[もの]; ならす人, 調教者: a lion-*tamer* ライオン使い. [OE *tam*; cf. G *zahm*; (v)＜(a)]

táme cát 飼い猫; [*fig*] 重宝がられる好人物.

táme·less *a* なれていない; ならすことのできない. ♦ **～·ly** *adv*

Tam·er·lane /tǽmərlèɪn/, **Tam·bur·laine** /tǽmbərlèɪn/ タメルラン《「隻脚の[跛者]ティムール」の意の TIMUR の別称》.

Tam·il /tǽməl, tʌ́m-, tá:m-/ *n* **a** (*pl* ～, ～**s**) タミル人《インド南部やスリランカに住む種族》. **b** タミル語《ドラヴィダ (Dravidian) 語族; 略

Tam.》; タミル文字. ♦ **Ta·mil·ian** /təmíliən, tæ-/ *a*

Támil Ná·du /-ná:du/ タミルナードゥ《インド南東部の州; ☆Chennai; 旧称 Madras》.

Támil Tígers *pl* [the] タミルの虎《スリランカの北部・東部州を統合したタミル国家の建設を目指した過激派組織「タミル・イーラム解放の虎」(LTTE) の通称; 2009 年スリランカ政府軍に敗北し潰滅》.

Tám·ing of the Shréw /téɪmɪŋ-/ [The]『じゃじゃ馬馴らし』《Shakespeare の喜劇 (出版 1623); Padua の富豪のじゃじゃ馬娘 Katherina に Verona の紳士 Petruchio が求婚し, みごと手なずけて従順な妻にしてしまう》.

tam·is /tǽmi, tǽməs/ *n* タミ《目の粗い梳毛(そもう)の濾過布》.

Tamiš ⇨ TIMIŞ.

Tám·la Mótown /tǽmlə ─́─/ タムラモータウン《黒人 R & B とソウル専門の米国のレコード会社; 1959 年設立》.

Tamm /tá:m, tǽm/ タム **Igor** (**Yevgenyevich**) ~ (1895–1971)《ソ連の物理学者; ノーベル物理学賞 (1958)》.

Tam·ma·ny /tǽməni/ *n* タマニー派 (TAMMANY HALL); 腐敗政治組織,《地方政治における》腐敗, 利権政治. ► *a* タマニー派の; タマニー派的な. ♦ **~·ìsm** *n* タマニー主義[政治], タマニー派的行為. **~·ìte** *n*

Támmany Háll タマニーホール《(1) 1789 年 New York 市に設立された慈善共済組合 **Támmany Socìety** (タマニー協会) に起源をもつ民主党の派閥組織; ボス政治家による支配を背景に, しばしば不正手段により市政を牛耳った; 代表的な政治家は 'Boss' Tweed (2) タマニー協会の本部が置かれた Manhattan の会館》;《一般に》腐敗した政治組織 (Tammany).

tam·mar /tǽmər/ *n*〘動〙ダマヤブワラビー (=*dama*)《豪州南西部産の灰色がかった褐色の小型ワラビー》. [(Austral)]

Tammerfors ⇨ TAMPERE.

Tam·muz /tá:mʊz; tǽmù:z, -ùz/ *n* **1**〘ユダヤ暦〙タンムズ《政暦の第 10 月, 教暦の第 4 月; 現行太陽暦で 6–7 月; ⇨ JEWISH CALENDAR》. **2**〘バビロニア神話〙タンムズ《春と植物の神》.

tam·my[1] /tǽmi/ *n* タミー《梳毛(そもう)または毛と綿の平織り地; ドレス・カーテンなどに用いた》. [C17<?]

tammy[2] *n* タミーの濾過布. ► *vt*〈ソースなどを〉タミーで濾過する. [変形<*tamis*]

tammy[3]‖ *n* TAM-O'-SHANTER;《口》スコットランド人.

tam-o'-shan·ter /tǽməʃæ̀ntər; ─́─́─/ *n* タモ・シャンター (=*tammy*)《スコットランド人がかぶる上にふさが付いたベレー帽》. [↓]

Tam o' Shan·ter /tǽm ə ʃǽntər/ タモ・シャンター《Robert Burns の同名の詩の主人公の農夫; 酔っぱらった Tam は Alloway の教会で魔女たちが踊っているのを見て, 若い Cutty Sark に賛嘆の声をあげたため追われたが, Doon 川の橋の上まで逃げ, かろうじて免れた》.

ta·mox·i·fen /təmáksəfèn/ *n*〘薬〙タモキシフェン《閉経後の女性の乳癌治療薬》. [? trans-, amino-, oxy-, phenyl]

tamp /tǽmp/ *vt* **1**〈道床などを〉突き固める, タンピングする;〘鉱〙〈発破孔〉に粘土・砂などを詰める; (トントンと)突き固める〈*down*〉; …にタバコなどを詰める: He ~*ed* (*down*) the tobacco *in*(*to*) his pipe. パイプにタバコを詰めた. **2** 抑えつける, 封じる〈*down*〉. ► *n* タンピング道具, タバコ詰め具. [逆成<*tampion*]

Tam·pa /tǽmpə/ タンパ《Florida 州西部のタンパ湾 (~ **Báy**) に臨む市・港町》. ♦ **Tám·pan** /-pən/ *a, n*

tam·pala /tæmpǽlə/ *n*〘植〙ハゲイトウ. [(India)]

tam·pan /tǽmpæn/ *n*〘動〙ヒメダニ,《特に 鶏につく》ナガヒメダニ. [(SAfr)]

Tam·pax /tǽmpæks/〘商標〙タンパックス《生理用タンポン》.

tam·per[1] /tǽmpər/ *vi* **1 a** へたに手を加える, 改悪する,〈包装された商品などに〉(悪質な)いたずらをする, もてあそぶ〈*with*〉: ~ *with* an illness〈医者が〉病気を長引かせる. **b**〈文書(の字句)・記録媒体(の中身)などを〉勝手に変更する〈*with*〉;《改変・盗聴などの》不正工作をする. **2**《贈賄・脅迫などによって》〈人に〉不当圧力を加える,〈…と〉不正取引をする,〈人を〉買収する〈*with*〉;《古》陰謀を企てる: ~ *with* voters 有権者を買収する / ~*ing with* jury〘法〙陪審員への不当圧力, 陪審員抱込み(罪). ► *vt* 不正に[みだりに]変更する. ♦ **~·er** *n* [変形<*temper*]

tamp·er[2] *n* 発破孔に充填材を詰める人;《道床などを》突き固める人; 込め棒, 突き棒;《コンクリートなどの》締め固め機, 突き固め機;〘理〙反射材, タンパー. [*tamp*]

Tam·pe·re /támpərèɪ, tá:m-/ タンペレ, タンメルフォルス (Swed **Tam·mer·fors** /tà:mərfɔ́:rz, -fɔ́:ʃ/)《フィンランド南西部の工業都市》.

támper-èvident *a*〈食品・薬品などの包装が〉中身にいたずらをされるとすぐわかる方式の.

támper·pròof *a* いたずら不能の, 勝手にいじくれない.

Tam·pi·co /tæmpí:koʊ/ タンピコ《メキシコ北東部 Tamaulipas 州南部 Pánuco 川の下流に臨む港湾都市》.

támp·ing *n* 充填; 充填材料, 込め物; 突き固め, 締め固め, タンピング. ► *a*《南ウェールズ方言》怒り狂って (=~ **mád**). [*tamp*]

tam·pi·on /tǽmpiən, *tá:m-/, **tom-** /tám-/ *n*《銃口・砲口などの》木栓, 砲栓;《オルガンの音管の》上端の栓. [F *tampon* (変形)<*tapon*<*tape* plug<Gmc; ⇨ TAP[2]]

tam·pon /tǽmpàn/ *n*《止血, 分泌物吸収用の》タンポン, 止血栓,《特に》生理用タンポン; タンポン《大太鼓のロールに用いる両頭のばち》. ► *vt* …にタンポンを挿入する. [F (↑)]

tam·pon·ade /tæ̀mpənéɪd/, **támpon·age** *n*〘外科〙タンポン挿入(法);〘医〙心(臓)タンポナーデ (=cardiac ~)《心嚢内に血液が異常に充満して起こる危険な心臓圧迫状態》.

tam-tam /tǽmtæ̀m, támtàm/ *n* TOM-TOM;〘楽〙GONG, タムタム. [Hindi]

Tam·worth /tǽmwərθ/ **1** タムワース《(1) イングランド中西部 Staffordshire 南東部の町 (2) オーストラリア南東部 New South Wales 州中東部の市》. **2**〘畜〙タムワース《主に ベーコン用にされる赤豚の一品種》.

Támworth Manifésto [the]〘英〙タムワース綱領《1834 年 Robert Peel が Tamworth 選挙区で行なった選挙演説; 保守党が新興の中産階級を取り込んだ近代的政党に脱皮する画期をなす》.

tan /tǽn/ *n* **1** TANBARK;《一般に》皮なめし剤; タン皮殻 (=spent ~)《庭地・乗馬道などに敷く》; [the]‖《俗》乗馬練習場. **2**《肌の》日焼けした色; 黄褐色; [*pl*] タン皮色の衣料品,《特に》タン皮色の靴. ● **kiss the ~**《俗》落馬する. ► *a* 皮なめし(用)の; 黄褐色の; *日焼けした. ► *v* (-nn-) *vt* **1**〈獣皮を〉なめす;〈タンパク質を〉レザー化する;〈網などに〉渋を引く. **2**〈肌を〉日焼けさせる, 褐色にする. **3**《口》ひっぱたく, むち打つ. ► *vi* 日焼けする. ● **~ sb's** HIDE[2]. ♦ **tán·na·ble** *a* [OE *tannian*<L *tanno*<? Celt (Ir *tana* thin)]

tan /tǽn/〘数〙tangent.

ta·na /tá:nə/ *n*〘動〙**a** フォーク(コビト)キツネザル《Madagascar 島産の夜行性の小さなキツネザル》. **b** オオツパイ《Borneo 島, Sumatra 島産の地上生活をする鼻づらの長い大型のツパイ》. [Malay]

Tana **1** [the] タナ川《(1) ケニア東部を東のち南に流れてインド洋に注ぐ川 (2) ノルウェー北東部を北流し, 一部フィンランドとの国境を流れ, タナ峡湾 (~ **Fjórd**) で北極海に注ぐ川》. **2** [Lake] タナ湖《エチオピア北西部の湖; Blue Nile の水源》.

Ta·nach /tɑ:ná:x/ *n*〘ユダヤ教〙タナハ《ヘブライ語聖書; Torah (律法), Nebiim (預言書), Ketuvim (諸書) の 3 部からなる; ⇨ BIBLE》. [Heb]

tan·a·ger /tǽnɪdʒər/ *n*〘鳥〙フウキンチョウ《同亜科の総称; 羽衣が美しい; 中米・南米産》. [NL<Port<Tupi]

Tan·a·gra /tǽnəgrə, *tənǽgrə/ タナグラ《古代ギリシア Boeotia にあった町の名》; TANAGRA FIGURINE.

Tánagra figurìne [**statuètte**] タナグラ小像《Tanagra 周辺の墳墓から発見された, 紀元前 8–1 世紀ごろ造られたテラコッタの着色小彫像》.

tan·a·grine /tǽnəgrən/ *a* フウキンチョウ (tanager) の.

Tá·nai·ste /tɔ́:nɪʃtə/ *n*《アイルランド共和国の》副首相 (cf. TAOISEACH). [Ir=second, next]

Tan·a·na /tǽnənɔ̀:, -nà:/ [the] タナナ川《Alaska 州中東部を流れる Yukon 川の支流》.

Ta·nan·a·rive /tənǽnərì:v, ─́─́─/ タナナリヴ《ANTANANARIVO の旧称》.

Ta·nan·a·ri·vo /tənæ̀nərí:voʊ/ タナナリヴォ《ANTANANARIVO のマラガシ語名》.

tán·bàrk *n* タン皮《皮なめし用》; タン皮殻を敷き詰めた場所《サーカス場など》.

Tan·cred /tǽŋkrəd/ タンクレアウス (1078?–1112)《ノルマン人の戦士; 第 1 回十字軍で活躍, Antioch を支配》.

T and A, T & A /tí: ən(d) éɪ/ *pl* *《俗》女性のヌード, ヌードショー, ヌード写真, ポルノ映画《など》. [*tits and ass*]

T and A〘医〙tonsillectomy and adenoidectomy ♦〘医〙tonsils and adenoids.

T & E tired and emotional‖《口》酔っぱらって.

tan·dem /tǽndəm/ *adv* 縦に[前後に]一列に並んで: drive ~ 馬を縦一列につないで走らせる. ► *a*〈2 頭の馬など〉縦に並んだ;〈機械など〉縦に連結した, 直列の, タンデム…; 連繋した;〘生〙〈重複が〉縦列の. ► *n* 縦につないだ 2 頭の馬(に引かせる二輪馬車); TANDEM BICYCLE; タンデム機関; 複軸式のトラック《など》, タンデム; 縦一列の[連繋する]一組; 連繋[相互依存]関係. ● **in ~** 縦に一列に並んで, 提携[連繋]して, 同時に〈*with*〉. [L=at length を 'lengthwise' の意で用いたもの]

tándem accélerator《口》タンデム型加速装置.

tándem bícycle タンデム自転車《2 人以上が縦に乗ってそれぞれがペダルを踏む; 19 世紀に流行》.

tándem génerator〘理〙タンデム発電機.

tándem repéat〘医〙縦列反復, タンデムリピート《一つの DNA 鎖上に同一の塩基配列が同方向で, 隣接して複数個並ぶこと》.

tándem róller タンデムローラー《前輪と後輪のローラーの直径が同じであるロードローラー》.

tan·door /tɑ:ndʊ́ər/ *n* (*pl* ~**s**, **-doo·ri** /-dʊ́əri/) タンドゥール《インドで用いる炭火を底に置く円筒形の土製のかまど》. [Hindi]

tan·doo·ri /tɑ:ndʊ́əri/ *a* タンドゥールで調理した: ~ chicken タンドリーチキン. ► *n* タンドゥールで焼いた料理《タンドリーチキンなど》; インド料理店.

Ta·ney /tɔ́:ni/ トーニー **Roger B**(**rooke**) ~ (1777–1864)《米国の

判事; 合衆国最高裁判所首席裁判官 (1836–64); 1857 年 Dred Scott の訴えを却下して奴隷制を擁護した》.

Tan·ez·rouft /tænəzrú:ft/ タネズルフト《アルジェリア南西部, マリ北部の乾燥地帯; Sahara 砂漠の西部地域にあたる》.

TANF /tǽnɪf/ 〖米〗 Temporary Assistance for Needy Families 困窮家庭一時扶助《連邦政府による生活保護制度 (1997–)》.

tang[1] /tǽŋ/ *n* **1 a**《舌[鼻]を刺激する独特の》強い味[匂い, 香り, 風味]. **b** 特性, 特質; 気味, 風味 ‹*of*›. **2** 刀心, なかご《小刀などの柄にはいっている部分》; 突起部[物]. **3**〖魚〗ニザダイ (surgeonfish). ► *vt* ピリッとさせる; …になかごを付ける. ♦ **~ed** *a* [ON *tange* point]

tang[2] *n*《金属の》ガーンと鳴る音;《張った弦の》ビーンと鳴る音. ► *vt, vi* ガーン[ビーン]と鳴らす[鳴る]. [imit]

tang[3] *n*〖植〗大きな海藻,《特に》ヒバマタ属の海藻. [Scand (Norw and Dan *tang*, Icel *þáng*)]

tang[4] *n**《俗》薬(ヤク)中毒: have a ~ on one's back 薬におぼれている《orangutan から; cf. have a MONKEY on one's back》.

Tang[1] /tá:ŋ; tǽŋ/〖中国史〗唐, 唐朝 (618–907).

Tang[2] /tǽŋ/〖商標〗タン《オレンジ味の粉末ドリンクの素》.

tan·ga[1] /tǽŋgə/ *n* タンガ **1**)ᴵᴵ《両脇をひもで結ぶ》T バックショーツ **2**) 熱帯アメリカの先住民が着用する V 字形の腰布》. [Port]

tanga[2] *n* タンガ《タジキスタンの通貨単位: =1/100 ruble》.

Tanga タンガ《タンザニア北東部の市・港町》.

Tan·gan·yi·ka /tæ̀ŋgənjí:kə, tæ̀ŋ-; tæ̀ŋ-/ **1** タンガニーカ《アフリカ東部 Tanganyika 湖とインド洋の間を占めた旧英国信託統治領; 1961 年に独立し, 64 年 Zanzibar と統合して TANZANIA となる》. **2** [Lake] タンガニーカ湖《タンザニアとコンゴ民主共和国の間の南北に細長い, 世界最長の淡水湖》. ♦ **Tàn·gan·yí·kan** *a, n*

tán·ga·ta whénua /tá:ŋɡɑ:tə-/ *pl* «NZ» 土地の人《特定の土地の, または総称としてのマオリ人》. [Maori=people of the land]

tan·ge·lo /tǽnʤəlòu/ *n* (*pl* ~s)〖植〗タンジェロ(の木)《tangerine と grapefruit あるいは pomelo との雑種》.

tan·gent /tǽnʤ(ə)nt/ *a* **1**《一点で》接する ‹*to*›;〖数〗正接[タンジェント]の;〖数〗接線の, 接平面の. **2** 本来の目的[方針]からはずれた. ► *n*〖数〗接線, 接平面;〖数〗正接, タンジェント《略 tan》; 急にわき道にそれること, 脱線;〖楽〗タンジェント《クラヴィコードの鍵の先端の打弦棒》;《道路・線路の》直線区間. ● **fly [go] off at [on] a ~** «口» 急にわき道へそれる, 方針[考え, 話題]を急に変える. ♦ **tán·gen·cy** *n* [*L tact- tango* to touch]

tángent bálance 正接ばかり《分銅を用いない》.

tángent galvanómeter〖電〗正接検流計.

tan·gen·tial /tænʤénʃ(ə)l/ *a* **1**〖数〗接線の;〖数〗正接の; 接線に沿ってはたらく‹力・運動など›. **2** わずかに触れる程度の; 横道にそれる, 脱線[逸脱]した. ♦ **~·ly** *adv*

tángent lìne〖数〗接線 (tangent).

tángent plàne〖数〗接平面.

tángent síght《小火器の》正接目盛り板, 表尺.

tan·ger·ine /tæ̀nʤ(ə)rí:n, ⌐—⌐/ *n* **1 a**〖植〗タンジェリン(の木)《米国・アフリカ南部に多く産するミカン》,《一般に》MANDARIN (=~ **òrange**). **b** 赤みの強いオレンジ色. **2** [T-] Tangier 生まれの人[市民]. ► *a* タンジェリン色の; [T-] Tangier の. [*Tangier*]

tan·ghin /tǽŋgən/ *n*〖植〗タンギン《Madagascar 島産のキョウチクトウ科の常緑樹; ミフクラギ (オキナワキョウチクトウ) のこと》; タンギンの実の仁 (kernel) から採った毒.

tan·gi /tǽŋi/ *n* «NZ»《マオリ族の》葬儀, 哀悼歌. [Maori]

tan·gi·ble /tǽnʤəb(ə)l/ *a* 触知できる; 実体的な, 具体的な, 有形の; はっきりと把握[理解]できる, 明確な; ‹財産が›有形で評価可能な: ~ proof 明確な証拠 / ~ assets [property]〖会計〗有形資産[財産]. ► *n* tangible なもの,《特に》有形資産. ♦ **-bly** *adv* **~·ness** *n* **tàn·gi·bíl·i·ty** *n* [F or L; ⇨ TANGENT]

Tan·gier /tænʤíər/, **-giers** /-z/ タンジール《モロッコ北部の, Gibraltar 海峡に臨む市・港町; かつては夏期の首都》.

Tangíer Ísland タンジール[タンジア]島《Virginia 州東部 Chesapeake 湾にある島; 米国で最も古いイギリス人入植地の一つで, 俗に当時の英語が話されているといわれる》.

Tangíer Zóne [the] タンジール地区《モロッコがフランス領・スペイン領に分割されていた時代に国際管理されていたタンジールとその周辺地域 (1923–56)》.

tan·gle[1] /tǽŋg(ə)l/ *vt* もつれさせる ‹*up*›;《妨げるような具合に》巻き込む; からみ合わせる; 紛糾させる; 当惑させる; 網[わな]にかける, からめとる, 陥れる: bushes *~d with* vines つるのからまった灌木 / be [get] *~d up in* ‹面倒なことなど›に巻き込まれる. ► *vi* もつれる; 紛糾する; 混乱する, 巻添えを食う; «口» ‹…と›争う, やり[言い]合う ‹*with*›. ► *n* もつれ; 当惑, 困却; 混乱, ごたごた, 紛糾; «口» 口論, 激論, 争い;〖医〗NEUROFIBRILLARY TANGLE: get into a ~ もつれる; 混乱する; 争いになる / in a ~ もつれて, 混乱して. ♦ **~·ment** *n* ENTANGLEMENT. **tán·gler** *n* [変形‹ *tagle*‹?Scand (Swed *taggla* (dial) to tangle)]

tangle[2], **tángle wèed** *n* 大きな海藻,《特に》カラフトコンブ《など》. [? Norw‹ON; cf. TANG[3]]

tángle·bèrry *n* DANGLEBERRY.

tán·gled *a* もつれた, からまった, こんがらかった, 混乱した; 複雑にから み合って ‹*with*›; 錯綜した, 非常に入り組んだ.

tángle·fòot *n* (*pl* ~s)*《俗》強い酒,《特に》安ウイスキー;〖植〗HEATH ASTER;〖植〗DEERWEED.

tángle·lègs* *n* (*pl* ~) HOBBLEBUSH;《俗》強い酒.

tangle weed ⇨ TANGLE[2].

Tángle·wòod タングルウッド《Massachusetts 州西部 Berkshire 郡の町 Lenox にある地名; 毎年夏 Boston 交響楽団などが参加して Berkshire 音楽祭が開かれる》.

tán·gly *a* もつれた, 錯綜した, 混乱した.

tan·go[1] /tǽŋgou/ *n* (*pl* ~s) **1** タンゴ《ラテンアメリカ起源の 2/4 拍子のダンス; その曲》. **2** [T-] タンゴ《文字 t を表わす通信用語; ⇨ COMMUNICATIONS CODE WORD》. **3** はぐらかし, 煮えきらない態度. ► *vi* タンゴを踊る. ● **(It) takes two to ~.** «口» タンゴは一人じゃ踊れない, 相手あっての話だ, 一方だけのせいじゃない. [AmSp]

tango[2] *n* 赤みの強いオレンジ色, 赤橙色. [*tangerine*; 語形は ↑ にならったもの]

tan·gor /tǽnʤɔ:r, -gɔ:r/ *n* タンゴール (=*temple orange*)《ミカンとオレンジの交雑種》. [*tangerine*+*orange*]

tan·gram /tǽŋgrəm, -græm/ *n* 知恵の板, タングラム《正方形を 7 片の三[四]角形に切り, そのさまざまな組合わせを楽しむ中国のパズル》. [C19‹? *Tang*[1], *-gram*]

Tang·shan /tá:ŋʃá:n; tǽŋʃǽn/ 唐山(とうざん)(タンシャン)《中国河北省東部の市》.

Tan·guy /*F* tɑ̃gi/ タンギー **Yves** ~ (1900–55)《フランス生まれの米国のシュールレアリスム画家》.

tangy /tǽŋi/ *a* ‹味が›ピリッとする, ‹匂いが›ツーンとする. ♦ **táng·i·ness** *n* [*tang*[1]]

tanh /θǽn, tǽnʃ/〖数〗°hyperbolic tangent.

tania ⇨ TANNIA.

Ta·ním·bar Íslands /tənímbɑ̀:r-, tɑ:-/ *pl* [the] タニンバル諸島《インドネシア, Molucca 諸島南東部 Timor 島の東北東にある島群》.

Ta·nis /téɪnəs/ タニス《エジプトの Nile 川デルタ地区北東部にあった古代都市; 聖書にみえるゾアン (Zoan) のこと》.

tan·ist /tǽnɪst, θɔ́:nɪst/ *n*〖史〗《TANISTRY に基づいて選ばれた》族長(後継者). [Ir and Gael=heir]

tánist·ry *n*〖史〗《ケルト人の》族長後継者選定制《族長在世中に親族の中から最適任者を選挙で後継者と決めた》.

tan·i·wha /tǽnəwɑ̀:/ *n* «NZ» 水の魔物. [Maori]

Tanjore ⇨ THANJAVUR.

Tan·jung·ka·rang /tɑ̀:nʤʊŋká:rɑ:ŋ/ タンジュンカラン (⇨ BANDAR LAMPUNG).

Tan·jung·pri·ok /tɑ̀:nʤʊ̀ŋpriɔ́:k/ タンジュンプリオク《インドネシア Jakarta の外港》.

tank[1] /tǽŋk/ *n* **1 a**《水・油・ガスなどの》タンク, 水槽, 油槽, 貯槽,《機関車の》水槽,《飛行機の》燃料タンク,《特に》補助燃料タンク, 増槽;《魚を飼う》水槽; *水泳プール; «インド・豪» 貯水池, 堰(せき); «英では方» 池, 湖, ため池. **b** タンク一杯の量 (tankful);《タンク内の》液体, ガス. **2 a**〖軍〗タンク, 戦車; TANK ENGINE: a male [female] ~《初期の》重[軽]戦車 / a heavy [medium, light] ~ 重[中, 軽]戦車. **b***《俗》ライフル, ガン; ᴵᴵ《俗》パトカー, 警察のワゴン車. **3**〖服〗TANK TOP. **4** *《俗》《刑務所の》房, 雑居房, 刑務所 (jail),《酔っぱらいを収監する》トラ箱; *《俗》小さな町 (tank town); *《俗》胃袋; *《俗》TANK FIGHT; *《俗》大酒飲み (tank-up). **5** [the T-]*《俗》《米国防総省の》統合参謀本部会議室《the Gold Room ともいう》. ● **go in the ~** *«口» 不況に陥る, 損をする; *《俗》試合を投げる, わざと負ける. **in the ~** 不調で, 不景気で; *《俗》酔っぱらって. **on the [a] ~** *《俗》痛飲して, 飲みまくって. ► *vt* タンクに入れる[たくわえる]; タンク内で処理する; [ˢ~ it]《俗》‹試合›にわざと負ける; ᴵᴵ《俗》ぶっつぶす, ぶちのめす. ► *vi* «口» タンクのように動く;《俗》大酒を飲む (TANK up); *《俗》《試合に》(わざと)負ける; *«口» ‹事業・企画が›失敗する, ‹株・市場などが›暴落する, 激減する. ● **~ up** «口»《ガソリンを》満タンにする ‹*on* [*with*] gas›;《俗》腹を一杯にする, たらふく飲む[食べる] ‹*on*, *with*›,《特に》大酒をくらう, 酔っぱらう (cf. TANKED *up*). ♦ **~·less** *a* **~·like** *a* [Gujarati‹? Skt *tadāga* pond]

tank[2] *n*《俗》グラス一杯の酒, ビール一杯. [? *tankard*]

tan·ka[1] /tá:ŋkə/ *n* タンカ《チベットを中心とするラマ教文化圏で使われる画布・宗教絵巻》. [Tibetan]

tanka[2] *n*《日本の》短歌; 短歌形式の詩.

tánk àct*《俗》TANK FIGHT.

tánk·age *n* タンク使用料; タンク設備; タンク貯蔵(量); タンクかす《くず肉・内臓などの脂肪から採る肥料・飼料》.

tan·kard /tǽŋkərd/ *n* タンカード《取っ手付き大ジョッキ, 特に 銀製・白目(しろめ)製で蓋付きのもの》; タンカード一杯の飲み物[量]. [ME=bucket‹?; cf. MDu *tankaert*]

tank·bust·er /tǽŋkbʌ̀stər/ *n*《俗》対戦車砲搭載機, 戦車キラー.

tánk càr〖鉄道〗タンク車.

tánk destròyer 戦車攻撃車, 戦車駆逐車, 対戦車攻撃機.

tánk dràma《俗》水難救助などの場面に本物の水を用いて俗うけをねらう安芝居; 田舎芝居.

tanked /tǽŋkt/ *a* ‖《俗》酔っぱらって (＝～ up); *《俗》《試合などに》負けて: get ～ (up).

tánk èngine 〔鉄道〕タンク機関車《炭水自載》.

tánk·er *n* 油槽船, タンカー; タンク(自動)車, タンクローリー; (空中)給油機 (＝～ plane); 〔米軍〕戦車[装甲車]隊員 (tankman); *《俗》酒飲み, のんべえ (drunkard); *《俗》八百長ボクサー《負ける側》. ► *vt* タンカー輸送する.

tánk fàrm 石油タンク集合地域.

tánk fàrming 水耕法 (hydroponics).

tánk fìght *《俗》《ボクシングなどの》八百長試合.

tánk·fùl *n* タンク一杯(の量).

tánk fùrnace 《ガラス製造用の》タンク窯(かま).

tánk glàss タンクガラス《POT GLASS に対して, タンク窯溶融のガラス》.

tánk·ie *n* TANKY.

tank·i·ni /tæ̀ŋkíːni/ *n* タンキニ《ボトムとタンクトップからなるセパレーツの水着》. [*tank* top＋bi*kini*]

tánk jòb *《俗》八百長ボクシング試合 (tank fight).

tánk kìller 〔軍〕タンクキラー《戦車攻撃機[車], 対戦車ミサイルなど》.

tánk locomòtive TANK ENGINE.

tánk·man /-mən/ *n* 《工場の》タンク係; 《水族館の》水槽係; 〔米軍〕TANKER.

tánk·shìp *n* タンカー, 油槽船 (tanker).

tánk sùit タンクスーツ《1920 年代に流行したスカートの付かない上下続きの水着》. [*tank* swimming pool]

tánk tòp タンクトップ《ランニングシャツ風の上衣[シャツ, ‖セーター]》. [*top*¹; cf. ↑]

tánk tòwn* 〔鉄道〕給水駅; 小さな町.

tánk tràiler タンクトレーラー《石油・ガス輸送用》.

tánk tràp 対戦車障害物《戦車濠など》.

tánk trùck 油槽[水槽]トラック, タンク車, タンクローリー.

tánk-ùp *n* *《俗》大酒飲み, のんだくれ (drunkard).

tánk wàgon‖ タンク車 (tank car); タンク[油槽, 水槽]用馬車.

tánky *a* *《俗》酔っぱらった. ► *n* ‖《海軍俗》水槽係, 船倉係, 航海長の助手; [ᵒT-] ‖《俗》タンキー (＝*Tankie*)《かつての英国共産党内のソ連支持者》.

tán lìquor なめし液.

Tan·na /tάːnə/ タナ《太平洋南西部にあるヴァヌアツ領の島》.

tan·nage /tǽnɪʤ/ *n* 皮なめし; なめしたもの; 《肌の》日焼け(した色).

tan·nate /tǽnèɪt/ *n* 〔化〕タンニン酸塩[エステル].

tanned /tǽnd/ *a* なめした; ‖日に焼けた, 日焼け色の; *《俗》酒に酔った.

tan·nen·baum /tǽnənbàʊm/ *n* CHRISTMAS TREE. [G＝fir tree]

Tan·nen·berg /tǽnənbə̀ːrg; G tánənbɛrk/ タンネンベルク (*Pol* Stębark)《東プロイセン (現ポーランド東北部) の村》. ■ the **Báttle of** ～ タンネンベルクの戦い《第一次大戦初期の 1914 年 8 月 Hindenburg および Ludendorff の率いるドイツ軍が巧みな包囲戦でロシア軍を殲滅(せんめつ)した戦い》.

tán·ner¹ *n* **1** 皮なめし人[業者]. **2** 肌を日に焼く人; 日焼け剤[クリーム]. [*tan*]

tanner² *n* ‖《俗》6 ペンス(貨). [C19＜?]

tán·nery *n* 皮なめし工場; 皮なめし(法).

Tann·häu·ser /tǽnhɔ̀ɪzər/ タンホイザー《(1) 中高ドイツ語を用いた 13 世紀中葉の漂泊の抒情詩人 (2) Tannhäuser を主題とした Wagner の歌劇 (1845)》.

tan·nia, tan·ia /tǽniə/ *n* 〔植〕アメリカサトイモ, ヤウティア (yautia).

tan·nic /tǽnɪk/ *a* タン皮の(ような)[から得た]; 〔化〕タンニン(性)の; 〈ワインが〉タンニンの渋味のある; タンニンから得た. [F; ⇨ TANNIN]

tánnic ácid 〔化〕タンニン酸 (TANNIN).

tan·nie /tǽni/ *n* [ˢT-] 《南ア》おばさん《血縁上のおばだけでなく, しばしば自分より年長の女性に対する呼びかけ語; 'auntie' に相当》. [Afrik]

tan·nif·er·ous /tæníf(ə)rəs/ *a* タンニンを生じる[含む].

tan·nin /tǽnən/ *n* 〔化〕タンニン (＝*tannic acid*)《植物から抽出される水溶性混合物; 皮なめし剤・媒染剤; ワイン中のタンニンは渋みをもたらす》. [F *tanin*; ⇨ TAN]

tán·ning *n* 製革法, なめし(法); 《肌の》日焼け; 《口》むち打ち; 〔昆〕《脱皮後の外皮の》なめし現象.

tánning bèd 日焼け用ベッド《上下に太陽灯のついたプラスチック製ベッド; 人工的に均等な日焼けをつくる》.

tán·nish *a* 黄褐色がかった.

Tan·noy /tǽnɔɪ/ *n* 〔商標〕タンノイ《英国の高級スピーカー(システム)》. ► *vt* ‖[t-] タンノイを使ってアナウンス[伝達]する. [*tan*talum, all*oy*]

tán òak 〔植〕北米太平洋地域に産するブナ科マテバシイ属の木《タン皮を産する》.

Ta·no·an /tάːnoʊən/ *n*, *a* タノ語族(の)《New Mexico 地方のインディアンの一語族》.

tán-òoze *n* なめし液 (tan liquor).

tán-pìckle *n* なめし液 (tan liquor).

tán pìt TAN VAT.

tan·pu·ra /tɑnpúːrə/ *n* 〔楽〕TAMBOURA.

tan·rec /tǽnrɛ̀k/ *n* TENREC.

Tans /tǽnz/ *n pl* [the] 《アイルロ》BLACK AND TANS.

Tan·sen /tǽnsɛ̀n/ ターンセン (c. 1500–89)《北インドの作曲家・声楽家; ムガル朝の Akbar 大帝のもとで宮廷音楽家として活躍した》.

tan·sy /tǽnzi/ *n* 〔植〕ヨモギギク《かつて薬用・調理用》. [OF, ＜Gk *athanasia* immortality]

tánsy rágwort 〔植〕ヤコブボロギク, ヤコブコウリンギク, ヤブボロギク《黄色の花をつけるキオン属の雑草; 土地によっては厄介な害草; 牛が大量に食べれば有害》.

Tan·ta /tάːntə/ タンタ《エジプト北部 Nile 川三角洲中部の市; アラブの学問の中心で巡礼地, 年 3 回の祭で有名》.

tan·ta·late /tǽntlèɪt/ *n* 〔化〕タンタル酸塩[エステル].

tan·tal·ic /tæntǽlɪk/ *a* 〔化〕(5 価の)タンタルの[を含む], タンタル (V) の.

tantálic ácid 〔化〕タンタル酸.

tan·ta·lite /tǽnt(ə)làɪt/ *n* タンタライト《タンタルの原料鉱物》.

tan·ta·lize /tǽnt(ə)làɪz/ *vt* (見せびらかして)じらす, からかってお預けを食らわせる. ► *vi* 人をじらす. ♦ **-lìz·er** *n* **tàn·ta·li·zátion** *n* [*Tantalus*]

tán·ta·lìz·ing *a* 欲望[興味]をそそる; 《欲しくても》手が届かない, 気をもたせる, 思わせぶりな. ♦ **～·ly** *adv*

tan·ta·lous /tǽnt(ə)ləs/ *a* 〔化〕(3 価の)タンタルの[を含む], タンタル (III) の.

tan·ta·lum /tǽnt(ə)ləm/ *n* 〔化〕タンタル《希有金属元素の一つ; 記号 Ta, 原子番号 73; 白金代用品》. [↓; その非吸収性から]

Tan·ta·lus /tǽnt(ə)ləs/ **1** 〔ギ神〕タンタロス《Zeus の子; 神々の秘密を漏らしたため, あごまで地獄の水につけられ渇して飲もうとすると水は退き, 飢えて木の実を採ろうとすると枝がはね退き, 飢渇に苦しめられた》. **2** [t-] タンタロススタンド《通例 三つ組の酒瓶台で, 外から取れそうに見えるが鍵がないと瓶が取れない》. **3** [t-] 〔鳥〕スグロコウ (wood ibis).

tan·ta·mount /tǽntəmàʊnt/ *a* 同等の, 等価の〈*to*〉. [AF＜It *tanto montare* to AMOUNT to so much]

tan·ta·ra /tæntǽrə, -tάːrə, tǽntərə/ *n* らっぱ[角笛]の音[響き]. [L＜imit]

tante /tάːnt/, **Tan·te** /tάːntə; tǽn-/ *n* 《フランス・ドイツ・アフリカーンス系の人の間で》おばさん《血縁上のおばだけでなく, 年長の女性に対する呼びかけ語》.

tan·tivy /tæntívi/ *adv* 疾駆して, まっしぐらに; 一気呵成に. ► *n* 疾駆, 突進; らっぱ[角笛]の音; [T-] 〔英史〕1660–88 年の高教会派[トーリー党]の人. ► *int* 〔狩〕疾駆せよ. ► *a* 疾駆する; Tantivy の. [C17＜?; imit か]

tant mieux /*F* tɑ̃ mjø/ なおさらよい; それはけっこう. [F＝so much the better]

tan·to /tάːntoʊ, tǽn-/ *adv* 〔楽〕はなはだ, あまりに, そんなに, タント: non ～ あまり…でなく. [It]

tán·tony (pìg) /tǽntəni(-)/ 一腹子中の最小の子豚 (Anthony); 追従者.

tant pis /*F* tɑ̃ pi/ なおさら悪い; 困ったことだ. [F＝so much the worse]

tan·tra /tάntrə, tάːn-, tǽn-/ *n* [ᵒT-] タントラ《ヒンドゥー教・仏教における秘儀的傾向をもつ経典; 仏教タントラは「儀軌」として漢訳された》; [ᵒT-] タントラ教 (Tantrism). ♦ **tán·tric** *a* [ᵒT-] [Skt＝groundwork, doctrine (*tan* to stretch)]

Tan·trism /tάntrɪ̀z(ə)m, tάːn-, tǽn-/ *n* タントラ教《タントラに従って宗教的実践をするインドの秘儀的宗教》. ♦ **-trist** *n*

tan·trum /tǽntrəm/ *n* 《幼児の》かんしゃく, 不機嫌: throw [fly into, have] a ～ かんしゃくを起こす, むずかる. [C18＜?]

Tantung ⇨ DANDONG.

ta·nu·ki /tɑnúːki/ *n* 〔動〕タヌキ (狸) (raccoon dog); タヌキの毛皮. [Jpn]

tán vàt 皮なめし液槽 (＝*tan pit*).

Tan·ya /tǽnjə, tάːn-/ タニア, ターニャ《女子名; Tatiana, Tatyana の愛称》.

tán·yàrd *n* 《皮なめし工場の》なめし桶置場.

Tan·za·nia /tæ̀nzəníːə, tænzéɪniə/ タンザニア《東アフリカの国; 公式名 United Republic of ～ (タンザニア連合共和国); 1964 年 Tanganyika と Zanzibar とが統合して成立; ☆Dodoma》. ♦ **Tàn·za·ní·an** *a*, *n*

tan·za·nite /tǽnzənàɪt/ *n* 〔鉱〕タンザナイト《タンザニア北部で採れる zoisite の変種で濃紺; 宝石とする》.

Tao /dάʊ, tάʊ; tάʊ/ *n* 《道教の》道; [ᵒT-] 《儒教の》道; [ᵒt-] 《技芸などの》道. [Chin]

Taoi·seach /tíːʃəx/ *n* [the] 《アイルランド共和国の》首相. [Ir＝chief, leader]

Táo·ism *n* 老荘哲学[思想]; 道教.

Táo·ist *n* 老荘哲学信奉者, 道家; 道教信者, 道士. ► *a* 老荘哲学の; 道教の. ♦ **Tao·ís·tic** *a*

ta·on·ga /tɑːάŋgə/ *n* 《NZ》高く評価されるもの, 貴重なもの.

T

Taor·mi·na /tauərmí:nə/ タオルミーナ《Sicily 島北東部の保養地; 古代名 Tauromenium》.

Taos /táus/ *n* **a** (*pl* ～) タオス族《New Mexico 州の pueblo に住むインディアン》. **b** タオス語.

Tao-te Ching『道徳経』(⇨ DAODEJING).

tap[1] /tǽp/ *v* (-pp-) *vt* **1**《トン(トン)[コツン, コツコツ]と》軽くたたく; 〈足・杖・指・鉛筆などで〉トントンとたたく; 〈パイプの灰などを〉たたいて落とす〈*out*〉; 〈釘などを〉トントン打ち込む〈*down*〉; トントン[コツコツ]と軽くたたいて〈リズムなどを〉作りだす, キーをたたいて〈通信・原稿などを〉打ち出す〈*out*〉: ～ one's finger on the desk / ～ sb *on* the shoulder 人の肩をポンとたたく / ～ *up* 戸をたたいて起こす. **2***〈靴を〉半張りにする. **3***選ぶ, 指名する,《特に》会員に選ぶ〈*for*〉; ᴴ«口»〈他チームと契約中の選手を〉引き抜こうと不法に接触する〈*up*〉. ► *vi*《トン(トン)[コツコツ]と》軽く打つ[たたく]; コツコツと靴音をたてて歩く; タップを踏む (tap-dance): ～ *at* [*on*] the door 戸をたたく. ● **～ in** キーをたたいて《コンピューターなどに》〈情報を〉入れる. **～ out**〔野〕《アウトになるような》弱い打球を打つ. ★ ⇨ TAPPED. ► *n* **1** 軽くたたくこと[音], トン(トン), コツン, コツコツ, カツカツ, コンコン,《キーをたたく》パチパチ; [*pl*] 小太鼓を連打する音 (cf. TAPS); タップダンス; 〔音〕弾音 (flap): a ～ on the wrist ⇨ SLAP[1]. **2**《靴裏の》張替え革, 半張り;《タップダンス用などに靴裏に打つ》金具. [imit; F *taper* の影響]

T **tap**[2] *n* **1 a**《水道などの》蛇口, 栓, コック (faucet*);《樽の》呑口(のみくち), 栓: a hot ～ 湯の出る蛇口. **b**《呑口から出した》酒;《酒の》特定の種類[品質], 口;《一般に》特質: an excellent ～ いい酒. **c** ᴴ《ビール》酒場 (taproom). **2**〔外科〕穿刺(法)《体腔などからの液体除去》. **3** *〔電〕《コイル・回路などの》中間口出し, タップ (tappingᴴ); 傍受, 盗聴; 盗聴器[装置], 隠しマイク. **4**〔機〕タップ, 雌ねじ立て[切り]. ● **on ～** 〈樽が〉呑口[栓]が付いて, 口を切られて; 〈酒・ビールが〉いつでも樽から注げる状態で, 樽出しで; «口» 手近に(用意されて), すぐ求めに応じられる; *«口»〈企画などが〉予定されて, 次に控えて; 〈国庫債券が〉いつでも買える: What's on ～ for today? «口» 今日の予定はどうなっていますか, 今日は何があるの? **on the ～** «俗» 物乞いして, 金をせびって. ► *a* 〈債券が〉発行期間・発行総額に制限がない; «俗» 無一文の. ► *vt* (-pp-) **1 a** 〈樽・管などに〉口[栓]を付ける; 〈樽の〉栓を抜く;《栓を抜いて[開けて], または穴をあけて》〈酒などを〉容器から出す〈*off*〉. **b** 口[穴]をあけて…の汁[液]をとる; 〔外科〕穿刺する; 〈本管〉から水道[ガス]を引く. **2** 〈電話線・電信線〉にタップを設けて傍受[盗聴]する; 〈電気回路を〉分岐させる, 〈電流を〉つなぐ. **3** (…から必要なものを)取り出す, 引き出す; 利用する, 〈知識の源泉などを〉開く, 〈土地・天然資源・可能性などを〉開発(利用)する; …と交流[交易]を開始する; «口»〈人〉に〈金・情報・助力などを〉求める, せびる, …から〈…を〉巻き上げる〈*for*〉; *«俗» 襲う (attack, mug); 〈話題を〉切り出す: ～ sb *for* tip [*to* appear on TV] 人にチップをせびる[テレビ出演を頼む]. **4**〔機〕〈パイプなど〉に雌ねじを立てる. ● **～ into**…〈能力・経験・チャンス〉を《巧みに》利用する, 活用する; 〈人の感情・気持〉をとらえる, 汲む, …につけいる; 〈市場など〉に進出する, 食い込む; 〈コンピューター〉に不法に侵入する. **～ out**《電話回線とコンピューターを用いて》〈情報〉を伝送する; *《ギャンブル・投機で》有り金を全部すってしまう, (金[資源など]を)使い果たす, 〈人〉に使い果たさせる (cf. TAPPED OUT); *〈人を〉くたくたにする; *«俗» 死ぬ. ♦ **táp·pable** *a* [OE *tæppa*; cf. G *Zapfen*; (v)<(n)]

tap[3] *n* «インド» マラリア. [Pers=fever, heat<Skt]

TAP [F *Tunis Afrique Presse*] チュニジアアフリカ通信《チュニジアの通信社》.

ta·pa[1] /tá:pə, tǽpə/ *n* タパ《カジノキ (paper mulberry) の皮》; タパ布 (=～ **clòth**)《南洋諸島でタパから製した紙に似た布》. [Marquesan, Tahitian]

tapa[2] *n* [ᵘ*pl*] タパス《スペインのバーなどで, 酒と共に供される各種のつまみ》. [Sp=lid; もとグラスの lid の上に出したことから]

tap·a·de·ro /tæ̀pədéərou/, **-ra** /-rə/ *n* (*pl* ～**s**)*«西部»《やぶの中などでブーツを保護するための》革製あぶみおおい. [AmSp]

Ta·pa·jós, -joz /tæ̀pəʒɔ́:s/ [the] タパジョス川《ブラジル北部を北東に流れて, Amazon 川に合流》.

táp bòlt〔機〕押えボルト (=*cap screw*).

táp bòrer 呑口(のみくち)あけ, 栓ぎり.

táp cìnder〔冶〕鉱滓(こうさい).

táp-dànce *vi* タップダンスを踊る; «俗» とっさにごまかす[言い紛らす]. ● **～ like mad** «俗» 絶えず忙しくする, やたらかけずりまわる.

táp dànce タップダンス《靴音のリズムを主とする踊り》; «俗» うまく回避すること, くぐり抜け, とっさのごまかし. ♦ **táp dàncer** *n* **táp dàncing** *n*

tape /téɪp/ *n* 平ひも, さなだひも, テープ; 接着[粘着]テープ, セロハンテープ, ガムテープ; 絶縁テープ; 磁気テープ, 録音[録画]テープ, カセットテープ; [the]〔競技〕ゴールテープ;《機械の》調べ帯; 穿孔テープ《電算機用・電信受信用など》; 巻尺 (tape measure); RED TAPE; TAPEWORM; TAPE RECORDING: BREAST the ～. ● **on ～** テープに(記録[録音, 録画]されて), テープで. **read the ～**〔証券〕相場を予想する. **run the ～ over**…ᴴ«俗» …を検査する. ► *vt* テープでくくる[縛る], …にテープを貼る[巻く]〈*up*〉; [ᵘ*pass*]*包帯で縛る〈*up*〉; テープで貼り付ける[留める]; «俗»〈人を〉ガムテープで縛る[口封じをする]; 巻尺で測る; テープに記録[録音, 録画]する. ► *vi* テープに記録する. ● **be ～d** ᴴ«口» 完全に理解されている; «口» 決着がついている. **have** sth **～d** «口» have sth cinched (⇨ CINCH[1]). **have** [**get**]…**～d** ᴴ«口» 〈人・問題・事態などを〉完全に理解[把握]している; ᴴ«口» …の決着をつける. **～ off**《テープを張り巡らせて》〈事件現場などを〉封鎖[立入り禁止に]する ► *a* テープに記録した; 磁気[記録用]テープ用の[を入れる]. ♦ **～·able** *a* **～·less** *a* **～·like** *a* [OE *tæppa, tæppe* part torn off<?; cf. OFris *tapia* to pull, MDu *tapen* to tear]

tápe dèck テープデッキ《**1**) 磁気ヘッドにテープを通す機構 (=*tape transport*) **2**) パワーアンプとスピーカーを内蔵しないテープレコーダー》; TAPE PLAYER.

tápe-delày *n* テープディレー《**1**) 録音したものを放送にかけるまでの時間; 特にラジオの call-in で禁止用語チェックのため実際の発言と放送とを数秒ずらすこと **2**) 生演奏で, 効果を強める方法として後続する演奏に音を重ねるための録音》.

tápe drìve〔電算〕テープドライブ[装置]《磁気テープの読取り・書込みを行なう装置》.

tápe fìsh RIBBONFISH.

tápe gràss〔植〕セキショウモ (=*celery, eelgrass, water* [*wild*] *celery*)《リボン状葉の沈水性の多年草》.

tápe·lìne *n* TAPE MEASURE.

tápe lòop《フィルムや磁気テープの両端をつないでエンドレスにした》テープループ (LOOP[1]).

tápe machìne TAPE RECORDER; ᴴチッカー (TICKER).

tápe mèasure 巻尺《布または金属製》.

tápe mèasure shót [**jób, hóme rún**] «野球俗» 特大ホームラン《Mickey MANTLE が打った大ホームランを実際に測定したことに由来する》.

ta·pe·nade /tà:pəná:d/ *n* タプナード《黒オリーブ・ケーパー・アンチョビーなどを材料にしたペースト》. [F<Prov *tapeno* caper[2]]

tápe plàyer テーププレーヤー (=*tape deck*)《再生専用機》.

tápe pùnch〔電算〕テープ穿孔機.

ta·per[1] /téɪpər/ *n* **1 a** 小ろうそく, 細いろうそく;《ろうそく・ガス灯・パイプなどの点火に用いる》ろう引きの灯芯; «詩・文» 弱い光(を放つもの), かすかな明かり. **b** 先細の形(をしたもの); 〔機〕テーパー;《鋳物師の》こて. **2**《細長い物体の厚さ・直径・幅などの》逓減(度[率]);《活動・力などの》先細り, 漸減, 衰微. ► *a* 先細の〈指など〉; 〈運賃など〉逓減的に類別された. ► *vt, vi* 先細にする[なる]〈*off*〉; しだいに減らす[減る, 消滅する], 漸減する, 次第にやめる[やむ]〈*off*〉: ～ *off* to two cigarettes a day タバコを日に 2 本に減らしていく / ～ *off* smoking cigarettes タバコを少しずつ減らしていってやめる. ♦ **～·er** *n*《宗教上の行列で》小ろうそくを持つ人. **～·ing** *a* [OE *tapur, taper* wax candle<L PAPYRUS; 芯にパピルスの髄を用いたことから]

tap·er[2] *n* TAPE を用いる人; テープをかける機械.

tápe rèader〔電算〕テープ読取り機.

tápe-recòrd *vt* テープ録音[録画]する.

tápe recòrder テープレコーダー.

tápe recòrding テープ録音[録画]; 録音[録画]テープ.

tápered róller bèaring〔機〕円錐ころ軸受.

táper pìn〔機〕テーパーピン《一方が若干先細りになった短い金属ピン; 栓・くさび用》.

táper·stìck *n* 小ろうそく立て.

tápe strèamer〔電算〕(テープ)ストリーマー (=*streamer*)《大容量ハードディスクの内容を磁器テープにバックアップする装置》.

táp·es·tried *a* TAPESTRY を掛けた, つづれ織りのような; タペストリーに織り込んだ.

tap·es·try /tǽpəstri/ *n* **1** つづれ織り, つづれにしき, タペストリー《壁掛け・クッションカバー・室内装飾など用》; つづれ織り風の刺繍; TAPESTRY CARPET. **2** 複雑に織りなしたもの[状況]: life's rich ～ 人生の豊かなつづれ織り[絵模様]. ► *vt* タペストリーに描き出す[に織り込む, で飾る]. ♦ **～·like** *a* [ME *tapissery*<OF (TAPIS)]

tápestry Brússels BRUSSELS CARPET.

tápestry càrpet タペストリーカーペット《織る前に図案を糸に染め出しておく》.

tápestry mòth〔昆〕モウセンガ, ジュウタンガ (CARPET MOTH).

tápe trànsport テープ駆動機構, テープ転送部 (TAPE DECK).

ta·pe·tum /təpí:təm/ *n* (*pl* **-ta** /-tə/)〔植〕絨氈(じゅうたん)[タペート]組織;〔解・動〕《脈絡膜・網膜などの》輝板, タペータム. [L =carpet]

tápe ùnit〔電算〕テープ装置.

tápe wàtcher *«証券俗»《市場の取引テープを見て自分の投資の動きをじっと追跡する》小口投資家.

tápe·wòrm *n*〔動〕条虫, サナダムシ (=*cestode*).

taphe·phóbia /tæ̀fi-/ *n* 生体埋葬恐怖(症)《生きたまま埋められることに対する病的恐怖》. [Gk *taphos* grave]

táp·hòle *n*《樽の》呑口(のみくち)用の穴; 〔冶〕湯出し口;《樹木にうがった》樹液採取口.

ta·phon·o·my /təfánəmi, tæ-/ *n* 化石生成(論). ♦ **ta·phón·o·mist** *n* **taph·o·nom·ic** /tæ̀fənámɪk/ *a*

táp·hòuseᴴ *n*《生ビールを出す》居酒屋.

tàph·ro·génesis /tæ̀frou-/ *n*〔地質〕造地溝[海溝]運動《垂直方向の断層運動による》. [Gk *taphros* pit]

táp-ìn *n*〔バスケ〕TIP-IN[1];〔ゴルフ〕短いパット, ショートパット.

tap·i·o·ca /tæ̀pióʊkə/ *n* タピオカ《cassava から製した粒状の食用澱粉》; タピオカ料理; 〘植〙タピオカノキ (＝～ **plànt**) (cassava). ［Port and Sp＜Tupi-Guarani (*tipi* dregs, *og, ok* to squeeze out)］

tapióca snòw GRAUPEL.

tap·i·o·lite /tǽpiəlàɪt/ *n* 〘鉱〙タピオライト《タンタルの原鉱の一つ》. ［*Tapio* フィンランドの森の神］

ta·pir /téɪpər/ *n* (*pl* ～, ～**s**) 〘動〙バク(貘). ［Tupi］

tap·is /tǽpì:, *tæpí:/ *n* 《古》小さなタペストリー. ● **on the ～** 審議[考慮]中(の). ［OF＝carpet, tablecloth, ＜Gk (dim)＜*tapēt-tapēs* tapestry］

táp-òff *n* 〘バスケ〙TIP-OFF[2].

ta·pote·ment /təpóʊtmənt/ *n* 《マッサージの》たたき法, 叩打(こうだ)法. ［F (*tapoter* to tap)］

tap·pa /tǽpə/ *n* TAPA[1].

táp pànts *pl* タップパンツ《昔のタップダンス用ショーツに似た女性のゆったりした下着》.

tapped /tǽpt/ *a**《俗》逮捕された, パクられた, あげられた.

tápped óut *a**金が尽きて, 一文無しで, すってんてんで, 破産した, 〈事業・計画などが〉だめになった, つぶれた (ruined); 疲れきった, くたくたの.

táp·per[1] *n* たたく人; 靴直し《人》; "《方》キツツキ (woodpecker); 《ベルの》たたき具; 《電信機の》電鍵; TAP DANCER.

tapper[2] *n* TAP[2] する人[もの]; 樹液採取者[器]; 雌ねじを立てる人[機械]; 《俗》乞食, たかり[せびり]屋.

tap·pet /tǽpət/ *n* 〘機〙凸子(とつ), タペット. ［TAP[1]］

táppet lòom 〘紡〙タペット織機.

táppet ròd 〘機〙タペット棒.

táp·ping *n* TAP[2] すること[音]; 〘外科〙穿刺(せんし)(術); 〘機〙雌ねじ立て, タッピング; 〘通信〙盗聴, 傍受; "〘電〙《コイル・回路などの》中間口出し, タップ (tap*); [*pl*] tap して取り出したもの《樹液など》.

tap·pit /tǽpət/ *a* 《スコ》とさか[蓋(ふた)]をつけた (topped).

táppit hèn 《スコ》とさかのあるめんどり; 《スコ》蓋(ふた)につまみの付いたジョッキ.

táp ràte"《国庫債券などの》時価相場.

Ta·prob·a·ne /təprábənì:/ タプロバーネ《CEYLON 島のギリシア・ラテン語名》.

táp·ròom *n* 酒場 (barroom).

táp·ròot *n* 〘植〙主根, 直根 (cf. FIBROUS ROOT, TUBEROUS ROOT); [*fig*] 成長の要因.

taps* /tǽps/ *n* [〈*sg/pl*〉] 《軍隊やキャンプの》消灯らっぱ[太鼓]; [〈*sg/pl*〉] 《軍隊葬・慰霊祭の》永別のらっぱ.

TAPS /tǽps/ Trans-Alaska Pipeline System.

tap·sal-tee·rie /tǽps(ə)ltí:ri/, **tap·sie-tee·rie** /tǽpsi-/ *adv, a, n, v* 《スコ》TOPSY-TURVY.

táp shòe タップシュー《タップダンス用の靴》.

táp·ster *n* 《まれ》《酒場の》給仕人[女], バーテン; 《西アフリカ》シュロ酒採取販売人. ［OE *tæppestre*; ⇨ TAP[2]］

táp stòck 〘英証券〙タップ債, タップストック《発行日に出た応募残をイングランド銀行発行部などが事実上引き受け, それを市場価格がある既定水準に達した時に量を見はからって売りさばく方式の国債》.

táp-táp *n* トントン《たたくこと; たたく音》.

Tap·ti /tá:pti/ [the] タプティ川《インド中西部の Satpura 山脈南側を西流してアラビア海に注ぐ》.

ta·pu /tá:pu/ *n, a* 《NZ》TABOO. ［Maori］

Ta·pu·ya /təpú:jə/ *n* (*pl* ～, ～**s**) タプーヤ族《ブラジル奥地に住む》.

táp wàter 《栓 (tap) から出た》水道水.

ta·qi·ya, -yah, ta·qiy·ya /təkí:jə/ *n* 〘イスラム〙タキーヤ《危害を加えられるおそれのある場合に意図的に信仰を隠すこと; 特にシーア派で認められている護身の手段》. ［Arab＝self-protection］

Ta·qua·ri /tæ̀kwərí:/ [the] タクアリ川《ブラジル中南部を西南西に流れて Paraguay 川に合流》.

ta·que·ria /tá:kəriə, tæ̀kərí:ə/ *n* タコスの店. ［MexSp *taco*, *-ía*「ある業務を行なう場所」の意］

tar[1] /tá:r/ *n* タール《石炭・木材を乾留して得る黒い油状液》; 《タバコの》やに, タール; *《俗》アヘン, 《特にメキシコ産の強力な》ヘロイン (black tar); *《俗》コーヒー: low ～ cigarettes 低タールタバコ. ● **beat** [**knock, whip, whale,** etc.] **the ～ out of**…*《俗》…を打ちのめす. **spoil the ship for a ha'p'orth** [**ha'penny worth**] **of** [**o'**] **～** ちょっとしたものを買わないことで大切なものを失うはめになる《元来の形は lose [spoil] the sheep for a ha'p'orth of ～ で, ハエを防ぐために羊の傷に塗布するタールについていったもの; 地方によっては sheep を ship のように発音する》. ► *vt* (**-rr-**) …にタールを塗る 〈*with*〉; (まっ黒に)よごす 〈*with*〉. ● **be tarred with the same brush** [**stick**] 同様の欠点[特質]がある(と思われている), 同類[同罪]である. **～ and feather** sb 人の体一面にタールを塗り鳥の羽毛でおおう《私刑の一種》; [*fig*] 人を強く非難する. ［OE *te(o)ru*＜Gmc (**trew-* TREE); cf. G *Teer*］

tar[2] *n* 《古風口》水夫, 船乗り (＝*jack-tar*). ［*tarpaulin*］

tar[3], **tarre** /tá:r/ *vt* (**tarred** /-d/) そそのかす, けしかける 〈*on*〉. ［OE *tyrwan* to provoke］

ta·ra /tá:rə/ *n* 〘植〙ニュージーランドおよび Tasmania 島産のワラビの変種《先住民が根茎を食用にした》. ［Maori］

ta·ra /tɑ:rá:; tərá:/ *int* TA-TA.

Tara /tǽrə/ **1** タラ, ターラ《アイルランド Dublin 北西方の村; 近くにあるタラの丘 (the **Hill of ～**) (154 m) は古代アイルランド諸王の砦[玉座]があったところで, キリスト教化以前の同国の文化の中心》. **2** タラ《Margaret Mitchell, *Gone with the Wind* の女性主人公 Scarlett O'Hara の生まれ育った農園》.

Ta·ra·ba /tɑ:rá:bɑ:/ タラバ《ナイジェリア東部の州; ☆Jalingo》.

Tarabulus al-Gharb [**esh Sham**] ⇨ TRIPOLI.

Tara·ca·hi·tian /tæ̀rəkəhí:ʃ(ə)n/ *a* 〘言〙《Uto-Aztecan に属する》タラカイティ語群の.

tar·a·did·dle, tar·ra- /tǽrədìdl, ―――/ 《口》*n* たわいないうそ (fib); たいそうらしいたわごと[でたらめ]. ［C18＜?; cf. *diddle*］

Tar·a·hu·ma·ra /tæ̀rəhumá:rə, tà:rə-/, **-ma·re** /-má:ri/, **-mar** /-má:r/ *n* **a** (*pl* ～, ～**s**) タラウマラ族《メキシコ北西部 Sierra Madre 山中の高原地域に住むタラカイティ諸族系のインディオ》. **b** タラウマラ語.

Ta·rai /tərái/ [the] タライ《インド北部・ネパール南東部 Himalaya 山脈最南部の丘陵に沿う地帯; 以前は湿地帯であったが, 排水と農耕によって変貌した》.

tar·a·ki·hi /tæ̀rəkí:hi/, **ter·a-** /tèr-/ *n* 〘魚〙ニュージーランド産タカノハダイ科の食用魚《morwong の一種》. ［Maori］

ta·ra·ma·sa·la·ta, -mo- /tà:rəməsəlá:tə/, **tá·ra·ma** *n* タラモサラタ《タラコのペーストをマッシュポテトまたはパンとあえて, オリーブ油・レモン汁などで味付けしたギリシア風オードブル または そのペースト》. ［ModGk (*taramas* preserved roe, *salata* salad)］

Ta·ra·na·ki /tæ̀rəná:ki, tà:-; tæ̀rənǽki/ タラナキ (**1**) Mt EGMONT のマオリ語名 **2**) ニュージーランド北島西部の地方).

Taranáki gáte [°t-] 《NZ》針金と小割板で作った簡略な出入口, タラナキゲート.

tar·an·ta·ra /tæ̀rəntǽrə, tà:rən-, -tá:rə/ *n* TANTARA.

ta·ran·tass, -tas /tà:rəntá:s, -tǽs/ *n* タランタッス《背の低いロシアの大型四輪馬車》. ［Russ］

tar·an·tel·la /tæ̀r(ə)ntélə/, **-telle** /-tél/ *n* タランテラ《イタリア南部の 3/8 または 6/8 拍子の活発な踊り; その曲》. ［It (dim)＜*Taranto*］

Tar·an·ti·no /tæ̀rəntí:noʊ/ タランティーノ **Quentin** (**Jerome**) ～ (1963–)《米国の映画監督・脚本家・俳優》.

tar·an·tism /tǽrəntìz(ə)m/ *n* 〘医〙舞踏病《15–17 世紀 Taranto で流行; tarantula にかまれて起こるといわれた》.

Ta·ran·to /tá:rəntòʊ, tərǽntoʊ/ ターラント《イタリア南東部の Taranto 湾に臨む市・港町; 古代名 **Ta·ren·tum** /təréntəm/ タレントゥム》. ■ **the Gúlf of ～** ターラント湾《イタリア半島南東部のイオニア海の湾入部》.

ta·ran·tu·la /tərǽntʃələ/ *n* (*pl* ～**s, -lae** /-lì:/) 〘動〙**a** タランチュラコモリグモ《南ヨーロッパ産; コモリグモ科; 俗説で, これにかまれると舞踏病 (tarantism) を起こすとされた; 毒は致命的ではない》. **b** トリクイグモ, タランチュラ (＝*bird-eating spider, bird spider*)《アメリカ産の大型で毛の密生したクモ; オオツチグモ科》. ［It; TARANTISM］

tarántula hàwk 〘昆〙オオベッコウバチ《北米南部から南米北部にかけて生息するベッコウバチ科の大型のハチ; 世界最大のハチとして知られ, 体長 6 cm 以上に達する; tarantula (トリクイグモ) を狩って卵を産みつけ, 幼虫の餌とする》.

Tarántula Nébula [the] 〘天〙タランチュラ星雲《大マゼラン雲中にみられる》.

Tá·ra·rua bíscuit /tá:rɑ:rù:ə-/ 《NZ口》徒歩旅行者の手作り高カロリービスケット.

Ta·ras Bul·ba /tǽrəs búlbə/ タラス[隊長]ブーリバ《Gogol の作品集 *Mirgorod* (1835) 中の短篇小説およびその主人公であるコサック人》.

Ta·ras·can /tərǽskən, -rá:s-/ *n* タラスコ族[語] (TARASCO). ► *a* タラスコ族[語]の.

Ta·ras·co /tərǽskoʊ, -rá:s-/ *n* **a** (*pl* ～, ～**s**) タラスコ族《メキシコ南部の Michoacán 州に住むインディオ; Aztec 人と同時期 (13 世紀) に北方から移住したと伝えられ, その文化は中央メキシコの古代文明の特徴を残していた》. **b** タラスコ語.

ta·ra·ta, -tah /tərá:tə/ *n* 〘植〙トベラ属の常緑小高木《ニュージーランド産; 樹皮は白く, 花は緑黄色で芳香がある》. ［Maori］

tar·a·tan·ta·ra /tæ̀rətæntǽrə, tà:rə-, -tá:rə, -tǽntərə/ *n* TANTARA.

Ta·ra·wa /tərá:wə, tǽrəwà:/ タラワ《太平洋中西部の環礁; キリバスの首都 Bairiki の所在地》.

ta·rax·a·cin /tərǽksəsən/ *n* 〘薬〙タラクサシン《taraxacum から採る苦味物質》.

ta·rax·a·cum /tərǽksəkəm/ *n* 蒲公英(ほこうえい)《乾かしたタンポポの根で, 生薬》; [*T-*] 〘植〙タンポポ属《キク科》. ［L＜Arab＜Pers＝bitter purslane］

tár bàby* 《古風》にっちもさっちも行かない状態, 泥沼: punch a ～ 抜き差しならない状況に陥る. ［↓］

Tár-Bàby [the] タール人形《UNCLE REMUS 物語に出る Brer Rabbit を捕えるための人形》.

tár bèach *«俗»《住人が日光浴をする》アパートの屋根.

Tar·bell /tá:rbəl/ ターベル **Ida M(inerva)** ～ (1857–1944)《米国の著述家・ジャーナリスト》.

Tarbes /*F* tarb/ タルブ《フランス南西部の Hautes-Pyrénées 県の県都》.

tar·boosh, -bush, -boush, -bouche /tɑ:rbú:ʃ, ⏤⏤/ *n* タルブーシュ《fez に似たイスラム教徒男子の赤い帽子》. [Arab＜Pers＝head cover]

tár bòy «豪口» タール係の少年《毛を刈っている時にできた羊の傷にタールを塗る係》.

tár·brùsh *n* タールばけ. ● **have a touch** [**lick, dash**] **of the ～** [*derog*] 黒人[インド人]の血が混じっている.

tár bùcket *«俗»《軍の》正帽.

tar·butt·ite /tá:rbətàɪt/ *n* 〔鉱〕ターバット石, ターブッタイト. [Percy C. *Tarbutt* 20 世紀オーストラリアの鉱山技術者]

Tar·de·noi·sian /tà:rd(ə)nɔ́ɪʒən; -ziən/ *a, n* 〔考古〕タルドノワ文化(期)(の)《幾何学形の細石器を特徴とするヨーロッパの中石器文化; 標準遺跡はフランス北東部の Fère-en-Tardenois》.

Tar·dieu /*F* tardjø/ タルデュー **André(-Pierre-Gabriel-Amédée)** ～ (1876–1945)《フランスの政治家; 首相 (1929–30, 30, 32)》.

tar·di·grade /tá:rdəgrèɪd/ *a* 動きの鈍い; 歩みのおそい; 〔動〕緩歩動物門 (Tardigrada) の. ► *n* 緩歩動物, クマムシ (＝*water bear*).

Tar·dis /tá:rdəs/ *n* ターディス《英国のテレビ番組 *Doctor Who* (⇨ DR. WHO) に出てくる電話ボックス型のタイムマシン》; 思いのほか広い建物[容器など].

tar·dive /tá:rdɪv/ *a* 晩期の, 晩発(性)の, 遅発性の.

tárdive dyskinésia 〔医〕遅発性ジスキネジア.

tar·do /tá:rdou/ *a* 〔楽〕おそい, タルドの (slow). [It]

tar·dy /tá:rdi/ *a* **1** のろい, おそい, ぐずぐず[遅々と]した, 手間取る ‹*in* do*ing*›: a ～ growth 遅々とした生長[成長]. **2** 遅れた, 遅延した, 遅ればせの; 遅刻して ‹*for* [*to, at*] school›; 不承不承の, しぶしぶの: make a ～ appearance 遅れて姿を見せる / a ～ reform [amendment] おそまきの改心 / a ～ response しぶしぶの返答. ► *n* 遅刻, 遅参. ♦ **tár·di·ly** *adv* のろのろと; 遅れて. **-di·ness** *n* [OF *tardif*＜L *tardus* slow]

tar·dy·on /tá:rdiàn/ *n* 〔理〕ターディオン《光速よりおそい速度で動く粒子; cf. TACHYON》.

tare[1] /téər/ *n* **1** 〔植〕ソラマメ属の各種 (vetch), 《特に》オオカラスノエンドウ, スズメノエンドウ《雑草・牧草》. **2** [*pl*] 〔聖〕毒麦《darnel と考えられている; *Matt* 13: 24–30, 36》, [*fig*] 害毒: sow ～*s* among sb's wheat «古» 不正なやり方で人に害を与える. [ME＜?]

tare[2] *n* 風袋(ふうたい); 《積荷・乗客などを除いた》車体重量, 自重; 風袋と同重量のおもり[空(から)容器]; 〔化〕風袋錘(すい), タラ. ● **～ and tret** 風袋算定法. ► *vt* …の風袋を計る[差し引く]. [F＝deficiency, waste＜L＜Arab＝what is rejected]

tare[3] *v* «古・方» TEAR[2] の過去・過去分詞.

Tarentum ⇨ TARANTO.

tar·fu /tá:rfù:/ *a, n* «俗» 大混乱(の), めちゃくちゃ(の) (snafu). [*t*hings *a*re *r*eally *f*ucked [*f*ouled] *u*p]

targe /tá:rʤ/ *n* 〔史〕《歩兵や弓手の》小さい円盾. [OF＜Frank＝shield; cf. OE *targe*, ON *targa*]

tar·get /tá:rgət/ *n* **1** 的, 標的, 《軍事的な》攻撃目標 ‹*for*, *of*›; 〔フェン〕有効(命中)面. **2** 達成目標 (goal), 目標額; 《批判・物笑いなどの》的; 《活動・はたらきかけなどの》対象: EASY TARGET / set a ～ 目標(額)を定める / meet a ～ 目標額に達する. **3** 〔米鉄道〕転轍機の円形信号標; 〔測〕視準標, ねらい板, 標板; 〔理〕ターゲット《**1**) 電子線などを発生させる管球などの放射線を受ける極板 **2**) 核反応を起こさせるため高エネルギー粒子の衝撃をうける物質》; 〔電子工〕物標《レーダー・ソナーのビームを反射する目標物》. **4** 〔古〕小さい円盾 (targe). **5** ″子羊の首[胸部]の骨付き肉. ● **(bang) on ～** 《特に 重大な問題に対する解釈や取り組み方が》的確な, 正鵠(せいこく)を射ている; 正しく目標に向かって; 要求を満たして, 期待どおりで. **moving ～** 動く標的; 動きまわる攻撃目標[ライバル]; 流動的な考え[状況]. **off ～** 的はずれの, 適切でない, 不正確な. ► *a* 目標の[となる]: a ～ company《TOB の》標的企業. ► *vt* 目標に定める, 標的にする; 〈目標に〉向ける, 向けて進める, 導く ‹*at, on, to*›. ● **～ (in) on**…を目標とする. ♦ **～·less** *a* [(dim)＜↑]

Target A /⏤ éɪ/ *«俗»《Washington, D.C. の》米国国防総省.

tárget·able *a* 目標を定めることができる.

tárget càrd 《射撃の》点数記入簿.

tárget dàte 《ある行動の開始・遂行・達成の》目標日時[期日]: set a ～ for….

tar·ge·teer, -tier /tà:rgətíər/ *n* 盾兵.

tárget lànguage 目標言語《**1**) 学習の対象となる外国語 **2**) (原文に対して)翻訳の訳文の言語; cf. SOURCE LANGUAGE》.

tárget màn 〔サッカー・ホッケー〕ターゲットマン《味方がセンタリングなどを向ける攻撃の中心になる選手, 特に 長身のフォワード》.

tárget pràctice 射撃練習[演習].

tárget shìp 標的艦[船].

Tar·gum /tá:rgùm, -gù:m/ *n* (*pl* **～s, -gu·mim** /tà:rgumí:m/) タルグム《旧約聖書(の一部)のアラム語訳》. ♦ **～·ist** *n* タルグムの作者[訳者]; タルグムの研究者. **Tar·gum·ic** /tɑ:rgú:mɪk/ *a* [Aram＝paraphrase]

Tár Hèel, Tar·heel(·er) /tá:rhì:l(ər)/ タールヒール《North Carolina 州民の俗称》.

Tár Hèel [**Tárheel**] **Stàte** [the] タールヒール州《North Carolina 州の俗称》.

Ta·ri·fa /tɑrí:fə/ [Cape] タリファ岬《スペイン南部の岬; ヨーロッパ大陸の最南端 (北緯 36°01′)》.

tar·iff /tǽrəf/ *n* **1** 関税率表; 関税(率); 関税制度. **2** ″《公共料金・ホテル料金などの》料金表, 《レストランなどの》値段表; ″料金算定方式; 《保険業界などの》料率; *«口» 料金, 値段. **3** 〔法〕《犯罪に対する》量刑表; 《損害に対する》損害賠償額表. ► *vt* …に関税を課する; …の料金を定める. ♦ **～·less** *a* [F＜It＜Turk＜Arab＝notification]

táriff òffice [**còmpany**] 〔保〕協定(加入)会社《他の保険会社と取り決めた協定料率に基づいて保険料を算定する保険会社》.

táriff refòrm 関税改正《通例 英国では自由貿易反対論者の, 米国では保護貿易反対論者の政策》.

táriff wàll 関税障壁《輸入牽制のための高関税》.

Ta·rim /dá:rí:m, tá:-/ [the] タリム川《中国新疆ウイグル自治区のタリム盆地 (the **～ Básin**) を東流して Lop Nor 湖に注ぐ》.

tar·ka dal /tá:rkə dá:l/ 〔インド料理〕タルカダール《レンズマメをタマネギ・ニンニクとともにバター・香辛料で調理するカレー》. [Hindi]

Tar·king·ton /tá:rkɪŋtən/ ターキントン **(Newton) Booth ～** (1869–1946)《米国の小説家・劇作家》.

tar·la·tan, -le- /tá:rlət(ə)n/ *n* ターラタン《薄地モスリン; 舞台・舞踏服用》. [F; おそらくインド起源]

Tar·mac /tá:rmæk/ *n* 〔商標〕タールマク《舗装用アスファルト混合物》; [t-] タールマカダム舗装[アスファルト舗装]の道路[滑走路, (空港) エプロン]. ► *vt* [the t-] (**-mack-**) 〈道路・滑走路を〉タールマカダムで舗装する, アスファルト舗装する. [↓]

tàr·macádam *n* タールマカダム《砕石[鉱滓]とタールなどを混ぜ合わせた舗装用アスファルト混合物》; タールマカダム舗装, アスファルト舗装. ► *vt* TARMAC. [*tar*[1]]

tarn[1] /tá:rn/ *n* 山中の小湖, タルン, 《特に》氷食でできた盆状の湖. [ON; cf. Icel *tjörn* pond]

tarn[2] *n* «古・方» TERN[1].

Tarn /*F* tarn/ **1** タルヌ《フランス南部 Midi-Pyrénées 地域圏の県; ☆Albi》. **2** [the] タルヌ川《フランス南部を西流して Garonne 川に注ぐ》.

tar·nal /tá:rn(ə)l/ *«方» *a, adv* いまいましい; べらぼうな[に] (damned). [*eternal*]

tar·na·tion /tɑ:rnéɪʃ(ə)n/ *«方» *n* DAMNATION. ► *a, adv* TARNAL. [↑＋dam*nation*]

Tarn-et-Ga·ronne /*F* tarnegarɔn/ タルヌ-エ-ガロンヌ《フランス南西部 Midi-Pyrénées 地域圏の県; ☆Montauban》.

tar·nish /tá:rnɪʃ/ *vt* **1** 〈金属など〉の光沢を減ずる[なくす], 曇らせる, 変色させる. **2** …の質[価値]を低下させる; 〈名誉などを〉汚す, そこなう. ► *vi* 曇る, 色あせる; 質が低下する, 衰える; 汚れる, そこなわれる. ► *n* 曇り, よごれ, 変色; 曇らせるもの; 《銀・銅などの表面に生じた》被膜, くもり; 汚点, きず. ♦ **～·able** *a* [OF *ternir* to dull (*terne* dark)]

tár·nished plánt bùg 〔昆〕《北米東部産の》ミドリメクラガメの一種, 《欧州産の》マキバカスミカメ《メクラカメムシ科の植物の害虫》.

Tar·no·pol /tɑ:rnɔ́:pɔ̀:l/ タルノポリ《TERNOPOL のポーランド語名》.

Tar·nów /tá:rnù:f/ タルヌフ《ポーランド南部の工業都市》.

ta·ro /tá:rou, tǽər-, téər-/ *n* (*pl* **～s**) 〔植〕タロイモ, サトイモ (＝*cocoyam, dasheen, eddo, elephant's ear*)《サトイモ科サトイモ属》. [Polynesian]

ta·ro·ga·to /tá:rougətòu/ *n* (*pl* **～s**) 〔楽〕ターロガトー《ハンガリーの木管楽器の一種》. [Hung]

ta·rok, ta·roc(k) /tǽràk/ *n* 〔トランプ〕タロッコ《22 枚の tarots と 54 枚 [56 枚など]の点札で遊ぶ, 14 世紀イタリア起源のゲーム》. [It＜?]

ta·rot /tǽrou; ⏤⏤/ *n* 〔トランプ〕**1** タロット《**1**) 太陽・月・悪魔などの寓意画を描いた 22 枚の占い札の一枚; tarok では切り札 **2**) この 22 枚の絵札を含む 1 セット 78 枚のゲームカードの各一枚》. **2** [*pl*] TAROK. [F or It＜?]

tarp /tá:rp/ *n* «米口・豪口» TARPAULIN.

tar·pan /tɑ:rpǽn, ⏤⏤/ *n* 〔動〕ターパン (＝*Tartar horse*)《中央アジア草原地帯の, 足の速い小型の野生馬; 19 世紀に絶滅》. [Russ＜Tartar]

tár pàper タール紙《屋根の下張り用》. ♦ **tár·pàpered** *a*

tar·pau·lin /tɑ:rpɔ́:lən, *tá:rpə-/ *n* 防水シート, タープ, ブルーシート《本来はタールを塗布した帆布》; 《水夫の》防水帽[上着]; «まれ・古» 水夫, 船乗り. ► *vt* 防水シートでおおう. [? *tar*[1], PALL[1], *-ing*]

Tar·pe·ia /tɑ:rpí:ə/ 〔ロ神〕タルペーイア《敵のサビニ人 (Sabines) の王に恋してローマを裏切って城門を開いたが, 約束の報酬の代わりに盾を投げつけられて殺された娘》. ♦ **Tar·pé·ian** *a* タルペーイア(の崖[岩])の.

Tarpéian Róck [the] タルペーイアの崖[岩]《古代ローマの Capitoline Hill の岩; 国事犯はここから突き落とされた》.

tár pìt タール坑《天然アスファルトが集まっている穴; 動物がはまりやすい》.

tar·pon /tɑ́ːrpən/ *n* (*pl* ~, ~**s**)〖魚〗ターポン (=*silver king*)《Florida 半島・西インド諸島周辺産の, 2 m に及ぶ釣り対象の大魚; カライワシ目イセゴイ科》. [Du<?]

Tar·quin /tɑ́ːrkwən/ タルクイニウス《(1) Lucius Tarquinius Priscus; ローマの 5 代目の王 (616–578 B.C.) 2) Lucius Tarquinius Superbus; ローマの 7 代目, 最後の王 (534–510 B.C.)》.

Tar·qui·nia /tɑːrkwíːnjə, -kwín-, -niə/ タルクイニア《イタリア中部 Latium 州北部の町; 古代エトルリア時代には 12 都市の中心として繁栄した; 中世名 Corneto》.

tarradiddle ⇨ TARADIDDLE.

tar·ra·gon /tǽrəgən/ *n*〖植〗タラゴン《シベリア原産カワラヨモギ属の宿根草》; タラゴンの葉《香辛料》. [L<Gk]

Tar·ra·go·na /tæ̀rəgóʊnə/ **1** タラゴナ《(1) スペイン北東部 Catalonia 自治州の地中海に臨む県 2) その県都・港町; ローマの城壁・水道橋・円形劇場やロマネスク-ゴシックの大聖堂などで有名》. **2** タラゴナ (=~ **wìne**)《Tarragona 地方で産する甘口の赤または白の酒精強化ワイン》.

tar·ras /tərǽs/ *n* TRASS.

Tar·ra·sa, Ter·ras·sa /tərɑ́ːsə/ タラサ《スペイン北東部 Barcelona の北北西にある市》.

tarre ⇨ TAR[3].

tar·ri·ance /tǽriəns/《古》*n* 遅延; 逗留; 待機.

tar·ry[1] /tɑ́ːri/ *a* タール(質)の; タールを塗った[でよごれた].

tar·ry[2] /tǽri/《文》*vi* 遅れる, ひまどる; 待つ ‹*for*›; (ある状態に)とどまる; 滞在する ‹*at, in, on*›. ► *vt* 期して待つ, 待ち望む. ► *n* 滞在. ♦ **tár·ri·er** *n* [ME *tarien*<?]

tars- /tɑ́rs/, **tar·so-** /tɑ́ːrsoʊ, -sə/ *comb form*「TARSUS (の)」

tar·sal /tɑ́ːrs(ə)l/〖解〗*a* 足根骨の; 瞼板(けん)(軟骨)の. ► *n* 足根部, 足根骨(関節).

tár sànd〖地質〗タールサンド《粘度の高い石油を天然に含む砂[砂岩]》.

tár-sèal《豪》*vt* タールマカダム (tarmacadam) で舗装する. ► *n* タールマカダム舗装道路.

Tar·shish /tɑ́ːrʃɪʃ/〖聖〗タルシシ《金属の交易で有名な古国; *1 Kings* 10: 22; 一説では Tartessus を指す》.

tarsi *n* TARSUS の複数形.

tar·sia /tɑ́ːrsiə/ *n* INTARSIA.

tar·si·er /tɑ́ːrsiər, -sièɪ/ *n*〖動〗メガネザル (=*specter lemur*). [F (TARSUS); 足の特徴から]

tàrso·mèta·társus *n*〖鳥〗跗蹠(ふしょ)骨.

tar·sus /tɑ́ːrsəs/ *n* (*pl* **tar·si** /-sàɪ, -sìː/)〖解〗足根(骨); 《節足動物の》跗節; 〖鳥〗TARSOMETATARSUS; 〖解〗瞼板(けん)(軟骨). [NL<Gk=flat surface]

Tarsus **1** タルスス, タルソス《トルコ南東部の市; 古代 Cilicia の首都で, 使徒 Paul の生誕地》. **2** [the] タルスス川《トルコ南東部の川; Taurus 山脈に発し南流して地中海に注ぐ; 古称 Cydnus》.

tart[1] /tɑ́ːrt/ *a* ピリッとする, 酸っぱい, 酸味のきつい; 辛辣な, きびしい. ♦ **~·ish** *a* **~·ly** *adv* **~·ness** *n* [OE *teart* rough, sharp <?; cf. Du *tarten* to defy]

tart[2] *n* **1** タルト《(1)《主に米》果物やジャムの入った上皮のないパイ 2)《主に英》果物やジャムの入った上皮のあるパイ》. **2**《俗》ふしだらな女, チャラチャラした女, 売女(ばい), 売春婦; 《英俗・豪俗》女の子, 女, ガールフレンド, ワイフ; 《ホモ俗》《年長者の相手をする》若いホモ, 男娼. ► *vt, vi* **1** [u]《口》着飾る, 飾りたてる, 粉飾する, …のうわべを飾る ‹*up*›: ~ one*self* *up*=get ~*ed up* めかしこむ. **2**《俗》‹女が›尻軽なふるまいをする, チャラチャラする ‹*about, around*›. [OF *tarte*<?; 「女」の意は《韻俗》raspberry tart=sweetheart から, または「おいしい食べ物」の意から (⇨ CAKE, PIE[1]) か]

Tar·ta·glia /tɑːrtɑ́ːljɑː/ タルターリア **Niccolò** ~ (1499–1557)《イタリアの数学者; Cardano の発表した 3 次方程式の解法の発見者とされる》.

tar·tan[1] /tɑ́ːrtn/ *n* タータン, タータンチェック《さまざまな色の格子縞模様; 元来スコットランドの氏族が独自の模様を定めて紋章などに用いたもの》; タータンの毛織物[プリント地](の衣服). [? OF *tertaine* linsey-woolsey<Sp (*tiritar* to rustle)]

tartan[2] *n* タータン《地中海の一本マスト三角帆船》. [F<? Prov *tartana* falcon]

tar·tan·ry /tɑ́ːrtnri/ *n*《集合的に》タータン柄のもの, 《特に スコットランド民族(主義)の象徴としての》タータン柄の多用; スコットランド臭.

Tártan Túrf〖商標〗タータンターフ《競技場用人工芝》.

tar·tar /tɑ́ːrtər/ *n* **1** 酒石《ワイン醸造樽の底に沈澱する物質で, 酒石酸の原料》. **2** 歯石. [L<Gk<?]

Tartar *n* **1** タタール族, ダッタン人; タタール語 (Tatar). **2** [[u]t-] 狂暴なやつ, 激しやすい人; 意外に手ごわい相手, 難敵, 強豪. ● **catch a** ~ 始末に負えない相手に出会う, 意外に相手が手ごわくててこずる. ► *a* タタール人(風)の; 狂暴な.

tar·tare /tɑ́ːrtər/ *a*〖料理〗生で食べる: STEAK TARTARE.

Tar·tar·e·an /tɑːrtέəriən/ *a* TARTARUS の(ような); 地獄の (infernal).

tártar emétic 吐酒(しゅ)石 (=*antimony potassium tartrate*)《風化性の有毒無臭白色の結晶; 染色用の媒染剤, また 医療用として去痰剤・催吐剤・発汗剤などに用いる》.

tartare sauce ⇨ TARTAR SAUCE.

Tártar fóx〖動〗コサックギツネ (corsac).

Tártar hórse TARPAN.

Tar·tar·ian /tɑːrtέəriən/ *a* タタール人 (Tatar) の; 野蛮な; タタール地域 (Tartary) の. ► *n*《古》タタール人.

tar·tar·ic /tɑːrtǽrɪk/ *a*〖化〗酒石(酸)の[を含む, から得た].

tartáric ácid〖化〗酒石酸.

tártar·ize *vt*〖化〗酒石化する; 酒石で処理する.

tártar·ous *a*〖化〗酒石を含んだ, 酒石の(ような).

tártar [tártare] sàuce タルタルソース《刻んだピクルスやケッパース・オリーブ・パセリなどを加えた魚料理用のマヨネーズソース》. [F; cf. TARTAR]

tártar stèak タルタルステーキ (STEAK TARTARE).

Tar·ta·rus /tɑ́ːrtərəs/〖ギ神〗タルタロス《地獄の下の底なしの淵》; 《一般に》地獄, 極悪人の懲罰所; 〖ギ神〗タルタロス《Gaia の夫で, 怪物 Typhon の父》.

Tartary ⇨ TATARY.

Tar·tes·sus, -sos /tɑːrtésəs/ タルテスス《スペイン南西岸にあった古王国; cf. TARSHISH》.

tarte Ta·tin /tɑ́ːr(t) tɑːtǽn/ (*pl* ~**s**, **tartes Tatin** /—/) [[s]t-t-] タルト・タタン《カラメル味のアップルパイ; リンゴ部分を下にして焼き, 焼き上がったらひっくり返す》. [F *tarte* tart, *Tatin* これを初めて焼いた姉妹の名]

Tar·ti·ni /tɑːrtíːni/ タルティーニ **Giuseppe** ~ (1692–1770)《イタリアのヴァイオリン奏者・作曲家》.

tárt·let *n* 小さな TART[2].

tar·trate /tɑ́ːrtrèɪt/ *n*〖化〗酒石酸塩[エステル]. [F; ⇨ TARTAR]

tár·tràt·ed *a* 酒石酸と化合した; 酒石を含む[から誘導した].

tar·tra·zine /tɑ́ːrtrəzìːn/ *n*〖化〗タートラジン《橙黄色の粉末; 羊毛・絹の染色や食品着色用》.

Tar·tu /tɑ́ːrtu/ タルトゥ (G Dorpat)《エストニア中東部の市; 旧称 Yuryev》.

Tar·tuffe /tɑːrtʊ́f, -túːf; F tartyf/ **1** タルテュフ《Molière の喜劇 *Tartuffe* (初演 1664, 出版 1669) の主人公の偽善的信仰家》. **2** [or **Tar·tufe** /-tʊ́f, -túːf/] [[s]t-] 偽善者.

Tar·túf·fery, -fer·ie *n* 偽善者的性格[行為], 偽善.

Tar·túf·fism *n* TARTUFFERY.

tar·tu·fo /tɑːrtúːfoʊ/ *n* タルトゥーフォ《(1) 食用キノコ, 特にトリュフ (truffle) 2) トリュフの形をしたイタリアのチョコレートデザート》. [It=truffle]

tárty *a*《口》売春婦の(ような), けばけばしい, はでばでしい. ♦ **tárt·i·ly** *adv* **tárt·i·ness** *n* [*tart*[2]]

Tar·via /tɑ́ːrviə/〖商標〗タルヴィア《コールタールからつくった強粘性の道路舗装材》.

tár-wàter *n* タール水溶液《かつて万能薬とみなされた》.

tar·whine /tɑ́ːr(h)wàɪn/ *n* (*pl* ~)《豪》〖魚〗タイ科ヘダイ属の魚.

tár·wòod *n*〖植〗ダクリドスギ《ニュージーランド産》.

Tar·zan /tɑ́ːrz(ə)n, -zæ̀n/ [[s]t-] ターザン《敏捷果敢で正義感の旺盛な超人的力持ち; Edgar Rice Burroughs, *Tarzan of the Apes* (1914) などの冒険物語の主人公から》.

Tas. Tasmania ♦ Tasmanian. **TAS** telephone answering service ♦〖空〗true airspeed 真対気速度.

Ta·sa·day /tɑ̀ːsɑːdáɪ/ *n* **a** (*pl* ~, ~**s**) タサダイ族《Mindanao 島の洞穴に住む》. **b** タサダイ語.

tas·ca /tɑ́ːskə, tǽs-/ *n* タスカ《スペイン・ポルトガルの居酒屋, 大衆食堂》.

Ta·ser /téɪzər/ *n*〖商標〗テーザー《ピストル型のスタンガン》. ► *vt* [t-*or* **tase** /téɪz/] Taser で攻撃する. [*Tele-Active Shock Electronic Repulsion*]

tash /tǽʃ/ *n* [u]《口》MUSTACHE.

Tá·shi Láma /tɑ́ːʃi-/ PANCHEN LAMA.

Tash·kent /tɑːʃként; tæʃ-/ タシケント《ウズベキスタンの首都; Syr Darya 右岸の支流に臨む》.

Ta·si·an /tɑ́ːsiən/ *a*〖考古〗ターサ文化(期)の《上エジプトのバダーリ文化 (Badarian) より古い新石器時代の文化》. ► *n* ターサ文化(期); ターサ人《ターサ文化を築いた古代エジプト人》. [Deir *Tasa*, Upper Egypt の村]

ta·sim·e·ter /təsímətər/ *n* 微圧計《電気抵抗を利用して温度または湿度の変化による物質の変形を測る》. ♦ **ta·sím·e·try** *n* 微圧測定. **tas·i·met·ric** /tæ̀səmétrɪk/ *a* [Gk *tasis* tension]

task /tǽsk; tɑ́ːsk/ *n* **1** 課せられた[果たすべき]仕事, 課業, 課題; 《一般に》仕事; 骨の折れる[困難な, 不快な]仕事, 労役; 任務, 職務, 務め; 《廃》租税 (tax): be at one's ~ 仕事をしている / set sb to a ~ 人に仕事を課す / take a ~ upon one*self* 仕事を引き受ける. **2**〖電算〗タスク《(1) 一つのプログラム[アプリケーション]のもとでコンピューターの行なう仕事[処理] 2) PROCESS[1]》. ● **take [call, bring, hold]** sb to ～ (for…) (…のかどで)人をしかる[とがめる]. ► *vt* [ᵁ*pass*] …に仕事を課する[割り当てる] ‹*with*›; 酷使する, 苦しめる, ‹能力・資力など›に大きな負担を強いる; «廃» …に税を課する: ～ one's energies 全力を傾ける / ～ one's brain 頭を悩ます. ♦ **～·less** *a* [OF *tasque* ＜L *tasca*＝*taxa* TAX]

tásk·bàr *n* 〔電算〕タスクバー《Windows で, 起動されているアプリケーションをタスクボタン (**tásk bùtton**) として示す画面下端の帯状の部分》.

tásk fòrce [gròup] 《特殊任務のために編成された》任務部隊, 機動部隊; 対策委員会, 特別調査団, プロジェクトチーム, タスクフォース.

tásk mànagement 課業管理《科学的に設定された 1 日の標準作業量に基づく管理; 科学的管理法の中核となるもの》; 〔電算〕タスク管理.

tásk·màster *n* 仕事[労働]を割り当てる人, 工事監督, 親方; きびしい監督者[主人, 先生]: a hard ～ きびしい親方. ♦ **tásk·mìs·tress** *n fem*

tásk·wòrk *n* きびしい仕事; «まれ» PIECEWORK.

Tas·lan /tǽslæ̀n/ 〔商標〕タスラン《特殊加工糸》.

Tasm. Tasmania ♦ Tasmanian.

Tas·man /tǽzmən/ タスマン **Abel Janszoon** ～ (1603?–?59)《オランダの航海者・探検家; インド洋・南太平洋を探検して Tasmania, ニュージーランドなどを発見》.

Tas·ma·nia /tæzméɪniə, -njə/ タスマニア《オーストラリア南東の島; 一州をなす; ☆Hobart; もと英国の流刑地 (1803–53); 略 Tas., Tasm.; 旧称 Van Diemen's Land》.

Tas·má·ni·an *a* タスマニアの. ► *n* タスマニア人[語].

Tasmánian dévil 〔動〕タスマニアデビル, フクロ(アナ)グマ (＝*ursine dasyure*)《フクロネコ科の猛獣; Tasmania 産》.

Tasmánian wólf [tíger] 〔動〕フクロオオカミ (＝*marsupial wolf, pouched dog, thylacine*)《肉食性有袋動物; もと豪州全域にいて, 20 世紀初頭までは Tasmania に多数生息していたが, 今では絶滅したとみられる》.

tas·ma·nite /tǽzmənàɪt/ *n* 〔鉱〕タスマナイト《(1) 頁岩(けつがん)中に含まれる炭素・水素・酸素・硫黄の化合物 (2) 大部分がタスマナイトからなる不純炭; 乾留によって油を得る》. [*Tasmania*, *-ite*]

Tásman Séa [the] タスマン海《オーストラリアとニュージーランドの間の海域》.

tass /tǽs/ «スコ» *n* グラス, カップ; 《酒などの》一杯. [OF＜Arab＝cup, bowl]

Tass, TASS /tǽs, tɑ́ːs/ タス《ソ連の国営通信社; ソ連崩壊後の 1992 年 ITAR-TASS として再編》. [Russ *Telegrafnoye Agentstvo Sovetskovo Soyuza* Telegraph Agency of the Soviet Union]

tás·sa (drùm) /tǽsə(-)/ «インド・カリブ» タサ(ドラム)《首に掛けて 2 本のばちで演奏するヤギ皮の片面太鼓; ヒンドゥー教の祭礼, 特に 結婚式で奏される》. [Hindi]

tasse /tǽs/ *n* よろいの草摺(くさずり)の小札(こざね).

tas·sel[1] /tǽs(ə)l/ *n* 《飾りの》ふさ; ふさ状[様]のもの; 〔植〕《特にトウモロコシの》雄穂, ふさ; 《書物の》しおりひも, スピン; 《原義》留め金 (clasp). ► *v* (**-l-** | **-ll-**) *vt* …にふさを付ける; ふさにする; ‹トウモロコシ›のふさを取る. ► *vi* ‹トウモロコシが›ふさをつける ‹*out*›. ♦ **tás·sel(l)ed** *a* [OF *tas(s)el* clasp＜?; cf. L *taxillus* a small die (＜*talus*)]

tassel[2] *n* «古» 雄鷹 (tiercel).

tassel[3] *n* 〔建〕TORSEL.

tas·set /tǽsət/ *n* TASSE.

tass·ie /tǽsi/ *n* «スコ» 小杯.

Tas·sie, -sy /tǽzi/ «豪口» TASMANIA; タスマニア人.

Tas·so /tǽsou, tɑ́ː-/ タッソー **Torquato** ～ (1544–95)《イタリアの叙事詩人》.

tastable ⇨ TASTEABLE.

taste /téɪst/ *n* **1** [the] 味覚, 味感; 味, 風味, 味わい ‹*of*›: sweet [sour] to *the* ～ 味が甘い[酸っぱい] / ～ *of* almond / an unpleasant ～. **2** [a ～] **a** 《試食される食べ物などの》少量 ‹*of*›; *«俗» 分け前(にあずかること), 《活動などに》一枚かむこと (share); *«俗» 酒; *«俗» 麻薬の見本, 少量のヘロイン[ペイ] (schmeck): have *a* ～ *of*…を味わってみる, …の味ききをする / Would you like *a* ～? 酒はいかがですか? **b** ‹…が›少し, 気味 (touch) ‹*of*›. **3 a** [*fig*] 味, 経験: have a ～ *of* success 成功の味を知る / give sb a ～ *of*… 人に…を経験させる. **b** «卑» 性交. **c** «廃» 味見, 試食, 毒味; «廃» 試み. **4 a** 好み, 好尚, 嗜好, 趣味 ‹*for, in*›; 美的感覚, センス, 品(ひん); 審美眼, 風流心 ‹*in*›: have a ～ *for* music 音楽に趣味を有する / have no ～ 趣味[嗜好]がない / costly ～*s in* clothes 金のかかる衣裳好み / a matter of ～ 好み[趣味]の問題, 人の好き好き / *T～s* differ.＝There is no accounting for ～(*s*). «諺» たで食う虫も好き好き, 十人十色 / a man of ～ 趣味の人; 鑑識家 / have bad ～ 趣味が悪い, 見る目がない ‹*in* sth›. **b** 分別, 慎み: That remark lacks ～. あの発言は慎重さに欠ける. **5** 《装飾・ことばづかいなどの》趣き, 風情, 妙; 様式, スタイル: a house *in* a Gothic ～ ゴシック風の家. ● **in bad [poor]** ～ 趣味が悪い[悪く], 下品で, 不謹慎で. **in (good)** ～ 趣味がよい[よく], 適切[好適]で, ふさわしく. **in the best [worst] of** ～ 品がある[ない], 趣味がよい[悪い], 作法に合った[無作法な]. **leave a nasty [bitter, bad]** ～ **in the mouth** 後味が悪い; 悪い印象を与える. **to sb's** ～ 人の好みに合って; 気に入るように: Everyone *to his* (own) ～. «諺» 好みは人さまざま, 十人十色. **to** ～ 《料理などで》好みに応じて: add salt and pepper *to* ～. **to the [a] king's [queen's]** ～ 完璧に, 至極満足に.

► *vt* **1** ‹飲食物›の味をみる, 味わう, 試食[試飲, 毒味]する; 少量口にする; (ひと口)食べる[飲む]; «古» たしなむ: ～ food 食物の味をみる / ～ teas 茶の味ききをする. **2** [*fig*] …の味を知る, 味わう, 経験する (experience); «古» 好む, 楽しむ; «古» 《五感で》気づく; «廃» …に触れる, (さわって)試す: ～ (the joys of) freedom [victory] 自由[勝利](の喜び)を味わう. ► *vi* **1 a** 味がわかる; 試食[試飲]する, 味をみる; (ひと口)食べる[飲む] ‹*of*›. **b** «文» 味わう, 経験する ‹*of*›: ～ *of* freedom 自由を味わう (cf. *vt* 2). **2** ‹食べ物が›…の味[感じ]がする; …の気味がある ‹*of*›: ～ sour [sweet, bitter, like chocolate] 酸っぱい[甘い, にがい, チョコレートの]味がする / This coffee ～*s* burnt. このコーヒーは焦げくさい / This dish ～*s* too much *of* garlic. この料理はニンニクの味が効きすぎている. ● so[1] **much [bad]** one **can** ～ **it.**

[ME＝to touch, taste＜OF＜L *taxo* to appraise (⇨ TAX); L *tango* と L *gusto* の混成説もあり]

tást(e)·able *a* 味わうことのできる, 風味のよい, うまい.

táste bùd 〔生理〕味蕾(みらい), 味覚芽, 味覚球《舌乳頭, 口蓋および咽頭粘膜に散在する味覚の感覚器》.

táste·ful *a* 趣味のよい, 趣きのある; «まれ» 味[風味]のいい (tasty). ♦ **～·ly** *adv* **～·ness** *n*

táste·less *a* 味[風味]のない; 無味乾燥な, つまらない; 趣味のよくない, 品のない; «古» 味覚をもたない. ♦ **～·ly** *adv* **～·ness** *n*

táste·màker *n* 人気[流行]を作る人[もの].

tast·er /téɪstər/ *n* **1 a** 味見をする人, 味利き, 《ワインなどの》鑑定家; 〔史〕毒味役. **b** テイスター《味盲でない人; 味盲検出剤のフェニルチオカルバミド (phenylthiocarbamide) などの味がわかる人》. **2** 検味器, 利き酒用の杯; チーズ[バター]の検味用サンプル抽出器; 味利き用の少量の飲食物; ᴵᴵ«口» 浅いグラスに盛ったアイスクリーム. **3** ᴵᴵ《実体験するための》サンプル, 試供品; 《全体を知る》手がかり: a ～ of the future 未来を少しく実感させてくれるもの ‹*of*›.

tas·te·vin /tæ̀stəvǽn; *F* tastəvɛ̃/ *n* タストヴァン《ソムリエなどが利き酒に使う銀製のカップ型利猪口(ききちょく)》.

tast·ing /téɪstɪŋ/ *n* 味見用の少量の飲食物, 味見本; 試飲会, 試食会. ● **on** ～ ‹ワインが›試飲できる, 試飲用の.

tasty /téɪsti/ *a* 味[風味]のよい, うまい, おいしい; ᴵᴵ«口» 魅力的な, セクシーな; 興味をそそる, おいしそうな; «まれ» 趣味のよい (tasteful); ᴵᴵ«俗» 前(まえ)のある, 常習犯の. ♦ **tást·i·ly** *adv* **-i·ness** *n*

tat[1] /tǽt/ *vt, vi* (**-tt-**) TATTING で作る[をする].

tat[2] *n* 軽打 (⇨ TIT FOR TAT). [? imit]

tat[3] *n* «インド» TATTOO[3].

tat[4] *n* 袋用カンバス地, 粗製ズック. [Hindi]

tat[5] ᴵᴵ«口» *n* ぼろい[趣味の悪い]服; ぼろ, くず, がらくた, 安物; ぼろ服を着た人. [逆成＜*tatty*[2]]

tat[6] *n* *«俗» TATTOO[2].

tat[7], **TAT, Tat** *n* 〔遺伝〕tat《エイズウイルスなどの遺伝子複製に関与する調節タンパク質の一つ (**tát prótein**), またはそれを生産する遺伝子》. [*trans-activating transcription*]

TAT 〔心〕°thematic apperception test.

Ta·ta /tɑ́ːtɑː/ タタ《インドの代表的な企業グループ; 自動車製造・製鉄・発電などを手掛ける》.

ta-ta ᴵᴵ /tɑːtɑ́ː, tæ-, tə-/ *int* «口» バイバイ. ► *n* «幼児» [次の成句で]: **go ～'s [～s]＝go for a ～** あんよする. [C19＜?]

Ta·ta·bán·ya /tɔ́ːtɔːbɑ̀ːnjɔː/ タタバーニャ《ハンガリー北西部 Budapest の西方にある町》.

ta·ta·mi /tɑːtɑ́ːmi, tæ-/ *n* (*pl* ～, ～**s**) 畳 (＝**～ màt**). [Jpn]

Ta·tar /tɑ́ːtər/ *n, a* タタール人(の); タタール語(の).

Ta·tar·i·an /tɑːtέəriən/, **Ta·tar·ic** /-tǽrɪk/ *a* TURKIC.

Ta·tar·stan /tæ̀tərstǽn, -stɑ́ːn/ タタールスタン《ヨーロッパロシア東部の共和国; ☆Kazan; 1990 年までタタール自治共和国 (Tatar ASSR)》.

Tátar Stráit [the] タタール海峡《広義での間宮海峡のことで, アジア大陸と樺太の間の全域》.

Ta·ta·ry /tɑ́ːtəri/, **Tar-** /tɑ́ːr-/ 〔史〕タタール地域《中世末期にタタール諸族, 特に モンゴル帝国に支配された地域; 一時はアジア東海岸から欧州東部まで及んだ》. ■ **the Gúlf of** ～ タタール海峡 (Tatar Strait).

Tate /téɪt/ テート (1) Sir **Henry** ～ (1819–99)《英国の砂糖精製業者・慈善家》 (2) (**John Orley**) **Allen** ～ (1899–1979)《米国の詩人, New Criticism の批評家》 (3) **Nahum** ～ (1652–1715)《アイルランド出身の英国の詩人・劇作家; 桂冠詩人 (1692–1715)》.

Táte & Lýle テート・アンド・ライル(社) (～ PLC)《欧州最大の製糖会社; 1921 年設立; 本社 London》.

Táte Gállery [the] テート美術館, テートギャラリー《London の Millbank にある国立美術館; 16 世紀から現代に至る主として英国の美術作品を収蔵・展示; J.M.W. Turner のコレクションは特に有名;

1897 年開館, 寄贈者 Sir Henry Tate; 2000 年 Bankside に新館 **Táte Módern** が開館し, 本館は **Táte Brítain** の名で呼ばれるようになった; 略 TG》.

ta·ter, ʼta- /téɪtər/ *n* 《口·方》ジャガ (potato); ホームラン.

Táter Tòts 〚商標〛テイタートッツ《調理済みフライドポテト》.

ta·tha·ta /tάtətɑ:/ *n* 〚仏教〛如(にょ), 真如(しんにょ)《空 (sunyata) の絶対性; cf. SUNYATA》.

Ta·ti /*F* tati/ タティ **Jacques** ~ (1908–82)《フランスの映画監督·喜劇俳優; 本名 Jacques Tatischeff》.

ta·tie /téɪti/ *n* 《口》ジャガイモ (tater).

tat·ler /tǽtlər/ *n* 《古》おしゃべり (tattler); [The T-]『タトラー』《(1) London で文人 Richard Steele が週に 3 回刊行した雑誌 (1709–11) (2) 社交界人士の話題を集めた英国の月刊誌》.

ta·tou /tətú:/ *n* ARMADILLO. [F and Port＜Tupi]

tat·ou·ay /tǽtuèɪ, tɑ̀:tuáɪ/ *n* 〚動〛スベオアルマジロ《南米北部産》. [Sp＜Guarani]

Ta·tra /tɑ́:trə/ タトラ《チェコ製の自動車》.

Tátra Móuntains *pl* [the] タトラ[タトリ]山地 (＝the **Tatras**) (Czech **Ta·try** /tɑ́:tri/)《ポーランドとスロヴァキアの国境にまたがる山地; カルパティア山脈中部の最高部で, Gerlachovka を擁する北の高タトラ (High Tatra) と Váh 川をはさんで南のスロヴァキア領内の低タトラ (Low Tatra) に分かれる》.

tat·soi /tɑ́:tsɔ́ɪ/ *n* ターサイ, ターツアイ《中国原産のアブラナ科の野菜》. [Chin (Guangdong)]

tat·ter[1] /tǽtər/ *n* **1** [ᵁ*pl*]《布·紙などの》ずたずたに裂けたもの, ぼろ(きれ); [*pl*] ぼろ服: in rags and ~*s* ぼろぼろになって[の服を着て] / tear …to ~*s* …をずたずたに裂く. **2** 《古》TATTERDEMALION; 《俗》ぼろを集めて歩く人, くず屋. ● **in ~s** ぼろぼろ[ずたずた]になって; 破綻して, 決裂して; 地に落ちて. ► *vt, vi* ずたずたに裂く[裂ける], ぼろぼろに破る[破れる]. [ON *tötrar* (pl) rags]

tatter[2] *n* TATTING をする人.

tat·ter·de·ma·lion /tæ̀tərdɪméɪljən, -mǽl-/ *n* ぼろを着た人. ► *a* ぼろぼろの; こわれた, おんぼろの; 貧弱な, みすぼらしい.

tát·tered *a* ぼろぼろの〈服など〉; ぼろを着た〈人〉; こわれた, おんぼろの; こなごなになった.

tátter·er *n* 《俗》くず屋 (tatter).

tat·ter·sall /tǽtərsɔ̀:l, -s(ə)l/ *n* タッターソール (＝~ **chèck**)《2–3 色の格子縞模様; Tattersall's で初めこの柄の毛布が馬おおいに用いられた》; タッターソール模様の毛織物[プリント地].

Tát·ter·sàll's / , -s(ə)lz/ **1** タッターソール《1766 年創設の London の馬市場; 創設者 Richard Tattersall (1724–95)》. **2** 〚豪〛タッターソールズ《オーストラリア Victoria 州公認の賭けくじ; 略称 'Tatt(')s'》.

tát·tery *a* ぼろぼろの, ぼろぼろに破れた.

tat·tie, tat·ty /tǽti/ *n* 《スコ》ジャガイモ (potato).

táttie bógle 《スコ》《ジャガイモ畑の》かかし (scarecrow); [*fig*] ばか者, まぬけ.

tat·ting /tǽtɪŋ/ *n* タッチング《レース風の編み糸細工》; タッチングで作ったレース. [C19＜?]

tat·tle* /tǽtl/ *vi* おしゃべりする, むだ口をきく, うわさ話をする; 秘密を漏らす; *〈人のことを〉告げ口する, 言いつける〈*on* sb〉. ► *vt* しゃべる, 〈秘密などを〉おしゃべりをして漏らす. ► *n* おしゃべり, むだ口, 雑談; うわさ話, ゴシップ. [MFlem *tatelen, tateren* (imit)]

tát·tler *n* TATTLETALE; 〚鳥〛メリケンキアシシギ《大声でよく鳴く》; *《俗》目覚まし時計; *《俗》夜警: Avoid a questioner, for he is also a ~. 《諺》聞きたがる者は避けよ, しゃべりたがりでもあるから.

táttle·tàle* *n* おしゃべり屋, 告げ口屋 (telltale). ► *a* TELLTALE. ► *vt, vi* 告げ口をする.

táttletale gráy 灰色がかった白色. [C20; 石鹸メーカーが, 洗い不十分と宣伝した洗濯物の色]

tat·too[1] /tætú:/ *n* (*pl* ~**s**) 〚軍〛帰営らっぱ[太鼓]《通例 午後 10 時》; 《急速に調子よく》トトトン[タタタン]と打つこと; 軍楽行進《通例夜間に行なわれる》: My heart beat a ~ on my ribs. 胸がドキドキした / DEVIL'S TATTOO. ► *vi, vt* トトトン[タタタン]とたたく. [C17 *tap-too*＜Du *taptoe* to close the tap (of cask)]

tattoo[2] *n* (*pl* ~**s**) 入墨, 文身, 刺青, タトゥー. ► *vt* 〈皮膚〉に入墨[タトゥー]をする; 〈花など〉の入墨をする: ~ a rose *on* one's arm＝~ one's arm *with* a rose 腕にバラの入墨をする. ♦ **~·er** *n* TATTOOIST. [Polynesian]

tat·too[3] /tǽtu/ *n* (*pl* ~**s**) インド原産の小馬. [Hindi]

tattoo àrtist TATTOOIST.

tattóo·ist *n* 入墨師, タトゥーアーティスト (＝*tattoo artist*).

Tatt's, Tatts /tǽts/ TATTERSALL'S.

tat·ty[1] /tǽti/ *n* 《インド》《ぬらして窓や戸口に掛ける》むしろすだれ. [Hindi＝wicker frame]

tatty[2] 《口》*a* ぼろの, ぼろっちい, みすぼらしい; お粗末な, 安手の (inferior); ごてごてした, けばけばしい. ♦ **tát·ti·ly** *adv* **-ti·ness** *n* [Sc＝shaggy; cf. OE *tættec* rag, TATTER]

tatty[3] ⇨ TATTIE.

tat·ty-peel·in /tǽtipí:lən/ *a* 《スコ中部》〈話し方が〉大げさな, 気取った.

ta·tu·a·su /tətù:əsú:/ *n* GIANT ARMADILLO. [Port]

Ta·tum /téɪtəm/ テータム (1) **'Art'** ~ [**Arthur** ~] (1910–56)《米国のジャズピアニスト》 (2) **Edward L(aw·rie)** /lɔ́:ri/ ~ (1909–75)《米国の生化学者; 一遺伝子一酵素説を提唱, 遺伝子の組換えを発見; ノーベル生理学医学賞 (1958)》.

Ta·tung[1] /tɑ́:tʊŋ/ 〚商標〛タートゥン《米国 Tatung Co. of America, Inc. 製のテレビ·ビデオ機器》.

Tatung[2] 大同 (⇨ DATONG).

tau /táʊ, tɔ́:/ *n* タウ《ギリシア語アルファベットの第 19 字; *T*, *τ*＝ローマ字の T, t》; T 字形, T じるし; 〚理〛タウ粒子 (tau particle). [Gk; cf. *taw*]

Taube /táʊb/ タウブ **Henry** ~ (1915–2005)《カナダ生まれの米国の化学者; 金属錯体の電子移動反応のメカニズムを解明; ノーベル化学賞 (1983)》.

Tauch·nitz /*G* táuxnɪts/ タウフニッツ (1) **Christian Bernhard** ~ (1816–95)《ドイツの印刷·出版業者; Karl Christoph の甥; 英米作家の作品を廉価版 (~ Edition) で出版》 (2) **Karl Christoph** ~ (1761–1836)《ドイツの印刷·出版業者; ギリシア·ローマ時代の作品を出版》.

táu cròss T 字形十字.

taught *v* TEACH の過去·過去分詞.

táu neutrìno 〚理〛タウ粒子(型)ニュートリノ《弱い相互作用においてタウ粒子と対になるニュートリノ; 記号 ν_τ; cf. MUON NEUTRINO》.

Taung·gyi /táʊndʒí:/ タウンジー《ミャンマー中部 Mandalay の南東にある町》.

taunt[1] /tɔ́:nt, *tɑ́:nt/ *vt* あざける, 嘲笑(ちょうしょう)う, ばかにする, なじる〈*for, with, about, over*〉; あざけって…させる〈*into doing*〉: ~ sb *with* cowardice 人を臆病だと言ってあざける / ~ sb *about* his weight 人の体重をからかう. ► *n* あざけり, 嘲弄, 嘲罵, 痛烈な皮肉; 《古》あざけりの的. ♦ **~·er** *n* **~·ing·ly** *adv* あざけって. [F *tant pour tant* tit for tat, smart rejoinder (*tant* so much)]

taunt[2] *a* 〚海〛〈マストが〉非常に高い. [ME＜?]

Taun·ton /tɔ́:nt(ə)n/ トーントン《イングランド南西部 Somerset 州の町·州都》.

Tau·nus /táʊnəs/ [the] タウヌス山地《ドイツ中西部 Hesse 州から Rhineland-Palatinate 州にかけての山地; Rhine 川の東, Main 川の北に位置》.

tau·on /táʊɑ̀n, tɔ́:-/ *n* 〚理〛タウオン, タウ粒子 (tau particle).

táu pàrticle 〚理〛タウ粒子《軽粒子 (lepton) の一つ; 電子の 3500 倍の質量を有する》.

taupe /tóʊp/ *n, a* 茶色がかった灰色(の), もぐら色(の). [F＝mole＜L *talpa*]

Tau·po /táʊpoʊ/ [Lake] タウポ湖《ニュージーランド北島中部, 同国最大の湖》.

taur- /tɔ́:r/, **tau·ri-** /tɔ́:rə/, **tau·ro-** /tɔ́:roʊ, -rə/ *comb form* 「雄牛」 [L (TAURUS)]

Tau·ranga /taʊrɑ́:ŋə/ タウランガ《ニュージーランド北島北部の市·港町》.

Tau·re·an /tɔ́:riən/ *a, n* おうし座 (Taurus) 生まれの(人).

Táu·ric Chérsonese /tɔ́:rɪk-/ [the] ケルソネスス·タウリカ《CRIMEA 半島の古代名》.

táuri·fòrm *a* 雄牛(の頭[角])形の.

tau·rine[1] /tɔ́:ràɪn, -rən/ *a* 雄牛の(ような); 〚動〛《コブウシ (zebu) でなく》ウシ (*Bos taurus*) の; 〚天〛《十二宮の》金牛宮 (Taurus) の; 闘牛の.

tau·rine[2] /tɔ́:rì:n, -rən/ *n* 〚生化〛タウリン《両性電解質》. [↑; 雄牛の胆汁の中で発見された]

Tau·ris /tɔ́:rəs/ タウリス《イランの TABRIZ の古代名》.

tau·ro·bo·li·um /tɔ̀:rəbóʊliəm/ *n* (*pl* **-lia** /-liə/) 牡牛の供儀《古代地中海地方の Cybele や Mithras で行なわれた神々のための儀式; いけにえの牡牛の血で授洗した》. [L (TAURUS)]

tau·ro·chó·lic ácid /tɔ̀:rəkóʊlɪk-, -kɑ́l-/ 〚化〛タウロコール酸.

tau·rom·a·chy /tɔ:rɑ́məki/ *n* 《文》闘牛(術).

Tau·ro·me·ni·um /tɔ̀:rəmí:niəm/ タウロメニウム《TAORMINA の古代名》.

Tau·rus /tɔ́:rəs/ 〚天〛おうし座(牡牛座) (Bull)《黄道帯星座の一つ; 散開星団 Pleiades, Hyades, 一等星 Aldebaran などがある》, 《十二宮の》金牛宮 (⇨ ZODIAC); おうし座生まれの人. [L＝bull]

Táurus Móuntains *pl* [the] タウルス[トロス]山脈 (Turk **Toros** /tɔ:rɔ́:s/)《トルコ南部の地中海沿岸を東西に走る山脈; 3000 m 級の高峰が連なる》.

taut[1] /tɔ́:t/ *a* **1** 〈索·帆が〉ピンと張られた, 〈筋肉など〉張りつめた; 〈神経など〉緊張した; 〈表情·笑いなど〉硬い, こわばった. **2** 〈船など〉きちんと整備された; 〈人·からだつきが〉(細身で)引き締まった; 〈話など〉むだのない, 締まりのある, 簡潔な. **3** きびしい (severe). ♦ **~·ly** *adv* **~·ness** *n* [ME *touht*＝? TOUGH; *tog-* (pp)＜*tee* (OE *tēon*) (obs) to pull, TOW[1] の影響あり]

taut[2] *vt* 《スコ》TANGLE[1]. [C18＜?]

taut[3] *n* TAT[4].

taut- /tɔ́:t/, **tau·to-** /tɔ́:toʊ, -tə/ *comb form* 「同じ」「等しい」 [Gk (*tauto* the same)]

táut·en *vt, vi* 〈索・帆など〉ピンと張る; TAUT[1] にする[なる].
tau·to·chrone /tɔ́:təkròun/ *n* 〘理〙等時曲線.
tau·tog /tɔ́:tɔ̀(:)g, -tàg, ーー/ *n* 〘魚〙北米大西洋沿岸産のベラ科の食用魚 (=*blackfish*)《カンダイの類》. [Narraganset]
tau·to·log·i·cal /tɔ̀:təlɑ́ʤɪk(ə)l/, **-ic** *a* 同語[類語]反復の; 〘論〙TAUTOLOGOUS. ♦ **-i·cal·ly** *adv*
tau·tol·o·gism /tɔ:tɑ́ləʤìz(ə)m/ *n* 同語[類語]反復(使用). ♦ **-gist** *n*
tau·tol·o·gize /tɔ:tɑ́ləʤàɪz/ *vi* 同語[類語]を繰り返す, 重複して述べる.
tau·tol·o·gous /tɔ:tɑ́ləgəs/ *a* TAUTOLOGICAL; 〘論〙その論理形式ゆえに常に真である, 恒真(式)の (analytic). ♦ **~·ly** *adv*
tau·tol·o·gy /tɔ:tɑ́ləʤi/ *n* 〘修〙同語[類語]反復《たとえば speak all *at once together* や *necessary essentials*》; 重複語[句, 文]; 《動作などの》反復; 〘論〙同語反復; 〘論〙恒真式. [L<Gk (*tauto-*, *-logy*)]
tau·to·mer /tɔ́:təmər/ *n* 〘化〙互変異性体. ♦ **tàu·to·mér·ic** /-mér-/ *a* 互変異性体の. **tau·tom·er·ism** /tɔ:tɑ́mərìz(ə)m/ *n* 互変異性.
tau·tom·er·ize /tɔ:tɑ́məràɪz/ *vi, vt* 〘化〙互変異性化する[させる]. ♦ **tau·tòm·er·i·zá·tion** *n* [*tautomer*, *-ize*]
T **tau·to·nym** /tɔ́:tənìm/ *n* 〘生〙反復名《種の学名において属名と種小名が同一であること; 動物学では普通であるが, 植物学では禁じられている》. ♦ **tàu·to·ným·ic, tau·ton·y·mous** /tɔ:tɑ́nəməs/ *a* **tau·tón·y·my** *n* [Gk]
tau·toph·o·ny /tɔ:tɑ́fəni/ *n* 同音反復.
tav ⇨ TAW[3].
Ta·vel /tɑ:vél/ *n* タヴェル《フランス南部 Rhône 谷で製造される上質のワイン》.
tav·ern /tǽvərn/ *n* 《北米・NZ》居酒屋, 酒場, バー; ǁ《古風》パブ; 宿屋, はたご (inn). [OF<L *taberna* hut, inn]
ta·ver·na /tɑ:vέərnə/ *n* タヴェルナ《ギリシア地方の小料理屋》. [ModGk]
távern·er *n* 《古》居酒屋[はたご]の主人; 《廃》居酒屋[はたご]の常連. [AF; ⇨ TAVERN]
Taverner タヴァナー **John** ~ (c. 1490–1545)《イングランドの作曲家》.
taw[1] /tɔ́:/ *n* 石はじき(の石); 石はじき開始の基線; スクエアダンスのパートナー; 投資金. ● **come [bring] to ~** 《競技で》出発点に立つ[立たせる]. **go back to ~s** 《豪口》初めにもどる. **start from ~s** 《豪口》振出しから始める. ► *vi* はじき石を投げる. [C18<?; cf. OE *getawu* tools]
taw[2] *vt* 〈生皮を〉ミョウバンと塩の溶液でなめす; 《古》〈天然のものに〉利用[加工]の下準備をする; 《古・方》むち打つ. ♦ **~·er** *n* **~·ery** *n* [OE *tawian*<Gmc=to do (Du *touwen*)]
taw[3], **tav** /tɑ́:v, tɔ́:v, -f/ *n* タウ《ヘブライ語アルファベットの第 22 字》. [Heb]
ta·wa[1] /tɑ́:wə, táuə/ *n* 〘植〙クスノキ科アカハダクスノキ属の常緑高木《ニュージーランド産; 小型のスモモのような紫色の食べられる実がなる; 材は軽くて軟らかい》. [Maori]
ta·wa[2] /tɑ́:wə/ *n* 《インド》ターワ, タワ《チャパティを焼くための円い鉄板》.
tawai ⇨ TAWHAI.
taw·dry /tɔ́:dri, *tɑ́:-/ *a* (安手で)けばけばしい, ごてごてと飾りたてた, あくどい; 安っぽい; 恥ずべき, 不名誉な, 卑劣な. ► *n* けばけばしい装飾[衣裳]. ♦ **táw·dri·ly** *adv* **-dri·ness** *n* [*tawdry lace*<*St Audrey's lace* (St Audrey (d. 679) Northumbria の女王)]
ta·whai, ta·wai /tɑ́:(h)wàɪ/ *n* 〘植〙《ニュージーランド産の》ナンキョクブナ属 (*Nothofagus*) の各種の高木《red birch など》. [Maori]
taw·hid, tau- /tɔ:hí:d/ *n* 〘イスラム〙神の唯一性, タウヒード《イスラム教の根本的教義の一つ》; 〘イスラム神秘主義〙神による一切の包摂, 神との合一. [Arab=unity]
taw·ie /tɔ́:i/ *a* 《スコ》TRACTABLE.
taw·ney /tɔ́:ni/ *a* TAWNY.
Tawney トーニー **R**(ichard) **H**(enry) ~ (1880–1962)《英国の経済史家》.
taw·ny /tɔ́:ni, *tɑ́:-/ *a* 黄褐色の, なめし皮色の《ライオンの毛皮の色など》; *《俗》最高の. ► *n* 黄褐色(のもの[人]). ♦ **táw·ni·ly** *adv* **-ni·ness** *n* [AF *tauné*; ⇨ TAN]
táwny éagle 〘鳥〙アフリカソウゲンワシ《アフリカ・アジア原産》.
táwny ówl 〘鳥〙モリフクロウ《ユーラシア・北アフリカ産》.
táwny pípit 〘鳥〙ムジタヒバリ《セキレイ科; ヨーロッパ・中央アジア・北アフリカ産》.
taw·pie, taw·py /tɔ́:pi/ *a, n* 《スコ》ばかな[軽はずみな](若者[女]). [C18; cf. Norw *tåpe* simpleton]
taws(e) /tɔ́:z/ 《スコ》*n* [〈*sg/pl*〉]《子供を懲らしめる時の》革むち; [the, ᵁ〈*sg*〉]《懲らしめの》むち打ち; [〈*sg/pl*〉]《こまをまわす》革ひも. ► *vt* (革むちで)罰する. [(pl)<*taw*<Scand]
tax /tǽks/ *n* **1 a** 税, 税金, 租税 〈*on*〉: after ~ 〈利益など〉税引き後で[の], 手取りで / before ~ 〈利益など〉税引き前で[の], 税込みで / business ~ 営業税 / free of ~ 無税で / land ~*es* 土地税, 地租 / local ~*es* 地方税 / lay [levy, impose, put] a ~ *on*…に課税する / I paid $500 in ~*es*. 税を 500 ドル払った. **b** *会費, 割り前. **2** 無理な仕事, 重い負担, 酷な要求: a ~ *on* one's health [patience] 体[忍耐力]に無理な負担. ► *vt* **1 a** 〈人・収入・財産・物品〉に税を課する, 課税する; *《口》〈代金を人〉に請求する. **b** …に重い負担をかける[重荷を負わせる], 酷使する: ~ sb's patience 〈仕事などが〉人に忍耐力を強いる. **2** とがめる, 非難する, 責める: ~ sb *with* a fault [*doing* …] 過失で[…したと]人を責める. **3** 〘法〙〈訴訟費用を〉査定する, 《古》査定する; 《廃》〈氏名を〉登録する. ♦ **~·er** *n* **~·less** *a* [OF<L *taxo* to censure, compute<? Gk *tassō* to fix]
tax- /tǽks/, **taxo-** /tǽksou, -sə/, **taxi-** /tǽksə/ *comb form* 「順序」「配列」 [Gk; ⇨ TAXIS]
taxa *n* TAXON の複数形.
táx·able *a* 課税できる; 課税対象となる; 〘法〙当然請求できる. ► *n* [ᵁ*pl*] *課税対象. ♦ **-ably** *adv* **~·ness** *n* **tàx·abílity** *n*
tax·a·ceous /tækséɪʃəs/ *a* 〘植〙イチイ科 (Taxaceae) の.
táx-and-spénd *n, a* 増税・歳出拡大(路線)(の). ► *vi* 増税・歳出拡大路線をとる.
tax·a·tion /tækséɪʃ(ə)n/ *n* 課税, 徴税; 税制; 税収; 税額; 〘法〙訴訟費用査定: No ~ without REPRESENTATION. / be subject [liable] to ~ 課税される. ♦ **~·al** *a* 課税の[に関する].
táx avòidance 《合法的な》課税のがれ, 節税.
táx bàse 課税標準, 税基盤.
táx bìte *《口》徴税(額): put a ~ *on*…に課税する.
táx bràcket 税率等級[区分]《課税対象所得の区分》.
táx brèak 《口》税制上の優遇措置, 減税措置.
tax cart ⇨ TAXED CART.
Tax·co /tɑ́:skou/ タスコ (=~ **de Alar·cón** /ーー ðeɪ à:là:rkɔ́:n/)《メキシコ南部 Guerrero 州, Mexico City の南南西にある市》.
táx còde 〘米〙税法; 〘英〙課税コード, 所得税コード《歳入・関税委員会 (HM Revenue & Customs) が納税者の年収に基づいて定める, 数字と文字からなるコード; 雇用主が被用者の源泉徴収税額の算出に用いる》.
táx collèctor 収税吏.
táx crèdit 税額控除.
táx crèep タックスクリープ《累進課税制のため所得増によって所得税額がじりじりと増えること》.
táx cùt 減税(措置).
Táx Dày [the] 〘米〙税の日《4 月 15 日; 連邦税の納入期日》.
táx-dedùct·ible *a* 《所得税計算過程で》控除対象となる〈経費など〉.
tàx-deférred* *a* 課税猶予の, 課税繰延べの《個人退職勘定 (individual retirement account)・年金・変額生命保険などの投資プランで, 積立金引出し時まで投資収益への課税を行なわないことについていう》.
táx dìscǁ 《自動車税の》納税済証票《フロントガラスに貼る》.
táx dòdger 《口》《合法的な》節税者, 《非合法の》脱税者. ♦ **táx dòdge** *n*
táx dùplicate 不動産評価証明書; 税務謄本.
táx(ed) càrt 〘英史〙軽量二輪車《小額の税を取った》.
tax·eme /tǽksì:m/ *n* 〘言〙文法特性素《語順・語類選択・抑揚・音声変容など文法的配列の単位》. ♦ **tax·é·mic** *a* [*tax-*, *-eme*]
taxes[1] *n* TAX の複数形.
taxes[2] *n* TAXIS の複数形.
-taxes *n comb form* -TAXIS の複数形.
táx evàsion 《不正申告による》税金のがれ, 脱税.
táx-exémpt *a* 免税の; 課税されない, 非課税の〈銀行口座・債券・団体など〉.
táx èxile [expàtriate] 税金のがれの国外脱出者.
táx fàrmerǁ 《政府からある種の税の徴収権を買い取った》徴税権保有者.
tàx·flátion *n* タックスフレーション《インフレによる名目所得増と所得税の累進課税制が組み合わさって生じる政府の税収増大》.
táx-frée *a* 無税[非課税, 免税]の, 税金のかからない. ► *adv* 無税[免税]で.
táx gàp **1** 未収税額《未申告・脱税などによって生じる, 本来徴収されるべき税額と実際の納税額の差》. **2** 課税格差《類似の商品間に見られる税率の差》.
táx·gàther·er *n* 《古》TAX COLLECTOR.
táx hàven 租税回避地, タックスヘイブン《外国の投資家からみた, 低課税または無税の国[地域]》.
táx hòliday 《口》免税[減税]期間, '税金休暇'《なんらかの理由(景気対策など)で税金の減免措置が受けられる期間》
taxi /tǽksi/ *n* (*pl* **táx·is, táx·ies**) タクシー (taxicab); タクシーのように営業する船[飛行機]; *《俗》5–15 年の刑: go home *by* [*in* a] ~ タクシーで帰宅する. ► *vi, vt* (**táx·ied; ~·ing, táxy·ing**) タクシーで行く[運ぶ]; 〘空〙自力で地上[水上]走行する[させる], タキシングする[させる]. [*taxi*meter cab]
taxi- /tǽksə/ ⇨ TAX-.
táxi·càb *n* タクシー《taxi または cab と略す》. [*taxi*meter+*cab*]

táxi dànce hàll taxi dancer のいるダンスホール.
táxi dàncer* タクシーダンサー《ダンスホールなどに所属して客の相手となり時間・曲数に応じて金を取るダンサー》. ♦ **táxi dàncing*** *n*
taxi·der·my /tǽksədə̀ːrmi/ *n* 剝製術. ♦ **-mist** *n* 剝製師. **tàxi·dér·mic, -dér·mal** *a* **-mi·cal·ly** *adv* [*tax-*, *derma* skin]
táxi·manᴵᴵ /-mən/ *n* タクシー運転手.
táxi·mèter *n* 《タクシーなど乗物の》料金自動表示器, 料金メーター. [F (*taxe* tariff, TAX)]
tax·ine /tǽksìːn, -sən/ *n* 〘化〙 タキシン《イチイの葉や種子などに存在する有毒の淡黄色鱗状結晶》.
táx·ing *a* 負担の重い, 苦労の多い, 面倒な. ♦ **~·ly** *adv*
táx·ing-màsterᴵᴵ *n* 《裁判所の》訴訟費用査定吏.
táx inspèctor 税額査定官 (INSPECTOR OF TAXES).
táxi·plàne *n* (短距離)貸切り営業の飛行機.
táxi rànkᴵᴵ TAXI STAND.
tax·is /tǽksəs/ *n* (*pl* **tax·es** /tǽksìːz/) 順序, 配列; 〘外科〙《ヘルニアなどの》整復法[術]; 〘生〙 走性; 〘文法〙 配置, 順序; 〘古ギ〙 軍隊の編成単位《中隊・大隊など》. [Gk=arrangement (*tassō* to arrange)]
-tax·is /tǽksəs/ *n comb form* (*pl* **-tax·es** /tǽksìːz/)「配列」「走性」: hetero*taxis*, chemo*taxis*. [↑]
táxi squàd 〘アメフト〙 タクシースクウォッド《プロのフットボールプレーヤーのうち選手チームとの練習はするが公式試合の参加資格がないプレーヤーの集団》. [あるチームのオーナーが余分に雇い入れたプレーヤーを所有するタクシー会社で運転手として働かせたことから]
táxi stànd* 客待ちタクシー用待機所, タクシー乗場 (cabstand).
táxi strìp TAXIWAY.
tax·ite /tǽksàɪt/ *n* 〘岩石〙 タキサイト《破砕状の外観を呈する火山岩》. ♦ **tax·it·ic** /tæksítɪk/ *a*
táxi trùck 《豪》 貸切り営業のトラック.
táxi·wày *n* 〘空〙 《飛行場の》誘導路.
táx lòss 《キャピタルゲイン税・法人税において》課税対象利益から差し引くことのできる損失, 節税効果のある損失.
táx·màn *n* 税吏, 収税吏 (tax collector), 国税官 (tax inspector); [the]ᴵᴵ国税当局《Board of Inland Revenue の擬人化》.
táx·mobìle* *n* 巡回税務サービス車.
taxo- /tǽksou, -sə/ ⇨ TAX-.
Tax·ol /tǽksɔ̀(ː)l, -sòul, -sɑ̀l/ 〘商標〙 タキソール《PACLITAXEL 製剤(抗癌剤)》.
tax·ol·o·gy /tæksɑ́lədʒi/ *n* 分類学 (taxonomy).
tax·on /tǽksɑ̀n/ *n* (*pl* **taxa** /tǽksə/, **~s**) 〘生〙 分類群; 類名. [逆成 < *taxon*omy]
taxon. taxonomic ♦ taxonomy.
tax·on·o·my /tæksɑ́nəmi/ *n* 分類学; 分類; 〘生〙 分類法. ♦ **-mist** *n* 分類学者. **tax·o·nom·ic** /tæ̀ksənɑ́mɪk/, **-i·cal** *a* **-i·cal·ly** *adv* [F (Gk TAXIS, *-nomia* distribution)]
táx·pày·er *n* 納税者, 納税義務者.
táx·pày·ing *a* 納税の, 納税義務のある.
táx pòint 〘英〙 《付加価値税 (value-added tax) の》課税対象日《付加価値税の課税対象となる取引日》.
táx ràte 税率.
táx rèbate [rèfund] 税の還付, 戻し減税.
táx relìef 《所得の一部について認められる》税の支払い免除.
táx retùrn 《納税のための》所得申告(書).
táx revòlt* 税金反乱《財産税引下げ運動; 1978 年 California 州の Proposition 13 に端を発し, 80 年までに 38 州で成果をあげた》.
táx sàle 《税金滞納処分としての》換価処分, 公売.
táx sèlling 税金売り《所得税申告用に損益を明確にするため, 年度末近くに証券を一斉に売りに出すこと》.
táx shèlter 税金のがれの対策, 節税対策, タックスシェルター; TAX HAVEN. ♦ **táx-shèltered** *a*
táx stàmp 納税印紙《納税済み物件に貼る》.
táx thrèshold 課税最低所得水準, 課税最低限《その水準から課税が始まる》.
táx tìtle 〘法〙 租税滞納のために公売された物件の買受人の得た権原《一定期間は買い戻される可能性がある》.
táx tòkenᴵᴵ TAX DISC.
tax·us /tǽksəs/ *n* (*pl* **~**) 〘植〙 イチイ属 (*T-*) の各種植物 (=*yew*).
-taxy /tǽksi/ *n comb form* -TAXIS: hetero*taxy*. [Gk]
táx yèar 課税年度《米国では 1 月 1 日から; 英国では 4 月 6 日, = fiscal year》.
taxying *v* TAXI の現在分詞形.
tay /téɪ/ *n* 《アイル方》 TEA.
Tay [the] テイ川《スコットランド中東部を東流し, テイ湖 (**Lóch ~**) を通ってテイ湾 (the **Fírth of ~**) に注ぐスコットランド最長の川》.
táy·bèrry *n* テイベリー《1977 年スコットランドで作出された blackberry と raspberry の交配新種》. [↑]
Táy Brídge [the] テイ橋, テイブリッジ《スコットランド東部のテイ湾 (Firth of Tay) にかかる橋; Dundee と対岸とを結ぶ》.
Ta·yg·e·ta /teɪídʒətə/ 〘ギ神〙 ターユゲテー《PLEIADES の一人》; 〘天〙 タイゲタ《Pleiades 星団の一星》.
Tay·lor /téɪlər/ テーラー (**1**) **A**(lan) **J**(ohn) **P**(ercivale) ~ (1906–90)《英国の歴史家》 (**2**) **Brook** ~ (1685–1731)《英国の数学者; 微分学の分野でテーラーの定理を発表》 (**3**) **Cecil** (**Percival**) ~ (1933–)《米国の黒人ジャズピアニスト; 前衛派の第一人者》 (**4**) **Edward** ~ (1645?–1729)《アメリカの詩人》 (**5**) Dame **Elizabeth** (**Rosemond**) ~ (1932–2011)《英国生まれの米国の女優》 (**6**) **Frederick W**(inslow) ~ (1856–1915)《米国の発明家・技術者; 科学的経営管理法の父》 (**7**) **James** ~ (1948–)《米国のフォークロックシンガー・ソングライター》 (**8**) (**James**) **Bayard** ~ (1825–78)《米国のジャーナリスト・紀行文作家・詩人・翻訳家》 (**9**) **Jeremy** ~ (1613–67)《イングランドの主教・説教家・著述家; Charles 1 世付きの牧師; *Holy Living* (1650), *Holy Dying* (1651)》 (**10**) (**Joseph**) **Deems** ~ (1885–1966)《米国の作曲家・音楽評論家》 (**11**) **Joseph Hooton** ~, **Jr.** (1941–)《米国の物理学者; 連星パルサー (binary pulsar) を発見; ノーベル物理学賞 (1993)》 (**12**) **Maxwell D**(avenport) ~ (1901–87)《米国の将軍・外交官; 統合参謀本部議長 (1962–64)》 (**13**) **Richard E**(dward) ~ (1929–)《カナダ生まれの米国の物理学者; クォーク (quarks) の存在を証明; ノーベル物理学賞 (1990)》 (**14**) **Tom** ~ (1817–80)《英国の劇作家・編集者》 (**15**) **Zachary** ~ (1784–1850)《米国の軍人・政治家; 第 12 代大統領 (1849–50); ホイッグ党》.
Táylor·ìsm **1** テーラリズム (=**Táylor sỳstem**)《科学的経営管理法》. [Fredrick W. *Taylor*] **2** テーラー神学《Nathaniel William Taylor (1786–1858) の唱えたカルヴァン主義の系列の神学で, ニューイングランドのピューリタン神学の後期の展開》.
Táylor('s) sèries 〘数〙 テーラー級数. [Brook *Taylor*]
Táylor sỳstem [the] 〘経営〙 テーラーシステム《Frederick W. Taylor が考案した科学的経営管理法》.
Tay·mýr [Tai·mýr] Península /taɪmíər-/ [the] タイミル半島《シベリア中部の北端, 北極海に向かって突き出した半島; Yenisey, Khatanga 両河にはさまれる》.
Tay Pay ⇨ O'CONNOR.
tay·ra /táɪərə/ *n* 〘動〙 タイラ《中米・南米産; イタチ科》. [Port and Sp<Tupi]
Táy-Sáchs disèase /téɪsǽks-/ 〘医〙 テイ-サックス病《*β*-*N*-アセチルヘキソサミダーゼ A 欠損に伴うガングリオシド G_{M2} 蓄積症》. [Warren *Tay* (1843–1927) 英国の眼科医, Bernard *Sachs* (1858–1944) 米国の神経病学者]
Tay·side /téɪsàɪd/ テーサイド《スコットランド中東部の旧州 (region) (1975–96); ☆Dundee》.
Ta Yünho ⇨ DA YUNHE.
taz /tǽz/ *n* 《俗》 口ひげ (tash).
taz·za /tɑ́ːtsə, tǽtsə/ *n* タッツァ《台座付きの飾り大皿》. [It=cup]
TB /tìːbíː/ *n* 《口》 結核 (tuberculosis).
tb tablespoon(s) ♦ tablespoonful(s). **t.b.** °trial balance.
Tb terabyte(s) ♦ 〘化〙 terbium. **TB** terabyte(s) ♦ thoroughbred ♦ °torpedo boat ♦ °tubercle bacillus.
TBA to be announced ♦ to be arranged.
T-back /tíː—/ *n* 《下着・水着の》 T バック.
T-ball, Tee-ball /tíː—/ 〘商標〙 T ボール《ゴルフのティー (tee) を大きくしたような棒の上に載せたボールを打って飛ばし, 野球のように遊ぶ子供のゲーム》.
T-bar /tíː—/ *n* 《スキーリフト用の》T 字形の腕木; T-BAR LIFT; T 形鋼 (=*T-beam*).
T-bar lift /tíː— —/ T バーリフト《T 字形の腕木を用いて足を地面につけたまま, 通例 1 本につき 2 人ずつ運ぶスキーリフト》.
tbc, TBC to be confirmed 要確認, 未定. **TBD** to be determined 決定待ち, 未決定 ♦ °torpedo-boat destroyer.
T-beam /tíː—/ *n* T 形鋼 (T-bar).
TBH 《E メールなどで》 to be honest.
TBI traumatic brain injury 〘医〙 外傷性脳損傷.
Tbi·li·si /təbílәsi/ トビリシ《グルジアの首都; Kura 川に臨む; 旧称 Tiflis》.
T-bill /tíː—/ *n**《口》 TREASURY BILL.
T-bone /tíː—/ *n* **1** ティーボーン (=**~ stéak**) (**1**) 牛の腰部のショートロインの中ほどの厚切り肉, T 字形の骨付きで小さめ; cf. PORTERHOUSE **2**) その T 字形の骨》. **2***《俗》 フォードの T 型車. ► *vt* *《口》 …に T 字衝突する《一台の車の側面にもう一台が正面から当たる》.
tbs., tbsp. tablespoon(s) ♦ tablespoonful(s).
TBS 〘軍〙 talk between ships 《戦術行動中の》艦間通話 ♦ °tight building syndrome ♦ °Turner Broadcasting System.
TBT 〘化〙 tributyltin. **Tc** 〘化〙 technetium.
TC °Teachers College ♦ °Town Council(lor) ♦ °traveler's check ♦ 〘国連〙 °Trusteeship Council.
TCA cycle /tíːsìːéɪ —/ 〘生化〙 トリカルボン酸回路, TCA 回路 (KREBS CYCLE). [*tri*carboxylic *a*cid cycle]
TCAS /tíːkæ̀s/ *n* 〘空〙 ティーキャス《空中衝突防止装置》. [*t*raffic (alert and) *c*ollision *a*voidance *s*ystem]

TCB *《俗》take [taking] care of business《やるべきことを》ちゃんとやる[やって]. **TCCB** °Test and County Cricket Board.
TCD Trinity College, Dublin. **TCDD** tetrachlorodibenzo-*p*-dioxin《残留性・発癌性の強いダイオキシン; 2,4,5-T 系除草剤に含有されていた》. **TCE**〘化〙trichloroethylene.
T cell /tíː —/〘医〙T 細胞 (＝*T lymphocyte*)《胸腺依存性のリンパ球; 細胞媒介性免疫や B 細胞と共同で免疫グロブリンの合成に関与する》.
tch /ɪ/ *int* チッ《舌打ち音》. [imit]
Tchad ⇨ CHAD¹.
tchag·ra /ʧǽgrə/ *n*〘鳥〙チャイロヤブモズ《アフリカ産チャイロヤブモズ属 (*T*-) の各種のモズ; 主に地上で採餌し, 背が茶色で, 黒い過眼線がある》.
tchai /ʧáɪ/ *n* CHAI.
Tchai·kov·sky, Tschai- /ʧaɪkɔ́ːfski, ʧə-, -kɔ́ːv-; -kɔ́v-/ チャイコフスキー **Pyotr [Peter] Ilich** ～ (1840–93)《ロシアの作曲家》. ♦ **-sky·an, -ski·an** *a*
Tche·by·chéff inequàlity /ʧəbəʃɔ́ːf-/〘統〙CHEBYSHEV'S INEQUALITY.
Tche·k(h)ov /ʧékɔ̀(ː)v, -f/ チェーホフ **Anton Pavlovich** ～＝Anton Pavlovich CHEKHOV.
tcher·vo·nets, -netz /ʧərvɔ́ːnəts/ *n* CHERVONETS.
tchick /ʧík/ *int, n* チッ《馬を励ます舌打ちの音》. ► *vi* チッと舌打ちをする. [imit]
tchotch·ke /ʧáʧkə/*《口》*n* ちゃちな飾り物, 装飾小物, おもちゃ, がらくた; 大切な人, かわいいやつ, 'おもちゃ'《子供・女》. [Yid]
tchr teacher. **TCK** °third-culture kid.
TCM traditional Chinese medicine 漢方 ♦〘電算〙trellis-code modulation トレリス符号化変調《モデム用高速変調法の一つ》.
T-commerce /tíː—/ *n* T コマース《双方向テレビ放送による商取引》.
TCP /tíːsìːpíː/〘商標〙TCP《傷口の洗浄やうがいに用いられる消毒液》. [*tric*hloro*p*henylmethyliodosalicyl]
TCP/IP *n* [〈*pl*〉]〘インターネット〙TCP/IP《データ転送を低レベルでパケットにより処理するプロトコル》. [*T*ransmission *C*ontrol *P*rotocol / *I*nternet *P*rotocol]
TD〘医〙°tardive dyskinesia ♦〘アイル〙°Teachta Dála ♦ technical drawing ♦ Territorial (Officer's) Decoration ♦〘アメフト〙touchdown(s) ♦ °Trinidad and Tobago. **TDA** °Trade Descriptions Act. **TDC, t.d.c.**〘機〙°top dead center.
TDD telecommunications device for the deaf.
TDE /tíːdìːíː/ *n*〘薬〙TDE《殺虫剤; DDD に同じ》. [*t*etrachloro*d*iphenyl*e*thane]
t distribution /tíː —/〘統〙t 分布 (＝*Student's t distribution*).
tdm tandem. **TDM**〘通信〙°time division multiplex.
TDN total digestible nutrients 可消化養分総量.
t'd off teed off (⇨ TEE² 成句).
T-dress /tíː—/ *n* T ドレス《T シャツを長くしたようなドレス》.
t.d.s.〘処方〙[L *ter die sumendum*] 一日 3 回.
TDY °temporary duty.
te ⇨ TI¹.
Te〘化〙tellurium.
TE table of equipment 装備表 ♦ °trailing edge.
tea /tíː/ *n* **1** チャノキ (＝～ plant); 茶(の葉), お茶;《飲み物の》茶,《特に》紅茶, ティー: BLACK TEA, GREEN TEA / two cups of ～＝two ～*s* お茶 2 杯 / cold ～ 冷たいお茶[紅茶] / coarse ～ 番茶 / dust ～ 粉茶 / roasted ～ ほうじ茶 / make (the) ～ お茶をいれる / serve ～ お茶を出す. **2 a** ᴴティー《午後遅くの軽い食事で, afternoon [five o'clock] tea ともいい, 飲み物には通例 紅茶を用いる》; 午後の招待, お茶の会: ask sb to ～ 人をティーに招く / early (morning) ～《ベッドで飲む》起き抜けのお茶. **b** ᴴHIGH TEA;《豪》夕食. **3 a** 茶に類する木[葉, 花];《茶に類する》煎じ汁; TEA ROSE: SAGE TEA. **b** BEEF TEA;《俗》マリファナ, はっぱ; *《俗》《競走馬に使う》興奮剤;《俗》酒;《俗》[*euph*] おしっこ, ゆばり. ● **a nice cup of** ～《しばしば癒しのもととしての》一杯の(おいしい)お茶: Sit and have *a nice cup of* ～.《落ち込んでいる人に向かって》落ち着いてお茶でも飲んだらどう? CUP OF TEA. **go (out) for one's** ～《北アイル俗》危険な任務に出かける, 連れ出されてひどいめにあわされる. **not for all the** ～ **in China** [ᴴ*joc*] どんなこと[理由, 利益 など]があっても…しない (cf. not for (all) the WORLD). **wet the** ～ ᴴ《俗》茶をいれる. ► *vi, vt* (～**ed**, ～**'d**) 茶を飲む, 軽い食事を取る;〈人〉に茶を出す. ● ～**ed up**《俗》マリファナに酔って. ♦ ～**·lìke** *a* [C17 *tay, tey*＜? Du *tee*＜Chin; cf. G *Tee*, F *thé*]
téa and crúmpets *《口》《菓子や軽食が出される》実のない会合[レセプション], ごたいそうな茶話会.
téa and sýmpathy ᴴ《口》《困っている人への》支援と思いやり, 同情, 慰め.
téa bàg ティーバッグ; *《俗》マリファナタバコ (tea-stick).
téa bàll《小さい穴の多数あいた》球形茶こし器.
téa·bèrry /, -b(ə)ri/ *n*〘植〙ヒメコウジ(の赤い実) (checkerberry).
téa bìscuit ティービスケット《茶菓子として[ᴴティーに]出すクッキー・クラッカーなど》.
téa·bòard *n*《特に 木製の》茶盆.
téa·bòwl *n* 取っ手のない紅茶茶碗.
téa brèad ᴴ ティーブレッド《ドライフルーツのはいったほのかに甘いパン; スライスし, バターを塗って食べる》.
téa brèak ᴴ お茶の休憩時間《午前・午後の中間に取る休み; cf. COFFEE BREAK》.
téa càddy ᴴ 茶を入れる缶, 茶筒 (caddy).
téa·càke *n* ᴴ《ティーに食べる》レーズンケーキ; *《茶菓子として出す》クッキー[小さいケーキ].
téa càrt * TEA WAGON.
téa cèremony《日本の》茶の湯.
teach /tíːʧ/ *v* (**taught** /tɔ́ːt/) *vt* **1 a** 教える, 教授する; *…で教える[教師をする]: ～ sb English＝～ English *to* sb / ～ one*self* (music)《音楽を》独学する / ～ school [college]* 学校[大学]で教える. **b**〈仕方を〉…に教える, 仕込む, ならす, 身につけさせる: ～ a child (how) to read 子供に読み方を教える / ～ a dog to bark 釈迦に説法 / ～ a dog to sit up and beg 犬にちんちんを教える. **c**〈徳目などを〉教える, 説く: My mother *taught* me patience. **2 a**〈事実・経験などが…を[…することを]〉…に教え込む, 悟らせる;《例・懲らしめをもって》〈…する[しない]よう〉…に思い知らせる〈*to* do, not *to* do〉: The accident *taught* him to be careful. この事故で彼は用心が大事だと悟った / That will ～ him (a lesson). それで彼も懲りるだろう / This will ～ you to speak the truth. さあうそをつくとこのとおりだぞ《懲らしめるとき》. **b**《口》〈…するとどうなるか〉…に思い知らせる〈*to* do〉: I will ～ you *to* lie [*to* meddle in my affairs]. うそをつくと[おせっかいをすると]承知しないぞ / This will ～ you *to* use my car without my permission. 無断で車を使うとどうなるかこれで思い知っただろう. ► *vi* 教える; 教師をする. ● ～ **one's grandmother [granny] (to suck eggs)** ᴴ釈迦に説法をする. ► *n*《俗》TEACHER. [OE *tǣcan* to show, instruct; cf. TOKEN, G *zeigen*]
Teach ⇨ BLACKBEARD.
tèach·abílity *n* 教育に使用するに際しての適性, 教材適性; 学習能力.
téach·able *a*〈人などが〉教授されうる, 教えることができる; すなおな; よくおぼえる, 学習能力[意欲]のある;〈学科・芸などが〉教えやすい. ♦ **-ably** *adv* ～**·ness** *n*
téach·er *n* 教える人, 教師, 先生, 教育者;〘モルモン教〙deacon の上位の信徒: be one's own ～ 独習[独学]する. ♦ ～**·shìp** *n* 教師の地位, 教職.
téacher·age *n*《米国の農村地帯などに見られる》教員宿舎.
téacher bìrd *《方》カマドムシクイ (ovenbird).
téach·er·ly *a* 教師[先生]らしい, 教師[先生]にふさわしい.
téachers' céntre〘英〙教員研修センター《地域内の教員に教材や資料を提供したり在職研修を行なったりする》.
téachers cὸllege * 教員養成大学, 師範学校.
téacher's pèt 先生[上役]のお気に入り.
téacher tráining 教員養成. ♦ **téacher tráiner** *n*
téa chèst 茶入れ (caddy); 茶箱.
téach-in *n* ティーチイン《教授と学生などによる政治・社会問題の長時間討論集会; 抗議の一形式》.
téach·ing *n* 教えること, 教授, 授業; 教師の職業, 教職; [°*pl*] 教え, 教訓, 教義. ► *a* 教える.
téaching àid 教具, 補助教具.
téaching assistant * [**fèllow**] 教育助手, ティーチングアシスタント[フェロー]《授業料免除や奨学金などを受ける代わりに授業を担当したり教師の補佐をしたりする大学院生; 略 TA [TF]》.
téaching fèllowship《大学院生の》教職義務付き奨学金.
téaching hòspital 教育病院《医科大学の付属病院など, 学生に医療・看護の研修を施す医療機関》.
téaching machìne〘教育〙ティーチングマシン《与えられたプログラムに従って自動的に教授資料を示す装置》.
téaching pràctice ᴴ教育実習.
Teach·ta Dá·la /tjáːxtə dɔ́ːlə/ (*pl* **Teach·tai Dála** /-ti-/)〘アイル〙下院議員《略 TD》. [Ir＝member of the Dáil]
téach·wàre *n* 視聴覚教材.
teach yoursélf *a* 独習(用)の〈教本など〉.
téa clòth《茶卓用の》小テーブルクロス; 茶盆用クロス; ᴴ茶碗用ふきん.
téa còzy | **téa còsy** ティーコージー《お茶を冷まさないようにティーポットにかぶせる保温カバー》.
téa·cùp *n* 紅茶茶碗, ティーカップ; TEACUPFUL: in the TWINKLING of a ～. ● **a** STORM **in a** ～.
téa·cùp·fùl *n* (*pl* ～**s, -cùps·fùl**) 紅茶茶碗一杯(分).
téa dànce 午後おそくお茶の時間に催す舞踏会 (＝*thé dansant*).
téa ègg TEA BALL.
téa fàmily〘植〙ツバキ科 (Theaceae).
téa fìght ᴴ《口》ひと騒ぎ (tea party).
téa gàrden 茶園《茶を栽培する農園》; 紅茶や軽食を出す店のある公園.

téa gòwn 《女性のゆるやかな》茶会服.
Teague /tíːg/ *n* [*derog*] アイルランド人 (cf. TAFFY).
téa hòund お茶の会によく出る人; めめしい男.
téa·hòuse *n* 《日本・中国の》茶房, 茶店; 《茶道の》茶室.
teak /tíːk/ *n* 〖植〗チークノキ, チーク《インドからラオス原産; クマツヅラ科の落葉高木》; チーク材; チークに似た木[材]; 黄色がかった茶色.［Port＜Malayalam］
téa·kèttle *n* やかん; *《俗》小さな商業ラジオ放送局; *《鉄道俗》ぽんこつ機関車.
téak·wòod *n* チーク材 (teak).
teal /tíːl/ *n* (*pl* ～**s**, ～) 〖鳥〗小型の淡水鴨, コガモ, ミカヅキシマアジ; TEAL BLUE.［ME＜?; cf. Du *taling*］
téa làdyᴵᴵ《会社などでお茶を出すことを仕事として雇われた》お茶汲みの女性.
téal blúe 暗い灰色[緑色]がかった青.
téa lèaf *n* **1** 茶の葉; [*pl*] 茶殻: read the tea leaves カップの底に残った茶殻で運勢を占う. **2**ᴵᴵ《韻俗》泥棒, ぬすっと (thief).
téa·light *n* ティーライト, ティーキャンドル《小型の円筒型カップに蠟を詰めたろうそく; 装飾のほか飲食物の保温などにも用いる》.
team /tíːm/ *n* **1** 《競技の》チーム; 《同一の仕事・活動をする》組, グループ, 班, 隊, 仲間 〈*of*〉; 《展示用の》一組の動物: He is *on** [*in*ᴵᴵ] the baseball ～. 野球チームにはいっている. **2** 一組の動物, 連畜《車・そりなどを引く 2 頭以上の牛馬》; 《2 頭以上の》牛[馬]をつないだ車[そりなど]; 馬車. **3** 《古・方》《豚などの》一腹の子; 《廃》子孫, 種族. ► *a* チームの; チームで行なう; チームワークを大切にする. ► *vt* 〈2 頭以上の牛馬などを〉一車に連結する; 組にする, …にチームを組ませる, 結びつける[つなぐ], マッチさせる〈A (*up*) *with* B〉; *連畜で運ぶ[に引かせる]; 《口》〈仕事を〉下請けさせる. ► *vi* 組になる, 協力する〈*up, together*〉; *連畜を御する: ～ *up with*…と共同[協力]する. ♦ **～·er** *n* ［OE *tēam* offspring, set of draft animals; cf. TOW¹, G *Zaum* bridle］
téa màker ティーメーカー《穴のあいた上下 2 つのスプーンを合わせた形の茶こし; tea ball など》.
téa·màn *n* 茶商人; ᴵᴵ《俗》毎夕オートミールのかゆの代わりに 1 パイントの茶が飲める囚人.
téam fòul 〖バスケ〗チームファウル《個人のファウルを合計した, チーム全体のファウル数》.
téam hàndball 〖競技〗チームハンドボール《サッカーから発達した 7 人制ハンドボール》.
téam·màte *n* チームメート.
téam mìnistry 〖英国教〗司牧団《主任司祭 (rector または vicar) の下でいくつかの教区に合同で司牧する役付きの聖職者グループ》.
téam plày チーム全員が一丸となって行なうプレー, チームプレー; 共同動作, 協力. ♦ **téam plàyer** *n*
téam pursùit 《自転車・スピードスケートの》団体追い抜き, 団体パシュート《スケートではチーム中最後にゴールした選手のタイムで順位が決まる》.
téam spírit 団体[共同]精神.
téam·ster *n* **1** 一連の馬[牛]の御者, 連畜御者. **2***トラック運転手; *全米トラック運転手組合員; [the T-s]*全米トラック運転手組合 (＝the **Téamsters Únion**)《米国の労働組合; 1903 年創設》.
téam téaching チームティーチング《数名の教師チームと数学級の生徒の弾力的編成を組み合わせた教授法》. ♦ **téam-tèach** *vi*
téam·wòrk *n* チームワーク.
téa òil 椿油, 山茶花油, 茶油《ツバキ属の数種の種子から採る; 食用・薬用, また化粧品として利用する》.
téa pàd *《俗》マリファナ常用者のたまり場.
téa pàrty **1** 《午後の》お茶の会, 茶話会; *《俗》マリファナパーティー; *《俗》騒がしい飲み会, 酒宴; [ᵒ*neg*]*《俗》たやすい[楽な]こと, 楽しい[快適な, 平穏な]できごと. **2** 擾乱, 紛争《BOSTON TEA PARTY に由来》; [the T- P-] 〖米〗ティーパーティー, 茶会党《保守的政治運動集団; 2009 年以降 Obama 大統領の諸政策に反対する運動を展開》.
téa plànt 〖植〗チャノキ (tea).
téa plànter 茶栽培者, 茶園経営者.
téa·pòt *n* ティーポット, 急須. ● **a tempest in a ～**＝a STORM in a ～.
Téapot Dóme (óil) scàndal [the] 〖米〗ティーポットドームスキャンダル《Wyoming 州 Teapot Dome にある政府油田を内務長官 Albert B. Fall (1861–1944) が秘密裡に貸与したことから起きた, Harding 政権 (1920–23) の代表的汚職事件》.
tea·poy /tíːpɔ̀ɪ/ *n* 《3 脚の》飾り台; 《3 脚または 4 脚の》喫茶用小テーブル; TEA CADDY.［Hindi *tin*, *tir*- three, Pers *pāī* foot; 語形・語義とも *tea* に同化］
tear¹ /tíər/ *n* **1** [ᵘ*pl*] 涙 (teardrop); [*pl*] 涙が出ること; [*pl*] 泣くこと; 悲哀, 悲嘆: ～*s* of joy うれし涙 / draw ～*s* (from…) (…の)涙を誘う / bring ～*s* [a ～] to sb's eyes 人の目をうるませる[涙を誘う] / in ～*s* 涙を浮かべて, 泣いて / melt [break] into ～*s* 泣きくずれる / close [near] to ～*s*＝on the verge of ～*s* 今にも泣き出さんばかり[涙が出そう]で / sb's eyes swim with ～*s* 目が涙でいっぱいになる / shed (bitter) ～*s* (血の)涙を流す / squeeze out a ～ お義理に涙を出す / with ～*s* in one's eyes [voice] 目に涙を浮かべて[涙声で] / without ～*s* [*fig*] 容易に学習できるよう工夫した / BORE² sb to ～*s* / It'll (all) end in ～*s*. ᴵᴵ泣きを見るのが関の山だ. **2** 涙のようなもの, 滴(しずく), 露滴, 《樹脂などの》透き通る小塊: ～*s* of Eos エーオースの涙《朝露》. ► *vi* 〈目が涙を浮かべる, 涙ぐむ. ♦ **～·like** *a* ［OE *tēar*; cf. G *Zähre*］
tear² /tέər/ *v* (**tore** /tɔ́ːr/; **torn** /tɔ́ːrn/) *vt* **1** 〈紙・布・衣服などを〉裂く, 破る, ちぎる; 〈髪などを〉かきむしる (cf. *tear* one's HAIR (*out*)); ひったくる, 引きはがす, もぎ[むしり]取る〈*away, down, from, off, out, up*〉; 引っ張って〈裂け目を〉つくる, 裂いて〈穴を〉あける; 〈皮膚〉に裂き傷をつける, 〈筋肉などを〉痛める, 断裂する: ～ sth in two [half] 物を二つに裂く / ～ the envelope open [～ open the envelope] 封筒を破って開ける / ～ a leaf *from* the calendar カレンダーをはぎ取る / ～ pictures *out of* a magazine 雑誌から写真を引きちぎる / She [The nail] *tore* a hole in her dress. かぎ裂きをつくった / ～ one's hand on a nail 釘で手にけがをする. **2** 〈国・階級などを〉分裂[疲弊]させる; 〈心を〉迷わす, 悩ます: Her heart was *torn* by grief. 彼女の心は悲しみにかき乱された. ► *vi* 裂ける, 破れる, 切れる; 引き裂こうとする, ひっかく, かきむしる, 引っ張る, つかみかかる〈*at*〉; 荒々しく[大急ぎで, 猛烈な勢いで]動く[進む, 行動する], 突進する〈*about, down, along*, etc.〉: Newspapers ～ easily. 新聞紙は裂けやすい / A car came ～*ing along*. 車が疾走してきた. ● **be torn between**…の板ばさみになって[どちらにしようかと]迷う[悩む, 苦しむ]. **～…across** 《二つに》…を引き裂く[ちぎる]. **～…apart** 〈家などを〉取りこわす, ばらす; 引き裂く, ちぎる; 《捜し物などのために》〈場所を〉ひっかきまわす; 〈事が〉分裂させる, 引き離す, …の平穏[心]をかき乱す; 《口》こきおろす, ぶちのめす. **～ around** 興奮[怒り]に落ちつきを失ってうろつきまわる; 乱脈な生活をする. **～ at**…にかぶりつく; ⇨ *vi*; 〈心など〉を苦しめる; *《俗》…に攻めかかる. **～ away** 〈見せかけなどを〉引きはがす; 〈楽しみ・本・友人などから〉無理に引き離す (⇨ TEAR one*self away*); 急いで立ち去る〈*from*〉. **～ down** 取りこわす, 破壊[粉砕]する; 分解[解体]する; 〈名声などを〉傷つける, 〈人を〉中傷する, けなす; 〈議論などを〉論点ごとに反駁[論駁]する. **～ into**…に急いでとびこむ; 〈のこぎり・ブルドーザーなどが〉…に穴をあける, 切り裂く; 《口》《がむしゃらに》…に攻めかかる, 激しく…をやっつける[非難する]; 《口》…に勢いよく取りかかる, …をがつがつ[むしゃむしゃ]食い始める, …にかぶりつく. **～ it** 《俗》計画[目的・希望など]をめちゃくちゃにする: That's *torn it*. それで全くかたなしだ (⇨ *That* TEARS *it*.). **～ off** 〈見せかけなどを〉引きはがす; 〈衣服を〉大急ぎで脱ぐ; ᴵᴵ《口》一気に書き上げる[やってのける]; 《口》大急ぎで立ち去る; *《俗》《通例急いで》〈性交〉する, 〈睡眠を〉とる, 〈一曲〉演奏する. **～ oneself away** しぶしぶ離れる[別れる]〈*from*〉: I couldn't ～ *myself away from* the television. テレビに釘付けになって離れられなかった. **～ one's way** しゃにむに進む. **～…to pieces [bits, ribbons, shreds]**＝CUT…to pieces. **～ up** 根こぎにする; 引きはがす; ずたずたに引き裂く, めちゃくちゃにする; 〈道路・床〉に穴[口]をあける; 〈協定などを〉破棄する; *《口》〈人〉に悲痛な思いをさせる; *《口》〈競技場など〉で大活躍する. **That's torn [That ～s] it!** ᴵᴵ《俗》そりゃひどすぎる, あんまりだ, ひでえや, それで万事休すだ, もうだめだ, しまった. **tore [torn] up** *《俗》心が乱れて, 取り乱して, 気が動顚して; *《俗》《酒・麻薬に》酔っぱらって, メロメロで. **torn down** *《黒人俗》悲痛なめにあって, みじめで, 《気持が》ずたずたで.
► *n* **1** 引き裂く[裂ける]こと, かきむしり; 裂け目, 破れ目, ほころび〈*in*〉; 激情, 激怒; *《口》ばか騒ぎ, 飲み騒ぎ, 酒盛り; *《スポ俗》成功[勝ち]続き, 快進撃: on a ～ 激怒して; *《口》飲み騒いで; *《俗》勝ち続きで / WEAR¹ and ～. **2** 突進, 猛烈な速度; 大急ぎ. ● **at [in] a ～** まっしぐらに, 大急ぎで.
♦ **～·able** *a* ［OE *teran*; cf. G *zehren* to destroy, consume］
téar-àss /tέər-/ 《俗》*vi* 突進する, ぶっとばす〈*around*〉. ► *n* 元気いっぱいの人, 張り切り屋, あばれん坊.
téar·awàyᴵᴵ /tέər-/ *n* 非行[不良]少年, あばれん坊, チンピラ; 手に負えない動物. ► *a* 手に負えない, あばれん坊の; はぎ取り式の: a ～ calendar 日めくりカレンダー.
téar bòmb [grenàde] 催涙弾.
téar·dòwn /tέər-/ *n* 分解, 取りはずし (disassembly).
téar·dròp *n, a* 涙(のひとしずく); 涙の形をした(もの), 《特に》《イヤリング・ネックレスなどに付けた》ティアドロップペンダント.
téar dùct 〖解〗涙管, 涙道 (lacrimal duct).
téar·er /tέər-/ *n* 裂く人; *《口》猛烈なもの, あばれもの, 《特に》あらし.
téar·ful *a* 涙ぐんだ; 涙ながらの; 涙もろい; 涙を催させる, 悲しい: ～ news 悲報. ♦ **～·ly** *adv* **～·ness** *n*
téar·gàs *vt* …に催涙ガスを用いる[浴びせる].
téar gàs 催涙ガス.
téar glànd 〖解〗涙腺 (lacrimal gland).
téar·ing /tέər-/ *a* (引き)裂く, かきむしるような, 絶えず[繰り返し]苦痛をもたらす; 疾風のような, 猛烈な, 大急ぎ[大あわて]の; ᴵᴵ《口》すばらしい, 一流の. ► *adv* ᴵᴵ《口》すばらしく, ひどく.
téar·jèrk·er 《口》*n* 泣けてしかたがないもの, お涙頂戴もの《話・映画・芝居など》; 同情をかうための説明. ♦ **téar-jèrk·ing** *a* お涙頂戴の.
téar·less *a* 涙を流さない; 涙の出ない; [*fig*] 感情のない. ♦ **～·ly** *adv* **～·ness** *n*
téar-òff /tέər-/ *n* 《紙片に切取り線を示した》切取り部分.

téa·ròom *n* ティールーム《主に 女性向きのサービスと装飾で紅茶・コーヒー・軽食などを出すこぢんまりしたレストラン》;《南ア古風》雑貨屋, 万(よろず)屋《新聞・タバコ・食品・飲料・雑貨などを年中無休で売る》*《俗》ホモ行為が行なわれる男子トイレ. ♦ **téa·ròomy** *a*

téa ròse 〖植〗ティーローズ《コウシンバラに近い一系統の各種のバラ; 矮性で四季咲き性》; 黄色がかったピンク.

téar shèet /tέər-/ はぎ取りページ《書籍・雑誌などから取って広告掲載の証拠として広告主に送るページ》;《ある目的で配るための》本から切り取った[綴じ残した]ページ.

téar shèll 催涙弾.

téar·stàin *n* 涙の跡, 涙じみ.

téar·stàined *a* 涙にぬれた; 涙の跡のある, 涙じみのついた.

téar strìp /tέər-/ 《缶や包装紙などを開けやすくするために付ける》開封帯.

téar tàpe /tέər-/ 開封テープ《包装を開くときその一端を引っ張るテープ》.

téar-ùp /tέər-/ 《俗》*n* 《ジャズの》大熱演, 最高のノリ; 大暴れ, 大乱闘.

téary *a* 涙にぬれた; 涙をたたえた; 涙を誘う, 悲しい; 涙(のような水滴)からなる; 涙の(ような); 涙のような味の, しょっぱい.

Teas·dale /tíːzdèɪl/ ティーズデイル **Sara** ～ (1884–1933)《米国の詩人》.

tease /tíːz/ *vt* **1 a** からかう, いじめる; 悩ます, じらす; 性的にじらす, …に対して思わせぶりをやる. **b** 〈人〉にしつこくせがむ[催促する], せびる, ねだる; 〈物を〉せびり取る: ～ sb for money 人に金をねだる / He ～*d* her *to* marry [*into* marry*ing*] him. 女に結婚してくれとせがんだ. **2** 〈羊毛・麻などを〉すく; 細かくちぎる[裂く],《特に》〈組織・標本を〉顕微鏡検査用に細かく切る[裂く]. **3** *〈頭髪〉に逆毛を立ててふくらませる; TEASEL. ► *vi* からかう, 悩ます; *《口》ストリップをやる (striptease). ● ～ **out** 先のとがった器具でほぐして取り出す; 〈髪など〉とかす, ほぐす; おびき出す; 〈情報を〉何とか引き[聞き]出す 〈*from, of*〉. ► *n* tease する[される]こと, からかい; からかう[じらす, 悩ます, せがむ]人,《性的に》思わせぶりな人[女], 好奇心を誘うだけで満足はさせないもの;《口》ティーザー広告 (teaser);《俗》《映画・テレビの》ティーズ (TEASER);《俗》金, ぜに. ♦ **téas·able** *a* **téas·ing** *a, n* [OE *tǣsan* to pull, tear; cf. OHG *zeisan* to pick]

tea·sel, tea·sle /tíːz(ə)l/ *n* 〖植〗オニナベナ, ラシャカキグサ (＝*fuller's teasel*)《マツムシソウ科ナベナ属》,《広く》ナベナ属の各種植物; オニナベナの乾燥総苞《織物のけばを起こす》; 起毛具[機], チーザー. ► *vt* 〈織物〉のけばを起こす, 起毛する. ♦ **téasel·(l)er** *n* **téa·sel·ing** *n* [OE *tǣs(e)l* <WGmc]

teas·er /tíːzər/ *n* からかう[悩ます]人; 男をその気にさせておきながら最後は応じない女; 起毛機;《口》難問, 難物;〖商〗ティーザー広告《商品を隠したり小出しにしたりして興味をあおる広告》;《俗》ティーザー (＝*tease*)《見る人の興味をひくため映画・テレビ番組の冒頭に入れるシーン・ハイライト》; STRIPTEASER;〖釣〗引き餌《船の後方に流して魚をおびき寄せる》; 当て馬[羊]; PROSCENIUM ARCH の上部にたらす幕; ティーザー《ガラス工場の窯の温度を調節する職人》;〖印・ジャーナリズム〗KICKER; *《俗》《タバコの》吸いさし, しけモク.

téa sèrvice [sèt] 茶器(ひとそろい), 紅茶[《時に》コーヒー]セット《陶製または銀製》.

téa shòp" TEAROOM, 軽食堂;《茶の葉を売る》お茶屋.

téas·ing·ly /tíːzɪŋ-/ *adv* からかう[じらす]ように, うるさく.

téa sìpper *《俗》マリファナタバコ喫煙者 (tea blower).

téa·spòon *n* 茶さじ, 小さじ, ティースプーン; 小さじ一杯 (TEASPOONFUL): two ～*s* (of) salt 小さじ 2 杯分の塩.

téa·spòon·fùl *n* (*pl* ～**s**, **téa·spòons·fùl**) 小さじ一杯(分)《料理の計量単位としては tablespoonful の 1/3, 5 cc; 略 tsp.》; 少量, ちょっぴり.

téa-stìck *n* *《俗》マリファナタバコ.

téa stràiner 茶こし.

teat /tíːt, *tít/ *n* 乳首, 乳頭 (nipple); "《哺乳瓶の》乳首; 乳頭状突起;《コンドーム先端の》小袋, 精液だめ. ♦ ～**ed** *a* [OF < ? Gmc; cf. TIT[3]]

téa tàble 茶卓,《特に》ティー用のテーブル; お茶の集いの場. ♦ **téa-tàble** *a*

téa·tàster *n* 茶(質)鑑定人.

téa-tàsting *n* 茶の鑑定, 利き茶.

téa-thìngs *n pl* 《口》茶器セット.

téa·tìme *n* ティータイム《習慣的に午後 3–5 時ごろ, ごく軽い食事をして休憩する》.

téa tòwel" ふきん (dish towel*).

téa tray 《茶器一式をおさめる》茶盆, ティートレー.

téa trèe 〖植〗フトモモ科ギョリュウバイ属の低木[小高木] (＝*ti tree*)《葉が, 時に茶として利用される》,《特に》ギョリュウバイ (MANUKA); DUKE OF ARGYLL'S TEA TREE; TEA TREE OIL.

téa trèe òil ティー・ツリー・オイル, ティー・ツリー油《オーストラリア産 tea tree の近縁種メラレウカ[コバノブラシノキ]属 (別名カユプテ属) の樹木から採れる精油》.

téa tròlley" TEA WAGON.

téa ùrn 大量の茶のための湯沸かし[水入れ]の壺.

téa wàgon* 《脚輪付きの》お茶・軽食用ワゴン.

tea·zel, tea·zle /tíːz(ə)l/ *n, vt* TEASEL.

Te·bal·di /tɛbάːldi/ テバルディ **Renata** ～ (1922–2004)《イタリアのソプラノ》.

Te·bet, -beth /teɪvéɪt, -θ, téɪvès/ *n* 〖ユダヤ暦〗テベテ《政暦の第 4 月, 教暦の第 10 月; 現行 太陽暦で 12–1 月; ⇨ JEWISH CALENDAR》. [Heb]

Tebriz ⇨ TABRIZ.

tec[1] /tέk/ *n* 《口》探偵, 刑事, デカ; 推理小説. [de*tec*tive]

tec[2] *n* "専門技術学校 (tech).

TEC /tέk/ 〖英〗TEC, テック《若者や失業者の職業訓練を行なう目的で政府が設立した団体; 2001 年に廃止され, イングランドでは LSC が ウェールズでは ELWa が取って代わった; cf. LEC》. [*T*raining and *E*nterprise *C*ouncil]

tech /tέk/ 《口》*n* "専門技術学校, テック (technical college [institute, school]) (＝*tec*); 科学技術 (technology); 技術者 (technician). ► *a* 科学技術の.

tech., techn. technical(ly) ♦ technician ♦ technological ♦ technology.

teched, tetched /tέtʃt/ *a* 精神的に不安定な, 少々いかれた. [*touched*]

tech·ie, techy[2] /téki/ 《口》*n* 専門技術者 (technician); エレクトロニクス[コンピューター]の専門家[研究家, 熱烈な愛好家]; 工科大学の学生. ► *a* テクノロジー関係の, 技術屋の.

téch-nèrd *n* *《俗》コンピューターおたく, (科学)技術屋.

tech·ne·ti·um /tɛkníːʃiəm/ *n* 〖化〗テクネチウム《金属元素; 記号 Tc, 原子番号 43》. [L (Gk *tekhnētos* artificial)]

tech·ne·tron·ic /tèknətrάnɪk/ *a* 情報化時代の, 電子技術時代の〈社会〉.

tech·nic /téknɪk, tɛkníːk/ *n* TECHNIQUE; [～s, 〈*sg/pl*〉] 科学技術, 工芸(学), テクノロジー; [[u]*pl*] 専門的事項[方法, 表現], 専門(用)語. ► *a* TECHNICAL. [L < Gk (*tekhnē* art, craft)]

téch·ni·cal *a* 専門の, 専門[技術]的な; (高度な)技法[手法, 技術, テクニック]の(ある[要る]), 技巧的な; (化学)工業的方法による; (理)工学[科学]の(実務知識を有する), 理系の; 実用(上)の, 技術[設備, 装置]面の; 応用科学の, 工芸の (opp. *classical*); 厳密な(法)解釈に従った場合の, 法律[建前]上の, 細かい点の; 法律[規則]によって成立する;〖証券〗内的原因による, 人為[操作]的な: a ～ violation of a statute 厳密な法解釈[規定]に基づく制定法違反. ► *n* 〖バスケなど〗TECHNICAL FOUL; *機関銃を搭載した小型トラック(の射撃手). ♦ ～**·ness** *n*

téchnical área 〖サッカー〗テクニカルエリア《ベンチの周囲・タッチライン手前に設定される, 監督などがフィールドの選手に指示を出すことのできるエリア》.

téchnical cóllege 〖英〗テクニカルカレッジ《義務教育修了者に (しばしば職業的な)各種専門技術・技能を教える; 学位は授与されない; 略称 tech, tec》.

téchnical dráwing 《特に 教科としての》製図.

téchnical fóul 〖バスケなど〗テクニカルファウル《相手プレーヤーとの身体的接触によらないファウル; スポーツマンシップに反した言動などに適用される; cf. PERSONAL FOUL》.

téchnical hítch 《機械故障による》一時停止.

téchnical ínstitute 《特に ニュージーランドの》職業技術専門学校, テクニカルインスティテュート《略称 tech》.

tech·ni·cal·i·ty /tèknəkǽləti/ *n* 専門的性質; 専門語[技術など]の使用; 専門的事項[表現, 解釈], 専門語;《法律・規則の》細かい規定: on a ～ 専門的な事柄[規定]によって.

téchnical·ìze *vt* 専門[技術]化する. ♦ **tèchnical·izátion** *n*

téchnical knóckout 〖ボク〗テクニカルノックアウト《一方が戦闘不能であるとしてレフリーが判定; 略 TKO》.

téchnical·ly *adv* 厳密に言うと; 技術上, 技巧的に; 技術に関して; 規則[法規]上は.

téchnical schóol 〖英・豪〗テクニカルスクール《技術教育を中心とする公立中等学校》.

téchnical sérgeant 〖米空軍〗二等軍曹 (⇨ AIR FORCE).

téchnical suppórt テクニカルサポート《メーカーや販売者が製品購入者に提供する技術的問題に関するサービス》.

tech·ni·cian /tɛkníʃ(ə)n/ *n* 専門家, 専門技術者, 技師;《絵画・音楽・スポーツなどの》技巧家, テクニシャン;〖米陸軍〗《かつての》技術兵《現在は specialist》.

tech·ni·cism /téknəsìz(ə)m/, **tech·nism** /téknìz(ə)m/ *n* 技術主義.

tech·ni·cist /téknəsist/ *n* TECHNICIAN.

Tech·ni·col·or /téknɪkʌ̀lər/ **1** 〖商標〗テクニカラー《3 色転染法による色彩映画制作方式》. **2** [t-, technicolour"] 鮮明な色彩; [t-, technicolour"] けばけばしい色彩, 極彩色. ♦ **téch·ni·còl·ored** | **-còl·oured** *a*

téchnicolor yàwn 《俗》げろ, 嘔吐(物): throw a ～ げろを吐く.

tech·ni·fy /téknəfàɪ/ *vt, vi* 技術化する.

tech·ni·kon /téknɪkὰn/ *n* 〖南ア〗テクニコン《技術・職業教育を行な

う大学レベルの教育機関).
téch·ni·phòne /téknə-/ *n* 運指練習用無音ピアノ.
tech·nique /tɛkníːk/ *n* (専門)技術, ノウハウ, 《特に 芸術·スポーツなどの》技法, 技能, 手法, 技巧, テクニック, 技術的側面; 《目的達成のための》手段, (うまい)手, 手腕, 《恋愛の》手管(てくだ). [F TECHNIC]
tech·no /téknoʊ/ *a* [°*compd*] シンセサイザーなどの電子楽器や電子効果音を多用した, テクノ(サウンド)の: *techno*-funk テクノファンク. ► *n* テクノ(音楽)《HOUSE (MUSIC) よりもさらにビートが強調されたダンス音楽》.
tech·no- /téknoʊ, -nə/ *comb form*「技術」「工芸」「応用」 [Gk (*tekhnē* art, craft)]
téchno·bàbble *n* 《口》 テクノバブル《わけのわからない技術専門用語》.
tèchno·céntrism *n* 技術至上主義.
tech·noc·ra·cy /tɛknákrəsi/ *n* 技術者支配; [°T-] 技術主義, テクノクラシー《専門技術者に一国の産業的資源の支配·統制をゆだねようとするもの》; 技術主義社会.
tech·no·crat /téknəkræ̀t/ *n* TECHNOCRACY の信奉者; 《特に 経営·管理の職にある》専門技術者, 技術官僚, 《政治·経済などの》専門家, テクノクラート.
tech·no·crat·ic /tèknəkrǽtɪk/ *a* TECHNOCRACY の(ような); TECHNOCRAT の(ような). ♦ **-crát·i·cal·ly** *adv*
téchno·fèar *n* テクノロジーに対する恐怖.
téchno-gèek *n* 《口》 [°*derog*] ハイテク [IT] おたく.
tech·nog·ra·phy /tɛknágrəfi/ *n* 工芸記載学.
technol. technological(ly) ♦ technology.
tech·no·log·i·cal /tèknəlɑ́ʤɪk(ə)l/, **-log·ic** *a* (科学[工業])技術的な; 〘経〙(生産)技術革新に起因する: ~ innovation 技術革新 / ~ unemployment 技術革新のもたらす失業, 技術的失業. ♦ **-i·cal·ly** *adv*
tech·nol·o·gize /tɛknáləʤàɪz/ *vt* 技術化する.
tech·nol·o·gy /tɛknáləʤi/ *n* **1 a** 科学技術, 工業[生産, 製造, 製作]技術, テクノロジー; 《テクノロジーにより付与された》性能; 技術的[応用科学的]な方法; 応用科学, 工学; 《特定分野の》専門的[技術的]側面. **b** 《科学技術を用いた》機器, 装置, システム. **2** 《科学·学術の》術語, 専門語. ♦ **-gist** *n* [Gk *tekhnologia* systematic treatment; ⇨ TECHNO-]
technólogy assèssment テクノロジーアセスメント《新しい技術が社会に与える影響の事前評価》.
technólogy pàrk SCIENCE PARK.
technólogy pùll テクノロジープル《技術革新に伴う, 問題の伝統的解決に対する再検討の要請》.
technólogy trànsfer 技術移転《特に 先進国からの最新技術の移動》.
téchno·pàrk *n* テクノパーク《IT 産業を中心とする工業団地》.
téchno·phìle *n* テクノロジーに強い関心をもつ人, ハイテクマニア[愛好家]. ♦ **tèchno·phília** *n* **tèchno·phílic** *a*
tèchno·phóbia *n* 科学技術[テクノロジー]恐怖症. ♦ **téchno-phòbe** *n* **tèchno·phóbic** *a*
tech·nop·o·lis /tɛknápələs/ *n* 技術支配社会, テクノポリス. ♦ **tech·no·pol·i·tan** /tèknəpálət(ə)n/ *a*
téchno-pòp *n* テクノポップ《シンセサイザーを多用したポップミュージック》.
tèchno·pre·néur /-prənə́ːr/ *n* ハイテク起業家. [*techno-*, *entrepreneur*]
téchno·spèak *n* TECHNOBABBLE.
téchno·sphère *n* 人類の科学技術的行動.
téchno·strèss *n* テクノストレス《コンピューター業務などに従事することによってもたらされるストレス》.
téchno·strùcture *n* 〘経営〙テクノストラクチャー《巨大組織において意思決定に関与する専門化した知識·経験·才能をもつ人びとの集団》.
téchno-thrìll·er *n* テクノ[ハイテク]スリラー《ハイテク機器 (航空·兵器システム) の操作が物語のサスペンス性に大きく関与する小説》.
Tech. Sgt 〘米空軍〙°technical sergeant.
téch·spèak *n* TECHNOBABBLE.
techy[1] ⇨ TETCHY.
techy[2] ⇨ TECHIE.
tec·ti·branch /téktəbræ̀ŋk/ *a*, *n* 〘動〙隠鰓(いんさい)類[目] (Tectibranchia) の(軟体動物).
tec·tol·o·gy /tɛktáləʤi/ *n* 〘生〙組織形態学.
tec·ton·ic /tɛktánɪk/ *a* TECTONICS の; 建築の, 築造の; 建築学上の (architectural); 〘地質〙構造上の, 構造の変化の, 地殻変動の; 〈変動·展開など〉大規模な, 大幅な. ♦ **-i·cal·ly** *adv* [L<Gk (*tektōn* carpenter)]
tectónic plàte 〘地質〙(地殻)構造プレート.
tec·tón·ics *n* **1** 《実用と美との両面から考える》構築[構造]学, 構築[構造]術. **2** 地質構造; 構造地質学; 地殻変動 (tectonism): PLATE TECTONICS.
tec·to·nism /téktənìz(ə)m/ *n* 〘地質〙地殻変動 (=*diastrophism*).
tec·tòno·mágnet·ìsm /tɛktànoʊ-, tèktə-, -nə-/ *n* 〘地物〙地殻磁気《地殻のひずみに起因する地球磁場の異常》.
tec·tòno·phýsics *n* 構造地質物理学.
tec·to·ri·al /tɛktɔ́ːriəl/ *a* 〘解〙蓋(ふた)の, 被蓋(ひがい)の, 覆いをなす.
tectórial mémbrane 〘解〙《蝸牛管の》蓋膜.
tec·trix /téktrɪks/ *n* (*pl* **-tri·ces** /-trəsìːz, tɛktráɪsìːz/) 〘鳥〙雨(あま)おおい羽 (covert). ♦ **tec·tri·cial** /tɛktríʃ(ə)l/ *a*
tec·tum /téktəm/ *n* (*pl* **tec·ta** /-tə/) 〘解·動〙(天)蓋, 《特に》中脳蓋. ♦ **téc·tal** *a* [L=roof; ⇨ THATCH]
Te·cum·seh /təkʌ́msə, -si/, **-tha** /-θə/, **Ti·kam·the** /-kʌ́mθə, -kɑ́ːm-/ テカムセ (1768?–1813)《アメリカインディアン Shawnee 族の族長; 弟と共に反白人運動のため西部の諸部族糾合を企てたが 1811 年 Tippecanoe の戦いで政府軍に敗れる; 米英戦争で英国側についたが戦死》.
ted /téd/ *vt* (-dd-) 〈草を〉広げて干す. ♦ **téd·ding** *n* [ON *tethja*]
Ted **1** テッド《男子名; Theodore, Théodore, Edward の愛称》. **2** [°t-]"《口》 TEDDY BOY.
téd·der *n* 草を干す人; 草干し機, 乾草機, テッダー.
Tedder テダー **Arthur William ~**, 1st Baron ~ of Glenguin (1890–1967)《英国の空軍元帥; Eisenhower のもとで西ヨーロッパ連合国軍副司令官 (1944–45)》.
ted·dy /tédi/ *n* TEDDY BEAR; テディー《シュミーズの上部とゆったりしたパンツをつなぎにした女性用下着; 1920 年代に特に流行》.
Teddy **1** テディー《男子名; Theodore, Théodore, Edward の愛称》. **2** [°t-]"《口》 TEDDY BOY.
téddy bèar ぬいぐるみの熊, テディーベア《狩猟好きの米国大統領 Theodore Roosevelt が, 狩猟中に熊の子を見のがしてやったという漫画にちなんで; cf. TEDDY》; *《俗》《内側が毛皮製の》高空飛行服.
téddy bòy [ᵘT-] テディボーイ《Edward 7 世時代風の華美な服装をした 1950 年代および 60 年代初めの英国の不良少年》; 《一般に》不良少年. ♦ **téddy gìrl** *n fem*
Te De·um /tìː díːəm, tèɪ déɪəm/ (*pl* **~s**) 〘教会〙賛美の歌, テ·デウム《朝課·早禱·祝勝などの時に神にささげる》; 「テ·デウム」《その曲》; 「テ·デウム」を歌う感謝式; 賛美[感謝]のことば. [L *te deum* (*laudamus*) to thee God (we praise)]
te·di·ous /tíːdiəs, *-ʤəs/ *a* だらだら続く, 長たらしい; 《古》のろい. ♦ **~·ly** *adv* **~·ness** *n* [F or L (*taedet* it bores)]
te·di·um /tíːdiəm/ *n* 飽きあきすること, 退屈; 退屈な時間, 長たらしい[遅々として進まぬ]時間. [L (↑)]
tee[1] /tíː/ *n* 《アルファベットの》T [t]; T 字形のもの, T 字管, T 形鋼; 《口》 T シャツ; 標的 (curling, quoits などで): to a ~=to a T. ► *a* T 字形の: ~-joint=T-JOINT / ~-square=T SQUARE.
tee[2] *n* 〘ゴルフ〙ティー《ボールを載せる台; 昔は盛り砂[土]》; 〘ゴルフ〙ティーグラウンド (=*teeing ground*); 〘アメフト〙ティー《プレースキックの際にボールを立てる器具》; 《T-ball の》ティー. ● **dead from the ~** 打球のねらいたがわず. ► *vt*, *vi* 〘ゴルフ·アメフト〙〈ボールを〉ティーの上に載せる 〈*up*〉; 《口》準備する, 手配する 〈*up*〉. ● **~d [~'d] off** *《俗》おこって, うんざりして. **~d up** *《俗》酔っぱらって. **~ off** (1) 〘ゴルフ〙ティーから第一打を打ち出す; [*fig*] 始める, 始まる, 火ぶたを切る 〈*with*〉. (2) 〘ボク〙強打する 〈*on*〉; 〘野〙痛打する 〈*on*〉. (3) 《俗》しかりつける, こきおろす 〈*on*〉; *《俗》〈人を〉おこらせる. [C17 *teaz* <?]
tee[3] *n* 傘形飾り, 《(五重)塔などの頂上の》請花(うけばな). [Burmese=umbrella]
Tee-ball ⇨ T-BALL.
Tee Dee /tìː díː/ TD, TOUCHDOWN.
tee-hee ⇨ TEHEE.
tée·ing gròund 〘ゴルフ〙ティーグラウンド (tee).
teel ⇨ TIL[1].
teem[1] /tíːm/ *vi* 〈容器が〉満ちている 〈*with*〉; 〈中身が〉あふれるほどある; 《廃》妊娠する: Fish ~ *in* these waters.=These waters ~ *with* fish. このあたりの海は魚類に富む. ► *vt* 《古》産む, 生む. [OE *tēman* to give birth to; cf. TEAM]
teem[2] *vt* 《古》〈容器〉の中身をあける; 〘冶〙〈溶鋼を〉るつぼから注ぎ出す. ► *vi* 〈水が〉注ぐ; [しばしば 進行形で]〈雨が〉激しく降る 〈*down*〉: It's ~*ing* (*with* rain).=The rain is ~*ing down*. 土砂降りだ. [ON (*tómr* empty)]
téem·ful *a* 豊富な, 実りの多い. ♦ **~·ness** *n*
téem·ing *a* 豊富な, いっぱいの, あふれんばかりの 〈*with*〉; 子に富む, 多産の; 激しく降る: streets ~ *with* tourists 旅行客でごったがえしている通り / the ~ thousands 無慮数千人 / a ~ rain 土砂降り. ♦ **~·ly** *adv* **~·ness** *n*
teen[1] /tíːn/ *n* 《古》悲哀, 不幸; 《スコ》怒り, いらだち. [OE *tēon* (*a*)]
teen[2] *a* TEENAGE. ► *n* TEENAGER (cf. TEENS).
-teen /tíːn/ *suf*「十…」《13–19 の数で》. [OE; ⇨ TEN]
téen·àge, -àged *a* ティーンエージャーの.
téen·ag·er /-èɪʤər/ *n* ティーンエージャー《13–19 歳の年齢の者》.
téen·er, téen·ster *n* TEENAGER.
tee·nie, tee·ny /tíːni/ *n* *《証券俗》《株価の》16 分の 1 ポイント (steenth). [six*teen*th]

teens /tíːnz/ *n pl* 13 から 19 までの数; 13–19 歳, 十代;《各世紀の》第 13–19 年; ティーンエージャーたち: in [out of] one's ～ 十代で[を過ぎて] / in one's last ～ 19 の年に / early [late] ～ ローティーン[ハイティーン]. [-TEEN]

teens·ploi·ta·tion /tìːnsplɔɪtéɪʃ(ə)n/ *n* ティーンエージャーの商業的利用《ティーンエージャーにうける映画を作って観客を動員しようとすること》. [*teen*² + *-sploitation* (< bla*xploitation*)]

teen·sy /tíːnsi/, **teent·sy** /tíːntsi/ *a*《口》TINY.

téensy-wéen·sy /-wíːnsi/, **téentsy-wéent·sy** /-wíːntsi/, **teen·sie-ween·sie** /tíːnsiwíːnsi/ *a*《口》TINY.

tee·ny¹ /tíːni/ *a*《口》TINY.

teeny² *n*《口》TEENAGER.

teeny³ ⇨ TEENIE.

téeny·bòp *n, a* TEENYBOPPER (の).

téenybop drìve*《俗》カーラジオの聴取者が主にティーンエージャーで占められる夕方の放送時間帯.

téeny·bòpper《俗》*n* ティーンエージャーの少女; 流行を追いかけポップミュージックに夢中になっているティーンエージャー《特に 少女》.

téeny-ròck·er *n*《俗》TEENYBOPPER.

téeny-tíny*《俗》*n* ローティーンの女の子; TEENYBOPPER. ▶ *a* ちっちゃい (tiny).

téeny-wée·ny /-wíːni/, **tee·nie-wee·nie** /tíːniwíːni/ *a*《口》TINY.

teepee¹ ⇨ TEPEE.

teepee² ⇨ T.P.

Tees /tíːz/ [the] ティーズ川《イングランド北部を東流して Middlesbrough で北海に注ぐ》.

tée shìrt T-SHIRT.

Tées·sìde ティーズサイド《イングランド北部 Tees 川下流周辺の工業地域; もと 特別市 (county borough) (1968–74)》.

tee-tee /tíːtìː/ *n, vi**《幼児》おしっこ(する).

tee·ter /tíːtər/ *vi* よろめく; ぐらつく; ためらう, 心迷う ‹*between*›; SEESAW. ● **～ on the brink** [**edge**] [しばしば進行形で] 危険が迫っている ‹*of*›. ▶ *vt* SEESAW. ▶ *n* SEESAW; 動揺. [*titter* (dial)]

téeter·bòard *n* SEESAW; ティーターボード《長い板を支え台に載せ, 板の一端に人が飛び乗ることによって他端に立っていた人を空中にはじき出す器具》.

téeter-tòtter* *n* SEESAW. ▶ *vi* ためらう, 迷う (teeter).

teeth *n* TOOTH の複数形.

teethe /tíːð/ *vi* ‹小児が›歯が生える: The baby is *teething*. [↑]

teeth·er /tíːðər/ *n*《乳児用の》歯がため《おしゃぶりなど》.

teeth·ing /tíːðɪŋ/ *n* 乳歯が生えること, 生歯(せい); 生歯に伴う諸現象.

téething rìng 環状の歯がため《乳児にかませるゴム[プラスチック]製の環》.

téething tròubles [**pròblems**] *pl*《事業などの》発足[創業]時の苦労, 産みの苦しみ.

téeth·rìdge *n*〘音〙歯茎 (＝*alveoli*).

tee·to·tal /tìːtóʊtl, ╴╴╴/ *a* 絶対禁酒(主義)の《略 TT》;《口》全くの, 完全の: a ～ pledge 絶対禁酒の誓約 / a ～ society 絶対禁酒会. ▶ *vi* 絶対禁酒を実行する[唱える]. ♦ **～·ly** *adv* 絶対禁酒(主義)に関して; 完全に禁酒して;《口》全く. **～·(l)er, ～·ist** *n* 絶対禁酒者. **～·ism** *n* 絶対禁酒(主義). [*total* の頭文字を強調したもの; 1833 年英国の絶対禁酒論者 Richard Turner の造語か]

tee·to·tum /tìːtóʊtəm/ *n* 指で回す小さなこま,《特に》側面に文字を記した PUT-AND-TAKE 用の四角なこま: like a ～ くるくる回って. [*T totum*; *T* (こまの一側面に記された *totum* (take) all の頭文字) + L *totum* whole (stakes)]

tee·vee /tìːvíː/ *n* TELEVISION. [TV]

teff, tef /téf/ *n*〘植〙テフ (＝～ **gràss**)《北アフリカのイネ科の穀草》. [Amh]

te·fil·lin /təfílən/ *n* [ᵘ‹*pl*›]〘ユダヤ教〙聖句箱 (phylacteries).

TEFL /téf(ə)l/ teaching (of) English as a foreign language 外国語としての英語教授(法).

Tef·lon /téflɑ̀n/ **1**〘商標〙テフロン《polytetrafluoroethylene の商品名; 絶縁材料・コーティング材として用いられる》. **2** [‹*a*›]*《口》醜聞や失敗をものともしない, 打たれ強い‹政治家など›: the ～ (coated) President テフロン(コーティングの)大統領《問題や失敗があっても汚名を免れた Reagan 大統領のこと》. [*tetra-*, *fluor-*, *-on*]

Tef·nut /téfnʊt, -nət/〘エジプト神話〙テフヌート《Ra の子で湿気の女神; ⇨ SHU》.

teg /tég/ *n* 二年子の雌鹿; 二年子の羊(の毛). [C16<?]

t.e.g.〘製本〙top edge gilt 天金.

Te·gea /tíːʤiə/ テゲア《古代ギリシア Arcadia 南部東の都市》.

teg·men /tégmən/ *n* (*pl* **teg·mi·na** /-mənə/) 包被, 外被;〘植〙内種皮;〘昆〙《甲虫の》翅鞘(しょう), さやばね;〘昆〙《直翅類の》硬い前羽. ♦ **tég·mi·nal** *a* [L＝covering]

teg·men·tal /tɛgméntl/ *a* INTEGUMENT の; TEGMENTUM の.

teg·men·tum /tɛgméntəm/ *n* (*pl* **-ta** /-tə/)〘解〙蓋,《中脳の》被蓋;〘植〙鱗片.

Te·gu·ci·gal·pa /təgùːsəgǽlpə/ テグシガルパ《ホンジュラスの首都・商業都市》.

teg·u·la /tégjələ/ *n* (*pl* **-lae** /-lìː/)〘昆〙《ハチ・ガ・チョウなどの》肩板;〘昆〙《双翅類の》冠弁 (alula). [L＝tile]

teg·u·lar /tégjələr/ *a* 瓦[タイル]の(ような); 瓦状に配列された;〘昆〙TEGULA の. ♦ **～·ly** *adv*

teg·u·ment /tégjəmənt/ *n*《動植物の》外被[外皮], 被包 (integument). ♦ **tèg·u·mén·tal** /-méntl/ *a*

teg·u·men·tary /tègjəméntəri/ *a* 外被の, 被包の; 被包からなる; 被包の用をする.

teh ch'i /té ʧíː/ 得気(とっき)《鍼療法で鍼がつぼにあたった時に施術者・患者が感じるひびき[感応]》. [Chin]

te·hee, tee-hee /tíːhíː/ *int, n, vi* イヒヒ[ヒッヒ, クフフ, クスクス, オホホ, ホホホ] (と笑う). [imit]

Teh·ran, Te·he·ran /tèɪərǽn, -ráːn, tìːə-, tèhə-/ テヘラン《イランの首都》.

Téhran Cónference [the] テヘラン会談《1943 年 11 月 28 日–12 月 1 日; Roosevelt, Churchill, Stalin による会談で, 席上 Stalin は北フランス上陸作戦に呼応して攻撃に出ることを約束》.

Teh·ri (Garh·wal) /téɪri (gərwáːl)/ テーリ (ガルワール)《インド北部, 現在の Uttarakhand 州北部, チベットと国境を接するところにあった藩王国; ☆Tehri》.

teh·sil /təsíːl/ *n* TAHSIL.

Te·huan·te·pec /təwáːntəpɛ̀k/ ■ **the Ísthmus of ～** テワンテペック地峡《メキシコ南東部の同国最狭部; 太平洋側のテワンテペック湾 (the **Gúlf of ～**) とメキシコ湾側の Campeche 湾にはさまれる》.

Te·ian /tíː(j)ən/ *a* テオス (Teos) の; (テオス生まれの詩人)アナクレオンの.

tei·chó·ic ácid /taɪkóʊɪk-, taɪ-/〘生化〙テイコ酸, テイコイン酸, タイコ酸《グラム陽性菌の細胞表面にある強酸性のポリマー》.

Tei·de /téɪdi/ ■ **el Pí·co del ～** /ɛl píːkoʊ dɛl-/ テイデ山《Canary 諸島の Tenerife 島にある火山 (3718 m)》.

te ig·i·tur /teɪ íʤətʊ̀r, -ígə-/〘カト〙さらば主よ《ミサ典文の冒頭の句》. [L＝thee therefore]

teig·lach /téɪgləx, táɪg-/ *n* [‹*sg/pl*›] テーグラッハ《小麦粉で作った小さなだんごを蜂蜜・砂糖・スパイスのシロップで煮た菓子》. [Yid]

te·iid /tíː(j)əd, táɪəd/ *a, n*〘動〙《主に 熱帯アメリカ産の》テイウス科 (Teiidae) の(トカゲ), テグートカゲ.

Teil·hard de Char·din /*F* tɛjar də ʃardɛ̃/ テイヤール・ド・シャルダン **Pierre ～** (1881–1955)《フランスのイエズス会神父・神学者・哲学者・地質学者・古生物学者; 人間は神的な終局の点へ向かって進化しているという》.

téil (trèe) /tíːl(-)/〘植〙セイヨウシナノキ (linden).

te·in /téɪɪn/ *n* (*pl* ～, **～s**) テイン (＝*tiyin*)《カザフスタンの通貨単位: ＝1/100 tenge》.

teind /tíːnd/ *n, v*《スコ・北イング》TITHE; [ᵘ*pl*]《スコ》国教会の牧師の俸給に当てるため課税できる平信徒の所有地. [ME *tende* tenth]

tej /téʤ/ *n* テジ, タッジ《エチオピアの蜂蜜酒 (mead); 同国の国民的飲料》.

Te·ja·no /teɪháːnoʊ, tə-/ *n* (*pl* **～s**)*《南西部》テキサス州人, メキシコ系テキサス州人, テハーノ;〘楽〙テハーノ《アコーディオン中心のメキシコ(系テキサス)民謡から発展したポップミュージック》. [Sp (*Tejas* Texas, *-ano* -an)]

Tejo ⇨ TAGUS.

Tek·a·kwitha /tɛ̀kəkwíθə/, **Teg·a-** /tɛ̀gə-/, **Teg·a·kouita** /tɛ̀gəkwítə/ テカクイサ **Ka·teri** /káːtəri/ ～ (1656–80)《アメリカインディアンの宗教家; 通称 'Lily of the Mohawks'; Mohawk 族のカトリック修道女》.

Te Kan·a·wa /teɪ káːnəwə/ テ・カナワ Dame **Ki·ri** /kíri/ **Janette** ～ (1944–)《ニュージーランドのソプラノ》.

tek·non·y·my /tɛknɑ́nəmi/ *n* テクノニミー《「…の父[母]」式に子供の名をとって親につける習俗》. [Gk *teknon* child]

tek·tite /téktàɪt/ *n*〘鉱〙テクタイト《巨大隕石の衝突によって生じたとされる黒曜石に似たガラス状物質; australite, moldavite など》. ♦ **tek·tit·ic** /tɛktítɪk/ *a* [G<Gk *tēktos* molten]

tel /tél/ *n* TELL².

tel-¹ /tél/, **tele-** /télə/, **telo-** /téloʊ, tíːloʊ, -lə/ *comb form*「遠距離の」「電信」「テレビ」「遠距離通信」 [Gk (*tēle* far off)]

tel-² /tél/, **tele-** /téli, -lə/, **tel·eo-** /télioʊ, tíː-, -liə/, **telo-** /téloʊ, tíːloʊ, -lə/ *comb form*「末端」「目的」「完全な」 [Gk (*telos* end, completion)]

tel. telephone (number). **TEL** °tetraethyl lead.

te·la /tíːlə/ *n* (*pl* **te·lae** /tíːlìː/)〘解〙組織.

telaesthesia ⇨ TELESTHESIA.

TELAM [Sp *Telenotioiosa Americana*] テラム通信《アルゼンチンの国営通信社》.

tel·a·mon /téləmɑ̀n, -mən/ *n* **1** [T-]〘ギ神〙テラモーン《Salamis 島の王, 大 Ajax の父》. **2** (*pl* **-mo·nes** /tɛ̀ləmóʊniz/, **～s**)〘建〙男像柱 (cf. ATLAS, CARYATID).

Tel·a·nai·pura /tɛ̀lənáɪpʊ̀ərə/ テラナイプラ《JAMBI の別称》.
tel·an·gi·ec·ta·sia /təlæ̀nʤ(i)ɛktéɪʒ(i)ə, -ziə/, **-ec·ta·sis** /-ɛ́ktəsəs/ *n* (*pl* **-tá·sias, -ta·ses** /-təsì:z/)〖医〗毛細(血)管拡張症. ♦ **-ec·tat·ic** /-ɛ̀ktǽtɪk/ *a*
tel·a·ry /tɛ́ləri/ *a* くもの巣の[をかける].
tel·áu·to·gram /tɛlɔ́:tə-/ *n* テロートグラム《TELAUTOGRAPH で伝送再現したメッセージ[ファクシミリ]》.
Tel·Au·to·graph /tɛlɔ́:təgræ̀f; -grɑ̀:f/〖商標〗テロートグラフ《文字・絵画を電気信号に変えて伝送再現する装置》.
Tel Aviv /tɛ́l əví:v/ テルアヴィヴ《地中海に面するイスラエルの都市; 公式名 Tel Aviv-Yafo [Jaffa]》. ♦ **Tél Aví·van** テルアヴィヴ人.
tel·co /tɛ́lkoʊ/ *n* (電気)通信事業者[会社], 通信キャリア. [*tele*communications *co*mpany]
tele /tɛ́li/ *n*ᴵᴵ《口》テレビ (television).
tele- ⇨ TEL-[1,2].
téle·àd *n* 電話で掲載を申し込む広告.
téle·bànking *n* テレバンキング《電話やインターネット経由の銀行取引》.
téle·càmera *n* テレビカメラ; 望遠カメラ.
tele·cast* /tɛ́lɪkæ̀st; -kɑ̀:st/ *vt, vi* (~, ~·**ed**) テレビで放送する. ► *n* テレビ放送; テレビ番組. ♦ **~·er** *n*
téle·cèntreᴵᴵ *n* TELECOTTAGE.
tele·cine /tɛ́lɪsìni/ *n* テレビ映画; 映画のテレビ放映(装置).
tele·com(m) /tɛ́lɪkɑ̀m/ *n* [ᵒ*pl*] TELECOMMUNICATION(s); 電気通信産業.
tèle·communicátion *n* 電気通信, データの伝送, テレコミュニケーション《遠近を問わない》; [ᵘ~s] 電気通信学.
téle·commùte *vi* コンピューター端末を用いて在宅勤務する. ♦ **tèle·commúter** *n*
tèle·commúting /, ⌐ ─ ─ ⌐ ─/ *n* コンピューター端末を備えて行なう在宅勤務, テレコミューティング.
téle·compùter *n* テレコンピューター《telecomputing に用いるコンピューター》.
téle·compùting *n* テレコンピューティング《ネットワークを介してのコンピューターの利用》.
téle·cònference *n* テレビ会議《長距離電話・テレビなどを利用した遠隔地間の会議》. ► *vi* テレビ会議を行なう. ♦ **-còn·fer·enc·ing** *n*
tèle·connéction *n*〖気〗テレコネクション, 遠隔相関《遠く離れた地点の気象現象・自然環境現象が相関関係を示すこと》. ♦ **tèle·connèct** *vi*
tèle·consultátion *n* 遠隔相談《遠隔測定機器やテレビを用いた遠隔地からの医療相談》.
tèle·convért·er *n*〖写〗テレコンバーター《撮影用レンズとカメラの間に装着して, 実効焦点距離を長くするための光学系》.
Téle·còpier〖商標〗テレコピアー《ファックス装置》.
téle·còttageᴵᴵ *n* テレコテージ《特に 農村部に設置された, 電算・通信機器が共同利用できる施設》.
téle·còurse* *n* テレビ講座《大学などの提供するもので単位として認められる》.
tèle·dénsity /, ⌐ ─ ⌐ ─ ─/ *n* 電話回線密度《人口 100 人当たりの電話回線の数》.
tèle·diagnósis *n* 遠隔診断《遠隔測定機器やテレビを用いた遠隔地からの医療診断》.
tel·e·du /tɛ́lədù:/ *n*〖動〗《Java, Sumatra の山岳地帯産の》スカンクアナグマ, 《Palawan 島などの》パラワンアナグマ (=*stink badger*). [Malay]
tèle-evángelist *n* TELEVANGELIST.
tèle·facsímile *n* ファックス (facsimile).
téle·fàx *n* ファックス機; ファックス文書; 写真電送: send sth *by* ~ ファクスで送る. ► *vt* [ᵘ*pp*] ファックスで送る.
tel·e·fer·ic /tɛ̀ləfɛ́rɪk/, **tel·e·fe·rique** /-fərí:k/ *n, a* 空中ケーブル(の), テルハ (telpher) の.
téle·fìlm* *n* テレビ映画.
teleg. telegram ♦ telegraph(ic) ♦ telegraphy.
te·le·ga /təlɛ́gə/ *n* チェレーガ《ロシアの四輪荷馬車》. [Russ]
tèle·génic *a* テレビ向きの, テレビうつりのよい (cf. PHOTOGENIC, RADIOGENIC, etc.). ♦ **-i·cal·ly** *adv* テレビ向きに.
tel·egno·sis /tɛ̀lənóʊsəs, tɛ̀lɛ̀g-/ *n*《超自然力による》遠隔地のできごとの認識, 千里眼.
Te·leg·o·nus /təlɛ́gənəs/〖ギ神〗テーレゴノス《(1) Odysseus と Circe の子で, 知らずに父を殺す 2) Proteus の子で, 相撲で Hercules に退治された》.
te·leg·o·ny /təlɛ́gəni/ *n*〖遺〗先夫遺伝, 感応遺伝. ♦ **tel·e·gon·ic** /tɛ̀ləgɑ́nɪk/ *a* [Gk *-gonia* begetting]
téle·gràm *n* 電報, 電文: send a ~ 電報を打つ / a ~ in cipher 暗号電報 / a ~ to follow 追尾電報. ► *vt, vi* (**-mm-**) TELEGRAPH.
téle·gràph *n* 電信(機[装置]); 信号機; TELEGRAM; TELEGRAPH BOARD; [T-] テレグラフ《新聞名など: *The Daily Telegraph*》: by ~ 電信[電報]で / a ~ corps 電信隊 / a ~ office [station] 電信局 / a ~ slip [form, blank*] 電報発信紙, 頼信紙 / a duplex [quadruple] ~ 二重[四重]電信機. ► *vt* **1** 電信で報ずる; …に電報を打つ; 電信[電報]注文によって〈贈り物などを〉送り届ける: Her son was ~*ed* for. 電報で呼び寄せられた. **2**〈意図・決意などを〉身振り[顔つきなど]で感づかせる, 事前に察知させる. ► *vi* 電報を打つ; 合図[信号]する. [F]
télegraph bòard《競馬場などの》速報掲示板.
te·leg·ra·pher /təlɛ́grəfər/ *n* 電信技手.
tele·graph·ese /tɛ̀ləgræfí:z, -s, ᴵᴵ-grɑ:-/ *n* 電文体《例: ARRIVE TOKYO SEVEN MORNING アサシチジトウキヨウツク》.
tele·graph·ic /tɛ̀ləgrǽfɪk/ *a* **1** 電信[電報]の[で伝送される]; 電信的に伝える, 合図の: a ~ address《電報の》宛名略号, 電略; 《不在の時などの》電報用宛名 / a ~ code 電信符号 / ~ instructions 訓電 / ~ instruments 電信機 / a ~ message 電報, 電文 / a ~ picture 電送写真. **2** 電文のような, 簡潔な. ♦ **-i·cal·ly** *adv* 電信[電報]で; 信号[合図]で; 簡潔に.
telegráphic tránsferᴵᴵ 電信為替 (cable transfer*)《略 TT》.
te·leg·ra·phist /təlɛ́grəfɪst/ *n* 電信技手.
télegraph kèy 電鍵.
télegraph lìne 電信線.
télegraph mòney òrder 電信為替.
te·leg·ra·phone /təlɛ́grəfòʊn/ *n* テレグラフォン《初期の電磁式録音(再生)機》.
tele·grapho·scope /tɛ̀ləgrǽfəskòʊp; -grɑ́:fə-/ *n*《初期の》写真電送機.
télegraph plànt〖植〗マイハギ《温熱などで側小葉が鉄道の腕木信号機のように上下に動く; 熱帯アジア原産; マメ科》.
télegraph pòle [pòst]ᴵᴵ 電信柱, 電柱.
télegraph wìre 電信線, 電線.
te·leg·ra·phy /təlɛ́grəfi/ *n* 電信.
Telegu ⇨ TELUGU.
tèle·kinésis *n*〖心霊〗念動, テレキネシス. ♦ **-kinétic** *a* **-ki·nétical·ly** *adv*
téle·lècture *n* 電話線につないだスピーカー; 《それを利用して行なう》電話講義.
téle·lèns *n* 望遠レンズ (telephoto lens).
Te·lem·a·chus /təlɛ́məkəs/〖ギ神〗テーレマコス《Odysseus と Penelope の息子; 父と共に母に求婚する者たちを殺戮した》.
tele·man /tɛ́lɪmæ̀n/ *n* (*pl* **-men** /-mɛ̀n/)〖米海軍〗事務・暗号・通信の任務を担当する上級下士官.
Te·le·mann /téɪləmɑ̀:n, tí:-; *G* té:ləman/ テレマン **Georg Philipp** ~ (1681–1767)《ドイツの作曲家》.
tel·e·mark /tɛ́ləmɑ̀:rk/ *n* [ˢT-]〖スキー〗テレマーク(姿勢)《回転法・停止法・着地法》;〖ダンス〗テレマーク《かかとで回転するステップ》. ► *vi*〖スキー〗テレマーク回転[停止]をする, テレマーク姿勢をとる. ♦ **~·ing** *n* **~·er** *n* [↓; 発祥の地]
Telemark テーレマルク《ノルウェー南部の山岳地帯》.
téle·màrket·ing *n* 電話セールス, テレマーケティング (=*telesales*)《電話を用いた商品・サービスの宣伝・販売》. ♦ **téle·màrket** *vt, vi* **téle·màrket·er** *n*
tele·mat·ics /tɛ̀ləmǽtɪks/ *n*〖通信〗テレマティックス《コンピューターを利用した遠距離通信を扱う情報技術(分野)》. ♦ **tèle·mát·ic** *a* [*tel*-[1], *informatics*]
téle·mechànics *n*《機械の》遠隔[無電]操作法.
téle·mèdicine *n* 遠隔医療, テレメディスン《テレビや通信回線による遠隔地の患者の診断・治療や医療スタッフの監督・指導》.
téle·mèssage *n* テレメッセージ《英国の郵便局で扱っている電報; 全国どこへでも電話・テレックスで送信し, スピーディーに配達する; 1981 年より telegram に代わる公式名》.
téle·mèter /, təlɛ́mətər/ *n* 視距儀, 測距器;〖電〗遠隔計測器, テレメーター《自動計測電送装置》. ► *vt, vi*〈計器の示度を〉遠隔計測器で伝える[記録する]. ♦ **~·ing** *n* 遠隔測定.
te·lem·e·try /təlɛ́mətri/ *n* 遠隔測定法; 遠隔測定で得たデータ; BIOTELEMETRY. ♦ **tele·met·ric** /tɛ̀ləmɛ́trɪk/ *a* **-ri·cal·ly** *adv*
téle·mòtor *n*〖海〗遠隔舵取り機, テレモーター.
tèl·encéphalon *n*〖解・動〗終脳, 端脳 (=*endbrain*). ♦ **tèl·encephálic** *a*
tele·no·ve·la /tɛ́lənoʊvɛ̀lə/ *n*《ラテンアメリカで》連続テレビ小説, ソープオペラ. [Sp]
teleo- /tɛ́lioʊ, tí:lioʊ, -liə/ ⇨ TEL-[2].
tel·eo·log·i·cal /tɛ̀liəlɑ́ʤɪk(ə)l, tì:l-/, **-log·ic** *a* 目的論の, 目的論的な. ♦ **-i·cal·ly** *adv*
teleológical árgument [the]〖哲〗目的論的論証[証明] (ARGUMENT FROM DESIGN).
tel·e·ol·o·gy /tɛ̀liɑ́ləʤi, tì:li-/ *n*〖哲〗目的論; 《目的論でいう》目的; 目的論的な説明. ♦ **-gism** *n* **-gist** *n* [NL; (*tel*-[2])]
tel·e·on·o·my /tɛ̀liɑ́nəmi, tì:li-/ *n* 目的論説, 目的律《生物における構造・機能の存在は, それが進化において残る価値を有したとするもの》; テレオノミー《総合的目的に支配されている社会組織[集団]》. ♦ **tel·e·o·nom·ic** /tɛ̀liənɑ́mɪk/ *a*

tèle·óperate *vt* 〈機器・システムなどを〉遠隔操作する. ♦ **-operátion** *n* **-óperator** *n* 遠隔操作(で作動する)装置[ロボット].
tel·e·ost /téliɑ̀st, tí:li-/ *a, n* 〘魚〙硬骨類(《特に》真骨類)の(魚)(＝*bony fish*). ♦ **tèl·e·ós·te·an** *a, n* [Gk *osteon* bone]
tele·path /téləpæ̀θ/ *n* テレパシー能力者 (telepathist). ► *vi* TELEPATHIZE.
te·lep·a·thize /təlɛ́pəθàɪz/ *vt* テレパシーで伝える. ► *vi* 精神感応術を行なう.
te·lep·a·thy /təlɛ́pəθi/ *n* 〘心霊〙精神感応, テレパシー. ♦ **-thist** *n* テレパシー研究家; テレパシー能力者. **tele·path·ic** /tɛ̀ləpǽθɪk/ *a* **-i·cal·ly** *adv* [*tele-*, -PATHY]
tele·phone /téləfòʊn/ *n* 電話; 電話機, 受話器; [the] 電話(通信)システム: by ～ 電話で / a ～ message [call] 通話, 電話 / a ～ set 電話機 / a ～ subscriber 電話加入者 / on the ～ 電話口に出て / We are not on the ～. うちは電話を引いていない / call sb on [to] the ～ 人を電話口に呼び出す / speak to sb over [on] the ～ 電話で話す. ● **talk on the big white ～** 《俗》トイレで吐く. ► *vt* …に電話をかける; 電話で伝える: I ～*d* him congratulations.＝I ～*d* congratulations to him. 電話で彼におめでとうと言った / ～ one's report *in* to…に電話で報告を入れる. ► *vi* 電話をかける: ～ (through) to say that…と電話で言ってやる / ～ *for* details 電話で詳細を問い合わせる. ★ 特に 口語では しばしば *n, v* ともに単に phone を用いる.
tèlephone ánswering machìne 留守番電話 (answering machine).
télephone bànk PHONE BANK.
télephone bànking テレホンバンキング《電話による銀行取引》.
télephone bòok [dirèctory] 電話帳.
télephone bòoth [《英》**bòx, kìosk**] (公衆)電話ボックス.
télephone càll PHONE CALL.
télephone càrd テレホンカード (phonecard).
télephone exchànge 電話交換局[室].
télephone lìne 電話回線; 電話線 (telephone wire).
télephone nùmber 電話番号; [*pl*] 《俗》多額の金, 大金《桁数の多い大都市の電話番号から》.
télephone pòle* 電話線電柱.
téle·phòn·er *n* 電話をかける人; 電話魔.
télephone recèiver 《電話の》受話器.
télephone sèlling TELESALES.
télephone tàg 電話で連絡をとろうとしてもめぐり合わせが悪くなかなか相手がつかまらないこと, '電話鬼ごっこ'.
tele·phon·ic /tɛ̀ləfɑ́nɪk/ *a* 電話(機)の, 電話による; 音を遠くに伝える. ♦ **-i·cal·ly** *adv*
te·leph·o·nistᴵᴵ /təléfənɪst, *téləfòʊ-/ *n* 電話交換手.
tele·pho·ni·tis /tɛ̀ləfənáɪtəs/ *n* [*joc*] 電話狂[中毒].
te·leph·o·ny /təléfəni, *téləfòʊ-/ *n* 電話法[方式]; 電話機製作.
tele·phote /téləfòʊt/ *n* 写真電送機; 望遠写真機.
tele·pho·to /tɛ̀ləfóʊtoʊ/ *attrib a* 望遠写真(術)の; 写真電送(術)の; 〈レンズが〉望遠写真用の. ► *n* (*pl* ～**s**) 望遠レンズ (＝～ **léns**); 望遠写真; [T-]〘商標〙テレフォート《写真電送装置・電送写真》.
tèle·phóto·gràph *n* 望遠写真; 電送写真. ► *vt, vi* 望遠レンズで〈写真を〉撮る; 〈写真を〉電送する.
tèle·photógraphy *n* 望遠写真術; 写真電送術. ♦ **-photográphic** *a*
Tel·e·phus /téləfəs/ 〘ギ神〙テーレポス《Hercules と Auge の子; 長じて Mysia 王となり, またギリシア軍をトロイアへ導いた》.
téle·plày *n* テレビドラマ.
tele·port[1] /téləpɔ̀:*r*t/ *vt* 〘心霊〙〈物体・人を〉念力で動かす[移動する]. ♦ **tèle·por·tá·tion, téle·pòrt·age** *n* 念力移動. [*port*[4]]
teleport[2] *n* 〘通信〙テレポート《通信衛星を使って世界中に通信を送ったり受けたりする地上のセンター》. [*port*[1]]
téle·prèsence *n* テレプレゼンス《遠隔制御装置[コンピューター]によって遠隔[仮想]空間への臨場感を提供すること》.
téle·prìnt·erᴵᴵ *n* 電信印刷機, テレプリンター (teletypewriter*).
téle·prócess·ing *n* 〘電算〙テレプロセッシング《中央の電子計算機と複数の遠隔地点をデータ伝送回線で接続して行なう処理》.
Tele·Promp·Ter /téləprɑ̀mptər/ 〘商標〙テレプロンプター《テレビ用後見機; 出演者に放送スクリプトを 1 行ずつ拡大して見せる装置; cf. AUTOCUE》.
tele·ran /télərӕ̀n/ *n* テレラン《地上レーダーで得た情報がテレビによって航空機内に表示される航空指示方式》. [*television-radar air navigation*]
téle·recòrd *vt* 〘テレビ〙録画する.
téle·recòrd·ing *n* 〘テレビ〙録画; 録画番組《など》.
tel·er·gy /télərʤi/ *n* 〘心〙遠隔精神作用.
téle·sàlesᴵᴵ *n* 電話セールス (TELEMARKETING).
tèle·sáles·pèople *n pl* 電話(による)セールスマン.
tele·scope /téləskòʊp/ *n* **1** 望遠鏡; 円筒状拡大光学器械《気管支鏡・膀胱鏡など》; RADIO TELESCOPE; TELESCOPE BAG: a sighting ～《火器の》照準望遠鏡. **2** [the T-]〘天〙ぼうえんきょう座 (望遠鏡座) (Telescopium). ► *a* 望遠鏡の筒式の, 入れ子式の. ► *vi* 入れ子式にはまり込む[たたみ込める] 〈*into*〉; 〈列車などが〉衝突してめり込む; (入れ子式に)短くなる, 短縮[圧縮]される. ► *vt* 入れ子式にはまり込ませる[たたみ込む]; 《時間的・空間的に》短くする, 縮める 〈*into*〉. [It or NL (-*scope*)]
téléscope bàg かぶせぶたの旅行かばん.
télescope bòx かぶせぶたの箱.
télescope sìght 《銃砲の》眼鏡照準機; 望遠照尺.
télescope wòrd 〘言〙PORTMANTEAU WORD.
tele·scop·ic /tɛ̀ləskɑ́pɪk/ *a* 望遠鏡の; 望遠鏡で見た〈景色など〉; 遠くのものを見る[拡大する]のに適した; 望遠鏡がなければ見えない, 肉眼では見えない; 遠目のきく; 望遠鏡の筒式に引き出せる[押し込める], 入れ子式の, 振出し式の: a ～ antenna ロッドアンテナ / a ～ tube 入れ子管. ♦ **-i·cal·ly** *adv*
telescópic síght TELESCOPE SIGHT.
te·les·co·pist /təléskəpɪst/ *n* 望遠鏡使用[観測]者.
Tele·sco·pi·um /tɛ̀ləskóʊpiəm/ 〘天〙ぼうえんきょう座 (望遠鏡座) (Telescope)《the Archer の南方にある小星座》.
te·les·co·py /təléskəpi/ *n* 望遠鏡使用[観測](術).
téle·scrèen *n* テレビのスクリーン, ディスプレー端末.
téle·scrìpt *n* テレビ放送用スクリプト.
tele·seism /téləsàɪz(ə)m/ *n* 遠地地震.
téle·sèll·ing *n* TELESALES.
téle·shòpping *n* テレビショッピング《端末のテレビ画面上に映し出された商品情報を見て注文する買物》; 電話注文による商品購入, テレフォンショッピング. ♦ **téle·shòp** *vi*
tel·e·sis /téləsəs/ *n* (*pl* **-ses** /-sì:z/) 〘社〙《知性のはたらきによる》(計画的)目的達成, 進歩; 自然・社会の諸力の合目的的利用. [Gk＝completion]
tèle·sóft·wàreᴵᴵ *n* テレソフトウェア《電話回線などを通じて配布されるソフトウェア》.
tèle·spéctro·scòpe *n* 〘天〙望遠分光器.
tèle·stéreo·scòpe *n* 望遠実体鏡《立体視できる》.
tel·es·the·sia, -aes- /tɛ̀ləsθí:ʒ(i)ə, -ziə/ *n* 〘心霊〙遠隔透視. ♦ **tèl·es·thét·ic** /-θét-/ *a*
te·les·tich, -tic /təléstɪk/ *n* 行末ごろ合わせ, テレスティック《各行末の文字をつづり合わせるとその詩の題や語句になる詩; cf. ACROSTIC》.
Te·les·to /təléstoʊ/ **1** 〘ギ神〙テレスト《Oceanus の娘の一人》. **2** 〘天〙テレスト《土星の第 13 衛星》.
Tel·es·tra·tor /téləstrèɪtər/ 〘商標〙テレストレーター《ビデオのリプレー画像などに矢印・円などを描く装置》.
téle·stùdent *n* TELECOURSE の受講生.
Téle·tèx /-tèks/ 〘商標〙テレテックス《端末間のデータ送受信システムの一つ; 文書編集機能を有する高速のテレックス様装置を公共電話回線網で結ぶもの》.
téle·tèxt *n* [ˢT-] テレテキスト, 文字多重放送《ニュースなどの情報が一般テレビ放送を妨げないように割り込ませて放送されていて, 視聴者が受像機にデコーダーを付けて情報選択をするシステム》.
tèle·thérapy *n* 〘医〙遠隔治療法《放射線源などを体から離して行なう療法》.
tèle·thermómeter *n* 《自記式の》遠隔温度計.
tèle·thérmo·scòpe *n* TELETHERMOMETER.
tele·thon /téləθɑ̀n/ *n* テレソン《慈善などの寄付金集めのための長時間テレビ番組》. [*television marathon*]
téle·tùbe *n* TELEVISION TUBE.
Téle·tỳpe *n* 〘商標〙テレタイプ《TELETYPEWRITER の商品名》; [ᵒt-] テレタイプ通信(文). ► *vt, vi* [ᵒt-] テレタイプで送信する.
téle·tỳper *n* TELETYPIST.
Tèle·týpe·sètter 〘商標〙テレタイプセッター《電送式植字機》. ♦ **tèle·týpe·sètting** *n* 電送式植字.
tèle·týpe·wrìter* *n* テレタイプライター《タイプして信号を送ると遠隔地で受信して同様の文字を打ち出す印刷電信機》.
téle·tỳpist *n* TELETYPEWRITER を操作する人.
te·léu·to·spòre /təl(j)ú:tə-/ *n* TELIOSPORE. ♦ **te·lèu·to·spór·ic** /-spɔ́:rɪk/ *a*
tel·e·van·ge·list /tɛ̀ləvǽnʤəlɪst/ *n* テレビ宣教師[伝道師] (＝*tele-evangelist, TV evangelist, electronic preacher*). ♦ **-lìsm** *n* **tèl·e·van·gél·i·cal** *a* [*television evangelist*]
téle·vìew *vt* テレビで見る. ► *vi* テレビを見る. ♦ **téle·vìew·er** *n* テレビ視聴者.
tele·vise /téləvàɪz/ *vt, vi* テレビで放送する[される]. [逆成く↓]
tele·vi·sion /téləvɪ̀ʒ(ə)n, ᴵᴵ⏤⏤⏤/ *n* **1** テレビジョン, テレビ《その仕組み・放送・画像・番組など; 略 TV》: watch ～ テレビを見る / the two-way ～ 相互テレビジョン《送受像を同時に行なえる方式》/ on (the) ～ テレビ放送で[している]. **2** テレビ受像機 (＝～ **sèt**). **3** テレビ業界, テレビ放送関係の仕事: work in ～ テレビ業界で働く. ♦ **tèle·ví·sion·al, -ví·sion·àry** /; -n(ə)ri/ *a* **-ví·sion·al·ly** *adv*
télevision lìcenceᴵᴵ テレビ受信許可証, テレビライセンス《テレビ受像機の所有者が購入を義務づけられている法定料金のライセンス; 受信料は BBC の運営に当てられる》.
télevision stàtion テレビ(放送)局.

télevision tùbe 受像管 (picture tube).
téle·vì·sor *n* テレビ送[受]信装置; テレビ受像機使用者; テレビ放送者.
tèle·vísual'' *a* テレビ(特有)の, テレビに現われる[適した]. ♦ **~·ly** *adv*
téle·wòrk *vi* 遠距離通信を利用して自宅などで仕事をする (telecommute). ► *n* 遠距離通信を利用した在宅勤務, テレワーク. ♦ **téle·wòrk·er** *n* **téle·wòrk·ing** *n*
téle·wrìter *n* テレライター《送信端の筆記動作を受信端の筆記装置に再現する装置》.
tel·ex /tέlὲks/ *n* テレックス《(1) 加入者が交換接続によって teletypewriter で交信する通信方式 (2) TELETYPEWRITER (3) その通信文》. ► *vt, vi* テレックスで送信する; …とテレックスで交信する. [*tele*typewriter [*tele*printer] *ex*change]
telfer ⇨ TELPHER.
tel·ford /tέlfərd/ *a, n* テルフォード舗装(の)《割石の間に砕石を詰め, その上に小石の層を置いて固める舗装》. [Thomas *Telford*]
Telford 1 テルフォード **Thomas ~** (1757–1834)《スコットランドの土木技術者; ウェールズの Menai 海峡の吊橋を架設 (1819–26) した; ⇨ TELFORD》. **2** テルフォード《(1) イングランド中西部 Shropshire のニュータウン (2) Pennsylvania 州南東部 Allentown の南にある町》.
te·li·al /tíːliəl/ *a* TELIUM の: the ~ stage 冬胞子期.
te·lic /tέlɪk, tíːl-/ *a* 目的にかなう;〘文法〙〈節・句が〉目的を示す;〘文法〙完了相の (cf. ATELIC). ♦ **té·li·cal·ly** *adv* **te·lic·i·ty** /tɛlísəti/ *n*
Tel·i·don /tέlədɑ̀n/ テリドン《カナダのビデオテックスシステム; サービス名は IRIS》.
té·lio·spòre /tíːliə-, tέl-/ *n*〘植〙冬(ふ)胞子. ♦ **tè·lio·spór·ic** /-spɔ́ːrɪk/ *a*
te·li·um /tíːliəm, tέl-/ *n* (*pl* **-lia** /-liə/)〘植〙《サビ菌類の》冬胞子器[堆(たい)] (cf. UREDINIUM). [Gk *telos* end]
tell[1] /tέl/ *v* (**told** /tóuld/) *vt* **1 a** 話す, 語る; 物語る; 言う, 述べる; 〈秘密を〉漏らす: ~ the truth [a lie] ありのままを言う[うそをつく] / ~ all すべてを語る[告白する], 包み隠さず申し述べる / *T~* us a story. 何かお話をしてよ / ~ (sb) good-by(e) *いとまごいをする / now it can be *told* 今だから話そう. **b** …に告げる, 知らせる, 教える 〈*of, about, how*〉; 忠告する; 明言[断言, 保証]する (assure): ~ one*self* (内心で)自分に言い聞かせる / Don't make me ~ you again!《特に 子供に》二度と同じことを言わせるな / What can I ~ you? 何が聞き[知り]たいの; どう言えばよいやら / She didn't ~ him her name. 彼に名前を告げなかった / I am *told* (that) you were ill. ご病気だったそうですね / I won't ~ a soul. だれにも言いません[秘密は漏らしません] / I don't need to ~ you *that*…ということは(わざわざ)言うまでもない / *T~* me where the money is. 金がどこにあるか教えてくれ / I will ~ you. 委細を話しましょう(まあお聞きなさい) / Let me ~ you something, … 言っておくが… / *T~* me something. ちょっと教えてくれ, 聞きたいことがある / It isn't so easy, let me ~ you [I (can) ~ you]. そう楽じゃないよ 実際の話 / I ~ you, I'm sick of it. いやになったよ 全くの話が / I'll ~ you something [one thing, another thing]. 一言言わせてもらうと, ちょっと聞いてほしいのだが / I *told* you so! =Did I not ~ you so? 言わないことじゃない, それごらん / sb ~*s* me (that)… 〈ある人に〉…だって聞いたんだけど. **c** 〈人〉に〈…せよ〉と言いつける, 命ずる: I *told* him to wait [to start at once]. 待つ[すぐ始める]ように言った / Do as [what] you are *told*. 言われたとおりに[ことを]やりなさい. **2** 〈もの・事が〉伝える, 告げる; 〈ものが〉表わす, 示す; 〈時計が時刻を〉報ずる: something ~*s* me (that) なんとなく…という気がする / ~ the same story [tale] (of…) 同じ(…という)事情[状況]を物語っている. **3** [特に can を伴って] **a** わかる, 会得する; 予測する; 占う, 卜(ぼく)する 〈sb's fortune〉: I *can't* ~ what's the matter with him. 彼がどうしたのかわたしにはわからない / You *can* ~ it *by* [*from*] the color of the sea. 海の色でわかる / There is no ~*ing* what will happen in future. 将来何が起こるか何とも言えない, 予言できない. **b** 見分ける 〈the difference *between* the two〉: *Can* you ~ Japanese *from* Chinese? 日本人と中国人の見分けがつくかね / ~ the men from the boys ⇨ MAN[1]. **c** 見定める, 決する: I *can't* ~ which is better. どちらがよいか決めかねる. **4** 《古》数える, 《英下院で》〈票数を〉読む: ~ one's beads 数珠をつまぐる.
► *vi* **1 a** 話す, 語る, 述べる, 告げる; 秘密をもらす; 〈物事が〉示す, 物語る, 教える, 明らかにする 〈*of, about*〉: He is always ~*ing*, never doing. おしゃべりばかりして実行しない / I'll ~ *about* [*of*] it. その話をしよう / Don't ~. ばらしちゃいやよ! / His hands ~ *of* labor. 彼の手を見ると労働したことがわかる / Time will ~. 《ことの当否・結果などが》いずれわかるだろう. **b** 秘密などを漏らす; 告げ口をする, 《幼児》言いつける (⇨ TELL[1] (…)on sb); ''《方》雑談する: I promise not to ~. 他言しないと約束します. **2 a** 効きめがある, 〈砲弾などが〉命中する, 手ごたえがある; こたえる, 影響する 〈*on*〉; 《有利・不利に》働く: Every shot *told*. 百発百中だった / Hard labor *told on* him. 重労働が体にさわった / His age is beginning to ~ *upon* him. 彼も年には勝てなくなってきた / Everything ~*s against* [*for*] him. 万事が彼に不利[有利]だ. **b** 〈精神状態など〉目につく, 目立つ: Her nervousness began to ~ as soon as she entered the room. **3** [特に can, be able to を伴って] わかる, 見分ける: Who *can* ~? =Nobody *can* ~. だれにもわからない / You never *can* ~. わからぬものですよ / You *can't* always ~ *from* appearances. 外見でいつもわかるとは限らないものだ / (There's) no way to ~. だれにもわからない, さあね / as far as I can ~ 知りうるところから判断すると. **4** 《古》数える; 投票を数える: ~ *against* the motion 動議に少数不成立を宣する / ~ over one's hoard 《古》たまった金を数える.
● ALL **told. Don't ~ me(…)!** まさか(…なんて言うんじゃないでしょうね[か]). **Dó ~!** 《口》ぜひ聞かせて, ねえ教えてよ; 《口》そうなの, それで? (It that so?)《気のないあいづち》; 《口》何とおっしゃる, まさか! HEAR **~ (of)….** **I can't ~ you** *how* pleased I am to see you [*what* it means to do…]. (会えてどんなにうれしいか[…することがどれほど大きな意味をもつか])口では十分に言い表わせない. **I couldn't ~ you.** 《質問に対して》さあね, わかりませんね. **If I've told you once, I've told you a thousand times…** もう何度も何度も[10回も 100 回も]言ってるんだから…, 何度言ったらわかるの. **(I'll) ~ you what.** あのね, そうだな, 実を言うと, 話したいこと[いい考え]がある, じゃこうしよう. **I'm ~ing you** [先の話を強めて] 本当なんだよ; [後続の話を強めて] ここが重要なんだが, よく聞いてくれよ. **I'm not ~ing!** 言いたくないね, 教えてあげないよ. **not need any ~ing** 〈人が〉《すでにやる気になっているから》(わざわざ)言われるまでもない. **now you ~ me** 《口》今ごろ言うか, もっと早く言ってよ. **take a ~ing** 人の警告に従う, 言われたとおりにする, 言うことを聞く. **~…a** MILE **off.** **~** APART. **~ a** TALE. **~ sb a** THING **or two.** **~ away** 《方》呪文を唱えて〈痛みなどを〉取り除く. **~ sb different** 〈人〉に反駁する[異を唱える], …の誤りを正す. **~ it like [how] it is [was]** *《俗》《不愉快なことも》ありのままを話す, 率直にものを言う. **T~ me.** 《質問の前置きとして》ねえ, ところで. **T~ me about it.** 《口》(とうに)知ってるよ, 先刻承知; それは言える, ごもっとも; [*iron*] あっそう, そりゃすごい[けっこう], よく言うよ. **T~ me another (one)!** 《口》うそを言え. **~ off** 数え分ける[分けて解散する]; [[U]*pass*]《数え分けて》〈仕事に〉振り当てる 〈*for* duty; *to* do〉; 《口》〈…のことで〉〈人を〉しかりつける 〈*for*〉; *《俗》前もって知らせる: I got *told off for* shouting. 大声を出してしかられた. **~ (…)on sb** 《口》《特に 子供どうしで》(…に)人の告げ口をする: I'll ~ *on* you. 言いつけてやる. **~ out** =TELL away. **~ over** 《古》数え上げる. **~ the world** *公言する, 断言する. **~ t'other from which** ''《俗》両者を区別する. **~ sb what I think of him [her]** 《日ごろ不快に思っている人物に対して》その人のことをどう思っているかはっきり言ってやる. **~ sb where to do with…** =**~ sb where to put [shove, stick, stuff]…** 《俗》人に…なんか勝手にしろ[まっぴらだ, 犬にでも食わしちまえ]と言う《stick it up your ass の婉曲表現》. **~ sb where to get off [go]** =**~ sb where he gets off** 《口》人に身のほどを教えてやる, ばかなことをするなと言ってやる. **T~ you what.** ⇨ I'll TELL you what. **That would be ~ing.** 《しばしば 秘密を匂わせて》それにはちょっと答えかねますね. **What did I ~ you!** 《口》ほら言ったとおりでしょ, それごらん. **You can't ~ him [her, etc.] anything.** 彼[彼女など]には何も言えない《秘密が守れないから; 何でも知っているから》. **You're ~ing mé!** 《言われなくても》百も承知だ; 全くそのとおりだ. **You ~'em!** 《俗》そのとおりだ, そうだ《人の発言に対する賛成・激励のことば》. **You ~ mé.** 《口》知らないよ, わからないね, さてね, 教えてよ, こっちが聞きたいよ.
► *n* [[U]*pl*] 《俗》《勝負師・詐欺師がつけこむ手がかりとなる》ふとしたそぶり[しぐさ, 気配].
[OE *tellan* to reckon, narrate; cf. TALE, G *zählen* to count]
tell[2] *n*〘考古〙テル《中東で古代都市遺跡の重なりからなる丘状遺跡》. [Arab=hillock]
Tell ⇨ WILLIAM TELL.
téll·able *a* 話せる; 話しがいのある, 話すに足る.
téll-áll *n, a* 《しばしば 暴露的な》告白の(書[自伝]), 'すべて' を語った(著述), (衝撃の)全告白, 暴露本.
Tell el-Amar·na /tέl ὲləmάːrnə/ テル・エル・アマルナ《エジプト中部 Nile 川東岸にある古代都市遺跡; 紀元前 1375 ころ Amenhotep 4 世が建設》.
téll·er *n* 《銀行の》金銭出納係 (bank clerk''); AUTOMATIC TELLER; 投票集計係; 話し手, 語り手: a savings ~ 預金係 / a paying [receiving] ~ 支出[収納]係. ♦ **~·ship** *n*
Tel·ler /tέlər/ テラー **Edward ~** (1908–2003)《ハンガリー生まれの米国の核物理学者; '水爆の父' といわれる》.
tel·lin /tέlən/ *n*〘貝〙ニッコウガイ科 (Tellinidae) の, 特に *Tellina* 属の各種二枚貝《貝殻は薄くて丸く, 色は白, 黄, ピンクまたは紫》.
téll·ing *a* 有効な, よく効く, 手ごたえのある; 強力な; 多くを物語る, 示唆に富む: with ~ effect よく効いて, きわめて効果的に. ♦ **~·ly** *adv*
téll·ing-óff *n* (*pl* **téll·ings-óff**) ''《口》叱責.
Tel·loh /tɛlóu/ テルロー《イラク南東部 Tigris 川, Euphrates 川の間にある村; 古代シュメールの都市 Lagash の地》.
téll·tàle *n* **1 a** ''告げ口屋《主に子供》, 密告者. **b** 内実[内情など]を暴露するもの, 証拠, あかし. **2 a**〘機〙自動表示器, 指数器, 登録器, テルテール; タイムレコーダー (time clock);〘楽〙《オルガンの》風圧表示器;〘海〙舵角(だかく)表示器, 吊(つ)羅針儀. **b**〘海〙《ヨットの》風向指示用リボン, 吹流し;〘鉄道〙《トンネルなどの手前に吊る》帯[ひも]状の標識,警簾(けいれん); ((squash の)) テルテール ((前壁に付けられた高さ 2-2½ フィートの金属の帯; ボールはこれより上にあてる)). ► *a* **1** 告げ口をする, 秘密を暴露する; 隠そうとしても自然とあらわれる〈証拠品・赤面など〉. **2** (自動的に)点検記録[警告]する〈装置など〉.

tel·lur- /tɛl(j)ʊ́ər, tə-/, **tel·lu·ro-** /tɛl(j)ʊ́ərou, tə-, -rə/ *comb form* (1)「地球」[⇨ TELLUS] (2)「テルル (tellurium)」

tel·lu·rate /tɛ́ljərèɪt/ *n* 〘化〙 テルル酸塩[エステル].

tel·lu·ri·an[1] /tɛlʊ́əriən/ *a, n* 地球[地上]の(住民).

tellurian[2] *n* ((地球の公転・自転を示す)) 地動儀.

tel·lu·ric /tɛlʊ́ərɪk/ *a* **1** 地球の; 土地から生じる; 地電流の. **2** 〘化〙 テルルの, ((特に)) 6 価のテルルを含む, テルル (VI) の (cf. TELLUROUS).

tellúric ácid 〘化〙 テルル酸 ((オルトテルル酸またはアロテルル酸)).

tellúric líne 〘天〙 地球(大気)線 ((天体のスペクトルに現われる吸収線のうち, 地球の大気による吸収線)).

tel·lu·ride /tɛ́ljəràɪd/ *n* 〘化〙 テルル化物.

tel·lu·ri·on /tɛlʊ́əriàn/ *n* TELLURIAN[2].

tel·lu·rite /tɛ́ljəràɪt/ *n* 〘化〙 亜テルル酸塩; 酸化テルル鉱.

tel·lu·ri·um /tɛlʊ́əriəm/ *n* 〘化〙 テルル ((非金属元素; 記号 Te, 原子番号 52)). [*tellur-*, uran*ium*]

tel·lu·rize /tɛ́ljəràɪz/ *vt* 〘化〙 テルルと化合させる; テルルで処理する.

tel·lu·rom·e·ter /tɛ̀ljərɑ́mətər/ *n* テルロメーター ((超短波を用いて距離を測る装置)).

T

tel·lu·rous /tɛ́ljərəs, təlʊ́ərəs/ *a* 〘化〙 亜テルルの, ((特に)) 4 価のテルルを含む, テルル (IV) の (cf. TELLURIC).

téllurous ácid 〘化〙 亜テルル酸.

Tel·lus /tɛ́ləs/ 〘ロ神〙 テルース ((結婚・豊穣をつかさどる大地の女神)); [*fig*] 大地. [L *tellur- tellus* earth]

tel·ly /tɛ́li/ *n* (*pl* **~s, -lies**) ᴵᴵ((口)) テレビ(受像機): on (the) ~ テレビで, テレビに出て / watch (the) ~ テレビを見る. [*tele*vision]

Tel·net /tɛ́lnɛ̀t/ [ᵘt-] 〘電算〙 *n* テルネット ((遠方のコンピューターにログインして利用できるようにするプロトコル; また それを実現するシステム)). ► *vi* テルネットで接続する 〈*to*〉.

telo- /tɛ́lou, tíːlou, -lə/ ⇨ TEL-[1,2].

tèlo·céntric *a* 〘生〙 端部[末端]動原体型の (cf. METACENTRIC). ► *n* 端部[末端]動原体.

tèlo·dynámic *a* 動力遠距離伝送の.

Teloekbetoeng ⇨ TELUKBETUNG.

tèlo·lécithal *a* 〘生〙〈卵が〉端黄の, 端卵黄の, 偏黄の ((卵黄が一方の極に偏っているもの; 魚類・爬虫類・鳥類など大部分の動物の卵; cf. CENTROLECITHAL)).

te·lome /tíːlòum/ *n* 〘植〙 テロム ((維管束植物の構造単位)).
♦ **te·lo·mic** /tɪlóumɪk, -lɑ́m-/ *a*

tel·o·mer /tɛ́ləmər/ *n* 〘化〙 短鎖重合体, テロマー.

tel·o·me·rase /təlɑ́mərèɪs, -rèɪz/ *n* 〘生〙 テロメラーゼ ((胚細胞や不死化腫瘍細胞のテロメア DNA を合成する酵素)).

telo·mere /tɛ́ləmɪ̀ər, tíː-/ *n* 〘生〙 ((染色体の腕の末端にある)) 末端小粒, テロメア. ♦ **telo·mer·ic** /tɛ̀ləmɛ́rɪk/ *a*

tèlomer·izátion /; tɛlɑ̀məraɪzéɪʃ(ə)n/ *n* 〘化〙 短鎖重合, テロマー化.

télo·phàse *n* 〘生〙 ((有糸分裂の)) 終期, ((減数第一分裂の)) 終期 (⇨ PROPHASE). ♦ **tèlo·phás·ic** /-féɪzɪk/ *a*

te·los /tɛ́lɑs, tíː-/ *n* (*pl* **-loi** /-lɔɪ/) 究極の目的. [Gk]

tèlo·táxis *n* 〘生〙 目標走性.

télo·tỳpe *n* 印字電信機; 印字電報(電文).

tel·pher, -fer /tɛ́lfər/ *n* テルハ ((高架軌道に懸吊(けんちょう)して走る(電動)運搬車)); TELPHERAGE. ► *vt* テルハで運ぶ. [*tele-*, *-phore*]

télpher·age *n* テルハ[懸吊]運搬装置.

tel·son /tɛ́ls(ə)n/ *n* 〘動〙 ((柄眼甲殻類・サソリ・昆虫の)) 尾節.

Tel·star /tɛ́lstɑ̀ːr/ テルスター ((米国の通信衛星; 1962, 63 年打上げ)).

Tel·u·gu, Tel·e- /tɛ́ləgùː/ *n* **a** (*pl* **~, ~s**) テルグ族 ((インドの南東部 Andhra Pradesh を中心に分布する一族)). **b** テルグ語 ((ドラヴィダ (Dravidian) 語族の一)).

Te·luk·be·tung /təlʊ̀kbətʊ́ŋ/ テルクベトゥング (⇨ BANDAR LAMPUNG).

TEM °transmission electron microscope [microscopy].

Te·ma /tíːmə/ テマ ((ガーナ南東部の市・港町)).

te·maz·e·pam /təmǽzəpæ̀m/ *n* 〘薬〙 テマゼパム ((ベンゾジアゼピン系の精神安定薬; 不眠症治療に用いる)).

Témbi ⇨ TEMPE.

tem·blor* /témblər, -blɔ̀ːr/, **trem·blor*** /trémblər, -blɔ̀ːr/ *n* 地震 (earthquake). [Sp=trembling]

Tembu ⇨ THEMBU.

tem·e·nos /tɛ́mənɑ̀s/ *n* (*pl* **-ne** /-nìː/) 〘古ギ〙 ((神殿の)) 聖域, 神域. [Gk]

tem·er·ar·i·ous /tɛ̀mərɛ́əriəs/ *a* むこうみずの, 無鉄砲な.
♦ **~·ly** *adv* **~·ness** *n* [L (*temere* in the dark, rashly)]

te·mer·i·ty /təmɛ́rəti/ *n* むこうみず(な行為), 無鉄砲, 蛮勇. [L =hap, chance (↑)]

Te·mes·vár /tɛ́mɛʃvɑ̀ːr/ テメシヴァル ((TIMIȘOARA のハンガリー語名)).

Tem·in /tɛ́mən/ テミン **Howard Martin** ~ (1934–94) ((米国のウイルス学者; 逆転写酵素を発見, ノーベル生理学医学賞 (1975))).

Témin énzyme 〘生化〙 テミン酵素 ((逆転写酵素)). [↑]

Témin·ìsm *n* 〘生化〙 テミン理論 ((逆転写の理論, つまり RNA を鋳型にして DNA がつくられることもあることを示したもの)). [↑]

Tem·ne /tɛ́mni/ *n* **a** (*pl* **~, ~s**) テムネ族 ((シエラレオネ北部に住む)). **b** テムネ語.

tem·no·spon·dyl /tɛ̀mnouspɑ́ndəl/ *n* 〘古生〙 分椎(ぶんつい)[切椎(せっつい)]目 (Temnospondyli) の化石両生類 ((石炭紀から三畳紀まで栄えた)).

temp[1] /tɛ́mp/ ((口)) *n* 臨時労働者, 臨時雇い, 派遣員[社員]. ► *a* 臨時(雇い)の, 一時的な: ~ work [workers]. ► *vi* 臨時労働者として働く. [*temp*orary (employee)]

temp[2] ((口)) *n* 温度; 体温, 熱. [*temp*erature]

temp. temperature ♦ temporary ♦ [L *tempore*] in the time of (: *temp.* Georg III).

témp àgency TEMPING AGENCY.

Tem·pe /tɛ́mpi/ **1** テンペ谷 (ModGk **Tém·bi** /tɛ́mbi/) (=the **Vále of ~**) ((ギリシア中部 Thessaly の Olympus 山と Ossa 山との間の渓谷; 数々の詩人がその無比の美景を歌った)). **2** [*fig*] 景勝の地.

tem·peh /tɛ́mpèɪ/ *n* テンペ ((ダイズを煮て室(むろ)に入れ菌を発酵させ, 揚げて食べるインドネシアの食物)). [Indonesian]

Tem·pel·hof /*G* tɛ́mplhoːf/ テンペルホーフ ((Berlin 南部の地区; 1975 年まで民間空港として使われた空港がある)).

tem·per /tɛ́mpər/ *n* **1 a** ((いつもの)) 気質 (disposition), 気性; ((ある時の)) 気分, 機嫌; [*fig*] ((時代などの)) 傾向, 趨勢: an equal [even] ~ 気分にむらがないこと / in a bad [good] ~ 不[上]機嫌で. **b** かんしゃく, 短気, 怒気: have a (short) ~ 短気だ, おこりっぽい / get into a ~ かんしゃくを起こす / in a (fit of) ~ 短気を起こして, 腹立ちまぎれに / show ~ 気色ばむ / (one's) ~ rises 怒りが込み上げる / *T~s* flared. 人びとの怒りが爆発した. **2 a** 沈着, 平静; 堪忍: get out of ~=lose one's ~ 堪忍袋の緒が切れる, おこり出す; たしなみを忘れる / keep [hold, control] one's ~ 我慢する / put sb out of ~ 人をおこらせる / recover one's ~ 平静を取り戻す. **b** 勇気, 鋭気, 気概: keep one's ~. **3 a** ((鋼鉄などの)) 焼戻し, テンパー; 焼戻し硬度, ((刀剣の)) 湯加減; ((鋼の)) 焼戻し色, テンパーカラー; 〘皮革〙 しぶ吐きぐあい; ((粘土などの)) 練り加減, テンパー. **b** 加変添加剤; 合金添加物, 合金元素(混合物); ((可鍛鋳鉄の)) 軟化炭素; ((鋼の)) 含炭量[率]. **4 a** ((古)) 組成, 性質; ((廃)) 体格, 体質. **b** ((古)) ((諸性質の)) 適度の釣合い, 中庸. ● **T~, ~!** ((口)) [*joc*] まあまあ落ち着いて, がまんがまん!
► *vt* **1** 加減[軽減]する, 和らげる, (...のきびしさを)抑える 〈*with*〉; ((古)) 支配する, 抑制する: ~ justice *with* mercy 正義に慈悲心を加味する / God ~*s* the wind to the shorn lamb. ((諺)) 神は刈りたての小羊 ((弱い者)) には風を加減する. **2 a** ((適度に)) 混ぜる, 調合する; 〈粘土・えのぐなどを〉練る, こねる: ~ strong drink with water 強い酒を水で割る. **b** 〘楽〙〈楽器を〉調律する, 〈声を〉調節する. **3** 〈鋼鉄などを〉焼き戻す; 〈ガラスを〉焼入れする, 強化する 〈*with*〉; 〈人を〉鍛える, 強靱にする. ► *vi* 適度になる; 和らぐ, 柔軟になる; 〈鋼などが〉練れる, 焼きが通る. ♦ **~·able** *a* **~·er** *n* **tém·per·àtive** /; -ətɪv/ *a* [ME =mixture (OE *temprian*<L *temperat- tempero* to mingle); OF *temprer* to soak, moderate の影響あり]

tem·pera /tɛ́mpərə/ *n* テンペラ画(法) ((卵黄・にかわなどで溶いて描く)); テンペラえのぐ; POSTER COLOR. [It<L (↑)]

tem·per·a·ment /tɛ́mp(ə)rəmənt/ *n* **1 a** ((中世に 4 つの体液の配合で決定するとされた)) 体質; 気質, 気性; 激しい気質, 敏感さ, 鋭敏な感受性, 過敏さ, 神経質, 癇癖: a choleric [melancholic, phlegmatic, sanguine] ~ 胆汁[憂鬱, 粘液, 多血]質 (⇨ HUMOR). **b** ((廃)) ((要素の混合[配合]としての)) 構成, 構造. **2** 〘楽〙 ((音高の相互間の関係を示す)) 音律; 平均律(法): EQUAL [PURE] TEMPERAMENT. **3** 調節, 妥協; 中庸, 中正. **4** ((廃)) 気候 (climate); ((廃)) 気温 (temperature). ● **throw (a) ~** ((俗)) かんしゃくを起こす. [L= moderation; ⇨ TEMPER]

tem·per·a·men·tal /tɛ̀mp(ə)rəmɛ́ntl/ *a* 気分の; 気質上の, 性分による; 神経質な〈女優など〉; 気まぐれな, 気分屋の, おこりっぽい; 〈機械・システムなど〉不安定な: have a ~ dislike for...が嫌いな性分だ.
♦ **~·ly** *adv*

tem·per·ance /tɛ́mp(ə)rəns/ *n* ((言動・思想・感情などの)) 自制されていること, 控えめ; 節制; 節酒, 禁酒: a ~ hotel 酒を出さないホテル / a ~ movement 禁酒運動 / a ~ society 禁酒の会. [AF<L; ⇨ TEMPER]

tem·per·ate /tɛ́mp(ə)rət/ *a* **1** 節度のある, 慎みのある, 控えめな, 穏健な; 節制する, ((特に)) 酒を控える[慎む]; 中庸を得た, 穏健な, 適度の, ほどほどの: a man of ~ habits 節制家. **2** 〈気候・温度など〉穏やかな, 温和な; 〈地域など〉温帯性の; 〈生物が〉温帯の; 〘菌〙 溶原性の〈ファージ〉; 〘楽〙 平均律の (tempered). ♦ **~·ly** *adv* **~·ness** *n* [*L temperat- tempero* to TEMPER]

témperate ráin fòrest 〘生態〙 温帯多雨林.

témperate zóne [the, °the T- Z-] 温帯.

tem·per·a·ture /tɛ́mp(ə)rətʃər/ *n* **1 a** 温度; 気温; 体温 (body temperature); ((口)) ((平熱でない)) 熱, 高熱: atmospheric ~ 気温 / effective ~ 有効温度 / at a ~ *of* 5°C 摂氏 5 度に[で] / take sb's [one's] ～ 人の[自分で]体温を計る / have a [no] ～ 《病人が》熱がある[ない] / He is running a (slight) ～. (少し)熱を出している. **b** 《ゲーム・議論・心情などの》熱(のこもり方), 活況の程度: raise the ～ of the dispute 論争を熱くする[激化させる]. **2** 《廃》中庸; 《廃》《中世生理学の》体質 (complexion); 《廃》気質 (temperament); 《廃》《気候などの》温和さ (temperateness). [C16＝mingling＜F or L; ⇨ TEMPER]

témperature coeffìcient 〔理〕温度係数.

témperature cùrve 体温曲線.

témperature gràdient 〔気〕《高度変化などに伴う》気温傾度, 温度勾配 (cf. LAPSE RATE).

témperature-humìdity ìndex 温湿指数 《discomfort index (不快指数) ともいう; 略 THI》.

témperature invèrsion 〔気〕気温の逆転 《大気中のある層で, 高度が増すにつれて温度が上昇すること》.

témperature scàle 温度目盛.

témperature sensàtion 〔皮膚の〕温度(感)覚.

tém·pered *a* **1** 各要素がほどよくまざり合った; (ある要素の加味によって)調節[整調]された, 緩和された. **2** 焼き戻した, 鍛えた《鋼鉄》; 強化した《ガラス》: ～ steel 鍛鋼. **3** 〔楽〕平均律の[による]. **4** [*compd*] 気質が…の: HOT-TEMPERED.

témper·some *a* 怒りっぽい, 短気な.

témper tántrum かんしゃく, TANTRUM.

tem·pest /témpəst/ *n* 大あらし, 暴風雨[雪], 大荒れ; [*fig*] 大騒ぎ, 大騒動, 激しい動揺; [*The T-*]『あらし』《Shakespeare のロマンス劇》: (a) ～ of weeping 泣きわめき. ● **a ～ in a teacup [teapot]**＝a STORM in a teacup. ► *vt* 《詩》大荒れさせる, …に騒乱を起こす; 《古・詩》動揺[動転]させる. [OF＜L＝storm, season (*tempus* time)]

tem·pes·tu·ous /tɛmpéstʃuəs/ *a* 大あらしの(ような), 大荒れの; 激しい, 狂暴な. ♦ **～·ly** *adv* **～·ness** *n*

tempi *n* TEMPO の複数形.

témp·ing àgency 人材派遣会社 (＝*temp agency*). [*temp*[1]]

Tem·plar /témplər/ *n* **1** 〔史〕(エルサレム)神殿騎士(団員) (＝*Knight Templar*) 《聖地巡礼者保護の目的で 1118 年ころ Jerusalem に創立されたキリスト教軍事修道会 Knights Templar(s) ((エルサレム)神殿騎士団, 神殿騎士修道会) の一員; 1312 年解散させられた》. **2** [°t-] 〔英〕テンプル法曹 《the TEMPLE に事務所を有する法律家・弁護士・法学生》. **3** 《フリーメーソン系の》テンプル騎士団員 (KNIGHT TEMPLAR).

tem·plate, -plet /témplət/ *n* **1** 〔建〕梁(はり)[桁(けた)]受け; 便器の大理石の台座; 型取り工具, 《樹脂などの》型板(かたいた)枠, 枠組, ひな型; 〔生化〕《核酸の》鋳型(いがた); (半)透明の被覆紙, テンプレート (overlay). **2** [-plate] 〔電算〕テンプレート 《**1**) あるアプリケーションでのキーに割り当てられた機能を示すシートで, キーボードにのせて案内とするもの **2**) 文書構造のひな型》. **3** [*fig*] 枠組, ひな型, モデル 〈*for*〉. [(dim)＜*temple*[3]; 語尾は *plate* などの連想]

tem·ple[1] /témp(ə)l/ *n* **1** 神殿, 聖堂, 寺院, 宮: **a** 《古代エジプト・ギリシア・ローマの》神殿; 《近代ヒンドゥー教・仏教の》寺院; 《モルモン教の》会堂; 《キリスト教の》(大)礼拝(らいはい)堂, 聖堂, 教会堂 《特に フランス(語圏)の新教徒の教会堂》; *SYNAGOGUE. **b** [the, °the T-] 《Jerusalem の》エホバの神殿 《Solomon, Zerubbabel, Herod それぞれが同じ場所に建てた 3 神殿の一》. **2** 聖霊の宮 《キリスト教徒自身; *1 Cor* 6:19》: the ～ of the Holy Ghost 聖霊の宮. **3 a** [the T-] 〔英〕テンプル 《INNS OF COURT の Inner Temple または Middle Temple; London のもと神殿騎士団殿堂跡にある; cf. TEMPLAR》. **b** [the T-] 〔史〕神殿騎士団の殿堂[拠点] 《ヨーロッパにおける本部は Paris にあり, London にも拠点があった》. **c** *友愛会[フリーメーソン団]の地方支部(集会所). **4** 《広く》殿堂: a ～ of music [fame] 音楽[名誉]の殿堂. ♦ **～d** *a* 神殿のある; 神殿に祭られた. [OE *temp(e)l* and OF＜L *templum* open or consecrated space]

temple[2] *n* 〔解〕側頭, こめかみ, テンプル; 《眼鏡の》つる. [OF＜L *tempora* (pl)＜*tempus* temple]

temple[3] *n* 《織布を張るための織機の》伸子(しんし), テンプル. [OF; ↑と同根か]

Temple テンプル (**1**) **Frederick ～** (1821–1902) 《英国の聖職者・教育改革者; Canterbury 大主教 (1896–1902)》 (**2**) **Shirley ～** (1928–) 《米国の俳優・外交官; 1930 年代映画の子役スター; のち外交官》 (**3**) Sir **William ～** (1628–99) 《イングランドの外交官・著述家》 (**4**) **William ～** (1881–1944) 《英国の宗教家; Frederick の子; Canterbury 大主教 (1942–44)》.

Témple Bár テンプルバー 《London の City 西端 the Temple の近くにあった門; ここに謀叛人や罪人の首がさらされた; 1878 年に移転》.

témple blòck 木魚, テンプルブロック.

Témple of Ártemis [the] 《小アジア Ephesus の》アルテミスの神殿 (⇨ SEVEN WONDERS OF THE WORLD).

témple órange TANGOR.

templet ⇨ TEMPLATE.

tem·po /témpoʊ/ *n* (*pl* **-pi** /-pi/, **～s**) 〔楽〕速度, テンポ 《略 t.》; [*fig*] 《活動・運動などの》速さ, 速度; 〔チェス〕テンポ 《あるねらい筋の手数に関連した一手》. [It＜L *tempor- tempus* time]

témpo prímo /-príːmoʊ/ *adv, a, n* 〔楽〕A TEMPO.

tem·po·ral[1] /témp(ə)rəl/ *a* **1 a** 《空間に対して》時間の; 時間の経過順の; 〔文法〕時を表わす, 時制の: a ～ conjunction. **b** 《永遠に対して》特定の時期の; 一時の, 束(つか)の間の: ～ death 仮死. **2** 現世の, 世俗の; 俗の, 聖職にない: the ～ peers＝the lords ～ ⇨ LORD TEMPORAL / ～ power 《聖職者, 特に 教皇の》世俗的権力. ► *n* [ᵘ*pl*] 世俗的なもの[こと], 俗事; 世俗的権力[財産]. ♦ **～·ly** *adv* 時間的に; 俗事に関して, 世俗的に. [OF or L; ⇨ TEMPO]

temporal[2] *a* 〔解〕側頭[こめかみ]の. ► *n* 側頭部. [L; ⇨ TEMPLE[2]]

témporal bóne [the] 〔解〕側頭骨.

tem·po·ra·lis /tèmpəréɪləs/ *n* 〔解〕側頭筋 (＝**～ mùscle**) 《側頭窩にあって下顎を上げる筋肉》.

tem·po·ral·i·ty /tèmpərǽləti/ *n* **1** 一時性; 世俗的権能; 時間性, 時間的広がり (cf. SPATIALITY). **2** [*pl*] 《聖職の》俗権 《具体的には, (国王などから与えられている)土地や各種の世俗的収入》.

témporal·ìze *vt* 時間的に位置づける[限定する]; 世俗化する. [OF＜L＝to pass the time; ⇨ TEMPO]

témporal lóbe 〔解〕側頭葉.

témporal mùscle 〔解〕側頭筋 (temporalis).

témporal summátion 〔心〕時間的加重 《2 つ以上の刺激が短い時間間隔で与えられると強く感じられること》.

témporal·ty 《古》*n* 俗人 (the laity); 世俗的所有物 (temporality).

tem·po·ra mu·tan·tur, nos et mu·ta·mur in il·lis /témpɔːrɑː mutáːntùr nóus ét mutáːmur ɪn íliːs/ 時勢は変わる, そしてわれわれもそれと共に変わる. [L]

tem·po·rar·i·ly /tèmpərérəli, ⌐—⌐——; témp(ə)rərɪli/ *adv* 一時的に, 間に合わせに, 臨時に, 仮に.

tem·po·rary /témpərèri; -p(ə)rəri/ *a* 一時の, しばらくの, はかない; 仮の, 当座の, 臨時の, 間に合わせの (opp. *permanent*); 〔電算〕〈ファイルなどが〉一時的保存の, テンポラリーの: ～ employment 一時雇用 / a ～ account 仮勘定 / ～ housing 仮設住宅. ► *n* 間に合わせのもの; 臨時雇い(労働者). ♦ **-ràr·i·ness** /; -p(ə)rərɪnɪs/ *n* [L; ⇨ TEMPO]

témporary dúty 《原隊を離れた》一時的軍務.

témporary fíle 〔電算〕テンポラリーファイル 《アプリケーションプログラムが作成する作業用の臨時ファイル; 終了時に削除される》.

témporary hárdness 〔化〕一時硬度 《煮沸すればなくなる水の硬度; cf. PERMANENT HARDNESS》.

témporary restráining òrder 〔米法〕一時的差止命令 《訴訟の最終的決着まで現状維持をはかるために裁判所が発する命令; 略 TRO》

tèm·po·ri·zá·tion *n* 妥協; 一時しのぎ; 時間かせぎ(の議論[交渉]); 日和見(ひより).

tem·po·rize /témpəràɪz/ *vi* **1** 一時しのぎをする, 姑息な手段をとる; 時間かせぎに[のらりくらりと]議論[交渉]を引き延ばす. **2** 日和見をする, 時勢[大勢]に迎合する; 双方の気を迎える, 妥協を成立させる 〈*with, between*〉. ♦ **tém·po·rìz·er** *n* [OF＜L＝to pass the time, hang back; ⇨ TEMPO]

tem·po·ro·mandíbular /tèmpəroʊ-/ *a* 〔医〕側頭下顎骨の 《側頭骨と下顎骨の間の関節についていう》. [*temporo-*＜*temporal*]

temporomandíbular jóint 〔医〕顎関節 《略 TMJ》.

temporomandíbular jóint sỳndrome 〔医〕顎関節症候群 (＝*TMJ syndrome*) 《顎関節の機能障害; めまい, 耳鳴り, 頭・首・肩の痛みなど広範囲の症状を特徴とする》.

témpo rubáto 〔楽〕RUBATO.

témpo túrn 〔スキー〕テンポターン 《速度を落とさずに大きな弧を描いてスキーのしりを振るようにして行なう平行回転》.

Tem·pra·ni·llo /tèmpraní:(l)joʊ/ *n* テンプラニーリョ 《スペイン産の Rioja ワイン用のブドウ》.

tempt /tém(p)t/ *vt* **1 a** 〈人を〉誘惑する, そそのかす 〈*to, into*〉; …する気にならせる 〈*to*〉: ～ sb *to* sin 人をそそのかして罪を犯させる / I am [feel] ～*ed to* say…とどうしても言いたくなる / be sorely ～*ed to* do… 非常に…したくなって, …したい誘惑に駆られて / The sight ～*ed* him *to* steal [*to* theft, *into* steal*ing*]. それを見てふっと盗む気になった. **b** 〈食欲などを〉そそる. **2** 《身のほど知らずに》〈神意などを〉ためす; …の危険を冒す; 《古・聖》試みる, 試す: God did ～ Abraham 《*Gen* 22:1》. ● **～ God [Providence, fate]** 神[神意]を試みる, 神を恐れぬこと[冒険]をする, ばちあたりなことをする: It is ～*ing Providence* to go in that old boat. あんなおんぼろ舟で行くとはむちゃだ. ♦ **～·able** *a* **～·abílity** *n* [OF＜L *tempto* to try, test]

temp·ta·tion /tɛm(p)téɪʃ(ə)n/ *n* 誘惑; 誘惑するもの, 誘惑の魔手, 心をひきつけるもの; [the T-] 〔聖〕《キリストが悪魔からうけた》荒野の試み 《*Matt* 4》; 《古》試み: yield [succumb, give in] to ～ 誘惑に負ける / lead sb into ～ 人を誘惑に陥れる / resist the ～ to do…したい誘惑に抵抗する.

témpt·er *n* 誘惑者[物]; [the T-] 悪魔, サタン.

témpt·ing *a* 誘惑する, 心[味覚]をそそる, うっとりさせる: a ～ offer 魅力的なオファー / It is ～ to believe so. ついそう信じたくなる. ♦ **～·ly** *adv* **～·ness** *n*

témpt·ress *n* 誘惑する女, 妖婦.
tem·pu·ra /témpərə, tɛmpúərə/ *n* てんぷら. [Jpn]
tem·pus edax re·rum /témpus édɑ:ks réɪrum/ 万物を破壊する時の流れ. [L=time, which devours all things; Ovid, *Metamorphoses* から]
tem·pus fu·git /témpəs fjú:ʤət, témpus fú:gɪt/ 時は逃げ去る, 光陰矢のごとし. [L=time flies]
Te·mu·co /teɪmú:kou/ テムコ《チリ中南部の交易都市》.
ten /tén/ *a* 10 の, 10 人[個]の; 《漠然と》たくさんの: ～ times as big 10 倍も大きい / ～ or twelve years 11, 2 年 / *T*～ men, ～ colors. 《諺》十人十色 / I'd ～ times (=much) rather do…するほうがずっとましだ. ► *n* **1** 《数の》10; 10 の記号《x, X》: Five ～*s* are fifty. 10 の 5 倍は 50 / ～*s* of thousands 何万も. **2** 10 人[個]; 《口》10 ドル[ポンド]札; 10 エーカーの土地. **3 a** 10 時; 10 歳; 10 番目のもの[人]; 《トランプの》10 の札; 《サイズの》10 番, [*pl*] 10 番サイズのもの. **b** 〘数〙十の位 (=ten's place), [*pl*] 10 位の数. **4** 10 人[個]の一組; 10 人こぎのボート; 10 音節の一行. **5** [a ～, a 10]*《口》《10 点満点の》10 点, 理想[最高, 満点]の女[男], 最高のもの. ★ (1) 他の用法は SIX の例に準ずる. (2) 形容詞 DECIMAL; 連結形 DECA-. ● HANG ～. TAKE ～. **～ out of ～** 完璧だ, 満点だ: give sb ～ *out of* ～ 満点の評価を与える〈*for*〉. **～ to one** 10 対 1; きっと(…だ), 十中八九まで, 九分九厘. [OE *tīen, tēn*; cf. G *zehn*, L *decem*, Gk *deka*]
ten. tenement ♦〘楽〙tenor ♦〘楽〙tenuto.
ten·a·ble /ténəb(ə)l/ *a* [[ᵁ]*neg*] 防御[維持]できる, 持ちこたえられる; 擁護できる, 異論に耐える; 〈地位·奨学金など〉保持[享有]できる. ♦ **-bly** *adv* **～·ness, ten·a·bil·i·ty** /tènəbíləti/ *n* [F (*tenir* to hold<L *teneo*)]
ten·ace /ténèɪs, ─́─, ténəs/ *n* 〘トランプ〙テナス《whist, bridge で, たとえば K と J など高位の札 2 枚があって中間の Q が相手の手にある場合》. [F<Sp=pincers]
te·na·cious /tənéɪʃəs/ *a* 粘り強い, 強靱な; くっつく, くっついて離れない, 粘着力のある; つかんで離さない, 容易にあきらめない, 固執する〈*of*〉, 辛抱強い, 執拗な, 頑強な, 頑固な〈*in*〉; なかなか忘れない〈記憶〉, 抜きがたい〈信仰など〉: a ～ wood 強靱な木材 / ～ *of* life なかなか死なない. ♦ **～·ly** *adv* **～·ness** *n* [L *tenaci- tenax* (*teneo* to hold)]
te·nac·i·ty /tənǽsəti/ *n* 粘り強さ; 執拗さ, 頑強, 不屈, 強靱; 強記; 〘機〙引っ張り強さ, 〘繊維〙テナシティ.
tén·àcre blóck 《NZ》《都市近郊の, 半農生活を可能にする》10 エーカー区画の農地.
te·nac·u·lum /tənǽkjələm/ *n* (*pl* **-la** /-lə/, **～s**) 〘外科〙支持鉤(ᶜ); 〘昆〙保持器; 〘植〙テナキュラ, ハプテラ《藻類の付着細胞》. [L=holding tool]
te·naille, -nail /tɛnéɪl/ *n* 〘城〙凹角堡(おうかくほ). [OF]
te·na koe /təná: kwɔ́ɪ, -kwéɪ/ *int* 《NZ》テナコエ《一人の人に対する Maori 族の挨拶》.
ten·an·cy /ténənsi/ *n* 《土地などの》保有(形態); 《土地·家屋の》借用; 借用者[賃借人]であること; 賃借権, 不動産権; 借用期間, 小作年期; 《古》借家, 借地, 小作地; 《地位·職などの》保有, 占有.
ten·ant /ténənt/ *n* 《正当な権利による不動産[時に動産]の》保有者, 所有者; 《土地·家屋などの》借用者, 《特に》賃借人, 賃借権者, テナント; 居住者〈*of*〉: ～*s of* the woods [trees] 鳥類. ► *vt* [[ᵁ]*pass*] 〈土地·家屋を〉借用する, 借りて住む. ► *vi* 《まれ》住む〈*in*〉. ♦ **～·ship** *n* TENANCY. **～·able** *a* 〈土地·家屋など〉借用できる. **～·less** *a* 借手[居住者]のない, 空き地の, 空き家の. [OF (pres p) 〈*tenir*; ⇨ TENABLE]
ténant at wíll 〘法〙任意不動産権者《貸主が通告なしにいつでも立ち退かすことができる借地[借家]人》.
ténant fàrmer 小作農, 小作人.
ténant in chíef 〘史〙直接受封者《国王から直接知行を受封している》.
ténant ríghtǁ 借用権, 借地権, 小作権.
ténant·ry *n* TENANCY; 賃借人, 借地人, 小作人, 借家人《集合的》.
ténants associàtion 借地借家人協会《住宅状況の改善や借地·借家人の契約面での地位向上などを目的とする団体》.
ténants' chárter 〘英〙借地借家人憲章《保有権の保護など借地·借家人の法的権利を一括したもの》.
tén-cárat *a**《俗》すごい, ひどい.
Ten·cel /ténsèl/ 〘商標〙テンセル《木質パルプを無害な溶剤に溶かして糸にしたセルロース繊維で, 生分解性がある》; テンセル生地.
tén cènts*《俗》10 ドル分の麻薬の包み (dime bag).
tén-cènt stòre*《口》FIVE-AND-TEN.
tench /téntʃ/ *n* (*pl* ～, **～·es**) 〘魚〙テンチ《欧州産のコイ科の食用魚》. [OF<L *tinca*]
Tén Commándments *pl* [the] 十戒 (=*the Decalogue*)《Moses が Sinai 山頂で神から授かった, Thou shalt not… [You shall not…] で始まる 10 か条の戒め; *Exod* 20: 2–17; *Deut* 5: 6–21》.
tend[1] /ténd/ *vi* **1** 〈…の〉傾向がある〈*to, toward*〉; 〈…し〉がちである〈*to* do〉: He ～*s to* selfishness. 利己的になりがちだ. **2** 向かう, 行く〈*to, toward*〉; 〘数〙近づく〈*to*〉: This road ～*s* east [*to* the east]. 東へ向かっている / Prices are ～*ing* upward. 物価は上昇傾向だ. **3** 〈…に〉結果的につながる[資する, 役立つ]〈*to, to* do, *toward*〉: ～ *to* improve [*to* the improvement of] working conditions 労働条件改善に資する. [OF<L *tens-* or *tent- tendo* to stretch]
tend[2] *vt* 〈病人·子供など〉の世話をする, 看護[介抱]する; 〈家畜など〉の番をする; 〈植物などを〉育てる, 栽培する; 〈機械など〉の手入れをする; *〈店·バーなど〉の仕事を(管理)する; 〘海〙〈停泊船を〉見張る《錨鎖がからまないように》, 〈ロープ·潜水用給気管など〉のもつれを警戒する; 《古》…に仕える: ～ bar* バーテンをする. ► *vi* かしずく, 仕える〈*on, to*〉; *気を配る, 専念する〈*to*〉; 《古》耳を傾ける, 傾聴する; 《廃》待つ (await). [at*tend*]
tén·dance *n* 世話, 介抱; 《古》従者, 召使《集合的》.
ten·den·ciousǁ /tɛndénʃəs/ *a* TENDENTIOUS.
ten·den·cy /téndənsi/ *n* 傾向, 風潮, 気運, 趨勢, 傾き〈*to, toward, to* do〉; 性向, 性癖〈*to, toward, to* do〉; 特異な才[技量]; 《文書·発言などの》特定の意図[視点], 意図的傾向; 《特定の立場の》間接的擁護[支持]; 《政党内などの》反主流派, 急進派, 分派: have artistic [criminal, suicidal] *tendencies* 芸術的才能[犯罪癖, 自殺願望]がある. [L; ⇨ TEND[1]]
ten·den·tious /tɛndénʃəs/ *a* 特定の立場を擁護する傾向のある, 偏向的な, 偏った〈文書·発言など〉. ♦ **～·ly** *adv* **～·ness** *n*
ten·der[1] /téndər/ *a* (**～·er**; **～·est**) **1 a** 柔らかい, 〈肉などが〉かみやすい, 汁[水気]の多い (opp. *tough*). **b** 〈色·光·音調などが〉微妙にやわらかな[淡い]; 〈風·皮肉などが〉軽やかな, 穏やかな, やんわりとした: ～ green 新緑. **2 a** 軟弱な; こわれやすい, もろい; 虚弱な, やわな, きゃしゃな. **b** (寒暑に)いたみやすい; 耐寒性のない, 不耐寒性の. **c** 若い, 年端(はし)も行かぬ, 未熟な, 幼弱な: children of ～ age [years] いたいけな[世慣れない]子供たち / at the ～ age of seven わずか 7 歳で[のとき]. **3 a** さわると痛い, 触覚の鋭敏な; 侮辱に敏感な, 傷つきやすい; 感じやすい: My bruise is still ～. 打った所がさわるとまだ痛い / a ～ conscience 感じやすい良心 / a ～ SPOT. **b** 〈事態·問題など〉微妙な, 扱いのむずかしい; 〘海〙〈帆船が〉航行中に傾きやすい. **4 a** 優しい, 親切な, 愛情のこもった; あわれみ深い, 人を愛する; 心づかいの行き届いた, 思いやりのある, 手厚い: a ～ heart 優しい心 / grow ～ of sb 人が好きになる / the ～ emotions 愛情; あわれみの心 / the ～ passion [sentiment] 愛情; 恋愛. **b** 《文》心をつかう, 惜しむ; 気づかう, 恐れる〈*of*〉: He is ～ *of* his honor. 名を惜しむ. **5** 《廃》貴い, 何物にも替えがたい〈命など〉. ► *adv* 《口》優しく, そっと: Love me ～. 優しく愛して. ► *n* 《廃》配慮, 考慮, 思いやり. ► *vt* 柔らかくする; 《古》優しく扱う, 大切にする. ► *vi* 柔らかくなる. ♦ **～·ly** *adv* 優しく, 親切に; 柔弱に; 鋭敏に. **～·ness** *n* 柔らかさ; 柔軟性; もろさ; 敏感な[ひりひりする]痛み; 慈悲心, 愛情, 優しさ. [OF *tendre*<L *tener* delicate]
tend·er[2] *n* **1** 世話をする人, 看護人, 番人, 監督. **2** 《大型艦船の雑役をする》給仕船, はしけ; 〘軍〙補給整備艦; 《蒸気機関車の》炭水車; 補助車両: a fire ～ 消火用器具運搬車, 小型消防車. [*tend*[2]]
ten·der[3] *vt* 差し出す, 提供する, 申し出る; 〈謁見などを〉許す, 賜う, 与える; 〘法〙弁済[代償]として提供する: ～ sb a reception 人の歓迎会を開く / ～ one's services 志願する / ～ one's resignation 辞表を提出する / ～ one's thanks [apologies] 礼[わび]を言う. ► *vi* 入札する〈*for*〉. ► *n* **1 a** 提出, 提供, 申し入れ, 申し出; 〘法〙履行の提供, 弁済の提供; 〘商〙入札; 〘スコ法〙《訴訟中の》和解[示談]の申し出: put work out to ～ 事業の入札を募る. **b** 提供物; 弁済金[物]; 貨幣, 通貨 (cf. LEGAL TENDER). **2***〘証券〙《ある会社の支配権を握るための》株式公開買付け (=*tender offer*) (TAKEOVER BID). ♦ **～·er** *n* [OF=to extend; ⇨ TEND[1]]
ten·der[4] *n* (パン粉をまぶした)鶏の胸肉: CHICKEN TENDER. [? *tender*loin]
ténder·able *a* 〈金品が〉支払い[弁済]に提供しうる. ♦ **tènder·abílity** *n*
ténder ánnual 〘植〙《初霜でいたむ》不耐寒性の一年生植物《トマト·カボチャなど; cf. HARDY ANNUAL》.
ténder-éyed *a* 優しい目をした; 目の弱い.
ténder·fòot *n* (*pl* **～s, -fèet**) 《米国南西部の鉱山·牧場などの》新参者; 新米, 初心者; 《ボーイ[ガール]スカウトの》新入隊員.
ténder·héart·edǁ *a* 心の優しい, 感じやすい, 人を気づかう, 情にもろい, 同情心のある. ♦ **～·ly** *adv* **～·ness** *n*
ténder-héft·ed *a* 《古》TENDERHEARTED.
ténder·ìze *vt* 〈肉などを〉柔らかくする. ♦ **-ìz·er** *n* 《食肉の》軟化剤; 肉たたき, (ミート)テンダーライザー《打面がぎざぎざになった小さいハンマー状の道具など》. **tènder·izátion** *n*
ténder·lòin *n* **1** テンダーロイン《牛·豚の腰肉の下部の柔らかい部分》; ヒレ肉. **2** [[ˢ]T-]*悪徳歓楽街, 《広く》盛り場《元来 New York 市の一地区の名; 悪徳が横行し, 買収された警官はぜいたくな食事ができたことから》.
ténder-mínd·ed *a* 考え[精神]がやわな, 理想主義的な, 《特に》現実を直視できない. ♦ **～·ness** *n*
ténder óffer *〘証券〙株式公開買付け (TENDER[3]).
ten·der·om·e·ter /tɛ̀ndərɑ́mətər/ *n* 《果物·野菜の》成熟度測

定器. [*tender*[1], *-o-*, *-meter*]
ten·di·ni·tis /tèndənáɪtəs/ *n* 〘医〙腱炎 (=*tendonitis*).
ten·di·nous /téndənəs/ *a* 腱の(ような); 腱からなる.
ten·don /téndən/ *n* 〘解〙腱(けん) (=*sinew*). [F or L *tendin- tendo*<Gk *tenōn* sinew]
téndon hàmmer 〘医〙PLEXOR.
ten·don·itis /tèndənáɪtəs/ *n* TENDINITIS.
téndon of Achílles ACHILLES TENDON.
téndon òrgan 〘解〙腱器《腱の中にある感覚受容器で, 伸張に応じてインパルスを中枢神経系に伝える》.
ten·dre /*F* tɑ̃:dr/ *n* TENDRESSE.
ten·dresse /*F* tɑ̃drɛs/ *n* 優しさ, 慈愛, 情愛, 愛好.
ten·dril /téndrəl/ *n* 〘植〙巻きひげ, つる; 巻きひげ状のもの, 巻き毛 (=a ~ of hair). ♦ **~(l)ed** *a* 巻きひげのある. **~·ous, ~·lar** *a* 巻きひげ状の; 巻きひげのある. [? F *tendrillon* (dim)‹ *tendron* young shoot (L *tener* TENDER[1])]
ten·du[1] /tɑ:ndú:; *F* tɑ̃dy/ *a* [後置]〘バレエ〙伸ばした動きの, タンデュの. [F (pp)‹ *tendre* to stretch, extend]
ten·du[2] /teɪndú:/ *n* 〘植〙ボンベイコクタン《インド・スリランカ産のカキノキ属の落葉小高木; 黒檀(こくたん)の一種; 果実は食用; 葉はタバコの代用品》. [Hindi]
-tene /tì:n/ *a comb form*「…な[…個の]染色糸を有する」: poly*tene*. ► *n comb form*「《減数分裂前期における》…な染色糸を特徴とする期」: diplo*tene*, pachy*tene*. [L or Gk; ⇨ TAENIA]
Ten·e·brae /ténəbrèɪ, -bràɪ, -brì:/ *n* [‹*sg/pl*›]〘カト〙テネブレ《復活祭前週の最後の 3 日間に行なうキリスト受難記念の朝課および賛歌》. [L=darkness]
ten·e·brif·ic /tènəbrífɪk/ *a* 暗くする; 暗い.
te·neb·ri·o·nid /tənébriənəd, tènəbráɪə-/ *a, n* 〘昆〙ゴミムシダマシ科 (Tenebrionidae) の(甲虫).
te·neb·ri·ous /tənébriəs/ *a* TENEBROUS.
ten·e·brism /ténəbrìz(ə)m/ *n* [°T-]〘美〙《特に イタリアバロックの》明暗対比画法. ♦ **-brist** *n, a*
ten·e·brous /ténəbrəs/, **-brose** /-bròus/ *a* 暗い, 光のない; 陰気な; 難解な, あいまいな (obscure). [OF<L (TENEBRAE)]
Ten·e·dos /ténədàs/ テネドス《トルコの Dardanelles 海峡入口近くの島 BOZCAADA のギリシア語名; Troy 包囲時のギリシア軍の基地と伝えられる》.
1080, ten-eighty /tènéɪti/ *n* SODIUM FLUOROACETATE. [カタログ番号から]
ten·e·ment /ténəmənt/ *n* 〘法〙保有財産《土地およびこれに準ずる有体・無体の財産》; 借地; 住宅, 家屋; ˈˈ《古風》アパートの一戸分, フラット; 《スコ・米》TENEMENT HOUSE; 《詩》住みか; 自由保有権: the ~ of clay=the soul's ~ 《詩》肉体. ♦ **-men·tal** /tènəméntl/, **-men·ta·ry** /tènəméntəri/ *a* [AF<L (*teneo* to hold)]
ténement hòuse アパート (apartment house), 《特に 大都市のスラム街の》共同住宅, 安アパート, テネメントハウス.
Te·ner·ife /tènərí:f(eɪ), -ríf/, **Ten·er·iffe** /-ríf, -rí:f/ テネリフェ, テネリフ《スペイン領の Canary 諸島最大の島》.
te·nes·mus /tənézməs/ *n* 〘医〙裏急後重(りきゅうこうじゅう), しぶり, テネスムス《排泄後に残る不快な疼痛》. [L<Gk=straining]
ten·et /ténət, tí:-/ *n* 《特に 集団の》主義, 教義, 信条. [L=he holds]
tén·fòld *a, adv* 10 の部分[要素]からなる; 10 倍の[に], 十重(とえ)の[に].
tén-fòur, 10-4 *n**《俗》[特に CB 無線で] 了解, オーケー (cf. TEN ROGER): Is that a ~? こちらの話了解ですか. [警察無線のコードから]
1040 /ténfɔ́:rti/ *n* 〘米〙1040 号(書類)《納税用の個人所得申告用紙》.
tén-gàllon hát*《西部》COWBOY HAT.
10-gauge /tén—/ *n* テンゲージ《.775 の散弾銃[散弾]》.
ten·ge /téŋgeɪ, ーˊ/ *n* (*pl* ~, ~**s**) テンゲ《カザフスタンの通貨単位: =100 tein(s)》.
Teng Hsiaoping 鄧小平 (⇨ DENG XIAOPING).
Tengri Khan ⇨ KHAN TENGRI.
Téngri Nór /-nɔ́:r/ テングリノール《NAM CO の別称》.
tenia, teniacide, etc. ⇨ TAENIA, TAENIACIDE, etc.
Te·niers /ténjərz, təníərz, teɪnjéɪ/ テニールス **David** ~ (**1**) フランドルの画家 (1582–1649); 風景画・歴史画を制作; 通称 '~ the Elder' **2**) その子 (1610–90); 風景画・肖像画, 特に 農民生活の情景描写に長じた画家; 通称 '~ the Younger'》.
tén-mínute màn*《俗》精力的な人, 口のうまい人.
Tenn. Tennessee.
ten·nant·ite /ténəntàɪt/ *n* 〘鉱〙砒(ひ)四面銅鉱. [Smithson *Tennant* (1761–1815) 英国の化学者]
ten·ne /téŋeɪ/ *n* (*pl* **ten·ne·si** /téŋəsi/) テンネ, テネシ《トルクメニスタンの通貨単位: =1/100 manat》.
ten·né /téni/ *n, a* 〘紋〙黄褐色(の). [F *tanné* tawny]
ten·ner /ténər/ 《口》*n* 10 ドル[ポンド]札; 10 を数えるもの.
Ten·nes·see /tènəsí:, ˊーˋ/ **1** テネシー《米国中南東部の州; ☆Nashville; 略 Tenn., TN》. **2** [the] テネシー川《Tennessee 州東部に発して Ohio 川に注ぐ》. ♦ **Tèn·nes·sé·an, -sée·an** *a, n*
Ténnessee Válley Authòrity [the] テネシー川流域開発公社《1933 年に設立され, Tennessee 川にダムを建設して発電・治水・用水などを営む; 略 TVA》.
Ténnessee wálking hòrse 〘馬〙テネシーウォーキングホース種(の馬) (=**Ténnessee wálker**)《大型で訓練しやすい米国産の乗用・馬車用の馬》.
Ten·niel /ténjəl/ テニエル Sir **John** ~ (1820–1914)《英国の諷刺漫画家・さしえ画家; Lewis Carroll の *Alice's Adventures in Wonderland* などのさしえで有名》.
ten·nies /téniz/ *n pl**《口》テニスシューズ, スニーカー.
1099 /ténnáɪntináɪn/ *n* 〘米税制〙1099《内国歳入庁 (IRS) に提出する給与外所得の申告書類》.
ten·nis /ténəs/ *n* テニス, 庭球 (lawn tennis); COURT TENNIS. [? OF *tenez* take! (impv)‹ *tenir*]
ténnis àrm テニス腕《テニスなどの過度の運動による腕の痛み[炎症]》.
ténnis bàll テニスボール.
ténnis còurt テニスコート.
ténnis èlbow テニス肘(ひじ)《テニスによる酷使のために起こるひじの痛み[炎症]》.
ténnis ràcket テニスラケット.
ténnis shòe テニスシューズ (sneaker); 《CB 無線俗》トラック用タイヤ.
tén·nist *n* テニスをする人, テニス選手.
ténnis tòe テニストー《テニスで急激な停止を繰り返すことによるテニス選手のつまさきの痛み》.
Ten·no /ténou/ *n* (*pl* ~**s**) 《日本の》天皇. [Jpn]
ten·ny /téni/ *n, a* 〘紋〙TENNE.
Ten·ny·son /ténəs(ə)n/ テニソン **Alfred** ~, 1st Baron ~ (1809–92)《英国の詩人, 通称 Alfred, Lord ~; 桂冠詩人 (1850–92); *The Lady of Shalott* (1832), *Morte d'Arthur* (1842), *In Memoriam* (1850), *Maud* (1855), *Idylls of the King* (1859)》. ♦ **Ten·ny·so·ni·an** /tènəsóuniən/ *a* テニソン(風)の. ► *n* テニソン研究家[愛好者].
Te·no /ténɔ:/ [the] テノ川《ノルウェーとフィンランドの国境を流れる TANA 川のフィンランド語名》.
teno- /ténou, ténə/ *comb form*「腱 (tendon)」 [Gk *tenōn*]
Te·noch·ti·tlán /teɪnɔ̀:tʃtitlá:n/ テノチティトラン《アステカ王国の首都; 現在の MEXICO CITY の地》.
ten·on /ténən/ *n* 〘木工〙ほぞ, 枘 (cf. MORTISE). ► *vt* …にほぞを作る; (ほぞによって)しっかりと継ぐ. ► *vi* ほぞを作る; ほぞでつながる. ♦ **~·er** *n* [F (*tenir* to hold<L *teneo*)]
ten·o·ni·tis /tènənáɪtəs/ *n* 〘医〙腱炎 (tendinitis).
ténon sàw 〘木工〙ほぞびきのこ.
ten·or /ténər/ *n* **1** 進行, 《動き・活動などの》流れ; 《古》大体の流れ, 傾向; 常態, (一般的な)性格[性質]: the even ~ of one's life 穏やかな人生行路. **2 a** 《演説などの》趣意, 主旨, 大意, おもむき ‹*of*›; 《隠喩の》主旨 (I. A. Richards の用語; Time is money. では time が tenor で, money が vehicle (媒体)》. **b** 〘法〙《文書などの》(原文のままの)文面; 〘法〙《文書などの》写し, 写本, 謄本. **c** 〘商〙《手形の発行日あるいは受領日から支払い日までの》手形期間. **3 a** 〘楽〙テノール (**1**) 初期多声音楽で楽曲の中核をなす声部 **2**) 四部和声で下から 2 番目の部分 **3**) 最高音域の男声, ⇨ BASS[1]; 略 t); テノールの人, テノール歌手; テノール楽器《ヴィオラ・テナーサックスなど》; *《俗》WHISKY TENOR. **b** 《転調鳴鐘の鐘のうちの》最低音の鐘. ► *a* テノールの: a ~ bell 最低音の鐘. ♦ **~·ist** *n* テノール歌手; テノール楽器奏者. **~·less** *a* [OF<L (*teneo* to hold); 〘楽〙の意は It から]
ténor cléf 〘楽〙テノール記号《第 4 線に書かれたハ音記号 (C clef)》.
ten·o·ri·no /tènərí:nou/ *n* (*pl* **-ri·ni** /-rí:ni/) 〘楽〙テノリーノ《仮声[裏声]テノール(歌手)》. [It (dim)‹ *tenore* tenor]
ten·o·rite /ténəràɪt/ *n* 〘鉱〙黒銅鉱. [Michele *Tenore* (1780–1861) イタリアの植物学者]
te·nor·rha·phy /tənɔ́(:)rəfi, -nár-/ *n* 〘医〙腱縫合(術).
Te·nos /tí:nəs, -nàs/ ティノス (ModGk **Té·nos, Tí·nos** /tí:nɔ̀:s/)《ギリシア領の Cyclades 諸島北東部にある島》.
tèno·synovítis *n* 〘医〙腱滑膜炎.
te·not·o·my /tənátəmi/ *n* 〘医〙腱切り[切除](術).
ten·ourˈˈ /ténər/ *n* TENOR.
tén·pènny /, -pəni; -pəni/ *a* 10 ペンスの; *10 セントの.
ténpenny náil* 長さ 3 インチの釘. [もと 100 本 10 ペンス]
tén-percént·er 《俗》*n* 《俳優・作家などの》代理人; 10 パーセントの手数料をもらう人.
tén·pìn *n* テンピンズ用のピン; [~s, ‹*sg*›]*テンピンズ, 十柱戯 (=~ **bòwling**ˈˈ)《10 本のピンを用いるボウリング; cf. NINEPINS》.
tén·póund·er *n* **1** 〘魚〙タイセイヨウカライワシ (ladyfish). **2** 価 10 ポンドのもの, 10 ポンド紙幣; 〘英史〙年 10 ポンドの(最低)地代[家賃]を払って選挙権を有する人.
ten·rec /ténrèk/ *n* 〘動〙テンレック《ハリネズミに似た Madagascar 島産の食虫哺乳動物》. [F<Malagasy]

tén ròger *《CB 無線俗》了解 (cf. TEN-FOUR): That's a ～. 了解.
TENS /ténz/ *n* 〘医〙経皮的電気神経刺激(器). [*t*ranscutaneous *e*lectrical *n*erve *s*timulation [*s*timulator]]
tén(')s dìgit /ténz-/《アラビア数字の表記における》十の位の数字《234 の 3》.
tense[1] /téns/ *a* **1**〈綱など〉ピンと張った; 緊張した, かたくなった, 緊張を示す; 張りつめた, 緊迫[切迫]した, 緊張させる〈状況・事態など〉; 不自然な, 堅苦しい: ～ muscle [nerves, atmosphere]. **2**〘音〙(舌の筋肉の)緊張した, 張った (opp. *lax*): a ～ vowel 張り母音 《/iː/ /uː/ など》. ► *vt*, *vi* 緊張させる[する]〈*up*〉. ♦ **～·ly** *adv* **～·ness** *n* [L (pp) ‹ TEND[1]]
tense[2] *n*〘文法〙《動詞の》時制: the present [past, future] ～ 現在[過去, 未来]時制[形] / the perfect [imperfect] ～ 完了[未完了]時制[形]. ♦ **～·less** *a* [OF＜L *tempus* time]
ten·seg·ri·ty /tɛnségrəti/ *n*〘建〙テンセグリティー《連続する引っ張り材と不連続な圧縮材で構成され, 各部材が有効に機能して剛形態をつくるような骨格構造の特性》. [*ten*sion＋*integrity*]
ténse lógic〘論〙時制論理学《様相論理学 (modal logic) の部門で, 命題間の時間関係を研究する》.
ten·si·ble /ténsəb(ə)l/ *a* 張ることができる, 引き伸ばすことができる. ♦ **ten·si·bil·i·ty** /tènsəbíləti/ *n* 伸長性.
ten·sile /ténsəl; -saɪl/ *a* 伸張性のある; 張力の[を伴う]; 《まれ》〈楽器が〉緊張弦から音を出す. [L; ⇨ TENSE[1]]
ténsile stréngth〘理〙引っ張り強さ[強度], 抗張力 (cf. COMPRESSIVE STRENGTH).
ténsile stréss〘理〙引っ張り応力; TENSILE STRENGTH.
ten·sil·i·ty /tɛnsíləti/ *n* 引っ張り力, 張力; 伸張性.
ten·sim·e·ter /tɛnsímətər/ *n* ガス[蒸気]張力計. [*tension*, *-meter*]
ten·si·om·e·ter /tɛnsiάmətər/ *n* 張力計, 引張計, テンシオメータ, テンションメーター《飛行機部品・ワイヤー・繊維などの張力を測定する》; 土壌容水分張力計, 水量計; 表面張力計. ♦ **tèn·si·óm·e·try** *n* 張力測定(学). **ten·sio·met·ric** /tènsioumétrɪk/ *a*
ten·sion /ténʃ(ə)n/ *n* **1 a** ピンと張った状態, 緊張, 伸張; 《精神的な》緊張(感); 切迫(感), 緊張状態〈*between*〉; 《力の》均衡, 拮抗: under ～ 緊張して / at [on] ～ 緊張状態に[で] / racial ～(*s*) 人種関係の緊張[興奮]状態. **b**《芸術的効果を生む》対立・矛盾する要素間の緊張. **2 a**〘理〙《弾性体の》張力, 応力, 歪力(わいりょく) (stress); 《気体の》膨張力; 《古》圧力 (pressure): vapor ～ 蒸気圧, 蒸気張力. **b** 電圧; 電位: a high ～ current 高圧電流 / a ～ fuse 電圧ヒューズ. **3**《織機・ミシンなどの糸の張りを調節する》引っ張り装置, 伸子(しんし). ► *vt* …に張力をかける; ピンと張る; 伸ばす. ♦ **～·al** *a* 緊張(性)の. **～·al·ly** *adv* **～·less** *a* **～·er** *n* [F or L; ⇨ TEND[1]]
ténsion bàr〘建〙テンションバー《引っ張り用の棒状(鋼)材; eyebar など》; 引っ張り[押え]金具, 《門などの》支柱.
ténsion hèadache 緊張性頭痛《肩や首の緊張による頭痛》.
ten·si·ty /ténsəti/ *n* 緊張(状態) (tenseness).
ten·sive /ténsɪv/ *a* 緊張の, 緊張を生じさせる.
ten·som·e·ter /tɛnsάmətər/ *n* 張力計 (tensiometer).
ten·son /téns(ə)n/, **ten·zon** /-z(ə)n/ *n* 論争詩, 競詩《二人の troubadours が同一形式で交互に歌い合って争った詩》. [Prov]
ten·sor /ténsər, -sɔːr/ *n*〘解〙張筋; 〘数〙テンソル: ～ analysis テンソル解析. ♦ **ten·so·ri·al** /tɛnsɔ́ːriəl/ *a* [NL＝that which stretches; ⇨ TEND[1]]
ténsor lìght [làmp] テンソルライト《蝶番(ちょうつがい)付きの軸を伸ばして照明の位置を自由に変えることができる卓上[デスク]ランプ》. [*Tensor* (↑) 商標名]
tén-spèed *n* 10 段変速自転車.
tén(')s plàce《アラビア数字の表記における》十の位.
tén-spòt *n* *《口》10 ドル札; *《俗》10 年の刑; 〘トランプ〙10 の札.
tén-strìke * *n* テンストライク《tenpins で 10 本のピンの総倒し》; 《口》大成功, 大当たり.
tent[1] /tént/ *n* **1** 天幕, テント; 住居, 住家: a bell ～ 鐘[円錐]形テント / pitch [strike] a ～ テントを張る[たたむ] / pitch one's ～ 居を定める, 住みつく. **2** テント状のもの; [*joc*] だぶだぶのドレス[ブラウス]; 〘医〙《患者にかぶせる》テント, 《特に》OXYGEN TENT; テンマクケムシの巣; 〘写〙携帯暗室. ● **fold one's ～s** テントをたたむ; 撤収[撤退]する. ► *vt* テント(状のもの)でおおう; テント形にする; テントに泊まらせる. ► *vi* テント生活する, 露営する; 仮住まいする. ♦ **～·less** *a* **～·lìke** *a* [OF *tente*＜L (pp) ‹ TEND[1]]
tent[2] *n*〘外科〙《圧搾海綿・脱脂綿などの》栓塞杆. ► *vt* 栓を入れて〈傷口などを〉あけておく, …に栓を挿入する. [OF (*tenter* to probe); ⇨ TEMPT]
tent[3] *n* テント(ワイン)《聖餐用, 主にスペイン産》. [Sp *tinto* deep-colored; cf. TINGE]
tent[4] 《スコ》*n* 注意. ► *vt* …に留意する; …の世話をする. [? *intent* or *attent* (obs) attention]
ten·ta·cle /téntɪk(ə)l/ *n*〘動〙《下等動物の》触手, 《頭足類の》触腕; 〘植〙触糸, 触毛; [[u]*pl*, *fig*] 遠くから及ぶ影響力[拘束力], 触手, 手. ♦ **～d** *a* tentacle のある. **ten·tac·u·lar** /tɛntǽkjələr/ *a* tentacle の(ような); tentacle をもった. **ten·tac·u·late** /tɛntǽkjələt/, **-lat·ed** /-lèɪtəd/ *a* tentacle がある. [NL (*tento*＝*tempto* to TEMPT)]
ténṭ·age *n* テント《集合的》; テント設備.
ten·ta·tion /tɛntéɪʃ(ə)n/ *n*〘機〙試し調整.
ten·ta·tive /téntətɪv/ *a* **1** 試験的な, 仮の: a ～ plan 試案 / a ～ theory 仮説. **2** ためらいがちな, おずおずとした, 自信のなさそうな: a ～ smile. ► *n* 試み, 試し; 試案, 仮説. ♦ **～·ly** *adv* **～·ness** *n* [L; ⇨ TEMPT]
ténṭ bèd テント形の天蓋の付いたベッド; テント内の患者用ベッド.
ténṭ càterpillar〘昆〙テンマクケムシ《アメリカオビカレハなどカレハガ科オビカレハ属の幼虫》.
ténṭ cìty テントシティ《家のない人びとや失業者・難民などが一時的に滞在するためのテント設営地》.
ténṭ còat [drèss] テントコート[ドレス]《肩から裾にかけて三角形に広がったコート[ドレス]》.
ténṭ·ed *a* テントを張った[でおおわれた]; テントにはいって[泊まって]いる; テント形の.
ten·ter[1] /téntər/ *n*〘紡〙張枠, 幅出し機, テンター; 《古》TENTERHOOK. ► *vt*〈織物を〉テンターに張る. ► *vi*《廃》張枠に張れる. ● **on the ～s**《古》＝on TENTERHOOKS. [AF＜L *tentorium*; ⇨ TEND[1]]
tent·er[2] *n* 番人, 《特に 工場の》機械係; 《熟練工の》補助作業員. [*tent*[4]]
tent·er[3] *n* テント生活者. [*tent*[1]]
ténter·hòok *n* 《織物の》張枠の釘, テンターフック. ● **on ～s** 気をもんで, やきもきして.
ténṭ-flỳ *n* テントの梁(はり)材に渡して広げた天幕の上おおい《日よけ・雨よけ》; テントのシート[入口のたれ布].
tenth /ténθ/ (略 10th) *a* 第 10 の, 10 番目の; 10 分の 1 の (cf. DECI- *comb form*): a ～ part 10 分の 1. ► *adv* 10 番目で[に]. ► *n* **1** 第 10, 10 番目; 〘楽〙10 度(音程), 第 10 音. **2** 10 分の 1; 10 分の 1 ガロン(入りのぶどう酒瓶); 〘数〙小数第 1 位 (＝**ténth's plàce**); 〘空〙《視界の》雲量単位基数《1 から 10 までの数字を冠して濃度を示す》. ♦ **～·ly** *adv*
ténth mán [the]〘野〙10 番目の選手《**1**) チームのあと押しをしたり, 足を引っ張ったりする観客 **2**) 一方のチームに有利な判定をする審判 **3**) 指名打者》.
ténth Múse 第 10 のムーサ《9 姉妹のムーサたちのだれも庇護しない領域の人間の活動を庇護する女神》; 文才著しい女性, 才媛.
ténth-ráte *a* 最低の(質の).
tentie ⇨ TENTY.
ténṭ·màker *n* テント製作人[業者]; 幼虫が群生して木に天幕形の巣をつくるガ《総称》.
ténṭ pèg [pìn] テントの留め杭.
ténṭ-pègging *n* テントの杭抜き《疾駆しながら長槍で杭を抜き去るインドの騎馬術》.
ténṭ pòle テントの支柱, テントポール; *《口》ドル箱映画[番組], 稼ぎ頭, '大黒柱'; *《俗》勃起, たちまら.
tén tríbes (of Ísrael) *pl* [the]〘聖〙《イスラエルの》10 部族《12 部族から, Judah と Benjamin の部族を除いた部族》.
ténṭ shòw テント小屋の見世物《サーカスなど》.
ténṭ slìde [slìp]《天幕の》張り綱調節装置.
ténṭ stìtch〘服〙テントステッチ《短く斜めに刺していくステッチ》.
ténṭ tràiler テントトレーラー《自動車に引かせるテント用二輪トレーラー》.
tenty, tent·ie /ténti/ *a*《スコ》注意深い.
ten·u·is /ténjuəs/ *n* (*pl* **-u·es** /ténjuìːz/)〘音〙無声閉鎖音, 細音《古典ギリシア語文法や比較言語学で無声無気閉鎖音 /p/ /t/ /k/ の名称》. [L＝thin, slender]
te·nu·i·ty /tɛn(j)úːəti, tə-/ *n* 薄い[細い, 弱い, 乏しい]こと; 希薄; 薄弱; 不明瞭. [L (↑)]
ten·u·ous /ténjuəs/ *a* 薄い; 細い; 弱い; 乏しい; 希薄な; 薄弱な; 不明瞭な, 微細な. ♦ **～·ly** *adv* **～·ness** *n* [L TENUIS]
ten·ure /ténjər, -njʊ̀ər/ *n*《不動産・地位・職などの》保有; 保有条件[形態]; 保有[在任]期間; 保有権; *《勤務年数など一定条件を満たした教職者・公務員などに与えられる》在職権, 身分保障, テニュア; 持つ[つかむ]こと, 保持: On what ～? どんな条件で / hold one's life on a precarious ～ 明日をも知れない命である / one's ～ of life 寿命 / during one's ～ of office 在職期間中 / feudal ～ 封建的土地保有(権) / military ～ 軍役による土地保有権 / ～ for life 終身土地保有権. ● **security of ～**〘法〙**1** 保有の安定, 《特に》不動産賃借権の安定《不動産賃借人が十分な事由なくして賃借権を剝奪されることのないように定めた法制上の保護》. **2** 在職期間の保証. ► *vt* …に tenure を与える. ♦ **tén·ur·able** *a* [OF (*tenir* to hold＜L *teneo*)]
tén·ured *a* 保有権のある; 《定年まで》身分保障[在職権]のある〈人・地位〉.
ténure tràck〘米・カナダ大学〙テニュアトラック《定年までの在職権の取得が可能な雇用形態》: on the ～ いずれテニュアが得られる身分で《テニュアトラックにない教員は契約終了とともに解雇されるか, 短期契約を更新することになる》. ♦ **ténure-tràck** *a*

ten·u·ri·al /tɛnjúəriəl/ *a* TENURE の. ♦ **~·ly** *adv*
te·nu·to /tənúːtou/ 〔楽〕 *adv, a* 《音符の時価いっぱいに》音を保って[保った], テヌート. ► *n* (*pl* **~s, -ti** /-ti/) テヌート記号. [It=held]
tén-wéek stòck 〔植〕 テンウィークストック, コアラセイトウ《南欧原産アブラナ科の一年草》. [夏にまいて秋に咲くことから]
Ten·zing Nor·gay /ténzɪŋ nɔ́ːrgeɪ/ テンジン・ノルゲイ (1914–86) 《ネパールの登山家; Sherpa 族の人; Sir Edmund Hillary と共に Everest に初登頂 (1953)》.
tenzon ⇨ TENSON.
te·o·cal·li /tìːəkǽli/ *n* 《古代メキシコ・中央アメリカに Aztec 人が築いた》丘上祭壇(の丘). [AmSp<Nahuatl]
teo·na·na·catl /téiounɑ̀ːnəkɑ́ːtl/ *n* 〔菌〕 テオナナカトル《メキシコのインディオが食べる幻覚性キノコ; シビレタケなど》; 幻覚症状を起こす薬. [AmSp<Nahuatl]
Te·os /tíːɑ̀s/ テオス《小アジア西岸 Smyrna の南西にあった Ionia の古都》.
te·o·sin·te /tìːəsínti/ *n* 〔植〕 テオシント, ブタモロコシ《トウモロコシに似た雑草・飼料; メキシコ・中央アメリカ産》. [Nahuatl]
Te·o·ti·hua·cán /tèioutìːwəkɑ́ːn/ テオティワカン《Mexico City の北東にある町; 古代テオティワカン文化 (前 3 世紀–後 7 世紀) の中心地》.
te·pa /tíːpə/ *n* 〔化〕 テパ《溶性結晶化合物; 昆虫不妊剤・制癌剤, 繊維の仕上げ・防炎剤用》. [*tri-, ethylene, phosphor-, amide*]
te·pa·che /tɛpɑ́ːtʃeɪ/ *n* テパチェ《パイナップルやパイナップルのしぼり汁に砂糖を混ぜてつくるメキシコの発酵酒》. [MexSp]
te·pal /tíːp(ə)l, tɛ́p(ə)l/ *n* 〔植〕 花被片. [F (*pétale* petal+*sépal* sepal)]
té·pa·ry bèan /tɛ́pəri-/ 〔植〕 テパリービーン《米国南西部・中米産インゲン属のつる植物; 豆は食用》.
te·pee, tee-, ti·pi /tíːpi/ *n* ティピ《北米の平原インディアンが住居とした皮・布張りの円錐形のテント小屋》. [Dakota]
tep·e·fy /tɛ́pəfàɪ/ *vt, vi* なまぬるくする[なる]. ♦ **tep·e·fac·tion** /tɛ̀pəfǽkʃ(ə)n/ *n*
te·phil·lin /tɪfílən/ *n* [ᵁ‹*pl*›] 〔ユダヤ教〕 TEFILLIN.
teph·ra /tɛ́frə/ *n* テフラ《噴火によって放出され, 空中を飛んで堆積した火山砕屑(さいせつ)物, 特に 火山灰》. [Gk=ashes]
teph·rite /tɛ́fràɪt/ *n* テフライト《灰色玄武岩》. ♦ **-rit·ic** /tɛfrítɪk/ *a*
teph·ro·chronólogy /tɛ̀frou-/ *n* テフラ年代学, テフロクロノロジー《tephra による編年》.
Te·pic /teɪpíːk/ テピク《メキシコ中西部 Nayarit 州の州都》.
tep·id /tɛ́pəd/ *a* 微温の, なまぬるい; 熱意に欠ける, 気がはいらない, 冷淡な《応接ぶりなど》. ♦ **~·ly** *adv* **~·ness** *n* **te·pid·i·ty** /təpídəti, tɛ-/ *n* [L (*tepeo* to be lukewarm)]
tep·i·dar·i·um /tɛ̀pədɛ́əriəm/ *n* (*pl* **-ia** /-iə/) 《古代ローマの浴場の》微温浴室. [L (↑, *-arium*)]
te·poy /tíːpɔ̀ɪ/ *n* TEAPOY.
TEPP /tíːìːpìːpíː/ TETRAETHYL PYROPHOSPHATE.
tep·pan·ya·ki /tɛ̀pɑːnjɑ́ːki; tɛ̀pænjǽki/ *n* 鉄板焼き. [Jpn]
Te·quen·dá·ma Fálls /tèɪkəndɑ́ːmə-/ [the] テケンダマ滝《コロンビアの Bogotá の南方の Bogotá 川にある滝; 落差 145 m》.
te·qui·la /təkíːlə/ *n* 〔植〕 テキーラ《メキシコの蒸留酒; メキシコ産のテキラリュウゼツの茎の汁を発酵させたものから造る》. [*Tequila* メキシコ西部 Jalisco 州の町]
tequíla slámmer テキーラスラマー (slammer).
tequíla súnrise テキーラサンライズ《テキーラ・オレンジジュース・グレナディンのカクテル》.
ter[1] /tɔ́ːr/ *adv* 〔楽・処方〕 3 回. [L *ter* thrice]
ter[2] /tɛ́ər/ *n* TERR.
ter- /tɔ́ːr/ *comb form* 「3」「3 倍」「3 回」: *ter*diurnal 一日 3 回の. [L TER[1]]
ter. terrace ♦ territory. **Ter.** Terence.
tera- /tɛ́rə/ *comb form* 〔単位〕 テラ (=10^{12}, 1 兆; 記号 T); 〔電算〕 テラ (=2^{40}, 約 1 兆; 記号 T). [⇨ TERAT-]
téra·bìt *n* テラビット (=10^{12} bits).
téra·bỳte *n* 〔電算〕 テラバイト《通例 2^{40}=1024^4 bytes; 時に 10^{12} bytes; 略 TB》.
téra·cỳcle *n* テラサイクル (=10^{12} cycles).
téra·eléctron·vòlt *n* 〔理〕 テラ電子ボルト (=10^{12} electron volts; 記号 TeV).
téra·flòps *n* 〔電算〕 テラフロップス (TFLOPS)
téra·hèrtz *n* テラヘルツ (=10^{12} hertz).
te·rai /tərάɪ/ *n* **1** [the T-] TARAI. **2** タライ帽 (=**~ hàt**) 《亜熱帯地方で用いられるつば広のフェルト帽》. [*Tarai* インド北東部の湿地帯]
Te·rai·na /tɛráɪnə/ テライナ《キリバス領 Line 諸島の島; 旧称 Washington Island》.
terakihi ⇨ TARAKIHI.
ter·a·phim /tɛ́rəfìm/ *n pl* (*sg* **ter·aph** /tɛ́rəf/) [ᵒ‹*sg*›] 《古代ヘブライ人の》家神像, テラフィム《*Gen* 31: 19, 30》.
ter·at- /tɛ́rət/, **ter·a·to-** /tɛ́rətou, -tə/ *comb form* 「奇形」「怪物」 [Gk *terat- teras* monster]
ter·a·tism /tɛ́rətìz(ə)m/ *n* 奇形; 怪奇趣味, 怪物崇拝.
tèrato·carcinóma *n* 〔医〕 奇形癌《特に 精巣に生じるもの》.
te·rato·gen /tərǽtəʤən/ *n* 〔生・医〕 催奇(形)物質[因子], テラトゲン.
tèrato·génesis *n* 〔生・医〕 奇形発生[生成].
tèrato·genétic, -génic *a* 〔生・医〕 催奇形の. ♦ **-ge·níc·i·ty** /-ʤənísəti/ *n* 催奇(形)性.
ter·a·tog·e·ny /tɛ̀rətάʤəni/ *n* TERATOGENESIS.
ter·a·toid /tɛ́rətɔ̀ɪd/ *a* 〔生・医〕 奇形(腫)様の.
ter·a·tol·o·gy /tɛ̀rətάləʤi/ *n* 〔生・医〕 奇形学; 怪異談, 奇話(作り[語り]); 怪物にまつわる神話, 怪異談[奇話]集. ♦ **-gist** *n* **ter·a·to·log·i·cal** /tɛ̀rətəlάʤɪk(ə)l/, **-log·ic** *a*
ter·a·to·ma /tɛ̀rətóumə/ *n* (*pl* **~s, -ma·ta** /-tə/) 奇形腫, テラトーマ. ♦ **tèr·a·tó·ma·tous** *a*
téra·vòlt *n* 〔理〕 テラボルト (**1**) =10^{12} volts **2**) =10^{12} electron volts).
téra·wàtt *n* 〔電・理〕 テラワット (=10^{12} watts).
ter·bia /tɔ́ːrbiə/ *n* 〔化〕 テルビア《酸化テルビウム》.
ter·bi·um /tɔ́ːrbiəm/ *n* 〔化〕 テルビウム《希土類元素; 記号 Tb, 原子番号 65》. [*Ytterby* スウェーデンの町で発見地; cf. ERBIUM, YTTERBITE]
térbium mètal 〔化〕 テルビウム金属.
Ter·borch, Ter Borch /tərbɔ́ːrk, -x/ テルボルフ **Gerard ~** (1617–81) 《オランダの画家; 肖像画・風俗画に長じた》.
Ter·brug·ghen /tərbrúːgən/ テルブリュッヘン **Hendrik ~** (c. 1588–1629) 《オランダの画家; Caravaggio の影響をうけた》.
ter·bu·ta·line /tərbjúːtəlìːn/ *n* 〔薬〕 テルブタリン《気管支拡張薬》.
terce /tɔ́ːrs/ *n* TIERCE; [ᵒT-] 〔キ教〕 三時課《午前 9 時の祈り; ⇨ CANONICAL HOURS》.
Ter·cei·ra /tərsɛ́ərə, -síərə/ テルセイラ《大西洋北部 Azores 諸島の島》.
ter·cel /tɔ́ːrs(ə)l/, **terce·let** /tɔ́ːrslət/ *n* TIERCEL.
tércel géntle 〔鳥〕 訓練された雄のタカ.
ter·centénary /tɔ̀ːr-/, **ter·centénnial** /tɔ̀ːr-/ *a* 三百年(間)の; 三百年記念[祭]の. ► *n* 三百年間; 三百年記念[祭] (⇨ CENTENARY). [*ter-*]
ter·cet /tɔ́ːrsət, tərsɛ́t/ *n* 〔韻〕 三行連(句); 〔楽〕 TRIPLET. [F<It; ⇨ TERTIUS]
Ter·com /tɔ́ːrkɑ̀m/ *n* 地形照合(誘導装置), テルコム《目標までの地形をミサイルのコンピューターに記憶させて巡航ミサイルを誘導する方式》. [*terrain contour matching*]
ter·e·bene /tɛ́rəbìːn/ *n* 〔化〕 テレベン《塗料・防腐剤用》.
te·rébic ácid /tərɛ́bɪk-, -ríː-/ 〔化〕 テレビン酸.
ter·e·binth /tɛ́rəbìnθ/ *n* 〔植〕 トクノウコウ, テレビンノキ《地中海地方産のウルシ科の木》: oil of ~ テレビン油. [OF or L<Gk]
ter·e·bin·thic /tɛ̀rəbínθɪk/ *a* テレビン油 (turpentine) の(ような).
ter·e·bin·thi·nate /tɛ̀rəbínθənèɪt/ *a* 〔化〕 テレベンチン (turpentine) (状)の.
ter·e·bin·thine /tɛ̀rəbínθən, -θàɪn; -θàɪn/ *a* テレビン(性)の; TEREBINTH の.
tere·bra /təríːbrə, tɛ́rəbrə/ *n* (*pl* **~s, -brae** /təríːbri, tɛ́rə-ː, tɛ́rəbràɪ/) 〔昆〕 《膜翅類の》穿孔器. ♦ **teré·brant** /-brənt/ *a* 穿孔器をもった. [L=borer (↓)]
te·re·do /təríːdou, -réɪ-/ *n* (*pl* **~s, te·red·i·nes** /-rɛ́d(ə)nìːz/) 〔動〕 フナクイムシ (shipworm). [L<Gk (*teirō* to rub hard, bore)]
te·re·fa(h) /tərέɪfə/ *a* TREF[1].
ter·ek /tɛ́rɪk/ *n* 〔鳥〕 ソリハシシギ. [*Terek* 北 Caucasus の川]
Ter·ence /tɛ́rəns/ **1** テレンス《男子名; 愛称 Terry》. **2** テレンティウス (*L* Publius Terentius Afer) (186 or 185–?159 B.C.) 《ローマの喜劇作家; 略 Ter.》. [ローマの家族名より]
Te Reo /tɛ réɪou/ «NZ» マオリ語. [Maori=the language]
tere·phthal·ate /tɛ̀rə(f)θǽlèɪt/ *n* 〔化〕 テレフタル酸塩[エステル].
tere·phthál·ic ácid /tɛ̀rə(f)θǽlɪk-/ 〔化〕 テレフタル酸《ポリエステル系合成繊維・フィルムなどの原料》.
te·res /tíːriz, tɛ́r-/ 〔解〕 *a* 《筋肉・靱帯について》長く丸い. ► *n* TERES MAJOR [MINOR]. [L=rounded]
Te·re·sa /təríːsə, -réɪ-; -zə/ **1** テレサ《女子名; 愛称 Terry, Tessa》. **2 a** テレサ Saint **~ of Avila** (1515–82) 《スペインの修道女・神秘文学作者, カルメル会を改革した; 聖女, 祝日 10 月 15 日》. **b** Saint **~ of Lisieux**=THÉRÈSE DE LISIEUX. **c** [Blessed Mother ~] マザーテレサ Blessed Mother ~ of Calcutta (1910–97) 《マケドニア生まれのカトリック修道女; 本名 Agnes Gonxha Bojaxhiu; カトリック女子修道会 '神の愛の宣教者会' を設立, Kolkata [Calcutta] を中心に貧困者・病者の救済に当たった; ノーベル平和賞 (1979)》. [It, Sp<Gk=? harvester; 'a woman from Therasia' の意か; cf. THERESA]
Te·resh·ko·va /tɛ̀rəʃkɔ́ːvə, -kóu-/ テレシコヴァ **Valentina**

(**Vladimirovna**) ～ (1937–　)《ソ連の宇宙飛行士; 1963 年 女性として世界最初に宇宙を飛行》.

Te·re·si·na /tɛ̀rəzíːnə/ テレジナ《ブラジル北東部 Piauí 州の州都; Parnaíba 川に臨む内陸港》.

téres májor 〘解〙大円筋《肩甲骨から上腕骨の上部へと延びる厚く平らな筋肉で, 腕の内転や, 曲げた腕の伸展を担う》.

téres mínor 〘解〙小円筋《肩甲骨から主に上腕骨の大結節へと延びる長い円筒形の筋肉で, 腕を外転させる》.

te·rete /tərí:t, tɛ-, tέrìːt/ *a* 〘植〙円柱形の, 両端が先細りになった円柱形の.

Te·re·us /tíəriəs/ 〘ギ神〙テーレウス《トラキアの王; 義妹 Philomela を犯しその舌を切ったために妻 Procne によって息子の肉を食わされ, 神によりヤツガシラ (hoopoe) に変えられた》.

ter·gal /tə́ːrg(ə)l/ *a* TERGUM の.

ter·gite /tə́ːrgàɪt/ *n* 〘動〙背板.

ter·gi·ver·sate /tə̀ːrʤívərsèɪt, -gív-, tə́ːrʤəvər-/ *vi* 変節[転向, 脱党]する; 言いのがれをする, 言い紛らす, あいまいな態度をとる. ♦ **-sà·tor** *n* **tèr·gi·ver·sá·tion** /, tə̀ːrʤɪvər-/ *n* [L (↓, *versverto* to turn)]

ter·gum /tə́ːrgəm/ *n* (*pl* **-ga** /-gə/) 〘動〙《昆虫その他の節足動物の背部の》背板. [L=back]

T **-te·ria** /tíriə/ *n comb form*「セルフサービスの店」: grocet*eria*. [cafet*eria*]

ter·i·ya·ki /tɛ̀rijáːki/ *n* 照り焼き; 照り焼きのつけ汁 (=∼ **sàuce**). [Jpn]

Ter·kel /tə́ːrk(ə)l/ ターケル **Studs** ～ (1912–2008)《米国のオーラルヒストリーの著述家・歴史家・ラジオパーソナリティー; *Working* (1974), *The Good War* (1985, Pulitzer 賞) など》.

term /tə́ːrm/ *n* **1 a** 期間; 任期; 刑期: in [over] the long [short, medium] ～ 長[短, 中]期的に(みて) / a president's ～ of office 大統領[学長, 社長]の任期 / for ～*s* of life 終身, 一生涯 / a ten-year prison ～ 10 年の刑期. **b** 学期 (cf. QUARTER, SEMESTER); 《英国の裁判所の》開廷期, 《議会の》会期: the spring [autumn, fall] ～ 春[秋]学期 / keep a ～ 一学期出席する / during ～ 学期中に / the end of ～ 学期末. **c** 〘法〙《権利の》存続期間, 賃貸借の期間, 借地[借用]期間, 〘法〙定期不動産権 (=**∼ of**ˈˈ [**for***] **years**). **d** 期限, 《支払い・契約などの》期日, 貸借完了期; [°full ～] 出産予定日, 分娩日: My wife is near her ～. / born at *full* ～ / carry a baby [child] to ～《流産・中絶せず》無事出産にこぎつける. **e** 〘豪式フット〙QUARTER. **2 a** ことば, 《特に》用語, 術語, 専門語: a ～ of art 専門[業界]用語 / a ～ of endearment 親愛を表わすことば[表現] / legal [scientific, technical] ～*s* 法律[科学, 専門]用語. **b** [*pl*] 言い方, ことばづかい: in high ～*s* ほめちぎって / in PLAIN[1] ～*s* (成句). **c** 〘論〙名辞; 〘数・論〙項: ABSOLUTE [GENERAL] TERM. **3** [*pl*]《支払い・契約などの》条件 〈*of*〉; 要求額, 値段, 料金, 賃金 〈*for*〉: under the ～*s* of the agreement 合意条件の下で / ～*s* and conditions 契約条件 / on easy ～*s* 返済しやすい条件で〈融資するなど〉/ *T～s* cash. 現金払い / *T～s*, two dollars a day. 料金一日 2 ドル / on even ～*s* with... と対等で, 五分五分で / set ～*s* 条件を定める[つける] / negotiate ～*s* 条件を協議する. **4 a** [*pl*] 交際関係, (親しい)間柄; [*pl*]《廃》状態, 状況: on bad [equal, good, speaking, visiting] ～*s* 仲の悪い[同等の, 仲のよい, ことばを交わす程度の, 行き来する]間柄で 〈*with*〉. **b** [*pl*] 約定, 合意. **5** 見地, 観点: in economic ～*s* 経済の面から(見ると) / in their ～*s* 彼らの考えでは / in dollar ～*s* ドル換算で(は) / in ～*s* of ⇨ 成句. **6 a** 〘数〙限界点[線, 面]; 〘建〙《古代ローマなどの》境界柱 (=*terminal figure*)《境界神 Terminus の像を刻した》. **b** 《古》限界, 境界, 《特に 時の》終末, 終極. ● **be in ～s** 談判[交渉, 相談]中. **bring** sb **to ～s** 人を承服[屈服]させる. **come to** [**make**] **～s** 〈人と〉話がまとまる, 折り合う, 仲直りする 〈*with*〉. **come to ～s with**... 〈事態など〉を甘受する, 《あきらめて》...に慣れるようにする. EAT one's **～s**. **get on ～s with**...ˈˈ《俗》〈相手〉と同じくらいの腕前に達する, ...にふさわしいレベルになる. **in no** UNCERTAIN **～s.** **in real ～s** 実質的に(は); 実際には, 本当をいえば: There was a 5 per cent growth *in real ～s*. **in ～s** 明確に. **in ～s of**... (1) ...のことばで; ...で表わして; ...に特有の表現で; 〘数〙...の項[式]で. (2) ...によって, ...に置き換えて; ...に関して, ...の点[見地]から(みると), ...の面では. **keep ～s** 規定の学期間在学する; 談判[交渉]を続ける 〈*with*〉. **not on any ～s**=**on no ～s** どうあっても...しない. **on** one's **own ～s** 自分の言い値で, 自分の言うとおりの条件で, 自分の思いどおりに: Do it *on your own ～s*. 自分でやりたいようにやりなさい. **on ～s** 仲良くして; 対等で, 〘スポ〙同点で. TERMS OF REFERENCE.
► *vt* [°*pass*] ...を...と称する, 名づける (name), 呼ぶ (call): The gas was *～ed* argon. その気体はアルゴンと命名された / It can hardly be *～ed* creative. それはとうてい創造的とはいえない.
[OF<L TERMINUS]

ter·ma·gant /tə́ːrməgənt/ *n* 口やかましい女; [T-] 荒ぶる神《中世の宗教劇で, イスラム教徒の神とされた横暴で騒々しい神》. ► *a* 〈特に 女が〉口やかましい, 荒々しい. ♦ **～·ly** *adv* がみがみと. **tér·ma·gan·cy** *n* 《女の》気性の荒さ, 口やかましさ, 狂暴性. [OF *Tervagan*<It]

térm dày 支払期日, 満期日, 勘定日.

term·er /tə́ːrmər/ *n* **1** 《廃》TERMOR. **2** [°*compd*] 任期[刑期]をつとめる人: a short-～.

ter·mi·na·ble /tə́ːrm(ə)nəb(ə)l/ *a* 終止させることができる, 解約できる; 〈契約など〉期限付きの: ～ interest 〘法〙期限・条件付き権利. ♦ **-bly** *adv* **～·ness** *n* 有期, 有限. **tèr·mi·na·bíl·i·ty** *n* 有期性.

ter·mi·nal /tə́ːrmən(ə)l/ *a* **1 a** 終端の, 終末の, 境界の, 末端(で)の; 終点の, 終着駅の; 《駅などでの》貨物取扱いの; 〈分割払い・連載などが〉最終回[最後]の, 締めくくりの: ～ charge 荷役料金 / ～ facilities 終端駅[港]施設. **b** 〘植〙頂生の, 頂端の; 〘動・解〙末端[梢]の. **2** 〘医〙〈病気が〉致命的な; 〈致命的な病気が〉末期の, 〈患者が〉末期症状の; 《口》救いがたい, ひどい: (in) ～ decline 末期的な症状(を呈して) / ～ boredom 死ぬほどの退屈さ / make a ～ ass of oneself 大失態を演じる. **3** 定期の, 一期間(ごと)の, 毎学期[期末]の; 〘教〙〈教科課程などが〉それ自体で完結する《次の課程への準備を意図したものではない》: a ～ examination 期末試験. **4** 〘論〙名辞の. ► *n* **1** 《鉄道・バスなどの》終点, ターミナル, 終端駅(のある町) (terminus); エアーターミナル, 《空港から離れた市内の》航空旅客用バス発着所; 石油[ガス]ターミナル《海岸に設置された海底石油[ガス]の処理施設》. **2** 〘電〙電極, 《電池の》端子; 〘電算〙端末(装置), ターミナル; 〘電信〙《テレックスなどの》端末装置. **3** 末端, 終端; 語末(の音節[文字]); 〘建〙先端[頂部]装飾; 〘建〙境界柱 (term). **4** ˈˈ末期患者. ♦ **～·ly** *adv* 終末に, 末端[終端]に; 定期に, 毎期に; 学期末に; 末期的に: *～ly* ill. [L; ⇨ TERMINUS]

términal emulátion 〘電算〙ターミナル[端末]エミュレーション《ホストコンピューターの端末装置の動作をソフトウェアによってパーソナルコンピューターなどで模擬すること》.

términal fígure 〘建〙境界柱 (term).

términal júncture 〘言〙末尾連接.

términal léave 〘軍〙除隊休暇《除隊直前に与える》.

términal márket 《商品取引の》先物市場, 商品市場《取引中心地にある穀物・家畜・金属など基礎商品の先物取引中心の組織市場; 先物契約の決済日を terminal date ということから》.

términal moráine 〘地質〙末端堆石《氷河の末端部に形成される氷堆石》.

términal plátform 〘石油〙ターミナルプラットホーム《パイプラインで石油や天然ガスをそこから陸地へ送る海洋掘削作業台》.

términal séquencer 〘宇〙ターミナルシークエンサー《ロケット打上げの秒読みの最終段階を制御する電子装置》.

términal síde 〘数〙《角の》終辺, 終線 (cf. INITIAL SIDE).

términal velócity 〘理〙終端速度.

ter·mi·nate /tə́ːrmənèɪt/ *vt* 終わらせる, 終結させる; ...の最後にくる[を締めくくる]; *解雇する; 〈眺望などを〉限る, ...の境界[終端, 限界]をなす; [*euph*] *殺す, 暗殺する: ～ a contract 契約を解除する, 解約する / ～ a pregnancy 予定日より早く人工的に出産させる. ► *vi* 終わる, 落着する 〈*at, in, with*〉; 〈列車・バスなどが〉終点になる; 尽きる, 期限切れになる; 〈語尾・努力など〉終わる 〈*in*〉: Many adverbs ～ *in -ly*. *-ly* で終わる副詞が多い. ► *a* /-nət/ 有限の: a ～ decimal 〘数〙有限小数. [L; ⇨ TERMINUS]

tér·mi·nàt·ing décimal 〘数〙有限小数 (=*terminate decimal*) (cf. REPEATING DECIMAL).

ter·mi·na·tion /tə̀ːrmənéɪʃ(ə)n/ *n* 終了, 終結, 終止, 満了, 打切り 〈*of*〉; 解雇; *妊娠中絶; 結末, 結果; 終点, 終端, 末端, 限界; 〘文法〙語尾; 接尾辞; 〘電算〙《回路やデイジーチェーンの》終端, ターミネート: bring...to a ～=put a ～ to...を終結させる. ♦ **～·al** *a*

ter·mi·na·tive /tə́ːrmənèɪtɪv; -nə-/ *a* 終止させる, 決定的な; 〘文法〙〈接尾辞など〉方向[終わり]を示す: ～ aspect 〘文法〙終止相. ♦ **～·ly** *adv*

tér·mi·nà·tor *n* 終止させる人[もの]; 《月・星の》明暗境界線; 〘遺〙《DNA 上の》終了暗号, 読み終わり暗号, ターミネーター.

términator gène ターミネーター遺伝子《遺伝子組換え作物が種子を作らないよう操作された遺伝子》.

ter·mi·na·to·ry /tə́ːrmənətɔ̀ːri; -t(ə)ri/ *a* 末端の; 末端[限界]を形成する.

termini *n* TERMINUS の複数形.

ter·mi·nism /tə́ːrmənɪz(ə)m/ *n* **1** 〘神学〙恩恵有期説《神の定めた悔い改めの時期を過ぎると救いの機会を失うとする説》. **2** 〘哲〙《Occam の》名辞論, 唯名論. ♦ **-nist** *n* **tèr·mi·nís·tic** *a*

ter·mi·no·log·i·cal /tə̀ːrmən(ə)lάʤɪk(ə)l/ *a* 術語学(上)の; 術語の, 用語上の: ～ inexactitude [*joc*] 用語の不正確《うそ》. ♦ **～·ly** *adv*

ter·mi·nol·o·gy /tə̀ːrmənάləʤi/ *n* 《専門分野の》用語法[論], 術語学; 術語, (専門)用語《集合的》: technical ～ 専門用語 / color [kinship] ～ 色彩[親族関係]語. ♦ **-gist** *n* [G (L TERMINUS=expression)]

térm insùrance 定期保険《契約期間内の死亡に対してだけ保険金を支払う》.

ter·mi·nus /tə́ːrmənəs/ *n* (*pl* **-ni** /-nàɪ, -nìː/, **～·es**) **1** ˈˈ《鉄道・バスなどの》終点, 起点, ターミナル; 終端駅(のある町); 石油[ガス]ターミナル (terminal). **2** 先端, 末端. **3** 目標, 到達点, 目的地; 〘数〙《ベクト

ルなどの》終点. **4 a** 境界, 限界; 境界標; 〘建〙 境界柱 (term). **b** [T-] 〘ロ神〙 テルミヌス《境界(標)の神》. [L=end, limit, boundary]

términus àd quém /-à:d kwém/ 《議論・政策などの》到達点, 目標; 最終期限. [L=limit to which]

términus ànte quém /-à:ntε-/ 〘考古〙《遺跡の》終了時[年]. [L=limit before which]

términus à quó /-à: kwóu/ 《議論・政策などの》出発点; 第一期限. [L=limit from which]

términus pòst quém /-pò:st-/ 〘考古〙《遺跡の》開始時[年]. [L=limit after which]

ter·mi·tar·i·um /tà:rmətéəriəm, -màı-/ *n* (*pl* **-ia** /-iə/) シロアリの巣. [L; ⇨ TERMITE]

ter·mi·tary /tá:rmətèri; -t(ə)ri/ *n* TERMITARIUM.

ter·mite /tá:rmàıt/ *n* 〘昆〙 シロアリ (=*white ant*). [L *termit-termes*]

térm·less *a* 無期限の, 無限の, 果てしない; 無条件の; 《古》 名状しがたい (indescribable).

térm lìmit [°*pl*] 《公職の》任期制限.

térm·ly *a, adv* ″学期ごとの[に]; 《古》 定期的な[に].

Ter·monde /*F* tεrmɔ̃:d/ テルモンド《DENDERMONDE のフランス語名》.

ter·mor /tá:rmər/ *n* 〘法〙 定期不動産権者, 終身土地保有者.

térm páper* 《学生が提出する》学期末レポート[論文].

térms of réference″ *pl* 《委員会などへの》付託事項, 権限; 調査事項[範囲].

térms of tráde″ *pl* 〘経〙 交易条件《輸出物価指数と輸入物価指数の比》.

térm·tìme *n* 学期[裁判開廷期]中の時期.

tern[1] /tá:rn/ *n* 〘鳥〙 アジサシ (=*sea swallow*)《カモメ科アジサシ属 および近縁属の総称》. [Scand; cf. Dan *terne*, Swed *tärna*]

tern[2] *n* 三つ組, 三つぞろい; 3 数の組合わせによる当たりくじ(の賞品); 〘海〙 3 本マストのスクーナー. ► *a* TERNATE. [F<L *terni* three each]

tern·al /tá:rnl/ *a* 3 つ[3 要素, 3 部分, 3 区分]からなる, 三つ組の.

ter·na·ry /tá:rnəri/ *a* 3 つからなる, 三重の, 三つ組の; 〘数〙 三進の, 三元の, 〈対数が〉3 を底とする; 〘冶〙 三元合金の[である]; 〘化〙 三元の, 三成分の; 3 番目の, 第 3 位の: ~ alloy(s) 三元合金 / the ~ scale 三進記数法 / the ~ system 〘化〙 三成分系. ► *n* 《まれ》 3 個からなるもの, 三つ組. [L; ⇨ TERN[2]]

térnary físsion 〘理〙 三体核分裂, 核の三分裂.

térnary fórm 〘楽〙 三部形式.

ter·nate /tá:rnèıt, -nət/ *a* 3 つからなる; 三つぞろいの; 〘植〙 三出状の, 三葉の: a ~ leaf 三裂葉. ♦ **~·ly** *adv*

Ter·na·te /tərná:teı/ テルナテ《インドネシア Molucca 諸島の Halmahera 島の西にある小島; 火山の南麓に港町テルナテがある》.

terne /tá:rn/ *n* ターンメタル (=~ **mètal**)《terneplate 用の, スズ 1 鉛 4 の割合の合金》; TERNEPLATE.

térne·plàte *n* ターンプレート《ターンメタルをかぶせた軟鋼板》.

Ter·ni /téərni/ テルニ《イタリア中部 Umbria 州の都市》.

ter·ni·on /tá:rniən/ *n* 《古》 三つ組, 三つぞろい; 〘製本〙 三列丁《三紙葉を二つ折りにして, 一つの折丁としたもの》.

térn·let *n* 《豪・インド》 〘鳥〙 小さなアジサシ《ハイイロアジサシなど》.

Ter·no·pol /tεərnóupəl/ テルノポリ (*Pol* Tarnopol)《ウクライナ西部の市; もと ポーランド領》.

tero·technólogy /tèrou-/ *n* 〘工〙 テロテクノロジー《機械・プラント・装置など設備一般の運転・維持を研究する工学の一分野》. [Gk *tērein* to watch over]

terp /tá:rp/ 《俗》 *n* TERPSICHOREAN. ► *vi* 踊る.

ter·pene /tá:rpì:n/ *n* 〘化〙 テルペン《植物精油中に含まれる芳香のある液体》. ♦ **~·less** *a* **ter·pé·nic** *a* [*terpentin*; turpentine の異形]

ter·pe·noid /tá:rpənòıd, tà:rpí:-/ 〘化〙 *a* テルペン状の. ► *n* テルペノイド《テルペン炭化水素などイソプレノイド構造をもつ化合物の総称》.

ter·pi·nene /tá:rpənì:n/ *n* 〘化〙 テルピネン《レモンの香りを有する液体; 香料用》.

ter·pin·e·ol /tà:rpíniɔ̀(:)l, -òul, -àl/ *n* 〘化〙 テルピネオール《香料用》.

térpin hýdrate /tá:rpən-/ 〘化〙 抱水テルピン.

ter·pólymer /tà:r-/ *n* 〘化〙 ターポリマー《3 種類の単量体からなる重合体》.

Terp·sich·o·re /tà:rpsíkəri/ **1** 〘ギ神〙 テルプシコラー《竪琴を持ち, 歌舞をつかさどる女神; ムーサたち (nine Muses) の一人》. **2** [t-] 舞踏(術). [Gk=dance-enjoying]

terp·si·cho·re·an /tà:rpsıkərí:ən, -səkó:riən/ *a* [°*joc*] 舞踏の; [T-] TERPSICHORE の. ► *n* [°*joc*] 踊り子, ダンサー, コーラスガール.

terr /téər/ *n* 《南ア》 [*derog*] 《ローデシア[ジンバブウェ]・南アフリカの》(黒人)ゲリラ. [*terrorist*]

terr. terrace ♦ territorial ♦ territory.

ter·ra /térə/ *n* (*pl* **ter·rae** /téri, -aı/) 土, 地; 大地; 〘天〙《月や惑星の》陸地 (cf. MARE[2]); [T-] 《SF で》地球, テラ. [L=land]

térra ál·ba /-ǽlbə, -ɔ́:l-/ 白土《えのぐとしての粉末石膏・顔料に混ぜる高陵・苦土など》. [L=white earth]

ter·race /térəs/ *n* **1** 一段高くした平坦地, 台地, 高台, 土手; 段々畑, 棚田《その一段》, 《地崩れを防ぐための》段々; 〘地質〙 段丘, 《海底の》海段. **2 a** 高台[傾斜地, 一段高くした土地]に立ち並ぶ家並, 台町. **b** ″テラスハウス《**1**) 境壁を共有する同じ作りの住宅がつながった一棟 **2**) そうした作りの個々の住宅 (terraced house)》; ″テラスハウスに沿って走る道路《しばしば通りの名》. **c** *《大通り中央の》緑地帯, 中央分離帯 (median strip). **3 a** 《家に付属して, 庭などに設けた》テラス, 段, 壇; 柱廊, 歩廊; 広いベランダ. **b** 《屋根のある》小さなバルコニー; 平屋根, 陸屋根(ろくやね). **4** ″[°*pl*] 《サッカー場の段になった》立見席, 立見席客《集合的》. ► *vt* 壇[台地]にする; …にテラス[段]を築く; 柱廊で囲む. ♦ **tér·rac·er** *n* **~·less** *a* [OF=heap of earth<L; ⇨ TERRA]

ter·raced /térəst/ *a* 〈土地が〉段々になった, ひな壇式[状]の; テラス付きの; テラスハウスが並んだ〈通り〉: ~ fields 段々畑.

térraced hóuse″ テラスハウス (row house*)《TERRACE を構成する一軒》.

térraced róof 平屋根, 陸屋根(ろくやね).

térrace hòuse″ TERRACED HOUSE.

Ter·ra·ci·na /tèrətʃí:nə/ テラチナ《イタリア Rome 市の南東, Gaeta 湾岸にある港町・海水浴場》.

ter·rac·ing /térəsıŋ/ *n* 段丘形成; 段丘(台地)構造; 《傾斜地の》段々, 段々畑, 棚田; 段になった座席, 階段席.

ter·ra-cot·ta /térəkátə/ *n* テラコッタ《粘土の素焼》; テラコッタ建材; テラコッタ人形[花瓶など]; 赤褐色. [It=baked earth]

terrae *n* TERRA の複数形.

ter·rae fil·i·us /téri: fíliəs, téraı-/ (*pl* **-ii** /-iàı, -iì:/) 卑しい生まれの人, 賤民; 〘史〙《Oxford 大学で》選ばれて諷刺演説を行なった学生. [L=son of the soil]

térra fír·ma /-fá:rmə/ 乾いた[堅い]土地, 大地, 陸地. [L=solid land]

térra·fòrm *vt* 《SF で》〈惑星を〉地球人が住めるようにする, 地球化する. ♦ **~·er** *n*

ter·rain /təréın/ *n* 地域; 地面, 土地; 《地理的・軍事的に見た》地形, 地勢; 〘地質〙 TERRANE; 環境, '土壌'; 《知識・関心などの》領域, 分野. [F<L; ⇨ TERRENE]

térra in·cog·ní·ta /-ìnkagní:tə, -ınkágnətə/ (*pl* **térrae in·cog·ní·tae** /-tàı, -ınkágnətàı/) 未知の国[世界]; 未開拓の分野[領域]. [L=unknown land]

terráin-fòllow·ing rádar 〘空〙 地形追随レーダー.

terráin pàrk スノーボーディング場.

ter·ra·ma·ra /tèrəmá:rə/ *n* (*pl* **-ma·re** /-má:ri/) 《イタリア北部 Po 川流域の遺跡に代表される》湖上[杭上]住居(群); 《そこの》アンモニア性沈積土《肥料用》. [It (*terra* earth, *marna* marl)]

Ter·ra·my·cin /tèrəmáıs(ə)n/ 〘商標〙 テラマイシン《抗生物質 (oxytetracycline) 製剤》.

Ter·ran /térən/ *n* 地球人《SF の用語》.

ter·rane /təréın, tε-/ *n* 〘地質〙 テレーン《周囲と異なる岩層などの地質体; 特に TECTONIC PLATE をなすもの》; 地形 (terrain); 地域; 地面.

térra núl·li·us /-náliəs/ 〘国際法〙 無主(むしゅ)地《いずれの国家の領域にも帰属していない地域》. [L=the land of no one]

ter·ra·pin /térəpən/ *n* 〘動〙 テラピン《北米産の淡水ガメ; 食用》, 《特に》 DIAMONDBACK TERRAPIN; [T-] 〘商標〙 テラピン《平屋プレハブ建築のタイプ》. [Algonquian]

terr·aque·ous /teréıkwiəs, -rǽk-/ *a* 水陸からなる, 水陸の; 〈植物などが〉水陸両生の. [*terra*+*aqueous*]

ter·rar·i·um /təréəriəm/ *n* (*pl* **-rar·ia** /-iə/, **~s**) 《陸生の小動物を飼養するための》陸生飼育器[槽, 場]; 屋内栽培用ガラス容器, テラリウム. [NL; *aquarium* にならって *terra* から]

térra rós·sa /-rásə/ テラロッサ (red ocher). [It=red earth]

ter·ras /təræ̃s/ *n* TRASS.

térra sig·il·lá·ta /-sìgəlá:tə, -sìdʒəléıtə/ テラシギラタ《**1**) エーゲ海の Lemnos 島で産する茶褐色の粘土; もと収斂剤として用いた **2**) これによる陶器 (Arretine ware) **3**) =SAMIAN WARE》. [L=sealed earth]

Terrassa ⇨ TARRASA.

ter·raz·zo /tərǽzou, -rá:tsou/ *n* (*pl* **~s**) テラゾ《大理石または花崗岩の砕石をちりばめて研磨したコンクリート》. [It=terrace]

Terre Adé·lie /*F* tεr adeli/ ADÉLIE LAND.

Ter·re Haute /tèrə hóut, -hʌ́t/ テラホート《Indiana 州西部 Indianapolis の西南西にある Wabash 川河畔の市》.

Ter·rence /térəns/ テレンス《男子名; 愛称 Terry》. [⇨ TERENCE]

Térrence Híggins Trùst [the] 〘英〙 テレンス・ヒギンズ・トラスト《1982 年に発足した AIDS 感染者救済のための慈善組織; 英国における最初期の AIDS 死亡者 Terrence Higgins の友人が設立; 本部 London》.

T

ter·rene /tɛríːn, tə-, tέəriːn/ *a* 現世の, 俗世の, 地上の; «古» 地の, 土の, 陸(上)の. ► *n* 大地, 陸地. [AF＜L *terrenus*; ⇨ TERRA]

ter·re·plein /térəplèɪn; téəplèɪn/ *n* 〘城〙 塁道《塁上の大砲を置く平地》; 頂上が平らな土手. [OF＜OIt]

ter·res·tri·al /tərέstriəl/ *a* **1** 地球(上)の; 陸(上)の, 陸からなる; 土の, 土質の; 〘生〙 地上生の, 陸生の; 陸生生物の; 〘天〙〈惑星が〉地球型の (⇨ TERRESTRIAL PLANET): ～ heat 地熱 / ～ transportation 陸上輸送. **2** 《宇宙的に対して》 地球的な, 地上の; 世俗的な, 現実的な, 現世の (mundane): ～ aims [interests] 地上的目標[関心], 名利心. **3** 〘通信〙 地上波の. ► *n* 陸[地球]上の生物. ♦ **～·ly** *adv* [L; ⇨ TERRA]

terréstrial glóbe [báll, sphére] [the] 地球; 地球儀.

terréstrial guídance 〘空〙 地球基準誘導《地磁気・重力などの強さ・方向に基づくミサイル・ロケットの誘導》.

terréstrial mágnetism 地磁気 (geomagnetism).

terréstrial plánet 地球型惑星《水星・金星・地球・火星; cf. JOVIAN PLANET》.

terrestrial sphere ⇨ TERRESTRIAL GLOBE.

terréstrial télescope 地上望遠鏡.

ter·ret /térət/ *n* 《鞍の》 手綱通し輪; 《犬の首輪などの》 鎖[革ひも]をつなぐ環. [ME＜? OF (dim)〈*tour* ring]

terre verte /*F* tɛːr vɛrt/ 《顔料として用いる》 緑土; 緑土色. [F＝green earth]

ter·ri·bi·li·tà /tèrəbìːlətáː/ *n* 《芸術家・芸術作品に見られる》 恐るべき迫力, 激しい感情表現. [It]

ter·ri·ble /térəb(ə)l/ *a* **1** 恐ろしい, こわい, おっかない, ものすごい; ひどい, つらい, 不快な: ～ in anger 怒るとこわい. **2** «口» すごい, 大変な, ひどい, とんでもない; «口» だめな, へたくそな 〈*at*〉: in a ～ hurry おっそろしく急いで / a ～ man to drink 大酒飲み. ► *adv* «口» ひどく, すごく: I was in a ～ bad way. 全く困っていた. ► *n* 恐ろしい人[もの]. ♦ **～·ness** *n* [OF＜L ; ⇨ TERROR]

térrible twós *pl* [the] 恐るべき二歳《子供の成長のうちでいちばん世話がやける年ごろ》.

tér·ri·bly *adv* 恐ろしく, ものすごく; すごくへたに; «口» ひどく, すごく, ばかに.

ter·ric·o·lous /tɛríkələs/ *a* 〘生〙 TERRESTRIAL.

ter·ri·er[1] /tériər/ *n* 〘犬〙 テリア《元来は穴居獣用の猟犬》; [T-] ᴴ«口» 国防義勇軍兵士 (territorial): like a ～ 執拗に. [OF (*chien*) *terrier* (dog) of the earth＜L (⇨ TERRA); キツネなどを巣から追い出すのに用いた]

terrier[2] *n* 〘法〙 土地台帳; 土地[家屋]貸付帳; 〘英史〙 知行[借地]登記簿. [OF＜L *terrarius* (*liber* book); ⇨ TERRA]

ter·rif·ic /tərífɪk/ *a* **1** «口» ものすごい, ひどい; 猛烈な, とてつもない; «口» すばらしい, すてきな: at ～ speed 猛烈な速力で. **2** 恐ろしい, きびしい. ♦ **-i·cal·ly** *adv*

ter·ri·fy /térəfàɪ/ *vt* 恐れさせる, こわがらせる: ～ sb into do*ing*… 人をおびやかして…させる / be *terrified* of…[do*ing*] …を[…するのを]恐れる, こわがる, おびえる / be *terrified* at [with]…にふるえあがる / be *terrified* out of one's senses [wits] 恐ろしくて肝をつぶす. ♦ **tér·ri·fì·er** *n* [L; ⇨ TERRIBLE]

térrify·ing *a* 恐れさせる, 恐ろしい; 恐ろしいほどの, 並々ならぬ. ♦ **～·ly** *adv*

ter·rig·e·nous /tɛríʤənəs/ *a* 地上に[地から]生まれた (earth-born); 〘地質〙〈海底の堆積物が〉陸成の.

ter·rine /təríːn/ *n* ふたと脚の付いた壺 (tureen); テリーヌ《foie gras などの具材を入れて料理を作る陶製の容器; その料理》. [F; ⇨ TUREEN]

ter·rit /térət/ *n* TERRET.

Territoire de Belfort ⇨ BELFORT.

ter·ri·to·ri·al /tèrətɔ́ːriəl/ *a* **1** 《広大な》 土地の; 私有[占有]地の; 領土の; 特定領域[地区, 管轄区]の; 指定[担当]区域の; 〘生態〙 なわばり行動をする, なわばり制の: the ～ air 領空 / ～ claims 領有権の主張 / ～ principle 属地主義《国際私法で個人の私法的関係決定の際の》. **2** 近所の, 地元の; 地方の, 地域的な; 〘軍〙 地方守備の, 《特に》 国防(義勇軍)の; [T-] 〘米・カナダ・豪〙 準州の. ► *n* 〘英〙 [ᴼT-] 国防義勇兵, [the T-s] 国防義勇軍 (⇨ TERRITORIAL ARMY). ♦ **～·ly** *adv* [L; ⇨ TERRITORY]

Territórial Ármy [the] 〘英〙 国防義勇軍《1908 年に組織された志願制の予備軍; 略 TA; 正称は the **Territórial and Ármy Voluntéer Resérve**》.

territórial cóurt 《米国の準州 (territory) に設置された》 準州裁判所.

territórial impérative 〘生態〙 なわばり意識.

territórial·ìsm *n* **1** 地主制度 (landlordism); 《教会制度の》 領主主義《その地域の支配者を宗教上の支配者とする》. **2** [ᴼT-] ユダヤ人自治区域獲得主義[運動]; 〘生態〙 なわばり制. ♦ **-ist** *n*

ter·ri·to·ri·al·i·ty /tèrətɔ̀ːriǽləti/ *n* 領土権; 領土であること; 領土の地位; なわばり意識; 〘生態〙 なわばり制.

territórial·ìze *vt* …の領土を拡張する; 領土に加える, 領土化する; 属領の地位に格下げする; 各領域に配分する; 地域単位で組織する. ♦ **territòrial·izátion** *n*

territórial séas *pl* [the] 領海《通例 海岸の干潮標から 3 地理マイルの範囲; cf. INLAND WATERS》.

territórial wáters *pl* [the] 《狭義の領海 (marginal sea) と内水 (inland waters) とを含めた広義の》 領海, 領水.

Ter·ri·to·ri·an /tèrətɔ́ːriən/ *n* «豪» Northern Territory の住民.

ter·ri·to·ry /térətɔ̀ːri; -t(ə)ri/ *n* **1 a** 領土《領海も含む》, 領地, 版図. **b** 《本国から離れた所にある》 属領, 保護領, 自治領: a leased ～ 租借地 / Portuguese ～ in Africa. **c** 国の第一級行政区の地位を得るに至っていない行政区; [T-] 〘米・カナダ・豪〙 準州, テリトリー《まだ State の資格を得ていない地方行政区》; [the T-] «豪» NORTHERN TERRITORY: Until 1959 Hawaii was not a State but a *T*～. **2** 《外交員などの》 受持ち区域, 担当地区; 〘生態〙《動物の》 なわばり, テリトリー; 〘スポ〙《各チームの》 守備区域, 自陣. **3** 土地, 地域; 《科学・芸術などの》 領域, 分野. ● **come [go] with the ～** *«口» 〈いやなことが〉その仕事[職業, 地位など]につきものである. **cover the ～** 《あらゆる角度から》 問題を論じつくす. [L＝land surrounding a town (*dormitorium, praetorium* にならって *terra* から)]

ter·ror /térər/ *n* **1 a** (非常な)恐怖; 恐ろしさ; 《物事の》 恐ろしい側面; 恐怖のたね, 脅威, 恐るべきこと, 恐ろしい人[もの]: be a ～ to…をこわがらせる / have a holy ～ of…をひどく恐れる / in ～ 恐れて, おびえて / live in ～ of…の恐怖におびえながら生きる / a novel [romance] of ～ 恐怖小説 / strike ～ into sb's heart 人を恐怖に陥れる / KING OF TERRORS. **b** 恐怖政治, 恐怖時代; [the T-] 〘史〙 REIGN OF TERROR; テロ(行為), テロリズム; テロ計画; テロ集団: a ～ attack テロ攻撃 / RED TERROR, WHITE TERROR / WAR ON TERROR. **2** [ᴼa holy ～] «口» 《大変な》 厄介物, 鼻つまみ, 《特に》 悪がき, きかん坊; «アイルロ» 遊び人; *«俗» こわい先生: a perfect [real] ～ 手に負えないやつ[子供]. ● **be in ～ of one's life** 命を落とす[殺される]恐怖を感じている. **have [hold] ～s [fears] for** sb [ᵁ*neg*] 〈事が〉人を恐れさせる[おじけづかせる]: It *holds no* ～*s for* me. そんなもの少しもこわくない[平気だ]. ♦ **～·ful** *a* **～·less** *a* [F＜L (*terreo* to frighten)]

térror·ìsm *n* 《強制・制圧のための》 組織的暴力[脅迫手段], テロ行為, テロル, テロ; テロ行為による恐怖(状態); 恐怖政治, テロリズム.

térror·ist *n* TERRORISM の信奉[実行]者, 暴力革命主義者, テロリスト; むやみに恐怖を起こさせる人, 人騒がせをする者. ► *a* TERRORISTIC.

ter·ror·is·tic /tèrərístɪk/ *a* TERRORISM [TERRORIST] の. ♦ **-ti·cal·ly** *adv*

térror·ìze *vt* …に恐怖を起こさせる; 威嚇[脅迫]する; 威嚇[脅迫]によって…させる 〈*into*〉; *«俗» らくがきで埋めつくす. ♦ **-iz·er** *n* **tèrror·izátion** *n* 威嚇, 弾圧.

térror [térrorism] list テロ支援国家リスト.

térror-strìcken, -strùck *a* 恐怖に駆られた, おびえた.

ter·ry /téri/ *n* 〘織〙 テリー《パイル織りの, カットされていないパイルによる 'わな' [ループ]》; テリークロス (＝～ **clòth**) 《ループを片面または両面に織り出した吸水性に富むパイル織物で, 一般に「タオル地」と呼んでいるもの》: ～ velvet テリーベルベット《パイル糸を切ってない一種のビロード》. [C18＜? F *tiré* (pp)〈*tirer* to draw]

Terry **1** テリー《**1)** 男子名; Ter(r)ence, Theodore の愛称 **2)** 女子名; Teresa, Theresa の愛称》. **2** テリー Dame (**Alice**) **Ellen** ～ (1847–1928) 《英国の女優》.

Ter·sánctus /tər-/ *n* 〘キ教〙 三聖唱 (SANCTUS).

terse /tə́ːrs/ *a* 〈表現・もの言いが〉簡潔な, 簡勁(けい)な, むだのない, 〈人が〉簡潔なもの言いをする; そっけない, 短い; «廃» 〈ことばなどが〉洗練された. ♦ **～·ly** *adv* **～·ness** *n* [L＝precise (*ters- tergo* to polish)]

tert- /tə́ːrt/ *comb form* [通例 イタリック体] 〘化〙「第 3 の (tertiary)」《特に 有機化学の基の名をつくる》: *tert*-butyl 第三ブチル. [⇨ TERTIUS]

ter·tial /tə́ːrʃ(ə)l/ 〘鳥〙 *a* 〈風切(羽)が〉三列[後列]の. ► *n* 三列風切(羽).

ter·tian /tə́ːrʃ(ə)n/ *a* 〘医〙 3 日目ごと[48 時間ごと, 隔日]に起こる (⇨ QUOTIDIAN). ► *n* 〘医〙 三日熱, 《特に》 三日熱マラリア; 《スコットランドの大学で》 3 年生; 第三修練期のイエズス会会員. [ME (*fever*) *tersiane*＜L (*febris*) *tertiana*; ⇨ TERTIARY]

tértian·shìp *n* 《イエズス会の》 第三修練期.

ter·ti·ary /tə́ːrʃəri, *-ʃièri/ *a* 第三の, 第三位[次, 級, 層, 段階]の; ᴴ高等[大学]教育の, 〈教育が〉高等の; 〈産業が〉第三次の, サービス部門の; さほど重要でない; 〘化〙 第三(級)の〈炭素原子・有機化合物〉; 〘化・鉱・工〙 三次(処理[採収])の《例: **1)** 微粒子・硝酸塩・リン酸塩の除去により汚水を浄化する **2)** ⇨ TERTIARY RECOVERY》; 〘カト〙 第三会の (⇨ THIRD ORDER); 〘鳥〙 TERTIAL; [T-] 〘地質〙 第三紀[系]の; 〘言〙 第三強勢の. ► *n* TERTIARY COLOR; 〘文法〙 三次語(句)《副詞的修飾語(句); cf. PRIMARY, SECONDARY》; 〘カト〙 第三会員; 〘鳥〙 TERTIAL; [the T-] 〘地質〙 第三紀[系]; [*pl*] 〘医〙 第三期梅毒の徴候. [L; ⇨ TERTIUS]

tértiary búrsary «NZ» 《大学入試に合格した全ての生徒に与えられる》 大学の奨学金.

tértiary càre〘医〙三次医療[診療]《冠動脈バイパス形成手術, 腎臓血液透析, 重症の火傷など専門技術を要する病気や状態を扱うもの》.
tértiary còllege〘英〙高等専門学校《中等学校の第6学年と職業課程を組み入れたもの》.
tértiary cólor 第三色《**1**) 第二色の2つの混色 **2**) 原色とそれにもっとも近い第二色との混色》.
tértiary consúmer〘生態〙三次消費者《小型肉食動物を食う大型肉食動物》.
tértiary educátion〘英〙高等教育《中等教育に続く大学(college, university)レベルの教育; cf. FURTHER EDUCATION, HIGHER EDUCATION》.
tértiary índustry〘経〙第三次産業《サービス産業》.
tértiary quálity〘哲〙第三性質《一物体が他の物体に作用する力; cf. PRIMARY QUALITY》.
tértiary recóvery〘石油〙三次採収, 三次[増進]回収法 (enhanced recovery)《二次採収 (secondary recovery) ののちに化学物質・熱などを利用する採収方法; 二次採収に含まれることもある》.
tértiary strúcture〘生化〙三次構造《タンパク質分子などの折りたたみと共有結合架橋によって形成される立体構造》.
tértiary sýphilis〘医〙第三期梅毒.
ter·ti·um quid /tə́ːrʃiəm kwíd, -tiəm-/《既知の二者以外の》第三の何か[何者か], (二者の)中間物; どっちつかずのもの. [L=third something]
ter·ti·us /tə́ːrʃiəs/ *a* 第三の; ″《男子同姓生徒中》3番目の, 最年少の (⇨ PRIMUS). [L=third]
tértius gáu·dens /-gɔ́ːdènz/, **tértius gáu·det** /-gɔ́ːdèt/ 漁夫の利を得る第三者. [L=glad third]
Ter·tul·lian /tərtʌ́ljən/ テルトゥリアヌス (*L* Quintus Septimius Florens Tertullianus) (c. 155 or 160–after 220)《カルタゴ生まれの初期キリスト教神学者》.
Te·ruel /tèruél/ テルエル《**1**) スペイン東部 Aragon 自治州の県 **2**) その県都; スペイン内乱における激戦地》.
ter·va·lent /tə̀ːrvéɪlənt/ *a*〘化〙三価の (trivalent); 3つの異なる原子価を有する.
Ter·y·lene /térəlìːn/〘英商標〙テリレン《ポリエステル繊維; 米国名 Dacron に同じ》. [*ter*ephthalic acid+eth*ylene*]
ter·za ri·ma /téərtsə ríːmə/ (*pl* **ter·ze ri·me** /téərtseɪ ríːmeɪ/)〘韻〙三韻句法《Dante が *La Divina Commedia* に用いた詩形; 英詩では通例 弱強5歩格で, aba, bcb, cdc の脚韻》. [It=third rhyme]
ter·zet·to /tɛrtsétoʊ; tə-/ *n* (*pl* **~s, -ti** /-ti/)〘楽〙三重唱[奏](曲) (trio). [It]
Te·schen /*G* téʃn/ テッシェン《CIESZYN のドイツ語名》.
Tes·co /téskoʊ/ テスコ《全英各地に支店をもつ食料品主体のスーパーマーケット》.
Té·shu Láma /téɪʃu-/ PANCHEN LAMA.
TESL /tés(ə)l/ teaching (of) English as a second language 第2言語としての英語教授(法).
tes·la /téslə/ *n*〘理〙テスラ《磁束密度の mks 系単位: =1 Wb/m²; 略 T》. [↓]
Tesla テスラ **Nikola** ~ (1856–1943)《クロアチア生まれの米国の電気技術者・発明家》.
Tésla còil〘電〙テスラコイル《高周波交流を生じる空芯変圧器》.
TESOL /tíːsɔ̀(ː)l, -sɑ̀l, tés(ə)l/ Teachers of English to Speakers of Other Languages《米国で1966年に結成》♦ teaching (of) English to speakers of other languages.
Tess /tés/ テス《女子名; Theresa の愛称》.
Tes·sa /tésə/ テッサ《女子名; Teresa の愛称》.
TESSA, Tessa /tésə/〘英〙Tax-Exempt Special Savings Account 免税特別貯蓄口座, テッサ《少額貯蓄非課税制度; 1991年に導入, 99年個人貯蓄口座 (ISA) に統合された》.
Téss Dúr·bey·field /-də́ːrbifìːld/ テス《Thomas Hardy, *Tess of the D'Urbervilles* の女性主人公である荷馬車屋の娘; 運命にもてあそばれたあげくに処刑される》.
tes·sel·lar /tésələr/ *a* 切りばめ細工の, モザイク状の.
tes·sel·late /tésəlèɪt/ *vt*〈床・舗道などを〉切りばめ細工[モザイク]にする[で飾る], テッセラ (tesserae) で作る[飾る];〘数〙〈図形が平面を〉埋め尽くす, 充塡する《合同な図形で平面を隙間・重複なく埋めつくす》. ► *vi*〘数〙〈図形が〉(平面を)埋めつくす, 充塡する. ► *a* /-lət, -lèɪt/ TESSELLATED. [L (*tessella* (dim)‹TESSERA)]
tés·sel·làt·ed *a* モザイクの(ような); 格子模様のある.
tès·sel·lá·tion *n* 切りばめ細工, モザイク(状の配列);〘数〙《合同な図形による平面の》埋め尽くし, 充塡.
tes·sera /tésərə/ *n* (*pl* **-ser·ae** /tésərìː, -ràɪ/) テッセラ《モザイク用の, 大理石・ガラス・タイルなどの通例 方形[角形]の小片》;〘古ロ〙《切符・札・さいころなどに用いた》骨[象牙, 木など]の小角片. [L‹Gk (neut)‹*tesseres, tessares* four]
tes·ser·act /tésərækt/ *n*〘数〙四次元立方体. [Gk (↑, ACTIN-)]
tés·ser·al *a* モザイクの(ような);〘晶〙等軸晶系の.
Tes·sin /*F* tesɛ̃; *G* tɛsíːn/ テサン, テシーン《スイス TICINO 州のフランス語・ドイツ語名》.
tes·si·tu·ra /tèsətúərə/ *n* (*pl* **~s, -tu·re** /-túəri/)〘楽〙テッシトゥーラ《メロディー[声部]の, 特に高い音や低い音を除いた大部分の音がはいる音域[声域]》. [It TEXTURE]
test[1] /tést/ *n* **1 a** 試験, 考査, テスト; 検査;〘化〙試験, 分析, 鑑識: an oral ~ 口頭試問 / put…to the ~ …を試験[吟味]する / stand [bear, pass] the ~ 考査[検査]に合格する / a strength ~ 強度試験 / a ~ *for* AIDS エイズの検査 / ~ results 検査結果. **b** [the T-]〘英史〙《TEST ACT による》就任宣誓: take *the T*~〘英史〙就任宣誓する. **2 a** 試すもの, 試金石, 試練; 試験の手段;〘化〙試薬; ″〘冶〙《分析用》灰皿 (cupel), 灰吹炉床: stand [withstand] the ~ of time 時の試練に耐える, 色あせない《時間が経っても忘れられず生き残る》. **b**《判断・評価の》基準. **3** 試験結果, 評価;〘化〙プラスの反応[証拠]. **4**《口》TEST MATCH. ► *vt* **1 a** 試す, 試験[検査, テスト]する; …の価値[真偽など]を判断[検証]する;〘化〙分析[試験, 鑑識, 調査]する: ~ sb *in* English [*on* grammar] / have one's eyesight ~*ed* 視力検査をうける, 検眼する / ~ the ore *for* gold 金の有無をみるため鉱石を分析する / products that are not ~*ed on* animals 動物実験を行なっていない消費者製品. **b** ″〈金銀などを〉(灰吹法で)精錬する. **2** …に(Test Act などによる)宣誓を求める. ► *vi* (…の有無を)試験[検査, 審査, 調査]する〈*for*〉; 試験[検査]される, ためされる; テストの結果[成績]が…と出る[判定される]: Tom ~*ed* positive for a prohibited drug. 禁止薬物の検査で陽性反応を示した[クロと判定された].
● **Just ~ing.**《口》試しに言ってみただけさ《発言の誤りを訂正されたときに言う文句》. **T~ing, ~ing.**《口》ただ今マイクの試験中. **~ out**〈理論などを〉実地に試みる,〈新製品などを〉テスト[チェック]する〈*on*〉;《能力・意見などをさぐるため》〈人を〉試す, …にさぐりを入れる; QUIZ out (of…). [ME=earthen vessel used in treating metals, ‹L (↓)]
test[2] *n*〘動〙殻 (shell), 被甲 (lorica);〘植〙TESTA. [L *testa* earthen pot, jug, shell (F *têt*, It *testa* head); cf. TESTER[2], TESTY]
Test. Testament.
tes·ta /téstə/ *n* (*pl* **-tae** /-tìː, -tàɪ/)〘植〙種皮 (=*seed coat*). [L TEST[2]]
tést·able[1] *a* 試験[検査, 分析]できる; 精錬できる. ♦ **tèst·abíl·ity** *n* [*test*[1]]
testable[2] *a*〘法〙遺言能力がある; 遺言で譲ることのできる. [⇨ TESTATE]
tes·ta·cean /tɛstéɪʃ(ə)n/〘動〙*a* 有殻アメーバ類の. ► *n* 有殻アメーバ.
tes·ta·ceous /tɛstéɪʃəs/ *a* 殻のある, 殻(状)の, 殻からなる;〘動・植〙赤煉瓦色の.
Tést Àct [the]〘英史〙審査法《**1**) すべての文官・武官に対して国王に忠誠を誓い, 国王を国教会の首長と認め, 国教会の慣例に従って聖餐をうけ, カトリックの化体説を否認することを義務づけた法 (1673–1828); cf. CORPORATION ACT **2**) 1871年, 非国教徒に対する大学入学制限を緩和した法》.
tes·ta·cy /téstəsi/ *n*〘法〙遺言してあること.
tes·ta·ment /téstəmənt/ *n* **1**〘法〙遺言(ゆいごん)(いごん), 遺言書《通例 one's last will and ~ という》: a military ~ 軍人遺言《口頭》/ make one's ~ 遺言(書)を作成する. **2**《古・聖》《神と人との間の》契約, 聖約; [the T-] (旧約[新約])聖書 (OLD TESTAMENT, NEW TESTAMENT); [the T-]《口》新約聖書. **3**《有形の》証拠, あかし(となるもの)〈*to*〉; 信仰告白 (credo), 信念[信条]表明. [L *testamentum* (⇨ TESTATE); 'covenant' の意は Gk *diathēkē* のラテン訳]
tes·ta·men·tal /tèstəméntl/ *a* TESTAMENTARY.
tes·ta·men·ta·ry /tèstəmént(ə)ri/ *a* 遺言の; 遺言による; 遺言で指定された.
tes·ta·mur /tɛstéɪmər/ *n*〘英大学〙試験合格証.
Tést and Cóunty Crícket Bòard [the] 英国クリケット競技会連盟, テスト・アンド・カウンティー・クリケット・ボード《英国プロクリケットの統括団体; 略 TCCB》.
tes·tate /téstèɪt, -tət/〘法〙*a* 法的に有効な遺言を残した; 遺言により処分される〈財産〉(opp. *intestate*): die ~ 遺言を残して死ぬ. ► *n* 遺言者 (testator). [L (pp)‹*testor* to be a witness; ⇨ TESTIS]
tes·ta·tion /tɛstéɪʃ(ə)n/ *n*〘法〙遺言による財産処分, 遺贈;《廃》証明 (attestation), 証言.
tes·ta·tor /tɛstéɪtər, ⌐⌐⌐/ *n*〘法〙遺言者.
tes·ta·trix /tɛstéɪtrɪks, ⌐⌐⌐/ *n* (*pl* **-tri·ces** /tɛstéɪtrəsìːz, tèstətráɪsiz/)〘法〙女性の遺言者.
tes·ta·tum /tɛstéɪtəm/ *n*〘法〙《捺印証書などの》本文.
tést bàn《大気圏》核実験禁止協定.
tést bèd《特に 航空機エンジンの》試験台[設備], テストベッド; テストベッド《エンジン[搭載兵器]試験用航空機[ロケット]》.
tést càrd ″〘テレビ〙テストパターン《テレビ受像機の調整用にテレビ局が流す静止画像》.
tést càse 1〘法〙試訴《**1**) その判決が先例として他の類似の事件にも影響を与えるもの **2**) ある法律の合憲性などを問うための訴訟》. **2** 先例となる事例, テストケース.

tést certìficate" 車検証.
tést·cròss *n*, *vt* 〘生〙検定交雑(する).
tést-drìve *vt* 〈車を〉試運転する, …に試乗する; 〈新製品を〉テスト[試用]する. ► *n* 《車の》試運転; 試乗; 新製品のテスト[試用].
tést-drìver *n* 《車の》テストドライバー; 〘電算〙テストドライバー, 試験プログラム《プログラムの実行試験を行なうプログラム》.
tést·ed *a* 《しばしば 複合語の第 2 要素として》試練を経た, 経験豊かな; 試験[検査]済みの (⇨ TRIED).
test·ee /tɛstíː/ *n* 受験者, 被検査者.
tést·er[1] *n* 試験官, 検査員; 試験器, テスター; 《香水などの》試供品, サンプル.
tés·ter[2] *n* 《寝台・祭壇などの上の》天蓋. [L; ⇨ TEST[2]]
tés·ter[3] *n* テスター《Henry 8 世像の 1 シリング銀貨; ⇨ TESTON》; 《古》6 ペンス.
testes *n* TESTIS の複数形.
tést-fìre *vt* 〈ロケットなど〉の発射試験をする, 試射する.
tést flìght 試験飛行.
tést-flỳ *vt* …の飛行テストをする.
tést glàss 〘化〙試験杯.
tes·ti·cle /téstɪk(ə)l/ *n* 〘解・動〙精巣, 睾丸. ♦ **tes·tic·u·lar** /tɛstíkjələr/ *a* [L (dim) ‹ TESTIS]
testícular feminizátion 〘遺〙精巣性[睾丸性]女性化(症).
tes·tic·u·late /tɛstíkjələt/ *a* 〘植〙睾丸状の(塊茎をもつ).
tes·ti·fy /téstəfàɪ/ *vi* 証言する 〈*that*〉, 証人となる 〈*to* a fact〉; 〈事実などが〉証拠[あかし]となる 〈*to*〉; 〘法〙宣誓証言をする; 《自己の信念を》宣言する; 〘キ教〙証(あかし)をする《自分が神によって救われた次第などを人前で語る》: ～ before court 法廷で証言する / ～ *for* [*against*]… に有利[不利]な証言をする. ► *vt* 証言する, …の証人[証拠]となる, 証明[立証]する; 〘法〙《法廷などで》宣誓証言する; 《古》〈信念などを〉宣言[公言]する, 宣する; 《古》〈同意・希望・遺憾などの意を〉表する, …の証拠を示す: ～ one's regret 遺憾の意を表明する. ♦ **-fì·er** *n* **tès·ti·fi·cá·tion** *n* [L *testificor*; ⇨ TESTIS]
tes·ti·mo·ni·al /tɛ̀stəmóuniəl/ *n* 証拠, 証言; 《人物・資格・品質などの》証明書; 推薦状; 感謝状, 表彰状, 賞状; 感謝のしるし, 功労をねぎらう品[行事], 記念品. ► *a* 証明の, 証明になる; 感謝の, 表彰の.
testimónial·ìze *vt* …に推薦状を書く; …に感謝状を贈る.
tes·ti·mo·ny /téstəmòuni; -məni/ *n* **1 a** 証言, 《法廷の》宣誓証言; 《広く》言明; 《宗教体験・信念の》告白, 宣言, あかし: A witness gave ～ *that*…. 一人の証人が…という証言をした / call sb in ～ 人を証人に立たせる / bear ～ 証言する 〈*to*〉. **b** 証拠, しるし, 証; 証明, 考証: ～ *to* [*against*] sb's character 人物[不品行]の証明 / produce ～ *to* [*of*] one's statement 自分の陳述の証拠を提出する / bear ～ that…ということをはっきり示している. **2** [the] 〘聖〙あかし, 十戒; あかしの板《「十戒」を刻んだ平たい石》; [the] 〘聖〙ARK of Testimony 《*Exod* 25: 16》; [the ～ *or* testimonies] 聖書(の中の神のことば). **3** 《古》抗議 〈*against*〉: bear ～ 抗議する 〈*against*〉. [L; ⇨ TESTIS]
tést·ing *a* 最大限の努力[能力]の要求される, きわめて困難な; 試験[実験]の(ための), テスト(用)の. ► *n* テスト(すること), 試験, 実験. ♦ **～·ly** *adv*
tésting gròund 《兵器・製品・アイディアなどの》実験[試験]場, 試す機会 〈*for*, *of*〉.
tésting stàtion 《NZ》《運転適性保証書の発行が認可されている》自動車試験場.
tes·tis /téstəs/ *n* (*pl* **-tes** /-tìːz/) 〘解・動〙精巣, 睾丸. [L＝witness (of virility); cf. TESTICLE]
tést-màrket *vt* 〈新製品などを〉試験[テスト]販売する. ♦ **tést-màrket·ing** *n* 試験的な市場導入, テストマーケティング.
tést màtch 《クリケットやラグビーの一連の》国際試合, 《特に 英連邦諸国間の》国際クリケット選手権大会, テストマッチ.
tést mèssage 〘インターネット〙テストメッセージ《ニュースグループへの接続確認のため専用の場所に掲示するメッセージ》.
tes·ton /téstɑn, -tən/, **tes·toon** /tɛstúːn/ *n* テストン《**1**) 16 世紀のフランスの銀貨: ＝10–14½ sous **2**) Henry 8 世 [Edward 6 世] 像の 1 シリング銀貨で, 9 ペンスに下落し, さらに Shakespeare の時代には 6 ペンスに値下がりした》. [F (obs)＜It (obs) ‹ *testa* head, TEST[2]]
tes·tos·ter·one /tɛstɑ́stəròun/ *n* 〘生化〙テストステロン《精巣から分泌される雄性ホルモン》; 男らしさ. [*testis*, *sterol*, *-one*]
tést pàper 〘化〙試験紙; 試験問題紙, 答案用紙.
tést pàttern 〘テレビ〙テストパターン《受像調整用図形》.
tést pìece 《コンクールなどの》課題曲[作品].
tést pìlot 《新しい航空機の》試験飛行士, テストパイロット.
tést rìg 《機器の性能評価用の》検査装置[器具].
tést rùn 《機械・システムなどの》試運転, テストラン.
tést-smòke*《俗》*vt* 《買う前に》〈マリファナを〉試し吸いする. ► *n* 《マリファナの》試し吸い.
tést strìp テストストリップ《反応テスト用の紙片, 特に 試し焼き用の印画紙片; 段階露出を行なって露出時間を評価する》.
tést-tùbe *a* 試験管の中での; 体外受精の.
tést tùbe 試験管.
tést-tùbe bàby 試験管ベビー, 体外受精児.
tést tỳpe 視力検査表の文字; [*pl*] 視力検査表.
tes·tu·di·nal /tɛst(j)úːd(ə)nəl/, **-nar·i·ous** /tɛst(j)ùːd(ə)néəriəs/ *a* カメ (tortoise, turtle) [亀甲]の(ような).
tes·tu·di·nate /tɛst(j)úːd(ə)nət, -nèɪt/ 〘動〙*a* カメ類[目] (Testudinata) の; カメの甲のようなアーチ[丸天井]形の; カメのように堅い甲のある. ► *n* カメ目の動物.
tes·tu·do /tɛst(j)úːdou/ *n* (*pl* **～s**, **-di·nes** /-d(ə)nìːz/) **1** 〘古ロ〙亀甲状掩蓋(えんがい)《特に 攻城の際に兵士たちの頭上を守ったもの; また, 各兵士の盾を連ねてこれを模したもの》. **2** 〘医〙亀甲(きっこう)帯. [L＝tortois (shell)]
tést wòrd 試しことば, 合いことば (＝*shibboleth*).
tes·ty /tésti/ *a* 短気な, おこりっぽい; 〈言動など〉不機嫌な, いらだたしげな, つっけんどんな. ♦ **tés·ti·ly** *adv* **-ti·ness** *n* [AF (OF *teste* head, TEST[2])]
Tet /tɛ́t/ *n* テト《ヴェトナムの正月; 1 月 20 日以後最初の新月からの 3 日間》. [Vietnamese]
tet·a·nal /tét(ə)n(ə)l/ *a* TETANUS の[に起因する].
te·tan·ic /tətǽnɪk/ 〘医〙*a* 破傷風(性[様])の; 強直[テタニー]の[を起こす]. ► *n* 起攣(きれん)剤. ♦ **-i·cal·ly** *adv*
tet·a·nize /tét(ə)nàɪz/ *vt* 〘生理〙〈筋肉〉に強直痙攣を起こさせる. ♦ **-ni·za·tion** /tɛ̀t(ə)nəzéɪʃ(ə)n; -nàɪ-/ *n*
tet·a·nus /tét(ə)nəs/ *n* 〘医〙破傷風; 〘菌〙破傷風菌; (激烈な)筋肉の強直痙攣, 強縮, 強直. ♦ **tét·a·nòid** *a* [L＜Gk＝taut]
tet·a·ny /tétni/ *n* 〘医〙テタニー《強直性痙攣症》.
te·tart- /tətɑ́ːrt/, **te·tar·to-** /tətɑ́ːrtou, -tə/ *comb form*「4 分の 1」[Gk *tetartos* fourth]
tetàrto·hédral *a* 〈結晶体が〉4 分の 1 面体の, 四半面像の. ♦ **～·ly** *adv*
tetched ⇨ TECHED.
tetchy, techy /tɛ́tʃi/ *a* 神経のピリピリした, おこりっぽい, いらいらした; 厄介な〈問題など〉. ♦ **té(t)ch·i·ly** *adv* **-i·ness** *n* [C16 (?*teche* blemish, fault＜OF)]
tête-à-tête /tétətét, téɪtətéɪt/ *a*, *adv* 二人だけの[で], 差し向かいの[で]: have a ～ talk with…と差し向かいで話す. ► *n* 二人だけの対談, 差し向かいの話, うちとけた対話; S 字型二人用椅子[ソファー]. [F＝head to head]
tête-bêche /tɛtbɛ́ʃ, teɪtbéɪʃ/ *a* 〘郵〙〈2 枚続きの切手が〉上下[左右]逆向きに印刷されている, テートベーシュの. [F (*bêchevet* double bedhead)]
tête de cu·vée /tétdəkjuvéɪ, téɪt-; *F* tɛtdəkyve/ (*pl* **têtes de cu·vées** /—/) テート・ド・キュヴェ《一番しぼりのワイン; 最上級品とされる》; 《特定の地域の》最上のワインを産するブドウ園.
tête-de-pont /*F* tɛtdəpɔ̃/ *n* (*pl* **têtes-de-pont** /—/) 橋頭堡 (bridgehead). [F (*pont* bridge)]
teth /tés, tét/ *n* テース《ヘブライ語アルファベットの第 9 字》. [Heb]
teth·er /téðər/ *n* 《牛・馬などをつなぐ》つなぎ縄[鎖]; [*fig*] 《能力・財力・忍耐などの》範囲, 限界: the matrimonial ～ 夫婦の縁 / be at [have reached] the end of one's ～ 万策尽きて[行き詰まって, 我慢の限界にきて]いる / be beyond one's ～ 力の及ばない; 権限外である. ► *vt* tether でつなぐ, つなぎ留める; 束縛する. [ON＜Gmc (**teu-* to fasten)]
téther·bàll *n* テザーボール《柱からひもで吊り下げられた球をラケットで打ち合う 2 人用のゲーム; その球》.
Te·thy·an /tíːθiən/ *a* 〘地質〙テチス海の.
Te·thys /tíːθəs/ **1** 〘ギ神〙テーテュース《Uranus と Gaea の娘で Oceanus の妻; cf. OCEANID》. **2** 〘天〙テテュス《土星の第 3 衛星》. **3** [the] 〘地質〙テチス海《アフリカ大陸とユーラシア大陸とを分離していたと考えられる大海; 古地中海》.
Tet·ley /tétli/ 〘商標〙テトリー《英国の紅茶》.
Te·ton (Sioux) /tíːtn (—)/ **a** (*pl* ～, ～**s**) テトン(スー)族《米国西部に住む Dakota 族の支族》. **b** テトン(スー)語.
Téton Ránge [the] ティートン山脈《Wyoming 州北西部の山脈; 最高峰 Grand Teton (4196 m)》.
Té·touan /*F* tetwɑ̃/ テトゥアン (Sp **Te·tuán** /tɛtwɑ́ːn/) 《モロッコ北部の地中海に臨む市・港町; かつてのスペイン領モロッコの首都》.
tet·ra /tétrə/ *n* 〘魚〙テトラ《南米淡水原産の小型で明るく輝くカラシン科の多種の熱帯魚》. [L *tetra*gonopterus (TETRAGON, *-pterous*)]
tet·ra- /tétrə/, **tetr-** /tétr/ *comb form*「4」「4 原子[基, 原子団]をもつ」[Gk (TETRAD)]
tètra·básic *a* 〘化〙四塩基性の. ♦ **-basícity** *n*
tètra·bén·a·zine /-bénəzìːn/ *n* 〘薬〙テトラベナジン《精神安定薬》.
tet·ra·brach /tétrəbræ̀k/ *n* 〘韻〙《古典詩の》四短音節格. [Gk]
tètra·bránchiate *a*, *n* 〘動〙四鰓(しさい)亜綱の(動物).
tétra·caine /-kèɪn/ *n* 〘薬〙テトラカイン《局所麻酔薬》.
tètra·chlóride *n* 〘化〙四塩化物.
tètra·chlòro·éthylene *n* 〘化〙四塩化エチレン, テトラクロロエチレン《洗浄剤・ゴムやタールの溶剤などに用いる》.

tètra·chlòro·méthane *n* 〘化〙 テトラクロロメタン (CARBON TETRACHLORIDE).
tet·ra·chord /tétrəkɔ̀ːrd/ *n* 〘楽〙 四音音階; テトラコード, テトラコルド(ン)《古代の四弦琴の一種》. ♦ **tèt·ra·chórd·al** *a*
te·trac·id /tɛtrǽsəd/ *n, a* 〘化〙 四酸(の).
tètra·cýclic *a* 〘植〙 四輪(生)の; 〘化〙〈化合物が〉4 つの環をもつ: ~ flowers 四花輪.
tètra·cý·cline /-sáɪklìːn, -klàɪn, -klən/ *n* 〘薬〙 テトラサイクリン《抗生物質の一種; また これから誘導した chlortetracycline, oxytetracycline など》.
tet·rad /tétræ̀d/ *n* 4 個からなる一組, 四つ組; 〘化〙 4 価の元素[基]; 〘生〙 四分子《1 母細胞から減数分裂で生じた 4 娘細胞; 花粉では四集粒ともいう》; 〘生〙 四分染色体. ♦ **te·trad·ic** /tɛtrǽdɪk/ *a* [Gk *tetrad- tetras* four]
tètra·dáctyl 〘動〙 *n* 四指動物. ► *a* TETRADACTYLOUS. ♦ **tètra·dáctyly** *n*
tètra·dáctylous *a* 〘動〙 四指をもった.
tet·ra·drachm /tétrədræ̀m/ *n* 《古代ギリシアの》4 ドラクマ銀貨. [Gk (*tetra-*, DRACHMA)]
tet·ra·drach·ma /tètrədrǽkmə/ *n* TETRADRACHM.
te·trad·y·mite /tɛtrǽdəmàɪt/ *n* 〘鉱〙 テトラジマイト《テルルビスマス鉱族》.
tètra·dý·na·mous /-dáɪnəməs/ *a* 〘植〙 四強[四長]雄蕊(ずい)の.
tètra·éthyl *a* 〘化〙 4 エチル基をもつ.
tétra·èthyl léad /-léd/ 〘化〙 四エチル鉛, テトラエチル鉛 (=*lead tetraethyl*) 《燃料のアンチノック剤; 略 TEL》.
tetraéthyl pyrophósphate 〘化〙 テトラエチルピロリン酸《殺虫・殺鼠剤; 略 TEPP》.
tètra·flúoride *n* 〘化〙 四フッ化物.
tètra·flùoro·éthene *n* 〘化〙 テトラフルオロエテン (TETRAFLUOROETHYLENE).
tètra·flùoro·éthylene *n* 〘化〙 テトラフルオロエチレン《無色の気体; テフロンの原料》.
tètra·fúnction·al *a* 〘化〙 四官能性の.
tet·ra·gon /tétrəgɑ̀n/ *n* 四角形, 四辺形. ★ 五角形から十二角形は以下のとおり: pentagon, hexagon, heptagon, octagon, enneagon [nonagon], decagon, hendecagon, dodecagon; 多角形 polygon. [L<Gk(-GON)]
te·trag·o·nal /tɛtrǽgənl/ *a* 四角[四辺]形の; 〘晶〙 正方晶系の. ♦ **~·ly** *adv*
tetrágonal sỳstem 〘晶〙 正方晶系.
tétra·gràm *n* 四字語; [ºT-] TETRAGRAMMATON.
tet·ra·gram·ma·ton /tètrəgrǽmətɑ̀n, -t(ə)n/ *n* (*pl* **-ma·ta** /-tə/) [ºT-] ヤハウェの四子音文字《ヘブライ語で「神」を示す 4 字; YHWH, JHVH などと翻字される; ユダヤ人は神の名を口にするのを恐れ, Adonai, Elohim の語に置き換えて発音する; ⇨ YAHWEH》. [Gk (*gramma* letter)]
tètra·gý·nous /-ʤáɪnəs, -gáɪnəs/ 〘植〙 *a* 四雌蕊(ずい)の; 四心皮の.
tètra·hédral *a* 四面体の; 四つの面をもつ. ♦ **~·ly** *adv*
tètra·hé·drite /-híːdràɪt/ *n* 〘鉱〙 四面銅鉱.
tètra·hédron *n* (*pl* **~s, -dra**) 〘数〙 四面体. ★ 五面体から十二面体は以下のとおり: pentahedron, hexahedron, heptahedron, octahedron, enneahedron, decahedron, hendecahedron, dodecahedron; 二十面体 icosahedron; 多面体 polyhedron.
tètra·hýdrate *n* 〘化〙 四水和物, 四水化物. ♦ **-hýdrated** *a*
tètra·hỳdro·can·náb·i·nol /-kənǽbənɔ̀(ː)l, -nòʊl, -nɑ̀l/ *n* 〘化〙 テトラヒドロカンナビノール《インド大麻に含まれるマリファナの主成分; 略 THC》.
tètra·hỳdro·fúran *n* 〘化〙 テトラヒドロフラン《無色の液体; 溶剤, ナイロンなどの合成原料; 略 THF》.
tètra·hydróxy *a* 〘化〙 四水酸基をもつ.
tet·ra·hy·me·na /tètrəháɪmənə/ *n* 〘動〙 テトラヒメナ《全毛類膜口目 *T*~ 属の各種繊毛虫》.
te·tral·o·gy /tɛtrǽləʤi, -trɑ́ːl-/ *n* 〘古ギ〙 四部劇《3 悲劇と 1 諷刺劇からなる》; 《劇・小説などの》四部作 (cf. TRILOGY); 〘医〙 四徴候《ある病気を特徴づける 4 つの要素》.
tétra·mer *n* 〘化〙 四量体. ♦ **tèt·ra·méric** /-mér-/ *a*
te·tram·er·al /tɛtrǽmərəl/ *a* TETRAMEROUS.
te·tram·er·ous /tɛtrǽmərəs/ *a* 4 部分からなる[に分かれた]; 〘植〙〈花が〉四分裂の, 四片の. ★ しばしば 4-merous とも書く.
te·tram·e·ter /tɛtrǽmətər/ 〘韻〙 *n* 四歩格 (1) 4 詩脚の詩行; ⇨ METER[1] 2) 二歩句 (dipody) 4 つからなる古典詩の詩行》. ► *a* 四歩格の.
tètra·méthyl *a* 〘化〙 分子内に 4 メチル基を有する, テトラメチル….
tètra·mèthyl·dì·ársine *n* 〘化〙 テトラメチルジアルシン (cacodyl) 《不快臭の無色液体》.
tètra·mèthyl·léad /-léd/ *n* 〘化〙 四メチル鉛, テトラメチル鉛《無色有毒の油状液; アンチノック剤》.
tet·ra·morph /tétrəmɔ̀ːrf/ *n* 〘キ教〙 四福音書記者を象徴する有翼の組合わせ形像.
tètra·mórphism *n* 〘晶〙 四形《同一化学組成の物質が 4 つの異なる結晶形を示す現象》.
te·tran·drous /tɛtrǽndrəs/ *a* 〘植〙 四雄蕊(ずい)(花)の.
tètra·nítrate *n* 〘化〙 四硝酸塩.
tètra·pétal·ous *a* 〘植〙 四(花)弁の.
tètra·plégia *n* 〘医〙 四肢麻痺 (quadriplegia). ♦ **-plé·gic** *a, n* 四肢麻痺の(患者).
tétra·plòid 〘生〙 *a* 四倍(ばい)性の, 四倍体の. ► *n* 四倍体.
tétra·plòidy *n* 〘生〙 四倍性.
tet·ra·pod /tétrəpɑ̀d/ *n* **1** 〘動〙 四肢動物, 四足[四脚]類の脊椎動物《両性類・爬虫類・鳥類・哺乳類を含む》. **2** 《小卓・椅子などの》支柱が 4 つに分かれた脚. **3** 4 脚の構造物; テトラポッド《消波用のコンクリート製四脚体; 「テトラポッド」は日本では商標》. ► *a* 足が 4 本ある, 四肢をもつ; 〘動〙 四足類 (Tetrapoda) の.
te·trap·o·dy /tɛtrǽpədi/ *n* 〘韻〙 四詩脚《単位》.
te·trap·ter·ous /tɛtrǽptərəs/ *a* 〘昆〙 四翅(し)の; 〘植〙 四翼のある〈果実〉. [*-pterous*]
tètra·pýrrole *n* 〘化〙 テトラピロール《4 個のピロール環が鎖状または環状に結合したもの》.
te·trarch /tétrɑ̀ːrk, tíː-/ *n* 《古代ローマの》四分領太守; 《属領の》小王, 小君主; 四頭政治の統治者の一人; マケドニアの phalanx の指揮官. ♦ **te·trar·chic** /tɛtrɑ́ːrkɪk/ *a*
te·trarch·ate /tétrɑ̀ːrkèɪt, -kət, tíː-; tɛtrɑ́ːr-/ *n* TETRARCHY.
té·tràr·chy *n* TETRARCH の職[領地]; 四頭政治; 四頭政治の 4 統治者; 四行政区に分かれた国.
tètra·sporángium *n* 〘植〙 《藻類の》四分胞子嚢.
tétra·spòre *n* 〘植〙 《藻類の》四分胞子. ♦ **tètra·spór·ic** /-spɔ́ːrɪk/, **tètra·spór·ous** *a*
tet·ra·stich /tétrəstɪ̀k/ *n* 〘韻〙 四行詩, 四行節. ♦ **tèt·ra·stích·ic** *a*
te·tras·ti·chous /tɛtrǽstɪkəs/ 〘植〙 *a* 〈花が〉四列の; 〈穂などが〉四列の花をもった.
tet·ra·style /tétrəstàɪl/ *a, n* 〘建〙 四柱式の(建物).
tètra·sýllable *n* 4 音節の語[詩行]. ♦ **-syllábic** *a*
tet·rath·lon /tɛtrǽθlɑ̀n, -lən/ *n* 四種競技《特に 馬術・射撃・水泳・競走》.
tet·ra·tom·ic /tètrətɑ́mɪk/ 〘化〙 *a* 四価の; 4 原子の[からなる]; 置換しうる 4 個の原子[基]を有する.
tètra·válent /, tɛtrǽvələnt/ *a* 〘化〙 四価の; 〘生〙〈染色体が〉四価の. ► *n* 四価染色体.
tet·ra·zo·li·um /tètrəzóʊliəm/ *n* 〘化〙 テトラゾリウム《1 価の陽イオン[基]で, 電子受容体として生体細胞の代謝の検査などに用いる》. [*tetrazole*]
Te·traz·zi·ni /tètrəzíːni/ *n* テトラッツィーニ **Luisa** ~ (1871–1940) 《イタリアのコロラトゥーラソプラノ》. ► *a* [ºt-] 〘料理〙 テトラッツィーニ風の《パスタ・マッシュルーム・アーモンドを使ってヴルーテ (velouté) で調理しグラタンにして出す》.
tet·ri /tétri/ *n* テトリ《グルジアの通貨単位: =1/100 lari》.
tet·rode /tétròʊd/ *n* 〘電〙 四極(真空)管. [*-ode*[2]; Gk *hodos* way]
tet·ro·do·tóxin /tɛtròʊdə-/ *n* 〘生化〙 テトロドトキシン《フグ毒の成分》.
tet·rose /tétròʊs/ *n* 〘化〙 四炭糖, テトロース.
te·trox·ide /tɛtrɑ́ksàɪd/, **te·trox·id** /tɛtrɑ́ksəd/ *n* 〘化〙 四酸化物.
tet·ryl /tétrəl/ *n* 〘化〙 テトリル《(雷管用)起爆薬》.
tet·ter /tétər/ *n* 皮疹《白癬・湿疹・疱疹などの俗称》, 水ぶくれ, にきび: moist [humid] ~ 湿疹. [OE]
tétter·wòrt *n* 〘植〙 クサノオウ (greater celandine) 《皮疹に効くといわれた》.
Tetuán ⇨ TÉTOUAN.
Tet·zel, Te·zel /tétsəl/ テッツェル **Johann** ~ (c. 1465–1519) 《ドイツのドミニコ会修道士; 免償符 (indulgence) の販売をめぐって Luther と論争》.
TEU Treaty on EUROPEAN UNION.
Teu·cer /t(j)úːsər/ 〘ギ神〙 テウクロス (1) トロイア王家の祖 2) Telamon の子ですぐれた射手》.
teuch·ter /tjúxtər, ʧú-/ *n* [ˢT-] 《スコ》 [º*derog*] 《スコットランド低地人から見て》高地人 (Highlander), 《北部の》田舎もの, ゲール語使用者.
Teu·cri·an /t(j)úːkriən/ *a, n* TEUCER の; トロイア人(の).
Teu·fels·dröckh /tɔ́ɪfəlzdrèk, -drʌ̀k/ トイフェルスドレック《Carlyle, *Sartor Resartus* 中の主人公であるドイツ人哲学教授》.
Teut. Teuton ♦ Teutonic.
Téu·to·burg Fórest /t(j)úːtəbə̀ːrg-/ [the] トイトブルクの森 (G **Teu·to·bur·ger Wald** /G tɔ́ytoburgər vált/) 《ドイツ西北部の Ems 川と Weser 川にはさまれた地域にある森林におおわれた山地; ローマ軍が Arminius 率いるゲルマン人に惨敗 (A.D. 9) した古戦場と考えられている》.
Teu·ton /t(j)úːtn/ *n* チュートン人 (1) 古代ゲルマン民族の一派で紀元前 4 世紀ごろ Jutland 半島に住んでいた 2) ドイツ・オランダ・スカン

T

ディナヴィアなどの民族 3) [°*derog*] ドイツ人). ► *a* TEUTONIC. [L *Teutones*<IE=people, country]

Teu·ton·ic /t(j)utánɪk/ *a* 《古風》チュートン[ゲルマン]人[民族, 語]の; [°*derog*] ドイツ(民族)の, ドイツ人的な[特有の]. ► *n* 《古風》チュートン語, ゲルマン語. ♦ **-i·cal·ly** *adv*

Teu·ton·i·cism /t(j)utánəsìz(ə)m/ *n* TEUTONISM.

Teutónic Knìght TEUTONIC ORDER の騎士(団員).

Teutónic Órder [the] ドイツ[チュートン]騎士団《第3回十字軍のころパレスティナに創設されたドイツ人キリスト教徒の軍団・騎士修道会; 13–14 世紀に Prussia へ移り征服・植民を推進》.

Téuton·ìsm *n* チュートン[ドイツ]主義[精神, 文化]; チュートン語風. ♦ **-ist** *n*

téuton·ize *vt, vi* [°T-] チュートン風にする[なる]. ♦ **tèuton·izátion** *n* チュートン化.

TeV °teraelectronvolt ♦ trillion electron volt.

TEV Today's English Version (⇨ GOOD NEWS BIBLE).

Tev·a·tron /tɛ́vətrɑ̀n/ *n* テバトロン《Chicago 郊外のフェルミ研究所 (Fermilab) の 1 TeV の陽子シンクロトロン》.

Tevere ⇨ TIBER.

Te·vet /teɪvéɪt, -θ, téɪvèɪs/ *n* 〘ユダヤ暦〙 TEBET.

tew /t(j)úː/ 《方》 *vt* TAW². ► *vi* 精を出す; やきもきする. ► *n* やきもき, せかせか, やっき.

T

Te·wa /téɪwə, tíːwə/ *n* **a** (*pl* ~, ~**s**) テワ族《New Mexico 州, Arizona 州北東部の Rio Grande 沿岸に住むタノ語族(Tanoan)のプエブロインディアン》. **b** テワ語.

Tewkes·bury /t(j)úːksbèri, -b(ə)ri; -b(ə)ri/ テュークスベリー《イングランド中南西部 Gloucestershire の Severn 川と Avon 川の合流点にある町, バラ戦争で当地における戦闘 (1471) が Edward 4 世に対する Lancaster 家の敗北を決定的にした》.

TEWT /t(j)úːt/ 〘英軍〙 現地戦術《司令部・参謀たちだけで行なう模擬戦》. [*T*actical *E*xercise *W*ithout *T*roops]

Tex. Texan ♦ Texas.

Tex·a·co /téksɪkòu/ テキサコ(社) (~, Inc.)《米国の石油会社》.

Tex·an /téks(ə)n/ *a* テキサス州(人)の. ► *n* テキサス州人.

Téxan [Téxas] bórder [the]*《俗》 米国とメキシコとの国境.

Tex·as /téksəs, -səz/ **1** テキサス《米国南部の州; ☆Austin; 略 Tex., TX》. **2** [t-] (*pl* ~, ~**·es**)*《川蒸気船の》最高甲板室《高級船員室用; この上または前に操舵室がある》, TEXAS DECK. **3** テキサス(ホームケア) (=~ **Hómecare**)《家の修理改装用品・装飾品・園芸用品などを扱う英国のチェーン店》.

Téxas bédbug 〘昆〙 (オオ)サシガメ (conenose).

Téxas cítrus mìte 〘動〙 テキサスミカンアカダニ.

Téxas dèck* テキサスデッキ《川蒸気船の最上甲板》.

Téxas féver 〘獣医〙 テキサス熱《牛のバベシア症で, マダニによって伝染し赤血球を破壊する》.

Téxas Hóld'em 〘ポーカー〙 テキサスホールデム (HOLD'EM).

Téxas Indepéndence Dày [the] テキサス独立記念日《3 月 2 日; 1836 年メキシコからの独立宣言を記念; Sam Houston の誕生日でもある》.

téxas léaguer [°T- l-] 〘野〙 テキサスリーガー, テキサスヒット, ポテンヒット《ふらふら上がって内外野間に落ちる》. [*Texas League* マイナーリーグの一つ]

Téxas lónghorn 〘畜〙 テキサスロングホーン《1) スペイン原産のロングホーン種から開発された米国産の角の長大な畜牛 2) スペイン原産の LONGHORN》.

Téxas ptérosaur 〘古生〙 テキサス翼竜《1975 年 Texas 州 Big Bend 国立公園で化石が発見された》.

Téxas Ránger テキサスレンジャー《1835 年に組織され, Texas の初期軍事と秩序維持に活躍した騎馬警備隊の隊員; 同隊は 1935 年以降テキサス州警察隊の一部門となった》.

Téxas-sìzed *a* 《口》 ばかでかい, 特大の, 超大型の.

Téxas spárrow 〘鳥〙 オリーブシトド (=*greenfinch*)《Texas 州南部・メキシコ産のホオジロ科の小鳥》.

Téxas téa*《俗》 マリファナ, はっぱ (marijuana).

Téxas tówer 〘米軍〙 テキサスタワー《海洋中に建設された早期警戒用レーダー・水路標識などを備えた塔》.

Tex·co·co /tɛskóukou/, **Tez·cu·co** /tɛskúːkou/ テスココ《メキシコ中部 Mexico 州, Mexico City の東方にある市; Aztec 王国の古都》.

Tex·el /téksəl, tésəl/ **1** テセル《オランダ領 West Frisian 諸島の島; North Holland 州の commune の一つ》. **2** 〘畜〙 テクセル種(の羊)《Texel 島原産の大型で白い長毛の肉用種》.

Tex-Mex* /téksméks/ *a* テキサス州とメキシコとの国境付近の, テキサス・メキシコ折衷の, テキサス風メキシコの〈文化・料理・音楽・言語など〉. ► *n* テキサスで話されるメキシコのスペイン語; テキサス州とメキシコとの国境付近の人; テキサス風メキシコ料理; 〘楽〙 テックスメックス《テキサス州のメキシコ系人のアコーディオンとギターを中心としたフォーク音楽》.

text /tékst/ *n* **1 a** 《さしえ・注釈・付録・表紙などに対して》本文, テキスト: too much ~ and not enough notes 本文ばかり多く注が足りない. **b** 原文, 原典, 文(章), 字句, 文言(もんごん); 《校訂した》本文, 版(本); 《発言者の》話したとおりのことば(の記録), 発言録: the original ~ 原文 / a corrupt ~ 転写間違いのある[手を入れられた]テキスト. **c** 〘電算〙 テキスト《1) 数値・グラフィックスなどと区別して, 文字から構成されるデータ 2) メッセージの本文》: ~ data 〘電算〙 テキストデータ《可読文字からなるデータ》. **d** TEXT MESSAGE, メール. **2 a** 《説教に引用される》聖書の原句, 聖句; 《演説・エッセイなどの前置きなどに用いる》権威ある出典からの引用句: a golden ~ 訓話帳《日曜学校の暗記用》. **b** 情報源, 出典, 典拠. **c** 評価基準枠, 視座. **3** 《討論などの》題目, 主題: stick to one's ~ 〈話などが〉脱線しない. **4***《研究・授業用の》テキスト (TEXTBOOK), 指定[課題]図書, 《試験の》問題(文); 《解釈の》対象; 〘楽〙 テクスト《1) 印刷された楽譜 2) 曲に付けた歌詞》: a history ~ 歴史の教科書. **5** TEXT HAND; 〘印〙 テキスト (=~ **lètter**) (BLACK LETTER): CHURCH TEXT. ► *vt, vi* 《携帯電話で》メールする (text message). ♦ ~**·er** *n* ~**·ing** *n* 文字通信 (text messaging). ~**·less** *a* [OF<L=texture, literary style (*text- texo* to weave)]

téxt·bòok *n* 教科書, 教本, 教則本; [〈*a*〉] 教科書的な, 模範[典型]的な. ♦ ~**·ish** *a*

téxt bòx 〘電算〙 テキストボックス《GUI 環境で, 文字列を入力する欄》.

téxt chàt 〘電算〙 テキストチャット《インターネットを使ってリアルタイムでメッセージを交換すること》.

téxt edìtion 《書物の》教科書版《教室配布用の簡易装廉価版; cf. TRADE EDITION》.

téxt èditor 〘電算〙 文書編集プログラム, テキストエディター (EDITOR).

téxt fìle 〘電算〙 テキストファイル《文字データ (text) を収めたファイル; 日本語や特殊文字を含まないものは ASCII file ともいう》.

téxt hànd テキスト体《肉太の古体文字; 単に text ともいう》.

tex·tile /tékstàɪl, *-t(ə)l/ *a* 織物[編物]の, 布地の, テキスタイルの; 織られた, 製織(せいしょく)した, 編んだ; 織る[編む]ことのできる: ~ fabrics 織物, 編物 / the ~ industry 繊維産業. ► *n* 織物, 編物, 布地, テキスタイル《織物・編物だけでなくフェルトやレースも含む》; 《テキスタイル用の》繊維, 織糸, 編み糸, 紡ぎ糸, 撚(よ)り糸; テキスタイル原料《綿・羊毛・ナイロンなど》; [*pl*] 繊維[テキスタイル]産業, 織物業; 《口》《ヌーディストから見た》着衣の人. [L=woven; ⇨ TEXT]

téxt mèssage *n* 《携帯電話でやりとりされる》文字通信, メール(の内容). ► *vt, vi* 《携帯電話で》(…に)メールする. ♦ **téxt mèssaging** *n*

téxt·phòne *n* 《聴力障害者用の》文字通信電話機 (TDD).

téxt pròcessing 〘電算〙 テキスト処理.

text. rec. °textus receptus.

téxt·spèak *n* 携帯メール特有の表現《4u (=for you) のような略記, IMO のような頭字語, emoticon など》.

téxt-to-spéech *a* テキストを音声に変換する, 読み上げの《略 TTS》.

tex·tu·al /tékstʃuəl, ‖-tju-/ *a* 本文の, 原文(上)の; (聖書の)本文に拠(よ)る, 原文どおりの, 逐語的な: a ~ quotation 原文のままの引用文. ♦ ~**·ly** *adv* 原文に関して(は); 原文どおりに, 逐語的に. [L; ⇨ TEXT]

téxtual crític TEXTUAL CRITICISM をする人.

téxtual críticism **1** 《異本の校合によって古典の原文を確立する》本文[原文, 原典]批評. **2** 《作家の経歴・個性などにとらわれず作品そのものを分析・評価する》作品分析批評.

téxtual·ìsm *n* 《特に 聖書の》原文(至上)主義; TEXTUAL CRITICISM の技術.

téxtual·ist *n* 《特に 聖書の》原文(至上)主義者; 聖書の本文に精通した人[研究家].

tex·tu·al·i·ty /tèkstʃuǽləti/ *n* **1** 〘文芸〙 テクスト性《日常言語と対比してみたテクスト言語の特性》. **2** 《特に 聖書の》原文(至上)主義 (textualism).

téxtual·ìze *vt* 文章化する, 具体化する. ♦ **tèxtual·izátion** *n*

tex·tu·ary /tékstʃuèri; -(ə)ri, -tju-/ *a* TEXTUAL. ► *n* 聖書の本文に精通した人; 《特に 聖書の》原文主義者.

tex·ture /tékstʃər/ *n* **1** 織り[編み]合わせて作られたもの, 《特に》織物; 織り方, 織り. **2 a** 《織物の》地質(じしつ), 織地, 生地(きじ). **b** 《皮膚・木材・岩石・飲食物などの》きめ, 肌理(きめ), 組織, 組成, テクスチャー, 《特に 粗い》感触[材質感]; 手[舌]ざわり, 食感. **3** 本質, 実質; 特質, 肌合い, (見聞きした)感じ, (まとまった)印象, 味わい; 〘美〙 質感[色調](描出), 絵肌, マティエール; 〘電算〙 テクスチャー《紋様・パターン》; 《文章などの》詩的[文体的]要素, '響き'; 〘楽〙 (全体的な)基調, 《書法上の》テクスチャー; 基本的[全体的]構造[構成]. ► *vt* 織る; 〈模様を〉織り込む; …に特定の texture を出す. ♦ ~**·less** *a* **téx·tur·al** *a* **téx·tur·al·ly** *adv* [L=web; ⇨ TEXT]

téx·tured *a* (粗い)感触[質感]を出した, (なめらかでない)手ざわりの残る.

téxtured végetable prótein 植物性タンパク質《ダイズから採る肉の代用品》.

téxture màpping 〘電算〙 テクスチャーマッピング《コンピューターグラフィックスで, 平面上に構成した紋様を立体表面へ写像することによる質感表現技術》.

tex·tur·ing /tékstʃərɪŋ/ *n* テクスチャリング《音楽・絵画・コンピュー

ターグラフィックスなどにおける質感表現[付与]), TEXTURE MAPPING.
tex·tur·ize /tékstʃəràɪz/ *vt* 〈木材・岩など〉に特定のきめを出す, テクスチャライズする.
tex·tus re·cep·tus /tékstəs rɪséptəs/ 公認本文[テクスト], [T-R-] 《ギリシア語新約聖書の》伝承本文《略 text. rec.》. [L=received text]
téxt wràp 〖電算〗《DTP, ワードプロセシングで》テキストによるグラフィックスのまわりへの回り込み.
Tezcuco ⇨ TEXCOCO.
Tezel ⇨ TETZEL.
TF °task force ♦ °teaching fellow ♦〖英〗Territorial Force.
TFLOPS /tíːflɑ̀ps/ *n* 〖電算〗TFLOPS (=*teraflops*)《10^{12} 浮動小数点演算毎秒》.
T formation /tíː —/ 〖アメフト〗T フォーメーション《バックス選手 4 人をオフェンスラインの後ろに T 字形に配置したオーソドックスな攻撃フォーメーション; センターの後ろにクォーターバック, その後方にフルバック, その両サイドにハーフバックが位置する》.
T4 /tíːfɔ́ːr/ *n* 〖生化〗THYROXINE.
T4 cell /tíːfɔ́ːr —/ T4 細胞 (=*T4 lymphocyte*)《CD4 分子マーカーをもち, AIDS にかかると激減する T 細胞; ヘルパー T 細胞など》.
T4 lymphocyte /tíːfɔ́ːr —/ 〖医〗T4 リンパ球 (T4 CELL).
TFR °total fertility rate. **TFT** 〖電子工〗thin film transistor 薄膜トランジスター《液晶ディスプレーのスイッチングディバイスとして用いられている》. **t.g.** 〖生〗°type genus. **TG** °Tate Gallery ♦ Togo ♦ °transformational grammar ♦〖生〗°type genus.
TGAT /tíːgæ̀t/ 〖英教育〗Task Group on Assessment and Testing《national curriculum の試験・評価法に関して助言を行なう》.
TGIF /tíːdʒìːàɪéf/ 《口》*n* **1** [〈*int*〉] やれやれやっと金曜日《週末の安堵感を表わす》. **2** *週末金曜パーティー, 花金パーティー. [*T*hank *G*od *i*t's *F*riday]
T-group /tíː —/ *n* 〖心〗訓練グループ, T グループ《トレーナーの下で自由に自己表現を行なうことによって疎外感を克服し, 人間関係を円滑にしようとする, 心理学的訓練グループ; cf. ENCOUNTER GROUP》. [Sensitivity *T*raining *group*]
tgt target. **TGV** train à grande vitesse《フランス国鉄の》超高速列車, フランス新幹線.
-th[1] /θ/, **-eth** /əθ/ *a suf* 1, 2, 3 以外の数で終わる基数に付けて序数および分母を示す. ★ (1) -ty で終わる数詞に付くときは -eth (2) 数字 4, 5, 6, 7, 8, 9, 0 に付けても用いる: the fif*th* [thirti*eth*] 第 5[30] 番目(の) / three-fif*ths* 5 分の 3 / June 4*th*=the 4*th* of June 6 月 4 日 / 55*th* Street. [OE *-tha, -the*]
-th[2] /θ/ *n suf* 形容詞・動詞から抽象名詞をつくる: tru*th*, heigh*t*《th が t だけになまったもの》; grow*th*, steal*th*. [OE *-thu, -tho, -th*]
-th[3] ⇨ -ETH[1].
Th 〖化〗thorium. **Th.** Thursday.
TH 〖空〗true heading 機首真方位.
Tha·ba·na Ntlen·ya·na /tɑːbɑ́ːnə (ə)ntléɪnjənə/ タバナヌトレンヤナ《レソトの山; Kilimanjalo 以南のアフリカの最高峰 (3482 m)》.
Tha·ban·tsho·nya·na /tɑ̀ːbɑːnʧounjɑ́ːnɑː, tɑ̀ːbænʧɑ́njənə/ タバンチョニャナ《THABANA NTLENYANA の別称》.
Thack·er·ay /θǽkəri/ サッカレー **William Makepeace ~** (1811–63)《英国の小説家; *Vanity Fair* (1847–48), *Pendennis* (1850), *Henry Esmond* (1852), *The Newcomes* (1855)》. ♦ **~·an** *a, n*
Thad·(d)e·us /θǽdiəs, θədíːəs/, **Thad·dae·us** /θædíːəs/ **1** サディアス《男子名; 愛称 Tad, **Thad(·dy)** /θǽd(i)/》. **2** 〖聖〗タダイ《十二使徒の一人 Saint Jude の別称; *Matt* 10: 3》. [?Aram=praise]
Tha·den·tso·nya·ne /tɑ̀ːdəntsɑ́njənə/ タデンツォニャナ《THABANA NTLENYANA の別称》.
thae /ðéɪ/ *pron* 《スコ》THOSE, THESE.
Thai /táɪ/ *n* **a** (*pl* ~, ~s) タイ人. **b** タイ語; タイ系諸語《Thai 語, Lao 語, Khamti 語, Ahom 語など, インドシナおよび中国南西部に分布する言語》. ► *a* タイ(人[語])の. [Thai=free]
Thai·land /táɪlæ̀nd, -lənd/ タイ《東南アジアの王国; 公式名 Kingdom of ~ (タイ王国); もとの Siam; ☆Bangkok》. ■ the **Gúlf of ~** タイ[タイランド]湾《インドシナ半島とマレー半島にはさまれた湾; 南シナ海の一部; 旧称 Gulf of Siam》. ♦ **~·er** *n* タイ国人, タイ人.
Tha·ïs /θéɪəs/ タイース《(1) 前 4 世紀アテナイの遊女; Alexander 大王の愛妾で, 王の死後は Ptolemy 1 世の妾 (2) Alexandria の遊女であったが, 回心して修道女になったと伝えられる初期キリスト教の聖人》.
Thái stíck タイスティック《アジア産の強いマリファナを巻きつけた細い棒》.
thal·a·men·ceph·a·lon /θæ̀ləmənséfəlɑ̀n/ *n* (*pl* ~s, **-a·la** /-ələ/) 〖解〗《間脳の》視床脳; 間脳 (diencephalon). ♦ **-ce·phál·ic** /-səfǽlɪk/ *a*
tha·lam·ic /θəlǽmɪk/ *a* 〖解〗視床の. ♦ **-i·cal·ly** *adv*
thal·a·mot·o·my /θæ̀ləmɑ́təmi/ *n* 〖医〗視床切開(術).
thal·a·mus /θǽləməs/ *n* (*pl* **-mi** /-màɪ, -mìː/) 〖解〗視床 (optic thalamus); 〖植〗花床 (receptacle); 〖古ギ〗婦人用私室, 深窓. [Gk=chamber]
tha·lass- /θəlǽs/, **tha·las·so-** /θəlǽsou, -sə/ *comb form*「海 (sea)」[Gk *thalassa* sea]
thal·as·se·mia | -sae- /θæ̀ləsíːmiə/ *n* 〖医〗地中海貧血(症), サラセミア《地中海沿岸地方や東南アジアに多くみられる先天性の溶血性貧血; 重症型のサラセミアメジャー (~ **májor**, 別名 Cooley's anemia), 軽症型のサラセミアマイナー (~ **mínor**) など数種の遺伝型がある》. ♦ **-sé·mic** *a, n* [NL (Gk ↑, *-emia*)]
tha·las·sic /θəlǽsɪk/ *a* 海の, 海洋の; 深海の; 《大洋・外洋に対して》入海[入江, 内海]の; 海にすむ, 海産の.
thalàsso·chémistry *n* 海洋化学. ♦ **-chémical** *a*
thal·as·soc·ra·cy /θæ̀ləsɑ́krəsi/ *n* 制海権; 制海権をもつ王国, 海洋帝国.
tha·las·so·crat /θəlǽsəkræ̀t/ *n* 制海権をもつ者.
thal·as·sog·ra·phy /θæ̀ləsɑ́grəfi/ *n* (沿岸)海洋学.
thalàsso·phóbia *n* 海洋恐怖(症).
thalàsso·thérapy *n* 〖医〗海治療法, 海洋療法, タラソテラピー《海岸での生活・海水浴・航海によって病気を治療しようとするもの》. ♦ **-therapéutic** *a*
thale-cress /θéɪlkrès/ *n* 〖植〗シロイヌナズナ. [Johann *Thal* (1542–83) ドイツの医師]
thaler ⇨ TALER.
Tha·les /θéɪliz/ タレス ~ **of Miletus** (625?–?547 B.C.)《ギリシアの哲学者・幾何学者・天文学者で自然哲学の創始者; 七賢人の一人》. ♦ **Tha·le·sian** /θeɪlíːʒən/ *a*
tha·li /tɑ́ːli/ *n* 《インド》ターリー《金属製の盆; 食器として用いる》; ターリーに盛った料理. [Hindi]
Tha·lia **1** /θéɪliə, -ljə/ セーリア《女子名》. **2** /θəláɪə/ 〖ギ神〗タレイア《(1)「花の盛り」の意で, カリスたち (three Graces) の一人 (2) 喜劇のマスクを持ち 喜劇をつかさどる女神で ムーサたち (nine Muses) の一人》. ♦ **Tha·li·an** /θəláɪən/ *a* タレイアの; 喜劇の. [L<Gk=blooming]
tha·lid·o·mide /θəlídəmàɪd, -məd/ *n* 〖薬〗サリドマイド《鎮静薬・催眠薬》. [ph*thal*imido*g*lutar*imide* (*phthalimide, -o, glutaric, -imide*)]
thalídomide bàby [chìld] サリドマイド児.
thall- /θǽl/, **thal·lo-** /θǽlou, θǽlə/ *comb form*「若芽」「葉状体」「タリウム (thallium)」[Gk]
thalli *n* THALLUS の複数形.
thal·lic /θǽlɪk/ *a* 〖化〗3 価のタリウムの[を含む], タリウム (III) の.
thal·li·um /θǽliəm/ *n* 〖化〗タリウム《鉛状の柔らかな白色希金属元素; 記号 Tl, 原子番号 81》. [cf. THALLUS; スペクトル中の緑色の輝線から]
thál·lo·fide cèll /θǽləfàɪd-/ 〖理〗オキシ硫化タリウムセル《酸硫化タリウムを光伝導体に用いた光伝導セル》. [*thall*ium, oxysul*fide*]
thal·lo·gen /θǽlədʒən/ *n* 〖植〗THALLOPHYTE.
thal·loid /θǽlɔ̀ɪd/ *a* 〖植〗葉状体 (thallus) の, 葉状体のような[からなる].
thállo·phỳte *n* 〖植〗葉状植物. ♦ **thàllo·phýtic** *a*
thal·lous /θǽləs/ *a* 〖化〗1 価のタリウムの[を含む], タリウム (I) の.
thal·lus /θǽləs/ *n* (*pl* ~·**es**, **-li** /-làɪ, -lìː/) 〖植〗葉状体. [Gk=green shoot]
thal·weg /tɑ́ːlvèg/ *n* 〖地理〗凹線(おうせん), 谷線, 谷みち; 〖国際法〗《国境線となる》主要航行水路の中央線. [G]
Thames /témz/ [the] テムズ川《(1) イングランド南部 Gloucestershire の Cotswolds に発し, 東流して北海に注ぐ; London では the River と呼ぶことが多い (2) カナダ Ontario 州南東部を南流して St. Clair 湖に注ぐ》. ● **burn the ~** 《廃》世界をあっといわせる. **set the ~ on** FIRE.
Thámes Embánkment [the] 《London の》テムズ河畔通り《北岸の約 2 km にわたる遊歩道》.
Thámes·lìnk テムズリンク《London を通って駅間の乗換えをすることなく Thames 両岸を連結する鉄道路線》.
Thámes mèasurement 〖英〗テムズ(トン)測定法《特に ヨットのトン数測定に用いる》.
Thámes tònnage 〖英〗テムズトン《ヨットのトン数をテムズトン測定法で算定したもの》.
Thámes Wáter テムズ水道(社) (~ Utilities Ltd)《イングランド南東部の上下水道の管理を行なう会社》.
Tham·muz /tɑ́ːmùːz, tǽmùːz, -ùz/ *n* TAMMUZ.
than /ð(ə)n, ðæn/ *conj* **1** [形容詞・副詞の比較級に続いて] **a** [比較の副詞節を導いて] …よりも, …に比べて: He is taller ~ I (am). わたしより背が高い《口語ではふつう than me》/ I /áɪ/ know you better ~ he /híː/ (does). 彼よりもぼくのほうがもっとよくきみを知っている / I know you /júː/ better ~ (I know) him /hím/. ぼくは彼よりきみのほうをよく知っている / He is no happier ~ (he was) before. 彼は以前と同様ちっとも幸福でない. ★ 時に 関係代名詞的に用いて: He offered more ~ could be expected. 思いがけないほど多くを差し出した. **b** [副詞(句)・不定詞・動名詞などを伴って] …よりも《★ *prep* とみることもできる》: There were more people on the beach ~ ever [usual, in the water]. 浜にはこれまで[いつも, 水中]よりも多くの人がいた / I am wiser ~ *to* believe that. それを信ずるようなばかではない / I have better things to do ~ watch*ing* television. テレビを見るよりももっとすることがある. **2** [rather, sooner などのあとに続いて] …するよりは, …するくらいなら(いっそ): I would *rather* [*sooner*] die ~ disgrace myself. 恥をかくくらいなら死ぬほうがましだ. **3** [other, otherwise, else, different などのあとに続いて] …よりほかの, …よりほかには: I have no *other* friend ~ you. (=I have no friend but you.) / It was none [no] *other* ~ the king. だれあろう王さまご自身であった / There is no *other* way ~ to surrender. 降服するほかない / He did nothing *else* ~ laugh. ただ笑うばかりだった / He is *otherwise* ~ I thought. 彼はぼくの思ったのとは人物が違う. **4** WHEN《これは誤用ともされる》: Scarcely [Hardly] had I left ~ it began to rain. 出かけたとたんに雨が降り出した. ● **no** SOONER…~. ► *prep* **1** [通例 目的格の代名詞が続く; 文語では than whom の場合だけ] …より (cf. *conj* 1): Here is Jones, ~ *whom* there is no better authority on the subject. ここにジョーンズがいるがその問題に関しては彼以上の権威者はない / He is younger ~ me. 《口》《文語では than I (am)》. **2** [数量を示す語を伴って] …より: There were fewer ~ twenty people at the meeting. 会の出席者は 20 人足らずだった. ● **~ what** ″《非標準》=THAN (*conj* 1).
[OE=than, then, when; もと THEN と同じ]

tha·na /tá:nə/ *n* 《インド》警察署. [Hindi]

than·age /θéɪnɪʤ/ *n* 〖英史〗THANE の身分[領地, 支配権], thane の臣従[兵役]義務.

than·at- /θǽnət/, **than·a·to-** /θǽnətoʊ, -tə/ *comb form*「死」[Gk (THANATOS)]

than·a·tism /θǽnətɪ̀z(ə)m/ *n* 霊魂死滅説.

than·a·toid /θǽnətɔ̀ɪd/ *a* 死んだような, 仮死(状態)の.

than·a·tol·o·gist /θæ̀nətɑ́ləʤɪst/ *n* 死亡学研究家, 死亡学者; UNDERTAKER.

than·a·tol·o·gy /θæ̀nətɑ́ləʤi/ *n* 死亡学, 死生学. ♦ **than·a·to·log·i·cal** /θæ̀nət(ə)lɑ́ʤɪk(ə)l/ *a*

thànato·phóbia *n* 〖精神医〗死恐怖(症).

than·a·top·sis* /θæ̀nətɑ́psəs/ *n* 死についての考察, 死観.

Than·a·tos /θǽnətɑ̀s/ **1** 〖ギ神〗タナトス《死の擬人神》. **2** 〖精神分析〗死の本能, タナトス (death instinct) (cf. EROS). [Gk=death]

thane /θéɪn/ *n* 〖英史〗《アングロサクソン時代の, 王に仕える》土地保有自由民, セイン武士《のちには世襲貴族に転化した》; 〖スコ史〗《王領地を保有する》豪族, 領主. ♦ **~·hòod** *n* thane の身分[地位]; セイン階級. **~·dom, ~·shìp** *n* THANAGE. [OE *theg(e)n* servant, soldier; cf. G *Degen* warrior]

Tha·ne /tá:nə/ ターネ《インド西部 Maharashtra 州西部, Mumbai の北東郊外にある市》.

Than·et /θǽnət/ ■ the **Ísle of ~** サネット島《イングランド Kent 州北東部の一地区; Stour 川の 2 支流によって本土から隔てられる》.

Than·ja·vur /tʌ̀nʤəvúər/, **Tan·jore** /tænʤɔ́:r/ タンジャヴル, タンジョール《インド南東部 Tamil Nadu 州の市》.

thank /θǽŋk/ *vt* **1** 感謝する, …に謝意を表する, …のおかげであるとする ‹*for*›: I *~ed* him *for* his help. 彼に助力の礼を言った / *T~* you. ありがとう《I ~ you と I を添えるのは形式ばったとき》/ *T~* you very much [so much, a lot]. どうもありがとう / *T~* you *for* a lovely evening [time]. 楽しい夕べ[ひと時]が過ごせました《別れ際の招待客の礼のことば》/ *T~* you *for* inviting [having] me. 招待してくれてありがとう / *T~* you *for* calling. 電話どうも[わざわざ]ありがとう / No, ~ you. いいえ, ありがとう[よろしゅうございます, けっこうです]《謝絶》/ *T~* God [heaven(s), goodness, the Lord, Christ, hell]! =Heaven [God] be *~ed!* ああ ありがたい!; やれやれ!; 《口》おや, まあ! / *T~* you *for* nothing. [*iron*] 大きにお世話さま《ありがた迷惑》/ You can ~ your*self for* that. =You have only [You've only got] your*self* to ~ *for* that. [*iron*] そいつはきみ自身の責任だ, 自業自得さ / We have him to ~ *for* our failure. やつのおかげで失敗した. **2** [未来の事に用いて] あらかじめ礼を言う: *T~* you for that ball. すみませんがそのボールを拾ってください / I ~ you to do… どうか…してください. ● **I will [I'll] ~ you to** do… (1) どうぞ…してください: *I will ~ you to* shut the door. (2) [*iron*] …したらよかろう: *I will ~ you to* be a little more polite. もう少し丁寧にしてくれてもばちはあたるまい / *I will ~ you to* mind your own business. 余計な世話はまっぴらだ. **~ you (very much)** (1) はいありがとうございます, どうぞおかまいなく, おおきにお世話さま, 悪いけどね《相手の申し出・態度に対する拒絶》: And don't call me 'my dear', ~ *you*. (2) [ˢ*iron*] ほんとにおかげさまで, 全くのところ, 本当に《陳述のあとに付ける強調の語句》.
► *n* [複合語以外は通例 *pl*] 感謝, 謝意, 謝辞; [*pl*, °‹*int*›] 《口》‹…を›ありがとう ‹*for*›: express [extend] one's *~s* 礼を述べる ‹*to* sb, *for* sth› / owe sb *~s* 人に礼を言わねばならない / bow [smile] one's *~s* お辞儀をして[笑顔で]謝意を表する / give [return] *~s* to…に礼を述べる, 《乾杯に対して》答辞を述べる; 《食前食後に》(神に)感謝をささげる / A thousand *~s*. =Many [《古》Much] *~s*. =(Please accept) my best *~s*. どうもありがとう(ございます) / *T~s* are due to our advisers. 《序文などで》助言者諸氏にお礼を述べねばならない / *T~s* very much (*for* your present). 《口》(プレゼントを)どうもありがとう / *T~s* a lot [a million, awfully, loads]. 《口》どうもありがとう; [*iron*] ご親切さま, やれやれ / *T~s* for me. 《口》ありがとう / No(,) *~s*. いや(せっかくですが)けっこうです, 遠慮しときます, ありがた迷惑だよ / *T~s*, but no *~s*. ありがとう, でもけっこうです / Small [[*iron*] Much] *~s* I got for it. それでお礼を言われるどころか / *T~s* be to God! ああ ありがたい, しめた! / For this relief, much *~s*. 交替してもらって助かりました《*Hamlet* 1.1 で, 歩哨を交替してもらった兵士 Francisco が言うせりふ》 ● **no [small] ~s to**… 《口》(別に)…のおかげではなく, ‹人の手助け(のなさ)など›にもかかわらず (in spite of): I got better, (but) *no ~s to* him. よくはなったがなにも彼のおかげじゃない. **~s to**…のおかげで, …のため, …のせいで《悪いことにも用いる》: *T~s to* you, I was saved from drowning. / *T~s to* television, children neglect their lessons.
[OE (v) *thancian*, (n) *thanc* thoughtfulness, gratitude (⇨ THINK); cf. G *danken*, *Dank*]

thank·ee /θǽŋki/ *int* 《方》ありがとう (Thank you).

thánk·er *n* 感謝する[礼を言う]人.

thánk·ful *a* 感謝して(いる) ‹*to* sb *for* sth›; 非常にうれしい ‹*that* …, to *do*›; 感謝を表わす, 謝恩の‹祈りなど›: have a lot to be ~ *for* 大いに恵まれている / I was so ~ *to* see her again. 彼女に再会できてとてもうれしかった. ♦ **~·ness** *n* 感謝, 謝恩.

thánk·ful·ly *adv* 感謝して, 喜んで; 幸いにも, ありがたいことに: *T~*, it has stopped snowing.

thánk·less *a* 感謝されない, 報われない‹仕事など›; 感謝の気持を表わさない[もたない], 恩知らずの. ♦ **~·ly** *adv* 感謝されることなく; 《まれ》恩知らずに(も). **~·ness** *n*

thánk [thánks] òffering (神への)感謝のささげ物.

thánks·gìver *n* 感謝をささげる[表わす]人, 謝恩者.

thànks·gíving /; ⌐—⌐/ *n* 感謝をささげること, 《特に》神への謝恩(の祭典); 感謝の祈り; [T-] 《米・カナダ》THANKSGIVING DAY: General *T~* 一般感謝の祈り《*Book of Common Prayer* にあるもの》.

Thanksgíving Dày 感謝の日, 感謝祭《米国では今は 11 月の第 4 木曜日; カナダでは通例 10 月の第 2 月曜日; 共に法定休日》. ★ アメリカ大陸に渡った Pilgrim Fathers が最初の収穫を神に感謝したこと (1621) に由来, 七面鳥とパンプキンパイが当日の伝統的な料理.

thánk·wòrthy *a* 感謝に値する, ありがたい.

thánk-yòu *n* 感謝のことば,「ありがとう」. ► *a* 感謝の(気持を表わす): a ~ card [note] お礼(用)のカード.

thánk-you-[-ye-]mà'am* 《口》*n* 道路のでこぼこ[隆起, くぼみ]《車が通るとき乗っている人の頭がお辞儀をするように前に傾くことから》; 山腹の道路を横切る排水用の小溝[うね状盛り土].

Thant /θǽnt, θá:nt/ [U ~] ウ・タント (1909-74)《ビルマの政治家; 国連事務総長 (1961-71)》.

Thap·sus /θǽpsəs/ タプスス《アフリカ北海岸カルタゴ付近にあった町; Caesar が Pompey の残党に大勝した地 (46 B.C.)》.

thar ⇨ TAHR.

Thár Désert /tá:r-/ [the] タール砂漠《インド北西部・パキスタン南東部の砂漠; 別称 (Great) Indian Desert》.

Tha·sos /θéɪsɑ̀s/, **Thá·sos** /θá:sɔ̀:s/ タソス《エーゲ海北部のギリシア領の島》.

that *a, pron, adv, conj*. ► *a* /ðǽt/ [指示形容詞] (*pl* **those** /ðóʊz/) (opp. *this*) **1** その, あの, あちらの, かの: **a** [動作に伴って]: You see ~ tree. 《指さしながら》あの木が見えるでしょう. **b** [詳しく説明しなくてもわかるものを指す]: What is ~ noise? あの音は何ですか. **c** [すべて遠方のもの・時・所を指して]: ~ day [night, morning] その日[夜, 朝]《しばしば 副詞句》/ ~ man there (そら)あの人 / from ~ hour その時刻から / in ~ country あの国では / ~ once その[あの]時だけ. **d** [this と相関的に]: He went to THIS doctor *and* ~. **e** *《俗》THE《特に CB 無線での用法; 人名・地名など通常は無冠詞の名詞にも冠することがある》: How do I get to ~ Oklahoma City? **2** あんな, あの, 例の, …するような(…): ~ horse of yours きみのあの馬《通例 your that horse とはいわない》/ ~ fool of a man あのばかな男 / if you like ~ kind [sort] of thing ああいうこと[もの]が好きなら(きみの勝手だけれど…). ★ (1) [関係代名詞の導く節の前では定冠詞の代用]: ~ (=the) courage *which* you boast of きみのご自慢の勇気 (2) 《口》[接続詞 that の導く節の前では such (a), so great (a) の代用; ⇨ *adv* 2]: He was angry to ~ degree *that* he turned pale. 青くなるほどのおこりようであった. ● **~ there** 《方・口》あの, その, そこの (that); ″《俗》[*euph*] 性行為, あれ, ナニ: ~ *there* man あの人 (= ~ man there).
► *pron* **A** /ðǽt, ðæt/ [指示代名詞] (*pl* **those** /ðóʊz, ðoʊz/) **1** それ, あれ, その[あの]事, あの[その]人《★ this に対してやや離れた向こうにあるもの[人]; 過去の時; 今述べたこと[人]; 話に出たできごと・もの・人を指す》: Can you see ~? あれが見えますか / after ~ その後(は) / before ~ それまでは / like ~ ⇨ 成句 / *T~* does it! ⇨ DO¹ 成句 / *T~* ain't the way I heard it. わたしはそうは聞いていない《きまり文句》/ *T~*'s all. それで全部だ; それだけのこと / *T~*'s all there is to it. 《口》それだけのことさ / *T~* [*Those*] will do. それで間に合う《よろしい》; ⇨ DO¹ 成句 / What's ~ you've got? 君が持っているのはなに? / He's not as stupid as (all) ~. そんなにばかじゃない / It is cold tonight,

isn't it?—It ís ～. 今夜は寒いね—まったくだね / Will she come?—*T*～ she will. 来るかな—来ますとも / Hurry up, ～'s a good boy [a dear]. さっさとしなさい, いい子だから / *T*～'s so. ＝*T*～'s right. それでよし; はい, そうです; 《口》 賛成 賛成 / (Is) ～ so? そうですか / *T*～'s the (very) thing. それこそおあつらえ向きだ / *T*～'s what it is! まさにそうだ / *T*～'s why I dislike him. だから嫌いなのだ / *T*～'s what you think [say], but…. それはきみが考えることで…《他の見方もある》/ ～ being so そういうわけで / Take ～! 《なぐる時など》 これでもか, これでもくらえ! / Come out of ～! 《俗》 どけ, 行ってしまえ! / Who is ～? 〘電話〙 どちらさま[どなた]ですか? **2** [反復] 〈…の〉それ 〈*of*〉: The climate here is like ～ (＝the climate) *of* France. ここの気候はフランス(のそれ)に似ている / He entered by the door opposite to ～ opening into the garden. 庭に通じているのと反対側のドアを通ってはいった. **3** [強調]: He makes mistakes, and ～ (＝he makes mistakes) very often. 彼は間違いをやる, しかもたびたびやる. **4** [this と相関的に] **a** 前者 (the former): Work and play are both necessary to health; *this* (＝play) gives us rest, and ～ (＝work) gives us energy. 仕事も遊びも共に健康に必要だ, 後者は休息を与え, 前者は精力を与える. **b** [不定的] あれ: this and ～ あれやこれや / this or ～ あれかこれか. **5** [関係代名詞の先行詞]: *T*～ which (＝What) you told me to do I did. やれと言われたことはしました / Let *those* try who choose. やってみたい者にはやらせてみるがよい. ★ 目的語の場合にはしばしば関係代名詞を省略する: What was ～ (that) you said? 何とおっしゃいましたっけ.

● **and all ～** および…など, …やら何やら (and what not); 全く, いやどうも, どうか 《感謝・祝賀などのきまり文句に添える冗句》: Very many happy returns of the day, *and all* ～! どうか幾久しく 《誕生日・祝日の挨拶》. **and ～** しかも 《前文全部を受ける; ⇨ 3》; ″and all THAT. **at ～** 《口》 その点[値]では, そのままで, その辺で〈切り上げる〉; おまけに, しかも; それにしても (nevertheless); ひょっとしたら, いろいろ考えてみると; すると, (それを聞いた[見た])とたんに. **for all ～** (それ)にもかかわらず. **like ～** (1) そのように; あんなふうに(いいかげんに); あんな(性格)の[で], (まあ)そんなもので: They don't make them *like* ～ any more. そういう質の人[もの]は今は見かけない 《きまり文句》/ JUST[1] *like* ～. (2) [中指を人差し指にからませて言う] いい仲で, 親密で: We are *like* ～. われわれはこういう仲なんです. **not give ～** (＝a snap (of the fingers)) **for**…なんかこれっぽっちもかまうものか. **～ is (to say)** (1) すなわち, 換言すれば, つまり (namely) 《略 i.e.》: I wish I could fly, ～ *is*, fly like a bird. (2) [前言を正確に言い直して] 少なくとも: He never went abroad, ～ *is*, it is not recorded that he did. (3) たとえば. **T～'s all for you.** あなたはもうおしまいだ[だめだ] 《見込みがない; cf. *T*～'s…FOR *you*.》. **T～'s** IT[1]. **T～'s more like it.** ⇨ more LIKE[2] it. **T～'s ～.** 《口》 それでおしまい[決まった]: I won't go and ～'*s* ～. 行かないといったら行かないんだ. **upon ～** ここにおいて, そこですぐ. WITH **～**.

B /ðət, 《まれ》 ðæt/ [関係代名詞] (*pl* ～) **1 a** [制限的関係節を導いて] (…する), (…である)〈人・ものなど〉. ★ (1) 先行詞が, 特に 最上級の形容詞, all the, the only, the same, the very などの制限的語句を含むとき用いる: He is *the greatest* dramatist ～ has ever lived. 古来かつてない大劇作家だ / *the only* paper ～ contains the news そのニュースの出ている唯一の新聞 / This is *all* ～ matters. 大事なのはこれだけだ / Fool ～ I am! 自分はなんというばかなんだろう / Like the Japanese ～ he is…. 彼はさすがに日本人であるので…. (2) that が目的語の場合 ことに口語では省略でき, 前置詞の目的語の場合はその前置詞は節の動詞のあとに置く: This is the book (～) I bought yesterday. / This is the house (～) he lives *in*. これは彼の住んでいる家です 《比較: This is the house *in* which he lives.》. (3) Who [What] is のあとの that は主格であるが省略できる 《ただし 主に口語体》: *Who is* that (～ (＝who)) called just now? 今来たのはだれですか / *What is it* (～) made him so angry? 彼をあんなにおこらせたのは何なのか. **b** 《まれ》 (そして)それ[その人]が 《非制限的用法の which または who の代用》: The waterwheel turns the shaft, ～ turns the stones. 水車が車軸を回し, その車軸が石臼を回す. **c** 《古》〈…する〉もの[こと] (＝that which); 《廃》〈…する〉人 (＝the person who). **2** [関係副詞的に] **a** (…する), (…である) 〈時・仕方など〉 (at [on, in] which). ★ この that も省略することが多い: the day (～) he started / the last time (～) I saw you この前きみに会った時 / the way (～) he does it 彼のやり方. **b** [副詞(句)に続いて]: He will go anywhere ～ he is invited. 招待されればどこへでも出かける. **3** [It is [was]…that の形式で名詞(句)を強調する; ⇨ *conj* 4]: 《I bought a book on Monday. の a book を強めると》 *It was* a book ～ I bought on Monday. (買ったのは本) / 《I を強めると》 *It was* I ～ bought a book on Monday. (買ったのはわたし). ● **～ is to be** 未来の: Miss Mary Smith, Mrs. Jones ～ *is to be* メアリー・スミス嬢, 未来のジョーンズ夫人. **～ was** もとの: Mrs. Jones, Mary Smith ～ *was* ジョーンズ夫人, 旧名メアリー・スミス.

► *adv* /ðæt/ [指示副詞] **1** [主に 数量・程度を示す語を限定して, 通例 否定構文] 《口》 それほど, そんなに (so): I *can't* walk ～ far. そんな遠くまでは歩けない / I only know ～ much. それだけしか知らない. **2** [性質・動作を示す語を限定して] 《方・口》 実に (so) (⇨ *a* 2): I'm ～ sleepy (＝so sleepy that) I can't keep my eyes open. どうにも眠くて目をあけていられない. ● ALL **～**.

► *conj* /ðət, (まれ) ðæt/ **1 a** [名詞節を導いて] (…である[…する])ということ: *T*～ he is alive is certain. 彼が生きていることは確かだ. ★ この *that* 節は, 形式主語 it によって導かれることが多い: *It* is certain ～ he is alive. / The trouble is ～ my father is ill. 困ったことに父が病気なんです / Pay attention to the fact ～ fire burns. 火は燃えるということに注意しなさい. ★ 目的節の場合 特に 口語ではしばしば省略される: I knew (～) he was alive. 生きていることは知っていた. **b** [願望・祈願・驚き・痛憤などを表わす; もとは主文を略した名詞節]: O [Would] ～ I were in England now! ああ今ごろ英国にいたらなあ! / *T*～ he should behave like this! 彼がこんなふるまいをするとは! **2** [自動詞または形容詞補語に続く節を導いて] (…である)ことを, (…である)ことについて: I am afraid (～) he will not come. 来ないと思います / She insisted ～ she was innocent (＝insisted on her innocence). 自分は潔白だと主張した. **3** [副詞節を導いて] **a** [(so) that…may, in order that…may などの形式で目的を示す]: We eat ～ we *may* live. ＝We eat *so* ～ we *may* live. ＝We eat *in order* ～ we *may* live. 生きんがために食う (⇨ *in* ORDER *to*). **b** [主に so [such] (…) that の形式で結果・程度を示す]: I am *so* tired (～) I cannot go on. ひどく疲れたのでもう続けていけない / There was *such* a great storm ～ the ships were wrecked. 大暴風雨があって船は難破した / His anger was *such* ～ he lost control of himself. 怒りのあまり我を忘れるほどであった / The work is of sufficient importance ～ it cannot be neglected. 仕事はおろそかにできないほど重要である. **c** [判断の基準] (…である[…する])とは: Are you mad ～ you should do such a thing? そんなことをするとは気でも狂ったのか? **d** [理由・原因] …だから, …の故に: If I find fault, it is ～ I want you to improve. 小言を言うのもきみをよくしたいからだ. **e** [否定のあと制限節を導いて]: *Not* ～ I know of. ぼくの知るかぎりではそうではない / *not*… ～ I hear of [see] わたしの聞く[見る]かぎりでは…ない / *Not* ～ I object. 異議があるというのではないが. **4** [It is [was]…that の形式で副詞・副詞句を強調する; ⇨ *pron* B 3]: *It was* on Monday ～ I bought the book. 買ったのは月曜日であった. **5** [副詞・前置詞などの後に用いて節を導き成句をつくる]: **after ～** he had finished it 彼がそれを済ませてしまったからには. BUT[1] **～**. **in ～** (＝because) he is a foreigner 外国人だから; 外国人だからといって(も). **now ～** (＝since) he has got well もうよくなったのだから. ★ 古くは他の前置詞や接続詞・関係詞のあとにも用いた: What would you with her, *if* ～ I be she? もしわたしが彼女であるとすればどういう用事なのですか 《Shak., *Two Gent* 4.4.110》.

[OE *þæt* that, the; cf. G *das, dass*; 指示代名詞・定冠詞の中性 (cf. OE *sē, sēo*); 関係代名詞と接続詞の用法は指示代名詞より]

thát-a-bòy *int**《俗》《男性に対して》 そのとおりだ, よーし, そうだ, それでいいんだ!

thát·awày *《口》 *adv* その方向へ; そういう具合に. [*that way*]

thát-a-way *a**《俗》 妊娠して.

thatch /θǽtʃ/ *n* **1** 屋根ふき材料 《わら・カヤ・ヤシの葉など》; 草[カヤ, わら]ぶき屋根; THATCH PALM. **2** 〘園〙 サッチ 《芝生などの草地で, 生育する草の根元に層となって積み重なった刈りかす・枯れた茎葉・根など》. **3** 《口》 [*joc*] ふさふさ[ぼさぼさ]した頭髪; ″《俗》《女の》陰毛, 茂み. ► *vt* [°*pp*] 〈屋根を〉草[カヤ, ヤシの葉など]でふく; 〈建物〉の屋根を草でふく. ► *vi* 屋根を草[葉]でふく, 草でおおう. ♦ **～·er** *n* **～·ing** *n* 屋根ふき; 屋根ふき材料. **thátchy** *n* [OE *theccan* to cover; cf. G *decken*, OE *thæc* roof]

Thatch サッチ **Edward ～**＝Edward TEACH.

Thatcher サッチャー **Margaret (Hilda) ～**, Baroness **～ of Kesteven** (1925–2013) 《英国の政治家; 旧姓 Roberts; 保守党党首 (1975–90), 首相 (1979–90)》.

Thátcher·ism *n* サッチャーリズム 《英国首相 Margaret Thatcher がとった政策; 私企業重視がその中心で, 公共支出の抑制, 国営企業の民営化, 労組の弱体化, マネタリズム政策などを特色とする》.

Thátcher·ìte *a* 《英国首相》サッチャーの(政策の), サッチャーを支持する. ► *n* サッチャー支持者.

thátch pálm 葉を屋根ふき材料に用いる各種のヤシ.

that's /ðǽts/ that is [has] の短縮形.

thau·mat- /θɔ́:mət/, **thau·ma·to-** /θɔ́:mətoʊ, -tə/ *comb form* 「驚異」「奇跡」 [Gk *thaumat- thauma* marvel]

thau·ma·tin /θɔ́:mətən/ *n* 〘生化〙 タウマチン 《熱帯アフリカ産のクズウコン科の植物の一種の果実から採れるタンパク質; 蔗糖の 3000 倍甘い》.

thau·ma·tol·o·gy /θɔ̀:mətɑ́ləʤi/ *n* 奇跡学[論].

thau·ma·trope /θɔ́:mətròʊp/ *n* ソーマトロープ 《たとえば円盤の一面に鳥かごを, 他面に小鳥を描き, 直径を軸として回転させて小鳥がかごの中にいるように見せる》; ZOETROPE.

thau·ma·tur·gist /θɔ́:mətə̀:rʤɪst/, **-turge** /-tə̀:rʤ/ *n* (まじないによって)奇跡を行なう人, 《特に》魔術師.

thau·ma·tur·gy /θɔ́:mətə̀:rʤi/ *n* (まじないによって)奇跡[不思議]を行なうこと, 《特に》魔法. ♦ **thàu·ma·túr·gic, -gi·cal** *a* [Gk (*-ergos* working)]

thaw /θɔ́:/ *vi* **1 a** 〈霜・雪・氷などが〉溶ける; 〈冷凍食品が〉解凍状態になる 〈*out*〉; 〈冷えた体が〉次第に暖まる 〈*out*〉: Sit by the fire and

～ *out*. 火にあたって暖まりなさい. **b** [it を主語として] 氷[霜]が溶ける, 雪解けの陽気になる[である]. **2** 〈冷淡な人・態度・感情などが〉和らぐ 〈*out*〉. **3** 流動的[活動的]になる, ゆるむ. ► *vt* 溶かす; 解凍する 〈*out*〉; 暖めて柔らかくする 〈*out*〉; うちとけさせる 〈*out*〉. ► *n* 雪解け, 融雪, 解氷, 霜解け; 雪解けの陽気[時期]; 春暖; 解凍; うちとける[気持がほぐれる]こと; 《国際関係などの》緊張緩和, 雪解け. ◆ **～·less** *a* 決して溶けることのない. **tháwy** *a* 雪[霜]解けの〈天気など〉; 溶けやすい. ［OE *thawian*＜?; cf. G *tauen*, L *tabeo* to melt away, waste］

tháwed *a**《俗》《酒に》酔って, めろめろで.

THC /tì:èɪtʃsí:/ *n* TETRAHYDROCANNABINOL.

ThD ［L *Theologiae Doctor*］ Doctor of Theology.

the /(子音の前) ðə, (母音の前) ði/ *a* [特に definite article (定冠詞) ともいう] **A** [特定のものに付ける]: その, この, あの, 例の, 問題の, そんな, こんな. ★ 強いて訳さないでよい場合が多い. **1 a** [前述・既知または前後の関係や状況で指すものが定まる場合]: ～ one, ～ other / We keep *a dog*, and are all fond of ～ *dog*. われわれは犬を一匹飼っている, そして皆その犬が好きだ / Please close ～ door. ドアを閉めてください. **b** [限定語句を伴う名詞の前]: ～ right answer / ～ art of the eighteenth century 18 世紀の美術《比較: eighteenth-century art》/ ～ book you lost きみがなくした本. **c** [形容詞の最上級または序数によって修飾された名詞に付く場合] 最も(…な); たいへん[とても](…な): ～ *greatest* possible victory 全くの大勝利 / He really is ～ (＝a) *most* annoying child. 本当に全くうるさい子だ / There's ～ *oddest*-looking man standing at the front door! 玄関にとても変な男が立っているよ / ～ *youngest* of his children《★ the youngest child の意》/ your letter of ～ *fifth* 5 日付のお手紙《★ ～ fifth day of the month の意》. **d** [普通名詞の前で such (a) の意, 抽象名詞の前で such, so または enough の意]: He is not ～ man to betray a friend. 友人を裏切るような人間ではない / He had ～ kindness to lend me a hand. 親切にも手を貸してくれた / I don't have ～ money for [to buy] a car. 車を買う金がない. ★ 感嘆的にも用いる: *T*～ impudence of the fellow! やつのあつかましさといったら!

2 [名指すだけで相手にそれとわかるものを指して] **a** [独特または唯一無二のもの]: ～ sun 太陽 / ～ earth 地球 / ～ Almighty 神. **b** [普通名詞に冠し, 言う人に最も親しい または重要な関係のあるものなどを指して]: ～ Queen 現女王 / ～ East *東部地方; ″東洋 / ～ River ″テムズ川 / ～ Village *《New York 市の》グレニッチヴィレッジ (＝Greenwich Village). **c** [季節・自然現象・方位など]: ～ day 昼, 昼間 / ～ clouds 雲 / ～ east 東. ★ ただし春・夏・秋・冬は通例 無冠詞. **d** [時の単位を示す名詞] 現在の, 目下の, 当時の. ★ (1) 主に 顕著な人物・事件などを表わす句で用いる: a hero of ～ hour 時の英雄 / questions of ～ day 今日の問題 / a book of ～ month [year] 月間[年間]優良書 / the event of ～ century 世紀の事件. (2)《スコ》では to- の代用にする: ～ day [night, morrow] (＝today [tonight, tomorrow]). **e** [何年代・歳代を示す語 (20's, 30's など) や時代名など]: the dictionary for ～ eighties 80 年代の辞書 / ～ Dark Age 暗黒時代. **f** [特殊な病気・異常状態を示す(特に 複数名詞)]: ～ gout 痛風 / ～ blues 気ふさぎ / ～ creeps《口》ぞっとする感じ / ～ drink《俗・卑》飲酒癖 / (*T*～) measles is an infectious disease. はしかは伝染病だ. ★ 病名はたいてい無冠詞: He's got smallpox [《古》～ smallpox]. 天然痘だ. **g** [レストランなどで料理名を示して]: Would you like ～ chicken or beef? チキンとビーフ, どちらになさいますか.

3 [所有格代名詞の代用] **a** [(特に 前に述べた人の)身体や衣服の部分などを指すとき]: I took him by ～ hand. (cf. I took his hand.) 彼の手を取った / He has a wound in ～ neck. 彼は首に傷がある / How's ～ (＝your) arm [headache] today? 今日は腕の具合[頭痛]はどうですか. **b** [家族名など]″《口》[°*joc*/*derog*] ＝my [our]: ～ wife うちのかみさん / *T*～ children are out in the garden. 子供たちは庭へ出ている / *T*～ dog is sleeping. うちの犬は寝ている.

4 [特定の固有名詞に冠する] **a** [山・島・地方・地域などの複数名に付けて総合的にいう]: ～ Alps アルプス山脈 / ～ Azores アゾレス諸島 / ～ United States アメリカ合衆国 / ～ Americans アメリカ人《全体》. **b** [河川名などの前]: ～ (river) Thames テムズ川 / ～ Hudson (River) ハドソン川 / ～ Sea of Japan 日本海. **c** [場所・山などの単数名の前; ただし, 今は 特に 描写的な名と感じられるものにだけ付ける]: ～ Oxford Road《London から Oxford へ通ずる; cf. Oxford Street ロンドンの一街路名》. ★ 次の例は習慣的になったもの: *T*～ Hague ハーグ《オランダの》/ *T*～ Bronx ブロンクス《New York 市の一区》/ ～ Tyrol ティロル地方. **d** [艦船名]: ～ Queen Mary クイーンメリー号. ★ しばしば略される: S. S. Queen Mary 汽船クイーンメリー号. **e** [公共の建物]: ～ Imperial Hotel 帝国ホテル / ～ Globe グローブ座. **f** [書物・新聞・雑誌の名称]: *T*～ Times タイムズ紙. **g** [国語の名; 今では特定の場合にだけ]: What is ～ English (word) for ～ Japanese (word) 'hana'? 日本語の「花」に当たる英語は何か. **h** /ðí:/ [人の姓(名)の前] 例の, (あの)有名な: ～ Julius Caesar / You can't be ～ (Miles) Davis!《ジャズ演奏者として有名な》あの(マイルズ・)デイヴィスじゃありえない. **i** [称号・爵位などの前]: ～ King, ～ Queen, ～ Duke of Wellington, ～ Reverend..., etc. **j** [アイルランド・スコットランドなどで一族の族長の姓の前]: ～ Macnab マクナブ氏, ～ FitzGerald フィッツジェラルド氏.

5 [名詞または形容詞と固有名詞とを同格関係に並べるとき]《名詞または形容詞＋固有名詞の前》: ～ poet Byron 詩人バイロン. ★ このような場合, 特に 固定化したものには固有名詞が the＋名詞[形容詞]に先んずることが多い: Alfred ～ Great アルフレッド大王 / Jack ～ Ripper 切り裂きジャック.

6 /ðí:/ [強調的用法] 抜群の, 無双の, 典型的な《など》(cf. 4h): Caesar was ～ general of Rome. ローマ随一の将軍だった. ★ 印刷では通例 イタリック体にする.

7 [〈*prep*〉] [割合を示す計量単位名の前]: at two dollars ～ pound 1 ポンド 2 ドルで / by ～ dozen [hundred, thousand, etc.] 数十[百, 千]をもって数えるほど, 多数に. ★ (1)《米》では通例 dozen などを複数形にする. (2) 前置詞を伴って so much *by* ～ day (1 日につきいくら), thirty miles *to* ～ gallon (1 ガロンあたり 30 マイル) などともいう. (3)《口》で通例 不定冠詞を用いて at two dollars *a* pound / thirty miles *a* gallon のようにいう.

8 [対照的意味で]: ～ pursuer and ～ pursued 追う者と追われる者.

B [総称的用法]: …なるもの, …というもの. **1** [the＋単数普通名詞の場合; 代表単数] **a** [動植物などの種類・種属を表わす]: *T*～ dog is the friend of man. 犬は人間の友. ★ man と woman とは child, boy, girl などと対照的に用いる場合のほかは代表単数に the を用いない: *Man* is mortal. **b** [用具・楽器名などの前]: I hate ～ telephone. 電話は嫌いだ / listen to ～ radio《比較: watch television》/ She plays ～ piano.《比較: She has played pianos in almost every city in Japan.》. **c** [比喩的・抽象的に機能・属性などを表わす]: take to ～ bottle 酒を飲むようになる / *T*～ pen is mightier than ～ sword. ペン (＝文) は剣 (＝武) より強い / I prefer ～ cinema to ～ theater. 芝居より映画のほうが好きだ / *T*～ poet in him moved. 彼の詩情が動いた / He has something of ～ artist in him. 彼は芸術家肌のところがある.

2 [the＋複数名詞の場合; 国民・階級・人びと, または家族の姓などの名詞に冠する]: ～ Morgans モルガン家(の人びと); モルガン夫妻.

3 [the＋形容詞] **a** [複数[《時に》単数]普通名詞的に]: ～ poor＝poor people / ～ deceased 故人. **b** [抽象名詞的に]: ～ sublime＝sublimity 崇高.

► *adv* それだけ, ますます. **1** [形容詞・副詞の比較級の前に付けて] **a** それだけ: I love him all ～ *better* for his faults. 欠点があるからかえって彼が好きだ / So much ～ *better* [*worse*]. それならなおさらよい[いけない]. **b** [相関的に] …すれば[であれば]それだけ[ますます]: *T*～ MORE, ～ *merrier*. / *T*～ *sooner*, ～ *better*. 早ければ早いほどよい. ★ 前の the は関係副詞, あとの the は指示副詞. **2** [最上級に付けて; cf. *a* A 1 c]: I like spring (～) *best* of all. / What annoyed me (～) *most* was his late arrival. いちばん困ったのは彼の到着が遅れたことだった. ［(a) OE *the* (*se*, *sēo*, *thæt* を交替); (adv) OE *thȳ*, *thē* (instr case)］

the- /θí:/, **theo-** /θí:oʊ, -ə/ *comb form*「神」 ［Gk (*theos* god)］

Thea /θí:ə/ 《ギ神》 THEIA.

the·a·ceous /θiéɪʃəs/ *a*《植》ツバキ科 (Theaceae) の.

the·an·dric /θiǽndrɪk/ *a* 神性と人性との; 神人両性を有する[合一の]; キリストにおける神人統一の. ［Gk (*andr- anēr* man)］

the·an·throp·ic /θi:ænθrápɪk/, **-i·cal** *a* 神人両性具有の.

the·an·thro·pism /θiǽnθrəpìz(ə)m/ *n*《神学》神人一体(説), キリスト神人説; 神に人性を賦与すること. ◆ **-pist** *n*

the·ar·chy /θí:à:rki/ *n* 神政; 神政国; 神々の階級[序列].

the·ater | the·atre /θí:ətər, θíə-; θíə-, θiét-/ *n* **1 a** 劇場; 《米・豪・NZ》映画館, (映画)シアター (cinema″)《★ 米でも固有名としては しばしば -tre とする》;《古代の》野外劇場. **b** 階段講堂[教室] (lecture theater), ″OPERATING THEATRE; 野外劇場を思わせる[階段状にせり上がっていく]地形. **2** [the] **a**《劇場の》観客《集合的》. **b** 劇, 演劇; 劇作品, 劇文学《集合的》; 演劇界: the modern ～ 近代劇 / Goethe's ～ ゲーテの戯曲. **3** 上演効果; 演技: be [make] good ～ 〈劇が〉上演向きである, 上演ばえがする. **4** [*fig*]《活動・事件の》舞台, 場面; [°〈*a*〉]《軍》戦域(の): ～ nuclear weapons 戦域核兵器. ● **do a ～**《口》＝**go to the ～** 芝居(見物)に行く. ［OF or L＜Gk (*theaomai* to behold)］

théater commànder 《軍》戦域司令官.

théater·gò·er *n* しばしば観劇する人, 芝居好き.

théater·gò·ing *n* 芝居見物, 観劇. ► *a* 芝居好きの.

théater-in-the-róund *n* 円形劇場 (arena theater); 円形劇場のための作品[演出].

théater·lànd *n*″《口》《都市の》劇場街.

théater of crúelty [the] 残酷演劇.

théater of fáct [the] 事実演劇.

théater of operátions [the]《軍》戦域.

théater of the absúrd [the] 不条理演劇 (＝*absurd theater*).

théater of wár [the] 交戦圏: *the* Pacific ～.

The·a·tine /θí:ətàɪn, -tì:n/ *a*, *n*《1524 年イタリアに創設された》テアティノ修道(参事)会の(司祭[修道士]). ［L *Teatinus* inhabitant of Chieti］

theatre ⇨ THEATER.

Thé·âtre-Fran·çais /*F* teɑːtr frɑ̃sɛ/ [Le /*F* lə/] フランス座《COMÉDIE-FRANÇAISE の正式名》.

théatre sìster" OPERATING THEATRE 付きの看護師《女性》.

Théatre Upstáirs [the] シアター・アプステアズ《London の Royal Court Theatre の 2 階にある劇場; 主として前衛劇・実験劇をやっている》.

the·at·ri·cal /θiǽtrɪk(ə)l/ *a* 劇場の; 劇の; 俳優の; 演技の; 演劇の; 演劇的な; 〈言行が〉芝居じみた, 大仰な, 仰山な, わざとらしい: a ~ performance 演劇, 演技 / ~ effect 劇的効果. ► *n* [*pl*] 演劇,《特に》しろうと芝居; [*pl*] 演劇技法;《プロの》演劇[舞台]俳優; [*pl*] 演劇的所作, わざとらしさ: private [amateur] ~*s* しろうと劇. ♦ **the·át·ric** *a* **~·ism** *n* 大げさな演劇風; 芝居じみたこと. **the·at·ri·cal·i·ty** /θiætrɪkǽləti/ *n* 芝居がかり. **~·ly** *adv*

theátrical·ìze *vt* 劇[芝居]にする, 脚色する; 派手に[大げさに]表現する. ♦ **theàtrical·izátion** *n*

the·át·rics *n pl* (しろうと)演劇; 芝居じみた[大げさな]言動, 演技; [〈*sg*〉] 演劇技法, 演出法.

The·bae /θíːbi/ テーバイ《エジプトの THEBES の古代名》.

The·ba·id /θɪbéɪəd, θíːbeɪ̀d/ テーバイド《古代エジプトまたは古代ギリシアの都市テーバイ (Thebes) の支配力の及んでいた周辺地区》.

the·ba·ine /θəbéɪːn, -béɪən, θíːbəìːn/ *n* 〘化〙 テバイン《アヘン中に存在する有毒アルカロイド》.

The·ban /θíːbən/ *a*, *n* THEBES の(人).

the·be /téɪbeɪ/ *n* (*pl* ~) テーベ《ボツワナの通貨単位: =1/100 pula》.

The·be /θíːbi/ 〘ギ神〙 テーベー《河神 Asopus の娘》; 〘天〙 テーベ《木星の第 14 衛星》.

Thebes /θíːbz/ テーバイ, テーベ《**1**》古代ギリシア Athens 北西の都市国家; 現代ギリシア語名 Thívai **2**》Nile 川上流に位置したエジプト中・新王国時代の古都; 古代名 Thebae, Diospolis》.

the·ca /θíːkə/ *n* (*pl* **-cae** /-siː, -kìː/) 〘植〙《コケ植物の》胞子嚢,《蘚類の》蒴(さく); 〘植〙《被子植物の》花粉嚢, 半葯(はんやく); 〘動〙 殻, 甲; 〘動・解〙 包膜; 〘解〙 卵胞膜 (=~ **follículi** /-fəlíkjəlàɪ/)《グラーフ卵胞 (Graafian follicle) の外皮》;《卵巣の》莢膜(きょうまく); 〘動〙《ウミユリの》冠部, 包. ♦ **thé·cal** *a* **the·cate** /θíːkèɪt/ *a* [NL<Gk=case]

-the·ci·um /θíːʃiəm, -si-/ *n comb form* (*pl* **-cia** /-ʃiə, -siə/)〘生〙「小内包組織」: endo*thecium*. [NL<Gk (dim)〈↑]

thec·odont /θíːkədɑ̀nt/ *a* 〘解・動〙 (cf. ACRODONT, PLEURODONT) 〈歯が〉槽生の; 〈動物が〉槽生歯を有する. ► *n* 槽生歯動物.

thé dan·sant /*F* te dɑ̃sɑ̃/ (*pl* **thés dan·sants** /—/) TEA DANCE.

thee /ði, ðíː/ *pron* [THOU[1] の目的格]《古・詩》汝を, 汝に: Get ~ (=thyself) gone! (立ち)去れ. ★ 以前フレンド派 (Friends) は普通主格 thou の代わりに目的格を Thee has (=You have) のように主語に用いた《三人称単数扱い》.

thee·lin /θíːlən/ *n* 〘生化〙 テーリン (ESTRONE).

thee·lol /θíːlɔ̀(ː)l, -lòʊl, -lɑ̀l/ *n* 〘生化〙 テーロール (ESTRIOL). [*-ol*]

theft /θέft/ *n* 盗み, 盗(とう), 窃盗 〈*of*〉; 窃盗罪; 〘野〙 盗塁 (stolen base);《まれ》盗まれたもの: ~ by deception 〘法〙 詐術を用いての盗. [OE *thīefth*, *thēofth*; cf. THIEF]

thegn /θéɪn/ *n* THANE.

thégn·ly *a* THANE の[にふさわしい].

The Hague ⇨ HAGUE.

The·ia /θíːə, θáɪə/ 〘ギ神〙 テイアー《Uranus と Gaea の娘; 兄 Hyperion との間に Eos, Helios, Selene を産んだ》.

Thei·ler /táɪlər/ タイラー **Max** ~ (1899–1972)《南アフリカ生まれの米国の細菌学者; ノーベル生理学医学賞 (1951)》.

the·ine /θíːìːn, θíːən/ *n* 〘化〙 テイン (caffeine).

their /ðɛər, (母音の前) ðər/ *pron* [THEY の所有格] **1** 彼らの. ★ 用法は ⇨ MY. **2**《口》[不定の単数(代)名詞を受けて] =his or her: No *man* in ~ senses would do it. 正気でそれをやる人はあるまい / Has *anyone* lost ~ hat? だれか帽子をなくした人はいませんか. [ON *their(r)a* of them (gen pl)〈*sá* THE, that]

theirs /ðέərz, *ðǽrz/ *pron* [THEY に対応する所有代名詞] **1** 彼らのもの. ★ 用法は ⇨ MINE[1]. **2**《口》[不定の単数(代)名詞を受けて] = his or hers: I will do my best if *everybody* else will do ~. 人がみな全力を尽くすならわたしもそうする.

their·selves /ðərsélvz, ðɛər-, *ðər-/ *pron*《非標準》THEMSELVES.

the·ism /θíːìz(ə)m/ *n* 有神論 (opp. *atheism*),《特に polytheism, pantheism に対し, 唯一の創造主を認める》一神論, 人格神論. ♦ **-ist** *n*, *a* [Gk *theos* god]

-the·ism /θìːz(ə)m/ *n comb form*「…な神[神々]を信ずること」: mono*theism*, pan*theism*. [OF (*the-*, *-ism*)]

Theiss /táɪs/ [the] タイス川《TISZA 川のドイツ語名》.

-the·ist /⌐— θìːɪst, ⌐ θìɪst/ *n comb form*「…な神(々)を信じる人」: pan*theist*. [*the-*, *-ist*]

the·is·tic /θiístɪk/, **-ti·cal** *a* 有神論[一神論](者)の: ~ philosophy 有神哲学. ♦ **-ti·cal·ly** *adv*

the·li·tis /θəláɪtəs/ *n* 〘医〙 乳頭炎.

Thel·ma /θélmə/ セルマ《女子名》. [Gk=nursling; will]

T-helper cell /tíː—⌐—⌐/ 〘免疫〙 HELPER T CELL.

them /ðəm, ðém/ *pron* (cf. EM[2]) [THEY の目的格] **1** 彼らを[に]; それらを[に]. ★ 用法は ⇨ ME[1]. **2**《口》[不定の単数名詞・代名詞を受けて] =him or her: Nobody has so much to worry ~ as he has. 彼ほど苦労の多い者はない. **3**《非標準・口》[[s]*joc*] THOSE. ★ 形容詞的にも用いる: He don't want ~ books. やつはその本を欲しがらねえ / *T*~'s my sentiments. [*joc*] それがぼくの考えだ / *T*~'s fighting words. そいつを言うとけんかになる《黙っていたほうがいい》. **4**《古》THEMSELVES. ● **~ and us**《社会・組織の》上の人たちと我ら(庶民). [OE *thǣm*, ON *theim* (⇨ THEY); OE *him* に取って代わったもの]

the·ma /θíːmə/ *n* (*pl* **-ma·ta** /-tə/) THEME. [L]

the·mat·ic /θɪmǽtɪk/ *a* 主題[論題]の; 主題に関連した; 〘文法〙 語幹の; 〈母音が〉語幹を形成する, 〈名詞・動詞が〉語幹形成母音をもつ; 〘楽〙 主題の: a ~ catalog 主題目録. ► *n* 語幹形成母音; 〘文法〙《動詞の》語幹; 〘郵趣〙 主題別収集品; [~s; 〈*sg*/*pl*〉] 主題群. ♦ **-i·cal·ly** *adv* 主題別に, テーマによって. [Gk; ⇨ THEME]

themátic appercéption tèst 〘心〙 課題統覚検査《略 TAT》.

the·ma·ti·za·tion /θìːmətəzéɪʃ(ə)n; -tàɪ-/ *n* 〘言〙 主題化《談話 (discourse) の中で特定の話題 (topic) を, または文の中で特定の単語を主題として選ぶ心理的行動・プロセス》.

the·ma·tize /θíːmətàɪz/ *vt* 主題として示す[選ぶ]; 〘言〙 主題化する (⇨ THEMATIZATION).

Them·bu, Tem·bu /témbu/ *n* (*pl* **~s**) テンブー族《南アフリカ共和国南部に住む Bantu 族; コーサ語 (Xhosa) を話す》.

theme /θíːm/ *n* **1 a** 主題, 題目, 論題, 話題, 論旨, テーマ;《文芸・美術作品の》主題, テーマ; 〘楽〙 主題, テーマ, 主旋律; *THEME SONG [MUSIC, TUNE]; 〘文法〙 語幹 (stem); 〘言〙 主題. **b**《行動などの》主眼, 眼目, テーマ. **c** *《学生の》(課題)作文, 小論文. **2** 〘史〙《東ローマ帝国属州行政組織の》軍管区, テマ (=*thema*). ► *a* 〈レストラン・ホテルが〉特定の時代・場所などの雰囲気をもたせた, 特徴的な凝った造りの. ► *vt* …に theme を提供する; 特定のテーマにそって構成する[デザインする, まとめる]. ♦ **~·less** *a* **~d** *a* 特定のテーマをもった[に基づく]. [L<Gk *themat-* *thema* (*tithēmi* to lay down, set)]

théme mùsic [sòng, tùne]《映画・ミュージカルなどの》主題歌[曲], テーマソング;《楽団・歌手などの象徴としての, また 番組開始時などの》主題歌[曲] (signature).

théme pàrk テーマパーク《野生動物・海洋生物・おとぎの国などのテーマで統一した遊園地》.

théme pàrty テーマパーティー《衣裳・室内装飾・食事などを一つのテーマのもとに統一して行なうパーティー》.

The·mis /θíːməs/ **1** 〘ギ神〙 テミス《「掟(おきて)」の意の擬人神で法律・秩序・正義の女神》. **2** [[o]t-] 正義, 掟.

The·mis·to·cles /θəmístəkliːz/ テミストクレス (c. 524–c. 460 B.C.)《アテナイの政治家・将軍; Salamis の海戦でペルシア軍を撃破したが, 晩年失脚してペルシアに亡命した》.

them·self /ð(ə)msélf, ðɛm-/ *pron pl*《口》THEMSELVES 2.

them·selves /ð(ə)msélvz, ðɛm-/ *pron pl* [THEY の強調・再帰形] **1** 彼ら[彼女ら, それら]自身. ★ 用法・成句は ⇨ MYSELF, ONESELF. **2**《口》[再帰用法, 不定の単数(代)名詞を受けて] =himself or herself: *Everybody* has to look after ~. みな自分のことは自分でしなければならない. **3** 本来の[正常な]状態. ● **in ~** [複数名詞を受けて] それ自体で(は), 本来(は) (cf. *in* ITSELF). [⇨ THEM, SELF]

then /ðén/ *adv* **1 a** その時(は), あの時(は), 当時: Prices were lower ~. 物価はそのころは安かった / Things will be different ~. そのころになれば事情も変わっていよう / right ~ ちょうどその時[当時]. **b** それから, そのあと, そこで; 次に(は), 今度は (next); (と)同時に; 隣りに: First comes January, ~ February. 最初が一月, 次に二月 / Now she laughs, ~ she weeps. 今笑うと思うとすぐまた泣く. **2** そういうわけで, 結果として, つまり; (それ)では, さて; それなら: You have, ~, found the mistake? では間違いはわかったのだね / You are leaving tomorrow, ~? ではあすご出発ですね / If you are ill, ~ you must stay in bed. 病気ならば寝ていなくてはいけない / Take it ~.《そんなに欲しいのなら》じゃ持って行きな. **3** そのうえ, それにまた: I like my job, and ~ it pays well. 仕事が好きで, それにもうかりもする. ● **and ~** SOME. BUT[1] **~.** **~** AGAIN. **~ and not till ~** その時初めて. **~ and there=there and ~** その場で, 直ちに. **well ~** それでは; では, ねえ. ► *a* その時の, 当時の: the ~ king 当時の国王. ► *n* [主に 前置詞の目的語] その時, そのころ: before ~ それ以前に / by ~ その時までに(は) / since ~=from ~ on [onward] その時以来 / till ~=up to ~ それまで / Till ~, farewell. その時までさよなら / the ~ and the now 当時と現在. [OE *thanne*, *thonne*, etc.; cf. THAN]

the·nar /θíːnɑ̀ːr, -nər/ *n* 〘解〙 母指球《親指の付け根の盛り上がった部分》; てのひら (palm);《時に》足の裏 (sole). ► *a* 母指球の; てのひらの; 足の裏の. [NL<Gk]

the·nard·ite /θənɑ́ːrdàɪt/ *n* 〘鉱〙 芒(ぼう)硝石, テナルド石. [Baron L. J. *Thénard* (1777–1857) フランスの化学者]

The·nárd's blúe /θəná:rdz-/ COBALT BLUE. [↑]
thence /ðéns/ «文» *adv* そこから; それゆえ, かくて; その時から, その時以降, 爾来(じらい): from ~ そこから. [OE *thanon*, *-s*]
thènce·fórth /, ⏤ ⏤/ *adv* «文» その時以降, 爾来: from ~ その時以来.
thènce·fórward(s) *adv* «文» THENCEFORTH.
theo- /θí:ou, -ə/ ⇨ THE-.
Theo. Theodore.
The·o·bald /θí:əbɔ̀(:)ld/ **1** シオボルド《男子名》. **2** /, tíb(ə)ld/ ティボルド **Lewis** ~ (1688-1744)《英国の劇作家で, Shakespeare 全集の編纂者》. [Gmc＝people＋bold]
theo·bro·mine /θì:əbróumì:n, -mən/ *n* 〔薬〕テオブロミン《カカオ豆などに含まれる苦みのあるアルカロイド; 神経興奮・利尿などの作用がある》. [*Theobroma* カカオ属 (Gk *theos* god, *brōma* food)]
Theoc. Theocritus.
thèo·céntric *a* 神を思想[関心]の中心とする, 神中心の: ~ theology 神中心的神学. ♦ **-trical·ly** *adv* **-centrícity** *n* **-cén·trism** /-séntrìz(ə)m/ *n*
the·oc·ra·cy /θiákrəsi/ *n* 神権政治, 神政《(1) 神または神官[祭司]階級による国政 (2) 神権を主張する統治者による国政》; 神政国; [the T-]《古代イスラエルの》神政政治(時代)《Moses 以降, Saul が初代の王に選ばれるまでの政治》. [Gk (*theo-*, *-cracy*)]
the·oc·ra·sy /θiákrəsi/ *n* 《瞑想して》心が神[仏]と通じ合うこと, 神人融合; 諸神混淆.
théo·cràt *n* 神権政治の統治者[指導者]; 神政主義者.
theo·crat·ic /θì:əkrǽtɪk/, **-i·cal** *a* 神権政治の, 神政の; 神政国の. ♦ **-i·cal·ly** *adv*
The·oc·ri·tus /θiákrətəs/ テオクリトス (c. 310-250 B.C.)《ギリシアの田園詩人; 略 Theoc.》. ♦ **The·òc·ri·té·an** /-tí:ən/, **The·óc·ri·tan** *a*
the·od·i·cy /θiádəsi/ *n* 〔神学・哲〕神義論《神の義(ぎ)しさを, 悪の存在にかんがみて弁証する》. ♦ **the·od·i·ce·an** /θiàdəsí:ən/ *a*
the·od·o·lite /θiád(ə)làɪt/ *n* 〔測〕経緯儀, セオドライト. ♦ **the·òd·o·lít·ic** /-lít-/ *a* [C16 NL＜?]
The·o·dor /θí:ədɔ̀:r/ シオドア, セオドア《男子名》. [G, Du, Swed, etc.; ⇨ THEODORE]
The·o·do·ra /θì:ədɔ́:rə/ **1** シオドラ《女子名; 愛称 Dora》. **2** テオドラ (c. 500-548)《ビザンティン皇帝 Justinian 1 世の妃》. [(fem)＜THEODORE]
The·o·do·ra·kis /θì:ədərá:kɪs/ テオドラキス **Mikis** ~ (1925-)《ギリシアの作曲家》.
The·o·dore /θí:ədɔ̀:r/ シオドア, セオドア《男子名; 愛称 Tad, Ted, Teddy, Terry》. [Gk＝gift of God]
Thé·o·dore /*F* teɔdɔ:r/ テオドール《男子名; 愛称 Ted, Teddy》.
Théodore Róosevelt Nátional Párk セオドア・ローズヴェルト国立公園《North Dakota 州南西部と西部の Little Missouri 川沿いにある国立公園; 3 か所に分かれる; この地域で牛の放牧を営んでいた Theodore Roosevelt 大統領を記念して指定された》.
The·od·o·ric /θiádərɪk/ **1** セオドリック《男子名; 愛称 Derrick, Derek》. **2** テオドリック (454?-526)《東ゴート王 (493-526); 通称 '~ the Great'》. [Gmc＝people＋rule]
The·o·do·sia /θì:ədóuʃiə/ シオドシア《女子名》. [Gk (fem)＜THEODOSIUS]
The·o·do·si·an /θì:ədóuʃ(i)ən/ *a* テオドシウス 1 世[2 世]の; テオドシウス法典の.
The·o·do·si·us /θì:ədóuʃ(i)əs/ **1** シオドシアス《男子名》. **2** テオドシウス (1) ~ **I** (347-395)《ローマの将軍, 皇帝 (379-395); 通称 '~ the Great'; キリスト教を国教と定めた; 最初は Gratian の命により東半の帝位を継ぎ, 晩年には全土を単独統治したが, 息子 Honorius 帝以後のローマは東西に分裂した》 (2) ~ **II** (401-450)《ビザンティン帝国皇帝 (408-450); テオドシウス法典 (the **Theodósian Códe**) を発布 (438)》. [Gk＝gift of God]
the·og·o·ny /θiágəni/ *n* 神々の起源; 神々の系譜; 神統系譜学, 神統記. ♦ **-nist** *n* 神統系譜学者. **theo·gon·ic** /θì:əgánɪk/ *a* [Gk (*theo-*, *-gony*)]
theol. theologian ♦ theological ♦ theology.
theo·lo·gian /θì:əlóuʤən/ *n* 神学者 (divine); 〔カト〕神学生.
theo·log·i·cal /θì:əláʤɪk(əl)/, **-log·ic** *a* 神学(上)の; 神学学修[指導]の; 神意と神性に基づく, 聖書に基づく. ♦ **-i·cal·ly** *adv*
theológical séminary* 〔キ教〕神学校 (＝**theológical cóllege**‖).
theológical vírtues *pl* 神学的(三)徳, 対神徳《faith, hope, charity の三徳; cf. CARDINAL VIRTUES》.
the·ol·o·gize /θiáləʤàɪz/ *vt* 神学的に取り扱う, 神学上の問題とする. ► *vi* 神学(上の問題)を研究する, 神学的に論じる. ♦ **-giz·er** *n*
the·o·logue, «米» **-log** /θí:əlɔ̀(:)g, -làg/ *n* THEOLOGIAN; *«口» 神学生.
the·ol·o·gy /θiáləʤi/ *n* 神学, 神論; …(の)神学《特定の神学の体系・理論》; 〔カト〕《主要神学校の 4 年間の》神学課程; 《イデオロギーの》理論体系: Catholic [Islamic] ~ カトリック[イスラム]神学 / ~ of the cross《Luther の説く》十字架の神学. ♦ **-gist** *n* [OF＜L＜Gk (*theo-*, *-logy*)]
theólogy of liberátion LIBERATION THEOLOGY.
the·om·a·chy /θiáməki/ *n* 神々の戦い[抗争]; «古» 神[神々]への反逆[との戦い]. [Gk *makhē* fight]
theo·man·cy /θí:əmæ̀nsi/ *n* 神託占い.
thèo·mánia *n* 〔精神医〕神狂症《自分を神だと信ずる誇大妄想》; 神がかり. ♦ **-mániac** *n*
theo·mor·phic /θì:əmɔ́:rfɪk/ *a* 神の姿をした, 神に似た. ♦ **-mórphism** *n*
the·on·o·mous /θiánəməs/ *a* 神により律せられる, 神律的な. ♦ **~·ly** *adv*
the·on·o·my /θiánəmi/ *n* 神による支配, 神律.
the·op·a·thy /θiápəθi/ *n* 《宗教的観想による》神人融合感. ♦ **theo·pa·thet·ic** /θì:əpəθétɪk/ *a* **thè·o·páth·ic** /-pǽθɪk/ *a*
Theoph. Theophrastus.
the·oph·a·gy /θiáfəʤi/ *n* 神食《神と交わるためあるいは神から力を得るため, 動物あるいは他の形になった聖餐の一部にあずかること》. ♦ **the·óph·a·gous** /-gəs/ *a*
the·oph·a·ny /θiáfəni/ *n* 〔神学〕神の顕現. ♦ **theo·phan·ic** /θì:əfǽnɪk; θìə-/ *a*
The·oph·i·la /θiáfələ/ セオフィラ《女子名》. [(fem)＜THEOPHILUS]
thèo·philánthropism *n* 神人愛主義《1796 年フランスでできた理神論的宗教》. ♦ **-pist** *n* **-philanthrópic** *a*
The·oph·i·lus /θiáfələs/ **1** セオフィラス《男子名》. **2** テオフィロス (d. 842)《ビザンティン帝国皇帝 (829-842); 聖像破壊 (iconoclasm) の宗教政策を推進した最後の皇帝》. **3** テオフィルス《月面の第 4 象限にあるクレーター》. [Gk＝beloved of God]
thèo·phóbia *n* 神恐怖(症).
the·o·phor·ic /θì:əfɔ́(:)rɪk, -fár-/ *a* 神の名を戴いた.
the·oph·o·rous /θiáf(ə)rəs/ *a* THEOPHORIC.
The·o·phras·tus /θì:əfrǽstəs/ テオフラストス (c. 372-c. 287 B.C.)《ギリシアの哲学者,「植物学の祖」; 略 Theoph.》.
the·oph·yl·line /θiáfələn, θì:əfílì:n, θì:əfílən/ *n* 〔化〕テオフィリン《茶の葉から抽出されるアルカロイド; 筋弛緩薬・血管拡張薬用》. [L *thea* tea, Gk *phullon* leaf, *-ine*²]
the·op·neust /θí:apn(j)ù:st/, **the·op·neus·tic** /θì:ap-n(j)ú:stɪk/ *a* 神の霊感をうけた.
the·or·bo /θiɔ́:rbou/ *n* (*pl* ~**s**) 〔楽〕テオルボ《archlute のうち低音弦の短いもの》. [It＜?]
the·o·rem /θí:ərəm, θí(ə)-; θíə-/ *n* **1** 〔数・論〕定理; 一般原理[法則], 公理. **2** STENCIL; ステンシル画. ♦ **the·o·re·mat·ic** /θì:ərə-mǽtɪk, θì(ə)-/ *a* [F or L＜Gk＝something to be viewed, speculation]
the·o·ret·i·cal /θì:ərétɪk(ə)l, θì(ə)-; θìə-/, **-ret·ic** *a* 理論の; 理論上の, 学理的な, 純理的な (opp. *practical*, *applied*); 理論を事とする, 思弁的な (speculative); 理論好きな, 論理の組立ての巧みな; 空論的な; 理論上は存在する, 仮説の (hypothetical): ~ physics 理論物理学. ♦ **-i·cal·ly** *adv* 理論的に, 理論を用いて; 理論上は; 理屈のうえでは. [L＜Gk; ⇨ THEORY]
theorétical aríthmetic 〔数〕整数論 (theory of numbers).
the·o·re·ti·cian /θì:ərətíʃ(ə)n, θì(ə)-; θìə-/ *n* THEORIST.
thè·o·réťics *n* 《ある科学・主題の》純理的側面, 理論.
the·o·rist /θí:ərɪst, θí(ə)-; θíə-/ *n* 理論家.
the·o·rize /θí:əràɪz, θí(ə)-; θíə-/ *vt* 理論づける, 理論[仮説]化する; 理論として提示する. ► *vi* 理論[学説]を立てる ‹*about*, *on*›. ♦ **-rìz·er** *n* **thè·o·ri·zá·tion** *n*
the·o·ry /θí:əri, θí(ə)-; θíə-/ *n* **1** 理論, 学理; 仮説, 学説, …論; 理屈: in ~ 理論上は, 理屈では (cf. *in* PRACTICE) / ~ and practice 理論と実際 / the ~ of evolution 進化論. **2** 推測, 仮説; 臆測; 意見, 持論, 私見: my ~ of life わたしの人生観. [L＜Gk＝a viewing; ⇨ THEOREM]
théory-làden *a* ‹用語・表現が›特定の理論的枠組の中でのみ理解しうる, 理論の重みを担っている.
théory of éverything [the] 〔理〕万物の理論《電磁相互作用, 弱い相互作用, 強い相互作用を統一的に説明する大統一理論 (grand unified theory) にさらに重力相互作用をも含めて, 自然界に存在する 4 つの基本的相互作用を単一の理論によって説明しようとする; 略 TOE; 超ひも理論 (superstring theory) がその候補の一つ》.
théory of gámes 〔数〕ゲームの理論 (＝*game(s) theory*)《遊戯者の利害が相対立するある局面で, 自己の得点を最大にして失点を最小にするような手を決めるための数学理論; 経済・外交などの現象の分析にも応用》.
théory of númbers 〔数〕整数論 (number theory).
the·o·soph /θí:əsàf/ *n* 神智論者 (theosophist).
the·os·o·pher /θiásəfər/ *n* THEOSOPHIST.
Theosóphical Society [the] 神智学協会《1875 年 New York 市で創設された, 仏教とバラモン教に基づく汎神論的輪廻(りんね)説を唱える団体》.
the·os·o·phist /θiásəfɪst/ *n* 神智学者; [T-] 神智学協会会員.

◆ **the·ò·so·phís·tic, -ti·cal** *a*

the·os·o·phize /θiάsəfàɪz/ *vi* 神智学的に考える.

the·os·o·phy /θiάsəfi/ *n* 神智学⦅**1**⦆ 黙想・直観により神智を得んとする神秘思想 **2**⦆ [°T-] Theosophical Society の神智学説⦆.

◆ **theo·soph·i·cal** /θìːəsάfɪk(ə)l/, **-ic** *a* 神智学(上)の. **-i·cal·ly** *adv* ［L＜Gk (*theosophos* wise concerning God); ⇨ THE-, -SOPHY］

The·o·to·co·pu·li /tèɪətoʊkάp(j)əli/ テオトコプリ **Domingo** ～ ＝Doménikos THEOTOKÓPOULOS.

The·o·to·kó·pou·los /tèɪɔ:tɔ:kɔ́:pulɔ:s/ テオトコプロス **Doménikos** ～ ⦅El GRECO の本名⦆.

Theo·to·kos, -cos /θìːətóʊkoʊs, θéɪ-, -kəs/ 〖神学〗テオトコス, 神の母 (Mother of God) ⦅聖母マリアの尊称⦆.

The·ra /θíərə/ テラ, ティーラ (ModGk **Thíra** /θíərə/) ⦅エーゲ海の Cyclades 諸島最南端の島; 火山島で古来多くの噴火の記録がある; 中期ミノス期の町が発掘されている; 別称 Santorin, Santoríni⦆.

the·ra·lite /θíːrəlàɪt, θérə-/ *n* 〖鉱〗セラライト, テラライト ⦅曹灰長石・かすみ石・輝石を主成分とするアルカリ性の斑糲(はんれい)岩⦆. ［G *Theralith* (Gk *theraō* to seek after)］

ther·a·peu·sis /θèrəpjúːsəs/ *n* THERAPEUTICS.

ther·a·peu·tic /θèrəpjúːtɪk/, **-ti·cal** *a* 治療[療法](上)の, 治療に役立つ, 治療効果のある, 治療的な; 治療学の; ⦅心身の⦆健康維持に役立つ: ～ diet [exercise] 治療食[体操] / I find walking ～. 歩くことは(心の)健康によいと思う. ◆ **therapeutic** *n* **-ti·cal·ly** *adv* ［F or L＜Gk (*therapeuō* to wait on, cure)］

therapéutic abórtion 〖医〗治療的流産 (＝*justifiable abortion*) ⦅母体の生命を救うために医学的処置によって起こす流産⦆.

therapéutic clóning 〖生〗治療目的クローニング ⦅治療のためのクローン作成⦆.

therapéutic commúnity 治療社会 ⦅従来の精神病院より民主化した医療機関⦆.

therapéutic index 〖薬〗治療指数[係数] ⦅薬物の最大耐容量の最小治療量に対する比⦆.

thèr·a·péu·tics *n* 治療学[論].

therapéutic tóuch セラピューティックタッチ ⦅代替療法として用いられる療法で, ヒーラーは患者の体から少し離れたところに手をかざして移動させ, エネルギーを送る; 略 TT⦆.

ther·a·peu·tist /θèrəpjúːtɪst/ *n* 治療学者; THERAPIST.

ther·a·pist /θérəpɪst/ *n* 治療専門家; ⦅特に 投薬・手術などによらずに障害者の社会復帰を助ける⦆ 療法士, セラピスト.

ther·a·pize /θérəpàɪz/ *vt* ⦅口⦆ …に精神[心理]療法 (psychotherapy) を施す.

the·rap·sid /θərǽpsəd/ *a, n* 〖古生〗獣弓類[目] (Therapsida) の(爬虫動物) ⦅哺乳類の祖とされる⦆.

ther·a·py /θérəpi/ *n* 療法, 治療; PSYCHOTHERAPY; 治療力; 癒し: be in ～ 精神療法を受けている. ［NL＜Gk＝healing; ⇨ THERAPEUTIC］

Ther·a·vá·da (Búddhism) /θèrəvάːdə(-)/ 〖仏教〗HINAYANA. ［Pali＝doctrine of the elders］

there /ðέər/ *adv* **A** [場所・方向] **1** そこに[で], あそこに[で] (opp. *here*); そこ[あそこ]へ: Put it ～, in that corner. あそこ, あの隅に置きなさい / Put it down [up] ～. そこの下へ[上へ]置きなさい / The children are out ～. 子供たちはあそこに出てます / Are you ～? ⦅電話で急に聞こえなくなったりしたときに⦆もしもーし / Hello, is Bill ～? ⦅電話で⦆もしもし, ビルはいますか / The man ～ is my uncle. そこにいる人はおじです / I often go ～. そこへよく行きます. **2** ⦅談話・事件・動作などの進行中⦆そこで: He stopped ～ for applause. そこで話を中断して喝采をうけた. **3** その点で: *T*～ I disagree with you. その点できみと意見が違うのだ. **4** [注意をひくのに用いて (cf. *int*)]: *T*～ goes the bell! ＝*T*～'s the bell ringing! そら鐘が鳴っている! / *T*～'s a fine apple for you! どうです いいリンゴでしょう! / *T*～ goes Bill. ほらビルが行く ⦅★ 代名詞では語順が変わる: *T*～ he goes.⦆ / *T*～ he goes! あれ彼があんなことをする[言う]! / *T*～ it goes! あれあれ落ちる[こわれる, 見えなくなる など] / *T*～ you go. ⦅口⦆ ほらまた ⦅いつものことを⦆ やり[言い]出した; *⦅口⦆ はいどうぞ, さあできたよ (There you are.); ⦅口⦆ その調子, その意気, そうだ, まったくだ; ⦅口⦆ まあそんなものさ, 仕方ない ⦅あきらめ⦆; ⦅口⦆ ほらね, どうだい ⦅予想どおりの結果⦆ / *T*～ you go again. ⦅口⦆ ⦅いつもの悪い癖が⦆ また始まった (There you go.) / *T*～'s a good [nice, etc.] fellow [boy, girl]! ˈ⦅口⦆ おお感心感心, まあいい子だ ⦅よくしてくれた⦆, いい子だからね ⦅しておくれ⦆ / *T*～'s gratitude for you! ⇨ that's [there's]…FOR you / *T*～ it is. ＝*T*～ you [we] are. そこが決定的な[どうしようもない]ところだ; そこだ, ほらそこに / *T*～ you are! それごらん, いわんことじゃない ⦅まあきみがそんなことをするなんて⦆; ⦅口⦆ まあそんなものさ, 仕方ない; それで済みだ; そらどうだ ⦅目的がかなう⦆; ⦅相手の欲しがっていたものを差し出して⦆ はいこれ(をどうぞ), さあできたよ / So ～ I was, alone in the darkness. ⦅口⦆ ⦅過去の時点での状況を説明して⦆ そのとき私はたった一人で暗闇の中にいたのです / You ～! ⦅口⦆ おい, きみ(たち) ⦅注意を促す⦆. ● **all** ～ [ᵘ*neg*] ⦅口⦆ (頭が)まともで, しっかりして: He's *not all* ～. 少しどうかしている. **be [get]** ～ ⦅口⦆ 目的を達している[達する]. **be** ～ **(for** sb**)** ⦅口⦆ ⦅助け[たより]になる存在として⦆ (ちゃんと[しっかり])いる, (人のために)いてあげる. GET[1] ～. **go** ～ 特定の話題に踏み込む[触れる]: Don't (even) *go* ～. ⦅口⦆ その話はやめておけよ. **(have) been** ～ **(before)**＝**been** ～ **done that** ⦅口⦆ 何回も行って[経験して](いるからよく知って)いる, 知りつくしているから, もうたくさんだ. **I'm** ～**!** ⦅口⦆ ⦅招待されて⦆(うん)行く行く, 絶対行くから. **in** ～ *⦅口⦆ 大いに努力して, がんばって, しっかり取り組んで, よくやって (＝**in** ～ **pitching, right (in)** ～); *⦅俗⦆ 有能で, 精通して, よく分かって, できる; *⦅俗⦆ すばらしい, 最高で; *⦅俗⦆ 大喜びで; *⦅俗⦆ 誠実で, 好感のもてる; *⦅俗⦆ ⟨ボールが⟩ストライクゾーンにはいって. ～ **and back** 往復で: a hundred miles ～ *and back* 往復 100 マイル. **T**～ **goes [go]**…. ⇨ 4; ⦅口⦆ ⟨希望・機会などが⟩なくなってしまう; ⦅ものの移動先・設置場所を指示して⦆ …はそこへ(置いて). ～ **or thereabout(s)** その辺のところ ⦅場所・数量などについて⦆.

B /ðər, ðεər/ [不定副詞; 主に there is の構文; 訳すに及ばない形式的主語として立ち, あとに不定の意味の真の主語がくる構文]: *T*～ is /ðərɪz, ðərz/ a shrine on the hill. 山の上に神社がある (cf. *T*～ is a shrine there /ðέər/. そこには神社がある) / Is ～ anything in the box? 箱の中に何かありますか / God said, Let ～ be light: and ～ was light. 〖聖〗神(かみ)光あれと言いたまいければ 光ありき ⦅*Gen* 1: 3⦆ / We don't want ～ to be another war. また戦争があることを望まない / I expect ～ to be no argument. 議論のないように期待する / *T*～ is a page missing. 1 ページ足りない / *T*～ was once a king. 昔一人の王様があった / What is ～ to say? 何か言うことがあるのか / That's all ～ is to it. ただそれだけの話だ / *T*～ is more to it. 話はそれだけでは(終わら)ない[片付かない] / *T*～ being so much wind, we gave up sailing. 風がひどくてヨットはやめた / *T*～ are women and women. ⇨ AND 3b. ★ (1) 同じ構文で動詞に come, seem, appear などを用いることもある; cf. A 4: *T*～ *came* to Japan a foreigner. 日本に一人の外国人が来た (A foreigner came to Japan.) / *T*～ *seems* (to be) no doubt about it. それには疑問はなさそうだ / *T*～ *appeared* to be no one in the house. だれもいない様子だった / *T*～ *remains* for me to apologize. あとはわたしがおわびするだけだ / Once ～ *lived* a boy named Tom. 昔トムという名の少年がいました. (2) 問題の確認とか例挙の場合, またはこの構文を用いた質問に答える場合には名詞に限定的なものがくる: Then again, ～ are *the* children. それにまた子供のことがある. (3) 感嘆的なまたは詩的な文で主語が文頭にくることがある: A nice mess ～ is! 全くひどいもんだ. (4) この構文に伴う関係詞節で主格の関係代名詞を省略することがある: *T*～'s somebody (who) wants to see you. 面会したいという人が来てます. ● ～**'s…and (then)** ～**'s**… ⦅口⦆ いろんな…がある, …といってもさまざまだ (⇨ AND 3b). **T**～ **is no doing**…することはとてもできない. (It is impossible to do…): *T*～ *is no* tell*ing* when he will arrive. いつ到着するかとてもわからない / There *was no* go*ing* back. 引き返すのは不可能だった. ～ **ís that** [前言を肯定して] まったくそのとおりだ, そりゃそうだ.

► *a* あの: THAT ～ / all THERE (*adv* A 成句).

► *pron* [前置詞の目的語] そこ, あそこ: by ～ その側を[に] / from ～ あそこから / from ～ on それからあとは. ● **up to** ～ *⦅俗⦆ ⦅しばしば のどのあたりを指さして⦆ (ここまで)満腹で; [*fig*] うんざりして.

► *int* そら, それ, それ見ろ, ほら, そうら(ごらん), これはしたり ⦅満足・確信・勝利・安堵・失望などの表現⦆; それ, そら, しっかり ⦅指揮・奨励・けしかけ⦆; [T-, ～!] まあまあ, よしよし ⦅子供などを慰めいたわることば⦆; [挨拶] 皆さん: So ～! [しばしば 拒絶・挑戦などの文句に付けて] ⦅気に入られまいと⦆ そう決めたのだ, そうなんだ, わかったか; それ見ろ ⦅うまくいった, こっちの勝ちだ⦆ / But ～! しかしまあまあ ⦅我慢するさ など⦆ / *T*～ now! それどうだ / *T*～*!* ～! you'll soon be better. まあまあ, すぐよくなるよ / Hello ～! 皆さんこんにちは[今晩は] / Hi ～! やあ.

［OE *thǣr*, *thēr*; cf. OS *thār*, OHG *dār*, ON, Goth *thar*］

thére·abòut(s) *adv* その辺[近所]に; その時分, そのころ; およそ, それくらい, そこら: in 1950 or ～ 1950 年かその前後に.

thère·áfter *adv* その後は, それ以来; ⦅古⦆ それに従って (accordingly).

thère·agáinst *adv* ⦅古⦆ それに反して, それどころか.

thère·amóng *adv* それらの間で, それらの中で.

thère·anént *adv* ⦅スコ⦆ そのことについて.

thère·át *adv* そこで[に]; その時; その(理由の)ために.

thère·bý *adv* それによって, その方法によって; その結果, そのために; それに関して; ⦅古⦆ その辺に, その近くに; ⦅スコ⦆ それくらい (thereabouts). ● **(and)** ～ **hangs a** TALE. **come** ～ それを手に入れる.

there'd /ðərd, ðεərd/ there had [would] の短縮形.

thère·fór *adv* その[この]ために; その代わりに; THEREFORE.

there·fore /ðέərfɔ̀ːr/ *adv* (それ)ゆえに, それ[これ]によって; その結果; ⦅古⦆ そのために, それを目標に: I think; ～ I am. われ思うゆえにわれは在り ⦅Descartes のことば⦆ / He ran out of money, and (～) had to look for a job. 金を使い果たしたので職を捜す必要があった ⦅★ 次は改まったいい方: Because he ran out of money, he (～) had to…⦆.

thère·fróm *adv* そこから, それ[これ]から.

thère·ín *adv* その中に, そこに; その点[時点]で.

thère·in·áfter *adv* ⦅法律文書・演説などで⦆ 後文に, 以下に.

thère·in·befóre *adv* 前文に, 以上に.

thère·ínto *adv* ⦅古⦆ その中へ.

there'll /ðərl, ðεərl/ there will [shall] の短縮形.

ther·e·min /θérəmən/ *n* テルミン, テレミン ⦅一種の電子楽器⦆.

[Leon *Theremin* (1896–1993) 発明したロシアの科学者]

thère·óf *adv* それの; それについて; そのもの[こと]から, その原因[理由]から.

thère·ón *adv* そのうえに; それについて; 《古》 そこでそのあと直ちに, その結果(として) (thereupon).

thère·óut *adv* 《古》 そのもの[こと]から.

there's /ðərz, ðɛərz/ there is [has] の短縮形.

The·re·sa /tərí:sə, -réɪsə, -zə; -zə/ **1** テレサ《女子名; 愛称 Terry, Tess》. **2** テレサ (**1**) Saint TERESA (**2**) Mother TERESA. [⇨ TERESA]

Thé·rèse de Li·sieux /*F* terɛ:z də lizjø/ [Saint] 聖テレーズ・ド・リジュー (1873–97)《フランスのカルメル会修道女; 通称 'the Little Flower', 'St. Thérèse of the Child Jesus'; 祝日 10 月 1 日》.

thère·thróugh *adv* それを通じて[通って]; その結果, そのゆえに.

thère·tó *adv* それに, それに対して, それへ, そこへ; 《古》 なおそのうえに.

there·to·fore /ðɛ̀ərtəfɔ́:r/ *adv* それ以前は, その時まで.

thère·únder *adv* その下に, 以下に; その条件のもとで[に従って].

thère·únto *adv* 《古》 THERETO.

thère·upòn /, ⏤ ⏤/ *adv* それについて; その結果, そこで; そこで直ちに, するとたちまち, とたんに; 《古》 そのうえに.

there've /ðɛ́ərv, ðərv/ there have の短縮形.

thère·wíth *adv* それと共に; そのうえ, それに加えて; その方法[手段]で, それをもって; 《古》 そこで(直ちに), すると.

there·with·al /ðɛ̀ərwɪðɔ́:l/ *adv* それと共に, それと同時に; そこで直ちに; 《古》 そのうえ.

The·re·zi·na /tɛ̀rəzí:nə/ TERESINA の旧称.

the·ri·ac /θíəriæ̀k/ *n* THERIACA; 万病薬 (cure-all).

the·ri·a·ca /θɪráɪəkə/ *n* テリアカ《数十種の薬品に蜂蜜を加えたもので抗毒剤とされた》. ◆ **the·rí·a·cal** *a* [L<Gk *thēriakē* antidote]

the·ri·an /θíəriən/ *a, n* 〔動〕 獣類[亜綱] (Theria) の(哺乳動物)《有袋類, 胎盤を有する哺乳動物およびそれらの絶滅した祖先からなる》.

the·ri·an·throp·ic /θìəriæ̀nθrɑ́pɪk/ *a* 半人半獣の姿の; 半人半獣神(崇拝)の. ◆ **the·ri·an·thro·pism** /θìəriǽnθrəpìz(ə)m/ *n* 半人半獣神崇拝.

the·rio·mórphic /θìəriə-/ *a* 〈神が〉獣の姿をした.

-the·ri·um /θíəriəm/ *n comb form* 「動物」「野獣」: mega*therium*. [NL (Gk *thērion* wild beast)]

therm /θɔ́:rm/ *n* 〔理〕 サーム《熱量の単位: **1**) 大カロリー, キロカロリー **2**) 小カロリー, グラムカロリー **3**) 1000 キロカロリー **4**) $=10^5$ btu》. [Gk *thermē* heat, *thermos* hot]

therm- /θɔ́:rm/, **ther·mo-** /θɔ́:rmoʊ, -mə/ *comb form* 「熱」「熱電気」 [Gk (↑)]

-therm /θɔ̀:rm/ *n comb form* 「…な温度を好む植物」「…な体温をもつ動物」「温度線」: micro*therm* (低温植物), endo*therm*, iso*therm*. [Gk (THERM)]

Ther·ma /θɔ́:rmə/ テルマ《SALONIKA の古代名》.

ther·mae /θɔ́:rmì:/ *pl* 《古代ギリシア・ローマの》公衆浴場, テルマエ. [L=hot springs<Gk; ⇨ THERM]

Ther·ma·ï·kós Kól·pos /θɛərmɑ́:ikɔ̀:s kɔ́:lpɔ:s/ テルメ湾《ギリシア北部 Chalcidice 半島の西側の水域》.

ther·mal /θɔ́:rm(ə)l/ *a* 熱の[による, を生じる], 温度の; 〔理〕 熱的な《熱平衡のエネルギースペクトルをもつ》; 地熱の (geothermal); 温泉の; 熱い, 暑い, 暖かい; 〈下着などが〉保温性のよい. ► *n* **1** 〔気・空〕 サーマル, 熱気泡, バブル《地表で熱せられた空気の小さい上昇気塊》. **2** [*pl*] 保温性下着 (thermal underwear). ◆ **~·ly** *adv* [F; ⇨ THERM]

thérmal bárrier 〔空〕 熱の障壁 (=*heat barrier*)《大気との摩擦によって生ずる高熱のためにロケットなどの速度が制限されること》.

thérmal bréeder 〔理〕 熱中性子増殖炉.

thérmal capácity 〔理〕 熱容量 (heat capacity).

thérmal conductívity 〔理〕 熱伝導率 (=*specific thermal conductivity*)《単位面積を単位時間に移動する熱量の, 温度勾配に対する比例定数》.

thérmal crácking 〔化〕 熱分解(法)《触媒を用いない石油精製法; cf. CATALYTIC CRACKING》.

thérmal diffúsion 〔理〕 熱拡散.

thérmal effíciency 〔熱力学〕 熱効率.

thérmal énergy 〔理〕 熱エネルギー.

thérmal equátor 〔気〕 熱赤道《地球の経線上で最も気温の高い地点を結んだ線で, 赤道よりやや北寄り》.

thérmal equilíbrium 〔理〕 熱平衡.

thérmal ímaging 熱画像法《物体から放射される赤外線により画像化・探知などをする手法》. ◆ **thérmal ímager** *n*

thérmal·ing *n* 〔グライダー〕 サーマリング, サーマルソアリング《熱上昇気流を利用する滑翔》.

thérmal invérsion TEMPERATURE INVERSION.

thérmal·ìze *vt* 〔理〕 〈中性子を〉(減速させて)熱中性子化させる, 熱化する. ◆ **thèrmal·izátion** *n*

thérmal néutron 〔理〕 熱中性子.

thérmal nóise 〔電子工〕 《熱擾乱(じょうらん)による, 導体・半導体の》熱雑音 (=*Johnson noise*).

thérmal páper 《thermal printer で使用する》感熱紙.

thérmal pollútion 熱(廃棄物)汚染, 熱公害.

thérmal pówer generàtion 火力発電.

thérmal pówer stàtion 火力発電所.

thérmal prínter 〔電算〕 感熱式印刷装置, 感熱[サーマル]プリンター《ヘッドを感熱紙に押し当てて印刷を行なう方式のプリンター》.

thérmal reáctor 〔理〕 熱中性子炉.

thérmal shóck 〔理〕 熱衝撃《物体に加えられた急激な温度変化》.

thérmal spríng 温泉《その土地の平均気温より高い湧き水; cf. HOT SPRING》.

thérmal ùnit 熱量単位, 熱単位.

thèrm·anesthésia *n* 〔医〕 温覚消失.

thèrm·ántidote *n* 《インドの》ぬらした tatty に取り付けた一種の扇風機による室内冷却器.

therme /θɔ́:rm/ *n* 〔理〕 THERM.

ther·mel /θɔ́:rmɛ̀l/ *n* 熱電温度計. [*therm*o*el*ectric]

thèrm·esthésia *n* 〔生理〕 温覚, 温度(感)覚.

ther·mette /θərmɛ́t/ *n* 《NZ》 屋外用湯沸かし器.

ther·mic /θɔ́:rmɪk/ *a* 熱の; 熱による: ~ fever 熱射病. ◆ **-mi·cal·ly** *adv*

Ther·mi·dor /θɔ́:rmədɔ̀:r; *F* tɛrmidɔ:r/ *n* 熱月, テルミドール《フランス革命暦の第 11 月: 7 月 19 日–8 月 17 日; ⇨ FRENCH REVOLUTIONARY CALENDAR》. [F (*therm-*, Gk *dōron* gift)]

Thèr·mi·dó·re·an, -ri- *n* 《フランス革命時の》テルミドール派の一員《1794 年のテルミドール 9 日に Robespierre 打倒に参加した穏健派》.

therm·ion /θɔ́:rmiən, -màɪən/ *n* 〔理〕 熱電子[イオン].

therm·ion·ic /θə̀:rmiɑ́nɪk, -maɪɑ́n-/ *a* 熱電子の.

thermiónic cúrrent 〔理〕 熱電子電流.

thermiónic emíssion 〔理〕 熱電子[イオン]放出.

thèrm·ión·ics *n* 〔理〕 熱電子学.

thermiónic túbe 〔理〕 熱電子管.

thermiónic válve" THERMIONIC TUBE.

therm·is·tor /θɔ́:rmɪ̀stər, θərmɪ́s-/ *n* 〔電〕 サーミスター《電気抵抗の温度係数が大きい半導体を使った温度に敏感な抵抗体》. [*therm*al res*istor*]

Ther·mit /θɔ́:rmət/ 〔商標〕 テルミット (thermite の商品名).

ther·mite /θɔ́:rmàɪt/ *n* 〔化〕 テルミット《アルミニウム粉と酸化鉄との等量混合物; これを燃やすと約 3000°C の高温を出す; 溶接用・焼夷弾用》. [G]

thérmite pròcess 〔冶〕 テルミット法 (ALUMINOTHERMY).

thermo- /θɔ́:rmoʊ, -mə/ ⇨ THERM-.

thèrmo·bár·ic /-bǽrɪk/ *a* 〈爆弾・兵器が〉高温と高圧衝撃波で殺傷する, 熱圧の《特に 対地下施設爆弾についていう》. [Gk *barus* heavy]

thèrmo·báro·gràph *n* 自記温度気圧計.

thèrmo·barómeter *n* 沸点気圧計 (hypsometer); 温度気圧計.

thermochémical cálorie 熱化学カロリー (⇨ CALORIE).

thèrmo·chémistry *n* 熱化学. ◆ **-chémical** *a* **-chémist** *n*

thèrmo·chróm·ic /-króʊmɪk/ *a* (可逆)熱変色性の《温度変化により色が変わる》.

thérmo·clìne *n* 変温層, (水温)躍層《海水・湖水でその層を境に上層と下層の水温が大きく異なる層》.

thèrmo·coagulátion *n* 〔外科〕 《組織の》熱凝固(法).

thérmo·còuple *n* 〔理〕 熱電対(ついい).

thèrmo·cúrrent *n* 〔電〕 熱電流.

thèrmo·dúr·ic /-d(j)ʊ́ərɪk/ *a* 〈微生物が〉高温に耐えうる, 高熱殺菌できない, 抗熱性の.

thermodynam. thermodynamics.

thèrmo·dynámic, -ical *a* 熱力学の, 熱力学的な; 熱を動力に利用する, 熱動力で動く. ◆ **-ical·ly** *adv*

thermodynámic equilíbrium 熱力学平衡.

thèrmo·dynámics *n* 熱力学; 熱力学的現象. ◆ **-dynámicist** *n*

thermodynámic témperature 〔理〕 熱力学的温度.

thèrmo·eléctric, -trical *a* 〔理〕 熱電気の. ◆ **-trical·ly** *adv*

thermoeléctric cóuple 〔理〕 THERMOCOUPLE.

thermoeléctric efféct 〔理〕 熱電効果.

thèrmo·electrícity *n* 〔理〕 熱電気.

thermoeléctric thermómeter 熱電温度計.

thèrmo·electrómeter *n* 熱電流計.

thèrmo·elèctro·mótive *a* 〔理〕 熱電流を起こす, 熱起電力の.

thermoelectromótive fórce 〔理〕 熱起電力.

thèrmo·eléctron *n* 〔理〕 熱電子.

thèrmo·élement 〔理〕 *n* 熱電対(ついい); 熱電電流計.

thérmo·fòrm *vt* 〈プラスチックなどを〉熱成形する. ► *n* 熱成形. ♦ **～·able** *a* **～·er** *n* **～·ing** *n*
thèrmo·génesis *n* 《動物体における》熱発生, 産熱.
thèrmo·génic, -genétic *a* 熱発生の; 熱を発する, 《特に》産熱(性)の.
ther·mog·e·nous /θərmáʤənəs/ *a* THERMOGENIC.
thérmo·gràm *n* 《自記温度計による》温度自記記録, 自記温度記録図; 〘医〙熱像; 《熱重量分析による》熱重量変化の記録.
thérmo·gràph *n* 自記温度計; THERMOGRAM; 〘医〙温度記録計, サーモグラフ. ♦ **thèrmo·gráph·ic** *a* **-i·cal·ly** *adv*
ther·mog·ra·phy /θərmágrəfi/ *n* 〘印〙盛上げ印刷; 〘医〙温度記録(法), 熱像法, サーモグラフィー. ♦ **-pher** *n*
thèrmo·gravímetry *n* 〘理〙熱重量分析. ♦ **-gravimét·ric** *a*
thèrmo·há·line /-héɪlàɪn, -hǽl-/ *a* 〘海洋〙熱塩の《温度と塩分による作用に関していう》. [Gk *hals* salt, *-ine*[2]]
thèrmo·júnction *n* 〘理〙《熱電対の》熱電接点.
thérmo·kàrst *n* 〘地質〙熱カルスト, サーモカルスト, アラス《永久凍土が溶けてできるカルスト状の窪地・池》.
thèrmo·lábile *a* 〘生化〙熱不安定(性)の, 易熱(性)の. ♦ **-la·bílity** *n*
thèrmo·luminéscence *n* 〘理〙熱ルミネセンス, 熱発光; THERMOLUMINESCENCE DATING. ♦ **-cent** *a*
thermoluminéscence dàting 熱ルミネセンス年代測定(法) (＝*TL dating*).
ther·mol·y·sin /θərmáləsən/ *n* 〘生化〙サーモリシン《好熱性細菌から得られるタンパク質分解酵素》.
ther·mol·y·sis /θərmáləsəs/ *n* 〘生理〙体温消散; 〘化〙熱分解. ♦ **ther·mo·lyt·ic** /θə̀ːrməlítɪk/ *a*
thèrmo·magnétic *a* 熱磁気の.
ther·mom·e·ter /θərmámətər/ *n* 温度計; 体温計 (＝*clinical thermometer*). [F or L (*-meter*)]
ther·mo·met·ric /θə̀ːrməmɛ́trɪk/, **-ri·cal** *a* 温度計の[で測った]; 温度測定(上)の. ♦ **-ri·cal·ly** *adv*
ther·mom·e·try /θərmámətri/ *n* 温度測定, 検温; 温度測定学.
thèrmo·mótive *a* 熱動(力)の〈機関〉.
thèrmo·mótor *n* 熱機関, 熱気機関.
thérmo·nàsty *n* 〘植〙温度傾性, 傾熱性《温度変化に反応する傾性運動》.
thèrmo·núclear *a* 〘理〙熱核(反応)の; 熱核[水素]爆弾の[を利用する]: a ～ bomb 熱核爆弾, 水爆 / a ～ explosion 《水素爆弾などの》熱核爆発 / ～ reaction 熱核反応 / a ～ warhead 熱核弾頭 / the ～ club 水爆保有国グループ.
thèrmo·nùke *n**《口》熱核兵器.
thèrmo·périod·ìsm, thèrmo·periodícity *n* 〘生〙温度周期性《外界の温度の周期的変化に対する, 特に 植物の反応; cf. PHOTOPERIODISM》.
thérmo·phìle, -phìl *n* 高温菌, 好熱性生物[細菌]. ► *a* 好熱性の, 熱親和(性)の. ♦ **thèrmo·phílic, ther·moph·i·lous** /θərmáfələs/ *a*
thérmo·phòne *n* サーモホン《標準マイクロホンの感度測定用音源》.
thèrmo·phýllous *a* 〘植〙暖期のみに葉をつける, 落葉性の.
thèrmo·phýsical *a* 熱物理の.
thérmo·pìle *n* 〘理〙熱電対列, 熱電堆, サーモパイル.
thèrmo·plástic *a* 熱(可)塑性の (opp. *thermosetting*). ► *n* 熱可塑性物質, 熱可塑性樹脂[プラスチック]. ♦ **-plastícity** *n*
Ther·mop·y·lae /θərmápəli/ テルモピュライ《ギリシア中東部 Athens の北西方の地; 古代には山が海に迫った隘路; 前 480 年にスパルタ王 Leonidas 率いるギリシア軍が善戦後, 最後にペルシア軍の挟撃をうけ, 王と 300 人のスパルタ兵が玉砕した》.
thèrmo·recéptor *n* 〘動〙熱摂受体, 温度受容器.
thèrmo·régulate *vi, vt* (…の)体温を調節する.
thèrmo·regulátion *n* 体温[温度]調節.
thèrmo·régulator *n* 温度調節器, サーモスタット.
thèrmo·régulatory *a* 体温調節(性)の.
thèrmo·rémanent *a* 〘理〙熱残留の. ♦ **-nence** *n* 〘理〙熱残留磁気; 熱残留磁気年代測定(法).
Ther·mos /θə́ːrməs/ 〘英商標〙サーモス《魔法瓶の商品名》; [t-] 魔法瓶, テルモス (vacuum bottle) (＝**t～ flàsk [jùg]**). [Gk (*thermos* hot)]
thérmos bòttle 魔法瓶; 《CB 無線俗》液体運搬用トラック, タンクローリー.
thérmo·scòpe *n* サーモスコープ, 温度見(ᵏ)《温度変化による気体などの体積変化を利用した初期の温度計》. ♦ **thèr·mo·scóp·ic, -i·cal** /-skáp-/ *a*
thérmo·sèt *a* 熱硬化性の (thermosetting). ► *n* 熱硬化性樹脂[プラスティック].
thèrmo·sétting /, ⏤ ⏤/ *a* 〈可塑物など〉熱硬化性の (opp. *thermoplastic*): ～ resin 熱硬化性樹脂.
thèrmo·síphon *n* 〘理〙熱サイホン.
thérmo·sphère *n* 熱圏《大気の中間層 (mesosphere) より上の部分》. ♦ **thèrmo·sphéric** *a*
thèrmo·stá·bile /-stéɪbəl, -bàɪl/ *a* 〘生化〙THERMOSTABLE.
thèrmo·stáble *a* 〘生化〙耐熱(性)の, 熱安定の. ♦ **-stabíli·ty** *n*
ther·mo·stat /θə́ːrməstæ̀t/ *n* 〘電〙恒温器, サーモスタット《自動温度調節器》. ► *vt* …にサーモスタットを付ける; サーモスタットで調温する. ♦ **thèr·mo·stát·ic** *a* サーモスタットの[で調温した]. **-i·cal·ly** *adv* [Gk *statos* standing]
thèrmo·státics *n* 〘理〙熱平衡学.
thèrmo·táxis 〘生・生理〙*n* 温度走性, 熱走性; 体温調節[維持]. ♦ **-tác·tic, -táx·ic** *a*
thèrmo·ténsile *a* 〘理〙熱張力の.
thèrmo·thérapy *n* 〘医〙温熱療法.
thèrmo·tólerant *a* 〘植〙耐熱性の.
ther·mot·ro·pism /θərmátrəpɪ̀z(ə)m; θə̀ːrmoʊtróʊpɪz(ə)m/ *n* 〘生〙温度屈性, 屈熱性. ♦ **thèrmo·trópic** *a*
-ther·my /θə̀ːrmi/ *n comb form* 「熱の状態」「熱生成」: homoio*thermy*, dia*thermy*. [NL＜Gk (*thermē* heat)]
the·roid /θíərɔ̀ɪd/ *a* 獣をおもわせる, 獣的な.
the·rol·o·gy /θɪərálədʒi/ *n* MAMMALOGY.
thé·ro·phyte /θíərə-/ *n* 〘植〙一年生植物.
the·ro·pod /θíərəpɑ̀d/ *a, n* 〘古生〙獣脚竜(の)《肉食性で後肢歩行》.
Ther·si·tes /θərsáɪtiz/ 〘ギ神〙テルシーテース《トロイア戦争の際ギリシア方にいた醜男の毒舌家で, 味方の武将たちをくそみそにけなしてなくられる; Achilles がみずから手にかけた Penthesileia の美貌に魅せられてしまったことを揶揄し, おこった彼に殺されたという》.
ther·sit·i·cal /θərsítɪk(ə)l/ *a* 《まれ》大声で口ぎたない.
the·sau·rus /θɪsɔ́ːrəs/ *n* (*pl* **-ri** /-ràɪ, -rìː/, **～·es**) 《ことば[知識]の》宝庫, 宝典; シソーラス《**1**) 意味概念を手掛かりに語を検索できるようにした類義語・反義語・関連語辞典 **2**) 書類・情報などの検索用の索引》. ♦ **the·sáu·ral** *a* [L＜Gk; cf. TREASURE]
these /ðíːz/ *a, pron* [THIS の複数形] これらの, これらは[を, に]: *T～* books are mine. ＝*T～* are my books. / He's one of ～ artist chaps. [*derog*] あいつはあの三文芸術家の仲間だよ / in ～ days 《やや古》＝ ～ days このごろは / one of ～ DAYS.
The·se·us /θíːsiəs, -sùːs/ 〘ギ神〙テーセウス《Procrustes や怪物 Minotaur などを退治したアテナイの王で国民的英雄; Amazons を破って女王と結婚, また 金の羊毛 (Golden Fleece) を捜す Argonauts の遠征にも参加》. ♦ **The·se·an** /θəsíːən/ *a*
the·sis /θíːsəs/ *n* (*pl* **-ses** /-sìːz/) **1** 《議論の》論旨, 論点; 主張, 説 〈*that*〉; 〘論〙命題, 定立, テーゼ. **2** 作文, 論文, 《特に》学位請求論文, 卒業論文 〈*on*〉: a master's ～ 修士論文. **3** /, θɛ́səs/ (opp. *arsis*) 〘楽〙下拍《小節の強部》; 〘韻〙《詩脚の》弱音部[節], 《古典詩の》長音部[節]《元来はギリシア古典詩の強音節を指した》. [L＜Gk＝putting, something set down]
thesp /θɛ́sp/ *n* 《口》役者, 俳優 (thespian).
Thes·pi·an /θɛ́spiən/ *a* THESPIS の; [°t-] 演劇の, 悲劇の, 戯曲の. ► *n* [°t-; °*joc*] 俳優, 役者; 悲劇役者.
Thes·pis /θɛ́spəs/ テスピス《前 6 世紀のギリシアの伝説的悲劇詩人; '悲劇の発明者' とされる》.
Thess. 〘聖〙Thessalonians.
Thes·sa·li·an /θɛséɪliən/ *a* テッサリア (Thessaly) (人)の. ► *n* テッサリア人; テッサリア語.
Thes·sa·lo·ni·an /θɛ̀səlóʊniən/ *n* **1** テッサロニカ人《ギリシアの Thessalonica の住民》. **2** [～s, 〈*sg*〉] 〘聖〙テサロニケ書《新約聖書の The First [Second] Epistle of Paul the Apostle to the ～s (テサロニケ人(ʲ)への第一[第二]の手紙); 略 Thess.》. ► *a* テッサロニカ(人)の.
Thes·sa·lo·ní·ki /θɛ̀səlɑníːki/ テッサロニキ, テッサロニカ (L **Thes·sa·lo·ni·ca** /θɛ̀səláːnɪkə, -ləníːkə/) 《ギリシア北部 Macedonia 地方の市・港町; 旧称 Salonika》.
Thes·sa·ly /θɛ́səli/ テッサリア (ModGk **Thes·sa·lía** /θɛ̀ɪsəlíːə/) 《ギリシア中東部のエーゲ海に臨む地方》.
the·ta /θíːtə, θéɪtə/ *n* テータ, シータ《ギリシア語アルファベットの第 8 字 Θ, θ; 英語の th に当たる》; [Θ] 温度; 〘数〙平面角, 極座標; 〘生理〙THETA WAVE.
théta pìnch 〘理〙テータピンチ《核融合制御のためのプラズマの圧縮加熱の一方式》.
théta rhýthm 〘生理〙シータリズム (THETA WAVE).
théta wàve 〘生理〙シータ波《4–7 Hz の脳波》.
Thét·ford Mínes /θɛ́tfərd-/ セットフォードマインズ《カナダ Quebec 州南部の市; アスベスト産業で有名》.
thet·ic /θɛ́tɪk/, **-i·cal** *a* 独断的[断定的, 命令的]に述べられた; 〘韻〙THESIS をなす[で始まる]. ♦ **-i·cal·ly** *adv*
The·tis /θíːtəs, θɛ́təs/ 〘ギ神〙テティス《海の精 Nereids の一人で Peleus との間に Achilles を産んだ》.
the·ur·gy /θíːərdʒi/ *n* 神や超自然力を請じて事をなさしめる術, 降霊, 魔術, 《特に 新プラトン学派の》神的秘術; 《人間界の事象への》神

[超自然力]のはたらきかけ[関与]; 神のわざ, 奇跡. ◆ **-gist** *n* 奇跡[魔法]を行なう人. **-gic** /θiáːrdʒɪk/, **-gi·cal** *a* 奇跡[魔法]の. **-gi·cal·ly** *adv* [L<Gk=miracle (*the-*, *ergon* work)]

thew /θjúː/ *n* [*pl*] 筋肉; 筋力, 体力; 精神力, 活力. [OE *thēaw* habit, usage<?]

thewed /θjúːd/ *a* (…な)筋肉をもつ.

théw·less *a* 《スコ》THOWLESS.

thewy /θjúːi/ *a* 筋力のすぐれた.

they /ðeɪ, (特に 母音の前) ðɛ/ *pron* [HE[2], SHE または IT[1] の複数形] **1 a** 彼らは[が], 彼ら, あの人たち; あれら, それら. **b** [漠然と] 世人, 人びと; 《軍や民間の》お偉方; 当局者; 専門家: *T~* say (=It is said) she's rich. 彼女は金持だという話[うわさ]だ / *T~* are going to raise the taxes. (政府は)増税しようとしている. **c** [関係詞の先行詞]: ~ *who* [*that*]…する人びと / *T~* do least *who* talk most. 多弁家は実行少なし. ★ 今日では They who…の代わりに Those who…が普通. **2** 《口》[不定の単数(代)名詞を受けて] =he or she: *Nobody* ever admits that ~ are to blame. だれも自分が悪いと言う人はない / *Every child* needs to know that ~ are loved. 子供はだれも自分が愛されているということを知る必要がある. [ON *their* (nom pl masc), *theim* (dat pl)<*sá* THE, that]

they'd /ðéɪd/ they had [would] の短縮形.

they'll /ðéɪl/ they will [shall] の短縮形.

they're /ðέər, *ðər/ they are の短縮形.

they've /ðéɪv/ they have の短縮形.

THF 〖化〗tetrahydrofuran.

thi- /θáɪ/, **thio-** /θáɪoʊ, -ə/ *comb form* 「硫黄」 [Gk *theion* sulfur]

THI °temperature-humidity index.

thia·ben·da·zole /θàɪəbéndəzòʊl/ *n* 〖薬〗チアベンダゾール《駆虫薬》.

thi·acétic ácid THIOACETIC ACID.

thi·ami·nase /θaɪǽmənèɪs, θáɪəmə-, -z/ *n* 〖生化〗チアミナーゼ《チアミンを分解する酵素》.

thi·a·mine /θáɪəmìːn, -mən/, **-min** /-mən/ *n* 〖生化〗チアミン《ビタミン B_1 に同じ》. [*thi-*, *vitamine*]

thi·a·zide /θáɪəzàɪd, -zəd/ *n* 〖薬〗サイアザイド《特に 高血圧患者用の利尿剤》.

thi·a·zine /θáɪəzìːn, -zən/ *n* 〖化〗チアジン《1 窒素原子と 1 硫黄原子を含む 6 員の複素環式化合物》.

thi·a·zole /θáɪəzòʊl/ *n* 〖化〗チアゾール《**1**) ピリジン臭のある無色の揮発性液体 **2**) その誘導体》.

Thi·baud /*F* tibo/ ティボー **Jacques** ~ (1880–1953)《フランスのヴァイオリン奏者》.

Thibet ⇨ TIBET.

Thich /tík/ *n* 《ヴェトナムで》仏教僧に対する尊称.

thick /θík/ *a* **1 a** 厚い (opp. *thin*); 太い〈首など〉, ずんぐりした; 太い〈線・字など〉, 肉太の〈活字など〉: a ~ book 分厚い本 / a ~ coat 厚手の外套 / How ~ is it? 厚さ[太さ]はどのくらいですか. **b** 厚さ[太さ]…の: a board five inches ~ 厚さ 5 インチの板. **2 a** 密な, 密生した, 茂り合った; 毛深い, 濃い〈髪など〉; 密集した〈群集など〉; 込み合った, いっぱいの, たくさんの〈*with*〉: a ~ forest 密林 / ~ *with* flies ハエが一面にたかって / tables ~ *with* dust 埃だらけのテーブル / the air ~ *with* snow 雪の降りしきる空 / *with* honors ~ upon one 幾多の光栄を身に浴びて. **b** 〈液体など〉濃厚な, とろみのある, 粘稠な, どろどろの; 濁った; 〈声・発音など〉不明瞭な, だみ声の; 発音不明瞭な〈舌〉; 〈ワインが〉厚い (*F* épais)《味わいが過度に重たい》: ~ soup 濃いスープ / His voice was ~ *with* emotion. 彼は興奮して声がかすれていた. **c** 〈霧・煙など〉濃い, 深い; 〈天気など〉曇った, かすんだ, どんよりした; 〈空気が〉煙[ほこりなど]が立ちこめた, むっとする, うっとうしい; 深い〈闇・沈黙〉: (as) ~ as pea soup 〈霧などが〉ひどく濃い. **d** 目立つ, ひどい〈なまり〉: a ~ Russian accent. **3** 〈頭が〉重い; 《口》頭の悪い, 愚鈍な; 《古》感覚が鈍い: have a ~ head 愚鈍である; ぼんやりしている; 頭痛がする / (as) ~ as two (short) planks [a plank, ″《俗》shit] 《口》ひどく頭の鈍い. **4** [*pred*] 《口》親密な〈*with*〉: They're very ~. とても仲がよい / (as) ~ as thieves ⇨ THIEF. **5** 《口》度を越している, あんまりだ: It's rather [a bit (too)] ~. ● **a ~ ear** ″《俗》(なぐられて)はれあがった耳; 《俗》拒絶, 肘鉄: get *a* ~ *ear* なぐられて耳がはれる / give sb *a* ~ *ear* 耳がはれあがるほどなぐる. **the ~ end of**…の厚い[太い]端; ″《口》〈ある距離・時間・金額〉の大部分[大半]. **the ~ end of the stick**=the dirty END (of the stick). THICK ONE. **~ on the** GROUND[1].

► *n* **1** [the] **a** 人の最も集まる所, 最も激しい所, まっただ中 〈*of*〉: in *the* ~ *of* it [things] まっ最中に / in *the* ~ *of* the fight 戦いの最中に. **b** 《前腕・ふくらはぎ・バットなどの》最も太い[厚い]部分〈*of*〉. **c** 茂み, 叢林 (thicket). **2** 《俗》鈍物, ばか; ″《俗》濃い[とろりとした]飲み物, ココア (cocoa). ● **in ~** *《俗》親密で, 深く掛かり合って. **through ~ and thin** よい時も悪い時もどんなことがあっても.

► *adv* THICKLY: slice the cheese ~ チーズを厚く切る / Don't spread butter too ~. バターをあまり厚く塗ってはいけません / ~ and fast しきりに, 激しく, どんどん / Her heart beat ~. 胸がどきどきした / LAY[1] it on ~.

[OE *thicce* (a, adv); cf. G *dick*]

thíck-and-thín *a* どんな困難があっても変わらない, 忠誠を尽くす (cf. *through* THICK *and thin*).

thíck-bìlled párrot 〖鳥〗ハシブトインコ《メキシコ・米国南部産》.

thíck·en *vt*, *vi* 厚くする[なる], 太くする[なる]; 濃くする[なる], 〈スープなど〉にとろみをつける[がつく]〈*up*〉; 濁らせる[濁る]; 〈生地など〉の目を詰める[目が詰まる]; 〈ことばなどを[が]〉不明瞭にする[なる]; 複雑にする[なる]: The plot ~*s*. 筋がいっそう込み入ってくる, 話がややこしくなる, 謎が謎を呼ぶ. ◆ **~·er** *n* 濃くするもの; 《スープなどに》とろみをつけるもの《小麦粉・澱粉など》, 増粘剤, 糊料; 濃縮装置, シックナー.

thíck·en·ing *n* THICK にする[なる]こと, 肥厚, 濃厚化; thick になった部分; thick にするための材料, 濃化剤[材料].

thick·et /θíkət/ *n* 《低木・小高木・雑木などの密生した》やぶ, 茂み, 叢林, 低木密生林; 複雑に入り組んだもの. ◆ **~·ed** *a* やぶのある, 茂みにおおわれた. **thíck·ety** *a* [OE]

thick fílm 〖電子工〗厚膜.

thíck·hèad *n* **1** 〖鳥〗**a** モズヒタキ (whistler). **b** ケープイシチドリ. **2** 《口》頭の鈍い人, 鈍物, 愚物.

thíck·héad·ed *a* 《口》頭の鈍い, 愚鈍な; 〈動物が〉ずんぐり頭の. ◆ **~·ly** *adv* **~·ness** *n*

thíck·ie, thícky *n* ″《俗》THICKO.

thíck·ish *a* やや厚い[太い, 濃い].

thíck-knèe *n* 〖鳥〗イシチドリ (stone curlew).

thíck·lèaf *n* 〖植〗フチベンケイ《多肉植物》.

thíck·ly *adv* 厚く; 濃く; 密に, びっしりと; こんもりと; たくさんに; 繁く (frequently); 不明瞭に, だみ声で; 《ことばが》なまって.

thíck·ness *n* 厚い[太い]こと; 厚さ, 厚み, 太さ; [″the] (最も)厚い[太い]部分; 濃厚; 濃度; 《液体の》とろみ(ぐあい); 濃密, 密集, 繁茂, 密生; 頻繁; 頭の鈍いこと, 愚鈍; 混濁; 不明瞭; 《一定の厚さをもつものの》一枚, 層, (…枚)重ね: two ~*es* of felt フェルト 2 枚. ► *vt* 適当な厚さに仕上げる. ◆ **~·er** *n* 《適当な厚さに仕上げる》自動かんな盤.

thíckness gàuge 隙間ゲージ (feeler).

thicko /θíkoʊ/ *n* (*pl* **thíck·os**) ″《俗》ばか, うすのろ, ぼんくら. [*thick*, *-o*]

thick òne ″《俗》1 ポンド金貨, 5 シリング銀貨.

thíck·sét *a* 濃密な; 繁茂した; 目の詰んだ; がっしりした〈男・体格〉. ► *n* /⌐‒ ⌐/ 低木の茂み (thicket), 厚く植え込んだ生垣; 目の詰んだ木綿地, 作業衣用コールテン.

thíck-skínned *a* 皮[皮膚]の厚い, 厚皮の; 鈍感な, 無神経な, 厚顔な; ずぶとい, 動じない.

thíck·skúlled *a* 厚い頭蓋骨をもった; 愚鈍な.

thíck-wítted *a* 頭[勘]の鈍い. ◆ **~·ly** *adv* **~·ness** *n*

thicky ⇨ THICKIE.

thief /θíːf/ *n* (*pl* **thieves** /θíːvz/) 泥棒, ぬすっと, こそ泥, (盗)賊; 窃盗犯: honor among *thieves* 盗賊間の仁義 / (as) thick as *thieves* 《口》非常に親密で / like [as] a ~ in the night 人目につかずに, 見つからずに, 知らぬ間に《*1 Thess* 5: 2》/ All are not *thieves* that dogs bark at. 《諺》犬がほえかかる者が泥棒とは限らない《人は外見ではわからない》/ Set a ~ to catch a ~. 《諺》蛇(じゃ)の道はへビ / When *thieves* fall out, honest men come by their own. 《諺》泥棒が仲間割れすると, 堅気の者は物を失わずにすむ. [OE *thēof*; cf. G *Dieb*]

thíef ànt 〖昆〗盗賊アリ《他のアリの巣の近くに巣を作って食物を盗む小型のアリ》.

thíef knòt こま結び (reef knot).

thíef·tàker *n* 〖英史〗盗賊の捕手(とりて)[捕方].

Thiers /*F* tjɛːr/ ティエール (**Louis-)Adolphe** ~ (1797–1877)《フランスの政治家・歴史家; 第三共和政の初代大統領 (1871–73)》.

thieve /θíːv/ *vt* 盗む (steal). ► *vi* 盗みをはたらく, 窃盗を犯す. [OE *thēofian*; ⇨ THIEF]

thieve·less /θíːvləs/ 《スコ》*a* 冷淡な; THOWLESS.

thiev·ery /θíːv(ə)ri/ *n* 盗み (theft); 《古》盗品.

thíeves' kìtchen ″《俗》泥棒のたまり場.

thíeves' Látin 盗賊同士の合いことば.

thiev·ing /θíːvɪŋ/ *n* 盗み, 泥棒. ► *a* 《口》盗みをはたらく, 盗癖のある.

thiev·ish /θíːvɪʃ/ *a* 盗みをする, 盗癖のある; 泥棒のような, こそこそする: ~ living 盗人渡世. ◆ **~·ly** *adv* **~·ness** *n*

thig /θíg/ *vt*, *vi* (**-gg-**) 《スコ》BEG[1]. ◆ **thíg·ger** *n*

thigh /θáɪ/ *n* 腿(もも)(た), 大腿部, 太もも《FEMORAL *a*》; 《鳥などの》腿部, 腿; 《昆虫の》腿節; 腿に似たもの; 腿をおおうもの. ◆ **~ed** *a* [″*compd*] 腿の…な: large-~*ed*. [OE *thē(o)h*, *thīoh*; cf. OHG *dioh*]

thígh·bòne *n* 大腿骨 (femur).

thígh bòot 《ひざ上までの》ロングブーツ.

thígh-hìgh *n* ひざ上までのストッキング[ブーツ].

thígh-slàpper *n* 傑作なジョーク[話] (knee-slapper). ◆ **thígh-slàpping** *a*

thig·mo·táxis /θìgmə-/ *n* 〖生〗接触走性, 走触性 (stereotaxis). ◆ **thig·mo·tác·tic** *a* [Gk *thigma* touch, *-taxis*]

thig·mot·ro·pism /θɪɡmátrəpìz(ə)m/ *n* 〖生〗接触屈性, 屈触性 (stereotropism). ◆ **thig·mo·trópic** /θìɡmə-/ *a* 接触屈性の.
thill /θíl/ *n* 轅(ながえ), 梶棒. ［ME＜?］
thíll·er *n* 轅の馬 (＝**thíll hòrse**).
thim·ble /θímb(ə)l/ *n* 〖洋裁〗シンブル《指先にかぶせて針の頭を押す杯状の裁縫用具; 機能的には '指ぬき' に相当》; 〖機・海〗はめ輪[筒], シンブル, ワイヤー[ロープ]シンブル; 《煙突などを通す穴にはめる》はめ筒, 板金さや; THIMBLEFUL. ◆ **～·like** *a* ［OE *thȳmel* (THUMB, *-le*¹)］
thímble·bèrry *n* 〖植〗クロミキイチゴ《アメリカ原産; 実はシンブル状》.
thímble·fùl *n* シンブル一杯の量; ごく少量, わずか.
thímble·rìg *n* シンブル手品, 'おわんと玉'《3 つのシンブル状の杯を伏せ, 豆[小球]を移動させて観客にその所在をあてさせる奇術; しばしば大道でのいんちき賭博に用いる》; THIMBLERIGGER. ► *vt* シンブル手品でだます; 小手先でだます. ► *vi* シンブル手品をする. ◆ **thímble-rìgger** *n*
thímble·wèed *n* 〖植〗**a** 花の種子形成部分がシンブル状のアネモネ. **b** ルドベッキア (coneflower).
thímble·wìt* *n* まぬけ, うすのろ.
Thim·bu /θímbu/, **Thim·phu** /θímpu/ *n* ティンブー《ブータン (Bhutan) の首都》.
thi·mer·o·sal /θaɪmɛ́rəsæ̀l, -mə́ːr-/ *n* 〖薬〗チメロサール《結晶性粉末; 主に殺菌消毒薬とする》.
thin /θín/ *a* (**thín·ner; thín·nest**) **1** 薄い〈紙・布・板・氷など〉(opp. *thick*). **2** 細い, ほっそりした〈針金・体・指など〉(slender, slim); やせた, やせこけた, 丸みのない, 肉のない (opp. *fat*); 〖印〗肉細の (lean): (as) ～ as a rake [lath, stick]〈人が〉ひどくやせこけて / He is ～ in the face. 顔がやせている. **3 a**〈髪など〉薄い, 〈人など〉まばらな: a ～ forest 木のまばらな林, 疎林 / a ～ meeting [audience] 集まりの悪い[不入りの]会[聴衆] / His hair is getting ～ on top. 《口》頭の上の方の毛が薄くなってきた / The population is ～. 人口が希薄である. **b**〈食卓など〉乏しい; 〈土地が〉やせた; *《俗》懐が寒い. **4 a**〈液体・気体など〉希薄な, 水っぽい, 弱い; 〈色が〉淡い (opp. *deep*); 〈光が〉弱い; 〖写〗ピンぼけの, ぼやけた; 〈音声など〉かぼそい, キンキンした; 〈笑いなど〉かすかな; わずかな, 少しの; 不活発な〈市場など〉: ～ milk [soup] 薄い牛乳[スープ] / ～ wine 弱いワイン / give a ～ smile 気乗りのしない笑いを見せる / by a ～ margin 僅差で. **b** [*fig*] 浅薄な, 貧弱な〈弁舌など〉, 見え透いた〈弁解など〉; 薄弱な〈論拠〉; *《俗》〈チームが〉有力選手を欠く: That's too ～. うそが見え透いている. **5**ᴵᴵ《口》不快な, みじめな: have a ～ time (of it) いやなめにあう; しばしば失敗する. ● **out of ～** AIR¹. **～ on the** GROUND¹. **vanish into ～** AIR¹. WEAR¹ **～.** ► *adv* THINLY. ► *n* [the] 薄い[細い]部分 〈*of*〉; *《俗》10 セント (dime). ► *vt, vi* (**-nn-**) 薄く[細く]する[なる]; まばら[希薄]にする[なる]〈*away*〉; 縮小する〈*down*〉; 〖ゴルフ〗〈ボールの〉上部を打つ: ～ *down* 細くする; 細る, やせる; 〈液体を〉薄める; まばらに[ちりぢりに]する[なる] / ～ *out* 間引く, 間伐する; 〈聴衆など〉まばらになる, 減る. ［OE *thynne* (a, adv); cf. G *dünn*; IE で 'to stretch' の意］
thín blúe lìne [the]ᴵᴵ《口》《デモ隊・暴徒などを取り締まる》警官隊, 警察.
thín cát 財力[権力, 影響力]のない人物.
thín·clàd *n* 《陸上競技の》トラックの選手.
thín díme*《俗》たった 10 セント, ほんのわずかの金: not have a ～ / not worth a ～.
thine 《古・詩》*pron* /ðáɪn/ [THOU¹ に対応する所有代名詞] なんじのもの; /ðaɪn/ [THOU¹ の所有格; 母音または h 音で始まる名詞の前で] THY: ～ eyes / ～ helpers.
thín-fàce *a* 〖印〗字づらの細い (lean-faced).
thín fílm 〖電子工など〗薄膜.
thing¹ /θíŋ/ *n* **1** 《一般に》物, 事物: **a** 《漠然と》もの, 無生物, 物体; 生き物, 動物; えたいの知れない[名状しがたい]もの, 化け物, 幻 (cf. *see* THINGS 成句); 草木: this [that] ～ これ[あれ] / all ～*s* 万物, 宇宙 / a living ～ 生物 / dumb ～*s* (ものの言えない)動物, 畜生 / this finder ～ ファインダーという[みたいな]やつ. **b** [形容詞を伴って]《口》人《軽蔑・非難・愛憐・賞賛などの意をこめて; 主に女性・幼児をいう》: You stupid ～! このばかめ! / a pretty little ～ かわいらしい子[娘] / The poor little ～!＝Oh poor ～! かわいそうにあの子は / the dear old ～ あれ, あいつ / a dear old ～ おじいさん, おばあさん《親しみをこめた表現》/ old ～ [*voc*] ねえきみ. **c** 物質; 飲食物. **d** [*pl*] 所持品, 携帯品; [ᵘ*pl*] 衣服《主に外套》, 外出着; [ᵘ*pl*] 家財, 道具, 器具, 食器類: Pack your ～*s* and go! 荷物をまとめて出て行け! / She did not have a ～ to wear. 着るものがなにもなかった / Do take off your ～*s*. どうぞお脱ぎください / tea ～*s* 茶道具 / Please wash the breakfast ～*s*. 朝食のあと片付けをしてください. **e** [*pl*] 〖法〗財産, 有体物: ～*s* personal [real] 動産[不動産] / ～*s* mortgaged 抵当物. **f** 事実, 実在; 実体, 実物: the philosophy of ～*s* 事実の哲学. **g** 作品: a little ～ of mine 拙作. **h** 《俗》性器, 持物, 一物.
2 こと: **a** 仕事; 行為, 所業; 言う事, ことば: do great ～*s* りっぱな事をする / do the right ～ 正しい[まっとうな, 当を得た]ことをやる / (what with) one ～ and another 《口》いろいろな事(があって), あれやこれや(あって)《言いわけなどで》/ I have just one ～ to say to you. きみにひとつだけ言う事がある / There is only one ～ for it. ᴵᴵ可能な方法[解決策]は一つしかない / One more ～. 最後に一言. **b** [ᵘ*pl*] 物事, 事物; [形容詞をあとに置いて, ᵒ*joc*] 風物, 文物: the good ～*s* of life この世の良いもの, 人生を幸福にするもの / ～*s* Japanese [foreign] 日本[外国]の風物. **c** 事柄, 事件; …のこと[件]; [*pl*] 《漠然と》こと, 事態, 成り行き: It's a curious ～. 珍しいことです / The ticket ～ didn't work out. チケットの件はうまくいかなかった / as ～*s* are [stand] 目下の状勢では / as ～*s* go 今の状態では; 世の常として / make ～*s* difficult 事態を複雑にする; 〈人に〉迷惑をかける, 〈人を〉困らせる 〈*for* sb〉/ take ～*s* easy [as they are] 物事を楽観する[あるがままに考える] / *T~s* are going well. 万事順調だ / think ～*s* over 物事を熟考する / *T~s* are going to become serious. こと[事態]は重大になりそうだ / *T~s* have changed greatly. 事情[形勢]がずいぶん変わってきた. **d** 考え, 意見, 観念; 情報, 知っていること: put ～*s* in one's [sb's] head 頭にいろいろ詰め込む[人に入れ知恵する]. **e** 事項, 項目, 点: check every little ～ / in all ～*s* あらゆる点で. **f** 《口》好きな[得意な]こと; すばらしいこと: What's your ～?. **g** 《口》特別な(好悪の)感情, こだわり, 一種病的なもの 〈*about, for, against*〉; こだわり[恐れ]の対象: have a ～ *about*…をばかに好む[嫌う, 恐れる], …にうるさい.
3 [the] 正しい[当を得た, 重要な]こと; [the] 《口》流行のもの; 当面の問題[目標]; [the] 《口》あつらえむきのもの[状態]: *The* (great) ～ is to make a start. 大事なのは踏み切ることだ / *The* ～ is… (それが)困ったことに[実を言うと] / That café is (quite) *the* ～ now. あのカフェは今大はやりだ / *the* latest ～ in ties 最近流行のネクタイ / be just *the* ～《目的・要求・希望などに》まさにもってこいだ / I'm not [I don't feel] quite *the* ～ today. きょうは本調子ではない.
● **and another ～** さらに, 加うるに (moreover). **… and ～s** 《口》…など. **a ～ or two** 《口》《一般に[相手に]》知られていない事実, 大事なこと, 知恵; 《口》《相手と比べて》(相当)多くのこと: know [be up to] a THING or two / tell sb a THING or two. **be all ～s to all men [people]** すべての人に対してすべてのものである; だれにも気に入られる, 八方美人である; いかようにも解釈される《cf. *1 Cor* 9: 22》. **(be) no great ～s** 《俗》〈人・ものが〉たいしたものではない. **do one's (own) ～** 《口》自分のしたいとおりにする. **do the decent [handsome, etc.] ～ by** 親切に[寛大に など]扱う. **do ～s to**…に多大の影響を与える, …をりっぱにする. EVERY **～.** **for** ONE **～**…((**and**) **for another**…). **get a ～ out of**… [*neg*] …の[から]情報を得る[聞き出す]; …を鑑賞できる: He *can't get a* ～ *out of* opera. オペラのよさがわからない. GOOD THING. **have another ～ coming**＝have another THINK¹ coming. How¹ **are ～s?** **If there is** ONE **～** sb does…. **It's a…～.** 《口》それは…だけのものだ, それは…だけにしかわからない: It's just a boy ～. **(just) one of those ～s** 《口》どうにもならない[避けがたい]こと. **know [be up to] a ～ or two** 《口》〈…について〉いろいろ知っている, 万事よく心得ている; 《口》抜け目がない, ものなれている. **make a good ～ (out) of**… 《口》…で利益を得る. **make a (big) ～ (out) of**… 《口》…を重大視する, 問題にする, …について大騒ぎする. **(now) there's a ～** 《口》これは驚いた. **of all ～s** こともあろうに, よりによって (cf. *of* ALL…). **be one (damn(ed)) ～ after another** 《口》悪いことが次から次へと起こる, 踏んだり蹴ったりだ. **push ～s**＝PUSH it. **see [hear] ～s** [通例 進行形] 幻覚[幻聴]を経験する, 幻を見る[聞く]. **tell sb a ～ or two** 《口》人に重要なことを教える 〈*about*〉; 《口》人に一言(文句)を言う, 人をしかりつける. **that [this] ～** そんな[こんな]もの[こと]《非難・嫌悪の対象》. **the other ～** 別のこと, (何でも)好きなこと; 《俗》あちらのほうのこと, 性交: If you don't like it, you can do *the other* ～. それが気に入らないなら好きなようにしなさい. **the** STATE **of ～s.** **～s and stuff***《俗》パリッとした服装で; *《俗》すごく機知に富んで. **～s that go** BUMP¹ **in the night.** **work ～s** 《俗》うまくやり遂げる.
［OE＝assembly; cf. ON ↓, OHG *ding* assembly, G *Ding* thing］
thing² /θíŋ, θíŋk, tíŋ/ *n* [ᵒT-]《スカンディナヴィア諸国で》議会, 法廷. ［ON *thing* assembly; cf. ↑］
thingamabob, thingamajig ⇨ THINGUMBOB.
T hinge /tíː ─́─/ T 形蝶番, T ヒンジ.
thing-in-it·sélf *n* (*pl* **things-in-them·sélves**) 〖カント哲学〗物自体 (*G* Ding an sich) (NOUMENON).
thing·ism /θíŋìz(ə)m/ *n* 《文学・芸術における》事物主義《物質や細部を強調あるいは関心の対象とする》.
thíng·ness *n* 《事物の》客観的実在性, 客観的事物性.
thing·um·bob /θíŋəmbɑ̀b/, **-a·ma·bob** /θíŋəməbɑ̀b/, **-a·ma·jig** /-ʤìɡ/, **-a·my** /-əmi/, **-um·a·bob** /-əməbɑ̀b/, **-um·a·jig** /-ʤìɡ/, **-um·my** /-əmi/ *n* 《口》なんとかさん, なんとかいうもの (cf. DOODAD).
thingy, -gie /θíŋi/ *n* 《口》なんとかいうもの[人]. ► *a* 物の, 物体の, 物質の.
think¹ /θíŋk/ *v* (**thought** /θɔ́ːt/) *vt* **1** …と思う, 考える; 考えている, みなす: I ～ it is true.＝I ～ it (to be) true. それは本当だと思う / To ～ (*that*) he should treat me like this! やつ[あの人]からこんな扱いをうけようとは! / I *thought* I told you [I said]…. 《口》…と言っておいたはずだが《指示どおりしなかったことなどに対する非難の文句》/ Anyone would ～ that he were insane. (そんなことをするなんて)だれ

だって彼が正気でないと思うだろう / Red is *thought* to represent anger. 赤は怒りを表わすと考えられている. ★ I ～ it will not rain. の意味では普通 I don't ～ it will rain. という. **2** [しばしば 進行形] よく考える, 思案する; 思い描く: I'm ～*ing* what to do next. 次に何をしようかと考えているところだ. **3** [通例 cannot と共に] わかる, 考えつく, 想像する, 思い出す ‹*who, where, how, whether*, etc.›: I *can't* ～ *what* he's going to say. 何を言おうとしているのか見当がつかない / I *can't* ～ *what* her name is. 名前が思い出せない. **4 a** ‹…すること›に気づく ‹*to* do›: She did not ～ *to* thank him. 礼を言うことなど考えてもみなかった. **b** 企てる; ‹…しようと›思う, ‹…する›つもりである (intend) ‹*to* do›: ～ evil 悪事を企てる / They *thought to* deceive us. われわれを欺くつもりだった. **5** [[U]*neg*/*inter*] 予期する, 予想する (expect): Who would have *thought* (that you could say such a thing)? (あなたがそんなことを言えるだなんて)思いもよらなかった / Who would have *thought* to find you here! ここであなたに出会おうとはだれが予想したろう. **6** (ある考えを)心にいだく, 考える; …のことばかり考えている: talk and ～ business / You have to ～ safety first. 安全を第一に考えなければならない. **7** [[O]～ *-self*] 考えて…する, 思案にふけって…になる ‹*into*›: She *thought* herself *into* madness. 考えすぎて気が変になった. ► *vi* **1** 考える, 思う, 思考[思索]する, 頭を使う; 想像する; 熟考[思案]する ‹*about, of, on, over*›: I'll ～ *about* it. まあ考えておきましょう《しばしば 体のいい謝絶》/ Don't even ～ *about* [*of*] (doing) it. (間違っても)そんなまねをしようなんて考えるな, 変な気をおこすな / Only ～! まあ考えてもごらん / ～ in English 英語で考える / ～ and ～ つくづく考える / ～ hard 一所懸命に考える / I wasn't ～*ing*.＝I didn't ～. うっかりして[思慮を欠いて]いました. **2** 考慮する, 思いやる ‹*about, of*›: ～ *of* others first. **3** 判断する, 評価する ‹*about, of*›: ～ HIGHLY [LITTLE, MUCH, etc.] *of*… / ～ a great deal [a lot] *of*…を重んじる, 高く評価する / ～ badly *of*…を悪く思う. **4** 思い出す, 考えつく, 記憶する ‹*of, on*› (⇨ 成句).

● **I dón't ～.** 《口》[しばしば 皮肉な文に添えて] (…とは)全く(思わない)ね, …なあんて《考えられん》: You're very generous, *I don't* ～. あなたは実に気前がいい, とは(全く思えん)ね. **I should have thought** … 《口》当然[てっきり]…だと思っていたのに(そうでないとは驚いた). **I should ～ (not).** 《口》[相手のことばを受けて] (当然)そうでしょう《★ not は相手のことばが否定文のとき》. **I ～**…でしょう《挿入または文尾で用いる》. **I ～ so [not].** そうだ[そうでない]と思う. **I thought as** MUCH. **(Just [To]) ～ of it!** 考えてもみてくれ[ください]! **let me ～** えーっと, ちょっと待ってください. **They ～ it's all over.** 《口》もう終わり!《サッカーの試合終了間際に勝利[反撃]を願ってサポーターが発するかけ声》. **～ again** 考え直す, 再考する. **～ ahead** 先のことを考える, ‹…のことを›前もって考える ‹*to*›. **～ aloud** 考え事を口に出して言う, (思わず)ひとりごとを言う. **～ away** ‹神の信仰などを›考えた末に捨てる; ‹歯痛などを›考え事で紛らす. **～ back on [to]** …を思い出す[起こす]. **～ better of**…を見直す; 考え直してやめる. **～ fit [good, proper] to** do…するのを適当と(勝手に)思う. **～ for oneself** 自分(の頭)で考える. **～ much of** [[U]*neg*] …を好いと思う. **～ no end of**…を尊敬する. **～ no harm** 悪いとは思わない. **～** NOTHING **of**…. **～ of**… (1) …を思い出す[起こす]: ～ *of* one's childhood / can't ～ *of* the title of the tune 曲名が思い出せない. (2) …を思いつく, …を考え出す, 案出する: What will they ～ *of* next?[!] 次[こんど]は何を考えることやら. (3) [しばしば 進行形で] ‹…しようかなど›と思う ‹*doing*›; …を意図する. (4) [*neg*; 通例 can [could], will [would] を伴って] ‹…することなど›とても考えられない, …を夢想さえしない. (5) みなす ‹*as*›: ～ *of* himself *as* a poet. (6) ⇨ *vi*. **～ on**… 《古》…を考慮する; ⇨ *vi* 4. **～ out** 案出する, 編み出す; 考え抜く; 熟考して解決する. **～ out loud**＝THINK aloud. **～ outside [out of] the** BOX[1]. **～ over**…を熟考する, よく考える. **～** SENSE. **～ the best [worst] of**…の良いところ[悪いところ]を見る, …の行動を善意[悪く]解釈する. **～ through** 《解決・結論に至るまで》とくと考える, 考え抜く. **～ to oneself** 独語する; ひそかに[心の中に]思う. **～ twice** よく考えてみる, 考え直す, 再考する ‹*about*›. **～ up** ‹口実・計画などを›考え出す; 《口》発明する. **～ with** sb 人と同意見だ. **to ～ (that)…(!)** …だったとは(実に驚きだ). **What do you ～?** 何だと思う?《意外なことを言うとき》; どう思いますか? **What do you ～ of [about]…?** …のことをどう思いますか[判断しますか]? **What do you ～ you're doing?** 《口》なんでこんなことをするのか, こんなことをしてどういうつもりか?

► *n* [U]《口》考えること, 一考; 考え, 意見: have a hard ～＝THINK (*vi*) hard / have a ～ about it＝THINK about it. ● **have [have got] another ～ coming** 《口》考え違い[勘違い]をしている, (…と思ったら)大間違いだ.

► *a* 《口》思考の; 《口》知性[精神]に訴える: a ～ book.

[ME 期に OE *thenc(e)an* to think と↓とが融合したもの; cf. G *denken*]

think[2] *vi* (**thought**) 《廃》…と思われる (seem)《通例 与格を主語として非人称構文に用いる; cf. METHINKS》. [OE *thincan* to seem]

thínk·able *a* 考えられる, 想像がつく; 信じられる, ありうる; 可能な. ♦ **-ably** *adv* **～·ness** *n*

thínk-bòx *n* 《俗》頭脳, 頭, オツム.

thínk·er *n* **1** 考える人, 思想家, 思索家; …な考え方をする人; *《俗》頭, 頭脳: FREETHINKER. **2** [The T-]《Rodin 作の》「考える人」(*F* Le Penseur).

thínk fàctory THINK TANK.

thínk-ìn *n* 《口》会議, シンポジウム.

thínk·ing *a* 考える, 思考力のある; 道理をわきまえた, 思慮のある, 知的な: Man is a ～ animal. 人間は考える動物だ / a ～ reed 考える葦《Pascal, *Pensées* 中の句 un roseau pensant の訳で「人間」のこと》/ all ～ men 心ある人はみな. ● **put on one's ～** CAP[1]. **the ～ man's [woman's]**… (1) 知的男性[女性]のための…, 知性派好みの…. (2)《有名人の名前の前につけて》…をより知的にした人物. ► *n* **1** 考えること, 思考, 思案; [*pl*] 思索, 考察: plain living and high ～ 質素な生活と高尚な思索 / good ～ 《口》いい考えだ / You had better do a little hard ～. もう少ししっかり考えたほうがよい. **2** 意見, 判断, 見解 ‹*on, about*›; 《個人・集団・時代などに特徴的な》考え方, 思想: to my way of ～ わたしの考えでは. ♦ **～·ness** *n*

thínk·ing·ly *adv* よく考えて; 思案[承知]のうえで.

thínking part 〖劇〗だんまり役.

thínk piece 〖新聞・雑誌〗解説記事《通例 記者の署名入りで, 政治・経済・外交問題を扱う》; 《俗》頭脳.

thínk tànk 頭脳集団, シンクタンク; 《俗》頭脳, 頭 (think-box). ♦ **thínk tànker** シンクタンクの一員.

thín-làyer chromatógraphy 〖化〗薄層クロマトグラフィー. ♦ **thín-làyer chromatográphic** *a*

thín·ly *adv* 薄く, 細く; 希薄に; まばらに; やせ(こけ)て; 弱く: ～ populated 人口まばらで / ～ disguised 見え透いた, すぐそれとわかる / smile ～ 少し笑う, かすかな笑みを浮かべる. ► *n**《俗》トラック競技の選手, ランナー.

thín mán*《俗》THIN ONE.

thín·ner *n* 薄くする人[もの]; [[S]～s] 希釈剤[液], 《塗料などの》薄め液, シンナー; 除草人, 枝透き職人.

thín·ness *n* 希薄; 細さ; やせぎす; 貧弱; 薄弱.

thín·ning *n* 間引き, 間伐; [*pl*]《木材などの厚さを減らすために削るとできる》裂片, 削片; [*pl*] 間引いた苗[木, 実]; 〖電算〗細線化.

thínning shèars *pl* 《毛をすく》すきばさみ.

thín·nish *a* やや薄い[細い], ややまばらな, やや弱い.

thín òne*《俗》10 セント玉 (dime).

thin red line ⇨ RED LINE.

thín-séction *vt* 《検査用に》薄片にする.

thín séction 《(電子)顕微鏡検査用の岩石・鉱物・組織の》薄片 (section).

thín-skínned *a* 皮の薄い; 《批評・侮辱などに》過敏な, おこりっぽい. ♦ **～·ness** *n*

thio /θáɪoʊ/ *a* 〖化〗酸素を硫黄で置換した.

thio- /θáɪoʊ, θáɪə/ ⇨ THI-.

thìo·acétic ácid 〖化〗チオ酢酸.

thío ácid 〖化〗チオ酸《酸素原子の一部または全部が硫黄原子で置換されている酸》.

thìo·álcohol *n* 〖化〗チオアルコール《不快臭のある液体》.

thìo·áldehyde *n* 〖化〗チオアルデヒド《アルデヒド基の酸素を硫黄で置換した化合物》.

thìo·állyl éther ALLYL SULFIDE.

thìo·ámide *n* 〖化〗チオアミド《酸アミドの酸素原子を硫黄で置換した化合物》.

thìo·án·ti·mo·nate /-ǽntəmənèɪt/, **-an·ti·mó·ni·ate** /-æ̀ntəmóʊnièɪt/ *n* 〖化〗チオアンチモン酸塩[エステル].

thìo·antimónic ácid 〖化〗チオアンチモン酸.

thìo·antimónious ácid 〖化〗チオ亜アンチモン酸.

thìo·ántimonite *n* 〖化〗チオ亜アンチモン酸塩[エステル].

thìo·ársenate *n* 〖化〗チオヒ酸塩[エステル].

thìo·arsénic ácid 〖化〗チオヒ酸.

thìo·arsénious ácid 〖化〗チオ亜ヒ酸.

thìo·ársenite *n* 〖化〗チオ亜ヒ酸塩[エステル].

thìo·bactérium *n* 硫黄細菌 (sulfur bacterium).

thìo·cárbamide *n* 〖化〗チオカルバミド (THIOUREA).

thìo·cýanate *n* 〖化〗チオシアン酸塩[エステル].

thìo·cyánic *a* 〖化〗チオシアン酸の.

thiocyánic ácid 〖化〗チオシアン酸.

thìo·cýano *a* 〖化〗チオシアン基を含む.

thiocýano ràdical [gròup] 〖化〗チオシアン基.

thìo·éther *n* 〖化〗チオエーテル《一般式が R-S-R′ で表わされる化合物》.

thìo·fúran *n* 〖化〗チオフラン (THIOPHENE).

Thi·o·kol /θáɪəkɔ̀(ː)l, -kòʊl, -kɑ̀l/ 〖商標〗チオコール《多硫化系合成ゴムの商品名》.

thi·ol /θáɪɔ(ː)l, -oʊl, -ɑl/ *n* 〖化〗チオール (＝*mercaptan*)《アルコールの酸素原子を硫黄原子で置換した化合物で, 一般式 RSH をもつ; 多くは強い臭気を有する》; チオール基《—SH》. ♦ **thi·o·lic** /θaɪóʊlɪk/ *a* [*thio-*, *-ol*[2]]

thiólic ácid 〖化〗チオール酸.

thìo·mérsal /-mə́ːrsəl/ *n* 〖薬〗チオメルサール (THIMEROSAL).

thi·on- /θáɪən/ *comb form*「硫黄」[Gk *theion* sulfur; cf. THI-]

thi·o·nate /θáɪənèɪt/ *n* 〘化〙チオン酸塩[エステル].
thi·on·ic /θaɪánɪk/ *a* 〘化〙硫黄の[を含んだ].
thiónic ácid 〘化〙チオン酸.
thio·nine /θáɪənì:n, -nən, -nàɪn/, **thio·nin** /-nən/ *n* チオニン《チアジン染料に属する緑黒色針状結晶; 水溶液は青紫色となり, 細胞の核染色用》.
thi·o·nyl /θáɪənl, -nìl/ *n* 〘化〙チオニル《SO で表わされる 2 価の基》.
thio·pen·tal /θàɪəpéntæl, -tɔ̀:l/ *n* 〘薬〙チオペンタール《バルビツール酸塩; ナトリウム誘導体を静脈から注入する麻酔薬として, また 精神疾患の治療薬として用いる》.
thio·pen·tone[ᴵᴵ] /θàɪəpéntòun/ *n* 〘薬〙THIOPENTAL.
thio·phene /θáɪəfì:n/, **-phen** /-fèn/ *n* 〘化〙チオフェン《コールタールから得られる無色の液体; 有機合成用》.
thìo·phósphate *n* 〘化〙チオリン酸塩[エステル].
thìo·phosphóric ácid 〘化〙チオリン酸.
thio·rid·azine /θàɪərídəzì:n, -zən/ *n* 〘薬〙チオリダジン《強力な精神安定剤》.
thio·sin·am·ine /θàɪəsənǽmən, -sínəmì:n/ *n* 〘生化〙チオシナミン (ALLYLTHIOUREA).
thìo·súlfate *n* 〘化〙チオ硫酸塩[エステル].
thìo·sulfúric *a* 〘化〙チオ硫酸の.
thiosulfúric ácid 〘化〙チオ硫酸.
thìo·tépa *n* 〘化〙チオテパ《tepa より低毒性の制癌物質》.
thìo·úracil *n* 〘薬〙チオウラシル《抗甲状腺薬》.
thìo·uréa *n* 〘化〙チオ尿素《写真の安定化剤・分析試薬・抗甲状腺薬》.
thir /ðər, ðíər/ *pron*[ᴵᴵ]《方》THESE.
Thíra ⇨ THERA.
thi·ram /θáɪərǽm/ *n* 〘薬〙サイラム《殺菌薬・種子消毒薬》. [*thio*-*urea*, *amine*]
third /θɔ́:rd/ *a* (略 3d, 3rd) **1** 第 3 の, 3 番[回]目の; 3 等の; 〘車〙〈ギアが〉第三速の, サードの; 〘楽〙《高低 3 部のうち》最も低い: Henry the *T*~ ヘンリー 3 世 (Henry III) / *T*~ time('s) lucky.＝*T*~ time('s) a [the] charm*.＝*T*~ time does the trick.＝(The) ~ time pays for all. 《諺》3 度目には芽が出る[うまくいく], '三度目の正直' / in the ~ place＝THIRDLY. **2** 3 分の 1 の: a ~ part 3 分の 1. ► *n* **1** 第三, 第三位; 《月の》3 日; 《時間・角度の》1 秒の 1/60; 〘車〙第三速, サード(ギヤ); 〘楽〙3 度(音程), 第 3 音; 〘野〙三塁; [*pl*] 〘商〙三等品; 〘英大学〙《HONOURS DEGREE で》第 3 級(の人)《最下位》; *《俗》過酷な取調べ (third degree). **2** 3 分の 1; [*pl*] 《まれ》〘法〙寡婦(遺留)産《寡婦に与えられるべき夫の動産の 1/3》: two ~*s* of the vote [income] 投票[収入]の 3 分の 2. ► *adv* 第三に, 3 等で: finish ~ 3 着になる. [OE *third(d)a*, *thridda*＜Gmc (⇨ THREE); cf. G *dritte*]
third áge [the][ᴵᴵ]《活動的な》老年期, 熟年期. ◆ **thírd áger** *n* [F *troisième âge*]
third báse 〘野〙三塁; 三塁手の守備位置, サード. ● **get to ~** 三塁に進む; *《俗》(性的行為の)第三段階まで行く, B までやる《性器を愛撫したりする段階》. ◆ **thírd báseman** 三塁手.
thírd-bést *a* 3 番目によい, 3 番手の, 第 3 位の (cf. SECOND-BEST). ◆ **thírd bést** *n*
thírd-cláss *a* 三流の, 劣った; 三等[級]の; 〘英・豪大学〙《HONOURS DEGREE が》第 3 級の; 〘米郵・カナダ郵〙第三種の. ► *adv* 三等で; 第三種(郵便)で.
third cláss (第)三級; 三流; 《乗物の》三等; 〘米郵・カナダ郵〙第三種《重量 16 oz 以下の商品や広告印刷物などの低料金の別納郵便》; 〘英・豪大学〙《試験で》第 3 級(の人).
third cóuntry 第三世界 (Third World) の国.
third-cùlture kíd 第三文化の子供, 帰国子女《略 TCK》.
Thírd Dày 火曜日《クエーカー教徒の用語》.
thírd-degrée *a* 第三級[度]の: ~ murder 〘米法〙第三級謀殺《凶悪さの程度が低い》. ► *vt* 過酷に取り調べる.
third degrée **1** [°the] 《口》過酷な取調べ, 拷問: give sb [get] *the* ~. **2** 《フリーメーソン団の》第三級 (Master Mason).
thírd-degrèe búrn 〘医〙第三度熱傷《壊死(えし)性火傷で最も重症》.
third diménsion 第三次元; 厚さ, 深さ, 奥行; 立体性[感]; 現実味, 実在感, 迫真性, 生彩: add a ~ to a story 話に生彩を加える. ◆ **thírd-diménsion·al** *a*
third estáte [the, °the T- E-] 第三身分《中世ヨーロッパの三身分 (Three Estates) のうち聖職者・貴族を除く平民; フランス革命前の中産階級》.
third éye **1** 〘動〙PINEAL EYE. **2** 〘仏教・ヒンドゥー教〙《眉間にあるとされる》第三の目; 直観, 直覚 (intuition).
third éyelid 〘動〙第三眼瞼(がんけん) (nictitating membrane).
third finger 薬指 (ring finger).
third fórce 第三勢力.
thírd-generátion *a* 〈携帯電話が〉第三世代の《ネットワーク端末機能や動画などの大容量データ伝送に対応; 略 3G》.
third hálf 《口》第三ハーフ《スポーツ試合終了後に開く懇親会》.
thírd-hánd *a* 〈情報など〉2 人の媒介者を介して入手した; 〈中古品など〉2 人の持主を経た; ひどい中古の; 再中古品を商う. ► *adv* 2 度[2 人]の媒介を経て.
third hóuse *〘議会〙第三院《院外団体の俗称》.
Third Internátional [the] 第三インターナショナル (⇨ INTERNATIONAL).
third kíngdom 〘生〙第三生物界《動物界でも植物界でもない生物の区分として提唱されたもので, archaebacteria からなる》.
third láw of thermodynámics [the] 〘理〙熱力学の第 3 法則, ネルンストの熱定理《1 つの系の温度を有限回数の過程によっては絶対零度まで引き下げることはできないという法則》.
third lég 《俗》第三の足, 中足, ペニス (middle leg).
thírd-lèvel cárrier* 第三次航空会社《小さな都市[町]の間で短区間の運航をしている航空会社》.
third lieuténant *《俗》将校になるための訓練を終えたが任命はされていない人《少尉 (second lieutenant) の下だから》; 軍曹 (sergeant).
thírd-lìne fórcing 〘商〙抱合わせ販売.
thírd·ly *adv* 第三に, 三番目に.
third mán 〘クリケット〙第三手《ウィケットより斜め後方に立つ野手》, 第三手の守備位置; 〘ラクロス〙センターとゴールの中間でディフェンスラインの一番手の選手(の守備位置); 《口》《ボクシング・レスリングなどの》レフェリー.
third márket 〘米証券〙第三市場《上場証券の店頭[場外]取引市場; 大口取引をする機関投資家が市場経由取引での手数料の高さなどを嫌ったことによるもの》.
third máte [ófficer] 〘海〙三等航海士《商船で second officer の次位》.
third órder [°T- O-] 〘カト〙第三会《修道会に付属する信徒の会; 世俗に生活し所属修道会の奉仕の仕事をする在俗第三会と, 誓願を立てて共住生活をする律修第三会がある; 会員は tertiary と呼ばれるが, 通例 これは在俗の会員を指す》.
thírd-párty *a* 第三者[政党]の; 〘保〙対第三者賠償の: ~ insurance 第三者保険.
third párty 〘法〙《当事者以外の》第三者; 《二大政党政界の》第三政党; MINOR PARTY.
thírd-pàrty procédure 〘法〙第三者の訴訟への引込み.
third pérson [the] 〘文法〙第三人称(形); 三人称の文体; 第三者 (third party); [T- P-] 〘神学〙《三位一体の》第三位格《聖霊; ⇨ PERSON》.
third posítion [the] 第三ポジション《(**1**) 〘バレエ〙両つまさきを外側に向け, 前の足のかかとが後ろの足の土踏まずに合わさるよう前後に足を重ねる **2**) 〘楽〙弦楽器の指板上で第二ポジションよりも駒[柱(じ)]に近い位置》.
third quàrter 〘天〙《月の》下弦《満月から半月までの期間》; 下弦の月; 第 3 四半期; 〘スポ〙第 3 クォーター.
third ráil 〘鉄道〙第三軌条[レール]《給電用》; *《口》《政治家にとって手をつけると危険な》とかく物議をかもす問題, 論議かまびすしいテーマ; *《俗》強い酒; *《俗》買収にひっかからない人.
thírd-ráte *a* 三流の; 下等な. ◆ **thírd-ráter** *n*
third réading 〘議会〙第三読会(どっかい)《英国では, 報告審議 (report stage) を経た議案を採否に付す前に討議する; 米国では, 第二読会 (second reading) を経て浄書された議案を採否に付す前に名称だけ読み上げる》.
Thírd Réich [the] 第三帝国《1933–45 年 Hitler 治下のドイツ》.
Thírd Repúblic [the] 〘フランス史〙第三共和政 (1870–1940)《第二帝政の崩壊からドイツによる占領まで続いた政体》.
third séx [the] 第三の性, 同性愛者 (homosexuals).
thírd-séx·er *n**《俗》第三の性の人, 同性愛者.
third stréam 〘楽〙サードストリーム《クラシックとジャズの要素を融合させた音楽》. ◆ **thírd-strèam** *a*
third véntricle 〘解〙第三脳室.
third wáy 《両極端に代わる》第三の道; 《政治上の》中道路線.
third whéel *《俗》役立たず, 足手まとい《人》.
Thírd Wórld [the, °the t- w-] **1** 第三世界《(**1**) アジア・アフリカ・ラテンアメリカなどの発展途上諸国; cf. FOURTH WORLD **2**) もと 米ソ二大陣営に対して非同盟中立の立場をとった同上地域の諸国》. **2** 《文化・社会における》少数グループ, 《所得・教育水準の低い》弱者《集合的》. ◆ **Thírd Wórld·er** *n* **Thírd Wórld·ism** *n* [F *tiers monde*]
thirl[1] /θɔ́:rl/[ᴵᴵ]《方》*n* 穴, 孔. ► *vt, vi* (...に)孔をあける; ぞくぞく[わくわく]させる[する]. [OE *thyrlian* to pierce (*thȳrel* hole); ⇨ THROUGH]
thirl[2] *n* 《スコ》THIRLAGE. [Sc *thirl* to bind to a servitude]
thírl·age *n* 〘スコ法〙水車利用義務《借地の穀物を特定水車場で製粉するように義務づけた》; 水車利用料.
thirst /θɔ́:rst/ *n* 《口・のどの》渇き, 渇(かつ); 《体の》渇水状態; 一杯飲みたい気持; 《口》渇望 〈*for, after, of*〉: quench [relieve, satisfy] one's ~ 渇をいやす / get up a [one's] ~ のどの渇きを増す / have *a* ~ 飲み物が欲しい; 一杯やりたい / *a* ~ *for* knowledge 知識欲. ► *vi* 渇望する 〈*for, after*〉; 《古》のど[口]が渇く: I ~.＝I am thirsty. ◆ **~·er** *n* **~·less** *a* [OE *thurst*; cf. G *Durst*]

thírst-áid stàtion *《俗》酒を売る店, 酒屋《first-aid station (救急所) にかけた言い方》.

thírst quèncher 渇きをいやすもの, 飲み物.

thirsty *a* のど[口]が渇いた; 渇望[熱望]する ‹*for, after*›; ‹土地・草木など›乾いた, 乾燥した, 水分を必要とする; ‹タオルなど›水をよく吸う; 《口》のど[口]の渇く‹仕事など›; ‹車が›ガソリンを食う, ‹農作物などが›大量の水を吸う: a ～ soul 《口》酒好き, 飲み助. ◆ **thírst·i·ly** *adv* **-i·ness** *n*

thir·teen /θə̀ːrtíːn, ⌐⌐/ *a* 13 の; 13 人[個]の: the ～ superstition 13 を不吉とする迷信《キリストの12 使徒(最後の晩餐を共にしたのがキリストを含めて 13) のうち Judas が背いたことから》. ► *n* 《数の》13; 13 の記号《XIII》; 13 番目(のもの); 《サイズの》13 番; 13 人[個]の一組; *《俗》雇用主が来たことを警告する労働者のことば: *T*～ brings disaster. 13 は災害をもたらす[縁起が悪い]. [OE *thrēotīene* (THREE, *-teen*)]

thir·teenth /θə̀ːrtíːnθ, ⌐⌐/ 《略 13th》*a, n* 第 13 (の), 13 番目(の); 13 分の 1 (の); 《月の》13 日; 〖楽〗13 度(音程), 第 13 音; THIRTEENTH CHORD.

thirtéenth chórd 〖楽〗十三の和音《3 度を 6 回重ねた和音》.

thir·ti·eth /θə́ːrtiəθ/ *a, n* 第 30 (の), 30 番目(の); 30 分の 1 (の).

thir·ty /θə́ːrti/ *a* 30 の, 30 個[人]の. ► *n* **1 a** 《数の》30; 30 の記号《XXX》; [*pl*] 30 (年)代. **b** 30 口径の機関銃《通例 .30 と書く》. **c** *《新聞原稿などで》終わり, 完了《通例 30 と書く; ⇨ 30-DASH》; *《俗》さよなら, バイバイ (good-by). **2** 〖テニス〗サーティ《2 点目のポイント》. ★ 用法は TWENTY の例に準じる. [OE *thrītig* (THREE, *-ty*)]

30-dash /θə́ːrti⌐/ *n* 〖新聞・印〗—30—, —XXX—, —O— の記号《記者が原稿の終わりに書いて終わりを示す》.

thírty-dày wónder *《俗》[*iron*] 少尉《将校になるために 30 日間の訓練を経て任命された人》.

thírty-éight *n* 38 口径ピストル《通例 .38 と書く》.

thírty-fírst [...**thírty-nínth**] *a, n* 第 31[...39] (の), 31[...39] 番目(の). ★ TWENTY-FIRST の例に準じる.

thírty·fòld *a, adv* 30 の部分[面]をもった; 30 倍の[に].

thírty·ish *a* ほぼ 30 歳の; 30 歳に見える, 30 がらみの.

Thírty-nìne Árticles *pl* [the] 〖英国教会〗39 箇条《1563 年 (最終的には 1571 年) に定められた同教会の信仰箇条; 聖職に就くときこれに同意する旨を表明する》.

thírty-óne[...**thírty-níne**] *a, n* [数詞] 31[...39] (の). ★ TWENTY-THREE の例に準じる.

30-'06, 30/06 /θə́ːrtiòusíks/ *n* 1906 年に改良された 30 口径ライフル《もと 軍用, 今は狩猟用》.

thírty·pènny náil 長さ $4^1/_2$ インチの釘. [もと 100 本 30 ペンス]

thírty-sécond nòte *〖楽〗三十二分音符 (demisemiquaver[‖]) (⇨ NOTE).

thírty-sécond rèst *〖楽〗三十二分休符.

thírty·sòmething *n* 30 代; 30 代の人《1980 年代末に 30 代に差しかかった, ベビーブーム世代・ヤッピー世代の人》. ► *a* 30 代の.

thírty-thírty *n* 30 口径 30 薬粒のライフル《通例 .30-30 と書く》.

thírty-thrée *n* 33 回転盤《$33^1/_3$ 回転のレコード; 通例 33 と書く》.

thírty-twó *n* 32 口径ピストル《通例 .32 と書く》.

thírty-twó·mo /-mòu/ *n* (*pl* ～**s**) 三十二折判(の本[紙, ページ]) 《32 mo, 32° とも書く; ⇨ FOLIO》.

thírty-yèar rúle [the] 〖英法〗三十年規定《三十年を経た公的記録は公開してもよいとする原則; 1968 年に「五十年規定 (fifty-year rule)」を改訂したもの; 2005 年に FREEDOM OF INFORMATION ACT に代置された》.

Thírty Yèars' Wár [the] 三十年戦争《主にドイツ国内で行なわれた新旧両教徒間の宗教戦争 (1618–48)》.

this /ðís/ *a* [指示形容詞] (*pl* **these** /ðíːz/) (opp. *that*) **1** この, ここの, ここにある, こちらの: **a** [動作に伴って]: Look at ～ picture [*these* pictures]. この絵をごらん. ★《古・文》以外では this と所有格とは重ねて使えないので次のようにいう: ～ friend of mine わたしのこの友人 / *these* books of yours きみのこの[その]本. **b** /ðɪs/ [間近の場所・時を指して] この; (たった)今の, 現在の, 当…: in ～ country この国では / just ～ once 今回だけ / ～ month 今月 / ～ summer この[今年の]夏 / to ～ day この日[今日, これ]まで / ～ Wednesday 今度の[去る, 今週の]水曜(に) / ～ life 現世, この世 / I have been studying English *these* [～] five years. この 5 年ずっと英語を勉強している. **c** [that と相関的に; ⇨ 成句]. **2** 《口》[主に体験などの叙述で初出のものを指して] ある一人の[一つの] (a certain) 《a または the の一種の強調形; すでに特定化されているかのようにして提示することで聞き手に現実感・親近感を与える》: I was walking along the street when ～ girl came up to me…. 通りを歩いていると一人の女の子がわたしに近づいてきて… / There was ～ record I wanted to get for Phoebe. フィービに買ってやりたいレコードがあった. ● **and all** ～ そしてそれはみな, これもみんな. ～...**and** [**or**] **that**＝～ **and** [**or**] **that** ...あれこれ[いろいろ]の(...): He went to ～ doctor *and that*. あちこちの医者にかかった / He ran ～ way *and that*. 右往左往した / consider ～ *and that* aspect of the matter 種々の面を考慮する. ～ **here** ＝《俗》THIS. ～ **time** (**around** [**round**]) 今度は, 今度こそ. ► *pron* [指示代名詞] (*pl* **these**) **1 a** これ, この物, この人, この事: *T*～ is funny. これは変だ / *T*～ is Miss Smith. 《紹介して》こちらはスミスさんです / What's (all) ～ (about)? いったいこれはどうしたの[どういうこと]だ. **b** 〖電話〗話している当人; *相手: *T*～ is Tom (speaking). こちらはトムです / *T*～ is he [she]. 《だれだれさんですかと問われて》はいそうです / Who is ～? *どちらさまでしょうか (＝Who is that?[‖]). **2** [ふつう after, before, by, ere などの前置詞に伴って] 今, ただ今, この時, この日, 今日, 今回: *before* ～ 今までに / long *before* ～ これよりずっと前に / *by* ～ この時までに, もうすでに / *T*～ is my first visit. 今回が初めての訪問です. **3** ここ: Get out of ～! ここから出て行け. **4** 今述べたこと; 次に述べること: *T*～ is why…. (今述べたような)こういうわけで…なのです / The question is ～, that…. 問題はこうなんだ, すなわち… / Answer me ～. このことに答えてくれ. **5** [THAT と相関的に] **a** 後者 (the latter). **b** [不定的] これ. ● **like** ～ このような[に], こんなふうに: It's *like* ～. こういうぐあいなんですよ《以下に事情を述べる》. ～ **and** [**or**] **that** あれこれ(のこと[もの]). ...～ **and**...**that** 一にも…二にも…: It was Miss Mary ～ *and* Miss Mary *that*. 一にも二にもメアリー嬢でもちきりだった. ～, **that, and the other** あれやこれや, 種々さまざまのもの[人]. WITH ～.
► *adv* 《口》これほど, こんなに: ～ early こんなに早く / ～ far [high] この距離[高さ]まで / ～ much 《以下に述べることを指して》これぐらい(は).
[OE *this* (neut sg; cf. G *dies*), *thes* (masc sg), *thēos* (fem sg); ⇨ THE, THAT]

This·be /θízbi/ 〖ギ神〗ティスベー《PYRAMUS と相愛の娘; Pyramus のあとを追って自殺した》.

thís·ness *n* 〖哲〗個性原理 (haecceity).

this·tle /θís(ə)l/ *n* 〖植〗アザミ《総称; スコットランドの国花》; とげ (prickle) のある各種の植物; [the T-] 《スコットランドの》あざみ勲章[勲位] (the **Órder of the T**～) 《1687 年創設》: a Knight of *the T*～ あざみ勲爵士. [OE *thistel*; cf. G *Distel*]

thístle·dòwn *n* アザミの冠毛: (as) light as ～ きわめて軽い.

thístle tùbe 〖化〗漏斗(ろうと)管《安全漏斗》.

thís·tly *a* アザミの生い茂った; アザミのような, とげのある.

thís-wórld·ly *a* 世事[俗務]に対する関心[執着]の強い, 世俗的な, この世的な (opp. *otherworldly*). ◆ **thís-wórld·li·ness** *n*

thith·er /θíðər, ðíð-; ðíð-/ 《文》*adv* あちらへ, そちらへ (opp. *hither*): ～ and yon 《古》あちらこちら(を[に]). ► *a* 向こう側の, 自分の位置から遠い方の側の. [OE *thider* (*hither* の類推) ‹ *thæder*]

thíther·tó /, ⌐⌐⌐/ *adv* 《過去における》その時まで(は).

thíther·ward(s) *adv* THITHER.

Thí·vai /θíːvɛ/ シーヴェ《ギリシアの THEBES の現代ギリシア語名》.

thix·ot·ro·py /θɪksátrəpi/ *n* 〖化〗《ゲルの》揺変性, チキソトロピー, シキソトロピー. ◆ **thixo·tro·pic** /θɪ̀ksətróupɪk, -tráp-/ *a* [Gk *thixis* touching]

ThM [L *Theologiae Magister*] Master of Theology.

THM 〖化〗trihalomethane.

THNQ 《E メールなどで》thank you.

tho, tho' /ðou, ðóu/ *conj, adv* THOUGH.

Tho·hoy·an·dou /touhɔ̀ɪændúː/ トホイアンドゥー《南アフリカ共和国北東部 Northern Province の町; かつては Venda の首都》.

thole[1] /θóul/ 《方》*vt* 耐え忍ぶ, こうむる; …の余地がある, 許す. ► *vi* 辛抱する. [OE *tholian*]

thole[2] *n* 釘, 栓; 《舟ばたの穴に差す》櫂栓(かいせん), 櫓(ろ)べそ. [OE *thol(l)*; cf. Du *dol*, ON *thollr* fir tree, peg]

thole[3] *n* THOLOS.

tho·lei·ite /θóuləàɪt, tóu-/ *n* 〖岩石〗ソレアイト《アルカリに乏しい玄武岩》. ◆ **thò·lei·ít·ic** /-ít-/ *a* [G; *Tholei* ドイツの村]

thóle·pìn *n* 櫂栓 (thole).

tholi *n* THOLUS の複数形.

thol·o·bate /θáləbèɪt/ *n* 〖建〗円蓋 (dome) を支持する下部構造.

tho·los /θóulɑ̀s/ *n* (*pl* **-loi** /-lɔ̀ɪ/) 〖建〗《ギリシア・ローマの》円形建造物, トロス; 《ミュケナイ (Mycenae) 時代の》ドーム型墳墓, 円蓋墓, 地下穹窿墓(きゅうりゅうぼ). [Gk]

tho·lus /θóuləs/ *n* (*pl* **-li** /-làɪ/) THOLOS.

Thom·as /táməs/ **1** トマス《男子名; 愛称 Tom, Tommy; 略 Th., Thos.》. **2** [°Saint] トマス《十二使徒の一人 (⇨ APOSTLE), 理性的・実証的であった (*John* 20:24–29), 祝日 12 月 21 日; ⇨ DOUBTING THOMAS》. **3** トマス (**1**) **Clarence** ～ (1948–) 《米国の法律家; 合衆国最高裁判所陪席裁判官 (1991–); 同裁判所史上二人目のアフリカ系裁判官》 (**2**) **Dyl·an** /dílən/ (**Marlais**) ～ (1914–53) 《ウェールズの詩人・短篇作家; *Portrait of the Artist as a Young Dog* (1940), *Deaths and Entrances* (1946)》 (**3**) **E**(**dward**) **Donnall** ～ (1920–2012) 《米国の医学者; 骨髄移植を研究; ノーベル生理学医学賞 (1990)》 (**4**) **Norman** (**Mattoon**) ～ (1884–1968) 《米国の社会主義者; 長老派牧師; 社会党大統領候補 6 回》. (**5**) (**Philip**) **Edward** ～ (1878–1917) 《英国の詩人・批評家; 筆名 Edward Eastaway; 第一次大戦で戦死》 (**6**) **Theodore** ～ (1835–1905) 《ドイツ生まれの米国の指揮者》. **4** /*F* tɔma/ トーマ (**Charles-Louis-**)**Ambroise** ～ (1811–96) 《フランスの作曲家; オペラ *Mignon* (1866)》. **5** 英国兵 (＝～ [Tommy] Atkins). [Aram＝twin]

Thomas à Becket ⇨ BECKET.
Thomas à Kem·pis /—́— ə kémpəs, -ɑː-/ トマス・ア・ケンピス (1379 or 80–1471)《ドイツ生まれの宗教思想家・修道士; 本名 Thomas Hemerken; *De Imitatione Christi* の著者とされる》.
Thomas Aquinas ⇨ AQUINAS.
Thómas Cóok トマス・クック《英国の旅行代理店; ⇨ Thomas COOK》.
Thómas Cùp トマス杯《男子の世界バドミントン選手権の優勝杯; 国際バドミントン連盟初代会長 Sir George Thomas が 1939 年に寄贈》.
Thómas Jéfferson's Bìrthday JEFFERSON DAY.
Thómas of Ér·cel·doune /-ə́ːrsəldùːn/ アースルドゥーンのトマス (1220?–?97)《スコットランドの詩人・予言者; 異称 'Thomas the Rhymer', 'Thomas Learmont'》.
Thómas of Wóod·stòck ウッドストックのトマス Duke of Gloucester (1355–97)《イングランドの貴族; Edward 3 世の子; 甥 Richard 2 世に反抗して捕えられ, 獄死》.
Thómas, the Tánk Èngine きかんしゃトーマス《小さな青色のタンク機関車 Thomas とその仲間たちを主人公とする英国の一連の幼児向け絵本・テレビ番組・映画など; W. Awdry (1911–97) 原作》.
Tho·mism /tóumìz(ə)m/ *n* トミズム, トマス主義《Thomas Aquinas の哲学および神学》. ◆ **-mist** *n, a* **Tho·mís·tic** *a*
Thomp·son /tám(p)s(ə)n/ トム(プ)ソン (**1**) Sir **Benjamin** ~, Count von Rumford (1753–1814)《米国生まれの英国の物理学者・行政官; Royal Institution の創立者》 (**2**) **Francis** ~ (1859–1907)《英国の宗教詩人; 代表作 'The Hound of Heaven' (1893)》.
Thómpson séedless 〔園〕トムソンシードレス《黄色の種なしブドウ; 特に California で干しブドウ用に栽培》. [W. B. *Thompson* (1869–1930) 米国の園芸家]
Thómpson submachíne gùn トンプソン式小型機関銃 (＝*tommy gun*). [John T. *Thompson* (1860–1940) 発明者の米陸軍将校]
Thom·son /táms(ə)n/ トムソン (**1**) Sir **George Paget** ~ (1892–1975)《英国の物理学者; 結晶における電子線回折を研究; J. J. ~ の子; ノーベル物理学賞 (1937)》 (**2**) **James** ~ (1700–48)《スコットランドの詩人; ロマン主義的自然詩の先駆者; *The Seasons* (1726–30), *The Castle of the Indolence* (1748), *Alfred* (1740; D. Mallet との合作による仮面劇)》 (**3**) **James** ~ (1834–82)《スコットランドの詩人; 筆名 B. V. (*Bysshe Vanolis*); *The City of Dreadful Night* (1874)》 (**4**) Sir **J**(**ohn**) **Arthur** ~ (1861–1933)《スコットランド出身の英国の博物学者・著述家》 (**5**) Sir **J**(**oseph**) **J**(**ohn**) ~ (1856–1940)《英国の物理学者; 電子を発見 (1897); ノーベル物理学賞 (1906)》 (**6**) **Virgil** (**Garnett**) ~ (1896–1989)《米国の作曲家・音楽評論家》 (**7**) **William** ~ ⇨ Baron KELVIN.
Thómson Dirèctory [the]〔英〕トムソン電話帳《地域の商店・会社の広告を掲載しており, 各家庭に無料配布される商店・企業名電話帳》.
Thómson effèct [hèat] 〔理〕トムソン効果 (＝*Kelvin effect*)《温度が一様でない導体または半導体に電流を流すとジュール熱以外の熱の発生または吸収を起こす現象》. [William *Thomson*]
Thómson's gazélle 〔動〕トムソンガゼル《東アフリカ産のガゼル属の小型のレイヨウ》. [Joseph *Thomson* (1858–95) スコットランドの地質学者・探検家]
thon /ðán/ *a, pron* 《スコ》 YON.
-thon /θàn/ *n comb form* -ATHON《母音に続く場合》: tele*thon*.
Thon Bu·ri /tən búəri/ トンブリ《タイ中南部 Bangkok 首都圏の一部, 旧首都 (1767–82)》.
thong /θɔ́(ː)ŋ, θáŋ/ *n* ひも, 革ひも(のむち), 《サンダルなどの》留めひも; 《豪・NZ・米》ビーチサンダル (flip-flop); T バック《水着・下着》. ► *vt* …にひもを付ける; 革ひもで打つ. ◆ **~ed** *a* [OE *thwang, thwong*; cf. G *Zwang*]
Thon·ga /táŋgə/ *n* (*pl* ~, ~**s**) TSONGA.
thóng lèather 革ひもを作る生皮 (whang).
't Hooft /ət hóuft/ トホーフト **Gerardus** ~ (1946–　)《オランダの物理学者; 電弱相互作用の量子論的な構造の解明によりノーベル物理学賞 (1999)》.
Thor /θɔ́ːr/ **1 a** ソア《男子名》. **b**〔北欧神話〕トール《雷・戦争・農業をつかさどる雷神》. **2** ソアー《米空軍の中距離弾道弾》. [OE *Thōr* <ON *thōrr* thunder]
tho·rac- /θɔ́ːrək/, **tho·ra·ci-** /-rəsə/, **tho·ra·co-** /θɔ́ːrəkou, -kə/ *comb form*「胸」 [⇨ THORAX]
tho·ra·cal /θɔ́ːrək(ə)l/ *a* THORACIC.
tho·ra·cen·te·sis /θɔ̀ːrəsentíːsəs/ *n* (*pl* **-ses** /-siːz/)〔医〕胸腔穿刺(術), 胸廓穿刺術《排液のために行なう胸壁の外科的穿孔》. [*centesis*]
tho·rac·ic /θɔːrǽsɪk, θə-/ *a*〔解・動〕胸の, 胸部の. ◆ **-i·cal·ly** *adv*
thorácic dúct 〔解〕胸管.
thorácic glánd 〔昆〕PROTHORACIC GLAND.
tho·rac·i·co·lúmbar /θərǽsɪkou-/ *a* THORACOLUMBAR.
thorácic vértebra 〔解〕胸椎 (＝*dorsal vertebra*).
thòraco·centésis *n* THORACENTESIS.
thòraco·lúmbar *a*〔解〕胸と腰の, 胸腰の《**1**) 脊柱の胸部および腰部に関する **2**) 自律神経系の交感神経部分に関する (＝*sympathetic*)》.
tho·ra·cop·a·gus /θɔ̀ːrəkápəgəs/ *n*〔医〕胸結合体.
thóraco·plàsty *n*〔外科〕胸(郭)成形(術), 胸成術.
thóraco·scòpe *n*〔医〕胸腔(きょう)鏡.
tho·ra·cot·o·my /θɔ̀ːrəkátəmi/ *n*〔外科〕開胸(術).
tho·rax /θɔ́ːræks/ *n* (*pl* ~**·es**, **-ra·ces** /-rəsìːz/)〔解・動〕胸郭, 胸腔;〔昆〕胸部;〔古ギ〕胸甲, 胸当て (breastplate). [L<Gk＝breastplate, trunk]
Tho·ra·zine /θɔ́ːrəzìːn/〔商標〕ソラジン《chlorpromazine 製剤》.
Tho·reau /θɔ́ːrou, θəːróu, *θəróu/ ソロー **Henry David** [もと **David Henry**] ~ (1817–62)《米国の超絶主義者・著述家; *Civil Disobedience* (1849), *Walden* (1854)》. ◆ **Tho·reau·vi·an** /θəːróuviən, *θə-/ *a*
tho·ria /θɔ́ːriə/ *n*〔化〕トリア (thorium oxide).
tho·ri·a·nite /θɔ́ːriənàɪt/ *n* 方トリウム石《放射性がある》.
thor·ic /θɔ́(ː)rɪk, θár-/ *a*〔化〕THORIUM の.
tho·ride /θɔ́ːràɪd/ *n*〔化〕トリウム系列元素《同位元素》.
tho·rite /θɔ́ːràɪt/ *n*〔鉱〕トーライト《珪トリウム鉱》.
tho·ri·um /θɔ́ːriəm/ *n*〔化〕トリウム《放射性金属元素; 記号 Th, 原子番号 90》. [*Thor*]
thórium emanàtion 〔化〕THORON.
thórium óxide [dióxide] 〔化〕(二)酸化トリウム (＝*thoria*).
thórium sèries 〔化〕トリウム系列.
thorn /θɔ́ːrn/ *n* **1 a**《植物の》とげ, 針; 《動物の》とげ, 棘毛;〔植〕とげのある低木[木], 《特に》サンザシ(hawthorn); サンザシ材;〔昆〕THORN MOTH: No rose without a ~.＝Roses have ~*s*. 《諺》バラにとげあり《よいことずくめのものはない》. **b** 苦痛[悩み]のたね (⇨ 成句). **2** ソーン《**1**) 古英語(・中英語)の þ 字; 近代英語の th に相当; アイスランド語では現在も用いられ, 今は /θ/ の音を表わす; cf. EDH **2**) /θ/ の音を表わす音声記号》. ● **a ~ in sb's side [flesh]** 絶えず悩ましつづけるもの, 悩みのたね《cf. *Num* 33: 55, *2Cor* 12: 7》. **be [sit, stand, walk] on ~s** 絶えず不安におののく. ► *vt* 悩ます, いらだたせる. ◆ **~·less** *a* **~·lìke** *a* [OE; cf. G *Dorn*]
Thorn ⇨ TORUŃ.
thórn àpple 〔植〕**a** サンザシ(の実). **b** (ヨウシュ)チョウセンアサガオ, 《特に》JIMSONWEED.
thórn·bàck *n* **1**〔魚〕**a** イボガンギエイ (＝~ **ràу**)《東部大西洋・地中海産のガンギエイ》. **b** ソーンバック《東部太平洋 California 沿岸産のウチワザメ科のエイ》. **2**〔動〕クモガニ科ケアシガニ属の一種《大西洋・地中海沿岸産; 美味》.
thórn·bìll *n*〔鳥〕**a** ハチドリ科コバシハチドリ属などの色あざやかな小鳥《南米産》. **b** トゲハシムシクイ《豪州・ニューギニア産》.
thórn·bùsh *n* とげのある低木; 《特に 乾燥した熱帯地方の》イバラのやぶ.
Thorn·dike /θɔ́ːrndàɪk/ **1** ソーンダイク《男子名》. **2** ソーンダイク (**1**) **Edward L**(**ee**) ~ (1874–1949)《米国の心理学者・教育家・辞書編纂家》 (**2**) Dame (**Agnes**) **Sybil** ~ (1882–1976)《英国の女優》. [OE＝ditch covered with thorns]
Thorn·dyke /θɔ́ːrndàɪk/ ソーンダイク《男子名》. [↑]
thorned /θɔ́ːrnd/ *a* とげのある[多い]; イバラの生い茂った.
Thórn·hìll ソーンヒル Sir **James** ~ (1675–1734)《英国のバロックの画家》.
thórn lìzard 〔動〕トゲトカゲ (moloch).
thórn mòth 〔昆〕キリバエダシャク《林地にすむシャクガ》.
thórn·tàil *n*〔鳥〕トゲオハチドリ《南米産》.
thórn trèe 〔植〕とげのある木《サンザシ (hawthorn), アメリカサイカチ (honey locust) など》.
thórn·vèld *n* 《南ア》イバラ草原《とげのある樹木が主な植生をなす地域》.
thórny *a* とげの多い[ある], とげだらけの; とげのような, 鋭くとがった; イバラの生い茂った; 困難な, 苦しい; 〈問題が〉争点[異論]の多い, 処理しにくい: tread a ~ path イバラの道をたどる. ◆ **thórn·i·ly** *adv* **-i·ness** *n*
thórny-hèad·ed wórm 〔動〕鉤頭虫(こうとうちゅう) (spiny-headed worm).
thórny óyster ウミギクガイ科の二枚貝《暖海産》.
thoro /θɔ́ːrou, θár-; θʌ́rə/ *a, prep, adv* 《口》 THOROUGH.
tho·ron /θɔ́ːràn/ *n*〔化〕トロン (＝*thorium emanation*)《radon の放射性同位元素; 記号 Tn》.
thor·ough /θɔ́ːrou, θár-; θʌ́rə/ *a* **1 a** 完全な, 徹底的な; 全くの, 完璧な; 詳細な, 綿密な; 細心な, 抜かりない, 周到な; 〈芸術家・専門家など〉練達した, その道をきわめた **b** ᴴ全くの, ひどい: a ~ pest 全くの厄介者. **2** 《まれ》通り抜けて行く[伸びる]. ► *adv* 《古》 THROUGH; ᴴ《方》 THOROUGHLY. ► *prep* 《古・詩》 THROUGH. ► *n* [ᵁT-] 徹底的な政策[行動], 《特に》徹底的な弾圧政策; [T-]〔英史〕《Charles 1 世時代の》武断政策. ◆ **~·ly** *adv* すっかり, 全く, 徹底的に; 入念に, 綿密に. **~·ness** *n* [変形< *through*]
thórough·bàss /-bèɪs/ *n*〔楽〕通奏低音 (continuo).

thórough·bràce* *n* 貫革《車体を支えてスプリングの役をする革ひも》; 貫革で車体を支えた乗物[馬車].

thórough·brèd *a* **1**〈馬・犬が〉純血種の; [T-] サラブレッドの. **2**〈人が〉生まれ育ち[毛並み]のよい, 気品のある, 高貴な; 意気盛んな, 元気な; 完璧に訓練[教育]された, 熟達した. **3** 一流の, 高級な. ► *n* 純血種の動物; [T-] サラブレッド(の馬); 生まれ育ちのよい人, 教養ある人; *《俗》《暗黒街を裏切らない》信頼のおけるやつ, '育ち'のいいやつ; 一流の乗物, 高級車.

thor·ough·fare /θə́:rəfɛ̀ər, θʌ́r-; θʌ́rəfɛ̀ər/ *n* 通り抜けできる道[場所], 通路, 通り; 《特に》公道, 往来, 大通り, 街道; 通航可能な海峡[河川など]; 通行(可能な状態): No ~. =NO THROUGH ROAD.

thórough·gò·ing *a* 入念な, 細心な, 綿密な; 徹底的な, 全くの: a ~ scoundrel. ♦ **~·ly** *adv*

thórough-pàced *a*〈馬が〉すべての歩調に訓練された;〈人が〉熟達した, 老練な; 徹底的な, 全くの.

thórough·pìn *n*〔獣医〕飛節軟腫.

thórough·wàx *n*〔植〕**a** ツキヌキサイコ (hare's-ear). **b** ヒヨドリバナ属の多年草 (boneset).

thórough·wòrt *n*〔植〕BONESET.

thor·ow·wax /θʌ́rəwæ̀ks/ *n*〔植〕THOROUGHWAX.

thorp(e) /θɔ́:rp/ *n* [地名以外では《古》] 村, 村落. [OE]

Thorpe /θɔ́:rp/ ソープ **(1) Ian (James)** ~ (1982–)《オーストラリアの水泳選手; オリンピック Sydney 大会 (2000) で 3 つ, Athens 大会 (2004) で 2 つの金メダルを獲得》 **(2) 'Jim'** ~ [**James Francis** ~] (1888–1953)《米国のスポーツ選手; インディアン系; 1912 年 Stockholm オリンピックで十種競技と五種競技に優勝, のちプロ野球・プロフットボールで活躍》.

Thors·havn, Tórs- /tɔ́:rshaun, ─ ́─/ トウシュハウン《Faeroe 諸島のストレイム (Streymoy, Strømø) 島にある同諸島の中心の町》.

Thor·vald·sen, -wald- /tɔ́:rwɔ̀:lsən, θɔ́:r-, tú:ər-và:l-/ トルヴァルセン **Bertel** ~ (1768 or 70–1844)《デンマークの彫刻家》.

Thos Thomas.

those /ðóuz/ *a, pron* [THAT の複数形] それらの, それらは[を, に]; [関係節または形容詞(句)・分詞(句)などを伴って] (…する)人びと: (in) ~ days あのころ[当時]は / These flowers are better than ~ (which) (=the flowers which) we planted last year. これらの花は昨年植えたものよりもよい / There are ~ who say…と言う人たちもいる / ~ present at the meeting [interested in politics] 会に出席した[政治に関心をもつ]人たち / *T*~ who can, do; ~ who cannot, teach. できる者は行ない, できない者は教える《G. B. Shaw の *Maxims for Revolutionists* 中のことばに由来》.

Thoth /θóuθ, tóut/〔エジプト神話〕トト《トキ (ibis) の頭部をもつ, 知識・学芸などの支配者; 新プラトン主義者は Hermes と同一視して HERMES TRISMEGISTUS とも呼んだ》. [L<Gk<Egypt]

thou[1] *pron* /ðau/ (*pl* **ye** /jí:, ji/, **you**; 目的格 THEE, 所有格 THY, 所有代名詞 THINE) [第二人称単数主格]《古・詩》なんじは[が], そなたは[が], 御身は[が], あんたは[が]: *T*~ shalt not kill.〔聖〕なんじ殺すなかれ. ★ (1) Middle English 時代から目下の者に対する呼びかけに用いられ始め, 今は神に祈るとき, Quaker 教徒間 (⇨ THEE), 方言および古雅な文・詩などのほかはすべて you を用いる (2) これに伴う動詞は are が art, have が hast, shall が shalt, will が wilt となるほかは -st, -est の語尾を付ける: ~ can*st* / ~ go*est* / ~ went*est*. ► *v* /ðáu/ *vi* thou を用いて話す. ► *vt* …に thou と呼びかける. [OE *thu*; cf. G *du*, L *tu*]

thou[2] /θáu/ *n* (*pl* **~s,** (数詞の次では) **~**)《口》1000 (個), 1000 ドル[ポンド]; 1000 分の 1 インチ. [*thou*sand(th)]

thou. thousand.

though *conj* /ðou/ (略 tho, tho') **1 a** …にもかかわらず, …だけれども《節と主文との主語が同じとき, その主語と be 動詞とは省略できる》: *T*~ (he is) poor (=Poor ~ he is), he is above telling a lie. 貧乏だがうそを言う男ではない. **b** [等位接続的に語句と語句を結んで] …だが… (but nevertheless): a shabby ~ comfortable armchair 使い古してはあるがすわりごこちのよい肘掛け椅子 / He spoke firmly ~ pleasantly. 彼はきっぱりとしかしいやな感じを与えずに話した. ★ 上記 a の Poor ~ he is… や b のように節頭に位置しない場合は普通 although では置き換えられない. **2** [仮定] たとえ…でも, よし…にせよ: It is worth attempting (even) ~ we (should) fail. たとえ失敗してもやってみる価値はある. **3** [追加・補足]《読み下して》とはいっても, もっとも…ではあるが, …だけれど: We may be saved, ~ I think not. あるいは助かるかもしれない, もっともだめだとは思うが. ● **as ~** まるで…かのように (as if). WHAT **~…?** ► *adv* /ðóu/《口》でも, しかし, もっとも (however)《文頭に置かない; ⇨ ALTHOUGH》: It was quite true ~. でも全くそのとおりでした. [ME<ON; OE *thēah*, G *doch* と同語源]

thought[1] /θɔ́:t/ *n* **1 a** 思考; 熟考, 思案; 思考力, 推理力; 想像力;《古》記憶: after much ~ じっくり考えたあとで / at the (very) ~ of (do*ing*)… [*that*…] …(すること) […ということ]を考えると / can't bear the ~ of (sb) do*ing* (人が)…するなんて考えるのもいやだ[許せない] / act without ~ 考えないで行動する / be absorbed in ~ 思案にふけって / give some ~ to…=give…some ~ …をよく考える / not give…a [another] ~ …(のこと)を少しも考えない, 一顧だにしない / take ~ 熟考する / one's [a] line of ~ 考え方, 思考の道筋, 思考経路 / (as) quick as ~ たちまち, 電光石火の速さで / with the ~ of… しようと考えて / without a moment's ~ 即座に / SECOND THOUGHT(s). **b** 思いやり, 配慮; 心配事: take [spare a] ~ for…を心配する, 気にかける, 思いやる / have [take] no ~ for…を無視する / with no ~ for [of]…を気にかけずに[顧みずに] / Show more ~ for others. もっと他人を思いやりなさい / It's the ~ that counts. 思いやりの気持が肝心《気は心》/ You are always in my ~*s*. あなたのことは片時も忘れません. **2 a**《一つの》考え, 思いつき; [*pl*] 意見, 考え: a happy [striking] ~ 妙案 / according to his ~*s* on the matter その問題に対する彼の意見では / A PENNY for your ~*s*. / That's [There's] a ~. そりゃいい考えだ, それもそうだ / It's just a ~.《口》ちょっと思ったんだけど《提案などで》. **b**〈…する〉考え, 意向; 予期〈*of* do*ing*〉: My ~ is to meet him at once. すぐ彼に会うつもりです / Give up all ~(*s*) of marry*ing* her. 彼女と結婚するなんて考えはきれいに捨てなさい / I had no ~ of giv*ing* up. あきらめるつもりなどなかった. **c** 考え, 思想, 思潮: modern [Eastern, Greek] ~ 近代[東洋, ギリシア]思想 / ~ control 思想統制. **3** [a ~, 〈*adv*〉]《口》少し, こころもち (a little): It's *a* ~ too long. ちょっと長すぎる. ● **Don't give it another [a, a second] ~.** お礼[おわび]には及びません, どういたしまして. **(In) ~, word and [or] deed** 心とことばと行ない(において). **take [keep] sb's ~s off…** ⇨ take sb's MIND off…. **You know what ~ did!**《口》その「思った」の結果がどうなったかご承知でしょう《「間違ってないと思った」などという相手に対する皮肉な応答[非難]》. [OE *thōht* (⇨ THINK[1]); cf. G *Gedacht*]

thought[2] *v* THINK[1,2] の過去・過去分詞.

thóught·crìme *n* 思考犯罪;《全体主義国家における》非合法[反体制]思想. [George Orwell *1984* 中の表現]

thóught disòrder〔精神医〕思考障害.

thóught·ed *a* [°*compd*] …な考えのある, 考えが…の.

thóught expèriment〔理〕思考実験 (=*gedankenexperiment*)《ある仮説を調べるために行なう仮想的な実験》.

thóught·ful *a* **1** (深い)思想[考案]に富む, 考え抜かれた, 綿密な; 思慮深い, 配慮[注意]の行き届いた; 思いやりのある, 情け深い, 親切な: a ~ gift 心のこもった贈り物 / He was very ~ *of* my safety. わたしの安全に大変な気をつかってくれた. **2** 考え[思い]にふけっている, 考え込んだ, 物思いに沈む; 思案する, 内省的な. ♦ **~·ly** *adv* 思いにふけって; 考え深く; 思いやり深く, 親切に. **~·ness** *n*

thóught·less *a* 思慮を欠く, 考えの足りない; 軽率な, 不注意な; 思いやりのない, 心ない, 不親切な, 非情な, 自分勝手な;《まれ》頭の鈍い. ♦ **~·ly** *adv* **~·ness** *n*

thóught-óut *a* 考え抜いた, 周到な〈論法・計画など〉.

thóught pàttern 思考パターン.

thóught políce 思想警察.

thóught pròcess 思考過程, 思考プロセス.

thóught-provòking *a* 考えさせる, 示唆に富む.

thóught-rèad /-rì:d/ *vt* 表情で[テレパシーで]〈人〉の心を[〈人の心を〉]読み取る. ♦ **~·er** *n* **~·ing** *n*

thóught refòrm《中国共産党による組織的・強制的な》思想改造, 洗脳.

Thóughts of Chàirman Máo [The]『毛主席語録』『毛沢東語録』《毛沢東思想のエッセンスを集めた語録; 1964 年中国で初版発行; その体裁から英語では little red book ともいう》.

thóught transfèrence 直覚的思考伝達, 以心伝心,《特に》TELEPATHY.

thóught wàve 心波《精神感応を説明するための仮定》.

thóught·wày *n*《特定の集団・時代・文化に特徴的な》考え方, 思考様式.

thou·sand /θáuz(ə)n(d)/ *n* (*pl* **~s,** (数詞の次では) **~**) **1** [a *or* one ~]《数の》1000; 千の記号 (m, M); 1000 人[個]; 千の位 (=*thousand*(')*s place*); [°*pl*] 千の位の数 (=*thousand*(')*s digit*): nine ~ 9 千. **2** [*pl*] 1000 以上 100 万未満の数; [°*pl*]《漠然と》何千, 多数: ~(*s*) of people 何千人 / tens of ~*s* (of…) 何万(の…) / by the ~(*s*) 幾千となく, 無数に. ★ 形容詞 MILLENARY; 連結形 KILO-. ● **a [an]…in a ~**《口》千に一つの… (a [an]…in a million). **a ~ to one**=《俗》**a ~ nuts to an orange pip** 千に一つの見込みもない, ほとんど絶望的. **in their ~s** ⇨ HUNDRED 成句. **one in a ~** 千に一つのもの[人]《偉大な英雄・絶世の美人など》. **~ on a plate***《俗》豆 (beans); 豆の皿. ► *a* [a *or* one ~] 1000 の;《漠然と》何千の, 多数の, 何度もの; たくさんの: *A* ~ thanks [pardons, apologies]. ほんとうにありがとう[どうもすみません] / *a* ~ times easier 千倍もたやすい / I have a ~ things to do. やることが山ほどある / No, *a* ~ times no! だめだと言ったらだめだ. ● **(a) ~ and one** 無数の. **not [never] in a ~ years** 決して…(し)ない. [OE *thūsend*; cf. G *Tausend*]

Thóusand and Óne Níghts [The]『千一夜物語』(ARABIAN NIGHTS' ENTERTAINMENTS).

thóusand·fòld *a* 千倍の, 何千倍の. ► *adv* 千倍に, 何千倍に. ► *n* 千倍の数[量], 何千倍の数[量].

Thóusand Guíneas ONE THOUSAND GUINEAS.

thóusand-hèad·ed kále〔植〕サウザンドヘッデッドケール《アブラ

ナ科ハボタンの類の一品種; 飼料用).

Thóusand Ìsland dréssing サウザンドアイランドドレッシング《ピミエント・ピーマン・タマネギ・堅ゆで卵などを細かく刻み込んだチリソース入りマヨネーズソース》.

Thóusand Íslands *pl* [the] サウザンドアイランズ《カナダ Ontario 州と米国 New York 州との境界をなす St. Lawrence 川にある 1500 余の小島群》.

thóusand-légger *n* 〘動〙 ヤスデ (millipede).

thóusand-légs *n* (*pl* ～) 〘動〙 ヤスデ (millipede).

thóusand-mìl·er /-màɪlər/ *n* 濃紺の作業シャツ, なっぱ服《鉄道作業員などが着用するよごれの目立たないもの》.

thóusand(')s dìgit 《アラビア数字の表記における》千の位の数字《2156 における 2》.

thóusand(')s plàce 《アラビア数字の表記における》千の位.

thou·sandth /θáuz(ə)n(d)θ, -(t)θ/ *a, n* 1000 番目(の); 1000 分の 1 (の); 〘数〙小数点以下第 3 位 (＝～(')s plàce). ● **for the ～ time** 《何度も繰り返したあげくに》もう一度, あらためて.

thow·less /θáuləs/ *a* 《スコ》 元気のない, だらしない, 意志の弱い. [? *thewless*]

thp 〘海〙 thrust horsepower スラスト[推力]馬力.

Thrace /θréɪs/ トラキア《Balkan 半島のエーゲ海北東岸の地方; 古代トラキア (**Thra·ce** /θréɪsi/, **Thra·cia** /θréɪʃ(i)ə/) の領土は Danube 川流域に及んだこともある; 現在は Maritsa 川でギリシア領 (＝Western ～) とトルコ領 (＝Eastern ～) に分かれる》.

Thrá·cian *a* トラキア(人[語])の. ► *n* トラキア人; トラキア語《印欧語に属する古代語》.

Thrácian Chérsonese [the] ケルソネストラキア《GALLIPOLI 半島の古称》.

Thrá·co-Illýrian /θréɪkou-/ *n, a* 〘言〙トラコイリュリア語派(の)《Thracian, Illyrian, Albanian からなると想定される》.

Thráco-Phrýgian *n, a* 〘言〙トラコフリュギア語派(の)《Thracian, Phrygian からなると想定される》.

Thrale /θréɪl/ スレール **Hester Lynch ～** (1741–1821)《英国の作家; 通称 'Mrs. Thrale', 再婚して Mrs. Piozzi ともいう; Dr Johnson と親交があり, その逸話集 (1786) などを出版した》.

thrall /θrɔ́:l/ *n* 奴隷, 隷人; 農奴; 〈…の〉とりこ 〈*to*〉; 奴隷の身, 隷従; とりこになった状態: a ～ *to* vice 悪徳のとりこ / in sb's [sth's] ～ ＝in ～ *to* sb [sth] 人[もの]に支配されて / have [hold]…in ～ …をとりこにする; 支配する. ► *vt* 《古》 奴隷にする, とりこにする (enthrall). ► *a* 《古》 奴隷にされている. ♦ **thrál(l)·dom** *n* 奴隷の身分[境遇], 隷従. [OE *þræl*＜ON]

thrang /θrǽŋ/ *n, v, a* 《スコ》 THRONG.

thrap·ple /θrǽp(ə)l/ 《スコ》 *n, vt* THROPPLE.

thrash /θrǽʃ/ *vt* **1** 脱穀する (thresh); 《棒・むちなどで》(むち)打つ, なぐる; 打ち負かす, 圧倒する; 激しく振り動かす[打ちつける]; 〈船を〉風[波]に逆らって進める. **2** 〈問題などを〉繰り返し検討する 〈*over*〉. ► *vi* **1** 脱穀する (thresh); (からざおでするように)打つ; 打ち当たる 〈*against*〉; 《水中などで》手足をばたつかせる; のたうちまわる, 輾転反側する 〈*about, around*〉; 〈船が〉風[波]に逆らって進む: ～ *about* for an answer なんとかして答を出そうともがく. **2** 《豪俗》 猛スピードで車を飛ばす; *《俗》 スケボーで空中スピン[みごとなすべり]をやる; *《俗》 うまくやる. ● **～ out** 〈問題などを〉徹底的に論議する[して片付ける]; 〈答・結論など〉に論議の末に到達する; 〈計画を〉入念に練り上げる; なぐって〈人から〉聞き出す 〈*of* sb〉. **～ the life out of…** 《口》 …をぶちのめす. ► *n* thrash すること; 〘泳〙ばた足; 《俗》 スピードでわかせる自動車レース[競技]; にぎやかなパーティー, どんちゃん騒ぎ; スラッシュ (SPEED METAL). [OE *threscan* ＜ *therscan* to thresh; cf. G *dreschen*]

thrásh·er[1] *n* THRASH する人[もの]; むち打つ人; 脱穀者, 脱穀機; 〘魚〙 THRESHER; スケボー狂.

thrasher[2] *n* 〘鳥〙 マネシツグミ《総称; 南北アメリカ産》, 《特に》チャイロツグミモドキ《北米産》. [? *thrusher* (dial) thrush]

thrásh·ing *n* THRASH すること; むち打ち; ぶちのめすこと; 脱穀.

thrásh mètal スラッシュメタル (SPEED METAL).

Thra·so /θréɪsou/ トラソ《テレンティウス (Terence) の喜劇 *Eunuchus* に登場する自慢屋の隊長》.

thra·son·i·cal /θreɪsánɪk(ə)l, θrə-/, **-son·ic** *a* 自慢屋の, ほら吹きの. ♦ **-i·cal·ly** *adv* [↑]

Thras·y·bu·lus /θræ̀səbjú:ləs/ トラシュブロス (d. 388 B.C.)《アテナイの将軍・政治家》.

thrave /θréɪv/ 《スコ》 *n* 《穀物の》24 束; 多数.

thraw /θrɔ́:/ 《スコ》 *vt* ねじる; 横切る, 妨げる. ► *vi* ねじれる; 合わない, 食い違う. ► *n* ねじり; 不機嫌, 怒り. [OE *thrāwan*]

thra·wart /θrá:wərt/ 《スコ》 *a* 強情な, 頑固な; ゆがんだ, ねじれた, ひねくれた.

thrawn /θrɔ́:n/ 《スコ》 *a* ねじれた, 曲がった; つむじまがりの. ♦ **～·ly** *adv* [*thrown* の Sc 形]

thread /θréd/ *n* **1 a** 糸; より糸, 縫い糸: black ～ 黒糸 / gold ～ 金糸 / sew with ～ 糸で縫う / HANG by a ～. **b** (身にまとう)一糸; [*pl*] *《口》 衣服, 着物 (clothes): He hasn't a dry ～ on him. 全身ずぶぬれだ / be worn to a ～ よれよれにすりきれている. **c** 《金属・ガラスなどの》線, 繊条, 細線. **2** [*fig*] **a** 連続, 続き, 《話などの》筋道, 脈絡; 一貫する考え[テーマ] 〈*through, within*〉: gather up the ～*s* 別々に取り扱った問題などを総合する / a common [connecting] ～ 全体を貫く特徴[考え], 共通点[項] / lose [miss] the ～ of an argument 議論の筋道がわからなくなる / resume [take up] the ～ of a story 話の穂を継ぐ. **b** 人間の寿命《ギリシア神話では運命の三女神 (Fates) が生命の糸を紡ぎ, 長さを決定し, 断ち切るとされた》: the ～ of life 玉の緒 / cut one's mortal ～ 玉の緒を絶つ, 自殺する. **3** 糸のように細いもの《毛・クモの糸・細流・細く続く音など》; 《鉱石の》細脈; ねじすじ, ねじやま (screw thread): a ～ of light 一条の光明. **4** 〘電算〙 スレッド, 'スレ'《ニュースグループなどで, あるメッセージとそれに関するコメントなどを順次リンクさせたもの》; スレッド《MULTITHREADED なプログラムで, 独立した処理の流れの一つ》. ● **break the ～** 《話・思索などの》糸を断つ, とぎれさせる, 中断させる. **pick [take] up the ～s (of…)** 《中断のあとで》(…を)続ける, (…の)よりを戻す. **set of ～s** *《俗》 《新しいスタイルの》衣服. **～ and thrum** なにもかも, すっかり; 玉石混淆. ► *vt* **1 a** 〈針〉に糸を通す; 〈ミシン〉に糸をかける; 〈管など〉に〈…を〉通す 〈*with* wire〉, 差し込む 〈*into*〉; 〈テープ・フィルムなどを〉装着する; …に織り込む, 縫取り[刺繍]する 〈*with*〉: ～ one's fingers through… 〈髪などを〉指ですく. **b** 〈ビーズなどを〉糸に通す, 糸でつなぐ, つないで〈鎖などを〉作る. **c** 〈頭髪など〉に糸のようにすじを入れる; …にねじを切る. **2** 縫うように通り抜ける; 巧みに切り抜ける[やり通す]: ～ one's way *through* a crowd 群集の間を縫うように進む, かいくぐる 〈*through*〉. ► *vi* 縫うように通り抜ける, 曲がりくねる; 〈砂糖が〉煮詰まって糸を引く. ● **～ out** 〈道を〉たどる. ♦ **～·less** *a* 糸[ねじやま, すじ]のない; 〈話など〉筋らしい筋のない. **～·like** *a* 糸のような; ほっそりした. [OE *thrǣd* (⇨ THROW); cf. G *Draht* wire]

thréad·bàre *a* 〈布地・衣服など〉すれて糸の見える, 着古した; 〈人が〉すりきれた服を着た, みすぼらしい; 内容の貧弱な; 古臭い, 陳腐な. ♦ **～·ness** *n*

thréad cèll 〘動〙 NEMATOCYST.

thréad·ed *a* 糸を通した, 糸模様で飾った; ねじ(やま)を切った: ～ beads.

thréad·er *n* 糸通し器; 〘機〙 ねじ切り盤.

thréad·fìn *n* 〘魚〙 ツバメコノシロ《総称》.

thréad·fìsh *n* 〘魚〙 **a** イトヒキアジ. **b** THREADFIN.

thréad làce 亜麻糸製のレース.

thréad màrk 糸のすき入れ《紙幣の偽造を防ぐため本物のしるしとして紙にすき込んだ着色繊維》.

Thrèad·néedle Strèet スレッドニードル街《London のシティーの銀行街; cf. OLD LADY OF THREADNEEDLE STREET》.

thréad pàper 糸束を包む細長い紙; ひょろ長い人; 細長いもの: (as) thin as ～ 骨と皮の.

thréad ròlling 〘機〙 ねじ転造《塑性加工によりねじやまをもみ上げ, 雄ねじを作る方法》.

thréad vèin 糸状血管腫《皮膚表面上の細かい血管; cf. SPIDER VEIN》.

thréad·wòrm *n* 線虫, 《特に》蟯虫(ぎょうちゅう).

thréady *a* 糸状の, 糸のような; 繊維質の; 〈液体が〉粘る, 糸を引く; 〈脈拍などが〉かすかな, 弱々しい; 〈声が〉かぼそい. ♦ **thréad·i·ness** *n*

threap, threep /θrí:p/ 《スコ・北イング》 *n* 口論, 議論; 小言, 非難. ► *vt* しかる, …に小言を言う; 強く主張する. ► *vi* 口論する, 言い争う. [OE *thrēapian*]

threat /θrét/ *n* おどし, 脅威, 威嚇, 脅迫; よからぬことの近づく兆し[気配], 凶兆, おそれ 〈*of*〉; 脅威を与える人[もの], 強敵 〈*to*〉: a bomb [death] ～ 爆破[殺害]予告 / make ～*s* おどす / Never make ～*s* you cannot carry out. 《諺》 実行できない脅迫はするものじゃない / under ～ 脅威[危険]にさらされて, おどされて 〈*of, from*〉 / confess under ～ of imprisonment 投獄するぞとおどされて白状する / There is a ～ *of* rain. 降るおそれがある. ► *v* 《古・方》 THREATEN. [OE *thrēat* coercion]

thréat·en *vt* おどす, 威嚇[脅迫]する; …する[…を実行する]と言っておどす; …するおそれがある 〈*to do*〉; おびやかす, …にとって脅威となる; …の前兆を示す: ～*ed* me *with* dismissal 首にするぞとおどした / ～ sb's life 人を殺すとおどす / ～*ed to* kill me 殺すぞとおどした / ～ a strike ストを打つぞとおどす / A flood ～*ed* the city. 洪水の危険が市をおびやかしていた / The sky ～*s* a storm. 荒れ模様になる / be ～*ed* with extinction 絶滅のおそれがある. ► *vi* おどす, 威嚇する; おどすような[不吉な, 険悪な]様相を示す, すごむ; (あらしなどの)おそれがある: Rain was ～*ing*. 今にも雨が降ってきそうだった. ♦ **～·er** *n*

thréat·ened *a* おどされた, おびやかされた; 実行をほのめかされた〈攻撃など〉; 〈野生動植物の種が〉《直ちに絶滅するまでには至らない程度ではあるが》絶滅の危機に直面して (cf. ENDANGERED).

thréat·en·ing *a* おどすような, 脅迫的な; 険悪な〈空模様など〉, 不気味な, 不吉な. ♦ **～·ly** *adv*

three /θrí:/ *a* 3 つの, 3 人[個]の: ～ parts 4 分の 3; 八九分通り, ほとんど. ► *n* **1** 《数の》3, 3 つ; 3 の数字[記号]《3, iii, III》; 〘スケート〙 3 の字形フィギュア. **2** 3 人[個]; 3 ドル[ポンドなど]; [*pl*] 3 分利物 (3% stock). **3** 3 時, 3 歳; 3 番目のもの[人]; 《トランプの》3 の札, 《さいころ・ドミノの》3 の目; 《サイズの》3 番, [*pl*] 3 番サイズのもの; 〘バスケ〙 3 点シュート; [*pl*] 〘ラグビー〙 THREE-QUARTER; [the T-] *《空俗》 DC-3 型機; [後置] 第 3 の (: chapter *T*～). **4** 3 個[人]の一組. ★ (1) 用法は

SIX の例に準じる. (2) 形容詞 ternary, tertiary, treble, triple; 接頭辞 tri-, ter-. ● **give** sb **～ times ～** 人に万歳三唱を 3 度繰り返す. **the T～ in One** 三位一体 (the Trinity). [OE *thrī* (⇨ TRIO, THIRD); cf. G *drei*]

3-A, III-A /θríːéɪ/ *n* 《米国の選抜徴兵分類で》著しい困窮もしくは家族扶養のため徴兵を延期された人(を示す区分).

thrée-and-a-hálfpenny *a* 〈平頭釘が〉$1^3/_8$ インチの《略 $3^1/_2$ d》.

thrée-bágger *n**《俗》THREE-BASE HIT.

thrée-báll 〘ゴルフ〙 *a* 〈試合が〉スリーボールの《3 人のプレーヤーが各自 1 個のボールを用いていっしょにラウンドする》. ► *n* スリーボールマッチ (＝～ **match**).

thrée-bàse hít 〘野〙三塁打 (＝*triple*).

thrée-càrd mónte スリーカードモンテ《3 枚のカードを示してからよく切って伏せ, 特定カードをあてさせる賭け》.

thrée-càrd tríck スリーカードトリック《3 枚のカードを伏せ, クイーンをあてさせる賭け》.

thrée-cólor *a* 三色を用いた; 〘印〙三色刷りの; 〘写〙三色写真法の.

thrée-còlor photógraphy [prócess] 三色[天然色]写真法.

thrée-córnered *a* 3 つの隅[角]のある; 三者の(かかわり合った), 三つどもえの, 三角関係の: a ～ relation 三角関係 / a ～ fight 《選挙などの》三つどもえ戦.

3-D, three-D /θríːdíː/ *n* 三次元の形態; 立体視, 立体感; 立体効果; 立体写真, 立体映画. ► *a* THREE-DIMENSIONAL.

thrée-dày evént [evénting]" **1** 〘馬術〙三日競技《第 1 日はドレサージュ (dressage), 第 2 日は野外騎乗 (cross-country), 第 3 日は馬場内の障害飛越 (show jumping) を競う 3 日連続の総合馬術競技; 単に eventing ともいう》. **2** 《上流韻俗》紳士 (gent).

thrée-dày méasles 〘医〙三日ばしか (rubella).

thrée-dày wéek 週 3 日勤務.

thrée-déck·er *n* **1** 三層甲板船; 《古》三層甲板艦《三層甲板のそれぞれに大砲のある帆走艦》. **2** 三層構造をもつもの; 三階建てアパート; 三段の説教壇; 三段に裾襞(ひだ)をとったスカート; 三部作小説; 三枚重ねサンドイッチ; [*fig*] 大きな[重要な]人[もの].

thrée-dimén·sion·al *a* 三次元の; 立体感を与える, 立体的な〈画像〉; あらゆる角度から述べた; 真に迫った, 実在感のある〈作中人物など〉; 〘軍〙陸海空三方からの: ～ movies 立体映画 / ～ art 立体芸術, 造形芸術. ♦ **-di·mèn·sion·ál·i·ty** *n* **～·ly** *adv*

thrée-dòg níght 《豪俗・米俗》とても寒い夜, 凍てつく夜 《「犬 3 匹と寝る夜」の意; 野営の旅行者などが, 暖をとるために同行の犬といっしょに寝ることから》.

thrée-dòllar bíll *《俗》変わり者; 人の名をかたるやつ; ホモ: (as) PHONY [QUEER] as a ～.

Thrée Estátes *pl* [the] 《中世ヨーロッパの》三身分《聖職者と貴族と平民》; 〘英〙上院の高位聖職議員 (Lords Spiritual) と貴族議員 (Lords Temporal) と下院議員 (Commons) の三階級.

thrée·fòld *a, adv* 3 つの部分[要素]からなる; 3 倍の[に], 3 重の[に].

thrée-fóur (tìme) 〘楽〙4 分の 3 拍子 (＝*three-quarter time*).

3G /θríːʤíː/ third-generation.

thrée-gáit·ed *a* 〈馬が〉《並足・速足・普通駆け足の》3 種歩訓練をうけた.

thrée-hálfpence, -há'pence /-héɪp(ə)ns/ *n* 〘英〙1 ペンス半《略 $1^1/_2$ d.; cf. HALFPENNY》.

thrée-hálfpenny *a, n* 1 ペンス半の(もの).

thrée-hánd(·ed) *a* 3 人でする〈ゲームなど〉.

3HO /θríːèɪʧóʊ/ *n* 3HO 《北米で始められたシク教の一派; ヨガや菜食主義を採り入れる》. [*H*appy, *H*ealthy, *H*oly *O*rganization (1971 年設立)]

Thrée Hóurs *pl* 〘教会〙三時間御苦悶追憶式 (＝**Thrée Hòurs' Ágony [Sérvice]**)《十字架上のキリストの苦悩を記念する儀式で Good Friday の正午から午後 3 時まで行なう》.

300 Group /θríːhʌ́ndrəd ─/ [the] 〘英〙300 人会《下院に 300 人の女性議員[下院定数の半数弱]を送り込むことを目指す政治団体; 1980 年に結成》.

thrée ísland shìp 〘海〙三島船《船首楼・中央船室部・船尾楼をもつ貨物船》.

Thrée Kíngs Íslands *pl* [the] スリーキングズ諸島《ニュージーランド北島の北端沖合いにある 3 つの小島; 鳥類の保護地域となっている》.

Thrée Kíngs (of Colόgne) *pl* [the] ケルンの三王《中世のキリスト教伝説で, 東方の三博士 (the Magi) のこと; 3 人の遺骨が Cologne の大聖堂にあると言い伝えられたことから》.

thrée-làne *a* 〈道路が〉三車線の.

thrée-légged *a* 三脚の〈椅子など〉.

thrée-lègged ráce 二人三脚(レース).

thrée-lètter mán *《俗》めめしい男, ホモ (fag); "《俗》いやなやつ (cad); *《学生俗》3 種目のスポーツに秀でた人.

thrée-lìne óctave 〘楽〙三点音[オクターブ]《中央のド[ハ]よりさらに 2 オクターブ高い c''' に始まる 1 オクターブ》.

thrée-lìne whíp 〘英議会〙登院厳重命令(書); 《採決の際の》党議厳守指令 (⇨ WHIP).

Thrée Lìttle Pígs [The] 『三匹の子ブタ』《英国の民話に基づく Walt Disney の短編漫画映画 (1933); 3 匹の子ブタが主人公で, 悪役の Big Bad Wolf がからむ》.

3M /θríːɛ́m/ 〘商標〙スリーエム《米国の Minnesota Mining & Manufacturing Co. の略・通称, ブランド; 多岐にわたる製品があるが, 一般には Scotch テープ, Post-it が有名》.

thrée-martìni lúnch* マティーニを 3 杯飲むような昼食《企業管理職などの豪華な昼食; 代金が交際費で支払われ, 庶民生活とのギャップが不公平税制の象徴とされた》.

thrée-mást·er *n* 3 本マストの船, 《特に》スクーナー.

Thrée Mén in a Bóat 『ボートの三人男』《Thames 川に舟遊びに出かけた男 3 人と犬 1 匹をめぐる Jerome K. Jerome 作の滑稽な小説 (1889)》.

Thrée Mìle Ísland スリーマイル島《Pennsylvania 州 Harrisburg に近い Susquehanna 川にある島; 1979 年 3 月ここにある原子力発電所で事故があり, これをきっかけに反原発運動が高まりをみせた》.

thrée-mìle límit 〘国際法〙《領海の幅としての》3 海里幅 (cf. TWELVE-MILE LIMIT).

Thrée Musketéers **1** [The] 『三銃士』《宰相 Richelieu のころのフランスを舞台にした Alexandre Dumas (父) の長編小説 (1844)》. **2** [3 Musketeers] 〘商標〙スリーマスケッティアーズ《チョコレートバー》.

thrée of a kínd 〘ポーカー〙スリーカード (⇨ POKER[2]).

threep ⇨ THREAP.

thrée-pàir *a* "《古》四階の: ～ back [front].

thrée-peat* /θríːpìːt, ─ ─́/ *n* 《スポーツの》3 連勝, 3 連覇. ► *vt, vi* (…に) 3 連勝する, (…に) 3 連覇する. [*three, repeat*]

three·pence /θrɛ́p(ə)ns, θríp-, θrʌ́p-, *θríːpèns/ *n* (*pl* ～, **-penc·es**) 〘英〙旧 3 ペンス硬貨; 3 ペンス(の金額).

three·pen·ny /θrɛ́p(ə)ni, θríp-, θrʌ́p-, *θríːpèni/ *a* 3 ペンスの; 安っぽい. ► *n* 3 ペンスのもの.

thréepenny bìt [pìece] 〘英〙旧 3 ペンス硬貨《12 辺形》.

thréepenny náil 長さ $1^1/_4$ インチの釘; 長さ $1^1/_8$ インチの細釘. [もと 100 本 3 ペンス]

thrée-percént *a* 3 パーセントの; 3 分利付きの. ► *n* [the ～s] 3 分利付き公債[債券]; 《かつての英国政府の》3 分利付き整理公債.

thrée-phàse *a* 〘電〙三相の: a ～ motor.

thrée-píece *a* 〈家具など〉3 点で一組の, 三点セットの; 〈服が〉三つぞろいの, スリーピースの《男性の jacket, trousers, waistcoat; 女性の jacket [coat], skirt [trousers], blouse または jacket, skirt, sweater》; 〘楽〙〈バンドなど〉3 人編成の, スリーピースの. ► *n* スリーピースの服; 三点セットの家具 (＝～ **súite**)《ソファーと肘掛け椅子 2 脚》; 〘楽〙三人組, スリーピース.

thrée-plý *a* 3 重の, 三重織り[スリープライ]の; 3 枚張りの, 三層の, スリープライの; 〈縄が〉3 本よりの. ► *n* 三重織り(ウール); スリープライ合板.

thrée-póint·er *n* 〘バスケ〙3 点シュート.

thrée-pòint lánding 〘空〙三点着陸《2 個の主車輪と前車輪[尾車輪, 尾そり]とが同時に接地する着陸法》; 満足な結果.

thrée-pòint líne 〘バスケ〙3 点ライン.

thrée-pòint pláy 〘バスケ〙スリーポイントプレー《ゴールでシュートしようとするプレーヤーが妨害をうけたにもかかわらず, ゴールに成功し, フリースローにも成功して 3 点をあげるプレー》.

thrée-pòint stánce 〘アメフト〙スリーポイントスタンス《ボールがスナップされる前にラインメンのとる姿勢; 両足を開き上体をかがめ片手を地面につける》.

thrée-pòint túrn" 三点ターン《前進・後退・前進によって狭い場所で車を方向転換する方法》.

thrée póint twó *《口》THREE-TWO BEER.

thrée-quárter *a* 3/4 の, 4 分の 3 の; 〈肖像画・写真が〉七分身の《ひざ上まで》, 半横向きの; 〈コートなど〉普通の 3/4 の長さの, 七分(丈)の: ～ sleeves 七分袖. ► *n* 七分身[半横向き]の肖像画[写真]; [the] (…時) 45 分; 〘ラグビー〙スリークォーター (＝**thrée-quàrter báck**) 《halfback と fullback の間に位置する》. ● **to the extent of ～** ほとんど.

thrée-quàrter bínding 〘製本〙四分の三革装丁, 四分三装丁. ♦ **thrée-quàrter-bóund** *a*

thrée-quàrter nélson 〘レス〙首返し, スリークォーターネルソン《片腕で相手の片腕のみ羽交い締めにしたうえで両手を首の後ろで組んで固める》.

thrée-quárters *n* 4 分の 3 (の数[量]) 〈*of*〉. ► *adv* 4 分の 3 程度, 7, 8 割[分](は). ► *a* THREE-QUARTER.

thrée-quárter tìme 〘楽〙4 分の 3 拍子 (three-four).

three·quel /θríːkwəl/ *n* 《映画や小説の》第三部[篇, 巻, 話], パート [エピソード] 3, 続篇 II. [*three, sequel*]

thrée-rìng(ed) círcus* 同時に 3 つのリングでショーをするサーカス; [*fig*] めまぐるしい[絢爛豪華な, 目を奪う]もの[場所], 大騒ぎ, お祭り騒ぎ, 大混乱.

Thrée Rívers スリーリヴァーズ (TROIS-RIVIÈRES).

three R's /—́— á:rz/ *pl* [the] 読み・書き・算術, 基礎学科[教育]; 《各領域の》基本的な技術. [*r*eading, '*r*iting, and '*r*ithmetic]

thrée·scóre *n, a* 60 (の), 60 歳(の): ～ (years) and ten 70 (歳) 《人の寿命; *Ps* 90: 10》.

thrée-shèet *n**《俗》《演劇やサーカスの》ちらし, ポスター.

360 /θrí:síksti/ *n* 『スケートボード』360 度のターン.

three·some /θrí:səm/ *n* 三人組, 三つ組 (trio); 3 人が参加するもの, 3 人で行なう性交; 『ゴルフ』スリーサム《3 人が 1 人対 2 人で行なう競技》. ► *a* 3 つ(の部分)からなる; 3 人で行なう.

thrée-spèed *n* 三段変速ギア(の付いた自転車). ► *a* 三段変速の.

thrée-spìned stíckleback 『魚』イトヨ《背に 3 本のとげのあるトゲウオ科の淡水[汽水]産の魚》.

thrée-spòt *n* トランプの 3 の札, 3 点付きのドミノの牌, 《さいころの》3 の面.

thrée-squáre *a* 〈やすり・錐など〉等しい 3 面を有する, 断面が正三角形をなす.

thrée squáres *pl* 《俗》三度の充実した食事, 三度のおまんま, まあまあの生活水準, 食うに困らない暮らし. [*three square* meals]

thrée-stàr *a* 〈ホテルなどが〉三つ星の《最高を 5 つ星, 4 つ星, 3 つ星のどれに設定するかで程度は異なる》; 『米軍』三つ星の《階級章の 3 つ星から, 中将 (lieutenant general) についていう》.

Thrée Stóoges *pl* [the] 三ばか大将, スリーストゥージズ《スラップスティックで有名な米国のコメディートリオ; 1930, 40 年代に多くの短編映画に出演して人気を得, 60 年代にはテレビ放映されて再び人気を得た》.

thrée-stríkes làw [rùle] '三振即アウト' 法[規則]《米国ではほぼ半数の州で定められている, 重罪 (felony) [犯罪]を 2 度犯して有罪決定された者は 3 度目の有罪決定で自動的に終身刑(などの重い刑)[有罪]とする法律[規則]; **thrée-stríkes-and-you're-óut làw** とも, 単に **thrée stríkes** ともいう》.

thrée-stríper *《俗》*n* 海軍中佐; 《陸軍の》軍曹.

3SUM 《E メールなどで》threesome.

thrée-tìme *vt**《俗》3 人で組んで…とけんかする[…をやっつける].

thrée-tìme lóser *《俗》《もう一度罪を犯すと終身刑になる》前科者, 累犯者.

thrée-tòed jerbóa 『動』ミユビトビネズミ《アフリカ北部・ロシア・イラン・パキスタン産》.

thrée-tòed slóth 『動』ミユビナマケモノ《同属の 3 種; cf. AI[1]》.

thrée-tòed wóodpecker 『鳥』ミユビゲラ.

thrée-twó *n**《口》THREE-TWO BEER.

thrée-twò béer, 3.2 beer /θrí:tù: —́—/ 3.2 ビール《アルコール度 3.2% の弱いビール; 米国の州によっては未成年者への販売が許可されている》.

thrée únities *pl* [the] DRAMATIC UNITIES.

thrée-válued *a* 『論』三値的な《真・偽の 2 値のほかに第 3 の真理値を認める》.

thrée vówels *pl* 《俗》借金証文《IOU から》.

thrée-wày *a* 三様に作用する; 三方向に通じる; 三者間(で)の.

thrée-wày búlb 明るさが三段切換えの電球, 三段コイル(電)球.

thrée-wày swítch 『電・建』三路スイッチ《異なる 2 か所のスイッチで点滅などができる》.

thrée-whéel·er *n* 三輪車; オート三輪; サイドカー付きモーターバイク.

Thrée Wíse Mén [the] 三博士 (Magi).

Thrée Wìse Mónkeys *pl* 《日本の》見ざる聞かざる言わざる, 三猿.

threm·ma·tol·o·gy /θrèmətálədʒi/ *n* (動植物)育成学, 育種学.

thre·net·ic /θrɪnétɪk/, **-i·cal** *a* 悲歌の, 哀歌の; 挽歌の, 哀悼の.

thren·o·dy /θrénədi, θrí:-/, **thre·node** /θrí:nòud, θrén-/ *n* 悲歌, 《特に》挽歌; 哀悼の辞. ♦ **thre·no·di·al** /θrɪnóudiəl/ *a* **thre·nod·ic** /θrɪnádɪk/ *a* **thren·o·dist** /θrénədɪst/ *n* 悲歌[挽歌]の作者. [Gk (*thrēnos* wailing, *ōidē* ODE)]

thre·o·nine /θrí:ənì:n, -nən/ *n* 『生化』トレオニン《不可欠アミノ酸の一つ》. [*threose* 四炭糖の一つ, (Gk *eruthros* red)]

thresh /θréʃ/ *vt* 〈穀物を〉脱穀する; 〈穀粒・実を〉脱穀してとる; 繰り返し打つ; 〈問題・案などを〉繰り返し検討する, 練る 〈*over*〉. ► *vi* 脱穀する; からざお[むち]で打つ(ように繰り返し打つ); 《高熱などで》ころげまわる 〈*about*〉. ● **～ out**＝THRASH out. ► *n* 脱穀; 『泳』ばた足 (thrash). ♦ **～·ing** *n* [⇨ THRASH]

thrésh·er *n* **1** 脱穀する人, 脱穀機, からざお[脱穀機]を使う人. **2** 『魚』マオナガ (＝*fox shark*) (＝**～ shàrk**)《オナガザメの一種; 尾で海面をたたいて小魚を狩り立てる》.

thrésh·ing flòor 脱穀場.

thréshing machìne 脱穀機.

thresh·old /θréʃ(h)òuld/ *n* **1** 敷居, 沓摺(くつずり) (doorsill) 《LIMINAL *a*》; 入口, 戸口, 門口; 《地域の》入口, '玄関(口)'; [*fig*] 《新時代・新局面などの》始め, 入口, とばくち: on the ～ 戸口で / cross one's ～＝step over the ～ 敷居をまたぐ, 家にはいる / carry one's bride over the ～ 新婦を抱いて家にはいる《昔からの習慣》/ at the ～ of…の当初に / on the ～ of… 今にも…を迎え[始め]ようとして, …の寸前で; at the THRESHOLD of…. **2** 果て, 端, 境(目), 境界(地), 《特に》滑走路の末端; 『心・理・生』《ある効果が生じ始める》限界, 閾(いき), 域, しきい(値); 《忍耐などの》限度, ぎりぎり, (許容)範囲; 最低基準[水準], 《threshold agreement などの》適用対象レベル[額] (: TAX THRESHOLD): the ～ of England イングランドの辺境《Sussex 海岸》/ the ～ of consciousness 『心』識閾(しきいき)《意識作用の生起と消失の境》/ have a high [low] ～ 《痛みなどに》耐える力が強い[弱い], 我慢強い[すぐ音を上げる]. ● **lay one's sins at** another's **～** 自分の罪を人にきせる. ► *a* 敷居の; 限界をなす: THRESHOLD AGREEMENT. [OE *therscold, threscold*, etc.; cf. THRASH＝(obs) to tread]

thréshold agréement" 『労』敷居契約, 賃金の物価スライド協定《インフレ率が規定のレベルを超えた場合は賃金を一定額引き上げるとする労使協定》.

thréshold fréquency 『理』限界周波数.

threw *v* THROW の過去形.

thrice /θráɪs/ *adv* 三たび, 3 回; 3 倍に; 幾度も; 大いに, 非常に: ～-blessed[-favored] 非常に恵まれた, 果報な. [ME *thries* (*thrie* (adv)<OE; ⇨ THREE)]

thrid /θríd/ *v* (-dd-) 《古》THREAD.

thrift /θríft/ *n* **1** 倹約, 節約, 節倹; 《まれ》繁茂, 旺盛な成長[生長]; 《スコ》(いい)稼ぎ, 商売, 仕事, 職業; 《廃》繁栄. **2** *THRIFT INSTITUTION. **3** 『植』ハマカンザシ, アルメリア (＝*sea gillyflower, sea pink*). [ON; ⇨ THRIVE]

thríft accòunt* SAVINGS ACCOUNT.

thríft ìndustry THRIFT INSTITUTION.

thríft institùtion* 貯蓄機関《mutual savings bank, savings and loan association, credit union の総称》.

thríft·less *a* 金[資源]の扱いに締まりのない, 倹約を知らない, 浪費する; 《古》無用の, 無意味な. ♦ **～·ly** *adv* 倹約せずに. **～·ness** *n*

thríft shòp [stòre]* 格安中古品[中古衣料]店, リサイクルショップ《しばしば慈善目的で運営する; charity shop ともいう》.

thrífty *a* 倹約な, つましい; 繁茂する; 繁栄[繁昌]する. ♦ **thríft·i·ly** *adv* **-i·ness** *n*

thrill /θríl/ *n* 《興奮・快感・喜びなどで》ぞくぞく[わくわく, ぞわっと]する感じ, スリル, 身震い; ぞくぞくさせるもの[要素, 性質]; 《地震などの》体感震動; 《古》脈動, 拍動; 『医』震顫(しんせん); THRILLER: a ～ of… ぞくぞく[わくわく]するような〈興奮・予感・喜び・恐怖など〉/ get a ～ out of doing…するのでわくわくする / the ～ of the chase [hunt] 追跡[探究, 猟色]のスリル. ● **Big ～!** [〈*int*〉]《俗》それはそれは感激な, (そんなの)つまらない, あほくさ《相手のいうほど感激的と思わない話に対して用いる; cf. BIG DEAL》. **～s and spills** 《口》はらはらどきどきのスリル. ► *vt* ぞくぞくさせる, 興奮させる 〈*with*〉; 震わせる 〈*with*〉: be **～ed** to do…して興奮している / be **～ed** *that*…の事実にわくわくしている. ► *vi* ぞくぞくする 〈*at* the news, *to* (the sound of) sb's voice, *with* joy〉; 〈感情が〉《体を》走る 〈*through, over, along*〉; 〈声などが〉震える 〈*with* terror〉. ● **～ed to bits [death, pieces]** 《口》ひどく興奮して, 大喜びで. ♦ **～·ful** *a* [ME; *thirl*[1] の音位転換]

thríll·er *n* 《口》スリルを与える人[もの]; 《特に 犯罪とサスペンス感を伴う》スリラー.

thríll·er-díll·er /-dílər/ *n**《俗》CHILLER-DILLER.

thríll·ing *a* ぞくぞく[わくわく]させる, 血わき肉おどる, 壮烈な, スリル満点の, スリリングな; 震える. ♦ **～·ly** *adv* **～·ness** *n*

thrip·pence /θríp(ə)ns/ *n* THREEPENCE.

thrips /θríps/ *n* (*pl* ～) 『昆』アザミウマ《植物の害虫》. ★ 時に単数形として **thrip**, 複数形として **thripses** を使うことがある. [L<Gk＝wood worm]

thrive /θráɪv/ *vi* (**throve** /θróuv/, **～d**; **thriv·en** /θrív(ə)n/, **～d**) 〈動植物・子供などが〉よく生育する; (富み)栄える, 繁栄[繁昌]する, 盛んになる; [*fig*] 成長する, 育つ 〈*on*〉: ～ *on* …を食べて育つ, 〈勤勉など〉で栄える, 〈逆境など〉を生きがいにする / First ～ and then wive. 《諺》栄えてから妻をめとれ. ♦ **thrív·er** *n* [ON (rflx) 〈 *thrifa* to grasp]

thriv·ing /θráɪvɪŋ/ *a* 繁栄する; 繁茂する. ♦ **～·ly** *adv*

thro, thro' /θru, θrù:, θrú:/ *prep, adv, a* 《米では古》THROUGH.

throat /θróut/ *n* **1 a** のど, 喉, 咽喉(いんこう), のど首, のど笛《GUTTURAL, LARYNGEAL *a*》; 《口》咽頭痛: pour [send]…down one's ～ …を飲み下す / spring at the ～ of… とびかかって…ののど笛を絞めようとする / take [seize] sb by the ～ 人ののどを絞める / clear one's ～ 《話を始める前に》咳払いをする / a sore ～ 咽頭痛[炎]. **b** 声(の出所), 《特に》鳴鳥の鳴き声: at the top of one's ～ 声をかぎりに〈叫ぶ〉. **2** のど状のもの; 《器物などの》首, 口, 《植物の》管状器官の開口部, 花喉 (fauces), 《靴の》爪革(つまかわ)の上端, 《テニスラケットの》首; 狭い通路; 《暖炉の》炉喉; 峡流; 『海・機』《滑車の》通索孔 (swallow); 『海』NOCK. **3** *《学生俗》くそまじめな学生, ガリ勉学生, 猛勉強家《cutthroat から》. ● **at each other's ～** 《口》けんかして, 攻撃し合って, (険悪に)争って. **cut one another's [each other's] ～s** 《口》共倒れになるような策を採る. **cut [slit]** one's **(own) ～** 《口》のどをかき切る; 自滅をまねく. **cut sb's ～** 人を裏切るようなことをする. **feel a** LUMP[1] **in the** [one's] **～**. **fly at** sb's **～** かっとなって人を襲う.

full to the ～ のど元まで腹いっぱいに, 満腹して. **go for the ～** 《口》いちばん弱いところを突く. **give** sb **the** LIE¹ **in his ～. have by the ～** 完全に支配する. **have (got) the game [it] by the ～** 《豪俗》〈人が〉有利な立場にある, 順調に事が運んでいる. **jump down** sb**'s ～** 人に対して猛烈におこり出す, かみつく; 《口》人をぐうの音も出なくする, やりこめる. LIE¹ **in one's ～. shove [cram, force, push, ram, stuff, thrust,** etc.]...**down** sb**'s ～** 《口》〈考え・意見などを〉人に押しつける[呑ませる]. **stick in one's ～ [gullet]** 〈骨など〉のどにひっかかる; 〈ことばなど〉なかなか出てこない, (どうしても)言えない; 〈提案など〉受け容れがたい, 気に食わない. ► *vt* **1**〘建〙…に溝を掘る[つける]. **2** 低い声[しわがれ声]で言う. [OE *throte, throtu*; Gmc で 'to swell' の意; cf. G *Drossel*]

thróat-cùtting *n* のどをかき切ること; 《口》《競合している状況で》他者の息の根を止める行為.

thróat·ed *a* [*compd*] …なのどをもった, のどが…の.

thróat gàg* 《俗》強い酒, 強烈なやつ.

thróat·làtch, thróat·làsh *n* 《馬の》のど革; 《馬の首の》のど革を通す部分.

thróat lòzenge 咽喉炎トローチ, のど用トローチ, COUGH DROP.

thróat micròphone のど当てマイクロホン《のどから直接収音する》.

thróat plàte 《ミシンの》針板.

thróat swèetbread 《子牛・子羊の》胸腺.

thróat·wòrt *n* 〘植〙ホタルブクロ属の総称《ユーラシア産, キキョウ科; ヒゲギキョウなど; のどの荒れや痛みによいといわれる》.

thróaty *a* 喉音の; 〈声が〉のどの奥から出た, 太く低い, だみ声の, しわがれ声の, 〈音が〉野太い; 〈動物が〉のどもとの大きい[たれさがった]. ♦ **thróat·i·ly** *adv* **-i·ness** *n*

throb /θrάb/ *vi* (-bb-) 〈心臓などが〉動悸をうつ, ドキンドキンと打つ, 〈頭・傷口が〉ずきんずきん[ずきずき]する; 〈脈拍が〉正常に脈うつ; 〈機械などが〉律動的に震動する[音を発する], 〈音楽などが〉リズムを刻む; 興奮して震える, ぞくぞくする: My head *throbbed* with pain. 頭が痛くてずきずきした / She *throbbed* at the dreadful sight. 恐ろしい光景にがたがた震えた. ► *n* 動悸, (激しい)鼓動; 震動; 震え, 興奮, 感動, うずき: My heart gave a ～. ♦ **thrób·ber** *n* [ME (? imit)]

throe /θróu/ *n* 激痛, 苦痛, 心痛, 苦悶; [*pl*] 陣痛, [*fig*] 産みの苦しみ; [ᵘ*pl*; °death ～s] 末期の苦しみ, 断末魔; [*pl*] 過渡期[試練期]の混乱[葛藤]: the final [last] ～*s* of…の最終段階[末期]. ● **in the ～s of…** 〈問題・困難など〉と必死に取り組んで, …と(悪戦)苦闘して; …のまっ最中で: *in the ～s of* passion [love affair] セックス[恋愛]の最中で. ► *vi* 苦悶する. [ME *throwe*<?OE *thrēa, thrawu* calamity; 語形は *woe* との類推か]

Throg·mór·ton Strèet /θrɑgmɔ́ːrtn-/ スログモートン街《London の証券取引所所在地》; 英国証券市場[界] (cf. WALL [LOMBARD] STREET).

thromb- /θrάmb/, **throm·bo-** /θrάmbou, -bə/ *comb form* 「血栓」「血栓症」 [Gk THROMBUS]

throm·bin /θrάmbən/ *n* 〘生化〙トロンビン《血液凝固にかかわるプロテアーゼの一つ》.

thrómbo·cỳte *n* 〘解〙血小板, 栓球 (blood platelet). ♦ **thròm·bo·cýt·ic** /-sít-/ *a*

thròmbo·cy·thé·mia, -thae- /-saɪθíːmiə/ *n* 〘医〙血小板血症《血小板数の異常な増加をもたらし, 血栓症・出血の危険性を高める病気》.

throm·bo·cy·to·pe·nia /θrὰmbəsàɪtəpíːniə/ *n* 〘医〙血小板減少(症). ♦ **-pé·nic** *a*

thròmbo·émbolism *n* 〘医〙血栓塞栓症. ♦ **-embólic** *a*

throm·bo·gen /θrάmbəʤèn/ *n* 〘生化〙トロンボゲン (PROTHROMBIN).

thròmbo·génic *a* 血栓形成性の. ♦ **-ge·níc·i·ty** *n*

thròmbo·kínase *n* 〘生化〙トロンボキナーゼ (THROMBOPLASTIN).

thròmbo·lýtic 〘医〙*a* 血栓溶解性の. ► *n* 血栓溶解薬[剤]. ♦ **thròm·ból·y·sis** /-bάləsəs/ *n* 血栓溶解.

thròmbo·phlebítis *n* 〘医〙血栓静脈炎.

thròmbo·plástic *a* 〘生化〙血液凝固を起こす[促進する]; トロンボプラスチンの(ような). ♦ **-plás·ti·cal·ly** *adv*

thròmbo·plás·tin /-plǽstən/ *n* 〘生化〙トロンボプラスチン (= *thrombokinase*)《血液凝固促進物質》.

thròmbo·pói·e·tin /-pɔ́ɪətən/ *n* 〘生化〙トロンボポ(イ)エチン《骨髄巨核球や血小板生成に関与するとされる因子》.

throm·bose /θrάmbòuz/ *vt, vi* 〘医〙血栓症に罹患させる[する]. [逆成 <↓]

throm·bo·sis /θrɑmbóusəs/ *n* (*pl* **-ses** /-sìːz/) 〘医〙血栓症. ♦ **-bot·ic** /θrɑmbάtɪk/ *a* [NL<Gk=curdling]

throm·bos·the·nin /θrɑmbάsθənən/ *n* 〘生化〙トロンボステニン《血小板の収縮タンパク》.

throm·box·ane /θrɑmbάksèɪn/ *n* 〘生化〙トロンボキサン《最初血小板から単離された一群の細胞機能調節物質の総称; 血小板を凝固させ, 血管を収縮させる》.

throm·bus /θrάmbəs/ *n* (*pl* **-bi** /-bàɪ/) 〘医〙血栓 (cf. EMBOLUS). [NL<Gk *thrombos* lump, blood clot]

throne /θróun/ *n* **1 a** 《公けの式典などの際の》王[君主, 枢機卿, 司教など]の座席, 王座, 玉座, (教皇)聖座, 司教[主教]座; 神の御座(みくら): the SPEECH from the ～. **b** [the] 王位, 帝権; 司教[主教]の職[権能]: be on *the* ～ 王位についている / ascend [mount, come to, sit on] *the* ～ 即位する. **2** [*pl*] 〘キ教〙座天使《九天使中の第 3 位; ⇨ CELESTIAL HIERARCHY》. **3** [the] 《口》便座, トイレ: on *the* ～. ● POWER **behind the ～.** ► *vt* throne にすわらせる; 王座[王位]につかせる, …に王権を与える. ► *vi* throne にすわる; 王座につく. ♦ **～·less** *a* [OF, <Gk=high seat]

thróne ròom 王座のある公式謁見[会見]室; 《口》便所, トイレ.

throng /θrɔ́(ː)ŋ, θrάŋ/ *n* 群集; 多数, 大勢, 大軍 〈*of*〉; 《人の》ひしめき合い, 人込み, 群れ; 《方》《仕事などの》重み, 重圧: a ～ of people [seagulls] 人[カモメ]の群れ. ► *vi* 群がる 〈*around*〉; 群れをなして移動する 〈*in, into, out (of)*〉. ► *vt* …に殺到する, 押しかける; 群れにする, 群がらせる; 〈街路・部屋など〉に群がる, いっぱいになる, 満ちる; 〈人を〉取り巻く, 閉じ込める: The streets were ～*ed* with shoppers. 街路は買物客でごったがえしていた. ► *a* [後置] 《スコ・北イング》忙しい (busy). [OE *gethrang*; cf. G *Drang*, OE *thringan* to press, crowd]

throp·ple /θrάp(ə)l/ 《スコ・北イング》*n* のど (throat), 咽喉. ► *vt* THROTTLE. [ME<?]

thros·tleᴴ /θrάs(ə)l/ *n* 《文》ツグミ, 《特に》ウタツグミ (song thrush); スロッスル (= **～ fràme**)《精紡機の前身》. [OE; cf. THRUSH¹]

throt·tle /θrάtl/ *n* 〘機〙THROTTLE VALVE, THROTTLE LEVER; 《まれ》のど, のど笛 (throat); 気管 (trachea); throttle された状態. ● **(at) full ～=with the ～ against the stop** 全速力で, 猛然と, 全力で. **bend the ～** *《俗》車を飛ばす, 高速で飛ぶ. ► *vt* **1** …ののどを絞める, 窒息させる; 絞め殺す; 締めつける, 抑える, 抑圧する. **2** 〘機〙〈蒸気など〉の流れを絞る; 〈エンジン・車・発展など〉の速度を落とす 〈*back, down*〉; 〈ロケットエンジン〉の推力を変化させる. ► *vi* 窒息する; 速度を落とす, 減速する 〈*back, down*〉; 加速する 〈*up*〉. ♦ **-tler** *n* [(v) ? *throat, -le*; (n) は (dim) < *throat* か]

thróttle·able *a* 〈ロケットエンジンが〉推力を変えられる.

thróttle·hòld *n* 抑圧, 締めつけ.

thróttle lèver 〘機〙節気柄, スロットルレバー《絞り弁開閉レバー》.

thróttle vàlve 〘機〙絞り弁, スロットルバルブ.

through *prep* /θru, θrùː/ **1 a** [貫通・通過] …を通して, …の端から端まで; …中を[に]; …の至る所に, …の間[あちこち]を: pass ～ a tunnel [town] トンネル[町]を通り抜ける / travel ～ the country 国中をあまねく旅行する / rummage ～ piles of papers 書類の山のあちこちを捜しまわる. **b** [経路] …の中を[に], 通って, 通して; 通り過ぎて: look ～ a telescope 望遠鏡で見る / look ～ colored spectacles [*fig*] 色眼鏡で見る / drive ～ a red light 赤信号を無視する. **c** [手段・原因・動機・理由・関係] …を通じて, …により, …のおかげで; …のために; …のかどで: blush ～ shame 恥ずかしくて赤面する / run away ～ fear こわくて逃げ出す. **2 a** [時間] …中: ～ all ages 永遠に / ～ (one's) life 生涯, 一生 / ～ the year 年中 / work (all) ～ the night 徹夜して働く. **b** *《…から》…の終わりまで: (from) Sunday ～ Friday 日曜から金曜まで《金曜日も含む》/ from p. 1 ～ p. 20 1 ページから 20 ページまで. **3** [完了・経験] 終わって, 首尾よくいって, 切り抜けて, 〈議会を〉通過して; 経験して: We are ～ school at three o'clock. 3 時に学校が終わる / go ～ college 大学を卒業する / get ～ one's final examination 最終試験に通る / go ～ an operation 手術をうける / She's been ～ so much in life. 幾多の人生経験を積んでいる. **4** …にもかかわらず, …に抗して: The tower stood ～ the earthquake. / I could hear his voice ～ the crashing of the bombs.

► *adv* /θrúː/ **1 a** [貫通] 通して, 貫いて, …通す, …抜く: push a needle ～ 針を突き通す / pass ～ 通り抜ける. **b** [時間] …中, ぶっ通して: sleep the (whole) night ～ 夜通し眠りつづける. **c** [終了] 初めから終わりまで; 完成まで: read a book ～ 本を読み通す / carry a matter ～ 事を完成する. **d** [出現] 表に出て, 見えて: Her sadness broke ～. **2** ずっと (all the way); すっかり, 徹底的に: The bus goes ～ to Chicago. / I was wet ～. びしょぬれになった / The meat is cooked ～. 肉は中まで火が通っている. **3** [補語] **a** 首尾よく終わって: I am ～ for the day. これで今日の仕事は済んだ / Is he ～? 彼はパスしましたか. **b** 《関係・資格などが》切れて, だめになって: ～ in politics 政治生命が尽きて / We're ～. 私たち(の仲)はもう終わりだ. **c** 穴があいて: His trousers are ～ at the knees. 彼のズボンはひざが抜けている. **4** 〘電話〙 **a** *終わって: I am ～. 通話は終わりました. **b** ᴴつながって: You are ～. 《先方が》お出になりました / I will put you ～ to Mr. Green. グリーンさんにおつなぎします. ● **be ～ with…** (1) …を終える, 仕上げる: I *am* ～ *with* the paper. 新聞を読み終えた. (2) …と関係がない; 〈物事〉に飽きて(やめることにして)いる: I *am* ～ *with* him [smoking]. 彼とは手を切った[タバコはやめた]. **～ and ～** 全く, すっかり, 100%, 徹頭徹尾: He knows the boss ～ *and* ～.

► *a* /θrúː/ 突き抜ける, 貫通した, 通しの, 直通の; 用済みの, だめになった: a ～ passenger 通し[直行]旅客 / a ～ ticket 通し切符 / a ～ train 直通列車 / THROUGH ROAD / THROUGH STREET [TRAFFIC].

[OE *thurh*; cf. G *durch*]

thróugh bàll 〘サッカー〙スルーパスのボール (⇨ THROUGH PASS).

thróugh brìdge 〘土木〙下路橋(かろきょう)《通行路が主構の下部の位置にある橋梁; cf. DECK BRIDGE》.

thróugh-compósed *a* 〘楽〙通作の〈歌曲〉《詩の各節に新しい異なった旋律を付けた; cf. STROPHIC》.

thróugh-dèck crùiser 《英海軍の》軽重量の原子力空母.

thróugh·fàll *n* 〘環境〙林内雨《森林への降水で, 直接地表に達するものと枝や葉に触れてから地表に落ちるもの; cf. STEMFLOW》.

thróugh·flòw *n* 通過流, 貫通流《地表下の水の水平方向の流れ》; 《特定スペース内の》流体の移動.

through·ith·er, through·oth·er /θrúː(ə)ðər/ *adv, a* 《スコ》混乱して[した], 乱雑に[な].

thróugh·ly *adv* 《古》THOROUGHLY.

through·out /θruáʊt/ *prep* [場所] …の隅から隅まで, …中いたるところに; [時間] …中, …の間(ずっと): search ～ the house 家中くまなく捜す / ～ one's life 一生を通じて / She was excited ～ the performance. 上演中終始興奮していた. ► *adv* すっかり, あまねく, 徹頭徹尾; 終始, ずっと: He was silent ～. ずっと黙っていた.

thróugh pàss 〘サッカー〙スルーパス《相手のディフェンスを超えての(オフサイドにならない位置の味方への)パス》.

thróugh·pùt *n* 処理量, スループット《**1**) 一定時間内に加工される原料の量 **2**)〘電算〙一定時間内に処理される仕事量》.

thróugh ròad 通り抜けできる道路; ‖大通り, 街道: no ～ 行き止まりの道路, 袋小路; 行動の妨げ,「壁」〈*for* sb, *to* sth〉; [No ～] この先行き止まり, 進入[通り抜け]禁止《掲示》.

thróugh stòne 〘建〙通控(とおしひかえ) (PERPEND^2).

thróugh strèet 優先道路《交差点で他の道路の交通に優先する道路; cf. STOP STREET》; 通り抜け(できる)道路 (through road).

Thróugh the Lóok·ing-Glàss『鏡の国のアリス』《Lewis Carroll の物語 (1872); *Alice's Adventures in Wonderland* (1865) の続篇; 子猫とたわむれているうちに眠ってしまい, 夢の中で鏡の向こう側の世界にはいり込んだ少女 Alice の話》.

thróugh-tìcket·ing *n* 通し切符システム《いくつかの異なった鉄道網を経由する旅程を一枚の通し切符で済ませるシステム》.

thróugh tràffic 通過交通《高速道路本線上の交通など》; 《高速道路の標識で》本線: No ～.＝No THROUGH ROAD.

thróugh·wày *n* THROUGH STREET, *高速(自動車)道 (expressway, motorway).

throve *v* THRIVE の過去形.

throw /θróʊ/ *v* (**threw** /θrúː/; **thrown** /θróʊn/) *vt* **1 a** 投げる, 投げつける, ほうる, なげうつ; 〘クリケット〙ひじを急に伸ばして〈ボール〉を投げる《反則》; 〘野〙〈完全試合などを〉達成する: ～ a ball ボールを投げる[送る] / ～ stones *at* a dog 犬に石を投げつける / ～ a dog a bone＝～ a bone *to* a dog 犬に骨を投げ与える. **b** 〈馬が乗り手を〉振り落とす; 〘レス〙〈相手を〉投げ倒す; 《口》〈事が人を〉当惑させる, びっくりさせる. **c** 〈票を〉投ずる; 〘トランプ〙〈札を〉出す, 捨てる; 〈さいころを〉振る, (振って)〈目を〉出す: ～ a vote 投票する. **d** 〈身を〉投げる; 〈体の一部を〉激しく動かす; 激しくぶつける: ～ one*self down on* the bed ベッドに身を投げ出す / ～ one*self at*…にぶつかっていく / ～ one*self on* one's knees ひざまずく / THROW up (成句) / ～ one's head back 頭をのけぞらせる / ～ one's chest *out* 胸を張る. **e** 《口》《問題解決のために》〈金を〉むやみに投入する[つぎ込む, ばらまく]〈*at*〉; 〈努力・労力などを〉つぎ込む, 及ぼす. **2 a** 〈弾丸・ミサイルなどを〉発射する, 〈ポンプが水を〉噴出する; 〈光・視線・ことば・質問などを〉投げかける, 投げる; 〈ことばを〉差しはさむ〈*into*〉; 〈声を〉発する, 届かせる, 《腹話術師のように》〈声を〉自分が出しているとはわからないように出す; 〈一撃を〉加える; 〈妙技を〉披露する, 決める: ～ a kiss 投げキスをする / ～ a cursory glance 一瞥する〈*at, over*〉/ The trees *threw* long shadows in the moonlight. 木々は月光をうけて長い影を落としていた. **b** 《口》〈発作・かんしゃくなどを〉起こす: ～ a FIT^2. **3 a** 〈衣服などを〉急いで着る[脱ぐ]; 〈体の一部を〉はずす; 〈ヘビが皮を〉脱ぐ; 〈澱(おり)を〉生じる: ～ *on* [*off*] one's clothes 衣服をさっと着る[脱ぐ] / ～ an overcoat *over* one's shoulders 外套を肩にひっかける / The horse *threw* its shoe. **b** 〈分別・道徳などを〉かなぐり捨てる; 《口》〈競技〉にわざと負ける, 〈試合を〉捨てる, '投げる'. **4** 〈軍隊などを〉派遣する, 投入する, 送る. **5 a** 《ある位置・状態に》陥らせる: ～ sb *into* prison 人を投獄する / ～ a meeting *into* confusion 会を混乱に陥れる / ～ the door open＝～ open the door ドアをさっと開け放つ; 〈人に〉道を開く〈*to* sb〉/ The debate was *thrown* open to the public. 討論会は一般に公開された / ～ a man out of work 人を失業させる. **b** 〈別の形に〉直す, 〈他の言語に〉翻訳する〈*into*〉. **6 a** 〈橋・壁などを〉架ける, つくる: ～ a bridge *across* a river 川に橋をかける / ～ a cordon *around*…のまわりに非常線を張りめぐらす. **b** 〘機〙〈レバー・スイッチを〉動かす, 入れる, 切る; 〈車を〉…のギアに入れる〈*into*〉; 《スイッチなどで》接続する, 切る. **7** 《口》〈パーティーなどを〉催す, 開く, やる. **8 a** 〈家畜が子を〉産む; 〈作物などを〉産する: ～ large litters / ～ a good crop. **b** 〈陶器を〉ろくろで作り出す; 〈材木などを〉旋盤にかける; 〈生糸〉によりをかける. ► *vi* 投げる, 投じる, ほうる, 投球[送球]する; さいころを振る, 振り出す.

● **～ about** [**around**] (*vt*) 投げちらす; 〈腕などを〉振りまわす; 〈権威などを〉振りまわす; 浪費する: ～ one's money *about* [*around*] *on*…に金を派手につかう / ～ one's WEIGHT *about* [*around*]. (*vi*) 〘海〙急いで方向を転ずる. **～ aside** 捨てる; 無視[却下]する, 顧みない. **～ away** 〈物を〉捨てる, 処分する; 〘トランプ〙〈札を〉捨てる; 〈金・一生などを〉むだに費やす, くれてやる, (どぶに)捨てる, むだなのに〈忠告・親切などを〉〈…に〉施す〈*on*〉; 〈機会・申し出を〉棒に振る, 失う, (みすみす)のがす; 〘劇・放送〙〈俳優などが〉わざとさりげなく言う: The advice was *thrown away on* him. 彼に対する忠告はむだだった. **～ back** (*vt*) 投げ返す; 反射する; 〈敵・攻撃などを〉撃退する; …の前進をはばむ, 遅らせる; もとの状態に戻す; 〈問題を〉〈当人に〉差し戻す〈*at, to* sb〉; 〈寝具などを〉さっとはね上げてはずす, 〈カーテンなどを〉さっと引く; 〈頭など〉のけぞらせる (⇨ *vt* 1d); *《口》ぐいっと飲む, 食う, かっこむ. (*vi*) 〈動植物など〉先祖返りをする〈*to*〉. **～** sb **back at**… 《口》人に〈過去のいやなこと〉を思い出させる. **～** sb **back on**… [^{U}*pass*] 人を《やむなく》…にたよらせる, 依存させる. **～ by** 捨てる. **～ down** 投げ落とす, 投げ捨てる, 投げつける; (打ち)倒す; *はねつける; *《俗》食う, がっつく《throw up (吐く) の反対》; *《俗》おどす, すごむ, けんかを売る, 挑戦する, あばれる; 〈ダンクシュートを〉派手にきめる; 《俗》〈DJ [ラッパー]などが〉〈曲を〉かける[歌う]: ～ *down* one's arms 武器を(投げ)捨てる, 降参[投降]する. **～ down on** sb *《俗》人に銃を向ける; *《俗》人を非難する, 人につらく当たる. **～ in** (*vt*) 投げ入れる, 〘サッカーなど〙〈ボールを〉スローインする, 〘クリケットなど〙外野から〈ボールを〉戻す, 返球する; 注入する; 書き入れる, (付け)加える; 〈ことばを〉差しはさむ; おまけとして添える, サービスする (＝～ into the bargain); 〘トランプ〙〈手札を〉流す, 捨てる, 〈相手〉にリードを許す; 《口》〈仕事などを〉やめる, よす; 〈クラッチを〉入れる, 〈ギアを〉かみ合わせる; 〘印〙解版する. (*vi*) 《口》仲間になる, 手を組む, 加わる〈*with*〉. **～ in** one**'s** HAND. **～ it up against** [**at, to**] sb 《俗》人に小言を言う. **～ off** (*vt*) 投げ[振り]落とす; 〈衣服・習慣などを〉かなぐり捨てる; 厄介払いする, …と関係を断つ; 〘トランプ〙捨てる; 〈追跡者を〉まく, …からのがれる; 迷わせる, 狂わせる, 混乱させる; 〈かぜを〉治す, 〈癖を〉直す; 出す, 発する, 発散する (emit); 〈詩などを〉一気に[やすやすと]作る[書く, しゃべる], 〈しゃれを〉飛ばす; 産む; 〘印〙刷り上げる. (*vi*) 猟を始める, 〈猟犬が〉飛び出す, ほえ始める; 悪口を言う, 中傷する〈*on*〉; 《豪口》〈…を〉あざわらう〈*at*〉. **～ on** 急いで着る; 〈猟犬〉に獲物の跡を追わせる. **～** OPEN. **～ out** 投げ出す; 捨てる, 処分する; 拒否[廃棄]する, 〈考えなどを〉捨てる, 〈議案を〉否決する, 〈請求・訴えを〉却下[棄却]する; 追い出す, 追放する〈*of*〉(: ～ sb *out on* his EAR^1); いきなり解雇する; 〘野・クリケット〙送球して〈走者・打者を〉アウトにする; 根こぎにする; 発芽させる; 〈突き出たものを〉建設[建築]する, 増築する; 〈ヒントを〉与える, ほのめかす; 口にする, 無造作に言う, 発する; 〈案・考えなどを〉持ち出す, 口にする, 提案する; …の気を散らせる, まごつかせる, 〈計画・計算などを〉狂わせる; 〈光などを〉放射する, 発する, 出す; 明示する, 目立たせる; 走り越す, 置き去りにする; 〈胸を〉張る; 〈体の一部を〉痛める, 脱臼[捻挫]する (: ～ one's elbow *out*); 〘軍〙斥候に出す, 〈戦列を〉展開する; 〈クラッチを〉切る. **～ over** 見捨てる, 袖にする, 〈恋人などを〉捨てて(…に)乗り換える〈*for*〉(jilt); 破棄する; 拒否する. **～** one**self at** sb [sb**'s head**] 《特に 求愛のため》やたらと[あからさまに]人の気をひこうとする. **～** one**self into**…に思い切りよく身を投げ出す; 急いで〈服を〉着る, ひっかける, はおる; …に熱心に従事する: ～ one*self into* the arms of…の腕に身を投げかける; …の妻[めかけ]となる. **～** one**self on**… 〈人・恩情など〉にたよる, すがる; 〈人〉を攻撃する; 〈食べ物〉を勢いよく食べ始める. **～**…SIDEWAYS. **～ together** 急いで取りまとめる; 急いで[そそくさと]作る, 急造する, 手早くこしらえる; [^{U}*pass*] 〈人びとを〉偶然会わせる; 〈二人を〉仲直りさせる. **～ up** (*vt*) 投げ上げる; 〈窓を〉上に押し上げる; 〈ほこりなどを〉舞い上がらせる…, 〈泥・水などを〉はね上げる; 大急ぎで建てる, 急造する; ‖《口》〈人・ものを〉生み出す, もたらす; 《口》吐く; やめる, よす, 放棄する, 放り出す; 〈機会など〉むだにする; 目立たせる; 〈誤り・問題などを〉持ち出す, くどくど言う〈*to* sb〉: ～ *up* one's arms 両腕を挙げる; 降服する / ～ *up* one's eyes《こわくて・あきれて》目をみはる / ～ *up* one's HANDS. (*vi*) 《口》吐く.

► *n* **1 a** 投げること; 《弾丸などの》発射; 〘レス・柔道〙投げ(技); 〘釣〙釣糸を投げること, 投げ入れ, スロー. **b** さいを振ること, 振り出したさいの目; 冒険, 運試し, 賭け: It's your ～. 今度はきみの番だ. **2** 投射距離, 射程; 投げて届く所, スポットライトの届く距離(の照らす箇所): within a STONE'S THROW of…. **3** 肩掛け, スカーフ; *軽い毛布, 《ベッド・ソファーなどの》上掛け; 《イーゼルなどの》掛け布《ほこりよけ》. **4** [a ～] *《口》一つ, 一個, 一回: at $5 *a* ～ 一つ[一回] 5 ドルで. **5** 〘地質〙《断層の》(垂直)落差; 〘機〙開程, 動程, 行程; 〘機〙クランク軸と偏心輪との距離; 《陶工の》ろくろ, 旋盤: ～ of an eccentric 偏心距離.

♦ **～·able** *a* [OE *thrāwan* to twist, torment; cf. G *drehen* to turn, spin, L *tero* to rub]

thrów·awày *n* **1** 使い捨て用の品; ぞんざいに作られたもの, いい加減になされたこと; ちらし, ビラ, パンフレット. **2** さりげなく[無造作に]言ったせりふ, さりげない[とっさの]ジョーク. **3** 《口》《家族・学校・社会などから》のけ者にされた少年[少女], はみだし者 (＝*pushout*). ► *a* **1** 使い捨ての; 使い捨てをする〈社会〉; ただ同然の〈値段〉; *《俗》用済みの, 不要の: at ～ prices 捨て値で. **2** 〈せりふなど〉さりげない, 無造作な[を装った], とっさの.

thrów·bàck *n* 投げ返し; あと戻り, 逆行, 停滞; 先祖返り[隔世遺伝](をしたもの); 昔返り, 復活〈*to*〉; FLASHBACK.

thrów·dòwn *n* 《俗》DJ [ラッパーなど]のパフォーマンス[コンテスト].

thrów·er *n* 投げる人[もの]; ろくろ工; THROWSTER.

thrów-ìn *n* 〘サッカー〙スローイン《タッチライン外に出たボールを投げ入れて試合を再開すること》; 〘野〙内野への返球; 〘バスケ〙スローイン《コート外からコート内にボールを投げ入れること》; おまけ, 付録.
thrówing stàr 星形手裏剣.
thrów(·ing)-stick *n* 《豪》槍などの投射装置, WOOMERA; 投射用の木[棒]切れ, BOOMERANG.
thrów-mòney *n**《俗》小銭.
thrown /θróʊn/ *v* THROW の過去分詞. ► *a* 〈ヴァイオリンの弾き方が〉投げ弾きの: ～ staccato.
thrówn sílk 〘紡〙スローンシルク《繰り糸して撚(よ)り合わせた生糸》.
thrów-òff *n* 《狩猟・競争などの》開始: at the first ～ 当初に.
thrów-òut *n* 投げ出すこと; 投げ出された人[もの]; 不合格品, くず; *《俗》けがを装った乞食.
thrów-òver *a* スローオーバーの《家具やベッドの装飾用カバーでゆったりしたタイプについていう》.
thrów pìllow 装飾用クッション.
thrów rùg* SCATTER RUG.
thrów·ster *n* 《生糸の》撚(よ)り糸工.
thrów-ùp *n* 《口》へど, 吐物, ゲロ.
thrów wèight 《核ミサイルの》投射重量.
thru /θru, θrùː, θrúː/ *prep, adv, a**《口》THROUGH.
T
thrum[1] /θrʌ́m/ *v* (**-mm-**) *vi* 〈弦楽器を〉単調に[のんびりと, たどたどしく]つまびく, かき鳴らす 〈*on*〉; 《所在なげに》指でトントンたたく; 単調に繰り返して音をたてる. ► *vt* 〈弦楽器・曲を〉つまびく; 〈テーブルなどを〉指でコツコツたたく; 単調に[ぽつりぽつりと]語る. ► *n* 単調なつまびき(の音); 鈍い単調な音. ［C18 (imit)］
thrum[2] *n* 《織物の》織り端(の糸), スラム; 短いほぐれ糸(のふさ); [ᵘ*pl*] 〘海〙スラム《マット用材とする切りそろえた古ロープなど》; ほぐれ糸のようなもの, くず, 小片; 《植物の》毛(ぶさ), 繊維(束): THREAD and ～. ► *vt* (**-mm-**) …に織り端[ふさ]をつける; 〘海〙〈帆布〉にスラムを付ける. ► *a* thrum で作った. ♦ **thrúm·mer** *n* ［ME *throm* endpiece＜OE; cf. G *Trumm*］
thrúm-èyed *a* 〘植〙葯(やく)が伸出して花冠ののどに見える (cf. PIN-EYED). ［*thrum*[2]］
thrúm·my *a* ほぐれ糸で作った; ふさのついた; けばだった.
thrúm·wòrt *n* 〘植〙 **a** ヒモゲイトウ. **b** サジオモダカ.
thrup·pence /θrʌ́p(ə)ns/ *n* THREEPENCE.
thrúp·peny bìt /θrʌ́p(ə)ni-, θrɛ́p(ə)ni-/ THREEPENNY BIT.
thrú·pùt *n* THROUGHPUT; *《俗》解決途中の問題の状態, その時々の状況.
thrush[1] /θrʌ́ʃ/ *n* 〘鳥〙ツグミ《ヒタキ科ツグミ亜科の鳴鳥の総称》; *《俗》女性歌手, 歌姫 (cf. CANARY). ♦ **～·like** *a* ［OE *thrysce*; cf. THROSTLE, THROAT］
thrush[2] *n* 〘医〙口腔カンジダ症, 鵞口瘡(がこうそう); 膣カンジダ症; SPRUE[2]; 〘獣医〙《馬などの》蹄叉腐爛(ていさふらん). ［C17＜?Scand (Dan *troske*)］
thrúsh nìghtingale 〘鳥〙ヤブサヨナキドリ, ヨナキツグミ《ヒタキ科の鳴鳥; サヨナキドリ (nightingale) に近縁で, 東ヨーロッパから西アジアに分布》.
thrust /θrʌ́st/ *v* (**thrust**) *vt* **1 a** ぐいと押す, (強く)押す; 押し込む, 突っ込む; 押し出す, 押しやる, 押しのける, 押しつける, 押し戻す 〈*against, at, away, back*, etc.〉: ～ one's hand *into* one's pocket 手をポケットに突っ込む / ～ the chair *forward* 椅子を押し進める / ～ *aside* 押しのける / ～ *on* 急いで着る[身に着ける] / ～ one's way 押し通る / ～ sb *out* 追い出す / ～ *out* one's tongue 舌を出す. **b** 〈手・枝などを〉突き出す, 伸ばす, 広げる: ～ an umbrella *at* sb 傘を人に突き出す (cf. *vi*). **2** 〈短刀などを〉突き刺す, 刺し込む, 刺し通す 〈*down*〉; 〈人などを〉(刀などで)突く, 刺す: He ～ a dagger *into* her heart. 彼女の心臓に短刀を突き刺した / ～ sb *through* (刀などで)人の体を刺し貫く / ～ *home* 〈短刀などを〉深く突っ込む. **3** 強いて受け取らせる[引き受けさせる]; 〈気の進まない人を〉(ある立場[状態]に)追いやる, 追い込む: ～ a silver coin *into* sb's hand 人の手に銀貨を一枚握らせる / He had greatness ～ *upon* him. いやおうなしに偉い人にかつぎ上げられた / ～ new responsibilities *on* sb 新しい任務を人に強引に押しつける / be ～ *into* fame 急に有名になる. **4 a** [ᵛ～ *-self*] むりやり(ある状態に)おく: ～ one*self forward* しゃしゃりでる, でしゃばる / ～ one*self into* …へ割り込む, …に押しかける / ～ one*self* [one's nose] *in*…の世話をやく, …に干渉する. **b** 〈ことば・質問などを〉不意に差しはさむ, 割り込ませる: ～ *in* a word 横合いから口を出す. ► *vi* 押す, 押しつける, 前に押しやる, 押し[突き]上げる; 〈物が〉突き出る 〈*upward, out of, through*〉; 突き刺す, 突く; 突きかかる 〈*at*〉; 突進する, 押し分けて進む 〈*through, past*〉; 割ってはいる 〈*in*〉; 急上昇する: ～ *out* (from…) (…から) 突き出る / ～ *at* sb *with* an umbrella 人に傘で突きかかる (cf. *vt* 1b). ● **～ and parry** 論戦する, やり合う, 争う 〈*with*〉. **～ aside** 〈異論などを〉退ける, 無視する (cf. *vt* 1a). ► *n* **1 a** 急な押し; 突き, 突き刺し; 襲撃, 攻撃; ことばによる攻撃, 論難 〈*at*〉: a shrewd ～ 《攻撃・批評などの》鋭いほこさき / the ～ and parry of A and B 舌峰(ぜっぽう)鋭い[丁々発止の]論戦. **b** 前方[上方]への推進; 《人間の大集団などの》大移動; 〘機・空〙推力, スラスト; 〘建〙(押)圧力, 推力; 〘鉱〙天井の崩落; 〘地質〙衝上(しょうじょう)(断層). **2** [the] 要点, 真意, 趣旨; [the] 主眼, 眼目, ねらい 〈*of*〉. ［ON *thrýsta*; cf. INTRUDE］

thrúst bèaring [blòck] 〘機〙スラスト[推力]軸受《ころなどがその軸方向に動く負荷を支えるもの》.
thrúst chàmber 《ロケットの》燃焼室.
thrúst·er, thrúst·or *n* 突く[押す]人[もの]; 《狐狩りで》やたらに先頭に出る狩猟家; でしゃばる人, 押しの強い人; スラスター《**1**) 船舶の(補助)エンジン **2**) VERNIER ENGINE **3**) REACTION ENGINE》; スラスター《スピードが上がり, 操作性にもすぐれたサーフボードまたはセールボード》.
thrúst fàult 〘地質〙衝上(しょうじょう)[突上げ]断層《OVERTHRUST, UNDERTHRUST がある》.
thrúst·fulˈˈ *a* 押しの強い, 攻撃的[積極的]な. ♦ **～·ness** *n*
thrúst hòe SCUFFLE HOE.
thrúst·ing *a* 自己主張の強い; 攻撃的な; 無鉄砲な; いやにいばる.
thrúst slìce 〘地質〙衝上スライス《ほぼ並行している 2 つの衝上断層にはさまれた比較的薄く, 広がりの大きい岩体》.
thrúst stàge 張出し舞台, スラストステージ《三方を客席に囲まれた(部分をもつ)舞台(の張出し部分)》.
thrutch /θrʌ́tʃ/ˈˈ《方》*n* 峡谷, 山峡(の急流). ► *vt* 押す, おしつぶす, 圧する. ► *vi* 《登山などで》むりやりはいる[前進する]. ［OE＝to press］
thrú·wày* *n* THROUGHWAY.
Thu. Thursday.
Thu·cyd·i·des /θ(j)usídədìːz/ トゥキュディデス (c. 460–c. 400 B.C.)《ギリシアの歴史家; ペロポネソス戦争をつづった『戦史』がある; 略 **Thuc.**》. ♦ **Thu·cỳd·i·dé·an** *a*
thud /θʌ́d/ *n* **1** (にぶい音をたてる)強打[打撃]; にぶい音; [〈*int*〉] ドシン, ドン, ドサッ, ドタン, バタン, ゴツン, ズシン《重くにぶい衝撃音》. **2** *《俗》《飛行機の》墜落; [T-] *《空軍俗》サッド《F-105 サンダーチーフ戦闘爆撃機のあだ名》. ► *v* (**-dd-**) *vi* ドサッと落ちる[倒れる, ぶつかる], 《ドシンと》にぶい音をたてる; バシッ[ドシン]とぶつかる 〈*against, into*〉: The bullet *thudded into* the wall a few feet from our heads. 弾はわれわれの頭より数フィート前の壁にブスッと食い込んだ. ► *vt* ゴツンとなぐる, …にゴツンと打ち当たる. ♦ **thúd·ding** *n* **thúd·ding·ly** *adv* ［? OE *thyddan* to thrust, strike］
thug /θʌ́g/ *n* [ᴼT-] 《昔のインドの》絞殺強盗団員; 凶徒, 凶悪犯, 殺し屋, 暗殺者, 刺客. ♦ **thúg·gish** *a* **thúg·gish·ly** *adv* **thúg·gish·ness** *n* **thúg·gism** *n* ［Hindi＝swindler］
thug·gee /θʌ́gi, θʌgíː/ *n* THUG による殺人強盗.
thúg·gery *n* THUGGEE; 暴行.
thu·ja /θ(j)úːdʒə/ *n* 〘植〙クロベ属 (*T-*) の各種の木《ヒノキ科; cf. ARBORVITAE》.
Thu·le /θ(j)úːli, túː-; θjúː-/ *n* **1** 極北の地, 世界の果て (＝ultima ～)《古代人が極北の地と考えた Iceland, Jutland, Norway, Shetland 諸島など》; [ˢt-] 遠い目標. **2** チューレ《Greenland 北西海岸のエスキモー居住地; 米空軍基地の所在地; 別称 Qaanaaq》. ► *a* チューレの《500–1400 年に北極圏の Alaska から Greenland にかけて栄えた文化についていう》.
thu·lia /θ(j)úːliə; θjúː-/ *n* 〘化〙酸化ツリウム.
thu·li·um /θ(j)úːliəm; θjúː-/ *n* 〘化〙ツリウム《希土類元素; 記号 Tm, 原子番号 69》. ［NL (THULE, *-ium*)］
thumb /θʌ́m/ *n* 《人の手の》親指, 拇指(ぼし) (cf. FINGER, BIG TOE); 〘動〙第一指, 拇指; 《手袋などの》親指; 〘建〙卵状繰形(くりかた) (ovolo); 〘電算〙THUMBNAIL; *《俗》マリファナタバコ. ● **be all ～s** 無器用である. **bite the** [**one's**] **～ at**…を挑発的に侮辱する. **count one's ～s** *《俗》時間をつぶす. **golden ～＝～ of gold＝millet's ～** 金のなる木, ドル箱. **have ten ～s**＝be all THUMBS. **jerk** [**jab, cock**] **one's ～** 親指で指し示す 〈*to, toward*〉. **on the ～** 《俗》ヒッチハイクをして. **raise one's ～＝put one's ～ up** 親指を立てる《勝利・成功・是認などの合図》. RULE OF THUMB. **sit there with one's ～ up one's ass** ⇨ FINGER. STICK[2] **out like a sore ～**. THUMBS DOWN. THUMBS UP. **turn ～s up** [**down**] 《口》〈…を〉承認[拒否]する, 〈…に〉賛成[反対]する 〈*on*〉 (cf. THUMBS-UP). **twirl** [**twiddle**] **one's ～s** 両手の 4 本の指を組んで左右の親指をくるくる回す《手持ちぶさたにしている》; 《なにもしないで》のらくらしている. **under sb's ～＝under the ～ of** sb 人にあごで使われて, 人の支配下[勢力下]に置かれて. ► *vt* **1** 親指で扱う[動かすなど]; 〈楽器を〉親指で(たどたどしく)奏する; 〈ページを〉親指で繰って目を通す; 何度もめくってよごす[いためる]: ～ one's NOSE at. **2** 〈便乗を〉親指を立てて合図して頼む[する] (: ～ a lift [ride]); 〈近づいて来る車〉に便乗依頼の合図をする: ～ one's way 親指で合図してヒッチハイクする. ► *vi* 親指でページをめくって読む; 便乗を頼む[する], ヒッチハイクをする. ● **～ down***《口》拒否する, 拒絶する. **～ through** 〈本〉に急いで目を通す. ♦ **～·less** *a* **～ed** *a* 手あかのついた. ［OE *thūma*; cf. G *Daumen*; IE で 'to swell' の意; *-b* は 13 世紀末の添え字］
thumb·er /θʌ́mər/ *n* 《口》ヒッチハイカー (hitchhiker); *《俗》物乞いする人, 人にたかる[せびる]やつ.
thúmb glàss サムグラス《しっかりとつかめるように外面に親指の指がかりとなるくぼみをつけたグラス》.
thúmb·hòle *n* 親指を差し込む穴; 《管楽器の》親指孔.
thúmb-índex *vt* 〈本〉に THUMB INDEX をつける. ♦ **～ed** *a*

thúmb ìndex 《本のページの端の半月形の》つめかけ, サムインデックス.

thúmb knòt ひとつ結び (overhand knot).

thúmb·màrk *n* 拇印(ぼいん); 親指の跡《特に ページをめくって残る手あか》.

thúmb·nàil *n* 親指の爪(のように小さなもの); 要点, 概略 〈*of*〉;〘電算〙サムネイル《プレビュー用の縮小画像》: give a ～ (sketch) *of* the situation 状況の概略を説明する. ► *a* 小さな, 簡潔な: a ～ portrait 小さな肖像, 寸描 〈*of*〉. ► *vt* 簡潔に描く, 略記[略述]する.

thúmbnail ìndex 〘インターネット〙サムネイルインデックス《縮小画像を並べた形の目次で, 画像をクリックして情報を呼び出す》.

thúmb nùt 〘機〙つまみナット.

thúmb piàno (親)指ピアノ《KALIMBA, MBIRA, ZANZA など(親)指でかき鳴らすアフリカ起源の小型楽器》.

thúmb pòt 小さな植木鉢.

thúmb·prìnt *n* 親指の跡, 《特に》親指の指紋の跡; [*fig*] 識別(できる)特徴, 刻印, 人格.

thúmb-pùsh·er *n**《俗》ヒッチハイカー.

thúmb·screẁ *n* 親指締め《ねじで親指を締めつける昔の拷問道具》;〘機〙蝶ねじ.

thúmbs-dówn, thúmbs dówn *n* [the] 拒否, 拒絶, 不賛成, 不満《しぐさ・用法については ⇨ THUMBS-UP》: give…the ～ 〈提案など〉に反対[ダメ出し]する, …を拒絶する. ► *a* 拒否[拒絶]する, 不賛成の.

thúmb·stàll *n* 親指用指サック.

thúmb stìck サムスティック《**1**) 最上部が二叉に分かれている長い杖 **2**) AV 機器のコントロールレバー》.

thúmb-sùck·er *n* 《ジャーナリズム俗》《政治記者の書く, しばしば 私見を交えた》分析記事.

thúmb-sùck·ing *n* 親指のおしゃぶり.

thúmbs-úp, thúmbs úp *n* [the] 承認, 了承, 賛成《親指を立てた手 (片手または両手) を相手に見えるように示すしぐさから; thumbs down の場合は反対に親指を下に向ける; cf. POLLICE VERSO》: give…the ～ 〈計画など〉に賛成する, …を承認する / get [receive] the [a] ～ 賛成[承認]される. ► *int* よし, いいぞ, うまいぞ, やったぞ, 賛成 〈*for*〉. ► *a* 承認[了承]する, 賛成の: a ～ decision / be ～ *on* the plan.

thúmb·tàck* *n* 画鋲 (drawing pin"). ► *vt* 画鋲で留める.

thúmb·whèel *n* 指回し式円形板《装置の穴から一部が出ている円形板・ダイヤルで, 指で回して調節[操作]するようになっているもの》.

Thummim ⇨ URIM AND THUMMIM.

thump /θʌ́mp/ *n* ゴツン(と打つこと[音]), ドシン(と当たること[音]); [〈*int*〉] ゴツン, ドシン, バサッ, バン; [～s, 〈*sg*〉]〘獣医〙《子豚の》しゃっくり;〘電子工〙サンプ《電話回路の妨害音》. ● **Is it ～.** 《俗》[強意] そうじゃない. ► *adv* ゴツン[ドシン, バン]と. ► *vt* 《こぶし・棒などで》ゴツン[ドシン]と打つ; …にゴツン[ドシン]と打ち当たる; ドシンと置く 〈*on, onto, into*〉; こぶしで殴る, たたく, ぶちのめす; 《口》《ピアノなどで》〈曲を〉たたき出す 〈*out*〉: ～ a parcel *down* 包みをドサッと落とす. ► *vi* ゴツン[ドシン]と打つ[当たる, 落ちる] 〈*on, against, into*〉; ドシンドシンと歩く; 〈心臓など〉ドキンドキンと打つ, 〈頭が〉ズキズキ痛む; 強力に支持[弁護, 宣伝]する: sb's heart ～*s* どきどき[はらはら]する. ● **～ a [the] tub [Bible]** 熱弁をふるう《聖書をこぶしでたたきながら説教することから》. [C16 (imit)]

thúmp·er *n* THUMP する人[もの] (: ivory-～); 《口》巨大な人[もの], 《特に》大うそ; 月面起震装置.

thúmp·ing *a* THUMP する; 強いビートを鳴り響かせる〈音楽〉; "《口》巨大な, 途方もない, すごい: a ～ lie / a ～ headache ひどい頭痛. ► *adv* 《口》ものすごく, ずばぬけて, だんぜん. ♦ **～·ly** *adv*

Thun /tú:n/ トゥーン《スイス中東部の Aare 川に臨む町》; [Lake (of) ～] トゥーン湖 (*G* Thuner See)《Bern 南東の細長い湖; Aare 川の流路にある》.

thun·ber·gia /θʌnbə́:rʤ(i)ə/ *n* 〘植〙ツンベルギア《キツネノマゴ科ヤハズカズラ属の各種草本[つる植物, 低木]; さまざまな色の花をつけ, しばしば暖地で観賞用に栽培される; アフリカ・南アジア原産》. [Carl P. *Thunberg* (1743–1822) スウェーデンの植物学者]

thun·der /θʌ́ndər/ *n* 雷の音, 雷鳴; 《古》雷, 雷霆(らいてい), いかずち; 轟音(ごうおん), とどろき; 威嚇, 弾劾, 非難, 怒号, 熱弁: ～ and lightning 雷鳴と稲妻, 雷電 / the ～ of a cataract 滝のとどろき / the ～*s* of applause 割れるような喝采, 万雷の拍手 / the ～*s* of the Church 教会の激怒《破門など》. ● **(By) ～!** まったく, まあ, いまいましい, ちくしょう! **the [in] ～** 《旧式》[疑問詞を強めて] いったい: *Who the [in]* ～ are you? いったいきみはだれだ. **look [have a face] like [as black as] ～** 《口》かんかんにおこった顔つきをしている. **steal [run away with] sb's ～** 人の考え[方法]を横取りする, 人のお株を奪う, 人を出し抜く《自分の作った雷の擬音装置を競争相手に使われた劇作家のことばから》. ► *vi* **1** [it を主語として] 雷が鳴る: *It* ～*ed* last night. **2 a** 大きな音をたてる, とどろく; 大音をたてて移動する[行く, 進む, 通る]: ～ *at* the door 割れるようにたたく / ～ *across* the sky 爆音をたてて飛ぶ. **b** 大喝する, どなる, [**joc*] 口をきわめて非難する, 弾劾する 〈*against, at*〉. ► *vt* 大声で[命令口調で, 荒々しく]言う, どなる 〈*out*〉; 大音をたてて[荒々しく]打つ[運転する, 攻撃する]. [OE *thunor*; cf. THURSDAY, THOR, G *Donner*]

thúnder-and-líghtning *a* 〈衣服が〉きわめて対照的な色彩の; 目のさめるような色の.

thun·der·a·tion /θʌ̀ndəréɪʃ(ə)n/ *n* [疑問詞を強調] 一体全体 (deuce, devil). ► *int* こんちくしょう, いまいましい!

Thúnder Bày サンダーベイ《カナダ Ontario 州南西部の Superior 湖北西岸の港湾都市; 1970 年 Fort William と Port Arthur とが合併したもの》.

thúnder·bìrd *n* **1**〘鳥〙キバラモズヒタキ, アカハラモズヒタキ《豪州産の 2 種; 雷のあとなどに大声で鳴く》. **2**〘伝説〙雷神鳥, サンダーバード《一部のアメリカインディアンの間で雷電・雷雨を招くと考えられている巨鳥》. **3** [T-s]「サンダーバード」《英国のテレビ SF シリーズ (1965–69); 未来世界で救助隊一家が活躍する子供向けの人形劇》. ► *int**《俗》ウワーッ, 最高!

thúnder·bòat *n* UNLIMITED HYDROPLANE.

thúnder·bòlt *n* **1 a** 雷鳴を伴う稲妻, 雷電, 落雷. **b** 稲妻の矢《神が稲妻と共に地上に投げると信じられた石矢》; 雷石 (THUNDERSTONE). **2** 衝撃的[電撃的]な事件[事実など], 破壊的なもの[人]; 激しい威嚇[非難]: The information came upon me like a ～.＝The information was a regular ～ *to* me. この報はまさに青天の霹靂(へきれき)であった.

thúnder-bòom·er *n*《俗》雷雨, ゴロゴロ様 (thunderstorm).

thúnder·bòwl *n*"《俗》便所, トイレ.

thúnder·bòx 《俗》*n* **1** "携帯便器; "便所, トイレ. **2***(大音量で鳴っている)ステレオラジカセ (＝～ **ràdio**).

thúnder·bùg *n* 〘昆〙THRIPS.

thúnder·clàp *n* 《バリバリッという》雷鳴, 霹靂; (雷のような)大音響; 青天の霹靂.

thúnder·clòud *n* 雷雲, かみなり雲; [*fig*] 暗雲, 脅威を感じさせる[怒りをむきだしにした]もの.

thúnder ègg 〘鉱〙玉髄の球塊.

thúnder·er *n* 大声[警世の声]を発する人[もの]; "[the T-] 一大警世紙《*The Times* の異名》; [the T-]〘ロ神〙雷神 (JUPITER).

thúnder·flàsh *n* サンダーフラッシュ《爆発時に轟音・閃光を発する軍事訓練用の空砲弾》.

thúnder·flỳ *n* 〘昆〙THRIPS.

thúnder·hèad *n* 入道雲.

thúnder·ing *a* 雷の鳴る; 大音をたてる; 大音をたてて進む; 雷[雷鳴]のような, とどろく; 《口》巨大な, 激烈な, とてつもない. ► *adv* 《口》ものすごく, ずばぬけて. ♦ **～·ly** *adv*

Thúndering Légion [the]《ローマの》雷軍団《ローマの第 12 軍団の異名; キリスト教徒兵の祈りが雷を呼び敵を恐れさせたと伝えられる》.

thúnder·less *a* 雷鳴を伴わない.

thúnder lìzard 〘古生〙雷竜 (brontosaur).

thúnder·ous *a* 雷を起こす; 雷鳴のような, 大音響の, 轟音の, 万雷の〈拍手〉; 雷のよく鳴る〈天候〉; とてつもない; 威嚇的な, きわめて不吉な. ♦ **～·ly** *adv* **～·ness** *n*

thúnder·pèal *n* THUNDERCLAP.

thúnder·pùmp *n* 〘鳥〙サンカノゴイ (bittern).

thúnder shèet 〘劇〙サンダーシート《雷の効果音を出すための大きな金属板》.

thúnder·shòwer *n* 雷を伴ったにわか雨, 雷雨.

thúnder·squàll *n* 雷を伴ったスコール, サンダースコール.

thúnder·stìck *n* BULL-ROARER.

thúnder·stòne *n* 雷石《稲妻の矢だと俗に信じられた各種の細長い古代石器・化石・隕石》; 《古》稲妻の矢 (thunderbolt).

thúnder·stòrm *n* 雷を伴ったあらし, 雷雨.

thúnder·strìcken *a* THUNDERSTRUCK.

thúnder·strìke *vt* 仰天[驚愕]させる; 《古》雷電によって[のように]撃つ[爆発させる, 損傷する].

thúnder·stròke *n* 雷撃, 落雷.

thúnder·strùck *pred a* 仰天[驚愕]した; 《古》雷に撃たれた.

thúnder-thìghs *n pl* 《俗》太い腿(もも), ドーンとした太腿; 《俗》巨体の女, 大女.

thúnder wèed*《俗》マリファナ (marijuana).

thún·dery *a* 雷鳴のような; 雷鳴を伴った, 雷の来そうな〈天候など〉; 不穏な, 不吉な.

Thu·ner See /*G* tú:nər zé:/ トゥーン湖《THUN 湖のドイツ語名》.

thunk[1] /θʌ́ŋk/ *n* [〈*int*〉] ブスッ, グサッ, ズシン, ゴツッ, ズン. ► *vi* ブスッ[グサッなど]という音をたてる. [C20 (imit)]

thunk[2] *v* 《非標準》THINK[1] の過去・過去分詞.

Thur. Thursday.

Thur·ber /θə́:rbər/ サーバー **James** (**Grover**) ～ (1894–1961)《米国の作家・諷刺漫画家; cf. MITTY》. ♦ **～·ésque** *a*

Thur·gau /*G* tú:rgaʊ/ トゥールガウ (F **Thur·go·vie** /*F* tyrgɔvi/)《スイス北東部の州; ☆Frauenfeld》.

thu·ri·ble /θ(j)ʊ́rəb(ə)l, θə́:r-; θjʊ́ə-/ *n* 《宗教儀式の》香炉. [OF or L (*thur- thus* incense)]

thu·ri·fer /θ(j)ʊ́rəfər, θə́:r-; θjʊ́ə-/ *n* 《宗教儀式の際の》香炉持ち. [L (↑, -FER)]

thu·rif·er·ous /θ(j)uríf(ə)rəs; θjuə-/ *a* 乳香を生じる.
thu·ri·fi·ca·tion /θ(j)ùrəfəkéɪʃ(ə)n; θjùə-/ *n* 焼香.
Thu·rin·ger /θ(j)úrəndʒər; θjúə-/ *n* チューリンゲンソーセージ《薄味で生(なま)または燻製》.
Thu·rin·gia /θ(j)urínʤ(i)ə; θjuə-/ チューリンゲン (G **Thü·ring·en** /G tý:rɪŋən/)《ドイツ中部の州; ☆Erfurt》.
Thu·rin·gi·an /θ(j)urínʤiən; θjuə-/ *n* チューリンゲン族; チューリンゲン地方の住民. ► *a* チューリンゲン(の住民)の; 《ドイツ語の》チューリンゲン方言の.
Thuríngian bacíllus 〘菌〙BT 菌, 卒倒病菌《遺伝子を組み換えた形でマイマイガの幼虫, マメコガネなどの害虫の生物防除に用いられる細菌》. [Thuringia の製粉所でスジコナマダラメイガ (Mediterranean flour moth) の幼虫の中から発見された]
Thuríngian Fórest [the] チューリンゲンの森 (G **Thü·ring·er Wald** /G tý:rɪŋər vált/)《Thuringia 地方南部を西北西から東南東に走る森林におおわれた山脈》.
thurl /θɜ́:rl/ *n* 《牛の》股関節, 臆(おく).
Thur·rock /θɜ́:rək, θʌ́rək; θʌ́r-/ サロック《イングランド南東部 London の東に隣接する副都心区》.
Thurs. Thursday.
Thurs·day /θɜ́:rzdi, -deɪ/ *n* 木曜日 (略 Thurs., Thur., Th.). ► *adv* «口» 木曜日に (on Thursday). ★ 語法 ⇨ MONDAY. [OE *thunres-, thur(e)sdæg* day of thunder, Thor's day (cf. G *Donnerstag*); L *Jovis dies* day of Jupiter のなぞり]
Thúrsday Ísland 木曜島《オーストラリア Queensland 州北方の Torres 海峡にある小島》.
Thúrs·days *adv* 木曜日には(いつも) (on Thursdays).
Thurs·ton /θɜ́:rst(ə)n/ サーストン《男子名》. [Dan＝Thor's stone]
thus /ðʌ́s/ «文» *adv* **1 a** このように, かように, かく(して): ~ and ~＝*~ and so これこれの[一定の]仕方で, かくかくしかじか(と) / She spoke ~. 彼女はかく語った / *T*~ said the Lord. «古» 主はかく言われたり. **b** [形容詞・副詞を修飾して] この程度まで: ~ far ここ[今]までは (so far)《通例 動詞の完了形と結ぶ》/ *T*~ much is certain. これだけは確かだ / Why ~ sad? なぜこうも悲しいのか. **2** だから, (それに)従って[伴って], それと共に: *T*~ we decided to go. そういうわけで行くことにした. **3** たとえば, 例を挙げれば (for instance). [OE<?; cf. Du *dus*]
thús·ly *adv* «口» THUS.
thús·ness *n* «口» こうあること; 〘仏教〙真如(しんにょ), 如如(にょにょ), 実相 (suchness): Why this ~? どうしてこうなんだろう.
Thut·mo·se /θutmóusə/ トトメス《古代エジプト第 18 王朝の王》: (**1**) ~ **I**《在位 c. 1525–c. 1512 B.C.》(**2**) ~**III**《在位 1504–1450 B.C.》.
thu·ya /θ(j)ú:jə/ *n* THUJA.
thwack /θwǽk/ *vt, n* 平たい[重い, 棒のような]ものでピシャリ[バシッ]と打つ(こと[音]). ♦ **~·er** *n* [C16 (imit)]
thwaite /θwéɪt/ *n* «方» (森林を切り開いた)農耕[牧畜]用の土地. [ON＝paddock; cf. OE *thwītan* to cut]
thwart /θwɔ́:rt, (海) θɔ́:rt/ *adv* «古» ATHWART. ► *a* 横切る, 横断する, 横たわる; 不利な, 都合の悪い; «古» 強情な, 御しにくい. ► *prep* /—́/ «古» ATHWART. ► *n* 〘海〙《ボートの》(こぎ手用の)腰掛け梁(ばり), こぎ手座; 《丸木舟の》梁. ► *vt* 《事前に》阻止する, 頓挫させる, …の裏をかく ‹sb (*in*) his plans etc.›; «まれ» まっこうからぶつかる, 反対する; «古» 横切る. ► *vi* 反対する; «古» 斜めに行く[延びる]. ♦ **~·er** *n* **~·ly** *adv* [ON＝across; cf. OE *thwe(o)rh* transverse, angry]
thwárt·shìp *a* 〘海〙船を横切って船側から船側に達する.
thwárt·shìps *adv* ATHWARTSHIPS.
thwárt·wìse *adv, a* 横切る[交差する]ように[な].
thx 《E メールで》thanks.
thy /ðaɪ/ *pron* [THOU[1] の所有格; 母音または h 音で始まる語の前では THINE] «古・詩» なんじの, そなたの.
Thy·a·ti·ra /θàɪətáɪrə/ ティアティラ《AKHISAR の古代名》.
Thy·es·te·an, -ti- /θaɪéstiən/ *a* THYESTES の; 人肉を食う: the ~ banquet [feast] 人肉料理の饗宴.
Thy·es·tes /θaɪéstiz/ 〘ギ神〙テュエステース《Pelops の息子; 兄 Atreus の妻と通じ, Atreus が出した料理を自分の息子たちの肉とは知らずに食べた; 復讐のために神託により実の娘と交わり, 生まれた Aegisthus がのちに Atreus を殺した》.
thy·la·cine /θáɪləsàɪn/ *n* 〘動〙TASMANIAN WOLF.
thy·la·koid /θáɪləkɔ̀ɪd/ *n* 〘植〙チラコイド《葉緑体の扁平な袋状構造》.
thym-[1] /θáɪm/, **thy·mo-** /θáɪmou, -mə/ *comb form*「タチジャコウソウ (thyme)」
thym-[2] /θáɪm/, **thymo-** /θáɪmou, -mə/ *comb form*「胸腺 (thymus)」
thyme /táɪm/ *n* 〘植〙シソ科イブキジャコウソウ属 (*Thymus*) の各種低木, 《特に》タチジャコウソウ, タイム《常緑低木; 葉・茎は香辛料・薬用》. [OF *thym,* <Gk (*thuō* to burn sacrifice)]
thy·mec·to·my /θaɪméktəmi/ *n* 〘外科〙胸腺摘出(術). ♦ **thy·méc·to·mìze** /-màɪz/ *vt*
thyme·lae·a·ceous /θɪməliéɪʃəs/ *a* 〘植〙ジンチョウゲ科 (Thymelaeaceae) の.
thymi *n* THYMUS の複数形.
-thy·mia /θáɪmiə/ *n comb form*「精神[意志]状態」: schizo*thymia*. [Gk (*thumos* mind)]
thy·mic[1] /táɪmɪk/ *a* タチジャコウソウ (thyme) の[から誘導した].
thy·mic[2] /θáɪmɪk/ *a* 〘解〙胸腺 (thymus) の.
thy·mi·co·lymphátic /θàɪmɪkou-/ *a* 〘医〙胸腺リンパ(性)の.
thy·mi·dine /θáɪmədì:n/ *n* 〘生化〙チミジン《DNA の成分として含まれる, ピリミジンヌクレオシドの一つ》.
thy·mi·dýl·ic ácid /θàɪmədílɪk-/ 〘生化〙チミジル酸《DNA の成分として含まれるデオキシリボヌクレオチドの一つ》.
thy·mine /θáɪmì:n, -mən/ *n* 〘生化〙チミン《DNA のポリヌクレオチド鎖中で遺伝情報を指定するピリミジン塩基; 記号 T; cf. ADENINE, CYTOSINE, GUANINE, URACIL》.
thymo- /θáɪmou, -mə/ ⇨ THYM-[1,2].
thýmo·cỳte *n* 〘解〙胸腺細胞.
thy·mol /θáɪmɔ̀(:)l, -mòul, -màl/ *n* 〘化〙チモール《抗菌剤・防腐剤として用いる》. [*thyme, -ol*[2]]
thy·mo·ma /θaɪmóumə/ *n* (*pl* **~s, -ma·ta** /-mətə/) 〘医〙胸腺腫《胸腺の上皮細胞に由来する腫瘍》.
thỳmo·nucléic ácid 〘生化〙胸腺核酸《DEOXYRIBONUCLEIC ACID の初期の名称》.
thy·mo·sin /θáɪməsən/ *n* 〘生化〙チモシン, サイモシン《胸腺から分泌されるホルモン》. [*thymus, -in*[2]]
thy·mus /θáɪməs/ *n* (*pl* **~·es, -mi** /-màɪ/) 〘解・動〙胸腺 (＝**~ glànd**) (cf. SWEETBREAD). [NL<Gk]
thymy, thym·ey /táɪmi/ *a* THYME のような[の茂った, の香気の芳しい].
thyr- /θáɪər/, **thy·ro-** /θáɪərou, -rə/ *comb form*「甲状腺」[Gk *thureos*; ⇨ THYROID]
thy·ra·tron /θáɪərətrɑ̀n/ *n* 〘電子工〙サイラトロン《熱陰極格子制御放電管》.
thy·re·oid /θáɪəriɔ̀ɪd/ *a, n* THYROID.
thy·ris·tor /θaɪərístər/ *n* 〘電子工〙サイリスター《電力用スイッチング素子》. [Gk *thura* gate, tran*sistor*]
thỳro·calcitónin *n* 〘生化〙チロカルシトニン《哺乳類のカルシトニン》.
thỳro·glóbulin *n* 〘生化〙チログロブリン《脊椎動物の甲状腺に存在するヨードタンパク質》.
thy·roid /θáɪərɔ̀ɪd/ *a* 〘解〙甲状腺の; 甲状軟骨の; 甲状腺機能の異常の. ► *n* 甲状腺 (＝**~ glànd**); 甲状腺動脈[静脈, 神経]; 甲状軟骨 (＝**~ càrtilage**); 甲状腺(製剤). ♦ **~·less** *a* [F or NL <Gk (*thureos* oblong shield)]
thy·roi·dal /θaɪərɔ́ɪdl/ *a* THYROID.
thy·roid·ec·to·my /θàɪərɔ̀ɪdéktəmi, -rə-/ *n* 〘外科〙甲状腺摘出[切除](術). ♦ **-mized** /-màɪzd/ *a*
thy·roid·i·tis /θàɪərɔɪdáɪtəs, -rə-/ *n* 〘医〙甲状腺炎.
thy·roi·dot·o·my /θàɪərɔɪdɑ́təmi, -rə-/ *n* 〘外科〙甲状腺切開(術).
thýroid-stìmulating hòrmone 〘生化〙甲状腺刺激ホルモン (THYROTROPIN)《略 TSH》.
thỳro·toxicósis *n* 〘医〙甲状腺中毒(症), 甲状腺(機能)亢進(症) (hyperthyroidism).
thỳro·trópic, -tróphic *a* 甲状腺刺激(性)の: ~ hormone ＝THYROTROPIN.
thy·ro·tro·pin /θàɪərətróupən/, **-phin** /-fən/ *n* 〘生化〙甲状腺刺激ホルモン (＝*thyroid-stimulating hormone, thyrotropic hormone*).
thyrotrópin-relèasing hòrmone [fàctor] 〘生化〙甲状腺刺激ホルモン放出ホルモン[因子]《略 TRH, TRF》.
thy·rox·ine, -in /θaɪərɑ́ksì:n, -sən/ *n* 〘生化〙チロキシン, サイロキシン《甲状腺ホルモンの一つ》. [*thyroid, ox-, -ine*[2]]
thyrse /θɜ́:rs/ *n* 〘植〙密錐花(序) (＝*thyrsus*).
thyr·soid /θɜ́:rsɔ̀ɪd/ *a* 〘植〙密錐花(序)に似た形の.
thyr·soi·dal /θərsɔ́ɪdl/ *a* THYROID.
thyr·sus /θɜ́:rsəs/ *n* (*pl* **-si** /-sàɪ, -sì:/) 〘ギ神〙バッコス酒神の杖; 〘植〙THYRSE. [L<Gk＝rod]
thy·sa·nop·ter·an /θàɪsənɑ́ptərən/ *a, n* 〘昆〙総翅目[アザミウマ類] (Thysanoptera) の(昆虫). ♦ **-nóp·ter·ous** *a* 総翅類の.
thy·sa·nu·ran /θàɪsən(j)úərən/ *a, n* 〘昆〙総尾目[シミ類] (Thysanura) の(昆虫). ♦ **-nú·rous** *a*
thy·self /ðaɪsélf/ *pron* [THOU[1] の強調・再帰形] «古・詩» なんじ自身, なんじ自身を[で] (yourself): KNOW ~. [ME (THY, SELF)]
Thys·sen /tís(ə)n/ ティッセン **Fritz** ~ (1873–1951)《ドイツの実業家; 鉄鋼業を中心とする財閥 'ティッセンコンツェルン' の 2 代目としてナチスを支援するが, のち Hitler と対立した》.
ti[1], **te** /tí:/ *n* 〘楽〙シ (si)《長音階の第 7 音》, ロ音 (⇨ SOL-FA). [変形< *si*]
ti[2] *n* 〘植〙ニオイシェロラン《ニュージーランド原産リュウゼツラン科センネンボク属の樹木[低木]》. [Polynesian]

Ti 〘化〙titanium. **TI** Texas Instruments Inc. テキサスインスツルメンツ社《半導体素子メーカー; 本社 Texas 州 Dallas》. **TIA** 《E メールなどで》thanks in advance ♦〘医〙°transient ischemic attack.
Ti·a·hua·na·co /tìəwənáːkou/ ティアワナコ《ボリビアの Titicaca 湖南東岸の地; アンデス文明の遺跡がある》.
Tia Ma·ria /tíːə məríːə/ 〘商標〙ティアマリア《コーヒーリキュール》. [Sp=Aunt Mary]
tian /*F* tjɑ̃/ *n* (*pl* ~**s** /—/) ティヤン《**1)** スライスした野菜をオリーブ油で炒めて重ね焼きした Provence 風グラタン **2)** これに使われる大型, 楕円形の素焼きの鍋》.
Tian·an·men /tjǽnə(n)mèn, tiǽnə(n)mən, tiáːnə(n)mèn; tiǽnənmèn/, **Tien-** /tién-/ 天安門《北京の旧紫禁城の正門; 1949 年 10 月 1 日中華人民共和国成立が宣せられた場所》.
Tiánanmen Squáre 天安門広場.
Tian·jin /tiáːndʒín/, **Tien·tsin** /tiéntsín, tín-/ 天津(てんしん)(テンチン)《中国河北省の市》.
Tian Shan, Tien Shan /tiáːn ʃáːn, tién-/ [the] 天山(てんざん)(テンシャン)山脈《中国西部新疆ウイグル自治区から Pamir 高原にかけてほぼ東西に走る山脈》.
ti·ara /tiǽrə, -έrə, -áː-; -áː-/ *n* **1** ティアラ《宝石または花を配した女性用頭飾り[冠]; 礼装用》. **2**《古代ペルシア人, 特に 王の》頭飾り, ターバン, 冠. **3**《ローマ教皇の》教皇冠, 三重宝冠 (=*triple crown, triregnum*); [the] 教皇職[位, 権]. ♦ **ti·ár·aed** *a* **~·lìke** *a* [L<Gk; オリエント起源か]
ti·a·re /tiáːreɪ/ *n* (*pl* ~) 〘植〙ティアレ《芳香性の白い花をつけるクチナシ数種; Tahiti 島のシンボル》.
ti·a·rel·la /tìːərέlə/ *n* 〘植〙ズダヤクシュ属 (*T*-) の草本《北米産, ユキノシタ科》.
Tib. Tibullus.
Tib·bett /tíbət/ ティベット **Lawrence** (**Mervil**) ~ (1896–1960)《米国のバリトン》.
Ti·ber /táɪbər/ [the] テヴェレ川 (It **Te·ve·re** /téɪvereɪ/)《イタリア中部を流れる川; Rome 市を経てティレニア海に注ぐ》.
Ti·be·ri·as /taɪbíəriəs/ **1** ティベリアス《イスラエル北東部の Galilee 湖西岸の都市; ユダヤ教の聖地の一つ》. **2** [Sea of ~ *or* Lake] 〘聖〙テベリヤ湖《Sea of GALILEE の別称》.
Ti·ber·i·us /taɪbíəriəs/ ティベリウス ~ Claudius Nero Caesar Augustus (42 B.C.–A.D. 37)《第 2 代ローマ皇帝 (A.D. 14–37); Augustus の女婿(じょせい)》.
Tib·ert /tíbərt/ ティバート《12 世紀フランスの動物寓話 *Le Roman de Renart* (ルナール物語), 15 世紀イギリスの諷刺動物譚 *Reynard the Fox* などに登場する猫; 法廷を主宰する王の使いで, キツネのレナードを呼びに行き, キツネの策略で牧師のわなにはまるが, なんとか脱出する; キツネはこの件でも法廷で罪を問われる》.
Ti·bés·ti (Móuntains [Mássif]) /təbέsti(-)/ (*pl*) [the] ティベスティ(山地)《Sahara 砂漠中部, チャド北西部を占める山地; 最高峰 Emi Koussi (3415 m)》.
Ti·bet, Thi·bet /təbέt/ チベット, 西藏 (Xizang)《中国南西部の自治区, 旧王国; Himalaya 山脈の北の山岳地域; ☆Lhasa》.
Tibét·an *a* チベットの; チベット人[語]の. ► *n* チベット人; チベット語.
Tibétan Búddhism チベット仏教 (Lamaism).
Tibétan mástiff チベタン・マスチフ《チベット原産の大型の番犬; 被毛が粗く, 毛は黒または黄褐色, 耳がたれている》.
Tibétan spániel 〘犬〙チベタン・スパニエル《チベットで生み出された敏捷な小型の犬; 豊かなふさ毛のあるたれさがった耳と, 背中の上まで丸く巻いた尾をもつ》.
Tibétan térrier 〘犬〙チベタン・テリア《チベット原産の長毛のテリア; 番犬・愛玩犬》.
Ti·béto-Búrman /təbέtou-/ *n, a* チベット-ビルマ語派(の)《Tibetan, Bodo, Burmese 語などの言語群》; チベット-ビルマ語系諸族の(人) (=*Tibeto-Burmese*). ♦ **Tibéto-Burmése** *a, n*
tib·ia /tíbiə/ *n* (*pl* **-i·ae** /-iìː, -iàɪ/, **-i·as**) 〘解・動〙脛骨; 〘昆〙脛節; 〘楽〙ティビア《もと 動物の脛骨で作った古代のオーボエ系のダブルリード楽器》. ♦ **tíb·i·al** *a* [L=shinbone]
tib·i·ale /tìbiéɪli/ *n* (*pl* **-alia** /-liə/) 〘解・動〙脛側骨.
tib·i·a·lis /tìbiéɪləs/ *n* 〘解〙(*pl* **-a·les** /-liz/) 脛骨筋《ふくらはぎにあるふたつの筋肉; 前脛骨筋 (~ **antérior**) と後脛骨筋 (~ **postérior**) とがある》.
tib·io·fíbula /tìbiou-/ *n* 〘動〙《カエル・ガマの》脛腓骨.
tìbio·társus *n* 〘鳥〙脛骨.
Ti·bul·lus /təbʌ́ləs/ ティブルス **Albius** ~ (c. 55–c. 19 B.C.)《ローマの抒情詩人; 略 Tib.》.
Ti·bur /táɪbər/ ティブール《TIVOLI の古代名》.
Ti·bu·rón /tìːbəróun/ ティブロン《メキシコ北西部 California 湾にある島》.
tic[1] /tík/ *n* チック《顔面筋などの不随意痙攣》; 三叉神経痛性チック (trigeminal neuralgia); 《性格・言動の》根強い特徴[癖]. [F<It]
tic[2], **tick** /tík/, **tac** /tǽk/ *n**《俗》THC (tetrahydrocannabinol).
ti·cal /tɪkáːl, -kɔ́ːl, tík(ə)l/ *n* (*pl* ~**s**, ~) ティカル《**1)** タイの旧銀貨 **2)** タイの旧衡量: ≒14.2 グラム **3)** タイの旧通貨単位: =BAHT》. [Port]
tic dou·lou·reux /tík dùːlərúː/ 〘医〙三叉神経痛性チック, 疼痛(性)チック (trigeminal neuralgia). [F=painful twitch]
tice /táɪs/ *n* 〘クリケット〙YORKER; 〘クロッケー〙タイス《相手がボールをねらうように誘う打撃》. [*tice* (dial) to ENTICE]
tich /tíʧ/ *n*"《口》ちび (small person). ♦ **tíchy** *a* [喜劇役者 'little *Tich*']
Ti·ci·no /tɪʧíːnou/ **1** ティチーノ (*F, G* Tessin)《スイス南部のイタリアと国境を接する州; ☆Bellinzona》. **2** [the] ティチーノ川《スイス中部に発し, 南流してイタリア北部で Po 川に合流》. ♦ **Ti·ci·nese** /tìʧəníːz, -s/ *a, n*
Ti·ci·num /təsáɪnəm/ ティキヌム《PAVIA の古代名》.
tick[1] /tík/ *n* **1** 軽く打つ音, 《特に 時計などの》カチカチ, コチコチ, チッチッ, (カ)チャッ. **2**"《口》瞬間: I'm coming in two ~*s*. すぐ行きます / Half a ~! ちょっとお待ち. **3**"注意をひくためのしるし, 目盛りとしての点; 照合のしるし, チェックマーク (check*) (✓, / など). **4** 鬼ごっこ (tag). **5**〘証券〙(小幅な)値動き(の最小単位), 変動, 高下(こうげ).
● **to** [**on**] **the** ~"《時間的に》ぴったり, きっかり. ► *vi* 〈時計が〉カチカチいう; 軽い(規則的)連続音をたてる; 〈時が〉刻々と経過する 〈*away, by, past*〉; 進行[進展]する 〈*along*〉; 〈タクシー(メーター)が〉カチャッと音をたてて料金を記録する 〈*away, up*〉; [*fig*] 活動[行動]する, 動く (⇨ 成句); "《俗》ぶつくさ言う, 文句をたれる. ► *vt* カチカチと音をたてて示す[知らせる, 記録する] 〈*off, out*〉; 〈時を〉カチカチと刻む 〈*away*〉; "…に照合のしるしを付ける, チェックする 〈*off*〉; …に軽く触れる, かする, 〘野〙チップする: ~ box《用紙の》四角な枡にチェックマーク(✓)を入れる.
● **the clock is ~ing** 時間的余裕はない, 待ったなしだ 〈*for* sb, *on* sth〉. **~ all the (right) boxes** "《口》必要条件を満たす. **~ away** ⇨ *vi*; 〈時計・計器などが〉カチカチ音をたてつづける. **~ off** ⇨ *vt*; すらすら言う[挙げる], 的確に述べる; 《指を使って》列挙する, 数えあげる; "《口》しかる, たしなめる; *《俗》おこらせる. **~ over** "〈エンジン・モーター車が〉遊転する, アイドリングする; "ぼちぼちやる, 《大きな変化がなく》平穏に進んでいる; "勢いがなくなる. (find out [know, discover, etc.]) **what makes**…~ 《口》何が〈人・機械・機構などを〉動かしているのか[なぜ〈人が〉そうするのか](を探る). **with the clock ~ing** 時間が迫る状況(下)で. [(n) ME *tek*, (v) C16 (imit); cf. Du *tik* a touch, tick]
tick[2] *n* 〘動〙マダニ; 双翅類の寄生バエ; 《口》いやなやつ: a dog ~ 犬ダニ. ● **full as a** ~ 《俗》ひどく酔っぱらって. [OE **tīca*, **ticca*; cf. G *Zecke*]
tick[3] *n* 《マットレス・枕の》カバー, ケース; マットレス; 《口》TICKING[2].
● **hit the** ~ *《俗》床につく, 寝る (hit the hay). [MDu, MLG<WGmc<Gk *thēkē* case]
tick[4] "《口》*n* 信用 (credit), 掛け, つけ; 勘定(書). ● **on** ~ 掛けで, 信用で, つけで. [*on the ticket* on credit からか]
tick[5] ⇨ TIC[2].
tíck·bèan *n* 《実がダニの形をした》ソラマメ.
tíck·bìrd *n* 〘鳥〙ウシツツキ (oxpecker).
tíck-bòrne *a* ダニ媒介の〈病気〉.
tíck-bòrne týphus 〘医〙ダニ(媒介)チフス (Rocky Mountain spotted fever).
tíck bòx 《アンケート用紙などの》チェック用の四角い升[空欄].
ticked /tíkt/ *a* **1** (照合の)しるし[点]の付いた; 斑点のある, まだらの, ティッキングのある《**1)** 猫などの個々の毛がいくつかの帯状に色が分かれた **2)** 特に 犬が不規則なぶちのある》. **2***《俗》おこった, 立腹した, ぷっとふくれた (=~ **óff**).
tíck·er *n* カチカチいうもの; *チッカー, ティッカー《**1)** 株式相場・ニュースなどを紙テープに自動的に印字する電信受信機 **2)** 取引所などの電子掲示板》; NEWS TICKER; 《俗》時計; 《俗》心臓; 《米俗・豪俗》肝っ玉, 根性. [*tick*[1]]
tícker tàpe チッカーテープ《チッカーから自動的に情報が印刷されて出てくる紙テープ》; 《歓迎のためにビルの窓などから投げる》紙テープ, 色紙片: get a ~ welcome テープの舞う歓迎をうける.
tícker-tàpe paràde テープ[紙吹雪]の舞うパレード.
tick·et /tíkət/ *n* **1 a** 切符, 券, 入場券, 乗車券, チケット 〈*for*〉: SEASON TICKET / a theater ~ 芝居の切符 / a single [return] ~ "片道[往復]切符 (a one-way [round-trip] ticket*). **b** 到達[達成]手段, '切符' 〈*to* success [fame], *out of* poverty〉. **2 a**《商品に付ける》付け札, 下げ札, 値札, ラベル; 《くじ引きなどの》券, くじ; 《俗》質札; 《窓に出す》貸家札; 《俗》トランプカード. **b**《口》《特に 交通違反者に対する》呼出し状, (違反)切符; 《まれ》覚書, メモ, 掲示: a parking ~ 駐車違反のチケット. **c** 伝票; 《兵士の》給料支払い伝票. **3***党公認候補者名簿 (slate); *党公認候補者《集合的》; *政見, 主義: The whole Republican ~ was returned. 共和党候補は全員当選した / on the Republican ~ 共和党公認候補として / vote a ~ ある党の公認候補者に投票する / a straight [mixed, scratch, split] ~ 全部公認[混合, 一部削除の, 非公認をも加えた]候補者名簿 / SPLIT one's ~. **4 a**《高級船員・飛行士などの》資格証明書, 免許証, 免状; "《俗》名刺 (visiting card). **b**《軍俗》除隊命令; 《俗》(仮)出獄許可証, (偽造)パス(ポート)[通行証]: get one's ~ 除隊になる / work one's ~ 仮病をつかって除隊になる[仕事を休む], ずる休みする. **5** [the]《口》当を得た[望ましい, 必要な, うってつけの]こと[人]; [形容詞を伴って]《スコ・米俗》人: That's *the* ～. それはあつらえむきだ; それだ, そのとおり / It's not quite *the* ～. そいつはどうもうまくないね / What's *the* ～? どうすればよいのか. ● **be ～s**《南アフロ》おしまいだ, おじゃんだ. **cancel** sb's ～《俗》バラす, 暗殺する. **get** one's ～ **punched***《俗》死ぬ, 殺される. **have** [**sell**] **～s on** one**self**《豪口》うぬぼれる, 思い上がる. **have** one's ～ **punched***《俗》十分な資格[経験]がある, 正式に認められている. **punch** one's ～ 出世を約束してくれそうな仕事を引き受ける;〘スポ〙出場資格[機会]を確保する ‹*to*›. **sell a** WOLF TICKET. **write** one's **own** ～ (自分で)将来の方針を立てる; 自分の条件を押しつける. ► *vt* …に札を付ける, ‹商品›に正札を付ける; [*fig*] …にレッテルを貼る; *…に切符を発行する ‹*for* a destination›;《口》…に交通違反の呼出し状を渡す, …に(違反)切符を切る; ‹地位・任務などに›指名[指定]する, 予定する ‹*for*› (⇨ be TICKETED for).
♦ **～·less** *a* [F *étiquet* (obs)＜OF (*estiquier*, *estechier* to stick on＜MDu); cf. ETIQUETTE]

tícket àgency 切符(取次)販売所, チケットエージェンシー《日本の旅行社・プレイガイドなどに当たる》.
tícket àgent 切符取次販売人.
tícket collèctor 切符を調べる[集める]人,《鉄道の》検札[改札, 集札]係.
tícket dày"〘証券〙NAME DAY.
tícket·ed *a* チケット[ラベル]に記されている;《既に》チケットをもって[購入して]いる‹乗客など›; チケットが必要な, 有料の‹イベントなど›. ● **be ～ for**…*…となる予定である, …を約束されている; …で違反切符をもらう.
tícket·ing *n* チケットの発行[発売], 発券(業務): a ～ machine 券売機, 発券機.
tícket nìght《二流出演者のための》慈善興行《何人かの出演者に各自の売った切符の枚数に応じて収入を配分》.
tícket òffice* 切符[チケット]売場, 出札所 (booking office").
tícket-of-léave" *n* (*pl* **tíckets-**)《昔の》仮出獄許可(証): a ～ man 仮出獄者.
tícket pòcket チケットポケット《ジャケットのサイドポケットの内側または上にある小さなポケット》.
tícket pòrter"《かつての London の》公認荷物運搬人.
tícket pùnch 切符切りのはさみ[パンチ].
tícket tòut" ダフ屋 (TOUT[1]).
tick·ety-boo /tíkətibúː/ *a*"《古風俗》言うことのない, 順調な.
tick·ey, ticky /tíki/《南アフロ》*n*《かつての》3 ペンス硬貨; 小額硬貨, 小銭; 小さなもの[人].
tíckey bòx《南アフロ》硬貨投入式の公衆電話ボックス.
tíckey-dràai /-dràɪ/ *n*《南ア》ティッキードライ《1) 男女が手をつなぎ, つまさきで立ってその場で回転するダンス 2) これを踊るときのスピーディーでリズミカルな音楽》.
tíck fèver〘医〙《ダニが媒介する》ダニ熱;〘獣医〙TEXAS FEVER.
tick·i·cide /tíkəsàɪd/ *n* ダニ用殺虫剤, 殺ダニ剤.
tíck·ing[1] *n* カチカチいう音;《鳥・動物などの》2 色(以上)の縞(しま)模様,《個々の毛の》2 色(以上)の色模様. [*tick*[1]]
tícking[2] *n*《マットレス・枕などのカバーや室内装飾に用いる》丈夫な亜麻布[木綿地]. [*tick*[3]]
tick·le /tík(ə)l/ *vt* **1** くすぐる, むずむず[ピクピク, チクチク]させる; …にやさしく触れる; ‹人・虚栄心などを›喜ばせる, 満足させる; 愉快にさせる, おもしろがらせる, 楽しませる, 笑わせる; ‹人›の気持をくすぐって…させる ‹*into*›: ～ sb under the arm 人のわきのしたをくすぐる / ～ sb's fancy 人の気持をくすぐる / ～ sb *into* consent [saying yes] ちょっと喜ばせてイエスと言わせる. **2** ‹魚を›《えらに指を差し込んで》手でつかまえる. **3**《豪俗》…から強奪する: ～ the peter 金庫破りをやる, レジなどの金を盗む[に手をつける]. ► *vi* くすぐったい, むずむず[ピクピク, チクチク]する; くすぐったい[むずむずする, ピクピクする, チクチクする]感じを起こさせる. ● **be ～d pink** [**silly, to death, to pieces**]《口》大喜びする, 抱腹絶倒する ‹*with* a dress, *at* the news, *by* sb's antics; *to* hear the news›. **～ sb in the** PALM[1]. **～ sb's ribs** ⇨ RIB[1]. **～ the ivories** ⇨ IVORY. **～ the** PALM[1] **of** sb. ► *n* **1** くすぐり; [(*int*)] コチョコチョ《くすぐる》; くすぐったい[むずむずする, ピクピクする, チクチクする]感じ(を起こさせるもの);《のどの》いがらっぽさ: give sb a ～ 人をくすぐる. **2**"《犯罪俗》うまくいった犯罪(行為)[仕事]. [ME (freq)＜? *tick*[1] (dial) to touch or tap lightly; cf. *kittle*, G *kitzeln* to tickle]
tick·ler /tíklər/ *n* **1 a** くすぐる[むずむずさせる, ピクピクさせる, チクチク感じさせる]もの[人],《口》ピアニスト, ピアノ弾き ('tickle the ivories' から); おだてる人; くすぐりばけ《謝肉祭の時などに人の顔をくすぐる羽毛の小ブラシ》. **b***《俗》口ひげ;〘電・通信〙再生コイル (=～ **còil**); *《俗》わずかばかりのもの. **2***備忘録, メモ帳, 覚書のファイル (=～ **fìle**); *〘簿〙《銀行などの》単式控帳. **3**《口》厄介な事態[問題].
tíck·lish *a* くすぐったがる; 神経質[敏感]な, すぐ気にする ‹*about*›; 厄介な, 扱いが微妙な, 特に気をつかう‹問題›; ‹舟など› 安定を欠く, バランスがとりにくい; ‹天候など›不安定な. ♦ **～·ly** *adv* **～·ness** *n*
tíck·ly *a* TICKLISH.
tíck-òff *n*《俗》占い師, 易者.
tíck·òver" *n*《エンジンの》遊転, アイドリング.
tíck·sèed *n*〘植〙**a** COREOPSIS. **b** TICKSEED SUNFLOWER. **c** TICK TREFOIL.
tíckseed súnflower〘植〙タウコギ属の各種多年草.
tick·tack, tic·tac /tíktæ̀k/ *n*《時計の》カチコチ, チクタク;《靴音などの》コツコツ; チクタク《子供が長いひもなどを用いて離れた所の窓や扉をコツコツとたたくいたずら用の仕掛け一式》; 心臓の鼓動, 動悸; "《俗》競馬の賭元どうしで交わす合図. ► *vi* カチコチ[チクタク, コツコツ]と音をたてる.
tícktack màn"《俗》競馬の賭元の助手.
tick·tack·toe, tic-tac-toe /tìktæktóu/, **tick·tack·too*** /-túː/ *n* (*pl* **～s**) **1** 三目(さんもく)並べ (noughts-and-crosses")《井桁状に線を引いて 9 つの区画を作り, 二人が交互に ○ と × を書き込んで先に 3 つ並べたほうを勝ちとするゲーム》. **2** 目を閉じて並んだ数字を鉛筆で指しその得点を競うゲーム.
tick·tick /tíktìk/ *n* カチカチ[コチコチ](という音);《幼児》時計. [imit]
tic(k)·toc(k) /tíktɑ̀k/ *n*《(大)時計の》カチコチ(音); *《幼児》時計; *《俗》心臓 (cf. TICKER); *《ジャーナリズム俗》重大なできごと[発表]に至るまでの事の経過(を記した記事). ► *vi* コチコチと音をたてる. [C19 (imit)]
tíck tréfoil〘植〙マメ科ヌスビトハギ属の各種草本[半低木].
ticky ⇨ TICKEY.
ticky-tacky* /tíkitæ̀ki/, **ticky-tack*** /-tæ̀k/ *n*《口》安手でありきたりの材料(で作られたもの)《建売り住宅など》; 味気ない画一性. ► *a* 安物の, 安普請の; 画一的で味気ない; 安手の, 趣味のよくない (tacky).
Ti·con·der·o·ga /tàɪkɑ̀ndəróugə/ タイコンデロガ《New York 州北東部の村; 独立戦争当時の要塞 (**Fòrt ～**) がある》.
tic-po·lon·ga /tìkpəlɔ́(ː)ŋgə, -lɑ́ŋ-/ *n*〘動〙RUSSELL'S VIPER. [Sinhalese]
tictac ⇨ TICKTACK.
tictoc ⇨ TICKTOCK.
t.i.d., TID〘処方〙[L *ter in die*] three times a day.
tid·al /táɪdl/ *a* 潮の, 潮汐の; 潮の干満による; 潮の干満のある; 潮に左右される,《特に》満潮時にのみ航行できる‹港›: a ～ steamer 満潮時出港の汽船 / a ～ train《tidal steamer に連絡する》臨港列車. ♦ **～·ly** *adv* [*tide*[1]]
tídal àir〘生理〙一回換気量.
tídal bàsin 潮の差す泊渠(はくきょ).
tídal bóre 潮津波 (BORE[3]).
tídal cúrrent 潮流.
tídal dàtum 潮位基準面.
tídal dòck〘造船〙潮汐によって水位の変わるドック.
tídal énergy 潮汐エネルギー.
tídal flàt 潮汐平底(へいてい)《広大な干潟など》.
tídal flòw《人・車の》時間によって変わる流れ.
tídal fòrce〘理〙潮汐力《重力源からの距離によって受ける力が異なることによりはたらく, 物体を引き伸ばそうとする力; 月や太陽が海水に及ぼすものが TIDE-GENERATING FORCE》.
tídal fríction〘海洋〙潮汐摩擦.
tídal glàcier TIDEWATER GLACIER.
tídal hárbor 潮港, 高潮港.
tídal póol TIDE POOL.
tídal pówer《発電に使われる》潮汐力, 潮力.
tídal ríver 感潮河川, 潮河《かなり上まで潮が来る》.
tídal vòlume〘生理〙一回換気量, 一回呼吸(気)量《安静呼吸時の 1 回の呼吸気量》.
tídal wàve 大津波;《俗に》《台風などによる》高潮; 潮汐波(ちょうせきは) (tide wave);《世論・市民感情などの》圧倒的な高まり[広がり, 動き, 反応].
tid·bit* /tídbìt/ *n* うまくて軽い食べ物, ひと口の珍味; とっておきの[おもしろい]話 (titbit). [*tid* (dial) delicate, BIT[1]]
tid·dled /tídld/ *a*《俗》酔っぱらった, ほろ酔いの.
tid·dle·dy·wink /tídldiwìŋk/, **tid·dly·wink, tid·dley-** /tídli-/ *n* [～s, ‹*sg*›] ティドリーウィンク(ス)《1) 地面に置いた小円盤をやや大きな円盤の一端ではじいて飛ばし, 遠くに置いた容器に入れる子供の遊戯, テーブルホッケー 2) その小円盤》.
tid·dler" /tídlər/ *n*《幼児》ちっちゃな魚[生き物],《特に》トゲウオ, ハヤ, オタマジャクシ;《口》小さな子供, チビっ子;《口》ちっぽけなもの;《口》半ペンス硬貨. (cf. TIDDLY)
tid·dl·ing /tídlɪŋ/ *a*《俗》ちっちゃな.
tid·dly, tid·dley /tídli/《口》*a*"ちっぽけな; ほろ酔いの;《海軍》きちんとした, 正装した. [C19＜?; 'tiny' の意味は *little* の幼児語形か]
tid·dy /tídi/ *n* [次の成句で]: **tough ～**＝tough TITTY[1].
tíd·dy óg·gy /tídi ɑ́gi/《英方・海俗》ジャガイモパイ《肉とジャガイモのはいった Cornwall 地方のパイ料理》.
tide[1] /táɪd/ *n* **1 a** 潮(の満ち干), 潮汐(ちょうせき); 上げ潮 (flood tide); 地球潮汐;《広く》天体潮汐; 大気潮(汐) (atmospheric tide): EBB [LOW] TIDE / FLOOD [HIGH] TIDE / SPRING [NEAP] TIDE / The ～

is in [out, down]. 今は満潮[干潮]だ / The ~ is on the flow [the ebb].＝The ~ is making [ebbing]. 潮が差して[ひいて]いる / the CHANGE of ~. **b** 海の水;《河川の》氾濫. **2 a** 干満; 消長, 増減, 上下, 浮沈, 栄枯盛衰. **b** 潮流, 流れ; 風潮, 傾向, 形勢, 動向; 高まり, 盛り上がり;《幸運・病気などの》絶頂期, 最盛期, 猛威, '山', '峠': SWIM [go] against the ~ / SWIM [drift, go] with the ~ / The ~ turns. 形勢が一変する / turn the ~ 形勢を一変させる, 流れを変える / The ~ turns to [against] me. 形勢がわたしに有利[不利]になる / a turn of the ~ 潮の変わり目, 形勢一変 / ~ of history 時代の流れ[波]. **3 a** [複合語のほかは《古》]《一日・一年のうちの》時分, 時節, 季節,《特に宗教上の》…節, …祭: noon*tide*, spring*tide*, Christmas*tide*. **b**《古》潮時, 好機: take fortune at the ~＝take the ~ at the flood 好機に乗ずる / There is a ~ in the affairs of men.《諺》人生に潮時あり《Shak., *Julius Caesar* 4.3.218》. **c**《方》時の広がり, 時間. ● **save the ~**《古》潮のある間に入港[出港]する; 好機をのがさない. **work double ~s** 昼夜兼行で[全力を尽くして]働く. ► *vi* 潮として[潮のように]押し寄せる; 潮に乗る, 潮に従って流れる. ► *vt* 潮に乗せて運ぶ; 潮時を利して切り抜ける. ● **~ over…** 〈困難など〉を乗り切る;〈人〉に〈困難〉を乗り切らせる: My advice ~*d* him *over* the crisis. / be enough to ~ me *over* till…まではもつ[しのげる]《金・食糧など》.
[OE *tīd* time; cf. TIME, G *Zeit*]

tide² *vi*《古》起こる, 生ずる (betide, happen). [OE (↑)]

tíde-bòund *a*〔海〕〈船が〉干潮で動けない.

tíde gàge [règister] 検潮器, 検潮儀.

tíde gàte (防)潮門《潮の干満に応じて自動開閉する》.

tíde-gènerating fòrce 起潮力《潮汐を起こさせる力; 月や太陽の引力が, 地球の中心部と地球の表面とで違うことに起因する; cf. TIDAL FORCE》.

tíde·lànd* *n* 干潟; [ᵒ*pl*] 低潮線より先の海面下にある領海内の地.

tíde·less *a* 潮の干満のない.

tíde·lìne *n*《海岸の》潮位線, TIDEMARK.

tíde lòck 潮閘(ちょうこう)《潮の干満のある水面と運河・ドックなどとの間の水門》.

tíde·màrk *n* 潮(水)標, 潮位標; 潮汐点, 潮位点; 到達点, 達成点; ᴵᴵ《口》《浴槽の》水位の跡, [*joc*] 体の洗った所とよごれている所との境目.

tíde mìll 潮力による水車場; 潮水を排出する水車.

tíde-pòol *vi* 潮だまりで生物採集[観察]する.

tíde pòol《岩場などの》潮だまり, 潮汐池 (＝*tidal pool*).

tíde ràce 強潮流; 潮路.

tíde rìp 潮衝, 激潮《潮流が衝突して生ずる荒波》.

tíde-ròde *a*〔海〕潮がかりの《船首を潮の流れに逆らわせて投錨している; opp. *wind-rode*》.

tíde tàble 潮汐表.

tíde·wàit·er *n*《かつての》乗船税関吏; 日和見主義者.

tíde·wàter *n* **1** 潮水《上げ潮の時に地面をおおう水; 潮の差した海岸・河口の水》. **2*** 潮の影響をうける河川の多い海岸低地, [T-] Virginia 州の東部海岸地帯(の方言); 海岸.

tídewater glàcier 潮間氷河《氷河が海に落ちて氷山となったもの》.

tíde wàve 潮汐波(ちょうせきは) (＝*tidal wave*).

tíde·wày *n* 潮路(を流れる速い潮流);《河川の》潮の影響をうける部分.

ti·ding /táɪdɪŋ/ *n* **1** [ᵁ~s, 〈*sg*〉]《文》便り, 報知, ニュース: the glad [sad] ~*s* 吉報[悲報] / good [evil] ~*s* よい[悪い]知らせ. **2**《古》できごと, 事件. [OE *tīdung*<?ON *títhindi* events; cf. G *Zeitung* information]

tid·i·vate /tídəvèɪt/ *v* TITIVATE¹.

ti·dy /táɪdi/ *a* **1** きちんとした, こぎれいな, さっぱりした; 整頓された, 整然とした; 整頓好きな, きちょうめんな. **2**《口》**a** ちょうどよい, ほどよい, 適切[適正]な, 納得のいく. **b** かなりの, 相当(大き)な: a ~ sum of money かなりの金額. **3**《方》見目よい, ふっくらした, 健康的な. ► *n* *椅子の(背もたれ[肘掛け])カバー; がらくた入れ, 小物入れ;《裁縫具・化粧具などの》分類整理箱;《流しの》三角ごみ入れ; ᴵᴵ整理整頓, 片付け (＝~-ùp). ► *vt, vi* 片付ける, 整頓する, 調整する, 整える 〈*up*〉: ~ (*up*) the room / ~ (*up*) oneself 身づくろいする. ● **~ away** 〈本・書類・皿・衣服などを〉片付ける, しまう. **~ out**《不要物を除いて》〈部屋・ひきだし・机・棚・箱などを〉整頓する. **~ up after** sb 人がちらかした[汚した]あとを片づける. ◆ **tí·di·er** *n* **tí·di·ly** *adv* **-di·ness** *n* [ME＝timely, good (TIDE¹, -y⁴)]

tídy·tìps *n* (*pl* ~)〔植〕California 州産の花冠の先が白い黄色の舌状花をつけるキク科植物.

tie /táɪ/ *v* (**tý·ing**) *vt* **1**《ひも・綱・縄などで》結ぶ, 結び[縛り, くくり]つける, つなぐ 〈*to*〉;〈小包などを〉ひもでくくる,〈靴・ボンネットなど〉のひもを結ぶ;〈ひも・リボンなどを〉結ぶ; 縛る, 縛り上げる (bind), くくる, 束ねる 〈*together, back, down*〉;〈花輪・毛鉤などを〉結んで作る: ~ *on* a plate 札をひもで結びつける / ~ a necktie ネクタイを結ぶ / ~ a knot in one's handkerchief ハンカチに結び目をつくる. **2 a** 結びつける, 結合[接合]する, 関連づける 〈*into, to*〉;《口》結婚させる; [ᵁ*pass*] 連動させる 〈*to*〉. **b**〔楽〕〈音符を〉タイで連結する;〔米鉄道〕…に枕木を敷く; 〈発電所・電気系統などを〉連結する. **3**〈人を〉《ある境遇に》縛りつける, 拘束する, 束縛する;〈人〉に…することを義務づける 〈*to do*〉: I am much ~*d*. ちっとも暇がない / I'm ~*d to* time. 定刻までにしなければ[行かなければ]ならない. **4**《競技・選挙などで》〈相手〉と同点になる,〈試合・競技を〉引分け[同点]に持ち込む,〈スコア・記録を〉タイにする; …と同等(以上)のものを提供する: Oxford ~*d* Cambridge in football. サッカーでオックスフォードはケンブリッジとタイになった[引き分けた]. ► *vi* 結べる, 縛れる; 固く結びつく 〈*together*〉; 同点[タイ]になる, 互角である 〈*with* sb etc.; *for* place [prize]〉; ひもで締まる;〈船が〉停泊する. ● FIT¹ **to be ~d.** **~ down** 立てないように縛る; 縛りつける; 拘束する, 制限する;〔軍〕〈部隊を〉釘付けにする: My duties ~*d* me *down* all day. 一日中仕事に縛られていた. **~** sb **down to…** 人を〈条件など〉に縛りつける, 人を〈約束・予定など〉に従わせる. **~ in** (*vt*) 結びつける, 連結する, 一致させる, (…と)合わせて行なう 〈*with*〉;《特に広告で》抱合わせに使う (cf. TIE-IN). (*vi*) 結びつく,〈事実・証言などと〉一致する, 〈…と〉合わせて行なわれる 〈*with*〉. **~ into…** (**1**)*〈仕事など〉に積極的に取り組む;〈食事〉をむさぼり食う;〔野〕〈投手を〉連打する;《俗》〈人〉に攻めかかる,〈人〉をきつくしかる. (**2**) 入手する,〈獲物〉を捕獲する. (**3**) …に接続する, 結びつく, つながる. **~ it off** *《俗》《仕事などを》途中で切り上げる. **~ it on***《俗》飲み騒ぐ, 酔っぱらう (tie one on). **~ it up***《俗》仕事を満足な結果で終える, 問題を解決する. **~ off** 〈血管を〉縛って血行を止める; *《俗》話をやめる, 黙る. **~ on** *《俗》食う. **~ one on**《俗》酔っぱらう. **~ one on…**《俗》…に一発くらわす;《豪俗》…にけんかをふっかける. **~ out***《俗》〈郵便物を〉縛って局から発送する. **~ to…***《口》…にたよる, …を力と頼む. **~ up** (*vt*) (**1**) 結ぶ, 固く縛る;〈動物を〉つなぐ; 包装する; 包帯する; 結びつける, 関連づける 〈*with*〉;〈企業などを〉連合[提携]させる 〈*with*〉;《口》結婚させる: get ~*d up* 結婚する. (**2**) 拘束する; [ᵁ*pass*]〈人を〉釘付けにする, 忙殺する; 妨害する, 止める, (…の機能を)ストップさせる, *[ᵁ*pass*]〈交通を〉渋滞させる; 先取りする[して使う];〈電話を〉一人占めする, (話して)ふさぐ;《自由売買などできないように》〈遺贈・財産〉に条件を付ける;《投資・預金などにより》〈資本〉の流用を拘束する 〈*in*〉;〈船を〉係留する, 停泊させる;《ボク俗》ノックアウトする: be ~*d up* on the telephone 電話で手が放せない. (**3**)〈準備・取引などを〉完了させる,〈旅行など〉の手配を整える: get it (all) ~*d up* (すっかり)用意して[決着をつけて]しまう. (*vi*) 組む, 連合[提携, タイアップ]する 〈*with*〉; 一致する, 結びつく 〈*with*〉; 停泊する 〈*at*〉; *《俗》麻薬を静脈に注射する[静注する],《麻薬注射のために》ゴムバンドで腕をしばり静脈を浮き出させる. ► *n* **1 a** 結ぶ[結んだ]もの; 結び, 結び目, 飾り結び; ひも, 綱, 靴ひも. **b** *(蝶)ネクタイ, タイ;《刺繍・レース編みの》ブライド (BRIDE²); *ひも付きの浅い靴; 毛皮の小さい襟巻. **2** 固定[結合]するもの;〔建〕TIE BEAM, TIE-ROD; *《鉄道の》枕木 (sleeperᴵᴵ);〔楽〕タイ《同じ高さの音をつなぐ連結線 ‿》;〔測〕《測量位置決定のための》つなぎ線;〔海〕TYE. **3** [ᵒ*pl*] **a** 結びつき, きずな, 義理; 束縛するもの, じゃま者, 厄介物: ~*s* of blood 血のつながり / ~*s* of friendship 友情のきずな / business ~*s* 商売上のつながり. **b**《民族・国家間などの》提携, 関係 〈*with*〉: diplomatic ~ 外交関係. **4**《競技・選挙などで》同点, 互角, タイ; 引分け[同点]試合; ᴵᴵ勝ち抜き戦, トーナメント戦: end [finish, result] in a ~ 引分けになる / a ~ *for* first place 同点[同率]の一位 / CUP TIE / break a ~ 同点[同数]の均衡を破る, 同点に決着をつける (cf. TIE BREAKER, TIE-BREAKING) / play [shoot] off a [the] ~ 引分け後の再試合をする, 勝負を決する. ● **count ~s**＝**hit the ~s***《俗》線路を歩く. ◆ **~·less** *a*
[(v) OE *tigan, tēgan*; (n) OE *tēah, tēg*; cf. TEAM, TOW¹]

tíe-and-dýe *n* TIE-DYEING. ► *a* TIE-DYED.

tíe·bàck *n*《カーテンなどを片側に寄せて止める》留め飾り, くくりぶさ; [ᵁ*pl*] 留め飾りの付いたカーテン.

tíe bàr TIE CLASP.

tíe bèam〔建〕陸梁(ろくばり), タイビーム (＝*tie piece*).

tíe brèak(er)〔競技〕同点決勝戦, タイブレーク, タイブレーカー; 同点に決着をつけるもの《くじ引き・最後の問題など》.

tíe-brèak·ing *a*《同点・同数時の》均衡を破る, 勝敗を決する, 決定的な: a ~ vote《議長などが投じる》キャスティングボート / a ~ homer〔野〕勝越しのホームラン.

Tieck /tíːk/ ティーク **Ludwig** ~ (1773–1853)《ドイツ初期ロマン派の作家》.

tíe clàsp [clìp] ネクタイ留め.

tied /táɪd/ *a* ᴵᴵ〈店が〉特定会社の商品だけを売る, 特約の;〈国家間の融資が〉ひも付きの: ~ aid ひも付き援助 / TIED HOUSE.

tíed cóttageᴵᴵ 契約コテージ《農場主など雇い主が所有し, 被雇用者が賃借入居する住宅》.

tíed hóuseᴵᴵ 特約酒場, 提携パブ《特定会社のビールだけ売る; cf. FREE HOUSE》; 契約住宅 (TIED COTTAGE).

tíe-dòwn *n* 固定用具, 取り付けひも; 縛りつけること, 取り付け.

tíe-dỳe *n* 絞り染め, タイダイ; 絞り(染め)の衣服[生地]. ► *vt, vi* 絞り染めする.

tíe-dỳed *a* 絞り染めの, タイダイの.

tíe-dỳe·ing *n* 絞り染め, 纐纈(こうけち), タイダイ.

tief /tíːf/《カリブ・黒人俗》*vt* 盗む. ► *n* 泥棒 (thief).

tíe-in *a* 抱合わせ(販売)の;《共同で販売促進される》関連商品の. ► *n* **1** 抱合わせ販売(の商品);《メーカーと小売店とのような》抱合わせ

広告; 《関連商品の》共同販売促進; (提携)関連商品[グッズ], タイアップ商品《映画・テレビ番組・イベントなどとの関連で売り出される本・CD・グッズなど》. **2** 関連, 関係, つながり, 結びつき ‹*between, with*›; 結びつけるもの, 連結装置: a ～ *between* smoking and cancer.

tíe lìne 〘電話〙《PBX 方式で内線間の》連絡線; 〘電〙連結[接続]線; 〘交通〙連絡[接続]線.

tie·mann·ite /tíːmənàɪt/ *n* 〘鉱〙セレン水銀鉱.

Tienanmen 天安門 (⇨ TIANANMEN).

ti·en·da /tiɛ́ndə/ *n**《南西部》店, 小売店, 《特に》雑貨屋. [Sp]

Tien Shan 天山 (⇨ TIAN SHAN).

ti·en·to /tiɛ́ntoʊ/ *n* (*pl* ～**s**) ティエント《16–17 世紀スペインの模倣的対位法による, 同時代イタリアのリチェルカーレ (ricercar) と同類の器楽曲; オルガン曲が多い》. [Sp]

Tientsin 天津 (⇨ TIANJIN).

tíe-òn *a* 〈札などが〉結びつけられる(ひも付きの).

tíe pìece 〘建〙陸梁 (tie beam).

tíe·pìn *n* ネクタイピン, タイピン.

Tie·po·lo /tiéɪpəlòʊ, -ɛ́p-/ ティエポロ **Giovanni Battista ～** (1696–1770)《イタリアの画家; ロココ風の装飾画に長じた》.

tier[1] /tíər/ *n* **1** 横並び, 横列; 層, 階層, 段階; 《階段式観覧席などの》一段, 層, 列; *《地図の上で》横一列に並んだ一連の州[郡, 地理区など]; [°*pl*]《豪》山脈: in ～*s* 段々になって, 層をなして / ～*s* of seats 階段座席. **2** 〘海〙巻き収めたケーブル[錨鎖](の層), ケーブルのコイル中央の空所, 錨鎖の船内格納場所. ► *vt, vi* 層状[段々]に積む, 積み重ねる[重なる] ‹*up*›. [F *tire* (*tirer* to draw, elongate)]

ti·er[2] /táɪər/ *n* 結ぶ人[もの]; 《ニューイングランド》前掛け, 幼児のエプロン (pinafore). [*tie*]

tierce /tíərs/ *n* 〘フェン〙第 3 の構え (⇨ GUARD); 〘トランプ〙/ǁtəːrs/ 3 枚続き (cf. QUART[2], QUINT[1]); 〘楽〙第 3 音; テルツ《基音の 2 オクターブと長三度上の音を出すオルガンストップ》; ティアス《容量単位: ＝1/3 pipe》; 1 ティアス入りの樽[容器]; [°T-] 〘キ教〙TERCE; 《廃》第 3. [OF＜L *tertia* (fem) ‹ *tertius* third]

tier·cé /tjéːrseɪ/ *a* TIERCED. ► *n* 〘競馬〙三連勝単式(のレース).

tierced /tíərst/ *a* 〘紋〙〈盾が〉三等分された.

tierce de Pi·car·die /*F* tjɛrs də pikardi/ PICARDY THIRD.

tier·cel /tíərs(ə)l/ *n* 〘鷹狩〙ハヤブサなどの雄 (cf. FALCON). [OF＜Romanic (dim)＜L *tertius* third; かえりびなの 3 羽に 1 羽が雄との俗信より]

tier·ce·ron /tíərsərən/ *n* 〘建〙《ヴォールト天井の》枝[放射状]リブ, ティエルスロン.

tier·cet /tíərsət/ *n* TERCET.

tiered /tíərd/ *a* 段[層]になった; 階層[段階]的な: a ～ skirt 段をつけた(ギャザー)スカート, ティアードスカート.

tíe-ròd *n* タイロッド《(1) 建材各部を引っ張る締めつけ金具 (2) 自動車の前輪連接棒》.

Ti·er·ra del Fu·e·go /tiɛ́rə dèl f(j)uéɪgoʊ/ ティエラデルフエゴ《南米南端の諸島, またはその主島; 諸島・主島ともにチリ領とアルゼンチン領とに分かれる》.

tiers état /*F* tjɛːrzeta/ 平民. [F＝third estate]

tíer tàble 円いテーブル盤が 2 段以上ある小さなテーブル[台].

tíe sìlk タイシルク《ネクタイ・ブラウスなどに用いる柔らかくて弾性に富む絹布》.

tíe tàck [tàc]* ネクタイ留め, タイタック, タイピン.

tíe-ùp *n**行き詰まり, 停滞; *《悪天候・事故・ストなどによる》不通, 休業, 操業停止, 交通渋滞; 協力, 提携, タイアップ ‹*with*›; *通信リンク[ネットワーク]; 結びつき, 関係, 掛かり合い, 縁故; 《ボートの》繋留場; 牛小屋(の中の一頭分の空間), *《方》夜間牛をつないでおく場所.

tíe·wìg *n* 後頭部の髪をリボンで縛ってあるかつら.

TIF 〘電算〙TIFF 形式のファイルを示す拡張子.

tiff[1] /tíf/ *vi* 《インド》昼食を取る (lunch). [TIFFIN]

tiff[2] *n* 《恋人・友人間などの》ちょっとしたけんか, いさかい; 不機嫌, ぷりぷり. ► *vi* ちょっと言い争う; むっとする. [C18＜?]

tiff[3] 《まれ》*n* (弱い)酒; 酒の一杯. [?ON *thefr* a smell]

TIFF 〘電算〙tagged image file format《ビットマップによる画像データ形式の一つ》.

tif·fa·ny /tífəni/ *n* ティファニー織り《紗(しゃ)の一種》.

Tiffany *n* **1** ティファニー《女子名》. **2** ティファニー (1) **Charles Lewis ～** (1812–1902)《米国の宝石商》 (2) **Louis Comfort ～** (1848–1933)《米国の画家・ガラス工芸[装飾]家; Charles L. Tiffany の息子》. **3** 〘商標〙ティファニー《New York 市 Manhattan の 5 番街に本店がある宝飾店 Tiffany & Co. のブランド; 同店は 1837 年 Charles L. Tiffany が創業》. ► *a* ティファニーガラス(製品)の; ティファニーガラス風の.

Tíffany gláss ティファニーガラス《Louis C. Tiffany が開発した工芸用光彩ガラス》.

Tíffany sétting [móunting] 〘宝石〙ティファニーセッティング《腕は丸甲形で 1 個のダイヤを 6 [8] 本の爪で台に留める指輪の細工法》.

tif·fin /tífən/ 《英古・インド》*n* 昼食, 軽食; [*joc*] 食事. ► *vi* 昼食を取る. ► *vt* …に昼食を出す. [*tiffing* ‹ *tiff* (obs) to take small drink]

tíffin càrrier 《主にインド》昼食携行用容器セット, ピクニックボックス.

tif·fled /tíf(ə)ld/ *a**《俗》酔っぱらった.

Ti·flis /tífləs, təflíːs/ ティフリス《TBILISI の旧称》.

tig /tíg/ *n, vt* 鬼ごっこ(でつかまえる) (tag); ǁ《口》けんか.

ti·ger /táɪgər/ *n* (*fem* **tigress**) **1 a** 〘動〙トラ; トラに似た動物《cougar, jaguar, puma など》; 《豪》TASMANIAN WOLF; とらねこ《虎斑の毛色をした飼い猫》: work like a ～ 猛烈に[ばりばり]働く / fight like a ～ 猛然と戦う / He who rides a ～ is afraid to dismount. 《諺》虎に騎する者は降りるを恐る. **b** 〘昆〙TIGER MOTH. **2 a** 荒くれ者, 残忍[危険]な男; 勇猛な人, 猛者(もさ); 猛烈[精力的]な人, やり手; 《俗》強い[男性的な]男; 《豪口》貪欲な人, 飽くことを知らぬ人 ‹*for*›; ǁ放蕩無頼の男; ǁ《口》《テニスなどで》強敵 (cf. RABBIT[1]); 《口》TIGER ECONOMY; [T-s] TAMIL TIGERS; 困難な状況, 御し難いもの: a ～ *for* work [punishment]《豪口》猛烈な仕事人間[がんばり屋]. **b** [the] 荒々しさ, 残忍さ. **3** ǁ制服[お仕着せ]を着た馬丁, 《特に》若い[小柄な]馬丁; 《豪俗》《特に 羊毛刈りの》労働者, (荒くれ)職人; 《海俗》船長付き給仕. **4***《政治集会・競技応援などで万歳三唱のあとに付ける》'タイガー' という歓呼の発声: three cheers and a ～ (for sb). **5***《俗》《ポーカーで》最低の手; *《俗》FARO. ● **buck [fight] the ～***《俗》faro をする, 《faro や roulette で》親元と勝負する. **get off the ～ [～'s back]** 困難な[厄介な]状況から脱する. **have a ～ by the tail** 予期せぬ苦境に立つ, のっぴきならぬはめに陥る, '虎の尾を踏む' (ride a tiger). **park a ～** ǁ《俗》吐く, もどす. **ride a [the] ～** あぶなっかしいことをする, あぶない橋を渡る, (今さら)降りるに降りられない (⇨ 1a). **T～! T～! burning bright** 虎よ! 虎よ! 燃え輝きて《William Blake の詩 'The Tiger' (原綴は Tyger) の出だし》.
♦ **～·lìke** *a* [OF, ＜Gk]

Tiger ⇨ TIGR.

Tíger Bàlm 〘商標〙タイガーバーム, 虎標萬金油《シンガポールの, メントールを含んだ万能軟膏》.

tíger bèetle 〘昆〙ハンミョウ.

tíger càt 〘動〙オオヤマネコ《serval, ocelot, margay など》; とらねこ《飼い猫》.

tíger ecònomy タイガーエコノミー《東アジアの中小国の強力な経済; 特に 韓国・台湾・シンガポールなどについていう》.

tíger·èye *n* 〘鉱〙虎目(とら)石, タイガーアイ (＝*tiger's-eye*)《変彩効果を現わす黄褐色の石; 飾り石に用いる; クロシドライト (crocidolite) を石英で置換したもの》; 虎目石様の表面をつくる陶磁器用うわぐすり; *《俗》TIGER SWEAT.

tíger fìsh **a** 《アフリカ》〘魚〙コトヒキ, ヤガタイサキ《シマイサキ科》. **b** タイガーフィッシュ《アフリカ産カラシン科の犬歯状の大きな歯をもつ淡水魚》.

tíger·flòwer *n* 〘植〙アヤメ科トラユリ属の各種植物, トラユリ, チグリディア (cf. TIGRIDIA).

tíger·ish *a* トラのような; 獰猛[凶暴, 残忍]な. ♦ **～·ly** *adv* **～·ness** *n*

tíger·ìsm *n* 《古》大見えを切ること, からいばり.

tíger jùice*《俗》[*euph*] 強い酒 (tiger sweat).

tíger lìly 〘植〙**a** オニユリ. **b** オニユリに似た斑点のあるユリ《*Lilium pardalinum* など》.

tíger lìzard 〘動〙《アフリカ南部産の》クロマダラカナヘビ.

tíger màple 虎紋カエデ(材)《トラの毛皮のような不規則な模様のあるカエデ材; 主に家具用》.

tíger mèat*《俗》BEEF.

tíger mìlk **1***《俗》酒, TIGER SWEAT. **2** [T- M-] タイガーミルク《遅摘みのブドウから造ったスロヴェニアのデザートワイン》.

tíger mosquìto 〘昆〙**a** ネッタイシマカ (yellow-fever mosquito). **b** ヒトスジシマカ (Asian tiger mosquito).

tíger mòth 〘昆〙ヒトリガ.

tíger nùt 〘植〙ショクヨウガヤツリ(の塊茎) (CHUFA).

tíger pràwn TIGER SHRIMP.

tíger sálamander 〘動〙トラフサンショウウオ《北米産》.

tíger's-èye *n* 虎目石 (tigereye); *《俗》TIGER SWEAT.

tíger shàrk 〘魚〙イタチザメ《メジロザメ科, 暖海産; 人食いザメ》.

tíger shrìmp 〘動〙ブラックタイガー (＝*tiger prawn*)《日本のクルマエビの近縁種; 太平洋・インド洋産; 養殖が盛んに行なわれている》.

tíger's mìlk **1** トウダイグサ科のシマシラキの乳液《有毒》; 《俗》ジン (gin). **2** [T- M-] TIGER MILK.

tíger snàke 〘動〙タイガースネーク《オーストラリア・タスマニア産のコブラ科の猛毒のヘビ》.

tíger swàllowtail 〘昆〙トラフアゲハ《北米東部産》; 《前者と類似の, 西部産の》オオトラフアゲハ《など》.

tíger swèat 《俗》きつい酒, ウイスキー; 《俗》安酒, まずい酒; 《俗》酒, ビール.

tíger tèam* タイガーチーム《(1) 米軍施設のスパイ活動に対する安全性を試験するために侵入を行なったチーム (2) 電算システムの安全性を試験するために雇われたハッカー団》.

tíger·wòod *n* 縞(しま)[虎斑(とら)]の美しい家具用材.

tíger wòrm 〘動〙シマミミズ (brandling).

Tig·ger·ishǁ /tígərɪʃ/ *a* 明朗快活な. [A. A. Milne, *Winnie-*

the-Pooh に登場するトラの名 Tigger から]

tight /táɪt/ *a* **1** きっちりした, 堅い, 引き締まった; しっかりと固定された, かたく結んだ[締まった]; 〈縄など〉ピンと張った, 〈太鼓の皮など〉ゆるみのない (opp. *slack*); 〈笑い・声など〉ひきつった, こわばった: a ~ knot 堅い結び目. **2 a** 〈衣服など〉ぴったり[ぴっちり]した, 《特に》きつい, 窮屈な; 身動きもならない, 狭い, せせこましい; ぎゅうぎゅう詰め込んだ; 締めつけられるような〈感じ〉, 〈胸など〉(重)苦しい: It's a ~ fit. 着衣が窮屈だ. **b** 〈文体・表現・演奏などが〉緊密な, 簡潔な, 引き締まった, 音づくりが(洗練されて)緊密な, 無駄をそぎ落とした. **3 a** 隙間のない; [*compd*] 防…の, 耐…の: air*tight*, water*tight*. **b** 目の詰んだ〈布地など〉; 〈木材が〉亀裂のない; 〈隊形が〉密集した; 〘アメフト〙〈フォーメーションが〉隙間のない, 固い, タイトな (cf. LOOSE). **c** 枠[画面]いっぱいの〈大写しなど〉. **4 a** 〈統制・警備などが〉きびしい, 厳重な; きつい, 手の抜けない, がっちり[びっしり]組まれた, ぎちぎちの〈スケジュールなど〉: keep a ~ rein [hand, hold, grip] on sb [*fig*] 人にきびしくする. **b** 扱いが厄介な, 困難な, 打開[脱出]のむずかしい; 危険な; 《口》〈試合など〉ほとんど互角の, 拮抗した, 接戦の: a ~ situation 苦境 / in a ~ place 進退きわまって / TIGHT SPOT. **5** もうけがほとんどない; 〘商〙金詰まりの, 〈金融が〉逼迫(ひっぱく)した; 〈商品が〉品不足で, 〈市場が〉需要に比べて供給が少ない (cf. EASY): a ~ market 売手市場. **6 a** 《口》締まり屋の, けちな, 欲の深い: (as) ~ as Kelsey's nuts [(O')Reilly's balls] *《俗》非常にしみったれて[けちで]. **b** 誠実な, 信用のおける, 堅い; 《方》有能な, 機敏な. **c** 結束の強い; *《俗》親しい, 仲がよい, 親密な 〈*with*〉. **7** 《口》酔って: get ~ 酔っぱらう / (as) ~ as a tick [drum, lord, owl, goat, mink, brassière, ten-day drunk, etc.] *《俗》ぐでんぐでんに酔っぱらって. **8** 〈回転・カーブなど〉急な, 小回りの; 《古・方》こぎんまりした, こぎれいな, きちんと整った, 均斉のとれた. ● **run a ~ board** *《俗》放送時間をフルに使う. **up ~** = UPTIGHT.
► *adv* TIGHTLY; 《口》ぐっすりと: hold ~ しっかりつかむ; しっかりつかまる 〈*to*〉 / sleep ~ 熟睡する, よく眠る《特に子供に対して, 主に命令文で用いる》. ● **sit ~** じっとしている, その場を動かない; 主張[方針]をまげない, 動じない(でじっと待つ), 様子を見る.
► *n**《俗》窮地, 苦境, 窮屈な場所; [*pl*] ⇨ TIGHTS.
[? *thight* close set < ON **thehtr*, *théttr* watertight]

tíght-áss *n* 《俗》堅物; ᴵᴵ《俗》けちなやつ, しみったれ. ♦ **~ed** *a* 《俗》《性的なことに対して》堅い, 貞淑な; ᴵᴵ《俗》けちな.

tíght buílding sỳndrome 気密ビル症候群《ビルの換気不良に起因する一群の身体的不調; 略 TBS; cf. SICK BUILDING SYNDROME》.

tíght córner TIGHT SQUEEZE.

tíght·en *vt, vi* 締める[締まる], 固定させる[する], ピンと張らせる[張る], 〈顔・口もと・筋肉など〉引きつらせる[引きつる], こわばらせる[こわばる], 《経済的に》逼迫(ひっぱく)させる[する] 〈*up, on, onto*〉; 〈規則などを〉厳重にする, 強化する, 〈規則・人が〉厳重になる 〈*up*〉; 〈差を〉縮める, 詰める: ~ one's BELT / ~ one's GRIP[1] / ~ *up* (*on*) laws 規定を強める.
♦ **~·er** *n*

tíght énd 〘アメフト〙タイトエンド《タックルから 2 ヤード以内の攻撃エンド; cf. SPLIT END》.

tíght·físt·ed *a* 握り屋の, けちな: be ~ *with* money.
♦ **~·ness** *n*

tíght·fítting *a* ぴったりと合う, きつい.

tíght héad 〘ラグビー〙タイトヘッド《スクラム最前列のフッカー (hooker) の右側にいるプロップ (prop); cf. LOOSE HEAD》.

tíght-knít *a* 《目を詰めて》堅く編んだ; 整然と組織された, きっちりした〈計画〉, 緊密な〈組織〉; 《愛情などで》強く結びついた〈家族〉.

tíght-lípped *a* 口を固く閉じた; 無口の, 寡黙な, 口を閉ざした.

tíght·ly *adv* きつく, しっかりと, 固く, ぴったりと, ピーンと, きちんと.

tíghtly knít *a* TIGHT-KNIT.

tíght móney 金融引締め政策; 金詰まり(状況), 金融逼迫; 《特に高金利で》金詰まりのときの金, 得にくい金; HARD MONEY.

tíght-móuthed /-máuðd, -θt/ *a* TIGHT-LIPPED; CLOSE-MOUTHED.

tíght·ness *n* 堅固; 緊張; 窮屈; 金融逼迫.

tíght·ròpe *n* 《綱渡り用の》張り綱 (=*high wire*); 危険をはらんだ状況. ● **walk a ~** 綱渡りをする; 微妙な[むずかしい]状況のもとで行動する 〈*between*〉. ► *vi* 綱渡りをする.

tíghtrope wàlker 綱渡り師.

tíghts *n pl* タイツ, レオタード; ᴵᴵパンティーストッキング (panty hose*); タイツ《16 世紀に男性が doublet の下にはいたぴったりしたズボン》.

tíght sánd gàs タイトサンドガス《砂岩に閉じこめられた天然ガス; 燃料への利用が進められている》.

tíght shíp 船員と将官が相互にきちっと統制のとれている船[軍艦]; 《口》きちっと組織されて効率的に活動している組織[会社など].
● **run a ~** 厳格に運営[経営]する, きびしく事に当たる.

tíght spót 困った立場[状況]: in a ~ 困って, 窮地[ピンチ]に陥って.

tíght squéeze ぎゅうぎゅう詰め; 窮境, 窮地, 隘路(あいろ): in a ~ 《財政上などで》苦しい立場で; 困りはてて.

tíght·wàd *n**《俗》けちんぼ, しみったれ.

tíght·wìre *n* 綱渡り用鋼索.

Tig·lath-pi·le·ser /tíglæθpaɪlí:zər, -pə-/ ティグラト-ピレセル (**1**) ~ **I** 《アッシリア王 (c. 1115–c. 1077 B.C.)》 (**2**) ~ **III** 《アッシリア王 (745–727 B.C.)》.

tíg·lic ácid /tíglɪk-/ 〘化〙チグリン酸.

ti·glon /táɪglən/ *n* TIGON. [*tiger*+*lion*]

ti·gnon /tí:njɑn, tí:jɑn/ *n* ティニョン, ティヨン《Louisiana のクレオール女性がターバン風に頭に巻く布》. [< F *tigne* (dial) < *teigne* moth]

ti·gon /táɪgən/ *n* タイゴン (=*tiglon*)《トラの雄とライオンの雌との子; cf. LIGER》. [*tiger*+*lion*]

TIGR, Tiger /táɪgər/ 〘証券〙Treasury Investment Growth Receipt.

Ti·gray /təgréɪ; tí:greɪ/ ティグレ (=*Tigre*)《エチオピア北部の州, ☆Mekele; 古代 Aksum 王国の中心地域; 1975–91 年, 中央政府との間にゲリラ戦が続いた》. ♦ **~·an** *a, n.*

Ti·gre /tígreɪ, ―⁄/ **1** TIGRAY; ティグレ語《エリトリア西部を中心とするセム系の言語; Tigrinya に近い》. **2** ティグレ《アルゼンチン東部 Buenos Aires の北西にある市・海岸保養地》.

Ti·gre·an /tɪgréɪən/ *a, n* ティグレ族(の)《エチオピア Tigray 州とエリトリア西部を中心に住むセム系民族》.

ti·gress /táɪgrəs/ *n* 雌のトラ; 残忍な女.

ti·grid·ia /taɪgrídiə/ *n* 〘植〙アヤメ科トラユリ属[ティグリディア属] (*T-*) の多年生球茎植物《メキシコ・中米原産》, 《特に》トラユリ, トラフユリ (cf. TIGERFLOWER).

Ti·gri·nya /təgrí:njə/ *n* ティグリニャ語《エチオピア Tigre 州からエリトリア西部にかけてのセム系言語; Tigre 語に近い》.

Ti·gris /táɪgrəs/ [the] ティグリス川《Mesopotamia の川; トルコ東部に発しイラクを南東に流れ, Euphrates 川と合流して Shatt-al-Arab 川となりペルシア湾に注ぐ》.

ti·grish /táɪgrɪʃ/ *a* TIGERISH.

Tigua ⇨ TIWA.

TIG welding /tíg ―⁄―/ 〘冶〙TIG [ティグ]溶接《電極にタングステンを用いる; cf. MIG WELDING》. [*t*ungsten-electrode *i*nert *g*as welding]

TIH Their Imperial Highnesses (⇨ HIGHNESS).

Tihwa, Tihua 迪化 (⇨ DIHUA).

Ti·jua·na /tì:əwá:nə/ ティファナ《メキシコ北西部の, 米国との国境に近い観光都市》.

Tijuána bíble 《俗》ポルノ本, ポルノ雑誌.

Tijuána crédit càrd *《俗》GEORGIA CREDIT CARD.

Tijuána táxi 《CB 無線俗》パトカー.

Ti·kal /tɪká:l/ ティカル《グアテマラ北部にある古代マヤの都市遺跡》.

Tikamthe ⇨ TECUMSEH.

tike ⇨ TYKE.

ti·ki /tí:ki/ *n* [T-] 〘ポリネシア神話〙ティキ《人類を創造した神》; ティキ像《お守りとして身に着ける木・石の小像》. [Maori]

ti·kia /tíkià:/ *n* ティキア《味付けした肉またはマッシュポテトを平たくして揚げたインドの料理》. [Hindi]

tíki bàr ティキバー《ポリネシア風レストラン[バー]》.

tik·ka /tíkə/ *n* ティッカ《小さく切った肉や野菜を香辛料に漬けてから串に刺して焼く, インド・パキスタンの料理》. [Hindi]

tik·kie, -ky /tíki/ *n* TICKEY.

tik·o·loshe /tìkəlɑ́ʃ, *-lɔ́:ʃ/ *n* TOKOLOSHE.

til[1] /tíl/, **teel** /tí:l/ *n* 〘植〙ゴマ (sesame); ごま油 (=~ òil). [Hindi]

til[2] *n* 《ポルトガル語の》ティルデ (tilde). [Port]

'til, til[3] *prep, conj* 《非標準》TILL. [un*til*]

til·ak /tílək/ *n* ヒンドゥー教徒が宗派の標識として額中央につける赤い点. [Skt]

ti·la·pia /təléɪpiə, -lá:-, -lǽp-/ *n* 〘魚〙ティラピア, テラピア《アフリカ原産カワスズメ科テラピア属 (*T-*) の各種淡水魚; 食用に養殖されるチカダイなど》.

Til·burg /tílbə̀:rg/ ティルブルフ《オランダ南部 Rotterdam の南東にある市; 紡績の町》.

til·bury /tílbèri, -b(ə)ri; -b(ə)ri/ *n* (無蓋の)軽二輪馬車《19 世紀初めに流行》. [*Tilbury* 19 世紀 London の馬車製造業者]

Tilbury ティルブリー《London の東方 Thames 川に臨む Essex 州の港湾地区》.

Til·da /tíldə/ ティルダ《女子名; Matilda の愛称》.

til·de /tíldə; tíld/ *n* ティルデ《˜: スペイン語で n の上に付ける記号 (señor), ポルトガル語で母音の上に付ける鼻母音化記号 (pão); 国際音声記号で鼻音化記号 /ɛ̃, ɑ̃, ɔ̃/); 〘論・数〙否定・近似値を示す波形記号 (~); 《省略を表わす》波ダッシュ (~)》. [Sp < L=superscription, TITLE]

Til·den /tíldən/ ティルデン (**1**) **'Bill' ~ [William Tatem ~ II]** (1893–1953)《米国のテニス選手》 (**2**) **Samuel J(ones) ~** (1814–86)《米国の政治家・法律家》.

Til·dy /tíldi/ ティルディ **Zoltán ~** (1889–1961)《ハンガリーの政治家; 首相 (1945); ハンガリー共和国初代大統領 (1946–48), ソ連の圧力で辞任し, 投獄された (1956–59)》.

tile /táɪl/ *n* **1 a** 瓦, タイル; 化粧タイル; 《床[壁]張り用の》石[金属, プラスチック, アスファルト, ゴム, コルク, リノリウムなど]のタイル状薄片;

《マージャンなどの》牌(ぱい), 札: a plain ~ 平瓦. **b** 土管, 陶管; 《排水溝用の》割竹型タイル; 空洞タイル《建材》. **c** TILING《集合的》. **2** 《ロ》帽子, 《特に》シルクハット. ● **have a ~ loose** 《俗》ちょっといかれている. (**out**) **on the ~s** "《ロ》夜遊びして, 飲み[浮かれ]騒いで, 放蕩して: have a night *on the ~s* 夜遊びする. ► *vt* **1 a** 瓦[タイル]でふく, …にタイルを張る; …に排水タイルを設置する. **b**〘数・電算〙〈平面を〉タイルで埋めつくす, タイル張り (TILING) する. **2**〈会議などを〉極秘にする; 〈秘密結社の会員〉に秘密を誓わせる. ♦ **~·like** *a* [OE *tigule, tigele*<L *tegula* (*tego* to cover); cf. G *Ziegel*]

tíle·fish *n*〘魚〙暖海産のキツネアマダイ科の底生魚《食用》.

til·er /táɪlər/ *n* 瓦製造人, 瓦職, タイル職人; 《Freemason などの》集会所の門番《この意では tyler ともつづる》.

til·ery /táɪləri/ *n* 瓦焼き場, タイル製造所.

tíle·stòne *n* タイル石《薄板状にはいで屋根瓦などに用いる》.

til·i·a·ceous /tìliéɪʃəs/ *a*〘植〙シナノキ科 (Tiliaceae) の.

til·ing /táɪlɪŋ/ *n* 瓦をふくこと, タイル張り; 瓦類, タイル; 瓦屋根, タイル面; タイル張り《(1)〘数〙合同な多角形で, 重ならないよう平面をおおうこと 2)〘電算〙ウインドーどうしが重ならないように画面をウインドーでおおうこと》.

till[1] /tɪl/ *prep* **1** [時の継続] …まで(ずっと): Please wait ~ 8 o'clock [tomorrow]. 8 時[あす]までお待ちください / fight ~ death 死ぬまで戦う / ~ now [then] 今[その時]まで / *T*~ later [then]. いつかまたお会いしましょう / *T*~ next time [we meet again]. じゃあまたね. **2** [否定語のあと] …まで…しない, …に至って…する: He did *not* come ~ ten o'clock. 10 時まで来なかった. **3** [時間] (…時…分)前 (to, of): (It's) ten ~ (four). (4 時) 10 分前です. **4** 《スコ》**a** TO, UNTO. **b** [場所] …まで. ► *conj* …(する時)まで; …してついに: Let's wait ~ they come. 来るまで待とう / Do not start ~ (=before) I give the word. わたしが命ずるまで出発するな. ★ until のほうがいくぶん強調的で, clause または phrase が主文に先行するとき・結果を表わすとき・時の継続を強調するときなどに多く用いる. [OE and ON *til* to; cf. TILL[4], G *Ziel* goal]

till[2] /tíl/ *n* **1** 《商店などの》現金箱, 現金入れのひきだし; "レジ(スター) (cash register); 貴重品用のひきだし[箱]; till の中の現金; 当座用の現金. **2** "《スーパーの》レジ (checkout); 銀行の窓口. ● **have one's fingers [hand] in the ~** 《ロ》店の金に手をつける[を着服する, ちょろまかす]. **with one's hand in the ~** *《俗》その場を押えられて, 現行犯で. [ME<?; cf. ME *tyllen* to draw]

till[3] *n*〘地質〙漂礫[氷礫](ひょうれき)土 (boulder clay)《氷河に運搬され堆積した物質》; 《スコ》硬粘土. [C17 Sc<?]

till[4] *vt, vi* 耕す, 耕作する. ♦ **~·able** *a* **~·age** *n* 耕耘(こううん), 耕作; 耕地; 農作物. [OE *tilian* to strive, obtain (Gmc *tilam aim, goal); cf. G *zielen* to aim]

til·lands·ia /təlǽn(d)ziə/ *n*〘植〙ティランジア属[ハナアナナス属] (*T*-) の植物《(亜)熱帯アメリカ産の地生・着生植物; パイナップル科》, 《特に》SPANISH MOSS. [Elias *Tillands* (1640–93) フィンランドの植物学者]

tíll·er[1] *n* 耕墾者, 農夫; 耕墾用具, 耕耘(こううん)機. [*till*[4]]

tiller[2] *n*〘海〙舵柄(だへい); 《一般に》操縦のための装置[仕掛け]. ● **at the ~** 舵[指揮]をとって (at the helm). [AF *telier* weaver's beam (L *tela* web)]

tiller[3] *n* 若木; 分蘗(ぶんけつ)枝, 腋芽. ► *vi* 分蘗枝[腋芽]を出す. ♦ **~·ing** *n* [?OE *telgor* extended (*telga* bough)]

tíller chàin〘海〙舵柄と操舵輪を連結する鎖.

tíller·man /-mən/ *n* 操舵手 (steersman); *はしご車の後部を操縦する消防士.

tíller ròpe〘海〙舵柄と操舵輪とを連結するロープ.

ti·lleul /tijə́:l/ *n*〘植〙シナノキ (lime, linden tree); シナノキ茶《シナノキ花と托葉(たくよう)を煎(せん)じた液; もと鎮静剤》. [F<L]

Till Eulenspiegel ⇨ EULENSPIEGEL.

tíl·ley [tíl·ly] làmp /tíli-/〘商標〙テリーランプ《建築現場や船上用の携帯用灯油ランプ》.

Til·lich /tílɪk/ ティリヒ **Paul** (**Johannes**) ~ (1886–1965)《ドイツ生まれの米国の神学者》.

til·li·cum /tílɪkəm/ *n* *《北西部》友人, 仲間. [Chinook]

Til·lie, Til·ly[1] /tíli/ ティリー《女子名; Matilda の愛称》.

till·ite /tílàɪt/ *n* 漂礫岩(ひょうれきがん). [*till*[3], *-ite*]

Til·lot·son /tílətsən/ ティロットソン **John** ~ (1630–94)《イングランドの聖職者; Canterbury 大主教 (1691–94)》.

tíll ròll レジロール《レジスター用の記録紙》.

Tilly[1] ⇨ TILLIE.

Tilly[2] ティリー **Johann Tserclaes**, Graf von ~ (1559–1632)《ドイツの将軍; 三十年戦争における旧教連盟軍の司令官》.

tilly lamp ⇨ TILLEY LAMP.

til·ly-val·ly /tílivæ̀li/, **til·ly-fal·ly** /-fæ̀li/ *int*《古》くだらない (fiddlesticks)《いらだちの発声》.

Til·sit /tílsət, -zət/ **1** ティルジット《SOVETSK の旧称・別称》. **2** ティルジット, ティルジター (=**Til·sit·er** /tílsətər/)《薄黄色で小さい穴のある半硬質チーズ》.

tilt[1] /tílt/ *vt* 傾ける, 傾かせる, かしげる〈*back*〉; 〈世論・情勢などを〉転換させる〈*toward*〉; 〈槍を〉構える, 突き出す; 〈相手〉に突きかかる; 攻撃する, 鋭く論難する; チルトハンマーで打つ: ~ the balance toward [in favor of]… 状況を…に有利な方向に変える. ► *vi* **1** 傾く〈*to, toward, up*〉; [*fig*] 偏向する〈*toward, against*〉;〘地質〙〈地層が〉急角度で上向する. **2** 馬上槍一騎打ち[槍試合]をする; 《馬上で》槍を構える[突く]〈*at*〉; 戦う, 論争[討論]をする〈*with*〉; 鋭く論難する〈*at, against*〉: ~ at WINDMILLS. ► *n* **1** 傾き, 傾斜, かしぎ; 斜面; [*fig*] 偏向, 傾斜: at a ~ 傾いて / give it a ~ 傾ける / have a ~ to the left [east] 左[東]へ傾く / on the ~ 傾いて. **2** 《中世の》馬上槍一騎打ち[槍試合]; 《槍の》突き; 《特に 丸太[カヌー, ボートなど]の上で長い棒で相手を突き落とす》tilt に似たスポーツ. **3** 論争, 口論; "非難, 攻撃; "挑戦〈*at*〉: have [make] a ~ at sb《議論・諷刺などで》人を攻撃する. **4**〘釣〙《氷上の》穴釣り用うきの一種; TILT HAMMER. ● (**at**) **full ~** 全速力で, 全力を挙げて, フル回転で: run *full* ~ into …に猛烈な勢いで[もろに]ぶつかる. **at ~**=ATILT. ► *a* 傾いた; 横転して[ひっくり返って]空になった. ♦ **~·able** *a* **~·er** *n* [?OE *tealt* unsteady]

tilt[2] *n* 《車・舟・露店などの》雨おおい, 日よけ. ► *vt* …に tilt をかける. [*tild* (obs); -*t* はおそらく *tent*[1] の影響]

Tílt-A-Whírl /-ə-/ *n*〘商標〙ティルト・ア・ホワール《遊園地の回転遊具の一種; ⇨ WALTZER》.

tilth /tílθ/ *n* 耕作; 耕起地; 《土地の》耕作状態; 《土壌・作土の》耕作適性《団粒構造の状態など》. [OE; ⇨ TILL[4]]

tílt hàmmer《動力で動かす》チルトハンマー.

tílt·mèter *n* 傾斜計, チルトメーター《地球表面の傾きを測る計器》.

tílt-ròtor *n*〘空〙ティルトローター《主翼両端に回転翼をもつ飛行機; 昇降時はヘリコプターのように回転翼を上方に向け, 上空では回転翼を前方に倒してプロペラ機のように飛行する》.

tílt-tòp *a*〈一本足の円卓など〉蝶番(ちょうつがい)によって甲板(こういた)が垂直に倒せる: ~ table.

tílt·yàrd *n*《中世の》馬上槍試合場.

Tim /tím/ **1** ティム《男子名; Timothy の愛称》. **2** 《スコ俗》ローマカトリック教徒, 《特に》Glasgow のサッカーチーム Celtic のファン.

Tim.〘聖〙Timothy.

TIM Their Imperial Majesties (⇨ MAJESTY).

tim·a·rau /tì:mərάu/ *n* TAMARAU.

Tim·a·ru /tímərù:/ ティマルー《ニュージーランド南島の港町・保養地》.

tim·bal, tym- /tímb(ə)l/ *n*〘楽〙KETTLEDRUM; [*pl*] TIMBALES;〘昆〙《セミなどの》振動膜.

tim·bale /tímb(ə)l, tæmbά:l; F tɛ̃bal/ *n* **1**〘料理〙タンバール《(1) 鶏肉[魚肉]や野菜をドラム形の型に入れて焼いたもの; その型 2) タンバール型に入れて揚げた練り粉の皮》. **2** [*pl*] ティンバレス《アフリカ系キューバ音楽で用いる 2 個一組の小太鼓; ばちで演奏する》. [F]

tim·ber[1] /tímbər/ *n* **1 a** 《材木用の》立木 (=standing ~)《集合的》; 森林(地). **b** 《建築・造船・木工などに適した》材, 材木; 《製材した》大角材; "挽材(ひきざい), 製材 (lumber*); 構造木材, 木骨;〘造船〙肋材(ろくざい), フレーム材. **c** 《もと》建物, 建材;〘馬〙木造障害物《柵・門など》; "〘狩〙木製の柵と門; [*pl*]《俗》《クリケットの》ウィケット (wicket); [*pl*] *《俗》《人体の》骨 (bones), 肋骨 (ribs). **2 a** 材料, 素材, 材. **b** 人柄, 資質; 《地位などにふさわしい》人材, 材, 人物: men of that ~ あのような性質の人. **3** *《俗》道端で鉛筆を売る人; *《俗》乞食. ► *int* (木が倒れるから)気をつけろっ! ; *《俗》やった! 《達成・成功を示す; また ものを落としたり, こわしたりした時にもいう》. ● **Shiver me [my] ~s!** [〈*int*〉]《ロ》/[°*joc*] これは驚いた! ; ちくしょう, いまいましい! 《もと 海事俗語とされる》: *Shiver my ~s* if I do! 絶対やらねえ. ► *vt* …に材木を供給する; 材木で支える[組み立てる, 建てる, おおう]. ► *vi* 木の伐採に従事する; 支えの木をあてがう. ► *a* timber(用)の; 《古》木製の. [OE=house, building (material); cf. G *Zimmer* room]

timber[2] *n* TIMBRE.

tímber càrt"《引き揚げるための滑車を装備した》木材運搬車.

tim·ber·doo·dle /tìmbərdú:dl/ *n*〘鳥〙アメリカヤマシギ.

tím·bered *a* 材木で作った[おおった]; 壁が丸木造りの; 樹木の生い茂った; 造りが…な, 体格が…な.

tímber-fràme *a*〘建〙木骨の《家屋などの骨組が木造の》. ► *n* 《建築用にあらかじめ組み立てられた》木の骨組み. ♦ **~d** *a* **tímber-fràming** *n* 木骨造.

tímber-gètter *n*《豪》伐採人 (logger, lumberjack).

tímber·hèad *n*〘海〙チンバヘッド《肋骨の上端[肋骨延長部]（を利用した繋柱)》.

tímber hìtch〘海〙ねじり結び《円材への縄の結び方》.

tímber·ing *n* 建築用木材《集合的》; 組, 支保(工), 木の枠組.

tímber·jàck *n* 伐採人 (logger).

tímber·lànd* *n* [°~s]《特に 材木用の》森林地, 林地.

tímber·lìne *n*《米・豪》〘生態〙《高山・極地の》高木[樹木]限界 (=*tree line*).

tímber·man /-mən/ *n* **1** LUMBERMAN;〘鉱〙木組を作る人, 坑木管理者. **2**〘昆〙カミキリムシ (=~ **bèetle**)《幼虫は樹幹を食害する》.

tímber ráttlesnake〘動〙シンリンガラガラ, ヨコシマガラガラヘビ (=*banded rattlesnake*)《米国北東部産》.

tímber rìght 伐木権, 立木所有権.

tímber tòe «口» 木製の義足.

tímber wòlf 〖動〗シンリンオオカミ (＝*lobo, gray wolf*) 《タイリクオオカミのことであるが, 時に タイリクオオカミの北米産の亜種とされる》.

tímber·wòrk *n* 木の枠組, 木組.

tímber·yàrd[||] *n* 材木置場, 貯木場 (lumberyard*); 《クリケット俗》打者側ウィケット (wicket).

tim·bre /tímbər, tǽm-; *F* tɛ̃:br/ *n* 《高さ・強さが同じでも感じの異なる》音色, 音質 (＝*tone color*), 《声の》響き; 性質, 持ち味, 特質. ♦ **-bral** /-br(ə)l/ *a* [F＝sound (of bell)＜Romanic＜Gk TYMPANUM]

tim·brel /tímbr(ə)l/ *n* 〖楽〗ティンブレル《tambourine など》. ♦ **tím·brelled** *a*

Tim·buk·tu, -buc·too /tìmbʌktú:, tɪmbʌ́ktu/ **1** ティンブクトゥ (F **Tom·bouc·tou** /*F* tɔ̃buktu/) 《マリ中部の Niger 川左岸の町》. **2** 《一般に》遠隔地: from here to ～ ここからずっと遠い所へ[まで].

time /táɪm/ *n* **1 a** 時, 時間《TEMPORAL[1] *a*》; 時の経過, 歳月; [T-] FATHER TIME: ～ and space 時間と空間 / *T*～ is money. 《諺》時は金なり / *T*～ flies. 《諺》光陰矢のごとし / *T*～ and tide wait for no man. 《諺》歳月人を待たず / ～ can [will] tell (if…かどうか)時が経てばわかるだろう. **b** (所要)時間; ひま, 余暇; 《与えられた》時間; 〖競技〗所要時間; 計測時間, タイム; TIME-OUT; [<*int*>] 始め, やめ!: in two hours' ～ 2 時間もすれば / It will take ～ [a long ～]. 時間が[長く]かかるだろう / He had no ～ for that. それをするだけの時間[そんなことにかかわっている暇]はなかった / Have I ～ (to…[for…])? (…する)時間があるか, (…に)間に合うか / What a ～ you have been! ずいぶん手間取ったね / have no ～ to spare＝be pressed for ～ 忙しい, 寸暇も惜しい / find ～ ひまを見つける / give ～ 猶予を与える / given ～ 時間が経てば, いずれ, そのうち / take sb all his ～ «口» <仕事が>骨の折れる / take one's (own [sweet]) ～ 時間をかける, [*iron*] 悠長にやる <*over, on, to* do, do*ing*> / *T*～ is up. 時間切れだ / keep ～ タイムを計る, 計時する / call ～ タイムを宣告する[とる]. **2 a** 期間, 間 (period); 勤務[就業]時間; 《バーなどの》営業時間; 時間給; 《解雇[退職]時における》未払賃金: a long [short] ～ 長い[短い]時間 / (that) ～ of the month [*euph*] 生理期 (period) / on company ～ 《会社での》勤務時間中に / FULL [PART, SHORT] TIME / TIME AND A HALF [A QUARTER, A THIRD]. **b** 《昔の》徒弟期間[関係], 《奉公の》年季; 年季賃金(計算書); «口» 刑期; *強制労働の期間; 軍役, 兵役: serve [serve out] one's ～ 年季をつとめる[つとめ上げる] / do [serve] ～ 刑期をつとめる, 服役する / TIME off (成句). **c** 〖写〗露出時間, タイム. **3 a** 時刻, 時(じ); 標準時, タイム; 時間の決め方: tell ～ <時計が>時刻を報ずる; <子供などが>《時計を見て》時刻を言う, 時計が読める (＝tell the ～[||]) / by this ～ この時までに; 今ごろは / What ～ do you make it?＝What ～ is it?＝What is the ～? 今何時ですか (⇨ 成句 have the TIME) / STANDARD [GREENWICH, SUMMER, etc.] TIME / solar ～ 〖天〗太陽時 / keep (good) [bad] ～ ⇨ 成句 / gain [lose] ～ (時計が)進む[遅れる] (cf. *gain* TIME). **b** 《特定の》時, 定刻, 期日, 日取り; 時機, 機会; 順番 (turn), 番: ahead of ～ 定刻より早く / at the ～ of do*ing* …する時[機会]に / at this ～ 今の[現]時点で(は) / at the right ～ 適切な時機に, いいタイミングで / behind TIME / train ～ 発車時刻 / curtain ～ 開演時間 / the first ～ (that) I saw him 彼に初めて会った時 / The ～ will come when…. 将来…する時が来るであろう / It is (high) ～ (that) I were [was] going.＝It's ～ for me to go. もう(おいとまする)時間です / (It's) ～ to hit the road [run, move along, push along, push off, split, shove off] «口» もう出発[おいとま]しなければ / (It's) ～ for a change. 改める[考え直す]べき時だ / This is no ～ for weeping. 泣いている場合ではない / watch one's ～ 機会をうかがう / Now is the ～ to act. 今こそ行動を起こす時だ / when the ～ comes いざとなると[なれば] / a ～ to be born, and a ～ to die 生まれる時, 死ぬ時《ふさわしい時; *Eccles* 3: 2》/ There's no ～ [No ～] like the present. 《諺》現在にまさる好機はない / There is a ～ and (a) place (for everything). 《諺》何事にもふさわしい時と場所というものがある《しばしば 今は適当でないの意; cf. *Eccles* 3: 1–8》/ There's always (a) next ～. 《諺》必ずまたの機会があるものだ / (There's a) first ～ for everything(.) 何事にも初回がある《驚く[恐れる]ことはない》/ It's Willie's ～ at bat. ウィリーの打席だ / three ～*s* at bat 〖野〗3 打席. **c** 懐妊期; 出産[分娩]期; 死期, 臨終; [||]《バーやパブの》閉店時間, [<*int*>] 閉店時間ですよ!: near one's ～ お産が近い; 死期が近い / His ～ has come. 最後の時が来た / *T*～, gentlemen(, please)! 皆さん看板です. **d** 〖劇〗時 (⇨ DRAMATIC UNITIES); 〖文法〗時制 (tense). **4 a** 時節, 季節 (season): Christmas ～. **b** [[°]*pl*] 時代, 年代, …代; [the ～(s)] 現代: in ancient [modern] ～*s* 古代[現代]に / in recent ～*s* 最近 / ahead of [in advance of] one's ～＝before the ～*s* 時代に先駆けて, 斬新にすぎて / behind the ～*s* 時代遅れになって / march [move, go] with the ～*s* 時代(の動き)と共に進む / Lincoln's ～ リンカーンの時代. **c** [[°]*pl*] 時勢, 景気; 《人が経験する》…な時間: *T*～*s* change [are changing]. 《諺》時勢は移る; 時代は変わる / hard [bad] ～*s* 不況時代, 不景気 / good ～*s* 好景気 / the good old ～*s* なつかしい昔 / Those were the ～*s*! 思えば痛快な時代だった / have an easy ～ (of it) «口» 暮らし向き[景気]がいい, 安楽な生活をする / have a good ～ (of it) 愉快に過ごす, (大いに)楽しむ / have a (hard) ～ of it with…を相手にひどいめにあう. **d** 《人の》生涯, 一生; 《ある人の》時代, ころ; 《物の》寿命: will last my ～ 一生もつ[使える] / in my ～ わたしのころには / His ～ is almost over. あの人もいよいよおしまいだ. **5** 回, 度; [*pl*, <*prep*>] 倍: three ～*s* a day 一日に 3 回 / one more ～ もう 1 度 / 80% of the ～ 80% のケースでは, 10 回に 8 回は / three ～*s* as large as…の 3 倍も大きい / Three ～*s* two is six. 3×2＝6 / for the first ～ 初めて / for the first ～ in three years この 3 年間で初めて / for the second [last] ～ 二度目[最後]に / many a ～ (and oft) «文»＝many ～*s* しばしば / ～*s* out of number 幾度となく / The (number of) ～*s* I've told…と何度言ったことやら[言えばわかるんだ]. **6 a** 〖楽〗拍子; 速度, テンポ; リズム; 〖韻〗韻律単位: in slow ～ ゆるやかに, おそめに / beat ～ 拍子をとる / in true ～ 正しい調子で / keep ～ ⇨ 成句. **b** 〖軍〗行軍歩度: double [quick, slow] ～ 駆け[早, 並]足 / keep ～ 正しい歩度を守る[で進む]. **c** 〖楽〗時価 (TIME VALUE). **7** ⇨ TIME, TIMES.

● **about** ～ (もう)そろそろ…してもいいころ: It's *about* ～ you got up. もう[いいかげん]起きてもいいころだ / (and) *about* ～ (, too) やっと[ようやく]だね, おそすぎたくらいだ, 待ちくたびれたよ, 何をぐずぐずしてたんだ. AGAINST ～. **all in good** ～ [しばしば 独立的に用いて] (いずれ)ちょうどよい時に[そのうちに], あせるな《相手に辛抱を求める時など》. **all the** ～ (1) その間中ずっと; 絶えず. (2) いつ(で)も; しょっちゅう, たびたび. **another** ～ «口» また今度, (また)別の時に. **any** ～＝at any TIME; いつでもどうぞ; どういたしまして (⇨ ANYTIME). **as** ～**s go** «口» この時勢では, 時節柄. **at all** ～**s** いつでも. **at any** ～ いつでも, いつなりと, 今にも<帰って来る など>: What may be done *at any* ～ is done at no ～. 《諺》いつやってもよいことはいつになってもなされることはない. **at a** ～ 同時に<しゃべり出すなど>; 一度に(…ずつ): one *at a* ～ 一度に一つずつ / for days *at a* ～ 数日間連続で. **at no** ～ かつて[決して]…ない (never). **at one** ～ かつて, ひところは, 昔(は); at a TIME. **at one's own good** ～ 自分の都合のよい時に; 準備ができたら. **at other** ～**s** ほかの時は, 平素[平生]は. **at the** BEST **of** ～**s**. **at the same** ～ 同時に; …と同時に, けれどもやはり (however)《口語では the を省くことがある》. **at the** ～ その時は. **at this** ～ **of (the) day** 今ごろは, 今ごろになって; [*fig*] こんなにおそく[早く]. **at** ～**s** 時々, たまに. **beat sb's** ～ *«俗» 人の恋人に手を出す[を横取りする], ライバルに勝つ. **before one's** ～ 生まれる前に, 人が《ある所に》やって来る前に<あった・いた> (cf. 4d); 時が来ないうちに (prematurely), 月足らずで<生まれる>, 天寿を全うせずに<死ぬ>; 時代に先んじて. **behind** ～ 遅刻して (late), 期限に遅れて; <時計が>遅れて. **between** ～**s** 時々, 合間に. BIDE **one's** ～. **buy** ～ 〖ラジオ・テレビ〗《料金を払って》広告の時間を取る; «口» 時間をかせぐ, 遅らす. **call** ～ [||]タイムをかける, 中止を宣告する, 閉鎖を決める <*on* sth>, 《パブで》客に閉店を告げる. **come to** ～ *«俗» 負ける. **draw one's** ～ (やむなく)仕事[職]をやめる. EVERY ～. **fight against** ～ 時間と競争する, 急ぐ. **for a** ～ 一時(は), しばらく, 当面; 仮に. **for old** ～**s**＝for old ～s' SAKE[1]. **for (the)** ～ **being**＝**for the** ～ 当座[当面]は. **from** ～ **to** ～ 時々. **gain** ～ 《遅らせて[延期して]》時間を得る[かせぐ] (cf. 3a). **get one's** ～ *首になる. **half the** ～ «口» しばしば, たいてい. **have a** ～ <…するのに[…を相手に]>苦労する <*doing, with*> (cf. 4c). **have had one's** ～ ⇨ have had one's DAY. **have no [a lot of]** ～ **for**… <人・物事>にかかわっているひまなどない[が(十分)ある], …を軽視[重視]する, …に我慢がならない[が大好きだ] (cf. 1b). **have oneself a** ～ <…して>楽しく過ごす <*doing*>. **have the** ～ (…する)時間がある; 《時計で》今何時かわかる: Do you *have the* ～ (on you)? **have the** ～ **of one's** LIFE. HIGH TIME. **How's the** ～**?** 時間はどうですか, 今何時ですか《次の予定を念頭に置いて言う》. **in bad** ～ 時を違えて, 遅れて. **in good** ～ ちょうどいい時に <*for, to* do>; 時間どおりに (on time); 余裕を残して<着くなど>; まもなく, やがて, そのうちに; たちまち: all *in good* TIME (成句). **in (less than [next to]) no** ～＝**in no** ～ **at all [flat]** すぐさま, たちまち(のうちに), 直ちに. **in one's own (good)** ～ 自分の都合のよい時に, 余暇に; マイペースで. **in sb's** ～ 若いころには, 盛りには; これまで, 存命中に. **in** ～ (1) 間に合って, 遅れずに, ちょうどよい時に <*for*>; 時節を待てば. (2) いつかは, いずれは, そのうちに, 早晩. (3) 調子を合わせて, 正しいテンポで <*with* the music>: march *in* ～. (4) [疑問詞を強調して] いったい: Why *in* ～ don't you come? いったいどうして来ないのか. **keep good [bad]** ～ <時計が>時を正確に刻む[刻まない]; <人が>時間に正確である[ない]. **keep** ～ <時計が>時を正確に刻む (keep good time); 〖楽〗拍子[リズム]をとる, (一定の)テンポ[リズム]を保つ: keep ～ *with*…と拍子[テンポ]を合わせる. **less than [next to] no** ～ ほんのわずかな時間 (cf. *in (less than [next to]) no* TIME). LONG TIME. **lose no** ～ 時間をむだにしない <*in doing; on*>; 時を移さず行動する. **make excellent** ～＝make good TIME. **make good [bad]** ～ 予想どおり[思ったより速く]進む[進まない], 時間がかからない[かかる]. **make** ～ 急ぐ, 飛ばす (go fast); <列車が>速度を上げて(遅れた)時間を取り返す; [しばしば make the ～ として] 時間をつくる[都合する] <*for*>; «俗» やっと[うまく]間に合う: *make* ～ to do 繰り合わせて…する. **make** ～ **with**… *«俗» …とデートする, <女>とよろしくやる. **mark** ～ <兵士が>足踏みする; 機械的に行動する; <物事が>足踏みする; 様子を見る, 待機する; 仕

事をしているふりをする. **most of the ～** ほとんどの場合[時間](は). **not before ～** おそすぎるくらいで(＝about ～). **no ～** «口» ごく短時間(に): It was *no* ～ before she was back. **of all ～** いまだかつて例のない, 古今未曾有の, 空前(絶後)の: the greatest film *of all* ～. **of the ～** 当時の, 時代の, 《特に》現代の: the fashion *of the* ～ 今日の流儀[流行]. **one ～ with another** 前後合わせて. **on one's own ～** (勤務時間外の)自分のひまな時に; 賃金の支払いなしに〈働く〉. **on one's own ～ and own dime** «口» 全部自己負担で. **on ～** (1) [°dead [right] on ～] 定刻に, 遅れずに, 時間どおりに; 予定どおりに. (2) *分割払いで: buy sth *on* ～. **out of ～** 遅れて, 時間切れで; 時候[時節]はずれの; 拍子[調子]はずれに. **over ～** 時間の経過とともに, 時間をかけて, 徐々に; 長い目で見れば. **pull ～** *«俗» 懲役刑を宣告される. SOME ～. **one's ～ of life** 年齢 (age): You must be careful at *your* ～ *of life*. **take (the) ～ (off [out]) (to do)** (…するために)《仕事などの》時間をさく, (わざわざ)時間をとって…する (cf. 1b 用例, TIME-OUT): *take* ～ *out* from work *to* smoke a cigarette 仕事の手を休めて一服する. **the whole ～**＝all the TIME (1). **～ after ～**＝**～ and (～) again** 再三再四, 何度も. **～ enough** まだ早い 〈*for* it, *to* do〉. TIME IMMEMORIAL. TIME OF DAY. **～ off [out]** 仕事休みの[他のことをする]時間, 休暇 (cf. *take* (*the*) TIME (*off* [*out*]) (*to* do)): get [take] ～ *off* 休みをとる / get ～ *off* for good behavior 〈模範囚が〉刑期を短縮してもらう. **～ on one's hands** ひま(な時間), 手持ちぶさたな時間. **T～ (out)!** «口» やめ, 待った, タイム! TIME OUT OF MIND. **T～ was when** …. 以前は…ということがあった. **to ～** 時間どおりに〈運行する〉. **up to ～** ″時間どおりに. **what ～** «古・詩» [^{s}*joc*] WHEN, WHILE (*conj*). **with ～** 時が経つにつれて, やがて. **with ～ to spare** 予定より早く; ゆっくり時間をかけて, 余裕をもって.

► *a* 時の; 時の経過を示す; 計測(用)の; 時限装置の付いた; 〘商〙定期の; 長期決済の; 分割払いの, 延べ払いの.

► *vt* **1** 時機に合わせる, 〈攻撃・一撃を〉好時機に行なう[仕掛ける]; …の時[期間, スピード, テンポ]を指定[設定]する, タイミングをはかる; 〈時計を〉合わせる; …の拍子を合わせる 〈*to*〉: His remark was well ～*d*. 彼の話は時機を得ていた / a train ～*d* to leave at 6: 30 6 時 30 分発の列車. **2** …の所要時間を計る, 〈競走・走者など〉のタイムを計る[記録する], 計時する. **3** 〘楽〙〈音符・音節を〉拍子・アクセント・リズムなどに従って分類する. ► *vi* «まれ» 拍子をとる[合わせる], 拍子が合う, 調和する 〈*with*〉. ● **～ in** (…の)到着[出社]時刻を記録する. **～ out** (…の)出発[退社]時刻を記録する; 〘電算〙《プログラムなどが》〈処理などを〉一定時間入力がない時に自動的に打ち切る, タイムアウトする.

[OE *tīma*＜Gmc **tī-* to extend; cf. TIDE¹]

Time 『タイム』《米国のニュース週刊誌; 1923 年創刊》.

tíme and a hálf [a quárter, a thírd, etc.**]** 《時間外労働の》五割[1/4, 1/3 など]増し支給: receive [get] ～ *for* overtime work.

tíme and mótion stùdy 時間動作研究《標準作業時間の設定や作業効率増進などを目的として, 特定作業の遂行に要する動作と時間とを組織的に調査・分析すること》.

tíme bàll 報時球, 標時球《米国は正午, 英国は午後 1 時にこれを測候所で落下させて時を知らせる》.

tíme bàrgain 〘証券〙定期売買[取引]《将来の一定期日を受渡日と定めた一種の先物取引》.

tíme bèlt TIME ZONE.

tíme bìll 〘商〙定期払い(為替)手形; ″TIMETABLE.

tíme-bìnd·ing *n* 経験と記録とを次の世代に引き継いでいく人間の特性.

tíme bòmb 時限爆弾; 《後日の》危険をはらんだ情勢.

tíme bòok 労働時間記録簿.

tíme càpsule タイムカプセル《将来の発掘を予想して現在の書類・物品などを入れておく容器》; [*fig*] 昔の時間が封じ込められたもの.

tíme càrd タイムカード; [^{u}timecard] TIMETABLE.

tíme chàrt 《世界各地の》標準時一覧図; 《ある時代に関する》対照年表.

tíme chàrter 《船舶・航空機の》期間[定期]使用契約.

tíme clòck タイムレコーダー.

tíme còde タイムコード《編集の際に便利なようにデジタル方式で時間を記録しておくビデオ[オーディオ]テープ上のトラック》.

tíme cònstant 〘電子工〙時定数.

tíme-consùming *a* 時間のかかる; 時間浪費の.

timed /táɪmd/ *a* 設定した時[時刻]に行なわれる, 時限(式)の, タイマー式の, 定期の; ころあいの…な: beautifully [perfectly] ～ 絶妙な[完璧な]タイミングの / ILL-TIMED.

tíme depòsit 〘銀行〙定期預金《期日まで払い戻し不能; cf. DEMAND DEPOSIT》.

tíme dìfference 時差.

tíme dilàtion [dilatàtion] 〘理〙《相対性理論の》時計の遅れ.

tíme dìscount 〘商〙《手形の》期限割引き.

tíme divìsion múltiplex 〘通信〙時分割多重《略 TDM》.

tíme dràft 〘商〙一覧後定期払い手形.

tímed-relèase *a* 〘化・薬〙徐放性の (SUSTAINED-RELEASE).

tíme-expìred *a* 兵役[服役]期間満了の.

tíme expòsure 〘写〙《瞬間露出に対して, 1 秒[1/2 秒]を超える》タイム露出; タイム露出による写真.

tíme fàctor 時間的要因[制約].

tíme fràme 時間枠; 大体の期間.

tíme fùze 時限信管.

tíme-hònored *a* 昔から確立されている, 伝統的な; 古い歴史のゆえに尊重されている[される価値のある], 由緒ある.

tíme immemórial *n* **1** 〘英法〙法的記憶の及ばぬ時代《コモンロー上 具体的には Richard 1 世の即位日 (1189 年 9 月 3 日) より前》. **2** 太古, 大昔 (＝*time out of mind* [*memory*]). ► *adv* 太古から, 長い長い間 (＝for [from, since] ～).

tíme·kèep·er *n* 作業時間係; 《競技などの》計時係, 時計係 (＝*timer*); 時計; 《音楽で》拍子をとる人: a good [bad] ～ 正確[不正確]な時計; ″時間を守る[守らない]人. ♦ **tíme·kèep·ing** *n* 計時; ″時間の厳守: bad [poor] *timekeeping* 遅刻.

tíme kìller ひまつぶしをする人; ひまつぶしになるもの, 慰みになるもの.

tíme kìlling ひまつぶし, 慰み.

tíme làg 時間のずれ, 遅れ, タイムラグ; CULTURAL LAG.

tíme-lápse *a* 微速度[低速度]撮影の, コマ抜きの: ～ photography.

tíme·less *a* 永久の, 永遠の, 悠久の, 果てしない; 時を限らない, 時間を超越した, 時代を超えた, 不朽の, 万古不易の, いつでも有効な[真実な]; 時に影響されない, 不変の; «古» 時ならぬ, 時期尚早の. ► *adv* «古» TIMELESSLY. ♦ **～·ly** *adv* **～·ness** *n*

tíme lìmit 制限時間, 期限, 時限; 《特に》一定時間内の個人作業量を調べる時間枠.

tíme lìne **1** 《ある時代に関する》歴史年表 (time chart). **2** *[^{u}timeline] 予定(表), スケジュール(表); 《計画終了までの》所要時間[日数]; 《過去を左向きに, 未来を右向きにとる》時間軸.

tíme lòan 〘金融〙定期貸付け《期間 30–120 日の融資; 金利は割引で前払いされ, 期日に全額返済される》.

tíme lòck 時計[時限]錠《時間が来るまで開かない》; 〘電算〙使用期限設定《体験版ソフトウェアなどで, 一定の日数が経つと使えなくなる仕組み》. ♦ **tíme-lòck** *vt*

tíme·ly *a* 時宜を得た, 折よい〈忠告など〉, 適時の; 時節[場所柄]に適した[合わせた]; «まれ» EARLY: in (a) ～ manner [fashion] 折よく, いいタイミングで; 速やかに. ► *adv* 折よく, 時を得て, よい潮時に; «古・詩» EARLY, SOON. ♦ **tíme·li·ness** *n*

tíme machìne 《SF の》タイムマシン.

tíme mànagement 時間管理, 時間のやりくり.

tíme mòney 定期貸付金(用資金).

tíme-mótion stùdy TIME AND MOTION STUDY.

tíme nòte 〘商〙約束手形.

ti·meo Da·na·os et do·na fe·ren·tes /tímiòu dáː-nɑːòus èt dóunɑː fɛréntèɪs/ わたしはギリシア人たちを彼らが贈り物を持ってくる時でさえも恐れる. [L; Vergil, *Aeneid*]

tíme of dáy [the] **1 a** 時刻, 時間: What is *the* ～? 今何時ですか? **b** 今どき, 現在, 現今, 現代. **2** 情勢, 現状; «口» [*fig*] 最新の流行: know *the* ～ 万事心得ている / So that's *the* ～. «俗» なるほどそういう次第か, ははあ小細工をやりおったな. ● **not give sb the ～** «口» 人と口をきこうともしない, てんで相手にしない, 無視する. **pass the ～** ちょっとことばを交わす 〈*with*〉

tíme-of-flíght *a* 飛行時間型の, 飛行時間計測式の《一定の長さの真空分析管を通り抜けるのに要する時間が分子[イオンなど]によって異なることを利用して, その分子の質量分析を行なう器具についていう》: a ～ mass spectrometer 飛行時間型質量分析計.

time·ous, tim·ous /táɪməs/ «スコ» *a* TIMELY; EARLY. ♦ **～·ly** *adv*

tíme-óut *n* 《作業などの》中休み, 休息をとる[ほかの事をする]ための時間; 〘スポ〙タイムアウト, 作戦タイム; 〘電算〙時間切れ(処理[信号]), タイムアウト《プログラムが入力待ち状態を一定時間が経過したあとに打ち切ること; それをプログラムに知らせる割込み信号》; 反省時間《言うことを聞かない子供をしばらく部屋の隅にすわらせるなどして反省させるしつけ》.

Tíme Óut 『タイムアウト』《London の週刊タウン情報誌; 1968 年創刊》.

tíme out of mínd [mémory] TIME IMMEMORIAL.

tíme·pìece *n* 計時器, 《特に》時計.

tíme·plèaser *n* «廃» TIMESERVER.

tíme pòlicy 〘海保〙期間保険.

tím·er /táɪmər/ *n* **1** 勤務[作業]時間記録係[器]; 《競技などの》計時係 (timekeeper). **2** TIMEPIECE, 《特に》記秒時計, ストップウォッチ. **3** 《内燃機関の》点火時調整器; タイマー《(1) 一定時間の経過したことを音で知らせる装置 (2) 一定の時刻に機械を自動的に動かしたり止めたりする装置, タイムスイッチなど》. **4** [序数詞を伴って] …回目の人: FIRST TIMER.

tíme recòrder タイムレコーダー (time clock).

tíme-reflèction sýmmetry 〘理〙時間反転対称性.

tíme-relèase *a* 〘化・薬〙TIMED-RELEASE.

tíme revèrsal 〘理〙時間反転.

tíme revèrsal invàriance [sỳmmetry] 〖理〗時間反転不変性[対称性].
times /táɪmz/ *prep* ⇨ TIME *n* 5. ► *vt* 《口》〈…〉倍する〈*by*〉: And you ~ it *by* ten. そうしたらそれを 10 倍します.
Times [The]『タイムズ』《(1) London の日刊高級紙, いわゆる 'ロンドンタイムズ'; 1785 年 *Daily Universal Register* として創刊, 1788 年から *The Times* となる (2) NEW YORK TIMES (3) FINANCIAL TIMES》. ● **write to The ~** タイムズに寄稿して世に訴える.
tíme·sàving *a* 時間節約の(ための). ♦ **tíme-sàver** *n*
tíme·scàle *n* 時間の尺度; 《完成に要する》時間, 期間.
tíme sèries 〖統〗時系列.
tíme-sèrvedᴵᴵ *a* 〈職人などが〉年季をつとめ上げた, 熟練した, 有能な.
tíme·sèrver *n* **1** 時勢に迎合する者, 事大主義者. **2** 《職務に励まずに》ただ働く年限を消化しているだけの者.
tíme·sèrving *a, n* 事大主義的な(行動); ただ職務年限を消化するだけの.
tíme-shàre *vi* 〈システム・プログラムが〉時(じ)分割する. ► *vt* 〈電算機・プログラムを〉時分割方式で使用する. ► *n* TIME-SHARING (方式の共同所有[賃借]の別荘).
tíme-shàring *n* 〖電算〗時(じ)分割(方式), タイムシェアリング《一台の電算機を 2 人以上の使用者が同時に異なった目的のために使用すること》; タイムシェアリング《リゾートマンションなど休暇施設を, 複数の人が一定期間ずつの利用権をもって共同所有[賃借]すること》.
♦ **tíme-shàred** *a*
tíme shèet 出退勤時間記録用紙; 作業別所要時間記録用紙; 《給与計算用の》個人別就労時間集計用紙.
tíme-shìft *vi* 時代を移す, 時を変える. ► *vt* 〈テレビ番組を〉録画して時間をずらして[あとで]視聴する. ► *n* 《演劇・映画で》時代を移す[変える]こと.
tíme sìgnalᴵᴵ 時報信号.
tíme sìgnature 〖楽〗拍子記号.
Tímes Líterary Sùpplement [The]『タイムズ文芸サプリメント』《英紙 *The Times* の別売週刊補遺で, 英国の代表的な文芸誌; 通称 *TLS*》.
tíme spàn 《一定の》時間, 期間, タイムスパン.
tíme spìrit 時代精神.
tímes sígn 掛け算の記号《×》.
Tímes Squáre タイムズスクエア《New York 市 Manhattan の中央部にある広場; 付近には劇場やレストランが多い》. [(*The New York*) *Times* 社の旧所在地]
tímes táble 《口》掛け算表 (multiplication table).
tíme stàmp タイムスタンプ《(1) 手紙・文書の発送・受取りの日時を記録するもの (2)〖電算〗ファイル更新日時の記録》. ♦ **tíme-stàmp** *vt*
tíme stùdy 時間研究 (time and motion study).
tíme swìtch タイムスイッチ, 時限スイッチ.
tíme-symmètric *a* 〖理〗時間対称の.
tíme·tàble *n* 《乗物の》時刻表; 時間割; 予定表, 実施計画案, タイムテーブル, スケジュール: set [give] a ~ 日程を決める〈*for*〉. ► *vt, vi*ᴵᴵ(…の)時間表[予定表]を作る.
tíme-tèst·ed *a* 時の試練を経た.
tíme tràin 〖時計〗調速輪列.
tíme tràvel 《SF の》時間旅行, タイムトラベル. ♦ **~·er** *n*
tíme trìal タイムトライアル《(1) 距離[コース]を定めて競技者の所要タイムを個別に測定すること (2) そうした個別のタイム測定で順位づけするレース》; 仕事[活動]の所要時間の測定.
tíme-trìp *vi* 懐旧[ノスタルジア]にふける.
tíme vàlue 〖楽〗時価《音符・休符の表わす長さ》.
tíme wàrp 《SF の》タイムワープ; 〖理〗時間のゆがみ《時間の変則的な流れ・停止》: in a ~ 時代に取り残されて, もとのままで. ♦ **tíme-wàrp, tíme-wàrped** *a*
tíme-wàsting *n* 時間の浪費; 〖スポ〗時間かせぎ《試合の終盤に緩慢なプレーで相手が得点するのを妨害する作戦》. ♦ **tíme-wàster** *n*
tíme·wòrk *n* 《賃金が時間給や日給で支払われる》時間給労働, タイムワーク (cf. PIECEWORK). ♦ **tíme·wòrk·er** *n* 時間給労働者.
tíme·wòrn *a* 使い古した, 古ぼけた; 古来の; 陳腐な.
tíme zòne 《同一標準時を用いる》(標準)時間帯.
Tim·gad /tímgæd/ ティムガード《アルジェリア北東部にあるローマ人が築いた古代都市遺跡》.
tim·id /tímәd/ *a* 臆病な, 小心な, おずおずした, 内気な, 気弱な; 〈政策などが〉大胆さ[決断力]に欠ける, 及び腰の. ♦ **~·ly** *adv* **~·ness** *n* **ti·mid·i·ty** /tɪmídәti/ *n* [F or L (*timeo* to fear)]
tim·ing /táɪmɪŋ/ *n* **1** 時機[潮時]を選ぶこと[能力], タイミング; 時間的調節, 《エンジン・ゴルフスイングなどの》スピード調節; 〖機〗調時; 〖劇〗タイミング《(1) 各場面の配分の調節; そうして得た効果 (2) 間(ま)の取り方の調節》. **2** 《ストップウォッチなどによる》計時.
tíming chàin 〖機〗《内燃機関の》調時チェーン.
tíming gèar 〖機〗《内燃機関の》調時歯車(装置), タイミングギヤ.
Ti·miș /tíːmɪʃ/, **Ta·miš** /táːmɪʃ/ [the] ティミシュ川《ルーマニア西部からセルビア北部を西のち南に流れる Danube 川の支流》.
Ti·mi·șoa·ra /tìːmɪʃ(ә)wáːrә/ ティミショアラ (*Hung* Temesvár) 《ルーマニア西部の市》.
Tim·mins /tímәnz/ ティミンズ《カナダ Ontario 州東部 Sudbury の北にある町; 同国有数の金鉱業中心地》.
ti·moc·ra·cy /taɪmákrәsi/ *n* 《アリストテレス哲学の》金権政治; 《プラトン哲学の》名誉至上政治. ♦ **ti·mo·crat·ic** /tàɪmәkrǽtɪk/, **-i·cal** *a* [OF, <Gk (*timē* honor)]
ti·mo·lol /táɪmәlɔ̀(ː)l, -lòul, -lɑ̀l/ *n* 〖薬〗チモロール《ベータ受容体遮断薬; マレイン酸塩をアンギナ・高血圧・緑内障の治療に用いる》. [C20 (*tim-* (<?), propran*olol*)]
Ti·mon /táɪmәn/ ティモン《前 5 世紀末のアテナイの伝説的人間嫌い; Shakespeare, *Timon of Athens* のモデル》. ♦ **~·ism** *n* 人間嫌い (misanthropy).
Ti·mor /tíːmɔ̀ːr, *ーー/ ティモール《インドネシア東部小スンダ列島の島; 西半部は 1946 年までオランダ領 (Netherlands Timor), のちインドネシア領, 東半部は 75 年までポルトガル領 (Portuguese Timor) を経て東ティモールとして独立》. ♦ **Ti·mor·ese** /tìːmɔːríːz, -s/ *a, n*
Tímor dèer 〖動〗チモールジカ, ルサジカ (rusa).
tim·o·rous /tím(ә)rәs/ *a* 小心な, 臆病な; 〈言動が〉おどおどした. ♦ **~·ly** *adv* **~·ness** *n* [OF; ⇨ TIMID]
Tímor pòny チモールポニー《Timor 原産種の小型でがっしりした体型をしたポニー; オーストラリアの牧場で広く飼育されている》.
Tímor Séa [the] ティモール海《Timor 島とオーストラリアの間の海》.
Ti·mo·shen·ko /tìmәʃéŋkou/ ティモシェンコ **Semyon Konstantinovich** ~ (1895–1970)《ソ連の軍人; 元帥 (1940)》.
tim·o·thy /tímәθi/ *n* 〖植〗オオアワガエリ (=*herd's-grass*) (=~ **gràss**)《良質の牧草》. [*Timothy* Hanson 18 世紀米国の農夫; ニューイングランドから南部へ移入したという]
Timothy **1** ティモシー《男子名; 愛称 Tim》. **2** 〖聖〗**a** テモテ《使徒 Paul の弟子》. **b** テモテ書《Paul がテモテにあてた書簡で新約聖書の The First [Second] Epistle of Paul the Apostle to ~ (テモテへの第一[第二]の手紙); 略 Tim.》. [Gk=honoring God (honor+God)]
Ti·mour /tɪmúәr, tímuәr/ TIMUR.
timous ⇨ TIMEOUS.
tim·pa·ni, tym- /tímpәni/ *n pl* (*sg* **-pa·no** /-pәnòu/) [ᵒ⟨*sg*⟩] 〖楽〗ティンパニ《2 つ以上の kettledrums のセットになったもの》. [It=TYMPANUM]
tím·pa·nist *n* ティンパニ奏者.
Tim·pa·no·gos /tìmpәnóugәs/ [Mount] ティンパノゴス山《Utah 州中北部の山で Wasatch 山脈の最高峰 (3581 m)》.
Tim·u·cua /tìmәkúːә/ *n* **a** (*pl* ~, ~**s**) ティムクア族《Florida 州東岸に住んだインディアン; 絶滅》. **b** ティムクア語.
Ti·mur /tɪmúәr, tímuәr/ ティムール (1336–1405)《アジア西半を征服したティムール朝の建設者; ~ Lenk /léŋk/ (「隻脚のティムール」の意) ともいう (⇨ TAMERLANE)》.
tin /tín/ *n* **1** スズ (錫), 〖化〗スズ (=*stannum*)《金属元素; 記号 Sn, 原子番号 50; STANNIC, STANNOUS *a*》: a cry of ~ スズ鳴り, スズ声《スズを曲げるときに発する音》. **2** ブリキ製の容器[箱, 平鍋, 型, 缶], 《特に》ᴵᴵかんづめの缶 (can*); 《広く》金属製の箱[缶]; ブリキ(板) (tinplate); ᴵᴵかんづめ(の中味); ひと缶, 缶一杯; ᴵᴵ《ブリキ型で焼いた》食パン: LIVE¹ out of ~*s* / PIE TIN. **3** 《俗》**a** 金, 現ナマ, 銭; *わずかな金額. **b** *警官のバッジ; *警官, 刑事. **c** *1 オンスのマリファナ; *数グレーン (grain) のコカイン. ● **on the ~** *《警察俗》〈食事・飲み物などが〉ただで, おごりで《tin (警官のバッジ) を見せて特別の扱いを受けるところから》. ► *a* スズの; スズ[ブリキ]製の; 安物の, まがいの. ► *vt* (-nn-) …にスズを被(き)せる, …にスズめっきする; ᴵᴵかんづめにする (can). ★ ⇨ TINNING. [OE; cf. G *Zinn*]
TIN* taxpayer identification number 納税者番号.
Ti·na /tíːnә/ ティーナ《女子名; Albertina, Christiana, Christina などの愛称》.
TINA /tíːnә/ 《口》there is no alternative《英国首相 Margaret Thatcher の政治姿勢に関していわれた》.
tin·a·mou /tínәmùː/ *n* 〖鳥〗シギダチョウ《中南米産》. [F< Carib]
tín àrse 《豪俗》運のいいやつ, 恵まれたやつ. ♦ **tín-àrsed** *a* すごく運のいい[ついてる], 超ラッキーな.
Tin·ber·gen /tínbә̀ːrgәn, tínbɛәrxә(n)/ ティンバーゲン, ティンベルヘン (1) **Jan** ~ (1903–94)《オランダの経済学者; 計量経済学モデルの開発で, 第 1 回ノーベル経済学賞 (1969)》 (2) **Nikolaas** ~ (1907–88)《オランダ生まれの英国の動物学者; Jan の弟; ノーベル生理学医学賞 (1973)》.
tin·cal /tíŋk(ә)l/ *n* 〖鉱〗天然硼砂(ほうしゃ).
tín cán ブリキ缶, かんづめの缶, 空き缶; *《海軍俗》軍艦, 《特に》駆逐艦 (destroyer); *《海軍俗》水中爆雷.
tín ców かんづめのミルク.
tinct /tíŋ(k)t/ *n* 《詩》色, 色合い. ► *a* 《古・詩》色[色合い]を着けた. ► *vt* 《廃》…に色を着ける. [L; ⇨ TINGE]
tinct. tincture.
tinc·to·ri·al /tɪŋktɔ́ːriәl/ *a* 色(合い)の; 着色[染色]の. ♦ **~·ly**

adv [L (*tinctor* dyer); ⇨ TINGE]

tinc·ture /tíŋ(k)ʧər/ *n* **1 a** 色(合い); 《廃》色を着けるもの, 着色剤: a ~ *of* blue 青み. **b** 特色; 気味, 少々(…な[…じみた]ところ), 臭み〈*of*〉; 《教養などの》上っつらだけのもの, 付け焼き刃, 体裁; [ᵘ*pl*] 紋章の色の総称: a ~ of education 体裁だけの教育. **2**〘薬〙チンキ; 《廃》精気, 元素, エキス: ~ of iodine ヨードチンキ. **3** ‖《俗》飲み物, アルコール (drink). ► *vt* …に着色する, 染める; [ᵘ*pass*] …に風味[気味]をおびさせる. [L=dyeing; ⇨ TINGE]

tín cúp ブリキのカップ《しばしば 物乞い用》.

tin·dal /tínd(ə)l/ *n* 《インド》水夫の小がしら. [Hindi]

Tindale, -dal ⇨ TYNDALE.

tin·der /tíndər/ *n* 火口(ほくち); 火のつきやすい乾いたもの; あおる[刺激する]もの, 火をつけるもの〈*for*〉: burn like ~ 猛烈に燃える. [OE *tynder*; cf. G *Zunder*]

tínder·bòx *n* 燃えやすいもの[場所]; [*fig*] 火薬庫, 紛争の火種; おこりっぽい人; 〘史〙火口箱.

tínder-drý *a* 〈土地・森林・干し草など〉からからに乾いた; 〈政情など〉一触即発の.

tínder fùngus 〘菌〙ホクチタケ《火口にするキノコ》, 《特に》ツリガネタケ《ブナやカバノキの樹幹に発生するサルノコシカケの類のキノコ》.

tín·dery *a* 火口のような; 燃えやすい, 激しやすい.

T

tín disease TIN PEST.

tine[1] /táɪn/ *n* 《フォークなどの》歯, また; 《鹿の角の》枝. ♦ **~d** *a* [OE *tind*; 語尾消失; cf. OHG *zint* point]

tine[2] *v* (**~d, tint** /tínt/; **tin·ing** /táɪnɪŋ/) ‖《方》*vt* 失う. ► *vi* 消失する. [ME<Scand (ON *týna* to lose, destroy)]

tin·ea /tíniə/ *n* 〘医・獣医〙輪癬(りんせん), タムシ. ♦ **tín·e·al** *a* [L=moth, worm]

tínea bár·bae /-bá:rbì:/ 〘医〙白癬性毛瘡 (barber's itch).

tínea cá·pi·tis /-kǽpətəs/ 〘医〙頭部白癬.

tínea crú·ris /-krúərəs/ 〘医〙頑癬, 股部(こぶ)白癬 (=*jock itch*).

tínea pé·dis /-pí:dəs/ ATHLETE'S FOOT.

tín éar*《口》耳が肥えてないこと[人], 《音楽・微妙な表現などの》聴き分けのできない耳; CAULIFLOWER EAR: have a ~.

tin·e·id /tíniəd/ *n* 〘昆〙ヒロズコガ (=~ **mòth**). ► *a* ヒロズコガ科 (Tineidae) の.

tíne tèst 〘医〙穿孔式ツベルクリンテスト《ピルケ穿孔器で皮膚を軽く傷つけて行なう方法》.

tín físh*《海軍俗》魚雷 (torpedo).

tín·fòil *n* スズ箔; 銀紙 (=*silver paper*); アルミ箔.

tín·ful *n* ブリキの缶[容器]いっぱい(のもの).

ting[1] /tíŋ/ *n* 高い鈴の音. ► *vt, vi* チーン[チリン]と鳴らす[鳴る]. [ME imit]

ting[2] *n* THING[2].

ting[3] /díŋ, tíŋ/ *n* 〘中国〙鼎(かなえ).

Ting ティン **Samuel C**(hao) **C**(hung) ~ (1936–)《米国の物理学者; 中国系, 漢字では丁肇中; ノーベル物理学賞 (1976)》.

ting-a-ling /tíŋəlìŋ, ⌣⌣⌣/ *n* 鈴の音, リンリン, チリンチリン. [imit]

tinge /tínʤ/ *n* 色合い; [a ~] …じみたところ, 気味, 臭み〈*of*〉. ► *v* (**tinged**; **~·ing, ting·ing** /tínʤɪŋ/) *vt* …に薄く色を[色合いを]着ける, うっすらと染める; …にかすかな香り[風味]を添える; …に気味を添える〈*with*〉: black ~*d with* brown 茶色みをおびた黒. ► *vi* 色調[様相]の変化を示す. [L (*tinct- tingo* to dye, color)]

tín glàze スズ釉(ゆう)(やく)《酸化スズを加えたうわぐすり》. ♦ **tín-glàzed** *a*

tin·gle[1] /tíŋg(ə)l/ *vi* 〈体(の一部)が〉ヒリヒリ[きりきり, チクチク, ピリピリ, ジンジン]する, 〈耳が〉鳴る; 〈ほおが〉《当惑・憤りなどで》チリチリする, 紅潮する; 〈傷などが〉刺す痛み[刺痛]を感じさせる; ぞくぞく[わくわく]する; 〈鈴などが〉(チリンチリンと)鳴る: My cheeks ~ with the cold [from the slap]. / The trumpets ~*d* in my ears. ► *vt* ヒリヒリ[チクチク]させる; ぞくぞく[わくわく]させる; 〈鈴などを〉チリンチリンと鳴らす. ► *n* ヒリヒリ, チクチク, ピリピリ, ジンジン, うずき, ほてり, 刺痛; ぞくぞく[わくわく](する感じ); ヒリヒリ[チクチク, ピリピリ, ぞくぞく, わくわく]させる作用; チリンチリンと鳴る音[響き]. ♦ **tín·gler** *n* **tín·gling·ly** *adv* [ME <? TINKLE]

tingle[2] *n* ティングル《ガラスや瓦を支えるために用いる S 字型の留め金具》.

tín·gly *a* ヒリヒリ[チクチク, ピリピリ]する; ぞくぞく[わくわく]する[させる].

tín gód [ᵒa little ~] 尊大な人物, 地位や立場ゆえに偉がるつまらぬ人物; 間違って尊敬[崇拝]されている人, 食わせ者.

tín hát 《口》ヘルメット, 鉄かぶと, 保安帽. ● **put the** [**a**] **~ on**… ‖《俗》…を終わらせる, だいなしにする, つぶす.

tín·hòrn *《俗》*n* はったり屋, はったり賭博師. ► *a* はったりの, つまらない, けちな, 安っぽい: a ~ sport げす(野郎), くず.

tin·ker /tíŋkər/ *n* **1** (渡りの)鋳掛け屋; よろず修繕屋; 不器用な修繕屋, へたな職人; へたな繕い, いじくりまわすこと: have a ~ at…をいじくりまわす. **2** ‖《口》困った[聞きわけのない]子(供); 〘魚〙小[子]サバ; 《スコ・アイル》浮浪者, GYPSY. ● **~, tailor, soldier, sailor** 鋳掛け屋・仕立屋・兵隊・船乗り; いろんな人, ありとあらゆる人《子供の数え歌から》. ► *vi* 鋳掛け屋をする; 不細工な修繕[仕事]をする, (へたに)いじくりまわす〈*around, away, at, with*〉; くだらぬ仕事であくせくする[空騒ぎする]. ► *vt* 鋳掛け屋として修繕する; …に間に合わせの[不細工な]修繕[調整, 整備]をする〈*up*〉; いじくりまわす. ♦ **~·er** *n* **~·ly** *a* 鋳掛け屋の(ような); ぞんざいな, へたな. [ME<?; *tink* (obs) to TINKLE (imit) からか]

Tínker Bèll ティンカーベル《J. M. Barrie の *Peter Pan* に登場する小さな妖精; Peter Pan の友だち》.

tínker·bìrd *n* 〘鳥〙ヒメゴシキドリ (=*anvilbird*)《アフリカ産; やかましく鳴く》.

tínker's cúrse [**cúss**] 《俗》TINKER'S DAMN.

tínker's dámn [**dám**] [*neg*] 無いに等しい量[程度], ほんの少し: be *not* worth a ~ 全く無価値だ / do *not* care [give] a ~ どうでもいい, 全然かまわない〈*about, for*〉.

Tin·ker·toy /tíŋkərtɔ̀ɪ/ 〘商標〙ティンカートイ《組立て玩具》.

tin·kle /tíŋk(ə)l/ *n* チリンチリンと鳴る音[こと]; 《詩文の》調子のよい響き; ‖《口》電話をかけること (: give sb a ~); 《幼児・口》おしっこ. ► *vi* チリンチリンと鳴る; 鍵盤楽器をポロンポロンと弾く; 《幼児・口》おしっこする. ► *vt* チリンチリンと鳴らす; 〈曲を〉ポロンポロンと弾く; チリンチリンと鳴って〈時間を〉知らせる[…の関心をひく]〈*out*〉. ♦ **tín·kly** *a* [ME (imit); cf. TINKER]

tínkle-bòx *n**《俗》ピアノ.

tín·kler *n* チリンチリンと鳴らす人[鳴るもの]; 《口》小鈴, りん; ‖《方》TINKER.

tink·tink·ie /tíŋktìŋki/ *n* 《南ア》CAPE WREN WARBLER. [Afrik]

Tín Lízzie* **1** ティン・リジー《T 型フォード (MODEL T) の愛称》. **2** [t- l-] 小型安自動車, ガタガタ自動車, (おん)ぼろ[ぽんこつ]飛行機.

tín·man /-mən/ *n* TINSMITH.

Tín Màn [the] TIN WOODMAN.

tínman's sòlder チンマンズ[チンスミス]ソルダー《板金用の低温はんだ》.

tinned /tínd/ *a* スズめっきをした; ‖かんづめにした, 缶入りの: ~ tomatoes [biscuits].

tinned ców TIN COW.

tinned dóg 《豪口》かんづめ肉.

tín·ner *n* スズ鉱夫; TINSMITH; ‖かんづめ工, かんづめ業者.

tin·nie /tíni/ *n* TINNY.

tín·ning *n* スズ被(き)せ, スズめっき; スズ採鉱; ‖かんづめ製造.

tin·ni·tus /tənáɪtəs, tínə-/ *n* 〘医〙耳鳴り. [L (*tinnit- tinnio* to jingle ‹ imit)]

tín·ny *a* **1** スズ (tin) の(ような); スズを含む[を産する, の多い]. **2 a** 缶の味がする, 缶臭い. **b** ブリキをたたいたような音のする, 〈音・声が〉薄っぺらでかん高い, 《特に》低音の響きに欠ける. **c** ブリキ(で作った)みたいな; 〈話など〉薄っぺらな, 内容に乏しい; 丈夫でない, 長持ちしない, 粗悪な. **3** 《俗》金のある; 《豪俗》幸運な, ついてる (lucky). ► *n* 《豪俗》缶ビール; 《豪俗》船体がアルミのボート. ♦ **tín·ni·ly** *adv* **-ni·ness** *n*

tín òpener‖ 缶切り (can opener*).

Tínos ⇨ TENOS.

tín-pàn *a* 騒々しい音を出す, ブリキのような音のする.

Tín Pàn Álley ティン・パン・アリー《ポピュラー音楽の作曲家やその出版業者の集まる地域; 元来 New York 市の一地区の俗称》; [ˢt- p- a-] ポピュラー音楽業界.

tín-pán·ny /-pǽni/ *a* TIN-PAN.

tín párachute 〘経営〙ティンパラシュート《被買収企業の全従業員に対する金銭的補償の保証; cf. GOLDEN PARACHUTE》.

tín pèst [**plàgue**] スズペスト (=*tin disease*)《白色スズが低温下で灰色の粉末になること》.

tín·plàte *n* ブリキ(板), 板金.

tín-plàte *vt* 〈金属板〉にスズめっきをする. ♦ **tín-plàted** *a*

tín·pòt *a*‖《口》《政府・指導者などが》無能な; 粗悪な, 安手の, ちゃちな, ちんけな.

tín pyrítes 〘鉱〙硫錫(りゅうしゃく)石[鉱], 黄錫鉱 (stannite).

tin·sel /tíns(ə)l/ *n* **1** ピカピカ光る金属[紙, プラスチック]の薄葉[糸], ティンセル; 《それを織り込んだ》ティンセルヤーンの織物. **2** 《口》安ピカ物; [*fig*] うわべのきらびやかさ, 虚飾. ► *a* ティンセルで作った[おおった]; 金ピカの; 見かけ倒しの. ► *vt* (-l- | -ll-) ティンセルで飾る; …の見かけを飾る. [OF *estincele*<L SCINTILLA]

tín·seled *a**《俗》偽造[変造]した, にせの〈小切手など〉.

tin·sel·ly /tíns(ə)li, -z(ə)li/ *a* TINSEL.

tínsel tèeth*《俗》*pl* 金属製歯列矯正器をつけた歯; [‹*sg*›] [*derog*] 歯列矯正器《これをつけた人のあだ名》.

Tínsel·tòwn *n* [ˢt-] [*derog*] 金ピカの町《Hollywood の俗称》; 米国の映画産業. [米国のピアニスト・作曲家 Oscar Levant (1906–72) の造語]

tín·smìth *n* ブリキ屋, 板金職. ♦ **~·ing** *n*

tín·snìps, tín shèars* *n pl* 板金用のはさみ, ブリキばさみ, 手ばさみ (snips).

tín sóldier 《おもちゃの》鉛[スズ, ブリキ]の兵隊; 兵隊遊びをする人.

tín spírit [ᵒ*pl*] スズ精, チンスピリット《塩化第一スズを主剤とする溶液; 媒染剤》.

tín stàr *《俗》私立探偵.

tín·stòne *n* 〖鉱〗スズ石 (cassiterite).

tint[1] /tínt/ *n* **1** 色(合い); ほのかな色,《赤み・青みなどの》…み; 色彩の配合, うつり, 濃淡;〖色彩〗明度《白の添加による色の変化; opp. *shade*》; かすかな…〈*of*〉〖版画〗線ぼかし, けば《並行線で陰影を表現すること》;〖印〗薄い色の背景, 線ぼかし, 影, 限(くま); 毛髪染め: autumnal ~*s* 秋色, 紅葉 / green of [with] a blue ~ 青みがかった緑 / in all ~*s* of red 濃淡さまざまの赤色で / a ~ *of* envy かすかな嫉妬 / crossed [ruled] ~ 交差[平行]線陰影: have a ~《地毛とあまり変わらない程度に》髪の毛を染める. **2** 性質; 気味. **3** [*pl*] *《俗》サングラス (sunglasses). ► *vt* …に(薄く)色を着ける, 染める;〖版画〗…に陰影をつける, 色合いを添える. ► *vi* 色(合い)をおびる. ♦ **~·ed** *a* 〈眼鏡・窓(ガラス)など〉色のはいった;〈化粧品など〉うっすら着色された. **~·less** *a* [*tinct* (⇨ TINGE); It *tinto* の影響による変形か]

tint[2] *v* TINE[2] の過去・過去分詞.

tín tàck" スズめっきの鋲釘.

Tin·tág·el Héad /tɪntǽdʒ(ə)l-/ ティンタジェル岬《イングランド南西部 Cornwall 州北西部の岬; Arthur 王が生まれたと伝えるティンタジェル城 (**Tintágel Cástle**) 城址の所在地》.

tínt blòck 〖印・版画〗限(くま)を刷る版, 地色刷版.

tínt·er *n* 色合いをつける人; 塗料[えのぐなど]の色合いを整えるために顔料を混ぜる人.

T-intersection*/tí: ─́─/ *n* 丁(てい)字路, T 字路 (T-junction").

Tin·tin /tíntin; *F* tɛ̃tɛ̃/『タンタン』《Hergé 作の漫画; 少年新聞記者 Tintin と愛犬の Snowy (原語では Milou) を主人公としたもの》.

tínt·ing *n* 色付け, 着色;〖版画〗線ぼかし.

tin·tin·nab·u·lar /tìntənǽbjələr/, **-lary** /-lèri; -l(ə)ri/, **-lous** /-ləs/ *a* 鈴(の音)の(ような), チリンチリン鳴る.

tin·tin·nab·u·la·tion /tìntənæ̀bjəléɪʃ(ə)n/ *n*《鈴の》チリンチリン(と鳴る音).

tin·tin·nab·u·lum /tìntənǽbjələm/ *n* (*pl* **-la** /-lə/) 小さな鈴. [L=bell (*tintino* to ring); cf. TINNITUS]

tin·to /tíntou/ *n* (*pl* **~s**) ティント《スペインまたはポルトガル産の赤ワイン》. [Sp=tinted]

Tint·om·e·ter /tɪntáմətər/〖商標〗ティントメター《英国の The Tintometer Ltd. 製の色調計》.

Tin·to·ret·to /tìntərétou/ ティントレット (c. 1518–94)《イタリアのヴェネツィア派の画家; 本名 Jacopo Robusti》.

tínt tòol 陰影線彫刻刀.

tín·tỳpe *n* FERROTYPE.

tín·wàre *n* ブリキ製品.

tín wédding すず婚式《結婚 10 周年記念; ⇨ WEDDING》.

tín whìstle PENNY WHISTLE.

Tín Wóodman [the] ブリキのきこり《*The Wizard of Oz* に登場する全身ブリキでできているきこり》.

tín·wòrk *n* スズ[ブリキ]細工; スズ[ブリキ]製品; [~s, 〈*sg/pl*〉] スズ[ブリキ]工場, スズ鉱山.

ti·ny /táɪni/ *a* ごく小さな[わずかな], 豆…: little ~=~ little ちっちゃな. ► *n* [ᵘ*pl*]"幼児, チビっ子; [*joc*]《でかい人やのっぽを指して》ちび. ♦ **tí·ni·ly** *adv* **-ni·ness** *n* [*tine, tyne* (a) small, (n) a little<?]

Ti·om·kin /tiámkɪn/ ティオムキン **Dimitri** ~ (1894–1979)《ロシア生まれの米国の作曲家; 映画音楽で多くのヒット曲を生み出す》.

-tion *n suf* ⇨ -ION.

Tio Ta·co /tí:ou tá:kou/ (*pl* **~s**) *《俗》[*derog*] 白人社会に融和したメキシコ系アメリカ人.

tip[1] /típ/ *n* **1 a** 先, 先端, 先っぽ,《山の》てっぺん: the ~ of one's nose 鼻の先 / the ~ of the ICEBERG / walk on the ~*s* of one's toes つまさき立ちで歩く / from ~ to ~ (翼の)端から端まで. **b** 先端に付けるもの, 先端具,《pastry bag などの》口金(くちがね);《剣のさやの》こじり,《ステッキなどの》石突き; 釣りざお[玉突きのキューなど]の先端部;《靴の》先革;《装飾用》毛皮[羽毛]の末端;〖空〗《飛行機の》翼端 (wing tip),《プロペラの》翅端(したん);《タバコの》フィルター; 茶の葉芽. **2** 金箔ばけ;〖製本〗貼り込み(別丁(べっちょう)) (=*tip-in*). ● **from ~ to toe** 頭のてっぺんからつまさきまで; なにからなにまで, すっかり. **have sth at the ~ of one's fingers** 事に精通している. **on [at] the ~ of one's tongue** (あやうく)のどから出かかって; 思い出しかかって: I have her name [Her name is] *on the ~ of my tongue.* 名前が思い出せそうだ(が出てこない). **to the ~s of one's fingers**=to one's FINGERTIPS. ► *vt* (**-pp-**) …に先を付ける; …の先にかぶせる; …の先端を飾る; …の先端をなす; …の先[果柄]を切る;《見ばをよくするため》〈毛皮〉の毛の先端を黒く染める. ● **~ in**〖製本〗貼り込む,〈図版など〉の端を折丁(おりちょう)に糊で貼る. ♦ **~·less** *a* **típped** *a* 先革[石突きなど]のついた; [*compd*] 先端に…のついた: FILTER-TIPPED / NUCLEAR-TIPPED. [ON *typpi* (n), *typpa* (v); cf. TOP[1], G *Zipfel*]

tip[2] *n* **1** チップ, 心付け, 祝儀. **2** (ためになる)助言;《特に賭け・投機などの, 専門家による》情報, 示唆, 警告, 内報〈*on*〉: the straight ~ 信頼できる助言[内報] / HOT TIP / Take my ~. わたしの言うとおりにしなさい / give [get] the ~ to do…せよと内報する[せよとの内報に接する] / miss one's ~ 予想[あて, やま]がはずれる, へまをやる, 失敗する. **3** *《俗》呼び込みで集まった見物人たち; *《俗》呼び込みの文句. **4** *《卑》セックス, 性交; *《俗》魅力的な[いかす]娘. ● **poke a ~** *《俗》人を呼び込むためにただで見せる[物を渡す]. **turn the ~** *《俗》呼び込みで集めた人たちの注意をうまく商品に向けさせる. ► *v* (**-pp-**) *vt* **1** …に贈る[与える]; …にチップをやる〈*with* a dollar〉: ~ the porter [waiter] ポーター[給仕]にチップをやる / *T*~ us a song [yarn].《俗》ひとつ歌[話]を聞かしてくれ. **2** …についてそっと知らせる,〈秘密・陰謀などを〉明かす, 漏らす;《口》…に内報する; [ᵘ*pass*]"〈人・作品・馬を〉有力候補[勝馬]として挙げる, 予想する[取りざたする]〈sb *to* do [*as*]〉: ~ the winner《レース前に》勝馬[勝者]の名を知らせる / He *was tipped to* succeed Jobs. 彼はジョブズの後継者と目されていた. **3** *《俗》…に不貞をはたらく; *《卑》…とセックスをする. ► *vi* チップを与える; *《俗》不貞をはたらく; *《卑》セックスをする. ● **~ off**《口》〈人〉に秘密情報を提供する, こっそり知らせる, 内報する〈*about, on, to*〉;《口》…に警告する. **~ out** *《黒人俗》不貞をはたらく, 不倫する〈*on*〉. **~ one's hand [mitt]** *《俗》=show one's HAND. **~ sb the [a] wink** "《口》人に目くばせする, そっと警告する. [C18<?*tip*[3];「指先でさわる」意か]

tip[3] *n* 軽く鋭く打つこと; 軽くさわる[打つ]こと,〖野・クリケット〗チップ; [〈*int*〉] ポン, トン, パチッ《軽く打つ[触れる]音》. ► *v* (**-pp-**) *vt* 軽く鋭く打つ; 軽くさわる[たたく],〖野・クリケット〗チップする. ► *vi* TIPTOE. ● **~ off**〖バスケ〗TIP-OFF[2] する. [ME<?LG *tippen*; cf. G *tippen*]

tip[4] *v* (**-pp-**) *vt* 傾ける〈*up*〉; 倒す, ひっくり返す〈*over*〉;〈帽子を〉ちょっと上げて(前方に傾けて)挨拶する〈*to*〉; "〈中味を〉あける, 注ぐ,〈ごみなどを〉(ドサッと)捨てる〈*out, into*〉;〈人を〉追いやる: ~ the BALANCE / ~ the scale(s) ⇨ SCALE[2]. ► *vi* 傾く〈*up*〉; 倒れる, ひっくり返る〈*over, up*〉; "ごみを捨てる. ● **It is tipping (it) down.** "《口》どしゃぶりだ. **~ off**《俗》殺す, 片付ける. **~ over** *《俗》〈銀行などを〉襲う, …から略奪する,〈警官が〉急襲する, …に踏み込む. **~ up**〈椅子・テーブル・棚などを[が]〉《蝶番などで》上げ起こす[起こされる], はね上げる[上がる] (cf. TIP-UP). ► *n* 傾ける[傾く]こと; 傾斜; "ごみ捨て場; "《口》きたない場所, 散らかった部屋. [ME *type*<?Scand; *tip*[1] の影響あり; cf. TOPPLE]

Tip. Tipperary.

tí pàlm〖植〗TI[2].

típ-and-rún *a*〖クリケット〗ボールにちょっと当ててすぐ走る; 攻撃したらすぐ逃げる, 電撃的な: a ~ raid 奇襲 / ~ tactics 電撃戦術.

típ and rún〖クリケット〗チップエンドラン《バットが投球に触れるたびに打者が走る方式》.

típ·càr" *n* TIPCART.

típ·càrt *n* 放下車《後部を傾けて積載物を落とす》.

típ·càt *n* 棒打ち《両端がとがった木片を棒で打っておどり上がらせ, 落ちないうちに同じ棒で打って遠くへ飛ばす子供の遊び》; 棒打ちの木片 (=*cat*).

tip·ee /típi, tɪpí:/ *n* 株式の市場価格の内報を得る人.

tipi ⇨ TEPEE.

típ-ìn[1] *n* チップイン (**1**)〖バスケ〗リバウンドのボールを指先で触れて入れるゴール **2**)〖ホッケー〗ゴールの至近距離からパックを軽く打って入れるゴール》.

tip-in[2] *n*〖製本〗TIP[1].

tip-òff[1]《口》*n* 内報, 秘密, 情報; 警告, 助言; ヒント, 手掛かり (clue). [TIP[2] *off*]

tip-off[2] *n*〖バスケ〗ティップオフ《ジャンプボールでプレーを開始すること》. [TIP[3] *off*]

Tip·pe·ca·noe /tìpikənú:/ **1** [the] ティペカヌー川《Indiana 州北部を南西に流れて Wabash 川に合流する; 1811 年 William H. Harrison 将軍の率いる政府軍がインディアンに大勝した地》. **2** ティペカヌー《William H. HARRISON のあだ名》.

típ·per[1] *n* TIP[1] する人;〖製本〗《図版などの》貼込み人 (=~-**in**).

tipper[2] *n* TIP[2] する人; チップを与える人; 内報者, 密告者.

tipper[3] *n* TIP[4] する人[もの]; ごみ捨て人夫; "TIPPER TRUCK.

Tip·pe·rary /tìpəréəri/ **1** ティペレアリー《**1**) アイルランド中南部の内陸県; ☆Clonmel **2**) その南西部の市場町; 13 世紀の城・修道院がある》. **2** ティペレアリーの歌《第一次大戦中に, 欧州戦線に参加した英軍兵士の歌った行軍歌; 一般大衆の間でも歌われた》.

típper trùck [lòrry]" ダンプカー (dump truck).

tip·pet /típət/ *n* **1** ティペット《裁判官・聖職者・婦人などが着用する毛皮[ウール, 絹など]製で胸の方にたれる肩衣》. **2**《もと》フード[帽子, 肩マント, 袖など]からたれる細長い布. **3**〖釣〗ティペット《はりすの先端の毛針を結ぶ部分》. [ME<? *tip*[1]]

Tip·pett /típət/ ティペット Sir **Michael (Kemp)** ~ (1905–98)《英国の作曲家》.

tipp·ex" /típèks/ *vt* 修正液で消す〈*out*〉.

Tipp-Ex /típèks/〖英商標〗ティペックス《ドイツ製の誤字修正液》.

típ·ping pòint《深刻な状況[変化]への》転換点, 臨界点;《伝染病患者などの》急増点.

tip·ple[1] /típ(ə)l/ *vt* 〈酒を〉少しずつ習慣的に飲む, ちびちび飲む. ► *vi*《習慣的に》酒を飲む; 深酒をする. ► *n*《口》(一杯の)酒; [*joc*] 飲み物;《俗》飲み騒ぎ, 酒宴: How about a little ~? 一杯どう? / on a ~《俗》大酒を飲んで. ♦ **tip·pler**[1] *n*《口》酒飲み; *《俗》飲み屋の主人. [逆成<*tippler*[1] (obs) tapster<?]

tipple[2] *n*《車を傾けて積荷を降ろす》放下装置 (=*tippler*); 積荷を放下する場所,《特に》石炭選別場. ► *vi, vt*《北イング》ひっくり返る[返す];《俗》〈雨が〉ひどく降る. [*tipple* to overturn < *tip*[4]]

tippler[2] *n* 放下装置 (tipple); 石炭選別作業員; 宙返りバトの一種. [↑]

tip·ply /típli/ *n*《俗》酔っぱらった, 酔ってふらふらの.

Tippu Sultan ⇨ TIPU SULTAN.

típ·py[1] *a**《口》ひっくり返りやすい, 傾きやすい, 不安定な. [*tip*[4]]

tippy[2] "*a* 〈紅茶が〉茶芽(ちゃ)の含有率の高い. [*tip*[1]]

típpy-tòe *n, vi, a, adv*《口》TIPTOE.

típ shèet 業界紙;《競馬などの》予想表.

tip·si·fy /típsəfàɪ/ *vt*《口》酔わせる.

típ·stàff *n* (*pl* **-stàves, ~s**) 廷吏, 執達吏, 巡査《など》;《もと》先端に金具の付いた職務杖. [*tipped staff*]

típ·ster *n*《口》《競馬・相場の》内報者, 助言者, 予想屋. [*tip*[2]]

típ·stòck *n* 銃床の先端《銃を左手で支える部分; cf. BUTT-STOCK》.

tip·sy /típsi/ *a*《口》ほろ酔いの, 千鳥足の; 傾いた, かしいだ, 安定を欠く, ぐらぐらする: a ~ lurch 千鳥足. ♦ **típ·si·ly** *adv* **-si·ness** *n* [? *tip*[4] inclined to lean; cf. TRICKSY, FLIMSY]

típsy càke" ティプシーケーキ《アーモンドや砂糖漬けの果物で飾ってワインかブランデーに浸したスポンジケーキ》.

T

típ·tìlt·ed *a* 〈鼻など〉先の上向きにそった.

tip·toe /típtòʊ/ *n* つまさき(立ち). ● **on ~(s)** つまさきで; そっと注意深く; 大いに期待[興奮]して: walk *on ~(s)* 抜き足差し足で歩く. ► *vi* つまさきで歩く; つまさき立つ, 背伸びをする. ● **~ around** ... 〈話題などを〉慎重に避ける; 〈人〉におそるおそる接する. ► *a* **1** つまさき立ち[歩き]の; 忍び足の; 用心深い. **2** 背伸びする, 野心的な; こおどりする, 軽快な; 大いに期待して[待ちもうけて]いる. ► *adv* つまさきで; 忍び足で; そっと(注意深く); 大いに期待して.

típ-tóp /, ─ ─/ *n* **1** 頂上, てっぺん, 絶頂, 頂点;《口》最高, 極上, 一流, トップ(クラス): at the ~ of one's profession 全盛をきわめて; 商売繁盛で. **2***《釣りざおの》穂先のガイド ► *a* 絶頂の, 頂点の;《口》最高の, 極上の: a ~ hotel 一流ホテル. ► *adv* 最高に.

típ·tòp·per *n*《口》トップクラスの人[もの].

típ trùck TIPPER TRUCK.

típ-ùp *a, n* 上げ起こし式[はね上げ式]の(もの[《特に》椅子]).

Ti·pu [Tip·pu] Sul·tan /típu súltà:n/ ティプ スルターン (1749 or 53–99)《南インドの Mysore 王国の王 (1782–99); 英国の植民地化政策に最後まで抵抗》.

ti·rade /táɪrèɪd, ─ ─; taɪréɪd, tɪ-/ *n* **1** 長広舌; 延々たる攻撃[非難], 弾劾演説, しつこい抗議. **2**《詩などの》単一テーマだけを扱った一節. **3** /*tɪrá:d/〖楽〗ティラード《バロック時代の, 2 つの旋律音の間を速い音階的経過音で埋めた装飾音》. [F=long speech < It *tirata* volley (*tirare* to draw)]

ti·rail·leur /F tirajœ:r/ *n* 狙撃兵 (sharpshooter).

ti·ra·mi·su /tìrəmí:su, -mísu, -mɪsú:; -mɪsú:/ *n* ティラミス《コーヒーやブランデーに漬けたスポンジケーキと, チョコレート入り mascarpone とを重ねたイタリア起源のデザート》. [It (*tira mi sù* pick me up)]

Ti·ran /tɪrá:n/ ■ the **Stráit of ~** ティラン海峡《'Aqaba 湾と紅海の間の海峡》.

Ti·ra·në, -na /tɪrá:nə/ ティラネ, ティラナ《アルバニアの首都》.

tire[1] /táɪər/ *vt* 疲れさせる, くたびれさせる 〈*with, by*〉; うんざり[飽きあき]させる 〈*with* long speeches〉: ~ out = ~ to death へとへとに疲れさせる / I'm ~*d* out. へとへとに疲れた (⇨ TIRED[1]). ► *vi* 疲れる 〈*out, with*〉; うむ, 飽きる 〈*of*〉: never ~ *of* doing 飽きもせず…する. ● **~ down**〖狩〗〈獲物を〉疲れて動けなくなるまで追い詰める. ► *n* 疲れ, 疲労 (fatigue). [OE *tēorian* < ?]

tire[2] | **tyre** /táɪər/ *n*《ゴムの》タイヤ;《荷車などの車輪の》輪金: a pneumatic ~ 空気入り(ゴム)タイヤ / TUBELESS TIRE. ● **kick the ~s***《俗》ちょっと点検する, 簡単にチェックする. ► *vt* …にタイヤ[輪金]を付ける. [? *tire*[3]]

tire[3] *n*《古》《婦人の》頭[髪]飾り, かぶりもの;《廃》ATTIRE. ► *vt*《古》〈頭・髪〉に飾りを付ける;《廃》ATTIRE. [*attire*]

tíre chàin タイヤチェーン.

tired[1] /táɪərd/ *a* **1** [ᵘ*pred*] 疲れた; [*pred*] 飽きた, いやになった;《口》愛想がつきた: I'm ~ *from* [ˢ*by, with*] work [walking]. 仕事で[歩いて]疲れた / I'm (sick and) ~ *of* hearing. 聞き飽きた / ~ *of* life 人生がいやになって / make sb ~ 人を退屈させる, うるさがらせる, うんざりさせる. **2** 〈物が〉くたびれた, 使い古された, 老朽化した; 陳腐な〈冗談など〉. ● **~ and emotional** "[*euph*] 酔っぱらって, 酩酊して. ♦ **~·ly** *adv* **~·ness** *n* [*tire*[1]]

tired[2] *a* タイヤをつけた. [*tire*[2]]

tíred-áss *a*《卑》けたくそわるいほど陳腐な, 手あかにまみれた〈表現〉.

tíred blóod*《口》無気力(状態), 何やる気もないこと, げんなりしていること.

tíred íron*《俗》さんざん使った車, ぽんこつ.

Ti·ree /taɪrí:/ タイリー《スコットランド西部 Inner Hebrides 諸島の島》.

tíre gàge タイヤゲージ《空気圧を測る》.

tíre íron タイヤ着脱用てこ, タイヤレバー.

tíre·less[1] *a* 〈人が〉疲れを知らない; 〈行動など〉疲れの見えない; 不断の, たゆみない〈努力〉. ♦ **~·ly** *adv* **~·ness** *n* [*tire*[1]]

tireless[2] *a* 〈車輪が〉タイヤのない. [*tire*[2]]

tíre pàtch*《俗》ホットケーキ.

tíre prèssure タイヤ空気圧.

Ti·re·si·as /taɪrí:siəs; -æs/〖ギ神〗テイレシアース《テーバイの盲目の予言者》.

tíre·some *a* うんざりさせる, 疲れさせる; 厄介な, 面倒な, 大儀な, いやな, うるさい: How ~!—I have left my watch behind. いやだな[弱ったな]—時計を忘れてきた. ♦ **~·ly** *adv* **~·ness** *n*

tíre·wòman *n*《古》腰元, 侍女 (=*lady's maid*),《特に》劇場の衣裳係の婦人; DRESSMAKER. [*tire*[3]]

Tîr·gu-Mu·reş /tíərgumú:rɛʃ/ トゥルグ-ムレシュ《ルーマニア中部の市》.

Ti·rich Mir /tíərɪtʃ míər/ ティリチミール《パキスタン北部の Hindu Kush 山脈の最高峰 (7690 m)》.

tir·ing /táɪərɪŋ/ *a* 疲れさせる, 骨の折れる; 退屈な, うんざりさせる: a ~ day / a ~ game.

tíring-hòuse *n* 楽屋《俳優が扮装・準備するための劇場の一角》.

tíring-ròom *n*《特に 劇場の》楽屋 (=*dressing room*).

tirl /tə́:rl/《スコ》*vi* 〈ドアの掛け金・かんぬきが〉ガタガタと音をたてる. ► *vt* TWIRL.

tiro ⇨ TYRO.

Ti·rol /təróʊl, taɪróʊl, táɪròʊl; tɪróʊl, tírəl/ [the] ティロル (It **Ti·ro·lo** /tɪrɔ́:loʊ/) (**1**) オーストリア西部とイタリア北部にまたがるアルプス山脈地方 **2**) オーストリア西部の州; ☆Innsbruck》. ♦ **Ti·ro·le·an** /təróʊliən, tìrəlí:ən, *taɪróʊ-, *tàɪrə-/ *a, n* **Ti·ro·lese** /tìrəlí:z, *tàɪ-, *-s/ *a, n*

Ti·ros /táɪròʊs/ *n* タイロス《米国の一連の気象観測用人工衛星》. [*T*elevision and *I*nfra-*R*ed *O*bservation *S*atellite]

Tir·pitz /tíərpəts, tə́:r- G tírpɪts/ ティルピッツ **Alfred von ~** (1849–1930)《ドイツの海軍軍人・政治家》.

tir·ri·vee /tə́:rəvì:/《スコ》*n* 感情の激発; 激動, 動揺.

Tir·so de Mo·li·na /tíərsoʊ dèɪ məlí:nə/ ティルソ・デ・モリーナ (c. 1584–1648)《スペインの劇作家; 本名 Gabriel Téllez /téɪ(l)jeɪθ/; いわゆるドンファンなる性格類型を創造》.

Ti·ruch·chi·rap·pal·li, Ti·ru·chi·ra·pal·li /tìrətʃərá:pəli, -rəpáli/ ティルチラパリ《インド Tamil Nadu 州中部の市; 別称 Trichinopoly》.

Ti·ru·nel·veli /tìrənélvəli/ ティルネルヴェリ《インド南部 Tamil Nadu 州中部の市; St. Francis Xavier がインドで最初に布教した地》.

Ti·ryns /tírənz, táɪ-/ ティリンス《Peloponnesus 半島東部にあるミュケナイ文化の遺跡》.

'tis /tíz/《古・詩・方》it is の短縮形.

Tisa ⇨ TISZA.

ti·sane /tɪzǽn, -zá:n/ *n*《干した葉や花でつくる》薬湯, 煎じ汁, ハーブティー,《もと 大麦でつくった》滋養飲料 (cf. PTISAN).

Ti·se·li·us /təséɪliəs, -zéɪ-/ ティセリウス **Arne** (**Wilhelm Kaurin**) ~ (1902–71)《スウェーデンの生化学者; ノーベル化学賞 (1948)》.

tish /tíʃ/ *vt**《俗》…に薄葉紙 (tissue paper) を詰める,《大金の札束に見せるため》薄葉紙の芯を〈札〉で包む, [*fig*] ふくらませる, 大きく見せる.

Tish·ah-b'Ab, -b'Av /tíʃəbɔ̀:v/ *n*〖ユダヤ教〗ティシャーバブ《AB の 9 日; エルサレム神殿の崩壊を記念して断食をする日》.

Tish·ri /tíʃri/ *n*〖ユダヤ暦〗ティシュリ《政暦の第 1 月, 教暦の第 7 月; 現行太陽暦で 9–10 月; ⇨ JEWISH CALENDAR》.

Ti·siph·o·ne /təsífənì:/〖ギ神〗ティーシポネー《復讐の女神の一人; ⇨ FURIES》.

Ti·so /tí:soʊ/ ティソ **Jozef** [**Josef, Joseph**] ~ (1887–1947)《スロヴァキアの聖職者・政治家; ドイツの傀儡国家スロヴァキアの大統領 (1939–45)》.

Tis·ri /tízri/ *n* TISHRI.

Tis·sot /F tiso/ ティソ **James Joseph Jacques** ~ (1836–1902)《フランスの画家》.

tis·sue /tíʃu, "-sju/ *n* **1**〖生〗組織: connective [muscular, nervous] ~ 結合[筋肉, 神経]組織. **2**《絹・毛の》薄織物;《古》《金銀糸が織り込まれていた》薄絹; [*fig*]《うそ・ばかげたことなどの》織り交ぜ, 連続: a ~ of falsehoods [lies]. **3** ティッシュ(ペーパー); 紙製ハンカチ; 薄葉紙 (TISSUE PAPER);〖写〗カーボン印画紙; *《俗》(カーボン紙による)複写;《豪俗》《タバコの》巻紙. ► *vt* 薄絹に織り上げる; …に織込み刺繍をする; ティッシュでふき取る. ♦ **tís·sued** *a* 金[銀]を織り込んだ. **tís·su·ey** *a* tissue のような. [OF *tissu* woven cloth (pp) < *tistre* to weave < L; ⇨ TEXT]

tíssue cùlture 組織培養(法); 培養した組織.

tíssue flùid〖生理〗組織液.

tíssue pàper〖紙〗薄葉紙(うすようし)《包装・トレーシング・図版おおい用》.

tíssue plasmìnogen áctivator〖生化〗ヒト組織プラスミノゲン活性化因子《血液の中に少量含まれる抗凝血塊酵素; 遺伝子工学の技術によって大量生産され, 急性心筋梗塞における冠動脈血栓の溶解に用いる; 略 TPA》.

tíssue-tỳpe *vt* …の組織型を決定する.
tíssue type 〘医〙組織型《互いに免疫的に拒絶反応を起こさない組織の範疇》.
tíssue tỳping 《臓器移植前の》組織適合試験, 組織型別合わせ.
tis·su·lar /tíʃələr/ *a* (生体)組織の[に関する, に影響を及ぼす].
tis·was, tiz·was, tiz·woz /tízwàz/ *n* ᴵᴵ《俗》混乱, 興奮: all of a ～ えらく混乱して, ひどくこんがらがって / in a (bit of a) ～ (いささか)興奮ぎみで. [? *it is—it was*]
Ti·sza /tísɔ̀ː/ [the] ティサ川 (Serbo-Croat, Russ, Romanian **Ti·sa** /tíːsə/)《ウクライナ西部のカルパティア山脈に発し, 西流して Belgrade の北で Danube 川に合流する》.
tit[1] /tít/ *n* 〘鳥〙TITMOUSE,《一般に》シジュウカラの類;《豪》トゲハシムシクイ (thornbill).
tit[2] *n* 《まれ》小さな[貧弱な]馬;《古・方》娘っこ, 女の子, 女. [ME *tit* little; cf. TITMOUSE]
tit[3] *n* **1**《口》乳首 (teat); [*pl*]《俗》《両方の》乳房, おっぱい, パイオツ (breasts);《俗》操作ボタン, つまみ, ぽっち: (as) useless as ～*s* on a boar *《俗》なんの役にも立たない, 無用の長物で. **2** ᴵᴵ《俗》ばか, 無能, あんぽんたん. ● **get one's ～ caught in a wringer** *《俗》〈女が〉非常な窮地に陥る, ひどい苦痛をうける. **get on sb's ～s** ᴵᴵ《俗》人の神経をさかなでする. **How are your ～s?** *おっす, よう, 元気か, やってる? **look an absolute ～** 《俗》まるでばかみたいだ, アホ丸出しだ. **suck** HIND TIT. **～s up** *《俗》さかさまに, ひっくり返って (upside down), あおむけに. **with ～s (on)** *《俗》明らかに, 必ず, 絶対〈行くなど〉; *《俗》喜んで, すぐに. [OE *titt*; cf. G *Zitze*]
tit[4] *n* 軽打 (＝*tip*): ⇨ TIT FOR TAT. [変形 < *tip*[3]]
tit. title. **Tit.** 〘聖〙Titus.
Ti·tan /táɪtn/ *n* **1** 〘ギ神〙ティーターン《(1) 天空 Uranus と大地 Gaea を父母とする巨人の神族の者またはその子孫; オリュンポス神族と戦って Tartarus に幽閉された (2) 特に日の神 Helios の詩的名称》. **2** 〘天〙タイタン《土星の第 6 衛星; その衛星のうち最大》. **3** [t-]《体軀[力量, 業績]の偉大な》巨人; [t-] 巨大な[強大な]もの. **4** タイタン《米空軍の ICBM》. ● **the weary ～** (天を双肩に支える) Atlas 神; 老大国《英国など》. ► *a* TITANIC[2]. ♦ **～·ness** *n* **～·ésque** *a* [L<Gk]
ti·tan- /táɪt(ə)n, taɪtǽn, tə-, -téɪn/, **ti·ta·no-** /táɪt(ə)noʊ, taɪtǽnoʊ, tə-, -téɪ-, -nə/ *comb form*「チタン (titanium)」
ti·ta·nate /táɪt(ə)nèɪt/ *n* 〘化〙チタン酸塩[エステル].
Títan·ess *n fem* ティーターンの女神; [t-] 大力無双の女, 大女.
ti·ta·nia /taɪtéɪniə, tə-, -njə/ *n* 〘化〙TITANIUM DIOXIDE; チタニア《宝石に仕上げた透明な金紅石》.
Ti·ta·nia /tətéɪnjə, -áː-, taɪ-/ 〘中世伝説〙ティタニア《妖精国の女王; Oberon の妻; Shakespeare, *A Midsummer Night's Dream* では, Oberon に逆らったためロバの頭をかぶった Bottom を恋するはめになる》;〘ギ神〙ティタニア《Circe, Diana, Latona, Pyrrha などに用いる詩的形容辞》;〘天〙チタニア《天王星 (Uranus) の第 3 衛星》.
ti·tan·ic[1] /taɪtǽnɪk/ *a* 〘化〙チタンの,《特に》4 価のチタンの[を含む], チタン (IV) の.
titanic[2] *a* [T-] TITAN の(ような); 巨大な, 大力無双の. ► *n* [the T-] タイタニック号《1912 年処女航海の途中 Newfoundland 島沖で氷山と衝突して沈んだ英国の豪華客船; 犠牲者 1513 名》. ● **rearrange the deck chairs on the ～** *《口》全く無益なことをする, ひたすら時間を浪費する. ♦ **-i·cal·ly** *adv*
titánic ácid 〘化〙チタン酸.
titánic óxide 〘化〙TITANIUM DIOXIDE.
ti·ta·nif·er·ous /tàɪt(ə)níf(ə)rəs/ *a* チタンを含む[生じる].
títan·ìsm *n* [ᴼT-]《伝統・秩序などへの》反逆(心), 反抗; 巨大な力.
ti·ta·nite /táɪt(ə)nàɪt/ *n* チタン石 (SPHENE).
ti·ta·ni·um /taɪtéɪniəm/ *n* 〘化〙チタン, チタニウム《金属元素; 記号 Ti, 原子番号 22》. [*uranium* にならって *Titan* より]
titánium dióxide 〘化〙二酸化チタン.
titánium óxide 〘化〙酸化チタン,《特に》TITANIUM DIOXIDE.
titánium white チタン白(はく)《白色顔料・えのぐ》.
Ti·tan·om·a·chy /tàɪt(ə)nάməki/ *n* 〘ギ神〙ティーターノマキアー《ティーターン神族とオリュンポス神族の戦い》.
ti·tano·saur /taɪtǽnəsɔ̀ːr/ *n* 〘古生〙ティタノサウルス《南米白亜紀の竜脚類の恐竜》.
ti·tano·sau·rus /taɪtæ̀nəsɔ́ːrəs/ *n* 〘古生〙TITANOSAUR.
ti·tano·there /taɪtǽnəθɪ̀ər/ *n* 〘古生〙雷犀(らいさい)類《ブロントテリウム科 (Brontotheriidae) のサイに似た奇蹄目の哺乳動物(の化石)》.
ti·tan·ous /taɪtǽnəs/ *a* 〘化〙チタンの,《特に》3 価のチタンの[を含む], チタン (III) の.
tít àrt 《俗》若い女性のヌード写真.
tit·bit ᴵᴵ /títbɪ̀t/ *n* TIDBIT.
titch /títʃ/ *n* ᴵᴵ《口》ちび (TICH). ♦ **～y** *a* ᴵᴵ《口》ちびの, ちっちゃな.
Titch·e·ner /títʃ(ə)nər/ ティチェナー **Edward Bradford ～** (1867–1927)《英国の心理学者》.
ti·ter | ti·tre /táɪtər/ *n* 〘化〙力価, 滴定濃度;〘医〙滴定量, 力価.
tit·fer /títfər/ *n* ᴵᴵ《俗》帽子 (hat). [*tit for tat*; *hat* との押韻俗語]

tít for tát **1** 仕返し, 同等のお返し, しっぺ返し, 報復. **2**《韻俗》《縁つきの》帽子 (hat). ♦ **tít-for-tát** *a*
tith·able /táɪðəb(ə)l/ *a* TITHE を納めるべき〈土地〉.
tithe /táɪð/ *n* **1** [ᴼ*pl*] 十分の一税《教会および聖職者の生活維持のため物納[のちに金納]した; 今は廃止》,〘教会〙十一献金; 十分の一税納付義務; (十分の一の[わずかな])税, 取立て. **2**《古》十分の一, 小部分, わずか: I cannot remember a ～ of it. ちっとも思い出せない. ► *vt* 〈人・財産など〉に十分の一税を課する; …の十分の一を税として納める. ► *vi* 十分の一税を納める. ● **～ mint and cummin** 末節に拘泥して大綱を忘れる《*Matt* 23: 23》. [OE *teogotha* tenth]
títhe bàrn 十分の一税の穀物を貯蔵するための納屋.
tith·er /táɪðər/ *n* TITHE を納める人; tithe を集める[の納付を勧める]人.
tith·ing /táɪðɪŋ/ *n* 十分の一税(の徴収[納税]);〘英古法〙十人組《近隣の 10 人の自由土地保有者とその家族を一組とした一種の隣組; cf. FRANKPLEDGE》;〘英政治〙村区, 小字(こあざ), タイジング《十人組のなごりとして今もイングランドの一部にある地方行政区画》.
ti·tho·nia /təθóʊnjə, taɪ-/ *n* 〘植〙チトニア《中米原産キク科チトニア属[ニトベギク属] (*T-*) の一年草; メキシコヒマワリなど》.
Ti·tho·nus /təθóʊnəs/ 〘ギ神〙ティートーノス《Eos の愛人; 晩年老衰して声のみとなったのでセミにされた》.
ti·ti[1] /táɪtàɪ, tíːtiː/ *n* 〘植〙米国南東部産のキリル科の数種の常緑高木[低木]《リョウブ科に近縁とされる; 芳香のある白花をつけるクリフトニア属の低木やキリラ属の小高木 (leatherwood) など》. [AmSp]
ti·ti[2] /tɪtíː/ *n* 〘動〙ティティ《南米産オマキザル科ティティ属の数種のサル》. [Tupi]
ti·ti[3] /tíːtìː/ *n* 《NZ》SOOTY SHEARWATER. [Maori]
ti·tian /tíʃiən/ [ᴼT-] *n* 金褐色(の髪の人). ► *a* 金褐色の. [↓; 彼の作品に多くあらわれる]
Titian ティツィアーノ (1488 or 90–1576)《イタリアのヴェネツィア派の画家; イタリア語名 Tiziano Vecelli(o)》. ♦ **～·ésque** *a*
Ti·ti·ca·ca /tɪtɪkάːkə/ [Lake] ティティカカ湖《ペルーとボリビアとの国境にまたがる南米最大の湖》.
tit·il·late /tít(ə)lèɪt/ *vt, vi* 快く刺激する, (…に)性的な快感を与える, …の興をそそる, …の心を浮き立たせる; くすぐる, いい気にさせる. ♦ **tít·il·là·tive** /, ᴵᴵ-lət-/ *a* 快く刺激する; くすぐる. **tìt·il·lá·tion** *n* 快い刺激, 感興; くすぐり, くすぐったさ. [L＝to tickle]
tít·il·làt·ing *a* 快く[性的に]刺激する. ♦ **～·ly** *adv*
tít·i·vate[1], **tít·ti-** /títəvèɪt/ *vt, vi* [ᴼ～ *-self*]《口》ちょっとめかす, おしゃれをする, 身じまいする; こぎれいにする. ♦ **tìt·(t)i·vá·tion** *n* [C19 *tidivate*<?; *cultivate* にならって *tidy* からか]
titivate[2] *vt* TITILLATE.
tít·làrk *n* 〘鳥〙タヒバリ (pipit),《特に》マキバタヒバリ (meadow pipit).
ti·tle /táɪtl/ *n* **1 a** 表題, 標題, 題目, 題名, 題, 見出し, 書名, 曲名, タイトル; [ᵁ*pl*]〘映・テレビ〙字幕, タイトル, CREDIT TITLES; TITLE PAGE;〘製本〙背の書名を記した部分; 本, 出版[刊行]物, タイトル (: published 30 new ～*s* last year);《廃》銘 (inscription). **b** 〘法〙《法令や訴訟の》表題;《法令・法律文書などの》編, 章. **2** 名称, 称号; 肩書《爵位・学位・官職名など》, 敬称; 肩書のある人, 有爵者, 貴族 (＝a man of ～). **3** 正当な権利, 主張しうる資格〈*to do*; *to, in, of*〉;〘法〙権原, 土地財産所有権; (不動産)権原証書 (title deed);〘教会〙聖職(就任)資格《一定の職務と収入》;〘カト〙名義聖堂《枢機卿が名義上の主任司祭となっているローマの教区の教会》: the ～ *to* the throne 王位要求権 / one's ～ *to* the land [a house] 土地[家屋]の所有権. **4** 〘スポ〙選手権, タイトル (championship): win a tennis ～ テニスの選手権を獲得する / defend [lose] one's ～ タイトルを防衛する[失う]. **5** 金の純度《カラット (karat) で表わす》. ► *a* (表)題の[に関する, を含む]; 選手権のかかった: the ～ story [song] / TITLE TRACK / TITLE PIECE [ROLE] / a ～ match. ► *vt* …に題[表題]を付ける, …と呼ぶ; …に称号[爵位など]を与える. ♦ **～·less** *a* [OF <L *titulus* placard, title]
títle bàr 〘電算〙タイトルバー《ウインドー上部の, アプリケーション名やファイル名を表示する横長の領域》.
títle càtalog(ue) 《図書館の》書名目録.
títle chàracter /⸗ ⸗/ TITLE ROLE.
tí·tled *a* 肩書のある, 位階を有する: ～ members 有爵議員.
títle dèed 〘法〙(不動産)権原[権利]証書.
títle·hòld·er *n* 称号[位階]所有者; 選手権保持者 (champion).
títle insùrance 《米》権原保険《不動産の買主などを, その権原の知られざる瑕疵(かし)や負担に基づく損害から保護する保険》.
títle pàge 《書物の》標題紙, 題扉.
títle pàrt /⸗ ⸗/ TITLE ROLE.
títle pìece **1** 標題作, タイトルピース《短篇集・歌曲集などで全体の標題と同題の作品》. **2** 題簽(だいせん), 貼外題(はりげだい)《書名を記して本の表紙または背に貼付する, 通例 革のラベル》.
tí·tler /táɪtlər/ *n* 〘映〙タイトル撮影装置.
títle rôle /⸗ ⸗/ 〘劇〙主題役, タイトルロール (＝*name* [*title*] *part*)《戯曲 *Macbeth* の中の Macbeth 役など》.
títle tràck [ᵁthe]《アルバムの》タイトル曲.
tit·ling[1] /títlɪŋ/ *n* 〘鳥〙**a** TITLARK. **b** TITMOUSE.

ti·tling[2] /táɪtlɪŋ/ *n* 《書物の背の》箔押し; 背文字; 〘印〙活字面がボディーいっぱいの高さの活字《大文字・数字》.

ti·tlist /táɪtlɪst/ *n* 選手権保持者 (titleholder).

tít màg 《俗》ヌード雑誌, オナペット雑誌, ポルノ雑誌.

tit·man /títmən/ *n* (*pl* **-men** /-mən/) 一腹の豚のうち最も小さいもの.

tít màn 《俗》女の乳房に感じる男, オッパイ派の男, パイマニア (cf. ASS MAN, LEGMAN).

tit·mouse /títmàus/ *n* (*pl* **-mice** /-màɪs/) 〘鳥〙シジュウカラ《シジュウカラ科[《特に》シジュウカラ属]の各種の小鳥》. [ME *tit* little, *mose* titmouse; 語形は *mouse* に同化]

Ti·to /tíːtou/ チトー (1892–1980)《ユーゴスラヴィアの政治家; 本名 Josip Broz; しばしば Marshal ~ と呼ばれる; 首相 (1945–53), 大統領 (1953–80)》.

Ti·to·grad /tíːtougræ̀d/ ティトーグラード《PODGORICA の旧称 (1946–92); Tito にちなむ》.

Títo·ìsm *n* チトー主義《対外的には非同盟中立, 国内的には労働者自主管理・市場制の導入を特色とする独自の共産主義》. ◆ **-ist** *n*

ti·trant /táɪtrənt/ *n* 〘化〙滴定剤.

ti·trate /táɪtrèɪt/ *vt, vi* 〘化〙滴定する; 〘医〙〈生理的機能・投薬量〉の適正量を決める, 用量を設定する. ◆ **tí·tràt·able** *a* **tí·trà·tor** *n* [F (TITRE=title)]

ti·tra·tion /taɪtréɪʃ(ə)n/ *n* 〘化〙滴定.

titre ⇨ TITER.

tí trèe /tíː-/ 〘植〙TEA TREE.

ti·tri·met·ric /tàɪtrəmétrɪk/ *a* 〘化〙滴定(法)による. ◆ **-ri·cal·ly** *adv*

tits /títs/ *《俗》*a* すばらしい, すごい, 最高の; 楽勝の, ちょろい, 屁でもない. [? *tit*[3]]

títs-and-áss[-búm] *a* 《卑》おっぱいとお尻の, エッチな〈会話など〉, やらしい, ヌード写真[エロ本]の. ★ ⇨ T AND A.

títs-and-zíts *a* *《俗》思春期の恋と性を扱った, オッパイとニキビの.

tít shòw "《俗》乳房を見世物とするショー.

tit-tat-toe /tì(t)tæ̀(t)tóu/ *n* TICKTACKTOE.

tit·ter /títər/ *vi* 《神経質な》忍び笑いをする, クスクス笑う. ► *vt* クスクス笑いながら言う. ► *n* 忍び笑い, クスクス笑い. ◆ **~·er** *n* **~·ing** *n, a* **~·ing·ly** *adv* [C17<imit]

tit·tie[1] /títi/ 《スコ》*n* 姉妹 (sister); 若い女, 少女. [*tit*[2]]

tittie[2] ⇨ TITTY[1].

tittivate ⇨ TITIVATE[1].

tit·tle /títl/ *n* 《字の上の》小点, 点画《i の ˙, é á の ´ など》; ごくわずか, みじん: not one JOT or ~. ● **to a ~** 正確に, きちんと, 小さな一点まで, ぴったりと, 完全に. [L; ⇨ TITLE]

tit·tle·bat /títlbæ̀t/ *n* "《方》STICKLEBACK.

tit·tle-tat·tle /títltæ̀tl/ 《口》*n* 雑談, うわさ話, ぺちゃくちゃ. ► *vi* 雑談をする. ◆ **-tàt·tler** *n* [*tattle* の加重]

tit·tup /títəp/ *vi* (**-p(p)-** | **-pp-**) はねまわる, 踊り歩く〈*about, along*〉; 〈馬・乗り手が〉短縮駆け足をする; "《海俗》《酒を飲むため》コインを投げて賭けをする. ► *n* はねまわり[歩き]; 《馬の》短縮駆け足; コツコツ《ハイヒールの音》. ◆ **tít·tup·py** *a* 陽気にはねまわる; 動揺する, ぐらぐらする. [imit; 馬のひづめの音]

tít·ty[1], **tit·tie** /títi/ *n* 《俗》おっぱい, 乳首, 乳房; 《方》乳 (milk). ● **hard [tough] ~** 《俗》[°*iron*] お気の毒に, あーらかわいそ, ざまーないね, 残念でした; [°*pl*] ついてないこと, 不運. [*tit*[3]]

titty[2] *n* 《スコ》TITTIE[1].

tit·ty-boo /títibùː/ *《俗》*n* 粗暴な少女; 不良少女, スケバン; 《麻薬中毒・性的交遊などによる》若い女囚.

títty bòttle "《口》哺乳瓶.

tit·u·ba·tion /tìʧəbéɪʃ(ə)n/ *n* よろめく[よろける]こと; 〘医〙よろめき《小脳障害による歩行の乱調》; 吃音, 構音障害 (=lingual ~). [L (*titubo* to totter)]

tit·u·lar /títʃələr, "-tjə-/ *a* **1** 名だけの, 名義[名目]上の; 〘カト〙〈教会が〉枢機卿を名義上の主任司祭としている; 〘教会〙消滅した教区の称号を有する; 名誉職の: a ~ head of state 名目的国家元首. **2** 肩書[称号, 尊称, 権原, タイトル]の[を有する, に伴う]. **3** 題名の, タイトルの; 名前の由来となった: the ~ hero of the book その名が本のタイトルとなった主人公 / ~ words 題詞. ► *n* **1** 名義[肩書]だけの人, 名誉職の者; 〘教会〙名目だけの特定任地の禄, 《その》受禄聖職者, 《特に》TITULAR BISHOP. **2** 肩書[称号]のある人; 名前の由来となった人[もの]; TITULAR SAINT. ◆ **~·ly** *adv* **tit·u·lar·i·ty** /tìʧəlǽrəti/ *n* [F; ⇨ TITLE]

títular bíshop 〘カト〙名義司教.

títular sáint 名前の由来となった聖人《教会の守護聖人など》.

ti·tu·lary /títʃəlèri; -l(ə)ri, -tjə-/ *a, n* 《古》TITULAR.

Ti·tus /táɪtəs/ **1** タイタス《男子名》. **2** 〘聖〙**a** テトス《Paul の伝道を助けた, 異邦人の改宗者》. **b** テトス書《Paul がテトスにあてた書簡で新約聖書の The Epistle of Paul to ~ (テトスへの手紙); 略 Tit.》. **3** ティトゥス (*L* Titus Flavius Vespasianus) (39–81)《ローマ皇帝 (79–81); Vespasian 帝の息子》. [L=?safe]

Tiu /tíːu/ 〘ゲルマン神話〙ティーウ《空と戦争の神; 北欧神話の Tyr(r) に当たる; cf. TUESDAY》.

Tiv /tív/ *n* **a** (*pl* ~, ~**s**) ティヴ族《ナイジェリア南東部 Benue 州に住む; 首長がいない》. **b** ティヴ語.

Tiv·o·li /tívəli/ ティヴォリ《イタリア中部 Latium 州, Rome の東方にある町; ローマ時代[特に Hadrian 帝]の別荘遺跡が残る; 古代名 Tibur》.

Ti·wa /tíːwə/, **Ti·gua** /tíː(g)wə/ *n* **a** (*pl* ~, ~**s**) ティワ族《New Mexico 州と Texas 州に住むアメリカ先住民》. **b** ティワ語.

ti·yin /ti(j)ín/ *n* **a** (*pl* ~, ~**s**) ティイン (**1**) キルギスの通貨単位: 1/100 som **2**) ウズベキスタンの通貨単位: 1/100 sum **3**) TEIN).

tizwas, tizwoz ⇨ TISWAS.

tizz /tíz/ *n* 《口》TIZZY[2].

tiz·zy[1] /tízi/ *n* "《廃》6 ペンス硬貨 (sixpence). [? 変形＜*tester*[3]]

tizzy[2] 《口》*n* 《特に些細なことで》取り乱す[びくつく]こと, 興奮(状態), 半狂乱; *混乱(状態), めちゃくちゃ: in a ~ / all of a ~. [C20 <?]

tizzy[3] *a* 《口》〈音が〉金属的でうなる, シャカシャカした (tinny and buzzing).

TJ /tìːʤéɪ/ *n* 《俗》TIJUANA.

TJ, t.j. °talk jockey. **TJC** 〘米〙The Joint Commission ジョイント・コミッション《旧称 JCAHO》.

Tjilatjap ⇨ CILACAP.

T-joint /tíː—/ *n* 〘建〙T 継手.

T-junction "/tíː —/ T 字形三叉路, T 字路; 《パイプなどの》T 字形接合部.

TKO /tíːkèróu/ *n* (*pl* ~**s**) 〘ボク〙TKO (technical knockout). ► *vt* …に TKO 勝ちする; [*fig*] 打ち負かす.

t.l., TL 〘海保〙total loss 全損.

Tl 〘化〙thallium. **TL** truckload.

tlac /tlǽk/ *n* *《俗》金 (money). [Sp *tlaco* real[2] の 1/8 の貨幣]

Tla·loc /tlɑːlóuk/ 〘アステカ神話〙トラロク《Aztec 族の雨の神》. [Nahuatl=pulque of the earth]

Tlas·ca·la /tlɑːskɑ́ːlə/, **-lan** /-lən/ *n* (*pl* ~, ~**s**) トラスカラ族《メキシコ Tlaxcala 州に住む Nahuatl 系インディオ》.

Tlax·ca·la /tlɑːskɑ́ːlə/ トラスカラ (**1**) メキシコ中部の州 **2**) その州都).

TLC, t.l.c. tender loving care (⇨ CARE *n* 2) ♦ °thin-layer chromatography.

TL dating /tìːél —/ THERMOLUMINESCENCE DATING.

Tlem·cen, -sen /tlɛmsén/ トレムセン《アルジェリア北西部の市》.

Tlin·git /tlíŋgət/, **-kit** /-kət/ *n* **a** (*pl* ~, ~**s**) トリンギット族《Alaska 南部のアメリカ先住民》. **b** トリンギット語(群).

t.l.o., TLO 〘海保〙total loss only 全損のみ担保.

TLS °Times Literary Supplement.

T lymphocyte /tíː —/ 〘医〙T リンパ球 (T cell).

Tm 〘化〙thulium. **TM** Their Majesties (⇨ MAJESTY) ♦ trademark ♦ °Transcendental Meditation ♦ 〘軍〙°trench mortar.

T-man /tíː—/ *n* **1** *《口》《財務省の》特別税務調査官. [*Treasury man*] **2** *《俗》《連邦政府の》麻薬捜査官; *《俗》マリファナ喫煙者《T は tea の意》.

TMD theater missile defense 戦域ミサイル防衛.

TMer* /tìːémər/ *n* 超越瞑想法 (transcendental meditation) の信奉者[実践者].

tme·sis /(tə)míːsəs/ *n* (*pl* **-ses** /-sìːz/) 〘文法〙分語法《複合語や句の間に他語をはさむこと: *to* us *ward*=toward us; *what* book *soever*=whatsoever book; *a great* man *and good*=a great and good man》. [Gk=cutting]

TMJ °temporomandibular joint (syndrome).

TMJ syndrome /tíːèmʤéɪ —/ TEMPOROMANDIBULAR JOINT SYNDROME.

TMO °telegraph money order. **TMT** 〘株〙technology, media, and telecom [telecommunications] 科学技術・マスメディア・情報通信(業). **TMV** °tobacco mosaic virus.

T-mycoplasma /tíː—/ *n* 〘生〙T マイコプラズマ《小さいコロニーをつくるマイコプラズマ》. [*tiny*]

tn *ton(s) ♦ town. **Tn** 〘化〙thoron. **TN** Tennessee ♦ °true north ♦ Tunisia. **TNC** transnational corporation. **TNF** theater nuclear forces 戦域核戦力 ♦ °tumor necrosis factor.

tnpk. turnpike.

TNT /tìːèntíː/ *n* TRINITROTOLUENE.

TNT Turner Network Television (⇨ TURNER BROADCASTING SYSTEM).

T-number /tíː—/ *n* 〘写〙T 数, T ナンバー《F 数 (f-number) にレンズの透過率を加味した値; F 数を透過率の平方根で割った値に等しい》. [*T*otal light transmission]

TNW °tactical nuclear weapon ♦ theater nuclear weapon 戦域核兵器. **TNX** 《E メールなどで》Thanks.

to *prep* /(子音の前) tə, (母音の前) tu, (文または節の終わり) tu/ **1 a** [到着の意を含ませずに運動の方向] …へ, …に, …の方へ: turn *to* the right 右へ曲がる. **b** [到着の意を含めて運動の方向; 比喩的にも] …まで, …へ, …に: get *to* London ロンドンに着く / come *to* the crown

王位にのぼる / have been *to*…へ行ってきた, 行ったことがある / *To* horse! 乗馬! **c** [状態・境遇の変化の方向] …へ, …に, …の方へ: rise *to* wealth and honor 富貴になる / sing a baby *to* sleep 歌って赤ちゃんを寝つかせる / stand *to* ATTENTION. **2 a** [到達点・程度・範囲] …まで, …に至るまで, …するほどに: be wet *to* the skin ずぶぬれになる / cut *to* the heart 心臓まで切られる, しみじみ身にこたえる / *to* the best of my belief [knowledge] わたしの信じる[知る]かぎりでは / He drank him*self to* death. 酒が過ぎて死んだ / *to* that [this] extent その[この]程度まで / *to* the last man 最後の一人に至るまで / He's 40 *to* 45. 年は 40 から 45 の間だ. **b** [時間の終わり] まで (cf. THROUGH 2b); (…時…分)前 (opp. *past*): stay *to* the end of June 6 月末までとどまる / from Monday *to* Friday / a quarter *to* four 4 時 15 分前 / No, it's ten *to* (four). いえ (4 時) 10 分前です. **3** [結果・効果] …したことには, …にも: tear *to* pieces ずたずたに引き裂く / *to* one's cost 結局損をして / *to* sb's credit 人の名誉になって, 人をほめて / *to* no purpose むなしく / *to* the point [purpose] 適切に / *to* one's surprise [joy, sorrow] 驚いた[うれしい, 悲しい]ことには. **4 a** [目的・予定] …のために, …に: *to* that end その目的のために / He came *to* my rescue. わたしを救いに来た / sit down *to* dinner 晩餐のため着席する. **b** «口» …の栽培のために, …で (with): Most of the land is planted *to* corn. 土地のほとんどにトウモロコシが植えてある. **5 a** [方位・方角] …(の方)に: Scotland is *to* the north of England. / a mile *to* the south / a house *to* the right. **b** «方» [場所] …に, …で (at): He is *to* home. 彼は在宅だ / I got this *to* Brown's. ブラウンの店で買った. **6 a** [相対的位置] …に対して: parallel [perpendicular] *to* the roof 屋根と平行[垂直]の. **b** [対向・対立] …と向かい合って, …に相対して: face *to* face 面と向き合って / fight HAND *to* hand. **7 a** [比較・対比] …に比べて, …対, …につき: inferior [superior] *to* the others 他と比べて劣る[すぐれた] / one cent *to* the dollar 1 ドルにつき 1 セント(の割合で) 〈払うなど〉 / TEN *to* one / The score was [stood at] three *to* two. スコアは 3 対 2 だった. **b** [構成・包含] …を構成する, …に含まれて: 100 cents *to* the dollar 1 ドルは 100 セント / two pints *to* the quart 2 パイントで 1 クォート / There are four cups *to* a quart. 4 杯で 1 クォートになる. **8 a** [適合・一致] …に合わせて, …どおりに[の]: correspond *to*…に一致する, 相当する / according *to*…に従って / made *to* order あつらえて[注文して]作った / *to* the LIFE (成句) / *to* one's taste 自分の趣味に合った. **b** [随伴] …に合わせて, …につれて, …と共に: dance *to* the music 音楽に合わせて踊る. **c** [反応・対応] …に応じて: The dog came *to* his whistle / awake *to* the sound of rain 雨の音で目がさめる. **d** [作用・原因] …(の作用)によって, …(の手)で: Forty men fell *to* the enemy gunfire. 敵の砲撃で 40 名が倒れた. **e** [confess, swear, testify, witness などの動詞に伴って] …であると, …を認めて: *confess to* crime 罪を犯したと白状する. **9 a** [付加] …の上に, …に加えて: Add 5 *to* 3. 3 に 5 を加えなさい / Wisdom he has, and *to* his wisdom, courage. 知恵はある男だ, その知恵に加えて勇気もある. **b** [付属・所有・関係] …に, …と, …へ, …の: the key *to* the house 家の鍵 / be married *to*…と結婚している / assistant *to* the President 大統領補佐官 / brother *to* the king 王の弟. **c** [接触・結合・執着・愛着] …へ, …に: fasten it *to* the wall それを壁に取り付ける / apply soap *to* the towel タオルに石鹸をつける / attached *to* the Roman Church カトリックに帰依した. **d** 〘簿〙 …に借り《借方記入の前に付す》. **10** …に関して: What will he say *to* it? これについて何と言うだろう / That's all there is *to* it. それはそれだけのことだ, そうするしかない / There's nothing *to* him. あれだけの人間だ. **11 a** [行為・作用をうける対象] …に対して, …への; …のために; …の手に: harmful *to* the child 子供に有害な / This is a letter *to* Bill from George. これはジョージがビルに出した手紙だ / drink *to* him 彼のために乾杯する / Here's *to* you. きみの健康を祝す《乾杯のとき》/ keep [have, get] the room (all) *to* oneself 部屋を独占する / listen *to*…に耳を傾ける. **b** [間接目的語代用の句をつくる]: Give this *to* him.＝Give him this. **12** «古» …として, …に (as, for): call [take] *to* witness 証人に呼ぶ / take a woman *to* wife 女を妻にめとる. **13** 〘数〙 〘序数を伴って〙 …乗: Two *to* the fourth is 16 [$2^4=16$]. **14** [形容詞・名詞の適用方向・範囲] …に対して, …にとって, …に: kind *to* sb / His attitude is open *to* attack. 彼の態度には攻撃される点がある / It is nothing *to* me. わたしにとっては[の意見では]なんでもない. **15** [不定詞を導く] ★ この不定詞は前後の関係で明らかなときには略され to だけが残ってその代用をする: Do you want *to* go?—I should like *to* (＝to go). 行きたいものです / He told me not *to*. 彼はわたしにそうしないようにと言った / I don't know how *to*. どのようにするのかわからない. **a** [名詞用法] …すること; [疑問詞または whether の後で] …すべきか: *To* err is human, *to* forgive, divine. あやまつは人の常, 許すは神の性(さが) 《Pope, *Essay on Criticism*》 / It is foolish *to* read such a book. そんな本を読むのはばかげている《主語》/ I should like *to* think so. わたしはそう考えたい《目的語》/ He knows what *to* do [when *to* open it]. 何をすべきか[いつ開けるべきか]知っている / He wondered whether *to* go or not. 行くべきかどうか考えた. **b** [形容詞用法] …するための, …する: the first *to* come 最初に来る[来た]人 / have nothing *to* do 何もすることがない / There's Bill [the dog] *to* consider. ビル[犬]のことを考慮すべきだ / a house [room] *to* let 貸家[貸間] / I have no money *to* buy food with [no money with which *to* buy food]. 食べ物を買う金がない / a chance *to* escape 逃げる機会 / his attempt *to* climb the mountain 山に登る企て《同格》. **c** [副詞用法]: We eat *to* live. 生きるために食べる《目的》/ He lived *to* be 90. 90 歳まで生きた《結果》/ wise enough *to* know 賢いから知っている《程度》/ I am sorry *to* hear. (そう)聞いて悲しい《原因》/ must be mad *to* do…するなんて狂ってる《判断》/ WHO am I *to* do (成句) / good *to* eat 食用に適する《限定》/ *to* tell the truth 本当を言えば《独立副詞句》/ *To* return. 本題に立ち返って (Let us return.) 《独立文》. ★ 知覚動詞《see, hear, feel, etc.》, 使役動詞《let, make, have》および しばしば please, help や had better などのあとには不定詞に to を用いない, しかし受動態では用いる: *I saw* him *run.*＝He *was seen to run.*
► *adv* /túː/ **1** 常態に[へ], (仕事に)取りかかって; 停止[閉鎖]の状態へ, とまって, 閉まって. ★ しばしば 動詞と共に成句をつくる: come *to* 正気にかえる / turn *to* with a will 本気で取り組む / I can't *get* the lid of my trunk quite *to*. トランクのふたがきちんと締まらない / Is the door *to*? 戸は閉まっているか. **2** 前方へ; 〘海〙 風上に向かって: His hat is on the wrong side *to*. 帽子を後ろ前にかぶっている. **3** [close to で] 近くに[で]: I saw her *close to*. 近くで見た. ● TO AND FRO.
[OE *tō* (adv and prep); cf. G *zu*]

t.o., T/O, t/o turnover.

TO 〘軍〙 °table of organization ♦ traditional orthography ♦ turn over (cf. PTO). **T.O.** «カナダ口» Toronto.

toad /tóʊd/ *n* **1 a** 〘動〙 ヒキガエル, ガマ(ガエル). **b** いやなやつ, 軽蔑すべき人物, 愚かなやつ, 無価値なもの. **2** [T-] ヒキガエル《Kenneth Grahame, *The Wind in the Willows* の主人公であるうぬぼれ屋で興奮しやすいヒキガエル》. ● **eat sb's ~s** 人にへつらう (cf. TOADEATER). **a ~ under the harrow** 常に圧迫[迫害]される人 (cf. *under the* HARROW[1]). ♦ **~·ish** *a* **~·lìke** *a* [OE *tādige*<?; cf. TADPOLE]

tóad cràb 〘動〙 ヒキガニ (＝*harper*) 《寒海産》.

tóad·èat·er *n* おべっか使い (toady). ♦ **tóad·èat·ing** *a, n*

tóad·fìsh *n* 〘魚〙 **a** バトラコイデス[ガマアンコウ]科の魚《暖海産で形はカジカに似る》. **b** フグ.

tóad·flàx *n* 〘植〙 ウンラン属 の各種植物, 《特に》ホソバウンラン (butter-and-eggs).

tóad-in-the-hóle *n* (*pl* ~) BATTER[1] で包んで焼いた肉[ソーセージ]料理.

tóad·let *n* 〘動〙 小型ヒキガエル《タンソクモリヒキガエル, ピブロンヒキガエルモドキ など》; 《オタマジャクシから変わったばかりの》小さなヒキガエル.

tóad rùsh 〘植〙 ヒメコウガイゼキショウ《イグサ科》.

tóad sòrrel 〘植〙 ヒメスイバ (sheep sorrel).

tóad spìt [spìttle] 《アワフキの》泡 (cuckoo spit).

tóad·stòne *n* 蟇石(ひきいし)《ヒキガエルの体中に生じると信じられた石で, 最も珍重されたのは頭中にできたもの; 昔は宝石・魔除け・解毒剤などとして用いられた》.

tóad·stòol *n* 〘菌〙 からかさ状のキノコ, 《特に》毒キノコ.

tóady *n* おべっかつかい, ごますり, 事大主義者; «豪» フグ (puffer fish). ► *vt* …にへつらう. ► *vi* ぺこぺこする, ご機嫌を取る 〈(*up*) *to* the boss etc.〉. ♦ **~·ism** *n* 事大主義. [*toad*eater, -*y*[4]]

tóady·ish *a* 追従的な, 卑屈な, 事大主義者的な.

To·a·ma·si·na /tòʊəməsíːnə/ トアマシナ《マダガスカル東岸の市・港町; 旧称 Tamatave》.

tó-and-fró *attrib a* 行ったり来たりする, 前後[左右]に動く. ► *n* (*pl* ~s) 行き来, 行き交い; 前後[左右]に動くこと; 口論, 論争, 応酬.

tó and fró *adv* 行ったり来たり, 前後[左右]に(揺れて). ► *vi* [be toing and froing] 行ったり来たりする, 前後[左右]に動く; 《進展のないまま》繰り返し論じる[考える].

toast /tóʊst/ *n* **1 a** トーストパン; トーストで作る食べ物: buttered [dry] ~ バターを塗った[塗らない]トースト / FRENCH TOAST / (as) warm as (a) ~ ほかほかと暖かい. **b** «古» 酒杯のワインに入れたトーストの小片. **2 a** 《…を賛えての》乾杯, 祝杯; 乾杯の提唱[音頭]; 乾杯の挨拶: drink [propose] a ~ to sb [sth] 人[…]のために乾杯する[乾杯の音頭をとる]. **b** 祝杯を受ける人[もの]; 絶賛される人[もの], 賞賛の的, 大変な人気者: the ~ of the town 町の人気者. **3 a** トースト《アメリカ黒人間に口承で伝わる即興的な押韻物語詩》. **b** レゲエ (reggae) に合わせたディスクジョッキーの語り[シャウト]. **4** *«俗» 飲み助, のんだくれ. ● **have sb on ~** «口» 人を意のままにする. **~ and water** «古» トーストを浸した湯《病人などの飲み物》. ► *vt* **1** 〈パン・チーズなどを〉きつね色に[こんがりと]焼く, トーストする; 火で芯まで暖める: ~ one*self* 火にあたる. **2** …のために乾杯(の提唱)をする: Let's ~ the bride and bridegroom. 新郎新婦のために乾杯しよう / ~ sb's health 人の健康を祝して乾杯(の提唱を)する. ► *vi* こんがり焼ける; 芯まで暖まる; 乾杯(の提唱)をする; *«俗» レゲエに合わせてしゃべる[歌う]. ► *a* **1** *«黒人俗» すばらしい, 最高の. **2** *«俗» まずい[やばい]ことになって, 〈コンピューターが〉だめになって. ♦ **~·ing** *n* [OF *toster* to roast<L; ⇨ TORRID]

tóast·ed *a* *«俗» 酒[麻薬]がまわって, 酔っぱらって, うっとりして, トリップして.

tóast·er *n* トーストする人[器具], トースター; 乾杯の音頭をとる人,乾杯をする人; *《俗》レゲエに合わせてしゃべる者.

tóaster òven オーブントースター.

tóaster pàstry トースターペストリー《トースターで焼ける平たいペストリー[菓子パン]》.

tóast·ie, tóasty *n* ˈˈ《口》トーストしたサンドイッチ.

tóasting fòrk 《パンを火にかざしてトーストする時などに用いる》柄の長いフォーク; 《古》[*fig*] 細長い剣.

tóast lìst 食卓演説者名簿.

tóast·màster *n* 《宴会の席上で》乾杯の音頭をとる人; 宴会司会者. ◆ **-mìstress** *n fem*

tóast ràck トースト立て《卓上用の小型の台》.

tóast-wàter *n* TOAST and water.

tóasty *a* TOAST の(ような); ほかほかと[心地よく]暖かい. ► *n* TOASTIE.

Tob. 〔聖〕Tobit. **TOB** °takeover bid.

to·bac·co /təbǽkou/ *n* (*pl* ~s, ~es) タバコ; 喫煙; 〔植〕タバコ《ナス科の一年草》; TOBACCO BROWN: swear off ~ 誓ってタバコを断つ. ● **chew one's ~ twice** [ᵁ*neg*]《古・方》決定したことをまた考え直す. [Sp *tabaco*<AmInd]

tobácco bròwn 《乾燥したタバコの葉に似た》黄みをおびた褐色.

tobácco bùdworm 〔昆〕ニセアメリカタバコガ (CORN EARWORM の近縁種; タバコ・綿などの害虫).

tobácco hèart 〔医〕タバコ心(しん)《喫煙による心臓障害》.

tobácco hórnworm 〔昆〕タバコスズメガ《幼虫がタバコなどのナス科植物を食害する》.

tobácco jùice タバコのために茶色になった唾液.

tobácco mosàic 〔植〕タバコモザイク病.

tobácco mosàic vìrus タバコモザイクウイルス《略 TMV》.

to·bac·co·nist /təbǽkənɪst/ *n* タバコ屋[商人]; [~s, ~'s] タバコ屋[販売店].

tobácco·phòbe *n* 紫煙恐怖の人, 嫌煙権論者.

tobácco pìpe 喫煙パイプ《刻みタバコ用》.

tobácco plànt 〔植〕TOBACCO.

tobácco pòuch 刻みタバコ入れ.

tobácco ròad [°T- R-] 貧しくうらぶれた地域. [米国南部の貧しい農村地帯を描いた Erskine Caldwell の小説 *Tobacco Road* (1932) の名から]

tobácco stòpper ストッパー《パイプ用のタバコ詰め具》.

tobácco wòrm TOBACCO HORNWORM.

To·ba·go /təbéɪgou/ トバゴ《西インド諸島南東部の島; Trinidad and Tobago の一部》. ◆ **To·ba·go·ni·an** /tòubəgóuniən/ *n, a*

to-bé *a* [*compd*] 将来の, 未来の: a bride-~ もうすぐ花嫁になる人 / a mother-~ 妊婦. ► *n* [the] 将来, 未来.

To·bi·ah /təbáɪə/ トバイア《男子名; 愛称 Toby》. [↓]

To·bi·as /təbáɪəs/ **1** トバイアス《男子名; 愛称 Toby》. **2 a** トビアス書《ドゥエー聖書の一書; ⇨ TOBIT》. **b** トビヤ, トビア《Tobit の息子》. [Heb=God is good]

To·bin /tóubən/ トービン **James ~** (1918–2002)《米国の経済学者; ノーベル経済学賞 (1981)》.

To·bit /tóubət/ 〔聖〕トビト書《旧約聖書外典の一書; ドゥエー聖書では Tobias という》; トビト《その主人公》.

to·bog·gan /təbág(ə)n/ *n* **1** トボガン, リュージュ, ローデル《雪や氷の坂用のそり》; トボガン滑降に適した下り斜面. **2**《物価・運勢などの》急落, 急降下: on the ~ 下り坂[下降傾向]にある. **3** *《南部・中部》STOCKING CAP. ► *vi* トボガンですべり降りる; 急落する. ◆ **~·er, ~·ist** *n* **~·ing** *n* [CanF<Algonquian]

tobóggan slìde [chùte] 《木で作って氷を張った》トボガン滑降場.

To·bol /təbɔ́:l/ [the] トボル川《カザフスタン北部 Ural 山脈南東の台地に発し, 西シベリアを北北東に流れて Irtysh 川に合流する》.

To·bolsk /təbɔ́:lsk/ トボリスク《西シベリア Irtysh 川と Tobol 川の合流点にある市; 初期シベリア植民の中心》.

to·bra·my·cin /tòubrəmáɪs(ə)n/ *n* 〔薬〕トブラマイシン《細菌 *Streptomyces tenebrarius* から得られる抗生物質; グラム陰性の細菌による感染症の治療に用いる》.

To·bruk /tóubrùk, ─ ─́/ トブルク《リビア北東部の港町; 第二次大戦の激戦地; アラビア語名 Tubruq》.

to·by[1] /tóubi/ *n* **1** [°T-] 翁(おきな)形ジョッキ (=~ **jùg**)《つばが 3 か所でそり返った帽子をかぶった小太りの老人をかたどったビールジョッキ》. **2** *《俗》細長い安葉巻. **3**《南ア》フグ (globefish). [*Tobias*]

toby[2] 《俗》*n* 道路, 街道; 街道での追いはぎ行為; ˈˈ《警察俗》地域, 警察の管区[なわばり]. [変形 < Gypsy *tobar*]

Toby トービー《**1**) 男子名; Tobiah, Tobias の愛称; 犬の名にも多く Punch-and-Judy show の犬も Toby **2**) 女子名》.

tóby cóllarˈˈ トービーカラー《ひだ飾りのついた幅の広い折り返し襟; 婦人・子供用》.

TOC 〔英〕train operating company.

To·can·tins /tòukəntí:nz/ [the] トカンティンス川《ブラジル中東部 Goiás 州中南部の台地より発し, 北流して Pará 川に合流》.

toc·ca·ta /təká:tə/ *n* 〔楽〕トッカータ《鍵盤楽器のための華麗・急速な演奏を主眼とする即興風の曲》. [It=touched]

tóc émma /tɑ́k-/ 《軍俗》TRENCH MORTAR. [(無線で) T [M] を表わす toc [emma] より]

Toc H /tɑ́k éɪtʃ/ トクエイチ《キリスト教信者による親睦・奉仕団体; 1915 年英軍兵士たちによりベルギーで創立》. [*Toc* (旧陸軍の T のコード)+*H* (=*T*albot *H*ouse 最初の本部の名)]

To·char·i·an, -khar- /toukɛ́ər-, -ká:-/ *n* **a** (*pl* ~, ~s) トカラ族《中国領 Turkestan の Tarim 盆地に 800 年ごろまで住んだ民族; 中国史上の大夏》. **b** トカラ語《中国領 Turkestan から出土した 7–8 世紀の資料の言語で, インド-ヨーロッパ語族の一語派をなす》. ► *a* トカラ語[人]の.

Tocharian A /─ ─́ éɪ/ 〔言〕トカラ語 A 方言《トカラ語の東部方言》.

Tocharian B /─ ─́ bí:/ 〔言〕トカラ語 B 方言《トカラ語の西部方言》.

toch·er /tɑ́xər/ 《スコ》*n* 新婦の持参金; 新郎から新婦(の父)への贈り物. ► *vt* …に持参金を与える.

to·co[1] /tóukou/ *n* (*pl* ~s) 〔鳥〕オニオオハシ (=~ **tóucan**)《オオハシ類の中で最大; 南米産; 主に黒の羽毛, 白いのどと胸, 先端の黒い大きなオレンジ色のくちばしをもつ》. [Port<Tupi]

to·co[2], **to·ko** /tóukou/ *n* (*pl* ~s) ˈˈ《俗》体罰, 折檻. [Hindi]

to·col·o·gy, -kol- /toukɑ́lədʒi/ *n* 産科学 (obstetrics). ◆ **-gist** *n*

to·coph·er·ol /toukɑ́fərɔ̀(:)l, -ròul, -rɑ̀l/ *n* 〔生化〕トコフェロール《ビタミン E の本体》.

Tocque·ville /tóukvɪl, tɔ́(:)k-, tɑ́k-, -vì:l, -vəl; *F* tɔkvil/ トックヴィル **Alexis(-Charles-Henri-Maurice Clérel) de ~** (1805–59)《フランスの政治家・歴史家・著述家・旅行家;『アメリカのデモクラシー』(1835, 40)》.

toc·sin /tɑ́ksən/ *n* 警鐘; 警報. [F<Prov (TOUCH, SIGN)]

tod[1] /tɑ́d/ 《スコ》*n* キツネ (fox); 抜け目のないずるい人物. [ME<?]

tod[2] *n* トッド《羊毛の重さの単位: =28 pounds》; 荷, 荷物; 《ツタなどの》密生した塊り. [ME; cf. LG *todde* rag, OHG *zotta* tuft of hair]

tod[3] *n* [次の成句で]: **on one's ~** ˈˈ《俗》一人で. [? *on* one's *Tod Sloan*; *alone* との押韻俗語]

Tod トッド《男子名》. [ME=fox, TOD[1]]

t.o.'d /tí:òud/ *a* tee'd off (⇨ TEE[2]; cf. P.O.'D).

to·day /tədéɪ/ *adv, n* きょう, 今日; 現代[現在](では); *《俗》[*iron*] 直ちに, 今すぐ, 今の今 (immediately): It's cold ~. / T~ is my birthday. / ~'s newspaper きょうの新聞 / a week ago ~ 先週のきょう / ~ WEEK. ► *a*《口》現代(風)の, 今日の. ◆ **~·ish** *a* [OE *tō dæg* on (this) day]

Todd /tɑ́d/ **1** トッド《男子名》. **2** トッド Baron **Alexander Robertus ~** (1907–97)《スコットランドの化学者; ノーベル化学賞 (1957)》. **3** ⇨ SWEENEY TODD. [家族名からか]

tod·dle /tɑ́dl/ *vi* 〈幼児が〉よちよち歩く, 〈老人などが〉よろよろ[よたよた]歩く; 《口》(ぶらぶら)歩く[行く] 〈*along, around, over, down*, etc.〉; ˈˈ《口》立ち去る, (ぼちぼち)帰る 〈*away, off*〉. ► *vt* (よろよろ)進む 〈one's way〉, 〈ある距離を〉(ぶらぶら)行く. ► *n* よちよち[ぶらぶら]歩き; 不安定な足取り. [Sc and northern Eng *todle*<?; 一説に *totter*+*waddle*]

tód·dler *n* よろよろ歩く人, 《特に》よちよち歩きの幼児; [⟨*a*⟩] 幼児用の. ◆ **~·hòod** *n* よちよち歩き(の時期).

tod·dy /tɑ́di/ *n* ヤシの樹液; トディー《**1**) ヤシの樹液を発酵させた東南アジアの酒 **2**) ウイスキー・ブランデーなどのお湯割りに砂糖(とスパイス)を加えた飲み物; hot toddy ともいう》. [Hindi=palm]

tóddy blòssom *《俗》酒の飲みすぎでできた大きな吹出物[にきび] (strawberry).

tóddy càt 《インド》PALM CIVET.

tóddy pàlm 〔植〕TODDY の原料となる樹液を出す各種のヤシ, 《特に》クジャクヤシ.

tod·ger /tɑ́dʒər/, **tad·ger** /tǽdʒər/ *n* ˈˈ《口》男根, ペニス.

to-díe-for *a* 《口》(死ぬほど)すばらしい, 魅力的な, もう言うことなしの, 極楽みたいな.

to-do /tədú:/ *n* (*pl* ~s) 《口》大騒ぎ, 空(から)騒ぎ: make a great ~ (*over* nothing) (つまらないことに)大騒ぎをする / What a ~! なんという騒ぎだ!

to-dó lìst 《なすべき》仕事のリスト[予定表].

Todt /tóut/ トート **Fritz ~** (1891–1942)《ドイツの軍事技術者》.

to·dy /tóudi/ *n* 〔鳥〕**a** コビトドリ《同科の総称; 西インド諸島産》. **b** あざやかな色彩の各種の小鳥《アメリカムシクイなど》.

toe /tóu/ *n* **1**《人の》足指 (cf. FINGER); 《足の》つまさき; ひづめの先端, 蹄尖; 《脊椎動物の》指, 趾(し); 《輪虫などの》趾(あし); 《口》足 (foot): a big [great] ~ 足の親指 / a little ~ 足の小指 / the light fantastic ~ [*joc*] 踊り / turn one's ~s out [in] つまさきを外側[内側]に向けて歩く, 外股[内股]に歩く / stand on one's ~s つまさき立ちする / from TOP[1] [HEAD] to ~ / touch one's ~s 体前屈して自分の足指に触れる. **2** 足指に似た[当たる]部分: **a**《靴・靴下などの》つまさきの部分; 蹄鉄の前部の底に打つ鉄片. **b** 控え壁などの土台の突出部; 道具の下端[先端]; 〔ゴルフ・ホッケー〕トウ《ヘッドの先端》; 〔機〕軸踵, 軸趾; 《堤防・崖の》法先(のりさき), 《ダムの》ダム先《それぞれのいちばん低い部分)；〘鉄道〙軌趾. **3**〘バレエ〙TOE DANCE. **4**《豪俗》パワー, スピード. ● **dig** [**stick**] **one's ～s in** ⇨ HEEL[1]. **dip** [**put**] **a ～** [**one's ～(s)**] 試しにやってみる ‹*in* [*into*] sth; *in* [*into*] the water (of sth)›. **have it** (**away**) **on one's ～s** "《俗》のがれる, ずらかる, どろんする. **kiss the pope's ～** 教皇の右足のサンダルの黄金の十字架にキスする《謁見時の儀礼》. **make sb's ～s curl** 《衝動的な恥ずかしさ・狼狽・緊張・恐怖・たまらない快感などで》人に足の指が縮む思いをさせる (cf. TOE-CURLING). **on one's ～s** 即応できる態勢で, 待ち構えて, 油断がない: keep sb *on his ～s* 人にいつも注意を怠らないようにさせる. **stub one's ～** つまずいてつまさきを痛める ‹*against, on*›; へまをやる. **～s up** 死んで (dead). **～ to ～**＝TOE-TO-TOE. TREAD [**step**] **on sb's ～s.** **turn up one's ～s** (**to the daisies**) 《口》[*joc*] ひっくり返る, 死ぬ.

► *vt* **1 a** …に足指で触れる; つまさきで蹴る;〘ゴルフ〙トウで打つ. **b** 《靴・靴下など》に新しいつまさきを付ける, …のつまさきを繕う. **2**〘木工〙《釘を》斜めに打ち込む, 斜めに打ち込んだ釘で固定する. ► *vi* つまさきで歩く[立つ]; つまさきをある方向に向けて歩く[立つ] ‹*in, out, along*›; 《車輪が》やや内向き[外向き]に付いている ‹*in, out*›; トウダンスのステップを踏む. ● **～ the line** [**mark, scratch**] 《競走などで》スタートラインにつまさきを触れて立つ[かがむ]; [*fig*] 統制[命令, 党規]に服する, 慣習[規則など]に従う. [OE *tā*; cf. G *Zeh(e)*]

TOE 〘理〙°theory of everything.

toea /tóɪə/ *n* (*pl* ～, ～s) トエア《パプアニューギニアの通貨単位: ＝1/100 kina》. [(Papua)]

tóe-and-héel *a* HEEL-AND-TOE. ► *vt* [通例 it を伴って] 《タップダンス[ジグダンスなど]を》踊る.

tóe and héel トウアンドヒール《レーサーが急カーブでギアを切り換えながら, 右足のつまさきとかかとでブレーキとアクセルを同時に操作すること》.

tóe bòx 《靴の先裏と飾り革の間の》先芯(さきしん).

tóe càp 《靴の》先革, つま革, 先飾り革.

tóe clìp 《自転車の》トウクリップ《ペダル上に足を固定するバンド》.

tóe-còver *n* "《俗》しょうもない[安物の]贈り物.

tóe cràck 《馬のひづめの》裂蹄 (＝*sand crack*).

tóe-cùrl·ing *a* 思わず足指を縮めてしまうような, 気恥ずかしい (cf. make sb's TOES curl). ♦ **～·ly** *adv*

toed /tóʊd/ *a* **1** 足指のある; [*compd*] …な足指[つまさき]を有する. **2** 〘木工〙斜めに打ち込んだ, 斜め釘で留めた.

tóe dànce 〘バレエ〙トウダンス. ♦ **tóe-dànce** *vi* **tóe dàncer** *n* **tóe dàncing** *n*

tóe-dròp *n* 〘医〙懸垂[下垂]足 (foot drop).

TOEFL /tóʊfəl/〘商標〙TOEFL (トーフル)《米国の大学に入学しようとする外国人のための英語の試験》. [*T*est *o*f *E*nglish as a *F*oreign *L*anguage]

tóe·hòld *n* 〘登山〙つまさき掛かり(の足場); [*fig*] (わずかな)足掛かり, 支え;〘レス〙トウホールド《相手の足をねじ曲げる技》. ● **get** [**have**] **a ～** 《口》かろうじて足掛かりを得る[もっている], なんとかつながり[コネ]をもつ(ようになる).

TOEIC /tóʊɪk/〘商標〙TOEIC (トーイック)《国際的コミュニケーションのための英語能力検定試験》. [*T*est *o*f *E*nglish for *I*nternational *C*ommunication]

tóe-ìn 〘車〙*n* トウイン《前輪を内向きにすること; 直進性をよくし, タイヤの摩耗を防ぐ》; CAMBER.

tóe-jàbber *n**《俗》《武器としての》ナイフ.

tóe jàm [**pùnk**]*《俗》足指の間[下]の臭いあか.

tóe·less *a* 足指のない; 《靴・ソックスなどが》つまさき部分がない[露出した].

tóe lòop 〘スケート〙トウループ (＝**tóe lòop jùmp**)《一方のスケート靴の後方外側のエッジから氷面を離れ, 空中で完全に一回転したあと, 同じスケート靴の後方外側のエッジから着地するジャンプ》.

tóe·nàil *n* 足指の爪;〘木工〙斜めに打ち込んだ釘;〘印〙《俗》括弧 (parenthesis). ● **throw up one's ～s***《俗》吐く, ゲーゲーやる. ► *vt* …に釘を斜めに打ち込んで留める.

tóe·pìece *n* TOE CAP.

tóe·plàte *n* 《靴底の》つまさき金具.

tóe-ràg 《英俗・豪俗》*n* **1** ぞっとしないやつ, いやなやつ, くず野郎; 《もと》浮浪者 (tramp), 乞食. **2** 《かつて》浮浪者などが靴下代わりに足に巻きつけた布きれ.

tóe-ràgger *n* 《豪俗》浮浪者, おちぶれた者.

tóe·rìng *n* 《南ア》円錐形の麦わら帽.

tóe shòe 〘バレエ〙トウシューズ.

tóe sòck トーソックス《各指[親指]が別になった靴下》.

tóe-tàp *n* トータップ《つまさきでするタップダンス》.

tóe-tàpping *a* 《口》足で拍子を取りたくなるような, 陽気な《音楽》.

toetoe ⇨ TOITOI.

tóe-to-tóe *a, adv* なぐり合って, 接近戦の[で], 激しく争って, 直接対決した[して]: go [stand, fight] ～ with…となぐり合う[直接対決する].

toey /tóʊi/ 《豪俗》*a* いらいらした, 神経質な; 《馬が》走りたがる, はやっている. [*toe, -y*[1]]

to-fall /túːfɔːl/ 《スコ》*n* 差掛け小屋 (lean-to); 日暮れ.

toff /tɑ́f/ "《俗》*n* [[s]*derog*] 身なりのりっぱな人, ダンディー, 上流人士[金持](ふうの人). ► *vt* 《古風》よい身なりにする ‹*up*›. [? TUFT (arch sl) titled undergraduate]

tof·fee, tof·fy /tɑ́fi/ *n* **1** タフィー《砂糖やバターなどを煮詰めたキャンディー; しばしばナッツがはいっている》. **2** "《俗》(棒状の)ゼリグナイト (gelignite); "《俗》たわごと, 空(から)世辞, おべっか. ● **can't do for ～** "《口》…するのはからきしだめである. [*taffy*]

tóffee àpple" タフィーアップル (candy apple*)《棒にさしてタフィー用シロップをかけたリンゴ》.

tóffee-nòse *n* "《俗》高慢ちきなやつ, うぬぼれ屋. ♦ **～d** *a*

Tof·ra·nil /toʊfréɪnɪl/〘商標〙トフラニール《イミプラミン (imipramine) 製剤》.

toft /tɔ́(ː)ft, tɑ́ft/ *n* 〘英法〙〘史〙家屋敷, 宅地; "《方》丘. [OE]

to·fu /tóʊfu/ *n* 豆腐 (＝*bean curd*). [Jpn]

tog /tɑ́g, *tɔ́ːg/ *n* **1** 外衣, コート; [*pl*]《口》衣服, 服装(一式), いでたち; [*pl*]《豪口》水着 (cf. BATHERS): long ～*s* 《海俗》上陸着 / riding ～*s*. **2** "トグ《織物・衣類などの断熱効果を表わすための熱抵抗の単位; あるものののトグ値は, その一方の面から反対の面への熱の流れが 1 ワット/m² であるときの両面の温度の差異に 10 をかけた数値に等しい》. ► *vt, vi* (-gg-) "《口》(みごとな)衣服で装う ‹*out, up*›: get (one*self*) *togged up* ‹礼服などを›身に着ける ‹*in*›. [?*togeman(s), togman* cloak (↓, *-mans* (cant suffix)＜?)]

to·ga /tóʊgə/ *n* (*pl* ～s, **to·gae** /tóʊʤiː, -giː/) **1** トーガ《古代ローマ市民が平和時に着用したゆるやかな公民服》; 《トーガのような》ゆるやかに巻きつける衣服; 《議員・教授・裁判官などの》ゆるやかな礼服[職服]. **2** *上院議員の職[地位]. ♦ **～'d, ～ed** *a* [L＝a covering; cf. TEGMEN]

tóga prae·téx·ta /-pritékstə/ (*pl* **tógae prae·téx·tae** /-tàɪ/) 〘古ロ〙縁が紫のトーガ《少年・行政官などが着用》. [L *praetexta* upper garment, bordered with purple]

to·gate /tóʊgèɪt/ *a* TOGATED; 古代ローマの.

to·gat·ed /tóʊgèɪtəd/ *a* TOGA を着用した; 平和な; いかめしい, 威厳のある.

tóga vi·rí·lis /-vəríːləs, -ríː-, -ráɪ-/ (*pl* **tógae vi·rí·les** /-lèɪs/) 〘古ロ〙成年服《男子が成年 (15 歳) になる時に着た白い TOGA》. [L (TOGA, VIRILE)]

to·geth·er /təgéðər/ *adv* **1** 共に: **a** いっしょに, 連れだって, 一か所に; 結婚して, 交際して: bring ～ 集める / call ～ 呼び集める / stand ～ 並んで立つ / get back ～ 《男女が》よりを戻す, 元のさやに収まる. **b** 合わせて: sew pieces ～ 縫い合わせる / nail ～ 釘で打ち付ける / add [join] ～ 《強調》. **c** 協力して: *T～*, they were able to lift the stone. **d** 同時に, 一斉に: Do not speak all ～. みな一時にしゃべってはいけない; [*joc*] みんなで一斉に言わなくていいからね《質問してもだれひとり答えない時などに言う》/ All ～ now! さあ[今度は]みんな一緒に! 《「歌い[言い, やり]ましょう」などの意》. **2** 互いに: fight ～ 相戦う / confer ～ 相談する / close ～ ‹両者が›接近して; 親密で. **3 a** 全体として; 合計して: All ～, there were 32 members. **b** 緊密に, 統一的に, 統合的に; 調和して: The argument does not hang ～. つじつまが合わない / PULL oneself ～. **4** [後置] 中断せずに, 続けて: study for hours ～ 何時間も続けて勉強する. ● GET[1] **～.** GO **～.** **～ with**…と共に; ならびに, また《with の強調形》. ► 《口》*a* 落ちついた, しっかりした, 自分をコントロールした; よくまとまった; 今ふうの, かっこいい; 世慣れた, そつがない: a ～ person しっかりした人 / get [hold] one*self* ～ 自分をコントロールする, 落ちついている. ● **get it** (**all**) **～** 《口》しっかりする, 落ち着く, 気持の整理をつける, 自分(を取り巻く状況)をコントロールする; "《口》恋愛[性的]関係になる. **have** [**have got**] **it all ～** 《口》しっかりしている, (頭が)まともに働いている; [完了形で]*《口》‹女性が›いい体をしている, 豊満だ. ♦ **～·ness** *n* [OE *tōgædere* (TO, *gædre* together)]

Tog·gen·burg /tɑ́gənbə̀ːrg/ *n* 〘畜〙トッゲンブルク種(のヤギ)《スイス原産の乳用のヤギの品種; 褐色で頭部に白い模様がある》.

tog·ger /tɑ́gər, *tɔ́ː-/ *n* 《オックスフォード大学俗》TORPID.

tog·gery /tɑ́g(ə)ri, *tɔ́ː-/ *n* 《口》衣類, 《特に》職服, 軍服; "洋服店.

tog·gle /tɑ́gəl/ *n* 縄の約(こ)[索端の環, 鎖の環など]に突き通した横棒;〘海〙留木, 大釘, トグル《他の索をかけて留める》;〘機〙TOGGLE JOINT, トグル継手を備えた装置;〘機・建〙TOGGLE BOLT; 《ダッフルコートなどの》小さな棒状のボタン;〘電・電算〙TOGGLE SWITCH. ► *vt* toggle で留める; …に toggle をつける; TOGGLE SWITCH によって飛行機から‹爆弾を›投下する. ► *vi* 《toggle switch で》切り換える[換わる], トグルする ‹*between*›. [C18＜?; cf. TACKLE]

tóggle bòlt 〘機・建〙トグルボルト《スプリングによって開く脚をもつボルト; 脚を閉じたまま穴を通すと, 通過したあとに脚が開いて抜けなくなる》.

tóggle ìron [**harpòon**] 〘捕鯨〙先端に開く爪の付いた銛(もり).

tóggle jòint 〘機〙トグル継手《圧力を横に伝える装置》.

tóggle swìtch 〘電・電算〙トグルスイッチ《**1**) 小さなつまみを上下させる方式の手動スイッチ **2**) 一般に 2 つの状態を切り換えるスイッチ》.

To·gliat·ti /toʊljɑ́ːti/ **1** トリアッティ **Palmiro ～** (1893–1964) 《イタリアの政治家; 共産党書記長 (1944–64)》. **2** TOLYATTI.

To·go /tóʊgoʊ/ トーゴ《西アフリカ Guinea 湾岸の国; 公式名 Togolese Republic (トーゴ共和国); ☆Lomé》.

Tógo·lànd トーゴランド《アフリカ西部の旧ドイツ領; 第一次大戦後

西部は英国の委任統治領 (British ～), 東部はフランスの委任統治領 (French ～) となったのち, 西部はガーナ独立時にその一部となり, 東部は独立してトーゴ共和国となる》. ♦ **～·er** *n*

To·go·lese /tòʊgoʊlíːz, -s/ *a* トーゴ(人)の. ► *n* (*pl* ～) トーゴ人.

togt /tάxt/ *a* 《南ア》日雇いの, 臨時雇いの〈労働者·仕事〉: a ～ boy 現地人の日雇い[渡り]労働者. [Afrik＜Du *tocht* journey]

togue /tóʊg/ *n* LAKE TROUT. [CanF＜Algonquian]

to·he·roa /tòʊəróʊə/ *n* (*pl* ～, ～**s**) 〘貝〙トヘロア《ニュージーランドのイソハマグリの一種; そのスープ》. [Maori]

To·hó·no Ó'odham /toʊhóʊnoʊ-/ (*pl* ～) トホノオオダム人《米国 Arizona 州南西部, メキシコ北西部に居住する先住民》. [「砂漠に住む人びと」の意]

to-hun·ga /tóʊhʊ̀ŋgə/ *n* 《NZ》祭司, まじない師. [Maori]

toil[1] /tɔ́ɪl/ *vi* (長時間)骨折って働く, 苦労する 〈*at* [*over, on*] a task, *for* one's living〉; 骨折って進む 〈*up* a hill, *through* a book, *along* a road〉: ～ and MOIL. ► *vt* …に根気よく手を加える, 〈土地などを〉耕す; 《古》…に労役を強いる; 《古》骨折ってなし遂げる[得る]〈*out*〉: ～ one's way 骨折って進む. ► *n* 骨の折れる仕事, 苦役; 《古》骨折り, 労苦; 《古》激闘, 闘争, けんか, 戦闘. ♦ **～·er** *n* 長時間骨折って働く人; 賃金労働者. [AF *toil*(*er*) (to) dispute＜L]

toil[2] *n* [ᵘ*pl*] 獲物を囲い込む[追い込む]網; [*pl*] [*fig*] わな, 落とし穴, 苦境: caught in the ～*s* of…のわな[計略]にかかって; …の苦しみを味わって. [OF *toile*＜L *tela* loom, web]

toile /twάːl/ *n* トワル《(1) 斜紋織りの織物, 特に リンネル 2) 表地の裁断の前にモスリンで作る仮縫品》; TOILE DE JOUY. [F＝cloth (↑)]

toile de Jouy /twάːl də ʒwíː/ クレトン[フランス]サラサ, トワル·ド·ジュイ《特殊なプリントのサラサ》. [F]

toi·let /tɔ́ɪlət/ *n* **1 a** 化粧室, 洗面所, 便所付き浴室[シャワー室], ″便所, トイレ; 便器: go to the ～ ″トイレに行く / need the ～ トイレに行きたい / flush the ～ トイレの水を流す. **b** 《俗》むかむかする[むさくるしい, うすぎたない]所, 二流の[ちんけな]ナイトクラブ, どさ. **2** 化粧, 身づくろい, 身ごしらえ《入浴·結髪も含む》; 《古》盛装; 着こなし, 着付け; 服装, 衣裳, 着物: make one's ～ 《まれ》化粧する, 身支度する. **3** 化粧道具一式《鏡·くし·ブラシなど》; 《古》化粧台 (dressing table). **4**〘医〙《分娩·手術後の》清拭(せいしき). ● **in** [**into, down**] **the** ～ *《俗》むだ[だいなし]になって, 失われて. **talk** ～ 猥談をする (cf. TOILET TALK). ► *a* 化粧(用)の, 身ごしらえ(用)の; 便器用の. ► *vi* 化粧[身ごしらえ]をする; 〈幼児が〉自分で用便をする. ► *vt* …の化粧[身ごしらえ]をする; 〈幼児や体が不自由な人を〉手助け[介助]してトイレで用便させる. ♦ **～·ing** *n* トイレの手伝い[介助] [F *toilette* cloth, wrapper (dim)〈TOILE]

tóilet àuger PLUMBER'S AUGER.

tóilet bàg″ 洗面用具入れの袋[バッグ].

tóilet bòwl 便器.

tóilet brèak トイレ休憩 (bathroom break).

tóilet clòth [**còver**] 化粧台掛け.

tóilet mòuth *《俗》口ぎたないやつ, '便所口' (potty mouth).

tóilet pàper [**tìssue**] トイレットペーパー.

tóilet pòwder 《湯上がりなどに用いる》化粧パウダー.

tóilet ròll″ トイレットペーパーのロール.

tóilet ròom 化粧室; *便所付きの洗面室[浴室].

tóilet·ry *n* [ᵘ*pl*] 洗面(化粧)用品《石鹸·歯磨·ひげそりクリーム·化粧水などを含む》.

tóilet sèat 《便器の》便座.

tóilet sèt DRESSER SET; 洗面用容器一式《水差し·洗面器など》.

tóilet sòap 化粧石鹸.

tóilet tàble DRESSING TABLE.

tóilet tàlk 《俗》猥談, エッチな話.

toi·lette /twɑːlét/ *n* 《婦人の》化粧, 身じまい; 盛装, 装い, 着こなし; 服装, 衣裳; 《古》DRESSING TABLE. [F]

tóilet tràining 《幼児が用便できるようにする》トイレのしつけ, 用便指導. ♦ **tóilet tràin** *vt*

tóilet vìnegar 手洗い水に混ぜる香水入りの酢.

tóilet wàter 化粧水; *《俗》ションベンの素, ビール.

tóil·ful *a* 骨の折れる, つらい. ♦ **～·ly** *adv*

tóil·less *a* 《文》骨の折れない, 苦労のない, 楽な.

tóil·some *a* 骨の折れる, 苦しい. ♦ **～·ly** *adv* **～·ness** *n*

tóil·wòrn *a* 疲れきった, 労苦にやつれた.

tó-ing and fró-ing (*pl* **tó-ings and fró-ings**) 行ったり来たり, 往来; 《口》右往左往, すったもんだ 〈*on*〉 (cf. TO AND FRO).

toi·toi, toe·toe /tɔ́ɪtɔ̀ɪ/ *n*〘植〙トイトイ《ニュージーランド産のシロガネヨシ属の背の高い多年草》.

toi toi toi /tɔ́ɪ tɔ́ɪ tɔ́ɪ/ *int* 《歌手や俳優に成功を祈って》しっかり, がんばって, うまくいきますように. [G (imit); 悪魔払いのため, つばを吐く音から]

To·jo /tóʊdʒoʊ/ *n* 《軍俗》[*derog*] 日本人[兵, 軍]. [東条英機から]

to·ka·mak, to·ko- /tóʊkəmæ̀k, tάk-/ *n*〘理〙トカマク《トーラス形の高温プラズマ発生装置》. [Russ]

to·kay /toʊkéɪ/ *n*〘動〙トッケイヤモリ, オオヤモリ (＝～ **gècko**)《東南アジアの大きなヤモリ》. [Malay]

Tokay *n* トカイ《(1) ハンガリー北東部の Tokaj 地方に産する天然甘味ワイン; フルミント (Furmint) 種のブドウを使う 2) California などで産する類似のワイン》;〘園〙トカイブドウ《大粒で甘い》.

toke[1] /tóʊk/ *n* **1** *《俗》(マリファナ)タバコ(の一服). **2** *《俗》ギャンブラーがディーラーに与える心付け《通例 賭け札が与えられる》; *《俗》カジノなどに客を乗せてきたタクシー運転手に渡されるチップ. **3** ″《俗》食物, 《特に》(一人前の)パン. ► *vi, vt* *《俗》((マリファナ)タバコを)吹かす; *《俗》純度の高いコカインを吸入する (freebase). ♦ **tók·er** *n* [C20＜?; TOKEN か]

toke[2] *n* *《俗》しるし, あらわれ, (ほんの)気持, TOKEN.

Tó·ke·lau Íslands /tóʊkəlàʊ-/ *pl* [the] トケラウ諸島《南太平洋の Samoa 諸島北方にあるサンゴ礁島群; ニュージーランド領》. ♦ **Tò·ke·láu·an** *n*

to·ken /tóʊkən/ *n* **1 a** しるし, 徴候, あらわれ 〈*of*〉; あらわすもの, 象徴 〈*of*〉;〘聖〙(神の力の)現われ, 予表, 前兆《*Ps* 135: 9》. **b** 特徴, 特色. **c** 《全体をうかがわせる》(ほんの)一部, 一端; 証拠とする[証明する]もの, 合いことば; 《古》合図. **d**〘言〙生起例, トークン (cf. TYPE). **e**〘電算〙トークン《コンパイラーなどがプログラムを構成する要素として認識するもの; 変数名·演算子など》. **2 a** 記念品, 形見; みやげ. **b** 記章, バッジ. **3 a** 《私的な》代用硬貨; トークン《メダル状のバス乗車券など》; 《ゲーム機械などに使う》メダル, 'メタル', チップ; ″商品(引換)券: BOOK TOKEN. **b**〘電算〙トークン《token ring network におけるデータの送信権》. **4** 名ばかりのもの; 差別が行なわれていないことを示すために一員に加えられた者[被雇用者] (⇨ TOKENISM). ● **as a** ～ (**of** our gratitude) (感謝の気持の)しるし[記念]として. **by the same** [**this, that**] ～ 同じ理由によって, 同じように; そのうえ. **in** ～ **of**…のしるし[証拠]に. **more by** ～ 《古》さらに, そのうえ. ► *a* 証拠として与えられた[なされた]; 内金としての; 実物の代用としての; 形式的な, 名ばかりの: a ～ ring 婚約指輪 / a ～ protest 形だけの抗議 / the ～ woman on the committee 《女性差別がないことを示すための》数合わせの女性委員. ► *vt* …のしるしである, 象徴する. ► *vi* しるしとして起こる, 証拠となる. [OE *tāc*(*e*)*n* (⇨ TEACH); cf. G *Zeichen*]

tóken còin 代用硬貨《実質価値が名目価値よりも低い補助硬貨; cf. STANDARD COIN》.

tóken ecònomy〘心〙トークンエコノミー《メタル[プラスチック]のトークンを報酬として用いる行動療法; トークンは食べ物·自由時間などと交換される》.

tóken·ìsm *n* 申しわけ程度[形ばかり]の努力, 《要求·原則などを無視してはいないことを示す》しるしばかりの譲歩, 名ばかりの差別撤廃《被差別側の人員をほんの少数受け入れて平等を装うなど》. ♦ **tò·ken·ís·tic** *a*

tóken mòney 定位[名目]貨幣《実質価値が名目価値より劣る補助貨幣》; 私鋳貨幣, 代用貨幣.

tóken páyment 《借金返済の》内金; 《債務を認める意思表示としての》一部支払い.

tóken ríng〘電算〙トークンリングネットワーク (＝**tóken ríng nètwork**)《リングネットワーク (ring network) で, データの送信の制御にトークンを使用するもの; 装置はネットワークを巡回しているトークンを捕えて送信データの先頭に付加してデータを送信する》.

tóken stríke 《形だけの》警告的ストライキ.

tóken vóte〘英議会〙仮支出決議《その表示金額にはのちに追加予算で変更の余地がある》.

Tokharian ⇨ TOCHARIAN.

To·klas /tóʊkləs/ トクラス **Alice Babette** ～ (1877–1967)《米国の著述家; Gertrude Stein の秘書, 愛人》.

toko ⇨ TOCO[2].

tokology ⇨ TOCOLOGY.

to·ko·lo·she /tɑ̀kəlάʃi/ *n* トコロッシュ《Bantu の民間伝承で悪意をもった架空の動物; 人に似ているが背丈は低い》. [Xhosa]

tokomak TOKAMAK.

to·ko·no·ma /tòʊkənóʊmə/ *n* 床の間. [Jpn]

Tok Pis·in /tɔ́ːk pízən, -sən/ トークピジン (＝*Pidgin*)《パプアニューギニアで使うメラネシア系ピジン英語》. [Pidgin＝talk pidgin]

tok-tok·kie /tάktάki/ *n* 《南ア》**1** トック·トッキー《ドアをノックしておいて, 内側の人が返事をする前に走って逃げ去る子供の遊び》. **2**〘昆〙腹部を地面に打ち当ててカチカチ音をたてるアフリカ産ゴミムシダマシ科の甲虫. [Afrik＜Du *tokken* to tap]

tok·us, -is /tóʊkəs/ *n* *《俗》尻(しり)(の穴). [Yid]

To·kyo·ite /tóʊkioʊàɪt/ *n* 東京都民, 東京人.

tol- /tάl/, **tolu-** /tάlju/ *comb form* 「トルエン (toluene)」

to·la /tóʊlə, toʊlάː/ *n* トラー《インドの重量単位: ＝180 grains (金衡), 11.6638 g》. [Hindi]

to·lan /tóʊlæ̀n/, **to·lane** /tóʊlèɪn/ *n*〘化〙トラン《無色針状晶ジフェニルアセチレン》. [*tol*-]

tol·ar /tάlɑːr/ *n* トラー《スロヴェニアの旧通貨単位: ＝100 stotins》.

to·laz·o·line /toʊlǽzəliːn, -lən/ *n*〘薬〙トラゾリン《抗アドレナリン薬; 塩酸塩を末梢血管拡張薬にする》.

tolbooth ⇨ TOLLBOOTH.

tol·bu·ta·mide /tɑlbjúːtəmàɪd/ *n*〘薬〙トルブタミド《糖尿病治療に用いる》.

told *v* TELL[1] の過去・過去分詞.

tole[1] ⇨ TOLL[3].

tole[2] /tóʊl/ *n* トール《盆・箱などを作るのに用いる色彩豊かなエナメル[うるし]塗りの板金[ブリキ]; その製品》. [F=sheet metal]

To·le·do /təlí:doʊ/ **1 a** トレド《(1) スペイン中央部 Castile-La Mancha 自治州の県 (2) その県都》. **b** (*pl* ~s) トレド剣(の刀身)《Toledo 産で鍛えが優秀》. **2** トリード《Ohio 州北西部 Erie 湖の南西端に臨む港湾都市》. ● HOLY **~!** ♦ **To·lé·dan** *a, n* **To·lé·do·an** *a, n*

tol·er·a·ble /tál(ə)rəb(ə)l/ *a* 我慢のできる, 許容できる; まあまあの, そこそこの; 《口》まあまあ元気な. ♦ **-bly** *adv* まあまあ, けっこう. **~·ness** *n* **tòl·er·a·bíl·i·ty** *n*

tol·er·ance /tál(ə)rəns/ *n* **1** 寛容; 雅量, 包容力, 度量 〈*of, toward*〉. **2 a** 〖食品〗《食物中の殺虫剤の》残留許容限界量. **b** 許容(誤)差, 公差, 裕度(ゆうど)《基準からの許容範囲のずれ》; 〖造幣〗《法的に許容される, 量目・純分の》公差. **3** 辛抱(強さ), 忍耐(力) 〈*of, to*〉. **4** 〖医〗《薬物・毒物に対する》耐性, 許容(度), IMMUNOLOGICAL TOLERANCE; 〖生態〗《生物の環境に対する》耐性.

tólerance dòse 〖医〗耐量, 耐容(線)量, 許容薬量[線量]《害を生じることなく投与[照射]できる薬または放射線の最大量》.

tólerance lìmits *pl* 〖統〗公差[許容]限界.

tól·er·ant *a* 寛容な, 雅量のある 〈*of, toward*〉; 辛抱強い; 《他の信教を》寛容する; 〖医・生態〗耐性のある 〈*of*〉. ♦ **~·ly** *adv*

tol·er·ate /tálərèɪt/ *vt* **1** 黙許する, 許容する, 大目に見る; 〈異説・異端者などを〉寛容に扱う: ~ sb do*ing* 人が…するのを我慢[許容]する. **2** 我慢する; 〖医〗〈薬〉に対して耐性がある; 〈人・人体などが〉〈飲食物など〉に耐性[許容性]がある; 〈動植物が〉〈特定の環境〉に耐えられる. ♦ **-à·tive** *a* **-à·tor** *n* [L *tolerat- tolero* to endure]

tol·er·a·tion /tɑ̀ləréɪʃ(ə)n/ *n* 寛容, 黙許, 堪忍; 辛抱, 忍耐; 《宗教上の》寛容《国教や公認宗教以外の宗教を容認すること》; 〖食品〗TOLERANCE; 〖医〗TOLERANCE: the Act of *T*~ =TOLERATION ACT. ♦ **~·ism** *n* **~·ist** *n*

Tolerátion Àct [the] 〖英史〗寛容法《名誉革命の直後, 1689 年に制定された, プロテスタント非国教徒に宗教上の寛容を求める法律》.

To·li·ara /tóʊliὰːrə/, **-ary** /-ὰːri/ トリアラ, トリアリー《マダガスカル南西部の町; 旧称 Tuléar》.

tol·i·dine /tálədì:n, -dən/ *n* 〖化〗トリジン《ベンジジン系染料の中間体》.

To·li·ma /təlí:mə/ トリマ《コロンビア中西部 Andes 山脈の休火山 (5215 m)》.

Tol·kien /tálkì:n, tóʊl-, -kìn/ トルキーン, トールキン **J**(ohn) **R**(onald) **R**(euel) ~ (1892–1973)《南アフリカ生まれの英国の中世研究家・ファンタジー作家; *The Hobbit* (1937), *The Lord of the Rings* (3 vols, 1954–55)》. ♦ **Tòlkien·ésque** *a*

toll[1] /tóʊl/ *vt* 《晩鐘・弔いの鐘などを》ゆるやかに鳴らす; 〈時刻・弔い・死去などを〉鐘で知らせる; 鐘を鳴らして〈人〉の死を告げる; 鐘の合図で呼び寄せる[解散させる]: ~ the KNELL of… / ~ *in* [*out*] 鐘を鳴らして教会に集める[から出す]. ► *vi* 〈鐘が〉ゆるやかに間をおいて鳴る; 鐘を鳴らす: ~ *for* sb 〈教会の鐘が〉人の死を弔って鳴る. ► *n* 《ゆるやかに間をおいて鳴る》鐘の音, 弔鐘(ちょうしょう); 鐘を鳴らすこと. [ME *tollen* (now dial) to entice, pull]

toll[2] *n* **1 a** 使用料[税], 料金《通行料金・渡船料, 市[縁日]の場代・店張り賃など》; 《役務に対する》報酬, 手間賃; 運賃, 送料; 送信料; *長距離電話料; ‖粉ひき賃としてとる穀物の一部. **b** 使用料[税]徴収権. **2** 租税, 関税, 年貢. **3** 《災害などによる》(甚大な)犠牲, 代償, 損害, 損失, 死傷者数. ● **take its** [**a** (**heavy**)] **~** (**on** [**of**]…) 〈物事が〉(…に)被害[損失]をもたらす, (〈人命などを〉を)(大量に)失わせる. ► *vt* 〈物〉の一部を料金として取る; 〈物を〉料金として徴収する; 〈人〉に使用料[料金]を課する; 〈橋など〉の使用料[料金]を徴収する. ► *vi* toll を取る. ♦ **~·age** *n* toll (の支払い[徴収]). **~·ing** *n* [OE < L *toloneum* < Gk (*telos* tax)]

toll[3], **tole** /tóʊl/ *vt* *〈獲物を〉おびき寄せる; 〈餌を〉まく, 〈魚を〉まき餌で寄せる; 〈家畜を〉導く; 誘い出す, 引き寄せる. ► *vi* 誘いに応じる, 指導に従う. [TOLL[1]]

tóll bàr 《通行料金徴収所の》遮断棒; 通行料金徴収ゲート.

tóll bòard 《電話交換台の》市外台.

toll·booth, tol- /tóʊlbù:θ, -bù:ð; tɔ́l-/ *n* 料金所; 《スコ》町の公会堂, 市場; 《スコ》留置場, 刑務所.

tóll brìdge 通行料金を取る橋, 有料橋.

tóll càll *市外通話; ‖《かつての》近距離市外通話.

tóll collèctor (通行)料金徴収員[機].

tóll·er[1] *n* (通行)料金徴収員[機]. [*toll*[2]]

toller[2] *n* 鐘つき(人); 鐘. [*toll*[1]]

toller[3] *n* おとり, 《特に》TOLLING DOG. [*toll*[3]]

Tol·ler /*G* tɔ́lər/ トラー **Ernst** ~ (1893–1939)《ドイツの劇作家・詩人・革命運動家》.

tol·ley /táli/ *n* ビー玉. [C20<?]

tóll-frée *a* 料金[通行料, *通話料など]の要らない, 無料の: ~ number *《顧客サービスなどのための》無料の電話番号, フリーダイヤル. ► *adv* 無料で. [*toll*[2]]

tóll·gàte *n* 《有料道路の》料金所.

tóll·hòuse *n* 《有料道路[橋]の》料金所.

Tóll Hòuse 〖商標〗トールハウス《チョコチップ入りのクッキー》.

tollie ⇨ TOLLY[2].

tóll·ing dóg カモをおびき寄せる小型猟犬.

tóll·kèep·er *n* 通行料金徴収人.

tóll lìne 長距離電話線.

tóll·man /-mən/ *n* 通行料金徴収人.

tol-lol /tɑlál/ *a* ‖《俗》まあまあの (tolerable).

tóll plàza* 《有料道路の》料金所, トールプラザ《料金所が並んで道幅が広くなった部分をいう》.

tóll ròad 有料道路.

tóll stàtion 料金所.

tóll thòrough 〖英法〗《道路・橋などの》通行税, 通行料金, 道路税, 橋税.

tóll tràverse 〖英法〗私有地通行料.

tóll·wày* *n* 有料道路.

tol·ly[1] /táli/ *n* ‖《俗》ろうそく (candle). [*tallow*]

tol·ly[2], **-lie** /táli/ *n* 《南ア》雄の小牛. [Xhosa]

tol·naf·tate /tɔ:lnǽftèɪt, tɑl-/ *n* 〖薬〗トルナフテート《局所的に用いる抗真菌薬》.

Tól·pud·dle Mártyrs /tálpʌ̀dl-/ *pl* [the] 〖英史〗トルパドルの犠牲者《Dorset 州 Tolpuddle 村で労働組合活動を組織し, 1834 年オーストラリアに 7 年の流刑となった 6 人の農場労働者; この処置は世論の抗議をまねき, 1836 年に刑の免除が行なわれた》.

Tol·stoy, -stoi /tɔ(:)lstɔ́ɪ, toʊl-, tɑl-, ⌐⌐/ トルストイ Count **Lev** [*E* **Leo**] **Nikolayevich** ~ (1828–1910)《ロシアの文豪》. ♦ **~·an** *a, n*

Tol·tec /tóʊltɛ̀k, tál-/ *n* (*pl* ~, ~s) トルテック族《Aztec 族以前のメキシコ高原地帯を 10–12 世紀に支配した》. ► *a* トルテック族[文化]の. ♦ **~·an** *a*

to·lu /təlú:, tɑ-, tɔ:-/ *n* BALSAM OF TOLU. [Santiago de *Tolu*; Colombia の輸出地]

tolu- /táljʊ/ ⇨ TOL-.

tol·u·ate /táljuèɪt/ *n* 〖化〗トルエン酸塩[エステル].

tolú bálsam BALSAM OF TOLU.

To·lu·ca /təlú:kə/ **1** トルカ《メキシコ中部 Mexico 州の州都; 公式名 **~ de Lér·do** /-də lέərdoʊ/》. **2** [Ne·va·do de /nəvά:doʊ deɪ/ ~] トルカ山《Mexico 州の火山 (4577 m)》.

tol·u·ene /táljuì:n/ *n* 〖化〗トルエン (=*methylbenzene*)《無色の可燃性液体; 爆薬・ハイオクタンガソリンに用いる》. [*tolu, -ene*]

to·lú·ic ácid /təlú:ɪk-/ 〖化〗トルイル酸, メチル安息香酸.

tol·u·ide /táljuàɪd/, **-id** /-əd/, **to·lu·i·dide** /təlú:ədàɪd/ *n* 〖化〗トルイド, トルイジド《トルイジンから誘導される 1 価の原子団》.

to·lu·i·dine /təlú:ədì:n/ *n* 〖化〗トルイジン《ベンゼンのメチルアミノ誘導体; 染料製造に用いる》.

tolúidine blùe 〖化〗トルイジンブルー, トルイジン青《黒色粉末; 溶液は青色を呈し, 核染色に用いる》.

tol·u·ol /táljuɔ̀(:)l, -òʊl, -àl/, **-ole** /-òʊl/ *n* 〖化〗トルオール《商品化された toluene; 染料・火薬の原料》.

tolú trèe 〖植〗トルーバルサムノキ《南米産マメ科の高木》.

tol·u·yl /táljuəl/ *n* 〖化〗トルイル(基) (=**~ ràdical** [**gròup**])《1 価のアシル基》.

Tol·yat·ti /tɔ:ljá:ti/ トリヤッティ《ヨーロッパロシア南東部 Volga 川に臨む市; 旧称 Stavropolを Palmiro Togliatti にちなんで改称》.

tol·yl /tálәl/ *n* 〖化〗トリル(基) (=**~ ràdical** [**gròup**])《toluene から誘導する 1 価の基》; BENZYL.

tom[1] /tám/ *n* **1 a** 《動物の》雄; 雄猫; 雄七面鳥. **b** 大きな鐘. **c** *《俗》売春婦; 《豪俗》女, 女友だち, 彼女. **2** ‖《韻俗》TOMFOOLERY. ► *a* 雄の. ► *vi* (-mm-) [進行形で] ‖《俗》売春する. ● **~ (it) around** ‖《俗》売春する, やたらとセックスする, やりまくる. [THOMAS]

tom[2] *n* 《豪》《一時的な》支柱.

tom[3] *n* 《俗》トマト.

Tom[1] *n* **1** トム《男子名; Thomas の愛称》: PEEPING TOM. **2** *《口》白人に卑屈な態度をとる黒人男 (Uncle Tom). ● **~, Dick, and** [**or**] **Harry** [しばしば every [any] を前に付けて] だれでも, 猫もしゃくしも, そこらの連中(みんな). **~ o'Bedlam** 気違いの(ふりをした)乞食. ► *vi* (**-mm-**) [st-, °~ it] *《口》〈黒人が〉白人に卑屈な態度をとる[へいへいする].

Tom[2] /tám, tɔ́:m/ [the] トミ川《西シベリア南部 Altai 山脈北西部に発し, 北西に流れて Ob 川に合流する》.

tom·a·hawk /táməhɔ̀:k/ *n* **1** トマホーク《アメリカインディアンが武器・生活道具として用いる軽量の斧; 戦いの象徴》; トマホークに似た武器[道具]; 《豪》《先住民の》石おの: bury [lay aside] the ~ 和睦する / raise [dig up, take up] the ~ 戦端を開く. **2** [T-] トマホーク《米国海軍の巡航ミサイル》. ► *vt* トマホークで切る[打つ, 殺す]; 〈書籍・著者などを〉酷評する; 《豪俗》〈羊を〉乱暴に刈って傷つける. ♦ **~·er** *n* [C17 *tomahack* < N AmInd (Renape)]

tom·al·ley /támæli, -mə-, təmǽli/ *n* 〖料理〗lobster の肝臓 (liver)《煮ると緑色になる; 珍味》.

to·man /təmά:n/ *n* トーマーン《ペルシアの通貨単位[金貨]》; 《モンゴル

族・タタール族の》一万人隊. [Pers]

Tóm and Jérry **1** トムとジェリー《**1**) 英国の著述家 Pierce Egan, the elder (1772–1849) によるロンドン粋人行状記 *Life in London* の2人の粋人 **2**) 米国の同名のアニメ映画・テレビの主人公である猫とネズミ》. **2** ラム酒の卵酒.

To·má·si di Lampedúsa /toumá:zi di-/ トマージ・ディ・ランペドゥーサ **Giuseppe** ～ (1896–1957)《イタリアの作家》.

to·ma·til·lo /tòumətí:(j)ou, -tí:ljou/ *n* (*pl* ～**s**, ～**es**)〘植〙オオブドウホオズキ, ホオズキトマト, トマティーヨ《紫色の食用の実がなるメキシコ・米国南部原産のホオズキ》.

to·ma·to /təméɪtou, -má:-/ *n* (*pl* ～**es**) **1** トマト. **2***《俗》《魅力的な》女の子, 女; *《俗》売春婦; *《俗》三流のボクサー. ♦ ～**·ey** /-toui/ *a* トマトの[らしい]; トマト味の. [C17 *tomate*<F or Sp<Nahuatl *tomatl*]

tomáto àspic〘料理〙トマトアスピック《トマトジュースに香味料を加えて作ったゼリー》.

tomáto càn* 警官バッジ.

tomáto càtsup [càtchup] トマトケチャップ.

tomáto èggplant〘植〙SCARLET EGGPLANT.

tomáto frúitworm CORN EARWORM.

tomáto hòrnworm〘昆〙幼虫がトマト・タバコなどナス科植物を食害する北米産のスズメガの一種.

tomáto òníon TREE ONION.

tomáto wòrm mòth TOMATO HORNWORM の成虫.

tomb /tú:m/ *n* **1** 墓, 墓穴; (地下)埋葬所, 墓場, おくつき, 墓所; 墳墓; おたまや, 霊廟; 墓碑, 墓標, CENOTAPH; [the]《文》死: beyond *the* ～ あの世に / from the womb to *the* ～=from the CRADLE to the grave / (as) quiet [silent] as the ～ ⇨ GRAVE[1] / go to *the* ～《文》死ぬ. **2** [the T-s] トゥームズ, '墓場'《New York 市刑事裁判所ビルおよび市拘置所の俗称; Manhattan の Civic Center にある》. ► *vt*《まれ》(墓に)葬る. ♦ ～**·less** *a* ～**·lìke** *a* [AF *tumbe*, <Gk; cf. TUMOR, TUMULUS]

tom·bac, -bak, -back /támbæk/ *n* トムバック《金色の, 銅と亜鉛との合金; 安物の装身具などに用いる》.

Tom·baugh /támbɔ:/ トンボー **Clyde W(illiam)** ～ (1906–97)《米国の天文学者; 冥王星を発見 (1930)》.

Tom·big·bee /tambígbi/ [the] トムビグビー川《Mississippi 州北東部, Alabama 州西部を南流して Alabama 川と合流する川; トンビグビー・テネシー水路 (Tombigbee-Tennessee Waterway) で Tennessee 川と連絡する》.

Tómb of the Unknówns [the] 無名戦士の墓《Virginia 州の Arlington 国立墓地にある; 第一次大戦・第二次大戦・朝鮮戦争・ヴェトナム戦争で死んだ兵士を祭っている; もとは Tomb of the Unknown Soldier と呼ばれていた》.

tom·bo·la" /tambóulə/ *n* トンボーラ《LOTTO に似た富くじ》. [F or It (*tombolare* to tumble)]

tom·bo·lo /támbəlòu, tóum-/ *n* (*pl* ～**s**) トンボロ《島と他の陸地をつなぐ砂洲》. [It<L TUMULUS]

Tombouctou ⇨ TIMBUKTU.

tóm·bòy *n* 男の子のような女の子, おてんば娘. ♦ ～**·ish** *a* ～**·ish·ly** *adv* ～**·ish·ness** *n*

Tóm Brówn トム・ブラウン《Thomas Hughes の小説, *Tom Brown's School Days* (1857) の主人公》.

tómb·stòne *n* 墓石, 墓碑. ► *a**《俗》死者の.

Tombstone トゥームストーン《Arizona 州南東部の市; 1877 年に銀が発見され, 1880 年代には銀探鉱者が集中する無法の町として知られた; 特に O. K. CORRAL で有名》.

tómbstone lòans *pl**《俗》死亡した人の名を用いた偽名による銀行借入れ.

tómbstone vòtes *pl**《俗》死亡した人の名を用いた不正投票.

tóm·càt *n* 雄猫; *《俗》女をあさる男, 女たらし. ► *vi* (-tt-)*《俗》〈通例 男が〉セックスを求めてうろつく, 女をあさる 〈*around*〉.

tóm·còd *n*〘魚〙《北米大陸両岸の》マダラ属の小型のタラ, トムコッド.

Tóm Cóllins トム・コリンズ《ジンをベースにした COLLINS》.

Tom, Dick, and Harry ⇨ TOM (成句).

Tóm Dóo·ley /-dú:li/ トム・ドゥーリー (d. 1868)《殺人罪で絞首刑になった米国人; バラッドで歌われている》.

tome /tóum/ *n*《大著の》一巻; [°*joc*] (大きな)本, 大冊, 学術書. [F, <Gk=a slice (*temnō* to cut)]

-tome /tòum/ *n comb form*「切片」「切開刀[器具]」「切除器」: myo*tome*, micro*tome*, derma*tome*, osteo*tome*. [Gk *tomē* a cutting (↑)]

to·men·tose /təméntòus, tóumən-/, **-tous** /təméntəs/ *a*〘植・昆〙ビロード毛でおおわれた.

to·men·tum /təméntəm/ *n* (*pl* **-ta** /-tə/)〘植〙ビロード毛;〘解〙《柔膜・脳皮質の》微細血管網. [L]

tóm·fóol《古風》*n* 大ばか者, ばかたれ; [T-] 道化役者. ► *a* ばかな, 愚かな, 愚鈍な, 愚劣な. ► *vi* ばかなまねをする, ふざける. [*Tom Fool*「愚かさ」の擬人化]

tòm·fóol·ery *n*《古風》**1** ばかな言動, 悪ふざけ; くだらないこと[もの, 冗談], たわけたこと; くだらない飾り物. **2**"《韻俗》宝石類 (jewellery)《単に tom ともいう》.

tóm·gìrl *n* TOMBOY.

To·mis /tóuməs/, **To·mi** /tóumàɪ/ トミス, トミ《CONSTANȚA の古代名》.

Tóm·ism *n* UNCLE TOMISM.

Tóm Jóad トム・ジョード《Steinbeck, *The Grapes of Wrath* の主人公; Oklahoma から一家と共に California へ移住する 'Okie'》.

Tóm Jónes トム・ジョーンズ《Henry Fielding の小説 *Tom Jones* (1749) の主人公; 捨て子であったが, のちに身元もわかり Sophia と結ばれる》.

Tom·ma·si·ni /tàməzí:ni/ トンマジーニ **Vincenzo** ～ (1880–1950)《イタリアの作曲家》.

tomme /tɔ́:m/ *n* [ᵁT-] トム《Savoy 地方を中心とするフランス起源のチーズ》.

tom·my /támi/ *n* **1** "職人が携帯する弁当; "労賃代わりに職人に与える黒パン[食物] (⇨ SOFT TOMMY); "パンの塊り; "《かつての》物品賃金制; "TOMMY SHOP. **2 a**〘機〙ねじまわし;〘機〙スパナ;〘機〙TOMMY BAR. **b** TOMMY GUN; 機関銃射撃手. **3** *《俗》おてんば娘 (tomboy). **4***《俗》トマト. [*Tom*[1]]

Tommy, -mie **1** トミー《男子名; Thomas の愛称》. **2** [ˢt-]"《口》《英陸軍の》兵卒, 兵士, 兵隊 (=**Tómmy Átkins**).

tómmy bàr〘機〙回り柄, かんざしスパナ.

tómmy gùn《口》トミーガン (THOMPSON SUBMACHINE GUN),《一般に》小型機関銃 (SUBMACHINE GUN). ♦ **tómmy-gùn** *vt* トミーガンで撃つ.

tómmy·ròt *n*《古風口》たわごと, ばかげた[くだらない]こと.

tómmy róugh [rúff]〘魚〙マルスズキ科の小型の海産魚 (ROUGHY).

tómmy shòp" 工場内の売店; パン販売店; 《もと》物品賃金制の工場.

tóm·nòddy *n* ばか;《スコ》ATLANTIC PUFFIN.

tó·mo·gràm /tóumə-/ *n*〘医〙(X 線)断層写真. [Gk *tomos* slice]

tó·mo·gràph /tóumə-/ *n*〘医〙(X 線)断層撮影機.

to·mog·ra·phy /təmágrəfi/ *n*〘医〙(X 線)断層撮影(法) (cf. CT). ♦ **to·mo·graph·ic** /tòuməgrǽfɪk/ *a*

to·mor·row /təmárou, *-mɔ́:r-/ *adv*, *n* あす, 明日; (近い)将来, 'あす': I'm going there ～. / *T*～ is Sunday. / ～**'s** post あすの郵便 / *T*～ never comes.《諺》あすは決して来ない《今日すべきことは今日せよ》/ Never put off till ～ what you can do today.《諺》今日できることは明日まで延ばすな / *T*～ is another day.《諺》明日という日もある / *T*～ will [can] take care of [look after] itself. 明日の面倒は明日が見る, 明日のことはわからない(から思いわずらうな)《cf. *Matt* 6: 34》/ the day after ～ 明後日 / ～ morning [afternoon, evening, night] あすの朝[午後, 晩, 夜] / "a week ～=～ WEEK / the party ～ あすのパーティー. ● **like [as if] there's [there was, there were] no** ～《口》明日などないみたいに, 将来のことなどまるで考えずに, 自制などせずに《食べるなど》. ～ **come never**《「あす」は未来を指すことばで》決してやって来ることのない日. [OE *tō morgenne* (TO, MORROW)]

tompion ⇨ TAMPION.

Tom·pi·on /támpiən/ トムピオン **Thomas** ～ (1639–1713)《英国の時計製作者》.

Tóm Sáwyer トム・ソーヤー《Mark Twain, *The Adventures of Tom Sawyer* (1876) の主人公; いたずら好きの頭のいい少年で, 村の浮浪児 Huck の親友》.

Tóm Shów* トムショー《Uncle Tom's Cabin 劇の巡業芝居》.

Tomsk /támsk, tɔ́:msk/ トムスク《西シベリア南部 Ob 川との合流点の近くにある Tom 河畔の市》.

Tóm Swíft トム・スウィフト《米国の青少年向けの科学発明小説シリーズの主人公; 夢のような乗物や機械を発明し, それらを駆使して活躍する》.

Tóm Thúmb **1**《英国童話の》親指トム. **2** こびと; [<*a*>]《動植物などの》矮小(わいしょう)種(の). **3** [General ～] トム・サム《米国のこびとの芸人 Charles Sherwood Stratton (1838–83) の芸名》. **4** トム・サム《Peter Cooper が 1830 年に製作した米国で最初の蒸気機関車》.

Tóm Tíddler's gròund **1 a** 地面取り《仕切った地面に親 (Tom Tiddler) の隙をみて他の者が "We're on Tom Tiddler's ground, picking up gold and silver." と歌いながら侵入し, つかまると親になる子供の遊戯》. **b**《地面取りの》仕切った地面. **2 a**《俗》やすやすとお金[欲しいもの]が手にはいる所. **b**《俗》《領有をめぐる》係争地.

Tóm Tínker トム・ティンカー《伝承童謡の, 鳴いている犬の飼い主》.

tom·tit /támtìt, ⌐⌐/ *n* 動きの活発な小鳥《シジュウカラ (titmouse) など; 英国では特にアオガラ (blue tit)》. [*Tom*[1]]

Tóm Tìt Tót トム・ティット・トット《英国の昔話に登場する, 名前をあてられると魔力を失うこびとの妖精; ドイツの Rumpelstiltskin に相当する》.

tom-tom /támtàm/ *n* トムトム《インド・アフリカなどの胴の長い太鼓; 改良型をジャズなどで用いる》; トントン《太鼓の音》. ► *vi* トントンと太鼓の(ような)音を出す; 太鼓の音で合図をする. ► *vt* 〈リズムを〉トムトムで打ち出す;《インド》高らかに言う, 誇る. [Hindi *tamtam* (imit)]

-t·o·my /-təmi/ *n comb form*「分断」;〖外科〗「切除」「切開(術)」: dicho*tomy*; tonsillo*tomy*, cranio*tomy*, laparo*tomy*. [Gk (*temnō* to cut)]

ton[1] /tʌ́n/ *n* (*pl* ~s, ~) **1 a**《重量単位》トン《=20 hundredweight》; 英トン, 積載トン (=long [gross] ~, shipping ~)《=2240 pounds, ≒1016.1 kg》; 米トン, 小トン (=short [net] ~)《=2000 pounds, ≒907.2 kg》; メートルトン (=metric ~)《=1000 kg》;《容積単位》容積トン (=measurement [freight] ~)《=40 立方フィート》. **b**《船舶の大きさ・積載能力の単位》トン; 総トン (=gross ~, register ~)《=100 立方フィート》; 純トン (=net ~)《総トンから貨物・旅客の積載に利用できない部屋の容積を除いたもの》; 容積トン《純トン算出用》; 重量トン (=deadweight ~)《=35 立方フィート, 2240 pounds; 貨物船用》; 排水トン (=displacement ~)《=35 立方フィート, 2240 pounds; 軍艦用》. **c** 空調トン《毎時 12,000 btu》. **d** 冷凍トン (=~ of refrigeration)《0°C の水 2000 ポンドを 24 時間で 0°C の氷にする冷凍能力》. **2**《口》大変な重さ; [a ~, ~s;〈*adv*〉]《口》多数, 多量, ずっと…: weigh (half) a ~ とっても重い / ~*s of*...= a ~ *of*...《口》たくさんの… / That is ~*s* [*a* ~] better. そのほうがはるかにいい. **3**ᴴ《俗》《特に オートバイによる》時速 100 マイルの猛スピード (cf. TON-UP); ᴴ《俗》《クリケットなどの》100 点; ᴴ《俗》100 ポンド《お金》. ● **a** ~《口》すごい勢い[パワー]で, ドカンと: hit a ball *a* ~. **do the [a]** ~ ᴴ《俗》《バイクを》時速 100 マイルで飛ばす. [*tun*]

ton[2] /*F* tɔ̃/ *n* (*pl* ~s /—/) 流行, はやり, モード; あかぬけていること, スマートなこと; [the] 上流社会 [社交界](の人びと): in the ~ 流行して. [F<L TONE]

-ton /t(ə)n/ *n suf*「…な人」「…なもの」: simple*ton*, single*ton*. [*tone* (dial) one; cf. TOTHER]

ton·al /tóunl/ *a* 音の, 調子の, 音色の;〖楽〗調性を有する, 調的な (opp. *atonal*);〖楽〗トーナルな《フーガの応答が主題と同じ音程で模倣しない》;〖画〗色調の, 色合いの. ♦ ~**·ly** *adv*

tónal·ist *n* 色調主義の画家;〖楽〗調性の作曲家.

to·nal·ite /tóun(ə)làɪt/ *n* 石英閃緑岩. [*Tonale* 発見された Tyrol の峠]

to·nal·i·ty /tounǽləti/ *n*《特定の》音質, 音色;〖楽〗調性 (opp. *atonality*);〖楽〗調 (key); 色調;〖言〗《音調言語の》調性.

tó-nàme /tú:-/ *n*《スコ》《主に 同姓同名の人を区別するための》添え名, あだ名 (nickname).

ton·do /tándou/ *n* (*pl* **-di** /-di/)〖美〗円形の絵画, 彫りのあるメダイヨン. [It=circle (*rotondo* round plate)]

T1 /tì:wʌ́n/ T1《高速デジタル電話回線の規格; cf. T3》.

tone /tóun/ *n* **1**《特定の音質の》音(ᵒ)(ᵉ), 音声; 音色, 音質;《一定のピッチの》楽音;〖楽〗基音;〖楽〗全音程, 全音 (whole step);〖楽〗詩篇旋法, グレゴリアントーン (=Gregorian ~);《電話の》発信音,《プッシュホンなどの》電子音: speak in low ~*s* 低い声で話す / a fundamental ~〖楽〗基音 / PARTIAL TONE / BUSY TONE. **2 a** [ᵒ*pl*]《気分・感情を反映した》(声の)調子, 口調, 語調, 語気, 抑揚, トーン;《文章・演説などの》調子, 論調;〖音〗音調, 声調, トーン: in a sad [cheerful] ~ 悲しい[快活な]口調で / in ringing [hushed] ~*s* 鳴り響く[声をひそめた]調子で / the four ~*s*《中国語の》四声 / the high [middle, low, even, rising, falling, rising-falling, falling-rising] ~ 高[中, 低, 平板, 上昇, 下降, 昇降, 降昇]調. **b**〖画・写〗色合い, 濃淡, 明暗, 色調. **3**《特定の場所・時代・集団の》全体的な性格, 感じ, 調子, 傾向; 格調, 気品, 品格; 気分 (mood, temper); 市況: the ~ of the school [army] 校風[軍紀] / set the ~ (of [for] ...) (…の)基調を定める, (…の)(全体の)雰囲気をつくる / The article is negative in ~. 記事の基調は否定的だ / bring down [lower] the ~ of...の品格を下げる. **4**〖生理〗《身体・器官・組織の》活動できる[正常な]状態,《筋肉などの正常な》緊張(状態), 張り, MUSCLE TONE;〖生理〗《刺激に対する》正常な感受性: skin ~ 肌の張り. **5**《正常[健全]な》弾力性, 柔軟性, しなやかさ. ● **in a** ~ 一致して. **take a high** ~ 高言を吐く. ► *vt* …に(ある)調子[抑揚]をつける, …の調子[性格]を変える;〖楽〗〈楽器〉の調子を合わせる〈*to*〉;〈色・絵を〉ある色調にする;〖写〗調色する; …の調子を整える[高める], 正常にする;〈筋肉・肌などを〉引き締める; ある調子[口調]で言う (intone). ► *vi* 調和的な色調をおびる; ᴴ(色合いが)調和する〈*with, in*〉; 体をきたえる, トレーニングする. ● ~ **down**〈語気・色合い・調子など〉和らげる[和らぐ]. ~ **(in) with**…と混ぜ合わせる; ᴴ…と調和する. ~ **up**〈語気・色合いなどを〉高める, 強める,〈人・体などを〉強くする,〈筋肉・肌を〉引き締める; 高まる;〈筋肉・体などが〉引き締まる, 強化される. [F, <Gk *tonos* tension, tone (*teinō* to stretch)]

Tone トーン (**Theobald**) **Wolfe** ~ (1763–98)《アイルランドの民族主義的革命運動家》.

tóne àccent PITCH ACCENT.

tóne àrm《レコードプレーヤーの》トーンアーム.

tóne blòck〖楽〗トーンブロック《RHYTHM BAND 用楽器の一種; 細長い溝[穴]のついた木片を棒などで打って鳴らす》.

tóne·bùrst *n* トーンバースト《音響機器の過度特性の測定などに用いられる音響信号》.

tóne clùster〖楽〗密集音群[音塊], トーンクラスター《ある音程内の多量の音が同時に出す音響》.

tóne còlor〖楽〗音色 (timbre).

tóne contròl トーンコントロール《音質調節; 音質調節装置[つまみ]》.

toned /tóund/ *a* 引き締まった〈からだつき・筋肉など〉;〈紙が〉うすい色のついた; [ᵒ*compd*] (…な) TONE を有する[特色とする] (: shrill-~).

tóne-dèaf *a*〖医〗音痴の. ♦ **tóne dèafness** *n*

tóned páper 薄い(クリーム)色のついた紙.

tóne gròup〖音〗音調群《音調曲線の独立したひと区切り》.

tóne lànguage〖言〗音調[声調]言語《中国語など》.

tóne·less *a* 調子[抑揚]に欠けた, 表情[生気]のない, 単調[平板]な. ♦ ~**·ly** *adv* ~**·ness** *n*

to·neme /tóunì:m/ *n*〖音〗音調素, トニーム《通例 同一の音調に扱われる一団の類似の音調; cf. PHONEME》. ♦ **to·né·mic** *a* [*tone*, *-eme*]

tóne-on-tóne *a* トーン・オン・トーン《同一色相で色調の異なる色を組み合わせた配色についていう》.

tóne·pàd *n* トーンパッド《ダイヤル式電話でプッシュホンのトーンを送るための装置》.

tóne pòem〖楽〗音詩, トーンポエム (SYMPHONIC POEM);〖美〗詩的色調の絵画. ♦ **tóne pòet** *n*

ton·er /tóunər/ *n* **1** 調子を整える人[もの]; ペイントの色と質を検査する人. **2**〖写〗調色液; トナー《電子複写機やレーザープリンター用の微粉末状の顔料》; トーナー《無機顔料を含まない有機顔料で, 他の顔料の色合わせや調色に用いる》. **3**《肌を清潔にし引き締める》化粧水, スキントナー;《筋肉を引き締める》トレーニング(用器具): a thigh ~ 太もも引き締めエクササイズ器.

tóne ròw [sèries]〖楽〗《十二音音楽の》音列, TWELVE-TONE ROW.

to·net·ic /tounétɪk/ *a* 音調[声調]の; 抑揚の; 音調[声調]言語の. ♦ **-i·cal·ly** *adv*

to·nét·ics *n* 音調学.

to·nette /tounét/ *n*〖楽〗トネット《1 オクターブ強の音域の簡単なフィップルフルート (fipple flute); 主に 小学校の教材用》. [*tone*, *-ette*]

tóne ùnit〖音〗音調単位.

toney ⇨ TONY.

tón-fòrce *n* トンフォース《フィート-ポンド法の力の単位: =2000 pound-force; 略 **tonf**》.

tong[1] /tʌ́ŋ, *tɔ́:ŋ/ *n*《中国の》党, 協会, 結社;《在米中国人の》秘密結社; *《俗》学生社交クラブハウス. [Chin 堂]

tong[2*] *n* TONGS. ► *vt* TONGS でつかむ[集める, 操作する, 処理する,〈髪を〉カールする]. ► *vi* tongs を用いる. ♦ ~**·er** *n*

ton·ga /tʌ́ŋgə, *tɔ́:ŋ-/ *n* タンガ《インドの 2 人[4 人]乗り一頭立ての小型二輪馬車》. [Hindi]

Tonga[1] *n* **a** (*pl* ~) トンガ族《主に ザンビア・ジンバブウェに住む》. **b** トンガ語《Bantu 語群に属する》.

Tonga[2] トンガ《南太平洋のフィジー (Fiji) の東にある島群で, 一国をなす; 別名 Friendly Islands; 公式名 Kingdom of ~ (トンガ王国); もと 英国保護領, 1970 年独立, 英連邦に属する; ☆Nuku'alofa》.

Ton·gan /tʌ́ŋgən, *tɔ́:ŋ-/ *n* トンガ諸島[王国]の人; トンガ語. ► *a* トンガ諸島[王国]の; トンガ人[語]の.

Ton·ga·ri·ro /tɑ̀ŋ(g)əríərou/ トンガリロ《ニュージーランド北島中部の火山 (1986 m); Ruapehu, Ngauruhoe 両火山と共に **Tongaríro Nátional Párk** をなす》.

Tong·hua, Tung·hwa /tʊ́ŋhwá:/ 通化(ᵗᵒⁿᵍ)(ᵏᵃ)《中国吉林省南西部の市》.

tong·kang /tɑ́ŋkæ̀ŋ/ *n* トンカン《Malay 半島のジャンクに似た船》. [Malay]

Tongking ⇨ TONKIN.

tóng·man /-mən/ *n* 党人, 結社員.

tongs /tɑ́ŋz, *tɔ́:ŋz/ *n* [〈*sg*/*pl*〉; ᵒa pair of ~] トング《2 本の棒をピボットなどで一点で留めた各種のはさみ具》, …ばさみ, 火ばし, やっとこ, ᴴ〖美容〗ヘアアイロン (curling tongs),《豪》《毛刈り用》手ばさみ: coal ~ 石炭ばさみ / ICE [SUGAR] TONGS, LAZY TONGS / I would not touch him [it] with *a pair of* ~. あんなやつ[もの]には長火ばしでだって触れるのはいやだ. ● HAMMER **and** ~. [(pl)〈*tong*<OE *tang(e)*; cf. G *Zange*]

Tong·shan, Tung·shan /tʊ́ŋʃá:n/ 銅山(ᵈᵒᵘ)(ˢᵃⁿ)《徐州 (Xuzhou) の別称》.

tongue /tʌ́ŋ/ *n* **1 a** 舌, べろ《LINGUAL *a*》;〖料理〗《牛などの》舌肉, タン;《無脊椎動物の》舌に似た器官,〖動〗RADULA,《蜂などの》吻(ᶠⁿ) (proboscis): put [stick] out one's ~ (*at* sb) (人に向かって)舌を出す《軽蔑のしぐさ》/ The ~ ever turns to the aching tooth.《諺》舌は痛む歯に行くものだ《気がかりなことについ立ち戻るものだ》/ stewed ~ タンシチュー. **b**《飲食後の》(いやな)あと味: Good brandy leaves no ~ in the morning. 上等のブランデーは翌朝あと味が残らない. **2 a**《ものを言う》舌, 口; 話す能力: find one's ~《びっくりしたが》やっと口がきけるようになる / lose one's ~ (一時)口がきけないようになる / Lost your ~? どうして黙ってるの / A still ~ makes a wise head.《諺》静かな舌は人を賢くする《自分で話すより人の話を聞くほうが学ぶことが多い》/ The ~ is not steel, yet it cuts.《諺》鋼ならざる舌よく人を傷つく. **b** ことば, 発言, 談話; おしゃべり; 弁舌; ことばづかい, 声音(こわ), 話し方, 話しぶり: a long ～ 長広舌, (長ったらしい)おしゃべり / have a ready [fluent, silver] ～ 雄弁である / have a loose ～ おしゃべりである, 口が軽い / have a spiteful [sharp] ～ 口が悪い / on the ～ of men＝on everyone's ～ 世間のうわさにのぼって / watch [mind] one's ～ ことばに気をつける, 口を慎む. **c** 言語, 国語; 外国語, 《特に》古典語; 方言; ある国語の人民[国民]; [ᵁ*pl*] 異言(いげん) 《宗教的恍惚に伴うわけのわからないことば; ⇨ GLOSSOLALIA》: one's mother ～ 母国語 / a foreign ～ 外国語 / a ～ not understanded of the people 《古》 異国語, 外国語 《*Prayer Book* から》 / all ～*s* 〖聖〗 あらゆる民族 / speak in ～*s* 異言を語る. **d***《俗》 弁護士. **3** 舌状のもの; 《海・湖・川の合流点の》 細長い岬; 狭い入江, 瀬戸; 《編上げ靴の》 舌革, べろ; 《鐘・鈴の》 舌(ぜつ); 火炎の舌; 〖楽〗 《管楽器の》 舌; 〖機〗 凸縁(えん) (flange); 〖木工〗 《さねはぎの》 さね; 《転轍機の》 先端レール; 《刃物・剣などの》 根部; 《分度器などの》 腕; 《馬車などの》 ながえ; 《工具の》 なかご, こみ; 《天秤(びん)の》 指針; 《ブローチ・バックルなどの》 針, ピン.

● **at** one's **～'s end** いつでも口をついて出る. **bite** one's **～** 言いたいことを我慢する, 本音を抑える. **bite** one**'s ～ off** 《口》 [通例 could have bitten… などの仮定法で] 失言を悔いる, 言ってしまってから悔やむ. **Bite your ～!***《俗》 失言を取り消せよ, そんなことを言って恥を知れ, 何てこと言うんだ. **get** one**'s ～ (a)round**… [°*neg*] 《口》 〈むずかしい単語・名前などを〉正しく発音する[言う]. **give**…**[get, feel] the** (**rough** [**sharp**]) EDGE **of** one**'s** [sb**'s**] **～. give** [**throw**] **～** 猟犬がほえる《特に 臭跡を発見して》; [*fig*] 〈人が〉叫ぶ, どなる; (…を)口に出す 〈*to*〉. **have a ～ in** one**'s head** 口に出せる, ものが言える. **hold** one**'s ～** [ᵁ*impv*] 黙っている: He cannot speak well that cannot *hold* his ～. 《諺》 黙っていられない者は話しがへたなもの. **keep a civil ～** (**in** one**'s head**) [ᵁ*impv*] ことばづかいを慎む, 丁寧なことばづかいをする. **keep a quiet** [**still**] **～** [ᵁ*impv*] 黙っている, 口を慎む. **keep** one**'s ～ off**…に口出しをしない. **lay ～ to**…を口に出す, 表現する. **on** one**'s ～** 口をついて. **on the** TIP **of** one**'s ～. set** [**start**] **～s** (**a**)**wagging** うわさをかきたてる, うわさ(のたね)になる. **speak with a** FORKED TONGUE. **stick** [**put**] one**'s ～ in** one**'s cheek** 舌先でほおをふくらませる《皮肉・軽蔑の表情》. **tie** sb**'s ～** 口止めする: My ～ is *tied*. それは言えない. **T～s wag.** うわさが立つ. **trip** [**roll, slip**] **off the ～** 〈ことばが〉すらすら[よどみなく]出てくる, ごろ[調子]がいい. **with** one**'s ～ hanging out** のどが渇いて[からからで]; [*fig*] 渇望して. **with** one**'s ～ in** one**'s cheek**＝(**with**) **～ in cheek** 本心とは裏腹に, 不誠実に; 皮肉たっぷりに, あざけって, ふまじめに: have [speak *with*] one's ～ *in* one's *cheek* からかい半分で言う.

► *v* (**tóngu·ing**) *vt* **1** 〈笛・楽曲を〉舌を使って[タンギングで]吹く; 舌で触れる, なめる; 《俗》 …に舌を使ってキスする, フレンチキスをする. **2** 《古》 言う, 述べる; 発音する; 《古》 しかる, 非難する. **3** 〖木工〗 〈板など〉に舌状の凸縁(えん)[さね]をつくる; さねはぎに継ぐ. ► *vi* タンギング (tonguing) で吹く; 舌を使う, ねぶる, なめる; 《俗》 フレンチキスをする; [～ it] 《まれ》 (ペラペラ)しゃべる; 〈犬が〉臭跡を見つけてほえる; 〈炎が〉めらめら舌を出す, なめる; 《舌状に》 突き出る.

♦ **～·less** *a* 舌のない; 口がきけない. **～·lìke** *a* [OE *tunge*; cf. G *Zunge*, L *lingua* (earlier *dingua*)]

tóngue and gróove *n, vt* 〖木工〗 さねはぎ[目違い]継ぎ(にする) (＝**tóngue-and-gróove jòint**). ♦ **tóngued-and-gróoved** *a*

tóngue and gròove plíers [〈*sg*/*pl*〉] タングアンドグループ・プライヤー, ウォーターポンプ・プライヤー《溝に沿ってピンの位置をずらし口径を変えられるペンチ》.

tóngue bìt 《馬の》 はみ.

tóngue bòne 〖解〗 舌骨 (hyoid bone).

tongued /tʌ́ŋd/ *a* 舌[舌状部, つまみ]のある; [*compd*] 舌[ことば]が…な: double-～ 二枚舌の.

tóngue deprèssor [**blàde**] 〖医〗 舌圧子(ぜつあつし).

tóngue·fìsh *n* 〖魚〗 ウシノシタ科の魚, シタビラメ.

tóngue gràft 〖園〗 舌接ぎ (whip graft).

tóngue-in-chèek *a* からかい[ひやかし]半分の, 皮肉な, ふまじめな. ► *adv* 冗談半分で, ふざけて.

tóngue-làsh *vt, vi* きびしくしかる, しかりつける. ♦ **～·ing** *n* 《口》 きびしい叱責: give [get] a ～*ing*.

tóngueless fróg 〖動〗 AGLOSSA.

tóngue·let *n* 小舌, 舌状小突起.

tóngue òil [**lòosener**]*《俗》 舌をなめらかにするやつ, 酒, アルコール.

tóngue-tìe *n* 〖医〗 舌小帯短縮(症); 舌足らず. ► *vt* 舌がまわらないようにする, 口がきけないようにする, 黙らせる.

tóngue-tìed *a* 舌小帯短縮(症)の; 舌足らずの; 《驚き・当惑などで》 (うまく)口がきけない, しゃべろうとしない; *《俗》 酔っぱらった.

tóngue twìster 舌のもつれるような語句, 早口ことば《例 She sells seashells on the seashore.》. ♦ **tóngue-twìst·ing** *a*

tóngue wòrm 〖動〗 **a** 舌虫(したむし) 《哺乳類・鳥類・両生類・爬虫類の食道・鼻腔などに寄生する》. **b** HEMICHORDATE.

tonguey /tʌ́ŋi/ *a* 《口》 よくしゃべる, 話し好きな; 舌の(ような); 舌音の (lingual).

tongu·ing /tʌ́ŋɪŋ/ *n* 舌状突起(を作ること); しかる[ののしる]こと; 〖楽〗 タンギング《舌先を用いる管楽器の断奏(法)》.

To·ni /tóʊni/ トニー《女子名; Antonia, Antoinette の愛称》.

-to·nia /tóʊniə/ *n comb form* 「緊張(症)」: myo*tonia*. [L; ⇨ TONE]

ton·ic /tánɪk/ *n* **1 a** 強壮薬[剤]; ヘアートニック; 《主に 米北東部》 味付きの炭酸飲料; TONIC WATER; *《俗》 気つけ薬, 酒 (liquor). **b** 元気づけるもの, 元気のもと, 活を入れるもの《賛辞・罰など》. **2** 〖楽〗 主音《音階の第 1 音》; 〖楽〗 主和音, トニック; 〖音〗 有声音; 〖音〗 主要な揚音アクセントのある音節. ► *a* **1 a** 〈医薬・治療などが〉強壮にする; 活を入れる, 元気づける, 爽快にする; 強壮物質を生じる: ～ wine 強壮酒. **b** 〖生理・医〗 緊張性の, 強直(性)の, 持続性の. **2** 〖楽〗 楽音の; 〖楽〗 トニックの《主音を根音とする和音, 主音から始まる調についていう》; 〖音〗 第一強勢のある, 《まれ》 有声の. **3** 〖美〗 色調[明暗, 濃淡]の; 〖言〗 音調[抑揚]の, 音調で意味を弁別する, 音調言語の: Chinese is a ～ language. 中国語は音調言語である. ♦ **-i·cal·ly** *adv* [F or L; ⇨ TONE]

tónic áccent 〖音〗 音調[主調子]アクセント; 揚音[高さ]アクセント (cf. STRESS ACCENT).

tónic-clónic *a* 〖医〗 〈痙攣が〉強直-間代性の.

to·nic·i·ty /toʊnísəti/ *n* 《心身の》 張り, 壮健; 〖生理〗 《筋肉などの》 緊張 (tonus); 〖生〗 張性《細胞[生物体]を溶液に浸したときにみられる浸透圧》; 〖言〗 主調子配置.

tónic májor 〖楽〗 同主長調.

tónic mínor 〖楽〗 同主短調.

tónic sol-fá 〖楽〗 トニックソルファ記譜法.

tónic spásm 〖医〗 緊張性痙攣.

tónic wàter トニックウォーター (＝*quinine water*) 《少量のキニーネ・レモン・ライムで風味を付けた炭酸飲料; ジンやウオツカに混ぜて飲む》.

ton·i·fy /tóʊnəfàɪ, tán-/ *vt* 《鍼(はり)・漢方で》 〈人体・器官〉の気を高める. ♦ **tòn·i·fi·cá·tion** *n*

to·night /tənáɪt/ *adv, n* 今夜 (⇨ TODAY); 《廃・英国西部方言》 昨夜. ● **Not ～, Josephine.** ジョゼフィーヌ 今夜はよそう《申し出を断わるときのひょうきんなきまり文句; Napoleon が妻のベッドの誘いを拒んで言ったせりふと俗に伝えられる》. **T～'s the night.** 《俗》 今夜は期待できるぞ, 何かいいこと[おもしろいこと]が起きるぞ, うまく(女を)ひっかけられるぞ. [ME (TO, NIGHT)]

Toníght Shòw [The] 「トゥナイト・ショー」《米国 NBC テレビのトークバラエティ (1954–); Johnny Carson が 30 年にわたって司会をつとめた (1962–92)》.

ton·ish /tánɪʃ/ *a* 流行の, 当世風の.

to·nite[1] /tóʊnàɪt/ *n* 雷薬《強力な綿火薬の一種》. [*ton-* (L *tono* to thunder), *-ite*]

to·nite[2] /tənáɪt/ *n, adv* 《口》 TONIGHT.

tonk /táŋk/ *n**《俗》 HONKY-TONK; 《豪俗》 女みたいな男, ホモ; 《豪俗》 ばか, あほう, ぼんくら.

tón·ka bèan /táŋkə-/ 〖植〗 トンカマメ《熱帯アメリカ産のマメ科の高木》; トンカ豆《香料の原料, バニラの代用》. [Tupi *tonka*]

Ton·kin /tánkín, táŋ-/, **Tong·king** /tʊ́ŋkíŋ/ **1** トンキン《ヴェトナム北部の地方》. **2** [tonkin] トンキン竹《ヴェトナム北部産; スキーストック・釣りざお用》. ■ the **Gúlf of ～** トンキン湾《海南島の西方にある南シナ海の湾》.

Ton·kin·ese /tùŋkəníːz, -s/, **-king-** /-kɪŋíːz, -s/ *a* TONKIN の. ► *n* **1** (*pl* ～) トンキン人; 《ヴェトナム語の》 トンキン方言. **2** 〖猫〗 トンキニーズ《Siamese と Burmese をかけ合わせたネコ》.

Ton·le Sap /tánleɪ sǽp; tɔ́nli sǽp/ **1** トンレサップ, サップ湖 (*F* Grand Lac) 《カンボジア中西部にあるインドシナ半島最大の湖》. **2** [the] トンレサップ川《カンボジア中部を流れる川; Tonle Sap 湖南東端から流出して, Phnom Penh で, Mekong 川に合流》.

ton·let /tánlət/ *n* 《中世のよろいの》 鉄スカート.

tón-míle *n* トンマイル《トン数とマイル数との積; 鉄道・航空機などの一定期間中の輸送量を示す統計上の単位》.

ton·nage /tánɪʤ/ *n* **1 a** 《100 立方フィートを 1 トンとした場合の, 船舶の》 容積トン数, 積量 (cf. DISPLACEMENT). **b** 船舶, 船腹, 《一国・一港の》 船舶総トン数. **2** 《輸送・産出などの》 (総)トン数; かなりの重量[分量]. **3** 《船舶の容量トン数・積荷トン数に応じて課する》 トン税; 〖英史〗 《輸入ワインの 1 TUN ごとに課した》 トン税 (＝～ **dùty**). [TON[1] and OF *tonne* TUN, *-age*]

tónnage and póundage 〖英史〗 トン税・ポンド税《前者は 12 世紀, 後者は 13 世紀に始まり, それぞれぶどう酒, 輸出入商品価格に課された関税; Charles 1 世が議会の同意を得ずに取り立てたため清教徒革命の争点になった》.

tónnage dèck 〖海〗 《船舶の積量測定の基準となる》 測度甲板.

tonne /tʌ́n/ *n* METRIC TON 《略 t, t.》.

ton·neau /tánòʊ, tənóʊ/ *n* (*pl* **～s, -neaux** /-z/) 自動車の後部座席部, ト(ン)ノー; 後部座席のある車; 《オープンカー・ボートの》 幌屋根 (＝～ **còver**); MILLIER; 腕時計のケース[文字盤]の樽型. [F＝cask]

ton·ner /tánər/ *n* [*compd*] …トン(級)の船[もの].

tono- /tánoʊ, tóʊnoʊ, -nə/ *comb form* (1) 「音」「音調」「語調」 (2) 「圧力」「緊張」「張力」 [Gk *tonos* tension, tone]

tón of refrigerátion 冷凍トン (ton).

to·nom·e·ter /tounámətər/ *n* トノメーター, 音振動測定器, 《特に》音叉; 〖医〗眼圧計; 血圧計; 〖理・化〗蒸気圧計. ◆ **to·nóm·e·try** *n* **ton·o·met·ric** /tànəmétrɪk, tòun-/ *a* [*tone, -o-, -meter*]

tó·no·plàst /tóunə-/ *n* 〖植〗液[空]胞膜, トノプラスト.

tóns bùrden 〖海運〗重量[載貨]トン数.

ton·sil /táns(ə)l/ *n* 〖解〗扁桃 《口蓋扁桃》; 扁桃に似たもの 《咽頭扁桃, 舌扁桃など》. ● **wet one's ～s** *《方》《酒を》一杯ひっかける, のどをしめす. ◆ **tón·sil·lar** *a* [F or L]

tónsil bàth *《俗》酒を一杯ひっかけること, のど洗い.

tónsil hòckey *《俗》《舌をからます》ディープキス: play ～.

ton·sill- /táns(ə)l/, **ton·sil·lo-** /táns(ə)lou, -lə/ *comb form* 「扁桃 (tonsil)」

ton·sil·lec·to·my /tànsəléktəmi/ *n* 〖医〗扁桃摘出(術), 扁摘.

ton·sil·li·tis /tànsəláɪtəs/ *n* 〖医〗扁桃炎. ◆ **tòn·sil·lít·ic** /-lít-/ *a* 扁桃炎の[にかかった].

ton·sil·lot·o·my /tànsəlátəmi/ *n* 〖医〗扁桃切除(術).

tónsil pàint [vàrnish] *《俗》アルコール飲料, 酒, ウイスキー.

ton·so·ri·al /tansɔ́:riəl/ *a* [°*joc*] 理髪師の, 理髪(術)の. ◆ **～·ly** *adv*

ton·sure /tánʃər/ *n* 剃髪(ていはつ), 《頭髪の》刈り込み; 〖キ教〗剃髪(式), トンスラ 《聖職・修道会にはいろうとする者が頭頂部または頭の一部の頭髪を刈る[剃る]》; 剃髪した頭[頭頂部]; 《剃髪したような》脱毛部, はげ(頭). ► *vt* 剃髪する, …の頭髪を刈り込む; 〈人〉の剃髪式を行なう. ◆ **～d** *a* [OF or L (*tons- tondeo* to shave)]

ton·tine /tánti:n, ─ ́─/ *n* **1** トンチン年金(制度) 《共同出資者が死亡するごとにその権利を生存者に分配して長生者ほど多くの配当を受けることになるもの》. **2** トンチン年金総額; 《個々の出資者の》トンチン年金配当受領額[権]; トンチン年金出資者 《集合的》; トンチン年金配当受領者数. [Lorenzo *Tonti* 1653 年ごろフランスでこの方法を創始した Naples の銀行家]

ton·to /tántou/ 《俗》 *n* (*pl* ～**s**) ばか, いかれたやつ, 気違い. ► *a* ばかな, いかれた.

Tonto[1] *n* (*pl* ～, ～**s**) トント族 《Apache 系インディアンの一支族》.

Tonto[2] **1** トント 《LONE RANGER の相棒のインディアン》. **2** *《黒人俗》裏切り者, 白人のイヌ 《反人種差別の大義に背いている黒人男性》.

Ton·ton Ma·coute /tɔ́:ntɔ̀:n məkú:t; tɔ́ntɔn-/ (*pl* **Ton·tons Ma·coutes** /─/) トントンマクート 《ハイチの独裁者 François Duvalier 大統領によって創設された, 反政府勢力弾圧のための民兵組織 (1961–86) の一員》.

tòn-úp /tʌ̀n-/ ″《口》 *a* 時速 100 マイルでオートバイを飛ばす; 暴走族の: ～ boys かみなり族, 暴走族. ► *n* 暴走族.

to·nus /tóunəs/ *n* 〖生理〗《正常な筋肉の》緊張, トーヌス. [L＝tension, TONE]

to·ny, ton·ey /tóuni/ *《口》 *a* ハイカラな, 粋な; 上流社会の; 上流階級気取りの. ► *n* 有名人, 著名人.

Tony **1** トニー 《**1)** 男子名; Ant(h)ony の愛称 **2)** 女子名; Antoinette, Antonia の愛称》. **2** (*pl* ～**s**) [°～ Award] トニー賞(の大メダル) 《米国で毎年演劇界のすぐれた業績に対して与えられる; 米国の女優・演出家 Antoinette Perry (1888–1946) にちなむ》.

Ton·ya /tánjə, tóu-/ トニア, トーニャ 《女子名; Antonia の愛称》.

too /tú:/ *adv* **1** [全文の修飾] **a** また (also), そのうえ; しかも (moreover): beautiful, and good ～ 美しいうえに善良な / There was a hard frost last night, (and) in May ～! 昨夜はひどい霜だった, 5 月だというのに. ★ also と同義で通例 文中または文尾に置くが米では文頭に置くこともある. **b** それでも (nevertheless): But it has its merits, ～. しかしまた取柄もある. **c** *《口》[しばしば 否定的発言などに反論する文で強意的に] (いや)やはり, ほんとに (indeed): 'I didn't do it.' 'You did ～.' 「やらなかったよ」「やったじゃないか」 / You will ～ do it! それはどうしてもしろよ! / I mean to do it ～. (単におどしでなく)ほんとにやる気なんだぜ. **2** [形容詞・副詞の修飾] **a** あまりに, 遺憾ながら…すぎる: ～ beautiful *for* words 形容できないほど美しい / ～ little, ～ late あまりに少なくあまりに遅い 《きまり文句》 / He is ～ young *for* the task.＝He is ～ young *to* do the task. 若すぎてその仕事には無理だ / It's ～ hot a day *to* wear a jacket. 暑くて上着を着ていられない / You cannot be ～ diligent. いくら勤勉でも勤勉すぎることはない / ～ good *to* last あまりよすぎて長持ちしない 《才子多病など》. **b** 《口》大いに, とても; [否定文で] あまり(…ない): very nice ～ 大賛成 / You're ～ kind.＝That's ～ kind of you. なんとご親切なことでしょう / ～ willing to compromise 妥協する用意が十分にある, 妥協しようと(ほとんど)前のめりで / He's *not* ～ well today. 今日は具合があまりよくない / That did*n't* go ～ badly. あまりひどくはなかった, かなりうまくいった. ★ only too…to, too apt [likely, ready] to…は肯定の意 (⇨ ONLY *too*). ● ALL ～. **but** ～ 遺憾ながら〈事実だ〉. **none** ～ [形容詞・副詞を伴って] たいして[あまり, 決して]…でない, …どころか (＝not very [at all]): *none* ～ pleasant あまり楽しくない / It was *none* ～ early. 早すぎるどころかやっと間に合った. ONLY ～. **quite** ～ とてもいい (too too). ～ BAD[1]. **～ little**…でなさすぎる. **～ much** あんまりだ, たまらない, ひどすぎる; 《口》[賞賛して] たまらない, すばらしい, すごい: That's (just) ～ *much!* それはあんまりだ, もうたくさんだ; 《口》たまんないね. **～ much [many, hard] (for…)** (…の)手に負えない[に余る], とてもかなわない, とても耐えられない (cf. *one too* MANY). **～ ～** ⇨ TOO-TOO; 《口》すてきな 《delightful などを略した形》. **You ～.** あなたもね (The same to you.) 《挨拶を相手に返して言う》. [TO の強勢形]

too·dle /tú:dl/, **too·dles** /tú:dlz/ *int* 《口》じゃーね, さいなら (toodle-oo).

too·dle-oo /tù:dlú:/, **tòodle-píp** *int* ″《古風口》さよなら. [自動車の警笛の音か]

too·ie, too·ey, tu·ie /tú:i/ *n* *《俗》ツイナール (Tuinal) 錠[カプセル], バルビツール剤 (barbiturate).

took *v* TAKE の過去形; 《非標準》TAKE の過去分詞. ► *a* *《俗》TAKEN.

Tooke /túk/ トゥック **John Horne** ～ (1736–1812) 《英国の急進的政治家・言語学者》.

tool /tú:l/ *n* **1 a** 道具, 工具; 工作機械 (machine tool); [°the ～s ＝～ of one's [the] trade] 職業上の必要具[必需品], 商売道具; ″《俗》武器, 銃, ナイフ: a broad ～ 広刃のみ / an edged ～ 刃物 / carpenter's [joiner's, mason's, smith's] ～*s* 大工[指物(さしもの)], 石工, 鍛冶屋]道具 / down ～*s*＝throw down one's ～*s* ″仕事をやめる, ストをする / A bad workman (always) blames his ～*s*. 《諺》へたな職人はいつでも道具のせいにする / What is a workman without his ～*s*? 《諺》道具なしの職人はなんの役に立とうか 《何事にも手段が要る》 / Give us the ～*s*, and we will finish the job. 道具をくれれば片付けてみせよう 《第二次大戦中 Churchill が言ったせりふ》. **b** 《かんな・旋盤などの》刃部, 刃先, 刀(とう); [*pl*] 《俗》ナイフ・フォーク・スプーン類. **c** 〖電算〗ツール, 道具 《ソフトウェア開発のためのプログラム; テキストエディターなど》. **d** 型押し 《本の表紙・革製品などに模様などをつける柄付きの道具; その模様・装飾》. **e** 《卑》陰茎 (penis). **2** [*pl*] 天性の能力, '道具立て': have all the ～*s*. **3** 《目的のための》手段, 方便 〈*for, of*〉; 道具として使われる者, 手先; 《俗》お人よし, ばか, (いい)カモ. **4** 《俗》スリ (pickpocket); *《俗》ガリ勉 (人). ► *vt* **1 a** 道具で作る[細工する, 仕上げる]; 〈表紙など〉に型押しをする; 〈石を〉のみで仕上げる. **b** 〈工場など〉に工作機械を設備する, ツーリングする 〈*up*〉; ″《口》〈人〉に武装させる 〈*up*〉. **2** 《口》〈馬車・車などを〉走らせる; 《口》乗物で運ぶ. ► *vi* **1** 道具で細工をする; 工作機械を設備[増強]する 〈*up*〉. **2** *″《口》乗物で行く, 車を乗りまわす[飛ばす] 〈*along, about, around*〉; 《俗》ぶらぶら行く; 《俗》ぶらぶらする, 遊びまわる 〈*around, about*〉. ● **～ed up** ″《口》武器[銃]を持って, 武装して; ″《俗》住居侵入用の道具を持って. **～ up** ″《口》武装する. ◆ **～ed** *a* 〈革・金属・木工製品などが〉型押しされた, 装飾を施された. **～·er** *n* tool する人[もの], 石工のみ. **～·less** *a* [OE *tōl*; ⇨ TAW[2]]

tóol·bàg *n* 道具[工具]袋.

tóol bàr 〖電算〗ツールバー 《アプリケーションウインドー上部に表示される, よく使う機能をボタンアイコンにして並べた部分》.

tóol·bòx *n* 道具[工具]箱; 〖電算〗ツールセット 《**1)** TOOLSET **2)** 1 つのメニューからアクセスすることが可能なプログラム・機能の一式》.

tóol chèst 道具箱 (toolbox).

tóol engineèring 生産設営工学.

Tóo·ley Strèet /tú:li-/ トゥーリー街 《ロンドン Southwark の街名》. ● **three tailors of ～** 多数の代表を気取る小グループ 《Tooley Street の仕立屋 3 人が議会への陳情の際に "We, the people of England" と始めたと George Canning が伝えている》.

tóol·hèad *n* 〖機〗ツールヘッド 《保持した工具を目的位置に移動させる機械部分》.

tóol·hòld·er *n* 〖機〗バイトホルダー, バイト持たせ; 工具を支える柄; 付け替え工具の柄, ツールホルダー.

tóol·hòuse *n* 道具小屋 (＝*toolshed*).

tóol·ie *n* [°*pl*] *《俗》理工系の学生[人], 技術屋.

tóol·ing *n* 工具細工; 〖石工〗のみの目を並行線状に残す仕上げ; 《表紙などの》型押し; 《一工場の》工作機械器具一式: a blind [gold, gilt] ～ 〖製本〗空(から)[金箔]押し.

tóol kìt 工具一式, 工具セット; 《特定の作業・企画の遂行に必要な》一式の用具, 一連の手順; 個人の資質[能力]; [toolkit] 〖電算〗TOOLSET.

tóol·màker *n* 道具を作る人; 工具[工作機械]の製作・修理・調整を専門とする機械技師. ◆ **tóol·màking** *n*

tóol·màn *n* 《俗》錠前破り, 金庫破り (人).

tóol pòst 〖機〗《旋盤などの》刃物台.

tóol pùsher 《俗》《油井の》掘削作業監督.

tóol rèst 〖機〗《旋盤の》刃物台.

tóol·ròom *n* 道具小屋; 《工場の》工具室.

tóol·sèt *n* 〖電算〗ツールセット 《ソフトウェア開発のツール一式》.

tóol·shèd *n* TOOLHOUSE.

tóol·slìde *n* 〖機〗《工作機械の》刃物送り台.

tóols of ígnorance *pl* 《野球俗》無知の道具 《捕手のマスク・プロテクターなどがまとめてこう呼ばれた》. [頭のいい選手ならばこれほど疲れるポジションにつかないという考えから]

tóol stèel 工具鋼 《炭素工具鋼・合金工具鋼など》.

tóol sùbject 〖教育〗道具教科 《社会科学などの研究や実生活の一手段としての外国語・統計学など; cf. CONTENT SUBJECT》.

toom /tú:m/ *a* 《スコ》内容[中身]のない, からっぽの.

toon[1] /tú:n/ *n* 〖植〗インドチャンチン, トーナノキ《インド周辺・豪州産センダン科の高木》; インドマホガニー (=*cedar, Indian mahogany*)《toon の赤褐色の材》. [Hindi]

toon[2] «口» *n* アニメ; アニメキャラクター. [car*toon*]

Too·ner·ville /tú:nərvìl/ *a* 〈鉄道が〉老朽化した, おんぼろの, がたがたの. [Fontaine T. Fox (1884–1964) 作の漫画 *Toonerville Trolley* [*Folks*] の電車にちなむ]

toot[1] /tú:t/ *vi* 〈らっぱ・警笛など〉ブーッと鳴る; 〈鳥など〉角笛のような鳴き声を出す; 〈人が〉らっぱ[笛など]を吹く; *«俗» おならをする. ► *vt* 〈らっぱ・笛・警笛などを〉吹く, 鳴らす; 〈曲・音などを〉吹き鳴らす. ● **~ one's own horn** = BLOW[1] one's own trumpet. ► *n* 汽笛[らっぱなど]を鳴らすこと[(ような)音]; *«俗» 放屁, おなら. ◆ **~·er** *n* [? MLG *tūten* or imit]

toot[2] *«俗» *n* 酒盛り, 浮かれ騒ぎ; 陶酔; 感情におぼれること, はめをはずすこと (jag): on a ~ 飲み騒いで, はめをはずして. ► *vt, vi* (酒を)大量に飲む, 痛飲する. [Sc *toot* to drink heavily<?]

toot[3] *n* «豪俗» 便所 (lavatory). [? *toot*[1]]

toot[4] *«俗» *n* コカイン(の吸入). ► *vt, vi* (コカインを)吸入する (snort). [C20<?]

tooth /tú:θ/ *n* (*pl* **teeth** /tí:θ/) **1 a** 歯 (★ incisor (切歯), canine (tooth) (犬歯), premolar (小臼歯), molar (大臼歯); 関連形容詞 DENTAL); [*pl*] 義歯, 入れ歯 (denture): fill a ~ 歯に詰め物をする. **b** 趣味, 好み 〈*for*〉: SWEET TOOTH / DAINTY ~. **2 a** 歯状物; 《歯車・くし・熊手などの》歯, 《のこぎり・やすりなどの》目; 〖動・植〗歯状突起, 《苔の》蒴歯(さく); [*pl*] ローズ型《ダイヤの下面の切り子》; [*pl*] «海俗» 船の大砲. **b** 《製図用紙・カンバスなどの》ざらざらの面. **3** [[U]*pl*] 歯向かうこと, 反抗; 破壊的なもの, '牙', 〈…の〉猛威 〈*of*〉. **4** [*pl*] (法的)実効性, 威力: have *teeth* 〈法律などが〉強制力を有する / need more *teeth* より強い実行力[強制力]を必要とする. ● **between one's teeth** 歯をぐっと閉じて〈言う〉《怒り・苦痛・強い感情などを押し殺して口をきく様子》. **by [with] the** SKIN **of one's teeth.** **check out horses' teeth** 十分吟味する ('look a GIFT HORSE in the mouth' をもとにした表現). **chop one's teeth** «俗» だらだら[くだらんことを]しゃべる. **cut a ~** 歯が生える. **cut one's teeth…** «口» 〈…で〉最初の経験を積む, 〈…から〉始める 〈*on, in, doing*〉. **draw sb's teeth** 人の不平[悩み]の原因を除く; 人を手なずける, 骨抜きにする. **drop one's teeth** «俗» 《歯が抜け落ちるほど》ひどく驚く, たまげる. FLY[1] **in the teeth of.** **get [sink] one's teeth into…** «口» …を食う, …にかみつく[食らいつく] (bite); …に本気で取り組む: have sth to *get one's teeth into* 打ち込めるものがある. **give teeth to…** = put teeth in [into]…. **grind one's teeth** 歯ぎしりする. **have one's back ~ awash [afloat]** «俗» ぐでんぐでんに酔っぱらっている, へべれけになっている; *«口» おしっこをちびりそうである. **in spite of sb's teeth** 人の反対をものともせず. **in the teeth of…** に面と向かって, まっこうからぶつかって; …にもかかわらず, …に逆らって, 〈反対などを〉押し切って. **a** KICK **in the teeth.** LIE[1] **in [through] one's teeth.** **like pulling teeth** ひどく困難で, おおごとで. **long in the ~** «口» 年をとった《馬の年齢を歯で判断したことから》. **pull sb's teeth** 人を無力にする. **pull teeth through the armpit** *«軍俗» (わざわざ)一番むずかしい[やっかいな]やり方でやる. **put [set] sb's [the] teeth on edge** 歯の浮く思いをさせる; 不愉快な気持にする. **put teeth in [into]…**を強化する, 〈法律など〉に実効性をもたせる. **set [clench] one's teeth** 歯をぐっと閉じる[食いしばる]; 決心を固める. **show one's teeth** 歯をむきだす, 威嚇する, おこる; 歯向かう. **suck one's teeth** "上下の唇を吸い込むようにして合わせる《考えたり疑ったりするときのしぐさ》. **take [get, have] the** BIT[1] **between [in] the [one's] teeth.** **throw [fling, cast]…(back) in sb's teeth [face]** 〈過失などを〉引き合いに出して人を面責する; 〈挑戦状・あざけりのことばを〉人に投げつける; 〈人の助言・好意など〉をはねつける; 〈信頼などを〉悪用する, 平然と裏切る. **~ and nail [claw]** あらゆる手段を尽くして, 全力で, 必死に(なって): fight [go at it] ~ *and nail* 猛然と[徹底的に]戦う. **to sb's teeth** «古» 面と向かって, 大胆不敵に. **to the teeth** 完全に, 十分に: armed [dressed] *to the teeth* 完全武装して[盛装して] / be packed *to the teeth* 〈場所が〉満杯である, 〈人・ものが〉すし詰め[ぎゅうぎゅう詰め]になっている. ► *v* /, tú:ð/ *vt* …に歯をつける, 〈のこぎりなど〉の目を立てる, …にぎざぎざをつける, …の表面をざらざらにする; かむ. ► *vi* 〈歯車が〉かみ合う. ◆ **~·like** *a* [OE *tōth*, (pl) *tēth*; cf. DENS, G *Zahn*]

tóoth·àche *n* 歯痛: have (a) ~ 歯が痛む.

tóothache trèe 〖植〗PRICKLY ASH.

tóoth-bílled *a* くちばしの縁に歯状突起のある.

tóoth-bìlled pígeon 〖鳥〗オオハシバト《Samoa 諸島産》.

tóoth·brùsh *n* 歯ブラシ.

tóoth·brùsh·ing *n* 歯ブラシによる歯磨き, ブラッシング.

tóothbrush mústache ちょびひげ.

tóoth·còmb "*n* 《通例 両側に歯のある目の細かい》すきぐし: FINE-TOOTH COMB.

tóoth decày 虫歯, 齲蝕 (caries).

tóot·hèad *n* *«俗» コカイン常用者. [*toot*[4]]

tóothed /, tú:ðd/ *a* [[C]*compd*] (…な[…本の])歯のある; 歯状突起のある, 鋸歯状の; 〈寒風など〉身を切るような.

tóothed whále 〖動〗ハクジラ(歯鯨)《ハクジラ亜目のクジラの総称: マッコウクジラ・イッカク・マイルカ・シャチなど》.

tóoth extràction 抜歯(術).

tóoth fàiry [the] 歯の妖精《英米では, 抜けた子供の乳歯を枕やじゅうたんの下に入れておくと, 夜のうちに妖精がやってきてお金に換えてくれるという》.

tóoth·fìsh *n* 〖魚〗マジェランアイナメ《南大西洋・太平洋に生息するスズキ目の大型深海魚; 食用として, 日本でも 'メロ' の名で流通する》.

tóoth·fùl *n* 《ブランデーなどの》ひと口, 少量.

tóoth glàss 歯磨き用のコップ.

tóoth·ing /, *tú:ðɪŋ/ *n* 歯をつけること, 目立て; 《歯車の》かみ合わせ; 〖建〗待歯(まち)《増築用の突出部・継手》.

tóothing plàne のこぎり歯かんな.

tóoth·less *a* **1** 歯[歯状突起, ぎざぎざ]のない; 歯が生えていない; 歯の抜けた. **2** 鋭さ[力強さ, 突っ込み]に欠ける; 実効性[強制力]を欠く, 無力な, '骨抜きの'. ◆ **~·ly** *adv* **~·ness** *n*

tóoth·let *n* 小歯, 小歯状突起.

tóoth mùg 歯磨き用のマグ.

tóoth òrnament 〖建〗犬歯飾り (dogtooth).

tóoth·pàste *n* 練り歯磨.

tóoth·pìck *n* つま楊枝; 《食卓用の》楊枝入れ; «俗» 飛出しナイフ, ポケットナイフ; *«俗» ひょろ長いやつ, ノッポ.

tóoth pòwder 歯磨粉.

tóoth ràsh 〖医〗STROPHULUS.

tóoth shèll 〖動〗掘足(くっそく)類の軟体動物, 《特に》ツノガイ; ツノガイの殻《昔は北米北西岸地方のインディアンの貨幣》.

tóoth·some *a* うまい, おいしい; 快い; 性的魅力のある, セクシーな; 楽しい, 甘美な. ◆ **~·ly** *adv* **~·ness** *n*

tóoth·wòrt *n* 〖植〗**a** 欧州産のヤマウツボ属の寄生植物. **b** コンロンソウ.

tóothy /, tú:ði/ *a* **1** たくさんの[大きな]歯のある; 出っ歯の; 歯を見せた[むきだした]; 〈紙が〉適当にきめの粗い表面をもった: a ~ grin 大きく歯を見せた笑い. **2** うまい (toothsome); 威力のある, 有効な; «古» 鋭い, 辛辣な. ◆ **tóoth·i·ly** *adv* **-i·ness** *n*

toot·in' /tú:tɪn/ *a, adv* *«俗» 正しい, 全く(の), どう見ても: You're damn [darn, dern] ~. そのとおりさ, まったくだ, あたぼうよ. [*root-in'-tootin'*]

too·tle /tú:tl/ *vi* **1** 《笛・らっぱなど》ゆるやかに[プップー, ピロリロ]と鳴る[吹く]; 〈電話が〉軽くトルルルルと鳴る; 〈鳥が〉ピロロと鳴く, さえずる. **2** くだらない事をしゃべる[書きつづる]. **3** «口» のんびり[ぶらぶらと]行く[歩く, 車で行く] 〈*along, around, off*〉; «口» 行く, 去る, 引き揚げる 〈*along, off*〉. ► *vt* 〈笛・曲を〉吹く. ► *n* 笛などを吹くこと[音]; だらだらした話[文章]; «口» きままなドライブ[散歩]. ◆ **tóo·tler** *n* [*toot*[1]]

too·to·ni·um /tutóuniəm/ *n* *«俗» 《架空の》強力なコカイン《titanium とのごろ合わせ》. [*toot*[4]]

too-too /tú:tú:/ «口» *a, adv* 行きすぎた, 度を超した[て], 極端な[に], すごく; 気取った, きざなくらい(に) (cf. TOO *too*).

toots[1] /túts/ *«口» *n* [*voc*] 《女性に向かって》ねえ, あんた, おまえ, 娘さん, ねえちゃん, よう, かわい子ちゃん; 娘, 女.

toots[2] *n* *«口» あんよ, 赤ん坊の足 (tootsy).

toot·sie[1] /tútsi/ *n* [*voc*] *«口» TOOTS[1]; *«俗» パーティーガール, 《特に》売春婦.

tóot swéet *adv* «口» すぐに (immediately). [F *tout de suite* の英語化]

toot·sy, tootsie[2] /tútsi/ *n* «幼児・口» あんよ (foot), 足指. [C19<?; cf. FOOTSIE]

toot·sy-woot·sy /tútsiwútsi/ *n* [*voc*] *«口» TOOTS[1]; «幼児・口» TOOTSY.

too·tun·com·mon /tù:t(ə)nkámən/ *n* *«俗» 《架空の》強力なコカイン《TOOT[4] と Tutankhamen とのごろ合わせ》.

Too·woom·ba /təwúmbə/ トゥウンバ《オーストラリア東部 Queensland 州南東部の市》.

top[1] /táp/ *n* **1 a** いただき, 頂上, てっぺん, 先端, 最上部; 《物の》最高所, 頂部; 頭(のてっぺん); "《傾斜した通りなどの》上端, 突き当たり, 《ベッド・土地などの》反対側の端; 塹壕(ざんごう)の胸壁のいただき: the ~ of a mountain [tree] 山頂[こずえ] / the ~ of the HEAP / over the TOP (成句). **b** [[U]*pl*] 《根菜類の》地上部, 葉っぱ, 若芽; [*pl* または 集合的] 《材木にならない》小枝. **c** 〖海〗TOPSAIL; [[C]the ~s] 檣楼(しょうろう), トップ; 《戦艦などの》戦闘檣楼《射撃管制所・高射砲操作台などがある》. **d** 〖宝石の〗頂 (crown); «廃» 《耳飾りの》耳たぶにつける部分; 〖製本〗天: the gilt ~ 《本の》天金. **2 a** 《ページ・地図などの》上部, 上段, 上欄; 〖野〗《各イニングの》表 (opp. *bottom*). **b** 長靴[乗馬靴, 狩猟靴]の上部, 靴下の上部《折り返しの部分》; [*pl*] TOP BOOTS. **3 a** ふた, 王冠, 《香水瓶などの》栓, 《ペンなどの》キャップ; 表面だけめっきしたボタン. **b** 《馬車・自動車などの》屋根, 幌; 《サーカスの》大テント (big top); [*pl*] 列車の屋根. **c** [[S]*pl*] トップ《セーター・ブラウスなど上半身に着る衣服; ツーピースの上半分》, 《パジャマなどの》上着. **4** 上部, 上面, 表面; 《テーブルの》天板, 甲板(こういた); 《ミルクの》クリーム状の部分; 〖化〗蒸留の際の最初の揮発分. **5** 《食卓・部屋などの》上席: sit at the ~ of the table 上席に着く / take the ~ of the table テーブルの上座に着く, 座長となる, 司会をする. **6 a** 冒頭, 最初: from the ~ 最初から, 頭から. **b** 首席, 最上位(の人[もの]), トップ (cf. TOPS); 《ボートのこぎ手の》トップ; 最良の部分, 精華; 《古・詩》典型: the ~ of all honors 最高の栄誉 / come out (at the) ~ 一番になる, トップに立つ. **c** *《軍俗》曹長 (top sergeant). **7** 最高限, 絶頂, 極致 (cf. TOPS); 最高[最大]音; 再生音の高周波成分; 〖車〗トップ(ギア) (top gear); 〖理〗TOP QUARK; [*pl*] 〖トランプ〗《ブリッジで》高点の続き札; 手中の最高点: the ~ of the market 最高値(たかね) / at the ~ of (one's) voice [speed] 声をかぎりに[全速力で]. **8** 前髪; 《かぶとなどの》毛房, 毛の前立て; 《特に1ポンド半の》毛房, 繊維房[塊]. **9**〖玉突〗押し球; 〖ゴルフ・テニスなど〗トップ《ボールの上半を打つこと; TOPSPIN》.

● BLOW[1] one**'s ~**. **come on ~ of** 〈出費・病気などが〉…の上に加わる; …にさらに続く. **come to the ~** 現われる; 他にぬきんでる. **from ~ to bottom** 《場所・組織が》上から下まで, すみずみまで, 全部にわたって; すっかり, 徹底的に. **from ~ to tail** すっかり; 全く, 絶対的に. **from ~ to toe** 頭のてっぺんからつまさきまで; すっかり. **in [into] ~ (gear)** トップギアで[に]; 絶好調で[に]. **off the ~** 《俗》総収入から. **off [out of] the ~ of** one**'s head** 《口》準備なしに, 即席で, 大ざっぱに. **on (the) ~ (of…)** (…の)上[上方]に; (…の)上部に(載って); (…の)すぐ近くに, (…に)接するように, (…に)迫って; (…に)加えて: *on ~ of* the cliff 崖の上に / *on ~ of* everything else なおそのうえに. **on ~** トップ[首位]の座に; 《頭の》てっぺんで; 上に (above): He is getting thin *on ~*. 頭が薄くなってきた. **on ~ (of …)** (相手より)優位に立って, (…を)(完全に)掌握[支配]して; (仕事などを)うまく処理して, (…を)熟知して; 成功して; 健康で: get [be] *on ~ of*…を支配する, 〈仕事〉を片付ける; 〈物事が〉…の手に負えなくなる, …を悩ます / *on ~ of* things 事態を掌握して / keep [stay] *on ~ of* …より優位に立ち[…を圧迫し]つづける; 〈仕事など〉をやりこなしていく; 〈情報〉に通じている / come out *on ~* 一位になる, 優勝する, 勝利[成功]を収める / Stay *on ~*! いつも健康でいるように. **on ~ of the world** 《口》得意の絶頂にあって, 最高の気分で, 快活で: feel (as if one is sitting) *on ~ of the world* 天にも昇るような気分である. **over the ~** 〖軍〗塹壕から攻勢に転じて; 最終的[決定的]な状態に; 度を超えて, 常識をはずれて; 目標[規定]以上に: go *over the ~* 攻撃に移る; 《口》度を超えた[常識はずれの]ことをする, はめをはずす, やりすぎる; 目標[ノルマ]以上の成果を上げる. **pop (some) ~s** *《俗》ビールで一杯やる, ビールをひっかける. **take it from the ~** [[U]*impv*] 《口》《せりふ・演技・演奏などを》始めからやる[やりなおす, 繰り返す]. **the ~ and bottom of it** 《口》事のすべて, それだけのこと; 《口》その説明(となること). **the ~ (of the ladder [tree])** 《ある職業・分野の》最高の地位: get to [reach] *the ~ of the ladder [tree]* 第一人者[トップ]になる. **the ~ of the milk** 《口》《番組中の》いちばんよい[おもしろい]もの, 白眉. **The ~ of the morning (to you)!** 《アイル》おはよう! **the ~ of the tide** 満潮; いちばん調子のよい時. **~ and tail** 全体, 全部; 実質; すっかり, 全く. **~ and topgallant** 〖海〗帆を全部あげて; 全速力で. (cannot make) **~ or tail of…**…が少しも[さっぱり](わからない など). **~s and bottoms** 両極端; *《俗》《目印のある》いかさまさいころ. **~ to bottom** まっさかさまに, 逆に; from TOP to bottom. **up ~** [[U]]《口》頭の方[中]で, 心で: not have much *up ~* 頭がよくない, おつむが弱い.

► *attrib a* 《位置が》いちばん上の; 最も遠くの, いちばん向こうの; 一流の, 主要な; 最高の, 最上の, このうえない; 《ギアが》トップの: the ~ rail 板塀のいちばん上の横木 / at ~ speed 全速力で / the ~ management 経営最上層部 / the ~ rung 成功の絶頂; 重要な地位 / ~ price(s) 高値.

► *v* (-pp-) *vt* **1** …に頂部をつける; …に冠らせる, …の上部をおおう[飾る]〈*with*〉; …の頂部をなす, …の頂点にある. **2** …の頂に登る, …の上に昇る, 飛び越す; …の首位を占める, 〈リストなど〉の最上位に位置する, 先頭に立つ. **3** …より高い; 超える, しのぐ, 上回る, …に勝る; 負かす, 破る, 下す: ~ an offer [a bid] より高い入札価格をつける. **4 a** 〈植物〉の先端を切る, 〈根菜類〉の葉を切る, 〈果実〉の枯れた萼(がく)を除去する, 刈り込む; 〖ゴルフ・テニスなど〗〈ボール〉の中心より上を打つ, 〈ボール〉にトップスピンをかける; 《俗》絞首刑にする, 処刑する; [[U]]《俗》殺す; [~ *-self*] 自殺する. **b** 〖石油〗〈原油を〉常圧蒸留装置に通す, トッピングする. **5** …に根ぎわ追肥[敷肥(しきごえ)]をする; 〈人〉に補給する〈*off* sb *with* fuel〉; 〖染〗…の最後の染上げをする. **6** 〖海〗〈帆桁〉の一端を上げる.

► *vi* 高く立つ, 卓越する; 〖ゴルフ〗トップする; 終わる〈*off, out, up*〉.

● **~ and tail** [[U]]…の頭としっぽ[最初と最後, 両端]を取る[処理する, に付け足す, に印をつける など]; [[U]]〈赤ちゃん・幼児〉の顔とお尻を洗う. **~ off** 仕上げをする, …の先端[上部]を飾る, 〈…で〉終える[締めくくる], …の最後を飾る〈*with*〉; *…の落成を祝う; *なみなみと[満タンになるまで]〈グラス・タンク〉につぎ足す. **~ out** 〈建築〉の頂部を仕上げる, 〈ビル〉の骨組を完成する; (…の)落成を祝う; …を完成する; 平らにする; *最高(水準)に達する〈*at*〉. **~ one's part** 〖劇〗役を最高に演ずる; [*fig*] 役をりっぱに果たす. **~ up** [[U]]いっぱいに〈液体などを〉つぎ足す, 〈人〉のグラスにつぎ足す; [[U]]〈タンクを〉満タンにする〈*with* petrol〉, 〈バッテリーを〉充電する; [[U]]〈収入など〉の不足を補う, 〈カード〉にチャージする. **to ~ it all = to ~ it (all) off** 《口》おまけに, 挙句のはてに, かてて加えて. **(You) can't ~ that** 《口》まいったね, すごいね.

[OE *topp*; cf. G *Zopf* plait]

top[2] *n* **1** こま(独楽): spin a ~ こまを回す / The ~ sleeps [is sleeping]. こまが澄む / asleep as sound as a ~ ぐっすり眠って / SLEEP like a ~ / (as) drunk as a ~ 酔ってふらふらで. **2** [*voc*] 《俗》親友, 大将. [OE<?; cf. Flem *top*]

top- /táp/, **topo-** /tápou, tápə/ *comb form* 「場所」「位置」「局所」 [Gk (*topos* place)]

tòp·agnósia, top·ag·no·sis /tàpægnóusəs/ *n* 〖医〗局所触覚[感覚, 知覚]消失《さわられた体の部位が識別できない脳の病気[障害]》.

top·álgia *n* 〖医〗局所疼痛(とうつう).

to·parch /tóupɑ̀:rk, táp-/ *n* 小国家の君主.

to·par·chy /tóupɑ̀:rki, táp-/ *n* 《数都市からなるような》小国家. [L<Gk (*top-*, *-arch*)]

to·paz /tóupæz/ *n* **1** 〖鉱・宝石〗黄玉, トパーズ《11月の BIRTHSTONE》; 黄色鋼玉 (oriental topaz), 擬黄玉 (false [common] topaz): true [precious] ~ 《宝石としての》黄玉. **2** 〖鳥〗トパーズハチドリ, ヒムネハチドリ《ともに南米産》. [OF, <Gk]

to·paz·o·lite /toupǽzəlàɪt/ *n* 黄色[緑色, うす緑色, みる色]のざくろ石, トパゾライト, 《特に》ANDRADITE.

tópaz quàrtz 黄水晶, シトリーン (citrine).

tóp banána 《俗》《ミュージカル・笑劇などの》主役コメディアン (cf. SECOND BANANA); 《組織・グループなどの》第一人者, 最重要人物, ボス, 親玉, 長, 頭.

tóp bílling 《演劇などの》ポスターの最上部; 主役[トップ]の座; 大々的広告[宣伝, 取扱いなど] (cf. *top the* BILL[1]).

tóp bòot トップブーツ《上縁に明るい色の革[異なる材質]を使って折り返しの感じを出したブーツ》.

tóp bràss 《口》高級将校連, 高官連, 高級幹部連.

tóp·càp *n* 〖機〗軸箱の上部.

tóp·còat *n* **1** *軽いコート, トップコート (=*topper*); [[U]]オーバーコート (overcoat). **2** 《ペンキなどの》仕上げ塗り, 《ペンキ・写真の》保護膜 (=*overcoat*).

tóp còpy 《カーボンコピーに対して》原本.

tóp·cròss *n* 〖遺〗トップ交雑, 品種系統間交雑《近交系(純系)と非近交系(品種)との交雑》.

tóp dèad cénter 〖機〗《クランクの》上死点《略 t.d.c.》.

tóp-dòg *a* トップの, 最高の, 最重要な.

tóp dóg 《口》勝ったほう, 勝者 (opp. *underdog*); 重要人物, 大立者, ボス, 親玉, 長, 頭, トップ(集団).

tóp dóllar *《口》《支払われる》最高額.

tóp-dówn *a* **1** 統制・指揮が上からくる, 上から下へ組織化された, トップダウンの, 階層的な, 統制の行き届いた. **2** 〈論理展開など〉全体的な構成から出発して細部に至る方式の (cf. BOTTOM-UP).

tóp-dòwn prócessing 〖電算〗下降型処理, トップダウン式処理《情報の全体的な構造をまず処理の対象とし, 徐々に細部に至る処理方式》.

tóp-dráw·er *a* 最上層の, 最高級の, 最重要な.

tóp dráwer いちばん上のひきだし; 《口》《社会・権威・優秀性の》最上層, 最高位: be [come] out of the ~ 上流階級出身である.

tóp-drèss *vt* 〈土地〉に追肥をする; 〈道路など〉に砂利[砕石など]を敷く.

tóp-drèss·ing *n* 追肥, 敷肥(しきごえ); 《道路などに》砂利[砕石など]を敷くこと; その砂利[砕石など](の最上層); [*fig*] 皮相的な処理, うわべ(を取りつくろうもの).

tope[1] /tóup/ *vi, vt* 《古・詩》(〈酒を〉)過度に[習慣的に]飲む, 酒浸りになる. [? *top* (obs) to quaff]

tope[2] *n* 《インド》《特にマンゴーの》森, やぶ. [Telugu, Tamil]

tope[3] *n* 〖魚〗小さなサメ, 《特に》イコクエイラクブカ《肝臓にはビタミンAが豊富》. [? Corn]

tope[4] *n* 《ドーム形の》仏舎利塔, トゥーパ(偸波, 塔婆) (stupa). [Punjabi<Skt STUPA]

to·pec·to·my /təpéktəmi/ *n* 〖医〗《大脳前頭葉の》脳回切除(術).

to·pee, to·pi /tóupi, toupí:/ *n* 〖服〗トピー (SOLA TOPEE). [Hindi]

To·pe·ka /təpí:kə/ トピーカ《Kansas 州の州都》.

tóp elíminator *《俗》《競技の》本命.

tóp-énd *a* TOPFLIGHT, HIGH-END.

Tóp Ènd [the] 《豪口》豪州北部, 《特に》Northern Territory 北部. ♦ **Tóp-Ènd·er** *n*

tóp·er /tóupər/ *n* 大酒飲み, のんだくれ.

tóp fermentátion 上面発酵《発酵が進むにつれて酵母が液面に浮き上がる上面(発酵)酵母を用いた, 比較的高温 (15–25°C) で進行し短期間 (3–4 日) で収まるビール発酵》.

tóp·flíght *a* 最高の, 一流の, 最高級の. ♦ **~·er** *n*

tóp flíght 最高位, 最高水準, トップクラス.

Tóp 40 /─ fɔ́:rti/ *n pl, a* [the] トップフォーティ(の)《一定期間中の好売上げ CD 等の上位 40 種》.

tóp frùit [[U]] TREE FRUIT.

tóp·fúl, -fúll *a* 《まれ》縁までいっぱいの (brimful).

tòp·gállant /, 《海》təgǽlənt/ *n* 〖海〗トガンマスト (=~ màst)《下から3番目のマスト》; トガンスル (=~ sàil)《トガンマストにかかる帆》; [*fig*] 頂上, 最高(地)点. ► *a* トップマストより上でロイヤルマストより下の部分の; 周囲より盛り上がった; [*fig*] 最高の, 最高級の.

tóp géar 〔車〕トップギア《単に top ともいう》: in ～ トップ(ギア)で〈走行する〉; [*fig*] 最大限の活動状態で, 全力をあげて.

tóp-gróss·ing *a* 《ある期間内で》収益[売上げ]トップの.

tóp gùn «口» 第一人者, 最有力者.

tóp-hàmper *n* 〔海〕トップハンパー《船の上部[甲板より上]の帆・索具など または 砲塔・ボート・いかりなどの重量》; 《一般に》じゃま物.

tóp-hát *a* «口» 最上層の, トップの.

tóp hàt シルクハット; ビーバーの山高帽; オペラハット. ● **put the ～ on...** «口» 〈計画など〉をだめにする, つぶす.

tóp-hàt schéme «口» 組織の上級幹部職員のための年金制度.

tóp-hèavy /; ⌐⌐⌐/ *a* **1** 《バランス的に》上[頭]が重すぎる, 頭でっかちの; 《組織など》上層部に人が多すぎる; 一要素だけ充実しすぎた, バランスを欠く. **2** 優先配当すべき証券の多すぎる; 資本が過大な (overcapitalized). **3** «口» 〈女性が〉バストの重そうな, 胸の豊かな (buxom). ♦ **tóp-hèavily** /; ⌐⌐⌐/ *adv* **tóp-hèaviness** /; ⌐⌐⌐/ *n*

To·phet, -pheth /tóufət/ **1** 〔聖〕トペテ《ユダヤ人が Moloch へのいけにえとして子供を焼いた Jerusalem 近くの霊地; *Jer* 7: 31, 19: 11; のちにごみ捨て場となりそれを焼く火が燃えつづけた》. **2** (焦熱)地獄.

tóp-hóle ‖«古風口» *a* とびきり上等の. ► *int* すばらしい.

to·phus /tóufəs/ *n* (*pl* **-phi** /-fàɪ, -fìː/) 〔医〕痛風結節; 〔地質〕TUFA. [L]

to·pi[1] /tóupi/ *n* (*pl* ～, ～**s**) 〔動〕トピ, ダマリスクス《アフリカ東部産のダマリスクス属の羚羊》. [Mandingo]

topi[2] ⇨ TOPEE.

to·pi·ary /tóupièri; -piəri/ 〔園〕*a* 《幾何学模様・動物の形などに》装飾的に刈り込んだ. ► *n* 《植木などの》装飾的刈り込み(術); 装飾的に刈り込んだ庭園; トピアリー《装飾的に刈り込んで木のように創り上げた(フラワーアレンジメント)作品》. ♦ **to·pi·ar·i·an** /tòupiéəriən/ *a* **to·pi·a·rist** /tóupiərɪst/ *n* [F＜L＝landscape gardening＜Gk; ⇨ TOPOS]

top·ic /tápɪk/ *n* **1** 話題, 話の種, 論題, 主題, トピック; 見出し, 表題, 題目. **2** 〔論・修・言〕大体論, トピカ; 一般的な原則[規範, 真理]. [L＜Gk＝things pertaining to commonplaces; ⇨ TOPOS]

topic A /⌐ éɪ/*«俗» 皆が話題にしていること, 連日トップ記事に扱われていること.

tóp·i·cal *a* **1 a** その時[その場所]の話題の, 今日的関心事の[を扱う], 時事的[時局的]な, トピカルな: a ～ reference 時事的な事柄への言及. **b** 話題[論題, 主題]の; 主題別の. **2** 場所の (local); 〔医〕局所(用)の. ♦ **～·ly** *adv*

top·i·cal·i·ty /tàpəkǽləti/ *n* 今日的な関心事; 今日的な話題性, 時事性, トピカルであること; 主題別配列.

tópical·ìze *vt* 〔言〕話題化する. ♦ **tòpical·izátion** *n*

tópic séntence 主題文, トピックセンテンス《段落などの談話単位中の中心となる(考えを表わす)文; しばしば第一文》.

TOPIX /tápɪks/ 〔日〕Tokyo Stock Price Index 東証株価指数, トピックス.

tóp·kìck *«俗» *n* 曹長 (first sergeant); 指導者, ボス, 頭, トップ.

tóp·knòt *n* 頭飾り[髪型の一部]としての蝶結びリボン; 頭頂の髪のふさ; 頭頂のまげ; 《鳥の》冠毛; 〔魚〕欧州産の小型のヒラメの一種.

Top·la·dy /tápléɪdi/ トップレーディー **Augustus Montague ～** (1740–78)《英国の聖職者・賛美歌作者; 賛美歌 'Rock of Ages' (1775) の作詞者》.

tóp·less *a* **1** 〈水着・服が〉トップレスの; 〈女性が〉トップレスの, 上半身裸の; トップレスのウェートレス[ダンサーなど]が呼び物の〈バーなど〉; トップレスの女性を許可する〈海岸など〉. **2** 頂[頭]のない; 〈山などが〉頂が見えぬほど高い; «廃» 並ぶもののない. **3** *«俗» 〈会議が〉ノートパソコンなどが使用禁止の. [lap*top*＋*less*] ► *n* トップレスのドレス[服, 水着]. ♦ **～·ness** *n*

tópless rádio* ラジオのセックス相談《番組の中でホストと聴取者が電話で聴取者のセックスの問題を話す企画》.

tóp-lével *a* «口» 首脳の, 最高部の, 最高位の, 最高級の, 最重要の: a ～ meeting 首脳(級)会合.

tóp líft 化粧革, トップ[ヒール]リフト《靴のかかとの, 取替え部分の革》.

tóp líght 〔海〕檣楼(しょうろう)灯《旗艦のマストの後部に取り付けた信号灯》; 上方からの光[明かり, 照明], 天窓採光.

tóp·lìne *n* 背線, トップライン《家畜・犬の後頭部や肩の中央から腰角の末端までの背部の輪郭》.

tóp-líne *a* 最も重要な, トップレベルの.

tóp·líner *n* 第一人者; 大役者.

tóp lòader 頂部から出し入れする機器《洗濯機など; cf. FRONT LOADER》.

tóp·lòfty, top·loft·i·cal /tɑplɔ́(ː)ftɪk(ə)l, -láf-/ *a* *«口» 〈態度など〉高慢な, 人を見くだした, 偉ぶった. ♦ **tòp·lóftily** *adv* **tóp·lòftiness** *n*

tóp·man /-mən/ *n* 上の方で働く人; 〔海〕檣楼(しょうろう)員; TOP SAWYER.

tóp·màst /, (海) -məst/ *n* 〔海〕トップマスト《下檣の上に継ぎ足した帆柱》.

tóp mílk 《容器内の上層部の》クリーム分の多いミルク.

tóp·mìnnow *n* 〔魚〕**a** タップミノー (KILLIFISH). **b** カダヤシ (＝*killifish*)《メダカ目カダヤシ科の魚の総称》.

tóp·mòst *a* いちばん上の; 最上の, 最高の.

tóp-nàme *a* «口» 特に著名な, トップランクの: a ～ star.

tóp·nótch *n* «口» 《到達しうる》最高点, 最高度.

tóp-nótch *a* «口» 最高の, 一流の. ♦ **tóp-nótch·er** *n*

topo* /tápoʊ/ *n* (*pl* **tóp·os**) 地形図 (topographic map); 登山[登攀]ルート図.

topo- /tápoʊ, tápə/ ⇨ TOP-.

topo. topographic ♦ topographical ♦ topography.

tòpo·céntric *a* 一地点の, 一地点から測定[観察]した(ような), 一地点を原点とした, 一地点中心の.

tóp-òff *n* «豪口» 密告(者), 通報(者), たれ込み屋.

tóp-of-the-líne*[-ránge‖] *a* 最高級の, 最上の; 《同種の製品中の》最上位(機種)の, ハイエンドの.

tópo·gràph *n* トポグラフ《物体の表面の精密写真》.

to·póg·ra·pher *n* 地形学者, 地誌学者; 地形図作成者.

top·o·graph·ic /tàpəgrǽfɪk, tòupə-/ *a* TOPOGRAPHY の, 地誌的な.

topográph·i·cal *a* TOPOGRAPHIC; 〈詩・絵画などが〉特定地域の芸術的表現の[を事とする]. ♦ **～·ly** *adv*

topográphic máp 地形図, 地勢図.

to·pog·ra·phy /təpágrəfi/ *n* **1 a** 地形図作製(術[学]), 地形学《一地域の自然地形および人工地物の地図表現》; 地形測量[調査]. **b** 地誌(学), 《一地域の》地表形態, 地勢, 地形; 《もと》ある場所の精密詳細な描写. **2** 《物体などの》形状的な諸特徴とその構造的な関係, 形態(学), 構造, 仕組み, 造り. **3** 〔解・動〕局所解剖学[図]; TOPOGRAPH 作製. [L＜Gk; ⇨ TOPOS]

topoi *n* TOPOS の複数形.

tòpo·isómerase *n* 〔生〕トポイソメラーゼ《DNA 鎖の片方または両方を切断, 再結合することにより DNA の超らせんを変化させる酵素で, I 型と II 型の 2 つのタイプがある》.

To·po·lo·bam·po /təpòuləbáːmpou/ トポロバンポ《メキシコ西部 Sinaloa 州北西部, California 湾岸の村・港町》.

top·o·log·i·cal /tàpəláʤɪk(ə)l, tòupə-/ *a* TOPOLOGY の; 〔数〕位相的な. ♦ **-i·cal·ly** *adv*

topológical gróup 〔数〕位相群.

topológically equívalent *a* 〔数〕位相同形の (homeomorphic).

topológical spáce 〔数〕位相空間.

topológical transformátion 〔数〕位相変換 (homeomorphism).

to·pol·o·gy /təpáləʤi, tɑ-/ *n* **1** 〔数〕位相数学[幾何学], トポロジー; 〔数〕位相, トポロジー《記号 T》; 〔心〕トポロジー心理学. **2** 地形学; 風土記[地誌]研究. **3** 〔解・動〕局所解剖学; 〔理・化〕CONFIGURATION. **4** 〔電算〕トポロジー《ネットワークのケーブル接続の形態; ⇨ BUS TOPOLOGY, RING TOPOLOGY, STAR TOPOLOGY》. ♦ **-gist** *n* [G; ⇨ TOPOS]

tóp ónion TREE ONION.

top·on·o·mas·tic /tàpənəmǽstɪk/ *a* 地名の.

top·o·nym /tápənɪm, tóupə-/ *n* 地名 (place-name) (に由来する名).

tòp·o·ným·ic, -i·cal *a* TOPONYM の; TOPONYMY の.

to·pon·y·my /təpánəmi, tou-/ *n* 地名研究; 《ある国・地域・言語の》地名, «まれ» 《体の》局所名《集合的》. ♦ **-mist** *n*

to·pos /tóupɑs, táp-, -pous; tɔ́pɔs/ *n* (*pl* **-poi** /-pɔɪ/) 〔修〕トポス《常用される主題・概念・表現》. [Gk＝place, commonplace]

tópo·tỳpe *n* 〔生〕同地基準標本《正基準標本と同一の産地から採集した標本》.

topped /tápt/ *a* [ᵘ*compd*] 頂上[上部]が…な: flat-～.

tóp·per *n* **1** TOP[1] する人[もの]; 上部のもの, 上層; 〔商〕上積み《みばを良くするため上部に並べた上等品》; *«俗» 曹長 (top sergeant). **2** «口» 《女性用の》丈の短い軽いコート, トッパー; «口» TOP HAT. **3** ‖«古風口» すぐれたもの[人]; «口» 従来のものをしのぐもの《冗談など》, 傑作.

top·pie /tápi/ *n* «南ア» **1** «口» 中年[初老]の男, おっさん, おやじ. **2** 〔鳥〕頭部の黒いアフリカ産のヒヨドリ.

tóp·ping *n* **1** 上部除去, 〔石油〕常圧蒸留, トッピング; 〔植〕摘心; 取り除かれた上部; [*pl*] 頂部から刈り取った草[木の枝 など]. **2** 仕上げとして最後に添加すること[もの]; 〔料理〕トッピング《調味・飾りのため料理の上に添加するソース・パン粉・ホイップクリームなど》; 〔建〕《コンクリートの上に塗る》モルタルの仕上げ塗り. **3** 頂部, 上端; 冠毛; [*joc*] 頭. ► *a* 最高の; 高くそびえる; ‖«古風口» とびきり上等の, みごとな; «ニューイング» 高慢な.

tópping lìft 〔海〕上張り綱, (斜桁)吊り索, トッピングリフト.

top·ple /táp(ə)l/ *vi* ばったり倒れる, ひっくり返る 〈*down, over*〉; 〈政権などが〉倒れる, 崩壊する; 落ちる 〈*off, from*〉; ぐらつく. ► *vt* 倒す 〈*down*〉; ぐらつかせる; 〈政府などを〉打倒[転覆]する; 負かす. [*top*[1]]

tóp quàrk [the] 〔理〕トップクォーク《陽子の 186 倍の質量をもつクォーク; 記号 t》.

tóp-ránk·ing *a* 最高位の, 一流の, トップクラスの.

tóp-ràted *a* 最高評価の, もっとも人気のある, 大評判の.

tóp ròpe 〔登山〕トップロープ《登攀を助けるため上部の支点から垂ら

すロープ). ◆ **tóp-ròpe** *vt* 〈ルートを〉トップロープを用いて登る, トップロープで登る.
tóp róund 《牛の》もも肉の内側の部分.
tops /táps/ «口» *pred a* [°the] 《質・能力・人気・身分など》最上で, 一番で, 最高[最大(限)]で, ダントツで: She is (*the*) ~ in singing. / come out ~ 一位になる, 優勝する. ► *adv* 多くても, せいぜい, 最大(限), ぎりぎり: by three, ~ 遅くとも 3 時までに.
tóp·sàil /, 《海》-s(ə)l/ *n* 〔海〕中檣帆(はしょう), 第二接檣帆, トップスル; GAFF-TOPSAIL.
tóp sáwyer 《木挽き穴の》上挽き人 (cf. PIT SAW); «古風口» 上に立つ人, 上役, 上司, 重要人物.
tóp sécret *a* 〔主に軍〕〈情報・公文書など〉最高機密の, 国家機密の; 最高機密文書の[に関する] (⇨ CLASSIFICATION).
tóp-séll·ing *a* «口» BEST-SELLING.
tóp sérgeant *«口» 曹長 (first sergeant); *«俗» 男役のレズ, たち.
tóp·sèt bèd 〔地質〕頂置層 《三角州上面の堆積層; cf. BOTTOMSET BED, FORESET BED》.
tóp-shélf *a* **1** *«俗» すばらしい, 一流の, 最高の; «豪» 最新の, 超現代的な, 先進的な. **2** ″《雑誌などが》成人向きの, ポルノの 《「子供の手が届かないよう上の棚に並べてある」の意》.
tóp shèll 〔貝〕ニシキウズガイ科の各種の巻貝.
tóp·sìde *n* **1** 上側, 上位; ″《牛の》もも肉の外側の部分 (cf. TOP ROUND); 電離層上部; [ᵘ*pl*] 〔海〕乾舷; 《軍艦の》上甲板. **2** 上層幹部, 指導層, 最高権威. ► *adv* [°~s] 上[正]甲板に[で]; 高い場所に; 地上に; 権威ある地位に, 高い地位に. ► *a* 上甲板の; «口» トップクラスの.
tóp·sìder *n* トップクラスの人, 高官; 上甲板・艦橋担当の将校[乗組員].
Tóp-Sìder 〔商標〕トップサイダー 《柔らかい革またはズック製の靴; かかとが低く, 柔らかいゴム底になっている》.
tóp-slíce *vt* 〈予算・資金の一部を〉別の事業[サービスなど]に振り向ける.
tóp-slícing *n* 〔英税制〕トップスライシング 《株式の売却益など臨時の高収入があった年の課税額を軽減するための方法で, 株であれば保有した年数で売却益を割った年平均の額をその年の課税所得に算入する》.
tóps·man″ /-mən/ *n* 絞首刑執行人 (hangman).
tóp·sòil *n* 《土壌の》表土. ► *vt* 表土でおおう; 〈土地〉から表土を除去する.
tóp sóldier *«俗» 曹長 (top sergeant).
tóp·spìn *n* 〔球技〕トップスピン 《ボールの飛ぶ方向に回転するようにボールの上をたたいて与えるスピン》. ◆ **tóp·spìnner** *n* トップスピンのかかったボール.
tóp·stìtch *vt* 〈衣類〉に縫い目に沿ってステッチを入れる.
tóp·stòne *n* CAPSTONE.
tóp stóry 最上階; *«俗» 頭 (head).
Top·sy /tápsi/ *n* [次の成句で]: **(just) growed like** ~ «口» 急速に生長した[広がった], はびこった, (いつの間にか)現われた, (ひとりでに)生まれた, できあがった. [Harriet B. Stowe, *Uncle Tom's Cabin* 中の奴隷の少女で, 出自を聞かれて 'I growed.' と答える]
top·sy-boozy, -boosy /tápsibú:zi/ *a* *«俗» 酔っぱらった.
top·sy-tur·vy /tápsitə́:rvi/ *adv, a* さかさまに[の], 逆に[の], めちゃくちゃに[の]; *«俗» 《酒に》酔っぱらった. ► *n* 転倒, 倒錯; めちゃくちゃ, 混乱状態. ► *vt* 逆にする; めちゃくちゃにする. ◆ **~·dom** *n* めちゃくちゃ, 本末転倒; 倒錯した世界. **-túr·vi·ly** *adv* **-túr·vi·ness** *n* [TOP¹, *terve* (obs) to topple]
tóp táble″ 《正式の食事会などで》上座の席, 来賓席 (head table*).
tóp tén [the] **1** [ᵘT- T-] トップテン 《英国で, 週間ベストセラーのポップスとロックの CD・レコード 10 種》; 《映画・書籍・企業などの》ベストテン. **2** [T- T-] トップテン 《FBI が逮捕に最も力を注いでいる 10 人》.
tóp-tíer *a* トップレベルの, 最高の.
tóp-ùp″ *n* 《所要量にするための》追加, 補給, 補充, つぎ足し, 《カードの》チャージ; 補填(額), 追加融資: ~ fees 〔英大学〕《通常の授業料に追加される》特別授業料.
tóp-ùp càrd″ トップアップカード 《チャージが可能な携帯電話のプリペイドカード》.
tóp·wòrk *vt* 〔園〕〈果樹〉の枝に別品種の接ぎ穂を接ぐ, 高接ぎする.
toque /tóuk/ *n* トーク 《**1**) つばが狭く, クラウンにひだを寄せたベルベットなどの帽子; 16 世紀に男女ともに用いた **2**) 小さいつばなし帽, 特に女性用》; TOQUE BLANCHE; «カナダ» TUQUE; 〔動〕TOQUE MACAQUE; 〔動〕BONNET MONKEY. [F<Sp *toca* headdress<?Basque *tauka* hat]
tóque blánche /-blá:nʃ/ (*pl* **toques blanches** /—/) 《高くて白い》コック帽.
tóque macàque [mònkey] 〔動〕トクモンキー 《スリランカ産の小型のサル》.
to·qui·lla /toukí:jə/ *n* 〔植〕パナマソウ (jipijapa); パナマソウの葉の繊維. [Sp (dim)<*toca* TOQUE]
tor /tɔ́:r/ *n* ごつごつした岩山; 岩がごつごつして険しい山の頂. [OE *torr*<? Celt; cf. Gael *tòrr* bulging hill]
to·ra /tɔ́:rə/ *n* 〔動〕トーラハーテビースト (=~ **hártebeest**) 《東アフリカ産の大型羚羊》. [Amh]
To·rah, -ra /tɔ́:rə/ *n* (*pl* **-roth** /tourόut, -θ, -s/, ~**s**) 〔ユダヤ教・聖〕律法, トーラー 《神によって示された生活と行為の原理; 特にモーセ五書(と MISHNAH) のもの》; [t-] 〔ユダヤ教〕《広義の》教え, おきて; [the] 《成文の》律法, モーセ五書 (PENTATEUCH) 《TANACH の第 1 部》, 律法の巻物 (Sepher Torah); [the] 《ユダヤ教の》聖書.
to·ran /tɔ́:rən/, **to·ra·na** /tɔ́:rənə/ *n* 《インドなどの鳥居に似た》寺門. [Skt]
tor·ban·ite /tɔ́:rbənàɪt/ *n* 〔鉱〕トルバナイト 《見た目は頁岩(けつがん)状の, 石炭の一変種》.
Tor·bay /tɔ:rbéɪ/ **1** トーベイ 《イングランド南西部の Tor Bay に臨む市》. **2** [°Tor Bay] トーベイ 《イングランド南西部 Devon 州にあるイギリス海峡の入江; イングランドに招かれた Orange 公 William の上陸地点 (1688)》.
tor·bern·ite /tɔ́:rbərnàɪt/ *n* 銅ウラン石, トルバナイト (=*copper uranite, cuprouranite*) 《ウラニウム原鉱》. [*Tobern* O. Bergman (1735–84) スウェーデンの化学者]
torc /tɔ́:rk/ *n* TORQUE².
Tor·cel·lo /tɔ:rtʃélou/ トルチェロ 《Venice 市を構成する島の一つ》.
torch /tɔ́:rtʃ/ *n* **1** たいまつ, トーチ, 《オリンピックの》聖火; 《鉛管工などの用いる》吹管(すいかん) (blowtorch); ″懐中電灯 (flashlight*); [*fig*] 闇を照らす[導きの]光 《知識・知恵・理性・霊感など》; 火種となるもの; TORCH SONG; TORCH RELAY / the ~ of Hymen 恋の炎. **2** *«口» 放火魔, 放火犯 (arsonist); *«俗» ピストル; *«俗» 葉巻. ● **carry [hold] a [the] ~ (for…)** «口» (…に)《片思いの》恋をする[して悩む]; (…のために)忠誠を尽くす, 運動をする. **hand on the ~** 知識の灯火を絶やさずに後世に伝える. **pass (on) the ~** 伝統・職などを引き継ぐ, 託す 〈*to* sb〉; 引き継がれる 〈*to* sb〉. **put to the ~**=**put a [the] ~ to**…に火をつける, 燃え上がらせる. ► *vt* torch で燃やす[焼く, 焦がす, 照らす]; …に放火する. [OF *torche*<L=something twisted; ⇨ TORT]
tórch·bèar·er *n* たいまつ持ち; 啓蒙家, 《政治・社会運動などの》指導者; 知識などの光をもたらす[伝える]人.
torched /tɔ́:rtʃt/ *a* TORCH で飾った[照らした].
tor·chère /tɔ:rʃέər/ *n* 丈の高い燭台; 《電光を反射器で上に向ける》間接照明用フロアランプ (=**tor·chier(e)** /tɔ:rtʃíər/). [F; ⇨ TORCH]
tórch-fìsh·ing *n* たいまつ[かがり火]漁.
tórch jòb «俗» 放火, つけ火.
tórch·lìght *n* たいまつの明かり; TORCH. ◆ **tórch·lìt** *a*
tór·chon (láce) /tɔ́:rʃàn(-); -ʃ(ə)n(-)/ トーションレース 《扇形模様のある目の粗いレース》.
tórch ràce 〔古ギ〕たいまつリレー.
tórch rèlay 《オリンピックの》聖火リレー.
tórch sòng トーチソング 《片思いや失恋を歌ったポピュラーソング; cf. *carry a* TORCH *for*》. ◆ **tórch sìnger** トーチソングの歌い手.
tórch thìstle 〔植〕柱サボテン.
tórch·wòod *n* たいまつ用材(の採れる各種の木).
tórchy *a* トーチソング(の歌手)の[的な], 片思いに悩む.
Tor·de·si·llas /tɔ̀:rdəsí:jəs, -sí:ljəs/ トルデシヤス, トルデシリャス 《スペイン北西部 Valladolid の南西にある町; スペインとポルトガルとの間で, 非キリスト教圏を両国で二分する条約 (1494) が結ばれた地》.
tore¹ /tɔ́:r/ *v* TEAR² の過去形; «非標準» TEAR² の過去分詞. ● **~ up** ⇨ TEAR².
tore² *n* 〔建・数〕TORUS.
to·re·ador /tɔ́(:)riədɔ̀:r, tár-/ *n* (騎馬)闘牛士 《スペイン語の闘牛用語としては今は廃語で, torero を使うのが普通》. [Sp; ⇨ TORO]
tóreador pànts *pl* トレアドルパンツ 《七分丈ぐらいの下が細くぴったりしたスラックス; 女性のスポーツ着》.
to·re·ro /təréərou/ *n* (*pl* ~**s**) 〔闘牛〕闘牛士, トレーロ 《特に matador または彼を助ける cuadrilla の一員》. [Sp; ⇨ TORO]
to·reu·tic /tərú:tɪk/ *a* 金属細工の, 彫金の.
to·réu·tics *n* 金属細工(術), 彫金(術).
tor·goch /tɔ́:rgòux; tɔ́:gɔ̀x/ *n* 〔魚〕SAIBLING. [Welsh]
tori *n* TORUS の複数形.
to·ric /tɔ́(:)rɪk, tár-/ *a* TORUS の(ような); 〔光〕TORIC LENS の.
tóric léns 〔光〕円環体レンズ.
to·rii /tɔ́:riì:/ *n* (*pl* ~) 鳥居. [Jpn]
Torino ⇨ TURIN.
Tor·mé /tɔ:rméɪ/ トーメ **Mel(vin Howard)** ~ (1925–99) 《米国のジャズシンガー・ソングライター・ピアニスト・俳優》.
tor·ment *n* /tɔ́:rmènt/ 苦痛, 激痛, 苦悩; 苦痛のもと[因], 悩み[苦]のたね; «古» 拷問(の責め苦); «古» 拷問台[具]: in ~ 苦しんで, 苦悩して. ► *vt* /tɔ:rmént, ⌣⌣/ **1** 苦しめる, さいなむ, 悩ます; いじめる, 〈人を〉いじめて…させる 〈sb *into doing*〉; «まれ» 責める, 拷問にかける; «廃» 〈水・空気などを〉かき乱す. **2** (…の解釈を)ねじ曲げる, 曲解する. ◆ **~·ed** *a* **~·ed·ly** *adv* [OF<L=instrument of torture worked by twisting; ⇨ TORT]
tor·men·til /tɔ́:rməntìl/ *n* 〔植〕タチキジムシロ 《黄花をつけるユーラシア産キジムシロ属の一年草; 根は皮なめし・染色用》. [OF<L<?]
tormént·ing *a* 苦しめる, 悩ます, 厄介な, うるさい. ◆ **~·ly** *adv*
tor·mén·tor, tormént·er *n* **1** 苦しめる人[もの]; 悩ます人[も

の]. 2〘海〙長い肉フォーク《船の料理人用》;〘映〙反響防止スクリーン《トーキー撮影用》;〘劇〙舞台の両袖にある突き出し[幕など]. ♦ **tor·mén·tress** *n fem*

torn *v* TEAR² の過去分詞.

tor·na·do /tɔːrnéɪdoʊ/ *n* (*pl* ~es, ~s) **1**〘気〙トルネード《**1)** Mississippi 流域の中部に特に多い大たつまき **2)** アフリカ西部海岸地方で夏季に発生する雷を伴った激しいスコール》; 旋風;《古》熱帯地方の雷を伴った暴風雨. **2**《喝采・非難・弾丸などの》あらし. **3** [T-]〘軍〙トーネード《英国・西ドイツ・イタリアが共同開発した全天候要撃戦闘機・低空侵攻攻撃機》. ♦ **tor·nád·ic** /-nǽd-, -néɪ-/ *a* [Sp *tronada* thunderstorm と *tornar* to turn の同化か]

tornádo clòud〘気〙トルネード雲 (tuba).

Tor·ne /tɔ́ːrnə/ [the] トルネ川 (Finn **Tor·nio** /tɔ́ːrniòʊ/)《スウェーデン北部 Torne 湖に発して南流し, Bothnia 湾に注ぐ; 下流はフィンランドとの国境をなす》.

tor·nil·lo /tɔːrníːjoʊ, -níloʊ/ *n* (*pl* ~s) SCREW BEAN.

to·ro¹ /tɔ́ːroʊ/ *n* (*pl* ~s)*《南西部》トーロ《闘牛用の雄牛》. [Sp=bull < TAURUS]

to·ro² /tɔ́(ː)roʊ, tároʊ/ *n*《マグロの》トロ. [Jpn]

to·roid /tɔ́ːrɔ̀ɪd/ *n*〘数〙円錐曲線回転面[体], トロイド.

to·roi·dal /tɔːrɔ́ɪdl/ *a* **1** TOROID [TORUS] の(ような); ドーナツ形をした. **2**〘理〙《磁場などが》赤道面方向の, トロイダルな, トーラス方向の《空間極座標で, 方位角が変化する方向を表わす; cf. POLOIDAL》. ♦ ~**·ly** *adv*

T

To·ron·to /tərántoʊ/ トロント《カナダ Ontario 州の州都; Ontario 湖に臨む港町》. ■ **the Univérsity of** ~ トロント大学《Toronto にある州立大学; 1827 年創立》. ♦ **To·ron·to·ni·an** /tərantóʊniən/ *a, n*

Toros ⇨ TAURUS MOUNTAINS.

to·rose /tɔ́ːròʊs, ―⌐/, **to·rous** /-rəs/ *a*〘動〙こぶ状突起におおわれた表面をもつ;〘植〙連玉状円筒形の, ところどころふくれた念珠状の.

torp /tɔ́ːrp/ *n*《口》魚雷 (torpedo);《俗》TORPEDO JUICE.

tor·pe·do /tɔːrpíːdoʊ/ *n* (*pl* ~es) **1 a** 魚雷; 水雷, 爆雷, 機雷;〘米鉄道〙爆鳴信号器;《油井の出をよくする》発破; *《打ちつけて爆発させる》かんしゃく玉. **b**《俗》殺し屋, ガンマン. **2**〘魚〙シビレエイ (electric ray) (=~ **fìsh** [**rày**]). **3***《俗》サブマリン(サンド) (SUBMARINE);《俗》麻薬の錠剤[カプセル]; *《俗》抱水クロラール (chloral hydrate) を入れた飲料[酒]. ► *vt* 水雷で破壊[攻撃]する;〈油井〉に発破をかける;〈政策・制度・会談などを〉粉砕する, ぶちこわしにする. ► *vi* 水雷で船を攻撃[破壊, 撃沈]する. ♦ ~**·lìke** *a, adv* [L=electric ray; ⇨ TORPID]

torpédo bòat 魚雷艇, 水雷艇.

torpédo-bòat destròyer 大型で重装備の魚雷[水雷]艇《もと対魚雷[水雷]艇用駆逐艦》.

torpédo bòmber [**plàne**]《水雷を投下する》雷撃機.

torpédo jùice《俗》自家製の強い酒,《本来は》魚雷燃料のアルコールで作った酒.

torpédo·màn /, -mən/ *n*《米国海軍の》水中兵器担当下士官.

torpédo nèt [**nètting**] 魚雷防御網.

torpédo tùbe 魚雷発射管.

tor·pex /tɔ́ːrpèks/ *n* [ºT-] トーペックス《爆雷用高性能爆薬》. [*torpedo*+*explosive*]

tor·pid /tɔ́ːrpəd/ *a* 動かない, 感覚のなくなった; 不活発な, のろい; 無気力な, 無感動の;〈夏眠[冬眠]動物が〉昏睡状態の. ► *n* [T-s] Oxford 大学春季ボートレース《もとは二軍選手による; cf. LENT》;《その》8 人こぎボート; その選手 (crew). ♦ ~**·ly** *adv* ~**·ness, tor·pid·i·ty** /tɔːrpídəti/ *n* [L (*torpeo* to be numb)]

tor·pi·fy, -pe- /tɔ́ːrpəfàɪ/ *vt* 麻痺させる, 不活発[無感覚]にする.

tor·por /tɔ́ːrpər/ *n* 活動停止[遅滞]; 麻痺;《定温動物の》非活動状態, 休眠; 無気力, 無感動, 遅鈍, 鈍麻. [L=numbness; ⇨ TORPID]

tor·por·if·ic /tɔ̀ːrpərífɪk/ *a* 遅鈍にする, 麻痺性の.

tor·quate /tɔ́ːrkwət, -kwèɪt/ *a* 首輪 (torques) のある.

Tor·quay /tɔːrkíː/ トーキー《イングランド南西部の海岸保養地; 1968 年以降は Torbay 市の一部》.

torque¹ /tɔ́ːrk/ *n*〘機〙トルク, ねじりモーメント;〘理〙《ある種の流体中を通る平面偏光に及ぶ》回転効果;《一般に》回転させる[ねじる]力. ► *vt, vi* (…に) torque を与える. ♦ **tórqu·er** *n* ~**y** *a*〈エンジンが〉トルクの大きい. [F<L; ⇨ TORT]

torque² *n*《古代のゴール人・ゲルマン人などがした》首鎖 (=*torc*). [F; *torques* の *-s* を複数語尾と誤ったもの]

tórque convèrter〘機〙トルクコンバーター《回転力変換装置, 特に流体変速機》.

torqued /tɔ́ːrkt/*《俗》*a* おこった, 頭にきた, かんかんの 〈*up*〉; 酔っぱらった.

Tor·que·ma·da /tɔ̀ːrkəmáːdə/ **1** トルケマダ **Tomás de** ~ (1420–98)《スペインの宗教裁判所初代長官; 異教徒に対する非道な弾圧を実施》. **2** [*fig*] 迫害者 (persecutor).

tórque·mèter *n*〘機〙トルク計.

tor·ques /tɔ́ːrkwiz/ *n*〘動〙首輪《首のまわりの環状に色の変わった部分》. [L; ⇨ TORT]

tórque spànner〘機〙トルクスパナ.

tórque wrènch〘機〙トルクレンチ.

torr /tɔ́ːr/ *n*〘理〙トル《低圧気体の圧力単位: =1 水銀柱ミリメートル, 1/760 気圧》. [Evangelista *Torricelli*]

Tor·rance /tɔ́(ː)rəns, tár-/ トランス《California 州南西部の市》.

Tor·re An·nun·zi·a·ta /tɔ́ːri ənùːntsiáːtə/ トレ・アヌンツィアタ《イタリア南部 Naples 湾岸の町・リゾート地》.

Torre de Cerredo ⇨ CERREDO.

Tor·re del Gre·co /tɔ́ːrɛ dèl grɛ́koʊ, -gréɪk-/ トレ・デル・グレコ《イタリア南部 Campania 州の市; Vesuvius 山の西麓にあり過去数回崩壊》.

tor·re·fy, -ri- /tɔ́(ː)rəfàɪ, tár-/ *vt* あぶって乾かす;〈鉱石を〉焙焼(ばいしょう)する. ♦ **tòr·re·fác·tion** /-fǽkʃ(ə)n/ *n* [F<L (*torreo* to scorch)]

Tor·re·mo·li·nos /tɔ̀rəməlíːnous; tɔ̀rɪməlíːnɔs/ トレモリノス《スペイン南部 Málaga の南西にある海岸の町・保養地; 若い英国人旅行者に人気がある》.

Tor·ren·ize /tɔ́(ː)rənàɪz, tár-/ *vt* トレンズ制に基づいて〈財産〉の登記をする.

Tor·rens /tɔ́(ː)rənz, tár-/ [Lake] トレンズ湖《オーストラリア South Australia 州東部の Spencer 湾北方の塩湖》.

Tórrens certíficate《TORRENS SYSTEM による》トレンズ式土地権利証書.

Tórrens sỳstem〘法〙トレンズ式(土地)権原登録制《最初オーストラリアで採用され, のちカナダ・英国・米国などに広まった土地権利登録制度; 裁判所が発行する土地権利証書に基づくので土地譲渡手続きが簡素化され確実化された》. [Sir Robert *Torrens* (1814–84) South Australia 州でこの制度を導入した政治家]

Tórrens tìtle〘法〙《TORRENS SYSTEM で登録された》トレンズ式登録土地権原.

tor·rent /tɔ́(ː)rənt, tár-/ *n* 奔流, 激流, 急流, 速い渓流; [*pl*] 土砂降り, 豪雨;《ことばなどの》連発, 奔出, 雨あられ,《感情などの》ほとばしり: It rains in ~*s*. 滝のように降る / a ~ of abuse [eloquence] 口をついて出る悪口[立て板に水の弁舌]. ► *a* TORRENTIAL. [F<It<L=burning, boiling (*torreo* to scorch)]

tórrent dùck〘鳥〙ヤマガモ《コロンビアからチリにかけての Andes 山脈の急流にすむ》.

tor·ren·tial /tɔːrénʃ(ə)l, tə-/ *a* 奔流の(ような); 激しい, 急激な, 圧倒的な, おびただしい; 急流の作用でできた: ~ rains 豪雨. ♦ ~**·ly** *adv*

Tor·re·ón /tɔ̀rióʊn/ トレオン《メキシコ北部 Coahuila 州南西部の市》.

Tór·res Stráit /tɔ́(ː)rəs-, -rəz-/ [the] トレス海峡《オーストラリア最北端の Cape York 半島と New Guinea の間》.

Tor·res Ve·dras /tɔ́(ː)rəs véɪdrəs, -rəz-/ トレスヴェドラス《ポルトガルの Lisbon 北方の町; 半島戦争時 (1808–14) Wellington が Lisbon 防衛のため防塞線を築いた地》.

Tor·ri·cel·li /tɔ̀(ː)rətʃéli, tàr-/ トリチェリ **Evangelista** ~ (1608–47)《イタリアの物理学者・数学者》. ♦ ~**·an** *a*

Torricéllian expériment トリチェリの実験《晴雨計の原理を示す水銀管の実験》.

Torricéllian túbe トリチェリの管《水銀気圧計》.

Torricéllian vácuum〘理〙トリチェリの真空.

tor·rid /tɔ́(ː)rəd, tár-/ *a*《特に太陽の熱で》焼け焦げた, 熱く乾ききった; 焦熱の, 炎熱の, 灼熱の; 熱烈な, 情熱的な, 濃厚な; ʺ多難な, 苦しい〈時〉; *《経済が》過熱した: ~ heat 炎熱, 灼熱 / a ~ love affair / have a ~ time ひどいめにあう, ピンチに見舞われる. ♦ ~**·ly** *adv* ~**·ness** *n* **tor·rid·i·ty** /tɔ(ː)rídəti, tɑ-/ *n* [F or L; ⇨ TORRENT]

Tor·ri·do·ni·an /tɔ̀(ː)rɪdóʊniən, tàr-/ *a*〘地質〙トリドン系の《スコットランド北西部における先カンブリア末期 (11–6 億年前) の非変成層についていう》. [Loch *Torridon* スコットランド北西岸の入江]

tórrid zòne [the, ºthe T- Z-] 熱帯.

torrify ⇨ TORREFY.

tor·sade /tɔːrsáːd, -séɪd/ *n*《特に帽子の飾りに用いる》ねじったひも[リボン]; ねじりひも状の造形装飾. [F; ⇨ TORT]

tor·sáde de póintes /tɔːrsáːd də pwǽnt/〘医〙トルサード・ド・ポワント《特異的な心室頻拍; 心電図で, QRS 波の軸が回旋するように見える》. [F=twist of spikes]

torse¹ /tɔ́ːrs/ *n*〘紋〙WREATH.

torse² *n* TORSO.

tor·sel /tɔ́ːrs(ə)l/ *n*〘建〙梁(はり)受け.

Tórshavn ⇨ THORSHAVN.

torsi *n* TORSO の複数形.

tor·si·bil·i·ty /tɔ̀ːrsəbíləti/ *n* ねじれ性; ねじりに対する抵抗; より戻し性.

tor·sion /tɔ́ːrʃ(ə)n/ *n* ねじり, ねじれ;〘機〙トーション, ねじり力;〘機・数〙捩率(れいりつ), ねじれ率《単位長さあたりのねじれの割合》;〘医〙捻転;〘医〙出血を抑えるために動脈の切った端をねじること. ♦ ~**·al** *a* ~**·al·ly** *adv* ~**·less** *a* [OF<L; ⇨ TORT]

tórsion bàlance〘機〙ねじりばかり, トーションバランス.

tórsion bàr ねじり棒, トーションバー《ねじりに対して復原力をもつ, ばね用の棒》.

tórsion pèndulum 〔機〕ねじり振子.

torsk /tɔ́ːrsk/ *n* (*pl* ～, ～**s**) 〔魚〕タラの一種 (cusk)《北大西洋産》. [Norw, Swed and Dan]

tor·so /tɔ́ːrsou/ *n* (*pl* ～**s**, **-si** /-siː/) トルソ《人間の裸身像の胴部, 特に 頭および手足のない彫像》;《人体の》胴; [*fig*] 未完の[不完全な]作品. [It＝stalk, stump＜L THYRSUS]

tórso mùrder《手足などを切断する》ばらばら殺人.

tórso-tòss·er *n*《俗》煽情的な踊り子, (ヌード)ダンサー.

tort /tɔ́ːrt/ *n* 〔法〕不法行為, 不法侵害. [OF＜L *tortum* wrong (pp)＜*tort- torqueo* to twist]

torte /tɔ́ːrt/ *n* (*pl* **tor·ten** /tɔ́ːrtn/, ～**s**) トルテ《小麦粉に卵·砂糖·刻んだクルミなどを入れて作るケーキ》. [G]

Tor·te·lier /*F* tɔrtəlje/ トルトゥリエ **Paul** ～ (1914–90)《フランスのチェロ奏者》.

tor·tel·li /tɔːrtéli/ *n pl* トルテッリ《チーズ·野菜·魚介類·挽肉などの詰め物をギョウザ風に詰めた小さなパスタ》. [It (dim)＜*torta* torte, tart[2]]

tor·tel·li·ni /tɔ̀ːrt(ə)líːni/ *n* トルテッリーニ《詰めものをした三日月形の生地をねじって両端を合わせリング形にしたパスタ》. [It (dim)＜↑]

tort-fea·sor /tɔ́ːrtfìːzər/ *n* 〔法〕不法行為者. [F＜OF (*tort* wrong, *faire* to do)]

tor·ti·col·lis /tɔ̀ːrtəkɑ́ləs/ *n* 〔医〕斜頸 (＝*wryneck*).

tor·tile /tɔ́ːrt(ə)l, -tàɪl/ *a* ねじれた, 曲がった; 渦巻状の. [L (TORT)]

tor·ti·lla /tɔːrtíːjə/ *n* トルティーヤ《メキシコ料理で taco などに用いるトウモロコシ[小麦]粉の円い薄焼き》. [Sp (dim)＜*torta* cake]

tortílla chìp [ᵘ*pl*] トルティーヤチップス《トルティーヤをポテトチップスのように揚げたもの》.

tor·til·lon /tɔ̀ːrti(j)ɑ́n, -(j)óun/ *n* 擦筆 (stump). [F]

tor·tious /tɔ́ːrʃəs/ *a* 〔法〕不法行為 (tort) の, 不法行為に当たる. ♦ ～**·ly** *adv*

tor·toise /tɔ́ːrtəs/ *n* 〔動〕カメ,《特に》陸生[淡水]ガメ (cf. TURTLE[1]); 鼈甲 (tortoiseshell);〔古ロ〕TESTUDO; のろま: HARE AND TORTOISE. [OF＜L *tortuca* coming from Tartarus; 語形は L *tortus* twisted の影響]

Tórtoise and the Háre [The]「ウサギとカメ」《イソップ寓話; 教訓は Slow and steady wins the race.》.

tórtoise bèetle 〔昆〕カメノコハムシ, ジンガサハムシ.

tórtoise-còre *n* 〔考古〕亀甲形石核, トータスコア《ルヴァロア技法の特徴を示す旧石器時代中期·後期の石核》.

tórtoise plànt 〔植〕ELEPHANT'S-FOOT.

tor·toise·shell /tɔ́ːrtəʃèl, -ʃʃ-, -sʃ-/ *n* 鼈甲(べっこう)《タイマイの甲羅を煮て製する》;《一般に》カメの背甲; 人造鼈甲;〔昆〕ヒオドシチョウ, コヒオドシ《など》(＝～ **búttterfly**); 三毛猫 (＝～ **cát**). ► *a* 鼈甲製の; 鼈甲模様の.

tórtoiseshell túrtle 〔動〕タイマイ (HAWKSBILL TURTLE).

Tor·to·la /tɔːrtóulə/ トルトラ《西インド諸島北東部にある英領 Virgin Islands の主島》.

tor·to·ni /tɔːrtóuni/ *n* トルトーニ《生クリームにアーモンド·サクランボを刻んで入れたアイスクリーム》. [It; 19 世紀の Paris のイタリア人料理人の名か]

tor·tri·cid /tɔ́ːrtrəsəd/ *a*, *n* 〔昆〕ハマキガ科 (Tortricidae) の(蛾).

tor·trix /tɔ́ːrtrɪks/ *n* 〔昆〕ハマキガ.

Tor·tu·ga /tɔːrtúːgə/ トルテューガ, トルトゥガ《ハイチ北方沖合にある同国領の島; 17 世紀には海賊の根拠地》.

tor·tu·os·i·ty /tɔ̀ːrʧuɑ́səti/ *n* 曲がり, ねじれ; ねじれているもの[部分, 通路]; もってまわったこと, まわりくどさ.

tor·tu·ous /tɔ́ːrʧuəs/ *a* 〈道·流れなど〉曲がりくねった;〈心·方法など〉ひねくれた, たくらみのある, 不正な; まわりくどい, 迂遠な. ♦ ～**·ly** *adv* ～**·ness** *n* [OF＜L (*tortus* a twist; ⇨ TORT)]

tor·ture /tɔ́ːrʧər/ *n* **1 a** 拷問; [ᵘ*pl*] 責め苦;《心身の》激しい苦痛(の原因); 苦悩: put sb to (the) ～ 人を拷問にかける / under ～ 拷問にかけられて. **b** 酷使; 試練. **2**《意味などの》歪曲, こじつけ, 曲解. ► *vt* **1** 拷問にかける, 拷問して…させる 〈sb *into doing*〉; (ひどく)苦しめる, 悩ます 〈*with*, *by*〉;〈庭木などを〉無理に曲げる, ねじる 〈*into*, *out of*〉. **2** こじつける, 曲解する 〈*out of*, *into*〉. ♦ **tór·tur·able** *a* **tór·tur·er** *n* [F＜L *tortura* twisting; ⇨ TORT]

tórture chàmber 拷問[折檻, 仕置き]部屋.

tor·tur·ous /tɔ́ːrʧ(ə)rəs/ *a* 拷問のような, ひどく苦しい[苦痛な]; 苦難に満ちた〈道のり〉; ねじくれた, ゆがんだ, 曲がりくねった. ♦ ～**·ly** *adv*

tor·u·la /tɔ́ːr(j)ələ, tɑ́r-/ *n* (*pl* **-lae** /-lìː, -làɪ/, ～**s**) 〔菌〕トルラ (＝～ **yèast**)《細胞内に胞子を生産せず アルコール発酵をしない酵母菌》. [NL (dim)＜*torus*]

To·ruń /tɔ́ːrùːn(jə)/ トルン (G **Thorn** /*G* tóːrn/)《ポーランド北部の Vistula 川に臨む市; Copernicus 生誕の地》.

to·rus /tɔ́ːrəs/ *n* (*pl* **-ri** /-ràɪ, -rìː/) 〔建〕トルス《断面が半円形の大きな凸状の繰形; 特に 円柱の柱基に施される》;〔解〕《筋の》隆起;〔植〕花床 (receptacle);〔植〕《有縁壁孔の》円節, トールス;〔数〕円環面[体], トーラス; 環状のもの[施設]. [L＝swelling]

tórus pal·a·tí·nus /-pæ̀lətáɪnəs/ 〔解〕口蓋隆起.

Tór·vill and Déan /tɔ́ːrvəl-/ *pl* トーヴィルとディーン《英国のアイスダンスのペア選手 Jayne Torvill (1957–　) と Christopher Dean (1958–　); Sarajevo オリンピック (1984) で金メダルを獲得》.

To·ry /tɔ́ːri/ *n* **1 a**〔英史〕トーリー党員. **b** [the Tories] トーリー党《1679 年王権支持派によって組織, 国教擁護と非国教徒排斥を唱えて WHIG 党と対立, 名誉革命後の衰微ののち George 3 世の御用党として再興し, 小 Pitt らの下で 50 年間政権を維持した; のちに Peel の下で Conservative Party となる》. **c** 保守党員. **2**〔米史〕《独立戦争の際の独立派に対して》英国支持者, 国王派, トーリー (loyalist). **3** [ᵒt-]《政治経済の考え方の》保守的な人, 保守主義者. **4**〔アイル史〕トーリー《17 世紀に, 財産を失ってイングランドからの入植者や兵士を襲った無法者; のちに しばしば武装した教皇派[王党派]を指した》. **5**《廃》無法者. ► *a* トーリー党の(ような); 保守党の; 保守主義の; [ˢt-] 保守的な. ♦ **Tóry·ìsm** *n* 保守主義; 保守党(員). [C17＝Irish outlaw＜? Ir＝pursuer (*tóir* to pursue)]

Tóry Demócracy 〔政〕トーリーデモクラシー《既存制度·伝統的価値観の擁護に政治的民主主義と庶民のための社会·経済計画を結合させようとする政治思想》.

Tóry Pàrtyᴵᴵ ⇨ CONSERVATIVE PARTY.

tory-rory /tɔ́ːrirɔ́ːri/ *a*《廃》騒々しい, どんちゃん騒ぎの.

to·sa /tóusə/ *n* 土佐犬. [Jpn]

Tos·ca /tɑ́skə/ トスカ《Puccini の歌劇 *Tosca* (1900) の主人公; 人気歌手》.

Toscana ⇨ TUSCANY.

Tos·ca·ni·ni /tɑ̀(ː)skəníːni, tɑ̀s-/ トスカニーニ **Arturo** ～ (1867–1957)《イタリアの指揮者》.

tosh[1] /tɑ́ʃ/ *n*ᴵᴵ《口》くだらないこと, くず, ナンセンス. [C19＜?; *trash*＋*bosh* か]

tosh[2] *n*ᴵᴵ《俗》TOSHEROON,《広く》金.

tosh[3] *n*ᴵᴵ《俗》あなた, あのう《名前を知らぬ人への呼びかけ》.

tosh·er /tɑ́ʃər/ *n*ᴵᴵ《俗》学寮 (college) に属さない大学生.

tosh·e·roon /tɑ̀ʃərúːn/ *n*ᴵᴵ《俗》半クラウン (half a crown).

Tosk /tɑ́sk/ **a** (*pl* ～, ～**s**) トスク人《アルバニアの南部に主として居住するアルバニア人; cf. GHEG》. **b**《アルバニア語の》トスク方言.

toss[1] /tɔ́(ː)s, tɑ́s/ *v* (～**ed** /-t/,《古·詩》**tost** /-t/) *vt* **1 a** (軽く)投げる, ほうる; …に〈物を〉ほうる;〈ボールを〉トスする;〈人を〉ほうり出す[込む], 追い出す; ˢ《俗》投げ捨てる, ほかす: ～ a bone to the dog＝～ the dog a bone 犬に骨を投げ与える / be ～*ed* in prison / ～ sth *aside* [*away*] 物をポイと投げ捨てる. **b**《順番などを決めるため》〈コインを〉はじき上げる;〈人〉とコイン投げ[トス]で決める; コイン投げで決める 〈*up*〉; …に決着をつける: ～ a coin (*up*) *for* sth トスで決める / I will ～ you *for* the armchair. トスでどちらが肘掛け椅子にかけるか決めよう (cf. HEAD *or tail*) / We ～*ed up* whether to go or not. 行くかどうかトスで決めた. **2 a** 急に投げ上げる;〔テニスなど〕〈球を〉高く空中に上げる;〈雄牛が〉〈人間などを〉角でほうり上げる;〈馬が人を〉ほうり出す 〈*off*〉;〈ホットケーキなどを〉ポンとひっくり返す;〈衣服を〉さっとはおる: ～ sb in a blanket 毛布の端を皆で持って急に人を胴上げする《通例 罰として生徒たちがする》. **b**〈頭などを〉ぷいと上げる, つんとそらす《軽蔑·いらだち·自尊心·気概などの表現》. **c**〈グラス·酒を〉ぐいと傾ける[飲む], あおる 〈*down*〉. **3 a** 激しくゆする[ゆさぶる], 翻弄する; かきたてる, 乱す. **b** ˢ《俗》恐喝する, ゆする (shake);《俗》《不法所持などの有無を調べるため》〈人を〉衣服の上からなでる, 身体検査する,〈場所を〉くまなく捜す, がさ入れ[手入れ]する. **4**〔料理〕軽くかきまぜる 〈*in* [*with*] butter〉;〔鉱〕〈すず鉱石を〉揺り分ける. **5**〈意見などを〉さしはさむ; 軽く[ひやかし半分に]論ずる (bandy). **6**《口》〈パーティーなどを〉催す. **7**《俗》〈勝負〉にわざと負ける, 投げる;《豪俗》《スポーツで》負かす, やっつける. **8** ˢ《俗》吐く, もどす: ～ one's cookies (⇨ COOKIE[1] 成句). ► *vi* **1 a**〈船などが〉(上下に)激しく揺れる. **b** 寝返りをうつ; ころげまわる, のたうちまわる: TUMBLE and ～ / ～ and turn 輾転(てんてん)反側する. **2** 落ちつきなく[せかせかと, 騒々しく]動く;《軽蔑·いらだち·怒りなどのために》ぷいっとした態度をとる, ぷいっとして勢いよく立ち去る. **3 a** コイン投げをする, トスする 〈*up*〉: Who is to go there?—Let's ～ for it [～ *up*]. だれがそこへ行くか—トスして決めよう / ～ *up between*… [*fig*]〈2 つ〉のうちのどちらかに決定する. **b** 投げる, ほうる, トスをする;〔テニスなど〕球を投げ上げる. **4** ˢ《俗》吐く, あげる (vomit).

● ～ **about**〈乾草を〉かえす; 寝返りをうつ; ＝ᴵᴵTOSS[1] around. ～ **around** ˢ《口》論じる,〈考えを〉やりとりする. ～ **aside** ⇨ *vt* 1a;〈もの·人·義務など〉放り出す; 顧みない. ～ **back** 投げ返す; 後ろへ勢いよく戻す; ˢ《俗》《勢いよく》飲む, 食う: ～ one's head [hair] *back* 頭をつんとそらせる[《顔にかかる》髪をさっとうしろにやる] / ～ sth *back* and forth〈ボールなどを〉投げ合う;〈ことばを〉やりとりする. ～ **it in** ˢ《俗》降参する, なげる. ～ **off** (*vt*) ⇨ *vt* 2a; ひと息に飲みほす; 手軽にやってのける,〈記事などを〉一気に書き上げる;〈忠告などを〉無視する; ˢ《俗》〈病気を〉撃退する, …に負けない; ᴵᴵ《卑》〈人〉に手淫をする, 手でいかせる, 抜く. ᴵᴵ(*vi*)《卑》手淫をする, 射精をする. ～ **out** ˢ《口》〈要らないものを〉捨てる; (…の受取りを)拒否する; 追い出す;〈提案などを〉口に出す, 持ち出す;〔野〕THROW out. ～ **together** かき集める;〈食事などを〉大急ぎで作る. ～ **up** ⇨ *vt* 1b, *vi* 3a;〈食べ物などを〉急いで調理する;《口》吐く, ゲーッとやる.

► *n* **1 a** 投げ[ほうり]上げること; 投げられた[投げ飛ばせる]距離: FULL TOSS. **b** 頭を振り上げること (⇨ *vt* 2b): with a contemptuous ~ of the head 軽蔑したように頭をつんとそらして. **c** 馬上《など》からほうり出されること, 落馬: take a ~ 落馬する. **2** コイン投げ, トス; TOSS-UP; PITCH-AND-TOSS: win [lose] the ~ トスで勝つ[負ける]; うまくいく[いかない]. **3** 激しい動揺. **4** *《俗》《警察が衣服の上から探る》身体検査, 《場所の》手入れ, がさ入れ. ● **argue the ~** ″いったんなされた決定をくどくどと問題にする[蒸し返す]. **not give [care] a ~** ″《口》全然気にしない.

♦ **~·ing·ly** *adv* [C16<? Scand (Norw, Swed *tossa* to strew)]

toss[2] *n* ″《俗》役立たず, ろくでもないもの, くず, がらくた: a load of old ~.

tóss bòmbing 〔軍〕トス爆撃(法) (loft bombing).

tóssed sálad 〔料理〕トストサラダ《ドレッシングをかけてかきまぜたサラダ》.

tóss·er *n* TOSS[1] する人; 《野球俗》投手 (pitcher); ″《俗》なまけ者, ろくでなし, まぬけ, ばかたれ《toss off する人の意》.

tóss·ing *n* 《俗》ホモ[レズ]あばき (OUTING).

tóss-òff *n* 《卑》自慰, マスターベーション.

tóss·pòt *n* 大酒飲み, のんだくれ; 《俗》ばか, まぬけ.

tóss-ùp *n* コイン投げによる決定[選択] (toss); 《口》五分五分の見込み, どちらとも言えないこと, 予測不能: It's quite a ~ whether he'll come or not. 来るか来ないか全くどちらとも言えない / win the ~ コイン投げに勝つ.

tost *v* 《古·詩》TOSS[1] の過去·過去分詞.

tos·ta·da /toustá:də/, **-do** /-dou/ *n* (*pl* **~s**) 〔料理〕トスターダ《パリパリに揚げた tortilla》. [Sp]

tos·to·ne /tastóuneɪ/ *n* トストーネ《料理用バナナを揚げたメキシコ料理; 普通はソースをつけて食べる》. [Sp]

tos·yl·ate /tásəlèɪt/ *n* 〔化〕*p*-トルエンスルホン酸エステル, トシラート.

tot[1] /tát/ *n* 《口》子供, 幼児, ちびっこ; 小さいコップ; 少量; ″《口》《強い酒の》一杯, ひと口, 《一般に》微量: a tiny ~ ちび助, おちびさん. [C18<? *totterer*; ⇨ TOTTER]

tot[2] *n* 足し算; 合計; ″《口》《上から下へと並べた》合計すべき一連の数字. ► *v* (**-tt-**) *vt* 加える, 締める ⟨*up*⟩. ► *vi* ⟨数·費用が⟩締めて…になる ⟨*up to*…⟩; ⟨合計が⟩かなりになる ⟨*up*⟩. [*total* or L *totum* the whole]

tot[3] *n* ″《俗》ごみの中から回収した骨[掘出し物]. ► *vi* (**-tt-**) ″《俗》くずをあさる, TOTTING をする. [C19<?]

tot·able /tóutəb(ə)l/ *a* 運ぶことができる; 持ち運べる.

to·tal /tóutl/ *a* **1 a** 全体の (whole), 総計[総体]の, 総…: SUM TOTAL. **b** 総力の: a ~ war 総力戦. **2** 全くの, 全面的な, 完全な: a ~ failure 完全な失敗 / ~ darkness まっ暗闇 / a TOTAL LOSS. ► *adv* 《口》TOTALLY. ► *n* **1** [°grand ~] 総計, 合計, 総額; 全体, 総量: in ~ 合計で; 全部で. **2** *《俗》大破したもの[車]. ► *v* (**-l-** | **-ll-**) *vt* **1** 総計する, しめる ⟨*up*⟩; 総計…になる. **2** *《俗》めちゃめちゃに壊す, 《特に》⟨車を⟩大破する; *《俗》殺す, …に大けがさせる. ► *vi* 総計⟨…に⟩なる ⟨(*up*) *to*⟩; ⟨合計が⟩かなりになる ⟨*up*⟩; *《俗》大破する. [OF<L (*totus* entire)]

tótal ábstinence 絶対禁酒. ♦ **tótal abstáiner** *n*

tótal állergy sỳndrome 〔医〕総合アレルギー症候群《現代のさまざまな新物質に対する諸アレルギー症状の総合とみられる症候群》.

tótal deprávity 《カルヴァン主義神学で》全堕落《原罪による人間の完全な腐敗》.

tótal eclípse 〔天〕皆既食 (cf. PARTIAL ECLIPSE).

to·taled /tóutld/ *《俗》*a* めちゃめちゃに壊れた, 大破した; 完全に酔っぱらった, すっかりできあがった, 泥酔して.

tótal envíronment 環境芸術の作品 (environment).

tótal fertílity ràte 総出産率《出産可能年齢の女性 1 人当たりの出産した子供の数》.

tótal fóotball 全員攻守型[トータル]サッカー《選手のポジションが固定されておらず, すべての選手が攻撃に加わる戦法》.

tótal héat 〔熱力学〕総熱量 (=*enthalpy*).

tótal hístory 総体的歴史, 全体史《ある時期の政治·経済·社会·文化などの発展を同時にとらえて多面的に描く》.

tótal intérnal refléction 〔光〕全反射.

totalisator ⇨ TOTALIZATOR.

tótal·ìsm *n* 全体主義 (totalitarianism). ♦ **-ist** *n* **tò·tal·ís·tic** *a*

to·tal·i·tar·i·an /toutæ̀lətέəriən/ *a* 全体主義の, 一党独裁の: a ~ state 全体主義国家 / adopt ~ measures 全体主義政策を採用する. ► *n* 全体主義者. ♦ **~·ìze** *vt* [*totality*, *-arian*]

totalitárian·ìsm *n* 全体主義.

to·tal·i·ty /toutǽləti/ *n* 全体[十全, 完全]であること[状態], 全体性; 全体, 総体; 全額, 総計; 〔天〕皆既食(の時間). ● **in ~** 全体として; 全部で; 全く.

to·tal·i·za·tor, -sa- /tóut(ə)ləzèɪtər; -làɪ-/ *n* 〔競馬〕トータリゼーター《(1) 競馬賭け率計算器 2) 賭け金全体から経費·税などを引いた残りを賭け高に応じて分配する方式》; 加算器.

tótal·ìze *vt* 合計する; 要約する. ♦ **tòtal·izátion** *n*

tó·tal·ìz·er *n* TOTALIZE する人[機械]; 競馬賭け率計算器 (totalizator); 《燃料などの》残高総量記録装置.

tótal lóss すべてを失うこと, 完全喪失 ⟨*of*⟩; 〔保〕全損; 損害の総額, 損失の総数; *《俗》まるでだめなやつ[もの], どうしようもないやつ: a ~ *of* confidence 自信をすっかりなくすこと / ~ *of* hearing 聴力の完全な喪失.

tó·tal·ly *adv* 全く, 完全に, すっかり; 全体として; 《口》本当に, すっごく; *《口》《同意を示して》まったくだ, その通りだ.

tótal parénteral nutrítion 〔医〕完全非経口栄養《食物を摂取できない患者に静脈注射によって栄養分を与えること; 略 TPN》.

tótal quálity contròl 〔経営〕総合的品質管理, 全社的品質管理《製品·サービスの品質水準維持のための努力や注意を直接の製造部門だけでなく企業の全部門全階層の責任であるとする経営哲学; 略 TQC》.

tótal quálity mànagement 〔経営〕総合的品質管理 (TOTAL QUALITY CONTROL)《略 TQM》.

tótal recáll 《微細なことまで想起できる》完全記憶能力: have the gift [power(s)] of ~.

tótal sérialism [serializátion] 〔楽〕全面的[トータル]セリー(音楽), セリーアンテグラル《serialism の技術をリズム·ダイナミックス·音色などに全面的に用いた作曲技法》.

tótal théater 全体演劇, トータル演劇《あらゆる表現手段を活用するもの》.

tótal utílity 〔経〕《商品·サービスなどの》総[全部]効用.

to·ta·quine /tóutək(w)ì:n, -k(w)ən, -kwàɪn/, **-qui·na** /tòutəkwáɪnə, -kwí:-/ *n* 〔薬〕トタキナ《マラリア治療剤》.

to·ta·ra /tóutərà:, toutá:rə/ *n* 〔植〕トタラ《ニュージーランド産のマキの一種; 材は家具·建築用》. [Maori]

tote[1] /tóut/ *《口》*vt* (持ち)運ぶ, 連れていく; 持ち歩く, 携帯する. ► *n* 運ぶこと, 運搬; 荷物; TOTE BAG. ♦ **tót·er**[1] *n* [C17 US; cf. Angolese *tota* to pick up, carry]

tote[2] *vt, vi* TOTAL ⟨*up*⟩. ► *n* [ᵘthe T-] 《口》〔競馬〕TOTALIZATOR; *《俗》禁酒者《teetotal から》. ♦ **tót·er**[2] *n*

tote[3] *n* *《俗》**a** 少量のカンナビス (cannabis). **b** カンナビス喫煙用の小型パイプ.

tóte bàg トートバッグ《大きな手提げ袋》.

tóte bòard 《口》《競馬場などである時点の投票数や払い戻し金などを示す》電光掲示板.

tóte-bòx **n* 道具箱, 部品入れ.

to·tem /tóutəm/ *n* トーテム《人間集団(氏族など)や個人が, 自分たち(の祖先)と特別な結びつきがあるととらえている自然物·事象》; トーテム(集団)《集団として共通のトーテムを有する集団》; トーテム像; トーテム的な象徴, 崇敬物. ♦ **to·tem·ic** /toutémɪk/ *a* **-i·cal·ly** *adv* [Ojibwa *ototeman*]

tótem·ìsm *n* トーテミズム, トーテム崇拝《トーテムと人間集団との結びつきをめぐる信仰·習俗·儀礼·社会制度》. ♦ **-ist** *n* トーテム集団の成員, 自分のトーテムをもつ人; トーテミズム研究家. **tò·tem·ís·tic** *a*

tótem·ìte *n* TOTEMIST.

tótem pòle [pòst] トーテムポール《北米北西部の先住民が家の前などに立てる, トーテムの像を描いたり彫ったりした標柱》; 階級組織[制度] (hierarchy). ● **a high [low, bottom] man on the totem pole** *《俗》権力のある[ない]人, 重要な[でない]人物, お偉方[下っぱ, ざこ], 大物[小物].

tóte ròad 《舗装しない》物資輸送路.

toth·er, t'oth·er, 'toth·er /tʌ́ðər/ *a, pron* 《方》もう一つの(もの[人]) (the other): tell ~ from which [*joc*] 見分ける, 区別する. [ME *the tother* < *thet other*]

to·ti- /tóutə/ *comb form*「全部」「全体」 [L]

to·ti·dem ver·bis /tóutɪdèm vә́:rbəs, tóuʃɪ-/ *adv* それだけの数の語で; そのとおりのことばで, 露骨に, あからさまに. [L=in these very words]

to·ti·es quo·ti·es /tóutièɪs kwóutièɪs, tóuʃì:z kwóuʃì:z/ *adv* 繰り返して; そのたびごとに. [L=as many times as]

tòti·pálmate *a* 〔鳥〕4 本の足指に全部水かきがある, 全蹼(ぜんぼく)の. ♦ **-palmátion** *n*

to·ti·po·ten·cy /toutípət(ə)nsi, tòutəpóutn-/ *n* 〔生〕(分化)全能性《分離された体細胞から全組織を再生する能力》.

to·ti·po·tent /toutípət(ə)nt, tòutəpóutnt/ *a* 〔生〕全能性を有する, 分化全能の.

to·tis vi·ri·bus /tóutì:s wí:rɪbùs/ 全力をもって. [L=with all (one's) might]

tót lòt 幼児用の遊び場.

to·to[1] /tóutòu/ *n* ″《軍俗》シラミ (louse). [? *toto* baby, child < Bantu]

toto[2] ⇨ IN TOTO.

To·to /tóutou/ トートー《*The Wizard of Oz* の主人公 Dorothy の飼い犬》.

to·to cae·lo /tóutou káɪlou/, **tóto cóe·lo** /-kóɪlou/ *adv* 天の幅だけ; 大幅に, 極度に, 全く. [L=by the whole extent of the heavens]

To·to·nac /tòutənáːk/, **-na·co** /-náːkou/, **-na·ca** /-náːkə/ *n* **a** (*pl* ～, ～s) トトナコ族《メキシコ東部の Puebla, Veracruz 両州に住むインディオ》. **b** トトナコ語.

tot·sie /tátsi/ *n*"《俗》女の子.

Tót·tel's Míscellany /tátlz-/ 『トテルの雑集』《1557 年 London の出版人 Richard Tottel (c. 1525–94) が発行した英文学史上最初の詞華集 *Songs and Sonnets* の通称; 1587 年までに 8 回の版が出された》.

Tot·ten·ham /tát(ə)nəm/ トッテナム《Greater London 北部 Haringey の一地区; 1965 年以前は Middlesex 州の町》.

Tóttenham púdding" トッテナムプディング《台所の廃物で作る豚の濃厚飼料》.

Tót·ten trùst /tátn-/ トッテン信託《他人名義で預金口座をつくって開設する信託; 開設者は信託の解消・預金引出しの権利を有する》.

tot·ter[1] /tátər/ *vi* よろめく, よろける; よたよた[よちよち]歩く; 〈建物・積荷など〉ぐらつく; 揺らぐ, 倒れそうになる. ► *vt* よろめかせる; ぐらつかせる. ► *n* よろめき, おぼつかない足取り; 《ニューイング》SEESAW. ◆ **～·er** *n* **～·ing** *a* よたよた歩く; 揺れる, ぐらつく; 不安定な. **～·ing·ly** *adv* **tót·tery** *a* よろよろの, 不安定な. [MDu=to swing<OS]

totter[2] *n*"《俗》くず拾い, くず屋, ばた屋. [*tot*[3]]

tot·tie /táti/ "《俗》*n* 女の子, 女, ガールフレンド, いい[かわいい]女; 売春婦, あばずれ. [? *tot*[1]]

tot·ting /tátıŋ/ *n*"《俗》くずの中から掘出し物を集めること.

tótting-úp *n* 合計; "交通違反点数の累計.

tot·ty /táti/ *n*"《俗》TOTTIE.

Touareg ⇨ TUAREG.

Toub·kal /tubkáːl/ [Jebel ～] トゥブカール山《モロッコ中西部にある山; Atlas 山脈の最高峰 (4165 m)》.

tou·can /túːkæn, -kɑ̀ːn, ―⌐/ *n* **1** 〖鳥〗 **a** オオハシ (大嘴)《巨大なくちばしをもった羽の美しい鳥; 南米熱帯産》. **b** サイチョウ (hornbill). **2** [the T-] 〖天〗きょしちょう座 (巨嘴鳥座) (Tucana). [F<Port<Tupi]

tou·can·et /tùːkənét, ⌐―⌐/ *n* 〖鳥〗チュウハシ《オオハシ科の中型の鳥で, ミドリチュウハシ属など; 中米・南米産》.

touch /tʌ́tʃ/ *vt* **1** …に触れる: **a** …に手[指など]を触れる; さわる; 〖医〗触診する; 〈王が〉〈人〉に治療のために手で触れる《瘰癧(るいれき)を治すため; cf. KING'S EVIL》: ～ sb *on* the shoulder [arm] 肩[腕]にさわる. **b** …に軽く力を加える, 〈ベルなどを〉押す; 〈ボールを〉《ある方向に》軽く打つ; 〈楽器のキーを〉たたく; 《プッシュホンで》〈…番〉に電話をかける; 《古》〈楽器・メロディーなどを〉鳴らす, 弾く. **c** …にさわって〈ある形に〉する 〈*into*〉; 《筆・鉛筆で》詳細に[軽く]描く; 〈絵・文章〉に加筆する, 修正する; [ᵘ*pp*] …に少し色をつける; …に気味を添える 〈*with*〉 (⇨ 4b). **d** [ᵘ*neg/inter*] 〈飲食物〉に手を出す; 〈事業など〉に手を出す; 〈庭などを〉手入れする; …に干渉する; 手荒に扱う: He *never* ～*es* alcohol [tobacco]. 酒[タバコ]は少しものまない. **e** [ᵘ*neg*] 扱う, 用いる; 無断で使う[いじくる], 悪用する; 自分のものとする. **f** …に言及する, 論ずる, 〈問題・話題など〉に触れる. **2 a** 接触させる, 触れ合わせる; 〖ラグビーなど〗TOUCH down: ～ one's hand *to* one's ear 手で耳に触れる, 耳に手をやる. **b** 〈金銀を〉試金石で試す; 〈金属〉に純度検定印を押す. **3 a** …に接触する, 触れている, あたる; 〖数〗〈直線が〉〈円など〉に接する; 隣接する, …と境を接する. **b** …に達する, 届く; 〈船が〉…に立ち寄る, 〈陸地〉に達する. **c** [*neg*] …に及ぶ, 匹敵する 〈*in, for*〉: There's *nothing* [*no* one] to ～…に及ぶものはない[いない] / *Nobody* can ～ him *in* mathematics. 数学ではだれも彼にかなわない. **d** 〈人・物事・利害〉に関係する, かかわる; 〈人を〉受け入れる; …にとって重大である: The problem ～*ed* our national interests. その問題は国家的利害に関係した. **4** …に影響[印象]を与える: **a** ほろりと[感動]させる; …の急所をつく; [*neg/inter*] 怒らせる; 害する, 傷つける, いためる: ～ sb's heart 人の心[胸]を打つ / You ～ me there. それを言われると耳が痛い / ～ sb home [to the quick] 人の痛いところにさわる, おこらせる. **b** [ᵘ*pp*] 《口》〈人〉の気をふれさせる (⇨ TOUCHED); …に(性質を)授ける: be ～*ed* with [by]…の気味[傾向]がある, (才能・気質などを)もっている, …じみて[がかって]いる. **c** …に変化を与える; [*neg*] …に作用する: An ironic smile ～*ed* his lips. 皮肉な笑みが彼の口元に浮かんだ / *Nothing* will ～ these stains. 何を使ってもこのしみは落ちない. **5** "《口》〈人〉に〈金を〉せびる, 無心する 〈*for* money〉, …から〈得点などを〉奪う[取る] 〈*for*〉.

► *vi* **1 a** 接触する, さわる; 〖医〗触診する; 〈王が〉治療のため病人に手を当てる (⇨ *vt* 1a). **b** さわると〈…な〉感じがする: This cloth ～*es* rough. この生地はざらざらする. **2 a** 相接する, 触れ合う; 密集する; 〖数〗接する. **b** 接近する, なんなんとする 〈*at, to, on*〉. **3** 〖海〗寄港する 〈*at*〉; 〖海〗〈帆が〉風をうけて震えるようになる.

● **as** TOUCHING. **～ and go** 〖海〗〈船が〉水底をかすって進む; かろうじて成功する; 《廃》〈問題など〉に軽く触れて次に移る. **～** BOTTOM. **～ down** 〖ラグビーなど〗(〈ボールを〉)タッチダウンする; 〈飛行機[士]・乗客が〉着陸する 〈*at*〉; 〈船が〉接岸する; 〈たつまきが〉(だんだん降りてきて)地上に達する. **～ in** 〈絵画〉の細部に加筆する, 仕上げる. **～ off** 発射する, 爆発させる; 〈人を〉興奮[激怒]させる; 〈事を〉ひき起こす, 触発[誘発]する; (特徴をつかんで)正確に[手早く]描く; 〖リレー〗〈次の走者〉に手を触れて出走させる, (バトン)タッチする; 〈競走馬が〉…に僅差で勝つ. **～ on [upon]**…に簡単に触れる, 言及する; …に関係する, かかわる; 〈行為・態度などが〉…に近い, ほとんど…と言える, …も同然だ. **～** PITCH[2]. **～ the spot** 望みどおりのものを見いだす, うってつけである, 功を奏する, 有効である, 効きめがある. **～ up** 〈絵画・文章・化粧など〉に仕上げをする, 治す; 〈写真などを〉修正する, 《ペンキなどで》(…のきずを)修復する; …に軽い刺激を与える, 〈馬〉に軽くむちを当てる; 〈記憶を〉よび起こす; "《俗》〈異性〉の体[性器]にさわる, 愛撫する; *《俗》…に金を出させる[無心する]. **I wouldn't [won't] ～…with a bargepole" [ten-foot pole*]** 《口》…とかかわり[関係, 接触]をもちたくない, …は何としても避けたい[まっぴらごめんだ].

► *n* **1 a** 触れること, さわること《TACTILE *a*》; 軽くたたく[打つ, 押す]こと; 〖医〗触診: give sb a ～ 人にさわる / at a ～ ちょっと触れただけで / royal ～ 王のお手触れ《瘰癧(るいれき)を治すため》. **b** 手ざわり, 触感; 触覚: to the ～ さわってみると. **2 a** 加筆; 一筆, 一刷毛(ひとはけ); 筆致, 手際, 仕上げ, 彩り, タッチ: put the finishing [final] ～*es to*…に最後の仕上げをする / poetic ～*es* 詩的なタッチ. **b** 〖楽〗触鍵法, 《弦楽器などの》弾奏ぶり, タッチ; 《ピアノ・キー・弦の》手ごたえ, タッチ; 《古》つまびき, 弾奏; 鳴鐘法の一種: a light ～ 軽いタッチ / a piano with a stiff ～ 硬いタッチのピアノ. **3 a** やり口, …流; 能力; 特色, 特質; 性質: the NELSON TOUCH / lose one's ～ 腕が落ちる / find one's ～ 能力を発見する, 腕を上げる / a woman's ～ 《男には不得手なことをこなせる》女の手[手並み, 手際] / personal ～ 個人の流儀[やり口], 個性, 人間味 / a magic ～ ⇨ 成句. **b** 知的[道徳的]感覚, 才覚, (いい)アイディア, 工夫. **4 a** 接触, 交渉; 鬼ごっこ; 〖スポ〗ボールへの接触, キック; 〖フェン〗突き, トゥシュ《剣先がポイントになる部位に触れること》; 〖理〗接触磁化. **b** ちょっと触れる[言及する]こと, 暗示. **5 a** 気味, ちょっぴり 〈*of*〉; 僅差, 間一髪: a ～ *of* irony [bitterness] ちょっとした皮肉[辛辣味] / by a mere ～ 僅差で, やっと〈勝つなど〉. **b** 《俗》…ほどの(値の)もの, …がところ. **c** [a ～, 〈*adv*〉] 少し, ちょっと: He is *a* ～ more sensible. 彼はもう少し話がわかる. **d** *《方》《飲食物の》少量. **6** 《古》試金石; 試験, 《判断の》基準; 《金銀などの純度試験済みの》刻印; 《検印用の》打ち型: bring [put]…to the ～ …が本物かどうかを試す. **7 a** 痕跡, 刻印; 弱点, 欠陥. **b** 軽い病気; 《気の》ふれ: a ～ of the sun 軽い日射病, 暑気あたり. **8** タッチ《ラグビーではタッチラインとその外側; サッカーではタッチラインの外側》; 〖サッカー・ラグビー〗競技場の TOUCHLINE 外の部分. **9** 《俗》 **a** (金の)無心, 借用; 窃取; 無心した金; 《大道商人の》売上げ: make a ～ 金をせびる. **b** 《金の無心の対象としての》人, やつ: SOFT [EASY] TOUCH.

● **a magic ～** 不思議な魅力; みごとな手際[仕上げ]; 人を魅了する演奏ぶり[タッチ]: have *a magic* ～ with …の扱いがとても上手だ, …をうまく処理できる. **a ～ of nature** 自然の感情; 人情味《Shak., *Troilus* 3.3.175 の誤った解釈により》. **be in [out of] ～** いつもの技量[手腕]を見せて[見せないで]. **in ～ of…=within ～ of**…の近くに. **in ～ with**…と接触して[連絡をとって, 気脈を通じて]; …について最新の知識[情報]をもって, …の現状を知って; …に共感して, …のことがわかって: get *in* [*into*] ～ *with*…と連絡をとる, 接触する; …ともっと親しくなる / keep [stay] *in* ～ *with*…と連絡[接触]を保つ; …の現状を常に把握している / put sb *in* ～ *with*… 人に…と連絡をとらせる, 接触させる. **Keep in ～.** 《口》さようなら, じゃまたね. **lose one's ～** ⇨ *n* 3a. **lose ～ with**…との接触[連絡]を失う; …の現状把握を失う, 〈現実〉との接点を失う. **out of ～ with**…と接触しないで[連絡をとらないで]; …(の現状)がわかって[に気づいて]いなくて, …との共感を失って: be *out of* ～ *with* reality. **put the ～ on…** 《俗》…から金を借りようとする, …に金を無心する. **set in ～ with** … 《俗》…に接触する. **～ of the seconds** "《俗》考え直し, どたんばでの躊躇.

[OF *tochier*<Romanic ? imit]

tóuch·able *a* 触れることができる, 触知できる; EATABLE.

Touch-a-Mat·ic /tʌ̀tʃəmǽtık/ 〖商標〗タッチアマティック《30 以上の相手番号を記憶させておくことができる電話機》.

tóuch-and-gó *a* **1** きわどい, 危うい, 不確かな, 結果[先行き]が危ぶまれる (cf. TOUCH *and go*): a ～ business あぶない綱渡り / It is ～ with the patient. 患者はきわどい状態だ. **2** 大急ぎで行なった, 概略の; めまぐるしく移り変わる, 行き当たりばったりの, 気まぐれの: ～ sketches 大ざっぱなスケッチ.

tóuch and gó **1** 転々とすばやく移動する動き, 敏速な動作; 予断を許さない情勢; きわどい危機脱出. **2** [touch-and-go] 〖空〗タッチアンドゴー《いったん接地して(なんらかの理由で)すぐに離陸する飛行動作》.

tóuch·bàck *n* 〖アメフト〗タッチバック《一方のチームがキックまたはパスしたボールを相手チームのプレーヤーが自軍エンドゾーン内で受け取ってダウンすること; 20 ヤードラインから受け取ったチームの攻撃となる; cf. SAFETY》.

tóuch bòdy [còrpuscle] TACTILE CORPUSCLE.

tóuch dàncing タッチダンシング (=*body dancing*)《ロックンロールに合わせたダンスに対して, ワルツ・タンゴなど相手を抱いて行なうダンス》.

tóuch·dòwn *n* **1** タッチダウン《**1**)〖アメフト〗キャリヤーがゴールラインを越えるかまたはエンドゾーンにはいってボールを地面につけること; その得点: 6 点 **2**)〖ラグビー〗相手が蹴り込んだボールを味方のインゴールで押えること》. **2** 〖空〗接地, 着地, 着陸.

tou·ché /tuʃéı/ *int* 〖フェン〗トゥシェ《突きありの宣告》; 《討論会などで》一本参った, まさにそのとおり! [F (pp)<TOUCH]

T

touched /tʌ́tʃt/ *a* 感動[感激]した, 《感謝の気持で》うれしい 〈*by* sb's kindness, *that*〉; 《口》少し気のふれた; *《俗》酔っぱらった.

tóuch·er *n* **1** 触れる人[もの]; 〘ローンボウリング〙タッチャー《静止する前に的球(jack)に触れる木球(bowl)》. **2** "《俗》きわどいところ, 危機一髪: (as) near as a ～ 《俗》ほとんど, まさに, あやうく.

tóuch fóotball タッチフットボール《ボールキャリヤーの体にさわればタックルしたことになるアメリカンフットボールの変種》.

tóuch·hòle *n* 火口(ひぐち)《旧式銃砲の点火孔》.

touchie-feelie ⇨ TOUCHY-FEELY.

tóuch·ing *a* 感動的な, あわれ[同情]を禁じ得ない, ジーンとくる, いじらしい. ► *prep* [°as ～] …に関して (concerning). ♦ **～·ly** *adv* **～·ness** *n*

tóuch-in-góal *n* 〘ラグビー〙タッチインゴール《競技場の四隅のゴールラインの後ろでタッチインゴールラインの外側》.

tóuch jùdge 〘ラグビー〙線審, タッチジャッジ.

tóuch·lìne *n* 〘サッカー・ラグビー〙タッチライン《ゴールラインからゴールラインまでの線》.

tóuch·màrk *n* 《白目(しろめ)(pewter)製品の》製作者を示す刻印; 《白目製品・貴金属の》純度表示刻印.

tóuch-me-nòt *n* **1** 〘植〙**a** ツリフネソウ属[ホウセンカ属]の草本 (impatiens)《キツリフネなど》, *《特に》JEWELWEED. **b** テッポウウリ (squirting cucumber). **2** 《古》狼瘡(ろうそう) (lupus). **3** とっつきの悪い人, 《特に》つんとした女.

tóuch nèedle 試金針《金[銀]合金の針; 試金石にかける合金の標準として用いる》.

tóuch·pàd *n* 〘電算〙タッチパッド (TRACKPAD).

tóuch pàd タッチパッド《触れることによって電子機器を制御する操作盤》.

tóuch pànel タッチパネル (TOUCH SCREEN).

tóuch pàper 《花火などの》導火紙 (=*saltpeter paper*).
● **light the (blue) ～** "《論争などの》火種となる, 物議をかもす《花火の注意書 light the blue touch paper and retire immediately から》.

tóuch scrèen タッチスクリーン《直接画面に触れて位置を指定することのできる入力機能を備えたディスプレー用スクリーン》.

tóuch·stòne *n* **1** 試金石《金・銀の純度を試験するのに用いる》; 物の真価[質]を試す方法[もの], '試金石'; 基本, 根本 〈*of, for*〉. **2** [T-] タッチストーン《Shakespeare, *As You Like It* に登場し, 皮肉・駄じゃれ・警句などを連発する道化》.

tóuch sỳstem タッチシステム, ブラインドタッチ《10 指のそれぞれが受け持つキーを定めキーボードを見ないでタイプする方法; cf. HUNT-AND-PECK》.

tóuch-tàckle *n* TOUCH FOOTBALL.

tóuch-tòne *a* タッチトーン(式)の《プッシュ式電話(システム)について いう》. ► *n* タッチトーン《(1) タッチトーン式電話機 (=～ **phòne**) (2) その押しボタンを押したときに発する音》. [*Touch-Tone* 商標]

tóuch-tỳpe *vt, vi* TOUCH SYSTEM で打つ. ♦ **-tỳping** *n* **-tỳpist** *n*

tóuch-ùp *n* 小さな変更[修正, 付加](による処理[仕上げ]), タッチアップ.

tóuch·wòod *n* **1** 《点火しやすい》朽ち木, つけ木 (punk); 暖皮 (AMADOU). **2** 木に触れた子は捕えられない一種の鬼ごっこ (cf. *touch* WOOD[1]).

tóuchy *a* **1** おこりっぽい 〈*about*〉; 〈皮膚など〉敏感な; 〈化学薬品など〉爆発[引火]しやすい. **2** 〈問題・仕事など〉扱いに慎重を要する, 〈事態が〉きわどい. ♦ **tóuch·i·ly** *adv* **-i·ness** *n*

tóuchy-féely, touch·ie-feel·ie /tʌ́tʃifí:li/ *a* 《口》[ᵁ*derog*] 相手かまわずスキンシップを求める, すぐベたベたする; なれなれしい.

Toug·gourt, Tug·gurt /tʊgʊ́ərt/ トゥグルト《アルジェリア北東部のオアシス町》.

tough /tʌ́f/ *a* **1** 強くて弾力性のある, 強靱な, 丈夫な; なかなか(かみ)切れない, 硬い〈肉など〉(opp. *tender, soft*); 粘着力[性]の強い. **2** 《肉体的に》丈夫な, 頑健[屈強]な; 《精神的に》頑強な, 不屈な, タフな, たくましい, 手ごわい. **3** 断固とした, 強硬な 〈*on, with*〉; 〈法律・措置など〉きびしい, 情け容赦のない; 情に動かされない, 妥協しない, 頑固な: a ～ customer 手に負えぬ相手 / get ～ (*with* sb) (人に対して)強硬な態度に転ずる, 断固たる態度で臨む. **4** 非情な, 冷酷なまでに現実的な: Things are ～. 世間はせちがらい. **5** むずかしい, 困難な, 一筋縄では行かない; 信じがたい: a ～ racket 《俗》困難な仕事 / a ～ act to follow ⇨ ACT (成句) / a ～ story 信じがたい話 / *T*～! 《俗》まさか! **6** 〈戦い・争いなど〉激しい, 熾烈(しれつ)な. **7** 《口》好ましくない, ひどく残念な, 不愉快な, つらい, ついてない: TOUGH BOUNCE / (That's) ～! [°*iron*] そりゃお気の毒[おあいにく]さま / ～ LUCK [SHIT, TITTY[1], etc.]. **8** 乱暴な, 手荒な, 無法な〈男〉; よからぬ連中の出入りの多い, 荒っぽい, 物騒な: a ～ neighborhood. **9** *《俗》すばらしい, りっぱな, けっこうな. ● **(as) ～ as nails** ⇨ HARD as nails. **(as) ～ as old boots [an old boot, leather]** 《口》とても忍耐強い[強靱な, 非情な]; 〈肉などが〉とても硬い. ► *adv* 《口》断固とした態度[口調]で, 果敢に, 強硬に; 荒々しく, 乱暴に. ► *n* tough な人; 悪党, 無法者, よた者, ごろつき. ► *vt* *《口》(ひるまずに)耐える 〈*out*〉: ～ it *out* = ～ sth *through* 耐え抜く. ♦ **～·ly** *adv* **～·ness** *n* ⁺靭性, 粘り強さ. [OE *tōh*; cf. G *zäh*]

tóugh bóunce [bréak] 《俗》不運, ついてないこと, あいにく.

tóugh búck *《俗》きつい仕事(をして得た金).

tóugh búns *pl* TOUGH BOUNCE.

tóugh cáll 《口》むずかしい判断[予測].

tóugh cát *《黒人俗》女にかけてはすご腕の男.

tóugh·en *vt, vi* TOUGH にする[なる]; 強健にする[なる] 〈*up*〉; 堅くする[なる]; 粘り強くする[なる]; 頑固にする[なる]; 困難にする[なる]. ♦ **～·er** *n*

tóugh gúy 《口》腕っぷしの強い男, 荒くれ者, タフガイ; 強靱な[不屈の, 動じない]男.

tóugh·ie, tóughy *《口》*n* TOUGH なもの[人]; たくましい男; 粗暴な[好戦的な]人, 無法者; 難問題, むずかしい情勢, 難局.

tóugh·ish *a* やや TOUGH な.

tóugh lóve 《自立・更生を促すための》きびしい愛, '愛のむち'; *公的給付金の削減.

Tóugh·màn tòurnament タフマントーナメント《腕っぷしに自信のある者が自由に参加して賞金目当てに争うボクシングトーナメント》.

tóugh-mínd·ed *a* 実際的な考え方をする, 現実的な目先のきく, 情におぼれない. ♦ **～·ness** *n*

tóugh nút *《俗》頑固者, 難物. [a *tough* NUT *to crack*]

tóugh séll *n* 《口》勧[奨]めにくいもの.

tóugh spót 《口》困難な立場[状況].

tou·jours /*F* tuʒu:r/ *adv* いつも, ずっと (always).

tou·jours per·drix /*F* tuʒu:r pɛrdri/ いいものがありすぎる, ありがた迷惑. [字義どおりでは 'always partridge']

Toul /tú:l/ トゥール《フランス北東部の町; 中世には自由都市, 近世になって軍事拠点として重視された》.

Tou·lon /*F* tulɔ̃/ トゥーロン《フランス南東部の地中海に臨む港町・海軍基地, Var 県の県都》.

Tou·louse /tulú:z/ トゥールーズ《フランス南西部の Garonne 川に臨む市, Haute-Garonne 県の県都》.

Tou·louse-Lau·trec /*F* tuluzlotrɛk/ トゥルーズ-ロートレック **Henri(-Marie-Raymond) de ～(-Monfa)** (1864-1901)《フランスの画家・版画家》.

toun /tú:n/ 《スコ》*n* 町; 農場.

tou·pee, tou·pet /tupéɪ; tú:pèɪ, ─ ⊥/ *n* かつら (wig)《特に 小さな[部分的な]男性用の》; トゥーペ《昔 periwig などの上に飾りとして結んだカールした毛》. [F=hair tuft (dim)<OF *toup* tuft; ⇨ TOP[1]]

tour /tʊ́ər, "tɔ:/ *n* **1 a** 《各地を回って帰る》旅行, 周遊, ツアー: make a ～ of [around, in, through] Europe ヨーロッパを周遊[巡歴]する / GRAND TOUR. **b** 《劇団などの》巡業, 巡演, (コンサート)ツアー, 《スポーツの》遠征, 《講演者の》巡回講演(旅行), 《高官・重役の》歴訪(の旅); 《ゴルフ・テニスなどの》巡回トーナメント, ツアー: on ～ 巡業[巡演など]中の[で] / go on ～ 巡業に出る. **c** ひとめぐり, 巡り歩き, 《史蹟などの》コース巡り, 《工場・美術館などの》見学, 視察 〈*of, around, round*〉: make a ～ of…を一巡する. **2** /, táuər/ **a** 《順番制・交替制の仕事の》番, 当番, 上番. **b** 〘主に軍〙《一勤務地での》勤務[在任]期間 (=～ **of dúty**). ► *vt* 〈ある地域を〉旅行する; …(の中)を見てまわる, 一巡する, 見学する; 〈集団を〉巡回コース沿いに旅行[移動]させる; 〈劇団などを〉巡業に出す; 〈劇など〉の巡回公演を行なう. ► *vi* 巡回旅行をする; 巡業[巡回公演]をする. [OF=lathe, circuit<L; ⇨ TURN]

tou·ra·co, tu- /tʊ́ərəkòʊ/ *n* (*pl* ～**s**) 〘鳥〙エボシドリ (=*plantain eater*)《同科の鳥の総称; アフリカ産; えぼし羽冠が美しい》. [(W Afr)]

Tou·raine /*F* turɛn/ トゥーレーヌ《フランス中北西部の旧州; 15-16 世紀フランス国王が居住; ☆Tours》.

Tou·rane /turá:n/ トゥーラン《DA NANG の旧称》.

tour·bil·lion, -bil·lon /tʊərbíljən/ *n* つむじ風, たつまき; 《気体・液体の》渦巻; 渦を巻いて舞い上がる花火[のろし]. [OF]

Tóur·Bòok 〘商標〙ツアーブック《全米自動車協会 (AAA) 発行の旅行ガイドブック》.

Tour·coing /*F* turkwɛ̃/ トゥールコアン《フランス北部 Lille の北東にある織物の町》.

tour de force /tʊ̀ər də fɔ́:rs; *F* tur də fɔrs/ (*pl* **tours de force** /─/) 力わざ, 離れわざ, 巧みなわざ, 力作, 大傑作; (単なる)力量の見せつけ. [F=feat of strength or skill]

Tour de France /*F* -frɑ̃:s/ トゥール・ド・フランス《フランス・ベルギー・イタリア・ドイツ・スペイン・スイスを通って 4000 km 走る 21 日間にわたる自転車のロードレース》.

tour d'ho·ri·zon /*F* -dɔrizɔ̃/ 全体的な検討, 概観.

Tou·ré /tʊ́əreɪ/ トゥーレ **(Ahmed) Sékou ～** (1922-84)《ギニア共和国の政治家; 大統領 (1958-84)》.

tour en l'air /*F* tu:rɑ̃ lɛ:r/ (*pl* **tours en l'air** /*F* tu:rzɑ̃-/) 〘バレエ〙トゥール・アン・レール《まっすぐ上に跳んで空中で一回転する》.

tóur·er *n* TOUR する人[もの]; TOURING CAR.

Tou·rétte's sỳndrome [disèase] /tʊréts-/, **Tou·rétte sỳndrome** /turét-/ 〘医〙トゥーレット症候群, トゥーレット病 (GILLES DE LA TOURETTE'S DISEASE).

tóur guìde ツアーガイド; *《俗》LSD の服用者に付き添う人.

tóur·ing *n* TOUR に参加すること; 《行楽としての》クロスカントリーのスキー滑走; TOURING CAR.

tóuring càr ツーリングカー《多くの人員・荷物を収容できる長距離ドライブに適した自動車》; 《1920 年代に流行した》5–6 人乗りの大型幌付きの自動車 (=*phaeton, tourer*); 《スポーツカーと区別して》2 ドアセダン.

tóur·ìsm *n* (観光)旅行; 観光事業[促進], 旅行業, 旅行案内(業).

tóur·ist *n* **1 a** (観光)旅行者, 観光客; "海外遠征チームのメンバー, ツアー参加選手. **b** *«俗» いいカモ; *«俗» 仕事がなまくらなやつ. **2** TOURIST CLASS. ► *a* 旅行者(のため)の; ツーリストクラス (tourist class) の. ► *adv* ツーリストクラスで. ► *vi* «まれ» 観光旅行をする. ► *vt* 観光旅行で訪れる. ♦ **~·ed** *a*

tou·ris·ta /tʊərí:stə/ *n* TURISTA.

tóurist attràction 旅行者をひきつける場所[行事], 観光の見どころ.

tóurist bòard 《国・自治体の》観光局[課].

tóurist càrd 旅行者カード《passport や visa の代わりに発行される身分証明書》.

tóurist clàss *n* 《飛行機・船などの》ツーリストクラス《いちばん安い; cf. CABIN CLASS》. ► *a, adv* ツーリストクラスの[で].

tóurist còurt MOTEL.

tour·iste /turí:st/ *n* «カナダ俗» 《旅行者がカナダのフランス語圏で罹患する》下痢 (cf. TURISTA).

tóurist hòme 旅行者に有料で寝室を提供する民家, 民宿.

tour·ís·tic *a* (観光)旅行の; 旅客の. ♦ **-ti·cal·ly** *adv*

tóurist ìndustry 旅行業.

tóurist (informátion) òffice 旅行[観光]案内所, ツーリストオフィス.

tóurist tìcket 回遊切符, 周遊券.

tóurist tràp «口» 観光客を食い物にする所[店など]; 観光客に高値で売りつける品.

Tóurist Tróphy [the] ツーリストトロフィー《毎年 Man 島で行なわれるオートバイの国際ロードレース; 略 TT》.

tóurist vìsa 観光ビザ, ツーリストビザ.

tóur·isty «口» [ˢ*derog*] *a* (観光)旅行者ふうの; 観光客向きの, 観光客に人気のある[でもっている].

tour·ma·line /túərməlì:n, -lən/ *n* 〔鉱〕電気石(せき), トルマリン《10 月の BIRTHSTONE》. [F＜Sinhalese=cornelian]

Tour·nai, -nay /tʊərnéɪ/ トゥールネー (*Flem* Doornik)《ベルギー南西部の Scheldt 川に臨む町; ロマネスク・ゴシックの聖堂で有名》.

tour·na·ment /túərnəmənt, tə́:r-, tɔ́:r-/ *n* **1** 勝抜き試合, トーナメント. **2 a** 〔史〕《騎士が槍・剣を持って行なった》馬上模擬戦, 騎馬戦; 〔史〕《騎士が馬上槍試合その他を行なった》武芸競技大会. **b** 《軍隊の》軍事訓練を模した競技大会. [OF; ⇨ TOURNEY]

tour·ne·dos /tùərnədóu; ーーﾆ/ *n* (*pl* ~) トゥルネードー《牛のヒレ肉のまん中の部分をつかったステーキ》. [F (TURN, *dos* back)]

Tour·neur /tə́:rnər/ ターナー **Cyril** ~ (c. 1575–1626)《イングランドの劇作家; *The Atheist's Tragedy* (1611)》.

tour·ney /túərni, tə́:r-, tɔ́:r-/ *n* TOURNAMENT. ► *vi* tournament に参加[出場]する. ♦ **~·er** *n* [OF (n)＜(v)＜L=to keep TURNING]

tour·ni·quet /túrnɪkət, tə́:r-; túənɪkèɪ, tɔ́:-/ *n* 〔医〕止血帯. [F 変形？＜OF TUNICLE]

tour·nure /túərnjùər, ーーﾆ/ *n* 〔服〕BUSTLE²; «廃» (優雅な)身のこなし; «廃» 形, 輪郭. [F]

tóur òperator 《パッケージツアーを提供する》旅行業者.

Tours /*F* tu:r/ トゥール《フランス中北西部の Loire 川に臨む古都, Indre-et-Loire 県の県都; 732 年フランク王国の宮宰 Charles Martel がイスラム教徒軍を撃退した地》.

tour·tière, -tiere /tùərtiέər/ *n* (*pl* ~)《フランス系カナダ風の》ポークパイ, ミートパイ, トゥルティエール. [CanF]

touse /táuz/ *vt* TOUSLE. ► *n* 騒ぎ.

tous frais faits /*F* tu frε fε/ 諸費用を差し引いて.

tou·sle /táuz(ə)l/ *vt* 手荒に扱う, …と取っ組み合いをする, 〈髪を〉乱す, くしゃくしゃにする (rumple): ~*d* hair 乱れ髪. ► *vi* 乱雑にする; 乱れる. ► *n* 乱れ, くしゃくしゃ; 乱れ髪; /, tú:-/ «スコ» 荒々しい性的な戯れ. [(freq)＜*touse* (dial)＜OE **tūsian*]

tóusle-hàired *a* 髪が乱れた.

tous-les-mois /tù:ləmwá:, -leɪ-/ *n* 〔植〕ショクヨウカンナ《西インド諸島・南米原産のカンナ科の多年生草本; 根茎から食用の澱粉を採る》; トゥレモア《ショクヨウカンナの根茎から採る澱粉》. [F *tolemane* ＜(West Indies); 語形は F=all the months を当てたもの]

Tous·saint-Lou·ver·ture /*F* tusɛ̃luvεrtyr/ トゥーサン-ルーヴェルテュール (c. 1743–1803)《ハイチの将軍・政治家; 本名 François-Dominique Toussaint; 奴隷の反乱およびハイチ独立運動を指導》.

tousy /táuzi/ «スコ» *a* 乱れた; 間に合わせの.

tout¹ /táut/ «口» *vi* **1** しつこく勧誘する, うるさく求める 〈*for*〉; チケットをプレミア付きで売る, ダフ屋をやる: ~ *for* business [custom] 客引きをする. **2** "競走馬《など》の情報を探る; *競走馬についての情報を与える[売る], ある馬を勧める. **3** ほめそやす, 大げさに宣伝[推奨]する. ► *vt* **1** (…に)うるさく勧める, (…に)うまく売りつける; 〈人・製品などを〉売り込む, 喧伝[推奨]する 〈*as*〉; "〈チケットを〉プレミア付きで売る (scalp*). **2 a** "〈競走馬などの〉の秘密を探る; *〈競走馬〉についての情報を与える[売る], 〈ある馬〉に賭けるように勧める. **b** …の様子をうかがう, 見張る. ● **~ about [around]** «口» 〈いかがわしい品物・考えなどを〉あちこちに売り込もうとする. ► *n* "競走馬の様子を探る人; 《競走馬についての》情報屋, 予想屋; 客引き; "ダフ屋 (=*ticket tout*) (scalper*); 《泥棒などが》様子をうかがう[見張る]こと; 《泥棒の》見張り役; «北アイル» 密告者. ♦ **~·er** *n* [ME *tūte* to look out＜OE **tutian* to peep]

tout² /tú:/ *a* [都市名の前に置く; しばしば le tout… とする] …の上流社会, 上流の人びと: *le* ~ Washington ワシントンの上流社会.

tout à fait /*F* tuta fε/ *adv* 全く, すっかり. [F (*tout* whole)]

tout à l'heure /*F* tuta lœ:r/ 今しがた, 先刻; 後ほど.

tout au con·traire /*F* tuto kɔ̃trε:r/ *adv* 全く反対に, それどころか.

tout à vous /*F* tuta vu/ なんなりとご用を承ります; 敬具, 草々《手紙の結びの文句》.

tout bien ou rien /*F* tu bjɛ̃ u rjɛ̃/ すべてをうまくやり遂げるかさもなければなにもやろうとしないか.

tout com·pren·dre c'est tout par·don·ner /*F* tu kɔ̃prɑ̃:dr sε tu pardɔne/ すべてを理解することはすべてを許すことである.

tout court /*F* tu ku:r/ ごく短く, 略して; 手短かに, 簡単に(言えば), 要するに. [F=quite short]

tout de même /*F* tu də mεm/ *adv* それでも, やはり.

tout de suite /*F* tu də sɥit, tutə-/ *adv* すぐに, 直ちに; 連続して. [F=all in succession]

tout en·sem·ble /*F* tutɑ̃sɑ̃:bl/ *n* 《芸術作品などの》全体的効果 (the ensemble). ► *adv* 全体として, 全部で.

tout est per·du fors [hors] l'hon·neur /*F* tutε pεrdy fɔr [ɔr] lɔnœ:r/ すべては失われたが名誉は残っている. [F=all is lost save honor]

tout le monde /*F* tu lə mɔ̃:d/ 世界中, みんな.

tout suite /tú:t swí:t/ *int* *«口» すぐに, 今すぐ, 大至急. [*tout de suite*]

tou·zle /táuz(ə)l/ *v, n* TOUSLE.

to·va·rich, -rish, -risch /təvá:rɪʃ, -rɪʧ/ *n* 同志 (comrade), タワリシチ; ソ連人. [Russ]

tow¹ /tóu/ *vt* 〈船・自動車を〉綱[鎖]で引く, 牽引[レッカー移動]する 〈*away, in, into, out* (*of*)〉; 〔空〕〈飛行機が空中射撃の標的を〉曳行(えいこう)する, 〈牽引車がエンジンを止めた飛行機などを〉牽引する; 〈子供・犬を〉引っ張って行く. ► *vi* 綱[鎖]で引かれて進む. ► *n* 綱[鎖]で引く[引かれる]こと, 牽引; 引かれる船[車など]; 引き船; SKI TOW; 引き綱[鎖など]; «口» 《自動車レースなどで》他車の後流 (slipstream) の利用. ● **in ~** 綱[鎖]で引かれて(いる); いやいやひかれて(いる); 指導[保護]下に(ある); 献身的に[忠実に]付き従って(いる): have [take] *in* ~ 綱[鎖]で引く; 指導[世話]をする; 供に従える[従えている], 自分の自由にしている / have a number of admirers *in* ~ 大勢の取巻きを従えている. **on [under] ~** 綱[鎖]で引かれて(いる). ♦ **~·able** *a* [OE *togian*; cf. OE *tēon*, L *duco* to draw, lead]

tow² *n* トウ《紡績原料としての亜麻や麻などの短繊維・くず繊維》; タウ糸, タウ布地; 合成繊維の撚(よ)りがけしていない繊糸; [〈*a*〉] タウ(製)の, tow のような. [MLG *touw*＜OS *tou*; cf. ON *tó* tuft of wool]

tow³ *n* «スコ・イング方» ROPE. [?OE *toh-*(*tohline* towline)]

TOW /tóu/ *n* トウ (=~ **missile**)《対戦車有線誘導ミサイル》. [*t*ube-launched, *o*ptically tracked, *w*ire-guided]

tów·age *n* 曳船[牽引]する[される]こと; 曳船料, 牽引料.

to·wai /tóuwàɪ/ *n* 〔植〕ニュージーランド産クノニア科ウェインマンニア属の高木《材は有用》. [Maori]

to·ward *prep* /tɔ̀:rd, təwɔ̀:rd/ (cf. TOWARDS) **1 a** [運動の方向《to と異なり目的点に到着の意味は含まない》] …の方へ, …を指して: get ~…に近づく / go ~ the river / I look ~ you. [*joc*] ご健康を祝します《乾杯の辞》. **b** [位置・方向] …の方に(ある), …の方を向いて(いる); …の近くに[で]: hills ~ the north. **2 a** [傾向・結果] …の方へ, …に向かって: ~ a better understanding よりよく理解すべく / a tendency ~ obesity 肥満の傾向. **b** [関係・対象] …に対して: their attitude ~ us / cruelty ~ animals 動物虐待. **3** [時間の接近] …近く, …ごろ; [数量の接近] …近く, …ぐらい: ~ noon 正午近く / ~ midnight 夜中少し前に. **4** [補助・貢献] …のために, …の一助に; …の支払い[資金]の一部として: We are saving money ~ a new house. 新しい家のため貯金している / Here is ten dollars ~ it. では 10 ドル寄付します / *T~* a Science of Translating 翻訳学序説. ► *a* /tɔ́:rd; tóuəd/ いま進行中の[で]; «まれ» まさに起ころうとする, 間近に迫って (=*towards*); «まれ» 好都合な, さい先のよい; «廃» 利発な, 温順な, すなおな. ♦ **~·ness** *n* [OE *tōweard* imminent, future (*to, -ward*)]

to·ward·ly /tɔ́:rdli/ «古» *a* 都合のよい; 有望な; 適切な; おとなしい; 友好的な, 好意的な, 優しい. ► *adv* 前途有望に; おとなしく. ♦ **-li·ness** *n*

to·wards /tɔ̀:rdz, təwɔ̀:rdz/ *prep* TOWARD. ★ «英» では散文・

口語体では towards が普通. ► *a* 進行中で; 《まれ》まさに起ころうとする (toward).

tów·awày *n, a* 《違法駐車車両の》牽引撤去[レッカー移動](の): a ～ zone 違法駐車車両牽引撤去区域.

tów·bàr *n* 牽引棒.

tów·bòat *n* 引き船 (tugboat); *トウボート《内陸水路で平底船を押し進める軽喫水船》.

tów càr [trùck]* 救難車, 救難トラック, レッカー車 (wrecker).

tòw-cólored *a* 〈髪が〉亜麻色[黄色がかった褐色]の.

tow·el /táu(ə)l/ *n* タオル, DISH TOWEL, ''キッチンペーパー (paper towel*): SANITARY TOWEL. ● **throw [toss, chuck] in the ～** 〖ボク〗タオルを投げ入れる《敗北の承認》; [*fig*] 《口》降参する, 敗北を認める. ► *vt, vi* (-l- | -ll-) タオルでこする[ふく, 乾かす], タオルを使う 〈*down*〉; 《英俗・豪俗》打ち負かす, たたく: ～ away at one's face 顔をタオルでせっせとふく. ● **～ off** 《湯上がりなどに》タオルで体をふく. [OF *toaille*<Gmc (**thwaham* to wash)]

tówel bàr 横棒のタオル掛け.

tówel-drý *vt, vi, n* タオルで乾かす(こと).

tòwel·étte* *n* 小さなペーパータオル, ぬれナプキン.

tówel góurd DISHCLOTH GOURD.

tówel hòrse TOWEL RACK.

tów·el·(l)ing *n* タオル地; タオルでふく[こする]こと; 《英俗・豪俗》打ち懲らしめること.

tówel ràck 《フレーム状の》タオル掛け.

tówel ràil 《棒を打ちつけた》タオル掛け: a heated ～ ヒーター付きタオル掛け.

tówel rìng 環状のタオル掛け, タオルリング.

tow·er[1] /táuər/ *n* **1 a** 塔, やぐら, タワー, (塔のように)そびえるもの; 《屋内の》吹抜け部分, 階段室, シャフト; 高層ビル[住宅棟] (tower block); 鉄道信号所; 塔状の[塔のある]とりで, 要塞 (fortress); 支えとなる[守ってくれる]もの; 塔状の牢獄; [the T-] ''ロンドン塔 (the Tower of London); 〖史〗《攻城用の》TURRET: a keep ～ 天守閣 / ～ and town 《詩》人家のある所, 町 / a ～ of strength たよりになる人, 柱石 (cf. *Ps* 61:3). **b** 丈(たけ)の高い収納家具, タワー; 〖電算〗タワー《縦置き型筐体(きょうたい) (**～ càse**) をもつコンピューター》: a CD ～ タワー型 CD ケース / FULL TOWER / MINITOWER. **2** 《傷ついた鳥が》一直線に飛び上がること. ► *vi* (高く)そびえる, そびえ立つ 〈*above, over, high*〉; [*fig*] ぬきんでる, 傑出する; 〖鷹狩〗〈鷹が〉舞い上がる; 〈傷ついた鳥が〉一直線に飛び上がる. ♦ **～ed** *a* 塔のある. **～·lìke** *a* [OE *torr* and OF *tur*<L<Gk *turris*]

tow·er[2] /tóuər/ *n* 引く人[もの]. [*tow*[1]]

tówer blòck'' 高層住宅棟[ビル].

Tówer Brídge タワーブリッジ《London の Thames 川にかかるはね橋; 1894 年竣工》.

tówer cráne 〖機〗塔形[タワー]クレーン.

tówer crèss 〖植〗欧州産のハタザオの一種《アブラナ科》.

Tówer Hámlets タワーハムレッツ《London boroughs の一つ》.

tówer hòuse 《塁壁ややぐらなどで防御を固めた中世の》邸館, 城館.

tówer·ing *a* 高くそびえる, とても背の高い; 〈怒りなど〉激烈な; 行き過ぎた, 過度の〈野心・プライドなど〉; ぬきんでた, 傑出した, 偉大な: in a ～ rage [passion] 激怒して, かっとなって. ♦ **～·ly** *adv*

tówer mùstard 〖植〗**a** ハタザオ. **b** TOWER CRESS.

Tówer of Bábel [the] バベルの塔 (⇨ BABEL[1]); 非現実的な[実行不可能な]計画.

tówer of ívory [the] IVORY TOWER.

Tówer of Lóndon [the] ロンドン塔《11 世紀に William 1 世の時から建て始められた Thames 川北岸の城砦; もと王宮, のちに国事犯の牢獄, 造幣廠などとされたが, 現在は王冠・武器・拷問具などを陳列展示している》.

tówer of sílence 《インドの PARSIS の》沈黙の塔《死体を置く円塔》.

tówer shèll 〖貝〗キリガイダマシ (screw shell).

tówer wàgon 〖機〗《架線工事などの》高所作業車.

tów·ery *a* 塔のある; 高くそびえる.

tów-hàired *a* 亜麻色の髪の.

tów·hèad *n* **1** 亜麻色[淡黄褐色]の頭髪(の人); 乱れた頭髪(の人). **2** 川中島, 砂洲. ♦ **～·ed** *a*

to·whee /tóu(h)ìː, táu-/ *n* 〖鳥〗トウヒチョウ, 《特に》ワキアカトウヒチョウ (=*chewink*) (=**～ búnting**)《ホオジロ科; 北米産》. [imit]

tow·ie /táui/ *n* 〖トランプ〗3 人で行なうコントラクトブリッジの一形式.

tów·ing nèt TOW NET.

tówing pàth TOWPATH.

tow·kay /taukéi/ *n* [*voc*] だんなさま (sir, master). [Chin]

tów·lìne *n* 引き綱, 曳船索, 牽引索 (towrope).

TOW missile ⇨ TOW.

tow·mond /táumənd/, **-mont** /-mənt/ *n* 《スコ》12 か月, 一年.

town /táun/ *n* **1 a** 町, 都市, タウン《village より大きく city の公称のないもの; 英国では city の資格をもつ都市 (borough) もしばしば town という; 米国の多くの州では county の下位区分 (=township) であるが, ニューイングランドでは city よりも小さい地方自治体をいう》. **b** *[無冠詞で]《自分の住んでいる[今話題にしている]》町, 都市, 《最寄りの》主要都市; 中心都市, ''《特に》ロンドン: go up to ～ 都会へ出る / in ～ (この)町で[にいて], 在京[上京]して / out of ～ 町を離れて / visitors from out of ～ よそからの訪問者. **c** *定期に市(いち)の立つ村; ''《方》小村落, 部落. **2** 商業地区, 繁華街, 盛り場: go down ～ 町へ(買物に)行く. **3** [the] 《田舎・郊外に対して》都会, 町; [the] 都市[町]の生活: leave *the* ～ for the country. **4** [the, 〈*sg/pl*〉] 町[市]民たち; 《大学関係者と区別して》大学町の住民たち: It is all over (*the*) ～.=The whole ～ knows of it. 町中が知っている / ～ and gown 町の住民と大学人[学生たち], タウンとガウン《特に Cambridge, Oxford などで, 両者の対立を云々する時に用いられる言い方》. **5** プレーリードッグの巣穴の集落. ● **come to ～** 上京する; 現われる, 登場する. **Get out of ～!** *《俗》ここから出てけ, うせろ! (Beat it!). **go to ～** 町へ行く; 《口》思いきり[とことん, さっさと, 意気込んで]やる, 大いに金をつかう 〈*on, over*〉, 浮かれ騒ぐ; 《俗》りっぱにやる, 成功する; 《豪口》かっとなる. **a man about ～**=MAN-ABOUT-TOWN. **a man of the ～** 町の道楽者, 自堕落者. **on the ～** (1) [°night (out) on the ～] 《口》《特に 夜の》町に楽しみに出かけて《ナイトクラブ・バー・劇場などで楽しんで[歓楽を求めて]》: take sb out for a *night on the* ～ 人を夜の街へ遊びに連れ出す. (2) 公費の扶助を仰いで, 町の厄介になって. (3) [*euph*] 町の厄介になって《売春・泥棒などで生活して》. **out of ～** *《俗》獄中で. PAINT **the ～** (red). **a woman about ～**=WOMAN-ABOUT-TOWN. **a woman [girl] of the ～** 売春婦, 街の女, 街娼. ► *a* 町の. ♦ **～·less** *a* [OE *tūn* village, enclosure; cf. G *Zaun* hedge, fence]

town bíke 《俗》だれとでも寝る女, ふしだら女, させ子, 売女(ばいた).

town càr* タウンカー《運転席は通例オープンで, 後部座席はガラス戸で仕切られた 4 ドアの自動車》, LIMOUSINE.

town céntre'' 町の中心, 中心街 (downtown*).

town clérk 〖英〗市書記《かつての都市行政官の長; 1974 年廃止》; 〖米〗タウン書記《town の公的記録の管理, 許認可証の発行などにあたる行政官》.

town clòwn* 《俗》《田舎の》おまわり, 駐在さん.

town cóuncil'' 町議会. ♦ **tówn cóuncil(l)or** 町議会議員《略 TC》.

town críer 〖史〗布告を町に触れまわる町役人.

townee ⇨ TOWNIE.

Townes /táunz/ タウンズ **Charles Hard ～** (1915–)《米国の物理学者; ノーベル物理学賞 (1964)》.

tów nèt 引き網 (=*towing net*).

town gàs'' 都市ガス.

town háll 町政庁舎, タウンホール《議事堂・法廷・公会堂も兼ねる》; TOWN HALL MEETING.

tówn-háll clòck'' 〖植〗MOSCHATEL.

town hàll mèeting タウンホールミーティング (TOWN MEETING).

tówn·hòuse, tówn hòuse *n* **1** タウンハウス (1) 隣家と共通壁でつながった 2 階 または 3 階建ての一家族用の家屋 2) 都市の高級住宅団地内の(二戸建の)家屋》**2** 《田舎に屋敷のある人の》町屋敷 (cf. COUNTRY HOUSE). **3** 《スコ》《イング古》TOWN HALL.

town·ie /táuni/, **town·ee** /tauníː/ *n* 《口》町の住民, 同じ町の人 (townsman); [*derog*] 《学生・大学関係者と区別して》大学町の住民; [*derog*] 《田舎の住民と区別して》町の者[連中], 都会もん.

town·i·fy /táunəfài/ *vt* 都会風にする; 都会化する.

town·ish *a* 都会めいた, 都会風の.

town·lànd *n* 《アイル》教区の一区分, 小さな町, 小区.

town·let *n* 小さな町.

town májor 〖史〗《英軍駐屯都市などの》主務士官, 衛戍(えいじゅ)少佐, 内衛兵司令.

town mánager 《町議会に任命された》町支配人.

town máyor'' 町会議長, 《町議会選出の》町長.

town méeting 町民大会; *町民会, タウンミーティング《特にニューイングランドで, 有権者による町政に関する民会》; タウンミーティング《政治家・行政官と市民との意見交換会》.

town mílk 《NZ》《低温殺菌された》飲用牛乳《バターやチーズなどの乳製品用に対して》.

town plánner CITY PLANNER.

town plánning CITY PLANNING.

town púmp 《俗》だれとでも寝る女, ふしだら女.

town·scàpe *n* 都会風景画(法); 都会風景, 都市景観; 都市景観づくり.

Tówn·send plàn /táunzənd-; -zɛnd-/ [the] 〖米〗タウンゼンド案《60 歳を超えた退職者に月 200 ドル支給しようとする, 1934 年に提出されて否決された養老年金法案》. [Francis E. *Townsend* (1867–1960) 法案を提出した米国の改革家]

Tównsend's sólitaire 〖鳥〗ハエトリツグミ《北米西部に分布するヒトリツグミ属の鳴鳥; 目のまわりが白く体色は灰色》. [John K. *Townsend* (1809–51) 米国の鳥類学者]

tówns·fòlk *n pl* TOWNSPEOPLE.

tówn·shìp *n* **1 a** 〖米・カナダ〗郡区《米国では州により複雑であるが大体は county の下位行政区分; カナダでは province の下位区分》.

b〘ニューイング〙TOWN. **c**〘英史〙町区, 村《大きな parish をさらに分けたもの; 時には manor や parish と同じ》, 町区住民《集合的》. **d**《豪》小さな町; 〘豪史〙町建設用地; 《南ア》投機家が開発中の新興地区; 〘南ア史〙《都市の中の》非白人用居住指定地区. **e**《スコ》共同保有農場. **2**〘米〙タウンシップ《政府測量の単位で 6 マイル四方[36 平方マイル]の土地: 36 sections》.

tówn·sìte *n* 町建設用地.

tówns·man /-mən/ *n* ある町[都市]の住民; 都会人; 同じ町の人. ♦ **tówns·wòman** *n fem*

tówns·pèople *n pl* ある町[都市]の住民; 都会人.

Towns·ville /táunzvìl/ タウンズヴィル《オーストラリア Queensland 州北東岸の市》.

Tównswomen's Guíld〘英〙都市婦人会《さまざまなイベントや社会活動を通じて都会での女性の地位や生活の向上に努めている婦人団体の各支部; 1929 年婦人参政権の完全実施を求める団体として結成; WOMEN'S INSTITUTE の都市部版に相当する》.

tówn tàlk 町のうわさ; 町の話題.

tówn·ward *a* 町へ向かう. ► *adv* 町へ向かって.

tówn·wards *adv* TOWNWARD.

tówn·wèar *n* タウンウェア《観劇·ビジネス用などの色が暗めできっちりした仕立ての外出着》.

towny /táuni/ *n**《口》TOWNIE.

tów·pàth *n*《運河·川沿いの》引き船道 (=*towing path*).

tów·plàne *n* トー(イング)プレーン《グライダーの曳航機》.

tów·ròpe *n*《船·自動車·グライダー·スキーヤーなどを引く》牽引用の綱[索, 鎖].

tów sàck* GUNNYSACK.

tow·ser /táuzər/ *n* 大型犬; 大柄でごつい人, 《特に》ばりばり働く人.

tow truck ⇨ TOW CAR.

tówy *a* TOW² のような; 〈髪が〉亜麻色の.

Towy /táui/ [the] タウイ川《ウェールズ南西部の川》.

tox-¹ /táks/, **toxi-**¹ /táksə/, **toxo-**¹ /táksou, -sə/ *comb form*「有毒な」「毒」 [Gk; ⇨ TOXIC]

tox-² /táks/, **toxi-**² /táksə/, **toxo-**² /táksou, -sə/ *comb form*「弓」「矢」「弓矢」: *toxo*philite. [Gk; ⇨ TOXIC]

tòx·albúmin *n*〘生化〙毒性アルブミン.

tox·a·phene /táksəfìːn/ *n*〘薬〙トクサフェン《殺虫剤·殺鼠剤》.

tox·e·mia | **-ae-** /tɑksíːmiə/〘医〙*n* 毒血症; 妊娠中毒症 (=～ **of prégnancy**), 子癇前症 (pre-eclampsia). ♦ **-mic** *a* [*tox*-¹, Gk *haima* blood]

Tox·e·us /táksiəs/〘ギ神〙トクセウス《Calydon の Oeneus の息子; 父に殺された》.

tox·ic /táksɪk/ *a* **1** 毒[毒素]の[による], 毒性の, 中毒(性)の; 有毒な, 毒性のある (poisonous); 《口》鼻持ちならない, 不快な, 辛辣な, 意地悪な: ～ epilepsy 中毒性てんかん / ～ smoke 毒ガス / ～ waste 有毒廃棄物. **2**〘金融〙不良な, 有毒な《(1) 債務不履行のリスクが高い負債の[に関連する] (2) リスクが高い債務を組み込んだ証券についていう》: ～ debt 有毒負債 / ～ assets 有毒資産. **3**《俗》驚異的な, 驚くばかりの. ► *n* [ᵘ～s] 有毒物質, 毒物. ♦ **-i·cal·ly** *adv* [L *toxicus* poisoned＜Gk *toxikon* (*pharmakon*) (poison) used on arrows (*toxa* arrows)]

tox·ic- /táksɪk/, **tox·i·co-** /táksɪkou, -kə/ *comb form*「毒」[Gk (↑)]

tox·i·cant /táksɪkənt/ *a* 有毒な. ► *n* 毒物, 《特に》殺虫剤; INTOXICANT.

tox·i·ca·ted /táksəkèɪtəd/ *n**《俗》酒毒がまわって, 酔っぱらって (toxy).

tox·i·ca·tion /tàksəkéɪʃ(ə)n/ *n* 中毒.

tox·ic·i·ty /tɑksísəti/ *n* (有)毒性; 毒力.

tòxico·génic *a* 毒を生じる, 毒物発生の; 毒物によって形成された.

tox·i·coid /táksəkɔ̀ɪd/ *n* 毒性(のある)化学物質.

tox·i·col·o·gy /tàksəkáləʤi/ *n* 毒物学, 毒理学, トキシコロジー. ♦ **-gist** *n* **tòx·i·co·lóg·ic, -i·cal** *a* 毒物学(上)の; 毒素の. **-i·cal·ly** *adv*

tòxico·mánia *n* 麻薬常用癖, 毒物嗜癖.

tox·i·co·sis /tàksəkóusəs/ *n* (*pl* **-ses** /-sìːz/)〘医〙中毒(症): an endogenic [exogenic] ～ 内因[外因]性中毒(症).

tóxic shóck (sỳndrome)〘医〙毒素性ショック症候群《特に黄色ブドウ球菌が関与して起こる急性疾患で, 高熱·下痢·嘔吐·皮膚紅斑·ショックを特徴とする; タンポンを用いる女性に多く発症する; 略 TSS》.

tóxic wáste dùmp 有毒廃棄物の捨て場; *《俗》恐ろしい[ひどい]場所[人]; 《俗》議論すべき問題を処理せずにためておく場所, ごみため.

tòxi·génic *a* 毒素を生ずる, 毒素産生の. ♦ **-ge·nic·i·ty** /tàksɪʤənísəti/ *n* 毒素産生能.

tox·in /táksən/ *n* 毒素, トキシン. [*toxic*, *-in*]

tóxin-ànti·tóxin *n*〘免疫〙毒素抗毒素混合溶液《ジフテリア免疫接種用》.

tòxi·phóbia *n*〘心〙毒物恐怖症.

toxo·ca·ri·a·sis /tàksəkəráɪəsəs/ *n*〘医〙トキソカラ症《イヌなどの腸に寄生するトキソカラ属 (*Toxocara*) の回虫による感染症》. [Gk *kara* head]

tox·oid /táksɔɪd/ *n*〘免疫〙類毒素, 変性毒素, トキソイド.

tox·oph·i·lite /tɑksáfəlàɪt/ *n* 弓術愛好家, 弓術の名手. ► *a* 弓術(家)の. ♦ **tox·òph·i·lít·ic** /-lít-/ *a* **tox·óph·i·ly** *n* 弓術の研究[練習, 愛好, 技量]. [Ascham, *Toxophilus* (1545)]

tòxo·plásma *n*〘生〙トキソプラズマ《同属 (*T-*) の原虫; 哺乳類の細胞内寄生虫》. ♦ **-plásmic** *a*

tòxo·plasmósis *n* (*pl* **-ses**)〘獣医·医〙トキソプラズマ症《死産·流産·奇形·視力障害などを起こす》.

toxy /táksi/ *a*《口》酔っぱらった.

toy /tɔ́ɪ/ *n* **1 a** おもちゃ, 玩具; 愛用の機器; 玩弄物: make a ～ of …をもてあそぶ, おもちゃにする. **b** 実用にならないもの; くだらないもの[こと], 安っぽいもの; つまらない作品[曲]; 小さな[安物の]装身具; 小型のもの[動物, 《特に》犬]. **2**《スコ》《昔 女性がかぶった》肩までたれる頭飾り. **3** ままごと; 手すさび; 《廃》いちゃつき, たわむれ, 気晴し, 滑稽なふるまい. **4**《俗》小瓶[缶]入りのアヘン. ► *a* おもちゃの; 模型の; おもちゃ同然の; 小型の: a ～ drama 人形劇 / TOY POODLE. ► *vi* いじる, いじくる, もてあそぶ, おもちゃにする, 戯れる, 軽い気持で扱う 〈*with*〉; 〈空想などで〉あそぶ 〈*with*〉; 〈食べ物を〉せせる, つつき回す 〈*with*〉; いちゃつく 〈*with*〉. ♦ **～·er** *n* **～·lìke** *a* [C16=dallying, fun, whim ＜?]

tóy bòx [chèst] おもちゃ箱.

tóy·bòy *n*《俗》[*derog*] 若い男めかけ, 若いツバメ, 愛玩用の男の子 (cf. BOY TOY).

tóy dòg きわめて小さな犬; 愛玩用小型犬, トイドッグ.

toyi-toyi /tɔ́ɪtɔ̀ɪ/《南ア》*n* トイトイ《抗議集会[行進]などのときの足を高く上げるダンスステップ》. ► *vi* (**-tòy·ing, -tòyi·ing**) トイトイを踊る.

tóy·lànd *n* おもちゃの国.

tóy·màker *n* 玩具製造者, おもちゃメーカー.

tóy·man *n* おもちゃ屋.

tóy Mánchester (térrier)〘犬〙トイマンチェスターテリア《耳が立ち重さは 12 ポンド以下の Manchester terrier》.

Toyn·bee /tɔ́ɪnbi/ トインビー (1) **Arnold** ～ (1852–83)《英国の経済学者·社会改良家; A. J. Toynbee の伯父》 (2) **Arnold J(oseph)** ～ (1889–1975)《英国の歴史家; *A Study of History* (1934–61)》.

toy·on /tɔ́ɪàn, tóujən/ *n*〘植〙北米太平洋沿岸産カナメモチ属の常緑低木. [AmSp]

tóy póodle〘犬〙トイプードル《スタンダードプードルを体高 10 インチ以下にした愛玩犬》.

tóy·shòp *n* おもちゃ屋, 玩具店.

tóy sóldier おもちゃの兵隊; 戦闘しない兵隊.

tóy·tòwnᴴ *n* おもちゃの[模型の]町; [〈*a*〉] 小さな; おもちゃのような, ちっぽけな, つまらない.

T.P., tee·pee /tìːpíː/*《俗》*n* TOILET PAPER. ► *vt* 〈家·庭木を〉トイレットペーパーで飾る《ふざけた遊び》.

tp township. **t.p.** °title page. **TP** triple play. **TPA**〘化〙°terephthalic acid ♦〘生化〙°tissue plasminogen activator.

T-piece /tíː ―/ *n*〘建〙T 字形の支柱[部品].

tpk, tpke turnpike.

T-plate /tíː―/ *n*〘建〙T 字板, T プレート《(梁材などの) T 字形の接続部位を接続[補強]する T 字形の金属板》.

TPN /tíːpìːén/ *n*〘生化〙TPN《NADP に同じ》. [*tri*phospho*p*yridine *n*ucleotide]

tpr, Tpr〘軍〙trooper. **TPTB** the powers that be 当局, 権力者. **TQC** °total quality control.

TQM °total quality management.

t quark /tíː ―/ TOP QUARK.

tr. translate(d), translation, translator ♦ transpose.

TR Turkey.

tra·be·at·ed /tréɪbièɪtəd/, **-ate** /-èɪt, -ət/ *a*〘建〙まぐさ (lintel) 式構造の. ♦ **trà·be·á·tion** *n* まぐさ式構造.

tra·bec·u·la /trəbékjələ/ *n* (*pl* **-lae** /-lìː, -làɪ/, ～**s**)〘解·動〙柱, 小柱, 梁《脾臓の脾柱, 心臓の肉柱など》; 〘植〙棒状[板状]組織. ♦ **tra·béc·u·lar, -béc·u·late** /-lət, -lèɪt/ *a* [L (dim) ‹ *trabs* beam]

Trab·zon /træbzán/ トラブゾン《トルコ北東部の黒海に臨む市·港町; 前 8 世紀にギリシアの植民地として建設され, アジアへの貿易の拠点として繁栄; 別称 Trebizond, 古代名 Trapezus》.

tra·cass·e·rie /trəkǽsəri/ *n* (*pl* ～**s** /―/) [ᵘ*pl*] 閉口, 迷惑, いらいら; 騒ぎたてること, いざこざ. [F]

trace¹ /tréɪs/ *n* **1** [否定構文以外は ᵘ*pl*] **a**《人·動物の通った》跡 (track), 足跡, わだち, すき跡《など》; 《犯人の》足取り; 《電話の》逆探知: (hot) on the ～*s* of…を(激しく)追跡して / put a ～ on the call 電話を逆探知する. **b***《踏み固められてできた》小道; 《古》(小)道. **2 a**《事件などの》形跡, 証跡, 跡形; 《経験·境遇などの》痕跡, 影響: ～*s* of a high civilization 高度の文明の遺跡. **b**〘心〙《記憶の》痕跡, ENGRAM; 〘生成文法〙痕跡; トレース《地震計·キモグラフなどによって得た記録); 〘電子工〙《陰極線管のスクリーン上に出る》掃引線[点], トレース. **3** 僅少, 気味 〈*of*〉; 〘化〙 微量, 痕跡; 〘気〙 0.005 インチ未満のごくわずかな降雨量: with a ~ *of* rising temper 少し気色ばんで. **4** 線, 図形; 《軍事施設などの》配置図, 見取図, トレーシング; 〘数〙 跡(せき), トレース《**1**) 平面, 特に 投影法における画面と直線[平面]との交点[交線] **2**) 行列の主対角線上にある要素の和》. ● **lose (all) ~ of**…の足取りを(すっかり)見失う; …の居所[ありか]が(全く)わからなくなる. **without (a) ~** 跡形もなく, すっかり〈消えるなど〉. ► *vt* **1** …の跡をたどる, 追跡する 〈*out*〉; 〈小道・足跡などを〉たどる; 〈家系・うわさ・感情など〉の出所[由来, 歴史]を明らかにする, さかのぼる 〈*back*〉; 〈電話などを〉逆探知する 〈*to*〉: He ~*d* the story *back* to one of the secretaries. うわさの出所が秘書であることを突きとめた. **2** 見つける, 突きとめる, 確証する. **3 a** 《丁寧にまたは苦心して》書く, なぞるように書く[描く]; 〈線を〉引く, 〈輪郭・地図などを〉描く, …の輪郭をたどる 〈*over*〉; 〈軍事施設など〉の(見取)図を描く 〈*out*〉; 《自動記録計などが》記録する. **b** 画策する, …の概略を定める 〈*out*〉. **4** 敷き写しする, なぞる, 複写する, 透写する, トレースする 〈*over*〉; 〈模様・型などを〉取る, 打ち出す; TRACERY で飾る. ► *vi* 道をたどる; 歩く; 〈家系などが〉さかのぼる 〈*to*〉; 《古》進む, 行く. ● **~ around**…の縁をなぞって描く. [OF＜Romanic＜L; ⇨ TRACT[1]; (n)＜(v)]

trace[2] *n* 《馬車の》引き革, 引き綱; 〘釣〙 先糸 (leader); 〘植〙 葉[小枝]となる維管束; 〘機〙 蝶番(ちょうつがい)連動桿: in the ~*s* 引き革につながれて; [*fig*] 常務に服して. ● **kick [jump] over the ~s** 〈馬が〉引き革を蹴りのける; [*fig*] 〈人が〉言うことを聞かなくなる, 束縛[拘束]をかなぐり捨てる[拒む]. [OF *trais* (pl)＜TRAIT]

tráce·able *a* 跡をたどることのできる, 追跡できる; 起因[由来]する, 帰することができる 〈*to*〉; 描ける, 透写することのできる. ♦ **tràce·abílity** *n* 追跡可能性, トレーサビリティー.

tráce èlement 〘生化〙 微量元素[栄養素], 痕跡元素 (＝*microelement*, *micronutrient*, *minor element*) 《植物・動物の組織内に微量必要とされる(金属)元素; 銅・コバルト・マグネシウム・マンガン・亜鉛など》; 《土壌などの》微量元素[成分].

tráce fòssil 痕跡化石, 生痕化石《動物の存在や行動を示す足跡・はい跡・巣穴などの化石》.

tráce hòrse 引き馬; 坂道などで特に加えた引き馬.

tráce·less *a* 痕跡のない, 跡を残さない. ♦ **~·ly** *adv*

tráce mìneral 〘栄養〙 微量ミネラル.

trac·er /tréɪsər/ *n* **1 a** 跡をたどる人[もの], 追跡者; 行方不明者[紛失物]の追跡調査人, 紛失物捜索係; *紛失郵便物[貨物]捜索照会状. **b** 〘理・医など〙 追跡子, トレーサー (＝*indicator*) 《物質の行方・変化を追跡指示するために使用する放射性同位元素》; 追跡用の発信機. **2** 〘軍〙 煙弾, 曳光(えいこう)弾 (＝~ **ammunìtion**); 曳光弾薬; 〘電〙 トレーサー《電線被覆部に編み込まれた識別用の色》. **3** 《図形などの》模写[敷写し]をする人[器具, 装置], 書き手, 模写者; 鉄筆, 透写筆; 〘裁縫〙 ルレット (tracing wheel).

trácer bùllet 曳光弾.

trac·ery /tréɪs(ə)ri/ *n* 〘建〙 はざま飾り, トレーサリー《ゴシック式窓上方の装飾的な骨組》; 《彫刻・刺繍・昆虫の羽などの》さまざまな線で構成された美しい網目模様. ♦ **trác·er·ied** *a*

tra·che- /tréɪki/, **tra·cheo-** /tréɪkiou, -kiə, trəkíːou, -kíːə; trəkíːə(u)/ *comb form* 「気管」「導管」(trachea).

tra·chea /tréɪkiə; trəkíːə/ *n* (*pl* **-che·ae** /-kiìː, -kiàɪ; trəkíːìː/, **-che·as**) 〘解・動〙 気管; 〘植〙 導管. ♦ **tra·che·al** /tréɪkiəl; trəkíːəl/ *a* [L＜Gk *trakheia* (*artēria*) rough (artery)]

tra·che·ary /tréɪkièri; -əri/ *a* 〘植〙 導管 (trachea) の.

tra·che·ate /tréɪkièɪt, -ət; trəkíːət/ *a*, *n* 〘動〙 気管をもつ(節足動物). ♦ **trá·che·àt·ed** *a*

tra·che·id /tréɪkiəd, -kìːd/ *n* 〘植〙 仮導管.

tra·che·i·tis /trèɪkiáɪtəs/ *n* 〘医〙 気管炎.

trach·el- /trǽkəl, tréɪ-, trəkíːl/, **trach·e·lo-** /trǽkəlou, tréɪ-, trəkíːlou, -lə/ *comb form* 「くび」「頸部」 [Gk *trakhelos* neck]

tràcheo·brónchial *a* 〘解〙 気管気管支の.

tràcheo·esophagéal *a* 〘解〙 気管食道の.

tra·che·ole /tréɪkiòul/ *n* 〘昆〙 毛細[微小]気管, 気管小枝. ♦ **tra·che·o·lar** /trəkíːələr/ *a*

trácheo·phỳte *n* 〘植〙 維管束植物.

tra·che·os·co·py /trèɪkiáskəpi; trǽki-/ *n* 〘医〙 気管鏡(検査)法. ♦ **-pist** *n* **trà·cheo·scóp·ic** /-skáp-/ *a*

tra·che·os·to·my /trèɪkiástəmi; trǽki-/ *n* 〘医〙 気管開口術.

tra·che·ot·o·my /trèɪkiátəmi; trǽki-/ *n* 〘医〙 気管切開(術). ♦ **-mist** *n*

tracheótomy tùbe 〘医〙 気管切開管.

tra·chle /tráːx(ə)l/ 《スコ》 *vt* (泥で)よごす; だいなしにする; 疲れさす, くたくたにさせる; 困らせる. [C16＜?]

tra·cho·ma /trəkóumə/ *n* 〘医〙 トラコーマ, トラホーム. ♦ **tra·chó·ma·tous** *a* [Gk＝roughness]

trachy- /trǽki, tréɪ-/ *comb form* 「粗い」「強い」「粗面岩の」 [Gk; ⇨ TRACHEA]

tràchy·basált *n* 粗面玄武岩.

tràchy·spérmous *a* 〘植〙 粗い皮をつけた種子をもつ.

tra·chyte /trǽkàɪt, tréɪk-/ *n* 〘岩石〙 粗面岩.

tra·chyt·ic /trəkítɪk/ *a* 粗面岩状の.

trac·ing /tréɪsɪŋ/ *n* 跡を追う[尋ねる]こと; 透写, 模写, トレーシング; 透写物《敷き写しをした図面など》; 痕跡; 自動記録器の記録《地震計のグラフなど》; アイススケートのすべり跡.

trácing clòth 透写布, トレース布.

trácing pàper 透写紙, トレース紙, トレーシングペーパー.

trácing whèel 〘裁縫〙 ルレット (＝*tracer*) 《紙や布にパターンをミシン目でしるすときに用いる柄の付いた歯車》.

track[1] /trǽk/ *n* **1 a** [ᵘ*pl*] 通った跡, 足跡; わだち, 軌跡, 船跡, 航跡; 《猟犬が追う獲物の》臭跡; 〘理〙 飛跡; 航跡《ミサイル・飛行機などが実際に飛んだコースの地表面への投影》. **b** 《古》 痕跡; 《事業・行為・計画などの》兆し, 証跡, 手掛かり; [*pl*] 《麻薬俗》《手足の》注射を繰り返した痕跡. **2 a** 《未舗装の》道, 隘路(あいろ), 《踏みならされてできた》小道; 進路, 航路, 通路, コース, 〘空〙 目標高地: the ~ of the storm 暴風の進路[進行方向] / clear the ~ 道をあける, [*impv*] そこのけ! **b** 競馬の走路, 競走路, トラック (＝running ~) (cf. FIELD); *トラック競技; *《トラック・フィールドを含む》陸上競技; *《俗》 ダンスホール, 舞踏室: run ~ 陸上競技(のトラック)をやる / INSIDE TRACK. **c** 《人生の》行路, 常道, (進む)道; 《できごと・思考・動きなどの》筋道, 流れ, 脈絡, 経過, やり方, 考え方, 方向. **3 a** 鉄道線路, 軌道, レール; *《鉄道の》軌間; 《車輪の》左右間隔, 輪距; 〘空〙 《プロペラ・回転翼の》トラック; 《器物をはめ込んですべらせる》溝, (カーテン)レール, 《track light を取り付ける》(走行[トロリー]形)ライティングダクト[レール], 配線ダクト; 〘電子工〙 トラック《プリント回路基板上の回路をつなぐ導電体》: a single [double] ~ 単[複]線 / on *T*~ 5 *5 番線(ホーム)に. **b** 〘機〙 無限軌道, キャタピラー; 《タイヤの》踏面 (tread). **4 a** SOUNDTRACK; 《レコード面の》 BAND[1], 《アルバム中の》曲; 《磁気テープの》トラック(に入れた音); 〘電算〙 トラック《ディスク・テープなどの記録媒体で, 媒体の回転・送行に伴ってヘッドがデータの読み書きを行なう線状の領域; ディスクの場合は同心円状, テープの場合は平行線状に形成される》. **b** [*pl*] *《俗》 陸軍[空軍]大尉の線章. **5** *〘教育〙 能力[適性]別編成コース (cf. TRACKING). **6** *《黒人俗》《ヒモ・信用詐欺などの》裏の世界, 裏街道.
● **across the ~s** 《口》《町の》貧しい人の住む地区に (cf. *the wrong side of the* TRACKS). **cover (up) [hide] one's ~s** 《不正行為などの》証拠を隠す[残さない]; 跡をくらます. **follow in sb's ~s** 人の先例にならう. **go on ~** 《売春俗》 客を求めて街をうろつく. **go on the ~** 《豪》 仕事を探して転々とする (cf. *on the* WALLABY *track*). **in one's ~s** 《口》 その場で; 直ちに: stop (dead) *in one's* ~*s* 急に立ち止まる; 《過労で》倒れる, 急死する. **in the ~ of**…の例にならって; …の途中で[にいる]; …を追いかけて. **jump the ~** 突然話題[計画]を変える. **keep [lose] ~ (of…)** (〈衛星・人の動きなど〉の)跡をつける[見失う]; (…の動静[居所]を)つかんでいる[忘れる]: *keep* close ~ *of* one's weight 体重を克明に記録する. **make ~s** 《口》 急ぐ, 急いで出発する[行く, 逃げる]; 《口》 追いかける, 〈…に向かって〉進む 〈*for*〉; 《口》 どんどん進む; *《俗》 薬注(やくちゅう)の跡を残す. **off one's ~** *《俗》 気が狂って. **off (the) ~** 〈猟犬が〉臭跡を失って; 手掛かりを失って; 脱線して, 主題[目標]をはずれて: put [throw] pursuers *off the* ~ 追っ手をまく. **off ~** 軌道[本題]をはずれて; 不調で, 失敗しそうで; 目標に届きそうもなくて; 《俗》 悪い行ないをして, はめをはずして: go *off* ~ 本題からずれる; あやまちを犯す. **on sb's ~** 人を追跡して; 人の行動[意図など]の手掛かりを得て. **on the right [wrong] ~** 正しい[誤った]方向に進んで; 《考え・意図・解釈などが》妥当で[誤って]: Try to keep yourself *on the right* ~. やり方を間違えるな. **on the ~** 妥当な, 順調な, 正しい; 《俗》 売春[うり]をして: keep *on the* ~ そのまま続けて行く[やる], がんばり抜く. **on the ~ (of…)** (〈人・物〉を)追跡して[追い求めて]; (…の)行動[意図など]の手掛かりを得て: put *on the* ~ 追跡させる. **on ~** 予期どおり[順調]に進んで, 軌道に乗って, 目標を達成できそうで 〈*for*, to *do*〉: keep…*on* ~ 〈事を〉予定どおりに進める / put…back *on* ~ …を常態に[もとに]戻す. **the other side of the ~s** 《口》《町の》貧しい[裕福な]地区, あちら側. **the right [wrong] side of the ~s** 《口》《町の》高級住宅[貧民, スラム]地区, お屋敷町[裏町] 《米国の町ではしばしばそうした地区は鉄道線路の片側に集中してあることから》.
► *vt* **1 a** 追跡する, …の跡を追う; 〈流行など〉について行く, 追う; 突きとめる, 探知する 〈*out*〉; 追跡調査する, …の経過[変遷]を跡づける. **b** 〈道を〉行く, たどる; 〈砂漠などを〉横断[縦断]する. **2** *〈床・雪など〉に足跡をつける 〈*up*〉, 〈泥などを〉足につけて持ち込む 〈*in*, *into*, *over*, *on*〉. **3** *…に道[線路]を敷く; 踏み固めて〈道を〉開く. **4** *〈学生を〉能力[適性]別コースに割り当てる. ► *vi* **1 a** 追跡する; 〈針が〉レコードの溝を走る, トレースする; 〈テープが〉ヘッドの上を走行する; トラッキング (tracking) がうまくいく; 〈後輪が〉前輪のわだちを踏む; 予想どおりの[まともな]コースをたどる; 〈車の両輪が〉同一輪距を保つ, 軌道に合う; *軌間が…である; 〘電子工〙 〈受信機などが〉指定された同調周波数に追従する. **b** [ᵘ*neg*] *《口》 意味をなす, 妥当である, 〈人が〉まともである; *《俗》 合う, 符合する, 一致する (agree) 〈*with*〉. **2** 歩きまわる 〈*about*, *around*〉; 足跡をつける; *行く; 〈低気圧などが〉進む; 〘映・テレビ〙 〈カメラ(マン)が〉ドリー (dolly) に乗って動く. ● **~ down** 〈獲物・犯人・欲しい物などを〉探し出す[あてる], つかまえる. **~ square with** sb 〈人〉を公正に扱う; 《豪口》 〈女性〉と清い交際をする. **~ with…** 《豪口》 [*derog*] …とつきあう, 同棲する.

♦ **~·able** *a* ［OF *trac*<? Gmc (MDu *trachen* to pull); cf. Norw *trakke* to trample, Icel *trathk* trodden spot］

track[2] *vt* 《土手などから》〈船を〉綱で引く. ► *vi* 〈船が〉引き綱で引かれて進む. ［? Du *trekken* to draw; ↑に同化］

tráck·age[1*] *n* 鉄道線路《集合的》; 軌道の敷設; 軌道使用権 (=**~ ríght**), 軌道使用料 (=**~ chárge**).

trackage[2] *n* TOWAGE.

tráck and fíeld トラックおよびフィールド種目, 陸上競技 (athletics[‖]). ♦ **tráck-and-fíeld** *a*

tráck·bàll *n* 〔電算〕トラックボール (=*control ball*)《ボールを指で回転させて画面上のカーソルを移動させる位置指示装置; cf. MOUSE》.

tráck·bèd *n* 〔鉄道〕道床《軌道をその上に敷くための, 砕石などの土台》.

tracked /trǽkt/ *a* **1** 無限軌道の. **2** 軌道を走る: a ~ air-cushion vehicle (TACV).

tráck·er[1] *n* TRACK[1] する人[もの], 警察犬, 獲物を追う猟師[猟犬]; 《豪》BLACK TRACKER; 移動目標の経路を捕捉する器械(の操作員); 〔楽〕《オルガンの》トラッカー《鍵の動きを空気弁に伝える木の棒》.

tracker[2] *n* 船引き人, 引き船. ［*track*[2]］

trácker bàll TRACKBALL.

trácker dòg 追跡犬 (=*trackhound*).

trácker fùnd INDEX FUND.

tráck evènt 〔陸上〕トラック競技《競走路で行なわれる各種目; cf. FIELD EVENT》.

tráck·hòund *n* TRACKER DOG.

track·ie /trǽki/ [‖]《口》*n* [〈*a*〉] スエットスーツ(の) (: ~ trousers); [*pl*] スエットパンツ.

tráckie [trák·ky] dàks /trǽki-/ *pl* 《豪口》スエットパンツ.

tráck·ing *n* 追跡; トラッキング《プレーヤーやビデオのヘッドがディスク・テープのトラックを正しくたどること》; 〔電子工〕トラッキング《受信機が指定された周波数に忠実に追従する状態》; 〔電算〕トラッキング (MOUSE TRACKING); *〔教育〕能力[適性]別クラス編成 (streaming[‖]); 〔電〕漏電; 〔車〕車輪配列.

trácking ràdar 〔軍〕追随(用)レーダー.

trácking shòt カメラ移動車 (dolly) から撮ったシーン.

trácking stàtion 《宇宙船・人工衛星などの》追跡ステーション.

trácking stòck トラッキング株《企業全体でなく特定の事業部門の業績にリンクした株式》.

tráck·lày·er *n**(鉄道)線路敷設工夫[機械], 保線係; 無限軌道車.

tráck·lày·ing *n* 鉄道線路の敷設. ► *a* 無限軌道車の; 無限軌道式の, キャタピラー付きの.

trácklaying véhicle 無限軌道車, 装軌車両.

track·le·ment[‖] /trǽk(ə)lmənt/ *n* 《肉に添える》ゼリー. ［C20 <?］

tráck·less *a* 足跡のない; 人跡未踏の; 通り道のない; 〈電車など〉無軌道の; 跡を残さない. ♦ **~·ly** *adv* **~·ness** *n*

tráckless trólley* TROLLEYBUS.

tráck lìght トラックライト《track lighting に使われる電灯》.

tráck lìghting トラックライティング, 移動照明《通電したレール状のライティングダクト (track) に沿って電灯の位置を自由に変えられる》.

tráck·man* /-mən, -mæ̀n/ *n* **1** 〔鉄道〕保線係; TRACKWALKER. **2** トラック競技の走者.

tráck mèet* 陸上競技会《競走・跳躍・投擲(とうてき)》.

tráck·pàd *n* 〔電算〕トラックパッド, グライドポインター (=*touchpad*)《感圧面上で指を動かすことによるポインティングデバイス》.

tráck·pòint *n* 〔電算〕トラックポイント (POINTING STICK).

tráck rècord 陸上競技の成績; 《一般に》実績, 業績.

tráck ròd 《自動車の》前輪連結棒.

tráck shòe 競走用スパイクシューズ; 《電車などの》トラックブレーキの制動片.

tráck·sìde *n*, *a* TRACK[1] [《特に》鉄道線路]のすぐそば(の).

tráck·sùit *n* SWEAT SUIT. ♦ **tráck·sùit·ed** *a*

tráck sỳstem* 〔教育〕能力[適性]別学級編成方式.

tráck·wàlk·er* *n* 〔鉄道〕線路巡視係.

tráck·wày *n* **1** 踏み固めてできた道, 《昔の》道路. **2** 〔古生〕恐竜の連続した足跡化石.

tráck·wòrk *n* 鉄道線路および関連施設, 軌道[鉄道]施設; 鉄道工事《線路の敷設または保線作業》.

tract[1] /trǽkt/ *n* **1** 《土地・海・鉱床などの通例 大きな》広がり, 地域, 水域, 域, 帯; *《限られた》区域, 区画, 《特に》造成用地; *《西部》住宅団地: a wooded ~ 森林地帯. **2** 〔解〕管, …系, 道, 《中枢神経系の》路; 《神経の》束; 《脳髄の》…域. **3** 時間, 期間: a long ~ of time 長期間. ［L=a stretching out (*tract- traho* to drag, pull)］

tract[2] *n* 《特に 宗教・政治上の》小冊子, パンフレット; 警鐘的教訓の書[論文, 話] (: a ~ for the [our] times); 《古》(小)論文. ● **T~s for the Times** ⇨ OXFORD MOVEMENT. ［? L *tractatus* TRACTATE］

tract[3] *n* [ºT-] 〔カト〕詠誦(えいしょう). ［L *tractus* (*cantus*) extended (song); ⇨ TRACT[1]］

trac·ta·ble /trǽktəb(ə)l/ *a* 御しやすい, 従順な; 細工[加工]しやすい, 扱いやすい, 可鍛性のある. ♦ **-bly** *adv* **~·ness** *n* **tràc·ta·bíl·i·ty** *n* ［L (*tracto* to handle, treat); cf. TRACT[1]］

Trac·tar·i·an /træktέəriən/ *a* オックスフォード運動の; [t-] 小冊子の著者[出版配布者]の. ► *n* オックスフォード運動の論者[支持者]; [t-] 小冊子の著者[出版配布者].

Tractárian·ism *n* オックスフォード運動(で提唱された高教会派の原則) (⇨ OXFORD MOVEMENT).

trac·tate /trǽktèɪt/ *n* 論文 (treatise, dissertation). ［L=handling, treatment; ⇨ TRACT[1], TREATY］

tráct hòuse [hòme]* トラクトハウス《ひとまとまりの区画に建っている規格化された造りの住宅》.

trac·tile /trǽkt(ə)l, -tàɪl/ *a* 引き伸ばすことができる. ♦ **trac·til·i·ty** /træktíləti/ *n* 延性, 伸張性.

trac·tion /trǽkʃ(ə)n/ *n* **1 a** 引くこと, 牽引(力); 〔生・医〕牽引; 静止[粘着]摩擦, トラクション《タイヤと路面などの間の, すべらずに引っ張る力》: electric [steam] ~ 電気[蒸気]牽引 / lose ~《タイヤが》空転する. **b** ひきつける力, 魅力, 影響力. **2***公共輸送業務: an electric ~ company 電鉄会社. ♦ **~·al** *a* ［L; ⇨ TRACT[1]］

tráction èngine 牽引車《道路・悪走路上で重量車を牽引する》.

tráction lòad 〔地質〕掃流量《流水の底に沿って運ばれる砂礫(されき)などの固体物質(の量)》.

tráction whèel 《機関車などの》動輪.

trac·tive /trǽktɪv/ *a* 引っ張る(ための), 牽引(用)の.

tráctive fórce 《機関車・トラクターの》牽引力.

trac·tor /trǽktər/ *n* 牽引する人[もの]; トラクター, 牽引車, 無限軌道牽引車; 《運転台だけの》トレーラー牽引用トラック; 〔空〕牽引プロペラ (=**~ propèller**); 牽引プロペラ飛行機 (=**~ àirplane**): a farm ~ 耕作用トラクター.

tráctor bèam 〔SF〕トラクタービーム《宇宙船などの物体を動かしたり, 静止させたりできるエネルギーのビーム》.

tráctor·càde *n* トラクターの行進.

tráctor fèed 〔電算〕トラクターフィード《プリンターの紙送り方式の一つで, 用紙の両端の案内孔に通したピンの動きで用紙を送る; その機構》.

tráctor-tràil·er* *n* トレーラートラック.

trac·tot·o·my /træktátəmi/ *n* 〔医〕伝導路切断(術), 切路術《神経路を分断する外科術》. ［*tract*, *-tomy*］

Tra·cy /tréɪsi/ **1** トレーシー《(1) 女子名; Teresa の愛称 (2) 男子名》. **2** トレーシー **Spencer** ~ (1900–67)《米国の映画俳優; *Captains Courageous* (我は海の子, 1937), *Boys' Town* (少年の町, 1938), *Adam's Rib* (アダム氏とマダム, 1948)》.

trad /trǽd/ 《口》*a* TRADITIONAL. ► *n* トラッド(ジャズ) (=**~ jázz**)《New Orleans スタイルのジャズ; 1950 年代にリバイバルした》; トラッド《伝統的なフォークミュージック》.

trade /tréɪd/ *n* **1 a** 貿易, 交易, 通商; 商業, 商い, 売買, 取引; 株式の売買; 小売業: ~ and commerce 商取引, 商売 / domestic [home] ~ 国内交易[販売] / foreign ~ 外国貿易 / fair ~ 公正な取引; 互恵貿易 / FREE TRADE / the tourist ~ 観光業 / drive [do, make] a roaring ~ 商売が大繁盛する / be good [bad] for ~ 買う気を起こさせる[起こさせない] / Christmas ~ クリスマスをあてこんだ商売, クリスマスセール / He is in ~. 小売商をやっている. **b** 《未開人との》交易品. **c***交換 (exchange): arrange a ~ of cars 自動車交換の話をまとめる. **d***《政治上の》(不正)取引, 《政党間の》妥協, 談合; *〔スポ〕トレード; 《廃》交渉. **2 a** 《一般に》職業, 商売: carry on [follow] a ~ 職業に従事する, 商売をする / ~ of war 軍職 / He is a butcher by ~. 職業は肉屋です / Everyone to his ~.=Every man for his own ~. 《諺》餅は餅屋 / Two of a ~ never [seldom] agree. 《諺》商売がたきは気が合わぬもの / TRICK of the ~. **b** 《熟練を必要とする大工・左官などの》手職業, 手仕事: learn one's ~ (実地修業で)商売をおぼえる. **3 a** [the] 同業者[仲間], 業界; [the ~s] 《口》業界誌[紙] (trade journals [papers]); [the] 小売商人連, [‖]《口》酒類販売を許可された飲食店主たち; [the] 《俗》売春(業); [the] 《俗》諜報部[機関], スパイ活動; [the] [‖]《海軍俗》潜水艦勤務: (for) ~ only (同)業者のみ《一般人はお断り》/ discount to *the* ~ 同業者割引. **b** 客, 顧客, 得意先, 取引先《集合的》; 《俗》セックスの相手, 《特に》男娼(の客), 売春婦(の客), 同性愛性交の相手, '取引先'; [‖]《軍俗》《空中戦での》敵機: passing ~[‖] 通りがかりの客. **4 a** 《古》通った跡; 《廃》通った[通る]道. **b** 《廃・方》生き方, 処し方; 《古・方》常習, ならわし (practice, habit). **5** [the ~s] 貿易風 (trade winds).

► *vi* **1 a** 商う, 売買する 〈*in* furs〉; 〈…と〉取引[貿易]する 〈*with* China〉, 替える; 取引して買い入れる 〈*with*, *for*〉; 《地位・赦免などについて》金で取引をする 〈*in*〉; 〈株式が〉売買される: ~ *in* favors [*fig*] 好意を売り物にする. **b** 〈企業が〉業務を行なう, 営業する. **c***〈商店で〉いつも買う[買物をする] 〈*at*〉; 《ある値段で》〈商品が〉売られる 〈*at*〉. **2** 〈船が〉貨物を運ぶ, 通う 〈*to*〉. **3** 《俗》セックスの相手を探しまわる. **4** 《廃》交渉する. ► *vt* 《交易[引き換え]の対象として》手放す, (物々)交換する 〈*for*〉, [*fig*] 応酬する; *〔スポ〕〈選手を〉トレードする 〈*for*〉; 《短期の利益を目的に》〈株式・有価証券などを〉頻繁に売買する, 取引する; 物々交換のため〈相手〉に…を提供する; 《古》…と商売する: ~ seats *with* sb

人と席を交換する / ~ one's knife *for* a watch 時計と交換にナイフを手放す / ~ insults [blows] ののしり[なぐり]合う. **● ~ away** 売り払う; "交換して処分する. **~ down** 《口》より安い商品を売買する; 《車などを下取りに出して》より安い商品を買う. **~** FIRE. **~ in** 下取りしてもらう ‹*for, on*›; 《ひきかえに》手放す (exchange) ‹*for, on*›. **~ off** (*vi*)*交互に地位の交替をする. (*vt*)*交互に使用する[行なう]; 《物々交換で》処分する; 《妥協の末に》交換[取引]する, ‹…とひきかえに›‹物事を›犠牲にする, 捨てる ‹*for, against, with*›. **~ on**…を利用[悪用]する: ~ *on* sb's ignorance 人の無知につけこむ. **~ up** (*vi*)《車などを下取りに出して》より高価な商品を買う; より高価な商品を売買する[仕入れる]. (*vt*)‹客を›口説いて値段の高いほうの品を買わせる. ► *a* 商業の, 貿易の, 株取引の.
♦ **trád(e)·able** *a* [ME=course, path<MLG *trade* track; ⇨ TREAD]

tráde accèptance 《商》貿易[商業]引受手形.
tráde agrèement 貿易協定; 労働協定 (LABOR AGREEMENT).
tráde associàtion 同業組合, 同業者団体.
tráde bàlance 貿易収支 (balance of trade).
tráde bàrrier 貿易障壁.
tráde bìll 為替手形.
Tráde Bòard 〔英〕賃金局《かつての労使および公益の代表 3 者からなる労働委員会; 1909 年設立》.
tráde bòok 一般[大衆]向きの書物; TRADE EDITION.
tráde càrd" BUSINESS CARD.
tráde còuncil 労働組合評議会《地方労働組合の中央組織》.
tráde·cràft *n* スパイ技術, スパイ活動の手順.
tráde cỳcle" 景気循環 (business cycle*).
tráde dèficit 貿易(収支の)赤字.
Tráde Descríptions Àct [the]〔英〕商品表示法《1968 年に制定された法律; 商品やサービスに関する誇大·虚偽の宣伝·広告を禁じるもの; 略 TDA》.
tráde dìscount 業者間割引, 仲間割引.
tráde dòllar 貿易ドル《1873-85 年米国で鋳造し, 東洋貿易に用いた銀含有率の高いドル硬貨》.
tráded óption 〔証券〕流通オプション, 上場オプション《取引所で常時売買できるオプション; cf. TRADITIONAL OPTION》.
tráde drèss 〔商·法〕製品の表装, トレードドレス《市場における製品の, 機能と無縁のラベル·デザイン·包装などによる全体的外観やイメージ; 商標法の保護対象となる》.
tráde edìtion 《書物の》市販版, 普及版, 流布版《豪華版·図書館版·ペーパーバック·教科書版などに対して一般用市販版; cf. TEXT EDITION》.
tráde fàir (産業[貿易])見本市.
tráde gàp 〔経〕貿易欠損, 貿易(収支)の赤字 (=*trade deficit*).
tráde-ìn *n* (*pl* ~s) 下取り品; 下取り(取引); 下取り評価額[価格]. ► *a* 下取りの.
tráde jòurnal 業界雑誌, 業界誌.
tráde lànguage 通商(用混合)語《lingua franca, pidgin など》.
tráde-las·sie /-lӕsi/, **tráde-mè·lass** /-lӕs/ *n**《俗》TRADE-LAST.
tráde-làst *n**《口》《自分に対する誰かの賛辞をまず聞かせてくれれば, そのお返しに相手に聞かせる》第三者のほめことば[賛辞, よいうわさ]《略 TL》.
tráde·màrk *n* 商標《略 TM》; 人[もの]を象徴する特徴[特性, 習癖], トレードマーク: REGISTERED TRADEMARK. ► *vt* [°*pp*] …に商標を付ける; 商標登録する.
tráde nàme *n* **1** 商用名《物品·物質に対する業界内での呼称: copper sulfate に対する blue vitriol など》; 商品名《厳密には trademark や service mark とはかぎらないが同義に用いることもある》. **2** 商号, 屋号. ► *vt* …に trade name を付ける.
tráde-òff *n* 折り合いをつけること, 妥協の努力, 歩み寄り ‹*between*›; 《特に 妥協による》交換(条件), (引き換えの)代価, 犠牲, 代償, 取引 (cf. TRADE off); 〔経〕トレードオフ《物価上昇率と失業率の間の二律背反の関係》.
tráde pàper 業界新聞, 業界紙 (trade journal).
tráde páperback 大型ペーパーバック (cf. MASS-MARKET PAPERBACK).
tráde plàte 《ディーラーが用いる》未登録車用ナンバープレート.
tráde prìce 業者間価格, 仲間値段, 卸値.
trad·er /tréɪdər/ *n* 商人, 取引[貿易]業者; 貿易船, 商船; 〔証券〕トレーダー《自分のおもわくで短期の証券売買を行なう手張り業者》; 投機家.
tráde ràt PACK RAT.
tráde rèference 信用照会先; 信用照会.
tráde ròute 通商路; 《大洋上の》商船用常用航路.
Trade·scant /trədέskənt, trӕdəskӕnt/ トラデスカント **John** ~ (1570-1638)《イングランドの博物学者; Charles 1 世付きの庭師; 同名の息子 **John** (1608-62) が跡を継いで父のコレクションを拡充, Oxford 大学 Ashmolean Museum の基礎を築いた》.
trad·es·can·tia /trӕdəskǽnʃiə/ *n* 〔植〕ムラサキツユクサ属 (*T-*) の各種草本 (spiderwort). [↑]
tráde schòol 職業学校.
trádes còuncil TRADE COUNCIL.
tráde sécret 商売上の秘密, 企業秘密.
trádes·fòlk *n pl* 《古》TRADESMEN.
tráde shòw TRADE FAIR; 《映画界関係者のみに見せる》試写会.
trádes·man /-mən/ *n* (*pl* **-men** /-mən/) "商人, 《特に》小売店主 (shopkeeper); 店員; *職人, 熟練工; "御用聞き, 注文取り.
♦ **trádes·wòman** *n fem*
trádesman's dóor [éntrance] 勝手口, 裏口.
trádes·pèople *n pl* TRADESMEN (とその家族).
trádes únion" TRADE UNION.
Trádes Ùnion Cóngress [the]〔英〕労働組合会議《英国の労働組合連合会; 1868 年設立; 略 TUC》.
tráde súrplus 貿易(収支)の黒字.
tráde únion" 労働組合 (labor union*), 《特に》職種別組合 (craft union). ♦ **tráde-ùnion** *a*
tráde únionism" 労働組合主義; 労働組合《集合的》.
♦ **tráde únionist** *n*
tráde-ùp *n* トレードアップ《より高価な同種商品に買い換えるために手持ちの品を売却する[下取りに出す]こと》.
tra·dev·man /trədέvmən, tréɪdεv-/ *n* 〔米海軍〕訓練用器材担当下士官. [*tra*ining *dev*ices *man*]
tráde-wéight·ed *a* ‹為替レートが›貿易額のウェートで算出した, 貿易加重の.
tráde wìnd [°the ~s] 貿易風 (=*the trades*).
trad·ing /tréɪdɪŋ/ *n* 売買, 商い; (証券)取引; TRADING HOUSE: heavy [light] ~ 〔証券〕大商い[小商い, 薄商い] / Sunday ~ "日曜営業, 日曜営業の店《集合的》. ► *a* 商業に従事する; 通商用の; 売手や買手の出入りが盛んな.
tráding càrd* 交換カード, トレーディングカード《プロスポーツ選手の写真などが印刷されたカードで, 特に 集めたり交換したりするもの; カードだけでも売っているが, 風船ガムなどのおまけにもなっている》.
tráding certìficate" 《公開会社 (public company) の営業開始にあたって会社登記官が発行する》営業許可証.
tráding còmpany 商事会社, (貿易)商社.
tráding estàte" INDUSTRIAL PARK.
tráding hòuse (貿易)商社; トレーディングハウス《金融資産や不動産の売買, 資金の貸付けなどを行なう会社》; 〔米史〕《先住民との》交易所 (trading post).
tráding pàrtner 取引先[相手], 貿易相手国.
tráding pòst 《未開地の住民との》交易所; 〔証券〕ポスト《立会場の中で特定の銘柄の売買が行なわれる場所; 単に post ともいう》.
tráding stàmp (お)買物スタンプ《買物をした客に店が渡すサービススタンプで, 一定の数を集めると商品などと交換できる》.
tra·di·tion /trədíʃ(ə)n/ *n* **1** 伝統, 慣例, ならわし, しきたり; 〔美·文芸〕伝統, 流儀: keep up the family ~ 家の伝統を維持する / be in the ~ of…の伝統を受け継いでいる. **2 a** 伝承, 口伝; 言い伝え, 伝説, 口碑: a story handed down by (popular) ~ (民間)伝承によって伝えられた話 / *T~* says [runs] that…と伝えられている. **b** 〔神学〕経外伝説, 聖伝《**1)** ユダヤ教では神から Moses に授けられ, 口伝された不文律 **2)** キリスト教ではキリストおよび使徒が述べたとされる言い伝え **3)** イスラム教ではクルアーンになくて Muhammad に帰される言行》. **3** 〔法〕引渡し; 《もと》明渡し, 降服, 裏切り. ♦ **~·less** *a* [OF<L (*tradit- trado* to hand on, betray (*trans-*, *do* to give))]
tradítion·al *a* **1** 伝統に基づいた[忠実な], 伝統的な, 在来[旧来]の, 昔からの; 伝統主義の. **2** 伝承の[による], 口伝の. **3** ‹ジャズが›トラディショナルな《1900-20 年ごろの New Orleans で演奏された様式の》.
♦ **~·ly** *adv*
tradítional·ìsm *n* 伝統主義《**1)** 伝統に見習う[固執する]考え方·態度 **2)** 真理を神の啓示に基づく宗教的伝統に求める立場》.
♦ **-ist** *n, a* **tra·dì·tion·al·ís·tic** *a*
tradítion·al·ìze *vt* 伝統にのっとらせる; …に伝統を教え込む[守らせる].
tradítional lógic 伝統的論理学《特に Aristotle 以来の形式論理学》.
tradítional médicine 伝統医学.
tradítional óption 〔証券〕在来[伝統]型オプション《購入後は売却できない, すなわち流通性のないオプション; cf. TRADED OPTION》.
tradítion·àry /; -(ə)ri/ *a* TRADITIONAL.
tradítion·ist *n* TRADITIONALIST; 伝承に精通した人; 伝承を伝える人, 伝承研究[記録]者.
trad·i·tive /trǽdətɪv/ *a* 《まれ》TRADITIONAL.
trad·i·tor /trǽdətər/ *n* (*pl* **-to·res** /trӕdətɔ́:riz/, **~s**) 〔史〕《ローマのキリスト教迫害者たちに聖書·聖器を渡し, 教友の名を密告した》初期キリスト教背教徒[ころび信者].
tra·duce /trəd(j)ú:s/ *vt* そしる, 中傷する, 《事実を曲げて》悪く言う, 誣告(ぶこく)する; ‹法律などを›あざける, 愚弄する, 犯す, …に背く.
♦ **~·ment** *n* **-dú·cer** *n* [L=to disgrace (*trans-*, *duco* to lead)]
tra·du·cian /trəd(j)ú:ʃ(ə)n/ *n* 〔神学〕霊魂分生[伝遺]説論者.
tradúcian·ìsm *n* 〔神学〕霊魂分生[伝遺]説《人間の魂は両親か

ら, それゆえ究極的には Adam から伝遺されたものであるとする説; cf. CREATIONISM》. ♦ **-ist** *n*

traf, traff /trάːf/ *vi*, *n*‖《逆読み俗》 おなら(をする) (fart).

Tra·fal·gar /trəfǽlgər/ [Cape] トラファルガル岬《スペイン南西部 Cádiz の南東, Gibraltar 海峡の西端にある岬》. ■ **the Báttle of** ~ トラファルガル海戦《1805 年 10 月 21 日 Trafalgar 岬の沖合で Nelson の指揮する英国艦隊がスペイン・フランス連合艦隊を破った》.

Trafálgar Squáre トラファルガー広場《London 中心部にあり, NELSON'S COLUMN が立つ》.

traf·fic /trǽfɪk/ *n* **1 a**《人や車の》往来, 交通, 人通り; [集合的]《公道を走行する》車, 車両; 〘スポ〙《プレーヤー, 特にディフェンスの》密集: control [regulate] ~ 交通を整理[規制]する / be opened to ~ 開通する / There is little [heavy] ~ on this road. この道路は交通があまりない[激しい] / Slower *T*~ Keep Right 低速車は右側レーンを走行《標示》/ Safety *T*~ Week 交通安全週間. **b**《鉄道・船舶・航空機などによる》交通運輸(業); 交通機関; 交通量, 運輸量; 交通渋滞; 運賃収入: be stuck in ~ 渋滞に巻き込まれる. **c**〘通信〙通信(量), トラフィック, トラヒック《ネットワーク上を通行するデータ; その量》;《電話の》通話量,《電報の》取扱い量. **2 a** 貿易 (trade); 売買, 取引, 商業; 不正取引; 取引量: the ~ *in* liquor 酒の売買 / the ~ *in* votes 投票の不正取引 / human ~ 人身売買. **b**《特定の時期における商店の》顧客数, 顧客規模. **c**《古》商品. **3**《古》交渉, 関係 〈*with*〉;《意見などの》交換. ● **stop ~***《俗》すごい美人である. **the ~ will bear** 現状が許す: spend more than *the ~ will bear* 現状が許さないくらい金をつかう. ► *v* (**-ficked** /-ɪkt/; **-fick·ing**) *vi*《特に不正な》売買[取引, 貿易]をする 〈*in* drugs, guns, etc.〉; 力を注ぐ;《広く》する, 行なう: ~ with the natives for opium 現地人とアヘンの取引をする. ► *vt* **1** 商う, 取引する; [*fig*] 犠牲にする, 〈名誉などを〉売る 〈*away*; *for* gain〉. **2** 〈道路などを〉通行する; 〈店を〉訪れる: heavily-*trafficked* roads [stores]. ♦ **~·less** *a* [OF<OIt *trafficare* to engage in trade]

tráffic·able *a* 〈物資などが〉商取引に適した, 市場向きの; 〈道などが〉自由に往来[通行]できる. ♦ **tràffic·abílity** *n*

traf·fi·ca·tor‖ /trǽfəkèɪtər/ *n*《自動車の》方向指示器. [*traffic indicator*]

tráffic blòck‖ TRAFFIC JAM.

tráffic càlming‖《学校の近くや住宅地で》道路を車がスピードを出せない構造にすること, 低速(走行)[徐行]促進措置.

tráffic cìrcle* 環状交差路, ロータリー (rotary).

tráffic còne カラーコーン, パイロン, '三角帽子'《道路の工事区間などに置く円錐形の標識》.

tráffic contròl sìgnal 交通信号(灯).

tráffic còp*《口》交通巡査.

tráffic còurt 交通裁判所.

tráffic engineèring 交通工学. ♦ **tráffic engineèr** 交通工学者.

tráffic ìndicator‖ TRAFFICATOR.

tráffic ìsland〘道路〙交通島(とう)《交通流の誘導や歩行者保護のために道路に設けた島状構築物; cf. SAFETY ZONE》; 中央分離帯 (median strip).

tráffic jàm 交通渋滞, 交通麻痺.

traf·fick·er /trǽfɪkər/ *n* (悪徳)商人; 不正取引商人.

tráf·fick·ing *n* 不正取引, 違法売買: drug ~ 麻薬違法取引 / human ~ 人身売買.

tráffic lìght [lìghts‖] (*pl*) 交通信号(灯): Turn right at the ~.

tráffic mànager《運輸会社の》輸送[旅客]部長;《企業の》業務促進担当の管理者[重役];《大きな電話局の》所長.

tráffic offènse 交通違反.

tráffic òfficer《NZ》交通係官《運輸省または地方自治体が任命する》.

tráffic pàttern〘空〙場周経路《離着陸直前の経路》;《人や乗物の》ルート利用のパターン, 交通パターン.

tráffic retùrns *pl*《定期的な》運輸報告.

tráffic sìgn 交通標識.

tráffic sìgnal 交通信号(灯).

tráffic tìcket 交通違反切符.

tráffic wàrden‖ 交通監視員《駐車違反の取締まりなどを行なう; 警察官ではない》.

trag. tragedy ♦ tragic.

trag·a·canth /trǽgəkæ̀nθ, -ʤə-, -kənθ/ *n* トラガカントゴム《トラガカントゴムノキから滲出するゴム質》;〘植〙トラガカントゴムノキ《小アジア産マメ科ゲンゲ属の低木》. [F, <Gk=goat's thorn]

tra·ge·di·an /trəʤíːdiən/ *n* 悲劇作者; 悲劇俳優[役者].

tra·ge·di·enne /trəʤìːdiέn/ *n* 悲劇女優.

trag·e·dize /trǽʤədàɪz/ *vt*《古》悲劇化する.

trag·e·dy /trǽʤədi/ *n* 悲劇 (opp. *comedy*); 悲劇的事件, 惨劇, 惨事; 不幸なこと, 憂うべき事態; 悲劇創作法[演出法];《文芸・人生における》悲劇的要素[性質]: a ~ queen 悲劇女優 / The ~ of it! なんたる悲劇か. [OF, <Gk *tragōidia* goat song (TRAGIC, ODE)]

tra·ghet·to /trɑːgétou/ *n* (*pl* **-ti** /-ti/)《Venice のゴンドラの》渡し場, 船着場; ゴンドラの渡し船. [It]

trag·ic /trǽʤɪk/ *a* 悲劇の (opp. *comic*); 悲劇を扱う[にふさわしい]; 悲劇的な; 悲惨な, いたましい, 悲しむべき; 悲痛な, 悲しみに沈んだ, もの悲しい: a ~ actor [poet] 悲劇俳優[詩人]. ► *n* [the] 悲劇的要素. [F, <Gk (*tragos* goat); TRAGEDY]

trág·i·cal *a* TRAGIC. ♦ **~·ly** *adv* **~·ness** *n*

trágic fláw〘文芸〙悲劇的欠陥《悲劇の主人公の破滅のもとになる性格的欠陥; Othello の嫉妬心など》.

trágic írony〘劇〙悲劇的アイロニー (dramatic irony).

trágic mágic*《俗》ヘロイン.

tragi·cómedy /trӕʤə-/ *n* 悲喜劇; 悲喜劇的状況[できごと]. ♦ **-cómic, -ical** *a* **-ical·ly** *adv* [F or It<L; ⇨ TRAGIC, COMEDY]

trag·i·on /trǽʤiɑ̀n; tréɪgiən/ *n* (*pl* **-ia** /-ʤiə; -giə/)〘解・人〙耳点, トラギオン. [L]

trag·o·pan /trǽgəpæ̀n/ *n*〘鳥〙ジュケイ《同属 (*T*-) の各種の鳥; アジア産; キジ科》. [L<Gk (*tragos* goat)]

tra·gus /tréɪgəs/ *n* (*pl* **-gi** /-gàɪ, -ʤàɪ/)〘解〙耳珠(じゅ)《外耳道口前方にある軟骨の舌状突起》; 耳毛. [L]

Tra·herne /trəhə́ːrn/ トラハーン **Thomas** ~ (1637–74)《イングランドの神秘詩人》.

tra·hi·son des clercs /*F* traizɔ̃ de klɛːr/ 知識人の背信, 知的裏切り (⇨ the TREASON of the clerks).

trail /tréɪl/ *n* **1 a** ひきずった跡, 通った跡, 足跡, 痕跡; 船跡, 航跡;《獣の》臭跡;〘遺〙菌跡;《捜索の》手掛かり, 形跡: a ~ of blood 点々と続く血痕 / on the ~ 追跡[追求]して 〈*of*〉/ hard [hot] on sb's ~ 人を懸命に追跡して, 人の跡にぴったりついて. **b**《森林・原野・山地などの》踏み分け道, 踏み跡, 小道, 歩道, 登山道, トレール; *《滑降またはクロスカントリースキーの》スキーコース (=*ski trail*). **c** たどる道;《目標への》行程; CAMPAIGN TRAIL: a tourist ~ 観光コース / hit the ~ ⇨ 成句. **2 a** ひきずること. **b** ひきずるもの;《衣類の》長裾, もすそ; たれさがったふさ[髪など]; モールなどの装飾, 花[葉]つきの小枝 (spray); (地を)はう枝[つる];〘建〙《ゴシック建築の繰形などの》唐草模様, 蔓草(つるくさ)状の装飾; 引網 (trail net);《砲車の》架尾. **c**《ほうき星・流星の》尾;《写真に撮った》星の軌跡;《雲・煙などの》たなびくような流れ;《人・車などの》列. **3**《災害・不幸などの》余波, あとを引くもの, 尾, 後遺症. **4**〘軍〙下げ銃(つつ)(の姿勢): at (the) ~ 下げ銃の姿勢で. ● **a ~ of**…《好ましくない事について》一連の…, 数々の…: *a ~ of* robberies 一連の強盗事件. **hit the ~***《俗》旅に出る; 立ち去る, 行く, 出かける;《目標に向って》歩を進める, 活動を開始する (⇨ CAMPAIGN TRAIL). **in ~** 一列縦隊で. **off the ~** 臭跡を失って; 手掛かりを失って; 迷って: put [throw] pursuers *off the* ~ 追っ手をまく.

► *vt* **1 a** 〈裾などを〉ひきずる; ひきずって[引いて]行く; 〈重い足・体などを〉ひきずる; 〈おまけ・厄介ものなどを〉運んでくる, 引き連れる; なびかせる,《背後に》〈砂煙などを〉立てる, 漂わす, 残す; 〈オールを〉《こがないで》ひきずる, 流す: *~ing* clouds of glory 栄光の雲をたなびかせながら《Wordsworth》. **b** 長引かせる, だらだらと話す; 引き延ばして発音する. **2**《レースなどで》〈人〉の後ろについて行く, あとにつける; 〈人など〉に後れる, 後れをとる; 追跡する; つける, 尾行する; 〈家畜を〉追う: Our team was *~ing* the visiting team *by* two goals. ビジターに 2 ゴール差をつけられていた. **3***〈草などを〉踏み分けて路をつける, 〈小道を〉つける. **4**〘軍〙〈銃を〉下げる: *T*~ arms! 下げ銃(つつ)!《米では銃口を前に銃尾を地面に近く, つまり斜めにし, 英では銃を地面に平行にする》. **5** 予告編で宣伝する; あらかじめ通知する. **6**〘窯〙〈泥漿 (slip)〉を嘴口[スポイト]から押し出して模様づけする, いっちん掛け[盛り]する. ► *vi* **1** 引く; 〈裾などが〉ひきずる 〈*along, after, behind*〉; 〈髪などが〉たれる, たれさがる, 〈つるが〉はう, 〈雲・煙などが〉たなびく; 〈ケーブルなど〉雑然と延びる[広がる], 〈塀など〉曲がりくねって続く 〈*across, over, along*〉; 流し釣りをする; 〈声・音などが〉しだいに消える[弱まる] 〈*off, away*〉. **2** 足をひきずって[けだるそうに]歩く[ついて行く] 〈*along, after*〉; 落伍する;《競走などで》負けている, 後れをとる 〈*behind*; *by* two points〉. **3** 〈犬が〉臭跡を追う. ● **~ on** 〈いやな時間・行事などが〉長引く.

♦ **~·less** *a* **~·ing·ly** *adv* [OF=to tow or MLG *treilen* to haul<Romanic (L *tragula* dragnet); (n)<(v)]

tráil·able *a* TRAILERABLE.

tráil bìke トレールバイク《自動車のバンパーに載せて運べる悪路に強い小型オートバイ》.

tráil·blàzer *n* 山野の木に目印をつけて道順を示す人, 道を切り開く人; 草分け, 先駆者, 開拓者. ♦ **-blàzing** *a*

tráil bòss*《西部》トレールボス《預かった牛の群れを市場や駅まで追って移送する人》.

tráil·brèak·er *n* TRAILBLAZER.

tráil·er *n* **1** ひきずる人[もの], あとについて行く人[動物, もの]; 狩人; 追跡者; 匍匐植物 (creeper);〘機〙従輪 (=*trailing wheel*). **2**《自動車に牽引される》被牽引車, 付属車, トレーラー; *《車で引く》移動住宅[事務所], キャンピングトレーラー; *トレーラーハウス (trailer house). **3**〘映・テレビ〙予告編;〘映〙リール末尾の空白フィルム. ► *vt* 予告編を流して宣伝する; トレーラーで運ぶ. ► *vi* 移動住宅に住む[で旅行する]; トレーラーで運べる. ♦ **~·ing** *n*

tráil·er·able *a* トレーラーで移動できる.

tráiler càmp [còurt]* TRAILER PARK.
tráiler hòuse [hòme]* 《車で引く》トレーラーハウス (MOBILE HOME).
tráil·er·ist *n* 移動住宅で旅行する人; TRAILERITE.
tráil·er·ìte *n* 移動住宅の住人; TRAILERIST.
tráiler pàrk* トレーラーパーク (=*trailer camp* [*court*]) (**1**) トレーラーハウス用キャンプ場 **2**) 郊外などにあるトレーラーハウス団地).
♦ **tráil·er-pàrk*** *a* 品のない, 趣味の悪い.
tráil·er·shìp *n* トレーラー船《トラック・トレーラー・乗用車などを輸送する》.
tráiler tràsh *《口》[*derog*] TRAILER PARK に居住する貧乏人たち, トレーラー者《特に貧乏白人》.
tráiler trùck* トレーラートラック (articulated lorry‖).
tráil·hèad *n* トレール[踏み跡, 歩道]の起点, 登山口.
tráil·ing *a* 〈植物が〉地をはう, たれさがる; たなびく; 後方の: a ~ plant つる草 / TRAILING EDGE.
tráiling arbútus 〔植〕アメリカイワナシ (ARBUTUS).
tráiling èdge 〔空〕《翼・プロペラの》後縁; 〔電〕《パルスの》立下がり縁 (opp. *leading edge*).
tráiling vórtex dràg 〔流体力学〕後流渦(か)による抵抗.
tráiling whèel 《機関車などの》従輪《直接に駆動されない車輪; cf. DRIVING WHEEL》.
tráil mìx* GORP.
tráil nèt 《舟で引く》引網.
Tráil of Téars [the] 〔米史〕涙の旅路《政府の移動命令に抗しきれず Cherokee 族インディアンが族長 Coowescoowe (英語名 John Ross) に率いられて, Georgia の故郷から Oklahoma に移動した苦難に満ちた旅 (1838–39); 途中 約 4 分の 1 の 4000 人が命を落とした》.
tráil ròpe 《気球の》引綱 (dragrope); 〔軍〕PROLONGE.
tráil·sìde *a* trail にすぐ近くの.
train[1] /tréɪn/ *n* **1** 列車, 貨物列車; トラクター(とトレーラー): an express [a local] ~ 急行[普通]列車 / by ~ 列車で / an up [a down] ~ 上り[下り]列車 / get on [off] a ~ 列車に乗る[から降りる] / I met him on [in‖] the ~. 列車の中で出会った / put on a special ~ 臨時列車を仕立てる / take (a) ~ 列車に乗る / take the 10:30 ~ to London 10 時半の列車でロンドンへ行く. **2 a** 一列に続くもの《人・動物・車など》; 供まわり, 従者, 随員, 一行, 《崇拝者などの》群れ, 列. **b** 〔軍〕段列, 輜重(しちょう)隊《補給・整備などを行なって第一線部隊を支援する》. **c** 〔機〕列, 輪列《伝動の》; 《生産などの一工程を進めるのに必要な》一連の部品: a ~ of gears=a GEAR TRAIN. **d** 〔理〕《波動などの》列; 〔サーフィン〕ひと続きの波; 《詩》《川などの》流れ. **3 a** 《事件・行動・思考などの》連続, ひとつながり, 推論の過程[道筋], 一連: lose one's ~ of thought 何を考え[話し]ていたかど忘れする. **b** ‖秩序, 常態, 整備: put [set]...in ~ 〈手はずなどを〉整える, 開始する / All is now in (good) ~. 万事手はずが整っている[順調である]. **4 a** あとに引くもの; 《衣類の》もすそ; 《彗星・流星などの》尾; 《特に クジャクなどの》後ろに長く伸びた尾; 〔砲〕架尾, 車尾; 導火線, 口火. **b** 《事件などの》続き, あと, 結果 (sequence). **5** 《俗》一人の相手に対し複数が次々にする一連の性交, まわし: do a ~ on sb. ● **in the ~ of**...のあとに続いて, ...の結果として: bring...*in* its ~ (結果的に)...をひき起こす, ...の原因となる. **pull a ~** *《俗》〈女が〉次々に相手を変えてセックスをする. **run away and play ~s** [*impv*]‖《俗》[*derog/joc*] 行ってしまえ. ► *vt* **1 a** 教育する, しつける, 訓練する, 養成する, 仕込む, 調教する 〈*up*〉; 《口》〈幼児・子犬など〉に用便のしつけをする (cf. TOILET TRAINING): He was ~*ed for* the priesthood [*to* be a priest, *as* a priest]. 彼は聖職者になる教育をうけた / ~ one*self on* the computer コンピューターを使う訓練をする. **b** 鍛える, ...にトレーニング《運動や食事管理》を指導する[施す] 〈*for*〉; 整える, 調整する. **c** ‖《古》誘惑する 〈*away, from*〉. **2** ある形に仕立てる, 〔園〕〈植物を〉一定の方向に向けさせる, 整枝する: ~ one's hair / ~ roses *along* [*against, over*] the wall. **3** 〈銃砲・カメラなどを...に〉向ける (aim), 照準する 〈*on*〉; 〈努力などを〉向ける, 傾注する 〈*on, toward*〉. **4** 列車で〈旅行を〉する. **5** 《まれ》〈重いものを〉ひきずる (draw). **6** 《俗》〈一人の相手〉と次々にセックスをする, まわす (gang-bang). ► *vi* **1** 訓練をうける; 練習[トレーニング]する, 鍛える 〈*for, in, to* do〉: ~ *as* a chef 料理人として修業する. **2** 列車で行く 〈*to* Boston〉. **3** 〈裾など〉ひきずる, はう. **4** *同盟する, 仲よくする, 親しくなる 〈*with*〉. ● **~ down** 〈人が〉運動と食餌で体重を減らす, 減量する. **~ fine** 厳格に訓練する. **~ off** 〈人が〉疲れきって[食事管理に耐えきれずに]トレーニングからはずれる; 〈弾丸が〉それる; トレーニングで〈余分な体重を〉減らす, 減量する: ~ *off* fat 運動して脂肪をとる. **~ up to**... 〈あるレベル〉に達するように訓練する.
♦ **~·able** *a* 訓練[教育]できる, 慣らすことのできる; 訓練可能な《訓練しだいではある程度の自立を獲得しうる知的障害者についていう》. **~·abílity** *n* **~·ful** *a* **~·less** *a* [OF＜Romanic=something dragged (L *traho* to draw); (n)＜(v)]
train[2] *n* 《廃》策略, 計略. [OF (*traïr* to betray)]
tráin·bànd *n* 《16–18 世紀英米の》民兵団.
tráin·bèar·er *n* **1** 《儀式の時の》もすそ持ち. **2** 〔鳥〕ミドリフタオハチドリ《南米産》.
tráin càse [bòx] トレインケース《洗面化粧用品その他を入れる小さな箱型の旅行用ケース》.
tráin dispàtcher 〔米鉄道〕列車発車係, 操車係.
trained /tréɪnd/ *a* **1** 訓練された; 〈植物が〉特定の形[向き]に仕立てられた: a [the] ~ eye 訓練を積んだ目, 専門家の目. **2** 〈ドレスなど〉裾を長く引いた; 〈流星が〉尾を引いた.
tráined núrse GRADUATE NURSE.
train·ee /treɪníː/ *n* 訓練をうけている人[動物]; 軍事[職業]訓練をうける人, 実習[研修]生; TRAINEE SOLICITOR: a ~ nurse 見習い看護師. ♦ **~·shìp** *n*
trainée solícitor 〔英〕事務弁護士実務訓練生《事務弁護士事務所に雇われて法実務を学ぶ若者; 以前は articled clerk といった》.
tráin·er *n* **1 a** 訓練者, 仕込み手, 調教師, 調馬師, トレーナー, コーチ. **b** 訓練用機械[装置, シミュレーター]; (飛行士[航空兵])練習機. **c** [*pl*]‖トレーニングシューズ, スニーカー (sneakers*). **2** 〔米海軍〕旋回手《艦砲を水平方向に照準する; cf. POINTER》; 民兵団員 (cf. TRAINBAND).
tráin fèrry 列車航送船, 列車フェリー.
tráin·ing *n* **1 a** 訓練, 養成, 練習, 鍛錬, 教練, 調教, トレーニング. **b** 《競技者の》コンディション. **2** 〔園〕つくり, 仕立て, 整枝, 誘引. **3** 《銃砲・カメラ・スポットライトなどを》目標に向けること. ● **go into ~** トレーニングを始める 〈*for*〉. **in ~** トレーニング[練習]中で[に]; (トレーニングの結果)いいコンディションで, 好調で: keep a team *in* ~ チームのコンディションをよくしておく. **out of ~** トレーニングをやめてしまって; 訓練[研修]を終えて; 体のコンディションがよくない.
Tráining and Énterprise Còuncil [the] 〔英〕TEC.
tráining brà トレーニングブラ (**1**) 思春期の少女用のブラジャー **2**) 胸の部分をおおう女性用スポーツウェア).
tráining càmp 合宿[訓練]所; 強化合宿.
tráining cènter 職業訓練所[センター]; 《スポーツの》トレーニングセンター.
tráining còllege‖ 訓練学校, 《特に》TEACHERS COLLEGE.
tráining pànts *pl* 《幼児の》用便練習用パンツ.
tráining schòol **1** 《特定の職業のための》訓練学校, 養成所. **2** 感化院, 教護院, 少年院.
tráining sèat 《幼児用の》トイレトレーニング用便座, 補助便座《普通の便器の上に載せて使わせる》.
tráining shìp 練習船[艦].
tráining shòe‖ トレーニングシューズ (trainer).
tráining stàble 《レース馬の》トレーニング厩舎(きゅうしゃ).
tráining tàble 調整中のスポーツ選手が規定食をとる食卓[食堂].
tráining wàll 《河川・潮の流れを導く》導流堤.
tráining whèels* *pl* 《自転車の》補助輪 (stabilizer‖).
tráin·lòad *n* 一列車分の貨物[旅客]; 一列車の貨物[旅客]積載能力, 列車荷重.
tráin·man /-mən, -mæ̀n/ *n* 《車掌の監督下にある》列車乗務員; 制動手.
tráin·màster* *n* 《かつての》荷馬車隊長; 列車長.
tráin-mìle *n* 列車走行マイル《運転経費算出の単位》.
tráin òil 鯨油 (whale oil); 海獣[魚類など]から採った油. [*train* (obs) train oil＜MLG *trān*]
tráin sèt 《おもちゃの》列車セット.
tráin shèd 列車上屋《鉄道の駅の線路とプラットホームをおおう屋根》.
tráin·sìck *a* 列車に酔った. ♦ **tráin sìckness** *n*
tráin spòtter‖ 機関車の型式やナンバーを憶え込むのが趣味の人, 鉄道ファン; 《俗》おたく, マニアックなやつ. ♦ **tráin·spòtting** *n*
tráin stàtion* RAILROAD STATION.
tráin wrèck 列車衝突[転覆]事故; 《口》目も当てられない惨状, 大混乱, 破綻; *《俗》重病をいくつも抱えた患者.
traipse, trapes, trapse /tréɪps/ 《口・方》*vi* 重い足取りで歩く; 歩く, 歩きまわる, ほっつき歩く, ぶらつく 〈*across, along, away,* etc.〉; ‖使い走りをする 〈*about*〉; 〈スカートなど〉ひきずる, すれる. ► *vt* ...を歩く. ► *n* 重い足取り[だらしない格好]で歩くこと; 《まれ》だらしない女 (slattern). [C16 *trapes*＜?]
trait /tréɪt; tréɪ(t)/ *n* 特性, 特色, 特徴, 習性, 〔生・遺〕形質; 《ペン・鉛筆などの》一筆; 《まれ》気味, 少量: English ~*s* 英国国民性. [F=something drawn＜L *tractus*; ⇨ TRACT[1]]
trai·teur /treɪtə́ːr/ *n* 《フランス語圏で》惣菜屋, デリカテッセン (delicatessen). [F (*traiter* to treat)]
trai·tor /tréɪtər/ *n* 信義に背く者, 裏切り者, 反逆者 〈*to*〉; 反逆罪を犯した者, 国賊, 逆賊, 売国奴: turn ~ *to*...を裏切る. ♦ **trái·tress, trái·tor·ess** *n fem* **~·shìp** *n* [OF＜L *traditor*; ⇨ TRADITION]
tráitor·ous *a* 背信の, 裏切り的な; 反逆罪の, 国賊的な.
♦ **~·ly** *adv* **~·ness** *n*
Tráitor's Gáte [the] 逆賊門《昔 国事犯を送り込んだロンドン塔の Thames 川側の門》.
Tra·jan /tréɪʤən/ トラヤヌス (*L* Marcus Ulpius Trajanus) (53–117)《ローマ皇帝 (98–117); 五賢帝の 2 番目》.
tra·ject /trəʤékt/ *vt* 〈光などを〉透す, 伝導する (transmit); 〈思想などを〉伝える; 〈川などを〉渡る, 越える; 《廃》運ぶ, 渡す. ♦ **tra·jéc·tion** *n* [L (pp)＜*traicio* to throw across]

tra·jec·to·ry /trədʒékt(ə)ri, ˈtrǽdʒɪk-/ *n* 〖理〗弾道; 〖天〗《惑星の》軌道; 《一般に》通った道筋, 歴程, 軌跡; 〖数〗定角軌道. [L (↑)]
Tra·keh·ner /trækéɪnər/ *n* 〖馬〗トラケーネン, トラケーナー《ドイツ原産の大型乗用馬; 馬場馬術や障害飛越にすぐれる》. [*Trakehnen* 東プロイセンにあったプロイセン皇室所有の種馬牧場の所在地; 同牧場で作出された]
trakky daks ⇨ TRACKIE DAKS.
tra-la /trəlá:/, **tra-la-la** /trà:ləlá:/ *int* トララー《歓喜・陽気を表わす発声, 特に 歌声》.
Tra·lee /trəlí:/ トラリー《アイルランド南西部 Kerry 県の県都》.
tram[1] /trǽm/ *n* **1** ˈ路面電車, 市街電車 (=*tramcar*) (streetcar*, trolley car*); 《古》鉄道馬車, 軌道車; トロッコ (=*tramcar*)《石炭・鉱石運搬用》; *《ロープウェイの》運搬車, ゴンドラ, ケーブルカー. **2** [*pl*] ˈ路面電車軌道; TRAMROAD. ► *v* (-mm-) *vi* 路面電車で行く. ► *vt* トロッコ[路面電車]で運ぶ. ● **~ it** 路面電車で行く. [MLG and MDu *trame* beam, barrow shaft]
tram[2] *n* トラム《片撚(ʸ)り絹糸; ビロードなどの横糸用》. [F *trame* <L; cf. L *trames* footpath]
tram[3] *n* 〖機〗TRAMMEL; 正確な位置[調整]. ► *vt* trammel で調整する[測定する].
tram[4] *n* 《俗》トロンボーン (trombone).
trám·càr *n* トロッコ (tram); ˈ路面電車 (tram).
Tra·mi·ner /trəmí:nər/ *n* トラミネール《1) 主にドイツおよびフランス Alsace 地方で栽培される白ワイン用白ブドウ 2) このブドウから造られる香り高い良質の白ワイン》. [*Tramin* イタリア北部の村 Termeno のドイツ語名]
trám·lìne ˈ*n* **1** [ᵘ*pl*] 路面電車軌道; 路面電車用レール; 路面電車路線; [*pl*] [*fig*] 不動の原理. **2** [*pl*] 《口》〖テニス・バド〗《コートの, 左右それぞれ 2 本の》サイドライン《内側はシングルス用, 外側はダブルス用》, ˈALLEY[1].
tram·mel /trǽm(ə)l/ *n* **1 a** [ᵘ*pl*] 拘束物, 束縛, 障害, かせ: by the ~*s* of custom [superstition] 習慣[迷信]に拘束されて. **b** 《馬に側対歩の調教をする時に用いる》足かせ. **c** 自在鉤(ᵏᵍ). **2** 《魚や鳥を捕える》網, 《特に》TRAMMEL NET. **3** 楕円コンパス; [ᵘ(a pair of) ~s] さおコンパス (beam compasses); 〖機〗取付け(位置)定規 (=*tram*). ► *vt* (-l- | -ll-) 網で捕える ‹*up*›; 束縛する, …の自由[進行]を妨げる; ‹機械取付け調整›の正確なセッティングをする. [ME=net<OF<L *tremaculum* (*tri-*, *macula* MAIL[2])]
tram·meled /trǽm(ə)ld/ *a* *《俗》《酒に》酔っぱらった.
trámmel nèt 三重刺網《3 枚の網のうち, 網目の詰んだ中央の網は張りをゆるくしてあり, それを押して反対側の大きな網目をくぐる魚が袋の中にはいった形となる; これに似た鳥網》.
tram·mie /trǽmi/ *n* 《豪口》路面電車の車掌[運転手].
tra·mon·ta·na /trà:mountá:nə/ *n* 《アドリア海を吹きすさぶ》アルプスおろしの北風. [It<L (*trans-*, MOUNT[2])]
tra·mon·tane /trəmántèɪn, træ̀məntéɪn/ *a* TRANSALPINE; 山向こうの, 山向こうから来る (cf. CISMONTANE); 外国の, 野蛮な. ► *n* 山向こうの人; 《まれ》他国人, 未開人; TRAMONTANA.
tramp /trǽmp/ *vi* **1** のしのし[ドッドッと, ドカドカと, ドシンドシンと]歩く, 踏み歩く ‹*across*, *along*, *away*, etc.›; 踏みつける ‹*on*›. **2 a** てくてく歩く, 徒歩旅行[ハイキング]をする (hike). **b** 浮浪人として放浪する. **3** 不定期貨物船として[に乗って]航海する. ► *vt* **1** …を徒歩で行く, てくてく歩く; 《強く何度も》踏みつける ‹*down*›. **2** 《豪俗》首にする, 解雇する. ► *n* **1** 踏み歩く[踏みつける]こと[音], 馬のひづめの音; [‹*int*›] ドッドッ, ドシンドシン, ノッシノッシ《重い足音, 行進の足音など》. **2** てくてく歩き, かち歩き, 徒歩旅行, ハイキング, 遠足; 流浪[放浪]生活: on the ~ 放浪して, (職を求めて)渡り歩いて. **3 a** 徒歩旅行者. **b** 浮浪者, 放浪者, 渡り職人; *《俗》身持ちの悪い女, 売春婦. **4** 不定期貨物船 (=~ **stèamer**) (cf. LINER[1]). **5** 《スコップなどを使う時に取り付ける》靴の底金; 《スコップの》靴の底金があたる部分; 《CURLING ですべり止めのために靴に取り付ける》スパイク付きの底金. ► *a* 決まった住所[宿]のない, 住所不定の; 決まった取引先のない; 決まった行先のない. ♦ **~·er** *n* 徒歩旅行者, てくてく歩く人; 浮浪人, とぼとぼ歩く人; [*pl*] 《スコ》がんじょうなウォーキングブーツ. **~·ish** *a* **trámpy** *a* [?MLG *trampen* to stamp; cf. G *trampen* to hitchhike]
trámp àrt トランプアート《米国で 1875 年ころから 1930 年にかけて盛んだった木工芸; 不用になった箱などの板を重ね合わせたものを削って日用品を作る》.
trám pìnch ˈ路面電車の軌道が路側に寄る区間《停留所など》.
trámp·ing *n* 《途中に宿泊用の小屋のある整備されたコースを歩く》ハイキング, 山野歩き, トランピング.
trámping clùb 《NZ》トランピングクラブ《ブッシュ地帯を歩くハイカーたちの団体》.
trámping hùt 《NZ》《ブッシュ地域にある》ハイカー用の宿泊小屋.
tram·ple /trǽmp(ə)l/ *vt* 踏みつける[つぶす] ‹*down*›; ‹火を›踏み消す ‹*out*›; 踏みつけて‹道を›つくる ‹*out*›; [*fig*] ‹感情などを›踏みにじる, 無視する, ‹使用人などを›踏みつけにする. ► *vi* [ᵒ*fig*] 踏みつける, 踏みつぶす, 踏みにじる, 虐げる ‹*on*, *over*›: ~ *on* sb's feelings. ► *n* 踏みつけること[音]. ♦ **trám·pler** *n* [(freq) < TRAMP]
tram·po·line /træ̀mpəlí:n, trǽmpəlì:n, -lən/ *n* トランポリン. ► *vi* トランポリンをする. ♦ **tràm·po·lín·er**, **tràm·po·lín·ist** *n* [It *trampolino* < *trampoli* stilts]
tràm·po·lín·ing /, ⌐–⌐⌐–/ *n* トランポリン《トランポリンを用いる跳躍回転技》.
trám·ròad *n* 《石炭・鉱石運搬用トロッコの》軌道.
trám sìlk TRAM[2].
trám-stòpper *n* ˈ《俗》分厚いサンドイッチ.
trám·wày *n* ˈ路面電車(軌道); ˈ市街電鉄会社; TRAMROAD; 《ケーブルカーの》索道.
trance /trǽns; trá:ns/ *n* 恍惚, 夢中, 有頂天; 《瞑想などによる》没我, 忘我(の境), 法悦境; 《霊媒の》神がかり状態; 《反応を失った》半睡状態, 呆然自失; 失神, 人事不省, 昏睡状態; トランス (=~ **mù·sic**)《シンセサイザーを中心としたロック系ダンス音楽の一種; 恍惚状態にさせるようなリズムとサウンドが特徴》. ► *vt* 《詩》恍惚とさせる, 有頂天にする. ♦ **~·lìke** *a* [OF=passage (from life to death) (*transir*<L *transeo* to pass over); cf. TRANSIT]
tranche /*F* trɑ̃:ʃ/ *n* 薄片, 一部分; 〖金融〗トランシュ《分割発行[実行]される証券[融資など]の一回分》, 一区分; 《IMF の》融資区分 (cf. CREDIT TRANCHE, GOLD TRANCHE, RESERVE TRANCHE). [F=slice a cutting]
tranche de vie /*F* trɑ̃:ʃ də vi/ 人生の断面.
Trane /tréɪn/ トレーン《John COLTRANE のニックネーム》.
tran·ex·ám·ic ácid /træ̀neksǽmɪk-/ 〖薬〗トラネキサム酸《繊維素溶解抑制薬; 止血に用いられる》.
tran·gam /trǽŋgəm/ *n* 《古》つまらないもの, 安ピカ物.
trank /trǽŋk/ *n**《口》トランキライザー (tranquilizer).
tran·kle·ments /trǽŋk(ə)lmənts/ *n pl* ˈ《俗》持物, 所持品.
tran·ny, -nie /trǽni/ *n* **1** ˈ《口》トランジスターラジオ (transistor radio). **2** [ᵒtrannys] *《口》《自動車の》変速機 (transmission). **3** 《口》透明ポジ, ポジフィルム, スライド (transparency). **4** 《口》服装倒錯者 (transvestite); 《口》性転換(願望)者 (transsexual). **5** ˈ《俗》長距離ドライバー相手の食堂 (transport cafe). **6** 《俗》トランシット (Transit)《ワゴン車; ポップグループの移動手段》. [trans- で始まる語の省略, *-ie*, *-y*[3]]
tranq /trǽŋk/ *n* 《俗》TRANK.
tran·quil /trǽŋkwəl/ *a* 静かな, 穏やかな, 平穏な; ‹気持などが›平静な, 落ちついた; 安定した, ぐらつかない. ♦ **~·ly** *adv* **~·ness** *n* [F or L]
Tran·quil·ite /trǽŋkwəlàɪt/ *n* トランキライト《月面の静の海 (Sea of Tranquility) で採取された鉱物; チタン・鉄・マグネシウムからなる》.
tran·quil·(l)i·ty /træŋkwíləti/ *n* 静穏; 落ちつき; 安定. ■ **the Séa of T~** 《月面の》静(ˢᶻ)の海.
trán·quil·ìze | -lìze *vt*, *vi* 静かにする[なる]; 落ちつかせる, 鎮静させる, 落ちつく; …に精神安定薬を処方する; 安定させる[する]. ♦ **tràn·quil·(l)i·zá·tion** *n*
trán·quil·ìz·er | -lìz·er *n* 落ちつかせる[鎮静させる]人[もの]; 精神安定薬, トランキライザー.
trans /trǽns, trǽnz, ˈtrá:ns, ˈtrá:nz/ *a* 〖化〗トランス形の《ある種の原子または基が二重結合または環の反対側にあるもの; cf. CIS》.
trans- /træns, trænz, ˈtrɑ:ns, ˈtrɑ:nz/ *pref* (opp. *cis-*)「越えて」「横切って」「貫いて」「通り抜けて」「ほかの側へ」「別の状態[場所]へ」「超越して」「…の向こう側の」「〖化〗トランス形の (trans) (cf. ALL-[1])」「〖化〗周期表で…より後ろに位置する」「〖天〗太陽からみて…より遠い」「完全に変形[移転, 転位]するように[な]」 [L (*trans* across)]
trans. transaction(s) ♦ transitive ♦ translated ♦ translation ♦ translator ♦ transmission ♦ transportation ♦ transverse.
trans·act /trænsǽkt, trænz-, ˈtrɑ:ns-/ *vt* ‹取引を›行なう; ‹用事などを›実行する, ‹案件・議事を›処理する. ► *vi* 商取引を行なう; 交渉する. ♦ **trans·ác·tor** *n* [L=to drive through (*trans-*, ACT)]
trans·áctinide *a*, *n* 〖化〗《104 番元素以上の》超アクチニド(の[に関する]).
transáctinide sèries 〖化〗超アクチニド系列.
trans·ac·tion /trænsǽkʃ(ə)n, trænz-, ˈtrɑ:ns-/ *n* **1 a** 《業務の》処理, 取扱い, 処置; 《処理した》業務; 取引(行為); [ᵒ*pl*] 契約, 商取引(額); 〖法〗和解: business ~ 商取引 / electronic ~ 電子取引. **b** 〖電算〗トランザクション《1) データベースに関する通例 参照から更新に至るひとまとまりの処理 2) 一般に, オンラインシステムにおいて端末からの要求に応えてホストコンピューターの実行する処理; そのやりとり》. **2** [*pl*] 《学会などの会議の討議事項・講演・発表論文などを報告する》会報, 紀要, 議事録: Philosophical *T~s* 英国 Royal Society 会報. **3** 〖交流分析〗交流. ♦ **~·al** *a* **~·al·ly** *adv*
transáctional análysis 交流分析《略 TA》.
transáction còst [ᵘ*pl*] 〖経・法〗取引費用.
Tràns Alái [Aláy] Móuntains /træ̀ns əlái-, træ̀nz-, ˈtrà:ns-/ *pl* [the] ザアライ山脈《Pamir 高原北西部キルギスとタジキスタンとの境界をほぼ東西に走る山脈; 最高峰 Lenin Peak (7134 m)》.
trans·álpine *a* 《イタリア側からみて》アルプスの向こう側の (cf. CISALPINE); アルプスを越える[突き抜ける]. ► *n* アルプスの向こう側[北側]の人.
Transálpine Gául ガリア・トランサルピナ《古代ガリアにおけるアル

プス山脈の北西の地域; おおむね現在のフランスおよびベルギーを合わせた地域; cf. CISALPINE GAUL》.

trans·áminase *n* 〘生化〙アミノ基転移酵素, トランスアミナーゼ (=*aminotransferase*).

trans·am·i·nate /trænsǽmənèɪt, trænz-, ˈtrɑːns-, ˈtrɑːnz-/ *vi* アミノ基転移を起こす. ► *vt* 〈アミノ基を〉転移させる.

tràns·àm·i·ná·tion *n* 〘生化〙アミノ基転移(反応).

Tràns·antárctic Móuntains *pl* [the] 南極横断山地 (⇨ ANTARCTICA).

tràns·atlántic *a* 大西洋の向こう側の, 《アメリカからみて》欧州[《特に》イギリス]の, 《欧州[イギリス]からみて》アメリカの; 大西洋横断の, 大西洋両岸を結ぶ〈定期船など〉; 大西洋の両岸の国々の, 英米(間)の.

trans·áxle *n* 〘機・車〙トランスアクスル《前置機関・前輪駆動車などに用いられる動力伝達装置で, 変速装置と駆動軸が一体になったもの》.

tràns·bórder *a* 国境を越える[越えて広がる], 境界[分野]を超えた, トランスボーダーの.

tràns·bóundary *a* 国境を越えた, 越境的な (: ~ air pollution); 国境付近の (: ~ region).

trans·bús* *n* トランスバス, 大型改造バス《老人や身障者用に種々の改良を加えたバス》.

trans·ca·lent /trænskéɪlənt, trænz-, ˈtrɑːns-/ *a* 熱を(よく)通す[伝える], 熱良導(性)の. ♦ **-len·cy** *n* [L *calent- caleo* to be hot]

trans·cárbamyl·ase /-èɪs, -z/ *n* 〘生化〙カルバミル転移酵素.

Tràns·caucásia ザカフカス《Caucasus 山脈南方の Caucasia》. ♦ **Tràns·caucásian** *a, n*

trans·ceiv·er /trænsíːvər, ˈtrɑːn-/ *n* トランシーバー, 無線電話機 (cf. WALKIE-TALKIE). [*trans*mitter＋*receiver*]

tran·scend /trænsɛ́nd, ˈtrɑːn-/ *vt* …の限界[範囲, 域]を超える, 〈経験・理解力などを〉超越する; 乗り越える, 超克する; 〈宇宙・物質的存在などを〉超越[超絶]する; しのぐ, …よりまさる. ► *vi* 超越[卓越]する. [F or L (*scando* to climb)]

tran·scén·dent *a* **1 a** 超越[卓越]した, 抜群の, 並はずれた; 通常の経験の範囲を超えた. **b** 理解を超えた, 解しがたい. **2 a** 〘哲〙超越的な《スコラ哲学では「アリストテレスの範疇を超えた」の意で, カント哲学では「あらゆる可能な経験を超越する」の意》. **b** 〘神学〙〈神が〉超越的な《宇宙や人間の存在を超えた; cf. IMMANENT》. **3** 普遍的な. ► *n* 超越した人[もの]; 〘カント哲学〙超越的なもの; 〘数〙超越関数.
♦ **-dence, -den·cy** *n* 超越, 卓越; 《神の》超越性. **~·ly** *adv*

tran·scen·den·tal /trӕnsɛndɛ́ntl, -sən-, ˈtrɑ̀ːn-/ *a* **1 a** 超越[卓越]した (transcendent); 通常の経験の範囲を超えた (transcendent); 超自然の (supernatural). **b** 理想主義的な, 観念(論)的な, 高遠な, 抽象的な; 難解な, 漠然とした. **2 a** 〘哲〙超越的な; 〘カント哲学〙先験的な: ~ cognition 先験的認識 / ~ object 先験的客観 / ~ unity 先験的統一. **b** 〘数〙〈関数が〉超越の; 〘数〙超越的な〈数・元〉. **3** TRANSCENDENTALISM の. ► *n* 超越的なもの[概念, 教義, 学説]; 〘哲〙《スコラ哲学の》超越的なもの《真・善・美など》; 〘数〙超越数《円周率 π, 自然対数の底 *e* など》. ♦ **~·ly** *adv*

transcendéntal aesthétic 〘哲〙《Kant の認識論において》先験的感性論《感性的直観の先天的形式としての時間・空間の研究》.

transcendéntal árgument 〘哲〙《特に カント哲学で》先験的論証.

transcendéntal fúnction 〘数〙超越関数《代数関数でないような関数》.

transcendéntal idéalism 〘哲〙《カント哲学で》先験的観念論.

transcendéntal·ìsm *n* **1** 《Kant の》先験主義; 《Emerson などの》超絶主義, 超越論. **2** 超越性; 空想的な理想主義; 高遠な[理想主義的な, 空想的な]考え[ことば]. ♦ **-ist** *a, n* 先験主義[超絶主義](者)(の).

transcendéntal·ìze *vt* 超越させる; 理想化する, 理想主義的に処理[表現]する.

Transcendéntal Meditátion 〘サービスマーク〙超越瞑想法《口をつぐんで真言を唱えるなどして精神的・肉体的に自己を解き放つことを目指す; 略 TM》.

trans·códe *vt, vi* 別のコードに変換する.

tràns·condúctance *n* 〘電子工〙相互コンダクタンス《**1**) 真空管の陽極電流の変化分を制御格子電圧の変化分で割った値; mho で表わす **2**) 広義に, 真空管の増幅率を陽極抵抗の値で割ったもの》.

tràns·continéntal *a* 大陸横断の; 大陸の向こう側の. ► *n* 《カナダ》大陸横断鉄道[列車]. ♦ **~·ly** *adv*

trans·córtin *n* 〘生化〙トランスコルチン《ヒドロコルチゾンを結合し輸送する血漿のアルファグロブリン》.

tran·scribe /trænskráɪb, ˈtrɑːn-/ *vt* **1** 書き写す; 〈速記・口述・録音した談話・発言などを〉普通文字で書き表わす, 文字起こしする, 文書化する; 書き換える, 要約して書く; 〈見聞などを〉書き記す, 文章にする; 字訳する (transliterate); 〈ことば・文字などの音を〉音声[音素]記号で書き表わす 〈*from, in, into*〉. **2** 〈情報を〉転写する; 〘ラジオ・テレビ〙放送用に録音する; 〈番組などを〉録音の再生によって放送する; 〘生化〙〈遺伝情報を〉転写する. **3** 翻訳する (translate); 〘楽〙〈楽曲を〉編曲する. ♦ **-scríb·er** *n* [L (*trans-*, SCRIBE)]

tran·script /trǽnskrɪpt, ˈtrɑːn-/ *n* **1** 写し, 写本, 謄本; 《演説などの》筆記録 〈*of*〉; *《学校の》成績証明書; 〘法〙《裁判所における訴訟手続きの》記録の謄本. **2** 翻訳したもの; 《生活体験などの》芸術的な表現[再現]; 〘生化〙写し《DNA から mRNA に転写された遺伝情報》. [OF＜L (pp)〈↑]

tran·scrip·tase /trænskrɪ́ptèɪs, ˈtrɑːn-, -z/ *n* 〘生化〙転写酵素; REVERSE TRANSCRIPTASE.

tran·scrip·tion /trænskrɪ́pʃ(ə)n, ˈtrɑːn-/ *n* 筆写; 書き換え, 文字起こし, 転写 〈*of*〉; TRANSCRIPT; 〘楽〙《原曲と異なった楽器・声部のための》編曲; 〘放送〙ELECTRICAL TRANSCRIPTION; 〘生化〙《遺伝情報の》転写 (cf. TRANSLATION). ♦ **~·al** *a* **~·al·ly** *adv*

transcríption fàctor 〘生化〙転写因子《DNA の塩基配列を読みとって RNA を合成する転写の際に必要とされるタンパク質で, 転写酵素以外のもの》.

transcríption·ist* *n* 《口述などを》普通の文字に直す人, 口述筆記者.

transcríption machìne 録音再生器 (playback).

tran·scrip·tive /trænskrɪ́ptɪv, ˈtrɑːn-/ *a* 書き写し[模写]的な, 模倣的な. ♦ **~·ly** *adv*

trans·crýstalline cráck 〘冶〙結晶粒間破壊 (cf. INTERCRYSTALLINE CRACK).

trans·cúltural *a* 2つ(以上)の文化にまたがる[及ぶ], 通文化的な, 異文化間の.

tràns·cul·tu·rá·tion /-kʌ̀ltʃəréɪʃ(ə)n/ *n* 《ある文化への》外来要素の導入(による変質), 文化移植[変容].

trans·cúrrent *a* 横切る, 横に伸展する.

tràns·cutáneous *a* 〘医〙皮膚を通しての, 経皮的な.

trans·dérmal *a* 〘医〙経皮的な《皮膚に貼って[塗って]血流に浸透させる薬の投与についていう》. ♦ **~·ly** *adv*

trans·dísciplinary *a* 学際的な (interdisciplinary).

trans·duce /trænsd(j)úːs, trænz-, ˈtrɑːns-/ *vt* 〈エネルギー・メッセージを〉変換する; 〘生〙〈遺伝子などを〉形質導入する. [L (*trans-*, DUCT); cf. TRADUCE]

trans·dúc·er *n* 〘理・機〙変換器, トランスデューサー; 《電気振動と機械振動とを相互に変換する》振動子.

trans·duc·tant /trænsdʌ́ktənt, trænz-, ˈtrɑːns-, ˈtrɑːnz-/ *n* 〘生〙(形質)導入体, 被導入体《形質導入により新しい遺伝形質を獲得した細菌》. [*transduction*, *-ant*]

trans·duc·tion /trænsdʌ́kʃ(ə)n, trænz-, ˈtrɑːns-/ *n* 《エネルギーなどの》変換; 〘生〙(形質)導入《バクテリオファージなどの仲介で, 遺伝的形質がある細菌から他の細菌へ移行すること》. ♦ **~·al** *a*

trans·éarth *a* 〈宇宙船の軌道・エンジン点火など〉地球へ向けての.

tran·sect /trænsɛ́kt, ˈtrɑːn-/ *vt* 横に切開する; 横断する. ► *n* /ˊ-ˋ/ 〘生態〙トランセクト《植生を横切して作った帯状標本地》.

tran·sec·tion /trænsɛ́kʃ(ə)n, ˈtrɑːn-/ *n* 横断面.

tran·sen·na /trænsɛ́nə/ *n* (*pl* **-nae** /-nìː/) 聖堂のまわりの石[金属]の組格子[仕切り]. [L]

tran·sept /trǽnsɛpt, ˈtrɑ́ːn-/ *n* 翼廊(よくろう), 袖廊(そでろう), トランセプト《十字架形教会堂の左右の翼部》: the north [south] ~ 北[南]側の翼廊. ♦ **tran·sép·tal** *a* [NL (*trans-*, SEPTUM)]

trans·e·unt /trǽnsiənt, ˈtrɑ́ːn-/ *a* 〘哲〙TRANSIENT.

trans-Éurope *a* ヨーロッパ横断の: the ~ express.

tran·séxual /træn-, ˈtrɑːn-/ *n, a* TRANSSEXUAL.

tráns fát トランス(型)脂肪《trans-fatty acid を含有する脂肪》; TRANS-FATTY ACID.

tráns-fátty ácid トランス(型)脂肪酸《天然のシス型不飽和脂肪酸の異性体; 特に, マーガリンやショートニングなどの製造時に植物油に水素添加をする過程で生じるもので, いわゆる悪玉コレステロールを増やし心臓病などにつながるとされる》.

trans·fect /trænfɛ́kt, trænz-, ˈtrɑːns-/ *vt* TRANSFECTION を起こさせる, 〈細胞〉に核酸を感染させる, 遺伝子 [DNA] を導入する.

trans·féc·tant *n* トランスフェクタント, 形質移入体《TRANSFECTION で遺伝子, DNA を導入した細胞》.

trans·féc·tion *n* トランスフェクション, 移入《**1**) 分離した核酸の細胞への感染; 完全なウイルスが複製される **2**) 細胞に遺伝子, DNA を導入すること》.

trans·fer *v* /trænsfə́ːr, ˈtrɑːns-, *trǽnsfəːr/ (-rr-) *vt* **1 a** 移す, 動かす, 運ぶ 〈*from, to*〉; 〈別の乗物に〉乗り換えさせる, 積み換える 〈(*on*)*to*〉; 〈金を〉振替える; 〈電話を〉転送する[つなぐ]; 〈権限・責任などを〉委譲する; 〘法〙〈財産・権利を〉移転[譲渡]する 〈*from, to*〉: ~ one's affection *to* a younger woman 愛情を若い女に移す. **b** 転属させる, 転任[出向]させる, 転校させる 〈*from, to*〉; ˈ〈プロの選手を〉移籍する, トレードする. **c** 伝える, 伝導[伝達]する. **2** 変える, 変形[変態]させる 〈*into*〉; 〈語義などを〉拡大[比喩]によって変化させる. **3** 〈絵・図案などを〉(表面を合わせて)写し取る[つける], 転写する; 〈壁画を〉模写する; 〈情報などを〉コピーする, 転送する. ► *vi* 乗り換える 〈*to* a bus〉; 移る, 移動する 〈*from, to*〉; 転校[転科]する, 転任する, 所属クラブ[グループ]をかわる, 移籍する, 鞍替えする 〈*to*〉. ► *n* /trǽnsfəːr/ **1 a** 移転, 移動, 転移; 〘精神分析〙TRANSFERENCE; 〘心〙《学習の》転移; 移動[転移]の手段. **b** 〘法〙《権利などの》移転, 譲渡; 《株券などの》書換え; 譲渡証書;〘商〙振替: a ~ slip 振替伝票 / TELEGRAPHIC TRANSFER. **2** 転学[転勤, 異動, 転属, 転任, 移籍](者), トレード(の選手); *転学証明書[許可書](の書式);〘教育〙単位の振替. **3**《プリントされた絵や図柄を(アイロンなどで)別の表面に移し取る》転写紙[シール], 転写した絵[図柄], DECAL. **4**〘鉄道〙移送(点); 乗換え, 乗継ぎ; 乗換え地点; 乗継ぎ切符 (=~ ticket). ♦ **~·able, -fer·ra·ble** *a* 移すことができる; 移転[譲渡]可能な, 移転[譲渡]性のある; 転写できる: ~*able* skills 仕事を移っても通用する技能. **~·abílity, -fèr·ra·bíl·i·ty** *n* **trans·fér·al, -fér·ral** *n* [F or L (*lat- fero* to carry)]

transférable vóte 移譲票《比例代表制で得票数が当選基数を超過した候補から他の候補に移譲できる票》.

tránsfer àgent《株式の》名義書換え代理人, 証券業務代行人.

trans·fer·ase /trǽnsfərèɪs, -z, ˈtrɑ́:ns-/ *n*〘生化〙転移酵素, トランスフェラーゼ《基転移反応を触媒する酵素》.

tránsfer bòok《株券・財産の》書換え台帳.

tránsfer cèll〘植〙転移細胞.

tránsfer characterìstic〘電〙伝達特性.

tránsfer còmpany* 中継輸送会社《短距離ターミナル駅間などの貨客輸送を行なう》.

tránsfer dàys *pl*《Bank of England の公債などの》名義書換え日.

trans·fer·ee /trænsfərí:, ˈtrɑ:ns-/ *n* 被移転人, 譲り受け人; 転任[転属, 転学]者.

trans·fer·ence /trænsfə́:rəns, trǽnsf(ə)r-, ˈtrɑ:ns-, ˈtrɑ́:ns-/ *n* 移転, 移動; 運搬; 譲渡;〘精神分析〙《感情の》転移. ♦ **-fer·en·tial** /trænsfərénʃ(ə)l/ *a*

transférence nùmber〘理・化〙輸率 (=*transport number*).

transferer ⇨ TRANSFERRER.

tránsfer fàctor〘生化〙移入[伝達]因子.

tránsfer fèeˈ《サッカー選手などの》移籍料.

tránsfer ìnk《石版印刷などの》転写インキ.

tránsfer lìstˈ《プロサッカークラブの》移籍候補者名簿. ♦ **tránsfer-lìst**ˈ *vt* 〈選手を〉移籍候補者名簿に載せる.

tránsfer of tráining〘心〙《学習の》転移 (transfer).

transferor ⇨ TRANSFERRER.

tránsfer pàper《DECALCOMANIA 用などの》転写紙.

tránsfer pàssenger《空港などでの》乗継ぎの乗客.

tránsfer pàyment [ᵁ*pl*] 移転支出《社会保障給付など物品・サービスなどの見返りとしてでなく, 政府が一方的に給付する支出》; [*pl*] 移転支出給付金.

transfer rate ⇨ TRANSMISSION RATE.

trans·fér·(r)er, -(r)or / , -fərɔ́:r/ *n* TRANSFER する人[もの]; [ᵁ-feror]〘法〙譲渡人.

trans·fer·rin /trænsférən, ˈtrɑ:ns-/ *n*〘生化〙トランスフェリン (=*siderophilin*)《生体内で鉄の伝達にかかわる血漿中のグロブリンの一種》. [L *ferrum* iron, *-in*²]

transfer RNA /—́ ɑ̀:rènéɪ/〘生化〙転移[運搬, 受容] RNA (=*tRNA*).

tránsfer stàtion **1** 乗換駅. **2** 廃棄物中継所《ごみ・資源ごみ・廃棄物を処理施設あるいは埋立地など最終処理場に運ぶために集積して選別したり車に積み込んだりする処理基地》.

tránsfer tàble *〘鉄道〙遷車台.

tránsfer tìcket 乗継ぎ切符 (transfer).

tránsfer·wàre *n* 転写陶磁器《模様を印刷した陶器装飾用転写紙を用いて模様を写し取った装飾陶磁器》.

trans·fig·u·ra·tion /trænsfɪgjəréɪʃ(ə)n, ˈtrɑ:ns-/ *n* **1** 変形, 変身, 変貌; 美しい[輝かしい, 神々しい]姿への変容. **2** [the T-]〘聖〙《山上における》キリストの変容《*Matt* 17: 1–9; *Mark* 9: 2–9》; [T-]〘キ教〙変容の祝日, 顕栄祭《8 月 6 日》.

trans·fig·ure /trænsfígjər; -gər, trɑ:ns-/ *vt* 変形する, 変貌させる; 神々しい姿に変える, 美化[理想化]された姿に変える. [OF or L; ⇨ FIGURE]

trans·fínite *a* 有限を超えた;〘数〙超限の. ► *n*〘数〙超限数 (=~ **nùmber**).

trans·fix /trænsfíks, ˈtrɑ:ns-/ *vt*《槍などで》突き刺す, 刺し貫く; 釘付けにする; 立ちすくませる: ~ a bird with an arrow 矢で鳥を射止める / stand ~*ed* with fear 恐怖で立ちすくむ. ♦ **trans·fix·ion** /-fíkʃ(ə)n/ *n* [L]

trans·form *v* /trænsfɔ́:rm, ˈtrɑ:ns-/ *vt* **1** 変形[変容]させる 〈*from, in, into*〉; 変態させる; 別の物質に変える; …の組成[構造, 性格, 性質, 機能]を変える;〘生〙〈細胞〉に形質転換を起こさせる. **2**〘理〙〈エネルギーを〉変換する;〘電〙変圧する;〘電〙〈電流〉の直流・交流の形式を変える, 変換する. **3**〘数〙〈代数式などを〉変換する;〘論・言〙変換する, 変形する. ► *vi*《まれ》変形する. ► *n* /—́ —̀/〘数〙変換されたもの;〘数〙TRANSFORMATION;〘言〙変形体. ♦ **-fórm·able** *a* [OF or L]

trans·for·mant /trænsfɔ́:rmənt, ˈtrɑ:ns-/ *n*〘生〙形質転換体《形質転換された個体; バクテリアなど》.

trans·for·ma·tion /trænsfərméɪʃ(ə)n, ˈtrɑ̀:ns-/ *n* **1 a** 変形, 変容 〈*from, to*〉;〘動〙変態;〘生〙形質転換, 型変換《遺伝交雑の一形態》,《癌ウイルス感染などによる》悪性転換, トランスフォーメーション;〘鉱〙《多形鉱物間の》(相)転移. **b**〘理〙変換;〘化〙《化合物の》成分置換;〘電〙変圧. **c**〘数〙変換;〘論・言〙変換, 変形(操作);〘言〙変形規則. **2**〘劇〙TRANSFORMATION SCENE;《まれ》《女性の》入れ毛, かもじ. ♦ **~·al** *a* **~·al·ly** *adv*

transformátional-gènerative grámmar 変形生成文法 (transformational grammar).

transformátional grámmar 変形文法.

transformátion·al·ism *n* 変形文法理論.

transformátion·al·ist *n* 変形文法学者.

transformátional rùle〘変形文法〙変形規則.

transformátion pòint〘冶〙《冷熱による金属の微成分の》変態点[温度].

transformátion scèneˈ《おとぎ芝居 (pantomime) の》早変わりの場面.

trans·for·ma·tive /trænsfɔ́:rmətɪv, ˈtrɑ:ns-/ *a* 変化させる, 変える力のある,《特に》人生を変える;〘言〙変形の.

transfórm·er *n* 変形させる人[もの];〘電〙変圧器, 変成器, トランス;〘遺〙性転換遺伝子;《生態系内の》転換者;〘遺・生〙形質転換体: a step-down [step-up] ~ 逓降[逓昇]変圧器.

tránsform fàult〘地質〙トランスフォーム断層.

transfórm·ìsm〘生〙*n* 生物変移説《今は行なわれない一種の進化説》; 生物変移;《一般に》生物進化説. ♦ **-ist** *n*

trans·fuse /trænsfjú:z, ˈtrɑ:ns-/ *vt* **1** 〈液体を〉注ぎ移す;〘医〙〈血液・食塩水などを〉輸注する, 〈人〉に輸注[輸血]を行なう. **2** 〈液体・色などを〉染み込ませる, [*fig*] 〈思想などを〉吹き込む 〈*into, to*〉; …に染み渡る (permeate). ♦ **-fús·er** *n* **-fús·able, -ible** *a* **-fú·sive** *a* [L; ⇨ FOUND³]

trans·fu·sion /trænsfjú:ʒ(ə)n, ˈtrɑ:ns-/ *n* 注入, 移注;〘医〙輸液, 輸注, 輸血. ♦ **~·al** *a* **~·ist** *n* 輸血[輸液]の熟練者.

trans·génder *a* 性差を超えようとする, トランスジェンダーの《transsexual, transvestite などに関していう》. ► *n* 異性装の人, 性転換(願望)者. ♦ **trans·génder·ìsm** *n* **-ist** *n, a*

trans·gén·dered *a* TRANSGENDER.

tráns·gène *n*〘遺〙導入遺伝子, トランスジーン《他の個体から人工的に導入された遺伝子》.

trans·génic〘遺〙*a* 遺伝形質を転換した, 遺伝子を導入した, トランスジェニックの: ~ animals [plants] トランスジェニック動物[植物], (遺伝)形質転換[遺伝子導入]動物[植物]. ► *n* トランスジェニック動物[植物].

tràns·génics *n*〘遺〙遺伝形質転換[遺伝子導入]学[論, 法].

tràns·glóbal *a* 〈遠征・事業・ネットワークなどが〉世界にまたがる, 全世界的な.

trans·gress /trænsgrés, trænz-, ˈtrɑ:ns-/ *vt* 〈限界・境界を〉超える; 〈法規・戒律などを〉犯す. ► *vi* 違犯する, 罪を犯す (sin) 〈*against*〉; 境界[限界]を越えて行く[伸びる, 広がる]. [F or L *trans-*(*gress- gredior* to step; ⇨ GRADE)]

trans·gres·sion /trænsgréʃ(ə)n, trænz-, ˈtrɑ:ns-/ *n* 違犯, 罪, 破戒;〘地質〙《陸地への》海進;〘生〙超越.

trans·gres·sive /trænsgrésɪv, trænz-, ˈtrɑ:ns-/ *a*《道徳的・社会的な》境界を越える, 越境する;〘生〙超越する;《古》法規[戒律など]を犯しがちな, 違犯しやすい: ~ segregation〘生〙超越分離《雑種第二代において親を超えた遺伝子型が出てくること》. ♦ **~·ly** *adv*

trans·grés·sor *n* 違犯者;《特に 宗教・道徳上の》罪人.

tran·ship /trænʃíp, ˈtrɑ:n-/ *vt, vi* (**-pp-**) TRANSSHIP. ♦ **~·ment** *n*

tràns·históric̀al *a* 超歴史的な.

trans·hu·mance /træns(h)jú:məns, trænz-, ˈtrɑ:ns-/ *n* 移動放牧, 移牧《季節ごとに高地と低地とを往来する(人間ぐるみの)家畜[羊群]の移動》.

trans·hú·mant *a* 移牧の. ► *n* 移動放牧者.

tran·sience /trǽnʃ(i)əns, -ziəns, -siəns, -ʒəns; trǽnziəns, -siəns, trɑ́:n-/, **trán·sien·cy** *n* 一時的であること, はかなさ, 無常; 移動性; 流動性: the ~ of enthusiasms 熱の冷めやすさ.

trán·sient *a* **1** 一時の, 束(つか)の間の, 一過性の, 過渡的な; はかない, 無常な: ~ affairs of this life はかない人生. **2** しばらくとどまっては移動する, 滞在の短い, 短期滞在の; *短期滞在客のための〈ホテルなど〉;〘楽〙経過的な: ~ workers 短期労働[就労]者 / a ~ chord [note] = a PASSING CHORD [NOTE]. **3**〘哲〙超越[超出]する (=*transeunt*). ► *n* transient な人[もの]; 短期滞在客; 短期[移動, 渡り]労働者; *浮浪[放浪]者;〘電〙過渡現象, 過渡電流; 減衰シグナル[波, 振動]. ♦ **~·ly** *adv* [L=passing; ⇨ TRANCE]

tránsient ischémic attáck〘医〙一過性脳虚血[乏血]発作 (=*ministroke*)《短時間の血管の痙攣で, 部分的にふさがった動脈が脳への血流を妨げるため, 目がかすんだり, めまい・感覚麻痺・失神などの障害が起きる; 略 TIA》.

tránsient modulátion〘楽〙一時的転調 (=*passing modulation*).

tran·sil·i·ent /trænsíliənt, ˈtrɑ:n-/ *a* あるものから他のものへ[ある状態から別の状態へ]突然に飛び移る. ♦ **-ence** *n* 突然の変異[変化]. [L (*trans-, salio* to leap)]

tràns·illúminate *vt* …に光を通過させる;〘医〙〈体の一部〉に強

い光線を透す, 徹照する. ♦ **-illuminátion** *n* 徹照(法), 透視(法). **-illúminator** *n*

Tran·sil·va·nia /trænsəlvéɪnjə, -niə/ トランシルヴァニア《TRANSYLVANIA のルーマニア語つづり》.

trans·i·reˈˈ /trænsáɪəri, ˈˈtrɑːn-/ *n* 沿岸運送免状.

trans·ísthmian *a* 地峡横断の〈道路・運河〉.

tran·sis·tor /trænzístər, -sís-, ˈˈtrɑːn-/ *n* 〘電子工〙トランジスター; 《口》トランジスターラジオ (=～ rádio). [*trans*fer+re*sistor*]

transístor·ìze *vt* …にトランジスターを組み込む. ♦ **-ìzed** *a* **transìstor·izátion** *n*

tran·sit /trǽnsət, -zət, ˈˈtrάːn-/ *n* **1** 通過, 通行, 横断; 移り変わり, 推移, 変遷; 〘天〙《天体の》子午線通過, 望遠鏡視野通過, 《小天体の》他の天体面通過; 《航空機の》寄港, トランジット: in ～ 通過中, 輸送中, 移動中; 短期滞在の. **2** 運送, 運搬, 輸送; *公共旅客輸送(機関の路線[乗物]); 通路, 運送路: Brooklyn-Manhattan *T*～《New York 市の》地下鉄ブルックリン-マンハッタン線 / public ～ 公共交通機関. **3** 〘測〙トランシット, 転鏡儀 (=～ **còmpass**). **4** 〘天〙TRANSIT INSTRUMENT. **5** [T-] 〘商標〙トランシット《英国 Ford 社製のワゴン車 (van)》. ► *vt* 横切る; 〈子午線・天体面などを〉通過する; 移動させる, 運ぶ; 〘測〙〈転鏡儀の望遠鏡を〉水平軸のまわりに逆転させる. ► *vi* 通過する; 横切る; 運ぶ. [L=a going across; ⇨ TRANCE]

tránsit càmp 《難民などのための》一時滞在キャンプ[収容所].

tránsit cìrcle 〘天〙MERIDIAN CIRCLE.

tránsit dùty 《貨物の》通過税, 通行税.

tran·site /trǽnsàɪt/ *n* 〘建〙石綿スレート: ～ pipe 石綿セメントパイプ.

tránsit ìnstrument 〘天〙《天体観測用》子午儀《天体の子午線通過を観測して時刻を知るのに用いた; 今は meridian circle が使われる》; 〘測〙TRANSIT.

tran·si·tion /trænzíʃ(ə)n, -síʃ(ə)n, ˈˈtrɑːn-/ *n* **1 a** 移行, 移動, 推移, 移り変わり, 遷移; 変遷, 変化, 変転; 過渡期, 変遷期: a society in ～ 過渡期の社会 / make the ～ 移行する 〈*from*, *to*〉. **b** 〘芸〙様式の変化[変移], 《特に 建築の》ノルマン式から初期英国式への推移(期). **c** 〘楽〙一時的転調; 〘楽〙意想外の転調; 〘楽〙移行部, 推移. **d** 〘理〙転移, 遷移; 〘生・遺〙(塩基)転位, トランジション《塩基対置換の一種で, DNA または RNA における遺伝的突然変異》, 《RNA による》転移. **2** 《話題を変える時の》前後を接続させる語[句, 文]. ► *vi*, *vt* *移行する[させる] 〈*to*, *into*〉. ♦ **～·al, ～·àry** /; -(ə)ri/ *a* **～·al·ly** *adv* [F or L; ⇨ TRANCE]

transítion èlement [mètal] 〘化〙遷移元素, 遷移金属.

transítion pòint 〘化〙転移点 (transition temperature); 〘理〙転移点《物質がある状態から別の状態に移る平衡点》.

transítion sèries 〘化〙遷移元素[金属]系列.

transítion stàte 〘化〙遷移状態《ある安定状態から別の安定状態へ移る過程において通過する自由エネルギー極大の状態》.

transítion tèmperature 〘化〙転移温度 (=*transition point*).

tran·si·tive /trǽnsətɪv, -zə-, ˈˈtrάːn-/ *a* **1** 移行[推移, 変遷]的な, 過渡的な, 中間的な; 〘数・論〙推移[遷移]的な《a≦b かつ b≦c ならば a≦c の ≦ のような共通項を仲立ちとした延長が成り立つ関係をいう; cf. REFLEXIVE, SYMMETRIC》. **2** 〘文法〙他動(詞)の (cf. INTRANSITIVE); 〘文法〙〈形容詞・名詞が〉他動的な《fond や husband のように名詞句(への言及)を必要とするものについていう》. ► *n* 他動詞 (=～ **vérb**) (略 trans., transit.). ♦ **～·ly** *adv* **～·ness** *n* **tràn·si·tív·i·ty** *n* [L; ⇨ TRANSIT]

tránsit lòunge 通過ラウンジ《空港の乗継ぎ客用の待合室》.

tran·si·to·ry /trǽnsətɔ̀ːri, -zə-; -t(ə)ri, ˈˈtrάːn-/ *a* 一時的な; 移ろいやすい, 束(つか)の間の. ♦ **tràn·si·tó·ri·ly** /; trǽnsət(ə)rɪli, -zə-, trɑːn-/ *adv* **-ri·ness** *n* [AF *transitorie*<L; ⇨ TRANSIT]

tránsitory áction 〘法〙移動訴訟《土地管轄が定められておらず, どこの裁判所に訴えてもよい訴訟; cf. LOCAL ACTION》.

tránsit pàssenger 《飛行機の》乗り継ぎの乗客.

tránsit theódolite 〘測〙TRANSIT.

tránsit vìsa 通過ビザ[査証].

Trans·jórdan トランスヨルダン《JORDAN の旧称 (1922–49)》. ♦ **Tràns·jordánian** *a*, *n*

Trans·kei /trænskáɪ, ˈˈtrɑːns-/ トランスカイ《南アフリカ共和国 Cape 州東部にあった Bantustan; 1976 年 10 月南ア政府が独立を承認したが, 国際的に認知されることなく 94 年南ア共和国に再統合; ☆Umtata》. ♦ **～·an** *a*, *n*

tràns·ké·tol·ase /-kíːtɔːlèɪs, -z/ *n* 〘生化〙ケトール転移酵素, トランスケトラーゼ.

transl. translated ♦ translation ♦ translator.

trans·late /trænsléɪt, trænz-, *ˊˊ, ˈˈtrɑːns-/ *vt* **1** 訳す, 翻訳する; 書き換える, 言い換える; 〈言動・身振りなどを〉解釈する; 〘電算〙〈プログラム・データ・コードなどを〉ある形式から別の形式に変換する, 翻訳する: ～ English *into* Japanese / ～ Homer *from* the Greek / ～ emotion [ideas] *into* action 感動[考え]を行為に表わす[実行に移す] / I ～*d* his silence *as* a refusal. 彼の沈黙を拒絶と解釈した. **2 a** 運ぶ, 移す, 移動させる, 移し変える; 〘教会〙〈bishop を〉転任させる; 〘教会〙〈司教管区を〉別の土地に移す; 〈聖人などの遺骸・遺品〉の埋葬場所を移す. **b** 〘聖〙《生きたままで》昇天させる; 恍惚とさせる (enrapture). **3** 変形[変容, 変質]させる; 転用[応用]する, 改作[翻案]する; ˈˈ〈古着を〉再生する, 〈靴を〉古材料で作る. **4** 〘通信〙〈電信を〉中継する; 〘機〙〈物体を〉直動させる; 〘理〙並進させる; 〘数〙〈関数を〉座標軸と平行に移動させる, 並進させる; 〘生化〙〈遺伝情報を〉翻訳する. ► *vi* 翻訳をする; 〈ことば・詩などが〉訳せる, 訳される, 解釈される[できる] 〈*as*〉; 〈ある結果に〉至る, つながる, 転換される 〈*into*〉; 転用[翻案]できる, 作り替えられる 〈*into*〉; 応用がきく; 〈飛行機などが〉移動する: if higher prices ～ *into* higher profits 高価格が高利潤を生む[意味する]のであれば. ● **Kindly ～.** もっとはっきりおっしゃってください. ♦ **trans·lát·able** *a* **tràns·lat·abíl·i·ty** *n* [L; ⇨ TRANSFER]

trans·la·tion /trænsléɪʃ(ə)n, trænz-, ˈˈtrɑːns-/ *n* **1 a** 翻訳, 訳, 書き換え, 言い換え, 説明, 解釈: read…*in* ～ 翻訳で…を読む / be [get] lost *in* ～ 翻訳(すること)で失われる. **b** 変質, 変容, 変形, 変換. **2 a** 移すこと, 〘理〙物体の移行; 〘教会〙bishop の転任; 〘聖〙生きたままの昇天; 《遺骸・遺品の》移転; 〘ローマ法・スコ法〙財産譲渡, 遺産受取人変更. **b** 〘通信〙自動中継; 〘理〙並進; 〘数〙平行移動, 並進; 〘生化〙《遺伝情報の》翻訳 (cf. TRANSCRIPTION). ♦ **～·al** *a* **～·al·ly** *adv*

translátion tàble 〘電算〙変換テーブル《コードの変換などで, 機械的な置換のための対応表》.

trans·la·tive /trænsléɪtɪv, trænz-, *ˊˊˊ, ˈˈtrɑːns-/ *a* **1** 〘ローマ法・スコ法〙財産譲渡の; 移行[移動, 転移, 転任]の. **2** 翻訳の[に役立つ]. **3** 〘文法〙《フィンランド語などで》転格の《状態の変化を表わす》. ► *n* 〘文法〙転格.

trans·lá·tor /, *ˊˊˊ/ *n* 訳者, 翻訳者; 通訳 (interpreter); ˈˈ《古靴・古傘・古着などの》修理人; 〘通信〙自動中継器; 〘電算〙翻訳ルーチン.

trans·la·to·ry /trǽnslətɔ̀ːri, trǽnz-, trænsléɪtəri, trænz-; -t(ə)ri, trάːns-/ *a* 〘機〙直動[並進]の.

trans·lit·er·ate /trænslítərèɪt, trænz-, ˈˈtrɑːns-/ *vt* 〈他国語文字に〉書きなおす[表わす], 字訳する 〈*in*, *into*〉. ♦ **-lit·er·á·tion** *n* 翻字, 字訳《上海を Shanghai とする類》, 音訳. **-à·tor** *n* [*trans-*, L *littera* letter]

trans·lo·cate /trǽnsloʊkèɪt, trǽnz-, ˈˈtrάːns-, ˊ-ˊ/ *vt* …の場所[位置]を換える, 転位させる; 〈植物が澱粉・タンパク質などを〉転流させる.

tràns·locátion *n* 移動, 転置; 〘植〙転流; 〘遺〙《染色体の》転座, 転移.

trans·lu·cent /trænslúːs(ə)nt, trænz-, ˈˈtrɑːns-/ *a* 光を通過させる; 半透明の, 透き通るような〈肌など〉; 《まれ》透明な; 明瞭な, 偽り[ごまかし]のない. ♦ **～·ly** *adv* **-cence** *n* **-cen·cy** *n* [L (*luceo* to shine)]

trans·lu·cid /trænslúːsəd, trænz-, ˈˈtrɑːns-/ *a* 半透明の (translucent).

trans·lúnar *a* TRANSLUNARY; 〈宇宙船の軌道・エンジン点火など〉月へ向けての.

trans·lu·nary /trænslúːnəri, trænz-, *trǽnslunèri, *trǽnz-/ *a* 月より上[向こう]の; 天上の; [*fig*] 非現実的な, 幻想的な.

tràns·maríne *a* 海の向こう(から)の; 海を横断する, 海を越えての, 海外への.

trans·mémbrane *a* 〘理・化〙膜内外の, 経膜的な.

tràns·merídional *a* 《東西に》子午線を越える.

trans·mi·grant /trænsmáɪgrənt, trænz-, trǽnsməgrənt, trǽnz-/ *a* 移住する. ► *n* 移住する人[もの], 《特に》移住の途次にある国[土地]を通過中の人.

trans·mi·grate /trænsmáɪgrèɪt, trænz-, ˊˊˊ; trænzmaɪgréɪt, trɑ̀ːns-/ *vi* 移住する; 〈霊魂が〉乗り移る, 転生する. ► *vt* 移住させる; 〈霊魂を〉転生させる. ♦ **-mí·grà·tor** /; -gréɪtər/ *n* **-gra·to·ry** /-máɪgrətɔ̀ːri; -t(ə)ri/ *a* [L]

tràns·mi·grá·tion *n* 移住; 《霊魂の》転生, 輪廻(りんね)転生 (metempsychosis).

trans·mis·si·ble /trænsmísəb(ə)l, trænz-, ˈˈtrɑːns-/ *a* 伝えることのできる; 遺伝性の; 伝染性の. ♦ **trans·mis·si·bíl·i·ty** *n*

transmíssible spóngiform encephalópathy [ᵁ*pl*] 〘医〙伝染性海綿様脳症《プリオン (prion) によって伝播すると考えられるクロイツフェルトヤコブ病や, クールー病 (kuru), スクレイピー (scrapie) などの海綿状脳症の総称; 略 TSE(s)》.

trans·mis·sion /trænsmíʃ(ə)n, trænz-, ˈˈtrɑːns-/ *n* **1** 伝達, 伝播, 伝送, 電送, 〘理〙透過, 伝導; 伝染; 《電波などの》送波, 送信. **2** 〘機〙伝動(装置), 《自動車の》変速機, トランスミッション (=*gearbox*); 変速ギア: MANUAL TRANSMISSION. **3** 放送(番組); 伝達[伝送]されたもの, メッセージ. ♦ **trans·mís·sive** *a* 伝える(のに役立つ); 伝えることのできる. [L; ⇨ TRANSMIT]

transmíssion coeffícient 〘理〙透過係数.

transmíssion dènsity 〘光〙透過濃度《光を透過せず吸収する度合い》.

transmíssion eléctron mìcroscope 透過(型)電子顕微鏡 (cf. SCANNING ELECTRON MICROSCOPE).

transmíssion fàctor 〘理〙透過因子.

transmíssion lìne 〘電〙伝送線路《電力輸送のための送電線; 通信用の伝送線》.
transmíssion lòss 〘電〙伝送損, 送電損.
transmíssion [tránsfer] ràte 〘電算〙《データの》伝送[転送]率.
trànsmis·sív·i·ty *n* 〘理〙透過率.
trans·mis·som·e·ter /trænsmɪsɑ́mətər, trænz-, ˈtrɑ̀:ns-/ *n* 《大気の》透過率計, 視程計.
trans·mit /trænsmít, trænz-, ˈtrɑ:ns-/ *v* (**-tt-**) *vt* **1** 〈品物などを〉渡す, 送る, 伝達[送達]する; 〈知識・報道などを〉伝える, 伝播[普及]させる, 行き渡らせる 〈*from, to*〉. **2** 〈病気を〉うつす, 伝染させる; 〈性質などを〉遺伝させる, 後世に伝える 〈*to*〉. **3** 〈熱・電気などを〉伝導する, 〈光を〉透過させる, 通す; 〘機〙伝動する; 〈信号を〉送信する, 発信する; 〈番組を〉放送する. ► *vi* 〘法〙子孫に伝わる; 〘通信〙信号を送る. ♦ **-mít·ta·ble, -mít·ti·ble** *a* 伝えることのできる; 伝染性の; 遺伝性の. **-mít·tal** *n* TRANSMISSION. [L (*miss- mitto* to send)]
trans·mít·tance *n* TRANSMISSION; 〘理〙透過率[度].
trans·mít·tan·cy 〘理〙*n* 透光度; 透過率 (transmittance).
trans·mít·ter *n* 伝える人[もの]; 〘通信〙送信機, 送話器, 発信機; 〘生理〙NEUROTRANSMITTER.
trans·mit·tiv·i·ty /trænsmɪtívəti, trænz-, ˈtrɑ̀:ns-/ *n* 〘理〙透過率.
tràns·modálity *n* 総合輸送《道路・鉄道・海路などによる各種の輸送方式の組込み》.
trans·mog·ri·fy /trænsmɑ́grəfàɪ, trænz-, ˈtrɑ:ns-/ *vt* [*joc*] …の姿[形]を変えてしまう, 《特に》異様な姿[形]に変える, 化けさせる. ► *vi* 変貌する, 化ける. ♦ **trans·mòg·ri·fi·cá·tion** *n* [C17 <?]
trans·mon·tane /trænsmɑ́ntèɪn, trænz-, ˈtrɑ:ns-, ⌐ー⌐/ *a* TRAMONTANE.
trans·móuntain *a* 山を越えて[突き抜けて]行く.
trans·mun·dane /trænsmʌndéɪn, trænz-; trænzmʌ́ndèɪn, trɑ:ns-/ *a* この世の向こうにある, 世俗を超えた.
tràns·múral *a* 〘医〙経壁の, 通壁性の《解剖学的な壁を経て行なわれる処置や壁の全層に及ぶ障害などについていう》. ♦ **~·ly** *adv* 壁を通して.
trans·mu·ta·tion /trænsmjʊtéɪʃ(ə)n, trænz-, ˈtrɑ̀:ns-/ *n* **1 a** 変容, 変形, 変質, 変性; 〘錬金術〙《卑金属の貴金属への》変成; 〘窯〙変成《変成釉(ゆう)に対する還元焼成の効果》; «まれ» 変動: ~*s* of fortune 栄枯盛衰. **b** 〘生〙《ある種から他の種への》変移, 《Lamarck の》進化説. **c** 〘理〙《核種の》変換; 〘数〙《図形[立体]の》変換. **2** 〘法〙所有権の譲渡[移転]. ♦ **~·ist** *n* 金属変質論者, 錬金術信者; 生物変移論者. **~·al** *a*
transmútation glàze 〘窯〙変成釉《制御された還元焼成のもとでいろいろな色を同時に出す釉薬》.
trans·mu·ta·tive /trænsmjú:tətɪv, trænz-, ˈtrɑ:ns-/ *a* 変容[変形, 変質, 変性]の[を含む, させる].
trans·mute /trænsmjú:t, trænz-, ˈtrɑ:ns-/ *vt* …の性質[外観, 形状など]を変える 〈*from, in, into*〉; 〘錬金術〙〈卑金属を金・銀に〉変える. ► *vi* 変形[変質]する. ♦ **trans·mút·able** *a* **-ably** *adv* **-mút·er** *n* **trans·mùt·abíl·i·ty** *n* [L (*mutat- muto* to change)]
trans·nátional *a* 国境[民族, 一国の利害]を超えた. ► *n* MULTINATIONAL. ♦ **~·ism** *n* **~·ly** *adv*
trans·nátural *a* 自然を超えた, 超自然の.
Trans-Néw Guínea phýlum 汎ニューギニア語族《パプアニューギニアおよび周辺地域の非オーストロネシア系言語群; もと New Guinea Macrophylum と呼ばれていた》.
trans·nórmal *a* 普通[尋常, 正常]の域を超えた, 特異な, 奇異な.
tràns·oceánic *a* 海の向こうの[からの]; 海を越えて行く; 大洋横断の: ~ operations 渡洋作戦.
tran·som /trǽnsəm/ *n* **1** 横木; 《十字架などの》横棒; LINTEL; 〘建〙無目(なし), トランサム《ドアと上の明かり採り窓を仕切る横木》, 窓の横仕切り (cf. MULLION); *TRANSOM WINDOW. **2** 〘造船〙船尾梁(りょう), 船尾肋板[肋骨]. ● **over the ~** *«口» 前もっての取決めなしに, 頼みもしないのに, 先方から勝手に. ♦ **~ed** *a* 〈窓・ドアが〉無目のある; 〈窓が〉横仕切りのある. [OF *traversin*; ⇨ TRAVERSE]
tránsom wìndow 横仕切りのある窓; 《窓・ドアの上の》明かり採り窓, 欄間窓.
tran·sónic /træn-, ˈtrɑ:n-/ *a* 〘理〙遷音速の (trans-sonic); 音速に近い速度で動く.
transónic bárrier SONIC BARRIER.
transp. transport ♦ transportation.
tràns·pacífic *a* 太平洋の向こうの; 太平洋の両岸(諸国)の; 太平洋横断の.
trans·pa·dane /trǽnspədèɪn, trǽnz-, ˈtrɑ́:ns-, trænspéɪ-/ *a* 《Rome からみて》Po 川の向こう[北側]の (opp. *cispadane*). [L (*Padus* Po 川)]
trans·par·ence /trænspǽr(ə)ns, -pέər-, ˈtrɑ:ns-/ *n* 透明(さ).
trans·pár·en·cy *n* **1 a** 透明(さ), 透明性[度]; 透過性; 〘写〙透明度. **b** 明瞭さ, わかりやすさ; 《うそなどが》見え透いていること. **2** 透明なもの: **a** 《OHP 用の》トランスペアレンシー, トラペ(ン); 透明画, 透かし絵; 〘写〙透明ポジ[陽画], スライド; 透かし絵式ディスプレー. **b** 《紙の》透かし; 《磁器の》浮模様. **3** [T-; 戯言的敬称として] 閣下《G *Durchlaucht* をふざけて訳したもの》: his [your, etc.] *T~* 閣下.
trans·pár·ent *a* **1** 透明な, 透き通った; 透けて見える〈織物〉; 〘理〙透明な《放射[粒子]を通過させる》; «廃» 〈光が〉透過する, 漏れ輝く. **2 a** 平明な〈文体〉, わかりやすい; 率直な, 気取らない〈誠実さ〉; 〈組織・商慣習などが〉透明度の高い. **b** 〈言いわけ・うそなどが〉見え透いた; 紛れもない, 明白な. **3** 〘電算〙〈プロセス・ソフトウェアなどが〉透明な, トランスペアレントな《利用者にその存在が意識されない》. ♦ **~·ly** *adv* **~·ness** *n* [OF <L *trans-*(*pareo* to appear)=to show through]
transpárent cóntext 〘哲・論〙透明な文脈《ある表現を同一指示的表現で置き換えても命題全体の真理値が変わらない場合; cf. OPAQUE CONTEXT》.
transpárent·ìze *vt* 透明に(近く)する.
trans·péptidase *n* 〘生化〙トランスペプチダーゼ《アミノ基またはペプチド基を分子から他の分子へ転移させる酵素》.
trans·pérson·al *a* 個人的なことを超えた, 超個人的な.
transpérsonal psychólogy 超個(人)心理学, トランスパーソナル心理学《多層の意識状態を仮定し, 特に個を超越した無意識や超感覚的知覚を重視する New Age 的心理学》.
trans·phótic *a* 〘SF〙超光速の.
tran·spic·u·ous /trænspíkjuəs, ˈtrɑ:ns-/ *a* 透明な; 平明な. ♦ **~·ly** *adv*
trans·pierce /trænspíərs, ˈtrɑ:ns-/ *vt* 突き通す, 貫通する, 貫く.
tran·spi·ra·tion /trænspəréɪʃ(ə)n, ˈtrɑ̀:ns-/ *n* 《水分の》蒸散; 《植物の》蒸散(作用); 蒸散量; 蒸散[蒸泄]物, 汗. ♦ **~·al** *a* **tran·spir·a·to·ry** /trænspáɪərətɔ̀:ri; -t(ə)ri, trɑ:ns-/ *a*
tran·spire /trænspáɪər, ˈtrɑ:ns-/ *vi* 〈植物などが〉蒸散を行なう, 〈水分が〉蒸散[発散]する; 明らかになる; 〈悪事が〉明るみに出る, 露見する; 〈事件が〉起こる, 発生する: It ~*d that* the police had made a mistake. 警察が間違いを犯していたことが判明した. ► *vt* 蒸散させる. ♦ **tran·spír·able** *a* [OF or L (*spiro* to breathe)]
tràns·placéntal *a* 胎盤を通過する[通じての]: ~ infection 経胎盤感染. ♦ **~·ly** *adv*
trans·plant *v* /trænsplǽnt; -plɑ́:nt, trɑ:ns-/ *vt* 〈器官・組織などを〉移植する; 〈動植物を〉他の土地に移す; 〈店舗などを〉移転する, 移住させる 〈*to, from*〉. ► *vi* 移植を行なう; 移植に耐える. ► *n* /⌐ー⌐/ 移植; 移植したもの[苗木, 器官, 組織など]; 植民, 入植[移住]者, 転入者; 海外移転工場. ♦ **transplánt·er** *n* 移植機. **trans·plánt·able** *a* **transplànt·abílity** *n* [L]
trans·plant·ate /trænsplǽntèɪt; -plɑ́:n-, trɑ:ns-/ *n* 移植組織[片, 器官].
tràns·plantátion *n* 移植; 〘医〙移植(手術).
trans·pólar *a* 北[南]極を超える[横断する].
tran·spon·der, -dor /trænspɑ́ndər, ˈtrɑ:ns-/ *n* 応答機[器], トランスポンダー《外部からの信号に自動的に信号を送り返すラジオ, レーダー, または送受信機》. [*trans*mitter, res*ponder*]
trans·pon·ible /trænspóunəb(ə)l, ˈtrɑ:ns-/ *a* TRANSPOSABLE.
trans·pon·tine /trænspɑ́ntàɪn; trænz-, trɑ:ns-/ *a* **1** 橋の向こう側の; 《London で》Thames 川南岸の: a ~ drama 《19 世紀に Thames 川南岸地区の劇場で人気のあったメロドラマのような》安っぽい通俗劇. **2** «古風» 海の向こう(から)の; 《特に》英国から見て大西洋の向こうの, 米国の. [L *pont-* PONS]
trans·port *vt* /trænspɔ́:rt, ˈtrɑ:ns-, *⌐ー⌐/ **1** 移動させる, 運ぶ, 輸送[運送]する 〈*from, to*〉; 《別の世界・時代などへ》連れていく, いざなう 〈*to*〉; 〘史〙〈罪人を〉追放する, 海外の流刑地[罪人植民地]に送る; «廃» あの世に送る (kill). **2** [ᵘ*pass*] 我を忘れさせる: be ~*ed* with joy 喜びで夢中になる. ► *n* /⌐ー⌐/ **1 a** 輸送, 運送, 運搬 (transportation) 〈*of*〉; 交通[輸送]機関; 輸送船[列車, 自動車], 輸送機; 駆動機構. **b** 〘史〙流刑囚. **2** [°*pl*] 強い感情, 感情のたかぶり, 《特に》恍惚: in ~*s* of joy [rapture] 有頂天になって. [OF or L (*porto* to carry)]
transpórt·able *a* 〘電算〙〈パソコンが〉移動可能な, 可搬型の《携帯するには重いが, 一体型で持ち運び可能な》; ᵘ〈罪人・犯罪が〉流刑に値する. ♦ **transpòrt·abílity** *n*
trans·por·ta·tion /trænspərtéɪʃ(ə)n; -pɔ:-, trɑ̀:ns-/ *n* **1** 輸送, 運送, 運輸, 運搬, 搬送; *交通[輸送]機関, 輸送[移動]手段; *輸送[運輸]業; *運賃, 交通費, 旅費; *旅行切符, 運送証明[許可]書; 〘史〙《囚人などの》移送, 流刑. **2** [the T-] «口» 《米国の》運輸省 (Department of Transportation). ♦ **~·al** *a*
transport cafe [café] ᵘ/⌐ー ー⌐/ 《長距離トラック運転手相手の》軽食堂.
transpórt·er /, *⌐ー ー/ *n* 運送者; 運搬装置[機器]; 大型トラック; TRANSPORTER BRIDGE [CRANE]; 〘生化〙輸送体, トランスポーター《生体膜の物質輸送タンパク質》.
transpórter brìdge 運搬橋《吊り下げた電車に似た運搬装置》.
transpórter cràne 〘機〙運搬クレーン《2 本のトラス塔で支えるトラス桁(けた)》.
Tránsport Mìnister 〘英〙運輸相.

tránsport nùmber TRANSFERENCE NUMBER.

tránsport plàne 〔空〕輸送機.

tránsport shìp 輸送船.

transpósable élement 〔生化〕転移因子《染色体の中で移動しうる DNA の区分》.

trans·pós·al *n* TRANSPOSITION.

trans·pose /trænspóuz, ˈtrɑːns-/ *vt* **1** …の位置[順序]を変える; 置き[入れ]換える, 移す; 〔数〕移項する; 〔文法〕〈字位・語句を〉転置する; 〔楽〕移調する 〈*from* G *into* [*to*] B〉. **2** 言い[書き]換える, 翻訳する; 変形[変質]させる. ► *vi* 〔楽〕移調する. ► *n* /ˊ–ˋ/ 〔数〕転置行列; TRANSPOSITION. ♦ **trans·pós·able** *a* **-pós·er** *n* [ME=to transform<OF (*trans-*, POSE); cf. COMPOSE]

trans·pós·ing ìnstrument 〔楽〕移調楽器《原譜を移調して奏する楽器; 移調装置[トランスポーズ機能]のある楽器》.

trans·po·si·tion /trænspəzíʃ(ə)n, ˈtrɑ̀ːns-/ *n* 置き換え, 転位; 〔数〕移項, 移動; 〔数〕互換; 〔解〕転位(法); 〔生〕《遺伝子の》転位; 〔文法〕転置(法); 〔楽〕移調(した曲); 〔写〕反転《ネガからポジへの変換など》. ♦ **~·al** *a*

transposítion cìpher 転置(式)暗号(法)《平文の文字の順序を系統的に変えた暗号文[法]; cf. SUBSTITUTION CIPHER》.

trans·po·son /trænspóuzɑ̀n, ˈtrɑːns-/ *n* 〔生化〕トランスポゾン《一つの replicon から他の replicon へ移ることができる遺伝子群》. [*transpose*, *-on*[2]]

trans·put·er /trænspjúːtər, trænz-, ˈtrɑːns-/ *n* 〔電算〕トランスピューター《1980 年代にスーパーコンピューター用に開発された高速マイクロプロセッサー》. [*trans*istor+com*puter*]

trans·rácial *a* 人種を超えた, 異人種間の.

trans·séxual *n* 性転換願望者, 性転換(願望)症者《異性になりたいという願望が強く, 時に 性転換手術に及ぶ性同一性障害の持主》; 性転換者. ► *a* 性転換(願望)の; 性転換願望者の. ♦ **~·ìsm** *n* **-sexuálity** *n*

trans·shápe *vt* 《古》…の形を変える.

trans·shíp *vt* 別の船[列車, トラックなど]に移す, 積み替える. ► *vi* 乗り換える, 積み替えられる. ♦ **~·ment** *n*

Tráns-Sibérian Ráilroad [Ráilway] [the] シベリア横断鉄道《1891–1916 年建設》.

trans-sónic *a* TRANSONIC.

tràns·synáptic *a* 〔生理〕経シナプスの《神経シナプスを横切って起こる》.

tran·stáge /træn-, ˈtrɑːn-/ *n* 〔宇〕トランステージ《多段式ロケットの最終段で, ペイロード (payload) をある軌道から別の軌道へ移行させる》.

tràns·thorácic *a* 〔医〕胸腔を通しての, 経胸腔的な. ♦ **-thorácically** *adv*

Tran·ström·er /trάːnstrumər, -stroum-/ トランストロンメル **Tomas** (**Gösta**) ~ (1931–)《スウェーデンの詩人; ノーベル文学賞 (2011)》.

tran·sub·stan·tial /trænsəbstǽnʃ(ə)l, ˈtrɑ̀ːn-/ *a* 変質した; 変質させうる.

tran·sub·stan·ti·ate /trænsəbstǽnʃièɪt, ˈtrɑ̀ːn-/ *vt* …の実質[実体]を変化させる, 変質させる; 〔神学〕〈聖餐のパンとぶどう酒〉に実体変化を起こさせる, 化体(かたい)させる. ► *vi* 変質する; 〔神学〕化体する. [L (*trans-*, SUBSTANCE)]

tran·sub·stan·ti·a·tion /trænsəbstæ̀nʃiéɪʃ(ə)n, ˈtrɑ̀ːn-/ *n* 実質[実体]変化, 変質; 〔神学〕実体変化, 化体(かたい), 化体説《聖餐のパンとぶどう酒がキリストの肉と血との全き実体と化すること, また その説; cf. CONSUBSTANTIATION》.

tran·su·date /trǽns(j)udèɪt, trάːn-, træns(j)úːdət, -dèɪt, ˈtrɑːn-/ *n* 浸出物, 濾出物[液].

tran·su·da·tion /træ̀ns(j)udéɪʃ(ə)n, ˈtrɑ̀ːn-/ *n* 浸出, 濾出; 浸出[濾出]物.

tran·sude /træns(j)úːd, ˈtrɑːn-/ *vi*, *vt* 浸出[濾出]する[させる], にじむ. ♦ **tran·su·da·to·ry** /træns(j)úːdətɔ̀ːri; -t(ə)ri, trɑːn-/ *a* 浸出する, 浸出性の. [OF *tressuer* (*trans-*, L *sudo* to sweat)]

tran·sumpt /trænsʌ́mpt, ˈtrɑːn-/ *n* 《スコ》写し, 写本, 謄本.

tràns·uránian *a* TRANSURANIUM.

tràns·uránic 〔理〕*a* TRANSURANIUM. ► *n* 超ウラン元素 (transuranium element).

tràns·uránium *a* 〔理〕超ウラン(元素)の: a ~ element 超ウラン元素《原子番号 93 以上の人工放射性元素》.

tràns·uréthral *a* 〔医〕経尿道の《尿道を経て行なわれる》.

Trans·vaal /trænsvάːl, trænz-; trǽnzvɑ̀ːl, trάːnz-, trǽns-, trάːns-/ [the] トランスヴァール《南アフリカ共和国北東部の Vaal 川以北を占めた旧州; 世界的な金の産地; ☆Pretoria; 現在は Mpumalanga, Limpopo, North-West, Gauteng の各州に分割; もと SOUTH AFRICAN REPUBLIC; 略 Tvl》. ♦ **~·er** *n* **~·ian** *a*

Transváal dáisy 〔植〕オオセンボンヤリ (=*Barberton daisy*)《Transvaal 原産のガーベラの一種》.

trans·váluate *vt* TRANSVALUE.

tràns·valuátion *n* 再評価.

trans·válue *vt* 《特に 定説とは別の価値基準で》…の評価を変える, 再評価する.

trans·vénous *a* 〔医〕〈心臓のペーシングが〉経静脈法の《静脈内に体外からのパルスを伝える電極を入れたカテーテルを挿入して行なう》.

trans·ver·sal /trænsvə́ːrs(ə)l, trænz-, ˈtrɑːns-/ *a* TRANSVERSE; 〔数〕〈線が〉(複数の線を)横断する. ► *n* 〔数〕横断線. ♦ **~·ly** *adv* **trans·ver·sal·i·ty** /træ̀nsvərsǽləti, træ̀nz-, ˈtrɑːns-/ *n*

trans·verse /trænsvə́ːrs, trænz-, ˈtrɑːns-, *ˊ–ˋ/ *a* 横向きの, 横断する, 横切る, 横方向に作用する; 前後軸に対して直角に作った; 〈フルート属の楽器が〉横吹きの; 〔数〕交軸の: a ~ artery 横動脈. ► *n* /ˊ–ˋ, –ˊ/ transverse なもの; 《公園などを横切る》横断道路, 近道; 〔解〕横筋; 〔数〕《双曲線の》交軸; TRANSEPT. ♦ **~·ly** *adv* [L *trans-*(*vers- verto* to turn)=to turn across]

tránsverse cólon 〔解〕横行結腸.

tránsverse flúte 〔楽〕横笛, フラウト・トラヴェルソ (cf. RECORDER).

tránsverse mágnet 〔理〕磁極が(長手方向の端でなく)側辺にある磁石.

tránsverse prócess 〔解〕《脊椎の》横突起.

tránsverse séction CROSS SECTION.

transvérse vibrátion 〔理〕横振動.

tránsverse wáve 〔理〕横波 (cf. LONGITUDINAL WAVE).

trans·vert·er /trænsvə́ːrtər, trænz-, ˈtrɑːn-/ *n* 〔電〕変圧整流機, トランスバーター. [*trans*former+con*verter*]

trans·vést *vt* [~ *-self*] 〔心〕異性の衣類を身に着ける. [L *vestio* to clothe]

trans·ves·tite /trænsvéstaɪt, trænz-, ˈtrɑːns-/ *n* 服装倒錯者, 異性装者《異性の衣類を身に着けたがる傾向の人; 略 TV》. ► *a* 服装倒錯(者)の. ♦ **trans·vés·tism** /-tìz(ə)m/, **trans·ves·ti·tism** /-véstətìz(ə)m/ *n* **-vés·tist** *n*

Tran·syl·va·nia /træ̀nsəlvéɪnjə, -niə, ˈtrɑ̀ːn-/ トランシルヴァニア (*Romanian* Transilvania)《ルーマニア西部の地域; 11–16 世紀ハンガリー領, 16–17 世紀トルコの支持下に公国として独立したが, 17 世紀末ハンガリーに返還, 1918 年ルーマニア領; Bram Stoker の *Dracula* では Dracula 伯爵の故郷とされている》. ♦ **-nian** *a*, *n*

Transylvánian Álps *pl* [the] トランシルヴァニアアルプス《ルーマニア中部をほぼ東西に走るカルパティア山脈南部の部分》.

trant·er /trǽntər, trάːnt-/ *n* ˈ《方》《馬・荷車での》荷運び人, 行商人. [?AF *traventer*]

tranx /trǽŋks/ *pl* 《俗》TRANKS.

tran·yl·cy·pro·mine /træ̀n(ə)lsáɪprəmìːn, ˈ-nàɪl-/ *n* 〔薬〕トラニルシプロミン《抗鬱剤》. [*trans-*, phe*nyl*, *cyclo-*, *pro*pyl, *amine*]

trap[1] /trǽp/ *n* **1** 《特に ばね仕掛けの》わな, 落とし(穴); TRAPDOOR; [*fig*]《抜け出せない, または陥りやすい》わな, 陥穽, 計略; 《予期しない》苦境; あやまち; 待伏せ (ambush): catch an animal in a ~ / fall [walk] into a [sb's, the] ~=be caught in a [sb's, the] ~ わな[術中, 苦境]に陥る, 愚を犯す 〈*of* do*ing*〉 / lay [set, spring] a ~ for… にわなを仕掛ける / POVERTY TRAP. **2 a** トラップ《水・蒸気・泥など不要物を除去する装置》; 《排水管の》防臭弁《特に 管の屈曲部に水がたまるようにして臭気を遮断するもの》; 〔地質〕トラップ《地中で石油・ガスが集積しやすい地質構造》, 《鉱坑の》通風口. **b** 〔野〕グラブの親指と人差し指の間に張った革ひも(の網). **3 a** SPEED TRAP; [*pl*]《レース用自動車の速力を測る電子計時装置を備えた》速度計測コース. **b** 〔アメフト〕MOUSETRAP; 〔サッカー〕トラップ《飛んできた球を止めてコントロールするプレー》; 〔バスケ〕トラップ(ディフェンス)《わなを張って相手の攻撃を止めるプレー》; 〔ゴルフ〕SAND TRAP. **4 a** 《trapball で》球を投げ上げる木製の器具; TRAPBALL. **b** 〔射撃〕放鳥器, 標的飛ばし, トラップ《クレーピジョン (clay pigeon) を空中に射出する装置》. **c** 〔ドッグレース〕スタート地点でグレーハウンドを待機させる囲い. **5** 《通例 一頭立ての》二輪のばね付き軽馬車. **6** 《衣服などの》かぎ裂き (smash). **7** 〔電算〕内部割込み, トラップ《0 による除算, 演算結果の桁あふれ, 特権命令の越権使用などの際に発生するハードウェアによる割込み》; 《一般に》割込み (interrupt). **8** 《俗》《特に 発声器官としての》口 (mouth). ★ shut one's ~ などの成句は ⇨ MOUTH. **9** [ˈ*pl*] 〔ジャズ〕パーカッション楽器群. **10** 《豪口》おまわり, サツ, デカ; *《俗》《盗んだ金品の》隠し場所; *《俗》店, 《特に》ナイトクラブ, 安酒場.

► *v* (**-pp-**) *vt* **1 a** 〈鳥獣を〉わなで捕える, 〈犯人などを〉捕える; [*fig*]〈人を〉計略にかける, 陥れる, 一杯食わせる; [ˈ*pass*]《窮屈なところに》閉じ込める, 脱出できなくする; 《困難[危険]な立場に》追い込む: ~ sb *into* admitting that… 人をわなにかけて…ということを認めさせる / ~ sb *in* his inconsistencies 人の矛盾をつく. **b** 〈衣類・体の一部などを〉引っ掛ける, はさむ. **2 a** 〈場所〉にわなを仕掛ける; 〈ゴルフコース〉にサンドトラップを設ける. **b** …にトラップ装置を施す; 〈臭気などを〉トラップで吸収する; 〈ガス・エネルギーなどを〉逃がさない, ためる. **c** 〈舞台〉に落とし戸[奈落]を設ける. **3** 〔射撃〕《放鳥器などから》〈クレーピジョンを〉放つ. **4** 取り出す, 抜き取る; さえぎる, 妨げる. **5** 〔野・アメフト〕〈球を〉ショートバウンドで取る, トラップする; 〔野〕すばやい牽制で〈ランナーを〉ベースから追い出す; 〔アメフト〕MOUSETRAP. ► *vi* わなを仕掛ける, 《特に 毛皮を取るために》わな猟をする; 〔射撃〕放鳥器を使う[扱う]; 〔バスケ〕トラップディフェンスをする; 〈蒸気などが〉管中に閉じ込められる.

◆ **～·lìke** *a* ［OE *træppe*＜?; cf. MLG *trappe*, L *trappa*］

trap[2] *n* [*pl*]《口》手まわり品, 世帯道具; [ᵘ*pl*]《廃》馬に着せる飾り衣裳. ► *vt* (-pp-) …に飾りを付ける; 盛装させる. ◆ **trápped** *a* ［*trap* (obs)＜OF *drap* cloth, DRAPE］

trap[3] *n*〘地質〙トラップ (＝*traprock*)《暗色の火成岩; 道路工事用》. ［Swed (*trappa* stair; その外見から)］

trap[4]《スコ》*n* 脚立(きゃたつ); 屋根裏に上がるはしご. ［C18＜?; cf. ↑, Du *trap* flight of steps］

trapan ⇨ TREPAN[2].

Tra·pa·ni /trá:pəni/ トラパニ《イタリア領の Sicily 島北西端にある港町》.

tráp·bàll *n* トラップボール《trap で放り上げたボールをバットで飛ばすかつての球技の一種; それに使うボール》.

tráp cròp〘農〙《害虫を他の作物から引き寄せるために植えられる》誘引作物, 捕獲作物.

tráp cùt STEP CUT.

tráp·dòor *n*《閉じたときに床・屋根・天井・舞台などの表面と(ほぼ)同一平面をなす》はね上げ戸, 落とし戸, 引戸; はね上げ戸の穴;〘鉱〙通風戸;〘電算〙《暗号やユーザー管理システムなどの》侵入口《不備によるものにも意図的に作られたものにもいう》.

tráp-dòor spíder〘動〙トタテグモ;《豪》FUNNEL-WEB SPIDER.

trapes ⇨ TRAIPSE.

tra·peze /træpí:z; trə-/ *n*《空中サーカス用・体操用などの》ぶらんこ; トラピーズ《ヨットなどで艇外に身を乗り出すときに用いる命綱》;〘服〙トラペーズドレス (＝～ **drèss**)《肩から裾にかけて広がったゆったりしたドレス》. ［F＜L; ⇨ TRAPEZIUM］

tra·pé·zi·al *a* TRAPEZIUM の; TRAPEZIUS の.

tra·pé·zi·fòrm /trəpí:zə-, træ-/ *a* 不等辺四辺形の, 台形の.

tra·péz·ist *n* ぶらんこ乗り (＝**trapéze àrtist**)《曲芸師》.

tra·pe·zi·um /trəpí:ziəm, træ-/ *n* (*pl* **-zia** /-ziə/, **～s**)*不等辺四辺形; ᴵᴵ台形 (cf. TRAPEZOID);〘解〙《手首の》大多角骨. ［NL＜Gk (dim)＜*trapeza* table］

trapézium rùleᴵᴵ TRAPEZOIDAL RULE.

tra·pe·zi·us /trəpí:ziəs, træ-/ *n*〘解〙僧帽筋.

tra·pe·zo·hédron /trəpì:zou-, træ̀pə-/ *n* (*pl* **～s, -dra** /-drə/)〘晶〙偏方多面体. ◆ **-hédral** *a*

trap·e·zoid /trǽpəzɔ̀ɪd/ *n**台形; ᴵᴵ不等辺四辺形 (cf. TRAPEZIUM);〘解〙《手首の》小多角骨. ► *a* trapezoid (形)の. ◆ **tràp·e·zói·dal** *a* ［NL＜Gk; ⇨ TRAPEZIUM］

trapezóidal rúleᴵᴵ 台形公式, 台形法則《曲線と軸の間の面積を得るのに, 当該部分をいくつかの台形の和で近似させる方法》.

Trap·e·zus /trǽpɪzəs/ トラペズス《TRABZON の古代名》.

tráp·lìght *n* 虫寄せ灯, 集虫灯, 誘蛾灯.

tráp·lìne *n**わなの仕掛けられる道筋, わな道, トラップライン; クモの巣の糸.

tráp·nèst *n*〘養鶏〙トラップネスト《入口が蝶番(ちょうつがい)式で産卵数測定ができる巣箱》. ► *vt*〈個々の鶏〉の産卵成績をトラップネストで測定する.

Trappe ⇨ LA TRAPPE.

trap·pe·an /trǽpiən, trəpí:-/ *a*《まれ》TRAP[3] の[に似た, からなる].

tráp·per *n* わなを仕掛ける人,《特に》毛皮を取るためにわな猟をする猟師;〘鉱〙通風口の開閉係.

tráp·pings *n pl* (装飾的な)衣裳,《美々しく飾った伝統的・典型的な》衣裳, 式服, 礼服; (装飾的な)装具, 飾り物; 馬の飾り衣裳, 飾り馬具 (caparison); (うわべの)装飾, 装い, 飾り〈*of* fame, power, etc.〉: decorated with the ～ *of* science 科学の装いをまとって. ［*trap*[2]］

Trap·pist /trǽpɪst/ *n*〘カト〙トラピスト会士《1664 年フランス Normandy の La Trappe 大修道院長ド・ランセ (de Rancé) (1626–1700) によって設立された '厳律シトー修道会' の修道士の俗称》. ► *a* トラピスト会士(の生活[精神])の.

Trap·pist·ine /trǽpəstì:n/ *n* トラピスチン会修道女《女子トラピスト修道会の修道女》.

tráp·py *a* わなのある; 油断のならない, 厄介な, 難儀な;〈馬が〉揚げ足高く小刻みに速く歩く. ◆ **tráp·pi·ness** *n*

tráp·ròck *n* TRAP[3].

trapse ⇨ TRAIPSE.

tráp·shòot·ing *n* トラップ射撃《放鳥器 (trap) 使用のクレー射撃》. ◆ **tráp·shòot·er** *n*

trapt /trǽpt/ *v*《古》TRAP[1] の過去・過去分詞.

tra·pun·to /trəpú:ntou, -pún-/ *n* (*pl* **～s**)〘洋裁〙トラプント《模様の輪郭をランニングステッチして, 中に綿などを詰めて浮彫り風にしたキルティング》. ［It＝embroidery］

trash[1] /trǽʃ/ *n* **1***くず, がらくた, かす, ごみ, ちり, あくた; 破片, かけら, 切れはし, ぼろぎれ, 切りくず, こっぱ, 切り[摘み]取った枝[葉, 茎など]; サトウキビのしぼりかす (cane trash)《燃料》. **2** 駄作, くず; くだらないこと, ばか話 (: talk ～); TRASH TALK; [〈*sg*/*pl*〉]*人間のくず, 能なし (cf. WHITE TRASH). **3**《俗》手当たりしだいの破壊行為. **4**〘電算〙《ファイル削除用の》ごみ箱(型アイコン). ► *vt* **1** …からかすを除く;〈サトウキビ〉の外葉を除く;〈木〉の枝を下ろす; *《口》くず[かす, 無用のもの]として処分する, 捨てる; *《口》〈人を〉こきおろす, けなす, 中傷する. **2**《口》破壊する, よごす, 荒らしまわる, (手当たりしだい)ぶっこわす[たたきこわす] (vandalize); *《俗》〈人を〉さんざんなぐる; *《俗》《試合で》負かす, やっつける. ► 《俗》*vi* ぶっこわす; やっつける; *ごみの中の使えるものをあさる, 路上に投棄してある家具を拾ってくる. ［C16＜? Scand (Norw *trask* trash)］

trash[2] *n*《古・方》猟犬制御用の長い綱. ► *vt*《古》〈猟犬を〉綱で制御する;《古》妨げる. ［? F *tracier* to track, TRACE[1]］

trásh bàg* ごみ袋, ごみ用ポリ袋.

trásh càn [bìn]*《通例 屋外に置く大型の》ごみ用の容器, ごみ箱[バケツ], くず入れ (dustbinᴵᴵ, litterbinᴵᴵ).

trásh càsh*〘広告〙ドル紙幣に似せて人目をひくようにした宣伝ビラ.

trásh compàctor* 《台所用の》ごみ圧縮器.

trashed /trǽʃt/ *《俗》*a*《酒・麻薬に》酔っぱらった, ぐでんぐでんの; ぶっこわれた, ぼろぼろ[めちゃめちゃ]の.

trásh·er《俗》*n* 手当たりしだいの破壊行為をはたらく者; *路上に投棄してある家具を拾ってくる者.

trásh·ery *n* つまらないもの, がらくた, くず《集合的》.

trásh fàrming〘農〙刈り株マルチ耕作法.

trásh fìsh ROUGH FISH; 採油・飼料用の海産魚, くず魚.

trásh ìce 氷水.

trásh·màn /, -mən/ *n* くず[廃品]収集人, 清掃作業員.

trásh·mòuth *n**《俗》いつも下品な[わいせつな]ことを口にするやつ.

trásh·ràck *n*《水門や発電所の水圧管に魚やごみがはいるのを防ぐための》ちりよけ格子[スクリーン] (rack).

trásh·spòrt *n* 有名人[芸能人]スポーツ大会《テレビ放映用》.

trásh tàlk [tàlking]* 《口》《相手をおじけづかせるための》嘲弄のことば, 挑発的な侮辱, 大口, 悪口, 毒舌, こきおろし. ◆ **trásh-tàlk*** *vi, vt* **trásh-tàlker*** *n*

trash TV /⌐—́ tì:ví:/ 〘テレビ〙ごみ番組, 低俗番組.

tráshy *a* くずの(ような); くだらない, ばかばかしい; *《畑などが》前作の枯れた葉や茎でおおわれた; *《俗》下品な, 低俗な, 下劣な. ◆ **trásh·i·ly** *adv* **-i·ness** *n*

Tra·si·me·no /trὰzəménou, trà:zəméɪ-/, **-mene** /trǽzəmì:n/ [Lake] トラジメノ湖《イタリア中部 Perugia 市西方の湖; Hannibal が Flaminius のローマ軍を破った (217 B.C.) 戦跡; 別称 Lake (of) Perugia》.

trass /trǽs/ *n* 火山土, トラッス《火山岩のくず; 水硬セメントの材料》. ［Du; cf. TERRACE］

trat(t) /trǽt/ *n*《口》TRATTORIA.

trat·to·ria /trὰ:tərí:ə/ *n* (*pl* **-ri·as, -rie** /-rí:èɪ/) 料理店,《特に》イタリアの大衆レストラン, トラットリア. ［It］

trau·ma /trɔ́:mə, tráu-/ *n* (*pl* **～s, -ma·ta** /-tə/)〘医〙外傷;〘精神医〙(心的)外傷, トラウマ《精神に持続的な影響を与える衝撃》; 外傷[ショック]性障害; 外傷の因. ［Gk *traumat- trauma* wound］

tráuma cènter 外傷センター《外傷を負った患者を治療する設備のある病院・医療センター》.

trau·mat·ic /trɔ:mǽtɪk, trə-, trau-/ *a* 外傷(性)の, 外力性の; 外傷治療(用)の; 深く傷ついた, 忘れられない: a ～ experience. ◆ **-i·cal·ly** *adv*

trau·ma·tism /trɔ́:mətìz(ə)m, tráu-/ *n*〘医・精神医〙外傷性全身障害; 外傷 (trauma).

trau·ma·tize /trɔ́:mətàɪz, tráu-/ *vt* …に心的外傷[トラウマ]を与える; 傷つける, …に外傷を与える[負わせる]. ◆ **tràu·ma·ti·zá·tion** *n* **-tìzed** *a*

trau·ma·tol·o·gy /trɔ̀:mətálədʒi, tràu-/ *n*〘医〙外傷学, 災害外科学. ◆ **-gist** *n* **trau·ma·to·log·i·cal** /trɔ̀:mətəlάdʒɪk(ə)l, trὰu-/ *a*

trav. travel.

tra·vail /trəvéɪl, trǽveɪl/ *n*《文》**1** [ˢ*pl*] 労苦, 苦労, 骨折り, つらい仕事[務め], 努力; 苦しみ, 苦痛, 苦難, 辛苦. **2** 産みの苦しみ, 陣痛: in ～ 産気づいて. ► *vi* 産気づいている, 産みの苦しみをする; 営々と仕事に励む, 苦労する. ► *vt*《古》苦しめる. ［OF (n)(＜*travailler*)＜L *trepalium* 責め道具 (*tres* three, *palus* stake)］

Trav·an·core /trǽvənkɔ̀:r, ⌐—⌐/ トラヴァンコール《インド南西部 Malabar 海岸に面する旧藩王国; 1949 年 Cochin と合併し Travancore and Cochin 州 (☆Trivandrum) を構成, 56 年以来 Kerala 州の一部》.

trave /tréɪv/ *n* **1** 蹄鉄を打つ時にあばれる馬[牛]を入れる木製の枠組; あばれ馬[未調教馬]を抑制する装置. **2**〘建〙桁(けた) (crossbeam);〘建〙径間(けたま)《桁と桁の間にはさまれた区画》;〘建〙格間(ごう) (bay). ［OF＝beam］

trav·el /trǽv(ə)l/ *v* (-l- | -ll-) *vi* **1 a**《特に 遠方または外国へ》軽装で行く, 旅行する; (乗物で)通う: ～ light 軽装で旅をする; [*fig*]《責任などを背負い込まないよう》身軽に生きる / He is ～*ing* to Mexico tomorrow. 明日メキシコに旅立つ / I ～ to work by car [on the train]. 車[列車]で通勤している / It is better to ～ hopefully than to arrive.《諺》着いてしまうよりも希望をもって旅するほうがよい《目的の達成に努めている間のほうが喜びが大きい》/ He ～*s* (the) fastest who ～*s* alone.《諺》一人旅がいちばん速い《妻子や仲間がじゃまになるときのことば; Kipling の詩の 1 行から》. **b**〈鹿などが〉草を食いながら進む[移動する];〈動物が〉歩きまわる. **c** 外交員をしてまわる, 注文取りに

出る, 外勤をやる 〈*for* a firm, *in* a commodity〉《ITINERANT *a*》: She ~*s in* toiletries. 化粧品のセールスをしている. **2** 〈光・音・ニュースなど〉伝わる; 〈目・記憶などが〉次から次へと移る 〈*over* a scene, topic〉. **3 a** 〈機械が〉動く, 移動する 〈*along* a bar, *in* a groove〉. **b** 〈乗物が〉《ある速度で》走る 〈*at* 50 miles per hour〉; 《口》速く動く[走る]. **4** 運ばれる, 《口》長旅[移動, 翻訳]に耐える, 他地域[他文化]で受入れられる: wines that ~ well [badly] 長距離の輸送がきく[きかない]ワイン. **5***つきあう (associate) 〈*with*〉. **6**〔バスケ〕トラベリングをする (=*walk*). ► *vt* **1** 〈場所を〉旅行する; 〈道を〉通る, たどる; 〈ある距離を〉通過する, 進む; 〈区域を〉外交員としてまわる. **2** 《口》〈家畜の群れを〉移動させる; 〈木材を〉川に流して運ぶ. ► *n* **1 a** 旅, 旅行 (traveling); [ᵘ*pl*] 長距離[外国]旅行; [ᵘ*pl*] 旅行記, 旅行談. **b** 通行, 通勤, 通学; 《通過人員・車両などの》交通量, 往来. **2** 《星・光・音などの》進行, 運動; 〔機〕動程, 衝程. ● **~s in the blue** 放心, 瞑想, 白日夢. ► *a* 旅行(用)の. [ME *travailen* to journey, TRAVAIL]

trável·able | tráv·el·la·ble *a* 通行できる.

trável àgency [bùreau] 旅行代理店, 旅行案内所, 旅行社.

trável àgent **1** 旅行案内業者, 旅行社社員; TRAVEL AGENCY. **2***《俗》**a** LSD (の売人). **b** LSD の体験に手を貸す者.

trável alèrt 《政府が出す》渡航危険情報.

trav·e·la·tor, trav·o- /trǽvəlèɪtər/ *n* 動く歩道.

Trável·càrd *n* 〔英〕トラヴェルカード《Greater London 内の鉄道・バス・地下鉄を利用できる割引料金の乗車券》.

trável dòcument 《パスポート・ビザなどの[に準じる]》旅行用書類, トラベルドキュメント.

tráv·eled | tráv·elled *a* 広く旅をした, 旅慣れた, 見聞の広い; 旅人が利用する; 〔地質〕運積した: a much ~ road 多くの旅行者が通る道 / ~ soils 運積土.

trável·er | -el·ler *n* **1** 旅行家, 旅人; "旅人《ジプシーなど漂泊民の自称》; "NEW AGE TRAVELLER; 《豪俗》SWAGMAN, SUNDOWNER; TRAVELING SALESMAN; 速く走る馬[車など]. **2** 〔劇〕引幕 (opp. *drop curtain*); 〔海〕すべり環, トラベラー; 〔海〕すべり環をはめた棒[円材, ロープなど]; 〔機〕走行台, トラベラー; TRAVELING CRANE. ● **tip the ~ upon**…をだます, …にほらを吹く. **~'s tale** うそのような話, ほら話.

tráveler(')s chèck 旅行(者)小切手, トラベラーズチェック (=*banker's check*).

tráveler's diarrhéa 〔医〕旅行者下痢《土地の食物・飲料水に含まれるバクテリアに消化器系が慣れていない旅行者がかかる頑固でしばしば激しい下痢》.

tráveler's-jòy *n* (*pl* ~**s**) 〔植〕センニンソウ属のボタンヅルの類のつる植物《ユーラシア・アフリカ北部産; キンポウゲ科》.

tráveler's-trèe *n* 〔植〕タビビトノキ, オウギバショウ《マダガスカル島原産》.

trável·ing | -el·ling *a* 旅行の, 旅行(者)用の; 旅行[巡業, 移動]する. ► *n* 旅行(すること) (⇨ TOUR); 巡歴, 巡業, 移動.

tráveling bàg 旅行用バッグ.

tráveling càp 旅行帽.

tráveling càse 旅行用スーツケース.

tráveling clòck トラベルウォッチ《ケースにはいった旅行用小型時計》.

tráveling cràne 走行クレーン[起重機] (=*traveler*).

tráveling fèllowship 研究旅行奨学金.

tráveling líbrary 巡回文庫[図書館].

tráveling péople [fólk]" *pl* 旅する人びと《ジプシーなど漂泊民の自称》.

tráveling rùg" 旅行用ひざ掛け (lap robe*).

tráveling sálesman 巡回販売員, 外交員.

tráveling sálesman pròblem [the] 〔数〕巡回セールスマン問題《いくつかの点を通る最短コースを求める問題》.

tráveling schólarship 研究[勉学]旅行のための奨学金.

tráveling wáve 〔理〕進行波 (cf. STANDING WAVE).

trável·ing-wáve tùbe 〔電〕進行波管, TW 管《マイクロ波用増幅管の一種; 略 TWT》.

Trávellers' Clùb 〔英〕トラヴェラーズクラブ《London の Pall Mall 街にある; 500 マイル以上の旅行をした会員からなり, 外交官の出入りが多い; 1819 年 Wellington 公の後援で発足》.

trav·el·ogue, -og /trǽvəlɔ̀(:)g, -lɑ̀g/ *n* 《スライド・映画を用いての》旅行談; 〔映〕紀行映画; 旅行談, 紀行文. [*monologue* などにならって *travel* から]

trável shòt 〔映・テレビ〕移動撮影, トラベルショット.

trável-sìck" *a* 乗物に酔った, 乗物酔いの. ♦ **trável sìckness** *n*

trável-stàined *a* 旅でよごれた.

trável tràiler 旅行用トレーラー《車に引かせて移動住居とするもの》.

trável wàrning 渡航警告, 渡航延期勧告《自国民が海外の危険な地域への旅行を取りやめるように政府が発する警告》.

trável-wòrn *a* 旅にやつれた, 旅疲れした.

trav·ers /trǽvərs/ *n* 〔馬〕腰を内へ《馬場馬術の側方運動の一つ; 馬の後躯を内側にずらし壁沿いに前進する; cf. RENVERS》.

Trav·ers /trǽvərz/ **1** トラヴァーズ (**1**) **'Ben' ~ [Benjamin ~]** (1886–1980) 《英国の劇作家・小説家》 (**2**) **P**(**amela**) **L**(**yndon**) ~ (1899?–1996) 《オーストラリア生まれの英国の児童文学作家; Mary Poppins シリーズの作者》. **2** [Mount] トラヴァーズ山《SPENSER MOUNTAINS の最高峰 (2338 m)》.

tra·vers·able /trævə́:rsəb(ə)l; trǽvə:-/ *a* 横切る[越える]ことのできる, 通過できる; 〔法〕否認できる[すべき].

tra·vérs·al *n* TRAVERSE すること.

tra·verse *v* /trəvə́:rs, trǽvərs/ *vt* **1 a** 横切る; 横切って行く[越える, 渡る], 横断する, …と交差する; 通り抜ける, …に浸透する; 〔木工〕〈木〉の木目に対して横にかんなをかける. **b** …の上を[…沿いに]あちこち移動する; 〈斜面などを〉斜めに行く, トラバースする; 〔スキー〕〈斜面を〉斜滑降で行く. **c** 〈大砲などを〉旋回させる; 〔海〕〈帆桁を〉回す; 〔測〕トラバース[多角]測法で測量する. **2** 注意深く[全面的に, 詳しく]考察[検討]する. **3** 《文》…に反対する, 妨害[阻止]する; 〔法〕否認する. ► *vi* **1** 横切る, 横切って行く[来る]; 〈馬が〉斜めに歩く (⇨ TRAVERS); 《斜面などを》横に[斜めに, ジグザグに]移動する, トラバースする; 〔スキー〕斜滑降で下る; 〔フェン〕相手の剣を押えつつ自分の剣を前進させる. **2** 〈大砲などが〉旋回する; 右に左に[あちこちと]移動する, 〔ボク〕左右に動きまわる; 〔測〕トラバース測法で測量する. ► *n* /trǽvərs/ **1 a** 横断, 横切ること; 〔機〕横移動; 横送り装置; 〔馬〕TRAVERS; 〔登山〕トラバース《急斜面・岩壁を横に[斜めに]移動すること; その急斜面・岩壁・ルート》. **b** 〔スキー〕斜滑降; 〔海〕《風上への》ジグザグ航路(のひと間切り); 《大砲の発射方向を変えるための》旋回. **2 a** 横木, 横桁; 他の線と交差する線, 横断線; 横断路; 横方向に張った仕切り[カーテン, 幕, ついたて など]; 仕切った空間; 《大きな建物の》横断通廊. **b** 障壁, 柵, 垣; 〔軍・城〕横檣(おうしょう), 《塹壕の》防弾障. **3** 障害, 妨害; 〔法〕《相手方の主張の》否認, 否認訴答. **4** 〔測〕トラバース, 多角線, トラバース測量, トラバース測量で測量した土地: ~ survey トラバース[多角]測量.
► *a* /trǽvərs/ 横切る, 横向きに走行する, 横向きに位置を占める.
► *adv* /trǽvərs/ 《廃》横向きに, 横切って, 交差して. [OF; ⇨ TRANSVERSE]

tráverse jùry 〔法〕審理陪審 (PETIT JURY).

tra·vérs·er *n* 横断者; 〔法〕否認訴答者; TRANSFER TABLE.

tráverse ròd 《開閉装置付きの》金属製カーテンレール (=*traverse track*).

tráverse tàble 〔海〕方位表, 経緯表; 〔鉄道〕TRANSFER TABLE.

tráverse tràck TRAVERSE ROD.

travérs·ing brìdge 橋体が水平に引き退いて航路を開く可動橋.

trav·er·tine /trǽvərtì:n, -tən/, **-tin** /-tən/ *n* 〔鉱〕湧泉[温泉]沈澱物, トラバーチン, 《特に》石灰華. [It<L *tiburtinus* (*Tibur* 古代 Latium の一地方)]

trav·es·ty /trǽvəsti/ *n* **1** 《文芸・美術作品の》滑稽な[グロテスクな]模倣[移し変え], もじり, 戯画化, パロディー; 似て非なるもの, まがいもの, もどき 〈*of*〉. **2** 《異性を装う》変装. ► *vt* 変装させる; …の travesty を作る; …の travesty である; 滑稽な模倣によって嘲弄する, 戯画化する. [F (pp) 〈 *travestir* to disguise<It (TRANS-, *vestire* to clothe)]

tra·vois /trəvɔ́ɪ, trǽvɔ̀ɪ/ *n* (*pl* ~ /-z/, **~es** /-z/) トラボイ《2 本の棒を枠で結び, 犬や馬に引かせる北米先住民の運搬用具》. [CanF <F *travail* TRAVEL]

travolator ⇨ TRAVELATOR.

trawl /trɔ́:l/ *n* トロール網, 底引き網; *はえなわ (setline) (=~ **line**); 《広く》さがし求めること, 《大がかりな》調査. ► *vi* トロール網を引く, トロール漁業をする; *はえなわで魚を捕る; 引網 (seine) で魚を捕る; 流し釣りをする (troll); [*fig*] 〈…を求めて〉くまなく探す 〈*for*〉. ► *vt* トロール網[はえなわ]で捕る[集める]; 流し釣りで釣る (troll); [*fig*] くまなく探す. ♦ **~·able** *a* [? MDu *traghelen* to drag; cf. Du *traghel* dragnet]

tráwl-bòat *n* 引網船, トロール船.

tráwl·er *n* トロール漁をする人; トロール船[ボート].

tráwl·er·man /-mən/ *n* TRAWL 漁をする人, トロール漁師, トロール漁船に人を乗り組ませる人.

tráwl·nèt *n* トロール網 (trawl).

tray /tréɪ/ *n* 盆, 浅い盛り皿, トレー; 盆に載せた[盛った]もの; 《机上の》事務書類整理箱; 《トランクなどの》仕切り箱, 懸子(かけご); 《豪》《トラックの》荷台. [OE *trig*; cf. TREE]

tráy àgriculture 〔農〕HYDROPONICS.

tráy bàke" トレーベーク《トレーに流し込んで焼いた四角形のケーキ》.

trayf ⇨ TREF[1].

tráy·fùl *n* 一盆, 盆一杯 〈*of*〉.

tráy·mobìle *n* 《豪》テーブルワゴン (trolley).

tráy-tòp tàble, tráy tàble 卓表に盆にあるような縁のついたテーブル; [ᵘtray table] 《運び盆に脚の付いた》小茶卓.

traz·o·done /trǽzədòun/ *n* 〔薬〕トラゾドン《白色の結晶粉末; 塩酸塩の形で抗鬱薬に用いる》.

TRC 〔南ア〕Truth and Reconciliation Commission 真実和平委員会《アパルトヘイト下における人権侵害を調査する目的で 1995 年に南アフリカ政府により設置された》.

treach·er·ous /trέtʃ(ə)rəs/ *a* **1** 裏切る, 背信の, 不忠な, 二心のある, 油断のならない: a ～ action 裏切り行為. **2** たよりにならない, あてにならない; 足場[土台]の不安定な; (安全そうで)危険が潜む: ～ ice [branches] 強そうにみえてわれやすい氷[折れやすい枝]. ♦ **～·ly** *adv* **～·ness** *n*

treach·ery /trέtʃ(ə)ri/ *n* 裏切り, 不実, 変節; 背信行為; 裏切りに走りやすい傾向. [OF (*trichier* to cheat); ⇨ TRICK]

trea·cle /trí:k(ə)l/ *n* **1** "糖蜜 (molasses), 廃糖蜜; "GOLDEN SYRUP; [*fig*] (いやに)甘ったるいもの《感傷・声色・態度・追従など》. **2** 《廃》解毒剤, 毒消し; 《廃》特効薬, 特効療法. ♦ **tréa·cly** *a* [ME＝antidote for snakebite＜OF＜L; ⇨ THERIAC]

tréacle mùstard 〘植〙エゾスズシロ.

tread /trέd/ *v* (**trod** /trád/, **～·ed**, 《古》**trode** /tróʊd/; **trod·den** /trádn/, **trod**) *vi* **1 a** 歩く, 歩を運ぶ; 〈足が〉踏み下ろされる; 足を踏み入れる; 踏む, (誤って)踏みつける, 踏みつぶす 〈*on*〉; 〈雄の鳥が〉乗る, つがう (copulate) 〈*with*〉. **b** 横暴にふるまう, 邪険に扱う, 〈*on* sb〉. **2** [副詞(句)を伴って] ふるまう, 行動する: ～ carefully [cautiously, warily] 慎重に行動[発言]する. ▶ *vt* **1 a** 踏む, 歩く; 〈進路を〉歩む; 〈ダンス〉のステップを踏む, 踊る. **b** 踏みつける, 踏みつぶす; 〈道・穴などを〉足で踏んでつくる 〈*out*〉: ～ grapes 《ブドウ汁をしぼるため》ブドウを踏む. **c** "〈泥などを〉足につけて持ち込む (track*). **2** 抑圧する, 制圧[撲滅]する. **3** 〈雌の鳥〉とつがう.

● **～ down** 踏みつぶす, 踏みにじる, 〈感情などを〉抑えつける, [ᵘ*pass*] 〈人びとを〉虐げる; 踏み固める. **～ in** 〈物を〉土の中へ踏み入れる. **～ in sb's** FOOTSTEPS. **～ lightly** そっと歩く; 〈むずかしい問題を〉慎重に扱う. **～ on** AIR¹. **～ on eggs** ⇨ EGG¹. **～ on one's own tail** 人を打とうとしてかえってみずから傷つく. **～ [step*] on sb's toes [corns]** 人の感情を害する; 人の権利を侵す. **～ on the** GAS². **～ on the heels of**... ⇨ HEEL¹. **～ on the** NECK¹ **of**.... **～ out** ⇨ *vt* 1b; 〈火を〉踏み消す; 鎮圧[撲滅]する; 〈ブドウ汁などを〉踏みしぼる; 踏んで脱穀する. **～ the boards [stage]** 《俳優として》舞台を踏む, 舞台に立つ. **～ the ground** 歩く, 散歩する. **～ the paths of exile** 亡命する; 世間と没交渉になる. **～ this earth** 生きている. **～ under foot** 踏みにじる, 踏みつぶす; [*fig*] 圧迫する; 軽蔑する. **～ water** 立ち泳ぎをする《この場合の過去・過去分詞は通例 ～ed》; 現状を維持する(だけの努力をする), 進歩[進展]がない.

▶ *n* **1 a** 踏むこと, 歩くこと; ひと踏み, 一歩; 踏み方, 足取り, 歩きぶり; 踏む音, 足音; 《雄の鳥の》交尾. **b** 踏み跡, 足跡, わだち. **2** 《足裏・靴裏の》接地部(の模様); 《階段の》踏板(の幅), 段板; CATERPILLAR TREAD; 《スケート・そりなどの滑走部の》氷[雪]面に接する部分; 《車輪・タイヤの》踏み面, 接地面, トレッド; 《タイヤの》トレッドに刻まれた模様, トレッドパターン; 《タイヤの》トレッドの厚さ; 〘鉄道〙《レールの》車輪に触れる部分. **3** 〘獣医〙《蹄のすぐ上を他の足で踏むため起こる》蹄冠蹠傷(ていかんじょうしょう). **4** 輪距, トレッド《自動車・航空機の左右両輪間の距離》; 《卵の》カラザ (chalaza); 〘海〙竜骨の長さ.

♦ **～·er** *n* **～·less** *a* [OE *tredan*; cf. G *treten*]

tréad·bòard *n* 《階段などの》踏板, 段板.

tréad·hèad *n* 《軍俗》戦車兵.

trea·dle /trέdl/ *n* 《自転車・ミシンなどの》ペダル, 踏み子; 踏み子装置《列車や自動車が上を通ると警報装置などが始動する仕掛け》; 《卵の》カラザ (chalaza); 《豪口》自転車. ▶ *vi* 踏み子(装置)を動かす; 自転車のペダルを踏んで進む. ▶ *vt* 踏み子で動かす; 〈左官などが粘土を〉踏む. ♦ **tréa·dler** *n* [OE *tredel* stair; ⇨ TREAD]

tréadle lòom 〘紡〙FLOOR LOOM.

tréad·mill *n* **1** 《特に 獄舎内で懲罰として踏ませた》踏み車; 馬[犬]の踏む無端ベルトによって回転させる装置; 《ハツカネズミなどが回す》踏み輪; トレッドミル, ルームランナー《トレーニング・体力測定用のランニングマシン》. **2** 単調な[退屈な]仕事, 《仕事・生活などの》単調な[退屈な]繰返し.

tréad·whèel *n* 《水を汲み上げたりする》踏み車, 踏み輪.

treas. treasury.

trea·son /trí:z(ə)n/ *n* 〘法〙反逆罪 (⇨ HIGH TREASON, PETIT TREASON); 背信, 裏切り. ● **the ～ of the clerks** 知識人の背任[背信]《理性・知性の体現者であるべき知識人がその任を怠ること; フランスの哲学者 Julien Benda の著書 *La Trahison des clercs* (1927) に由来》. [AF *treisoun*＜L＝a handing over; ⇨ TRADITION]

tréason·able *a* 反逆罪の, 反逆罪的な, 背信的な (traitorous). ♦ **-ably** *adv* **～·ness** *n*

tréason fèlony 〘英法〙反逆罪的重罪.

tréason·ous *a* TREASONABLE. ♦ **～·ly** *adv*

trea·sure /trέʒər/ *n* **1** 宝, 宝物, 財宝, 秘蔵[愛蔵]の品, 埋蔵物, 秘宝; 貴重なもの[人]; 財貨, 財産, 富: art ～*s* 美術の至宝《名画・名彫刻》/ spend [cost] blood and ～ 生命財産を費やす[要する]. **2** 《口》かわいい[大切な]人, [子供・若い女性に対する呼びかけ] かわいいおまえ; またとない重宝な人物. ▶ *vt* 秘蔵[愛蔵]する 〈*up*〉, (将来のために)取っておく, たくわえる; 大事にする; 熱愛する; 〈教訓などを〉心に留める 〈*up*〉, 銘記する. ♦ **-sur·able** *a* **～d** *a* 大切な; 秘蔵の. [OF ＜L THESAURUS]

tréasure chèst 宝箱, [*fig*] 宝庫 〈*of*〉: a ～ *of* helpful ideas.

tréasure flòwer 〘植〙GAZANIA.

tréasure-hòuse *n* 宝庫, 宝蔵, 宝物殿(でん)[倉]; [*fig*] 《知識などの》宝庫.

tréasure hùnt 宝捜し; 宝捜し競争[ゲーム].

Tréasure Ísland 『宝島』《R. L. Stevenson の冒険小説 (1883); 時代は 18 世紀, Flint 船長の財宝をめぐって二派が争う; cf. Long John SILVER》.

tréa·sur·er *n* **1** 財務担当者[役員, 官], 出納方, 収入役, 会計局長, 財務部長; [T-] 《オーストラリア(各州)の》財務大臣; 〘英史〙大蔵卿 (Lord High Treasurer of England): the *T*～ of the United States 〘米〙財務省出納局長 / the *T*～ of the Household 〘英〙王室会計局長官. **2** 宝物[宝庫]の管理者. ♦ **～·shìp** *n*

Tréasure Stàte [the] 宝州《Montana 州の俗称》.

tréasure tròve 〘法〙埋蔵物《所有者不明の, 金銀・金銭など高価な発掘物》; 貴重な掘出し物[収集品]; 貴重な発見. [AF *trové* (pp)＜TROVER]

trea·sury /trέʒ(ə)ri/ *n* **1 a** 宝庫《財宝を保管する建物・部屋・箱など》. **b** 《国・地方自治体・団体・企業などの》金庫(に保管されている資金[財源]), 国庫. **2** [the T-] **a** 《英国などの》財務省, 大蔵省 (⇨ the FIRST LORD of the T～, CHANCELLOR OF THE EXCHEQUER); 《米国の》財務省《正式には the Department of the T～》. **b** 財務省の庁舎[役人たち]. **3** 《知識などの》宝庫, 物知り《人》; 《特に 書名で》宝典, 名詩文集; 《秀作美術の》至宝コレクション. **4** [ᵘTreasuries] 〘米〙財務省証券; 《廃》TREASURE. ● **～ of merits [the Church, the saints]** 〘カト〙功徳(くどく)[教会, 聖徒]の宝蔵. [OF *tresorie*; ⇨ TREASURE]

Tréasury Bènch [the] 《英国下院の》国務大臣席《議長右側の第一列; cf. FRONT BENCH》.

Tréasury bìll 《英国または米国の》財務省短期証券《割引債; 略 T-bill》.

Tréasury Bòard 〘英〙国家財政委員会《通例 首相と財務大臣および議員中より任命した 3–5 人の委員 (Junior Lords) とからなる》.

Tréasury bònd 〘米〙財務省長期証券《期間 10 年以上》.

Tréasury certìficate 〘米〙財務省短期債券, 財務省債務証書《期間 1 年までの利札式短期証券》.

tréasury lòrd 〘英〙国家財政委員会委員.

Tréasury nòte **1** 法定紙幣 (1) 英国で 1914–28 年に発行された 1 ポンドまたは 10 シリング紙幣; currency note ともいう; 今は Bank of England note がこれに代わっている 2) 米国で 1890 年のシャーマン銀買入法 (Sherman Silver Purchase Act) に基づいて地金買入代金を支払うために財務省が発行した紙幣》. **2** 《米国の》財務省中期証券《期間 1–10 年》.

tréasury·ship *n* TREASURERSHIP.

tréasury stòck* 金庫株《発行済株式のうち会社が再取得している株式》.

tréasury tàg 《ひもの両端に金具が付いた書類整理用の》綴じひも.

tréasury wàrrant 国庫支払[収納]命令書.

treat /trí:t/ *vt* **1 a** 〈人・動物を〉待遇する, 遇する, 扱う 〈*as, like*〉: ～ sb badly [with respect] 人を虐待する[敬意をもって扱う]. **b** みなす, 処理する: ～ a matter *as* important [*as* a joke] 事を重要と[冗談と]みなす. **2** 〈問題などを〉論ずる, 扱う, 述べる; 《文学・美術などで》扱う, 表わす, 表現する; 取り扱う (handle). **3** 〈病気・患者を〉治療する, 処置する: ～ sb *for* his illness 人の病気を治療する. **4** 《化学薬品などで》処理する 〈*with*〉; 加工処理する. **5** 〈人〉におごる, ごちそうする; もてなす, 歓待する; 〈選挙人を〉《買収の目的で》供応する: I'll ～ you. わたしが払うよ / ～ sb *to* dinner [a movie, an ice cream] 人に食事[映画, アイスクリーム]をおごる. ▶ *vi* **1** 《文章・談話で》説く, 書く, 論じる, 言及する 〈*of*〉. **2** 談判する, 取引する, 交渉する, 掛け合う 〈*with*〉. **3** おごる: Who will ～ today? きょうはだれがおごるの. ● **～ oneself to**... 《奮発して》〈旅行・飲食物・衣服など〉を楽しむ, 買い求める.

▶ *n* **1 a** 《ふるまわれた》ごちそう, 歓待, 供応; 慰安会: a school ～ (日曜)学校の慰安会《郊外散歩・運動会など》/ DUTCH TREAT. **b** おごる番: It is my ～ now. 今度はぼくがおごる番だ. **2** 《思いがけない[大きな, 格別の]》喜び[満足, 楽しみ]を与えるもの[人]: It is a ～ to see you. お目にかかって大満足です / You're in for a ～ today. 今日はきっと楽しい[いいことがある]はずですよ. **3*** 甘いもの[菓子], スイーツ. ● **a ～** [〈*adv*〉; 動詞のあとに用いて] "《口》とてもうまく, 申し分なく, すてきに: work *a* ～ うまく機能する, うまくいく / That hat suits you *a* ～. その帽子はあなたにぴったりだ. **stand ～** おごる.

♦ **～·er** *n* **～·ing** *n* [OF *traiter*＜L *tracto* to manage (freq)＜*traho* to drag]

tréat·able *a* 処理できる, 治療できる; 《古》扱いやすい, おとなしい, 御しやすい. ♦ **trèat·abílity** *n*

trea·tise /trí:təs, -z/ *n* (学術)論文 〈*on* a subject〉; 《廃》話, 物語. [AF; ⇨ TREAT]

tréat·ment *n* **1** 待遇, 扱い, 処理, 処置; 論じ方, 扱い[取り上げ]方; [the (full etc.) ～] 《口》《新入りなどに対する》慣例どおりの[お定まりの, 手荒な]扱い(方): give the SILENT [FULL] TREATMENT. **2** 治療, 処置, 手当て; 治療法[薬], 処理法[剤]; 試験的状態: a new ～ for cancer 癌の新療法 / be under (medical) ～ 治療中. **3** 〘映〙《ト書(とがき)・カメラアングルなど場面の変化の仕方を書き加えた》台本, シナリオ.

trea·ty /trí:ti/ *n* **1 a** 《国家間の》条約, 協定; 条約[協定]文(書); 《一般に》約定, 取決め, 約束 〈*to* do〉; PRIVATE TREATY; 交渉: a peace ～ 平和条約 / be in ～ 交渉[協議]中 〈*with* sb *for* an agreement〉. **b** 〔カナダ〕インディアン部族と連邦政府との協定《援助の見返りとしてインディアンは土地の権利を譲る》. **2** 《廃》懇願. ［OF; ⇨ TREAT］

tréaty pòrt 〔史〕《日本や中国などの》条約港, 条約による開港場.

Treb·bia /trébiə/ [the] トレビア川《イタリア北西部を北流して Po 川に合流; Hannibal がローマ軍を破った (218 B.C.) 戦跡; 古代名 **Tre·bia** /trí:biə/》.

Treb·bi·a·no /trèbiá:noʊ/ トレッビアーノ《**1**) 主にイタリア産の白ワイン用白ブドウ **2**) このブドウから造られる麦わら色のワイン》. ［It (↑)］

Treb·i·zond /trébəzɑ̀nd/ トレビゾンド《**1**) TRABZON の別称 **2**) 黒海南東岸に栄えたビザンティン帝国系のギリシア人の帝国 (1204–1461)》.

tre·ble /tréb(ə)l/ *a* **1** 3 倍の; 3 重の, 3 つの部分[要素]からなる, 3 様の(用途のある): ～ the amount 3 倍の量 〈*of*〉 / ～ figures 3 桁の数. **2** 〔楽〕treble の; かん高い; 〔録音・放送〕高音(域)の. ► *n* **1** 3 つの部分[要素]で構成されたもの, 3 重のもの; 3 倍の数[量, 価値]のもの; ᴵᴵ〔ダーツ〕トレブル《的板中央の狭い 2 円の間, そこにあてること; 3 倍得点》; 〔競馬〕三重勝; ᴵᴵトレブル《1 回目の賭けの賞金と賭け金を 2 回目の賭け金とし, さらに 3 回目も同様に行なう賭け方》; ᴵᴵ《サッカーなどでの》三冠. **2** 〔楽〕最高声部, ソプラノ; 〔楽〕ソプラノ歌手, ボーイソプラノの少年; 〔楽〕最高音域の楽器; 〔楽・オーディオ〕高音域, トレブル (⇨ BASS[1]); かん高い声; 《転調鳴鐘の鐘の》最高音の鐘 (=～ **béll**); 《ピアノの》右手用高音パート; 〔録音・放送〕高音(域), トレブル; 高音調整用つまみ. ► *vt* 3 倍にする. ► *vi* 高音で歌う[話す]; 3 倍になる. ► *adv* 《廃》TREBLY. ［OF＜L TRIPLE］

tréble chánceᴵᴵ トレブルチャンス《football pools の一種; ホームグラウンドと遠征グラウンドでの勝敗予想と引分け予想で点数が異なる》.

tréble cléf 〔楽〕高音部記号 (G CLEF); TREBLE STAFF.

tréble rhýme TRIPLE RHYME.

tréble stáff 〔楽〕高音部譜表.

Tre·blin·ka /trɛblíŋkə/ トレブリンカ《Warsaw 近くにあった, ナチスの強制収容所; 80 万のユダヤ人が虐殺された》.

tré·bly *adv* 3 重[倍]に; 高音で, かん高い声で. ► *a* 〈録音した音楽が〉高音域が強すぎる.

treb·u·chet /tréb(j)əʃɛ̀t, -ʃɛ̀t, ⌐—⌐/ *n* 《中世の城門破壊用》投石機; 《調剤用などの》微量天秤(てんびん).

tre·buck·et /trí:bʌ̀kət, trèbəkét/ *n* 投石機 (trebuchet).

tre·cen·tist /treɪʧéntɪst/ *n* [ᴼT-] 十四世紀イタリア詩人[美術家]; 十四世紀イタリア美術の愛好者[模倣者].

tre·cen·to /treɪʧéntoʊ/ *n* (*pl* ～**s**) [ᴼT-] 〔イタリア芸術〕十四世紀; 十四世紀美術[文学]. ［It *mille trecento* a thousand three hundred］

tre cor·de /tréɪ kɔ́:rdeɪ/ *adv, a* 〔楽〕トレコルデ《ピアノの弱音ペダルを踏まない(で)》. ［It＝three strings］

tred·dleᴵᴵ /trédl/ *n, v* TREADLE.

tre·decíllion /trì:-/ *n, a* トリーデシリオン(の) (10^{42}; 英ではかつて 10^{78} を表わした). ★ ⇨ MILLION.

tree /trí:/ *n* **1 a** 木, 樹木, 立ち木《ARBOREAL *a*》; 高木 (cf. BUSH[1], SHRUB[1]) (⇨ HERB); 木のような低木[草本]《バラ・バナナなど》; 《花や実と区別して》幹(の部分): The [A] ～ is known by its fruit. 《諺》木はその実によって知られる《人はことばよりも行動によって判断される; cf. *Matt* 12: 33》. **b** 《古》木材 (wood). **2 a** 木製物; 柱, 梁(はり), 棟木, 横木, 杭, 取っ手《など》; CLOTHES [SHOE] TREE, AXLETREE, CROSSTREES, SADDLETREE, WHIFFLETREE. **b** 《古・詩》絞首台, 《特に キリストの》十字架. **3** 樹木状のもの; TREE DIAGRAM; 〔数〕樹形曲線; 〔化〕樹状結晶; 《血管などの》樹枝状分岐; クリスマスツリー. ● BARK[1] **up the wrong ～.** **Go climb a ～!** *《俗》うせろ, 出てけ! **grow on ～s** [*fig*] 簡単に(いくらでも)手にはいる: Money doesn't *grow on* ～*s*. 《諺》金のなる木はない《もうけるのは容易ではない》. **in the dry ～** 逆境で, 不幸で. **make like a ～ and leave** *《俗》出かける, おさらばする, (出て)行く《LEAVES[1] と LEAVE[1] のしゃれ》. **out of one's ～** *《俗》正気をなくして, 気が狂って. **the** TOP[1] **of the ～.** **up a ～** 木に追い上げられて; *《口》進退きわまって, 途方に暮れて; *《俗》《酒に》酔っぱらって. ► *vt* **1** 〈獣を〉木に追い上げる; *《口》〈人を〉追い詰める, 窮地に追い込む. **2** …に木[心棒]を付ける; 〈靴〉の形を型木で整える[保つ]; 〈鞍を〉鞍枠に張る. **3** …に木を植える, 木でおおう. ► *vi* 木に逃げ登る. ♦ **～·less** *a* **～·less·ness** *n* **～·lìke** *a* ［OE *trēow*＜Gmc (ON *tré*, OS *treo*); cf. Gk *drus* tree］

Tree トリー Sir **Herbert** (**Draper**) **Beerbohm** ～ (1853–1917) 《英国の俳優・舞台演出家・劇場経営者; 本名 Herbert Beerbohm; Sir Max Beerbohm の異母兄》.

trée àgate 〔鉱〕木瑪瑙(めのう).

trée-and-bránch *a* 樹枝状方式の《ケーブルテレビの各加入者にすべてのチャンネルが供給される方式; cf. SWITCHED-STAR》.

trée bèlt TREE LAWN.

trée càlf 〔製本〕木目カーフ《木目模様に染めた上等の製本用子牛革》.

trée càt 〔動〕PALM CIVET.

trée còny 〔動〕TREE HYRAX.

trée crèeper 〔鳥〕**a** キバシリ. **b** キノボリ. **c** オニキバシリ (woodhewer).

treed /trí:d/ *a* 木の植えてある[生えている]; 木に追い上げられた; [*fig*] 窮地に追い詰められた; 靴型で形を整えた.

trée dàssie 〔動〕TREE HYRAX.

trée dìagram 〔言〕樹形図, 枝分かれ図; (家)系図 (family tree).

trée-dòzer *n* トリードーザー《倒木・伐採用の作業板付きブルドーザー》.

trée dùck 〔鳥〕リュウキュウガモ《温帯産》.

trée èar 〔菌〕キクラゲ, 木耳 (＝*wood ear*).

trée fàrm 木材用樹木育成場.

trée fèrn 〔植〕木生シダ《ヘゴ科などのシダ》.

trée fròg 〔動〕樹上生の小型のカエル《指先に吸盤がある》: **a** アマガエル. **b** アオガエル《アフリカ・アジア産》.

trée frùit* 〔園〕《リンゴ・モモ・サクランボなど》高木に実る果実 (top fruitᴵᴵ).

trée gòose 〔鳥〕カオジロガン (barnacle goose).

trée hèath 〔植〕エイジュ《ツツジ科エリカ属の低木; 地中海沿岸・カフカス・アフリカ高地産; 根株からブライアーパイプが作られる》.

trée·hòpper *n* 〔昆〕ツノゼミ《同科の小昆虫の総称》.

trée hòuse ツリーハウス, 樹上の小屋《住居・子供の遊び場など》.

trée-hùgger *n* 《口》[ˢ*derog*] 環境保護運動家《特に 森林保全を主張する人》. ♦ **trée-hùg·ging** *n* ［木に抱きついて伐採反対を訴えることから］

trée hýrax 〔動〕キノボリハイラックス (＝*tree cony, tree dassie*) 《アフリカ産のイワダヌキ》.

trée kangaròo 〔動〕キノボリカンガルー (＝*tree wallaby*).

trée làwn 《樹木・芝生を植えた, 街路と歩道の間の》緑地帯 (＝*tree belt*).

trée làyer 〔生態〕《植物群落の》高木層 (⇨ LAYER).

trée lìne [the] 〔生態〕TIMBERLINE; 木立の輪郭線[シルエット].

trée-lìned *a* 《通例 両側に》一列に木を植えた, 並木の〈道〉: a ～ street.

trée màllow 〔植〕モクアオイ《欧州原産アオイ科の木質性草本》.

trée mìlk インド産ガガイモ科ギムネマ属[ホウライアオカズラ属]の木の乳液《食用》.

trée mòuse 〔動〕樹上生のネズミ《特に アフリカ産のキノボリマウス属》.

treen /trí:n, trí:ən/ *n* (*pl* ～) (古い)木製家庭用品《特に 骨董品としての鉢・皿など》; 木製家庭用品製作技術. ► *a* 木製の. ［OE＝wooden］

tree·nail, tre- /trí:nèɪl, trénl, trʌ́nl/ *n* 〔木工〕木釘.

tréen·wàre *n* 木製家庭用品 (treen).

trée of Búddha 〔植〕菩提樹 (bo tree).

trée of héaven 〔植〕神樹(しんじゅ) (AILANTHUS).

trée of Jésse JESSE TREE.

trée of knówledge (of góod and évil) [the] 〔聖〕善悪を知るの木, 知識の木《*Gen* 2–3》.

trée of líberty 自由の木《自由獲得の記念に広場などに植える木または柱》.

trée of lífe **1** [the] 〔聖〕生命(いのち)の木《**1**) エデンの園の中央にあってその実は限りない生命を与える; *Gen* 2: 9, 3: 22 **2**) 天のエルサレムにあり葉は諸国の民をいやす; *Rev* 22: 2》. **2** 〔植〕ARBORVITAE.

trée of the góds 〔植〕神樹(しんじゅ) (AILANTHUS).

trée ònion 〔植〕トップオニオン (＝*Egyptian onion, top onion*) 《タマネギの品種の 2 系統の一つ; cf. MULTIPLIER ONION》.

trée pàrtridge 〔鳥〕ミヤマテッケイ (hill partridge).

trée pèony 〔植〕ボタン (牡丹).

trée pìe 〔鳥〕**a** タイワンオナガ. **b** ラケットオナガ《南アジア産》. **c** キリオオナガ《南アジア産》.

Trée Plànters Stàte [the] 植樹者たちの州《Nebraska 州の俗称》.

trée rìng 〔植〕年輪 (annual ring).

trée-rìng dáting 年輪年代学 (dendrochronology).

trée ròse 〔植〕芽接ぎ[スタンダード作り]のバラ.

trée rùnner 〔鳥〕**a** オーストラリアゴジュウカラ (＝*sitella*) 《豪州産》. **b** 《中南米産の》ヒゲオカマドドリ属の鳥《カマドドリ科》.

trée shrèw 〔動〕ツパイ (＝*banxring*) 《霊長類と食虫類の中間の獣; 東南アジア産》.

trée snàil 〔貝〕トウガタマイマイ科の樹上生のカタツムリ《主として中南米からポリネシアにかけて分布する貝殻の美しいカタツムリ》.

trée snàke 〔動〕ナミヘビ科の樹上生の各種の無毒の蛇.

trée spàrrow 〔鳥〕**a** スズメ《欧州・アジア産; house sparrow より小型》. **b** ムナフヒメドリ《北米北部産》.

trée squìrrel 〔動〕樹上生リス.

trée sùrgeon 樹木(外科)医.

trée sùrgery 樹木外科術.

trée swàllow WHITE-BELLIED SWALLOW.

trée tòad 〔動〕アマガエル《同科のカエルの総称》.

trée tomàto 〔植〕トマトノキ(の実) (tamarillo).

trée·tòp *n* 樹木の頂部; [*pl*] 一群の樹木の先端.
trée trùnk 木の幹.
trée wàllaby 〘動〙 TREE KANGAROO.
tref[1], **trayf, treif** /tréɪf/, **te·re·fah** /tərέɪfə/, **tri·fa** /tráɪfə/ *a* 《ユダヤ教のおきてに照らして》食べるに適しない, 不浄な (opp. *kosher*). [Yid＜Heb＝(animal meat) torn (by beasts)]
tref[2], **treff** /trέf/ *n* *《俗》《不法取引のための》秘密会合. [G *Treffen* meeting]
tref·id /trέfəd/ *a* 〈アンティークスプーンが〉柄の端に 3 か所切れ込みがある (trifid).
tre·foil /tríːfɔɪl, trέf-/ *n* **1** 〘植〙 シャジクソウ属の三出複葉の草本《マメ科》; 《一般に》三つ葉のマメ科草本; 三小葉のある葉, 三つ葉; 三弁のある花, 三弁花. **2** 〘建〙 三つ葉飾り, トレフォイル; 〘紋〙 三葉(紋), 三弁花(紋); 《ガールスカウト団の》三つ葉章《公式記章》. ★ 四つ葉(飾り) quatrefoil, 五葉 cinquefoil, 六葉 sexfoil, 多葉 multifoil. **3** 3 つの部分からなるもの, 3 個セット. ► *a* 三つ葉の, 三弁の. ♦ **~ed** *a* 三つ葉形[模様]の[に作った]. [AF (*tri-*, FOIL[2])]
tréfoil àrch 〘建〙 三つ葉形アーチ.
tréfoil knòt 三つ葉形飾り結び.
tre·ha·la /trɪhɑ́ːlə/ *n* 〘昆〙 トレハラ《鞘翅(しょう)類の昆虫が分泌する食用蜜》. [Turk]
tre·ha·lase /trɪhɑ́ːlèɪs, tríːhə-, -z/ *n* 〘生化〙 トレハラーゼ《トレハロースを加水分解する酵素》.
tre·ha·lose /trɪhɑ́ːlòus, tríːhə-, -z/ *n* 〘生化〙 トレハロース《酵母・菌類中に存する二糖の一種》. [*trehala*, *-ose*]
treif ⇨ TREF[1].
treil·lage /tréɪlɪʤ, trεjάːʒ/ *n* 〘園〙《ブドウなどのつるをはい登らせる》組格子; 《一般に》格子(網)細工. [F (TRAIL (n))]
Treitsch·ke /tráɪʧkə/ トライチュケ **Heinrich von ~** (1834–96) 《ドイツの歴史家; プロイセン主導の権力国家思想を唱えた》.
trek /trέk/ *n* **1** 《南ア》牛車による旅[移動, 探検](の一日の行程), 《特に》入植者の大移住; 《一般に》旅(の一日の行程), 移住, 《特に》苦難の旅[移動]; [the T-] 《南ア》GREAT TREK. **2** 《口》トレッキング《スポーツとしての長期間の山歩き》; 《口》《歩いたら》かなりの距離: It's a bit of a ~ to the city. 街まで歩くのはちょっと大変ですよ. ► *v* (**-kk-**) *vi* 〈牛が〉車[荷]を引く; 《南ア》牛車で旅をする[移住する]; (徒歩で)苦難の旅[移住の旅]をする; 《口》トレッキングする. ► *vt* 〈牛が車・荷を〉引く. ♦ **trék·ker** *n* [Afrik *trekken* to draw]
Trek·kie* /trέki/, **Trékker** *n* トレッキー《(1) SF テレビシリーズ番組 'Star Trek' ファン (2) [t-] 宇宙に関する本[映画]のファン》.
trel·lis /trέləs/ *n* 《通例 木製の》菱形[方形]の目のある格子(細工), 四目格子, 四目垣; 《ブドウなどの》棚, トレリス; trellis で(大部分を)作った建造物《アーチ・あずまや・避暑用別荘など》. ► *vt* …に trellis を付ける; trellis で囲む; trellis で支える[仕立てる]; trellis の(ような)形にする; …の上[中]を縦横に走る. ♦ **~ed** *a* trellis のある[で支えられた]. [OF＜Romanic (*tri-*, L *licium* warp thread)]
tréllis·wòrk *n* LATTICEWORK.
trém (àrm) /trέm(-)/ 《口》TREMOLO ARM.
trem·a·tode /trέmətòud, tríː-/ 〘動〙 *n* 吸虫. ► *a* 吸虫綱[類] (Trematoda) の. [Gk＝full of holes (*trēma* hole)]
trem·a·to·di·a·sis /trèmətoudáɪəsəs/ *n* 〘医〙 吸虫症.
trem·blant /trέmblənt/ *a* ばね仕掛けで震動する.
trem·ble /trέmb(ə)l/ *vi* **1 a** 震える, わななく, 身震いする, ぶるぶる震える 〈*with* anger, cold, etc.〉; [*fig*] 《不安・おそれに》おののく, 気をもむ 〈*at*, *for*, *to* do〉: Hear and ~! 聞いて驚くな / ~ *at* the thought of [*to* think]…を考えるとぞっとする. **b** 〈建物・地面が〉揺れる, 揺らぐ 〈*from* the earthquake〉; 〈旗・木の葉が〉細かく揺れる, はためく, そよぐ; 〈光が〉揺らめく. **2** 〈運命などが〉きわどいところにある. ► *vt* 震わせる; 震え声で言う 〈*out*〉. ► *n* 震え, 身震い, おののき; [~s, 〈*sg*〉] 〘獣医〙 ふるえ, 震顫(しんせん) (＝*milk sickness*) 《特に 牛馬の震えを伴う病気》; [~s, 〈*sg*〉] 〘医〙 MILK SICKNESS. ● **all of a ~**＝(**all**) **in a ~**＝**on the ~** 《口》わなわな震えて, びくびくして. [OF＜L; ⇨ TREMOR]
trém·bler *n* 震える人[もの]; 《口》地震; 〘鳥〙《西インド諸島産の》マネシツグミ科フルエドリ属またはムナジロツグミモドキ属の鳥《体を震わせて鳴く》; 〘電〙《ベルなどの》震動板; *《俗》他の囚人にびくびくしている囚人; ‖TEMBLOR; [*pl*] 《俗》ゆさゆさ, ブリンブリン, (大きな)おっぱい.
trém·bling *n* 震え; 身震い; 〘医・獣医〙 TREMBLES. ● **in** FEAR **and ~.** ► *a* 震える; おののく. ♦ **~·ly** *adv*
trémbling bóg 一足ごとに揺れる湿地.
trémbling póplar 〘植〙 **a** ヨーロッパヤマナラシ (European aspen). **b** アメリカヤマナラシ (American aspen).
tremblor ⇨ TEMBLOR.
trém·bly *a* 《口》震えている, おどおどした, 臆病な.
tre·men·dous /trɪmέndəs/ *a* **1** 《口》 **a** 巨大な, 莫大な, 強力な, とてつもない, ものすごい. **b** すごい, すばらしい: (Oh, that's) ~! (そいつは)すごい! / have a ~ time すばらしい一時を過ごす. **2** 《古風》身震いさせるような, すさまじい, 恐ろしい. ♦ **~·ly** *adv* **~·ness** *n* [L *tremendus* to be trembled at; ⇨ TREMOR]
trem·ie /trέmi/ *n* 〘土木〙 トレミー《上端にホッパー付きの金属管をもつ, 水中コンクリート敷設装置》. [F *trémie* hopper]
tre·mis·sis /trəmísəs/ *n* (*pl* **-mis·ses** /-ìːz/) トレミシス《東ローマ帝国の金貨 (triens); また それを模したメロヴィング朝の金貨》. [L]
trem·o·lan·do /trèməlǽndou/ *adv*, *a* 〘楽〙 顫音(せんおん)[トレモロ]で[による]. [It; ⇨ TREMULOUS]
trem·o·lant /trέmələnt/ 〘楽〙 *n* 《オルガンの》顫音パイプ, 《楽器の》顫音装置, トレムラント. ► *a* 顫音を有する.
trem·o·lite /trέməlàɪt/ *n* 〘鉱〙 透角閃(せん)石. ♦ **trèm·o·lít·ic** /-lít-/ *a* [*Tremola* 発見されたスイスの谷]
trem·o·lo /trέməlòu/ *n* (*pl* **~s**) 〘楽〙 **1** トレモロ《(1) 1 または 2 音の急速な反復 (2) 声楽で音の高さを細かく変化させること; また 好ましくない声の震え》. **2** トレムラント《オルガンの音を震わせる装置》; TREMOLO ARM. [It＝trembling; ⇨ TREMULOUS]
trémolo àrm トレモロアーム《エレキギターのブリッジに付けた, 音程を変化させるための金属製レバー》.
trem·or /trέmər/ *n* **1** 震え, 身震い; 震動, 微動; EARTH TREMOR; 声の震え; 震える音[声, 調子]; 〘医〙 震顫(しんせん), ふるえ. **2** 不安感(の原因), おじけ, 気おくれ; 体が震えるような興奮[恐怖]. ► *vi* 震える; 不安をいだく; 興奮[恐怖]でぞくぞくする. ♦ **~·ous** *a* [OF or L (*tremo* to tremble)]
trem·u·lant /trέmjələnt/ *a* TREMULOUS. ► *n* 〘楽〙《オルガンの》TREMOLO.
trem·u·lous /trέmjələs/ *a* 《文》震える; おののく, びくびくする, 臆病な, 動揺する; きわめて敏感な, 揺らぎやすい; 〈筆跡など〉震える手で書いた, 震えを示す. ♦ **~·ly** *adv* **~·ness** *n* [L *tremulus*; ⇨ TREMOR]
trenail ⇨ TREENAIL.
trench /trέnʧ/ *n* **1 a** 〘軍〙 壕(ごう), 塹壕(ざんごう), [*pl*] 塹壕陣地: a cover ~ 掩蔽(えんぺい)壕 / FIRE TRENCH / mount the ~*es* 塹壕内の任務につく / open the ~*es* 塹壕を掘り始める / relieve the ~*es* 塹壕勤務兵と交替する / search the ~*es* 《榴散弾などで》塹壕を捜射する. **b** [*pl*] 《第一次大戦の際のヨーロッパの》火線, 最前線, 第一線. **2** 深くて細長い溝, 掘割, 壕(ほり); 峡谷; 〘海洋〙 海溝 (＝**ócean ~**) (cf. TROUGH). **3** 〘服〙 トレンチコート (trench coat). ● **in the ~es** *《口》第一線[現場]にいて, 事情[現実]に通じて, のんきに構えていられなくて. ► *vt* **1** 〘軍〙〈拠点を〉塹壕によって守る[囲む]; …に溝[堀, 壕]を掘る; 〈溝を〉つくる, 掘る; 溝に入れる[はめ込む]. **2** 〈田畑を〉掘り返す, 耕す. **3** …に切り込みをつける, 切り刻む; 《廃》切る. ► *vi* **1** 溝[塹壕]を掘る; 《古》侵害する (encroach), 蚕食する 〈*on*〉; 《廃》〈本質などに〉食い込む 〈*into*, *unto*〉. **2** 《古》接近する, 近似する, 〈…に〉近い 〈*on*〉. [OF＝path made by cutting (*trenchier* to cut＜L; ⇨ TRUNCATE)]
tren·chant /trέnʧ(ə)nt/ *a* **1** 〈ことばなど〉切れるような, 鋭い, 痛烈な, 辛辣な, 刺すような; 《詩》よく切れる, 鋭利な. **2** 〈政策・議論など〉強力な, 実効性のある, ずばりの. **3** 〈輪郭など〉明確な, 截然とした; 透徹した. ♦ **~·ly** *adv* **trén·chan·cy** *n* [OF (pres p)＜*trenchier* (↑)]
trénch càrt 塹壕車《弾薬運搬用手押し車》.
trénch còat 塹壕内用防水外套; トレンチコート《軍服スタイルのベルト付きレインコート》.
trénch dìgger 〘機〙 溝掘り機, 溝切り機.
trenched /trέnʧt/ *a* TRENCH のある; 排水溝のある; 〘軍〙 塹壕で防備された.
tren·cher[1] /trέnʧər/ *n* **1 a** 《方形[円形]の》大きな木皿《昔は肉を切り分けたり個々の人に供するのに用いたが, 今はパンを切り分けるのに用いる》: ~ companions 食事仲間. **b** 《古》木皿に盛った食べ物; 《古》食べ物, 食事. **2** [〈*a*〉] **a** 木皿の; 食事の. **b** 《古》寄生虫のような, 卑屈なおべっかをつかう. **3** TRENCHER CAP. ● **lick the ~** へつらう, こびる. [AF; ⇨ TRENCH]
trénch·er[2] *n* 壕[溝]を掘る人; 塹壕兵; 溝掘り機 (ditchdigger). [*trench*]
tréncher càp 《大学の》角帽 (mortarboard).
tréncher-féd‖ *a* 〈猟犬が〉狩猟家の手飼いの.
tréncher·man /-mən/ *n* 大食家, 健啖家; 《古》食客, いそうろう, おべっかつかい.
trénch fèver 〘医〙 塹壕熱《リケッチアによる五日熱》.
trénch fòot 〘医〙 塹壕足《凍傷に似た足部疾患》.
trénch knìfe 白兵戦用の両刃の短剣.
trénch mòrtar [gùn] 迫撃砲, 曲射砲, 塹壕砲.
trénch mòuth 〘医〙 塹壕熱口内炎 (Vincent's angina [infection]).
trénch plòw 深耕用のプラウ[すき].
trénch wárfare 塹壕戦《両軍とも鉄条網で防備した半永久的な塹壕陣地に陣取って攻防する》.
trend /trέnd/ *n* 方向, 傾き, 向き; [*fig*] 傾向, 趨勢, 動向 〈*toward*, *to*〉; 〘統〙 傾向を示す線, トレンド; 時代の風潮[好み], 流行の様式[型]: The ~ of opinion is conservative. 世論は保守的な傾向にある / set a ~ 流行を創り出す[決定する]. ► *vi* 特定の方向に延びる[向きを変える]; 〈事態・世論などが〉《特定の方向へ》傾く, 向く: The road ~*s* (*toward* the) south. 道路は南に向かっている. [OE *trendan* to revolve; cf. TRUNDLE]
Tren·dél·en·burg position /trɛndέlənbə̀ːrg-/ 〘医〙 トレンデレンブルク体位, 頭低仰臥[背臥]位《傾斜した診察台[ベッド]の上にあおむけに横たわり, 骨盤部を頭より高くした体位; 骨盤の手術・ショック時などに適用する》. [Friedrich *Trendelenburg* (1844–1924) ドイツの外科医]

trend·i·fy /tréndəfàɪ/ *vt* [ᵁ*derog*] 時代の風潮[流行]に合わせる.

trend·oid /tréndɔ̀ɪd/ *n* «口»《無批判に・過剰に》流行の先端を行く人, 進んでいる人. [*trendy, -oid*]

trénd·sètter *n* 流行を創り出す[決める]人[もの], トレンド創出[決定]者. ♦ **-sètting** *a*

tréndy «口» [ˢ*derog*] *a* 最新流行の, 流行を追いかける, 今はやりの. ► *n* 流行の先端を行く[に飛びつく]人; 流行の先端を行く[今注目されている]場所[もの, 考え], トレンディーなもの. ♦ **trénd·i·ly** *adv* **-i·ness** *n*

Treng·ga·nu /trɛŋgá:nu/ トレンガヌ《Malay 半島東部にあるマレーシアの州; ☆Kuala Trengganu》.

Trent /trént/ **1** トレント《TRENTO の英語名》. **2** [the] トレント川《イングランド中部を北北東に流れ, Ouse 川と合流して Humber 川になる》.

tren·tal /tréntl/ *n* 〘カト〙三十日間慰霊ミサ.

trente-(et-)qua·rante /trá:nt(eɪ)kərá:nt/ *n* 〘トランプ〙 ROUGE ET NOIR. [F=thirty and forty]

Tren·tí·no-Àl·to Á·di·ge /trentí:noʊ-/ トレンティノ-アルトアディジェ《イタリア北部の州; Tirol 南部の Trentino, Alto Adige 両地方からなる; ☆Trent》.

T

Tren·to /tréntoʊ/ トレント (*E* Trent, *G* Trient, *anc.* Tridentum)《イタリア北部 Trentino-Alto Adige 州の州都; ⇨ COUNCIL OF TRENT》.

Tren·ton /tréntn/ トレントン《New Jersey 州の Delaware 川に臨む同州の州都; 1776 年 12 月 George Washington の率いる隊が 1000 人のドイツ人傭兵を捕虜にした地》.

tre·pan[1] /trɪpǽn, trí:pæn/ *n* 〘外科〙穿孔器, 穿頭器, 管錐, トレパン (trephine); 〘機〙筒鋸(ﾂﾂﾉｺ)(盤); 立坑開削機. ► *vt* (-nn-) 〘外科〙穿孔する; 立坑開削機で掘る; 〘機〙筒鋸で切り抜く[切り取る]. ♦ **tre·pán·ner** *n* **tre·pán·ning** *n* [L<Gk *trupanon* borer (*trupē* hole)]

tre·pan[2], **tra·pan** /trəpǽn/ «古» *n* ペテン師; わな, 陥穽(ｶﾝｾｲ). ► *vt* (-nn-) わなにかける, だます, おびき寄せる. [*trapan* (n); おそらく *trap*[1] からの盗賊隠語]

trep·a·na·tion /trèpənéɪʃ(ə)n/ 〘外科〙 *n* 穿孔(術); 頭蓋開口(術), 開頭した穴.

tre·pang /trɪpǽŋ, trí:pæŋ/ *n* 〘動〙ナマコ (=*bêche-de-mer*)《西南太平洋の熱帯海域産の大きな各種のナマコ; 煮て干したものは主に中国料理のスープなどに用い, いりこ・ほしこともいう》; 干しナマコ, いりこ. [Malay]

treph·i·na·tion /trèfənéɪʃ(ə)n/ *n* 〘外科〙穿孔[頭蓋開口](術) (trepanation).

tre·phine /trɪfí:n, -fáɪn/ 〘外科〙 *n* 冠状鋸(ﾉｺ), 穿孔[穿頭]器, トレフィン; TREPHINATION. ► *vt* トレフィンで手術する, 穿孔する. [(obs)<L *tres fines* tree ends]

trep·id /trépəd/ *a* 小心な, 震えている. [L *trepidus* flurried]

trep·i·dant /trépədənt/ *a* おどおどした, 震えている.

trep·i·da·tion /trèpədéɪʃ(ə)n/ *n* 戦慄, おののき, 恐怖, おびえ; 狼狽, 《心の》動揺; 〘医〙震顫(ｼﾝｾﾝ)運動; «古» 震え, 震動. [L (*trepido* to tremble ‹ TREPID)]

trep·i·da·tious /trèpədéɪʃəs/ *a* «口» 不安に駆られた, 恐怖におののく. ♦ **~·ly** *adv*

trep·o·ne·ma /trèpəní:mə/ *n* (*pl* **-ma·ta** /-tə/, **~s**) 〘菌〙トレポネーマ《トレポネーマ属 (*T-*) のスピロヘータ》. ♦ **-né·mal, -nem·a·tous** /-némətəs/ *a* トレポネーマが病原体の; トレポネーマに作用する. [Gk *trepō* to turn]

trep·o·ne·ma·to·sis /trèpənì:mətóʊsəs, -nèm-/ *n* (*pl* **-ses** /-sì:z/) 〘医〙トレポネーマ症.

trep·o·neme /trépənì:m/ *n* TREPONEMA.

tres /trés/ *n* 〘楽〙トレス《6 弦のギターに似たキューバの楽器》.

tres·pass /tréspəs, *-pæs/ *vi* **1** 侵入する, 侵害する ‹*on*›; 煩わす, じゃまする, つけこむ, 立ち入る ‹*on*›: put up "No *T~ing*" signs「立入り禁止」の立札を掲げる / ~ *on* sb's privacy 人のプライバシーを侵害する / ~ *on* sb's time おじゃまする / May I ~ *on* you for that book? その本を取って[貸して]くれませんか. **2** «古風» 罪を犯す, 《法・おきてなどに》背く ‹*against*›. ► *vt* 犯す, 侵害する (violate). ► *n* **1** 《他人の時間・私事などへの》立入り, 侵入, 侵害, 干渉, じゃま ‹*on*›; 〘法〙《身体・財産・権利などに対する》侵害《特に 不動産侵害・不法立入り》; 侵害訴訟. **2** «古» 《宗教・道徳上の》罪, とが, 罪過, あやまち: forgive sb his ~*es* 人のあやまちを許す《*Book of Common Prayer* 中の主の祈りの一節から; cf. *Matt* 6:12》. [OF (n)‹(v)=to pass over<L (*trans-*, PASS)]

tréspass·er *n* 侵害者, 不法侵入者: *T~s* will be prosecuted. «掲示» 侵害者は訴えられます.

tress /trés/ *n* 《特に 女性の》長い髪のひとふさ, [*pl*] 自然にたれさがった長い髪, «古» 編んだ頭髪. ► *vt* [ᵁ*pp*] ‹髪を›編む. ♦ **tréssy** *a* «古» tresses のような. [OF<? Gk *trikha* three-fold]

tressed /trést/ *a* ‹髪など›編んだ; [*compd*] …に編んだ髪の.

tres·sure /tréʃər, ˈ'-sjʊər/ *n* 〘紋〙盾形の縁《通例 イチハツの花形で飾ってある二重の帯》; 硬貨[メダル]面の意匠を囲むへり飾り. [ME=hair ribbon<OF (TRESS)]

tres·tine /tréstàɪn/ *n* ROYAL ANTLER.

tres·tle, tres·sel /trés(ə)l/ *n* 架台, うま, トレッスル; 構脚《trestle bridge の土台》; TRESTLE BRIDGE; TRESTLETREE. [OF<Romanic (dim)<L *transtrum* crossbeam]

tréstle brìdge 〘土木〙構脚橋, トレッスル橋(ｷｮｳ).

tréstle tàble トレッスルテーブル《2–3 の trestles を並べた上に甲板(ｺｳﾊﾝ)を載せたテーブル》.

tréstle·trèe *n* [ᵁ*pl*] 〘海〙檣頭(ｼｮｳﾄｳ)縦材.

tréstle·wòrk *n* 〘土木〙構脚構造.

tret /trét/ *n* «古» 〘商〙減損見越し添え量: TARE[2] and ~.

Tré·ta Yú·ga /tréɪtə-/ 〘ヒンドゥー教〙トゥレタユガ《薄明時代, 第二の時代; ⇨ YUGA》.

tre·tin·o·in /trɛtínoʊɪn/ *n* 〘薬〙トレチノイン (RETINOIC ACID). [? *trans-, retinoic* acid]

tre·val·ly /trəvǽli/ *n* 〘魚〙《オーストラリア産》アジ科の食用魚.

Tre·vel·yan /trɪvéljən, -víl-/ トレヴェリアン (1) **George Macaulay** ~ (1876–1962)《英国の歴史家; *History of England* (1926), *English Social History* (1942)》 (2) Sir **George Otto** ~ (1838–1928)《英国の伝記作家・歴史家・政治家; 前者の父》.

Trèves /*F* trɛ:v/ トレーヴ《TRIER のフランス語名》.

Tré·vi Fóun·tain /tréɪvi-/ [the] トレヴィの泉《Rome 市内にある泉; 硬貨を入れると願いがかなうという; イタリア語名 Fontana di Trevi》.

Tre·vi·no /trəví:noʊ/ トレヴィノ **Lee** (**Buck**) ~ (1939–)《米国のプロゴルファー》.

Tre·vi·ra /trəvíərə/ 〘商標〙トレヴィラ《衣服・カーテンなどに用いられるポリエステル繊維》.

Tre·vi·so /treɪví:zoʊ/ トレヴィーゾ《イタリア北東部 Venice 北西にある市》.

Trev·i·thick /trévəθɪk, trəvíθ-/ トレヴィシック **Richard** ~ (1771–1833)《英国の技術者・発明家; 1804 年世界で初めて蒸気機関車を製作》.

trews /trú:z/ *n pl* **1** トルーズ《スコットランドの一部の兵士が着用する細身のタータン柄のズボン; 元来スコットランド高地人やアイルランド人が着用》. **2** ˈ'ズボン, 《特に 婦人用の》細身のタータンのズボン. [Ir and Gael; ⇨ TROUSERS]

T. rex /tí: réks/ *n* «口» TYRANNOSAUR.

trey /tréɪ/ *n* 《トランプの》3 の札; 《さいころの》3 の目; 〘バスケ〙3 点シュート; *«俗» 3 ドル相当のコカインの包み. [OF<L *tres* three]

trez·tine /tréztàɪn/ *n* ROYAL ANTLER.

TRF °thyrotropin-releasing factor. **TRH** Their Royal Highnesses (⇨ HIGHNESS) ♦ °thyrotropin-releasing hormone.

tri /tráɪ/ *n* «口» TRIMARAN.

tri- /tráɪ/ *comb form*「3…」「3 つに」「3 倍の」「3 つ毎」「3 重…」 [L and Gk (*treis* three)]

tri·able /tráɪəb(ə)l/ *a* 審理に付すべき; «まれ» 試すことができる. ♦ **~·ness** *n*

tri·ac /tráɪæ̀k/ *n* 〘電子工〙トライアック《交流電力用ゲート制御式半導体スイッチ》. [*triode, a.c.*]

tri·ácetate *n* 〘化〙三酢酸塩[エステル]; 三酢酸セルロース, トリアセテート(繊維).

tri·ácid 〘化〙 *a* ‹塩基が›一塩基酸の 3 分子と化合する, 三酸…. ► *n* 三酸塩基.

tri·ad /tráɪæ̀d, -əd/ *n* 三つ組, 三人組, 三幅対; 〘化〙3 価の元素[原子, 基]; 〘化〙三つ組元素《塩素・臭素・ヨウ素など》; 〘楽〙三和音, トライアド (=*common chord*); 《ウェールズ・アイルランドの中世文学の》三題歌; 〘社〙三者関係, トライアッド (cf. DYAD); [ᵁT-] 〘中国〙三合会 (1) =the **T~ Sòciety**; 清代に興った秘密結社で, 反清復明を旨とした; 天地会ともいう 2) それに起源をもつ現代のいくつかの秘密犯罪組織; その構成員》; 三元戦略核戦力《地上発射ミサイル・潜水艦発射ミサイル・長距離爆撃機搭載ミサイルの 3 種からなる米国の戦略核戦力》: major [minor] ~ 長[短]三和音. ♦ **tri·ád·ic** *a* **-i·cal·ly** *adv* [F or L<Gk]

trì·adélphous *a* 〘植〙雄蕊(ｵｼﾍﾞ)束が 3 つの, 三体雄蕊の.

tri·age /triá:ʒ, trí:à:ʒ, tráɪɪʤ/ *n* ˈ'《商品の》選別格付け; ˈ'《傷物のため, 格付けが》最低のコーヒー豆; 《医療処置の緊急性に基づく》傷病者の優先順位づけ, トリアージ; 《資金・物資の援助などに際しての》優先順位づけ. ► *vt, vi* (‹傷病者›に)優先順位をつける; 選別する ‹*out*›. [F(*trier* to TRY)]

tria junc·ta in uno /tríɑ: júŋktɑ: ɪn ú:noʊ/ 三つが一つに合体した《the ORDER OF THE BATH の標語》. [L]

tri·al[1] /tráɪ(ə)l/ *n* **1** 〘法〙裁判, 公判, 審理, 事実審理: go to ~ 裁判にかけられる / bring sb to ~=put sb on (his) ~ 人を告発する, 審理に付する / stand one's ~=take one's ~ 審理をうける / a public ~ 公開審理[裁判]. **2 a** 試験, 試み, 《良否・性能などの》テスト; 《陶器製造などの》試し焼き, 色見(ｲﾛﾐ); [ᵁ*pl*] 《スポーツの》代表選手選考試合[会], 予選(会) (=~ match) (tryout*); オートバイ運転技術の試験; [*pl*] 馬[犬など]のコンテスト: by way of ~ 試しに / give…

a ～〈人・ものを〉試してみる, 試用する / make (a) ～ of…＝put [subject]…to ～ …を試す, 試験する / SHEEPDOG TRIAL / ～ of strength 力比べ / run a ～ 試運転をする / the ～ of the PYX. **b** 見習いの状態[身分]. **3** 試みること, 努力. **4** 試練, 苦難, 苦痛; うるさい人[もの], 厄介物: ～*s* and tribulations 苦難, 辛苦. ● **on ～** 試験中で; 〘法〙審理中で; 試してみると; 試しに; 〘商〙on APPROVAL. ► *a* 試みの, 試験的な, 試行の; 試験用の; 予選の; 審理の, 事実審理の: ～ size (少量の)試供品 / a ～ period 試用期間 / on a ～ basis 試験的に. ► *vt, vi* (-l- | -ll-)[u] …の性能[実効性]をテストする[試してみる]; 〈馬・犬などが〉コンテストに参加する[で競争する]; 《豪口》(計画などを)ちょっと試してみる. ♦ **～·ist, ～·list**[u] *n* trial の受験者; 新製品の試用者; 《スポ》予選参加[出場]者. [AF; ⇨ TRY]

trial[2] *n* 〘文法〙三数《3 つの事物を指すのに用いられる数を表わす文法範疇; cf. DUAL, PLURAL》. [*tri-, -al*[1]]

tríal and érror 試行錯誤, 手探り. ♦ **tríal-and-érror** *a* 試行錯誤の.

tríal bálance 〘簿〙試算表.

tríal ballóon 《風向・風力を観測する》測風気球 (＝*pilot balloon*); '観測気球' (＝*ballon d'essai*)《世論の反応をみるために発表する談話・声明・試案など; cf. *fly a* KITE》: send up a ～.

tríal by báttle [cómbat] 〘史〙決闘審判《イングランドではノルマン朝時代に導入され, 1819 年正式に廃止》.

tríal by júry 〘法〙陪審裁判[審理] (jury trial).

tríal by télevision [the média] テレビ[メディア]による裁判《テレビなどである事例を論じて特定の人物を(暗に)告発すること》.

tríal còurt 〘法〙事実審裁判所, 第一審裁判所 (cf. APPELLATE COURT).

tríal éights *pl* 《ボートレース出場選手決定のための》2 組の選抜候補クルー.

tríal exàminer 〘法〙行政審理官.

tríal hòrse 《口》練習台, 稽古台《重大な試合の前などの相手役をつとめる人[もの]》.

tríal jùdge 〘法〙事実審[第一審]裁判官.

tríal jùry 〘法〙審理陪審, 小陪審 (petit jury).

tríal làwyer 〘米法〙事実審専門弁護士《主として第一審裁判所で原告のための事実審理を担当する弁護士》.

tríal márriage 《期間を定めてする》試験結婚, 足入れ婚 (cf. COMPANIONATE MARRIAGE).

tri·a·logue /tráɪəlɔ̀(ː)g, -lɑ̀g/ *n* 3 人が登場の場面, 三人劇; 三者の対談[会談], 鼎談(ていだん).

tríal rún [tríp] 試運転, 試乗; 試行, 実験: give…a *trial run* …を試運転する; …を試しに[試験的に]使ってみる.

tríal separátion 《離婚するかしないかを決めるため期限を定めて行なう》試験的別居.

tri·am·cin·o·lone /tràɪæmsín(ə)lòun/ *n* 〘薬〙トリアムシノロン《グルココルコイド薬; 乾癬・アレルギー性皮膚疾患用》. [C20<?; *-olone* (< prednisolone)]

tri·am·ter·en /traɪǽmtərì:n/ *n* 〘薬〙トリアムテレン《カリウム保持性利尿薬》.

tri·ándrous *a* 〘植〙〈花が〉3 雄蕊(ずい)を有する; 〈植物が〉三雄蕊花を有する.

tri·an·gle /tráɪæ̀ŋg(ə)l/ *n* **1** 三角形; 三角形のもの; *三角定規 (set square[u]); 〘楽〙トライアングル; 〘郵〙三角切手; 〘海〙三脚[さすまた]起重機; 〘化〙三角架; [°*pl*] 三角叉《昔の英国軍隊の刑具》; [the T-] 〘天〙さんかく座 (三角座) (Triangulum): a right-angled [an acute, an obtuse] ～ 直角[鋭角, 鈍角]三角形 / a ～ of forces 〘力〙力の三角形 / RED TRIANGLE. **2** 三つ組, 三人組, 《特に》三角関係(の男女) (＝love ～): ETERNAL TRIANGLE. **3** 〘昆〙カギバイラガ《イラガ科の蛾; 小型で茶色; 幼虫はブナ科の木を餌とする》. ♦ **trí·àn·gled** *a* 三つの角のある. [OF or L＝three-cornered]

tríangle cràb 〘動〙ソバガラガニ.

tríangle inequàlity 〘数〙三角不等式《AC の長さが AB と BC の和を超えないとする類の不等式》.

tri·an·gu·lar /traɪǽŋgjələr/ *a* 三角(形)の; 三者(間)の; 三者[三国, 三派, 三成分, 三部, 三単位]の[からなる]; 〘軍〙〈師団など〉三部隊編成の; 三角関係の: a ～ treaty 三国条約 / a ～ love affair 三角関係. ► *n* 三角切手 (triangle). ♦ **～·ly** *adv* **tri·an·gu·lar·i·ty** /traɪæ̀ŋgjəlǽrəti/ *n* [L; ⇨ TRIANGLE]

triángular còmpass 三脚規.

triángular númber 〘数〙三角数《正三角形に並べられる数; 自然数を項とする数列の第 n 項までの和, 1, 3, 6, 10, 15, …》.

triángular pýramid 〘数〙三角錐.

triángular tráde 〘商〙三角貿易《3 国間で貿易収支の均衡をとる》; 〘史〙三角貿易《18–19 世紀に, 英国 (綿製品), 西アフリカ (奴隷), 西インド諸島 (砂糖) の間で行なわれた貿易》.

tri·an·gu·late /traɪǽŋgjəlèɪt/ *vt* **1** 三角にする; 三角形に分かつ; 〘数〙〈曲面を〉三角形の集まりで表わす. **2** 三角測量で測量する; 三角測量によって…の地図を作る; 〈高さ・距離などを〉三角法で測定する. ► *vi* TRIANGULATION によって政治的な立ち位置を決める. ► /-lət, -lèɪt/ *a* 三角模様のある; 三角形からなる; 三角(形)の. ♦ **～·ly** *adv* [L; ⇨ TRIANGLE]

tri·an·gu·la·tion /traɪæ̀ŋgjəléɪʃ(ə)n/ *n* 〘測・海〙三角測量; 《三角測量による》三角網; 〘数〙三角形分割; 他者を参照点としての[左右両派から距離をとった]位置決め(行動), 中道路線, 日和見.

triangulátion pòint [stàtion] 三角点 (＝*trig point*)《三角測量の測点》.

Tri·an·gu·lum /traɪǽŋgjələm/ 〘天〙さんかく座 (三角座) (Triangle).

Triángulum Aus·trá·le /-ɔːstréɪli/ 〘天〙みなみのさんかく座 (南三角座).

tri·ánnual *a* 年 3 回(発行)の; 《廃》TRIENNIAL. ♦ **～·ly** *adv*

tri·an·te·lope /traɪǽnt(ə)lòup/ *n* 〘動〙《豪州産の》アシダカグモ科のクモ. [転訛 < *tarantula*]

tri·ar·chy /tráɪɑ̀:rki/ *n* **1** 三頭政治 (triumvirate); 三頭政治を行なう三人組; 三頭政治の国. **2** 三政府に分割された国; それぞれに統治者のいる三地区からなる国; その三者のそれぞれが治める地区; 三国からなる国家群, 同盟三国.

Tri·as·sic /traɪǽsɪk/, **Tri·as** /tráɪəs/ 〘地質〙*a* 三畳紀[系]の. ► *n* [the] 三畳紀[系] (⇨ MESOZOIC). [L]

tri·ath·lete /traɪǽθlì:t/ *n* 三種競技選手, トライアスロン競技者, トライアスリート.

tri·ath·lon /traɪǽθlən, -lɑ̀n/ *n* 三種競技, トライアスロン《3 種の異なった競技, 特に 遠泳・長距離サイクリング・マラソンを連続して行なう》. [*decathlon* などにならって *tri-*, Gk *athlon* contest から]

tri·át·ic stáy /traɪǽtɪk-/ 〘海〙JUMPER STAY.

trì·atómic *a* 〘化〙1 分子中に 3 原子を有する, 3 価の; 3 つの置換しうる原子[基]を有する.

tri·áxial *a* 3 軸の; 3 成分を有する. ♦ **trì·axiálity** *n*

trí·àxle *n* 3 車軸(トレーラー)トラック.

tri·azine /tráɪəzì:n, traɪǽzì:n, -zən/, **tri·azin** /tráɪəzən, traɪǽzən/ *n* 〘化〙トリアジン《窒素原子 3 個と炭素原子 3 個からなる複素六員環》; トリアジン誘導体.

tri·azole /tráɪəzòul, traɪǽzòul/ *n* 〘化〙トリアゾール《窒素原子 3 個と炭素原子 2 個からなる複素五員環》; トリアゾール誘導体. ♦ **tri·azol·ic** /tràɪəzɑ́lɪk/ *a*

trib. tributary.

trib·ade /tríbəd, trəbɑ́:d/ *n* 《特に 男役の》女性同性愛者. [F, <Gk＝rubbing; cf. TRIBO-]

trib·a·dism /tríbədɪ̀z(ə)m/ *n* 女性同性愛; 相擦技, トリバディズム《女性同性愛の技巧の一つで, 二人が重なって男女の性交の動きを擬して陰部をこすり合わせるもの》.

trib·al /tráɪb(ə)l/ *a* 部族の, 種族の, 仲間の; [°*derog*] 同族的な, 同族中心[優先]の. ► *n* 《インド・パキスタン》部族的生活者, 部族民. ♦ **～·ly** *adv*

tríbal·ism *n* 部族の組織[生活, 感情, 信仰, 習俗, 文化], 部族的特徴; 《部族としての》同族意識; 《他部族に対する》部族的優越意識; 《一般に 自分たちの集団に対する》強い同族的忠誠心. ♦ **-ist** *a, n* **trìb·al·ís·tic** *a*

trí·bànd *a* 〈携帯電話が〉3 つの周波数帯に対応した《欧米にまたがって使える機種など》.

tri·básic *a* 〘化〙〈酸が〉3 塩基の; 〈分子が〉1 価の塩基性原子 3 個を有する. ♦ **trì·basícity** *n*

tribe /tráɪb/ *n* **1 a** 部族, 種族, 一族, …族. **b** 《古代イスラエルの》部族: the ～*s* of Israel 〘聖〙イスラエル十二部族《Jacob の 12 人の子の子孫》/ the TEN [LOST] TRIBES. **c** 〘ロ史〙族, トリブス《3 段階の氏族制社会組織の最大単位: 最初は血縁的な 3 トリブスに分かれ, のちに地縁的な行政区分化し 30, さらに 35 となった; cf. CURIA, GENS》. **d** 〘古ギ〙PHYLE. **2 a** 《口》[*joc*/*derog*] (大)家族, 一族, 大集団; [°*derog*] 連中, 手合い, やから: the scribbling ～ [*joc*] 文士連 / the ～ of politicians 政治家連中. **b** [*pl*] 《口》多数: ～*s* of children 大勢の子供. **3 a** 〘生〙連(れん)《特に「科」を細分するとき「亜科」までは離れない場合の用語》, (種)族; 《一般に 動植物の》同類, 仲間. **b** 〘畜〙《雌親を同じくする》雌系[母系]群. ♦ **～·less** *a* [OF or L *tribus*]

tríbes·man /-mən/ *n* 部族民, 種族員; 男の部族民. ♦ **-wòman** *n fem*

tríbes·pèople /tráɪbz-/ *n pl* 部族民, 種族民.

trib·let /tríblət/ *n* 〘機〙《環・管・ナットを作る》心軸, 心棒.

tri·bo- /tráɪbou, tríbou, -bə/ *comb form* 「摩擦」 [Gk *tribos* rubbing (*tribō* to rub)]

trìbo·eléctric *a* 〘理〙摩擦電気の.

trìbo·electrícity *n* 〘理〙摩擦電気.

tri·bol·o·gy /traɪbɑ́lədʒi, trɪ-/ *n* 摩擦学. ♦ **-gist** *n* **tri·bo·log·i·cal** /tràɪbəlɑ́dʒɪk(ə)l, trìb-/ *a*

trìbo·luminéscence *n* 〘理〙摩擦ルミネッセンス, トリボルミネッセンス. ♦ **-luminéscent** *a*

tri·bom·e·ter /traɪbɑ́mətər/ *n* 摩擦計.

tríbo·phỳsics *n* 摩擦物理学.

Trí·bor·ough Brídge /tráɪbə:rou-, -bʌ̀r-/ [the] トライボロブリッジ《New York 市の East River にかかる橋; Manhattan, Queens, the Bronx の 3 区を連絡する》.

tri·brach[1] /tráɪbræ̀k, tríb-/ *n* 〘韻〙三短格, 短短短格《⏑⏑⏑》. ♦ **tri·brách·ic** *a* [L<Gk (*brakhus* short)]

T

tri·brach[2] /tráɪbræ̀k/ *n* 〘考古〙 3 方に腕の出ているもの[《特に》石器]. [Gk *brakhiōn* arm]

tri·bro·mide /traɪbróumàɪd/ *n* 〘化〙 三臭化物.

tri·bròmo·éthanol *n* 〘薬〙 トリブロムエタノール (=**tri·bròmo-éthyl àlcohol**) 《麻酔薬》.

trib·u·late /tríbjəlèɪt/ *vt* 抑圧[迫害]する, 苦しめる.

trib·u·la·tion /trìbjəléɪʃ(ə)n/ *n* 《抑圧・迫害などによる》大きな悲しみ[苦しみ], 艱苦; 苦しい試練. [OF<L (*tribulum* threshing sledge)]

tri·bu·nal /traɪbjú:nl, trɪ-/ *n* 裁判所, 法廷; (行政)審判所, 裁定[審判]委員会; [*fig*] 審判[裁定]を下すもの, 裁きの場 ‹*of* public opinion›; 裁判官席; 《古代ローマのバシリカで》法務官の席がある高い壇 (tribune). [F or L; ⇨ TRIBE]

trib·u·nate /tríbjənèɪt, -nət/ *n* 護民官 (tribune) の職[任期]; 護民官《集合的》.

trib·une[1] /tríbjù:n, ―ˊ/ *n* **1** 民権擁護者, 民衆指導者《T~ てしばしば 新聞名》. **2** 〘古ロ〙 護民官 (=~ of the people); 〘古ロ〙 軍団司令官 (=military ~). ♦ **~·ship** *n* [L *tribunus* head of a TRIBE]

tribune[2] *n* BASILICA 内の法務官席; 《basilica 式教会の》司教座(のある後陣); 高座, 演壇; 座席を備えた高所. [F<It *tribuna*<L TRIBUNAL]

Tríbune Gròup [the] トリビューングループ《英国議会の労働党左派のグループ; 1966 年に結成; 左派の週刊紙 *Tribune* の主張する立場をとることから》.

trib·u·ni·cian, -tian /trìbjəníʃ(ə)n/, **-cial, -tial** /-ʃ(ə)l/ *a* 護民官(の職)の; 護民官的な.

Trib·u·nite /tríbjənàɪt/ *n* 英国労働党内の極左派.

trib·u·tary /tríbjətèri; -t(ə)ri/ *a* **1 a** みつぎを納める, 進貢[納貢]する; 他国に従属する, 属国の. **b** みつぎとして納めた[納めるべき]; みつぎ(物)的な. **2 a** 貢献[寄与]する, 力添え[支援]をする. **b** 支流である, 本流[湖]に注ぐ. ► *n* 進貢者[国], 属国; 《川の》支流 (cf. MAINSTREAM, DISTRIBUTARY). ♦ **-tàr·i·ly** /; -t(ə)rɪli/ *adv* **-tàr·i·ness** /; -t(ə)rɪ-/ *n*

trib·ute /tríbjut, -bjət/ *n* **1** 敬意[感謝, 賞賛, 愛情]のあかしとしてささげるもの, 人をたたえるもの, 賛辞, 賛歌, ささげ物, 贈り物: FLORAL TRIBUTE / a ~ of praise 賛辞 / a ~ of a tear 一掬(きく)の涙のたむけ / pay (a) ~ to…に敬意[謝意]を表する / in ~ to…に敬意を表して / pay a ~ to the memory of…に弔辞を述べる, 故人…をたたえる. **2** ‹…の›価値[有効性]を立証するもの, 証拠, あかし ‹*to*›: It is a ~ *to* his good sense that…であるのは彼の良識のあかしである. **3 a** 貢(みつぎ), 貢物, 貢納金; 《納貢のために徴される》税, 貢租; 過大な税[関税, 賦課金, 賃貸料], 法外な取立金[請求]; 進貢の義務: pay ~ to a ruler 支配者にみつぎ物をする / lay a ~ on…に進貢の義務を負わせる / lay…under ~ …に進貢させる. **b** 〘史〙 鉱夫[鉱山主]への配当: work on the ~ system 配当制度で働く. [L *tribut- tribuo* to divide between TRIBEs, assign, bestow]

tríbute bànd トリビュートバンド《有名バンドをまねた衣裳とスタイルで演奏するバンド》: an ABBA ~ アバのトリビュートバンド.

tri·bútyl·tìn *n* 〘化〙 トリブチルスズ《有機スズ化合物の一つ; 神経障害を起こす猛毒の化合物で, 船底防汚塗料・漁網防汚剤として用いられる; 略 TBT》.

tríc (àcid) /trík(-)/*《俗》良質の LSD. [elec*tric*]

tri·cámeral *a* 三院政の《南アフリカ共和国の旧議会など》.

Tri·cap /tráɪkæ̀p/ *n* 〘米陸軍〙 トライキャップ《戦車・機械化軽歩兵隊・移動空中援護隊を一体化した師団; 1971 年に発足》.

trí·càr[||] *n* 三輪自動車, オート三輪.

trì·carboxýlic *a* 〘化〙 分子内に 3 個のカルボキシル基を有する.

tricarboxýlic ácid cỳcle 〘生化〙 三カルボン[トリカルボン]酸回路, TCA 回路 (KREBS CYCLE).

tri·cárpellary, -cárpellate *a* 〘植〙 三心皮の.

trí·càst *n*[||] 〘競馬〙 三連勝単式《上位 3 馬を正しい順で予想する賭け》. [*tri-*+fore*cast*]

trice[1] /tráɪs/ *vt* 索で吊り上げる[吊り上げて縛りつける] ‹*up*›. [MDu *trīsen* to haul up (*trīse* pulley)]

trice[2] *n* 瞬間: in a ~ 瞬間に, 一瞬に. [↑;「ひと引き」の意から]

Tri·cel /tráɪsɛl/ 〘商標〙 トライセル《絹に似た合成繊維》.

trì·centénary, trì·centénnial *a, n* TERCENTENARY.

tri·ceps /tráɪsɛ̀ps/ *n* (*pl* ~, ~·**es**) 〘解〙 三頭筋, 《特に》上腕三頭筋 (=~ **brá·chii** /-bréɪkiàɪ/). ► *a* ‹筋が›三頭の. [L=three-headed (*caput* head)]

tri·cer·a·tops /traɪsérətɑ̀ps/ *n* (*pl* ~, ~·**es**) 〘古生〙 トリケラトプス《3 個の角をもった草食性四脚歩行の恐竜; 白亜紀の北米産》. [Gk *ōps* face]

-trices *n suf* -TRIX の複数形.

trich- /trík, tráɪk/, **tricho-** /tríkou, tráɪkou, -kə/ *comb form* 「毛髪」「繊条」 [Gk (*trikh- thrix* hair)]

tri·chi·a·sis /trɪkáɪəsəs/ *n* 〘医〙 睫毛(しょう)乱生(症), さかまつげ; 〘医〙 毛織維尿(症)《尿中に毛髪状細糸が発生する》; 《授乳期の》乳首多毛. [NL<Gk (*trich-, -iasis*)]

tri·chi·na /trɪkáɪnə/ *n* (*pl* **-nae** /-ni/, ~**s**) 〘動〙 旋毛虫《豚・ヒト・ネズミなどに寄生》; TRICHINOSIS. ♦ **tri·chí·nal** *a*

trich·i·ni·a·sis /trìkənáɪəsəs/ *n* (*pl* **-ses** /-sì:z/) TRICHINOSIS.

trich·i·nize /tríkənàɪz/ *vt* …に旋毛虫を寄生させる. ♦ **trìch·i·ni·zá·tion** *n* 旋毛虫寄生.

Trich·i·nop·o·ly /trìtʃənɑ́pəli/ **1** トリチノポリー《TIRUCHCHIRAPPALLI の別称》. **2** [t-] トリチノポリー《インド産の両切り葉巻きタバコ》.

trich·i·nosed /tríkənòust, -zd/ *a* TRICHINOUS.

trich·i·no·sis /trìkənóusəs/ *n* (*pl* **-ses** /-sì:z/) 旋毛虫寄生; 〘医〙 旋毛虫症.

trich·i·nous /tríkənəs/ *a* 旋毛虫が寄生している‹肉›; 旋毛虫の; 旋毛虫症の: ~ infection.

trich·ite /tríkàɪt/ *n* 微小な針状体; 〘鉱〙 毛状晶子, トリカイト. ♦ **tri·chit·ic** /trɪkítɪk/ *a*

tri·chlor·fon, -phon /traɪklɔ́:rfɑ̀n/ *n* 〘化〙 トリクロルホン《有機リン酸; 殺虫剤・駆虫薬とする結晶化合物》.

tri·chlóride *n* 〘化〙 三塩化物.

tri·chlòro·acétic ácid, tri·chlòr·acétic ácid 〘化〙 トリクロロ酢酸.

tri·chlòro·éthanal *n* 〘化〙 トリクロロエタナール (chloral).

tri·chlòro·éthane *n* 〘化〙 トリクロロエタン《無色の不燃性の液体: **1**) =1, 1, 1-trichloroethane; 金属の脱脂洗浄剤など溶剤として用いる; methyl chloroform ともいう **2**) =1, 1, 2-trichloroethane; 溶剤・有機合成原料》.

tri·chlòro·éthylene *n* 〘化〙 トリクロロエチレン《無色有毒の液体; 溶剤・抽出剤・クリーニングに, また 麻酔薬・鎮痛薬に用いる》.

tri·chlòro·méthane *n* 〘化〙 トリクロロメタン (chloroform).

tri·chlòro·nìtro·méthane *n* 〘化〙 トリクロロニトロメタン (chloropicrin).

tri·chlòro·phénol / , -fɪnɔ́(:)l, -nóul, -nɑ́l/ *n* 〘化〙 トリクロロフェノール《6 種の異性体がある猛毒性の殺菌剤》.

tri·chlòro·phenòxy·acétic ácid 〘化〙 トリクロロフェノキシ酢酸 (2, 4, 5-T) 《そのエステルは木本用除草剤》.

trichlorphon ⇨ TRICHLORFON.

tricho- /tríkou, tráɪ-, -kə/ ⇨ TRICH-.

tricho·cyst /tríkəsìst/ *n* 〘動〙 《原生動物, 特に 繊毛虫類の》毛胞, 糸胞. ♦ **trìcho·cýs·tic** *a*

tri·chog·e·nous /trɪkɑ́dʒənəs/ *a* 発毛の, 生毛の.

trich·o·grám·ma wásp /trìkəgrǽmə-/ 〘昆〙 タマゴ(ヤドリ)コバチ《タマゴ(ヤドリ)コバチ科タマゴコバチ属 (*Trichogramma*) の各種の微小なハチ; 幼虫が他の昆虫の卵に寄生する; 鱗翅目昆虫の防除に利用される》.

tricho·gyne /tríkədʒàɪn, -dʒən, -gàɪn/ *n* 〘植〙 《紅藻類の》受精毛, 受精糸. ♦ **-gyn·i·al** /trìkədʒíniəl/, **-gyn·ic** /-dʒínɪk/ *a*

trich·oid /tríkɔ̀ɪd, tráɪ-/ *a* 毛髪状の, 毛状の.

tricho·log·ia /trìkəlɑ́dʒiə/ *n* 抜毛癖 (TRICHOTILLOMANIA).

tri·chol·o·gy /trɪkɑ́lədʒi/ *n* 毛髪学; 理髪業. ♦ **-gist** *n* 毛髪学の専門家; 理髪師 (hairdresser). **trìch·o·lóg·i·cal** *a*

tri·chome /tríkòum, tráɪ-/ 〘植〙 *n* 《高等植物の》突起様構造; 《特に 藍藻類の》糸状体, 細胞糸, トリコーム. ♦ **tri·chom·ic** /trɪkɑ́mɪk, -kóu-/ *a* [Gk (*trikhoō* to cover with hair)]

tricho·mo·na·cide /trìkəmóunəsàɪd/ *n* 殺トリコモナス薬[剤]. ♦ **-mò·na·cíd·al** *a*

tricho·mon·ad /trìkəmɑ́næ̀d, -móu-, -nəd/ *n, a* 〘動〙 トリコモナス(の) 《鞭毛(べんもう)虫類トリコモナス属 (*Trichomonas*) の原虫》. ♦ **-món·a·dal** *a* **-mon·al** /-mɑ́nl, -móu-, trɪkɑ́mə-/ *a*

trich·o·mo·nas /trìkəmóunəs/ *n* 〘動〙 TRICHOMONAD.

tricho·mo·ni·a·sis /trìkəmənáɪəsəs/ *n* (*pl* **-ses** /-sì:z/) 〘医・獣医〙 《人・家畜・鳥の》トリコモナス症 (=*roup*).

tri·chop·a·thy /trɪkɑ́pəθi/ *n* 毛髪病(治療). ♦ **trì·cho·páth·ic** *a*

tri·chop·ter·an /trɪkɑ́ptərən, traɪ-/ *a* 〘昆〙 トビケラ目[毛翅(もうし)目] (Trichoptera) の. ► *n* 毛翅目の昆虫, トビケラ (caddis fly). ♦ **-chóp·ter·ous** *a*

trí·chòrd 〘楽〙 *a* 三弦の; 各鍵に対して 3 弦を有するピアノの. ► *n* 三弦楽器[リュート].

tri·cho·sis /trɪkóusəs/ *n* (*pl* **-ses** /-sì:z/) 〘医〙 異所発毛(症), 《特に》多毛症.

tri·cho·the·cene /tràɪkəθí:sì:n/ *n* トリコテシン《フサリウム属やトリコセシウム属などに属する不完全菌類から得られる毒素の総称》. [*-ene*]

tricho·til·lo·mánia /trìkətìlə-/ *n* 抜毛癖, トリコチロマニー (=*trichologia*) 《自分の毛髪を引き抜く病的衝動》.

trich·o·tom·ic /trìkətɑ́mɪk/ *a* TRICHOTOMOUS.

tri·chot·o·mize /traɪkɑ́təmàɪz/ *vt, vi* 三分する.

tri·chot·o·mous /traɪkɑ́təməs, trɪ-/ *a* 3 つに分ける; 3 つに分かれた, 三叉(さ)の. ♦ **~·ly** *adv*

tri·chot·o·my /traɪkɑ́təmi, trɪ-/ *n* 三分(法); 〘神学〙 人性三分法《肉体・精神・霊魂の 3 性に分けること》. [Gk *trikha* three-fold; *dichotomy* にならったもの]

-tri·chous /ˊ-trɪkəs/ *a comb form* 「…な毛をもつ」: amphi*tri-*

chous, mono*trichous*. ［Gk *trich-*, *-ous*］

tri·chro·ic /traɪkróʊɪk/ *a* 〖晶〗三色性の.

tri·chro·ism /tráɪkroʊìz(ə)m/ *n* 〖晶〗三色性《異なる 3 方向よりみると 3 種の異なる色を示す性質》.

tri·chro·mat /tráɪkroʊmæ̀t, ─ ─ ─/ *n* 〖眼〗三色型色覚者《正常》.

trì·chromátic *a* 3 色(使用)の;〈眼などが〉三色型色覚の;〖色彩〗三原色説の.

tri·chrómatism *n* 3 色であること; 3 色使用;〖眼〗三色型色覚《三原色(赤・緑・青)が弁別できる》.

tri·chro·ma·top·sia /traɪkròʊmətápsiə/ *n* 〖眼〗三色型色覚 (trichromatism).

tri·chróme, tri·chrómic *a* TRICHROMATIC.

trich·u·ri·a·sis /trìkjəráɪəsəs/ *n* (*pl* **-ses** /-sì:z/) 鞭虫(べんちゅう)寄生;〖医〗鞭虫症.

trí·cíty /, ─ ─ ─/ *n*, *a* 《経済的に密接な》隣接三市(の).

trick /trík/ *n* **1 a** たくらみ, 詐術, 策略; ごまかし, ペテン: get money from sb by a ～ 人をだまして金を取る / None of your ～*s* with me. おっとその手には乗らないぞ. **b** 見せかけ;〖映〗トリック; (気の)迷い, 錯覚: a ～ of the senses 気の迷い / ～*s* of the memory 記憶違い. **c** 《態度・ことばなどの》(特異な)癖 〈*of doing*〉, 特徴. **2 a** いたずら, わるさ, 冗談; 卑劣なやり方; 愚かな[子供じみた]行ない; 軽挙, 愚行: play a ～ [～*s*] on sb＝play sb a ～ [～*s*] 人にいたずらをする / up to sb's ～*s* 人がどんないたずらをたくらんでいるか見抜いて / a ～ of the heat in the desert 砂漠の熱のいたずら《蜃気楼など》/ You are at [up to] your (old) ～*s* again. またいたずらしてるな. **b** 《俗》性交, 《特に》(1 回の)売春行為, 売春の客, セックスの相手. **3 a** 手先の早わざ, 手品, 奇術; 巧みな芸, 芸当: a conjurer's ～*s* 手品. **b** うまいやり方, 秘訣, 要領, こつ; [*pl*] 《商売・くろうとの》しきたり, 駆け引き: use ～*s* 小手先でごまかす / the ～ of making pies パイ作りのこつ / learn the ～ of ...の呼吸をおぼえる / The ～ is to do...するのがこつだ, 要は...することだ. **4 a** 方法, 手口;〖トランプ〗トリック, 一巡; 一巡に打ち出された札《通例 4 枚》, 有力な札, 切り札; 一回の勝ち[得点]: a dirty [mean] ～ 卑劣な手段 / None of your cheap ～*s*! 小細工はやめろ! / ODD TRICK / lose [take, win] the ～ その一回に負ける[勝つ]. **b** 《元来は船員の》一交替服務(時間)《通例 2 時間》; *《俗》刑期; 出張: serve [do] a ～ *《俗》刑期をつとめる. **5 a** *つまらない飾り, おもちゃ; [*pl*]*小間物類, 身のまわり品. **b** *《口》(かわいらしい)子供, 女の子: a cute little ～ かわいい子. **6** 〖紋〗紋章の線画《色を使わない》: in ～ 線画で[の].

● BAG OF TRICKS. BOX OF TRICKS. **can't take a ～** 《豪俗》いつも失敗している, いっこうに成功しない. **do a ～** 人をだます; 手品[芸]をする. **do the ～** (**1**) 《口》〈物事が〉所期の目的を達成させる, 目的にかなう, 間に合う, 〈薬などが〉効く. (**2**) *《俗》性交する; *《俗》〈女が〉性交を許す 〈*for* sb〉. **every ～ in the book** あらゆる方法[手段], 手練手管. **for my next ～** 《口》[*joc*] さて次の芸当は《何かをしそこねたり, 物を落としたり, ボールを捕りそこなったあとで言うせりふ; もとは芸人のことば》. GO[1] **down and do ～s. have a ～ (or two) up one's sleeve** 切り札[奥の手]がある. **How's ～s?** 《口》元気?, 調子[景気]はどう? **know a ～ or two** なかなか心得ている, 隅に置けない. **know a ～ worth two of that** そんな手よりずっといい手を知っている. **not [never] miss a ～** 《口》抜かりがない, 好機を逸しない, なにひとつ見落とさない. **play ～s on** sb 〈目・記憶などが〉人を迷わせる, 人に錯覚を起こさせる (cf. 2). **pull a ～ on**...をだます[ひっかける], ペテンにかける; ...にいたずらをする. **show [teach]** sb **a ～ or two** 人より有能である[一枚うわてである]. **take [stand] one's ～ (at the wheel)** 〖海〗舵輪当直をする. **the oldest ～ in the book** 昔からよくある[使い古された]手口. **the (whole)** BAG OF TRICKS. **～ of the trade** [[u](all) the ～s of the trade] 商売の秘訣[こつ], 専門的知識, 要領; 駆引き, 巧妙な[ずるい]やり方. TRICK OR TREAT. **turn a ～ [～s]** *《俗》売春する; [turn a ～] *《俗》犯罪を犯す, 盗みをやる. **turn the ～** 《口》目的を達成する, うまくやる.

► *a* **1** 芸当[曲芸, トリック]の; 曲芸用の; 人をだます[惑わす], ワナにかける〈質問など〉: ～ photography トリック写真[撮影]. **2** 《口》しゃれた, すてきな, かっこいい, 《つくりが》うまい. **3** *故障を起こしがちな, 調子の狂いがちな; 〈関節が〉硬直したり急にがくっときたりする.

► *vt* **1 a** だます, かつぐ; 〈ものが〉...の期待[予測]を裏切る, 不意をつく[襲う]: ～ sb *into doing* sth 人をだまして...をさせる / ～ sb *out of* sth＝～ sth *out of* sb 人をだまして...を奪う. **b** 《俗》〈売春婦が〉...を客にする. **2** 飾りたてる, めかす 〈*out*, *up*〉; 〈紋章を〉線画で描く. ► *vi* **1** 〈人を〉だます 〈*on* sb〉; ふざける, もてあそぶ 〈*with*〉; 手品[曲芸]を行なう; *《俗》密告する, たれ込む, ちくる 〈*on* sb〉. **2** 《俗》売春する; 《俗》性交[関係]する 〈(*out*) *with*〉.

♦ **～·er** *n* **～·less** *a* ［OF (*trichier* to deceive＜? L *tricari* to play tricks)］

tríck cýclist 自転車の曲乗り師[芸人]; [u]《俗》[*joc*] PSYCHIATRIST.

trick·er·a·tion /trìkəréɪʃ(ə)n/ *n* *《黒人俗》ペテン, 策略, たくらみ, 細工.

tríck·ery *n* ペテン, 詐欺; 詐術, 策略.

tríck·ish *a* (やや)狡猾な, ずるい, 油断できない, TRICKY. ♦ **～·ly** *adv* **～·ness** *n*

trick·le /trík(ə)l/ *vi* 点々としたたる, したたり落ちる, ちょろちょろ[トクトク]流れる 〈*down*, *out*, *along*〉; [*fig*] ぽつぽつ[少しずつ, ゆっくりと]散る[消える, 出る, はいる, 移動する] 〈*away*, *out*, *in*, *through*〉: Tears ～*d down* her cheeks. 涙がはらはらとほおを伝った / The children ～*d into* [*out of*] the classroom. 子供たちは教室に[から]ぽつぽつはいって[出て]きた / The information ～*d in* [*down*]. その情報はぽつりぽつりと漏れ伝わってきた. ► *vt* したたらせる; ちょろちょろと流れさせる; ぽつりぽつりと移動させる. ● **～ down** 〈富が〉社会の上層から下層へ徐々に行き渡る; 〈考えなどが〉徐々に浸透する 〈*to*〉. ► *n* したたり, しずく; 細い流れ; とぎれがちな動き; ごく少数[少量]のもの[人]: at a ～ ちょろちょろと, 少しずつ〈流れる, 移動する〉/ dwindle [slow] to a ～ 〈ものの流れが〉とだえそうになる / a ～ *of* visitors ごくわずかな来訪者. ［ME＜?imit］

tríckle chàrge 《電池の》細流充電.

tríckle chàrger 〖電〗細流[小刻]充電器.

tríckle-dòwn 〖経〗*a* トリクルダウン理論の[による]: a ～ effect トリクルダウン効果. ► *n* TRICKLE-DOWN THEORY.

tríckle-dòwn thèory 〖経〗トリクルダウン理論《政府資金を大企業に流入させるとそれが中小企業と消費者に及び景気を刺激するという理論》.

tríckle irrigàtion 《直径の小さなホースで間欠的に行なう》細流灌漑. ♦ **tríckle-ìrrigate** *vt*

trick·let /tríklət/ *n* 細流, 小川.

tríck·ly *a* したたる; ちょろちょろ流れる; ぽつりぽつりの.

tríck or tréat* 「お菓子をくれないといたずらするぞ」《Halloween の晩子供たちが近所の各戸を訪ね, お菓子をねだるときに発することば》. ♦ **tríck-or-tréat** *vi* **tríck-or-tréat·er** *n*

tríck·some *a* いたずら好きの, ふざけたがる, やんちゃな.

tríck·ster *n* 人をだます者, 詐欺師, ペテン師; 奇術師, 手品師; *《俗》売春婦; 《民話・神話などの》いたずら好きの妖精[神 など].

tricksy /tríksi/ *a* いたずら好きな; 処理しにくい, 骨の折れる; 《古》ずるい, あてにならない; 《古》飾りたてた, めかしこんだ. ♦ **trícks·i·ly** *adv* **-i·ness** *n* ［*trick*; *-sy* は cf. TIPSY］

trick·track /tríktræ̀k/ *n* TRICTRAC.

tríck wìg 毛の逆立つかつら.

tricky *a* **1** 狡猾な, ずるい, 油断のならない; 言いのがれのうまい, あの手この手の, 巧妙な. **2** (見かけ[予想]に反して)手際[注意]を要する, やりにくい; 手の込んだ, 精巧な; 〈錠・膝関節など〉時々不意に故障する (trick): a ～ situation 微妙な状況[立場]. ♦ **tríck·i·ly** *adv* **-i·ness** *n*

tri·clad /tráɪklæ̀d/ *n*, *a* 〖動〗三岐腸(さんきちょう)類の(動物)《プラナリアなど》.

tri·clin·ic /traɪklínɪk/ *a* 〖晶〗三斜の, 三斜晶系の: ～ system 三斜晶系.

tri·clin·i·um /traɪklíniəm/ *n* (*pl* **-clin·ia** /-klíniə/) 〖古ロ〗トリクリニウム《(**1**) 食卓の三方を囲んで寝椅子を設けた食堂 **2**) その食卓 **3**) その寝椅子》. ［L＜Gk (*klinē* couch)］

tri·clo·san /traɪklóʊsæ̀n/ *n* 〖薬〗トリクロサン《工業用殺菌薬; 外科の消毒用, 薬用石鹸, 化粧品への添加に用いられる; 加熱によりダイオキシンが発生するといわれる》.

tric·o·lette /trìkəlét/ *n* トリコレット《絹・レーヨンの婦人服用メリヤス》. ［*tricot*＋flannel*ette*］

tri·col·or /tráɪkʌ̀lər, [u]tríkələr/ *a* 3 色の; 〈犬が〉白と黒と薄茶の 3 色の; 三色旗(の国)の, 《特に》フランスの. ► *n* 三色旗; 《特に》フランス国旗, トリコロール; 3 色の動物《特に犬》. ［F (*tri-*)］

trí·còlored *a* 3 色の (tricolor).

tri·corn(e) /tráɪkɔ̀:rn/ *a* 3 つの角(つの)状突起のある, 〈帽子が〉右・左・後ろの 3 か所でつばを上方に折り曲げた. ► *n* 三角獣《想像上の動物; cf. UNICORN》; [[u]tricorne] 三角帽子 (cocked hat). ［L (*cornu* horn)］

trí·córnered *a* 3 つの角のある; TRICORN.

tri·córporal, tri·córporate *a* 〖紋〗頭が 1 つで体が 3 つの, 三体の.

tri·cóstate *a* 〖動・植〗3 条のうねのある.

tri·cot /trí:koʊ, tráɪkət; trí:kəʊ, trík-/ *n* トリコット《(**1**) ナイロン・ウール・レーヨンなどの縦メリヤス編みの生地; 肌着などに用いる **2**) 一種のうね織り服地》. ［F＝knitting (*tricoter* to knit＜? Gmc)］

tric·o·tine /trì:kətí:n, trìk-/ *n* 〖織〗トリコティン《堅い撚(よ)り糸の毛織物で cavalry twill よりは細かい》.

trì·cotylédon·ous *a* 〖植〗3 子葉を有する.

tri·crésol *n* 〖化〗トリクレゾール (CRESOL).

tri·crot·ic /traɪkrátɪk/ *a* 〖医〗三拍(脈)の.

tri·cro·tism /tráɪkrətìz(ə)m/ *n* 〖医〗三拍[三段]脈.

tric·trac /tríktræ̀k/ *n* トリックトラック《backgammon の一種》. ［F imit］

tri·cúspid *a* 3 つの尖端のある; 〖解〗三尖弁の. ► *n* 〖解〗三尖構造のもの, 三咬頭の歯, TRICUSPID VALVE.

tri·cúspidate *a* 3 つの尖頭[尖端, 尖弁]を有する.

tricúspid válve 〖解〗《心臓の》三尖弁.

tri·cy·cle /tráɪsɪk(ə)l/ *n* 《特に子供用の》三輪車; オート三輪; 三輪の車椅子. ► *vi* tricycle に乗る. ♦ **trí·cy·cling** *n* [*tri-*, CYCLE]

tri·cýclic *a* 〘化〙三環の. ► *n* TRICYCLIC ANTIDEPRESSANT.

tricýclic antidepréssant 三環系抗鬱薬.

tri·cy·clist /tráɪsɪklɪst, -sàɪk-/ *n* 三輪車に乗る人.

tri·dáctyl, -dáctyl·ous *a* 〘動〙三指[三趾(さんし)]の.

tri·dáily *a* 一日 3 回の; 3 日に 1 回の.

tri·dent /tráɪdnt/ *n* **1** 三叉(さんさ)の道具[武器]; 三叉のほこ《**1)** ギリシア[ローマ]神話の海神 Poseidon [Neptune] の標章 **2)** 大ブリテンを象徴する女人 Britannia の標章》; 〘ロ史〙《retiarius が用いた》三叉の槍; 《魚を突くための》三叉のやす; 〘数〙三叉(さんさ)曲線. **2** [T-] トライデント《**1)** 米国の原子力潜水艦; 弾道弾 24 基を積載できる **2)** これに積載するミサイル》. ► *a* 三叉の, 3 つの歯[突起, 尖頭]のある. [L (*dent- dens* tooth)]

tri·den·tal /traɪdéntl/ *a* TRIDENT の; 三叉の, 3 突起の(ある).

tri·den·tate /traɪdéntèɪt/ *a* 3 つの歯[突起, 尖頭]のある, 三叉の.

Tri·den·tine /traɪdéntàɪn, -tì:n, tráɪdn-, tríd-/ *a* 《イタリアの》TRENTO の; トリエント宗教会議 (Council of Trent) の[による]: ～ Theology トリエント宗教会議で定めたカトリック神学. ► *n* トリエント信経 (1564) を遵奉する正統カトリック教徒. [*Tridentum*]

Tridéntine máss 〘カト〙トレント式ミサ《1570–1964 年使われたラテン式典礼の聖体祭儀》.

Tri·den·tum /traɪdéntəm/ トリデントゥム《TRENTO の古代名》.

tri·dígitate *a* TRIDACTYL.

trì·diménsion·al *a* 三次元の《前後・左右・上下の 3 つの広がりを有する》, 立体の (cf. 3-D). ♦ **trì·dimensionálity** *n* 三次元.

trid·u·um /trídʒuəm, -djə-, tráɪ-/ *n* 3 日間; 〘カト〙《聖人の祝日の前などの》三日黙禱[黙想]. [L (*dies* day)]

trid·y·mite /trídəmàɪt/ *n* 〘鉱〙鱗珪石, 鱗石英.

triecious ⇨ TRIOECIOUS.

tried /tráɪd/ *v* TRY の過去・過去分詞. ► *a* 試験済みの; 苦難[試練]に耐え抜いた; (過去の経験に基づいて)あてになる〈友など〉: ～ and true [tested, trusted] 《適切さ・望ましさについて》実証済みの / old and ～ すっかり信用できる.

tri·ene /tráɪì:n/ *n* 〘化〙トリエン《二重結合を 3 個もつ炭化水素》.

tri·en·ni·al /traɪéniəl/ *a* 3 年続く; 3 年ごとの (cf. BIENNIAL). ► *n* 3 年間; 3 年ごとに行なう行事[起こる事象]; 3 周年記念日[祭]; 〘英国教〙主教による 3 年ごとの管区訪問; 〘植〙三年生植物; 〘カト〙3 年ごとの死者年忌; 3 年ごとに出版される刊行物. ♦ **～·ly** *adv* [L (*annus* year)]

tri·en·ni·um /traɪéniəm/ *n* (*pl* **～s, -nia** /-niə/) 3 年間. [L]

tri·ens /tráɪènz, trí:èns/ *n* (*pl* **tri·en·tes** /traɪéntì:z, triéntèɪs/) トリエンス《**1)** 古代ローマの銅貨: ＝1/3 as **2)** 東ローマ帝国の金貨: ＝1/3 solidus》. [L＝third part]

Tri·ent /triént/ トリエント《TRENTO のドイツ語名》.

tri·er /tráɪər/ *n* **1 a** TRY する人[もの]; 試験者[官]; 《食品などの》検査員; テスト用サンプル抽出器具. **b** 〘法〙審理に当たる者, 事実認定者 (＝**～ of fáct**)《陪審 (jury) または裁判官》; [*or* **tri·or**] 〘史〙陪審員忌避判定人. **2** 辛抱強く努力する人, いつも最善を尽くす人, 努力家.

Trier /tríər/ トリール (*F* Trèves)《ドイツ西部 Rhineland-Palatinate 州の市; ルクセンブルクとの国境近く, Moselle 川に臨む; ケルトゲルマン系のトレヴェリ族 (Treveri) が首都にした古い都市; 18 世紀まで強大な権力をもった大司教が治めた》.

tri·er·arch /tráɪərɑ̀:rk/ *n* 《古代ギリシアの》三橈漕(そう)船 (trireme) の司令官; 《アテナイの》三橈漕船建造[艤装, 維持]義務を負った市民. [L＜Gk]

tri·er·ar·chy /tráɪərɑ̀:rki/ *n* 《古代ギリシアの》TRIERARCH の地位[義務]; TRIERARCH たち; 《アテナイの》三橈漕船建造[艤装, 維持]義務制度(に基づく市民の義務).

Tri·este /triést, -ésti/ トリエステ (Serbo-Croat **Trst** /tə́:rst/)《イタリア北東部 Friuli-Venezia Giulia 州の州都; トリエステ湾に臨む港湾都市; 1382–1918 年オーストリア領; 1947–54 年周辺地区と共に非武装中立の the **Frée Térritory of ～** (トリエステ自由地域) として国連が管理, 54 年トリエステ市を含む北地区はイタリア領に, 南地区はユーゴスラヴィア領になる》. ■ the **Gúlf of ～** トリエステ湾《アドリア海最北部の湾》. ♦ **Tri·és·tine** /-tən, -tì:n/, **-tene** /-tì:n/ *a*

tri·éthyl *a* 〘化〙トリエチルの.

tri·éthyl·amìne *n* 〘化〙トリエチルアミン《可燃性の無色の液体; 主に溶剤》.

trifa ⇨ TREF[1].

tri·fácial *a, n* TRIGEMINAL.

trifácial nérve 〘解〙TRIGEMINAL NERVE.

tri·fec·ta /traɪféktə, ⏑⏑⏑/ *n* 《米・豪》〘競馬〙三連勝単式(のレース) (triple*); 《jai alai 賭博の》三連勝式; *3 つの組[シリーズ, 要因など]; 3 冠 (triple), 三連勝, よいこと[《時に》悪いこと]の三連続: have got the ～ よい[悪い]ことが 3 つ重なる, 三拍子そろう.

trif(f) /tríf/ *n* TREF[2].

trif·fid /trífəd/ *n* トリフィッド《SF の植物怪獣》.

tri·fid /tráɪfɪd, -fəd/ *a* 〘植〙三裂の; 〈アンティークスプーンが〉柄の先端に 3 か所の切れ込みのある. (＝*trefid*)

tri·fle /tráɪf(ə)l/ *n* **1 a** つまらない[くだらない]もの, 些細な事. **b** 少量, わずかな金額, [a ～, 〈*adv*〉] 少し: It will cost you only *a* ～. ほんのわずかしかかからないでしょう / *a* ～ sad ちょっぴり悲しい. **2** トライフル《ワインに浸したスポンジケーキにジャムまたはゼリーを載せ, さらにカスタードやホイップクリームなどを添えてボウルなどで供するデザート》. **3** 《中位の固さの》白目(しろめ) (pewter)《たとえば スズ 83, アンチモン 17 の合金》; [*pl*] 白目製品. ► *vi* ふざける; もてあそぶ, ぞんざいに扱う, 軽視する 〈*with*〉; ぶらぶら過ごす. ► *vt* 浪費する 〈*away*〉. ♦ **trí·fler** *n* [ME *trufle* idle talk＜F *truf(f)e* deceit＜?]

trí·fling *a* 軽薄な; 取るに足りない, つまらない; わずかな; *《方》なまけ者の, 働きのない, 役に立たない. ► *n* つまらない冗談; 無益な行為[行動], 時間のむだ[浪費]. ♦ **～·ly** *adv* **～·ness** *n*

trì·flùo·pér·a·zine /-pérəzì:n, -zən/ *n* 〘薬〙トリフルオペラジン《フェノチアジン系抗精神病薬》.

tri·flu·ra·lin /traɪflúərələn/ *n* 〘農薬〙トリフルラリン《非選択性除草剤》. [*fluoro-, -alin* (*aniline* の変形か)]

tri·fócal *a* 〈眼鏡・レンズが〉三[三重]焦点の. ► *n* 三焦点レンズ; [*pl*] 三焦点眼鏡《近・中・遠距離が見える》.

trí·fòld *a* TRIPLE.

tri·fóliate, -fóliated *a* 三葉の; TRIFOLIOLATE.

trifóliate órange 〘植〙カラタチ.

tri·fóliolate *a* 〘植〙〈葉・植物が〉三小葉の, 三出葉の.

tri·fo·li·um /traɪfóuliəm/ *n* 〘植〙シャジクソウ属 (*T-*) の各種の草本. [L＝triple leaf]

tri·fo·ri·um /traɪfɔ́:riəm/ *n* (*pl* **-ria** /-riə/) 〘建〙トリフォリウム《教会建築の側廊上部, nave のアーチと高窓の中間のアーケードの部分》. [AL (? *tri-, foris* a doorway); 各格間 (bay) に 3 つの開口部があることから]

trí·fòrm(ed) *a* 三体[三形]ある; 3 つの性質を有する; 3 部からなる.

tri·fúnction·al *a* 〘化〙三官能性の: a ～ molecule.

tri·fur·cate *a* /traɪfə́:rkət, -kèɪt, tráɪfərkèɪt/ 三叉[三枝]の. ► *vi, vt* /tráɪfərkèɪt, traɪfə́:r-/ 三叉になる[する]. ♦ **trí·fur·càt·ed** *a* **trì·fur·cá·tion** *n*

trig[1] /tríg/ 《方・古》*a* こぎれいな, こざっぱりした, スマートな〈服〉; きちょうめんな; 丈夫な, 健康な. ► *vt* (**-gg-**) こぎれいにする, 着飾る, めかす 〈*up, out*〉. [ME＝trusty＜ON; cf. TRUE]

trig[2] 《方》*v* (**-gg-**) *vt* 動かないようにする; 〈車輪・樽などを〉くさび[つっかい]で止める; …につっかいをかう. ► *vi* 輪止めの役をする. ► *n* 輪止め, ころび止め. [C16＜? Scand (ON *tryggja* to make secure)]

trig[3] 《口》*n* TRIGONOMETRY. ► *a* TRIGONOMETRICAL: a ～ point [station] 三角点 (triangulation point).

trig·a·mist /trígəmɪst/ *n* 3 人の妻[夫]のある人, 三重婚者; 3 回結婚した人, 再々婚者.

trig·a·mous /trígəməs/ *a* 三重婚(者)の; 〘植〙《雄花・雌花・両性花の》3 種の花を有する, 三様花の.

trig·a·my /trígəmi/ *n* 一夫三妻, 一妻三夫, 三重婚; 3 度の結婚, 再々婚. [L＜Gk (*gamos* marriage)]

tri·gem·i·nal /traɪdʒémənl/ *a, n* 〘解〙三叉神経(の).

trigéminal nérve 〘解〙三叉神経 (＝*trifacial nerve*).

trigéminal neurálgia 〘医〙三叉神経痛.

tri·gem·i·nus /traɪdʒémənəs/ *n* (*pl* **-ni** /-nàɪ/) TRIGEMINAL NERVE. [L＝born as a triplet]

tri·ges·i·mo-se·cun·do /traɪdʒésəmousɪkʌ́ndou/ *n* THIRTY-TWOMO.

trig·ger /trígər/ *n* **1** 《銃砲などの》引金; HAIR TRIGGER; 〘電子工〙トリガー《フリップフロップ[単安定マルチ]回路をパルスによって起動すること; そのパルス》; 〘魚〙TRIGGERFISH: pull [press] the ～ 引金を引く 〈*at, on*〉. **2** 《連鎖反応・生理現象・一連の事件などをひき起こす》きっかけ, 誘因, 刺激 〈*for*〉. **3***《俗》殺し屋, ギャングの用心棒 (triggerman). ● **have one's finger on the ～** 《軍の作戦などを》完全に掌握している. **in the drawing of a ～** たちまち. **quick on the ～** ガンさばきのすばやい; 敏捷な, 反応の速い, 抜け目のない. ► *vt* …の引金を引く, 発射する; …に爆発を起こさせる, 〈爆発を〉ひき起こす 〈*off*〉; 〈一連の事件・反応などを〉ひき起こす, 誘発する, …のきっかけとなる, 〈刺激などが〉〈記憶などを〉よびさます; 〈人を〉反応させる 〈*off*〉; 〈装置などを〉作動させる; *《俗》〈強盗などの犯罪を〉犯す, やらかす. ► *vi* 引金を引く. ► *a* 引金の(ような作用をする). ♦ **trig·gered** *a* (…な)引金のある. [C17 *tricker*＜Du (*trekken* to pull); cf. TREK]

trigger finger 引金を引く指; 《利き手の》人差し指; 〘医〙ばね指, 引金指《指が一瞬屈曲または伸展状態になったあと引金を引くような動きの痙攣が続く症状》.

trigger·fish *n* 〘魚〙モンガラカワハギ科の各種の魚.

trigger-hàppy 《口》*a* (やたらに)ピストルを撃ちたがる; 《戦争になりかねない事態に際して》軽挙妄動する; けんかっぱやい, 好戦[挑戦, 挑発, 攻撃]的な.

trigger·man /-mən, -mæ̀n/ 《口》*n* 殺し屋, ギャングの用心棒.

trígger plànt 〘植〙HAIR-TRIGGER FLOWER.

trígger pòint **1** 《物事・事件などの》誘因, 引金. **2** 〘生理・医〙引金点, 発痛点, 誘発点《刺激をうけたときに他の場所に関連痛をひき起こす過敏領域》.

Tri·glav /tríːglàːv/ トリグラーヴ《スロヴェニア北西部, イタリアとの国境に近い Julian Alps の最高峰 (2864 m)》.

tri·glot /tráɪglɑ̀t/ *a, n* 3 か国語[3 言語]で書いた[で印刷した, を扱った](本[版]).

tri·glýceride *n* 〘生化〙トリグリセリド《グリセリンの 3 個の水酸基すべてに酸基が結合してエステルになったもの》.

tri·glyph /tráɪglɪ̀f/ *n* 〘建〙トリグリュポス, トリグリフ《ドーリス式建築の frieze で, やや前方に張り出して, 縦溝が刻まれた部分》. ♦ **tri·glýph·ic, -i·cal** *a*

tri·go /tríːgoʊ/ *n* (*pl* ~**s**)*《南部》小麦, 小麦畑. [Sp]

tri·gon /tráɪgɑ̀n/ *n* 三角琴, サンブカ (=*sackbut, sambuca, sambuke*)《東洋起源の 4 弦の古代の楽器》; 〘占星〙TRINE; 〘占星〙TRIPLICITY; 〘歯〙上顎三角錐, トリゴン《上顎大臼歯歯冠の食物をかみ切る部分》; 《古》三角形. [L<Gk (*tri-, -gon*)]

trig·o·nal /trígənl, traɪgóʊ-/ *a* 三角形の; TRIGON の; 〘晶〙三方晶系の; 〘生〙TRIGONOUS. ♦ **~·ly** *adv*

tri·go·neu·tic /tràɪgən(j)úːtɪk/ *a* 〘昆〙三世代性の《一年に 3 世代が生じる》.

trig·o·nom·e·ter /trìgənɑ́mətər/ *n* 直角三角計《平面三角法の問題を解く器具》; 三角法学者, 三角測量者.

trig·o·no·met·ric /trìgənəmétrɪk/, **-ri·cal** *a* 三角法の[による]. ♦ **-ri·cal·ly** *adv*

trigonométrical póint [státion] 〘測〙三角点《境界標柱の立つ測量拠点》.

trigonométric fúnction 〘数〙三角関数, 円関数 (=*circular function*).

trig·o·nom·e·try /trìgənɑ́mətri/ *n* 〘数〙三角法. [NL<Gk (*trigōnon* triangle)]

trig·o·nous /trígənəs, tráɪ-/ *a* 〘生〙3 つの角のある, (断面が)三角形の.

trí·gràm *n* 三文字銘[題]; 三重字 (TRIGRAPH); 3 本の線からなる図形[文字]; 〘日本・中国〙《陽爻(ょう)または陰爻を 3 つ組み合わせる》八卦(はっ)の一つ (cf. HEXAGRAM).

trí·gràph *n* 三重字《1) 1 つの音を示す 3 字: たとえば schism /síz(ə)m/ の sch 2) 連続する 3 文字からなる文字集合体: たとえば the》. ♦ **trì·gráph·ic** *a*

trig·y·nous /trídʒənəs/ *a* 〘植〙三雌蕊(しずい)の.

tri·hàlo·méthane *n* 〘化〙トリハロメタン (HALOFORM).

trì·hédral *a* 3 面を有する, 三面の; 三面体の. ► *n* 三面体.

trì·hédron *n* 〘数〙三面体.

trì·hýbrid *n, a* 〘遺〙三遺伝子雑種(の), 三性雑種(の)

tri·hýdrate *n* 〘化〙三水和(わ)物. ♦ **-hýdrated** *a*

tri·hýdric *a* 〘化〙TRIHYDROXY; 《古》3 個の酸水素原子を有する.

trì·hydróxy *a* 〘化〙一分子中に 3 個の水酸基を有する, 三水酸基の.

trì·ìodo·méthane *n* 〘化〙トリヨードメタン (IODOFORM).

trì·ìodo·thý·ro·nine /-θáɪrəniːn, -nən/ *n* 〘生化〙トリヨードサイロニン[チロニン]《甲状腺ホルモンの一種》.

trí·jèt *a, n* 3 基のジェットエンジンを備えた(飛行機), 三発ジェット機.

tri·ju·gate /tráɪdʒəgèɪt, traɪdʒúːgət, -gèɪt/, **-gous** /-gəs/ *a* 〘植〙三対小葉の.

Tri·ka·la, Trík·ka·la /tríkələ, tríː-/ トリカラ《ギリシア中部の市》.

trike /tráɪk/ *n* 《口》TRICYCLE; 《口》TRICHLOROETHYLENE; トライク《超軽量飛行機の一種》. ► *vi* 《口》TRICYCLE. [短縮変形<*tricycle*]

tri·ki·ni /traɪkíːni/ *n* [*joc*] トリキニ《bikini 水着の変形でトップを 2 枚にした 3 枚からなるもの》.

tri·lábiate *a* 〘植〙3 つの唇弁のある, 三唇の.

tri·láminar *a* 三層の.

tri·láteral *a* 〘数〙三辺の; 三者間の. ► *n* 三辺形. ♦ **~·ly** *adv* **tri·lat·er·al·i·ty** /traɪlætərǽləti/ *n*

tri·láteral·ìsm *n* 三者相互協力《工業化の進んだ北米と西欧の諸国および日本のより密接な関係と協力を促進する政策》. ♦ **-ist** *n*

tri·laterátion *n* 〘測〙三辺測量(術).

tril·by /trílbi/ *n*[ᴴ] トリルビー (=~ **hát**)《つば幅の狭い中折れ帽》; [*pl*] 《俗》足 (feet). ♦ **tríl·bied** *a* トリルビーをかぶった. [↓; 舞台劇で主人公がかぶったもの]

Trilby **1** トリルビー《女子名》. **2** トリルビー《George Du Maurier の同名の小説 (1894) の主人公の脚線美のモデル》.

tri·lem·ma /traɪlémə/ *n* 〘論〙三刀論法; 三者択一を迫られた窮境. [*dilemma* にならったもの]

tri·lene /tráɪliːn/ *n* 〘化〙TRICHLOROETHYLENE.

trí·lével *a* 3 つの段階がある, 三階建ての. ► *n* 三段階.

tri·línear *a* 3 つの線の; 3 つの線に囲まれた.

tri·língual *a* 3 つの言語[3 か国語]の, 3 つの言語を話せる[使用する], 3 言語による. ♦ **~·ly** *adv* **~·ism** *n*

tri·líteral *a, n* 3 字[3 子音]からなる(語[語根]): ~ languages 三子音式言語《セム語など》.

tri·líteral·ìsm *n* 〘言〙三子音式; 《セム語のような》三字語根式.

tri·lith·on /traɪlíθɑ̀n, tráɪləθɑ̀n/, **tri·lith** /tráɪlɪ̀θ/ *n* 〘考古〙トリリトン《2 本の立石上に 1 つの石を載せた巨石記念物》. ♦ **tri·lith·ic** /traɪlíθɪk/ *a* [Gk (*lithos* stone)]

trill[1] /tríl/ *n* 震え声; 〘楽〙顫音(せんおん), トリル (=*shake*)《記号 *tr., tr.* 〰〰〰》; 〘楽〙VIBRATO; 〘楽〙《特に 打楽器による》同一トーンの急速打, トリル; 《鳥・虫・笑声などの》トリルのような声; 〘音〙顫動音《巻き舌で, またはフランス語のように懸壅垂(けんようすい)を震わせて発する音; 記号 [R]》, 《その》顫動. ► *vi* トリルで演奏する[歌う]; 〈鳥・蛙・虫などが〉トリルのような声で鳴く; 〈声などが〉トリルのように響く. ► *vt* 〘音〙〈r を〉顫動音で発音する; 〘楽〙トリルで歌う[演奏する]; トリルで歌うように鳴く. [It<Gmc (Du *trillen* to vibrate)]

trill[2] *vi* 回転[旋転]する; ちょろちょろ流れる. ► *vt* ちょろちょろ流す. [?Scand (Norw *trilla* to roll)]

trill[3] *vi**《俗》(気取って)歩く, 闊歩する. [*Trilby*]

tríll·er *n* TRILL[1] するもの; 〘鳥〙ナキサンショウクイ (=*caterpillar-eater*)《豪州・南太平洋産》.

tril·ling /trílɪŋ/ *n* 〘晶〙三連双晶 (cf. TWIN).

Trilling トリリング **Lionel** ~ (1905–75)《米国の文芸評論家・作家》.

tril·lion /tríljən/ *n, a* (*pl* ~**s**, (数詞のあと) ~) 1 兆(の)《10^{12}; 英ではかつて 10^{18} を表わした》; [強調] 無数(の): a ~ imitators = ~*s* of imitators 無数の模倣者. ★ ⇨ MILLION. ♦ **-lionth** /-θ/ *n, a* [F or It (*tri-, million*); *billion* にならったもの]

tril·li·um /tríliəm/ *n* 〘植〙エンレイソウ属 (*T-*) の植物.

tri·lóbate, -lóbated, trí·lóbed *a* 〘植〙〈葉が〉三裂の. ♦ **trì·lobátion** *n*

tri·lo·bite /tráɪləbàɪt/ *n* 〘古生〙三葉虫. ♦ **trì·lo·bít·ic** /-bít-/ *a* [Gk=three-lobed (*tri-*, LOBE)]

tri·lócular, -lóculate *a* 〘動・植〙三室[三房]の.

tril·o·gy /trílədʒi/ *n* 《劇・小説などの》三部作 (cf. TETRALOGY); 〘古ギ〙《Dionysus の祭典に上演された》三悲劇; 三つ組, 三幅対. [Gk (*tri-*)]

trim /trím/ *v* (**-mm-**) *vt* **1 a** 刈り込む, 刈り込んできれいにする; こざっぱりさせる, 整える, 手入れをする: ~ a hedge [turf, beard, etc.] / have one's hair *trimmed* 調髪してもらう / ~ one's nails 爪を切る / ~ a lamp ランプの芯を切りそろえる. **b** 〈余分なものを〉切り[刈り, はさみ, 摘み]取る 〈*off, from, away*〉; 〘木工〙《削ったり, かんなをかけたり, かどを落としたりして》形を整える, 仕上げをする: ~ *away* the edges of a photo 写真の端をトリムする / ~ *in* 〈板などを〉形を整えてはめ込む. **c** 〈人員・予算を〉切り詰める, 削減する. **2 a** 装う, 支度する (fit up, dress) 〈*up, out*〉: ~ one*self up* きちんと身支度する, めかす. **b** 《古》《出帆のために》〈船を〉装備する; 《廃》用意する, 整える. **3** 〈リボン・レースなどで〉…に飾りを付ける, 飾り付ける, 装飾する, へりを付ける 〈*with*〉; 〈ショーウインドーなど〉に商品を陳列して飾る; 〈車など〉に内部装飾をする: ~ a woman's hat / ~ a dress *with* lace [fur]. **4** 〈意見などを〉都合のいいように変える, (事情に応じて)調整する. **5** 《口》**a** しかる, とがめる, 懲らしめる; むち打つ, 打つ. **b** 《ゲームなどで》負かす (defeat), 《特に》完敗させる: I *trimmed* him at chess. 彼をチェスで負かした. **6** 《口》だます, 〈人を〉ごまかして巻き上げる 〈*for*〉. **7 a** 〘空〙《航行前の積荷位置の調整, 航行中の修正翼使用・燃料移動などによって》〈飛行機〉のバランスをとる. **b** 〘海〙《バラス・積荷・乗客の位置を調整して》〈船〉のバランスをよくする, 〈船〉の船倉内荷繰りをする, 〈潜水艦〉の浮力を調節する; 〈積荷を〉配置よく積み込む; 《風受けのいいように》〈帆・帆桁を〉整える (adjust): ~ one's course 帆を整えて進む / ~ one's SAILS. **8***《黒人俗》〈女〉とやる.

► *vi* **1** 〈政治家などが〉どっちつかずにやる, 日和見(ひより)的中立政策をとる, 都合[時流]に合わせて意見を変える: ~ *between* two parties. **2** 〘海〙〈船が〉バランスがとれる; 帆[帆桁]を風の方向[船の針路]に調節する: The boat ~*s* badly. 船がうまくバランスがとれない.

● ~ **by [on] a wind** 〘海〙できるだけ風の方向に帆走する. ~ **down** 刈り込む; 〈体型などを〉小さく[細く]する; 切り詰める, 削減する: ~ the hedge *down* / ~ (*oneself*) *down* 《ダイエットなどで》減量する, スリムになる / ~ *down* expenditure. ~ **sb's jacket** 《口》人をなぐる. ~ **up** 切って整える: ~ *up* one's beard.

► *n* **1 a** 整って[きちんとして]いること, 整頓されていること; (良好な[準備の整った])状態, いつでも行動に移れる[使える]状態, 用意, 支度; (健康などの)具合; 気分, 調子: in (good) ~ 整って, 片づいて, 手入れされて; 調子[具合]がよく / out of ~ 調子[具合]が悪く / in fighting ~ 戦闘準備をして. **b** 〘海〙(船の)姿勢, 釣合い, バランス; 首尾喫水の差異; (帆の)風受けぐあい, 装備; 《潜水艦の》浮力状態: in sailing ~ 出帆準備が整って / out of ~ 〈船が〉片重(かたおも)りで. **c** 〘空〙《飛行中の飛行機の, また 気球・飛行船の》平衡状態, トリム. **2 a** 装備, 装具, 衣裳, 身なり: in hunting ~ 狩猟の服装で. **b** 飾り, 装飾(材料); *(店頭や飾り窓の)飾り付け, WINDOW DRESSING: the ~ on the dress 洋服の飾り. **c** 《自動車の》内装《装飾品・握り手・ハンドルなど》; 《車体の》外装. **d** 《建物内部の仕上げに取り付ける》装飾的な木工部, 《特に窓やドアの》額縁; まわり縁. **3 a** 刈り込み; 刈り込んだもの, 切り取った余分なもの; (映画フィルムの)カットしたもの. **b** 《ヘアスタイルを変えないで伸びすぎた部分だけを刈る》調髪: give sb a ~. **4***《俗》《女の》あそこ, 女, 性交: Want some ~? 一発いく? / get some ~ 一発やる. **5** 《廃》性質, 気質: I know his ~. 彼の人柄は知っている.

► *a* (**trím·mer; trím·mest**) **1** こぎれいな, きちんと[さっぱりと]した,

整った; «古» ちゃんと整備[装備]された: a ~ costume / a ~ house [lawn] / a ~ mustache きちんと手入れした口ひげ / a ~ ship 装備の整った船. **2 a** いますぐにでも役に立つ[使用できる]. **b** 体調の良好な; 〈体が〉贅肉(ぜいにく)のない, すらりとした: keep ~ by swimming / a ~ figure. **3** «廃» すてきな, りっぱな, すぐれた; «廃» 快活な, 上機嫌の. ► *adv* [ᵁ*compd*] きちんと, 整って, こぎれいに: ~-kept よく手入れしてある.

♦ **~·ly** *adv* **~·ness** *n* [OE *trymman, trymian* to strengthen (*trum* strong); (a) (n) < (v)]

Trim トリム《アイルランド東部 Meath 県の Boyne 川河畔の町, 県都》.

tri·ma·ran /tráɪməræ̀n, ⏑⏑⏑/ *n* (高速)三胴船《レジャー用》. [*tri-*, cata*maran*]

Trim·ble /trímb(ə)l/ トリンブル (**William**) **David** ~ (1944–)《北アイルランドの政治家; アルスター統一党党首 (1995–2005); 北アイルランド自治政府初代首相 (1998–2001, 2001–02); ノーベル平和賞 (1998)》.

tri·mer /tráɪmər/ *n* 〔化〕三量体. ♦ **tri·mer·ic** /traɪmérɪk/ *a*

trim·er·ous /trím(ə)rəs/ *a* 3 部分からなる[に分かれた]〔植〕〈花が〉各輪生体に 3 花をもつ《3-merous とも書く》;〔昆〕跗節 (tarsus) に 3 節ある: ~ flowers 三数花.

tri·mes·ter /traɪméstər, ⏑⏑⏑/ *n* (約) 3 か月間;〔医〕トリメスター《妊娠期間の 1/3》;〔米教育〕《3 学期制の場合の》1 学期. [F < L (*menstruus* monthly)]

tri·mes·tral /traɪméstrəl/, **-tri·al** /-triəl/ *a* 3 か月間の; 3 か月ごとの.

trim·e·ter /trímətər/〔韻〕*n* 三歩格 (⇨ METER¹); 三歩格の詩行. ► *a* 三歩格の;〔古典韻律〕三複詩脚の, 六歩格の.

tri·meth·a·di·one /tràɪmèθədáɪòʊn/ *n* 〔化〕トリメタジオン《白色の結晶; 癲癇(てんかん)治療用》.

tri·meth·o·prim /traɪméθəprìm/ *n* 〔薬〕トリメトプリム《合成抗菌薬; 抗マラリア薬として使用する》. [*trimeth*yl, oxy-, *pyrimi*dine]

tri·méthyl *a* 〔化〕3 基のメチルを有する.

tri·métric, -métrical *a* 〔韻〕三歩格の;〔晶〕斜方晶系の (orthorhombic).

trimétric projéction 〔製図〕不等角投影, 三軸投影《軸測投影の一》.

tri·met·ro·gon /traɪmétrəgɑ̀n/ *n* 《航空写真の》三角点俯瞰(ふかん)撮影法. [*Metrogen* 登録標所持者]

trím·mer *n* **1 a** TRIM する人[もの]; 刈り込み[切り取り]用具[機械]; 《ろうそく・ランプの》芯切り; 《写真フィルムなどの》カッター, トリミングボード; 木工用仕上げ機;〔電〕トリマー《微調整用可変素子[コンデンサー]》. **b** 自動車の内装をする人; 《店舗などの》ディスプレー専門家;〔建〕口際根太(くちぎわねだ) (= ~ **jòist**)《開口部の枠の一部をなす横材》. **2**〔海〕石炭・船荷などを船の釣合いが正しく保たれるように積む[配置する]装置[人], 《積荷の》荷繰(にく)り機[人]. **3** 日和見(ひよりみ)主義者, 事大主義者, 《特に 政治に関して》確固たる信念[方針]をもたない人. **4** «口» しかる人; ᴴ«口» 手ごわい人[もの]; «豪口» すばらしい[さえた]もの[人], 一級品. **5** 《カワカマス釣りの》置き針.

trím·ming *n* **1** TRIM すること; 飾り, 装飾, 最後の仕上げに装飾的に付け加えるもの[造作]; [*pl*] «口» 《料理の》つま, 付け合わせ; [*pl*] 余分な部分として切り取ったもの. **2** «口» 大目玉, 折檻; «口» いんちき, ごまかし, 詐取; *«口» 大敗.

trímming tàb, trím tàb 〔空〕トリムタブ《昇降舵・方向舵・補助翼の後縁に付けたトリム修正のための小翼片》.

tri·molécular *a* 〔化〕3 分子の.

tri·mónth·ly *a* 3 か月ごとの.

trí·mòrph *n* 〔晶〕同質三像物質; 同質三像の一.

tri·mórphism *n* 三形(性), 三態(性);〔晶〕同質三像;〔植〕三様開花, 三形花;〔動〕三形性《同一種内に 3 異形をもつこと》. ♦ **tri·mórphic, -mórphous** *a*

trí·mòtor /, ⏑⏑⏑/ *n* 〔空〕三発機. ♦ **trí·mótored** *a* 3 基のエンジンを動力とする, 三発の.

trím·pòt *n* 〔電子工〕小型電位差計, トリムポット《抵抗・電圧の微調整に用いられる》. [*trimming potentiometer*]

trím sìze 仕上げ寸法《本やページの縁削り[化粧裁ち]したサイズ》.

trim tab ⇨ TRIMMING TAB.

Tri·mur·ti /trɪmʊ́ərti/ *n* 〔ヒンドゥー教〕三神一体, トリムールティ《世界の創造神 Brahm, 維持神 Vishnu, 破壊神 Siva の 3 主神からなる; また その像》. [Skt = three shape]

Tri·nac·ria /trənǽkriə, traɪ-, -néɪk-/ トリナクリア《SICILY 島のラテン語名》. ♦ **Tri·nác·ri·an** *a*

tri·nal /tráɪnl/ *a* 3 重[倍]の, 3 つの部分からなる. [*trine*]

tri·na·ry /tráɪnəri/ *a* 3 つの部分からなる, 3 重[倍]の.

Trin·co·ma·lee, -li /trìŋkoʊməlíː, trɪŋkɑ́məli/ トリンコマリー《スリランカ北東部の Bengal 湾に臨む市・港町》.

trin·dle /tríndl/ ᴴ«方» *n* まるいもの, 《特に wheelbarrow の》車輪. ► *vi* ころがる, 回転しながら進む.

trine /tráɪn/ *a* 3 倍[重]の, 3 つの部分からなる, 三層の;〔占星〕三分(一対座)の, 順運[好運]の. ► *n* 三つ組[ぞろい];〔占星〕トライン《黄径差 120° の ASPECT》; [the T-]〔神学〕三位一体 (Trinity). [OF < L *trinus* three-fold (*tres* three)]

tríne immérsion [aspérsion] 〔キ教〕三度の浸礼《父と子と聖霊の名で行なう洗礼》.

trin·gle /tríŋg(ə)l/ *n* 〔建〕細長い角繰形(かくくりかた).

Trin·i /tríni/ *n* «カリブ» トリニダード人 (Trinidadian).

Trin·i·dad /trínədæ̀d/ トリニダード《西インド諸島南東部の島で, トリニダード-トバゴの主島》. ♦ **Trin·i·dad·i·an** /trìnədǽdiən, -déɪ-/ *a, n*

Trínidad and Tobágo トリニダード-トバゴ《Trinidad, Tobago 両島および付属の小島よりなる国; 公式名 Republic of Trinidad and Tobago (トリニダード-トバゴ共和国); もと英領植民地, 1962 年独立, 英連邦に属する; ☆Port of Spain》.

Trí·nil màn /tríːnìl-/〔人〕トリニール人 (JAVA MAN). [*Trinil* は遺跡のある Java 島の村]

Trin·i·tar·i·an /trìnətɛ́əriən/ *a* **1**〔キ教〕三位一体(論)の[を信ずる], 三位一体論信奉者の; 聖三位一体修道会の. **2** [t-] 3 つの部分[面]をもつ, 三つ組[三人組]を形成する (threefold). ► *n* 三位一体論信奉者, 三一神論者;〔カト〕聖三位一体修道会士《同修道会 (the Order of the Most Holy Trinity) は John of Matha (d. 1213) により設立; 三位一体への信心とともに北アフリカ・スペインのイスラム教国で捕えられたキリスト教徒を買い戻すことを事業とした》.

♦ **~·ism** *n* 三位一体論[説], 三一神論. [L TRINITY]

tri·nitr- /tràɪnáɪtr/, **tri·ni·tro-** /tràɪnáɪtroʊ, -trə/ *comb form* 〔化〕「一分子中に 3 個のニトロ基を有する」 [*tri-, nitro-*]

tri·ni·trin /traɪnáɪtrən/ *n* 〔化〕トリニトリン (NITROGLYCERIN).

tri·nitro·bénzene *n* 〔化〕トリニトロベンゼン《炸薬; 略 TNB》.

tri·nitro·crésol *n* 〔化〕トリニトロクレゾール《炸薬》.

tri·nitro·glýcerin *n* NITROGLYCERIN.

Tri·ni·tron /tràɪnáɪtrɑ̀n/〔商標〕トリニトロン《三色ブラウン管機構の一; 電子ビームを精確にピクセルに入射させる》.

tri·nitro·phénol *n* 〔化〕トリニトロフェノール (picric acid).

tri·nitro·tóluene, -tóluol *n* 〔化〕トリニトロトルエン, トリニトロトルオール《炸薬・工業爆薬; 略 TNT》.

Trin·i·ty /trínəti/ *n* **1** [the (Holy) ~]〔神学〕(聖)三位(さんみ)一体, 三一神(さんいつしん)《神は, 父なる神と, 子なる神と聖霊という 3 つの位格 (persons) と一つの実体において存在するということ》; 三位一体論[説], 三一神論;〔美〕三位一体の象徴[図, 像]. **2** [t-] 三つ組, 三人組; [t-] 3 つの部分[面]があること, 3 (倍)であること. **3** TRINITY SUNDAY; TRINITY TERM. [OF < L *trinitas*; ⇨ TRINE]

Trínity Bréthren *pl* 〔英〕水先案内協会員.

Trínity Cóllege トリニティカレッジ《Dublin にあるアイルランドで最も歴史のある大学; 1592 年創立; 別称 University of Dublin》.

Trínity Hóuse 〔英〕水先案内協会, 三位一体協会《灯台・航路標識などの建設維持や水先案内の試験などを管理する; 1514 年設立》.

Trínity sítting 《英国高等法院の》TRINITY TERM.

Trínity Súnday 三位一体の主日《Whitsunday の次の日曜日》.

Trínity tèrm **1**〔英大学〕4 月中旬から 6 月終わりまでの第三学期. **2**〔英〕トリニティ開廷期《**1**) 5 月 22 日から 6 月 12 日までの昔の上級裁判所の開廷期 **2**) 6 月 9 日から 7 月 31 日までの英国高等法院開廷期; = Trinity sitting》.

Trínity·tìde *n* 三位一体節《Trinity Sunday から Advent までの間》.

trin·ket /tríŋkət/ *n* 小さな手まわり品[道具], こまごましたもの; 《通例 安物の》小さな装身具《宝石・指輪など》; つまらないもの. ► *vi* ひそかに謀る, 策動[画策]する. ♦ **~·er** *n* **~·ry** *n* 小さな装身具類; こまごました[つまらない]もの. [C16 < ? ME *trenket* little knife; cf. L *trunco* to lop]

trin·kums /tríŋkəmz/ *n pl* (安っぽい)小さな装身具類.

trin·oc·u·lar /traɪnɑ́kjələr/ *a* 三眼顕微鏡の《2 つの接眼レンズのほかに写真撮影用のレンズを備えた顕微鏡》.

tri·nódal *a* 〔解・植〕三節の.

tri·no·mi·al /traɪnóʊmiəl/ *a* 〔数〕3 項からなる;〔生〕三(命)名法の[による]《属名・種小名および亜種小名で表わす; cf. BINOMIAL》. ► *n* 〔数〕三項式;〔生〕三(命)名法による亜種名. ♦ **~·ìsm** *n* 三名式命名法;〔生〕三(命)名法. **~·ly** *adv* [*binomial* にならったもの]

tri·núcleotide *n* 〔生化〕トリヌクレオチド, CODON.

trio /tríːoʊ/ *n* (*pl* **trí·os**) **1**〔楽〕三重奏[唱](曲), トリオ (⇨ SOLO);〔楽〕トリオ《メヌエット・スケルツォ・行進曲などの中間部》; 三重奏[唱]団; 3 人で踊る踊り(を踊る 3 人). **2** 三つ組, 三人組, 三つぞろい, 三幅対(つい);〔トランプ〕《エース・キング・クイーン・ジャックのいずれかの》3 枚ぞろい. [F and It < L *tres* three; *duo* にならったもの]

tri·ode /tráɪòʊd/ *n* 〔電子工〕三極管. [*electrode*]

tri·oe·cious, -e- /traɪíːʃəs/ *a* 〔植〕同一種に雌花・雄花・両花の 3 種の花がある: ~ flowers 三性花. ♦ **~·ly** *adv* [Gk *oikos* house]

tri·ol /tráɪɔ̀(ː)l, -òʊl, -ɑ̀l/ *n* 〔化〕トリオール《3 個の水酸基を有する化合物》.

tri·ólein *n* 〘化〙トリオレイン《オリーブ油など不乾性油中のオレイン酸》.

tri·o·let /tráɪələt, tríː:ə-; -lèt/ *n* 〘韻〙トリオレ(ット)《中世フランス起源の 8 行詩; 第 1 行は第 3・5 行と押韻し 4・7 行目で繰り返し, 第 2 行は第 6 行と押韻し 8 行目で繰り返す; rhyme scheme は繰返しを大文字で表わすと ABaAabAB となる》. [F (*-let*)]

Tri·o·nes /traɪóuniz/ *n pl* CHARLES's WAIN.

trior ⇨ TRIER.

tri·ose /tráɪòus, -z/ *n* 〘化〙三炭糖, トリオース《炭素原子数 3 の単糖の総称》.

trío sonáta トリオソナタ《バロック時代の室内楽で上 2 つの声部と通奏低音の声部からなるもの》.

tri·óxide *n* 〘化〙三酸化物.

tri·óxygen *n* 〘化〙OZONE.

trip /tríp/ *n* **1 a** 旅行,《特に》短い旅, 小旅行, 出張(旅行), 行楽, 遠足;《漁船の》一回の出漁[航海]; 一航海の漁獲高: make a ～ to Chicago《商用などで》シカゴへ旅行する / take a ～ to Guam《特に観光で》グアムへ旅行する / go on a bus ～ バス旅行をする / a weekend ～ 週末旅行 / a pleasure [business] ～ 行楽[商用]の旅 / DAY TRIP / ROUND-TRIP / Have a good [nice, safe] ～. いってらっしゃい, お気をつけて《旅行に出かける人に》. **b**《用事・仕事などで》通う[足を運ぶ]こと, 往復: made three ～*s* to the kitchen 台所へ 3 回立った / make a ～ to the doctor's 医者へ行く. **2 a** 踏みはずし, つまずき; [*fig*] あやまち, へま; *《俗》逮捕, 懲役刑, 刑期: make a ～ 間違いをする / a ～ (=slip) of the tongue 言いそこない. **b** [〈*int*〉] ツルッ, トン, ガツッ《つまずきを示す》. **3** つまずかせること; 揚げ足取り; 〘レス〙足をすくうこと, 足取り, 蹴(け)返し. **4** 〘機〙《てこなどを》引き[掛け]はずすこと, トリップ; 〘機〙(掛け)はずし装置, 掛けはずし子, トリップ, TUP. **5**《古》軽快な足取り; 〘海〙上手回し (tack) (をして進む距離). **6**《口》**a**《幻覚剤使用後の》幻覚体験, トリップ. **b** 刺激的な体験; 体験, 生き方, 状況, 世界, 時期;《一時的な》熱中, 没頭, 陶酔: a nostalgia ～ ノスタルジアをかきたてる経験. **7** *《俗》おもしろいやつ[こと], 変なやつ[もの].

● GUILT TRIP. **lay a (heavy) ～ on** sb《俗》事を人のせいにする, 人を非難する;《俗》人を悩ます[混乱させる], 人を驚かせる;《俗》lay a GUILT TRIP on sb. **take a fishing ～**《野球俗》take a DRINK. **What a ～!** *《学生俗》すげー, かっこいい, オドロキ.

► *v* (-pp-) *vi* **1 a** つまずく〈*up*〉, つまずいて倒れる; よろける〈*over, on*〉; 傾く; 〘海〙〈縦帆下縁の円材が〉波にもまれる. **b** あやまち[過失]を犯す, やりそこなう, 失脚する; つじつまの合わないことを言う; 言いよどむ, 口ごもる; 言いそこなう〈*up*〉: catch sb *tripping* 人の揚げ足を取る. **2** 軽快な足取りで歩む[踊る]〈*across, along, away,* etc.〉; 〈詩句・リズムが〉軽快である. **3** 〘時計〙〈がんぎ車の歯が〉がんぎのつめを通り越す. **4** 〘機〙〈人が〉運転する, 〈機械が〉作動する; 〈ブレーカー (circuit breaker) が〉上がる. **5 a** *《口》《LSD などで》幻覚体験をする, トリップする〈*out*〉; *《俗》大いに楽しむ, いい気分になる〈*out*〉; *《俗》うろたえる, 動転する〈*out*〉; [be tripping] *《俗》愚かなふるまいをする, 頭がおかしいみたいだ. **b**《短い》旅をする. **6** *《黒人俗》去る, 行く (leave).

► *vt* **1 a** つまずかせる, ころばせる〈*up*〉. **b** わなにかける, …の揚げ足を取る[おちどを拾う], 〈人〉のうそ[誤り]を見抜く〈*up*〉; 失敗させる, じゃまする〈*up*〉. **c** *《俗》〈人〉にうそをつく, だます. **2 a** 傾ける (tip, tilt). **b** 〘海〙〈錨を〉海底から浮かせる; 〈帆桁を〉下ろすために傾ける;《トップマストを低くする際, その根元の栓を抜くために》〈トップマストを〉少し吊り上げる. **c** 〘機〙〈機械〉の止め具をはずす, 〈機械・装置を〉始動させる; 〈スイッチを〉(うっかり)動かす. **3**《まれ》軽快に踊る; …の上で踊る: ～ it 踊る.

● **～ out** (1) ⇨ *vi* 5a; *《俗》愚かな[無茶な]ふるまいをする, かっとなる, 興奮する; *《俗》〈人を〉笑わせる, 驚かせる, 不安にする. (2) *《黒人俗》自分の考えに没頭する, 空想にふける. **～ over each other** [通例進行形で] 先を争う, せめぎ合う〈*to do*〉. **tripped out**《俗》《麻薬やアルコールに酔った時のように》ことばが混乱している, 支離滅裂である, わけがわからない; *《俗》すばらしい. **～ the light fantastic** [*joc*] 踊る, ダンスをする《Milton, *L'Allegro* の一節に由来》.

[OF＜MDu *trippen* to skip, hop; cf. OE *treppan* to tread]

TRIP /tríp/ *a* 高強度強延性特殊鋼の. [*t*ransformation-*i*nduced *p*lasticity]

trí·pàck *n* 〘写〙トライパック《感色性の異なる 3 種のフィルムを重ね合わせたカラーフィルム; cf. BIPACK》.

tri·pálmitin *n* 〘化〙トリパルミチン《牛脂・パーム油などに含まれる結晶性の脂肪》.

trip·a·ra /trípərə/ *n* 三回経産婦.

tri·párt·ed *a* 3 つの部分に分かれた.

tri·par·tite /traɪpáːrtàɪt/ *a* 3 つに分かれた, 3 部[3 者]からなる; 三分割(法)の; 同文 3 通の; 〘植〙〈葉が〉3 裂の; 〘生〙三連(染色体)の; 3 者間の: a ～ indenture 3 部作成の契約書 / a ～ treaty 三国条約. ♦ **～·ly** *adv* [L (*partit- partior* to divide)]

trì·partítion *n* 三分(すること), 三分割;《三分割による》3 分の 1 の取得.

tripe /tráɪp/ *n* **1** トライプ《反芻動物, 特に 雄牛の第一胃[第二胃](の胃壁)の組織; 食用となる》; [*pl*]《卑》臓腑, お腹(なか) (belly). **2**《口》つまらないもの[こと, 話], くだらない[お粗末な, 不快な]もの, くず. **3** *《俗》《行商人が陳列ケースを置く》三脚台. ♦ **tríp·ery** *n* くだらないものの製造[販売]所. [OF＜?]

tri·pe·dal /tráɪpədl, traɪpíːdl, trípədl/ *a* 3 本の足のある, 三脚の.

tripe-de-roche /*F* tripdərɔʃ/ *n* ROCK TRIPE.

trípe·hòund *n* ᴵᴵ《俗》いやなやつ.

trípe·man *n* 牛の胃袋を売る商人.

tri·péptide *n* 〘化〙トリペプチド《加水分解で 3 分子のアミノ酸を生じるペプチド》.

tri·pérson·al *a* [ˢT-]〈神が〉3 つの位格 (persons) からなる[において存在する], 三位(格)の.

tri·personálity *n* [ᵒT-]《神の》三位格性.

tri·pétal·ous *a* 〘植〙三花弁のある.

tríp-hàmmer *n* 〘機〙はねハンマー. ► *a* はねハンマーのような, 矢継ぎばやの, 息もつかせぬ.

trì·phènyl·méthane *n* 〘化〙トリフェニルメタン《染料の原料》.

tri·phib·i·an /traɪfíbiən/〘軍〙*a* 陸海空いずれにも機能を発揮できる[戦闘能力のある]; 〈飛行機が〉地上・水上・氷雪上のいずれからも発進できる; TRIPHIBIOUS. ► *n* triphibian な司令官[飛行機].

tri·phib·i·ous /traɪfíbiəs/〘軍〙*a* 陸海空共同作戦の; TRIPHIBIAN.

tríp hòp トリップホップ《ヒップホップをベースにテクノやダブ (dub) の要素を取り入れ, サンプリングを用いた重いリズムを特徴とするダンス音楽》. [*trip, hip-hop*; ⇨ TRIP *n* 6a]

tri·phósphate *n* 〘化〙三リン酸塩[エステル].

trì·phóspho·pỳridine núcleotide 〘生化〙トリホスホピリジンヌクレオチド (NADP)《略 TPN》.

tri·phosphóric ácid 〘化〙三リン酸.

triph·thong /trífθɔ̀(ː)ŋ, tríp-, -θɑ̀ŋ/ *n* 〘音〙三重母音《たとえば fire における /aɪər/ の単音節的発音》; TRIGRAPH. ♦ **triph·thon·gal** /trɪfθɔ́(ː)ŋ(g)əl, trɪp-, -θɑ́ŋ-/ *a*

triph·y·lite /trífəlàɪt/, **-line** /-lìːn, -lən/ *n* 〘鉱〙トリフィライト, 三燐石.

tri·phy·lous /traɪfíləs/ *a* 〘植〙三葉の.

tri·pínnate *a* 〘植〙〈葉が〉三回羽状の. ♦ **～·ly** *adv*

tri·pínnated *a* TRIPINNATE.

Tri·pi·ta·ka /trɪ̀pətáːkə/ *n* 三蔵《経蔵・律蔵・論蔵に分類される仏教聖典》. [Skt (*piṭaka* basket)]

trí·plàne *n* 〘空〙三葉機 (cf. MONOPLANE).

tri·ple /tríp(ə)l/ *a* 3 重の, 3 倍の; 3 つの部分からなる; 〘国際法〙三者間の; 3 回繰り返された[述べられた, 使用された]; 三回転の; 〈スパイなどが〉三面的な関係[性格]をもった; 3 種類の, 三様の; 〘楽〙3 拍の; 〘韻〙〈詩脚が〉三成分単位からなる; 〘韻〙〈押韻が〉対応する 3 音節を含む: a ～ crash 三重衝突 / ～ the price of his car 彼の車の 3 倍の値 / ～ that of Paris パリのそれの 3 倍. ► *n* **1** 3 倍の数[量, 額];《口》《ウイスキーなどの》トリプル; 〘スポ〙三冠, 3 つのタイトル; 〘野〙三塁打; *〘競馬〙三連勝単式(のレース) (=*trifecta*) (cf. PERFECTA, QUINIELA); 〘ボウル〙三連続ストライク, ターキー. **2** 3 部からなるもの, 三つ組, 三つぞろい, 三人組; トリプル《3 気筒エンジンのオートバイ》. **3** [～s, 〈*sg/pl*〉] **a** 〘スポ〙トリプルズ《3 人からなるチームどうしの対戦; cf. SINGLES, DOUBLES》. **b** 7 個の鐘を用いる転調の鳴鐘法. ► *vt* 3 重[3 倍]にする; 〘野〙三塁打で〈走者を〉かえす[〈得点を〉あげる]. ► *vi* 3 重[3 倍]になる; 〘野〙三塁打を放つ; 3 つの役をする〈*as*〉. [OF or L *triplus*＜Gk]

triple A /―́― éɪ/ **1 a** [ᵒ〈*a*〉] トリプル A, AAA《信用格付け機関による最上位の等級》: a ～ firm トリプル A の会社 / a ～ rating トリプル A の格付け. **b** 〘野〙トリプル A《米国マイナーリーグの最上位クラス》. **2** アメリカ自動車協会. **3**《軍俗》高射砲(兵), 高射特科(部隊). [*AAA* の読み換え]

Tríple Allíance [the] 三国同盟 1) 1668 年締結のフランスに対する, イングランド・スウェーデン・オランダ 3 国の同盟 2) 1717 年のスペインに対する, 英国・オランダ・フランス 3 国の同盟 3) 1795 年のフランスに対する, 英国・オーストリア・ロシア 3 国の同盟 4) 1882–1915 年の, 主にフランス・ロシアに対する, ドイツ・オーストリア(-ハンガリー)・イタリア 3 国の同盟》.

tríple-bàg·ger *n* **1**《野球俗》三塁打 (triple). **2** *《俗》ひどいつらしたやつ, どブス, 超ぶおとこ《醜い顔を隠すのに紙袋が 3 つも要る, ということから; cf. DOUBLE-BAGGER》.

tríple bógey 〘ゴルフ〙トリプルボギー《一つのホールで, 基準打数 (⇨ PAR¹) より 3 打多いスコア》. ♦ **tríple-bógey** *vt*

tríple bónd 〘化〙三重結合.

tríple cóunterpoint 〘楽〙三重対位法.

tríple crówn **1**《ローマ教皇の》教皇冠, 三重宝冠 (tiara). **2 a** [T- C-] 〘野球など〙三冠, 〘競馬〙三冠《米国で対象となるレースは Preakness, Kentucky Derby, Belmont Stakes; 英国では St. Leger, Derby, Two Thousand Guineas》, 〘ラグビー〙三冠《イングランド・スコットランド・ウェールズ・アイルランドのラグビーユニオンで, シーズン中ほかの 3 チームを破ったチームに与えられるタイトル》. **b**《広く特定分野における》三冠.

tríple-déck·er *n* THREE-DECKER 2.

tríple-dígit *a* 3 桁の, 100 を超える: ～ inflation / ～ highs 華氏 100 度を超える最高気温.

tríple-dóuble *n* 〘バスケ〙トリプルダブル《得点・アシスト・リバウンド・

スティール・ブロックのうち 3 部門で 2 桁を記録すること》.
Tríple En·ténte /-ɑ:ntá:nt/ [the] 三国協商《露仏同盟 (1891)・英仏協商 (1904)・英露協商 (1907) を軸にした, 英国・フランス・ロシア 3 国間の協商; ロシア革命 (1917) で崩壊した》; [the]《協商関係にあった》英国・フランス・ロシア三国.
triple-expánsion *a* 〔機〕三段膨張式の〈機関〉.
tríple fúgue 〔楽〕三重フーガ《主題が 3 つ》.
tríple hárp 〔楽〕トリプルハープ (=*Welsh harp*)《ペダルのない大型ハープ; 3 弦で, 中央の弦はシャープとフラットの音を出す》.
tríple-héad·er *n* 〔スポ〕トリプルヘッダー《同日に同会場で連続 3 試合を行なう》.
tríple jùmp [the]〔陸上〕三段跳び (hop, step [skip], and jump);〔フィギュア〕3 回転ジャンプ. ♦ **tríple-jùmp** *vi* **tríple jùmper** *n*
tríple méasure TRIPLE TIME.
tríple-nérved *a* 〔植〕三葉脈の.
tríple pláy 〔野〕三重殺, トリプルプレー.
tríple póint 〔理〕三重点.
tríple rhýme 〔韻〕三重押韻《rosily, cozily のように末尾の 3 音節が押韻するもの; cf. SINGLE [DOUBLE] RHYME》.
tríple séc /-sɛ́k/ トリプルセック《オレンジの香味の無色で甘いリキュール; curaçao よりアルコール度が強い》. [商標; cf. SEC[1]]
tríple-spáce *vt, vi* 行間を 2 行あけてタイプする.
trip·let /tríplət/ *n* 三つ組, 三つぞろい, 三人組; 三つ子の一人[一匹], [*pl*] 三胎児, 三つ子;〔韻〕三行連句;〔楽〕三連符;〔光〕三枚構成のレンズ, トリプレット;〔理〕三重項;〔理〕三重項状態 (triplet state);〔核物〕三重項《ほぼ等しいエネルギーの 3 つの素粒子のグループ》; [*pl*]〔理〕《スペクトルの》三重線;〔遺〕コドン (codon), トリプレット;〔宝石〕《3 層からなる》張り石; [*pl*]〔トランプ〕同位の 3 枚ぞろい, スリーカード (three of a kind). [*doublet* にならって *triple* より]
tríple·tàil *n* 〔魚〕マツダイ《温・熱帯海域産》.
tríplet còde 〔遺〕トリプレット暗号, 三文字暗号《DNA [RNA] 分子の 3 個のヌクレオチドの塩基配列がタンパク質合成における 1 個のアミノ酸に対応する遺伝暗号となる》.
tríple-tèam *vt* 〈相手プレーヤーを〉3 人がかりでマーク[ブロック]する.
tríple thréat 三分野[同一分野の三技能]にすぐれた人; 三つの好都合[好条件];〔アメフト〕キック・パス・ランニングの三拍子そろった選手. ♦ **tríple-thréat** *a*
tríple tíme 〔楽〕三拍子.
tríple-tóngue *vi* 〔楽〕《吹奏楽器で》三切法[トリプルタンギング]で奏する. ♦ **tríple tónguing** *n*
tríplet státe 〔理〕三重項状態.
tríple whámmy *《口》三重の攻撃[困難, 脅威], トリプルパンチ.
tríple wítching hòur 〔証券〕トリプル ウィッチング アワー《New York 証券取引所で, 株式オプション・株価指数オプションおよび株価指数先物の決済期の行使日が重なる, 3 月, 6 月, 9 月, 12 月の各第 3 金曜日の取引終了間際の時間帯; しばしば 株価が予測不可能な値動きをみせる》.
trip·lex /trípl̀ɛks, tráɪ-/ *a* 3 つの部分からなる, 3 重[倍]の; 3 様の効果を生ずる; 三階建ての; 3 戸一棟の;〔生化〕三重式の: ～ glass 三重ガラス (cf. TRIPLEX). ► *n* 三つ組, 三つぞろい, 三幅対; *三階建て[3 戸一棟]の建物; *上下 3 階の部屋で一世帯分をなすアパート;〔生化〕三重ポリヌクレオチド分子;〔楽〕TRIPLE TIME. ► *vt* 三重にする. [L (*-plicis -plex* -fold)]
Triplex 〔商標〕トリプレックス《非破散性の強化ガラス》.
000 /tríp(ə)lóu/ *n* 〔豪〕000《緊急時に警察・消防署・救急車を呼び出す電話番号》.
trip·li·cate /tríplɪkət/ *a* 3 倍の; 3 つの部分からなる; 3 通に作った; 3 通に作った文書の 3 通目の; 全く同じ 3 つのものの 3 番目の. ► *n* /-kət/ 全く同じ 3 つのもの[同文 3 通の文書]の 3 つ目のもの;《同文の》3 通. ● **in ～**《文書など》3 通に; 三重に; 3 回(繰り返して): prepare a contract *in* ～ 契約書を 3 通に作成する. ► *vt* /-ləkèɪt/ 3 倍[3 部構成]にする; (同文) 3 通に作成する. [L *triplicat- -plico* to triple]
trip·li·ca·tion /trìpləkéɪʃ(ə)n/ *n* **1 a** 3 倍[3 重, 3 部構成]にすること, 同文 3 通に作成すること; 3 つのものを加え合わせること. **b** 3 倍[3 部構成]にしたもの, 3 通に作製した文書. **2**〔法〕《宗教裁判所における》被告の第 2 回目の訴答;《ローマ法における》原告の第 3 回目の訴答.
tri·plic·i·ty /trɪplísəti, traɪ-/ *n* 3 倍[3 部構成]であること, 三倍[重]性; 三幅対, 三つ組;〔占星〕三宮 (=*trigon*).
trip·lite /tríplaɪt/ *n* 〔鉱〕トリプライト《マンガン・鉄・マグネシウム・カルシウムのリン酸塩鉱物; 黒褐色で単斜晶系の塊状結晶質》. [G; ⇨ TRIPLE]
trip·lo·blas·tic /trìploublǽstɪk/ *a* 〔生〕三胚葉(はいよう)性の.
trip·loid /tríplɔ̀ɪd/〔生〕*a* 三倍性の, 三倍体の. ► *n* 三倍体. ♦ **tríp·lòi·dy** *n* 三倍性.
tri·ply /trípli/ *adv* 3 重[倍]に. [*triple*]
tríp·mèter *n* 〔車〕トリップメーター《任意にリセットできる走行距離計》.
tri·pod /tráɪpɑ̀d/ *n* 三脚の器[大釜, 壺], 鼎(かなえ); 三脚の台[テーブル, 床机]; 三脚架,〔写〕三脚;〔古ギ〕三脚台《Delphi の巫女(みこ)が坐して神託を述べた青銅の祭壇; Pythian Games の賞として与えたその模造品》. ● **～ of life** 心臓・肺・脳 (=vital ～). ► *a* 三脚のある[に支えられた]. [L＜Gk=three-footed (*pod- pous* foot)]
trip·o·dal /trípədl/ *a* TRIPOD の(形をした); 三脚の(ある);〈骨が〉3 つの突起を有する.
tri·pod·ic /traɪpɑ́dɪk/ *a* 三脚の.
trip·o·dy /trípədi/ *n* 〔韻〕三歩格の詩行[句].
tri·pólar *a* 三極の.
trip·o·li /trípəli/ *n* 〔鉱〕**a** トリポリ石 (rottenstone), 板状珪藻土. **b** トリポリ《Missouri 州などに産出する珪質岩分解物を細粉化したもの》. [↓]
Tripoli トリポリ《**1)** リビア北西部の港湾都市で, 同国の首都; Arab **Ṭa·rā·bu·lus al-Gharb** /tərá:bələs ælgá:rb/, 古代名 Oea **2)** レバノン北西部の港湾都市; Arab **Ṭarābulus ash-Shām** /─´── ɛʃ-ʃǽm/, **Trâ·blous** /trɑ:blú:s/, 古代名 **Trip·o·lis** /trípələs/ **3)** BARBARY STATES の一つであった Tripolitania》. ♦ **Tri·pol·i·tan** /trɪpɑ́lətn/ *a, n*
Tri·pol·i·ta·nia /trɪpɑ̀lətéɪnjə, trìpəl-/ トリポリタニア《リビア北西部の地中海に臨む地域; 古代名 **Trip·o·lis** /trípələs/》. ♦ **Tri·pò·li·tá·nian** /, trìpələ-/ *a, n*
trip·o·lite /trípəlaɪt/ *n* TRIPOLI.
tri·pos /tráɪpɑ̀s/ *n* 〔ケンブリッジ大学〕優等卒業試験, 優等及第生名簿;《もと》卒業式に三脚にすわって学位取得者と諷刺のきいた議論をする学士;《古》TRIPOD. [L *tripus*; ⇨ TRIPOD; 演説の三脚から]
trip·pant /trípənt/ *a* 〔紋〕〈鹿などが〉歩行姿勢をとった. [*tripping* の *-ant* による変形]
tríp·per *n* TRIP する人[もの]; ˈ《口》(日帰り)行楽客;〔機〕はずし装置 (trip);〔機〕トリッパー《通過する列車によって信号や転轍器などを作動させる装置》;《口》幻覚剤使用者.
tríp·pery ˈ*a* 行楽客の多く訪れる.
trip·pet /trípət/ *n* 〔機〕打子(だし).
tríp·ping *a* 軽快な, 軽やかな, はずむような〈足取り・動き〉; 軽快に動く[進む, 踊る];《古》《道徳的に》つまずく. ♦ **～·ly** *adv*
trípping lìne 〔海〕海錨 (sea anchor) の引綱.
trip·ple /trípl/《南ア》*n*《馬の》左右各側の両脚を同時に上げる歩き方. ► *vi* tripple で歩く[進む].
tríp·py *a*《口》《薬物による》幻覚体験の[をおもわせる], ドラッグカルチャーの;《俗》異様な, 奇怪な, 超現実的な; *《俗》《麻薬などで》ぼうっとした, いい気分になった; *《ヴァリーガール俗》すばらしい, 一流の, ダントツの. ♦ **tríp·pi·ness** *n*
TRIPS, TRIPs 〔国際法〕Agreement on Trade Related Aspects of Intellectual Property Rights 知的所有権の貿易関連の側面に関する協定《1994 年の国際協定》.
trip·tan /tríptæn, -tən/ *n* 〔薬〕トリプタン《セロトニン受容体に結合する作動薬の総称; スマトリプタンなど; 片頭痛の発作の治療に用いられる》.
trip·tane /tríptèɪn/ *n* 〔化〕トリプタン《液状の炭化水素; アンチノック性が高く航空機燃料に用いる》. [*tri-*, bu*tane*]
trip·ter·ous /trípt(ə)rəs/ *a* 〔植〕〈果実・種子が〉3 枚の翼のある.
Trip·tol·e·mus, -mos /trɪptɑ́ləməs/〔ギ神〕トリプトレモス《ELEUSIS の王; Demeter の好意で麦の栽培を広め, デーメーテールの祭を始めた》.
trip·tych /tríptɪk/ *n* 〔古ロ〕三つ折り書字板; トリプティック《祭壇背後の 3 枚折り画像[彫刻]; cf. DIPTYCH, POLYPTYCH》; 三つ組,《特に》三部作. [*diptych* にならったもの]
trip·tyque /trɪptí:k/ *n*《税関の発行する》自動車入国許可証. [F ↑; もと三つ折り]
Tri·pu·ra /trípərə/ トリプラ《インド北東部の州; ☆Agartala; バングラデシュの東に隣接》.
tríp·wèed *n* *《俗》トリップ草, マリファナ.
tríp wìre《わな・警報・爆発物などと連動する》仕掛け線; 仕掛け線のようなはたらきをするもの, わな《大きな部隊と連動して前戦に配される小部隊など》.
tri·que·tra /traɪkwí:trə, -kwɛ́t-/ *n* (*pl* **-trae** /-trì:/, **～s**) 3 つの尖頭[鋭角]を有する図形[装飾],《特に》3 つの交差する弧[ループ]でつくられた飾り[図形]. [L=three cornered]
tri·que·tral /traɪkwí:trəl, -kwɛ́t-/ *a* TRIQUETROUS. ► *n* 〔解〕三角骨 (=**～ bóne**)《手根骨の月状骨と豆状骨の間にあるピラミッド形の骨》.
tri·que·trous /traɪkwí:trəs, -kwɛ́t-/ *a* 三角の, 3 つの凸角[鋭角]を有する;〈茎など〉断面が三角形の.
tri·rádial *a* TRIRADIATE.
tri·rádiate *a* 三放射線のある, 三射出形の, 三射状の. ► *n* 三射出形のもの. ♦ **-rádiated** *a* **～·ly** *adv*
tri·régnum *n* 三重宝冠, 教皇冠 (tiara).
tri·reme /tráɪrì:m/ *n*《古代ギリシア・ローマの》三橈漕(どうそう)船《櫓を両舷それぞれ 3 段に配したガレー船》. [F or L (*remus* oar)]
tris- /trís/ *pref*「3 倍」「3 重」[Gk; ⇨ TRI-]
Tris /trís/ トリス《男子名; Tristram の愛称》.
Tri·sa /trí:sə/ トリーサ《女子名》. [↑]
tri·sáccharide *n* 〔化〕三糖類.

Tris·agion /trisáːjɔːn; trɪsǽgiɔ̀n/ *n* 〖東方正教会〗トリサギオン, 聖三祝文, 三聖誦《3 種の呼びかけで聖なる神を賛美するギリシア語聖歌》. [Gk (*hagios* holy)]

tri·sect /tráɪsèkt, ─ ́/ *vt* 三(等)分する. ♦ **-séc·tor** *n* **-séction** *n* [L *sect- seco* to cut]

tri·sépalous *a* 〖植〗三萼片の.

tri·séptate *a* 〖植・動〗3 つの隔壁[隔膜]のある.

tri·sérial *a* 3 列に並んだ; 〖植〗輪生体が 3 つの, 三輪生の.

tri·shaw /tráɪʃɔː/ *n* 《東アジア諸国の》三輪自転車, 輪タク (pedicab). [*tri*-, rik*shaw*]

tris·kai·deka·phóbia /trɪ̀skàɪdɛ̀kə-/ *n* 十三恐怖症. [Gk *triskaideka* thirteen]

tri·skele /trískiːl, tráɪ-/ *n* TRISKELION.

tri·skel·i·on /trɪskéliən, traɪ-/ *n* (*pl* **-ia** /-ɑ/, ~**s**) 股でつながる三脚の図, 三脚ともえ紋.

Trismegistus ⇨ HERMES TRISMEGISTUS.

tris·mus /trízməs/ *n* 〖医〗開口障害, 牙関緊急 (lockjaw). ♦ **trís·mic** *a* [Gk=gnashing (of teeth)]

tris·òcta·hédron *n* 二十四面体, 〖晶〗三八面体, 〖数〗三方八面体: a trigonal ~ 三角面二十四面体 / a tetragonal ~ 四辺形面二十四面体. ♦ **-hédral** *a*

trì·sódium *a* 〖化〗一分子中に 3 個のナトリウム原子を含んだ, 三ナトリウムの.

trisódium phósphate 〖化〗第三リン酸ナトリウム, リン酸三ナトリウム《洗浄剤・硬水軟化剤に使用》.

tri·some /tráɪsòʊm/ *n* TRISOMIC.

tri·so·mic /traɪsóʊmɪk/ *a*, *n* 〖生〗三染色体(的な).

tri·so·my /tráɪsòʊmi/ *n* 〖生〗三染色体性, トリソミー.

trisomy 21 /─ twɛ̀ntiwʌ́n/ 〖医〗DOWN SYNDROME.

tri·spérmous *a* 〖植〗三種子の.

Tris·tam /trístəm/ トリスタム《男子名》. [⇨ TRISTRAM]

Tris·tan /trístən, -tàːn, -tæ̀n/ **1** トリスタン《男子名》. **2** 〖アーサー王伝説〗TRISTRAM. [⇨ TRISTRAM]

Tris·tan da Cu·nha /trístən də kúːnə/ トリスタン・ダ・クーニャ《南大西洋にある英領の火山島群; 1961 年噴火》.

trí·stàte* *a* 《隣接する》3 州の[からなる, にまたがる].

triste /tríːst/ *a* 悲しい, せつない, 悲しそうな, 哀愁の. [F<L *tristis*]

tri·stéarin *n* 〖化〗トリステアリン (STEARIN).

tris·tesse /*F* tristɛs/ *n* 悲しみ, 悲哀. [F]

tris·te·za /trəstéɪzə/ *n* 〖植〗《カンキツ類の》ステムピッティング病, ハッサク萎縮病《カンキツトリステザウイルスを病原とするウイルス病の総称》. [Port=sadness; ⇨ TRISTE]

trist·ful /trístfəl/ *a* 《古》悲しい, 悲しそうな, もの悲しい, 哀愁に満ちた. ♦ **~·ly** *adv* **~·ness** *n*

tris·tich /trístɪk/ *n* 〖韻〗三行連句.

tris·ti·chous /trístɪkəs/ *a* 3 列[段]に並んだ; 〖植〗〈葉が〉三列生の.

trì·stigmátic *a* 〖植〗三柱頭の.

trì·stímulus *a* 〖光〗三刺激(値)の: ~ values《色を表わすのに用いる》三刺激値.

Tris·tram /trístrəm/ **1** トリストラム《男子名; 愛称 Tris》. **2** 〖アーサー王伝説〗トリストラム《円卓の騎士の一人で, 伯父 Mark 王の妃 Iseult との悲恋で有名; Tristan ともいう》. [Celt=tumult, din; F *triste* sad も影響]

Trístram Shán·dy /-ʃǽndi/ トリストラム・シャンディー《Laurence Sterne, *The Life and Opinions of Tristram Shandy, Gentleman* (1759–67) の名ばかりの主人公》.

tri·stýlous *a* 〖植〗三花柱の. ♦ **-stý·ly** *n*

trí·súbstituted *a* 〖化〗一分子中に 3 個の置換基[原子]を有する.

tri·súlcate *a* 〖植〗3 つの溝のある; 〖動〗3 つの足指[ひづめ]に分かれた.

tri·súlfide *n* 〖化〗三硫化物.

trí·sỳllable /, ─ ─́ ─/ *n* 三音節語[詩脚]. ♦ **trì·syllábic** *a* 三音節語の; 3 音節からなる. **-ical·ly** *adv*

trit- /tráɪt/, **tri·to-** /tráɪtoʊ, -tə/ *comb form*「3 番目の」「第 3 の」 [Gk *tritos* third]

tri·tag·o·nist /traɪtǽgənɪst/ *n* 〖古ギ劇〗第三役 (cf. PROTAGONIST, DEUTERAGONIST). [Gk *agōnistēs* actor]

trit·an·ope /tráɪt(ə)nòʊp, trít-/ *n* 第三色盲の人.

trit·an·opia /tràɪt(ə)nóʊpiə, trɪ̀t-/ *n* 〖医〗第三色盲, 青黄色盲 (=*blue-yellow blindness*).

trit·an·opic /tràɪtənɑ́pɪk, trɪ̀t-/ *a* 〖医〗第三色盲[青黄色盲]の.

trite /tráɪt/ *a* ありふれた, 使い古された, 陳腐な, 新味のない; 《古》すりへった. ♦ **~·ly** *adv* **~·ness** *n* [L *trit- tero* to rub, wear away]

tri·térnate *a* 〖植〗〈葉が〉三回三出の.

tri·the·ism /tráɪθiɪ̀z(ə)m/ *n* 〖神学〗三神論, 三位異体論《父と子と聖霊とはそれぞれ別の神であるとする》. ♦ **-ist** *n*, *a* **trì·the·ís·tic, -ti·cal** *a*

tri·thing /tráɪðɪŋ/ *n* 《古》RIDING².

trit·i·at·ed /trítièɪtəd, tríʃ-/ *a* 〖化〗トリチウム化[三重水素化]した《化合物中の軽水素の一部をトリチウムで置換した》. ♦ **trìt·i·á·tion** *n*

trit·i·ca·le /trɪ̀təkéɪli, -kɑ́ː-/ *n* 〖植〗ライコムギ《小麦とライ麦の複二倍体》. [NL ↓, *secale* rye]

trit·i·cum /trítɪkəm/ *n* 〖植〗コムギ属 (*T*-) のイネ科植物.

trit·i·um /trítiəm, tríʃ-/ *n* 〖化〗三重水素, トリチウム《水素の同位元素; 記号 T, ³H, H³》. [NL (Gk *tritos* third)]

trito·Isáiah *n* 《『イザヤ書』を書いたとされる 3 人中の》第三イザヤ.

trit·o·ma /trítəmə/ *n* 〖植〗トリトマ《アフリカ原産ユリ科の観賞用植物》. [NL<Gk *tritomos* thrice cut]

tri·ton /tráɪtɑ̀n/ *n* 〖理〗三重子, トリトン《トリチウムの原子核》. [*tritium*, *-on*²]

Tri·ton /tráɪtn/ **1 a** 〖ギ神〗トリトーン《Poseidon と Amphitrite の息子で頭と胴は人, 下半身は魚の半神で, 海馬に乗ってほら貝を吹き鳴らす; のちに これに類する諸神をも指す》. **b** 〖天〗トリトン《海王星の第 1 衛星; cf. NEREID》. **2** [t-] **a** 〖貝〗ホラガイ(の貝殻), 法螺貝 (=**t~ shèll**). **b** 〖動〗イモリ (newt). ● **a ~ among [of] the minnows** 周囲の者がつまらぬ者ばかりのため偉く見える人, 鳥なき里のコウモリ. [L<Gk]

tri·tone /tráɪtòʊn/ *n* 〖楽〗三全音《増 4 度》.

tri·to·nia /traɪtóʊniə/ *n* 〖植〗トリトニア《アヤメ科ヒメトウショウブ[トリトニア]属 (*T*-) の各種草本; 南アフリカ原産; フリージアに似る》.

tríto·nỳmph *n* 〖動〗第三若虫期のダニ (cf. PROTONYMPH, DEUTONYMPH).

trit·u·rate /trítʃərèɪt/ *vt* すって[ついて]粉末にする, 粉砕[摩砕]する; すりつぶす, つき砕く; 咀嚼(そしゃく)する. ► *n* 粉砕したもの; 〖薬〗倍散剤 (trituration). ♦ **trit·u·ra·ble** /trítʃərəb(ə)l/ *a* [L *trituro* to grind corn; ⇨ TRITE]

trit̀·u·rá·tion *n* 粉砕, 摩砕; 咀嚼; 粉砕したもの; 〖薬〗倍散剤《乳糖などを加えて一定倍数に混和した散剤》.

trít·u·rà·tor *n* すり手, 粉ひき人; 乳鉢, 摩砕[粉砕]器.

tri·umph /tráɪəmf/ *n* **1** 勝利, 戦勝; 顕著な成功(例), 大手柄; 功業, 功績: the ~ of right *over* might 力に対する正義の勝利 / the [a] ~ of hope *over* experience 経験に対する希望の勝利《楽観的にすぎること; Samuel Johnson のことば》/ achieve ~*s* (数々の)勝利をおさめる. **2** 勝利感, 成功の喜び, 勝ち誇った気分, 得意の色, 歓喜: There was ~ in his eye [on his face]. 目[顔]に勝利の色が見えた. **3** 〖古ロ〗凱旋式《凱旋将軍がローマに入場行進する式典; cf. OVATION》; 《廃》盛大なお祭り, 公衆の参加する壮麗な見世物[祝賀行事]. **4** [T-] トライアンフ《(1) 英国製のオートバイ (2) 英国製の自動車》. ● **in ~** 勝ち誇って, 意気揚々として. ► *vi* 勝利[成功]をおさめる, 打ち勝つ 〈*over*〉; 勝ち誇る, 凱歌を奏する, 喜び勇む 〈*over*〉; 〖古ロ〗凱旋式を挙げる. ► *vt* 《廃》打ち負かす, 征服する. ♦ **~·er** *n* [OF, <? Gk *thriambos* Bacchic hymn]

tri·um·phal /traɪʌ́mf(ə)l/ *a* 勝利を祝う, 凱旋式の, 凱旋記念の; 勝ち誇った (triumphant).

triúmphal árch 凱旋門; 《初期教会建築の》聖堂の本堂と内陣の仕切りの大アーチ.

triúmphal·ìsm *n* 勝者の驕(おご)り; 《宗教家・政治家の》独善的態度[信念]. ♦ **-ist** *n*, *a*

tri·um·phant /traɪʌ́mfənt/ *a* 勝利[成功]をおさめた, 凱旋の; 勝ち誇った, 勝利を喜ぶ, 大得意の, 意気揚々とした; 上できの, みごとな; 《古》TRIUMPHAL; 《廃》壮麗な, りっぱな. ♦ **~·ly** *adv*

tríumph càrd 〖トランプ〗TAROT.

tri·um·vir /traɪʌ́mvər/ *n* (*pl* ~**s**, **-vi·ri** /-vəràɪ, -rìː/) 〖古ロ〗《特に 第 1 次・第 2 次の》三頭政治を行なった三執政の一人; 《一般に》三人委員会[支配者集団, 権力者集団]の一人. [L (*tres* three, *vir* man)]

tri·um·vir·al /traɪʌ́mvərəl/ *a* TRIUMVIR [TRIUMVIRATE] の.

tri·um·vi·rate /traɪʌ́mvərət/ *n* **1** 〖古ロ〗三執政(の一人)の職[任期]; 三頭政治; 三党連立による政治; 《一団としての》三執政. **2** 支配的地位にある三人組; 三人組, 三つ組. ● **the first ~** 《紀元前 60 年の》第 1 次三頭政治(を行なった Pompey, Julius Caesar および Crassus). **the second ~** 《紀元前 43 年の》第 2 次三頭政治(を行なった Mark Antony, Octavian および Lepidus).

tri·une /tráɪ(j)ùːn/ *a* [ᴼT-] 3 つが一体の, 《特に》三位一体の. ► *n* TRIAD; [the T-] TRINITY. [L *unus* one]

trì·unitárian *n* TRINITARIAN.

tri·uni·ty /traɪ(j)úːnəti/ *n* 三つ組, 三人組, 三面性, 三重性 (=*trinity*).

tri·válence, -válency *n* 〖化〗三価.

trì·válent /, trívələnt/ *a* 〖化〗三価の; 〖生〗三価の〈染色体〉; 三価の〈ワクチン〉《同種病原体で抗原性の異なる 3 種類のワクチンを混合した》. ► *n* 〖生〗三価染色体.

triválent cárbon 〖化〗三価炭素.

trí·vàlve *a* 〖動〗〈貝などが〉三弁の, 三鰓(さんさい)弁の.

Tri·van·drum /trɪvǽndrəm/ トリヴァンドラム《インド南西部 Kerala 州の州都; ヴィシュヌ信徒巡礼の聖地》.

triv·et /trívət/ *n* 《食卓で熱い皿を載せる》三脚台; 三脚架, 《特に》

三脚の五徳: (as) RIGHT as a ～. [?L *tri*-(*ped- pes* foot)=three-footed]

trívet tàble 三脚卓.

triv·ia /tríviə/ *n pl* **1** TRIVIUM の複数形. **2** [^s⟨*sg*⟩] 些細な[つまらない]こと[もの], 平凡なこと[もの], 雑学的な事柄; [⟨*sg*⟩] 雑学クイズゲーム. [L=crossroads (pl)＜TRIVIUM; 語義上 *trivial* の影響]

triv·i·al /tríviəl/ *a* 些細な, 取るに足らない, つまらない, 卑小な; 軽微な; «やや古» ありふれた, 平凡な; 小事に執着する[こだわる]; 〖生〗 種の (specific); 〖数〗 自明な, トリビアルな; 〖教育史〗 TRIVIUM の: the ～ round (of daily life) 平凡な日常生活. ♦ **～·ly** *adv* **～·ness** *n* [L *trivialis* commonplace; ⇨ TRIVIUM]

trívial·ism *n* TRIVIALITY.

trívial·ist *n* 雑学者.

triv·i·al·i·ty /trìviǽləti/ *n* 些細な[つまらない]こと, くだらなさ; 平凡さ; つまらないもの[考え, 作品]; 小事に対する関心[執着].

trívial·ize *vt* 矮小化する, 些事に変ずる. ♦ **trìvial·izátion** *n*

trívial náme 〖生〗 種小名 (SPECIFIC EPITHET); 《生物・化学物質の》 俗称, 通称, 慣用名.

Trívial Pursúit 〖商標〗 トリビアルパスート 《クイズ形式のボードゲーム》.

triv·i·um /tríviəm/ *n* (*pl* **-ia** /-iə/) 〖教育史〗 三学, 三科 《中世の大学の文法・修辞・論理; cf. QUADRIVIUM》. [L=three-way street corner (*via* road)]

tri·wéek·ly *adv, a* 週 3 回(の); 3 週間ごとに[の]. ► *n* 週 3 回[3 週一回]の刊行物.

Trix /tríks/ トリクス 《女子名; Beatrix の愛称》.

-trix /trɪks/ *n suf* (*pl* **-tri·ces** /trəsì:z, tráɪsiz/, **-trix·es**) 「…する婦人」「〖数〗 線・点・面」: execu*trix* / genera*trix*. [L (fem)＜*-tor*]

Trix·ie, Trixy /tríksi/ トリクシー 《女子名; Beatrix の愛称》.

triz·zie /trízi/ *n* «豪俗» 3 ペンス硬貨.

tRNA /tí:à:rènéɪ, ⏤⏤⏤⏤/ *n* 〖生化〗 TRANSFER RNA.

TRO 〖米法〗 °temporary restraining order.

Tro·ad /tróuæd/ [the] トローアド 《小アジアの TROAS の別称》.

Tro·ad·ic /trouǽdɪk/ *a* 古代都市トロイア (Troy) の.

Tro·as /tróuæs/ トローアス 《(1) 小アジアの Mysia 北西部の古代都市トロイア (Troy) を中心とする地域 (2) トロイア南方の古代都市》.

troat /tróut/ *vi* ⟨雄鹿などが⟩さかり鳴きをする. ► *n* 《雄鹿などの》 発情期の鳴き声. [C17＜?; cf. OF *tr(o)ut*]

Tró·bri·and Íslands /tróubriὰ:nd-, -ǽnd-/ *pl* [the] トロブリアンド諸島 《New Guinea 島東沖の Solomon 海にある一群のサンゴ礁; パプアニューギニアに属する》. ♦ **Trò·bri·ánd·er, Tróbriand Íslander** *n*

tro·car, -char /tróukὰ:r/ *n* 〖医〗 套管針, トロカール 《排液用》. [F (*trois* three, *carre* side); 三角形から]

tro·cha·ic /troukéɪɪk/ 〖韻〗 *a* TROCHEE の (⇨ METER[1]). ► *n* [^u*pl*] 強弱格[長短格]の詩; TROCHEE. [L＜Gk; ⇨ TROCHEE]

tro·chal /tróuk(ə)l, trák(ə)l/ *a* 〖動〗 輪状の.

tróchal dísk 〖動〗 《輪虫類の》 輪盤.

tro·chan·ter /troukǽntər/ *n* 〖解・動〗 転子 《大腿骨上部の突起》; 〖昆〗 転節 《脚の第 2 関節》. ♦ **-chán·ter·al, -ter·ic** /tròukəntérɪk/ *a* [Gk; ⇨ TROCHEE]

tro·che /tróuki; -ʃ/ *n* 〖薬〗 トローチ(剤) 《口内錠》. [変形＜*trochisk* «廃» 小さな輪]

tro·chee /tróuki/ *n* 〖韻〗 長短格 《—◡》, 強弱格 《⏊×》. [L＜Gk =running (*trekhō* to run)]

troch·el·minth /trákəlmìnθ/ *n* 〖動〗 輪形動物門の動物 《輪虫(ﾜﾑｼ)類・腹毛類・動吻類の動物; 現在は用いられない分類》.

troch·i·lus /trákələs/ *n* (*pl* **-li** /-làɪ/) **1 a** ナイル[ワニ]チドリ (crocodile bird). **b** 《旧世界産の》 ウグイス科の鳥 《キタヤナギムシクイなど》. **c** ハチドリ (hummingbird). **2** 〖建〗 SCOTIA. [L＜Gk]

troch·lea /tráklia/ *n* (*pl* **-le·ae** /-lìi:/) 〖解・動〗 滑車. [L= pulley＜Gk]

tróch·le·ar *a* 〖解・動〗 滑車の; TROCHLEAR NERVE の; 〖植〗 滑車状の. ► *n* TROCHLEAR NERVE.

tròch·le·ár·i·fòrm /tràkliǽrə-/ *a* 〖植〗 TROCHLEAR.

tróchlear nèrve 〖解・動〗 滑車神経.

tro·choid /tróukɔɪd, trák-/ *n* 〖数〗 余擺(ﾊｲ)線, トロコイド; 〖解〗 車軸関節 (pivot joint) (=～ **jóint**); 〖貝〗 TOP SHELL. ► *a* 西洋ごま[巻貝]形の; TOP SHELL の; 軸回転する, 輪のように動く; 車輪状の; ⟨曲線が⟩トロコイドの. ♦ **tro·choi·dal** /troukɔ́ɪdl, trɑ-/ *a* **-dal·ly** *adv* [Gk=wheellike]

tro·chom·e·ter /troukámətər/ *n* 《車の》 走行距離計.

trócho·phòre /trákə-/ *n* 〖動〗 担輪子幼生, トロコフォア.

trócho·sphère *n* TROCHOPHORE.

tro·chus /tróukəs/ *n* 〖貝〗 TOP SHELL.

troc·to·lite /tráktəlàɪt/ *n* 〖岩石〗 トロクトライト 《主に 橄欖(ｶﾝﾗﾝ)石と石灰質斜長石からできている斑糲(ﾊﾝﾚｲ)岩; ふつうマスの背のような斑点模様がある》. [G]

trod *v* TREAD の過去・過去分詞.

trodden *v* TREAD の過去分詞.

trode *v* «古» TREAD の過去形.

trof·fer /tráfər, *trɔ́:-/ *n* 《埋込み型蛍光灯の》 かまぼこ型のシェード. [*trough*+*coffer*]

trog[1] /trág/ *vi* (-gg-) "«口» とぼとぼ[ふらふら]歩く, ぶらつく. [? *trudge*+*slog*]

trog[2] «俗» *n* "頭が古い人, 遅れているやつ; "いやなやつ, 不良; «NZ» 《雨よけになる》 突き出た大岩. [*trog*lodyte]

trog·lo·bi·ont /tràgloubáɪànt, trαglóubiὰnt/ *n* 〖生態〗 真洞窟性動物 《特に 水生動物》.

trog·lo·bite /trágləbàɪt/ *n* TROGLOBIONT. ♦ **tròg·lobít·ic** /-bít-/ *a*

trog·lo·dyte /trágləddàɪt/ *n* 《特に 先史時代の》 穴居人; [*fig*] 隠者, 世事に疎い人, 固陋(ｺﾛｳ)な人; 類人猿. ♦ **tròg·lo·dýt·ic, -i·cal** /-dít-/ *a* 穴居人の(ような). **trόg·lo·dỳt·ism** /-dàɪ-/ *n* 穴居人的な行為[状態]. [L＜Gk (*trōglē* cave)]

tro·gon /tróugàn/ *n* 〖鳥〗 キヌバネドリ 《同属 (*T*-) の各種の派手な羽毛の鳥; 熱帯・亜熱帯地方産》. [NL＜Gk (*trōgō* to gnaw)]

Tro·ia /trɔ́ɪə, tróujə/ トロイア 《TROY の古代名》.

troi·ka /trɔ́ɪkə/ *n* トロイカ 《ロシアの三頭立ての馬(ﾊﾞ)そり》; 三頭立ての馬; 《特に 支配的地位にある》 三人組; 三つ組. [Russ (*troe* three)]

troil·ism /trɔ́ɪlɪz(ə)m/ *n* 3 人でするセックス, トリプルセックス, 3P.

tro·i·lite /tróuəlàɪt, trɔ́ɪlàɪt/ *n* 〖鉱〗 単硫鉄鉱. [Dominico *Troili* これを含む隕石について記述した 18 世紀イタリアの科学者]

Troi·lus /trɔ́ɪləs, tróuələs/ **1** 〖ギ神話・中世伝説〗 トローイロス 《トロイアの王 Priam の王子; Cressida の愛人》. **2** [t-] TROILUS BUTTERFLY.

tróilus bútterfly 〖昆〗 クスノキアゲハ (=*spicebush swallowtail*) 《北米東部産》.

trois /*F* trwa/ *a, n* 3 (three).

Trois-Ri·vières /*F* trwarivjɛ:r/ トロアーリヴィエール (*E* Three Rivers) 《カナダ Quebec 州南部 Montreal の北東, St. Lawrence 川北岸の港町》.

Tro·ja /tróuʤə/ トロイア 《TROY の古代名》.

Tro·jan /tróuʤ(ə)n/ *a* トロイア (Troy) の; トロイア人の; TROJAN HORSE の. ► *n* トロイア人; 勤勉家, 奮闘家, 勇敢な人; «古» 上っ調子で少々ずぼらな仲間, 《のちに》 陽気な快男子, 好漢; 〖天〗 TROJAN ASTEROID; 〖電算〗 TROJAN HORSE: work like a ～ せっせと[懸命に]働く. [L (*Troia* Troy)]

Trójan ásteroid 〖天〗 トロヤ群小惑星.

Trójan gròup 〖天〗 トロヤ群 (=*Trojan asteroids*) 《木星の軌道上の一群の小惑星》.

Trójan hórse [°T- H-] **1** [the] トロイアの木馬 《トロイア戦争でギリシア軍が敵を欺くために用いたもの》. **2** 破壊工作員[団, 手段]; 〖電算〗 トロイの木馬 《悪意のコンピューター・プログラムで, システム内にもぐり込み, システムを破壊したり情報を外部に送信したりするもの》.

Trójan Wár [the] 〖ギ神〗 トロイア戦争 《トロイア (Troy) 王 Priam の子 Paris が, Sparta 王 Menelaus の妻 Helen を誘拐したために起こった 10 年戦争; cf. ILIAD》.

troke /tróuk/ *vt, vi* «スコ» 物々交換[売買, 交渉]する.

tro·land /tróulənd/ *n* 〖眼〗 PHOTON.

troll[1] /tróul/ *vt* **1 a** 流し釣りで釣る; ⟨湖など⟩で流し釣りをする; ⟨擬餌・釣糸などを⟩流し釣りで流す. **b** ⟨特定の場所を⟩探す, 捜索する ⟨*for*⟩; 《何かを求めて[探して]》 ⟨特定の場所を⟩ぶらつく ⟨*for*⟩; ⟨酒場を⟩はしごする: ～ the Internet *for* information ネットで情報を探す. **2** 輪唱する; 陽気に[朗々と]歌う; 歌ってほめたたえる; 朗々たる声で[早口で]話す[吟唱する]. **3** ⟨球・さいころを⟩ころがす; «廃» ⟨酒杯などを⟩人から人へと回す; «廃» ⟨舌を⟩速く動かす (wag). **4** «ネット俗» 《E メール[掲示板]で》 ⟨挑発的な文言を⟩送信[投稿]する, 'あおる'. ► *vi* **1** 流し釣りをする ⟨*for*⟩; "«口» ぶらつく, 散歩する; 探しまわる[求める] ⟨*through, for*⟩; «俗» セックスの相手を求めてうろつく: ～ *through* the ads 広告欄を一通り見る. **2** 陽気に歌う[演奏する]; ⟨発声などが⟩朗々と響く; 早口でしゃべる. **3** 回転する; «廃» ⟨舌が⟩よくまわる. ► *n* 輪唱歌; 流し釣り; 流し釣り用の擬餌(のついた釣糸); 回転; «ネット俗» 《E メール[掲示板]で》 挑発的な文言を送信[投稿]する人, あおる人, 《そのような》 挑発的な E メール[投稿]. ♦ **～·er** *n* [ME=to stroll, roll; cf. OF *troller* to quest, MHG *trollen* to stroll]

troll[2] *n* **1** 〖北欧伝説〗 トロール 《ほら穴・地下・橋の下・山などに住む奇怪な巨人または小人の種族の者》. **2** 醜い[不愉快な]人; *«俗» 公園[橋・高架道の下など]で寝泊まりする人, 浮浪者; *«軍俗» ぼんくら. [ON and Swed=demon, Dan *trold*]

trol·ley, -ly /tráli/ *n* (*pl* **-leys, -lies**) 高架移動滑車; 触輪, トロリー(ホイール) (=～ **whéel**) 《trolleybus, trolley car の集電ポールの先端にあって架線に接する滑車》; *TROLLEY CAR; "TROLLEYBUS; "手押し車, カート (cart*); "トロッコ; "《食べ物・本などを運ぶ》 ワゴン, 台車; "《病院内で患者を運ぶ》 車輪付きストレッチャー[ベッド]; [*pl*] "«俗» パンティー, ショーツ. ● **be off** [**slip**] **one's ～** "«俗» 頭が混乱している[する], 気が狂っている[狂う]. ► *vt, vi* (**-leyed, -lied**) trolley で運ぶ[に乗って行く]. [? *troll*[1]]

trólley·bùs *n* トロリーバス, 無軌条電車.

trólley càr* (触輪式)市街電車 (tram").

trólley lìne [ròad] 市街電車[トロリーバス]運転系統.
trólley·man /-mən/ *n* 市街電車乗務員.
trólley pòle 《電車の屋根の上に立っている》触輪棒, トロリーポール.
trólley retrìever 《トロリーポールの》自動引き下げ器.
trólley wìre 架(空)線, 触輪線, トロリー線.
trol·li·us /tráliəs/ *n* 〘植〙キンバイソウ属 (*T-*) の草本 (globeflower) 《キンポウゲ科》.
trol·lop /tráləp/ 《古風》自堕落女, あばずれ, 《特に》売春婦; だらしなくうすぎたない女. ♦ **~·ish** *a* **tról·lopy** *a* [C17; cf. TRULL]
Trol·lope /tráləp/ トロロプ **Anthony** ~ (1815–82)《英国の小説家; *The Warden* (1855), *Barchester Towers* (1857), *Doctor Thorne* (1858) など架空の州バーセットシャー (Barsetshire) を設定して書いた小説 'Barsetshire Novels' が有名》. ♦ **Trol·lo·pi·an** /trəlóupiən/ *a*
trol·ly[1] /tráli/ *n* トロリーレース《太糸で模様の輪郭をとった粗末なレース》. [? Flem *tralie* trellis, mesh]
trolly[2] ⇨ TROLLEY.
trólly·bòbs *n pl* ズボン (trousers).
trom /trám/ *n* TROMBONE.
trom·ba ma·ri·na /trámbə mərí:nə/ トロンバマリーナ《中世・ルネサンス時代のヨーロッパの単弦の擦弦楽器; 音域・音色が無弁のトランペットに似る》. [It=marine trumpet]
trom·be·nik /trámbənìk/ *n**《俗》自慢屋, ほら吹き, うぬぼれ屋, なまけ者. [? It *tromba* trumpet, *-nik*]
Trómbe wàll /trɔ́(:)mb-, trám-/ トロンブ壁《吸収した太陽熱を内部に放出するように考案された南向きの石組(施釉)外壁》. [Felix *Trombe* (1906–85) フランスの設計家]
trom·bi·di·a·sis /tràmbədáɪəsəs/, **-o·sis** /-daɪóusəs/ *n* 〘医〙ツツガ虫症.
trom·bone /trɑmbóun, *ˊ-ˋ/ *n* 〘楽〙トロンボーン《金管楽器》; トロンボーン奏者; 〘楽〙トロンボーン《音色がトロンボーンに似たオルガンのリードストップ》. ♦ **trom·bón·ist** *n* [F or It (*tromba* trumpet)]
trom·mel /trám(ə)l/ *n* トロンメル《(回転式)鉱石ふるい》. [G=drum]
tro·mom·e·ter /troumámətər/ *n* 微震計.
tromp /trámp, *trɔ́:mp/ *vt* **1** *TRAMP; 踏みつける (stamp). **2** *《口》打つ, なぐる; ぶちのめす, 完敗させる. ► *vi* TRAMP; 踏みつける.
Tromp トロンプ **Maarten (Harpertszoon)** ~ (1598–1653)《オランダ海軍の提督》.
trompe /trámp/ *n* 〘冶〙落水送風機; 〘石工〙トロンプ《方形空間の隅で上部の荷重を支える凹曲した円錐形・球形の迫持(せりもち)式構造》. [F=trumpet]
trompe l'oeil /trɔ:mp lɔ́:i; *F* trɔ̃p lœj/ 〘美〙トロンプルイユ《**1**) 実物と見まちがうほど精細に描写する絵画(技法); その技法が生み出す錯覚[効果] **2**) インテリアデコレーションにおけるその応用》. [F=deceives the eye]
Trom·sø /trámsòu/ トロムセー《ノルウェー北部の港町; 漁業・北極探検の根拠地》.
tron /trán/ *n* 〘史〙公共の場に設置された秤(はかり); tron が置かれる場所, 市場 (marketplace).
-tron /tràn/ *n suf*「真空管」「原子以下の粒子を処理する装置」「素粒子」: magne*tron* / cyclo*tron*, iso*tron* / posi*tron*. [Gk; ⇨ ELEC*tron*]
tro·na /tróunə/ *n* 〘鉱〙トロナ《天然ソーダの一種セスキ炭酸ナトリウム》. [Swed]
tronc /tráŋk; *F* trɔ̃/ *n* 《ホテルやレストランで従業員に分配するための》チップ・サービス料のプール, 共同資金. [F=collecting box]
Trond·heim /tránhèɪm/ トロンヘイム《ノルウェー中部のトロンヘイムフィヨルド (**~ Fjórd**) に臨む古都・港町; 旧称 Nidaros》.
trone /tróun/ *n* 《スコ》《特に 重い品物の目方を量る》はかり.
tronk /tráŋk/ *n*ᴴ《俗》ばか者, 無器用者, いやなやつ.
troop /trú:p/ *n* **1** 《移動中の人・鳥・獣の》群れ, 隊, 組, 一団; 多数, 大勢, 大群 (host); 《古》TROUPE: a ~ of students 一団の学生 / a ~ of deer 鹿の群れ. **2 a** [ᵁ*pl*] 軍隊, 軍勢 (soldiers); 〘軍〙騎兵中隊; 《ボーイスカウトの》隊《最少 5 名》; 《ガールスカウトの》団《通例 8–32 名》: regular ~*s* 常備軍 / get one's ~ 騎兵中隊長に昇進する. **b** 兵士の一団; [*pl*]*《俗》《選挙候補者などの》支持者, 運動員《集合的》. **c** [*pl*]ᴴ《俗》警察の人員, 警官隊. **3** [the]ᴴ《軍俗》自分《I, me の代用》. ► *vi* **1** 集まる ‹*up, together*›; 隊[列]をなして歩く, ぞろぞろ進む ‹*along, past, in, out, to*, etc.›; 行く, 出かける, 出発する ‹*off, away*›. **2** 《古風》交わる, かかわる ‹*with*›. ► *vt* ‹騎兵隊を›中隊に編成する; ‹軍隊を›輸送する; ᴴ‹軍旗を›先頭に立てて分列行進をする; ᴴ《軍俗》‹軍人を›軍規違反で上官に訴える. ● **the ~ing the colour(s)** 〘英〙軍旗分列行進式《国王誕生日 (Official Birthday) に London の近衛騎兵練兵場 (Horse Guards Parade) において王の前で近衛歩兵隊が行なう》. [F *troupe* (逆成) ‹ *troupeau* (dim) <L *troppus* flock<? Gmc]
tróop càrrier 〘軍〙軍隊輸送機[車, 船].
tróop committee ガールスカウト団後援会《父母その他からなる》.
tróop·er *n* 騎兵(の馬); 騎兵隊兵士《人・階級》; 装甲自動車隊兵士; PARATROOPER; 兵, 兵士 (soldier); 《豪・米》騎乗警官, 警察機動隊員; *《口》州警察官; 我慢強い人, へこたれない奴; ᴴTROOPSHIP. ● **swear like a ~** 盛んに毒づく, ひどく罵倒する.
tróop·hòrse *n* 騎兵馬.
troop·ie /trú:pi/ *n* 《俗》《ジンバブウェ・南アフリカ共和国の》最下級の兵士.
tróop·shìp *n* 軍隊輸送船《通例 商船を改造したもの》.
troost·ite[1] /trú:stàɪt/ *n* 〘鉱〙マンガン珪酸亜鉛鉱, トルースタイト. [Gerard *Troost* (1776–1850) 米国の地質学者]
troostite[2] *n* 〘冶〙トルースタイト, トルース《焼入鋼を 400 [450]°C に焼き戻した場合の組織》. [F; Louis J. *Troost* (1825–1911) フランスの化学者]
trop /tróu; *F* tro/ *adv* 過度に; あまりにも多大に.
trop- /tráp/, **tropo-** /trápou, tróupou, -pə/ *comb form*「回転」「変化」「屈性」 [Gk TROPE]
trop. tropic(al).
tro·pae·o·la·ceous /tròupiouléɪʃəs/ *a* 〘植〙ノウゼンハレン科 (Tropaeolaceae) の.
tro·pae·o·lin, -pe-, -line /trəpí:ələn/ *n* 〘化〙トロペオリン《黄色アゾ染料》.
tro·pae·o·lum /troupí:ələm/ *n* (*pl* **-la** /-lə/, **~s**) 〘植〙ノウゼンハレン属[キンレンカ属] (*T-*) の各種草本[草花]《ノウゼンハレン科》. [L *tropaeum* trophy; 花と葉がかぶとと盾に似ることから]
trope /tróup/ *n* **1** 比喩, 比喩的な語句[表現]; 繰り返し取り上げられる[おきまりの]テーマ, 使い古された手法. **2** 〘カト〙進句《ミサのある部分に飾りとして入れた(詩)句》, 進句の挿入. [L<Gk *tropos* (*trepō* to turn)]
-trope /tròup/ *a comb form, n comb form*「転回する[した](もの)」「転回」「…への親和性」「転回[反射, 屈折]する装置」: hemi*trope*, thauma*trope*. [Gk (↑)]
tropeolin ⇨ TROPAEOLIN.
troph- /tráf/, **tropho-** /tráfou, tróufou, -fə/ *comb form*「栄養」 [Gk (*trophē* food)]
-troph /tróuf, tráf/ *n comb form*「栄養」 [↑]
troph·al·lax·is /tròufəlǽksəs, tràfə-/ *n* (*pl* **-lax·es** /-sì:z/) 〘昆〙栄養交換. ♦ **-lác·tic** *a*
tro·phec·to·derm /trɑféktədə̀:rm, trou-/ *n* 〘生〙TROPHOBLAST.
troph·ic /tráfɪk/ *a* **1** 栄養(作用)に関する. **2** TROPIC[2]. ♦ **-i·cal·ly** *adv* [Gk (*trophē* food)]
-troph·ic /tráfɪk, tróu-/ *a comb form* (1)「…な栄養に関する[を特徴とする]」「…な栄養を必要とする[活用する]」: ecto*trophic*, poly*trophic*. (2) -TROPIC (2): gonado*trophic*. [Gk (↑)]
tróphic lével 《生態系における》栄養段階.
tro·phied /tróufid/ *a* 戦利品[記念品]で飾った.
-trophin ⇨ -TROPIN.
trópho·blàst *n* 〘発生〙栄養膜, 栄養芽層, 栄養芽細胞, トロホブラスト. ♦ **tròpho·blástic** *a*
trópho·dèrm *n* 〘発生〙栄養膜 (trophoblast).
tròpho·neurósis *n* 〘医〙栄養神経症.
trópho·plàsm *n* 〘生〙《細胞の》栄養原形質, トロホプラズム (opp. *idioplasm*). ♦ **tròpho·plás·mic** *a*
trópho·sòme *n* 〘動〙栄養体部《ヒドロ虫類などにおいて個体・群体の栄養・防御などにのみかかわる部分; cf. GONOSOME》.
-tro·phous /trəfəs/ *a comb form*「…な栄養に関する (-TROPHIC)」
tro·pho·zo·ite /tròufəzóuàɪt, tràf-/ *n* 〘動〙栄養体[型], トロフォゾイト.
tro·phy /tróufi/ *n* **1** 《勝利の記念に保存する》戦利品; 狩猟の記念《ライオンの毛皮・鹿の角・獣の頭など》; 勝利[成功, 技量]の記念品, 《特に》トロフィー《カップ・盾・メダル・月桂冠など競技の勝利者に与える記念品》; 《一般に》記念の品. **2 a** 〘古ギ・古ロ〙戦勝記念碑《本来は敵からぶんどった武器・戦利品を戦場の木や高みに立てた柱に掲げて碑となしたもの》. **b** 《メダル表面などの》戦勝記念碑の彫像; 一群の武器をかたどった建築装飾. ► *vt* trophy でたたえる[飾る]. ► *attrib a* 格式高い, 名声のある, ステータスを表わす, 《所有していると》箔がつく; 狩猟の記念の: ~ buildings 格調のある建物 / TROPHY WIFE. [F, <Gk (*tropē* defeat of the enemy; ⇨ TROPE)]
-tro·phy /ˊ- trəfi/ *n comb form*「栄養」「発育」: eu*trophy*, hyper*trophy*. [Gk; ⇨ -TROPHIC]
tróphy wìfe 《俗》[*derog*]《年配男性のステータスシンボルとしての》若い美人妻.
trop·ic[1] /trápɪk/ *n* 〘地理〙回帰線 (⇨ TROPIC OF CANCER [CAPRICORN]); 〘天〙天の回帰線; 《廃》天の至点; [the ~s, ᴼthe T-s] 熱帯地方. ► *a* 《文》熱帯(地方)の (tropical). [L<Gk=pertaining to a turn; ⇨ TROPE]
tropic[2] *a* 〘生〙屈性 (tropism) の; ‹ホルモンが›特定の腺の活動に影響を与える. [↑]
-trop·ic /trápɪk, tróu-/ *a comb form* (1)「…の刺激に応じて転回する」「向…性の」: helio*tropic*. (2)「…を刺激する‹ホルモン›」: gonado*tropic*. (3) -TROPHIC (1): ecto*tropic*. [↑]
tróp·i·cal *a* **1** 熱帯(地方)の, 熱帯的な, 熱帯特有の, 熱帯性の, 熱帯産の, 熱帯用の; ひどく暑い; 情熱的な; 繁殖[生育]の盛んな; [T-]

〘生〙熱帯区の;〘天〙回帰線の[から始まる]. **2** /*trɔ́upɪk(ə)l/〘修〙比喩的な, 文彩的な (⇨ TROPE). ► *n* 熱帯魚 (tropical fish); 熱帯向き[酷暑用]の服地, [*pl*] 熱帯向きの服. ♦ **~·ly** *adv*

trópical aquárium 熱帯水族館, 恒温水槽.

trópical bláck éarth 熱帯黒色土壌.

trópical clímate 熱帯気候.

trópical continéntal〘気〙熱帯大陸[大陸熱帯]気団《低緯度大陸上を発源地とする高温低湿な気団》.

trópical cýclone〘気〙熱帯低気圧,《特に》HURRICANE.

trópical depréssion〘気〙熱帯(性)低気圧.

trópical físh 熱帯魚.

trópical·ize *vt* TROPICAL にする; 熱帯に適する[向く]ようにする.

trópical máritime〘気〙熱帯海洋気団《低緯度海域を発源地とする高温湿潤な気団》.

trópical médicine 熱帯医学.

trópical óil 熱帯植物油, トロピカルオイル《飽和脂肪酸に富むココナッツオイルやパーム油 (palm oil) など》.

trópical ráin fòrest〘生態〙熱帯(多)雨林 (rain forest).

trópical sprúe 熱帯性スプルー (sprue)《熱帯地方に起こる脂肪便を伴う腸吸収不全症》.

trópical stórm〘気〙トロピカルストーム《風力 8–11 の台風》.

trópical yéar〘天〙回帰年, 太陽年 (=*astronomical* [*natural*] *year*)《365 日 5 時間 48 分 45.5 秒》.

trópical zóne [the] 熱帯 (torrid zone).

trópic bìrd〘鳥〙ネッタイチョウ (=*longtail*)《同科同属の 3 種の総称; 中型の海鳥; ペリカン目; 熱帯産》.

Trópic of Cáncer [the, ˢthe t- of c-] 北回帰線, 夏至線《北緯 23°27′》.

Trópic of Cápricorn [the, ˢthe t- of c-] 南回帰線, 冬至線《南緯 23°27′》.

-tro·pin /tróupən/, **-tro·phin** /-fən/ *n comb form*「ホルモン」

tro·pine /tróupìːn, -pən/ *n*〘化〙トロピン《有毒な結晶性アルカロイド》. [*atropine*]

tro·pism /tróupìz(ə)m/ *n* **1**〘生〙《動物の》向性,《植物の》屈性,《ウイルスの》親和性. **2**《刺激に対して一定のしかたで反応する先天的な》傾向, 性向, 性質, たち ‹*for, toward*›. ♦ **tro·pis·tic** /troupístɪk/ *a* [helio*tropism* などから]

-tro·pism /⌐ trəpìz(ə)m, tróupìz(ə)m/ *n comb form*「…への屈性[向性, 親和性]」: helio*tropism*. [↑]

tropo- /trápou, tróupou, -pə/ ⇨ TROP-.

tròpo·cóllagen *n*〘生化〙トロポコラーゲン《膠原(こうげん)繊維の基本構成単位》.

tròpo·elástin *n*〘生化〙トロポエラスチン《弾力素 (elastin) の構成単位》.

tro·po·log·i·cal /tròupəlάʤɪk(ə)l, tràp-/, **-ic** *a* 比喩的な; 聖書の比喩的[道徳的]解釈の; 教訓的な. ♦ **-i·cal·ly** *adv*

tro·pol·o·gy /troupάləʤi, trɑ-/ *n* 比喩使用, 比喩的語法, 比喩; 聖書の比喩的[特に 道徳的]解釈; 比喩に関する論文; 比喩集. [L <Gk (TROPE)]

tròpo·mýosin *n*〘生化〙トロポミオシン《筋肉の調節タンパク質; トロポニンと結合して筋収縮における役割を果たす》.

tro·po·nin /tróupənən/ *n*〘生化〙トロポニン《筋肉の調節タンパク質; トロポミオシンと結合してカルシウムによる筋収縮の制御にあずかる》.

trópo·pàuse *n*〘気〙圏界面《対流圏と成層圏との境界》.

tro·poph·i·lous /troupάfələs/ *a*〘植〙天候の変化に順応する, 天候順応性の.

trópo·phỳte *n*〘生態〙天候順応性植物, 季節的落葉植物. ♦ **tròpo·phýtic** *a*

trópo·scàtter *n* TROPOSPHERIC SCATTER.

trópo·sphère *n* [the]〘気〙対流圏《地球の大気圏のいちばん下の層で, 地表と成層圏 (stratosphere) の間 (地表から平均高度約 11 km の間) に位置する》. ♦ **trò·po·sphér·ic** /-sférɪk/ *a*

tropospheric scátter〘通信〙対流圏散乱.

tròpo·táxis *n*〘動〙転向走性.

-tro·pous /⌐ trəpəs/ *a comb form*「…なふうに向いた[曲がった]」「…への屈性を示す」: ana*tropous*. [Gk; ⇨ -TROPIC]

Trop·pau /*G* trɔ́pau/ トロッパウ《OPAVA のドイツ語名》. ■ **the Cóngress of ~** トロッパウ会議《1820 年トロッパウで開かれた神聖同盟諸国の会議; 革命勢力に団結して対抗する意思を宣言した》.

trop·po¹ /trάpou/ *adv*〘楽〙あまりに, トロッポ: allegro ma non ~ 急速にしかしあまり激しくなく. [It]

troppo² *a*《豪俗》熱帯の気候で狂った, 熱帯ぼけの,《一般に》気のふれた, 頭のおかしい, いかれた: go ~ 気がふれる. [*tropic*¹, *-o*]

-tro·py /⌐ trəpi/ *n comb form*「…なふうに向いた[曲がった]状態」「…への屈性を示している状態」: allo*tropy*. [Gk; ⇨ -TROPIC]

Tros·sachs /trάsəks/ [the] トロサックス《スコットランド中部の森林渓谷; Sir Walter Scott が小説中に描いて有名になった》.

trot¹ /trάt/ *n* **1 a**《馬などの》速足, 速歩, 斜対歩, だく[跑]足, トロット (⇨ GALLOP);《人の》急ぎ足;《動物の》速足で走る足音: at a ~ 速足で. **b** 馬に乗って行くこと, 乗馬の旅; 繋駕(けいが)競馬 (=*trotting race*): go for a ~ 馬乗り[乗馬の散歩]に出かける. **2 a** 忙しく駆けずりまわること, 忙しい活動; [the ~s, ‹*sg*/*pl*›]《俗》下痢, 下り腹. **b**《豪俗》運[不運]の連続: a good ~ 幸運続き. **3**《口》よちよち歩きの子供; [*derog*] 老婆;《俗》売春婦 (whore). **4** *《学生俗》虎の巻 (pony)《外国語テキストの逐語訳》. ● **have the ~s=be on the ~**《俗》下痢をしている (cf. 2a). ‖**on the ~** (1)《口》絶えず忙しく立ち働いて, いつも忙しい;《俗》逃走中で. (2)《俗》たてつづけに: 5 days [races] *on the* ~. ► *v* (**-tt-**) *vi* ‹馬または乗り手が›速足で駆ける[進む]; 小走りで歩く[行く] (cf. STRIDE), 急いで行く ‹*across, along, away*, etc.›;《口》(歩いて)行く: ~ in DOUBLE HARNESS / ~ *after* sb 人の後に小走りでついて行く / You ~ *along!* とっとと行ってしまえ. ► *vt* **1** ‹馬などを›速足で駆けさせる; ‹馬›に乗って速足で進む; ‹人を›足速に案内する; ‹子供を›ひざに載せてピョンピョン飛び上がらせる;《俗》‹女›とデートする, つきあう ‹*out*›: ~ sb *round* a place 人を案内してまわる. **2** 速足で行なう; ‹ある距離・場所を›速足で行く. ● **~ sb off his legs**=RUN sb clean off his feet. **~ out**《口》‹馬を›引き出してその歩調[足並み]を見せる; ‹人・ものを›出して見せる, 披露する, 見せびらかす, ‹知識などを›ひけらかす; ‹いつもの話などを›持ち出してしゃべる: ~ *out* the GHOSTS. [OF, <Gmc (OHG *trottōn* to tread)]

trot² *n* TROTLINE; 釣針の付いたその枝糸.

Trot *n*《口》[ᵁ*derog*] トロツキスト, 極左《人》.

troth /trɔ́(ː)θ, tróuθ, trάθ, -ð/《古》*n* 忠誠; 真実 (truth, verity); 約束,《特に》結婚の約束: by [upon] my ~ 誓って / in ~ 本当に / pledge [plight] one's ~ 誓約する; 夫婦約束をする. ► *vt* 約束する; 婚約する. [OE *trēowth* TRUTH]

tróth·plìght《古》*n* 婚約. ► *vt* BETROTH. ► *a* BETROTHED.

trót·lìne *n* トロットライン《一定間隔に短い釣糸を付けた太い綱で川などに渡して使う》; SETLINE.

tro-tro /tróutròu/ *n* (*pl* **~s**)《ガーナで, 乗客輸送用の》改造トラック[ヴァン].

Trots·ky, -ki /trάtski/ トロツキー **Leon** ~ (1879–1940)《ロシアの革命家・著述家; 本名 Lev Davidovich Bronstein; 亡命先のメキシコで Stalin の刺客に暗殺された》. ♦ **~·ism** *n* トロツキー主義.

Trótsky·ist, -ìte *n* トロツキー(主義)信奉者, トロツキスト. ► *a* トロツキー主義(者)の.

Trótskyist Internátional トロツキストインターナショナル (Fourth INTERNATIONAL).

trót·ter *n* 速足の馬[人], 速歩馬; 繋駕(けいが)競馬用に調教された馬; [*pl*] *《俗》繋駕競馬; いつも駆けずりまわっている人; ‖《犯罪俗》《英国軍隊からの》脱走兵; [ᵒ*pl*]《豚・羊などの》足《食用》; [*joc*]《人の》足.

trót·ting *n* (繋駕(けいが))速歩競馬 (harness racing).

trot·toir /trɑtwάːr, ‖trɔ́twὰːr/ *n* 人道, 歩道. [F]

tro·tyl /tróut(ə)l/ *n* TRINITROTOLUENE.

trou·ba·dour /trúːbədɔ̀ːr, -dùər/ *n* トルバドゥール《11–13 世紀ごろフランス南部・イタリア北部などで活躍した抒情詩人; しばしば 王侯身分の詩人もいて, 主に 宮廷恋愛の詩を作り, みずから歌った; cf. TROUVÈRE》;《一般に》吟遊詩人 (minstrel). [F<Prov (*trobar* to find, compose)]

trou·ble /trʌ́b(ə)l/ *n* **1 a** 悩み, 心配, 苦悩; 苦しみ, 苦労, 困難, 難儀; 災難, 不幸, 危険: family [domestic] ~(*s*) 家庭の心配事 / a heart full of ~ 苦悩に満ちた心 / She's having ~ *with* her eldest son. 長男のことで苦労している / His ~*s* are over. 彼の悩みも終わった《しばしば死んだことをいう》/ A ~ shared is a ~ halved.《諺》悩みは話せば軽くなる / *T~s* never come singly.《諺》不幸は重なるものだ / Never trouble ~ till ~ troubles you.《諺》取越し苦労はするな / get sb out of ~ 人が困っているのを助ける. **b** 悩みのたね, 厄介者; 手数のかかること: He is a ~ *to* his parents. 親の頭痛のたねだ / The kids were no ~. 子供たちは手がかかりませんでした[よい子にしていました]. **2 a** 面倒な事, 難問, (困った)事態, ごたごた, もめごと;《個人の》問題(点), 欠点: make ~ 騒ぎを起こす, 世間を騒がせる / in [into] ~ ⇨ 成句 / get out of ~ いざこざから脱け出る, 罰を免れる, たすかる / have a ~ *with*…との間がもめている / That's just the ~! それがまさに問題だ / What is the ~? どうしたのだ, どこか悪いのか / (The) ~ is that [(The) ~ is,]…. 困ったことには…なのだ / The ~ *with* you [Your ~] is (that) you never listen to anybody. きみの困った点は人の話を聞かないことだ / make [cause] ~ for sb 人に迷惑をかける, 人を掛かり合いにする / There's ~ at t'mill (=the mill). ‖[*joc*] 面倒なことになった. **b** [ᵁ*pl*]《社会的・政治的な》混乱, 騒乱: crowd ~《サッカー場などでの》観客の暴動[暴力ざた]. **3** 不便, 手数, 迷惑, 厄介; 労をとること, 骨折り: have (a lot of) ~ (*in*) gett*ing* a door open 戸を開けるのに(大いに)苦労する / have ~ *to* do…するのに骨が折れる / Thank you for all the ~ you've taken. たいへんご厄介になりましてすみません / (It's) no ~ (at all). どういたしまして, お安い御用です / An omelette is no ~ (*to* make). オムレツ(を作るの)はわけない / be at [go to] the ~ of do*ing* [*to* do] わざわざ…する / give sb ~ 人に面倒をかける / give one*self* (the) ~ *about*…に骨を折る, 尽力する / put sb to ~ 人に迷惑[厄介]をかける / save [spare] sb ~ (人の)労を省く / take the ~ *to* do… 労を惜しまず…する / take ~ 労をとる, 骨惜しみしない ‹*over, with*›. **4** わずらい, 障害, 疾患, …病;《機械の》故障: liver [mental] ~ 肝臓[精神]病 / children's ~*s* 小児病 / I am having ~ *with* my teeth. 歯痛で弱っています / engine ~ エン

ジンの故障. **5**《韻俗》サイ (wife), 災君, かかあ (trouble and strife). ● **ask** [**look**] **for ～**《口》自分で災難をまねくようなことをする, 余計なことをする. **be more ～ than a cartload of monkeys**《口》[*joc*] 非常に厄介である[煩わしい]. **be more ～ than** one [it] **is worth** 利点よりも面倒な点が多い, かえって厄介である[煩わしい]. **borrow ～** 余計なことをする; 余計な心配をする. **buy ～***《俗》問題をひき起こす, 事態をいっそう悪くする. **drown** one's **～s** 酒でうさを晴らす. **for** (**all**) one's **～**《口》努力したにもかかわらず, せっかく[あんなに]骨を折ったのに. **half the ～** (**with**…)《口》(…の)問題点[難点]の大半, 困ったところ. (**Have you been**) **keeping out of ～?***《口》うまくやってるかい《挨拶のことば》. (**I've been**) **keeping out of ～.***《口》なんとかやっているよ《近況を聞かれた時の応答のことば》. **in ～** [★ troubleの状態に推移する場合は **into ～** となる] 困った[面倒な, 厄介な]ことになって; 処罰[叱責]されるようなことになって〈*with* the police〉;《口》〈結婚していない女性が〉妊娠して: be *in* ～ (*with*…) (…と)面倒なことになっている / get *into* ～ (*with*…) (…と)面倒なことになる, 悶着[問題]を起こす / get sb *into* ～ 人を面倒なことに巻き込む, 人に迷惑をかける;《口》女を妊娠させる. **My ～s!**《豪口》わたしをかまわないで, ほっといてくれ. **run to meet** one's **～s** 取越し苦労をする.

► *vt* **1** 悩ます, 心配させる; 苦しめる;《古》虐待する, 苦しめる: be ～*d about* [*with*] money matters 金銭問題で悩む / ～ one*self* [one's head] (*about* [*over*]…) (…のことで)やきもき[くよくよ]する, 心配する, 悩む / What ～*s* me is that…. わたしの悩みは…ということだ / I'm ～*d with* a headache. 頭痛で困っている. **2**〈人を〉煩わせる, …に手数[迷惑, 厄介など]をかける, …に(迷惑を顧みずに)頼む: ～ one*self to* do… 労を惜しまずに…する / I'm sorry to ～ you, but… すみませんが…, ご面倒でしょうが…《丁寧な依頼》/ Please don't ～ your*self*. どうぞおかまいなく / May [Can] I ～ you *for* [*to* pass] the salt?《食卓で》塩を取ってくださいませんか / I will ～ (＝I defy) you *to* translate this. これが訳せるなら訳してごらん / I must ～ you not *to* meddle in my private affairs. [*iron*] 私事にご干渉はご無用に願いたい. **3** 乱す, 波立たせる, 騒がせる. **4**《カリブ》〈人の所有物を〉勝手にいじる. ► *vi* [°*neg/inter*] 心配する, 骨を折る, わざわざ…する: Do*n't* ～ *to* write. お手紙にはおよびません.

♦ **tróu·bler** *n* [OF＜L; ⇨ TURBID]

tróuble and strífe ǁ《韻俗》災君 (wife).

tróu·bled *a* 心配な, 不安な, 困った; 問題の多い, 多難な; かき乱された, 荒れた, 騒然とした.

tróubled wáters *pl* 波立った水, 濁水; [*fig*] 混乱, どさくさ (⇨ FISH[1] 諺・成句).

tróuble-frée *a* 問題[悩み, 心配, 苦労, 故障]のない, トラブルのない.

tróuble·màker *n* 悶着[もめごと, いざこざ]を起こす人. ♦ **tróu·ble·màking** *n, a*

tróuble·shòot *v* (**～·ed, -shòt**) *vi* TROUBLESHOOTER としてはたらく[調停をする];〖電算〗トラブルシュート[障害追跡]をする. ► *vt* 修理人[調停人]として調べる[処理する];〖電算〗〈システムなど〉のトラブルシュートをする. ♦ **～·ing** *n* 問題の解決, 紛争の処理;〖電算〗トラブルシューティング《障害の原因を特定して対処すること》.

tróuble·shòot·er *n*《機械の》修理係; 紛争調停人, 仲裁役; 問題解決[予測]の専門家[名人].

tróuble·some *a* 厄介な, 困難な, 面倒な; 煩わしい, 迷惑な, うるさい;《古》苦悩に満ちた;《古》騒然とした. ♦ **～·ly** *adv* **～·ness** *n*

tróuble spòt《機械などの》(故障の起こりやすい)問題の箇所;《国際関係などの》問題[紛争]の起こりやすい地域.

tróu·bling *a* 面倒な, 煩わしい, 悩ましい. ♦ **～·ly** *adv*

trou·blous /trʌ́bləs/《古・文》*a*〈海・風などが〉荒れた, 乱れた, 騒然とした; TROUBLESOME: ～ times 乱世. ♦ **～·ly** *adv* **～·ness** *n*

trou-de-loup /trùːd(ə)lúː/ *n* (*pl* **trous-de-loup** /—/) [U *pl*]〖軍〗落とし穴《逆円錐[角錐]形で中央にとがった杭を垂直に立てたもの》. [F＝wolf's hole]

trough /trɔ́(ː)f, trɑ́f/ *n* **1 a**《浅くて細長い》かいば桶, 飼槽(しそう); かいば桶型の槽(ふね) / ˌ*tróu, ǁtráu/《パン屋の》こね鉢;〖印〗電槽, めっき槽;《調剤・写真などの》水槽, 水盤. **b**〖鉱〗《鉱石を洗う》樋(とい), トラフ;《液体を導く》溝, 管, 樋(ひ),《特に》軒樋(のきどい). **2** 二つの波間の谷, 波くぼ;〖地理〗《地表の狭い》凹地(きょう);〖海洋〗舟状(しゅうじょう)海盆, トラフ (cf. TRENCH);〖気〗気圧の谷; 景気の谷;《グラフ曲線の》谷.

● **feed at the public ～**〈政治家などが〉利権を食い物にする[あさる], 甘い汁を吸う. **have** [**get**] one's **nose** [**snout**] **in the ～** われがちにうまい汁を吸おうとする. ► *vt* ǁ《俗》食う. [OE *trog*; cf. G *Trog*]

tróugh shèll〖貝〗バカガイ科の貝《薄質のなめらかな貝殻をもつ海産二枚貝; ウバガイなど》.

trounce /tráuns/ *vt* うんとなぐる, 折檻する, 懲らしめる;《口》完敗[大敗]させる. ♦ **tróunc·er** *n* [C16＜?]

troupe /trúːp/ *n* 一隊, 一団;《劇団・サーカスなどの》一座. ► *vi* *一座に加わって巡業[演技]する. [F＝TROOP]

tróup·er *n* 座員; 老練俳優; たよりになる仲間, 我慢強い人.

troup·i·al /trúːpiəl/ *n*〖鳥〗ムクドリモドキ《中南米産; ベネズエラの国鳥》; ムクドリモドキ科の鳥. [F (TROOP); 群れをなすことから]

trouse ǁ /tráuz/ *n pl*《アイルランドで着用する》ぴったりした短いズボン. [ScGael TREWS]

trou·ser /tráuzər/ *a* ズボン(用)の; 女性が扮する男性役の: a ～ pocket / roll up one's ～ legs ズボンの(両脚の)裾をまくる / a ～ role ズボン役《オペラで女性歌手が扮する男性役》. ► *n* (*pl*) ⇨ TROUSERS. ► *vt* ǁ《口》[°*derog*]〈大金・貴重品などを〉《違法に》手にする, 着服する. ♦ **～ed** *a* ズボンをはいた; ズボンをはくのを常とする. **～·less** *a*

tróuser clìp ズボンの裾止め (bicycle clip).

tróuser·ing *n* ズボン地.

tróuser prèss ズボンプレッサー.

tróu·sers *n pl* ズボン, パンツ (pants);《イスラム圏などの》SHALWAR, PAJAMAS: short ～《特に子供の》半ズボン, 短パン. ★ 数えるときは a pair [three pairs] of ～ という (cf. TROUSER). ● DUST sb**'s ～.** WEAR[1] **the ～.** **with** one**'s ～ down**＝**with** one**'s** PANTS **down.** **work** one**'s ～ to the bone**《口》猛烈に働く. [Ir and Gael *triubhas* TREWS; (pl) は *drawers* にならったもの]

tróuser sùit ǁ トラウザースーツ (pantsuit).

trous·seau /trúːsou, ―́/ *n* (*pl* **～s, -seaux** /-(z)/) 嫁入り道具[衣裳, 支度]. [F＝bundle (dim)＜TRUSS]

trout /tráut/ *n* (*pl* **～, ～s**) **1**〖魚〗**a** マス, 鱒《ニジマスの類の》. **b** CHAR[3]. **2** [°old ～] ǁ《口》人,《特に》女, 魅力のない女, おばさん, ばばあ; *《俗》COLD FISH. ► *vi* [～ing の形で] マスを釣る[捕る]. ● **out ～ing** ǁ《俗》セックスの相手を探して, 女をあさって. [OE *truht*＜L *tructa*;「女」の意は *trot* (obs) old woman の変形か]

tróut-còlored *a* 白地に黒[赤茶, 黄茶]色の斑のある〈馬〉.

tróut·let, -ling *n*〖魚〗《1 年未満の》マスの幼魚.

tróut lìly [**flòwer**]〖植〗《北米東部産の》カタクリ (dogtooth violet) の一種《黄花》.

tróut-pèrch *n*〖魚〗サケスズキ《米国東部・中部産の小型の淡水魚》.

tróuty *a* マス (trout) の多い[多くいそうな].

trou·vaille /*F* truvɑːj/ *n* 掘出し物; 思いがけない幸運[授かりもの]. [F (*trouver* to find)]

trou·vère /truvέər/ *n* トルヴェール《11–14 世紀ごろフランス北部で宮廷的主題を叙事詩・抒情詩として歌った吟遊詩人; chansons de geste, ことに *Chanson de Roland* が有名; cf. TROUBADOUR》. [OF (*trover* to find, compose)]

trou·veur /truvə́ːr/ *n* TROUVÈRE. [F]

Trou·ville(-sur-Mer) /*F* truvil(syrmɛːr)/ トルヴィル(-シュル-メール)《フランス北西部 Le Havre の南方にあるイギリス海峡に臨む港町・保養地》.

trove /tróuv/ *n* 発見物 (cf. TREASURE TROVE); 貴重なコレクション[蒐集品]; 集めたもの, 収穫. [*treasure trove*]

tro·ver /tróuvər/〖法〗*n*《発見などによる》動産の取得, 拾得動産横領; 拾得動産横領訴訟. [AF *trover* to find]

trow /tróu/ *vi, vt*《古》思う (think), [I ～ の形で挿入句的に] おそらく; …かしら;《廃》信ずる: Who's there, I ～? どなたでしょうか. [OE *trūwian, trēowian*; cf. TRUCE]

Trow·bridge /tróubrɪʤ/ トローブリッジ《イングランド南西部 Wiltshire の州都》.

trow·el /tráu(ə)l/ *n*《左官などの》こて; 移植ごて: LAY[1] it on with a ～. ► *vt* (-l- | -ll-) こてで塗りつける[のばす, ならす, こねる, 形づくる]; 移植ごてで掘る. ♦ **trów·el·(l)er** *n* [OF＜L *truella* scoop (dim)＜*trua* stirring spoon]

trows·ers /tráuzərz/ *n pl* ズボン (trousers).

troy /trɔ́ɪ/ *a* トロイ衡で表示した[測った]. ► *n* TROY WEIGHT. [TROYES]

Troy トロイア (*L* Ilium, *Gk* Ilion)《小アジア北西部の古都; 古代名 Troia, Troja; ⇨ TROJAN》.

Troyes /*F* trwa/ トロア《フランス北東部 Champagne 地方の古都, Aube 県の県都》.

tróy wèight トロイ衡[重], 金衡《金銀・宝石などに用いる衡量; 12 オンスが 1 ポンド》.

Trst ⇨ TRIESTE.

tru·an·cy /trúːənsi/ *n* 無断欠席, ずる休み, サボり, 骨惜しみ, ずるけ.

trúancy [**trúant**] **òfficer***《義務教育対象者の就学に関する法の執行に責任を負う》生徒出席担当係 (＝*attendance officer*).

tru·ant /trúːənt/ *n* 仕事[務め]を怠る者,《特に》無断欠席の生徒, サボり屋; なまけ者: play ～ (*from*…) ǁ学校[仕事など]を無断で休む, サボる. ► *a* 無断で欠席する[して], サボる; サボり屋の, 怠惰な, なまける. ► *vi* 無断欠席をする. ♦ **trúant·ry** *n* TRUANCY. [OF＝vagabond＜Celt (Welsh *truan* wretched)]

truce /trúːs/ *n* 休戦(協定[期間]);《困難・苦痛の》休止, 中断, 小康(状態): make a ～ 休戦する / call [declare] a ～ 休戦を宣言する / FLAG OF TRUCE / A ～ to [with] jesting!《古》冗談はもうよせ. ► *vi* 休戦する. ► *vt* 休戦(協定)によって中止する. ♦ **～·less** *a* 休戦の望みのない; 果てしなく戦闘[交戦]の続く. [ME *trewes* (pl)＜OE *trēow* covenant; ⇨ TRUE]

Trúce of Gód [the]〘史〙神の休戦 (*L* Treuga Dei)《教会の主導によって1027年から13世紀まで続いた西欧封建貴族間の誓約による私闘中止で, 水曜の夜から月曜の朝までを休戦にする; cf. PEACE OF GOD》.

tru·cial /trúːʃəl/ *a* 休戦協定 (truce) にかかわる《特に1835年英国政府とアラビア半島のアラブ首長国諸国に交わされたものについていう》.

Trúcial Omán トルーシャルオマン《UNITED ARAB EMIRATES の旧称》.

Trúcial Státes *pl* [the] トルーシャルステーツ《UNITED ARAB EMIRATES の旧称》.

truck[1] /trʌ́k/ *n* **1** 貨物自動車, トラック (lorry[II]); 運搬車, 荷車, 手押し車, トロッコ; 棚付きワゴン; [II]《鉄道の》無蓋貨車; 《鉄道車両などの》台車, ボギー; 《スケートボードの》車軸; 《特に 砲架用の》小車輪; 〘映〙カメラ移動台, ドリー (dolly). **2**〘海〙檣冠(しょうかん), トラック《旗ざお[帆柱]上端の円形[方形]木冠》. **3** ジルバのステップ. **4***《若者俗》《動作が》のろいやつ, とろいやつ. ► *a* トラック(用)の. ► *vt* truck に積む[で運ぶ]; *《口》運ぶ; 〘映〙〈カメラを〉ドリーで移動する. ► *vi* truck で物を運ぶ, トラック輸送に従事する, トラックの運転手をする; ジルバのステップを踏む; *《俗》進む, 行く, 去る; *《俗》ぶらぶら歩く; 〘映〙カメラをドリーで移動する. ● **keep on ～ing**《俗》続ける, やりつづける. ♦ **～·ful** *n* トラック一台(分). [? *truckle* wheel, pulley]

truck[2] *vt* (物々)交換する (barter, swap), 交易する 〈*for*〉; 《まれ》行商する, …の呼び売りをする. ► *vi* 交易をする, 商品の物々交換をする, (内密な)取引をする 〈*with* sb *for* sth〉. ► *n* **1** 交易, 物々交換; 《口》取引, 交際; 《賃金代わりの》現物給与: have [want] no ～ *with*…と取引[交際]しない; 〈政治など〉に関係しない[したくない] / stand no ～ 妥協の相談(など)に乗らない. **2** 交易品, 《小さな売買に適した》商品《集合的》; *市場向け野菜 (garden truck)《集合的》; 《古風口》(あまり価値のない)小さな品物, 雑品; 《口》がらくた; 《口》たわごと (nonsense). [OF *troquer* to exchange＜?]

trúck·age *n* トラック運送(料).

trúck bèd トラックの荷台.

trúck bòmb トラック爆弾《CAR BOMB の一種》.

trúck càp* トラックキャップ《キャンプができるように無蓋トラックの荷台に据え付ける木・アルミニウム製のおおい》.

trúck·drìver* *n* トラック運転手; 《俗》男っぽいホモ; 《俗》アンフェタミン (amphetamine) の錠剤[カプセル]《覚醒剤; 長距離トラック運転手がよく用いることから》.

trúck·er[1]* *n* トラック運転手; トラック運送業者.

trucker[2] *n* 交易者; 《スコ》行商人; *TRUCK FARMER.

trúck fàrm [gàrden]* 市場向け野菜園. ♦ **trúck fàrmer** *n* **trúck fàrming** *n*

truck·ie /trʌ́ki/ *n* 《豪口》トラック運転手.

trúck·ing[1]* *n* **1** トラック輸送[運送](業). **2** ジルバのステップ; 《俗》上体を反らしぎみにした大股の気取った歩き方.

trucking[2] *n* 交易, 取引; *市場向け野菜栽培.

trúcking shòt 〘映・テレビ〙TRACKING SHOT.

truck·le /trʌ́k(ə)l/ *vi* 屈従する, ぺこぺこする 〈*to*〉. ► *vt* 《古》truckle で動かす. ► *n* **1** TRUNDLE BED; 小車輪, 脚車, キャスター. **2** 樽形の小型(チェダー)チーズ. ♦ **trúck·ler** *n* [AF *trocle*＜L TROCHLEA]

trúckle bèd[II] TRUNDLE BED.

trúck·line *n* トラックによる輸送路線.

trúck·lòad *n* トラック一台分の荷物《略 TL》〈*of*〉; 《割引料率を受けるための, 貨物の》TL 最低重量; 《口》大量, たくさん〈*of*〉: ～*s* [a ～] *of* information 大量の情報 / sell *by* the ～ 〈商品が〉大量に売れる.

trúck·man /-mən/ *n* **1***トラック運転手; *トラック運送業者. **2**《消防の》はしご車隊員.

trúck·màster *n* 《古》《特に アメリカ初期入植者の》インディアン交易責任者.

trúck shòp [stòre] 労働者が物品引換券で支払う店.

trúck stòp* トラックサービスエリア《レストラン・ガソリンスタンド・ガレージがある》.

trúck sỳstem 現物給与制《賃金の代わりに物品や物品引換券を支給したり TRUCK SHOP での購入を前提として現金を支給すること》.

trúck tràctor トラックトラクター《貨物トレーラーを牽引する車両》.

trúck tràiler 貨物トレーラー《トラックが引く運搬車》.

tru·cu·lent /trʌ́kjələnt/ *a* 攻撃的な, 好戦的な, 〈子供など〉反抗的な, 手に負えない; 〈批評など〉辛辣な, 痛烈な; 獰猛な, 残忍な; 破壊力[殺傷力]をもった. ♦ **trú·cu·lence, -cy** *n* **～·ly** *adv* [L (*truc- trux* fierce)]

Tru·deau /trúːdoʊ, ─́─/ トルドー **Pierre Elliott ～** (1919–2000)《カナダの政治家; 首相 (1968–79, 80–84); 自由党》.

trudge /trʌ́ʤ/ *vi, vt* 歩く, 《特に》苦労して[一歩一歩, 重い足取りで]歩く, えっちらおっちら歩く 〈*across, along, away*〉, 苦労して先へ進む: ～ *through* a dull book. ► *n* きつくて長い歩行. ♦ **trúdg·er** *n* [C16＜?; *tread*＋*drudge* か]

trúdg·en (stròke) /trʌ́ʤ(ə)n(-)/ 〘泳〙トラジェンストローク《クロールの手の動きとあおり足を組み合わせた泳法で, スピードは出ないが疲れが少ない》. [John *Trudgen* (1852–1902) 英国の水泳選手]

tru·di·tur di·es die /trúːdɪtʊ̀r díeɪs díeɪ/ 日は日によって追われていく. [L]

Tru·dy /trúːdi/ トルーディー《女子名; Gertrude の愛称》.

true /trúː/ *a* **1** 真実の, まことの, 真の, 本当の, 事実どおりの (opp. *false*); 正しい, 該当して〈*of, with*〉: (as) ～ as gospel 絶対に真理で / (as) ～ as I'm sitting [standing] here きわめて確か[本当]で / (It is) ～…but… なるほど…だが… / prove ～ 本当だとわかる[判明する] / It is ～ of every case. どの場合にも当てはまる / The same is ～ *with* animals. 同じことが動物にも言える. **2** 本物の, 正真正銘の; 正当な, 適法の; 本質的な; 純種の〈動植物など〉: a ～ scholar 本物の学者 / the ～ heir 正当な跡継ぎ. **3 a** 忠実な, 誠実な, 変わらない〈*to*〉; 〈人が〉あてになる, 確かな; 《古》うそをつかない, 正直な, 正しい: a ～ friend / (as) ～ as steel [flint, touch] 非常に忠実な, 信頼できる / ～ *to oneself* 自己に忠実に, 本分を発揮して / ～ *to* one's words [promise] 約束を守って. **b** 〈風などが〉変わらない, 定まった. **4 a** 正確な, 寸分違わない, 真に迫った, 厳密な; 〘生〙典型的な, 真正の: Her aim was ～. 彼女の照準は正確だった / ～ *to* FORM / ～ *to* life 事実[実物]どおりで / ～ *to* nature 真に迫って / ～ *to* one's name その名に背かない / ～ *to* the original 原文に忠実な / ～ *to* type 典型的な; おきまりのやり方で. **b** 〈声など〉正調の; 〈車輪・柱・梁(はり)・器具・機械など〉正しい位置にある, 狂っていない, まっすぐな, 水平[垂直]な; 磁極でなく地軸に従って定めた; 補正後の, 真の.

● **come ～** 事実となる, 〈予言などが〉本当になる, あたる: DREAM come ～. **hold ～** あいかわらず本当である, 〈…についても規則・ことばなどが〉あてはまる, 有効である〈*of, for*〉. **It just isn't ～.** 《口》信じられないくらいだ, 本当に, まったく《陳述を強める》. sb **never said [spoke] a truer word** 人の言ったとおりだった. **so ignorant** etc. **it isn't ～** 信じられないくらい無知《など》だ. **(All [Only]) too ～!＝How ～!** 《口》[強い同意] 全く(そのとおり). **too good** etc. **to be ～** よすぎて[うますぎて]信じられないほどだ, うそ[夢]じゃないかと思うくらい…だ. **～ enough** 《口》まったく(そのとおり), 本当に.

► *adv* 真実に; 正確に, 誤またず; 種(しゅ)を保って: aim ～ ねらいを誤まらない / breed ～ 純種を育てる, 祖先の型を正しく伝える / speak ～ 本当のことを言う / Tell me ～. 正直に言ってごらん. ● RING[2] ～.

► *n* [[U]the] 真実, 現実. ● **in [out of] (the) ～** 正確で[不正確で], 合って[はずれて, 狂って].

► *vt* 〈道具・エンジンなどを〉正しく合わせる, 調整する〈*up*〉.

[OE *trēowe* (⇨ TRUCE); cf. TROW, TRUST, G *treu*]

trúe béaring 真方位.

trúe belíever 献身的[盲目的]な信者; 狂信的な支持者.

trúe bíll 〘米法・英史〙原案適正, 起訴相当《大陪審が起訴状案 (bill of indictment) を適正と認めたときその裏面に記す文句》, 正式起訴状; [*fig*] うそ偽りのない主張[申し立て]: find a ～ 〈大陪審が〉起訴状案を適正と認める, 起訴相当と決定する / no ～ 原案否決.

trúe-blúe *a* 《友人・組織・主義などに》忠実な, [II]真に忠実な〈保守党員・王党員〉; 妥協しない, 頑固な(までの); 真正の, 本物の.

trúe blúe **1** なかなかあせない藍(あい)[紺(こん)]色の染料[顔料]; 17世紀の COVENANTERS がその象徴として定めた青い色. **2** 志操堅固; 志操堅固な人, 忠実な人; [II]信念を曲げない保守主義者[長老教会派信徒].

trúe-blùe gréen *a**《俗》環境保護運動に献身している.

trúe·bórn *a* 生粋の; 正嫡(せいちゃく)の; 生まれの正しい.

trúe·bréd *a* 純種の, 血統の正しい; 育ち[しつけ]のよい.

trúe·brèed *n* 〘生・遺〙純種, 優良種, 純粋[固定]種.

trúe búg 〘昆〙半翅目[カメムシ目]の昆虫 (bug).

Trúe Conféssions 『トゥルー・コンフェッションズ』《恋愛・結婚その他の人間関係についての '実話' を興味本位に取り上げた雑誌》.

trúe cóurse 〘海〙真針路 (cf. COMPASS [MAGNETIC] COURSE).

trúe-fálse tèst 正誤テスト, ○×テスト《記述が正しければ T, 正しくなければ F と記入する方式の筆記試験; objective test の一》.

trúe flý 〘昆〙双翅目の昆虫《蚊, アブ, ハエなど》.

trúe frésco フレスコ画法 (fresco).

trúe fróg 〘動〙アカガエル (ranid).

trúe frúit 〘植〙真正果実, 真果.

trúe·héart·ed *a* 誠実な; 忠実な. ♦ **～·ness** *n*

trúe jáde ジェード輝石 (jadeite); 軟玉 (nephrite).

trúe léaf 〘植〙《子葉に対して》本葉, 普通葉 (foliage leaf).

trúe lével 真正水準線《鉛直と直角をなす仮想面》.

trúe-lífe *a* 現実そのままの, 事実に基づく.

trúe·lòve *n* **1** まことの愛; いとしい人, 恋人 (sweetheart). **2**〘植〙HERB PARIS.

trúe lóver's [trúelove] knòt 恋結び (love knot); てぐす結び (fisherman's knot).

trúe·ness *n* 忠実, 誠意, 律義; 真実; 純粋; 正確さ.

trúe nórth 真北《一地点からの地軸の北極の方向》.

trúe·pènny *n* 《古》正直者, 律義(りちぎ)者, 実直な人物.

trúe pórcelain 硬質[真正]磁器.

trúe rhýme PERFECT RHYME.

trúe rìb 〘解〙《胸骨に連結している》真肋.

trúe séal 〘動〙《アシカと区別して》アザラシ (hair seal).

trúe sún 〘天〙真(しん)太陽 (cf. MEAN SUN).

trúe tíme 〘天〙真太陽時 (APPARENT TIME, MEAN SOLAR TIME).
trúe tóad 〘動〙ヒキガエル (toad).
Trúe·Type *n* 〘電算〙トゥルータイプ《アウトラインフォント仕様》.
trúe vócal còrds *pl* 〘解〙(真)声帯《振動して声を出す; cf. FALSE VOCAL CORDS》.
Truf·faut /*F* tryfo/ トリュフォー **François** ~ (1932–84)《フランスの映画監督; ヌーヴェルヴァーグの代表者; *Jules et Jim* (突然炎のごとく, 1961)》.
truffe /*F* tryf/ *n* TRUFFLE; «俗» 百姓, 田舎者.
truf·fle /trʌ́f(ə)l, *trú:-/ *n* **1** 〘菌〙トリュフ, セイヨウショウロ (西洋松露)《地中に子実体を形成するセイヨウショウロタケ属などの食用キノコの総称》. **2** トリュフ, トラッフル《チョコレート・バター・砂糖を混ぜて丸め, 表面にココア・ナッツなどをまぶした球形の菓子》. ♦ **trúf·fling** *n* トリュフ狩り. [? Du<F; ⇨ TUBER[1]]
trúf·fled *a* トリュフ入りの; トリュフで味をつけた.
trúffle hòund トリュフ狩り用の犬[豚].
trug[u] /trʌ́g/ *n* 細長い木片を編んだ浅い長方形のかご (=~ **bàsket**)《庭仕事用》; «古» 浅い木製の牛乳桶. [*trough* の方言形か]
tru·go /trú:goʊ/ *n* «豪» トルーゴ《クロッケー (croquet) に似たゲーム》.
tru·ism /trú:ìz(ə)m/ *n* 自明の理, わかりきった[言うまでもない]こと; 観念の重複している言説《例 I don't like my coffee too strong.》. ♦ **tru·ís·tic, -ti·cal** *a* [*true*]
Tru·ji·llo /truhí:joʊ/ **1** トルヒーヨ《(1) ペルー北西部 Lima の北西方向にある市 (2) ⇨ CIUDAD TRUJILLO》. **2** トルヒーヨ **Rafael** ~ = Rafael TRUJILLO MOLINA.
Trujíllo Mo·lí·na /-məlí:nə/ トルヒーヨ・モリーナ **Rafael** (**Leónidas**) ~ (1891–1961)《ドミニカ共和国の軍人・政治家; 大統領 (1930–38, 42–52)》.
Truk Islands ⇨ CHUUK ISLANDS.
trull /trʌ́l/ *n* «古風» 売春婦. [G (dial) *Trulle*; cf. TROLL[2]]
tru·ly /trú:li/ *adv* **1** 真実に, 偽りなく, 事実のとおりに, 正確に, 正しく, 厳密に(は): speak ~ 真実を語る / depict ~ 正確に描く. **2** 本当に, 実に, 真実, まったく (indeed): *T*~, I was surprised. 実際驚きました. **3** 心から, 本当に; «古» 忠実に, 誠実に: I am ~ grateful. 心から感謝しています. **4** 正しく, 正当に; 真正に, 純正に; 合法的に: It is ~ said that…といわれるのはもっともだ. ● **Yours** ~ 敬具 (⇨ YOURS); «口» [*joc*] 小生, わたくしめ (I, me, myself). [OE *trēowlice* (TRUE)]
Tru·man /trú:mən/ トルーマン **Harry S**(.) ~ (1884–1972)《米国第 33 代大統領 (1945–53); 民主党》.
Trúman Dóctrine [the] トルーマンドクトリン《1947 年 3 月 Truman 大統領が '全体主義' に対する防衛の名のもとにギリシア・トルコへの経済援助の重要性を声明したもの; 冷戦の宣戦布告と位置づけられる》.
Trum·bull /trʌ́mbəl/ トランブル (**1**) **John** ~ (1756–1843)《米国の肖像画家・歴史画家》 (**2**) **Jonathan** ~ (1710–85)《アメリカ独立革命期の商人・政治家; John の父》.
tru·meau /trumóʊ/ *n* (*pl* **-meaux** /-z/) 〘建〙《ゴシック教会堂入口中央の》(入口)中柱; トリュモー《(1) 2 つの窓・ドアなどの間の壁 (2) 2 つの窓の間・炉棚上などの鏡などを組み込んだ装飾壁》. [F]
trump[1] /trʌ́mp/ *n* **1** 〘トランプ〙切り札《ほかのいずれの組 (suit) の札にも勝つと定めた組の札》; [[u]*pl*] 切り札の組; 〘タロット〙切り札《寓意画を描いた 22 枚の札の一枚》; [*fig*] 奥の手, 最後の手段: Hearts are ~*s*. ハートが切り札だ / a call for ~*s* 相手に切り札を出せとの合図 / hold some ~*s* まだ切り札を持っている; 奥の手がある / play a ~ 切り札を出す[で切る]; 奥の手を出す / TRUMP CARD / put sb to his ~*s* 人に切り札を出させる; [*fig*] 人を策に窮させる. **2** «口» すばらしい[頼もしい, りっぱな]人, 好漢; «豪口» 権威のある人, 偉いさん, ボス. ● **go** ~**s** 切り札を出す 〈*on*〉; 〈…を〉負かす, しのぐ 〈*on* sb [sth]〉. **hold all the ~s** 圧倒的に有利な立場にある. **turn** [**come**] **up ~s** [u]«口» 《予想外に》うまくいく, 成功を収める, 上首尾に終わる; 《いざという時に》助けとなる. ► *vt* 切り札で切る; 切り札で取る; 《秘策で》…に勝つ, 負かす, 出し抜く; …のうわてを行く, しのぐ, …にまさる. ► *vi* 切り札を出す[で勝つ]. ● ~ **up** 〈口実・話・悪口・罪などを〉でっちあげる, 捏造(ねつぞう)する; *«俗» 〈映画などを〉大々的に宣伝する, …の人気[前評判]をあおる (boost); «古» 引合いに出す. ♦ **~·less** *a* [TRIUMPH]
trump[2] *n* «古・詩» TRUMPET, らっぱの(ような)音; «スコ» JEW'S HARP: the last ~ 世の終わりの触れらっぱ. ► *vi* らっぱを吹く. ► *vt* «古» (らっぱで)広く知らせる. [OF *trompe*<Frank (? imit)]
Trump トランプ **Donald** (**John**) ~ (1946–)《米国第 45 代大統領 (2017–); 共和党》.
trúmp càrd 切り札; /ˊ‐ ˋ‐/ [*fig*] 最後の決め手, 奥の手: play one's ~.
trúmped-úp *a* でっちあげた, 捏造(ねつぞう)した; *«俗» 大々的に前宣伝された, 人気をあおられた, ほめられすぎの.
trum·pery /trʌ́mp(ə)ri/ *n* ろくでもないもの[こと], 無価値なもの, がらくた; «古» 見てくれだけの飾り[衣裳]. ► *a* ろくでもない, くだらない, 見てくれだけの, 皮相な. [OF=deceit (*tromper* to deceive)]
trum·pet /trʌ́mpət/ *n* **1 a** 〘楽〙トランペット; トランペット類似の楽器《cornet など》, らっぱ; 《パイプオルガンの》トランペットストップ. **b** らっぱの(ような)音, 大音声, 《象などの》らっぱのような鳴き声. **c** トランペット奏者, らっぱ手, 〘史〙らっぱを携えた使者[伝令]. **2** らっぱ形のもの; 〘貝〙ホラガイ (triton); らっぱ形拡声器[伝声器, 補聴器]; 《ラッパズイセンの》らっぱ状副冠; [*pl*] 〘植〙嚢状葉植物 (pitcher plant), 《特に》キバナヘイシソウ《北米原産》. ● BLOW[1] **one's own ~**. ► *vi* トランペット[らっぱ]を吹く; らっぱのような音[声]を出す. ► *vt* らっぱで知らせる[布告する]; らっぱのような音[声]で発する; 大声で[広く]知らせる, 吹聴する. ♦ **~·less** *a* [OF (dim)<TRUMP[2]]
trúmpet càll らっぱ吹奏; 集合らっぱ; [*fig*] 緊急行動の要請.
trúmpet crèeper 〘植〙アメリカノウゼンカズラ.
trúmpet·er *n* **1 a** トランペット奏者, トランペッター, らっぱ手. **b** 大声で[広く]知らせる人; 吹聴者; 称賛する[代弁する]人, ちょうちん持ち. **2** 〘鳥〙**a** ラッパチョウ《ツル目の南米の鳥》. **b** TRUMPETER SWAN. **c** トランペット《鳴き声を目的に改良された飼い鳩》. **3** 〘魚〙ニュージーランド周辺産のユメタカノハダイ科のイサキに似た食用魚, 《特に》フエフキタカノハダイ. ● **be one's own ~** = BLOW[1] one's own trumpet.
trúmpeter fìnch [**bùllfinch**] 〘鳥〙ナキマシコ《アジア・アフリカ産》.
trúmpeter swàn 〘鳥〙ナキハクチョウ《鳴き声のよく響く大型のハクチョウ; 北米産》.
trúmpet fìsh 〘魚〙ヘラヤガラ科・ヤガラ科およびサギフエ科の各種の魚.
trúmpet flòwer 〘植〙らっぱ形の花をつける草(の花), TRUMPET CREEPER, TRUMPET HONEYSUCKLE, DATURA.
trúmpet hóneysuckle 〘植〙ツキヌキニンドウ《北米原産》.
trúmpet-lèaf *n* 〘植〙TRUMPETS.
trúmpet·lìke *a* 〈形・音が〉トランペットに似た.
trúmpet lìly 〘植〙テッポウユリ.
trúmpet màjor 《騎兵連隊の》らっぱ長; 《楽団の》主席トランペット奏者.
trúmpet shèll 〘貝〙ホラガイ (triton).
trúmpet spìder «俗» BARKING SPIDER.
trúmpet vìne TRUMPET CREEPER.
trúmpet·wèed *n* 〘植〙**a** ムラサキヒヨドリバナ《北米東部原産》. **b** 《北米産の》野生のチシャの一種.
trúmpet·wòod *n* 〘植〙ヤツデグワ《熱帯アメリカ原産》.
trun·cal /trʌ́ŋk(ə)l/ *a* 幹[胴] (trunk) の.
trun·cate /trʌ́ŋkèɪt, ‐ˊ‐/ *vt* **1** 〈樹木・円錐などの〉頭[端]を切る; 〘晶〙〈稜を〉面取りする; 〘数〙切り捨てる. **2** [*fig*] 〈長い引用句などを〉切り詰める. ► *a* TRUNCATED; 〘植〙〈葉が〉切形(せっけい)の; 〘鳥〙〈羽が〉先端を切り取ったような形の; 〘貝〙〈巻貝が〉尖頂のない. ♦ **~·ly** *adv* [L *trunco* to mutilate]
trún·càt·ed *a* **1** 先端《など》を切った, 切形の; 〘数〙切頭の; 〘晶〙欠稜の, 切頭の; 〘生〙TRUNCATE: a ~ cone 〘数〙円錐台 / a ~ pyramid 〘数〙角錐台. **2** 短縮した, 簡略化した, 切り詰めた; 〈詩句が〉欠節の.
trun·ca·tion /trəŋkéɪʃ(ə)n/ *n* 先[端]を切ること; TRUNCATED であること.
trun·cheon /trʌ́ntʃ(ə)n/ *n* [u]《巡査などの》警棒; 《権威の標章となる》職杖(しょくじょう), 〘英〙紋章院総裁の職杖; «古» 棍棒; «古» (折れた)槍の柄; «廃» 《特に 枝を切り払った》幹, 茎. ► *vt* «古» 棍棒で打つ. [OF=stump<L; ⇨ TRUNK]
trun·dle /trʌ́ndl/ *n* **1** 小さな車輪[ローラー]; 《寝台・ピアノなどの》脚車; 〘機〙ちょうちん歯車(の平行ピン); TRUNDLE BED; 平たい桶; «まれ» 脚輪で動く運搬車[乗物]. **2** 回転; 回転音; 回転を起こさせる起動刺激. ► *vt* ころがして進める, (ごろごろ)ころがす; «古» 旋転させる; 車の付いた乗物[運搬具]で運ぶ; [u]«口» 〘クリケット〙〈投球を〉する. ► *vi* ころがる, ころがり進む; 〈車の付いた乗物が〉ゆっくり[ガタゴト]進む; 車に乗って行く; ゆっくりと[重たそうに]動く[進む], 左右に揺れながら[大儀そうに]歩く 〈*in, off, past*〉; [u]«口» 〘クリケット〙投球する, 投手をつとめる. ● ~ **out** 〈しまってあったもの・使い古されたものなど〉引っ張り出す; [u][*derog*] 〈昔の議論など〉むし返す, 〈言い訳など〉繰り返す. [*trendle* (dial or obs)<OE *trendel* circle; ⇨ TREND]
trúndle bèd* 脚輪付き寝台 (truckle bed[u])《昼は他の寝台下に押し込む》.
trún·dler *n* **1** 〘クリケット〙投手 (bowler). **2** «NZ» **a** ゴルフバッグ. **b** 買物用手押車, ショッピングカート. **c** 《折りたたみ式の》乳母車 (pushchair).
trúndle-tàil *n* «古» 尾の巻いた犬, 雑種の犬.
trunk /trʌ́ŋk/ *n* **1 a** 幹, 樹幹; 胴体, 体幹, 軀幹 (torso); 《昆虫の》体軀; 〘建〙柱身, 柱幹. **b** 本体, 主要部; 《鉄道・道路・運河などの》幹線, 本線 (trunk line); 《河川などの》主流; 〘解〙(動)脈幹, 神経幹. **2 a** 旅行用の大型のかばん, トランク (cf. SUITCASE); *《自動車の》荷室, トランク (boot[u]). **b** 〘海〙導索箱; 〘海〙トランク《甲板上に突き出た構造物》, TRUNK CABIN; 〘建〙台胴《柱脚の方形部》 **3** PROBOSCIS, 《特に》象の鼻. **4 a** 《通例 方形で木製の》水路, 樋, 通風筒; 〘海〙《甲板を貫いた》たて坑《積荷・通風などに使用》; «廃» 筒, 管, パイプ《望遠鏡・通話管・吹管など》. **b** 《2 交換局間での》電話中継回線; 《コンピューターなどの》情報伝達用電子回路, トランク. **5** [*pl*] 《舞台などで用いる》タイツの上にはくぴっちりした半ズボン; [*pl*] [u]トランクス《男子のスポーツ・水泳用パンツ》, [*pl*] [u]トランクス《男子用下着》; [*pl*] «廃» TRUNK HOSE. ● **live in one's ~s** 旅装を解かずに暮らす; 狭苦しいところで暮らす. LIVE¹ **out of a ～.** ► *a* 軀幹の, 樹幹の; 主要な, 幹線の; 箱[トランク]の(ような); 荷物収納用の; 筒形の; 筒のある; 水路[通路]の流れを利用する[調節する]. ♦ **～·less** *a* [OF *tronc* <L=cut short; ⇨ TRUNCATE]

trúnk cábin 〘海〙トランクキャビン《ヨットなどの甲板上に突き出た船室》.

trúnk càll" 長距離電話(呼び出し) (long-distance call).

trúnk cùrl SIT-UP.

trunked /trʌ́ŋ(k)t/ *a* **1** [°*compd*] (…な)幹[胴]を有する. **2** 〈動物が〉長鼻を有する.

trúnk·fìsh *n* 〘魚〙ハコフグ (boxfish).

trúnk·fùl *n* (*pl* **～s, trúnks·fùl**) トランク一杯; 多量, 多数.

trúnk hòse トランクホーズ《16–17 世紀に流行したショートパンツをふくらましたようなズボン》.

trúnk·ing *n* 回線[配線, 配管](網); 《幹線を使った》長距離輸送(網).

trúnk lìne 《鉄道・運河・航空路などの》本線, 長距離直通幹線; 《水道・ガスなどの》供給幹線, 本管; 《2 つの電話局を直結する》中継線 (trunk).

trúnk nàil トランク釘《トランクなどの装飾に用いる頭の大きな釘》.

trúnk pìston 〘機〙筒形ピストン, トランクピストン.

trúnk ròad" 幹線道路.

trúnk ròute 《道路・鉄道の》(長距離)幹線.

trúnk shòw* 金持ちの上客を対象とした私的なファッションショー, 《一部の服飾店を巡回する》最新コレクションなどのプレビューショー.

trun·nel /trʌ́nl/ *n* TREENAIL.

trun·nion /trʌ́njən/ *n* 《砲身を支える》砲耳; 〘機〙筒耳, トラニオン. [F *trognon* core, trunk<?]

Tru·ro /trúərou/ トルロ《イングランド南西部 Cornwall 州の州都》.

truss /trʌ́s/ *n* **1 a** 〘建・土木〙結構, トラス《屋根や橋などを支える三角形のフレーム》; 〘建〙持送り積み; 〘海〙トラス《下桁の中央をマストに取り付ける金具》; 〘植〙《花や果実の》ふさ. **b** 〘医〙脱腸帯, ヘルニアバンド. **2** 束, 包み, 梱包(こんぽう); "古い乾草の 56 ポンド束, 新しい乾草の 60 ポンド束, わらの 36 ポンド束. ► *vt* **1** 縛りあげる, 縛りつける 〈*up*〉; 《料理する前に》〈鳥〉の翼[脚]を胴体に縛りつける, 〈翼を〉くくりつける; 〈人〉の両腕を脇腹に縛りつける 〈*up*〉; 〈タカなどが鳥を〉自由がきかないようにつかむ; [ᵘ*pass*] 《口》《ぴったりした衣服で》〈からだ(の一部)を〉拘束する, 窮屈にする; [ᵘ*pp*] 〘建〙〈屋根・橋を〉トラスで支える[強化する]; 《古》〈罪人を〉絞首刑にする 〈*up*〉. **2** 束にする; 〈毛髪を〉束ねる. ♦ **～·er** *n* [OF <?]

trúss brìdge 〘土木〙トラス橋, 構橋.

trússed béam 〘建〙トラス桁(げた).

trúss·ing *n* 縛ること; 〘建〙トラス材, 《集合的に》トラス; 〘建〙トラス部.

trust /trʌ́st/ *n* **1 a** 信頼, 信任, 信用 〈*in*〉《FIDUCIAL *a*》; 強い期待, 確信 〈*in*〉; 〘商〙掛け, 掛け売り, 信用(貸し): have [place, put, repose] ～ *in* sb 人を信頼[信任]する / Our ～ is that he will recover.=We have ～ *in* his recovery. 彼の回復を固く信じる. **b** 信頼の対象, たよりとする人[もの]: God is our ～. 神こそわれらのたよりとするもの. **c** 《古》信頼性, 忠実さ, あてになること. **2** 《信頼・委託に対する》重い責任, 義務: breach of ～ 背任(罪) / hold [be in] a position of ～ 責任ある役をつとめる. **3 a** 委託, 保管, 保護; 〘法〙信託《FIDUCIARY *a*》: in ～ 《trustee の手に》委託[保管]されて, 信託されて / give [leave] sth in ～ with sb 人に事物を委託する[預ける] / have [hold] sth in ～ for sb 人のものを委託されて[預かって]いる / put…in the ～ of sb …を人に預ける[託す]. **b** 委託物, 預かり物, 被保護者, 《託された》任務; 〘法〙信託財産, 信託物件. **c** 受託者[団体]; 受託者の権利: a charitable ～ 公益信託 / the NATIONAL TRUST. **d** 理事会, 評議会. **4*** 〘経〙企業合同, トラスト; "トラスト(ホスピタル) (=**～ hòspital**) 《政府から直接財政資金を受け, 独自の理事会を有し, 地域の保健組織からは独立して運営される公立病院》.

● **on ～** 掛けで〈買う・売る〉; 人の言うままに, 証拠なしに〈信じる〉: take …*on* ～ …をよく調べないで信ずる, うのみにする.

► *vt* **1 a** 信頼[信任, 信用]する, …に信を置く, あてにする: He is not a man to be ～*ed*. 信頼できる男でない / *T*～ me! 《口》信じてよ, 本当だって(ば). **b** 安心して〈人〉に…させられる; 〈もの〉が…するものとあてにする 〈*to* do〉: You may ～ him *to* do the work well. 彼はその仕事をうまくやるでしょうからだいじょうぶです / She could not ～ her children out of doors. 安心して子供を外へ出せなかった / ～ the train *to* be on time 電車が定刻に来るものと思う. **c** 〈人〉に信用貸し[掛け売り]をする: The butcher ～*ed* us *for* the meat. 肉を掛けで売ってくれた. **2** 固く信ずる, 期待する (earnestly hope) 〈*that*; *to* do〉: I ～ (*that*) he will come.=He will come, I ～. きっと来ると思う. **3** 〈大事なものを〉預ける, 任せる, ゆだねる; 〈秘密などを〉打ち明ける 〈*with* sb〉: ～ sb *with* sth=～ sth *to* sb 人に…を預ける[任せる]. ► *vi* 〈…に〉信を置く, 信頼[信用, 信任]する 〈*in*〉; 信頼して任せる, あてにする 〈*to*〉; 掛けで売る: ～ *in* God 神を信ずる / ～ *to* chance [luck] 運[僥倖]にたよる / I will ～ *to* you for the performance. きみを信頼してその実行を任せる. ● **(not) ～ sb as far as** one **can throw** him 《口》人を全然信用できない. **T～ sb for that!** …ならきっとそうする. **T～ sb to do….** 《口》…ならきっと…する, [*iron*] …するとはいかにも…らしい, 案の定…してしまった. ♦ **～·able** *a* **～·abílity** *n* [ON *traust* (*traustr* strong); cf. G *Trost* comfort]

trúst accòunt 〘銀行〙信託勘定; 〘法〙信託財産.

trus·ta·far·i·an /trʌ̀stəféəriən/ *n*" 《口》トラスタファリアン《都市のゲットー地区であえて貧しい生活をする金持ちの若者》. [*trust* fund +Rastafarian]

trúst·bùst·er *n** トラスト解消をはかる人; 《米国連邦政府の》反トラスト法違反取締官.

trúst-bùst·ing *n* 反トラストの公訴[政治運動].

trúst còmpany 信託会社《信託の引受けを業とし, しばしば商業銀行業務なども行なう》.

trúst corporàtion 信託会社 (trust company); 〘英法〙信託法人《官職・法令・裁判所の任命などにより遺言などの受託者となる法人》.

trúst dèed 〘法〙信託証書, 担保のための信託証書.

trust·ee /trʌ̀stíː/ *n* **1** 〘法〙受託者; 保管人, 管理者; 保管委員, 管財人, 破産管財人; 〘国連〙信託統治国; 〘米法〙第三債務者 (garnishee). **2** 《学校・協会など法人の》評議員, 理事; 信頼のおける人 (trusty). ► *vt* 〈財産を〉受託者[管財人]の手に移す. ► *vi* trustee をつとめる.

trustée in bánkruptcy 〘法〙《裁判所の指定する》破産管財人.

trustée invéstment 〘英〙受託者による投資《受託者が信託財産を投資することが法律により認められている投資》.

trustée pròcess 〘米法〙受託者による債務者財産の差し押え[差押(手続き)].

trustée secúrities *pl* 〘英〙信託証券《受託者による投資 (trustee investment) の対象とすることが認められている有価証券》.

trustée·shìp *n* TRUSTEE の職[機能]; 信託統治; TRUST TERRITORY.

Trustéeship Còuncil [the] 〘国連〙信託統治理事会《略 TC》.

trúst·er *n* 信頼[信用]する人; 〘スコ法〙信託設定者 (trustor).

trúst·ful *a* 人を信頼する, 信じて疑わない; (人を)信じやすい (confiding). ♦ **～·ly** *adv* **～·ness** *n*

trúst fùnd 信託基金[財産].

trúst fùnd bàby *《俗》資産家[金持]の一家[一族]に生まれついた者.

trúst hotèl [tàvern] 〘NZ〙公益ホテル[酒場]《公選による委員会によって運営され, 利益は公共の目的に使われる》.

trust·i·fy /trʌ́stəfàɪ/ *vt* 〘経〙トラスト化する. ♦ **trùst·i·fi·cá·tion** *n*

trúst·ing *a* 信じている, (信頼して)人を疑わない〈子供など〉. ♦ **～·ly** *adv* 信用[安心]して. **～·ness** *n*

trúst ìnstrument 〘法〙信託証書.

trúst·less *a* あてにならない, 信用のできない; 人を信じない.

trus·tor /trʌ́stər, trʌ̀stɔ́ːr/ *n* 〘法〙信託設定者, 委託者.

trúst tèrritory 〘国連〙信託統治地域.

trúst·wòrthy *a* 信頼[信用]できる, あてになる. ♦ **-wòrth·i·ly** *adv* **-i·ness** *n*

trústy *a* 《英では古風》[°*joc*] 《長年愛用して[つきあって]》たよりになる, 頼もしい; 《廃》TRUSTFUL: my ～ Nikon 我が頼もしいニコン《カメラ》/ ～ John / ～ and well-beloved "「忠良なる」《国王が臣下にあてた書簡で用いる》. ► *n* 信用されている人; あてになる人, 信用できる人; 模範囚. ♦ **trúst·i·ly** *adv* **-i·ness** *n*

truth /trúːθ/ *n* (*pl* **～s** /trúːðz, trúːθs/) **1 a** [°T-] 真理, 真, 真実, まこと (opp. *falsehood*) 《VERITABLE, VERACIOUS *a*》: God's ～ 絶対的真理 / The ～ is not in him. 〘聖〙真理はその人のうちにない. **b** 自明のこと, あたりまえのこと. **c** [T-] 〘クリスチャンサイエンス〙真理 (God). **2** [the] 事実, 真実, 真相; 現実, 実際; 本当の[実際の]こと: tell [speak] *the* (whole) ～ 本当のことを言う / *the* ～, *the* whole ～, and nothing but *the* ～ うそ偽りのない真実《裁判所で証言する時の宣誓のことば》/ scientific ～*s* 科学的事実 / What's *the* ～ about the matter? 事の真相はどうなのか / *The* ～ (of the matter) is that…. 実は…という次第です / to tell (you) *the* ～=～ to tell 実は, 実を言うと / if ～ be known [told] 実を[本心を]言えば / (*The*) ～ will out. 《諺》真相は必ずあらわれる / Half *the* ～ is often a whole lie. 《諺》まこと半分しばしば大うそ. **3 a** 真実性, 《事の》真偽: There is some [a grain of, an element of] ～ in what he says. 彼の言うことには(いくらかの)道理がある / There isn't a word of ～ in it. それには真実のひとかけらもない, 全くのでたらめだ. **b** 誠実, 正直; 《古》忠誠. **4** 《描写の》迫真性; "《機械の》正確さ, 基準どおり: ～ to nature [life] 迫真性, 写実性 / out of ～=out of TRUE.

● **in ～** 《文》=《古》**of a ～** 真に, 本当に, 実際; 実は. **tell the ～ and shame the devil** [°*impv*] 思いきって本当のことを話す. [OE *trēowth* (TRUE)]

Truth トルース **Sojourner ～** (c. 1797–1883) 《米国の福音伝道者・社会運動家; 奴隷制廃止・婦人参政権運動の伝道者として全土に声望を高めた》.

trúth condìtion 〘論・哲〙真理条件《ある命題が真となる条件》.

trúth drùg TRUTH SERUM.
trúth·ful *a* 〈人が〉うそを言わない, 誠実な, 正直な; 〈話など〉真実の, 本当の; 〈芸術表現など〉現実[実物]そのままの. ♦ **~·ly** *adv* **~·ness** *n*
trúth-fùnction *n* 〖論〗真理関数.
trúth·less *a* 虚偽の; 正直でない, あてにならない.
trúth quàrk 《まれ》TOP QUARK.
trúth sèrum 自白薬《神経症患者・犯罪者などの抑えている考え・感情などをあらわさせる各種の催眠[麻酔]薬》.
trúth sèt 〖数・論〗真理集合 (cf. SOLUTION SET).
trúth tàble 〖論・電子工〗真理(値)表.
trúth-vàlue *n* 〖論〗真理値.
try /tráɪ/ *vt* **1** 試みる, 努力する〈*to* do〉, やってみる〈*doing*〉: ~ one's best [hardest] 最善を尽くす, 精いっぱいやってみる / *T~ to* be more careful. もっとよく注意しなさい / *tried to* write a letter 手紙を書こうと試みた / I'll ~ *to* catch [see] you later. 《今は忙しいので》あとで連絡します[お会いします] / ~ a jump 跳んでみる / He *tried* writ*ing*. 書きものをやってみた. **2 a** 試験する, 試す: ~ one's skill [strength] 腕[力]を試す / ~ one's weight 体重を計ってみる / ~ one's HAND / *T~* whether it will break. こわれるかどうかみてみなさい. **b** 《価値・効果などを知るために》試しに当たって[使って, 着て, 食べて, 飲んで]みる (⇨ TRY *on*); 試してみる; 〈場所〉に行ってみる〈*for*〉; 〈人〉に聞いて[話して]みる: ~ anything once どんな事でも一度はやってみる / Have you *tried* that store [Mr. Smith]? あの店[スミスさん]に当たってみましたか / *T~* this candy. この菓子を食べてごらん / Do ~ more. 《勧めて》さあもっと召し上がれ / I'll ~ him for the job. その仕事を彼にやらせてみよう / The policeman *tried* the door. ドアが締まっているか調べた / ~ the drug *on* more patients より多くの患者に薬の効果を試してみる / ~ the patient *on* a new drug 患者に新薬を投与してみる. **c** 確認する, 立証する: TRIED and true. **3 a** [^{u}*pass*] 〖法〗〈事件を〉審問[審理]する, 〈人を〉裁判する: ~ sb *for* murder 人を殺人容疑で審理する / ~ sb *for* his life 人を死罪に問う. **b** *〈弁護士が〉…の裁判を担当する. **4** 悩ます, 苦しめる, 試練にかける, 酷使する, …に無理を強いる: This print *tries* my eyes. この印刷は目が疲れる / be enough to ~ the patience of a saint 聖人の忍耐を試すに十分である《実に耐えがたい》/ These things are sent to ~ us. これらはわれわれを試すために神から与えられた試練である. **5** 《まれ》〈問題・争いなどを〉解決する, 《戦いで》…に決着をつける. **6** [^{u}~ out] 〈鯨油などを〉しぼり取る, 溶かして精製する; [^{o}~ out] 《廃》〈金属を〉精錬する; 《もと》分離する. **7** 正確に合わせる[仕上げる]〈*up*〉; 〖木工〗…に仕上げかんなをかける〈*up*〉.
► *vi* 試みる, やってみる, 努力する〈*at*, *for*〉: ~ *for* a position [a scholarship] 職[奨学金]を得ようと努める / *T~* and be punctual. 時間を守るよう努めなさい《~ to be punctual (*vt* 用法) よりも口語的な表現で, 特に 命令法や原形で用い, 否定形はまれである》.
● **~ as sb might** どんなに努力しても[がんばっても]. **~ back** 〈猟犬が〉あとへ戻ってもう一度臭跡を追う; (あとへ戻って)もう一度やってみる, 出直す; 〖海〗〈索などを〉ゆるめて出す. **~ sb back (again)** *《口》人に(もう一度)あとで電話する, かけなおす. **~ it on** ‖《口》〈…に対して〉大胆に[ずうずうしく]ふるまう, 悪さをする, だましに[口説きに]かかる〈*with* sb〉. **~ it on the dog** 《俗》食べ物を犬に食わせてみる; 新作の劇などを田舎で打って様子を見る. **~ on** 試す, 〈悪事を〉試しに〈人に〉やってみる〈*with* sb〉; 《試しに》着て[履いて, 身に着けて]みる, 試着する: ~…(*on*) for SIZE[1]. **~ out** ⇨ *vt* 6; (厳密に)試験する, 試してみる. **~ out for…** *〈運動チーム・配役など〉の適性選考会に参加する[適性試験を受ける] (cf. TRYOUT). **~ out…on** sb 人を相手に〈物事〉の効果を試してみる. **~ over** 〈演劇など〉の予行練習[おさらい]をする.
► *n* 《口》試し, 試み, 努力; 〖ラグビー〗トライ, 〖アメフト〗TRY FOR POINT: have [take] a ~ (at [for] it) やってみる / give it a ~ やってみる, 努力する; 試してみる / give sb a ~ 人に聞いて[当たって]みる; 人を試しに使ってみる / worth a ~ やってみる[努力する]だけの価値がある / on one's first ~ 最初の挑戦で / I'll give that shop a ~. その店を試してみよう. ● **Nice** [**Good**] **~.** よくやった, なかなかやるね《でももっとよくやれる[その手は食わないよ]といったニュアンスで使う》.
[ME=to separate, distinguish＜OF *trier* to sift＜?]
trý for póint 〖アメフト〗トライフォーポイント《タッチダウン後に与えられる追加得点のチャンス》.
trý·ing *a* ひどく骨の折れる, 苦しい, つらい; 腹立たしい, しゃくにさわる, うるさい. ♦ **~·ly** *adv* **~·ness** *n*
trýing plàne 〖木工〗仕上げかんな, 長かんな.
try·ma /tráɪmə/ *n* (*pl* **-ma·ta** /-tə/, **~s**) 〖植〗クルミ果《裂開性外果皮のある核果》. [Gk =hole]
trý-òn 《口》*n* 《衣服の》試着; 試し; ‖だまそうとすること, 人の我慢を試そうとすること.
trý·òut *n* [^{u}*pl*] *《口》《演技・スポーツなどの》実力[適格]試験, 新人[入団]テスト, トライアウト; 〖劇〗試験興行; 試験的実施[使用].
trypa·flávine /trìpə-, tràɪpə-, ⌐⌐⌐⌐/ *n* 〖薬〗トリパフラビン (ACRIFLAVINE).
trýp·an blúe /trípən-, -pæn-, trɪpǽn-/ 〖化〗トリパンブルー《細胞の生体染色に使われる青色の色素》.
try·pano·so·ma /trɪpæ̀nəsóumə/ 〖動〗*n* [*T-*] トリパノソーマ属《鞭毛(べんもう)虫類の一属》; (*pl* **~s**, **-ma·ta** /-tə/) TRYPANOSOME. [Gk *trupanon* borer, *sōma* body]
try·pano·some /trɪpǽnəsòum, trípənə-/ *n* 〖動〗トリパノソーマ属の住血鞭毛虫.
try·pano·so·mi·a·sis /trɪpæ̀nəsəmáɪəsəs, trìpənə-/ *n* (*pl* **-ses** /-sì:z/) 〖医〗トリパノソーマ症《睡眠病や家畜の nagana 病など》.
tryp·ars·am·ide /trɪpá:rsəmàɪd/ *n* 〖薬〗トリパルサミド《梅毒・アフリカ嗜眠病用》. [商標]
trý-pòt *n* 鯨油精製器《鯨油をしぼるときに用いる金属鍋》.
tryp·sin /trípsən/ *n* 〖生化〗トリプシン《膵液(すいえき)中のタンパク質分解酵素》. [Gk *tripsis* friction; 膵臓をグリセリンでこすって得た]
trýpsin·ize *vt* 〖生理〗トリプシン処理する. ♦ **trỳpsin·izá·tion** *n*
tryp·sin·o·gen /trɪpsínəʤən, -ʤèn/ *n* 〖生化〗トリプシノゲン《トリプシンの酵素前駆体》.
trypt·amine /tríptəmì:n, -mən/ *n* 〖生化〗トリプタミン《トリプトファンを脱炭酸して得られるアミン》.
tryp·tic /tríptɪk/ *a* トリプシン(の作用)の; トリプシンによって生じた.
tryp·to·phan /tríptəfæ̀n/, **-phane** /-fèɪn/ *n* 〖生化〗トリプトファン《芳香族 α-アミノ酸の一種》. [*trypsin*]
trý·sàil /, (海) -s(ə)l/ *n* 〖海〗トライスル《マストの後ろ側の補助的小縦帆》. [*try*+*sail*]
trýsail màst 〖海〗トライスルマスト《前檣[大檣]の後ろ側に付ける荒天用補助縦帆》.
trý squàre 直角定規, スコヤ (=*right-angle gauge*).
tryst /tríst, tráɪst/ 《文》*n* 《所と時を指定した》会合の約束, 落ち合う約束; 《約束の》会合, あいびき; 会合場所, 密会所; 《スコ》定期市: keep [break] (a) ~ 会合の約束を守る[破る]. ► *vi* 会合の約束をする; 《約束どおりに》会う, 密会[あいびき]をする. ► *vt* 〈人〉と会う約束をする; 〈会合の時と所を〉指定する. ♦ **~·er** *n* [OF *triste* appointed station in hunting＜? Gmc]
trýst·ing plàce 会合場所.
trý·wòrks *n* (*pl* ~) 鯨油精製所[炉].
t.s. °tensile strength.
TS °tool steel ♦ °top secret ♦ [〈*int*〉] 《俗》tough SHIT.
TSA 〖米〗Transportation Security Administration 運輸保安局《国土安全保障省の一部局; 空港・駅などの保安・テロ対策を行なう》.
tsaddik ⇨ ZADDIK.
tsade, -di ⇨ SADHE.
tsam·ba /tsá:mbə/, **tsam·pa** /-pə/ *n* ツァンパ《炒った大麦[小麦]を粉にひいた麦こがし; チベット周辺の主食》. [Tibetan]
Tsamkong 湛江 (⇨ ZHANJIANG).
tsa(m)·ma /tsá:mə/ *n* 〖植〗南アフリカのスイカの野生種 (=~ **mèlon**). [Khoikhoi]
Tsa·na /tsá:nə/ [Lake] ツァナ湖《TANA 湖の別称》.
Tsangpo ⇨ ZANGBO.
Ts'ao Chan 曹霑(そうてん) (⇨ CAO ZHAN).
Tsao-chuang 棗荘 (⇨ ZAOZHUANG).
Ts'ao Hsüeh-ch'in 曹雪芹(そうせっきん) (⇨ CAO XUEQIN).
tsar, tsarina, etc. ⇨ CZAR, CZARINA, etc.
Tsa·ri·tsyn /(t)sərí:tsən; tsə-/ ツァリーツィン《VOLGOGRAD の旧称》.
Tsar·sko·ye Se·lo /tsá:rskəjə səlɔ́:/ ツァールスコエセロー《ロシア西部の市 PUSHKIN の旧称》.
tsats·ke /tsá:tskə/ *n**《俗》TCHOTCHKE.
Tsá·vo Nátional Párk /tsá:vòu-/ ツァヴォ国立公園《ケニア南東部 Kilimanjaro 山の東にある広大な国立公園; 1948 年指定》.
TSB 〖英〗Trustee Savings Bank 信託貯蓄銀行.
Tschai·ka /ʧáɪkə/ *n* チャイカ《ロシア[ソ連]製の要人用リムジン型乗用車》.
Tschaikovsky ⇨ TCHAIKOVSKY.
TSE 〖医〗transmissible spongiform encephalopathy 伝染性海綿状脳障害.
Tse·li·no·grad /(t)sɛlínəgrà:d, -græ̀d/ ツェリノグラード《ASTANA の旧称 (1961–93)》.
tses·se·bi, -be /tsɛséɪbi/ *n* 〖動〗SASSABY. [Setswana]
tset·se /(t)sétsi, tét-, (t)sí:t-, tí:t-; tsét-, tét-/ *n* (*pl* ~, **~s**) 〖昆〗ツェツェバエ (=~ **flỳ**) 《熱帯アフリカの吸血性イエバエ; しばしば 睡眠病 (sleeping sickness) および家畜のナガナ病 (nagana) の病原体 trypanosome を媒介する》. [Tswana]
tsétse (flỳ) disèase 〖医〗NAGANA.
TSgt, T. Sgt, T/Sgt °Technical Sergeant.
TSH Their Serene Highnesses (⇨ HIGHNESS) ♦ °thyroid-stimulating hormone.
Tshi /ʧwí:, ʧuí:, twí:, ʧí:/ *n* TWI.
Tshi·lu·ba /ʧəlú:bə/ *n* チルバ語《Luba 族の言語; コンゴ民主共和国南部の商用語》.
T-shirt /tí:⌐/ *n* T シャツ. ♦ **~·ed** *a* T シャツを着た.
Tsien /ʧén/ チェン **Roger Y(onchien)** ~ (1952–) 《米国の生化学者; 中国系で漢字名は銭永建; 緑色蛍光タンパク質 (GFP) を生化学的標識として応用する手法の研究によりノーベル化学賞 (2008)》.

tsimmes ⇨ TZIMMES.
Tsim·shi·an /ʧímʃiən, tsím-/ *n* **a** (*pl* ~, ~**s**) ツィムシアン族《カナダ British Columbia 州から米国 Alaska 州南部の海岸地域に居住していた先住民》. **b** ツィムシアン語.
Tsinan 済南 (⇨ JINAN).
Tsinghai 青海 (⇨ QINGHAI).
Tsingtao 青島 (⇨ QINGDAO).
Tsingyuan 清苑 (⇨ QINGYUAN).
Tsitsihar 斉斉哈爾 (⇨ QIQIHAR).
tsitsith, tsitzit ⇨ ZIZITH.
tsk /ɿ, tísk/ *int, n, v* TUT[1]. ★しばしば **tsk(-)tsk** と重ねて用いる. [imit]
Tskhin·va·li /(t)skínvəli; tskín-/ ツヒンヴァリ《グルジア北部 Tbilisi の北にある市; South Ossetia の中心》.
Tson·ga /(t)sáŋgə; tsɔ́ŋ-/ *n* **a** (*pl* ~, ~**s**) ツォンガ族《Transvaal・モザンビーク南部・ジンバブウェ南部に住む黒人》. **b** ツォンガ語《Bantu 諸語の一つ》.
tsor·is, tsoor·is, tsor·es, tsor·ris's, tsou·ris, tsu·ris, tzu·ris /tsɔ́:rəs, (t)sú:-; tsɔ́:-, tsú:-/ *n* 悩み, 困難, 不運(続き). [Yid]
tsot·si /(t)sátsi; tsɔ́t-/ *n* «南ア» (黒人の) 不良, ごろつき. [? Bantu]
tsp. teaspoon(s) ♦ teaspoonful(s).
T square /tí: ⌐—/ T 定規《製図用直線定規の一種》.
TSS 〖医〗°toxic shock syndrome.
T-stick /tí:⌐—/ *n**《俗》 THAI STICK.
T-stop /tí:⌐—/ *n* 〖写〗 T ストップ《T ナンバー表示によるレンズの絞り》.
T-strap /tí:⌐—/ *n* T 字形の舌皮(のある婦人靴).
tsu·ba /tsú:bə/ *n* (*pl* ~, ~**s**) 《日本の刀剣の》鍔(つば). [Jpn]
tsu·bo /tsú:bou/ *n* (*pl* ~, ~**s**) **1** 坪《日本の土地の面積の単位; 約 3.3 m²》. **2**《鍼灸の》つぼ. [Jpn]
Tsui /tsú:i/ ツーイ **Daniel C(hee)** ~ (1939–)《中国生まれの米国の物理学者; 分数量子ホール効果 (fractional quantum Hall effect) の発見により, ノーベル物理学賞 (1998)》.
tsu·ke·mo·no /tsù:kɪmóunou/ *n* (*pl* ~**s**) 《日本の》漬物.
tsu·na·mi /(t)suná:mi/ *n* (*pl* ~, ~**s**) 津波 (tidal wave); 《感情などの》うねり. ♦ **tsu·ná·mic** *a* [Jpn]
Tsup? /tsʌ́p/ «口» どうした, どうしている, 何があった? (What's up?).
tsuris ⇨ TSORIS.
tsu·tsu·ga·mú·shi (disèase [fèver]) /(t)sù:tsəgəmú:ʃi-, tù:-/ 〖医〗ツツガムシ病 (=*scrub typhus*). [Jpn]
Tsve·ta·ye·va /tsvɪtá:jəvə/ ツヴェターエヴァ **Marina Ivanovna** ~ (1892–1941)《ソ連の詩人》.
t.s.v.p. [F *tournez s'il vous plaît*] please turn over 裏面に続く.
Tswa·na /tswá:nə/ *n* **a** (*pl* ~, ~**s, Bat·swa·na** /bɑ:ts-/) ツワナ族《アフリカ南部ボツワナ周辺に分布する黒人》. **b** ツワナ語《Bantu 諸語の一つ》.
TT teetotal(ler) ♦ °telegraphic transfer ♦ °therapeutic touch ♦ °Tourist Trophy ♦ °Trinidad and Tobago ♦ tuberculin-tested.
t-test /tí:⌐—/ *n* 〖統〗 t 検定《標準偏差が未知のときに, 正規母集団の平均値に関して行なわれる》.
T₃, T-3 /tí:θrí:/ *n* 〖生化〗 TRIIODOTHYRONINE.
T3 T3《高速デジタル電話回線の規格; T1 の 28 回線分に相当》.
T-time /tí:⌐—/ *n* T タイム《ロケットやミサイルなどの発射時刻》. [takeoff *time*]
TTL 〖写〗 through-the-lens ♦ 〖電子工〗 transistor transistor logic トランジスタートランジスター論理. **TTS** °text-to-speech.
TTY teletypewriter. **TTYL** 《E メールなどで》talk to you later あとで話すよ. **Tu-** 〖空〗 Tupolev: *Tu*-104.
Tu. Tuesday. **TU** °thermal unit ♦ °trade union.
Tu·a·mo·tu /tù:əmóutu/ *n* トゥアモトゥ語《Tuamotu 諸島のポリネシア語》.
Tuamótu Archipélago [the] トゥアモトゥ諸島《南太平洋のフランス領 Polynesia に属する島群; 別称 Low [Paumotu] Archipelago》.
tu·an[1] /tuá:n/ *n* 男性に対してマレー人が用いる敬称《sir, master, lord に当たる》. [Malay]
tu·an[2] /t(j)ú:ən/ *n* 〖動〗クロオファスコガーレ《豪州内陸部産の樹上にすむフクロネコ科の小さな肉食性有袋類》. [(Austral)]
Tua·reg, Toua- /twá:règ/ *n* **a** (*pl* ~, ~**s**) トゥアレグ族《北アフリカ Sahara 地方のイスラム遊牧民》. **b** トゥアレグ語《Berber 諸語の一つ》.
tu·art /t(j)ú:ərt/ *n* «豪» 耐久性に富んだ材を産するユーカリノキの一種. [(Austral)]
tu·a·ta·ra /tù:ətá:rə/ *n* (*pl* ~, ~**s**) 〖動〗ムカシトカゲ《ニュージーランド産》. [Maori (*tua* on the back, *tara* spine)]
Tu·a·tha De Da·nann /θú:əhə deɪ dá:nən/ *pl* 〖アイル伝説〗ダーナ神族, トゥアーハ・デ・ダナーン《邪悪なフォモール族 (Fomorians) を倒し, アイルランドの黄金時代を統治したという神族》.
tub /tʌ́b/ *n* **1** 桶, たらい, 《園芸用の》平鉢; 《バター・アイスクリームなどを入れる》鉢, (プラスチック)カップ; 桶[たらい, カップ]一杯 (=*tubful*): Every ~ must stand on its own bottom. 《諺》人はみな自己を頼まねばならない. **2** 湯ぶね, 浴槽, (バス)タブ (bathtub); «口» 水浴, 入浴: take a cold ~ every morning 毎朝冷水浴をする. **3 a** [*derog/joc*] (ぼろ)舟, ボート, 老朽船, のろくさい舟; 漕艇初心者訓練用のがんじょうなボート. **b** 〖鉱〗鉱車, 炭車, 坑内トロッコ, 立て桶《鉱石運搬用》; 《立坑などの》桶枠. **c** «俗» 自動車, トラック, バス. **4** «俗» でぶ, 太っちょ; *«方» 容量が 16 オンスのジョッキ; [*pl*]*«俗» ドラムス (drums); *«俗» 大量, どっさり. ● **in the** ~ *«俗» 破産して. **throw out a ~ to the whale** (迫った危険をしのぐため)人の目をくらます. ~ **of lard [guts]** *«俗» でぶ, ブタ, 太っちょ. **work the ~s** "«俗» バス(停)でスリをはたらく. ► *v* (**-bb-**) *vt* 桶の中に入れる[貯蔵する]; 〈植物を〉桶に植える; 桶[浴槽]の中で洗う; 初心者練習用ボートで指導する; 〖鉱〗〈立坑〉に桶枠を張る: ~ one*self* 水浴[入浴]する. ► *vi* 入浴する; *«口» 〈布地などが〉洗いがきく; 初心者練習用ボートで練習する. ♦ ~**·like** *a* **túb·ba·ble** *a* [ME<? MDu, MLG *tubbe*]
tu·ba /t(j)ú:bə/ *n* 〖楽〗テューバ《低音の金管楽器》; (*pl* **tu·bae** /-bi:/) トゥーバ《ローマ時代の直管トランペット》; テューバ奏者; 《パイプオルガンの》テューバストップ; 〖気〗漏斗雲(ろうとぐも) (=*funnel* [*tornado*] *cloud*). ♦ ~**·ist** /-bəɪst/ *n* [It<L=trumpet]
tub·al /t(j)ú:b(ə)l/ *a* 管の; 〖解・動〗ファロピウス管[卵管]の, 気管支の. ► *n* 卵管.
Tu·bal-cain /t(j)ú:b(ə)lkèɪn/ 〖聖〗トバルカイン《Lamech と Zillah の子; 刃物を鍛える者; *Gen* 4: 22》.
túbal ligátion 〖医〗卵管結紮(けっさつ)《不妊手術》.
túbal prégnancy 〖医〗卵管妊娠《卵管で妊娠する型の子宮外妊娠 (ectopic pregnancy)》.
tu·bate /t(j)ú:bèɪt/ *a* 管をもった; 管状をなす.
túb·ber *n* 桶を作る人, 桶職; 桶を用いて仕事をする人; TUB する人.
túb·bing *n* 桶作り; 桶材; 〖鉱〗(防水)桶枠, タビング; TUB すること.
túb·bish *a* 桶のような, 丸々太った.
túb·by *a* 桶のような; «口» ずんぐりした, 太っちょの; 〈ヴァイオリンなど〉響きの鈍い. ► *n* «口» 太っちょ. ♦ **túb·bi·ness** *n*
túb-càrt *n* GOVERNESS CART.
túb chàir 背が半円型で広い袖のついた安楽椅子.
túb dòor 浴槽に取り付けた引戸《浴室内の浴槽と他の部分を仕切る》.
tube /t(j)ú:b/ *n* **1 a** 管, 筒; 《管楽器の》管, 胴; 《えのぐ・歯磨などの》チューブ; 《タイヤの》チューブ (=inner ~): ~ colors チューブ入りえのぐ. **b** 真空管; 電子管; ブラウン管; [ᵘthe]*«口» テレビ; «口» 電話機; «古» 望遠鏡 (=optic ~). **c** 〖解・植〗管, 筒状部, 管状器官; 〖植〗《合弁花冠・合弁萼(がく)の》筒(とう); 〖動〗棲管(せいかん)《体表からの分泌物による管状の保護構造》: bronchial ~*s* 気管支. **d** [*pl*] «口» 卵管 (Fallopian tubes): have one's ~*s* tied 《卵管結紮(けっさつ)による》不妊手術をうける. **2** トンネル; [ᵒthe T-]"《London などの》地下鉄 (underground) (subway*); 〖サーフィン〗トンネル状の波 (CURL): by ~ 地下鉄で / on the ~ 地下鉄に乗っていて; 地下鉄で. **3**《女性用の》ぴったりした服[スカートなど]. **4** «俗» 飛行機 (aircraft); «米俗・豪俗» 缶ビール(の缶); «俗» タバコ (cigarette). **5** "«俗» 人, 野郎, やつ, やっこさん. ● **cop a** ~ «サーフィン俗» 《トンネル状の》最高の波をつかまえる. **crack a** ~ «米俗・豪俗» 缶ビールを開ける. **in the** ~ «サーフィン俗» 大波のトンネル部分にはいって; *«俗» 危険な状態で. **lay** ~ ⇨ lay PIPE. **go down the ~(s) [chute]** *«俗» だめになる, むだになる, つぶれる. **shoot the** ~ ⇨ *shoot the* CURL. ► *vt* …に管を付ける; チューブ[管]に入れる; チューブ[管]で運ぶ; 管状にする; 管に巻きつける. ► *vi* "«口» 地下鉄で行く; *«俗» 失敗する (fail); *«医俗» 死ぬ; *«俗» テレビを見る (=~ **out**). ● ~ **it** "«口» 地下鉄で行く; *«俗» テストに落ちる, 落第する; *«俗» テレビを見る. ♦ ~**·lìke** *a* [F or L *tubus*]
tu·bec·to·my /t(j)ubɛ́ktəmi/ *n* 〖医〗卵管切除(術).
tubed /t(j)ú:bd/ *a* チューブ[管]のある[ついた]; 〈馬が〉《気管を切開して》金属製呼吸管をあてがわれた; *«俗» 《酒・麻薬に》酔った (cf. *go down the* TUBE(*s*)).
túbe flòwer 〖植〗クルマバジョウザン《クマツヅラ科クサギ属の低木; 花は白で花筒が長い; インドからインドネシア原産》.
túbe fòot 〖動〗《ウニ・ヒトデなど棘皮動物の》管足.
túbe·less *a* 管のない; 〈空気タイヤが〉チューブなしの.
túbeless tíre チューブレスタイヤ《チューブなしのタイヤ》.
túbe·nòse *n* 〖鳥〗ミズナギドリ目の海鳥《くちばしの上に 2 本の管状の鼻孔がある》; 〖魚〗 TUBE SNOUT.
túbe-nòsed *a* 〖鳥〗管鼻をもつ《ミズナギドリ類》.
túbe-nòsed bát 〖動〗 **a** テングコウモリ《同属の総称; アジア産; ヒナコウモリ科》. **b** テングフルーツコウモリ《同属の総称; 豪州・南西太平洋諸島産; オオコウモリ科》.
túbe nùcleus 〖植〗花粉管核.
túbe of fórce 〖電〗力管(りょくかん).
túbe pàn 《ドーナツ状の》ケーキ焼き皿.
tu·ber[1] /t(j)ú:bər/ *n* 〖植〗塊茎《ジャガイモなどの》; [*pl*] 塊茎状の農作物, 《畑の》ジャガイモ; 〖解〗結節; 〖解〗隆起 (tuberosity). [L=hump, swelling]

tub·er[2] *n* TUBE する人, 配管工《など》.
tu·ber·cle /t(j)ú:bərk(ə)l/ *n*〘解・動〙《生体の組織の一部の》隆起;〘医〙結節, 結核結節; 小結節 (nodule);〘植〙小塊茎, 塊根. ♦ **~d** *a* [L (dim)＜TUBER[1]]
túbercle bacìllus〘医〙結核菌《略 TB》.
tu·ber·cul- /t(j)ubə́:rkjəl/, **tu·ber·cu·lo-** /-lou, -lə/ *comb form*「結節(状の)」「結核(菌)」 [L *tuberculum* TUBERCLE]
tubercula *n* TUBERCULUM の複数形.
tu·ber·cu·lar /t(j)ubə́:rkjələr/ *a* 結節(状)の, 塊茎状の; 結節(病巣)のある; 結核(性)の; 結核菌による; 病的な, 不健全な. ► *n* 結核患者. ♦ **~·ly** *adv*
tubércular·ize *vt, vi* TUBERCULIZE.
tu·ber·cu·late /t(j)ubə́:rkjələt, -lèɪt/, **-lat·ed** /-lèɪtəd/ *a* 結節の(ある); TUBERCULAR. ♦ **~·ly** *adv* **tu·bèr·cu·lá·tion** *n* 結節[結核]形成.
tu·ber·cule /t(j)ú:bərkjù:l/ *n*〘植〙小結節, 小瘤.
tu·ber·cu·lin /t(j)ubə́:rkjələn/ *n* ツベルクリン《結核菌タンパクを含む調製品; 1890 年 Robert Koch が発明》.
tubérculin·ize *vt, vi* TUBERCULIZE.
tubérculin tèst [reàction] ツベルクリン検査[反応].
tubérculin-tèst·ed *a*〈牛乳が〉ツベルクリン反応陰性の牛から採った.
tu·ber·cu·lize /t(j)ubə́:rkjəlàɪz/ *vt, vi* (…に)ツベルクリン接種をする; 結核(性)にする.
tu·ber·cu·loid /t(j)ubə́:rkjəlɔ̀ɪd/ *a* TUBERCLE のような;《結節がある点で》結核に類似の, 類結核の.
tu·ber·cu·lose /t(j)ubə́:rkjəlòus/ *a* TUBERCULATE.
tu·ber·cu·lo·sis /t(j)ubə̀:rkjəlóusəs/ *n* (*pl* **-ses** /-sì:z/)〘医〙結核(症)《略 TB》: ~ of the lungs 肺結核. [NL; ⇨ TUBERCULUM]
tu·ber·cu·lous /t(j)ubə́:rkjələs/ *a* 結核性の, 結核にかかった, 結核菌による; TUBERCULATE. ♦ **~·ly** *adv*
tu·ber·cu·lum /t(j)ubə́:rkjələm/ *n* (*pl* **-la** /-lə/) TUBERCLE. [L (dim)＜TUBER]
tu·be·rose[1] /t(j)ú:b(ə)ròuz, -s/ *n*〘植〙チュベローズ, ゲッカコウ《ヒガンバナ科; メキシコ原産》. [L; ⇨ TUBER[1]]
tu·ber·ose[2] /t(j)ú:bəròus/ *a* TUBEROUS.
tu·ber·os·i·ty /t(j)ù:bərásəti/ *n* 結節(形成)性; 結節(状), 塊茎状態;〘解〙《特に 骨の》(円形の)隆起, 粗面.
túber·ous *a* 結節のある[におおわれた, からなる], 結節状の;〘植〙塊茎(状)の, 塊茎をもった[生じさせる], 塊根の. ♦ **~·ly** *adv* [F or L (TUBER[1])]
túberous róot〘植〙塊根 (cf. FIBROUS ROOT, TAPROOT).
♦ **túberous-róot·ed** *a*
túberous sclerósis〘医〙結節性硬化(症) (=*epiloia*).
túbe shèll〘貝〙ミジンギリギリツツガイ (blind shell).
túbe snòut〘魚〙《California 州南部から Alaska 州の沿岸にすむ》クダヤガラ科の魚 (=*tubenose*)《体が細長く, 口先が突き出ている》.
túbe sòck チューブソックス《かかとのない伸縮性に富んだソックス》.
túbe stèak*《俗》フランクフルトソーセージ; ホットドッグ; ペニス, 肉棒 (penis). [*cube steak* のなぞり]
túbe tòp* チューブトップ (boob tube")《伸縮性のある素材でできた, 肩ひものない筒型の女性用胴着》.
túbe tràin" 地下鉄列車.
túbe wéll 管井(かんせい), 管(くだ)井戸.
túbe wòrm〘動〙棲管虫《ゴカイなど環形動物や, チューブワームなど有鬚(ゆうしゅ)動物にみられる》.
túb·ful *n* 桶[たらい]一杯(の量) (tub)
tu·bi- /t(j)ú:bə/ *comb form*「管 (tube)」 [L]
tu·bic·o·lous /t(j)ubíkələs/ *a*〈昆虫・クモなどが〉管生の.
tu·bi·corn /t(j)ú:bəkɔ̀:rn/ *a*〘動〙中空の角のある. ► *n* 空角動物.
tu·bi·fex /t(j)ú:bəfɛ̀ks/ *n* (*pl* ~, **~·es**)〘動〙イトミミズ (=**~ wòrm**)《ツビフェクス属 (*T-*) の各種; しばしば観賞魚のえさにする》. [L *tubus* tube, *-fex* (*facio* to make)]
tu·bif·i·cid /t(j)ubífəsəd, t(j)ù:bəfísəd/ *a, n*〘動〙イトミミズ科 (Tubificidae) の(各種環形動物).
túbi·fòrm *a* 管状の, 筒状の.
tùbi·língual *a*〘鳥〙管状の舌をもつ.
tub·ing /t(j)ú:bɪŋ/ *n* 管系, 管組織; 管材料; 管, 管状材料《集合的》; 管の一片, パイプ; 管の製作; 管工事, 配管; タイヤのチューブに乗って川を下る[雪面をすべり降りる]遊び; 袋織り, チュービング.
Tü·bing·en /*G* tý:bɪŋən/ チュービンゲン《ドイツ南西部 Baden-Württemberg 州の Neckar 川に臨む市; 大学 (1477)》.
Tu Bishe·vat /tú: bɪʃ(ə)vá:t/, **Tu Bi·she·bat** /-bá:t/〘ユダヤ教〙セバテ (Shebat) の 15 日 (=*Hamishah Asar Bishevat*)《ユダヤの植樹の日》. [Heb *tu* (*t, u*, アルファベットの 9 番と 6 番), *bə* in, *Shəbāt* Shebat]
tub·ist /t(j)ú:bɪst/ *n* テューバ奏者.
Tub·man /tʌ́bmən/ タブマン (1) **Harriet** ~ (c. 1820–1913)《米国の奴隷解放活動家》 (2) **William V**(acanarat) **S**(hadrach) ~ (1895–1971)《リベリアの弁護士・政治家; 大統領 (1944–71)》.
túb màt 浴槽用マット《浴槽内に敷くすべり止め》.
tu·bo·cu·ra·rine /t(j)ù:boukjurá:rən, -rì:n/ *n*〘化〙ツボクラリン《南米産ツヅラフジ科の植物の浸出液から調製する矢毒; 薬理作用もある》. [*tubo-* tub, *curare*]
Tu·bruq /toubrú:k, tu-/ トゥブルク《TOBRUK のアラビア語名》.
túb-thùmp·er《口》*n* 熱弁をふるう人[説教者], 大演説をぶつ人; *報道官, スポークスマン. ♦ **túb-thùmp** *vi, vt*
túb-thùmp·ing "《口》*n* 熱弁, 大演説; *大げさな[鳴り物入りの]宣伝. ► *a* 熱弁の, 大演説調の.
Tu·bu·ái Íslands /tubuá:ì:-/ *pl* [the] トゥブアイ諸島《南太平洋の French Polynesia に属する小島群; 別称 Austral Islands》.
tu·bu·lar /t(j)ú:bjələr/ *a* **1** 管の; 管状の; 管からなる[作られた], 管の付いた; 管に入れられた;〘生理・医〙〈呼吸音が〉気管音の: a ~ boiler 煙管ボイラー / a ~ flower 筒状花 / ~ furniture (スチール)パイプ式家具. **2**《俗》〈波が〉tube 状に巻いた;《俗》すばらしい, のっている, 最高の《サーファーが tube で最高の経験をするということから》. ► *n* TUBULAR TIRE. ♦ **~·ly** *adv* **tù·bu·lár·i·ty** /-lǽr-/ *n* [TUBULE; (dim) の意味なし]
túbular béllspl〘楽〙チューブベル, チューブラーベルズ, 'チャイム'《長さの異なる調律した金属管 (通例 18 本または 22 本) を枠に吊り下げた打奏楽器; 管の上端をハンマーで打つ》.
túbular brídge 下路橋《断面が長方形の管の形をした橋; 中空部分を通路とする》; 鋼管橋《鋼管によって支持されている橋》.
túbular tíre チューブラータイヤ《競技用自転車の車輪のリムに接着されたタイヤ》.
tu·bu·late /t(j)ú:bjələt, -lèɪt/ *a* 管状の; 管付きの. ► *vt* /-lèɪt/ 管[管形]にする; …に管を付ける.
tù·bu·lá·tion *n* 管の製作[取付け, 配列]; 管状部.
tu·bule /t(j)ú:bjul/ *n* 細管, 小管;〘解〙細管. [L (dim)＜TUBE]
tu·bu·li- /t(j)ú:bjələ/ *comb form*「細管」「管[筒]状の」 [L (↑)]
tùbuli·flórous *a*〘植〙管状花を有する.
tu·bu·lin /t(j)ú:bjələn/ *n*〘生化〙チュービュリン《細胞内の微小管 (microtubule) の構成タンパク質》.
tu·bu·lous /t(j)ú:bjələs/ *a* 管状の; 管のある, 管からなる;〘植〙管状花を有する: a ~ boiler 水管ボイラー. ♦ **~·ly** *adv*
tu·bu·lure /t(j)ú:bjələr/ *n* 短開管《ガラス瓶・レトルトなどの管状の口》.
TUC〘英〙°Trades Union Congress.
Tu·cana /t(j)ukǽnə, -ká:-, -kéɪ-/ *n*〘天〙きょしちょう座 (巨嘴鳥座) (Toucan).
Tuch·man /tʌ́kmən/ タックマン **Barbara** ~ (1912–89)《米国の歴史家》.
tu·chun /dú:ʤú:n, -ʤýː:n; tú:ʧú:n/ *n*〘中国史〙督軍 (=*warlord*)《各省の軍事長官, 多くは民政長官を兼ねた》.
tuch·us, tuk·kis /tʊ́kəs/ *n**《俗》TOKUS. [Yid]
tuck[1] /tʌ́k/ *vt* **1 a** 押し込む, 詰め込む, しまい込む;〈脚を〉折り曲げて引き寄せる, タック[抱え込み]の姿勢にする;〈頭・あご・腹などを〉引っ込める 〈*in*〉;〘美容整形〙…にタックを施す (⇨ *n* 1b): ~…under one's arm …をこわきに抱える. **b**〈ナプキン・シャツ・敷布・毛布など〉の端をしっかりとたくし込む 〈*up, in, into*〉. **c**〈子供・患者など〉にベッドのシーツ・毛布などを寝ごこちよく掛ける, 寝具にくるむ 〈*up, in, into*〉《シーツや上掛けを整えてやり, 端をマットの下にしまい込む》; ぴったり巻くように掛ける 〈*around*〉: ~ a child (*up*) in bed = ~ a child into bed. **2**〈衣服〉に縫い揚げ[縫いひだ]をつくる; ひだができるように引き上げる[引き寄せる, つまむ],〈裾・袖などを〉たくし上げる 〈*up, in*〉: ~ *up* one's sleeves 袖をまくり上げる. **3**〈引網の中の魚を〉ひとまわり小さな引網で捕る.
► *vi* ひだになる; 縫い揚げ[縫いひだ]をつくる; こぢんまりとおさまる.
● **~ away** しまい込む; [°*pass*] 隠す, 人目につかない所に置く[建てる],〈金などを〉ため込む; "《口》もりもり食べる, たらふく飲む, たいらげる. **~ed up** "《俗》刑務所に閉じ込められて; "《俗》だまされて, はめられて. **~ in** (*vi*) "《口》パクパク食べる. **~ into** "《口》〈食べ物〉をもりもり食べる,〈ビールなどを〉ぐいぐい飲む, 詰め込む. **~ one's tail** 恥をかく. **~ up**《古》〈罪人を〉絞首刑にする.
► *n* **1 a** 縫いひだ, (縫い)揚げ, タック; たくし込むこと; tuck すること; tuck したもの[部分]; TUCK SEINE. **b**〘美容外科〙タック《余分な脂肪や皮膚のたるみを除く手術》. **2**《飛込み・体操などの》かかえ型 (=**~ position**)《折り曲げた両ひざを両腕で抱え込む姿勢》;〘スキー〙クラウチング(スタイル)《ストックをわきに抱えてしゃがみ込んだ姿勢》. **3** "《学童俗》食べ物,《特に》甘いお菓子, 甘いごちそう. **4**〘海〙タック《(船尾)突出部下方》.
[MDu, MLG *tucken* to pull, pluck; cf. TUG[1], OE *tūcian* to torment, G *zucken* to jerk]
tuck[2]《古・スコ》*n* 太鼓の(ような)音. ► *vt*〈太鼓を〉たたく. [ME ＜ONF＜OF *toucher* to TOUCH]
tuck[3] *n*《古》RAPIER. [OF *estoc* sword＜Gmc]
tuck[4] *n* 力, 元気, 精力. [? *tuck*[1]]
tuck[5]* *n* TUXEDO.
Tuck ⇨ FRIAR TUCK.
tuck·a·hoe /tʌ́kəhòu/ *n* **1 a**〘植〙アメリカ先住民が食用にするサトイモ科の植物. **b**〘菌〙ブクリョウ, マツホド (=*Indian bread*). **2** [T-]

タカホー《特に Blue Ridge 山脈以東に住む Virginia 州人の俗称》.［Algonquian］

túck bòx"《口》《学童の》おいしい菓子[おやつ]の箱;《豪口》食糧箱.［*tuck*¹, *tucker*］

tucked /tʌ́kt/ *a* たくし込んだ, 縫いひだをつけた;《口・方》窮屈な, 動きがとれない.

tuck·er /tʌ́kər/ *n* TUCK¹ する人[もの]; 縫いひだ[揚げ]をつくる人[装置];《17–18 世紀の婦人の服装の》襟飾り; CHEMISETTE;《豪口》食べ物: BIB AND TUCKER. ● **earn [make] one's ～**《口》かろうじて食べる分だけ稼ぐ. ► *vt* **1***《口》疲れさせる〈*out*〉: be (all [plumb]) *～ed out* 疲れきる.［*tuck*¹ (obs) to reproach より］**2**《豪口》〈人〉に食物を与える. ► *vi*《豪口》食事をする〈*up*〉.

túck·er-bàg, -bòx *n*《豪口》《奥地旅行者などが用いる》食糧携帯袋[箱].

tuck·et /tʌ́kət/ *n*《古》らっぱの華麗な吹奏, ファンファーレ.

túck-ìn, túck-òut *n*"《口》たらふく食べられる食事.

túck·ing *n* タックをとること;《衣服の》タックをとったところ; 一連のタック.

túck-pòint *vt*〈石積みのしっくい部を〉山形目地で仕上げる. ♦ **túck pòinting** 山形目地仕上げ.

túck sèine [nèt]《引網中の魚をさらう直径 40 m ほどの》さらい引網.

T

túck shòp"《特に 学校(近く)の》菓子屋(の売店).

tuc·kus /tʌ́kəs/ *n**《俗》TOKUS.［Yid］

tu·co-tu·co /tú:koutú:kou/, **tu·cu-tu·cu** /tú:kutú:ku/ *n* (*pl* ～s)〔動〕ツコツコ《ツコツコ科のアナホリネズミの総称; 南米産》.［AmSp］

Tuc·son /tusán, tú:sàn/ トゥーソン《Arizona 州南東部の市・保養地》. ♦ **Túc·sòn·an** *n*

tu·cum /tú:kum/ *n*〔植〕ブラジル産ホシダネヤシ属のヤシの総称《繊維から綱を製造する》,《特に》ヤワラバヤシ.［Tupi］

Tucumán ⇨ SAN MIGUEL DE TUCUMÁN.

tu·cu·xi /tukú:hi/ *n* (*pl* ～)〔動〕コビトイルカ《パナマからブラジルにかけての沿岸や河川, Amazon 川水系にすむ》.

tude, 'tude /t(j)ú:d/ *n**《俗》ATTITUDE,《特に》突っ張った態度, 対決的な姿勢.

-tude /ˌ—t(j)ù:d/ *n suf*［主にラテン系の形容詞に付けて］「性質」「状態」: apti*tude*, soli*tude*.［L］

Tu·deh /tú:deɪ/ *n* [the] トゥーデ党 (＝**～ Párty**)《イランの共産主義政党》.［Pers＝mass］

Tu·dor /t(j)ú:dər/ *a* チューダー王家[朝]の;〔建〕チューダー様式の. ► *n* **1** チューダー王家の人: the House of ～ チューダー王家 (1485–1603)《Henry 7 世から Elizabeth 1 世までのイングランドの王家》.［Owen *Tudor* of Wales, Henry 7 世の祖父］**2 Antony ～** (1908–87)《米国で活躍した英国のバレエダンサー・教師・振付家; 本名 William Cook》.

Túdor árch〔建〕チューダーアーチ《四心アーチ》.

Túdor flówer チューダー様式の三葉[三弁花]装飾.

Túdor róse チューダーローズ《五弁の赤バラと白バラの組合わせ模様》.

Túdor stỳle〔建〕チューダー様式《後期垂直様式》.

tu·e·bor /tuéɪbɔ:r/ われは護らん《Michigan 州の印章の標語》.［L＝I will defend］

Tues., Tue. Tuesday.

Tues·day /t(j)ú:zdi, -deɪ/ *n* 火曜日《略 Tues., Tue., Tu.》. ► *adv*《口》火曜日に (on Tuesday). ★ 語法 ⇨ MONDAY.［OE *Tīwesdæg*; *Tīwes* (gen) ‹ *Tīw* Tiu; L *dies Martis* day of Mars の訳か］

Túes·days *adv* 火曜日には(いつも) (on Tuesdays).

tu·fa /t(j)ú:fə/〔地質〕*n* トゥファ (＝*tophus*)《多孔質の石灰華堆積物; 温泉沈澱物など》; TUFF¹. ♦ **tu·fa·ceous** /t(j)uféɪʃəs/ *a*［It (異形)＜L TUFF¹］

tuff¹ /tʌ́f/ *n*〔岩石〕凝灰岩 (＝*tufa*). ♦ **tuff·a·ceous** /tʌ̀féɪʃəs/ *a*［F＜It *tufo*＜L *tofus* TOPHUS］

tuff² *a*《俗》バツグンの, すごい (tough).

tuf·fet /tʌ́fət/ *n*《毛髪・羽毛・綴じ糸などの》ふさ,《生育中の草・花・葉などの》ひと塊り (＝*tuft*); 小山, 塚 (＝*tuft*); 低い腰掛け[座席].［*tuft*］

tu·fo·li /t(j)ufóuli/ *n* (*pl* ～) トゥフォーリ《詰め物をするパスタ》.［It (Sicilian)＝(pl) ducts＜L (dim) ‹ TUBE］

tuft /tʌ́ft/ *n* **1**《毛髪・羽毛などの》ふさ;《マットレス・キルトなどの》綴じ糸のふさ(を通したボタン);〔解〕ふさ状分岐;《もと》《オックスフォード・ケンブリッジ大学の》貴族学生(の帽子の飾りぶさ);《古》皇帝ひげ. **2**《生育中の草・花・葉などの》ひと塊り, ひとむら; 茂み, 叢林, 木立; 小山, 塚. ► *vt* **1** …にふさを付ける; ふさで飾る. **2**〈マットレス・キルトなどを〉一定の間隔に綴じ糸で綴じる. ► *vi* ふさになる; 群生する. ♦ **～·er** *n*［? OF *tofe* ＜?; -*t* は cf. GRAFT¹］

túft·ed *a* TUFT のある[で飾った, の形をした];〔鳥〕羽冠のある; ふさ状になった.

túfted coquétte〔鳥〕ホオカザリハチドリ《中米産》.

túfted déer〔動〕マエガミジカ《中国・ミャンマー産》.

túfted dúck〔鳥〕キンクロハジロ《欧州・アジア・アフリカ産》.

túfted púffin〔鳥〕エトピリカ《ウミスズメ科; Bering 海・北太平洋産》.

túfted títmouse〔鳥〕エボシガラ《シジュウカラ属; 北米産》.

túft-hùnt·er *n* 貴族や富豪に近づきたがる人; おべっかつかい. ♦ **túft-hùnt·ing** *a, n*

Túfts Univérsity /tʌ́fts-/ タフツ大学《Massachusetts 州北東部の Medford にある私立大学; 1852 年創立, 土地提供者の名にちなんで命名》.

túfty *a* ふさの多い[でおおわれた]; ふさをなす; 群生する.

Tu Fu /tú:fú:/ 杜甫 (712–770)《中国唐代の詩人》.

tug¹ /tʌ́g/ *v* (-gg-) *vt* 強く引く, ぐいと引っ張る; 強く引いて動かす, ひきずる〈*across, along, away*, etc.〉; 苦労して運ぶ;〈船を〉引き船で引く: ～ in a subject 話題を無理に持ち込む. ► *vi* 力いっぱい引く〈*away, at, on*〉; 戦う, 争う; 熱心に働く, 励む, 努力する. ► *n* **1** 力いっぱい引くこと; 強く引っ張る力; 奮闘, 努力; 闘争: give a ～ at the bell ベルのひもをぐいと引く / have a ～ to persuade…の説得に骨が折れる / We felt a great ～ at parting. 別れがつらかった. **2** TUGBOAT;《グライダー》曳航(えいこう)機;《馬具の》引き革;《一般に》引っ張るのに用いる革ひも[鎖, 綱など]. **3**"《俗》逮捕, 拘留 (cf. PULL);《豪俗》ならず者, ペテン師. ♦ **túg·ger** *n* 引く人[装置];《口》綱引きに加わる人.［ME; TOW¹ と同語源］

tug² *n*"《俗》《Eton 校の》給費生 (colleger); ガリ勉屋, 点取り虫.［? *tog*］

tug³ *a*"《俗》普通の, ありふれた.

Tug tug(h)rik.

túg·bòat *n* 引き船, タグボート (＝*towboat*).

Tu·ge·la /tugéɪlə/ [the] トゥゲラ川《モントースルス (⇨ AUX SOURCES) に発し, 南アフリカ共和国東部 KwaZulu-Natal 州中部を流れてインド洋に注ぐ; 水源近くにトゥゲラ滝 (**～ Fálls**, 948 m) がある; ズールー戦争 (1879), ブール戦争 (1899–1902) の戦場》.

Tuggurt ⇨ TOUGGOURT.

tu·g(h)rik /tú:grɪk/ *n* トゥグリク《モンゴルの通貨単位: ＝100 mongo; 略 Tug》.［Mongolian＝round thing］

túg-of-lóve *n*"《口》親権者[監護権者]争い.

túg-of-wár *n* (*pl* **túgs-**) 綱引き; 主導権争い, 決戦, 激戦: When GREEK meets Greek, then comes the ～.

tui /tú:i/ *n*〔鳥〕エリマキミツスイ (＝*parson bird*)《ニュージーランド産》.［Maori］

tu·i·fu /tù:ɪfú:, ˌ—ˌ—ˊ—/ *n**《俗》どうしようもなくどじなやつ.［*the ul*timate *in fuck-ups*; cf. SNAFU］

tuile /twí:l; *F* tɥil/ *n* (*pl* ～) トゥイル《小麦粉にアーモンドなどを混ぜ, 天パンで薄く円形に焼いて湾曲させた菓子》.［F＝tile］

Tui·ler·ies /twí:l(ə)ri(z); *F* tɥilri/ チュイルリー宮《Paris の旧王宮; 1564 年に Catherine de Médicis により建造を開始, 1871 年に焼失したが大庭園 (**＝～ Gárdens**) は公園として残る》.

tuille /twí:l/ *n*《よろいの》前腿(もも)当て.［OF＜L TILE］

Tu·i·nal /t(j)ú:ɪnà:l, -nɔ̀:l; tjú:ɪnæ̀l, -nəl/〔商標〕ツイナール《鎮痛・催眠薬, バルビツール剤》.

tu·i·tion /t(j)u:íʃ(ə)n/ *n* 教授, 指導〈*in*〉《特に 個人または少人数の学生に対するもの》;*授業料, 学費 (＝**～ fèes**");《古》保護, 後見, 監督 (guardianship).［OF＜L (*tuit- tueor* to look after)］

tuítion·al, -àry /; -n(ə)ri/ *a* 教授(用)の, 指導(用)の; 授業料の.

tukkis ⇨ TUCHUS.

tuk·tu, tuk·too /tʌ́ktù:/ *n*《カナダ》CARIBOU.［Eskimo］

tuk-tuk /túktùk/ *n*〔タイ〕トゥクトゥク《エンジン付きの三輪タクシー》.［imit］

Tu·la /tú:lə/ トゥーラ (**1**) メキシコ中部 Hidalgo 州南西部, Mexico City の北方にある市; トルテク王国時代の首都; 別称 **～ de Allénde** **2**) Moscow 南方の Oka 川の支流に臨む市).

Tu·la·gi /tulá:gi/ トゥラギ《南太平洋の Solomon 諸島南部 Guadalcanal 島の北方にある小島; 主町 Tulagi は良港を擁する》.

tu·la·re·mia, -rae- /t(j)ù:lərí:miə/ *n*〔獣医〕野兎(やと)病, ツラレミア (＝*rabbit fever*)《人にも感染する》. ♦ **-mic** *a*［*Tulare* California 州の郡］

tul·chan /tʌ́lxən/ *n*《乳の分泌促進に剝製などにして牛の側に置く》子牛の皮;〔スコ史〕TULCHAN BISHOP.［Gael＝mound］

túlchan bíshop〔スコ史〕《宗教改革後俗人の後援者が教区の収入を吸い上げるためにその名を利用した》名義司教.

tu·le /tú:li/ *n*〔植〕《特に 米国南西部の》ホタルイ属の大型の湿地性草本《フトイなど; カヤツリグサ科》.［Sp］

Tu·lé·ar /tù:leɪá:r/ トゥレアル《TOLIARA の旧称》.

túle èlk〔動〕カリフォルニアアカシカ《California 州中部に生息する小型のワピチ (wapiti)》.

túle fòg* 低地をおおう濃い霧.

tu·lip /t(j)ú:ləp/ *n*〔植〕チューリップ.［C16 *tulipa*＜L＜Turk＝TURBAN; 開いた花の姿より］

tu·lipo·mánia /t(j)ù:ləpə-/ *n* チューリップ熱《特に 1630 年代にオランダから広がったチューリップへの投機ブーム》.

túlip pòplar〔植〕ユリノキ (tulip tree); ユリノキ材.

túlip ròot 穀草類の茎が球状にふくれ葉がゆがむ病気.

túlip shèll 〘貝〙チューリップボラ《イトマキボラ科の肉食性の海産巻貝; 特に カリブ海に普通にみられるもの》.

túlip trèe 〘植〙 **a** ユリノキ《北米原産モクレン科の高木; 材は建築・家具用》. **b** チューリップ状の花をつける木《オオハマボウ (majagua) など》; 《口》 モクレン属の木 (magnolia).

túlip·wòod *n* ユリノキ材 (=*canoewood*); 《ユリノキのような》木目の美しい[斑入りの]材(になる樹木).

Tull /tʌ́l/ タル **Jeth·ro** /ʤéθroʊ/ ～ (1674–1741)《英国の農場経営者; 条播(じょうは)機 (seed drill) を発明 (c. 1701), 英国農業近代化の基礎固めに貢献》.

Tul·la·more /tʌ̀ləmɔ́ːr/ タラモア《アイルランド中部 Offaly 県の町・県都; 酒造の町》.

tulle /túːl; tjúːl/ *n* チュール《ベール・スカーフ・イブニングドレス・バレエ衣裳などに用いる絹・人絹・ナイロンなどの網状の薄い布》. [F (↓)]

Tulle /túːl; *F* tyl/ チュール《フランス中南部 Corrèze 県の県都》.

tul·li·bee /tʌ́ləbiː/ *n* 〘魚〙 CISCO.

tul·lies /tʌ́liz/ *n pl* [the]*《俗》へんぴな所, 田舎.

Tul·ly /tʌ́li/ Marcus Tullius CICERO.

tulp /tǽːlp/ *n* 《南ア》〘植〙アヤメ《アフリカ南部産のアヤメ科のモラエア属およびホメリア属の植物; 派手な花を咲かせるので栽培されるが, 家畜にとっては有毒》. [Afrik＜Du=tulip]

Tul·sa /tʌ́lsə/ タルサ《Oklahoma 州北東部 Arkansas 川に臨む石油都市》. ♦ **Túl·san** *n*

tul·si /túlsi/ *n* 〘植〙カミメボウキ, トゥルシー《シソ科メボウキ属の芳香のある多年草; インドでは Vishnu 神に献じるものとして神聖視されている》. [Hindi]

Tul·sī·dās /tùlsidáːs/ トゥルシーダース (1543?–?1623)《インドの宗教詩人; *Rāmcaritmānas*》.

tul·war /tʌ́lwàːr, ⌐⌐/ *n* 《インド北部などの》湾刀.

tum[1] /tʌ́m/ *n* ボン《バンジョーなどの弦をはじく音; 太鼓の音》. ► *vi* (-mm-) ボンと鳴らす. [imit]

tum[2] *n*‖《幼児・口》 TUMMY.

tum[3] *a* 《スコ・北東イング》 TOOM.

tu·ma·ta·ku·ru /tùːmàːtəkúəru/ *n* 〘植〙ニュージーランド産クロウメモドキ科のとげのある低木 (=*matagouri*, (*wild*) *Irishman*)《マオリ族がそのとげを入墨に用いる》. [Maori]

tum·ble /tʌ́mb(ə)l/ *vi* **1 a** 倒れる, ころぶ 〈*down, over*〉; ころげ落ちる〈*from, off*〉: ～ *into* sb《つまずくなどして》人にぶつかる. **b**〈建物などが〉くずれ落ちる, 転落[崩壊]する,〈組織・制度などが〉破綻する〈*from, down*〉; 失脚[敗北, 没落]する;〈株価などが〉急落する, 暴落する: come *tumbling* down 落ちてくる; 崩壊[倒壊]する; くずれ落ちる;〈障壁・障害などが〉消滅する. **c**〈水・滝などが〉しぶきを立てて流れ(落ち)る;〈雲などが〉垂れ込める〈*over*〉;〈髪の毛が〉垂れ(さが)る〈*down*〉. **2** 宙返り[とんぼ返り, でんぐり返し, 跳躍 など]をする. **3** ごろごろころがる, ころげまわる, のたうちまわる〈*along, about, around*〉: ～ and toss のたうちまわる / ～ *over* a chair 椅子につまずいてころぶ. **4** あわてて来る[行く]〈*to, up, down*〉; ころがり込む〈*in, into*〉; ころがるように飛び出す〈*out, out of*〉. **5** 偶然でくわす〈*in, into, upon*〉; 《口》〈…に〉はっと気がつく, 悟る〈*to*〉. ► *vt* **1** 倒す, ひっくり返す, ころがす〈*down*〉; くずす, 取りこわす; [*fig*] 没落[失脚]させる. **2** ぶちまける, 投げ散らす〈*about, in, out*〉; くしゃくしゃ[ごちゃごちゃ]にする, 混乱させる; TUMBLING BARREL に入れて磨く[乾燥する]. **3**《俗》…とセックスする. ● **～ home**〘海〙〈舷側が〉内側に湾曲する. **～ in**〈木片を〉はめ込む; TUMBLE home; 《口》ベッドにもぐり込む. **～ to…**"…に適応する. ► *n* **1** 転落, 転倒; 崩壊, 破壊, 没落; 落ち込み, 下落; 失脚, 敗北; へま: have a (slight) ～ (ちょっと)ころぶ. **2** とんぼ返り, 宙返り, でんぐり返し, 跳躍. **3** 混乱; 乱雑なもの, 乱れた髪: Things are all in a ～. 事態は混乱をきわめている. ● **give** sb **a ～***《口》人に関心がある[好意をいだいている]という反応[気配, そぶり]を示す, 人を認める; 《俗》人と性交する. **take a ～** ころぶ; 失脚する, 《価値などが》下落する; 《俗》(…に)突然気がつく, (自分の置かれた状況などを)急に悟る〈*to oneself*〉. [(freq)＜OE *tumbian*; cf. OHG *tumalōn* (freq)＜*tūmōn* to turn]

túmble·bùg *n* 〘昆〙フンコロガシ, タマオシコガネ, スカラベ (=*tumbledung*)《獣糞を丸めて運びこれに卵を産みつけるコガネムシ》.

túmble·dòwn *a*〈建物が〉荒れはてた, 今にも倒れそうな.

túmble drý *vt, vi* タンブラー乾燥機で乾かす. ♦ **túmble drý·ing** *n*

túmble drýer [dríer]‖《洗濯物の》回転式[タンブラー]乾燥機.

túmble·dùng *n* TUMBLEBUG.

túmble hòme タンブルホーム《舷側上部が内側に湾曲していること》.

túm·bler *n* **1** TUMBLE する人[もの]; 《体操・曲芸などの》宙返り[跳躍など]をする人 (acrobat); 起き上がりこぼしの類のおもちゃ; 〘鳥〙宙返りバト (=**～ pìgeon**); 〘犬〙タンブラー《かつてウサギ狩りに用いられた小型のグレーハウンド》; 〘昆〙オニボウフラ; 〘昆〙 TUMBLEBUG. **2** タンブラー《平底の大コップ; もとは凸状の底》; タンブラーの中のもの; TUMBLERFUL. **3 a** 〘電〙 TUMBLER SWITCH; 《銃器の》はじき金; タンブラー《シリンダー錠の中の回転する金具》. **b** TUMBLER DRIER; TUMBLING BARREL; 〘機〙タンブラー《翻転装置の可動部や翻転心棒の突出部などかみ合って他を動かすもの》. **4** tumbler を操作する作業員. ♦ **～·fùl** *n* 大コップ一杯(の量)〈*of*〉.

túmbler dríer TUMBLE DRYER.

túmbler gèar 〘機〙翻転装置, タンブラー歯車.

túmbler swìtch 〘電〙《つまみを上下して開閉する》タンブラースイッチ.

túmble·wèed *n* 〘植〙回転草, 回転散布植物《米国西部やオーストラリアの砂漠に生育するヒユやオカヒジキなどの類の植物; 秋に根元から折れ球状になって風で野原をころがる》.

túm·bling *n* TUMBLE すること; 〘体操〙タンブリング. ► *a*〈牛の焼き印などが〉右[左]に傾いた.

túmbling bàrrel [bòx] 《研磨用ミルや自動乾燥機などの》回転ドラム, タンブラー.

túmbling bày 堰(せき); 堰から流れ落ちる水をたたえたよどみ.

túmbling vérse 翻転詩《16 世紀英国の弱々強調の頭韻詩や韻律の整わない戯詩; James 1 世が用いた語》.

tum·brel, -bril /tʌ́mbr(ə)l/ *n* 荷台を後方に傾けて積荷を降ろす仕掛けのある農場用荷車《特に 肥料運搬車》; 《フランス革命時代の》死刑囚護送車; 〘史〙二輪輜重(しちょう)車; 〘史〙懲罰具, 《特に》 CUCKING STOOL. [OF=dumpcart (*tomber* to fall)]

tu·me·fa·cient /t(j)ùːməféɪʃənt/ *a* はれあがった, 腫脹した; はれあがらせる, 腫脹性の.

tu·me·fac·tion /t(j)ùːməfǽkʃ(ə)n/ *n* はれあがらせること; はれあがること, 腫脹, 腫大; はれあがった箇所, はれもの. ♦ **-fác·tive** *a* はれあがらせる, 腫脹性の (tumefacient).

tu·me·fy /t(j)úːməfàɪ/ *vt* はれあがらせる. ► *vi* はれる; 得意になる, 尊大になる. [F; ⇨ TUMOR]

Tu·men /túːmʌ́n/ [the] 豆満江(とまんこう)(トマンガン), 図們江(ともんこう)(トゥーメンチャン)《北朝鮮・中国・ロシアの国境を流れて日本海に注ぐ川》.

tu·mesce /tumés/ *vi* 勃起する. ► *vt* …に勃起を起こさせる. [逆成＜↓]

tu·mes·cence /t(j)umés(ə)ns/ *n* 膨脹, 肥大; 〘医〙腫脹《性反応時に性器や乳首が充血し大きくなっている様子[状態]》, 勃起; 膨脹[肥大]した部分, ふくらみ; 通貨膨脹 (inflation). [L; ⇨ TUMOR]

tu·més·cent *a* (少し)膨脹した, 肥大性の; 性的興奮で充血した, 勃起した; 大げさな, 誇張した; 《思い・感情で》ふくらんだ, あふれるほどの. ♦ **～·ly** *adv*

tu·mid /t(j)úːməd/ *a* はれあがった, 腫脹性[状態]の, 肥大した; ふくらんだ;〈文体など〉誇張した. ♦ **～·ly** *adv* **～·ness** *n* [L; ⇨ TUMOR]

tu·mid·i·ty /t(j)umídəti/ *n* はれあがり, 腫脹; 誇張.

túm·mel·bèrry /tʌ́m(ə)l-/ *n* 〘植〙タメルベリー《raspberry と blackberry の雑種と tayberry の交配種; 紫色の果実をつける》. [*Tummel* スコットランド Tayside 州の川]

tumm·ler, tum·me·ler /túmlər/ *n* 《ユダヤ人向けリゾート地のホテルなどで》滑稽なことを言ったりして場を盛り上げる仕事をする人, 司会進行接客係; *《口》道化役, ふざけ屋, 元気のいいやつ, 《人に行動を起こさせる》けしかけ屋; 《俗》音, 騒音, 混乱, 騒ぎ, にぎわい. [Yid]

tum·my /tʌ́mi/ *n* 《幼児・口》ぽんぽん, おなか. ● **bump tummies** 《俗》性交する. [*stomach*]

túmmy·àche *n* 《幼児・口》腹痛, ぽんぽんいた.

túmmy bùtton 《口》おへそ (navel).

túmmy tùck 《口》おなかのタック (ABDOMINOPLASTY).

tu·mor | tu·mour /t(j)úːmər/ *n* **1** はれ, ふくらみ, 出っ張り, 隆起部; 〘医〙腫瘍, 《通俗に》できもの: a benign [malignant] ～ 良性[悪性]腫瘍. **2** 《古》《文体などの》誇張; 《古》慢心; 《廃》大言壮語. ♦ **～·al** *a* **～·lìke** *a* [L (*tumeo* to swell)]

tu·mori·génesis, tu·moro- /t(j)ùːmərə-/ *n* 〘医〙腫瘍形成, 腫瘍化.

tu·mori·génic /t(j)ùːmərə-/ *a* 〘医〙腫瘍形成(性)の, 《特に》発癌性の (carcinogenic). ♦ **-ge·nic·i·ty** /-ʤənísəti/ *n* 腫瘍形成性.

túmor necrósis fàctor 腫瘍壊死因子《特に 内毒素に反応して単球・マクロファージで産出され, 異常増殖する細胞を破壊するはたらきをするタンパク質; 略 TNF》.

túmor·ous *a* 腫瘍の(ような), 腫瘍状の.

túmor suppréssor gène 〘医〙癌抑制遺伝子《正常対立遺伝子の欠如があってはじめて変異遺伝子が細胞の癌化にかかわる遺伝子の総称》.

tump[1] /tʌ́mp/ *n*‖《方》小山, 小丘, 土盛り, 塚; やぶ, 《草などの》繁み. [C16＜?]

tump[2] *vi, vt**《南部》ひっくり返る[返す]〈*over*〉.

tump·line* /tʌ́mplàɪn/ *n* 《荷物を背負うときなどの》前額[胸]に当てる負い革.

tum·tum[1] /tʌ́mtʌ̀m/ *n* 《インド》軽装二輪馬車 (dogcart).

tumtum[2] *n* 《幼児・口》ぽんぽん (tummy).

tum-tum /tʌ́mtʌ̀m/ *n* 弦楽器をはじく音, ポロンポロン.

Tu·muc-Hu·mác Móuntains /təmùːkəmáːk-/ *pl* [the] トゥムク-ウマク山脈 (*Port* Serra Tumucu maque)《ブラジル北東部とスリナム・フランス領ギアナとの国境に沿って東西に走る山地; 高さ 600–900 m》.

tu·mu·lar /t(j)úːmjələr/ *a* TUMULUS の(ような).

tu·mu·lose /t(j)úːməlòʊs/, **-lous** /-ləs/ *a* TUMULUS の多い; 塚のような.

tu·mult /t(j)úːmʌlt/ *n* 大騒ぎ, 騒動, 喧噪, ガヤガヤ; 暴動; 騒音; 《心・感情の》激動, 心の乱れ; 《悲しみ・喜びなどの》激発; 《色彩・物品などの》ごちゃまぜ, 寄せ集め: in utter ～ 大騒ぎで[のうちに] / in a ～ of grief 深い悲しみに暮れて / the ～ and the shouting 喧騒と叫喚, 大騒ぎ. ［OF or L=a rising; ⇨ TUMOR］

tu·mul·tu·ary /t(j)ʊmʌ́ltʃuèri; -tjuəri/ *a* 騒々しい, 騒がしい; 規律[秩序, 規則性]のない; 〈軍隊などが駆り集めの兵からなる, 烏合(うごう)の衆の; あわてふためいて無計画に行なった, 支離滅裂な.

tu·mul·tu·ous /t(j)ʊmʌ́ltʃuəs, *tə-/ *a* 騒がしい, 騒々しい, 荒々しい, 荒れ狂う; 騒動を起こす[起こしがちな], 激動の; 激しく動揺する[つのる]〈心情など〉: ～ applause 万雷の拍手喝采 / a ～ decade 激動の 10 年 / ～ passions あらしのような激情 / a ～ welcome 熱烈な歓迎. ♦ **～·ly** *adv* **～·ness** *n*

tu·mu·lus /t(j)úːmjələs, tʌ́m-/ *n* (*pl* **～·es, -li** /-lài, -lìː/) 《特に墳墓の上の》墳丘, 塚 (mound); 古墳 (barrow); テュムラス《溶岩表面の小さなドーム状の隆起》. ［L=mound; ⇨ TUMOR］

tun /tʌ́n/ *n* **1** 大酒樽; 醸造桶; タン《酒などの容量単位: 通例 =252 wine gallons》. **2**〘貝〙ヤツシロガイ科の貝 (=～ **shèll**)《球形に近い大型の海産巻貝》. ► *vt* (**-nn-**) 樽に入れる[入れてたくわえる]; 《古》注ぐ. ［OE *tunne*＜L＜? Gaulish］

tu·na[1] /t(j)úːnə/ *n* (*pl* ～, ～**s**) **1**〘魚〙マグロ; 《食料としての》マグロの身[かんづめ], ツナ (=～ **fìsh**). **2***《俗》女, 女の子; *《卑》女のあそこ; *《卑》性行為. **3***《俗》マリファナ. ［Am Sp＜?Sp *atún* tunny］

tuna[2] *n*〘植〙ウチワサボテン《果実は食用》, 《特に》キンブセン《熱帯アメリカ原産; 高さ 2 m に達し, 暗紅紫色の果実がなる》. ［Sp＜Haitian］

tuna[3] *n*〘魚〙ニュージーランドオオウナギ, ニュージーランドウナギ《淡水産の 2 種》. ［Maori］

tun·able, tune- /t(j)úːnəb(ə)l/ *a* 整調[調律]できる; 《古》調子の合った; 《古》旋律的な. ♦ **-ably** *adv* **～·ness** *n* **tùn·abíl·i·ty** *n* ［*tune*］

tu·nage /t(j)úːnɪdʒ/ *n**《俗》音楽.

túna mèlt* ツナメルト《パンにツナとチーズを載せ, 熱してチーズをとろかしたもの》.

Tún·bridge wàre /tʌ́nbrɪdʒ-/ タンブリッジウェア《特に 17 世紀後期から 18 世紀にかけて Tunbridge Wells で生産された象眼木工細工; テーブル・盆・箱・装飾品など》.

Túnbridge Wélls タンブリッジウェルズ《イングランド南東部 Kent 州の鉱泉の町; 公式名 Royal Tunbridge Wells》. ● **Disgusted, [Disgusted of]** ～ ˈ[*joc*] 怒れるタンブリッジウェルズの町民《昨今の風潮に憤慨して新聞に投書してくる中流市民の典型を表わす投稿名》.

tun·dish /tʌ́ndɪʃ/ *n*〘冶〙《鋳型上部の》湯だまり, 堰鉢(せきばち), 溜堰(ためぜき); 《醸造用の》じょうご (funnel).

tun·dra /tʌ́ndrə, tún-/ *n* 凍土帯, 凍原, ツンドラ; 高山ツンドラ《高山の高木限界より上に見られるツンドラに似た地帯》. ［Russ=marshy plain＜Lappish=hill］

túndra swàn〘鳥〙コハクチョウ《新旧両世界のツンドラ地帯で巣作りをする白鳥》.

tune /t(j)úːn/ *n* **1 a** 曲; 歌曲, 節(ふし), 旋律; 主題, 主旋律; はっきりした旋律[節まわし]: a ～ difficult to remember 憶えにくい曲 / turn a ～ 《口》一曲歌う[奏する] / whistle a ～ 曲を口笛で吹く. **b** [*pl*] *《俗》レコード(アルバム), 音楽. **2** 正しい音程[調子]; 協和, 協調, 一致, 調和; 〘通信〙同調; 《自動車エンジンの》チューンアップ. **3 a** 音の高低, 抑揚, 声調, 口ぶり; 《古》音質, 音色, 音調. **b** 《古》《心の》調子, 気分, 機嫌〈*for*〉: I am not *in* ～ *for* a talk. しゃべる気分じゃない. ● **call the ～** 事を決定する, 左右する (⇨ PIPER 諺). **carry a ～** 正確に歌う, 調子をはずさない (sing on key): can't *carry a* ～ in a bucket 音痴である, 歌がまともに歌えない. **change one's ～=sing another [a new] ～=sing [whistle] a different ～**《たとえば傲慢から謙遜へと》(がらりと)調子[姿勢, 態度]を変える. **in ～** 正しい音程[旋律]で, 調子が合って〈*with*〉; 調和して, 仲よく, 同調して〈*with*〉; 〈エンジンが〉うまくチューンアップされて: sing *in* ～ 正しい音程で歌う. **out of ～** 調子はずれて; 協調しないで; 仲が悪く, 考えを異にして〈*with*〉; 〈エンジンが〉チューンアップがまずくて: play *out of* ～ 調子はずれの演奏をする. **to some ～** かなり(な程度に). **to the ～ of** ($500) 《口》総額[合計] (500 ドル) も.

► *vt* **1 a** 〈楽器を〉調律する, …の音[調子]を合わせる〈*up*〉; 〈エンジンなどを〉調整する, チューンアップする〈*up*〉. **b**〘通信〙〈回路を〉同調させる, 〈受信機などを〉整調する, 〈電波〉の出力周波数を調整する: ～ a television set *to* a local channel テレビを地方局に合わせる. **2** 一致[適合, 調和]させる; 調整する, 鍛える〈*to*〉: ～ *oneself to*… 生活[行動]様式を〈環境・時代など〉に合わせる / a finely ～*d* footballer しっかりと調整してきたサッカー選手. **3** 《古・詩》歌う, 奏でる, 音楽的に表現する. ► *vi* 楽器の調律をする〈*up*〉; 音楽的な音を発する; 調子が合う, 調和する〈*to, with*〉; 《受信機の》ダイヤル[チャンネル]を回して同調させる. ● **Stay ～d.** どうぞ(チャンネル[チューナー]は)そのままで, このあとも引き続きお楽しみください《放送でコマーシャルを流す前などに言うことば》; 《口》この問題に引き続き注目してください. **～ down**…の音量を下げる. **～ in** (*vt*) (**1**) 〈受信機・ラジオ・テレビ〉のダイヤル[チャンネル]を〈放送局・番組などに〉合わせる〈*to*〉; 《受信機を調整して》〈放送局・番組などを〉受信する: We were not ～*d in to* the program. その番組にダイヤルを合わせてなかった. (**2**) [ᵘ*pass*] 《口》〈人〉に〈…の感情・考えなどを〉わからせる, 通じさせる〈*to*〉(cf. TUNED-IN). (*vi*) (**1**) 受信機を〈放送局・番組に〉同調させる, スイッチを入れて〈…を〉聞く[見る]〈*to, on*〉. (**2**) 《口》〈…の感情などに〉理解を示す, 共鳴する, 通じる〈*to, on*〉; *《俗》〈…に〉注意を払う, 緊張する〈*to, on*〉; 《ヒッピー俗》自己環境に同調する, 仲間と同調する[価値観を同じくする] (cf. TURN *on, tune in, drop out*). **～ off**〘ラジオ〙途中で切る. **～ out** (*vt*) (**1**) 〈信号・雑音・コマーシャルなどを〉受信機のダイヤルを調整して聞こえなくする. (**2**) 《口》…から注意をそらす, 無視する; 《口》〈人〉の注意を〈…から〉そらす〈*from*〉. (*vi*) 《口》関心をもたなくなる, そっぽを向く. **～ up** (*vt*) ⇨ *vt* 1a, 2; …の音量を上げる. (*vi*) 〈オーケストラが〉楽器の調子を合わせる; 演奏を始める, 歌い出す; 練習[予行演習]をする, 〈…に〉備える〈*for*〉. ［ME (変形)〈TONE］

tuneable ⇨ TUNABLE.

tune·age /t(j)úːnɪdʒ/ *n* 《口》《音楽記事などで》音楽 (music).

tuned /t(j)úːnd/ *a**《俗》酔っぱらって.

túned círcuit〘電子工〙同調回路.

túned-ín *a* 《口》新しい感覚に通じた, (今の)状況を敏感に感じ取った.

túne·ful *a* 調子のよい, 旋律にあふれた, 音楽的な; 音楽がいっぱいの〈ショー〉; 旋律を奏でる, よく歌う. ♦ **～·ly** *adv* **～·ness** *n*

túne·less *a* 非旋律的な; 音の出ない, 無音の. ♦ **～·ly** *adv* **～·ness** *n*

túne·òut *n* *《口》聴取者を不快にして番組を聴かなくさせる要素.

tun·er /t(j)úːnər/ *n* TUNE する人[もの]; 調律師; 〘電子工〙同調器, 《ハイファイシステムの》チューナー.

túne·smìth *n**《口》《ポピュラー音楽の》作曲家.

túne-ùp *n* **1** 《エンジンなどの》チューンアップ, 調整. **2***《本番に備えての》調整(試合[レース]), 前哨戦, 予行演習.

tung /tʌ́ŋ/ *n* TUNG TREE.

Tun·gan /tʊŋgáːn, tuŋ-/ *n* **a** (*pl* ～, ～**s**) トゥンガン, 東干《中国北西部から中央アジアの一部に居住するイスラム教を信仰する民族; 中国では一般に回族 (Hui) として知られる》. **b** トゥガン族の言語. ［G＜Jagatai *Döngan*］

Tunghai 東海 (⇨ DONGHAI).

Tunghwa 通化 (⇨ TONGHUA).

túng òil 桐油(とうゆ)(きりゆ)《ペンキ・印刷インキ原料》.

Tungshan 銅山 (⇨ TONGSHAN).

tungst- /tʌ́ŋst/, **tung·sto-** /tʌ́ŋstou, -stə/ *comb form*「タングステン (tungsten)」

tung·state /tʌ́ŋstèɪt/ *n*〘化〙タングステン酸塩[エステル].

tung·sten /tʌ́ŋstən/ *n*〘化〙タングステン (=*wolfram*)《金属元素; 記号 W, 原子番号 74》. ♦ **-sten·ic** /tʌ̀ŋsténɪk/ *a* ［Swed=heavy stone］

túngsten cárbide タングステンカーバイド《タングステンと炭素の超硬合金》.

túngsten làmp タングステン電球.

túngsten stéel タングステン鋼.

túngsten trióxide〘化〙(三)酸化タングステン.

tung·stic /tʌ́ŋstɪk/ *a*〘化〙(6 価[5 価]の)タングステンの[を含む], タングステン (VI[V]) の.

túngstic ácid〘化〙タングステン酸.

túngstic anhýdride〘化〙タングステン無水化物 (tungsten trioxide).

túngstic ócher TUNGSTITE.

tung·stite /tʌ́ŋstàɪt/ *n*〘鉱〙酸化タングステン鉱.

tung·stous /tʌ́ŋstəs/ *a*〘化〙(低原子価の)タングステンの.

Tungting 洞庭(湖) (⇨ DONGTING).

túng trèe〘植〙アブラギリ, 《特に》シナアブラギリ《種子から桐油 (tung oil) を採る》.

Tun·gus, -guz /tʊŋgúːz, tən-, ˈtúŋgʊs/ *n* **a** (*pl* ～, ～·**es**) トゥングース族 (**1**) =EVENKI **2**) トゥングース諸語を話す民族). **b** トゥングース語(群). ► *a* TUNGUSIC.

Tun·gú·sian *a* TUNGUSIC.

Tun·gú·sic *n*〘言〙トゥングース語群《アルタイ (Altaic) 語族に属するとされ, Manchu, Tungus を含む》. ► *a* トゥングース族(の言語)の; トゥングース語群の.

Tun·gu·ska /tʊŋgúːskə, tən-/ [the] トゥングースカ川《シベリアを流れる Yenisey 川の支流; ⇨ LOWER [STONY, UPPER] TUNGUSKA》.

Tungúska Básin トゥングスカ盆地《シベリア中部 Yenisey 川の東部の支流 Lower Tunguska, Stony Tunguska, Upper Tunguska の 3 河川の流域で大炭田地帯》.

tu·nic /t(j)úːnɪk/ *n* **1 a** チュニカ (**1**) 古代ギリシア・ローマで用いた 2 枚の布を使い肩口と両わきとを縫い合わせたひざ丈の着衣 **2**) 中世騎士のよろいの外衣). **b** チュニック (**1**) 腰下からひざ丈くらいまでの, シンプルな形の女性用オーバーブラウスや上着; スカートやスラックスの上に着る **2**) GYMSLIP). **c** 軍服[警官服, 船員服, 制服]の(詰襟)上着; 診察衣; 〘カト〙TUNICLE. **2**〘解・動〙被膜; 〘植〙包膜, 種皮. ［F or L ↓］

tu·ni·ca /t(j)úːnɪkə/ *n* (*pl* **-cae** /-kìː, -kàɪ, -sìː/)〘解・動〙膜, 層,

外膜, 被膜; 〘動〙《原生動物などの》被嚢; 〘植〙外衣. ［L＝tunic, membrane］

tu·ni·cate /t(j)ú:nɪkət, -nəkèɪt/ *a* 〘動〙被膜のある; 〘植〙外衣のある, 《タマネギのように》鱗葉におおわれた; 被嚢類(の動物)の. ► *n* 被嚢類 (Tunicata) の動物《ホヤなど》.

tu·ni·cat·ed /t(j)ú:nəkèɪtəd/ *a* TUNICATE.

tu·ni·cle /t(j)ú:nɪk(ə)l/ *n* 〘カト〙トゥニチェラ (＝*tunic*) 《副助祭 (subdeacon) がアルバの上に着る, または司教がダルマティカの下に着る, 短い袖付きの祭服》. ［L (dim)〈 TUNICA］

tun·ing /t(j)ú:nɪŋ/ *n* 調律, チューニング; 〘電子工〙同調.

túning capàcitor [condènser] 〘電〙同調コンデンサー.

túning còil 〘電子工〙同調コイル.

túning fòrk 〘工·楽〙音叉(おんさ).

túning hàmmer [wrènch] 〘楽〙ピアノ調律用のハンマー型ねじまわし.

túning kèy 〘楽〙《ピアノなどの》調律キー.

túning pèg [pìn] 《弦楽器の》糸巻, 《ピアノの》調律ピン.

túning pìpe 〘楽〙PITCH PIPE, 《特に 弦楽器調律用の》調子笛.

Tu·nis /t(j)ú:nəs/ チュニス《**1**) チュニジアの首都; 古代の都市国家 Carthage の地 **2**) BARBARY STATES の一つで現在の TUNISIA の別称》.

Tu·ni·sia /t(j)uní:ʒ(i)ə, -níʒ-/ チュニジア《北アフリカの国; 公式名 Republic of Tunisia (チュニジア共和国); ☆Tunis; もと BARBARY STATES の一つ, 1881–1956 年フランス保護領》.

Tu·ní·sian *n* チュニジア人; チュニス (Tunis) の住民. ► *a* チュニジアの; チュニスの.

tunk /tʌ́ŋk/ *n* ゴツン[コツコツ]と打つこと. ► *vt, vi* コツコツ[トントン, ゴツン]と打つ. ［imit］

Tun·ker /tʌ́ŋkər/ *n* DUNKER.

tun·ket(t) /tʌ́ŋkət, túŋ-/ *n**《口》HELL.

Tun·ku /túŋku/ *n* 貴人の家名の前に付けるマレーの尊称: ～ Abdul Rahman. ［Malay］

tun·nage /tʌ́nɪʤ/ *n* TONNAGE.

tun·nel /tʌ́nl/ *n* 隧道(ずいどう), トンネル, 地下道; 〘鉱〙坑道 (adit); 《昆虫や動物のすむ》穴 (burrow); 〘海〙《推進器軸の》軸路; 〘空〙風洞 (wind tunnel); 〘サーフィン〙CURL; 〘農〙POLYTUNNEL; 《古》《煙突の》煙道; 《方》じょうご (funnel). ► *v* (**-l-** \| **-ll-**) *vi* トンネルを造る[使用する]; トンネルを掘り進む; 〘理〙〈粒子が〉ポテンシャル障壁を通り抜ける; *《俗》潜伏する. ► *vt* …に[の下に]トンネルを掘る; 〈通路〉としてトンネルを掘る; 坑道[トンネル]を掘って進む: ～ one's way *through* [*into*]… トンネルを掘って…を通り抜ける[…の中にはいる]. ♦ **～·(l)er** *n* **～·like** *a* ［OF (dim)〈 *tonne* TUN］

túnnel dìode 〘電子工〙トンネルダイオード, エサキダイオード (＝*Esaki diode*).

túnnel disèase DECOMPRESSION SICKNESS; HOOKWORM DISEASE.

túnnel effèct 〘理〙トンネル効果.

túnnel nèt 《魚や鳥などを捕る》口が広く裾の細い袋網.

túnnel of lóve 《遊園地などで》恋人どうしが自動車やボートに乗ってはいって行く暗いトンネル.

túnnel vàult 〘建〙半円筒ヴォールト (barrel vault).

túnnel vìsion **1** 〘医〙棒視, トンネル視《視野狭窄の一種》. **2** 視野の狭さ, 狭量; ひとつ事柄にひたすら集中すること. ♦ **túnnel-vísioned** *a* 視野のきわめて狭い.

Tun·ney /tʌ́ni/ タニー **'Gene'** ～ [**James Joseph** ～] (1897–1978)《米国のボクサー; 世界ヘビー級チャンピオン (1926–28)》.

tun·nyᴵᴵ /tʌ́ni/ *n* (*pl* **-nies**, ～) 〘魚〙TUNA[1], 《特に》クロマグロ (bluefin). ★ **túnny fìsh** ともいう. ［F *thon*＜Prov＜L＜Gk *thunnos*］

tuny /t(j)ú:ni/ *a* 調子のよい, 旋律的な, 耳に快い. ［*tune*］

Tuo·ne·la /twɔ́:nèlə/ 〘フィンランド神話〙冥府, トゥオネラ (＝*Manala*)《薄暗い死者の島; 島には太陽も月も照らない川を渡って行く》.

tup /tʌ́p/ *n* **1** ᴵᴵ雄羊 (ram). **2** 〘機〙《杭打ち機などの》打面, 打金(うちがね), おもり. ► *v* (**-pp-**) *vi* ᴵᴵさかりがつく, 〈雌羊が〉交尾期にはいる; ᴵᴵ《卑》性交する. ► *vt* ᴵᴵ〈雌羊〉と交尾する; ᴵᴵ《卑》…と性交する; 《北イングロ》…に頭突きをくらわす; 《ランカシャー方言》激しく突く. ♦ **túp·ping** *n* ［ME＜?］

Tu·pac Ama·rú /tupá:k ɑmá:ru/ トゥパック·アマルー《**1**) (d. 1572) 最後のインカ皇帝 **2**) (1742?–81) スペインの植民地ペルーで起きたインディオ反乱 (1780–81) の指導者; 上記 Tupac Amarú の後裔》.

Tu·pa·ma·ro /tù:pəmá:roʊ/ *n* (*pl* ～**s**) 《ウルグアイの都市左翼ゲリラ組織》トゥパマロスの一員. ［↑］

tu·pe·lo /t(j)ú:pəlòʊ/ *n* (*pl* ～**s**) 〘植〙ヌマミズキ科ヌマミズキ属の落葉高木, ニッサ《北米とアジアに分布》; ニッサ材. ［Creek＝swamp tree］

Tupelo トゥーペロ《Mississippi 州北東部の市; Elvis Presley が生まれ育った地》.

Tu·pi /tupí:, tú:pi/ *n* **a** (*pl* ～, ～**s**) トゥピ族《ブラジル, 特に Amazon 川流域に住む》. **b** トゥピ語. ► *a* トゥピ族の. ♦ **～·an** *a, n*

Tupí-Guaraní *n* **a** トゥピ-グアラニー族《南米中部に広く分布する種族》. **b** TUPI-GUARANIAN.

Tupí-Guaraní·an *n* 〘言〙トゥピ-グアラニー語族《南米中部に分布し, Tupi 語, Guarani 語その他からなる》. ► *a* トゥピ-グアラニー族の.

tu·pik, tu·pek /tú:pɪk/ *n* 《エスキモーの》夏の住まい, ツピク《通例アザラシ革のテント》. ［Eskimo］

Tu·pi·nam·ba /tù:pənǽmbə, -nəmbá:/ *n* **a** (*pl* ～, ～**s**) トゥピナンバ族《Amazon 河口から São Paulo 南部にかけて住んでいた今は絶えた Tupi 族インディオの一部族》. **b** トゥピナンバ語.

tu·ple /t(j)ú:p(ə)l, tʌ́p-/ *n* 〘電算〙タプル《複数の部分からなるデータ構造》; 《リレーショナルデータベースで》1 レコードをなす一連のデータ. ［↓］

-tu·ple /t(j)ú:p(ə)l, tʌ́p-; tjúp-, tjú:-/ *n comb form*「…個の要素からなる集合」「…項組」: n-*tuple*. ［cf. quin*tuple*, sex*tuple*］

Tu·po·lev /tupóʊləf/ **1** トゥポレフ, ツポレフ **Andrey Nikolayevich** ～ (1888–1972)《ソ連の航空機設計家》. **2** ツポレフ《A. N. Tupolev 設計の飛行機 (Tu-114, Tu-144)》.

tup·pence /tʌ́p(ə)ns/ *n*ᴵᴵ《口》TWOPENCE.

tup·pen·ny /tʌ́p(ə)ni/ *a, n*ᴵᴵ《口》TWOPENNY.

túppenny-há'penny *a* つまらない, 安っぽい.

Tup·per·ware /tʌ́pərwὲər/ 〘商標〙タッパーウェア《米国 Tupperware Home Parties が販売するポリエチレン製食品密封保存容器; 委託販売員が主婦を集めてホームパーティー (**～ pàrties**) を開き, 宣伝と販売を行なう》.

Tu·pun·ga·to /tù:pəŋgá:toʊ/ トゥプンガト《チリとアルゼンチンとの国境にある Andes 山脈の山 (6800 m)》.

tuque /t(j)ú:k/ *n* 《カナダ》チューク《毛編みの冬帽 (stocking cap)》. ［*toque*］

tu quo·que /t(j)ú: kwóʊkwi/ おまえだってそうだ[同罪だ]《非難のほこ先を転ずる論法》. ［L＝you too］

tur /túər/ *n* 〘動〙ツール《カフカス地方の野生ヤギ》. ［Russ］

turaco ⇨ TOURACO.

Tu·ra·ni·an /t(j)uréɪniən, -rá:-/ 《古風》*n* トゥラン語族, ウラルアルタイ語族; ウラルアルタイ語系民族. ► *a* トゥラン語族の, ウラルアルタイ語族の; ウラルアルタイ語系民族の.

tur·ban /tɔ́:rb(ə)n/ *n* **1** 《イスラム教徒やシク教徒の男子が頭に巻く》ターバン. **2** 《大型スカーフ·タオルなどの》ターバン状の婦人用頭飾り; 《婦人·子供の》つばのない[狭い]ぴったりした帽子. **3** /; *F* tyrbɑ̃/ テュルバン《リング状に盛りつけた料理·デザート》. ♦ **～ed, túr·banned** *a* turban を巻いた[かぶった]. ［MF,＜Turk＜Pers; cf. TULIP］

túrban lìly 〘植〙リリウム·ポムポニウム《ヨーロッパ産のユリ; 赤色のターバン状の花をつける》.

túrban shèll サザエ科 (リュウテンサザエ科) の巻貝 (殻がらせん状).

túrban stòne 頭部がターバン状のイスラム教徒の墓石.

tur·bary /tɔ́:rbəri/ *n* 泥炭採掘場, 泥炭田; 〘英法〙《公有地または他人の所有地での》泥炭採掘権 (＝**cómmon of ～**). ［OF (TURF)］

tur·bel·lar·i·an /tə̀:rbəlέəriən/ *a, n* 〘動〙渦虫(うずむし)類 (Turbellaria) の; 渦虫.

tur·bid /tɔ́:rbəd/ *a* 濁った, 混濁した; 〈煙·雲など〉もうもうとした, 濃い, どんよりとした; 〈考え·感情·状況などが〉どろどろ[混沌]としてはっきりしない, 不透明な, 混乱した. ♦ **～·ly** *adv* **～·ness** *n* ［L (*turba* crowd, confusion)］

tur·bi·dim·e·ter /tə̀:rbədímətər/ *n* 濁度(だくど)計; NEPHELOMETER. ♦ **-dím·e·try** *n* 濁度測定, 比濁分析, 比濁法, タービジメトリー. **tùr·bi·di·mét·ric** *a* **-ri·cal·ly** *adv*

tur·bi·dite /tɔ́:rbədàɪt/ *n* 〘地質〙タービダイト《**1**) 混濁流によって運ばれた深海の陸源堆積物 **2**) その堆積物で形成された岩石》. ♦ **tùr·bi·dít·ic** /-dít-/ *a* ［*turbidity* current, *-ite*］

tur·bid·i·ty /tə̀:rbídəti/ *n* 濁り, 混濁; 混乱; 濁り度, (混)濁度.

turbídity cùrrent 〘海洋〙《海水の》混濁流, 乱泥流.

tur·bi·na·do /tə̀:rbəná:doʊ/ *n* (*pl* ～**s**) タービナード (＝～ **sùgar**)《半精製の甘蔗糖で食品加工用》. ［AmSp］

tur·bi·nal /tɔ́:rbənl/ *a* 〘解〙鼻介の, 甲介の, 鼻甲介の; TURBINATE. ► *n* 〘解〙鼻甲介.

tur·bi·nate /tɔ́:rbənət, -nèɪt/ *a* 〘動·植〙こま状の, 倒円錐形の; 〘動〙渦巻形の; 〘解〙TURBINAL; こまのようにぐるぐる回っている. ► *n* 渦巻貝殻; TURBINATE BONE. ♦ **tùr·bi·ná·tion** *n*

túrbinate bóne 〘解〙鼻甲介.

túr·bi·nàt·ed *a* TURBINATE.

tur·bine /tɔ́:rbən, -bàɪn/ *n* 〘機〙タービン. ［F＜L *turbin- turbo* spinning top, whirlwind］

túrbine blàde 〘機〙タービン羽根[翼], タービンブレード.

túrbine bòat タービン船.

tur·bit /tɔ́:rbət/ *n* [°T-] 〘鳥〙タービット種のイエバト.

tur·bo /tɔ́:rboʊ/ *n* (*pl* ～**s**) TURBINE; ターボ (turbocharger, turbosupercharger); 〘車〙ターボエンジン搭載車. ► *a* 〈コンピューターなどが〉高速動作型の, ターボタイプの《コンパイラー·インタープリターの形容辞》; 強力な, 非常に精力的な, テンポの速い.

tur·bo- /tɔ́:rboʊ, -bə/ *comb form*「タービン (turbine)」「タービンによって運転される」.

túrbo·càr *n* ターボカー, ガスタービン自動車.

túrbo·chàrge *vt* 〈エンジンを〉ターボチャージャーで過給する; 〈車〉のスピードを上げる, 飛ばす; 《口》…の性能[質]を大幅に高める.
túrbo·chàrged *a* ターボチャージャーを装備[搭載]した; 《口》パワーを増強した, 強力な, 強烈な.
túrbo·chàrger *n* 排気タービン過給機, ターボチャージャー.
túrbo·cop·ter /-kàptər/ *n* 〘空〙ターボコプター, タービンヘリ《ガスタービンを動力源とするヘリコプター》.
tùrbo·eléctric *a* タービン[ターボ]電気の.
túrbo·fàn *n* 〘機〙ターボ送風機; 〘空〙ターボファンエンジン《ターボジェットの圧縮機の前方にファンを付けたジェットエンジン》; ターボファン機.
túrbofan èngine 〘空〙TURBOFAN.
tùrbo·génerator *n* タービン発電機.
túrbo·jèt 〘空〙*n* ターボジェット機; TURBOJET ENGINE.
túrbojet èngine 〘空〙ターボジェットエンジン.
túrbo·lìner *n* ターボライナー《ガスタービンエンジンを動力とする高速列車》.
tùrbo·machínery *n* ターボ機械.
túrbo·pàuse *n* 〘気〙乱流圏界面.
túrbo·pròp 〘空〙*n* TURBO-PROPELLER ENGINE; ターボプロップエンジン機.
túrbo-propèller [túrboprop, túrbo·pròp-jèt] èngine 〘空〙ターボプロップエンジン.
túrbo·pùmp *n* ターボポンプ《推進薬を供給する》.
tùrbo·rám·jèt èngine 〘空〙ターボラムジェットエンジン.
túrbo·shàft *n* 〘機〙ターボシャフト《伝導装置の付いたガスタービンエンジン》.
tùrbo·súper·chárged *a* ターボ過給機を備えた.
tùrbo·súper·chàrger *n* ターボ過給機, ターボスーパーチャージャー.
tur·bot /tə́:rbət/ *n* (*pl* ～, ～s) 〘魚〙**a** ターボット《欧州産のスコフタルムス科の大型のヒラメ; 時に 1 m に達する》. **b** TRIGGERFISH. [OF＜OSwed (*törn* thorn, *but* BUTT[1])]
túrbo·tràin *n* タービン列車.
tur·bu·lence /tə́:rbjələns/ *n* 大荒れ; 激動, (社会的)不穏; 〘気〙《風の》乱流, 乱気流; 〘理〙《流体の》乱れ.
túr·bu·len·cy *n* 《古》TURBULENCE.
túr·bu·lent *a* 〈風波など〉荒い, 荒れ狂う; 騒然とした, 不穏な, 激動の; 騒動[混乱]をひき起こす, 荒れる, 荒れがちな. ♦ **～·ly** *adv* [L (*turba* crowd); cf. TURBID]
túrbulent flów 〘流体力学〙乱流《速度・方向・圧力が局所的に急変して流線が乱れた流れ; cf. LAMINAR FLOW》.
Tur·co /tə́:rkou/ *n* (*pl* ～s) 《フランス陸軍の》アルジェリア人軽歩兵 (cf. ZOUAVE). [Sp, Port, It＝Turk]
Tur·co-, Tur·ko- /tə́:rkou, -kə/ *comb form* 「チュルク語(系民族)の」「トルコ(人)」「トルコと…」 [L; ⇨ TURK]
Turcoman ⇨ TURKOMAN.
Túrco·phìl *a, n* トルコびいきの(人). ♦ **～·ìsm** *n*
Túrco·phòbe *a, n* (極端な)トルコ嫌いの(人).
turd /tə́:rd/ *n* 《俗》《一塊の》糞; 《卑》げす(野郎). [OE *tord*; cf. ON *tord(ýfill)* dung (beetle)]
túr·di·fòrm /tə́:rdə-/ *a* ツグミ (thrush) のような姿の.
tur·dine /tə́:rdàın, -dən/ *a* 〘鳥〙ツグミ族 (Turdini) の.
tur·doid /tə́:rdɔ̀ıd/ *a* ツグミのような姿[鳴き声]の (thrushlike). [L *turdus* thrush]
tu·reen /tərí:n, t(j)ʊ-/ *n* ふたと脚の付いた壺《スープ・ソース・シチューなどを入れておく》; ふた・柄付きの蒸焼き鍋, キャセロール (casserole). [C18 *terrine*＜F＝earthenware dish＜L TERRA]
Tu·renne /*F* tyrɛn/ テュレンヌ **Henri de la Tour d'Auvergne,** Vicomte **de** ～ (1611–75)《三十年戦争で活躍したフランスの元帥・戦略家》.
turf /tə́:rf/ *n* (*pl* ～s, **turves** /tə́:rvz/) **1** 芝生, 芝土, ターフ《芝草が群生して根を張った表土層》; 《移植のため切り出した》一片の芝生, 切り芝; 人工芝; 《芝草でおおわれた》芝地, 芝生: Keep off the ～. 芝生にはいるな. **2** [the] 競馬場; [the] 競馬, 競馬業[界]. **3 a** *《俗》《ギャングや不良グループの》なわばり, '島'; 《一般に》領分, 領域, 地盤, 勢力範囲; *《俗》《特定の》関心事, よく知っている場所[領域], 専門[得意]分野: one's home ～ 本拠地, ホームグラウンド / on their own ～ 彼らの土俵で. **b** *《俗》歩道, 通り. **4** 泥炭 (peat); 《燃料用に乾燥させた》泥炭のひと塊り. ● **come [go] with the ～**＝come [go] with the TERRITORY. **on the ～** 競馬を業として; 《俗》売春をして; 《俗》文無しで, 金に困って. ► *vt* **1** 芝でおおう, …に芝を植え付ける; 〈泥炭を〉掘り起こす. **2** "《口》〈人・物を〉追い[放り]出す 〈*out*〉; 《病院俗》〈患者を〉転院させる, たらい回しにする. ► *vi* 芝土を集める. ♦ **～·less** *a* **～·like** *a* [OE; cf. G *Torf*]
túrf accóuntant" 私営馬券業者 (bookmaker).
Turfan ⇨ TURPAN.
túrf dráin 芝生を植え付けた排水路.
túrf·gràss *n* 芝草, 芝.
túrf·ing ìron" 泥炭切出し具.
túrf·ite /-àıt/ *n* TURFMAN.
túrf·man* /-mən/ *n* 競馬通[狂], 《特に》競走馬の馬主[調教師など]; 芝生の専門家.
túrf·skì *n* 《底にローラーの付いた》芝スキー. ♦ **～·ing** *n*
túrf tòe 〘医〙芝生拇趾(ぼし)《足の親指の付け根のはれと痛みで, 人工芝などで急停止したときなど靴の中で足がすべり, 親指が上に曲がって中趾節関節の靭帯の捻挫が起こることによる》.
túrf wàr [bàttle] 《口》なわばり[勢力]争い.
túrfy *a* 芝でおおわれた, 芝の多い; 芝生状の; 競馬の; 泥炭に富む; 泥炭質の.
Tur·ge·nev /tʊrgéınjəf, -gén-; tə:géınjɛv, tʊə-, -njɛf/ トゥルゲーネフ **Ivan Sergeyevich** ～ (1818–83)《ロシアの小説家;『猟人日記』(1852),『父と子』(1862)》.
tur·gent /tə́:rʤ(ə)nt/ *a* 《廃》著しくふくれあがった.
tur·ges·cence /tə̀:rʤésns/ *n* はれ, 〘医〙膨満(状態); 誇張.
tur·gés·cen·cy *n* 《古》TURGESCENCE.
tur·gés·cent *a* ふくれあがる, はれあがる, 膨張ぎみの; 〘医〙膨満しつつある.
tur·gid /tə́:rʤəd/ *a* (大きく)ふくれた, はれあがった; あふれそうな, 増水した; 〈文章など〉誇張した, 難解で退屈な. ♦ **～·ly** *adv* **～·ness** *n* [L (*turgeo* to swell)]
tur·gid·i·ty /tə̀:rʤídəti/ *n* はれ, ふくれ, 膨張; 誇張.
tur·gite /tə́:rʤàıt/ *n* 〘鉱〙水赤鉄鉱. [*Turginsk*, Ural 山脈の鉱山]
tur·gor /tə́:rgər/ *n* 〘医〙トルゴール《皮膚の緊張感》; 〘植〙膨圧, 膨脹: ～ pressure 〘植〙膨圧. [L; cf. TURGID]
Tur·got /*F* tyrgo/ テュルゴー **Anne-Robert-Jacques ～**, Baron de l'Aulne /*F* lo:n/ (1727–81)《フランスの経済学者・政治家; Louis 16 世の下で財務総監として重農主義的改革を実施》.
Tu·rin /t(j)ʊ́ərən, t(j)ʊərín/ トリノ (It **To·ri·no** /torí:nou/)《イタリア北西部 Po 川に臨む Piedmont 州の州都; 1720 年 Sardinia 王国の首都になり, 19 世紀にはイタリア統一運動の中心, 統一後イタリア王国の首都 (1861–65)》. ♦ **Tù·rin·ése** /-ní:z, -s/ *a, n*
Tu·ring /t(j)ʊ́ərıŋ/ チューリング **Alan M(athison)** ～ (1912–54)《英国の数学者・論理学者, 計算機理論の草分け》.
Túring machìne チューリング機械《Alan M. Turing が提案した, 無限大の情報貯蔵量を有し絶対に故障や狂いを生じない仮想上の計算機》.
Túring tèst 〘電算〙チューリングテスト《コンピューターの応答が人間のものと区別できるかどうかを判定するテスト》.
Túrin Shróud [the] トリノの聖骸布 (HOLY SHROUD OF TURIN).
tu·ri·on /t(j)ʊ́əriən/ 〘植〙*n* 《水生植物の》殖芽; 走出茎, 徒長枝《地下茎から細長く伸びた鱗芽のある若い枝》. [F＜L *turion- turio* shoot]
tu·ris·ta /tʊərí:stə/ *n* [ºthe ～s] 《特に 外国旅行者の》下痢, 《特に》MONTEZUMA'S REVENGE. [Sp＝tourist]
Turk /tə́:rk/ *n* **1 a** トルコ系諸族[チュルク語系諸族]の一員. **b** トルコ人, トルコ国民; 〘史〙《オスマン帝国の》トルコ人, 《特に スルタンの臣下としての》イスラム教徒: the Grand [Great] ～ トルコ皇帝. **2 a** [*derog*] 残忍[凶暴, 横暴]な人, 手に負えないやつ: a little ～ 腕白小僧. **b** *《俗》《プロフットボールチームの》解雇通告係, 首切り係《偃月(えんげつ)刀をもったトルコ人のイメージから》; *《俗》男色家. **c** *《俗》[*derog*] アイルランド(系)人. **3** [ºt-] 革新的な青年; 《特に》YOUNG TURK. **4** トルコ馬, 《特に》トルコ馬の血をひくアラブ馬. [ME＜?; cf. F *Turc*]
Tur·kana /tʊərkǽnə/ *n* **1 a** (*pl* ～, ～s) トゥルカナ族《ケニア北西部および隣接するウガンダの国境地帯に生活する半遊牧民》. **b** トゥルカナ語《ナイル語群 (Nilotic) に属する》. **2** [Lake] トゥルカナ湖《RUDOLF 湖の別称》.
Tur·ke·stan, -ki- /tə̀:rkəstǽn, -stá:n/ トルキスタン《中央アジアのオアシス定住地帯; トルクメニスタン・ウズベキスタン・タジキスタン・キルギス・カザフスタン・中国・アフガニスタンにまたがる; 主にトルコ系民族が居住; cf. CHINESE [RUSSIAN] TURKESTAN》.
tur·key /tə́:rki/ *n* (*pl* ～s) **1 a** 〘鳥〙(*pl* ～s, ～) 七面鳥《北米原産》; 〘鳥〙ヒョウモンシチメンチョウ《中米産》; 七面鳥の肉; *《俗》[*joc*] 安い肉料理: (as) proud as a lame ～ 大謙遜な. **b** 《豪》〘鳥〙ヤブツカツクリ (brush turkey). **2** *《俗》《演劇・映画の》失敗(作); *《俗》だめな人[もの], 役立たず, ばか, 弱虫, 腰抜け; *《俗》強盗の被害者, カモ; *《俗》弱い麻薬, 麻薬と称する粉末 (blank). **3** 〘ボウル〙ターキー《3 連続ストライク》. **4** 《米俗・豪俗》《放浪者の》所持品携帯袋 (swag). **5** *《俗》アイルランド人 (Turk), アイルランド移民. ● COLD TURKEY. **have a ～ on one's back** *《俗》麻薬におぼれる (have a monkey on one's back). **talk ～** *《口》率直に[肚を割って]話し合う. [*turkey*-cock[-hen]; 本来 Turkey 経由で輸入されたアフリカの guinea fowl のことをいう]
Turkey *n* トルコ《小アジアと Balkan 半島南東部にまたがる国; 公式名 Republic of ～ (トルコ共和国); ☆Ankara》.
túrkey brówn 〘昆〙トビイロカゲロウ属の一種《カゲロウ (mayfly) の一種; 釣り師の呼び名》.
túrkey bùzzard 〘鳥〙ヒメコンドル (＝*turkey vulture*)《南米・中米・北米産》.
Túrkey cárpet TURKISH CARPET; ORIENTAL RUG.

túrkey-còck *n* 七面鳥の雄; [*fig*] うぬぼれたやつ, いばり屋: turn as red as a ～ 顔が火のようにまっ赤になる.
túrkey còrn SQUIRREL CORN.
túrkey-gòbbler *n* 七面鳥の雄 (turkey-cock).
Túrkey léather" 《脱毛前に油でなめした》トルコ革.
túrkey nèst 《豪》《自然流水のない平地に》土を盛り上げて作った貯水池 (＝**túrkey nèst dám [tánk]**). [brush *turkey* (ヤブツカツクリ) の作る塚に形が似ていることから]
túrkey òak 〘植〙 **a** トルコナラ《Balkan 半島原産》. **b** 米国南東部産の小型のナラ, アメリカキレハガシワ.
Túrkey réd トルコ赤《(**1**) アリザリンで木綿地に染め出した赤 **2**) ALIZARIN **3**) 赤い酸化鉄顔料》; トルコ赤で染めた赤い木綿地.
túrkey shòot **1** 動く標的をねらうライフル射撃会《賞品に七面鳥が出る》; 生きた七面鳥をねらう射撃会. **2** *《俗》 わけないこと, 楽勝の戦闘.
Túrkey stòne トルコ砥石; 〘宝石〙 TURQUOISE.
túrkey tròt ターキートロット《2 人ずつ組み輪になって踊るダンス》. ◆ **túrkey-tròt** *vi*
túrkey vùlture 〘鳥〙 TURKEY BUZZARD.
Tur·ki /tə́:rki, tʊ́ər-/ *n* **a** チュルク語《特に 中央アジアの》; チュルク語群. **b** チュルク語使用民族. ► *a* チュルク語使用民族の; チュルク語(群)の.
Turk·ic /tə́:rkɪk/ *a* チュルク諸語の; チュルク語使用民族の; TURKISH. ► *n* チュルク諸語《アルタイ語族に属し, Turkish, Kazakh, Uzbek などを含む》.
Túrk·ish *a* トルコの; トルコ人[語]の; チュルク語(群)の. ► *n* トルコ語.
Túrkish Angóra アンゴラネコ (Angora cat).
Túrkish báth トルコぶろ《蒸しぶろ》; [°*pl*] トルコぶろの浴場.
Túrkish cárpet 《厚地の》トルコじゅうたん; 《英国製の》トルコじゅうたん風のじゅうたん.
Túrkish cóffee トルコーヒー《微粉状にひいた豆を長時間煮出した濃いコーヒーに甘みを加えたもの》.
Túrkish delíght [páste] トルコぎゅうひ《砂糖をまぶしたゼリー[ガム]状の菓子》.
Túrkish Émpire [the] トルコ帝国 (Ottoman Empire).
Túrkish músic JANISSARY MUSIC.
Túrkish póund トルコポンド《略 £T》.
Túrkish rúg TURKISH CARPET.
Túrkish slípper トルコスリッパ《つまさきが上を向いた, かかとのない柔らかい上履き》.
Túrkish tobácco トルコタバコ《主に 紙巻きタバコ用; トルコ・ギリシア地方産》.
Túrkish tówel [ˢt-] トルコタオル《厚地でけばが長い》.
Túrkish tóweling [ˢt-] トルコタオル地.
Túrkish Ván ターキッシュヴァン《トルコ原産の長い毛の猫; 体毛は白で, 頭と尾に金褐色の斑紋があり, 明るいオレンジ色の眼をもつ》. [トルコの町 Van にちなむ]
Túrk·ìsm *n* トルコ文化, トルコふう《トルコ系民族の慣習・信仰・制度・思想・気質など》.
Turkistan ⇨ TURKESTAN.
Túrk·man /-mən/ *n* (*pl* **-men** /-mən/) トルクメン族 (Turkoman).
Turk·men /tə́:rkmən/ *n* (*pl* ～, ～**s**) トルクメン族[語] (Turkoman). ► *a* TURKMENIAN.
Turk·me·nia /tərkmí:niə/ トルクメニア《TURKMENISTAN の別称》.
Turk·me·ni·an /tə̀:rkmí:niən/ *a* トルクメン族の; トルクメン(共和国)の, トルクメニスタンの.
Turk·men·i·stan /tərkmɛ̀nəstǽn, -stá:n, ─ ─ ́─ ̀─/ トルクメニスタン《中央アジア西南部, カスピ海の東に位置する国; ☆Ashgabat; 1925–91 年トルクメン共和国 (Turkmen SSR) の名でソ連邦構成共和国》.
Turko- ⇨ TURCO-.
Tur·ko·man, Tur·co- /tə́:rkəmən/ *n* (*pl* ～**s**) **1 a** トルクメン族《主としてトルクメニスタン, イランおよびアフガニスタン地方に住むチュルク語系諸族の人》. **b** トルクメン語《トルクメニスタンの公用語》. **2** TURKOMAN CARPET [RUG]. ► *a* トルクメン族[語]の. [Pers (Turk *mānistan* to resemble)]
Túrkoman cárpet [rúg] トルクメンじゅうたん《けばが柔らかで長く色が美しい》.
Túrks and Cái·cos Íslands /-kéɪkəs-/ *pl* [the] タークス・アンド・カイコス諸島《西インド諸島の Bahama 諸島南東部の諸島で, 英国の属領; ☆Grand Turk》.
Túrk's-càp lìly, Túrk's càp 〘植〙 **a** マルタゴンリリー (＝*martagon* (*lily*))《欧州・アジア原産》. **b** 米国東部原産のカノコユリ.
Túrk's hèad 〘海〙 ターバン状の飾り結び; 《天井掃除用》長ぼうき.
Tur·ku /tʊ́ərku/ トゥルク (*Swed* Åbo)《フィンランド南西部の古都・港町》.
tur·lough /tə́:rlɑ̀x, tʊ́ərlòʊx/ *n* 《アイルランドの石灰岩低地に見られる》涸れる[消える]湖《雨後や秋から春にかけて地下水がわき上がって冠水する》. [Ir (*tur* dry, *loch* lake)]
tur·ma·line /tə́:rməlì:n/ *n* TOURMALINE.
tur·mer·ic /tə́:rmərɪk/ *n* 〘植〙 ウコン (鬱金)《ショウガ科》; ウコンの根茎; ウコン粉(こ), ターメリック《根茎の粉末で, 香味料・着色料・健胃剤・染料用》; ウコンと近縁の植物《キョウオウなど》. [C16 *tarmaret* <? F *terre mérite* saffron<L]
túrmeric pàper 〘化〙 薑黄(きょうおう)紙 (＝*curcuma paper*)《アルカリとホウ酸の検出に用いる》.
tur·moil /tə́:rmɔ̀ɪl/ *n* 大混乱, 大騒動, 混迷, 動揺; 奮闘; 《廃》 ひどく疲れる労働. ► *vt* 《古》 悩ます. [C16<?; 一説に, *turn*＋*moil*]
tur·mut, -mit /tə́:rmət/ *n*" 《方》 TURNIP.
turn /tə́:rn/ *vt* **1 a** 〈車輪・鍵・ねじなどを〉回す, 回転させる, 〈栓を〉ひねる 〈*round*〉; 《つまみなどを回して》〈機器類を〉調整する. **b** 〈回転運動・とんぼ返りを〉する. **2 a** 〈縁などを〉折り返す 〈*back, in, under, up*〉; (折り)曲げる; 〈足首を〉ねじる, くじく; 湾曲させて作る; 〈ページを〉めくる; 裏返す, 〈衣服を〉裏返して作りなおす; 《古風》 〈刃先・刃物を〉まくれさせる, なまくらにする. **b** ひっくり返す, 転覆[転倒]させる; 〈土地を〉すき返す; 《あれこれ》考える, 熟考する 〈*over*〉; 〘印〙 〈活字の〉上下を逆さにする (cf. TURNED COMMA); 〈活字を〉字づらは下にして足をあらわして組む, 伏せ字にする: ～ a subject *over* (in one's mind) 問題をよく考える. **c** 〈胃を〉むかつかせる; 混乱させる, めちゃめちゃにする: The sight ～*s* my stomach. それを見ると胸が悪くなる / Success has ～*ed* his head [brain]. 彼は成功して気が変になった, 成功に酔っている. **3 a** 〈角を〉曲がる; 〈側面を〉迂回する; …に沿って回る, 〈円を〉描く: ～ (the flank of) the enemy 敵の側面を回って背後をつく. **b** 〈ある年齢・時刻・額を〉越す, 過ぎる, 超える; …になる: He has [is] ～*ed* (the age of) forty. 40 歳を超えている / It has [It's] just ～*ed* five (o'clock). 5 時を回った[になった]ところだ / I was introduced to a stout man ～*ed* [～*ing*] sixty. 60 を越した[になりかけた]太った男に紹介された. **4 a** …の方向[流れ]を変える; 〈…へ〉向ける 〈*to, into, on, at, toward*〉, 〈…から〉そらせる 〈*from*〉; …の心[行動]を変える[そらす] 〈*from*〉: *T*～ your eyes this way. 目をこちらへ向けてごらん / ～ a game 試合の流れを変える. **b** 〈注意・思考などを…に〉向ける; 〈話を〉変える 〈*to*〉; 〈用途に〉当てる, 使う 〈*to, on*〉: ～ knowledge *to* good use 知識をうまく使う. **5 a** 押し戻す[返す], はね返す, 止める; 逆転させる; 〈批判などを…に〉はね返らせる 〈*against, upon*〉. **b** 行かせる, 向かわせる; 追い込む, (追い)やる 〈*into*〉; 説得する, 改心[改宗]させる. **6 a** 〈金などに〉換える, 交換する; 翻訳する, 言い換える 〈*into*〉. **b** 変える, 変化させる, 変質させる 〈*from...into* [*to*]...〉; 〈葉・髪など〉の色を変える: Joy is ～*ed to* bitterness. 喜びは苦しみに変わった. **c** [目的補語を伴って] 〈人・物を〉…化する, …にする: His behavior ～*ed* me sick. 彼の行状にはうんざりした. **d** 悪化させる, 腐敗[酸敗]させる; *《俗》 誤らせる, 堕落させる: Thunder ～*s* the milk sour. 雷が鳴ると牛乳が腐る《俗信》. **7** 〈資金・商品を〉回転させる; 《別の株を買うために》〈株を〉処分する; 〈利益を〉あげる: ～ a small [quick] profit. **8 a** ろくろ[旋盤]で削る[作る], 旋削する; 丸くする, …に丸みをつける. **b** 格好[手際]よく作る[仕上げる], うまく言い表わす: She can ～ compliments. お世辞がじょうずだ / WELL-TURNED. **c** うまくやってのける: ～ a deal 取引をまとめる.
► *vi* **1 a** 回る, 回転する; ころがる, 寝返りをうつ, のたうちまわる: ～ on one's heel(s) [its axis] かかとでくるりと[軸を中心に]回る / ～ about ⇨ 成句 / make sb ～ in his GRAVE[1] / ～ in bed [one's sleep] 寝返りをうつ / ～ on one's side in sleeping 寝返りをうつ. **b** 旋盤を回す; 〈ろくろ[旋盤]細工が〉ひける, でき上がる. **2 a** 転覆する; 裏返しになる (cf. ～...INSIDE *out*); 〈ページが〉めくれる, 〈衣服などが〉まくれる, 《古風》 〈刃先が〉まくれる, なまくらになる. **b** 〈胃が〉むかつく; 《めまいなどで》〈物が〉ぐるぐる回って見える; 〈頭が〉ぐらぐら[ふらふら]する, めまいがする; 〈気・頭が〉変になる. **3 a** 向きを変える 〈*to*〉, 〈船が〉進路を変える; 曲がる, それる; 向かう: ～ *onto* a highway 幹線道路に出る / ～ left *down* a side street 左手の横道にはいる. **b** 態度[主義]を変える, 変節する, *《俗》 寝返る, 'ころぶ'; 改宗する 〈*from*〉; 関心を向ける[転ずる], 専念する: He ～*ed to* crime. 犯罪を犯すようになった, 犯罪に走った. **4 a** 振り返る, 振り向く; 引き返す; 〘ゴルフ〙 折り返す, 後半を回る, ターンする; 《廃》 ためらう, 迷う: I ～*ed* to see who it was. 誰だろうと思って振り返って見た. **b** 開き直る, 反抗する 〈*to*〉: Even a WORM will ～. **5** たよりとする 〈*to* sb *for* help〉; 〈辞書などを〉参照する 〈*to*〉: I have no one but you to ～ *to*. たよりとするのはきみばかりだ. **6 a** 〈…に〉変わる, 転化する, 変ずる 〈*into, to*〉; 色が変わる, 〈木(の葉)が〉紅葉[黄葉]する; 味が変わる, 腐敗[酸敗]する; 〈潮・形勢などが〉変わる, 一転する, 逆転する. **b** [無冠詞の名詞や形容詞の補語を伴って] …に転職[転向]する, …になる: ～ Christian [communist, politician, pro] キリスト教徒[共産党員, 政治家, プロ]になる / ～ red 赤面する / a lawyer ～*ed* politician 弁護士出身の政治家 / GAMEKEEPER ～*ed* poacher. **7** 〈物事が…に〉依存する, かかる 〈*on*〉: Everything ～*s on* your answer. **8** 〈商品が〉動く, 人手に渡る.
● **not have time to ～ round** 《口》 忙しくてちっとも暇がない. **not know where to ～**＝not know which WAY[1] to ～. **～ about** ぐるりと回る[回す]; 方向転換する[させる], 〘軍〙 回れ右をする[させる]. **～ sb adrift** (**in the world**) 人を(世の中へ)放り出す, お払い箱にする. **～ again** 《古》 引き返す. **～ against...** (*vi*) …に敵対する; …に嫌悪をいだく. (*vt*) …に背かせる. **～ and rend** 〈友人を〉

さんざん罵倒する. **～ around** 回転する[させる]; (反対方向に)向きを変える[変えさせる], 振り向く[向かせる], 方向転換する[させる], 〈考え・問題などを〉見る角度[視点]を変える; [*fig*] 一変する[させる], 〈市場などが〉逆傾向を見せる[見せ出す], 好転する[させる], よくなる[する]; (…に)意見[方針]などを変える[変えさせる], 変節する[させる]; 〈作業・製品などを〉完成させる, 仕上げる. **～ around and** do…《口》《あきれたことに》手の裏を返すように[つれなくも]…する. **～ aside** わきへよける[それる, 寄せる]; わきを向く; 〈怒りなどを〉静める. **～ away** (*vt*) …に向きを変えさせる, 追い返す, 引き返させる 〈*from*〉; …に入場を断わる 〈*from*〉; 断わる, 受け付けない; 追い出す[払う], 解雇する 〈*from*〉; そらす, かわす. (*vi*) 顔をそむける, 顧みない 〈*from*〉; 立ち去る. **～ back** (*vt*) 引き返させる; 〈敵などを〉追い返す; 阻止する; 〈物を〉返す, 返品する; 〈時計を〉遅らせる; 折り返す, 折り返して飾る. (*vi*) 引き返す; 止まる, しりごみする; [*fig*] 〈もとの状態に〉戻る, あと戻りする 〈*to*〉. **～ down** (*vt*) 折りたたむ, 折り返す, 〈トランプの札を〉伏せる; 〈灯火などを〉細く[小さく]する, 〈ラジオなど〉の音を小さくする, ボリュームを下げる; 〈提案・候補者などを〉拒絶[却下]する, 断わる. (*vi*) 折り返しになる; 下がる; 〈市況・景気などが〉下降する; 辞退する, 降りる. **～ from**… 〈生き方・研究などを〉見捨てる, やめる. **～ in** (*vt*) 〈足指などを〉内側に曲げる; 中に入れる, 追い込む; 〈肥料などを〉地中にすき込む; *〈書類・辞表・宿題などを〉提出する, 渡す; *返却する; 交換[下取り]に出す 〈*for, on*〉; (警察に)引き渡す, 密告[通報]する; 〈利益・得点など〉挙げる, 〈演技・プレイなどを〉見せる; 《口》〈計画などを〉やめる: ～ oneself *in* 自首する. (*vi*) 〈病気が〉内攻する; 立ち寄る; 《本道を曲がって邸内などへ》はいる; 《口》床に入る, 寝る; 〈足指など〉内へ曲がる. **～ in on oneself** (*vi*) 内向的になる, 引きこもる, 隠遁する; 〈国などが〉孤立主義的になる. (*vt*) 〈経験などが〉内向的にする. **～ into**…に歩いて[ドライブして]はいる; …に変わる, ⇨ *vi* 6a. **T～ it in!** ‖《俗》もうやめろ (cf. TURN *up* (*vt*) (2)). **～ it on** ‖《俗》〈サッカーチームなどが〉(妙技などを)みごとに見せる. **～ off** (*vt*) 栓[つまみ]をひねって〈水・ガス・テレビ・ラジオを〉止める; 〈栓を〉締める; 〈灯火を〉消す; 〈表情・態度などを〉急に見せなくなる; 〈注意・いやな話などを〉そらす, はぐらかす; 《口》〈人〉に(…に対する)興味[性欲]を失わせる, いや気を起こさせる; 作り出す, 生産する; 〈仕事などを〉する; 旋盤で削る[作る]; ‖解雇する; 処分する, 売る; 絞首刑にする; *《俗》〈場所〉からうまく盗み出す: He ～*s* me *off*. 彼にはうんざりだ / The smell of the cheese ～*ed* him *off* his dinner. チーズの匂いで食事を取る気がなくなった. (*vi*) (幹線道路から)わき道へそれる[はいる] 〈*at*〉; 〈道が〉(他から)分かれる; 〈明かりなどが〉切れる, 消える; 《口》興味を失う; 《俗》耳をかすのをやめる; ‖悪くなる, いたむ; …になる (become): He ～*ed off onto* [*into*] a side road. 横道へはいっていった. **～ off**… 〈幹線道路など〉からわき道にそれる. **～ on** (**1**) [on は *adv*] 栓をひねって〈水・ガスを〉出す, 〈明かり・ラジオ・テレビなどを〉つける, 〈明かりなどが〉つく; 〈栓を〉開く, あける; 〈表情・そぶり・涙などを〉突然[思わず]見せる, 〈魅力・資質などを〉発揮する; 《口》〈人〉にドラッグ使用の手ほどきをする, ドラッグ体験[幻覚体験]をさせる, 酔わせる; 《口》ドラッグを使う, 酔う; 《口》(…の快感[関心]を)刺激する, 魅する, 性的に刺激する, その気にさせる (⇨ *Whatever* TURNS *you on*.); 《口》…に興味[関心]をもつ 〈*to*〉, 刺激を感じる, 活気づく; 《口》〈人〉の目[関心]を…に向けさせる 〈*to*〉; 《俗》始めさせる (set) 〈sb *to* do〉: ～ *on* the charm 愛敬を振りまく / He ～*ed* me *on to* yoga. 彼のおかげでヨガに興味をもつようになった[めざめた]. (**2**) [on は *prep*] 〈ホース・あざけりなどを〉…に向ける; …に反抗する[させる], (…に)…を突然攻撃する[させる], …に食ってかかる; …しだいで定まる (depend on) (⇨ *vi* 7); …を中心[主題]とする. **～ on, tune in, drop out** しびれてめざめて抜け出せ《1960 年代のカウンターカルチャーで LSD を若者に奨励するスローガン; 「薬をやって, カウンターカルチャーの環境に波長を合わせ, 社会から脱落せよ」というほどの意味で, ヒッピー文化の教祖的存在であった Timothy Leary (1920–96) が 66 年に行なった講演中で述べたことばに由来》. **～ out** (*vt*) 〈ガス・火などを〉消す; 追い出す, 追い払う; 解雇する; 狩り出す; 〈家畜を〉外に出す; 《口》(ベッドから)起き出させる; 〔軍〕〈衛兵を〉集合させる, 整列させる; 〈足指などを〉外側に向かせる; ‖〈ポケットなど〉の中を空(から)にする, きれいにする; 〈中身を〉あける; ひっくり返す; 暴露する; 作り出す, 生産する, 製造する, [*fig*] 〈人を〉養成[輩出]する, 生む, 育てる; [^{u}*pass*] …に服を着せる, 盛装させる; 《俗》〈ヒモが〉売春婦を街に出す; *《俗》〈人〉に手ほどきをする, 仕込む, 《特に》悪の道に引き込む; 《暴走族卑》輪姦する, まわす. (*vi*) 〈足指・足などが〉外側に向く; 《口》外へ出る, 《選挙などに》出かける, 〈会・催しに〉集まる, 出る 〈*for*〉; 出動する, 〔軍〕〈衛兵が〉集合する; 《口》(ベッドから)起き出す; ストライキを始める; 結局…だとわかる (prove); [通例 副詞(句)を伴って] 〈人が成長して…になる, 〈事態などが〉(…に)成り行く, 終わる; *《俗》男と次々に交渉をもつ: ～ *out* (all right) うまくいく / It ～*ed out* (to be) true [to have had no effect]. それが本当なこと[効果がなかったこと]が判明した / It ～*ed out* that I was right. わたしの言うとおりだったとわかった / As it [things] ～*ed out*, …. 結局のところ, …. **～ out of**…から追い出す; …から出る[去る]; 〈容器〉から〈中身を〉あける. **～ over** (*vt*) 覆す, 倒す; …の向きを変える; 逆にする; 回す; 〈エンジンを〉始動させる, かける; 〈ページを〉めくる; 〈土・乾草などを〉ひっくり返す; ゆっくり読む[調べる]; 〈書類などを〉かきまわして下の部分を調べる; 熟考する (⇨ *vt* 2b); 絞首刑に処する; 〈仕事・責任などを〉引き継ぐ, 委譲する 〈*to*〉; (警察に)引き渡す 〈*to*〉; 転用する 〈*to*〉; ‖〈テレビの〉チャンネルを変える; 〔商〕取引する, 〈金額を〉商う, 〈資金を〉回転させる; ‖《俗》…から奪う[だまし取る]; ‖《俗》襲う, ぶんなぐる; [^{u}*pass*] ‖《俗》…に盗みにはいる, 〈家・アパートを〉ひっかきまわして捜索する[探す]; *《俗》むかつかせる, おこらせる: ～ *over* more than $5000 a week 毎週 5000 ドルからの商売をする. (*vi*) ひっくり返る, 倒れる; 向きを変える, 寝返りをうつ 〈*in* bed〉; 回る, 〈エンジンが〉かかる, アイドリングする; 〈胃が〉むかつく, 〈心臓が〉跳び上がる; 〈従業員などが〉入れ替わる; ‖《テレビの》チャンネルを変える 〈*to*〉; 〔商〕〈商品が〉売りさばかれる, 動く; *《俗》〈事が〉大きく変わる, 一変する (～ around); *《俗》《心機一転して》薬(やく)をやめる. **～ round** (**1**) TURN around. (**2**) 〔海〕《寄港後, 客の乗降[荷物の積み降ろし]を終えて》〈船〉に次の出港準備をさせる, 〈船が〉次の出航準備を整える. (**3**) 敵対する 〈*on* sb〉. **～ round and** do… = 《口》TURN around and do…. **～ to**… (**1**) …に問い合わせる, 調べる; 〈…ページを〉見る; …に救い[助言]を求める; …にたよる (⇨ *vi* 5); 〈仕事など〉を始める 〈one's work, do*ing*〉; 次に…のことを考える: ～ *to* drink [drugs] 酒[麻薬]におぼれる / ～ *to* one's pocket calculator 電卓を持ち出す. (**2**) [to は *adv*] 仕事にかかる: ～ *to* and clean a room 部屋の掃除に取りかかる. **～ up** (*vt*) (**1**) 《本体の方へ》折り返す, 折り曲げる; 折り返して〈洋服〉の丈を詰める; 覆す; 上に向ける[そらせる], 〈襟を〉立てる; あおむけにさせる; 〈顔を〉そむけさせる; ‖《口》うんざりさせる, …の胸をむかつかせる; 〈トランプの札を〉かえす; …の表が上になるように置く; 〈ランプ・ガスなどを〉明るく[強く]する, 〈ラジオなど〉の音を大きくする, ボリュームを上げる; …のスピードに達する, …馬力にまで上げる; 掘り返す, 発掘する; 見つける; ‖調べる, 参照する; 《俗》釈放する; 《俗》放棄する; *《俗》〈人〉を警察に引き渡す, 通報する; 〔海〕《水平線上に》出現させる; 〔海〕〈船員を〉甲板に集める. (**2**) [^{u}*impv*; ～ it [that] up として] 《口》《いやな言動を》やめる, よす. (*vi*) 姿を現わす, (ひょっこり)やって来る 〈*at, to*〉; 《不意に》生じる, 起こる; 〈ものが〉偶然現われる[見つかる]; 上に曲がる, 上を向く; それて上昇する; 曲がって上り坂[別の道]にはいる; 〈市況・景気などが〉上昇する, 上向く; 〔海〕間切る; 〈…であることが〉判明する, わかる: ～ *up* one's TOES / wait for sth to ～ *up* 日和見(ひより)をする. **Whatever ～s you on.** 《口》それが好きだって言うならかまわないよ, 好きにしたら, [*iron*] そんなもの何がおもしろいのやら.

► *n* **1 a** 回す[回る]こと, 回転, ひねり; 旋回, 回転運動; 《ダンスの》ターン: take a short ～ 〔空・車〕急旋回する. **b** 巻くこと, 巻き方, 撚り方; 《ロープ・糸などの》ひと巻き(の長さ), 《渦巻の》旋曲, 《コイルの》回. **c** 旋盤; 小型の掛け金 (latch). **2 a** 曲がること, (方向)転換; それること, 逸脱; 〔軍〕迂回, 方向転換; 《スキーの》回転; 〔フィギュア〕ターン《滑走中に進行方向と滑走エッジを変更すること》; 〔楽〕回音, ターン《主要音の 2 度上の音から主要音, 主要音の 2 度下の音を経て主要音に戻る装飾音》; 〔競技〕ターン, 折り返し: make a left ～ 左に曲がる / Right [Left, About] ～! 右向け右[左向け左, 回れ右]! **b** 曲がりめ, 曲がり角, 《川などの》湾曲部; [the] 〔ゴルフ〕折り返し《アウト 9 ホールの終わりでインの始まり》; 丸み, 曲がり. **c** 変わりめ: the ～ of life 更年期 / at the ～ of the century 世紀の変わりめ[初頭]に, 《特に》20 世紀初頭に. **3 a** ひっくり返すこと; 《トランプなどを》めくる[伏せる]こと; 〔印〕伏せ字, 'げた'; 逆字. **b** 《口》《病気の》発作, むかつき; 《口》ぎょっとする[思いがけない]こと, ショック: give sb quite a ～ すごいショックを与える / get quite a ～ ひどくたまげる / have a (nasty [funny]) ～ 《口》《急に》気分が悪くなる, 失神しそうになる; 《口》びっくりする, ぎょっとする. **4** 一変, 逆転; 転機; 《情勢の》変化, 展開, 成り行き; 傾向 (trend); (新しい)見方[考え方]; 《まれ》転化, 変更: a sudden ～ of events 事態の急展開 / take a bad [favorable] ～ 悪化[好転]する / take a new ～ 新たな方向に向かう[展開を見せる] 〈*for*〉 / take a ～ *for* the better [worse] 〈患者が〉よい[悪い]ほうへ向かう / give a new ～ to…に新たな変化[見方]を与える. **5** 順番, 機会, 〔言〕発言の機会; 〔トランプ〕FARO の最後の 3 枚の札の順序 (cf. *call the* TURN): in one's ～ 自分の順番になって, 立ち代わって, …もまた / I was scolded in my ～. 今度は自分がしかられた / out of one's ～ 番が狂って / wait (till it is) one's ～ 自分の番(の来るの)を待つ. **6 a** ひと巡り, 散歩, ドライブ; ひと仕事; 《作業員の》交替時間[勤務]; [*pl*] 月経, メンス: take a ～ 散歩する / take a ～ of work ひとしきり働く / take a ～ *at* gardening [the oars] 庭仕事[ボートこぎ]をひとしきりやる / a hand's ～ ちょっとした[ひとしきりの]仕事, 手伝い. **b** 《競技・賭けなどの》一試合, ひと勝負; 《演芸の》一番, 一席, ワンステージ, 出し物; 演じること (performance); 寄席などの芸人: What's the next ～? 次の出し物は何ですか. **c** 〔ギャンブル〕賭け金を言う前の行為 (=*coup*) 《ルーレットを回す, ダイスを投げる, カードを配るなど》. **7** 《よい[悪い]》行為, 仕打ち: One good ～ deserves another. 《諺》親切を施せば親切を返してもらう資格がある, 情けは人のためならず / do sb a good [a bad, an ill] ～ 人に親切を尽くす[不親切にする]. **8 a** 《生来の》性質, 性向 (bent); 《特別な》癖, 性能: a cheerful ～ (of mind) ほがらかな気質 / have a ～ for music 音楽の才能がある / He is of a humorous ～. ひょうきんなたちだ / put on [lay on, display, produce] a ～ of speed 急激に加速する / have a fine [pretty] ～ of speed かなりの速力が出せる. **b** 格好, 形; 型, 鋳型, 成型枠: the ～ of one's neck 首の格好. **c** 言いまわし, 表現方法[能力], 文体: a happy ～ of expression うまい言いまわし / have a nice ～ of phrase うまく言い表わす, すぐれた表現能力がある. **9** 《特定の》目的, 必要, 急場: serve sb's ～ 人の役に立つ / serve its ～ 〈ものが〉間に合う. **10** 〔商〕《収支・取引の》一仕切り, 《資本の》回転(率); 〔証券〕《取引の》往来; 利鞘(ざや). **11** 《豪俗》パーティー.

● **at every ～** 曲がりめごとに, いたるところ; 事あるごとに, いつも, しょっちゅう. **by ～s** 代わるがわる, 交替で, 交互に, 次々と; …でもあり(またある時は)…でもある. **call the ～**〘トランプ〙《FARO で》最後の 3 枚の札の順序を言いあてる; 結果を正しく言いあてる[予言する]; 采配を振る; call the TUNE. **in the ～ of a hand** 手を返すように, 直ちに. **in ～** 代わるがわる, 順番に; 《文》 次には, …もまた. **on the ～** 変わりめに(なって): The tide is *on the* ～. 潮が変わりかけている / The milk is *on the* ～. 《口》 牛乳が酸っぱくなりかけている. **out of ～** 順序なしに, 順を狂わせて; 無分別に: talk [speak] *out of* ～ 軽率な[ぶしつけな]口をきく. **take it in ～(s)** (to do) 交替でする. **take ～s** 〈…を〉交替で[代わり番こに]する 〈*at, about, in, with*; *to* do〉: They *took* ～*s* (*at*) driv*ing* the car. 交替で車を運転した. **to a ～** 〈特に料理が〉申し分なく, ちょうどよい具合に《調理されて》: The roast is done *to a* ～. 焼肉はころあいに焼けている. ‖**(～ and) ～ about** 〈2 人または数人が〉交替で, かわるがわる. **a ～ of the screw** ねじの回転; [*fig*] 圧力(を加えること), 締めつけ (cf. SCREW *n* 2a).

◆ **～·able** *a* [OE *tyrnan, turnian* and OF *turner, torner*<L *torno* to turn (*tornus* lathe<Gk)]

túrn·abòut *n* **1** 方向転換, 転回, 旋回. **2** 回転木馬 (merry-go-round). **3 a** 《意見・方針・態度などの》百八十度の転換, 転向, 変節. **b** 変節者, 裏切り者. **4** 《裏返して着られる》裏表兼用服. **5** 女の子が男の子を呼ぶ(ダンス)パーティー. **6** (立場を変えた)同じ行ない[手], 仕返し, 報復: *T*～ is fair play. 《諺》 (そっちがやるなら)今度はこっちの番だ; 目には目を.

túrn-abòut-fáce *n* 百八十度の転換 (turnabout).

túrn and bánk ìndicator 〘空〙 旋回(傾斜)計.

túrn·aròund *n* **1** 転回, 旋回 (turnabout); 《進路・態度・方針・情勢などの》転換, 転向 (turnabout); 〘バスケ〙 ターンアラウンド (=～ **shòt**) 《振り向きざまのショット》: an economic ～ 景気回復. **2** *《自動車道路上の》車回し場所. **3** 《乗物の》折り返し準備(所要時間) 《乗客の乗降・荷物の積み降ろし・整備などの》; 《処理のための》所要時間 (=～ time); 《乗物の》分解検査[修理]; 《次回打上げのための》宇宙船発射台の整備およびブースターロケットの取付け.

túrn bènch 時計師用の携帯型旋盤.

túrn brìdge PIVOT BRIDGE.

túrn·bùckle *n* ねじ引締め金具, 引締めねじ, ターンバックル.

túrn bùtton 《戸・窓などの》締め具, 留め具.

túrn·càp *n* 《煙突のてっぺんの》回転傘.

túrn·còat *n* 変節者, 裏切り者 (cf. *turn* one's COAT).

túrn·còck *n* コック, 活栓; 水道給水栓係.

túrn·dòwn *a* 折り返しの (opp. *stand-up*); 折りたたみ式の: a ～ collar ターンダウンカラー《折し返しになった襟》. ► *n* 折り曲げたもの[部分]; 折り襟; 折り返すこと; 下向くこと, 下降, 下落 (downturn); 拒絶, 排斥; 却下; *兵役不適格者.

túrndown sèrvice ターンダウンサービス《ホテルの客室係が夕方ベッドを整えるサービス》. [シーツを '折り返す' ことから]

turned /tə́ːrnd/ *a* 回した; 旋盤で仕上げた(ような), 旋削した; さかさまの; 転向した: a ～ letter 《活字の》逆字(さかじ); 伏せ字.

túrned cómma 〘印〙 逆コンマ《 ' 》(inverted comma).

túrned-óff 《俗》 *a* **1** もう麻薬を使用していない[やめている]. **2** 気の乗らない, しらけた; うんざり[げんなり]した.

túrned-ón 《俗》 *a* 流行に敏感な, 新しいことに通じた (=*tuned-in*); 生きのいい, いかした (=*switched-on*); (性的に)興奮した, のぼせた; 《麻薬で》いい気持になった.

túrned périod 〘印〙 逆さピリオド《 ˙ 》.

túrn·er[1] *n* 回す[ひっくり返す]人[もの]; 旋盤工, ろくろ師; 《ホットケーキ作りなどに用いる》へら状の返し具, フライ返し.

túrn·er[2] /, *túrnər/ *n* 宙返りをする人; *体操協会員 (cf. TURNVEREIN); *《俗》 ドイツ人, ドイツ系の人. [G (*turnen* to perform gymnastic exercise); ⇨ TURN]

Tur·ner /tə́ːrnər/ ターナー (1) **Frederick Jackson ～** (1861–1932) 《米国の歴史学者; 米国史における西部フロンティアの意義を初めて強調》 (2) **J.M.W. [Joseph Mallord William] ～** (1775–1851) 《英国の風景画家》 (3) **John Napier ～** (1929–) 《カナダの政治家; 首相 (1984)》 (4) **Nat ～** (1800–31) 《米国の黒人奴隷指導者; 1831 年 Virginia 州で奴隷約 75 名を率いて反乱を起こし, 捕えられ処刑された》 (5) **Tina ～** (1939–) 《米国のポップシンガー・女優》.

Túrner Bróadcasting Sỳstem [the] ターナー・ブロードキャスティング・システム(社) (～, Inc.) 《米国のテレビ放送会社; 24 時間ニュース番組を流す CNN や, MGM の映画を放映する Turner Network Television などの CATV を運営; 1970 年 'Ted' [Robert Edward] Turner (1938–) によって設立; 略 TBS》.

Túrner Prìze [the] ターナー賞《英国(在住)の美術家に毎年贈られる美術界で最も権威のある賞》. [J.M.W. *Turner*]

Túrner's sỳndrome 〘医〙 ターナー症候群, (女子)性腺発育障害症候群. [Henry H. *Turner* (1892–1970) 米国の医師]

túrn·ery *n* 旋盤作業[技術]; 旋盤[ろくろ]細工(の工場).

turn·halle /túərnhàːlə/, **túrn·hàll** *n* 体操教習[練習]場, 体育館. [G *Turnhalle*; cf. TURNER[2]]

Turn·hout /túərnhàut, tuərnúːt/ トゥルンホウト《ベルギー北部 Antwerp の北東にある市》.

túrn-ìn *n* TURN in する[された]もの; 〘製本〙 折り返し《表装材で表紙の板紙を包むように折り込んだ部分》.

túrn ìndicator 《自動車の》方向指示器; 方向指示灯 (=**túrn ìndicator lìght**); 〘空〙 旋回計.

túrn·ing *n* **1** 旋回, 回転; 変転; 方向転換; 《布の》折り返し幅. **2** 曲がりくねり; ‖曲がり角, 曲がりめ; 《枝道の》分かれめ, 分岐点; 分かれ道, 枝道: take the first ～ to [on] the right 最初の角を右に曲がる. **3** 旋盤細工物の形式[形態]; 旋盤細工; 旋盤作業[加工], 外(そと)丸削り; 《旋盤で》回転するもの; [*pl*] 《旋盤作業での》削りくず. **4** 《詩文などの》形成.

túrning chìsel 旋削用のみ《旋盤工作仕上げ用》.

túrning cìrcle 車の最小回転半径の描く円.

túrning pòint 転換点, 変わりめ, (重大な)転機, 《グラフ線などの》曲がりめ; 〘測〙 盛換(もりかえ)点, 換点.

tur·nip /tə́ːrnəp/ *n* **1** 〘植〙 カブ(の根), カブラ. **2** 《俗》 大型の懐中時計; 《俗》 ばか, ぐず, バー; 単調な[張合いのない]仕事. [C16 *turnep(e)* (*turn*<? *neep*)]

túrnip bròccoli 〘野菜〙 ITALIAN TURNIP.

túrnip càbbage 〘野菜〙 KOHLRABI.

túrnip flỳ 〘昆〙 キスジノミハムシ.

túrnip mòth 〘昆〙 カブラヤガ《くすんだ茶色の蛾で幼虫 (cutworm) は野菜の害虫》.

túrnip tòps [grèens] *pl* カブの若葉《食用》.

túr·nipy *a* カブのような風味[形]の; 元気[張り]のない.

tur·nix /tə́ːrnɪks/ *n* 〘鳥〙 ミフウズラ属 (*T*-) の各種の鳥.

túrn·kèy *a* 直ちに作動する, すぐに使える; ターンキー[完成品引渡し]方式の《受注者が企画から完成までを包括して請負い, 発注者に引き渡す方式》: a ～ contract 《建設工事などの》ターンキー契約. ► *n* 《古》 牢番, 《刑務所の》看守 (jailer).

túrnkey sỳstem 〘電算〙 ターンキーシステム《運転可能な状態で顧客に売られる, 一般に特定用途向きの電算機システム》.

túrn·òff *n* TURN off すること; 《幹線道路からそれる》わき道, 《特に 高速道路の》流出ランプ; 完成品; 市場で取引された家畜の数[重量]; 《口》 いやな[うんざりさせる]もの, (性的)興味をなくさせるもの, 気持をそぐもの, しらけ.

Túrn of the Scréw [The] 『ねじの回転』《Henry James の小説 (1898)》.

túrn-òn 《口》 *n* (性的)興味をかきたてる[刺激的な]人[もの]; 興奮, 陶酔.

túrn·òut *n* **1 a** 集合, 動員, 召集; 出向いた人, 人出, 《集会の》出席者(数), 会衆; 投票(者)数, 投票率 (=voter ～); ‖ストライキ, 同盟罷業(者): There was a good ～ at the polls. 投票所への投票者の出足はよかった / a low ～ election 投票率の低い選挙. **b** 生産額, 生産高. **2** 装い, 支度; 装備; 《馬・馬具・供まわりを含めた》馬車. **3 a** *《鉄道の》待避線, 《道路上の》車の待避所[すれ違い所]; 《道路などの》分岐点; 《鉄道の》分岐機構. **b** 〘バレエ〙 ターンアウト《両足のかかとを背中合わせにくっつけた足位置》. **4** 掃除, 片付け, 整頓作業; *《俗》 逮捕した者の放免.

túrn·òver *n* **1 a** 回転, 反転, 転覆, 転倒; 〘生〙 代謝回転, ターンオーバー. **b** 折り返し; 折り返したもの; ターンオーバー《半円形[三角形]に折り返したパイ》; 両面を焼いた目玉焼き (cf. SUNNY-SIDE UP); 《新聞の》次ページまで続く時事小論. **2** 反対側への移動, 引渡し; 方向転換, 転向, 変節; 〘政〙 《他党への》票の移動; 人事異動による再編成; 《従業員の一定期間の》離職(率), 労働移動(率); 〘球技〙 ターンオーバー《エラー・反則などによるボールの保持権の相手側への移動》; *《俗》 釈放前夜. **3** 《一定期間の》取引高, 総売上高, 〘証券〙 出来高; 《資金・商品の》回転(率). ► *attrib a* 反転する; 折り返しの〈カラーなど〉.

túrnover frèquency 〘生化〙 《触媒の》回転頻度, ターンオーバー頻度.

túrn·pìke *n* **1 a** *有料(高速)道路, ターンパイク (cf. EXPRESSWAY, FREEWAY); 〘史〙 《通行税を料金所で徴収した》有料道路. **b** 《特に 路頂から両側に傾斜をつけた》舗装幹線道路. **2** 《道路の》料金所 (tollgate); 〘史〙 ターンパイク (1) 敵の進入を防ぐ大釘付きの回転枠 2) 通行税取立て門). **3** 《スコ》 らせん階段. [ME=road barrier (TURN, PIKE[4])]

túrn·plàte *n* ‖〘鉄道〙 転車台 (turntable).

túrn-ròund *n* 向きを変えるための場所, 折り返し点; 〘服〙 TURNABOUT; ‖TURNAROUND.

túrn·scrèw *n* ねじまわし (screwdriver).

túrn-sìck *n* 〘獣医〙 《羊の》旋回病 (gid).

túrn sìde 〘獣医〙 《犬や牛馬の》めまい(感).

túrn sìgnal (lìght)* ウインカー, 方向指示灯 (indicator‖).

turn·sole /tə́ːrnsòul/ *n* **1** 〘植〙 **a** 花が太陽の動きと共に回るとされる植物《ヒマワリ・ヘリオトロープなど》. **b** 欧州産トウダイグサ科の一年草, それから採る紫染料. **2** リトマス (litmus). [OF (TURN, L *sol* sun)]

túrn·spìt *n* 焼き串を回す人[もの], 《特に》ターンスピット《昔 踏み車で焼き串を回すのによく使われた長胴短脚の小型犬》; ROASTING JACK; 回転焼き串.

túrn·stìle *n* 回転式改札口《駅・劇場・遊園地などの入口に設置し, 入場者を 1 人ずつ通してその数を自動的に記録する装置》; 回転木戸《人のみ通して牛馬は通れないもの》;〖電〗ターンスタイルアンテナ (=～ anténna).
túrn·stòne *n*〖鳥〗キョウジョシギ,《北米に分布する》クロキョウジョシギ.
túrn·tàble *n* 回転台;〖鉄道〗転車台;《レコードプレーヤーの》ターンテーブル; *LAZY SUSAN;《ラジオ放送用の》録音再生機.
túrntable làdder" AERIAL LADDER.
túrn-tàking *n*〖言〗発話交替《聞き手と話し手の間の発言機会の交替》.
túrn·ùp *n* TURN up する[された]もの;《襟・袖口の》折り返し, "[°*pl*]《ズボンの》ターナップ (cuff*); "《口》思いがけないできごと, 異例な事 (=～ **for the bóok(s)**); "《口》騒動, けんか. ► *a* 折り返し(付き)の;〈鼻などが〉上向きの.
Tur·nus /tə́:rnəs/〖ロ伝説〗トゥルヌス《Latium の民族ルトゥリー (Rutuli) 人の王; Aeneas と Lavinia を争って殺された》.
turn·ver·ein /tə́:rnvəràɪn, túərn-/ *n* [ˢT-] 体操協会, アスレチッククラブ. [G (*Verein* union); cf. TURNER²]
tu·ro·phile /t(j)úərəfàɪl/ *n* チーズ愛好家, チーズ通.
Tur·pan /túərpá:n/, **Tur·fan** /-fá:n/ トゥルファン (=～ **De-préssion**)《中国新疆ウイグル自治区東部の盆地; 最低点は海面下 154 m》.
tur·pen·tine /tə́:rp(ə)ntàɪn/ *n* テレペンチン, テレビン (=*crude* [*gum*] *turpentine*)《マツ科植物の含油樹脂》; CHIAN TURPENTINE; テレビン油 (=**óil of** ～, ～ **òil**)《溶剤》; WOOD TURPENTINE. ● **talk** ～《俗》絵画を論じる. ► *vt* テレビン油で処理する; …にテレビン油をつける[塗る];〈木〉からテレペンチンを採る. ► *vi* テレペンチンをつくる[採取する]. [OF<L; ⇨ TEREBINTH]
Túrpentine Stàte [the] テレペンチン州《North Carolina 州の俗称》.
túrpentine trèe〖植〗テレペンチンを生じる木,《特に》テレビンノキ (terebinth).
tur·peth /tə́:rpəθ/ *n*〖植〗フウセンアサガオ, インドヤラッパ; インドヤラッパの根《ヤラッパ根(こん)の代用の下剤; cf. JALAP》; 甘汞(かんこう) (calomel) (=～ **mìneral**). [Pers<Skt]
Tur·pin /tə́:rpən/ ターピン **'Dick'** ～ [**Richard** ～] (1706–39)《英国の追いはぎ; London 近郊に出没, York で処刑された; 愛馬 Black Bess; 彼を題材にした多くの伝説や俗謡がある》.
tur·pi·tude /tə́:rpət(j)ù:d/ *n* 卑しさ, 卑劣, 下劣, 堕落, 邪悪; 卑しい行為. [OF or L (*turpis* disgraceful)]
turps /tə́:rps/ *n*《口》TURPENTINE;《米俗・豪俗》酒,《特に》ビール. ● **on the** ～《豪俗》酒をたらふく飲んで.
tur·quoise, -quois /tə́:rk(w)ɔ̀ɪz/ *n*〖鉱〗トルコ玉, トルコ石, ターコイズ《宝石原料; 12 月の BIRTHSTONE》; 明るい青緑色. ► *a* トルコ玉の[で飾った]; 青緑色の. [OF=Turkish (stone)]
túrquoise blúe 明るい緑がかった青, ターコイズブルー.
túrquoise gréen 明るい青み緑, 水浅葱(あさぎ).
tur·ret /tə́:rət, tʌ́r-; tʌ́r-/ *n* **1**《大きな建物の一部としての, または大きな建物の角の上部に作り付けた》小塔. **2**〖史〗攻城用移動やぐら《通例 車輪で移動させる木組みの四角なやぐらで, 高いものは 20 層もあり, 兵士・破城槌・いしゆみ・はしご・橋などを収容した》. **3**《軍艦・戦車・要塞などの》旋回砲塔, 銃架, タレット,《爆撃機などの》突出機銃座. **4**《旋盤の》タレット (=*turrethead*)《旋回[回転]刃物台》. **5**《顕微鏡・テレビカメラなどの》《レンズ》ターレット《円盤を回転させて周辺の数個のレンズを迅速に交換できる装置》. [OF (dim)<TOWER]
túrret·ed *a* 小塔のある; 砲塔を備えた; 小塔状の;〈貝が〉小塔状に渦巻いた.
túrret·hèad *n*〖機〗《旋盤の》タレット (turret).
túrret làthe〖機〗タレット旋盤.
túrret shèll〖貝〗キリガイダマシ《先端のとがった細長い渦巻状の殻をもったキリガイダマシ科の海産巻貝; 熱帯産で, 一般にあざやかな色をしている》.
tur·ri·cal /tə́:rɪk(ə)l; tʌ́r-/ *a* TURRET の(ような).
tur·ric·u·late /tərɪ́kjələt, -lèɪt/, **-lat·ed** /-lèɪtəd/ *a* 小塔のある, 小塔状の.
tur·tle¹ /tə́:rtl/ *n* **1** (*pl* ～**s**, ～)〖動〗カメ,《特に》水生のカメ, 海ガメ, *淡水のカメ (cf. TORTOISE); カメの肉《スープ用; cf. MOCK TURTLE SOUP》. **2** TURTLENECK;〖海〗タートル《スピンネーカーを入れる前部デッキに固定したジッパー付きの袋; スピンネーカーを敏速に張ることができる》; *《俗》現金輸送車. **3**〖電算〗タートル, '亀'《LOGO のグラフィックスで画面上を動き図形を描き出す三角形》. **4** [T-s] タートルズ《1980 年代末に英米でポップカルチャーの人気者となった 4 人組のカメのキャラクター; Ninja Turtles とも呼ばれる》. ● **turn** ～〈ボート・自動車などが〉転覆する, ひっくり返る; *《俗》お手上げである; *《俗》おじけづく;〖サーフィン〗《危険な波をやり過ごすために》ボード上に横になり手足でボードをつかみひっくり返った体勢をとる. ► *vi* (職業として)カメを捕る. ♦ **túr·tling** *n* カメ[海ガメ]取り(作業). [変形<*tortue*; ⇨ TORTOISE]
turtle² *n*《古》TURTLEDOVE;《韻俗》手袋 (glove): the voice of the ～ 山鳩の声《*Song of Sol* 2: 12》. [OE *turtla*<L *turtur*]
túrtle·bàck *n* カメの甲のような凸面;《家具の》卵形[楕円形]の装飾;〖海〗亀甲(きっこう)甲板 (=*turtle deck*);〖考古〗亀甲状石器《一面が円丘状で他面は平面》. ► *a* カメの甲のような(背面[表面]をもつ). ♦ ～**ed** *a*
Túrtle Báy タートルベイ《New York 市の East River に臨む Manhattan 中東部地区; 国連本部の所在地》.
túrtle còwrie〖貝〗ムラクモダカラ《鼈甲(べっこう)様の色模様がある》.
túrtle dèck〖海〗TURTLEBACK.
túrtle·dòve *n* **1**〖鳥〗**a** キジバト,《特に》コキジバト《哀しげにクークーと鳴き情愛の深い鳥とされる; 欧州産》. **b** ナゲキバト (MOURNING DOVE). **2** 恋人: a pair of ～*s* 仲むつまじい恋人どうし.
túrtle gràphics〖電算〗《LOGO の》タートルグラフィックス.
túrtle gràss〖植〗**a** アマモ (eelgrass). **b** リュウキュウスガモ属の海草《Florida や西インド諸島の浅海に生えるトチカガミ科の顕花植物; 雌雄異株》.
túrtle·hèad *n*〖植〗北米産ゴマノハグサ科ジャコウソウモドキ属の多年草《総称》.
túrtle·nèck *n**タートルネック, とっくり襟 (polo neck"); タートルネックのセーター[シャツなど]; "MOCK TURTLENECK. ♦ ～**ed** *a*
túr·tler *n* カメ[海ガメ](の卵)を捕る人; 亀商人.
túrtle shèll TORTOISESHELL; TURTLE COWRIE.
Túrtle Wàx〖商標〗タートルワックス《米国製のカーワックス》.
turves *n* TURF の複数形.
Tus·ca·loo·sa /tʌ̀skəlú:sə/ タスカルーサ《Alabama 州中西部の市; the United Klans of America の本部所在地》.
Tus·can /tʌ́skən/ *a* TUSCANY (の住民)の; トスカナ語[方言]の;〖建〗トスカナ様式の. ● **the** ～ **order**〖建〗トスカナ式オーダー《DORIC order の変形; ベースを有し, 柱身は flute (縦溝) がないことが多い》. ► *n* トスカナ人; トスカナ語《標準イタリア文語》; トスカナ方言;〖建〗TUSCAN order; トスカナ麦わら (=～ **stràw**)《帽子用》. [F<L=Etruscan]
Tus·ca·ny /tʌ́skəni/ トスカナ (It **To·sca·na** /touská:nə/)《イタリア中部の州; ☆Florence》.
Tus·ca·ro·ra /tʌ̀skərɔ́:rə/ *n* **a** (*pl* ～, ～**s**) タスカローラ族《初め現在の North Carolina 州に居住していたインディアン; のち New York 州, さらにカナダ Ontario 地方に移動, 1722 年 Iroquois League に加わった》. **b** タスカローラ語.
tusche /tʊ́ʃ/ *n*《リトグラフの》解墨(とき), 墨. [G]
Tus·cu·lum /tʌ́sk(j)ələm/ トゥスクルム《Rome 市の南東にあった古代の都市・保養地》. ♦ **Tús·cu·lan** *a*
tush¹ /tʌ́ʃ/ *int, n, vi*《英では古》チョッ[チェッ](と言う)《じれったさ・軽蔑などの発声》. [imit]
tush² *n* 長くとがった歯, 牙 (tusk)《馬の犬歯; インド象の牙》. ♦ ～**ed** *a* 牙のある. [OE *tusc* TUSK]
tush³*《俗》*n* 肌が黄褐色の黒人, 白黒混血児. ► *a* 好戦的な, 危険な; 上流の, 裕福な.
tush⁴ /tʊ́ʃ/, **tush·ie, tushy** /tʊ́ʃi/ *n*《俗》尻. [Yid *tokus*]
tush·e·roon(y) /tʌ̀ʃərú:n(i)/ *n*《俗》金 (money).
tush·ery /tʌ́ʃəri/ *n*《tush¹ のような古語を用いた》気取った擬古体. [R. L. Stevenson の造語]
Tu·si /tú:si/ *n* (*pl* ～, ～**s**) トゥシ[ツシ]族 (TUTSI).
tusk /tʌ́sk/ *n* **1**《ゾウ・イノシシ・セイウチなどの》牙; 牙のような歯; 牙状突起. **2**〖木工〗TUSK TENON の小突起 (=*gain*). ► *vt, vi* 牙で突く[刺す, 掘り返す]. ♦ ～**ed** *a* ～**·lìke** *a* ～**y** *a* [OE *tux* (変形)<TUSH²]
Tus·ke·gee /tʌskí:gi/ タスキーギ《Alabama 州東部 Montgomery の東にある市; Tuskegee University の所在地》.
Tuskégee Univérsity タスキーギ大学《Alabama 州の Tuskegee にある私立大学; 1881 年 Booker T. WASHINGTON によって創設された, 解放奴隷を教育するための最初の大学の一つ》.
túsk·er *n* 牙のある動物《ゾウ・イノシシなど》.
túsk shèll TOOTH SHELL.
túsk tènon〖木工〗鼻栓枘(ほぞ)《段状につけた強化枘》.
tus·sah /tʌ́sə, tʌ́sɔ:/ *n* **1**〖昆〗ヤママユガ[サクサンガ]の幼虫. **2**〖紡〗柞蚕(さくさん)糸[絹布], タッサーシルク (=～ **sílk**). ★ tussore ともいう. [Hindi]
tus·sal /tʌ́səl/ *a*〖医〗咳の. [*tussis*]
Tus·saud /tusóu; tú:sou; *F* tyso/ トゥーソー, テュソー **Marie** ～ (1760–1850)《スイスの蠟細工師; 通称 'Madame ～'; London の MADAME TUSSAUD'S の創立者》.
tus·ser /tʌ́sər/ *n* TUSSAH.
tus·sie-mus·sie /tʌ́simʌ̀si/ *n*《古》小さい花束[ハーブの束]. [ME]
tus·sis /tʌ́səs/ *n*〖医〗咳 (cough). [L]
tus·sive /tʌ́sɪv/ *a*〖医〗咳の(ような); 咳に起因する, 咳性の.
tus·sle /tʌ́s(ə)l/ *n, vi* 取っ組み合い(をする), 格闘(する), 奪い合い[合う], 激論(する)〈*with* sb *for* [*over*] sth〉. [Sc and northern Eng? (dim)<*touse*; ⇨ TOUSLE]
tus·sock /tʌ́sək/ *n* **1** くさむら, 茂み, 叢生; 草が叢生して根を張った沼沢地の中の隆起地, 谷地(やち)坊主;《毛髪の》房. **2**〖昆〗TUSSOCK MOTH. ♦ **tús·socky** *a* [C16<?*tusk* (dial) tuft]
tússock gràss 叢生草本,《特に》タソックグラス《南米産イネ科の牧草》.

tússock mòth 〘昆〙ドクガ《ドクガ科の蛾の総称》.
tus·sore, -sor /tʌ́sɔ̀ːr, tʌ́sər/ *n* TUSSAH. ［Hindi＜Skt＝shuttle］
tússore mòth 〘昆〙タサールサン, ヤママユガ《幼虫 (＝**tússore sílkworm**) は, 粗いが丈夫な茶色の絹を産する; ⇨ TUSSAH》.
tut[1] *int, n* /ɹ, tʌ́t/ チッ, チョッ, チェッ!《じれったさ·たしなめ·軽蔑·困惑·不満などの舌打ち; /ɹ/ は舌先を歯茎につけて吸うようにして出す舌打ちの音; 通例 tut-tut と重ねていう》. ► *v* /tʌ́t/ (-tt-) *vi* 舌打ちする. ► *vt* 舌打ちして…に対する不満[非難など]を示す. ［imit］
tut[2] /tʌ́t/ *n* 〘英鉱山〙仕事の出来高 (piece) (cf. TUTWORK): by (the) ～＝upon ～〈支払いが〉仕事の出来高払いで. ［C18 (Cornwall)＜?］
Tut /tút, tʌ́t/ [King] TUTANKHAMEN.
Tut·ankh·a·men /tùːtæ̀ŋkɑ́ːmən, -tɑ̀ːŋ-; -tnkɑ́ːmən/, **-a·ten** /-tn/ トゥトアンクアメン, ツタンカーメン《エジプト第 18 王朝末期の王 (1361–1352 B.C.); 1922 年墳墓が発見された》.
tu·tee /t(j)utíː/ *n* TUTOR の指導を受けている人, 生徒.
tu·te·lage /t(j)úːt(ə)lɪʤ/ *n* **1** 後見, 保護, 監督; 信託統治 (trusteeship). **2**《特に 個人的な》指導;《指導による》影響, 感化, 薫陶. **3** 後見[指導]をうけている期間. ● **under** sb**'s ～** [**the ～ of** sb] 人の指導[保護]のもとで. ［L; ⇨ TUTOR］
tu·te·lar /t(j)úːt(ə)lər/ *a, n* TUTELARY.
tu·te·lary /t(j)úːt(ə)lèri; -l(ə)ri/ *a* 守護[保護, 監督, 後見]する; 守護者[保護者, 監督者, 後見人]の[である]: a ～ deity [god] 守護神, 守り神 / a ～ saint 保護の聖人, 守護聖人[聖徒] / a ～ angel 守護(の)天使. ► *n* 守護者, 守護神.
tu·te·nag /t(j)úːt(ə)næ̀g/ *n*《German silver に似た白色合金》;《インド方面から輸入した》亜鉛. ［Marathi］
Tu·ti·co·rin /tùːtɪkərín/ トゥーティコリン《インド南端部 Tamil Nadu 州南部の港町; 1540 年ポルトガル人によって建設された》.
tu·ti·or·ism /t(j)úːtiərìz(ə)m/ *n* 〘カト〙安全採用説.
tu·tor /t(j)úːtər/ *n* **1 a**《時に 住込みの》家庭教師 (cf. GOVERNESS); 〘英大学〙《割り当てられた特定学生の》個別指導教官, 学生主事; *大学講師 (INSTRUCTOR の下位);《学校には籍のない》受験指導教師. **b** ᴴ教本: a guitar ～. **2**〘法〙結婚適齢未満の者の後見人, 保佐者. ► *vt* **1** …に tutor として教える[指導する]; 個人指導する, じきじきに教える; 後見[保佐, 監督, 指導]する, …の世話をする. **2** しつける, 仕込む, 訓練する, 訓育する;〈情熱などを〉抑制する; 戒める, たしなめる. ► *vi* tutor としての仕事をする,《特に》家庭教師をする; 家庭教師につく. ♦ **～·ess** *n fem* ［OF or L (*tut- tueor* to watch)］
tútor·age *n* TUTOR の職[地位, 指導]; 個人教授料.
tu·to·ri·al /t(j)utɔ́ːriəl/ *a* TUTOR の. ► *n* **1**《TUTORIAL SYSTEM における》個人指導(の時間). **2**《実用的な情報を与える》説明書, 手引書, 説明のためのフィルム[コンピュータープログラム].
tutórial sỳstem 〘教育〙《特に 大学の tutor による》個人[小人数]指導制.
tútor·shìp *n* TUTOR の地位[職務, 指導];《特に 個人的な》指導(の影響) (tutelage).
tu·toy·er /*F* tytwaje/ *vt* …に親しげに話しかける.
tut·san /tʌ́tsən/ *n* 〘植〙コボウズオトギリ《オトギリソウ属の半落葉低木; スペインで膏薬の原料とする; ユーラシア産》. ［OF＝all healthy］
Tut·si /túːtsi/ *n* (*pl* ～, ～**s**) トゥツィ[ツチ]族 (＝*Tusi, Watusi*)《ルワンダ·ブルンジに住む牧畜民》.
tut·ti /túːti, túti; túti/ 〘楽〙*a, adv* 全楽員の[で], トゥッティの[で]. ► *n* トゥッティ《総奏(楽句)》. ［It (pl)〈TUTTO］
tútti-frút·ti /-frúːti/ *n* **1** 何種類もの刻んだ果物の砂糖漬け(のはいった菓子[アイスクリーム]); 何種類もの果物の風味を混合したエキス. **2**《俗》ホモ男, にやけた野郎. ► *a* 何種類もの果物の風味がある[がはいった]. ［It＝all fruits］
tut·to /túːtou/ *a* 〘楽〙全体の. ［It＝all］
tut-tut *int, n* /ɹɹ, tʌ̀ttʌ́t/ TUT[1]. ► *v* /tʌ́ttʌ́t/ TUT[1].
tut·ty /tʌ́ti/ *n* 不純酸化亜鉛《磨き粉用》.
tu·tu[1] /túːtu/ *n* チュチュ《バレエ用の短いスカート; 短く堅くて横に突き出したクラシックチュチュ (**clássical ～**) と, 長くて柔らかい釣鐘形のロマンチックチュチュ (**romántic ～**) がある》. ［F］
tutu[2] *n* 〘植〙トゥトゥ《ニュージーランドのドクウツギ; 果実は猛毒》. ［Maori］
Tu·tu /túːtùː/ トゥトゥ, ツツ **Desmond** (**Mpi·lo** /əmpíːlou/) ～ (1931–　)《南アフリカの聖公会牧師; 人種差別に対する非暴力的反対運動の指導者; ノーベル平和賞 (1984)》.
Tu·tu·i·la /tùːtuíːlə/ トゥトゥイラ《南太平洋のアメリカ領サモア (American Samoa) 最大の島》. ♦ **Tù·tu·í·lan** *a, n*
tút·wòrk *n* 〘英鉱山〙《出来高払いの》賃仕事 (piecework).
tuum ⇨ MEUM ET TUUM.
Tu·va /túːvə/ トゥーヴァ《ロシア, 東シベリア南部の共和国; モンゴル北西部に隣接する; ☆Ky·zyl /kɪzíl/》.
Tu·va·lu /tuvɑ́ːlu, tùːvəlúː/ ツヴァル《太平洋中南部の 9 つのサンゴ島からなる国; もと Ellice Islands の名で英国植民地 Gilbert and Ellice Islands の一部を構成, 1978 年独立; ☆Funafuti》. ♦ **～·an** *n, a* ツヴァル人[語]; ツヴァル(語)の.
tu-whit tu-whoo /tə(h)wìt tə(h)wúː/ *n* ホーホー《フクロウの鳴き声》. ► *vi* ホーホーと鳴く. ［imit］
tux /tʌ́ks/ *n**《口》TUXEDO.
tux·e·do* /tʌksíːdou/ *n* (*pl* ～**s**, ～**es**) タキシード《男子の夜会用略式礼服としての上着 (dinner jacket); その上着を含む男子の夜会用略式礼服一式》;《俗》拘束服 (straitjacket). ♦ **～ed** *a* ［New York 州南東部の村 Tuxedo Park のカントリークラブの服装であったことから］
tuxédo jùnction*《俗》スウィングファンのたまり場.
tuxédo sòfa 背もたれと同じ高さのやや外方にそり返った肘のある長椅子.
Tux·tla (**Gu·tiér·rez**) /túːstlə (gutjέrəs)/ トゥストラ(グティエレス)《メキシコ南東部 Chiapas 州の州都》.
tu·yere /tujέər, twijέər; *F* tɥijεːr/ *n* 羽口(はぐち)《溶鉱炉などの送風口》. ［F (*tuyau* pipe＜? Gmc)］
tuz·zy /tʌ́zi/ *a* ᴴ《俗》酔っぱらった.
TV, tv /tìːvíː/ *n* (*pl* ～**s**, ～**'s**) テレビ(放送) (television); テレビ受像機. ★ TV Parental Guideline〘テレビ〙番組内容表示《V-chip 用などに父母が参考にする; 映画の rating にならい, TV-Y から Y7, Y7-FV, G, PG, 14, MA の順に成人向け内容が強まる; 最後の 3 つには V (violence), S (sexual), L (coarse language), D (suggestive dialog) などの下位表示がある》.
TV °terminal velocity ♦ transvestite.
TVA 〘米〙°Tennessee Valley Authority.
TV dinner* /tíːvìː ─́─/ テレビ食《熱を加えるだけですぐ食卓に出せる冷凍インスタント食品》. ［テレビを見ながらでも簡単に作れるから］
TVEI 〘英〙Technical and Vocational Educational Initiative 技術職業教育計画《生徒が実地体験を通して専門技術を学ぶ国の教育計画》.
Tver /təvέər/ トヴェーリ《ヨーロッパロシア中西部 Volga 川上流に臨む市; 旧称 Kalinin (1931–92)》.
TV evangelist /tíːvìː ─́─/ テレビ宣教[伝道]師 (televangelist).
TV-14 〘テレビ〙14 歳未満には不適当 (⇨ TV).
TV-G 〘テレビ〙一般向け (general) (⇨ TV).
TV game /tíːvìː ─́/ テレビゲーム.
TV Guide /tíːvìː ─́─/ [The]『TV ガイド』《米国のテレビ番組案内の週刊誌; 1953 年 創刊》.
TV-MA 〘テレビ〙成人 (mature audience) 向け (⇨ TV).
TVP /tíːvìːpíː/ 〘商標〙TVP《植物性タンパク質 (textured vegetable protein) の商品名》.
TV-PG 〘テレビ〙親の指導 (parental guidance) が望ましい (⇨ TV).
TVRO television receive only テレビ受信専用(アンテナ).
TV table /tíːvìː ─́─/ SNACK TABLE.
TV Times /tíːvìː ─́─/『TV タイムズ』《英国のラジオ·テレビ番組案内の週刊誌; 1968 年創刊; cf. RADIO TIMES》.
TV-Y 〘テレビ〙幼児を含む子供 (young) 向け (⇨ TV).
TV-Y7(-FV) 〘テレビ〙7 歳以上向け(, 空想的暴力 (fantasy violence) シーンあり) (⇨ TV). **Tw** °Twaddell degree.
twa /twɑ́ː, twɔ́ː/, **twae** /twɑ́ː, twíː/ *n*《スコ》TWO.
Twa /twɑ́ː/ *n* (*pl* ～, ～**s**, **Ba·twa** /bætwɑ́ː/) トゥワ族《ブルンジ·ルワンダ·コンゴ民主共和国の一部に居住するピグミー》. ［Bantu *twa* foreigner］
Twad·déll degrèe /twɑdέl-, twɑ́dl-/ 〘理〙トワドル度《溶液の比重を示す; 略 Tw》. ［William *Twaddell* (d. 1840) スコットランドの発明家］
twad·dle /twɑ́dl/《口》*n* むだ口, 駄弁, 駄文; 駄弁を弄する人, 駄文を物する者 (twaddler). ► *vi, vt*《古風》(…について)駄弁を弄する, 駄文を物する. ♦ **twád·dler** *n* **-dly** *a* むだ口をきく; 駄弁以外のなにものでもない. ［C16 *twattle* (変形)〈*tattle* or *twittle*］
twain /twéɪn/《古》*n, a* TWO; 〘海〙二尋 (two fathoms); 夫婦, カップル: in ～ 二つに, 半分に / never the ～ shall meet 両者が交わることはない (⇨ EAST《諺》) / mark ～《水深》二尋(の目印). ► *vt, vi* 二つに分かつ[分かれる]. ［OE *twegen* (masc nom and acc)〈TWO; cf. G (obs) *Zween*］
Twain ⇨ MARK TWAIN.
twáite shàd /twéɪt-/ 〘魚〙トウェイトシャッド《ヨーロッパ産のニシン科の大型食用魚; 産卵のために遡河する》. ［C17＜?］
twang[1] /twǽŋ/ *n* **1**《弓のつる·楽器の弦などの》ピュン[ビーン, ビョーン, ペン]と鳴る音; 弦をはじくこと. **2 a** 鼻声, 鼻にかかる話し方; 鼻声を特徴とする方言. **b**《ある地域·集団などに特有な》特徴的口調. **3**《方》《心身の》激痛, うずき. ► *vi* **1** 弦をはじいてピュン[ペン]と鳴らす〈*on*〉;〈弦が〉ピュン[ビーン, ビョーン, ペン]と鳴る;〈矢が〉ピュンと放たれる;〈筋肉など〉痛み[緊張]のためピクピク動く. **2** 鼻声で話す,〈声が〉鼻にかかる. ► *vt* **1**〈楽器〉の弦をかき鳴らす, つまびく;〈曲を〉弦楽器でつまびく;〈弓〉の弦を引く;〈矢を〉放つ. **2** 鼻声で語る. ♦ **～·er** *n* ［C16 imit］
twang[2] *n* 強い匂い[味]; 傾向, 気味, 趣き. ［変形〈*tang*］
twan·gle /twǽŋg(ə)l/ *vt, vi, n*《まれ》TWANG[1].
twángy *a* 弦をはじいたような響きのある; 鼻声の.
Twán·kay téa /twǽŋkèɪ-/ 屯渓(とんけい)茶《緑茶の一種》.
'twas /twɑ́z, twʌ́z, twəz/《文》it was の短縮形.
twat /twɑ́t/ *n* **1**《卑》あそこ (vulva),《特に セックスの対象としての》

T

女, 性交. **2** «俗» やつ, 《特に》いやなやつ, ばか. **3***«俗» しり, けつ (buttocks). ► *vt* ॥«口» 打つ, …にパンチを食わせる. [C17<?]

twat·tle /twάtl/ *n, vi, vt* ॥«方» TWADDLE.

tway·blade /twéɪblèɪd/ *n* 〔植〕葉が対生のラン科植物《特に フタバラン属・クモキリソウ属のラン》. [*twain*]

tweak /twíːk/ *vt* **1** 《つまんで》ひねる, ねじり取る, つまみ取る 〈*off*〉; ちょいとつねる; 〈足首などを〉くじく, ひねる; ちょっと調節する[いじる], 微調整する. **2** 悩ませる, じらす; けなす; からかう. ► *vi* TWITCH[1]; «口» 微調整する; *«俗» 〈薬物中毒者が〉禁断症状を示す, ひきつりを起こす. ► *n* ひねる[もぐ, 軽くつねる]こと; ぐいと引くこと; 《心の》動揺; «口» 微調整する; 《コンピューターその他の機器を》ちょっといじる[調整する]こと, 微調整; 《望ましい》おまけ, 付加機能, 性能強化. ♦ **~·er** *n* [+]«俗» 《微調整用》小型ドライバー. [? *twick* (dial) and *twitch*[1]]

tweaked, tweeked /twíːkt/ *a* [°~ out] *«俗» **a** 《酒・麻薬で》ぼうっとなった, 酔っぱらった, ラリった. **b** 疲れた.

tweased /twíːzd/ *a* *«俗» 《酒に》酔って.

twee[1] /twíː/ *a* ॥«口» [ᵁ*derog*] いやにきれいな[しゃれた], かわいすぎる, 素朴な雰囲気を出した, 時代物[昔風]気取りの, お上品な: a ~ tourist village. ♦ **~·ly** *adv* **~·ness** *n* [*sweet* の幼児語]

twee[2] *n, int* ピーッ! 《笛・口笛などの高い音》. [imit]

tweed /twíːd/ *n* ツイード《粗い感じの紡毛服地》; [*pl*] ツイードの衣服[スーツ]; 〔写〕《プリント用の》絹目紙. [C19 (変形) < *tweel* (Sc) TWILL]

Tweed **1** [the] トウィード川《スコットランド南東部・イングランド北東部を東流して北海に注ぐ》. **2** トウィード **William Marcy ~** (1823-78)《米国の政治家; 通称 'Boss ~'; Tammany 派の指導者として New York 市政を牛耳った》.

Tweed·dale /twíːddèɪl/ トウィードデール《1975 年以前の旧 PEEBLES 州の別称》.

twee·dle[1] /twíːdl/ *vi* 〈歌手・鳥・バグパイプ・ヴァイオリン・笛など〉強弱の変化に富んだ高い声[音]を発する; 楽器をいじる[もてあそぶ]. ► *vt* 音楽で誘う; 甘いことばで誘う. ► *n* 《ヴァイオリン・バグパイプなどの》キーキー[ギーギー]いう音. [imit]

tweedle[2] ॥«俗» *vt* …に詐欺をはたらく. ► *n* にせものの指輪; 《にせものをつかませる》詐欺, ペテン, いかさま. ♦ **twée·dler** *n* [C20< ? *twiddle*]

Twee·dle·dum and Twee·dle·dee /twìːdldʌ́m ən(d) twìːdldíː/ **1** トウィードルダムとトウィードルディー《伝承童謡や Lewis Carroll の *Through the Looking-Glass* に登場するうりふたつの男たち》. **2** [ˢt- and t-] 似たり寄ったりの二人[二物].

Tweedsmuir ⇨ BUCHAN.

twéedy *a* ツイードの(ような); ツイードの服が好きな; «口» [ˢ*derog*] 《ツイードの服を着て》上流紳士風の, 学者然とした, アカデミックな; «口» 田舎の地主のような; 狩猟[野外生活]を好む, 屈託のない. ♦ **twéed·i·ly** *adv* **-i·ness** *n*

tweeked ⇨ TWEAKED.

'tween, tween /twíːn/ *prep, adv* «詩・方» BETWEEN. ► *n* TWEENAGER. [be*tween*]

Tween /twíːn/ 〔商標〕トゥイーン《ポリソルベート (polysorbate) 製剤》.

tween·ager /twíːneɪʤər/ *n* «口» 10[8]-14 歳の子供, PRETEEN, ローティーン. [be*tween*+teen*ager*]

'twéen dèck 〔海史〕甲板間の場所.

twéen·er *n* 《2 者のいずれかに類別できない》中間的なもの[人]; 中途半端なユーティリティープレーヤー; TWEENAGER.

tween·ie /twíːni/ *n* «口» TWEENAGER.

tweeny ॥/twíːni/ *n* «口» TWEENAGER; «古風口» BETWEENMAID.

tweet[1] /twíːt/ *n* 《鳥や笛の》チッチ[チーチー, ピーピー]という音; 《音声再生装置から出る》高い音 (opp. *woof*); TWITTER へのメッセージ[投稿], ツイート, 'つぶやき'. ► *int* チッチ, チーチー, ピーピー, ピーチク. ► *vi* チッチ[ピーピー]鳴く; TWITTER へ投稿する, ツイートする. [imit]

tweet[2] *n* «学生俗» 教師, 先公.

twéet·er *n* ツイーター《高音用スピーカー; cf. WOOFER》.

twéet·er-wóof·er *n* ツイーター-ウーハー《高音・低音両用のコアキシャル型スピーカー》.

twee·tle /twíːtl/ *vi, vt* TWEEDLE.

tweeze /twíːz/ *vt* 毛抜き[ピンセット]で抜く[取り出す] 〈*out*〉. [逆成 < *tweezers*]

twee·zer /twíːzər/ *n* TWEEZERS. ► *vt* TWEEZE.

twéez·ers *n* [〈*sg*/*pl*〉; °a pair of ~] 毛抜き, ピンセット. [*tweezes* (pl) < *tweeze* (obs) case for small instruments < *etweese* ÉTUI]

twelfth /twélfθ/ *a* 《略 12th》第 12 の, 12 番目の; 12 分の 1 の. ► *n* **1 a** 第 12, 12 番目; 〔楽〕12 度(音程), 第 12 音. **b** [the T-] GLORIOUS TWELFTH; [T-] TWELFTH DAY; [T-] TWELFTHTIDE. **2** 12 分の 1. ♦ **~·ly** *adv* [OE *twelfta* (TWELVE, -*th*[1]); -*th* は 16 世紀に一般化]

twélfth-càke *n* [ˢTwelfth-cake] TWELFTH NIGHT の祝い菓子.

twélfth cránial nèrve 〔解〕HYPOGLOSSAL NERVE.

Twélfth Dáy 〔キ教〕十二日節, 顕現日 (Epiphany)《クリスマス後の第 12 日, 1 月 6 日》.

twélfth mán 《クリケットの》控え選手; 《サッカー・アメフトの》ファン《イレブンに次ぐ '12 人目の選手'》.

Twélfth Níght **1** 十二夜《十二日節 (1 月 6 日) の前夜[当夜]; 前夜はクリスマスの飾りつけを取りはずすなど種々の行事が行なわれた》. **2**『十二夜』《Shakespeare の喜劇 (初演 1601); 本来 1 月 5 日の夜用の出し物として書かれた作品》.

Twélfth·tìde *n* 十二日節《クリスマスから 1 月 6 日まで》.

twelve /twélv/ *a* 12 の, 12 人[個]の: ~ score 240 (年). ● **~ good men and true** «古» [*joc*] 《12 名の》陪審 (jury). ► *n* **1** 《数の》12; 12 の記号《xii, XII》. **2** 12 時, 12 歳; 12 番目のもの[人]; 《サイズの》12 番, [*pl*] 12 番サイズのもの; [*pl*] 十二折判, 四六判 (duodecimo): long [square] ~*s* 長く[四角に]折った四六判のページ. **3** 12 人[個]の一組; [the T-] 《キリストの》十二使徒 (Twelve Apostles); [the T-] 《ユダヤ教典の》十二人の小預言者 (Minor Prophets) の書. ★ (1) 他の用法は SIX の例に準ずる. (2) 形容詞 duodecimal. ● **strike ~ the first time [all at once]** 初めから全能力を発揮する. [OE *twelf(e)*; 'two left behind' 「10 数えて 2 つ残り」の意; cf. ELEVEN, G *zwölf*]

12 /twélv/ 〔英〕12《12 歳以上を対象とする映画・ビデオを表示する番号; ⇨ RATING[1]》.

Twélve Apóstles *pl* [the] 〔キ教〕《イエスによって選ばれた》十二使徒 (⇨ APOSTLE).

twélve-bàr 〔楽〕*a* 12 小節形式の《通例 3 つのコードを用いて 12 小節をひと塊りとする音楽の構造; ブルースやロックなどで用いられる》. ► *n* 12 小節形式の曲.

Twélve Dáys of Chrístmas **1** [the]『クリスマスの 12 日』《クリスマスに歌われる伝統的な歌》. **2** TWELFTHTIDE.

twélve·fòld *a, adv* 12 の部分[面]を有する; 12 倍の[に].

12-gauge /twélv—/ *n* 12 番(散弾銃[散弾])《径 729/1000 インチ》.

twélve-hòur léggings *pl* *«俗» ゲートル.

twélve-ìnch *n* 《45 回転用の》12 インチレコード盤.

twélve-mìle límit 〔国際法〕《領海の幅として》12 海里幅 (cf. THREE-MILE LIMIT).

twélve·mo /-mòu/ *n* (*pl* **~s**) DUODECIMO.

twélve·mònth *n, adv* ॥«古風» 1 年: this day ~ 来年[去年]の今日 / He has been here a ~. 来て 1 年になる.

twélve-nòte *a* TWELVE-TONE.

twélve·pènny /, -pəni/ *a* 旧 1 シリングの値段[値打]の.

twélvepenny náil 長さ 3¼ インチの釘.

12-step /twélv—/ *vi* 〈依存症患者が〉12-step program による治療をうける. ♦ **12-stepper** /— —/ *n*

12-step program* /twélv— —/ 12 段階プログラム (recovery program)《本来は Alcoholics Anonymous が提唱するアルコール依存症克服のための 12 の指針; 他の依存症についても各種の団体が同様の指針を出している》.

Twélve Tábles *pl* [the] 〔古ロ〕十二表法《451-450 B.C. に制定と伝えられる》.

twélve-tóne *a* 〔楽〕十二音の, 十二音組織の (=*dodecaphonic*): the ~ system 十二音組織 / ~ music 十二音音楽.

twélve-tòne rów 〔楽〕十二音列.

twélve-tòne techníque 〔楽〕十二音技法.

twélve-wired bírd of páradise 〔鳥〕ジュウニセンフウチョウ《脇羽の飾羽の先が針金のように見える; ニューギニア産》.

twen·ti·eth /twéntiəθ/ *a, n* 《略 20th》第 20 (の), 20 番目(の); 20 分の 1 (の): five ~*s* 20 分の 5.

Twéntieth Cèntury-Fóx 20 世紀フォックス(映画社) (~ Film Corp.)《米国の映画制作・配給会社; 1935 年設立; 20th Century-Fox とも書く》.

twéntieth mán 〔豪式フット〕第 2 控え選手.

twen·ty /twénti/ *a* 20 の, 20 個[人]の; 多数の: ~ and ~ 多数の / ~ times 20 回[度]; 何度も. ► *n* **1** 《数の》20; 20 の記号《xx, XX》. **2** 20 人[個]; «口» 20 ポンド[ドル]札. **3** 20 番目のもの; 《サイズの》20 番, [*pl*] 20 番サイズのもの; 〔印〕二十折(判). **4** [one's twenties] 《年齢の》二十代; [the twenties] 《世紀の》20 年代, 《温度計の》20 度台, 《番地の》20 番台, 《成績の》20 点台; *«CB 無線俗» 《人の居る》場所, 現在地: a man in *his twenties* 二十代の男 / I'm just out of *my twenties*. 二十代を越したばかりだ / She was in *her* early [middle, late] *twenties*. 二十代の初め[中ごろ, 終わり]だった / That was in *the* (late) *twenties*. あれは二十年代(の終わり)のことだった / He lives in *the twenties* in this block. この丁目の 20 番台の番地に住んでいる. [OE *twentig* (? TWO, -*ty*[1]); cf. G *zwanzig*]

28-gauge /twéntiéɪt—/ *n* 28 番(散弾銃[散弾])《径 550/1000 インチ》.

twénty-fírst[-sécond, -thírd, -fóurth, -fífth, -síxth, -séventh, -éighth, -nínth] *a, n* 第 21 [22, 23, 24, 25, 26, 27, 28, 29] 番目(の); 21 [22, 23, 24, 25, 26, 27, 28, 29] 分の 1 (の).

twénty-fíve *n* [数詞] ⇨ TWENTY-THREE; 〔ラグビー・ホッケー〕25

ヤードライン(内)《ゴールから》; 《俗》 LSD.

twénty-fìve·pènny náil 長さ $4^{1}/_{4}$ インチの釘.

twénty·fòld *a, adv* 20 の部分[面]を有する; 20 倍の[に].

24 hour clock /twéntifɔ̀ːr ─ ─́/ 24 時間時計[時刻表示]《鉄道の時刻表示など》.

twénty-fóur·mo /-mou/ *n* (*pl* ~**s**) 二十四折判(の本[紙, ページ])《24 mo, 24° とも書く; ⇨ FOLIO》.

twénty-fòur-séven, 24/7, 24-7 *adv, a* 《口》 1 日 24 時間週 7 日(の), いつも, 四六時中, 年がら年中(の): open ~ 年中 24 時間無休 / a ~ job 昼夜休みなしの仕事.

20-gauge /twénti─/ *n* 20 番(散弾銃[散弾])《径 615/1000 インチ》.

twénty·mo /-mou/ *n* (*pl* ~**s**) 二十折判(の本[紙, ページ])《20 mo, 20° とも書く; ⇨ FOLIO》.

twénty-óne *a* 21 (個)の; 21 人の. ► *n* [数詞] ⇨ TWENTY-THREE; *〘トランプ〙二十一 (BLACKJACK); *《食堂俗》 レモネード, ライムエード; *《食堂俗》《同じ人・テーブルからの》同一の品物 2 つの注文.

twénty-pènny náil 長さ 4 インチの釘.

twénty quéstions [ºT- Q-, 〈*sg*〉] 二十の扉《鬼が考えたものについて yes, no で答えられる質問を 20 回以内行なううちにヒントを得, その名前をあてるゲーム; 最初にそれが動物か植物か鉱物 (＝無生物) かを告げるので, 別名 Animal, Vegetable, and [or] Mineral ともいう》.

twénty·sòmething *a, n* 20 代の(人).

Twénty-Third Psálm [the] 〘聖〙 詩篇第 23 篇《「主はわが牧者なり, われ乏しきことあらじ」(The Lord is my shepherd; I shall not want.) で始まる》.

twénty-thrée[-fóur, -fíve, -síx, -séven, -éight, -níne] *n, a* [数詞] 23 [24, 25, 26, 27, 28, 29] (の). ★ twenty-one…ninty-nine の数詞としての用法は TWENTY に準じる. 21–99 は twenty-one のようにハイフンでつなぐのが普通. 近来 離して 2 語にする形も少しみられる. 時に one and twenty の形をとるが, これは古い形で今では年齢をいうときなどに用いる: She is *one and twenty*. 21 歳だ.

twénty-thrèe skiddóo, twénty-thrée *《俗》 *vi* [*impv*] 行っちまえ, うせろ. ► *int* まさか, すごい, とんでもない, 勝手にしろ《時に 無意味; 1920 年代の流行語》.

twénty-twénty, 20/20 *a* **1** 〘眼〙《視力が》正常の《20 フィート離れた径 1/3 インチの文字が識別できる; この 2 倍[3 倍, …]の文字を識別できる場合を twenty-forty[-sixty, …] という》: ~ vision 正常視力. **2** 《口》 眼力[洞察]の鋭い: ~ hindsight あと知恵, 結果論 / Hindsight is always ~. 結果論は常に正しい《結果論でものを言っても始まらない》.

twénty-twó *a, n* [数詞] ⇨ TWENTY-THREE; 22 口径ライフル[ピストル](の)《口径 0.22 インチ; 通例 .22 と書く》; .22 用弾丸.

'twere /twəːr, twər/ 《詩・方》 it were の短縮形.

twerp, twirp /twə́ːrp/ 《口》 *n* いやな[つまらん]やつ; うすのろ, ばか. [C20<?]

twi- /twáɪ/ *pref* 「2」「2 重」 [OE＝OHG *zwi-*, ON *tví-*; L *bi-*, Gk *di-*[1] と同語源]

Twi /ʧwíː, twíː, ʧíː/ *n* **a** トウィ語《(1) ガーナ南部の AKAN 語の二大方言の一つ; cf. FANTI (2) これに基づく文語》. **b** (*pl* ~, ~**s**) 《主にガーナの》トウィ族.

twi·bil(l) /twáɪbɪ̀l/ *n* 両頭戦斧(せんぷ)[まさかり]; "刈り鎌. [OE (*two*, BILL[3])]

twice /twáɪs/ *adv* 2 度, 2 回; 2 倍に, 2 倍増しに: ONCE or ~ / *T*~ two is [are] four. 2×2 は 4 / ~ as good as…の 2 倍もよい / ~ as much [many] 2 倍(の量[数]) / ~ over 2 度[2 回]も / in [at] ~ 2 度に(わたって), 2 回に分けて / THINK[1] ~ / do not think ~ 躊躇なく…する 〈*about doing*〉; 二度と考えない, 忘れる, 無視する / He drinks ~ what you drink. きみの 2 倍も飲む. ● **be ~ the man** he was 二倍も[見違えるほど]元気《など》になる. [ME *twies* (OE *twiga*, *-es*[1])]

twíce-bórn *a* **1** 再び生まれた, 化身の; (精神的に)生まれ変わった. **2** 〘ヒンドゥー教〙 再生族の《カーストの上位 3 階級》.

twíce-láid *a* 〈ロープが〉撚(よ)りなおしの, 再生の; 残りもの[はんぱもの, ありあわせ, 使い古し]で作った.

twíc·er /twáɪsər/ *n* 一つ事を 2 度する人; 二つの事をする人; "[*derog*] 植字兼印刷工; 《英俗・豪俗》 詐欺師; 《俗》 前科 2 犯の者.

twíce-tóld *a* 2 度[何度も]話された; 古臭い: a ~ tale 言い古された話.

Twíck·en·ham /twík(ə)nəm/ トウィッケナム《London 南西部の地区; 旧 London boroughs の一つで, 現在は Richmond-upon-Thames の一部; イングランドのラグビーを統轄する English Rugby Football Union の本部がある; そのグラウンドは国内・国際試合が行なわれるところ》.

twíd·dle /twídl/ *vt* 回転させる, くるくる回す; いじりまわす; *《俗》 ちょっと調節する[いじる] (tweak). ► *vi* **1** いじりまわす, もてあそぶ 〈*with, at*〉; 《まれ》《些事(さじ)に》こだわる; くるくる回る; 軽い上下動を繰り返す. **2** *《俗》 しゃべる. ● **~ one's THUMBS.** ► *n* くるくる回すこと, ひねること; ぐるぐる巻きのしるし[記号, 飾り], ちょっとした装飾; めまぐるしく変化する音; ニョロニョロ《[˜] (tilde) の名の一つ》; 《ハッカー》《プログラムの》小さな[取るに足らない]変更. ♦ **twíd·dler** *n* [C16 ?imit; *twirl, twist*＋*fiddle, piddle* か]

twíd·dly *a* くるくる巻いた; "《口》 入り組んだ, 扱いにくい, 《演奏などの》厄介な: a ~ bit 入り組んだ装飾(部分).

twí·fòld /twáɪ-/ *a* TWOFOLD.

twí·fòrmed *a* 2 つの形[部分]を有する.

twig[1] /twíg/ *n* 《通例 葉のついていない》小枝, 細枝 (cf. BRANCH); 〘解〙《神経・血管の》枝脈; 占い棒. ● HOP[1] **the ~.** ► *vt* (-gg-) *《俗》 罰する. ♦ **twigged** *a* (…な)小枝のある. **twíg·gy** *a* 小枝の(ような); かぼそい, 弱々しい, 繊細な; 小枝の多い. **~·less** *a* [OE *twigge*; cf. OE *twā* two, OHG *zwīg* twig; 「二叉の枝」の意か]

twig[2] " *v* (-gg-) 《口》 *vt* 気づく, 見て取る, わかる, 了解する. ► *vi* 了解する, わかる. [C18<?Sc Gael *tuig* I understand]

twig[3] " *n* 流儀, 風, 体, 型, 様式, スタイル. [C19<?]

twíg gìrdler 〘昆〙 GIRDLER.

Twíg·gy /twígi/ トゥィギー, ツイッギー (1949–　)《英国のファッションモデル; 本名 Lesley Lawson (旧姓 Hornby)》.

twíg prùner 〘昆〙 幼虫が樹木の小枝を剪定したように食害するカミキリムシの一種《米国産》.

twi·light /twáɪlàɪt/ *n* **1** 《通例 日没後の, 時に 日の出前の》薄明, 薄暮, たそがれ, 黎明; 《一般に》ほの暗さ, うす明かり; 混とんとした状態[時期]. **2** 衰退期, 末期. ► *a* 薄明の(ような); 〘動〙 CREPUSCULAR: the [a] ~ world 不安定な[怪しげな, 不穏な]世界 〈*of*〉. ♦ **~·ed** *a* TWILIT. [ME＝half light (between day and night) (OE *twi*-half, two)]

twílight àrch [àrc, cùrve] 薄明弧《薄明時に大気上に映る地球の影》.

twílight glòw 薄明光《薄明時の大気光》.

twílight hòme 高齢者用住宅.

Twílight of the Góds [the] 〘北欧神話〙 神々のたそがれ (＝*Ragnarok*)《神々と悪神たちの大乱戦による全世界の滅亡》.

twílight slèep 〘医〙 半麻酔(状態)《モルヒネ・スコポラミンの注射によるもの; 無痛分娩の際に行なわれた》.

twílight stàte 境界不明の領域; 不明瞭な[あいまいな]状態; 〘医〙 もうろう状態《意識障害の一種》.

twílight zòne **1** 《深海の》弱光[薄明]層; 《都市の》老朽地区, たそがれ地区. **2** **a** [the] いずれともつかない領域, 中間帯; 《司法と倫理の》境界不分明な領域. **b** 幻想と非現実の世界, 夢うつつ, トワイライトゾーン.

twi·lit /twáɪlɪ̀t/ *a* ぼうっと照らされた, うす明かりの中の; 不分明な, はっきりしない. [*twilight*＋*lit*[1]]

twill /twíl/ *n* 綾織物; 綾織り (＝~ **wèave**). ► *vt* 〈布地・糸などを〉綾織りする, 斜文織りする. [north Eng *twilly*<OE *twili* two thread (*twi-*); L *bi-*[1](*lix*<*licium* thread) の部分訳]

'twill /twɪl/ 《詩・方》 it will の短縮形.

twilled /twíld/ *a* 綾織りの.

twíll·ing *n* 綾織物; 綾織り(製作).

twin /twín/ *n* **1** ふたごの一人[一方]; [*pl*] ふたご, 双生児 (cf. IDENTICAL [FRATERNAL] TWINS); 〘植〙《種子中の胚の》双生(子); [the T-s] 〘天〙 ふたご座 (双子座), 双子(そう)宮 (Gemini). **2** 似た人[もの](の一方), 対(つい)の一方; [*pl*] 対(つい); 《ホテルの》 TWIN ROOM; 〘晶〙 双晶 (＝~ **crýstal**). ► *attrib a* ふたごの; 〘植・動〙 双生の; 対をなす, 同時発生的な[表裏をなす] 2 つの; 対の一方の; 《廃》 TWOFOLD: ~ brothers ふたごの兄弟 / a ~ sister ふたご姉妹の一方 / ~ deficit ふたごの赤字《併存する貿易赤字と財政赤字》/ a ~ bombing 2 つの同時爆破事件. ► *v* (-nn-) *vt* ふたごとして生む[はらむ]; 対にする, 密接なものとして結びつける; [º*pass*] "姉妹都市とする; …と対をなす; 〘晶〙 双晶にする. ► *vi* ふたごを生む; 《古》 ふたごとして生まれる; "姉妹都市となる 〈*with*〉; 《廃》 対になる; 〘晶〙 双晶になる. [OE *twinn* double; ⇨ TWO]

twín béd ツインベッド《対をなす 2 つのシングルベッドの一方; cf. DOUBLE BED》. ♦ **twín-bédded** " *a* 〈部屋が〉ツインの.

twín·bèrry / , -b(ə)ri/ *n* 〘植〙 **a** 総苞のある黒い 2 個の実が接着する北米産スイカズラ属の低木. **b** ツルアリドオシの近縁種 (partridge-berry).

twin bíll *《口》 〘野〙 DOUBLEHEADER; 〘映〙 DOUBLE FEATURE.

twín·bòrn *a* 双生の.

Twín Bróthers [Bréthren] *pl* [the] 〘天〙 ふたご座 (双子座) (Twin); 〘ギ神〙 DIOSCURI.

twín-càm *a* ツインカムの《2 本のカムシャフトをもつエンジンの》.

twín cíty ふたご都市: **a** 隣接している 2 つの都市の一つ, または対にして扱われている都市. **b** [the Twin Cities; 〈*pl*〉] Minnesota 州の Minneapolis と St. Paul のこと《Mississippi 川の両岸に相対して位置する》.

twín dóuble 《競馬などで二重勝式 (daily double) を 2 つ合わせた》四重勝式投票方式(のレース).

twine[1] /twáɪn/ *n* **1** **a** 撚(よ)り糸, 撚糸(ねんし); より[編み]合わせたもの, 巻きついた[からんだ]もの[部分]; 物に巻きつくつる[小枝, 枝, 茎]. **b** 撚り[編み, 組み]合わせること, 巻きつく[抱きつく]こと. **2** もつれ, 混乱, 紛糾. ► *vt* 〈糸を〉撚る, 撚り合わせる; 〈花輪・髪などを〉編む; 〈…に〉巻きつける, からます, からみつかせる 〈*around*〉; 〈頭・柱などに〉巻きつける

〈*with* wreaths etc.〉; 取り巻く, 抱く; ねじるようにして差し込む〈*in, into*〉. ► *vi* 巻きつく, からむ〈*around*〉; 曲がりくねる, のたくる;〈植物(の茎)など〉巻きついて伸びる. [OE *twīn* double or twisted thread; cf. G *Zwirn*]

twine[2] 《スコ》 *vt* 〈人〉から奪い取る〈*of* sth〉. ► *vi* 分かれる, 離別する. [Sc *twin*<ME *twinne(n)* to divide; ⇨ TWIN]

twín-éngine(d) *a* 〈飛行機が〉双発の.

twin·er /twáɪnər/ *n* 撚(よ)る人[もの, 機械]; 巻きつくもの, 《植物の》つる; 巻きついてはい登る植物《朝顔など》.

twín·flòwer *n* 〔植〕リンネソウ.

twinge /twíndʒ/ *n* 急激な刺すような痛み, うずき, さしこみ, 癪(しゃく); 《心の》苦痛, 痛み, 《良心の》呵責: a ~ of toothache 歯のうずき. ► *vt* ずきんと[刺すように]痛ませる, うずかせる; 《方》つねる, ぐいと引っ張る. ► *vi* 刺すように痛む, さしこむ, うずく. [(n)〈(v)=to pinch, wring<OE *twengan*; cf. G *zwingen* to constrain]

twí-nìght /twáɪ-/ *a* 〔野〕薄暮から夜にかけての〈ダブルヘッダー〉. ♦ **~·er** *n* 《口》薄暮から夜に及ぶダブルヘッダー. [*twi*light+*night*]

twín·jèt *n* 〔空〕双発ジェット機.

twink[1] /twíŋk/ *n, vi, vt* TWINKLE; WINK[1]; 《NZ》白色修正液(で消す)〈*out*〉: in a ~ 瞬く間に.

twink[2] *n* *《俗》TWINKIE.

twink /twíŋk/ チリンと鳴らす[鳴る]. [imit]

Twin·kie /twíŋki/ 1〔商標〕トゥインキーズ《クリーム入りの小型スポンジケーキ》. 2 [t-] *《俗》女みたいな男, ホモ; *《俗》変わり者; *《俗》《若くて》魅力的な人, キュートな人[女の子].

Twínkie defénse [the] *《口》トゥインキーの防御《異常な行動を糖分の多いお菓子やジャンクフードなどによる栄養のバランスを欠いた食生活のせいにして, 法律上の責任能力が限定されると主張するもの》.

twin·kle /twíŋk(ə)l/ *vi* ピカピカ[キラキラ]光る, きらめく, ひらめく; 〈目が〉輝く, キラキラ光る〈*at*; *with* amusement〉; まばたきをする; 〈踊り手の足などが〉軽快に動く; 〈チョウが〉ひらひら飛ぶ. ► *vt* 〈目・まぶたを〉まばたく; キラキラと光らす, きらめかす; ピクピク動かす. ► *n* きらめき, ひらめき; 《生きいきした》目の輝き; 瞬く間, 瞬間; まばたき; 《踊り手の足などの》軽快な動き: in a ~ 瞬く間に. ● **a ~ in sb's eye** 《実現前の単なる》思いつき, ひらめき. **when you were just [no more than] a ~ in your father's eye** 《口》[°*joc*] (きみが生まれる)ずっと以前に, とっくの昔に. ♦ **twín·kler** *n* **twín·kly** *a* [OE (freq)〈**twincan* to twink]

twínkle-tòed *a* 足取り[フットワーク]の軽い, 足がよく動く, 足の速い. ♦ **twínkle·tòes** *n*

Twínkle, twínkle, líttle stár 「キラキラ星」《'Twinkle, twinkle, little star, How I wonder what you are! Up above the world so high, Like a diamond in the sky' で始まる有名な童謡; 英国の児童詩詩人 Jane Taylor (1783–1824) の作品》.

twín·kling *a* ピカピカする, ひらめく, 目を輝かせた; 軽快に動く. ► *n* きらめき, ひらめき; 《古》瞬き; 瞬間; 《足などの》軽快な動き: in a ~=in the [a] ~ of an eye [a bedpost, [*joc*] a teacup] 瞬く間に.

twin·ky /twíŋki/ *n* *《俗》TWINKIE.

twín·lèaf *n* 〔植〕アメリカタツタソウ《北米東部原産; メギ科》.

twín-lèns *a* 〔写〕二眼の: a ~ reflex camera.

twinned /twínd/ *a* 双生の; 結合した, 対になった; 〔晶〕双晶の.

twín·ning *n* ふたごを生む[はらむ]こと; 結合, 二者を結びつけて引合いに出す[連想する, 比較する]こと; ‖《特に 2 国間の》姉妹都市提携; 〔晶〕双晶化.

twín pàradox 〔理〕双子のパラドクス《特殊相対性理論の帰結の一つ; 宇宙旅行する双子の兄の時間が地球にとどまっている弟よりおそく進むため, 帰ってきた兄のほうが若くなるが, 旅行した兄からみれば弟のほうが若いというもの; 一般相対性理論によれば加速をうけた兄の時間のほうが絶対的におそいので真の矛盾ではない》.

twín-plàte pròcess 〔ガラス製造〕トゥインプロセス《素板ガラスを両面とも同時に, 荒ずり・ならし・磨き上げを行なう工程》.

twín póts *pl* *《俗》2 連装の気化器(をもつ自動車), ツインキャブ(の車).

twín prímes [príme númbers] *pl* 〔数〕ふたごの素数《3 と 5, 11 と 13 など差が 2 である素数の対》.

twín róom 《ホテルの》ツインベッドの部屋.

twín-scréw *a* 〔海〕〈船が〉双暗車の, ツインスクリューの.

twín sèt‖ ツインセット《色とスタイルのそろったカーディガンとプルオーバーのアンサンブル; 婦人用》.

twín·shìp *n* ふたご[対(つい)](の一方)であること; 密接な関係にあること; 近似[類似](性).

twín-síze* *a* 〈ベッドが〉ツインサイズの《39×75 インチ (約 1×1.9 m); cf. FULL-[KING-, QUEEN-]SIZE》; ツインサイズのベッド用の.

twín tówn‖ 姉妹都市《その一方》.

twín-tùb *n, a* 二槽式の(洗濯機)《洗濯用と脱水用の 2 つのドラムがある》.

twiny /twáɪni/ *a* 撚(よ)り糸の(ような); からみ合う, 巻きついて[からんで]いる.

twirl /twə́ːrl/ *vt* 1 くるくる回す; 振る; 巻きつける, ひねる: ~ one's mustache ひげをひねる. 2 〔野〕〈ボールを〉投げる. ► *vi* 1 くるくる回る; くるりと向きを変える〈*around, about*〉; のたくる. 2 投球する. ● **~ one's THUMBS.** ► *n* 回転, 旋回; くるくる回る[回す]もの; 線輪状[巻き毛状, らせん形]のもの; 《文字の》渦巻形の飾り書き; 《俗》《泥棒などの使う》合い鍵: do a ~ くるっと回転する. ♦ **~·er** *n* くるくる回す人; 投手; BATON TWIRLER; くるくる回るもの《玩具など》; 《俗》合い鍵 (twirl). **~y** *a* [C16; *whirl* の影響による *tirl* (obs) TRILL の変形か; または ?imit; 一説に *twist*+*whirl*; cf. Norw (dial) *tvirla* to twirl]

twirl·i·gig /twə́ːrlɪgɪg/ *n* WHIRLIGIG BEETLE.

twirp ⇨ TWERP.

twist /twíst/ *vt* 1 撚(よ)る, 撚り合わせる, …に撚りをかける; 撚って[編んで, なって]作る; 編む, 織り込む: ~ *up* a strip of paper 紙切れを撚る, こよりを作る / ~ flowers *into* a wreath 花を編んで花輪を作る. 2 〈針金などを〉巻きつける, からませる〈*around*〉. 3 **a** ねじる, ひねる; ねじ曲げる, ねじり取る, ねじ切る, もぎ取る〈*off*〉: He ~*ed* it *out of* my hand. それをわたしの手からもぎ取った / ~ sb's ARM[1] / ~ the LION's tail. **b** 回転[旋回]させる, 回す; …の向きを変えさせる; 〔玉突・野球など〕〈球〉にひねりをかけてカーブさせる, ひねる. 4 〈足首などを〉くじく; 〈顔などを〉ゆがめる, 〈体の一部を〉よじる〈*up*〉; [[°]*pp*] 〈心を〉ひねくれさせる. 5 **a** 〈ことば・事実〉の意味を曲げる, ゆがめる, 曲解する; 混乱させる, ごっちゃにする. **b** *《口》〈生命保険契約を〉《保険条件などの》不実表示によって他の保険会社の契約に乗り換えさせる; ‖《口》だます (cheat). 6 〈自身の進路を〉ジグザグに切り開いて進む; [[°]*pp*] 〈曲線を〉空間曲線にする: ~ one's way through the crowd 人込みの中を縫うように通り抜ける. ► *vi* 1 よじれる, ねじれる〈*up*〉; 回転する, 旋回する; 〈ボールが〉回転しながらカーブする; 〔トランプ〕《blackjack で》表を向けたカード 1 枚を要求する[を配る, が配られる]. 2 体をよじる, 身もだえする; 〈口・顔などが〉ゆがむ; 〔ダンス〕ツイストを踊る; 振り返る. 3 からみつく, 巻きつく〈*around, about*〉; らせん[コイル]状になる; 〈人・道路・川などが〉曲がりくねりながら進む. 4 曲がったことをする, 不正をはたらく. ● **turn, ~, and wind** sb=~ sb around one's (little) FINGER. **~ and turn** 〈道などが〉曲がりくねっている; 〈人が〉《苦痛などで》身もだえする, しきりに寝返りをうつ. **~ sb's ARM**[1]. **~ in the WIND.** ► *n* 1 **a** 撚(よ)った[ねじった, ひねった]もの; 撚り糸, 索; ツイスト《1) ボタン穴かがりなどの固撚り絹糸 2) 撚り糸の強度を示す 1 インチ当たりの撚り数 3) 撚り糸の撚り方 4) 撚り糸の撚りの方向》: a ~ of paper こより (cf. 1b). **b** ひねりパン; ひねりタバコ; ひねり結び; レモンツイスト《飲み物に風味を添える》; ‖紙の端をひねって作った容器[袋] (=~ of paper), 端をひねった紙にはいったタバコ[砂糖など]. **c** パイルの巻きがきついじゅうたん. **d** ‖《俗》混合飲料[酒]《ジンとブランデー, 紅茶とコーヒーなど 2 種の》. 2 **a** 撚ること, 撚り(合わせ); ねじること, ねじり, ひねり; ねじれ; もつれ; 〔理〕ねじり(の率[角]): Give it a ~. それをひとひねりしなさい / an S-~ 左撚り / a Z-~ 右撚り. **b** 《顔などの》ゆがみ; 《足首などの》捻挫, 《腱などの》筋違い; [the] 〔ダンス〕ツイスト; 〔泳〕ひねり飛込み. **c** 《軸のまわりの》回転, 旋回; 《野球・玉突などの球に与える》ひねり, 回転, ひねりを与えられた球. **d** らせん状の運動[湾曲, 曲線]; 《ライフル銃などの旋条溝の》ねじれ度《旋条溝の 1 回転に要する距離をインチで表示》. **e** 湾曲(部)〈*in* a road etc.〉. 3 **a** 無理に曲げること, 歪曲; こじつけ, 曲解. **b** ‖《口》ペテン, いんちき. 4 特別な工夫[こつ, 要領, 秘訣]; 新しい取り組み方, 別の手[方法]: give...a new ~=put a new ~ *on*... ひとひねりする, …に新たな工夫[改良]を加える. 5 **a** わきにそれること; 直線コースからはずれること; 《事件・事態の》予想外の進展, 意外な展開; 行き違い, いざこざ: be full of ~*s* and turns 曲がりくねっている, 曲折に満ちている / a ~ of fate [fortune] 運命の巡り合わせ. **b** 《人の》性向, 《特に》風変わりな性向; 《性向・心などの》特異さ, 偏り: a ~ in one's nature 常人と異なる特異な性質, 奇癖. 6 《牛・羊などの》後肢と後肢の間の肉づき. 7 *《俗》若い女, 女の子, ギャル《韻俗 ~ and twirl=girl から》. 8 ‖《口》旺盛な食欲. ● **a ~ in one's tongue** 発音の不明瞭, 舌のもつれ. **round the ~** ‖《口》round the BEND[1]. **~(s) and turn(s)** 《事を達成する[避ける]ための》ごまかしの戦術, あの手この手. ♦ **~·able** *a* [ME=divided object<OE *-twist* (⇨ TWIN, TWINE); cf. G *Zwist* quarrel, Du *twisten* to quarrel]

twíst drìll 〔機〕ねじれぎり, ツイストドリル.

twíst·ed *a* TWIST した; 〈心がゆがんだ, 狂った; *《俗》《酒・麻薬に》酔っぱらった, ラリった, ハイの; 《俗》困った, いらいらした, 苦しんでいる; *《俗》薬(やく)が切れた, 禁断症状が出た: a ~ curve 〔数〕空間曲線.

twísted nemátic céll 〔電子工〕ねじれネマチックセル《セルの下基板から上基板にかけて配向方向が 90° ねじれる液晶セル》.

twíst·er *n* 1 **a** ‖《口》不誠実な[信用できない]人物, いかさま師; ツイストを踊る人; ねじりパン[ひねりタバコなど]を作る人; 糸に撚りをかける人, 撚糸(ねんし)機; *《俗》鍵 (key). **b** ひねったもの; ねじりパン[ドーナツ]; ひねり回転のかかった球. 2 *《口》つむじ風, たつまき (tornado); *《口》飲み騒ぎ, 痛飲 (bender); *《俗》《麻薬が切れた時の》痙攣; *《俗》《混合した麻薬の》静注. 3 難事, 難問; TONGUE TWISTER; *《俗》警察の手入れ.

twíst gríp ツイストグリップ《オートバイ・自転車の, ひねってアクセル[ギア]操作をするハンドルの握り》.

twíst·ing *n* 〔生保〕乗換え契約《不実表示などによってだまして契約を他社の契約に乗り換えさせること》.

twíst-òff *a* 手でひねって開ける〈ふた〉.

twíst tìe (袋などの口に巻き, ひねって締めるための)短い針金, ビニ(ール)タイ《通例 プラスチック・紙などをかぶせてテープ状にしてある》.
twísty *a* 曲がりくねった, うねうねした; よこしまな, ずるい, つかまえどころのない.
twit[1] /twít/ *vt* (-tt-) 《善意で[軽い気持ちで]》しかる, 責める; からかう, あざける. ► *n* 難詰, なじる[しかる]こと; あざけり. [OE *ætwitan* (*æt* against, *wītan* to accuse); 頭音消失は 16 世紀]
twit[2] *n* ᴵᴵ《口》ばか, だめなやつ. ♦ **twít·tish** *a* [↑; (dial)=a person given to twitting の意から]
twit[3] *n* 神経のたかぶり, いらいら. ● **in a ～** 《口》ひどく興奮して, 動揺して (upset), 狂わんばかりになって (frantic). [*twit*[1]]
twitch[1] /twítʃ/ *vt* **1** 〈体の一部を〉ピクッと[ピクピク]動かす, ひきつらせる. **2** ぐいと引く; ひったくる; はさんで引っ張る, つねる; 〈あばれ馬を〉鼻ねじ具で取り押える: ～ sb by the sleeve 人の袖を引く《注意するため》. ► *vi* ピクピクする, ひきつる; きりきり痛む; ぐいと引く 〈*at*〉. ► *n* **1** 《筋肉などの》ひきつり, 痙攣(けいれん). **2** 《心身の》鋭い痛み, うずき; 《口》神経のたかぶり, いらいら. **3** ぐいと引くこと. **4** 鼻ねじ具《あばれ馬を取り押えるもの》. ● **all of a ～** 《口》ぶるぶる震えて, びくびくして. [ME *twicchen*; cf. OE *twiccian* to pluck]
twitch[2], **twítch gràss** *n* 〔植〕COUCH GRASS.
twitched /twítʃt/ *a* 《俗》いらいら[そわそわ]した, おこった.
twítch·er *n* TWITCH[1] するもの[人]; ᴵᴵ《口》《珍鳥を捜し求める》バードウォッチャー; *《俗》《役割演技ゲームで》役割に熱中しすぎる者.
twítchy *a* いらいら[そわそわ]した, 落ちつきのない; ピクピク動く. ♦ **twítch·i·ly** *adv*
twite /twáɪt/ *n* 〔鳥〕キバシヒワ (=*mountain linnet*)《北欧および英国産》. [imit]
twit·ter[1] /twítər/ *n* **1** 《鳥の》さえずり; (たわいない)おしゃべり; クスクス笑い, 笑いさざめき; TWITTER への投稿 (tweet). **2** 興奮による身震い, 《口》わくわくする興奮状態: all of a ～ 非常に興奮して. ● **in a ～** *《口》落ちつかないで, ぼうっとして. ► *vi* **1 a** さえずる; ぺちゃくちゃしゃべる; クスクス[キャッキャッと]笑う. **b** TWITTER に投稿する, つぶやく (tweet). **2** 興奮で小刻みに震える. ► *vt* **1** さえずり歌う; ぺちゃくちゃしゃべる, さえずるように発する. **2** 小刻みに前後に振る[動揺させる]. ♦ **～·er** *n* [imit; cf. G *zwitschern*]
twitter[2] *n* TWIT[1] する人.
Twitter 〔商標〕ツイッター《米国 Twitter 社の SNS サイト; 最大 140 文字までのつぶやき (tweet) を投稿できる手軽な blog のようなもの》.
twít·tery *a* いらいらした, 神経質な; 震える; よくさえずる.
twít·ty *a* よくさえずる; ᴵᴵ《方》おこりっぽい, 気むずかしい.
'twixt, twixt /twíkst/ *prep* 《古・詩》BETWIXT.
twiz·zle /twíz(ə)l/ *v, n* TWIRL.
two /tú:/ *a* 2 つの; 2 人[個]の: one or ～ 一二の, いくらかの / ～ or three 二三の / a day or ～ 1 日か 2 日, 一両日 / be in ～ MINDS. ★ 発音が同じなので, (特に E メールなどで) '2' と書いて 'to', 'too' と読ませることがある: F2F=face to face / Flappers 2 (=to) Rappers 《本のタイトル》/ 2day=today / me2 (=too). ► *n* (*pl* ～s) **1** 《数の》2, 2 つ; 2 の数字[記号]《2, ii, II》: *T*～ and ～ make(s) four. 2 に 2 を足すと 4 になる(ことは自明の理). **2** 2 人[個]; 2 ドル[ポンドなど]: *T*～ is company, three is none [a crowd]. 《諺》2 人は気が合うが 3 人では仲間割れ《しばしば 短縮して Two's company. という》. **3** 2 時, 2 歳; 2 番目のもの[人]; 《トランプの》2 の札, 《さいころ・ドミノの》2 の目; 《ボート漕手の》2 番; 《サイズの》2 番; [後置] 第 2 の: row ～ 2 番をこぐ / wear a ～ 2 番サイズを身に着け(ている) / World War II [*T*～] 第二次世界大戦. **4** 2 人[個]の一組, 対(つい). ★ (1) 他の用法は SIX の例に準じる. (2) 形容詞 binary, double, dual; 接頭辞 di-, bi-.
● **by [in] ～s and threes** 三々五々, ちらほら. **in ～** まっぷたつに, 二つに〈切る・割る〉. **in ～ ～s** [《豪》**ups**] ᴵᴵ《口》たちまち, あっという間に. **it takes ～ to do** sth 二人いなければ…できない, …するのは一人だけの責任ではない: It takes ～ to TANGO [to make a QUARREL]. **put ～ and ～ together (and make [get] four)** 事実を考え合わせて結論に達する[推論する]. **That makes ～ of us.** 《口》そのことはわたし自身についても言える, わたしも同じだ[そう思う]. **～ and [by] ～** 2 つ[2 人]ずつ. TWO-AND-EIGHT. **T～ can play at that game.** その手ならこちらも手がある[使える]《負けてはいない》. **～ to one**=TEN to one.
[OE *twā* (fem and neut), *tū* (neut); cf. OE *twēgen* two (masc), G *zwei*, L *duo*]
2 《E メールなどで》to.
2-A, II-A /tú:éɪ/ *n* 《米国選抜徴兵分類で》2-A《農業従事者・学生以外で, 職業により徴兵延期になった者(の区分)》.
twó-a-dáy *n* 日に 2 回演じられるヴォードヴィルショー.
Twó-and-a-hálf Internátional [the] 第二半インターナショナル (VIENNA INTERNATIONAL).
twó-and-a[one]-hálf-stríper *n* LIEUTENANT COMMANDER.
twó-and-éight *n* 《韻俗》興奮状態, ピリピリした状態, 大混乱 (state).
2b °second base ♦ °second baseman ♦ °two-base hit.
twó-bágger *n* 《野球俗》二塁打 (two-base hit).
twó-bàse hít 〔野〕二塁打 (double).
twó-bèat *a* 〈ジャズが〉ツービートの《4/4 拍子で第 2 拍と第 4 拍にアクセントのある》.
twó-bìt* *a* 《口》25 セントの; 《俗》つまらない, 安っぽい.
twó bíts* [〈*sg/pl*〉] 《口》25 セント (quarter); 《口》小額; 《俗》つまらないもの.
twó-by-fòur *n* 断面 2×4 インチの材, ツーバイフォー《仕上げ寸法は $1^5/_8 \times 3^5/_8$ インチ》. ► *a* **1** 厚さ 2 (インチ)幅 4 (インチ)の, 2×4 の. **2** *《口》狭苦しい, ちっぽけな, 取るに足りない; *《口》視野の狭い, 狭量な.
twoc /twák/ *vt* (-cc-) ᴵᴵ《口》〈車を〉盗む, 乗り逃げする. ♦ **twóc·cer** *n* [*t*aken *w*ithout *o*wner's *c*onsent]
2-C, II-C /tú:sí:/ *n* 《米国選抜徴兵分類で》2-C《徴兵を延期された農業従事者(を示す区分)》.
twó cénts* 《口》*pl* つまらないもの, わずか, 少々; [one's ～ (worth)] 意見, 見解: feel like ～ 恥ずかしい[ばつの悪い]思いをする / give sb ～ *worth* of advice 人にわずかな助言をする. ● **add one's ～ in**=**put [get] in one's ～ (worth)** 意見を述べる, 口をはさむ, 口出しする.
twó-Chína(s) *a* 2 つの中国の《国連に中国と台湾 双方の代表を認める政策などについていう》.
twó cúltures *pl* [the] 人文・社会科学と自然科学. [Cambridge 大学における C. P. Snow の講演題目 (1959) より]
2CV /tú:sì:ví:/ 2CV (DEUX-CHEVAUX).
twó-cỳcle* *a* 〔機〕〈内燃機関が〉2 サイクルの.
2-D /tú:dí:/ *n, a* 二次元(の). [*two-d*imensional]
2DAY 《E メールなどで》today.
twó-déck·er *n, a* 二重甲板の(船); 二階付きの(乗物); 二層からなる(もの).
twó-dígit *a* 2 桁(けた)の (double-digit).
twó-dimén·sion·al *a* 二次元の; 二次元的な, 立体感のない; 平面的な, 平板な, 深みのない. ♦ **～·ly** *adv* **twó-dimension·ál·ity** *n*
twó-édged *a* DOUBLE-EDGED.
twó-fáced *a* 2 つの顔[2 面]を有する; 陰ひなたのある, 二枚舌の, 偽りに満ちた, 偽善的な; 両意にとれる, 意味のあいまいな. ♦ **-fác·ed·ly** /-féɪst-, -səd-/ *adv* **-fác·ed·ness** /-féɪst-, -səd-/ *n*
two·fer /tú:fər/ *《口》*n* 安い商品, 廉価品, 《特に》2 本 5 セントの葉巻; 1 枚分の料金で 2 人が入場できるチケット; 1 枚分の料金で 2 人分のチケットが買える優待券; 1 個分の値段で 2 個買える品; 2 つの基準[必要]を満たすもの: on a ～ 1 人分の料金で 2 人分買えて. ► *a* 1 人分の料金で 2 人分[2 つ]買える. [*two for (one)*]
twó-físt·ed *a* **1** 両手を握りしめた; 両方のこぶしを使う. **2 a** *《口》雄々しい, 力強い, 精力的な; *《口》〈小説など〉質朴で男っぽい内容を売り物にした. **b** ᴵᴵ《口・方》手先の不器用な.
twó-fìsted drínker *《俗》両手を使って飲む者, 豪快な飲み手, 大酒飲み.
twó·fòld *a, adv* 2 つの部分[面]からなる; 2 倍の[に].
2,4-D /tú: fɔ̀:rdí:/ *n* 〔農薬〕2,4-D(にょんディー) (DICHLOROPHENOXYACETIC ACID)《除草剤》.
2,4,5-T /tú:fɔ̀:rfàɪvtí:/ *n* 〔農薬〕2,4,5-T(にょんごティー) (TRICHLOROPHENOXYACETIC ACID)《除草剤》.
twó-fóur (tìme) 〔楽〕4 分の 2 拍子.
twó-hánd·ed *a* 両手のある; 両手で扱う[行なう]; 2 人で操作する, 2 人で行なう; 両手利きの; 《古》強健な. ♦ **～·ness** *n*
twó-hánd·er ᴵᴵ *n* 二人芝居《2 人の役者で演じる劇》.
twó-hórse *a* 2 頭の馬で引く, 2 頭立ての; 〈競争・コンテストが〉優勝候補は 2 者のみの, ほぼ一騎打ちの.
two i/c /tú: àɪsí:/ ᴵᴵ《俗》副司令官 (second in command).
twó-légged *a* 二本足の, 二脚の.
twó-lègged trée ᴵᴵ《俗》絞首台 (gallows).
twó-lìne, -lìned *a* 〔印〕〈活字が〉2 行取りの (cf. DOUBLE): a ～ letter.
twó-lìne brévier 〔印〕2 行取りブレビヤ《16 ポイント活字》.
twó-lìne octáve 〔楽〕二点音[オクターブ]《中央のド[ハ]よりさらに 1 オクターブ高い c″ に始まる 1 オクターブ》.
twó-lìne whíp 〔英議会〕登院命令 (⇨ WHIP).
twó-mást·er *n* 2 本マストの船.
twó-mìnute sílence [the] 2 分間黙禱《第一次, 第二次の大戦の死者を弔って Remembrance Sunday に全英でなされる午前 11 時の黙禱》.
2MORO 《E メールなどで》tomorrow.
twó-nàme páper 〔商〕二人連名手形, 複名手形.
twó nátures *pl* 〔キ教〕《キリストの中で結びついた》神性と人間性, 両性.
twó·ness *n* 2 つであること; 二重性.
2NITE 《E メールなどで》tonight.
twonk /twáŋk/ *n* ᴵᴵ《口》ばかたれ, とんま. [混成 (?) < *twit*[2], *twat*, *plonker*]
twó-óne, 2.1 /tú:wʌ́n/ *n* 《英・豪》2.1, 二級上(の学士号)《'second class, upper division' のこと; cf. TWO-TWO》.
twó-páck *a* 〈ペンキなどが〉別々の容器にはいった 2 つの成分を使用

直前に混ぜて用いる, ツーパック(式)の.
twó páirs *pl* 〘ポーカー〙ツーペア (⇨ POKER²).
twó-pàrt tíme [mèasure] 〘楽〙DUPLE TIME.
twó-pàrty *a* 二大政党の.
twó-pàrty sỳstem 〘政〙二大政党制度.
two·pence /tʌ́p(ə)ns/ *n* 2 ペンス; (*pl* ~, ~s) 《昔の銅貨または Maundy money としての》2 ペンス貨; ˈ取るに足らぬもの[こと], わずか: not care [give] ~ 少しも気にしない. ● **get in [have] one's ~ [fourpence] worth** 《口》意見を述べる, 口を出す (get in one's TWO CENTS worth*). **~ colored** 安くて派手な (⇨ PENNY 諺).
two·penn'·orth /tupɛ́nərθ/ *n* 2 ペンス分(の量); 取るに足らない量, わずか. ● **add [put in] one's ~** 《口》意見を述べる. [*two pennyworth*]
two·pen·ny /tʌ́p(ə)ni/ *a* 2 ペンスの; 安っぽい, つまらない; [強意] 全くの: not give [care] a ~ damn 《口》ちっともかまわない. ► *n* 2 ペンス貨 (twopence); 微量; タペニー (=~ ale) 《ビールの一種; 昔 1 quart を 2 ペンスで売った》; ˈ《韻俗》頭, おつむ, どたま《~ loaf of bread (=head) の短縮》.
twópenny-hálf·pen·ny /-héɪp(ə)ni/ *a* 2 ペンス半の; ˈ《口》つまらない, 安っぽい.
twópenny náil 長さ 1 インチの釘.
T **twó-pèrcent mílk*** (乳脂肪分) 2% 牛乳 (semi-skimmedˈ).
twó-pháse *a* 〘電〙二相の.
twó-píece *attrib a* 2 部分からなる, 《特に》〈衣服が〉ツーピースの. ► *n* ツーピースの衣服[水着] (=**twó-píec·er**).
twó-plý *a, n* 2 枚重ねの(合板など); 2 本撚(よ)りの(糸[ワイヤーなど]); 《縦糸·横糸各 2 の》重ね織りの(織物).
twó-pót scrèamer 《豪俗》すぐ酔っぱらうやつ.
twó-ròwed bárley 二条大麦, ビール麦.
2-S, II-S /túːɛ́s/ *n* 《米国選抜徴兵分類で》2-S 《学生で徴兵を延期された者(を示す区分)》.
twó's cómplement 〘数〙2 の補数《二進法で, *n* 桁のもとの数を 2^n から引いた値; cf. ONE'S COMPLEMENT》.
twó-sèam fástball 〘野〙ツーシーム《ボールの 2 本の縫い目に人指し指と中指を沿わせて握る速球の一種; 打者の手元で微妙に変化するためバットの芯をはずすことができる》.
twó-séat·er *n* 2 人掛けのもの[自動車など]; (前後) 2 座席の自動車《など》; 〘空〙複座(飛行)機.
twó-shòt *n**《放送俗》俳優が 2 人の場面.
Twó Sícilies [the] 両シチリア王国《南イタリアと Sicily 島を国土とした; 1861 年イタリア王国に統合》.
twó-síded *a* 2 つの面[側, 辺]を有する (bilateral); [*fig*] 2 つの側面を有する, 両面的な, 二面性[裏表]のある; 〈紙が〉表裏別々の色[手ざわり]の.
twó-sìded tést TWO-TAILED TEST.
twó·some *a* 2 つからなる; 2 人でする. ► *n* 2 人組, 2 つ一組[一対]のもの, カップル, ペア; 〘ゴルフなど〙2 人試合(をする 2 人), ツーサム.
twó-spéed *a* 二速式の, 二段変速の.
twó-spòt *n* 取るに足らぬ[重要でない]人[もの], 《特に》トランプの 2 の札; *《俗》2 ドル札, 2 ドル.
twó-spòtted spíder mìte 〘動〙ナミハダニ《作物の害虫》.
twó-stàr *a* 〈ホテルなどが〉二つ星の; 〘米軍〙二つ星の《階級章の 2 つ星から少将 (major general) についていう》.
twó-stèp *n* ツーステップ《社交ダンスの一種; その舞曲》; UK GARAGE. ► *vi* ツーステップを踊る. ► *a* 2 段階の.
twó-stríper *n* 〘米海軍〙LIEUTENANT.
twó-stròke *a* 2 行程サイクル(エンジン)の. ► *n* 2 行程サイクルエンジン(を備えた乗物).
twó-stròke cýcle 〘機〙《内燃機関の》2 行程サイクル.
twó-súit·er *n* **1** 〘ブリッジ〙long suit 2 つを含む手. **2** スーツ 2 着がはいるスーツケース.
twot /twɑ́t/ *n* 《卑》TWAT.
twó-tàiled pásha 〘昆〙ヨーロッパ[スペイン]フタオチョウ《ヨーロッパ南部·アフリカ北部産のタテハチョウ科のチョウ》.
twó-tàil(ed) tést 〘統〙両側検定 (cf. ONE-TAILED TEST): *two-tailed* chi-square *test* 両側カイ二乗検定.
Twó Thòusand Guíneas [the] 〘英〙ツー·サウザンド·ギニー《Newmarket で 3 歳馬によって行なわれる競馬; ⇨ CLASSIC RACES》.
twó-tìme 《俗》*vt* 〈配偶者·恋人を〉裏切って浮気する, 不倫する; 裏切る, だます. ► *vi* 人をだます; 裏切り行為をする. ♦ **twó-tìmer** *n* **twó-tìming** *a*
twó-tìme lóser 《俗》前科 2 犯の者, 再犯者; 《俗》《事業·結婚などに》2 度失敗した人; *《俗》根っからダメなやつ, ダメが染みついたやつ.
twó-tòed ánteater 〘動〙SILKY ANTEATER.
twó-tòed slóth 〘動〙フタユビナマケモノ《同属の 2 種; 中南米産》.
twó-tóne, twó-tóned *a* 異なる 2 色[音]の, ツートンカラーの.
twó-tòoth *n* (*pl* **-tòoths**) 《豪》永久歯 (門歯) 2 本が生えそろった 1–2 歳の羊.
twó-twó, 2.2 /túːtúː/ *n* 《英·豪》2.2, 二級下(の学士号)《'second class, lower division' のこと》.
'twould /twʊ́d, twəd, təd/ 《詩·方》it would の短縮形.
twó úmlauts [⟨*sg*⟩] *《俗》《ドイツのビール》レーヴェンブロイ (Löwenbräu).
twó-úp *n* 《米·豪》2 枚の硬貨を放り上げて両方とも表か両方とも裏かに賭けるゲーム (cf. KIP⁴).
twó-ùp twò-dówn ˈ《口》ツーアップツーダウン《2 階建ての家で 1 階にリビング·客間が 2 室, 2 階に寝室が 2 室あるもの》.
twó-vàlued *a* 〘論〙真偽二価の.
twó-wáy *attrib a* 二路[双路]の; 二方向いずれにも作用する; 送受信両用の; 2 方法いずれにも使える; 裏返しても使える; 〈交通·道路など〉両方向(用)の, 対面通行の; 二者[両者]間の; 相互的な; 〘数〙両変分の: a ~ cock 二路開閉コック.
twó-wày mírror ツーウェイミラー, マジックミラー[ガラス].
twó-wày stréet 対面通行道路; 双務[互恵]的な状況[関係], 両方向にはたらくもの.
twó-wày strétch 《口》ツーウェイストレッチ《両側[左右]に伸び縮みするファンデーションガーメント》.
2WD /túːdʌ̀b(ə)ljudíː/, **twó-whèel drívе** 二輪駆動(車).
twó-whéel·er *n* 二輪車《自転車·バイク》; 二輪馬車.
twó-wìnged flý 〘昆〙双翅類の昆虫《蚊·アブ·ハエなど》.
twp /túp/ *a* 《南ウェールズ方言》ばかな, とんまな.
twp township. **TWT** 〘電〙°traveling-wave tube.
TWX teletypewriter exchange.
twy- /twáɪ/ *pref* TWI-.
twy·er(e) /twáɪər/ *n* TUYERE.
TX Texas ♦ 《E メールなどで》thanks.
TXT 〘電算〙TEXT FILE を示す拡張子.
-ty¹ /ti/ *n suf* 「10 の倍数」: twen*ty*. [OE *-tig* ten]
-ty² *n suf* 「…な性質[状態, 度合い]」: cruel*ty*. [OF *-té, -tet*<L *-tas, -tatis*; cf. -ITY]
Ty·burn /táɪbərn/ タイバーン《London の死刑執行場; 現在の Hyde Park 北東入口の門付近にあった》.
Týburn tìppetˈ 絞首索.
Týburn trèeˈ 絞首台.
Ty·che /táɪki/ 〘ギ神〙テュケー《運命の女神; ローマの Fortuna に当たる》. [Gk=*tukhē* chance, fortune]
ty·chism /táɪkɪz(ə)m/ *n* 〘哲〙偶然主義《宇宙の進化において偶然性は減じてもあくまで残るとする; cf. CASUALISM》.
Ty·cho /táɪkoʊ/ 〘天〙ティコ《月面第 3 象限のクレーター; 月面で光条が最も集中する》.
Ty·chon·ic /taɪkɑ́nɪk, tɪ-/, **Ty·cho·ni·an** /-kóuniən/ *a* ティコ·ブラーエ (Tycho Brahe) (の新宇宙説)の.
ty·cho·potámic /tàɪkoʊ-/ *a* 〘生態〙止水性の《動植物が主に静止した淡水中で生息する; cf. AUTOPOTAMIC, EUPOTAMIC》. [*tych-*; ⇨ TYCHE]
Týcho's Nóva [stár] 〘天〙ティコ新星《カシオペア座に現われた超新星; デンマークの天文学者 Tycho Brahe が 1572 年 11 月 11 日に最初に観測, 1574 年 3 月まで見えた》.
Ty·chy /tíki, tíxi/ ティヒ《ポーランド南部国境近く Katowice の南にある市; ビール醸造で知られ, また自動車生産が盛ん》.
ty·coon /taɪkúːn/ *n* 大君《徳川将軍に対する外国人の呼称》; 《口》《実業界の》巨頭, 《政界の》大物. [Jpn]
Ty·de·us /táɪdiəs, -djùːs, *tídiəs/ 〘ギ神〙テューデウス《Diomedes の父; SEVEN AGAINST THEBES の一人》.
tye, tie /táɪ/ *n* 〘海〙タイ《ヤードを上げ下げする鎖》.
ty·ee /táɪìː/ *n**《俗》親玉, 大物, 偉いさん. [Chinook Jargon]
ty·er /táɪər/ *n* TIER².
Ty·gon /táɪgɑ̀n/ 〘商標〙タイゴン《金属表面 (管材料など) の被覆や内張り材などとして腐食防止用に使用されるビニール化合物類》.
ty·hee /táɪìː/ *n* TYEE.
tyin /tíːn/ *n* (*pl* ~, ~s) ティーン《カザフスタンの通貨単位; 1 tenge =100 tyin》.
tying *v* TIE の現在分詞.
ty·iyn /tijɛ́n/ *n* (*pl* ~, ~s) ティーエン《キルギスの通貨単位; 1 som =100 tyiyn》.
tyke, tike /táɪk/ *n* 犬, 雑種犬, のら犬; 《口》(小生意気な)こども, ちびっこ, ガキ; ˈ《古風》粗野な人, 不愉快なやつ; 田舎者; [°Yorkshire ~]ˈ《俗》ヨークシャー者; 《豪俗》[*derog*] カトリック信者 (cf. TAIG). [ON *tík* bitch]
tyle /táɪl/ *vt* 〈会議など〉極秘にする; 〈秘密結社の会員〉に秘密を誓わせる (tile).
ty·lec·to·my /taɪlɛ́ktəmi/ *n* 〘医〙腓胝(べんち)切除(術) (lumpectomy).
Ty·le·nol /táɪlənɔ̀(ː)l, -nòʊl, -nɑ̀l/ 〘商標〙タイレノール《アセトアミノフェン (acetaminophen) 製剤; 非ピリン系鎮痛解熱剤》. [N-ace*tyl*-p-aminophen*ol*]
tyl·er /táɪlər/ *n* 《秘密結社の》集会所の門番 (tiler).
Ty·ler タイラー (**1**) **Anne** ~ (1941–)《米国の小説家》(**2**) **John** ~ (1790–1862)《米国第 10 代大統領 (1841–45); Whig 党》(**3**) **Wat** /wɑ́t/ [**Walter**] ~ (d. 1381)《イングランドの Peasant's Revolt (1381) の指導者》.

Tyll Eulenspiegel ⇨ EULENSPIEGEL.

ty·lo·pod /táɪləpàd/ *n, a* 〔動〕核脚類[ラクダ亜目] (Tylopoda) の(動物)《ラクダ・ラマなど》. ♦ **ty·lop·o·dous** /taɪlápədəs/ *a* [Gk *tulos* knob or *tulē* callus, cushion, *-pod*]

Ty·lor /táɪlər/ タイラー Sir **Edward Burnett** ～ (1832–1917)《英国の人類学者; '文化人類学の父' といわれる; *Primitive Culture* (1871)》.

ty·lo·sin /táɪləsən/ *n* 〔薬〕チロシン《抗生物質》.

ty·lo·sis /taɪlóusəs/ *n* 〔医〕肥厚(化), 胼胝(べんち)形成; 〔植〕チロース《導管部にある塡充細胞群》. [NL; ⇨ TYLOPOD]

tym·bal /tímb(ə)l/ *n* TIMBAL.

tym·pan /tímpən/ *n* DRUM[1]; 張りつめた薄膜; 〔解・動〕TYMPANIC MEMBRANE; 〔印〕チンパン (＝～ **shèet**)《圧盤と印刷紙の間に入れる紙[布]》; 〔建〕TYMPANUM.

tympana *n* TYMPANUM の複数形.

tym·pa·ni /tímpəni/ *n* TIMPANI.

tym·pan·ic /tɪmpǽnɪk/ *a* 太鼓の(ような); 太鼓の皮の(ような); 〔解・動〕鼓膜[鼓室]の; 〔建〕TYMPANUM の. ► *n* TYMPANIC BONE.

tympánic bóne 〔解・動〕鼓室小骨, 鼓骨.

tympánic cávity 〔解・動〕鼓室.

tympánic mémbrane 〔解・動〕鼓膜 (＝*eardrum*).

tym·pa·nist /tímpənɪst/ *n* TIMPANIST.

tym·pa·ni·tes /tìmpənáɪtiz/ *n* 〔医〕鼓脹. ♦ **tỳm·pa·nít·ic** /-nít-/ *a*

tym·pa·ni·tis /tìmpənáɪtəs/ *n* 〔医〕鼓室炎 (otitis media).

tym·pa·num /tímpənəm/ *n* (*pl* ～**s, -na** /-nə/) **1** 〔解・動〕鼓室, 中耳; 〔解・動〕鼓膜; 〔昆〕《側腹にある聴器の》鼓膜; 〔鳥〕鼓膜《鳴管の共鳴装置》; *《電話機の》振動板; 太鼓(の革). **2** 〔機〕太鼓形水揚げ車; 〔建〕ティンパヌム《**1**) pediment などの三角面[壁] **2**) ドアの上の楣(まぐさ)とアーチの間のスペース; その彫刻》. [L<Gk *tumpanon* drum; ⇨ TYPE]

tym·pa·ny /tímpəni/ *n* 〔医〕TYMPANITES; 《古》慢心, 尊大, 自負; 《古》《表現上の》誇張.

Tyn·dale, Tin-, Tin·dal /tíndl/ ティンダル **William** ～ (c. 1494–1536)《イングランドの聖書翻訳者; 新約聖書・モーセ五書を英訳, Authorized Version (1611) の土台となった; Antwerp で火刑に処された》.

Tyn·dall /tíndl/ ティンダル **John** ～ (1820–93)《アイルランドの物理学者》.

Týndall effèct [the] 〔理〕ティンダル効果《多数の粒子が散在する媒質中に光を通すと, 通路が散乱光のために光って見える現象》. [↑]

tyn·dall·om·e·ter /tɪnd(ə)lámətər/ *n* ティンダロメーター《ティンダル効果を利用して浮遊粉塵を測定する計器》.

Tyn·dar·e·us /tɪndǽriəs/ 〔ギ神〕テュンダレオース《スパルタ王; Leda との間に Castor と Clytemnestra をもうけた》.

tyne /táɪn/ *n* TINE[1].

Tyne [the] タイン川《イングランド北部を東流して北海に注ぐ川》.

Týne and Wéar タイン・アンド・ウィア《イングランド北部の Tyne 川下流域を占める metropolitan county; ☆Newcastle upon Tyne》.

Tyne·mouth /táɪnmàuθ, ǁ-məθ/ タインマウス《イングランド北部 Tyne 川河口の港町》.

Tyne·side /táɪnsàɪd/ タインサイド《イングランド北部 Tyne 川下流の Newcastle から河口に至る都市域》.

Týne Tées Télevision タインティーズ・テレビジョン《英国の民放テレビ局の一つ; イングランド北東部向けに番組を流している》.

Tyn·wald /tínwəld, táɪn-/ *n* マン島議会《Isle of Man の立法府》. [ON＝assembly field]

typ- /táɪp/, **ty·po-** /táɪpou, -pə/ *comb form* 「活字」「表象」「類型」 [Gk TYPE]

typ·al /táɪpəl/ *a* TYPE の; 類型としての, 典型的な.

type /táɪp/ *n* **1 a** 型, 定型, 様式, 原型, 類型, タイプ; 《広く》種類, タイプ (kind); 《口》…タイプの人, (一風変わった)人: two ～*s* of intonation(s) 2 種類の抑揚 / women of the blonde ～ ブロンドの女性 / a new ～ of dictionary＝a dictionary of a new ～＝《口》a new ～ dictionary 新しい型の辞書 / whisky of the Scotch ～＝《口》Scotch ～ whisky スコッチ風のウイスキー / an artistic ～ 芸術家肌の人 / He's not that ～ of person [my ～]. 彼はそういう[わたしの好みの]タイプではない. **b** 典型, 代表物, 模範: a perfect ～ of English gentleman 英国紳士の典型, 典型的な英国紳士. **c** 〔生〕型, 類型, TYPE GENUS, TYPE SPECIES, TYPE SPECIMEN; 〔生理〕病型, 菌型; 血液型; 〔畜〕《用途からみた家畜の》型, 種 (: dairy ～ 酪農型 / beef ～ 食肉型); 〔化〕基型. **d** 〔言〕タイプ《ある言語表現のすべての生起例に共通する型; 同じ語なら使用度数にかかわらず 1 語と数える; cf. TOKEN 1a》. **e** 〔論〕型(かた), 階型(かいけい). **f** 〔電算〕《データの》型. **2 a** しるし, 符号, 象徴; 〔神学〕予型, 予表, 予徴《特に 後世のものの前兆としての旧約聖書中のできごと[人物]; cf. TYPOLOGY》. **b** 《硬貨・メダルの》意匠, 模様. **c** 《まれ》(はっきりそれとわかる)特徴. **3** 〔印〕《1 個の》活字; 活字《集合的》; 字体, 印字体; 印刷物: wooden ～(*s*) 木版 / a piece of ～ 活字 1 個 / in ～ 活字に組まれて / set ～ 活字を組む. ★ 活字の大きさによる名称《今はポイントで呼ぶので後ろに相当するポイント数を示す》: excelsior 3, brilliant 3½, gem 4, diamond 4½, pearl 5, agate [ruby] 5½, nonpareil 6, minionette [emerald] 6½, minion 7, brevier 8, bourgeois 9, long primer 10, small pica 11, pica 12, English 14, Columbian 16, great primer 18, paragon 20, canon 48. **4** ǁ《俗》TYPEWRITER.

► *vt* **1** 〈手紙・書類などを〉タイプする (＝*typewrite*) 〈*off*〉; 〈データ・文書などを〉キーボードで打ち込む; 活字にする. **2** 類型に分ける, 分類する; 〔医〕〈血液などの〉型を検査する; 〔劇〕TYPECAST. **3** 代表する, …の典型となる; 象徴する; 予型[予表]する (prefigure). ► *vi* タイプライター[キーボード]を打つ. ● ～…**in** [**into**…] (本文・余白などに)〈語句などを〉タイプして加える[挿入する]; 《コンピューターなどに》〈語句などを〉打ち込む. ～ **out** 《最初から[手書き文などから]》タイプで打つ; 〈不要文字などを〉《上に字を》タイプして抹消する: Please ～ me *out* this article [～ it *out* for me]. この記事[それ]をタイプしてください. ～ **up** 〈手書きのものを〉タイプして清書する[仕上げる]; タイプして用意する.

♦ **týp·able, týpe·able** *a*

[OF or L<Gk *tupos* impression (*tuptō* to strike)]

-type /tàɪp/ *a comb form* 「…タイプ[型, 式]の」: proto*type*. [↑]

Type A /-- éɪ/ *a* A 型の《短気・攻撃性・競争心を特徴とする性格についていい, 冠状動脈系の心臓病を起こしやすいとされる》. ► *n* A 型行動様式(の人).

týpe appròval 型式承認《製品が規定の仕様に適合していることの公的な確認》.

Type B /-- bíː/ *a* B 型の《A 型の反対で, 過度の攻撃性や緊張が見られない性格についていう; 心臓血管障害の危険性が低いこととなんらかの関係があると考えられる》. ► *n* B 型行動様式(の人).

týpe·bàr *n* 《タイプライターの》タイプバー; 活字の行 (slug).

týpe·càse *n* 〔印〕活字ケース.

týpe·càst *vt* **1** 〈活字を〉鋳造する. **2 a** 〈俳優を〉《性格・体格的に》地で行くような役柄[はまり役]につける. **b** 〈俳優を〉いつも同じような役につける, 決まりきった役ばかりやらせる. **3** 型にはめる, 固定化させる, 紋切り型にする (stereotype). ► *a* 〈俳優が〉固定的イメージのできてしまった. ♦ ～**·er** *n*

type C virus /-- síː --/ C-TYPE VIRUS.

týpe·fàce *n* 活字面; 印刷面; (活字)書体, 体, (タイプ)フェース; 同一デザインの全活字.

týpe·fòund·er *n* 活字鋳造業者.

týpe·fòund·ing *n* 活字鋳造(業).

týpe·fòund·ry *n* 活字鋳造所.

týpe gènus 〔生〕基準[模式]属《科・亜科の命名の基礎となった属》.

týpe-hígh *a, adv* 〔印〕〈鉛版などが〉活字と同じ高さの[に] (0.918 インチ).

týpe locàlity 〔生〕模式[タイプ]産地《基準標本の野生していた場所》; 〔地質〕模式(産)地.

týpe mètal 活字合金《鉛・アンチモン・スズの合金》.

type 1 diabetes (mellitus) /-- wʌ́n -- (--)/ 〔医〕1 型糖尿病 (＝*insulin-dependent diabetes* (*mellitus*))《通例 幼児期・青年期に急激に発症する糖尿病; 膵島ベータ細胞のインスリン産生欠乏が原因で, 高血糖となり, ケトアシドーシスに至る傾向が高い》.

type I error /-- wʌ́n --/ 〔統〕第 1 種過誤, 第 1 種の誤り《帰無仮説 (null hypothesis) が正しいのに棄却してしまうこと》.

týpe pàge 〔印〕版面, 版づら.

týpe·script *n* タイプライターで打った文書, 《特に 印刷用の》タイプ原稿. ► *a* タイプで打った.

týpe·sèt *vt* 〈記事などを〉活字に組む, 植字する. ► *a* 活字に組んだ. ♦ **týpe·sètter** *n* 植字工 (compositor); TYPESETTING MACHINE. **týpe·sètting** *n, a*

týpesetting machìne 〔印〕自動植字機.

týpe sìte 〔考古〕標準[標式]遺跡, タイプサイト《型式・様式・年代などの標準となる》.

týpe spècies 〔生〕《生物分類・命名における》基準[模式]種 (genotype).

týpe spècimen 〔生〕《種の》基準[模式]標本.

týpe stàtion TYPE SITE.

týpe·style *n* TYPEFACE.

týpe thèory 〔化〕基型説《元素結合の型を重視する 19 世紀の学説》.

type 2 diabetes (mellitis) /-- túː -- (--)/ 〔医〕2 型糖尿病 (＝*non-insulin-dependent diabetes* (*mellitus*))《特に成人に発症する糖尿病のうちの大部分; 肥満を伴うことが多い; インスリン抵抗性とインスリンの分泌低下による高血糖を特徴とする》.

type II error /-- túː --/ 〔統〕第 2 種過誤, 第 2 種の誤り《帰無仮説 (null hypothesis) が誤っているのに受容してしまうこと》.

týpe whèel 活字車《円筒表面に活字を浮き出させたもので, ある種のタイプライターや電報に用いる》.

týpe·wrìte *vt, vi* タイプライターで打つ[を打つ], タイプする (type).

týpe·wrìter *n* タイプライター; 〔印〕タイプライター字体; 《古風》TYPIST; 《俗》機関銃.

týpe·wrìting *n* タイプライターを打つこと[技術]; タイプ印刷(物).

týpe·wrìtten *n* タイプライターで書かれた，タイプで打った．
typey ⇨ TYPY.
typh- /táɪf/, **ty·pho-** /táɪfoʊ, -fə/ *comb form*「チフス (typhus)」［Gk］
typh·li·tis /tɪfláɪtəs/ *n*〘医〙盲腸炎. ◆ **-lit·ic** /-lít-/ *a*
typh·lol·o·gy /tɪflɑ́ləʤi/ *n* 盲目学.
typh·lo·sole /tífləsòʊl/ *n*〘動〙《ミミズ類の》腸内縦隆起，盲樋.
Ty·phoe·us /taɪfí:əs, -fóʊjù:s/〘ギ神〙テュポーエウス《TYPHON の異称》. ◆ **Ty·phóe·an** *a*
tỳpho·génic *a*〘医〙チフスを生じさせる.
ty·phoid /táɪfɔ̀ɪd, ━ ́━/ *a*〘医〙チフス(様)の. ► *n* 腸チフス (typhoid fever);〘獣医〙チフス様の病気. ［TYPHUS, *-oid*］
ty·phoi·dal /taɪfɔ́ɪdl/ *a*〘医・獣医〙チフス(性)の.
týphoid bacìllus〘医〙腸チフス菌.
týphoid féver〘医〙腸チフス.
ty·phoi·din /taɪfɔ́ɪdən/ *n*〘医〙チフォイジン《腸チフス感染検査で皮膚反応をみるためのチフス菌液》.
Týphoid Máry* (*pl* ～**s**) チフスのメリー《**1**) 腸チフス菌をばらまく保菌者 **2**) 悪疫・悪習などをまき散らす者》. ［保菌者であった New York の調理人 *Mary* Mallon (1869–1938) から］
tỳpho·malárial *a*〘医〙チフス性マラリアの.
ty·phon /táɪfɑ̀n/ *n* タイホン《圧縮空気などによって影響をうける振動板ホーン》.
Typhon テュポーン《**1**)〘ギ神〙100 頭の竜が肩から生え，ひざから下はとぐろを巻いた毒蛇という巨大怪力の怪物で Typhoeus ともいう; Cerberus, Chimera, Sphinx などの父 **2**) エジプト神話の SET に対するギリシア語名》.
ty·phon·ic /taɪfɑ́nɪk/ *a* 台風の(ような).
Ty·phoo /taɪfú:/〘商標〙タイフー《英国の紅茶》.
ty·phoon /taɪfú:n/ *n*〘気〙台風，熱帯性低気圧; [*fig*] あらし. ［Chin＝great wind, and Arab］
ty·phous /táɪfəs/ *a*〘医〙チフス(性)の.
ty·phus /táɪfəs/ *n*〘医〙発疹チフス (＝～ **féver**). ［Gk＝stupor (*tuphō* to smoke)］
typ·ic /típɪk/ *a* TYPICAL. ［L＜Gk (TYPE)］
typ·i·cal /típɪk(ə)l/ *a* 典型的な，代表的な; 通常の; よく[どこにでも]ある; 象徴[表象]する;〘解・化〙定型的な;〘生〙模式[典型]的な，正形…: be ～ of…を代表[象徴]する; …にはよくある，いかにも…らしい / (It's) ～! またか，いつものことだ. ◆ ～**·ness** *n* **typ·i·cal·i·ty** /tìpəkǽləti/ *n*
týpical·ly *adv* 典型的に，象徴的に; 典型的な例[場合]では，一般的には，概して，普通(は); 例によって，いつものように.
typ·i·fi·ca·tion /tìpəfəkéɪʃ(ə)n/ *n* TYPIFY すること; 典型，模式，基型，象徴，予表.
typ·i·fy /típəfàɪ/ *vt* 典型的に表わす，…の標本[典型(例)，代表，象徴，予表]である; …の典型的な特徴[しるし]である，〈性質などが〉…に特徴的にある[そなわっている]; 類型化する. ◆ **týp·i·fi·er** *n*
typ·ing /táɪpɪŋ/ *n* TYPEWRITING.
týping pàper タイプ(ライター)用紙.
týping pòol《オフィス内の》タイピスト要員; タイプ室.
typ·ist /táɪpɪst/ *n* タイプライターを打つ人，《コンピューターの》キーボードを打つ人; タイピスト，タイプのうまい人.
ty·po /táɪpoʊ/《口》*n* (*pl* ～**s**) **1** 印刷工，《特に》植字工. ［*typographer*］ **2** 誤植，タイプミス. ［*typo*graphical error］
typo- /táɪpoʊ, -pə/ ⇨ TYP-.
týpo·gràph *vt*〈スタンプを〉活版で作る.
ty·pog·ra·pher /taɪpɑ́grəfər/ *n* 植字[印刷]工; 印刷者[業者]; タイポグラファー《活字書体・組付け・レイアウトなどの専門家》.
ty·po·graph·ic /tàɪpəgrǽfɪk/, **-i·cal** *a* 活版印刷の; 印刷上[用]の: a *typographical* error 活字[タイプ]印刷上の誤り，誤植. ◆ **-i·cal·ly** *adv*
ty·pog·ra·phy /taɪpɑ́grəfi/ *n* 活版印刷，活版術; 組み版; 印刷の体裁，タイポグラフィー. ［F or NL; ⇨ TYPE］
ty·po·log·i·cal /tàɪpəlɑ́ʤɪk(ə)l/, **-ic** *a* TYPOLOGY の; 活字 (types) の. ◆ **-i·cal·ly** *adv*
ty·pol·o·gy /taɪpɑ́ləʤi/ *n*〘神学〙予型論《新約中のできごとはすでに旧約において予表されているとする》; 予表，表象;〘哲・言・生・社〙類型学;〘考古〙型式(けいしき)論. ◆ **-gist** *n* ［Gk *tupos* TYPE］
ty·po·nym /táɪpənìm/ *n*〘生〙模式名《**1**) 基準種[標本]の(記相記載でなく)表示に基づく分類名 **2**) 同一基準種に対する廃棄された分類名》. ［*-onym*］
ty·po·script /táɪpəskrìpt/ *n* TYPESCRIPT.
ty·poth·e·tae /taɪpɑ́θətì:, tàɪpəθí:-/ *n* 印刷工 (printers)，《特に》印刷職工長 (master printers)《米国・カナダで組合名に用いる》.
typp /típ/ *n*〘繊維〙チップ《糸の太さの単位: 重量 1 ポンドで 1000 ヤールの何倍かを示す》. ［*t*housand *y*ards *p*er *p*ound］
typy, typ·ey /táɪpi/ *a* 典型的な，模式的な，《特に》〈家畜など〉体型のすぐれた.
Tyr[1], **Tyrr** /tíər/〘北欧神話〙ティール《Odin の息子で戦争の神》.
Tyr[2] ⇨ TYRE.
ty·ra·mine /táɪrəmì:n, tír-, -mən/ *n*〘生化〙チラミン《アドレナリンに似て交感神経興奮作用がある》.
ty·ran·ni·cal /tərǽnɪk(ə)l, taɪ-/, **-nic** *a* 専制(君主)的な，圧制的な，非道な，暴虐な. ◆ **-ni·cal·ly** *adv* **-ni·cal·ness** *n* ［OF, ＜Gk; ⇨ TYRANT］
ty·ran·ni·cide /tərǽnəsàɪd, taɪ-/ *n* 暴君殺し《行為・人》. ◆ **ty·ràn·ni·cí·dal** *a*
tyr·an·nize /tírənàɪz/ *vi* 圧政[苛政，暴政]を行なう，暴威をふるう，専制君主として支配する〈*over*〉. ► *vt* 専制君主のように[として]支配する，しいたげる. ◆ **-nìz·er** *n*
ty·ran·no·saur /tərǽnəsɔ̀:r, taɪ-/〘古生〙*n* 暴君竜，ティラ(ン)ノサウルス (*Tyrannosaurus rex*)《陸生動物中最大の肉食竜; 略称 T. rex》; TYRANNOSAURID.
ty·ran·no·sau·rid /tərǽnəsɔ́:rɪd, taɪ-/ *n*〘古生〙ティラノサウルス科 (Tyrannosauridae) の二足恐竜《代表種は tyrannosaur》.
ty·ran·no·sau·rus /tərǽnəsɔ́:rəs, taɪ-/ *n*〘古生〙ティラノサウルス (TYRANNOSAUR). ［*dinosaur* にならって *tyrant* より］
tyr·an·nous /tírənəs/ *a* 専制君主的な，横暴な，理不尽な; 暴威をふるう，苛酷な，不当にきびしい. ◆ ～**·ly** *adv* ～**·ness** *n*
tyr·an·ny /tírəni/ *n* **1** 専制政治 (despotism); 暴政，圧政;〘ギリシア史〙僭主政治，僭主制期; 専制国家，僭主国家; 専制君主の権力[職権]. **2** 抑圧的な力，圧制; 横暴，暴虐; きびしさ，苛酷さ: the ～ of the media メディアの横暴[圧倒的な影響力]. ［OF, ＜Gk (↓)］
ty·rant /táɪərənt/ *n* **1** 専制君主; 暴君，圧制者;〘ギリシア史〙僭主; 大きな強制力[支配力]をもつもの: the Thirty *T*～*s* 三十僭主《404–403 B.C. にアテナイを支配した 30 人の独裁的執政官》. **2**〘鳥〙TYRANT FLYCATCHER. ［OF, ＜Gk *turannos*］
týrant flýcatcher, týrant bìrd〘鳥〙タイランチョウ《同科の鳥の総称; 南北アメリカ産; 旧世界のヒタキの類に相当する》.
tyre ⇨ TIRE[2].
Tyre /táɪər/, **Tyr** / , tíər/ スール，ティール，テュロス，〘聖〙ツロ (*Arab* Sur, Anc. **Ty·rus** /táɪrəs/)《レバノン南部の地中海岸の町; 古代フェニキアの海港都市》.
Ty·ree /taɪrí:/ [Mount] タイリー山《南極の Ellsworth Land の南にある Ellsworth 山地の山 (4965 m); Vinson Massif の北西に位置》.
Tyr·i·an /tíriən/ *a* スール[テュロス](の住民)の; TYRIAN PURPLE 色の. ► *n* スール[テュロス] (Tyre) の住民; TYRIAN PURPLE《色》. ［L (*Tyrus* TYRE)］
Týrian púrple ティリアンパープル，シリア紫，貝紫 (＝**Týrian dýe**)《古代ギリシア人やローマ人などが地中海産のアクキガイなどの分泌液から採った(赤)紫の染料; 今は化学的に合成する》; 青[紫]色をおびた赤色.
ty·ro, ti- /táɪəroʊ/ *n* (*pl* ～**s**) 初心者，初学者，新米，駆け出し. ［L＝recruit］
ty·ro·ci·dine /tàɪərəsáɪd(ə)n/, **-din** /-d(ə)n/ *n*〘生化〙チロシジン《ペプチド性抗生物質の一種》.
Tý·rode's solùtion /táɪroʊdz-/〘生・医〙タイロード液《生理食塩水の一つ; 単に **Tyrode's** ともいう》. ［Maurice V. *Tyrode* (1878–1930) 米国の薬理学者］
Ty·rol /təróʊl, tír(ə)l, *táɪròʊl/ [the] ティロル (Tirol). ◆ **Ty·ro·lese** /tìrəlí:z, -s/ *a*, *n*
Ty·ro·le·an /təróʊliən, tìrəlí:ən/ *a* ティロル(の住人)の (Tyrolese);〈帽子が〉フェルト製で縁が狭く羽根飾りの付いた，チロリアンの. ► *n* ティロルの住人.
Tyrólean fínish チロル仕上げ《外壁の粗い感触のしっくい仕上げ》.
Ty·ro·li·enne /təròʊlién/ *n*《ヨーデルで歌う》ティロルの農夫の歌曲[踊り]，ティロリエンヌ.
Ty·rone /tɪróʊn/ ティローン《北アイルランド西部の旧州; ☆Omagh》.
ty·ros·i·nase /tərɑ́sənèɪs, taɪ-, -z/ *n*〘生化〙チロシナーゼ《動植物組織に存在し，チロシンをメラニンに変換する反応を触媒する酵素》.
ty·ro·sine /táɪərəsì:n, -sən, tírə-/ *n*〘生化〙チロシン《代謝に重要なフェノール性 α-アミノ酸》. ［Gk *turos* cheese, *-ine*[2]］
týrosine hydróxylase〘生化〙チロシン水酸化酵素.
ty·ro·thri·cin /tàɪərəθráɪs(ə)n/ *n*〘生化〙チロトリシン《グラム陽性菌に対して有効な抗生物質; 皮膚疾患などに局所的に用いる》.
Tyrr ⇨ TYR[1].
Tyr·rhe·ni /tírənàɪ/ *n pl* ティレニ族《エトルリア族 (Etruscans) の別称》. ◆ **Tyr·rhe·ni·an** /tərí:niən/, **Tyr·rhene** /tíri:n/ *a*, *n*
Tyrrhénian Séa [the] ティレニア海《イタリア半島，Corsica 島，Sardinia 島，Sicily 島に囲まれた海域》.
Tyr·tae·us /tərtí:əs/ テュルタイオス《前 7 世紀のギリシアの詩人》.
Týr·whitt-Wílson /tírət-/ ティリット-ウィルソン **Gerald Hugh** ～, 14th Baron Berners (1883–1950)《英国の作曲家・画家》.
Ty·son /táɪs(ə)n/ タイソン **'Mike'** ～ [**Michael Gerald** ～] (1966–)《米国のボクサー; 世界ヘビー級チャンピオン (1986–90, 96); 強姦を犯して服役 (1992–95)，97 年対戦相手の耳を食いちぎり出場停止》.
tythe[‖] /táɪð/ *n*, *vt*, *vi* TITHE.

Tyu·men /tjumén/ チュメニ《ロシア, 西シベリア南西部の Tobol 川支流に臨む河港都市; 1585 年に建設されたシベリア最古のロシア人の町》.

tyu·ya·mu·nite /tjù:jəmjú:naɪt/ *n* 〖鉱〗チューヤムナイト《ウランの鉱石である黄色鉱物》. [*Tyuya Muyun* キルギスの村]

tzaddik ⇨ ZADDIK.

tzar, tzarina, etc. ⇨ CZAR, CZARINA, etc.

tza·tzi·ki /tsætsí:ki/ *n* ザジキ《ヨーグルト・キュウリのみじん切り・ニンニク・オリーブ油・酢・ハッカなどで作るギリシア料理》. [ModGk]

tze·da·kah /tsədɔ́:kɔ:, -dá:kɑ:/ *n* 慈善, 施し. [Heb=righteousness]

Tzekung ⇨ ZIGONG.

Tzel·tal /(t)sɛltá:l, ⏑⏑/, **Tzen·tal** /tsɛn-/ *n* **a** (*pl* ~, **-ta·les** /-tá:leɪs/) ツェルタル族《メキシコ南部の Chiapas 州中部高地に住む Maya 系の焼畑農耕民》. **b** ツェルタル語.

Tzepo 淄博 (⇨ ZIBO).

tzét·ze (flỳ) /(t)sétsi(-); tsét-/ TSETSE.

tzi·gane /(t)sigá:n/, **tzi·gany** /(t)sigá:ni, ⏑⏑/ [ᵉT-] *n* ジプシー, 《特に》ハンガリー系ジプシー; ジプシー語 (Romany). ► *a* ジプシー(風)の; ハンガリー系ジプシー(音楽)の. [F<Russ<Hung=gypsy<?]

tzim·mes, -mis, tsim·mes /tsíməs/ *n* (*pl* ~) **1** 〖料理〗チメス《ニンジン・ジャガイモ・干しプルーン・ヌードルなどを取り合わせ, 甘みをつけて煮込んだシチュー》. **2** *《俗》騒動, 大騒ぎ, ごたごた. [Yid=mixed dish, stew]

tzitzit(h), tzitzis ⇨ ZIZITH.

T-zone /tí:—/ *n* ティーゾーン《額・鼻・あごを含む人の顔の中心部で, 他の部分より皮脂の分泌量が多い》. [額・鼻・あごを結ぶと T の字になることから]

Tzo·tzil /(t)soutsí:l/ *n* **a** (*pl* ~, ~**s**) ツォツィル族《メキシコ南部 Chiapas 州中部の高地に住むマヤ系の先住民》. **b** ツォツィル語.

Tz'u-hsi 慈禧(じき)皇太后, 西太后 (⇨ CIXI).

Tzu-kung 自貢 (⇨ ZIGONG).

Tzu-po 淄博 (⇨ ZIBO).

tzuris ⇨ TSORIS.

U

U[1], **u** /jú:/ *n* (*pl* **U's, Us, u's, us** /-z/) ユー《英語アルファベットの第 21 字; ⇨ J》; U [u] の表わす音; U [u] の活字; U 字形(のもの); 21 番目(のもの); 《学業成績などで》U 評価 (*u*nsatisfactory); U 評価の人. ★ U はもと V の異形で 17 世紀半ばまで両者は区別なく用いられた (cf. W, DOUBLE-U).
U[2] «口» *a* 〈ことばづかいなどが〉上流社会的な (opp. *non-U*). ► *n* 上流社会の人, 上流社会的なこと. [upper class]
U[3] /ú:/ *n* ウー《ミャンマーで男子の名の前に付ける敬称》.
u micro-《ギリシア文字が使えない環境で μ の代用》♦〘理〙[G *ungerade*] odd 奇数パリティーの (⇨ G) ♦〘理〙unified atomic mass unit 統一原子質量単位 (¹²C の質量を 12 と定める). **u.** unsymmetrical ♦ upper. **U** 《スポーツクラブ名で》United ♦〘英〙universal 一般向き (⇨ RATING[1]) ♦〘生化〙uracil ♦〘化〙uranium ♦ Uruguay ♦ 《E メールなどで》you. **U., U, u., u** unit.
U
UAAC °Un-American Activities Committee.
UAE °United Arab Emirates.
uakari ⇨ OUAKARI.
ua mau ke ea o ka ai·na i ka po·no /ùɑ: máːu keɪ éɪɑ: oʊ kɑ: á:i:nɑ: ì: kɑ: póʊnoʊ/ 当地の生命は正義により維持される《Hawaii 州の標語》. [Haw=the life of the land is maintained by righteousness]
UAR °United Arab Republic.
UART /jú:à:rt/〘電子工〙ユアート, UART《直列並列および並列直列の変換機能をもつ非同期データ転送用インターフェース》. [*U*niversal *A*synchronous *R*eceiver *T*ransmitter]
Uau·pés /waupés/ [the] ウアウペス川 (*Sp* Vaupés)《コロンビア中南部に源を発し, 東流してブラジル国境を越え Negro 川に合流する》.
UAW °United Automobile Workers.
Ua·xac·tún /wà:ʃɑktú:n/ ワシャクトゥン《グアテマラ中北部にあるマヤ文明の古代遺跡》.
ubac /jú:bæk/ *n*〘登山〙太陽の陰になった傾斜地.
U-bahn /(j)ú:bà:n/ *n* 《ドイツ・オーストリアの》地下鉄. [G *U*ntergrund*bahn*]
Uban·gi /(j)ubǽŋ(g)i; jubǽŋgi/ **1** [the] ウバンギ川 (F **Oubangui** /*F* ubɑ̃gi/)《アフリカ中西部の川; コンゴ民主共和国の北西国境沿いに西流しさらに南流して Congo 川に注ぐ; cf. UELE》. **2** ウバンギ《Ubangi 川付近の Sara 族の女; 平らな木の円盤で口を広げている》.
Ubángi-Shá·ri /-ʃá:ri/ ウバンギシャリ (F **Oubangui-Chari** /*F* -ʃari/)《アフリカ中北部の旧フランス植民地; 現在は Central African Republic》.
ub·ble-gub·ble /ʌ́b(ə)lgʌ́b(ə)l/ *n**«俗» ちんぷんかんぷん, たわごと. [C20<?]
U-bend /jú:―/ *n* U ベンド《パイプや排水管の U 字型ベンド》.
über-, uber- /ú:bər/ *pref* [°*joc*]「超…」「すごい…」
über al·les /*G* ỳ:bər áləs/ (他の)何にもまさって, ぬきんでて: Deutschland ~「世界に冠たるドイツ」《旧ドイツ国歌》. [G=over all]
Über Cùp /jú:bər-/ [the] ユーバー杯《国際女子団体バドミントン選手権の優勝杯》. [Mrs. H. S. *Uber* (1906–83) 英国の女子バドミントン選手, 寄贈者]
Über·mensch /*G* ý:bərmɛnʃ/ *n* (*pl* **~·en** /-ən/) 《Nietzsche 哲学の》超人 (superman).
uber·ri·ma fi·des /jubérəmə fáɪdiz/ 最大の信頼, 誠心誠意 (good faith) (⇨ UTMOST GOOD FAITH). [L=most abundant faith]
Über·set·zung /*G* y:bərzétsʊŋ/ *n* 翻訳 (translation).
UB40 /jú:bì:fɔ́:rti/ *n*〘英〙《Department of Employment が発行する》失業登録証, 失業者カード; "«口»《登録された》失業者.
ubi·e·ty /jubáɪəti/ *n* 所在, 位置; 一定の場所にあること.
ubi·que /ubí:kwɛ, jubáɪkwi/ *adv* いたるところに. [L=everywhere]
ubi·qui·none /jubíkwənòʊn, jù:bəkwɪnóʊn/ *n*〘生化〙ユビキノン (=*coenzyme Q*)《クレブス回路でチトクロム間の電子伝達体として機能するキノン》. [*ubique*+*quinone*]
ubiq·ui·tar·i·an /jubìkwətéəriən/ *a, n*〘神学〙キリスト遍在論の(論者). ♦ **~·ism** *n* キリスト遍在論.
ubiq·ui·tin /jubíkwətən/ *n*〘生化〙ユビキチン《真核細胞に普遍的に存在するタンパク質で, 不要になったタンパク質に結合することによって分解の標識となる》.
ubiq·ui·tous /jubíkwətəs/ *a* (同時に)いたるところにある, 遍在する (omnipresent); よく見かける, ごく普通の; [*joc*]〈人が〉あちこちに姿を現わす, 神出鬼没の. ♦ **~·ly** *adv* **~·ness** *n*
ubiq·ui·ty /jubíkwəti/ *n* 遍在; [U-]〘神学〙キリストの遍在; [*joc*] あちこちに現われること, よく出会うこと: the ~ of the king〘英法〙《裁判官を代表としての》国王の遍在. [L UBIQUE]
ubi su·pra /jú:bàɪ sú:prə, -bi-; -sjú:-/ *adv* 上述の箇所に, 前記の場所に《書物などの参照指示; 略 u.s.》. [L=where above]
U-boat /jú:―/ *n* U ボート《ドイツの潜水艦》. [G *U-boot*<*Unterseeboot* undersea boat]
U-bolt /jú:―/ *n*〘機〙U ボルト.
U-bomb /jú:―/ *n* URANIUM BOMB.
UBR〘英〙Uniform Business Rate 統一事業用財産税《イングランドとウェールズで, オフィス・店舗・工場などの業務・非居住用財産に課される税》.
ubun·tu /ʊbʊ́ntu/ *n* «南ア» 人間味, 思いやり.
uc, UC〘印〙uppercase. **u.c.**〘楽〙°una corda.
UC °University College ♦ °Upper Canada.
UCAS /jú:kæs/〘英〙Universities and Colleges Admissions Service《大学入学志願を受け付ける中央機関; 1992 年 UCCA と PCAS の統合により設置》.
Uca·ya·li /ù:kəjá:li/ [the] ウカヤリ川《ペルー中部・北部を北流し, Marañón 川と合流して Amazon 川となる》.
UCC °Uniform Commercial Code ♦ °Universal Copyright Convention. **UCCA** /ʌ́kə/〘英〙Universities Central Council on Admissions 入学に関する大学中央評議会 (⇨ UCAS).
Uc·cel·lo /uʧélou/ ウッチェロ **Paolo** ~ (1397–1475)《イタリアの画家; 本名 Paolo di Dono》.
Uc·cle /ú:klə; *F* ykl/ ユックル《ベルギー中部 Brussels の南に位置する同市の衛星都市; 王立天文台の所在地; フラマン語名 Ukkel》.
UCL °University College, London. **UCLA** University of California at Los Angeles. **UCMJ** °Uniform Code of Military Justice. **UCS**〘電算〙°Universal Character Set.
UCU〘英〙University and College Union《2006 年 AUT と NATFHE の合併により設立》.
UDA °Ulster Defence Association.
UDAG /jú:dæg/ *n*〘米〙ユーダッグ《都市再開発に対する連邦資金援助計画》. [*U*rban *D*evelopment *A*ction *G*rant]
Udai·pur /ʊdáɪpùər/ ウダイプル《**1**) インド北西部の旧州; 別称 Mewar; 現在は Rajasthan 州の一部 **2**) Rajasthan 州南部の市》.
udal /jú:dl/ *n*〘法史〙《土地の》自由保有権《封建制前に北欧で広く行なわれ, 現在 Orkney, Shetland に残る》. ♦ **údal·ler, ~·man** *n* 自由保有権者. [ON=property held by inheritance]
Udall /jú:dɔ̀:l, -dl/, **Uve·dale** /jú:dl, jú:vdèɪl/ ユードル **Nicholas** ~ (1505–56)《イングランドの教育者・翻訳家・劇作家; 英国最初の喜劇 *Ralph Roister Doister* (1553?) の作者》.
UDC °Universal Decimal Classification ♦〘英〙°Urban Development Corporation.
ud·der /ʌ́dər/ *n* 《牛・羊・ヤギなどの》乳房; 乳腺. ♦ **~ed** *a* [OE *ūder*; cf. G *Euter*]
UDI °unilateral declaration of independence.
Udi·ne /ú:dɪnèɪ/ ウディネ《イタリア北東端 Friuli-Venezia Giulia 州の古都》.
Ud·murt /ʊ́dmùərt, ―⌐/ *n* **a** (*pl* ~, ~**s**) ウドムルト人《主にロシアの Udmurtiya 共和国に居住するフィン系の民族》. **b** ウドムルト語《Finno-Ugric 語派の Permian 諸語に属する; Votyak ともいう》.
Ud·mur·ti·ya /ʊdmúərtijə/, **-tia** /-ʃ(i)ə/ ウドムルティア《ヨーロッパロシア東部 Ural 山脈西麓の共和国; ☆Izhevsk》.
udo /ú:dou/ *n* (*pl* **~s**)〘植〙ウド《ウコギ科》. [Jpn]
udom·e·ter /judámətər/ *n* 雨量計 (rain gauge). ♦ **udóm·e·try** *n* 雨量測定. **udo·met·ric** /jù:dəmétrɪk/ *a* [F (L *udus* damp)]
údon (nòodle) /ú:dàn (―)/ うどん. [Jpn]
UDP /jú:dì:pí:/ *n*〘生化〙ウリジン二リン酸. [*u*ridine *d*i*p*hosphate]
UDR Ulster Defence Regiment アルスター防衛隊. **UE**〘NZ〙°university entrance. **UEFA** /juéɪfə/ Union of European Football Association 欧州サッカー連盟.
UEL〘カナダ史〙°United Empire Loyalist.
Ue·le /wéli; wéleɪ, wéɪlə/ [the] ウェレ川《コンゴ民主共和国北部を西流し, Bomu 川と合して Ubangi 川となる》.
U-ey /jú:i/ *n* «豪口» U ターン. ● **hang a ~** U ターンする.
UF urea-formaldehyde.

Ufa /ufáː/ **1** [the] ウファ川《ヨーロッパロシア東部の川; Ural 山脈南部に発して北西さらに南西に流れて Belaya 川に合流する》. **2** ウファ《ヨーロッパロシア東部 Bashkortostan 共和国の市・首都; Belaya 川と Ufa 川の合流点に位置》.

Uf·fi·zi /ufítsi/ ウフィツィ《Florence にある Medici 家の蒐集品などを収蔵する美術館; Vasari の設計した政府事務所 (*It* uffizi) を拡張して今日に至る》.

u.f.n. until further NOTICE.

UFO, ufo /júːèfóu, júːfou/ *n* (*pl* ~s, ~'s) 未確認飛行物体, 《特に》空飛ぶ円盤 (flying saucer) (cf. IFO). [*u*nidentified *f*lying *o*bject]

ufol·o·gy, UFOl·o·gy /jufálədʒi/ *n* UFO 研究. ♦ **-gist** *n* **ufo·log·i·cal** /jùːfəlάdʒɪk(ə)l/ *a*

UFW(A) 《米》°United Farm Workers (of America).

uga·li /ugáːli/ *n* ウガリ《東・中央アフリカで常食とする, 穀物やイモの粉を水に溶き, 火にかけて練ったもの》. [Swahili]

Ugan·da /(j)ugǽndə/ ウガンダ《アフリカ中東部の国; 公式名 Republic of ~ (ウガンダ共和国); ☆Kampala; もと英保護領, 1962 年独立》. ♦ **Ugán·dan** *a, n*

uga·ri /júːgəri/ *n* 《豪クイーンズランド方言》 PIPI[1].

Uga·rit /ùːgəríːt/ ウガリット《シリア北部の地中海東岸にあったセム族の古代都市; 現在の Ras Shamra の地》.

Uga·rit·ic /(j)ùːgərítɪk/ *n* ウガリット語《ヘブライ語と密接な関係にあるセム語族の死語で, 楔形文字で知られる》. ► *a* UGARIT の; ウガリット人[語]の.

Ugar·te /ugáːrti/ ウガルテ **Manuel** ~ (1874–1951)《アルゼンチンの文学者; 終始南米における米帝国主義を攻撃, 米国を 'Colossus of the North' と呼んだ》.

Uge·dei /úːgədèɪ/ ÖGÖDEI.

ugh /úːx, ʌ́x, ʊ́ːx, ʌ́g, ʊ́, ʌ́/ *int, n* ゴホン, ウェッ, ゲーッ, ウッ, ウグッ, キャー, ブーブー《咳・不平・嫌悪・侮蔑・恐怖などの発声》. [imit]

Ug·li /ʌ́gli/ (*pl* ~s, ~es) 《商標》アグリ (=~ **frùit**)《タンジェロ (tangelo) の商品名》. [*ugly*; 皮にでこぼこ・しわ・斑点のあることから]

ug·li·fy /ʌ́glɪfàɪ/ *vt* 醜くする, 見苦しくする, 〈美など〉だいなしにする. ♦ **ùg·li·fi·cá·tion** *n*

ug·ly /ʌ́gli/ *a* **1 a** 醜い, 見苦しい, 無器量な, ぶかっこうな: (as) ~ as SIN[1]. **b** 醜悪な, 卑劣な, 下品な, 不面目な; いやな, 不快な, 忌むべき; おもしろくない; 不都合な; *《俗》こすい, きたない; *《黒人俗》黒人的な (特徴をもつ): an ~ tongue 毒舌 / ~ news 忌まわしいニュース. **2 a** 〈天候などが〉荒れ模様の, 険悪な; たちの悪い, 厄介な: an ~ sky 険悪な空. **b** 《口》気むずかしい, 意地の悪い, けんか腰の: The dog turned ~. 犬は気が荒くなった / an ~ temper 意地悪の気性. **3** 恐ろしい, 身の毛のよだつ, おぞましい. ► *adv* 醜く, 醜悪に. ► *n* 醜い人[動物]; ″婦人帽の日よけ《19 世紀に流行》; [the uglies] 《俗》憂鬱, 不機嫌. ♦ **úg·li·ly** *adv* **-li·ness** *n* ⁺醜いもの, 醜悪な物. [ON *uggligr* to be dreaded (*ugga* to dread)]

Úgly Américan 醜いアメリカ人《横柄で, 現地人やその文化に無神経な在外米人》. [*The Ugly American* (1958) 米国の著述家 Eugene Burdick (1918–65) と William J. Lederer (1912–2009) の共著]

úgly cústomer 始末に負えない人間, 厄介な人.

úgly dúckling 醜いアヒルの子《ばか[醜い]と思われたのにのちに偉く[美しく]なる子供》. [Andersen の童話 (1845) から]

Úgly Sísters *pl* 醜い姉たち《Cinderella の義姉たち; クリスマスのおとぎ芝居 (pantomime) のキャラクターとしてポピュラーで, 通例 男性が演じる》.

Ugri·an /(j)úːgriən/ *n* ウゴル族の人《ウゴル族は Finno-Ugrian 族の東部の分族》; UGRIC. ► *a* ウゴル族の; UGRIC.

Ugric /(j)úːgrɪk/ *a* ウゴル(諸)語の; ウゴル族の (Ugrian). ► *n* 《言》ウゴル語《Finno-Ugric 語派の一派で, Hungarian とシベリア西部で使用される Ostyak および Vogul の諸語からなる》.

Úgro-Fínnic /(j)úːgrou-/ *a* FINNO-UGRIC.

ug·some /ʌ́gsəm/ *a* 《古・スコ》恐ろしい, 忌まわしい.

uh /ʌ́, ə̃/ *int* アー, エー, あの, その《考えをまとめるときの長い発声》; HUH. [imit]

UHF, uhf 《通信》°ultrahigh frequency.

uh-huh /m̀hḿ, əhʌ́/ *int* 《口》ウン(ウン), フンフン, ウーン, そうか《肯定・同意・満足などを表わす発声》. [imit]

uh·lan /úːlàːn, uláːn, (j)úːlən/ *n* 《タタール人にならった》槍騎兵《ヨーロッパではポーランド軍隊に初めて現われ, 第一次大戦前のドイツおよびオーストリア軍などにも採り入れられた》. [G<Pol<Turk=boy, servant]

Uh·land /*G* úːlant/ ウーラント (**Johann**) **Ludwig** ~ (1787–1862)《ドイツの詩人・劇作家・文学史家; 民謡風の詩とバラッドで有名》.

uh-oh, oh-oh /ʔʌ́ʔòu/ *int* さあたいへん, これはまずい[やばい], あやや《困った事態になったとき》; ゲッ, あーあー《失望・落胆など》.

UHT ultra-heat-treated《超高温で殺菌された牛乳についていう; 長期保存が可能》♦ ultrahigh temperature.

uh-uh /ʔʌ̃ʔʌ̃/ *int**《口》ウウン, ウーン, いやあ (no)《否定・不賛成・不同意・不満などを表わす》. [imit]

uhu·ru /uhúːru/ *n* **1** 民族独立, 自由《アフリカ民族主義者のスローガン》. **2** [U-] 《天》ウフル《X 線観測専門の天文衛星; 1970 年ケニア沖のサンマルコ (San Marco) から打ち上げられた》. [Swahili]

u.i. °ut infra. **UI** °unemployment insurance ♦《電算》user interface.

Ui·g(h)ur, Uy·gur /wíːguər/ *n* **a** (*pl* ~, ~s) ウイグル族《8–12 世紀にモンゴル・トルキスタン東部などで活動したトルコ系民族; 現在は主に中国の西北部に居住》. **b** ウイグル語《Turkic 語群の一つ》. ► *a* ウイグル族[語]の.

úil·lean(n) pìpes /íl(j)ən-/ *pl* [°U- p-] イリン[ユイリーン]パイプス (=*union pipes*)《アイルランドの民族楽器; バグパイプ (bagpipe) に似ており, ひじの下でふいごを支え, ひじを動かすことによって空気を供給する》.

uin·ta(h)·ite /juíntəàɪt/ *n* ユインタ石《Utah 州産の黒い光沢のある天然アスファルト; 顔料・ニスの材料; cf. GILSONITE》. [↓]

Uín·ta Móuntains /juíntə-/ *pl* [the] ユインタ山地《Utah 州北東部を東西に走る山脈で, Rocky 山脈の一部; 最高峰 Kings Peak (4123 m)》.

uin·ta·there /juíntəθìər/ *n* 《古生》恐角獣, ウインタテリウム (dinoceras). [*Uinta* Wyoming 州西部の郡]

Uit·land·er /éɪtlændər, ɔ́ɪt-, áɪt-/ *n* 《南ア》外国人《特にブール戦争 (1899, 1902) 前に南アフリカに渡った英国人》. [Afrik=outlander]

Uitzilopochtli ⇨ HUITZILOPOCHTLI.

uja·máa vìllage /ùːdʒɑːmáː-/ [ˢU- v-]《タンザニアの》ウジャマー村《1960 年代に Nyerere 大統領によって導入された共同体組織の村》. [*ujamaa*<Swahili=brotherhood]

Uji·ji /udʒíːdʒi/ ウジージ《タンザニア西部 Tanganyika 湖東岸の町; かつての奴隷・象牙取引の中心地, Stanley と Livingstone 邂逅の地 (1871)》.

Uj·jain /úːdʒàɪn; udʒéɪn/ ウッジャイン《インド中北西部 Madhya Pradesh 西部の市; ヒンドゥー教の聖地》.

U-joint /júː―/ *n* UNIVERSAL JOINT.

Ujung Pan·dang /udʒùŋ pɑːndάːŋ/ ウジュンパンダン《インドネシア Celebes 島南西部の港湾都市; 旧称 Macassar, Makas(s)ar》.

UK °United Kingdom. **UKAEA** United Kingdom Atomic Energy Authority イギリス原子力公社.

ukase /jukéɪs, -z, júː‐, ukáːz; jukéɪz/ *n* 《ロシア皇帝が発する》勅令, 《ロシアで, 国権の最高機関・大統領が発する》法令, 政令; 《絶対的な》法令, 布告 (decree). [Russ]

uke[1] /júːk/ *n* 《口》UKULELE.

uke[2], **yuke** /júːk/ *《俗》*vi* 吐く, ゲーッとやる (puke). ► *n* 吐物, ゲロ, へど.

uke·le·le /(j)ùːkəléɪli/ *n* UKULELE.

UK garage /júːkèɪ ―/ UK ガラージ《ドラムンベース・ハウスミュージック・ソウルなどの要素からなる, リズムに特徴のあるダンスミュージック》.

UKIP /júːkɪp/ 《英》United Kingdom Independence Party《EU からの脱退を目指す右派小政党》.

uki·yo-e, -ye /ukìːjouéɪ, -jéɪ/ *n* 浮世絵. [Jpn]

Uk·kel /ʌ́kəl/ ウケル《UCCLE のフラマン語名》.

Ukraine /jukréɪn/ [the] ウクライナ (Russ **Ukraina** /ukráɪnə/)《ヨーロッパ東部, 黒海の北岸に面する国; 略 **Ukr.**; 1923–91 年ウクライナ共和国 (Ukrainian SSR) の名でソ連邦構成共和国; ☆ Kiev》. [Russ *ukraina* frontier region]

Ukrai·ni·an /jukréɪniən/ *n* ウクライナ人; ウクライナ語《Slavic 語派に属する》. ► *a* ウクライナの; ウクライナ人[語]の.

uku·le·le /(j)ùːkəléɪli/ *n* ウクレレ《ギターに似た小型の四弦楽器, 元来はポルトガルの楽器》. [Haw=jumping flea]

UL 《米》°Underwriters' Laboratories.

Ulaan·baa·tar, Ulan Ba·tor /ùːlàːnbáːtɔ̀ːr/ ウランバートル《モンゴルの首都; 旧称 Urga》.

ula·ma, ule·ma /ùːləmáː/ *n* (*pl* ~, ~s) 導師, ウラマー《イスラム社会の学識者(層), 特に 伝承・宗教法・イスラム神学の指導者(層)》. [Arab=learned (pl) ('*alama* to know)]

ulan /úːlɑːn, uláːn, (j)úːlən/ *n* UHLAN.

Ula·no·va /uláːnəvə/ ウラノヴァ **Galina** (**Sergeyevna**) ~ (1910–98)《ロシアのバレリーナ》.

Ulan-Ude /úːlàːnudéɪ/ ウラン-ウデ《ロシア, 中央シベリア南部 Buryatiya 共和国の市・首都; 旧称 Verkhneudinsk》.

-u·lar /(j)ələr/ *a suf* 「(小さな)…の」「…に似た」: tub*ular*, valv*ular*. ♦ **-u·lar·i·ty** /(j)əlǽrəti/ *n* [L (-*ule*)]

Ul·bricht /úlbrɪkt; *G* úlbrɪçt/ ウルブリヒト **Walter** ~ (1893–1973)《東ドイツの政治家; 国家評議会議長 (1960–73)》.

ul·cer /ʌ́lsər/ *n* 《医》潰瘍(かいよう); [*fig*] 病根, 弊害, 《道徳的》腐敗. ● **give** sb ~**s** 《口》〈人を〉ひどく悩ませる ► *vi, vt* ULCERATE. ♦ ~**ed** *a* [L *ulcer- ulcus*]

ul·cer·ate /ʌ́lsərèɪt/ *vi* 《医》潰瘍を生じる, 潰瘍化する. ► *vt* …に潰瘍を生じさせる; [*fig*] 《道徳的に》腐敗させる.

ùl·cer·átion *n* 潰瘍形成, 潰瘍化; 潰瘍. ♦ **úl·cer·àtive** /, -s(ə)rə-/ *a* 潰瘍(形成[性])の.

úlcerative colítis 《医》潰瘍性大腸炎.

ùl·cero·génic /ʌ̀lsərou-/ *a* 潰瘍誘発の.

U

úlcer·ous *a* 潰瘍性[状態]の; 潰瘍に冒された; [*fig*] 腐敗した. ♦ **~·ly** *adv* **~·ness** *n*
ule /ú:leɪ/ *n* 〔植〕パナマ[アメリカ]ゴムノキ《中米原産》; 弾性ゴム. [AmSp<Nahuatl]
-ule /⌐(j)ul/ *n suf*「小さなもの」: glob*ule*, gran*ule*. [L *-ulus*, *-ula*, *-ulum*]
Uleå·borg /ú:lioʊbɔ̀:ri/ ウレオボリ《OULU のスウェーデン語名》.
ulema ⇨ ULAMA.
-u·lent /(j)ələnt/ *a suf*「…に富む」: fraud*ulent*, truc*ulent*, turb*ulent*. ♦ **-u·lence** /(j)ələns/ *n* [L *-ulentus*]
ulex·ite /jú:ləksàɪt/ *n* 〔鉱〕曹灰硼鉱[石], ウレキサイト. [George L. *Ulex* (d. 1883) ドイツの化学者]
Ul·fi·las /úlfəlà:s, ʌ́l-, -ləs, -læ̀s; -læs/, **-la** /-lə/, **Wul·fi·la** /wúlfələ/ ウルフィラ(ス)(311?–?382)《ゴート族の司教; 聖書をゴート語に訳した》.
Ul·has·na·gar /ù:lhəsná:gər/ ウールハースナガル《インド西部 Maharashtra 州 Mumbai 北東郊の都市》.
ulig·i·nous /julíʤənəs/, **-nose** /-nòʊs/ *a* 〔植〕湿地[沼地]に生ずる, 湿地性の. [L *uligin- uligo* moisture]
ul·lage /ʌ́lɪʤ/ *n* **1** 《内容物を入れた容器の》空槽部容積, アレッジ. **2** 漏損(量)《**1**) 容器内の液体の蒸発・漏出などから生じた不足量 **2**) 〔空〕燃料タンクの全容量からの不足量》; 目減り; 容器内に残った酒の量. **3** 《俗》かす, くず, つまらないやつら. ● **on ~** いっぱい詰めないで. ► *vt* 〈容器〉の漏損量を計算する; 〈容器など〉の中の量を増やす[減らす]. [OF (*ouiller* to fill a cask<*ouil* eye; '樽の栓口' を目にたとえた)]
úllage ròcket 〔空〕アリッジロケット《主エンジン点火前にタンク後部に推進薬を流すため加速を与える小型ロケット》.
UL-list·ed /jù:él─⌐/ *a* UNDERWRITERS' LABORATORIES が認定済みの製品保証がなされた.
Ulls·wa·ter /ʌ́lzwɔ̀:tər, *-wɑ̀t-/ [Lake] アルズウォーター湖《イングランド北西部の湖水地方にある湖》.
Ulm /úlm/ ウルム《ドイツ南部 Baden-Württemberg 州 Danube 川に臨む市; 世界最高 (161 m) の尖塔をもつ大聖堂がある》.
ul·ma·ceous /əlméɪʃəs/ *a* 〔植〕ニレ科 (Ulmaceae) の.
ul·min /ʌ́lmən/ *n* 〔化〕ウルミン《ニレなどの樹木や腐食土中にある褐色無定形物質》. [L *ulmus* elm, *-in*[2]]
ul·na /ʌ́lnə/ *n* (*pl* **-nae** /-nì:/, **~s**) 〔解〕尺骨. ♦ **ul·nar** /ʌ́lnər, -nɑ̀:r/ *a* [L=elbow; cf. ELL]
ul·nad /ʌ́lnæ̀d/ *adv* 〔解〕尺骨方向に.
úlnar nérve 〔解〕尺骨神経.
ul·no- /ʌ́lnoʊ, -nə/ *comb form*「尺骨の」 [ULNA]
U-lock /jú:─⌐/ *n* D-LOCK.
-u·lose /(j)əlòʊs, -z/ *n suf* 〔生化〕「ケト糖 (ketose sugar)」: hept*ulose*. [*levulose*]
ulot·ri·chan /julátrɪkən/ *a*, *n* 羊毛状の毛を有する(人). [Gk *oulos* woolly]
ulot·ri·chous /julátrɪkəs/ *a* 羊毛状の毛を有する, 縮毛(人種)の. ♦ **ulot·ri·chy** /julátrəki/ *n*
-u·lous /(j)ələs/ *a suf*「…の傾向のある」「やや…な」: cred*ulous*, trem*ulous*. [L (dim suf)]
ul·pan /ú:lpà:n/ *n* (*pl* **ul·pa·nim** /ù:lpɑ:ní:m/) ヘブライ語集中コース《特にイスラエルで移入者にヘブライ語集中教育をする学校》. [ModHeb]
Ul·pi·an /ʌ́lpiən/ ウルピアヌス (*L* Domitius Ulpianus) (170?–228)《フェニキア生まれのローマの法学者》.
Ul·ri·ca, -ka /ʌ́lrɪkə/ ウルリカ《女子名》. [Gmc=wolf+rule]
Ul·san /ú:lsá:n/ 蔚山《韓国南東部, 慶尚南道の日本海に面する工業都市》.
Ul·ster /ʌ́lstər/ **1** アルスター《**1**) NORTHERN IRELAND の口語別称 **2**) アイルランド共和国北部の Cavan, Donegal, Monaghan の諸県からなる地域; cf. CONNACHT, LEINSTER, MUNSTER[1] **3**) アイルランド共和国北部 3 県と Northern Ireland とを合わせた地域の旧称; 旧王国》: ~ custom アルスター(で行なわれる借地権上の)慣習. **2** [u-] アルスター外套《両前仕立てでベルト付き, 時にフードもある》. ♦ **~·man** /-mən/, **~·wòman**, **~·ite** *n* アルスター人.
Úlster Defénce Associàtion [the] アルスター防衛協会《北アイルランドのプロテスタントの準軍事組織; 略 UDA》.
Úlster Democrátic Únionist Pàrty [the] アルスター民主統一党《英国との統一・合同の維持を主張する北アイルランドの政党; Ian Paisley が指導するプロテスタント強硬派》.
Úlster Únionist Pàrty [the] アルスター統一党《英国との統一・合同の維持を主張する北アイルランドの政党; プロテスタントの北アイルランド議会 (1921–72) で常に多数を占めた》.
Úlster Voluntéer Fòrce [the] アルスター義勇軍《アイルランド共和国軍 (IRA) に敵対する北アイルランドのプロテスタント勢力が 1966 年に結成した武装組織; 略 UVF; アイルランド自治 (Home Rule) に反対して 1913 年にプロテスタントが結成した団体の名称を復活させたもの》.
ult. ultimate ♦ ultimo.
ul·te·ri·or /ʌltíəriər/ *a* 向こうの, あちらの; かけ離れた; あとの, 先々の, 将来の; 〈動機など〉隠された, 秘めた: for the sake of ~ ends おもわくがあって / He has an ~ object in view. 肚に一物ある. ♦ **~·ly** *adv* [L=further; cf. ULTRA]
ul·ti·ma /ʌ́ltəmə/ *n* 《語の》最後の音節, 尾音節. [L=last]
ul·ti·ma·cy /ʌ́ltəməsi/ *n* 最後, 究極; 根本原理 (ultimate).
ul·ti·ma ra·tio /últəmə rá:tiòʊ/ 最後の議論[手段]. [L=the final argument]
ul·ti·ma ra·tio re·gum /últɪmɑ: rá:tioʊ réɪgum/ 帝王の最後の議論《最後の手段としての武力の行使, すなわち戦争のこと》. [L=the final argument of kings; Richelieu のことば]
ultimata *n* ULTIMATUM の複数形.
ul·ti·mate /ʌ́ltəmət/ *a* 最後の, 最終的な, 終局の, 究極の〈目的など〉; 根本的な, 本源的な, それ以上分析できない; 最も遠い; 最大の, 極限の: the ~ weapon 究極兵器《核兵器など》/ the ~ cause 〔哲〕第一原理 / the ~ facts of nature 《分析によって達することのできない》自然界の究極的事実. ► *n* 究極, 極限, 結論, 最後の手段, 最高点, 絶頂; 根本原理: in the ~=ULTIMATELY. ● **make the ~ sacrifice=pay the ~ price** 《目的のために》命を捧げる. ► *vi*, *vt* /, -mèɪt/ 終わる[終える] (end). ♦ **~·ness** *n* [L *ultimat- ultimo* to come to an end (*ultimus* last)]
últimate análysis 〔化〕元素分析.
últimate constítuent 〔文法〕終極構成(要)素《構造上, 語または文の終極的構成単位である形態素または語》.
últimate lóad 〔空〕終極荷重.
últimate·ly *adv* 最後に, 終わりに, ついに, 結局.
últimate párticle 素粒子 (elementary particle).
últimate stréngth [stréss] 〔理〕極限強さ, 破壊強さ《外力を加えた材料が破壊するまでに出す最大応力》.
última Thúle 世界の果て, 最果て; 極北の地 (Thule); 極限, 絶頂; はるかなる目標[理想]. [L=furthest Thule]
ul·ti·ma·tism /ʌ́ltɪmətìz(ə)m/ *n* 非妥協的態度, 強硬姿勢, 過激論. ♦ **-tist** *n* 非妥協的急進派[過激派]. **ùl·ti·ma·tís·tic** *a*
ul·ti·ma·tum /ʌ̀ltəméɪtəm, -mɑ́:-/ *n* (*pl* **~s**, **-ta** /-tə/) 最後のことば[提案, 条件], 《特に》最後通牒[通告]; 究極(目的); 根本原理. [L (pp); ⇨ ULTIMATE]
ul·ti·mo /ʌ́ltəmòʊ/ *a* 先月の《通例 略して ult., ulto; cf. PROXIMO, INSTANT》: your letter of the 10th *ult*. 先月 10 日付の貴信. [L *ultimo* (*mense*) in the last month]
ul·ti·mo·gen·i·ture /ʌ̀ltəmoʊʤénɪʧər, *-ʧʊ̀r, *-ət(j)ʊ̀r/ 〔法〕*n* 末子相続(制[権]) (cf. PRIMOGENITURE); BOROUGH ENGLISH.
ul·ti·mum va·le /últəmùm wá:leɪ/ 最後の告別. [L; ⇨ VALE[2]]
úl·ti·mus héres /últəməs-/ 《封建法で》最後の相続人, 国王. [L=the final heir]
Ul·ti·sol /ʌ́ltəsɔ̀(:)l, -sòʊl, -sɑ̀l/ *n* 〔土壌〕アルティゾル《熱帯・温帯湿地の古い表層にみられる風化・浸出の進んだ黄ないし赤色の土壌》.
ul·tra /ʌ́ltrə/ *a* 極端な, 過激な, 過度の. ► *n* 過激論者, 急進家 (extremist); 《流行などの》最先端を行く人. [L *ultra* beyond]
ul·tra- /ʌ́ltrə/ *pref*「極端に」「超…」「限外…」「過…」 [L (↑)]
ùltra·básic *a* 〔化〕超塩基性の. ► *n* 〔岩石〕ULTRABASIC ROCK.
ultrabásic róck 〔岩石〕超塩基性岩.
ùltra·céntrifuge *n* 〔理〕超遠心(分離)機. ► *vt* 超遠心機にかける, 超遠心分離する. ♦ **-centrifugátion** *n* **-centrífugal** *a* **-gal·ly** *adv*
ùltra·cléan *a* 超清浄な, 《特に》完全無菌の.
ùltra·cóld *a* 極低温の.
ùltra·consérvative *a*, *n* 超保守的な(人物[グループ]). ♦ **-consérvatism** *n*
ùltra·crítical *a* 酷評の.
ul·tra·di·an /əltréɪdiən/ *a* 〔生〕〈生物活動のリズムが〉24 時間よりも短い周期で変動する, 1 日 1 回を超えて反復する, 超日の.
ùltra·dístance *a* 〔スポ〕《30 マイルを超える》超長距離走の.
ùltra·fáshionable *a* 極端に流行を追う, 超先端的な.
ùltra·fást *a* 超高速の: ~ computers.
Últra·fàx /-fæ̀ks/ 〔商標〕ウルトラファックス《テレビ技術を用いた高速ファクシミリ》.
últra·fìche *n* ウルトラフィッシュ, 超マイクロフィッシュ《原本を 1/90 以下に縮小した microfiche》.
ùltra·fílter *n*, *vt* 〔理·化〕限外濾過器(で濾過する).
ùltra·fíltrate *n* 〔理·化〕限外濾過液.
ùltra·filtrátion *n* 〔理·化〕限外濾過.
ùltra·fíne *a* きわめて細かい, 超微細な: ~ grinding 超微粉砕.
ùltra·hígh *a* きわめて高い, 超高…, 最高(度)の.
últra·hìgh fréquency 〔通信〕極超短波, デシメートル波《300–3000 megahertz; 略 UHF》.
últrahigh vácuum 〔理〕超高真空《圧力が 10^{-7} pascal 以下の真空; 略 uhv》.
últra·ìsm *n* 過激主義 (extremism); 過激な意見[行為]. ♦ **-ist** *n*, *a* **ùl·tra·ís·tic** *a*
ùltra·léft *a* 極左(派)の. ► *n* [the] 極左, 極左派[陣営].

♦ **～·ist** *n, a* 極左(派)の人; 極左(派)の(人の).
ùltra·líberal *a, n* 急進的自由主義の(人).
últra·lìght *a* 超軽量の. ► *n* 超軽量飛行機 (ultralight plane).
últralight pláne 超軽量(飛行)機, ウルトラライト(プレーン), マイクロライト《ハンググライダーのような機体に小馬力のエンジンを付けたスポーツ用 1 人乗り飛行機》.
ùltra·máfic *a* ULTRABASIC.
ùltra·márathon *n* ウルトラマラソン《正規のマラソンレースよりも長い距離を走るレース; 特に 約 58 km (36 マイル) 以上を走るもの》. ♦ **～·er** *n*
ùltra·maríne *n* 群青(ぐんじょう), ウルトラマリン《青色顔料》; 群青色. ► *a* 海のかなた(から)の; 群青色の. [It and L＝beyond sea; lazuli が海外からの輸入品であることから]
ùltra·mícro *a* ミクロ (micro) より小さい(物質を扱う), 超ミクロの.
ùltra·mícro·bàlance *n* 〖化〗超微量天秤(てんびん).
ùltra·mìcro·chémistry *n* 超微量化学.
ùltra·mícrofiche *n* ULTRAFICHE.
ùltra·micrómeter *n* 超測微計.
ùltra·mícro·scòpe *n* 超[限外]顕微鏡.
ùltra·microscópic, -ical *a* 《普通の顕微鏡では見えないほど》超顕微鏡的な; 超[限外]顕微鏡の. ♦ **-scópical·ly** *adv*
ùltra·micróscopy *n* 超顕微法, 限外顕微鏡検査(法).
ùltra·mícro·tòme *n* 超[ウルトラ]ミクロトーム《電子顕微鏡用の超薄切片をつくる器具》. ♦ **-micrótomy** *n*
ùltra·mílitant *a, n* 極端に好戦的[闘争的]な(人).
ùltra·míniature *a* 超小型の (subminiature).
ùltra·míniaturize *vt* 超小型化する. ♦ **-miniaturizátion** *n*
ùltra·módern *a* 超現代的な. ♦ **～·ìsm** *n* **～·ist** *n*
ùltra·montáne *a* 山[アルプス]の向こうの (opp. *cismontane*); アルプス南方の, イタリアの; [ˢU-] 教皇権至上主義の; 《古》アルプス北方の (tramontane). ► *n* 山の向こうの人; アルプス南方の人; [ˢU-] 教皇権至上主義者; 《古》アルプス北方の人. [L; ⇨ MOUNTAIN]
ùltra·món·ta·nism /-mánt(ə)nìz(ə)m/ *n* [ˢU-] 教皇権至上主義 (cf. GALLICANISM). ♦ **-nist** *n*
ùltra·múndane *a* この世の外の; 物質界外の; 世界の外の; 太陽系外の.
ùltra·nátional·ìsm *n* 超国家主義, 国粋主義. ♦ **-ist** *a, n* 超国家[国粋]主義の(人). **-nationalístic** *a*
ùltra·pás·teur·ìzed *a* 〈牛乳·クリームが〉超高温殺菌された.
ùltra·púre *a* きわめて純粋な, 超高純度の. ♦ **～·ly** *adv*
ùltra·réd *a, n* INFRARED.
ùltra·ríght·ist *n, a* 超保守主義者(の), 極右(の).
ùltra·sécret *a* 極秘の.
ùltra·shórt *a* 極端に(継続時間が)短い; 超短波の《波長が 10 m より短い》: ～ wave 超短波.
ùltra·sónic *a* 超音波の《周波数が可聴周波領域を超える; 約 20 kHz 以上》: ～ cleaning 超音波洗浄 / ～ testing 超音波探傷試験. ♦ **-són·i·cal·ly** *adv*
ùltra·sónics *n* 超音波; 超音波学; 超音波装置《集合的》.
ùltra·sóno·gràm *n* 〖医〗超音波検査図, ECHOGRAM.
ùltra·sóno·gràph *n* 〖医〗超音波検査装置.
ùltra·sonógraph·er *n* 〖医〗超音波検査士.
ùltra·sonógraphy *n* 〖医〗超音波検査(法). ♦ **-sono·gráphic** *a*
ùltra·so·nól·o·gist /-sənáləʤɪst/ *n* 〖医〗超音波検査技師.
ùltra·sophísticated *a* 超精密な, 超精巧な〈機器〉.
últra·sòund *n* 〖理〗超音波, 超可聴音; 〖医〗超音波診断(法) (echography).
últrasound scànner 〖医〗超音波スキャナー《超音波の反射を利用して体内組織の断層像を得る装置; 胎児の異常の診断などに用いる》.
últra·strùcture *n* 〖生〗原形質の不可視微小構造, 超(微細)構造. ♦ **ùltra·strúctural** *a* **-strúctural·ly** *adv*
Ultra·suede /ʌ́ltrəswèɪd/ 〖商標〗ウルトラスエード《スエードに似た洗濯のきく合成繊維不織布; 衣料品やソファーの外皮となる》.
ùltra·swóopy /-swúːpi/ *a* 《口》とても魅力的なスタイルの, 超かっこいい, スタイルグンバツの.
ùltra·thín *a* 極薄の.
ùltra·trópical *a* 熱帯圏外の; 熱帯よりも暑い.
ùltra·víolet *a* 〖理〗紫外(線)の; 紫外線を生ずる[用いる]: ～ rays 紫外線. ► *n* 紫外線《略 UV; cf. INFRARED》.
ultravíolet astrónomy 〖天〗紫外線天文学.
ultravíolet líght 紫外線, 紫外放射.
ultravíolet mícroscope 紫外線顕微鏡.
ultravíolet télescope 紫外線望遠鏡.
ul·tra vi·res /ʌ̀ltrə váɪriz/ *adv, a* 〖法〗《個人·法人の》権限を踰越(ゆえつ)して[した], 権能外で[の] (opp. *intra vires*). [L＝beyond power]
ùltra·wíde·bànd *a* 超広帯域の《1 GHz 程度の超広帯域の電波パルスを用いた無線通信仕様; 近距離の高速無線通信などに使用; 略 UWB》.
ul·tro·ne·ous /ʌltróʊniəs/ *a* 〖スコ法〗〈証人が〉任意出頭の.
ulu /úːlùː/ *n* ウル《エスキモーの女性が用いる湾曲したナイフ》. [Eskimo]
Ulu Dağ /ùːlə dɑ́ː(g)/ ウル山《トルコ北西部 Bursa の南東の山 (2543 m)》.
Ulugh Muztagh ⇨ MUZTAG.
ulu·lant /júːljələnt, ʌ́ljə-/ *a* ほえる; ホーホー鳴く; わめき悲しむ, 泣き叫ぶ.
ulu·late /júːljəlèɪt, ʌ́ljə-/ *vi* 《狼のように》ほえる, 《フクロウのように》ホーホー鳴く; 嘆き悲しむ, 泣きわめく, 号泣する. ♦ **ùlu·lá·tion** *n* [L *ululat- ululo* to howl ‹ imit]
Ulun·di /ulúːndi/ ウルンディ《南アフリカ共和国 KwaZulu-Natal 州北部の町》.
Ulu·ru /úːlʊrùː/ ウルル《AYERS ROCK に対するオーストラリア先住民の呼び名》.
-u·lus /jələs/ *n suf* (*pl* **-u·li** /jəlàɪ/, **-u·lus·es**) 「小さなもの」: cal*culus* / Phoenic*ulus* 〖鳥〗モリヤツガシラ属《カマハシ科》. [L; cf. -ULE]
ul·va /ʌ́lvə/ *n* 〖植〗アオサ属 (*U-*) の各種の海藻 (sea lettuce). [L＝sedge]
Ul·ya·nov /uljɑ́ːnəf/ ウリヤノフ **Vladimir Ilyich ～** 《LENIN の本名》.
Ul·ya·novsk /uljɑ́ːnəfsk/ ウリヤノフスク《ヨーロッパロシア中南東部の Volga 川に臨む市; Lenin の生地; 旧称 Simbirsk》. [↑]
Ulys·ses /julísiz, júːləsìːz/ **1** ユリシーズ《男子名》. **2** ウリッセース, ウリクセース《ODYSSEUS のラテン語名》. **3** 『ユリシーズ』《James Joyce の小説 (1922)》. [L＝angry or hater]
um /mː, əm/ *int* ウーン, ヘン, いや《躊躇·疑いなどを表わす》. ► *vi* [次の成句で]: **um and ah** [**aah**] 《口》HUM¹ and haw. [imit]
uma·mi /umɑ́ːmi/ *n* うまみ《イノシン酸(かつお節などに含まれる), グルタミン酸(コンブなどに含まれる)などによってつくり出される味》. [Jpn]
ʿUmar /úːmɑːr/ ウマル **～ ibn al-Khaṭṭāb** (c. 586–644)《第 2 代正統カリフ (634–644)》.
Umay·yad /umáɪ(j)æd/, **Omay·yad** /oʊ-/, **Om·mi·ad** /oʊ-/ *n* (*pl* **～s**, **-ya·des** /-dìːz/) ウマイヤ朝の人《ウマイヤ朝は Damascus を首都としたイスラム王朝 (661–750)》; 後ウマイヤ朝の人《後ウマイヤ朝はイベリア半島のイスラム王朝 (756–1031)》.
Um·ban·da /umbǽndə/ *n* ウンバンダ《マクンバ (macumba), カトリック, インディオの慣習を習合させたブラジルの宗教》. [Port]
um·bay /ʌ́mbeɪ/ *n**《俗》BUM¹. [pig Latin]
um·bel /ʌ́mbəl/ *n* 〖植〗繖形(さんけい)花序. ♦ **úm·bel·lar** *a* **-bel(l)ed** *a* UMBELLATE. [F or L *umbella* sunshade (dim) ‹ UMBRA]
um·bel·late /ʌ́mbələt, -lèɪt, ʌmbélət/, **-lat·ed** /ʌ́mbəlèɪtəd/ *a* 〖植〗繖形花を有する[のような]. ♦ **-late·ly** *adv*
um·bel·let /ʌ́mbələt/ *n* 〖植〗UMBELLULE.
um·bel·li·fer /ʌmbéləfər/ *n* 〖植〗セリ科植物《繖形花をつける》.
um·bel·lif·er·ous /ʌ̀mbəlíf(ə)rəs/ 〖植〗*a* 繖形花をつける; セリ科 (Umbelliferae) の.
um·bel·lule /ʌ́mbəljùːl, ʌmbéljul/ *n* 〖植〗小繖形花. ♦ **um·bel·lu·late** /əmbéljələt, -lèɪt/ *a*
um·ber¹ /ʌ́mbər/ *n* **1** アンバー《二酸化マンガンを含む水酸化鉄で, 天然の褐色顔料; ⇨ BURNT UMBER, RAW UMBER》. **2** (黄)焦げ茶色; 《方》陰, 影. **3** 焦げ茶色の翅[斑紋]を有する数種のシャクガ. ► *a* アンバーの[で着色した]; 焦げ茶色の. ► *vt* アンバーで[焦げ茶色に]塗る. [F or It ＜L UMBRA]
umber² *n* 〖魚〗カワヒメマス (grayling)《欧州産》; 〖鳥〗シュモクドリ (hammerkop) (＝**～ bìrd**). [OF ＜? ↑]
Um·ber·to /əmbéərtoʊ/ ウンベルト (**1**) **～ I** (1844–1900)《イタリア王 (1878–1900); Victor Emmanuel 2 世の子; Monza で暗殺された》(**2**) **～ II** (1904–83)《イタリア王 Victor Emmanuel 3 世の王子で, Umberto 1 世の孫; 1946 年一時イタリア王になったが, 人民投票で共和制が支持されたため退位》.
um·bil·i·cal /ʌmbílɪk(ə)l, ˈʌ̀mbəláɪk(ə)l/ *a* 臍(へそ)の; 臍帯の; へその近くの, 腹の中央の; へその緒で結ばれた(ような), 緊密な; 《古》中央の[に位置する]. ► *n* 〖宇〗へその緒 (umbilical cord); つなぐもの, 連結物. ♦ **～·ly** *adv* [UMBILICUS]
umbílical còrd 〖解〗へその緒, 臍帯(さいたい)(せいたい); 〖動〗卵黄柄 (yolk stalk); 〖宇〗へその緒, 命綱《発射前のロケット·宇宙船に電気や冷却水を供給する》; 《宇宙飛行士·潜水夫などの》命綱, 供給線. ● **cut** [**sever**] **the ～** 《口》人に依存するのをやめる, 自立する.
umbílical hérnia 〖医〗臍(さい)ヘルニア.
um·bil·i·cate /ʌmbílɪkət, -ləkèɪt/, **-cat·ed** /-kèɪtəd/ *a* へそ状の, 中くぼの; へそのある.
um·bil·i·cá·tion *n* へそ状のくぼみ, 臍状陥凹; へそ状のくぼみが点々とあるさま, 臍窩形成.
um·bil·i·cus /ʌmbílɪkəs, ʌ̀mbəláɪkəs/ *n* (*pl* **-ci** /ʌmbílɪkàɪ, -kìː, ʌ̀mbəláɪkàɪ, -láɪsàɪ/, **～·es**) 〖解〗へそ; 〖動〗《鳥の羽の》臍《羽柄の上下の孔》; 〖貝〗《巻貝の》臍孔(せいこう)(さいこう); 〖植〗《ソラマメの》種臍;

〘数〙臍点; 《問題の》核心. [L=knob; cf. NAVEL]
um·bíli·fòrm /əmbílə-/ *a* へその形をした, 臍状の.
úm·ble píe /ʌ́mb(ə)l-/ 《古》 HUMBLE PIE.
um·bles /ʌ́mb(ə)lz/ *n pl* 《鹿・豚などの》食用臓物, もつ (numbles).
um·bo /ʌ́mbou/ *n* (*pl* **-bo·nes** /ʌmbóuniz/, **~s**) 《盾の》心疣(しんいぼ); 〘解〙鼓膜臍部; 〘植〙菌蓋(きんがい)の中心突起; 〘動〙《二枚貝・巻貝の》殻頂; 《一般に》突起物. ♦ **um·bo·nal** /ʌ́mbən(ə)l, ʌmbóu-/ *a* umbo の[をもつ]. **um·bo·nate** /ʌ́mbənət, -nèɪt, ʌmbóunət/ *a* umbo をもつ[を形成する, に似た]. [L]
um·bra /ʌ́mbrə/ *n* (*pl* **~s, -brae** /-bri, -bràɪ/) **1** 影; 影法師(のように付きまとう人[もの]); 招待客が伴って来る招かれなかった客; 幻影, まぼろし, 亡霊, 幽霊. **2** 〘天〙暗影部, アンブラ《太陽黒点の中央暗黒部》; 〘天〙《太陽黒点の》半影部 (penumbra); 〘天〙本影《食の時に太陽光が完全にさえぎられた円錐》. ♦ **úm·bral** *a* [L=shade, shadow]
um·brage /ʌ́mbrɪʤ/ *n* 不快感, 立腹; 疑念; ほんの少し, 気味; 《陰をつくる》生い茂った木の葉, 茂み; 《古・詩》陰, 日陰 (shade); 《古》おぼろげな姿: give ~ to…を不快にさせる, 立腹させる / take ~ at…を不快に思う, …に立腹する. [OF<L (↑)]
um·bra·geous /ʌ̀mbréɪʤəs/ *a* 陰をつくる, 陰の多い; 立腹しやすい. ♦ **~·ly** *adv* **~·ness** *n*
um·brel·la /ʌ̀mbrélə/ *n* **1** 傘, こうもりがさ, 雨傘; 日傘《通例 sunshade, parasol という》; 〘動〙《クラゲの》かさ; 〘貝〙ヒトエガイ; *《軍俗》パラシュート, 落下傘. **2** 保護(するもの), 庇護, 'かさ'; 統括[包括](するもの); 〘軍〙上空掩護(えんご)(戦闘機隊); 〘軍〙弾幕(砲火): under the ~ of…の保護[管轄]下に; …の部類に(入って) / under the Conservative [communist] ~ 保守党[共産主義]の傘下に. ► *a* 傘の(ような); 包括[統括]的な, 上部(組織[団体])の. ► *vt* 傘でおおう[保護する], …の傘になる. ♦ **~ed** *a* **~·lìke** *a* [It (dim)<*ombra* shade<L UMBRA]
umbrélla ànt 〘昆〙ハキリアリ (leaf-cutting ant).
umbrélla bìrd 〘鳥〙カサドリ《カザリドリ科; 南米・中米産》.
umbrélla fùnd アンブレラファンド《複数の投資信託をまとめて一つのファンドとして運営する投資信託》.
umbrélla lèaf 〘植〙サンカヨウ《北米・日本産》.
umbrélla pàlm 〘植〙**a** カンタベリーマルジクホエア《豪州東岸沖の Lord Howe 島原産; 広い葉が繁茂し高く伸びるヤシ》. **b** UMBRELLA PLANT.
umbrélla pìne 〘植〙**a** コウヤマキ《日本原産》. **b** イタリアカサマツ, カサマツ (stone pine).
umbrélla plànt 〘植〙シュロガヤツリ (=*umbrella palm*)《カヤツリグサ科; アフリカ産》.
umbrélla shèll 〘貝〙ヒトエガイ.
umbrélla stànd 傘立て.
umbrélla trèe 〘植〙北米産モクレン属の高木の一種; 〘園〙《一般に》傘状の[に仕立てた]木.
um·brette /ʌ̀mbrét/ *n* 〘鳥〙シュモクドリ (hammerkop).
Um·bria /ʌ́mbriə/ ウンブリア《**1**) イタリア中部の州; アペニノ山脈に属する山岳地帯からなり Tiber 川上流地域を占める; ☆Perugia **2**) 古代ウンブリア人の居住していたイタリア半島中部および北部地方》.
Úm·bri·an *a* ウンブリア(人[語])の; ウンブリア画派の. ► *n* ウンブリア人[語].
Úmbrian schóol [the] ウンブリア画派《15 世紀に興った Perugino やその弟子 Raphael などの一派》.
Um·bri·el /ʌ́mbriɛ̀l/ 〘天〙ウンブリエル《天王星の第 2 衛星》.
um·brif·er·ous /ʌ̀mbríf(ə)rəs/ *a* 陰を成す, 陰をつくる (umbrageous).
Um·bun·du /ʌ̀mbúndu/ *n* ムブンドゥー語《Bantu 語族に属するアンゴラ中部の言語》.
Umeå /ú:məòu/ ウーメオ《スウェーデン北部 Bothnia 湾に臨む港湾都市》.
um·faan /ʊ́mfɑ̀:n/ *n* 《南ア》子守りや雑用に雇われる少年. [Afrik<Zulu]
um-hum /m̩m̀m/ *int* ウン(ウン)《肯定・同意・理解・興味などを表わす》. [imit]
umi·ak, -ack, -aq /ú:miæ̀k/ *n* ウミアク《エスキモーが用いる海獣の皮を張った木造の小舟》. [Eskimo]
um·laut /ʊ́mlàʊt/ *n* 〘言〙**1** 母音変異, ウムラウト《ゲルマン語派において後続音節の i または j (今は通例 消失または変化している) の影響により, a, o, u をそれぞれ ä (=ae), ö (=oe), ü (=ue) に変ずる母音変化: 例 mann>männer; man>men》. **2 a** ウムラウトによる母音. **b** ウムラウト記号《¨》. ► *vt* ウムラウトで音変化させる; …にウムラウト記号を付ける. [G (*um* about, *Laut* sound)]
umm /m:/ *int* UM. [*um* を長く発音したもの]
um·ma(h) /ʊ́mə/ *n* 〘イスラム〙イスラム共同体, ウンマ. [Arab=people, community, nation]
Umm al Qai·wain /ú:m æl kaɪwáɪn/ ウムアルカイワイン《アラブ首長国連邦を構成する 7 首長国の一つ; Oman 岬の西側に位置し, ほとんど砂漠地》.
ump /ʌmp/ *n, vi, vt* *《俗》UMPIRE.
UMP 〘生化〙uridine monophosphate ウリジン一リン酸 (URIDYLIC ACID).
ump·chay /ʌ́mpʧèɪ/ *n* *《俗》CHUMP[1]. [pig Latin]
umph /m̩m̩m̩, ʌ́m(f)/ *int* HUMPH: ~ humph ウーム.
um·pir·age /ʌ́mpàɪərɪʤ/ *n* 審判員[人] (umpire) の地位[権威]; 審判人の裁決, アンパイアの判定, 審判.
um·pire /ʌ́mpàɪər/ *n* 《競技の》審判員, アンパイア; 〘法〙審判人《仲裁人の意見が一致しないとき, 最後の決定をする》; 《労使交渉などの》仲裁裁定人; 〘軍〙審判官《演習を評価する将校》. ► *vt* 〈競技〉のアンパイアをする; 〈論争などを〉審判[仲裁裁定]する. ► *vi* umpire をする. ♦ **~·shìp** *n* [ME *noumper*<OF *nonper* not equal (⇨ PEER[1]); *n-* の消失は cf. ADDER]
ump·teen /ʌ́m(p)tì:n, ⌐⌐/, **um·teen** /ʌ́m-, ⌐⌐/ *a, pron* 《口》非常に多数の, 無数(の). [*umpty, -teen*]
ump·teenth /ʌ́m(p)tì:nθ, ⌐⌐/, **um·teenth** /ʌ́m-, ⌐⌐/ *a* 《口》何度目かわからないほどの: That's the ~ time I've told you to do that=I've told you to do that for the ~ time. 何度やれと言ったらわかるの.
úmp·ti·eth *a* UMPTEENTH.
ump·ty /ʌ́mpti/ 《口》*a, pron* UMPTEEN; [°*compd*] しかじかの (such and such); 不快な, おもしろくない: the ~-fifth regiment 第何十五連隊. [twenty, thirty などをもとにした戯言的造語か]
úmpty-úmpth /-ʌ́mpθ/ *a**《口》UMPTEENTH.
umpy /ʌ́mpi/ *n* 《豪口》UMPIRE.
um·rah /ʊ́mrɑ:/ *n* 〘イスラム〙ウムラ, 小巡礼《信徒の義務である大巡礼 (hajj) とは別に任意の時に実行できる略式の Kaaba 参詣; 大巡礼の際に付随して行なうこともある》. [Arab]
UMT °universal military training.
Um·ta·li /ʊmtá:li/ ウムタリ《MUTARE の旧称》.
Um·ta·ta /ʊmtá:tə/ ウムタタ《南アフリカ共和国南部 Eastern Cape 州の町で旧 Transkei の中心地; インド洋に注ぐ Umtata 川沿岸に位置する》.
um·ti·za /ʊmtí:zə/ *n* 〘植〙南アフリカ産の堅牢な材を産する *Umtiza* 属の一種.
UMTS Universal Mobile Telecommunications System 万国移動通信システム《GSM の後継となる第三世代携帯電話方式の欧州標準》. **UMW(A)** United Mine Workers (of America) (アメリカ)鉱業労働者連盟.
um·welt /ʊ́mvɛ̀lt/ *n* 〘生・心〙環境《個人や動物の行動に影響を及ぼしうる要素の総体》. [G=environment]
un, 'un /ən/ *pron* 《口・方》ONE《しばしば 他の語と結合して用いる》: He's a tough [bad] *'un*. あれは手ごわい[悪い]やつだ / That's a good *'un*. 《しゃれ・うそなどを》うまく言ってやがる / a little [young] *'un* 子供, チビ / a stiff-*'uns'* race 剛の者ぞろいの競走 / you-*uns* きみたち.
UN °United Nations.
un- /ʌn/ *pref* [自由に用いられる] **1** [形容詞・副詞・名詞に付けて「否定」の意を表わす]: kind → *un*kind, *un*kindly, *un*kindness. **2 a** [動詞に付けてその「逆」の動作を表わす]: tie → *un*tie. **b** 《まれ》[動詞の強調]: *un*loose(n). **3** [名詞に付けて名詞の表わす性質・状態を「取り去る」ことを意味する動詞をつくる]: *un*man 男らしさを失わせる / *un*crown 王位を奪う. ★ (1) -able, -ed および -ing の語尾を有する形容詞は un- の「否定」の場合と「逆」の場合と全く同形で, 両者の意味も実際上差異のないこともあるが, また 大いに異なることもある. たとえば *un*doable は un+do·able とみて that cannot be done の意ともなり, また undo+able とみて that can be undone の意味にもなる (cf. UNBENDING). (2) 否定の un-, in-, non- について: 形容詞を否定するには un- を用いるのが普通であるが (例: *un*able), すでにラテン系の in- のついた否定の形容詞があれば un- よりも in- のほうが普通 (例: *im*possible). しかし in- [il-, im-, ir-] 形の形容詞が単なる否定でなく特別な意味を含んでいる場合には, あいまいさを避けるため un- 形を単なる否定の意に用いる. たとえば *im*moral が「背徳の」「不行跡の」の意に用いられているので, 「道徳の範囲外の」「非道徳的な」の意には *un*moral を用いるなどはその一例. なお in-, un- 共に「譴責」「非難」の意を含む場合は純中立的否定に non- を用いる. ★ この辞書にない un- の語は, 語幹(第 2 要素)の意味を打ち消して考えればよい. [OE reversal を示す *un-, on-* と negation を示す *un-* より]
Una /ú:nə, jú:-; jú:-/ ウーナ, ユーナ《女子名》. [L=one; cf. Spenser *Faerie Queene* Bk. 1]
UNA United Nations Association 国連協会.
ùn·abáshed *a* 恥入るようすもない, 平然とした. ♦ **ùn·abásh·ed·ly** /-ədli/ *adv* 恥ずかしげもなく, 臆面もなく.
ùn·abáted *a* 減って[衰えて, 弱って]いない, 《勢い・強さの》変わらない. ♦ **~·ly** *adv*
ùn·abbréviated *a* 省略してない.
un·able /ʌnéɪb(ə)l/ *a* …できない 〈*to* do〉; 資格[能力]のない; どうすることもできない, 無力な, ひよわな.
ùn·abrídged *a* 縮約[簡約化]されていない, 無削除の, 完全な (complete); 《同種のものの中で》いちばん完全な, さらに大きなものに基づかない, 親版の. ► *n**大辞典 (=~ dictionary).
ùn·absólved *a* 罪の許されていない, 赦免されていない.

ùn·absórb·able *a* 吸収しえない; 吸収力のない.
ùn·absórbed *a* 吸収されていない.
ùn·absórb·ent *a* 吸収しない, 非吸収性の.
ùn·académic *a* 学究的[学問的, 学問向き]でない; 《文学·芸術で》伝統[規準]に従わない. ♦ **-ical·ly** *adv*
ùn·áccent·ed *a* アクセント[強勢]のない, 強調されていない.
ùn·accépt·able *a* 受け入れられない, 容認[許容]できない; 歓迎しがたい, 気に入らない, ありがたくない. ● **the ~ face of**…の悪い面. ♦ **-ably** *adv* **ùn·accèpt·abílity** *n*
ùn·accépt·ed *a* 受け入れられていない, 認容されていない.
ùn·accéssible *a* INACCESSIBLE.
ùn·accláimed *a* 歓迎[喝采]されない.
ùn·ácclimated *a* 順化[順応]していない.
ùn·accómmodated *a* 適応してない; (必要な)設備[便宜]のない, 必要なものを与えられていない.
ùn·accómmodating *a* 不従順な; 不親切な.
ùn·accómpanied *a* 連れのない, 〈…を〉伴っていない 〈*by, with*〉; 〘楽〙無伴奏の: ~ baggage [luggage] 別送手荷物.
ùn·accómplished *a* 未完成の; 無芸の, 無能の, 未熟な, へたな.
ùn·accóunt·able *a* 説明のできない, わけのわからない, 奇妙な; (弁明の)責任を負わない 〈*for*〉. ♦ **-ably** *adv* 説明ができないほど, わけのわからないくらい; どういうわけか, 不可解なことに. **~·ness** *n* **ùn·accòunt·abílity** *n*
ùn·accóunt·ed [°~ for] *a* 説明[釈明]されていない, 原因不明の; 行方不明の; 使途不明の.
ùn·accrédit·ed *a* 信任されていない; 信任状を受けていない.
ùn·accústomed *a* 慣れない 〈*to*〉, 不慣れの 〈*to* doing〉; 尋常[普通]でない, 奇妙な, よく知らない. ♦ **~·ly** *adv* **~·ness** *n*
ùn·achíevable *a* 達成できない.
ùn·acknówledged *a* 認められていない, 不承認の; 自白[自状]していない; 返されていない, 応答されていない, 返事のない; 気づかれていない: an ~ crime [fault, etc.] / an ~ greeting.
una cor·da /ú:nə kɔ́:rdə/ *adv, a* 〘楽〙ウナ·コルダで[の] 《弱音ペダル (soft pedal) を踏んで; 略 u.c.》. [It=one string]
úna córda pèdal 〘楽〙SOFT PEDAL.
ùn·acquáint·ed *a* 見知らぬ, 見慣れない, 不案内な 〈*with*〉; 面識のない. ♦ **~·ness** *n*
ùn·áct·able *a* 上演に適さない, 演出不可能な.
ùn·áct·ed *a* 履行されていない, 実施[実行]されていない; 上演されていない: ~ *upon* by…の作用[影響]をうけないで.
ùn·áctuated *a* (行為にでるほどまでは)駆りたてられて[動かされて]いない.
ùn·adápt·able *a* 適応[適合]しえない, 合わせられない, 融通のきかない.
ùn·adápt·ed *a* 適合[適応]してない, 合っていない.
ùn·addréssed *a* 《問題など》取り組まれていない, 扱われていない; 〈手紙など〉宛名のない: an ~ envelope.
ùn·adjácent *a* 隣接していない.
ùn·adjúst·ed *a* 精算[調整]の済んでいない, 落着していない; まだ順応していない.
ùn·admítted *a* 認められていない; 入場を拒まれた. ♦ **~·ly** *adv*
ùn·admónished *a* 訓戒されていない, 忠告を受けていない.
ùn·adópt·ed *a* 採り入れられていない; 養子にされていない; 〈道路などが〉地方自治体が管理していない, 私道の.
ùn·adórned *a* 飾りのない, 簡素な.
ùn·adórn·ment *n* 飾りのないこと, 簡素.
ùn·adúlterated *a* まじり気のない, 生(き)一本の, 純粋な; 全くの, 純然たる. ♦ **~·ly** *adv*
ùn·advénturous *a* 冒険心のない, 大胆でない; 新機軸を取り入れない, ありきたりの, 変わりばえしない. ♦ **~·ly** *adv* **~·ness** *n*
ùn·ádvertised *a* 広告されていない, 知らされていない.
ùn·advísable *a* 助言[忠告]を聞き入れない; 勧められない, 不得策な.
ùn·advísed *a* 思慮を欠いた, 無分別な; 慎重さを欠いた, 軽率な, 勝手な; 助言を受けていない, 知らされていない; 相談して[されて]いない 〈*with*〉. ♦ **ùn·ad·vís·ed·ly** /-ədli/ *adv* **-ed·ness** /-ədnəs/ *n*
ùn·aesthétic, -es- *a* 美的[風雅]でない; 悪趣味の, 不快な.
ùn·afféct·ed *a* **1** 変化[影響]をうけていない, 心を動かされていない, 感化されていない, 変質していない. **2** 気取らない, ありのままの, 自然な, 素朴な; 装わない, 飾りのない, 偽善的でない, 心からの, 真実の. ♦ **~·ly** *adv* **~·ness** *n*
ùn·afféction·ate *a* 情愛に欠けた, 情のない. ♦ **~·ly** *adv*
ùn·affíliated *a* つながりがない; 仲間入りを許されていない; 養子になっていない 〈*to*〉.
ùn·affórd·able *a* 高額で負担しきれない, 賄いきれない, 手が出ない.
ùn·afráid *a* 恐れない, ひるまない, 驚かない 〈*of*〉.
ùn·ág(e)·ing /-éɪʤ-/ *a* 不老の (ageless).
ùn·aggréssive *a* 侵略的でない, 非攻撃的な; 平和な.
ùn·áid·ed *a* 助けのない, 救助[助力]を受けていない: I did it ~. それを独力でやった / with the ~ eye 裸眼で.
ùn·áimed *a* 目標の定まっていない, 目的のない, 漫然とした.
ùn·áired *a* 換気のよくない, 空気の通っていない; 乾かさない, 湿った (damp).
unak·ite /jú:nəkàɪt/ *n* ユナカ岩 《花崗岩の一種; 宝石にされる》.
Un·alás·ka Báy /ʌ̀nəlǽskə-, ù:nə-/ ウナラスカ湾 《Unalaska 島北岸の湾; この湾にあるアマクナク (Amaknak) 島に米国の海軍基地 Dutch Harbor がある》.
Unaláska Ísland ウナラスカ島 《Alaska 州南西部 Aleutian 列島東部の火山島》.
ùn·álien·able *a* INALIENABLE: ~ rights.
ùn·alígned *a* 一列[平行]になっていない, 整列されていない; 加盟[連合]していない, 非同盟の, 提携していない.
ùn·alíke *a* 異なる, 似つかぬ.
ùn·alíve *a* 敏感でない, 無頓着な 〈*to*〉.
ùn·alléviated *a* 軽減[緩和]されていない, やむことのない.
ùn·allíed *a* 同盟していない; 関係のない, 類属していない.
ùn·allów·able *a* 許しがたい, 承認できない.
ùn·allóyed *a* 合金でない; [*fig*] まぜ物のない, 純粋な, 真の.
ùn·álter·able *a* 変えがたい, 変更できない, 不変の. ♦ **-ably** *adv* **~·ness** *n* **ùn·àlter·abílity** *n*
ùn·áltered *a* 変更のない, 不変の.
ùn·amázed *a* 驚かない, 平気な.
ùn·ambíguous *a* あいまいでない, 疑わしくない, 明白な. ♦ **~·ly** *adv* **ùn·ambigúity** *n*
ùn·ambítious *a* 大望[野心]のない; 控えめの, 地味な. ♦ **~·ly** *adv* **~·ness** *n*
ùn·ambívalent *a* 相反する意見[感情]をもたない, 明確な, 直截(ちょくせつ)な. ♦ **~·ly** *adv*
ùn·aménable *a* 御しにくい, 容易に従わない 〈*to*〉. ♦ **ùn·aménably** *adv*
ùn·aménd·able *a* 直しができない[きかない]; 改正[修正]のできない.
ùn·aménd·ed *a* 改めていない, 改正[修正, 補正]していない.
ùn-Américan *a* 〈風俗·習慣·主義など〉米国風でない, 非アメリカ的な; 米国の国益に反する, 反米的な: ~ activities 非米活動. ♦ **~·ism** *n*
Ùn-Américan Actívities Commìttee [the] 〘米〙非米活動(調査)委員会 (HOUSE UN-AMERICAN ACTIVITIES COMMITTEE) 《略 UAAC》.
ùn·ámiable *a* 人付きの悪い, つっけんどんな, 無愛想な; 不親切な. ♦ **~·ness** *n* **ùn·amiabílity** *n*
ùn·ámplified *a* 拡大[増幅]してない.
Una·mu·no /ù:nəmú:noʊ/ ウナムーノ **Miguel de ~ y Jugo** (1864–1936) 《スペインの思想家·詩人·小説家·随筆家》.
ùn·amúsed *a* 楽しまない, おもしろがらない, 不興な, しらけた.
ùn·amúsing *a* おもしろくない, 楽しくない. ♦ **~·ly** *adv*
unan. unanimous.
ùn·ánalyzable *a* 分析できない.
ùn·ánalyzed *a* 分析されていない.
ùn·ánchor *vt* 抜錨して〈船〉の係留を解く. ► *vi* 〈船が〉抜錨する.
ùn·ánchored *a* 係留されていない, 抜錨されている; 確固たる根拠[基盤]をもたない.
ùn·anéled *a* 《古》終油の秘跡 (extreme unction) を受けていない.
ùn·anésthetized *a* 麻酔をかけられていない.
una·nim·i·ty /jù:nənímәti/ *n* 全員異議のないこと, (満場)一致, 合意.
unan·i·mous /jʊnǽnəməs, ju-/ *a* 合意の, 同説の 〈*for, as, to, in*〉; 満場[全員, 全会]一致の, 異口同音の, 異議のない: with ~ applause 満場の拍手喝采で. ♦ **~·ly** *adv* **~·ness** *n* [L (*unus* one, *animus* mind)]
ùn·annéaled *a* 〈ガラス·金属が〉焼きなましてない.
ùn·annóunced *a* 公表[声明, 発表, 披露]されていない; 予告されていない, 予告[前触れ]なしに; 取次のない: enter ~ 取次の案内もうけずにはいって来る.
ùn·ánswer·able *a* 答えの出ない〈質問〉; 答弁[反駁]できない, 争う余地のない, 決定的な. ♦ **-ably** *adv* **ùn·ànswer·abílity** *n*
ùn·ánswered *a* 答えのない, 返事[返答]のない; 反駁されていない; 報いられていない; 〘スポ〙相手が得点できない間に連続して得点された, 一方的に得点された: ~ love 片思い.
ùn·antícipated *a* 予期しない, 思いがけない, 不測の. ♦ **~·ly** *adv*
ùn·apologétic *a* 弁解[謝罪, 言いわけ]しない; 謝罪しようとしない, 非を認めない. ♦ **-ical·ly** *adv*
ùn·apostólic *a* 使徒の権威のない; 使徒の信念·教義に合致しない, 非使徒的な.
ùn·appálled *a* 恐れない, 平気な.
ùn·appárent *a* 目に見えない; 明らかでない, あやふやな. ♦ **~·ly** *adv* **~·ness** *n*
ùn·appéal·able *a* 上訴できない, 終審の. ♦ **-ably** *adv*
ùn·appéal·ing *a* 人に訴えない, 魅力のない. ♦ **~·ly** *adv*
ùn·appéasable *a* 鎮められない, 和らげられない, いやされない, 抑えがたい, 満たしえない. ♦ **-ably** *adv*

U

ùn·appéased *a* 鎮められていない, 満たされていない.
ùn·áppetizing *a* 食欲をそそらない, うまそうでない; 魅力のない, つまらない. ♦ **～·ly** *adv*
ùn·applíed *a* 適用[応用]されていない.
ùn·appréciated *a* 真価[価値]を認められていない; 鑑賞されていない; ありがたがられていない, 感謝されていない.
ùn·appreciátion *n* 正しい評価ができないこと, 無理解.
ùn·appréciative *a* 鑑賞力のない, 目のきかない.
ùn·apprehénd·ed *a* 理解されていない; 逮捕されていない.
ùn·apprehénsive *a* 不安を感じない, 心配しない, 案じない, 〈…を〉恐れない 〈*to*〉; わかり[のみ込み]の悪い.
ùn·apprísed *a* 知らされていない 〈*of*〉.
ùn·appróach·able *a* 近づきにくい, 接近できない; 〈態度などが〉ひややかな, よそよそしい, 近寄りがたい; 無敵の, 比類のない, 及びがたい. ♦ **-ably** *adv* **ùn·appròach·abílity** *n*
ùn·appróached *a* 接近されていない; 及ぶもののない.
ùn·appròpriated *a* 特定の人[会社など]の用に供されていない, 一個人の占有に帰していない; 〈基金・金銭など〉特定の用途に当てられていない, 未処分の〈利益〉.
ùn·appróved *a* 認められていない, 承認されていない.
ùn·ápt *a* 不適当な, 不相応な, 不向きな 〈*for*〉; 鈍い, のみ込みの悪い, へたな 〈*to* learn, *at* games〉; …し慣れない, …する気がない, …しそうにない 〈*to*〉. ♦ **～·ly** *adv* 不適当に; へたに. **～·ness** *n*
ùn·árguable *a* 議論の余地のない. ♦ **-ably** *adv* 疑いもなく.
ùn·árgued *a* 議論[討論]されていない; 疑い[異議]のない.
ùn·árm *vt* …の武器を取り上げる, 武装解除させる (disarm). ► *vi* 武器を置く[捨てる]; 《古》よろいを脱ぐ.
ùn·ármed *a* 武器を帯びない, 武装していない; 武器を使わない; 〘動・植〙《うろこ・とげ・つめなどの》攻撃器官のない; 〈爆弾などが〉不発(火)状態にした: ～ combat 武器を使わない[素手の]格闘.
ùn·ármored *a* よろいを着けていない; 非装甲の〈巡洋艦〉.
ùn·arrést·ed *a* 逮捕されていない; 進行を阻止されていない.
ùn·arrést·ing *a* おもしろくない, つまらない. ♦ **～·ly** *adv*
ùn·árt·ful *a* 細工をしていない, たくまない; へたな. ♦ **～·ly** *adv*
ùn·artículated *a* ことばで表現されていない; あいまいな, 論理立てていない, 分析が不十分な. ♦ **～·ly** *adv*
ùn·artifícial *a* INARTIFICIAL.
ùn·artístic *a* 非芸術的な. ♦ **-tical·ly** *adv*
una·ry /júːnəri/ *a* 単一要素[項目]からなる[にかかわる] (monadic). [L *unus* one, *-ary*; cf. BINARY]
únary operátion 〘数〙 単項演算《1つの要素に対する演算; 符号を変える, 平方根をとるなど; cf. BINARY OPERATION》.
ùn·ascertáin·able *a* 確かめられない, 確認しがたい.
ùn·ascertáined *a* 確かめられていない, 未確定の, 不確かな.
ùn·asháméd *a* 恥じていない, 恥知らずな, 破廉恥な, あつかましい; あからさまの, 平気な. ♦ **～·ly** *adv* **～·ness** *n*
ùn·ásked *a* 問われていない; 頼まれて[要求されて]いない 〈*for*〉; 招かれていない.
ùn·ásked-fòr *attrib a* 頼まれて[要求されて]いない, 余計な: ～ advice.
ùn·áspirated *a* 〘音〙 気音のない, h 音を伴わない.
ùn·aspíring *a* 向上心[功名心]のない, 現状に満足している.
ùn·assáil·able *a* 攻めることのできない, 難攻不落の; 議論の余地がない, 論破できない, 疑いえない. ♦ **-ably** *adv* **ùn·assàil·abílity, ～·ness** *n*
ùn·assáyed *a* 試金されていない, (化学的に)実験されていない (untested); 試みられた[ためされた]ことのない.
ùn·assértive *a* 断定的でない; 控えめな, つつましい. ♦ **～·ly** *adv* **～·ness** *n*
ùn·assígn·able *a* 譲渡することのできない; 帰することのできない 〈*to*〉: results ～ *to* any known cause.
ùn·assígned *a* 割り当てられていない.
ùn·assímilable *a* 同化されえない, 受け入れられない.
ùn·assímilated *a* 《社会・文化に》同化していない.
ùn·assíst·ed *a* 助けのない, 援助をうけていない; 単独でなされた.
ùn·assóciated *a* 関連[つながり]のない.
ùn·assuáge·able *a* 緩和できない, 鎮めがたい.
ùn·assuáged *a* 緩和されていない, 鎮まらない.
ùn·assúming *a* でしゃばらない, 気取らない, 高ぶらない, 謙遜な (modest). ♦ **～·ly** *adv* **～·ness** *n*
ùn·assúred *a* 保証されていない, 不確かな; 自信のない; 保険がかかっていない. ♦ **-as·súr·ed·ly** /-ədli/ *adv*
ùn·atóned *a* 償われていない.
ùn·attáched *a* **1** 結びつけられていない, 連結していない; 〘法〙 差し押えられていない. **2** 無所属の, 中立の, 〘スポ〙 フリーの; 婚約[結婚]していない, 恋人のいない; 〘軍〙〈将校が〉隊付きでない; 〘英大学〙《大学に在籍するが》特定の学寮 (college) に属していない: place an officer on the ～ list 将校を待命にする.
unattáched párticiple 〘文法〙 懸垂分詞 (dangling participle).
ùn·attáck·able *a* 攻撃できない, 難攻の, 手ごわい.
ùn·attáin·able *a* 達成[到達, 成就]できない. ♦ **-ably** *adv* **～·ness** *n*
ùn·attémpt·ed *a* 企てられた[試みられた]ことのない.
ùn·atténd·ed *a* **1** 出席者[参加者]のない; 付添いのない, 番人のいない; 〈危険などを〉伴わない 〈*by*, *with*〉. **2** 注意[世話]をされていない, 放置された, 持ち主のいない; 〈傷など〉手当てをしてない 〈*to*〉; 無視された, 処置されていない.
ùn·attést·ed *a* 証明されていない, 確証されていない.
ùn·attíred *a* UNCLOTHED.
ùn·attráct·ive *a* 人目をひかない, 魅力のない, さえない, パッとしない, つまらない. ♦ **～·ly** *adv* **～·ness** *n*
ùn·attríbutable *a* 〈情報など〉特定[確認]できない. ♦ **-ably** *adv*
ùn·attríbuted *a* 出所[由来, 出典]不明の.
unau /junóː, unáʊ/ *n* 〘動〙 フタ(ツ)ユビナマケモノ《南米産》. [F<Tupi]
ùn·augmént·ed *a* 増やされていない; 《ギリシア語などの》接頭母音字 (augment) のない.
ùn·auspícious *a* INAUSPICIOUS.
ùn·authéntic *a* 出所不明の; 信じられない; 本物でない.
ùn·authénticated *a* 正当[本物]であると証明[立証]されていない.
ùn·áuthorized *a* 権限のない, 無権限の, 独断的な; 認められていない, 許可[認可]されていない, 非公認の, 無断の, 我流の.
ùn·aváil·able *a* 入手できない, 利用できない; 会うことができない, 手があいていない; UNAVAILING: be ～ for comment 〈人が〉ノーコメントで. ♦ **-ably** *adv* **ùn·avàil·abílity** *n*
unaváilable énergy 〘理〙 無効エネルギー.
ùn·aváil·ing *a* 無効な, 無益の, むだな, かいのない. ♦ **～·ly** *adv* **～·ness** *n*
ùn·avénged *a* 復讐を遂げて[恨みを晴らして]いない.
ùn·áverage *a* 並でない, ただならぬ, ぬきんでた, 目立つ.
una voce /úːnə vóʊkeɪ, júːnə vóʊsi/ *adv* UNANIMOUSLY. [L]
ùn·avóid·able *a* 避けられない, 不可避の, やむをえない, 免れがたい; 〘法〙 無効にしえない. ♦ **-ably** *adv* **ùn·avòid·abílity** *n*
ùn·avówed *a* 公言[言明, 断言]されていない. ♦ **～·ly** *adv*
ùn·awákened *a* (眠りから)さめていない, 覚醒していない, 活性を失っている, 休止している.
ùn·awáre *a* **1** 知らない, 気づかない; 世事に疎い: He was ～ *of* her innocence [～ *that* she was innocent]. 潔白なのを知らなかった / I am not ～ *that*…は知らないではない. **2** 不注意な, むこうみずの. ► *adv* UNAWARES. ♦ **～·ly** *adv* **～·ness** *n*
ùn·awares /ʌnəwέərz/ *adv* 気づかずに, 何気なく, うっかり; なんの前触れもなく, 思いがけなく, だしぬけに: be taken [caught] ～ 不意討ちを食う / take [catch] sb ～ 人に不意討ちを食わせる. ●**at ～** 《古》突然, だしぬけに.
ùn·áwed *a* 恐れない, 平然とした.
ùn·bácked *a* 〈馬が〉人を乗せたことのない, 乗り慣らされていない; 支持者[後援者, ひいき]のない; 賭け手のない; 〈椅子など〉背のない.
ùn·bág *vt* 袋から出す.
ùn·báked *a* 焼けていない, 〈タイルが〉未焼成の; 《古》未熟な (immature).
ùn·bálance *vt* 不均衡[不釣合い]にする; …の心の平衡を破る, 錯乱させる. ► *n* 不均衡, 不釣合い, アンバランス.
ùn·bálanced *a* 均衡を欠いた; 心の平衡を失った, 錯乱した; 不安定な; 〘会計〙 未決算の, (貸借が)一致しない; 〘電子工〙 不平衡な: ～ accounts 未決算勘定.
ùn·bállast·ed *a* 〈船が〉底荷を積んでいない; 〈線路が〉道床のない, バラスの敷いてない; 不安定な, 不確かな, あやふやな.
ùn·bán *vt* 〈政治活動など〉に対する禁止を撤廃する, 合法化する. ♦ **ùn·bán·ning** *n*
ùn·bándage *vt* …の包帯をとる[はずす].
ùn·bánk *vt* 〈いけた火を〉かき起こす.
ùn·báptized *a* 洗礼を受けていない; 非キリスト教徒の; 世俗的な.
ùn·bár *vt* …のかんぬきをはずす, …の横木をとる; 〈牢獄など〉の掛け金をはずす; 開く, 開け放つ.
ùn·bárbed *a* あご (barb) のない, かかり[かえし]のない: an ～ fishhook すれ針.
ùn·bárbered *a* 長く髪に手を入れていない, ぼさぼさの長髪をした.
ùn·bárred *a* 掛け金のかかっていない[はずれた]; 縞(ʼ)[すじ]のない.
ùn·báted *a* UNABATED; 《古》〈剣など〉鈍らしてない (not blunted), 先留めのない.
ùn·bé *vi* 《古》(もはや)存在しない.
ùn·béar·able *a* 耐えられない, 忍びがたい, 我慢できない. ♦ **-ably** *adv* **～·ness** *n*
ùn·béat·able *a* 打ち負かすことのできない, 太刀打ちできない, 無敵の; 最高の. ♦ **-ably** *adv*
ùn·béaten *a* 打たれていない, 砕かれていない, かきまぜ[かきたて]ていない; 負けたことのない, 不敗の, 〈記録など〉破られていない; 人の通ったことのない, 人跡未踏の.

ùn·béautiful *a* 美しくない, 醜い. ♦ **～·ly** *adv*
ùn·becóming *a* 不似合いな, 不釣合いな, 不相応な, ふさわしくない ‹*to, for, in*›; ‹言動など› 不穏当な, 無作法な, あるまじき, 見苦しい; ‹服・色など›似合わない. ♦ **～·ly** *adv* **～·ness** *n*
ùn·béd *vt* ‹草木を›苗床から移す[抜く].
ùn·be·fítting /-bɪ-/ *a* 適しない, 不似合いな, 不相応な.
ùn·be·friénd·ed /-bɪ-/ *a* 友がない.
ùn·begótten *a* まだ生まれていない, 未生の; 他のものから生まれたのでない, 自存の, 永遠の.
ùn·behólden *a* 恩義をうけていない, 義務のない.
ùn·be·knównst /-bɪnóunst/, **-knówn** *a* 未知の, 知られていない: ～ *to* sb 人の知らないうちに, 人に気づかれずに.
ùn·belíef *n* 不信仰, 不信心, 《宗教上の》懐疑.
ùn·belíevable *a* 信じられない; 《口》《信じられないほど》すごい, ひどい. ♦ **-ably** *adv* **～·ness** *n* **ùn·believabílity** *n*
ùn·belíever *n* 不信心者, 不信仰者, 懐疑者; 異教徒.
ùn·belíeving *a* 信じようとしない, 信じない, 《特に》天啓を信じない; 疑い深い, 懐疑的な. ♦ **～·ly** *adv* **～·ness** *n*
ùn·belóved *a* UNLOVED.
ùn·bélt *vt* …の帯[ベルト]をとる[解く]; ベルトを解いて‹剣などを›はずす, ベルトからはずす. ♦ **～·ed** *a* 帯[ベルト]のない; (シート)ベルトをしていない.
ùn·bénd *vt* **1** ‹曲がったものを›まっすぐにする, 伸ばす; 平らに延ばす; 〖海〗‹帆を›帆柱[支索]からはずす; ‹ロープを›ゆるめる, 解く: ～ a bow 《弦をはずして》弓を伸ばす. **2** ‹身を›くつろがせる, 休める; ‹精神›の緊張をゆるめる, なごませる, リラックスさせる: ～ one*self* くつろぐ / ～ one's brow ほっとする, 気持がなごむ, 陽気になる. ► *vi* まっすぐになる, (延びて)平らになる; くつろぐ, うちとける.
ùn·bénd·able *a* いちずな, 一徹な, ひたむきな.
ùn·bénd·ing *a* **1** 曲がらない, たわまない; ‹性格などが›不撓不屈の, ‹規則など›確固不動の; 強情な; うちとけない, 超然とした. **2** 気休めの, 気晴らしの, くつろいだ. ► *n* くつろぎ, 気晴らし. ♦ **～·ly** *adv* **～·ness** *n*
ùn·béneficed *a* 聖職禄を受けていない, 無給の.
ùnbenígnant *a* 不親切な, 悪意のある (malignant).
ùn·bént *a* 曲がっていない, まっすぐな; 屈服していない; 自然のまま伸びた‹枝›; リラックスした.
un·be·ru·fen /*G* ʊnbərú:fn/ *int* 《大言したあとで神罰などを恐れて》くわばらくわばら. [G＝unsummoned]
ùn·beséem *vt* …に似合わない[ふさわしくない].
ùn·beséem·ing *a* ふさわしくない, 似合わない.
ùn·besóught *a* 懇願されていない, 求められていない.
ùn·be·spóken /-bɪ-/ *a* 注文[予約]を受けていない, 事前の取決めのない, 手はずの整っていない.
ùn·be·wáiled /-bɪ-/ *a* UNMOURNED.
ùn·bíased, -bíassed *a* 先入観[偏見]のない, 不偏の, 公平な (impartial); 〖統〗不偏の. ♦ **～·ness** *n*
ùn·bíblical *a* 聖書に反する[によっていない], 非聖書的な.
ùn·bíddableᴵᴵ *a* 従順でない, 御しにくい.
ùn·bídden, un·bíd *a* 命じられていない, 求められていない, 自発的な; 思いがけない; ‹客など›招かれていない (uninvited).
ùn·bínd *vt* …のバンド[留め具]をはずす; ‹縄・結び目などを›解く, ほどく, ‹本を›ばらす; …の束縛を解く, 釈放する.
ùn·bírthdayᴵᴵ *n* [*joc*] 誕生日以外の日: an ～ present.
ùn·bítt *vt* 〖海〗‹索などを›繋柱(けいちゅう)から解き放つ.
ùn·bítted *a* くつわをはめられていない; 拘束されていない, 抑制できない.
ùn·blámable *a* 責める[非難す]べきところのない, 潔白な.
ùn·bléached *a* さらさない, 漂白してない.
ùn·blémished *a* 傷[しみ]のない; 汚れ[汚点]のない, 潔白な.
ùn·bléncheď *a* びくともしない, 平然とした.
ùn·blénd·ed *a* ブレンドされていない, 混じり気のない.
ùn·bléssed, un·blést *a* 恵まれていない, 祝福されていない; 呪われた, 邪悪な; 不幸な, みじめな.
ùn·blínd·ed *a* 盲にされていない, 錯覚にとらわれない, だまされない.
ùn·blínk·ing *a* まばたきしない; まぶたひとつ動かさない, 動じない, 平然とした. ♦ **～·ly** *adv*
ùn·blóck *vt, vi* (…の)凍結を解く; (…から)障害物を取り去る, …の詰まりを除去する, 再開させる; 〖トランプ〗《パートナーがやりやすいように》‹同じ組札›の点数の多い札を出す.
ùn·blóod·ed *a* ‹馬など›純粋種でない; ‹猟犬が›血を塗られていない, 経験していない (uninitiated).
ùn·blóody *a* 流血を伴わない, 無血の; 血に染まっていない; 殺伐[残忍]でない (not bloodthirsty): the ～ sacrifice of the Eucharist (血を流さない)聖餐のいけにえ《パンとぶどう酒》.
ùn·blówn[1] *a* まだ花咲かない, つぼみのままの; 未熟な, 若い. [*blow*[3]]
unblown[2] *a* 風に吹き散らされていない; ‹吹奏楽器が›まだ吹かれていない; 《俗》‹自動車・エンジンが›過給機 (blower) のない. [*blow*[1]]
ùn·blúsh·ing *a* 赤面しない; 恥知らずの, あつかましい, しゃあしゃあした. ♦ **～·ly** *adv*
ùn·bódied *a* 肉体[実体]のない, 肉体から放れた; 無形の.
ùn·bólt *vi* ‹ドアが›のかんぬきがはずれる, 開く; かんぬき[ボルト]をはずす, 開ける. ► *vt* ‹ドアなど›のかんぬき[ボルト]をはずす, 開く. [*bolt*[1]]
ùn·bólt·ed[1] *a* かんぬきをはずした, ボルトを締めていない.
unbolted[2] *a* ふるいにかけてない‹小麦粉など›. [*bolt*[2]]
ùn·bóned *a* 骨のない; 骨を抜いていない.
ùn·bónnet *vi* 脱帽して礼をする[敬意を示す] ‹*to* sb›. ► *vt* …から帽子をとる. ♦ **～·ed** *a* 無帽の.
ùn·bóok·ish *a* 読書[書物]が好きでない, 学のない; 書物だけの知識にたよらない.
ùn·bóot *vt, vi* 長靴[ブーツ]を脱がせる[脱ぐ].
ùn·bórn *a* (まだ)生まれていない, おなかの中の; 将来の, 後世の, 後代の; 生まれることなく存在する: an ～ baby 胎児 / ～ generations＝generations as yet ～ 後世の人びと.
ùn·bórrowed *a* 借り物でない, 持ち前の, 固有の.
ùn·bósom *vt* ‹心中・秘密などを›打ち明ける, 明かす ‹*to*›: ～ one*self* (*to* sb) (人に)意中を明かす, 胸襟を開く. ► *vi* 意中を明かす.
ùn·bóthered *a* じゃまされない, 煩わされない, 無頓着な.
ùn·bóttle *vt* 瓶から出す.
ùn·bóttomed *a* BOTTOMLESS.
ùn·bóught *a* 買ったものでない, 金で手に入れたものでない.
ùn·bóund *v* UNBIND の過去・過去分詞. ► *a* 縛られていない, 縄目を解かれた, 自由の身となった; ‹本が›綴じてない, 未製本の; ‹定期刊行物が›合本になっていない; 《物理的・化学的に》結合していない, 自由の; 〖文法〗‹形態素が›無拘束の (free): come ～ 解ける.
ùn·bóund·ed *a* 限られていない, 無限の, 際限のない; 制約[制限]のない. ♦ **～·ly** *adv* **～·ness** *n*
ùn·bówed /-báud/ *a* ‹ひざなど›曲がってない; 屈服していない, 不屈の: My head is bloody, but ～. 頭は血だらけだが, うなだれてはいない《W. E. Henley の詩 'Invictus' (不屈)の一節》.
ùn·bóx *vt* 箱から出す.
ùn·bráce *vt* 解く, ゆるめる; ‹神経・精神など›の緊張を解く, ゆったりさせる; 軟弱にする; 《古》‹鴨肉を›切り分ける.
ùn·bráced *a* 締めてない; 留めをはずした[ゆったりした]衣類を着た; ‹弓など›曲がってない, 張ってない, ゆるんでいる.
ùn·bráid *vt* …のよりをほぐす, ‹編んだ髪›のよりを解く.
ùn·bránched *a* 枝のない, 無枝の; ‹血管・道・川など›枝状に分かれていない.
ùn·bránd·ed *a* 焼き印を押されていない; ‹商品が›ブランド名のない, ノーブランドの.
ùn·bréach·able *a* 破棄できない; 打ち破れない.
ùn·bréak·able *a* 破る[折る, こわす]ことのできない; ‹決意などが›不屈の; ‹馬が›ならしにくい, なれない. ♦ **-ably** *adv* **～·ness** *n*
ùn·bréathable /-brí:ð-/ *a* 吸入できない.
ùn·bréathed /-brí:ðd/ *a* 呼吸されていない; ささやかれていない, 口外されていない, 秘密の.
ùn·bréd *a* 仕込まれていない, 教えられていない; ‹家畜が›受胎したことのない, (現在)はらんでいない; 《廃》育ちの悪い, しつけの悪い (ill-bred); 《廃》生まれていない.
ùn·bréech *vt* ‹銃砲›から砲尾[銃尾]をはずす, ᴵᴵ/; ʌnbríʧ/ …のズボンを脱がせる.
ùn·bréeched *a* (まだ)ズボンをはいていない.
ùn·bríbable *a* 賄賂が効かない, 買収しがたい.
ùn·brícк *vt* 《解放するために》…から煉瓦を取り除く; 開示する, 解除する.
ùn·brídge·able *a* 橋をかけわたすことができない, 架橋できない; ‹相違・ギャップなどが›埋めることができない: an ～ gulf [stream].
ùn·brídle *vt* ‹馬›から馬勒(ばろく)[手綱]をはずす; [*fig*] 拘束から解く, 解放する, 自由にする, 放任する: ～ the tongue しゃべり出す.
ùn·brídled *a* 馬勒を付けていない; [*fig*] 抑制のない, 《特に》放逸[奔放]な, とどまるところを知らない, 限りない.
ùn-Brítish *a* 英国的でない, 非英国的な.
ùn·bróke *a* UNBROKEN.
ùn·bróken *a* **1** こわれ[損じ]ていない, そっくりそろっている (whole); 乱されていない, さえぎられていない; くじけていない; とぎれない, 引き続く (continuous); 組織として整っている. **2** ‹約束など›守られた; ‹法など›犯されていない; ‹記録など›破られていない. **3** すきを入れてない, 未開墾の; ‹馬など›乗りならされていない. ♦ **～·ly** *adv* **～·ness** *n*
ùn·bróther·ly *a* 兄弟らしくない.
ùn·brúised *a* 傷ついていない, 無傷の.
ùn·brúshed *a* ブラシのかけてない.
ùn·búckle *vt* …の締め金[尾錠, バックル]をはずす. ► *vi* 締め金をはずす; くつろぐ.
ùn·búdge·able *a* 動かされない, 不動の, 不変の. ♦ **-ably** *adv*
ùn·búdging *a* 動かない, 不屈[不動]の. ♦ **～·ly** *adv*
ùn·buíld *vt, vi* 取りこわす, 破壊する.
ùn·buílt *a* 建てられていない, 未建築の; [°～ on] ‹土地が›まだ建築物のない.
ùn·búndle *vi, vt* 《一括販売でなく》別売りする; ‹(複合)企業を›買収して構成部門[資産]を分離売却する, ‹企業›の構成部門を分離売却する. ♦ **ùn·búndling** *n*

ùn·búrden *vt* …の(重)荷を降ろす; 〈心を〉楽にする, 〈悩み・心配・恐怖感を〉取り除く: ～ one*self to* sb 人に心の中を打ち明ける / ～ one*self of* a secret 秘密を打ち明ける.
ùn·búrdened *a* 荷を負っていない; 心配[罪, 秘密など]の重荷を背負っていない.
ùn·búried *a* まだ埋葬されてない; 墓から発掘された.
ùn·búrned, ùn·búrnt *a* 〈煉瓦・粘土・石灰など〉焼いてない, 不焼成の; 焼き尽くされていない.
ùn·búrthen *vt* 《古》 UNBURDEN.
ùn·búry *vt* 墓から掘り出す; [*fig*] あばく.
ùn·búsiness·lìke *a* 事務的でない, 非実地[非能率, 非組織]的な; 事業の目的[方針]に関心のない.
ùn·búttered *a* バターのついて[塗って]いない.
ùn·bútton *vt* 〈服〉のボタンをはずす; 〈人〉の服のボタンをはずす; 〈装甲車〉のふたを開く; 打ち明ける. ► *vi* ボタンをはずす; 《口》 うちとける.
ùn·búttoned *a* ボタンをはずした; ボタンのない; [*fig*] 抑制のない, くだけた, 自由奔放な.
unc /ʌ́ŋk/ *n**《俗》 UNCLE.
Unc uncirculated. **UNC** °United Nations Charter.
ùn·cáge *vt* かご[おり]から出す; 解放する. ♦ **ùn·cáged** *a*
ùn·cálculated *a* 計算[予定]していない, 不確かな, 即興の; 計算外の, 予測のつかない, 期待できない.
ùn·cálculating *a* 計算[計画]していない; 計算高くない, 打算的でない.
ùn·cálled *a* 呼ばれていない, 招かれていない.
ùn·cálled-fòr *a* 不必要な, 無用の, 余計な, さしでがましい, でしゃばった; いわれ[理由]のない.
ùn·cándid *a* さっぱりしない, 率直でない, 不正直な, 不誠実な. ♦ **～·ly** *adv*
ùn·cánny *a* うす気味悪い, 不気味な, 神秘的な; 不可思議な, 名状しがたい; 尋常ではない, 超人的な, 超自然的な; 《スコ》 骨の折れる, 危険な, きびしい, 激しい. ♦ **-cánnily** *adv* **-cánniness** *n*
ùn·canónical *a* 教会法によらない; 正典に属さない, 非正統的な; 聖職者らしからぬ: ～ hours 祈禱時間外《結婚式を挙げることを許されない》/ ～ books 偽典, 外典. ♦ **～·ly** *adv*
ùn·cánonized *a* 正典[正経]とされていない; 正式に聖人と認められ[聖別され]ていない.
ùn·cáp *vt* …の帽子をとる, …に脱帽させる; …のふたをとる; 明らかにする, 暴露する; …の上限を取り除く. ► *vi* 《敬意を表して》脱帽する.
ùn·cápable *a* 《古》 INCAPABLE.
ùn·cápped *a* ᴴ〈選手が〉ナショナルチームに選ばれたことがない.
ùn·cáred-fòr *a* 顧みられない, 世話の行き届かない, ほったらかしの; 人に好かれない.
ùn·cáreful *a* 不注意な; 気苦労のない, のんきな.
ùn·cáring *a* 思いやりのない, 冷淡な, 無頓着な. ♦ **～·ly** *adv*
ùn·cárpet·ed *a* じゅうたんが敷いてない.
ùn·cárt *vt* 荷車から降ろす.
Un·cas /ʌ́ŋkəs/ アンカス (1588?–?1683)《アメリカ先住民の Mohegan 族の指導者》.
ùn·cáse *vt* 入れ物から出す, 箱から取り出す; …のおおいをとる; 〈軍旗を〉翻す; 公開する, 知らせる; 《古》 …の衣服を脱がせる. ► *vi* 《古》 服を脱ぐ.
ùn·cáshed *a* 現金化されていない, 未決済の; 金を賭けていない.
ùn·cástrated *a* 去勢されていない; 削除されていない, 完全な.
ùn·cátaloged | -logued *a* 目録に載っていない.
ùn·cátch·able *a* 捕えられない.
un·cate /ʌ́ŋkèɪt/ *a* 〔植〕 鉤(かぎ)状構造を有する, 鉤状の (uncinate).
ùn·cáught *a* つかまらない, 野放しの.
ùn·cáused *a* なんらかの原因で生じたのではない, 自存の.
ùn·céasing *a* 絶えない, 間断のない, うち続く, ひっきりなしの. ♦ **～·ly** *adv*
ùn·célebrated *a* 名の知られていない, 有名でない, 無名の; 儀式[祝典]を挙げて祝われていない, ことさら尊重[賞揚]されていない.
ùn·cénsored *a* 無検閲の; 表現を拘束されない.
ùn·cénsured *a* とがめられていない.
ùn·ceremónious *a* 儀式[形式]ばらない, 四角ばらない, うちとけた, くだけた; 礼にかなわない, 失礼な, 無作法な; 軽率な, 無遠慮な, 突然の, 不意の, だしぬけの. ♦ **～·ly** *adv* **～·ness** *n*
uncert. uncertain.
ùn·cértain *a* **1** 不確実な, 不確かな, はっきり[判然と]しない, 確信[自信]がない, 断定できない 〈*of* the truth, success, etc.; *as to* his movements; *which* he means〉. **2** 〈行動・目的が〉不確定な; 〈天候・人心など〉変わりやすい, 気まぐれな, 頼み[あて]にならない; 〈光など〉ちらちらする. ● **in no ～ terms** きっぱり(と), はっきり(と). ♦ **～·ly** *adv* **～·ness** *n*
ùn·cértainty *n* 不確実性, 不確定性, 不確かさ; 疑い, 半信半疑 〈*as to*〉; 不定; たよりなさ, 変わりやすいこと 〈*of* temper〉; あてにならないこと[もの]: the ～ *of* life 人生の無常 / the *uncertainties of* life この世のあてにならないことども.
uncértainty prìnciple 〔理〕 不確定性原理 (＝*Heisenberg uncertainty principle*).
ùn·certíficated *a* 証明(書)のない.
ùn·cértified *a* 保証されていない.
UNCF °United Negro College Fund.
ùn·cháin *vt* 鎖から解き放つ, 解放する. ♦ **～ed** *a*
ùn·chállenge·able *a* 挑戦しがたい, 問題にしようがない, 議論の余地がない. ♦ **-ably** *adv*
ùn·chállenged *a* 問題にされていない, 挑戦されていない; 制止[誰何(すいか)]されない; 〈地位などが〉確固たる: go [pass] ～ 〈陳述など〉問題にならないで通る; 《検問などに》引っかからずに済む.
ùn·chálleng·ing *a* 〈問題・状況が〉難しくない, 楽な; 威圧的でない, 怖くない.
ùn·cháncy 《スコ》 *a* 不運な; 危険な.
ùn·chánge·able *a* 変更できない; 不変の (immutable), 安定した. ♦ **-ably** *adv* **～·ness** *n* **ùn·chànge·abílity** *n*
ùn·chánged *a* 変わってない, 変化していない.
ùn·chánging *a* 変わらない, 不変の, 常に一定の. ♦ **～·ly** *adv* **～·ness** *n*
ùn·cháperoned *a* 付添い[監督]なしの.
ùn·characterístic *a* 特質[特性]のない, 特徴的でない; 〈…〉らしくない, 〈…には〉珍しい 〈*of*〉. ♦ **-tical·ly** *adv*
ùn·chárge 《廃》 *vt* …の荷を降ろす; 無罪にする (acquit), 放免する.
ùn·chárged *a* 荷を積んでいない; 弾丸を込めてない; 荷電[充電]してない; 罪を負わされていない, 告訴されていない; 費用[料金]を請求されていない.
ùn·charismátic *a* カリスマ性のない.
ùn·cháritable *a* 無慈悲な, 情け容赦のない, きびしい, 仮借のない, けちな. ♦ **-bly** *adv* **～·ness** *n*
ùn·chármed *a* 〔理〕 〈クォークが〉チャームをもたない.
ùn·chárt·ed *a* 海図[地図]にない; 〈領域などが〉未知の.
ùn·chártered *a* 免許[許可](証)のない, 公認されてない; 不法な.
ùn·cháry *a* 不用心な, 不注意な; 出し惜しみしない.
ùn·cháste *a* 不貞な, 身持ちの悪い, みだらな, 多情な, わいせつな. ♦ **～·ly** *adv* **～·ness** *n*
ùn·chástened *a* 束縛をうけていない, 屈服していない.
ùn·chástity *n* 不貞, 不身持ち, 多情.
ùn·chécked *a* 抑制[阻止]されていない, 野放しになって; 未検査の.
ùn·chéer·ful *a* 愉快でない, 楽しくない, 陰鬱な, 喜びのない, 悲しい; 気のない, 不承不承の (grudging).
ùn·chívalrous *a* 非騎士道的な, 騎士らしくない, 義侠心に欠けた. ♦ **～·ly** *adv*
ùn·chóke *vt* …から障害(物)を取り除く.
ùn·chósen *a* 選ばれていない.
ùn·chrístened *a* 洗礼を受けていない, 受洗していない.
ùn·chrístian *a* キリスト教徒でない, キリスト教を信仰しない; キリスト教精神に反する, 寛大[公平]でない; 《口》 野蛮な, 礼儀知らずの. ♦ **～·ly** *adv*
ùn·chrístian·ìze *vt* …にキリスト教を棄てさせる.
ùn·chúrch *vt* …から教会の資格を奪う; 破門する.
ùn·chúrched *a* 教会に属していない, 教会とは縁のない; 教会のない.
unci *n* UNCUS の複数形.
un·cia /ʌ́nʃiə/ *n* (*pl* **-ci·ae** /-ʃiìː/) 十二分の一; インチ; オンス; 《古代ローマの》 1/12 アス (as) 銅貨. [L＝twelfth part, inch, ounce]
un·ci·al /ʌ́nʃ(i)əl, -siəl/ *n* アンシャル字体《紀元 4–8 世紀にかけて用いられた円みのある大文字手写体》; アンシャル文字; アンシャルで書かれた写本[稿本]. ► *a* アンシャル字体の; インチの, オンスの; 十二等分の. ♦ **～·ly** *adv* [L＝inch-high (↑)]
un·ci·form /ʌ́nsəfɔ̀ːrm/ *a* 鉤(かぎ)状の; 〔解〕《手首の》有鉤(ゆうこう)骨の; 《有鉤骨・篩骨の》鉤状突起の. ► *n* 〔解〕 有鉤骨 (hamate). [UNCUS]
un·ci·nal /ʌ́nsənl/ *a* UNCINATE.
un·ci·nar·ia /ʌ̀nsənǽriə/ *n* 〔動〕 鉤虫 (hookworm).
un·ci·na·ri·a·sis /ʌ̀nsìnəráɪəsəs/ *n* (*pl* **-ses**/-sìːz/) 〔医〕 鉤虫症 (ancylostomiasis).
un·ci·nate /ʌ́nsənət, -nèɪt/, **-nat·ed** /-nèɪtəd/ *a* 〔解・動・植〕 鉤状の, 鉤状構造を有する.
un·ci·nus /ʌnsáɪnəs/ *n* (*pl* **-ni** /-nàɪ/) 〔動〕 鉤状構造[突起]《軟体動物の歯舌の小歯など》. [*uncus*]
ùn·círculated *a* 〈硬貨・紙幣が〉流通していない.
ùn·círcumcised *a* 割礼をうけていない; ユダヤ人[ヘブライ人]でない, 異邦人の (Gentile); [*fig*] 異教の, 純粋でない.
ùn·circumcísion *n* 割礼をうけていないこと; 割礼拒否; [the] 〔聖〕 異邦人 (the Gentiles)《*Rom* 2: 26》.
ùn·cívil *a* 無礼な, 無作法な; 未開の; 市民の融和[福祉]に役立たない. ♦ **～·ly** *adv*
ùn·cívilized *a* 未開の, 野蛮な; 文明から隔絶した, 人の手が入っていない, 自然のままの; 〈行為が〉野蛮な, 非常識な.
ùn·clád *a* 衣服を着けていない, 裸の; 被覆[外装]のない.
ùn·cláimed *a* 要求されていない, 請求者がない; 〈荷物などが〉持主不明の.
ùn·clámp *vt* …の留め金をゆるめる[はずす].

ùn·clárity *n* あいまいさ, 不分明.
ùn·clásp *vt* …の留め金をはずす; 〈握り合わせた手などを〉開く; 〈握っていたもの〉から手を放す. ► *vi* 留め金がはずれる; 〈握った手などが〉開く, 放れる.
ùn·clássed *a* UNCLASSIFIED; 〘競技〙入賞していない.
ùn·clássical *a* 古典的でない; 古典に関心のない.
ùn·clássifiable *a* 分類できない.
ùn·clássified *a* 分類[区分]してない; 機密扱いをうけていない, 秘密でない〈文書など〉; ᴵᴵ〈道路が〉等級番号の付いていない, 高速道路ではない; ᴵᴵ〈大学の学位が〉優等でない; ᴵᴵ〈試験の成績が〉不可[落第]の; 〈サッカーの試合結果が〉順位表[クラス分け]に登録されない.
un·cle /ʌ́ŋk(ə)l/ *n* **1** おじ, 伯父, 叔父, おばの夫 (cf. AUNT)《AVUNCULAR *a*》. **2 a** 助けてくれる人, 助言する[元気づける]人; (よその)おじさん《年配の男性への親しみを込めた呼びかけ》: *U*~ Tom トムじいや (⇨ UNCLE TOM). **b** 《古》質屋のおやじ (pawnbroker); *《俗》故買屋: gone to ~'s 質にはいって / My watch is at my ~'s. 時計は質入れしてある. **3** [U-] UNCLE SAM; *《俗》連邦政府の捜査官, 《特に》麻薬 G メン. **4** [U-] アンクル《もと文字 u を表わした通信用語; 今は Uniform が普通》. ● **I'll be a** MONKEY'S UNCLE. **say [cry, holler]** ~ *《口》参った[降参]と言う. **your** ~ [*joc*] このわたし, このおじさん (I, me) (⇨ UNCLE DUDLEY). [AF<L; ⇨ AVUNCULAR]
-un·cle /ʌ̀ŋk(ə)l/ *n suf* 指小名詞をつくる: carb*uncle*. [OF or L]
ùn·cléan *a* **1** よごれた, 不潔な; 食用に適さない, 食べられない〈産卵直後の魚など〉; 純潔でない, 不純な, 不貞の, ふしだらな, わいせつな; 〘宗〙不浄の, けがれた: the ~ spirit 〘聖〙悪魔, 悪霊《特に 人の心に宿るもの; *Mark* 1: 27》. **2** 不明確な, はっきりしない. ♦ **~·ness** *n*
ùn·cléanly[1] /-klɛ́n-/ *a* 《古》不潔な, 不浄な, みだらな, 不貞な. ♦ **-li·ness** *n*
ùn·cléan·ly[2] /-klíːn-/ *adv* 不潔に.
ùn·cléar *a* 不明瞭な, あいまいな; 不確かな, 不明な. ♦ **~·ly** *adv* **~·ness** *n*
ùn·cléared *a* 障害が取り除かれていない; 草木が切り払われていない; 〈小切手が〉現金化されていない.
Úncle Chárlie *《CB 無線俗》連邦通信委員会 (Federal Communications Commission) (の者).
Úncle Dúdley *《俗》わたし, このおじさん (I, me): Now, tell *your* ~. さあ, おじさんに話しな.
Úncle Fréd 《韻俗》パン (bread).
úncle náb *《俗》ポリ (policeman).
ùn·clénch *vt* 押しあける, こじあける; 〈手〉の握りを解く. ► *vi* 〈手が〉ゆるむ.
Úncle Néd 《韻俗》寝台 (bed).
Úncle Ré·mus /-ríːməs/ リーマスじいや《黒人民話に基づいた Joel. C. Harris の *Uncle Remus: His Songs and His Sayings* (1880) 以下一連の短篇物語の語り手である黒人の召使》.
Úncle Sám **1 a** 米国(政府). **b** (典型的)米国人, 米国市民《全体》《漫画ではやせた白いあごひげのある長身の男で青い燕尾服, 赤白の縞(しま)のズボン, 星模様の帯のついたシルクハット姿; cf. JOHN BULL, BROTHER JONATHAN》. **2** *《俗》連邦政府の係官[捜査官], 連邦政府の機関[部局]. [US (=United States) を勝手にのばしたもの; *US* のもとは, 米軍精肉納入業者 Samuel Wilson (d. 1854) のあだ名 *U*ncle *S*am の肉箱につけた略号からか]
Úncle Súgar *《俗》米国(政府) (Uncle Sam); *《俗》連邦捜査局 (FBI).
Úncle Tóm *n* **1** アンクルトム《Mrs. Stowe の小説 *Uncle Tom's Cabin* 中の敬虔で忠実な黒人の主人公》. **2** [*derog*] 白人に卑屈な黒人; [*derog*] 権力者にへつらう下っぱ. ► *vi* (**-mm-**) 〈黒人が〉白人に卑屈な態度をとる. ♦ **Úncle Tóm·ìsm** 《黒人の》白人迎合(主義). **Úncle Tóm·ish** *a*
Úncle Tómahawk *[*derog*] 白人社会に融和[迎合]するアメリカインディアン, 白人に卑屈なアメリカ先住民. [*Uncle Tom*+*tomahawk*]
Uncle Tom Cobbleigh ⇨ COBBLEIGH.
Uncle Whiskers ⇨ WHISKER (成句).
ùn·clímb·able *a* (よじ)のぼれない, 登攀(とうはん)不能の. ♦ **~·ness** *n*
ùn·clímbed *a* 〈山・岩壁が〉登られたことのない, 未登攀(とうはん)の.
ùn·clínch *vt, vi* UNCLENCH.
ùn·clíp *vt* …のクリップを取りはずす.
ùn·clípped *a* 〈毛・髪・枝・切符など〉切られていない.
ùn·clóak *vt* …に外套を脱がせる; 〈偽善など〉の仮面をはぐ, 暴露する. ► *vi* 外套を脱ぐ.
ùn·clóg *vt* …のじゃま[障害]を除く.
ùn·clóister *vt* 修道院から解放する; 自由の身にする.
ùn·clóse *vt* 開く, 開ける; 現わす, 明かす, あばく. ► *vi* 開く, あく; 現われる, あばかれる.
ùn·clósed *a* 開いている, 開いたままの; 完結していない.
ùn·clóthe *vt* …に衣服を脱がせる, …の衣服を奪う[はぐ], 裸にする; …のおおいを取り除く; 打ち明ける.
ùn·clóthed *a* 衣服を着けていない, 裸の (naked).
ùn·clóud·ed *a* 雲のない, 晴れた, 澄んだ; 曇り[かげり]のない, 明るい, 晴れやかな, 明朗な. ♦ **~·ly** *adv*
ùn·clúbbable *a* クラブの習慣になじまない[なじめない], 非社交的な.
ùn·clútter *vt* …から散らかったものを除く, きちんと整える.
ùn·clúttered *a* 散らかっていない, 整頓された.
un·co /ʌ́ŋkoʊ, -kə/ 《スコ》*a* 見慣れない; 目立つ, 大きな; うす気味の悪い. ► *n* (*pl* **~s, ~es**) [ᵘ*pl*] 珍しいもの, 変わった話, ニュース; 見知らぬ人. ► *adv* すこぶる, とても. ● **the ~ guid** [ᵘ*iron*] 道徳についてうるさい連中, 独善的なやつら, 「聖人君子」. [*uncouth*]
ùn·cóat·ed *a* 〈紙・レンズなどが〉コーティングの施してない.
ùn·cóck *vt* 《暴発しないように》〈銃〉の打金(うちがね)[撃鉄]をおろす; 〈帽子〉の上向きのへりを下げる.
ùn·códed *a* 符号化されていない; 郵便番号 (zip code) が書かれていない, 間違った郵便番号の.
ùn·cóffin *vt* 棺から出す, 《一般に》わざわざ取り出す.
ùn·cóffined *a* 棺に入れられていない, 納棺してない.
ùn·cóil *vt* 〈巻いたものを〉伸ばす, ほどく, 解く. ► *vi* 〈巻いたものが〉解ける, ほどける.
ùn·cóiled *a* 巻かれていない.
ùn·cóined *a* 硬貨に鋳造されていない, 未鋳貨の; 自然な, 真正の, 本物の.
ùn·colléct·ed *a* 自制を失った, 取り乱した; 集められていない, 徴収されていない, 未回収の.
ùn·colléct·ible *a* 収集[回収]不可能の; 収拾のつかない. ► *n* 収集[回収]不可能なもの, 回収不能債権, 貸倒れ金.
ùn·cólored *a* 色を着けていない, 彩色してない, 地色のままの; 〈話など〉ありのままの, ゆがめられていない 〈*by*〉.
ùn·cómbed *a* くしけずられていない, もつれた, ぼさぼさの.
ùn·combíned *a* 結合[化合]していない, 分離した, 別々の (separate).
ùn·come-át·able 《口》*a* 近づきがたい, 寄りつきにくい; 手に入れにくい, 得がたい.
ùn·cómely *a* 美しくない, ぶざまな; 不適切な; 無作法な. ► *adv* 《古》不適切に. ♦ **ùn·cómeliness** *n*
ùn·cómfort·able *a* ここちよくない, 不安な, 不愉快な, 不快な; 住み[居, すわり, 着, かぶり, はき]ごこちの悪い; 困った, 厄介な〈事態など〉. ♦ **~·ness** *n* **-ably** *adv*
ùn·cómfort·ed *a* 慰めのない.
ùn·cómfort·ing *a* 慰めにならない; 不快にする.
ùn·cómfy *a* 《口》快適でない, 不快な (uncomfortable).
ùn·commércial *a* 商業に従事していない, 商売に関係がない; 商業の原理[慣習]に反する; 採算のとれない; もうけ主義でない, 非営利的な.
ùn·commíssioned *a* 委任[委託]されていない, 権限を委譲されていない.
ùn·commítted *a* 未遂の; 言質[誓言]に縛られていない; 特定の立場をとっていない, 中立の, 無党派の; 〈法案など〉委員会付託になっていない; 《刑務所・精神病院などに》監禁[拘禁]されていない.
ùn·cómmon *a* まれな, ありふれてない; 並はずれた, 非常な, 非凡な. ► *adv* 《古・方》UNCOMMONLY. ♦ **~·ly** *adv* まれに; 非常に, 非凡に; 目立って. **~·ness** *n*
ùn·commúnicable *a* INCOMMUNICABLE.
ùn·commúnicative *a* うちとけない, 控えめな; 話したがらない, 無口な. ♦ **~·ly** *adv* **~·ness** *n*
ùn·compánion·able *a* つきあいにくい, 愛想のよくない.
ùn·compássionate *a* 冷酷な, 無情な.
ùn·cómpensated *a* 償われていない, 補償されない.
ùn·compétitive *a* 競合しない; 競争できない[にならない], 競争力のない; 競争させない, 競争を禁ずる. ♦ **~·ly** *adv* **~·ness** *n*
ùn·compláin·ing *a* 不平を言わない; 我慢強い, 辛抱強い. ♦ **~·ly** *adv* **~·ness** *n*
ùn·complét·ed *a* 未完成の, 未完結の.
ùn·cómplicated *a* 他のもの[事]がからんでない; 〘医〙合併症を伴わない; 錯綜していない, 単純な, わかりやすい (simple). ♦ **~·ly** *adv* **~·ness** *n*
ùn·compliméntary *a* 礼を欠く, 礼にはずれた, 無作法な, 人を軽蔑した.
ùn·complý·ing *a* 従順でない, 強情な, かたくなな.
ùn·compóund·ed *a* 合成[複合, 化合, 混合]でない[してない]; 単純な.
ùn·comprehénd·ed *a* 理解されていない.
ùn·comprehénd·ing *a* 理解[把握]しない, 理解を欠いた, 物わかりの悪い: ~ acceptance 理解しないままに受け入れること. ♦ **~·ly** *adv*
ùn·comprehénsible *a* 理解できない, わからない (incomprehensible).
ùn·compréssed *a* 圧縮[短縮]されていない.
ùn·cómpromisable *a* 妥協しようがない.
ùn·cómpromising *a* 妥協しない, 譲歩しない; 断固とした, 頑固な; きびしい, 強硬な; 〈芸術作品などが〉強烈な, 自己主張の強い. ♦ **~·ly** *adv* **~·ness** *n*

ùn·concéaled *a* 隠されていない; あからさまの, 公然の.

ùn·concéivable *a* INCONCEIVABLE.

ùn·concérn *n* 無関心; 無頓着, 平気.

ùn·concérned *a* 心配していない, 平気な, のんきな 〈*about*〉; 関係がない, 掛かり合いがない 〈*with, in*〉; 関心[興味]がない, かまわない 〈*with, at*〉. ♦ **ùn·con·cérn·ed·ly** /-(ə)dli/ *adv* **-ed·ness** /-(ə)dnəs/ *n*

ùn·conclúd·ed *a* 決着のついてない.

ùn·condítion·al *a* 無条件の, 無制限の, 絶対的な; 〖数〗変数がどんな値の場合にも成り立つ, 無条件の; 〖心〗UNCONDITIONED: ~ surrender 無条件降伏. ♦ **~·ly** *adv* **~·ness** *n* **ùn·condi·tionálity** *n*

ùn·condítioned *a* 無条件の, 絶対的な; 〖心〗条件づけ[学習]によらない〈反応〉, 無条件反応を起こす〈刺激〉.

uncondítioned respónse 〖心〗無条件反応 (=**uncon·dítioned réflex**) (無条件反射).

ùn·conféssed *a* 白状[告白]していない, 認めていない; 告解の秘跡を受けていない.

ùn·cónfident *a* 確信のない, 不確かな. ♦ **~·ly** *adv*

ùn·confíned *a* 縛られていない, 〈髪など〉結ってない; 制限[拘束]をうけていない, 自由な; 〈喜び・興奮が〉際限のない.

ùn·confírmed *a* 確認されていない, 確証のない; 〖キ教〗按手式[堅信礼]を受けていない.

ùn·confórm·able *a* 適合しない, 一致しない (not consistent), 《特に》〖英史〗英国教会(に関する統一法 (Act of Uniformity) の定め)に従わない; 〖地質〗不整合の: ~ strata 不整合層. ♦ **-ably** *adv* **~·ness** *n*

ùn·confórmity *n* 〖地質〗《地層の》不整合(面); 《古》不一致, 不適合.

ùn·congénial *a* 気[気性]が合わない; 好みに合わない; 適合しない. ♦ **~·ly** *adv* **ùn·congeniálity** *n*

ùn·conjécturable *a* 推測できない.

ùn·cónjugated 〖化〗*a* 共役でない; 複合していない.

ùn·connéct·ed *a* 接続されていない; 連続していない, 分離[独立]した; 無関係の; 縁故[コネ]のない; 筋の通らない; 散漫な. ♦ **~·ly** *adv* **~·ness** *n*

ùn·cónquer·able *a* 征服されない, 不屈の; 征服しがたい, 克服できない. ♦ **-ably** *adv* **~·ness** *n*

ùn·cónquered *a* 征服されていない.

ùn·conscientious *a* 非良心的な; 節操のない, 不埒(ふらち)な. ♦ **~·ly** *adv* **~·ness** *n*

ùn·cónscionable *a* 良心にもとる, 非良心的な, 恥知らずの, 因業な; 法外の, 途方もない; 《道義的に》許しがたい, あくどい: an ~ bargain 非良心的取引. ♦ **-bly** *adv* **~·ness** *n* **ùn·còn·scio·na·bíl·i·ty** *n*

ùn·cónscious *a* 知らない, 気づかない, 悟らない 〈*of*〉; 意識[正気]を失った, 意識不明の, 気絶した, 人事不省の; 自意識のない; 心[意識]をもたない; 故意でない, 何気ない; 自覚しない, 無意識の. ► *n* [the] 無意識. ♦ **~·ly** *adv* 無意識に, 知らず知らずに. **~·ness** *n* ⁺無意識; 人事不省.

ùn·cónsecrated *a* 聖別されていない, 神にささげられていない.

ùn·consént·ing *a* 承諾[同意]しない, 不同意の.

ùn·consídered *a* 考慮されていない, 重んじられていない; 考慮する価値のない, 取るに足らない; 熟慮の結果に基づかない, 配慮に欠けた, 軽率な.

ùn·consólable *a* INCONSOLABLE. ♦ **-ably** *adv*

ùn·consólidated *a* ゆるやかに配した, 〈土壌が〉層をなしていない, 不成層の.

ùn·cónsonant *a* INCONSONANT.

ùn·cónstant *a* 《古》INCONSTANT.

ùn·constitútion·al *a* 憲法違反の, 違憲の. ♦ **~·ly** *adv* **ùn·constitutionálity** *n* 憲法違反, 違憲性.

ùn·constráined *a* 拘束をうけていない; 強制によらない, 自発的な; 窮屈さのない, のびのびした. ♦ **ùn·constráin·ed·ly** /-ədli/ *adv*

ùn·constráint *n* 無拘束; 随意, 自由.

ùn·constríct·ed *a* 締めつけてない.

ùn·constrúct·ed *a* 《主に米》〈服が〉芯やパッドを入れて形をつくったのでない《体によくなじむ》.

ùn·consúmed *a* 消費されていない.

ùn·cónsummated *a* 未完成の, 床入りを完成して[果たして]いない.

ùn·contáin·able *a* 抑えきれない.

ùn·contáminated *a* 汚点のない, 汚されていない.

ùn·conténtious *a* 議論の余地がない, 異論が出ない.

ùn·contést·ed *a* 争う者のない, 無競争の; 議論の余地がない: an ~ divorce 〖法〗争いのない離婚. ♦ **~·ly** *adv*

ùn·contradíct·ed *a* 否認[反対, 反駁]されていない.

ùn·contríved *a* 人為的[作為的]でない, わざとらしくない.

ùn·contróllable *a* 制御できない, 抑制しがたい, 手に負えない; 〈感情が〉抑えきれない; 《古》《優位にあって》制御の及ばない, 絶対の. ♦ **-bly** *adv* **~·ness** *n* **ùn·controllabílity** *n*

ùn·contrólled *a* 抑制[統制]されていない, 放置された, 野放しの. ♦ **~·ly** *adv*

ùn·controvérsial *a* 議論[論争]にならない; あたりさわりのない. ♦ **~·ly** *adv*

ùn·cóntrovert·ed *a* 反駁[反対]されていない; 議論の余地のない.

ùn·cóntrovertible *a* INCONTROVERTIBLE.

ùn·convéntion·al *a* 慣例に従わない, しきたりにとらわれない, 異例の; 〈態度・服装など〉型にはまらない. ♦ **~·ly** *adv*

ùn·conventionálity *n* 非因襲的なこと[行為], 型破り; 独創性.

ùn·convérsable *a* 《古》話し嫌いの, 人付き[気うけ]の悪い, 無愛想な.

ùn·convért·ed *a* 変えられていない〈質・形〉, 変化していない; 改宗していない, まだ異教徒である; 悔い改めていない; 転向していない.

ùn·convért·ible *a* INCONVERTIBLE.

ùn·convínced *a* 説得されていない, 納得していない.

ùn·convíncing *a* 説得力のない, 本当とは思えない, 疑問のある. ♦ **~·ly** *adv* **~·ness** *n*

ùn·cóoked *a* 《火を用いて》料理してない, 生(なま)の (raw).

ùn·cóol 《俗》*a* 落ちつきのない, 感情的な; いかさない, さえない, 野暮ったい, ださい, 遅れてる.

ùn·coóperative *a* 非協力的な; 手に負えない. ♦ **~·ly** *adv*

ùn·coórdinated *a* 組織立っていない, 調整のついてない, まとまりのない; 〈筋肉運動など〉協同を欠いた, ぎくしゃくした, ぎこちない.

ùn·cópiable *a* コピー[複写, 複製]できない.

ùn·cópy·rìght·able *a* 著作権で保護できない[の及ばない], 著作権対象外の.

ùn·córd *vt* …の索[ひも]を解く[ほどく].

ùn·córdial *a* 親愛の情に欠けた, 不親切な. ♦ **~·ly** *adv*

ùn·córk *vt* 〈瓶〉のコルク栓を抜く; [*fig*] 〈感情などを〉吐き出す, ほとばしらせる; 勢いよくほうる[放つ].

ùn·córked *a* コルク栓をしていない.

ùn·corréct *vt* 〖海〗逆修正する; 羅針路に変える.

ùn·corréct·able *a* 回復[修復]できない, 取返しのつかない. ♦ **-ably** *adv*

ùn·corréct·ed *a* 正されていない, 訂正[矯正, 補正]されていない, 誤ったままの.

ùn·corróborated *a* 確証されていない, 確証のない.

ùn·corrúpt *a* INCORRUPT.

ùn·corrúpt·ed *a* 腐敗していない; 堕落していない; 〈プログラム・データが〉エラーやウイルスのない, 破損していない.

ùn·córset·ed *a* コルセットを着けていない; 束縛されない.

ùn·cóunt·able *a* 数えきれない, 無数の; 測り知れない; 数えられない(性質の): an ~ noun 不可算名詞. ► *n* 〖文法〗不可算名詞. ♦ **-ably** *adv* **ùn·còunt·abílity** *n*

ùn·cóunt·ed *a* 数えてない; 無数の.

ún·còunt nòun 〖文法〗不可算名詞 (uncountable noun).

ùn·cóuple *vt* 〈犬を〉革ひもからはずす; 分離する, 切り離す, …の連結を解く 〈*from*〉. ► *vi* 離れる; 〖狩〗犬を放す. ♦ **ùn·cóupler** *n*

ùn·cóupled *a* つないでいない; 分離した.

ùn·cóurteous *a* 無作法な, 粗野な. ♦ **~·ly** *adv*

ùn·cóurt·ly *a* 宮廷にふさわしくない, 優雅でない, 粗野な; 宮廷に好意をもたない[従わない]. ♦ **-cóurtliness** *n*

un·couth /ʌnkúːθ/ *a* **1** 無骨な, 野暮な, 不器用な; 洗練されていない, あかぬけしない, 荒削りの; ぶざまな, ぶかっこうな. **2** 人跡まれな, もの寂しい; 〈生活など〉ここちよくない; 《古》未知の, 慣れない, 異様な, 見慣れない; 《廃》不思議な; 《廃》うす気味悪い. ♦ **~·ly** *adv* **~·ness** *n* [OE *uncūth* unknown (*cuth* (pp) < *cunnan* to know, CAN[1])]

ùn·cóvenant·ed *a* 契約[誓約, 神約]によらない; 契約に束縛されていない: *U*~ Civil Service ‖《インドで》無契約文官服務《文官服務規程によらず, 登用試験も恩給もない》.

ùn·cóver *vt* **1** …のおおい[ふた]をとる; おおっているものを取って…を見えるようにする; 〈体を〉裸にする; 《古》…から帽子をとる; 〈キツネを〉狩り出す; 〖軍〗〈軍を〉敵の砲火[視野]にさらす; 〖軍〗無防備な状態にする: ~ one*self* 脱帽する《敬意・挨拶のしるし》. **2** 発見する; 暴露する, 打ち明ける. ► *vi* おおい[ふた]をとる; 《古》《敬意を表して》脱帽する.

ùn·cóvered *a* おおい[ふた]のない, 裸の; 帽子をかぶらない, 脱帽した; 遮蔽のない, 援護のない; 暴露した; 保険の対象でない, 社会保障を受けていない; 〈手形などが〉担保のない.

ùn·cówl *vt* …のカウル[聖職の資格]を奪う.

ùn·cráte *vt* 木枠から取り出す, …の荷[梱包]を解く.

ùn·créased *a* しわのない.

ùn·creáte *vt* …の存在を抹殺する, 絶やす, 絶滅させる. ► *a* UNCREATED.

ùn·creáted *a* まだ創造されていない; 他のものによって創造されたのではない, 自存の (uncaused), 永遠の.

ùn·creátive *a* 非創造的な, 創造力のない[要らない].

ùn·crédit·ed *a* 信用されていない, 信じられていない; 認定されていない, 《作者・協力者などとして》名のあがっていない.
ùn·críppled *a* 不具でない.
ùn·crítical *a* 無批判な, 批判力[判断力]のない; 正当な批判基準に基づかない. ♦ **～·ly** *adv*
ùn·crópped *a* 耕作してない〈土地〉; 〈作物が〉取り入れてない; 〈髪・犬の耳など〉はさみを入れてない.
ùn·cróss *vt* …の交差を解く: ～ one's arms [legs].
ùn·cróssed *a* 十字架をつけていない; (十字に)交差していない; ″線引きでない〈小切手〉; 妨げられていない.
ùn·crówd·ed *a* 混雑していない.
ùn·crówn *vt* …の王冠[王位, 王座]を奪う, 廃位する.
ùn·crówned *a* 王冠をつけていない; まだ戴冠式を挙げていない; 王さながらの権力[地位]を有する, 無冠の: the ～ king [queen] (of…) 《仲間うちでの》主, 帝王[女王].
ùn·crúmple *vt* …のしわを伸ばす.
ùn·crúsh·able *a* 打ち砕かれることのない; 抑制されえない; 〈織物が〉折ってもしわにならない.
ùn·crúshed *a* 押しつぶされていない.
ùn·crýstallized *a* 結晶化していない; 最終的に[明確に]定まっていない.
UNCSTD °United Nations Conference on Science and Technology for Development. **UNCTAD** /ʌ́ŋ(k)tæ̀d/ °United Nations Conference on Trade and Development.
unc·tion /ʌ́ŋkʃ(ə)n/ *n* **1 a** 《聖別のしるしとしての》注油, 塗油; 〘カト・東方正教会〙終油の秘跡《臨終の際に聖油を塗る; cf. EXTREME UNCTION》; 《篤信者への》神の恵み; 《戴冠式における》塗油式. **b** 《医療の》油薬塗布, 軟膏塗擦法. **2** 塗り油, 膏薬, 軟膏; 慰めとなるもの, うれしがらせ, 甘言. **3** 宗教的熱情(にあふれたことば[態度など]); 職業的熱心さ, 大げさな[うわべばかりの]熱情[感動]. ♦ **～·less** *a* [L (*unct- ungo* to anoint)]
unc·tu·ous /ʌ́ŋkʧuəs/ *a* **1** 油のような, 油の多い, 油性の; なめらかな, 〈鉱物が〉すべすべした; 肥沃な; 可塑性の. **2** さも感動したような, 熱心ぶった, いやに気取った, きざな, お世辞たらたらの. ♦ **～·ly** *adv* **～·ness, unc·tu·os·i·ty** /ʌ̀ŋkʧuɑ́səti/ *n* [L (*unctus* anointing; ↑)]
ùn·cúlled *a* 〈花など〉摘み取られていない; えり分けてない.
ùn·cúltivable *a* 耕作できない.
ùn·cúltivated *a* 〈土地が〉未耕作の, 未墾の; 〈栽培植物などが〉手入れされていない, 培われていない; 教養のない; 文明化されていない, 野蛮な; 〈天才などが〉教育[訓練]によらない, 生まれついての.
ùn·cúlture *n* 無教養, 無教育.
ùn·cúltured *a* 開墾されていない; 教養のない.
ùn·cúmbered *a* UNENCUMBERED.
ùn·cúrable *a* INCURABLE.
ùn·cúrb *vt* 〈馬〉のくつわをはずす; [*fig*] 拘束を解く.
ùn·cúrbed *a* 〈馬が〉くつわを付けていない; 拘束されていない.
ùn·cúred *a* 治療されていない, まだ治らない; 保蔵処理[加工]の施してない, 塩漬け[干物]にしてない.
ùn·cúrious *a* INCURIOUS. ♦ **～·ly** *adv*
ùn·cúrl *vt* 〈毛髪・体などを〉まっすぐにする. ► *vi* 伸びる, まっすぐになる.
ùn·cúrled *a* カールしていない〈髪〉; (体を)伸ばして〈寝るなど〉.
ùn·cúrrent *a* 通用してない, 現在[現用]のものではない.
ùn·cúrsed *a* 呪われていない; …のきらいがない 〈*with*〉.
ùn·curtáiled *a* 短縮[削減, 縮小]されていない.
ùn·cúrtained *a* 幕のない, 幕を下ろしていない, カーテンのない, さえぎるもののない.
un·cus /ʌ́ŋkəs/ *n* (*pl* **un·ci** /ʌ́ŋkàɪ, -kìː, ʌ́nsàɪ/) 〘解・動〙鉤(かぎ). [L=hook]
ùn·cústomary *a* 慣習[慣例]によらない, 異例の, 異常な.
ùn·cústomed *a* 税関を通していない, 未通関の, 関税を払っていない; 関税が課されない; 《古》UNACCUSTOMED; 《古》UNUSUAL.
ùn·cút *a* **1** 切られて[刈られて, 掘られて]いない; 〈草木が〉刈り込んでない; 〈宝石が〉切削してない; 〘製本〙へりを裁ちそろえてない, アンカットの; 〈織物が〉パイル織を切ってない. **2** 〈書物・映画など〉削除[省略, 短縮]していない, ノーカットの; まぜ物のない, 純粋な.
ùn·cýnical *a* 冷笑的でない, 皮肉屋でない, ひねていない. ♦ **～·ly** *adv*
ùn·dámaged *a* 損害[損傷]をうけていない, いためられていない, 無傷の (uninjured), 完全な (whole).
ùn·dámped *a* 湿っていない; 〈力・活気など〉衰えていない; 〘電・理〙〈振動が〉不減衰の.
ùn·dáted *a* 日付のない; 期限の定めのない.
ùn·dáughter·ly *a* 娘らしくない.
ùn·dáunt·able *a* ひるまない, 不屈の, 恐れない.
ùn·dáunt·ed *a* くじけない, ひるまない, 剛胆な, 不撓不屈の. ♦ **～·ly** *adv* **～·ness** *n*
ùn·dázzled *a* 眩惑されていない.
un·dé, un·dée /ʌ́ndeɪ/ *a* [″後置]〘紋〙《特に 高い》波形の. [F]
ùn·déad *a* 死んでいない; 死にきっていない. ► *n* (*pl* ～) [the] 死にきっていない[死者でも生者でもない]者ども, 亡者, 吸血鬼 (vampire); 霊力によって生き返った死体 (zombi).
ùn·debátable *a* 論議の余地のない. ♦ **-ably** *adv*
ùn·debáuched *a* 堕落していない, 無垢な.
un·dec- /ʌndék, -dés/ *comb form* 「11」 [L *undecim* (*unus* one, *decem* ten)]
un·dec·a·gon /ʌndékəgɑ̀n/ *n* 十一角形.
ùn·decéive *vt* …の迷夢をさまさせる, …に真実を悟らせる 〈*of*〉: be ～*d* 初めて目[迷い]がさめる. ♦ **ùn·decéiver** *n*
un·de·cen·ni·al /ʌ̀ndɪséniəl/ *a* 11 年目ごとの[に起こる].
ùn·decídable *a* 決定されえない, 解決できない; 〘数・論〙決定不可能な, 論証不能の《ある体系の公理からの論理的推論によっては文または命題が証明も反証もできない》. ♦ **-decidabílity** *n*
ùn·decíded *a* 未決定の, 未解決の; 決着のついていない〈試合など〉; 定まらない〈天候など〉; 〈人が〉決心がついていない, 《態度を》決めかねて 〈*about, as to*〉; 優柔不断な. ► *n* 《投票先が》未定の人, 浮動者; 優柔不断な人. ♦ **～·ly** *adv* **～·ness** *n*
un·de·cil·lion /ʌ̀ndɪsíljən/ *n, a* アンデシリオン(の) (${10^{36}}$; 英ではかつて ${10^{66}}$ を表わした). ★ ⇨ MILLION
un·dec·i·mal /ʌndésəm(ə)l/ *a* 十一進法の. [*undec-*]
ùn·de·cípher·able /-dɪ-/ *a* 判読[解読]できない.
ùn·de·cíphered /-dɪ-/ *a* 判読[解読]されていない.
ùn·décked[1] *a* 飾りがしてない, 装飾のない.
undecked[2] *a* 〘海〙甲板(かんぱん)のない, 無甲板の.
ùn·decláred *a* 宣言されていない; 〈戦争が〉宣戦布告なしの; 〈関税課税品が〉申告してない, 無申告の.
ùn·declínable *a* 〘文法〙INDECLINABLE; 拒絶できない, 断われない〈申し込みなど〉.
ùn·declíned *a* 〘文法〙格変化のない.
ùn·de·compósable /-dìː-/ *a* 分解[分析]しえない.
ùn·de·compósed /-dìː-/ *a* 分解[分析]されていない; 腐敗していない.
ùn·décorated *a* 装飾してない; 〈軍人が〉勲章を受けていない.
ùn·de·córticated /-di-/ *a* さや[殻]をとっていない.
un·dec·y·lé·nic ácid /ʌ̀ndèsəlénɪk-, -líː-/ 〘化〙ウンデシレン酸《ひまし油から採る, 白癬(はくせん)など真菌症の治療薬》.
undée ⇨ UNDÉ.
ùn·déed·ed *a* 《廃》行なわれ[使われ]なかった.
ùn·de·fáced /-dɪ-/ *a* 損傷していない, 摩損のない.
ùn·deféat·ed *a* 負けたことのない, 不敗の.
ùn·defénd·ed *a* 防備[防御]のない; 擁護[弁護]されていない; 〘法〙〈被告人など〉弁護人のない; 抗弁のない, 争わない: ～ divorce.
ùn·defíled *a* 汚れのない, 清い, 純粋な.
ùn·defínable *a* INDEFINABLE. ♦ **-ably** *adv*
ùn·defíned *a* 不明確な, 漠然とした〈境界〉; 定義を与えられていない.
ùn·defórmed *a* 不具[奇形]でない.
ùn·déify *vt* 非神格化する, 神でなくする, 神として祭る[あがめる]のをやめる.
ùn·deláyed *a* 遅れのない, 即座の.
ùn·deléte *vt* 〈いったん削除したデータを〉復活させる, 復旧する.
ùn·delíver·able *a* 配達できない.
ùn·delívered *a* 解放[釈放]されていない; 未配達の; 口に出されていない.
ùn·demánd·ing *a* 要求のない[少ない], きびしくない, 〈仕事などが〉楽な.
ùn·democrátic *a* 非民主的な. ♦ **-ical·ly** *adv*
ùn·demónstrable *a* INDEMONSTRABLE. ♦ **-bly** *adv*
ùn·démonstrated *a* 論証されていない.
ùn·demónstrative *a* 感情などを表に出さない, 慎み深い, 内気な. ♦ **～·ly** *adv* **～·ness** *n*
ùn·deníable *a* 否定[否認]しがたい; 不可避の, 紛れもない, 明白な; 申し分のない, 非の打ちどころのない. ♦ **-ably** *adv* **～·ness** *n*
ùn·deníed *a* 否定[反駁]されていない.
ùn·denominátion·al *a* 〈教育など〉特定宗派にとらわれない[属さない], 非宗派的な.
ùn·dénted *a* へこみ(傷)のない; 衰えて[損なわれて]いない.
ùn·depénd·able *a* たより[あて]にならない. ♦ **-ably** *adv*
ùn·depréssed *a* 意気沮喪していない; 陥没していない.
un·der /ʌ́ndər/ *prep* /⌐－, ⌐⌐/ **1** [位置] (opp. *over*) **a** …の下に[を], …の下をくぐって, …の真下に[を], …のふもとに: a village nestling ～ a hill 山のふもとに寄り添った村. **b** …の中[内側, 内部, 裏]に; …の中に没して(いる), …におおわれた: a field ～ grass 草におおわれた畑. **c** …が植えられて, 蒔(ま)かれて: an acre ～ corn. **2 a** 《年齢・時間・価格・価値・数量などが》…未満の, …に満たない: boys and girls ～ school age 就学年齢未満の児童. **b** 〈地位が〉…に劣る, …より下級の: An associate professor is ～ a professor. **3 a** 〈重荷など〉を負って, …の下になって: ～ the burden of sorrow 悲しみの重荷を負って. **b** 〈手術・試練・拷問・刑罰など〉をうけて, …にゆだねられて: land ～ fire 砲火を浴びて(敵前)上陸する / land ～ the plow=land ～ cultivation [tillage] 耕地 / It is forbidden ～ pain of death. 禁を犯す者は死刑に処せられる. **c** …中の[で]: the road ～ repair 改

修中の道路 / ～ WAY. **d** …の支配[監督, 指導, 指示, 影響, 保護, 統治, 政権 など]の下(もと)に, …下に, …をうけて, …に従って; …の義務[責任]のもとに, …に制せられて; 〘占星〙太陽が〈ある星座〉にある時に: study ～ Dr Brown ブラウン博士に師事する / be ～ a doctor 医者の治療をうけている / the class ～ us われわれが支配する階級 / ～ Article 43 第43条によって / ～ the provisions of the law 法の定めるところに従って / give evidence ～ oath 宣誓して証言する / born ～ Virgo おとめ座生まれで. **e** …に駆動されて: ～ (full) SAIL [STEAM]. **f** 〈…の事情[条件, 状態]〉のもとに: ～ such conditions [these circumstances] このような条件[事情]のもとに / ～ the INFLUENCE of…. **4** 《区別・分類など》…に属する, …の項目下で. **5** …の下に《隠れて》; …で知られて: ～ an incognito 微行て / ～ (the) cover of night 夜に紛れて / ～ a false name. **6** …の間[時代]に. **7** 〘トランプ〙…に続いて, …の次に.

► *adv* **1** 下に, 表面下に, 下面[底面]に; おおわれて, 隠されて, 沈んで: send a boat ～. **2** 支配[影響]をうけて; 従属[隷属, 服従]して; 圧倒されて, 屈して; 意識を失って, 無意識状態に. **3** [°*compd*] …より少なく, 不十分に: $10 or ～ 10ドルあるいはそれより少額, 10ドル以下 / UNDERBID, UNDERSTAFFED.

► *a* **1** [°*compd*] 下の, 下部の, 腹側の; 下を向いた: ～ layers 下層 / UNDERJAW. **2** [°*compd*] 従属の, 次位の, 劣った; 通常より少ない, 基準以下の, 不十分な. **3** ひそかな.

[OE; cf. G *unter*, OS *undar*, ON *undir*]

ùnder·abúndant *a* 十分に豊富でない (cf. OVERABUNDANT).

ùnder·achíever *n* 学業不振児, 成績不振者; 期待ほど成果が上がらない人. ♦ **-achíeve** *vi* **～·ment** *n*

ùnder·áct *vt, vi* (役を)十分に演じきれない; 控えめに演ずる.

ùnder·áctive *a* 異常に不活発な. ♦ **-actívity** *n*

ùnder·áge[1] *a* 《法的に》未成年の; 未成年が行なった. [*age*]

únder·age[2] /-rɪʤ/ *n* 不足(高) (shortage). [*-age*]

ùnder·appréciated *a* 正当に評価されない.

únder·àrm *a* 腕の下の, わきのしたの; 〘服〙手首からわきのしたまでの〈寸法〉; 〘球技〙下手(したて)からの, 下手投げの (underhand): an ～ handbag. ► *adv* /ˌ— ˈ—/ 下手(投げ)で. ► *n* わきのした; 《衣服の》袖の下側.

ùnder·ármed *a* 軍備の不十分な.

únder·bèlly *n* 下腹部, 《動物の》腹の最下部; 下部, 底面; 陰の部分, 《社会の》暗部; [°the soft ～] 脆弱な箇所, 弱点, 急所, 泣きどころ.

ùnder·bíd *vt, vi* (〈競争相手〉より)安く値をつける[入札する]; 〘ブリッジ〙(〈手〉に比して)控えめにビッド (bid) する; 《廃》軽視する. ► *n* 低すぎる入札; 〘ブリッジ〙控えめなビッド. ♦ **ùnder·bídder** *n* [+]《競売で》入札に敗れた人.

únder·bìte *n* 〘歯〙下顎前突, 反対咬合.

únder·bòdice *n* 《女性の》胴着.

únder·bòdy *n* 《動物の, 背側でなく》腹側の部分; 《船体の》水線下の部分; 《車両の》下部, 底部.

únder·bòss* *n* 《マフィアなどの》副首領.

ùnder·bréd *a* しつけ[育ち]の悪い, 下品な; 〈馬・犬など〉純血種でない.

únder·brìdge *n* 鉄道・道路の下を横切る橋.

únder·brìm *n* 帽子のつばの裏面に用いる布.

únder·brùsh* *n* 《森林の》下生え (undergrowth).

ùnder·búdget·ed *a* 予算不足の.

únder·bùsh *n* 《森林の》下生え (undergrowth, underbrush).

ùnder·búy *vi* 数量の不十分な買物をする, 買い足りない. ► *vt* 《値打より》安く買う; 〈人〉より安く買う; 〈物を〉不十分な数量だけ買う, 買い控える.

ùnder·cápital·ìze *vt, vi* (〈企業〉に)不十分な資本を供給する, 資本が不足する. ♦ **ùnder·càpital·izátion** *n*

ùnder·cápitalized *a* 資本不足の.

únder·càrd *n* 呼び物の試合を盛り上げるための試合, 前座試合《ボクシングの, メインイベントの前のセミファイナルなど》.

únder·càrriage *n* 《自動車などの》下部構造, 車台; 〘軍〙下部砲架; [‖]《飛行機の》着陸[降着]装置 (landing gear).

únder·càrt *n* [‖]《口》《飛行機の》UNDERCARRIAGE.

únder·càst *n* 〘鉱〙《鉱床の下を通る》通風道; 飛行機の下に広がる雲. ► *vt* /ˌ— ˈ—/ 〘劇〙〈俳優・演者を〉役不足の役につける, 〈芝居・映画など〉に二流[小物]の役者を配する.

ùnder·cháracter·ìze *vt* 〈小説・劇など〉の登場人物の肉付けが不足している; 〈音楽〉の主題を十分展開させない. ♦ **ùnder·chàracter·izátion** *n*

ùnder·chárge *vt, vi* (〈人〉に)妥当な額以下の金額を請求する, (〈物〉に対して)過少請求する, 《正当な価格よりも》…だけ少なく請求する; (〈銃砲〉に)十分に装薬しない; (〈蓄電池〉に)十分充電しない. ► *n* /ˈ— ˌ—/ 過少請求; 装薬[充電]不十分.

únder·clàss *n* 最下層階級.

ùnder·cláss·man* /-mən/ *n* 《大学・高校の》下級生《freshman or sophomore; cf. UPPERCLASSMAN》.

únder·clày *n* 〘地質〙《石層の》下盤(したばん)粘土.

únder·clìff *n* 〘地質〙副崖(ふくがい), アンダークリフ《落石・地すべりなどで海岸部にできた二次的な崖(がけ)》.

ùnder·clóthed *a* 衣服を十分に着ていない, 薄着の.

únder·clòthes *n pl* 下着, 肌着 (underwear).

únder·clòthing *n* UNDERWEAR.

ùnder·clúb *vi* 〘ゴルフ〙《距離に対して》力の足りないクラブを使う.

únder·còat *n* コート[上着]の下に着るコート[上着]; 《鳥獣の》下毛; 《上塗りの前の》下塗り, 下塗り用塗料; 《自動車の》アンダーコーティング; 《方》ペティコート. ► *vt* 下塗りを施す; *〈自動車〉にさび止めの下塗りを施す.

únder·còat·ing *n* 下塗り; *アンダーコーティング (underseal[‖])《車体下塗り; 車体底面に塗るタール状のさび止め》.

ùnder·cólored *a* 色不足の; 動物の下毛の色の.

ùnder·cóok *vt* 十分に加熱調理しない. ♦ **ùnder·cóoked** *a* 生煮え[生焼け]の.

ùnder·cóol *vt, vi* SUPERCOOL; 不十分に冷却する.

ùnder·cóunt *vt* 実際より少なく数える. ► *n* /ˈ— ˌ—/ 実際より少なく数えること, 実際より少ない合計.

ùnder·cóver /ˌ— ˈ—/ *a* 秘密裡の, 内密の; 諜報活動[秘密調査]の(ための); 隠し持った: an ～ FBI agent 連邦捜査局の秘密[おとり]捜査員 / an ～ camera 隠しカメラ. ► *adv* 秘密裡に, 地下活動で. ► *n* 秘密捜査官; スパイ.

úndercover mán 秘密[おとり]捜査員, まわし者; 産業スパイ; *《俗》ホモ.

únder·cròft *n* 《教会などの》(丸天井造りの)地下室.

únder·cùrrent *n* 潜流, 伏流, 下層流, 《海流などの》底流; [*fig*] 《感情や意見などの》暗流, 底流, 底意. ► *a* 底を流れる; 表面には現われない, 隠された (hidden).

ùnder·cút *v* /ˌ— ˈ—/ *vt* **1** 〘商〙競争的に〈価格を〉下げる, 〈競争相手〉より価格を下げる[低賃金で働く]. **2 a** …の下を切り取る; 〈浮彫りなど〉の下をくりぬく; 〘ゴルフ・テニス〙〈球を〉逆回転がかかるように斜め下方に切る, アンダーカットする; *〈伐採木〉の根元に斜めに切り込みを入れる, …に受口を入れる. **b** …の力[価値, 効果]を弱める[そこなう]. **3** …に対して不十分な切り取り[切り込み]を施す. ► *vi* 競争相手より価格を下げる; 下を切る動作をする; アンダーカットする. ► *a* 下を切り取った; アンダーカットによる. ► *n* /ˈ— ˌ—/ **1** 下を切り取る[くりぬく]こと, 下から切り取った[くりぬいた]部分; 《テニスなど》アンダーカット; *《伐採木の倒れる側につける》切り込み, 受口. **2** [‖]《牛の》腰部の柔らかい肉 (tenderloin), ヒレ肉.

ùnder·devélop *vt* 十分に発育[発達, 発展]させない, 十分開発をしない; 〘写〙不足めに現像する; 低開発(国)化させる. ► *vi* 低開発(国)化する.

ùnder·devéloped *a* 発達不十分の, 発育不全の; 〘写〙現像不足の; 〈国・地域など〉低開発の (cf. DEVELOPING): ～ areas 低開発地域.

ùnder·devélop·ment *n* 発達不十分, 発育不全; 現像不足; 低開発.

ùnder·díagnose *vt* 〈状態・疾患を〉過小診断する. ♦ **-diagnósis** *n*

ùnder·dó *vt, vi* 〈仕事など〉十分にしない; 〈肉など〉生焼け[生煮え]に料理する, 十分に火を通さない.

únder·dòg *n* [[u]the] とうてい勝てそうもない人[選手, チーム]; 敗者; [[u]the] 《社会不正・迫害などの》犠牲者, 弱者 (opp. *overdog*, *top dog*). ♦ **únder·dògger** *n* 判官びいきの人.

ùnder·dóne *a* 十分になされていない; 生煮え[生焼け]の.

ùnder·dráin *vt* 〈農地など〉に暗渠(あんきょ)を埋設する, 暗渠で排水する. ► *n* /ˈ— ˌ—/ 暗渠.

únder·dràin·age *n* 《農地・牧場などの》暗渠排水.

ùnder·dráw *vt* …の下に線を引く; 〈屋根・天井〉にしっくいを塗る[板張りをする]; …の不適切な描写をする.

únder·dràwers* *n pl* ズボン下.

ùnder·dráw·ing *n* 《その上にえのぐで描く》下絵, 下描き.

ùnder·dréss *vi, vt* 場にそぐわない簡素な[略式の]服装をする[させる]. ► *n* /ˈ— ˌ—/ 《外衣の下に着る》アンダードレス, 《特に》上スカートの下に見える飾り下着[ペティコート]. ♦ **ùnder·dréssed** *a* くだけすぎた服装をした.

únder·èarth *n, a* 地表下(の), 地下(の).

ùnder·éducated *a* 教育不足の, 無教育の.

ùnder·educátion *n* 無教育.

ùnder·émphasis *n* 不十分な強調, 強調不足.

ùnder·émphasize *vt* 十分に強調しない.

ùnder·emplóyed *a* 能力・技術を十分に活かしていない, 常時雇用でない, 不完全就業の; 十分な人員を雇っていない, 不完全雇用の; 十分に活用されていない. ► *n* [the] 不完全就業者.

ùnder·emplóy·ment *n* 《国家経済における》不完全就業状態; 不完全就業《パートタイム・能力を十分に活かしていない状態など; cf. SUBEMPLOYMENT》.

ùnder·endówed *a* 〈学校・病院などが〉寄付金[基金]収入が不足した; 資質[能力]に恵まれていない.

ùnder·éstimate *vt, vi* 実際より小さく[少なく]見積もる, 過小評価する, みくびる. ► *n* 過小評価, 軽視, みくびり. ♦ **ùnder·estimátion** *n*

ùnder·explóit·ed *a* 十分に活用[利用]されていない.
ùnder·expóse *vt* 〘写〙露光[露出]不足にする; [°*pass*] 不十分に宣伝する.
ùnder·expósure *n* 〘写〙露光[露出]不足(のフィルム[ネガ, プリント]); 宣伝不足.
ùnder·féed *vt* …に十分な食物を与えない; 〈炉など〉に下から燃料を供給する. ► *n* /ˊ‐ˋ‐/ 《燃料などを》下から供給する装置.
♦ **ùnder·féd** *a*
únderfeed stòker 下込めストーカー《石炭が火床の下へ込められる》.
únder·fèlt *n* ″《特に カーペットの》下に敷くフェルト地.
ùnder·fínanced *a* 財源不足の.
únder·fìred *a* 下から燃料を供給される.
únder·flòor *a* 床下式の〈暖房など〉.
únder·flòw *n* UNDERCURRENT; 〘電算〙下位桁あふれ, アンダーフロー《算術演算の結果の絶対値が表現可能な最小値より小さくなること》.
ùnder·fóot *adv* 足の下に, 地面に; 足元に; [*fig*] 隷属して; 《口》足手まといになって, じゃまになって: trample…～ …を踏みにじる. ► *a* 足の下の, 足元の; [*fig*] 踏みにじられた, さげすまれた, おちぶれた, 哀れな.
únder·fràme *n* 《自動車・列車の》台枠; 《椅子の座面・テーブルの天板の》下かまち.
únder·fùg *n* ″《俗》アンダーシャツ, パンツ, 下着.
ùnder·fúnd *vt* 不十分にしか財源を与えない, 財源不足にしておく.
♦ **～·ed** *a* **～·ing** *n*
únder·fùr *n* 《アザラシ・ビーバーなどの毛皮獣の長粗毛の下にある柔らかな》下毛.
únder·gàrment *n* 下着, 肌着.
ùnder·gírd *vt* 《古》…の下部を安定させる, …の下を固く縛る《cf. *Acts* 27:17》; 支える, 補強する.
únder·glàze *a* 施釉の前に施す[適する], 下絵の. ► *n* したぐすり; 下絵.
ùnder·gó *vt* 経験する; 〈手術などを〉うける; 〈検閲・変化を〉うける, こうむる; 〈苦難などを〉忍ぶ, 耐える (endure); 《廃》…のお相伴(しょうばん)をする; 《廃》UNDERTAKE.
únder·gràd *n* 《口》UNDERGRADUATE; *《俗》学部の科目.
ùnder·gráduate *n, a* 《大学の》学部学生(の).
ùnder·grád·u·ette /-grǽʤuèt, ˌ‐ˌ‐ˌ‐ˊ‐/ *n* ″[*joc*] 学部女子学生.
únder·gròund *a* 地下の; 地下用の; 潜行的な, 秘密の, 隠れた (opp. *overground*); 地下組織の, 反体制の; 体制外の, 前衛的な, 実験的な, アングラの; 怪しげな, 安い: an ～ passage 地下道[通路] / the ～ government 地下政府 / the ～ press アングラ出版(活動). ► *n* 地下; 地下の空間, 地下道; [the] 地下組織, 地下運動; [the] 《体制外の》前衛[アングラ]グループ[運動]; [ᵘthe] ″地下鉄(の車両), [°the U-] ロンドン地下鉄. ► *adv* /ˊ‐ˋ‐/ 地下に[で]; 地下にもぐって, 秘密に, 潜行的に, こっそり: go ～ 地下にもぐる, 潜伏する, 姿を消す. ► *vt* /ˊ‐ˋ‐/ 埋設する.
underground ecónomy* 地下経済(活動)《納税申告漏れなどのために公式の統計に現われない経済活動》.
únder·gròund·er *n* 地下活動家, 前衛[アングラ]運動家.
underground fílm [móvie] アングラ映画.
underground mútton 《豪口》[*joc*] ウサギの肉.
underground ráilroad 1 UNDERGROUND RAILWAY. **2** [the U- R-] 〘米史〙地下鉄道《南北戦争以前に自由州やカナダへの奴隷の脱出をたすけた秘密組織》.
underground ráilway 地下鉄 (subway); [the U- R-] UNDERGROUND RAILROAD.
únder·gròwn *a* 発育不十分の; 下生え[下草]の茂った.
únder·gròwth *n* 《森の》下生え, 下草《大木の下に生えている低木・やぶ・シダなど》; 発育不全; 《毛皮の》下毛.
únder·hànd *a* **1** 〘球技〙下手(したて)(投げ)の; 順手の (: ～ grip); 弓を持つ手の下に的を見た; 下向きの. **2** 秘密の, 内密の, うしろぐらい, 陰険な, こそこそした. ► *adv* /; ˌ‐ˊ‐/ 下手(投げ)で; 弓を持つ手の下に的を見て; 内密に, 陰険な手段で, こそこそと; 《古》静かに, 遠慮がちに, 控えめに.
únderhand chóp 《NZ》《木割り競技での》下手切り《横にした丸太の上に乗って切る》.
ùnder·hánd·ed *a* UNDERHAND; 人手不足の. ► *adv* UNDERHAND. ♦ **～·ly** *adv* **～·ness** *n*
ùnder·hóused *a* 住宅不足の〈地域〉; 住宅が狭くて不便な〈家庭〉.
ùnder·húng *a* 〈下あごが〉上あごよりも突き出た; 上あごよりも突き出た下あごを有する, うけくちの; 〘建〙下受けの〈戸など〉; UNDERSLUNG.
ùnder·inflàted *a* 十分に空気の入っていない〈タイヤ〉.
♦ **-inflátion** *n*
únder·insùrance *n* 一部保険, 付保(額)過少.
ùnder·insúre *vt* …に実際の価額より低く保険をかける, 一部保険にする, 付保(額)過少にする.
ùnder·insúred *a* 一部保険の.
ùnder·invést *vi* 十分に投資しない, 過少投資する. ♦ **～·ment** *n* 過少投資, 投資不足.
ùn·deríved *a* 派生したのではない, 〈公理など〉基本的な.
únder·jàw *n* 下あご.
únder·kìll *n* 敵を打ち負かす力の欠如, 戦力不足, 劣勢.
ùnder·láid *v* UNDERLAY の過去・過去分詞. ► *a* 下に置かれた; 〈…を〉下地としてもった 〈*with*〉.
ùnder·láp *vt* 〈上のもの〉の下に部分的に重なる.
ùnder·láy[1] *vt* …の下[底]に敷く; 〘印〙…に下張りをする, 下むらどりをする. ► *vi* 〘鉱〙〈鉱脈が〉《鉛直線から》傾斜する. ► *n* /ˊ‐ˋ‐/ 下に敷く物; 〘印〙下張り, 下むらどり, アンダーレイ《活字の高低をならすための紙片・ボール紙など》; 《床板・じゅうたんなどの》下敷《絶縁・防音用》; 〘楽〙歌詞の譜割り; 〘鉱〙《鉱脈の》傾斜度; 底流, 暗流.
underlay[2] *vi* UNDERLIE の過去形.
ùnder·láy·ment* *n* 《床板・じゅうたんなどの》下敷 (underlay).
únder·lèase *n* SUBLEASE. ► *vt* /ˌ‐ˊ‐/ SUBLEASE.
ùnder·lét *vt* 本当の値打ちよりも安い値で貸す; SUBLET.
ùnder·líe *vt* …の下にある[横たわる]; [*fig*] …の基礎となる[根底にある]; 《古》…に従う, 服従する; 〘文法〙〈派生語〉の語根となる, 〈派生形〉の基底形である; 〘金融〙…に対し優先する権利[担保]となる.
únder·lìne *n* 下線, アンダーライン; 《広告の下部に記した》次の興行[次期刊行物など]の予告; さしえ[写真]の下の説明語句; 動物の体の下部の輪郭, 腹線. ► *vt* /ˌ‐ˊ‐, ˊ‐ˋ‐/ 〈語など〉の下に線を引く, …に下線を施す; 強調[明示]する, 際立たせる; 予告する.
únder·lìnen *n* リンネルなどの下着.
un·der·ling /ʌ́ndərlɪŋ/ *n* [*derog*] 手下, 下っぱ. [-*ling*]
únder·lìning *n* 《衣服の裏に付ける》裏布.
ùnder·líp /, ˊ‐ˋ‐/ *n* 下唇 (lower lip).
ùnder·lít *a* 照明不足の, 薄暗い.
ùnder·lýing *a* 下にある[横たわる]; 基礎[基調]をなす, 根底にある, 根元的な (fundamental); 潜在する; 〘金融〙〈担保・権利など〉他に対して優先権のある, 先順位の, 第一の (prior).
ùnder·lýing·ly *adv* 基底で, 深層構造で.
ùnder·mán *vt* (-nn-) …に十分な人員をあてがわない[配置しない].
♦ **ùnder·mánned** *a* 人員[人手, 乗員]不足の.
únder·mànager *n* 副支配人, 副管理者, 副幹事.
ùnder·méntioned ″*a* 下記の, 後述の, 下掲の.
ùnder·míne *vt* …の下を掘る, …の下に坑道を掘る; 《侵食作用で》…の根元[土台]を削り取る; 〈名声などを〉ひそかに[陰険な手段で]傷つける, (掘り)くずす; 〈健康などを〉徐々に害する[弱める], むしばむ.
♦ **-míning·ly** *adv*
ùnder·míner /, ˊ‐ˋ‐/ *n* UNDERMINE する人, 秘密の[暗躍する]襲撃者; ″工兵隊員.
únder·mòst *a, adv* いちばん下の[に].
un·der·neath /ʌ̀ndərníːθ/ *prep* …のすぐ下に, …の内側に, 裏に; …の支配をうけて. ► *adv* 下に; 下部に. ► *a* 下になっている; 表に見えない, 隠れた, 裏の. ► *n* 下面, 底面 (underside), 下部. [OE *underneothan*; cf. BENEATH]
únder·nòte *n* 低く抑えた声[音] (undertone).
ùnder·nóur·ished *a* 栄養不良[不足]の; 肝腎な要素[資質]が不足した. ♦ **-nóur·ish·ment** *n*
ùnder·nutrítion *n* 栄養不足, 低栄養.
ùnder·óccupancy″ *n* 《宿泊設備などの》定員に満たない利用状況, 低稼働.
ùnder·óccupied *a* 部屋数の余っている〈家など〉; なすべきことのない, 十分な職の与えられていない〈人〉.
ùnder·ófficer *vt* …に士官を不十分にしか配備しない. ► *n* /ˊ‐ˋ‐/ 将校生徒[士官候補生]の上官.
ùn·derógatory *a* 品位を傷つけたりしない, 軽蔑的でない.
ùnder·páid *a* 十分な報酬をうけていない, 不当な低賃金の.
únder·pàint·ing *n* 《構想や明暗のあらましを描き出した》下描き.
únder·pànts *n pl* ズボン下; パンツ.
únder·pàrt *n* 下部; [*pl*] 《鳥獣の》腹部; 《航空機の》胴体下部; 副次的[補佐的]地位[役割].
únder·pàss *n* アンダーパス《立体交差で, 特に 下を通る道路がそこで低くなっている場合; cf. OVERPASS》; 《その》くぐり抜け道路, 《鉄道または他の道路の下を通る》地下道. ► *vt* 〈交差点を〉下を通る道路をくぐらせて立体交差にする.
ùnder·páy *vt* 〈十分な額〉より少なく払う; …に十分な支払いをしない, 低賃金を支払う. ♦ **～·ment** *n*
ùnder·perfórm *vt, vi* 業績[成果]が…に及ばない[…を下回る], 通常の[期待された]成績をあげられない. ♦ **～·ance** *n* **～·ing** *a* 業績不振の, 結果を出せない.
ùnder·pín *vt* 〈建物を〉下[土台]から支える, …の基礎を補強する; 支える, 下支えする, …の土台となる, 裏付ける.
únder·pìnning *n* 《建造物の》基礎(材), 土台, 支え, 支持物, アンダーピニング; 補強, 支持, 裏付け; 〘鉱〙根継ぎ; [°*pl*] 基礎となるもの, 基盤; [ᵘ*pl*] *《口》《特に 女性の》下着; [ᵘ*pl*] *《口》脚 (legs).
únder·pìtch vàult 〘建〙子持ちヴォールト.
ùnder·plánt *vt* 既存の樹木の下[間]に植える[蒔(ま)く].
ùnder·pláy *vt* 〘トランプ〙〈高位の手札〉より低位の札を出す; 〘劇〙

〈役・場面を〉控えめに[抑えて]演ずる; 控えめに[あまり重要でないかのように]扱う. ► *vi* 〘トランプ〙underplay する; 控えめに[抑えて]演ずる, 抑えた演技で効果をあげる. ► *n* /ˊ— ˋ—/ underplay すること; 目立たない演技[作用, 行為].
ùnder·plòt *n* 《小説・劇の》わき筋, 挿話; 密計, たくらみ.
ùnder·pópulated *a* 人口不足の, 過疎の.
ùnder·populátion *n* 人口不足, 過疎.
ùnder·pówered *a* 動力[パワー]不足の.
ùnder·práise *vt* 十分にほめない, ほめ足りない.
ùnder·prepáred *a* 用意が不十分の, 準備不足の.
ùnder·príce *vt* …に標準[実際の価値]以下の値をつける; 〈競争相手〉より安く売る.
ùnder·prívileged *a* 《社会的・経済的に》恵まれない(人びとの). ► *n* [the] 恵まれない人びと.
ùnder·prodúce *vt, vi* **1** 需要を下回って生産する, (…を)生産不足にする. **2** [°*pp*] 〈音楽・映画などを〉わざと荒削りに仕上げる.
ùnder·prodúction *n* 生産不足, 低生産, 減産.
ùnder·prodúctive *a* 十分な生産のできない, 生産性の低い. ♦ **ùnder·productívity** *n* 低生産性.
ùnder·próof *a* PROOF SPIRIT より少ないアルコールを含んだ《略 u.p.; cf. OVERPROOF》.
ùnder·próp *vt* …に支柱をかう, 下から支える; [*fig*] 支持[支援]する (support).
ùnder·públicized *a* 十分宣伝[公表]されていない.
ùnder·quálified *a* 《職などの》資格が不十分な.
ùnder·quóte *vt* 〈人〉より安い値をつける; 〈商品〉に市価[人の言い値]より安い言い値をつける; 〈ある金額〉だけ安くする.
ùnder·ráte *vt* 過小評価する (undervalue), みくびる. ♦ **-rát·ed** *a*
ùnder·reáct *vi* 控えめな[手ぬるい]反応をする. ♦ **ùnder·reác·tion** *n*
ùnder·recórd *vt* 〈数値を〉実際より低く記録する; 〈データ・情報を〉十分に[適切に]記録しない.
ùnder·rehéarsed *a* 〈演技・俳優などが〉リハーサル不足の.
ùnder·repórt *vt, vi* 〈収入などを〉過少に報告する.
ùnder·represént *vt* …に不当に少ない代表[議席]定数を割り当てる; 実際の数量・程度より少なく[低く]表示する, 過小に評価[査定, 表示]する.
ùnder·representátion *n* 表示[代表]不足.
ùnder·represént·ed *a* 不当に数が少ない; 過小に評価[査定, 表示]された.
ùnder·resóurce *vt* 資金[人手]不足にする, …に貧弱な設備を提供する. ♦ **~d** *a* **-resóurc·ing** *n*
ùnder·rípe *a* 未熟な.
ùnder·rún *vt* …の下を走る; 〘海〙〈船外のケーブルなどを〉ボートで下を通って調べる; 〈テークルを〉組み直す. ► *vi* 底流として流れる. ► *n* /ˊ— ˋ—/ 下を通る[走る]もの《潮流・流れなど》; 《木材などの》見積もりと実際の生産量の差, 不足量.
ùnder·sáturated *a* 不飽和の. ♦ **-saturátion** *n*
ùnder·scóre /,*ˊ— ˋ—/ *vt* …の下に線を引く; 強調する, 明確に示す, 際立たせる; 〘映〙〈アクション〉に背景音楽を付ける. ► *n* /ˊ— ˋ—/ UNDERLINE; 〘映〙背景音楽.
ùnder·séa *a* 海中[海底](用)の. ► *adv* 海中[海底]で.
únder·sèal[u] *n* アンダーコーティング (undercoating*). ► *vt* …にアンダーコーティングを施す.
ùnder·séas *adv* UNDERSEA.
ùnder·secretáriat *n* 次官の職[地位]; 次官管轄の部局[課](のスタッフ).
ùnder·sécretary *n* 次官《〘米〙では省庁の Secretary (長官)および(通例は) Deputy Secretary (副長官)の次位; 〘英〙では PARLIAMENTARY UNDERSECRETARY および PERMANENT UNDERSECRETARY がある》.
ùnder·séll *vt* 〈競争相手〉より安値で売る; 〈他の商品〉より安く売られる; 実際の価値より安く売る; 控えめに売り込む[宣伝する]. ♦ **~·er** *n*
únder·sènse *n* 潜在意識; 隠れた意味.
únder·sèrvant *n* 下働き[下まわり]の使用人.
ùnder·sérved *a* サービスが行き届いていない.
ùnder·sét *vt* UNDERPIN; …の下に置く, 下から支える. ► *n* /ˊ— ˋ—/ 〘海〙UNDERCURRENT; 〘鉱〙低い方の鉱脈.
ùnder·séxed *a* 性欲不足の, 性欲の乏しい[弱い].
únder·shèriff *n* 〘米〙郡保安官代理; 〘英〙州長官代理 (⇨ SHERIFF).
únder·shìrt *n* (アンダー)シャツ (vest[u]). ♦ **~·ed** *a*
ùnder·shóot *vt* 〈目標・的〉に届かない, …の下を射る; 〘空〙〈滑走路〉の手前で着陸[着地]する. ► *vi* 的に届かないように撃つ; 〘空〙滑走路の手前で着陸する.
únder·shòrts* *n pl* 男子用パンツ《下着》.
únder·shòt *a* 〈水車が〉下射式の; 〈犬など〉下あごの突き出た.
undershot whéel 下位射水式水車.
únder·shrùb *n* 〘植〙亜低木 (subshrub); 小低木, 《特に》木本性の地表植物. ♦ **-shrùbby** *a*
únder·sìde /, ˋ— ˊ—/ *n* 下側, 下面; [*fig*] 隠れた側, 裏面, 暗部.
ùnder·sígn *vt* …の末尾[下端]に署名する, 署名を添える.
ùnder·sígned *a* 末尾に署名された[した]. ► *n* /ˊ— ˋ—/ (*pl* ~) [the] 署名者: I, *the* ~ 私儀, 署名者(は).
únder·sìze *n* 普通より小さいこと, 小振り; 網下(あみした)《砕いた鉱石などの特定の篩(ふるい)を通過する部分》. ► *a* /ˋ—ˊ—/ UNDERSIZED.
ùnder·sízed *a* 普通より小さい, 小振りの.
únder·skìrt *n* アンダースカート《特に ペティコート》.
únder·slèeve *n* 下袖《袖の下に付ける別袖》; 内袖.
ùnder·slúng *a* 吊り下げ式の, 支点が上方にある; 車軸の下に吊り下げられた〈シャシー〉; 台枠が吊り下げ式の; 重心の低い, どっしりした; 下あごの突き出た (undershot).
únder·sòil *n* 下層土, 心土(しんど), 底土 (subsoil).
únder·sòng *n* 《伴奏としての》連れ歌, 伴唱歌; [*fig*] 底意, 隠された意味; 《古》《歌の》折り返し.
ùnder·sów *vt* 《前作物をまいてある畑に》〈後作物を〉重ねてまく, 追いまきする.
únder·spàrred *a* 〘海〙帆を張るのに円材が小さすぎる[不十分な].
ùnder·spénd *vt* 〈特定の額〉よりも少ない金をつかう, 支出が…を超えない: ~ one*self*=*vi*. ► *vi* 普通[資力]より少ない金しかつかわない (opp. *overspend*). ► *n* /ˊ— ˋ—/[u] 予算の使い残し, 見積もり内支出.
únder·spìn *n* BACKSPIN.
ùnder·stáff *vt* …に十分な人員[人手]をあてがわない.
ùnder·stáffed *a* 人員[人手]不足の (undermanned). ♦ **-stáf·fing** *n*
únder·stàirs *a* 階段下の.
un·der·stand /ʌ̀ndərstǽnd/ *v* (**-stood** /-stúd/, 《古》 *pp* **~·ed**) *vt* **1 a** 〈ことば(の意味)を〉解する, 理解[了解]する: ~ German ドイツ語がわかる / a TONGUE not ~*ed of* the people / I ~ you [what you mean]. きみの言うことはわかる / now, ~ me いいかよく聴けよ《警告》. **b** 〈真意・説明・原因・性質などを〉のみ込む, 合点する, 会得する: No one ~*s* why he refuses. 彼がなぜ断わるのかだれもわからない / To ~ all is to forgive [pardon] all. 《諺》理由がわかれば許したくなる. **c** 〈学問・専門の技術〉の知識がある, …に通じている: ~ finance [electricity, literature] 財政[電気, 文学]の知識がある. **d** …の重要性を知っている, …について理解がある, …がわかっている: He does not ~ responsibility. / ~ children 子供について理解がある. **2** 聞いて知っている, 聞き及ぶ: I ~ that he is going to resign. 彼は辞職すると聞いている. **3 a** 思う, 推察する; 推測する; 〈人のことばなどを〉…の意に解釈する: I ~ him to say that…. 彼の真意は…だと思う / Do I [Am I to] ~…? …と理解してよいのだろうか, つまり…ということなのだろうか. **b** もちろんのことと思う; …を真とみる, 信ずる (believe): I quite *understood* that expenses were to be paid. 費用はもちろん払うべきものと思った / It is *understood* that…は無論のこと, 言うまでもない. **4** [°*pass*] 心の中で補う, 〈語を〉補って解釈する, 含める, 〈語など〉略す: The verb may be expressed or *understood*. その動詞は入れても略してもよい. ► *vi* **1** わかる, 理解力がある; ものがわかる, 知力がある; 理解がある, わかっている: You don't ~. きみは(事情などが)わかっていないんだ. **2** 聞いて知っている: The situation is better, so I ~. 局面は好転したと聞いている. ● **give** sb **to ~** (**that**…) 人に(…であると)話す, 知らせる: He *gave* me *to* ~ [I was *given to* ~] *that*…とわたしは聞いていた. **make** one**self understood** 自分のことば[考え]を人にわからせる: Can you *make yourself understood* in French? フランス語で用が足せますか. **~ one another** [**each other**] 了解し合う, 意思が疎通する, 目的[気持など]を理解し合う; 結託している, 共謀する, 気脈を通ずる. ♦ **~·able** *a* 理解できる, わかりやすい; 納得できる, もっともな. **-ably** *adv* 理解できるように, 明らかに, 当然; もっともなことだが, 無理もないことだが. **~·ability** *n* **~·er** *n* [OE (UNDER, STAND)]
understánd·ing *n* **1 a** 理解, 了解, 会得, のみ込み, 知識, 識別: He has some [a good] ~ of finance. 財政は少しは[よく]わかっている / Science has given us an ~ *of* the universe 科学のおかげで宇宙というものを理解できるようになった. **b** (全体的)理解力, 知力, 頭 (intelligence); 〘哲〙悟性; 思慮, 分別, 英知: human ~ 人知 / a person of [without] ~ もののわかった[わからぬ]人 / pass all ~ 理解を超える, 想像もつかない. **2** 《個人的な》見解, 解釈: It is my ~ that…というのがわたしの見方だ. **3** 《意見・感情などの》一致, 和合, 協調; 共感, 思いやり; 友好関係; 意思疎通, 了解; 協定, 協約; 取決め, 申し合わせ; 《非公式な》結婚の約束: come to [reach] a definite ~ (with sb) about…に関して(人と)意思が疎通する, 了解が成り立つ / have [keep] a good ~ with…と意思が疎通している, 気脈を通じている / with [on] this ~ これを承知のうえで, この条件で / on the ~ that…という条件で. **4** [*sg*] 《俗》足 (foot), 脚 (leg), あんよ; [[u]*pl*] 《俗》靴. ► *a* もののわかる, わかりのよい, 分別のある; 話がわかる, 寛大な; 《古》頭のよい. ♦ **~·ly** *adv* 理解をもって, 思いやりのあるように.
ùnder·státe *vt* (かえって効果的にするために)控えめに述べる, 軽く言う; (数・重要性などを)少なく言う. ♦ **~·ment** *n* 控えめに言うこと, 控えめなことば[表現]. **-státer** *n*

ùnder·státed *a* 虚飾を排した, 控えめな, 地味ながらセンスのよい. ♦ **~·ly** *adv*

únder·stèer 〖車〗 *n* アンダーステア《ハンドルをきった角度に比して車体がカーブでふくらむ操縦特性; opp. *oversteer*》. ► *vi* /ˌ—ˌ—ˊ—/ 〈車が〉アンダーステアである[する].

ùnder·stóck *vt* 〈農場など〉に十分な家畜を入れない; 〈商店など〉に十分な品を仕入れない. ► *n* /ˊ—ˌ—/ 《接ぎ木の》接ぎ台, 台木; 供給不足, 品不足. ♦ **~ed** *a*

un·der·stood /ʌ̀ndərstúd/ *v* UNDERSTAND の過去・過去分詞. ► *a* 十分理解された, あらかじめ知られた; 協定[同意]された; 暗黙の.

únder·stòry *n* 〖生態〗《植物群落の》下層.

únder·stràpper *n* [*derog*] 下っぱ (underling)《小役人など》.

únder·stràtum *n* SUBSTRATUM.

ùnder·stréngth *a* 力[強度, 濃度]不足の, 《特に》人員[人材, 兵力]不足の, 定員割れの.

únder·stùdy *n* 臨時代役俳優; 必要に応じて代役[代理]がつとまるよう訓練された人. ► *v* /, ˌ—ˌ—ˊ—/ *vt* …の代役のために稽古する; …の臨時代役をする. ► *vi* 代役がつとまるように人の役の稽古をする; 代理をする.

ùnder·subscríbed *a* 〈講座・催しなど〉募集枠に満たない, 定員割れの; 〈債券など〉応募[申込み]が予定額に満たない, 札割れの.

ùnder·supplý *n* 供給不足, 不十分な量. ► *vt* 不十分に供給する.

únder·sùrface *n* 下面, 底面 (underside). ► *a* 表面下の, 水中の, 地中の.

únder·swèll *n* UNDERCURRENT.

ùnder·táke *vt* 引き受ける, 請け負う; …する義務を負う, 約束する 〈*to* do〉; 保証する 〈*that*〉; 企てる, …に着手する, 取りかかる; 《古》〈人〉と戦う: ~ a journey 旅行を企画する. ► *vi* 《古》引き受ける; 《古》保証人となる, 保証する 〈*for*〉; 《口》葬儀屋をする.

ùnder·táker *n* 引受人, 請負人; 企業家, 事業家; /ˊ—ˌ—/ 葬儀屋 (mortician*); 〖英史〗植民事業請負人, アンダーテイカー《16–17世紀のアイルランドで没収した土地を配分されたイングランド人》; 〖英史〗議会操作請負人《17 世紀のイングランドで国王のために議会操作を請け負った政界有力者》.

ùnder·táking /, ˊ—ˌ—/ *n* 引き受けること; 企て, 企業, 事業, 仕事; 約束, 保証; /ˊ—ˌ—/ 葬儀取扱業.

ùnder·táx *vt* 過少に課税する. ♦ **-taxátion** *n*

únder·tènant *n* また借り人, 転借人. ♦ **-tènancy** *n* また借り, 転借.

únder-the-cóunter *attrib a* 闇で売られる〈品薄品・禁制品など〉; 秘密の; 不法な〈取引など〉. ► *adv* 《闇市場などで》内密[不法]に(売られて).

únder-the-táble *attrib a* 内密の, 闇の〈取引など〉.

únder·thìngs *n pl* 《口》婦人用下着 (underclothes).

ùnder·thròw *vt* 〖アメフト〗相手に届かない〈ボール・パスを〉投げる; 〈相手〉に届かないパスをする.

ùnder·thrúst *vt* 〖地質〗〈断層の下盤を〉上盤の下に移動させる. ► *n* /ˊ—ˌ—/ 逆押しかぶせ断層 (=~ **fàult**)《下盤が移動した衝上断層》.

únder·tìnt *n* 和らげられた色合い, 淡い色.

ùnder·típ *vt* …に不当に[相場より]少額のチップを渡す.

únder·tòne *n* **1** 低音, 小声; 〖楽〗基礎音下の倍音, 下方倍音 (opp. *overtone*); 《耳ざわりにならない程度の》背景音; 和らげられた色, 下地の色で緩和された色: talk in ~*s* [an ~] 小声で話す. **2** 潜在的性質[要素], 《感情の》含み, 底流; 市場の基調.

únder·tòw *n* 《岸から返す》引き波, あとびき; 《表面の流れとは反対の強い》底流; 《裏に隠された》感情, 負の影響力: get caught in ~ 底流にさらわれる; 危険にさらされる.

ùnder·tráined *a* 訓練[トレーニング]不足の.

ùnder·tréat *vt* …に不十分な[不適切な]治療を行なう.

únder·trial *n* 《インド口》《拘留中の》被告人.

únder·trìck *n* 〖トランプ〗《ブリッジで》不足したトリック (cf. OVERTRICK).

ùnder·trúmp *vi, vt* 〖トランプ〗相手[すでに出た切り札]より低い切り札を出す.

ùnder·úse /-júːz/ *vt* 十分に使わない[利用しない]. ► /-júːs/ *n* 利用不足. ♦ **ùnder·úsed** *a*

ùnder·útilize *vt* 十分に利用[活用]しない. ♦ **~d** *a* **-utilizátion** *n*

ùnder·válue *vt* 過小評価する; …の価値を減少させる; 軽視する. ♦ **~d** *a* **-valuátion** *n* 過小評価; 《不当な》安値.

únder·vèst *n* UNDERSHIRT.

únder·wàist* *n* ブラウスの下に着るブラウス; 《子供・幼児の》下着を留めるブラウス.

ùnder·wáter *a, adv* 水面下の[に, で], 水中(用)の[に, で]; 〖海〗水線下の[に, で]; 貧困にあえぐ, 財政的に破綻した: an ~ homeowner 住宅ローンが返済できない自宅所有者. ► *n* /ˊ—ˌ—/ 水中, 水面下(の水).

únderwater archaeólogy 水中[海洋]考古学 (marine archaeology).

únderwater básket wèaving* 《俗》とても簡単な科目, やさしいコース.

ùnder·wáy *a* 旅行[進行, 航行]中の (cf. *under* WAY[1]). ● **get ~** 始まる.

únder·wèar *n* 肌着(類), 下着.

ùnder·wéight *n* 不足している重量; 重量[量目, 体重]不足; 重さの足りない人[もの]. ► *a* 重量[体重]不足の, 標準の重量[体重]に達しない; 〖金融〗〈地域・分野などへの〉投資が過少の[手薄の] 〈*in*〉. ► *vt* …に十分な重みを与えない.

ùnder·whélm *vt* [*joc*] 〈人〉の興味を起こさない, しらけさせる, がっくりさせる, 失望させる. [*under*+*overwhelm*]

únder·wìng *n* 《昆虫の》後翅(こう); 〖昆〗シタバガ (=~ **mòth**)《後翅があざやかなガ》; 《鳥の》翼の下面. ► *a* 翼の下にある; 〖空〗主翼下面の[に取り付けられた]: ~ weaponry 翼下兵装.

únder·wìre *n* アンダーワイヤー《形の保持のためにブラジャーのカップの下側に縫い込まれたワイヤー》. ♦ **-wìred** *a*

únder·wòod *n* 下生え, 下木 (undergrowth, underbrush), 〖生態〗下層木.

únder·wòol *n* 《ウサギなどの》下毛.

ùnder·wórk[1] *vt* 〈機械・牛馬などを〉十分に働かせない; …より低賃金で働く. ► *vi* 十分働かない, 骨惜しみする; 相場より安い賃金で働く. [*under* (adv)]

únder·wòrk[2] *n* 基礎構造; 土台(工事). [*under* (a)]

únder·wòrld *n* [the] **1** 悪の世界, 暗黒街 (opp. *the upper world*); 社会の最下層, 下層社会. **2** あの世, よみの国; 地面下[水面下]の世界; 地球上の正反対の側, 対蹠地 (antipodes); 《古》下界, 地球. ♦ **~·ling** *n**《口》暗黒街の住人, 暴力団員.

únder·wrìte /, ˌ—ˌ—ˊ—/ *vt* **1** …の下[末尾]に書く[記名する]; 《記名して》承諾する, …に同意する; 支持する; 〈事業など〉に財政支援をする, 〈費用を〉負担する. **2** 〈保険証券を〉引き受ける, …の(海上)保険を引き受ける; 〈一定金額〉の保険を引き受ける; 〖証券〗〈会社の発行株式・社債など〉の応募者のない部分を引き受ける; 〈証券を〉分売目的で引き受ける, 買取り引受けをする. ► *vi* 下[末尾]に書く; (海上)保険業を営む.

únder·wrìter *n* 保証人; 保険業者, 《特に》海上保険業者; 保険契約引受けの全権を与えられている人; 《株式・公債などの》引受業者, 証券引受人; 資金提供者, スポンサー.

Únderwriters' Làboratories 保険業者試験所《商品の安全性テストを実施し, 合格した商品に認定証を出す米国の団体; 1894 年設立; 略 UL; cf. UL-LISTED》.

ùn·descénd·ed *a* 降りていない, 〖医〗〈睾丸が〉停留している: an ~ testis 停留睾丸.

ùn·descríbable *a* INDESCRIBABLE.

ùn·descríbed *a* 記され[述べられ, 描写され]ていない.

ùn·descríed *a* 見いだされていない, 未発見の.

ùn·desérved *a* 受けるに値しない, 相当しない, ふさわしくない, 不当な. ♦ **ùn·de·sérv·ed·ly** /-ədli/ *adv*

ùn·desérving *a* 〈…に〉値しない 〈*of*〉. ♦ **~·ly** *adv*

ùn·désignated *a* 指定されていない.

ùn·desígned *a* 故意でない. ♦ **ùn·de·sígn·ed·ly** /-ədli/ *adv* 心にもなく, 何気なく, たくまずして.

ùn·desígn·ing *a* 利己的な気持のない, なんのたくらみ[野心]もない, 誠実な (sincere). ♦ **~·ly** *adv*

ùn·desírable *a* 望ましく[好ましく]ない, まずい, 有害な. ► *n* 望ましく[好ましく]ない人[もの]. ♦ **-ably** *adv* **~·ness** *n* **ùn·de·sirabílity** *n*

undesírable díscharge*《軍隊からの》分限免職.

ùn·desíred *a* 望まれていない, 願われていない.

ùn·desírous *a* 〈…を〉望まない, 好まない, 願わない 〈*of*〉.

ùn·despáir·ing *a* 失望[落胆]しない. ♦ **~·ly** *adv*

ùn·detách·able *a* 離されない, 分離不能の, 不可分の.

ùn·detáched *a* 離れていない, 分離していない.

ùn·detéct·able *a* 気づかれない, 検知されない. ♦ **-ably** *adv* **-detèct·abílity** *n*

ùn·detéct·ed *a* 気づかれていない, 看破されていない.

ùn·detérminable *a* INDETERMINABLE.

ùn·detérmined *a* 未決定の; 未確認の; 決心がつかない, 優柔不断な; 不明瞭な.

ùn·detérred *a* 引き止められていない, 阻止されていない.

ùn·devéloped *a* 未発達の, 未熟の; 未発展の; 〈資源が〉未開発の.

ùn·déviating *a* 本道をはずれない, 逸脱しない, 一貫した. ♦ **~·ly** *adv*

ùn·devóut *a* 不信心な, 敬神の念がない. ♦ **~·ly** *adv*

ùn·díagnosed *a* 〖医〗診断未確定の.

un·dies /ʌ́ndiz/ *n pl* 《口》《特に女性の》下着(類). [*underwear*, *-ie*]

ùn·díf·fer·enced *a* 〖紋〗〈紋章が〉分家・兄弟などを区別する変更が加えられていない (cf. DIFFERENCE).

ùn·differéntiated *a* 区別[分化]の生じてない, 未分化の, 画一的な.

ùn·digést·ed *a* 消化されていない; 十分理解されていない; 整理されていない.
ùn·dígnified *a* 威厳のない, 威厳にかかわる, 見苦しい, みっともない.
ùn·dilúted *a* 薄めていない, 水で割らない, 生(き)のままの; まじりけのない.
ùn·dimínish·able *a* 減少させられない. ◆ **-ably** *adv*
ùn·dimínished *a* (力・質などが)減じていない, 衰えていない, 低下していない.
ùn·dímmed *a* 薄暗くされていない.
un·dine /ʌndíːn, ⌐⌐; ⌐⌐/ *n* 〖伝説〗水の精, ウンディーネ (＝*ondine*) 《Paracelsus によると, 人間と結婚して子を産めば魂を得るという》. [L (*unda* wave)]
ùn·diplomátic *a* 外交的でない, 気[機転]のきかない, 無神経な. ◆ **-ical·ly** *adv*
ùn·diréct·ed *a* 指図のない, 指導者のない, 目標の不明な, 計画性のない; 〈手紙など〉宛名のない.
ùn·discérned *a* 見分けられていない; 認識されていない.
ùn·discérn·ible *a* INDISCERNIBLE. ◆ **-ibly** *adv*
ùn·discérn·ing *a* 見分けのつかない, わきまえのない, 分別のない; わかり[悟り]の悪い, 感じの鈍い. ◆ **~·ly** *adv*
ùn·dischárged *a* 発射されていない; 弁済されていない; 〈義務など〉履行されていない; 〈支払い不能者など〉免責されていない; 荷上げされていない.
ún·dischàrged bánkrupt 〖法〗《免責・復権されていない》未復権破産者.
ùn·díscipline *n* 無規律, 無節操.
ùn·dísciplined *a* 規律正しくない, 節操のない; 訓練の欠如した, 鍛えられていない.
ùn·disclósed *a* 明かされていない, 秘密に付された: an ~ place 某地.
ùn·discóuraged *a* 力を落としていない, 平気な.
ùn·discóver·able *a* 見いだしえない, 発見することができない. ◆ **-ably** *adv*
ùn·discóvered *a* 発見されていない, 隠れた, 未知の.
ùn·discríminating *a* 識別[区別]しない, 無差別な, ひとしなみの; 識別[鑑賞]力のない, 敏感でない. ◆ **~·ly** *adv*
ùn·discússed *a* 論じられていない, 討議されていない.
ùn·disguísed *a* 変装していない; あからさまな, むきだしの, 公然の. ◆ **ùn·dis·guís·ed·ly** /-ədli/ *adv*
ùn·dismáyed *a* 意気沮喪[落胆]していない, ひるまない.
ùn·dispénsed *a* 免除[特免]されていない.
ùn·dispósed *a* 好まない, 気が向かない 〈*to* do〉; 処理されていない, 未処置の, 使途の決まらない, 割り当てられていない, 処分[売却]されていない.
ùn·dispútable *a* INDISPUTABLE.
ùn·dispúted *a* 争われていない, 異議のない, 明白な, 当然の: ~ fact 〖法〗争われていない事実. ◆ **~·ly** *adv*
undispúted wórld chàmpion 〖ボク〗異議なしの世界チャンピオン《同時に WBA と WBC の世界チャンピオンの 2 タイトルをもつ》.
ùn·dissécт·ed *a* 解剖[精査]されていない.
ùn·dissémbled *a* 偽らざる, 心[本心]からの; むきだしの, 露骨な〈憎悪など〉.
ùn·dissémbling *a* しらばくれない, 率直な (frank).
ùn·dissóciated *a* 〖化〗解離していない.
ùn·dissólved *a* 解けていない, 解消していない; 分解していない.
ùn·distínguish·able *a* INDISTINGUISHABLE.
ùn·distínguished *a* 他との区別のない, 他のものに混じった; 格別目立たない, 平凡な, 可もなく不可もない; INDISTINGUISHABLE.
ùn·distínguish·ing *a* INDISCRIMINATE.
ùn·distórt·ed *a* ひずみのない, 忠実な〈像〉; ゆがめられていない, 正常な.
ùn·distráct·ed *a* 心の乱れ[迷い]のない, ひたむきな.
ùn·distríbuted *a* 分配[配布]されていない; 〖論〗不周延の.
undistríbuted míddle 〖論〗媒名辞が不周延であることによる三段論法の誤謬.
undistríbuted prófits *pl* 〖会計〗未配分利益, 内部留保.
ùn·distúrbed *a* 乱され[悩まされ]ていない, じゃまの入らない, 平静な. ◆ **-ed·ly** /-ədli/ *adv* **-ed·ness** /-ədnəs/ *n*
ùn·divérsified *a* 変化のない.
ùn·divért·ed *a* (わきへ)そらされていない, 避けられていない; 気が晴れていない.
ùn·divíded *a* 分裂していない, 分割されていない; わき目もふらぬ, ひたむきな: ~ attention 専念.
ùn·divúlged *a* 漏らされていない, 暴露されていない, 公けにされていない, 秘密の.
ùn·dó *vt* **1** 〈一度したことを〉もとどおりにする, もとに戻す; 取り消す; 〖電算〗《直前の操作を取り消して》もとに戻す, アンドゥーする: What's done cannot be *undone*. 覆水盆に返らず. **2** はずす, ゆるめる; 〈服を〉脱がせる; 〈結び目・包みを〉ほどく; 《古》…の秘密を解く, 説明[解明]する. **3** 〈人を〉零落させる; 〈人〉の名誉[希望]をだいなしにする; 滅ぼす, だいなしにする; 誘惑して〈女性〉の貞操を奪う; 〈人〉の落ちつきを失わせる, 動揺させる. ► *vi* 開く, ほどける.
ùn·dó·able[1] *a* 実行できない. [*un-*]
undoable[2] *a* UNDO できる.
ùn·dóck *vt* 〈船を〉ドックから出す; 〈宇宙船〉のドッキングを解く. ► *vi* 〈船が〉ドックから出る.
ùn·dócument·ed *a* 文書で証明されていない, 証拠資料[典拠]のない; *正式書類のない, 認可を受けていない; *必要な法的書類を有していない, 査証を持たない, 不法入国[滞在]の: an ~ alien 〖法〗不法入国者.
ùn·dó·er *n* UNDO する人; 破滅させる人, 女たらし.
ùn·dogmátic *a* 独断的でない, 教義にとらわれない. ◆ **-ical·ly** *adv*
ùn·dó·ing *n* もとどおりにすること, 取り消し; 《小包などを》解くこと, ほどくこと; 堕落[零落]させること; 破滅[失敗](などの原因): The self-incriminating video was his ~. 自分の犯行を映したビデオが彼の命取りとなった.
ùn·doméstic *a* 家庭と関係のない; 家事に不熱心な, 家庭的でない; 家庭的な気やすさのない; 国内のでない.
ùn·domésticated *a* 〈動物が〉飼いならされていない, 人なれていない; 〈女性など〉家庭生活に慣れていない, 家庭的でない.
un·done[1] /ʌndʌ́n/ *v* UNDO の過去分詞. ► *a* 解いた, ほどいた, はずした, ゆるめた; 《文》/[*joc*] 零落した, 破滅した; 気が動顛した, 当惑した; もとどおりの: come ~ ほどける; 失敗する, 破滅する / I am ~! もうだめだ, おしまいだ!
undone[2] *a* 対処されていない; でき上がっていない, 未完成の; 《古》無視された, 省略された: leave…~ …をしないでおく, 放置する. [*un-*]
ùn·dóuble *vt* 広げる, 伸ばす (unfold).
ùn·dóubled *a* 二重になっていない.
ùn·dóubt·able *a* 疑う余地のない. ◆ **-ably** *adv*
ùn·dóubt·ed *a* 疑う余地のない, 確実な; 本物の, 真の.
ùn·dóubt·ed·ly *adv* 疑いもなく, 確実に.
ùn·dóubt·ing *a* 疑わない, ためらわない, 自信たっぷりの. ◆ **~·ly** *adv*
UNDP °United Nations Development Program.
ùn·dráined *a* 排水されていない.
ùn·dramátic *a* 劇的でない, めざましくない, 印象的でない, つまらない, さえない; 上演に適さない. ◆ **-ical·ly** *adv*
ùn·drápe *vt* …の衣類を脱がせる, おおいを取り去る.
ùn·dráped *a* 布で覆われていない; 〈彫像・モデルなどが〉裸の, ヌードの.
ùn·dráw *vt* 〈幕・カーテンを〉(引き)あける. ► *vi* 〈幕・カーテンが〉あく.
ùn·dráwn *a* 〈幕・カーテンが〉閉まっていない, あいている; 〈金が〉口座から引き出されていない, 下ろしていない.
ùn·dréamed, -dréamt *a* 夢想されたこともない, 思いもかけない, 全く予期しない 〈*of*〉.
ùn·dréamed-òf, -dréamt-òf *attrib a* 思いもよらない, 思いがけない.
ùn·dréss[1] *vt* …の衣服[おおい, 飾り, 包帯]をとる; [*fig*] 〈身の上などを〉打ち明ける: ~ a child 子供の服を脱がせる. ► *vi* 服を脱ぐ, 脱衣する.
ún·drèss[2] *n* 平服, ふだん着; 部屋着, ネグリジェ; 略装 (cf. FULL DRESS); 〖軍〗通常軍装 (＝~ **ùniform**); (ほとんど)全裸, 部屋着[ネグリジェ]姿. ► *a* ふだん着の; 略式の; 〈態度が〉飾らない, くつろいだ, 取りつくろわない.
ùn·dréssed *a* **1** 服を脱いだ, (ほとんど)裸の; 人前に出られる服装をしていない; 略装の: get ~＝UNDRESS[1] *vi*. **2** 包帯をしていない; 〈皮がなめしてない; 手入れのしてない〈髪・馬・飾り窓・土地・植木〉; 〈料理が〉ソース[薬味]のかけてない.
ùn·dríed *a* 乾燥させてない.
ùn·drínk·able *a* 飲めない, 飲用に適さない.
UNDRO /, ʌ́ndròu/ Office of the United Nations Disaster Relief Coordinator.
ùn·drúnk *a* 飲まれていない, 飲み込まれていない; 酔ってない.
Und·set /ʊ́nsèt/ ウンセット **Sigrid** ~ (1882–1949) 《ノルウェーの女性小説家; ノーベル文学賞 (1928)》.
und so wei·ter /*G* ʊnt zoː váɪtər/ …など, 等々 (and so forth) 《略 usw., u.s.w.》.
ùn·dúe *a* 不相応な, 過度の, はなはだしい; 不当な, 不適当な; (支払い)期限に達しない, 満期前の: ~ use of power 権力の不当行使.
undúe ínfluence 〖法〗不当威圧, 不当圧力.
un·du·lant /ʌ́ndʒələnt, -d(j)ə-; -djʊ-/ *a* 波打つ, 波立つ, 波状の, 起伏をなす, うねる.
úndulant féver 〖医〗波状熱 (BRUCELLOSIS).
un·du·lar /ʌ́ndʒələr, -d(j)ə-; -djʊ-/ *a* 波動する (undulatory).
un·du·late /ʌ́ndʒəlèɪt, -d(j)ə-; -djʊ-/ *vi* 〈水面が〉波立つ, 波打つ; 〈地表が〉起伏する, うねる; (音量[音高]が)揺れ動く. ► *vt* 波立たせる, うねらせる; 波形にする. ► *a* /-lət, -lèɪt/ 波状の, 波形の; 〖植〗〈葉(の縁)が〉切れ込みが波状の, 波形の (⇨ LOBED). ◆ **~·ly** *adv* [L (*unda* wave)]
ún·du·làt·ed *a* UNDULATE.
ún·du·làt·ing *a* 上下に動く[うねる]; 〈地表など〉起伏する, 波打つ.

úndulating cádence 〔韻〕弱強弱または強弱強格の詩脚による韻律.
un·du·la·tion /ʌ̀nʤəléɪʃ(ə)n, -d(j)ə-; -djʊ-/ *n* 波動, うねり, くねり; 波形; 波状起伏, ひとうねり; 〔理〕波, 波動; 〔楽〕《完全に同じ高さでない音を同時に鳴らしたときの》うなり; 〔医〕動悸.
ún·du·là·tive *a* UNDULATORY.
ún·du·là·tor *n* 〔理〕アンジュレーター《電磁石で電子ビームを蛇行させ強い放射光を得る装置》.
un·du·la·to·ry /ʌ́nʤələtɔ̀:ri, -d(j)ə-; -djʊlət(ə)ri/ *a* 波動の; 波動する, 波状の.
úndulatory thèory 〔理〕《光の》波動説(＝*wave theory*).
un·du·ly /ʌ̀nd(j)ú:li/ *adv* 過度に, はなはだしく; 不当に, 不都合に, 不正に: be not ～ worried あまり心配していない.
ùn·dútiful *a* 義務を尽くさない, 不忠実[不従順, 不孝]な. ♦ **～·ly** *adv* **～·ness** *n*
un·dy /ʌ́ndi/ *a* 〔紋〕UNDÉ.
ùn·dýed *a* 染めてない, 染色してない.
ùn·dýing *a* 不死の, 不滅の, 不朽の; 絶えない, 尽きない. ♦ **～·ly** *adv*
Une 〔化〕unnilennium.
ùn·éarned *a* 分不相応な; 労せずして得た; 相手チームのエラーによる; 未収の: ～ runs 〔野〕敵失による得点.
únearned íncome 不労所得 (cf. EARNED INCOME).
únearned íncrement 〔経〕《土地の》自然[不労]増価(分).
ùn·éarth *vt* 地中から発掘する; 猟犬をけしかけて〈キツネなどを〉巣穴から狩り出す; [*fig*] 発見する, 世に紹介する, 〈陰謀を〉摘発[暴露]する, あばく.
ùn·éarth·ly *a* 地上[地中]のものでない; この世のものとも思えぬ, 非現世的な, 超自然的な; 気味悪い, ぞっとするような; 《口》〈時刻など〉度はずれた, とんでもない, ばかげた. ♦ **-éarthliness** *n*
ùn·éase *n* 不安, 心配, 困惑.
ùn·éasily *adv* 不安[心配]そうに, 落ちつかずに, そわそわと; 窮屈そうに.
ùn·éasiness *n* 不安, 心配, 不愉快; 落ちつきのなさ; 窮屈, 居ごこちの悪さ; 困惑: be under some ～ *at*…に少々不快[不安]を感じている / cause [give] sb ～ 人を不快[不安]にする.
ùn·éasy *a* **1** 不安な, 心配な; 不安げな, 不安[心配]から起こる; 不安にさせる, 気にかかる: feel ～ *about* the future [weather] 将来[天気]が気にかかる / have an ～ conscience 良心がとがめる. **2** 〈状態などが〉落ちつかない, 不安定な; 《体が》楽でない, 不快な, 窮屈な; 〈態度などが〉堅苦しい, ぎこちない; 不快にする: feel ～ in tight clothes きつい衣服を着て窮屈に感ずる / be ～ in the saddle [on the throne] 馬に乗って[王座について]腰がすわらない. **3** 簡単でない, むずかしい. ► *adv* UNEASILY.
ùn·éat·able *a* 食べられない, 食用に適しない, 《特に》食べられたものでない.
ùn·éaten *a* 食べられていない, 食べ残しの.
ùn·éath 《古》 *a* 容易でない, むずかしい. ► *adv* 容易でなく, やっとのことで, ほとんど…ない (scarcely).
ùn·económic *a* もうけにならない, 採算の合わない; UNECONOMICAL.
ùn·económical *a* 不経済な, むだの多い. ♦ **～·ly** *adv*
ùn·édify·ing *a* 非啓発的な, ためにならない, くだらない; みっともない, ぶざまな. ♦ **～·ly** *adv*
ùn·édit·ed *a* 編集されていない; 未改訂の; 未刊行の.
ùn·éducable *a* 教育しえない, 教化不可能な.
ùn·éducated *a* 無教育な, 無学な: ～ handwriting.
ùn·eléct·able *a* 選ばれない, 《特に》選挙で勝てそうもない, 不人気な.
ùn·eléct·ed *a* 選挙によって選ばれたのではない.
ùn·emáncipated *a* 解放されていない.
ùn·embárrassed *a* きまりわるがらない, 臆しない; 自然な, ゆったりとした; 〈不動産などが〉抵当にはいっていない.
ùn·embéllished *a* 飾られていない, 地味な, あっさりした.
ùn·emótion·al *a* 感情的[情緒的]でない; 容易に感情に動かされない, 冷静な; 理知的な. ♦ **～·ly** *adv*
ùn·emphátic *a* 語勢の強くない, 強く訴えない; はっきりしない, 目立たない. ♦ **-emphátical·ly** *adv*
ùn·emplóy·able *a, n* 《老齢・障害などで》雇用されえない[雇用に向かない](人). ♦ **ùn·emploỳ·abílity** *n*
ùn·emplóyed *a* **1** 雇用されていない, 失業中の; [the, 〈*pl*〉] 失業者. **2** 利用[活用]されていない〈道具・方法・時間〉; 寝かして[遊ばせて]ある〈資本など〉: ～ talents 無為に遊ばせてある才能 / ～ capital 遊休資本.
ùn·emplóy·ment *n* 失業(状態); 失業者数[率]; 《口》失業手当 (unemployment benefit): be on ～ 失業手当をうけている.
unemplóyment bènefit 失業給付[手当]《社会保険による; 米ではまた労働組合や雇主から支払われる》.
unemplóyment compensàtion 〔米〕《州政府などによる》失業(補償)手当, 失業保険給付.
unemplóyment insùrance* 失業保険.
unemplóyment ràte 失業率.
ùn·enclósed *a* 囲まれていない; 〈土地が〉塀で仕切られて[囲い込まれて]いない; 〈修道女が〉修道院に入れられていない.
ùn·encúmbered *a* 妨げのない, じゃま[負担]のない; 負債のない; 〈土地が〉《抵当権などの》負担の付いていない.
ùn·énd·ed *a* 終了[完結]していない, 未了の, 未完の.
ùn·énd·ing *a* 終わり[際限]のない, 永久の; 絶え間のない, 果てしない; 途方もない. ♦ **～·ly** *adv* **～·ness** *n*
ùn·endórsed *a* 裏書きされていない; 認可されていない.
ùn·endówed *a* 〈…を〉賦与されていない 〈*with*〉; 天賦の才のない; 《古》寡婦産[持参金]のない.
ùn·endúrable *a* 耐えられない, 辛抱[我慢]できない. ♦ **-ably** *adv*
ùn·endúring *a* 長続きしない. ♦ **～·ly** *adv*
ùn·en·fórce·able *a* 施行できない; 強制しえない.
ùn·en·fórced *a* 強制されていない; 実施[施行]されていない; 法的にまだ発効していない. ♦ **-en·fórc·ed·ly** /-ədli/ *adv*
ùn·enfránchised *a* 政治的自由[選挙権, 参政権]を与えられていない.
ùn·engáged *a* 先約のない; 婚約していない; 用事のない, 従事していない 〈*in*〉.
ùn·Énglish *a* 英国人[英語]らしくない; 英国風でない.
ùn·enjóy·able *a* 楽しくない, おもしろくない.
ùn·enjóyed *a* 享受されていない; 楽しみを与えない.
ùn·en·líghtened *a* 啓発されていない, 知らない; 未開の, 暗愚な. ♦ **-líghten·ment** *n*
ùn·en·líght·en·ing *a* 啓発[啓蒙]しない, 教育的でない, ためにならない.
ùn·enlívened *a* 活気づけられていない.
ùn·en·ríched *a* 豊かにされていない; 〈食品が〉添加物によって栄養価を高められていない, 無強化の; 〈ウランが〉自然状態の, 濃縮されていない.
ùn·enrólled *a* 名簿に記入[記載]されていない, 未記入の, 登録されていない, 未登録の, 未加入の.
ùn·en·sláved *a* 奴隷にされていない; 〈心が〉卑屈でない.
ùn·en·tángle *vt* DISENTANGLE.
ùn·en·tángled *a* 巻き込まれていない, からんでいない.
ùn·éntered *a* 登録されていない; 〈洞窟などが〉まだ中にはいった者のない.
ùn·énterprising *a* 企業心に乏しい, 進取的でない.
ùn·entertáin·ing *a* 楽しませない, 心を慰めない, おもしろくない. ♦ **～·ly** *adv*
ùn·enthrálled *a* 奴隷にされていない; 制約[束縛]されていない.
ùn·enthusiástic *a* 熱心でない, 熱のはいっていない; ひややかな, おざなりの; 楽観的でない 〈*about*〉. ♦ **-tical·ly** *adv*
ùn·entítled *a* 名[称号, 題]のない; 〈…の〉資格のない 〈*to*〉.
ùn·énviable *a* ねたましくない, うらやむに足りない; 気乗りしない, 困った. ♦ **-ably** *adv*
ùn·énvied *a* 人にねたまれることのない.
ùn·énvious *a* ねたまない, うらやましがらない. ♦ **～·ly** *adv*
ùn·énvy·ing *a* ねたまない, うらやまない. ♦ **～·ly** *adv*
UNEP /jú:nèp/ °United Nations Environment Program.
ùn·équable *a* 穏やかでない; 一定しない, 不安定な, 不規則的な.
ùn·équal *a* **1** 《数量・質・程度など》同等でない; ふぞろいな, 一様でない, むらがある. **2** 不釣合いな, 不均衡な; 〈能力などが〉不十分な, 適さない 〈*to*〉; 《古》不公平な; 《古》穏やかでない, 動揺した: I feel ～ *to* the task. 任に耐えられそうにない. ► *n* [ᵘ*pl*] 同等でない人[もの], 不釣合いな人. ► *adv* 《古》UNEQUALLY. ♦ **～·ly** *adv*
ùn·équaled | **-équalled** *a* 匹敵するもののない, 無比の, 無類の.
ùn·équal·ìze *vt* 等しくなくする, 不等にする.
ùn·equípped *a* 用意ができていない, 装備されていない.
ùn·equívocably *adv* 《非標準》UNEQUIVOCALLY.
ùn·equívocal *a* あいまいでない, きっぱりとした, 明白な, 明確な; 疑う余地のない, 無条件の, 決定的な. ♦ **～·ly** *adv* **～·ness** *n*
ùn·érr·ing *a* 間違いのない, 的確な; 的をはずさない, 寸分の狂いもない. ♦ **～·ly** *adv* **～·ness** *n*
ùn·escápable *a* 避けられない; 論理的に必然の.
UNESCO, Unes·co /junéskoʊ/ *n* ユネスコ (United Nations Educational, Scientific and Cultural Organization).
ùn·escórt·ed *a* 護衛されてない, 同伴者のいない.
ùn·espíed *a* 見つけられない, 気づかれない.
ùn·essáyed *a* 試み[企て]られていない.
ùn·esséntial *a* 本質的でない, 重要でない, なくてもよい; 《古》実質のない. ► *n* 本質的でないもの, 重要でないもの.
ùn·estáblished *a* 確立[設立, 制定]されていない; 名声が確立されていない, 無名の, 〈作家などが〉新人の; 〈教会が〉国教にされていない; ᴴ常勤でない.
unesthetic ⇨ UNAESTHETIC.
ùn·éthical *a* 非倫理的な, 倫理にもとる, 道義に反する. ♦ **～·ly** *adv*

U

ùn-Européan *a* ヨーロッパ的でない, 非ヨーロッパ的な, 非西欧の.
ùn·evangélical *a* 福音書に合致しない, 反[非]福音書的な; 非プロテスタント的な.
ùn·éven *a* 平坦でない, でこぼこした, 〖建〗目違いの; 一様[等質]でない, むらのある; 〈歯などがふぞろいの; 〈呼吸などが〉不規則な; まっすぐでない, 平行していない; 釣合いがとれていない, 不均衡な; 奇数の (odd); 《古》等しくない; 《廃》公平[公正]でない: ～ numbers 奇数. ♦ **～·ly** *adv* **～·ness** *n*
unéven párallel bàrs, unéven bárs *pl* [°the] 〖体操〗段違い平行棒.
ùn·evént·ful *a* たいした事件のない, 波乱のない, 平穏無事な〈年・生涯など〉. ♦ **～·ly** *adv* **～·ness** *n*
ùn·evólved *a* 発展[発達]していない, 洗練されていない, 未開の; 熟成していない.
ùn·exáct·ing *a* きびしくない, 楽な, 気安い, 強要的でない; 細かいことをいわない.
ùn·exággerated *a* 誇張されていない, 大げさでない.
ùn·exált·ed *a* 高められていない, 霊感を与えられていない.
ùn·exámined *a* 検査[吟味, 分析, 校合]されていない.
ùn·exámpled *a* 前例[類例]のない, 無比の, 独特の.
ùn·excélled *a* 他にまさるものがない, とびきりの.
ùn·excéption·able *a* 異を唱える[非難する]にあたらない, どうということもない. ♦ **-ably** *adv* **～·ness** *n*
ùn·excéption·al *a* 異例[特別]でない, 普通の, (別段)どうということもない; 例外を認めない.
ùn·excéption·al·ly *adv* 例外なく, すべて.
ùn·exchánge·able *a* 交換できない. ♦ **～·ness** *n*
ùn·excitable *a* (なかなか)興奮しない, 冷静な. ♦ **ùnexcit·abílity** *n*
ùn·excíted *a* 興奮していない, 冷静な (calm); 外的刺激に影響されていない; 〈原子・分子などが〉励起していない.
ùn·excíting *a* 興奮させない, 刺激的でない, ありきたりの.
ùn·excúsed *a* 正式に許されて[免ぜられて]いない.
ùn·éxecuted *a* 履行[実行, 執行]されていない.
ùn·exémplified *a* 比類のない.
ùn·éxercised *a* 使用[運用, 履行]されていない; (激しい)運動に慣れていない; 《古》十分な訓練ができていない.
ùn·exháust·ed *a* 使い尽くされていない.
ùn·expánd·ed *a* 十分に展開[詳述]されていない; 〈花などが〉まだ開いていない.
ùn·expéct·ed *a* 予期しない, 思いがけない, 意外な, 予想外の, 望外の, 突然の: It is the ～ that always happens. 《諺》いつも思いがけないことが起こるもの. ♦ **～·ness** *n*
ùn·expéct·ed·ly *adv* 思いがけなく, 意外に, 不意に, 突然.
ùn·expénd·able *a* 不可欠の, 重要な; 使い切れない; 消費[支出]できない.
ùn·expénd·ed *a* 使い尽くされていない, 消費されていない.
ùn·expénsive *a* INEXPENSIVE. ♦ **～·ly** *adv*
ùn·expérienced *a* (実際)経験のない; 経験ではわからない〈事実〉; 経験されなかった〈感覚〉.
ùn·éxpert *a* 《廃》知識[経験]に乏しい.
ùn·éxpiated *a* 償いの済まされていない.
ùn·expíred *a* 期限切れになっていない.
ùn·expláin·able *a* 説明できない, 妙な. ♦ **-ably** *adv*
ùn·expláined *a* 説明[解明]されていない, 原因不明の.
ùn·explícit *a* 明白でない, 不明瞭な, あいまいな. ♦ **～·ly** *adv*
ùn·explóded *a* 爆発させられていない, 不発の, 爆薬が入ったままの.
ùn·explóit·ed *a* 利用されていない, 開発されないままの.
ùn·explóred *a* 探検[探究, 踏査, 調査]されていない, 未踏の; 未検討の.
ùn·expósed *a* 明るみに出されていない, 暴露されていない; さらされていない, 〈フィルムが〉未露光の; [*pred*]〈…を〉知らない, 見聞きしたことがない〈*to*〉.
ùn·expréssed *a* 表現されていない, ことばにされていない; 暗黙のうちに表わした, 言わなくてもわかる; 〖遺〗〈遺伝子が〉表現型 (phenotype) に発現していない.
ùn·expréssive *a* 表現力に乏しい, 十分に意を伝えない; 《廃》言いようのない, えも言われぬ.
ùn·éxpurgated *a* (検閲による)削除をうけていない, 無削除の.
ùn·exténd·ed *a* 伸ばされていない, 広まっていない; 〈物質が〉伸張性のない.
ùn·extínguish·able *a* 〈火・光など〉消しえない; 〈争いなど〉鎮めえない, 抑えきれない; 〈負債など〉償却しえない.
ùn·extínguished *a* 消えていない, 消え残った.
ùn·fáce·able *a* 対面[直面, 正視]できない, 顔を背けてしまうような, 見るに耐えない.
ùn·fádable *a* 色あせることのない; 忘れることのできない.
ùn·fáded *a* 色あせていない, 新鮮な.
ùn·fáding *a* 色のさめない, 新鮮さを失わない; 衰えない, 不滅の. ♦ **～·ly** *adv*
ùn·fáil·ing *a* 変わることのない, 不断の; 尽きることのない, 無限の; あやまつことのない, 確実な, 信頼できる. ♦ **～·ly** *adv* 間違いなく, 常に, 必ず. **～·ness** *n*
ùn·fáir *a* 不公平な, 公正を欠く; 公明正大でない, ずるい; 《商業的に》不正な, 不当な. ♦ **～·ly** *adv* **～·ness** *n*
unfáir competítion 不正[不当, 不公正]競争《虚偽広告, 紛らわしい商標・企業名などの使用, 知的所有権の侵害, 模造品の製造・販売, 不当廉売などによって公衆を欺瞞し市場拡大をはかる行為》.
únfair lábor pràctice 不当労働行為.
únfair práctice 不公正慣行, 《商売上の》不正[不当]な行為; UNFAIR COMPETITION.
únfair tráde [tráding] 〖経〗不公正取引《独占などのように公正な競争を阻害するような取引行為》.
ùn·fáith /ˌ ─ ─/ *n* 不信; 非[反]宗教的信念.
ùn·fáith·ful *a* 忠実でない, 不実な; 不倫をする, 不貞な; 不正確な〈写し〉; 不信心の; 《古》不正直な. ♦ **～·ly** *adv* **～·ness** *n*
ùn·fállen *a* 堕落していない; 人間の堕落[アダムとエバの堕罪]以前の(ような).
ùn·fàl·si·fí·able *a* 虚偽と立証されえない.
ùn·fálter·ing *a* 〈足取りなどが〉よろよろしない, しっかりした; 躊躇しない, 断固とした, 確固たる. ♦ **～·ly** *adv*
ùn·famíliar *a* よく知られていない; 見慣れない, 珍しい; 不慣れの, 不案内の, なじみのない; 精通していない, 未知の: I am ～ *with* the subject.＝The subject is ～ *to* me. ♦ **～·ly** *adv* **-famil·iárity** *n*
ùn·fáncied *a* 〈チーム・競走馬などが〉勝つと予想されていない, 黒星予想の.
ùn·fáncy *a* 飾りけのない, 地味な.
ùn·fáshion·able *a* 当世風でない, 流行遅れの, 野暮ったい, ダサい; 〈人が〉流行に従わない, 流行に無頓着な. ♦ **-ably** *adv* **～·ness** *n*
ùn·fáshioned *a* 形の整えられていない, 加工されていない, 仕上げられていない; 《古》洗練されていない.
ùn·fásten *vt* 解く, ほどく, ゆるめる, はずす. ► *vi* 解ける, ほどける. ♦ **～·er** *n*
ùn·fástened *a* 縛ってない, 結びつけてない, 締めてない.
ùn·fáthered *a* 父に認知されていない, 非嫡出の, 私生児の; [*fig*] 出所[作者, 創設者 など]の明らかでない; 父のない.
ùn·fáther·ly *a* 父らしくない.
ùn·fáthom·able *a* 測りがたい, 底の知れない; 理解できない, 不可解な. ♦ **-ably** *adv* **～·ness** *n*
ùn·fáthomed *a* 測深されたことのない; よく解っていない; 底知れない, 絶大な.
ùn·fávorable | -vour- *a* 好意的でない, 反対(意見)の; 否定的な; 都合の悪い, 不利な; 好ましくない; 不吉な; 〈貿易収支が輸入超過の; 《古》ILL-FAVORED. ♦ **-ably** *adv* **～·ness** *n*
ùn·fávorite *a* 気に入りでない, 《特に》大嫌いな.
ùn·fázed *a* うろたえない, ひるまない, 動じない, 平気な.
UNFCCC United Nations Framework Convention on Climate Change 国連気候変動枠組み条約.
ùn·féared *a* 恐れられていない, こわくない〈敵〉.
ùn·féar·ing *a* 恐れない, 恐れを知らない, 躊躇しない.
ùn·féasible *a* 実行できない, やれそうにない. ♦ **-bly** *adv* **ùn·feasibílity** *n* **～·ness** *n*
ùn·féather *vt* 〈鳥〉の毛をむしる.
ùn·féathered *a* 羽毛がない; 毛をむしられた; まだ羽毛が生えない, 未熟な; 〈矢が〉羽根の付いていない.
ùn·féatured *a* 大きく扱われない[取り上げられない], 目立たない; 特色のない.
ùn·féd *a* 食物を与えられていない, 〈ストーブ・火などが燃料を与えられていない; 支持を与えられていない.
Un·féderated Málay Státes *pl* [the] マレー非連合州《旧英領植民地時代の Malay 半島の 5 土侯国》.
ùn·féed *a* 手数料[報酬]を与えられていない.
ùn·féel·ing *a* 感情[感覚]をもたない; 無情な, 冷酷な, 残酷な, 思いやりのない. ♦ **～·ly** *adv* **～·ness** *n*
ùn·féigned *a* 偽らない, 心からの, 本当の. ♦ **ùn·féign·ed·ly** /-(ə)dli/ *adv* 真心をこめて, 誠実に, 心から, 見せかけでなく.
ùn·félt *a* 感じられていない.
ùn·féminine *a* 女性に似つかわしくない, 女らしくない. ♦ **～·ly** *adv* **ùn·femínity** *n*
ùn·fénced *a* 垣[柵, 塀]のない, 囲いのない; 守られていない, 保護されていない.
ùn·fermént·ed *a* 発酵してない
ùn·fértile *a* 〈土地が〉豊かでない, やせた, 不毛の.
ùn·fértilized *a* 受精していない, 不受精の.
ùn·fétter *vt* …の足かせをはずす; 自由にする, 解放する.
ùn·féttered *a* 足かせをはめられていない, 制限されていない, 自由な.
ùn·fígured *a* 模様のない, 無地の; 〈絵が〉人間の姿の描かれていない; 〈文体が〉文飾の少ない.
ùn·fílial *a* 子らしくない, 子としてのつとめを果たさない, 親不孝な. ♦ **～·ly** *adv*

ùn·fílled *a* 満たされていない, 空(ㇰ)の; 未補充の, 後任が未定の〈ポスト〉; 詰め物をしてない; 《中を》塗りつぶしてない〈円など〉: an ～ circle 白抜きの丸(印).
ùn·fíltered *a* 濾過されていない; 手を加えられていない, 処理[洗練]されていない; 実話[ドキュメント](風)の〈番組など〉; 〈タバコが〉フィルターのない.
ùn·fínd·able *a* 見つからない.
ùn·fínished *a* 終えていない, 完結していない, 未完成の; 荒削りの, 洗練されていない; 〈磨き・塗装・織物など〉仕上げのしてない; 〈食肉獣が〉肥育不十分の: The *U*～ Symphony「未完成交響曲」《Schubert のロ短調交響曲 (作曲 1822, 出版 1867)》/ ～ business 未解決の問題.
unfínished wórsted アンフィニッシュトウステッド《少し毛羽がある男性用梳毛(ㇱ)織物》.
ùn·fíred *a* 火のつけられていない; 火にあてていない, まだ窯(ㇰ)で焼かれていない; 爆発させられていない, 発射されていない; 生気のない.
ùn·fít *a* 不適当な, 不適任の, 不向きな, 不似合いな 〈*for*〉; 無資格の, 能力のない; 《精神的・肉体的に》欠陥のある, 不健康な. ► *vt* 《古》不適当にする, 不向き[不似合い]にする, 無資格にする 〈*for*〉. ♦ **～·ly** *adv* **～·ness** *n*
ùn·fítted *a* 適当[適任]でない, 向かない; 適応させられていない; 備品の取付けがしてない, 設備のない.
ùn·fítting *a* 不適当な, 不似合いな. ♦ **～·ly** *adv*
ùn·fíx *vt* はずす, 取りはずす, 解く; ゆるめる; 〈心などを〉ぐらつかせる: *U*～ bayonets! [号令] 取れ剣! ♦ **～·able** *a*
ùn·fíxed *a* 固定されていない; はっきりし(てい)ない.
ùn·flágging *a* だれない, 衰えない, たゆまぬ. ♦ **～·ly** *adv*
ùn·fláppable *a* 《口》落ちつきはらった, うろたえない, ものに動じない, 冷静な. ♦ **-bly** *adv* **-flappabílity** *n*
ùn·flápped *a* 落ちついた, 平静な.
ùn·flátter·ing *a* うれしがらせを言わない, ありのままを示す, あからさまな[に言う], 好意的でない, ありがたくない; 〈服などが〉似合わない. ♦ **～·ly** *adv*
ùn·flávored *a* 味のつけられていない.
ùn·flédged *a* 羽が生えそろわない, まだ飛べない; 若い, 未熟な; 羽根のない〈矢〉.
ùn·fléshed[1] *a* 〈猟犬などが〉獲物の味を知らされていない; 〈武器が〉実戦に用いられたことのない; 〈人が〉経験未熟な.
unfleshed[2] *a* 肉の取り除かれた.
ùn·flésh·ly *a* 肉(欲)的[現世的]でない, 精神的な.
ùn·flínch·ing *a* ひるまない, 断固たる. ♦ **～·ly** *adv*
ùn·fócus(s)ed *a* 焦点の合って[定まって]いない; 一つに集中しない, 一か所に定まらない, まとまらない, 方向性のない〈考えなど〉.
ùn·fóld[1] *vt* **1** 〈折りたたんだもの・葉・つぼみなどを〉開く, 広げる, …の包みを解く; 〈折りたたんだものを〉広げて…にする 〈*into*〉. **2** 〈考えを〉表明する, 打ち明ける, 解き明かす, 説明する 〈*to*〉. ► *vi* 〈葉・つぼみなどが〉開く, 広がる; 〈折りたたんだものが〉開いて…になる 〈*into*〉; 〈物語・場面などが〉展開する, 進展する 〈*into*〉; 〈歴史などが〉新たに始まる; 見えてくる, 明らかになる. ♦ **～·ment** *n* [*fold*[1]]
unfold[2] *vt* 〈羊を〉おり[囲い]から出す. [*fold*[2]]
ùn·fóld·ed *a* 開いた, 広がった; 折りたたまれていない.
ùn·fóld·ing hóuse アンフォールディングハウス《工場で組み立てた後に折りたたんで現場に運びそこで据え付けを行なうプレハブ住宅》.
ùn·fórced *a* 強制されていない, 自発的な, 自らの; 力み[無理]のない, 楽な: an ～ error 〖スポ〗凡ミス. ♦ **～·ly** *adv*
ùn·fórd·able *a* 歩いて渡れない, 徒渉できない〈川〉.
ùn·fore·sée·able *a* 予見[予知]できない. ♦ **-ably** *adv*
ùn·fore·séen *a* 予見できなかった, 不慮の, 不測の.
ùn·fórest·ed *a* 植林されていない, 樹木でおおわれていない.
ùn·foretóld *a* 予告されていない, 前兆のない, 突然の.
ùn·fórged *a* でっちあげ[にせもの]でない, 本物の.
ùn·forgéttable *a* 忘れられない, いつまでも記憶に残る. ♦ **-bly** *adv*
ùn·forgívable *a* 許せない, 容赦[勘弁]できない. ♦ **-ably** *adv*
ùn·forgíven *a* 許されていない.
ùn·forgíving *a* 許さない, 勘弁しない, 容赦のない, 執念深い; 誤り[弱さ]を許さない. ♦ **～·ly** *adv* **～·ness** *n*
ùn·forgótten *a* 忘れられていない.
ùn·fórmat *vi* 〖電算〗アンフォーマットする《うっかりフォーマットしたディスクからデータを復元する》.
ùn·fór·màt·ted *a* 〖電算〗〈文書・記録媒体が〉フォーマット済みでない.
ùn·fórmed *a* まだ形をなしていない, 定形のない; 未発達の, 未熟な; まだ作られていない, 生まれていない; 〖生〗UNORGANIZED.
ùn·fórmulated *a* 公式化されていない, 系統的でない.
ùn·forthcóming *a* 口の重い[堅い]; すぐに手に入らない.
ùn·fórtified *a* 防御工事の施されていない, 無防備の; 《道徳的に》不安定な, もろい; 〈食品などが〉強化されていない, 〈ワインが〉酒精強化されていない.
ùn·fórtunate *a* 運のよくない, 不運な; 不首尾の, 不幸な結果を招く; 不利な, 見込みのない; 嘆かわしい, 残念な; 望ましくない, 不適当な; 哀れを誘う, いたましい, 悲惨な: ～ in one's wife [children] 悪い妻[子供]をもってふしあわせな. ► *n* [ᵁ*pl*] 《文》不運な人, 不幸な人; 《古》社会のけ者《囚人・売春婦など》. ♦ **～·ly** *adv* 不幸に, 不運に; 不幸にして, 不運にも, あいにく, 残念ながら.
ùn·fóught *a* 戦い[競争, 競合]のない.
ùn·fóund *a* 見いだされていない, 知られざる, 未発見の.
ùn·fóund·ed *a* 根拠のない, (事実)無根の, 理由のない; 確立していない: ～ hopes そら頼み. ♦ **～·ly** *adv* 根拠なく, 理由なく. **～·ness** *n*
UNFPA United Nations Fund for Population Activities 国連人口活動基金.
ùn·frámed *a* 枠のない, 額縁にはめてない〈絵・写真〉; 形の整っていない.
ún·frànked invéstment ìncome 〖英〗法人税未払い(企業)配当所得 (=**ún·frànked íncome**)《企業や投資信託の受取り配当で株式発行会社が法人税を未払いにしているもの; cf. FRANKED INVESTMENT INCOME》.
ùn·fratérnal *a* 兄弟らしくない; 友愛的でない. ♦ **～·ly** *adv*
ùn·fráught *a* 〈重荷を〉積んでいない; 〈悲しみ・危険などで〉満たされていない 〈*with*〉.
ùn·frée *a* 自由のない; 〖英法史〗(土地に対する)自由保有権のない. ♦ **～·dom** *n*
ùn·fréeze *vt* 溶かす; 〖経〗…の凍結を解く, 自由化する. ► *vi* 溶ける.
ùn·fréquent *a* INFREQUENT. ♦ **～·ly** *adv*
ùn·frequént·ed /, -fríːkwənt-/ *a* (めったに)人の行かない, 人跡まれな.
ùn·fríend *vt* 《SNS サイトで》友だち[フレンド]のリストからはずす, …の友人登録を抹消する.
ùn·fríend·ed *a* 友のない, よるべのない. ♦ **～·ness** *n*
ùn·fríend·ly *a* 無愛想な, 不親切な, 薄情な, 冷たい; 敵意に満ちた, 敵対した〈条件などが〉; 都合の悪い, 不利な, 〈機械などが〉扱いにくい. ► *adv* 《まれ》非友交的に, 不親切に. ♦ **-liness** *n*
ùn·fróck *vt* …の聖職衣[聖職]を剝奪する; 名誉[特権]ある地位からはずす.
ùn·frózen *a* 凍っていない; 〖経〗凍結されていない.
ùn·frúit·ful *a* 実を結ばない, 不結果性の; 無益な, むだな, 実りのない; 不毛の; 子を産まない〈動物〉. ♦ **～·ly** *adv* **～·ness** *n*
ùn·fulfílled *a* 満たされていない; 果たされていない; 自己の能力[資質]を十分に発揮していない. ♦ **ùn·fulfíll·able** *a*
ùn·fúnd·ed *a* 〖商〗一時借入れの, 〈公債が〉短期の (floating); 資金[財源]のない.
unfúnded débt 一時借入金.
ùn·fúnny *a* おもしろくもない. ♦ **ùn·fúnnily** *adv* **ùn·fúnni·ness** *n*
ùn·fúrl *vt* 〈帆・傘などを〉広げる, 〈旗を〉掲げる; 〈光景を〉くりひろげる, 見せる. ► *vi* 広がる, くりひろげられる, 展開する.
ùn·fúrnished *a* 〈…を〉与えられていない, 〈…の〉備えがない 〈*with*〉; 〈部屋など〉家具の備え付けのない, 家具付きでない.
ùn·fúrrowed *a* 〈畑など〉うねの立てられていない, 耕されていない; (深い)しわのない.
ùn·fúsed *a* 融解[溶解]していない; 混ざらない, 一つにならない; 〈折れた骨など〉つながっていない.
ùn·fússy *a* たいして関心のない, うるさくない; 凝っていない, 込み入っていない, 単純な. ♦ **-fússily** *adv*
UNGA /, ʌ́ŋgə/ °United Nations General Assembly.
un·gain·ly /ʌngéɪnli/ *a* ぶかっこうな, 見苦しい; ぶざまな, ぎこちない; 扱いにくい, 手に負えない. ► *adv* 《古》ぶかっこうに, 見苦しく. ♦ **-gáinliness** *n* [*gain* (obs) straight＜OE＜ON *gegn* straight]
ùn·gàin·sáy·able *a* 反駁できない, 否定しようもない.
ùn·gállant *a* 勇敢でない, 雄々しくない; /ʌngəlǽnt, -gǽlənt, *-gəlάːnt/ 女性に丁寧[慇懃(ㇶ)]でない. ♦ **～·ly** *adv*
ùn·gárbled *a* ゆがめられていない, 正確な, ありのままの.
Un·ga·ret·ti /ùŋgɑːrétti/ ウンガレッティ **Giuseppe** ～ (1888–1970)《イタリアの詩人》.
Un·garn /*G* úŋgarn/ ウンガルン《HUNGARY のドイツ語名》.
ùn·gárnished *a* 飾られていない, 簡素な.
ùn·gártered *a* 《古》靴下留めをしていない.
ùn·gáthered *a* 集められていない; 〈花など〉摘み[刈り]取られていない; 〖製本〗〈折丁が〉そろえてない, 丁合いしてない.
Un·gava /ʌngéɪvə, -gάːvə, *-gǽvə/ アンゲイヴァ, アンガヴァ《カナダ Quebec 州北部の New Quebec 地区と Newfoundland and Labrador 州 Labrador 地区の一部にまたがる地方》.
Ungáva Báy アンゲイヴァ[アンガヴァ]湾《カナダ Quebec 州北部 Hudson 海峡に面する湾》.
Ungáva Península [the] アンゲイヴァ[アンガヴァ]半島《カナダ Quebec 州北部の Hudson 湾と Ungava 湾の間の半島》.
ùn·géar *vt* …のギアをはずす, ギアからはずす.
ùn·géared *a* ギアをもたない; 〈会社が〉借金[負債]のない.
ùn·génerous *a* 度量の狭い, 狭量な, 口やかましい; 金離れのよくない, けちな; 卑劣な. ♦ ～·ly *adv* ～·ness *n* ùn·generósity *n* 狭量, けち.
ùn·génial *a* 不愛想な, 不愉快な; 共感を呼ばない.
ùn·gentéel *a* 粗野な, 礼儀をわきまえない.
ùn·géntle *a* 無作法な, 粗野な, 粗暴な; 高貴な生まれでない; 優しくない. ♦ **-géntly** *adv* **～·ness** *n*
ùn·géntleman·ly *a* 非紳士的な, 育ちの悪い, 下品な, 卑しい. ♦ **-li·ness** *n*
un·ge·potch(·ket) /ʌ̀ŋgəpáʧ(kət)/, **-potched** /-páʧt/ *《俗》 *a* へまと混乱のうちにもなし遂げた, 惨憺たるできの; だらしのない, しろうとくさい, 間に合わせの; まざった, ごちゃごちゃの. [Yid]
ùn·get·át·able *a* 《口》容易に達しえない, 近寄りがたい.
ùn·gíft·ed *a* 才能のない; 《古》EMPTY-HANDED.
ùn·gíld *vt* …のめっきをはがす.
ùn·gírd *vt* …から帯をはずす, …に対する締めつけを解く; 《古》帯を解いて…をゆるめる, 脱ぐ.
ùn·gírt *a* 帯をゆるめた, 帯を締めていない; 規律[統制]のゆるんだ, 締まりのない.
ùn·gíving *a* 《他人に対して》冷淡な, 頑固な; 曲がりにくい, 堅い.
ùn·glámorous *a* 魅力のない; 平凡な, ありふれた, 普通の. ♦ **～·ly** *adv*
ùn·glázed *a* うわぐすりのかけてない, 無釉の, 素焼の; ガラスをはめてない, 窓ガラスのない; 〈紙が〉つや出ししてない.
ùn·glóve *vt, vi* (…の)手袋[おおい]をとる.
ùn·glóved *a* 手袋をはめていない.
ùn·glúe *vt* 糊を分解させて〈切手などを〉はがす; 《執着の強いものから》引き放す.
ùn·glúed *a* 糊のはがれた, 引きはがされた; 混乱して, 狂って, かっとなって: come [get] ～ 混乱する, 気が動顛する, かっとなる; 〈計画などが〉失敗[破綻]する.
ùn·gód·ly *a* 神を否定する, 神に従わない, 邪悪な; 道徳律[キリスト教的戒律]に背いた; 良俗に反する, 無礼な, 無法な; 《口》ひどい, はなはだしい, とんでもない: at an ～ hour とんでもない時刻に. ► *n* [the] 邪悪な者ども. ► *adv* 《口》ひどく, はなはだしく; 《古》不敬な態度で. ♦ **-gódliness** *n*
ungódly shót *《野球俗》強烈なライナー, 弾丸ライナー.
ùn·gót(ten) *a* 獲得され(てい)ない; 《廃》まだ生まれていない, 未生の.
ùn·góvern·able *a* 制御[抑制]できない, 始末に負えない. ♦ **-ably** *adv* **ùn·gòvern·abílity** *n*
ùn·góverned *a* 制御されていない, 野放しの, 荒れ狂う.
ùn·gówned *a* ガウンを着ていない; 法衣[聖職]を剝奪された.
ùn·gráced *a* 優美さ[品位]のない.
ùn·gráce·ful *a* 優美[優雅]でない, 趣きがない, ぎこちない, 見苦しい. ♦ **～·ly** *adv* **～·ness** *n*
ùn·grácious *a* 無作法な, ぶしつけな, 無礼な; 不快な, 報われない, 割の合わない; 《古》よこしまな, 不敬な. ♦ **～·ly** *adv* **～·ness** *n*
ùn·gráded *a* 等級[学年]別に分類してない; *〈教師が〉特定学年に割り当てられていない; 〈道路が〉なめらかな勾配をつけられていない.
ungráded schóol* 単級学校《田舎の, 教師 1 人, 教室 1 つの学校》.
ùn·gráft·ed *a* 〘園〙接ぎ木されていない.
ùn·grammátical *a* 文法に合わない, 文法を無視した, 非文法的な; 慣用的でない. ♦ **～·ly** *adv* **～·ness** *n* **ùn·grammati·cálity** *n*
ùn·grásp·able *a* 把握できない.
ùn·gráte·ful *a* 感謝を表わさない, 恩知らずの; 不快な, いやな; 〈仕事が〉働きがいのない; 《古》〈土地が〉耕作に見合わない. ♦ **～·ly** *adv* **～·ness** *n*
ùn·grátified *a* 満足していない, 満たされていない.
ùn·gréen *a* 環境にやさしくない; 環境を保護しようとしない.
ùn·gróomed *a* 身なりが整っていない.
ùn·gróund·ed *a* 根拠のない, 事実無根の; 素養のない, 無知な 〈*in*〉; 〘電〙接地されていない.
ùn·grúdging *a* 惜しまない, 気前のよい, 快くする, 心からの. ♦ **～·ly** *adv*
un·gual /ʌ́ŋgwəl/ *a* 爪[かぎづめ, ひづめ]の(ような). ► *n* 爪, かぎづめ, ひづめ. [UNGUIS]
ùn·guárd *vt* 無防備のままにしておく[する]; 〘トランプ〙守りにある低位の札を出して〈高位の札を〉失う危険にさらす.
ùn·guárd·ed *a* 無防備の, 防御物のない; 警戒心のない, 不用意な, 軽率な; たくらみのない, あけっぴろげの; 〈トランプの札・チェスのコマなど〉取られそうな: in an ～ moment 油断した拍子に, ついうっかり. ♦ **～·ly** *adv* **～·ness** *n*
un·guent /ʌ́ŋgwənt/ *n* 軟膏. ♦ **ún·guen·tàry** /; -t(ə)ri/ *a* [L (↓)]
un·guen·tum /ʌ̀ŋgwɛ́ntəm/ *n* (*pl* **-ta** /-tə/) 〘処方〙軟膏. [L (*unguo* to anoint)]
ùn·guéss·able *a* 推測[想像]できない.
ùn·guéssed *a* 推測[想像]できない; 予期しない, 思いもよらない, 不慮の 〈*at*〉.
un·guic·u·late /ʌ̀ŋgwíkjələt, -lèɪt/ *a* 爪[かぎづめ]のある; 〘動〙有爪(ゆうそう)(性)の; 〘植〙〈花弁が〉つめを有する. ► *n* 有爪性の哺乳動物.
un·guíc·u·làt·ed *a* UNGUICULATE.
ùn·guíded *a* 導かれていない, 案内[指導]のない; 無誘導の: an ～ tour / an ～ missile.
ún·gui·fòrm /ʌ́ŋgwə-/ *a* 爪状の.
un·gui·nous /ʌ́ŋgwənəs/ *a* 《廃》脂肪に似た, 脂肪性の, 油っこい.
un·guis /ʌ́ŋgwəs/ *n* (*pl* **-gues** /-gwìːz/) 〘動〙爪, かぎづめ, ひづめ; 〘植〙《花弁の》つめ《細くとがった基部》. [L=hoof, nail]
un·gu·la /ʌ́ŋgjələ/ *n* (*pl* **-lae** /-lìː/) UNGUAL; 〘数〙蹄状体《底面と底面に対し斜めの面にはさまれた柱体・円錐の一部》. ♦ **ún·gu·lar** *a* [L (dim)〈↑]
un·gu·late /ʌ́ŋgjələt, -lèɪt/ 〘動〙 *a* ひづめのある, 有蹄の; 有蹄類の; ひづめ状の. ► *n* 有蹄動物 (cf. PERISSODACTYL, ARTIODACTYL). [L (↑)]
ún·gu·li·gràde /ʌ́ŋgjələ-/ *a* 〘動〙ひづめで歩く.
ùn·gúm *vt* UNGLUE; DEGUM.
Unh 〘化〙unnilhexium.
ùn·háckneyed *a* 斬新な; 《古》経験[知識]の浅い.
ùn·háiled *a* 高い声で呼びかけられない, 歓呼されない.
ùn·háir *vt* 《なめす前に》〈毛皮〉の粗毛を除く; 《古》〈頭〉の毛を失わせる, 脱毛させる. ► *vi* 毛が抜ける, 脱毛する. ♦ **～·er** *n*
ùn·hállow *vt* 《古》…の神聖を汚す.
ùn·hállowed *a* 聖別されていない; 神聖でない, 不浄の; 不信心な, 罪深い; 悪魔の住む, 悪魔にふさわしい; 法律[公序]に反する, 不道徳な, みだらな, いかがわしい.
ùn·hámmered *a* ハンマー[槌]で打たれていない.
ùn·hámpered *a* 足かせをかけられていない, 制約[統制]されていない; 〈眺望などが〉妨げるもののない.
ùn·hánd *vt* 《古風》/[*joc*] …から手を放す, 手放す.
ùn·hándled *a* 〈馬など〉ならされていない, 調教されていない.
ùn·hándsome *a* 美しくない, 不体裁な, 醜い; 不似合いな, 不適当な; 不愉快な; ぶしつけな, 野卑な; 狭量な; 気前のよくない, けちな. ♦ **～·ly** *adv*
ùn·hándy *a* 手ごろでない, 扱いにくい, 不便な; 不器用な, へたな. ♦ **ùn·hándily** *adv* **-hándiness** *n*
ùn·háng *vt* 〈掛けたものを〉取り下ろす[はずす].
ùn·hánged *a* 絞首刑に処せられていない.
ùn·háppily *adv* 不幸[不運]にして, あいにく; 不幸[不運]に, みじめに; みじめな気持で; 《廃》不適切に, まずく.
ùn·háppy *a* 不幸な, 不運な, 悲惨な; 悲しい, 憂鬱な, みじめな; 不満をいだいた; 悲しみ[落胆, 不快]をもたらす; 縁起の悪い, 不吉な; 適切でない, まずい; 《廃》悪い (evil), 騒ぎを起こす. ♦ **-háppiness** *n*
unháppy cámper *《口》不満な人[客].
ùn·hárborʺ *vt* 〈鹿を〉隠れ場所から追い出す.
ùn·hárdened *a* 固くされていない, 硬化していない, 無感覚になっていない.
ùn·hármed *a* 無傷の, 無事な.
ùn·hárm·ful *a* 無害の. ♦ **～·ly** *adv*
ùn·hárm·ing *a* 害を与えない, 無害の.
ùn·harmónious *a* INHARMONIOUS. ♦ **～·ly** *adv*
ùn·hárness *vt* 〈馬など〉の引き具を取りはずす, …の馬具を解く; 《古》…のよろいを脱がせる.
ùn·hárnessed *a* 引き具[馬具, よろい]を付けていない; 〈滝・風などが〉動力に利用されていない.
ùn·hárrowed *a* まぐわでかきならされていない.
ùn·hárvest·ed *a* 収穫されていない, 未収穫の.
ùn·hásp *vt* 《古》…の掛け金をはずす, 開ける.
ùn·hásty *a* 急がない, ゆったりした, 悠長な.
ùn·hát *vi* 《古》帽子をとって会釈する.
ùn·hátched *a* 〈鳥が〉卵からかえっていない; [*fig*] 〈陰謀など〉企てられていない; 〈卵が〉十分に抱かれていない.
UNHCR (Office of the) °United Nations High Commissioner for Refugees.
ùn·héaled *a* 治癒していない, 癒されていない.
ùn·héalth·ful *a* 健康に害のある, 体に悪い; 《古》UNHEALTHY. ♦ **～·ness** *n*
ùn·héalthy *a* 不健康な, 病身の; 病弱による; 《道徳的に》不健全な, 病的な; 健康に害のある (unhealthful); 危険な, 命取りになる; 有害な, 悪い. ♦ **ùn·héalthily** *adv* **-héalthiness** *n*
ùn·héard *a* 聞こえない; 聞いてもらえない, 弁明の機会を与えられていない; 《古》UNHEARD-OF.
ùn·héard-òf *a* 前例のない, 前代未聞の, 未曾有の; 聞いたこともない, けしからん, とんでもない.
ùn·héat·ed *a* 温め[熱せ]られていない.
ùn·hédged *a* 生垣[垣根]で囲われていない; 〈投資・投資家が〉ヘッジされていない《他の取引によって損失から守られていない》.
ùn·héed·ed *a* 顧みられていない, 無視された (ignored).
ùn·héed·ful *a* 《古》気をつけない, 不注意な. ♦ **～·ly** *adv*
ùn·héed·ing *a* 注意を払わない, 不注意な 〈*of*〉. ♦ **～·ly** *adv*
ùn·hélm *vt, vi* 《古》(…の)かぶとを取る.
ùn·hélped *a* 助けられていない, 助力なしの.

ùn·hélp·ful *a* 役に立たない, 助けにならない. ♦ **～·ly** *adv*
ùn·hémmed *a* 〈衣服·布が〉縁縫いをしていない, 縁なしの.
ùn·hép *a**《俗》UNHIP.
ùn·hérald·ed *a* 広く知られていない, 無名の; 予期されていない, 予想外の, 思いがけない.
ùn·heróic *a* 非英雄的な, 臆病な. ♦ **-heróical·ly** *adv*
ùn·hésitating *a* ぐずぐずしない, 躊躇しない; 敏活な, 手早い; てきぱきした, はきはきした; 揺るがない, しっかりした. ♦ **～·ly** *adv* **～-ness** *n*
ùn·héwn *a* 仕上げの切り刻みのしてない; 粗野な, 粗雑な.
ùn·hídden *a* 隠されていない, あからさまの.
ùn·híndered *a* 妨害[制約]されていない.
ùn·hínge *vt* 〈戸などを〉蝶番からはずす, …の蝶番をはずす; 広くあける; [*fig*] 混乱させる, 狂わせる, 錯乱させる; 引き放す 〈*from*〉; 分裂[崩壊]させる. ♦ **～·ment** *n*
ùn·hínged *a* 錯乱した, 狂った.
ùn·híp, -hípped *a**《俗》UNCOOL.
ùn·híred *a* 雇われていない.
ùn·histórical, -ic *a* 歴史的でない, 史実に反する.
ùn·hítch *vt* 解き放つ, はずす (unfasten).
ùn·hóly *a* 神聖でない, 不浄な; 不信心な, 邪悪な;《口》法外な, とてつもない, 不自然な: at an ～ hour とんでもない時間に / an ～ alliance 不自然な[いかがわしい]同盟,《敵同士が手を結ぶ》戦略的同盟. ♦ **-hóliness** *n*
ùn·homogéneous *a* INHOMOGENEOUS.
ùn·hónored *a* 尊敬されて[顕彰されて]いない; 〈手形などが〉(正式に)支払い[引受]がなされてない.
ùn·hóod *vt* …のフード[ずきん]を取る;〘狩〙〈鷹〉の目隠しをはずす.
ùn·hóok *vt* 鉤(かぎ)からはずす; …のホックをはずす[はずしてゆるめる]; …の癖を直す, 依存から解放する. ► *vi* 鉤[ホック]がはずれる. ♦ **-hóoked** *a*
ùn·hóped *a*《古》UNHOPED-FOR.
ùn·hóped-fòr *a* 望外の, 意外な, 思いがけない.
ùn·hórse *vt* 馬[鞍]から振り[ひきずり]落とす; [*fig*] 失脚させる, 打ち負かす; 動顛させる; 〈馬車など〉から馬をはずす[解く].
ùn·hóstile *a* 敵意のない. ♦ **～·ly** *adv*
ùn·hóuse /-háuz/ *vt* 家から追い出す, 宿無しにする.
ùn·hóused /-háuzd/ *a* 家を奪われた, 宿無しの.
ùn·hóuseled *a*《古》(死の直前の)聖体拝受[拝領]をしていない.
ùn·húlled *a* 外皮[殻, さや]のない; 外皮[殻, さや]が取り除かれてない.
ùn·húman *a*《まれ》INHUMAN; SUPERHUMAN; 人間でない. ♦ **～·ly** *adv*
ùn·húman·ìze *vt* DEHUMANIZE.
ùn·húng *a* つるされていない, 〈絵画が〉展示されたことのない; 絞首刑にされていない.
ùn·húrried *a* 急がない, ゆっくりした, 慎重な. ♦ **～·ly** *adv*
ùn·húrt *a* そこなわれていない, 害をうけていない, 無傷の.
ùn·húrt·ful *a*《古》無害の. ♦ **～·ly** *adv*
ùn·húsk *vt* …の殻[皮, さや]をとる; [*fig*] おおっているものを取る, …から仮面を取り去る. ♦ **-húsked** *a*
ùn·hygíenic /, *-ʤién-/ *a* 非衛生的な, 非健康的な. ♦ **-ically** *adv*
ùn·hýphenated *a* ハイフンの付いていない; 混血でない, 外国系でない, 生粋の.
ùn·hystérical *a* ヒステリー(性)でない. ♦ **～·ly** *adv*
uni /jú:ni/ *n*《豪口》大学 (university).
uni- /jú:ni, -nə/ *pref*「単一」 [L (*unus* one)]
ùni·álgal *a*〘植〙藻類の個体[単一細胞]の[による].
Uni·ate, -at /jú:niæt/ *n* 合同教会の信徒《東方教会の典礼·慣習を守るが教皇首位権を認める》. ► *a* 合同教会の. [Russ *uniyat*＜L *unio* UNION]
ùni·áxial *a* 一軸の;〘晶〙単軸の;〘植〙単茎の;〘植〙〈紅藻類が〉主軸が単一の糸状体[細胞]から派生した: ～ stress 一軸[単軸]応力. ♦ **～·ly** *adv*
úni·bòdy *n* ユニボディー《車体と車台 (chassis) の両方を形込め成形で一体化したもの》.
úni·bròw *n*《左右がつながった》一本眉毛, つながり眉.
uni·cam·er·al /jù:nəkǽm(ə)rəl/ *a* 〈議会が〉一院(制)の;〘植·動〙UNILOCULAR. ♦ **～·ly** *adv*
úni·càst *n*〘インターネット〙ユニキャスト《特定の受信者への送信; opp. *multicast*》.
UNICEF, Uni·cef /jú:nəsèf/ *n* ユニセフ (⇨ UNITED NATIONS CHILDREN'S FUND). [旧称 *U*nited *N*ations *I*nternational *C*hildren's *E*mergency *F*und 国連国際児童緊急基金]
ùni·céllular *a*〘生〙単細胞の: a ～ animal 単細胞[原生]動物 (protozoan). ♦ **ùni·cellulárity** *n*
unic·i·ty /junísəti/ *n* 単一性; 独自性, 特異性.
Úni·còde *n*〘電算〙ユニコード《16 ビットで表わす世界の文字のコード体系; UCS の部分集合に採用》.
ùni·cólor(ed) *a*〘動〙一色の, 単色の.
uni·corn /jú:nəkɔ̀:rn/ *n* **1 a** 一角獣《額に一本のねじれ角, カモシカの尻, ライオンの尾をもつ馬に似た伝説上の動物; 純潔や清純の象徴で処女以外には捕えることができないとされた. **b**〘紋〙一角獣《英国王室の紋章では, ライオンと相対して盾の左半面に, スコットランド王室の紋章では盾の両側に表わされる》. **c** [the U-]〘天〙いっかくじゅう座(一角獣座) (Monoceros). **d**〘聖〙《AV などで》野牛(のうし). ★ unicorn は, 旧約聖書の Heb *re'em* (＝wild ox) に対する七十人訳聖書の訳語 (Gk *monokerōs*) から, ウルガタ聖書 (L *ūnicornis* or *rhīnocerōs*) を通じて AV など古い英訳聖書に伝わった訳語 (*Num* 23: 22, *Deut* 33: 17, etc.). のちの RV では wild ox と改められた. **2**〘動〙イッカク (narwhal);《廃》サイ (rhinoceros). **3**《昔の》3 頭一組の馬を仕立てた馬車《並列した 2 頭の先頭に 1 頭を仕立てる》. [OF＜L (*uni-*, *cornu* horn); Gk *monokerōs* の訳]
únicorn fìsh〘動〙イッカク (narwhal).
únicorn mòth〘昆〙シャチホコガ科のガの一種.
únicorn plànt〘植〙ツノゴマ (＝*double-claw*)《北米原産》.
únicorn shèll〘貝〙狭舌目(きょう)の各種の巻貝《アクキガイ·エゾバイなど》.
únicorn whàle〘動〙イッカク (narwhal).
ùni·cóstate *a* 肋骨[隆起線]が一本の;〘植〙単肋の〈葉〉.
uni·cum /jú:nɪkəm/ *n* (*pl* **-ca** /-kə/) 珍しいもの, 唯一例.
ùni·cúr·sal /-kɔ́:rsəl/ *a*〘数〙〈曲線が〉一筆書きできる. [L *cursus* course]
ùni·cúspid *a*, *n*〘解〙一尖(頭)(歯), 単頭の(歯).
úni·cỳcle *n* 一輪車《遊具·軽業師用》. ♦ **-cỳclist** *n*
ùn·idéaed, -idéa'd *a* 独創性[想像力, アイディア]のない, 愚鈍な.
ùn·idéal *a* 理想のない; 理想(的)ではない, 不完全な.
ùn·idéalized *a* 理想化されていない, 現実のままの.
ùn·idéntifiable *a* 同一と認定できない, 同定[特定]できない, 身元不詳の.
ùn·idéntified *a* 身元不明の; (正体)未確認の.
unidéntified flýing óbject 未確認飛行物体《略 UFO》.
ùni·diménsion·al *a* 一次元の; 表面的な. ♦ **-dimension-álity** *n*
ùn·idiomátic *a* 慣用語法にかなっていない.
ùni·diréction·al *a* 方向を変えない, 一方向(性)の;〘電〙単向性の: a ～ microphone 単一指向性マイクロホン. ♦ **-dirèction-álity** *n* **～·ly** *adv*
unidiréctional cúrrent〘電〙単向電流 (direct current).
UNIDO, Uni·do /juní:dou/ °United Nations Industrial Development Organization.
úni·fàce *n* 裏面に模様のない硬貨[メダル].
ùni·factórial *a*〘生〙単一遺伝子の[による].
uni·fi·able /jú:nəfàɪəb(ə)l/ *a* 統一[合一]しうる.
unif·ic /junífɪk/ *a* 統一をもたらす, 統合的な.
uni·fi·ca·tion /jù:nəfəkéɪʃ(ə)n/ *n* 統一, 単一化. ♦ **uni·fi·ca·to·ry** /jú:nəfɪkətɔ̀:ri; jù:nəfɪkéɪt(ə)ri/ *a*
Unificátion Chùrch [the] 統一教会《1954 年に韓国人の文鮮明が始めたキリスト教系の団体; その活動は原理運動とも呼ばれる》.
úni·fìed *a* 統一[統合]された.
únified atómic máss ùnit〘理〙ATOMIC MASS UNIT.
únified fíeld thèory〘理〙統一場理論.
únified scréw thrèad ユニファイねじ《初め軍事上の必要から米国·英国·カナダの 3 国が協定して定めたねじ; ねじやまの角度は 60°》.
uni·fi·er /jú:nəfàɪər/ *n* 統一する人[もの].
ùni·fílar *a* 単糸の, 単線の.
ùni·flórous *a*〘植〙単花の.
úni·flòw èngine 単流機関, ユニフロー機関.
ùni·fóliate〘植〙*a* 単葉の; UNIFOLIOLATE.
ùni·fóliolate *a*〘植〙《ミカン·メギなどの複葉のように》単小葉を有する, 単身複葉をつける.
uni·form /jú:nəfɔ̀:rm/ *a* **1** 常に[いつでも, どこでも]変わることのない, (一定)不変の; 一様な, 一律[均一]の, 画一的な; 均質の, むらのない; 〈人や行動などが〉一貫した;〘数〙一様な: ～ motion〘理〙等速運動. **2**《形·外観などが他と[互いに]》同じである, 同型の; 同一基準に一致する, そろいの; 〈…と〉同一の〈*with*〉. **3**《あるグループに》特有の, 独特の. ► *n* **1 a** 制服, ユニフォーム;《ある年齢·階級·生活様式をもつ人たちの》特有の服装: an undress ～〘軍〙略服; 通常軍装 / in dress ～〘軍〙通常礼装で / in full-dress ～〘軍〙大礼服で / out of ～ 正規でない軍装で, 略装で, 平常服で. **b**《口》制服警官. **2** [U-] ユニフォーム《文字 u を表わす通信用語; ⇨ COMMUNICATIONS CODE WORD》. ● **in ～** 制服を着た; 軍人として. ► *vt* …に制服を着せる; 一様にする. ♦ **～·ness** *n* [F or L (*uni-*, FORM)]
ùni·fórmal·ìze *vt*《まれ》一様にする, 画一[均一]化する.
Úniform Búsiness Ràte〘英〙統一事業税《イングランドとウェールズで, オフィス·店舗·工場などの業務用不動産に課される税金; 略 UBR》.
Úniform Códe of Mílitary Jústice [the]〘米〙統一軍事裁判法典《1951 年, Articles of War に代わるものとして制定; 略 UCMJ》.

U

Úniform Commércial Còde 〔米法〕統一商事法典《各州の商事取引法を標準化するために 1951 年に作成された商事法規集; すべての州 (Louisiana は部分採用) で採用されている; 略 UCC》.
úni·fòrmed *a* 制服を着た.
uni·form·i·tar·i·an /jù:nəfɔ̀:rmətέəriən/ *a* 〔地質〕斉一観の; 一様の. ► *n* 〔地質〕斉一観論者; 一様性[統一]を主張[支持]する人.
uniformitárian·ìsm *n* 〔地質〕斉一観[説]《過去の地質現象は現在と同じ作用で行なわれたとする考え》.
uni·form·i·ty /jù:nəfɔ́:rməti/ *n* 一様, 一律; 均一[等質, 画一]性, 統一(性); 一様なもの, 均一の広がり (opp. *variety, multiformity*). ■ the **Áct of** ～ 〔英史〕礼拝統一法《国教会の礼拝・祈禱の方式を統一した法 (1549, 52, 59, 1662)》.
úniform·ly *adv* 一様に, 均等に, 統一的に, 一律に.
úniform résource lòcator URL.
úniform sỳstem 〔写〕露光量が公比 2 の等比数列となるようにカメラレンズに絞り値をしるす方式.
uni·fy /jú:nəfàɪ/ *vt* 一つにする, 単一化[一体化]する, 統一[統合]する ‹*into*›; 一様にする. ► *vi* 一つになる, 一体化する. ［F or L］
uni·gen·i·ture /jù:nəʤέnətʃər/ *n* 〔神学〕キリストが 'ひとり子' すなわち唯一の神の子であること.
Uni·gen·i·tus /jù:nəʤέnətəs/ *n* 〔カト〕ウニゲニトゥス大勅書《1713 年 Jansenists に異端の宣告をしたもの》.
uni·ju·gate /jù:nɪʤú:gət, -gèɪt, juníʤəgèɪt/ *a* 〔植〕小葉一対の ‹羽状葉›.
ùni·lábiate *a* 〔植〕‹花冠などが›単唇の.
ùni·láteral *a* **1** 一方だけの, 片側のみの; 一方を向いた; 片面だけの, 裏面のない《Möbius の帯など》; 〔植〕片側に偏した; 〔医〕一側性の; 〔音〕舌の片側で発音される, 片側(ﾍﾝｿｸ)の. **2** 一面的な; 〔法〕一方的な, 片務的な (opp. *bilateral*); 〔社〕単系の《父・母一方の血統をたどる; cf. BILATERAL》: a ～ contract 片務契約. ♦ **～·ly** *adv*
uniláteral declarátion of indepéndence 一方的独立宣言《宗主国の同意なしになされる; 略 UDI》.
ùni·láteral·ìsm *n* 一方的軍備廃棄[軍縮]論. ♦ **-ist** *n*
Uni·le·ver /jú:nəlì:vər/ ユニリーバ(社)《英国 (～ PLC) とオランダ (～ NV) に本拠を置く食品・洗剤など消費財の分野で世界最大級のメーカー; 1930 年設立》.
ùni·líneal *a* 単系の (unilateral).
ùni·línear *a* 単線的な‹展開・発展›.
ùni·língual *a* 一国語のみを使う‹人・本›. ♦ **～·ìsm** *n* 単一言語使用[主義]. **～·ly** *adv*
ùni·líteral *a* 一字からなる; 単一文字の.
ùn·illúminated *a* 照らされていない, 暗い; 啓蒙[啓発]されていない, 蒙昧な.
ùn·illúminating *a* 明るくしない; 明快にしない, 啓発するところのない.
ùn·illúsioned *a* 幻想[錯覚]に陥っていない.
ùn·íllustrated *a* 写真[さしえ]のない.
úni·lòbed *a* 〔昆〕‹小顎(ｼｮｳｶﾞｸ)が›単葉の.
ùni·lócular *a* 〔植・動〕一室[単室, 単房]からなる.
ùn·imáginable *a* 想像できない, 想像を絶する, すごい, とんでもない. ♦ **ùn·imáginably** *adv*
ùn·imáginative *a* 想像力のない[欠けた], 詩的でない, 散文的な, おもしろみのない; 事務的な. ♦ **～·ly** *adv* **～·ness** *n*
ùn·imágined *a* 想像されたことのない, 思いがけない.
Uni·mak /jú:nəmæ̀k/ ユニマック《Alaska 半島の西にある Aleutian 列島最大の島》.
ùni·módal *a* 単一の形態をもつ; 〔統〕‹(頻度)曲線が›単峰形の.
ùni·módular *a* 〔数〕‹行列が›ユニモジュラーの, 行列式が 1 の.
ùni·molécular *a* 〔化〕単分子の (monomolecular): ～ reactions 単分子[一分子]反応《単一の分子のみが関与する化学反応》.
ùn·impáired *a* そこなわれていない, 弱められていない.
ùn·impássioned *a* 情熱のこもらない, 冷静な, 冷徹な. ♦ **～·ly** *adv*
ùn·impéach·able *a* 弾劾[非難]できない, 申し分のない. ♦ **-ably** *adv* **～·ness** *n*
ùn·impéached *a* 非難されていない; UNIMPEACHABLE.
ùn·impéded *a* 妨げられていない, (なにひとつ)妨げるもののない, 妨害をうけない.
ùn·impórtant *a* 重要でない, 些細な, つまらない, 取るに足らぬ. ♦ **ùn·impórtance** *n* **～·ly** *adv*
ùn·impósing *a* おしつけがましくない; 目立たない, 人目をひかない, 堂々としていない. ♦ **～·ly** *adv*
ùn·imprégnated *a* 受胎[受精]していない.
ùn·impréssed *a* 刻印[押印]されていない; 感銘を与えられていない, 感服しない, たいしたものとも思わない.
ùn·impréss·ible *a* 感じない, 《特に》感受性に欠ける.
ùn·impréssion·able *a* 感動しない, 動じない, 冷たい.
ùn·impréssive *a* 印象的でない, 強い感動を与えない. ♦ **～·ly** *adv* **～·ness** *n*
ùn·impróved *a* 改良されていない; ‹土地が›耕作されていない, 《建築敷地などとして》利用されていない, (荒れたままで)手入れがしてない; ‹機会・資源など›利用[活用]されていない; ‹健康が›よくなっていない, 増進していない; 洗練されていない, 品種改良されていない; 《廃》とがめられていない.
ùn·impúgned *a* 非難[論難, 反駁]されていない.
ùn·incórporated *a* 一体化されていない, 組み込まれていない; 法人化されていない, 法人格のない; *‹地域が› どの自治体にも属していない.
ùn·índexed *a* 索引が付けられていない, 索引のない.
ùn·indórsed *a* (正式な)裏書きのしてない‹小切手など›.
ùn·indústrialized *a* 産業化[工業化]されていない.
ùn·inféct·ed *a* 感染していない; 思想[風習など]に染まっていない.
ùn·inflámed *a* 燃えて[興奮して]いない.
ùn·inflámmable *a* 燃えない, 不燃性の.
ùn·infléct·ed *a* 屈曲のない; 抑揚のない; 語尾変化のない, 無屈折の.
ùn·ínfluenced *a* 影響をうけていない, 感化されていない; 偏見のない, 公平な.
ùn·influéntial *a* (ほとんど)影響(力)のない.
ùn·infórmative *a* 情報価値のない. ♦ **～·ly** *adv*
ùn·infórmed *a* 知らされていない, 情報不足の; 《特に》無学の, 無知な‹大衆›.
ùn·inhábit·able *a* 住めない, 居住に適しない.
ùn·inhábit·ed *a* 人の住んでいない, 無人の‹島など›.
ùn·inhíbit·ed *a* 禁じられていない, 制約されない; 率直な, あけっぴろげの, 遠慮のない. ♦ **～·ly** *adv* **～·ness** *n*
ùn·inítiate *a* 十分な経験[知識]のない, 未熟な, 新米の. ► *n* 新米, 青二才.
ùn·inítiated *a* UNINITIATE.
ùn·ínjured *a* そこなわれていない, 損傷のない, 無傷の.
uni·nóminal *a* 一選挙区から一名選出する, 一区一人制の; 〔生〕一名式(命名)の.
ùn·inspíred *a* 霊感[感動]を受けていない; ‹演説など›創造性に欠けた, 生気を感じさせない, 退屈な, 平凡な.
ùn·inspíring *a* 霊感[ひらめき]を与えない, 感興をそそらない, 退屈な. ♦ **～·ly** *adv*
ùn·instáll *vi, vt* 〔電算〕アンインストールする《インストールしたアプリケーションを削除する》. ♦ **～·er** *n* アンインストール用プログラム, アンインストーラー. **ùn·ìn·stal·lá·tion** *n*
ùn·instrúct·ed *a* 無知な; 指示[訓令]を受けていない.
ùn·ínsulated *a* 絶縁[断熱]されていない, 絶縁材[断熱材]を使っていない.
ùn·insúrable *a* (危険が多くて)保険の付けられない.
ùn·insúred *a* 保険を付けていない, 無保険の. ► *n* [the; *pl*] 無保険者, 保険の未加入者.
ùn·intélligence *n* 知性の欠如, 無知(なこと).
ùn·intélligent *a* 無知な; 知力のない, 愚鈍な; 〔電算〕‹ソフトなどが›情報処理が遅い. ♦ **～·ly** *adv*
ùn·intélligible *a* 理解できない, わかりにくい, 難解な, 不鮮明な. ♦ **ùn·intélligibly** *adv* **～·ness** *n* **ùn·intelligibílity** *n*
ùn·inténd·ed *a* 意図されたものでない, 故意でない.
ùn·inténtion·al *a* 故意(にしたもの)でない, 何気なくやった, 思わず知らずの. ♦ **～·ly** *adv*
ùn·ínterest *n* 無関係; 無関心.
ùn·ínterest·ed *a* (利害)関係のない; 無関心な, やる気のない; 《古》公平無私な (disinterested). ♦ **～·ly** *adv* **～·ness** *n*
ùn·ínterest·ing *a* 興味のない, おもしろくない, つまらない, 退屈な. ♦ **～·ly** *adv* **～·ness** *n*
ùn·intermítted *a* 間断のない, 絶え間なく続く.
ùn·intermíttent *a* 断続[間欠]的でない. ♦ **～·ly** *adv*
ùn·intérpret·able *a* 解釈[説明]できない, 不可解な.
ùn·intérpret·ed *a* 解釈されていない. ♦ **～·ly** *adv*
ùn·interrúpt·ed *a* とぎれない, 連続した, 不断の, さえぎるもののない; 一体となった. ► *adv* とぎれずに. ♦ **～·ly** *adv* **～·ness** *n*
ùn·interrúpt·ible *a* 中断されない, 不断の, ‹電源など›非常(供給)用の.
uninterrúptible pówer supplỳ 〔電〕無停電電源(装置)《電力供給が断たれたときにコンピューターなどの機器に一定時間電力を供給する非常用電源装置; 略 UPS》.
ùni·núcleate, -núclear *a* 単一核の[をもつ].
ùn·invéntive *a* 創意のない, 発明の才のない.
ùn·invést·ed *a* 投資されていない.
ùn·invéstigated *a* 調査[研究]されていない, 未調査の.
ùn·invíted *a* 招かれていない; さしでがましい, およびでない, 勝手な. ♦ **～·ly** *adv*
ùn·invíting *a* 心をひきつけない, 気をそそらない; 気が進まない, いやな. ♦ **～·ly** *adv* **～·ness** *n*
ùn·invóked *a* 祈願されない, 呼び出されない.
ùn·invólved *a* 複雑でない, 単純な.
ùni·ócular *a* MONOCULAR.
un·ion /jú:njən/ *n* **1 a** 結合, 合体, 合同, 団結, 合併, 合一; 和合, 一致; 組合わせ: *U*～ [Unity] is strength. 《諺》団結は力なり / the

～ of two states 2 国の合同. **b** 結婚; 性交, 交合: a happy ～ 幸福な結婚. **2** 《国と国との政治的な》併合, 連合: **a** [the U-] イングランドとスコットランドの同君連合《1603 年》. **b** [the U-] イングランドとスコットランドの議会の合同《1707 年; cf. ACT OF UNION》. **c** [the U-] 大ブリテンとアイルランドの連合《1801 年》. **d** [the U-] 大ブリテンと北アイルランドの連合《1920 年以降》. **3** [the U-] **a** 連合国家, 連邦: the UNION OF SOVIET SOCIALIST REPUBLICS. **b** アメリカ合衆国《特に南北戦争当時の北部諸州》: the President's address to *the U*~ 米国民に対する大統領の演説 / *the U*~ Army《南北戦争における》北軍. **c** UNITED KINGDOM. **d** UNION OF SOUTH AFRICA. **4** 《共同目的で結合した》同盟, 連合; 労働組合 (trade union): UNIVERSAL POSTAL UNION. **5** [ᵁU-] 学生クラブ, 学生会 (＝student ～)《娯楽·社交·文化活動などのための学生の組織》; 学生会館. **6** 〔英史〕 **a** 救貧区連合 (＝poor-law ～)《貧民救済法を施行するための数行政区の連合体; 19 世紀にあった》; 《その設立による》救貧院 (＝～ (work)house). **b** 《特に Baptist や Congregational 教会など新教諸派の》連合[合同]教会. **7 a** 連合表象《英連邦の国の国旗の左上に描かれているユニオンジャック, あるいは米国国旗の青地星章の部分のように '連邦' を表象する区画》; 《旗の》CANTON. **b** 連邦国旗, 《特に》英国国旗. **8 a** 〔医〕癒合(ゆごう), 癒着. **b** 交織(こうしょく)物; 混紡糸. **c** 〔機〕接合管, ユニオン(継手). **d** 〔化〕化合物. **e** 〔数〕和集合, 合併集合 (＝*join*, *sum*)《記号 ∪》. ● **～ down** 連合表象 (union) の部分を下にして, 旗を倒して, 倒旗を掲げて《遭難信号》: an ensign hoisted [a flag flown] ～ *down* 遭難のしるしに倒された旗. ► *a* **1** (労働)組合の, 組合を扱う[構成する]; [U-]《南北戦争当時の》北部諸州側の. **2 a** さまざまな要素が結合した. **b** 交織の, 混紡の.
● **strictly ～** 《スウィング俗》(センチメンタルで)つまらない, 古臭い (corny). ■ the **Áct of ～** 〔英史〕連合法《イングランドとウェールズとの (1536), イングランドとスコットランドとの (1707), 大ブリテンとアイルランドとの (1800) 連合に関する各法律》. [OF or L *union- unio* unity (*unus* one)]

únion-bàsh·ing *n* ᵁ《口》(労働)組合たたき, 組合つぶし.

Únion Cárbide ユニオンカーバイド(社) (～ Corp.)《米国の大手総合化学会社; 1917 年設立》.

únion càrd 《労働組合の》組合員証; [*fig*] 就職に必要なもの, 仲間であることを証明するもの.

únion càtalog 〔図書〕《いくつかの図書館の蔵書の》総合[統合]目録.

únion chúrch 合同[連合]教会, ユニオンチャーチ《異なる教派の会衆を合同した一地域の教会》.

Únion Flàg [the] 英国国旗 (＝*Union Jack*)《イングランドの St. George, スコットランドの St. Andrew, アイルランドの St. Patrick の 3 つの十字を合わせた 3 国連合の表象》.

únion hòuse 〔英史〕救貧院 (⇨ UNION).

Únion Íslands *pl* [the] ユニオン諸島《TOKELAU ISLANDS の別称》.

únion·ìsm *n* **1** 労働組合主義. **2 a** [U-] 〔米史〕《特に南北戦争当時の》連邦主義. **b** 〔英〕統一主義, 連合主義《英国 (Great Britain) と全アイルランド[1920 年の南北分割以降は, 北アイルランド]の統一·合同をはかる政策》. **c** アイルランド統一主義.

únion·ist *n* **1** 労働組合主義者, 《特に》活動的な労働組合員. **2 a** [U-] 〔米史〕《南北戦争当時南北分離反対の》連邦主義者. **b** [U-] 〔英〕統一主義者, 統一党員, ユニオニスト. **c** 《特に新教各派の統一を主張する》統一主義者. ► *a* 労働組合主義(者)の; 統一主義の; 統一党の.

ùn·ion·ís·tic *a* UNION の[を支持する]; UNIONISTS の[を支持する].

Únionist Pàrty 〔英〕統一党《英国と(北)アイルランドの統一·合同を支持する政党: (1) 1886–1922 年の保守党 (Conservative Party) の別称; 1886 年のアイルランド自治法案に反対した (2) ULSTER UNIONIST PARTY》.

únion·ìze[1] *vt* 労働組合化する; 労働組合に加入させる; 労働組合規約に従わせる; 〈企業など〉に労働組合を承認させる. ► *vi* 労働組合に加入する, 労働組合を結成する. ♦ **ùnion·izátion** *n*

ùn·íon·ìze[2] *vt* 〔化〕脱イオン化する.

únion·ìzed[1] *a* 労働組合のある. [*union*]

ùn·íonized[2] *a* 〔化〕イオン化していない. [*ion*]

únion jàck [the U- J-] 英国国旗, ユニオンジャック (UNION FLAG); 《旗の全面を連合表象が占める》連合国旗 (cf. UNION); 船首旗《停泊中船首にかかげる国籍旗》.

únion làbel 《労働組合員が製作した製品であることを示す》組合の証標, 組合ラベル.

únion lànguage 〔言〕連合語《関連諸方言から語彙·文法などの諸特徴を選択し組み合わせてつくった人工言語》.

únion-máde *a* (労働)組合員製作の.

Únion of Sòuth África [the] 南アフリカ連邦《Republic of SOUTH AFRICA の旧称》.

Únion of Sóviet Sócialist Repúblics [the] ソヴィエト社会主義共和国連邦《SOVIET UNION の公式名; 略 USSR》.

Únion Pacífic Ráilroad ユニオンパシフィック鉄道《1862 年創設の米国の鉄道会社; Iowa から西へ建設を進め, California から東進してきた Central Pacific Railroad と 1869 年に路線を接続して最初の大陸横断鉄道を形成した》.

únion pipes *pl* UILLEANN PIPES.

únion scále 最低賃金.

únion shòp ユニオンショップ《労働者は雇用後一定期間内に労働組合に加入しなければならない事業所; cf. CLOSED SHOP, OPEN SHOP》.

únion stàtion 合同駅《2 つ以上の鉄道[バス]会社の共同使用駅》.

únion sùit* ユニオンスーツ (combinations)《シャツとズボン下が続いた肌着》.

únion tèrritory 〔インド〕連邦直轄地《全国に 7 地区あり, 25 の州とともにインド共和国を構成する: Andaman and Nicobar Islands; Chandigarh; Dadra and Nagar Haveli; Daman and Diu; Delhi; Lakshadweep; Pondicherry》.

únion wòrkhouse 〔英史〕救貧院 (⇨ UNION).

ùni·paréntal *a* 〔生〕単為生殖の (parthenogenetic). ♦ **～·ly** *adv*

unip·a·rous /junípərəs/ *a* 〔動〕一度に 1 子[1 卵]だけ産む, 1 子[1 卵]しか産んで[はらんで]いない, 一子出産性の; 〈女性が〉一回経産の; 〔植〕単花梗の.

ùni·pártite *a* 部分に分かれていない[分けられない].

úni·pèd *a, n* 一本足の(人[動物, もの]).

ùni·pérson·al *a* 〈神が〉ただ一つの位格 (person) として存在する (cf. TRIPERSONAL); 〔文法〕〈動詞が〉単一人称の (impersonal). ♦ **ùni·personálity** *n*

ùni·pétal·ous *a* 〔植〕単花弁の.

ùni·plánar *a* 一平面上の[にある].

úni·pòd *n* 《カメラなどの》一脚式支持台, 一脚.

ùni·pólar *a* 〔生〕単極(性)の〈神経節細胞〉; 〔電〕単極(性)の; 〔精神医〕単極性の; 〔政·社〕強力な単一要因に基づく. ♦ **-polárity** *n*

unip·o·tent /junípətənt; jù:nɪpóutnt/ *a* 〈細胞が〉分化単能の.

unique /juní:k/ *a* **1 a** ただ一つの, 唯一の; 唯一無二の, 無類の, 無比の, ほかにない, かけがえのない; 独特の, 特有の, 独自の 〈*to*〉: ～ value. **b** 唯一の結果が出る. **2** 《口》珍しい, ユニークな; 《口》すばらしい. ★ 厳密には比較を許さない語であるが, 口語ではよく more, most, very, rather などで修飾され, また時に uniquer, uniquest の形をとる. ► *n* 唯一[無類]の人[もの]. ♦ **～·ly** *adv* **～·ness** *n* [F＜L *unicus* (*unus* one)]

ùni·rámous, -rámose *a* 単枝の, 単肢の.

ùn·íroned *a* アイロンをかけていない.

ùn·irónic *a* 皮肉でない, 皮肉のない. ♦ **-ically** *adv* 大まじめに.

ùni·séptate *a* 〔生〕隔膜[隔壁]が 1 枚のみの, 単[一]中隔の〈短角果など〉.

ùni·sérial, -sériate *a* 〔植·動〕一列[単列]の.

úni·sèx *a* 男女共用[共通]の, 性区別のない, ユニセックスの; ユニセックスの衣服などを売る[使う]; 男女の区別のつかない: ～ sleepwear / a ～ shop / a ～ look 男女の区別のつかない外見. ► *n* 《服装·髪型などで》男女の区別のつかない[をしない]状態, ユニセックス.

ùni·séxed *a* 男女の区別がつかない, 性別がわからない.

ùni·séxual *a* 《男女の》一方の性だけの[に限られた]; 〔動·植〕単性(生殖)の; 〔植〕雌雄異花の (diclinous); UNISEX: a ～ flower 単性花. ♦ **～·ly** *adv* **ùni·sexuálity** *n*

UNISIST, Uni·sist /jú:nəsɪst/ *n* 国連政府間科学技術情報システム, ユーニシスト《UNESCO などの支援による科学技術情報の交換サービス網》. [*U*nited *N*ations *I*ntergovernmental *S*ystem of *I*nformation in *S*cience and *T*echnology]

ùn·ísolated *a* 孤立していない.

uni·son /jú:nəs(ə)n, -z(ə)n/ *n* 調和, 和合 (harmony), 一致; 同調, 同意, 賛成; 〔楽〕斉唱, 斉奏, ユニゾン; 〔楽〕同音, 同度.
● **in ～** 〔楽〕同音で, ユニゾンで; 同時に, 一斉に; 一致して, 調和して 〈*with*〉: sing [recite] *in* ～ 斉唱する[一斉に朗唱する]. ► *a* 〔楽〕同音の, 同高度[同ピッチ]の (unisonous). [OF or L (*sonus* SOUND[1])]

UNISON /jú:nəs(ə)n, -z(ə)n/ 〔英〕ユニゾン, 公共部門労働組合《1993 年設立; 本部 London》.

unis·o·nal /junís(ə)nəl/ *a* 同音の, 同度の (unisonous).

unis·o·nance /junís(ə)nəns/ *n* 音の一致[調和].

unís·o·nant *a* 同音の, 同度の (unisonous).

unis·o·nous /junís(ə)nəs/ *a* ユニゾンの, 同音の, 同度の; 一致[和合]する.

únison stríng 〔楽〕《ピアノなどの》同音弦.

ùn·íssued *a* 未発行の〈株式など〉.

unit /jú:nət/ *n* **1** 単一体, 一個, 一人; 一団; *《俗》なに, あれ, そいつ; [*pl*] 《俗》親, (おやじとおふくろの)お二人さん (parental units). **2 a** 編制[構成]単位; 〔軍〕(補給)単位, 部隊: A family is a ～ of society. 家族は社会の単位である / a tactical ～ 〔軍〕戦術単位. **b** 《機械·装置の》構成部分; 《特定の機能をもつ》装置[設備, 機具]一式; ユニット式家具などの一点, ユニット, 単体; 《米·豪》HOME UNIT; 《NZ》郊外電車: an input [output] ～ 《電算機などの》入力[出力]装置. **3 a** 《計量·測定の》単位 (＝～ of measurement): the cgs system of

～*s* cgs 単位系. **b**〘数〙最小の自然数, 1; [ᵘ*pl*] 一の位 (=*unit*(')*s place*). **c**〘薬〙《薬・抗原などの》単位(量); 《飲み物に含まれるアルコールの》単位《英国では無水アルコール 10 ml [約 8 g] とされ, 1/2 pint のビールに含まれる量に相当などと説明される》. **d**〘化〙《高分子化合物を構成する》単位. **e** ᵘUNIT TRUST の最小シェア. **4** *〘教育〙(学科目)単位; 単元《学習の過程または学習内容の一区画》. **5**《ものみの塔の》地区集会. ► *a* 単位の, 単位を構成する; ユニット式の: ～ furniture ユニット式家具. [L *unus* one; *digit* にならった造語か; 一説に, 逆成 < *unity*]

UNITA, Uni·ta /juníːtə/ アンゴラ全面独立民族同盟, UNITA《アンゴラの社会主義政権に対抗する反政府武装組織・政党》. [Port *U*nião *N*acional para a *I*ndependência *T*otal de *A*ngola]

unít·able, uníte- /jʊnáɪt-/ *a* 結合[連合]できる.

únit·age *n* 一単位を構成する数量の規定; 単位数, 単位で表わした量.

UNITAR United Nations Institute for Training and Research 国連訓練調査研修所《国家公務員を国際協力活動のために訓練することを目的とした自治機関; 1965 年発足; 本部 New York》.

uni·tard(s) /júːnətɑ̀ːrd(z)/ *n* (*pl*) ユニタード《胴体と通例足先までの脚をおおうレオタード》. [*uni-*, leo*tard*]

Uni·tar·i·an /jùːnətέəriən/ *n* **1 a** ユニテリアン派の信徒《プロテスタントの一派; ⇨ UNITARIANISM》. **b** [ᵒu-] 一神論者《三位一体説を排する》. **c**《非キリスト教徒の》一神教信者《イスラム教徒など》. **2** [u-] 単一制論者, 単一政府主義者, 中央集権主義者. ► *a* ユニテリアン派の; [u-] UNITARY; [u-] 中央集権制(支持)の. ♦ **～·ize** *vt* [L *unitas* unity]

U

Unitárian·ìsm *n* **1** ユニテリアン主義《三位一体説を排して唯一の神格を主張しキリストの神性を否定する, また 個人の信仰の自由や宗教における理性の活用を容認する》. **2** [ᵒu-] 単一制, 中央集権制.

Unitárian Univérsalist *n* ユニテリアンユニヴァーサリスト《1961 年 Universalist Church of America と American Unitarian Association が合併してつくられた米国のプロテスタント教会ユニテリアンユニヴァーサリスト協会 (**Unitárian Univérsalist Associàtion**) の一員》. ► *a* ユニテリアンユニヴァーサリストの. ♦ **Unitárian Univérsalism** *n*

uni·tar·ist /júːnətərɪst/ *n* 単一政府制の支持者, 中央集権論者.

uni·tar·i·ty /jùːnətǽrəti/ *n*〘数〙ユニタリー性.

uni·tary /júːnətèri; -t(ə)ri/ *a* 単位の; 一元の; 一体の, 単体の, まとまった; 中央集権制の: ～ method〘数〙帰一法. ♦ **ùni·tár·i·ly** /; júːnət(ə)rɪli/ *adv*

únitary authórity [cóuncil]〘英〙一元的自治体, 単一自治体, ユニタリーオーソリティー[カウンシル]《州参事会と地区参事会が 2 段階で行なっていたものに代わって一本化した行政が行なわれる地区》.

únitary mátrix〘数〙ユニタリー行列.

únitary spáce〘数〙ユニタリー空間.

únitary transformátion〘数〙ユニタリー変換.

Uni·tas Fra·trum /júːnətɑːs fréɪtrəm/ BOHEMIAN BRETHREN.

únit cèll〘晶〙単位格子(こう), 単位胞.

únit cháracter〘遺〙単位形質.

únit cìrcle〘数〙単位円《半径が 1 の円》.

únit còst〘会計〙単位原価.

unite[1] /jʊnáɪt/ *vt* **1** 合一する, 結合する, 接合する ‹*with*›, 合体させる, 合併する, 合同させる; ‹意見・行動などで›結束させる, 一体にする ‹*in*›; 《特に 婚姻で》結ぶ, 結婚させる ‹*in* marriage›: We ～*d ourselves against* the enemy [*into* a powerful force]. 結束して敵に対抗した[強力な勢力となった]. **2** 合わせもつ[示す], 兼ね備える. ► *vi* 一体になる, 合体する ‹*with*›; 結合[接合, 融合]する; ‹意見・行動などで›団結[結束]する ‹*in*›; 結婚する ‹*with*›;〘化〙化合する. ♦ **～·able** ⇨ UNITABLE. **unít·er** *n* [L *unit- unio* (*unus* one)]

unite[2] /júːnàɪt, jʊ–́/ *n*〘英史〙ユーナイト (=*Jacobus*)《最初 James 1 世の治世 (1604) に発行された 20 シリング金貨; スコットランドとイングランドの連合にちなむ》. [(obs)=united]

unit·ed /jʊnáɪtəd/ *a* 合併した, 連合した, 統一された; 一心同体の, 和合した, 一致した; 協力[提携, 団結]した; [U-] ᵘユナイテッド《Manchester U～ などサッカーのチーム名に使われる》: break into a ～ laugh 一同でどっと笑い出す / in one ～ body 一体となって / present a ～ front 共同戦線を張る / *U*～ we stand, divided we fall. 《諺》団結すれば立ち, 分裂すれば倒る. ♦ **～·ly** *adv* **～·ness** *n*

Uníted Àrab Émirates *pl* [the] アラブ首長国連邦《アラビア半島のペルシア湾に面する 7 首長国 (Abu Dhabi, Dubai, Sharjah, Ajman, Umm al Qaiwain, Ras al-Khaimah, Fujairah) よりなる連邦; ☆Abu Dhabi; 略 UAE; 旧称 Trucial States》.

Uníted Árab Repúblic [the] アラブ連合共和国《1958 年エジプトとシリアの連合により成立; 1961 年分裂して, この名称はエジプトの公式名となったが, 71 年 Arab Republic of Egypt と改称; 略 UAR》.

Uníted Ártists ユナイテッド・アーティスツ(社) (～ Corp.)《1919 年 Charles Chaplin, Douglas Fairbanks, D. W. Griffith, Mary Pickford らが設立した Hollywood の映画制作・配給会社》.

Uníted Áutomobile Wòrkers *pl* [the] 全米自動車労組《正式名 United Automobile, Aerospace and Agricultural Implement Workers of America (アメリカ自動車・航空機・農器具合同労働組合); 略 UAW》.

Uníted Bréthren *pl* [the] **1** モラヴィア兄弟団 (⇨ MORAVIANS). **2** 同胞教会(員)《メソジストに似た教義をもち, もと 18 世紀後半米国のドイツ人の間に起こった教派に由来》.

Uníted Chúrch of Cánada [the] カナダ合同教会《カナダのプロテスタント教会; 1925 年メソジスト教会と大部分の長老派および会衆派教会との合同によって創設された》.

Uníted Chúrch of Chríst [the] 統一キリスト教会《1957 年会衆派教会と福音改革派教会の合同によって成立した米国のプロテスタント教会》.

Uníted Émpire Lòyalist〘カナダ史〙王党派の人《アメリカ独立戦争中およびその後にカナダに定住した英親王派の植民者; 略 UEL》.

Uníted Fárm Wòrkers (of América) [the] (米国)農場労働者組合《大部分が果物や野菜の収穫作業で生計を立てている低所得の移住労働者組合; 1962 年設立; 略 UFW(A)》.

uníted frónt 統一戦線.

Uníted Írishmen [the] 統一アイルランド人連盟《1791 年カトリックの解放と議会の改革を目的として Theobald Wolfe Tone などが結成した政治組織》.

Uníted Kíngdom [the] **1** 連合王国, 英国, イギリス《公式名 United Kingdom of Great Britain and Northern Ireland (グレートブリテン-北アイルランド連合王国); ☆London; 略 UK; cf. GREAT BRITAIN》. **2**《1801 年から 1921 年の》連合王国, イギリス《公式名 United Kingdom of Great Britain and Ireland (グレートブリテン-アイルランド連合王国)》.

Uníted Nátions [the] **1** [‹*sg*›] 国際連合《1945 年組織; 本部 New York 市; 略 UN; cf. LEAGUE OF NATIONS》. **2** [‹*pl*›]《第二次大戦の枢軸国 (Axis) に対する》連合国《26 か国》.

Uníted Nátions Chàrter [the] 国連憲章.

Uníted Nátions Chíldren's Fùnd [the] 国連児童基金, ユニセフ (=*UNICEF*)《1946 年発足, 53 年常設機関となる; ノーベル平和賞 (1965)》.

Uníted Nátions Cónference on Scíence and Technólogy for Devélopment [the] 国連科学技術開発会議《略 UNCSTD》.

Uníted Nátions Cónference on Tráde and Devélopment [the] 国連貿易開発会議, アンクタッド《一次産品国際価格の安定などにより途上国経済の改善を目指す国連の南北問題協議機関; 略 UNCTAD》.

Uníted Nátions Dày 国連の日《創設記念日; 10 月 24 日》.

Uníted Nátions Devélopment Prògram [the] 国連開発計画《多国間技術援助や投資前援助を行なう国連機関; 略 UNDP》.

Uníted Nátions Económic and Sócial Cóuncil [the] 国連経済社会理事会《略 ECOSOC》.

Uníted Nátions Educátional, Scientífic and Cúltural Organizàtion 国連教育科学文化機関, ユネスコ (=*UNESCO*, *Unesco*)《1946 年発足; 本部 Paris》.

Uníted Nátions Envíronment Prògram [the] 国連環境計画《略 UNEP》.

Uníted Nátions Géneral Assémbly [the] 国連総会《略 UNGA》.

Uníted Nátions Hígh Commíssioner for Refugées [the] 国連難民高等弁務官《略 UNHCR》. ■ the **Óffice of the Uníted Nátions Hígh Commíssioner for Refugées** 国連難民高等弁務官事務所《略 UNHCR; 1951 年発足, 本部 Geneva; ノーベル平和賞 (1954, 81)》.

Uníted Nátions Indústrial Devélopment Organizàtion [the] 国連工業開発機関, ユニド《発展途上国の工業化促進のための国連総会常設機関; 略 UNIDO》.

Uníted Nátions Organizàtion [the] UNITED NATIONS《略 UNO》.

Uníted Nátions Péacekeeping Fórces *pl* [the] 国連平和維持軍《紛争地域の平和維持を可能にする措置を行なう国連軍; ノーベル平和賞 (1988)》.

Uníted Nátions Secretàriat [the] 国連事務局.

Uníted Nátions Secúrity Cóuncil [the] 国連安全保障理事会《略 UNSC》.

Uníted Nátions Trustéeship Cóuncil [the] 国連信託統治理事会.

Uníted Nátions Univèrsity 国連大学《人類の存続・発展・福祉など全世界的な課題についての研究や研修, 知識の普及に携わる研究者からなる国際組織; 略 UNU; 本部東京》.

Uníted Nátions Voluntèers *pl* [the] 国連ボランティア《UNDP のもとで中級レベルの技術・知識をもった人材 (21 歳以上の応募者) を開発活動に供給する; 1970 年発足; 略 UNV》.

Uníted Négro Cóllege Fùnd [the]〘米〙黒人学校基金連

合《黒人の高校生や大学生を金銭的に支援する慈善団体; 略 UNCF》.

Uníted Párty [the]〘南ア〙統一党《1934 年結成, 77 年に分裂した野党》.

Uníted Préss Internátional [the] 合同国際通信社 (⇨ UPI).

Uníted Próvinces [the] 連合州《(1) スペインの支配を脱したネーデルラント北部 7 州のUtrecht 同盟から発展したネーデルラント[オランダ](連邦)共和国; 1795 年 Batavian 共和国成立で消滅 (2) インド北部の旧州; United Provinces of Agra and Oudh (アグラ-アウド連合州) の略称; ☆ Allahabad; 1950 年インド共和国の州 Uttar Pradesh となった》.

Uníted Refórmed Chùrch [the] 合同改革教会《1972 年長老派教会と会衆派教会の合同によって成立した英国のプロテスタントの教団; 略 URC》.

Uníted Státes *n* **1** [the, ᵘ⟨*sg*⟩] アメリカ合衆国, 米国 (=the **Uníted Státes of América**)《☆Washington, D.C.; 略 US(A)》. **2** [a ~]《一般に》連邦国家: advocate *a* ~ of Europe 欧州連邦の結成を提唱する. ► *a* 米国(から)の; 米国式の.

Uníted Státes Áir Fòrce [the] 米国空軍《略 USAF》.

Uníted Státes Áir Fòrce Acàdemy [the] 米国空軍士官学校《Colorado 州 Colorado Springs 近郊にある; 1954 年創立》.

Uníted Státes Ármy [the] 米国陸軍《略 USA; cf. ARMY OF THE UNITED STATES》.

Uníted Státes Cóast Guàrd [the] 米国沿岸警備隊《略 USCG》.

Uníted Státes Informátion Àgency [the] 米国文化情報局《外国との交流・理解を促進するための政府機関; 略 USIA; 1999 年国務省に取り込まれ IIP となった》.

Uníted Státes Maríne Còrps [the] 米国海兵隊《略 USMC》.

Uníted Státes Mílitary Acàdemy [the] 米国陸軍士官学校《New York 州南東部 West Point にある; 1802 年創立; 略 USMA》.

Uníted Státes Nával Acàdemy [the] 米国海軍兵学校《Maryland 州 Annapolis にある; 1845 年創設; 略 USNA》.

Uníted Státes Návy [the] 米国海軍《略 USN》.

Uníted Státes of Indonésia [the] インドネシア連邦共和国《Republic of INDONESIA の旧称》.

Uníted Státes Ópen Chàmpionship [the] 全米オープン選手権大会《(1) ゴルフの世界 4 大トーナメントの一つ; 1895 年から毎年開催 (2) テニスの世界 4 大選手権の一つ; 1881 年[女子は1887 年]から毎年開催; オープンとなったのは 1968 年》.

Uníted Státes Póstal Sèrvice [the] 米国郵政公社[郵便庁]《略 USPS》.

Uníted Státes Tráde Represèntative [the] 合衆国通商代表《大統領直属の行政機関である合衆国通商代表部 (Office of the United States Trade Representative) を統轄する閣僚で大使と同格; 略 USTR》.

Uníted Wáy (of América) [the] ユナイテッドウェイ(オヴ アメリカ)《米国の慈善団体; 募金で集めた資金によって医療・レクリエーション・福祉団体に援助を行なう; 1918 年設立; 略 UWA》.

UNITE HERE〘米〙ユナイト・ヒア《2004 年衣料産業の組合 (UNITE) とホテル・レストラン従業員の組合 (HERE) が合併して誕生した労働組合》.

úni·tèrm *n*〘電算〙ユニターム《文書索引に用いるキーワード》.

únit fàctor〘遺〙単一因子《UNIT CHARACTER をつくり出す遺伝子》.

únit·hòld·er *n*《主に英》UNIT TRUST の投資者[受益者].

uni·tive /júːnətɪv, junáɪ-/ *a* 結合力のある; 結合的な.

únit·ize *vt* 一体化する; ユニットに分ける;〘金融〙ユニットトラスト化する《インベストメントトラスト (会社型のクローズドエンド型投資信託) をユニットトラスト (契約型のオープンエンド型投資信託) に転換する》. ♦ **ùnit·izátion** *n*

únit-lìnked pólicy [lífe insùrance, lífe assùrance]〘英保〙ユニット型投資信託リンク生命保険契約《保険料の一部を証券などへの投資に当て, 残りを保険の払い込み金とする約定の生命保険のうち, ユニット型投資信託に投資するもの; 最低額の死亡保険金が確保される一方, 満期または解約返戻金は投資信託の時価によって変動する; cf. EQUITY-LINKED POLICY》.

únit magnétic póle〘理〙単位磁極 (=*unit pole*).

únit mèmbrane〘生〙《細胞の》単位膜.

únit of accóunt〘経〙《貨幣の機能の一つとしての》計算単位, 価値尺度;《貨幣として発行されない》計算貨幣[単位], 帳簿通貨《一国内では米国の mill や英国の guinea など; 国際経済機構で使われる EMS の ECU や IMF の SDRなども含む》;《一国の》通貨基準単位.

únit òrgan〘楽〙ユニットオルガン《空間のむだを避けるため, 高さは異なるが, 同質の音のストップが一つの管列に結合しているもの》.

únit pàcking《丸薬などを個別に包む》単一包装.

únit póle〘理〙UNIT MAGNETIC POLE.

únit price 単価; セット料金.

únit prícing 単位価格表示.

únit pròcess〘化〙単位(反応)行程, ユニットプロセス《化学工業で反応工程の基本単位とされるもの》.

únit rúle〘米政治〙《民主党全国大会での》単位投票規定《各州の代表団はその過半数が選んだ候補者に対して全票を一律に投票すべしという規則; ただし この規定の採否は各代表団の任意とされる》.

úni·trùst *n* ユニトラスト《受益者が全資産の公平な市場価値の一定率を毎年受け取る信託》.

únit(ʹ)s dìgit《アラビア数字の》一の位の数字《647 の 7》.

únit(ʹ)s plàce〘数〙《アラビア数字の》一の位 (unit).

únit tràin 固定編成の貨物列車《石炭・小麦など単一商品を生産地から消費地へ直接, 大量に輸送する》.

únit trùst〘英証券〙ユニット型投資信託, ユニットトラスト; 契約型投資信託会社.

únit vèctor〘数〙単位ベクトル《長さが 1 のベクトル》.

únit vòlume 単位体積.

uni·ty /júːnəti/ *n* **1 a** 単一(性), 唯一; 均一性; 統一, まとまり; 一致団結, 協同一致, 調和, 協調;《意図・行動の》一貫性;〘法〙《合有不動産権成立のための》同一性(の要件); 不変性: racial ~ 民族的統一 / family ~ 一家和合 / ~ of purpose 目的を一つにすること, 一つ目的の下での一致団結 / *U*~ is strength. ⇨ UNION《諺》. **b**《文学・芸術作品における》全体的まとまり, 統一性; [the unities (of time, place, and action)]〘劇〙DRAMATIC UNITIES. **2** 単一[統一]体, 個体;〘数〙1 (なる数); 単位元. **3** [U-] ユニティー《20 世紀の米国における健康と繁栄を目指す宗教運動》. ● **at [in] ~** 一致して; 協調して, 仲よく; 統一がとれて. [OF<L (*unus* one)]

Únity of Bréthren [the] モラヴィア兄弟団 (⇨ MORAVIAN CHURCH).

únity of ínterest〘法〙《合有不動産権者全員の》不動産権の(内容の)同一性.

únity tìcket〘豪〙労働組合選挙案内カード《労働組合の選挙の際, 共産[労働]党とつながりのある活動家の一覧表が載っているカード》.

univ., Univ. university.

Uni·vac /júːnəvæk/〘商標〙ユニヴァック《コンピューターの商品名》. [*Univ*ersal *A*utomatic *C*omputer]

ùni·válent *a*〘化〙1 価の;〘生〙⟨染色体が⟩1 価の. ► *n*〘生〙一価染色体. ♦ **-vá·lence, -cy** *n*

úni·vàlve *a* 単弁の, 単殻の (=**úni·vàlved**). ► *n* 単殻軟体動物,《特に》腹足類 (gastropod);《その》単殻.

ùni·váriate *a*〘統〙⟨分布が⟩一変量の.

uni·ver·sal /jùːnəvə́ːrs(ə)l/ *a* **1 a** 世界共通の, 万人(共通)の, 広く行なわれる; 全部の, 全員の; すべてを含む, すべての, 全体の: ~ brotherhood 四海同胞. **b** 全般的な, 一般的な, 普遍的な; ⟨ことばが⟩万人に用いられる[理解される]; 遍在する;〘論〙全称的な (opp. *particular*; cf. SINGULAR): ~ gravitation〘理〙万有引力. **2** ⟨人が⟩万能の, 博識の; ⟨物が⟩万能の, 自在の, 汎用の: a ~ maid 雑働きの女中, 雑役婦 / a ~ genius 万能の天才. **3**《詩》宇宙の, 万物の; 完全な, 絶対的な. ► *n* **1** [the]《特定のものの》全体, 全般. **2** 普遍的[一般的]なもの;〘論〙全称命題;〘論〙客位語 (predicable);〘哲〙一般概念, 普遍;《全人類または特定社会の全成員に共通の》普遍的特性[原理];《文化における》普遍的傾向[行動様式]; LANGUAGE UNIVERSAL;〘哲〙形而上学的実体. **3**〘機〙UNIVERSAL JOINT《特に 自動車のプロペラシャフト端にあるもの》. ♦ **~·ness** *n* [OF or L (UNIVERSE)]

univérsal affírmative〘論〙全称肯定《「すべての s は p である」たとえば「すべての人は死ぬ」という形式の命題; 記号 A; cf. UNIVERSAL NEGATIVE》.

univérsal ágent 総代理人.

Univérsal Cháracter Sèt〘電算〙万国符号化文字集合《世界中の文字のコード体系; 略 UCS; ⇨ UNICODE, BMP》.

univérsal chúck〘機〙自在[連動]チャック.

univérsal cláss〘論〙普遍集合.

univérsal cómpass〘機〙自在コンパス.

univérsal coórdinated tìme〘天〙COORDINATED UNIVERSAL TIME.

Univérsal Cópyright Convèntion [the] 万国著作権条約《1952 年調印, 1955 年発効; 略 UCC》.

universal coupling ⇨ UNIVERSAL JOINT.

Univérsal Décimal Classificàtion〘図書〙国際十進分類法 (=*Brussels classification*)《略 UDC》.

Univérsal Declarátion of Húman Ríghts [the] 世界人権宣言《1948 年 12 月国連で採択》.

univérsal dónor〘医〙《血液型が O 型の》万能給血者(の血液);《血液型の》O 型.

univérsal gás cònstant〘理・化〙GAS CONSTANT.

univérsal grámmar〘言〙普遍文法《(1) 言語の普遍的な特徴・制約を確立しようと試みる文法 (2) 人間の言語能力の根底にある生得的体系》.

univérsal índicator〘化〙広域指示薬, 万能指示薬《広い pH

領域にわたっていくつもの変色域をもつ指示薬).
univérsal·ism *n* **1** [ºU-]〘神学〙**a** 普遍救済説《人類は結局全部救われるとする説》. **b** ユニヴァーサリズム《18 世紀に米国で始まり, 普遍救済説を奉じたユニヴァーサリスト教会の教義》. **2 a** 普遍的なもの; 知識[関心, 活動]の広範なこと, 博識; 普遍性 (universality). **b**〘社〙普遍主義《行動が多くの個人を充たす客観的基準によって決定する関係》.
univérsal·ist *n* [ºU-] 普遍救済論者 (opp. *limitarian*); [ºU-] ユニヴァーサリスト; 《国家や民族の分け隔てなく》人類すべてに関心を寄せる人; 万能[博識]な人. ► *a* [ºU-] 普遍救済説信者[ユニヴァーサリスト](の信念[行為])の; UNIVERSALISTIC.
uni·ver·sal·is·tic /jù:nəvə̀:rsəlístɪk/ *a* 全体[全般]の; 普遍的な; UNIVERSAL(ISM) の; [ºU-] 普遍救済説信者(の信念[行為])の (Universalist).
uni·ver·sal·i·ty /jù:nəvərsǽləti/ *n* 一般性, 普遍性; 《関心·活動などの》広範なこと; 万能.
univérsal·ize *vt* 一般化する, 普遍化する. ♦ **-ìzable** *a* **univèrsal·izabílity** *n* **univèrsal·izátion** *n*
univérsal jóint [cóupling]〘機〙自在継手.
univérsal lánguage 世界共通語, 世界語, 普遍語; 世界[万国]共通に了解される表現《音楽など》.
univérsal·ly *adv* 一般に; 例外なく; いたるところ(に), あまねく, 普遍的に;〘論〙全称的に.
univérsal mílitary tráining 一般国民軍事教練《略 UMT》.
univérsal mótor〘電〙交直両用電動機, ユニバーサルモーター.
univérsal négative〘論〙全称否定《「すべての s は p ではない」たとえば「いかなる人も全知ではない」という形式の命題; 記号 E; cf. UNIVERSAL AFFIRMATIVE》.
univérsal pártnership《全組合員が全資産を組合資金とすることに合意した》共同組合.
Univérsal Póstal Ùnion [the] 万国郵便連合《1875 年創立, 1947 年国連の専門機関となる; 略 UPU; 本部 Berne》.
Univérsal Próduct Còde〘米〙統一商品コード《バーコードと数字を組み合わせた商品識別コード; 略 UPC》.
univérsal proposítion〘論〙全称命題.
univérsal quántifier〘論〙全称記号《記号 ∀; opp. *existential quantifier*》.
univérsal recípient〘医〙《血液型が AB 型の》万能受血者(の血液); 《血液型の》AB 型.
univérsal résource lòcator URL.
Univérsal Sérial Bús USB.
univérsal sét〘数·論〙普遍集合, 全体集合, UNIVERSE OF DISCOURSE.
Univérsal Sóul [Spírit]〘ヒンドゥー教〙普遍的な霊《全宇宙に滲透する永遠の霊的な原理, 聖音オーム (Om) としてのブラフマン》.
univérsal stáge〘鉱〙ユニバーサルステージ, 万能回転台《顕微鏡に固定して鉱物の薄片を任意の方向に回転させ, その薄片の光学的性質を調べる装置》.
univérsal súffrage 普通選挙権《全成年男女》.
Univérsal tìme〘天〙世界時《GREENWICH MEAN TIME と等しい; 略 UT》.
uni·verse /jú:nəvə̀:rs/ *n* **1** [the] 宇宙, 万有, 天地万物, 森羅万象; [the] 世界, 満天下; [the] 全人類; [the] 銀河系(宇宙); 《銀河系に匹敵する》星雲; [one's]《特定の人にとっての》世界. **2** 領域, 分野;〘数·論〙ユニヴァース, 領域《ある議論[問題]に関連する全要素を含む集合》, UNIVERSE OF DISCOURSE. **3**〘統〙母集団 (population). **4** 多数, 大量. ● **in the ～** [強調して] この世の中で. [F<L *universus* combined into one (*verto* to turn)]
úniverse of díscourse [the]〘論〙論議(領)域.
Uni·ver·si·ade /jù:nəvə́:rsiæ̀d/ ユニバーシアード《国際学生競技大会 (World University Games) の通称》.
uni·ver·si·ty /jù:nəvə́:rs(ə)ti/ *n*《大学院を設置した》総合大学, 大学 (cf. VARSITY, COLLEGE); 大学の施設; 大学生, 大学当局《集合的》; 大学チーム; 学ぶ所, 知恵の源《人生など》; [〈*a*〉] 大学の[に関係のある]: go to ～ 大学へ行く / at ～ 大学で研究して, 大学在学中で / a ～ man 大学人《大学生または出身者》/ ～ students [professors] / a ～ settlement 大学セツルメント. [OF<L=the whole (world); ⇨ UNIVERSE]
univérsity cóllege 1 大学付属のカレッジ. **2**ᴵᴵユニヴァーシティーカレッジ《自身で学位授与資格のない大学; もと学生に London 大学の学外学位 (external degree) を取得させたが, 今日そのほとんどが正式の大学の資格を有する》. **3** [U- C-] ユニヴァーシティーカレッジ《**1**) Oxford 大学のカレッジの一つ; 1249 年創設; 略 UC **2**) London 大学最大のカレッジ (=**Univérsity Cóllege, Lóndon**); 1826 年創設; 略 UCL》.
univérsity èntrance〘NZ〙大学入試《全国統一試験; 略 UE》; 大学入試合格証書.
univérsity exténsion〘教育〙大学拡張, 大学公開講座 (extension).
Univérsity Wíts *pl* [the] 大学才人派, 学歴派《英国 Elizabeth 1 世時代の Lyly, Marlowe, T. Lodge, R. Greene, Nashe, Peele など Oxford または Cambridge 大学出身の劇作家の一群》.
univ·o·cal /jʊnívək(ə)l, jù:nəvóʊ-/ *a* 一つの意味しかもたない, 単一義の; 一義的な, 意味の明瞭な. ► *n* 一義語. ♦ **～·ly** *adv* **ùni·vocálity** *n*
UNIX, Unix /jú:nɪks/〘商標〙UNIX (ユニックス)《米国 AT&T の Bell Laboratories で開発された時分割処理システム用オペレーティングシステム (OS)》.
ùn·jáded *a* 疲弊していない, 鈍くなっていない, 鮮烈な, 生きいきした.
ùn·jáundiced *a* 偏見[ひがみ, 偏頗なところ]のない.
ùn·jóin *vt* 結合を解く, 分ける.
ùn·jóined *a* 結合[合併, 加入]していない.
ùn·jóint *vt* 〈継ぎ目を〉はずす; 〈網〉の結び目を解く; 〈釣りざお〉の継ぎをはずす; [*fig*] 分裂させる, 不和にする.
ùn·jóint·ed *a* 結合していない; 継ぎ目のない, 一部品からできている.
ùn·judícial *a* 裁判官にふさわしくない, 裁判官として不適切な: ～ conduct.
ùn·júst *a* 不公平な, 不当な; 不正な, 不法の, 不条理な; 《古》不誠実な. ♦ **～·ly** *adv* **～·ness** *n*
ùn·jústifiable *a* 道理に合わない, 筋の通らない, 言いわけの立たない, 弁解のできない. ♦ **-ably** *adv* 弁解できないほど. **～·ness** *n*
ùn·jústified *a* 正しい[正当]とされていない, 不当な;〘神学〙義認されていない, 罪となる;〘印〙行末ぞろえ[ジャスティファイ]していない, がた組みの. ♦ **～·ly** *adv* 不当に, 保証[根拠]もなく.
unjústified sétting〘印〙がた組み《単語間の空きを固定した組み; 行末がふぞろいになる》.
un·kempt /ʌ̀nkém(p)t/ *a* 〈髪が〉くしを入れていない, もじゃもじゃの, ぼさぼさの; だらしのない, きちんとしていない〈服装·外見·芝生〉; 粗野な, 洗練されない〈ことば〉. ♦ **～·ness** *n* [=uncombed (OE *cemban* to comb); cf. KEMPT]
un·kenned /ʌnkénd/ *a* 《方》知られていない, 珍しい.
ùn·kénnel *vt* 〈キツネなどを〉隠れ場[穴]から追い出す; 〈犬を犬小屋から〉出す, 放す; [*fig*] 摘発する, 暴露する.
un·kent /ʌ̀nként/ *a* 《スコ·北イング》知られていない.
ùn·képt *a* なおざりにされた, ほったらかしの; 守られていない; 無視された.
ùn·kíll·able *a*〘SF〙不死の, 不死身の, 不滅の.
ùn·kínd *a* 思いやりのない, 不親切な, 不人情な, 薄情な, むごい; 〈気候·天候が〉温和でない, きびしい; 《方》耕作に適しない〈土壌〉: the most ～*est* cut of all 世にも最も無情を極めた一撃《Shak., *Caesar* 3.2.187》.
ùn·kínd·ly *a* 不親切な, 薄情な. ► *adv* 不親切に, 薄情に, 冷たく, つれなく: look ～ at [on]…にこわい顔つきをする / take it ～ 悪くとる. ♦ **-li·ness** *n*
ùn·kínd·ness *n* 不親切(な行為), 不人情, 無情.
ùn·kíng 《古》*vt* 〈人〉から王位を剝奪する; 〈国〉の王を廃する.
ùn·kíng·ly *a, adv* 王らしからざる(やり方で).
ùn·kínk *vt* …のよじれ[キンク]を戻す, まっすぐにする. ► *vi* よじれがなくなる, まっすぐになる, ゆるむ, 楽になる.
unk·jay /ʌ́ŋkʤeɪ/ 《俗》*n* 麻薬常用者, ペイ患 (junkie); 麻薬 (junk). [*junk* の pig Latin]
ùn·kníght·ly *a, adv* 騎士らしからざる(やり方で).
ùn·knít *vt* 〈編物·結び目を〉解く, ほどく; ほぐす, 弱める, だめにする; 〈しわになったものを〉伸ばす: ～ one's forehead 寄せたまゆを開く. ► *vi* ほどける, ほぐれる.
ùn·knót *vt* 〈結び目を〉解く; …の結び目を解く.
ùn·knów·able *a* 知ることのできない, 不可知の. ► *n* 知ることのできないもの; [the U-]〘哲〙不可知なもの, 絶対, 第一原因. ♦ **ùn·knòw·abílity** *n*
ùn·knów·ing *a* 知らない, 無知の; 〈…を〉知らない, 〈…に〉気づかない 〈*of*〉; 〈人に〉知られ(てい)ない(で) 〈*to*〉. ► *n* 無知. ♦ **～·ly** *adv* **～·ness** *n*
ùn·knówn *a* **1** 知られていない, 珍しい, 未知の, 不明の, 未詳の; 広く知られていない, 無名の, 知られざる: an ～ place 未知の場所 / an ～ quantity 未知数, 未知の人[もの] / ～ COUNTRY. **2** 知りえない, 測り知れない, 数えきれない: ～ wealth 莫大な富. ● **～ to** [《古》**of**]…にわからない(で), …に不案内で; …に知られない(で), …に知らせずに: a man ～ *to* fame 名の知られていない人 / He did it ～ *to* me. わたしに隠してやった. ► *n* 世に知られない人, 無名の人; [ºthe] 未知のもの[世界, 領域, 場所など];〘数〙未知数; 同定すべき標本[試料]《バクテリアなど》: the Great *U*～「偉大なる無名作家」《実名が知れるまでの Sir Walter Scott》/ venture into *the* ～ 未知の世界に分け入る / the TOMB OF THE UNKNOWNS. ♦ **～·ness** *n*
Únknown Sóldier [Wárriorᴵᴵ**]** [the] 無名戦士《第一次大戦などで戦死した多数の無名兵士を代表して祭られる身元不明の 1 兵士; 米国では Virginia 州の Arlington 国立墓地に the Tomb of the Unknowns が, 英国では London の Westminster Abbey に the Tomb of the Unknown Soldier がある》.
unk-unks /ʌ́ŋʌ̀ŋz/ *n**《俗》未知の要素.
ùn·lábeled *a* ラベルの付いてない; 分類されていない.
ùn·lábored *a* 〈土地が〉耕されていない; 労せずして得た; 力みのない,

努力のあとを感じさせない, 自然な, のびのびした, すらすらした.

ùn·láce *vt* 〈靴など〉のひもを解く[ゆるめる]; 《ひもを解いたりして》…の衣服をゆるめる[脱がせる]; 《廃》…の面目を失わせる, だめにする.

ùn·láde *vt* …から荷を降ろす; 〈荷を〉降ろす, 陸揚げする. ► *vi* 荷を降ろす, 荷降ろしする.

ùn·láden *a* 積荷のない(状態の), 空荷の: ~ weight.

ùn·lády·lìke *a* 淑女[貴婦人]らしからざる, 下品な.

ùn·láid[1] *a* 置かれ[据え]てない, 敷設してない; 〈魂・霊が〉鎮められていない, 安まらない, 迷っている; すき込み模様のない〈紙〉; より合わせてない〈縄〉; 埋葬の用意をしていない〈遺体〉; 食事の用意ができていない〈テーブル〉.

unlaid[2] *v* UNLAY の過去・過去分詞.

ùn·lamént·ed *a* 悲しまれていない, 悲しんでくれる者のない.

ùn·lásh *vt* …を縛った縄を解く[ゆるめる]; 引き放す.

ùn·látch *vt* 〈戸〉の掛け金をはずす, 開ける. ► *vi* 〈戸が〉開く, 締め金がはずれる.

ùn·láw·ful *a* 不法の, 非合法的な; 背徳の; 私生(児)の. ♦ **~·ly** *adv* **~·ness** *n*

unláwful assémbly 〘法〙 不法集会《犯罪を行なう目的または治安を乱す目的でする 3 人以上の集会》.

un·lax /ʌnlǽks/ *vi* *《俗》 くつろぐ, 楽にする (relax).

ùn·láy *vt* 〈よりを〉解く; 〈索など〉のよりをもどす[解く]. ► *vi* よりが解ける.

ùn·léad /-léd/ *vt* 鉛(分)を除く; 〘印〙 …からインテルを除く.

ùn·léad·ed /-léd-/ *a* 鉛を加えていない[で処理していない], 無鉛の; 鉛で重みを加えていない, 鉛をかぶせていない[施していない]; 〘印〙 インテルを用いない, 行間の詰まった: ~ gasoline 無鉛ガソリン.

ùn·léarn *vt* 〈学んだことを〉念頭から去らせる, 忘れようとする; …の癖を捨て去る; …の誤りに気づく; UNTEACH. ► *vi* 既得の知識[習慣]を捨てる.

ùn·léarn·ed[1] /-lə́ːrnəd/ *a* 無学の, 無教育の; 無学を表わす[さらけだす]; 〈…に〉熟達[通暁]していない 〈*in*〉; 無学な人びとの. ♦ **~·ly** *adv*

ùn·léarned[2] /-lə́ːrnd/, **-learnt** /-lə́ːrnt/ *a* 習ったのではない, 学ばないで知っている, 生得の: Breathing is an example of man's ~ behavior.

ùn·léased *a* 賃貸契約が結ばれていない.

ùn·léash *vt* …の革ひもをはずす; …の抑制を解く, 解き放つ, 発散[爆発]させる, 投げ[打ち]込む. ● **~…against [on]…** 〈犬・部隊などを〉…に向かって放つ[けしかける]

ùn·léavened *a* パン種[酵母]のはいっていない; [*fig*] 《文》 口あたりよくしていない.

un·less /ənlés, ʌn-/ *conj* もし…しなければ[でなければ], …でないと, …のほかは; …でないかぎり: Never get out ~ told to. 指示がないかぎり出てはいけない / There's a train at 4: 30. *U~* you prefer to go by bus. 4 時半に列車がある. バスで行きたいなら話は別だが. ★ unless 節の中では仮定法の動詞はふつう使わない. ● **not ~** もし…ならば, …の場合に限って (only if). **~ and until** ＝UNTIL 《unless and は冗語; cf. IF *and when*》. ► *prep* …を除いては, …のほかは.

ùn·léssoned *a* 教育[訓練]をうけていない.

ùn·léttered *a* 無学の, 無知の; 教師につかない; 文字の記されていない.

ùn·lével *a* 平らでない. ► *vt* でこぼこにする.

ùn·líable *a* 責任のない 〈*to*〉; 〈…を〉受けなくてよい, 免れる 〈*to*〉.

ùn·líb *a* UNLIBERATED.

ùn·líberated *a* 《社会的因襲から》解放されていない, 因襲的な; 拘束されたままの.

ùn·lícensed *a* 無免許の, もぐりの; 〈レストランなどが〉酒類販売許可をうけていない; 抑制のない, 放逸な.

ùn·lícked *a* 親になめて乾かしてもらっていない, 形の整っていない, ぶかっこうな (cf. LICK *into shape*); 洗練されていない, 粗野な: an ~ cub ぶかっこうな子熊; 無作法な若者.

ùn·líght·ed *a* 明かりのついていない; 点火していない.

ùn·líkable, -líke·able *a* 好ましくない, 好かれない, (どうにも)好かない.

un·like /ʌnláɪk/ *a* 同じでない, 等しくない, 異なった, 違った, 似ていない; 《古》 〈…と〉異なる 〈*to, from*〉; 《古》 ありそうもない (unlikely): ~ signs 〘数〙 異符号《＋ と −》 / ~ *in*…におけるのとは異って / ~ *with* …の場合[ケース]とは異って. ► *prep* …とは違って; …に似ないで, …らしくなく, …に似つかわしくなく; …と異なった方法で: It's ~ him to cry. 泣くなんて彼らしくもない. ► *n* 同じでない人[事物]. ♦ **~·ness** *n*

ùn·líke·ly *a* **1** ありそうもない, 起こりそうもない, 本当らしくない; うまくいきそうもない, 見込みのない: an ~ tale まゆつばものの話. **2** 好きになれそうにない, 好ましくない, 魅力のない: ~ companions いかがわしい仲間. ● **in the ~ event of…** 万一…の場合には. ► *adv* ありそうもなく. ♦ **-líke·li·hòod, -li·ness** *n*

ùn·límber[1] *a* 柔軟でない, 堅い. ► *vt, vi* 柔軟にする[なる]. [*limber*[1]]

unlimber[2] *vt* 〈砲〉の前車を取りはずす; 《主に米》 …の(作動)準備を整える. ► *vi* 発砲[活動開始]の準備をする. [*limber*[3]]

ùn·límit·ed *a* 制限のない, 限定のない; 際限のない, 果てしない, 無限の; 絶大な, 過度の, 非常な; 無条件の. ► *n* UNLIMITED HYDROPLANE. ♦ **~·ly** *adv* **~·ness** *n*

unlímited cómpany 無限責任会社.

unlímited hýdroplane 《モーターボート競走の》(排気量)無制限クラスのハイドロ艇.

unlímited liabílity 〘商〙 無限責任.

ùn·líned[1] *a* 裏 (lining) の付いていない. [*line*[2]]

unlined[2] *a* 線のついていない, しわのない〈顔など〉. [*line*[1]]

ùn·línk *vt* 〈鎖など〉の環をはずす; 解く, 離す. ► *vi* 解ける, 離れる.

ùn·línked *a* 〘生〙 同一連鎖群に属さない〈遺伝子〉.

ùn·líquidated *a* 清算[決済]されていない, 清算未済の.

ùn·líst·ed *a* 目録[リスト]に載っていない; *電話帳に掲載されていない (cf. EX-DIRECTORY); 〘証券〙 上場されていない: ~ stock 非上場株.

ùn·lísten·able *a* 〈音楽など〉聞くにたえない.

ùn·lít *a* 明かりのつけられていない; 点火していない.

ùn·lívable *a* (人の)住めない.

ùn·líve /-lív/ *vt* もとに戻す, 〈過去を〉清算する, あとの行為で償う.

ùn·líved-ìn *a* 無住の, 人の住んでいない.

ùn·líve·ly /-láɪv-/ *a* 生気[元気]のない; 沈滞した; 単調な, 退屈な.

ùn·lóad *vt* **1** 〈車・船など〉から荷を降ろす; 〈積荷を〉降ろす 〈*from*〉; 〈鉄砲〉から弾丸を抜き取る; 〈カメラ〉からフィルムを抜き取る. **2** 〈持株などを〉(大量に)処分する, 売り払う; 安く大量に売る, 《特に》ダンピングする (dump). **3** 《口》 追い払う, 厄介払いする; 〈ホームランなどを〉放つ, たたき出す. **4** 〈心など〉の重荷を降ろす, 〈いやなことを〉押しつける, 〈悩みなどを〉吐露する 〈*on, onto*〉. ► *vi* 荷降ろし[荷揚げ]をする; 〈…に〉力を入れる[込める, 集中する] 〈*on*〉; 〈…に〉一喝する, どなりつける 〈*on*〉. ♦ **~·er** *n* ⁺荷降ろし機, アンローダー.

ùn·lócated *a* 場所の定められていない; 〈場所・原因が〉不明の; 〈土地が〉測量されていない, 境界未確定の.

ùn·lóck *vt* 〈戸・箱など〉の錠をあける[錠をあけて開く]; 開く; [*fig*] …の堰(せき)を切る, あふれ出させる; [*fig*] 〈秘密などを〉明かす, 解き明かす, …の解明の手掛かりを与える; あらたに利用可能にする, 開発する. ► *vi* 錠があく; 束縛から解放される. ♦ **-lócked** *a* 錠のおりていない.

ùn·lóck·able *a* 錠がかからない; 錠をあけられる.

ùn·lóoked-fòr *a* 予期せぬ, 思いがけない.

ùn·lóose, -lóosen *vt* 解く, ゆるめる; 解放する.

ùn·lóvable *a* かわいらしくない, 愛敬のない. ♦ **~·ness** *n*

ùn·lóved *a* 愛されていない, 好まれていない.

ùn·lóve·ly *a* 愛らしくない, 器量の悪い, 醜い; いやな, 不快な. ♦ **-li·ness** *n*

ùn·lóving *a* 愛情がない, 優しくない. ♦ **~·ly** *adv* **~·ness** *n*

ùn·lúcky *a* ふしあわせな, 不運な; うまくいかない, 不首尾の; 不吉な, 縁起の悪い; あいにくの, 時を得ない; 不満を残す, 嘆かわしい, 残念な; ‖《方》 害をなす: in an ~ hour 折あしく / ~ thirteen 不吉な 13 (⇨ THIRTEEN). ♦ **-lúckily** *adv* **-iness** *n*

ùn·máde *a* 造られていない, 整っていない; ベッドメーキングされていない; 〈鷹狩りの鷹が〉十分に飼いならされていない (unmanned); ‖〈道路が〉舗装されていない.

ùn·mágnified *a* 拡大されていない.

ùn·máiden·ly *a* 処女[娘]らしくない, はしたない.

ùn·máil·able *a* 郵送できない.

ùn·máimed *a* 《古》 不具でない, 五体満足な.

ùn·máke *vt* もとに戻す; そこなう, 破壊する, 抹消する; 変質[変心]させる, …の見解[態度]を変える; 〈人〉から地位[職]を奪う, 格下げする. ♦ **-máker** *n*

ùn·malícious *a* 悪意のない. ♦ **~·ly** *adv*

ùn·mállеable *a* 鍛ええない, 打ち延ばしにくい, 展性のない; 順応性のない, かたくなな.

ùn·mán *vt* …の男らしさを失わせる, めめしくする, いくじなしにする; 去勢する; 〈船など〉から人員を引き揚げる; 《古》 人間らしくなくする.

ùn·mánage·able *a* (取り)扱いにくい, 収拾不可能な, 御しがたい, 手に余る. ♦ **-ably** *adv* **~·ness** *n*

ùn·mánaged *a* 管理されていない; 自然のままの〈土地〉.

ùn·mán·ful *a* 男らしくない. ♦ **~·ly** *adv* **~·ness** *n*

ùn·mán·lìke *a* 人間らしくない; 男らしくない.

ùn·mán·ly *a* 男らしくない; 臆病な, 卑怯な; 柔弱な, めめしい. ► *adv* 《古》 男らしくなく. ♦ **-li·ness** *n*

ùn·mánned *a* 人が乗り組んで[配置されて]いない; 〈人工衛星・踏切りなど〉無人の, 無線操縦の; 住む人のいない; 去勢された; 〈鷹が〉訓練されていない, 人に慣れていない.

ùn·mánnered *a* 行儀のよくない, 無作法な, 無愛想な, 無遠慮な; わざとらしくない, 気取っていない, さりげない, 率直な. ♦ **~·ly** *adv*

ùn·mánner·ly *a* 無作法な, 無調法な. ► *adv* 無作法に. ♦ **-mánner·li·ness** *n*

ùn·mántle *vt* …の外套[おおい]を取り除く.

ùn·manufáctured *a* 製品化[加工]されていない.

ùn·mápped *a* 地図上にない; 未踏の; 〘生〙 〈遺伝子・染色体が〉染色体地図上に特定されていない, マッピングされていない.

ùn·márked *a* 印のない, 注[訂正]のない; 採点していない; 墓標のない; 道路名[ルート標示]のない; (打ち)傷のない; 気づかれていない, 注目されていない,〈選手が〉ノーマークの; 特色づけられていない 〈*by*〉;〘言〙無標の (opp. *marked*).
ùn·márket·able *a* 市場に向かない, 売れない.
ùn·márred *a* 傷つけられていない, 無傷の.
ùn·márriage·able *a* (若すぎて)結婚できない; 結婚相手の見つかる見込みのない.
ùn·márried *a* 未婚の, 独身の; 離婚した; 配偶者[夫, 妻]を失った.
ùn·másculine *a* 男らしくない, めめしい.
ùn·másk *vt* …の仮面[変装]を取る[はぐ]; [*fig*] …の正体をあらわす, 暴露する;〘軍〙《発砲などによって》〈砲の〉所在を明らかにする. ► *vi* 仮面[変装]をとる; [*fig*] 正体をあらわす. ♦ **~·er** *n*
ùn·másked *a* 仮面[マスク]をかぶっていない; 正体[本性]を暴かれた.
ùn·mástered *a* 支配されていない; 修得されていない.
ùn·mátch·able *a* 匹敵できない, 無類の.
ùn·mátch·ably *adv* 無類に, 比類なく.
ùn·mátched *a* 匹敵するものがない; 釣り合わない, 合わない, そぐわない.
ùn·máted *a* 伴侶[配偶者]のない; つがわせられたことのない; 類のない.
ùn·matérial *a* 非物質的な, 無形の. ♦ **~·ly** *adv*
ùn·matérnal *a* 母らしくない; 母方でない. ♦ **~·ly** *adv*
ùn·méan·ing *a* 無意味な, 無意義な; 知性のない, 気の抜けた〈顔など〉. ♦ **~·ly** *adv* **~·ness** *n*
ùn·méant *a* 本気でない, 故意でない.
ùn·méasurable *a* 測定できない; 測り知れない; 過度の, 際限のない, 野放図な. ♦ **-ably** *adv* **~·ness** *n*
ùn·méasured *a* 計られ[測定され]ていない, 限りのない, 無限の, 無量の;〘韻〙韻律の整っていない. ♦ **~·ly** *adv*
ùn·mechánical *a* 機械的でない; MECHANICS に無知[無関心]な. ♦ **~·ly** *adv*
ùn·médiated *a* 仲介されていない, 媒体のない.
ùn·méditated *a* 計画されたものでない, 自然発生的な.
ùn·méet *a* 不適当な, ふさわしくない 〈*to* do, *for*〉.
ùn·melódious *a* 非旋律的な, 非音楽的な, 耳ざわりな. ♦ **~·ly** *adv* **~·ness** *n*
ùn·mélt·ed *a* 溶かされていない.
ùn·mémorable *a* 記憶に値しない[残らない], 平凡な. ♦ **-rably** *adv*
ùn·ménd·able *a* 繕えない, 修理[修繕]できない.
ùn·méntion·able *a* 口にできない, 口にすべきでない. ► *n* [the] 口に出して言えないもの[品]; [*pl*] [*joc*] 下着 (underwear); [*pl*] ズボン. ♦ **-ably** *adv* **~·ness** *n* **ùn·mèntion·abílity** *n*
ùn·méntioned *a* 言及されていない; はずされた.
ùn·mércenary *a* 欲得ずくでない, 報酬目当てでない, 無償の; 雇われたのでない.
ùn·mérchant·able *a* 売り物にならない; 市場向きでない, 市場性のない.
ùn·mérciful *a* 無慈悲な, 無情な, 残酷な; はなはだしい, 途方もない. ♦ **~·ly** *adv* **~·ness** *n*
ùn·mérit·ed *a* 功なくして得た, 分に過ぎた, 不相応の.
ùn·mérit·ing *a* 値しない, 相当でない, 労せずに得た.
ùn·mét *a* まだ会ったことのない; まだ対処[考慮, 検討]されていない, まだ応じられていない (unanswered): ~ needs.
ùn·métalledǁ *a* 割り石・石炭殻など (road metal) を敷いていない[で舗装していない]〈道〉.
ùn·métered *a* 〈料金が〉メーターによる課金制ではない,〈インターネットサービスが〉定額制の.
ùn·methódical *a* 秩序立っていない, 乱脈な, 散漫な.
ùn·métrical *a*〘韻〙韻律の整わない.
ùn·mílitary *a* 非軍事的な; 軍の規準[慣例]に合わない; 軍に所属しない, 軍部とは無関係な.
ùn·mílled *a* MILL[1] にかけられていない, 粉にひかれていない;〈貨幣が〉ぎざぎざのない.
ùn·mínd·ful *a* 心に留めない, 無頓着な 〈*of*〉. ♦ **~·ly** *adv* **~·ness** *n*
ùn·míngled *a* まざりもののない, 純粋な.
ùn·mírth·ful *a* しかつめらしい, くそまじめな. ♦ **~·ly** *adv*
ùn·míss·able *a* 〈的など〉はずしえない;〈映画・テレビ番組などが〉見のがせない, 必見の.
ùn·mistákable, -mistáke·able *a* 間違えようのない, 紛れのない, 明白な. ♦ **-ably** *adv* **~·ness** *n* **-mistakabílity** *n*
ùn·mistáken *a* 誤っていない, 正しい.
ùn·míter *vt* …から司教冠[司教の地位]を奪う.
ùn·mítigable *a* 和らげえない, 軽減しえない.
ùn·mítigated *a* 緩和[軽減]されていない; 純然たる, 全くの, 大の: an ~ villain 紛れもない悪党. ♦ **~·ly** *adv* **~·ness** *n*
ùn·míxed, -míxt *a* まざりもののない, 純粋の, 完全な, 純然たる.
ùn·móderated *a* 〈インターネット上の掲示板・チャットルームが〉管理人不在の.
ùn·módern *a* 今日的でない, 古臭い.
ùn·módernized *a* 現代化されていない, 往時のままの〈建物など〉.
ùn·módified *a* 変更されていない;〘文法〙修飾[限定]されていない.
ùn·módish *a* UNFASHIONABLE. ♦ **~·ly** *adv*
ùn·módulated *a* 〈音・声など〉調節されていない.
ùn·móistened *a* 湿されていない, ぬらされていない.
ùn·móld *vt* …の形をこわす, 変形する; 型からはずす.
ùn·molést·ed *a* 悩まされていない, 煩わされていない.
ùn·móor *vt* …のともづなを解く, …から抜錨(ばつびょう)する; 《双錨泊の際に》〈一錨を〉揚げて単錨泊にする. ► *vi* 抜錨する.
ùn·móral *a* 道徳観念のない, 無道徳な; 道徳に関係ない[影響されない], 道徳外の. ♦ **~·ly** *adv* **ùn·morálity** *n*
ùn·mórtgaged *a* 抵当にされていない, 入質されていない.
ùn·mórtise *vt* (ほぞから)はずす.
ùn·móther·ly *a* 母らしくない, 母性愛のない.
ùn·mótivated *a* やる気のない; 動機[理由]のない.
ùn·móunt·ed *a* 馬に乗っていない; 台紙に貼っていない; 表装されてない; 砲架に据えられていない.
ùn·móurned *a* 嘆かれていない, 哀悼する者のいない.
ùn·móvable *a* IMMOVABLE.
ùn·móved *a* 〈位置・地位が〉変わっていない;〈決心・目的が〉不動の, 断固とした; 心が動かされない, 冷静な, 平気な.
unmóved móver 《アリストテレス哲学で》PRIME MOVER.
ùn·móving *a* 運動停止の (motionless), 不動の, 静止の (still); 人の心を動かさない.
ùn·mówn *a* 刈り取られていない.
ùn·múffle *vt, vi* (…から)おおい[消音器, スカーフ]をとる. ♦ **~d** *a*
ùn·múrmur·ing *a* 不平[苦情]を言わない, ブツブツ言わない, 進んでする. ♦ **~·ly** *adv*
ùn·músical *a* 非音楽的な, 調子はずれの; 音楽的素養のない, 音楽を解しない; 耳ざわりな, 不快な. ♦ **~·ly** *adv* **~·ness** *n* **-musicálity** *n*
ùn·mútilated *a* 手足の切断されていない, 不具でない.
ùn·múzzle *vt* 〈犬など〉の口輪をはずす; [*fig*] 〈言論・表現など〉の束縛[検閲]を解く, 言論の自由を与える. ♦ **~d** *a*
ùn·myélinated *a*〘解〙髄鞘(ずいしょう)のない.
ùn·náil *vt* …から釘を抜く,〈箱などを〉釘を抜いてあける.
ùn·nám(e)·able *a* 名づけられない, 名状しがたい.
ùn·námed *a* 名がない, 無名の; 名指しされていない, 不特定の: a man who shall go ~ 名前は伏せておくがある人.
ùn·nátional *a* 特定の一国(の文化的特質)に属さない.
ùn·nátural *a* **1** 不自然な; 異常な, 変態的な; わざとらしい; 異様な, 奇怪な, 珍しい; 人工的な; 《廃》正当な権利のない, 不法な: die an ~ death 横死[変死]する. **2** 自然の人情に反する, 人道にもとる; 残酷な, 邪悪な. ♦ **~·ly** *adv* **~·ness** *n*
ùn·nátural·ìze *vt* …から市民権を奪う; 《古》…の自然性を奪う, 不自然にする. ♦ **~d** *a*
ùn·návigable *a* 航行できない, 船の通えない〈川など〉.
ùn·necessárily /; ⌐⌐⌐⌐⌐⌐⌐/ *adv* 不必要に, むだに.
ùn·nécessary *a* 不必要な, 無用の, 無益な; あらずもがなの, 不適切な. ► *n* [ᵘ*pl*] 《まれ》不必要なもの.
ùn·néed·ed *a* 不必要な, よけいな.
ùn·néed·ful *a* 必要ではない, 不必要な. ♦ **~·ly** *adv*
ùn·néighbor·ly *a* 隣人らしくない, 人付きの悪い.
ùn·nérve *vt* …の気力[体力]をなくさせる, おじけづかせる; …の落ちつきを失わせる, いらいらさせる. ♦ **-nérving** *a* **-nérving·ly** *adv*
ùn·nést *vt* 巣[家]から追い出す.
un·nil·en·ni·um /jùːn(ə)lɛ́niəm/ *n*〘化〙ウンニルエンニウム《MEITNERIUM の暫定名称; 記号 Une》. [NL *unnil*- (L *unus* one, *nil* zero), *ennea*-, -*ium*]
un·nil·hex·i·um /jùːn(ə)lhɛ́ksiəm/ *n*〘化〙ウンニルヘキシウム《SEABORGIUM の暫定名称; 記号 Unh》. [*hex*-]
un·nil·oc·ti·um /jùːn(ə)láktiəm/ *n*〘化〙ウンニルオクチウム《HASSIUM の暫定名称; 記号 Uno》. [*oct*-]
un·nil·pen·ti·um /jùːn(ə)lpɛ́ntiəm/ *n*〘化〙ウンニルペンチウム《DUBNIUM の暫定名称; 記号 Unp》. [*pent*-]
un·nil·qua·di·um /jùːn(ə)lkwáːdiəm/ *n*〘化〙ウンニルクアジウム《RUTHERFORDIUM の暫定名称; 記号 Unq》. [*quadri*-]
un·nil·sep·ti·um /jùːn(ə)lsɛ́ptiəm/ *n*〘化〙ウンニルセプチウム《BOHRIUM の暫定名称; 記号 Uns》. [*sept*-[1]]
ùn·nóted *a* 気づかれていない, 人目につかない.
ùn·nótice·able *a* 人目をひかない; 重要でない. ♦ **-ably** *adv*
ùn·nóticed *a* 人目につかない, 気づかれていない; 顧みられない: pass ~ 看過される.
ùn·númbered *a* 数えていない; 無数の, 数えきれない;〈道路・ページなど〉番号のついていない.
ùn·núrtured *a* 養育[教育]されていない.
Uno〘化〙unniloctium.
UNO, Uno /júːnoʊ/ °United Nations Organization.
ùn·óaked /-óʊkt/ *a* オーク樽で熟成させていない〈ワイン〉.
uno ani·mo /úːnoʊ áːnɪmòʊ/ 心を一つにして; 一致して. [L= with one mind]
ùn·objéction·able *a* 反対のできない, 文句の言えない, 異議のな

い; 気にさわらない, あたりさわりのない. ◆ **-ably** *adv* **～·ness** *n*
ùn·oblíging *a* 不親切な, 無愛想な.
ùn·obscúred *a* 暗くされていない, 隠蔽されてない, あいまいでない, 明白な.
ùn·obsérvable *a* 知覚[感知, 観察]できない.
ùn·obsérvant *a* 不注意な; 〈規則·慣例を〉守らない 〈*of*〉.
ùn·obsérved *a* 見られていない, 気づかれていない.
ùn·obsérving *a* 不注意な, 無頓着な.
ùn·obstrúct·ed *a* 妨げられていない, さえぎるもののない.
ùn·obtáin·able *a* 入手できない; 電話がつながらない, 話し中の.
ùn·obtrúsive *a* でしゃばらない, 慎み深い, 控えめな, 遠慮がちな. ◆ **～·ly** *adv* 控えめに, そっと. **～·ness** *n*
ùn·óccupied *a* 〈人が〉仕事をしていない, 用事のない, ぶらぶらしている, ひまな; 占有されていない, 人の住んでいない, さびれた; 占領されていない: ～ ground 空閑地.
ùn·offénd·ed *a* 感情を害されていない, 侮辱[攻撃]をうけていない. ◆ **～·ly** *adv*
ùn·offénd·ing *a* 害[罪]のない; 人の気にさわらない.
ùn·offénsive *a* INOFFENSIVE.
ùn·óffered *a* 提供されていない, 申し出のない.
ùn·offícial *a* 非公式な, 私的な; 公認されていない, 非公認の, 〈ストライキが〉所属組合の承認を得ていない; 局方外の〈薬〉: an ～ strike 山猫スト. ◆ **～·ly** *adv*
ùn·óiled *a* 油が塗って[差して]ない.
ùn·ópen *a* 開いていない; 閉鎖[密封]したままの.
ùn·ópen·able *a* あけられない, 開封できない.
ùn·ópened *a* 開かれて[開けられて]いない; 〈本·雑誌などが〉仮綴じの, 未開封の.
ùn·oppósed *a* 反対のない, 反対[抵抗, 敵対, 競争]する者のない.
ùn·oppréssed *a* 《特に 感情的に》抑圧されていない.
ùn·ordáined *a* 聖職を授けられていない.
ùn·órdered *a* 無秩序の; 命令[指図]されていない.
ùn·órdinary *a* 普通でない, 並はずれた.
ùn·órganized *a* 組織(化)されていない; 組織的にまとまっていない; 公式政府をもたない; 領域の明確でない; 労働組合に加入していない, 未組織の〈労働者〉; 生体の特徴をそなえていない, 非有機化された.
unórganized férment 〔生化〕非有機化された発酵素《酵素 (enzyme) の古い用語》.
ùn·oríginal *a* 独創的でない; 本来のものでない. ◆ **～·ly** *adv* **ùn·originálity** *n*
ùn·ornaméntal *a* 装飾ではない; 非装飾的な, 簡素な. ◆ **～·ly** *adv*
ùn·órnament·ed *a* 装飾の施してない, 飾らない, あらわな, むきだしの.
ùn·órthodox *a* 正統でない, 異端の. ◆ **～·ly** *adv*
ùn·órthodoxy *n* 非正統; 正統でない意見[学説, 信仰, 方法]; 非正統的な学説[信仰]を信奉する人びとの集団.
ùn·ostentátious *a* てらわない, 気取らない, たかぶらない; 質素な, 地味な. ◆ **～·ly** *adv* **～·ness** *n*
ùn·ówned *a* 所有者[持主]のない; 認められていない.
Unp 〔化〕unnilpentium.
un·páck *vt* 〈包み·スーツケース〉の中身を出す; 〈中身を〉包み[荷など]から取り出す; …から包み[荷]を降ろす; [*fig*] 〈心の〉重荷を降ろす, 打ち明ける; 〔電算〕〈圧縮されたデータファイルを〉圧縮を解除してもとに戻す, アンパック[解凍]する; 分析する, 解明する, 整理して[わかりやすく]説明する. ► *vi* 包み[荷]を解く; 〈包みが〉あけることのできる. ◆ **～·er** *n*
ùn·páckaged *a* 包装されていない; パックでない〈旅行〉.
ùn·pácked *a* 包み[スーツケースなど]から出した; 中を空(から)にした〈ケース〉; 初めからパックしていない.
ùn·pádded *a* PAD[1] をして[入れて]いない.
ùn·páged *a* ページ番号の示してない, ノンブルを入れない.
ùn·páid *a* 未払いの, 未納の; 無給の, 名誉職の. ● **the (great)** ～ [〈*pl*〉]"名誉判事[治安判事]連.
ùn·páid-fòr *attrib a* 未払いの.
ùn·páin·ful *a* 苦痛[苦労]のない, 無痛の. ◆ **～·ly** *adv*
ùn·páint·ed *a* 塗っていない.
ùn·páired *a* 対(つい)になっていない, 相手のない; 対のない; 〔動〕正中線に沿った, 無対の〈ひれ〉.
ùn·pálatable *a* 口に合わない, まずい; 不快な, いやな. ◆ **-ably** *adv* **-palatabílity** *n*
ùn·párallelled *a* 並ぶもののない, 無比の, 前代未聞の.
ùn·párdon·able *a* 許しがたい〈あやまち·罪〉. ◆ **-ably** *adv* **～·ness** *n*
ùn·párdoned *a* 許されていない, 赦免されていない.
ùn·paréntal *a* 親らしくない, 親にあるまじき. ◆ **～·ly** *adv*
ùn·parliaméntary *a* 議院の慣例に反する, 議会にふさわしくない: ～ language 不謹慎[みだら]なことば, 暴言, 悪口雑言.
ùn·pártisan *a* NONPARTISAN.
ùn·pásteurized *a* 低温殺菌していない.
ùn·pátched *a* つぎを当てていない; 〔電算〕〈ソフトウェアなどが〉弱点未修正の.
ùn·pátent·ed *a* 特許を受けていない.
ùn·patriótic *a* 愛国心のない. ◆ **-ical·ly** *adv*
ùn·pátronized *a* パトロンのない, 愛顧[賛助]をうけない.
ùn·pátronizing *a* 上位者[庇護者]ぶらない, 偉そうなところのない. ◆ **～·ly** *adv*
ùn·páved *a* 敷石の敷いてない, 舗装してない.
ùn·péace·able *a* 融和を好まない, なにかと異議を唱える; 騒然とした, 不穏な (unpeaceful). ◆ **-ably** *adv*
ùn·péace·ful *a* 不和な, 不穏な, 騒然とした. ◆ **～·ly** *adv*
ùn·pédigreed *a* 系図のない, 由緒正しい家柄でない; 〈動物が〉血統書のない, 純種でない.
ùn·péeled *a* 皮をむいてない, 皮付きのままの.
unpéeled gínger BLACK GINGER.
ùn·pég *vt* …から釘[杭, 栓]を抜く, 釘を抜いてあける; 〈株価·通貨や賃金·物価など〉の釘付けをやめる.
ùn·pén *vt* おり[囲い, 留置場]から放つ.
ùn·pénsioned *a* 年金[恩給]を受けていない.
ùn·péople *vt* …から住民をなくす[除く, 絶やす]; …から〈…を〉取る 〈*of* sth〉. ► *n* 個性を失った人びと.
ùn·péopled *a* 人の住んでいない, 無人の.
ùn·percéivable *a* 感知できない, 理解しがたい.
ùn·percéived *a* 気づかれていない, 人目につかない.
ùn·percéiving *a* 感知しない, (なかなか)気づかない, 勘のよくない, 注意散漫な.
ùn·percéptive *a* 知覚のない, UNPERCEIVING. ◆ **～·ly** *adv* **～·ness** *n*
ùn·pérch *vt* とまり木から降ろす[追う]. ◆ **-pérched** *a*
ùn·pérfect *a* IMPERFECT; 《古》訓練されていない.
ùn·perféct·ed *a* 完成されていない.
ùn·pérforated *a* 穴のあけられてない, 打ち抜き穴のない; ミシン目の入れてない.
ùn·perfórmed *a* 実行[履行, 上演]されていない.
ùn·perfúmed *a* 芳香のない, 香水をつけない.
ùn·pérjured *a* 偽証していない, 偽証罪を犯していない.
ùn·perpléxed *a* 当惑していない; 複雑でない, 込み入っていない, 簡単明瞭な.
ún·pérson *n* 《政治的理由などで》葬られた[抹殺された]人, 失脚者. ► *vt* 左遷する, 閑職に追いやる, ほす.
ùn·persuádable *a* 説得できない, 説得に応じない, 意志強固な.
ùn·persuáded *a* 説得されていない, 納得していない.
ùn·persuásive *a* 説得力のない, 口説きのへたな. ◆ **～·ly** *adv* **～·ness** *n*
ùn·pertúrbed *a* かき乱されていない, 平静な, 落ちついた. ◆ **～·ly** *adv*
ùn·pervért·ed *a* 曲がっていない, 正道をはずれていない, 正常な; 曲解[悪用]されていない.
ùn·philosóphical, -ic *a* 哲理に反する; 哲学的な洞察[識見]に欠けた. ◆ **-ical·ly** *adv*
ùn·phonétic *a* 非音声学的な, つづりと音の一致しない.
ùn·phýsical *a* 非物質的な, 無形の, 霊的な; 非物理(学)的な.
ùn·physiológical, -ic *a* 生理的に正常でない, 反生理的な. ◆ **-ical·ly** *adv*
ùn·píck *vt* 〈縫い目·刺繍·編み目·服などを〉糸を抜いてほどく; 〈なぞなぞなどを〉解く, 分析する; 《重箱の隅をほじくるように》…のあらをさがす.
ùn·pícked *a* 選別されていない (unsorted); むしり[摘み]取られていない.
ùn·picturésque *a* 非絵画的な. ◆ **～·ly** *adv*
ùn·píerced *a* 貫通されていない, 突き通されていない.
ùn·píle *vt* 〈山と積まれたものを〉ひとつひとつ取りのける. ► *vi* 〈山のように集積していた人[もの]が〉離散する, くずれる.
ùn·pílot·ed *a* 水先(案)内人のいない, 操縦者[指導者]のいない.
ùn·pín *vt* …からピンを抜く; …のピンを抜いてゆるめる[はずす, 開く], 〈戸〉のかんぬきをはずす; 〔チェス〕〈相手のコマを〉動けるようにする.
ùn·pítied *a* 憐れまれていない.
ùn·píty·ing *a* 無慈悲な, 無情な. ◆ **～·ly** *adv*
ùn·pláce·able *a* 定位置のない, 分類[同定]できない, 正体不明の.
ùn·pláced *a* 定位置に据えられていない, 一定の任地[地位, 職場, 職務]をもたない; 〔競馬〕3 着[《時に》4 着]以内に入らない, 等外の.
ùn·plágued *a* 悩まされていない.
ùn·pláit *vt* …のひだを伸ばす, 〈編んだ髪などを〉解く.
ùn·pláned *a* かんなのかけてない.
ùn·plánned *a* 計画されていない, 無計画の; UNEXPECTED.
ùn·plánt·ed *a* 栽培されたのでない, 自生の; 植民として定住していない; 〈土地が〉耕作[開墾]されていない; 据え[備え]付けられていない.
ùn·plástered *a* しっくいを塗っていない: an ～ wall.
ùn·pláusible *a* IMPLAUSIBLE.
ùn·pláy·able *a* PLAY することのできない; 演奏できない; 〔ゴルフなど〕〈ボール(の位置)が〉打てない, 捕れない. ◆ **-ably** *adv*
ùn·pléasant *a* おもしろくない, 不愉快な, いやな, 感じの悪い. ◆ **～·ly** *adv*
ùn·pléasant·ness *n* 不愉快, 不快さ; 不快感; 不愉快な情況

[事件, 経験, 関係]; 誤解, 不和, けんか, 議論, 口論: the late ～ 先の[この間の]戦争 / have a slight ～ with sb 人との仲が少しよくない.
ùn·pléasant·ry *n* 不愉快な事件[情況]; [*pl*] 不快な評[ことば], 侮辱; 《古風》いさかい, いざこざ.
ùn·pléased *a* 喜んでいない, 不満な.
ùn·pléasing *a* 愉快にしない, 満足を与えない, 不愉快な, いやな. ♦ **～·ly** *adv*
ùn·pléasure *n* 不快.
ùn·plédged *a* 誓約[約束]で縛られていない, 《特に》特定候補に投票する約束をしていない.
ùn·plíable *a* 説得になびかない, 頑固な; 容易に曲がらない, 曲げにくい.
ùn·plíant *a* UNPLIABLE; 使用[取扱い]が容易でない.
ùn·plówed *a* すきで耕していない, 開墾していない.
ùn·plúcked *a* 引き抜かれていない, (羽など)むしり[摘み]取られていない.
ùn·plúg *vt* …の栓を抜く; …から障害物を取り除く; 〘電〙〈プラグを〉抜く; プラグを抜いて〈電気器具〉の電流を断つ.
ùn·plúgged *a* 〈演奏が〉アンプを用いない, アコースティックの.
ùn·plúmbed *a* PLUMB LINE で検査していない; 測鉛で計られていない, 深さのわからない; よくわかっていない; 〈建物・部屋など〉配管設備のない. ♦ **ùn·plúmb·able** *a*
ùn·plúme *vt* …の羽[羽毛]をむしり取る.
ùn·pócket *vt* ポケットから出す, 支払う.
U **un po·co** /ù:n póukou/ *n, adv* 《俗》少々, わずか, ちょっと(だけ). [Sp, It]
ùn·poétic, -ical *a* 詩的でない, 散文的な (prosaic). ♦ **-ical·ly** *adv*
ùn·póint·ed *a* とがっていない; 点のついていない; 〈ヘブライ語などが〉母音点[母音符]をもたない; 〈煉瓦積みなど〉目地(めじ)にしっくい[セメントなど]を塗っていない.
ùn·póised *a* 釣り合っていない, 平衡のない (unbalanced).
ùn·pólarized *a* 〘理〙分極されていない, 極性の与えられていない, 非偏極の, 〘光〙偏光されていない.
ùn·pólished *a* よく研磨されていない; つや出しの塗ってない; 念入りに仕上げられていない; 洗練されない, あかぬけしない.
unpólished ríce 玄米.
ùn·políte *a* IMPOLITE.
ùn·pólitic *a* IMPOLITIC.
ùn·polítical *a* 健全な政治理念にかなっていない; APOLITICAL; NONPOLITICAL. ♦ **～·ly** *adv*
ùn·pólled *a* 選挙人として登録されていない; 投票していない, 投票されていない; 世論調査対象者のうちに含まれていない; 切り取られていない, 刈られていない.
ùn·pollúted *a* 汚染されていない, 清浄な.
ùn·pópe *vt* …から教皇の位[権力]を奪う.
ùn·pópular *a* 人望のない, 不人気な, 不評判の, 流行しない; 嫌われた. ♦ **ùn·populárity** *n* 不評(判), 不人気.
ùn·pópulated *a* 人の住んでいない, 無人の; 〘電子工〙部品が実装されていない〈基板〉.
ùn·pósed *a* 〈写真が〉自然のままの, 気取らない.
ùn·posséssed *a* 所有者[持主]のない; 〈…を〉所有していない〈*of*〉.
ùn·póst·ed[1] *a* 侵入禁止の掲示のない. [*post*[1]]
unposted[2] *a* 持ち場のない, 配属されていない. [*post*[2]]
unposted[3] *a* 郵送されていない; 《口》知らされていない. [*post*[3]]
ùn·pówered *a* 《燃料などの》動力源をもたない, 動力推進式でない.
ùn·práctical *a* IMPRACTICAL; 〈人が〉実際的な技能を欠く, 実務的でない. ♦ **～·ly** *adv* **～·ness** *n* **ùn·practicálity** *n*
ùn·prácticed, -práctised *a* 実用に供されていない, 実地にためされていない, 実行されていない; 未熟な, 練習を積んでいない, 未経験の.
ùn·práised *a* 賞賛されていない, 賞揚されない.
ùn·précedent·ed *a* 先例[前例]のない, 空前の; 新しい, 新奇な. ♦ **～·ly** *adv*
ùn·predíct·able *a* 予言[予測]できない, あてにできない, 気まぐれの. ► *n* 予測できない人[こと]. ♦ **-ably** *adv* **ùn·predict·abílity** *n* 予測不能性.
ùn·predíct·ed *a* 予想[予測]されていない, 思いがけない.
ùn·prégnant *a* 《廃》不適な, 愚鈍な (inept).
ùn·préjudiced *a* 偏見のない, 公平な; 《古》侵害されていない〈権利〉. ♦ **～·ly** *adv* **～·ness** *n*
ùn·prè·méditated *a* あらかじめ計画されたものではない, 故意でない. ♦ **～·ly** *adv* **～·ness** *n*
ùn·prè·óccupied *a* うわのそらでない; 先取されていない; 〘生〙〈分類名が〉使用済みではない.
ùn·prepáred *a* 準備[覚悟, 用意]のできていない〈*for*, *to* do〉; 予告なしに発生する, 不意の: catch sb ～ 人の不意[虚]をつく.
ùn·prè·posséss·ing *a* 人好きのしない, 感じ[印象]のよくない, さえない.
ùn·prescríbed *a* 規定[指示]されていない, 任意の.
ùn·presént·able *a* 人前に出せない, 見苦しいなり[容貌]をした, 人を不快にするような, いかがわしい経歴の.
ùn·préssed *a* 押されていない, 圧縮[圧搾]されたものでない; 〈衣服が〉《アイロンで》プレスされていない.
ùn·préssurized *a* 与圧[加圧]されていない.
ùn·presúming *a* 僭越でない, 謙遜な, でしゃばらない.
ùn·presúmptuous *a* UNPRESUMING.
ùn·preténd·ing *a* 見えを張らない, もったいぶらない, 慎み深い, 控えめな, 謙遜な. ♦ **～·ly** *adv* **～·ness** *n*
ùn·preténtious *a* 虚飾[気取り]のない, 地味な, 控えめな. ♦ **～·ly** *adv* **～·ness** *n*
ùn·prevái·ing *a* 最高点[頂点]に達しない, 完全な成就の望めない, 徹底的効果のない.
ùn·prevént·able *a* 防ぎえない, 免れ[避け]られない.
ùn·prevént·ed *a* 防止[予防, 妨害]されていない.
ùn·príced *a* 値段がついていない; 《詩》非常に貴重な.
ùn·príest *vt* …の聖職を解く.
ùn·príest·ly *a* 聖職者[僧侶]らしくない.
ùn·prímed *a* 用意[準備]ができていない.
ùn·prínce·ly *a* 皇子らしくない.
ùn·príncipled *a* 不道徳な, 無節操な, 破廉恥な, だらしのない; 《古》〈…の〉原理を教わっていない[知らない]〈*in*〉. ♦ **～·ness** *n*
ùn·prínt·able *a* 印刷できない, 印刷に適さない[をはばかる], 不穏当[過激]な. ♦ **-ably** *adv*
ùn·prínt·ed *a* 〈紙が〉印刷[印字]されていない; 〈原稿が〉印刷されていない, 版に組まれていない; 〈本など〉未刊の.
ùn·príson *vt* 釈放する.
ùn·prívileged *a* 特権[特典]のない; 貧困な, 最下層の; 基本的人権を与えられていない.
ùn·prízed *a* 《古》尊重されていない, 正当に重んじられて[評価されて]いない.
ùn·próbed *a* 十分に調査されていない.
ùn·problemátic(al) *a* 問題のない. ♦ **-ical·ly** *adv*
ùn·prócessed *a* 処理[加工]されていない.
ùn·procláimed *a* 布告されていない.
ùn·procúrable *a* 入手できない.
ùn·prodúctive *a* 収穫のない, 不毛の, 非生産的な; 無効な, むだな; 〈…を〉生じない[もたらさない]〈*of*〉. ♦ **～·ly** *adv* **～·ness** *n*
ùn·profáned *a* 汚されていない, 冒瀆されていない.
ùn·proféssed *a* 公言されていない; 誓約して宗門にはいっていない.
ùn·proféssion·al *a* 本職でない; 専門的でない; 専門家らしくない; 職業上の規則[倫理]に反する; 未熟な, しろうとくさい; 〘スポ〙ノンプロの. ► *n* しろうと. ♦ **～·ism** プロ意識の欠如; 未熟さ. **～·ly** *adv*
ùn·prófit·able *a* 利益のない, もうからない; 無益な, むだな. ♦ **～·ness** *n* **-ably** *adv* **-pròfit·abílity** *n*
ùn·progréssive *a* 進歩的でない, 非進歩的な, 後退的な (backward). ♦ **～·ly** *adv* **～·ness** *n*
ùn·prohíbit·ed *a* 禁じられていない, 許された.
ùn·prolífic *a* 生産力のない, 不毛の.
ùn·prómising *a* 有望でない, 見込みのない. ♦ **～·ly** *adv*
ùn·prómpt·ed *a* うながされた[指図された]のではない, 自発的な.
ùn·pronóunce·able *a* 発音できない; 発音しにくい. ♦ **-ably** *adv*
ùn·pronóunced *a* 発音されていない; 無音の, 無言の.
ùn·próp *vt* …から支柱[支援, 支え]を取り除く.
ùn·prophétic *a* 予言(者)的でない, 予測の正確でない.
ùn·propítious *a* 縁起の悪い, 不吉な, 不都合な, 好ましくない. ♦ **～·ly** *adv* **～·ness** *n*
ùn·propórtion·ate *a* DISPROPORTIONATE.
ùn·propórtioned *a* DISPROPORTIONATE.
ùn·prósper·ous *a* 思わしい結果になりそうにない; 健康[幸運]でない, 繁栄してない. ♦ **～·ly** *adv* **～·ness** *n*
ùn·protéct·ed *a* 保護(者)のない; 関税の保護をうけていない; 無防備の; 〈セックスが〉コンドームを使用しない. ♦ **～·ness** *n*
ùn·protést·ed *a* 抗議されない, 異議なく受け入れられた.
ùn·protést·ing *a* 抗議[主張]していない. ♦ **～·ly** *adv* 抗議せずに.
ùn·próud *a* 誇らない, 自慢しない, 謙虚な.
ùn·próvable *a* 証明[立証]できない. ♦ **-provabílity** *n* 証明[立証]不能.
ùn·próved, -próven *a* 証明[立証]されていない; 有効性[有用性など]が未知数の.
ùn·províded *a* 支給[供給, 装備]されていない〈*with*〉; 生計の資が与えられていない〈*for*〉; 予期しない, 不意の; 心構え[用意]のできていない.
ùn·provóked *a* 刺激[挑発]されたのではない, 正当な理由[動機, 誘因]のない, いわれのない.
ùn·provóking *a* 人を怒らせない, 刺激しない. ♦ **～·ly** *adv*
ùn·prúned *a* 刈り込まれていない, 剪定していない, 自然に伸びるにまかせた.
ùn·públicized *a* 宣伝されていない, 広く知られていない, 周知でない.

ùn·públish·able *a* 公けにできない, 公表をはばかる.
ùn·públished *a* 公けにされてない, 隠れた; 未刊の, 未発表の: an ～ work 未発表作.
ùn·púnctual *a* 時間[約束期日]を守らない, きちょうめんでない. ♦ **～·ly** *adv* **～·ness** *n* **ùn·punctuálity** *n*
ùn·púnctuated *a* 句読点をつけていない; 中断されない.
ùn·púnish·able *a* 処罰できない, 処罰対象とならない.
ùn·púnished *a* 処罰をうけていない, 罰されないで.
ùn·púrchasable *a* 金では買えない, 高価で手の出ない; 買収できない.
ùn·púre *a* IMPURE.
ùn·púrged *a* 不純物が除去されていない; 罪をあがなっていない, 嫌疑の晴れていない; 粛清[追放]されていない.
ùn·púrified *a* 浄化されていない; 精製されていない.
ùn·púrposed *a* もくろんだのではない, 故意の行為ではない; 目的[目標]のない, 無目的な.
ùn·put·dówn·able *a* «口» 〈本が〉おもしろくてやめられない, 夢中にさせる.
Unq 〘化〙 unnilquadium.
ùn·quáil·ing *a* 恐れない, ひるまない, 不屈な.
ùn·quálified *a* 資格のない, 無資格の; 不適任な, 不適当な; 率直な, 忌憚のない; 制限されていない, 無条件の, 絶対的な; «口» 全くの: an ～ liar 大うそつき. ♦ **～·ly** *adv*
ùn·quántifiable *a* 数量化できない, 計量しがたい.
ùn·quántified *a* 数量化されていない.
ùn·quárried *a* 石切り場から切り出されていない; 採石[採掘]されないままの.
ùn·quéen *vt* …から女王としての位[権力]を奪う.
ùn·quélled *a* 鎮圧[平定]されていない.
ùn·quénch·able *a* 消すことのできない; 止められない, 抑えられない. ♦ **-ably** *adv*
ùn·quénched *a* 消されていない, まだおさまっていない.
ùn·quéstion·able *a* 疑いのない, 議論の余地のない, 確かな; 非の打ちどころのない, 申し分のない. ♦ **～·ness** *n* **ùn·quèstion·abílity** *n*
ùn·quéstion·ably *adv* 疑いなく, 確かに; 申し分なく.
ùn·quéstioned *a* 問題にされていない, 疑われていない; 調べられていない, 尋問されていない; 疑問の余地のない.
ùn·quéstion·ing *a* 質問を発しない; 疑問をいだかない, 疑わない; 躊躇(ちゅうちょ)しない; 絶対的な, 無条件の. ♦ **～·ly** *adv* **～·ness** *n*
ùn·quíet *a* 落ちつきのない, そわそわした, 不安な; 静かでない, 不穏な, 騒然とした. ► *n* 不安, 動揺; 不穏. ♦ **～·ly** *adv* **～·ness** *n*
ùn·quótable *a* 引用できない, 引用に適しない.
ùn·quóte *vi* 引用(文)を終わる《次例のような独立用法が普通》: Mr. Smith said quote I will not run for governor ～. スミス氏は「わたしは知事に立候補しない」と語った. ► *n* /⌐ ⌐⌐/「引用終わり」《引用文を述べたあとの締めくくりの句》.
ùn·quóted *a* 引用されていない; 《株式取引所で》相場がつけられていない, 取引されていない: ～ securities [shares] 非[未]公開株, 非上場株.
ùn·ráised *a* 上げられていない; 浮彫りにされていない; 〈パンなどが〉イーストでふくらましていない; 〈包囲が〉解かれていない.
ùn·ránked *a* ランク外の.
ùn·ránsomed *a* 贖罪されていない; 請け出されていない; 身代金を要求されていない.
ùn·ráted *a* 評価[評点, 等級]の定められていない; 〈映画が〉《年齢制限などの》指定のない.
ùn·rátified *a* 批准[裁可]されていない.
ùn·rável *vt* 〈もつれた糸・編んだ[織った]ものなどを〉解く, ほぐす; 解明する. ► *vi* ほぐれる; 解明される, 明らかになる; 〈計画などが〉ほころび始める. ♦ **～·ment** *n*
ùn·rávished *a* 心を奪われていない, 魅せられていない.
ùn·rázored *a* かみそりをあてていない, ひげを剃(そ)ってない.
ùn·réach·able *a* 達しえない, 手の届かない. ♦ **-ably** *adv* **～·ness** *n*
ùn·réached *a* 到達[達成]されていない, 未到の.
ùn·reáctive *a* 〈化学物質が〉非反応性の, 不活性の.
ùn·réad /-réd/ *a* 〈書籍・書類など〉読まれていない; ほとんど読んでいない, 無教育の, 無学な; 〈特定分野の〉学識のない, 学問のない 〈*in*〉.
ùn·réad·able /-ríːd-/ *a* 読んでおもしろくない, 難解な; 判読しにくい (illegible); 〈文などが〉意味の不鮮明な, 〈表情などが〉読めない, 不可解な; 〈コンピューターファイルが〉読み込めない. ♦ **-ably** *adv* **～·ness** *n* **ùn·rèad·abílity** *n*
ùn·réadily *adv* 容易でなく, ぎこちなく, ぐずぐずと.
ùn·réady *a* 準備の整っていない; «古» 即座の判断[応答]のできない, 当座の気転のきかない, どぎまぎした; «方» 身支度をしていない, 略装の. ♦ **ùn·réadiness** *n*
ùn·réal *a* 実在しない, 現実のものではない, 想像上の, 架空の; 現実的でない; 真実性に欠ける, わざとらしい; *«俗» 信じられないくらいすばらしい; *«俗» 驚くほどひどい. ♦ **～·ly** *adv*
ùn·realístic *a* 非現実主義の, 非現実的な, 現実にそぐわない; 非写実的な. ♦ **-tical·ly** *adv*
ùn·reálity *n* 非現実(性); 実在しないもの, 虚構; 非実際的性格.
ùn·réalizable *a* 理解[認識]できない; 実現できない.
ùn·réalized *a* 実現[達成]されていない; 意識[認識, 理解]されていない, 知られざる; 現金化されていない, 未回収の〈利益〉.
ùn·réaped *a* 刈り取られていない.
ùn·réason *n* 不合理, 不条理, ばかばかしさ; 狂気, 無秩序, 混乱. ► *vt* …の気を狂わせる.
ùn·réason·able *a* 理不尽な; 無分別な; 気まぐれな, 非現実的な; 筋の立たない, 不合理な; 当を得ない, 過度の, 常軌を逸した, 法外な, あんまりな〈値段・料金など〉. ♦ **-ably** *adv* **～·ness** *n*
unréasonable behàviour 〘法〙《婚姻の回復不能な破綻の原因とするに十分な》配偶者としてあるまじき行為.
ùn·réasoned *a* 理に基づかない, 不合理な.
ùn·réason·ing *a* 思慮分別[理性]のない; 理屈に合わない, 理不尽な, 法外な. ♦ **～·ly** *adv*
ùn·rebúked *a* 譴責(けんせき)[懲戒]されていない.
ùn·recálled *a* 召還[撤回, 想起]されていない.
ùn·recéivable *a* 受け取る[受け入れる]ことができない.
ùn·recéived *a* 受け取られ[受け入れられ, 認められ]ていない, 未承認の.
ùn·recéptive *a* 感受性[感応性]の強くない, 物わかりのよくない, 受容的でない.
ùn·recíprocated *a* 交換されていない, 一方的な; 報いられていない.
ùn·réckon·able *a* 計算しえない, 測り知れない.
ùn·réckoned *a* 数えられていない, 計算されていない.
ùn·recláim·able *a* «古» IRRECLAIMABLE.
ùn·recláimed *a* 矯正されていない; 未開墾[開拓]の.
ùn·récognizable *a* 認知[承認]できない; 《変わってしまって》それとわからない. ♦ **-ably** *adv* **～·ness** *n*
ùn·récognized *a* 正当に認められていない, 一般に認められていない; 認識されていない, 承認されていない.
ùn·récompensed *a* 報い[償い]をうけていない.
ùn·reconcílable *a* IRRECONCILABLE.
ùn·réconciled *a* 和解[調和, 一致]させられていない.
ùn·re·constrúct·ed *a* 再興[改造, 改築]されていない, 《特に》時代に適応していない, 時代錯誤の態度[見解, 価値観]を変え(ようとし)ない; 〘米史〙《南部諸州が南北戦争後の》再編入を受け入れない.
ùn·recórd·ed *a* 登録されていない, 記録に載って[残されて]いない. ♦ **ùn·recórd·able** *a*
ùn·recóver·able *a* 取り戻せない, 回復不能の; 治療[救済]できない.
ùn·réctified *a* 修正[矯正, 調整]されていない; 〘化〙 精留されていない.
ùn·redéem·able *a* IRREDEEMABLE. ♦ **-ably** *adv*
ùn·redéemed *a* 救われていない, 和らげられていない, 緩和されていない; 受け戻していない, 質受けしていない.
ùn·redréssed *a* 救済[矯正, 補償]されていない.
ùn·redúcible *a* IRREDUCIBLE.
ùn·réel *vt* 〈糸枠に巻いたものを〉繰り出す, 伸ばす; くりひろげる. ► *vi* 〈巻いたものが〉解ける; 〈映写中のフィルムが〉回る; くりひろげられる.
ùn·réeve *vt* 〘海〙〈綱などを〉滑車から引き抜く. ► *vi* 引き抜かれる; 引き抜く.
ùn·refíned *a* 〈ことばづかい・作法・身のこなしが〉洗練されない, あかぬけしない, 野暮な; 無教養な; 〈鉱石など〉精製[精錬]されていない.
ùn·refléct·ed *a* 熟考されていない 〈*on*〉; 〈光・粒子など〉反射されていない 《吸収または伝導された》.
ùn·refléct·ing *a* 〈人が〉物事を顧みない, 内省的でない, 無分別な; 光を反射しない. ♦ **～·ly** *adv* **～·ness** *n*
ùn·refléctive *a* 思慮の足りない, あさはかな.
ùn·refórm·able *a* 改革[改正]できない, 矯正できない.
ùn·refórmed *a* 改革[改正, 矯正]されていない; 宗教改革の影響をうけない.
ùn·refréshed *a* 元気[活気, 勢い]を回復していない.
ùn·refrésh·ing *a* 爽快でない. ♦ **～·ly** *adv*
ùn·refúted *a* 反駁[論破]されていない.
ùn·régal *a* 帝王にふさわしくない, 帝王[王者]らしくない.
ùn·regárd·ed *a* 注意[重視]されない, 顧みられない, 無視された.
ùn·regéneracy *n* 生まれ変わっていないこと, 改心[更生]しないこと, 罪深さ.
ùn·regénerate *a*, *n* 生まれ変わっていない[悔い改めていない, 罪深い](人); 反動的な[頑迷な](人); 頑固な(人), しつこい(人). ♦ **～·ly** *adv*
ùn·régistered *a* 登録[登記]されていない; 書留にされてない; 〈家畜など〉血統証明のついていない.
ùn·regrétted *a* 悲しまれ[惜しまれ, 後悔され]ていない.
ùn·régulated *a* 無秩序な; 野放図な, 統制[規制]されていない.
ùn·rehéarsed *a* 語られていない (untold); 下稽古をしない, 準備[計画]されたのでない, 自然発生的な.
ùn·réin *vt* …の手綱をゆるめる; …の拘束を解く.

U

ùn·reláted *a* 血縁[親族]でない; 関連のない; 語られない.
ùn·reláxed *a* ゆるめられていない, 張りつめた.
ùn·relàx·ing *a* ゆるめない, 緊張させたままの.
ùn·reléased *a* 〈映画·録音などが〉未公開の, 未発表の.
ùn·relént·ing *a* 容赦のない, きびしい, 断固とした; 弱まる[衰える]ことのない, たゆまぬ. ♦ **~·ly** *adv* **~·ness** *n*
ùn·reliable *a* あてにならない, 信じられない, 信頼できない. ♦ **-ably** *adv* **~·ness** *n* **ùn·reliabílity** *n*
ùn·relíevable *a* 救済[緩和]できない.
ùn·relíeved *a* 救済[軽減, 緩和]されていない, いつまでも続く; 凹凸[明暗, 変化]のない, 平板な, 単調な. ♦ **~·ly** *adv*
ùn·relígious *a* 宗教とは無関係の, 非宗教的な; IRRELIGIOUS. ♦ **~·ly** *adv*
ùn·remárk·able *a* 人の注意[興味]をひかない, 目立たない, 平凡な. ♦ **-ably** *adv*
ùn·remárked *a* 注目されていない, 気づかれない.
ùn·rémedied *a* 癒されていない, 補修[賠償, 矯正]されていない.
ùn·remémbered *a* 記憶されていない, 忘れられた.
ùn·remítted *a* 赦免[軽減]されてない〈罪·負債〉; 不断の, たゆまぬ. ♦ **~·ly** *adv* 絶えず.
ùn·remítting *a* 間断のない, 絶え間のない; 辛抱強い, 努めてやまない. ♦ **~·ly** *adv* **~·ness** *n*
ùn·remórse·ful *a* REMORSELESS; 悪意のない. ♦ **~·ly** *adv*
ùn·remóvable *a* 動かせない, 不動の.
ùn·remóved *a* 除去されていない; 転移[移動]されていない; 固く据え付けられた.
ùn·remúnerative *a* 報酬[利益, 報い]のない[少ない]. ♦ **~·ly** *adv* **~·ness** *n*
ùn·renéwed *a* 更新されていない, 《特に》精神的に生まれ変わっていない. ♦ **ùn·renéw·able** *a*
ùn·renóunced *a* 否認[拒絶]されていない.
ùn·renówned *a* 世に聞こえていない, 世に知られない, 無名の.
ùn·rént *a* 引き裂かれていない.
ùn·repáid *a* 返済されていない; 報われていない.
ùn·repáir *n* 破損[未修復]状態, 荒廃.
ùn·repáired *a* 修繕[修復]されていない.
ùn·repéaled *a* 廃止されていない, 依然として有効な.
ùn·repéat·able *a* 繰り返すのがはばかられる, とても下品な, みだらな; 二度[二つ]とない. ♦ **ùn·repèat·abílity** *n*
ùn·repént·ance *n* IMPENITENCE.
ùn·repént·ant *a* 悔悟することのない; 頑固な, 強情な. ♦ **~·ly** *adv*
ùn·repént·ed *a* 後悔[悔悟]されていない.
ùn·repént·ing *a* 後悔していない. ♦ **~·ly** *adv*
ùn·repíning *a* 不平を鳴らさない. ♦ **~·ly** *adv*
ùn·replénished *a* 満たされていない, 補充[補填]されていない.
ùn·repórt·ed *a* 報告されていない.
ùn·representative *a* 選挙民を代表していない; 典型的でない, 非定型の. ♦ **~·ly** *adv* **~·ness** *n*
ùn·represént·ed *a* 立法府に代表を出していない; 例示されていない.
ùn·représsed *a* 抑圧[抑制, 鎮圧]されていない.
ùn·repríeved *a* 執行を猶予されていない.
ùn·repróach·ful *a* 非難がましくない. ♦ **~·ly** *adv*
ùn·repróvable *a* 非難できない, とがむべきところのない.
ùn·repróved *a* 非難されていない.
ùn·requést·ed *a* 依頼[要求, 懇願]されていない.
ùn·requít·ed *a* 報いられていない, 仕返しされていない, 報酬を受けない, 一方的な: ~ love 片思い. ♦ **~·ly** *adv* **~·ness** *n*
ùn·resént·ed *a* 不快に思われていない, 憤慨されていない.
ùn·resént·ing *a* 憤慨しない, 恨まない.
ùn·resérve *n* 遠慮[腹蔵, 忌憚]のないこと, 率直.
ùn·resérved *a* 遠慮のない, 率直な; 制限のない, 無条件の, 全くの; 保留してない, 予約してない, 予約扱いでない. ♦ **ùn·re·sérv·ed·ly** /-ədli/ *adv* 忌憚なく, ずけずけと; 無制限に, 絶対的に. **-ed·ness** /-(ə)dnəs/ *n*
ùn·resíst·ant *a* 抵抗[阻止]しない.
ùn·resíst·ed *a* 抵抗[反対, 阻止]されていない. ♦ **~·ly** *adv*
ùn·resíst·ing *a* 抵抗しない, 従順な. ♦ **~·ly** *adv*
ùn·resólvable *a* 解決できない, 解決不能の.
ùn·resólved *a* 決着のついていない, 未解決の; 決心がついていない, 意見が決まってない; 〈音が〉諧調に変えられてない, 不協和なままの; 成分に分解されない. ♦ **~·ly** *adv*
ùn·respéct·ed *a* 尊敬されていない, 敬意を払われない.
ùn·respónsive *a* 感受性の鈍い, 反応のおそい[鈍い]; 非同調的な; 意識のない, 死んだ; 〈組織などが〉《人びとの要求に》こたえない. ♦ **~·ly** *adv* **~·ness** *n*
ùn·rést *n* 《特に 社会的な》不安, 不穏; 心配: social ~ 社会不安.
ùn·rést·ed *a* 休息をとってない.
ùn·rést·ful *a* 安楽[平穏]に感じていない, 安らぎのない; 平静[自信]を欠いた; 落ちつかない, そわそわした. ♦ **~·ly** *adv* **~·ness** *n*
ùn·rést·ing *a* 休まない, 休止しない, 間断なく続く. ♦ **~·ly** *adv*
ùn·restóred *a* 回復[復旧]されていない.
ùn·restráin·able *a* 抑制[制限, 制御]できない.
ùn·restráined *a* 抑制[制御]されていない, 無制限の; 遠慮[慎み]のない, 自由な. ♦ **ùn·restráin·ed·ly** /-ədli/ *adv* **-ed·ness** /-(ə)dnəs/ *n*
ùn·restráint *n* 無制限, 無拘束, 自制のないこと.
ùn·restríct·ed *a* 制限[拘束]のない, 自由な. ♦ **~·ly** *adv* **~·ness** *n*
ùn·retárd·ed *a* 遅滞していない, 遅れていない.
ùn·reténtive *a* 保持力[記憶力]のよくない.
ùn·retíre *vi* 引退を撤回する, 引退から復帰する.
ùn·retráct·ed *a* 引っ込められていない, 収縮していない; 取り消されていない, 撤回されていない.
ùn·retúrned *a* 戻っていない; 返されない, 返して[応えて]もらえない, 報われない.
ùn·revéaled *a* 隠された, 秘密の, 明かされていない, 暴露されていない.
ùn·revénged *a* 返報[復讐]されていない.
ùn·revérsed *a* 逆にされていない; 〘法〙破棄されていない.
ùn·revísed *a* 改正[修正, 訂正, 校訂, 改訂]されていない.
ùn·revóked *a* 取り消されていない, 廃止されていない.
ùn·rewárd·ed *a* 報酬[返報, 褒賞]を受けていない, 報われない.
ùn·rewárd·ing *a* 報いのない, 報われない.
ùn·rhetórical *a* 非修辞的な, 文字どおりの, 平明な. ♦ **~·ly** *adv*
ùn·rhýmed *a* 韻を踏んでいない, 無韻の.
ùn·rhýthmic, -mical *a* 韻律[律動]的でない, リズミカルでない. ♦ **-mical·ly** *adv*
ùn·rídable *a* 馬に乗って[騎乗して]行けない.
ùn·rídden *a* 〈馬が〉人が乗っていない[乗ったことのない].
ùn·ríddle *vt* …のなぞを解く, 解明する. ♦ **-ríddler** *n*
ùn·rífled[1] *a* 〈銃腔などが〉旋条のついていない, 滑腔の. [*rifle*[1]]
unrifled[2] *a* 略奪[強奪]されていない. [*rifle*[2]]
ùn·ríg *vt* 〈船〉から索具を取りはずす; …の装備を解く; …の衣服を脱がせる, 裸にする.
ùn·ríght *a, n* 正しくない(こと), 不正(な).
ùn·ríghteous *a* 公正でない, 不当な; よこしまな, 邪悪な, 不正な. ♦ **~·ly** *adv* **~·ness** *n*
ùn·ríght·ful *a* 不正[不当]な. ♦ **~·ly** *adv* **~·ness** *n*
ùn·ríp *vt* 切り開く[放す], 裂く; 《まれ》明らかにする, 示す, 発表[暴露]する.
ùn·rípe *a* 未熟な; 機の熟さない, 時期尚早の; 《廃》〈死が〉あまりに早い. ♦ **~·ly** *adv* **~·ness** *n*
ùn·rípened *a* 熟していない, 円熟していない, 未熟な.
ùn·rísen *a* 昇っていない, 現われていない, 起きていない.
ùn·ríval(l)ed *a* 他の追随を許さない, 無敵の, 無類の, 例を見ない, このうえない.
ùn·rívet *vt* …の鋲(びょう)を取り除く; 解放する, ゆるめる.
ùn·róad·wòrthy *a* 〈車が〉安全に走行できない, 運転すると危険な.
ùn·róast·ed *a* 蒸焼きにしていない; 焙(ほう)じていない; 〘冶〙〈鉱石が〉煆焼(かしょう)していない.
ùn·róbe *vt* …の衣服[官服]を脱がせる (disrobe). ► *vi* 衣服を脱ぐ.
ùn·róll *vt* 〈巻いたものを〉解く, 開く, 広げる; [*fig*] 展開する, くりひろげる, 示す, 明らかにする; 《廃》巻物[リスト]から消す. ► *vi* 〈巻いたものが〉解ける; 〈風景などが〉開ける.
ùn·romántic, -tical *a* 空想的でない, 実際[現実]的な, ありきたりの; 無粋な. ♦ **-tical·ly** *adv*
ùn·róof *vt* …の屋根[おおい]をはがす.
ùn·róofed *a* 屋根のない, 屋根をふいていない.
ùn·róost *vt, vi* ねぐらを追う[離れる].
ùn·róoster *vt* 《西部俗》〈放牧場で冬を越した馬を〉仕事に慣らす.
ùn·róot *vt* 根こぎにする, 根絶する (uproot). ► *vi* 根こぎにされる, 根絶やしになる.
ùn·róot·ed *a* 根こぎにされていない 〈*out*〉; 社会的基盤のない, 根無し草のような.
ùn·rópe *vt, vi* 〈登山者が〉(…をつないでいる)ロープを解く[ほどく].
ùn·róugh *a* ざらざら[でこぼこ]でない; (不精)ひげのない.
ùn·róund 〘音〙 *vt* 〈唇を〉横に開く; 唇を(あまり)円めないで発音する. ► *a* UNROUNDED.
ùn·róund·ed 〘音〙 *a* 〈音が〉唇を横に開いて発音された; 非円唇の.
ùn·róve *a* 滑車[はめ輪]からはずされた.
ùn·róyal *a* 国王らしくない.
ùn·rúffle *vi, vt* 静かになる[させる], 静まる[静める].
ùn·rúffled *a* 動揺しない, 平然とした; 波立っていない; しわが寄っていない.
ùn·rúled *a* 支配されていない, 抑えられていない; 罫(けい)の引いてない, 無罫の.
ùn·rúly *a* 手に負えない; 荒れ狂う, 荒々しい; 〈髪が〉くせのある: the

～ MEMBER. ♦ **ùn·rúliness** *n*
UNRWA /ʌ́nrə, -rɑ̀ː/ United Nations Relief and Works Agency 国連難民救済事業機関《パレスティナ難民救済のため 1949 年設置》. **Uns** 〖化〗unnilseptium.
ùn·sáddle *vt* 〈馬などの〉の鞍をはずす; 〈人を〉落馬させる. ► *vi* 馬の鞍をはずす.
unsáddling enclòsure 脱鞍所《競馬場で, レース後に鞍をはずしたり賞を授与したりする場所》.
ùn·sáfe *a* 安全でない, 危険な; 信頼できない; 〈セックスが〉安全でない《性病感染防止・避妊手段を講じていない》; 〖法〗〈判決が〉確かな証拠に基づかない, くつがえされる可能性がある. ♦ **～·ly** *adv* **～·ness** *n*
ùn·sáfety *n* 安全(性)の欠如; 危険.
ùn·sáid *a* (念頭にはあっても)口にされていない: Better leave it ～. 言わずにおくがいい, 言わぬが花.
ùn·sáint·ly *a* 聖者にふさわしくない, 聖者らしからぬ.
ùn·salabílity, -sàle·abílilty *n* 市場性の低さ[欠如].
ùn·sálable, -sále·able *a* 売り物にならない, 売れ行きの悪い. ♦ **～·ness** *n*
ùn·sálaried *a* 給料を支払われていない, 無給の.
ùn·sált·ed *a* 塩(水)に漬けない; 塩気のない; 淡水の.
ùn·sánctified *a* 清められていない, 不浄(のまま)の, 神聖化[聖別]されていない.
ùn·sánctioned *a* 裁可[認可, 承認]されていない; 受容できない.
ùn·sánitary *a* 非衛生的な, 不衛生な, 健康によくない.
ùn·sáted *a* 満たされない, 飽き足らない.
ùn·sátiable *a* INSATIABLE.
ùn·sátiated *a* 満たされていない, 飽き足らない.
ùn·satisfáction *n* 満足感の欠如, 不満, 不服, 不足.
ùn·satisfáctory *a* 不満足な, 意に満たない, 飽き足らない, 不十分な; 〖法〗UNSAFE. ♦ **ùn·satisfáctorily** *adv* **-riness** *n*
ùn·sátisfied *a* 満足させられていない, 満たされていない, 不満な; 金が支払われていない.
ùn·sátisfy·ing *a* 満足させない, 満足[充足]感を与えない, 飽き足らない, あっけない. ♦ **～·ly** *adv*
ùn·sáturate *n* 〖化〗不飽和化合物.
ùn·sáturated *a* 飽和していない; 〖化〗不飽和の《不飽和結合を有する》: ～ compounds.
ùn·saturátion *n* 〖化〗不飽和(化).
ùn·sáved *a* 救われていない, 《特に 宗教的に》救済[済度]されていない.
ùn·sávory *a* いやなにおい[味]がする; 不快な, いやな, ぞっとしない, 味気ない; 味のない, 気の抜けた; 《道徳的に》芳しくない. ♦ **ùn·sávor·ily** *adv* **-riness** *n*
ùn·sáy *vt* 〈前言を〉取り消す, 撤回する.
ùn·sáy·able *a* 口に出せない, 言うのがはばかられる.
UNSC /, ʌ́nsk/ °United Nations Security Council.
ùn·scálable *a* 〈塀・岩など〉よじのぼれない, 登攀不可能の.
ùn·scále *vt* …のうろこ[湯あか]を落とす.
ùn·scáled *a* 〈山などが〉登られていない, 処女峰の.
ùn·scánned *a* 〈詩行が〉音脚に分けてない.
ùn·scáred *a* おびやかされていない, びくつかない.
ùn·scárred *a* 傷[刻み]のつけられていない, 無傷の.
ùn·scáthed *a* 無傷の, 痛手をうけていない.
ùn·scént·ed *a* 香りを奪われた; 香りのない, 無香性の.
ùn·schéduled *a* 予定表[計画表, 時間表, 日程表]に載せられていない, 予定外の, 臨時の.
ùn·schólar·ly *a* 学者らしくない[に向かない], 学識のない, 学問的でない.
ùn·schóoled *a* 正式な教育[訓練]をうけていない; 教育[訓練]で得たのではない, 生まれつきの, 自然な.
ùn·scientífic *a* 非科学的な; 科学的知識のない. ♦ **-ical·ly** *adv*
ùn·scórched *a* 焦がされていない, 焦土化されていない.
ùn·scóured *a* すり磨かれていない; 洗い流されていない.
ùn·scrámble *vt* 〈混合体を〉もとの要素に分解する, 〈乱れたものを〉もとの状態に戻す, はっきりさせる, 解明する; 〈考えなどを〉整理する; 〈周波数を変えて発信された通信内容を〉受信してもとに戻す, スクランブルを解除する. ♦ **-scrámbler** *n*
ún·scràped gínger BLACK GINGER.
ùn·scrátched *a* ひっかかれていない; 全く無傷の.
ùn·scréened *a* **1** 仕切りで遮蔽[保護]されていない. **2** ふるいにかけてない; 選別していない; 保安検査をうけていない. **3** 映画化されていない; 〈映画が〉上映されていない, 未公開の.
ùn·scréw *vt* …のねじを抜く[ゆるめる]; ねじを抜いて[ゆるめて]はずす; ねじってはずす[ゆるめる], 〈瓶など〉のねじぶたを回してとる. ► *vi* ねじが抜ける[ゆるむ], ねじで抜ける.
ùn·scréwed *a**《俗》UNGLUED.
ùn·scrípt·ed *a* スクリプト[原稿]に従わない, スクリプトなしの; 計画にない, 予期しない, 予定外の, 不意の.
ùn·scríptural *a* 聖書[経典]に反する[従わない]. ♦ **～·ly** *adv* **～·ness** *n*
ùn·scrúpulous *a* 平気で悪事をする, 不徳な, 破廉恥な, 悪辣な, 無節操な. ♦ **～·ly** *adv* **～·ness** *n*
ùn·séal *vt* …の封を切る, 開封する, 〈封印したものを〉開く, あける; [*fig*] …の束縛[抑制]を解く, 〈固い口などを〉開く.
ùn·séaled *a* 押印されていない, 封印のない; 密閉[密封]されていない, 開封の; 確証[確認]されていない, 未確定の; 《豪》〈道路が〉未舗装の.
ùn·séam *vt* …の縫い目を解き開く, ほどく, 引き裂く.
ùn·séarch·able *a* 捜し出せない; 測り知れない, 隠れた, 不思議な. ♦ **-ably** *adv* **～·ness** *n*
ùn·séarched *a* 検査[調査, 捜査]されていない.
ùn·séason·able *a* 時候[季節]はずれの, 不時の; 天候不順の; 時宜を得ない, 時機を失した, タイミングの悪い, その場にふさわしくない; 旬(しゅん)でない. ♦ **-ably** *adv* **～·ness** *n*
ùn·séason·al *a* 季節[時候]に合わない, 季節はずれの (unseasonable).
ùn·séasoned *a* 〈食物が〉調味していない; 〈木材など〉ほどよく乾燥していない; 〈人が〉未熟な, 未経験の, 慣れない.
ùn·séat *vt* …の席を奪う; 落馬させる; 〈議員・政治家〉から議席[政治的地位]を奪う, 失脚させる.
ùn·séat·ed *a* 座席(の設備)のない; 議席のない; 落馬した; *〈土地が〉人の住みついていない, 無人の.
ùn·séa·wòrthy *a* 〈船が〉航海に適さない, 耐航力のない. ♦ **-wòrthiness** *n*
ùn·sécond·ed *a* 援助されていない; 支持されていない.
ùn·sectárian *a* 分派[派閥]的でない, 一派の利益のみにこだわらない. ♦ **～·ism** *n* 非分派主義; 非分派性.
ùn·secúred *a* 安全にされていない, 保証のない; 無担保の〈融資・債権者〉; 〈ドアなど〉しっかり締められていない[留められていない].
ùn·sedúced *a* 誘惑されない, 誘惑に負けない.
ùn·sée·able *a* 見えない (invisible).
ùn·séed·ed *a* 種のまかれて[除かれて]いない; 《特に 競技のトーナメントで》シードされていない, ノーシードの.
ùn·sée·ing *a* 見ていない, 《特に》見ようとしない; 盲目の. ♦ **～·ly** *adv*
ùn·séem·ly *a* 見苦しい, 不体裁な, 不相応な, 不適当な; 時[所]を得ない; 魅力のない. ► *adv* 見苦しく, 不体裁に. ♦ **-liness** *n*
ùn·séen *a* 目に見えない; 人目につかない, 気づかれない; 〈翻訳・楽譜など〉初見(で)の, 即席の; 《廃》未知の. ► *n* [the] 見えないもの, 霊界; ″即席翻訳問題.
ùn·ségment·ed *a* 部分[分節]に分かれていない.
ùn·ségregated *a* 差別[分離, 隔離]されていない; 人種差別のない.
ùn·séizable *a* 捕捉できない, 明確に理解しえない.
ùn·séized *a* 捕えられていない, 捕えそこなった.
ùn·séldom *adv* [°not ～] しばしば (frequently).
ùn·seléct *a* 選ばれたものでない.
ùn·seléct·ed *a* 選別[精選, 選択]されたのではない, 任意抽出の.
ùn·seléctive *a* 無差別の, 任意の. ♦ **～·ly** *adv*
ùn·sélf *vt* [～ *-self*] …の我を断つ, 利己心を去らせる, 利己的でなくする.
ùn·sèlf·cónscious *a* 自己を意識しない; 気取らない. ♦ **～·ly** *adv* **～·ness** *n*
ùn·sélf·ish *a* 利己的でない, 利他的な, 寛大な. ♦ **～·ly** *adv* **～·ness** *n*
ùn·séll *vt* 信じてはいけないと〈人を〉説得する 〈*on* sth〉; …がよいという思い込みを捨てさせる.
ùn·sensátion·al *a* 煽情的でない, きわものでない, 《特に》興味[好奇心]をそそるようなところのない. ♦ **～·ly** *adv*
ùn·sénsitive *a* INSENSITIVE.
ùn·sént *a* 送付されていない, 送り出されていない.
ùn·séntenced *a* 刑の宣告を受けていない.
ùn·sentiméntal *a* 感傷的でない. ♦ **～·ly** *adv*
ùn·séparated *a* 分離[分類, 選別]されていない.
ùn·sérious *a* ふまじめな, 不謹慎な; 真剣でない, 軽い気持の; 軽妙な; ささいな.
ùn·sérved *a* 応対されていない; 〈教会・教区が〉専任の司祭[牧師]のいない; 〈令状などが〉送達されていない, 未送達の.
ùn·sérvice·able *a* 役に立たない, 実用にならない, 無用の; 使い物にならなくなった, 用済みの. ♦ **ùn·sèrvice·abílity** *n* 無用; 用済み.
ùn·sét *a* 〈宝石が〉はめ込んでない, 据え付けていない; 固めていない, 固まっていない; まだ活字に組まれていない; 《古》割り当てられていない. ► *vt* 揺るがす, はずす, 乱す.
ùn·séttle *vt* 揺るがす, 乱す; 〈信念などを〉動揺させる; 〈人〉の心を乱す, 不安にする. ► *vi* 動揺する, 取り乱す. ♦ **～·ment** *n*
ùn·séttled *a* **1** 〈天候が〉変わりやすい; 〈状態が〉不安定な, 騒がしい, 物騒な; 〈ほこりなど〉落ちついていない. **2** 決心のつかない; 決着していない; 精神的に不安定な; 未決済の; 〈不動産が〉法的な処分をされていない. **3** 定住地のない, 居所の定まらない; 〈島など〉定住民のない. ♦ **～·ness** *n*
ùn·séttling *a* 心を乱す, 動揺させる, 人騒がせな. ♦ **～·ly** *adv*

ùn·sévered *a* 切り離されていない, 切れていない.
ùn·séw *vt* …の縫い糸を取り去る; ほどく.
ùn·séwed *a* 縫っていない, 縫い合わせていない.
ùn·séwn *a* UNSEWED: ～ binding〘製本〙無線綴じ.
ùn·séx *vt* 性的不能にする, 去勢する; …の性の特質をなくする,《特に》〈女〉の女らしさをなくする, 男性化する.
ùn·séxed *a* 〈ひなが〉雌雄に選別されていない.
ùn·séxual *a* 性的でない; 無性の. ♦ **～·ly** *adv*
ùn·séxy *a* 性的魅力のない, セクシーでない.
ùn·sháckle *vt* …のかせ[束縛]をはずす; 自由にする.
ùn·sháded *a* 日陰になっていない, 日当たりの; 陰影のない; 笠[おおい]のない.
ùn·shádow *vt* 影から出す, [*fig*] 明らかにする, 現わす.
ùn·shádowed *a* 影で暗くされていない, かげりのない.
ùn·shákable, -sháke·able *a* 揺るがしえない, 揺るぎない, 不動の. ♦ **～·ness** *n* **-shak(e)·abílity** *n*
ùn·shákably, -sháke·ably *adv* 揺るぎなく, 確固として, 不動に.
ùn·sháken *a* かき乱されていない, 揺るがない, 動じない, 確固たる. ♦ **～·ly** *adv* **～·ness** *n*
ùn·shámed *a* 恥ずかしめられていない; UNASHAMED.
ùn·sháped *a* 形のでき上がっていない, 仕上っていない; ぶかっこうな; 奇形の.
ùn·shápe·ly *a* ぶかっこうな, 醜い, ぶざまな, できそこないの. ♦ **-li·ness** *n*

ùn·shápen *a* UNSHAPED.
ùn·sháred *a* 分配[分担, 共有]されていない.
ùn·shárp *a* SHARP でない,〘写〙(ピントの)甘い, ぼけた, 不鮮明な. ♦ **～·ness** *n*
ùn·sháved *a* 剃(そ)っていない, 削られていない, 刈り込んでいない.
ùn·sháven *a* ひげを剃っていない, ひげを生やした.
ùn·shéathe *vt* 〈剣などを〉さやから抜く, …のさやを払う; 露出させる. ● **～ the sword** 刀を抜く, 抜刀する; [*fig*] 宣戦する, 開戦する.
ùn·shéd *a* 〈涙が〉流されていない, 落とされていない.
ùn·shéll *vt* …の殻を取り除く[むく, はぐ].
ùn·shélled *a* 殻[さや]をむいていない.
ùn·shéltered *a* 《風雨などから》さえぎられていない, 守られていない, 無防備な.
ùn·shíeld·ed *a* 保護されていない.
ùn·shíft *vi* 《タイプライターなどの》シフトキーを戻す.
ùn·shíp *vt* 〈船荷などを〉降ろす, 陸揚げする; 〈船客を〉下船させる;〘海〙〈オール・舵柄(だへい)などを〉取りはずす. ► *vi* 陸揚げされる; 下船する; 取りはずされる, はずれる.
ùn·shírt·ed *a* [ᵁ～ hell]*《口》取りつくろわない, あからさまな: give sb ～ *hell* 人をどやしつける / raise ～ *hell* かんかんになる, ひどい騒ぎを起こす.
ùn·shóck·able *a* 衝撃をうけない. ♦ **-ably** *adv* **ùn·shòck·abílity** *n*
ùn·shód *a* 靴を履かない, はだしの; 蹄鉄の打ってない; 金たが[タイヤ]のない; 〈ステッキなど〉鉄の石突きのない.
ùn·shóe *vt* …から靴[蹄鉄など]を脱がせる[取りはずす].
ùn·shóed *a* UNSHOD; *《俗》安っぽいなりをした.
ùn·shórn *a* 〈髪・ひげなど〉はさみで調えられていない; 〈田畑が〉取入れがしてない; 減らされていない.
ùn·shóulder *vt* 〈荷物を〉肩から降ろす.
ùn·shówn *a* 示されていない.
ùn·shrínk·able *a* 縮まない, 縮小しない.
ùn·shrínk·ing *a* 畏縮しない, 断固[堂々]たる. ♦ **～·ly** *adv*
ùn·shríven *a* 〘カト〙告解による罪の赦しを得ていない.
ùn·shróud *vt* …から屍衣[おおい]をとる, 露出させる.
ùn·shút *vt, vi* 開く. ► *a* 閉ざされていない, 開いている (open).
ùn·shútter *vt* …のよろい戸を開く[取りはずす].
ùn·sícker *a* 《スコ》安全でない, 信頼できない.
ùn·síft·ed *a* ふるいにかけられていない, 漉(こ)されていない; 吟味[精査]されていない.
ùn·síght *vt* …の目を見えなくする. ► *a* 吟味してない, 調査してない: He bought a car ～, unseen. 車を見ず[調べず]に買った.
ùn·síght·ed *a* 見えていない; 〈銃が〉照尺の付いていない; 照準を合わせずに発射した; 《特に スポーツで》〈人が〉視界をさえぎられている.
ùn·síght·ly *a* 見苦しい, 目ざわりな. ♦ **-li·ness** *n*
ùn·sígned *a* 署名のない, 無署名の; (契約の)署名をしていない, フリー[非専属]の〈歌手など〉;〘電算〙符号なしの〈変数〉.
ùn·sínk·able *a* 〈船など〉沈められない, 不沈の. ♦ **ùn·sìnk·abíl·ity** *n*
ùn·síster·ly *a* 姉妹らしい愛に欠けた.
ùn·sízed[1] *a* 寸法の整っていない, 規格に合っていない; 寸法によって分類されていない.
unsized[2] *a* 陶砂(どうさ)[糊]の塗ってない. [SIZE[2]]
ùn·skílled *a* 熟練してない, 不熟練の, 未熟な, へたな; 熟練を要しない.
únskilled lábor 不熟練労働; 不熟練労働者.
ùn·skíll·ful, -skílful *a* へたな, 拙劣な; 無器用な, 不細工な;《廃》〈…を[について]〉知らない〈*of, in*〉. ♦ **～·ly** *adv* **～·ness** *n*
ùn·skímmed *a* 〈牛乳が〉クリームを取り除いていない.
ùn·slácked *a* ゆるめ[和らげ]られていない; 〈石灰が〉消和されていない (unslaked).
ùn·slák·able, -sláke·able *a* 〈渇き・欲望が〉いやしがたい, 〈怒りが〉和らげようのない, 鎮めがたい, 抑えがたい.
ùn·sláked *a* 〈石灰が〉消和されていない; 〈渇きが〉いやされていない, 〈怒りが〉緩和されていない: ～ lime 生石灰.
ùn·sléep·ing *a* 眠らない, 休まない, とどまることのない. ♦ **～·ly** *adv*
ùn·slíced *a* 《パンなど》切ってない, 塊りのまま売る.
ùn·slíng *vt* 吊ってある所からはずす;〘海〙〈帆桁・積荷などを〉吊り綱[網]から降ろす, …の吊り綱[網]をはずす.
ùn·slóugh /-slʌ́f/ *《俗》*vt* 〈時計を〉ポケットからすり取る; 盗む, だまし取る.
ùn·smíling *a* 笑わない, にこりともしない. ♦ **～·ly** *adv*
ùn·smírched *a* 汚されていない, 傷つけられていない.
ùn·smóked *a* 燻製でない, いぶされていない; 〈タバコなど〉煙にされていない, 喫煙されていない.
ùn·snáp *vt* …のスナップをはずして脱ぐ; はずす, 開く.
ùn·snárl *vt* …のもつれを解く.
ùn·sociabílity *n* 交際嫌い, 交際べた, 無愛想; 無愛想なふるまい.
ùn·sóciable *a* 交際嫌いの, 非社交的な, 孤独な; 無愛想な; 内気な; 《古》相容れない, 両立しない; 〈労働時間・仕事が〉人づきあいに不都合な, 時間外の. ♦ **-bly** *adv* **～·ness** *n*
ùn·sócial *a* 社会的でない, 反社会的な; 社交的でない (unsociable); ᴵᴵ〈勤務時間が〉通常の労働時間外の, 社会生活に向かない, 変則的な. ♦ **～·ly** *adv*
unsócial hóursᴵᴵ *pl* 《社交が犠牲になる》通常の労働[勤務]時間外の労働時間: work ～ 時間外に働く.
ùn·sócialized *a* 社会訓練のできていない.
ùn·sóiled *a* 汚され[傷つけられ]ていない.
ùn·sóld *a* 売れていない, 売れ残りの.
ùn·sólder *vt* …のはんだをはがす, 〈はんだづけをしたものを〉離す; 分離する.
ùn·sóldier·ly *a* 軍人らしくない.
ùn·solícit·ed *a* 嘆願[懇願]されていない, 求められていない〈*for*〉; 頼まないのになされた[与えられた], おせっかいの. ♦ **～·ly** *adv*
ùn·solícitous *a* 懸念しない; 無頓着な, 無関心な.
ùn·sólid *a* 固くない; 充実していない; 論拠の不十分な.
ùn·sóluble *a* INSOLUBLE.
ùn·sólvable *a* 解決できない. ♦ **-bly** *adv* **～·ness** *n*
ùn·sólved *a* 解決されていない, 未解決の.
ùn·sónsy 《英方・スコ》*a* 不吉な; 致命的な; 不愉快な.
ùn·sophísticated *a* 人ずれしていない, 世慣れない, うぶな; やぼな, 無粋な, 教養のない; まぜ物のない, 純粋な, 本物の; 複雑[精巧]でない, 単純な. ♦ **～·ly** *adv* **～·ness** *n*
ùn·sophisticátion *n* 素朴, 無邪気, 純粋さ.
ùn·sórdid *a* むさくるしくない, みすぼらしくない; 卑しくない, さもしくない.
ùn·sórt·ed *a* 選別[分類]されていない.
ùn·sóught *a* 捜し求められていない, 頼まれたのではない.
ùn·sóund *a* 健全[健常, 正常]でない, 不健全な; 腐った, 朽ちた; しっかりしていない; 根拠の薄弱な; 堅実でない; 信用できない; 浅い〈眠り〉: of ～ mind 精神異常の, 責任能力のない. ♦ **～·ly** *adv*
ùn·sóund·ed[1] *a* 音にされていない, 発音されていない. [*sound*[1]]
unsounded[2] *a* (深さを)測量[調査]されたことのない; 底の知れない (unfathomed). [*sound*[3]]
ùn·sóund·ness *n* 不健全, 不安定; 不健全にさせるもの《病気・けが・欠損など》.
ùn·sóurced *a* 〈情報などが〉出所が不確かな, 典拠が示されていない, 信頼のおけない.
ùn·sóured *a* 酸敗していない; 不機嫌になっていない.
ùn·sówn *a* 〈種子が〉まかれていない; 〈畑が〉種まきのしてない.
ùn·spáring *a* けちけちしない, 出し惜しみしない; 容赦しない, きびしい: be ～ *of* [*in*] praise 賞賛を惜しまない / give with ～ hand 惜しげなく与える. ♦ **～·ly** *adv* **～·ness** *n*
ùn·spéak *vt* 《廃》〈前言を〉取り消す (unsay).
ùn·spéak·able *a* 言語に絶する; 口にするのもいやな[恐ろしい], (お)話にならない, ひどい; 口に出せない; 発音できない: the ～ in (full) pursuit of the uneatable 狐狩り《Oscar Wilde, *A Woman of No Importance* (1893) より》. ♦ **-ably** *adv* **～·ness** *n*
ùn·spéak·ing *a* 無言の, しゃべらない.
ùn·spécialized *a* 専門化していない;〘生〙〈器官が〉分化していない.
ùn·specífic *a* 不特定の, はっきりしない.
ùn·spécified *a* 特記[明記]されていない.
ùn·spectácular *a* めざましくない, はえない, パッとしない, さえない. ♦ **～·ly** *adv*

ùn·spéculative *a* 思索的でない, 物を思わない; 投機的でない, 慎重な.
ùn·spéll *vt* …の呪文[魔力, 呪縛]を解く. ♦ **~·able** *a*
ùn·spént *a* 費やされていない; 消耗されていない.
ùn·sphére *vt* 〈天体を〉天球 (sphere) からはずす[除く]; [*fig*] 解き放つ.
ùn·spílled, -spílt *a* こぼされていない, あふれていない, 〈血など〉流されていない.
ùn·spíritual *a* 精神的[霊的]でない, 現世的な, 物質的な. ♦ **~·ly** *adv* **~·ness** *n* **ùn·spirituálity** *n*
ùn·splíced *a* 継ぎ合わせていない.
ùn·splínter·able *a* 裂く[割る]ことのできない.
ùn·spóiled, -spóilt *a* 〈場所が〉そこなわれていない, 昔のままの; 甘やかされていない.
ùn·spóken *a* ことば[口]にされていない, 以心伝心の; 話しかけられていない 〈*to*〉; 無言の.
ùn·spónsored *a* スポンサー[後援者, 後援会]のない.
ùn·spóol *vt* 糸巻きなどからほどく; 〈映画を〉映写[上映]する; みごとに行なう, 巧みに表現する. ► *vi* 〈糸巻きなどに巻いたものが〉ほどける; 映写[上映]される.
ùn·spórt·ing *a* スポーツマンらしくない. ♦ **~·ly** *adv*
ùn·spórtsman·lìke *a* スポーツマンらしくない, スポーツマンシップに反した.
ùn·spótted *a* 斑点[しみ, 汚点]のない; [*fig*] 道徳的に汚点のない, 汚れのない, 純潔な: keep one*self* ~ from the world 世俗にまみれずにいる 《*James* 1: 26 から》.
ùn·spráyed *a* 殺虫剤[農薬]を散布していない, 無農薬の.
ùn·sprúng *a* ばね (spring) の付いていない.
ùn·stáble *a* 不安定な, すわりの悪い; しっかりしていない, 動揺する; 変動しやすい, 変わりやすい; 意志の変わりやすい; 落ちつきのない, 情緒不安定な; 不規則な; 〘理·化〙 不安定な: an ~ nuclide 〘理〙 不安定核種. ♦ **-bly** *adv* **~·ness** *n*
unstáble angína 〘医〙 不安定狭心症 《特に過去には病態が安定していたのに, 発作の苦痛が激しくなる, 持続が長くなる, 誘因となる労作が軽くなるなど狭心症が増悪した場合》.
unstáble equilíbrium 〘理〙 不安定平衡 《系が平衡点から離れると, さらに遠ざかろうとする力がはたらく平衡》.
unstáble oscillátion 〘空〙 不安定振動 《振幅が増大しつつある振動》.
ùn·stáck *vt* 積み上げた山から取り出す.
ùn·stáffed *a* 職員[スタッフ]のいない.
ùn·stáin·able *a* 汚すことのできない; 《道徳的に》 非の打ちどころがない.
ùn·stáined *a* よごれていない, きれいな; 《道徳的に》 汚れのない, 汚点のない.
ùn·stálked *a* 茎[柄, 軸]のない, 無茎[柄, 軸]の.
ùn·stámped *a* 印[判, スタンプ]が押してない; 切手[印紙]が貼ってない.
ùn·stárched *a* 糊で固めてない; 堅くない; [*fig*] 堅苦しくない, くつろいだ.
ùn·státe *vt* 《古》 …の地位を奪う.
ùn·státed *a* 述べられていない, 説明[発表]されていない, 暗黙の.
ùn·státesman·lìke *a* 政治家らしくない.
ùn·státutable *a* 法規に反する[従わない]. ♦ **-ably** *adv*
ùn·stéadfast *a* 確固としていない; 絶えず流動する.
ùn·stéady *a* 不安定な, ふらふら[ぐらぐら]する; 不規則な; 変わりやすい, 動揺する, 非[不]定常の, たよりない; 素行[身持ち]の悪い. ► *vt* 不安定にする. ♦ **-stéadily** *adv* 不安定に. **-stéadiness** *n*
ùn·stéel *vt* …の武装を解く, 〈心を〉和らげる.
ùn·stép *vt* 〘海〙 〈マストを〉檣座 (step) からはずす.
ùn·stérile *a* 無菌でない; UNSTERILIZED.
ùn·stérilized *a* 滅菌[殺菌]してない.
ùn·stíck *vt* 〈くっついているものを〉引き離す, はがす; 《口》 〈飛行機を〉離陸させる (⇨ UNSTUCK). ► *vi* 《口》 〈飛行機が〉飛び立つ. ► *n* 《口》 離陸(の瞬間).
ùn·stímulating *a* 刺激しない, 感動させない, 平板な.
ùn·stínt·ed *a* 制限されていない, 惜しみない. ♦ **~·ly** *adv*
ùn·stínt·ing *a* 出し惜しみしない, 惜しみない. ♦ **~·ly** *adv*
ùn·stírred *a* かき乱され(てい)ない.
ùn·stítch *vt* …の縫い目を解く, ほどく.
ùn·stóck *vt* 〈銃〉から銃床をはずす; 〈船を〉造船台からはずす.
ùn·stócked *a* 貯蔵[在庫]品の仕入れられていない; 〈銃が〉銃床のない; 〈池·林など〉魚[家畜]の放たれていない.
ùn·stóp *vt* …の栓を抜く; …からじゃま物を除く; 〈オルガン〉のストップを開く.
ùn·stóppable *a* 止められない, 制止[抑止]できない. ♦ **-bly** *adv* **ùn·stoppabílity** *n*
ùn·stópped *a* ふさがれていない, 栓のされていない; 妨げられていない; 〘音〙 継続[連続]音の; 〘韻〙 RUN-ON; 〘楽〙 〈弦·オルガンのパイプが〉開放の.
ùn·stópper *vt* …の栓を抜く (unstop).
ùn·stóried *a* 歴史の[に]ない; 物語に語られていない.
ùn·stráined *a* 漉(こ)されていない; 引き締められていない, 張りつめていない; 力んだところのない.
ùn·stráp *vt* …の革ひもをはずす[ゆるめる].
ùn·strátified *a* 層(状)にされていない, 〘地質〙 無成層の.
ùn·stréamed *a* 〘教育〙 〈学童が〉能力別にグループ分けされていない.
ún·strèss *n* 〘音〙 無強勢音節.
ùn·stréssed *a* 強調されていない; 〘音〙 強勢のない; 応力をうけない.
ùn·stríated *a* 〘解〙 〈筋(きん)が〉横紋のない, 平滑な.
ùn·stríkable *a* ストライキの対象にできない.
ùn·stríng *vt* 〈弦楽器·弓など〉の弦をはずす[ゆるめる]; 〈財布〉のひもをゆるめる; 〈気力を〉弱める, 〈心·頭を〉混乱させる, 〈人〉の気力を弱める, がっくりさせる; 〈数珠玉などを〉糸から抜き取る.
ùn·stríped *a* 縞(しま)[線条]のない; 〘解〙 〈筋肉組織が〉筋のない: an ~ muscle 平滑筋.
ùn·strúctured *a* 構造[組織]化されていない; 組織に組み込まれていない; 型にはまらない, 統制がとれて[組織立って]いない, 形式ばらない; 〈衣服が〉仕立てられていない, ゆるやかな.
ùn·strúng *a* 弦のゆるんだ, 弦をはずした; 〈気力が〉弱った, 〈人が〉気力を失った, 取り乱した: come ~ ばらばら[めちゃくちゃ, だめ]になる.
ùn·stúck *a* はがれて, はずれて; ばらばらになって, 崩壊して, 失敗して: come [get] ~ はがれる, はずれる; 失敗する, 瓦解する; 離陸する.
ùn·stúdied *a* 自然に会得された, おのずからそなわった〈品位·雄弁など〉; わざとらしくない, 巧まない; (専門的)知識[技能]のない 〈*in*〉. ♦ **~·ly** *adv*
ùn·stúffed *a* 詰め物を入れてない, 中身の詰まっていない.
ùn·stúffy *a* 〈部屋など〉むっとしていない, 〈天候など〉うっとうしくない; 堅苦しくない, くつろいだ.
ùn·stýlish *a* 流行遅れの, おしゃれでない.
ùn·subdúed *a* 鎮圧[征服, 制圧]されていない; 抑えられていない.
ùn·súbjugated *a* 服従していない, 征服されていない.
ùn·subscríbe *vi, vt* 〘電算〙 (〈メールマガジンなど〉の)登録を取り消す.
ùn·súbsidized *a* 助成金を受けていない.
ùn·substántial *a* 実体[実質]のない, 見かけばかりの, 中身のない, 形[名]ばかりの, 貧弱な; 軽い, もろい, 弱い; 非現実的な (unreal), 空想的な, 夢のような〈希望〉: an ~ meal 腹の足しにならない食事 / ~ arguments 論拠薄弱な議論. ♦ **~·ly** *adv* **ùn·substantiálity** *n*
ùn·substántiated *a* 証拠立てられていない, 根拠[確証]のない.
ùn·súbtle *a* こまやかさに欠ける, 大ざっぱな, あからさまな. ♦ **-súbtly** *adv*
ùn·succéss *n* 不成功, 不首尾, 失敗.
ùn·succéss·ful *a* 不成功[不首尾]に終わった, 失敗した, 不できな; 不運の. ♦ **~·ly** *adv* 失敗して; 不運に(も). **~·ness** *n*
ùn·súgared *a* 砂糖の入っていない, 無糖の, 〈丸薬が〉糖衣錠でない.
ùn·suggéstive *a* 暗示[示唆]的でない; 勇気[感動]を呼ばない (unstimulating). ♦ **~·ly** *adv* **~·ness** *n*
ùn·súit·able *a* 不適当[不適任]な, 不似合いの 〈*to, for*〉. ♦ **-ably** *adv* **~·ness** *n* **ùn·sùit·abílity** *n*
ùn·súit·ed *a* 不向きな, 不適当な 〈*to, for*〉; 釣り合わない, 両立しない, 相容れない.
ùn·súllied *a* 汚されてない, 汚点のない, 無垢の.
ùn·súmmed *a* UNCOUNTED.
ùn·súmmoned *a* 召喚されて[呼び出されて]いない.
ùn·súng *a* 歌われていない; 詩歌にたたえられていない, 賛美されていない; 知られていない, 無名の: die ~ / an ~ hero 知られざるヒーロー, 陰の功労者.
ùn·súnned *a* 日の当たっていない; 日焼けしていない; 一般大衆に公開されない.
ùn·súpervised *a* 監督されていない.
ùn·supplíed *a* 供給されない; 需要[不足]の満たされない.
ùn·suppórt·able *a* 支えられない; 耐えられない, 我慢できない; 支持[擁護]できない; 《古》 腹立たしい. ♦ **-ably** *adv*
ùn·suppórt·ed *a* 支えられていない, 支えのない; 支援されていない; 支持[立証]されていない; 〘電算〙 〈プログラム·デバイスが〉サポートされていない 《システムが対応していない》; 〈製品が〉〈メーカー〉サポートのない.
ùn·suppórtive *a* 精神的に支援しない, 心の支えにならない, 励ましをしない, 協力的でない.
ùn·suppréssed *a* 静められていない, 抑えきれない.
ùn·súre *a* 確信のない, 不確かな; 不安定な; 信用[信頼]できない; 《古》 安全でない, 危険な; 《古》 不安な. ♦ **~·ly** *adv* **~·ness** *n*
ùn·súrfaced *a* 〈道路が〉舗装されていない.
ùn·surmóunt·able *a* INSURMOUNTABLE.
ùn·surpáss·able *a* まさる[しのぐ]ことができない, このうえない, 最高の, 最大の. ♦ **-ably** *adv*
ùn·surpássed *a* まさるもののない, 抜群の, 無比の, 卓越した.
ùn·surprísed *a* 驚かない, 驚いていない.
ùn·surprísing *a* 驚くに足らない, 想定内の.
ùn·surprísing·ly *adv* 予想通り, 意外なところがなく, 平凡に; [文修飾的に] 意外でもなく, 驚きもしないが, 当然のことながら.

ùn·survéyed *a* 測量[調査]されていない; 踏査されていない, 未踏の.
ùn·suscéptible *a* 感じやすくない; …に影響されない, 弱くない 〈*to*〉; …を許さない, …の余地がない 〈*of*〉. ♦ **-susceptibílity** *n*
ùn·suspéct·ed *a* 疑われていない, 怪しまれていない; 思いも寄らない, 存在すら知られていない. ♦ **~·ly** *adv*
ùn·suspéct·ing *a* 疑わない, 疑うことを知らない, 怪しまない. ♦ **~·ly** *adv* **~·ness** *n*
ùn·suspícious *a* 疑わない, 怪しまない, 不審に思わない. ♦ **~·ly** *adv* **~·ness** *n*
ùn·sustáin·able *a* 支えられない, 支持[擁護]できない, 維持[持続]できない, 立証できない; 〈農業などが〉持続可能でない《資源の濫用によって環境を破壊する》. ♦ **-ably** *adv*
ùn·sustáined *a* 支えられていない; 支援[擁護]されていない; 高水準に維持[持続]されていない.
ùn·swáddle *vt* …からうぶ着[むつき]をはずす[脱がす].
ùn·swállowed *a* 飲み[吸い]込まれていない.
ùn·swáthe *vt* …から巻布[包帯]をはずす.
ùn·swáyed *a* 動かされていない; 左右[支配]されていない, 影響されていない; 偏らない, 偏見のない.
ùn·swéar 《古》 *vi* 宣誓[宣言]を破棄する. ► *vt* 〈以前の宣誓を〉(別の宣誓で)破る, 棄てる, 取り消す.
ùn·swéetened *a* 甘味の加えていない; 甘美にしていない. ► *n* ǁ《口》ジン (gin)《甘味なし》.
ùn·swépt *a* 掃かれていない; 一掃されていない.
ùn·swérving *a* それない, はずれない, 踏み迷わない; 固い, 確固たる, ゆるぎない, 不動の. ♦ **~·ly** *adv* **~·ness** *n*
ùn·swórn *a* 宣誓させられていない, 宣誓に縛られていない; 宣誓陳述[証言]でない.
ùn·syllábic *a* 音節をなさない.
ùn·symmétrical *a* 非相称の, 非対称の, 非均斉的な. ♦ **~·ly** *adv*
ùn·sympathétic *a* 思いやりのない, 無情な, 冷淡な; 共鳴しない, 理解がない; 感じのよくない, 好かれない. ♦ **-ical·ly** *adv*
ùn·sýmpathizing *a* 共鳴[共感]していない, 非同情的な.
ùn·systemátic, -ical *a* 組織的でない, 非体系的な, 非系統的な. ♦ **-ical·ly** *adv*
ùn·sýstematized *a* 組織[秩序]立っていない, 無体系の, 無秩序な(ままの).
ùn·táck *vt* …の TACK[1] をはずす; 〈馬〉から馬具をはずす.
ùn·táct·ful *a* 機知[気転]に欠けた. ♦ **~·ly** *adv*
ùn·táint·ed *a* 汚されていない, 汚点のない. ♦ **~·ly** *adv*
ùn·táken *a* 取得[獲得, 占領, 奪取]されていない.
ùn·tálent·ed *a* すぐれた才能[技量]に恵まれていない.
ùn·tálked-òf *a* 人の口に上らない, 言及されていない.
ùn·támable, -táme·able *a* 飼いならしえない, 御しえない. ♦ **-ably** *adv* **~·ness** *n*
ùn·támed *a* 飼いならされていない, 野性の, 荒々しい; 抑え[静め]られていない, 抑制されていない; 〈土地が〉自然のままの, 開墾されていない.
ùn·tángle *vt* 〈もつれたものを〉解く, ほどく; 解決する.
ùn·tánned *a* 〈獣皮が〉なめしていない; 日に焼けていない.
ùn·tápped *a* 〈樽が〉栓が付いていない; 〈樹木が〉《樹液を採るための》刻み目をつけていない; 〈資源など〉利用されていない, 未開発の, 手つかずの.
ùn·tárnished *a* 変色していない; 汚れのない.
ùn·tásted *a* 口のつけられていない; 味見のされていない.
ùn·táught *a* 教えられていない, 無教育の, 無知な; (教わらずに)自然に会得した, 自然な.
ùn·táxed *a* 課税対象とされていない, 無税の; 負担がかかっていない.
ùn·téach *vt* 〈人〉に既得の知識[習慣]を忘れさせる; 〈正しいとされていることを〉正しくないと教える, …の欺瞞性を示してやる.
ùn·téach·able *a* 〈人が〉教導できない, 言うことを聞かない; 〈技術など〉教えることのできない. ♦ **~·ness** *n*
ùn·téar·able *a* 裂くことができない, 容易に破れない.
ùn·téchnical *a* 専門的な教育[技能]を身につけていない; 〈語の意味・文体など〉専門的でない. ♦ **~·ly** *adv*
ùn·témpered *a* (適当な堅さに)鍛えて[練って]ない; 手加減してない, 和らげられていない.
ùn·ténable *a* 〈主張など〉批判に耐えられない, 擁護できない; 〈陣地など〉攻撃に耐えられない; 〈家など〉住むに適さない, 住み続けられない. ♦ **ùn·tenabílity** *n* **~·ness** *n* **-ténably** *adv*
ùn·ténant·able *a* 賃貸[賃借]に適しない; 住めない.
ùn·ténant·ed *a* 賃貸[賃借]されていない, テナントの入っていない, 空(ᵃ)いている.
ùn·ténd·ed *a* 世話[看護]されていない, 世話をする者のない, ほったらかしの (neglected).
ùn·tént·ed *a* 《古》 探針で調べていない, 手当てしていない.
ùn·ténured *a* 終身在職権のない〈大学教員(の地位)〉.
Un·ter den Lin·den /*G* úntər den líndn/ ウンターデンリンデン《East Berlin の一街路; 第二次大戦前は市民の社交・文化生活の中心としてにぎわった》. [G=under the lime trees]
Un·ter·mensch /*G* úntərmɛnʃ/ *n* (*pl* **-men·schen** /*G* -ʃn/) 《特にナチスドイツで》下等人種.
Un·ter·mey·er /ʌ́ntərmàɪər/ アンターマイアー **Louis ~** (1885–1977)《米国の詩人・批評家・詞華集編集者》.
ùn·térrified *a* UNDAUNTED.
Un·ter·wal·den /úntərvà:ldən/ ウンターヴァルデン《スイス中部の旧州; 現在は NIDWALDEN 準州と OBWALDEN 準州とに分かれている》.
ùn·tést·able *a* 試験できない, 検証できない.
ùn·tést·ed *a* 試験されていない, 実地に立証されていない.
ùn·téther *vt* 〈動物〉のつなぎ縄[鎖]を解く.
ùn·téthered *a* 〈動物が〉つながれていない.
ùn·thánked *a* 感謝されていない, ありがたく思われていない; ありがたくない〈役目〉.
ùn·thánk·ful *a* 感謝しない 〈*to* sb, *for* sth〉; 〈命令などが〉ありがたくない. ♦ **~·ly** *adv* **~·ness** *n*
ùn·thátch *vt* 〈屋根〉のかやを取り去る.
ùn·thátched *a* (屋根が)かやのふいてない: an ~ cottage.
ùn·tháw* *vt, vi* 溶かす, 溶ける (thaw). ♦ **~ed** *a* 凍ったままの.
ùn·theátrical *a* 舞台[演劇]に向いていない. ♦ **~·ly** *adv*
ùn·thínk *vi* 思考をやめる; 考え直す. ► *vt* 念頭から除く, もう考えない; …の考えを変える, 考え直す: *U~* your thoughts.
ùn·thínk·able *a* 想像もできない; 《口》とてもありそうもない, 考えられない, おぞましい; 考慮に値しない, 問題にならない. ► *n* [ᵘ*pl*] 考えられないこと[事態]. ♦ **ùn·thínk·ably** *adv* **~·ness** *n* **ùn·thìnk·abílity** *n*
ùn·thínk·ing *a* 考え[思慮]のない, 軽率な; 思考力のない; ぼんやりした; 考えもしない, 盲目的な; 気がつかない. ♦ **~·ly** *adv* **~·ness** *n*
ùn·thóught *a* 考えたことがない, 思い浮かべたことがない; [ᵒ~-of] 思いがけない: an *unthought-of* happiness 予期せぬ幸福.
ùn·thóught·ful *a* 考え[思慮]が深くない, 考えの浅い, あさはか[軽率]な. ♦ **~·ness** *n*
ùn·thréad *vt* 〈針など〉の糸をとる[抜く]; 〈迷路などを〉縫うように通り抜ける; …の継ぎ目[もつれ]を解く[はずす]; 解決[解明]する, 解く.
ùn·thréad·ed *a* 糸[ねじやま]のついていない.
ùn·thréaten·ing *a* 脅迫的[威圧的]でない, 恐ろしくない.
ùn·thréshed *a* 脱穀してない.
ùn·thríft *n* 散財, 浪費; 浪費家.
ùn·thrífty *a* 不経済な; 金づかいの荒い; 《古》〈樹木・家畜が〉元気に育っていない. ♦ **-thríftily** *adv* **-iness** *n*
ùn·thróne *vt* 王座から降ろす (dethrone); 廃する, 除く.
ùn·tídy *a* だらしのない, 不精な; 雑然とした, 取り散らかした, 取り乱した; 〈計画など〉まとまりのない, 杜撰(ずさん)な; 乱雑になる, 散らかる〈仕事〉. ► *vt* 散らかす, 乱す. ♦ **-tídily** *adv* だらしなく; 杜撰に. **-diness** *n*
ùn·tíe *vt* 解く, ほどく, 〈包みなど〉の結び目をほどく; 〈困難などを〉解決する; …の束縛を解く, 自由にする. ► *vi* ゆるむ, ほどける.
ùn·tíed *a* 結ばれていない, 縛られていない; 制限されていない; 〈国際融資・援助が〉ひも付きでない. ● **come ~** *《俗》 混乱[動顛]する, おかしく[どうしようもなく, かっと]なる.
un·til /əntìl/ *prep* **1** [時の継続] …まで, …になるまで, …に至る[着く]まで(ずっと); [*neg*] …まで…しない, …に至って…する: (up) until last week 先週まで / Wait ~ two o'clock. 2 時まで待ってくれ / It was not ~ yesterday that I noticed it. 昨日になって初めて気がついた. **2** 《スコ》 TO, TOWARD. ► *conj* **1** [時の継続] …の時まで, …まで(ずっと): Wait ~ she comes. / Some take no thought of health ~ they lose it. / *U~* we meet again. ではまたお会いするまで, またお会いしましょう. **2** [程度] …するまで, …するほど; [*neg*] …まで…しない, …に至って…する: He worked ~ too tired to do anything more. ★⇨ TILL[1]. [ON *und* as far as+*till*[1]]
ùn·tíle *vt* …からタイル[瓦]を取り去る[はずす].
ùn·tíled *a* (化粧)タイル[瓦]の付いていない.
ùn·tíll·able *a* 耕せない, 不毛の, 収穫の望めない.
ùn·tílled *a* 耕されていない, 未耕作の. [*till*[4]]
ùn·tímbered *a* 木材の使われていない; 樹木の生えていない (treeless).
ùn·tíme·ly *a* 時ならぬ, 時候[季節]はずれの〈霜など〉, 不時の; 時期尚早の; 折に合わない, 時宜を得ない, 時機を失した, 場違いな: an ~ death 早死に. ► *adv* 時期尚早に; 時ならぬ時に; 折あしく. ♦ **-li·ness** *n*
ùn·tíme·ous *a* 《スコ》 UNTIMELY.
ùn·tínged *a* 着色していない, 染めていない; …に染まって[影響されて]いない 〈*by, with*〉.
ùn·tíred *a* 疲れていない. ♦ **~·ly** *adv*
ùn·tíring *a* 疲れない, 疲れを知らない, たゆまぬ, 不屈の. ♦ **~·ly** *adv*
ùn·títled *a* 称号[爵位, 肩書]のない; 表題のない, 無題の; 《廃》 治める権利のない.
un·to /ʌ̀ntu, (子音の前) ʌ̀ntə/ *prep* 《古・詩》 …に, …の方へ (to); …まで (until): Come ~ me, all ye that labor. 〖聖〗すべて労する者わ

れに来たれ《*Matt* 11: 28》. ● ～ one**self** 独立して[した], 独自に[の]: be a LAW[1] ～ *itself*. [*until* の *til* が *to* に交代したもの]

ùn·together *《俗》*a* 混乱した, 取り乱した, 頭がいかれた; 世慣れていない, おたおたした; 古臭い, みすぼらしい.

ùn·tóld *a* 話され[述べられ]ていない; 明かされていない, 秘密にされている; 数えられない, 莫大な; 口で言い表わせない, 測り知れない.

ùn·tómb *vt* 墓から掘り出す; あばく. ♦ **～ed** *a*

ùn·tóned *a* 〈体がたるんだ, 締まりのない, ぶよぶよの; 〈音楽が〉単調な.

ùn·tórn *a* 引き裂かれていない; むしり取られていない; 完全な状態[形]を保っている.

ùn·tóuch·able *a* **1** さわることのできない, 実体のない; 遠くて手の届かない; 批判[制御]できない, 疑えない; 並ぶ者のない. **2** 触れることを禁じられた; さわるも汚らわしい; 不可触民の. ► *n* **1 a** 不可触民《インドの総人口の2割を占める, もと社会的に差別されていた四姓外の下層階級の人; cf. SCHEDULED CASTES, HARIJAN, PARIAH》. **b**《一般に》社会ののけ者. **2**《正直・勤勉で》非難の余地のない人. **3** 扱いが厄介なもの[考え], 難問. ♦ **ùn·tòuch·abílity** *n* 触れることのできない[許されない]こと; 〚インド〛不可触民の汚らわしさ[身分].

ùn·tóuched *a* **1** 触れられていない, 手のつけられていない; まだ開発されていない, 前人未到の; 無傷の; もとのままの, 全然そこなわれていない; 論及[言及]されてない 〈*on*〉; 食べられ[飲まれ]ていない, 手[口]をつけていない. **2** (悪)影響をうけていない; 心を動かされていない, 冷静な.

ùn·tóurist·ed *a* 〈場所が〉観光客が訪れることのまれな.

un·to·ward /ʌ̀ntəwɔ́:rd, ʌ̀ntɔ́:rd/ *a* **1** 運の悪い; 都合の悪い, 困った, 厄介な, 面倒な, 扱いにくい; 変わった, 特異な: ～ circumstances 逆境. **2** 不適当な, 無作法な; 横柄な, ひねくれた, 手に負えない; 《古》醜い, ぶかっこうな, 見苦しい: this ～ generation 〚聖〛この曲がれる世《*Acts* 2: 40》. ♦ **～·ly** *adv* **～·ness** *n*

ùn·tráce·able *a* 追跡できない, 尋ね出せない; 透写[トレース]できない. ♦ **-ably** *adv* **～·ness** *n*

ùn·tráced *a* 追跡されていない, 跡をたどられていない.

ùn·tráck *vt* …をスランプから抜け出させる.

ùn·trácked *a* 足跡[人跡]のない, 人跡未踏の; 追跡[探知]されていない; *《口》徐々に調子が上がった: get ～.

ùn·tradítional *a* 伝統にない, 伝統的でない.

ùn·tráined *a* 訓練されていない, 練習[経験]を積んでいない; 〈動物が〉しつけられていない: to the ～ eye しろうと目には.

ùn·trámmeled *a* 制約[拘束]されていない, 自由な; 妨害のない.

ùn·transfér·able *a* 移動させられない.

ùn·transfórmed *a* 《形・外観・性質などの点で》変わっていない.

ùn·translátable *a* 翻訳できない, 言い換えられない. ♦ **-ably** *adv* **ùn·translatabílity** *n*

ùn·transláted *a* 翻訳されていない; 別の場所[状態]に移されていない; 〚生化〛〈遺伝暗号が〉翻訳されない, 非翻訳…《アミノ酸の配列に変換されない》.

ùn·transpórt·able *a* 輸送[運搬]できない.

ùn·tráveled *a* 〈人が〉(遠くへ)旅行したことのない, 見聞の狭い; 〈土地など〉人の通っていない[訪れていない].

ùn·tráversed *a* 横断[妨害]されていない, 《特に》旅行者の足跡のしるされていない, 人跡未踏の.

ùn·tréad *vt* 〈もと来た道を〉戻る, 引き返す, 取って返す. ♦ **～-able** *a*

ùn·tréat·able *a* 扱えない, 対処できない; 処置[治療, 加療]不能の.

ùn·tréat·ed *a* 治療[対処, 処理]しない(ままの); 未加工の.

ùn·tréndy *a* 《口》最新流行ではない, はやりでない.

ùn·tríed *a* 実地にためされていない, 未経験の; 確かめられていない; 〚法〛未審理の, 公判に付せられていない.

ùn·trímmed *a* きちんとしていない, きれいに刈り込んでない; 〚製本〛小口を切りそろえていない.

ùn·tród, -tródden *a* 踏まれていない; 人が足を踏み入れたことのない, 人跡未踏の.

ùn·tróubled *a* 心の乱されていない, 悩まされていない; 乱れのない, 静かな. ♦ **～·ness** *n*

ùn·trúe *a* 真実でない, 虚偽の; 忠実[誠実]でない 〈*to* a principle〉; 不実な, 不貞な 〈*to*〉; 正しくない, 公正でない; 標準[型, 寸法]に合わない 〈*to* type〉; 垂直[平ら]でない, 曲がった. ♦ **ùn·trúly** *adv*

ùn·trúss 《古》*vt* 解く, ほどく; 解放する; 〈人〉の衣服を脱がせる: ～ one's points 衣裳のひもをほどく. ► *vi* 衣服を脱ぐ, ズボンを脱ぐ.

ùn·trússed *a* 服を脱いだ.

ùn·trúst·wòrthy *a* あてにならない, 信頼できない. ♦ **-wòrthily** *adv* **-thiness** *n*

ùn·trúth *n* 虚偽, 不真実; 偽り, うそ; 《古》不実, 不誠実.

ùn·trúth·ful *a* 本当でない, 虚偽の, 偽りの, 不正確な; 不誠実な, うそつきの. ♦ **～·ly** *adv* **～·ness** *n*

ùn·túck *vt* …のひだ[あご]をとる[おろす]; 〈たくし込んだもの・折った足を〉伸ばす, 〈シャツ〉のすそなどを出す. ► *vi* 〈たくし込んだものが〉伸びる.

ùn·túft·ed *a* ふさの付いていない.

ùn·túnable *a* 〈音が〉不協和音の, 音調の悪い, 調子はずれの, 耳ざわりな.

ùn·túne *vt* 調子はずれにする; 〈心を〉乱す.

ùn·túned *a* 調律されていない, 調子の合っていない, 非同調の: an ～ violin.

ùn·túne·ful *a* 〈音が〉不快な, 耳ざわりな. ♦ **～·ly** *adv*

ùn·túrned *a* 回されていない, ひっくり返されていない: leave no STONE ～.

ùn·tútored *a* 正式な教育[訓練]をうけていない; 洗練されていない, 粗野な, 素朴な, 純朴な; 生まれつきの.

ùn·twíne *vt* …のよりをほどく, 解く. ► *vi* よりがほどける.

ùn·twíst *vt* …のより[もつれ]を解く; 〈悪事などを〉挫折させる, 打ち砕く. ► *vi* ねじれ[ひねり, より]が解ける.

ùn·twíst·ed *a* ねじられていない, よられていない, ひねられていない, 曲がりくねっていない.

ùn·týpical *a* 代表的[典型的]でない. ♦ **～·ly** *adv*

UNU °United Nations University.

U Nu ⇨ Nu.

ùn·úrged *a* 催促されない(で), 自発的に[な], 自由意志で, 進んで.

ùn·úsable *a* 使用できない; 役に立たない.

ùn·úsed *a* **1** /-jú:zd/ 使用されていない; 未使用の, 新しい; 消費されていない, たまった. **2** /-jú:st/ 慣れていない, …しつけない 〈*to*〉; 《古》見慣れない, 珍しい.

ùn·úse·ful *a* 実用価値のない, 役に立たない.

ùn·úsual *a* 普通でない, 異常な, 異例の, 並はずれた, まれに見る; 異色な, 奇抜な, ユニークな; 見[聞き]慣れない, 珍しい, 変わった. ♦ **～·ness** *n*

ùn·úsual·ly *adv* 異常に, めったにないほど, いつになく, 珍しく; 非常に, すごく.

ùn·útter·able *a* 言いようのない, 名状しがたい, 全くの, 徹底的な; 《まれ》発音できない. ► *n* [*pl*] 《古》UNMENTIONABLES. ♦ **-ably** *adv*

ùn·úttered *a* ことばで表明されていない; 無言の, 暗黙の.

UNV °United Nations Volunteers.

ùn·váccinated *a* ワクチン[予防]接種の施されていない.

ùn·válidated *a* 妥当性[有効性]が確認されていない, 未検証の.

ùn·válued *a* 重んじられていない, 軽視された; 未評価[未鑑定]の; 《廃》きわめて貴重な (invaluable).

ùn·vánquished *a* 打ち負かされて[征服されて]いない.

ùn·váried *a* 変化のない[少ない], 単調な.

ùn·várnished *a* ワニスの塗ってない, 仕上げを施していない; [*fig*] 飾らない, ありのままの, 率直な, 単刀直入な, 素朴な.

ùn·váry·ing *a* 変わらない, 一定不変の. ♦ **～·ly** *adv*

ùn·véil *vt* …のベール[おおい]を取る; …の除幕式を行なう; [*fig*] 〈秘密などを〉明かす; [*fig*] 示す, 発表する. ► *vi* ベールをとる; [*fig*] 仮面を脱ぐ, 正体をあらわす. ♦ **～ed** *a* おおわれていない, 明らかな.

ùn·véil·ing *n* ベールをとること, 明かすこと; 初公開, 除幕(式).

ùn·vénerable *a* 尊敬に値しない, 尊敬するほどのことはない. ♦ **-bly** *adv* **～·ness** *n*

ùn·véntilated *a* 換気されていない; 〈問題が〉公けに討論されていない; 〈意見が〉口外[表明]されていない.

ùn·verácious *a* 真正でない, 虚偽の. ♦ **～·ly** *adv*

ùn·vérbalized *a* ことばにされない, 意識にのぼらない.

ùn·vérifiable *a* 立証[裏付け]できない.

ùn·vérified *a* 立証されていない, 裏付けのない.

ùn·vérsed *a* 熟達[通暁]していない 〈*in*〉.

ùn·vesículated *a* 〚地質〛無気孔の.

ùn·véxed *a* いらだっていない, 悩まされていない, 冷静な, 落ちついた.

ùn·víable *a* 成長できない, 発展できない.

ùn·vígilant *a* 油断している, 無警戒な, 不注意な.

ùn·víolated *a* 犯され[侵され, 冒され]ていない.

ùn·vísit·ed *a* 訪れる人のない; 見舞われない 〈*by*〉.

ùn·vítal *a* 生きていない, 無生の; 取るに足らない.

ùn·vítiated *a* 《古》価値のそこなわれていない, 汚れていない.

ùn·vítrified *a* ガラス化されていない, 焼きしめられていない.

ùn·vócal *a* 能弁でない, はっきり口に出して(物を)言わない, 無口な; 非音楽的な, 不協和の. ♦ **-vócalized** *a*

ùn·vóice *vt* 〚音〛〈有声音を〉無声(音)化する (devoice).

ùn·vóiced *a* 口に出さない, 無言の; 〚音〛無声音の.

ùn·vóuched *a* 証明[保証]されていない.

ùn·vúlcanized *a* 加硫[硫化]されていない.

ùn·wáged[||] /-wéɪʤd/ *a* 〈仕事が〉賃金を支払われない, 報酬のない, 無給の; 賃金収入のない. ► *n* [the] 賃金収入のない人びと《失業者・専業主婦など》.

ùn·wáked, -wákened *a* めざめていない.

ùn·wálled *a* 壁[城壁, 塀]に囲まれていない.

ùn·wánt·ed *a* 求められていない, 所望されていない; 愛されていない; 役に立たない, 不必要な, あらずもがなの; 好ましくない.

ùn·wár·lìke *a* 戦争[争い]好きでない, 非好戦的な, 平和主義的な.

ùn·wármed *a* 熱[刺激]されない, 暖められていない.

ùn·wárned *a* 警告されていない, 予告なしの.

ùn·wárped *a* ゆがめ[曲げ]られていない; 偏らない, 公平な.

ùn·wárrant·able *a* 正当と認めがたい, 弁護できない, 不当な, 無法な. ♦ **-ably** *adv* **～·ness** *n*

ùn·wárrant·ed *a* 正当と認められていない, 正当な理由を欠く, いわれのない, 不当な. ♦ **~·ly** *adv*
ùn·wáry *a* 不注意な, 用心しない, 油断のある, だまされやすい, 軽率な. ♦ **-wárily** *adv* **-wáriness** *n*
ùn·wáshed *a* 洗ってない; 不潔な, きたない; 下層民の, 庶民の; 無知な, 粗野な. ► *n* [the (great) ~] «口» [*derog*] 下賤の者たち, 下層社会, 下層民. ♦ **~·ness** *n*
ùn·wásted «古» *a* 消耗[浸食]されていない, 減損していない; 略奪されていない, 荒らされていない.
ùn·wásting *a* «古» 減損しない, 不変の.
ùn·wátch·able *a* 見つめるのに適さない, 見つめる気をなくさせる, 注視できない, 見るに耐えない〈テレビ番組など〉.
ùn·wátched *a* 注目されていない, 無視された; 〘海〙〈灯台など〉番人のいない, 無看守の, 無人の.
ùn·wátch·ful *a* 不注意な, うかつな. ♦ **~·ly** *adv*
ùn·wátered *a* 水のない, 乾燥した〈土地〉; 水をやらない〈芝〉; 乾燥させた, 除湿した; 水で薄めない.
ùn·wáver·ing *a* 動揺しない, 確固とした. ♦ **~·ly** *adv*
ùn·wéakened *a* 弱められていない, 衰えていない.
ùn·wéaned *a* 離乳していない.
ùn·wéar·able *a* 着られない, 似合わない, ぼろぼろの.
ùn·wéaried *a* 疲労していない, 元気な; 疲れを知らない; 飽きない, 根気のよい, 勤勉な. ♦ **~·ly** *adv* **~·ness** *n*
ùn·wéary *a* UNWEARIED.
ùn·wéary·ing *a* 疲れない; 飽きない, 根気のよい; 疲れさせない, 飽きさせない. ♦ **~·ly** *adv*
ùn·wéathered *a* 風化の跡の見えない, 風雨にさらされていない〈石〉.
ùn·wéave *vt* 〈織ったものを〉解く, ほぐす, ほどく.
ùn·wéd, -wédded *a* 結婚していない, 未婚[独身]の.
ùn·wéed·ed *a* 除草していない; えり分けられていない.
ùn·wéet·ing *a* «古» UNWITTING. ♦ **~·ly** *adv*
ùn·wéighed *a* 目方を量ってない; 思慮の足りない, 軽率な, 分別のない.
ùn·wéight *vt, vi* …から重量を除く[減らす], 重心を移して(〈スキーなど〉に)かかっている力を抜く.
ùn·wéight·ed *a* 負担がかかっていない; 重視されない.
ùn·wélcome *a* 歓迎されない, もてない, いやがられる; うれしくない, ありがたくない, いやな. ♦ **~·ly** *adv* **~·ness** *n*
unwélcome vísit «軍俗» 敵地への侵入.
ùn·wélcoming *a* 〈場所が〉居ごこちの悪そうな, 過ごしにくそうな; 〈人が〉非友好的な, 無愛想な.
ùn·wéld·ed *a* 鍛接[溶接, 接合]されていない.
ùn·wéll *pred a* 体調の悪い, 気分のすぐれない; [*euph*] 生理中の.
ùn·wépt *a* 悲しむ者のない; «まれ» 泣いたのではない〈涙〉: ~, unhonored, and unsung 悲しむ者もなく尊敬する者もなく賛美する者もない, だれにも顧みられない《Walter Scott, *The Lay of the Last Minstrel* (1805) より》.
ùn·wét *a* ぬれていない, 《特に》〈目が〉涙で潤んでいない.
ùn·wétted *a* UNWET.
ùn·whípped *a* むち打たれていない, 罰せられていない; 〘英議会〙〈議員・投票が〉院内幹事の承認[意向]を受けていない.
ùn·whítened *a* 白くなっていない.
ùn·whólesome *a* 健康に悪い, 不健康な, 不健全な; 気持の悪い; 〈食べ物が〉質の劣った. ♦ **~·ly** *adv* **~·ness** *n*
ùn·wíeld·ly *a* UNWIELDY.
ùn·wíeldy *a* 《大きさ・重さ・形などのために》扱いにくい, 手に負えない[あまる]; 〈制度などが〉《巨大化するなどして》機能しない; ぶかっこうな, ぶざまな. ♦ **-wíeldily** *adv* **-diness** *n*
ùn·wífe·ly *a* 妻らしくない, 妻にあるまじき.
ùn·wíll *vt* …について意志を翻す, …の反対を欲する; …の意志[気力]を奪う.
ùn·wílled *a* 意図しない, 故意でない (involuntary).
ùn·wíll·ing *a* 不賛成の; 自発的でない, 不本意の 〈*to* do〉; 気が進まない, いやいやながらの; 反抗的な, 言うことを聞かない: willing or ~ いやおうなしに. ♦ **~·ly** *adv* **~·ness** *n*
ùn·wíly *a* ずる賢くない, 正直な, 単純な.
ùn·wíncing *a* 過敏でない; おじけない, ひるまない, びくともしない; 淡々たる.
ùn·wínd /-wáınd/ *vt* 〈巻いたものを〉解く, 伸ばす; 解き放つ; 〈もつれを〉ほぐす; …の緊張をほぐす, くつろがせる; 《反対取引によって》〈取引・ポジションを〉相殺する, 手じまう; «古» 〈もと来た道を〉戻る: ~ *oneself* くつろぐ. ► *vi* 解ける, ほどける; くつろぐ.
ùn·wínd·ase /-wáındèıs, *-z/ *n* 〘遺〙 巻戻し酵素 (=*unwinding protein*) 《DNA の複製過程で 2 本鎖 DNA の巻戻しをたすける》.
ùn·wínd·ing prótein /-wáınd-/ 〘遺〙 巻戻しタンパク質 (UNWINDASE).
ùn·wínged *a* 翼のない, 無翼の.
ùn·wínk·ing *a* まばたきひとつしない, 注視し続ける, 警戒を怠らない; 決して目を閉じない, 目を開けたままの. ♦ **~·ly** *adv*
ùn·wínnable *a* 勝ち取れない, 〈城など〉難攻不落の.
ùn·wísdom *n* 知恵のなさ, 愚かさ, 軽率; 愚行.
ùn·wíse *a* 知恵[分別]のない[足りない], ばかな, あさはかな; 不得策の, 損な. ♦ **~·ly** *adv* **~·ness** *n* UNWISDOM.
ùn·wísh *vt* 〈願望・選択を〉引っ込める, 取り消す; «廃» 呪い殺す.
ùn·wíshed(-fòr) *a* 望まれない, ありがたくない, 要らない.
ùn·wít *vt* «廃» 発狂させる (derange).
ùn·wíthered *a* しおれていない, 新鮮な, はつらつとした.
ùn·wíther·ing *a* しおれることのない, いつまでも新鮮な.
ùn·wítnessed *a* 知覚されていない, 気づかれない; 目撃されていない; 証人の署名のない.
un·wít·ting /ʌ̀nwítıŋ/ *a* 知らない, 意識しない; 知らず知らずの, 覚えのない, うっかりした. ♦ **~·ly** *adv* 無意識に, 知らず知らず, はからずも. **~·ness** *n* [OE *unwitende* (*un*-, WIT, *-ing*[2])]
ùn·wítty *a* 聡明でない, 愚かな.
ùn·wóman·ly *a* 女らしくない, 優しさのない, 女にあるまじき, 男みたいな. ► *adv* 女らしくなく. ♦ **-li·ness** *n*
ùn·wón *a* 手に入れられてない, 〈女が〉言い寄りに応じてない.
ùn·wónt·ed *a* «文» 異例の, まれな, いつにない, 特異な; «古» 〈…に〉慣れていない 〈*to*〉. ♦ **~·ly** *adv* **~·ness** *n*
ùn·wóod·ed *a* 樹木でおおわれていない, 立木のない; 〈ワインが〉樽で貯蔵していない, アンウッドの.
ùn·wóoed *a* 求愛されていない, 追い求められていない.
ùn·wórk·able *a* 実行[実施, 使用]不可能な, 実用的でない, 現実的でない; 加工[細工]のむずかしい. ♦ **-ably** *adv* **-wòrk·abílity** *n*
ùn·wórked *a* 加工してない, 原…, 粗…; 実用に供されていない, 開発されていない.
ùn·wórkman·lìke *a* 職人らしくない, 不手際な, 不細工な; 職人が用いるのには不向きな.
ùn·wórld·ly *a* この世のものとは思えない, 精神[(心)霊]界の; 天上の; 俗離れした, 超俗の, 脱俗的な, 名利を離れた; 世慣れない, 純朴な, 粗野な. ♦ **-li·ness** *n*
ùn·wórn *a* すりへっていない; 〈精神・感覚など〉清新な; 〈衣服が〉まだ袖を通したことのない, 新しい.
ùn·wórried *a* 心配していない, 悩んでいない.
ùn·wórshiped *a* 崇拝されていない.
ùn·wórthily *adv* 真の価値とは不相応に, 不当に.
ùn·wórthy *a* **1** 〈注目・褒賞などに〉値しない 〈*of*〉; 〈…するに〉ふさわしくない 〈*to* do〉; 価値[利点]のない. **2 a** 信用[評判]を落とす, 恥ずべき; 尊敬に値しない, 卑しむべき. **b** 〈物事などがある人に〉不似合いな, 〈…に〉あるまじき 〈*of* a gentleman〉. **3** 〈処遇など〉正当でない, 不当な. ► *adv* «古» UNWORTHILY. ► *n* くだらぬやつ. ♦ **ùn·wórthi·ness** *n*
ùn·wóund[1] /-wáʊnd/ *a* 巻きが解けた; (ねじを)巻いてない.
unwound[2] *vt, vi* UNWIND の過去・過去分詞.
ùn·wóund·ed /-wú:nd-/ *a* 傷つけられていない, 完全な.
ùn·wóven *a* 織ってない.
ùn·wráp *vt* 〈包んだものを〉あける, 〈小包など〉の包装を解く; 〈巻いたものを〉延べる, 広げる; 明らかにする. ► *vi* 包装が解かれる.
ùn·wrápped *a* «俗» 混乱[動顛]した, おかしくなった, どうしようもなくなった: come ~.
ùn·wréaked *a* 〈遺恨などが〉晴らされていない.
ùn·wréathe *vt* 〈巻いたもの・もつれたものを〉ほどく, 〈よじれたものを〉解く.
ùn·wrínkle *vt* …のしわをとる[伸ばす], なめらかにする.
ùn·wrínkled *a* しわになっていない, なめらかな.
ùn·wrítable *a* 書き表わすことのできない.
ùn·wríte *vt* 〈書いたものを〉抹消する, 削除する.
ùn·wrítten *a* 成文にしてない, 慣例による, 口碑の, 口伝の; 字が書いてない, 白紙のままの〈ページなど〉.
unwrítten constitútion 不文憲法 (=*customary constitution*) 《成文化した憲法典をもたない国家における, 慣行・判決・古法規などからなる実質的憲法; 英国のものなどがその例》.
unwrítten láw **1** 慣習法, 不文法 (common law) (cf. WRITTEN LAW, STATUTORY LAW). **2** [the] 不文律 《妻の情夫または娘を誘惑した者を殺しても刑事罰に処されないとする仮想の考え》.
ùn·wróught *a* 仕上げてない; 加工してない; 採掘してない; 開発されていない: ~ materials 未加工原料.
ùn·wrúng *a* 胸を締めつけられていない, 平気な, 冷静な.
ùn·yíeld·ing *a* 柔軟性[弾力]のない, 硬い, 剛(ごう)い; 屈しない, 譲らない, 頑固な, 断固とした. ♦ **~·ly** *adv* **~·ness** *n*
ùn·yóke *vt* 〈牛など〉のくびきをはずす; 解放する; 分離させる, 放す, 分かつ. ► «古» *vi* 牛[馬など]のくびきをはずす; くびきをはずされる; 仕事をやめる.
ùn·yóked *a* くびきをかけられていない; 束縛されていない; くびきをはずされた; 解放された.
ùn·zéalous *a* 熱心でない, 熱中していない. ♦ **~·ly** *adv*
ùn·zíp *vt* 〈ファスナーを〉開ける; ファスナー (zipper) を引いて開ける; 〘電算〙〈圧縮ファイルを〉解凍する; *«俗» 〈防御を〉打ち砕く, 〈抵抗を〉はねのける; *«俗» 〈問題を〉解き明かす, 解決する, うまくやってのける. ► *vi* ファスナーが開く; ファスナーで開く.

ùn·zípped *a**《俗》UNGLUED.

ùn·zóned *a* 帯(たい)[地帯](zone)に分かたれていない.

up /ʌ́p/ *adv, a, prep, n, v* ► *adv* (opp. *down*) **1 a** [移動・運動]《低い位置から》上へ[に], 上の方へ, 上がって; 上を向くように; [高い場所・位置] 上に, 上方に, 起きて (cf. *a* 2a): fly *up* (from the grass) (草地から)飛び立つ / stand *up* 立ち上がる; 〈物が〉立っている / sit *up* 起き上がっている, まっすぐに腰をかけている / be *up* and away 〈鳥・飛行機などが〉舞い上がる, 飛び立つ / *Up* we come.《子供に》さあ起きて / He was [stayed] *up* all night. 徹夜した. **b**《南から》北へ,《国の》北部地方に〈いる・住むなど〉; 高地へ[に], 内陸へ[に]; (川の)上流へ[に]; 舞台の後方へ[で]; 〔海〕風上へ: as far *up* as Aberdeen 北の方アバディーンまで. **c**《中心となる場所または人の方へ》近づいて, (…の)方へ; "都[大学またはその所在地]の方へ[に], (…に)上がって〈行く・いる〉: Come *up* here. ここへ来なさい / *up* ahead すぐ先に[前方に] / be *up* at the University《特に Oxford か Cambridge の》大学に行っている / go *up* to the University 〈学生が〉大学に進む[帰って行く] / be [stay] *up* during [for] the vacation 休暇中大学(所在地)に残る / He is *up* in London on business. 仕事でロンドンにいる. **d** 時代をさかのぼって. **2 a**《音・声などが》上がって, 高めて;《勢い・数量などが》増して, 活気づいて;《価格・水位・気温などが》上がって, 高くなって (cf. *a* 3a): Turn the radio *up*. ラジオの音を大きくしなさい / stir *up* a fire 火をかきたてる / Prices went *up*. 物価が上がった. **b**《地位・身分・評価などが》上がって, 出世して: come [move] *up* in the world 出世する / He is *up* at the head of his class. 首席を占める. **3 a** [低位から優位への, または 単純から複雑への変化・発展]: bring [train] *up* a child 子供を育て上げる[しつける] / A plant grows *up* from a seed. 草木は種から生長する. **b** [しばしば from…up の形で] (…から)以降ずっと, 以後: *from* childhood *up* 子供の時からずっと. **4 a** [出現・顕在化など] 存在する[目立つ]ように; [重要視・注目・詮議など] 注目されるように;《議題・話題などに》上って (cf. *a* 5a): come *up* in conversation 話題に上る. **b**〔野〕攻撃中で; 打席について (at bat): He went *up* three times in that game. その試合で 3 回打席に立った / You're *up*. きみの打席だ. **5 a** [動詞に付けて強意的に; 完成・終結など] すっかり[残らず](…してしまう), …し終わる[尽くす], …上げる (cf. *a* 6); [密集・結合・固定など] きっちりと, しっかりと, きちんと: break *up* the soil (into smaller pieces) 土を(細かく)砕く / eat [drink, burn] *up* 食べ[飲み, 焼き]尽くす / boil [heat] *up* 煮[熱し]上げる / pack *up* one's things 所持品をまとめる / shut *up* an umbrella 傘をたたむ. **b** [無活動・廃用・貯蔵・取り片付けなどの状態]: be laid *up* with gout 痛風で腰が立たない, 体の自由がきかない / lay *up* treasures 宝物を蓄える / Put *up* your swords into their sheaths.《古》刀をさやに納めなさい. **6** *双方とも, おのおの, それぞれ: the score is five points *up* 双方とも得点 5. **7** [(動詞を省略した)命令文で; cf. *vi* 2]: *Up!* 起きろ, 立て!《Get *up!* または Stand *up!* の略》/ *Up* (*with* the) helm!〔海〕舵を風上に取れ! / *Up with* you! 起きよ, 立て, 奮起せよ! / *Up with* it! = Put it *up!* 起こせ, 立てろ, 持ち上げろ!

● **right up there** *《口》トップグループにいて, 首位を争って (cf. UP *there*). **up and at 'em** [〈*int*〉]《俗》起きて活動しろ, 仕事にかかれ; [〈*a*〉]《俗》力強い, 精力的で, 積極的で. **up and down** 上下に, (…を)登り降りして;《体調などが》よかったり悪かったりで, いろいろ(起伏[浮沈]が)あって; 行きつ戻りつ, (…の)あちこちへ;《古》ここかしこに, 隅から隅まで; 細部にいたるまで, くまなく; あからさまに, 遠慮なく: swear ~ *and down* *《口》(絶対だと)断言する. **up as far as**…まで (up to …). **up for**… 〈選挙〉に候補になって, 〈売却〉に出されて, …のつもりで; …の準備ができて;《口》…に賛成で, 乗り気[やる気まんまん]で; …で訴えられて出廷して (cf. *a* 5a). **up there** 天国で; あそこで;《俗》頭の方で[中が]; *《口》right UP there. **up till [until]** = TILL[1], UNTIL. **up to**… (**1**) …と相並んで: I could not get [catch] *up to* him. 彼に追いつけなかった. (**2**) …(の高さ[深さ])まで, …に至るまで;〔数〕…の自由度を除いたところまで; …に達して, …に及んで; UP till: (sink) *up to* my knees ひざまで(沈む) / *up to* this time この時までに, 今までのところ / The boat can carry *up to* twenty people. 20 人まで運べる / *up to* a gauge transformation〔数〕ゲージ変換の自由度を除いて / This cigar is not *up to* much. たいした代物じゃない. (**3**)《功績・成功などが》…と匹敵して, 近似して: He is not *up to* his father as a scholar. 学者としては父親に及ばない. (**4**) [*ⁿneg*/*inter*] …ができて, …に適して[耐えて] (equal to); 〈秘密の手口など〉を十分承知して, …に対処する仕方を心得て (cf. *a* 4): You're not *up to* the work. その仕事に適任でない / I don't feel *up to* my work [*going* to work]. 仕事に耐えられそうにない[出勤する元気がない] / LIVE[1] *up to*. (**5**)《口》…に従事して: What have you been *up to* lately? 近ごろは何やってるんだい? / He's *up to* something. 何かをたくらんでいる / *up to* no GOOD. (**6**) …まで〈…に〉どっぷりつかって 〈*in* debt, work〉: *up to* the [one's] eyes [ears] ⇨ EYE[1] [EAR[1]] / *up to* the CHIN. (**7**)《務めとして》…の身に降りかかって, …の義務[責務]で, …次第で: It's *up to* me [you] to do so. そうするのはぼく[きみ]の義務[責任]だ / It's entirely *up to* you whether you take the job. その仕事を引き受けるかどうかはまったくきみ次第だ. **up to** HERE. **up** TOP[1]. **Up (with)**…! われわれは…を欲する[是認する]ぞ, …万歳 (cf. 7): *Up* the workers [revolution]! 労働者[革命]万歳! **up with**… 〈人・場所〉と相並んで. **up yours [you]**《卑》(そんなこと)知るか, くそくらえ, (うるせえ)死ね, ざけんじゃねえ, ばかやろ《侮蔑・拒否を表わす; Stick it up your ass. の意》.

► *a* **1 a** 上へ向かう, 上方への: on the *up* grade 上り勾配で / an *up* stroke《運筆などの》上方に向けて引く線. **b** 〈列車など〉上りの; 上り線の: an *up* train 上り列車; "(ロンドン行き)上り列車 / the *up* line 上り線 / an *up* platform 上り線ホーム. **2 a** 〈日などが〉昇って, 上がって, 〈舞台の幕が〉上がって; 起きて, 立って, 建って; (高く)生えて; 馬に乗って: be *up* until well into the small hours 深更まで起きている / be *up* with the lark 早起きをする. **b** 上向き[表向き]になって; *《俗》SUNNY-SIDE UP; 〈道路などが〉掘り返されて. **3 a** [種々の増進・増大などの観念] 〈価格・価値などが〉上がって; 増して; [強度・音の強さなどの増加] 声高く, 調子を上げて;〔楽〕調子を上げて, 〈調子が〉上がって; (…だけ)獲得して;〔競技〕(…だけ)勝ち越して, リードして: The river is *up*. 増水している / The tide was *up*. 潮が差していた / Beer is *up*. ビールは値が上がっている (cf. 3b) / The piano is *up* a tone. ピアノは 1 音程調子が上がりすぎている / 10 pounds *up* on the deal 取引で 10 ポンド稼いで. **b** [活動力の増加・事態の生起] 強く, 勢いよく, 盛んに, 昇って, 活動して, 立ち上がって; 準備ができて 〈*for*〉: The hunt is *up*. 狩りは始まっている[進行中だ] / The beer is very much *up*. このビールは泡立ちが盛んだ (cf. 3a) / The country was *up*. 人民が暴動を起こしていた / All the town is *up*. 町中が活気を呈している / Tea *up!* お茶がはいったよ. **c**《精神的活動・感情・情熱など》高揚して, たかぶって; *《俗》陽気な, 明るい: His temper is *up*. かんしゃくを起こしている / Their spirits were *up*. 彼らの意気は上がっていた. **4** [°well up] (よく)知って, 精通して, 感づいて 〈*on, in, to, with*〉; じょうずな. **5 a** 〈検討などのために〉持ち出されて, 考慮されて;《裁判所などに》呼び出されて 〈*in* court, *before* a judge〉; 〈…の罪で〉裁かれて, 訴えられて 〈*for*〉. **b** 〈賭け金が〉賭かって. **6** 〈時間・期間などが〉終わって, 尽きて: The time is [Time's] *up*. 時間が切れた[尽きた] / The House is *up*. 議会は終了した / Your chance is *up*. きみはもう見込みがない. **7** 遅れないで; 接近して;《口》〈異常なことが〉起こって: Something is UP. ⇨ 成句 / What's UP? ⇨ 成句. **8**〔理〕〈クォークが〉アップの《電荷 +2/3, バリオン数 1/3 の; cf. DOWN[1]》. **9** 〈コンピューターなどが〉稼働[作動]して, (故障が)直って (opp. *down*).

● ALL **up. not up**〔テニスなど〕〈ボールが〉ノットアップで(無効で)《ワンバウンドで返球できない場合》. **Something is up.**《口》異常な[いやな]ことが起きている;《口》何かが起ころうとしている. **up against**… に近接[接触]して;《口》〈困難・障害など〉にぶつかって[直面して]. **up against it**《口》《特に経済的に》困窮して, 困って. **up and around [about]** 〈病人など〉床を離れて, 元気で動きまわって;《眠ったあと》起き出して, 活発で. **up and doing** 大いに活動して, 立ち働いて, 忙しくして. **up and running** 機能して, 活動中で. **up and up**《口》正直[率直]な, 信用できる, 公正な (⇨ UP-AND-UP). **up for**… ⇨ *adv* 成句. **What's up?**《口》〈…は〉どうしたのか 〈*with*〉, 何事だ; (近ごろ)どうしてる?

► *prep* /əp, ʌ̀p/ **1 a**《低い位置・場所・地点から》…の高い方へ[に], …の上へ[に], …を上って[上った所に]: He went steadily *up* the social scale. 着々と社会的地位を向上させていった. **b** 〈川〉の上流へ[に], 〈流れ〉をさかのぼって; 〈風など〉に逆らって: He lives further *up* the stream. もっと上流に住んでいる. **c** …の海岸から内地へ, 奥地へ; …の北へ: lives a few miles *up* the coast. **2** …に沿って, …づたいに: ride *up* the road 道を馬で(上手へ)行く. **3**《方・口》…の方へ (toward), …で (at). **4**《卑》〈女〉とやって, …に乗っかって. ● **up and down**… ⇨ *adv* 成句.

► *n* **1 a** 上昇; 向上; 値上がり. **b** 幸運, 出世; 高い[有利な]地位の人物. **2** 高台, 上り坂. **3** 上り列車[馬車]. **4** *《口》満足[幸福]感, いい気分;《俗》見込みのある客;《俗》覚醒剤 (upper). **5** *《俗》大失敗, へま, 失態. ● **in** TWO **ups. on the up** "〈景気など〉上向いて, 〈状況など〉改善して, よくなって. **on the up and up** ⇨ UP-AND-UP. **up and down** *《俗》さっと見あらためること: give sb the *up and down*. **ups and downs**《道などの》上り下り, 起伏, でこぼこ; 上下, 高低, 変動, 栄枯盛衰, 浮き沈み 〈*of* fortune, health〉: a house full of *ups and downs* 小階段などの多い家.

► *v* (**upped** /ʌ́pt/, **up; úp·ping**) *vi* **1** [通例 up and + 動詞]《口》突然に行動を起こす. ★ この意味では up はしばしば無変化のまま過去形または三人称単数現在形にも用いる: He *up(ped) and* married a show girl. 突然ショーガールと結婚した. **2** 手[腕]を上げる;《口》[*joc*] 起き[立ち]上がる (cf. *adv* 7); 登る: He *upped with* his fist [a shotgun]. こぶしを振り上げた[散弾銃を構えた]. **3** *《俗》覚醒剤をやる. ► *vt* **1 a** 上げる; 〈銃などを〉肩にかつぐ; 昇進させる;〔海〕〈舵を〉上手(うわて)舵にする: ~ *to* windward〔海〕船を風下に向ける. **b** 〈値段などを〉上げる, 〈生産などを〉高める;〔トランプ〕RAISE. **2** 〈くちばしに所有主の印をつけるために白鳥を〉捕える.

[OE *up(p)*, *uppe*; cf. G *auf*, OS *up*]

up- /ʌp/ *pref* **1** [動詞・分詞・動名詞に付けて] (1)「上向きに」: *up*-curved. (2)「より今に近く」: *up*date. **2** [名詞に付けて]「上方への」: *up*slope. **3** [名詞に付けて] (1)「より高い」: *up*grade. (2)「より速い」: *up*-tempo. [↑]

U.P., u.p. /jùːpíː/ *adv*《口》UP: It's all *U.P.* with him (⇨ ALL up).

UP °Upper Peninsula ♦ °Uttar Pradesh.

UPA〘インド〙United Progressive Alliance 統一進歩同盟《インド国民会議派を中心とする政党連合》.

ùp-ánchor *vi*〘海〙いかりを揚げる[抜く], 抜錨する; [°*impv*]《俗》立ち去る.

úp-and(-a)-dówn·er *n*"《口》激しい口論, 大げんか, ひと悶着.

úp-and-cóming *a* 頭角をあらわした, 新進の, 有望な, (最近)のしてきた; *精力的な, 活動的な, やり手の, 進取的な. ♦ **úp-and-cóm·er** *n*

úp-and-dówn *a* **1** 上下する, 高低のある, 起伏のある; *傾斜の急な, 垂直の; [*fig*] 盛衰[浮沈]のある, 変わりやすい. **2** *断固とした, はっきりした, 純然たる, 露骨な, 徹底的な (downright); "ROUGH-AND-TUMBLE: an ~ lie まっかなうそ, うそっぱち. ► *n* ⇨ UP and down.

úp-and-óver *a* 〈ドアが〉持ち上げてさらに水平にして開く.

úp-and-únder *n*〘ラグビー〙ボールを高くけり上げてその落下地点へ密集するプレー.

úp-and-úp *n* [次の成句で]: **on the ~** *《口》正直で[に], 誠実で[に], 信用できて; "《口》良くなっている, うまくいって, 成功して, 栄えて. ★ ⇨ UP and up.

Upa·ni·shad, -sad /upáːnɪʃàːd, jupǽnəʃæ̀d; (j)upʌ́nɪʃəd, -ʃæ̀d/ *n*〘ヒンドゥー教〙ウパニシャッド《古代インドの哲学書》. ♦ **Upà·ni·shád·ic, -sád-** /-ʃáːd-, -ʃǽd-/ *a* [Skt (*upa* near, *ni-ṣad* sitdown)]

upas /júːpəs/ *n* **1 a**〘植〙ウパス, ウパスノキ (=~ **trèe**)《熱帯アジア低地産のクワ科の高木; かつてはその近くの生物を死滅させるほど有毒と考えられた》. **b** ウパス毒《ウパスの樹液から採る毒液; 毒矢に塗る》; [*fig*] 毒, 害毒, 悪影響. **2**〘植〙マチン《樹皮にストリキニンを含む; 熱帯アジア産》. [Malay=poison]

U

upa·ya /upáːjə/ *n*〘仏教〙方便《衆生を教え導くよい手段》. [Skt]

ùp·béar *vt*《まれ》持ち上げる, 支える.

úp·bèat *n* **1 a**〘楽〙上拍《弱拍, 特に拍子の最後の拍》;〘楽〙上拍を示す指揮者のタクトを振り上げる動作;〘韻〙ANACRUSIS. **b** *《俗》曲の最初の音[拍子], 曲の主題の初めの音[部分], 出だし; *《俗》曲のよく知られた[みんなに好まれている]一節. **2**《景気などの》上昇基調, 上向き, 活発化. ● **on the ~** 上向きで. ► *a*《口》陽気な, 楽天的な, 明るい, 楽観的な, 前向きな.

úp·bound *a* 北[大都会, 川上など]へ向かう[通ずる].

úp·bòw /-bòu/ *n*〘楽〙《弦楽器の運弓法の》上げ弓 (opp. *down-bow*).

up·braid /ʌpbréɪd/ *vt* きびしく批判[非難, 叱責]する 〈*with, for*〉; 〈物事が〉…を非難するものとなる;《古》〈人〉に吐き気を起こさせる. ► *vi* 批判する. ♦ **~·er** *n* [OE *up-* (BRAID=to brandish)]

upbráid·ing *a* 責めたてる[非難する]ような. ► *n* 批判, 叱責, 非難, とがめだて. ♦ **~·ly** *adv*

úp·brìng·ing *n*《幼少期の》教育, しつけ, 育ち.

ùp·búild *vt* 築き上げる; 発展させる, 改良する. ♦ **~·ing** *n*

úp·bùrst *n* 上方への爆発.

úp·bỳ /, ─́ ─́/ *adv*《スコ》あっちの方に.

UPC〘米〙°Universal Product Code.

úp·càst *a* 投げ上げた; 上に向けた〈目つき〉. ► *n* 投げ上げ; 投げ上げたもの,〘鉱〙打上がり;〘地質〙上がり落差 (upthrow);〘鉱〙排気(立)坑 (=~ **sháft**). ► *vt* /, ─́ ─́/ 投げ上げる.

úp·chàrge *n* 追加料金.

úp·chùck *《口》*vi, vt* 吐く, もどす (vomit). ► *n* へど, ゲロ.

úp·cóast *adv* 沿岸の北で, 沿岸を北上して.

ùp·còming *a* 近づく, やがて現われる[公開される], 来たるべき (forthcoming).

ùp·convért *vt*〘電子工〙upconverter で変換する.

ùp·convért·er *n*〘電子工〙アップコンバーター《入力信号の周波数を高めて出力する変換機》.

úp·còuntry /, ─́ ─́/ *n* [the] 内陸, 内地, 奥地. ► *a* 奥地の, 内陸の; [*derog*] 田舎風の. ► *adv* /─́ ─́/ 内陸(の方)へ, 奥地に.

úp·cròpping *n*《鉱床などの》露出;《作物の》生長.

ùp·cúrved *a* 上向きに曲がった, そり返った, 上反りの.

ùp·dáte *vt* 最新のものにする, 更新[改訂]する, アップデートする; 〈人〉に最新情報を与える〈*about, on*〉. ► *n* /─́ ─́/ 新しくすること, 更新, 改訂, アップデート; 最新情報; 最新版, 最新記事[レポート]: election ~ 選挙速報. ♦ **ùp·dát·able** *a* **ùp·dát·er** *n*

Up·dike /ʌ́pdàɪk/ アップダイク **John** (**Hoyer**) ~ (1932–2009)《米国の小説家; *Rabbit, Run* (1961), *The Centaur* (1963)》.

úp·dò *n*《口》アップ《髪を束ね上げる髪型》. [*up*swept hair*do*]

úp·dràft | -dràught *n* 気流[ガス]の上昇(運動), 上向通風.

ùp·énd *vt* 〈樽などを〉立てる, 引き起こす; ひっくり返す, 逆さにする[置く]; …に衝撃を与える, 仰天させる; 打ち負かす;《サッカーなどで》〈相手の選手を〉故意に倒す. ► *vi* 立つ, 逆さになる.

úp·fíeld *adv, a*《フィールドで》攻撃チームの向かっている方へ[で, の], 攻撃陣内へ[で, の];〘理〙《CHEMICAL SHIFT の偏移が》高磁場側の《基準物質に比べ電子による遮蔽が大きく高い外部磁場を必要とする; 低周波側に対応》.

ùp·flúng *a*《文》〈手足が〉投げ上げ[突き上げ]られた《特に途方にくれたり, 恐怖を感じたりして》.

ùp·flý *vi* 飛び上がる.

úp·frònt /, ─́ ─́/《口》*a* 目立つ, 先頭の, 最前線の; 率直[正直]な, 直截的な; 最前列の;《企業などの》管理部門の; 先行投資の, 前払いの. ► *adv* up FRONT.

ùp·gáther *vt* 〈情報などを〉集める, 寄せ集める.

úp·gràde *n* 上り勾配; 増加, 上昇, 向上, 改良(点[品]), 昇格,《ソフトなどの》アップグレード, バージョンアップ: on the ~ 上り坂にある, 向上[上昇]している, よくなって. ► *a* /─́ ─́/ 上り(坂)の (uphill). ► *adv* /─́ ─́/ *坂の上の方へ. ► *vt* /, ─́ ─́/ …の等級[格]を上げる, グレードアップする〈*to*〉;《教育計画の一環として》〈職員などを〉格上げする, 昇格させる; 〈製品など〉の品質[性能]をよくする, グレード[バージョン]アップする; 〈家畜など〉の品種を改良する;《値段を上げるため》〈安い品物を〉高級品扱いにする. ► *vi* グレードアップ[向上]をはかる〈*to*〉. ♦ **ùp·grádable** *a*〘電算〙アップグレード可能な. **ùp-gràd·abílity** *n* **ùp·gráder** *n*

úp·gròwth *n* 成長, 生長, 発育, 発達; 成長[発達]の結果, (正常な)発達物;〘解・生〙隆起, 突起.

úp·hèaped *a* 積み上げられた, 集められた.

up·heav·al /ʌphíːv(ə)l/ *n* 押し上げ, 持ち上がり;〘地質〙隆起 (uplift); [*fig*] 大変動, 激変.

up·heave /ʌphíːv/ *vt* 持ち上げる, 押し上げる, 隆起させる; 極端に混乱させる. ► *vi* 持ち上がる, 隆起する (rise). ♦ **-héav·er** *n* [ME]

úp hígh *《俗》興奮性の薬(ヤク)によるハイな状態 (cf. UP POT): have an ~.

úp·hìll *a* **1** 上りの, 上り坂の, 険しい; 高い所にある; 高い方の, 頂上に近い方の: The road is ~ all the way. ずっと上り坂だ / an ~ town 丘の上の町 / the ~ ski 山側のスキー. **2** 骨の折れる, 困難な: an ~ battle [struggle, fight] 苦しい闘い, 苦戦. ► *adv* /─́ ─́/ 坂[丘]の上へ; 困難に抗して, 苦労して. ► *n* 上り坂, 上り勾配 (ascent).

up·hold /ʌphóuld/ *vt* (**up·held** /-héld/) 持ち上げる, 支える; 上げる; 支持[是認, 弁護]する; "管理[維持]する;《スコ》断言する (affirm): ~ a complaint 苦情の申し立てを妥当なものと認める. ♦ **~·er** *n* ⁺[同業組合の名称で] UPHOLSTERER.

up·hol·ster /əphóulstər/ *vt, vi* 〈家・部屋などを〉じゅうたん[掛け布, 家具類]で装飾する; 〈椅子など〉に詰め物[スプリング, 被覆物など]を取り付ける, 布[革]張りにする. [逆成 < *upholsterer*]

up·hól·stered *a* UPHOLSTERY を備えた; 安楽な, ぜいたくな; 文飾の多い; 太った, 肉づき[かっぷく]のいい (cf. WELL-UPHOLSTERED); *《俗》酔っぱらった.

up·hol·ster·er /əphóulstərər, əpóul-/ *n* 室内装飾業者; 椅子類張替え業者. [*upholster* (*n*), *upholder* (*n*) (*uphold* to keep in repair, *-ster, -er*¹)]

uphólsterer bée〘昆〙ハキリバチ (leaf-cutting bee).

ùp·hól·stery *n* **1** 室内装飾材料《椅子・ソファー・じゅうたん・カーテン・掛け布の類》; 座席をふんわりとさせるための材料《詰め物・スプリング・被覆物など》,《特に》座席の布張り地, カバー;《自動車の座席などに用いる》詰め物[裏地]. **2** 室内装飾業; 椅子類張替え業.

uphroe ⇨ EUPHROE.

UPI United Press International UPI 通信, 合同国際通信社《米国の通信社; 1958 年設立》.

Up·john /ʌ́pdʒàn/ アップジョン **Richard** ~ (1802–78)《英国生まれの米国の建築家》.

úp·kèep *n* 維持;《土地・家屋・自動車などの》維持費.

up·land /ʌ́plənd, *-lǽnd/ *n* [°*pl*] 高地(地方), 台地;《英では方》高台; [ᵁ~s, 〈*sg*/*pl*〉] UPLAND COTTON. ► *a* 高地の;《英では方》高台の. ♦ **~·er** *n*

úpland cótton [°U-]〘植〙リクチメン(陸地綿)《アメリカ原産の短繊維ワタ》.

úpland sándpiper [**plóver**]〘鳥〙マキバシギ (=*grass plover*)《北米東部産》.

ùp·líft *vt* 揚げる, 上げる, 持ち上げる;〘地質〙隆起させる, [*pass*] 〈島・山などを〉隆起によって生じさせる; …の精神を高揚させる; 〈声を〉張りあげる;《社会的・精神的・知的に》向上させる;《スコ》集める, 収集する, 〈バスなどが〉〈客を〉乗せる, 拾う. ► *vi* 持ち上がる;〘地質〙隆起する. ► *n* /─́ ─́/ 持ち上げること; 持ち上げる力;〘地質〙隆起, 隆起した部分;《社会的・精神的・知的な》向上(運動);《価値の》上昇; 精神的高揚, 感情の高潮;《バストを高く保てるようにした》アップリフトブラジャー (=~ **brassíere**). ♦ **ùp·líft·er** *n* **ùp·líft·ment** *n*

ùp·líft·ed *a* 高められた, 持ち[振り]上げられた; 高揚した, 意気盛んな;《知的・精神的に》向上した.

ùp·líft·ing *a* 精神を高揚させる, 気持を盛り上げる, 鼓舞する. ♦ **~·ly** *adv*

úp·lìght(·er) *n* アップライト《床などから天井方向にあてるスポットライト》. ♦ **úp·lìght·ing** *n*

ùp·líne *a, adv*〘電算〙(ネットワークの)中枢に近い[近く], 中枢へ向けた[向けて].

úp·lìnk *n*〘通信〙上りリンク, アップリンク《**1**) 地上から宇宙船[衛星]への, また端末から基地局への情報の送信(路) **2**) そのための地上の送信設備》. ► *vt* /─́ ─́/ 〈情報を〉上りリンクで送信する.

ùp·lóad /, ─́ ─́/〘電算〙*vt* 〈プログラム・データなどを〉アップロードする

《小さい[自分の]コンピューターから大きい[他の]コンピューターに移す》. ► *n* /─́ ─̀/ アップロード.

úp·man·shìp /-mən-/ *n* ONE-UPMANSHIP.

úp·márket ᴴ*a* 高級品市場向けの; 高級な. ► *adv* 高級品市場へ. ► *vt, vi* 高級品市場へ売り出す[進出する].

úp·mòst /, ᴴ-məst/ *a* UPPERMOST.

Upo·lu /upóulu/ ウポル島《南太平洋のサモア国の島; 首都 Apia がある; 晩年の R. L. Stevenson の定住地 (1890–94)》.

up·on /əpɔ̀(:)n, əpàn, əpən/ *prep* ON. ★ on と upon は同義で無差別に用いるが, 概して on のほうが口語調; 動詞に伴う場合 特に文尾ではしばしば upon のほうを用い, 成句ではしばしば on または upon を選んで用いる: a chair to sit ～ 腰をおろす椅子 / once ～ a time 昔々 / ～ my word 誓って / DEPEND ～ it. ► *adv* 《古》身に着けて; 《廃》表面に; 《廃》THEREAFTER, THEREUPON. [*up on*; ON *uppá* の影響]

up·per[1] /ʌ́pər/ *a* **1** [場所·位置など] **a** さらに上の[上にある], 上部の, 高い方の; 上を向いた〈面〉; 腰より上に着用する〈服など〉: the ～ lip 上唇 / the ～ body 上体 / the ～ side 上側, 上部 / in the ～ air 天高く, 上空に. **b** 上手(かみて)の, 上流の; 高地の, 奥地の, 内陸の; 戸口より離れたところの. **c** 北部の: ～ Manhattan 北部マンハッタン. **2** 高い〈音·声〉. **3** [地位·官位·学校など] 上位の, 上級の, 高等の; 上院の; 上流の: the ～ servants 執事, 女中頭など. **4**〘地質〙上層の, [U-] 新しい方の, 上部の, 後期の: the *U*~ Cambrian 後期カンブリア紀. ● **the ～ world** 《無法者の世界に対して》まじめな人たち(の世界), 堅気の生活 (opp. *the underworld*). ► *n* 高い方のもの, いちばん高いもの; 靴の甲革; [*pl*] *布ゲートル; [～s, ᵁ〈*pl*〉] *最高質の材木; 上顎歯, 上顎義歯; 《寝台車などの》上段の寝台; 腰より上に着る服, 上着; ᴴ《俗》上級学校の生徒; ᴴ《口》上流階級の人. ● **(down) on one's ～s** 《口》靴の底をすりへらして; 尾羽うち枯らして, ひどく貧乏[窮乏]して. **～ and a downer** ＝UP-AND(-A)-DOWNER. [(compar)〈 *up*]

upper[2] *n* 《俗》興奮剤, 覚醒剤, シャブ, 《特に》アンフェタミン (amphetamine); 《俗》刺激的な[うきうきさせる]経験[人, もの]. [*up*(v), *-er*[1]]

Úpper Ádige ALTO ADIGE.

úpper áir 〘気〙高層大気《下部対流圏の上》.

úpper árm 上膊, 二の腕《肩からひじまで》.

úpper átmosphere 〘気〙超高層大気《気球では観測のできない領域; 対流圏の上》.

Úpper Áustria オーバーエスターライヒ (*G* Oberösterreich)《オーストリア中北部の州; ☆Linz》.

Úpper Bénch [the]〘英法史〙《共和制時代の》王座裁判所 (King's Bench).

úpper bóund 〘数〙上界《ある集合のいかなる元よりも大きいか等しい元》.

úpper-brácket *a* 番付の上位にある: ～ taxpayers.

Úpper Búrma 上ミャンマー《ミャンマー北部の内陸地方》.

Úpper Cánada アッパーカナダ《**1**) 英領カナダの一州 (1791–1841) で, 今の Ontario 州 **2**) カナダ東部で, Ontario 州の別称》.

úpper·cáse *a* 〘印〙大文字の, 大文字で印刷した[組んだ, 書いた]. ► *vt* 大文字で印刷する[組む]; 〘校正〙〈小文字を〉大文字に換える. ► *n* 大文字(活字).

úpper cáse 〘印〙アッパーケース《大小頭文字·分数·記号·アクセント活字などを入れる活字箱; opp. *lower case*》.

úpper chámber [the] 上院 (upper house).

Úpper Chinóok 上流チヌーク語《米国の Columbia 川流域の Deschutes 川から河口にかけてのチヌーク語》.

úpper círcle アパーサークル《劇場などの観客席のうち, 特等席である二階正面席と天井さじきの間の部分》.

úpper-cláss *a* 上流階級の, 上流階級独特の; *《大学·高校の》上級の.

úpper cláss [the ～(es)] 上流階級(の人びと).

ùpper·cláss·man* /-mən/ *n* 《大学·高校の》上級生 (junior or senior) (cf. UNDERCLASSMAN).

úpper crúst 《パイ·食パンなどの》上皮; [the]《口》《社会·集団の》最上層部, 上流[貴族]階級(の最上流); 《俗》頭. ● **thin in the ～** 《俗》頭が弱い. ♦ **úpper-crúst** *a* 《口》上流階級の.

úpper-crúst·er *n* 《口》最上流階級の人.

úpper·cùt *n* 〘ボク〙アッパーカット; 〘野〙アッパースイング《バットを下から上に振り上げること》. ► *vt, vi* 〘ボク〙(…に)アッパーカットを食わせる; 〘野〙アッパースイングで打つ.

úpper déck 〘海〙上甲板.

úpper·dóg *n* TOP DOG.

Úpper Éast Síde アッパーイーストサイド《New York 市 Manhattan の Central Park の東側の地区 (59th Street と 96th Street の間)》.

Úpper Égypt 上エジプト《エジプトの 2 主要行政区分の一つ; Cairo 以南のスーダン国境に至る地域》.

úpper hánd [the] 支配, 優位: get [gain, have] *the ～ over* [on]…より優勢になる, …に勝つ; …を抑える.

úpper hóuse **1** [the, ᴼthe U- H-] 上院 (opp. *lower house*). **2** [the U- H-]〘英国教〙《聖職者会議 (Convocation) の》上院《主教たち》.

úpper jáw 上顎.

Úpper Kar(r)óo *a, n* **1**〘地質〙上部カルー紀[系](の)《南アフリカにおける中生代[界]下部の年代[地層]で, ほぼ三畳紀と下部ジュラ紀に相当する; cf. LOWER KAROO》. **2** ⇨ KAROO.

úpper léather 《靴の》甲革用の革; 甲革 (uppers).

úpper mìddle cláss 上位中流階級, アッパーミドルクラス《middle class の上層の社会階級; 英国では特に医師·弁護士·大学教授·会社役員·上級公務員などの専門職についている人が属すとされる》. ♦ **úpper mìddle-cláss** *a*

úpper mórdent 〘楽〙PRALLTRILLER.

úpper·mòst *a* 最上[最高]の, 最優位の; 最重要の地位を占める, 一番の. ► *adv* いちばん上[前]に, 最高位に.

Úpper Palátinate オーバープファルツ (*G* Oberpfalz)《ドイツ南東部 Danube 川流域の Regensburg を中心とする地域で, かつての神聖ローマ帝国の宮中伯の領地》.

Úpper Paleolíthic *n, a* 〘考古〙上部旧石器時代(の)《40,000 B.C.–(ヨーロッパでは) 12,000 B.C.》.

úpper·pàrt *n* 《鳥の体などの》上側, 背面.

úpper pártial 〘楽〙倍音 (overtone).

Úpper Península [the] 上部半島《Superior, Michigan 両湖の間の半島で, Michigan 州の北西部をなす》.

úpper régions *pl* [the] 空, 上天, 天界.

úpper réspiratory *a* 〘医〙呼吸器系最上部の, 上気道上部の《鼻孔から鼻咽喉まで》.

úpper schòol 《中等学校の》上級学年; 〘英〙上級中等学校《14–18 歳の生徒が行く》.

Úpper Silésia 上シロンスク[シュレジエン]《ポーランド南西部 Oder 川上流の Opole, Katowice を中心とする地方; 工業地帯; 石炭·鉄·亜鉛などが豊富》.

úpper síxth 〘英〙上級第 6 学年《sixth form の後期 1 年》.

úpper stóry 上階, 上層; 《俗》頭, おつむ (brain). ● **loose in the ～** 《俗》頭が狂って, いかれて.

úpper·tén·dom *n* 社会の最上流階級.

úpper tén (thóusand) [the] 最上流社会に属する人びと, 貴族階級 (cf. SUBMERGED *tenth*).

Úpper Tungúska [the] 上[ヴェルフニャヤ]トゥングースカ川《Yenisey 川の支流 Angara 川下流部の別称》.

Úpper Vólta オートヴォルタ (F **Haute-Vol·ta** /F otvɔlta/)《BURKINA FASO の旧称》. ♦ **Ùpper Vóltan** *a, n*

úpper·wòrks *n pl* 〘海〙《船の》乾舷; 水上部; 上部構造 (superstructure); 《俗》頭, 知力 (brains).

up·pie, up·py /ʌ́pi/ *n* *《俗》アンフェタミン (amphetamine) 錠剤[カプセル]《覚醒剤》.

úp·pish *a* 《口》お高い, 思い上がった (uppity); やや高い, 上向きの; 《古》〈精神が〉高揚した; 《古》腹を立てやすい. ♦ **～·ly** *adv* **～·ness** *n*

up·pi·ty /ʌ́pəti/ 《口》*a* お高い, 思い上がった, 生意気な; ᴴかたくなな. ♦ **～·ness** *n* [?*up*, *-ity*]

úp pót *《俗》《鎮静性のマリファナに対し》興奮性のマリファナ (cf. UP HIGH).

Upp·sa·la, Up- /ʊ́psɑ̀:lə, ʌ́p-, ─ ─́ ─/ ウプサラ《スウェーデン南東部の市; 同国最古 (1477 年創設) の大学がある》.

úp quárk アップクォーク《電荷＋2/3 のクォークの一つ》.

ùp·ráise *vt* 揚げる, 持ち上げる, 隆起させる; 元気づける, 励ます.

úp·ràte /, ─ ─́/ *vt* …の等級(など)を上げる, UPGRADE, 〈エンジンなど〉の出力[効率]を高める; 〘写〙〈フィルムを〉増感現像する, 押す.

ùp·réar *vt* 上げる, 起こす; 建てる; 高める; 育て上げる. ► *vi* 立ち上がる.

úp·right /, ─ ─́/ *a* **1** まっすぐに立った, 直立した, 直立型の, 〘園〙立ち性の, 直立性の; 垂直の; 姿勢のよい; 正立した[の]; ᴴ〈椅子が〉肘掛けのない. **2** 正しい, 正直な, 高潔な; 公正な. ► *n* 直立状態; まっすぐなもの, 直立部分, 《建築物の》直立材; [ᵁ*pl*] 《椅子などの》直立物; [ᵁ*pl*] 〘アメフトなど〙ゴールポスト (goalposts); 《高跳びのバーを支える》支柱; UPRIGHT PIANO: out of ～ 傾いて. ● **split the ～s** 〘アメフト〙タッチダウンのあとで try for point を成功させて追加得点をあげる. ► *adv* まっすぐ上に, 直立して. ● **pull [draw] oneself ～** すっくと立ち上がる. ► *vt* 直立させる, 垂直にする. ♦ **～·ly** *adv* **～·ness** *n* [OE *up(p)riht* (UP, RIGHT); cf. G *aufrecht*]

úpright piáno 竪型(たて)ピアノ, アップライトピアノ (cf. GRAND PIANO).

up·rise /ʌpráiz/ *vi* (**up·rose** /-róuz/; **up·ris·en** /-ríz(ə)n/) 《文》**1** 〈太陽が〉昇る; 上る (ascend), 高まる; 上り坂になる; 出現する, 起こる. **2** 立ち上がる; 起床する, 起きる; 反乱に立ち上がる, 蜂起する; 生き返る, よみがえる. **3** 〈音が〉大きくなる; 〈量が〉増す. ► *n* /─́ ─̀/ 《天体の》出, 日の出, 暁; 上昇, 上り坂; 立身出世; 出現, 発生, 発達. ♦ **ùp·rís·er** *n*

up·ris·ing /ʌ́pràizɪŋ/ *n* 《地域的な》反乱, 暴動, 蜂起, 一揆 (revolt); 上り坂; 起立; 起床; 上昇.

úp·ríver *adv* 水源に向かって, 川上へ[で]. ► *a* 川上の, 水源[源流]に向かう. ► *n* 川上[水源]地方[地帯].
up·roar /ʌ́prɔ̀ːr/ *n* 騒動, 大騒ぎ; 喧噪, どよめき, 騒音: in (an) ~ 大騒ぎで, 興奮して. ● **get** one's BOWELS **in an** ~. [Du=commotion (*op* up, *roer* confusion)]
up·roar·i·ous /ʌ̀prɔ́ːriəs/ *a* 大騒ぎの; 騒々しい, やかましい; 大笑いさせる: ~ laughter 大笑い. ♦ **~·ly** *adv* **~·ness** *n*
ùp·róot *vt* 根こぎにする ‹*from*›; ‹住みなれた住居・土地・生活環境から›追い立てる, 引き離す ‹*from*›; ‹悪習を›根絶[絶滅]する. ► *vi* 絶滅する; 住みなれた土地を離れて生活を変える. ♦ **~·ed·ness** *n* **~·er** *n*
uprose *v* UPRISE の過去形.
ùp·róuse *vt* …の目をさまさせる, 覚醒させる, 起こす.
úp·rùsh *n* 《ガス・液体などの》急激な上昇, 吹出し; 《潜在意識・無意識からの》思考の奔出, 《感情の》高まり; 急増.
UPS 〘電〙°uninterruptible power supply ♦ United Parcel Service ユナイテッドパーセルサービス《米国の小口貨物輸送会社》.
up·sa·dai·sy /ʌ́psədèɪzi/ *int* UPSY-DAISY.
Upsala ⇨ UPPSALA.
úp·scàle* *a* 上流の, 金持の, 高級品市場向けの; 高級な. ► *adv* 高級品市場向けに. ► *vt* 高級化する, グレードアップする.
up·set *v* /ʌ̀psét/ (~; **-tt-**) *vt* **1** ひっくり返す, 転覆させる; ひっくり返してこぼす. **2** ‹計画などを›だめにする, 失敗させる, 無効にする; ‹強敵を›《予想をくつがえして》打ち負かす, 倒す; …の体[腹]をこわす. **3** …の気を転倒させる, 動揺させる; 混乱させる, めちゃくちゃにする. **4** 〘機〙‹熱した鉄棒を›膨径する, 据え込み加工する《ハンマーでまたは圧力を加えて太く短くする》; ‹車輪の輪金を›短く押し縮める. **5** 《廃》起こす, 立てる, 建てる. ► *vi* ひっくり返る, 転覆する. ► *n* /⌒⌒/ **1** 転覆, 転倒; 《競技・選挙などで絶対的に強いとみられていたものの》意外な敗戦[敗北], 番狂わせ. **2** 混乱(状態); (腹の)不調; 《心の》動揺, 狼狽, いらいら; 不和, けんか. **3** 〘機〙膨径スエージ, 端を鍛圧して太く短くした金属棒, アップセット; 《命中した際の》弾丸の膨張. ► *a* /⌒⌒/ **1** ひっくり返った, 転倒した; 打ち倒された, 敗れた; ‹胃など›不調の. **2** 混乱した, めちゃくちゃの; 動揺した, 狼狽した **3** 《古》垂直に立てられた. ♦ **ùp·sét·ter** *n*
úpset prìce 《競売などの》最低売り値, 開始値段, 最低競売価格 (reserve price).
ùp·sét·ting *a* 騒ぎを起こす, めちゃめちゃにする; 不安をかきたてる, 頭を混乱させる, 動揺させる. ► *n* 〘機〙《鍛圧による》膨径. ♦ **~·ly** *adv*
úp·shìft *vi* (車の)ギアを上げる[が上がる], シフトアップする. ► *vt* 増やす. ► *n* シフトアップ; 増加.
úp·shòt *n* [°the] 最後の結果, 結末; [the] 結論, 要旨; 《原義》《弓術試合の》最後の一矢. ● **in the** ~ 結局, とどのつまり.
upsidaisy ⇨ UPSY-DAISY.
úp·sìde *n* 上側, 上面, 上部; 《株価などの》上昇傾向; プラス面, 明るい面, 利点; 可能性. ► *prep**《俗》…の側面に[を], …に対して[向かって]: hit sb ~ the head 人の頭をなぐる.
úp·sìde-dówn *a* さかさまの, 転倒した; めちゃくちゃの.
úpside dówn *adv* さかさまに, 転倒して, ひっくり返って; [*fig*] 混乱して, めちゃくちゃに: turn…~ ひっくり返す; 混乱させる, めちゃくちゃにする. [*up so down* up as if down]
úp·sìde-dówn càke アップサイドダウンケーキ《果物の細片の上にケーキ種を流して焼き, 果物を上にして供する》.
úp·sìde-dówn càtfish 〘魚〙サカサナマズ, シノドンティス《あおむけに泳ぐ; Nile 川産》.
úp·sídesˈˈ《口》*adv, a* 《特に競馬で》並んで, 並んだ ‹*of, with*›; 五分五分[互角]で[の]. ● **be** [**get**] ~ **with**…と互角である[になる]; …に復讐する[恨みを晴らす]. [*upside* top part]
up·si·lon /ʌ́psəlɑ̀n, júː-, -lən, ˈˈjupsáɪlən/ *n* ユプシロン《ギリシア語アルファベットの第 20 字 Υ, υ; 英字母の Y, y, または U, u》; UPSILON PARTICLE. [Gk=slender U (*psilos* slender)]
úpsilon pàrticle 〘理〙ユプシロン粒子, Υ 粒子《核子の約 10 倍の質量を有する電気的に中性な中間子; ボトムクォークとその反粒子の対; 記号 Υ》.
ùp·síze* *vi, vt* 拡大する.
úp·skìll *vt* ‹人›の技能を向上させる, 研修を行なう. ► *vi* 技能研修をする. ♦ **~·ing** *n* 技能研修, スキルアップ.
úp·slòpe *n* 上り坂[勾配]. ► *a, adv* /⌒⌒/ 坂の上の方へ(の), 上り勾配の (uphill).
úp-Sóuth *a**《俗》《南部諸州と同様に人種差別の存する所としての》北部諸州の.
úp·spèak *n* UPTALK.
ùp·spríng *vi* 跳び上がる; 発生する, 出現する; 心に浮かぶ. ► *n* /⌒⌒/ 《古》発生, 出現.
úp·stáge *a* 舞台後方の《かつて舞台前方より高かった》; 《他の俳優たちが観客に背を向けねばならないように》舞台後方に位置を占める; 《口》お高くとまった, 高慢ちきな, いばった. ● ~ **and county** ˈˈ紳士気取りの. ► *adv* 舞台後方で[へ], カメラから離れて (opp. *downstage*). ► *vt* /⌒⌒/ 舞台の奥に留まって‹他の役者›の背を観客に向けさせる; ‹人を›出し抜く, …の人気をさらう, …よりも目立つ, 《話題を独占して》かすませる; ‹人›に対して横柄な態度をとる, 冷たくあしらう. ► *n* /⌒⌒/ 舞台後部, カメラから最も遠い位置; 他の俳優の後方の舞台位置.
úp·stáir *a* UPSTAIRS.
up·stairs /ʌ́pstɛ́ərz/ *adv* **1** 二階へ[に], 階上へ[に]: go ~ 二階へ行く / The bedroom is ~. 寝室は二階です. **2** 一段と高い(がたいして権威のない)地位に; 《空俗》高空に, 上空に: KICK[1] sb ~. **3** 《俗》頭は[が], おつむは (in the head): She is all vacant ~. 頭が全くからっぽだ. ► *n* [‹*sg/pl*›] 二階, 階上; 《使用人に対して, 一家の》主人(たち), お二階さん; *《俗》《貨物列車の》車両の中《運のいいホーボーが乗って行く》; 《俗》頭, 脳. ► *a* 二階の, 階上の; 高い所にある, [*euph*] 天上の; 高度の, 上位の: the man ~ 上階のお方《神》.
Úpstairs, Dównstairs 「階上と階下」《英国 BBC の連続テレビドラマ (1971–75); 1900 年から 1930 年代にかけて, London の大邸宅に住む Bellamy 家の人びとと, 階下で働く召使たちの生活を描いたもの》.
úp·stànd *n* 直立したもの, 垂直部.
ùp·stánd·ing *a* 直立した, すらりとした; しっかりと据えられた; 高潔な, 誠実な, 正直な; ‹動物が›頑健な, 強健な: Be ~. 起立《判事の入退廷時などの号令》. ♦ **~·ness** *n*
úp·stàrt *n* 成り上がり者; 新興企業; 〘体操〙《(段違い)平行棒で》演技の入り《バーをつかんだ両腕で上体を支える姿勢にもってゆく》. ► *a* /⌒⌒/ 成り上がりの; ‹企業が›新興の, 急成長した. ► *v* /⌒⌒/ *vi* 急に立ち上がる, 跳び上がる; 突然出現する, 急に見えてくる. ► *vt* 急に立ち上がらせる.
úp·stàte* *n* 州北部; 《大都市圏が南部にある州の》田舎. ► *a, adv* /⌒⌒/ 州北部の[へ, に]; 《州内で》大都会から遠い[遠く]; *《俗》服役中で, 獄中に: ~ New York ニューヨーク州北部地方. ♦ **úp·stát·er** *n*
úp·stréam *a, adv* 上流の[で, に向かって]; 流れをさかのぼる[さかのぼって]; 上流(部門)の[に, で], 川上の[に, で]《製品が原材料の確保から製造過程を経て最終消費者に至る道程を川の流れにたとえ, その上流をいう; 原料の採掘や製造など; 最初は石油業界についていわれた; cf. DOWNSTREAM》.
ùp·strétched *a* ‹腕など›上方に伸ばした[広げた].
úp·stròke *n* 《字画の中の》上へ向けて引いた線[筆づかい]; 《ピストンの》上昇運動[行程].
ùp·súrge *vi* (波のように)盛り上がる; 激増する. ► *n* /⌒⌒/ 激増, 急増, 急騰, 殺到 ‹*in, of*›; 《感情の》急激な高まり; 急な出現, 突発. ♦ **up·sur·gence** /ʌ̀psə́ːrdʒəns/ *n*
úp·swèep *n* 上向きに掃き上げること; 下あごの反(そ)り曲がり; 急な斜面[坂]; アップ《頭の上の方へ髪をかき上げてまとめる髪型》; 著しい活動の増大. ► *v* /⌒⌒, ⌒⌒/ *vt* 上向きに掃く, (さっと)なで上げる. ► *vi* 上向きに傾斜する, 上向きになる.
ùp·swéll 《まれ》*vi* ふくらむ. ► *vt* ふくらませる. ► *n* /⌒⌒/ UPSURGE.
úp·swèpt *a* 上向きに反った[傾斜した]; ‹髪が›なで上げた, アップにした.
úp·swìng *n* 《景気・価格などの》回復(期); 改善, 上昇, 向上 ‹*in, of*›; 増加. ► *vi* /⌒⌒/ 上向きに揺れる; 向上する.
up·sy-dai·sy, up·si·dai·sy /ʌ́psidéɪzi/ *int* ヨイショ, ホーレ《ころんだ子供を助け起こしたり子供を抱き上げたりするときの掛け声》. [*up-a-daisy*]
úp·tàke *n* **1** 理解(力), のみ込み (understanding); 《生体への》取り込み, 摂取; 持ち上げること; ˈˈ応募者数: quick *on* [*in*] the ~ 《口》理解が速い, 物わかりがよい / slow *on* [*in*] the ~ 《口》理解がおそい, 《しゃれなどに》鈍い. **2** 吸い上げパイプ, (吸い上げ)通風管, 煙道, 煙路, アプテーク; 〘鉱〙UPCAST.
úp·tàlk *n* アップトーク《平叙文の文末をはね上げる口調; 書くときは文末に ? を付けて表わす》.
ùp·téar /-tɛ́ər/ *vt* 根こぎにする, ずたずたにする.
úp·tèmpo *n, a, adv* 速いテンポ(の[で]), アップテンポ(の[で]).
úp·thròw *n* 〘地質〙《地層などの》ずり上がり, 《地殻の》隆起; 〘地質〙《断層の》上がり落差, アップスロー; ほうり[突き]上げること. ► *vt* ほうり上げる, 突き上げる.
úp·thrùst *n* 〘理〙《液体・気体中に浮いている物体に対する》押し[突き]上げ, 浮力; 〘地質〙隆起. ► *vt, vi* 隆起させる, 隆起する. ► *a* 押し上げられた, 上を向いた.
úp·tìck *n**増加, 上昇; 〘証券〙前回の出来値より高い取引.
úp·tìght /, ⌒⌒/ *a* **1** 《口》不安な, 緊張しきった, ナーバスな, 神経のピリピリした ‹*about*›; 《口》怒った, 頭にきた; 《口》型にはまりきった, 堅苦しい, 謹厳な; 《口》経済的に苦しい; *《俗》ひどい. **2** *《俗》‹曲など›熟知された; *《俗》よく知って[進んで]いる; *《俗》ビシッときまった, 申し分ない, OK の; *《俗》《服装が》マディソン街[アイヴィーリーグ]のスタイルで[の]. ♦ **~·ness** *n*
ùp·tílt *vt* 上に傾ける (tilt upward).
úp·tìme *n* 《コンピューターなどの》稼働時間; 《人の》勤務時間.
ùp-to-dáte *a* 最新の情報[事実]を採り入れた[に詳しい]; 現代風の, 先端的な, 進んだ (cf. up to DATE[1]). ♦ **~·ly** *adv* **~·ness** *n*
ùp-to-the-mínute *a* ごく最近の情報[事実]を採り入れた; 最新の, 最新式の.
úp·tòwn* *adv* 山の手に[へ], 住宅地区に[へ]; 町の中心部に[へ]《田舎における用法): go [live] ～. ► *a* 山の手の[にある], 住宅地区の; 町の中心部の[にある]《田舎における用法》; 裕福な人びとの, 都会的な, 高級な, 流行の. ► *n* /ˊ— ˋ—/ 山の手, 住宅地区; 《田舎町の》中心部, 「町」. ♦ **～·er** *n*

ùp·tráde *vt.* 〈車·機器類を〉より良いものと交換する.

úp·trènd *n* 〘経〙上昇傾向, 上向き.

ùp·túrn *vt* 上に向ける; ひっくり返す, 混乱に陥れる; 掘り返す. ► *vi* 上に向く[曲がる]. ► *n* /ˊ— ˋ—/ 上に向くこと, 上向き; 上昇; 好転, 改善; 転覆; 《社会の》騒乱, 大混乱; 上向きになった部分.

ùp·túrned *a* 上に向けた〈目つきなど〉, つんと上を向いた〈鼻〉; ひっくり返された[返した]; 掘り返された; 先が上方に曲がった.

UPU °Universal Postal Union.

ùp·válue *vt* …により高い評価(額)を与える; 〈通貨を〉切り上げる. ♦ **ùp·valuátion** *n*

uPVC unplasticized polyvinyl chloride 硬質[無可塑]ポリ塩化ビニル.

up·ward /ʌ́pwərd/ *a* 上へ向かう, 上方[上位]への, 上流に向かう, 上昇の; 上の方にある: an ～ tendency 《物価などの》上向き / an ～ current 上昇風[気流] / take an ～ glance 上目づかいをする. ► *adv* **1** 上の方へ, 上へ向かって, 上向きに, 高い方へ; 上流[奥地]の方へ; 大都市の方へ, 中心[主要]部の方へ. **2** 《数量·値段·程度など》(…より)以上, もっと高く[多く]; 後年[後日]にかけて; 《古》古い時代[過去]に向かって. ● …**and** [**or**] **～(s)** …またはそれ以上. **～(s) of** …より多く (more than, in excess of); ほぼ[約]…. ♦ **～·ly** *adv* **～·ness** *n* [OE *upweard(es)* (UP, *-ward*)]

úpward mobílity 〘社〙上昇移動《社会的地位の上位の階層への移動》. ♦ **úpwardly móbile** *a*

úp·wards *adv* UPWARD.

úp·wàrp *n* 〘地質〙曲隆《地殻の上方へのゆるやかな曲がり》. ► *vt, vi* /ˊ— ˋ—/ 曲隆させる[する].

ùp·wéll *vi* わき出る, わき上がる.

ùp·wéll·ing *n* わき上がること; 〘生態〙湧昇(ゆうしょう)《栄養塩に富む深海水などの》. ► *a* 〈感情など〉込み上げてくる.

úp·wínd /-wínd/ *adv* 風上に向かって; 向かい風をついて. ► *a* 風上に向いた; 風上の. ► *n* /ˊ— ˋ—/ 向かい風; 斜面を吹き上げてくる風.

up·ya, up·yer /ʌ́pjə/ *int* 《豪卑》くそくらえ (up yours).

u quark /júː —/ UP QUARK.

Ur /ə́ːr, ʊ́ər/ ウル《Euphrates 川下流にあった古代シュメールの都市; cf. UR OF THE CHALDEES》.

ur-[1] /júər/, **uro-** /júərou, -rə/ *comb form* 「尿」「尿道」「排尿」「尿素」 [Gk *ouron* urine]

ur-[2] /júər/, **uro-** /júərou, -rə/ *comb form* 「尾」「尾部」「後尾突起」 [Gk *oura* tail]

ur-[3] /ʊ́ər/ *pref* [°Ur-]「原初の」「原形の」 [G]

UR 《E メールなどで》you are, your.

ura·cil /júərəsìl, -səl/ *n* 〘生化〙ウラシル《RNA のポリヌクレオチド鎖中で遺伝情報を指定するピリミジン塩基; 記号 U; cf. ADENINE, CYTOSINE, GUANINE, THYMINE》. [*ur*ea, *ac*et*ic*]

uraemia ⇨ UREMIA.

urae·us /juəríːəs/ *n* (*pl* **uraei** /juəríːàɪ/, **～·es**) 蛇形章《古代エジプト王の王冠に付けたエジプトコブラをかたどった王の表象》. [NL＜Gk＜Egypt *uro* asp]

Ural /júərəl/ [the] ウラル川《ロシア·カザフスタンを流れる川; Ural 山脈南部に発し, 南流してカスピ海に注ぐ》; [the ～s] URAL MOUNTAINS.

Úral-Altáic *n* ウラル-アルタイ語《Finnish, Turkish, Mongolian などを含み東部ヨーロッパおよび中央アジアに及ぶ仮説上の語族; 膠着と母音調和を類型論的特徴とする》. ► *a* ウラル-アルタイ語の[を使用する]; ウラル-アルタイ山脈地方の.

Ura·li·an /juəréɪliən, -rǽl-/ *a* ウラル山脈の; ウラル地方人の; 〘言〙ウラル語族の.

Urálian émerald ウラルエメラルド (demantoid).

Ural·ic /juərǽlɪk/ *a* URALIAN. ► *n* 〘言〙ウラル語族《Finno-Ugric 諸語に Samoyed を加えた語群》.

ural·ite /júərəlàɪt/ *n* 〘鉱〙ウラライト《二次生角閃石の一》. ♦ **ural·it·ic** /jùərəlítɪk/ *a* [↓]

Úral Móuntains *pl* [the] ウラル山脈《ユーラシア大陸を南北に走り, 欧州とアジアの境をなす》.

Uralsk /jurǽlsk/ ウラリスク《カザフスタン西部 Ural 川右岸の市》.

uran-[1] /júərən, juəréɪn/, **ura·no-** /júərənou, juəréɪ-, -nə/ *comb form* 「天」「口蓋」 [Gk *ouranos* heaven(s)]

uran-[2] /júərən, juəréɪn/, **ura·no-** /júərənou, juəréɪ-, -nə/ *comb form* 「ウラン, ウラニウム (uranium)」

uranalysis ⇨ URINALYSIS.

ura·nia /juəréɪniə/ *n* URANIUM DIOXIDE.

Urania **1** ユレーニア《女子名》. **2** 〘ギ神〙ウーラニアー《**1**) 杖を持ち天文をつかさどる女神で, ムーサたち (nine Muses) の一人 **2**) Aphrodite の別称》. [Gk＝heavenly]

Ura·ni·an /juəréɪniən/ *a* 〘天〙天王星 (Uranus) の; 《ムーサの》ウーラニアーの[に献じた]; 天文学上の; 天上の, 霊的な愛の《Aphrodite [Venus] の添え名》; [°u-] 同性愛の (homosexual). ► *n* 天王星の住人, 天王星人; [°u-] 同性愛者.

uran·ic[1] /juərǽnɪk, -réɪ-/ *a* 〘化〙《URANOUS より原子価の高い》(第 2)ウラン[ウラニウム]の[を含む], ウラン (IV[VI]) の.

uranic[2] *a* 天の, 天文学上の. [Gk *ouranos* heaven]

ura·nide /júərənàɪd/ *n* URANIUM; 超ウラン元素.

uran·i·nite /juəréɪnənàɪt/ *n* 〘鉱〙閃(せん)ウラン鉱.

ura·nism /júərənìz(ə)m/ *n* (男子)同性愛. [G (Gk *ouranios* heavenly, i.e. spiritual)]

ura·nite /júərənàɪt/ *n* 〘鉱〙ウラナイト《銅ウラン鉱·灰ウラン鉱などリン酸ウラニウムの総称》.

ura·ni·um /juəréɪniəm/ *n* 〘化〙ウラン, ウラニウム《放射性金属元素; 記号 U, 原子番号 92》: ～ metals 金属ウラン群. [NL (URANUS, *-ium*); cf. TELLURIUM]

uránium bòmb ウラン(原子)爆弾.

uránium dióxide 〘化〙二酸化ウラン.

uránium hèxa·flúoride 〘化〙六フッ化ウラン《濃縮ウラン製造用》.

uránium óxide 〘化〙酸化ウラン.

uránium(-rádium) sèries 〘化〙ウラン(ラジウム)系列《天然放射性元素の崩壊系列》.

uránium trióxide 〘化〙三酸化ウラン《鮮橙色; 陶磁器着色用》.

uranium 238 /ˊ— tùːθəːrtiéɪt/ 〘化〙ウラン 238《ウランの同位体の一; 天然ウラン中に約 99.3% 含まれ, 核燃料プルトニウム 239 の製造原料とされる; 記号 ^{238}U, U^{238}》.

uranium 235 /ˊ— tùːθəːrtifáɪv/ 〘化〙ウラン 235 (＝actinouranium)《ウランの同位体の一; 天然ウラン中に約 0.7% 含まれ, 低速中性子の照射により急速な核分裂を行ない, 核エネルギー源として利用される; 記号 ^{235}U, U^{235}》.

urano- /júərənou, juəréɪnou, -nə/ ⇨ URAN-[1,2].

ura·nog·ra·phy /jùərənágrəfi/ *n* 《古》天体学, 恒星図表学; 天体誌. ♦ **-pher** *n* **ùra·no·gráph·ic, -i·cal** *a*

ura·nol·o·gy /jùərənálədʒi/ *n* 天体誌; 天体学; 天体論. ♦ **ùra·no·lóg·i·cal** *a*

ura·nom·e·try /jùərənámətri/ *n* 天体測量; 天体図, 星図, 星表.

ura·nous /júərənəs, juəréɪnəs/ *a* 〘化〙《URANIC[1] より原子価の低い》(第 1)ウラン[ウラニウム]の[を含む], ウラン(III)の.

Ura·nus /júərənəs, juəréɪnəs/ **1** 〘ギ神〙ウーラノス《天の人格化で世界を支配した神, Gaea の子で, またその夫として Titans や Cyclopes の父; 息子 Cronus に支配権を奪われた》. **2** 〘天〙天王星. [Gk *ouranos* heaven]

ura·nyl /júərənìl, juəréɪn(ə)l/ *n* 〘化〙ウラニル《2 価の基 UO_2 またはイオン UO_2^{2+}》. ♦ **ùra·nýl·ic** *a*

úranyl nítrate 〘化〙硝酸ウラニル《酸化ウラニルを硝酸に溶解した溶液を蒸留して得られる結晶》.

urao /ʊráːou/ *n* 〘化〙ウラオ《天然セスキ炭酸ナトリウム》.

ura·ri /juəráːri/ *n* CURARE.

Urar·ti·an /ʊráːrtiən/ *n* ウラルトゥ人; ウラルトゥ語《Hurrian に近縁の死語; 楔形文字で表記された》. ► *a* ウラルトゥの, ウラルトゥ人[語]の.

Urar·tu /ʊráːrtu/ ウラルトゥ《アッシリアの北, Van 湖周辺にあった王国; 前 9–8 世紀西アジアに勢力をふるった》.

urase /júəréɪs, -z/ *n* 〘生化〙UREASE.

urate /júərèɪt/ *n* 〘化〙尿酸塩. ♦ **urat·ic** /juərǽtɪk/ *a*

urb /ə́ːrb/ *n* 《郊外区域に対し》市街地[区域], 都会, 町. [*urb*an, sub*urb*]

ur·ban /ə́ːrbən/ *a* 都市[都会]の, 市街地の, 都市に住む, 都市特有の, 都市に慣れた (opp. *rural*); 《米国勢調査で》都市の《居住者数が 5 万人以上の地区についていう》; 黒人音楽の, 黒人文化[特にストリートカルチャー]の: ～ (contemporary) music アーバンコンテンポラリー《R&B, ソウルミュージック, ラップ·ヒップホップなどの 1980 年代, 90 年代のポピュラー音楽を包括的に表わす》. [L (*urb- urbs* city)]

Urban **1** アーバン《男子名》. **2** ウルバヌス (**1**) ～ **II** (c. 1035–99)《フランスの聖職者; 本名 Odo of Lagery; ローマ教皇 (1088–99); 第 1 回十字軍遠征を提唱》 (**2**) ～ **VI** (c. 1318–89)《イタリアの聖職者; 本名 Bartolomeo Prignano; ローマ教皇 (1378–89)》. [L＝urbane]

úrban anthropólogy 都市人類学.

úrban blúes [<*sg/pl*>] アーバンブルース《通例 バンドを伴ったリズミックではなやかなブルース》.

Úrban Devélopment Corporàtion 〘英〙都市開発公社《都市開発[再開発]のために政府によって設立された組織; 略 UDC》.

úrban dístrict 〘英〙市部郡《以前の county 内の行政区分; 1 つ以上の人口の稠密な地域からなり, 市部会が住宅·衛生などの問題を管掌した; borough より行政の権限が狭かった》; 〘アイル〙市街区《中規模の町で, 区会が設けられている》.

ur·bane /əːrbéɪn/ *a* 都会風の, 上品な, 洗練された, あかぬけした (opp. *rural*); 丁重な, 礼儀正しい. ♦ **～·ly** *adv* **～·ness** *n* [L URBAN]

úrban guerrílla 都市ゲリラ(組織).

úrban hómesteading 〘米〙都市定住奨励(政策)《都市の荒

廃防止のため荒廃建物への入居を奨励する連邦政府の政策; 荒廃建物に入居者が修理補修をしたうえで, 一定期間居住した場合, 最終的にはその建物の所有権を与えるというもの; cf. SWEAT EQUITY》.
♦ **úrban hómesteader** 都市再定住者. [*Urban Homestead* Act (1973)]
úrban·ìsm *n* 都市生活(学), 都市性, アーバニズム; 都市計画; 《人口の》都市集中; URBANIZATION.
úrban·ist *n* 都市計画専門家. ► *a* 都市計画専門(家)の.
♦ **ùr·ban·ís·tic** *a* **-ti·cal·ly** *adv*
úrban·ìte *n* 都市生活[居住]者, 都会人.
ur·ban·i·ty /ə:rbǽnəti/ *n* 都会風, 洗練されていること, 上品, 優雅; [*pl*] 上品なふるまい; 都市生活: lack the *urbanities* 礼儀に欠ける.
úrban·ìze *vt* 都市化する; 都会風にする; …の都市への移住を促す; 《まれ》優雅にする: an ~*d* area 市街地. ♦ **ùrban·izátion** *n*
úrban légend [mýth] 都市伝説, 都会の神話《特に大都市部で人から人へと語り継がれることにより, ついになかば伝説のように信じられるようになったうわさ話》.
úrban·òid *a* (大)都市の性格をもつ.
ur·ban·ol·o·gy /ə:rbənálədʒi/ *n* 都市学, 都市問題研究.
♦ **-gist** *n* 都市問題専門家[学者].
úrban óre 《再生原料としての》廃棄物.
Úrban Prógramme [the]《英国政府の》都市再開発計画, アーバンプログラム.
úrban renéwal 都市更新, 都市再開発 (urban redevelopment).
úrban sociólogy 都市社会学.
úrban spráwl 都市スプロール(現象).
úrban wárrior 都会の戦士《1) みずからの政治思想のために戦う都会人 2) 都市で武装闘争を行なう活動家》.
ur·bia /ə́:rbiə/ *n* 都市(部)《集合的; cf. SUBURBIA, EXURBIA》.
úr·bi·cìde /ə́:rbə-/ *n* 都市(環境[景観])の破壊.
úr·bi·cùlture /ə́:rbə-/ *n* 都会生活特有の生活慣習[諸問題], 都市文化.
ur·bi et or·bi /úrbi ɛ̀t ɔ́:rbi/ 都(ローマ)および世界に, 全世界に《教皇の大勅書の呼びかけのことば》. [L=to the city (Rome) and the world]
Ur·bi·no /ʊərbí:noʊ/ ウルビノ《イタリア中部 Marches 州の町; Raphael の生地》.
urbs /ə́:rbz/ *n* 《文》《現代生活の喧騒を象徴する》都会.
URC °United Reformed Church.
ur·ce·o·late /ə:rsíələt, -lèɪt, ə̀:rsíələt/ *a* 〈花冠などが〉壺型の. [Lurceolus (dim)‹ *urceus* pitcher]
ur·chin /ə́:rtʃən/ *n* **1** 腕白小僧, いたずらっ子, あくたれ; 《一般に》少年. **2**〔動〕ウニ (sea urchin); 《古》ハリネズミ (hedgehog); 《廃》《ハリネズミに化ける》小鬼. **3**〔紡〕アーチン《梳毛[梳綿]機の大ドラムのまわりの2つの小針布(しんˆ)胴》. [OF *heriçon*<L *ericius* hedgehog]
úrchin cùt 《女性の髪の》ショートカット.
urd /ə́:rd, ʊ́ərd/ *n*〔植〕ブラックグラム (=*black gram*)《ヤエナリに似たマメ科植物; インド原産》. [Hindi]
Urd /ʊ́ərd, ə́:rd/〔北欧神話〕ウルド《Urdar に由来する3人の Norns の一人で,「過去」の化身である女巨人; cf. SKULD, VERDANDI》.
Ur·dar /ʊ́ərdər, ə́:r-/〔北欧神話〕ウルダル《運命を擬人化した女巨人》.
ur·dé(e) /ə́:rdi, ə́:rdeɪ, ə̀:rdéɪ/ *a*〔紋〕〈十字が〉腕の先が剣先の形をした. [C16; F (*croix aiguisée et*) *vidée* (cross sharply pointed and) reduced の誤読か]
Ur·du /ʊ́ərdu, ə́:r-/ *n* ウルドゥー語《印欧語族 Indic 語派の主要な言語; パキスタンの公用語, またインドでもイスラム教徒が使用する; ペルシア文字を改良した文字で表記され, ペルシア語・アラビア語の影響が強い; ⇨ HINDUSTANI》. [Hindi (*zabān i*) *urdū* (language of the) camp<Pers]
-ure /ər/ *n suf* 次の意を表わす. **1 a** [動作・過程・存在]: cens*ure* / cult*ure*. **b** [動作の結果]: pict*ure* / creat*ure*. **2 a** [職務・機能]: judicat*ure*. **b** [機能集団]: legislat*ure*. **3** [手段]: ligat*ure*. [OF *-ure* and L *-ura*]
urea /jʊərí:ə, júəriə/ *n*〔化〕尿素. [NL<F *urée*<Gk *ouron* urine]
uréa cỳcle〔生化〕尿素回路《アミノ酸より遊離したアンモニアが肝臓内で尿素に転換される回路》.
uréa-formáldehyde rèsin〔化〕尿素[ユリア]ホルムアルデヒド樹脂.
ure·al /jʊərí:əl, júəriəl/ *a*〔化〕尿素の, 尿素を含む.
uréa résin〔化〕尿素樹脂, ユリア樹脂.
ure·ase /júərièɪs, -z/ *n*〔生化〕ウレアーゼ《尿素の加水分解を促す酵素》.
ure·dín·io·spòre /jʊ̀ərədíniə-/ *n*〔菌〕UREDOSPORE.
ure·din·i·um /jʊ̀ərədíniəm/ *n* (*pl* **-ia** /-iə/)〔菌〕《サビ菌類の》夏胞子器[堆(たい)] (cf. TELIUM). ♦ **-dín·i·al** *a*
uré·dio·spòre /jʊərí:diə-/ *n*〔菌〕UREDOSPORE.
ure·di·um /jʊərí:diəm/ *n* (*pl* **-dia** /-diə/)〔菌〕UREDINIUM.
ure·do /jʊərí:doʊ/ *n* (*pl* **ure·di·nes** /-dənì:z/) 皮膚の搔痒(そうよう), 蕁(じん)麻疹. [L (*uro* to burn)]
ure·do·so·rus /jʊərì:dəsɔ́:rəs/ *n* (*pl* **-so·ri** /-sɔ́:ràɪ/)〔菌〕UREDINIUM.
uré·do·spòre /jʊərí:də-/ *n*〔菌〕《サビ菌の》夏(か)胞子.
uré·do·stàge /jʊərí:də-/ *n* 《サビ菌類の》夏胞子期.
ure·ic /jʊərí:ɪk/ *a* 尿素の, 尿素を含む.
ure·ide /júəriàɪd/ *n*〔化〕ウレイド《尿素の水素原子をアシル基で置換した化合物》.
ure·mia | urae- /jʊərí:miə/ *n*〔医〕尿毒症. ♦ **-mic** *a* [Gk *haima* blood]
ure·na /jərí:nə/ *n*〔植〕ボンテンカ (梵天花)《熱帯アジア産アオイ科ボンテンカ属 (*U*-) の草本または低木の総称》.
ureo·tel·ic /jʊərì:ətélɪk, jʊ̀əriou-/ *a*〔生化〕尿素排出の《窒素を尿素の形で排出する》. ♦ **ureo·té·lism** /, jʊ̀əriát(ə)lìz(ə)m/ *n* 尿素排出.
-u·ret /jərét, jərèt/ *comb form*〔化〕「…と化合[混合]させる」「《古》2元素[成分]からなる化合物」: carb*uret*, sulf*uret*. [NL *-uretum* <F *-ure* -ide]
ure·ter /jʊərí:tər, júərətər/ *n*〔解〕(輸)尿管. ♦ **~·al** /jʊərí:tərəl/, **ure·ter·ic** /jʊ̀ərətérɪk/ *a* [F or NL<Gk (*ourēō* to urinate)]
ure·ter·itis /jʊərì:təráɪtəs, jʊ̀ərə-/ *n*〔医〕尿管炎.
ure·tero- /jʊərí:təroʊ, -rə/ *comb form*「(輸)尿管 (ureter)」
ure·ter·os·to·my /jʊərì:tərástəmi/ *n*〔医〕尿管造瘻(ぞうろう)術, 尿管フィステル形成術.
ure·ter·ot·o·my /jʊərì:tərátəmi, jʊ̀ərə-/ *n*〔医〕尿管切開(術).
ure·thane /júərəθèɪn/, **-than** /-θæn/ *n*〔化〕ウレタン《1) カルバミン酸エステル 2) そのエチルエステル (=*ethyl carbamate*) 3) POLYURETHANE》. [F (UREA, ETHANE)]
úrethane fòam ウレタンフォーム《詰め物の材料または濾過材》.
ure·thr- /jʊərí:θr/, **ure·thro-** /jʊərí:θroʊ, -rə/ *comb form*「尿道」[↓]
ure·thra /jʊərí:θrə/ *n* (*pl* **-thrae** /-θri/, ~s)〔解〕尿道.
♦ **uré·thral** *a* [L<Gk URETER]
ure·thri·tis /jʊ̀ərəθráɪtəs/ *n*〔医〕尿道炎.
uréthro·scòpe *n*〔医〕尿道鏡. ♦ **ure·thros·co·py** /jʊ̀ərəθráskəpi/ *n* 尿道鏡検査(法). **urè·thro·scópic** /-skápɪk/ *a*
ure·throt·o·my /jʊ̀ərəθrátəmi, jʊərì:θ-/ *n*〔医〕尿道造瘻(ぞうろう)術, 尿道フィステル形成術.
uret·ic /jʊərétɪk/ *a*〔医〕尿の, 《特に》排尿促進[利尿]の.
Ure·we /uréɪwèɪ/ *a* ウレウェ文化(期)の《紀元前第1千年紀後半に始まるアフリカ中東部の鉄器時代初期の土器製作の伝統についていう》. [ケニアの Victoria 湖北東岸近くの標準遺跡名]
Urey /júəri/ ユーリー **Harold Clayton** ~ (1893–1981)《米国の化学者; ノーベル化学賞 (1934)》.
Ur·fa /ʊərfá:, ʊ́ərfə, ʺə́:fə/ ウルファ《トルコ南東部のシリア国境に近い市; cf. EDESSA》.
Ur·ga /ʊ́ərgə/ ウルガ《ULAANBAATAR の旧称》.
urge /ə́:rdʒ/ *vt* **1 a** 駆る, 駆りたてる, 追いたてる; 《まれ》刺激する: ~ a horse forward 馬を駆りたてる / ~ sb's anger. **b** 熱心に行なう[推進する, 遂行する]; 〈オールなど〉せっせと動かす: ~ one's way 道を急ぐ / ~ one's flight 飛行を強行する. **2 a** 迫る, せきたてる, しきりに促す[勧める] 〈*along*〉; 説得する, 説き伏せる, 激励する 〈*to* do〉. **b** 〈人に〉(…の必要性を)主張[力説]する, 言い張る 〈*on, upon*〉. ► *vi* 主張[要求, 反対意見など]を力説する; 刺激[推進力]として作用する.
● **~ on** 〈人などを〉励ます, 応援する, …にがんばれという. ► *n* 駆りたてる[せきたてる]こと, 駆りたてられること; 駆りたてる力, 強い衝動. [L *urgeo* to press, drive]
úrge incòntinence〔医〕切迫(尿)失禁《切迫した尿意を伴う尿失禁; cf. STRESS INCONTINENCE》.
ur·gen·cy /ə́:rdʒ(ə)nsi/ *n* 切迫, 急迫, 危急; 緊急, 火急, 焦眉の急; [*pl*] しつこい要求, 懇願; せきたてる力, 刺激: a sense of ~ 切迫感 / a problem of great ~ 緊急な問題 / as a matter of ~ 緊急課題として, 大至急, 即刻.
úr·gent *a* **1** 差し迫った, 切迫した, 緊急の: on ~ business 急用で / an ~ telegram 至急電報 / the ~ motion 緊急動議 / be in ~ need of… 〈救助など〉の必要に迫られている. **2** しつこく迫る, しきりに催促する, うるさくせがむ, 強要的な. ♦ **~·ly** *adv* [OF; ⇨ URGE]
urg·er /ə́:rdʒər/ *n* 駆りたてるもの[人]; 《豪俗》《競馬の》予想屋; 《豪俗》詐欺師, 人の弱味につけこむ者.
úr·gi·cènter /ə́:rdʒɪ-/ *n* 《口》EMERGICENTER. [*urgent*+*emergicenter*]
urg·ing /ə́:rdʒɪŋ/ *a* せきたてる, うるさい (importunate). ► *n* 強い勧め, 促し, 要請; 衝動.
-ur·gy /ə̀:rdʒi/ *n comb form*「…の取扱い方法」「…の操作技術」: chem*urgy*. [NL *-urgia*<Gk]
Uri /ʊ́əri/ ウリ《スイス中部の州; ☆Altdorf》.
URI *n*〔インターネット〕URI《情報の所在を指定する URLの拡張概念》. [*u*niform *r*esource *i*dentifier]
-uria /(j)ʊ́əriə/ *n comb form*「尿が…な状態」「尿に…の混在する状

態[症状]」: poly*uria*; albumin*uria*, py*uria*. [Gk (*ouron* urine)]

Uri·ah /jʊəráɪə/ **1** ユライア《男子名》. **2**〖聖〗(ヘテ人)ウリヤ (**~ the Híttite**)《BATHSHEBA の夫; 戦地に行っている間に妻を David 王に寝取られ, 王の計略で戦死した; *2 Sam* 11》. [Heb=God is light]

Uríah Héep /-hí:p/ ユーライア・ヒープ《Dickens, *David Copperfield* 中の人物で, 偽善的な悪人》.

uri·al, oo·ri·al /ʊ́əriəl/ *n*〖動〗ウリアル《南・中央アジア産の野生羊》. [Panjabi]

Uri·be /urí:beɪ/ ウリベ **Álvaro ~ Vélez** (1952–)《コロンビアの政治家; 大統領 (2002–10)》.

uric /jʊ́ərɪk/ *a* 尿の, 尿中の. [F *urique*; ⇨ URINE]

uric- /jʊ́ərɪk/, **uri·co-** /jʊ́ərɪkoʊ, -kə/ *comb form*「尿酸 (uric acid)」

úric ácid〖生化〗尿酸.

ùrico·sú·ric /-sʊ́ərɪk, -ʃʊ́ər-/ *a*〖医〗《尿中の》尿酸排泄の[を促進する].

ùrico·tél·ic /-télɪk/ *a*〖生化〗尿酸排出の《窒素を尿酸の形で排出する》. ♦ **ùrico·tél·ism** /-télɪz(ə)m, -kát(ə)lɪ̀z(ə)m/ *n* 尿酸排出.

uri·dine /jʊ́ərədì:n/ *n*〖生化〗ウリジン《RNA の成分》.

uri·dýl·ic ácid /jʊ̀ərədílɪk-/〖生化〗ウリジル酸 (=*UMP*)《ウリジン一リン酸; RNA に含まれる》.

Uri·el /jʊ́əriəl/ **1** ユリエル《男子名》. **2**〖聖〗ウリエル《大天使の一人》. [Heb=light of God]

Urim and Thum·mim /(j)ʊ́ərəm ən(d) θʌ́məm, ʊ́ərim ən(d) túmim/ *pl* ウリムとトンミム《古代イスラエルの大祭司が神託を受けるために用いた神聖な物体; おそらく宝石または金属; cf. *Exod* 28 : 30》.

urin- /jʊ́ərən/, **uri·no-** /jʊ́ərənoʊ, -nə/ *comb form*「尿」「尿道」「尿素」 [L URINE]

uri·nal /jʊ́ərən(ə)l, ″jʊəráɪ-/ *n* 溲瓶(しびん)《病人などの用いる》; 小便所,《特に 男子用の》小便便器; 蓄尿器[瓶]《検査用》. [OF<L; ⇨ URINE]

uri·nal·y·sis, ura- /jʊ̀ərənǽləsəs/ *n* (*pl* **-ses** /-sì:z/)〖医〗尿検査, 検尿.

uri·nant /jʊ́ərənənt/ *a*〖紋〗〈魚・水生動物が〉頭を下に向けた, 飛込み形の.

uri·nary /jʊ́ərənèri; -n(ə)ri/ *a* 尿の; 泌尿器の; 尿として[尿中に]排泄される: ~ organs 泌尿器 / the ~ tract 尿路 / ~ diseases 泌尿器病. ► *n* 小便所 (urinal);《廃》肥だめ.

úrinary bládder〖解・動〗膀胱.

úrinary cálculus〖医〗尿(結)石.

úrinary sédiment〖医〗尿沈渣.

úrinary túbule〖解〗尿細管 (uriniferous tubule).

uri·nate /jʊ́ərənèɪt/ *vi* 排尿する, 小便をする. ► *vt* 尿でぬらす; 〈血などを〉尿として[と共に]排出する. ♦ **ùri·ná·tion** *n* **úri·nà·tive** *a*

urine /jʊ́ərən/ *n* 尿, 小便: pass [discharge] (one's) ~ 排尿する, 小便をする. [OF<L *urina*]

úrine anàlysis URINALYSIS.

uri·nif·er·ous /jʊ̀ərəníf(ə)rəs/ *a*〖解〗輸尿の.

uriníferous túbule〖解〗尿細管 (=*urinary tubule*)《腎の実質をなす》.

urino- /jʊ́ərənoʊ, -nə/ ⇨ URIN-.

ùrino·génital *a* UROGENITAL.

uri·nom·e·ter /jʊ̀ərənámətər/ *n* 尿比重計. ♦ **ùri·nóm·e·try** *n* **ùri·no·mét·ric** *a*

uri·nos·co·py /jʊ̀ərənáskəpi/ *n* UROSCOPY.

uri·nous /jʊ́ərənəs/, **-nose** /-nòʊs/ *a* 尿の(ような), 尿様の, 尿臭の.

URL /jú:à:rél/ *n*〖インターネット〗URL《あるファイルを一意的に指定する "type://host/filename" 形の情報; type は ftp, http などのファイル参照の手段 (プロトコル名); host はホストコンピューターのアドレスで, ピリオドで区切られた文字列からなる (⇨ DOMAIN); filename が最終的なファイル名で, その前に / で区切られたディレクトリー名が付くこともある》. [*u*niform *r*esource *l*ocator]

Ur·mia /ʊ́ərmiə, ″ə́:miə/ **1** [Lake] ウルミエ湖《イラン北西部の塩湖》. **2** ウルミエ《Urmia 湖の西にある市; 旧称 REZĀIYEH》.

urn /ə́:rn/ *n* **1 a**《脚・台座のある》壺, かめ;《蛇口付きの》コーヒー[紅茶]沸かし; 骨壺;《墓石などに彫刻した》壺形装飾;《古代ローマで》投票用壺. **b**《詩》遺骸[遺骨]を納めたもの, 墓. **2** 泉, 源流. **3**〖植〗《コケ類の》蒴(さく). ► *vt*《古》骨壺に納める (inurn). ♦ **~·ful** *n* [L *urna*; cf. L *urceus* pitcher]

úrn·fìeld〖考古〗*n* 火葬墓, ウルネンフェルト, アーンフィールド《骨壺葬が行なわれた, ヨーロッパ青銅器時代の骨壺墓地》. ► *a* アーンフィールド文化(期)の.

urn·ing /ə́:rnɪŋ/ *n* (男子)同性愛者. [G (⇨ URANIA); cf. URANISM]

uro- /jʊ́əroʊ, -rə/ ⇨ UR-[1,2].

uro·bi·lin /jʊ̀ərəbáɪlən/ *n*〖生化〗ウロビリン《糞尿中でウロビリノーゲンから生成される茶色がかった胆汁色素》. [L *bilis* BILE]

uro·bi·li·no·gen /jʊ̀ərəbàɪlínəʤən, -ʤèn/ *n*〖生化〗ウロビリノーゲン《ビリルビンが還元されて生ずる色原体; 酸化されるとウロビリンになる》.

uro·bor·os /jʊ̀ərəbɔ́(:)rəs, -bár-/, **ouro-** /ʊ̀ərə-/ *n* ウロボロス《環状になって自分の尾を呑み込む蛇[竜]; 完全[無限]の象徴》. ♦ **ùro·bór·ic** *a* [Gk「尾を呑み込む」の意]

uro·cá·nic ácid /jʊ̀ərəkéɪnɪk-, -kǽn-/〖生化〗ウロカニン酸.

uro·chord /jʊ́ərəkɔ̀:rd/〖動〗*n*《尾虫類の尾部やホヤ類の幼生の》尾索; 尾索類の動物 (tunicate). ♦ **ùro·chórd·al** *a*

uro·chor·date /jʊ̀ərəkɔ́:rdət, -dèɪt/ *a, n* TUNICATE.

úro·chròme *n*〖生化〗ウロクロム《尿の黄色色素成分》.

uro·dele /jʊ́ərədì:l/〖動〗*n* 有尾目の両生類《イモリなど》. ► *a* 有尾目の. [*ur-*[2], Gk *dēlos* evident]

ùro·dynámics *n* 尿力学. ♦ **-dynámic** *a*

Úr of the Cháldees〖聖〗カルデヤのウル《Abraham の故国で, シュメールの都市 Ur と同一視される; *Gen* 11 : 28, 31, 15 : 7, *Neh* 9 : 7》.

ùro·génital *a* 尿生殖(器)の.

urogénital sýstem〖解〗泌尿生殖(器)系, (泌)尿性器系.

urogénital tráct〖解〗(泌)尿生殖路 (urogenital system).

urog·e·nous /jʊərάʤənəs/〖生理〗*a* 尿を分泌・排泄する; 尿から採った, 尿中に発生する.

urog·ra·phy /jʊərάgrəfi/ *n*〖医〗尿路造影[撮影](法).

ùro·gynecólogy *n*〖医〗婦人泌尿器科(学). ♦ **-gist** *n*

ùro·kínase *n*〖生化〗ウロキナーゼ《凝血を溶かす酵素》.

ùro·lág·nia /-lǽgniə/ *n*〖精神医〗嗜尿(症).

úro·lìth *n*〖医〗尿結石, 尿石 (urinary calculus). ♦ **ùro·líth·ic** *a*

ùro·lithíasis *n*〖医〗尿石症.

urol·o·gy /jʊərάləʤi/ *n*〖医〗泌尿器科学. ♦ **-gist** *n* 泌尿器科(専門)医. **ùro·lóg·ic, -i·cal** *a*

-u·ron·ic /(j)ʊəránɪk/ *a suf*「尿に関連のある」: gluc*uronic* acid. [Gk (*ouron* urine)]

urón·ic ácid /jʊəránɪk-/〖生化〗ウロン酸.

úro·pòd *n*〖動〗《甲殻類など節足動物の》尾脚;《一般に甲殻類の》腹肢. [*ur-*[2]]

uro·pyg·i·al /jʊ̀ərəpíʤiəl/〖鳥〗*a* UROPYGIUM の. ► *n* 尾羽.

uropýgial glánd〖鳥〗尾腺《脂腺》.

uro·pyg·i·um /jʊ̀ərəpíʤiəm/ *n* (*pl* **-ia** /-iə/, **~s**)〖鳥〗尾隆起.

uros·copy /jʊəráskəpi/ *n*〖医〗《診断などのための》尿検査. ♦ **ùro·scóp·ic** /-skáp-/ *a*

úro·stỳle *n*〖動〗《両生類の》尾端骨.

-u·rous /(j)ʊ́ərəs/ *a comb form*「…の尾の(ある)」: an*urous*. [Gk (*oura* tail)]

ùro·xánthin *n*〖生化〗ウロキサンチン《尿の黄色色素》.

urp ⇨ EARP.

Ur·quhart /ə́:rkərt, -kà:rt/ アーカート Sir **Thomas ~** (1611–60)《スコットランドの著述家; Rabelais の奔放な翻訳で知られる》.

Úrquhart Cástle アーカート城《スコットランド Highland 地方の Ness 湖西岸にある城の遺跡; 1509 年ごろ建造》.

Ur·sa /ə́:rsə/ アーサ《女子名》. [L=(she-)bear]

Úrsa Májor〖天〗おおぐま座(大熊座) (=*Great Bear*).

Úrsa Mínor〖天〗こぐま座(小熊座) (=*Little Bear*).

ur·sid /ə́:rsəd/ *a, n*〖動〗クマ科 (Ursidae) の(動物).

úr·si·fòrm /ə́:rsə-/ *a* クマ (bear) の形をした.

ur·sine /ə́:rsàɪn/ *a*〖動〗クマ科 (Ursidae) の; 熊のような. [L; ⇨ URSA]

úrsine dásyure〖動〗TASMANIAN DEVIL.

úrsine hówler〖動〗ホエザル (howler monkey).

Ur·spra·che /*G* ú:rʃpra:xə/ *n*〖言〗祖語;《特に 後世の諸言語に基づいて言語学的に再建された》共通基語.

Ur·su·la /ə́:rsələ; -sjʊ-/ **1** アースラ《女子名》. **2** [Saint] 聖ウルスラ《英国の伝説的殉教者; 4 世紀に, Cologne で Hun 族によって 11,000 人の処女と共に殺されたという》. [L (dim); ⇨ URSA]

Ur·su·line /ə́:rsələn, -làɪn, -lì:n; -sjʊlàɪn/ *n, a*〖カト〗ウルスラ会の(修道女)《ウルスラ会は 1535 年イタリアの Brescia に St Angela Merici が創設した修道女会で, 女子教育に専念》. [St *Ursula* (↑) St Angela の守護聖人]

ur·text /ʊ́ərtèkst/ *n* [ˢU-]《諸異文[異本]の校合により再構された》原文, 原本, 原典,《楽譜の》原典版. [*ur-* original]

ur·ti·ca·ceous /ə̀:rtəkéɪʃəs/ *a*〖植〗イラクサ科 (Urticaceae) の.

ur·ti·cant /ə́:rtɪkənt/ *a* チクチクする, はれてかゆくなる.

ur·ti·car·ia /ə̀:rtəkέəriə/ *n*〖医〗蕁(じん)麻疹 (=*hives*). ♦ **ùr·ti·cár·i·al** *a* [L *urtica* nettle]

ur·ti·car·io·génic /ə̀:rtəkὲəriə-, ˚-kǽr-/ *a*〖医〗蕁麻疹を誘発する.

ur·ti·cate /ə́:rtəkèɪt/ *vi* イラクサのように刺す; 蕁麻疹が出る. ► *vt* …に蕁麻疹[かゆみ]を起こさせる; イラクサでむち打つ《麻痺した手足の感覚を回復させるため》, むち打つ. ► *a* 蕁麻疹の出た. [L *urtica* nettle]

ùr·ti·cá·tion *n* チクチクとかゆい感じ; 蕁麻疹発生; イラクサでむち打つこと.

Uru·bam·ba /ùrəbáːmbə/ [the] ウルバンバ川《ペルー中部を北北西に流れ, Apurimac 川と合流して Ucayali 川をなす》.

Uru·guay /(j)úərəgwàɪ, júərəgwèɪ/ **1** ウルグアイ《南米南東部の国; 公式名 Oriental Republic of ～ (ウルグアイ東方共和国); ☆Montevideo》. **2** [the] ウルグアイ川《ブラジルに発し, la Plata 川に合流する》.

Ùru·guáy·an *a* ウルグアイ(人)の. ► *n* ウルグアイ人.

Úruguay Róund ウルグアイラウンド《1986 年 Punta del Este ではじまった GATT の多角的貿易交渉; WTO の設立などを合意 (1993)》.

Uruk /úːrʊ̀k/ ウルク《ERECH のシュメール語名》.

Ürüm·chi, Urum- /ʊrúmʧi, ùrəmʧíː/, **Ürüm·qi** /ýːrýːmʧíː/, **Wu-lu-mu-ch'i** /wúːlúːmúːʧíː/ ウルムチ《中国新疆ウイグル自治区の首都; 中国語名 迪化 (Dihua)》.

Urun·di /ʊrúːndi/ ウルンディ《BURUNDI の独立 (1962) 以前の称; cf. RUANDA-URUNDI》.

urus /júərəs/ *n*〔動〕オーロクス (=*aurochs*)《ドイツ地方の森林にいたヨーロッパ家畜牛の先祖; 17 世紀に絶滅》.

uru·shi·ol /ʊrúːʃiɔ̀(ː)l, -òʊl, -àl, *jʊ-/ *n*〔化〕ウルシオール《漆(うるし)の主成分》. [Jpn 漆, *-ol*]

us /əs, s, ʌ́s/ *pron* [WE の目的格] **1** われわれを[に]《★ 用法は ⇨ ME[1]》; 朕を[に]; 《新聞論説などで》われわれを[に] (cf. WE); 《方・口》(to) ME[1]. **2** [不定代名詞的に]《一般に》人に[を]: This fact shows *us* that.... この事実から…ということがわかる. [OE; cf. G *uns*]

U

u.s. °ubi supra ♦ °ut supra. **US** Undersecretary ♦〔写〕°uniform system ♦ °United States ♦ unserviceable ♦ useless.

USA °United States Army ♦ °United States of America.

us·able, use·able /júːzəb(ə)l/ *a* 用いられる, 使用できる; 使うのに便利な. ♦ **-ably** *adv* **～·ness** *n* **ùs·abíl·i·ty** *n* 有用性, 便利なこと.

USAF °United States Air Force.

us·age /júːsɪʤ, -zɪʤ/ *n* **1** 慣習, 慣例, 慣行, 習俗, ならわし; 《言語の》慣用法, 語法; 〔法〕慣習: ～ and abusage 慣用と誤用 / *U*～ determines what is good English. よい英語かどうかは慣用で決まる / social ～(*s*) 社会慣習 / in common ～ 一般に用いられて / come into [go out of] ～ 慣例となる[でなくなる]. **2** 用い方, 用法, 使用(法), 使用量: annual ～ 年間使用量. **3** 扱い(方), 処遇, 待遇 (treatment). [OF (USE, *-age*)]

us·ance /júːz(ə)ns/ *n* **1 a**〔商〕手形期間, 慣習期間, ユーザンス《為替手形の満期日までの期間》: bills drawn at (double) ～ (2 倍の)慣習期間付きの手形. **b** 富(の使用)から生ずる利益; 利息; 《廃》高利貸し. **2** 慣例, 慣習, 習慣; 使用, 利用. [OF; ⇨ USE]

USA Today /júːèsèɪ ─́─/『USA トゥデー』《Washington, D.C. の Gannett 社が発行している朝刊紙; 1982 年に創刊された米国で最初の全国紙》.

USB /júːèsbíː/ *n*〔電算〕USB《パソコンと周辺装置を接続するバス規格》: a ～ device USB 装置[機器]《USB ポートでパソコンに接続できるプリンター・キーボードなど》/ a ～ port USB ポート《周辺機器を接続するためのパソコン側の接合部》. [*U*niversal *S*erial *B*us]

Usbek, Usbeg ⇨ UZBEK.

USC〔法〕United States Code 合衆国法律集.

USCG °United States Coast Guard.

USD United States dollar(s).

USDA United States Department of Agriculture 米国農務省.

use *v* /júːz/ *vt* **1 a** 使う, 用いる, 使用する; 利用する ⟨*as*⟩; ⟨ピストルなどを⟩向ける ⟨*on*⟩: ～ sth *over* (again) 物を再利用する / You may ～ my name. 《保証人などの発言で》わたしの名を使ってよろしい. **b** 活用する, はたらかせる; ⟨自己の才能などを⟩活用[行使]する, ⟨身体の器官などを⟩動かす: ～ care 注意する / *U*～ your pleasure. ご自由に, ご随意に / ～ one's eyes 見る / ～ one's brains [wits] 考える / *U*～ your head. 頭をはたらかせなさい / *U*- it or lose it. 《脳などが》使わないと退化する[だめになる]. **c** ⟨言語を⟩使用する, 書く, 話す: ～ Latin / ～ words, phrases, etc. **2** 消費する; 習慣的に使う[飲む, 吸う]: ～ a ton of coal in a month 月に 1 トンの石炭を消費する / She never ～*s* sugar in her coffee. コーヒーに決して砂糖を入れない / ～ tobacco タバコをすう. **3 a** 遇する, 扱う, あしらう: ～ sb *well* [*ill*] 人に親切にする[を虐待する] / How is the world *using* you? 《俗》近ごろはいかがですか. **b** ⟨人を⟩利己的な目的に利用する, 食い物にする. **4** [could [can] ～ で]《口》…が得られたらいい[ありがたい], 必要である, …が欲しい (could [can] do with): I *could* ～ a good meal. うまい食事をしてみたい / You *could* ～ a new suit. スーツを新調したらいいのに / *Can* you ～ some extra money? 余分に金が必要かい. **5** 《古》習慣的に行なう; 《古》⟨人を⟩⟨…に⟩慣らす ⟨*to* do, *with*⟩. ► *vi* **1** ★ 今では過去形だけで用いる (⇨ USED[1] *vi*). 《方》きまって訪ねる, いつも行く[滞在する]. **2** 《口》麻薬をやる[常用する]. ● **U～ by**… 《食品・製品の包装などに記されて》賞味[使用]期限 (cf. BEST before (end)): *U*～ *by* Mar. 25, '13 賞味[使用]期限: 13 年 3 月 25 日. **～ up** 使い果たす; 《口》疲れはてさせる, 消耗[疲弊]させる; 攻撃する, やっつける.
► *n* /júːs/ **1 a** 使用, 利用(法); 《食物などの》消費; 〔論・哲・言〕《特に object language の》使用 (cf. MENTION), 《特定の》語法, 用法, 意味: maps for ～ in schools 学校用掛け地図 / a dictionary for the ～ of students 学生向きの辞書 / learn the proper ～ of an instrument 道具の適切な使用法をおぼえる. **b** 使用する力[能力]; 使用の必要[機会, 場合]; 使用の自由, 使用権; 〔法〕《土地などの》享有(権): lose the ～ of one's right hand 右手がきかなくなる. **c** 使用目的, 用途, 使途: an instrument with some ～*s* いくつか使い道のある用具 / find a ～ for…の利用法を見つける. **2** 有用, 効用, 益, 効果; 《方》利息: be of (great) ～ (大いに)役に立つ, (はなはだ)有益である / be (of) no ～ 役に立たない, 無益だ / It has its ～*s*. それなりに役に立つ / It is no ～ crying over spilt milk. 《諺》覆水盆に返らず / What ～ is it?＝What's the ～? なんの役に立つか, (それをやって)何になるのか / What's the ～ of talking?＝Of what ～ is it to talk? 話したってなんになるものか / There is no ～ (in) talking.＝It is of no ～ [《口》It's no ～] to talk [talking]. 話してもなんにもならない. **3 a** 慣習, 慣行, 習慣, ならわし; 《廃》通常の経験: *U*～ is (a) second nature. 《諺》習慣は第二の天性 / *U*～ makes perfect. 《諺》習うより慣れよ / Once a ～, for ever a custom. 《諺》習い性となる. **b**〔教会〕《各教会[監督管区]に特有の》儀式, 礼式: the Anglican [Roman] ～ 英国[カトリック]教会の儀式. **4**〔法〕《信託された土地などの》収益(権), 信託, ユース.
● **be no ～ at** (doing)… 《口》…するのがすごくへた[まるでだめ]である. **bring…into ～** …を使い始める. **come [go] into ～** 用いられるようになる. **have no ～ for**…の必要がない, …に用がない; 《口》…は嫌いである, …に我慢がならない, …の真価を認めない, …を相手にしない, …を軽蔑する. **in ～** 用いられて(いる), 一般に行なわれて(いる). **make ～ of**…を使用[利用]する: *make* bad [good] ～ *of*…を悪用[利用]する / *make* effective [the best] ～ *of*…を効果的に[最大限に]利用する. **out of ～** 用いられていない, すたれて(いる). **put…to ～** …を用いる, 利用する: *put* it *to* (a) good ～ それを大いに利用する. **～ and wont** 慣習, 慣例. **with ～** 絶えず用いて.
♦ **useable** ⇨ USABLE. [(n) OF *us* (<L *usus*), (v) OF *user* (freq)<L *us- utori* to use]

úse-bỳ dàte /júːz-/ 《食品などの》賞味[使用]期限 (cf. USE by).

used[1] /júːst, 《to の前》júːs(t)/ *pred a* [USE の過去分詞] 慣れて(いる) ⟨*to* one's new surroundings; *to* being spoken to like that⟩.
● **get [become] ～ to**…に慣れる.
► *vi* [USE *vi* の過去形] 常に…した, …するのが常であった, …するならわし[例, 習慣]であった; [以前の事実・状態] 以前は…であった: He came earlier than he ～ (*to*). いつもよりも早めに来た. ★ (1) [否定] use(d)n't /júːsnt, (to の前では) júːsn(t)/. (2) [否定文および疑問文では did を用いる形と用いない形の両方が行なわれる]: He ～*n't* [*didn't use*(*d*)] *to* answer. 彼はいつも答えなかった / What ～ he [did he *use*(*d*)] *to* say? いつも何と言っていましたか / Brown ～ *to* live in Paris.—Oh, *did* he [～ he]? ブラウンはパリに住んでいました—ああ, そうでしたか / He ～ *to* live in Paris, ～*n't* he [*didn't* he]? パリに住んでいたのではありませんか. (3) [無人称構文]: It ～ *to* be said that… といつもいわれたものだ / There ～ *to* be a house here. もとここには家があった. ★ used to は過去の習慣(的動作)を表わし, would は反復的動作を表わすが常習的色彩が薄いので often, sometimes などを併用できる.

used[2] /júːzd/ *a* 使用された, 利用された; 使った, 使い古した: a ～ car 中古車 / ～ tickets 使用済みの切符. [*use*]

used·n't /júːsn(t)/ used not の短縮形.

úsed-to-bè /júːs(t)-/ *n**《口》HAS-BEEN.

úsed-úp *a* 使い古しの, ぼろぼろになった; 消耗した; くたびれきった, へばった.

use·ful /júːsf(ə)l/ *a* 役に立つ, 有用な, 有益な, 便利な, 実用的な ⟨*to* sb, *for* sth⟩; ᴵᴵ《口》有能な, みごとな, すぐれた; 《豪口》雑用係的な, 便利屋の: This article is ～ to have in the house. この品は家にあると重宝する / make one*self* ～ 役に立つ(ことをする), 手伝う / She is pretty ～ at cooking. なかなか料理がうまい / at the end of sb's [sth's] ～ life…の耐用年数が切れたときに. ● **come in ～** 《場合によっては》役に立つ, 便利だ. ► *n* 《豪口》雑用係. ♦ **～·ly** *adv*

úseful lóad〔空〕積載量.

úseful·ness *n* 役に立つこと, 有用性, 《特に》実用性.

úse immùnity〔米法〕《証言の証言者本人に対する》使用免除.

úse·less *a* 役に立たない, 無用な; 無益な, むだな; 《口》へたで, 無能で ⟨*at*⟩; 《古俗》体の具合が悪い, 元気がない. ● **be worse than ～** 全く役に立たない. ♦ **～·ness** *n*

úse·less·ly *adv* 無益に, 無用に, むだに.

USENET, Use·net /júːznèt, júːs-/〔電算〕USENET《UNIX システムのコンピューターを結ぶ国際的ネットワーク (1979–)》.

us·er[1] /júːzər/ *n* [°*compd*] 使用者, ユーザー; 人をこき使う[搾取する]人; 《俗》酒飲み, 麻薬常用者.

user[2]〔法〕*n* 《権利の》使用, 権利行使; 使用権 (right of user). [AF *user* to USE の名詞化]

úser bàse ユーザーベース《インターネットによるサービスの利用者数》.

úser-defínable *a*〔電算〕ユーザー定義可能な《キーの機能などをユーザーが定義できる》.

úser-defíned *a*〔電算〕ユーザー定義の.

úser fèe 利用者負担金《たとえば地方自治体のごみ収集サービスなどについて受益者に課される料金》.

úser-fríend·ly *a* 〈システムなどが〉使い[扱い]やすい, ユーザーフレンドリーな. ♦ **-fríendliness** *n*
úser gròup ユーザーグループ, ユーザー会《特にコンピューター関係の特定の製品・サービスを使用している人たちの集団》.
úser guìde ユーザーガイド《パソコンなどの使用の手引き》.
user ID /— àɪdì:/ ユーザー ID《コンピューターを使うための名前やパスワード》.
úser ìnterface 〖電算〗ユーザーインターフェース《ハードウェア・ソフトウェアの構成において利用者が直接接する部分》.
úser mèmory 〖電算〗ユーザーメモリー《主記憶のうちのオペレーティングシステムが使用する領域を除いたユーザーが使用できる領域》.
úser·nàme *n* 〖電算〗ユーザー名《コンピューターを使用する個人の識別用の名前》.
úser's fèe USER FEE.
úser's gròup USER GROUP.
USES United States Employment Service.
úse tàx 〖米〗利用税《他の州で購入して持ち込んだ品物に対する州税》.
USG United States government.
USGA United States Golf Association 米国ゴルフ協会.
USGS United States Geological Survey 米国地質調査所《内務省の一機関で, 鉱物資源の探査と地図の作成を主任務とする; cf. ORDNANCE SURVEY》.
ush /ʌʃ/ *vi* *《俗》USHER として働く.
Ushak /uʃáːk/ *n* OUSHAK.
Ush·ant /ʌ́ʃənt/ アシャント, ウェサン (F **Oues·sant** /*F* wesɑ̃/)《フランス北西部 Brittany 半島先端沖の島; 1778, 94 年英仏海軍の戦場》.
U-shaped /júː—/ *a* U 字形の; 断面が U 字形の.
Ush·as /úʃəs, úː-, uʃáːs/ 〖ヒンドゥー神話〗ウシャス《Veda に歌われている暁の女神》.
ush·er /ʌ́ʃər/ *n* **1** 案内人, 座席案内係; 新郎付添いの男性. **2**《イングランドで》廷吏《法廷の秩序を維持する》;《法廷などの》門衛; ᴴ《高位の人の》先導役; ᴴ式部官;《廃》先触れ, 先駆者. **3**《古》助教師 (assistant teacher). ► *vt* 案内する, 取り次ぐ〈*in, into, out, to*〉; …に先駆ける, …の先駆けをする; 導き入れる, もたらす, 紹介する. ► *vi* 案内役[付添い]をつとめる. ● **~ in** ⇨ *vt*; もたらすのに一役かう; …の先触れをする, …の到来[開始]を告げる, …の開始を記す[祝う]. **~** sb **out** (**of**…) [**forth**] (…から)人を送り出す. ♦ **~·ship** *n* usher の役. [OF (変形)＜*huissier*＜L (*ostium* door)]
Usher ⇨ USSHER.
ush·er·ette /ʌ̀ʃərét/ *n*《劇場などの》案内嬢.
Us·hua·ia /uswáɪə/ ウスアイア《アルゼンチン南部 Tierra del Fuego 島南岸にある市; 世界最南端 (54°48′S) の市》.
USIA °United States Information Agency.
Usk /ʌ́sk/ [the] アスク川《ウェールズ南部を南東流して Severn 川の河口部に注ぐ》.
Üs·küb /uskúːb/ ユスキュブ《SKOPLJE のトルコ語名》.
Üs·kü·dar /ùskədáːr/ ユスキュダール《トルコ Istanbul 市の一地区; Bosporus 海峡のアジア側に位置する; 旧称 Scutari》.
USM 〖英〗Unlisted Securities Market 非上場証券市場《1980 年創設; cf. ALTERNATIVE INVESTMENT MARKET》. **USMA** °United States Military Academy. **USMC** °United States Marine Corps. **USN** °United States Navy.
USNA °United States Naval Academy.
Us·nach, -nech /úʃnəx/ 〖アイル伝説〗ウシュナッハ《Naoise の父》.
us·nea /ʌ́sniə, ʌ́z-/ *n* 〖植〗サルオガセ属 (*U-*) の各種のコケ.
USNR United States Naval Reserve.
USNS United States Naval Ship.
USO 〖米〗United Service Organizations 米軍慰問協会《軍隊慰問活動を行なう民間の非営利組織; cf. ENSA》.
Uso·ni·an /jusóuniən/ *a* 米国の, 合衆国の; ユーソニアン住宅の《建築家 Frank Lloyd Wright が 1930 年代に設計した平屋根の手ごろな価格の家を指す》.
USP 〖広告〗Unique Selling Proposition セールスポイント《「その商品だけにしか該当しない売り込みがきく提案」という意味の広告原理; 広告文中には必ず USP がなければならないとする》♦ United States Pharmacopoeia 米国薬局方.
Us·pa·llá·ta Páss /ùːspəjáːtə-, -ʒáː-, -láː-/ [the] ウスパヤタ峠《Andes 山脈中の峠 (最高点 3840 m); チリの Santiago とアルゼンチンの Mendoza を結ぶ要路上にありその下には鉄道用トンネルも通じている; 別称 La Cumbre》.
USPO United States Post Office《のちに USPS》.
USPS °United States Postal Service.
us·que·baugh /ʌ́skwɪbɔ̀ː, *-bɑ̀ː/ *n*《アイルランドの》香料入りコーディアル (cordial);《スコ・アイル》ウイスキー. [Gael＝water of life]
USS United States Senate 米国上院 ♦ United States ship 米国船, 米艦.
Ussh·er, Ush·er /ʌ́ʃər/ アッシャー **James ~** (1581–1656)《アイルランドの Armagh 大司教・神学者; ユダヤ史年表 *Annales Veteris et Novi Testamenti* (1650–54)》.
USSR °Union of Soviet Socialist Republics.
Us·su·ri /usúəri/ [the] ウスリー川《ロシア東部, 中国国境を北流して Amur 川に合流する》.
USTA United States Tennis Association.
us·tad /ustáːd/ *n*《インド》《特に音楽の》名人, 師匠. [Urdu]
Usta·shi /ustáːʃi/ ウスタシ《ユーゴスラヴィア王 Alexander 1 世の即位に際し亡命下に組織されたクロアチアの極右民族派組織; 第二次大戦中ドイツの庇護を得てクロアチアを支配した》.
us·ti·lag·i·na·ceous /ʌ̀stəlæ̀dʒənéɪʃəs/ *a* 〖植〗クロボ菌科 (Ustilaginaceae) の.
Ústí nad La·bem /úːsti náːd lɑːbèm/ ウスティナドラベム《チェコ北西部 Bohemia 地方北部の Elbe 河畔にある市》.
Us·ti·nov /(j)úːstənɔ̀(ː)f, -nɑ̀f, -v/ ユスティノフ Sir **Peter** (**Alexander**) **~** (1921–2004)《英国の俳優・映画監督・劇作家; Hercule Poirot 役で有名》.
Ust-Ka·me·no·gorsk /úːstkəmènəgɔ́ːrsk/ ウスチカメノゴルスク《カザフスタン東部の市; 非鉄金属鉱業の中心; 別称 Öskemen》.
USTR °United States Trade Representative.
us·tu·late /ʌ́stʃələt, -lèɪt; -tju-/ *a* 焼け焦げ色の. [L *ustulo* to burn up]
us·tu·la·tion /ʌ̀stʃəléɪʃ(ə)n; -tju-/ *n* 焼き焦がすこと, 燃やすこと; 〖薬〗《粉末化のための》加熱乾燥.
Ust·yurt, Ust Urt /ustjúərt/ ウスチュルト《カザフスタン南西部, カスピ海と Aral 海の間にある台地》.
usu. usual ♦ usually.
usu·al /júːʒuəl, -ʒəl/ *a* 常の, 平常の, 平素の, 不断の, いつもの; 通常の, 通例の, ありふれた, 日常の, ありきたりの. ● **as per ~**《口》[*joc*] ＝**as (is) ~** いつものとおりに, 例のとおり, 例によって. **than (is) ~** 平常より: He came earlier *than* ~. いつもより早く来た. ► *n* [the [one's] ~] いつものこと[もの],《口》おきまりのやつ《酒・食べ物など》. ● **out of the ~** 普通でない, 珍しい. ♦ **~·ness** *n* [OF or L; ⇨ USE]
úsual·ly *adv* 通例, 通常, 普通に[は], いつも(は), たいてい, あいかわらず: more than ~ 普通[いつも, 例年]より(は).
usu·ca·pi·on /jùːzəkéɪpiən, -sə-; -zjʊ-/, **-cap·tion** /-kǽpʃ(ə)n/ *n* 〖ローマ法〗《法の定める期間引き続き所有したための》所有権取得. [L (*usucapio* to acquire by prescription)]
usu·fruct /júːzəfrʌ̀kt, -sə-; -sjʊ-/ *n* 〖法〗使用権, 用益権《他人のものから生ずる利益を享受する権利》;《広く》利用(権). ► *vt* 〈土地など〉の用益権を行使[享受]する. [L (USE, FRUIT)]
usu·fruc·tu·ary /jùːzəfrʌ́ktʃuèri, -sə-; -sjufrʌ́ktjuəri/ *n* 〖法〗用益権者; 利用者. ► *a* 〖法〗用益権の(ような).
Usum·bu·ra /ùːsəmbúərə, -zəm-/ ウスンブラ《BUJUMBURA の旧称》.
usu·rer /júːʒ(ə)rər/ *n* 高利貸し;《廃》金貸し.
usu·ri·ous /juʒúəriəs/ *a* 高利(貸し)の; 高利を取る. ♦ **~·ly** *adv* **~·ness** *n*
usurp /jusə́ːrp, -zə́ːrp/ *vt* 〈王座・権力などを〉(不当に)奪う, 強奪[奪取, 簒奪]する; 不法行使する; 力で[むりやり]…に取って代わる. ► *vi* 侵害する〈*on, upon*〉. ♦ **~·er** *n* **~·ing·ly** *adv* 横領[強奪, 奪取]によって. [OF＜L＝to seize for use]
usur·pa·tion /jùːsərpéɪʃ(ə)n, -zər-; -zə-, -sə-/ *n* 強奪, 奪取; 権利侵害; 王位簒奪(さんだつ).
usu·ry /júːʒ(ə)ri/ *n* 高利貸し《行為》; (法定利率を超える)法外な高利, 不法金利, 暴利;《古》金貸し(業); [*fig*]/《古》利子, 利息: with ~＝with INTEREST. [AF or L; ⇨ USE]
USVI United States Virgin Islands. **usw., u.s.w.** [G] °und so weiter. **USW, usw** 〖通信〗ULTRASHORT wave.
ut[1] /ʌ́t, úːt, út/ *n* 〖楽〗ユト《**1**) 八度音階の第 1 音; 現今の solmization のド **2**) 中世の六音音階の第 1 音》. [L]
ut[2] /ʌ́t/ *a* *《俗》徹底した. [*utter*(*ly*)]
UT °Universal time ♦ Utah.
uta /júːtə/ *n* 〖動〗ユタ属 (*U-*) の各種のトカゲ《米国西部・メキシコ北部産; イグアナ科》.
Utah /júːtɔ̀ː, -tɑ̀ː/ ユタ《米国西部の州; ☆Salt Lake City; 略 UT》. ♦ **Útah·an** *a, n* **Útahn** *n*
Útah effèct 〖理〗ユタ効果《地層が地下に深まるとともにミュー中間子の数とエネルギーが増加すること》.
Útah Láke ユタ湖《Utah 州中東部の湖》.
UTC °Coordinated Universal Time. **Utd** United.
ut dic·tum /ut díktum/ 〖処方〗指示どおりに《略 **ut dict.**》. [L ＝as directed]
ute /júːt/ *n*《豪口》UTILITY VEHICLE [TRUCK].
Ute *n* **a** (*pl* **~, ~s**) ユート族《もとは Utah, Colorado, Arizona, New Mexico 地方を移動していた先住民》. **b** ユート語《Uto-Aztecan 語族に属する》.
uten·sil /juténs(ə)l/ *n* **1** 家庭用品, 台所用品, 用具, 道具; 教会用器具, 聖器;《古》CHAMBER POT: farming ~*s* 農具 / kitchen ~*s* 台所用品. **2** 有用な人; 言うなりになって利用される者. [OF＜L *utensilis* usable; ⇨ USE]
uter- /júːtər/, **utero-** /júːtərou, -rə/ *comb form*「子宮 (uterus)」

uter·al·gia /jù:tərǽlʤiə/ *n* 〘医〙子宮痛. [*-algia*]
uter·ine /jú:tərὰɪn, -rən/ *a* 〘解〙子宮の, 子宮内に起こる, 子宮用の; 同母異父の; 母方の, 母系の: ～ sisters 同母異父[たね違い]の姉妹. [L; ⇨ UTERUS]
úterine túbe 〘解〙卵管 (Fallopian tube).
uter·itis /jù:tərάɪtəs/ *n* 〘医〙子宮炎.
uter·us /jú:t(ə)rəs/ *n* (*pl* **uteri** /-rὰɪ/, ～·**es**) 〘解·動〙子宮 (＝*womb*). [L]
Ut·gard /ú:tgὰ:rd/ 〘北欧神話〙ウトガルド《Jotunheim の一部; 時に Jotunheim と同一視される》.
Útgard-Lóki 〘北欧神話〙ウトガルドロキ《Utgard を支配する巨人 Skrymir の呼称の一つ》.
U Thant ⇨ THANT.
Úther (Pendrágon) /(j)ú:θər(-)/ 〘アーサー王伝説〙ウーゼル(ペンドラゴン)王《Britain の王で Arthur 王の父》.
ʿUth·mān ibn ʿAf·fān /ʊθmά:n ìbən æffά:n/ ウスマーン (d. 656)《第 3 代正統派カリフ》.
U3A /jú:θrì:éɪ/ University of the Third Age 第 3 年代大学《高齢者·退職者の自助的な学習組織》.
UTI 〘医〙urinary tract infection 尿路感染症.
Uti·ca /jú:tɪkə/ ウティカ《北アフリカ Carthage の北西にあった古代都市; Carthage に次ぐフェニキア第 2 の植民地》.
util. utility.
utile[1] /jú:tl; -taɪl/ *a* USEFUL. [OF＜L; ⇨ USE]
uti·le[2] /jú:t(ə)li/ *n* 〘植〙シポ, ウティレ《熱帯アフリカ産センダン科の大高木; 材はマホガニーの代用に用いられる》. [NL＜L (↑)]
uti·le dul·ci /ú:tɪlε dúlkì:/ 実用と娯楽を兼ねたるもの. [L＝the useful with the agreeable]
util·i·dor /jutíləd∂̀:r/ *n* [°U-] ユーティリドール《永久凍土地域に水·蒸気·電力を送るための, パイプとケーブルのネットワーク》. [*humidor, Thermidor* にならって *utility* からか]
util·i·tar·i·an /jutìlətέəriən/ *a* 功利[実利]の, 効用の, 実用的な; 単に実用的な, 実用性だけを重んずる; 功利主義の, 功利説の. ► *n* 功利論[主義]者. [*utility, -arian*]
utilitárian·ìsm *n* **1** 功利主義, 実用主義; 〘哲〙功利説[主義]《いわゆる「最大多数の最大幸福」を人間行為の規範とする Bentham および J. S. Mill の倫理学説》. **2** 功利的性格[精神, 性質].
util·i·ty /jutíləti/ *n* **1 a** 有用性 (usefulness), 有益(さ); 効用, 実効, 実益, 実利; 〘経〙効用; 〘哲·倫·美〙功利, 功利性; 最大多数の最大幸福, 幸福: MARGINAL UTILITY / of no ～ 役に立たない, 無益な. **b** [°*pl*] 役に立つもの, 有用物; 〘劇〙UTILITY MAN; 《豪》UTILITY VEHICLE. **c** 〘電算〙UTILITY PROGRAM. **2** 公益事業(設備[施設]), 利益設備, ユーティリティー《電気·ガス·上下水道·交通機関など》; 公益企業 (＝public ～); [*pl*] 公益企業株. ► *a* 実用向きの, 実用本位の〈家具·衣服など〉; 実益用の〈家畜など〉; いろいろな役[ポジション]の代役をこなせる; 多目的の, 万能の; *〈肉が〉最下等の, 並みの. [OF＜L; ⇨ UTILE]
utílity fùnction 効用関数.
utílity knìfe 万能ナイフ, カッターナイフ.
utílity màn 〘劇〙端役, 下回り; *〘スポ〙ユーティリティーマン《いろいろなポジションをこなせる控え選手》; 〘海〙《船の》厨房(ちゅうぼう)助手 (galley man); いくつもの作業のこなせる熟練工 (jumper); *《一般に》何でも屋.
utílity plàyer 〘スポ〙UTILITY MAN.
utílity pòle* 電柱.
utílity prògram 〘電算〙ユーティリティープログラム《ファイルの複写·ディスクの管理など一般に使用頻度の高い作業を行なうための通例機能の特化した小規模なプログラム》.
utílity ròom 便利室, ユーティリティー(ルーム)《暖房具·掃除器などの収納や洗濯などの作業にあてる部屋》.
utílity vèhicle [trùck] 多用途車, 小型トラック.
utilizátion revìew 〘米〙ユーティリゼーションレビュー, 医療内容審査《医療資源が適切に利用されているかどうかを審査する仕組み》.
uti·lize /jú:t(ə)lὰɪz/ *vt* 利用する, 活用する, 役立たせる〈*for*〉. ♦ **-lìz·able** *a* **-lìz·er** *n* **ùti·li·zá·tion** *n* [F＜It; ⇨ UTILE]
ut in·fra /ʊt ínfrɑ:/ 下記のように《略 u.i.》. [L＝as below]
-u·tion /jú:ʃ(ə)n, ú:-/ *n sur* -ATION: sol*ution*. [F＜L]
uti pos·si·de·tis /jú:tàɪ pὰsɪdí:tɪs/ 〘ローマ法〙占有保護命令; 〘国際法〙占有物保留の原則. [L＝as you possess]
ut·most /ʌ́tmòust, (英·米南部) -məst/ *a* 最大(限)の, 最高(度)の, 極度の (extreme); 最も遠い, いちばん端の, 最果ての; 最後の. ► *n* [°the]《能力·力·努力などの》最大限度, 最高度, 極限, 極度; [the] *《俗》最高[最上]のもの: do [try, exert] one's ～ 全力を尽くす. ● **at (the) ～** せいぜい, たかだか. **get the ～ out of…** ⇨ BEST. **to the ～** 極度に, 極力: *to the* ～ of one's power 力の及ぶかぎり. [OE *ūt(e)mest* OUTMOST]
útmost góod fáith 〘保·法〙最大善意, 最高信義 (＝*uberrima fides*)《保険契約などの締結にあたり, 当事者双方は通常の契約以上に信義を守らねばならないとする原則; これに従い双方は契約に関連のあるすべての情報を自発的に開示しなければならないとされる》.
Uto-Áztec·an /jú:tou-/ *n, a* 〘言〙ユートアステク語族(の)《米国西部から中米で用いられる北米インディアンの言語群; Ute, Hopi, Nahuatl, Shoshone などの言語を含む》.
Uto·pia /jutóupiə, ju-/ **1** ユートピア《Sir Thomas More, *Utopia* (1516) 中に説かれた理想郷》. **2 a** 理想郷, 理想の国. **b** 空想的政治[社会]体制, 空想的社会改良計画. **c** 最果ての地. **d** ユートピア小説. [L＝nowhere (Gk *ou* not, *topos* place)]
utó·pi·an [°U-] *a* ユートピア的な; 理想郷の; 夢想的な, 空想的な (visionary); 空想社会主義的な. ► *n* ユートピアの住民; 空想的社会改良家, 夢想家.
utópian·ìsm *n* ユートピア的理想[理論]; [°U-] ユートピア的理想主義.
utópian sócialism 空想的社会主義 (cf. SCIENTIFIC SOCIALISM). ♦ **-ist** *n*
uto·pism /jú:təpìz(ə)m, *jutóu-/ *n* ユートピア的理想主義 (utopianism). ♦ **úto·pist** /, *jutóupɪst/ *n* **ùto·pís·tic** /, *jutòu-/ *a*
Utrecht /jú:trèkt/ ユトレヒト (**1**) オランダ中部の州 **2**) その州都). ■ the **Tréaties [Péace] of ～** ユトレヒト(講和)条約 (1713–14)《スペイン継承戦争の一連の講和条約》. the **Únion of ～** ユトレヒト同盟 (1579)《United Provinces の基礎となったネーデルラント北部 7 州の同盟》.
Útrecht vélvet 〘織〙ユトレヒトベルベット《綿·モヘア製の有毛織物; 椅子張り用》.
utri·cle /jú:trɪk(ə)l/ *n* 〘植〙胞果《閉果の一種; アカザの実など》; 〘植〙《海藻の》胞嚢, 小嚢; 〘生理〙小嚢, 小胞; 〘解〙《特に 内耳の》卵形嚢. [F or L (dim)〈 *uter* bag]
utric·u·lar /jutríkjələr, ju-/ *a* 小嚢(状)の, 小嚢のある.
utric·u·lar·ia /jutrìkjəlέəriə, ju-/ *n* 〘植〙タヌキモ属 (*U-*) の各種の食虫植物 (bladderwort).
utric·u·late /jutríkjələt, ju-, -lèɪt/ *a* 《古》小嚢状の; ふくれた.
utric·u·li·tis /jutrìkjəlάɪtəs, ju-/ 〘医〙*n* 《内耳の》卵形嚢炎; 前立腺小嚢炎.
utric·u·lus /jutríkjələs, ju-/ *n* 〘解·生理〙UTRICLE.
Utril·lo /*F* ytrijo/ ユトリロ **Maurice ～** (1883–1955)《フランスの画家》.
ut su·pra /ʊt sú:prɑ:/ 上記のように《略 u.s.》. [L＝as above]
ut·ta·pam /ʊ́təpʌm/ *n* ウッタパム《米粉にタマネギ·トマト·トウガラシなどを加えて作る, お好み焼き風の南インドの料理》. [Tamil]
Ut·ta·ra·khand /ʊ́tərəkὰnd/ ウッタラカンド《インド北部の州; 2000 年 Uttar Pradesh から分離して新設された; ☆Dehra Dun; 設立当初の州名は **Ut·ta·ran·chal** /ʊtərά:nʧəl/ (ウッタラーンチャル) だったが, 07 年に現名称に変更》.
Út·tar Pradésh /ʊ́tər-/ ウッタルプラデーシュ《インド北部のネパールに接する州; ☆Lucknow; cf. UNITED PROVINCES》.
ut·ter[1] /ʌ́tər/ *attrib a* 全くの, 完全な, 徹底的な; 無条件の, 断固とした〈拒絶など〉; 異常なまでに極端な: ～ nonsense 全くのナンセンス / an ～ stranger 赤の他人. ♦ **～·ness** *n* [OE (compar)〈 *ūt* OUT]
utter[2] *vt* **1 a** 〈声·ことば·うなり声·ため息などを〉口に出す, 〈音を〉発する; 発言する, 発音する; ことばで表現する〈*oneself*〉; 述べる, 言い表わす; 《廃》〈秘密などを〉漏らす, 公けにする: A fool ～*eth* all his mind. 愚か者は自分の感情をさらけ出す《Prov 29: 11》. **b** 《まれ》〈水などを〉噴出する; 《古》〈本を〉著わす (publish). **2** 〈偽造証書[貨幣]などを〉使用する, 流通させる; 《廃》〈商品を〉売る. ► *vi* 話す, 口をきく; 〈禁句など〉口にされる, 語られる. ♦ **～·able** *a* [MDu *ūteren* to make known; 語形は ↑ に一致; cf. G *äussern*]
ut·ter·ance[1] /ʌ́t(ə)rəns/ *n* **1** 口から[に]出すこと, 発言, 発声; 発表力, 話しぶり; 話された[書かれた]ことば, 言辞, 言説; 叫び声, 《動物の》鳴き声; 〘言〙発話: defective ～ 発音不完全 / give ～ to one's rage 怒りを口にする / a man of good ～ 弁才のある人. **2** 流通させること; 《廃》販売. [*utter*[2]]
utterance[2] *n* 《古·詩》極限, どんづまり, 最後, 今はの際, 最期, 死: to the ～ 最後の際まで, 死ぬ(間際)まで. [*utter*[1]]
útter bár 〘英法〙OUTER BAR.
útter bárrister 〘英法〙《King's [Queen's] Counsel ではない》下級[一般]法廷弁護士 (＝*outer barrister*)《弁護士席で弁護する特権がない》.
útter·er *n* 発言[発音]する人; 《貨幣の》偽造行使者.
útter·ing *n* 〘法〙偽造証書[貨幣]使用の罪.
útter·less *a* 言いようのない (unutterable).
útter·ly *adv* 完全に, 全く, 全然, 残らず, すっかり.
ut·ter·most /ʌ́tərmòust, ‖-məst/ *a* 最も遠く離れた, 最果ての; 最大限度の, 極度の (utmost). ► *n* [°the] 最大限度, 極度, 極限 (utmost): to *the* ～ of one's power [capacity] 力の及ぶ[できる]かぎり / do one's ～ できるだけのことをする.
utu /ú:tù:/ *n* 《NZ》賠償, 報復, 支払い. [Maori]
Utu /ú:tu/ ウツ《シュメール人の太陽神; アッカド人の Shamash に相当》.
U-tube /jú:—/ *n* U 字管.
U-turn /jú:—/ *n* 《自動車などの》U ターン; [*fig*]《政策などの》百八十度転換: No ～*s*!《掲示》U ターン禁止. ► *vi* U ターンをする.
U2 /jú:tú:/ U2《1977 年アイルランドで結成されたロックグループ》.

U(-)238〘化〙uranium 238. **U(-)235**〘化〙uranium 235.
UUCP, uucp〘電算〙UNIX-to-UNIX Copy Program [Protocol]《UNIX システム間のファイル転送用プログラム[プロトコル]》.
UV ultraviolet.
UVA /jú:vì:éɪ/ *n* 長波長紫外線《波長 320–400 nm》.
U-value /jú:—/ *n* U 値《建物の特定部分, 材料の熱伝導性能を示す値; 通例 1 平方フィート・1 時間・1°F の温度差当たりの btu 値で表わす; 断熱性が高いほど U 値が下がる》. [British thermal *u*nit]
uva·rov·ite /(j)uvá:rəvàɪt/ *n*〘鉱〙灰(かい)クロームざくろ石, ウバロバイト. [Count Sergey S. *Uvarov* (1785–1855) ロシアの著述家・政治家]
UVB /jú:vì:bí:/ *n* 中波長紫外線《波長 290–320 nm; 俗に日焼け光線と言われ, 皮膚紅斑生成の主因》.
UVC /jú:vì:sí:/ *n* 短波長紫外線《波長 200–290 nm; オゾン層に吸収されて通常は地上に達しない; 殺菌や紫外線療法に用いられる》.
uvea /jú:viə/ *n*〘解〙ブドウ膜《**1**) 虹彩・毛様体・脈絡膜の総称 **2**) 目の虹彩の奥の色彩層》. ♦ **úve·al** *a* [L (*uva* grape)]
Uvedale ⇨ UDALL.
uve·i·tis /jù:viáɪtəs/ *n*〘医〙《眼の》ブドウ膜炎. ♦ **uve·it·ic** /jù:viítɪk/ *a* [*-itis*]
UVF °Ulster Volunteer Force.
UVs /jù:ví:z/ *n pl* *«俗» 紫外線, 日光: soak up ~ 日焼けする. [*ultraviolet rays*]
uvu·la /jú:vjələ/ *n* (*pl* **~s, -lae** /-lì:, -làɪ/)〘解〙口蓋垂, 懸壅垂(けんようすい), のどびこ;《一般に》垂. [L (dim) < *uva* grape]
uvu·lar /jú:vjələr/ *a* 口蓋垂の;〘音〙口蓋垂を使って発音される. ► *n*〘音〙口蓋垂音, 後部軟口蓋音. ♦ **~·ly** *adv*
uvu·lec·to·my /jù:vjəléktəmi/ *n*〘医〙口蓋垂切除(術).
uvu·li·tis /jù:vjəláɪtəs/ *n*〘医〙口蓋垂炎.
ùvu·lo·pàl·a·to·pharýngo·plàsty /jù:vjəloupæ̀lətou-/ *n*〘医〙口蓋垂口蓋咽頭形成術《重度の閉塞性睡眠時無呼吸症候群を治療するために口蓋垂・扁桃などを含む不必要な軟組織を切除して咽頭腔を広くする手術》.
UW, U/w underwriter. **UWA** °United Way of America. **UWB** ultrawideband.
UXB unexploded bomb 不発(爆)弾.
Ux·bridge /ʌ́ksbrìʤ/ アクスブリッジ《旧 Middlesex 州の市; 現在 Greater London 西部の Hillingdon の一地区》.
Ux·mal /uʃmá:l/ ウズマル, ウシュマル《メキシコの Yucatán 半島北西部にあるマヤ文明の都市遺跡》.
UXO unexploded ordnance 不発兵器.
uxor /ʌ́ksɔ̀:r, ʌ́gzɔ̀:r/ *n* 妻 (wife). [L]
ux·o·ri·al /ʌksɔ́:riəl, ʌgz-/ *a* 妻の, 妻らしい. ♦ **~·ly** *adv*
ux·or·i·cide /ʌksɔ́(:)rəsàɪd, -sár-, ʌgz-/ *n*《夫による》妻殺し; 妻殺し犯人. ♦ **ux·òr·i·cíd·al** *a*
ux·o·ri·lócal /ʌ̀ksɔ̀:rə-, ʌ̀gz-/ *a*〘人〙妻方居住の (MATRILOCAL).
ux·o·ri·ous /ʌksɔ́:riəs, ʌgz-/ *a* 妻を溺愛する, 妻の言いなりの, 妻べったりの. ♦ **~·ly** *adv* **~·ness** *n*
Uygur ⇨ UIG(H)UR.
Uyo /ú:jou/ ウヨ《ナイジェリア南東部 Akwa Ibom 州の州都》.
Uz·bek /úzbɛ̀k, ʌ́z-, uzbék/, **Uz·beg** /-bɛ̀g, —bég/, **Us-** /ús-, ʌ́s-/ *n* **a** (*pl* **~, ~s**) ウズベク人《中央アジアのトルコ系民族》. **b** ウズベク語.
Uz·bek·i·stan /uzbɛ̀kɪstǽn, ʌz-, -stá:n, ─ ─ ─ ─/ ウズベキスタン《中央アジア西部の国; 公式名 Republic of ~ (ウズベキスタン共和国); ☆Tashkent; 1924–91 年ウズベク共和国 (the Uzbek SSR) の名でソ連邦構成共和国》.
Uzi /ú:zi/〘商標〙ウージー《イスラエル製の軽機関銃》. [*Uzi*el Gal 設計者であるイスラエルの陸軍将校]

V

V, v /víː/ *n* (*pl* **V's, Vs, v's, vs** /-z/) ヴィー《英語アルファベットの第 22 字; ⇨ J》; V の表わす音; V 字形(のもの); [〈*a*〉]〖車〗〈エンジンが〉V 型の; 22 番目(のもの);〖ローマ数字〗5; *《口》5 ドル札: *V*-four V 型 4 気筒エンジン / IV＝4, VI＝6, XV＝15. ★ 古くは U と V は区別がなく 17 世紀の間に U は母音に, V は子音に使い分けられるようになった (⇨ W). ► *adv* [v]ǁ《俗》とっても, すごく, 超….

v., v〖数〗vector ♦ velocity ♦ verb ♦ verse ♦ verso ♦ versus ♦ very ♦ vice ♦ victory ♦ vide ♦〖楽〗(*pl* **vv**) voice ♦ volume ♦ vowel.

v., v, V volt(s) ♦ voltage. **V**〖理〗《電位・位置エネルギーの量記号》V ♦〖化〗vanadium ♦ °Vatican City ♦〖理〗velocity ♦ violence ♦ violent ♦ °visual acuity ♦〖数〗volume. **V.** [G *Vergeltungswaffe*] reprisal weapon 報復兵器 (⇨ V-ONE, V-TWO).

va, VA〖電〗volt-ampere. **v.a.**〖商〗°value analysis ♦ °verbal adjective. **Va.** Virginia. **VA**〖米〗°Department of Veterans Affairs (旧 Veterans Administration) ♦ °Vicar Apostolic ♦ °Vice Admiral ♦〖英〗(Order of) Victoria and Albert ヴィクトリアアルバート勲章《受勲者は女性》♦ Virginia ♦ °visual aid.

va·ad /váːd, ―⌐/ *n* (*pl* **va·a·dim** /vàːàːdíːm, ⌐⌐―/) ヴァアド《ユダヤ人社会における諸活動に助言し, これを監督する公認の審議会》.

vaal /váːl/ *n*〖動〗RHEBOK. [Afrik]

Vaal [the] ヴァール川《南アフリカ共和国北東部 Mpumalanga 州に発し, 西流して Northern Cape 州で Orange 川に合流》.

Vaa·sa /váːsə/ ヴァーサ (*Swed* Vasa)《フィンランド西部の, Bothnia 湾に臨む市・港町; 旧称 Nikolainkaupunki》.

vac[1] /vǽk/ *n*ǁ《口》休暇 (vacation).

vac[2] *n*ǁ《口》掃除機 (vacuum cleaner). ► *vt, vi* (**-cc-**)《口》(場所を)電気掃除機で掃除する.

vac. vacuum.

vaca ⇨ VACAY.

va·can·cy /véɪk(ə)nsi/ *n* **1** 空虚, 空(くう); 空白, 空所, 空き地, 空き部屋, 空き家; 空位, 欠員 〈*on* the staff, *in* the Cabinet, *for* a pupil〉; 隙間, 間隙 (gap);〖晶〗空位, 空格子点 (＝*hole*)《結晶構造中であるべき原子が欠けている場所》. **2** うわのそら, 放心(状態);《まれ》無為;《古》ひま, 休暇.

vácancy decontról* 空き家家賃統制解除《アパートなどが空くと家賃統制が解除され, 新入居者に対して賃貸料を新たに設定できるとした法規》.

vá·cant *a* **1 a** 空(から)の, 空虚な; 借手[住み手]のない, 空いている, 使っていない; 空席の, 空位の, 欠員の;〖法〗遊休の, 相続人[現住者]のいない〈不動産〉, 払い下げられていない〈公有地〉: a ～ lot 空き地, 広場 / a ～ house [room] 空き家[空室] / There are no ～ seats. 空席がない / fall ～ 〈地位が〉空く / situation ～ columns《新聞の》求人広告欄. **b** 用事のない, ひまな: ～ hours ひまな時間. **2** 〈心・頭など〉空虚な, うつろな; ぼんやりした, ぽかんとした: a ～ stare うつろな目つき / a ～ answer to a query 質疑に対するぼんやりした答え. ● **～ of**… の欠けた: She is ～ *of* sympathy. 同情心がない. ♦ **～·ly** *adv* **～·ness** *n* [OF or L (*vaco* to be empty)]

vácant posséssion〖英法〗先住占有者のいない家屋の所有権;《広告文で》即時入居可.

va·cate /véɪkèɪt, ―⌐; vəkéɪt/ *vt* **1** 空(から)にする, あける; 引き払う, 立ち退く; 〈職・位などを〉退く, 辞する, 空位[空席]にする: ～ a house 家を立ち退く / ～ the presidency 社長をやめる. **2**〖法〗無効にする. ► *vi* 地位[借家, 借地など]をあける; *《口》立ち去る; *《口》休暇をとる. ♦ **vá·cat·able** / ,―⌐――; vəkéɪt-/ *a*

va·ca·tion /veɪkéɪʃ(ə)n, və-/ *n* **1 a** 《学校・法廷の》定期休暇, 休校期間, 閉廷期; *休暇, バカンス (holidayǁ); 休み, 休止(期間) (intermission): the Christmas [Easter, Whitsun] ～ クリスマス[復活祭, 聖霊降臨祭]休暇 / the summer ～ 夏期休暇 / be in [go to] Canada *on* ～ 休暇でカナダにいる[行く] / take a ～ 休暇をとる / the ～ school 夏期講習会, 夏季学校. **b** *《俗》懲役[禁固]刑, 別荘暮らし. **2** 明渡し, 立ち退き, 引払い, 辞職; 空位[空席]期間. ► *vi* *休暇をとる, 休暇を過ごす. ♦ **～·er***, **～·ist*** *n* 休暇中の人,《特に》休暇旅行者, 避暑[避寒]客 (holidaymaker). [OF or L; ⇨ VACANT]

vacátion·lànd* *n* 行楽地, 観光地, 休暇村.

va·cay, va·ca /véɪkèɪ/ *n* *《口》VACATION.

vac·ci·nal /vǽksən(ə)l/ *a* ワクチンの; 予防接種の.

vac·ci·nate /vǽksənèɪt/ *vt, vi* (…に)ワクチン (vaccine) 注射[予防接種]をする 〈sb *against* measles〉,《特に》種痘をする;〖電算〗〈プログラム・システムを〉(ウイルスに対して)ワクチンで予防する. ► *n* / , -nət/ 予防接種[種痘]をうけた人.

vac·ci·na·tion /væ̀ksənéɪʃ(ə)n/ *n*〖医〗予防接種,《特に》種痘; 種痘の跡. ♦ **～·ist** *n* (強制)種痘論者.

vác·ci·nà·tor *n* 種痘医; 接種刀[針].

vac·cine /væksíːn, ⌐―; vǽksiːn, -sɪn/ *n, a* **1 a**〖医〗牛痘種(の), 痘苗(とうびょう)(の);《広く》ワクチン(の) (cf. SERUM): a ～ farm 痘苗製造所 / ～ lymph [virus] 痘苗 / ～ therapy ワクチン療法. **b**〖電算〗ワクチン (＝**～ prògram** [**sòftware**])《コンピューターウイルスの検出・防止・除去用プログラム; cf. ANTIVIRUS》. **2** 牛(から)の. [L (*vacca* cow)]

vac·ci·nee /væ̀ksəníː/ *n* ワクチン接種をうけた人.

váccine pòint〖医〗接種針.

vac·cin·ia /væksíniə/〖医〗*n* (種)痘疹, 牛痘, ワクシニア (cowpox); ワクシニアウイルス. ♦ **vac·cín·i·al** *a*

vac·cin·i·a·ceous /væksìniéɪʃəs/ *a*〖植〗コケモモ科 (Vacciniaceae) の.

vac·ci·ni·za·tion /væ̀ksənəzéɪʃ(ə)n; -naɪ-/ *n*〖医〗反復種痘.

vache·rin /*F* vaʃrɛ̃/ *n* ヴァシュラン《**1**) フランス・スイス産の数種の軟質チーズ **2**) メレンゲの殻に(アイス)クリームまたはフルーツを詰めた菓子》. [F *vachelin* (*vache* cow)]

vac·il·lant /vǽsələnt/ *a* VACILLATING.

vac·il·late /vǽsəlèɪt/ *vi* 揺らぐ, 揺れる, よろめく; 気迷いする, 逡巡する, ためらう, 二の足を踏む 〈*between*〉. ♦ **-là·tor** *n* [L *vacillat- vacillo* to sway]

vác·il·làt·ing *a* 気迷いする, 優柔不断な; 振動[動揺]する. ♦ **～·ly** *adv*

vac·il·la·tion /væ̀səléɪʃ(ə)n/ *n* 動揺, ぐらつき; 迷い, 逡巡, 優柔不断.

vac·il·la·to·ry /vǽsələtɔ̀ːri; -t(ə)ri/ *a* VACILLATING.

vacua *n* VACUUM の複数形.

vac·u·ate /vǽkjuèɪt/ *vt* 真空にする, …から排気する;《古》空(から)にする, あける;《廃》無[無効]にする.

vac·u·ism /vǽkjəɪz(ə)m/ *n* 真空論《空間には真空が存在するとする説; cf. PLENISM》. ♦ **-ist** *n*

va·cu·i·ty /vəkjúːəti, væ-/ *n* **1** 空虚, 真空; 空間, 空所; 欠如, 不在. **2** 心の空虚, ぼんやり, 放心; 愚鈍, まぬけ; 虚無; [ᵘ*pl*] つまらないこと[ことば]. [L; ⇨ VACUUM]

vac·u·o·lar /væ̀kjuóʊlər/ *a* VACUOLE の(ある).

vac·u·o·late /vǽkjuəlàt, -lèɪt/, **-lat·ed** /-lèɪtəd/ *a*〖生〗空胞のある.

vac·u·o·la·tion /væ̀kjuəléɪʃ(ə)n/〖生〗*n* 空胞形成; 空胞状態; 空胞系統.

vac·u·ole /vǽkjuòʊl/〖生〗*n* 空胞, 液胞; 小腔.

vac·u·ous /vǽkjuəs/ *a* 空(から)の, 空虚な, からっぽな; (知的)内容の乏しい, 空疎な, 愚かしい, まぬけな; 無為の, むなしい. ♦ **～·ly** *adv* **～·ness** *n* [L (↓)]

vac·u·um /vǽkjum, -kjəm, -kjuəm/ *n* (*pl* **～s, vac·ua** /vǽkjuə/) **1 a** 真空; 真空度[率];《気体の》希薄化, 減圧; 空所 (opp. *plenum*); 空白(的状況): create [fill] a political ～ 政治空白を生む[埋める]. **b** 孤立状態: in a ～ 外界と無関係に, 社会から孤立して. **2** 電気掃除機(による掃除): give the room a ～. ► *a* 真空の, 真空に関する. ► *vt, vi* (…に)電気掃除機をかける (＝*vacuum-clean*) 〈*out, up*〉; 電気掃除機(など)で吸い込む. [L (*vacuus* empty)]

vácuum actìvity〖行動生物学〗真空行動, 虚動《本来あるべき刺激がないのに, 本能的にひき起こされる行動》.

vácuum aspiràtion〖医〗真空吸引(法[術]) (＝*suction method*)《妊娠 10–12 週に適用される人工流産の一法》.

vácuum bàg《電気掃除機の》集塵袋.

vácuum bòttle 魔法瓶.

vácuum bràke 真空制動機, 真空ブレーキ.

vácuum-cléan *vt, vi* 電気掃除機で掃除する.

vácuum clèaner 電気[真空]掃除機 (＝*vacuum sweeper*);《種々の》吸引装置.

vácuum crystallizàtion〖化〗真空晶出法.

vácuum distillàtion〖化〗真空蒸留.

vácuum fàn 真空換気扇, 吸出し扇風機.

vácuum filtràtion〖化〗真空濾過(法).

vácuum flàskǁ VACUUM BOTTLE.

vácuum fòrming 真空成型《プラスチック板を加熱し, 吸引によって成型すること》.

vácuum gàuge 真空計.

vácuum indúction fùrnace 〘冶〙真空誘導炉.

vácuum·ize *vt* 真空にする, 真空化する; 真空装置によって掃除[乾燥]する; 真空包装する.

vácuum jùg VACUUM BOTTLE.

vácuum mèlting 〘冶〙真空溶解(法).

vácuum-pàck *vt* 〈食品などを〉真空パックする: ~*ed* meats 真空包装の肉.

vácuum pàck 真空パック[包装].

vácuum pàn 真空釜《減圧して沸点を下げ, 蒸発濃縮を行なうもの》.

vácuum pùmp 真空ポンプ (pulsometer); 排気装置.

vácuum sèrvo 〘機〙真空サーボ(機構)《内燃機関の吸入管内を減圧することによって機能するサーボ機構》.

vácuum swèeper 電気[真空]掃除機.

vácuum tùbe 〘電子工〙真空管.

vácuum-tùbe vóltmeter 〘電子工〙真空管電圧計.

vácuum vàlveᴵᴵ VACUUM TUBE.

VAD °Voluntary Aid Detachment.

va·da /vάːdə/ *n* ヴァダ, ワダ (＝*wada*)《ヒラマメをつぶしてだんご状にしたものを揚げた南インドの料理》. [Hindi]

va·de me·cum /véɪdi míːkəm, vάːdi méɪ-/ (*pl* ~**s**) 案内(書), 必携, 便覧, ハンドブック; 常に携帯するもの. [L＝(impv) go with me]

va·de re·tro me, Sa·ta·na /wάːdɛ réɪtroʊ mèɪ sάːtɑːnὰː/ サタンよ わたしの後ろに下がれ. [L]

VAdm, VADM °Vice Admiral.

Va·do·da·ra /vədóʊdərə/ ワドダラ《インド西部 Gujarat 州南東部の市; 旧称 Baroda》.

va·dose /véɪdòʊs/ *a* 〘地質〙地下水面より上の, 通気帯の.

Va·duz /vɑːdúːts; *G* fadúts/ ファドゥーツ《リヒテンシュタインの首都》.

va et vient /*F* va e vjɛ̃/ 行き来, 往来.

vae vic·tis /víː víktɪs, wáɪ wíktìːs/ 敗者は無残なるかな. [L＝woe to the vanquished]

vag[1] /vǽg/ 《俗》*n, vt* (-**gg**-) 浮浪者(として逮捕する); 浮浪罪での告訴(をする); [the] 《豪》浮浪者取締まり法. [*vagrant*]

vag[2] /vǽʤ/ *n* 《俗》女性性器, ワギナ, 膣. [*vagina*]

Vág /vάːg/ [the] ヴァーグ川《VÁH 川のハンガリー語名》.

vag- /véɪg/, **va·go-** /véɪgoʊ, -gə/ *comb form* 〘解〙「迷走神経 (vagus nerve)」

vag·a·bond /vǽgəbὰnd/ *n* 放浪者, 浮浪者, 流浪者, 漂泊者, さすらい人; やくざ者, ごろつき. ► *a* 放浪する, 流浪の, さすらいの; 放浪者のような, 気ままな生活をしている, 無頼の; 無能な, だらしない, つまらない; 行方[進路]の定まらない. ► *vi* 放浪[流浪]する. ♦ ~**·ish** *a* ~**·ìsm** *n* VAGABONDAGE. [OF or L (*vagor* to wander)]

vágabond·age *n* 放浪[流浪]生活, 放浪性[癖]; 放浪者《集合的》.

vágabond·ìze *vi* VAGABOND.

va·gal /véɪgəl/ *a* 〘解〙迷走神経の[による]. ♦ ~**·ly** *adv*

vágal blóck 〘医〙迷走神経ブロック.

va·gar·i·ous /vəgέəriəs, veɪ-/ *a* 常軌を逸した, とっぴな, 奇抜な, 気まぐれな; 放浪する; 遍歴の: a ~ poet 放浪詩人. ♦ ~**·ly** *adv*

va·gary /véɪgəri, vəgέəri, vǽgəri/ *n* [°*pl*] とっぴな行為[考え], 奇行, 奇想; 〈物事の〉予想のつかない変転, 気まぐれ, 〈運命などの〉いたずら 〈*of*〉: the *vagaries of* a dream [the weather] 途方もない夢[変わりやすい天候]. [L; ⇨ VAGABOND]

V-agent /víː-ー/ *n* 〘薬〙V 剤《GB (＝*sarin*), VX を含む毒性の強い神経ガス》.

vagi *n* VAGUS の複数形.

vag·ile /vǽʤəl, -àɪl/ *a* 〘生〙自由に動く, 移動性の. ♦ **va·gil·i·ty** /vəʤíləti, væ-/ *n* 〘生態〙《生物の》散布力.

vag·in- /vǽʤən/, **vag·i·ni-** /vǽʤənə/ *comb form* VAGINA の意.

va·gi·na /vəʤáɪnə/ *n* (*pl* -**nae** /-ni/, ~**s**) 〘解〙膣(ちつ); 《俗に》女性の性器[陰部], VULVA; 〘解〙鞘(しょう); 〘植〙葉鞘, はかま. [L＝sheath]

vag·i·nal /vǽʤən(ə)l; vəʤáɪn(ə)l/ *a* 〘解〙膣の; 女陰の; 〘解〙鞘の; 〘植〙葉鞘の, 鞘状の. ♦ ~**·ly** *adv*

vag·i·na·lec·to·my /vὲʤən(ə)léktəmi/ *n* 〘医〙睾丸鞘膜切除(術) (vaginectomy).

váginal sméar 〘医〙膣スミア, 膣(内容)塗抹標本.

vag·i·nate /vǽʤənət, -nèɪt/, **-nat·ed** /-nèɪtəd/ *a* 〘植〙葉鞘のある, 有鞘の; 鞘状の.

vag·i·nec·to·my /vὲʤənéktəmi/ 〘医〙*n* 膣切除(術); 睾丸鞘膜切除(術).

vag·i·nis·mus /vὲʤənízməs/ *n* 〘医〙膣痙(攣).

vag·i·ni·tis /vὲʤənáɪtəs/ 〘医〙*n* 膣炎; 腱鞘炎.

vag·i·no·sis /vὲʤənóʊsəs/ *n* (*pl* -**ses** /-sìːz/) 〘医〙膣症《膣の疾患》, 《特に》BACTERIAL VAGINOSIS.

vago- /véɪgoʊ, -gə/ ⇨ VAG-.

vàgo·depréssor 〘薬〙*a* 迷走神経の機能を抑制する. ► *n* 迷走神経機能抑制剤.

va·got·o·my /veɪgάtəmi/ *n* 〘医〙迷走神経切断(術). ♦ **va·gót·o·mìzed** *a*

vàgo·tó·nia /-tóʊniə/ *n* 〘医〙迷走神経緊張症. ♦ **và·go·tón·ic** /-tάn-/ *a*

vàgo·trópic *a* 〘薬〙迷走神経向性の.

va·gran·cy /véɪgrənsi/ *n* 放浪, 流浪; 放浪性[生活]; 〘法〙浮浪罪; 放心, 夢想; VAGARY.

vá·grant *a* 放浪[流浪]する, 転々とする, さまよう, さすらいの; 変わりやすい, とりとめのない, 気まぐれな; 〈植物・髪など〉伸び放題の, ぼうぼうの. ► *n* 放浪者, 放浪の旅人; 〘法〙《乞食・売春婦など軽罪の対象となる》浮浪者, 無宿人; 〘鳥〙迷鳥. ♦ ~**·ly** *adv* [OF (pres p)＜*waucrer* to roll, wander＜Gmc; 語形は OF *vagant* (L *vagor* to wander) に同化]

va·grom /véɪgrəm/ *a* 《古》VAGRANT.

vague /véɪg/ *a* ぼんやりとした, 漠然とした, 雲をつかむような; はっきりしない, あいまいな, あやふやな, 不確かな, 紛らわしい; 〈表情など〉ぼんやりした, うっかりした, うわのそらの: make a ~ answer 煮えきらない返事をする. ♦ ~**·ly** *adv* ぼんやりと; あいまいに; ほんの少し, なんとなく. ~**·ness** *n* **vá·guish** *a* [F or L *vagus* wandering, uncertain]

va·gus /véɪgəs/ *n* (*pl* -**gi** /-ʤàɪ, -gàɪ/) VAGUS NERVE.

vágus nérve 〘解〙迷走神経. [L *vagus* wandering]

Váh /vάːx/ [the] ヴァーフ川 (*Hung* Vág)《スロヴァキア東部 Tatra 山地に源を発し, 南西に流れて Danube 川に合流する》.

va·ha·na /vάːhənə/ *n* 〘インド神話〙ヴァーハナ《特定の神の乗物[象徴]である動物[人間]》. [Hindi]

va·hi·ne /vɑːhíːneɪ/ *n* ポリネシア女, 《特に》タヒチの女. [Tahitian]

vail[1] /véɪl/ 《古・詩》*vt* 下げる, 落とす; 〈帽子などを〉脱ぐ, 取る; 〈誇り・信念などを〉(譲って)引っ込める. ► *vi* 帽子などを脱ぐ; 頭を下げる. [*avale* (obs)＜OF＝to lower (*aval* down, in the VALE[1])]

vail[2] 《古》*vt, vi* AVAIL. ► *n* 心付け (tip); 役得, 余禄. [OF＜L *valeo* to be strong]

vail[3] *n, vt, vi* 《古》VEIL.

vaille que vaille /*F* vaj kə vaj/ 一応, ともかく.

vain /véɪn/ *a* **1** 虚栄心の強い, うぬぼれた; 〈…を〉自慢にして, 鼻にかけて 〈*about, of*〉: a very ~ man 大の見え坊 / (as) ~ as a peacock 大の見え坊で / She was ~ *about* [*of*] her beauty. 器量が自慢だった. **2 a** 無益な, むだな, 骨折り損の; 空(くう)な, 空虚な, 根のない, つまらない, くだらない; 見かけ倒しの: ~ efforts むだ骨折り, 徒労 / It's ~ (for you) to try. (きみが)やってみてもむだだ / ~ promises [threats] 空(から)約束[おどし]. **b** 《古》無分別な, 愚かしい. ● **in** ~ (**1**) いたずらに, むなしく (vainly) (cf. F *en vain*): All our efforts were *in* ~. 努力は水泡に帰した / He did it(, but) *in* ~. それをやったがむだだった. (**2**) [主に次の句で] 軽々しく, みだりに: take [use] the name of God *in* ~ 神の御名を濫用する / take sb's name *in* ~ 人のことを悪く言う[ちゃかす]. ♦ ~**·ly** *adv* むだに, いたずらに (in vain); うぬぼれて, 得々と. ~**·ness** *n* [OF＜L *vanus* empty]

vàin·glórious *a* うぬぼれの強い, 虚栄心の強い, (やたらに)自慢する. ♦ ~**·ly** *adv* ~**·ness** *n*

váin·glòry *n* 慢心, うぬぼれ, 虚栄心; 見え, 虚栄, 虚飾. [OF *vaine gloire*]

vair /vέər/ *n* ヴェール《灰色・白まだらのリスの毛皮; 中世王侯貴族の長外套の裏や縁飾りに用いた》; 〘紋〙ヴェール紋《毛皮模様の一種; 銀と青で交互に彩色される》. [OF＝variegated]

vairy /vέəri/ *a* 〘紋〙ヴェール紋風の《vair が銀と青の組合わせであるのに対し, 別の(たとえば赤と金)の組合わせ》.

Vaish·na·va /váɪʃnəvə, víʃ-/ *n, a* 〘ヒンドゥー教〙ヴァイシュナヴァ(の)《ヴィシュヌ教の信者》. ♦ **Váish·na·vìsm** *n* ヴィシュヌ教《Vishnu を最高神と仰ぐ一派》. [Skt＝of Vishnu]

Vaish·ya, Vais·ya /váɪʃ(j)ə, -sjə/ *n* ヴァイシャ, 吠舎(べいしゃ)《インド四姓の第 3 階級; 農商などの庶民; ⇨ CASTE》. [Skt＝settler]

vai·vode /váɪvòʊd/, **voi-** /vɔ́ɪ-/ *n* 《東欧諸国の》町の軍司令官, 市長, 町長, 郡長. [It＜Hung]

Vaj·pay·ee /vάːʤpàɪi/ ヴァジパイ **Atal Bihari** ~ (1924–)《インドの政治家; 首相 (1996, 98–2004)》.

vaj·ra /vάʤrə/ *n* 〘ヒンドゥー教・仏教〙ヴァジュラ, 金剛杵(こんごうしょ)《雷神 Indra が持つとされる武器》. [Skt＝thunderbolt]

Vaj·ra·ya·na /vὰʤrəjάːnə; vὲʤ-/ *n* 〘仏教〙《大乗仏教に対する》タントラ仏教, 金剛乗. [Skt (↑, *yāna* vehicle)]

va·keel, -kil /vəkíːl/ 《インド》*n* 代理人, 大使, 公使; インド人弁護士. [Hindi]

val /vǽl/ *n* [*pl*] *《俗》バリウム (Valium).

Val[1] /vǽl/ *n* ヴァル (Valenciennes)《レース》.

Val[2] *n* ヴァリーガール (Valley girl).

Val[3] ヴァル《**1**) 男子名; Valentine の愛称 **2**) 女子名; Valerie, Valeria, Valentina, Valentine の愛称》.

val. value ♦ valued.

Va·lais /*F* valɛ/ ヴァレ (*G* Wallis)《フランスおよびイタリアに接するスイス南西部の州; ☆Sion》.

val·ance /vǽləns, véɪ-/ *n* ヴァランス《ベッド・テーブルなどのへりに飾る掛け布》; 《カーテンレールなどを隠す》上飾り, 前飾り. ♦ ~**d** *a* val-

V

ance を付けた[で飾った]. [AF (*valer* to descend)]

Val·dái Hílls /vɑːldáɪ-/ *pl* [the] ヴァルダイ丘陵《ヨーロッパロシア西部の Moscow の北西方の広大な丘陵》.

Val d'Aosta ⇨ VALLE D'AOSTA.

Valdemar ⇨ WALDEMAR.

Val-de-Marne /*F* valdəmarn/ ヴァル-ド-マルヌ《フランス北部 Île-de-France 地域圏の県; ☆Créteil》.

Val·dès /vǽldeɪs, vɑ́ːl-/ ヴァルデス (d. before 1218)《フランスの宗教家; フランス語名 Pierre Valdès [Valdo], 英語名 Peter Waldo; Lyons で説教を行ない, 清貧を実践, ワルド派 (Waldenses) として知られるようになったが, きびしい迫害をうけた》.

Val·dez /vældíːz/ ヴァルディーズ《Alaska 州南部の Prince William 湾北東岸の港町; 原油の積み出し基地》.

Valdéz Prínciples *pl* [the] ヴァルディーズ原則《1989 年米国で作成された環境問題に企業がどう対応すべきかの判断基準となる一連の指針; 同年 Alaska 沖でオイルタンカー Exxon Valdez 号が起こした原油流出事故がきっかけとなって生まれたもの》.

Val·di·via /vældíːviə/ **1** バルディビア **Pedro de** ～ (c. 1498–1554)《チリ征服に参加したスペインの軍人》. **2** バルディビア《チリ中南部の市・港町》.

Val·do /*F* valdo/ ヴァルド **Pierre** ～ 《VALDÈS の別名》.

Val-d'Oise /*F* valdwaːz/ ヴァル-ドアーズ《フランス北部 Île-de-France 地域圏の県; ☆Pontoise》.

vale[1] /véɪl/ *n* 《詩》谷 (valley), 谷間; この世, 現世 (=this ～): this [the] ～ of tears [woe, misery] 憂き世 / the ～ of years 老境. [F *val*<L *vallis*]

va·le[2] /vɑ́ːleɪ, véɪli/ *int* お元気で, お達者で, さらば, さようなら! (cf. VALETE). ► *n* 別れ, 別れの挨拶. [L (impv)‹*valeo* to be well or strong]

V

val·e·dic·tion /væ̀lədíkʃ(ə)n/ *n* 告別; 別辞, VALEDICTORY. [L (VALE[2], *dico* to say)]

val·e·dic·to·ri·an* /væ̀lədɪktɔ́ːriən/ *n* 《卒業式で告別演説をする》卒業生総代 (cf. SALUTATORIAN).

val·e·dic·to·ry /væ̀lədíkt(ə)ri/ *a* 告別の. ► *n* 告別の辞[演説]; *《卒業生総代の行なう》告別演説.

va·lence[1] /véɪləns/ *n* 〘化〙原子価; 〘生〙《抗原などの反応・結合する》結合価, 数価; 〘社〙誘意性《個人・行為などが有するひきつける力》; 〘言〙VALENCY. [L *valentia* power; ⇨ VALE[2]]

val·ence[2] /vǽləns/ *n* VALANCE.

Va·lence /*F* valɑ̃ːs/ ヴァランス《フランス南東部 Drôme 県の県都; Rhone 川に臨む》.

válence bànd 〘理〙価電子帯《結晶中の, 構成原子の価電子によって満たされているエネルギー帯; cf. CONDUCTION BAND》.

válence bònd 〘化〙原子価結合.

válence-condùction bànd 〘理〙価電子-伝導帯《金属にみられる互いに重なり合った valence band と conduction band》.

válence elèctron 〘化〙価電子《原子価に寄与する電子》.

Va·len·cia /vəlénʃ(i)ə, -siə/ **1** ヴァレンシア《女子名》. **2** バレンシア《(1) スペイン東部の地中海に面した自治州; Valencia, Alicante, Castellón の 3 県からなる; 古く 11 世紀初めにはムーア人の王国が成立した地 (2) スペイン東部 Valencia 自治州の県; その県都, Valencia 自治州の州都・海港 (3) ベネズエラ北部の市 (4) =VALENTIA》. **3**〘園〙バレンシアオレンジ (=～ **órange**)《スイートオレンジの一品種; 米国では主に California, Florida の産》.

Va·len·ci·ennes /vəlènsién(z); *F* valɑ̃sjɛn/ **1** ヴァランシエンヌ《フランス北部の市》. **2** ヴァランシエンヌレース (=～ **láce**)《フランスまたはベルギー産の高級レース》.

va·len·cy /véɪlənsi/ *n* [II]VALENCE[1]; 〘言〙結合価, 語価《動詞などが文構成上義務的に必要とする要素の数; たとえば give は主語・直接目的語・間接目的語を必要とするから結合価は 3 であるとみなす》.

Va·lens /véɪlənz, -lènz/ ヴァレンス (c. 328–378)《ローマ皇帝 (364–378); Valentinian 1 世の弟で, 帝国のうち東半を統治したが Adrianople の戦いで敗北; cf. GRATIAN》.

-va·lent /véɪlənt/ *a comb form* 「〘化〙…(原子)価の」「〘生〙…(結合)価の」「《減数分裂において対合する相同染色体の数が》…価の」: bi*valent*, multi*valent*, uni*valent*. [L]

Va·len·tia /vəlénʃ(i)ə/ ヴァレンシア《アイルランド南西岸沖, 大西洋に臨む Dingle 湾の南入口に位置する島》.

Val·en·ti·na /væ̀ləntíːnə/ ヴァレンティーナ《女子名; 愛称 Val》.

Val·en·tine /vǽləntàɪn/ **1** ヴァレンタイン《男子名・女子名; 愛称 Val》. **2** [Saint] 聖ヴァレンティヌス《3 世紀ごろのローマのキリスト教殉教者; 祝日は 2 月 14 日》: SAINT VALENTINE'S DAY. **3** [v-] **a** 《ヴァレンタインカード[プレゼント]を贈る対象の》恋人 (sweetheart). **b** 《しばしば匿名の》ヴァレンタインカード[プレゼント]; ‹…への›賛辞, 賛歌 ‹*to*›. **c***《俗》《成績不良な従業員に対する》警告書, 解雇通告. [L =healthy]

Válentine('s) Dày SAINT VALENTINE'S DAY.

Val·en·tin·ian /væ̀ləntíniən, -tínjən/ ヴァレンティニアヌス (L **Val·en·tin·i·a·nus** /væ̀ləntìniéɪnəs/) (**1**) ～ **I** (321–375)《ローマ皇帝 (364–375); 弟 Valens と分けて帝国の西半を治めた; Gratian と Valentinian 2 世の父》 (**2**) ～ **II** (371–392)《ローマ皇帝 (375–392) 前者の子; 西半を兄 Gratian と共同統治》 (**3**) ～ **III** (419–455)《西ローマ皇帝 (425–455)》.

val·en·ti·nite /vǽləntɪnàɪt, -tìː-/ *n* 〘鉱〙アンチモン華《アンチモン鉱物の酸化物》. [Basil *Valentine* 15 世紀ドイツの錬金術師]

Val·en·ti·no /væ̀ləntíːnoʊ/ ヴァレンティノ **Rudolph** ～ (1895–1926)《イタリア生まれの米国の映画俳優; 美男スター》.

Vále of Glamórgan [the] ヴェイル・オヴ・グラモーガン《ウェールズ南部の county borough; ☆Barry》.

Valera ⇨ DE VALERA.

val·er·ate /vǽlərèɪt/ *n* 〘化〙吉草酸塩[エステル].

Va·le·ria /vəlíəriə/ ヴァレリア《女子名; 愛称 Val》. [L=valorous]

va·le·ri·an /vəlíəriən/ *n* 〘植〙カノコソウ, 《特に》セイヨウカノコソウ (garden heliotrope); 〘薬〙吉草根(きっそうこん)《カノコソウの根を乾燥したもの; もと 神経鎮静剤》. [OF<L]

Valerian ヴァレリアヌス (*L* Publius Licinius Valerianus) (d. 260)《ローマ皇帝 (253–260); ペルシア遠征で捕えられて死んだ》.

va·le·ri·a·na·ceous /vəlɪ̀əriənéɪʃəs/ *a* 〘植〙オミナエシ科 (Valerianaceae) の.

valérian fàmily 〘植〙オミナエシ科 (Valerianaceae).

va·ler·ic /vəlérɪk, -líə-/, **va·le·ri·an·ic** /vəlɪ̀əriǽnɪk/ *a* カノコソウの[から得られる]; 吉草酸の.

valéric ácid 〘化〙吉草酸(きっそうさん) (=*pentanoic acid*).

Val·er·ie /vǽləri/ ヴァレリー《女子名; 愛称 Val》. [L; ⇨ VALERIA]

Va·lé·ry /væ̀lərìː; ⏤⏤⏤/ ヴァレリー (**Ambroise-)Paul(-Toussaint-Jules)** ～ (1871–1945)《フランスの詩人・哲学者; 詩集 *Charmes* (1922), 批評 *Variété* (5 vols, 1924–44)》.

val·et /vǽlət, -eɪ, væléɪ/ *n* 《貴人の身のまわりの世話をする男性の》近侍, 従者, 召使; [II]《ホテルの宿泊客の》クリーニング係; *車の清掃係; *《レストランなどの》駐車係 (=～ **pàrker**); コート[帽子]掛け[トレー]: No man is a hero to his ～. 《諺》英雄も近侍にはただの人. ► *vt* …の近侍[ボーイ]として仕える; ‹人の衣類›世話をする; ‹車を›掃除する. ► *vi* 身のまわりの世話をする. ♦ **～·less** *a* [OF *va(s)let*; cf. VARLET, VASSAL]

valeta ⇨ VELETA.

va·let de cham·bre /*F* valɛ də ʃɑ̃ːbr/ (*pl* **va·lets de chambre** /—/) 《貴人の》近侍, 従者 (valet).

va·le·te /wɑːléɪteɪ/ *int* 《複数の相手に対して》お元気で, さようなら! (cf. VALE[2]). [L=(impv) be well]

válet pàrking [sèrvice] バレーパーキング[サービス]《レストランなどの係員による駐車サービス》.

Valetta ⇨ VALLETTA.

val·e·tu·di·nar·i·an /væ̀lət(j)ùːd(ə)nɛ́əriən/ *a* 病身の[による], 病弱な, 虚弱な; 病身[体調]を気にしすぎる; 健康回復に努める. ► *n* 病弱者; 病身[体調]を気にしすぎる人; 健康な老人. ♦ **～·ism** *n* 病身, 病弱; 病身[体調]を気にしすぎること[癖]. [L (*valetudin- valetudo* state of health ‹ VALE[2])]

val·e·tu·di·nary /væ̀lət(j)úːd(ə)nèri; -n(ə)ri/ *a, n* VALETUDINARIAN.

val·gus /vǽlgəs/ *n* 〘医〙《下肢の》外反 (opp. *varus*); 外反膝(ひざ), X 脚. ► *a* ‹下肢が›外反した; 外反膝[X 脚]の. [L=bowlegged]

Val·hal·la /vælhǽlə, vɑːlhɑ́ː-; vælhǽlə/, **Val·hall** /vælhǽl, vɑːlhɑ́ːl; vælhǽl/ **1** 〘北欧神話〙ヴァルハラ《最高神 Odin の殿堂; 戦死した英雄の霊を招いて祀(まつ)る所; cf. VALKYRIE》. **2** 記念堂, 殿堂, '極楽'.

va·li /vɑ́ːli, vɑːlíː/ *n* 《トルコの》州知事. [Turk<Arab]

val·iant /vǽljənt/ *a* 雄々しい, 勇壮な, 剛勇の, 英雄的な; りっぱな, すぐれた. ► *n* 勇敢な人. ♦ **vál·ian·cy, -iance** *n* 勇敢, 勇気 (valor). **～·ly** *adv* **～·ness** *n* [AF, OF<L; ⇨ VALE[2]]

val·id /vǽləd/ *a* 根拠の確実な, 確かな, 正当な; 効果的な; あてはまる ‹*for*›; 〘法〙有効な (opp. *void*); 〘論〙妥当な; 〘生〙《生物分類の原則からみて》妥当な, 有効な‹分類群›; 〘電算〙有効な《コンピューターのシステムに受け入れられる》; 《古》強健な, 健全な. ♦ **～·ly** *adv* **～·ness** *n* [F or L=strong; ⇨ VALE[2]]

val·i·date /vǽlədèɪt/ *vt* (法的に)有効にする, 批准する; 押印して認可する; ‹当選を›公認する, ‹人›の当選を宣言する; 実証[確証]する; 確認する, 検証する. ♦ **vàl·i·dá·tion** *n* 確認, 批准.

vál·i·dàt·ed párking 《商店利用時などの》無料駐車制度.

va·lid·i·ty /vəlídəti/ *n* 正当さ, 妥当性, 確実; 〘法〙効力, 有効性, 合法性.

val·ine /vǽlìːn, véɪ-/ *n* 〘生化〙バリン《タンパク質の分解で生ずる α アミノ酸》. [*valerianic*]

val·in·o·mýcin /væ̀lənoʊ-/ *n* 〘薬〙バリノマイシン《環状ポリペプチド型の抗生物質; 放線菌から得られたもので, カリウムイオンの輸送を高める》.

va·lise /vəlíːs; -z/ *n* *旅行(用手提げ)かばん, スーツケース; 《軍人用の》背嚢 (kit bag). [F<It]

Va·li·um /vǽliəm, véɪ-/ 〘商標〙バリウム《diazepam 製剤》.

Val·kyr /vǽlkɪər/ VALKYRIE.

Val·ky·rie /vælkíəri, vǽlkəri, vælkáıri/〔北欧神話〕ヴァルキュリヤ《Odin 神の命で空中に馬を走らせて戦死した英雄たちの霊を VALHALLA に導き, そこに侍する乙女たちの一人》. ◆ **Val·kýr·i·an** *a*
valla *n* VALLUM の複数形.
Vál làce ヴァル レース (VALENCIENNES).
Val·la·do·lid /vælədəlíd, vàːjədə-, -líː(d)/ バリャドリード《**1**) スペイン北西部 Castilla y León 自治州の県 **2**) その県都, Castilla y León 自治州の州都 **3**) MORELIA の旧称》.
val·late /vǽlèıt/ *a* 塁壁[土手, 畝など]で囲まれた.
val·la·tion /væléıʃ(ə)n/ *n* 《昔の》塁壁, 堡塁(ほうるい) (rampart, entrenchment); 堡塁建造(術). [*vallum*]
Val·lau·ris /vàːlɔːríːs/ ヴァロリス《フランス南東部 Cannes に近い Côte d'Azur に面した町》.
Va·lle·cas /vɑːjéıkəs/ バリェカス《スペイン中部 Madrid の南東郊外の町》.
val·lec·u·la /vælékjələ, və-/ *n* (*pl* **-lae** /-lìː, -làı/) 〔解·植〕谷, みぞ, 窩(か); 〔植〕《分果の》果谷(かこく). ◆ **val·léc·u·lar** *a* **val·léc·u·late** /-lət, -lèıt/ *a* vallecula のある.
Val·le d'Ao·sta /vάːleı dɑːɔ́ːstə/, **Val d'Ao·sta** /vάːl dɑː-/ ヴァレ·ダオスタ, ヴァル·ダオスタ《イタリア北西部の州; ☆Aosta》.
Val·le-In·clán /vάːljeıìŋkláːn/ バリェ-インクラン **Ramón María del** ～ (1866–1936)《スペインの小説家·詩人·劇作家》.
Val·le·jo /vəléı(h)oʊ/ バリェホ **César** (**Abraham**) ～ (1892–1938)《インディオの血をひくペルーの詩人》.
Val·let·ta, Va·let·ta /vəlέtə/ ヴァレッタ《マルタの首都·港町》.
val·ley /vǽli/ *n* 谷, 谷間, 盆地, 山間平地; 《大河の》流域; 谷に似たくぼみ, 波間の谷; 〔建〕《屋根の》谷; 《景気などの》谷, 低迷期.
● **the ～ of the shadow of death** 〔聖〕死の影の谷 (*Ps* 23:4); 苦難. ◆ **～·lìke** *a* [OF＜L; cf. VALE[1]]
válley fèver 〔医〕COCCIDIOIDOMYCOSIS. [California 州 San Joaquin *Valley* で流行した]
válley flàt 〔地理〕《堆積により形成される》谷床平坦部.
Válley Fórge /-fɔ́ːrʤ/ ヴァリーフォージ《Pennsylvania 州南東部 Schuylkill 川に臨む地; George Washington が独立戦争中の冬 (1777–78) に野営をした所》.
Válley gìrl [**Gìrl**] *ヴァリーガール《1980 年代初め, 特有のことばづかい·しゃべり方やファッションで米国の若者文化の象徴的存在となった Los Angeles 近郊 San Fernando Valley に住む十代の女の子》.
válley glàcier 〔地質〕谷氷河《山地氷河の一種》.
válley lìly LILY OF THE VALLEY.
Válley of Tén Thòusand Smókes [the] 万煙の谷《Alaska 南西部の, Katmai 国立公園の一部をなす火山地帯》.
válley of the dólls [the] 《鎮静剤·興奮剤などの》薬物への過度の依存, 極度の精神不安定状態. [*Valley of the Dolls* (1966; 映画化 1967): 米国の作家 Jacqueline Susann の小説]
Válley of the Kíngs [**Tómbs**] [the] 王家の谷《Nile 川西岸, Thebes 近郊の谷; 新王国時代第 18–20 王朝のファラオの墓所》.
Val·lom·bro·sa /vàːlɔːmbrɔ́ːsɑː/ ヴァロンブロサ《イタリア中北部 Tuscany 州の村; ベネディクト会修道院がある》.
val·lum /vǽləm/ *n* (*pl* **val·la** /-lə/, ～**s**) 〔古ロ〕塁壁.
Va·lois /*F* valwa/ **1**《フランスの》ヴァロア朝 (1328–1589) (の人). **2** ヴァロア《中世フランス北部 Île-de-France 北東部にあった伯爵領·公爵領》. **3** Dame **Ninette de** ～ ⇨ DE VALOIS.
Va·lo·na /vəlóʊnə/ ヴァロナ《VLORË のイタリア語名》.
va·lo·nia /vəlóʊniə, -njə; væ-/ *n* VALONIA OAK の乾燥した殻斗(かくと)《タンニンを含み, 皮なめし·染色·インキ製造用》. [It＜Gk＝acorn]
valónia óak 〔植〕バロニアガシ《南西欧州·小アジア産》.
val·or | **val·our** /vǽlər/ *n* 《詩·文》《特に 戦場での》勇気, 豪胆, 剛勇, 果断. [OF＜L; ⇨ VALE[2]]
val·or·ize /vǽlərὰız/ *vt* 〈政府などが〉…の価格を設定する[維持安定させる]; …に価値を置く. ◆ **vàl·o·ri·zá·tion** *n* 《通例 政府の》物価維持安定策.
válor·ous *a* 勇気のある, 勇敢な. ◆ **～·ly** *adv* **～·ness** *n*
Val·pa·rai·so /vælpəráızoʊ, -réı-/, (Sp) **Val·pa·ra·í·so** /vàːlpɑːrɑːíːsoʊ/ バルパライソ《チリ中部の港湾都市》.
val·po·li·cel·la /vàːlpòʊlətʃélə, væl-/ *n* [°V-] ヴァルポリチェッラ《イタリア産の辛口の赤ワイン》.
val·pro·ate /vælpróʊèıt/ *n* 〔化〕バルプロ酸塩[エステル]. [*valeric*＋*propyl*]
val·pró·ic ácid /vælpróʊık-/ 〔化〕バルプロ酸《吉草酸 (valeric acid) の誘導体; ナトリウム塩を抗癲癇薬とする》.
Val·sál·va (**manèuver**) /vælsǽlvə(-)/ ヴァルサルヴァ法《口と鼻を閉じて呼気を送り出すようにする耳管通気法; 欧氏管の開放の有無の検査, また飛行機内などで中耳内の圧力の調整に適用される》. [Antonio M. *Valsalva* (1666–1723) イタリアの解剖学者]
valse /*F* vals/ *n* WALTZ. [F＜G; ⇨ WALTZ]
Vál·spèak *n* ヴァルことば《VALLEY GIRL 独特の用語·しゃべり方; 唇を横に引いて歯を見せるようにして話す》.
val·u·able /vǽlj(u)əb(ə)l/ *a* 金銭的価値のある, 有価の; 高価な; 貴重な〈情報など〉, 大切な〈友人など〉; 価値評価の可能な: ～ papers 有価証券 / a service not ～ in money 金で買えないサービス. ► *n* [[U]*pl*] 貴重品《特に 金銀宝石類》. ◆ **-ably** *adv* **～·ness** *n* [C16; ⇨ VALUE]
váluable considerátion 〔法〕有価約因《受約者の損失または約束者の利得よりなる約因; 反対給付に相当》.
val·u·ate /vǽljuèıt/ *vt* 評価する, 見積もる, 査定する. ◆ **vál·u·à·tor** *n* 評価者, 査定人, 鑑定人.
val·u·a·tion /væ̀ljuéıʃ(ə)n/ *n* 評価, 値踏み; 見積もり[査定]価格, 評価額: put [set] too high a ～ on…を買いかぶる. ◆ **～·al** *a* **～·al·ly** *adv*
val·ue /vǽlju/ *n* **1** 価値, 値打, 真価, ありがたみ; 有用性; 〔トランプ·チェスなど〕《札·コマの相対的な》重要性, 価値: the ～ of sunlight [education] 日光[教育]の価値 / news [propaganda] ～ ニュース[宣伝]価値. **2**《交換·金銭的》価格, 値段, 代価; 等価(の見返り), 対価(物); 《切手などの》額面 (denomination): exchangeable ～＝～ in exchange 交換価値. **3** 評価: set [put] much [a high] ～ on …を高く評価する, 重んずる. **4 a**《文中の語句の》真義, 意義; 〔音〕《文字の表わす》音価. **b**〔画〕バリュー, 明暗の度; 〔楽〕《音符の》時長価値; 〔数·理〕値(あたい), 数値; 〔化〕…価《ある化学的尺度で測られた値; IODINE VALUE など》; 〔生〕《分類上の》等級; 〔音〕PHONETIC VALUE: out of ～ 〔画〕明暗の調和がとれない. **5** [*pl*]《個人·集団の》価値観, 価値基準; 〔倫〕価値. ● **(for) ～ received** 〔商〕対価受取り《手形面の記載文句》. **good ～** [〈*a*〉]《豪ロ》所持する価値のある. **of ～** 価値がある, 貴重な: *of* great [little, no] ～ 価値が大である[少ない, 全くない]. **to the ～ of**… 金額…まで, …の金額の. **～ for** (one's) **money** 金額に見合う価値(のあるもの), お買い得品.
► *vt* **1** 評価する, 値踏みする, …の値段を見積もる, …に値をつける: ～ sth at one million dollars …を 100 万ドルと評価する. **2** …の価値を(重くまたは軽く)見る; 価値あるものと考える, 尊重する, たっとぶ, 大切にする: ～ sb's advice 人の忠告を尊重する / ～ sth *above* all else 何にもまして…を大切と考える / ～ one*self* for… 〈自分のすることなど〉をうぬぼれる / ～ one*self* on…を誇る, 自慢する. [OF (pp)〈*valoir* to be worth＜L; ⇨ VALE[2]]
value-ádd·ed *a* 〈商品が〉付加価値をつけた; 〈会社が〉専門的[拡張的]サービスを提供する.
value ádded 〔経〕付加価値.
value-ádded tàx /, ─ ─ ─/ 付加価値税《消費税; 略 VAT》.
value anàlysis 〔経営〕価値分析《商品の価値をその構成部分ごとについて対コストの観点から評価し, 商品価値を下げることなくどの部分でコスト減がはかれるかを検討すること; 略 v.a.》.
value chàin 〔経営〕価値連鎖, ヴァリューチェーン《企業活動を, 仕入れ·製造·出荷·販売などの主要段階と付随する人的資源や全般管理などの補助活動の連鎖ととらえ, 消費者ニーズ満足のための価値の付加を各段階が行なっているとする戦略概念》.
vál·ued *a* 評価された; 貴重な; [*compd*] …な価値を有する: jewels ～ at a million dollars 100 万ドルと値踏みされた宝石 / a ～ friend [client] 大切な友人[顧客] / two-～ logic 二価論理.
value dàte 〔銀行〕決済日, 利息起算日《入金が有効となり資金が利用可能になる日》; 《外国為替の》受渡し日.
válued pòlicy 〔保〕定額保険証券; 評価済み保険.
value engineèring 価値工学, VE《製品の製造に関して最少費用による方法を得るための設計·製造工程の分析》; 《製品·工程などの》VE による変更.
value·frée *a* 価値判断をしない, 価値にとらわれない, 公平[客観的]な.
value jùdgment 《主観的な》価値判断.
value-láden [**-lóad·ed**] *a* 特定の価値観に基づいた[偏った].
value·less *a* 無価値な, つまらない. ◆ **～·ness** *n*
value propositìon 価値提案《マーケティングで, 顧客に企業や製品をアピールするための新機軸·サービス·特色》.
vál·u·er *n* 評価者; *森林踏査者 (cruiser); "《特に 売却前の不動産の》鑑定人.
válue̱r géneral [°V- G-] 《豪》課税資産評価官.
value stòck *〔証券〕バリュー株《割安の優良株; cf. GROWTH STOCK》.
va·lu·ta /vəlúːtə/ *n* 貨幣交換価値; 外貨. [It]
val·val /vǽlv(ə)l/, **val·var** /vǽlvər/ *a* VALVULAR.
val·vate /vǽlvèıt/ *a* 弁のある, 弁で開く; 弁に似た, 弁の役をする; 〔植〕向き合わせの, 弁状の.
valve /vǽlv/ *n* 《装置の》弁, バルブ; 〔解·動〕弁, 弁膜; 〔楽〕《管楽器の》弁; 《二枚貝の》殻, 弁; 〔植〕蒴片(さくへん), 葯片(やくへん), 《珪藻の》背殻; "電子管 (electron tube), 真空管 (vacuum tube); 《古》折り戸[開き戸]の扉: SAFETY VALVE / THERMIONIC VALVE / a ～ detector 真空管検波器. ► *vt* …にバルブ[弁]を取り付ける; バルブで調節する. ► *vi* バルブを利用する. ◆ **～d** *a* **～·less** *a* **～·lìke** *a* [L *valva* leaf of folding door]
válve gèar 〔機〕《往復機関の》弁装置.
válve-in-héad èngine *〔機〕頭弁式エンジン, I 形機関 (overhead valve engine).
válve·let *n* VALVULE.
válve sòcket 〔電〕真空管ソケット.

válve spring 〔機〕弁ばね, バルブスプリング《エンジンなどの吸排気バルブを支えるばね》.
válve trombòne 〔楽〕ピストン式トロンボーン.
val·vot·o·my /vælvátəmi/ *n* VALVULOTOMY.
val·vu·la /vǽlvjələ/ *n* (*pl* **-lae** /-lìː, -làɪ/) 〔解〕小弁.
val·vu·lar /vǽlvjələr/ *a* 弁(状)の; 弁をそなえた, 弁で開く[動く]; 弁からなる; 心臓弁膜の.
val·vule /vǽlvjul/ *n* 小弁 (valvelet).
val·vu·li·tis /vælvjəláɪtəs/ *n* 〔医〕(心臓)弁膜炎.
val·vu·lot·o·my /vælvjəlátəmi/ *n* 〔医〕弁膜切開(術).
vam·brace /vǽmbrèɪs/ *n* 〔史〕《ひじから手首までを保護する》腕よろい, 腕甲. ◆ **~d** *a* 腕甲を着けた. [AF]
va·moose /vəmúːs, væ-/, **-mose** /-móus/ *《口》 *vi* (さっと[急いで])立ち去る, ずらかる. ► *vt* …から(急いで)立ち去る. [Sp *vamos* let us go]
vamp[1] /vǽmp/ *n* **1** 《靴の》爪革(つまかわ), 枠革; 継ぎ, はぎ, ぼろ隠し; 翻案, 焼直し(の文学作品). **2** 〔楽〕《通例 伴奏において何度か繰り返される》(即興の)短い導入的な楽節, ヴァンプ. ► *vt* **1** 〈靴〉に新しい爪革をつける; 繕う, …に継ぎを当てる 〈*up*〉; (…の見かけを)よくする, 新品に見せる 〈*up*〉; …に加筆する; 〈言いわけなどを〉でっちあげる 〈*up*〉. **2** 〔楽〕…に対してヴァンプを演奏する, 〈伴奏・曲などを〉ヴァンプで演奏する, アドリブでやる. ► *vi* 〔楽〕ヴァンプを演奏する, アドリブで演奏する.
◆ **~·er** *n* 靴直し《人》; 《特にピアノの》ヴァンプ奏者. [AF<OF *avantpié* front of the foot (AVAUNT, *pied* foot)]
vamp[2] *n* 妖婦, 男を惑わす女, 魔性の女, バンプ. ► *vt* 〈男を〉誘惑する, たらしこむ. ► *vi* 男をたらしこむ; 妖婦役を演ずる. [*vampire*]
vámp·hòrn *n* バンプホーン《18 世紀から 19 世紀初期にかけて教会で用いられた一種のメガホン》.
V **vam·pire** /vǽmpàɪər/ *n* **1 a** 吸血鬼, バンパイア《死体からよみがえり, 夜間眠っている人を訪れて生血を吸う》; 人を食い物にする者《高利貸しなど》; VAMP[2]. **b** 〔動〕VAMPIRE BAT. **2** 《舞台の》ばね落とし, 落とし戸 (=~ **tràp**). [F or G<Hung<? Turk *uber* witch]
vámpire bàt 〔動〕 **a** チスイ[キュウケツ]コウモリ, 《特に》ナミチスイコウモリ (=*blood-sucking bat*)《中南米産; 特に家畜の血を吸う》. **b** 《俗に》吸血コウモリ《血を吸うと誤って伝えられている各種; ⇨ FALSE VAMPIRE BAT》.
vam·pir·ic /væmpírɪk/, **vam·pir·ish** /vǽmpàɪrɪʃ/ *a* 吸血鬼の(ような).
vám·pir·ìsm /, -pə-/ *n* 吸血鬼(の存在)を信ずること (⇨ VAMPIRE); 吸血鬼のしわざ; あくどい搾取; 男たらし《行為》.
vámp·ish, vámpy *a* 〈女優・服装などが〉妖婦の(ような).
◆ **-ish·ly** *adv* **-ish·ness** *n*
vam·plate /vǽmplèɪt/ *n* 円鍔(つば)《槍に付ける手を保護するための金属板》. [AF; cf. VAMBRACE]
van[1] /vǽn/ *n* 〔軍〕前衛, 先頭 (cf. REAR[1]); [*fig*] 先導者, 先達, 先駆, 前衛: in the ~ of…の先頭[陣頭]に立って, 先駆として / lead the ~ of…の先駆をつとめる, …の主導者となる. [*vanguard*]
van[2] *n* 幌付き荷馬車, 有蓋貨物自動車《家具・見世物の野獣などを運ぶ》; 《多目的の》ワンボックスカー, ワゴン車, ヴァン; VAN CONVERSION; 《飛行機・トラックで運搬する》取りはずし可能な旅客室; "《鉄道の》有蓋貨車, 手荷物車, 車掌車; "《商人が用いる》軽馬車; "《ジプシーの》幌馬車. ► *vt* (**-nn-**) van に積む[で運ぶ]. [cara*van*]
van[3] *n* 《古・詩》翼, 翅 (wing); 《英では古》《風車の》風受け; "《古・方》唐箕(とうみ); 〔鉱〕選鉱シャベル; "選鉱器[シャベル]による鉱石の鑑識.
► *vt* (**-nn-**) 選鉱する. [FAN[1]]
van[4] *n* "《口》〔テニス〕ADVANTAGE.
van[5] /vən/ *prep* 《人名の一部として》…出身の (of, from). [Du=of, from; cf. VON]
Van[1] /vǽn/ **1** [Lake] ヴァン湖《トルコ東部の塩湖》. **2** ヴァン《Van 湖に臨む市》.
Van[2] ヴァン《男子名》. [家族名より]
VAN value-added network 付加価値通信網.
va·nad- /vənéɪd, vǽnəd/, **va·na·do-** /-dou, -də/ *comb form* 「バナジウム (vanadium)」
van·a·date /vǽnədèɪt/, **va·na·di·ate** /vənéɪdièɪt/ *n* 〔化〕バナジン酸塩[エステル].
va·nad·ic /vənǽdɪk, -néɪ-/ *a* 〔化〕《特に VANADOUS より高い原子価で》バナジウムを含む.
vanádic ácid 〔化〕バナジン酸.
va·na·di·nite /vənéɪd(ə)nàɪt, -nǽd-/ *n* 〔鉱〕褐鉛鉱《バナジウムの鉱石; 六方晶系》.
va·na·di·ous /vənéɪdiəs/ *a* 〔化〕VANADOUS.
va·na·di·um /vənéɪdiəm/ *n* 〔化〕バナジウム《希有金属; 記号 V, 原子番号 23》. [NL (ON *Vanadís*: Scandinavia の女神 Freyja の名)]
vanádium pentóxide 〔化〕五酸化バナジウム《ガラス製造などの酸化触媒用》.
vanádium stéel 〔冶〕バナジウム鋼《バナジウムを含む機械的強度が大きい合金鋼》.
van·a·dous /vǽnədəs, vənéɪ-/ *a* 〔化〕《特に VANADIC より低い原子価で》バナジウムを含む.
Van Al·len /væn ǽlən, vən-/ ヴァンアレン **James A(lfred)** ~ (1914–2006)《米国の物理学者》.
Van Állen bèlt 〔理〕ヴァンアレン(放射)帯 (=**Van Allén radiátion bèlt**)《高エネルギー粒子を含む地軸に直交するドーナツ状の領域》. [↑]
va·nas·pa·ti /vənʌ́spəti/ *n* バナスパチ《インドでバターの代わりにつかう植物油》. [Skt]
Van·brugh /vǽnbrə/ ヴァンブラ Sir **John** ~ (1664–1726)《英国の劇作家・バロック様式の建築家》.
Van Bu·ren /væn bjúərən/ ヴァン・ビューレン (**1**) **Abigail** ['Dear Abby'] ~ (1918–)《米国の紙上人生相談回答者; 本名 Pauline Esther Phillips, 旧姓 Friedman; Ann LANDERS とはふたご》 (**2**) **Martin** ~ (1782–1862)《米国第 8 代大統領 (1837–41); 民主党》.
van·co·mý·cin /væ̀ŋkə-/ *n* 〔薬〕バンコマイシン《抗生物質; 塩酸塩は他の抗生物質に耐性のあるブドウ球菌に有効》. [*vanco-*<?]
ván convèrsion CONVERSION VAN.
Van·cou·ver /vænkúːvər/ **1** ヴァンクーヴァー **George** ~ (1757–98)《英国の航海者・探検家; 1791 年にオーストラリア・ニュージーランドの地図を完成し, 92–94 年北米北西海岸を踏査した》. **2** ヴァンクーヴァー《カナダ British Columbia 州南西部の港湾都市》. **3** [Mount] ヴァンクーヴァー山《カナダと Alaska の境にある山 (4785 m)》.
◆ **~·ite** *n* ヴァンクーヴァー市民.
Vancóuver Ísland ヴァンクーヴァー島《カナダ British Columbia 州南西岸沖の島; 中心都市 Victoria》.
vanda ⇨ VANDA ORCHID.
V&A °Victoria and Albert Museum.
Van·dal /vǽnd(ə)l/ *n* **1** ヴァンダル人《5 世紀に西ヨーロッパに侵入, ローマを略奪したゲルマン系の一部族; ローマ文化の破壊者》. **2** [v-] 《芸術品・自然美・公共物などの》心なき破壊者. ► *a* ヴァンダル人の(ような); [v-] 文化・芸術などを破壊する, 野蛮な. ◆ **Van·dal·ic** /vændǽlɪk/ *a* [L<Gmc]
Vándal·ìsm *n* ヴァンダル人風; [v-] 文化芸術破壊; [v-] 《暴徒・学生などによる施設・学校などの》破壊(行為), 《公共物などの》汚損.
◆ **vàn·dal·ís·tic, vándal·ish** *a* **vàn·dal·ís·ti·cal·ly** *adv*
vándal·ìze *vt* 〈文化・施設などを〉蛮行で破損する. ◆ **vàndal·izátion** *n*
ván·da (òrchid) /vǽndə(-)/ 〔植〕バンダ《インド・マレー地方原産のバンダ属 (*V*-) の熱帯性ランの総称》. [Hindi]
Ván de Gràaff génerator /væn də grǽf-; -grɑ́ːf-/ 〔理〕ヴァン・ド・グラーフ起電機《高電圧静電発電機》. [Robert Jemison *Van de Graaff* (1901–67) 米国の物理学者でその考案者]
Van·de·mo·ni·an /vændɪmóuniən/ *a, n* タスマニアの白人住人[《特に》1853 年以前の流刑者](の). [*van Diemen*]
Van·den Plas /vǽndən plǽs/ 〔商標〕ヴァンデンプラス《英国 Vanden Plas 社製の小型高級車》.
Van·der·bilt /vǽndərbɪ̀lt/ ヴァンダービルト **Cornelius** ~ (1794–1877)《米国の海運・鉄道事業家》.
Vánderbilt Univérsity ヴァンダービルト大学《Tennessee 州 Nashville にある私立大学; Cornelius Vanderbilt の寄付金をもとに 1873 年創立》.
Van der Hum /vǽn dər hʌ́m/ 〔商標〕ヴァン・デル・フム《タンジェリン (naartjies) で造った南アフリカ産のリキュール》.
van der Meer /væ̀n dər méər/ ヴァン・デル・メール (**1**) **Jan** ~ ⇨ VERMEER (**2**) **Simon** ~ (1925–2011)《オランダの物理学者; 素粒子間にはたらく W 粒子と Z 粒子を発見; ノーベル物理学賞 (1984)》.
van der Post /væ̀n dər póust/ ヴァン・デル・ポスト Sir **Laurens (Jan)** ~ (1906–96)《南アフリカ出身の英国の作家・探検家》.
van der Waals /væ̀n dər wɔ́ːlz, -wɑ́ːlz/ ヴァン・デル・ワールス **Johannes Diderik** ~ (1837–1923)《オランダの物理学者; 液体・気体の状態を研究; ノーベル物理学賞 (1910)》.
ván der Wàals equàtion 〔理〕ファン・デル・ワールスの方程式《実在気体に関する経験的な状態式》. [↑]
ván der Wàals fòrces *pl* 〔理〕ファン・デル・ワールス力《分子[中性原子]間にはたらく引力》. [↑]
van der Weyden ⇨ WEYDEN.
van de Velde ⇨ VELDE.
van Die·men /væn díːmən/ ヴァン・ディーメン **Anton** ~ (1593–1645)《オランダ東インド会社の総督; その命により派遣された Tasman が Tasmania を発見した》.
Van Díemen Gùlf ヴァン・ディーメン湾《オーストラリア Northern Territory 北部の Arafura 海の入江》.
Van Díemen's Lànd ヴァン・ディーメン島《TASMANIA の旧称》.
van Dong·en /*F* vɑ̃ dɔ̃gɛn/ ヴァン・ドンゲン **Kees** ~ (1877–1968)《オランダ生まれのフランスの画家》.
Van Do·ren /væn dɔ́ːrən/ ヴァン・ドーレン (**1**) **Carl (Clinton)** ~ (1885–1950)《米国の伝記作家・歴史家・批評家・編集者》 (**2**) **Mark (Albert)** ~ (1894–1972)《米国の詩人・文芸批評家・編集者; Carl の弟》.
Van Dyck /væn dáɪk/ ヴァン・ダイク Sir **Anthony** ~ (1599–1641)《フランドルの画家; イングランド王 Charles 1 世の宮廷画家》.
Van·dyke /vændáɪk, vən-/ *n* **1** VAN DYCK. **2** VANDYKE COL-

LAR; 縁[へり]を飾る深いぎざぎざ(のついたもの[ケープなど]); [°v-] ヴァン・ダイク作の(肖像)画; VANDYKE BEARD. ► *vt* [v-] …に深いぎざぎざの縁をつける. ♦ **van·dýked** *a*

Vandýke béard 《先を細くとがらした》ヴァンダイクひげ. [Van Dyck の作品によく描かれていた]

Vandýke brówn 焦げ茶《Van Dyck が好んだ》; ヴァンダイクブラウン《褐色顔料》.

Vandýke cóllar 〔服〕ヴァンダイクカラー《深いぎざぎざの縁飾りのついたレースなどの大きな襟》.

vane /véɪn/ *n* **1** 風見, 風向計, 風信器 (=wind [weather] ～); 気まぐれな人. **2** 《風車・タービンなどの》翼, 羽根; 《ロケット・ミサイルなどの》羽根; 〔測〕《四分儀などの》視準板, ねらい板; 〔鳥〕羽板(ばん) (WEB); 《矢の》羽根. ♦ **～d** *a* **～·less** *a* [*fane* (dial) banner<OE *fana*; cf. G *Fahne* flag]

Vane ヴェーン (1) Sir **Henry** [**Harry**] ～ (1613–62) 《イングランドの政治家; ピューリタン革命時代の議会を指導》 (2) Sir **John Robert** ～ (1927–2004) 《英国の生化学者; プロスタグランジンの研究でノーベル生理学医学賞 (1982)》.

Vä·nern /vénərn, véɪ-/ [Lake] ヴェーネルン湖《スウェーデン南西部にあるスカンディナヴィア最大の湖》.

va·nes·sa /vənésə/ *n* 〔昆〕アカタテハ属 (*V-*) のチョウ.

Vanessa ヴァネッサ《女子名》. [↑, または Swift の造語で *E*sther *Van*homrigh のアナグラム]

va·nes·sid /vənésɪd/ *n* 〔昆〕あざやかな色彩の翅をもつタテハチョウ科の数種のチョウ (admirals, tortoiseshells などを含む).

van Eyck ⇨ EYCK.

vang /vǽŋ/ *n* 〔海〕斜桁(しゃこう)支索; BOOM VANG. [C18 *fang*<OE]

van Gogh /væn góu, -gáx; -gɔ́x/ ヴァン・ゴッホ **Vincent** (**Willem**) ～ (1853–90) 《オランダの画家》.

van·guard /vǽngɑ̀:rd, vǽŋ-/ *n* **1** 〔軍〕前衛, 先鋒, 先兵 (opp. *rear guard*); [*fig*] 《芸術・政治運動などの》先導者, 前駆, 前衛《集合的》: be in the ～ of…の陣頭[先頭]に立つ, …の先駆者となる. **2** [V-] 〔米〕ヴァンガード《衛星打上げ用三段式ロケット》. ♦ **～·ism** *n* **～·ist** *n* [OF *avangarde* (*avant* before, GUARD)]

va·nil·la /vənílə, *-nélə/ *n* **1 a** 〔植〕バニラ《熱帯アメリカ産ラン科バニラ属 (*V-*) のつる性植物の総称》. **b** バニラビーン (=～ **bèan** [**pòd**]) 《バニラのさや状果実》. **c** バニラ(エッセンス) (=～ **èxtract**) 《バニラの果実から採った香料》. **2** *«俗» 根も葉もない話, うわさ, うそ, ほら, [<*int*>] [*joc*] まさか, うそだろう! **3** «電算俗» 普通[ありきたり]の機種, 汎用[標準]機種; *«俗» 《性嗜好が》フツーの人, まともな人; *«黒人俗» 白人, 白人女. ► *a* バニラ(味)の; (ごく)普通の, 一般的な, 平凡な, ありきたりの, つまらない; 飾りのない, シンプルな (plain-vanilla): three ～ ice creams バニラアイス 3 つ. [Sp (dim) < *vaina* pod<L VAGINA]

va·nil·lic /vənílɪk, *-nél-/ *a* バニラの[から採った]; 〔化〕バニリンの[から採った]: ～ aldehyde=VANILLIN.

van·il·lin /vǽn(ə)lən, vənílən/ *n* 〔化〕バニリン 《バニラの果実より抽出または工業的に合成; 芳香がある》.

Va·nir /vá:nɪər/ *pl* [the] ヴァニル神族《北欧神話の中で Njord, Frey, Freya などを含む神々》.

van·ish /vǽnɪʃ/ *vi* (さっと)消える, 見えなくなる ‹*away, from*›; ‹光・色など›薄れる, 消滅する; ‹希望・恐怖など›なくなる; 〔数〕零になる: ～ *into* thin AIR[1]. ► *vt* 見えなくする, 消滅させる, 消す. ● **do a ～ing** [**disappearing**] **act** (肝心な時に)忽然と消える, 雲隠れする. ► *n* 〔音〕消音《二重母音 /ou/, /eɪ/ の /ʊ, ɪ/ など》. ♦ **～·ing** *a*, *n* **～·ing·ly** *adv* ほとんどないくらいに, 差がなく. **～·er** *n* [*evanish*]

vánishing crèam バニシングクリーム《肌に薄くのびる油分の少ない化粧下地クリーム》.

vánishing pòint 〔画〕《透視画法の》消失点, 消点; [*fig*] 物の消え尽きる[見えなくなる]最後の一点. ● **reach ～** ‹ものが›消滅する, 無意味になる; ‹数値が›ゼロになる.

van·i·tas /vǽnətɑ̀:s/ *n* 〔美〕ヴァニタス《死や無常の象徴(頭蓋骨や砂時計など)を含む 17 世紀オランダの静物画ジャンル》. [L=vanity]

va·ni·tas va·ni·ta·tum /wá:nɪtà:s wà:nɪtá:tum, vǽnɪtæ̀s vænɪtéɪtəm/ 虚栄の最たるもの, 空(くう)の空 (vanity of vanities) 《⇨ VANITY 用例》. [L]

Van·i·to·ry /vǽnətɔ̀:ri; -t(ə)ri/ 〔商標〕ヴァニトリー《洗面ユニット (vanity unit) の商品名》. [*vanity*+lava*tory*]

van·i·ty /vǽnəti/ *n* **1** うぬぼれ, 虚栄(心); 空(くう)なこと, 空虚, 虚無, むなしさ, はかなさ, つまらなさ; 自慢[うぬぼれ]のたね[品]; 空な[つまらない]事物, 無益な[くだらない]事物[行為など]; 虚飾: pomps and ～ of this wicked world 浮世の栄華の夢 / *V*～ of *vanities*; all is ～. 〔聖〕空(くう)の空なるかな すべて空なり, なんという空しさ すべては空しい 《*Eccles* 1:2》. **2** 流行の装飾品[小物]; 《女性の》コンパクト (compact); VANITY BAG [CASE, BOX]; DRESSING TABLE; バニティ《浴室洗面台のまわりや下のキャビネット; 配管の目隠しをするもの》. **3** [<*a*>] 自費出版(専門)の: VANITY BOOK / VANITY PRESS. [OF<L; ⇨ VAIN]

vánity bàg [**càse, bòx**] 携帯用化粧品[道具]入れ, 化粧[バニティ]ポーチ.

vánity bòok 自費出版本.

Vánity Fáir **1** 虚栄の市《(1) Bunyan, *Pilgrim's Progress* 中の市場の名 (2) Thackeray の小説 (1847–48) の題名》. **2** [°v- f-] 虚栄の巷(ちまた), この世の中, 上流社交界.

vánity fìlm 自己満足[ナルシスト]的映画.

vánity mìrror 小型化粧鏡; 《鏡台の》化粧鏡.

vánity plàte* バニティプレート, 希望ナンバー (=**vánity lícence** [**númber**] ～) 《好きな文字や数字の組み合わせを申請・取得したもの》.

vánity prèss [**pùblisher**] 自費出版専門の出版社.

vánity sìzing バニティーサイジング《既製服のサイズを実際より小さく表示すること; 顧客に小さいサイズが着られると思わせ, 売上げ増をねらう '見えっぱり' サイズ設定》.

vánity sùrgery 美容(整形)外科.

vánity tàble* DRESSING TABLE.

vánity ùnit" 下部に戸棚を備えた洗面台, 洗面ユニット.

ván lìne* 《有蓋貨物自動車を使う》長距離の引っ越し荷物を扱う運送会社.

ván·ner[1] *n* *《特に 特別仕様の》VAN[2] に乗る人; "軽馬車用の引き馬.

vanner[2] *n* 〔鉱〕選鉱夫[器]. [*van*[3]]

van·nette /vænét/ *n* 〔車〕小型のヴァン.

ván·ning" *n* 〔鉱〕シャベル選鉱. [*van*[3]]

ván·pòol* *n*, *vi* 《通勤時の》ヴァンの相乗り(に加わる). ♦ **～·ing** *n*

van·quish /vǽŋkwɪʃ, vǽn-/ *vt* 征服する, 破る, 負かす; ‹感情など›を克服する, 抑える. ► *vi* 勝つ, 勝者となる. ♦ **～·able** *a* **～·er** *n* **～·ment** *n* [OF *vencus* (pp) *veintre*<L *vinco* to conquer]

Van·sit·tart /vænsítərt, vən-/ ヴァンシッタート Sir **Robert Gilbert** ～, 1st Baron ～ of Den·ham /dénəm/ (1881–1957) 《英国の外交官・著述家; 極端なドイツ嫌いで, ドイツの徹底的恒久的な非武装化を唱えた》.

Van·taa /vá:ntɑ:/ ヴァンター《フィンランド南部 Helsinki の北にある市》.

van·tage /vǽntɪdʒ; vá:n-/ *n* «古» 利益; 有利な立場[情況], 優位; 眺望のきく[全体が眺められる]地点; "〔テニス〕ADVANTAGE. ● **to the ～** «廃» 加うるに. [AF<OF ADVANTAGE]

vántage gròund VANTAGE POINT.

vántage pòint 眺望のきく[有利な]地点 (=*vantage ground*); (ものを)見る位置, 見地, 視点 (point of view).

van't Hoff /vɑ:nt hɔ́(:)f, vænt-, -háf/ ファント・ホフ **Jacobus Hendricus** ～ (1852–1911) 《オランダの物理化学者; 立体化学を創設, 化学平衡・浸透圧の理論などの業績でノーベル化学賞 (1901)》.

van't Hóff's láw 〔化〕ファント・ホフの法則《: 温度を上げると反応が吸熱的であれば, 化学平衡はその方向に進む》.

Va·nua Le·vu /vənú:ə lévu/ ヴァヌアレヴ《Fiji で第 2 の大島》.

Va·nu·a·tu /vænuá:tu:/ ヴァヌアツ《太平洋南西部の大小 80 余の島々からなる国; 公式名 Republic of ～ (ヴァヌアツ共和国); ☆Vila; もと英仏共同統治領 New Hebrides; 1980 年独立, 英連邦に属す》. ♦ **Vá·nu·á·tu·an** *n*, *a*

V

Van Vleck /væn vlék/ ヴァンヴレック **John H**(**as-brouck**) ～ (1899–1980) 《米国の物理学者; '近代磁性学の父' と称される; ノーベル物理学賞 (1977)》.

ván·ward *a* 先頭に立った, 前衛的な. ► *adv* 前の方へ.

Van Winkle ⇨ RIP VAN WINKLE.

Vanzetti ⇨ SACCO-VANZETTI CASE.

vap·id /vǽpəd, véɪ-/ *a* ‹飲料など›味のない, 気の抜けた; 活気のない, 退屈な: run ～ 気が抜ける, だれる. ♦ **～·ly** *adv* **～·ness** *n* [L *vapidus* flat tasting]

va·pid·i·ty /væpídəti, veɪ-, və-/ *n* 風味のないこと, 気抜け; 活気のないこと, 退屈; [*pl*] 退屈な[おもしろくない]ことば.

va·por | **va·pour** /véɪpər/ *n* **1 a** 蒸気《空気中の水蒸気・湯気・霧・霞・煙霧など》; 〔理〕蒸気, …気; 気化物質; 混合気: escape in ～ 蒸発する / ～ bath 蒸気浴; 蒸しぶろ. **b** 〔医〕吸入剤[薬]. **c** [*pl*] «古» 《胃に生ずると信じられた》有毒ガス. **d** [the (Sea of) V-] 《月面の》蒸気の海. **2 a** «古» とりとめのないもの[考え, 幻想], 幻影; «古» からいばり. **b** [the ～s] «古» 気ふさぎ, 憂鬱症. ► *vi*, *vt* からいばりする[して言う], ほらを吹く, 吹く; 蒸発する[させる], 蒸散[発散]する[させる] ‹*away*›; «古» 憂鬱にする: ～ forth high-flown fancies 途方もない気炎を吐く. ♦ **～·er** *n* [OF or L =steam]

va·po·rar·i·um /vèɪpəréəriəm/ *n* (*pl* **～s**, **-rar·ia** /-riə/) 蒸しぶろ, サウナぶろ. [NL (L ↑)]

vápor bàrrier 〔建〕防湿層《湿気を吸収したり透過するのを防ぐために壁や床に設けたプラスチックフィルムなどの層》.

vápor bàth 蒸気浴; 蒸しぶろ (vaporarium).

vápor bùrner 気化バーナー《石油バーナーなど》.

vápor concentràtion 〔気・理〕ABSOLUTE HUMIDITY.

vápor dènsity 〔理〕蒸気密度《水素などに対する相対値として表わされる》; 水蒸気密度.

vápor èngine 〔機〕蒸気機関《特に 作動流体が水蒸気以外のもの; cf. STEAM ENGINE》.

váporer mòth 〔昆〕TUSSOCK MOTH.

va·por·es·cence /vèɪpərés(ə)ns/ *n* 蒸発, 気化. ♦ **-cent** *a* 蒸発[気化]する.

va·po·ret·to /vɑ̀:pərétou, vèɪ-/ *n* (*pl* **-ti** /-ti/, **～s**) 《Venice の運河で用いられる》乗合いモーターボート. [It]

va·por·if·ic /vèɪpərífɪk/ *a* 蒸気を生ずる; 蒸気の(ような).
va·por·im·e·ter /vèɪpərímətər/ *n* 蒸気圧計.
vápor·ing *n* [°*pl*] からいばり, ほら. ► *a* 蒸気を生ずる; からいばりする, こけおどしの. ♦ **~·ly** *adv*
vápor·ish *a* 蒸気のような; 蒸気の多い, もや[かすみ]におおわれた; 《古》 憂鬱にふさぎこんだ. ♦ **~·ness** *n*
vàpor·izátion *n* 蒸発(作用), 気化, 揮発; 〘医〙 吸入(法), 蒸気療法.
vápor·ìze *vt, vi* 蒸発[消滅]させる[する], 気化する; 希薄にする; 自慢げに話す, 吹く. ♦ **vá·por·ìz·able** *a*
vá·por·ìz·er *n* 蒸発させる人[物], 蒸発器, 気化器; 噴霧器, 霧吹き; 加湿器; 〘医〙 吸入器, ネビュライザー.
vápor làmp 燃料蒸気を燃やすランプ; 〘電〙 金属気体中の放電により発光させる電灯.
vápor lòck 〘機関〙 ベーパーロック, 蒸気閉塞《蒸気発生により燃料供給装置・ブレーキ装置などに起こる故障》.
va·por·ole /véɪpəròʊl/ *n* 〘薬〙 《ガラスカプセルに封入された》 吸入剤.
vápor·ous *a* 蒸気のような; 蒸気を出す, 揮発性の; 蒸気[霧]の多い; かすんだ, おぼろな; 実質のない, はかない, 空虚な; 誇大な, 妄想[空想]的な. ♦ **~·ly** *adv* **~·ness** *n*
vápor prèssure 〘理〙 蒸気圧《特に一定の温度で液相または固相と平衡にある蒸気相の圧力, 飽和蒸気圧》.
vápor·prìnt *n* 臭紋. [cf. FINGERPRINT]
vápor tènsion 〘理〙 VAPOR PRESSURE.
vápor tràil CONTRAIL.
vápor·wàre *n* ベーパーウェア《新製品として発表されているのに実際には発売されていないコンピューター関連商品》.
vá·pory | **vá·poury** *a* VAPOROUS.
vapour ⇨ VAPOR.
va·que·ro /vɑːkέəroʊ/ *n* (*pl* **~s**) 《中米・メキシコなどの》 家畜商人; 牧者, 牛飼い, 牧童, カウボーイ. [Sp]
var /vάːr/ *n* 〘電〙 バール《無効電力の単位》. [*v*olt-*a*mpere *r*eactive]
Var /*F* vaːr/ **1** ヴァール《フランス南東部 Provence-Alpes-Côte d'Azur 地域圏の県; ☆Toulon》. **2** [the] ヴァール川《フランス南東部を南流して地中海に注ぐ》.
var. variable ♦ variation ♦ variety ♦ various.
VAR value-added reseller 付加価値再販業者 ♦ value at risk ♦ °visual-aural (radio) range.
va·ra /vάːrə/ *n* (*pl* **~s**) **1** バラ (**1**) スペイン語・ポルトガル語諸国の長さの単位: =32–43 inches **2**) Texas 州の長さの単位: =33.33 inches》. **2** 平方バラ《面積の単位》. [Sp or Port=pole]
va·rac·tor /vərǽktər, ˈvέəræk-/ *n* 〘電子工〙 可変容量ダイオード, バラクター. [*var*ying re*actor*]
Va·ra·na·si /vərάːnəsi/ ヴァーラーナシー《インド北部 Uttar Pradesh 南東部の Ganges 河岸にある市; ヒンドゥー教の聖地; 別称 Banaras, Benares》.
Va·ran·gi·an /vərǽndʒiən/ *n* ヴァリャーギ人《9 世紀にバルト海沿岸より侵入し, ロシアに王朝を建てたノルマン人》; ヴァリャーギ親衛隊員. ► *a* ヴァリャーギ人の.
Varángian Guárd ヴァリャーギ親衛隊《11-12 世紀のロシア人・北欧人からなるビザンティン帝国皇帝の親衛隊》.
Var·dar /vάːrdɑ̀ːr/ [the] ヴァルダル川《マケドニア共和国から南流し, ギリシア北部に入ってテルメ湾 (Thermaïkós Kólpos) に注ぐ》.
Var·dha·mā·na /vɑːrdəmάːnə/ ヴァルダマーナ《ジャイナ教の開祖 MAHAVIRA の本名;「栄える者」の意》.
var·do /vάːrdoʊ/, **-da** /-də/ *n* (*pl* **~**) ジプシーの幌馬車. [Romany]
Var·don /vάːrdn/ ヴァードン **Harry ~** (1870–1937)《英国のプロゴルファー》.
var·ec(h) /vέrɛk/ *n* 海草, 海藻 (seaweed); 海草灰《ヨード・カリの原料》.
Va·re·se /vəréɪzi/ ヴァレーゼ《イタリア北部 Lombardy 州の市》.
Va·rèse /vəréɪz, -réz/ ヴァレーズ **Edgard ~** (1883–1965)《フランス生まれの米国の作曲家》.
Var·gas /vάːrgəs/ ヴァルガス **Getúlio (Dornelles) ~** (1883–1954)《ブラジルの政治家; 大統領 (1930–45, 51–54)》.
Var·gas Llo·sa /bάːrgɑːs ljóʊsɑː/ バルガス・リョサ (**Jorge**) **Mario** (**Pedro**) ~ (1936–)《ペルーの小説家・劇作家; ノーベル文学賞 (2010)》.
var·gue·no /vɑːrgéɪn(j)oʊ/ *n* (*pl* **~s**) バルゲーニョ《装飾の多いスペインの昔のキャビネット; 扉を前面に倒すと書き物机となる》. [Sp=of Bargas; Toledo 近くの製作地]
vari- /vέərə/, **var·io-** /vέərioʊ, -riə/ *comb form*「さまざまの」「種々の」 [L VARIOUS]
var·ia /vέəriə/ *n pl* MISCELLANY, 《特に》 雑文集.
var·i·able /vέəriəb(ə)l/ *a* **1 a** 変わりやすい, 変動する, 変化しやすい〈天候・気持など〉. **b** 定めない, 移り気な〈恋人など〉. **c** 〘天〙 変光する; 〘生〙 変異性の; 〘数〙 変数の, 不定の: ~ quantities 〘数〙 変量 / ~ species 〘生〙 変異種. **2** 変えられる, 変動できる, 可変(性)の; 可変速式の〈ギア〉: a ~ condenser 可変蓄電器, バリコン. ► *n* 変化[変動]するもの, 不[未]確定要素; 〘数〙 変数, 変数を表わす記号《*x*, *y*, *z* など》; 〘論〙 変項(記号); VARIABLE STAR; 〘気〙 変風; [the ~s] 変風帯《北東貿易風帯と南東貿易風帯との間》. ♦ **vári·ably** *adv* 変わりやすく, 不定に. **~·ness** *n* **vàri·abíl·i·ty** *n* 変わりやすいこと, 変化性, 変動性; 〘生〙 変異性. [OF<L; ⇨ VARY]
váriable annúity 変額年金《基金の投資対象を株式とし, 給付額を経済情勢に適合するようにしたもの》.
váriable búdget 〘会計〙 変動予算.
váriable cóst 〘会計〙 変動費, 変動原価《生産量と関連して変動する費用》.
váriable-dènsity wínd tùnnel 〘機〙 (可)変圧風洞《流体の密度を自由に変えられる密閉された風洞》.
váriable-geómetry *a* 〘空〙 可変形態翼の, 可変翼の, 《特に》 可変後退翼の《速度・飛行状況に応じて翼の後退角を任意の値にできる》.
váriable geómetry 〘空〙 《翼の》 可変後退角(設計) (=*variable sweep*).
váriable háre 〘動〙 ユキウサギ《ユーラシア産の野生ウサギ》.
váriable lífe insùrance 〘保〙 変額生命保険《死亡保険金は最低額が保証されているが, 解約返戻金は投資有価証券の市場価格に従って変動する生命保険; 略 VLI》.
váriable-pìtch propéller 〘空〙 可変ピッチプロペラ.
váriable ràte 変動金利. ♦ **váriable-ràte** *a*
váriable ràte mòrtgage* 〘金融〙 変動金利抵当, 変動金利住宅ローン《利率が金融市場の金利の動きに応ずるもの; 略 VRM; cf. GRADUATED PAYMENT MORTGAGE》.
váriable stár 〘天〙 変光星.
váriable swéep VARIABLE GEOMETRY.
váriable-swéep wìng 〘空〙 可変後退翼 (=*swing wing*).
váriable tíme fùze PROXIMITY FUZE.
váriable zòne [the] TEMPERATE ZONE.
va·ria lec·tio /wάːriɑ̀ː léktiòʊ/ (*pl* **va·ri·ae lec·ti·o·nes** /wάːriàɪ lὲktióʊnèɪs/) 《写本などの》 異文《略 v.l., (*pl*) vv.ll.》. [L =variant reading]
vari·ance /vέəriəns/ *n* **1 a** 変化, 変動, 移り変わり. **b** 〘統〙 分散, 平方偏差; 〘化〙 分散量《相律における自由度の数》. **2** 《意見・趣味・考えなどの》 相違, 不一致, 食い違い; 不和, 衝突, 敵対; 〘法〙 主張と証拠との齟齬(そご), 《一致すべき文書間の》 不一致; 〘会計〙 差異勘定《実際の原価と標準原価との差》; *《建築・土地開発などにおける》 特例的認可. ● **at ~ (with…)** (…と)不和で; 矛盾して: set…*at* ~ …を疎隔[離間]する. [OF<L=difference; ⇨ VARY]
vári·ant *a* 違った, 異なる, 相違する; さまざまの, いろいろの; 《廃》 変わりやすい, 不定の: ~ reading 《写本などの》 異文. ► *n* 変体, 変形, 別形; 《写本の》 異文; 《つづり・発音の》 異形; 転化; 〘生〙 変異体, 異型; 〘統〙 VARIATE.
váriant Créutzfeldt-Jákob disèase, variant CJD /—— sìːdʒèɪdíː/ 変異型クロイツフェルト-ヤコブ病 (=*new variant Creutzfeldt-Jakob disease*)《クロイツフェルト-ヤコブ病の変異型とされる致命的な海綿状脳症で, 若年者に発病する; ウシ海綿状脳症に関連するプリオンによるもので, 脳症を呈した牛の肉・肉製品を食べて感染する; 略 vCJD》.
vari·ate /vέəriət, -rièɪt/ *n* 〘統〙 変量; VARIANT.
var·i·a·tion /vὲəriéɪʃ(ə)n/ *n* 変化, 変動; 変量; 変度 〈*in*〉; 変種, 異体; 〘文法〙 語尾変化; 〘天〙 変差, 《月の》 二均差; 〘地物〙 地磁気の偏角 (declination); 〘生〙 変異(個体); 〘数〙 変分; 〘楽〙 変奏(曲); 〘バレエ〙 ヴァリアシオン (**1**) クラシックバレエで, 踊り子たちがアダージュに続いて一人ずつ踊る踊り **2**) モダンバレエも含め一般にソロの踊り》. ● **~s on the theme of**…の主題による変奏曲; …のいろいろな変種. ♦ **~·al** *a* **~·al·ly** *adv* **vári·à·tive** /, -ətɪv/ *a*
variátion·ist *n* 〘言〙 言語変異の研究者 (cf. LANGUAGE VARIATION).
var·ic- /vǽrək, vέər-/, **var·i·co-** /-koʊ, -kə/ *comb form*「静脈瘤 (varix)」 [L]
var·i·cat·ed /vǽrəkèɪtəd/ *a* 〘医〙 静脈瘤のある; 〘貝〙 螺層(らそう)隆起をもつ.
var·i·ce·al /vὲrəsíːəl/ *a* 〘医・貝〙 VARIX の.
var·i·cel·la /vὲrəsélə/ *n* 〘医〙 水痘 (chicken pox); VARICELLA ZOSTER. ♦ **-cél·lar** *a* **vàr·i·cél·lòid** *a* 水痘様の. [(変形 dim)< *variola*]
var·i·cel·late /vὲrəsélət, -lèɪt/ *a* 〘貝〙 小螺層(らそう)隆起の.
varicélla zóster 水痘帯状疱疹ウイルス (=**varicélla-zóster vìrus**)《疱疹ウイルス (herpesvirus) の一種》.
varices *n* VARIX の複数形.
várico·cèle /vǽrəkoʊ-/ *n* 〘医〙 精索静脈瘤, 静脈節瘤.
vári·còlored *a* 色とりどりの, まだらの; さまざまな.
var·i·cose /vǽrəkòʊs/, **-cosed** /-kòʊst/ *a* 異常に拡張した[ふくれた]; 〘医〙 静脈瘤の. [L; ⇨ VARIX]
váricose véin [°*pl*] 〘医〙 拡張蛇行静脈, 静脈瘤.
var·i·co·sis /vὲrəkóʊsəs/ *n* 〘医〙 静脈瘤症, 静脈怒張; VARICOSITY.
var·i·cos·i·ty /vὲrəkάsəti/ *n* 異常な拡張, 〘医〙 静脈瘤様腫脹; 〘医〙 静脈瘤 (varix).

var·i·cot·o·my /væ̀rəkátəmi/ *n* 〖医〗静脈瘤切開(術).
var·ied /vέərid/ *a* さまざまの, 雑多な, 色とりどりの; 変化のある: live a ～ life 多彩な生涯を送る. ♦ **～·ly** *adv* さまざまに; 変化に富んで. **～·ness** *n*
váried búnting 〖鳥〗ムラサキノジコ《ショウジョウコウカンチョウ科; メキシコ東部および米国 Texas 州南部産》.
váried thrúsh 〖鳥〗ムナオビツグミ《北米西部産》.
var·ie·gate /vέəriəgèɪt/ *vt* 色とりどりにする, まだらにする, 斑(ふ)入りにする; …に変化を与える. ♦ **-gàt·or** *n* [L; ⇨ VARIOUS]
vár·ie·gàt·ed *a* 色とりどりの, 多彩な, 斑入りの; 変化に富む, 多面的な, 多様な: a ～ career 波乱に富んだ経歴.
váriegated cútworm 〖昆〗ヤガの一種《幼虫はヨトウムシ(夜盗虫)》.
var·ie·ga·tion /vὲəriəgéɪʃ(ə)n/ *n* まだら, 斑入り; 多彩, 多様(性); 多様化.
vari·er /vέəriər/ *n* 変える人[もの]; 変わる人[もの]; ‹…と›相違するもの[人] ‹*from*›.
va·ri·e·tal /vəráɪət(ə)l/ *a* **1**〖生〗変種の. **2**‹ワインが›ブドウの品種名[セパージュ]を冠した; ‹ブドウが›特定品種の. ► *n* セパージュワイン; 特定品種のブドウ. ♦ **～·ly** *adv*
va·ri·e·tist /vəráɪətɪst/ *n* いろいろな相手に性交渉を求める人.
va·ri·e·ty /vəráɪəti/ *n* **1** 変化, 多様(性); 相違, 不一致: a life full of [lacking in] ～ 変化に満ちた[乏しい]一生 / for ～'s sake 変化を与えるために, 目先を変えるために / *V*～ is the spice of life. 《諺》変化は人生の薬味 / give ～ to a diet 食事にいろいろ趣向を凝らす. **2**《いろいろ異なったものの》寄せ集め, 取合わせ; VARIETY SHOW: for a ～ of reasons いろいろな理由で. **3** 種類; 〖生〗変種 (⇨ CLASSIFICATION); 〖農・畜〗品種; 〖言〗変体, 変形: a new ～ of rose バラの新種. ► *a* バラエティーショー[番組]の. [F or L; ⇨ VARIOUS]
varíety entertàinment VARIETY SHOW.
varíety mèat*[°*pl*] 雑肉 (offal[〃])《臓物・舌など》; 雑肉加工品《ソーセージなど》.
varíety shòp* 雑貨店 (variety store).
varíety shòw バラエティーショー《歌・踊り・曲芸・奇術・寸劇などを続けて見せるショー; cf. VAUDEVILLE》.
varíety stòre* 雑貨店 (＝*variety shop*).
varíety thèater 《variety show を見せる》演芸館[場].
Varíety, the Chíldren's Chárity バラエティー《1927 年に米国で設立された Variety Club を起源とする芸能人による国際慈善組織で, 貧困・障害に苦しむ子供の支援を行なっている》.
vàri·fócal *a* ‹レンズが›可変焦点の. ► *n* [*pl*] 可変焦点眼鏡,遠近両用眼鏡.
vári·fòrm *a* 種々の形の(ある). ♦ **～·ly** *adv*
vario- /vέəriou, -riə/ ⇨ VARI-.
vàrio·cóupler *n* 〖電〗可変結合器《2 組のコイルの相互位置を変えて相互インダクタンスを可変とする》.
va·ri·o·la /vὲərióulə, vəráɪələ/ *n* 〖医〗痘瘡, 天然痘 (smallpox). ♦ **va·rí·o·lar** *a* [L＝pustule]
var·i·o·late /vέəriəlèɪt, -lət/ 〖医〗*a* 痘痕[あばた]のある. ► *vt* ‹人›に天然痘ウイルスを接種する. ♦ **vár·i·o·là·tion** *n* 人痘接種.
var·i·ole /vέəriòul/ *n* 〖解・動〗小窩 (foveola); 〖岩石〗球顆(きゅう).
var·i·o·lite /vέəriəlàɪt/ *n* 〖岩石〗球顆玄武岩, あばた石.
var·i·o·lit·ic /vὲəriəlítɪk/ *a* 〖岩石〗球顆玄武岩状の, あばた石の(ような); あばたのある.
var·i·o·loid /vέəriəlɔ̀ɪd, vəráɪə-/ *n*, *a* 〖医〗仮痘(の).
va·ri·o·lous /vəráɪələs, vὲərióu-/ *a* 天然痘の[にかかった]; FOVEATE.
var·i·o·mat·ic /vὲəriəmǽtɪk/ *a* 〖車〗ベルト駆動自動変速の. [*vari*able＋auto*matic*]
var·i·om·e·ter /vὲəriámətər/ *n* 〖電〗バリオメーター《VARIOCOUPLER の 2 組のコイルを直列に接続したもの》; 〖測〗DECLINOMETER; 〖空〗昇降計《昇降速度を示す》.
var·i·o·rum /vὲərió:rəm/ *n* 合注本[版]. ► *a* 諸家の注を付けた; 原典の異本を収めた: a ～ edition 合注版[本]. [L (*cum notis*) *variorum* (with) various (notes)]
varióorum nó·tae /-nóutàɪ/ 合注《諸家による注》.
var·i·ous /vέəriəs/ *a* **1** 種々の, いろいろな, さまざまの; 異なった, 違った; 多方面の, 多角的な, 多芸多能の; 変化に富む, 多様な; VARIEGATED: ～ opinions いろいろな意見 / run away in ～ directions 四方八方に逃げる. **2 a** いくつかの, 幾多の; それぞれの. **b** [*pron* または省略的に *n* として] 数人, 多数: I asked ～ of them. 何人かに尋ねた. **3**《古》変わりやすい. ♦ **～·ly** *adv* いろいろに, さまざまに. **～·ness** *n* 多様性, 変化. [L *varius* changing, diverse]
var·is·cite /vǽrəsàɪt/ *n* 〖鉱〗バリシア石《含水リン酸アルミニウムを成分とする緑色の鉱物で, 装飾用とされる》. [G (*Variscia* ラテン語化されたドイツの地名)]
vári·sìzed *a* さまざまなサイズの.
va·ris·tor /værístər, və-/ *n* 〖電〗バリスター《印加電圧によって抵抗値の変わる回路素子》. [*vari-*＋*resistor*]
vár·i·tỳpe *vi*, *vt* バリタイパー (VariTyper) を使う[で組む]. ► *n* バリタイプ機; バリタイパー植字. ♦ **-tỳpist** *n*
Vár·i·Tỳp·er, -tỳp·er 〖商標〗バリタイパー《行末そろえおよび活字交換ができるタイプライターに似た植字機》.
va·ri·um et mu·ta·bi·le sem·per fe·mi·na /wá:rium ɛ̀t mù:tá:bɪlɛ sέmpɛ̀r féɪmɪnɑ:/ 女は浮気で常に変わりやすいものだ. [L]
var·ix /vέərɪks, *vǽr-/ *n* (*pl* **var·i·ces** /vέərəsì:z, *vǽr-/) 〖医〗静脈瘤, 動脈瘤, リンパ瘤; 〖貝〗《巻貝の》螺層(らそう). [L *varic- varix* varicose vein]
var. lect. °varia lectio.
var·let /vá:rlət/ *n* 〖史〗従者, 小姓, 近習; 〖史〗騎士見習い (page); 《古》[*joc*] 下郎, 悪漢 (rascal). [OF *vaslet* VALET]
várlet·ry 《古》 *n* 従者連; 烏合(うごう)の衆.
var·man·nie /vɑ:rmá:ni/ *n* 柔道に似たインドの護身術.
var·mint, -ment /vá:rmənt/ 《米口・英方》 *n* 害虫, 害獣, 害鳥; 下劣な野郎; 人, やつ: You little ～! [*joc*] このいたずら小僧め! [VERMIN]
Var·mus /vá:rməs/ ヴァーマス **Harold** (**Elliot**) ～ (1939–)《米国のウイルス学者; 癌遺伝子の研究でノーベル生理学医学賞 (1989)》.
var·na /vá:rnə/ *n* ヴァルナ (caste)《インド社会の伝統的な 4 つの階級の一つ》. [Skt＝class]
Var·na /vá:rnə/ ヴァルナ《ブルガリア東部の黒海に面する市・港町; 旧称 Stalin (1949–56)》.
var·nish /vá:rnɪʃ/ *n* **1 a** ワニス, ニス; ワニスの被膜; うわぐすり, 釉(ゆう); ニス状の物質《内燃機関内部に付着するものなど》; [〃]マニキュア液. **b**《ヒイラギ・ツタの葉などの》光沢(面), つや. **c**《欠点などをおおい隠す》上塗り, うわべの飾り: put a ～ on…を粉飾する, …を巧みにつくろう. **2***《俗》直通列車. ► *vt* …にワニスを塗る ‹*over*›; 取りつくろう, …のうわべを飾る, 糊塗する, ごまかす ‹*over*›; …に磨きをかける; [〃]…にマニキュア液を塗る. ♦ **～·er** *n* **～y** *a* [OF *vernis*<L or Gk]
vár·nished *a*《俗》酔っぱらった.
várnish·ing dày 絵画展覧会開会の前日《出品画に手入れを許す日》; 絵画展覧会の開会日.
várnish remòver*《俗》強いコーヒー; *《俗》安物[自家製]のウイスキー.
várnish trèe ワニスを採る木《ウルシなど》.
va·room /vərú:m/ *n*, *vi* VROOM.
Var·ro /vǽrou/ ウァロ **Marcus Terentius** ～ (116–27 B.C.)《ローマの代表的な教養人》.
vár·roa mìte /vǽrouə-/ 〖動〗ミツバチヘギイタダニ《アジア原産; ミツバチに寄生する吸血性のダニ》. [NL < ↑ (ミツバチに関する著作がある)]
var·sal /vá:rs(ə)l/ *a* [〃]《口》UNIVERSAL.
var·si·ty /vá:rs(ə)ti/ *n* *大学[学校]の代表チーム; *正選手, レギュラー; [〃]《口》大学《特に スポーツ関係に用いる》: He is on the ～ in tennis. テニスの大学代表チーム選手だ. ► *a* *大学[学校]代表の. [*university*]
Vársity Màtch [the]《毎年開催される》オックスフォード・ケンブリッジ大学ラグビー対抗試合.
Var·so·vi·an /vɑ:rsóuviən/ *a* ワルシャワ (Warsaw) の, ワルシャワ市民の. ► *n* ワルシャワの市民.
var·so·via·na /vɑ̀:rsouvjá:nə/, **-vi·enne** /vɑ̀:rsouvién/ *n* ヴァルソヴィエンヌ《欧州諸国・メキシコ・米国でポピュラーな, マズルカを模した舞踏; その曲》. [F and It＝(dance) of Warsaw (*Varsovie*)]
Var·u·na /vǽrənə/ 〖インド神話〗ヴァルナ, 波楼那, 水天《ヴェーダ神界で全知全能の, 法をつかさどるとされる神》. [Skt]
var·us /vέərəs/ *n* 〖医〗《人間の下肢の》内反 (opp. *valgus*). ► *a* ‹下肢が›内反した; 内反膝 [O 脚] の. [L＝knock-kneed]
varve /vá:rv/ *n* 〖地質〗年層, バーブ《氷食湖の湖底堆積物などにみられる粗密の 2 層からなる縞; 1 つの縞が 1 年を示す》. ♦ **várved** *a* [Swed＝layer]
vary /vέəri/ *vt* 変える, 変更する, 改める; …に変化を添える, 多様にする; 〖楽〗変奏[変曲]する. ► *vi* 変わる, 変化する, 異なる; それる, 逸脱する ‹*from*›; 〖数〗変化する; 〖生〗変異する: ～ *in* opinion 意見が違う / ～ *from* A *to* B＝～ *between* A and B A と B の間を変動する / Opinions ～ on this point. この点については意見がまちまちである / I tried with ～*ing* success. 試みたがうまくいったりそれほどでもなかったりだった / The prices ～ *with* the size. 値段はサイズによっていろいろ / My estimate *varies with* hers considerably. わたしの見積もりは彼女と相当異なる / A *varies* (directly) *as* [inversely *as*] B. A は B に比例[反比例]して変化する. ♦ **～·ing·ly** *adv* [OF or L *vario*; ⇨ VARIOUS]
váry·ing hàre 〖動〗変色ウサギ《冬毛が白に変わる; ユキウサギ・エゾウサギなど》.
vas /vǽs/ *n* (*pl* **va·sa** /véɪzə; -sə/) 〖解・生〗管, 脈管, 導管. [L＝vessel]
vas- /véɪz, véɪs/, **va·si-** /véɪzə, -sə/, **va·so-** /véɪzou, -zə, véɪsou, -sə/ *comb form* 〖医〗「脈管」 [L (↑)]
vasa *n* VAS の複数形.
Va·sa /vá:sə/ ヴァーサ《VAASA のスウェーデン語名》.
vasa deferentia VAS DEFERENS の複数形.
vása ef·fer·én·tia /-ɛ̀fərénʃ(i)ə/ *pl* 〖解〗輸出管, 輸出リンパ管.

va·sal /véɪz(ə)l, -s(ə)l/ *a* 〘解・生〙管の, 脈管の. ［*vas*］
Va·sa·rely /væ̀səréli; *F* vazareli/ ヴァザレリ **Victor** ～ (1908–97)《ハンガリー生まれのフランスの画家・彫刻家; op art の代表的な作家》.
Va·sa·ri /vəzɑ́:ri, -sɑ́:-/ ヴァザーリ **Giorgio** ～ (1511–74)《イタリアの画家・建築家・美術史家》.
VASCAR, Vas·car /vǽskɑ̀:r/〘商標〙ヴァスカー《自動車速度違反取締まり用計速装置》. ［*V*isual *A*verage *S*peed *C*omputer *A*nd *R*ecorder］
Vas·co /vɑ́:skou; vǽs-/ ヴァスコ《男子名》. ［Sp, Port］
Vasco da Gama ⇨ GAMA.
vascula *n* VASCULUM の複数形.
vas·cu·lar /vǽskjələr/ *a* 〘解・生〙管[導管, 脈管, 血管など]の; 血気盛んな, 情熱的な. ♦ **～·ly** *adv* ［VASCULUM］
váscular búndle 〘植〙維管束.
váscular cámbium 〘植〙維管束形成層.
váscular cýlinder 〘植〙中心柱 (stele).
vas·cu·lar·i·ty /væ̀skjəlǽrəti/ *n* 脈管[血管]質; 血気.
vàscular·izátion *n* 脈管化, 血管化; 〘医〙血管新生《特に 角膜内の》. ♦ **váscular·ìze** *vt*
váscular plánt 〘植〙維管束植物.
váscular ráy 〘植〙維管束内放射組織.
váscular stránd VASCULAR BUNDLE.
váscular sỳstem 〘植〙維管束系; 〘動〙脈管系.
váscular tíssue 〘植〙維管束組織.
vas·cu·la·ture /vǽskjələtʃùr, -t(j)ùr; -tʃər/ *n* 〘解〙脈管構造.
vas·cu·li·tis /væ̀skjəláɪtəs/ *n* (*pl* **-lit·i·des** /-lítədì:z/) 〘医〙脈管炎, 血管炎 (angiitis). ♦ **vas·cu·lit·ic** /væ̀skjəlítɪk/ *a*
vas·cu·lum /vǽskjələm/ *n* (*pl* **-la** /-lə/, ～**s**) 〘植〙ASCIDIUM; 《植物採集用の》胴乱. ［L (dim)＜VAS］
vás déf·er·ens /-défərènz/ (*pl* **vása def·er·én·tia** /-dèfərénʃ(i)ə/) 〘解〙精管. ［L ＝carrying vessel］
vase /véɪs, -z; vɑ́:z/ *n* 花瓶, 花生; 《ガラス・陶磁器・金属製で装飾用の》瓶, 壺; 〘建〙瓶飾り. ♦ **～·fùl** *n* **～·lìke** *a* ［F＜L VAS］
vas·ec·to·my /væséktəmi, veɪzék-/ *n* 〘医〙精管切除(術)《俗にいうパイプカット》. ♦ **vas·éc·to·mìze** *vt* ［VAS］
Vas·e·line /vǽsəlì:n, ⏤⏤⏤/ *n* 〘商標〙ワセリン《petrolatum の商品名》. ► *vt* [v-] …にワセリンを塗る.
váse pàinting 《特に 古代ギリシアの》花瓶画.
Vash·ti /vɑ́:ʃti, -tàɪ; vǽʃ-/ 〘聖〙ワシテ, ワシュティ《ペルシア王 Ahasuerus の美しい妃; 酒宴の席に顔を見せよとの王の命令を拒んだために王妃の座を失った; *Esth* 1: 9–22》.
vá·si·fòrm /véɪzə-, véɪsə-/ *a* 管状の, 管よりなる; 瓶[壺]形の.
vaso- /véɪzou, -zə, véɪsou, -sə/ ⇨ VAS-.
vàso·áctive *a* 〘医〙血管(の収縮[拡張])に作用する: ～ agent 血管作用薬. ♦ **-activity** *n*
vàso·constríction *n* 〘医〙血管収縮.
vàso·constríctive *a* 血管を収縮させる.
vàso·constríctor *n* 〘医〙血管収縮神経[薬]. ► *a* 血管を収縮させる.
vàso·depréssor *n* 血管抑制薬 (vasodilator). ► *a* 血管抑制性の.
vàso·diláting *a* 血管を拡張させる.
vàso·dilátion, -dilatátion *n* 〘医〙血管拡張.
vàso·dilátor *n* 〘医〙血管拡張神経[薬]. ► *a* 血管を拡張させる. ♦ **-dílatory** *a*
vàso·inhíbitor *n* 〘医〙血管運動神経抑制剤[物質]. ♦ **vàso·inhíbitory** *a*
vàso·ligátion *n* 〘医〙脈管結紮(けっさつ)(法), 《特に》精管結紮(法). ♦ **vàso·lígate** *vt*
vàso·mótor 〘生理〙*a* 血管の大きさを調節する; 血管運動神経[中枢]の.
vàso·prés·sin /-prés(ə)n/ *n* 〘生化〙バソプレシン (＝*antidiuretic hormone*)《神経性脳下垂体ホルモンの一種で血圧上昇・抗利尿作用がある》.
vàso·préssor *n* 〘薬〙昇圧剤. ► *a* 《血管収縮で》血圧を上昇させる.
váso·spàsm *n* 〘医〙血管痙攣(けいれん). ♦ **vàso·spástic** *a*
vaso·to·cin /vèɪzətóus(ə)n/ *n* 〘生化〙バソトシン《神経性脳下垂体ホルモンの一種; 下等な脊椎動物にみられ, 抗利尿作用をもつ》.
vas·ot·o·my /væsɑ́təmi/ *n* 〘医〙精管切開(術).
vàso·vágal *a* 〘医〙血管迷走神経性の.
vas·sal /vǽs(ə)l/ *n* 〘史〙家士, 封臣《封建制のもとで, 一定の奉仕義務を条件に, 主君から封土を授与された家臣》; 従属者, 配下; 属国; 召使. ► *a* 家士の(ような); 隷属的な: ～ homage [fealty] 臣下の礼, 忠勤の誓い / a ～ state 属国. ［OF＜L＝retainer＜Celt］
vással·age *n* 〘史〙家士の身分; 忠勤(の誓い); 隷属; 家士《集合的》; 家士の保有地, 封土.
vással·ize *vt* 臣下[配下, 属国]にする.
Vás·sar Cóllege /vǽsər-/ ヴァッサーカレッジ《New York 市近郊, Poughkeepsie にあるリベラルアーツ・カレッジ; 1861 年女子大として創立, 1968 年に共学となる; Seven Sisters の一つ》. ［Matthew *Vassar* (1792–1868) 設立基金の提供者である米国の醸造業者］
vast /vǽst; vɑ́:st/ *a* **1** 広大な, 巨大な, 広漠たる, 茫洋たる: a ～ plain 広大な平原 / a ～ expanse of ocean 広漠たる大海原. **2** 莫大な, 巨額の: a ～ scheme＝a scheme of ～ scope 膨大な企画 / a ～ sum of money 巨額の金. **3**《口》非常な, 甚大な: of ～ importance 非常に重大な. ► *n* 《古・詩》広漠たる広がり: the [a] ～ of ocean [heaven] 広漠たる海原[大空]. ♦ **～·ly** *adv* 広大に, 広々と; 《口》非常に, 大いに. **～·ness** *n* 広大さ; [ᵖ*pl*] 広漠たる広がり. ［L＝deserted, immense］
vas·ta·tion /væstéɪʃ(ə)n/ *n* 《文》魂の浄化; 《古》荒廃.
Väs·ter·ås /vèstəróus/ ヴェステロス《スウェーデン中南部メーラレン (Mälaren) 湖畔の市》.
vas·ti·tude /vǽstət(j)ù:d; vɑ́:s-/ *n* 広大さ, 広大無辺; 広漠たる広がり[空間].
vas·ti·ty /vǽstəti; vɑ́:s-/ *n* 《古》VASTITUDE.
vásty *a* 《古・詩》巨大な, 広大な (vast).
vat /vǽt/ *n* 《醸造用などの》大桶; 建浴(たてよく)《vat dye の溶液》; 建浴槽. ► *vt* (**-tt-**) 大桶に入れる[貯蔵する]; 大桶の中で処理する[熟成させる]; 建浴に浸す. ［*fat* (obs)＜OE *fæt*＜Gmc***fatam* vessel］
VAT /ví:èɪtí:, vǽt/ °value-added tax.
vát dỳe [còlor] 建染(たてぞめ)染料《アルカリ還元液で水溶性にして繊維に吸着させた後, 酸化させ不溶性染料に戻して染める》. ♦ **vát-dỳed** *a* 建染染料で染色した.
Va·té /vɑ:téɪ/ ヴァテ (EFATE 島の別称).
vát·fùl *n* 大桶一杯.
vat·ic /vǽtɪk/ *a* 預言者の, 預言(者)的な. ♦ **vát·i·cal** *a*
Vat·i·can /vǽtɪkən/ *n* [the] ヴァチカン《ローマにある教皇の宮殿で, ローマカトリック教会の総本部》; ローマ教皇庁, 教皇権, 教皇制. ● **thunders of the ～** カトリック教会の破門. ► *a* ヴァチカンの, ローマ教皇庁の; ヴァチカン公会議の. ♦ **～·ìsm** *n* 教皇絶対権主義. **～·ist** *n* ［L *Vaticanus* ローマの丘の名］
Vátican Cíty ヴァチカン市国 (It **Cit·tà del Va·ti·ca·no** /tʃɪttá: dɛl vɑ:tɪká:nou/)《ローマ市内にある教皇領で, 一国をなす; 公式名 Vatican City State, 別名 Holy See (聖座); St. Peter's 大聖堂, Vatican 宮殿がある》.
Vátican Council [the] ヴァチカン公会議《第 1 回は教皇の不可謬性 (infallibility) の教義を決定 (1869–70); 第 2 回は教会の現代化を討議 (1962–65)》.
Vat·i·can·ol·o·gist /væ̀tɪkənɑ́lədʒɪst/ *n* ヴァチカン[ローマ教皇庁]研究者[専門家].
Vátican roulétte *《俗》RHYTHM METHOD.
vat·i·cide /vǽtəsàɪd/ *n* 預言者殺し《行為・人》.
va·tic·i·nal /vətísən(ə)l, væ-/ *a* 預言の, 預言的な.
va·tic·i·nate /vətísənèɪt, væ-/ *vt, vi* 《まれ》預言する. ♦ **-nà·tor** *n* **va·tic·i·na·to·ry** /vətísənətɔ̀:ri; -t(ə)ri/ *a* **va·tìc·i·ná·tion** *n* ［L *vates* prophet］
Vät·tern /vétərn/ [Lake] ヴェッテルン湖《スウェーデン南部の湖》.
va·tu /vɑ́:tù:/ *n* (*pl* ～) ヴァトゥ《ヴァヌアツの通貨単位》. ［? *Vanuatu*］
Va·tu·tin /vətú:tɪn/ ヴァトゥーティン **Nikolay Fyodorovich** ～ (1900–44)《ロシアの陸軍将校》.
Vau·ban /*F* vobɑ̃/ ヴォーバン **Sébastien Le Prestre de** ～ (1633–1707)《フランスの Louis 14 世時代の築城家・戦術家》.
Vau·cluse /*F* vokly:z/ ヴォクリューズ《フランス南東部 Provence-Alpes-Côte d'Azur 地域圏の県; ☆Avignon》.
Vaud /vóu/ ヴォー (G **Waadt**)《スイス西部 Geneva 湖の北にある州; ☆Lausanne》.
vaude* /vɔ́:d, vóud, *vɑ́:d/ *n* VAUDEVILLE.
vaude·ville /vɔ́:d(ə)vəl, vóud-, -vɪl, *vɑ́:d-/ *n* ヴォードヴィル《**1**) 歌・踊り・パントマイム・漫才・曲芸などを交えたショー; cf. VARIETY SHOW **2**) 歌と踊りを交えた諷刺的な軽喜劇 **3**) 諷刺的な流行歌》. ［F; 最初 Normandy の *Vau de Vire* の詩人 O. Basselin (C15) の作曲になる流行歌をいった］
váudeville thèater* 演芸場 (music hall‖).
vaude·vil·lian /vɔ̀:d(ə)víljən, vòud-, *vɑ̀:d-/ *n* ヴォードヴィル作家; ヴォードヴィル芸人. ► *a* ヴォードヴィルの(ような).
Vau·dois[1] /voudwɑ́:, ⏤⏤/ *n* (*pl* ～) ヴォー (Vaud) の住民; ヴォー語《フランス語の方言》. ► *a* ヴォーの.
Vaudois[2] *n pl, a* WALDENSES (の).
Vaughan /vɔ́:n/ **1** ヴォーン《男子名》. **2** ヴォーン (**1**) **Henry** ～ (1622–95)《ウェールズ生まれの形而上派の詩人; 通称 'Silurist'》 (**2**) **Sarah (Lois)** ～ (1924–90)《米国のジャズシンガー・ピアニスト》.
Váughan Wílliams ヴォーンウィリアムズ **Ralph** ～ (1872–1958)《英国の作曲家》.
Vaughn /vɔ́:n/ ヴォーン《男子名》. ［Welsh＝small］
vault[1] /vɔ́:lt/ *n* **1 a** 〘建〙丸[アーチ形]天井, ヴォールト. **b** 丸天井に似たもの; 蒼穹(そうきゅう), 青天井: the ～ of heaven 天空, 大空. **2** 丸天井のある(地下の)部屋[通廊]; 《教会・墓所の》地下納骨所; ひつぎ収納箱; ドーム形のほら穴. **3** 地下貯蔵庫, 《銀行の》金庫, 貴重品保管庫. **4** 〘解〙円蓋: the cranial ～ 頭蓋冠. ► *vt* 丸天井造りにする;

…に丸天井をつける; 丸天井のようにおおう. ► *vi* 丸天井のように湾曲する. ♦ **～·lìke** *a* ［OF＜Romanic (L *volvo* to roll)］

vault² *vi* 《手や棒を支えにして》跳ぶ, 跳躍する; 〖馬〗騰躍する; [*fig*] 一気に到達[上昇]する: ～ into the saddle 鞍に跳び乗る / ～ over a fence 垣を飛び越える / ～ upon [on to] a horse 馬に飛び乗る / POLE-VAULT. ► *vt* 飛び越す; 〖馬〗騰躍させる; 躍進させる. ► *n* 飛び越え, 跳躍; 《馬の》騰躍 (curvet); 〖体操〗跳馬: strike the ～ 跳馬の演技をする. ［OF＝to leap (freq)＜↑］

váult·age *n* 丸天井の部屋[地下室].

váult·ed *a* 丸[アーチ形]天井造りの; 丸天井のような.

váult·er *n* 飛び越える人, 跳躍者; POLE-VAULTER.

váult·ing¹ *n* 丸天井建築物; 丸天井造り[工事, 工法].

vaulting² *a* 跳躍用の; 高く飛躍する; 絶頂に達するような, 誇大な: ～ ambition はやり立つ野心. ♦ **～·ly** *adv*

váulting hòrse 〖体操〗跳馬 (long horse); 〖体操〗鞍馬 (side horse).

váult lìght PAVEMENT LIGHT.

váulty *a* VAULT¹ に似た, アーチ形の.

vaunt /vɔ́ːnt, *vɑ́ːnt/ *vt, vi* 自慢する, 誇示する. ► *n* 自慢, ほら, 広言. ♦ **～·er** *n* **～·ing·ly** *adv* 自慢して, 鼻高々と, 誇らしげに. ［AF, OF＜L＝to brag; ⇨ VAIN］

váunt-còurier *n* 《古·詩》先駆者.

váunt·ed *a* 誇示されている, 自慢の.

váunt·ful *a* 自慢する, うぬぼれの強い.

váunty *a* 《スコ》自慢の, いばった, うぬぼれた.

Vau·pés /vaupés/ [the] バウペス川 (UAUPÉS 川のスペイン語名).

Vauve·nargues /*F* vovnarg/ ヴォーヴナルグ **Luc de Clapiers, Marquis de** ～ (1715–47) 《フランスのモラリスト》.

Vaux·hall /vɑ́ks(h)ɔ̀ːl/ **1** ヴォクソール 《London の Thames 川南岸の地域》. **2** 〖商標〗ボクスホール 《英国 Vauxhall Motors Ltd. 製の自動車》.

Váuxhall Gárdens *pl* [°‹sg›] ヴォクソールガーデンズ 《17 世紀半ば, 王政復古の直前に London の Vauxhall に造られた庭園; コンサート·舞踏会などが行なわれた社交場であったが, 1859 年に閉鎖》.

vav ⇨ WAW.

vav·a·sor /vǽvəsɔ̀ːr/, **-sour** /-sùər/ *n* 《封建制の》陪臣 《王の直臣 (baron) に次ぐ領臣》.

vav·a·so·ry /vǽvəsɔ̀ːri; -səri/ *n* 陪臣の領土(保有).

vav·as·sor /vǽvəsɔ̀ːr/ *n* VAVASOR.

Va·vi·lov /vɑ́ːvəlɔ̀(ː)f, -lɑ̀f/ ヴァヴィロフ **Nikolay Ivanovich** ～ (1887–1943) 《ロシアの植物遺伝学者; Lysenko に攻撃されて地位を奪われた》.

va-voom /vɑːvúːm, və-/, **va-va-voom** /vɑ̀ːvɑː-, vəvə-/ *int* **1** ブロロロ…, ブオオン, ブォーッ 《車を急発進させたりする時のエンジン音など》. **2** *《俗》ウーッ, ガオーッ 《性的な興奮·期待または歓喜の発声》. ► *a* *《俗》セクシーな, 性欲をそそる (＝*voomy*). ［*varoom*］

va·ward /vɑ́ːwɔ̀ːrd, váuɔ̀ːrd/ *n* 《古》前衛, 陣頭, 先頭.

VBA 〖電算〗VISUAL BASIC for Applications.

V-ball /víː-—/ *n* *《俗》バレーボール (volleyball) (cf. B-BALL); 《野球俗》V ボール 《20 世紀初めに草野球選手が投げていた forkball のこと; 人差し指と中指でボールをはさむ形が V の字をしているため》.

V-belt /víː-—/ *n* 〖機〗V ベルト 《断面が V 字形》.

V-block /víː-—/ *n* 〖機〗V ブロック 《V 字形の溝で丸棒を静置するための台》.

V-bomb /víː-—/ *n* 《ドイツの》V 兵器, 報復兵器 《V-1, V-2 など》.

V-bomb·er /víː-—/ *n* V 爆撃機 《1950 年代に英国で開発された V で始まる愛称をもつ 3 種の爆撃機 Victor, Valiant, Vulcan; 核兵器搭載可能》.

VC St. Vincent and Grenadines ♦ °venture capital(ist) ♦ Vice-Chairman ♦ Vice-Chancellor ♦ Vice-Consul ♦ 〖英〗°Victoria Cross ♦ Vietcong.

V-chip /víː-—/ *n* V チップ 《テレビ受像機に取り付けて, 暴力·セックスなど子供に見せたくない番組を受信できないようにする素子》. ［*violence*］

vCJD °variant Creutzfeldt-Jakob disease.

VCR /víːsìːɑ́ːr/ *n* ビデオ(デッキ). ［*video*cassette *r*ecorder］

v.d. °vapor density ♦ various dates. **VD** °venereal disease.

V-day /víː-—/ *n* 戦勝記念日 (cf. V-E DAY, V-J DAY). ［*V*ictory *Day*］

VDRL venereal disease research laboratory.

VDSL 〖電算〗very-high-data-rate digital subscriber line.

VDT 〖電算〗°video [visual] display terminal.

VDU 〖電算〗°visual display unit.

've /v, əv/ 《口》HAVE: I*'ve* done / you*'ve* been.

Ve·adar /víːədɑ̀ːr, véɪə-, véɪɑ̀ː-/ *n* 〖ユダヤ暦〗またのアダル, 第二アダル (＝*Adar Sheni*) 《閏年に第一アダル (30 日) が, 通常の ADAR の位置にはいったとき, そのあとにずれ込む Adar (29 日)》. ［Heb］

veal /víːl/ *n* 子牛の肉 《食用》; 《特に 食用の》子牛 (calf, vealer): ～, ham-and-egg pie 子牛の挽肉とハムでゆで卵を巻いたパイ. ► *vt* ‹子牛を›殺して肉をとる. ［OF＜L (dim)＜*vitulus* calf］

véal càlf VEALER.

véal cràte 子牛枠 《白い肉を得るために子牛を入れて育てる暗い仕切られた空間》.

véal cútlet 子牛脚肉のカツレツ.

véal·er *n* 《米·豪》食肉用の子牛 (＝*veal calf*).

véal rólls *pl* 〖料理〗ヴィールロールズ 《子牛の薄切り肉に香草を巻いて串焼きにした料理》.

véaly *a* 子牛のような; 未熟な.

veau /*F* vo/ *n* (*pl* **veaux** /—/) 〖料理〗子牛, 子牛肉.

Veb·len /vέblən/ ヴェブレン **Thor·stein** /θɔ́ːrstàɪn/ (**Bunde**) ～ (1857–1929) 《米国の経済学者; *The Theory of the Leisure Class* (1899)》. ♦ **Veb·le·ni·an** /vɛblíːniən/ *a*

Véblen effèct 〖経〗ヴェブレン効果 《消費者が conspicuous consumption (誇示的消費) を行なう結果, 商品によっては価格上昇が需要増を, 価格下落が需要減を生み, 需要曲線が通常とは逆向きになること》. ［↑］

vec·tion /vέkʃ(ə)n/ *n* 〖医〗病原体伝染.

véc·to·gràph /vέktə-/ *n* ベクトグラフ 《特殊な偏光眼鏡で見る立体写真》. ♦ **vèc·to·gráph·ic** *a*

vec·tor /vέktər/ *n* 〖理·数〗ベクトル 《大きさと方向をもつ量; cf. SCALAR》, 《一般に》ベクトル空間の元; 〖天〗RADIUS VECTOR; 《飛行機の》進路, 方向; 〖電算〗ベクトル 《(**1**) 一次元の配列 **2**) 画像の表現要素としての方向をもった線》; 〖医〗《病菌の》媒介動物, ベクター (carrier); 〖生·遺〗ベクター 《遺伝子組換えにおいて, 目的の遺伝子を受容菌に運び込む DNA》; 受粉を媒介する昆虫[動物]; 影響力, 衝動. ► *a* ベクトルの. ► *vt* ‹パイロット·飛行機·ミサイル›に電波で進路を指示する; ‹ジェットエンジンの推力›の方向を変える; 特定の方向へ移動させる[向ける]. ♦ **vec·to·ri·al** /vɛktɔ́ːriəl/ *a* **-tó·ri·al·ly** *adv* ［L＝carrier (*vect- veho* to carry)］

véctor anàlysis 〖数〗ベクトル解析(学).

vèctor·cárdio·gràm *n* 〖医〗ベクトル心電図.

vèctor·cardiógraphy *n* 〖医〗ベクトル心電図(記録)法 《心臓の起電力の方向と大きさを記録する》. ♦ **-càr·dio·gráph·ic** *a*

véctor fìeld 〖数·理〗ベクトル場 《各点にベクトル量が対応している空間》.

véctor·ìze *vt* ベクトル化する. ♦ **vèctor·izátion** *n* ベクトル化.

véctor méson 〖理〗ベクトル中間子 《ベクトル場で記述されるスピン 1 の中間子; ρ, ω, ϕ 中間子など》.

véctor potèntial 〖理〗ベクトルポテンシャル 《磁束密度のポテンシャルのように, ベクトルで表わされるポテンシャル》.

véctor pròduct 〖数〗ベクトル積 (＝*cross product*).

véctor spàce 〖数〗ベクトル空間.

véctor sùm 〖数〗ベクトル和.

VED 〖英〗vehicle excise duty 自動車税.

Ve·da /véɪdə, víː-/ *n* [the ～(s)] ヴェーダ 《バラモン教の宗教文献; 特にその中心をなす ATHARVA-VEDA, RIG-VEDA, SAMA-VEDA, YAJUR-VEDA の 4 部の聖典; cf. BRAHMANA》. ♦ **Ve·da·ic** /vɪdéɪɪk/ *a* **～·ìsm** *n* ［Skt＝knowledge］

ve·da·lia /vɪdéɪliə/ *n* 〖昆〗ベダリアテントウ 《豪州原産; カイガラムシ駆除のため多くの国が導入》.

Ve·dan·ta /vədɑ́ːntə, veɪ-, -dǽn-/ *n* ヴェーダンタ哲学 《汎神論的観念論的一元論でインド哲学主派》; 《その哲学の基になった》ウパニシャド (Upanishads). ♦ **Ve·dán·tic** *a* ヴェーダンタ哲学の; VEDIC. **Ve·dán·tìsm** *n* ヴェーダンタ哲学. **-tist** *n, a*

V-E day, VE day /víːíː-—/ 《第二次大戦の》ヨーロッパ戦勝記念日 《1945 年 5 月 8 日; cf. V-J DAY》. ［*V*ictory in *E*urope］

Ved·da(h) /védə/ *n* (*pl* ～, ～**s**) ヴェッダ族 《スリランカの先住民》.

Ved·doid /vέdɔɪd/ *n, a* ヴェッドイド(の) 《古代南アジアの人種》.

ve·dette /vɪdέt/ *n* 〖軍〗《かつての》騎馬哨兵; 〖海軍〗哨戒艇 (＝～ **bòat**); 《芸能界の》スター. ［F＝scout＜It］

Ve·dic /véɪdɪk, víː-/ *a* ヴェーダ (Veda) の; ヴェーダ語の; ヴェーダ期[文化]の 《紀元前 1500 年から紀元前 500 年までのインドの歴史·文化についていう》. ► *n* ヴェーダ語 《Vedas に用いられた言語の総称》.

Ve·di Na·po·li e poi muo·ri /véɪdi nɑ́ːpouli eɪ pɔ́ːi muɔ́ːri/ ナポリを見て死ね (⇨ NAPLES). ［It］

ved·u·tis·ta /vèdətístə/ *n* (*pl* **-ti** /-ti/) 都市景観画家, 街景画家. ［It］

vee /víː/ *n* 《アルファベットの》V [v]; V 字形(のもの); *《口》5 ドル札.

vee·jay /víːdʒèɪ/ *n* VIDEO JOCKEY.

vee·na /víːnə/ *n* VINA.

vee·no /víːnou/ *n* (*pl* ～**s**) *《俗》VINO.

veep /víːp/ *n* *《口》VICE PRESIDENT.

véep·stàkes *n* [‹sg/pl›] *《口》副大統領の候補者指名争い. ［*veep*＋sweep*stakes*］

veer¹ /víər/ *vi* ‹風が›《北半球で》右回りに向きを変える 《南半球では逆をいう; opp. *back*》; 〖海〗順風に変わる (opp. *haul*); 〖海〗船を下手回しにする; 《一般に》方向[進路, 位置, 状態, 調子, 傾向など]を大きく変える ‹*away, off, toward*›. ► *vt* …の方向を変える; 〖海〗‹船を›下手回しにする. ● **～ and haul** ‹風が›あちこちと向きを変える. ► *n* 方向[進路, 傾向など]の転換; 〖アメフト〗ヴィアー 《T フォーメーションを用いたオフェンスのオプションプレー》. ♦ **～·ing·ly** *adv* ［F *virer*＜?L GYRATE］

veer[2] *vt* 〘海〙〈索を〉ゆるめる, 繰り出す. ● **~ and haul** 〈綱を〉ゆるめたり張ったりする; [*fig*] 巧みにさばく. **~ away [out]** 〈索を〉繰り出す; 索をゆるめて〈船・浮標などを〉流す. [ME *veren*<MDu *vieren* to slacken]

vee·ry /víəri/ *n* 〘鳥〙ビリーチャ(イロ)ツグミ《米国東部産》. [imit]

veg /védʒ/ *n* (*pl* ~)ᴵᴵ《口》野菜(料理); 《俗》ばか, ぼけ, いかれたやつ. ● **go for ~** *《学生俗》酔う, 酔っぱらう. ► *vi* 《口》何もしないでのんびりする, (ぼうっと)無為に時を過ごす, 《ばたんと》眠る〈*out*〉. [(n) *veg*etable, (v) *veg*etate]

Ve·ga[1] /víːgə, véɪ-/ 〘天〙ヴェガ《こと座 (Lyra) の α 星で, たなばたの「織女」, また 全天で第 5 位の輝星; cf. ALTAIR》.

Ve·ga[2] /véɪgə/ **1** (ローペ・デ・)ベガ **Lo·pe** /lóupeɪ/ **de ~** (1562–1635)《スペインの劇作家・詩人; 本名 Lope Félix de ~ Carpio; スペイン国民演劇の創始者とされる》. **2** ⇨ GARCILASO DE LA VEGA.

veg·an /víːgən/ *n* 完全菜食主義者《牛乳・チーズ・卵もとらない; cf. VEGETARIAN》; 革など動物を材料とする製品を使わない人. ► *a* 完全菜食主義(者)の. ♦ **~·ism** *n* [*vegetarian*]

Ve·gas /véɪgəs/ ヴェガス (LAS VEGAS).

vege·bur·ger /védʒibəːrgər/ *n* 野菜ハンバーグ[ハンバーガー]. [*veg*etable or *veg*etarian, *-burger*]

Veg·e·mite /védʒəmàɪt/ 〘豪商標〙ベジマイト《酵母エキスで作ったペースト》.

veg·e·ta·ble /védʒ(ə)təb(ə)l/ *n* **1** 野菜(物), 蔬菜, 青物; 《動物・鉱物に対して》植物 (plant): green ~*s* 青物; 新鮮な野菜料理 / live on ~*s* 菜食する. **2** 無為の人, 無気力な人; 植物人間; *《俗》薬(ヤク)でだめになったやつ. ► *a* **1** 植物の, 植物性の; 野菜の: a ~ diet 菜食 / ~ soup 野菜スープ / ~ life 植物《集合的》. **2** 植物のような, 無気力な; 単調な, つまらない. **3** *《俗》酔っぱらった. [OF or L; ⇨ VEGETATE]

V

végetable bùtter 植物性バター; AVOCADO.

végetable gàrden 菜園 (kitchen garden); *《病院俗》植物人間病棟.

végetable gèlatin 寒天 (agar-agar).

végetable ìvory **1** 植物象牙《ゾウゲヤシの実 (ivory nut) の胚乳; 象牙代用品としてボタンなどを作る》. **2** IVORY NUT.

végetable kìngdom [the] PLANT KINGDOM.

végetable knìfe 野菜庖丁《日本の菜切り庖丁とは異なり先がとがっている》.

végetable màrrow 〘植〙ペポカボチャ, ナタウリ.

végetable òil 植物油.

végetable òyster 〘植〙バラモンジン (SALSIFY).

végetable pèar 〘植〙ハヤトウリ (chayote).

végetable plàte 《メインコースとしての》野菜料理の盛合わせ.

végetable pròtein 〘食品〙植物タンパク《主としてダイズなど, 肉類のつなぎや代用となるタンパク》.

végetable shèep 《NZ》〘植〙ザンセツソウ, ヒツジソウ《ニュージーランドの山岳地帯に生育するキク科ラウリア属[ザンセツソウ属] の低木; 白毛におおわれてコケ状のクッションをなし, 遠目にヒツジのように見える》.

végetable sìlk 植物絹, ベジタブルシルク《ブラジル産パンヤ科の木の種子から採れるパンヤに似た繊維》.

végetable spaghètti ᴵᴵ〘植〙ソウメンカボチャ, キンシウリ (spaghetti squash).

végetable spònge へちま (luffa)《網状繊維》.

végetable tàllow 植物脂《石鹸・ろうそくの原料》.

végetable wàx 木蠟《ハゼの木やウルシなどから採る》.

veg·e·ta·blize /védʒ(ə)təb(ə)làɪz/ *vt* 植物化させる, 植物質的にさせる. ► *vi* (単調な)生活を送る, 無為に過ごす.

veg·e·ta·bly /védʒ(ə)təbli/ *adv* 植物のように, 非活動的に, 活気なく, 沈滞して, 単調に, 無為に.

veg·e·tal /védʒət(ə)l/ *a* VEGETABLE; 生長[栄養](機能)の (vegetative); 〘動〙植物極の. ► *n* 《古》VEGETABLE.

végetal fúnctions *pl* [the] 植物性機能《栄養・循環・生長作用など》.

végetal póle 〘動〙植物極, 静極《卵細胞のうち, 動物極 (animal pole) の対極; 卵黄が濃く, のちに主として消化管など植物性器官を形成する》.

veg·e·tar·i·an /vèdʒətéəriən/ *n* 菜食主義者, ベジタリアン; 〘動〙草食動物 (herbivore). ► *a* 菜食主義の; 〈食事が〉野菜だけの. ♦ **~·ìsm** *n*

veg·e·tate /védʒətèɪt/ *vi* **1** 植物のように生長[増殖]する; 生い茂る; 〘医〙〈いぼなどが〉増殖する. **2** 無為に[だらだら]暮らす. **3** 〈土地が〉植物を生長させる. ► *vt* 〈土地〉に植物を繁茂させる: a densely ~*d* forest 鬱蒼たる森. [L *vegeto* to grow, animate]

veg·e·ta·tion /vèdʒətéɪʃ(ə)n/ *n* 草木, 《一地方の》植生; 植物性機能, 植物的生長[発育]; 〘医〙《組織の》増殖; 〘医〙疣腫(ゆうしゅ), こぶ; 無為の生活. ♦ **~·al** *a* **~·al·ly** *adv*

végetation scìence 〘植〙植生学, 植物群落学.

veg·e·ta·tive /védʒətèɪtɪv; -tə-/ *a* **1 a** 生長力のある, 生長する: a ~ stage 生長期. **b** 《生殖機能に対し》生長[栄養]機能に関する; 植物を生長させる力のある; 〘生〙〈生殖が〉無性[栄養]の: ~ organs 〘植〙栄養器官. **c** VEGETATIONAL; 植物界の. **d** 植物性の, 自律神経の: ~ neurosis 植物神経症[ノイローゼ], 自律神経症. **2** 植物人間の; 植物的な[単調な]生活の. ♦ **~·ly** *adv* **~·ness** *n*

végetative póle 〘動〙VEGETAL POLE.

ve·gete /vədʒíːt/ *a* 《古》元気な, 健康な.

veg·e·tive /védʒətɪv/ *a* VEGETATIVE; VEGETABLE.

végged óut *a* *《俗》麻薬[酒]で衰弱して.

veg·gie, veg·ie, veg·gy /védʒi/ *a* 《口》菜食主義(者)の, ベジタリアンの. ► *n* 《口》菜食主義者, ベジタリアン; 《口》野菜; *《病院俗》植物人間; *《俗》疲れはてた人, 疲れはてて何もしない人. [*veg*]

véggie bùrger VEGEBURGER.

ve·he·mence /víːəməns/, **-men·cy** *n* 激烈さ, 猛烈さ, 激しさ; 熱烈さ, 熱情.

vé·he·ment *a* 激烈な, 猛烈な, 激しい; 熱烈な; 心底からの; 激越な. ♦ **~·ly** *adv* [F or L=ardent]

ve·hi·cle /víːək(ə)l, *víːhì-/ *n* **1** 《人・物の》輸送手段, 乗物《自動車・列車・船舶・航空機・宇宙船など》; 作業車両; 〘宇〙《搭載物以外の》ロケット本体. **2** 媒介物[者], 伝達するもの; 《目的達成の》手段; 《隠喩の》媒体《隠喩の主語がたとえられるもの または概念; ⇨ TENOR》; スター映画[ソング], スター人気便乗映画[ソング]《スターの魅力のみで売り込むもの》: a Beatles ~ ビートルズ映画. **3** 〘画〙展色剤; 〘医〙賦形剤《薬を飲みやすくする》. ► *vt* 乗物に乗せる[て運ぶ]. [F or L (*veho* to carry)]

ve·hic·u·lar /vɪhíkjələr/ *a* 車両(用)の, 乗物(用)の; 車[乗物]となる; 乗物(の衝突)による; 車で運搬する; 媒介[伝達]する.

Vehm·ge·richt /*G* féːmgərɪçt/ *n* (*pl* **-rich·te** /*G* -rɪçtə/) フェーメ裁判所《中世ドイツの秘密刑事法廷; 特に Westphalia で, しばしば非公開で開かれ, 絶大な権力をふるった》. [G (*Vehm* punishment, *gericht* tribunal)]

vehm·ic /féɪmɪk/ *a* VEHMGERICHT の[に関する].

V-eight, V-8 /víːéɪt/ *n* V 型 8 気筒エンジン; V 型 8 気筒エンジンの自動車. ► *a* 〈エンジンが〉V 型 8 気筒の.

Ve·ii /víːàɪ, véɪ-/ ウェイイ《ローマの北北西にあった古代エトルリア人の都市》.

veil /véɪl/ *n* **1** ベール, かぶりもの; 《修道女の用いる》ベール; [the] 修道女の生活; 《女性イスラム教徒の》ベールで顔を隠す慣習; たれ布; 《神殿の聖所の》たれ衣; 〘カト〙《司祭などの》肩衣(かたぎぬ) (humeral veil); 〘動・植〙VELUM; 《方》大網膜 (caul): drop [raise] a ~ ベールを下げる[上げる]. **2** おおって見えなくするもの; 〘写〙軽い被(かぶ)り; 声の曇り[嗄(か)れ]: a ~ of mist. ● **beyond [behind, within] the ~** あの世に. **draw [throw, cast] a ~ over**…をおおい隠す, …について口を閉ざす. **take the ~** 〈女性が〉修道院にはいる, 修道女になる. **under the ~ of**…の名に隠れて, …にかこつけて. ► *vt* …にベールを掛ける, ベールでおおう; おおう, 隠す. ► *vi* ベールをまとう. ♦ **~·less** *a* [AF<L *vela* (pl)〈VELUM]

véiled *a* ベールを掛けた(ような); 不鮮明な; 隠された: a ~ threat 遠まわしの脅迫.

véil·ing *n* ベールでおおうこと; ベール用布地; ベール.

véiling lúminance 《水中での人工照明の効果を減ずる》水による光の消散.

véil·tàil *n* 〘魚〙房尾型の琉金 (=~ **góldfish**).

vein /véɪn/ *n* **1** 〘解〙静脈 (opp. *artery*); 《俗に》血管; 《昆虫の》翅脈(しみゃく); 〘植〙葉脈; 木目, 石目, 縞模様; 〘地質・鉱〙脈, 岩脈, 鉱脈; 地下水(脈); 割れ目, 裂け目: a ~ of ore 鉱脈. **2 a** 《思想・行動などにみられる》特質, 傾向, 調子, 気味〈*of*〉; 《特徴的な》表現様式, スタイル; 《特殊な》才能: a ~ *of* humor ユーモア味 / poems in the romantic ~ 浪漫調の詩 / tunes in a similar ~ 同様な傾向[調子, スタイル]の曲. **b** (一時的)気分, 気持; 好調, ベストコンディション: in a giving ~ 鷹揚(おうよう)な気分で / be in the ~ 絶好調[最高の気分]である. **3** *《ジャズ俗》ベース (double bass). ● **in a lighter ~**=on a lighter NOTE. **pop a ~** *《俗》頭に血がのぼる, カーッとなる. ► *vt* …にすじ[脈]をつける. ♦ **~·al** *a* **~·less** *a* **~·lìke** *a* [OF<L *vena*]

veined /véɪnd/ *a* すじ[脈]のある, 葉脈のある; 木目のある.

vein·er /véɪnər/ *n* 《木彫り用の》小型 V 字形のみ.

véin·ing *n* すじをつけること, 脈状化; 線条; 葉脈, 脈系.

véin·let *n* 小脈; 〘植〙《葉の》細脈.

véin·ous *a* 静脈の目立つ[浮き出た, 静脈の多い]〈手など〉; 静脈(血)の, 静脈性の (venous).

véin·prìnt *n* 静脈紋《手の甲の静脈のパターン; 人によって異なり, 個人識別用に用いる》.

véin·stòne *n* 〘鉱〙脈石 (gangue).

vein·ule /véɪnjul/, **vein·u·let** /-njələt/ *n* VEINLET; VENULE.

véiny *a* 静脈[葉脈, 脈, すじ]の(多い[目立つ]).

Vej·le /váɪlə/ ヴァイレ《デンマークの Jutland 半島南東部, ヴァイレフィヨルド (~ **Fjórd**) の奥にある市・港町》.

vel. vellum ♦ velocity.

vela *n* VELUM の複数形.

Ve·la /víːlə/ 〘天〙ほ座(帆座) (Sail) (⇨ Argo).

ve·la·men /vəléɪmən/ *n* (*pl* **-lam·i·na** /-lǽmənə/) 〘解〙膜, 被膜, VELUM; 〘植〙根被《気根をおおうコルク質の表皮》. ♦ **vel·a·men·tous** /vèləméntəs/ *a*

vel·a·men·tum /vèləméntəm/ *n* (*pl* **-ta** /-tə/) MEMBRANE. [L (*velo* to cover)]
ve·lar /víːlər/ *a* 〔解〕VELUM の; 〔音〕軟口蓋で発音する. ► *n* 〔音〕軟口蓋(子)音 (/k, g, ŋ, x/ など).
ve·lar·i·um /vɪléəriəm/ *n* (*pl* **-ia** /-iə/) 〔古ロ〕《劇場の座席の上に張った》日よけ, 天幕; 《劇場内の音響効果を高めるための》内天井; 〔動〕《鉢クラゲ類の》擬縁膜.
vélar·ize *vt* 〔音〕軟口蓋音化する. ♦ **vèlar·izátion** *n*
ve·late /víːlət, -lèɪt/ *a* VEIL [VELUM] を有する.
ve·la·tion /vəléɪʃ(ə)n/ *n* おおうこと; 膜形成.
Ve·láz·quez /vəlǽskəs; -kwɪz/ ベラスケス **Diego** (**Rodríguez de Silva y**) ~ (1599–1660)《スペインの画家; Philip 4 世 (1605–65) の宮廷で多くの肖像画を描いた》.
Vel·cro /vélkroʊ/ 〔商標〕ベルクロ《マジックテープ》.
Vel·de /véldə/ ヴェルデ **Henry** (**Clemens**) **van de** ~ (1863–1957)《ベルギーの建築家・工芸家》.
veld·skoen, vel·skoen, veld·schoen /fél(t)skùn, -skùːn/ 《南ア》 *n* 《スエード・なめし革などの》丈夫なブーツ; 《もと》なめしていない皮の軽い靴, 生皮靴. ► *a* 保守[反動]的な. [Afrik (Du *vel* hide, *skoen* shoe)]
veld(t) /vélt, félt/ *n* 《アフリカ南部などの》草原. [Afrik＝FIELD]
ve·le·ta, va- /vəlíːtə/ *n* ベレタ《英国起源のワルツに似た円舞》. [Sp＝weather vane]
ve·li·ger /víːləʤər, vélə-/ *n* 〔生〕被面子幼生, ヴェリジャー《軟体動物の面盤 (velum) を発達させた時期の幼生形》.
vel·i·ta·tion /vèlətéɪʃ(ə)n/ *n* 小競り合い; 論争.
ve·li·tes /víːlətìːz/ *n pl* 〔古ロ〕軽装備の歩兵.
vel·le·i·ty /vɛlíːəti, və-/ *n* かすかな意欲; 《行動に現われない》単なる願望.
vel·li·cate /véləkèɪt/ *vt* つねる, ぐいと引っ張る; ピクピクさせる; くすぐる. ► *vi* ピクピクする. ♦ **vèl·li·cá·tion** *n* [L *vellico* to twitch]
Vel·lore /vəlɔ́ːr, vɛ-/ ヴェロール《インド南東部 Tamil Nadu 州北部の市》.
vel·lum /véləm/ *n* 子牛[子羊, 子山羊]皮紙, 上等皮紙; 子牛皮紙に書いた文書; VELLUM PAPER. ► *a* 子牛皮紙の(ような); やや手ざわりの粗い; 子牛皮紙で装丁した. [OF *velin*; ⇨ VEAL]
véllum páper 模造皮紙《丈夫なクリーム色の紙》.
ve·lo·ce /vəlóʊʧi/ *a, adv* 〔楽〕速いテンポの[で], 速い[速く], ヴェローチェの[で]. [It]
ve·lo·cim·e·ter /vìːloʊsímətər, vèl-/ *n* 速度計.
ve·lo·cious /vəlóʊʃəs/ *a* 速い, 高速の. [L *veloc- velox* swift]
ve·loc·i·pede /vəlɑ́səpìːd/ *n* 速歩機《足で直接に地面を蹴って進む二輪車; 自転車の前身》, 《前輪ペダル式の》初期の二輪[三輪]車; 《まれ》《子供の》三輪車; 〔鉄道〕《古いタイプの》保線用手動三輪車 (＝~ càr). ♦ **ve·lóc·i·pèd·ist** *n*
ve·loc·i·rap·tor /vəlɑ̀sərǽptər/ *n* 〔古生〕ベロキラプトル《白亜紀後期の小型の二足歩行肉食恐竜》.
ve·loc·i·ty /vəlɑ́səti/ *n* 速さ, 速力; 〔理〕速度; 《動作または事件の推移の》速さ; 《資金などの》回転率, 《商品の》回転, 売れ足, 動き: initial ~ 初速(度) / uniform [variable] ~ 等[可変]速度. [F or L (*veloc- velox* swift)]
velócity hèad 〔理〕速度水頭《運動エネルギーを高さで表わしたもの》.
velócity modulàtion 〔電子工〕速度変調《超高周波電界を通すことによって電子流の速度を変えること》.
velócity of circulátion 〔経〕《貨幣の》流通速度 (＝**velócity of móney**).
velócity of escápe ESCAPE VELOCITY.
velócity of líght SPEED OF LIGHT.
velócity ràtio 〔工〕《機械の》速度比.
vé·lo·dròme /víːlə-, vélə-, véɪlə-/ *n* 自転車競技場, 競輪場.
ve·lour(s) /vəlúər, vɛ-/ *n* (*pl* **ve·lóurs**) ベロア (**1**) ビロード状の布地 **2**) ウサギなどの毛で作るビロード状の帽子用 fur felt **3**) ベロアの帽子). [F＝velvet＜OF＜L *villosus* hairy; cf. VELVET]
ve·lou·té (sauce) /vəlùːtéɪ (—́—)/; —́—́(-)/ ヴルーテ(ソース)《鶏肉または子牛肉の煮出し汁で作ったなめらかなホワイトソース》. [F＝velvety]
velschoen ⇨ VELDSKOEN.
Vel·sen /vélzən, -sən/ ヴェルセン《オランダ西部 North Holland 州の港町; Amsterdam の外港》.
velskoen ⇨ VELDSKOEN.
Velt·man /véltmɑːn/ フェルトマン **Martinus J**(**ustinus**) **G**(**odefriedus**) ~ (1931–)《オランダの物理学者; ノーベル物理学賞 (1999)》.
ve·lum /víːləm/ *n* (*pl* **-la** /-lə/) 〔解〕帆(ほ), 軟口蓋 (soft palate); 〔植〕菌膜; 〔動〕《クラゲの》縁膜; 〔動〕面盤《veliger の口の背方から左右に延びる運動器官》. [L＝veil]
ve·lure /vəl(j)ʊ́ər, vélјər/ *n* ビロード; ビロード状の織物; ビロード製ブラシ《シルクハット用》. ► *vt* ビロード製ブラシでなめらかにする.
ve·lu·ti·nous /vəlúːt(ə)nəs/ *a* 〔動・植〕ビロード状の軟毛[柔毛]をもつ, ビロード状の.
Vel·vee·ta /vɛlvíːtə/ 〔商標〕ヴェルヴィータ《米国 Kraft 社製のプロセスチーズ》.
vel·ver·et /vélvərèt/ *n* ベルベレー《粗悪な綿ビロード》.
vel·vet /vélvət/ *n* **1 a** ビロード, ベルベット; ビロードに似たもの《桃の皮, うぶ毛の生えたほお, コケの生えた石・樹幹など》; なめらかさ, やわらかさ: cotton ~ 綿製ビロード / silk ~ 《全部絹の》本天 / TERRY ~. **b** 《シカの》袋角(ふくろづの). **2** 《口》居ごこちのよい地位; 《俗》《予想以上の》利益, 《賭け事・投機などの》ぼろいもうけ, 《一般に》金. ● **be on ~** 《口》安泰な立場にある; 《俗》《賭博・投機で》以前にもうけた金で勝負をしている. ► *a* ビロード(製)の, ビロードを敷いた[着た]; ビロードのような, なめらかな, 柔らかな: a ~ tread 静かな足音. ♦ **~·ed** *a* **~·lìke** *a* [OF＜L (*villus* hair)]
vélvet ànt 〔昆〕アリバチ (＝*solitary ant*).
vélvet àsh 〔植〕枝にビロード状の織毛のある北米原産のトネリコ.
vélvet bèan 〔植〕《米国南部で栽培されている》ハッショウマメ, ベルベットビーン.
vélvet cárpet ベルベットカーペット《カットパイルの高級カーペット》.
vélvet dùck VELVET SCOTER.
vel·vet·een /vèlvətíːn/ *n* 別珍(べっちん), 唐天(とうてん)《横毛の綿ビロード》; [*pl*] 別珍の衣類[ズボン]; [~s, 〈*sg*〉]《猟場番. ► *a* 別珍の.
vélvet glóve ビロードの手袋; [*fig*] 外面の優しさ: an [the] iron hand [fist] in a [the] ~ 外面的な優しさに隠されたしたたかさ[苛酷さ] (cf. IRON HAND) / handle with ~*s* 表面だけは手柔らかに扱う.
vélvet gràss YORKSHIRE FOG.
vélvet·ing *n* ビロード製品《集合的》.
vélvet páw 猫の足《温和を装って実は残忍なこと》.
vélvet revolútion ビロード革命《1989 年 12 月に平和的に達成されたチェコスロヴァキアの民主化》.
vélvet scòter 〔鳥〕ビロードキンクロ (＝*velvet duck*)《北欧・アジア産》.
vélvet shànk 〔菌〕エノキタケ, ナメタケ《シメジ科》.
vélvet spònge ビロード海綿《メキシコ湾・西インド諸島近海産の目の細かい良質のもの》.
vélvet stòut BLACK VELVET.
vélvet wòrm 〔動〕カギムシ (peripatus).
vél·vety *a* ビロードのような, なめらかな; やわらかく深みのある〈色・音〉; なめらかな味わいの〈ワインなど〉.
ven- /víːn, vén/**, ve·ni-** /-nə/**, ve·no-** /-noʊ, -nə/ *comb form* 「脈」「静脈」「葉脈」「翅脈」「鉱脈」 [L VENA]
Ven. Venerable.
ve·na /víːnə/ *n* (*pl* **-nae** /-niː/) 〔解〕VEIN. [L]
véna cá·va /-kéɪvə/ (*pl* **vénae cá·vae** /-kéɪvi/) 〔解〕大静脈. ♦ **véna cá·val** *a* [L＝hollow vein]
ve·nal[1] /víːn(ə)l/ *a* 〈人が〉金で動かされる, 買収できる, 腐敗した; 金銭ずくの, 打算的な; 《まれ》金で買える. ♦ **~·ly** *adv* **ve·nal·i·ty** /vɪnǽləti/ *n* 金銭ずく; 《金銭上の》無節操. [L (*venum* thing for sale)]
venal[2] *a* VEIN の (⇨ VENA).
ve·nat·ic /vɪnǽtɪk/**, -i·cal** *a* 狩猟(用)の; 狩猟好きな, 狩猟で生活する. ♦ **-i·cal·ly** *adv*
ve·na·tion /vɛnéɪʃ(ə)n, vi-/ *n* 脈系, 脈相, 脈理; 静脈, 葉脈, 翅脈《集合的》. ♦ **~·al** *a*
Vence /*F* vɑ̃ːs/ ヴァンス《フランス南東部 Nice の西にある町; 12 世紀のロマネスク様式の聖堂が残る》.
vend /vénd/ *vt* 売る, 販売[行商]する; 自動販売機で売る; 〔法〕〈所有物[地]を〉売却(処分)する; 《まれ》公言する. ► *vi* 売り物になる, 売れる; 商売をする. ♦ **~·able** *a* VENDIBLE. [F or L (*vendo* to sell)]
Ven·da /véndə/ *n* **1 a** (*pl* **~, ~s**) ヴェンダ人《南アフリカ共和国 Limpopo 州に住む》. **b** ヴェンダ語《Bantu 諸語の一つ》. **2** ヴェンダ《ヴェンダ人の Bantustan; 1979 年南ア政府が独立を承認したが, 国際的に認知されることなく 94 年南ア共和国に再統合; ☆Thohoyandou》.
ven·dace /véndəs, -dèɪs/ *n* (*pl* **~, ~s**) 〔魚〕シロマス《イングランド・スコットランド湖水産のコクチマスの一種》.
ven·dange /*F* vɑ̃dɑ̃ːʒ/ *n* ブドウの取入れ[収穫].
Ven·de·an /vendíːən/ *a* VENDÉE の. ► *n* ヴァンデの住民; ヴァンデの戦いに参加した反革命主義者.
vend·ee /vɛndíː/ *n* 〔法〕買主 (opp. *vendor*).
Ven·dée /*F* vɑ̃de/ [°La /*F* la/] ヴァンデ《フランス西部 Pays de la Loire 地域圏の県; ☆La Roche-sur-Yon; 大革命時の王党派の農民による反乱ヴァンデの戦い (the **Wárs of the ~**) (1793–96) があった地》.
Ven·dé·miaire /*F* vɑ̃demjɛːr/ *n* 葡萄月(ぶどうげつ)《フランス革命暦の第 1 月; 9 月 22 日–10 月 21 日; ⇨ FRENCH REVOLUTIONARY CALENDAR》.
vénd·er *n* VENDOR.
ven·det·ta /vɛndétə/ *n* 《一族・集団間で代々続く》血の復讐, 敵討ち連鎖; 根深い反目, 宿根, 報復. ♦ **-dét·tist** *n* [It＝revenge＜L; ⇨ VINDICATE]
ven·deuse /*F* vɑ̃døːz/ *n* (洋装店の)女店員.

vend·ibil·i·ty /vèndəbíləti/ *n* 売れること, 市場価値.
vénd·ible *a* 売れる, さばける; 《廃》 VENAL[1]. ► *n* [*pl*] 売れる品. ♦ **-ibly** *adv*
vénd·ing machìne 自動販売機 (automat).
ven·di·tion /vendíʃ(ə)n/ *n* 販売, 売却.
Ven·dôme /*F* vɑ̃do:m/ **1** ヴァンドーム《フランス中北部 Orléans の西南西にある, Loir 川沿岸の市; 11 世紀に創設されたトリニテ (Trinity) 修道院を中心に発達》. **2** ヴァンドーム **Louis-Joseph de ~**, Duc **de ~** (1654–1712)《フランスの軍人; Louis 14 世時代スペイン継承戦争で活躍》.
ven·dor /véndər, vendɔ́:r; véndɔ:r/ *n* 商人, 販売会社[業者]; 露天商人, 行商人; 〘法〙《不動産の》売主 (opp. *vendee*); VENDING MACHINE. [OF or L; ⇨ VEND]
ven·due* /vénd(j)ù:, vá:n-, fén-/ *n* 公売, 競売: at (a) ~ =by ~ 公売で. [Du<F=sale; ⇨ VEND]
ve·neer /vəníər/ *n* **1 a** 化粧単板, 突き板《美的効果のために他の木材[合板]の表面に貼る高級木材の薄板》; 単板, ベニヤ(板)《何層にも貼り合わせて合板 (plywood) を作るための薄板》. **b** 化粧貼り《木造の上に貼った化粧煉瓦など》. **c** 〘歯〙 前装, 被覆, ベニア《歯の表面に接着する樹脂あるいは陶材でできた薄層》. **2** うわべ(の装い), 外観, 見せかけ ‹*of* respectability, education, etc.›. ► *vt* **1** …に化粧単板を貼る, ‹木・石など›に化粧貼りをする; ‹薄板を›貼り合わせて合板にする. **2** [*fig*] …のうわべを飾る. ♦ **~·er** *n* [*fineer* (obs)<G<OF FURNISH]
venéer·ing *n* 化粧貼り(材); 化粧貼り面; [*fig*] 見せかけ, うわべ.
venéer mòth 〘昆〙 まだらの羽をもつ各種のメイガ.
ven·e·nate /vénənèɪt/ *vt, vi* (…に)毒物を注入する. ♦ **vèn·e·ná·tion** *n* [VENOM]
V **ven·ene** /vəní:n, vénì:n/ *n* VENIN.
ven·e·nose /vénənòus/ *a* 《まれ》有毒な.
venepuncture ⇨ VENIPUNCTURE.
ven·er·a·ble /vén(ə)rəb(ə)l/ *a* **1 a** 《人格・地位などから》敬うべき; 《年齢を重ね威厳があって》尊ぶべき, 高徳の, 尊い: ~ age 高齢. **b** ‹土地・建物などが›神さびた, 由緒ある, 古びて神々しい. **2** 〘英国教〙《大執事 (archdeacon) の尊称として》…師; 〘カト〙 尊者《まだ列福されない人に対する尊称; 聖者号のいちばん下のもの》. **3** 古い. ♦ **-bly** *adv* **~·ness** *n* **vèn·er·a·bíl·i·ty** *n* [OF or L (↓)]
ven·er·ate /vénərèɪt/ *vt* 尊ぶ, 崇敬[崇拝]する. ♦ **-à·tor** *n* [L *veneror* to revere (*venus* love, charm)]
ven·er·a·tion /vènəréɪʃ(ə)n/ *n* 尊敬, 崇敬; 崇拝.
ve·ne·re·al /vəníəriəl/ *a* **1** 性的快楽の; 性欲[性交]の; 性欲を刺激する, 催淫の. **2** 性交に起因する; 性病にかかった; 性病(治療用)の; 性器の, 性器を冒す. ♦ **~·ly** *adv* [L (*Vener-* VENUS=sexual love)]
venéreal diséase 性病《略 VD》.
venéreal wárt 〘医〙 性病いぼ, 尖形[尖圭]コンジローム (=*condyloma acuminatum*)《陰部の粘膜上や肛門のまわりにまとまって発生する柔らかいウイルス性小瘤》.
ve·ne·re·ol·o·gy /vənɪ̀əriálədʒi/ *n* 性病学. ♦ **-gist** *n* 性病科医. **ve·nè·re·o·lóg·i·cal** *a*
ven·er·er /vénərər/ *n* 《古》狩人.
ven·er·ol·o·gy /vènərálədʒi/ *n* VENEREOLOGY.
ven·ery[1] /vénəri, ví:-/ 《古》 *n* 狩猟; 《猟の》獲物. [OF (*vener* to hunt)]
venery[2] 《古》 *n* 情欲にふけること; 性的快楽の追求; 性交. [L *veneria*; ⇨ VENEREAL]
vene·séction, veni- /vènə-, vì:nə-, ⌐–⌐–/ *n* 〘医〙 静脈切開; 放血, 瀉血(しゃけつ).
Ven·e·ti /vénətàɪ/, **Ven·e·tes** /vénəti:z/ *n pl* 〘史〙 ヴェネト族《(**1**) Caesar に征服されたガリア人 **2**) ローマ人と政治同盟を結んだ古代イタリア北東部にいた一種族》.
Ve·ne·tia /vəní:ʃ(i)ə/ ヴェネティア《(**1**) イタリア北東部・スロヴェニア西部・クロアチア西部にまたがるアルプスと Po 川の間の地域 **2**) VENETO》. [L; 元来は古代イタリア北東部の Veneti の居住地を指した]
Ve·ne·tian /vəní:ʃ(ə)n/ *a* VENICE (風)の. ► *n* **1** Venice の住民[方言]. **2** [v-] ベネシャン (=~ **clóth**)《密に織った光沢のある綾織; 服地・裏地用》. **3** [v-] VENETIAN BLIND; [v-s] venetian blind のひも. ♦ **ve·né·tianed** *a* venetian blinds の付いている[を備えた]. [OF or L (↑)]
Venétian báll ベネチアンボール《ガラス製の文鎮[玩具]》.
venétian blínd [ˢV-] ベネチアンブラインド《ひもで上げ下げや採光調節をする板すだれ》.
Venétian blúe ベネチアンブルー, コバルトブルー.
Venétian cárpet ヴェニスじゅうたん《通路・階段用》.
Venétian chálk 滑石, チャコ (French chalk).
Venétian dóor [ᵒv-]《側戸の 2 つある》ヴェニス式の戸.
Venétian glàss [ᵒv-] ベネチアングラス《高級品》.
Venétian mást だんだら模様の飾り柱《街頭装飾用》.
Venétian péarl [ᵒv-] ヴェニス真珠, ベネチアンパール《ガラス製の模造真珠》.
Venétian pínk ベネチアンピンク (=*blossom*)《穏やかなピンク色》.
Venétian réd ベネチアンレッド《(**1**) ベンガラの一種; 顔料 **2**) 黒みがかった赤褐色[赤橙色]》.
Venétian súmac 〘植〙 ハグマノキ (smoke tree).
Venétian whíte ベネチアンホワイト《鉛白と硫酸バリウムを等量混ぜた顔料》.
Venétian wíndow 《側窓の 2 つある》ヴェニス式窓 (=*Palladian window*).
Ve·net·ic /vənétɪk/ *a* 《古代イタリアの》ヴェネト族 (Veneti) の; ヴェネト語の. ► *n* ヴェネト語.
Ve·ne·to /vénətòu, véɪ-/ ヴェネト《北イタリアの州; ☆Venice; 別称 Venezia Euganea》.
Ve·ne·zia /vənétsiə/ ヴェネツィア《(**1**) VENICE のイタリア語名 **2**) VENETO》.
Venézia Eu·gá·nea /-euɡá:niə/ ヴェネツィア・エウガネア《VENETO 州の別称》.
Venézia Giú·lia /-dʒú:ljə/ ヴェネツィア・ジュリア《VENETIA の東部 Julian Alps および Istria を含む地方; 現在 大部分がスロヴェニア・クロアチア領》.
Venézia Tri·den·tí·na /-trì:dèntí:nə/ ヴェネツィア・トリデンティナ《TRENTINO-ALTO ADIGE の旧称》.
Ven·e·zu·e·la /vènəzwéɪlə, *-wí:-/ ベネズエラ《南米北部の国; 公式名 Bolivarian Republic of ~ (ベネズエラ・ボリバル共和国); ☆Caracas》. ■ **the Gúlf of ~** ベネズエラ湾, マラカイボ湾《ベネズエラ北西部 Maracaibo 湖の北にあるカリブ海の湾入部》. ♦ **-lan** *a, n*
venge /vénʤ/ *vt* 《古》 AVENGE.
ven·geance /vénʤ(ə)ns/ *n* 復讐(の念), 敵討ち, 仇討ち, 報復, 意趣返し: swear ~ *on* [*against*] sb 人に復讐することを誓う / Heaven's ~ is slow but sure. 《諺》天罰は遅いが必ず来る, '天網恢恢(かいかい)疎にして漏らさず'. ● **take** [**wreak, exact**] **~ on**…に復讐をする: *take* a bloody ~ *on* sb for…のために人に血の復讐をする. **with a ~** 激しく, 猛烈な勢いで; 非常に, 極端に, 異常に, やけに; 文字どおりに, まさしく. [OF (*venger* to avenge<L VINDICATE)]
vénge·ful *a* 復讐心のある, 執念深い; 復讐の, 敵討ちとしての. ♦ **~·ly** *adv* **~·ness** *n*
V-engine /ví:-⌐–/ *n* 〘機〙 V 型エンジン, V 型機関.
veni- /ví:nə, vénə/ ⇨ VEN-.
ve·ni·al /ví:niəl, -njəl/ *a* ‹罪・過失などが›許しうる, 軽微な, 些細な (opp. *mortal*). ♦ **~·ly** *adv* **~·ness, vè·ni·ál·i·ty** *n* [OF<L (*venia* forgiveness)]
vénial sín 〘カト〙 小罪 (opp. *mortal sin*).
Ven·ice /vénəs/ ヴェニス, ヴェネツィア (*It* Venezia)《イタリア北東部の港湾都市, Veneto 州の州都; VENETIAN *a*》. ■ **the Gúlf of ~** ヴェネツィア湾《アドリア海の北端》. **the Lagóon of ~** ヴェネト潟湖(せきこ)《ヴェネツィア湾の入江》.
ven·in /vénən, ví:-/ *n* 〘生化〙 ベニン《蛇毒中に含まれる有毒物質の総称》. [VENOM]
véni·pùncture, véne- /vénə-, ví:-/ *n* 〘医〙《特に 皮下針による》静脈穿刺(せんし).
ve·ni·re /vənáɪəri/ 〘法〙 *n* VENIRE FACIAS; 陪審員団, 陪審名簿《そこから陪審を選出する》. [L]
veníre fá·ci·as /-féɪʃiəs/ 〘法〙 (sheriff に対する) 陪審員召集状; 〘英法〙 出廷令状, 召喚状. [L]
ve·ni·re·man /vənáɪərimən, -níər-/ *n* 〘法〙 陪審員(候補者).
venisection ⇨ VENESECTION.
ven·i·son /vénəs(ə)n, -z(ə)n, ˈˈvénz(ə)n/ *n* (*pl* **~s, ~**) 猟獣の肉, 《特に》鹿肉. [OF<L *venatio* hunting (*venor* to hunt)]
Ve·ni·te /vənáɪti, -ní:tèɪ/ *n* ウェニテ《詩篇第 95 および 96 篇で朝の祈りの頌歌; その楽曲》. [L]
ve·ni, vi·di, vi·ci /wéɪni wí:di wí:ki, véɪni ví:di ví:ki, -ví:ʧi/ 来た, 見た, 勝った《元老院に対する Caesar の簡潔な戦況報告》. [L =I came, I saw, I conquered]
Ve·ni·zé·los /vènəzéɪləs, -zél-/ ヴェニゼロス **Eleuthérios ~** (1864–1936)《ギリシアの政治家; 首相 (1910–15, 17–20, 24, 28–32, 33)》.
Ven·lo(o) /vénlou/ ヴェンロー《オランダ南東部 Limburg 州の市》.
Vénn dìagram /vén-/ 〘数・論〙 ベン図(式)《円・長方形を用いて集合の相互関係を見やすく示した図》. [John *Venn* (1834–1923) 英国の論理学者]
ven·nel /vénl/ *n* 《スコ》《市街地の》路地, 小路.
veno- /ví:nou, vénou, -nə/ ⇨ VEN-.
ve·nog·ra·phy /vɪnáɡrəfi, veɪ-/ *n* 〘医〙 静脈造影[撮影](法).
ve·nol·o·gy /vɪnálədʒi/ *n* 静脈学 (phlebology).
ven·om /vénəm/ *n* 《毒ヘビ・サソリ・ハチなどの分泌する》毒液; 《古》毒, 毒物; [*fig*] 毒気, 悪意, 怨毒, 毒気を含む[悪意ある]ことば[行為]. ► *vt* 《古》…に毒を入れる[盛る]. ♦ **~ed** *a* VENOMOUS. [OF<L *venenum* poison]
vénom·ous *a* 毒液を分泌する[含んだ]; 有毒の; 有害な; 悪意に満ちた, 毒のある. ♦ **~·ly** *adv* **~·ness** *n*
ve·nose /ví:nòus/ *a* VENOUS.
ve·nos·i·ty /vɪnásəti/ *n* 静脈[葉脈]の多いこと; 〘生理〙 静脈性充血.

ve·no·sta·sis /vìːnəstéɪsəs/ *n* 〘医〙静脈鬱血.

ve·nous /víːnəs/ *a* 葉脈[静脈, 木目など] (vein) のある[多い, 目立つ]; 〘生理〙静脈(中)の, 静脈性の (opp. *arterial*): ～ blood 静脈血. ♦ **～·ly** *adv* [L; ⇨ VEIN]

vent[1] /vént/ *n* **1** 《空気・液体などを抜くための》孔, 口, 穴, 抜け口, 漏れ口, 通風孔, 通気孔; 《自動車の》三角窓 (＝～ window); 《管楽器の》指穴; 《スコ》煙突, 煙道; 《噴火口の》火道; HYDROTHERMAL VENT; 火口(ひぐち)《銃砲の点火孔》; 《鳥類・爬虫類・魚類などの》肛門 (anus). **2** はけ口, 出口; のがれる力[機会]; 《感情などの》発露 (expression), 表出: find (a) ～ for…の出口[はけ口]を見つける / find [make] a ～ in…にはけ口を求める. **3** 《カワウソ・ビーバーが》呼吸のため水面に浮上すること. ● **give ～ to**… 〈怒りなど〉を表に出す, あらわにする, 〈声などを〉発する. **take ～** 漏れる. ► *vt* …にはけ口をつくる, 〈樽〉に穴をあける, 〈銃砲〉に火口をつける; 〈ガス・蒸気・液体などを〉排出する, 吐き出す, 排気する; 〈感情などを〉表に出す, 発する, 漏らす, 〈怒りなどを〉ぶちまけてあたる 〈*on*〉; 〈感情を〉発散させて…の気を軽くする 〈*in*〉: He ～*ed* his ill humor *on* his wife. 不機嫌のあまり妻にあたりちらした / He ～*ed* him*self in* grief. 悲嘆に暮れた / ～ itself 出る, 現われる 〈*in*〉. ► *vi* 〈…に〉あたる, 鬱憤を晴らす 〈*to*〉; 〈カワウソ・ビーバーが〉水面で息をつく. ♦ **～·ed** *a* **～·less**[1] *a* [F *vent* wind and OF *esventer* to expose to air (L *ventus* wind)]

vent[2] *n* ベント, ベンツ, スリット《上着・袖・スカートなどの末端に設けた切りあき》. ► *vt* …にベントをつける. ♦ **～·less**[2] *a* [OF *fente* (L *findo* to cleave)]

vent[3] *n**《口》腹話術師 (ventriloquist).

Ven·ta /véntə/ [the] ヴェンタ川《リトアニアとラトヴィアを流れてバルト海に注ぐ》.

vént·age *n* 《空気・ガス・液体などの》出口, 漏れ口; 《感情の》はけ口; 《管楽器の》指穴.

ven·tail /véntèɪl/ *n* 〘史〙《かぶとの》顔の下半分をおおう面頬(めんぼお). [OF (*vent* wind)]

ven·ter[1] /véntər/ *n* 〘解・動〙腹, 筋腹, 腹部, 洞のある部分; 〘植〙《造卵器の》腹部; 〘法〙腹, 母. ● **in ～** 〘法〙胎内にある. [L＝belly]

vént·er[2] *n* 考え[感情, 怒り, 悲しみなど]を表に出す人. [*vent*[1]]

vént·hòle *n* 《空気・光などの》漏れ口, 通気孔, ガス抜き穴.

ven·ti·duct /véntədʌ̀kt/ *n* 通風管, 空気抜き.

ven·ti·fact /véntəfæ̀kt/ *n* 〘地質〙風食礫(れき).

ven·til /vént(ə)l/ *n* 〘楽〙《管楽器・オルガンの》ピストン, 活栓.

ven·ti·late /vént(ə)lèɪt/ *vt* **1** …に空気[風]を通す, 〈室〉の通風をよくする, 換気する; …に換気孔を設ける; 〈血液に酸素を補給する; 〘医〙《人工呼吸装置などで》〈人〉に肺換気を行なう; 《俗》《銃撃して》〈人〉に風穴をあける, 蜂の巣にする. **2** 論議にのぼす, 世論に問う; 〈意見・不満などを〉表明[口外]する. **3** 《古》…の籾(もみ)を吹き分ける. ♦ **vén·ti·là·tive** *a* 通風の(ための), 換気(用)の. [L *ventilo* to blow, winnow (*ventus* wind)]

ven·ti·la·tion /vènt(ə)léɪʃ(ə)n/ *n* 風通し, 空気の流通, 通風, 換気; 〘医〙換気《肺におけるガス交換》; 通風[換気]装置(の設置); 自由討議, 世人一般の論議, 世論に問うこと.

vén·ti·là·tor *n* **1** 換気するもの; 通風[換気]装置, 通風[送風]機, 換気扇, ベンチレーター; 通風孔[管, 筒]; 《帽子の》風通し孔; 〘医〙人工呼吸器 (respirator); 換気係. **2** 世に訴えるため問題を持ち出す人.

ven·ti·la·to·ry /vént(ə)lətɔ̀ːri; -lèɪt(ə)ri/ *a* 通気[換気]に関する; 換気装置のある.

Ven·ti·mi·glia /vèntɪmíːljə/ ヴェンティミリア《イタリア北西部 San Remo の西, フランスとの国境に近いリグリア海沿岸の市; リゾート地》.

vént màn*《俗》放浪者, 無宿者《地下鉄や地下街の通気孔 (vent) のある暖かい歩道上で寝ることから》.

Ven·to·lin /véntlən/ 〘商標〙ベントリン《アルブテロール (albuterol) 製剤; 気管支拡張薬》.

Ven·tôse /*F* vɑ̃toːz/ *n* 風月(ふうげつ)《フランス革命暦の第 6 月: 2 月 19 日–3 月 20 日; ⇨ FRENCH REVOLUTIONARY CALENDAR》.

ven·touse /vɛntúːs, ⌐⌐/ *n* 〘医〙《分娩時に胎児の頭部に当てて分娩を助けるカップ形の》吸盤, 吸角.

vént pèg 《樽の》通風孔の栓.

vént pìpe 排気管, 通気管.

vént plùg 《旧式砲の》火口の栓; VENT PEG.

ventr- /véntr/, **ven·tri-** /véntrə/, **ven·tro-** /véntroʊ, -trə/ *comb form*「腹」[L VENTER[1]]

ven·tral /véntrəl/ *a* 腹の, 腹部の; 腹面の, 腹側の (opp. *dorsal*); 軸の; 〘植〙下面の. ► *n* 腹部, 腹側; VENTRAL FIN. ♦ **～·ly** *adv* [VENTER[1]]

véntral fín 《魚の》腹びれ (pelvic fin), 尻びれ (anal fin); 〘空〙腹びれ《飛行機の胴体後部下面に付けたひれ状物》.

véntral róot 〘解〙《脊髄神経の》腹根, 前根 (cf. DORSAL ROOT).

ven·tre à terre /*F* vɑ̃ːtr a tɛːr/ *adv* 腹を地面につけて; 《馬が》全速力で. [F＝belly to the ground]

ven·tri·cle /véntrɪk(ə)l/ 〘解〙*n* 《脳髄・喉頭などの》空洞, 室; 《心臓の》心室; 脳室. [L (dim) ‹ *venter*[1]]

ven·tri·cose /véntrɪkòʊs/, **-cous** /-kəs/ *a* 太鼓腹の, ほてい腹の; 〘動・植〙片面がふくらんだ[膨大した]. ♦ **vèn·tri·cós·i·ty** /-kɑ́s-/ *n* [*ventr-*, *-ic*, *-ose*[1]]

ven·tric·u·lar /vɛntríkjələr/ *a* VENTRICLE の; VENTRICULUS の; VENTRICOSE.

ventrícular assíst devìce 〘医〙心室補助装置, (心室)補助人工心臓.

ven·tric·u·lo- /vɛntríkjəloʊ, -lə/ *comb form*「心室」「脳室」「室 (ventricle)」[L VENTRICLE]

ven·tric·u·log·ra·phy /vɛntrɪ̀kjəlɑ́grəfi/ 〘医〙*n* 脳室造影[撮影](法), 脳室写; 心室造影[撮影](法).

ven·tric·u·lus /vɛntríkjələs/ *n* (*pl* **-li** /-làɪ, -lìː/) 〘解〙消化器官, 胃; 〘動〙《鳥類・昆虫などの》砂嚢 (gizzard); VENTRICLE. [L (dim) ‹ *venter*[1]]

ven·tri·lo·qui·al /vèntrəlóʊkwiəl/ *a* 腹話術の(ような); 腹話術を用いる. ♦ **～·ly** *adv*

ven·tril·o·quism /vɛntríləkwɪ̀z(ə)m/, **ven·tril·o·quy** /vɛntríləkwi/ *n* 腹話術. ♦ **-quist** *n* 腹話術者[師]. **ven·tril·o·quís·tic, ven·tríl·o·quous** *a* [L (*ventr-*, *loquor* to speak)]

ven·tril·o·quize /vɛntríləkwàɪz/ *vi, vt* 腹話術を使う[で話す].

ven·trip·o·tent /vɛntrípətənt/ *a* 腹の大きな; 大食いの.

Ven·tris /véntrəs/ ヴェントリス **Michael** (**George Francis**) ～ (1922–56)《英国の建築技師・暗号技師; 線文字 B (Linear B) を解読 (1952)》.

ventro- /véntroʊ, -trə/ ⇨ VENTR-.

vèntro·dórsal *a* 腹背の.

vèntro·láteral *a* 腹(側)外側の.

vèntro·médial *a* 腹側内側の.

Vents·pils /véntspɪ̀ls, -z/ ヴェンツピルス (*G* Windau)《ラトヴィアの Venta 川の河口にある市・港町》.

ven·ture /véntʃər/ *n* **1 a** 冒険; 冒険[おもわく]的事業, 投機, ベンチャー: a lucky ～ 当たったやま. **b** 投機[やま]に賭けているもの《金・財産・生命・船など》, 投機の対象《船荷・商品など》. **2** 《古》危険; 《廃》運, 偶然. ● **at a ～** 運まかせに, でたらめに, 思いつきで: draw a BOW[3] *at a* ～. ► *vt* **1** 危険にさらす, 賭ける; 危険を冒して行なう, …に思いきって立ち向かう: Nothing ～, nothing have [gain, win]. ＝Nothing ～*d*, nothing gained. 《諺》虎穴に入らずんば虎子を得ず / ～ one*self* 危険を冒す, 思いきって進む 〈*into* the street etc.〉. **2** 〈意見などを〉思いきって持ち出す[述べる]; 勇を奮って[大胆にも]…する 〈*to* do〉: I ～ *to* differ from you. 失礼ながらあなたとは意見が違います / I hardly ～ *to* say it, but… はなはだ申し上げかねますが…. ► *vi* 思いきって進む, 危険を冒して行く 〈*out, forth*, etc.〉; 思いきってやってみる, 危険を顧みずにやる 〈*on*〉. ● **～ on**…に出くわす, 遭遇する. [ME *aventure* ADVENTURE]

vénture càpital 〘経〙冒険資本, 危険負担資本, ベンチャーキャピタル (＝*risk capital*). ♦ **vénture càpitalism** *n* **vénture càpitalist** *n*

vén·tur·er *n* **1** 冒険者, 投機家, 山師, 《特に かつての》交易[貿易]商人. **2** [V-] "VENTURE SCOUT.

Vénture Scòut" ベンチャースカウト《スカウト運動のおよそ 14–20 歳の男女からなる部門の団員》.

vénture·some *a* 冒険好き[的]な (adventuresome). ♦ **～·ly** *adv* **～·ness** *n*

Ven·tu·ri /vɛntúri; -tjúəri/ ヴェントゥーリ **Robert** (**Charles**) ～ (1925–)《米国のポストモダニズムの建築家》.

ventúri mèter [ˢV-] 〘理〙ベンチュリ計《venturi tube を用いた流速計》.

ventúri (**tùbe**) [ˢV-] 〘理〙ベンチュリ管《径が急激に縮小し, その後ゆるやかに拡大する管で, 圧力差を利用して流速計・気化器などに用いる》. [Giovanni B. *Venturi* (1746–1822) イタリアの物理学者]

ven·tur·ous /véntʃ(ə)rəs/ *a* 冒険好きな, むこうみずな, 大胆な; 冒険的な, 危険な. ♦ **～·ly** *adv* **～·ness** *n*

vént wìndow 《自動車の》三角窓 (vent).

ven·ue /vénjuː/ *n* **1** 〘法〙**a** 犯行地; 訴訟原因発生地. **b** 裁判地《公判のため陪審員の召集される場所》; 裁判管轄区の表示, 公判地の指示: change the ～《裁判の公平・騒乱の回避などのため》裁判地を変える. **c** 《まれ》《宣誓供述書中で》作成地を示す条項. **2** 行為[事件]の現場. **3** 《競技会・コンサートなどの》開催(指定)地, 会場; 《指定の》出会う場所. **4** 《議論の》立場, 地歩, 論拠, 理由. [F＝coming (L *venio* to come)]

Venue ⇨ BEN VENUE.

ven·u·la /vénjələ/ *n* 〘解〙小静脈, 細静脈.

ven·ule /vénjul, víː-/ *n* 〘解〙小[細]静脈; 〘昆〙小翅脈; 〘植〙小葉脈. ♦ **vén·u·lar** /vénjələr/ *a* [(dim) ‹ VENA]

ven·u·lose /vénjəlòʊs/, **-lous** /vénjələs/ *a* 細静脈性の, 小翅脈のある.

Ve·nus /víːnəs/ **1 a** 〘ロ神〙ウェヌス, ビーナス《美と愛の女神で, ギリシアの Aphrodite と同一視される; 本来は菜園の女神》. **b** 性愛, 愛欲, 色情. **c** 美女. **d** [ˢv-] 〘考古〙ヴィーナス(像)《シベリアから(スペインを除く)西ヨーロッパの地域に分布する, 胸・腹・臀部が強調された後期旧石器時代の女性裸像》. **2 a** 〘天〙金星 (Hesperus (宵の明星), Lucifer (明けの明星) として現われる). **b** 銅《錬金術師の用語》. **3** [ᵖv-] 〘貝〙マルスダレガイ属 (*V-*) またはマルスダレガイ科 (Veneridae) の各種二枚貝 (＝～ **clàm** [**shèll**]). [OE‹L]

Ve·nus·berg /víːnəsbə̀ːrg; G véːnusbɛrk/ [the] ヴェーヌスベルク《ドイツ中部 Thuringia 州の山; 中世伝説によると洞穴で Venus が謁見式をしたという》.
Vénus de Mí·lo /-də míːlou, -máɪ-/ [the] ミロのビーナス.
Vénus(') flýtrap VENUS'S-FLYTRAP.
Vénus·háir, Vénus's-háir (fèrn) *n* 〔植〕ホウライシダ (=*black maidenhair*).
Ve·nu·sian /vɪn(j)úːʒ(ə)n, -ʃ(ə)n; -njúːsiən, -ziən/ *a, n* 金星の; 金星人.
Vénus's-cómb *n* 〔植〕LADY'S-COMB; 〔貝〕ホネガイの一種.
Vénus's-flówer-bàsket *n* 〔動〕カイロウドウケツカイメン (=**Vénus flówer bàsket**)《太平洋・インド洋の深海にすむ》.
Vénus's-flý·tràp *n* 〔植〕ハエジゴク (=*Venus flytrap*).
Vénus's-gírdle *n* 〔動〕オビクラゲ (=*sea girdle*).
Vénus's lòoking-glàss 〔植〕オオミゾカクシ《キキョウ科; 花は白か青》.
Vénus's-shóe, -slípper *n* 〔植〕LADY'S SLIPPER.
Ve·nu·tian /vɪn(j)úːʃ(ə)n/ *n* VENUSIAN.
vera /vérə/ *adv, a* 《スコ》VERY.
Vera /víərə/ ヴェラ《女子名》. [Russ=faith]
ve·ra·cious /vəréɪʃəs/ *a* 真実を語る, 正直な (truthful); 本当の, 正確な (opp. *mendacious*). ◆ **~·ly** *adv* **~·ness** *n* [L *verac- verax* (*verus* true)]
ve·rac·i·ty /vərǽsəti/ *n* 真実を語ること, 誠実; 正直さ; 正確さ, 正確度; 真実(性), 真相.
Ver·a·cruz /vèrəkrúːz, -s/ ベラクルス《**1**) メキシコ東部の州; ☆Jalapa **2**) 同州の港湾都市》.
ve·ran·da(h) /vərǽndə/ *n* 〔建〕ベランダ; 《豪》《店先に伸びた》日よけ, 雨覆い. ◆ **~ed** *a* ベランダのある[付いた]. [Hindi<Port]
V
ve·rap·am·il /vərǽpəmɪl/ *n* 〔薬〕ベラパミ(ー)ル《カルシウムチャネル遮断薬; 塩酸塩を冠血管拡張薬にする》.
ve·rát·ric ácid /vərǽtrɪk-/ 〔化〕ベラトルム酸《ベラトリンを分解して得る白色の結晶》.
ve·rat·ri·dine /vərǽtrədìːn, -dən/ *n* 〔化〕ベラトリジン《sabadilla の種子にベラトリンと共にある無定形アルカロイド》.
ver·a·trine /vérətrìːn, -trən, vərǽtrən/ 〔化〕*n* ベラトリン (=**ve·ra·tria** /vəréɪtriə, -rǽt-/)《sabadilla の種子から採る有毒アルカロイド; crystalline ~, veratridine などの混合物》; VERATRIDINE.
ve·ra·trum /vəréɪtrəm/ *n* 〔植〕ユリ科シュロソウ属[バイケイソウ属] (*V-*) の各種 (hellebore); バイケイソウの乾燥根茎[粉末]《かつては薬用》. [L=hellebore]
verb /və́ːrb/ *n* 〔文法〕動詞《略 v., vb》. ◆ **~·less** *a* [OF or L *verbum* word]
ver·bal /və́ːrb(ə)l/ *a* **1** ことば (words) の[に関する], ことばのうえの[に表わした], ことばからなる; ことばのうえだけの, 字句の, 用語上の; 文字どおりの, 逐語的な (literal); 口頭の (oral): ~ abuse ことばの暴力 / a ~ translation 逐語訳, 直訳 / ~ evidence 口頭証拠, 証言 / a ~ promise 口約束 / a ~ report 口頭報告 / a ~ dispute 口論 / a ~ message 伝言, 口上. **2** 〔文法〕動詞の, 動詞から出た, 動詞的な. ► *n* **1** 〔文法〕準動詞(形)《動名詞・不定詞・分詞の総称》. **2** ″陳述, [°*pl*]《特に 警察での》自供, 自白, 供述; [*joc*] 口論. **3** ″《俗》侮辱, 暴言, 名誉毀損: give sb the ~. ► *vt* ″《俗》〈警察が…の犯行供述をでっちあげる, にせの供述で〈人〉に罪を負わせる. ◆ **~·ly** *adv* 言語で, ことば(のうえ)で; 口頭で, 口で; 逐語的に; 〔文法〕動詞として. [F or L (VERB, *-al*[1])]
vérbal ádjective 〔文法〕動詞的形容詞《分詞または分詞由来の形容詞》.
vérbal auxíliary 〔文法〕助動詞 (auxiliary verb).
vérbal diarrhéa *《俗》饒舌病, 語痢.
vérbal ímage 〔心〕言語心象.
vérbal inspirátion 〔神学〕逐語霊感[神感]《聖書の一字一句が神の霊感によるものとする》.
vérbal·ìsm *n* ことばによる表現, 語句, 字句; ことばの選択, 言いまわし, もの言い; 字句拘泥; 空疎なことば; ことばのうえだけ(の表現); ことば数の多さ, 冗舌.
vérbal·ist *n* ことばの達人; 《意味・内容よりも》字句[表現]に拘泥する人. ◆ **vèr·bal·ís·tic** *a*
vérbal·ìze *vt* ことばで表現する, 言い表わす; *《俗》言う; 〔文法〕動詞化する. ► *vi* ことば数多く言う[書く]; ことばで表現する. ◆ **-ìz·able** *a* **-ìz·er** *n* **vèrbal·izátion** *n*
vérbal nóte 口上書; 〔外交〕無署名親書.
vérbal nóun 〔文法〕動詞的名詞《広義では動名詞と不定詞を指し, 狭義では動名詞のうちで名詞的性質の強いもの, たとえば the *writing* of novels の writing だけを指す》.
vérbal sénse 〔文法〕動詞的意味.
ver·bas·cum /vərbǽskəm/ *n* 〔植〕モウズイカ属 (*V-*) の各種草本《ゴマノハグサ科; cf. MULLEIN》.
ver·ba·tim /vərbéɪtəm/ *adv, a* 逐語的に[な]; 全く同一のことばで[の], 一字一句変えずに. [L; ⇨ VERB; cf. LITERATIM]
ver·ba·tim ac [et] li·te·ra·tim /wɛrbáːtɪm àːk [ɛ̀t] lɪ̀tɛráːtɪm/ *adv* 一語一語, 一字一字, 一字一句. [L]
ver·be·na /vərbíːnə/ *n* 〔植〕バーベナ属[クマツヅラ属] (*V-*) の各種草本[半低木], 《特に》ビジョザクラ. [NL=sacred boughs (of olive etc.)]
ver·be·na·ceous /və̀ːrbənéɪʃəs/ *a* 〔植〕クマツヅラ科 (Verbenaceae) の.
verbéna fàmily 〔植〕クマツヅラ科 (Verbenaceae) (=*vervain family*).
ver·bi·age /və́ːrb(i)ɪʤ/ *n* ことば数の過多, 饒舌, 冗長, 冗漫; 言い表わし方, ことばづかい. [F (*verbeier* (obs) to chatter < *verbe* VERB)]
vér·bi·cìde /və́ːrbə-/ *n* 《ごろ合わせなどのため》ことばを意図的に誤用すること; ことばの意味をゆがめる人.
ver·bid /və́ːrbəd/ *n* 〔文法〕VERBAL.
verb·i·fy /və́ːrbəfàɪ/ *vt* 〔文法〕〈名詞などを〉動詞化する, 動詞的に用いる.
ver·big·er·a·tion /vərbɪ̀ʤəréɪʃ(ə)n/ *n* 〔精神医〕語唱《語・文などを機械的に繰り返してしゃべる状態》.
ver·bile /və́ːrbàɪl/ *n* 語が心的映像となりやすい人.
ver·bo·mánia /və̀ːrbə-/ *n* 単語狂, ことば好き; 〔精神医〕病的多弁.
ver·bo·phóbia /və̀ːrbə-/ *n* 〔精神医〕単語恐怖症.
ver·bose /vərbóus/ *a* ことば数[口数]の多い, 多弁な; くどい, 冗長な (wordy). ◆ **~·ly** *adv* **~·ness** *n* **ver·bos·i·ty** /vərbɑ́səti/ *n* ことば数の多さ, 多弁, 饒舌, 冗漫. [L; ⇨ VERB]
ver·bo·ten /vərbóutn, fər-; G fɛrbóːtən/ *a* 《法律・当局により》禁止された (forbidden).
vérb phràse 〔文法〕動詞句; 句動詞 (phrasal verb).
verb. sap. /və́ːrb sǽp/, **verb. sat** /-sǽt/, **ver·bum sap.** /və́ːrbəm-/, **ver·bum sat** /və́ːrbəm-/ °verbum sapienti sat est.
ver·bum sap·i·en·ti (sat [sat·is] (est)) /və́ːrbəm sæ̀piéntàɪ (sǽt [sǽtəs] (ɛst)), wɛ́rbum sɑ̀ːpiénti (sɑ́ːt [sɑ́ːtɪs] (ɛ̀st))/ 賢者には一言にて足る, 多言無用《略 verb. sap.》. [L=a word to the wise (is sufficient)]
Ver·cel·li /vɛərʧéli, vər-/ ヴェルチェリ《イタリア北西部 Piedmont 州の市; 10 世紀後半の OE 写本 (the **~ Bòok**) が大聖堂の図書館に所蔵されている》.
Ver·cin·get·o·rix /və̀ːrsənʤétərɪks/ ウェルキンゲトリクス, ヴェルサンジェトリクス (d. 46 B.C.)《ローマに対する反乱を指導したガリアの族長》.
Ver·dan·di /vɛ́ərdændi/ 〔北欧神話〕ヴェルダンディ《万物の運命を定める 3 女神 (Norns) の一人で,「現在」の化身; cf. URD, SKULD》.
ver·dant /və́ːrdnt/ *a* 緑色の; 新緑の, 青翠(せいすい)の, 新緑におおわれた; 若い, 未熟な, 青い. ◆ **~·ly** *adv* **vér·dan·cy** *n* [?OF *verdeant* (pres p) < *verdoier* to be green; ⇨ VERT[1]]
vérdant gréen 黄緑(色), 若緑, 青翠.
Verde /və́ːrd/, **Vert** /və́ːrt/ [Cape, Cap /kæp/ Vert] ヴェルデ岬, ヴェルト岬《セネガル西部の大西洋に突出した岬; アフリカ大陸最西端 (17°30′ W)》. ★ ⇨ CAPE VERDE.
vérd(e) antíque /və́ːrd-/ 〔鉱〕角礫(かくれき)蛇紋石《古代ローマ人が装飾用に使った》; 長石結晶を含んだ安山斑岩; 緑青(ろくしょう), 青さび. [F or It=ancient green]
Ver·de·lho /vərdɛ́lju, -ljou/ *n* (*pl* **~s**) ヴェルデーリョ《**1**) Madeira 島原産の白ブドウ **2**) このブドウで造ったやや辛口から甘口のマデイラワイン》. [Port]
ver·der·er, -or /və́ːrdərər/ *n* 〔英法史〕御料林管理官.
Ver·di /vɛ́ərdi/ ヴェルディ **Giuseppe (Fortunino Francesco)** ~ (1813–1901)《イタリアのオペラ作曲家; *Rigoletto* (1851), *Il trovatore* (1852), *La traviata* (1853), *Don Carlos* (1867), *Aïda* (1871), *Otello* (1887), *Falstaff* (1893)》. ◆ **Vér·di·an** *a*
Ver·di·cchio /vərdíː(k)kjou, vɛər-, -kiou/ *n* [°v-] ヴェルディッキオ《イタリア産の淡白な辛口の白ワイン》. [It; ブドウの品種名から]
ver·dict /və́ːrdɪkt/ *n* **1** 〔法〕《陪審 (jury) の》評決, 答申: bring in [return] a ~ of guilty [not guilty] 有罪[無罪]の評決を下す / reach a ~ 評決に至る / GENERAL [SPECIAL] VERDICT. **2** 判断, 裁断, 意見: the ~ of the public [the electors] 世間[選挙民]の判断 / pass [give] one's ~ *on*…に判断を下す / What's your ~ *on*…? 《口》…をどう思いますか. ● **The ~ is in.** 評決[結論]が出た (cf. The JURY is still out.) [AF *verdit* (*ver* true, *dit* (pp) < *dire* to say); ⇨ DICTUM]
ver·di·gris /və́ːrdəgrìːs, -grɪ̀s; -grìːs, -grìː/ *n* 緑青(ろくしょう); 〔化〕酢酸銅. [OF=green of Greece]
vérdigris tóadstool 〔菌〕モエギタケ《青緑色の傘と毛深い茎をもつキノコ》.
ver·din /və́ːrd(ə)n/ *n* 〔鳥〕アメリカツリスガラ《米国南西部・メキシコ産》. [F=yellowhammer]
ver·di·ter /və́ːrdətər/ *n* 緑青えのぐ《炭酸銅の青色または緑色の顔料》.
Ver·dun /vərdʌ́n, vɛər-; F vɛrdœ̃/ ヴェルダン (=**~-sur-Meuse** /F -syːrmøːz/)《フランス北東部の Meuse 川に臨む市; 第一次大戦の激戦地》. ■ the **Tréaty of ~** ヴェルダン条約《843 年 Louis 1

世の 3 子が締結した条約で, フランク王国を 3 分し, フランス・ドイツ・イタリア 3 国形成の出発点となった》.

ver·dure /və́ːrdʒər/ *n* 青緑, 新緑; 鮮緑色の草木; 緑草, 青草; 新鮮さ, 生気; 隆盛. ♦ **~d** *a* 新緑におおわれた; 青々とした. **~-less** *a* 緑のない, 青草のない, 不毛の. [OF; ⇨ VERT[1]]

vér·dur·ous *a* 緑の草木でおおわれた; 新緑の, 青々とした, 緑したたる. ♦ **~·ness** *n*

ver·e·cund /vérəkʌ̀nd/ *a* 《古》 内気な, はにかみ屋の.

Ver·ee·ni·ging /fəréɪnəgɪŋ, -nəxɪŋ/ フェレーニヒング《南アフリカ共和国北東部 Gauteng 州南部の Vaal 川に臨む市; ブール戦争和平条約調印 (1902) の地》.

Ver·ein /vəráɪn; *G* fɛráɪn/ *n* 連盟, 同盟; 協会, 会.

Ver·e·ker /vérəkər/ ヴェレカー **John Standish Surtees Prendergast ~** ⇨ 6th Viscount GORT.

Ve·rel /vərél/ 〘商標〙 ヴェレル《ウールに似たアクリル繊維》.

Ve·re·shcha·gin /vèrəʃtʃáːgən, -ʃáː-/ ヴェレシチャーギン **Vasily Vasilyevich ~** (1842–1904)《ロシアの画家; 風俗画・戦争画を描いた》.

Vér·ey lìght /véri-, víəri-/ VERY LIGHT.

Ver·frem·dung /*G* fɛrfrémdʊŋ/ *n* 〘劇〙 異化. [G=distancing, alienation]

verge[1] /və́ːrdʒ/ *n* **1 a** 縁(ふち), 端, へり (edge); ᴵᴵ《芝生の生えた》道の端, 花壇の縁. **b** [the] 間際, 境目, 限界: be beyond *the* ~ of possibility 可能性の限界を超えている / bring to *the* ~ of exhaustion くたくたになるまで働かせる. **c** 境界内の地域, 範囲; 特別管轄区; 〘英史〙 宮内大臣管区. **d** 《詩》 水平線. **2** 〘建〙 螻羽(けらば); 〘建〙 柱身, 装飾的な小柱. **3** 《ライノタイプの》 母型をはずすための装置; 《初期の時計の》 平衡輪のスピンドル. **4 a** 権標《行列などの際に高位聖職者の前に捧持し職権を表象する》; 〘英史〙 封土貸与に伴う宣誓の時に借地人に持たせた杖. **b** 〘動〙 送入[挿入]器《無脊椎動物の雄の交尾器》. ● **on the ~ of**…寸前で: be *on the ~ of* ruin [hysteria, war] 破滅し[ヒステリーを起こし, 戦争になり]かけている / be *on the ~ of* (bursting into) tears 泣き出しかけている. ► *vt* 縁取る. ► *vi* 隣接している; 近接している: Our house *~s on* the park. 公園に隣接している. ● **~ on**… 〈状態・水準などに〉近い; 今にも…になろうとしている: *~ on* impertinence 生意気に近い / *~ on* insanity 気違いじみている. [OF<L *virga* rod]

verge[2] *vi* 〈太陽が〉傾く, 沈む; 向かう, 傾く 〈*to, toward*〉; 推移する, 変わっていく 〈*into*〉: ~ *to* the south 南に傾斜する / ~ *to* [*toward*] a close 終わりに向かう. [L *vergo* to bend]

vérge·bòard *n* 〘建〙 BARGEBOARD.

ver·gence /və́ːrdʒəns/ *n* 〘医〙 両眼転導, 離接運動《両眼球の非共同性運動》; 〘地質〙 フェルゲンツ《褶曲が傾く[逆転する]方向》. [con*vergence* and di*vergence*]

verg·er /və́ːrdʒər/ *n* ᴵᴵ《教会・大学などの》 権標捧持者; 聖堂番《教会堂の掃除をしたり礼拝者を座席に案内する》. ♦ **~·shìp** *n*

Ver·gil, Vir- /və́ːrdʒəl/ **1** ヴァージル《男子名》. **2** ウェルギリウス (*L* Publius Vergilius Maro) (70–19 B.C.)《ローマの詩人; *The Aeneid*》. ♦ **Ver·gil·ian** /vərdʒíliən/ *a* [L *Vergilius* 家族名]

ver·glas /vɛrgláː; véəglaː/ *n* 〘登山〙 雨氷(うひょう), ベルグラ (glaze)《岩面を薄くおおう氷》. [F=glass ice]

Ver·hae·ren /*F* vɛrarən, -rɛn/ ヴェルハーレン **Émile ~** (1855–1916)《ベルギーの詩人》.

ve·rid·i·an /vərídiən/ *n* VIRIDIAN.

ve·rid·i·cal /vərídɪk(ə)l/, **-rid·ic** *a* 真実を告げる; 真実の; 〈幻覚などが〉事実と符合する, 〈夢が〉正夢の. ♦ **-i·cal·ly** *adv* **ve·rìd·i·cál·i·ty** /-kǽl-/ *n* 真実性, 真実.

ver·i·est /vériəst/ *a* [VERY の最上級] 《英では古》 全くの (utmost): the ~ nonsense / the ~ rascal 手のつけようのない悪党 / The ~ baby could do it. ほんの赤んぼでもやろうと思えばできる.

ver·i·fi·ca·tion /vèrəfəkéɪʃ(ə)n/ *n* 実証, 立証, 検証, 確認; 〘法〙《陳述・嘆願・弁論に付ける》 陳述が真実であることの確言; 〘軍〙 査察《軍備管理が協定どおりに行なわれているかどうか視察・確認すること》. ♦ **~·al** *a*

vér·i·fì·er *n* 実証者, 検証者; 〘電算〙 検孔機《データがカード・テープに正確に穿孔(せんこう)されているかを検査する》.

ver·i·fy /vérəfàɪ/ *vt* 実証[立証]する, 証拠立てる, …の真実性を証明する, 裏付ける; 検証する; 〘法〙《証拠・宣誓により》 立証する: ~ sb's statement *with* an eyewitness 人の供述を目撃者に確かめる / ~ a proof 《数学などの》 証明を検証する《正しいことを確かめる》. ♦ **vér·i·fì·able** *a* 実証[立証, 検証]できる. **vér·i·fì·ably** *adv* **vèr·i·fì·abíl·i·ty, vér·i·fì·able·ness** *n* [OF<L; ⇨ VERY]

ver·i·ly /vérəli/ *adv* 《古》 まことに, 確かに, まさしく.

veri·sim·i·lar /vèrəsím(ə)lər/ *a* 本当らしい, ありそうな, 事実らしい; 〈美術・文学などが〉写実的な. ♦ **~·ly** *adv*

veri·si·mil·i·tude /vèrɪsəmílət(j)ùːd/ *n* 真実[本当]らしさ, 迫真性; 本当らしく見えるもの[陳述]. ♦ **-mìl·i·tú·di·nous** *a* [L (VERY, *similis* like)]

ve·rism /víərìz(ə)m, véər-/ *n* ヴェリズモ《伝説・英雄物語などよりも日常生活に題材を求むべしとする芸術上, 特に オペラ制作上の考え方》. ♦ **vér·ist** *a, n* **ve·rís·tic** *a*

ve·ris·mo /veɪríːzmoʊ, vɛríz-/ *n* (*pl* **~s**) ヴェリズモ (verism). [It]

ver·i·ta·ble /vérətəb(ə)l/ *a* 本当の, 真実の, 全くの, 文字どおりの, 紛れもない. ♦ **-bly** *adv* **~·ness** *n* [OF<L *veritas* truth; ⇨ VERY]

ve·ri·tas /véritæ̀s, -tàːs/ *n* 真実, 真理 (truth). [L]

Ve·ri·tas /*F* veritɑːs/ *n* [le /*F* lə/] BUREAU VERITAS.

vé·ri·té /vèrətéɪ/ *n* 〘映〙 CINÉMA VÉRITÉ. [F=verity]

ver·i·ty /vérəti/ *n* 真実性, 真実であること 〈*of* a statement〉; 真理の陳述; 真理; まがうことなき現実(のもの): the eternal *verities* 永遠の真理. ● **of a ~** 《古》 真に.

ver·juice /və́ːrdʒùːs/ *n* ベル果汁《未熟なブドウ・ヤマリンゴなどから採った酸っぱい果汁; 以前ソースを作るのに用いた》; ベル果汁酒; 《気性・表情・態度などの》 気むずかしさ, とげとげしさ. ► *vt* 酸っぱくする; とげとげしいものにする. ♦ **~d** *a* 酸っぱい; 気むずかしい. [OF (*vert* green)]

Verkh·ne·udinsk /vɛ̀ərknəúːdɪnsk/ ヴェルフネウディンスク《ULAN-UDE の旧称》.

ver·kramp /fəərkrǽmp/ *a* 《南ア》 VERKRAMPTE.

ver·kramp·te /fərkráːmptə/ *n, a* 《南ア》 国民党右派の(人)《対黒人政策で反動的とされる》; 超保守主義者. [Afrik=cramped (one)]

Ver·lag /*G* fɛrláːk/ *n* 出版社 (publishing house).

Ver·laine /vɛərléɪn, vər-, -lén/ ヴェルレーヌ **Paul ~** (1844–96)《フランスの抒情的な象徴派詩人》.

ver·lig /fəərlíx/ *a* 《南ア》 VERLIGTE.

ver·lig·te /fəərlíxtə/ *n, a* 《南ア》 国民党左派の(人)《対黒人政策で改革を支持した》; 改革派の(人), 進歩派の(人). [Afrik=enlightened (one)]

Ver·meer /vərméər, -míər/ フェルメール **Jan ~** (1632–75)《オランダの画家; 別名 Jan van der Meer van Delft /væn délft/》.

ver·meil /və́ːrmèɪl, -məl/ *n* 《詩》 VERMILION; /vɪərméɪ, vər-/ 金めっきした銀[青銅]; 赤橙色のざくろ石. ► *a* 朱色の, 鮮紅色の. [OF; ⇨ VERMILLION]

vermes *n* VERMIS の複数形.

ver·mi- /və́ːrmə/ *comb form* 「虫 (worm)」 [L]

ver·mi·an /və́ːrmiən/ *a* 虫 (worm) の(ような).

ver·mi·cel·li /vəːrmətʃéli, *-séli/ *n* バーミチェリ《**1**) spaghetti より細いパスタ **2**) ᴵᴵケーキなどにふりかける細い顆粒状チョコレート》: rice ~ ビーフン. [It (dim pl)<VERMIS]

vérmi·cìde *n* 殺虫剤; 虫下し, 駆虫剤. ♦ **vèr·mi·cí·dal** *a*

vèrmi·cómpost *vi* ミミズを使ってコンポスト[堆肥]を作る. ► *n* ミミズコンポスト[堆肥]. ♦ **-cómpost·er** *n* ミミズコンポスター《ミミズコンポストを作る容器》. **~·ing** *n*

ver·mic·u·lar /vərmíkjələr/ *a* 虫 (worm) のような形[動作]の; 腸の虫の[による]; VERMICULATE.

ver·mic·u·late /vərmíkjələt, -lèɪt/, **-lat·ed** /-lèɪtəd/ *a* 虫のような形の; 虫がはいまわったような模様の; 〈考えなど〉妙にまわりくどい, 複雑に入り組んだ; 虫の群らがった, 虫に食われた. ► *vt* /-lèɪt/ …に虫がはいまわったような模様をつける.

ver·mìc·u·lá·tion *n* 蠕虫(ぜんちゅう)のあちこち食いちぎった[はいまわった]跡のような模様[斑紋], 虫跡形; 《収縮波の移行する》 蠕虫のような動き, 《腸などの》 蠕動; 虫食い, 虫の寄生[たかり], 《卵から》 蠕虫にかえること.

ver·mi·cule /və́ːrməkjùːl/ *n* OOKINETE.

vérmi·cùlture *n* ミミズ養殖.

ver·mic·u·lite /vərmíkjəlàɪt/ *n* 〘鉱〙 蛭石(ひるいし), バーミキュライト《黒雲母の変成物; 加熱膨張させたものは多量の水分を吸収するので, 園芸で土壌の代わりにするほか, 断熱・防音材にする》.

vérmi·fòrm *a* 虫 (worm) のような.

vérmiform appéndix 〘解〙 虫垂.

vérmiform pròcess 〘解〙 《小脳の》 虫様体; VERMIFORM APPENDIX.

vérmi·fùge *n* 虫下し, 駆虫剤. ► *a* 虫下しの. ♦ **ver·mif·u·gal** /vərmífjəg(ə)l, və̀ːrməfjúː-/ *a*

vérmi·gràde *a* 虫のように動く, 蠕動(ぜんどう)する, くねり進む.

ver·mil·ion, ver·mil·lion /vərmíljən/ *n* 朱, 辰砂《硫化水銀》, 《一般に》 朱色の顔料; 朱色. ► *a* 朱色の. ► *vt* 朱に染める, 朱塗りにする. [OF (L *vermiculus* (dim)<VERMIS); cochineal insect から色素を得たことから]

vermílion flýcatcher 〘鳥〙 シュショクタイランチョウ《北米太平洋岸産》.

ver·min /və́ːrmən/ *n* (*pl* ~) 小さな害獣《ネズミ・イタチなど》, 害鳥, 害虫, 寄生虫; ᴵᴵ《保護猟鳥獣を殺す》 害獣; 害虫症; [<*sg/pl*>] 社会の害虫, 人間のくず, ダニ. [OF<L VERMIS]

ver·mi·nate /və́ːrmənèɪt/ *vi* 害虫[ノミ, シラミ, ナンキンムシ]にたかられる; 《古》 害虫を生ずる.

ver·mi·no·sis /və̀ːrmənóʊsəs/ *n* (*pl* **-ses** /-sìːz/) 〘医〙 寄生虫症.

vérmin·ous *a* 害虫[ノミ, シラミ, ナンキンムシ]のたかった[わいた]; 不潔な; 害虫による, 寄生虫性の〈病気〉; 寄生虫症の; 害虫の(ような); 害

をなす, いやな. ♦ ～·ly *adv* ～·ness *n*

ver·mis /vɔ́:rməs/ *n* (*pl* **-mes** /-mì:z/) 〘解〙《小脳の》虫部. [L =worm]

ver·miv·o·rous /vərmív(ə)rəs/ *a* 虫を食う, 食虫の.

ver·mix /vɔ́:rmɪks/ *n* 〘解〙 VERMIFORM APPENDIX.

Ver·mont /vərmánt/ ヴァーモント《ニューイングランドの州; ☆Montpelier; 略 Vt, VT》. ♦ ～·er *n*

ver·mouth, -muth /vərmú:θ, ˈvɔ́:rməθ/ *n* ベルモット《ワインにニガヨモギその他の香草のアルコール抽出液を配合して作る食前酒》. [F < G *wermut* WORMWOOD]

Ver·na /vɔ́:rnə/ ヴァーナ《女子名》. [? (fem) ‹ VERNON]

vernacle ⇨ VERNICLE.

ver·nac·u·lar /vərnǽkjələr/ *a* 〈ことば·病気·建築様式など〉その土地[時代, 集団]に特有の; 土地ことばの; 日常語の; 《学名でなく》俗名の: a ～ disease 〘医〙風土病 / a ～ paper 《土地のことばで書かれた》地方語新聞. ► *n* 土地ことば, 現地語, 《外国語に対して》自国語; 日常語; 《ある職業·集団に特有の》専門[職業]語, 仲間ことば; 《動物·植物に対する》土地の呼び名, (通)俗名 (＝～ name); 土地[時代, 集団]に特有な建築様式; 《建築·工芸などの》民衆趣味, 民芸風. ♦ ～·ly *adv* **ver·nàc·u·lár·i·ty** /-lǽr-/ *n* [L *vernaculus* native (*verna* homeborn slave)]

vernácular·ìsm *n* 土地ことば(での表現).

vernácular·ìze *vt* 土地ことばに化する[で表現する].

ver·nal /vɔ́:rn(ə)l/ *a* 春の; 春に起こる; 春のような, 春らしい, 春めいた; 《詩》はつらつとした, 若々しい. ♦ ～·ly *adv* [L (*ver* the spring)]

vérnal équinox [the] 春分; [the] 春分点.

vérnal gráss 〘植〙ハルガヤ (sweet vernal grass).

V

vérnal·ìze *vt* 〈植物〉の開花結実を促進する, 春化処理する. ♦ **vèrnal·izátion** *n* 春化処理(法).

vérnal póint [the] 春分点 (vernal equinox).

ver·na·tion /vərnéɪʃ(ə)n/ *n* 〘植〙芽内(がない)形態, 幼葉(ようよう)態《芽の中の幼葉の配置; cf. AESTIVATION》.

Verne /vɔ́:rn; *F* vɛrn/ **1** ヴァーン《男子名》. **2** ヴェルヌ **Jules** ～ (1828–1905)《フランスの科学冒険小説家; *Vingt Mille Lieues sous les mers* (1870), *Le Tour du monde en quatre-vingt jours* (1873)》. [⇨ VERNON]

Ver·ner /vɔ́:rnər, véər-/ **1** ヴァーナー《男子名》. **2** ヴェルナー **Karl (Adolph)** ～ (1846–96)《デンマークの言語学者》. [家族名より]

Vérner's láw 〘言〙ヴェルネル[ヴェルナー]の法則《: 印欧基語の /p, t, k/ は, その直前の音節にアクセントがない場合, ゲルマン基語では /b, d, g/ となった; GRIMM'S LAW を補足するもの》.

ver·ni·cle, ver·na·cle /vɔ́:rnɪk(ə)l/ *n* ヴェロニカ(の聖帛(せいはく)), キリストの顔を描いた布 (veronica).

ver·ni·er /vɔ́:rniər/ *n* 〘理〙副尺, バーニヤ (＝～ **scàle**); 〘機〙補正装置; 〘宇·空〙バーニヤエンジン (＝～ **éngine** [**rócket**])《ロケット飛翔体の速度[進路, 姿勢]制御用》. ► *a* 副尺を備えた. [↓]

Ver·nier /vɔ́:rniər; *F* vɛrnje/ ヴェルニエ **Pierre** ～ (c. 1580–1637)《フランスの数学者》.

vérnier cáliper [micrómeter] 〘機〙ノギス《副尺付きカリパス》. [↑]

ver·nis·sage /*F* vɛrnisaːʒ/ *n* 《美術展の》内覧会; VARNISHING DAY.

ver·nix /vɔ́:rnɪks/ *n* 〘医〙胎脂《胎児の体表のチーズ様沈着物; 角質層·脂性分泌物·胎児表皮の残渣などからなる》.

Ver·no·len·insk /vɛ̀ərnəlénənsk/ ヴェルノレニンスク《MYKOLAYIV の旧称》.

Ver·non /vɔ́:rnən/ **1** ヴァーノン《男子名》. **2** ヴァーノン **Edward** ～ (1684–1757)《英国の提督; 通称 'Old Grog'; 西インド諸島でスペインと争った》. **3** MOUNT VERNON. [OF の家族名か]

Ver·ny(i) /véərnji/ ヴェルヌイ《ALMATY の旧称》.

Ve·roia, Vé- /vérjə/ ヴェリア《ギリシア北東部 Macedonia 地方, Thessaloníki の西にある町; 古代名 Berea, Beroea》.

Ve·ro·na /vəróʊnə/ ヴェロナ《イタリア北東部, Adige 川沿いの市; 中世の町並みが残る》.

ver·o·nal /vérənɔ̀:l, -nl; -nl/ [ᴼV-] ベロナール《バルビタール (barbital) 製剤》. [G (↑)]

Ver·o·nese[1] /vɛ̀rəní:z, *-s/ *a* VERONA の, ヴェロナ市民の. ► *n* (*pl* ～) ヴェロナ市民.

Ve·ro·ne·se[2] /vɛ̀rənéɪsi, -zi; -zi/ ヴェロネーゼ **Paolo** ～ (1528–88)《イタリア, ヴェネツィア派の画家; 本名 Paolo Caliari》.

ve·ron·i·ca /vəránɪkə/ *n* **1** 〘植〙クワガタソウ属 (*V-*) の各種草本[低木] (speedwell). **2** [ˢV-] ヴェロニカ(の聖帛(せいはく)) 《**1**) 刑場に引かれるキリストの顔を聖女 Veronica がふいたところキリストの顔の像が残ったという布 **2**) その顔面像》, 《一般に》キリストの顔を描いた布片 (cf. SUDARIUM). **3** [V-] ヴェロニカ《女子名; 愛称 Ronni(e), Ronny》. **4** 〘闘牛〙ベロニカ《静止したままケープをゆっくりと振って牛をあしらう技》. [L＝true image]

Vé·ro·nique, Ve- /vɛ̀rəní:k; *F* verɔnik/ *a* 〘料理〙種なしの白ブドウを添えた, ヴェロニカ風の.

vero·tóxin /vɛ̀rə-/ *n* 〘生化〙ベロ毒素, ベロトキシン《病原性大腸菌がつくる毒素; 出血性大腸炎や溶血性尿毒症症候群 (HUS) を起こす》.

Ver·ra(z)·za·no /vɛ̀rəzá:noʊ/ ヴェラツァーノ **Giovanni da** ～ (1485?–?1528)《Florence の航海者; 北米海岸を探検した》.

ver·ri·cule /vérəkjù:l/ *n* 〘昆〙毛塊.

Ver·roc·chio /vəróʊkiòʊ/ ヴェロッキョ **Andrea del** ～ (1435–88)《Florence の彫刻家·画家; 本名 Andrea di Michele Cione; Leonardo da Vinci の師》.

ver·ru·ca /vərú:kə/ *n* (*pl* **-cae** /-ki, -kàɪ, -sàɪ/, ～**s**) 〘医〙疣贅(ゆうぜい), いぼ (wart); 〘生〙いぼ状突起. [L]

verrúca plan·tár·is /-plæntéərəs/ 〘医〙足底疣贅(そくていゆうぜい) (＝*plantar wart*).

verrúca vul·gá·ris /-vʌlgéərəs/ 〘医〙尋常性疣贅 (wart).

ver·ru·cose /vərú:koʊs, vérə-/, **-cous** /vərú:kəs, vérə-/ *a* 〘生·医〙いぼ[疣贅]状の, いぼの多い, いぼ状突起でおおわれた. [L; ⇨ VERRUCA]

vers 〘数〙ᴼversed sine.

Ver·sa·ce /vərsá:ʧi/ ヴェルサーチ **Gianni** ～ (1946–97)《イタリアのファッションデザイナー》.

Ver·sailles /vərsáɪ, vɛər-; *F* vɛrsaːj/ ヴェルサイユ《フランスの首都 Paris の南西にある市, Yvelines 県の県都; Louis 14 世の宮殿の所在地》. ■ the **Tréaty of** ～ ヴェルサイユ条約《**1**) 1919 年 第一次大戦のドイツと連合国間の講和条約 **2**) Treaty of PARIS (1783)》.

ver·sal /vɔ́:rs(ə)l, vɑ́:r-/ *a* 《古》全体の. [*universal*]

ver·sant[1] /vɔ́:rs(ə)nt/ *n* 山[山脈]の一方の斜面; 《一地方全体の》傾斜. [OF (*verser* to turn)]

versant[2] *a* 関心[興味]をもっている; 経験のある, 訓練をうけた; 熟知している, 親密な. [L (*verso* to occupy oneself)]

ver·sa·tile /vɔ́:rsət(ə)l; -tàɪl/ *a* 融通のきく, 多才の, 多芸な, 多方面の; 多機能の, 汎用性のある, 用途の広い, 使い道の多い; 《古》〈感情·気質など〉変わりやすい, 移り気の, 気まぐれな; 〘動〙可転[反転]性の; 〘植〙〈葯(やく)が〉丁字着の《中央(近く)に付いていて自由に揺れる》; 《俗》バイセクシュアルの, 両性をこなす, あらゆる種類の性行為が可能な: ～ moods むら気. ♦ ～·ly *adv* ～·ness, **vèr·sa·tíl·i·ty** /-tíl-/ *n* [F or L; ⇨ VERSION]

vers de so·cié·té /*F* vɛr də sɔsjete/ 社交詩 (society verse)《上流社交界の趣味に合うような軽妙優雅な詩》.

verse[1] /vɔ́:rs/ *n* 詩の一行, 詩行, 詩句; 詩の節 (stanza); 韻文, 詩形 (opp. *prose*); 《一国·一時代の》詩, 詩歌 (poetry); 《1 篇の》詩 (poem); 詩まがいの韻文, パロディー; 《聖書·祈禱書の》節; 唱和の短句 (versicle); 《聖歌などの》独唱部, ヴァース: quote a few ～*s* from Keats キーツから数行引用する / a poem of five ～*s* 5 節よりなる 1 篇の詩 / BLANK [FREE, RHYMED] VERSE / lyrical ～ 抒情詩 / elegiac ～ 哀歌 / CHAPTER AND VERSE. ► *vi* 詩を作る. ► *vt* 詩で表わす (versify), 詩に作る. ♦ **vérs·er** *n* [OE *fers* < L *versus* turn of plough, furrow, line (of writing) (⇨ VERSION); ME 期に OF *vers* によって補強される]

verse[2] *vt* [～ *-self*] …に精通[熟達]する 〈*in*〉.

versed[1] /vɔ́:rst/ *a* 精通した, 熟達した: be ～ *in*…に詳しい / be well ～ *in* jazz ジャズに精通している. [F or L (*verso* to be engaged in); ⇨ VERSANT]

versed[2] *a* REVERSED.

vérse dràma 詩劇, 韻文劇.

vérsed síne 〘数〙正矢(せいし)《1 から角の余弦を引いたもの; 略 vers》; 〘建〙《橋のアーチの》迫高(せりだか).

vérse·let *n* 小詩, 短詩.

vérse·man /-mən/ *n* 詩書き, (へぼ)詩人.

vérse·mònger *n* へぼ詩人 (poetaster).

vers·et /vɔ́:rsət/ *n* 《特に 聖典からの》短詩; 〘楽〙ヴァーセット《グレゴリオ聖歌の verse の代わりに奏するオルガン曲》; 《古》VERSICLE.

ver·si·cle /vɔ́:rsɪk(ə)l/ *n* 短詩; 〘教会〙唱和の短句《司式者が唱える詩篇からの引用句》. [OF or L (dim) ‹ VERSE]

vér·si·còlor(ed) /vɔ́:rsɪ-/ *a* 《光線によって》色が変わる, 玉虫色の, 虹色の; 多色の, 多彩な.

ver·sic·u·lar /vərsíkjələr/ *a* 短詩の; 〘教会〙唱和の短句の; 詩句の, 《聖書の》節 (verse) の.

ver·si·fi·ca·tion /vɔ̀:rsəfəkéɪʃ(ə)n/ *n* 作詩, 詩作; 作詩法; 詩形; 《本来は散文作品を》韻文化したもの 〈*of*〉.

vér·si·fì·er *n* 詩作家; へぼ詩人; 散文を韻文に直す人.

ver·si·fy /vɔ́:rsəfàɪ/ *vt* 〈散文を〉韻文に直す; 詩に作る, 詩で語る. ► *vi* 詩を作る.

ver·sine, ver·sin /vɔ́:rsàɪn/ *n* 〘数〙VERSED SINE.

ver·sion /vɔ́:rʒ(ə)n, -ʃ(ə)n/ *n* **1** 翻訳, 訳文, 《聖書の》訳: the King James ～ 欽定訳(聖書). **2** 《小説などの》脚色, 翻案; 編曲; 《一般に》作り替えたもの, 「…版」; 〘電算〙《ソフトウェアの》版, バージョン: the movie ～ of the novel その小説の映画化作品. **3** 《特定の見地からの》説明, 説, 見解: the two ～*s* of the accident 事故についての 2 つの見解 / What's your ～ of it? それをどう思うか. **4** 〘医〙《子宮その他の器官の》傾斜; 《子宮内胎位の》回転(術). ► *vt* 〈ソフトウェアなど〉の新バージョンを作成する. ♦ ～·**al** *a* [F or L (*vers- verto* to turn)]

vers li·bre /vɛ̀ər líːbr(ə)/ (*pl* ~s /—/) 自由詩 (free verse). [F]
vers-li·brist /vɛ̀ərlíːbrɪst/, **-li·briste** /-libríːst/ *n* 自由詩作者.
ver·so /və́ːrsoʊ/ *n* (*pl* ~s) 《本の》左ページ《通例 偶数ページ》; 紙の裏面 (opp. *recto*); 《硬貨・メダルの》裏, 裏面 (opp. *obverse*). [L *verso* (*folio*) turned (leaf) (abl pp) < *verto* to turn]
verst, verste /və́ːrst, vɛ́ərst/ *n* ヴェルスタ, 露里《ロシアの昔の距離の単位: 約 1067 m》.
Ver·stand /G fɛrʃtánt/ *n* 〔哲〕悟性 (understanding).
ver·sus /və́ːrsəs, *-z/ *prep* 《訴訟・競技などで》…対(たい); …と比べた《略 v., vs.》: Jones *v* Smith 〔法〕ジョーンズ対スミス事件 / the average income of women ~ men. [L=turned towards, against; ⇨ VERSION]
vert[1] /və́ːrt/ *n* 〔英史〕森林中の青い茂み《特に 鹿の隠れ場所》; 〔英史〕立木伐採権, 放牧権, 入会権; 〔紋〕緑色, 翠. ► *a* 〔紋〕緑色の. [OF<L *viridis* green]
vert[2] ″《口》*n* 改宗者; 背教者, 変節者; 改心者; 転向者. ► *vi* 改宗する; 転向する. [con*vert*, per*vert*]
Vert ⇨ VERDE.
vert. vertical.
ver·tebr- /və́ːrtəbr/, **ver·te·bro-** /-broʊ, -brə/ *comb form* 「椎骨」「脊柱」 [L (↓)]
ver·te·bra /və́ːrtəbrə/ *n* (*pl* **-brae** /-brìː, -brèɪ/, ~s) 〔解〕椎骨, 椎 (cf. CENTRUM); [the vertebrae] 脊柱. [L=joint (*verto* to turn)]
ver·te·bral /və́ːrtəbrəl/ 〔解・動〕*a* (脊)椎骨の; 脊柱の; (脊)椎骨からなる; 脊柱を有する. ► *n* 脊椎の部分. ◆ **~·ly** *adv*
vértebral canàl 〔解〕脊柱管 (spinal canal).
vértebral còlumn 〔解〕脊柱 (spinal column).
ver·te·brate /və́ːrtəbrət, -brèɪt/ *a* 脊柱のある; 脊椎動物門に属する, 脊椎動物の; がっしりした, 組織立った. ► *n* 脊椎動物《脊索動物の脊椎動物亜門 (Vertebrata) に属する動物》. [L=jointed; ⇨ VERTEBRA]
vér·te·bràt·ed *a* VERTEBRATE; (脊)椎骨からなる.
ver·te·bra·tion /və̀ːrtəbréɪʃ(ə)n/ *n* 脊柱構造; 堅固さ, 緊密さ.
ver·tex /və́ːrtèks/ *n* (*pl* **~·es, ver·ti·ces** /-təsìːz/) 頂点, 頂上; 〔解〕頭頂; 〔天〕天頂 (zenith); 〔数〕頂点; 〔光〕《レンズの》頂点. [L *vertic- vertex* whirlpool, crown of head (*verto* to turn)]
ver·ti·cal /və́ːrtɪk(ə)l/ *a* 垂直の, 鉛直の (cf. HORIZONTAL); 直立した, 縦の; 頂点の, 絶頂の; 〈航空写真が真上からの; 〔植〕〈葉が〉直立の; 〔生〕軸方向の; 〔解〕頭頂の; 〔経〕《生産・販売などの》段階に関する; 階層的な, 層をなす: a ~ line 垂直(直)線, 鉛直線 / a ~ motion 上下(運)動 / a ~ plane 垂直面 / a ~ rudder 〔空〕方向舵 / a ~ section 縦断面 / a ~ turn 〔空〕垂直旋回 / a ~ axis 〔空〕《機体の》上下軸, *z* 軸. ► *n* [the] 垂直線[面]; 鉛直圏; 垂直な位置; 〔建〕《トラスの》垂直材; UPRIGHT PIANO: out of *the* ~ 垂直からずれて. ◆ **~·ly** *adv* **~·ìze** *vt* **ver·ti·cal·i·ty** /və̀ːrtəkǽləti/, **~·ness** *n* [OF or L (↑)]
vértical ángle [ᵘ*pl*] 〔数〕頂角, 対頂角.
vértical círcle 〔天〕鉛直圏, 方位圏 (azimuth circle); 〔測〕鉛直目盛盤.
vértical clímb 《曲技飛行などの》垂直上昇.
vértical divéstiture 〔経〕垂直剝奪《垂直的統合 (vertical integration) の状態にある企業の活動を法によって特定段階へ局限させること; cf. HORIZONTAL DIVESTITURE》.
vértical fíle 立てて整理した書類・パンフレット類《特に 図書館などで簡単な質問に回答するためのパンフレット・切り抜き》; 《書類をそのように収納する》縦型キャビネット.
vértical fín 《魚の》たてびれ《背びれ・しりびれ・尾びれの総称》; 〔空〕垂直安定板[びれ], 垂直尾翼 (fin).
vértical gróuping FAMILY GROUPING.
vértical integrátion [mérger] 〔経〕垂直的統合《一連の生産工程にある企業間の統合; cf. HORIZONTAL INTEGRATION》.
vértical mobílity 〔社〕垂直移動《転職・地位の変動または文化の伝播が社会的レベルの異なる層間に行なわれること; cf. HORIZONTAL MOBILITY》.
vértical proliferátion 垂直的増大《すでに核を保有する国々の核兵器保有量の増大; cf. HORIZONTAL PROLIFERATION》.
vértical spéed ìndicator 〔空〕昇降計.
vértical stábilizer *〔空〕垂直安定板 (fin).
vértical tákeoff *n, a* 〔空〕垂直離陸(の).
vértical tásting 垂直的利き酒, たて飲み《特定ワインの異なる年度産のものを飲み比べること》.
vértical únion *〔労〕垂直[縦断]的組合 (industrial union).
vertices *n* VERTEX の複数形.
ver·ti·cil /və́ːrtəsɪ̀l/ *n* 〔植・動〕輪生体. [L (dim) < *vertex*]
ver·ti·cil·las·ter /və̀ːrtəsəlǽstər/ *n* 〔植〕輪散花序. ◆ **-las·trate** /-lǽstrèɪt, -trət/ *a*
ver·tic·il·late /vərtísəlèɪt, və̀ːrtəsílət/, **-lat·ed** /-lèɪtəd/ *a* 〔植・動〕輪生の, 環生の. ◆ **ver·tìc·il·lá·tion** *n* 輪生, 環生.
ver·ti·cil·li·o·sis /və̀ːrtəsɪ̀lióʊsəs/ *n* (*pl* **-ses** /-sìːz/) 〔植〕バーティシリウム属 (*Verticillium*) の土壌菌によるワタ・トマト・ホップなどの萎(い)れ病.
ver·ti·cil·li·um /və̀ːrtəsíliəm/ *n* 〔菌〕バーティシリウム《バーティシリウム属 (*V-*) の不完全菌類の総称》.
verticíllium wìlt 〔植〕VERTICILLIOSIS.
ver·tic·i·ty /vəːrtísəti/ *n* 《特に 磁針の》指極性. [L *vertic- vertex* highest point]
ver·tig·i·nous /vərtíʤənəs/ *a* めまいがする; めまいを起こさせる(ような); ぐるぐる回る; 変わりやすい, 不安定な: a ~ drop 目が回るような急斜面. ◆ **~·ly** *adv* **~·ness** *n*
ver·ti·go /və́ːrtɪgòʊ/ *n* (*pl* ~es, ~s) 〔医〕めまい, 眩暈 (dizziness); 《精神的》混乱; 《動物の》旋回, 旋回病. [L *vertigin- vertigo* whirling; ⇨ VERTEX]
vér·ti·pòrt /və́ːrtə-/ *n* 〔空〕VTOL 機離着陸場 (VTOL port). [*verti*cal+air*port*]
Ver·ti·sol /və́ːrtəsɔ̀(ː)l, -sòʊl, -sɑ̀l/ *n* 〔土壌〕バーティソル《湿潤気候と乾燥気候が交互に現われる地域における粘土質の土壌》.
vertu ⇨ VIRTU.
Ver·tum·nus /vərtʌ́mnəs/, **Vor·tum·nus** /vɔːr-/ 〔ロ神〕ウェルトゥムヌス, ウォルトゥムヌス《四季の推移や花と果樹の生長をつかさどる神; Pomona の夫》.
Ver·u·lam /vɛ́r(j)ələm/ ヴェルラム 1st Baron ~ ⇨ Francis BACON.
Ver·u·la·mi·um /vɛ̀r(j)əléɪmiəm/ ウェルラミウム《ST. ALBANS のラテン語名》.
Ve·rus /víərəs/ ヴェルス **Lucius Aurelius** ~ (130–169)《Marcus Aurelius と共同統治をしたローマ皇帝 (161–169)》.
ver·vain /və́ːrvèɪn/ *n* 〔植〕クマツヅラ. [OF<L VERBENA]
vérvain fàmily 〔植〕VERBENA FAMILY.
verve /və́ːrv/ *n* 《芸術作品に現われた》気魄, 熱情; 《一般に》活気, 力, 気力 (spirit); 《古》才能 (talent). [F=form of expression <L VERB]
ver·vet /və́ːrvət/ *n* 〔動〕サバンナザル, サバンナモンキー (=~ **mòn·key**)《アフリカ南部および東部産のオナガザル; 顔と手足が黒い》. [F]
Ver·viers /F vɛrvje/ ヴェルヴィエ《ベルギー東部 Liège の東にある町》.
Ver·woerd /fərvúərt, fɛər-/ ファーウールト, フルウールト **Hendrik Frensch** ~ (1901–66)《南アフリカ共和国の政治家; 首相 (1958–66); アパルトヘイト政策を進め, 英連邦からの脱退 (1961) を強行; 暗殺された》.
very /véri/ *adv* **1** はなはだ, 非常に, 大いに, たいそう, たいへん, ひどく, きわめて: That's a ~ easy matter for me. そんなことは朝めし前だ. ★[構文] (1) [形容詞・副詞を修飾]: ~ large(ly) [small] / ~ hot [cold(ly)]. (2) [現在分詞形の形容詞を修飾]: a ~ dazzling light / a ~ interesting book. (3) [過去分詞の形容詞を修飾] **a** [*pp* が attributive の場合]: a ~ valued friend / 《特に 名詞との関係が間接的な場合》He wore a ~ worried look. **b** [predicative の場合は (very) much を用いるが, 口語では *pp* に very を用いることがある]: He was (~) *much* annoyed by the interruption. / I was ~ pleased [tired, annoyed, surprised, etc.]. **2** [形容詞の最上級または your [my, etc.] own などに添えて強意的] 十分に, 全く, 真に: Do *your* ~ *best*. 最善を尽くせ / *my* [*your, his*] ~ *own* わたし[きみ, 彼]一人だけのもの / It is *the* ~ *last* thing I expected. それは全く思いもよらぬことだ / He used *the* ~ *same* words as I had. わたしのと全く同じ語を用いた. ● **not ~** (1) 全く[決して]…でなく: *not* of ~ much use 全然役に立たない. (2) あまり[さほど]…でなく: This is *not* a ~ good bit of work. たいして良い作ではない. **V~ fine!** [ᵒ*iron*] けっこう! **V~ good.** けっこうです, かしこまりました《同意・承諾を示す; V~ well よりは丁寧な表現》. **V~ much so.** 《口》まさにその通りだ. **V~ well.** よしよし, いいよ《しばしば反語的》: Oh, ~ *well*, if you like it that way. そうするほうがいいというのならいいさ(勝手にしてくれ).
► *attrib a* (**vér·i·er; -i·est**) **1** [the, this, that または所有代名詞に伴って強調的に] **a** ちょうどその[同じ], まさしくその, …にほかならない; 現実の: *the* ~ thing I was looking for わたしが捜していたまさしくそのもの / *the* ~ thing for you ちょうどきみにもってこいのもの / to *the* ~ bone 骨の髄まで / under *your* ~ eyes きみのすぐ目の前で / *this* ~ day まさに今日 / *this* ~ minute 今の今, 今この瞬間(に), 直ちに / be caught in *the* ~ act 現行中を[現場で]捕えられる / He is *the* ~ picture of his father. 彼は父親に生き写しだ / *The* ~ fact of your hesitating proves it. きみがしりごみしているのがそのいい証拠だ. **b** …ですら: *the* ~ rats (=even the rats) ネズミまでが / *The* ~ idea of it is disgusting. 思うだけでも気持が悪い. **2 a** 真の, 本当の; 全くの; 明白な, 紛れもない; 文字どおりの, まさしく, …にほかならない: the ~ god 真の神 / the *veriest* scoundrel 極悪人 / a ~ little ほんの少し / in ~ truth 本当に, 実際 / He has shown himself a ~ knave. まさに悪党の本性を暴露した / For ~ pity's sake. ほんとに後生だから. **b** 《古》正当な, 合法的な.
[OF *verai*<L *verus* true]
véry hàrd *a* 〈チーズが〉おろすのに適した, 特別硬質の.

véry hígh fréquency 〘通信〙超短波, メートル波《30–300 megahertz; 略 VHF》.

véry lárge-scále integrátion 〘電子工〙超高密度集積回路《略 VLSI》.

Véry lìght /véri-, víəri-/ ヴェリー信号光《Very pistol から打ち出す色彩閃光》. [Edward W. *Very* (1847–1910) 米国の海軍士官で考案者]

véry lów-dènsity lipoprótein 〘生化〙超低密度リポタンパク質《主に肝臓で生成され, タンパク質の割合が少なく, 大量のトリグリセリド, 中程度のコレステロールを含む血漿リポタンパク質; 略 VLDL; cf. HIGH[LOW]-DENSITY LIPOPROTEIN》.

véry lów fréquency 〘通信〙極長波, ミリアメートル波《3–30 kilohertz; 略 VLF》.

Véry pìstol ヴェリー信号ピストル (cf. VERY LIGHT).

Véry sìgnal ヴェリー信号《VERY LIGHT による夜間信号》.

ves. vessel ♦ vestry.

VESA /véɪsə/ Video Electronics Standards Association《パーソナルコンピューターのビデオ規格の標準化団体》.

Ve·sak /véɪsɑ̀ːk; véɪsæk/ *n* 〘仏教〙ウェーサク[ベーサカ]祭 (=*Wesak*, *Visākha*)《ブッダの生誕・悟り・入滅を祝う南方仏教の重要な祭》.

Ve·sa·li·us /vəséɪliəs, -zéɪ-/ ヴェサリウス **Andreas** ~ (1514–64)《フランドルの解剖学者》.

ve·si·ca /vəsíːkə, -sáɪ-, vésɪkə/ *n* (*pl* **-cae** /vəsíːkaɪ, -sáɪki, -sáɪsi, vésəkìː, -əkàɪ, -əsàɪ/) **1** 〘解〙囊(のう), 《特に》膀胱; 〘昆〙内陰茎端節. **2** (=**~ pís·cis** /-pískəs, -písəs, -páɪsəs, -píːsəs/)《しばしば聖者像を囲む》先のとがった長円形《中世の建築の装飾・紋章などに使用》. ♦ **ves·i·cal** /vésɪk(ə)l/ *a* [L=bladder]

ves·i·cant /vésɪkənt/ *a* 〘医〙水疱を生ずる; 発疱させる. ► *n* 〘医〙発疱薬; 〘軍〙糜爛(びらん)性毒ガス.

ves·i·cate /vésəkèɪt/ *vt, vi* 〘医〙発疱させる[する].

ves·i·ca·tion /vèsəkéɪʃ(ə)n/ 〘医〙*n* 発疱; 発疱疹.

ves·i·ca·to·ry /vésɪkətɔ̀ːri; -kèɪt(ə)ri/ *a, n* VESICANT.

ves·i·cle /vésɪk(ə)l/ *n* 〘解〙小囊, 小胞; 〘医〙小水疱; 〘動・植〙小空胞, 気胞, 液胞; 〘地質〙《火山岩などの》気孔. [OF or L (dim)〈 VESICA]

ves·i·co- /vésɪkoʊ, -kə/ *comb form*「膀胱」 [L]

ve·sic·u·lar /vəsíkjələr/ *a* 小囊[小胞](性)の; 小胞[気孔]を有する, 小囊からなる; 〘医〙《肺の》小胞[気胞]の. ♦ **~·ly** *adv* **ve·sìc·u·lár·i·ty** /-lǽr-/ *n* [VESICLE]

vesícular exanthéma 〘医〙小水疱性発疹.

vesícular stomatítis 〘医〙水疱性口内炎.

ve·sic·u·late /vəsíkjələt, -lèɪt/ *a* 小囊のある[でおおわれた]; 小囊[小胞]性の. ► *v* /-lèɪt/ *vi* 小囊[小胞]を生ずる. ► *vt* …に小囊[小胞]を生じさせる. ♦ **ve·sìc·u·lá·tion** *n*

ve·sic·u·lose /vəsíkjəlòʊs/ *a* VESICULATE.

Ve·soul /*F* vəzul/ ヴズール《フランス東部 Haute-Saône 県の県都》.

Ves·pa·sian /vɛspéɪʒ(i)ən/ ウェスパシアヌス (*L* Titus Flavius Sabinus Vespasianus) (9–79)《ローマ皇帝 (69–79)》.

ves·per /véspər/ *n* **1** 《古・詩》夕暮れ, 夕べ, 宵; [V-]《詩》宵の明星 (EVENING STAR). **2** [*pl*] 〘キ教〙⇨ VESPERS. **3** 晩禱の鐘 (=**~ bèll**). ► *a* 夕べの; 晩課[晩禱]の. [L=evening (star)]

vésper·al *n* 〘キ教〙晩課集; 《祭壇布の上の》塵よけカバー. ► *a* 夕方の; 晩禱の; 〘動〙薄暮性の, 《広く》薄明薄暮性の (crepuscular).

ves·pers /véspərz/ *n* [ºV-, 〈*sg*/*pl*〉] **1** 〘カト〙晩課《聖務日課の定時課の第 6 で夕方の礼拝; ⇨ CANONICAL HOURS》. **2** 夕べの祈り, 夕拝, 晩禱, 〘英国教〙EVENSONG. [F<L]

vésper spàrrow 〘鳥〙オジロヒメドリ《ホオジロ科; アメリカ産; 夕暮れによく鳴く》.

vésper·tide *n* 晩課[晩禱]の時間; 夕方.

ves·per·til·ian /vɛ̀spərtíliən, -ljən/ *a* 〘動〙コウモリの.

ves·per·til·i·o·nid /vɛ̀spərtíliənəd/ *a, n* 〘動〙ヒナコウモリ科 (Vespertilionidae) の(コウモリ). ♦ **-o·nine** /-nàɪn, -nən/ *a*

ves·per·ti·nal /vɛ̀spərtáɪn(ə)l/ *a* VESPERTINE.

ves·per·tine /véspərtàɪn, -tən/ *a* 晩の, 夕べの, 夕方に起こる; 〘動〙夕方に現われる[飛ぶ], 薄暮(活動)性の (crepuscular); 〘植〙夕方に咲く; 〘天〙日没時に没する. [L (VESPER, *-ine*[1])]

ves·pi·ary /véspièri; -əri/ *n* スズメバチの巣; 一つの巣の中のスズメバチの集団. [*apiary* にならって<L *vesp* wasp]

ves·pid /véspəd/ *a, n* 〘昆〙スズメバチ科 (Vespidae) の; スズメバチ.

ves·pine /véspàɪn, -pən/ *a* スズメバチの(ような).

Ves·puc·ci /vɛsp(j)úːtʃi/ ヴェスプッチ **Amerigo** ~ (*L* Americus Vespucius) (1454–1512)《イタリアの商人・航海者・探検家; America という名称はその名からとされる》.

ves·sel /vés(ə)l/ *n* **1 a** 容器, 器《水差し・壺・鉢・瓶・鍋・皿など》: Empty *~s* make the most sound. 《諺》空(から)の入れ物ほど音が大きい《頭のからっぽな者ほどよくしゃべる》. **b** 《通例 boat より大型の》船; 航空機: MERCHANT [SAILING, WAR] VESSEL. **c** 〘解・植〙導管, 脈管, 管: BLOOD VESSEL. **2** 〘聖〙人, 器: a chosen ~ 〘聖〙選ばれた器[人]《*Acts* 9:15》/ the weaker ~ 〘聖〙弱き器《女性; *1 Pet* 3:7》/ the *~s* of wrath 〘聖〙怒りの器, 神の怒りにあうべき人《*Rom* 9:22》/ a weak ~ 弱き器, 頼みにならない人. ♦ **vés·sel(l)ed** *a* 〘植〙導管のある. **~·fùl** *n* [AF<L (dim)〈 VAS]

véssel·màn /, -mən/ *n**《海軍俗》皿洗い.

vest /vést/ *n* **1** *チョッキ, ベスト (waistcoat[ll]); [ll]《男性用の》アンダーシャツ (undershirt*)《女性・子供用の》メリヤス肌着; 《女性用の》胴衣前飾り; 救命胴衣, 防弾チョッキ; 《古》ゆったりした外衣, 衣服, 聖職服, 祭服. **2** *《俗》(偉い地位にある) 実業家[ビジネスマン, ビジネスウーマン], 重役さん (cf. SUIT). ● **play one's cards close to one's [the] ~** ⇨ CARD[1]. ► *vt* **1** …に衣服を着せる, …に聖職服を着せる; 〈祭壇などを〉掛け布でおおう. **2** 〈権利・財産などを〉〈人に〉付与する, 帰属させる 〈*in*〉; 〈人〉に〈権限・財産などを〉授ける, 付与する 〈*with*〉: ~ authority *in* sb = ~ sb *with* authority 人に権限を与える / become *~ed in* sb 〈権限が〉人に帰属する. ► *vi* **1** 衣服を着る; 祭服を着ける. **2** 〈権利・財産などが〉確定する, 帰属する 〈*in*〉. ♦ **~·less** *a* **~·lìke** *a* [F<It<L *vestis* garment]

Ves·ta /véstə/ **1** ヴェスタ《女子名》. **2 a** 〘ロ神〙ウェスタ《国家のかまどの女神; ギリシアの Hestia に当たる》. **b** [v-] 蠟マッチ (wax vesta), 《のちに》木のマッチ. **3** 〘天〙ヴェスタ《小惑星 4 番》.

ves·tal /vést(ə)l/ *a* ウェスタ (VESTA) の; VESTAL VIRGIN の; 貞潔な. ► *n* VESTAL VIRGIN. ♦ **~·ly** *adv*

véstal vírgin VESTA に仕えた処女《永遠の貞潔を誓い女神の祭壇に燃える不断の聖火 (vestal fire) を守った 6 人の処女の一人》; [*fig*] 処女; 修道女, 尼 (nun).

vést·ed *a* **1** 〘法〙〈権利など〉所有の確定した, 既定の, 既得の. **2** 祭服を着けた; ベスト付きの〈スーツ〉.

vésted ínterest 〘法〙確定権利; 既得権益; 利害関係; [*pl*] 既得権益占有集団[階層].

vésted ríght 〘法〙確定的権利, 既得権《すでに確定している, 譲渡権を伴う権利; 不動産に対する権原など》.

vest·ee /vɛstíː/ *n* ベスティー《婦人服の前飾りの一種》; 〘服〙イカ胸 (dickey); *チョッキ (vest).

Vés·ter·ålen Íslands /véstərɔ̀ːlən-/ *pl* [the] ヴェステルオーレン諸島《ノルウェー北西岸沖 Lofoten 諸島の北東にある島群; 周辺海域は優良な漁場》.

ves·ti·ary /véstièri; -əri/ *a* 衣服の; 法衣の, 祭服の. ► *n* 衣類保管室[箱]; 衣服, 《特に》法衣[祭服]一式.

ves·tib·u·lar /vɛstíbjələr/ *a* 玄関の, 入口の間の; 〘解〙前庭[前房, 前室]の.

vestíbular glánd 〘解〙前庭腺.

vestíbular sỳstem [the] 〘解〙《内耳の》前庭系.

ves·ti·bule /véstəbjùːl/ *n* 玄関, 入口の間; 入口ホール, 控えの間; 《教会などの》車寄せ; 近づく方法, …への道 〈*to*〉; 〘米鉄道〙連廊《客車の前後にある出入り用の小室》; 〘解〙前庭, 《内耳の》迷路前庭, 《歯と唇の間の》口腔前庭, 《左心室の》大動脈前庭, 《小陰唇の間の》膣前庭《など》. ► *vt**〈列車〉に連廊を付ける. ♦ **~d** *a* [F or L=entrance court]

véstibule càr* 連廊付き客車.

ves·ti·bu·lec·to·my /vɛ̀stəbjuléktəmi/ *n* 〘医〙前庭切除(術).

véstibule schòol* 《工場の》新入工員訓練[養成]所, 研修所.

véstibule tràin* 連廊列車.

ves·tib·u·lo·cóchlear nérve /vɛstìbjəloʊ-/ 〘医〙前庭蝸牛神経, 聴神経 (auditory nerve).

vestìbulo-ócular réflex 〘医〙前庭(動)眼反射《内耳前庭系への刺激に対して起こる反射で, 頭を水平面で回転したとき眼球は反対方向へ回転して視線を一定に保つようにはたらく》.

ves·tige /véstɪʤ/ *n* あと, 痕跡, おもかげ, なごり, 形跡, 証拠; 〘生〙痕跡(部); 《古・詩》《動物の》足跡, 臭跡; [º*neg*] ほんの少し: *without a* ~ of clothing 一糸まとわず / *not a* ~ of evidence 証拠はなにひとつない. [F<L VESTIGIUM]

ves·tig·i·al /vɛstíʤiəl/ *a* 痕跡の, なごりの; 〘生〙退化した. ♦ **~·ly** *adv*

ves·tig·i·um /vɛstíʤiəm/ *n* (*pl* **-ia** /-iə/) 〘解〙痕跡(部) (vestige). [L=footprint]

ves·ti·men·tif·er·an /vɛ̀stəmɛntíf(ə)rən/ *n, a* 〘動〙ハオリムシ(の)《深海底の熱水噴出孔周辺に群体で生息するゴカイに似た大型の有鬚(ゆうしゅ)動物》.

vést·ing *n* チョッキ[ベスト]地; 《定年前退職者の》年金受領権(付与).

vésting dày 《権利・財産などの》帰属確定日.

ves·ti·ture /véstətʃər/ *n* 授与, 付与; 衣服, 衣類; 《衣服のように表面をおおう》うろこ, 毛《など》.

Vest·man·na·ey·jar /véstmɑ̀ːnəèɪjɑ̀ːr/ [the] ヴェストマンナエイヤル《**1**) アイスランドの南の 14 の島からなる島群; 英語名 Westman Islands **2**) 同島群の中心の町》.

vest·ment /vés(t)mənt/ *n* 《特に 儀式用の》ゆるやかな外衣[ローブ]; [*pl*] 服装, 衣裳; 表面をすっぽりおおうもの, 外被; 〘教会〙礼服, 祭服. ♦ **~·al** *a* [OF<L; ⇨ VEST]

vést-pòcket* *a* ベストのポケットに入るような; ごく小規模な, 弱小…: a ~ edition.

vést-pòcket párk* 町なかの小公園, ポケット公園.

ves·try /véstri/ *n* **1** 《教会の》聖具室 (=*sacristy*)《祭服・聖餐用器物の保管場所》; 《非国教教会の》教会付属室, 礼拝室《事務室・祈禱会室・日曜学校教室用). 2〘史〙《英国教の》教区会 (=common [general, ordinary] ~), 教区民代表者(会), 特別教区会 (=select ~);〘米国聖公会〙教区委員会. ♦ **vés·tral** *a* [AF<L; ⇨ VEST]

véstry bòokǁ 教区会議事録; CHURCH REGISTER.

véstry clèrkǁ 教区会書記 (parish clerk).

véstry·man /-mən/ *n* 教区民(代表).

ves·ture /véstʃər/ *n* 《古・文》衣服, 衣類;《古・文》《衣服のように》おおうもの,《論文などの》体裁;〘法〙立ち木以外の地上の植物《農作物・牧草など》. ► 《古・文》*vt* …に衣服を着せる; 包む, くるむ. [OF<L; ⇨ VEST]

vés·tur·er *n* 祭服係, 聖具室係.

Ve·su·vi·an /vəsú:viən/ *a* VESUVIUS 火山の(ような);〈気性・ことばなどが〉激しい. ► *n* [v-]《昔 パイプタバコの点火に用いた》耐風マッチ;〘鉱〙IDOCRASE.

vesúvian·ìte *n*〘鉱〙IDOCRASE.

Ve·su·vi·us /vəsú:viəs/ [Mount] ウェスウィウス山, ヴェスヴィオ山 (It **Ve·su·vio** /veɪzú:vjoʊ/)《イタリア南部 Naples 湾頭の活火山 (1277 m)》.

vet[1] /vét/ *n* 《口》獣医 (veterinarian);《俗》医者. ► *v* (-tt-) 《口》*vt* 1〈動物・人を〉診療[診察]する; 獣医[医者]に診せる. 2 綿密に調べる, 念入りに検査[審査]する,〈人〉の身元を調査する. ► *vi* 獣医(の仕事)をする. ♦ **vét·ter** *n*

vet[2] *n, a**《口》VETERAN.

vetch /vétʃ/ *n*〘植〙ソラマメ属の各種,《特に》オオカラスノエンドウ《飼料・緑肥用; cf. BROAD BEAN, TARE[1]》. ♦ **~y** *a* [AF<L *vicia*]

vétch·ling *n*〘植〙レンリソウ属の各種の草本[草花].

vétch·wòrm *n* CORN EARWORM.

vet·er·an /vét(ə)rən/ *n* 老練家, 古つわもの, ベテラン;《歴戦の》古参兵, 老兵; *復員軍人, 退役[在郷]軍人 (ex-servicemanǁ);《人の胸の高さで直径 2 フィート以上の》老木. ► *a* 老練の, 老巧な, 年季の入った; 戦闘[従軍]経験のある; 年代物の: ~ troops 歴戦の精鋭部隊. [F or L (*veter- vetus* old)]

véteran càrǁ ヴェテランカー《1916 年[狭義には 1904 年]以前に製造のクラシックカー; cf. VINTAGE CAR》.

Véterans Administràtion [the]〘米〙復員軍人庁《略 VA》.

Véterans Dày 復員軍人の日《米国の法定休日, 11 月 11 日; ⇨ ARMISTICE DAY》.

Véterans of Fóreign Wárs (of the Uníted Státes)〘米〙海外戦争復員兵協会《1899 年設立》.

véterans' préference* 《特に 公務員試験における》復員[退役]軍人優遇措置.

vet·er·i·nar·i·an /vèt(ə)rənéəriən/ *n* 獣医(師).

vet·er·i·nary /vét(ə)rənèri; -n(ə)ri/ *a* 獣医(学)の: a ~ hospital 家畜病院 / a ~ school [college] 獣医科大学. ► *n* 獣医 (veterinarian). [L (*veterinae* cattle)]

véterinary médicine [scíence] 獣医学.

véterinary súrgeonǁ VETERINARIAN.

vet·i·ver /vétəvər/, **-vert** /-vərt/ *n*〘植〙ベチベルソウ《熱帯インド産のイネ科の草本》; ベチベルソウの根《香油を採り, また 扇・敷物・すだれなどを作る》. [F<Tamil]

Vet·lu·ga /vɛtlú:gə/ [the] ヴェトルガ川《ヨーロッパロシア中部を南流して Volga 川に合流する》.

vet. med. °veterinary medicine.

ve·to /ví:toʊ/ *n* (*pl* **~es**) 拒否権 (=**~́ pòwer**)《大統領・知事・上院などが法案に対して有する; また 国連の安全保障理事会で常任理事国に与えられている; cf. POCKET VETO》; 拒否権の行使; *拒否教書[通告書] (=**~́ mèssage**); 禁止(権), 禁制, 法度(はっと). ● **put [set] a [one's] ~ on**…に拒否権を行使する. ► *vt* 〈提案・議案などを〉拒否する, 否認する;〈行為を〉差し止める, 禁止する. [L=I forbid]

véto·er *n* 拒否者, 拒否権行使者; 禁止者.

véto-pròof *a* 〈法案・議会など〉拒否権の行使に対抗できる.

vet. sci. °veterinary science.

vette /vét/ *n**《俗》CORVETTE.

Vet·ter /vétər/ [Lake] ヴェッター湖《VÄTTERN 湖の英語名》.

Ve·vey /vəvéɪ/ ヴヴェー《スイス西部 Lausanne の東南東, Geneva 湖北東岸の町》.

vex /véks/ *vt* 1 **a** うるさがらせる, いらだたせる, じらす, おこらせる, 苦しめる; 悩ます, …の心を騒がせる: ~ *oneself* じれる, おこる / be [feel] ~*ed* 腹が立つ, じれったがる〈*about, at* sth, *with* sb *for* doing sth〉. **b** 《詩》〈自然力が〉揺り動かす, かき乱す. 2 細かく長々と論ずる. ► *a* 《カリブ》おこった, いらいらした (vexed). ♦ **~·er** *n* **~·ing** *a* やっかいな, 困った. **~·ing·ly** *adv* [OF<L *vexo* to shake, afflict]

vex·a·ta quae·stio /wɛksá:tɑ: kwáɪstiòʊ/ 論争されている問題. [L]

vex·a·tion /vɛkséɪʃ(ə)n/ *n* いらだたせること, 悩ませること; いらだたしさ; いらいら[悩み]のたね, 腹の立つこと: to my ~ いまいましいことに(は) / in ~ of spirit [mind] 心悩んで, 心痛して.

vex·a·tious /vɛkséɪʃəs/ *a* いらいらさせる, じれったい; いやがらせの;〘法〙訴訟濫用の, 濫訴の; 平穏でない, 騒々しい, 波乱の多い: a ~ suit [action]〘法〙濫訴. ♦ **~·ly** *adv* **~·ness** *n*

vexed /vékst/ *a* いらいら[かりかり]した, 困った, おこった; 議論のやかましい;《文》波立つ, 逆巻く: the ~ question [issue, subject] of…という難題. ♦ **vex·ed·ness** /véksəd-, -st-/ *n*

vex·ed·ly /véksədli, -stli/ *adv* おこって, 腹を立てて.

vex·il /véksəl/ *n*〘植〙VEXILLUM.

vex·il·lary /véksəlèri; -l(ə)ri/ *n*《古代ローマの軍隊で》旗手; 最古参兵. ► *a* VEXILLUM の.

vex·il·late /véksələt, -lèɪt/ *a*〘植・鳥〙VEXILLUM のある.

vex·il·lol·o·gy /vèksəlálədʒi/ *n* 旗学《旗の意匠・歴史などの研究》. ♦ **-gist** *n* **vèx·il·lo·lóg·i·cal, -lóg·ic** *a*

vex·il·lum /vɛksíləm/ *n* (*pl* **-la** /-lə/) 1《古代ローマの》軍旗(を戴く部隊);〘宗〙牧杖 (crosier) に付けた旗, 行列用の旗[十字架]. 2〘鳥〙羽板(うばん) (WEB);〘植〙《マメ科植物の》旗弁(きべん). [L (*vect-veho* to carry)]

VF〘医〙ventricular fibrillation 心室細動 ♦ °Vicar Forane ♦ °video frequency ♦ °visual field ♦ °voice frequency.

VFR〘空〙°visual flight rules. **VFW**〘米〙°Veterans of Foreign Wars. **v.g.** very good. **VG** °British Virgin Islands ♦〘空〙°variable geometry ♦ very good ♦ Vicar-General.

VGA /ví:dʒì:éɪ/ *n*〘電算〙VGA《IBM PC 用のビデオ規格の一つ; 640×480 (256 色) などのモードでピクセルを表示できる》. [*v*ideo *g*raphics *a*rray]

vgc〘広告〙very good condition.

V gene /ví: ―/〘遺〙V 遺伝子《免疫グロブリンの可変部分を支配する遺伝子》.

V-girl /ví:―/ *n**《俗》1 V ガール《戦時に進んで将兵と性交渉をもつ女, 軍施設近くにいる将兵専門のしろうと売春婦; cf. B-GIRL》. [*V*ictory *girl*] 2 性病持ちの女. [*v*enereal disease]

VHF〘通信〙°very high frequency.

VHS /ví:èɪtʃés/〘商標〙VHS《ビデオカセットの一規格; 日本ビクターが開発》. [*V*ideo *H*ome *S*ystem]

Vi /váɪ/ ヴァイ《女子名; Viola, Violet の愛称》.

v.i.〘文法〙verb intransitive 自動詞 (intransitive verb) ♦ °vide infra. **VI** °Virgin Islands.

via /váɪə, *ví:ə/ *prep*ǁ…を経て, …経由で (by way of); …を媒介として (through the medium of);〈車など〉によって (by means of),〈人〉を通して: ~ Canada カナダ経由で / ~ air mail *航空便にて (by air mailǁ). [L (abl)〈*via* way]

vi·a·bil·i·ty /vàɪəbíləti/ *n* (実行)可能性, 現実味, 実現性; 生存[生活](能)力,《特に 胎児・新生児の》生育力: commercial ~ 商品[商売]としての可能性.

vi·a·ble /váɪəb(ə)l/ *a* 1〈計画などが〉やっていける, 実現性[見込み]のある, 採算がとれる. 2〈胎児・新生児・植物が〉生存[生育・生活]能力のある, 生存可能な;《国家として》独立[存続]可能な;〈環境などが〉生存に適した. ♦ **-bly** *adv* [F (*vie* life<L *vita*)]

Via Cru·cis /váɪə krú:səs, víə-/ 十字架の道 (cf. STATIONS OF THE CROSS); [v- c-] 苦難の道. [L=way of the cross]

Vía Do·lo·ró·sa /-dòlərόʊsə, -dòʊ-/ 悲しみの道, ヴィア・ドロローサ《キリストが歩んだ処刑地 (Golgotha) までの道》; [v- d-] 苦難の道. [L=sorrowful road]

via·duct /váɪədʌ̀kt/ *n* 陸橋, 高架橋, 高架道. [L *via* way; *aqueduct* にならったもの]

Vi·ag·ra /vaɪǽgrə; vi-/〘商標〙バイアグラ《クエン酸シルデナフィル製剤 (sildenafil citrate); 勃起不全治療薬》.

vi·al /váɪ(ə)l/ *n* ガラス瓶; 水薬瓶 (phial). ● **pour out the ~s of wrath on**…に復讐する《*Rev* 16: 1》;《口》…に対する鬱憤を晴らす. ► *vt* (-l- | -ll-) ガラス瓶に入れる[入れて保存する]. ♦ **~·fùl** *n* [*fiole* PHIAL]

vía mé·dia /-mí:diə, -méɪ-/ 中道《特に カトリックとプロテスタントとの中間にある英国教会の立場》. [L=middle path]

vi·and /váɪənd/ *n* 食品,《特に》ごちそう; [*pl*]《文》種々の食物, 食糧 (provisions). [OF<L (*vivo* to live)]

vía ne·ga·tí·va /-nègətí:və/ 1〘神学〙否定の道, ヴィアネガティヴァ《神の本質は,「神は体をもたない[変化しない, 測りえない, 見えない]」などの否定表現によってしか規定できないとする考え方》. 2 否定表現による定義[規定]. [L=negative path]

Via·reg·gio /vì:ərédʒoʊ/ ヴィアレッジョ《イタリア中部 Tuscany 州の海浜保養地》.

vi·át·i·cal séttlement /vaɪǽtɪk(ə)l-/〘生保〙末期換金《生命保険の被保険者が末期患者となった場合, その保険契約を第三者に割引売却して代金を患者の医療費などに充てること; 単に viatical ともいう; cf. DEATH FUTURES》.

vi·at·i·cum /vaɪǽtɪkəm, viǽt-/ *n* (*pl* **-ca** /-kə/, **~s**)〘キ教〙臨終の聖体拝領;〘古ロ〙公務旅行用給与; 旅行[出張]手当, はなむけ, 餞別. [L=money for journey (*via* way)]

Viat·ka /viá:tkə/ ヴィヤトカ《VYATKA (川) の別つづり》.

vi·a·tor /vaɪéɪtɔ:r, -tər/ *n* 旅人;《生命保険の》末期換金者 (⇨ VIATICAL SETTLEMENT). [L (VIATICUM)]

vibe /váɪb/ *n* [ᵘ*pl*]《口》雰囲気, 様子, 気配, 感じ: have good

[bad] ~*s* about…についてよい[いやな]印象[感触]をもっている / What's the ~ about…? …(の最近の様子)はどんな具合ですか? ► «俗» *vt* 雰囲気[気配 など]で伝える[…に影響を与える], ‹感情などを›発散させる. ► *vi* ‹人が›(よく)影響し合う, うまが合う; ポピュラー音楽を聴いて[に合わせて踊って]楽しむ. ● **~ on**…に共感する, …のことがわかる, …と通じ合う. **~ sb out***«サーフィン俗» ‹人›に対して冷たい態度をとる. [*vibration*]

vibes /váɪbz/ *n pl* «口» ヴァイブ (VIBRAPHONE). ♦ **víb·ist** *n* ヴァイブ奏者.

vib·gyor /víbgjɔ̀ːr/ *n* 虹の 7 色を記憶するための語. [*v*iolet, *i*ndigo, *b*lue, *g*reen, *y*ellow, *o*range, and *r*ed]

Vi·borg /víːbɔ̀ːr/ ヴィボリ (VYBORG のスウェーデン語名).

vi·brac·u·lum /vaɪbrǽkjələm/ *n* (*pl* **-la** /-lə/) 〘動〙振鞭(しんべん)体 (コケムシの特殊化した個虫). ♦ **vi·brác·u·lar** *a* **vi·brác·u·lòid** *a* [L (*vibro* to shake)]

ví·bra·hàrp* /váɪbrə-/ *n* VIBRAPHONE. ♦ **~·ist** *n*

Vi·bram /váɪbrəm/ 〘商標〙ビブラム (イタリア Vibram 社製のゴム製靴底; 登山靴などに用いられる).

Vi·bra·mý·cin /vàɪbrə-/ 〘商標〙ビブラマイシン (ドキシサイクリン (doxycycline) 製剤).

vi·bran·cy /váɪbrənsi/, **-brance** *n* 振動; 反響, 共鳴; 脈動, 活気.

ví·brant *a* **1** 震える, 震動する; 震え響く, 響きわたる; 振動しやすい; 〘音〙顫動音の. **2** 敏感な, 鋭く感応する; ぞくぞく[わくわく]する(ような), 震える(ような) ‹*with*›; 脈動する, 活気のある, 生気にあふれる, 力強い; あざやかな‹色›. ► *n* 顫動音. ♦ **~·ly** *adv*

vi·bra·phone /váɪbrəfòʊn/ *n* 〘楽〙ヴァイブラフォーン, ビブラフォン (marimba に似た打楽器; 音板と共鳴管の間のファンでヴィブラートをつけることができる). ♦ **-phòn·ist** *n*

vi·brate /váɪbrèɪt; ─ ́/ *vi* **1** 振動する, 共振する, 震える; ‹音が›鳴り響く; (振子のように)揺れ動く; 迷う. **2** ぞくぞく[わくわく]する, うち震える ‹*with* passion etc.›; 深く感動する. ► *vt* 振動させる; 揺り動かす; 振動で示す; ‹音・光などを›発する. ♦ **ví·bràt·ing·ly** *adv* [L *vibro* to shake]

ví·bràt·ed concrete 〘建〙振動コンクリート (打ち込む際に振動させて締め固めて強度を増したもの).

vi·bra·tile /váɪbrət(ə)l, -tàɪl; -tàɪl/ *a* 振動する, 振動性の. ♦ **vi·bra·tíl·i·ty** /-tíl-/ *n* 振動(性).

vi·bra·tion /vaɪbréɪʃ(ə)n/ *n* **1** 振動, 震え, 震動; 〘理〙振動: amplitude of ~ 〘理〙振幅. **2** 心の動揺, 迷い. **3** [ᵘ*pl*] (発散する) 精神的影響力, 霊気; [ᵘ*pl*] (直感的に感じられる) 雰囲気, 感じ, 印象: get good [hostile] ~*s* from…の発散する好ましい雰囲気[敵意]を感じ取る. ♦ **~·al** *a* **~·less** *a*

vibrátion-pròof *a* 防振の.

vi·bra·tive /váɪbrətɪv; vaɪbréɪ-/ *a* VIBRATORY.

vi·bra·to /vɪbrɑ́ːtoʊ/ *n* (*pl* **~s**) 〘楽〙ヴィブラート (音の高さのわずかな動揺による声楽・楽器演奏上の技巧; その音[声]). ♦ **~·less** *a* [It (pp) < VIBRATE]

vi·bra·tor /váɪbrèɪtər; ─ ́─/ *n* 振動する[させる]もの; 〘電〙振動器, (ベルの) 打ち子, (オシログラフの) 振動子; 〘楽〙(リードオルガンの) リード (reed); 〘印〙横振りローラー (インキを練りならす); コンクリート振動機; 電気マッサージ機; バイブレーター (性具); 〘電〙バイブレーター (低圧直流を交流化し, また昇圧・整流して高圧直流を得る電磁装置).

vi·bra·to·ry /váɪbrətɔ̀ːri; -t(ə)ri/ *a* 震える (vibrant, vibrating), 震動性の; 震動させる.

vib·rio /víbriòʊ/ *n* (*pl* **-ri·òs**) 〘菌〙ビブリオ属 (*V-*) の各種細菌 (コレラ菌を含む). ♦ **vib·ri·oid** /víbriɔ̀ɪd/ *a* **vib·ri·on·ic** /vìbriɑ́nɪk/ *a* [NL (L VIBRATE)]

víbrio·cìdal *a* ビブリオ菌を殺す, 殺ビブリオ菌の.

vib·ri·on /víbriɑ̀n/ *n* VIBRIO; 運動性バクテリア.

vib·ri·o·sis /vìbrióʊsəs/ *n* (*pl* **-ses** /-sìːz/) 〘獣医〙ビブリオ病, (特に) ビブリオ流産. [*vibrio*, *-osis*]

vi·bris·sa /vaɪbrísə/ *n* (*pl* **-sae** /-brísi, -sàɪ; vəbrísi/) 〘解・動〙震毛 (**1**) 鼻孔近くの剛毛[感覚毛] **2**) 食虫性の鳥のくちばしの近くにある剛毛); (人の) 鼻毛. ♦ **-brís·sal** *a*

vi·bro- /váɪbroʊ, -brə/ *comb form* 「振動 (vibration)」: *vibro*massage. [L VIBRATE]

víbro·gràph *n* 〘理〙振動(記録)計.

vi·brom·e·ter /vaɪbrɑ́mətər/ *n* VIBROGRAPH.

vi·bron·ic /vaɪbrɑ́nɪk/ *a* 〘理〙(分子の) 電子状態と振動状態の結合した, バイブロニックな. [*vibration*+*electronic*]

Ví·bro·pac blòck /váɪbroʊpæ̀k-/ 〘NZ商標〙バイブロパックブロック (コンクリートブロックの一種).

vi·bur·num /vaɪbə́ːrnəm/ *n* 〘植〙ガマズミ属 (*V-*) の各種の木 (その乾燥した樹皮は薬用). [L]

vic[1] /vík/ *n* 〘英空軍〙V 字形編隊.

vic[2] *n**«俗» 罪人, 囚人 (convict).

vic[3] *n**«俗» VICTIM: scope a ~ (強盗・かっぱらいなどの) カモを探す. ► *vt* (**vick-**) 犠牲者[カモ]を探す.

Vic 1 ヴィク (**1**) 男子名; Victor の愛称 **2**) 女子名; Victoria の愛称). **2**ᴴ«俗» Queen VICTORIA.

vic. vicinity. **Vic.** Victoria.

vic·ar /víkər/ *n* **1** 〘教会〙 **a** (神の) 代理者, 教皇 (Vicar of Christ), 聖ペテロ; 代牧者. **b** 〘英国教〙教区司祭[牧師], 主任司祭, ヴィカー (RECTOR と異なり, かつては十分の一税ではなく俸給 (stipend) を受領した; 十分の一税は管轄の聖堂参事会, 修道会, または 収入担当の俗人が受領); 〘英国教〙(team ministry の) 主任司祭. **c** 〘米国聖公会など〙会堂牧師. **d** 〘カト〙司教代理, 助任司祭: CARDINAL VICAR. **2** 〘英国教〙聖歌助手 (=*vicar choral*, *lay vicar*) (大聖堂礼拝の一部を歌う役目をもった聖職者または聖歌隊員). **3** (特に 行政上の) 代理, 代行者 (deputy); «まれ» 代わりのもの. ♦ **~·ly** *a* **~·shìp** *n* [AF<L *vicarius* substitute; ⇨ VICE[3]]

vícar·age *n* VICAR の俸給[禄]; vicar の住居, 司祭[牧師]館; 代理職, 代牧職[区] (vicariate).

vícar apostólic (*pl* **vícars apostólic**) 〘カト〙代牧 (司教のいない教区やまだ司教区にならない教区で, 司教の代理をつとめる聖職者); 〘史〙教皇代理司教.

vic·ar·ate /víkərət, -rèɪt/ *n* VICARIATE.

vícar chóral (*pl* **vícars chóral**) 〘英国教〙聖歌助手 (⇨ VICAR).

vícar fo·ráne /-fɔːréɪn/ (*pl* **vícars foráne**) 〘カト〙司教地方代理 (dean).

vícar-géneral *n* (*pl* **vícars-géneral**) **1** 〘キ教〙総代理 (カトリック・英国教会などで, bishop または 修道会長の教会運営上の代理). **2** 〘英史〙摂政, 執政 (国王の代理として Thomas Cromwell に与えられた称号).

vi·car·i·al /vaɪkéəriəl, və-/ *a* VICAR の; 代理の (delegated).

vi·car·i·ance /vaɪkéəriəns, və-/ *n* 〘生〙分断分布, 異所的種分化 (山脈・海洋などの障壁によって姉妹種が地理的に隔てられて分布すること).

vicáriance biogeògraphy VICARIANCE; 分断生物地理学.

vi·cár·i·ant 〘生〙 *a* 分断分布の[を示す], 異所的不連続化の. ► *n* 姉妹種, 同胞種.

vi·car·i·ate /vaɪkéəriət, və-, -èɪt/ *n* VICAR の職[権限], 代牧職[区]; (行政上の) 代理職(の管区).

vi·car·i·ous /vaɪkéəriəs, və-/ *a* 代理職の, 名代の; 身代わりの, 代償的な; 人の身になって感ずる; 〘医〙代償(性)の; 〘生〙VICARIANT: ~ authority 名代職権 / the ~ sufferings of Christ キリストの代償的受難 / a ~ thrill [satisfaction] 当の体験者の身になって感ずるスリル[満足] / ~ hemorrhage 〘医〙代償(性)出血 (出血を起こすべき器官以外のものからの出血) / ~ menstruation 〘医〙代償性月経. ♦ **~·ly** *adv* **~·ness** *n* [L; ⇨ VICAR]

vícar of Bráy /-bréɪ/ 日和見(ひよりみ)主義的変節者. [16 世紀イングランド Berkshire の Bray 村の牧師が王室の信仰の変わるたびに宗旨を変えて地位を保ったという俗謡 'The *Vicar of Bray*' から]

Vícar of (Jésus) Chríst [the] 〘カト〙キリストの代理者 (ローマ教皇).

Vícar of Wákefield [The] ウェークフィールドの牧師 (Goldsmith の小説(出版 1766); 平和な暮らしをしていた Wakefield の牧師 Primrose 一家に, 相次いで災厄が襲うが, 彼はそれに耐え, ハッピーエンドに終わる).

vice[1] /váɪs/ *n* 悪, 悪徳; 非行, 堕落行為, 悪習; 売春[麻薬](がらみの犯罪); «俗» VICE SQUAD; (馬・犬などの) 悪癖, STABLE VICE; (組織・制度・性格・文体の) 欠陥, 弱点; «廃» 肉体的欠陥, 病気; [°V-] 〘史〙(英国の寓意劇 (morality play) で道化役として登場する擬人化された) 悪徳; 道化 (buffoon): virtue and ~ 美徳と悪徳 / Drunkenness is a ~. 泥酔は(一つの)悪徳だ / have the ~*s* of one's [its] virtues [qualities] 長所がまた欠点でもある. ♦ **~·less** *a* [OF< L *vitium*]

vice[2]ᴴ ⇨ VISE.

vi·ce[3] /váɪsi/ *prep* …の代わりに, …に代わって (略 v.). [L (abl) < *vic- vix* change]

vice[4] /váɪs/ *attrib a* 副の, 次席の; 代理の. ► *n* «口» 「副」の地位にいる人 (vice-president など). [↑]

vice- /váɪs/ *pref* 「副…」「代理…」「次…」 [L]

Vice Adm. °Vice Admiral.

více ádmiral 〘海軍・米沿岸警備隊〙中将 (略 VA; ⇨ NAVY). ♦ **více ádmiralty** *n*

více-ádmiralty còurt 副海事裁判所 (英国植民地にあって当該地区の海事管轄権を有する).

více-cháirman *n* 副議長, 副会長, 副委員長. ♦ **~·shìp** *n*

více-chámberlain *n* 〘英〙副侍従, 内大臣.

více-cháncellor *n* (大学の) 副総長, 副学長 (英国ではしばしば実質的な学長); 副大法官; 〘米〙(エクイティー裁判所の) 主席判事代理[補佐]; (一般に) CHANCELLOR の代理. ♦ **~·shìp** *n*

více-cónsul *n* 副領事. ♦ **více-cónsular** *a* **více-cónsulate** *n* **~·shìp** *n*

vice·ge·ral /vàɪsdʒíərəl/ *a* 代理の, 代理人の.

vice·ge·ren·cy /vàɪsdʒíərənsi, ᴴ-dʒér-/ *n* 代理人の職[地位, 権限], 代行職[権]; 代官[代理人]の管区.

vice·ge·rent /vàɪsdʒíərənt, ᴴ-dʒér-/ *n* 代理人, 代行, 代官: God's ~ 神の代理人 (ローマ教皇). ► *a* 代理人の, 代行する. [L

-gerentem (pres p) ‹ gero to carry on]
více-góvernor n 副総督; 副知事. ♦ **~·ship** n
více-kíng n 副王 (viceroy).
vic·e·nary /vísənèri; -n(ə)ri/ a 20 からなる; 〖数〗二十進法の (vigesimal).
vi·cen·ni·al /vaɪséniəl/ a 20 年ごとの[続く]. [L *vicennium* 20 年]
Vi·cen·te /vɪséntə/ ヴィセンテ **Gil** ~ (c. 1465–c. 1536)《ポルトガルの劇作家; 同国劇作の祖と見なされている》.
Vi·cen·za /vɪʧéntsə/ ヴィチェンツァ《イタリア北東部 Venice の西にある市》.
více òfficer 《俗》売春担当の警官.
Vice Pres. Vice President.
více président [°V- P-] 副大統領; 副総裁; 副会長; 副総長; 副頭取, 副社長; *《会社などの》部門主幹, 部長: the ~ *for* [*of*] human resources 人事部長. ♦ **více présidency** n **více presidéntial** a
více-príncipal n 副校長.
více-quéen n 女性の国王代理; 国王代理の夫人 (vicereine).
vìce·régal a 国王代理 (viceroy) の; 《豪》総督の. ♦ **~·ly** adv
vicerégal assént 《豪》総督の法律への署名《これにより法律として発効する》.
více-régent n 副摂政, 副執政. ► a 副摂政の, 副執政の. ♦ **více-régency** n
vice·reine /váɪsrèɪn, ‐‐́/ n 国王代理 (viceroy) の夫人; 女性の国王代理.
vice·roy /váɪsrɔ̀ɪ/ n **1** 国王代理, 副王, 太守《植民地などを王の名において統治した総督などの通称》. **2**〖昆〗米国産のイチモンジチョウの一種《タテハチョウ科》. ♦ **vìce·róyal** a VICEREGAL. [F (*vice-, roy* king)]
vìce·róyal·ty n 国王代理の位[職, 権力, 任期, 統治領].
víceroy·shìp n VICEROYALTY.
vi·ces·i·mal /vaɪsésəm(ə)l/ a VIGESIMAL.
více squàd 《警察の》風俗犯罪取締班.
vi·ce ver·sa /váɪs(i) vɑ́ːrsə/ adv 逆に, 反対に; 《省略文として》逆もまた同じ《略 v.v.》: call black white and ~ 黒を白と言い白を黒と言う. [L=the position being reversed (*verto* to turn)]
Vi·chu·ga /vɪʧúːgə/ ヴィチュガ《ヨーロッパロシア中部 Moscow の北東にある市; 綿工業地として古い歴史がある》.
Vi·chy /víʃi, víː-/ **1** ヴィシー《フランス中部の町; 第二次大戦中 Pétain 元帥による政府の臨時首都 (1940–44)》. **2** VICHY WATER.
Víchy·ite n ヴィシー政府の閣僚[支持者].
vi·chys·soise /vìʃiswɑ́ːz, vìː-/ n ヴィシソワーズ《ジャガイモ・リーキ (leek) またはタマネギ・鶏のスープを煮て裏ごしにかけ生クリームを加えて作るスープ; 通例 冷やして出す》. [F=of Vichy]
Víchy wàter ヴィシー水《**1**) フランス Vichy 産の鉱泉発泡飲料 **2**) それに似たミネラルウォーター》.
vic·i·nage /vís(ə)nɪʤ/ n 近所, 近隣 (neighborhood); 近所の人たち; 借地共同使用権. [OF<L *vicinus* (*vicus* district)]
vic·i·nal /vísən(ə)l/ a 近所の, 近隣の; 限られた地域だけの; 隣接する; 〖晶〗微斜面の; 〖化〗ビシナル…《化合物で 2 個以上の原子[置換基]が隣接関係にある場合にいう》.
vícinal pláne 〖晶〗微斜面.
vi·cin·i·ty /vəsínəti/ n 近いこと, 近接 ‹*to*›; 近所, 付近: in the ~ of…の付近に / the ~ of 50 約 50. [L; ⇨ VICINAGE]
vi·cious /víʃəs/ a 残忍な, 暴力的な; 〈動物が〉獰猛な, 〈馬が〉癖の悪い; 〈ことば・うわさが〉悪意のある, 意地の悪い; 《口》〈あらし・痛みなどが〉激しい, ひどい; 不道徳な, 邪悪な, 不埒な; 誤りのある, 欠点のある, 不完全な, 不備な; 悪性の; 悪循環の; *《ティーンエージャー俗》すごい, やばい, サイコーの, すてきな; 《廃》不純な, 汚れた. ♦ **~·ly** adv 道徳に反して, よこしまに, 《特に》意地悪く, 邪険に; ひどく〈なぐる・痛む〉. **~·ness** n [OF<L; ⇨ VICE[1]]
vícious círcle [cýcle] 悪循環; 〖論〗循環論法[論証], 循環定義.
vícious spíral 《賃金上昇と物価騰貴の場合のような》悪循環.
vi·cis·si·tude /vəsísət(j)ùːd, vaɪ-/ n 《特に 境遇・経験・世の中の》移り変わり, 変転; [*pl*] 栄枯, 盛衰, 《人生の》浮沈; 《古・詩》循環, 交代 ‹*of* night and day›: a life full of ~*s* 波乱に富んだ生涯. [F or L (*vicissim* by turns ‹ VICE[3])]
vi·cis·si·tu·di·nous /vəsìsət(j)úːd(ə)nəs, vaɪ-/, **-di·nary** /-nèri; -n(ə)ri/ a 有為(ウイ)転変の.
Vick /vík/ ヴィック《男子名; Victor の愛称》.
vicked /víkt/ a*《俗》だまされた, カモられた. [vic[3]]
Víck·ers (hárdness) tèst /víkərz-/ 〖工〗ビッカース硬さ試験《ダイヤ製圧子を用いる金属の硬さ試験》. [? *Vickers* Armstrong Ltd. 英国の製鉄会社]
Víckers nùmber 〖工〗ビッカース数《VICKERS TEST による金属の硬度を表わす数値》.
Vick·ie, Vicki /víki/ ヴィッキー《女子名; Victoria の愛称》.
Vick·rey /víkri/ ヴィックリー **William** ~ (1914–96)《カナダ生まれの米国の経済学者; ノーベル経済学賞 (1996)》.
Vicks·burg /víksbɜ̀ːrg/ ヴィクスバーグ《Mississippi 州西部の市; Grant が包囲 (1863) した, 南北戦争の激戦地》.
Vicky /víki/ **1** ヴィッキー《女子名; Victoria の愛称》. **2** ヴィッキー (1913–66)《ハンガリー人を両親としてドイツに生まれた英国の漫画家; 本名 Victor Weisz》.
Vi·co /víːkoʊ/ ヴィーコ **Giambattista** ~ (1668–1744)《イタリアの歴史哲学者; 発展的歴史観を提唱》.
vi·comte /F vikɔ̃t/ n 子爵《英国の viscount に相当》.
vi·com·tesse /F vikɔ̃tɛs/ n 子爵夫人, 女子爵.
vi·con·ti·el /vaɪkɑ́ntiəl/ a 〖古英法〗州長官 (sheriff) の, 子爵の.
Vic·ta /víktə/ 〖豪商標〗ヴィクタ《回転式芝刈り機》.
vic·tim /víktəm/ n 犠牲(者), 《境遇や事情の》被害者, 罹災者; えじき, 食い物, だまされた人, カモ ‹*of* malice, hatred, etc.; *of* another's greed etc.›; 〖宗〗犠牲, いけにえ, 人身御供(ごくう): become a [the] ~ *of*…=fall (a [the]) ~ *to*…の犠牲になる / a ~ *of* disease 罹病者 / a ~ *of* circumstance(s) 境遇の犠牲者. ♦ **~·less** a 犠牲者[被害者]のない: a ~*less* crime 犠牲者なき犯罪《売春・賭博など》. **~·hòod** n [L]
víctim·ìze vt 犠牲にする; 不当に差別する; (見せしめに)処罰[馘首(かくしゅ)]する; だます, 欺く, カモにする; 悩ます, 苦しませる. ♦ **-ìz·er** n **vìctim·izátion** n 不当な差別, 虐待, 迫害: in-school victimization 学校でのいじめ.
vic·tim·ol·o·gy /vìktəmɑ́ləʤi/ n 被害者学《犯罪における被害者の役割の研究》; 《犯罪者を境遇の犠牲者として扱い, かばう》同情論, 温情主義. ♦ **-gist** n
víctim suppòrt 《犯罪の》被害者支援.
vic·tor /víktər/ n **1** 勝利者, 勝者. **2** [V-] ヴィクター《男子名; 愛称 Vic, Vick》. **3** [V-] ヴィクター《文字 v を表わす通信用語; ⇨ COMMUNICATIONS CODE WORD》. ► a 勝利(者)の. [AF or L (*vict- vinco* to conquer)]
Víctor Chárlie *《軍俗》ヴェトコン(の兵士[ゲリラ]), 北ヴェトナム人[兵]《VC (=Vietcong) を表わす通信用語》.
Víctor Em·mán·u·el /-ɪmǽnjuəl/ ヴィットリオ・エマヌエレ (**1**) ~ **I** (1759–1824)《サルデーニャ王 (1802–21)》 (**2**) ~ **II** (1820–78)《サルデーニャ王 (1849–61), 初代イタリア王 (1861–78)》 (**3**) ~ **III** (1869–1947)《イタリア王 (1900–46)》.
vic·to·ria /vɪktɔ́ːriə/ n **1** ビクトリア《**1**) 軽四輪幌馬車の一種; 1 頭または 2 頭立て 2 人乗り **2**) 後部座席に折りたたみ式のおおいが付いた初期の乗用車》. **2 a**〖植〗オオオニバス (=~ **líly**)《同属 (*V-*) のハスの総称; 南米原産》. **b**〖園〗ヴィクトリア (=~ **plúm**)《大型で甘味の強いプラムの一品種》. **3**〖鳥〗**a** カンムリバトの一種. **b** 家バトの一品種. [Queen *Victoria*]
Victoria 1 ヴィクトリア《女子名; 愛称 Vickie, Vicky, Viki, Vikki》. **2 a**〖ロ神〗ウィクトーリア《勝利の女神; ギリシアの Nike に当たる》. **b** ウィクトーリア女神の像. **3** ヴィクトリア (1819–1901)《英国女王 (1837–1901), インド女帝 (1876–1901); 全名 Alexandrina Victoria》. **4** ビクトリア **Tomás Luis de** ~ (c. 1548–1611)《スペインの作曲家》. **5** ヴィクトリア《**1**) オーストラリア南東部の州; ☆Melbourne **2**) カナダ British Columbia 州の州都 **3**) セーシェルの首都 **4**) 香港島北部の金融・行政地区》. **6** [the] ヴィクトリア川《オーストラリア Northern Territory 北西部を北流して Timor 海に注ぐ》. **7** [Lake] ヴィクトリア湖 (=~ **Nyánza**)《アフリカ最大の湖; タンザニア・ケニア・ウガンダにまたがる》. **8** [Mount] ヴィクトリア山《パプアニューギニアの Owen Stanley 山脈の最高峰 (4073 m)》. [L=victory]
Victória and Álbert Muséum [the] ヴィクトリア・アンド・アルバート博物館《London にある国立の美術・芸術博物館; 略 V&A》.
Victória Cróss 〖英〗ヴィクトリア十字勲章《1856 年 Victoria 女王が制定; 殊勲の軍人に授ける; 略 VC》.
Victória Dày ヴィクトリアデー《カナダの法定休日; 5 月 25 日の直前の月曜日; かつては 5 月 24 日だった》; COMMONWEALTH DAY.
Victoria de Durango ⇨ DURANGO.
Victória Fálls pl [the] ヴィクトリア滝《**1**) ザンビア・ジンバブウェ国境の Zambezi 川にかかる幅 1700 m の大滝 **2**) IGUAÇÚ FALLS の別称》.
Victória Ísland ヴィクトリア島《カナダ北極海諸島第 3 の大島》.
Victória Lànd ヴィクトリアランド《南極大陸の Ross 海および Ross 氷棚の西岸地域》.
Vic·tó·ri·an a **1** ヴィクトリア女王(時代)の, ヴィクトリア朝(風)の; 《特に性関係について》旧式な, 偽善的な, 上品ぶった; 〈建築・家具・室内装飾など〉重厚で装飾が凝った: the ~ Age ヴィクトリア朝 (1837–1901). **2** ヴィクトリア州[市]の. ► n ヴィクトリア女王時代の人, 《特に》ヴィクトリア朝の代表的作家; 上品ぶる人[女]; ヴィクトリア州人[市民]; ヴィクトリア朝様式[風]の家. ♦ **~·ìsm** n ヴィクトリア朝風(のもの).
Vic·to·ri·ana /vɪktɔ̀ːriɑ́ːnə, -ǽnə, -éɪnə/ n pl ヴィクトリア朝(風)の物品《特に 装飾品》, ヴィクトリア朝もののコレクション; ヴィクトリア朝に関する資料.
Victórian bóx 〖植〗シマトベラ, トウソヨゴ.
Victória Níle [the] ヴィクトリアナイル川《Nile 川上流の Victoria 湖から Albert 湖までの部分》.

V

Victórian·ìze *vt* 《趣味·様式などの点で》ヴィクトリア朝風にする. ♦ **Victòrian·izátion** *n*
Victórian Órder [the] ROYAL VICTORIAN ORDER 《略 VO》.
Victórian válues *pl* ヴィクトリア朝的価値(観) 《大英帝国の最盛期 Victoria 女王の時代を特徴づけたとされる, 進取の気性, 勤勉と蓄財, 家庭の重視に基づく謹厳なモラル, 愛国心などの価値観》.
Victória sàndwich [spònge] ヴィクトリアサンドイッチ[スポンジ] 《ジャムなどをはさんだ 2 層重ねのスポンジケーキ》.
vic·to·rine /vìktərí:n, ⌐ ⌐ ⌐/ *n* ヴィクトーリン 《長いたれの付いた毛皮の肩掛け》.
Victorine *n* サンヴィクトル律修修道会士, サンヴィクトル派 《サンヴィクトル (St. Victor) 大修道院は 1113 年 Paris の近くに建設され, 12–13 世紀には多くの神学者·神秘思想家を輩出した》.
vic·to·ri·ous /vɪktɔ́:riəs/ *a* 勝利を得た, 戦勝者たる, 勝ち誇る; 勝利[戦勝]の; 満ち足りた. ♦ **~·ly** *adv* **~·ness** *n*
víctor lu·dór·um /-ludɔ́:rum/ 《競技会の》最高殊勲選手. [L =victor in games]
vic·to·ry /víkt(ə)ri/ *n* **1** 勝利, 戦勝, 優勝 (opp. *defeat*); 克服: have [gain, get, win] a ~ over the enemy 敵に勝つ / ~ over one*self* [one's lower self] 克己 / MORAL VICTORY. **2** [V-] ヴィクトリー号 《Nelson 提督の旗艦; 現在は Portsmouth で公開されている》. **3** [V-] 勝利の女神 《VICTORIA または NIKE》. [AF, OF＜L; ⇨ VICTOR]
víctory bònd 〔英·カナダ〕 戦勝国債 《第一次大戦中とその直後に発行された国債》.
víctory gàrden* 《戦時中の》家庭菜園.
Víctory gìrl *《俗》 V-GIRL.
víctory làp [rùn] 〔スポ〕 ビクトリーラン, ウイニングラン (lap of honor[ll]).
V
Víctory Mèdal 〔米〕 戦勝記念勲章 《第一次·第二次大戦の従軍兵に授与》.
víctory rìbbon 〔米〕 勲功章 《Victory Medal の受章者が付けるリボン》.
víctory ròll ビクトリーロール 《敵機の撃墜など飛行任務の成功を誇示して行なう回転飛行》.
víctory sìgn V サイン.
vic·tress /víktrəs/ *n* 《まれ》 女性の勝者.
vic·trix /víktrɪks/ *n* (*pl* **-tri·ces** /-trəsì:z/) VICTRESS.
Vic·tro·la /vɪktróulə/ 〔商標〕 ヴィクトローラ 《蓄音機》.
vict·ual /vítl/ *n* [ᵘ*pl*] 《調理済みの》食物, 食品; 《古·方》 食糧, 糧食. ► *v* (-l- | -ll-) *vt* …に食物[食糧]を供給する. ► *vi* 食物の仕込みをする; 《古》 食物を食べる. [OF＜L (*victus* food); cf. L *vivo* to live]
víctual·age *n* 食物, 糧食.
víct·ual·(l)er *n* 《船舶·軍隊への》食料品供給者; 糧食運送船; [ll]酒類販売免許をもつ飲食店主 (licensed victualler).
víct·ual·ling bìll 〔海運〕 船用食品積み込み申告書.
víctualling nòte 〔英海軍〕 水兵食事伝票.
víctualling òffice 〔英海軍〕 軍需部糧食課.
víctualling yàrd 〔英海軍〕 軍需部倉庫.
vi·cu·ña, -na, -gna /vɪk(j)ú:nə, -kú:njə, vaɪ-/ *n* **1** 〔動〕 ビクーニャ, ビクーナ 《ラマの一種; 南米産》. **2** ビクーニャの毛[毛織物(まがいの羊毛織物)], ビキューナ. [Sp＜Quechua]
vid /víd/ *n* VIDEO.
Vi·da[1] /ví:də, váɪdə/ ヴィーダ, ヴァイダ 《女子名; Davida の愛称》.
Vi·da[2] /ví:dɑ:/ ヴィーダ **Marco Girolamo** ~ (c. 1490–1566) 《イタリアの詩人》.
Vi·dal /vɪdɑ́:l/ ヴィダル **Gore** ~ (1925–2012) 《米国の作家; Edgar Box の筆名で推理小説も発表》.
Vi·da·lia /vədéɪljə/ 〔証明標章〕 ビダリア 《Georgia 州で栽培される辛味のないタマネギ》.
Vi·dar /ví:dɑ̀:r/ 〔北欧神話〕 ヴィーザル 《Odin の息子, 無口で力が強いアサ神族 (Aesir) の神; Fenrir に呑み込まれた父の復讐に Fenrir の腹を二つに裂いた》.
vid·ar·a·bine /vaɪdǽrəbì:n, vɪ-, vɪdɑ́:-/ *n* 〔薬〕 ARA-A.
vi·de /váɪdi, ví:dèɪ/ *v* …を見よ, 参照せよ 《略 v., vid.》: ~ [*v*] p. 30 30 ページ参照 / QUOD VIDE. [L (impv) ‹ *video* to see]
víde án·te /-ǽnti/ 前を見よ. [L=see before]
víde ín·fra /-ínfrə/ 下を見よ 《略 v.i.》. [L=see below]
vi·del·i·cet /vədéləsèt; -dí:-/ *adv* すなわち 《略 viz.》. [L (*video* to see, *licet* it is allowed)]
vid·eo /vídiòu/ *a* テレビの; ビデオテープの; 映像の. ► *n* (*pl* **víd·e·òs**) *TELEVISION; テレビの映像 《音声に対していう》; 《テレビの映像の》画質; ビデオ(デッキ); ビデオテープ, ビデオカセット; ビデオ(ソフト), 動画. ► *vt* ビデオ(カメラ)で録画する[撮る] [L=I see]
vídeo adàpter 〔電算〕 ビデオアダプター (VIDEO CONTROLLER).
vídeo arcàde 《ビデオゲーム中心の》ゲームセンター.
vídeo àrt ビデオアート 《ビデオテープやテレビの映像処理技術を用いた芸術》. ♦ **vídeo àrtist** *n*
vídeo blòg 〔電算〕 ビデオブログ (vlog). ♦ **vídeo blògging** *n*
vídeo bòard 〔電算〕 ビデオボード (VIDEO CONTROLLER).
vídeo càmera ビデオカメラ.
vídeo càpture càrd 〔電算〕 ビデオ(取込み)カード 《ビデオ信号をコンピューターに取り込むための拡張カード》.
vídeo càrd 〔電算〕 ビデオカード (VIDEO CONTROLLER).
vídeo cártridge VIDEOCASSETTE.
vìdeo·cassétte / , ⌐ ⌐ ⌐/ *n* ビデオカセット; 《映画などの》ビデオ.
videocassétte recòrder ビデオデッキ (VCR).
vídeo CD /⌐ ⌐ sì:dí:/ ビデオ CD 《CD に動画 (MPEG-1 方式で最大約 70 分) を収録する規格 (1993)》.
vídeo clìp 《新曲などの》プロモーションビデオ; 〔電算〕 ビデオクリップ 《インターネット配信や編集素材用の短い動画》.
vídeo·cònference *n* テレビ会議 《テレビで遠隔地を結んで行なう会議》. ♦ **vídeo·còn·fer·enc·ing** *n*
vídeo contròller 〔電算〕 ビデオコントローラー (＝*video adapter*) 《コンピューターのグラフィックス処理回路; 同回路を搭載した拡張カード》.
vídeo dìary ビデオ日記.
vídeo·dìsc, -dìsk *n* ビデオディスク; 《映画などの》ビデオディスク.
vídeo displáy tèrminal 〔電算〕 ディスプレー端末(装置) (VISUAL DISPLAY UNIT) 《略 VDT》.
vídeo·fìt *n* ビデオフィット 《コンピュータースクリーンに呼び出せる, 目撃者の証言をもとに合成した人物の顔の画像》.
vídeo frèquency 〔テレビ〕 映像周波数.
vídeo gàme ビデオゲーム, テレビゲーム.
vìdeo·génic *a* TELEGENIC.
vid·e·og·ra·phy /vìdiágrəfi/ *n* ビデオカメラ撮影(術). ♦ **vid·e·óg·ra·pher** *n*
vìdeo·gráphics *n* [‹*sg*/*pl*›] 〔電算〕 ビデオグラフィックス 《動画の生成·表示法; その映像》.
vídeo·ìze *vt* テレビで放映できるようにする, ビデオ化する.
vídeo jòckey [jòck] **1** ビデオジョッキー, VJ (＝*veejay*) 《音楽ビデオ番組やディスコで, ビデオを流しながらおしゃべりをする司会者》. **2** *《俗》 ビデオゲームで遊ぶ人.
vídeo·lànd *n* 《マスコミ機関としての》テレビ, テレビ産業[界].
vídeo lìnk テレビ電話, ビデオリンク.
vídeo màil ビデオメール 《ネットワークを介して送られる動画メッセージ; 通例受取人は受信を通知され, 指定されたアドレスにアクセスして動画を再生する》.
vídeo nàsty 《口》 ホラービデオ, エログロビデオ.
vídeo nòvel テレビ映画から写真入りで本にしたもの.
vídeo on demánd 〔テレビ〕 ビデオ·オン·デマンド 《サーバーに蓄えておいた番組を, 利用者からの要求に応じてネットワークを通じて配信するテレビ形態》.
vídeo·phìle *n* ビデオ愛好者, ビデオマニア.
vídeo·phòne *n* テレビ電話.
vídeo·plày·er *n* ビデオテープ再生装置.
vídeo [vídeotape] recòrder ビデオデッキ 《略 VTR》.
vídeo recòrding ビデオデッキに録画[で再生]すること; ブラウン管の映像をフィルムにとって作った映画; VIDEOTAPE RECORDING.
vídeo sìgnal 〔テレビ〕 映像信号.
vídeo·tàpe *n* ビデオテープ; VIDEOTAPE RECORDING. ► *vt* ビデオテープに録画する.
vídeotape recòrding 《映画などの》ビデオ.
vìdeo·télephone *n* VIDEOPHONE.
vídeo·tex /-tèks/, **-tèxt** *n* ビデオテックス[テクスト] (＝*viewdata*) 《情報を放送電波や電話[有線テレビ]回線を用いて加入者のテレビ受像機[コンピューター端末機のスクリーン]に映し出すシステム; 特に対話式のもの》.
vídeo vé·ri·té [ve·ri·te] /⌐ ⌐ vèrətéɪ/ ビデオヴェリテ 《テレビ番組制作における CINÉMA VÉRITÉ 的手法》.
vídeo wàll 《ディスプレー画面を並列[分割]した》多重画面, マルチスクリーン.
víde póst /-póust/ あとを見よ. [L=see after]
vi·de·shi /vɪdéɪʃi/ 《インド》 *a* インドのものでない, 外国の; 外国製の. [Hindi]
víde sú·pra /-sú:prə; -s(j)ú:-/ 上を見よ 《略 v.s.》. [L=see above]
vi·dette /vɪdét/ *n* VEDETTE.
víde ut sú·pra /-ʊt sú:prə; -s(j)ú:-/ 上述のごとくに見よ. [L=see as (stated) above]
Vi·dhan Sa·bha /vɪdɑ́:n sʌ́bə/ 《インドの》州議会. [Hindi=law assembly]
vid·icon /vídɪkàn/ *n* [ᵒV-] 〔テレビ〕 ビディコン 《三硫化アンチモンを主材料とするターゲットをもった光導電形撮像管》. [*video*＋*iconoscope*]
Vid·i·font /vídəfànt/ 〔商標〕 ヴィディフォント 《キーボード操作によって文字や数字をテレビ画面に映し出す電子装置》.
vi·di·mus /váɪdəməs/ *n* (*pl* ~**·es**) 《帳簿·書類などの》正式検査; 検査済証付き書類. [L=we have seen]
vid·i·ot /vídiət/ *n* *《俗》 テレビ[ビデオ]中毒者, テレビ浸りのやつ, ビデオオタク. [*video*＋*idiot*]

vid·u·al /víʤuəl/ *a* 《廃》 やもめ(暮らし)の. ［L *vidua*］

vi·du·i·ty /vɪd(j)úːəti/ *n* 寡婦の身, やもめ暮らし (widowhood).

vie /váɪ/ *v* (**~d; vý·ing**) *vi* 優劣を争う, 競う, 競争する, 張り合う 〈*with* (one) another *to* do, *for* sth〉. ► *vt* 《古》 張り合わせる, 対抗させる; 《廃》 〈金を〉賭ける. ♦ **ví·er** *n* ［?OF *envier* to ENVY］

vielle /vjɛ́l/ *n* 〘楽〙 ヴィエール《12–13 世紀の五弦琴; のちに HURDY-GURDY》.

Vi·en·na /viénə/ **1** ヴィーン, ウィーン (*G* Wien)《オーストリアの首都》. **2** [°v-] ウィンナパン (=**∼ lóaf**)《35 cm ほどの葉巻形の白パン》; VIENNA SAUSAGE.

Viénna Cìrcle [the] ウィーン学団《1920 年代から Vienna で活動した科学哲学者集団; logical positivism を提唱して国際的哲学運動に発展したが 1938 年ドイツの侵略で解散》.

Viénna Internátional [Únion] [the] ウィーンインターナショナル《第 2 インターナショナルに不満で Comintern からも排除された各国社会民主主義的政党が, 1921 年 Vienna で創立》.

Viénna sáusage ウィンナソーセージ.

Viénna stéak ウィンナステーキ《挽肉に野菜を刻み込んで形を整えて焼いたもの》.

Viénna whíte ヴィエンナホワイト《純粋な鉛白 (white lead) からつくる顔料》.

Vi·enne /vién; *F* vjɛn/ **1** ヴィエンヌ《(1) フランス中西部 Poitou-Charentes 地域圏の県; ☆Poitiers (2) フランス南東部 Rhone 川沿岸の市》. **2** [the] ヴィエンヌ川《フランス中南西部を北西に流れて Loire 川に合流》.

Vi·en·nese /vìːəníːz, -s; vìə-/ *a* ヴィーンの; ヴィーン風の; ヴィーン市民の. ► *n* (*pl* ∼) ヴィーン市民.

Viennese wáltz ウィンナワルツ《19 世紀に Vienna で流行したワルツ; テンポが速く, 第 1 拍が第 2 拍をわずかに先取りする》.

Vien·tiane /vjɛntjáːn/ ヴィエンティアン《ラオスの首都; Mekong 川の左岸にある》.

Vier·wald·stät·ter See /*G* fiːrváltʃtɛtər zéː/ フィーアヴァルトシュテッテ湖《Lake of LUCERNE の別称》.

Vi·et /viét, vjét/*《口》 *n, a* VIETNAM; VIETNAMESE.

vi et ar·mis /váɪ ɛt áːrməs/ *adv* 〘法〙 暴力によって. ［L=with force and arms］

Viet·cong, Viet Cong /viètkáŋ, vjɛ̀t-, vìːət-, *-kɔ́ːŋ/ *n* (*pl* ∼) ヴェトコン《本来は「ヴェトナム共産主義者」の意》.

Viet·minh, Viet Minh /viètmín, vjɛ̀t-, vìːət-/ (*pl* ∼) ヴェトナム独立同盟員, ヴェトミン《ヴェトナムの独立闘争を指導した統一戦線組織の一員》.

Viet·nam, Viet Nam /viètnáːm, vjɛt-, vìːət-, -nǽm/ ヴェトナム, 越南《インドシナ半島の国; 公式名 Socialist Republic of ∼ (ヴェトナム社会主義共和国); ☆Hanoi》.

Viet·nam·ese /vièt̬nəmíːz, vjɛ̀t-, vìːət-, *-s/ *a* ヴェトナムの; ヴェトナム人[語]の. ► *n* (*pl* ∼) ヴェトナム人; ヴェトナム語.

Viétnamese pótbellied píg 〘動〙 POTBELLIED PIG.

Viètnam·izátion *n* ヴェトナム化. ♦ **Viétnam·ìze** *vt*

Viétnam Wár [the] ヴェトナム戦争 (1954–73)《北ヴェトナム政府と南ヴェトナムの解放勢力対南ヴェトナム政府と米軍などの戦い; 後者の敗退で終結》.

Vi·et·nik /viétnɪk/ *n**《俗》 [ᵘ*derog*] ヴェトナム戦争介入反対者. ［*Vietnam*＋beat*nik*］

vieux jeu /*F* vjø ʒø/ *a, n* 時代遅れの[旧式の, 古臭い](もの). ［F =old game］

view /vjúː/ *n* **1** 見る力, 視力; 視界, 視野: a field of ∼ 視野 / exposed to ∼ 現われて / lost to ∼ 見えなくなって / come into ∼ 見えてくる / burst into ∼ 〈光景など〉突然目に飛び込んでくる / bring sth into ∼＝bring sth into SIGHT. **2 a** 光景, 景色, 眺め, 眺望, 見晴らし; 風景画[写真]; 展望図: a distant ∼ 遠景 / a house with a good ∼ of the sea 海のよく見える家 / postcards with ∼*s* of the town 町の風景の絵はがき / take [do] some ∼*s* of…の景色を描く[写す]. **b** 見たところ, 印象, 感じ 〈*of*〉. **3 a** 見る[眺める]こと; 観覧, 見物; 視察, 観察; 〘法〙 実地検証, 検分; 《美術品などの》 購入前の下見: PRIVATE VIEW. **b** 考察, 調査; 概説, 概要; 《特にある特別な》 見方: take a general ∼ of…を概観する / take a dark [dim, poor, gloomy] ∼ of…を悲観的[批判的]にみる, 感心しない / take a favorable [hopeful] ∼ of…を好意的[楽観的]にみる / a new ∼ of …の新しい見方. **4** 見解, 意見, 考え 〈*on*〉; 《古》 意図, 意向 (intention): POINT OF VIEW / In my ∼, … わたしの考えでは, … / take the ∼ that…という見解をとる, …と考える / I had other ∼*s* for the vacation. 休暇については別に考えがあった / Tell me your ∼*s on* my proposal. わたしの提案についてお考えを聞かせてください / meet [fall in with] sb's ∼*s* 人の意向に添う. **5** 目的, 計画; 考慮; 見込み: with this [that] ∼ この[その]目的で, この[その]ために / leave…out of ∼ …を考慮に入れない.

● **have ∼s upon**…に目をつける, …をねらう. HEAVE **in [into] ∼.** **in the long [short] ∼** 長期[短期]的にみれば. **in ∼** 見える所に, 見えて, 実現しそうで; 考慮中で, もくろんで; 希望[期待]して: have [keep]…*in* ∼ …から目を離さずにいる, 目の届く所に置く; …を心[記憶]に留めている; …をもくろんでいる / with…*in* ∼ …を心がけて, …を目的として. **in ∼ of…** (1) …の[から]見える所に: come *in* ∼ *of* the tree その木が見えてくる / stand *in* full ∼ *of* …が[から]よく見える所に立つ. (2) …を考慮して, …のゆえに; …を見込んで. **on ∼** 展示されて, 展覧中で; 上映中で; 見えて (visible). **out of ∼** 見えない所に[で]: go *out of* ∼ 見えなくなる. **take the long ∼(s) [short ∼] of**…を長期的に[(将来を考慮せず)短期的に]考える. **to the ∼** 公然と, 公けに. **with a ∼ to** (doing [《俗》 **to** do])…するために, …を(得ようと)望んで; …に関して; …を予想して. **with the [a] ∼ of doing**…するつもりで, …する目的で.

► *vt* 見る, 眺める; 《実地で》 調べる, 検分[検死]する; 〈不動産を〉見学する; 考察する, ある見方でみる; 《口》 〈テレビ・番組を〉見る; 〘狩〙 〈獲物を〉見つける: ∼ the matter in the right 事態を正しく見る. ► *vi* 検分する; テレビを見る.

［AF, OF (pp) < *veoir* (L *video* to see)］

víew·able *a* 見える, 検査をうけられる; 見る価値のある.

víew càmera 〘写〙 ビューカメラ《レンズ交換・あおり機能などを備えた大型カメラ》.

víew·dàta *n* VIDEOTEX.

víew·er *n* 見る人, 観察者, 見物人; 検査官, 監督官; テレビ視聴者; 〘写〙 ビューアー《スライドの拡大透視装置》; 〘電算〙 ビューア《ファイルの内容を見るためのプログラム》; 《口》 接眼レンズ, ファインダー.

víew·er·shìp *n* 《テレビ番組の》 視聴者(数[層]), 視聴率.

víew·fìnd·er *n* 〘写〙 ファインダー.

víew·gràph *n* 《OHP やテレビ会議で用いる, グラフ・データを書き込んだ》 透明シート.

víew hallóo [halló, hallóa] 〘狩〙 出たぞー《キツネが飛び出した時にハンターの発する声》.

víew·ing *n* (テレビを)見ること; テレビ番組《集合的》; 《絵画などの》 鑑賞会; 《葬儀での》 故人との最後の対面[別れ].

víewing fìgures *pl* テレビ視聴者数.

víew·less *a* 眺め[展望]がない; 将来展望[見通し]がない; 意見のない; 《詩・文》 見えない. ♦ **∼·ly** *adv*

víew·phòne *n* VIDEOPHONE.

víew·pòint *n* 鑑賞地点, 絶景ポイント; 見地, 見解, 観点 (standpoint, point of view): from the ∼ of…の見地から.

víew·pòrt *n* 《宇宙船・石油掘削塔などの》 窓; 〘電算〙 WINDOW.

víew·scrèen *n* ディスプレー画面; 《デジタルカメラの》 モニター画面.

víew·shèd *n* 《ある位置からの》 景観, 眺望; 〘通信〙 《ある地点の電波の》 可視領域.

víew wíndow PICTURE WINDOW.

viewy 《口》 空想的な考えをもった; 壮観な, めざましい, 人目をひく, 派手な. ♦ **víew·i·ness** *n*

vig /víg/ *n**《俗》 VIGORISH.

vi·ga /víːgə/ *n**《米国南西部のアドビ煉瓦造りの家屋に見られる》 太い梁(はり)[たるき]. ［Sp=beam］

Vi·gée-Le·brun /*F* viʒeləbrœ̃/ ヴィジェ-ルブラン (**Marie-Louise-)Élisabeth** ∼ (1755–1842)《フランスの画家; 女性の肖像画で著名》.

vi·gent /váɪʤənt/ *a* 全盛の, 栄えている, うまくいっている.

vi·ges·i·mal /vaɪʤésəm(ə)l/ *a* 第 20 の, 20 番目の; 1/20 の; 〘数〙 20 からなる, 二十進法の. ♦ **∼·ly** *adv* ［L *vigesimus* (*viginti* twenty)］

vi·ges·i·mo /vaɪʤésəmòu/ *n* (*pl* **∼s**) TWENTYMO.

vigésimo-quárto *n* (*pl* **∼s**) TWENTY-FOURMO.

Vi·ge·va·no /vɪʤévənòu/ ヴィジェヴァノ《イタリア北部 Lombardy 州の町》.

vig·ger·ish /vígərɪʃ/ *n**《俗》 VIGORISH.

vi·gia /vɪʤíːə, -híːə/ *n* 〘海〙 危険な岩礁[浅瀬]を海図上に示す記号. ［Sp=watch, VIGIL］

vig·il /víʤəl/ *n* 不寝番, 寝ずの番[看病]; 《夜間の》 監視(期間); 《特に夜間の》 静かなデモ[集会]; 眠れない時; 〘宗〙 徹夜の祈り, 《断食をする》 祝日の前夜[前日]; [ˢ*pl*] 《教会祭日の前夜の》 夜の勤行(ごんぎょう): keep ∼ 寝ずの番をする, 《看病などで》 徹夜する, 通夜をする / keep ∼ over [beside] a sick child 徹夜で病気の子の看病をする. ［OF< L *vigilia* (*vigil* awake)］

vig·i·lance /víʤələns/ *n* 寝ずの番をすること, 警戒, 用心; 覚醒; 〘医〙 不眠症 (insomnia). ［F or L (*vigilo* to keep awake < VIGIL)］

vígilance commìttee* 自警団; 〘米史〙 不法な手段で黒人や奴隷制廃止論者を圧迫した南部の市民組織.

víg·i·lant *a* 寝ずに番をしている; 絶えず警戒を怠らない, 油断のない, 用心深い, 炯眼(けいがん)な. ♦ **∼·ly** *adv* **∼·ness** *n*

vig·i·lan·te /vìʤəlǽnti/ *n* 自警団員; 自警団的な正義の執行者, 自分を法[正義]とみなす人. ［Sp=vigilant］

vig·i·lan·tism* /vìʤəlǽntìz(ə)m/ *n* 《私刑を含む暴力的な》 自警(行為). ♦ **vìg·i·lán·tist** *a*

vígil lìght [càndle] 《(信者が)教会で聖者像の前にともす》 常灯明.

vi·gin·til·lion /vàɪʤɪntíljən/ *n, a* ヴィジンティリオン(の)《10^{63}; 英ではかつて 10^{120} を表わした》. ★ ⇨ MILLION.

Vigneaud ⇨ Vincent DU VIGNEAUD.

vi·gne·ron /*F* viɲrɔ̃/ *n* ブドウ栽培者 (winegrower).

vi·gnette /vɪnjét/ *n* **1 a** 《書物の章頭・章尾に付ける》ブドウの葉・巻きひげ・枝などの小さな飾り模様; 《中世写本などにみられる》頭文字の飾り模様. **b** 〘建〙葡萄蔓[唐草]模様. **2** ヴィネット《輪郭をぼかしにした絵・写真・画像》; 《書中の小さく優美な》さしえ; 切手の絵の部分《文字・枠を除く》. **3** スケッチ風の小品文, 《特に》簡潔な人物描写. **4** 《演劇・映画の中の》短い事件[場面]. ► *vt* 〈写真などを〉ぼかしにする; 簡潔に描写する; vignette で飾る. [F (dim) ‹ VINE]

vi·gnét·ter *n* VIGNETTIST; 〘写〙ヴィネット写真用焼き枠.

vi·gnét·ting 〘写〙 *n* ヴィネット焼き(技法); 蹴られ《周辺部の減光》.

vi·gnét·tist *n* ヴィネット写真製作者[画家]; 小品文作者.

Vi·gno·la /vɪnjóulə/ ヴィニョーラ **Giacomo (Barozzi) da** ~ (1507–73)《イタリア後期ルネサンスの代表的建築家》.

Vi·gny /vinjí:/ ヴィニー **Alfred(-Victor) de** ~ (1797–1863)《フランスロマン派の詩人・劇作家・小説家》.

Vi·go /ví:gou/ ビゴ《スペイン北西部, 大西洋の入江ビゴ湾 (~ **Báy**) に臨む市・港町》.

vig·or | vig·our /vígər/ *n* 精力, 力, 活力; 精神力, 気力, 活気, 元気, 迫力; 生気, 勢い, 活動力, 活発さ, 体力, 強壮; 《人生の》盛り, 壮年; 《性格の》力強さ; 《植物などの》生長力; 〘法〙拘束力, 有効性. ● **in** ~ 活気に満ちて; 〘法〙〈法律が〉有効で. **with** ~ 勢いよく, 元気よく. ♦ **~·less** *a* [OF‹L (*vigeo* to be lively)]

vig·o·rish /vígərɪʃ/ *«俗» *n* 《馬券屋・胴元などに支払う》手数料, 手数料の料率; 《高利貸しに払う》利息; 《不法な収益の》分け前. [? Yid‹Russ=winnings]

vig·o·ro /vígəròu/ *n* «豪» ヴィゴロ (=*cricko*)《クリケットと野球の要素を合わせた女性の競技; 1 チーム 12 人で行なう》. [? *vigour*]

vi·go·ro·so /vìgəróusou, -zou/ *adv, a* 〘楽〙力強く勇壮に[な], ヴィゴローソで[の]. [It]

vig·or·ous /vígərəs/ *a* 精力的な, 強健な, 強壮な; 元気いっぱいの, 活力のある, 活発な; 力強い, 勢いのある: ~ operations 積極的行動 / have a very ~ argument 活発に渡り合う. ♦ **~·ly** *adv* 元気に, 活発に, 勢いよく. **~·ness** *n* [OF‹L; ⇨ VIGOR]

víg òunce *«俗» ヘロイン[麻薬] 1 オンス (piece).

vi·ha·ra /vɪhá:rə/ *n* 《仏教の》寺院, 僧房, 精舎(しょうじゃ), ヴィハーラ. [Skt=place of recreation]

vi·hue·la /viwéɪlə/ *n* 〘楽〙ビウエラ《ギターに似た 6 弦のスペインの古楽器》. [Sp]

Viipuri ⇨ VYBORG.

Vi·ja·ya·na·gar /vìʤəjənʌ́gər/, **Bi·ja·na-** /bìʤ-/ ヴィジャヤナガル《1336–c. 1614 年南インド一帯を支配したヒンドゥー王国》. [Skt =City of Victory]

Vi·ja·ya·wa·da /vìʤəjəwá:də/ ヴィジャヤワダ《インド南東部 Andhra Pradesh 東部の Krishna 川に臨む市; ヒンドゥー教徒巡礼の地; 旧称 Bezwada》.

Vi·king /váɪkɪŋ/ *n* **1** ヴァイキング, ヴィーキング《8–11 世紀に欧州の北部および西部を略奪した北欧人》; [v-] 海賊; «口» スカンディナヴィア人. **2** ヴァイキング《米国の無人火星探査機; 1975 年に 2 機打ち上げ》. [ON *víkingr* (?*vík* creek, sea inlet, *-ingr* -ING[2]); 一説に ON‹?OE *wīcing* (*wīc* camp, *-ing*[2])]

Vik(·k)i /víki/ ヴィキー《Victoria の愛称》.

vi·la /ví:lɑ:, -lə/ *n* 〘スラヴ民話〙森・野原・小川の妖精.

Vi·la /ví:lə/ ヴィラ《太平洋南西部 Efate 島にあるヴァヌアツの首都・港町》.

vi·la·yet /vɪlá:jèt, vì:ləjét/ *n* 《トルコの》県, 《オスマン帝国の》州 (=*eyalet*)《略 vila.》. [Turk]

vile /váɪl/ *a* 堕落した, 下劣な, 不道徳な, 恥ずべき, 下品な; きたない, うすよごれた; 悪質な; いやな, ひどい; つまらない, 卑しい; 〈金額など〉わずかな, けちな; «古» 価値のない: ~ language 下品なことば / a ~ odor 胸の悪くなるような悪臭 / ~ weather いやな天気, 悪天候. ♦ **~·ly** *adv* **~·ness** *n* [OF‹L *vilis* worthless, base]

vil·i·fi·ca·tion /vìləfəkéɪʃ(ə)n/ *n* 悪口, 中傷.

vil·i·fy /víləfàɪ/ *vt* けなす, そしる, おとしめる, 中傷する, …に毒づく; «古» 卑しめる. ♦ **-fi·er** *n* [L; ⇨ VILE]

vil·i·pend /víləpènd/ «古・文» *vt* 軽蔑する, みくびる, さげすむ; けなす. [OF or L (VILE, *pendo* to consider)]

vill /víl/ *n* 〘英史〙町区; VILLAGE.

vil·la /vílə/ *n* 《郊外の》大邸宅, 屋敷; 《郊外の広壮な》別荘, 別邸; 《海辺などの》別荘; "《郊外や住宅街の一戸建てや二軒続きの》普通住宅, [V-s] [住所名の一部として] …住宅; 《古代ローマの》荘園. [It and L]

Vil·la /ví:jə/ ヴィヤ **Francisco** ~ [通称 **'Pan·cho'** /pá:nʧou, pǽn-/ ~] (1878–1923)《メキシコの革命家; 本名 Doroteo Arango》.

Vil·lach /*G* fílax/ フィラハ《オーストリア南部 Drava 川に臨む市》.

Vi·lla Cis·ne·ros /ví:jə sɪsnérəs/ ビリャシスネロス《DAKHLA の旧称》.

vílla·dom" *n* 別荘《集合的》; 郊外住民の社会.

Vil·la·fran·chi·an /vɪləfrǽŋkiən/ *a* 〘地質〙ビラフランカ階の《第 1 氷期以前の下部更新世の層》.

vil·lage /vílɪʤ/ *n* **1 a** 村, 村落《通例 hamlet よりも大きく town よりも小さいとされる; 米国では自治体のこともある》. **b** 村民《集合的》; 動物の群落. **2** 《city または town の城内にある》村的なまとまりをもった地域, …村, ヴィレッジ; [the V-] *GREENWICH VILLAGE. **3** «豪» 郊外にある小さな商店街[ショッピングセンター]. [OF‹L; ⇨ VILLA]

víllage cóllege" 数か村連合の教育・レクリエーションセンター.

víllage commúnity 《古代の》村落共同体.

víllage gréen 村[町]の共有緑地, 村落広場.

víllage hàll ヴィレッジホール《英国の田舎にみられる地域のセンター; ダンスパーティー・ノミの市・集会など用の施設》.

víllage ídiot 《村中が知っている》村の白痴[与太郎]; 《典型的な》あほう, 大ばか.

víl·lag·er *n* 村人, 村民; 田舎の人, 田舎者. ► *a* «東アフリカ» 発達の遅れた, 素朴な, 文盲の.

víllage·ry *n* 村落, 村 (villages).

Víllage Vòice 『ヴィレッジヴォイス』《New York 市のタウン誌でざら紙の週刊紙; 1955 年創刊》.

vil·lag·iza·tion /vìlɪʤəzéɪʃ(ə)n; -ʤaɪ-/ *n* 《アジア・アフリカにおける》土地の村有化.

Vi·lla·her·mo·sa /vì:jaɛərmóusə/ ビヤエルモサ《メキシコ南東部 Tabasco 州の州都》.

vil·lain /vílən/ *n* 悪党, 悪漢, 悪者; 《芝居・小説の》悪役, 敵役; 元凶; [*joc*] 野郎, こいつ; "«警察俗» 犯人; 〘史〙VILLEIN; «古» げす, 土百姓, 田舎者: play the ~ 悪役をつとめる; 悪事をはたらく / You little ~! この悪たれ小僧め! ● **the ~ of the piece** [°*joc*]《問題を起こした》張本人, 元凶. ► *a* 下劣な, 卑しい, 下等な; 生まれの卑しい. ♦ **víllain·ess** *n fem* [OF=serf‹L *villanus* worker on country estate ‹ VILLA]

víllain·age *n* VILLEINAGE.

víllain·ous *a* 悪党[悪人]のような; ふらちな, 下劣な, 極悪な; ひどく悪い, ひどい, いやな. ♦ **~·ly** *adv* **~·ness** *n*

víl·lainy *n* 極悪, 悪辣, 無頼; 悪事, 悪行; VILLAINAGE.

Vil·la-Lo·bos /ví:ləlóubouʃ, -bous, -bəs/ ヴィラ-ロボス **Hei·tor** /éɪtɔ̀:r/ ~ (1887–1959)《ブラジルの作曲家》.

vil·lan·age /vílənɪʤ/ *n* VILLEINAGE.

vi·llan·ci·co /vì:ljənθí:kou/ *n* ビリャンシーコ《スペインの降誕祭・クリスマスの歌; もとは吟遊詩から派生して 15 世紀に成立した民衆的な短い歌; ルネサンス期に多声的となり, 17 世紀には宗教的性格のものとなった》. [Sp]

vil·la·nel·la /vìlənélə/ *n* (*pl* **-nel·le** /-néli/) ヴィラネラ《16 世紀イタリアにはやった無伴奏の田舎風の合唱歌》; 《一般に》田舎風のダンスのための器楽曲. [It]

vil·la·nelle /vìlənél/ *n* 〘韻〙ヴィラネル《田園詩十九行二韻体詩》. [F]

Vil·la·no·va /vìlənóuvə/ *a* VILLANOVAN.

Vil·la·no·van /vìlənóuvən/ 〘考古〙 *a* ヴィラノヴァ文化(期)の《北イタリアの初期鉄器時代の文化》. ► *n* ヴィラノヴァ人. [*Villanova* イタリア北東部の町]

Vil·lard /vəlá:rd, -lá:r/ ヴィラード **Oswald Garrison** ~ (1872–1949)《ドイツ生まれの米国のジャーナリスト》.

Vil·lard de Honne·court /*F* vilar də ɔnku:r/ ヴィラール・ド・オンヌクール (1225?–50)《フランスの建築家》.

Vil·lars /vɪlá:r/ ヴィラール **Claude-Louis-Hector de** ~ (1653–1734)《フランスの軍人; スペイン継承戦争を指揮して成功》.

vil·lat·ic /vɪlǽtɪk/ *a* 村[村落]の, 農村の, 田舎の.

ville /*F* vil/ *n* 都会, 町; 市: la *V*~ lumière 光の都(パリ) (Paris). [F‹L VILLA]

-ville /vɪl/ *n suf* (1) [地名の一部として]「町」「市」: Louis*ville*, Soul*ville*. (2) «口» [°*derog*]「(特定の性格をもつ)場所[状態]」: squares*ville*, dulls*ville*. [F (↑)]

Ville-de-Pa·ris /*F* vildəpari/ ヴィル-ド-パリ《フランス北部 Île-de-France 地域圏の県; Paris 市の県としての名称》.

Ville·franche /*F* vilfrɑ̃ʃ/ ヴィルフランシュ (1) 別称 **Villefranche-sur-Mer** /*F* -syrmɛr/; フランス南東部 Nice の東にある古い港町; 保養地 2) 別称 **Villefranche-sur-Saône**; フランス中東部 Lyon の北北西にある, Saône 川沿岸の町; ワインの集散地》.

vil·leg·gia·tu·ra /vɪlèʤətúərə/ *n* 田舎で休みを過ごすこと, 休日の田舎暮らし; 《それに適した》保養地. [It]

vil·lein /vílən, víleɪn, vɪléɪn/ 〘英史〙 *n* 《領主に隷属または荘園 (manor) に付属した》不自由農, 隷農, 農奴; 《一般に》農民, 百姓. [VILLAIN]

víllen·age, víllein- *n* 農奴土地保有(条件), 隷農[農奴]制; 隷農の身分.

Ville·neuve /vì:lnɔ́:v; *F* vilnœv/ ヴィルヌーヴ **Pierre-Charles-Jean-Baptiste-Silvestre de** ~ (1763–1806)《フランスの提督; Trafalgar の海戦 (1805) で Nelson に敗れて自殺した》.

Vil·leur·banne /*F* vilœrban/ ヴィルールバンヌ《フランス中東部 Lyon の東の衛星都市》.

villi *n* VILLUS の複数形.

Vil·liers /víl(j)ərz/ ヴィリアーズ **George** ~ (⇨ BUCKINGHAM).

Vil·liers de L'Isle-Adam /*F* vilje də liladɑ̃/ ヴィリエ・ド・リラダン (**Jean-Marie-Mathias-Philippe-**)**Auguste** ~, Comte de ～ (1838–89)《フランスの詩人・劇作家; *Contes cruels* (1883), *Axel* (1885)》.

víl·li·fòrm /vílə-/ *a* 絨毛(じゅうもう)状の; ビロードのけばのような; ブラシの毛のような. [VILLUS]

vil·li·no /vɪlíːnoʊ/ *n* (*pl* **-ni** /-ni/)《田舎の庭付きの》小別荘.

Vil·lon /*F* vijɔ̃/ ヴィヨン (1) **François** ～ /, *F* vilɔ̃/ (1431– after 63)《フランスの詩人; 本名 François de Montcorbier [des Loges]》 (2) **Jacques** ～ (1875–1963)《フランスのキュビスムの画家・彫刻家; 本名 Gaston Duchamp》.

vil·los·i·ty /vɪlásəti/ *n* 長軟毛[絨毛]の多いこと[部面], 絨毛組織; VILLUS.

vil·lous /víləs/, **vil·lose** /vílòʊs/ *a* 絨毛様の; 絨毛を有する; 長軟毛におおわれた. ♦ **víllous·ly** *adv*

vil·lus /víləs/ *n* (*pl* **vil·li** /-lài, -li/)〘解〙絨毛(じゅうもう);〘植〙長軟毛;〘動〙柔突起. [L =tuft of hair]

Vil·na /vílnə/ ヴィルナ《VILNIUS のロシア語名》.

Vil·ni·us, -ny- /vílniəs/ ヴィリニュス (Pol **Wil·no** /vílnoʊ/)《リトアニアの首都》.

Vi·lyui /vɪljúːi/ [the] ヴィリュイ川《シベリア東部を流れる大河 Lena 川の支流》.

vim /vím/ *n* [°～ and vigor]《口》力, 精力, 気力, 活気, 情熱, 勢い: full of ～ *and vigor* 元気いっぱいで. [? L (acc) ‹ *vis* force]

VIM[1] /vím/ *n* 高層ビル用の郵便物集配システム. [*V*ertical *I*mproved *M*ail]

VIM[2] *n*〘電算〙VIM《他社・他システムのプログラムとメール交換を可能にするための E メールプログラムの API; cf. MAPI》. [*V*endor *I*ndependent *M*essaging]

vi·ma·na /vɪmáːnə/ *n* ヴィマーナ《インド寺院の本殿(後方)の高塔》. [Skt]

vi·men /váɪmèn/ *n* (*pl* **vim·i·na** /vímənə/)〘植〙長いしなやかな細枝. [L=osier]

vím·ful *a* 元気[活気, 精力]にあふれた.

Vim·i·nal /vímən(ə)l/ [the] ウィミナリスの丘 (=the ～ **Hill**)《SEVEN HILLS OF ROME の一つ》.

vi·min·e·ous /vɪmíniəs/ *a* 細長い小枝の(ような); 細長い小枝を生ずる[で編んだ].

vim·pa /vímpə/ *n*〘カト〙ヴィンパ《司教杖・司教冠捧持の侍者用の肩掛けベール》. [OIt＜OF; cf. GUIMPE]

Ví·my Rídge /víːmi-, vɪmíː-/ [the] ヴィミーの尾根《北フランス Arras の北, Vimy 町付近の尾根; 第一次大戦の激戦地 (1917)》.

vin /*F* vɛ̃/ *n* (*pl* ～**s** /—/) WINE.

vin- /vín, váɪn/, **vini-** /vínə, váɪnə/ *comb form*「ぶどう酒」 [L VINE]

VIN vehicle identification number 自動車登録番号.

vi·na /víːnə/ *n*〘楽〙ヴィーナ《インドの撥弦楽器》. [Skt]

vi·na·ceous /vaɪnéɪʃəs, vɪ-/ *a* ブドウの; ワインの; ワインカラーの.

Vi·ña del Mar /víːnjə dɛl máːr/ ビニャ・デル・マル《チリ中部 Valparaíso のすぐ北東にある保養地》.

vin·ai·grette /vìnɪgrét/ *n* 気付け薬入れ, かぎ瓶; VINAIGRETTE SAUCE. ► *a*〈料理が〉ヴィネグレットソースであえた[をかけた]. [F (dim) ‹ VINEGAR]

vinaigrétte sàuce [drèssing] ヴィネグレットソース《酢・油・香味野菜で作った冷たいソース; サラダ・冷肉用》.

vi·nal[1] /váɪnl/ *a* ぶどう酒の. [L (*vinum* wine)]

vi·nal[2] /váɪnæl/ *n* ビナル《ポリビニルアルコールを原料とする合成繊維ビニロン》. [poly*vin*yl *al*cohol]

vi·nasse /vɪnǽs/ *n* 蒸留残渣, 蒸留かす.

vin blanc /*F* vɛ̃ blɑ̃/ 白ワイン (white wine).

vin·blas·tine /vɪnblǽstìːn, -tən/ *n*〘生化〙ビンブラスチン《ニチニチソウから抽出する抗腫瘍性アルカロイド》.

vin·blink /vínblìŋk/ *n**《俗》VINEGAR BLINK.

vin·ca /víŋkə/ *n*〘植〙ツルニチニチソウ属 (*V*-) の草花, ビンカ (periwinkle). [L *pervinca*]

vínca álkaloid〘薬〙ビンカアルカロイド《ツルニチニチソウから得られる抗腫瘍性アルカロイドで, vinblastine や vincristine など》.

vin·ca·leu·ko·blas·tine /vìŋkəlùːkəblǽstìːn/ *n*〘生化〙VINBLASTINE.

Vin·cennes /vɪnsénz; *F* vɛ̃sɛn/ ヴァンセンヌ《フランス北部 Paris の東郊外の町; 14 世紀の城で有名》.

Vin·cent /víns(ə)nt/ ヴィンセント《男子名》. [L=conquering]

Víncent de Pául /-də pɔ́ːl; *F* vɛ̃sɑ̃ də pɔl/ [Saint] 聖ヴァンサン・ド・ポール (1581–1660)《フランスのカトリック司祭; ヴィンセンシオの宣教会 (⇨ VINCENTIAN) を創立した (1625); 祝日 9 月 27 日 (もと 7 月 19 日)》.

Vin·cen·tian /vɪnsénʃən/ *n, a* **1**〘カト〙ヴィンセンシオ会員(の)《1625 年聖 Vincent de Paul が Paris に創立したヴィンセンシオの宣教会 (Congregation of the Mission) の会員; 同会は別名をラザリスト会 (Lazarists) といい, 宣教活動・聖職者養成などを目的とする男子宣教会》. **2**《西インド諸島の》セントヴィンセント (St. Vincent) 島民[出身者](の).

Víncent's angína〘医〙ヴァンサンのアンギナ, 潰瘍性偽膜性アンギナ (=*trench mouth*)《潰瘍が扁桃や咽頭まで広がった場合のヴァンサン感染》. [Jean H. *Vincent* (1862–1950) フランスの細菌学者]

Víncent's inféction〘医〙ヴァンサン(氏)感染 (=*trench mouth*)《呼吸道・口に潰瘍を形成するバクテリアによる疾患》. [↑]

Vin·ci /vínʧi/ ヴィンチ (1) ⇨ DA VINCI (2) **Leonardo** ～ (1690–1730)《イタリアのオペラ作曲家》.

vin·ci·ble /vínsəb(ə)l/ *a* 征服できる, 克服できる: ～ ignorance〘神学〙可避的無知《責任を問われる》. ♦ **vìn·ci·bíl·i·ty** *n* [L (*vinco* to conquer)]

vin·cit om·nia ve·ri·tas /wíŋkɪt ɔ́ːmniɑː wéɪrɪtàːs/ 真理は万物を制す. [L=truth conquers all things]

vin·cris·tine /vɪnkrístìːn/ *n*〘生化〙ビンクリスチン《ニチニチソウに含まれるアルカロイド; 白血病の治療に用いる》. [NL *vinca, crista* crest, *-ine*[2]]

vin·cu·lum /víŋkjələm/ *n* (*pl* **-la** /-lə/, ～**s**) つなぎ, きずな;〘解〙紐(ひも);〘数〙括線《括弧と同じ役割をする線分》.

vin·cu·lum ma·tri·mo·nii /wíŋkʊlʊm màːtrɪmóʊniìː/ 結婚のきずな; 夫婦の縁. [L]

vin·da·loo /víndəlùː; ＿ ＿ ⌐/ *n* ヴィンダルー《ニンニクとワインまたは酢で調味した肉・魚・エビのカレー料理》. [?Port=wine and garlic]

vin de pays /*F* -də pɛ(j)i/, **vin du pays** /*F* -dy-/《フランスの》地ワイン, 地酒, ヴァン・ド[デュ]・ペイ. [F =wine of the country]

vin de ta·ble /*F* -tabl/《フランスの》テーブルワイン (table wine)《原産地呼称のつかないブレンドワイン》.

Vín·dhya Prádesh /víndjə-, -diə-/ ヴィンディヤプラデーシュ《インド中北東部の旧州; ☆Rewa; 他州と合併して Madhya Pradesh の一部となった (1956)》.

Víndhya Ránge [the] ヴィンディヤ山脈 (=**Víndhya Móuntains [Hílls]**)《インド中北部の, Narmada 川の北に沿って走る山脈》.

vin·di·ca·ble /víndɪkəb(ə)l/ *a* 弁護[擁護]できる; 正当化[立証]しうる. ♦ **vìn·di·ca·bíl·i·ty** *n*

vin·di·cate /víndəkèɪt/ *vt* **1** 擁護[弁護]する;〈主張・人柄・勇気など〉の正しさ[すばらしさ, 存在]を証明[立証]する, 正当化する; …の嫌疑を晴らす〈sb *of* sth〉. **2** …に対する権利を主張する;〘ローマ法・民法〙《財産の権限を主張して訴訟で》取り戻す, …の所有権を主張する. **3**《古》AVENGE;《廃》自由にする, 解放する. ♦ **vín·di·cà·tor** *n* [L *vindico* to claim, avenge]

vin·di·ca·tion /vìndəkéɪʃ(ə)n/ *n*《名誉・要求などの》擁護, 弁護; 立証, 正当化;《非難・汚名などに対する》弁明, 申し開き, 陳弁: in ～ of…を擁護[弁護]して.

vin·dic·a·tive /vɪndíkətɪv, *víndəkèɪ-/ *a* 擁護する; 弁明[弁護]的な;《古》懲罰の;《廃》復讐の.

vin·di·ca·to·ry /víndɪkətɔ̀ːri; -kèɪt(ə)ri/ *a* **1** 弁明[弁護]の. **2** /, vɪndík-/ 懲罰の, 制裁的な.

vin·dic·tive /vɪndíktɪv/ *a* **1** 復讐心のある, 恨む; 復讐的な, 報復の; 懲罰的な: ～ damages〘法〙懲罰的損害賠償額《こうむった損害を超えた賠償額》. **2** 悪意に満ちた. ♦ ～**·ly** *adv* ～**·ness** *n* [L *vindicta* vengeance; ⇨ VINDICATE]

vin du pays ⇨ VIN DE PAYS.

vine /váɪn/ *n* **1 a** ブドウの木[つる] (grapevine). **b** つる植物; つる;《トマト・ジャガイモなど》つる植物に類似の各種草本. **2** [the]*《俗》ワイン (wine). **3** [ᵘ*pl*]*《俗》《男子の》三つぞろい, スーツ, 服. **4**ᴴ《俗》《非公式[地下]の》情報網, 網 (grapevine). ● **die [wither] on the** ～ 実を結ばずに終わる; 無視[放置]される. **under one's (own)** ～ **and fig tree**〘聖〙わが家で安全に《*1 Kings* 4: 25》. ► *vi* つるが伸びる, つる状に伸びる. ► *vt*〈豆などを〉VINER で収穫する. [OF＜L *vinea* vineyard (*vinum* WINE)]

Vine ヴァイン **Barbara** ～《Ruth RENDELL のペンネーム》.

vin·e·al /víniəl/ *a* ブドウ(の木)の; ワインの.

víne bòrer 幼虫が木やブドウの木髄に穴をあける各種の甲虫; 幼虫がブドウの木の根に穴をあける蛾.

víne chàfer〘昆〙ROSE CHAFER.

víne·drèss·er *n* ブドウ園の園丁, ブドウ園芸家.

víne frùit つるになる果物,《特に》ブドウ.

vin·e·gar /vínɪgər/ *n* **1** 酢, 食酢, 果実酢, ビネガー《欧米の酢は通例ワイン・りんご酒・麦芽酒などからつくる》;〘薬〙酢剤《薬物を希酢酸に溶かした液》: (as) sour as ～ とても酸っぱい / WINE [CIDER, RICE] VINEGAR / AROMATIC VINEGAR. **2 a**《表情・態度・ことばつきなどの》気むずかしさ, 不機嫌. **b***《口》活気, 元気. ► *vt* 酢で処理する; …に酢を混ぜる. [OF *vyn egre* sour wine; ⇨ EAGER]

Vínegar Bíble [the] ヴィネガーバイブル《1717 年の Oxford 版聖書; *Luke* 20 の見出し the parable of the vineyard の vineyard が vinegar と誤って印刷されている》.

vínegar blìnk*《俗》安物の白ワイン. [F *vin blanc*]

vín·e·gared *a*〘料理〙ヴィネガー (vinegar) で味付けされた, ヴィネガー漬けの.

vínegar èel〘動〙酢(す)線虫 (=*vinegar worm*).

vin·e·gar·ette /vìnɪgərét/ *n* VINAIGRETTE.

vínegar flỳ〘昆〙ショウジョウバエ (drosophila). [密封の不完全なピクルス瓶などにわくことから]

V

vínegar·ish *a* 少し酸っぱい, 酢のような; 気むずかしい, 不機嫌な; 皮肉な, 辛辣な.
vínegar màker 〘動〙 VINEGARROON.
vínegar of léad /-lέd/ 〘薬〙 鉛酢(えんさく).
vínegar plànt MOTHER OF VINEGAR.
vin·e·gar·roon /vìnɪgərúːn, *-róun/ *n* 〘動〙 米国南部・メキシコ産の大型のムチサソリ《酢のような匂いを発する》. ［AmSp］
vínegar trèe 〘植〙 酸味の強い漿果をつける SUMAC.
vínegar wòrm VINEGAR EEL.
vin·e·gary /víniɡ(ə)ri/ *a* 酢のような, 酸っぱい; 気むずかしい, 意地の悪い; 短気な, おこりっぽい.
Vine·land /váɪnlənd/ VINLAND.
víne màple 〘植〙 ツタカエデ《北米西部原産の小高木; 自生地では普通枝が地をはい, そこから根をおろして茂みをつくる》.
vìne-míldew *n* 〘植〙 《ブドウの》 ウドンコ病.
víne pèach MANGO MELON.
vin·er /váɪnər/ *n* エンドウ摘取り機; エンドウのつるとさやを取り除く機械.
vin·ery /váɪn(ə)ri/ *n* つる植物の栽培場, 《特に》ブドウ栽培温室; つる植物《集合的》. ［*vine*］
vine·yard /vínjərd/ *n* **1** ブドウ園; 《精神的・肉体的な》仕事場, 活動範囲. **2** [the V-] MARTHA'S VINEYARD. ● **(all) laborers in the ～** (同じ)ブドウ園で働く労働者《地位や報酬とは無関係に, 同じ仕事をする仲間; *Matt* 20》. ♦ **～·ist** *n* ブドウ園経営者.
Víneyard·er *n* Martha's Vineyard 島民.
vingt-et-un /*F* vɛ̃teœ̃/, **vingt-un** /*F* vɛ̃tœ̃/ *n* 〘トランプ〙 二十一 (BLACKJACK).
vi·nho /víːnju, víːnou/ *n* ヴィーニョ, ワイン. ［Port］
vínho vér·de /-vέərdə, -vɔ́ːrdi/ ヴィーニョ・ヴェルデ《ポルトガル北西部の Minho 地方で造るさわやかな味の若飲み用ワイン; 赤・白・ロゼがある》. ［Port＝green wine］
vini- /vínə, váɪnə/ ⇨ VIN-.
vi·nic /váɪnɪk, vín-/ *a* ワイン[アルコール]の[から採った].
vìni·cúltural·ist *n* ブドウ栽培者.
víni·cùlture *n* VITICULTURE. ♦ **vìni·cúltural** *a* **vìni·cúlturist** *n*
vi·nif·era /vaɪníf(ə)rə, vɪ-/ *n, a* 〘園〙 ヴィニフェラブドウ(の)《欧州で最も普通のブドウの原種》.
vi·nif·er·ous /vaɪníf(ə)rəs, vɪ-/ *a* ワインを産する[の生産に適した].
vin·i·fi·ca·tion /vìnəfəkéɪʃ(ə)n, vàɪ-/ *n* ワイン醸造.
vin·i·fi·ca·tor /vínəfəkèɪtər/ *n* 発酵中のブドウの果汁から出るアルコール蒸気の凝結装置.
vin·i·fy /vínəfàɪ/ *vt* 〈特定種のブドウ〉からワインを造る; 〈ワインを〉醸造する. ► *vi* ワインを製造する, ワインへと醸造される, ワイン化する.
vin·ing /váɪnɪŋ/ *n* つるとさやの除去. ► *a* 〈植物・豆などが〉つる状に伸びる.
Vin·land /vínlənd/ ヴィンランド《1000 年ごろ Leif Eriksson などのスカンディナヴィア人が訪れ, ブドウが豊かに実っていたのでこう呼んだ北米海岸; New England, Labrador あるいは Newfoundland とされる》. ［*vine*］
Vin·ny·tsya /vínɪtsjə/, **Vin·ni·tsa** /vínətsə/ ヴィンニツヤ, ヴィンニツァ《ウクライナ中西部の市》.
vi·no /víːnou/ *n* (*pl* **～s**) WINE. ［It, Sp］
Vi·no·gra·doff /vìnəɡrǽdɔ̀ːf/ ヴィノグラドフ Sir **Paul Gavrilovitch** ～ (1854–1925)《ロシア生まれの英国の法制史家・社会史家》.
Vi·no·gra·dov /vìnəɡrǽdɔ̀ːf/ ヴィノグラドフ **Ivan Matveyevich** ～ (1891–1983)《ソ連の数学者; 解析的整数論を発展させた》.
vin·ol·o·gy /vənɑ́ləʤi, vaɪ-/ *n* ぶどう酒(醸造)学 (enology), ワイン研究.
vin·om·e·ter /vɪnɑ́mətər/ *n* ワイン酒精計.
vin or·di·naire /*F* vɛ̃ ɔrdinɛːr/ ヴァン・オルディネール《並みのテーブルワイン; 通例 赤ワイン》. ［F＝ordinary wine］
vi·nos·i·ty /vaɪnɑ́səti, vɪ-/ *n* ワインとしての特質[色, 味, 香り]; ワインの常飲癖.
vi·nous /váɪnəs/ *a* ワインの(ような); ワインで作った; ワイン色の; ワインに酔った[の酔いによる]; ワイン[酒]好きの. ♦ **～·ly** *adv* ［L (*vinum* wine)］
vin ro·sé /*F* vɛ̃ roze/ (ヴァン・)ロゼー (ROSÉ).
vin rouge /*F* vɛ̃ ruːʒ/ 赤ワイン (red wine).
Vin·son /víns(ə)n/ ヴィンソン **Fred(erick) M(oore)** ～ (1890–1953)《米国の法律家; 合衆国最高裁判所首席裁判官 (1946–53)》.
Vínson Mássif ヴィンソン山, ヴィンソンマシフ《南極大陸の Ellsworth Land の中央に位置する, 同大陸の最高峰 (5140 m)》.
vint[1] /vínt/ *vt* 〈ワインを〉造る. ［逆成＜*vintage*］
vint[2] *n* 〘トランプ〙 ヴィント《whist に似たロシアのゲーム》. ［Russ］
vin·tage /víntɪʤ/ *n* **1 a** ブドウ収穫[ワイン仕込み](作業); ブドウ収穫[ワイン仕込み]の時期. **b** 《一期の》ブドウ収穫量, ワイン生産量, 作柄. **c** ワイン, 《特に》当たり年のワイン, 年号物, ヴィンテージワイン (＝**～ wine**)《特定地方・年度・銘柄の優良ワイン》. **d** ワインの産地[醸造年]. **2** 《ある年度の》売出し品, 製作品《集合的》; 製造年代; 《同年代の》似通った気風をもった人びと. **3** 《円熟度のしるしとしての》古さ, よわい, 年齢. ► *a* **1** ブドウ摘み[ワイン造り]の; 〈ワインが〉特定の年度および銘柄の. **2 a** 最良期の, 当たり年の; 最高の(できの); 古くて価値のある, 古さびた, 由緒ある; ‖〈自動車が〉1917–30 年に製造された, ヴィンテージ期の, 〈レーシングカーが〉10 年以上前の. **b** 古臭い, 時代遅れの. **c** [固有名と共に用いて] まさに最高かつ典型的な…: Her reply was ～ Mary. メアリーの返答はまさに彼女の面目躍如たるものだった. ► *vt* 《ワイン用に》〈ブドウを〉摘む; 〈銘柄ワインを〉造る. ［ME *vendage*＜OF *vendange*＜L (*vinum* wine, *demo* to take off)］
víntage càr‖ ヴィンテージカー《1919–30 年に製造のクラシックカー; cf. VETERAN CAR》.
vín·tag·er *n* ブドウの収穫やワイン造りに従事する人.
víntage yéar 《ワインの》作柄のよかった年, 当たり年; ヴィンテージイヤー《VINTAGE WINE の造られた年》; [*fig*] 実り多き年.
vint·ner /víntnər/ *n* ワイン商人; ワインを造る人.
vi·num /váɪnəm/ *n* 《医薬品を溶かした》薬用ぶどう酒.
viny /váɪni/ *a* つる植物の(ような); つる植物の多い, つる草でおおわれた.
vin·ya·sa /vɪnjɑ́ːsə/ *n* 〘ヨガ〙 ヴィンヤーサ《**1**) ある姿勢から別の姿勢に移る間の呼吸と同調した動作 **2**) これらの動作からなる一連のヨガ》. ［Skt＝movement］
vi·nyl /váɪn(ə)l/ *n* **1** 〘化〙 ビニル《**1**) ビニル基 **2**) ビニル化合物の重合体またはこれから誘導されるビニル樹脂[繊維]などの総称》. **2** *《俗》 レコード. ► *a* **1** 〘化〙 ビニル基を含む. **2** *《俗》 ディスコ(音楽)の. ♦ **vi·nyl·ic** /vaɪnílɪk/ *a* ［L *vinum* wine, *-yl*］
vínyl ácetate 〘化〙 酢酸ビニル.
vìnyl·acétylene *n* 〘化〙 ビニルアセチレン《揮発性の液体; ネオプレン (neoprene) 製造の中間体として用いる》.
vínyl álcohol 〘化〙 ビニルアルコール《不安定な物質で異性体であるアセトアルデヒドとしてのみ存在する》.
vìnyl·bénzene *n* 〘化〙 ビニルベンゼン, スチレン (styrene).
vínyl chlóride 〘化〙 塩化ビニル.
vìnyl·éthylene *n* 〘化〙 ビニルエチレン, ブタジエン (butadiene).
vínyl gròup [ràdical] 〘化〙 ビニル基.
vi·nyl·i·dene /vaɪníləd̀iːn/ 〘化〙 *n* ビニリデン(基) (＝**～ ràdical** [**gròup**])《エチレンから誘導される 2 価の基》. ► *a* ビニリデンを含む. ［*vinyl*, *-id*[3], *-ene*］
vinýlidene chlóride 〘化〙 塩化ビニリデン.
vinýlidene résin 〘化〙 ビニリデン樹脂.
Vi·nyl·ite /váɪnlàɪt/ 〘商標〙 ビニライト《ビニル樹脂の一種》.
vínyl plástic ビニルプラスチック《ビニル樹脂を基剤としたプラスチック》.
vínyl pólymer 〘化〙 ビニル重合体.
vínyl résin 〘化〙 ビニル樹脂.
vin·yon /vínjɑ̀n/ *n* ヴィニヨン《主に 塩化ビニルと酢酸ビニルなどの重合体からなる合成繊維》; ヴィニヨン糸[布]. ［商標］
Vio·gnier /viɑnjéɪ; viɔ́njeɪ/ *n* ヴィオニエ《**1**) 主にフランスの Rhône 川流域北部で産する白ブドウ **2**) このブドウで造った白ワイン》.
vi·ol /váɪəl, -oul/ *n* 〘楽〙 ヴィオル, ヴァイオル《16–17 世紀に流行した通例 6 弦の擦弦楽器で violin の前身》. ［OF＜Prov］
vi·o·la[1] /vióulə/ *n* 〘楽〙 ヴィオラ《**1**) ヴァイオリン属の 4 弦の擦弦楽器; ヴァイオリンよりやや大きく, 5 度低く調弦される **2**) ＝VIOL **3**) 弦楽器に似た音を出すオルガンの 8 フィートまたは 4 フィートピッチの唇管のストップ》; ヴィオラ奏者. ［It and Sp＜?Prov (↑)］
vi·o·la[2] /váɪələ, vaɪóulə, vi-/ *n* **1** 〘植〙 **a** スミレ属 (*V-*) の各種の草本 (violet). **b** ツノスミレ《パンジーの一種》. **2** [V-] ヴァイオラ, ヴィオラ《女子名; 愛称 Vi》. **3** [V-] ヴァイオラ《Shakespeare, *Twelfth Night* の女性主人公で, ふたごのかたわれ; 男装して公爵に仕えるうちに恋をしてしまい, 一方公爵の求愛相手から求愛される》. ［L＝violet］
vi·o·la·ble /váɪələb(ə)l/ *a* 犯しうる, 破りうる; 破られやすい. ♦ **-bly** *adv* **～·ness** *n* **vì·o·la·bíl·i·ty** *n* 可侵性.
vi·o·la·ceous /vàɪəléɪʃəs/ *a* 〘植〙 スミレ科 (Violaceae) の; すみれ色の, 青紫色の. ♦ **～·ly** *adv*
vióla clèf 〘楽〙 ALTO CLEF.
vióla da brác·cio /-də brɑ́ːʧ(i)ou/ (*pl* **víolas da bráccio, vi·ó·le da bráccio** /vióuleɪ-/) 〘楽〙 ヴィオラ・ダ・ブラッチョ《腕で支えて奏するヴィオル; 現代のヴィオラに相当》. ［It＝viol for the arm］
vióla da gám·ba /-də ɡɑ́ːmbə, -ɡǽm-; -ɡǽm-/ (*pl* **víolas da gámba, vióle da gámba**) 〘楽〙 ヴィオラ・ダ・ガンバ《**1**) 足で支えて奏するヴィオル (＝**víol da gámba**); 現代のチェロに相当 **2**) 弦楽器に似た音を出すオルガンの 8 フィートピッチのストップ》. ♦ **víolist da gámba** *n* ［It＝viol for the leg］
vióla d'a·mó·re /-dɑːmɔ́ːri, -dæ-, -də-/ (*pl* **víolas d'amóre, vióle d'amóre**) 〘楽〙 ヴィオラ・ダモーレ《6–7 本の弦のほかに, 指板の下に同数以上の金属の共鳴弦が張られた古楽器》. ［It＝viol of love］
vi·o·late /váɪəlèɪt/ *vt* **1** 〈法・約束などを〉犯す, 破る, …に違反[違背]する. **2 a** 〈静寂・睡眠などを〉乱す; 妨害[侵害]する; …に侵入する, 侵犯する. **b** 踏みにじる, じゃまする; …の神聖を汚す, 冒瀆する, …に不敬をはたらく. **c** …に暴行する, 〈特に 女性を〉犯す, 陵辱する (rape). **3** おこらせる, 刺激する. **4** *《俗》〈仮釈放中の人〉の仮釈放条件違反を見つける[告発する]. ► *a* /-lət/ 《古・詩》 侵害[冒瀆]された. ♦ **ví·o·là·tive** /, -lətɪv/ *a* 犯す; 侵害する; 汚す. **ví·o·là·tor** *n* ［L

violat- violo to treat violently]

vi·o·la·tion /vàɪəléɪʃ(ə)n/ *n* 違反, 違背 ‹*of* a contract, an oath, etc.›; 〘スポ〙 バイオレーション《通例 foul よりも軽い反則》; 侵害, 侵犯, じゃま ‹*of* a sleep›; 冒瀆; 強姦 (rape): in ~ of…に違反して / ~ of aerial domain 〘国際法〙 領空侵犯. ♦ **~·al** *a*

vi·o·lence /váɪələns/ *n* **1** 猛烈(さ), 強暴(性), すさまじさ; 《あらしなどの》猛威; 暴力, 乱暴, バイオレンス; 暴力によるおどし[威嚇]; 暴行, 強姦; 冒瀆, 害 ‹*to*›: use [resort to] ~ 暴力を用いる. **2** 《字句の》改竄(ざん); 《事実・意味などの》歪曲; 不一致, 衝突. ● **do ~ to**…に暴行を加える; …を害する; ‹美など›を損なう; ‹事実など›をゆがめる, …の意味を曲げる.

ví·o·lent *a* **1** 激しい, 猛烈な, 激烈な, 強烈な, 強暴な: VIOLENT STORM / a ~ attack 猛攻 / ~ heat 猛暑 / ~ pain 激痛 / a ~ color どぎつい色彩 / a ~ change 激変. **2 a** ‹人・行為が›狂暴な, 暴力的な; 狂暴性のある; 激した, 狂暴化した: ~ crimes 暴力犯罪《殺人・傷害》/ in a ~ temper 激怒して. **b** 暴力[外部的な力]による ‹死›: a ~ death 変死《殺害など; cf. NATURAL DEATH》. **c** 暴力を扱う: a ~ film バイオレンス映画. **3** 意味を歪曲する, 偽って伝える. ♦ **~·ly** *adv* 激しく, 猛烈に; 暴力で; ひどく. [OF<L (?*vis* strength)]

víolent disórder 〘英法〙 暴力騒擾罪《3 人以上が集合して, 通常人を恐怖せしめるような暴力を行使するまたは行使しようとおびやかす犯罪; 1986 年の Public Order Act (公安法) によりそれまでの不法集会罪 (unlawful assembly) に取って代わった》.

víolent presúmption 〘法〙 強力な推定.

víolent stórm 〘海・気〙 暴風 (STORM).

vi·o·les·cent /vàɪəlés(ə)nt/ *a* すみれ色がかった.

vi·o·let /váɪələt/ *n* **1** 〘植〙 スミレ《スミレ属 (*Viola*) の草本の総称》; 《広く》野生スミレ. **2 a** すみれ色, 青紫. **b** すみれ色のえのぐ[布地, 衣服]. **c** 〘昆〙 《各種の》小さなすみれ色のシジミチョウ. **3** 控えめ[内気]な人: SHRINKING VIOLET. **4** [V-] ヴァイオレット《女子名; Viola の愛称; 愛称 Vi》. ► *a* すみれ色の. ♦ **~·lìke** *a* [OF (dim) ‹ *viole* VIOLA[2]]

víolet fàmily 〘植〙 スミレ科 (Violaceae).

víolet làyer 〘天〙 紫色層《火星上空の粒子層; 波長の短い電磁波を吸収・散乱するため青・紫などの光線に対し大気が不透明になる》.

víolet rày 〘理〙 紫(光)線《可視スペクトル中の最短波長光線》; 《俗用》紫外線 (ultraviolet ray).

víolet wòod 紫檀 (KINGWOOD).

vi·o·lin /vàɪəlín/ *n* ヴァイオリン; ヴァイオリン奏者: the first [second] ~ 《オーケストラの》第一[第二]ヴァイオリン奏者. ● **play first ~** 音頭をとる, 指導的役割を演ずる. ♦ **~·ist** *n* **vi·o·lin·ís·tic** *a* [It (dim) ‹ VIOLA[1]]

violín clèf 〘楽〙 ヴァイオリン記号 (G clef).

violín·màker *n* ヴァイオリン製作者.

violín spìder 〘動〙 BROWN RECLUSE SPIDER.

vi·o·list[1] /vióulɪst/ *n* ヴィオラ (viola) 奏者.

vi·ol·ist[2] /váɪəlɪst/ *n* ヴィオル (viol) 奏者.

Viol·let-le-Duc /*F* vjɔlɛlədyk/ ヴィオレ-ル-デュク **Eugène-Emmanuel** ~ (1814–79)《フランスの建築家; 中世ゴシック建築物の修復で有名》.

vi·ol·o·gen /váɪələʤən/ *n* 〘化〙 ビオロゲン《塩基の塩化物で, 酸化還元指示薬として用いるもの》. [*viol*et, *-gen*]

vi·o·lon·cel·lo /vàɪələnʧélou; vì:ə-/ *n* (*pl* **~s**) 〘楽〙 CELLO. ♦ **-cel·list** /-ʧélɪst/ *n* [It (dim) ‹ ↓]

vi·o·lo·ne /vì:əlóuneɪ; váɪələ̀un/ 〘楽〙 *n* ヴィオローネ《初期のコントラバスで, ヴァイオリン属中最大のもの》; ヴィオローネ《オルガンの 16 フィートピッチのストップ》. [It=large viol]

vio·mýcin /vàɪə-/ *n* 〘薬〙 バイオマイシン《結核の治療に使用する抗生物質》. [*viol*et, *-mycin*]

vi·os·ter·ol /vaɪɑ́stərɔ̀(:)l, -ròul, -rɑ̀l/ *n* 〘生化〙 ビオステロール, ビタミン D_2. [*viol*et+*sterol*]

VIP /ví:àɪpí:/ *n* (*pl* **~s**) 《口》 大物, お偉方, 要人, 貴賓: We were given ~ treatment. 特別待遇をうけた. [*v*ery *i*mportant *p*erson]

VIP 〘生化〙 vasoactive intestinal peptide [polypeptide] 血管活性腸管ペプチド[ポリペプチド]《消化管ホルモンの一種; 結腸・小腸で産生され, 消化管平滑筋弛緩の作用をもつ》.

vi·pas·sa·na /vɪpɑ́:sənə; -pǽs-/ *n* 《小乗仏教で》ヴィパッサナー《身体感覚に意識を集中させる瞑想; そこから得られる悟り》. [Pali]

vi·per /váɪpər/ *n* **1** 〘動〙 クサリヘビ, 《特に》ヨーロッパクサリヘビ《Great Britain では唯一の毒ヘビ》; マムシ; 《一般に》毒ヘビ. **2** たちの悪い人間, 恩をあだで返す人, 肚黒い人; *《俗》 マリファナ常用者[売人]. ● **cherish [nourish, warm] a ~ in** one's **bosom**=warm a SNAKE in one's bosom. ♦ **~·lìke** *a* [F or L (? *vivus* alive, *pario* to bring forth); 胎生と考えられたことからか]

ví·per·i·fòrm /váɪpərə-/ *a* VIPERINE.

vi·per·ine /váɪpəràɪn, -rən/ *a* VIPER の(ような).

víper·ish *a* 悪意に満ちた, 毒舌の. ♦ **~·ly** *adv*

víper·ous *a* マムシ[毒ヘビ] (viper) の(ような); 悪意のある, 肚黒い, 油断のならない. ♦ **~·ly** *adv*

víper's búgloss 〘植〙 シベナガムラサキ (blueweed).

víper's gráss 〘植〙 キクゴボウ, キバナバラモンジン (black salsify).

vi·rae·mia /vàɪrí:miə/ *n* VIREMIA.

vi·rag·i·nous /vərǽʤənəs/ *a* がみがみ言う, 口やかましい.

vi·ra·go /vərɑ́:gou, -réɪ-, vírə-/ *n* (*pl* **~es, ~s**) 口やかましい女, がみがみ女 (shrew); 《古》 女丈夫, 女傑, 男まさり. [OE<L=female warrior (*vir* man)]

vi·ral /váɪərəl/ *a* 〘医〙 ウイルス(性)の; 〘電算〙 コンピューターウイルスの; 《インターネット経由で》急速に広まる[人気が出る]: ~ hits バイラルマーケティングのヒット商品 / go ~ 《インターネットなどで》一気に広まる. ► *n* バイラル《インターネット経由で急速に広まるおもしろい映像・写真・ジョークなど》. ♦ **~·ly** *adv*

víral lóad 〘医〙 ウイルス量《血液中の HIV などのウイルスの濃度》.

víral márketing バイラルマーケティング《商品やサービスを消費者にインターネット上の口コミで宣伝してもらう戦略》.

Vi·ra Sai·va /vìərə sáɪvə/ 〘ヒンドゥー教〙 ヴィーラシャイヴァ (Lingayata).

Vi·ra·zole /váɪrəzòul/ 〘商標〙 ビラゾール《抗ウイルス病薬 ribavirin 製剤》. [*virus*+*azole*]

Vir Chak·ra /víər ʧɑ́krə/ 〘インド〙 ヴィール・チャクラ《勲功のあった兵士に政府より与えられる賞》. [Hindi (*vir* brave man, *chakra* wheel)]

Vir·chow /*G* fírço/ フィルヒョー **Rudolf (Ludwig Carl)** ~ (1821–1902)《ドイツの病理学者・人類学者》.

vir·e·lay, -lai /vírəlèɪ/ *n* 〘韻〙 ヴィルレー《特に フランス中世に始まった 1 節 2 韻体の短い抒情詩》.

vire·ment /*F* virmɑ̃/ *n* 〘財〙 《資金の》流用, 費目変更; 〘銀行〙 振替, 手形交換. [F (*virer* to turn)]

vi·re·mia /vaɪrí:miə/ *n* 〘医〙 ウイルス血症. ♦ **vi·ré·mic** *a*

vir·eo /vírìou/ *n* (*pl* **vír·e·òs**) 〘鳥〙 モズモドキ科の各種の小鳥《北米・中南米産》. ♦ **vir·e·o·nine** /víriənàɪn/ *a, n*

vires *n* VIS[1] の複数形.

vi·res·cence /vərés(ə)ns, vaɪər-/ *n* 〘植〙 緑色変化《葉緑体の発達によって花弁などが緑色になること》; 緑.

vi·rés·cent *a* 緑変した; 緑色がかった (greenish).

vir·ga /vɔ́:rgə/ *n* 〘気〙 尾流雲(びりゅううん). [L=rod]

vir·gate[1] /vɔ́:rgət, -gèɪt/ *n* ヴァーゲート《中世イングランドの地積の単位: =1/4 hide, 30 acres》. [L=a rod's measurement]

virgate[2] *a* 棒 (rod) 状の; 多くの小枝のある. [*virga*]

vir·ger /vɔ́:rʤər/ *n* 《St. Paul's, Winchester などで》VERGER.

Virgil ⇨ VERGIL.

vir·gin /vɔ́:rʤən/ *n* **1 a** 処女, 童貞《人》. **b** 《口》 未経験者, しろうと. **c** 〘動〙 交尾したことのない雌; 〘昆〙 単性雌虫. **2 a** 〘教会〙 《篤信の未婚女性の称として》処女, おとめ, 童貞. **b** 純潔無垢の女子; 未婚女性; 《古》 娘, おとめ. **3 a** [the V-] 処女[童貞]マリア, 聖母 (Virgin Mary). **b** [a ~] 聖母マリアの絵[像]. **4** [the V-] 〘天〙 おとめ座, 処女宮 (Virgo). **5** 《俗》 ヴァージニアタバコ. ● **a wise [foolish] ~** 賢い[愚かな]おとめ, 思慮の深い[浅い]人《*Matt* 25: 1–12》. ► *a* **1** 処女の; 童貞の; 処女にふさわしい, 処女らしい, 純潔な, つつましい: ~ flushes 処女らしいはにかみ. **2** 人手に触れたことのない, 踏まれたことのない, 汚されていない, 清らかな; 乱されていない, 混合されていない; 用いられたことのない; 新鮮な, 初めての (first): a ~ blade いまだ血で汚れたことのない刀 / ~ clay 生(なま)粘土 / a ~ forest 処女林, 原始林, 原生林 / ~ gold 純金 / a ~ peak 処女峰 / ~ snow 処女雪《だれも踏んだ跡のないきれいな雪》/ ~ soil 処女地, 未開拓地 / VIRGIN WOOL / a ~ voyage 処女航海. **3** 〘動〙 未受精の; 〘鉱〙 ‹元素が›天然に純粋なかたちで存在する; 〘冶〙 《スクラップでなく》鉱石からじかに精錬した, 処女…; ‹オリーブ油など›最初の圧搾で得られた, バージン…; ‹カクテルなどが›ノンアルコールの: ~ pulp バージンパルプ《古紙からでなく木材からつくられたパルプ》. ♦ **~·hòod** *n* [AF and OF<L *virgin- virgo* maiden]

Virgin 〘商標〙 ヴァージン《英国のレコード会社 Virgin Records のレーベル》.

vírgin·al[1] *a* 処女[童貞]の(ような), 処女にふさわしい; 純潔な, 無垢の; 〘動〙 未受精の: ~ bloom 娘盛り / in ~ white 純白の(ウェディング)ドレスで. ♦ **~·ly** *adv*

virginal[2] *n* [°(a pair of) ~s] 〘楽〙 ヴァージナル《16–17 世紀の有鍵撥弦楽器》; 《俗》 ハープシコード. ♦ **~·ist** *n* [?L=of a VIRGIN]

vírginal mémbrane 〘解〙 処女膜 (hymen).

vírgin bírth **1** [the; °the V- B-] 〘神学〙 《イエスの》処女降誕[生誕](説) (cf. IMMACULATE CONCEPTION). **2** 〘動〙 単為生殖.

vírgin blóody Máry 《俗》 トマトジュース.

vírgin cóke *《俗》 バージンコーク《Coca-Cola にサクランボの香味のシロップを加えた飲み物》.

vírgin cómb 蜜の貯蔵のためだけに一度だけ用いられたハチの巣, 処女蜂窠(ほうか).

vírgin hóney VIRGIN COMB から採った蜂蜜, 巣から自然に流れ出る(若蜂の)蜂蜜, 新蜜.

Vir·gin·ia /vərʤínjə, -ʤíniə/ **1** ヴァージニア《女子名; 愛称 Ginny, Ginie》. **2 a** ヴァージニア《米国東部の州; ☆Richmond; 略 Va., VA》. [エリザベス 1 世 (Virgin Queen) にちなんで命名] **b**

VIRGINIA TOBACCO. ■ the **Univérsity of ～** ヴァージニア大学《Virginia 州 Charlottesville にある州立大学; 1819 年 Thomas Jefferson が中心となって認可を受け, 彼を学長として 1825 年開校》. ◆ **Vir·gín·ian** *a, n* ［L; 家族名より］

Virgínia Béach ヴァージニアビーチ《Virginia 州南東部の市》.

Virgínia cówslip [blúebells] (*pl*)〔植〕ハマベンケイソウ属の多年草《北米東部原産; 園芸用に栽培される》.

Virgínia créeper〔植〕**a** アメリカヅタ, バージニアヅタ (＝*American ivy, woodbine*)《北米産》. **b** ツタ, ナツヅタ (Boston ivy).

Virgínia déer〔動〕WHITE-TAILED DEER.

Virgínia fènce* WORM FENCE.

Virgínia hám ヴァージニアハム《RAZORBACK の肉をヒッコリーでいぶしてつくる》.

virgìnia·mýcin *n*〔薬〕ヴァージニアマイシン《放線菌 *Streptomyces virginiae* から得る抗生物質; グラム陽性菌に有効》.

Virgínia píne〔植〕北米東部産の二葉松の一種 (＝*Jersey pine*).

Virgínia quáil〔鳥〕コリンウズラ (bobwhite).

Virgínia ráil〔鳥〕コオニクイナ《北米産》.

Virgínia ráil fènce* WORM FENCE.

Virgínia réel ヴァージニアリール《米国のフォークダンスの一種で男女が向かい合って 2 列に並んで踊る; その音楽》.

Virgínia snákeroot〔植〕米国東部産のウマノスズクサ属の一種.

Virgínia stóck〔植〕ヒメアラセイトウ.

Virgínia tobácco ヴァージニアタバコ.

Virgínia trúmpet flòwer TRUMPET CREEPER.

vir·gi·ni·bus pu·e·ris·que /wɪrgínɪbus pùɛrí:skwɛ/ 少年少女のために[ための]. ［L＝for boys and girls］

V

Vírgin Íslands *pl* [the] ヴァージン諸島《西インド諸島北東部の, Puerto Rico の東方に連なる島群で, British ～ と ～ of the United States とからなる; 略 VI》. ◆ **Vírgin Ísland·er** *n*

Vírgin Ìslands Nátional Párk ヴァージン諸島国立公園《Virgin 諸島の St. John 島にある米国の国立公園》.

Vírgin Íslands of the Uníted Státes *pl* [the] 米国領ヴァージン諸島《Virgin 諸島の西半部; St. Croix, St. John, St. Thomas 島などが含まれる; ☆Charlotte Amalie; 略 VI》.

vir·gin·i·ty /vərʤínəti/ *n* 処女(性), 童貞(性); 純潔, 新鮮さ;《特に 女性の》未婚[独身]生活: lose one's ～ 処女[童貞]を失う.

vir·gin·i·um /vərʤíniəm/ *n*〔化〕バージニウム《放射性アルカリ金属元素, 記号 Vi; 今は francium という》. ［*Virginia, -ium*］

Vírgin Máry 1 [the] 処女[童貞]マリア, 聖母マリア. **2***ヴァージンメリー《トマトジュースに香辛料を加えたカクテル風の飲み物; Bloody Mary のノンアルコール版》.

Vírgin Quéen 1 [the] 処女女王《イングランド女王 ELIZABETH 1 世の異名》. **2** [v- q-]〔昆〕《交尾したことのない》新女王蜂, 新王.

vírgin's bówer〔植〕センニンソウ.

vírgin wóol《再生羊毛に対して》新毛;《糸・生地になる前の》未加工の羊毛, 原毛.

Vir·go /vɔ́:rgou, víər-/〔天〕おとめ座(乙女座) (Virgin)《星座》,《十二宮の》処女宮 (⇨ ZODIAC); (*pl* ～**s**) おとめ座生まれの人 (＝**Vír·go·an**). ［OE＜L VIRGIN］

vírgo in·tác·ta /-ɪntǽktə/〔法〕触れられざる処女《性交経験のない[処女膜の破られていない]女性》. ［L＝untouched virgin］

vir·gu·late /vɔ́:rgjələt, -lèɪt/ *a* 棒状の (virgate).

vir·gule /vɔ́:rgjul/ *n*〔印〕斜線《/; ⇨ DIAGONAL》.

vir·i·al /víriəl/ *n*〔理〕ビリアル《多体系で, 各粒子の座標ベクトルとそれにはたらく力との内積の総和に －1/2 をかけたもの》. ［L *vis* force］

vírial coefficient〔理〕ビリアル係数《ビリアル方程式 (virial equation) に現われる係数》.

vírial equátion〔理〕ビリアル方程式 (＝**vírial equátion of státe**)《理想気体の状態式に統計力学的に導出される補正項を加えて現実の気体の状態を表わすようにしたもの》.

vi·ri·cid·al /vàɪərəsáɪdl/ *n* VIRUCIDAL. ◆ **ví·ri·cìde** *n*

vir·id /vírəd/ *a* 新緑の, みずみずしい緑色の. ［L (*vireo* to be green)］

vir·i·des·cent /vìrədɛ́s(ə)nt/ *a* 淡緑色の, 緑がかった; 新鮮[清新]な, みずみずしい, 若々しい. ◆ **-dés·cence** *n*

vi·rid·i·an /vərídiən/ *n* ビリジアン《青緑色顔料; その色》. ► *a* 青緑色の.

vi·rid·i·ty /vərídəti/ *n*《特に 草・若葉の》緑, あざやかな緑, 新緑; みずみずしさ, 若々しさ, 生気; 未熟さ.

vir·ile /vírəl, -àɪl; -aɪl/ *a* 成年男子の, 男盛りの; 男性的な, 精力的な; 力強い, 剛健な, 雄々しい; 男性としての生殖力のある: the ～ age 男盛りの年配 / the ～ member《古》男根 (penis). ◆ **～·ly** *adv* ［OF or L (*vir* man)］

vir·i·les·cent /vìrəlɛ́s(ə)nt/ *a*〈老いた雌の動物が〉雄性化した, 男性化する. ◆ **-lés·cence** *n*

vir·il·ism /vírəlìz(ə)m/ *n*〔医〕男性化症《**1**) 女子の男性化; ひげや低音の声など男性の二次性徴が現われる **2**) 雄[男性]における二次性徴の早熟的発達》.

vir·il·i·ty /vəríləti, ˈˈvaɪ-/ *n* 成年男子であること; 男盛り; 男らしさ (opp. *muliebrity*); 精力, 力強さ; 男の生殖力.

vir·il·ize /vírəlàɪz/ *vt*〔生理〕男性化させる. ◆ **vir·il·i·zá·tion** *n* VIRILISM.

viri·lócal /vìrə-/ *a*〔人〕夫方居住の (PATRILOCAL).

vi·ri·on /váɪəriàn, vír-/ *n*〔医〕ビリオン《成熟ウイルス粒子》. ［*virus, -i-, -on*[1]］

virl /vɔ́:rl/ *n*《スコ》《杖などの》石突き (ferrule).

ví·ro·gène /váɪərə-/ *n*〔生化〕ウイルス遺伝子《特に 正常細胞の中に発癌性ウイルスをつくり出す遺伝子》.

vi·roid /váɪərɔ̀ɪd/ *n*〔生〕ウイロイド《小分子量の一本鎖 RNA からなる植物病原体》. ► *a* ウイロイドの; VIRAL.

vi·rol·o·gy /vaɪərálədʒi/ *n* ウイルス学. ◆ **-gist** *n* ウイルス学者. **vi·ro·log·i·cal** /vàɪərəláʤɪk(ə)l/, **-ic** *a* **-i·cal·ly** *adv* ［*virus*］

vi·rol·y·sin /vaɪərálәsən/ *n*〔生化〕ビロリシン《ウイルスによって正常な細胞中につくられる細胞壁を破壊する酵素》.

vi·rose /váɪəròus/ *a* 有毒の; 悪臭のある.

vi·ro·sis /vaɪəróusəs/ *n* (*pl* **-ses** /-sì:z/)〔医〕ウイルス感染; ウイルス病.

vi·rous /váɪərəs/ *a* ウイルスによって起こる, ウイルス性の.

Vir·ta·nen /víərtənɛ̀n/ ヴィルタネン **Artturi Ilmari** ～ (1895–1973)《フィンランドの生化学者; マメ科植物の窒素固定機構などを解明した; ノーベル化学賞 (1945)》.

vir·tu, ver- /vɔ̀:rtú:, vɪər-, vɔ́:rtù:/ *n* 美術品愛好, 骨董趣味; 美術[骨董]品《集合的》;《美術[骨董]品の》美しさ, よさ: articles of ～ 骨董品, 美術品 / OBJECT OF VIRTU. ［It VIRTUE］

vir·tu·al /vɔ́:rʧuəl, *-ʧəl/ *a*《表面的にはまたは名目上はそうでないが》事実上の, 実質上の, 実際(上)の; 仮想の, バーチャルな, サイバースペース内の;〔光〕虚像の (opp. *real*);〔理〕仮想の《遷移の中間状態として現われ直接検出にかからない; opp. *real*》;〔電算〕仮想記憶 (virtual memory) の[を用いる];《古》実効のある: a ～ world 仮想世界, バーチャルワールド / ～ state〔理〕仮の状態, 仮想状態 / ～ work〔力〕仮想仕事 / ～ particle〔理〕仮想粒子, 仮の粒子. ［L＝effective; ⇨ VIRTUE］

vírtual commúnity〔通信〕バーチャルコミュニティー《パソコン通信などのネットワークで形成される電子的な交流の場》.

vírtual displácement〔理〕仮想変位.

vírtual fócus〔光〕虚焦点.

vírtual ímage〔光〕虚像.

vir·tu·al·i·ty /vɔ̀:rʧuǽləti/ *n*《名目上はそうではないが》事実上[実質上]そうであること, 実質, 実際; 本質.

vírtual·ìze *vt*〔電算〕仮想化[バーチャル化]する. ◆ **-ìz·er** *n* 仮想化ソフトウェア. **virtual·izátion** *n*

vírtual·ly *adv* 事実上, 実質的には, ほとんど;〔電算〕コンピューター上で, 仮想的に: The work was ～ finished. / He is ～ dead. 死んだも同様だ.

vírtual mémory〔電算〕仮想メモリー, 仮想記憶《主記憶の一部のようにに用いられる外部記憶》.

vírtual reálity 仮想[人工]現実(感), バーチャルリアリティー《コンピューターグラフィックスなどの形で作り出された擬似現実的空間》.

vírtual stórage〔電算〕仮想記憶装置 (virtual memory).

vir·tue /vɔ́:rʧu/ *n* **1 a** 徳, 美徳, 徳行, 善, 善行, 高潔, 廉潔 (opp. *vice*): *V*～ is its own reward.《諺》徳はそれ自体が報酬である. **b** 貞操: a woman of ～ 貞淑な女性, 貞女 / a lady [woman] of EASY VIRTUE. **2 a**《特定の》道徳的美点, 徳目 (cf. CARDINAL VIRTUES, NATURAL VIRTUES, THEOLOGICAL VIRTUES): Courage is a ～. 勇気は(一つの)徳目. **b**《古》雄々しさ, 勇気. **3 a** 美点, よさ, 長所, 価値, 功徳(くどく)〈*of* beauty, books〉. **b** 力, 効力, 効能, 効きめ, ありがたみ: believe in the ～ of herbs 薬草の効きめを信ずる. **4** [*pl*] 力天使《九天使中の第 5 位; ⇨ CELESTIAL HIERARCHY》. ● **by** [**in**] **～ of**...の力で, ...(の効)によって, ...のおかげで. **make a ～ of**...〈悪い状況を〉うまく利用する. **make a ～ of** NECESSITY. ◆ **～·less** *a* ［OF＜L＝manly excellence, worth (*vir* man)］

vir·tu·o·sa /vɔ̀:rʧuóusə, -zə/ *n* (*pl* **-se**[1] /-seɪ, -zeɪ/, ～**s**) VIRTUOSO の女性形. ［It］

vir·tu·ose[2] /vɔ̀:rʧuóus/ *a* VIRTUOSIC.

vir·tu·os·ic /vɔ̀:rʧuásɪk/ *a* VIRTUOSO の(ような).

vir·tu·os·i·ty /vɔ̀:rʧuásəti/ *n*《芸術上, 特に 演奏上の》名人の妙技, 名人芸;《まれ》美術趣味[愛好], 骨董趣味.

vir·tu·o·so /vɔ̀:rʧuóusou, -zou/ *n* (*pl* ～**s, -si** /-si, -zi/) 名人, 巨匠; 名演奏家, ヴィルトゥオーソ; 美術品愛好[鑑賞]家, 美術通, 骨董通;《廃》学者. ► *a* virtuoso の(ような). ◆ **～·ship** *n* ［It＝learned, skilled＜VIRTUE］

vir·tu·ous /vɔ́:rʧuəs/ *a* 有徳の, 徳の高い, 高潔な; 貞淑な; [*derog*] 高潔ぶった, 自己満足した, 得意げな;《古》効能のある, 有効な. ◆ **～·ly** *adv* **～·ness** *n* ［OF＜L; ⇨ VIRTUE］

vírtuous círcle [cýcle] 好[善]循環 (cf. VICIOUS CIRCLE [CYCLE]).

vir·tu·te et ar·mis /wɪrtú:tɛ ɛ̀t á:rmɪs/ 勇気と武力によって《Mississippi 州の標語》. ［L＝by valor and arms］

vi·ru·cid·al /vàɪərəsáɪdl/ *a* 殺ウイルス性の (＝*viricidal*): ～

agents 殺ウイルス剤 / ~ activity 殺ウイルス作用. ♦ **ví·ru·cìde** *n* 殺ウイルス剤.

vir·u·lence /vír(j)ələns/, **-cy** *n* 有毒; 毒々しさ, はなはだしい悪意, 憎悪; 辛辣さ; 〘菌〙毒性.

vír·u·lent *a* 有毒な, 猛毒の; 毒気を含む, 悪意に満ちた, 憎しみに燃えた; 毒々しい, どぎつい, 過酷な; 〘医〙悪性の; 〘菌〙毒性の. ♦ **~·ly** *adv* [L (VIRUS=poison)]

vir·u·lif·er·ous /vìr(j)əlíf(ə)rəs/ *a* 病原体を有する[伝播する, 産生する].

Vi·rún·ga Móuntains /vərúŋgə-/ *pl* [the] ヴィルンガ山地《アフリカ中東部, コンゴ民主共和国・ウガンダ・ルワンダ国境に沿って 80 km ほど延びる火山性山地; 最高峰 Karisimbi 山 (4507 m); 別称 Mfumbiro Mountains》.

vi·rus /váɪərəs/ *n* ウイルス; 《俗に》病原体, 病毒; VIRUS DISEASE; 《道徳・精神上の》害毒; 《痘苗などの》菌, 痘菌; 〘電算〙ウイルス (=*computer virus*)《コンピューターに侵入する有害プログラム; cf. VACCINE》; 《古》《有毒動物の》毒. [L=slimy liquid, poison]

vírus chècker 〘電算〙ウイルスチェッカー, ウイルス対策ソフト.

vírus disèase ウイルス(性)疾患.

vírus·òid *n* 〘生化〙ウイルソイド《植物ウイルス粒子内にサテライト RNA の形で存在する粒子》.

vi·ru·státic /vàɪərə-/ *a* ウイルス(繁殖)抑止性の.

virus X /—— ɛ̀ks/ ウイルス X《下痢に似た腸障害を起こす正体不明のウイルス》; ウイルス X 病 (=~ **disèase**).

vis[1] /vís/ *n* (*pl* **vi·res** /váɪərì:z/) 力 (force). [L]

vis[2] /víz/ *n* 《口》視界, 視程 (visibility).

vis. visibility ♦ visible ♦ visual.

Vis. Viscount ♦ Viscountess.

vi·sa /ví:zə, -sə/ *n* 《旅券・書類などの》裏書, 査証, ビザ: apply for a ~ *for* the United States 合衆国へのビザを申請する. ► *vt* (~**ed**, ~**'d**; ~**·ing**) …に裏書[査証]する (endorse); 〈人〉にビザを与える: get [have] one's passport ~*ed* (by a consular officer). [F<L (*vis- video* to see)]

Visa 〘商標〙ビザ《クレジットカード》.

vis·age /vízɪdʒ/ *n* 顔, 顔面; 顔つき, 顔だち, 容貌; 様子, 様相: His ~ told clearly that he would resign. ♦ **~d** *a* …顔の: stern-~*d* いかめしい顔つきの. [OF=aspect<L *visus* face]

vi·sa·giste /*F* vizaʒist/ *n* 〘劇〙メイクアップ師.

Vi·sā·kha /vɪsá:kə/ *n* 〘仏教〙VESAK.

Visakhapatnam ⇨ VISHAKHAPATNAM.

visard ⇨ VIZARD.

vis a ter·go /vìs ə tɑ́:rgoʊ/ 背後からの力. [L]

vis-à-vis /vì:zəví:, -zɑ:-/ *adv* 差し向かいに, 相対して; いっしょに. ► *prep* …と向かい合って; …に関して; …と比べて. ► *a* 向かい合っている. ► *n* (*pl* ~ /-(z)/) 差し向かいの[相対している]人[もの], 《特に》ダンスのパートナー, 《社交の場における》同伴者; 同じ[似た]地位にある人 (counterpart); 〘史〙座席が向かい合っている馬車; TÊTE-À-TÊTE; 表に対面肖像のある貨幣. [F=face to face (*vis* face)]

Vi·sa·yan /vəsáɪən/, **Bi·sa·yan** /bəsáɪən/ *n* **a** (*pl* ~, ~s) ヴィサヤ族《フィリピンの Visayan 諸島に住む民族》. **b** ヴィサヤ語《オーストロネシア語族に属する》.

Visáyan Íslands *pl* [the] ヴィサヤ諸島 (=**Bi·sa·yas** /bəsáɪəz/, **Vi·sa·yas** /vəsáɪəz/)《フィリピン中部 Luzon 島と Mindanao 島との間にある島群》.

Vis·by /vízbi/ ヴィスビー《バルト海のスウェーデン領 Gotland 島の市・港町》.

Visc. Viscount.

viscacha, viscache ⇨ VIZCACHA.

vis·car·ia /vɪskéəriə/ *n* 〘植〙ウィスカリア《ユーラシア大陸の温帯地域に分布するナデシコ科ムシトリビランジ属 (*V-*) の各種多年草》.

vis·cer- /vísər/, **vis·ceri-** /vísərə/, **vis·cero-** /-roʊ, -rə/ *comb form* 「内臓の」 [L; ⇨ VISCUS]

vis·cera /vísərə/ *n pl* (*sg* **vis·cus** /vískəs/) 〘解〙《脳を含む》体腔内諸器官, 《特に》内臓 (cf. VISCUS); 《俗に》はらわた. [L (pl)<VISCUS]

vis·cer·al /vísərəl/ *a* 内臓の; 内臓を冒す〈病気〉; 肚の底で感ずる; 心底の; 本能的な, 非理知的な; 俗悪な, 露骨な: the ~ cavity 腹腔. ♦ **~·ly** *adv*

vísceral cléft 〘生〙内臓裂.

vísceral léarning 内臓学習《体内の不随意な器官のはたらきを自由に制御できるようになること》.

vísceral nérve 〘解〙内臓神経 (SYMPATHETIC NERVE).

vis·cer·ate /vísərèɪt/ *vt* 《古》EVISCERATE.

vìscero·génic *a* 体内から起こる, 体内発生の.

vìscero·mótor *a* 内臓のはたらきの[を促す].

vìscero·tónia *n* 〘心〙内臓型《肥満型の人に多いこせこせしないで社交的な気質; cf. CEREBROTONIA, SOMATOTONIA》. ♦ **-tónic** *a*

vis·cid /vísəd/ *a* ねばねばする, 粘着性の; 〘植〙〈葉など〉粘着性物質でおおわれた. ♦ **~·ly** *adv* [L; ⇨ VISCOUS]

vis·cid·i·ty /vɪsídəti/ *n* 粘性; 粘着性; 粘着性物質.

vis·co·elástic /vìskoʊ-/ *a* 〘理〙粘性と弾性を合わせもつ. ♦ **vìs·co·elastícity** *n* 粘弾性.

vis·coid /vískɔɪd/, **vis·coi·dal** /vɪskɔ́ɪdl/ *a* やや粘りけのある.

vis·com·e·ter /vɪskɑ́mətər/ *n* 粘度計. ♦ **vis·cóm·e·try** *n* **vìs·co·mét·ric** /-kə-/ *a* **-ri·cal·ly** *adv*

Vis·con·ti /vɪskɔ́:nti/ **1** [the] ヴィスコンティ家《1277–1447 年 Milan を支配した名家》. **2** ヴィスコンティ **Luchino** ~ (1906–76)《イタリアの演出家・映画監督》.

vis·cose /vískòʊs, -z/ *n* 〘化〙ビスコース《人絹・スフなどの原料セルロース》; ビスコースレーヨン. ► *a* VISCOUS; ビスコースの[から製した]. [VISCOUS]

vis·co·sim·e·ter /vìskəsímətər/ *n* VISCOMETER. ♦ **vis·còsi·mét·ric** /vɪskɑ̀sə-, vìskəsə-/ *a*

vis·cos·i·ty /vɪskɑ́səti/ *n* 粘着性; 〘理〙粘性; 〘理〙粘度, 粘性率 (=*coefficient of viscosity*). [F or L; ⇨ VISCOUS]

viscósity ìndex 〘工〙粘度指数《潤滑油の粘度の温度依存性を表わす; 温度依存性の少ないものほど指数は高い》.

vis·count /váɪkàʊnt/ *n* 子爵 (⇨ PEER[1]); 〘英〙伯爵 (earl) の嗣子(しし)に対する儀礼的敬称; 〘史〙伯爵の代理; 〘英史〙SHERIFF. ♦ **~·cy, ~·shìp** *n* 子爵の身分[地位]. [AF<L (*vice-*, COUNT[2])]

víscount·ess /, ˈˈvàɪkaʊntés/ *n* 子爵夫人[未亡人]; 女子爵; 〘英〙伯爵の嗣子の夫人に対する儀礼的敬称.

vís·còunty *n* 子爵の身分[地位]; 〘史〙子爵領.

vis·cous /vískəs/ *a* 粘る, 粘りけのある, 粘っこい, 粘着性の; 〘理〙粘性の. ♦ **~·ly** *adv* **~·ness** *n* [AF or L (*viscum* birdlime)]

víscous flów 〘流体力学〙粘性流 (STREAMLINE FLOW).

vis·cus /vískəs/ *n* (*pl* **vis·cera** /vísərə/) 内臓 (⇨ VISCERA). [L]

vise | vice /váɪs/ *n* 万力(まんりき); 圧迫, 苦境: grip…in a ~ 万力で…をつかむ[締める] / (as) firm as a ~ しっかりと / be caught in a ~ 窮地に陥る. ► *vt* 万力でつかむ[締める, 固定する]. ♦ **~·lìke** *a* [ME=winding stair, screw, <L *vitis* vine]

vi·sé /ví:zèɪ, vɪzéɪ/ *n, vt* (~**d**, ~**'d**) VISA. [F]

Víse-grìp 〘商標〙ヴァイスグリップ《米国製の工具類; レンチ・プライヤー・クランプなど》.

Vi·seu /vɪzéɪu/ ヴィゼウ《ポルトガル中北部の市》.

Vish·a·kha·pat·nam /vɪʃɑ̀:kəpʌ́tnəm/, **Vi·sa-** /-sɑ̀:-/ ヴィシャカパトナム《インド東部 Andhra Pradesh 北東部の港湾都市》.

Vish·nu /víʃnu/ 〘ヒンドゥー教〙ヴィシュヌ《Brahm, Siva と共に 3 主神 (⇨ TRIMURTI) の一人で世界を維持する神; もと Rig-Veda では全宇宙を 3 歩で歩く太陽神とされていた; また通俗には, たとえば Krishna などさまざまの化身となって世に現われると信じられている》. ♦ **~·ìsm** *n* ヴィシュヌ崇拝[教]. **~·ìte** *n, a* ヴィシュヌ崇拝者(の). [Skt]

vis·i·bil·i·ty /vìzəbíləti/ *n* 見えること[状態], 可視性; 視界, 視程《特定の条件下において目標物が肉眼で確認できる最大距離》; 目につきやすさ, 視認度; 人目をひくこと, 注目[露出]度 (publicity); 見通し[見晴らし]のよさ, 視界; 〘光〙鮮明度, 可視度; 〘光〙視感度: high [low] ~ 高[低]視度 / poor ~ 視界の悪さ / *V~* was down to 10 meters. 視界は 10m まで下がっていた.

visibílity mèter 〘気〙視程計.

vis·i·ble /vízəb(ə)l/ *a* **1 a** (肉眼で)見える, 可視[可見]の; 認識できる. **b** 印象的な; 目立つ, 名の知れた; はっきりした, 明確な. **2 a** 面会人に会う意志がある〈*to*〉: Is he ~? お目にかかれましょうか. **b** 手持ちの, すぐに間に合う; ひと目でわかる, 見やすい. ● **the ~ exports and imports** 有形的輸出入《商品の輸出入》. ► *n* 目に見えるもの; 有形品目, 製品; [the] 物質(世界), 現世. ♦ **-bly** *adv* 《はた目にも》明らかに, はっきりと; 目に見えるように, 見るからに: *visibly* angry 怒りをあらわにして. **~·ness** *n* [OF or L; ⇨ VISION]

vísible bálance 〘経〙貿易収支 (balance of trade).

vísible chúrch CHURCH VISIBLE.

vísible horízon [the] APPARENT HORIZON.

vísible radiátion 〘理〙可視放射《可視領域の電磁波・光》.

vísible spéctrum 〘理〙可視スペクトル.

vísible spéech 視話法《発音器官の位置表示の記号により言語音を表わす》; ヴィジブルスピーチ《スペクトログラムにより音声を表示したもの》.

vísible supplý 《農産物などの》有形供給高, 出回り高.

Vis·i·goth /vízəgɑ̀θ/ *n* 西ゴート族《4 世紀後半からローマ帝国に侵入したゴートの一族; 418 年南フランスからイベリア半島を含む王国を樹立; cf. OSTROGOTH》. ♦ **Vìs·i·góth·ic** *a*

vis·ile /vízàɪl/ *n* 〘心〙VISUALIZER.

vis in·er·ti·ae /vís ɪnɔ́:rʃiì:/ 惰性, 惰力. [L]

vi·sion /víʒ(ə)n/ *n* **1** 視覚, 視力; 視野; 見ること, 目撃, 観察; 〘電算〙COMPUTER VISION: beyond one's ~ 目に見えない / the distance of ~ 視程 / block sb's ~ 人の視野をさえぎる / a field of ~ 視界, 視野. **2 a** 《詩人・政治家などの》想像力, 洞察(力), 構想(力), 先見の明. **b** 未来像, (将来)展望; 見方, とらえ方. **3 a** [°*pl*] (ありありと)思い描いたもの[姿], 想像(図) 〈*of*〉. **b** 《夢・恍惚状態などで見る》幻《超自然的または啓示的な現われ》; 《実体のない》幻影; 幻覚, 幻視. **c** 〘映〙幻想の場面《想像・回想を示す》. **4 a** 見えるもの, 眼に映ずるもの, ありさま, 光景; 《テレビ・映画の》映像. **b** 夢のように美しいもの《人・景色など》. **5** 〔修〕現写法《例 I see before me the gladiator *lie*.》. ► *vt* 夢に見る, 心に描く. ♦ **~·ist** *n* 幻を見る人 (visionary). [OF<L (*vis- video* to see)]

vísion·al *a* 幻影の(ような), 架空の. ♦ **~·ly** *adv*

vísion·àry /; -(ə)ri/ *a* **1** 〈人が〉幻を見る; 見通す力[構想力]のある; 夢見がちな, 幻想にふけりがちな. **2** 幻想の(ような); 〈計画など〉夢のような, 非現実的な. ► *n* 予見的な幻を見る人, 先見者, 預言者; 空想家, 夢を追う人, 妄想家, 幻視者. ♦ **-àr·i·ness** /; -(ə)ri-/ *n*

ví·sioned *a* 幻影に現われた; 幻影による; 想像力[洞察力]の豊かな.

vísion·ing *n* ビジョン形成[策定]; 幻を見ること.

vísion·less *a* 視力のない; 洞察力[想像力]のない, 構想[抱負]のない.

vísion-mìx *vi* 〔テレビ・映〕複数のカメラを用いて映像を構成する, ビジョンミックスする. ♦ **~·er** *n*

vísion quèst 〔人〕霊界との交わりを求める儀式《特に北米先住民の一部で, 成年に達した男子が一人になって断食や祈禱を続け, 恍惚のうちに見た幻によってこれを行なう》.

vis·it /vízət/ *vt* **1 a** 訪問する; 訪れる, 参観する, 見物に行く, 参詣する; 〈ウェブサイトを〉訪れる, 閲覧する: ~ a new neighbor 隣へ越してきた人に挨拶に行く. **b** 〈人・ホテル〉の客として滞在する, …の所へ泊まりがけで(遊びに)行く. **c** 《職業上または役柄で》見に行く[来る], 視察[調査]に行く, 巡視する, 臨検する, 往診する. **2 a** 〈病気・災害などが〉襲う, 見舞う, …に降りかかる: The town was *~ed by* [*with*] the plague. 町は疫病に見舞われた. **b** 〈考えが〉…に浮かぶ[ひらめく]. **3 a** 《古》…に祝福をもたらす, 祝福する: ~ sb *with* salvation 人に救いをもたらす. **b** 《文》〈苦痛・罰を〉加える 〈*on*〉: ~ one's indignation [blunder] *on*…に鬱憤を晴らす[失策をなすりつける]. **c** 《文》〈罪人・罪を〉罰する; 〈罪を〉報いる: The sins of the fathers are *~ed upon* the children. 親の罪は子に報いる《Prayer Book 中の文句より》. ► *vi* **1 a** 訪問する; 巡視する, 見物する, (客として)滞在する 〈*at* a hotel, *with* one's friend〉. **b** *《口》〈…のところに〉話し[遊び]に行く, 〈…と〉おしゃべりをする: ~ *with* sb on the telephone. **2** 罰を加える, 報復する. ● **~ with a return in kind** 同じものをもって報いる.
► *n* **1 a** 訪問, 往訪, 見舞い; 《患者の》来診, 通院; 参観, 見物(旅行), 遊覧(旅行), 参詣; 〔電算〕《ウェブサイトの》訪問, 閲覧; 《一時的な》滞在, 逗留: receive a ~ from sb 人の訪問をうける / return a ~ 答礼の訪問をする / a ~ of civility [respect] 儀礼上の訪問, 伺候 / pay [make, give]…a ~=pay [make, give] a ~ to…を訪問する, 見舞う, 巡回する, 参観する, 見物する. **b** 巡回, 視察, 巡視, 臨検, 往診: RIGHT OF VISIT (AND SEARCH). **2** *《口》雑談, おしゃべり (chat) 〈*with*〉: one's ~ *with*…とのおしゃべり. ● **a ~ from Flo** *[*euph*] お客さま, 月のもの, 月経 (cf. AUNT FLO). **on a ~ to**…を訪問中, …を見物中: go *on a ~ to*…訪問[滞留]の途につく. **on a ~ with** …方に滞在中.
[OF<L (freq)〈*viso* to view; ⇨ VISION]

vísit·able *a* 訪問できる, 参観できる; 見物に値する; 客の訪問をうけるに適した; 視察をうけねばならない.

Vis·i·tan·dine /vìzətǽndən, -dì:n/ *n* 訪問童貞会修道女 (⇨ ORDER OF THE VISITATION OF THE BLESSED VIRGIN MARY).

vis·i·tant /vízət(ə)nt, *víztənt/ *n* 訪問者; 巡礼者; 観光客; 《特に》霊界からの来訪者; 《一時的に人を襲う》心的[肉体的]状態; 〔鳥〕渡り鳥 (=*visitor*): summer [winter] *~s* 夏鳥[冬鳥]. ► *a* 《古・詩》訪問する.

vis·i·ta·tion /vìzətéɪʃ(ə)n/ *n* **1 a** 訪問; 《口》長居, 長尻, とんだ長逗留. **b** 〔法〕*訪問権(による訪問) (⇨ VISITATION RIGHTS). **c** *弔問(が行なわれる期間). **2** 《監督官などの》巡回, 巡察, 査察; 船舶臨検: RIGHT OF VISITATION. **3** 〔動〕《鳥などの》時ならぬ[異常に多数の]訪れ. **4** 天罰, 災禍, 災い; 天恵, 祝福; 《超自然的なものの》訪れ. **5** [the V-] 〔聖〕(聖母)マリアの(御)訪問《聖母マリアが洗礼者 John の母 Elizabeth を訪れたこと; *Luke* 1: 39–56》, 聖母マリアの御訪問の祝日《これを記念する祝日 (7 月 2 日)》. NUNS OF THE VISITATION=ORDER OF THE VISITATION OF THE BLESSED VIRGIN MARY [OUR LADY]. ● **the ~ of the sick** 病気の教区民に対する牧師の見舞い; 〔英国教〕病者訪問の祈り. ♦ **~·al** *a*

visitátion rìghts *pl* 訪問権, 往訪権《離婚・別居の結果, 一方の親の監護下にある子供に会いに行く他方の親の権利》.

vis·i·ta·to·ri·al /vìz(ə)tətó:riəl/ *a* 巡回(者)の, 巡視(者)の, 臨検(者)の; 巡視[臨検]権のある.

vísit·ing *n* 訪問. ► *a* 訪問の; 客員の; 〔スポ〕遠征の, ビジターの: have a ~ acquaintance with…=be on ~ terms with…と行き来する間柄だ / a ~ fellow 客員研究員.

vísiting bòok 訪客帳; 訪問先名簿.

vísiting càrd "名刺 (calling card*); 入構証, 名札.

vísiting dày 面会日, 接客日.

vísiting fíreman *《口》《たっぷりもてなすべき[もてなされる]》大事な客[来訪者]; *《口》訪問視察団員; *《口》金をたくさん落とす旅行客[大会参加者].

vísiting hòurs *pl* 《病院などの》面会時間.

vísiting núrse 訪問看護師.

vísiting proféssor 客員教授.

vísiting téacher 家庭巡回教員《病床の生徒などに訪問授業などをして家庭と学校との連絡を密にする》.

vis·i·tor /víz(ə)tər/ *n* **1** 訪問者, 来客, 見舞い客; 〔電算〕《ウェブサイトの》訪問者, 閲覧者; 滞在客, 泊まり客; 来遊者, 観光客; [the ~s] 〔スポ〕遠征チーム; 〔鳥〕渡り鳥 (visitant). **2** 視察員, 巡察者[官], 監察官; "《大学の》参事. **3** [°*pl*] 《俗》生理, 月経, お客さま: have a little ~ 生理中である. ♦ **vís·i·tress** *n* 《古》VISITOR の女性形; 《特に 社会福祉活動をする》女性訪問者.

vísitor cènter 《観光地・史跡の》ビジターセンター《訪問者に地域の歴史・施設の概要などを紹介する展示や説明を提供する建物; interpretive center ともいう》.

vis·i·to·ri·al /vìz(ə)tó:riəl/ *a* VISITATORIAL.

vísitors' bòok 来訪者名簿, 芳名録[帳]; 宿帳.

vísitor's pàssport "簡易旅券, 簡易パスポート《一定の国で一定期間のみ使える英国の旅券; 有効期間は 1 年; 郵便局で取得できる》.

vi·sive /váɪsɪv, vízɪv/ 《古》*a* 幻影の; 見える.

vís májor /vís-/ 〔法〕不可抗力. [L]

vis me·di·ca·trix na·tu·rae /wí:s mèdɪká:trɪks na:tú:ràɪ/ 自然の治癒力. [L]

vis·na /vísnə/ *n* 〔獣医〕ビスナ《レトロウイルスによって起こるヒツジの脳脊髄炎で, 2–3 年以上の潜伏期をもつ遅発性・進行性・致死性の疾患》. [ON=to wither]

Vi·so /ví:zou/ [Mount [Monte]] ヴィーゾ山, モンテヴィーゾ《イタリア北西部 Turin の南西, フランス国境近くにある, Cottian Alps の最高峰 (3841 m)》.

vi·sor, -zor /váɪzər/ *n* *《帽子などの》まびさし; 《車などの》遮光板, 日よけ, SUN VISOR; 《ヘルメットの》バイザー《顔面を保護するおおい》; 《古・文》マスク, 仮面, 《人目をごまかすための》仮面, 覆面; 〔史〕《かぶとの顔の上半分をおおう》面頰(めんぽお). ► *vt* …に visor を付ける, 面頰などで保護する[おおう]. ♦ **~ed** *a* 面頰をつけた; まびさしのある; 仮面で隠した. **~·less** *a* [AF *viser*; ⇨ VISAGE]

vis·ta /vístə/ *n* 並木道やビルの谷間などから見通した縦に狭い景色, 見通しの景色[眺め], ヴィスタ; 並木道, 街路; 《将来の》展望, 見通し, 予想; 追憶: the dim *~s* of one's childhood 幼年時代のおぼろげな回想. [It=view]

VISTA *n* 〔米〕ヴィスタ《1964 年に発足した, 国内貧窮地域の生活向上を目的としてボランティアを派遣する政府の計画》. [*V*olunteers *i*n *S*ervice *t*o *A*merica]

vísta dòme 《列車車両の上階に設けた》展望台.

vís·taed *a* 細長く見通しのきく(ように作られた); 未来[過去]を見通して心に描いた.

vísta·less *a* 展望[見通し]のきかない.

Vísta·Vìsion 〔商標〕ヴィスタヴィジョン《35 mm フィルムを水平に走らせ, 通常の約 2 倍のネガ面積により画質向上をはかる映画方式》.

Vis·tu·la /vísʧələ, -tə-/ [the] ヴィスワ[ヴィスラ]川 (Pol **Wis·ła** /ví:slɑ:/, G **Weich·sel** /*G* váɪksl/)《ポーランドを流れる川; カルパティア山脈に発し 北流してバルト海の Gdańsk 湾に注ぐ》.

Vístula Lagóon [the] ヴィスワ湾 (*G* Frisches Haff, *Pol* Zalew Wiślany)《ポーランド Gdańsk 湾岸の Vistula 河口域から北東のロシア領 Kaliningrad にまたがる潟湖(せきこ)》.

vi·su·al /víʒuəl/ *a* **1** 視覚の[に関する], 物を見るための; 視覚による[たよる]; 目で見て得た〈知識など〉; 光学上の; 目に見える (visible): a ~ image 視覚心像 / the ~ nerve 視神経 / the ~ organ 視覚器官 / ~ education 視覚教育《visual aids 使用》. **2** 目に見えるような, あざやかな (vivid). ► *n* 〔広告〕大ざっぱなレイアウト, ラフレイアウト; [*pl*] 《映画フィルムで音声部に対する》映像部; [°*pl*] 視覚に訴える表現, 映像《写真・映画・ビデオなど》; 宣伝用映画. [L (*visus* sight〈*video* to see)]

vísual acúity 〔眼〕視力.

vísual áid [°*pl*] 〔教育〕視覚教材《映画・スライド・図表・地図など》.

vísual ángle 視角.

vísual árts *pl* 視覚芸術. ♦ **vísual ártist** *n*

vísual-áural (rádio) ránge 〔空〕可視可聴式(無線)レンジ《計器表示と信号音により針路を示す; 略 VAR》.

Vísual Básic ビジュアルベーシック《BASIC に基づく Windows 用の高水準プログラミング言語; ウインドー構成などを視覚的に設計できる; アプリケーション付属版 ~ for Applications [VBA] もある》.

vísual bínary [dóuble] 〔天〕実視連星.

vísual cápture 〔心〕視覚捕捉《空間把握などにおける他の感覚に対する視覚の優位》.

vísual córtex 〔解〕視覚皮質《視覚上の刺激をうけて処理をする大脳皮質後頭葉の部位》.

vísual dísplay tèrminal 〔電算〕VIDEO DISPLAY TERMINAL《略 VDT》.

vísual displáy ùnit 〔電算〕《CRT を用いた》表示装置, ディスプレー装置《通例 入力用のライトペン・キーボードなどを備える; 略 VDU》.

vísual educàtion 視覚教育.

vísual fíeld 視野 (=*field of vision*)《一点を見たとき目を動かさないで見える範囲》.

vísual flíght〖空〗有視界飛行.

vísual flíght rùles *pl*〖空〗有視界飛行規則《略 VFR》.

vísual ínstrument 視覚楽器《スクリーン上に彩色模様をつくり出す電子鍵盤楽器》.

vísual·ist *n* VISUALIZER.

vis·u·al·i·ty /vìʒuǽləti/ *n* VISIBILITY; 心象.

vìsual·izátion *n* 目に見えるようにすること, 視覚(表象)化; 心に描くこと[力], 心象形成, 想像;〖医〗切開により器官を露出させること, 明視化;〖医〗透視.

vísual·ize *vt* 目に見えるようにする, 視覚化する; 思い描く, 思い浮かべる, 想像する 〈*as*〉;〖医〗〈器官を〉切開により露出させる, 明視化する, X 線で透視する; *《俗》見る (see). ► *vi* 心に描く, 思い描く; 見えるようになる. ♦ **-iz·able** *a* イメージとして[具体的に]思い描ける, 視覚化が可能な.

ví·su·al·iz·er *n* 思い描く人;〖心〗視覚型の人 (cf. AUDILE, MOTILE).

vísual líteracy 視覚判別(力), 視覚リテラシー《視覚によって物事を認識・理解する能力》.

vísual·ly *adv* 視覚的に, 目に見えるように; 視覚によって: ~ HANDICAPPED.

vísual mágnitude〖天〗実視等級.

vísual pígment〖生化〗視色素, 視覚色素, 視物質 (=*photopigment*)《網膜にある感光物質; タンパク質オプシン (opsin) と発色団レチナール (retinal) の複合体; 桿体 (rod) に含まれるロドプシンや錐体 (cone) に含まれるアイオドプシンなどがある》.

vísual póint《光学器械を用いるときの》視点.

vísual pollútion 視覚公害《広告物・建物・ネオンサインなどによる美観の破壊》.

vísual púrple〖生化〗視紅 (RHODOPSIN).

vísual ránge〖気〗視界, 視程 (visibility).

vísual ráy 視感光線《視野内の光線》.

vísual víolet〖生化〗視紫 (IODOPSIN).

vísual yéllow〖生化〗視黄 (RETINENE).

vìs·uo·spátial /vìʒuoʊ-/ *a*〖心〗空間視覚に関する.

vís ví·va /-váɪvə/ (*pl* **víres ví·vae** /-váɪvìː/)〖理〗活力, 活勢《昔の用語で, 運動エネルギーの 2 倍に相当する量》. [L=living force]

vi·ta* /víːtə, váɪtə/ *n* (*pl* **vi·tae** /víːtàɪ, -ti/) 経歴, 略歴; 履歴書 (curriculum vitae). [L=life]

Vi·ta[1] /víːtə/ ヴィータ《女子名: **1**) Davida, Davita の愛称 **2**) Victoria の愛称》. [L *vita* からか]

Vi·ta[2] /váɪtə/〖商標〗ヴァイタグラス《紫外線を通すガラス》.

vi·ta·ceous /vaɪtéɪʃəs/ *a*〖植〗ブドウ科 (Vitaceae) の.

vi·tal /váɪtl/ *a* **1** 生命の, 生体の; 生命維持に不可欠な: ~ energies 生命力, 活力 / ~ power(s) 生命力, 活力. **2** 生きている; 活力に満ちた, 生きいきした; 元気づける. **3** 生死にかかわる, きわめて重要な, 枢要な, 必須の 〈*to* the argument, *to* [*for*] the success〉: a ~ question 死活問題 / a ~ part《体の》急所 / a ~ wound 致命傷 / a matter of ~ importance きわめて重要な事柄. ► *n* **1** [*pl*] 生命維持に不可欠な器官《脳・心臓・肺・肝臓・胃腸など》; [*pl*] 生殖器,《特に》男性性器, 睾丸; [*pl*]《医俗》生命徴候 (vital signs). **2** [*pl*] 枢要部, 核心: the ~*s* of a subject 問題の核心. ♦ **~·ly** *adv* [OF<L (*vita* life)]

vítal capácity〖生理〗肺活量 (=*breathing capacity*).

vítal fórce 生命力, 活力, 生命の根源; ÉLAN VITAL.

vítal índex 人口指数《出生の死亡に対する比率》.

vítal·ìsm *n*〖生・哲〗生気[活力]論《生命現象は無機界の現象には認めえない非物質的原理によるとする説》. ♦ **-ist** *n, a* **vì·tal·ís·tic** *a*

vi·tal·i·ty /vaɪtǽləti/ *n* 生命力, 活力, 体力, 生活力;〖生態〗活力度; 活気, 生気, 元気;《文学・美術作品の》生気, 魂; 持続力[性], 存続力; 生命力のあるもの.

vítal·ìze *vt* …に生命[活力, 生気]を与える; 鼓舞する, 元気づける; 生きいきと描く. ♦ **-iz·er** *n* **vìtal·izátion** *n*

Vi·tal·li·um /vaɪtǽliəm/〖商標〗ビタリウム《コバルト・クローム・モリブデンの合金; 歯科・外科用》.

vítal prínciple VITAL FORCE.

vítal sígns *pl* 生命徴候《脈拍・呼吸および体温; これに血圧を加えることもある》.

vítal spárk [the]《口》《芸術作品の》生気, 迫力.

vítal stáining〖生〗生体染色《色素液の注入などで生きた細胞[組織]を染色すること》.

vítal statístics [〈*sg/pl*〉] **1** 人口(動態)統計《生死・婚姻・疾病・移動などの統計》. **2**《口》身体部位の計測値,《特に》女性のバスト・ウエスト・ヒップのサイズ, スリーサイズ.

vi·ta·mer /váɪtəmər/ *n*〖生化〗ビタマー《ビタミン作用を示す物質の総称》. ♦ **vì·ta·mér·ic** /-mér-/ *a*

vi·ta·min /váɪtəmən, ˈˈvít-/, **-mine** /-mən, -mìːn/ *n* **1**〖生化〗ビタミン《動物の発育と栄養を保つのに微量ながら不可欠の有機物の総称; エネルギー源にはならず代謝に関与する》. **2** [*pl*]《俗》ビタミン剤《錠剤[カプセル入り]のドラッグ》. ♦ **vì·ta·mín·ic** *a* [G (VITA, AMINE)]

vitamin A /―― éɪ/ **1**〖生化〗ビタミン A《視覚・上皮細胞・発育に関係する脂溶性ビタミン; 欠乏症状は夜盲症など; A_1, A_2 があり, 狭義では A_1 をいう》. **2**《俗》LSD, ACID;《俗》ECSTASY.

vitamin A_1 /―― éɪ wʌ́n/〖生化〗ビタミン A_1 (=*retinol*)《卵黄・乳製品・海水魚の肝油などに存在する》.

vitamin A_2 /―― éɪ túː/〖生化〗ビタミン A_2 (=*dehydroretinol*)《淡水魚の肝油などに存在する》.

vitamin B /―― bíː/〖生化〗ビタミン B《**1**) =VITAMIN B COMPLEX **2**) =THIAMINE (=**vitamin B_1** /―― bíː wʌ́n/)》.

vitamin B_2 /―― bíː túː/〖生化〗ビタミン B_2 (RIBOFLAVIN).

vitamin B_6 /―― bíː síks/〖生化〗ビタミン B_6《pyridoxine およびそれと構造の似た pyridoxal, pyridoxamine の総称; 欠乏すると動物の成長が悪くなる》.

vitamin B_{12} /―― bíː twélv/〖生化〗ビタミン B_{12} (=*cyanocobalamin*)《コバルトを含む結晶で, 特に肝臓に含まれ, 動物の成長に必要な成分; 悪性貧血の治療に用いて有効》.

vitamin B_{17} /―― bíː sèv(ə)ntíːn/〖生化〗ビタミン B_{17} (=*Laetrile*).

vitamin B_c /―― bíːsíː/〖生化〗ビタミン B_c (FOLIC ACID).

vitamin B complex /―― bíː ―― ―/〖生化〗ビタミン B 複合体 (=*B complex*)《biotin, choline, ニコチン酸, パントテン酸など, 当初ビタミン B と称したものからその後分離された水溶性ビタミンの総称》.

vitamin C /―― síː/ **1**〖生化〗ビタミン C (=*ascorbic acid*)《抗壊血病因子として発見された水溶性ビタミン; 新鮮野菜などに存在》. **2**《俗》コカイン (cocaine).

vitamin D /―― díː/ ビタミン D《魚類の肝臓・卵黄などに含まれる, 抗佝僂(くる)病性の脂溶性ビタミン》.

vitamin D_1 /―― díː wʌ́n/〖生化〗ビタミン D_1《calciferol と lumisterol よりなる》.

vitamin D_2 /―― díː túː/〖生化〗ビタミン D_2 (=*calciferol*)《エルゴステロール (ergosterol) の紫外線照射によって得られる》.

vitamin D_3 /―― díː θríː/〖生化〗ビタミン D_3 (=*cholecalciferol*)《魚肝油中に存在するビタミン D の主要な形態で, 日光・紫外線にさらされて皮膚内にできる》.

vitamin E /―― íː/ **1**〖生化〗ビタミン E (=*tocopherol*)《植物性油脂に多く含まれる脂溶性ビタミン; 欠乏症は不妊症・筋萎縮症など》. **2**《俗》ECSTASY.

vitamin G /―― ʤíː/〖生化〗ビタミン G (RIBOFLAVIN).

vitamin H /―― éɪʧ/〖生化〗ビタミン H (BIOTIN).

vítamin·ìze *vt* …にビタミンを与える[加える], …のビタミンを強化する; 生きいきさせる. ♦ **vìtamin·izátion** *n*

vitamin K /―― kéɪ/〖生化〗ビタミン K《抗出血作用を有する脂溶性ビタミン; 自然界には K_1, K_2 があり, そのほか各種誘導体が合成され同様の作用がある》. [Dan *k*oagulation]

vitamin K_1 /―― kéɪ wʌ́n/〖生化〗ビタミン K_1 (=*phylloquinone*).

vitamin K_2 /―― kéɪ túː/〖生化〗ビタミン K_2 (=*menaquinone*).

vitamin K_3 /―― kéɪ θríː/〖生化〗ビタミン K_3 (=*menadione*).

vitamin M* /―― ém/〖生化〗ビタミン M (FOLIC ACID).

vi·ta·min·ol·o·gy /vàɪtəmənάləʤi; vìt-/ *n* ビタミン学.

vitamin P /―― píː/〖生化〗ビタミン P (BIOFLAVONOID). [*p*aprika, *p*ermeability]

vitamin PP /―― píːpíː/〖生化〗ビタミン PP《抗ペラグラ因子としてはたらくビタミン; ニコチンアミド・ニコチン酸など》. [*p*ellagra-*p*reventive]

vi·ta nuo·va /víːtə nwóuvə/ **1** 新しい生活 (new life). **2** [La /lɑː/]『新生』《Dante の詩文集 (c. 1293); Beatrice への愛を詩と散文でつづったもの》.

Ví·ta·phòne /váɪtə-/〖商標〗ヴァイタフォーン《音声に録音盤を用いた初期の有声映画の一方式》. [VITA]

ví·ta·scòpe /váɪtə-/ *n* ヴァイタスコープ《初期の映写機》.

vi·ta sex·u·a·lis /wíːtɑː sɛksuάːlɪs/ 性の力;《個人の》性生活, ウィタ・セクスアリス. [L=sexual life]

Vi·tebsk /víːtèpsk, -tèbsk, vətépsk, -tébsk/ ヴィテブスク《ベラルーシ北東部の Dvina 川に臨む市》.

vi·tel·lary /váɪt(ə)lèri, vít-, vaɪtéləri, vətéləri/ *a* VITELLINE.

vi·tel·lin /vətélən, vaɪ-/ *n*〖生化〗ビテリン《卵黄のリンタンパク質の主成分》.

vi·tel·line /vətélən, -lìːn, -làɪn, vaɪ-/ *a* 卵黄(形成)の; 卵黄色の, 黄色の.

vitélline mémbrane〖生〗卵細胞膜, 卵黄膜.

vi·tel·lo·génesis /vaɪtèlou-, və-/ *n*〖生〗卵黄形成.

vitèllo·gén·in /-ʤénən/ *n*〖生化〗ビテロゲニン《エストロゲン(女性ホルモン)の作用で産卵性動物の血中に生成される雌に特異的な卵黄前駆体タンパク質; 実験的に雄にも生成されることから女性ホルモン作用をもつ環境ホルモン物質のバイオマーカーとされる》.

vi·tel·lus /vətéləs, vaɪ-/ *n* (*pl* **~·es, -li** /-làɪ/)〖生〗卵黄 (yolk). [L]

Vi·ter·bo /vɪtéərbou/ ヴィテルボ《イタリア中部 Latium 州の町》.

viti- /vítə/ *comb form*「ブドウ」 [L (*vitis* vine)]

vi·ti·a·ble /víʃiəb(ə)l/ *a* 汚されうる; 腐敗しやすい.

vi·ti·ate /víʃièɪt/ *vt* [°*pass*] …の価値を低下させる, 損ずる, そこなう; よごす, 腐敗させる; 堕落させる, だめにする; 無効にする. ♦ **ví·ti·à-**

tor *n* [L (pp) ‹ *vitio* to spoil; ⇨ VICE[1]]
vi·ti·a·tion /vìʃiéɪʃ(ə)n/ *n* 汚染, 腐敗; 無効にすること.
víti·cùlture *n* ブドウ栽培(学[研究]). ♦ **viti·cúltural** *a* **-al·ly** *adv* **vìti·cúlturist, -cúlturer** *n*
Vi·ti Le·vu /víːti lévu/ ヴィティレヴ《太平洋南西部にある Fiji 諸島最大の島》.
vit·i·li·go /vìt(ə)láɪgoʊ, -líː-/ *n* (*pl* **~s**) 〔医〕白斑.
Vi·tim /vətíːm/ [the] ヴィティム川《東シベリア南部を北流して Lena 川に合流》.
vi·ti·os·i·ty /vìʃiásəti/ *n* 《古》 VICIOUSNESS, DEPRAVITY; 〔スコ法〕無効.
Vi·to /víːtoʊ/ *n* ヴィートー《男子名》.
Vi·to·ria /vɪtɔ́ːriə/ **1** ビトリア《スペイン北東部の市; Basque 自治州の州都, Álava 県の県都; Wellington がフランス軍に勝利をあげた地 (1813)》. **2** ビトリア **Francisco de** ~ (1486?–1546)《スペインの神学者; 新大陸のインディアンの保護, スペイン人植民者の戦争の権利について論じ, 国際法思想の基本となる考え方を初めて提示した》.
Vi·tó·ria /vɪtɔ́ːriə/ ヴィトリア《ブラジル東部 Espírito Santo 州の州都》.
vitr- /vítr/, **vit·ri-** /vítrə/, **vit·ro-** /vítroʊ, -rə/ *comb form*「ガラス (glass)」 [L; ⇨ VITREOUS]
vit·rain /vítrèɪn/ *n* ビトレイン《瀝青炭(れきせいたん)中で輝度の高い薄い部分で, 貝殻状断口をもつ》.
vit·rec·to·my /vətréktəmi/ *n* 〔医〕硝子体切除(術).
vit·re·ous /vítriəs/ *a* ガラスの(ような), ガラス質[状]の; 眼の硝子(しょうし)液の. ► *n* VITREOUS HUMOR. ♦ **~·ness** *n* [L (*vitrum* glass)]
vítreous bódy 〔解〕(眼球の) 硝子(しょうし)体.
vítreous electrícity POSITIVE ELECTRICITY.
vítreous enámel 琺瑯(ほうろう) (=*porcelain enamel*).
vítreous húmor 〔解〕(眼球の) 硝子体液.
vítreous sílica 融解石英 (=*fused quartz, quartz glass*)《結晶石英を溶融して作ったもので, 紫外線をよく通す》.
vi·tres·cence /vətrés(ə)ns/ *n* ガラス状(になる性質).
vi·trés·cent *a* ガラス状になる(性質のある).
vit·ric /vítrɪk/ *a* ガラスの(ような); ガラス質[状]の.
vít·rics *n* ガラス製造術[学]; ガラス器具[製品].
vit·ri·fac·tion /vìtrəfǽkʃ(ə)n/ *n* VITRIFICATION.
vit·ri·fi·ca·tion /vìtrəfəkéɪʃ(ə)n/ *n* ガラス化(状態[物]).
vít·ri·fòrm /vítrə-/ *a* ガラス状の.
vit·ri·fy /vítrəfàɪ/ *vt, vi* ガラス(質[状])に変える[変わる]. ♦ **vít·ri·fì·able** *a* ガラス化できる. **vìt·ri·fì·abíl·i·ty** *n*
vit·rine /vətríːn/ *n* ガラスの飾り戸棚.
vit·ri·ol /vítriəl/ *n* 〔化〕礬(ばん)類《重金属の硫酸塩》; [ᵁoil of ~] (濃)硫酸; 辛辣なことば[批評, 皮肉], こきおろし: BLUE [GREEN, WHITE] VITRIOL / dip one's pen in ~ 毒筆をふるう. ► *vt* (-l- | -ll-) 硫酸(塩)で処理する, 《特に》希硫酸に浸す. [OF or L; ⇨ VITREOUS]
vit·ri·ol·ic /vìtriálɪk/ *a* VITRIOL の(ような), 〈酸が〉腐食性の強い; VITRIOL から得られる; 辛辣な, 痛烈な, 激しい: ~ criticism 辛辣な批評. ♦ **-i·cal·ly** *adv*
vitriólic ácid 《古》硫酸 (sulfuric acid).
vítriol·ìze *vt* 硫酸塩で処理する; 硫酸塩に転化する; …に硫酸を浴びせる. ♦ **vìtriol·izátion** *n*
vitro ⇨ IN VITRO.
Vit·ro·lite /vítrəlàɪt/ 〔商標〕ヴィトロライト《乳白ガラス (opal glass)》.
Vitrúvian scróll 〔建〕ウィトルウィウス式渦形《frieze の装飾などに用いた波形渦巻模様》.
Vi·tru·vi·us /vətrúːviəs/ ウィトルウィウス **Marcus ~ Pollio**《前1世紀のローマの建築家》. ♦ **Vi·trú·vi·an** *a*
Vi·try-sur-Seine /*F* vitrisyrsɛn/ ヴィトリー-シュル-セーヌ《フランス北部 Paris の南南東の衛星都市》.
vit·ta /vítə/ *n* (*pl* **-tae** /víːti, -tìː, -tàɪ/, **~s**) 〔植〕《セリ科植物の中果皮の》油管; 〔動・植〕縦縞(たてじま). ♦ **vit·tate** /vítèɪt/ *a* 油管[縦縞]のある. [L=band]
vit·tle /vítl/ *n, vt, vi* 《古・方・口》 VICTUAL.
Vit·to·ri·ni /vìːtouríːni/ ヴィットリーニ **Elio ~** (1908–66)《イタリアの小説家・批評家・英米文学翻訳家》.
vit·u·line /víʧəlàɪn, -lən/ *a* 子牛(の肉)の(ような).
vi·tu·per·ate /vaɪt(j)úːpərèɪt, və-/ *vt, vi* あしざまに言う, 罵倒する, ののしる. ♦ **-à·tor** *n* [L; ⇨ VICE[1]]
vi·tù·per·á·tion *n* 悪罵, 罵詈(ばり), 罵倒, 毒舌, 叱責.
vi·tu·per·a·tive /vaɪt(j)úːp(ə)rətɪv, və-, -pərèɪ-/ *a* ののしる, 罵倒する, 毒舌をふるう. ♦ **~·ly** *adv* **~·ness** *n*
vi·tú·per·a·tò·ry /; -t(ə)ri/ *a* VITUPERATIVE.
vi·va[1] /víːvə, -vàː/ *int* 万歳! (Long live…!). ► *n* 万歳の声; [*pl*] 歓声. [It=let live, may (he) live]
vi·va[2] /váɪvə/ ᴵᴵ《口》 *n* VIVA VOCE. ► *vt* (**~ed, ~'d**) VIVA-VOCE.
vi·va·ce /vɪváːʧeɪ, -ʧi/ *adv, a* 〔楽〕活発に[な], ヴィヴァーチェで[の]. ► *n* ヴィヴァーチェの曲[楽章]. [It=vivacious]
vi·va·cious /vəvéɪʃəs, vaɪ-/ *a* 快活な, 陽気な; 〔植〕多年生の; 《古》長生きの. ♦ **~·ly** *adv* **~·ness** *n* [L *vivac- vivax* (*vivo* to live)]
vi·vac·i·ty /vəvǽsəti, vaɪ-/ *n* 元気, 活気; 快活, 陽気; 《まれ》快活[陽気]な行為[ことば].
Vi·val·di /vɪváːldi, -vɔ́ːl-/ ヴィヴァルディ **Antonio (Lucio) ~** (1678–1741)《イタリアの作曲家》.
vi·van·dier /*F* vivɑ̃dje/ *n* 《フランスなどの》酒保商人.
vi·van·dière /*F* vivɑ̃djɛːr/ *n* 《昔の》女の酒保商人.
vi·vant rex et re·gi·na /wíːwàːnt réks ɛt reɪgíːnɑː/ 国王万歳, 女王万歳! [L]
vi·var·i·um /vaɪvέəriəm/ *n* (*pl* **~s, -var·ia** /-riə/)《自然に近い状態にしてある》飼育[育成]器[ケース], 飼養場[池], 自然動物[植物]園 (cf. TERRARIUM). [L=warren, fishpond (*vivus* living, *-arium*)]
vi·vat /váɪvæt, víː-/ *int, n* VIVA[1]. [L]
vi·vat re·gi·na /wíːwàːt reɪgíːnɑː/ 女王万歳! [L]
vi·vat rex /wíːwàːt réks/ 国王万歳! [L]
ví·va-vó·ceᴵᴵ *vt* /váɪvəvóʊsi, -ʧi, víːvəvóʊʧeɪ/ …に口頭試問を行なう.
víva vóce *adv* 口頭で (orally). ► *a* 口頭[口述]の. ► *n* 口頭試問. [L=with the living voice]
vi·vax /váɪvæks/ *n* 〔医〕三日熱(マラリア)プラスモジウム《三日熱マラリア原虫》. [L; ⇨ VIVACIOUS]
vívax malária 〔医〕三日熱(マラリア).
vive /*F* viːv/ *int* 万歳! (Long live…!) (opp. *à bas*): QUI VIVE.
Vi·ve·ka·nan·da /vìːvəkənáːndə/ ヴィヴェーカーナンダ (1863–1902)《インドの宗教家; 俗名 Narendranath Datta; ヒンドゥー教を復興し, インドの精神性と西洋の物質的進歩を統合しようと試みた》.
vive la dif·fé·rence /*F* viːv la diferɑ̃ːs/ 男女差万歳!
vive la reine /*F* viːv la rɛn/ 女王万歳!
vive la Ré·pub·lique /*F* viːv la repyblik/ 共和国万歳!
vive le roi /*F* viːv lə rwa/ 国王万歳!
vi·ver·rid /vaɪvérəd/ 〔動〕 *a* ジャコウネコ科 (Viverridae) の. ► *n* ジャコウネコ.
vi·ver·rine /vaɪvéràɪn, -ən, və-/ *a, n* 〔動〕ジャコウネコ科 (Viverridae) の(動物). [L *viverra* ferret]
vi·vers /víːvərz; váɪ-/ *n pl* 《スコ》食物, 糧食.
vi·ve va·le·que /wíːweɪ wɑːlékweɪ/ 《手紙の結びで》ご自愛を祈ります. [L]
vivi- /vívə/ *comb form*「生きた」「生体の」 [L]
Viv·i·an /víviən/ **1** ヴィヴィアン《**1**) 男子名 **2**) 女子名》. **2** 〔アーサー王伝説〕ヴィヴィアン《Merlin の愛人の女魔法使い; the Lady of the Lake とも呼ばれる》. [L=lively]
viv·i·an·ite /víviənàɪt/ *n* 〔鉱〕藍鉄(らんてつ)鉱. [G; John Henry *Vivian* (1785–1855) 英国の鉱物学者]
viv·id /vívəd/ *a* 〈色・映像など〉あざやかな, 鮮明な, 目のさめるような; 〈描写・印象・記憶が〉生きいきした, 鮮明な, 目に見えるような, 真に迫った; はつらつとした, 躍動的な, 生きいきした, きびきびした: a ~ imagination たくましい想像力. ♦ **~·ly** *adv* あざやかに, ありありと, 生きいきと, きびきびと. **~·ness** *n* [L=lively (*vivo* to live)]
Viv·i·en /víviən/ VIVIAN《主に 女子名として》.
vi·vif·ic /vaɪvífɪk/ *a* 活気[生気]を与える.
viv·i·fy /vívəfàɪ/ *vt* …に生命[生気]を与える; 生きいきさせる, 鮮明にする. ♦ **-fì·er** *n* **vìv·i·fi·cá·tion** *n* [F‹L (*vivus* living)]
vi·vip·a·ra /vɪvípərə/ *n pl* 〔動〕胎生動物.
vi·vi·par·i·ty /vìvəpǽrəti, vàɪ-/ *n* 〔動・植〕胎生.
vi·vip·a·rous /vəvíp(ə)rəs, vaɪ-/ *a* 〔動〕胎生の (cf. OVIPAROUS, OVOVIVIPAROUS); 〔植〕〈種子が〉枝についたままで発芽する, 胎生の: ~ seeds 胎生種子. ♦ **~·ly** *adv* **~·ness** *n* [L (*vivus* alive, *pario* to produce)]
vivíparous éelpout 〔魚〕コモチゲンゲ《大西洋北東部・北海産の卵胎生魚》.
viv·i·sect /vívəsèkt, ˌ-ˈ-/ *vt, vi* 生体解剖に付する[をする]. ♦ **vívi·sèc·tor** *n* [逆成く↓]
viv·i·sec·tion /vìvəsékʃ(ə)n/ *n* 生体解剖[実験]; 仮借なきまでの批判, 徹底したきびしい吟味. ♦ **~·al** *a* **~·al·ly** *adv* **~·ist** *n, a* 生体解剖(論)者; 生体解剖の. [*dissection* にならって L *vivus* living から]
vi·vo[1] /víːvoʊ/ *a, adv* 〔楽〕 VIVACE. [It]
vivo[2] ⇨ IN VIVO.
vi·vor /váɪvər/ *n**《俗》生き残る[生き抜く]やつ, したたかなやつ, カモにされないやつ. [sur*vivor*]
vix·en /víks(ə)n/ *n* 雌ギツネ (opp. *fox*); 口やかましい女, がみがみ女; セクシーな[なまめかしい]女性. ♦ **~·ish** *a* **~·ish·ly** *adv* **~·ly** *a* [OE *fyxe* (fem) ‹ *fox*]
vix·e·re for·tes an·te Aga·mem·no·na /wɪkséɪrɛ fɔ́ːrtèɪs àːntɛ àːgɑːmémnɔːnàː/ アガメムノン以前に勇者はいた. [L]
Vi·yel·la /vaɪélə/ 〔商標〕ビエラ《ウールと綿の混紡糸を用いた柔らかくて軽いフランネル》.

viz[1] /váɪz/ *n pl**《俗》ジーンズ, リーバイス (Levi's).
Viz /víz/『ヴィズ』《英国の成人向けコミック誌》.
viz., viz[2] /víz, néɪmli, *vədéləsèt, ‖-dí:-/ *adv* すなわち (videlicet, namely). [z はもと viet. と略した -et の飾り文字から]
viz·ard, vis·ard /vízərd, -à:rd/ *n* 面, 仮面, 覆面; 見せかけ. [*visor, -ard*]
viz·ca·cha, vis- /vɪská:ʧə/, **vis·ca·che** /-ʧi/ *n* 〘動〙ビスカチャ《チンチラに似た各種の南米産の齧歯動物》. [Sp＜Quechua]
viz·ca·chon /vískaːʧàn/ *n* 〘動〙PLAINS VIZCACHA.
Viz·ca·ya /vɪskáɪə/, **Bis-** /bɪs-/ ビスカヤ (＝*Biscay*)《スペイン北部 Biscay 湾沿岸の県; Basque 諸県の一つ; ☆Bilbao》.
vi·zier /vəzíər, víziər/ *n* 《イスラム教国, 特に旧トルコ帝国の》高官, 大臣 (cf. GRAND VIZIER). ♦ **～·ial** /vəzíəriəl/ *a* **-ate** /vəzíərət, víziərət, -rèɪt/, **～·ship** *n* vizier の職[権能, 地位, 在任期間]. [Arab]
vi·zir /vəzíər/ *n* VIZIER.
vizor ⇨ VISOR.
vizs·la /víʒlə, ví:z-, ví:s-/ *n* 〘犬〙ヴィズラ《ハンガリー原産の鳥猟犬》. [*Vizsla* ハンガリーの町]
VJ °video jockey.
V-J day, VJ day /ví:ʤéɪ ―/《第二次大戦の》対日戦勝記念日《9 月 2 日 (日本側の降服文書調印の日), または 8 月 15 日; cf. V-E DAY》. [*V*ictory in [over] *J*apan]
v.l. (*pl* **vv ll.**) °varia lectio. **VL** °Vulgar Latin.
VLA 〘天〙Very Large Array《米国国立電波天文台の大型の干渉計型電波望遠鏡の一つ》.
Vlaams Brabant ⇨ FLEMISH BRABANT.
Vlaanderen ⇨ FLANDERS.
Vlaar·ding·en /vlá:rdɪŋən/ ヴラールディンゲン《オランダ南西部 Rotterdam の西にある衛星都市》.
Vlach /vlǽk/ *n* ヴァラキア人 (＝*Wal(l)ach*)《Balkan 地方一帯に散在しルーマニア語の方言を話す民族》.
Vla·di·kav·kaz /vlæ̀dəkà:fká:z, -kæfkǽz/ ヴラディカフカス《ロシア, 北 Caucasus にある North Ossetia 共和国の市・首都; 旧称 Ordzhonikidze (1932–43, 55–90), Dzaudzhikau (1944–54)》.
Vlad·i·mir /vlǽdəmɪ̀ər/ **1** ヴラディーミル《男子名》. **2** ヴラディーミル Saint ～ **I** (c. 956–1015)《キエフ大公 (980–1015); 通称 '～ the Great'; Kiev にギリシア正教を国教として確立した; 祝日は 7 月 15 日》. **3** ヴラディーミル《ヨーロッパロシア中部 Moscow の東方, Klyazma 川に臨む市; 12 世紀来の古都》. [Russ＝ruler]
Vlad·i·vos·tok /vlæ̀dəvəsták, -vástàk/ ヴラディヴォストーク, ウラジオストク《ロシア極東地方の南東端, Primorsky 地方[沿海州]の港湾都市; 海軍基地がある; シベリア鉄道の終点》. [Russ＝to rule the east]
Vla·minck /*F* vlamɛ̃:k/ ヴラマンク **Maurice de ～** (1876–1958)《フランスのフォーヴの画家》.
VLBI 〘天〙very long baseline interferometry 超長基線(電波)干渉法《高分解能を得るために 100 km 以上離れた 2 つの電波望遠鏡を干渉計として用いる観測法》.
VL-Bus /ví:èl―/ *n* 〘電算〙VL-Bus《VESA によって策定された (1992) VESA Local Bus の略称; その後 PCI に移行》.
VLCC /ví:èlsì:sí:/ *n* 《30 万トン以上の容量をもつ》超大型油送船. [*v*ery *l*arge *c*rude *c*arrier]
VLDL 〘生化〙°very low-density lipoprotein.
vlei /fléɪ, fláɪ/ *n* 《南ア》雨期には湖水になる低地; *《北部》沼地, 湿地 (marsh). [Du]
vléi ràt 〘動〙ヤブカローネズミ《サハラ砂漠以南のアフリカの湿地・草地にすむヤブカローネズミ属の小型のネズミの総称》.
VLF 〘通信〙°very low frequency.
Vlis·sing·en /vlísɪŋən/ ヴリシンゲン (*Eng* Flushing)《オランダ南西部 Walcheren 島の市・港町》.
vlog /vlág/ *n* 〘電算〙ビデオブログ (＝*video blog*), V ログ. ♦ **vlóg·ger** *n* **vlóg·ging** *n*
Vlo·rë, -ra /vlɔ́:rə/, **Vlo·në** /vlóʊnə/ ヴロレ (*It* Valona)《アルバニア南西部, ヴロレ湾 (the **Báy of ～**) に臨む港町; 旧称 Avlona》.
VLSI 〘電子工〙very large-scale integration 超大規模集積回路, 超 LSI.
Vlta·va /váltəvə/ [the] ヴルタヴァ川 (*G* Moldau)《チェコ西部の Bohemia を北流して Elbe 川に合流》.
V-mail /ví:―/ *n* VOICE MAIL; VIDEO MAIL; V 郵便《第二次大戦中に海外の米国将兵あて[から]の手紙をマイクロフィルムで送ったもの; その手紙; V は victory から》.
VMD [L *Veterinariae Medicinae Doctor*] Doctor of Veterinary Medicine. **VN** Vietnam ♦ °visiting nurse.
VNA Visiting Nurse Association.
V-neck /ví: ―/ *n* V 字型の襟, V ネック(の服). ♦ **V-necked** /ví:―/ *a*
VO 〘英〙°(Royal) Victorian Order.
VOA °Voice of America ♦ °Volunteers of America.
vo-ag /vóʊæ̀g/*《口》*n* VOCATIONAL AGRICULTURE (の教師[推進者]). ► *a* vocational agriculture の.

voc. vocational. **VOC** °volatile organic compound.
vo·cab /vóʊkæ̀b/ *n* 《口》VOCABULARY.
vo·ca·ble /vóʊkəb(ə)l/ *n* 《意味に関係なく音の構成としてみた》語, 単語; 母音 (vowel). ► *a* 発声できる. ♦ **-bly** *adv* [F or L *vocabulum* designation (*voco* to call)]
vo·cab·u·lar /voʊkǽbjələr, və-/ *a* 語[語句]の, ことばの. [逆成＜↓]
vo·cab·u·lary /voʊkǽbjəlèri, və-; -l(ə)ri/ *n* 《一個人・著書・ある階級の人などの》用語数[範囲], 語彙; (単)語表, 用語集; 《索引作成などに使用する》作業コード一覧, 記号[用語]リスト; 《特定の芸術形式または個人が用いる》表現形式[様式, 技法]の総数[たくわえ], ボキャブラリー: active [passive] ～ 発表用[認知用]語彙 / have a large [wide] ～ of English 英語の語彙が豊富だ / 'Can't' is not in [part of] his ～. 彼の語彙に「できない」ということばはない. [L; ⇨ VOCABLE]
vocábulary èntry 《辞書の》見出し語, 採録語.
vo·cal /vóʊk(ə)l/ *a* **1** 声の, 音声の; 声によって(作り)出される, 発声の; 口頭の: the ～ organs 発声器官. **2 a** 音声[ことば]を発することのできる. **b** (多くの)声に満ちた; 〈樹木・水流が〉鳴る, 響く, 音をたてる. **3** 遠慮なく[強硬に]主張する, 声高な; 《口》よくしゃべる; ことばに表われて, 口に出して: a ～ opponent 強硬な反対者 / He became ～ with indignation. おこってしゃべり出した. **4**〘音〙有声音の, 母音(性)の; 〘楽〙声楽の (opp. *instrumental*): ～ music 声楽 / a ～ performer 歌手 / a ～ solo 独唱. ► *n* **1** [°*pl*]《ポピュラー音楽などの》歌唱部分, ヴォーカル; 歌唱, 声楽(曲), ヴォーカル曲. **2**〘音〙有声音, 母音. **3**〘カト〙選挙権者. ● **give with the ～s***《俗》歌を歌う. **step on the ～** 〘ラジオ・テレビ〙〈アナウンサーが〉声の録音部分にかぶさって[はみ出して]話す. ♦ **～·ly** *adv* 口頭で, 声に出して; はっきり意見を述べて. **～·ness** *n* [L; ⇨ VOICE]
vócal chìnk / ; ―́ ―̀/ 〘解〙声門 (glottis).
vócal còrds [chòrds, bànds] / ; ―́ ―̀/ *pl* 〘解〙声帯.
vo·ca·lese /vòʊkəlí:z, -s/ *n* 〘ジャズ〙ヴォーカリーズ《ヴォーカルを楽器に見立てて, 楽器のパートをなぞって歌う歌唱スタイル》.
vócal fòlds / ; ―́ ―̀/ *pl* 〘解〙TRUE VOCAL CORDS.
vo·cal·ic /voʊkǽlɪk, və-/ *a* 母音(性)の; 母音に富む; 母音変化を起こす. ► *n* 〘音〙音節の核. ♦ **-i·cal·ly** *adv*
vo·cal·ise /vòʊk(ə)lí:z/ *n* 〘楽〙ヴォカリーズ《歌詞や階名でなく母音を用いる発声練習; その曲》.
vócal·ìsm *n* 《歌・発話における》発声; 発声術[法], 歌唱法; 〘音〙母音組織[体系性], 母音の性質.
vócal·ist *n* 歌手, 《バンドの》ヴォーカリスト.
vo·cal·i·ty /voʊkǽləti/ *n* 発声能力があること, 発声; 〘音〙母音性.
vócal·ìze *vt* 〈音を〉声に出す, 発音する; 歌う; 〘音〙有声化する, 母音化する; 〈ヘブライ語などに〉母音(符)をつける: The voiceless 'f' is ～*d* into 'v.' ► *vi* 声を出す, しゃべる, 歌う, 母音を用いて[ヴォカリーズで]歌う; 母音化される. ♦ **-ìz·er** *n* **vòcal·izátion** *n* 発声; 発声法; 有声音化.
vócal sàc 〘動〙《雄のカエルの口の両側にある》鳴嚢(めいのう).
vócal scóre 〘楽〙ヴォーカルスコア《管弦楽部分をピアノに編曲し, 各声部を区分して書いた楽譜》.
vócal tráct 〘音〙声道《声帯から唇または鼻腔に至る通路》.
vo·ca·tion /voʊkéɪʃ(ə)n/ *n* **1** 《特定のつとめ[生き方]に向いていると感じる》(強い)適性意識, 使命感, 天職意識 〈*for, to*〉; 神のお召し, 召命; 聖職者[修道者]の道に入ること. **2 a** 《特に献身を要するような》職業, 天職, 使命; 《一般に》職業, 生業, 商売: find one's ～ 天職を見つける / miss one's ～ [°*joc*] 天職を逸する, 向いた仕事をしていない, 職業の選択を誤る. **b** 《果たすべき》つとめ, 職分, 役. **c** 特定職業に従事する人びと. [OF or L＝summons (*voco* to call)]
vocátion·al *a* 職業上の; 職業訓練の, 職業指導の: a ～ bureau 職業相談所 / a ～ school 職業[実務]学校 / a ～ test 職業適性検査. ♦ **～·ly** *adv*
vocátional ágriculture*《high school の学科目としての》農業.
vocátional educátion 職業教育.
vocátional guídance 就職[職業]指導.
vocátion·al·ìsm *n* 職業[実務]教育重視主義. ♦ **-ist** *n*
vocátion·al·ìze *vt* 職業化[仕事化]する, 〈学校・教育などを〉職業訓練の場[機会]とみなす.
voc·a·tive /vákətɪv/ 〘文法〙*a* 呼びかけの, 呼格の: In "Et tu Brute!" Brute is in the ～ case. ► *n* 呼格; 呼格語(形). ♦ **～·ly** *adv* [OF or L; ⇨ VOCATION]
voc-ed /vóʊkèd/ *n**《口》VOCATIONAL EDUCATION.
voces *n* vox の複数形.
vo·cif·er·ance /voʊsífərəns/ *n* 騒々しさ; 怒号.
vo·cíf·er·ant *a, n* 大声でどなる[叫ぶ, 怒号する](人).
vo·cif·er·ate /voʊsífərèɪt/ *vi, vt* 大声でどなる[叫ぶ]. ♦ **-à·tor** *n* **vo·cìf·er·á·tion** *n* わめき; 喧噪. [L (VOICE, *fero* to bear)]
vo·cif·er·ous /voʊsíf(ə)rəs/ *a* 大声で叫ぶ[どなる], やかましい, 騒々しい; 声高に主張する, 声高な. ♦ **～·ly** *adv* **～·ness** *n*
vo·cod·er /vóʊkòʊdər/ *n* ボコーダー《電気的音声分析合成装置》. [*voice coder*]

V

vo·coid /vóʊkɔ̀ɪd/ *n* 〘音〙音声学的母音, ヴォーコイド (cf. CONTOID). ［*vocal*, *-oid*］
VOD °video on demand.
Vo·da·fone /vóʊdəfòʊn/〘商標〙ヴォーダフォン《セル方式 (cellular) の移動電話システム, その電話機》.
vod·ka /vádkə/ *n* ウオツカ《ロシアの蒸留酒》: (as) clear as ～ 澄みきって; 明快で. ［Russ (dim) ‹ *voda* water］
vódka martìni ウオツカマティーニ《ジンの代わりにウオツカをつかうマティーニ》.
vo·dun, -doun /voʊdúːn; vóʊdùːn/, **-dou** /voʊdúː/ *n* VOODOO.
voe /vóʊ/ *n* 《スコ》入江, 小湾. ［Norw *vaag*］
vo-ed /vóʊèd/ *n**《口》VOCATIONAL EDUCATION.
voet·sek /fútsèk, vút-/, **-sak** /-sæ̀k/ *int* 《南ア俗》シッシッ!《動物を追い払うときに用いる》. ［Afrik］
voets·toots, -toets /fútstùts, vúts-/ *a, adv* 商品の品質について売主は責任をもたないという条件の[で]. ［Afrik］
Vo·gel /vóʊg(ə)l/ ヴォーゲル Sir **Julius** ～ (1835–99)《ニュージーランドの政治家; 首相 (1873–75, 76)》.
Vo·gel·kop /vóʊgəlkɑ̀p/ フォーゲルコップ《New Guinea 島北西部の DOBERAI 半島の旧称》. ［Du＝head of a bird］
Vogelweide ⇨ WALTHER VON DER VOGELWEIDE.
vo·gie /vóʊgi/ 《スコ》*a* 自慢している, 得意になっている; 浮かれた, 陽気な. ［C18‹?］
vogue /vóʊg/ *n* **1** 流行, はやりもの; 流行期間; 人気, うけ; [the]《古》最高の人気[評価], 大評判: a mere passing ～ ほんの一時的流行 / It is now the ～. 今大流行 / bring into ～＝give ～ to 流行させる / come into ～ 流行し出す / in ～ 流行して, 行なわれて(いる) / out of ～ はやらないで / have a great ～ 大人気である / have a short ～ 人気が短い. **2** [V-]『ヴォーグ』《米国の女性ファッション雑誌》. ● **(all) the** ～ 最新流行のもの. ► *a* 流行の: a ～ word 流行語. ► *v* (**vóg·ing, vógue·ing**) *vi* ヴォーギング (voguing) を踊る. ► *vt* 《ヴォーギングで》‹あるタイプの人物を›演じる, …(の役)になりきる, …のファッション[形態]をまねる. ♦ **vóguer** *n* ［F‹It＝rowing, fashion (*vogare* to row, go well)］
vogue la ga·lère /*F* vɔg la galɛːr/ ガレー船をこがせ続けろ; 何が起ころうとも続けろ; なるようになれ.
voguey /vóʊgi/ *a* 《口》流行の, はやりの.
vogu·ing, vogue·ing /vóʊgɪŋ/ *n* ヴォーギング《ファッションモデルのような歩き方やポーズを取り入れたディスコダンス》. ［ファッション雑誌 *Vogue* にちなむ］
vogu·ish /vóʊgɪʃ/ *a* 流行の, スマートな; いま流行[はやり]の, 急に人気の出た. ♦ **～·ness** *n*
Vo·gul /vóʊgʊl/ *n* (*pl* ～, ～**s**) ヴォグル族[語] (Mansi).
voice /vɔ́ɪs/ *n* **1 a** 声, 音声: have a shrill ～ 金切り声だ / in a deep [hoarse, loud, soft, rough] ～ 太く低い[しゃがれ, 高い, やわらかい, 荒々しい]声で / lower one's ～ 声をひそめる / speak under one's ～ 低音で話す / recognize sb's ～ over the phone 電話の向こう側の人の声を認める. **b** 声[歌声]を出す力, ものを言いうる力; 《演奏者の》楽音を生み出す力, '声': lose one's (singing) ～ (歌う)声が出なくなる / recover one's ～ 口がきけるようになる / find one's ～ ⇨ 成句 / have one's own ～ on the instrument 楽器で独自の音が出せる. **c** 〘楽〙声, 声部 (voice part); 歌手 (singer); 発声法; 声の調子[状態]: CHEST [HEAD] VOICE / male [female, mixed] ～*s* 男[女, 混]声 / study ～ 発声法を研究する. **d** 《電子楽器の》ボイス《選択しうるいくつかの音質の一つ》. **e** 〘音〙こえ, 有声音《母音や /b, g, z, m/ など; opp. *breath*》. **2 a** 発声, 発言; 発言権, 言い分, 発言[影響]力, 《議会での》投票権; 《発せられた》意見, 希望, 声; 代弁者, 発表機関: give ～ to ⇨ 成句 / My ～ is for peace. 平和に賛成 / have a [no] ～ in the matter その件に関して発言権がある[ない] / The ～ of the people is the ～ of God. 《諺》民の声は神の声 (cf. VOX POPULI VOX DEI). **b** 《廃》うわさ, 評判; 《廃》名声 ‹*of*›. **3** 人の声にたとえられるもの[音], (呼びかける)声と感じられるもの: the ～ of the wind 風の声 / the ～ of conscience 良心の声. **4** 〘文法〙態, 相: the active [passive] ～ 能動態[受動態]. ● **a [the] still small** ～〘聖〙静かな細い声《良心の声; *1 Kings* 19:12》; 筋道の通った意見(の表明). **a ～ (crying) in the wilderness**〘聖〙荒野に呼ばわる者の声《*Matt* 3:3》; 世にいれられない道徳家[改革者など]の叫び. **be in good [bad, poor] ～＝be in [out of] ～** 《ものを言う[歌う]のに》声がよく出る[出ない]. **find ～ in song** 思いを歌に託す. **find** one's ～ 口に出して言う, 《驚いたあとなど》(また)口がきけるようになる; ‹作家などが›自分自身の表現を見いだす, 自己を主張する. **give ～ to**…を口に出す, 表明[代弁]する. **lift up** one's ～ 声をあげる, 話す, 歌う; 叫ぶ; 抗議する, 苦情を言う. **like the sound of** one's **own ～** 自分の意見を最重要視する. **make** one's **～ heard** 声が届く; 自分の考え[意見]を聞いてもらう. **raise** one's ～ 声を出す, 話す; 声を大きくする, 声の調子をあげる; 声を荒げて話す, 異議を唱える, 不満を述べる ‹*to* sb; *against* sb, a plan›. one's **～ breaks** 《変声期で》声が変わる; 《感情が激して》声がとぎれる. **with one ～** 異口同音に, 満場一致で.
► *vt* **1** 声に出す, ことばに表わす, 言い表わす, 表明する. **2** 〘音〙有声音にする. **3** 〘楽〙‹オルガンパイプなどを›調律する; ‹曲›に声部を書く. ［AF, OF *vois*‹L *voc- vox*］
vóice-àctivated *a* 音声作動の, 音声に反応する.
vóice àctor 声優. ♦ **vóice àctress** *fem*
vóice bòx 〘解〙喉頭 (larynx); 〘楽〙ボイスボックス (＝*talk box*)《エレキギターに取り付けるエフェクターの一種》.
voiced /vɔ́ɪst/ *a* [°*compd*] 声の出る, 声が…の; 口に出して表明された; 〘音〙有声音の: ～ sounds [consonants] 有声音[子音]. ♦ **～·ness** *n*
vóice exèmplar 《犯罪捜査などに用いる》音声標本.
vóice frèquency 〘通信〙音声周波《300–3000 hertz; 略 VF》.
vóice·ful *a* 声量のある; 大きな音をたてる, 鳴り響く; 雑音で騒々しい. ♦ **～·ness** *n*
vóice input 〘電算〙音声入力《音声(命令)によるコンピューター操作》.
vóice lèading *〘楽〙声部進行, シュティムフュールング (part writing).
vóice·less *a* 声のない; 意見を表明しない; 無言の, 黙した; 失声(症)の; 《歌う》声が悪い, 歌えない; 発言[投票]権のない; 〘音〙無声音の: ～ sounds 無声音 / ～ consonants 無声子音. ♦ **～·ly** *adv* **～·ness** *n*
vóice màil ボイスメール《音声による E メール; プロバイダーのシステム内に音声メッセージを録音しておくと, 着信通知を受けた相手が受信してメッセージを再生して聞くことができる》; "《携帯電話の》留守番電話.
Vóice of América [the] アメリカの声, ボイス・オブ・アメリカ《米国政府の独立機関で, ラジオ・テレビ・インターネットを使って海外向け放送を行なう; 略 VOA》.
vóice-òver *n* 〘テレビ・映〙画面に現われないナレーターの声[語り], 画面外の声(の主); アテレコ[吹き替え]の声優; 《黙した画面内の人物の》心中を語る声; voice-over の録音. ► *vt, vi* (‹番組など›に) voice-over [画面外]でナレーションをつける.
vóice pàrt 〘楽〙《声楽または器楽曲の》声部.
vóice pìpe [tùbe] SPEAKING TUBE.
vóice·prìnt *n* 声紋.
vóice·prìnt·er *n* 声紋を描き出す装置.
vóice·prìnt·ing *n* 声紋鑑定法.
voic·er /vɔ́ɪsər/ *n* 〘楽〙《特に パイプオルガンの》調律師.
vóice recognìtion 〘電算〙音声認識; SPEECH RECOGNITION.
vóice respònse 〘電算〙音声応答《一定の入力信号に対して, あらかじめ録音されている音声で応答する装置》.
vóice sỳnthesizer 〘電算〙音声合成装置.
vóice vòte 発声投票.
void /vɔ́ɪd/ *a* **1** 役に立たない; 〘法〙無効の (opp. *valid*); 無効にできる: NULL AND VOID. **2** 空(ㇵ)の, 空(ㇰ)な, 中空の, 空虚な; ‹家・土地などが›空いている; 無い, 欠けた ‹*of* pity, sense, etc.›; ひまな (idle); 〘トランプ〙ある組の札を一枚も持たない ‹*in* spades›: a ～ space 空間; 〘理〙真空. ► *n* 無いこと, 欠如; [the] 虚空, 真空, 宇(宙); 空白, 隙間, 空所, 空隙(ㇰㇾ); 虚無感, 喪失感; 〘トランプ〙配られた札中にある組の札が 1 枚もない状態; 〘印〙COUNTER[2]: an aching ～ in one's heart やるせない空虚な気持. ► *vt* 空(ㇵ)にする; 放出する, 排泄する; 無効にする, 取り消す; 《古》‹…から›取り除く, 除去する ‹*of*›; 《古》立ち退く[去る]. ► *vi* 排尿[排泄]する. ♦ **～·er** *n* **～·ness** *n* ［OF＝empty (L *vacuus*); ⇨ VACANT］
vóid·able *a* 空(ㇵ)にできる; 〘法〙無効にできる, 取り消しうる. ♦ **～·ness** *n*
vóid·ance *n* 空(ㇵ)にすること; 放出, 排泄; 〘法〙取消し, 無効にすること; 《聖職の》空位; 《聖職からの》追放.
vóid dèck 《東南アジア》《マンション[ビル] 1 階の》吹抜け共有スペース.
vóid·ed *a* 空(ㇵ)になった; 隙き[穴]のある; 〘法〙無効にされた, 取り消された; 〘紋〙輪郭だけ残して中を切り抜いた.
voi·là, -la /vwɑːlɑ́ː; *F* vwala/ *int* ほら, 見て(ごらん), どうです!《成功・満足を表わす》.
voi·là tout /*F* vwala tu/ それで全部, それだけだ.
voile /vɔ́ɪl; *F* vwal/ *n* ボイル《木綿・羊毛・絹製の半透明の薄織物》. ［F＝VEIL］
Voi·o·tía /vioutíːə/ ヴォイオティア《BOEOTIA の現代ギリシア語名》.
VoIP /vɔ́ɪp/ *n* 〘電算〙ボイップ《音声をインターネット上で送受信する技術》. ［*V*oice *o*ver *I*nternet *P*rotocol］
voir dire /vwɑ́ːr dɪ́ːr/ 〘法〙予備尋問宣誓; 予備尋問. ［OF (*voir* truth, *dire* to say)］
voi·ture /*F* vwatyːr/ *n* 馬車, 車.
voivode ⇨ VAIVODE.
voix cé·leste /*F* vwa selɛst/ 〘楽〙ヴォアセレスト, ウンダマリス《オルガンのストップの一つ; 神々しい波動音を出す》. ［F＝celestial voice］
Voj·vo·di·na, Voi- /vɔ́ɪvədìːnə, -dɪnɑ̀ː/ ヴォイヴォディナ《セルビア北部の自治州; ☆Novi Sad》.
vol. volcano ♦ (*pl* **vols**(.)) volume ♦ volunteer.
Vo·lans /vóʊlæ̀nz/ 〘天〙とびうお座 (飛魚座) (Flying Fish).
vo·lant /vóʊlənt/ *a* 〘紋〙羽を広げて飛ぶ姿の; 〘動〙飛ぶ力のある; (すいすいと)飛ぶ; 《文》すばやい, 敏速な. ［F］

vo·lan·te /voulɑ́:nteɪ/ *a, adv* 〘楽〙あまかけるように速く軽やかな[に], ヴォランテの[で]. [It]
Vo·la·pük, -puk /vóuləpʊ̀k, vɑ́l-; *G* volapý:k/ *n* ヴォラピューク《1879 年ごろドイツのカトリック司祭 J. M. Schleyer (1831–1912) が考案した人工言語》. ♦ **~·ist** *n*
vo·lar[1] /vóulər/ *a* 〘解〙てのひら(の側)の, 足の裏の. [L *vola*]
volar[2] *a* 飛行(用)の. [L; ⇨ VOLATILE]
vo·la·ry /vóuləri/ *n* 大きな鳥かご; 大きな鳥かごの中の鳥《集合的》; 一群の鳥.
vol·a·tile /vɑ́lət(ə)l; -tàɪl/ *a* **1** 揮発する, 揮発性の; 爆発しやすい〈物質〉. **2** 移り気な, 気まぐれな; 快活な, うきうきした; 激しやすい, 短気な; 〈社会情勢などが〉不安定な, 流動的な, 一触即発の; 〈株価・商品市況などが〉乱高下する. **3** 移ろいやすい, 束の間の, はかない. **4** 〘電算〙〈記憶(媒体)が〉揮発性の《電源を切るとデータが消失する》. **5** 《古》翼で空中を飛ぶ, 飛べる. ► *n* 有翼の動物, 鳥; 揮発性物質. ♦ **vòl·a·tíl·i·ty** /-tíl-/ *n* **~·ness** *n* [OF or L (*volo* to fly)]
vólatile òil 揮発性油, 《特に》精油 (essential oil).
vólatile orgánic cómpound [chémical] 〘化〙揮発性有機化合物《略 VOC》.
vólatile sàlt 〘化〙炭酸アンモニウム (ammonium carbonate); 炭酸アンモニア水 (sal volatile).
vol·a·til·ize /vɑ́lət(ə)làɪz; vəlǽt-/ *vt, vi* 揮発させる[する]. ♦ **vól·a·til·ìz·able** /; vəlǽt-/ *a* **vòl·a·til·izá·tion** /; vəlæ̀t(ə)-laɪ-/ *n* 揮発.
vol·a·tize /vɑ́lətàɪz/ *vt, vi* VOLATILIZE.
vol-au-vent /*F* vɔlovɑ̃/ *n* ヴォローヴァン《肉・魚などのクリーム煮を詰めたパイ》. [F=flight in the wind]
vol·can·ic /vɑlkǽnɪk, *vɔ:l-/ *a* 火山の, 火山性の, 火山作用による, 火成の; 爆発性の, 激しい〈気質など〉: ~ activity 火山活動 / a ~ eruption 火山(の)爆発 / a ~ country 火山の多い国. ► *n* VOLCANIC ROCK. ♦ **-i·cal·ly** *adv* 火山のように; 激しく, 猛烈に. [F; ⇨ VOLCANO]
volcánic ásh [áshes] (*pl*) 火山灰.
volcánic bómb 火山弾.
volcánic cóne 〘地質〙火山円錐丘.
volcánic dúst 火山塵《極細粒の火山灰; 空中に浮遊し気象に影響を及ぼす》.
volcánic gláss 〘岩石〙黒曜石.
vol·ca·nic·i·ty /vɑ̀lkənísəti, *vɔ:l-/ *n* VOLCANISM.
vol·cani·clas·tic /vɑlkæ̀nəklǽstɪk, *vɔ:l-/ *a* 〘地質〙火山砕屑物からなる. ► *n* 火山砕屑岩. [*volcanic*+*clastic*]
volcánic néck 〘地質〙火山岩頸, 岩栓.
volcánic ríft zòne 〘地質〙火山性リフトゾーン.
volcánic róck 〘岩石〙火山岩 (cf. IGNEOUS ROCK).
volcánic túff 〘岩石〙凝灰岩 (tuff).
vol·can·ism /vɑ́lkənɪ̀z(ə)m, *vɔ́:l-/ *n* 火山活動[作用].
vol·can·ist /vɑ́lkənɪst, *vɔ́:l-/ *n* 火山学者; 岩石火成論者, 火山論者 (plutonist).
vol·can·ize /vɑ́lkənàɪz, *vɔ́:l-/ *vt* …に火山熱を作用させる. ♦ **vòl·can·izá·tion** *n*
vol·ca·no /vɑlkéɪnou, *vɔ:l-/ *n* (*pl* **~es, ~s**) **1** 火山; 噴火口: an active [a dormant, an extinct] ~ 活[休, 死]火山 / a submarine ~ 海底火山. **2** 今にも爆発しそうな感情[事態]. ● **sit on a ~** 《口》一触即発の場にいる. [It<L VULCAN]
vol·cano·génic /vɑ̀lkənə-, *vɔ̀:l-/ *a* 火山起源の.
Volcáno Íslands *pl* [the] 硫黄(いおう)[火山]列島《小笠原諸島の南南西にあり, 北硫黄島・硫黄島・南硫黄島からなる》.
vol·ca·nol·o·gy /vɑ̀lkənɑ́ləʤi, *vɔ̀:l-/ *n* 火山学. ♦ **-gist** *n* 火山学者. **vòl·ca·no·lóg·ic, -i·cal** *a*
volcáno ràbbit 〘動〙メキシコウサギ.
vole[1] /vóul/ *n* 〘動〙ハタネズミ. [*vole-mouse* (Norw *voll* field)]
vole[2] *n* 〘トランプ〙全勝. ● **go the ~** のるかそるかやってみる; いろいろなことを次々と試みる. [F (*voler* to fly<L)]
Vo·len·dam /vóuləndæ̀m, vòuləndɑ́:m/ ヴォーレンダム《オランダ北西部 IJsselmeer 湖岸の漁村; Edam の南東に位置; 独特な住居と民族衣裳などが知られ, 観光客が多い》.
vol·ery /vɑ́ləri/ *n* VOLARY.
vo·let /vouléɪ; vɔ́lèɪ/ *n* 《絵画など》三枚続きの両端の一枚. [F=shutter]
Vol·ga /vɑ́lgə, *vɔ́:l-, *vóul-/ **1** [the] ヴォルガ川《ヨーロッパロシアの大河で, ヨーロッパ最長の川; Moscow 北西の Valdai 丘陵に発し, 東・南に流れてカスピ海に注ぐ》. **2** ヴォルガ《ロシア製の中型乗用車》.
Vol·go·grad /vɑ́lgəgræ̀d, *vɔ́:l-, *vóul-/ ヴォルゴグラード《ヨーロッパロシア南部 Volga 川下流に臨む工業都市; 旧称 Stalingrad, Tsaritsyn》.
vol·i·tant /vɑ́lətənt/ *a* 飛ぶ, 飛べる; 動きまわる.
vol·i·ta·tion /vɑ̀lətéɪʃ(ə)n/ *n* 飛行; 飛ぶ力. ♦ **~·al** *a*
vo·li·tion /voulíʃ(ə)n, və-/ *n* 意志をはたらかせること, 意志作用; 意志; 意志力: of [by] one's own ~ 自分の意志で. ♦ **~·al** *a* **~·al·ly** *adv* [F or L (*volo* to wish)]
vol·i·tive /vɑ́lətɪv/ *a* 意志の, 意志から発する, 決断力のある; 〘文法〙願望[許可]を表わす (desiderative).
volk /fɔ́lk/ *n* **1** 《南ア》アフリカーナー国民; [*derog*] 白人[特にアフリカーナー]に雇用されている有色人種. **2** [°V-] (ドイツ)民族[国民].
völ·ker·wan·der·ung /fǿ:lkərvɑ̀:ndərʊŋ/ *n* (*pl* **~·en** /-ən/) 〘史〙(ゲルマン)民族大移動.
Volks·lied /fɔ́(:)lkslì:t/ *n* (*pl* **~·er** /*G* -li:dər/) 俗謡, 民謡 (folk song).
Volks·wa·gen /vóukswæ̀gən, -wɑ̀:gən; vɔ́lkswæ̀gən, fɔ́lkswɑ̀:gən/ 〘商標〙フォルクスワーゲン《ドイツの自動車メーカー Volkswagen 社製の小型大衆車; 略 VW》. [G=people's vehicle]
vol·ley /vɑ́li/ *n* 一斉射撃, 斉射; 一斉に放たれる弾丸[銃弾, 矢など]; 《悪口などを》浴びせること, 連発 〈*of* curses, oaths, questions〉; 〘球技〙ボレー《ボールが地面に着かないうちに打ち[蹴り]返すこと》; 〘バド〙ボレー《サーブのあとのシャトルコックの打ち合い[ラリー]》; 〘クリケット〙ボレー《球をバウンドさせずに三柱門の上に届くように投げる》; 〘鉱〙《爆薬の》一斉爆発; 〘医〙斉射. ► *vt* 一斉射撃する; ボレーで打ち返す[投げる]; 〈悪口などを〉連発する. ► *vi* 〈銃弾などが〉一斉に発射される; 〈銃砲などが〉一斉に鳴る[響く]; ボレーをする; 一斉[連続的, 反復的]に大音をたてる; 非常な速さで[やみくもに]飛び出す[動く]. ♦ **~·er** *n* [F *volée* (L *volo* to fly)]
vólley·bàll *n* バレーボール; バレーボールのボール.
Vol·ney /vóulni/ ヴォルニ《男子名》. [F]
Vo·log·da /vɔ́:ləgdə/ ヴォログダ《ヨーロッパロシア中北部 Moscow の北北東に位置する市》.
Vo·los /vóulɑ̀s/, (ModGk) **Vó·los** /vɔ́:lɔ̀:s/ ヴォロス《ギリシア東部, エーゲ海の入江ヴォロス湾 (the **Gúlf of ~**) 湾頭の市・港町》.
vo·lost /vóulɑ̀st/ *n* 《帝政ロシアの》郷; 地方ソヴェート.
vol·plane /vɑ́lplèɪn, *vɔ:l-/ *n, vi* 滑空(する); 〘楽・音〙GLIDE. ♦ **vól·plàn·ist** *n* [F *vol plané* gliding flight]
Vol·po·ne /vɑlpóuni/ ヴォルポーニ《Ben Jonson の喜劇 *Volpone, or the Fox* (1606) の主人公; 貪欲・好色な Venice の老貴族》. [It=fox]
vols volumes.
Vol·sci /vɔ́:lskì:, vɑ́lsàɪ; vɔ́l-/ *n pl* ヴォルスキ族《紀元前イタリア南部のウンブリア族系種族》.
Vol·scian /vɑ́lʃən, vɔ́:lskiən; vɔ́l-/ *a* ヴォルスキ族[語]の. ► *n* (*pl* **~s**) ヴォルスキ人[語].
Vol·sin·ii /vɑlsíniàɪ/ ウォルシニイ《古代イタリア中部にあったエトルリア人の都市; 現在の Orvieto のある地と考えられている》.
Vol·stead /vɑ́lstèd, *vɔ́:l-, *vóul-/ ヴォルステッド **Andrew John** ~ (1860–1947)《米国の政治家; 下院議員として Volstead Act を提案し, 成立させた》.
Vólstead Àct [the] 〘米〙ヴォルステッド法《1919 年に成立した禁酒法; 1933 年廃止》. [↑]
Vólstead·ìsm *n* 酒類販売禁止主義; 禁酒(運動).
Vol·sung /vɑ́lsʊ̀ŋ/ 〘北欧神話〙ヴォルスング《Odin の後裔で Sigmund, Signy の父; 勇士の一族の祖となった》.
Vól·sun·ga Sága /vɑ́lsʊ̀ŋgə-/ ヴォルスンガ・サーガ《13 世紀アイスランドの, Volsung 一家を中心とした伝説集》.
volt[1] /vóult/ *n* 〘電〙ボルト《電位の SI [実用]単位; 略 V》. [Alessandro *Volta*]
volt[2], **volte** /vóult; vɔ́lt/ *n* 〘馬〙巻き乗り(で描かれる円); 〘フェン〙ボルト《すばやく身をかわす動作》. ► *vi* 巻き乗りする; 突きをさっとはずす. [F<It ↓]
vol·ta /vɑ́ltə/ *n* (*pl* **vol·te** /vɑ́lteɪ/) 〘ダンス〙ヴォルタ (=*lavolta*) 《16–17 世紀に流行したイタリア起源の快活な動きのダンス》; 〘楽〙回, 度, ヴォルタ: una ~ 1 度[回] / due ~ 2 度[回] / prima ~ 《繰返しの》第 1 回. [It=turn (L *volvo* to roll)]
Vol·ta[1] /vóultə, vɑ́l-, *vɔ́:l-/ ヴォルタ Conte **Alessandro (Giuseppe Antonio Anastasio)** ~ (1745–1827)《イタリアの物理学者》.
Vol·ta[2] /vɑ́ltə, *vóul-, *vɔ́:l-/ [the] ヴォルタ川《ガーナを流れる川; ブラックヴォルタ川 (Black ~) とホワイトヴォルタ川 (White ~) が合流するヴォルタ湖 (**Láke ~**) から流れ出て Guinea 湾へ注ぐ》.
volt·age /vóultɪʤ/ *n* 〘電〙ボルト数《ボルトで表わした電位(差); 略 V》; 《感情などの》激しさ, ボルテージ.
vóltage divìder 〘電〙分圧器 (potential divider).
vóltage dròp 〘電〙電圧降下.
vóltage règulator 〘電〙電圧調整器《略 VR》.
vol·ta·ic /vɑltéɪɪk, *voul-, *vɔ:l-/ *a* 〘電〙動電気の (galvanic); [V-] A. VOLTA の.
Vol·ta·ic /vɑltéɪɪk/ *a* UPPER VOLTA の; 〘言〙ヴォルタ語派の. ► *n* 〘言〙ヴォルタ語派 (GUR).
voltáic báttery ボルタ電池《voltaic cell を数個連結した電池》.
voltáic céll ボルタ電池 (galvanic cell).
voltáic cóuple 〘電〙GALVANIC COUPLE.
voltáic electrícity 〘電〙(ボルタ)電流, 平流電気.
voltáic píle 〘電〙ボルタのパイル, ボルタ電堆(でんたい).
Vol·taire /voultéər, vɑl-, *vɔ:l-; *F* vɔltɛ:r/ ヴォルテール (1694–1778)《フランスの作家; 本名 François-Marie Arouet; フランス啓蒙期の代表的思想家》. ♦ **Vol·táir·ean, -ian** /-téəriən/ *a, n*

V

Voltáirian·ìsm *n* ヴォルテールの哲学, 宗教的懐疑主義.
vol·ta·ism /váltəìz(ə)m/ *n* ガルヴァーニ電気(学) (galvanism).
vol·tam·e·ter /voltǽmətər, voul-/ *n* 〔電〕電解電量計, ボルタメーター (coulometer). ◆ **vol·ta·met·ric** /vàltəmétrɪk, vòul-/ *a*
vólt-ámmeter *n* 〔電〕電圧電流計.
vol·tam·met·ry /voultǽmətri/ *n* 〔化〕ボルタンメトリー《電解溶液に電圧をかけた時の電流値によって微量物質の検出・分析を行なう技術》. ◆ **vol·tam·met·ric** /vòultəmétrɪk/ *a*
vólt-ámpere *n* 〔電〕ボルトアンペア《volt と ampere の積; 略 VA》.
Vol·ta Re·don·da /váltə rɪdándə, voul-, *vɔ:l-/ ヴォルタレドンダ《ブラジル南東部 Rio de Janeiro 市の北西, Paraíba 川に臨む市》.
Vólta's píle VOLTAIC PILE.
volte[1] ⇨ VOLT[2].
volte[2] *n* VOLTA の複数形.
volte-face /vɔ̀(:)ltfá:s, vàlt-/ *n* 回れ右 (about-face), 方向逆転; 《意見・気持などの》百八十度転換, 転向. [F<It; ⇨ VOLT[2]]
vol·ti /vɔ́:lti/ *v* [*impv*] 〔楽〕ページをめくれ. [It (impv)‹ *voltare* to turn]
-vol·tine /vóultì:n, *vɔ́:l-/ *a comb form* 〔生〕「1 シーズン[1 年]に…回産卵する」: multi*voltine*. [F (It VOLTA=turn, time, *-ine*[1])]
vol·ti su·bi·to /vóulti sú:bɪtou/ 〔楽〕速く(ページを)めくれ《略 v.s., VS》. [It=turn quickly]
vólt·mèter *n* 〔電〕ボルト計, 電圧計.
vólt-óhm-milliámmeter *n* 〔工〕電圧抵抗ミリアンペア計, テスター (multimeter)《電圧・電流・抵抗が測定できる計器; 略 VOM》.
Vol·tur·no /valtúərnou, voul-, vɔ:l-/ [the] ヴォルトゥルノ川《イタリア中南部, アペニノ山脈に発し, ティレニア海に注ぐ》.
vol·u·bil·i·ty /vàljəbíləti/ *n* 《弁舌・文章の》流暢: with ～ 流暢に, すらすらと, ペラペラと.
vol·u·ble /váljəb(ə)l/ *a* 舌のよくまわる, 口達者の, おしゃべりな, 能弁な, 流暢な〈人・舌・話など〉; 〔植〕回旋する, 巻きつく; 《古》回転[反転]しやすい. ◆ **-bly** *adv* よどみなく, 流暢に, ペラペラと. **～·ness** *n* [OF or L (*volvo* to roll)]
vol·ume /váljum, -jəm/ *n* **1** 本, 書物; 〔史〕《パピルス・羊皮紙などの》巻物; 冊, 巻; 《定期刊行物の》一期[一年]分(の合本), 巻; 《セット物のレコードやテープの》巻; 〔電算〕ボリューム《記録媒体の単位》: *Vol.* 1 第 1 巻. **2** 体積, 容積, 容量; 〔証券〕出来高, 売買高; 〔林〕材積; 量, かさ; 音量, ボリューム; 〔美・建〕量感: a voice of great [little] ～ 音量の豊かな[小さい]声 / Increase [Decrease] the ～. ボリュームを上げろ[下げろ] / gather ～ 増大する. **3** [[°]*pl*] 大きな塊り; 大量, 多量, たくさん ‹*of*›: ～*s of* smoke [vapor] もうもうと立ち上がる煙[水蒸気]. **4** *《俗》バリウム (Valium) (の 1 錠[一服]). ● **speak ～s** 〈表情などが〉多くのことを語る; 〈証言などが明白な証明となる, 重要な意味をもつ ‹*for*›. ► *a* 多量[大量]の. ► *vi* 大量に出る, もくもくと立ちのぼる. ► *vt* 大量に(吐き)出す. [OF<L *volumin- volumen* roll (↑); 以前 本は巻物であったため]
vólume contròl 《ラジオなどの》音量調節(つまみ).
vól·umed *a* 〈煙などが〉もくもくした; かさ[分量]のある; [*compd*] 〈著作物が〉…冊[巻]からなる.
vol·u·me·nom·e·ter /vàljəmənámətər/ *n* 容積比重計; 排水容積計.
vólume resistìvity 〔電〕体積抵抗率.
vo·lu·me·ter /vəl(j)ú:mətər, váljumì:t-/ *n* 容積計, 体積計; 排水容積計.
vol·u·met·ric /vàljumétrɪk/, **-ri·cal** *a* 容積[体積]測定の (cf. GRAVIMETRIC). ◆ **-ri·cal·ly** *adv*
volumétric análysis 〔化〕容量分析, ガス容量分析.
volumétric displácement 〔機〕容積排気量 (=*swept volume*)《吸気・排気圧が外気圧と同じ時, 1 回転ごとに機械ポンプを通過する空気の量》.
volumétric effíciency 〔機〕体積[容積]効率, 掃気効率《ピストンの容積排気量に対するポンプの 1 行程で送られる液量の割合, または内燃機関のシリンダーに送られる混合気の割合》.
vo·lu·me·try /vəl(j)ú:mətri/ *n* 容積[体積]測定.
vólume ùnit 〔電〕音量単位《話しことば・音楽などの音量を計る単位; 略 VU》.
vo·lu·mi·nal /vəlú:mən(ə)l/ *a* 容積の, 体積の.
vo·lu·mi·nous /vəlú:mənəs/ *a* **1** 〈著作などが〉冊数[巻数]の多い, 大部の, 詳細で長大な; 〈人が〉著述[発言]の量が多い, 多作の, 著書の多い, 多弁な. **2** 多量[多数]の, 豊富な; 容積の大きい, かさばった; 〈衣服などが〉たっぷりした. **3** 《古》渦巻いた, うねった. ◆ **～·ly** *adv* **～·ness** *n* **vo·lù·mi·nós·i·ty** /-nás-/ *n* [L; ⇨ VOLUME]
vol·u·mize /váljumàɪz, válјə-/ *vt* 〈髪〉にボリューム(感)[こし]を与える. ◆ **vól·u·mìz·er** *n* ボリューム(感)を出す整髪料[シャンプーなど].
Vö·lund /vóulùnd/ WAYLAND.
vol·un·ta·rism /váləntərìz(ə)m/ *n* 《宗教・教育・兵制などの》随意制, 任意制, 自由志願制; 〔哲〕主意説[主義]; VOLUNTARYISM. ◆ **-rist** *n*, *a* **vòl·un·ta·rís·tic** *a*
vol·un·tary /váləntèri; -t(ə)ri/ *a* **1 a** 自発的な, 自由意志から出た; 任意の, 随意の; 志願の: a ～ army 義勇軍 / a ～ service 志願兵役. **b** 〈人が〉自由意志[無償]でつとめる, ボランティア[奉仕]の; 無償の〈仕事〉: a ～ social worker. **2** 自由意志をもった: a ～ agent 自由行為者. **3** 〈学校・病院などが〉篤志家の手で経営[維持]される, 任意の寄付貢献で成り立つ, 有志立の: VOLUNTARY SCHOOL / a ～ organization ボランティア組織. **4** 〈笑いなど〉(自然に)こみ上げてくる. **5** 〔解〕随意的な. **6** 〔法〕**a** 任意の: a ～ confession 任意自白, 自供. **b** 故意の: a ～ murder 謀殺. **c** 無償の. ► *n* 〔楽〕ヴォランタリー《即興の前奏曲; 教会で礼拝の前後[間]に奏するオルガン独奏(曲)》; 自発的行為, 篤志の行為; 任意(の)寄付; 《課題に対する》自由演技; 〔商〕VOLUNTARY CHAIN; 《廃》志願者, 有志者 (volunteer); 《古》教会や学校は任意の寄付によるべきとする人. ◆ **vól·un·tàr·i·ly** /, ⏑⏑⏑́-; -t(ə)r-/ *adv* 自由意志で, 自発的に; ボランティアで, 手弁当で, 無償で. **vól·un·tàr·i·ness** /; -t(ə)rɪ-/ *n* [OF or L (*voluntas* will)]
Vóluntary Áid Detàchment 〔英〕救急看護奉仕隊《略 VAD》.
vóluntary-áid·ed *a* 〔英〕〈voluntary school が〉主に地方自治体からの資金で運営される.
vóluntary associátion **1** 任意団体, 自発的結社《ある特定の目的で設立されるが法人格のない団体》. **2** 〔商〕VOLUNTARY CHAIN.
vóluntary cháin 〔商〕任意チェーン店, ボランタリーチェーン (=*voluntary, voluntary group* [*association*])《大手のチェーン店や大型スーパーに対抗するため, 独立店が自発的につくったチェーン店組織; 各加盟小売店は voluntary store [retailer] または symbol retailer と呼ばれ, しばしば共通の商号やシンボルを掲げる; 略 VC》.
vóluntary-contrólled *a* 〔英〕〈voluntary school が〉全面的に地方自治体からの資金で運営される.
vóluntary convéyance [**disposítion**] 〔法〕任意[無償]譲渡.
vóluntary enhánced éxit prògram *《俗》任意[希望]退職勧奨計画.
vóluntary gróup 〔商〕VOLUNTARY CHAIN.
vóluntary·ìsm *n* 任意寄付主義[制]《教会・学校などは国費に依存せず民間の寄付によって経営すべきだとする》; 自由志願制. ◆ **-ist** *n* 任意寄付主義者.
vóluntary múscle 〔解〕随意筋.
vóluntary rétailer [**stóre**] 〔商〕任意チェーン加盟店, ボランタリーチェーン店 (⇨ VOLUNTARY CHAIN).
vóluntary schòol 〔英〕有志立学校, ボランタリースクール《教会など任意の有志団体が設立し, 維持費は LEA が負担する初等学校》.
Vóluntary Sérvice Óverseas 〔英〕海外協力隊[奉仕団]《発展途上国で 2 年以上生活して知識と技術を現地人と共有する人びとを派遣する組織; 略 VSO》.
vóluntary simplícity 自発的清貧主義[生活].
vol·un·teer /vàləntíər/ *n* **1** 志願者, 有志者, ボランティア; 志願兵, 義勇兵; 〔法〕任意行為者; 〔法〕無償取得者; 〔植〕自生植物: One ～ is worth two pressed men. 《諺》志願兵一人は徴募兵の 2 人前. **2** [V-] 志願兵《Tennessee 州民; 俗称》; [V-] アメリカ義勇軍 (Volunteers of America) の一員. ► *a* 有志の, 志願(兵)の; 〔植〕自生の: a ～ corps 義勇軍 / a ～ nurse 篤志看護師. ► *vt* 自発的に申し出る[提供する], 買って出る ‹sth, *to do*›; 無償で行なう; 〈人を〉勝手に推薦[指名]する. ► *vi* 進んで事に当たる; 無償で働く; 志願兵[義勇兵]になる; 〔植〕自生する: ～ *as* a helper / ～ *for* the army 陸軍志願兵になる. [F *volontaire* VOLUNTARY; 語尾は *-eer* に同化]
voluntéer bùreau [[°]V- B-] 〔英福祉〕ボランティア斡旋センター.
voluntéer·ìsm *n* 自由志願制 (voluntarism), ボランティア活動.
Voluntéers in Sérvice to América VISTA.
Voluntéers of América [the] アメリカ義勇軍《救世軍に似た宗教的社会事業団体; 1896 年 New York に設立; 略 VOA》.
Voluntéer Stàte [the] 義勇軍州《Tennessee 州の俗称》.
vo·lup·té /*F* vɔlypte/ *n* 快楽; なまめかしさ (voluptuousness).
vo·lup·tu·ary /vəlʌ́ptʃuèri; -tʃuəri/ *a* (官能的)快楽にふける: ～ tastes 酒色にふける趣味. ► *n* 快楽にふける人. [OF or L (*voluptas* pleasure)]
vo·lup·tu·ous /vəlʌ́ptʃuəs/ *a* 肉欲にふける, 官能的な; 豊満な, なまめかしい; ここちよい, 満ち足りた. ◆ **～·ly** *adv* **～·ness, vo·lùp·tu·ós·i·ty** /-ás-/ *n*
vo·lute /vəlú:t/ *n* 《貝などの》渦巻; 〔建〕渦巻, ヴォリュート《イオニア[コリント]式柱頭にみられる》; 〔貝〕ヒタチオビガイ《同科の巻貝の総称》; 〔機〕《渦巻ポンプの》渦形室. ► *a* VOLUTED. [F or L (*volut-volvo* to roll)]
vo·lút·ed *a* 渦巻形の, らせん状の; らせん状の溝のある; 〔建〕渦巻のある.
volúte spríng 〔機〕竹の子ばね.
vo·lu·tin /vál(j)ətɪn, vəlú:t(ə)n/ *n* 〔生化〕ボルチン《ある種の微生物に含まれる好塩基性の顆粒状の貯蔵物質》.
vo·lu·tion /vəlú:ʃ(ə)n/ *n* 旋回[回転]運動; 《渦巻・らせんの》ひと巻

き; 《貝の》渦巻; 〘解〙脳回.
vol·va /válvə, *vɔ́:l-/ *n* 〘植〙《キノコの》つぼ, 菌包. ♦ **vól·vate** /-vət, -vèɪt/ *a* つぼを有する. [L (*volvo* to roll)]
Vol·vo /válvou/ *n* (*pl* **~s**) ボルボ《スウェーデン Volvo 社製の自動車》. [L=I roll; もと 軸受メーカーの一部門]
vol·vox /válvàks, *vɔ́:l-/ *n* 〘生〙オオヒゲマワリ, ボルボックス《緑藻類; 原生動物鞭毛虫として動物扱いもされる》.
vol·vu·lus /válvjələs, *vɔ́:l-/ *n* (*pl* **~·es, -li** /-lài, -lì:/) 〘医〙腸(軸)捻転, 軸捻.
VOM °volt-ohm-milliammeter.
vom·a·tose /vámətòus/ *a**《俗》酔って吐いて意識がない, 酩酊性嘔吐昏睡状態で. [*vomit, comatose*]
vo·mer /vóumər/ *n* 〘解〙《鼻の》鋤骨(じょこつ). ♦ **vo·mer·ine** /vóumərὰɪn, -rən, vám-/ *a* [L=plowshare]
vom·ero·násal órgan /vàmərou-, vòu-/ 〘解·動〙鋤鼻(じょび)器[器官] (=*Jacobson's organ*)《脊椎動物の鼻腔の一部が左右にふくらんでできた一対の嚢状器官; ヒトの大人では痕跡のみ残る; 嗅神経の一部が分布していてヘビ類·トカゲ類では主要な嗅覚器官となっている》.
vom·i·ca /vámɪkə/ 〘医〙*n* (*pl* **-cae** /-əsì:/) 《肺の》膿瘍空洞; 膿瘍空洞膿汁. [L=ulcer, boil]
vom·it /vámət/ *vt* 吐く, もどす ‹*up*›; ‹煙などを›吐き出す ‹*out*›; 吹き出す, 吹く, 発射する; 《古》《吐剤で》吐かせる. ► *vi* へどを吐く, もどす; 噴き出る. ► *n* 吐くこと, 嘔吐; 吐物, へど, ゲロ; 胸の悪くなるようなもの; 卑しむべき人間; 吐剤. ♦ **~·er** *n* [OF or L]
vómit·ing *n* 〘医〙嘔吐 (=*emesis*).
vómiting gàs 嘔吐ガス, 催吐ガス, くしゃみガス.
vom·i·tive /vámətɪv/ *a* 嘔吐の; 吐き気を催させる.
vom·i·to (ne·gro) /vámətou (ní:grou), vóu-- (, -néɪ-)/ 〘医〙《黄熱病による》黒色吐物.
vom·i·to·ri·um /vàmətɔ́:riəm/ *n* (*pl* **-ria** /-riə/) 〘古ロ〙円形演技場出入口 (vomitory); 嘔吐場《俗説で, 古代ローマ人が宴席で食べ続けるために食べた物を吐き出したという場所》. [L]
vom·i·to·ry /vámətɔ̀:ri; -t(ə)ri/ *a* VOMITIVE. ► *n* 吐き口, 放出口; 《劇場·円形演技場·球場などの観客席への》出入口; 吐き出す人[もの]; 《まれ》吐物容器, 吐物入れ; 《廃》吐剤.
vom·i·tous /vámətəs/ *a* 吐き気を催させる, 胸の悪くなるような, いやらしい.
vom·i·tu·ri·tion /vàmətʃəríʃ(ə)n/ *n* 〘医〙悪心(おしん), 吐き気, 頻回(ひんかい)嘔吐.
vom·i·tus /vámətəs/ 〘医〙*n* 吐物; 嘔吐. [L]
vom·ity /váməti/ *a**《俗》吐き気を催させるような, むかつく (nasty).
von /vən, fən, fɔn; *G* fɔn/ *prep* [貴族の家名の前で] …(出身)の: Fürst ~ Bismarck ビスマルク公. [G=from, of]
von Braun ⇨ BRAUN.
Von·del /vɔ́:ndəl/ フォンデル **Joost van den ~** (1587–1679)《オランダの詩人·劇作家》.
V-one, V-1 /ví:wʌ́n/ *n* V-1 号《ドイツが第二次大戦で用いた無人飛行爆弾[有翼ミサイル]》. [G *V*ergeltungswaffe *1* reprisal weapon 1]
Von·ne·gut /vánɪgət/ ヴォネガット **Kurt ~, Jr.** (1922–2007)《米国の小説家》.
von Neu·mann /vən njú:mən, -nɔ́ɪmà:n/ フォン·ノイマン **John ~** (1903–57)《ハンガリー生まれの米国の数学者》.
von Stern·berg /vən stə́:rnbə̀:rg/ フォン·スターンバーグ **Joseph ~** (1894–1969)《オーストリア生まれの米国の映画監督》.
von Wíl·le·brand's disèase /fɔ:n víləbrà:nts-/ 〘医〙フォン·ウィルブラント病《血管血友病》. [Erik A. *von Willebrand* (1870–1949) フィンランドの医師]
voo·doo /vú:du/ *n* (*pl* **~s**) **1** ヴードゥー《Haiti を中心に西インド諸島黒人間に行なわれるアフリカ伝来の魔教的民間信仰》. **2** 巫術(ふじゅつ)[呪術, 魔術]師; まじない, 黒魔術; 呪物(じゅぶつ). ► *a* 巫術(師)の; まじないの; ヴードゥー的な. ► *vt* …にまじない[魔法]をかける. [Dahomey]
vóodoo bàll 《野球俗》《Haiti で》縫って作ったボール.
vóodoo·ìsm *n* ヴードゥー信仰 (voodoo); 呪術, 魔術. ♦ **-ist** *n* ヴードゥーの信者; ヴードゥーの巫術師; 《一般に》呪術師, 魔術師. **vòo·doo·ís·tic** *a*
voor·ka·mer /fúərkà:mər/ *n* 《南ア》《Cape Dutch 様式の家の》広間, 居間, 客間. [Afrik=front room]
Voor·trek·ker /fúərtrèkər, vúər-, fɔ́:r-/ *n* 《南ア》フォールトレッカー《(1) 開拓者, 特に 1834–37 年に Cape 植民地から Transvaal へ移動したブール人 2) ボーイ[ガール]スカウトに似た青少年組織隊員》.
VOR 〘空〙very-high-frequency omnirange 超短波全方向式無線標識.
-vo·ra /v(ə)rə/ *n pl comb form*「…食動物目」: Insecti*vora* 食虫目. [-VOROUS]
vo·ra·cious /vɔ(:)réɪʃəs, və-/ *a* 大食の, むさぼり食う; 貪欲な, (好奇心)旺盛な: a ~ reader 大の読書家. ♦ **~·ly** *adv* **~·ness** *n* [L *vorac- vorax* (*voro* to devour)]
vo·rac·i·ty /vɔ(:)rǽsəti, və-/ *n* 大食; 貪欲.
Vor·arl·berg /*G* fó:rarlbɛrk/ フォーラールベルク《オーストリア西部のスイスと接する州; ☆Bregenz》.
-vore /vɔ̀:r/ *n comb form*「…食動物」: carni*vore*. [F<L; cf. -VORA]
vor·la·ge /fɔ́:rlà:gə/ *n* (*pl* **~s, -gen** /-gən/) 〘スキー〙前傾姿勢; [*pl*] スキーズボン. [G]
Vo·ro·nezh /vərɔ́:nɪʃ/ ヴォロネジ《ヨーロッパロシア中南部の Don 川の近くにある市》.
Vo·ro·shi·lov /vɔ̀(:)rəʃí:lɔ̀:f, vàr-, -v/ ヴォロシーロフ **Kliment Yefremovich ~** (1881–1969)《ソ連の軍人·政治家; 最高会議幹部会議長 (1953–60)》.
Vo·ro·shi·lov·grad /vɔ̀(:)rəʃí:ləfgræ̀d, vàr-, -ləv-, -grà:d/ ヴォロシーロフグラード《LUHANSK の旧称》.
Vo·ro·shi·lovsk /vɔ̀:rəʃí:lɔ̀:fsk/ ヴォロシロフスク《STAVROPOL の旧称》.
-v·o·rous /-ˊ-v(ə)rəs/ *a comb form*「…を食とする」: carni*vorous*, herbi*vorous*. [L; ⇨ VORACIOUS]
Vor·spiel /*G* fó:rʃpi:l/ *n* 〘楽〙前奏曲 (prelude), 序曲 (overture). [G (*vor* before, *Spiel* play)]
Vor·ster /fɔ́:rstər/ フォルスター **John ~ [Balthazar Johannes ~]** (1915–83)《南アフリカ共和国の政治家; 首相 (1966–78)·大統領 (1978–79)》.
vor·tal /vɔ́:rtl/ *n* 〘電算〙特定分野専門ポータルサイト, 専門リンク集, ボータル. [*vertical*+*portal*]
vor·tex /vɔ́:rtɛ̀ks/ *n* (*pl* **~·es, -ti·ces** /-təsì:z/) 渦(うず), 渦巻; 〘理〙うず; 旋風, たつまき(の目); 《渦巻状の》飛行雲; 《社会運動などの》うず; 《宇宙の物質の》渦巻運動《Descartes 哲学などで天体の発生[現象]を説明できるとされた》: the ~ of war 戦乱. [L=VERTEX]
vórtex rìng 渦状の輪《タバコの煙など》.
vórtex shèdding 〘理〙渦の離脱[放出]《流体中の物体後部にできる渦が物体を離れて下流[風下]に流されていくこと》.
vórtex strèet 〘理〙渦の列, 渦列《流体中の物体後部から規則的に下流[風下]に流されていく渦の列》.
vor·ti·cal /vɔ́:rtɪk(ə)l/ *a* 渦の(ような). ♦ **~·ly** *adv*
vor·ti·cel·la /vɔ̀:rtəsélə/ *n* (*pl* **-lae** /-li/, **~s**) 〘動〙ツリガネムシ《同属 (*V-*) のベル形の単細胞繊毛動物の総称》.
vortices *n* VORTEX の複数形.
vor·ti·cism /vɔ́:rtəsìz(ə)m/ *n* 〘美〙渦巻派《現代社会の渦 (vortices) を扱う 1910 年代英国の未来派の一派》; 《Descartes などの宇宙物質の》渦動説. ♦ **-cist** *n, a* [*vortex*]
vor·tic·i·ty /vɔ:rtísəti/ *n* 〘理〙渦度(うずど)《流体の渦運動の強さとその軸方向を表わすベクトル》; 《流体の》渦巻運動状態.
vor·ti·cose /vɔ́:rtɪkòus/ *a* VORTICAL.
vor·tic·u·lar /vɔ:rtíkjələr/ *a* VORTICAL.
vor·tig·i·nous /vɔ:rtíʤənəs/ *a* 《古》VORTICAL.
Vortumnus ⇨ VERTUMNUS.
Vosges /vóuʒ/ **1** [the] ヴォージュ山地《フランス北東部 Rhine 川地溝谷の西側をなす山地》. **2** ヴォージュ《フランス北東部 Lorraine 地域圏の県; ☆Épinal》.
Vos·khod /váskàd, --ˊ/ ヴォスホード《ソ連の 2 人以上乗り組みの有人衛星船; 第 1 号は 1964 年打上げ》. [Russ=sunrise]
Vos·tok /vástàk, --ˊ/ *n* ヴォストーク《ソ連の一人乗り有人衛星船; 第 1 号は 1961 年打上げ》. [Russ=east]
vós·tro accóunt /vástrou-/ 〘金融〙先方勘定, ボストロ勘定《外国にある銀行が当方に開設している国内通貨建て預金勘定で, 外国為替取引の決済に使われる; これを口座名義人の外国の銀行からみれば NOSTRO ACCOUNT である》. [It *vostro* your]
vot·able /vóutəb(ə)l/ *a* 投票 (vote) できる, 投票権のある; 投票で決定しうる.
vo·ta·rist /vóutərɪst/ *n* VOTARY.
vo·ta·ry /vóutəri/ *n* 盛式立誓修道士[女]; 《ある教義·儀式の》信者; 《理想·主義などの》熱心な支持者, 信奉者; 心酔者. ♦ **vo·ta·ress** /vóutərəs/ *n fem* [L (↓)]
vote /vóut/ *n* **1** 《発声·挙手·投票球·投票用紙などによる》賛否表示, 投票, 採決, 票決(の結果); 投票方法[手続き]: a ~ of confidence [no confidence, censure] 信任[不信任]投票 / come [go, proceed] to the ~ 票決に付される / put a question [bill] to the ~ 問題[議案]を票決に付する / take a ~ on a question 決を採る / propose a ~ of thanks to sb 人に対する感謝決議を提案する《人に拍手などで感謝を表わすよう聴衆などに提案する》/ an open [a secret] ~ 記名[無記名]投票 / PLURAL VOTE. **2** 《賛否を示す個々の》投票, 票; 投票用紙: CASTING [FLOATING] VOTE / count the ~*s* 票数を数える / pass by a majority of ~*s* 過半数で通過する / a spoilt ~ 無効票 / canvass for ~*s* 票集め運動をする / cast a ~ 1 票を投ずる ‹*for, against*› / give [record] one's ~ 投票する ‹*to, for*› / one man [person] one ~ 一人一票の原則. **3** [°the] 投票権, 選挙権, 参政権; [the] 議決権. **4** [°the] **a** 投票数, 得票(総数)《集合的》: a heavy [light] ~ 多数の[少ない]票. **b** 《なんらかの共通面をもつ》一群の有権者(の支持[見解]), …票《集合的》: *the* farm ~ 農民票. **5** ″議決事項, 議決額, (議決された)…費 ‹*for*›; [°the V-s] 〘英〙下院日誌, 議事録. **6** 《古》投票者, 有権者. ● **get out the ~** *有権者を投票(所)に駆り出す. SPLIT one's **~**.

► *vi* 投票をする, 採決する 〈*for, in favor of; against; on* a matter〉; 意見を表明する, 意思表示をする: ～ Republican 共和党に入れる. ► *vt* **1** 投票して決する, 票決する; 可決する; 投票で選出[支持]する; 票決により〈金額・権限を〉認める[授与する]; …にしたがって[のために]投票する: *V*～ Labour "労働党に一票を《標語》/ ～ a Republican (candidate) 共和党候補に投票する. **2** 〈世間一般が〉…と認める, …とみなす, …と世評を定める, …と称する: The public ～*d* the new play a success. 今度の劇は成功だという評判だ. **3** «口» 提案する, 提議する: I ～ (*that*) we go to the theater tonight. 今夜芝居に行こうじゃないか (Let us go….). **4** *《特定の方法で》〈人〉に投票させる. ● **～ down** 〈議案などを〉投票で否決する. **～ for**…に(賛成)投票する; «口» …を提案する: I ～ *for* stopping. やめたらどうだ. **～ in** [**into** office, power; law, being, etc.] 〈人を〉選出[選任]する; 〈議案などを〉票決で成立させる, 可決する. **～ off**… 〈人を〉〈委員会など〉から投票によって追い出す. **～ on** [**onto** a committee, etc.] 〈人を〉投票によって選任する. **～** sb **out** (**of**…) 人を投票によって(…から)追い出す, 〈現職の人物〉を投票で免職にする[落選させる]. **～…through** 〈議案などを〉投票で通過させる, 可決する. **～ with** one's **feet** その場を離れる[その場に行かない, 脱退する]ことによって(不支持などの)意思表示をする.
♦ **～·able** *a* VOTABLE.
[L *votum* vow, wish (*vot- voveo* to vow)]

vo-tech /vóutɛ̀k/ *a* «口» 《学校のカリキュラムで》職業・技術の. ► *n* 専修[専門]学校. [*vo*cational-*tech*nical]

vóte-gètter *n* «口» 票集めに成功した人, 人気候補者.

vóte·less *a* 投票[選挙]権のない.

vot·er /vóutər/ *n* 投票者; 有権者, 選挙人.

vot·ing /vóutɪŋ/ *n* 投票, 採決: MULTIPLE VOTING.

vóting àge 選挙権取得年齢, 投票年齢.

vóting bòoth*《投票場内の》投票用紙記入所 (polling booth).

vóting machìne 投票記録集計機.

vóting pàper 《特に 英議会選挙で用いる》投票用紙 (ballot).

vóting stòck 〔経〕議決権(ある)株式《その所有者に議決権を与える株式》.

vóting trùst 〔経〕議決権信託《複数の株主が所有する議決権を受託者に期限を限って信託し受託者による議決権の一括行使を可能にする行為》.

vo·tive /vóutɪv/ *a* 誓願[感謝]をこめて奉納[奉献]した, 奉納の; 願かけの: a ～ tablet 奉納額, 奉納画. ♦ **～·ly** *adv* **～·ness** *n* [L; ⇨ VOTE]

vótive càndle 1 《誓願や感謝の意をこめて》奉納して灯すろうそく, 灯明; 〔キ教〕特志ろうそく, 奉納ろうそく《キリスト, 聖母, あるいは聖人を崇敬してその像の前にともすろうそく》. **2** 小さい寸詰まりの[直径の割に高さがない]ろうそく.

vótive máss [ᵒv M-] 〔カト〕随意ミサ.

vo·tress /vóutrəs/ *n* «古» VOTARESS.

VO₂ max /víːòutúː: ―́―/ 最大酸素摂取量《単位時間に体内に摂取しうる最大酸素量》. [volume of O_2 *max*imum]

Vo·ty·ak /vóutiæ̀k/ *n* (*pl* **～, ～s**) ヴォチャーク族[語] (UDMURT).

vouch /váuʧ/ *vi* 保証する, 請け合う, 証人となる 〈*for*〉. ► *vt* 保証[証言]する, …の保証人となる; 立証する; 証拠書類を検討して〈取引を〉認証する; 〈支払いの〉必要を立証する; 〈人を〉保証人として召喚する; «古» 〈事例・書物を〉例証として引合いに出す, 引証する; «古» 断言する, 確言する. ► *n* «廃» 保証, 証言, 断言. [OF＝to summon (L *voco* to call)]

vouch·ee /vauʧíː/ *n* 被保証人; «古» 保証人.

vóuch·er *n* **1** 保証人; 保証《行為》; 確実な証拠; 証拠書類, 証明書; 〔会計〕取引証票, 証憑(しょうひょう)《収支取引を証明する伝票・領収書など》; 〔会計〕バウチャー《仕入れ先からの請求書をもとに社内で作成される統一書式》. **2** 《現金の代用をする》金券, 引換券, 商品券; 割引券; 《voucher plan 用の》教育バウチャー: a hotel ～ 宿泊券 / LUNCHEON [GIFT] VOUCHER. **3** 〔古英法〕権原保証者(の呼び出し). ► *vt* 証明する; 〔商〕…に対する取引証票を作る.

vóucher plàn 〔米教育〕バウチャープラン《自治体が, 一定の教育水準に満たない公立学校に通う生徒の親に希望する学校の授業料に充当できる利用券を支給する制度》.

vóucher sỳstem 〔会計〕証憑式記入帳制度, 支払い証憑制度, バウチャーシステム; 〔米教育〕VOUCHER PLAN.

vouch·safe /vauʧséɪf, ―́―/ *vt* 《特別な好意に基づいて》与える, 許す, 授ける; …してくださる 〈*to* do〉; «廃» 保証する, 請け合う: ～ him a reply 彼に返答する. ♦ **～·ment** *n* [ME *vouch* to warrant, SAFE]

vouge /vúːʒ/ *n* 〔英史〕斧に似た長柄の武器. [OF<?]

vou·lu /*F* vuly/ *a* (*fem* **-lue** /―/) 故意の (deliberate), 意図的な (intentional).

vous·soir /vuswáːr, vúː―́/ *n* 〔建〕《アーチの》迫石(せりいし).

Vou·vray /vuvréɪ/ *n* ヴヴレー《フランスの Loire 地方に産する白ワイン》.

vow /váu/ *n* 《特に 神に対する》誓い, 誓願, 誓約; 願(がん), 祈誓: SIMPLE [SOLEMN] vow / baptismal ～*s* 洗礼の誓約 / marriage ～*s* 結婚時の貞節の誓い / lovers' ～*s* 恋人どうしの誓い / make [take] a ～ 誓いを立てる / under a ～ 誓いを立てて(いる). ● **take ～s** 《清貧・貞潔・従順の》誓願を立てる, 修道士[女]となる. ► *vt* 誓う, 誓約する 〈*to* do, *that*〉; 誓いを立ててささげる, 献身する; (…と)言明[断言]する (avow) 〈*that*〉: ～ oneself to the service of God. ► *vi* 誓約する, 誓願を立てる; «古» 言明する. ● **～ and declare** «古» 誓って断言する. ♦ **～·er** *n* 誓う人, 誓言者, 誓約者. **～·less** *a* [OF *vou(er)* (⇨ VOTE); '断言する' の意は < *avow*]

vow·el /váu(ə)l/ *n* 〔音〕母音; 母音字《英語では a, e, i, o, u などに w, y を加えることもある》. ► *vt* (**-l-** | **-ll-**) **1** 〔言〕…に母音符号を付ける. **2** «俗» …に借用証 (IOU) で支払う (cf. THREE VOWELS).
♦ **vów·el(l)ed** *a* 母音のある. **～·less** *a* 母音のない. **～·ly** *a* 母音の多い. [OF<L *vocalis* (*littera*) VOCAL (letter)]

vówel fràcture 〔音〕《単母音の》割れ (breaking).

vówel gradàtion 〔言〕母音交替 (ABLAUT).

vówel hàrmony 〔言〕母音調和《トルコ語・古代日本語などで, 母音がいくつかの組に分かれ, 同一の語内では同じ組の母音のみが現われること》.

vówel·ìze *vt* 〔言〕〈ヘブライ語・アラビア語などのテキスト〉に母音符号を付ける; 〈子音を〉母音化する. ♦ **vòwel·izátion** *n* 母音化.

vówel·lìke 〔音〕*a* 母音のような. ► *n* 母音のような音《/l, m, n, ŋ, w, j/ など》.

vówel mutàtion 〔言〕母音変異 (UMLAUT).

vówel pòint 《ヘブライ語などの母音を示す》母音符号.

vówel rhỳme 〔韻〕母音韻 (ASSONANCE).

vówel shìft 〔言〕母音推移; GREAT VOWEL SHIFT.

vówel sòund 〔音〕母音.

vówel sỳstem 〔言〕《一言語・語族の》母音組織.

vox /váks/ *n* (*pl* **vo·ces** /vóusìːz/) 声; ことば; 《音楽記事などで》声, ヴォーカル. [L＝voice]

vóx an·gé·li·ca /-ænʤélɪkə/ 〔楽〕ヴォックス・アンジェリカ《微妙な音を出すオルガンストップ》; VOIX CÉLESTE. [L＝angelic sound]

vóx bár·ba·ra /-báːrbərə/ 《学術用語などに使われている》新造ラテン語. [L＝foreign word]

vox·el /váksəl/ *n* 《立体画像を構成する》3D 画素. [*vo*lume＋pi*xel*]

vox et prae·te·rea ni·hil /wóuks ɛt praɪtéreɑː níhɪl/ 声そしてそのほかに何もなし, ただ声だけ. [L]

vóx hu·má·na /-hjumáːnə, *-méɪnə/ 〔楽〕ヴォックス・フマナ《人の声に似た音を出すオルガンストップ》. [L]

vóx póp /-pɑ́p/ «口» 《ラジオ・テレビ番組, 新聞記事などに寄せる》街の声. [*vox pop*uli]

vóx pó·pu·li /-pɑ́pjəlàɪ, -lìː/ 人民の声, 世論《略 **vox pop.**》. [L＝voice of the people]

vox po·pu·li vox Dei /wouks pɔ́ːpulìː wòuks déɪi/ 民の声は神の声. [L]

voy·age /vɔ́ɪɪʤ/ *n* 航海, 船旅; 空の旅, 宇宙の旅; 旅, 旅行, 長旅; [ᵒ*pl*] 航海記, 旅行記; «廃» 《軍隊の》遠征; «廃» 野心的な企て: a ～ round the world 世界一周航海[旅行]. ► *vi, vt* (…を)航海する[旅する], 海[空, 陸]の旅をする. ♦ **～·able** *a* [AF, OF<L VIATICUM]

vóyage chàrter 航海用船《定期ではなく, 特定の航海単位で船・船倉を借りる契約をすること; cf. TIME CHARTER》.

vóyage pòlicy 航海保険証券.

vóy·ag·er *n* **1** 航海者, 《昔の》冒険[探検]航海者; 旅行者. **2** [V-] ボイジャー《米国の惑星探査機; 1, 2 号はそれぞれ木星に 1979 年 3 月, 同年 6 月, また土星に 80 年 11 月, 81 年 8 月接近した》.

voy·a·geur /vwɑ̀ːjɑːʒɔ́ːr, vɔ̀ɪə-; *F* vwajaʒœːr/ *n* 《昔 カナダで毛皮会社に雇われて物資・人員を徒歩またはカヌーで運搬した》運び屋; 《カナダの原野の》船頭, きこり. [F＝traveler, voyager]

Voy·a·géurs Nátional Párk /vɔ̀ɪəʒɔ́ːrz-/ ヴォイアジャーズ国立公園《Minnesota 州北部のカナダ国境に接する湖水地方の国立公園》.

voy·eur /vwɑːjɔ́ːr, vɔɪɔ́ːr; *F* vwajœːr/ *n* 《人の性行為や性器をのぞいて性的満足感を覚える》窃視者, のぞき魔; 視覚的手段で性的刺激を求める人; 《いやらしいことやスキャンダラスなことを好んで追い求める》のぞき趣味の人; わきから見ているだけの人, 受身の見物人. ♦ **～·ìsm** *n* 窃視症; 窃視, のぞき行為. **voy·eur·is·tic** /vwɑ̀ːjərístɪk, vɔ̀ɪə-/ *a* **-ti·cal·ly** *adv* [F (*voir* to see)]

voy·ez /*F* vwaje/ *vt, vi* 見よ! (look!, see!). [F (↑)]

Voz·ne·sen·sky /vɑ̀znəsénski/ ヴォズネセンスキー **Andrey Andreyevich** ～ (1933–2010) 《ロシアの詩人》.

VP various places ♦〔文法〕ᵒverb phrase ♦ ᵒvice president.

V particle /víː ―́―/ 〔理〕V 粒子《崩壊過程で霧箱の中に V 字形の飛跡を残す粒子の発見当時の名称; 中性の *K* 中間子や *Λ* ハイペロンなど》.

VPL «俗» visible panty line. **VPN** 〔電算〕virtual private network 仮想閉域網, 仮想私設ネットワーク《インターネットなどの公共ネットワークを介して企業 LAN などのプライベートなネットワークにアクセスするネットワーク利用形態》. **V.Pres.** ᵒVice President.

VR variant reading ♦ [L *Victoria Regina*] Queen Victoria ♦ ᵒvirtual reality.

vraic /vréɪk/ *n* 海草《Channel Islands での呼称; 肥料・燃料用》. [F (dial)]
vrai·sem·blance /*F* vrɛsɑ̃blɑ̃:s/ *n* 真実[本当]らしさ, もっともらしさ.
Vries ⇨ DE VRIES.
VRM °variable rate mortgage.
VRML 〘電算〙 Virtual Reality Modeling Language《三次元画像や音声も含むハイパーテキストを記述する規約; cf. HTML》.
vroom /v(ə)rú:m/ *n* ブルーン, ブロロロ…《レーシングカー・オートバイなどのエンジン音》. ► *vi* ブルーン[ブロロロ…]と音をたてて走る[加速する]. ► *vt* ブルーン[ブロロ]という音をたてさせる. [imit]
vrouw, vrow /fróu, vráu, fráu/ *n*《オランダ人・南アフリカ生まれの白人の》妻, 女; MRS. (cf. FRAU). [Du, Afrik]
vs. verse ♦ versus. **v.s.** °vide supra ♦〘楽〙°volti subito.
VS °Veterinary Surgeon ♦〘楽〙°volti subito.
V-shaped /ví:—/ *a* V (字)形の, V 字形断面の.
V sign /ví: —/ V サイン《(1) 中指と人差し指で v(ictory) の字をかたどった勝利[必勝]のしるし 2)《英》同様の V の字を, 手の甲を相手側に向けて示したもので, 侮蔑のしぐさ; cf. *put two* FINGERS *up at*》.
V-six, V-6 /ví:síks/ *n* V 型 6 気筒[V6]エンジン, V6 エンジンの車. ► *a*〈エンジン・車が〉V 型 6 気筒の, V6 の.
VSO 〘ブランデーなど〙 very superior [special] old《通例 12–17 年もの》; 〘英〙°Voluntary Service Overseas.
VSOP 〘ブランデーなど〙 very superior [special] old pale《通例 18–25 年もの; cf. VVSOP》.
V/STOL /ví:stɔ̀(:)l, -stòul, -stɑ̀l/ *n* 〘空〙 V/STOL 機《VTOL 機と STOL 機の総称》. [*v*ertical or *s*hort *t*ake*o*ff and *l*anding]
v.t., vt. 〘文法〙 verb transitive 他動詞 (transitive verb).
Vt Vermont. **VT** °vacuum tube ♦ Vermont.
VT fuze /vì:tí: —/ PROXIMITY FUZE. [*v*ariable *t*ime]
V.34 〘通信〙 ITU-T 勧告によるモデム通信プロトコル《通信速度 28,800 bps》.
V.32 〘通信〙 ITU-T 勧告によるモデム通信プロトコル《通信速度 9600 bps》.
V.32 bis 〘通信〙 ITU-T 勧告によるモデム通信プロトコル《通信速度 14,400 bps》.
VTO 〘空〙°vertical takeoff.
VTOL /ví:tɔ̀(:)l, -tòul, -tɑ̀l/ *n* 〘空〙 VTOL 機, 垂直離着陸機. [*v*ertical *t*ake*o*ff and *l*anding]
VTOL jet plane /—— —— ——/ 〘空〙 VTOL ジェット機.
VTOL·port /—— ——/ *n* 〘空〙 VTOL 機離着陸場 (vertiport).
VTR °videotape recorder.
V-twelve, V-12 /ví:twélv/ *n* V 型 12 気筒 [V12] エンジン; V12 エンジンの車. ► *a*〈エンジン・車が〉V 型 12 気筒の.
V-two, V-2 /ví:tú:/ *n* V-2 号《ドイツが第二次大戦で用いた長距離ミサイル》. [G *V*ergeltungswaffe *2*; ⇨ V-ONE]
V-type engine /ví:—— ——/ V 型エンジン[機関]《気筒を 2 列に V 字形に配する自動車などのエンジン》.
VU Vanuatu ♦ °volume unit.
Vuel·ta Aba·jo /vwéltə ɑ:bá:hou/ ブエルタアバホ《キューバ西部の地方; タバコで有名》.
vug, vugg, vugh /vʌ́g, vúg/ *n* 〘鉱〙 がま《岩石や鉱脈中の小空洞》. ♦ **vúg·gy** *a* [Corn *vooga* cave]
Vuil·lard /*F* vɥija:r/ ヴュイヤール (**Jean-)Édouard ～** (1868–1940)《フランスの画家》.
Vul·can /vʌ́lkən/ **1** 〘ロ神〙 ウゥルカーヌス《火と鍛冶の神; ギリシアの Hephaestus に当たる》. **2** 〘天〙 ヴァルカン《19 世紀に水星の内側[太陽に最も近い所]にあるとされた惑星》. [L *Volcanus*]
Vul·ca·ni·an /vʌ̀lkéɪniən/ *a* VULCAN の; [v-] 鍛冶仕事の, 鉄工の; [v-] 火山(作用)の, 噴火の (volcanic); [v-] 〘地質〙 ブルカノ式噴火の《火山灰や粘性の高い溶岩を含む噴煙を多量に放出する爆発的な噴火》.
Vul·can·ic /vʌ̀lkǽnɪk/ *a* VULCANIAN.
vul·ca·nic·i·ty /vʌ̀lkənísəti/ *n* VOLCANISM.
vul·can·ism /vʌ́lkənɪ̀z(ə)m/ *n* VOLCANISM. ♦ **-ist** *n* VOLCANIST; HOT MOONER.
vul·can·ite /vʌ́lkənàɪt/ *n* 硬質ゴム, エボナイト (ebonite).
vul·can·i·zate /vʌ́lkənəzèɪt/ *n* 加硫物. [逆成〈*vulcanization*]
vul·can·ize /vʌ́lkənàɪz/ *vt* 加硫する. ► *vi* 加硫処理をうける. ♦ **vúl·ca·nìz·able** *a* **-ìz·er** *n* 加硫処理を行なう人; 加硫装置. **vùl·can·izá·tion** *n* 加硫. [*Vulcan*]
vúl·can·ìzed *a* 加硫(処理)した; *《俗》酔った.
vúlcanized fíber バルカンファイバー《紙や布を塩化亜鉛で硬化させたもの; 電気絶縁物などに用いる》.
vul·can·ol·o·gy /vʌ̀lkənɑ́ləʤi/ *n* VOLCANOLOGY. ♦ **-gist** *n* **vùl·can·o·lóg·i·cal** *a*
vul·gar /vʌ́lgər/ *a* **1** 低俗な, 卑しい, 卑俗な, 教養[品]のない (opp. *polite*), 洗練を欠く, 悪趣味な; 俗悪な, 鼻もちならない; 卑猥な, 下品な: ～ words 卑語 / a ～ fellow 俗悪な男, 俗物. **2** 一般大衆の, 平民の, 庶民の; 一般に行なわれる, 通俗の, 俗間の, 下世話の; [°V-]〈言語が〉民衆一般が使用する, 土俗の: ～ superstitions 俗間の迷信 / the ～ tongue 民衆の言語. ► *n*《古》平民, 庶民;《廃》土地ことば. ♦ **～·ly** *adv* **～·ness** *n* [L (*vulgus*[1])]
vúlgar éra [the] CHRISTIAN ERA.
vúlgar fráction COMMON FRACTION.
vul·gar·i·an /vʌ̀lgέəriən/ *n* 俗物, 成り上がり者.
vúlgar·ìsm *n* 粗野, 下品 (vulgarity); 卑俗なことば; 無教養人の語法[表現]; 下品な[卑猥な]ことば.
vul·gar·i·ty /vʌ̀lgǽrəti/ *n* 俗悪, 粗野, 野卑, 卑俗, 下品, 没趣味; [°*pl*] 無作法[わいせつ]な言動.
vúlgar·ìze *vt* 普及させる, 平易にする; 俗化させる, 俗悪[卑俗, 下品]にする. ♦ **-ìz·er** *n* **vùlgar·izátion** *n*
Vúlgar Látin 俗ラテン語 (⇨ LATIN).
vul·gate /vʌ́lgèɪt, -gət/ *n* **1** [the V-] ウルガタ(聖書)《405 年完訳のラテン語訳聖書; ローマカトリック教会で用いる》. **2** 流布本; 標準的な解釈, 通説; [the] 通俗なことば, 日常語; [the]《標準語でない》卑俗なことば. ► *a* [V-] ウルガタ聖書の; 通俗な, 一般的な, 卑俗な. [L *vulgata* (pp)〈*vulgo* to make public; ⇨ VULGUS]
vul·go /vʌ́lgou/ 一般に, 普通に. [L (↓)]
vul·gus[1] /vʌ́lgəs/ *n* [the] 民衆, 平民, 庶民. [L]
vulgus[2] *n*《パブリックスクールの生徒に課した特定主題の》ラテン語詩集. [C16–17? *vulgars* (obs) ラテン語作文のテキスト]
vul·ner·a·ble /vʌ́ln(ə)rəb(ə)l/ *a*《体力的・精神的に》弱い, 傷つきやすい; 攻撃されやすい, 無防備な, 脆弱な; 非難をうけやすい;《誘惑・病気・被害などに》弱い, あい[かかり]やすい 〈*to*〉; 〘ブリッジ〙《1 回勝っていて多額のボーナスを期待できる反面》罰点の危険も大きい. ♦ **-bly** *adv* **～·ness** *n* **vùl·ner·a·bíl·i·ty** *n* 弱さ, 無防備, 脆弱性. [L (*vulner- vulnus* wound)]
vúlnerable spécies 〘生〙 危急種.
vul·ner·ary /vʌ́ln(ə)rèri; -r(ə)ri/ *a* 傷に効く; 傷つける. ► *n* 傷薬, 傷の治療法.
vulpecide ⇨ VULPICIDE.
Vul·pec·u·la /vʌlpékjələ/ 〘天〙 こぎつね座(小狐座) (Little Fox).
vul·péc·u·lar *a* VULPINE.
vúl·pi·cìde[1], **vúl·pe-**[1] /vʌ́lpə-/ *n*《猟犬によらずに》狐を捕えて殺す人[行為], 狐殺し. ♦ **vùl·pi·cíd·al** *a* [L (↓)]
vul·pine /vʌ́lpàɪn/ *a* キツネの(ような); 狡猾な, ずるい. [L (*vulpes* fox)]
vul·pi·nite /vʌ́lpənàɪt/ *n* 石膏玉《イタリア Lombardy 地方の Vulpino に産する鱗片粒状の硬石膏; 装飾用》.
vul·ture /vʌ́lʧər/ *n* **1** 〘鳥〙 **a** ワシタカ科《旧世界》・コンドル科《新世界》の各種の大型猛禽《ハゲワシ・コンドルなど; 主として死肉を常食する》. **b** ヒメコンドル (turkey buzzard). **2** [*fig*]《人を食い物にする》強欲冷酷な人[もの], 'ハゲタカ'. ♦ **～·lìke** *a* [AF<L]
vúlture fùnd ハゲタカファンド《不良債権化した企業を安く買い取り, 思いきった再建策などにより資産価値を上げたのちに高値で転売してもうけることを目的とした投資ファンド》.
vul·tur·ine /vʌ́lʧ(ə)ràɪn, -rən/ *a* ハゲワシ[コンドル]の(ような); 強欲冷酷な.
vúlturine guínea fòwl 〘鳥〙 フサホロホロチョウ《東アフリカ産》.
vúl·tur·ous, vúl·tur·ish *a* ハゲワシ[コンドル]のような, 貪欲な.
vulv- /vʌ́lv/, **vul·vo-** /vʌ́lvou, -və/ *comb form* 〘解〙「陰門」 [L (↓)]
vul·va /vʌ́lvə/ *n* (*pl* **-vae** /-vì:, -vàɪ/, **～s**) 〘解〙 陰門;《女性の》外陰(部). ♦ **vúl·val** /-vəl/, **vúl·var** /-vər, -vɑ̀:r/ *a* [L=womb]
vul·vate /vʌ́lvèɪt, -vət/ *a* 陰門[外陰]の(ような).
vúl·vi·fòrm /vʌ́lvə-/ *a* 〘植・動〙 陰門[外陰]形の.
vul·vi·tis /vʌ̀lváɪtəs/ *n* 〘医〙《女性の》外陰炎.
vulvo- /vʌ́lvou, -və/ ⇨ VULV-.
vùlvo·vaginítis *n* 〘医〙 外陰(部)膣炎.
vum /vʌ́m/ *vi* (**-mm-**)*《方》誓う (vow).
vv. verses ♦ volumes. **v.v.** °vice versa. **vv.ll.** variae lectiones (⇨ VARIA LECTIO). **VVSOP** 〘ブランデーなど〙 very very superior old pale《通例 25–40 年もの; cf. VSO, VSOP》.
VX /vì:éks/ *n* VX (ガス)《コリンエステラーゼ阻害剤; 神経ガス》.
Vyat·ka /viá:tkə/ **1** ヴィヤトカ《KIROV の旧称》. **2** [the] ヴィヤトカ川《ヨーロッパロシア東部を流れる川; Kazan の東で Kama 川に合流》.
Vy·borg /ví:bɔ̀:rg/ ヴィボルグ (Finn **Vii·pu·ri** /ví:pəri/, *Swed* Viborg)《ヨーロッパロシア西部のフィンランド湾に臨む市・港町; 1918–40 年フィンランド領》.
Vy·cheg·da /víʧɪgdə/ [the] ヴィチェグダ川《ヨーロッパロシア中北東部を西流して Northern Dvina 川に合流する; 冬期は結氷》.
Vy·cor /váɪkɔ̀:r/ 〘商標〙 バイコール《耐熱性にすぐれた高珪酸ガラス》.
vy·ing /váɪɪŋ/ *v* VIE の現在分詞. ► *a* 競う, 競争する, 張り合う 〈*with*〉. ♦ **～·ly** *adv*
Vy·shin·sky /vəʃínski/ ヴィシンスキー **Andrey Yanuaryevich ～** (1883–1954)《ソ連の法律家・政治家; 1930 年代大粛清裁判における公訴人をつとめた; 外相 (1949–53)》.
Vyv·yan /vívjən/ ヴィヴィアン《(1) 男子名 2) 女子名》. [⇨ VIVIAN]

W

W, w /dʌ́b(ə)lju/ *n* (*pl* **W's, Ws, w's, ws** /-z/) ダブリュー《英語アルファベットの第 23 字; ⇨ J》; W の表わす音; W 字形(のもの); 23 番目(のもの); [W]〘理〙W PARTICLE. ★ W は UU の重字からできたもので 12 世紀ごろから一般化した (⇨ J, U).

w. water ♦ week(s) ♦ weight ♦ white ♦ wicket ♦ wide ♦ width ♦ wife ♦ with. **w/** with (cf. w/o). **W, W., w, w.** west ♦ western. **W**〘電〙watt(s) ♦〘化〙[G *wolfram*] tungsten ♦ women's (size) ♦〘スポ〙(games) won.

wa' /wɔ́:, wá:/ *n* 《スコ》WALL[1].

Wa /wá:/ *n* **a** (*pl* ~, ~**s**) ワ族《ミャンマー北東部に住む主に農耕を営む民族》. **b** ワ語《Mon-Khmer 語族の一つ》.

WA Washington ♦ °West Africa ♦ °Western Australia ♦〘海保〙with average 分損担保.

Wa·'ab /wá:b/ ワアブ《YAP の別称》.

Waac /wǽk/ *n* 陸軍婦人補助部隊員. [↓]

WAAC /wǽk/ Women's Army Auxiliary Corps 陸軍婦人補助部隊《英国 (1914–18), 米国 (1942–43)》.

Waadt /vá:t/ ヴァート《VAUD のドイツ語名》.

Waaf /wǽf/ *n*〘英〙空軍婦人補助部隊員. [↓]

WAAF /wǽf/〘英〙Women's Auxiliary Air Force 空軍婦人補助部隊《WOMEN'S ROYAL AIR FORCE の旧称 (1939–48)》.

Waal /vá:l/ [the] ワール川《オランダ中南部, Rhine 川下流の分流》.

Waals ⇨ VAN DER WAALS.

waa-zooed ⇨ WHAZOOD.

Wa·bash /wɔ́:bæʃ/ [the] ウォバシュ川《Ohio 州西部に発し Indiana 州南西部で Ohio 川に合流》.

wab·bit /wǽbət/ *a* 《スコ》疲れた, 疲れはてた.

wabble ⇨ WOBBLE.

Wac /wǽk/ *n*〘米〙陸軍婦人部隊員. [↓]

WAC /wǽk/〘米〙Women's Army Corps 陸軍婦人部隊.

Wace /wéɪs, wá:s/ ワース《12 世紀のアングロノルマンの詩人・年代記作者; 'Robert ~' と誤り称されることもある》.

wack[1] /wǽk/, **whack** /(h)wǽk/ 《ロ》*n* 気違い, いかれたやつ, 奇人, 変人; くだらない考え[話, 作品], くず. ► *a* 悪い, 劣った, くずの. ● **off one's ~** 《俗》狂った, 頭のいかれた. [?逆成 < *wacky*]

wack[2], **whack** *n*〝《方》なあ, おい, きみ, あんた《主に Liverpool で親しみをこめた呼びかけに用いる》. [*wacker*]

wack[3] *vt, vi, n* WHACK[1].

wack·a·doo /wǽkədù:/ *n**《俗》WACK[1].

wacke /wǽkə/ *n*〘岩石〙ワッケ《粘土基質砂岩》.

wácked-óut /ˌ—ˈ—/ *a* 《口・俗》WHACKED-OUT.

wáck·er 〝《方》*n* リヴァプールっ子 (Liverpudlian); WACK[2]. [C18 <?]

Wáck·er pròcess /vǽkər-/〘化〙ワッカー法《直接酸化によりエチレンからアセトアルデヒドを, プロピレンからアセトンを合成する方法; 1959 年ドイツの Wacker Chemie 社などが開発》.

wáck·ing *a* WHACKING.

wacko /wǽkou/ *a, n* (*pl* **wáck·os**) 《俗》WACKY.

wácky 《俗》*a* いかれた, 狂った, 気違いみたいな, おかしな, 変てこな. ► *n* いかれた人. ♦ **wáck·i·ly** *adv* **-i·ness** *n* [*whacky* (dial) left-handed; fool]

wácky báccy [**bácky**] 《俗》いかれタバコ, マリファナ, はっぱ.

Wa·co /wéɪkou/ ウェーコー《Texas 州中北部の市》.

wad[1] /wád/ *n* **1 a**《枯草・麻くず・ガム・紙など柔らかいものを丸めた》塊り, 束; 詰め物, 詰め綿, パッキン(グ);〘銃〙おくり, (装薬)押え;〝《俗》ロールパン, サンド(イッチ): a ~ of paper [tobacco, gum] 紙[タバコ, チューインガム]の塊り. **b** 書類束, 札束;〝《方》《乾草・わらなどの》小さな束. **2** [°*pl*] 大量, (相当な)金, かなりのたくわえ, 大金. ● **blow one's ~** 《俗》有り金をはたく. **shoot one's ~** *《俗》有り金をはたく; *《俗》思っていることをみんなしゃべる; *《俗》ありったけをつぎ込む, 使いはたす, 言い[やり]つくす; *《卑》射精する (shoot one's load). ► *v* (**-dd-**) *vt* **1** 塊りにする; 小さく丸める 〈*up*〉. **2** …に詰め物をする, 詰め綿を入れる; 〈銃器〉におくりを入れる; 〈穴を〉詰め物でふさぐ: He is *wadded* with conceit. やつは慢心している. ► *vi* 塊りになる; 小さく丸まる. ♦ **wád·der** *n* [C16 <?; cf. Du *watten*, F *ouate* padding, cotton wool]

wad[2] *n* マンガン土. [C17 <?]

wad[3] /wád, wəd/ *v auxil* 《英方・スコ》WOULD.

wad[4] /wǽd, wád/ *n* 《スコ法》抵当, 担保. ● **in** [**to**] ~ 抵当になって, 担保として.

wa·da /vá:də/ *n* VADA.

wad·able, wade- /wéɪdəb(ə)l/ *a* 〈川など〉歩いて渡れる, 徒渉できる.

Wa·dai /wɑ:dáɪ/ ワダイ《16 世紀アフリカ中部に成立し, 奴隷貿易で栄えたイスラム王国; 今はチャド東部》.

Wad·den·zee, Wad·den Zee /vá:dnzèɪ/ [the] ワッデン海《オランダ本土と西フリジア諸島の間の海域》.

wád·ding *n* 詰め物, 詰め綿; 塊り;〘銃〙おくりの材料.

wad·dle /wádl/ *vi* 〈アヒル・足の短い太った人など〉よたよた[よちよち]歩く, よろめき歩く; よろよろと進む: ~ into port 〈船が〉ゆらゆら入港する. ► *n* よたよた[よちよち]歩き: with a ~ よたよたと. ♦ **wád·dler** *n* **wád·dling·ly** *adv* **wád·dly** *a* [(freq) < *wade*]

wad·dy[1] /wádi/ 《豪》*n* 《先住民の》戦闘用棍棒; 木の棒, 杖, 木釘, 杭. ► *vt* waddy で攻撃する[打つ, 殺す]. [(Austral); cf. WOOD]

waddy[2], **wad·die** /wádi/ *n**《西部》カウボーイ. [C20 <?]

wade /wéɪd/ *vi* 〈川などを〉歩いて渡る, 徒渉する, 〈雪・砂・草むらの中などを〉踏み渡る 〈*across, in, through*〉; 浅瀬を歩きまわる; [*fig*] 骨を折って進む 〈*through* a dull book〉; やっと通る, 切り抜ける 〈*through* many difficulties〉: ~ *through* slaughter [blood] to the throne 血の修羅場をくぐって王位につく. ► *vt* 〈川・泥沼など〉歩いて[骨折って]渡る. ● ~ **in** 《口》《議論などに》口を出す[はさむ], 干渉する; 《口》《問題解決のために》乗り出す. ~ **in** [**into**]... 《口》〈敵など〉を猛攻する; 《口》〈仕事など〉に猛然と取りかかる. ► *n* 徒歩で渡ること, 徒渉, かち渡り; 浅瀬. [OE *wadan* to go (through); cf. G *waten*, L *vado*]

Wade ウェード (1) **George** ~ (1673–1748)《英国の軍人; ジャコバイトの反乱 (1715) ののち, スコットランド高地の部族を宥和・武装解除し, 道路・橋を建設した》 (2) (**Sarah**) **Virginia** ~ (1945–)《英国のテニス選手; Wimbledon で優勝 (1977)》.

wadeable ⇨ WADABLE.

Wáde(-Gíles) sỳstem ウェード式《中国語のローマ字表記法の一つ; cf. PINYIN》. [Sir Thomas F. *Wade* (1818–95) 英国の外交官・中国語学者, 考案者; H. A. *Giles* (1845–1935) 英国の東洋学者, この方式をその中英辞典 (2nd ed., 1912) に用いた]

wad·er /wéɪdər/ *n* 《川などを》歩いて渡る人; 渉禽 (wading bird); 〝〘鳥〙SHOREBIRD; [*pl*] ウェーダー《胸または腰まで達する長靴》.

wadge ⇨ WODGE.

wa·di, wa·dy /wá:di; wɔ́di/ *n* ワジ《アラビア・北アフリカなどの, 雨期以外は水がない川床・谷; その流水》; オアシス; 砂漠の中の窪地. [Arab]

Wa·di Hal·fa /wá:di hǽlfə; wɔ́di-/ ワディハルファ《スーダン北部の町; 古代エジプト中王国時代の植民地の遺跡がある; Aswan High Dam の人造湖により一部水没》.

wád·ing bìrd /wéɪdɪŋ-/ 渉禽(しょうきん)《水の中を渡り歩いて餌を取る脚の長い鳥: サギ・ツル・コウノトリなど》.

wáding pòol*《公園などの》子供用の浅いプール, 徒渉池; ビニールプール.

wad·mal, -mol, -mel /wádməl/ *n* 《イギリス諸島・スカンディナヴィアで保護・防寒に用いた》粗毛の織物. [ON]

Wad Me·da·ni /wɑ:d mədá:ni, -médəni/ ワド・メダニ《スーダン東部 Blue Nile に臨む市; Gezira 灌漑計画の中心地》.

wad·na /wǽdnə/ 《英方・スコ》would not.

wad·set /wádsèt/ *n, vt* (**-tt-**)〘スコ法〙MORTGAGE. ♦ **wád·sèt·ter** *n*

wady ⇨ WADI.

wae /wéɪ/ *n, int* 《スコ》WOE.

wae·suck(s) /wéɪsʌ̀k(s)/ *int* 《スコ》ああ悲しいかな《心痛・悲しみ・哀れみを表わす》. [Sc (WOE, SAKE[1])]

waf ⇨ WAFF[2].

Waf /wǽf/ *n*〘米〙空軍婦人部隊員. [WAF]

WAF, w.a.f.〘商〙with all faults 損傷保証せず, 瑕疵(かし)不問の条件で. **WAF** /wǽf/〘米〙Women in the Air Force 空軍婦人部隊 (cf. WAF).

Wafd /wáft/ ワフド党《エジプトの民族主義政党; 1918 年結党, 独立運動を推進, 1952 年革命後解散させられた》. ♦ ~**·ist** *n, a*

wa·fer /wéɪfər/ *n* **1** ウエハース《軽い薄焼き菓子》;〘カト〙聖餅(せいへい), ホスチア《聖餐用の薄いパン》: (as) thin as a ~ ひどく薄い. **2** 薄い平たいもの; 封緘(ふうかん)紙; 封じ糊;〘医〙オブラート(剤), カシェ剤 (=~ **càpsule**);〘電子工〙ウェーハー《集積回路の基板となるシリコンなどの薄片》. ► *vt* 封じ糊[封緘紙]で封ずる, …に封じ糊をつける; 〈乾草・アルファルファなどを〉薄片状に押し固める;〘電子工〙〈シリコン棒などを〉

ウェーハーにする. ◆ **〜·lìke, wá·fery** *a* ウエハース状の, 薄い. [AF *wafre*<Gmc; GOFFER と同語源; cf. WAFFLE[1]]

wáfer-thín *a* とても薄い; [*fig*] 僅差の.

waff[1] /wǽf/ 《スコ》 *vt, vi* 揺り動かす; はためく. ► *n* 振動, はばたき, はためき; ひと吹き; プンと来る匂い; 一見, 一瞥(いちべつ); 幽霊. [ME *waven* to wave]

waff[2], **waf** /wǽf/ *a* 《スコ》 くだらない, つまらない, 卑しい. [変形く *waif*[1]]

Waf·fen SS /vá:fən ɛ̀sɛ́s/ 武装親衛隊《ナチス親衛隊内の準軍事的な武装部隊》. [G *Waffen* weapons]

waf·fle[1] /wáf(ə)l, wɔ́:-/ *n* ワッフル, ゴーフル《小麦粉・牛乳・鶏卵などを混ぜ合わせ waffle iron でカリッと焼いた菓子; 表面に格子状の凹凸がある》. ► *a* 格子縞(じま)の (=**wáf·fled**). [Du; cf. WAFER]

waffle[2] 《口》 *vi* くだらないことを言う[書く], たわごとを並べる 〈*on, about, around*〉; あいまいな[煮えきらない]態度をとる 〈*on, over*〉. ► *n* 中身のない話, たわごと. ● **wáf·fler** *n* **wáf·fly** *a* [C19 (dial) (freq) < *woff* to yelp]

wáffle clòth 〘織〙 ワッフルクロス (⇨ HONEYCOMB).

wáffle ìron ワッフル焼き型; *《俗》 歩道にはめられた格子[簀の子].

wáffle·stòmp·er *n* *《俗》 (ごつい)ハイキングブーツ. [靴底の跡をワッフル焼き型にたとえたもの]

wáffle wèave 〘織〙 ワッフルウィーブ (⇨ HONEYCOMB).

wáf·fling *a* 《口》 どっちつかずの, 煮えきらない, あいまいな.

W. Afr. °West Africa ◆ West African.

waft[1] /wá:ft, wǽft; wá:ft, wɔ́ft/ *vt* 浮動させる, 漂わせる; ふわりと[軽々と]運ぶ: The breeze 〜*ed* the sound of music. / 〜 kisses to the admirers ファンに投げキスを送る. ► *vi* 浮動する, 漂う (float); 投げキスをする. ► *n* **1** 漂う香り; ひと吹きの風; 風に送られる音; 《煙・湯気などの》 ひと吹き; 束(つか)の間の感じ: a 〜 of joy 一瞬の喜び. **2 a** 浮動, 漂い; 揺れ, 翻り; 《鳥の》 はばたき. **b** 《会釈・合図に》 (頭上で)ゆっくりと手を一回振る動作; 〘海〙 《通例 くくった》 信号旗(による合図), 風見用の旗: make a 〜 合図に(信号)旗を上げる. [*wafter* (obs) to convoy (ship)<Du or LG *wachter* (*wachten* to guard)]

waft[2] *n* 《スコ》 WEFT[1].

wáft·age *n* 浮動, 漂い, 吹送, 移動.

wáft·er *n* 吹き送る人[もの], 《特に》 送風機の回転翼.

waf·ture /wá:fʧər, wǽf-; wá:f-, wɔ́f-/ *n* ゆらゆらと揺れる[漂う]運動[動作]; 風[海流]に漂う[運ばれる]もの.

wag /wǽg/ *v* (**-gg-**) *vt* **1** 〈尾などを〉振る, 振り動かす; 〈舌を〉しきりに動かす: A dog 〜*s* his tail. 犬が尾を振る / the TAIL[1] *wagging* the dog / 〜 one's chin [tongue, jaws] (ペラペラ)しゃべる; むだ口をたたく / 〜 one's finger at …に対して(鼻先で)指を振る《非難・軽蔑のしぐさ》 / 〜 one's head 頭を振り動かす《あざけり・おもしろがりのしぐさ》. **2** 《豪口》 〈学校を〉ずる休みする, サボる. ► *vi* **1** 揺れ動く; 〈犬などが〉尾を振る; 〈舌など〉《おしゃべりをして》 やたらに[しきりに]動く; 《頭・指を振って》 合図する; よろよろ歩く (waddle): Beards [Chins, Jaws, Tongues] are *wagging*. 話が進行中. **2** 《古》 〈世の中・景気など〉さまざまに移って行く 〈*on, along*〉; 《古》 流浪する, 旅をする; 《古》 出発する, 立ち去る 〈*to*〉: How 〜*s* the world (with you)? 景気はどうですか / Let the world 〜. 《諺》 世間なぞどうにでもなれ. **3** 《豪口》 《学校を》 ずる休みする. ● **〜 it** ″《俗》 ずる休みする. ► *n* **1** 《頭・尾などの》 振り動かし; 《卑》 《特に 子供の》 おちんちん. **2** ひょうきん者, おどけ者; *《俗》 ばか者; ″《俗》 なまけ者, ずる; *《俗》 代弁者, スポークスマン, 解説者; 《廃》 若者: play (the) 〜 ″《俗》 ずる休みする. ◆ **wág·ger** *n* [OE *wagian* to sway]

WAG /wǽg/ *n* 《有名選手の》 華やかな美人妻[恋人] 《サッカーワールドカップのイングランド代表選手の妻・恋人たち (wives and girlfriends) の略語から》.

WAG (West Africa) Gambia.

wage /wéɪʤ/ *n* [°*pl*] 《通例 日給・時給・週給の》 賃金, 労賃, 給料 (cf. SALARY); [ᵁ〜s, 〈*sg/pl*〉] 《罪の》 報い, 応報; 《廃》 担保, 抵当: The 〜*s* of sin is death. 〘聖〙 罪の報いは死なり (*Rom* 6: 23). ► *vt* 〈戦争・闘争などを〉遂行する, 行なう 〈*against, on*〉; 《廃・英方》 雇う (hire): 〜 the peace 平和を維持する. ► *vi* 起こっている, 行なわれている. ◆ **〜·less** *a* [AF=(to) pledge<Gmc; cf. GAGE[1], WED]

wáge clàim 賃上げ要求.

waged /wéɪʤd/ *a* 〈労働者が〉賃金収入のある; 〈労働が〉賃金が支払われる. ► *n* [the] 賃金収入のある人びと.

wáge demànd 〘労〙 賃上げ要求.

wáge drìft 〘経〙 賃金ドリフト《中央交渉で決まった賃金率を上回る個別企業などの賃金上乗せ》.

wáge èarner 賃金労働者, 勤労者; 《一家の》 稼ぎ手, 家計を支える人 (wageworker).

wáge frèeze 賃金凍結.

wáge-fùnd [wáges-fùnd] thèory 〘経〙 賃金基金説.

wáge hìke 賃金引上げ, 賃上げ.

wáge incèntive 《生産性向上のための》 奨励給.

wáge lèvel 賃金水準.

wáge pàcket″ 給料袋 (pay envelope*); 給料, 賃金.

wáge pàttern 〘労〙 同一産業[地域]内のモデル賃金表.

wáge plùg 《豪口》 賃金労働者.

wáge-pùsh inflàtion 〘経〙 賃金上昇によるコストインフレーション, 賃金インフレーション.

wa·ger /wéɪʤər/ *n* **1 a** 賭け (bet), 賭け事: lay [make] a 〜 賭け事をする 〈*on*〉 / take up a 〜 賭けに応ずる. **b** 賭けたもの, 賭け金; 賭ける対象《馬など》: a popular [poor] 〜. **2** 〘英法史〙 主張を実証するという宣誓. ► *vt, vi* 賭ける; 保証する; 〘英史〙 《決着をつけるための》 〈決闘を〉誓約する: I 〜 ten dollars *on* it. それに 10 ドル賭けよう. ◆ **〜·er** *n* 賭ける人; 賭け事師 (bettor). [AF; ⇨ WAGE]

wáge ràte 賃金率, 賃率《単位時間当たりの基準賃金; 仕事に応じて異なる》.

wáger of báttle 〘英史〙 決闘審判.

wáger of láw 〘英史〙 免責宣誓(裁判) 《免責宣誓者 (compurgator) と共にする宣誓(によって勝敗を決する裁判)》.

wáge scàle 〘労〙 賃金表; 《一雇用者の支払う》 賃金の幅.

wáge(s) còuncil 〘英〙 《団体交渉が行なわれていない場合の労使の代表による》 賃金審議会.

wáge slàve 《口》 《生活を賃金に依存する》 賃金の奴隷; 《しがない》 賃金生活者. ◆ **wáge slàvery** *n*

wáge stòp″ 社会保険給付頭打ち(政策) 《給付額を就業時の通常賃金以下に抑える》. ◆ **wáge-stòp**″ *vt* 〈失業者〉に社会保険給付頭打ち政策を適用する.

wáge·wòrk·er *n* WAGE EARNER. ◆ **wáge·wòrk·ing** *n, a* 賃金労働(の).

wag·ga /wágə/ *n* 《豪》 穀物用の大袋を開いて継ぎ合わせた掛布 (=〜 **blànket** [**rùg**]). [↓]

Wágga Wágga ウォガウォガ《オーストラリア New South Wales 州の, Murrumbidgee 川に臨む市》.

wag·ger /wǽgər/, **wágger-pàg·ger-bág·ger** /-pǽgər-bǽgər/ *n* ″《俗》 (紙)くずかご.

wág·gery *n* 滑稽, おどけ; 冗談, 悪ふざけ. [*wag*]

wág·gish *a* 滑稽な, ひょうきんな, おどけた, 道化た; いたずらの. ◆ **〜·ly** *adv* **〜·ness** *n*

wag·gle /wǽg(ə)l/ *vt* 振る, ゆする (wag); 〘ゴルフ〙 ワッグルする. ► *vi* 揺れる; 尻を振って[腰をくねらせて]歩く. ► *n* 揺り, 振り; 〘ゴルフ〙 ワッグル《ボールを打つ前にボールの上でクラブヘッドを前後に振る動作》. [(freq) < *wag*]

wággle dànce 〘昆〙 《ミツバチの》 尻振りダンス, ワッグルダンス《見つけた食糧の方向や距離を仲間に知らせるダンス》.

wag·gler /wǽglər/ *n* 〘釣〙 ワグラー《餌の動きに敏感なうき》.

wág·gly *a* 曲がりくねった, くねくねした; 振る[ゆする]ような; ぐらぐらした, よろよろした: a 〜 dog よくしっぽを振る犬.

waggon ⇨ WAGON.

waggonette ⇨ WAGONETTE.

wagh ⇨ WAUGH.

Wag·ner /vá:gnər/ ヴァーグナー (**Wilhelm**) **Richard** 〜 (1813–83) 《ドイツの作曲家; 楽劇 *Tristan und Isolde* (1859), *Der Ring des Nibelungen* (1854–74)》.

Wág·ner Àct /wǽgnər-/ [the] 〘米〙 ワグナー法《団体交渉権を確立し全国労働関係局 (NLRB) を設立させた 1935 年制定の「全国労働関係法」の通称; Taft-Hartley 法により改正》. [Robert F. *Wagner* (1877–1953) New York 州選出の上院議員]

Wag·ne·ri·an /vɑ:gníəriən, *-nér-/ *a* ヴァーグナー(風)の. ► *n* ヴァーグナー(音楽)の崇拝者, ヴァーグナー風の作曲家, ヴァグネリアン.

Wágner·ìsm *n* ヴァグネリズム《歌劇に関するヴァーグナーの理論と作風; また音楽界に及ぼしたヴァーグナーの影響》; ヴァーグナー(音楽)の研究[模倣]. ◆ **-ist** *n*

Wágner·ìte *n* WAGNERIAN.

Wágner tùba 〘楽〙 ヴァーグナーテューバ《Wagner が考案した, ホルンの音質を拡大するためのテノールテューバ・バステューバ・コントラバステューバ》.

Wágner von Jáu·regg /*G* -jáurɛk/ ヴァーグナー・フォン・ヤウレック **Julius** 〜 (1857–1940) 《オーストリアの精神科医; 進行麻痺に対する発熱療法の導入によりノーベル生理学医学賞 (1927)》.

wag·on, 《英》 **wag·gon** /wǽgən/ *n* **1 a** 《各種の》 四輪車, ワゴン; 荷馬車《4 輪で, 通例 2 頭以上の馬が引く; cf. CART[1]》; 《ジプシー・サーカス巡業用の》 幌馬車; 《子供が押してまわる》 おもちゃの四輪車[手押し車]. **b** [the W-] 〘天〙 荷馬車 (Charles's Wain) 《北斗七星》. **2** 配達用トラック; STATION WAGON; *《俗》 自動車, 車; *《ファストフードなどの》 移動販売車, 移動式屋台; [the] *《口》 犯人[囚人]護送車 (patrol wagon). **3 a** ″〘鉄道〙 無蓋貨車, 貨車; 〘鉱〙 鉱車. **b** 《脚輪の付いた》 食器台, ワゴン (dinner wagon); 〘劇〙 《場面転換を敏速にするための, 大道具類を固定した》 台車. **4** *《俗》 戦艦; 《廃》 《昔の》 戦車. ● **circle the 〜s** *《かつての西部で, 白人がインディアンなどの襲撃に備えて》 幌馬車隊を円陣に組む; *《俗》 全面的な防戦態勢をとる. **fix sb's** (**little red**) **〜** *《口》 《子供の》 お尻をぶつ; *《口》 人をひどいめにあわせる, 人の(成功の)じゃまをする, 仕返しに人を傷つける, 人を殺す. **hitch one's 〜 to a star** [**the stars**] 高邁な志[大望]をいだく; 自分の力以上の大きな力[他人の成功]を利用する. **jump** [**climb, get, hop**] **on** [**aboard**] **the 〜**=jump on the BANDWAGON.

off the (water) ～ «俗» やめていた酒[麻薬]にまた手をつけて, 禁欲[節制]していたのを破って: fall *off the* ～ また酒に手をつけ始める. **on the (water) ～** «俗» 禁酒中で (on the water cart). ► *vt, vi* wagon で送る[旅する]. [C16 *wagan*＜Du; WAIN と同語源; cf. G *Wagen*]

wágon·age «古» *n* WAGON による輸送(料金); 荷馬車《集合的》.

wágon bòss 大荷馬車隊 (wagon train) の隊長.

wágon·er *n* **1** 《荷馬車の》御者. **2** [the W-] 〖天〗 **a** ぎょしゃ座(馭者座) (Auriga). **b** 北斗七星 (Charles's Wain). **c** «廃» うしかい座(牛飼い座) (Boötes).

wag·on·ette, wag·gon- /wæ̀gənét/ *n* 《両側に向かい合った座席のある》遊覧馬車.

wágon·fùl *n* WAGONLOAD.

wágon-hèad(·ed) *a* 〖建〗〈天井が〉半円筒形の.

wag·on-lit /*F* vagɔ̃li/ *n* (*pl* **wag·ons-lits** /—/, ～**s** /—/) 《欧州大陸鉄道の》寝台車(の個室). [F (*lit* bed)]

wágon·lòad *n* WAGON 1 台分の積荷.

wágon màster 大荷馬車隊の隊長; キャンピングカーの一隊のリーダー.

wágon ròof 〖建〗 BARREL ROOF; BARREL VAULT.

wágon sòldier *«軍俗» 野戦兵, 野戦砲兵.

wágon tràin 大荷車馬隊, 幌馬車隊.

wágon vàult 〖建〗 BARREL VAULT.

Wa·gram /váːgràːm/ ヴァーグラム《オーストリア Vienna の北東にある村; 1809 年 7 月 6 日 Napoleon がオーストリア軍を破った古戦場》.

wág·tàil *n* 〖鳥〗セキレイ《同科の鳥の総称; 旧世界産》; 新世界のセキレイに似た鳥.

Wa·gyu /wáːgju/ *n* 和牛《種, 肉》. [Jpn]

wah ⇨ WAUGH.

Wa(h)·ha·bi /wəháːbi, wɑː-/ *n* ワッハーブ派(の信徒)《Koran の教義を厳守するイスラム教徒; 18 世紀に興った》. [Muhammad ibn 'Abd al-*Wahhāb* (d. 1792) イスラムの宗教改革者]

W

Wa(h)·ha·bism /wəháːbìz(ə)m, wɑː-/ *n* 〖イスラム〗ワッハーブ主義《Koran の教義厳守(主義); サウジアラビアの国教》. ♦ **-bist** *n*

Wa(h)·ha·bite /wəháːbàɪt, wɑː-/ *n, a* ワッハーブ派の信徒(の), ワッハーブ主義の.

wa·hi·ne /wɑːhíːni, -neɪ/ *n* ポリネシア人の女性[妻]; «俗» 女性サーファー. [Maori and Haw]

wa·hoo[1] /wáːhùː, ⸗⸗/ *n* (*pl* ～**s**) 〖植〗ニシキギ属の低木 (=*burning bush, strawberry bush*)《北米原産》. [Dakota=arrow-wood]

wahoo[2] *n* (*pl* ～**s**) 〖植〗北米産のニレ属の数種の低木, 《特に》WINGED ELM. [Creek=cork elm]

wahoo[3] *n* (*pl* ～**s**) 〖魚〗カマスサワラ《サバ科の大型食用魚》. [C20＜?]

wa·hoo[4] /wàːhúː/ *int* *«西部» ようし, すげえ, いいぞ, やった! [imit]

wahoo[5] *n* (*pl* ～**s**) *«俗» けだもののようなやつ, 田舎者, うすのろ. [*Yahoo*]

Wa·hoo /wáːhùː/ *n* *«俗» HAWAII.

wah-wah ⇨ WA-WA.

wai·a·ta /wáɪətə/ *n* 《通例 重要なできごとを記念する》マオリの歌. [Maori]

waif[1] /wéɪf/ *n* 放浪者[児], 宿無し; 《浮浪児のように》やせて顔色の悪い子; 持主不明の拾得物《迷い動物や漂着物》; ばらばらのもの[話]; [*pl*] «廃»〖法〗遺棄盗品《国王または荘園領主のものとされた》. ● **～s and strays** 浮浪児連, 帰るところのない動物たち; 《がらくたの》寄せ集め. ♦ **～·ish** *a* **～·like** *a* [AF=lost, unclaimed＜?Scand]

waif[2] *n* 〖海〗信号旗, (くくった)旗による信号 (waft). [C19＜?; cf. WAFF[1]]

Wai·ka·to /waɪkáːtoʊ, -kǽt-, ⸗⸗⸗/ [the] ワイカト川《ニュージーランド北島の同国最大の川》.

Wai·ki·ki /wáɪkɪkìː, ⸗⸗⸗/ ワイキキ《Hawaii 州の州都 Honolulu 市南東部の浜辺; 行楽地・海水浴場》.

wail[1] /wéɪl/ *vi* **1** 嘆き叫ぶ, 声をあげて泣く; 〈風・音楽が〉むせぶ; 嘆き悲しむ 〈*over*〉; 泣きごとをいう. **2** 〖ジャズ〗絶妙に演奏する; «俗» 感情を絶妙に吐露する; *«学生俗» うまく[絶妙に]やる. **3** *«俗» さっさと立ち去る, 逃げる; *«俗» さんざんなぐりつける. ► *vt* «文» 嘆き悲しむ, 悼む; 嘆き叫ぶ. ► *n* 嘆き悲しむこと; 嘆き叫ぶこと, 泣き叫ぶ声; 泣きごと, 不平・不満; 《風などの》泣く[むせぶ]ような音. ♦ **～·er** *n* **～·ing**[1] *n, a* **～·ing·ly** *adv* [ON *veila (vei (int) woe); cf. WELLAWAY]

wail[2] *vi* «口» すばらしい(演奏をする), すごい.

wáil·ful *a* 嘆き悲しむ; 悲しげな, むせぶような, 哀調の. ♦ **～·ly** *adv* 悲しんで; 悲しげに.

wáiling[2] *a* «口» すごい, たいした, どえらい (whaling).

Wáiling Wáll **1** [the] 嘆きの壁[石垣]《Jerusalem の西側の城壁の一部で, 古代 Herod の神殿の外壁の一部をなしていた; ユダヤ人は古くからここで祈禱や哀悼をささげる》. **2** [w- w-] 心の悩み[悲しみ]をいやす場.

wáil·some *a* 泣き叫ぶ; 嘆き悲しむ.

Wai·méa Cányon /waɪméɪɑː-/ [the] ワイメア渓谷《Kauai 島南西部にある Hawaii の 'Little Grand Canyon'》.

wain[1] /wéɪn/ *n* «古・詩» 《農業用の》大荷車; «古・詩» 戦車 (chariot); [the W-] CHARLES'S WAIN. [OE *wæg(e)n*; cf. WAGON, WAY[1], WEIGH]

wain[2] ⇨ WEAN[2].

Wain ウェイン **John (Barrington)** ～ (1925–94)《英国の小説家・詩人》.

wáin·age *n* 〖史〗《封建時代の》農耕用具《集合的》.

wain·scot /wéɪnskət, *-skɑ̀t/ *n* 〖建〗《室内壁の》羽目板, 壁板, 腰羽目, 腰壁, 腰板; 壁板材; "《良質の》オーク材; 〖昆〗ヨーロッパ産ヤガ科キヨトウ属などの茶色の蛾. ► *vt* (**-t-** | **-tt-**) 〈壁〉に腰羽目を張る[壁板をつける]. [MLG *wagenschot* (WAIN)]

wáin·scot·ing | **-scot·ting** *n* 羽目板[壁板, 腰板]材料; 羽目板張り; 壁板, (腰)羽目板《集合的》.

wáin·wright *n* 荷車製作者[修理屋].

Wainwright ウェインライト **Jonathan M(ayhew)** ～ (1883–1953)《米国の将軍》.

wairsh /wέərʃ/ *a* «スコ» WERSH.

waist /wéɪst/ *n* **1 a** ウエスト《人体の腰の上部の, 普通体型ではくびれている部分》; ウエストの周(寸法): She has no ～. ずんどうだ. **b** 婦人服のウエスト, ウエストライン (waistline); 衣服の肩から腰までの部分. **c** *《婦人・小児の》胴衣, ブラウス. **2** 《ヴァイオリンなどの》中央部[胴部]のくびれ; 〖海〗中央部上甲板, 帆船の中央部《前檣と大檣の間》; 〖空〗《飛行機, 特に 爆撃機の》胴体の中央部; 《アリ・スズメバチなど昆虫の腹部前方の》胴体のくびれた部分. ♦ **～·less** *a* [?OE *wæstm* growth, form; ⇨ WAX[1]]

wáist·bànd *n* ウエストバンド《ズボン・スカートなどの上縁またはセーター・ブラウスなどの下縁の帯状部》.

wáist·bèlt *n* ウエストベルト《ウエストラインを締める》.

wáist·clòth *n* 腰巻 (loincloth); [*pl*] 〖海〗中央部上甲板装飾布.

waist·coat /wéɪs(t)kòʊt, wέskət/ *n* "チョッキ (vest*), ベスト; 昔ダブレット (doublet) の下に着た装飾的な胴着. ♦ **～·ed** *a* チョッキを着た. **～·ing** *n* チョッキ用生地.

wáist-déep *a, adv* 〈水など〉腰までの深さの[に].

wáist·ed *a* ウエストの形をした; [*compd*] …なウエストをした.

wáist·er *n* 《捕鯨船などの》中央部上甲板員《病人や新米》.

wáist-hígh *a, adv* 腰までの高さの[に], 腰の高さの[に].

wáist·lìne *n* ウエストの周の線, ウエスト寸法; 上身ごろとスカートのつなぎの線, ウエスト(ライン).

wait /wéɪt/ *vi* **1 a** 待つ, 待ち合わせる 〈*for*〉; 待ち受ける, 待ち構える, 期待する 〈*for, to* do〉; [*impv*] 《犬に》待て, お預け!: keep sb ～*ing* 人を待たせておく / make sb ～ 人を待たせる / *W*～ a minute [second]. ちょっと待って / can't [can hardly] ～ (to do…するのが)待ちきれない, 待ち遠しい / You ～! 今に見てろよ! 《報いがくるという警告》/ ～ until… «口» …の時まで(楽しみにして)待ってろよ, 今に見てろ[驚くなよ]…だからな / What are we ～*ing for?* 何をぐずぐずしているのか, さっさとやろうよ / All (good) things come to those who ～.＝Everything comes to him who ～*s*. 《諺》待てば海路[甘露]のひよりあり / TIME and tide ～ *for* no man. / They also serve who only stand and ～. 《諺》立って待っているだけの者でも役には立っているものだ《Milton のことば》. **b** "停車する. **2** 待ち受けている, 用意してある, すぐ使える; 〈もの[こと]が〉しばらく放置される, あとまわしになる: The business can ～ till next week. 仕事は来週まで延ばせる. **3** 給仕する 〈*at, on*〉; 供をする 〈*on*〉: ～ *at* table(s)＝～ *on* tables＝*～ (*on*) table 給仕[ボーイ]をつとめる, 食事の給仕をする. ► *vt* **1** 〈機会・合図・都合などを〉待つ, 待ち受ける: ～ sb's convenience [orders] 人の都合[命令]を待つ. **2** «口» 〈食事などを〉遅らせる: ～ supper for him 彼を待って食事を遅らせる. **3** *〈食卓〉で給仕する (⇨ *vi* 3). ● **～ and see** 待って成り行きを見る (cf. WAIT-AND-SEE): We'll (just) have to ～ *and see*. 成り行きを見守るしかない. **～ around [about]** (じりじりしながら)待つ 〈*for*〉. **～ behind** 《他の人が去った》あとに残る. **～ for it** [*impv*] "«口» まあ待て, ちょっと聞いてくれ. **～ in** "家にいて待つ 〈*for*〉. **～ on**…の給仕をする, …に応対する; …に仕える; …に(結果として)伴う; …を訪問する《表敬のため》, …に伺候する; «古» …を護衛する; …のお供をする; 〈結果など〉を待ち受ける; «方・口» 待つ. **～ out**…の間じっとしている; 〖野〗《四球を得ようとして》〈投手〉の投球を見送る, 待つ. **～ up** «口» 寝ないで待つ 〈*for* sb, *to* do〉; [[u]*impv*] «口» 《あとから来る人を》立ち止まって待つ 〈*for*〉. ► *n* **1** 待つこと, 待機, 遅延; 待つ時間, 待つ合間; 待伏せ. **2 a** [the ～s] "キリスト降誕祭の夜家々を歌い歩く唱歌隊; 彼らの歌う曲. **b** [*pl*] 〖英史〗ウェイツ《昔 英国の市町村に行事の際に演奏するため雇われた楽団》. ● **lie in [lay] ～** 待伏せする 〈*for*〉. [OF＜Gmc; ⇨ WAKE[1]]

wáit-a-bìt *n* «南ア» とげが服にひっかかって通行を妨げる植物《アカシアなど》.

wáit-and-sée *a* 《事態を》静観する (cf. WAIT and see): a ～ policy 成り行き注視の[静観]政策.

Wai·ta·ki /waɪtáːki/ [the] ワイタキ川《ニュージーランド南島の南東部を南東東に流れて太平洋に注ぐ; 水力発電に利用されている》.

Wai·tan·gi /waɪtǽŋi/ ■ the **Tréaty of ～** ワイタンギ条約《1840 年, 英国とニュージーランド北島のマオリ族長たちの間で締結された条約;

これにより英国はニュージーランドを植民地としたが, マオリ族の土地所有権保証の約束が守られず, 数度にわたるニュージーランド戦争 (New Zealand Wars) が起こった》. ［ニュージーランド北島の町, 締結地］

Waite /wéɪt/ ウェイト **Morrison Remick** ～ (1816–88)《米国の法律家; 合衆国最高裁判所第 7 代首席裁判官 (1874–88)》.

wáit·er *n* 《ホテル・料理店などの》ウェーター, ボーイ; 給仕盆, トレー (tray, salver); 待つ人; 《古》従者; 《古》門衛, 守衛, "税関吏.

wáit·ing *n* 待つこと; 給仕(すること); かしずくこと; 待ち時間; "停車: No ～" 停車禁止. ● **in** ～ [ᵘ*compd*] (1) 侍して, 仕えて(いる): LADY-IN-WAITING, LORD-IN-WAITING. (2) 出番を待って, 次に控えて; 今にも起ころうとした. ► *a* 待つ; 仕える, 侍する.

wáiting gàme 待機戦術: play a [the] ～ 行動に移る前に何が起こるか見定める.

wáiting lìst 順番待ち名簿, 入居[入所]待ちリスト, 待機者リスト: be on the ～ 順番を待っている.

wáiting màid [wòman] 侍女, 腰元.

wáiting màn 従者, 執事 (valet).

wáiting ròom 《停車場・病院などの》待合室.

wáit·lìst* *n* WAITING LIST.

wáit-lìst *vt* WAITING LIST に載せる.

wáit·pèrson *n* 給仕人.

wáit·ress *n, vi* ウェイトレス(をする). ♦ **～·ing** *n* ウェイトレスの仕事[職].

wai·tron /wéɪtrɑ̀n/ *n**給仕者《性別を避けた語》. ［*-on* (Gk の中性接尾辞)］

Wait·rose /wéɪtròʊz/ ウェートローズ《英国のスーパーマーケットチェーン》.

wáit·stàff* *n* [〈*sg*/*pl*〉]《店の》給仕[接客]スタッフ, ホール[フロア]スタッフ一同.

waive /wéɪv/ *vt* **1** 〈権利・主張を〉放棄[撤回]する; 〈要求を〉差し控える; 〈規則などを〉適用するのを控える. **2** 〈問題・議論などを〉棚上げにする, 当分見送る; 《古》避ける. **3** 〈人・考えを〉追い払う, 念頭から去らせる; 〈盗品を〉捨てる; 《古》あきらめる. **4** 〘スポ〙ウェーバー (waiver) にする, ウェーバーにしたあと自由にする. ［AF *weyver*; ⇨ WAIF］

waiv·er /wéɪvər/ *n* 〘法〙権利放棄; 権利放棄証書; 〘スポ〙ウェーバー《(1) 解雇される選手の公開移籍 (2) 他チームからの要請があれば移籍するか, または自由契約となることが公表された選手》.

Waj·da /vάɪdɑː/ ヴァイダ **Andrzej** ～ (1926–　)《ポーランドの映画監督》.

Wakamba *n* KAMBA の複数形.

wa·ka·me /wɑːkάːmɛ/ *n* 〘植〙ワカメ. ［Jpn］

wa·kan(·da), -kon- /wɑːkάːn(də)/ *n* ワカンダ《アメリカインディアンの Sioux 族によって生物・無生物にさまざまな度合いで遍在すると信じられている超自然力》. ［Siouan］

Wa·kash·an /wɔːkǽʃən, *wɔːkəʃǽn, "ー ー ʃɑːn/ *n* **a** ワカシ語族《カナダ British Columbia 州, 米国 Washington 州で使われる先住民の諸言語》. **b** (*pl* ～, ～**s**) ワカシ族.

wake[1] /wéɪk/ *v* (～**d**, **woke** /wóʊk/; ～**d**, **wo·ken** /wóʊk(ə)n/, 《まれ》**woke**) *vi* **1** めざめる, 起きる 〈*up*〉; [*fig*] 覚醒する, 気づく 〈*up*, *to*〉; 生き返る 〈*into* life〉: *W～ up!* 起きろ!; 《口》謹聴! **2** めざめている, 寝ずにいる; 《方》(～**d**) 通夜をする; 《古・方》寝ずの番をする; *《廃》夜おそくまで浮かれ騒ぐ: *waking* or sleeping 寝てもさめても. ► *vt* **1 a** …の目をさまさせる, 起こす 〈*up*〉; めざめさせる, 気づかせる, 鼓舞する 〈*up*〉; 生き返らせる, 復活させる. **b** 《文》…の静寂を破る, 騒がす. **2** 〈怒り・疑いなどを〉起こさせる, ひき起こす. **3** 《米・アイル》〈死体を〉取り巻いて通夜をする; 《古・方》…の寝ずの番をする. ● ～ **up and smell the coffee** [ᵘ*impv*] *《口》目をあけて現実を見る, 現実を直視する. ～ **up to**… 〈事実など〉に気づく, …を悟る. ► *n* **1** 《アイルランドなどの》通夜; 《まれ》めざめている状態. **2 a** 〘史〙《献堂式などの》徹夜祭; 徹夜祭の宴会[市(いち)]; 《飲んで祝う》徹夜の集まり[パーティー]. **b** [ᵘ～s, 〈*sg*/*pl*〉]《イングランドの地方教区の》年 1 回の祝祭《かつては守護聖人を記念して行なわれた》. **c** [ᵘ～s, 〈*sg*/*pl*〉]《イングランド北部工業都市労働者の》年 1 回の 1–2 週間の休日. ♦ **wák·er** *n* ［(v) OE *wacian* to be awake, *wacan* to awake; cf. WATCH, G *wachen*; 'vigil' の意は ON から］

wake[2] *n* 船[飛行機]の通った跡, 航跡, 船跡; 《物の》通り跡, 跡; 《大災害の》あと. ● **in the** ～ **of**…の跡を追って; …にならって; …に引き続いて; …の結果として: Miseries follow *in the* ～ *of* a war. 戦争のあとはみじめなものだ. **take** ～ 他船の航跡にはいる. ［?MLG＜ON＝hole in ice］

wáke·bòard·ing *n* ウェイクボード《スノーボード状の板に乗り, モーターボートの曳航によってジャンプなどをする水上スポーツ》. ♦ **wáke·bòard** *n* ウェイクボード用の板. **-bòard·er** *n*

Wake·field /wéɪkfiːld/ ウェークフィールド《イングランド北部 West Yorkshire 州の市; バラ戦争の古戦場》.

wáke·ful *a* めざめている, 起きている; 眠れない, めざめがちな; 不寝番の; 油断のない. ♦ **～·ly** *adv* **～·ness** *n*

Wáke Ísland ウェーク島, ウェーキ島《太平洋中西部, 日本の南鳥島の東南東に位置する米国領の環礁》.

wáke·less *a* ぐっすり眠っている, 〈眠りが〉深い.

wak·en /wéɪk(ə)n/ 《文》*vi* めざめる 〈*up*〉; 覚醒する, 気づく 〈*to*〉. ► *vt* …の目をさまさせる, 起こす; 覚醒させる, 鼓舞する 〈*up* (*to*)〉. ♦ **～·er** 《古》*n* めざめ(させ)る人; 覚醒者.

wáken·ing *n* めざめ (awakening).

wake·rife /wéɪkràɪf/ *a* 《スコ》用心深い, 油断のない.

wáke-ròbin *n* 〘植〙**a** "ARUM. **b** "欧州原産のランの一種. **c** *テンナンショウ (jack-in-the-pulpit). **d** *エンレイソウ (trillium).

wáke sùrfing モーターボートの引き波に乗るサーフィン.

wáke-ùp *n**《口》ハシボソキツツキ (flicker); *《俗》刑期の最後の日; 《豪口》用心深い[賢い]人. ● **be a** ～ **to**… 《豪口》…に用心している. ► *a* めざめの, 起床の.

wáke-up càll 《ホテルなどの》モーニングコール; 警鐘, 警告 〈*to*, *for*〉; 反省[自覚]を促す出来事[人]: get a ～ 警告を受ける; 注意を喚起される.

wa·key-wa·key /wéɪkiwéɪki/ "《口》*int* 起きろ (wake up!). ► *n* 起床らっぱ[太鼓] (reveille).

wak·ing /wéɪkɪŋ/ *a* めざめている, 起きている.

wa·ki·za·shi /wɑ̀ːkizάːʃi; wæ̀kizǽʃi/ *n* 脇差. ［Jpn］

Wakonda ⇨ WAKANDA.

Waks·man /wάːksmən, wǽks-/ ワクスマン **Selman Abraham** ～ (1888–1973)《ウクライナ生まれの米国の細菌学者; ストレプトマイシンの発見によりノーベル生理学医学賞 (1952)》.

WAL ［*W*est *A*frica *L*eone］°Sierra Leone.

Wal·ach, Wal·lach /wάlək/ *n* VLACH.

Wa·la·chia, Wal·la·chia /wɑléɪkiə/ ヴァラキア, ワラキア《Danube 川下流域の地方; 旧公国, 主要都市 Bucharest; 1859 年 Moldavia と合併してルーマニアとなった; cf. WALLACHIAN》.

Wał·brzych /vάːlbʒɪk, -ʒɪx/ ヴァウブジフ《ポーランド南西部の市; ドイツ語名 Waldenburg》.

Wal·che·ren /wάːlkərən/ ワルヘレン《オランダ南西部の島; 第二次大戦で堤防が破壊され潰滅的被害をうけた》.

Wal·cott /wɔ́(ː)lkət, wάl-, -kɑt/ ウォールコット **Derek Alton** ～ (1930–　)《セントルシア生まれの詩人・劇作家; ノーベル文学賞 (1992)》.

Wald /wɔ́ːld/ ウォールド (1) **George** ～ (1906–97)《米国の生化学者; ノーベル生理学医学賞 (1967)》 (2) **Lilian D.** ～ (1867–1940)《米国の社会事業家》.

Wal·deck /*G* váldɛk/ ヴァルデック《ドイツの旧公国; 現 Hesse 州の一部》.

Wal·de·mar /wɔ́ːldəmὰːr/, **Val-** /vάːl-, vǽl-/ ヴァルデマール ～ **I** (1131–82)《通称 '～ the Great'; デンマーク王 (1157–82)》.

Wal·den·burg /wάːldənbə̀ːrg; *G* váldnbʊrk/ ヴァルデンブルク《WAŁBRZYCH のドイツ語名》.

Wál·den Pónd /wɔ́ːldən-/ ウォールデン湖《Massachusetts 州北東部 Concord の近くにある小湖; Thoreau は湖畔の森で 2 年間ひとりで暮らし, *Walden, or Life in the Woods* (1854) を書いた》.

Wal·den·ses /wɔ(ː)ldénsiz, wɑl-/ *pl* [the] ワルド派 (Vaudois)《Peter Waldo が 12 世紀に南フランスで始めたキリスト教の一派; 異端として長らく迫害された》. ♦ **Wal·dén·si·an** /-ʃən, -siən/ *a, n* ワルド派の; ワルド派の信徒.

Wal·der·see /wɔ́ːldərzèɪ; *G* váldərzeː/ ヴァルダーゼー **Alfred von** ～, Graf von ～ (1832–1904)《ドイツの軍人; 普仏戦争に従軍; 参謀総長 (1888); 中国の義和団事件に干渉したヨーロッパ軍の司令官 (1900–01)》.

wald·grave /wɔ́ːldgrèɪv/ *n* 《神聖ローマ帝国の》帝室林管理官.

Wald·heim /vάːlthàɪm/ ヴァルトハイム **Kurt** ～ (1918–2007)《オーストリアの外交官・政治家; 国連事務総長 (1972–81); 大統領 (1986–92)》.

Wal·do /wɔ́(ː)ldoʊ, wάl-/ *n* **1** ウォルドー《男子名》. **2** ウォルドー **Peter** ～《VALDÈS の英語名》. **3** [w-] (*pl* ～**s**) マジックハンド《Robert Heinlein の SF 作品に登場する発明家 Waldo F. Jones から》. ► *a**《俗》ぼうっと[ぼんやり]して, 集中力がなくて. ［Gmc＝rule］

Wál·dorf-Astória Hotél /wɔ́ːldɔ̀ːrf-/ [the] ウォルドーフ-アストリアホテル《New York 市 Manhattan の Park Avenue にあるホテル; アールデコ様式の建物で, 1931 年に完成》.

Wáldorf sálad 〘料理〙ウォルドーフサラダ《さいの目に切ったリンゴとセロリ・クルミをマヨネーズであえたもの》. ［↑］

Wald·stein /*G* váltʃtaɪn/ ヴァルトシュタイン **Albrecht Wenzel Eusebius von** ～＝Albrecht von WALLENSTEIN.

Wald·ster·ben /vǽldʃtèərbən; *G* váltʃtɛrbən/ *n* [°w-]《大気汚染による》森林の枯死. ［G＝forest death］

wale[1] /wéɪl/ *n* **1** むちあと(のみみずばれ). **2** 《織物面の》うね (ridge), 《編物の》目の縦の列; 《生地の》織り (texture). **3** 《かごの補強用の》横うね; 〘土木〙《堀・溝などの》腹起こし《補強の横木》; [ᵘ*pl*]〘海〙《木造船の》外部腰板; 《古》GUNWALE. **4** 《馬の首輪の外側にある》うね (ridge). ► *vt* …にむちあとをつける; うねをつけて織る[補強する]. ［OE *walu* stripe, ridge］

wale[2] 《スコ・北イング》*n* 選択; 最上のもの. ► *vt* 選ぶ. ［ON *val* choice; cf. G *Wahl*, OE *wyllan* WILL］

wále knòt うね結び (wall knot).

wal·er /wéɪlər/ *n* 《豪俗》浮浪者 (whaler).

Waler *n* ウェーラー《オーストラリアの New South Wales 産の乗用馬, 特に 19 世紀にインドに輸出した騎兵馬》.

Wales /wéɪlz/ ウェールズ (*Welsh* Cymru; *ML* Cambria)《Great Britain 島南西部の地方; ☆Cardiff》. ⇨ PRINCE OF WALES.

Wa·łę·sa /vɑːlén(t)sə, wɑː-, vɑːwɛ́sə/ ワレサ, ヴァウェンサ **Lech** ~ (1943–　)《ポーランドの労働運動指導者・政治家; 独立自治労組 '連帯' 委員長 (1980–90); 大統領 (1990–95); ノーベル平和賞 (1983)》.

Wa·ley /wéɪli/ ウェイリー **Arthur** ~ (1889–1966)《旧名 Arthur David Schloss; 英国の東洋学者; 中国古詩や『源氏物語』を英訳紹介》.

Wál·fish Báy /wɔ́ːlfɪʃ-/ WALVIS BAY.

Wal·hal·la /vɑːlhɑ́ːlə, wɑːl-, vælhǽlə, wæl-; vælhǽlə/ VALHALLA.

wa·li[1] /wɑ́ːli/ *n* 《オスマントルコの》州総督, ワーリー. [Arab]

wali[2] *n* 〘イスラム〙聖者, ワリー. [Arab=friend (of God)]

wal·ing /wéɪlɪŋ/ *n* 〘建〙腹起こし(材).

walk /wɔ́ːk/ *vi* **1 a** 歩く; 歩いて行く, 徒歩で行く; 散歩する; 《廃》歩きまわる: ~ around [about] 歩きまわる, 散歩する / ~ *around* a hole 穴を避けて歩く / ~ up and down the room 部屋を行ったり来たりする / ~ with a stick ステッキをついて歩く / ~ on AIR[1]. **b** 〈宇宙飛行士が〉船外を歩く, 宇宙遊泳をする; ウォークを踊る (cf. *n* 7a). **c** 〈幽霊が〉出る 〈*at* midnight〉. **2** 〈馬が〉常歩で行く, 並み足で歩む. **3 a** 〈船が〉進む, 〈物が〉歩くように動く, 〈探査機などが〉天体をゆっくり周回する; ¹¹《俗》〈所持品などが〉なくなる, 盗まれる. **b** 〈建築物など〉歩いているように続いている[建っている], またいでいる. **4** 《古》ふるまう, 身を処する; 歩調[調子]を合わせる, 協調する; *《俗》《特に アンサンブルで》ジャズを(うまく)演奏する: ~ by faith 信仰生活をする / ~ through life 世を渡る. **5** 〘野〙歩く《四球で出塁する》; 〘バスケ〙トラベリングをする (travel); 〘クリケット〙〈打球を捕球された打者が〉審判の判定を待たずに下がる[退く]. **6** 《口》職場を放棄する, ストに入る (walk out); 辞職する; 《口》見捨てる, 棄てて離れる; 《口》立ち去る; *《口》放免[釈放]される, 罪をのがれる, おとがめなしである; *《口》刑務所を出る; 《俗》(うまく)逃げる, 去る, 消える; 《俗》無傷[平気]である[助かる]: ~ free *《口》無罪放免になる. ▶ *vt* **1** 〈道路などを〉歩く, 歩いて行く; 歩いて見まわる[測定する]: ~ the FLOOR [PLANK, BOARDS] / ~ the deck 〈船長が〉甲板を見まわる. **2 a** 歩かせる, 歩かせて[歩いて…を]…の状態にする; 〈人〉の歩行を助ける; 〈馬を〉常歩で歩ませる; 〈馬・犬など〉歩かせて仕込む: ~ sb to exhaustion 歩かせてくたくたにする. **b** 〈馬・自転車などを〉引いて[押して]歩く; 〈人を〉案内して歩く, …といっしょに歩く: ~ sb out [over to the door] 人を出口に導く. **c** …と脚力を競う: Nobody could ~ John. 歩き比べでジョンに勝てる者はない. **3 a** 歩くように動かす; 車地を回して〈錨を〉巻き揚げる; ¹¹《俗》勝手に持ち去る. **b** 歩く速さで…を踊る. **4** 〘野〙〈打者を〉《四球で》歩かせる. **5** ¹¹《口》…を楽々とこなす, …に楽々と勝つ.

● **~ abroad** 〈病疾・犯罪などが〉蔓延する. **~ all over** sb＝WALK over sb. **~ around** 《口》《おかしな格好やふるまいをして》歩き回る, 人前に出る (cf. *vi* 1a); 多角的に検討する, 慎重に扱う; 出し抜く; *《俗》ダンスをする. **~ away** 立ち去る, 退席[退場, 撤退]する 〈*from*〉; 逃げる, 逃避する 〈*from*〉; 大差をつける[つけて勝つ] 〈*from*〉; 《かすり傷も負わない(くらい)で》助かる, 難を逃れる 〈*from*〉: ~ *away from* Afghanistan アフガニスタンから撤退する. **~ away with…** を持ち逃げする; 〈ある感情など〉をいだいて立ち去る; 〈試合・選挙など〉に楽勝する, 〈賞品を〉さらう. **~ before one can run** むずかしい段階の前に基本を身につける. **~ down** 〈毒など〉の効力を歩いて消す; 〈連れを〉歩いてへばらせる, …に歩き勝つ; *《西部》〈野生馬を〉走り疲れさせて捕獲する: ~ the meal *down* 腹ごなしに散歩する. **~ heavy** *《黒人俗》偉いさんである, 偉そうにふるまう, のしている. ~ a girl **home** 女の子を家まで送る. **~ in** 中にはいる: Please ~ *in*. どうぞおはいりください. **~ in on…** 突然立ち入って…のじゃまをする. **~ into…** の中にはいる; …にぶつかる; 〈仕事〉に難なくありつく, 〈わな・待伏せ〉にひっかかる, 会う; 《口》…に激しく突っかかる, …をなぐる[ののしる]; 《口》…をたらふく[腹いっぱい]食う[飲む], 〈金〉を簡単に使い果たす. **~ it** 《乗物に乗らずに》歩く; 《口》楽勝する. **~ off** (突然)立ち去る; 立ち去らせる; 〈罪人などを〉引っ立てて行く; 歩いて除く[減らす]: ~ *off* one's headache 歩いて頭痛を直す. **~** sb **off** his **legs** [**feet**] 《口》人を歩き疲れさせる, 人を歩き負かす: ~ *one's legs off* 歩き疲れる. **~ off the job** 仕事を突然やめる; ストライキをする. **~ off with…** を誤って持っていく; 《口》…を持ち逃げする; 《口》〈試合〉に楽勝する, 〈賞品〉をさらう: ~ *off with* the SHOW. **~ on** 踏みつける, 踏みにじる, ないがしろにする, 好き勝手に利用する, …につけこむ; 歩き続ける; 〘劇〙端役(はやく)をつとめる. **~ out** 出歩く, 〈兵士が〉許可を得て外出する; 《抗議のため》退席する, 突然立ち去る; 職場放棄[スト]をする. **~ out on…** 《口》…を(見)捨てる (desert). **~ out with…** ¹¹〈異性〉とつきあう, 〈女性〉を口説く. **~ over** sb 《口》人をいいようにあしらう, 尻に敷く; 人に楽勝する. **~ over (the course)** 《競馬などで競争相手がなくて》形式的に独走する; 〈競技者が相手を〉一蹴する. **~ round** 簡単に負かす. **~ soft** *《俗》控えめにふるまう. ~ SPANISH. **~ tall** 胸を張って歩く, 自分に誇りをもつ. **~ the hospital(s)** [**the wards**] 〈医学生が〉病院で実習する. **~ the streets** (街で)客を引く, 売春をする. **~ through…** を通って〈人を〉導く 〈*into*〉; 〘劇〙〈役などの立ち稽古[初期のリハーサル]をする; 〈人〉に…の稽古をつける[手引きをする]; 《口》…をいいかげんに[ざっと]やる. **~ up** 歩いて登る[行く]; 〈…につかつかと近寄る 〈*to*〉. **W~ up!** さあ お立ち寄り, いらっしゃーい! 《劇場・サーカスなどの呼び込みの声》. **~ wide** *《俗》用心する. **~ with God** 神と共に歩む, 正しく生きる.

▶ *n* **1 a** 歩行, 歩み; 散歩, 遠足; 宇宙遊泳 (space walk): take [go for, go on, have] a ~ 散歩に行く / take…for a ~ …を散歩に連れ出す[連れて行く]. **b** 〘野〙四球による出塁 (a base on balls); 〘陸上〙競歩; CHARITY WALK. **2** 歩行距離, 道のり; 歩行時間: The station is five minutes' ~ from my house. 駅はうちから歩いて 5 分です / a long ~ (from here) ここから歩いては遠い. **3** 歩きぶり, 歩き方; 《馬の》常歩, 並み足 (⇨ GALLOP); 低速(度): go at a ~ 〈馬が〉並み足で進む. **4 a** 散歩道, 遊歩道; 歩道, 人道; 手すりで囲って歩けるようにした家屋の屋上. **b** 行動範囲, 活動領域; ¹¹《商人・郵便配達人などの》担当区域; ¹¹森林監督区域; 《廃》行きつけの場所. **c** 《動物の》飼育場, 牧羊場, 《猟犬・闘鶏の》訓練[調教]場, 囲い. **5 a** 《特にシギの》群れ. **b** ¹¹儀式の行列. **c** ロープ製造所 (ropewalk); 列をなしての植林[植込み], その植込みの間隔; 《西インド諸島の, コーヒーなどの》農園. **6** 処世, 世渡り, 暮らし方, 行ない: an honest ~ まっとうな[堅気の]行動[暮らし方] / a ~ of [in] life 社会的階級, 地位; 職業. **7 a** [W-] ウォーク《数人が一列になって足をけり上げたり旋回したりしながら歩くようなステップで踊るディスコダンス》. **b** 天体を回る探査機のゆっくりとした飛行, 緩周回. **8** [a ~] *《口》簡単にできること, 楽勝 (cf. CAKEWALK, SLEEPWALK).

● **a ~ in the park** 楽にできること, 朝めし前. **in a ~** *《口》やすやすと, 楽に〈勝つなど〉: win *in a* ~ (…に)楽勝する. **take a ~** ⇨ 1a; 《口》立ち去る, 出て行く; 《労使交渉の席から》退出する, ストにはいる. (**talk the** TALK **and**) **~ the ~**＝**~ the** TALK.

[OE *wealcan* to roll, toss;「歩く, 歩きまわる」の意は ME から; cf. Du and G *walken* to full]

wálk·able *a* 歩きやすい, 歩行に適した; 歩いて行ける: a ~ city 歩いて回われる町 / a ~ distance 歩いて行ける距離. ♦ **wàlk·a·bíl·i·ty** *n* 歩行適性.

wálk·abòut *n* 徒歩旅行; 《豪》《オーストラリア先住民が仕事を離れて時おり行なう》奥地を歩きまわる生活; ¹¹《王族・政治家などが》人中を歩いて庶民に接すること. ● **go ~** ¹¹なくなる, 消える; 《豪》奥地をさまよい野生生活をする; 《俗》ぼんやりする, 集中をなくす.

wálk-aròund *n* *《俗》サーカスのピエロがリングのまわりを歩きながら演ずるおきまりの芸.

walk·athon /wɔ́ːkəθɑ̀n/ *n* 《耐久力を競う》長距離競歩; ダンスマラソン; ウォーカソン《慈善の寄金集めや政治的な目的のための長距離行進》. [*walk*, *-athon*]

wálk·awày *n* 優勝者が大差をつける競走; 楽々と勝てる勝負[試合, 競争], 楽勝; 楽にできること, 楽勝; 徒歩脱獄者; *《俗》《特に 切符を買った》客が忘れていった釣銭; *《俗》切符売りが釣銭をごまかしてもうけた金.

wálk-bàck *n* *《俗》裏[奥]の部屋.

wálk·dòwn *n* 路面より低い店舗[アパート]; *《口》《西部劇などで》主人公と悪役とが対決のためゆっくりと近づくこと.

wálk·er *n* **1 a** 歩く人, 歩行者; 散歩好き《人》; 行商人; 競歩選手; 独自の行動をとる人, わが道を行く人. **b** 《社交界で名のある女性が公けの場に出るときに同伴する》お供の男性. **c** 《飛ぶ鳥・はねる鳥に対して》歩く鳥. **2** 《幼児・身体障害者用の》歩行(補助)器 (go-cart); [*pl*] 歩行用の靴, 散歩靴; [*pl*] WALKING SHORTS.

Walker[1] *int* [ᵒw-] ¹¹《俗》まさか, ばかな!

Walker[2] ウォーカー (1) **Alice** (**Malsenior**) ~ (1944–　)《米国の作家; *The Color Purple* (1982), *Possessing the Secret of Joy* (1992)》 (2) **'Jimmy'** ~ [**James J**(**ohn**) ~] (1881–1946)《米国の政治家; New York 市長 (1926–32); Broadway の劇場や高級クラブに通い, 市政の腐敗を問われて辞任》 (3) **John** ~ (1952–　)《ニュージーランドの陸上競技選手; 1 マイル走で 3 分 50 秒を切った最初のランナー (1975)》 (4) **John E**(**rnest**) ~ (1941–　)《英国の分子生物学者; アデノシン三リン酸の合成と分解に関する酵素の研究によりノーベル化学賞 (1997)》 (5) **Sarah Breedlove** ~ [**Madame C. J.** ~] (1867–1919)《米国の実業家・慈善家; 黒人女性; くせ毛をまっすぐに伸ばす薬剤を考案, 富を築いた》.

Wálker Cúp [the] ウォーカーカップ《隔年に催される米国と英国・アイルランドのアマチュアゴルフチームの対抗試合またはその優勝杯の名; もと全米ゴルフ協会会長でこの試合の創始者 George Herbert Walker (大統領をつとめた Bush 親子の祖父・曾祖父)にちなむ》.

walk·ie-look·ie /wɔ̀ːkilʊ́ki, ⸗⸗-⸗⸗/ *n* 〘テレビ〙ウォーキールッキー《一人で操作できる携帯用テレビカメラ》.

walk·ies /wɔ́ːkiz/ *n pl* ¹¹《口》散歩 (walk)《特に 子供・犬に対して用いる》: Let's go ~! さあ散歩に行こう. ● **go ~** 〈物が〉なくなる, 盗まれる.

wàlk·ie-tálk·ie, wàlky-tálky / , ⸗⸗-⸗⸗/ *n* ウォーキートーキー, トランシーバー《携帯用の無線電話機》. ★ 英語の transceiver は固定式のものを含む.

wálk-ìn *a* **1** 立って出入りできる大きさの (: a ~ closet); 〈アパートなどが〉(共通の玄関を通らずに)通りから直接各戸に行けるように作られた; 予約なしで来る, ふりの, 飛込みの; 予約なしで入れる. **2** 楽な: ~

victory. ► *n* **1** 立ってはいれる大きさのもの《大型冷蔵庫・冷凍室・押入れなど》; walk-in 式のアパート. **2** ふらりと来る訪問者, ふりの客, 飛込みの患者; 志願者. **3**《選挙の》楽勝.

wálk·ing *n* 歩くこと, 歩行, ウォーキング; 〖動〗足行《遊泳・匍匐(ほふく)・飛翔に対して》; 歩き方; 歩く道のぐあい; 競歩: The ~ is slippery. この道はすべりやすい. ► *a* **1** 歩く, 歩行(者)用の; 徒歩による; 歩きながら操作する; ベッドを離れてもよい〈病気〉: a ~ disaster《きまって何かこわしたりする》どじ[人騒がせ]なやつ, '歩く災害' / WALKING DICTIONARY / WALKING FRAME. **2** 歩くように揺れ動く; 〈機械などが〉移動する: a ~ crane 移動クレーン.

wálk·ing-aròund mòney *«俗» 《ふだん持ち歩く》こづかい, ポケットマネー.

wálking báss /-béɪs/ 〖楽〗ウォーキングベース《ピアノによるブルースのベースリズム》.

wálking bèam 〖機〗動ばり, 動げた.

wálking bùs" 集団登下校(の一団).

wálking càtfish 〖魚〗ウォーキングキャットフィッシュ《東南アジア原産のヒレナマズ科の魚で地上を動きまわれる; 米国 Florida 州に移入された》.

wálking chàir 《幼児用の》歩行器.

wálking dándruff *«俗» シラミ.

wálking délegate 巡察委員, 職場委員 (business agent)《職場を訪ねて協約実施状況などを調査したりする労働組合役員》.

wálking díctionary [encyclopédia] «口» 生き字引, 大変な物知り.

wálking drágline 〖土木〗ウォーキングドラグライン《可動脚に設置された大容量の掘削機》.

wálking drèss 外出着, 散歩服.

wálking fèrn 〖植〗アメリカクモノスシダ (=*walking leaf*)《北米産; 糸のように伸びた葉の先端に無性芽をつける》.

wálking fràme" 《老人・障害者用の》歩行補助器 (walker).

wálking gèntleman [làdy] 〖劇〗《演技よりも》押し出しのよいのが身上の俳優[女優].

wálking hòliday 徒歩旅行をして過ごす休暇[休日].

wálking lèaf 〖植〗WALKING FERN; 〖昆〗コノハムシ (leaf insect).

wálking machìne 歩く機械《装着者の四肢の延長として機能するように作られた機械》.

wálk·ing-ón pàrt WALKING PART.

wálking òrders *pl* «口» 解雇通知 (walking papers).

wálking pàpers *pl* *«口» 解雇通知 (=*walking orders*); *«俗»《友人や恋人, 特にボーイフレンドに対する》絶縁[離縁, 絶交](通告): get [give sb his] ~.

wálking pàrt 〖劇〗(せりふのない)端役 (walk-on).

wálking pneumónia 〖医〗マイコプラズマ肺炎《マイコプラズマの一種 *Mycoplasma pneumoniae* を病原体とする肺炎; 咳・発熱・身体的不快感などを症状とし, 通例 2 週間程度で軽快する》.

wálking rèin 《幼児の歩行練習用の》手引きひも.

wálking shòrts *pl* BERMUDA SHORTS.

wálking stàff 《歩行用の》杖.

wálking stìck ステッキ; [ˢwalkingstick] *〖昆〗ナナフシ (=**wálking-stìck ìnsect**) (stick insect).

wálking tìcket «口» 解雇通知 (walking papers).

wálking tòur 徒歩旅行.

wálk·ing-wóund·ed *a* 歩行可能な[ベッドから動ける]程度の傷を負った.

wálking wóunded [the, 〈*pl*〉] **1** 傷を負ったが歩ける兵士たち, 歩行可能な負傷兵[軽傷者]. **2** *«俗» 日常生活ができる障害者たち.

Walk·man /wɔ́ːkmən/ 〖商標〗ウォークマン《Sony 製のポータブルオーディオプレーヤー》.

wálk-òff *n* 立ち去ること; 《抗議の意思表示としての》退場, 退席; 《舞台・場面からの》退場; 別れ(のしるし). ► *a* 〖野〗サヨナラの《9 回裏に勝利となる得点をあげて勝ったチームは得点が入った瞬間に球場をあとにできるから》: a ~ home run.

wálk-òn *n* 〖劇〗舞台をちょっと歩くだけの役, (せりふのない)端役, 通行人役 (walking part); ちょい役の役者, 仕出し; *チームの選抜テストを受ける選手《ドラフト・スカウトあるいは特別奨学金授与の対象にならなかった者》. ► *a* 端役の; 舞台に出る[で演じる]; 〈飛行機(便)が〉座席確保が出発直前になされる, 無予約制の.

wálk·òut *n* 同盟罷業, ストライキ, ボイコット; 《抗議の意思表示としての》退席, 退場, 脱退; 買わずに店を出て行く客; *《部屋などの》出口, 出入口.

wálk·òver «口» *n* **1** 〖競馬〗単走《ほかに出走馬がない時の並み足でのコース一周》, 単走(による勝ち)レース; 独走, 楽勝, 一方的勝利; 楽にできる事柄; 打ち負かしやすい相手: have a ~ 楽々と勝つ. **2** 〖スケートボード〗ウォークオーバー《前輪と後輪を交互に中心にした半回転の連続による進行》.

wálk shòrts *pl* BERMUDA SHORTS.

wálk sòcks *pl* «NZ» ひざまであるストッキング, ハイソックス.

wálk-thròugh *n* 〖劇〗立ち稽古; 〖テレビ・映画〗《カメラを持ち込まずにする》ドライリハーサル; 〖劇〗端役 (walk-on); 楽な仕事; 気のない演技; 〖電算〗ウォークスルー《3D 画像やバーチャルリアリティーで, 現場を歩いているような感覚でリアルタイムに視点を動かすこと》; 〖電算〗《特に動画などによる》手順解説, 実演, デモンストレーション; 《コンピューターゲームの》攻略法[本]. ► *a* 〈建物が〉どちらからもはいれる, 通り抜けの.

wálk-ùp *«口» *a, n* エレベーター設備のない(アパート[建物]); エレベーターのないアパートの二階以上の部屋; 《建物の中にはいらないで》外から用が足せる; 〖競馬〗常歩発走: the ~ window of a bank 銀行の店外窓口.

wálk·wày *n* 歩行者用通路《特に 道路などをまたぐ連絡通路・歩道橋・地下道など》; 歩道; 散歩道; 玄関から通りまでの道; 《工場内などの》通路.

Wal·ky·rie /vɑːlkíri, wɑːl-, ⸗⸗⸗; vælkíəri, ⸗⸗⸗/ VALKYRIE.

walky-talky ⇨ WALKIE-TALKIE.

wall[1] /wɔ́ːl/ *n* **1 a** 《家・部屋の》壁, 壁体, 内壁, 仕切り壁; 《石・煉瓦などの》外壁, 塀 (MURAL *a*); [the W-] ベルリンの壁 (Berlin Wall); [the W-] WAILING WALL; [ᵘ*pl*] 防壁, 城壁: a picture on the ~ 壁に掛けた絵 / *W~s* have ears. 《諺》壁に耳あり / an old town with ~*s* round it 城壁をめぐらした古都 / the Great *W~* of China 万里の長城. **b** 壁に似たもの; 《無形の》隔て, 障壁: a towering mountain ~ びょうぶのようにそびえ立つ山 / a ~ of bayonets [water] 銃剣[水]の壁 / break down the ~ of inferiority complex 劣等感という壁をこわす. **2** 堤防, 土手; 《人道の》家寄りの部分, 壁沿い; 〖鉱〗WALL ROCK; 〖登山〗(ほぼ)垂直に切り立った平滑な岩壁, 壁. **3** [ᵒ*pl*] 《器官・容器などの》内壁: the ~*s* of the chest 胸壁 / the stomach ~*s* 胃壁. **4** 〖昆〗ツマジロウラジャノメ属の数種のチョウ (=*wall brown, wall butterfly*)《ユーラシア産ジャノメチョウ科; 茶橙色の翅に濃茶色の眼状紋を有し, 岩や壁に止まって日光にあたる習性がある》.

● **bounce off the ~s** *«軍俗» すごく興奮[緊張, 錯乱, 混乱]している; *«病院俗» 錯乱している, 狂乱状態である, 狂っている. **climb (up) the ~(s)** [通例進行形で] «口» 《緊張・不安・焦燥感などが昂じて》いらいらする, 気が狂いそうになる. **drive [force, press, push, thrust]...to the ~** 〈人・物事を〉窮地に陥れる, 追い詰める, 《破産などの》瀬戸際に立たせる. **give sb the ~** 人に道を譲る, 人に有利な立場を譲る. **go over the ~** «俗» 脱獄する; 《閉じ込められた生活から》抜け出す. **go to the ~**" «口» 窮地に陥る; 負ける, 屈する; (無用[無効]視されて)押しのけられる; 《事業などに》失敗する, 破産する, 破滅する; *«俗» 精いっぱいを尽くす. **go up the ~**=climb up the WALLS. **hang by the ~** 使用されずにある, 放っておかれる. **hit the ~** 壁にぶちあたる, 伸び悩む; 〈選手が〉体力の限界を超える, 長距離走中に急に力が出なくなる. **jump [leap] over the ~** 教会[教団]を去る. **knock [bang, beat, hit, run, bash]** one's **head against [into] a (brick [stone]) ~ [a post]** 歯のたたないような事をする, 不可能なことを試みる, むだ骨を折る. **off the ~** *«俗» とっぴな, 変わった; *«俗» 気が狂った; *«俗» おこった; «俗» 〈非難が〉根拠のない. **see through [into] a brick ~** 洞察が鋭い, 慧眼である. **take the ~ of** sb 人に道を譲らない, 人よりも有利な立場に立つ. **up against a (blank [stone, brick, etc.]) ~** 窮地に陥って, 壁に突き当たって. **up against the ~** 《銃殺刑などを前にして》壁に背を向けて立たされて; 重大な状況に置かれて, 壁に突き当たって: *Up against the ~*, motherfuckers. てめえらじたばたするんじゃねえ, 観念しな《強盗が被害者に, または警官が逮捕する者に言うせりふ; また デモなどで体制側に浴びせる罵声》. **up the ~** «口» 気が狂いそうで, いらいらして, 怒り狂って: climb [go] *up the* WALL(s) / drive [send] sb *up the* ~ 人をいらだたせる. **within four ~s** 部屋の中で; 内密に. **with** one's **BACK**[1] **to the ~.**

► *a* 壁[塀]の; 壁の側の; 壁に掛けた; 壁[塀]に生育する.

► *vt* 壁[塀]で囲う 〈*in*〉; ...に城壁をめぐらす, 城壁で守る; 壁で仕切る, 隔てる 〈*off*〉; 〈隙間などを〉壁でふさぐ 〈*up*〉; 壁の中に閉じ込める, 壁で囲い込む 〈*up*〉; 〈心などを〉閉ざす 〈*in*〉. ► *vi* *«俗» 《パーティーで踊らずに》壁に寄り掛かって立つ.

♦ **~-lìke** *a* **~-less** *a* [OE<L *vallum* rampart]

wall[2]* *vt* 〈目を〉《大げさに》くるくるさせる. ► *vi* 〈目が〉《大げさに》くるくる動く. [ME (Sc) *wawlen* < ? *wawil(-eghed)* walleyed]

walla ⇨ WALLAH.

wal·la·by /wɑ́ləbi/ *n* (*pl* **-bies**, ~) **1** 〖動〗ワラビー《小型から中型のカンガルー》; ワラビーの毛皮. **2** [*pl*] «口» オーストラリア人[先住民], [Wallabies] ワラビーズ《アマチュア 15 人編成のオーストラリア代表のラグビーチーム》. ● **on the ~ (track)** «豪俗» 獲物を捜してやぶの中を通って, 食い物[仕事]を捜して歩きまわって. [(Austral)]

Wal·lace /wɑ́ləs, wɔ́(ː)l-/ **1** ウォレス《男子名; 愛称 Wally》. **2** ウォレス (1) **Alfred Russel** ~ (1823–1913)《英国の博物学者》 (2) **George C(orley)** ~ (1919–98)《米国の政治家; Alabama 州知事 (1963–67, 71–79, 83–87); 1960 年代, 連邦政府の人種差別を廃する政策に対して南部の先頭に立って反対した》 (3) **Henry A(gard)** ~ (1888–1965)《米国の農業家・編集者・政治家; 民主党副大統領 (1941–45); 1948 年 Progressive Party を結成》 (4) **Lewis ['Lew']** ~ (1827–1905)《米国の将軍・外交官・小説家; *Ben-Hur* (1880)》 (5) **(Richard Horatio) Edgar** ~ (1875–1932)《英国のスリラー小説作家》 (6) Sir **Richard** ~ (1818–90)《英国の美術品蒐集家・郵趣家; 死後その蒐集品は国に寄贈されウォレスコレクション (the ~ **Colléction**) となった》 (7) Sir **William** ~ (c. 1270–1305)

W

《Edward 1 世に抗し London で処刑された, スコットランドの愛国者》. ［OE=Welshman, foreigner］

Wállace·ìsm *n* **1** ウォレス主義《人種差別政策の継続, 南部諸州の権利擁護》. **2** ウォレス的言辞. ♦ **Wállace·ite** *n* ［George C. *Wallace*］

Wállace's líne 〔生物地理〕ウォレス線《A. R. Wallace 提唱の, 東洋亜区とオーストラリア亜区を分ける境界線》.

Wal·lach[1] /wálək, vá:l-/ ヴァラッハ **Otto** ~ (1847-1931)《ドイツの化学者; ノーベル化学賞 (1910)》.

Wallach[2] ⇨ WALACH.

Wallachia ⇨ WALACHIA.

Wa(l)·lá·chi·an *n* ヴァラキア (Walachia) の住民; 《ルーマニア語の》ヴァラキア方言; ヴァラキア人 (Vlach). ► *a* ヴァラキア(の住民[言語])の.

wal·lah, wal·la /wálə/ *n* [ᵘ*compd*] 《インド口》…(従事)者, …係, …関係の人[やつ]; …出身者[住民]: a book ~ 本屋 / COMPETITION WALLAH. ［Hindi］

wal·la·roo /wàlərú:/ 〔動〕*n* (*pl* ~**s**, ~) ケナガワラルー (=*euro*)《赤灰色の大型のカンガルー》; 《近縁の》アカワラルー, クロワラルー. [(New South Wales, Austral)]

Wal·la·sey /wáləsi/ ウォラシー《イングランド北西部 Merseyside 州の市·港町; Mersey 川をはさんで Liverpool に対する》.

wáll-attàch·ment effèct COANDA EFFECT.

Wal·la Wal·la /wálə wálə/ ワラワラ《Washington 州南東部の市》.

wáll·bàng·er *n* HARVEY WALLBANGER; 《俗》QUAALUDE [メタクアロン] の一服[カプセル].

wáll bàrley 〔植〕ムギクサ《欧州原産; オオムギ属の雑草; 世界各地に帰化》.

wáll bàrs *pl* 《体操用の》肋木(ろく).

wáll·bòard *n* ウォールボード《パルプ·プラスチック·石膏などの壁[天井]材》; 《特に》人造壁板, テックス.

W

wáll bròwn [bùtterfly] 〔昆〕WALL[1].

wáll·chàrt *n* 壁に貼る図表.

wáll clòud 〔気〕EYEWALL.

wáll·còver·ing *n* 壁紙《壁や天井に張る装飾用の紙·布·プラスチックなど》.

wáll crèeper 〔鳥〕カベバシリ《ユーラシアの高山に生息; 岩壁を移動してクモなどを捕食する, キバシリに似た鳥》.

wáll crèss 〔植〕ハタザオ属の植物 (=*arabis*)《ニワハタザオなど; アブラナ科》.

walled /wɔ́:ld/ *a* 壁のある, 壁をめぐらした, 壁で囲まれた, 城壁で防備した.

wálled gárden **1** 壁で囲んだ庭園, 囲い庭園《壁は主に防霜·防風用で, wall fruit 栽培にも利用; cf. WALL GARDEN》. **2** 〔電算〕囲い込み環境, 閉鎖[制限]領域《外部との接続·互換性また外部への公開が(ほとんど)ない情報環境やネットワーク》.

wálled pláin 〔天〕《月面の》壁(へき)平原.

Wal·len·berg /wá:lənbɜ̀:rg/ ヴァレンベリー **Raoul** ~ (1912-?47)《スウェーデンの外交官; 第二次大戦中 Budapest 大使在任中, ユダヤ人をナチスから救うために 5000 人分のパスポートを発行した》.

Wal·len·stein /wálənstàɪn; *G* válənʃtaɪn/ ヴァレンシュタイン **Albrecht Wenzel Eusebius von** ~, Duke of Friedland and Mecklenburg, Prince of Sagan (1583-1634)《三十年戦争 (the Thirty Years' War) で神聖ローマ皇帝 Ferdinand 2 世の軍を率いた Bohemia 出身の将軍; 謀叛を疑われ暗殺された》.

Wal·ler /wálər/ ウォラー (**1**) **Edmund** ~ (1606-87)《イングランドの詩人》(**2**) **'Fats'** ~ (1904-43)《米国のジャズピアニスト·歌手·作曲家; 本名 Thomas Wright Waller》.

wal·let /wɔ́(:)lət, wál-/ *n* 札(さつ)入れ, 紙入れ; 持ち金, 資金, 紙ばさみ; *《俗》《大学生に学費を出す》父親, 金主, スネ, オヤジ; 小道具袋; 《古》《旅人·巡礼·乞食などの》合切袋, ずだ袋. ［? AF<Gmc **wall-* to roll］

Wállet Skée·zix /-skí:zɪks/ ウォレット·スキージクス《米国の漫画 *Gasoline Alley* に出る独身男 Walt Wallet の養子; Walt の玄関に捨てられていた; cf. SKEESICKS》.

wáll·èye *n* **1** 《馬の》さめ (魚目, 佐目)《淡灰[淡青]色の目》; 角膜の濁った目; 角膜白斑 (leucoma); 外斜視 (=*exotropia*); [*pl*] 外斜視眼; 《斜視などで》白目がちにみえる目. **2** 〔魚〕**a** *大きな目玉の魚. **b** キタアメリカザンダー, ウォールアイ (=**wálleye(d) píke**)《北米淡水産スズキ目パーチ科の食用魚》. ［逆成く↓］

wáll·èyed *a* **1** 角膜が白く濁った目の; 角膜白斑の; 《斜視などで》白目がちにみえる目の; 外斜視の. **2** *〈魚が〉大目玉の; *《恐怖·怒りなどで》目を見開いた[まるくした]; *《俗》酔っぱらった. ［ON *vagleygr* (*vagl* beam, roost, *-eygr* eyed) の部分訳; *vagl* は *wall*[1] に同化］

wálleye(d) póllack 〔魚〕スケトウダラ, スケソウダラ, ミンタイ.

wálleye súrfperch 〔魚〕California 沖に産するウミタナゴ科の魚.

wáll fèrn 〔植〕オオエゾデンダ《樹幹や岩に着生するウラボシ科のシダ》.

wáll·flòwer *n* **1** 〔植〕ニオイアラセイトウ; 〔植〕ニオイアラセイトウ属[エゾスズシロ属]の植物. **2** 《口》舞踏会[パーティー]でひとり壁際にいてただ見ている人[女性], '壁の花'; 《口》ある活動に取り残された人[組織など]; 《口》内気な人, 引っ込み思案な人.

wáll frùit 壁に固定して保護と暖気を与えて熟させる果実《ナシなど》.

wáll gàme ウォールゲーム《Eton 校で行なうフットボールの一種》.

wáll gàrden ウォールガーデン《石組みの壁の隙間に植物を植えこむもの; cf. WALLED GARDEN》.

wáll hànging 《つづれにしきなどの》装飾用壁掛け布.

wáll·ing *n* 壁作り; 壁用材; 壁《集合的》.

Wal·lis[1] /*G* válɪs/ ヴァリス《VALAIS のドイツ語名》.

Wal·lis[2] /wáləs/ ウォリス Sir **Barnes** (**Neville**) ~ (1887-1979)《英国の航空機設計者》.

Wál·lis and Fu·tú·na Íslands /wáləs ən(d) fətú:nə-/ *pl* [the] ワリー·エ·フトゥーナ諸島《南西太平洋, Fiji と Samoa の間の 2 つの島群からなるフランスの海外領》.

wáll jòb *《俗》ウォールジョブ《修理工場などが, 故障車を修理せずに, または いいかげんな修理だけして放置しておくこと, また そうした車》.

wáll knòt うね結び.

wáll lèttuce 〔植〕キク科 *Mycelis* 属の多年草《欧州·西アジアで岩場などに自生し, 黄色い花をつける; レタスの近縁種で葉は食用》.

wáll lìnk 〔植〕WALKING FERN.

wáll lìzard 〔動〕イワカナヘビ《地中海地方のカナヘビ科のトカゲ》.

wáll-móunt·ed *a* 壁に取り付けた.

wáll mùstard 〔植〕ロボウガラシの一種 (=*stinkweed*)《欧州原産のアブラナ科草本; 傷つけると悪臭を放つ》.

wáll néwspaper 壁新聞, 壁[掲示板]の広報紙[触書].

Wáll of Déath [the] 死の壁《直立した円筒の内側の壁をオートバイで乗り回す見世物》.

Wal·lo·nia /wɑ:lóuniə/ ワロン地域 (*F* **Wal·lo·nie** /*F* walɔni/)《ベルギーの南半分からなる地域; ☆ Namur; フランス語が話される Hainaut, Liege, Luxembourg, Namur, Walloon Brabant 各州が含まれる》.

Wal·loon /wɑlú:n/ *n* **a** ワロン人《ベルギー南部·南東部および隣接するフランスの地域に居住する》. **b** ワロン語《フランス語の方言》. ► *a* ワロン人[語]の. ［F<L<Gmc=foreign; cf. WELSH］

Wallóon Brabánt ワロンブラバント, ブラバンワロン (*F* **Bra·bant Wal·lon** /*F* brabɑ̃ valɔ̃/)《ベルギーの Wallonia 地域の州; ☆ Wavre; 1995 年 Brabant 州を言語境界線で分割して成立》.

wal·lop /wáləp/ *vi* 《口·方》あわてふためいて動く[進む]; 《口·方》もがく, よたよた動く; 《口·方》激しく沸騰する; 《廃》GALLOP. ► *vt* 《口》ひどく打つ, 強打する, ぶんなぐる, …に強くぶつかる; 《口》徹底的にやっつける, …に大勝する; 《スコ》ばたばた[よろよろ]させる[動かす]. ► *n* **1** 《口》ひどく打つこと, 強打, パンチ(力); 《口》訴える力, 迫力; 《俗》影響力 (clout), てづる, コネ (pull); 《口·方》よたよたした動き; 〔野〕ヒット, 安打; 《廃》GALLOP: get a ~ 完敗する. **2** 《口》快い興奮, スリル; *《俗》飲酒; ᴵᴵ《俗》ビール. ● **go** (**down**) ~ 《口·方》ドサッと倒れる. PACK[1] **a** ~. ［ME=to boil, GALLOP<OF *waloper*<Gmc］

wállop·er *n* 《口》WALLOP する人[もの]; 《方》ばかでかいもの; 《豪俗》警官.

wállop·ing 《口》*a* でっかい, ばかでかい; すばらしい, とびきり上等の: a ~ lie ひどい大うそ. ► *n* なぐること, パンチ, 強打; 完敗.

Wál·lops Ísland /wáləps-/ ワロップス島《Virginia 州東部 Delmarva 半島の南東沖にある島; ロケット発射基地がある》.

wáll òven 《壁などに》作り付けのオーブン.

wal·low /wálou/ *vi* 〈泥·砂·水中で〉ころげまわる 〈(*around*) *in*〉; のたうつ, もがくように進む; 〈快楽などに〉ふける, おぼれる 〈*in*〉; 押し寄せる, 渦巻く; どうしようもない[なくなる]: ~ *in* the mud 破廉恥な生活を送る / ~ *in* luxury ぜいたくざんまいに暮らす / ~ *in* money 金がうなるほどある. ► *n* ころげまわること; 《水牛などの》ころげまわる所[池, くぼみ]; 《ころげまわってできた》くぼみ; 快楽[悪事など]にふけること; 堕落. ♦ ~**·er** *n* ［OE *walwian* to roll; cf. VOLUBLE］

wáll pàinting 壁画, 《特に》FRESCO.

wáll·pàper *n* 壁紙; 〔電算〕壁紙《ディスプレー画面上の背景模様》; *《俗》にせ札, 無効有価証券《など》, 紙切れ. ► *vt, vi* 〈(壁·天井·部屋)に〉壁紙を張る.

wállpaper mùsic ᴵᴵ《食堂·百貨店などで流す》ムード音楽 (background music).

wáll pàss 〔サッカー〕壁パス, ワンツー(パス) (one-two).

wáll pèllitory 〔植〕ヒカゲミズ《石壁などに生えるイラクサ科の雑草; 利尿作用がある》.

wáll pèpper 〔植〕ヨーロッパマンネングサ.

wáll plàte 〔建〕敷桁(しきげた); 〔機〕ウォールプレート《持送りなどを取り付けるため壁に固定する金属板》.

wáll plùg 壁に埋め込んだコンセント.

wáll·pòster *n* 〔中国〕壁新聞, 大字報 (dazibao).

wáll ròck 〔鉱〕壁岩, 母岩.

wáll ròcket 〔植〕アブラナ科エダウチナズナ属の植物, 《特に》ロボウガラシ (=*stinkweed*)《大きな黄色い花をつける草本; 欧州原産》.

wáll rùe 〔植〕イチョウシダ《北半球の温帯に分布する石灰岩植物; チャセンシダ科》.

wáll sòcket 壁に取り付けたコンセント (socket).
Wáll Strèet ウォール街《ニューヨーク証券取引所 (NYSE) 所在地》; 米国金融市場[金融界] (cf. THROGMORTON [LOMBARD] STREET). ♦ **~·er** *n* ウォール街の株式仲買人.
Wáll Strèet Jóurnal [The]『ウォールストリート・ジャーナル』《Dow JONES 社が発行する米国の経済専門日刊紙; 略 WSJ》.
wáll sỳstem ウォールシステム《壁に添わせていろいろな組合わせの可能な棚・キャビネットなどのセット》.
wáll tènt 《四方に垂直な壁面のある》家形テント.
wáll-to-wáll *a* 床の全面をおおう〈敷物〉; 《スペース・時間帯を》埋め尽くした; 《行事など》ひっきりなしの. ► *adv* 隅から隅まで, いっぱいに. ► *n* 床に敷き詰めた敷物.
wal·ly[1] /wéɪli/ 《スコ古》 *a* りっぱな, みごとな; 丈夫な, 大きな, 十分な. ► *n* くだらないもの, 見せかけだけの安物. [? ME (Sc) WALE[2]]
wal·ly[2] /wéli/ 《スコ》 *a* 陶製の, 陶器の; 陶タイルを並べた. ► *n* [*pl*] 入れ歯, 義歯. [*wallow* (obs dial) faded＜OE *wealwian*]
wal·ly[3] /wáli/ *n* 《ロ》 ばか, まぬけ, 能なし. [(dim)＜*Walter*]
wal·ly·drai·gle /wéɪlidrèɪg(ə)l, wál-/, **-ly·drag** /-dræ̀g/ *n* 《スコ》 弱々しい[発育不全の]動物[人], だらしのない女[やつ], 役立たず. [*waly*]
Wally-O ⇨ WALYO.
Wal-Mart /wɔ́ːlmɑ̀ːrt/ ウォールマート《米国のディスカウントストアチェーン》.
wal·nut /wɔ́ːlnʌ̀t, -nət/ *n* 〔植〕クルミノキ (＝～ **trèe**); クルミ; クルミ材, ウォールナット材; 《クルミノキの芯材に似た》赤みがかった茶色, クルミ色; *SHAGBARK. ● **over the ~s and the wine** 食後の談話で. [OE *walh-hnutu* foreign nut]
wálnut brówn 《クルミの皮に似た》黄味をおびた褐色.
wálnut fàmily 〔植〕クルミ科 (Juglandaceae).
wálnut húsk flỳ 〔昆〕クルミミバエ《北米産のミバエ科のハエ; 幼虫はクルミの果実を食う》.
Wal·pole /wɔ́(ː)lpòʊl, wál-/ ウォルポール (1) **Horace** [生名 **Horatio**] ~, 4th Earl of Orford (1717–97)《英国の著述家・書簡作家, Sir Robert の息子; *The Castle of Otranto* (1764)》 (2) Sir **Hugh** (**Seymour**) ~ (1884–1941)《ニュージーランド生まれの英国の作家》 (3) Sir **Robert** ~, 1st Earl of Orford (1676–1745)《英国の政治家; 初代首相 (1715–17, 21–42); Horace の父》. ♦ **Wal·pól·ian** /-póʊliən/ *a, n*
Wal·pur·ga /vɑːlpʊ́ərgɑː; væl-/, **-gis** /-gəs/ [Saint] ヴァルプルガ (710?–780)《ドイツで女子修道院長となった, イングランドの修道女; 祝日は 5 月 1 日》.
Walpúrgis Níght [the] **1** ヴァルプルギスの夜祭 (G **Wal·pur·gis·nacht** /vɑːlpʊ́rgɪsnɑ̀ːxt/)《Saint Walpurga の祝日 5 月 1 日の前夜; ドイツではこの夜魔女が Brocken 山上で魔王と酒宴を張るという》. **2** 悪夢のような[魔女の狂宴のような]できごと[事態].
wal·rus /wɔ́(ː)lrəs, wál-/ *n* (*pl* **~·es,** ~) 〔動〕セイウチ; セイウチの毛皮; *《俗》 背の低い太ったやつ; *《俗》 泳げないやつ, ダンスのできないやつ. [?Du; cf. ON *hrosshvalr*, OE *horschwæl* horse whale]
wálrus mustáche 両端がたれさがった濃くもじゃもじゃとした口ひげ.
Wal·sall /wɔ́ːlsɔ̀ːl/ ウォールソール《イングランド中西部 West Midlands 州の工業都市》.
Wal·sing·ham /wɔ́ːlsɪŋəm/ **1** ウォルシンガム Sir **Francis** ~ (c. 1530–90)《Elizabeth 1 世に信任された枢密院議員; 国王秘書長官 (1573–90)》. **2** /-zɪŋəm/ ウォルジンガム《有名な聖母マリアの聖堂のあるイングランド Norfolk 州北部の町》: swear ~ 《古》《Walsingham の聖母の名を出して》さんざん毒づく[ののしる].
Walt /wɔ́ːlt/ ウォルト《男子名; Walter の愛称》.
Wált Dísney Wòrld ディズニーワールド (⇨ DISNEYLAND).
Wal·ter /wɔ́ːltər/ **1** ウォルター《男子名; 愛称 Walt, Wat》. **2** /; *G* váltər/ ヴァルター, ワルター **Bruno** ~ (1876–1962)《ドイツ生まれの米国の指揮者; 本名 Bruno ~ Schlesinger》. **3** ウォルター **John** ~ (I) (1739–1812)《英国の出版業者, *The Times* の創刊者》. [Gmc＝rule＋army]
Walter Mitty ⇨ MITTY.
Wal·tham /wɔ́ːlθæm, -θəm/ ウォルサム《Massachusetts 州東部 Boston の西郊外にある市》.
Wál·tham Fórest /wɔ́ːlθəm-/ ウォールサムフォーレスト《London boroughs の一つ》.
Wal·tham·stow /wɔ́ːlθəmstòʊ/ ウォールサムストー《イングランド南東部 Essex 州の管下にあった都市; 今は Waltham Forest の一部》.
Wal·ther von der Vo·gel·wei·de /*G* váltər fɔn der fóːglvaɪdə/ ヴァルター・フォン・デア・フォーゲルヴァイデ (1170?–?1230)《ドイツの抒情詩人 (minnesinger)》.
Wal·ton /wɔ́ːltn/ ウォルトン (1) **E**(**rnest**) **T**(**homas**) **S**(**inton**) ~ (1903–95)《アイルランドの物理学者; 荷電粒子の加速器を開発; ノーベル物理学賞 (1951)》 (2) **Izaak** /áɪzək/ ~ (1593–1683)《英国の随筆家; *The Compleat Angler* (釣魚(ちょうぎょ)大全, 初版 1653)》 (3) Sir **William** (**Turner**) ~ (1902–83)《英国の作曲家》.
waltz /wɔ́(ː)l(t)s/ *n* ワルツ《二人で踊る 3 拍子の優雅な社交的円舞》; 円舞曲, ワルツ; *《俗》 **1** ラウンドのボクシング; 《ロ》 たやすいこと. ► *vi* **1** ワルツを踊る; 踊るように歩く, こおどりする〈(*around*) *in, into, out*〉; 《ロ》 軽快な身のこなしで[すばやく, サッと]動く; *《俗》〈ボクサーが〉軽く戦う. **2** 《ロ》 楽々と進む, 首尾よく進む〈*through*〉; *《ロ》 あつかましく近寄る〈*up*〉. ► *vt* ワルツで〈パートナーを〉リードする, 〈人〉とワルツを踊る; 〈人を〉かっさらうように連れて行く; 〈物を〉引きずるように運ぶ. ● **~ into**…を攻撃する, 非難する, …にどなりつける. **~** MATILDA. **~ off with**… 《ロ》 競争者を楽々と退けて〈賞〉を勝ち取る; 《ロ》〈人・物〉を勝手に連れ[持ち]去る, かっさらう. [G *Walzer* (*walzen* to revolve)]
wáltz·er *n* ワルツを踊る人; WALTZING MOUSE; ワルツァー《日本でいう「コーヒーカップ」に近い遊園地の乗り物; 商標名 Tilt-A-Whirl でも知られる》.
Wáltz·ing Matílda 「ウォルツィング・マティルダ」('Once a jolly swagman camped by a billy-bong' (あるとき愉快な放浪者よどみのほとりでキャンプした) で始まるオーストラリアの国民歌; 邦題「旅にはスワッグ (swag) をもって」).
wáltz·ing móuse 小さな円を描くようにしか進めないハツカネズミの異種.
wáltz tìme 〔楽〕4 分の 3 拍子 (three-quarter time).
Wál·vis Báy /wɔ́ːlvəs-/ ウォルヴィスベイ《ナミビア中西部, 大西洋岸にある港 (かつては南アフリカ共和国の飛び領土); 古来 良港として有名な港湾とその後背地とからなる》.
waly /wéɪli/ *int* 《スコ》 ああ悲しいかな! [WELLAWAY]
wa·lyo, Wal·ly-O /wáljoʊ/ *《ロ》 *n* **1** [*voc*] きみ, 若いの《しばしば年少者に対する親しみをこめた呼びかけ》. **2** [°*derog*] イタリア(系)人, イタさん. [It (dial) *uaglio* or *uaiu* /wɑːjúː/ young squirt]
wam /wǽm/ *n, vi* WHAM.
wam·ben·ger /wámbɛ̀ŋgər, wɑmbɛ́ŋər/ *n* 〔動〕TUAN[2]. [?]
wam·ble /wámb(ə)l, wǽm-/ 《方》 *vi* 吐き気を覚える; 〈おなかが〉ゴロゴロと鳴る; 不安定に[曲がりくねって]進む; 体をよじる[揺する]. ► *n* 胃の不調[ゴロゴロ鳴ること], 吐き気, むかつき; 不安定な足取り, よろめき, 千鳥足. ♦ **wám·bly** 《方》 *a* 吐き気のする[を催す]; 不安定な. [ME *wamlen*; cf. Dan *vamle* to become nauseated]
wame /wéɪm/ 《スコ・北イング》 *n* 腹, おなか (belly); 子宮. [*womb* の北方言形]
Wam·pa·no·ag /wɑ̀mpənóʊæg/ *n* (*pl* ~, **~s**) ワンパノアグ《現在の Rhode Island, Massachusetts 州の一部を占める地域に居住していたインディアン》.
wam·pee /wɑmpíː/ *n* 〔植〕ワンピ (1) 中国・インド原産ミカン科の果樹; ハワイで栽培 2) その実, 生食・ジャム用). [Chin 黄皮]
wam·pish /wǽmpɪʃ, wáːm-; wɔ́m-/ 《スコ》 *vt, vi* 〈腕などを〉振る, 振りまわす; 揺れる.
wam·pum /wɔ́(ː)mpəm, wám-/ *n* 貝殻玉《昔 北米インディアンが貨幣または装飾に用いた貝殻で作った玉の数珠》; 《俗》 金(かね), ぜに. [↓]
wam·pum·peag /wámpəmpìːg, wɔ́(ː)m-/ *n* 《特に 色玉より価値の低い》白玉の WAMPUM. [Algonquian (*wap* white, *umpe* string, *-ag* (*pl*))]
wa·mus /wɔ́(ː)məs, wám-/ *n* ウォーマス《カーディガンにベルトを付けた形の丈夫な厚地[毛糸編み]の作業用ジャケット》. [?Du *wammes*＜*wambuis* GAMBESON]
wan[1] /wán/ *a* 青ざめた, 青白い (pale); 病弱な; かすかな〈星・明かりなど〉; ものうい, 力のない, 弱々しい〈微笑〉; 効きめのない, むだな; 《古》(うす)暗い, 鉛色の〈海〉, 青白い. ► *vi, vt* (**-nn-**) 蒼白[病弱]になる[ならせる]. ♦ **~·ly** *adv* **~·ness** *n* [OE *wann* dark; cf. WANE]
WAN, wan[2] /wǽn/ *n* 〔電算〕広域ネットワーク《比較的広い地域にまたがるコンピューターネットワーク》. [*w*ide *a*rea *n*etwork]
WAN (West Africa) Nigeria.
wa·na /wánə/ *n* *《俗》 マリファナ (marijuana), マの字.
wanabe ⇨ WANNABE.
Wan·a·ma·ker /wánəmèɪkər/ ワナメーカー **John** ~ (1838–1922)《米国の実業家・百貨店経営の草分け》.
wan·chancy /wɑnʧǽnsi/ 《スコ》 *a* 不運な; 不気味な.
Wan-ch'uan, Wanchüan 万全 (⇨ WANQUAN).
wand /wánd/ *n* 《魔法使い・妖精・魔術師が使う》しなやかな細い杖; しなやかな細枝; 棒, さお, 杖 (rod); 職標《職権を示す官杖》; 《ロ》 指揮棒, 棒; ワンド《バーコードなどを光学的に読み取るための棒状のスキャナー》; 掃除機の吸込み部分に接続するまっすぐなパイプ; マスカラ用ブラシ; (レーザー)ポインター; [*pl*] ワンド《一部のタロットにおける杖ないし棍棒のマークの組札; トランプのクラブに相当》; *〔弓〕標的板《長さ 6 フィート, 幅 2 インチ》; 標的に貼る縦長の紙; ″〔弓〕射手の立つ位置を示す標板[目印]. ● **a wave of one's** (**magic**) **~** 魔法の杖のひと振り. **wave one's** (**magic**) **~** 魔法の杖をひと振りする, 魔法をはたらかせて望みをかなえる. ► *vt* ワンドで…のバーコード(など)を読み取る. [ON＜? Gmc; cf. WEND, WIND[2]]
Wan·da /wándə/ ワンダ《女子名》. [Gmc＝stock or stem]
wan·der /wándər/ *vi* **1 a** 歩きまわる, さまよう; 放浪[流浪]する, ぶらつく, さすらう〈*about, around*〉; 〈目や手が〉うろうろに動く: Where is our **~ing** boy [girl] tonight? 今ごろ彼[彼女]はどこをうろついているのだろう. **b** 迷う, 踏み迷う〈*out, off, from*〉; 迷い込む〈*in, into*〉; 〈話

など〉横道へそれる, 脱線する 〈*from* the subject, *off* the point〉: ～ *from* proper conduct 正道を踏みはずす. **c** とりとめがなくなる; うわごとを言う, (熱に)浮かされる; 〈考えなど〉散漫になる: His wits are ～*ing.* 気が変だ. **2** 〈川・丘など〉曲がりくねって流れる[延びる]. **3** 《口》浮気する, ► *vt* 歩きまわる, さまよう, さすらう. ► *n* さすらい, 散歩, 漫歩: go for [take, have] a ～ 散歩する, ぶらつく. [OE *wandrian* (⇨ WEND); cf. G *wandern*]

wánder·er *n* 歩きまわる人, さまよう人; 放浪者, 漂泊者, さすらい人; 邪道に踏み込んだ者.

wánder·ing *a* **1** 歩きまわる, 放浪する; さまよう; 遊動の〈民〉(nomadic); とりとめのない; 逸脱した. **2** 曲がりくねった〈川など〉; 〖医〗遊走する (floating); 〖植〗長い匍匐(ほふく)枝[まきひげ, ランナー]をもつ. ► [°*pl*] *n* 散歩, 放浪, 漂泊; (常軌)逸脱, 脱線; 混乱した考え[ことば]. ♦ **～·ly** *adv* 放浪[漂泊]して, さまよって.

wándering ànt 〖昆〗軍隊アリ.

wándering álbatross 〖鳥〗ワタリアホウドリ《アホウドリの最大種》.

wándering jénny 〖植〗コバン(バ)コナスビ, ヨウシュコナスビ (moneywort).

Wándering Jéw 1 a [the] さすらいのユダヤ人《刑場に引かれるキリストを嘲り, その罰でキリストの再臨まで流浪する運命になったと中世伝説に伝えられる一ユダヤ人》. **b** [w- J-] 流浪の人. **2** [w- J-] 〖植〗ムラサキツユクサ属の匍匐性の各種多年草, 《特に》オオトキワツユクサ, シマフムラサキツユクサ, トキワツユクサ.

wándering sáilor [**sálly**] 〖植〗ヨウシュコナスビ (moneywort).

wándering táttler 〖鳥〗**a** 《Alaska などで繁殖する》メリケンキアシシギ. **b** 《シベリア東部で繁殖する》キアシシギ.

Wan·der·jahr /*G* vándərja:r/ *n* (*pl* **-jah·re** /-ja:rə/) 旅の期間, 放浪の年; 遍歴時代《見習いを終えた徒弟が一人前になる前に腕を磨いた1年》. [G (*wandern* to wander, *Jahr* year)]

W

wan·der·lust /wá:ndərlʌ̀st/ *n* 放浪[旅行]願望. [G (*Lust* desire)]

wan·der·oo /wàndərú:/ *n* (*pl* **～s**) 〖動〗ワンデルー《**1**) Ceylon 島産のカオムラサキラングールまたはハヌマンラングール **2**) インド産のシシオザル》. [Sinhalese]

wánder plùg 〖電〗《どんなソケットにも合う》遊び差込み.

wánder-yèar *n* WANDERJAHR.

wan·dle /wánd(ə)l/ *a* 《スコ》柔軟な, 敏捷な. [? *wand*]

wan·doo /wandú:/ *n* 〖植〗ワンドゥー《樹皮が白く堅牢な材を産する豪州南西部産のユーカリノキの一種》. [(Austral)]

Wands·worth /wán(d)zwərθ/ ウォンズワース《London boroughs の一つ; Thames 川南岸にある》.

wane /wéɪn/ *vi* 〈月などが〉かける (opp. *wax*); 〈光・色の明度が〉弱まる; 〈潮が〉ひく; 小さく[少なく]なる; 弱くなる, 衰える; 終わりに近づく: His influence has ～*d.* 彼の勢力は衰えた / Summer is *waning.* 夏がゆこうとしている. ► *n* 《月の》かけ; 減少, 減退, 衰微; 衰退期, 消滅期; 〖製材〗丸身, 耳《角材・板材の, 樹皮や丸太面が残った欠陥(部)》. ● **on** [**in**] **the ～** 〈月が〉かけ始めて; 衰えかけて, 落ちめになって. [OE *wanian* to lessen; cf. OE *wana* defect]

wan·ey, wany /wéɪni/ *a* (**wán·i·er; -i·est**) 〈月などが〉かけていく, 衰えた; 丸身 (wane) のある〈角材・板材など〉.

wang /wǽŋ/ *n, vt* WHANG[2].

Wang An·shi [**An-shih**] /wá:ŋ á:nʃí:/ 王安石(おうあんせき)(ワンアンシー) (1021–86)《中国北宋の政治家・文人; 皇帝神宗の顧問として財政改革を中心とする '新法' を推し進めた》.

Wang·a·nui /wàŋ(g)ənú:i/ **1** ウォンガヌイ《ニュージーランド北島南西部 Wellington 州の港市》. **2** [the] ウォンガヌイ川《ニュージーランド北島の南西部を流れてウォンガヌイ市で Tasman 海に注ぐ》.

wangdoodle ⇨ WHANGDOODLE.

wang·er /wǽŋər/ *n* 《卑》WHANGER.

Wang Jing·wei, Wang Ching-wei /wá:ŋ ʤíŋwéɪ/ 汪精衛(おうせいえい)(ワンチンウェイ) (1883–1944)《中国の政治家; 本名は兆銘(ちょうめい)(チャオミン); 傀儡の南京国民政府主席 (1940–44)》.

wan·gle /wǽŋg(ə)l/ 《口》*vt* **1** うまく[まんまと]手に入れる[やり遂げる] 〈*from, out of*〉; 〈書類など〉うまくごまかす (fake); 丸め込んで…させる 〈sb *into doing*〉. **2** 振る, ゆする; (身をくねらすようにして)なんとか進む 〈one's way *through* a crowd〉; なんとかうまく脱け出させる 〈oneself *out of* a difficulty〉. ► *vi* 脱け出す 〈*from, out of*〉; 当座しのぎの方便を用いる, 策を弄する, 小細工をする. ● **～ it** うまくやる, うまいことごまかす ► *n* うまく手に入れること; うまい[ずるい]手, 策略. ♦ **wán·gler** *n* [? *waggle*＋*wankle* (dial) wavering; C19 printers' slang]

Wang Lung /wáŋ lúŋ/ 王龍(ワンルン)《Pearl Buck, *The Good Earth* の主人公; 大地にしがみついて貧農から身を起こし大地主になる》.

Wanhsien 万県 (⇨ WANXIAN).

wan·i·gan, wan·ni- /wánɪgən/ *n* 《米・カナダ》《車付きの, またはいかだに載せて使う》移動小屋《材木伐り出し現場用》; 《きこりの》生活用品収納箱[トランク]. [Abnaki]

wan·ion /wánjən/ *n* 《古》天罰 (curse), 報復, 復讐. ● **A** (**wild**) **～ on** sb!＝**With a ～ to** sb! 呪ってやる! **with a** (**wild**) **～**＝**in a ～** 誓って, 絶対に; ひどく, やけに. [*waniand* ‹ WANE]

wank /wǽŋk/ *n, vi* ″《卑》オナニー(をする) 〈*off*〉; ″《俗》ばか者, あほう. [C20‹?]

Wán·kel (**éngine**) /vá:ŋkəl(-), wá:ŋ-, wǽŋ-/ 〖機〗ワンケルエンジン《ピストンの形が三角形に近く, 往復運動をする部分のない, 従来のエンジンより軽量化したロータリーエンジン》. [Felix *Wankel* (1902–88) ドイツの技術者, 発明者]

wánk·er″ *n* 《卑》マスかき野郎; 《俗》つまらんやつ, ろくでなし, ばかもん, ばんくら《ののしりのことば》.

Wan·kie /wá:ŋki/ ワンキー《HWANGE の旧称》.

wan·kle /wǽŋk(ə)l/ 《英方・スコ》*a* 不安定な (unsteady), 変わりやすい; 弱い.

wanky /wǽŋki/ *a* ″《俗》いやな, だめな, くだらない.

wan·na /wánə/ 《発音つづり》want to; want a.

wan·na·be, -bee, wan·a·be /wánəbì:/ *n* 《口》[*derog*] 《歌手・選手などに心酔してる》熱狂的なファン, …かぶれ; 有名になりたがっている人, 成功願望のある人; 有力なライバルの向こうを張ろうとする企業[商品など]. [I *wanna be* (like)…]

Wan·ne-Eick·el /vá:nəáɪkəl/ ヴァンネアイケル《ドイツ西部 North Rhine-Westphalia 州, Ruhr 地方の市》.

Wan·quan, Wan-ch'uan, Wan·chüan /wá:nʧuá:n/ 万全(ばんぜん)(ワンチュェン)《ZHANGJIAKOU (張家口) の旧称》.

want /wɔ́(:)nt, wánt/ *vt* **1 a** …が欲しい, 望む; 手に入れたい, 買いたい: I ～ a car. 車が欲しい / She ～*s* everything she sees. 見るものすべてを欲しがる / What do you ～ from [of] me? わたしに何を求めているのですか. **b** 〈人〉に用がある, 会いたい; 〈人を〉捜す: Tell him I ～ him. 彼に用があると言ってくれ / You are ～*ed* on the phone. あなたに電話です / He is ～*ed* by the police *for* murder. 殺人の疑いで警察のお尋ね者になっている. **2 a** …したい(と思う): I ～ *to* see her. 会いたい. **b** [目的補語を伴い] 〈…に…することを〉望む, 〈…に…してもらいたい; 〈…が…されることを〉望む: I ～ you *to* go with me. いっしょに行ってもらいたい / I ～ you *to* do it.＝I ～ it *done* by you. きみにやってもらいたい / I don't ～ you interfer*ing.* 干渉してもらいたくない / I ～ my trousers (*to* be) ironed out. ズボンにアイロンをかけてもらいたい / I ～ everything ready by five o'clock. 5時までに万事用意してもらいたい. **c** [副詞(句)を伴い] …に[を]…してもらいたい: ～ my money *back* 金を返してもらいたい / ～ you *out of* here ここから出て行ってもらいたい. **3 a** …が必要である, 必要とする: Sick people ～ plenty of sleep. 病人には十分な睡眠が必要だ / This work ～*s* patience. この仕事には忍耐が要る / It ～*s* some doing. 《口》それにはちょっと努力[こつ]が要る / My shoes ～ mending. ″靴を直さなければならない. **b** 《口》…すべきである: You ～ *to* see a doctor at once. すぐ医者に診てもらうべきだ / You don't ～ *to* be rude. 失礼をしてはいけない. **c** ″《俗》〈お仕置きなどを〉してやらねばならない. **4** …が欠けている, 足りない: He ～*s* judgment. 彼には判断力が欠けている / a statue ～*ing* the head 首なしの像 / It ～*s* five minutes *to* [*of*] noon. 正午に5分前だ. **5** …とセックスしたいと思う. ► *vi* **1** 望む, 欲する: if you ～ お望みなら. **2** 欠く, 不足する 〈*in, for*〉; 〈…を〉欲しがる, 必要とする 〈*for*〉; 困窮する, 事欠く: Let him ～ *for* nothing. 彼に不自由させるな / You shall ～ *for* nothing (that money can buy). (金で買えるものなら)きみに不自由はさせない. **3** 《米口・スコ》[in, to など方向を示す副詞を伴って] しきりに行き[出, はいり]たがる《など》: The cat ～*s in* [*out*]. 猫がはいり[出]たがっている / I ～ *off.* 《乗物などを》降りたい. ● **get** [**have** (**got**)] sb **where one ～s** him 人を意のままに従える. **～ in** [**out**] 《口》⇨ *vi* 2; 《口》《企てなどの》仲間にはいり[から抜け]たがる. **～ off** 《口》⇨ *vi* 2; 《口》出かけたがる.
► *n* **1** 必要, 入用; 《欠けているものを求める》欲求, 欲望; [ᵘ*pl*] 必要とされる[欲しい]もの: I am *in* ～ *of* food [money]. 食物[金]を必要としている / a man of few ～*s* 欲の少ない人 / meet [fill] a long-felt ～ 長い間の切実な要求を満たす / ～*s* and needs 要求, 要望. **2 a** 欠乏, 不足, 払底; 《人の》欠点: The plant died *from* [*for*] ～ of water. 水不足のため枯れた / *for* ～ *of* a better name [word, etc.] ほかにいい名前[ことば, 言い方]がないので / It won't be *for* ～ *of* trying. それは努力不足のせいではなかろう / *no* ～ *of*… たくさんの…. **b** 困窮, 貧困: live *in* ～ 貧乏に暮らす / be reduced to ～ 貧乏に陥っている / *W*～ is the mother of industry. 《諺》貧窮は勤勉の母.
♦ **～·er** *n* **～·less** *a* [ON (v) *vanta* be lacking, (n) *vant* (neut) ‹ *vanr* lacking; WANE, OE *wana* と同語源]

wan't /wánt, wɔ́(:)nt/* 《方》wasn't.

wan·ta /wántə/ 《発音つづり》want to.

wánt·able *a* 好ましい, 魅力的な.

wánt àd* 《口》《新聞の classified ad 欄の》求人[求職, 捜し物]広告.

wánt·age *n* 不足 (shortage); 不足高[額].

wánt·ed *v* WANT の過去・過去分詞. ► *a* 〖広告〗…を求む, 雇い入れたし; [店で売り子への呼びかけ] もしもし; 指名手配中の: *W*～ a cook. 料理人雇いたし / the ～ list 指名手配リスト.

wánted mán 《警察の》お尋ね者.

wánt·ing *a* 欠けている, 欠乏している, 足りない; 水準に達しない, 期待に満たない; 《口》知恵[頭]の足りない: ～ *in* courage 勇気がない / be found ～ 〈人・物が〉水準に達していない[不十分]とわかる. ► *prep*

/ˌ-ˊ-/ …がない[不足して], …を欠いて(は); …だけ足りない (minus): a book ～ a cover 表紙のない本 / a month ～ three days 3 日足りない 1 か月.

wánt lìst 欲しいもの(の項目)表, 《業者などに回される》希望品目表.

wan·ton /wɔ́(:)nt(ə)n, wɑ́n-/ *a* **1 a** 《文》理不尽な, いわれのない, むちゃくちゃな; 勝手放題の; おごった, 節度を超えた. **b** 悪ふざけをする; 無慈悲な, 残忍な, 冷酷な, 悪意からする. **c** 〖法〗無謀な, 未必の故意による〈違法行為・過失など〉. **2** 奔放な, 気まぐれな; みだらな, 浮気な, わいせつな. **3 a** 伸び放題の, 鬱蒼(うっそう)たる. **b** 《詩》浮かれ騒ぐ, ふざけまわる; 《古》手に負えない. ► *n* 浮気者, 《特に》みだらな女, 売女; いたずらっ子, 甘えっ子; はねまわる[しつけの悪い]動物: play the ～ ふざける, もてあそぶ. ► *vi* 《文》浮かれ騒ぐ, はねまわる, ふざけまわる; 〈異性〉と戯れる 〈*with*〉; 勝手放題な(残忍な)ことをする; 気ままに[放縦に]過ごす; 生い茂る. ► *vt* 《文》浪費する 〈*away*〉. ♦ **～·ly** *adv* 気まぐれに; 気ままに; ふざけまわって; 浮気に. **～·ness** *n* **～·er** *n* [ME *wantowen* undisciplined (*wan-* UN-, OE *togen* (pp) < *tēon* to discipline)]

wánt·wìt *n* 《口》脳タリン, まぬけ.

wan2 《E メールなどで》want to.

Wan·xian /wɑ́:nʃián/, **Wan·hsien** /; wǽnʃjɛ́n/ 万県(ばんけん)(ワンシェン)《中国四川省東部の, 楊子江に臨む内陸港》.

wany ⇨ WANEY.

wap[1] /wǽp, wɑ́p; wɔ́p/ 《方》 *v* (**-pp-**) *vi* 荒々しく引く[投げる]; 打つ; 突風のように吹く. ► *vt* 投げつける, たたきつける. ► *n* ガーン[ボカッ, バン, バシッ, カーン]となぐる[打つ]こと, 殴打, 打撃; 《スコ》突風, あらし; 《スコ》闘争. [ME *wappen* to throw violently<?]

wap[2] 《古・方》 *vt* (**-pp-**) 折りたたむ, 包み込む; 縛る, くくる. ► *n* 《ひもなど》巻きつくもの. [? *warp*; cf. WRAP]

WAP /wǽp, wɑ́p/ °White Australia Policy ♦〖電算〗wireless application protocol《携帯電話からインターネットを利用するための規格》.

wap·en·take /wɑ́pəntèɪk, wǽp-/ *n* 〖英史〗郡《イングランド北部および東部の Danelaw 諸州で county の構成単位; 他州の hundred に相当》; 郡裁判所. [OE<ON]

wap·i·ti /wɑ́pəti/ *n* (*pl* ～, ～**s**) 〖動〗ワピチ《北米・北東アジアの森林にすむ; シカ類中最大種の一つ》. [Cree＝white (deer)]

wap·pen·schaw(·ing), **-shaw(·ing)** /wǽpənʃɔ̀:(ɪŋ), wɑ́p-/ *n* 《スコットランドの各地で行なわれた》定期召集[閲兵]. [Sc (WEAPON, SHOW)]

wáp·per-jàwed /wɑ́pər-/ *a* *《口》下あごが突き出た; "《方》あご[口もと]がゆがんだ.

Wap·ping /wɑ́pɪŋ/ ウォッピング《London の Tower Bridge の東にある Thames 北岸の一地区; cf. FLEET STREET》.

wapsed /wɑ́pst/ *《俗》 *a* [～ down として] 〈作物が〉あらしで倒された; 酔っぱらった.

war[1] /wɔ́:r/ *n* **1 a** 《一般に》戦争(というもの), 交戦(状態), 戦い; 《個々の》戦争, 戦役《BELLIGERENT *a*》; [the] 第二次世界大戦; 内戦; [°*joc*] いさかい, けんか 〈*between, against, with*〉: *W*～ often breaks out without warning. / A ～ broke out between the two countries. / declare ～ against [on]… 〈他国〉に対し宣戦を布告する / make [wage] ～ upon…に戦争を仕掛ける, …を攻撃する / the ～ to end ～ 戦争絶滅のための戦い《第一次大戦の際の連合軍のスローガン》/ COLD [HOT] WAR. **b** 軍事, 戦略; 陸軍; 《古》戦闘, 交戦; 《古》兵士, 兵隊《集合的》; 《廃》兵器《集合的》: the art of ～ 戦術, 戦法, 兵法 / WAR OFFICE. **2** 戦い, 争い, 闘争 (conflict): a WAR OF NERVES / a ～ of words 舌戦, 論争 / the ～ *against* cancer / a ～ *on* drugs 麻薬撲滅の戦い. **3** 〖経〗経済支配をめぐる争い, 経済戦争 〈*for*〉. ● **at** ～ 交戦中で; 不和で 〈*with*〉. **be in the** ～**s** "《口》[°*joc*] 《事故・けんかなどで》傷を負っている, 一戦交えた跡のある. **carry the** ～ **into the enemy's camp** [**country**] 攻勢に転ずる; [*fig*] 同じ苦情などで相手を逆襲する. **go to the** ～(**s**) 《古》出征する. **go to** ～ 戦争を始める, 宣戦を布告する, 争う 〈*against, with; over*〉; 出征する. **have a good** ～ 《口》戦場で[戦時に]存分の活躍をする. ► *vi* (**-rr-**) 戦争する, 戦う, 激しく争う 〈*with, against*〉: ～ *over* a contract 契約を取ろうと争う. [AF<OF *guerre*<Gmc (OHG *werra* strife); cf. ↓]

war[2] 《スコ》 *a, adv* WORSE. ► *vt* (**-rr-**) 打ち負かす, 征服する. [ON]

wa·ra·gi /wɑ́:rɑ:gi/ *n* ウガンダ人の飲むバナナ酒, ワラギ. [Luganda]

Wa·ran·gal /wərʌ́ŋg(ə)l; wɑ́rəŋg(ə)l/ ワランガル《インド中南部 Andhra Pradesh 北部の市》.

wár àrtist 従軍画家.

war·a·tah /wɔ́:rətɑ̀:, -tɑ̀:, -tə/ *n* 〖植〗ワラタ《真紅の花をつける豪州産ヤマモガシ科テロペア属の数種の低木; New South Wales 州の州花》. [(Austral)]

warb /wɔ́:rb/ *n* 《豪俗》うすぎたないやつ, みすぼらしいやつ, うじむし. [? *warble*[2]]

wár bàby 戦争中に生まれた子, 《特に》戦時の私生児; 戦争の(悪)産物, 《特に 戦争景気に乗った》軍需品[産業], 戦争のため暴騰する有価証券; 《俗》若い[うぶな]士官.

War·beck /wɔ́:rbèk/ ウォーベック **Perkin** ～ (1474?–99)《イングランド王 Henry 7 世に対して王位を僭称したフランドル人》.

Wár betwèen the Státes [the] 〖米史〗南北戦争 (Civil War)《特に 南軍からみた呼称》.

wár·bìrd *n* 軍用機(の搭乗員).

war·ble[1] /wɔ́:rb(ə)l/ *vi, vt* 〈鳥が〉さえずる; [*joc*] 〈人が〉(声を震わせて)歌う; *ヨーデルを歌う; 歌で表わす[祝う]; 〈電子装置が〉震音を出す. ► *n* さえずり; 震え声; 歌. ♦ **wár·bling** *n, a* [OF *werble*(*r*)<Gmc; ⇨ WHIRL]

warble[2] *n* 《馬の背の》鞍ずれのたこ; 〖獣医〗牛皮腫《ウシバエの幼虫の寄生による家畜の皮膚のはれ》; ウシバエの幼虫. ♦ **～d** *a* 〈家畜(の皮膚)が〉ウシバエの幼虫に冒された, ウジのわいた. [C16<? Scand (Swed *varbulde* boil)]

wárble flỳ 〖昆〗ウシバエ.

wárble phòne 呼出し音[ベル]の音色がやわらかな[電子音の]電話機, トーンリンガー式電話機.

wár·bler *n* [*joc*] さえずるように(声を震わせて)歌う人[歌手]; さえずる鳥, 鳴鳥(めいちょう)《特に **1**) 欧州ではヒタキ科ウグイス亜科の鳴鳥 **2**) 新大陸ではアメリカムシクイ科の鳴鳥 (＝*wood warbler*)》; 〖通信〗無線電話で搬送周波数を変える装置.

wár·bònnet *n* ワシの羽で飾った北米インディアンの礼帽.

Wár Bòx [the] "《俗》陸軍省 (War Office).

wár brìde 戦争花嫁《出征する軍人[外国の軍人]の》.

War·burg /wɔ́:rbə̀:rg; *G* vá:rburk/ ヴァールブルク **Otto** (**Heinrich**) ～ (1883–1970)《ドイツの生理学者; 細胞呼吸のメカニズムを研究; ノーベル生理学医学賞 (1931)》.

wárby *a* 《豪俗》うすぎたない, みすぼらしい.

wár chèst 軍資金; 運動[活動]資金.

wár clòud [ᵘ*pl*] 戦雲, 戦争になりそうな雲行き[気配].

wár clùb 《北米インディアンが用いた》戦闘用棍棒; 《俗》野球のバット.

wár cὸllege 士官学校.

wár correspòndent 従軍記者, 戦地特派員.

wár crìme [ᵘ*pl*] 戦争犯罪.

wár crìminal 戦争犯罪人, 戦犯.

wár crỳ 《攻撃・突撃の際の》鬨(とき)の声, 喊声(かんせい) (battle cry); 《政党などの》標語, スローガン.

ward /wɔ́:rd/ *n* **1** 区《選挙・行政などのための市・町の区分》; 郡《イングランド北部およびスコットランドの一部の county の行政区分》; *WARD HEELER. **2 a** 病棟, 共同病室; 《刑務所の》監房; 〖英史〗救貧院; 〖モルモン教〗ワード部《地区組織の最小単位》: CASUAL WARD, ISOLATION WARD, etc. / WALK the ～*s*. **b** 《城・要塞などの》中庭. **3 a** 〖法〗被後見人 (＝～ **of cóurt**) (opp. *guardian*); 被後見人の身分, 後見; 《広く》監督下[保護下]にある者. **b** 保護, 監督; 監視, 警戒; 抑留, 監禁: be in ～ to…に後見されている / be under ～ 監禁されている / put sb in ～ 人を監禁[抑留]する / keep WATCH AND WARD. **4** [ᵘ*pl*] 錠[鍵穴]の中の突起, 鍵の刻み目. **5** 〖フェン〗GUARD; 防具; 《古》守備隊; 《まれ》WARDEN. ► *vt* 受け流す, かわす, 撃退する 〈*off*〉; 防ぐ, 避ける 〈*off*〉; 病棟《など》に収容する[入れる]; 《古》守る, 保護する; 後見する. [OE *weard* protector; WARE[2] と同語源; GUARD と二重語; cf. G *Wart, warten*]

Ward ウォード (**1**) (**Aaron**) **Montgomery** ～ (1843–1913)《米国の商人・実業家》(**2**) **Ar·te·mas** /ɑ́:rtəməs/ ～ (1727–1800)《米国独立戦争時の植民地軍の司令官》(**3**) **Artemus** ～《Charles Farrar BROWNE のペンネーム》(**4**) **Barbara** ～, Baroness Jackson of Lodsworth (1914–81)《英国の経済学者; *Economist* の編集者 (1939)》(**5**) Mrs. **Humphry** ～ [生名 Mary Augusta Arnold] (1851–1920)《英国の小説家; Thomas Arnold の孫; *Robert Elsmere* (1888)》(**6**) Sir **Joseph** (**George**) ～ (1856–1930)《ニュージーランドの政治家; 首相 (1906–12, 1928–30)》.

-ward /wərd/ *a suf, adv suf* 方向を表わし, 形容詞・副詞を自由に(しばしば戯言的に)つくる: bed*ward*(*s*) ベッドの方へ. ★ 米語では *adv* にも主に -ward を用い -wards としない. [OE *-weard*<Gmc (**werth-* to turn)]

wár dàmage 戦禍, 戦災.

wár dànce 《未開民族の》出陣の踊り, 戦勝の踊り.

wár dèad [the] 《集合的》戦没者.

wár dèbt 戦債.

wárd·ed *a* 〈錠が〉中に突起のある, 〈鍵が〉刻み目のある.

war·den /wɔ́:rdn/ *n* **1** 管理者, 監督者; 監視員, 巡視員; *刑務所長 (governor"); "看守. **2 a** "《学校・病院・福祉施設などの》長, "《大学の》学寮長; 《組織の》理事, 役員; "《港湾・市場などの》長官, 所長. **b** [W-] "総監, 総督; 《Connecticut 州自治町村などの》首長, 知事; 〖史〗摂政. **3** 教会委員 (churchwarden); 《古》門番. ► *vi* 猟区監督官として監督保護する. ♦ **～·ry** *n* warden の職[管轄, 管理地区]. **～·shìp** *n* warden の職[権力, 管轄]. [AN GUARDIAN]

Warden *n* [°w-] 〖園〗ウォーデン《冬期に収穫する料理用西洋ナシ》.

Wár Depàrtment [the] 陸軍省 《米》1789–1947; 〖英〗1784–1857》.

wárd·er[1] *n* (*fem* **wárd·ress**) 番人, 見張り人, 門番; "《刑務所の》

看守. ♦ **~·shìp** *n* warder の職業[地位, 役目]. [AF (*warde* act of guarding)＜Gmc]

warder[2] *n* 〘史〙《王・司令官の》権標, 職杖. [ME *warden* to WARD]

wárd hèeler*《口》地区政界実力者の運動員, 地区政界ボスの子分.

Wárd·ian càse /wɔ́ːrdiən-/ ウォード箱《シダ類などの運搬・栽培用の上面と側面がガラス製の箱》. [N. B. *Ward* (1791–1868) 英国の植物学者, 発明者]

wárd màid 《病院の》雑役婦, 掃除婦.

wárd·mòte *n* 〘英史〙区の寄合い[会合].

Wár·dour Strèet /wɔ́ːrdər-/ ウォーダー街《古器物店で有名であった London の町; 現在は映画産業の代名詞》: ~ English ウォーダー街英語《古文気取りの英語》.

wárd·ress ⇨ WARDER[1].

wárd·robe /wɔ́ːrdròub/ *n* 衣裳[洋服]だんす; CLOTHESPRESS, WARDROBE TRUNK; 《特に劇場の》衣裳部屋; 持ち衣裳, 衣類, ワードローブ; 舞台衣裳; 《劇場・テレビ局などの》衣裳部; 《王室などの》衣裳管理係, 納戸役: He has a large ~. 衣裳持ちだ / a summer ~ 夏物の衣類, 夏服類.

wárdrobe bèd たんす兼用折りたたみ式寝台.

wárdrobe càse 衣裳かばん《衣服をハンガーに掛けた状態で運べる》.

wárdrobe dèaler 古着屋.

wárdrobe màster 《劇場・劇団の》衣裳係《男性》.

wárdrobe mìstress 《劇場・劇団の》衣裳係《女性》.

Wárdrobe of the Hóusehold [the] 〘英史〙納戸部《中世の王室財政を統括した部局》.

wárdrobe trùnk 衣裳トランク《たんす兼用で大型》.

wárd·ròom *n* 《軍艦内の》上級士官室; 《食事や閑談のための》上級士官用ラウンジ; 上級士官《集合的》.

wárd ròund 《医師の》病室回診.

-wards" /wərdz/ *adv suf* -WARD.

wárd·ship *n* 後見される未成年者の身分[地位], 被後見; 後見(権): be under the ~ of...に後見されている / have the ~ of...を後見している.

wárd sìster" 病棟看護師.

ware[1] /wέər/ *n* [ᵘ*compd*] 細工物, 製作品, 製品, 器物, 品物; 瀬戸物, 陶器; [ᵘ*compd*] 〘電算〙(ソフト)ウェア; [*pl*] 商品, 売品, 売り物; [*pl*] 売り物の芸[技量, 才能など]: HARDWARE / IRONWARE / SHAREWARE / MALWARE / praise one's own ~*s* 自画自賛する. [OE *waru*; cf. G *Ware*; ↓と同語源で 'object of care' の意か]

ware[2], **'ware** 《古》*a* 用心深い, 油断のない; 賢い, 抜け目のない; 〈...に〉気づいている (aware) 〈*of*〉. ► *vt* [ᵘ*impv*] ...に気をつける, 用心する, 慎む: *W*~ the hound! 《狩りで》犬にご用心 / *W*~ the bottle. 酒に気をつけよ, あまり飲むな. [OE *wær*; cf. WARD, AWARE, BEWARE]

ware[3] 《スコ》*vt* 費やす; 浪費する. [ON *verja* to invest (money)]

wár èagle 〘鳥〙イヌワシ (golden eagle).

wár èffort 《国民全体の》戦時協力, 《戦時の》総動員体制.

wáre gòose 〘鳥〙コクガン (brant).

ware·house /wέərhàus/ *n* 倉庫, 貯蔵所, 《税関の》上屋(うわや); "卸売店, 問屋; "大商店; *"人間倉庫"《精神病患者・老人・困窮者などを押し込めておく大型の公共収容施設》. ► *vt* /-hàuz/ 倉庫に保管する; 保税倉庫に預ける; *"人間倉庫" に放り込む; 《証券俗》《乗っ取りを意図する第三者の委託で》名義人として〈株を〉買う. [*ware*[1]]

wárehouse clùb ウェアハウスクラブ《会員制のディスカウントショップ》.

wárehouse·man /-mən/ *n* 倉庫係; 倉庫業者; "卸売商人.

wárehouse pàrty ウェアハウスパーティー《大きな倉庫などで行なわれる大規模なディスコパーティー》.

wáre·hòus·er /-hàuzər, -sər/ *n* WAREHOUSEMAN.

wárehouse recèipt* 倉庫証券.

wáre·hòus·ing /wέərhàuzɪŋ/ *n* 倉庫に入れる[保管する]こと, 入庫, 倉庫[保管]業務; 倉庫《集合的》; '人間倉庫' (warehouse) への収容; 〘証券〙株式の倉庫積上げ《公開買付け (takeover bid) に先立って, 買収の対象としてねらう企業の株を少しずつ複数の替え玉名義で買いためておくこと》.

Ware·rite /wέərràɪt/ 〘商標〙ウェアライト《壁や家具などの外装用のプラスチック化粧板》.

wáre·ròom *n* 商品陳列室, 商店, 店(先).

war·fare /wɔ́ːrfὲər/ *n* 交戦状態, 戦争行為; 戦争 (war), 交戦; 闘争, 争い.

war·fa·rin /wɔ́ːrfərən/ *n* 〘化〙ワルファリン《血液凝固阻止剤; 殺鼠剤用・医薬用》. [*W*isconsin *A*lumi *R*esearch *F*oundation ワルファリンの特許所有者＋coum*arin*]

wár·fìght·ing *n* 戦闘; 〘軍〙ミサイル戦争. [? *war*head＋*fighting*]

wár fòoting 《軍隊・組織などの》戦時体制: on a ~ 戦時体制で.

wár-gàme *vt* WAR GAME さながらに計画する[行なう]. ► *vi* WAR GAME を行なう. ♦ **wár-gàmer** *n* **wár-gàming** *n*

wár gàme 《参謀などが地図上で行なう》机上戦, 図上演習, 《模型を用いてする》ウォーゲーム; 兵棋 (Kriegspiel); 作戦; [ᵒ*pl*] 《実戦を模した》対抗演習.

wár gàs 戦争用毒ガス, 戦用ガス.

wár gòd 軍神《ギリシアの Ares, ローマの Mars など》.

wár gràve 戦没者の墓.

wár hàmmer 戦槌(せんつい)《中世歩兵が使った長柄の甲冑破壊用の槌》.

wár hàwk 主戦論者 (jingo), タカ派の人[議員]; 〘米史〙WAR OF 1812 の開戦を主張した米議会の若手議員.

wár·hèad *n* 《魚雷・ミサイルなどの》実用頭部, 弾頭.

War·hol /wɔ́ːrhɔ̀ːl; -həul/ ウォーホル **Andy** ~ (1928?–87)《米国の画家・映画監督; 1960 年代ポップアートの代表的存在》. ♦ **War·hól·ian** *a*

wár·hòrse *n* 軍馬; [ᵒold ~]《口》老兵, 《政界などの》古つわもの, ベテラン; 《口》ありふれた出し物《音楽・演劇など》.

Wár Hòuse [the]"《俗》陸軍省 (War Office).

war·i·son /wǽrəsən/ *n* 攻撃開始の合図.

wark[1] /wáːrk/ 《方》*n* 痛み (pain, ache). ► *vi* 痛む.

wark[2] *vi, vt, n* 《廃・方》WORK.

Warks Warwickshire.

wár·less *a* 戦争のない. ♦ **~·ly** *adv* **~·ness** *n*

War·ley /wɔ́ːrli/ ウォーリー《イングランド中西部 West Midlands 州の町》.

wár·lìke *a* 戦争の, 軍事の, 兵士の, 武人の; 好戦的な, 勇武の; 戦争になりそうな; 《廃》戦闘準備の整った, 武装した.

war·ling /wáːrlɪŋ/ *n* 嫌われ者. [*war*[1]]

wár lòan" 戦時公債.

war·lock /wɔ́ːrlὰk/ *n* 黒魔術師, 魔法使い; 魔術[手品]師, 占い師. [OE *wǣr-loga* (*wǣr* oath, *-loga* liar＜*lēogan* to LIE[1])]

wár·lòrd 《文》*n* 《軍の》(最高)司令官, 将軍; 《特定地域の統治権を握った》軍指導者, 軍閥, 《昔の中国の》督軍 (tuchun). ♦ **~·ism** *n* 軍閥主義[政治].

warm /wɔ́ːrm/ *a* **1 a** 〈物・気候が〉暖かい, 温暖な; 暑い (hot): get ~ 暖かくなる, 熱くなる, ほてる / You are ~. 《額に手を当てたりして》熱いよ, 熱があるね. **b** (着て)温かい〈外套など〉; "《口》安楽な, 裕福な. **c** 暖かい感じの (opp. *cool*): ~ colors 暖色《赤・だいだい色・黄など》. **2** 温情のある, 思いやりのある〈心・友人など〉; 心からの: ~ welcome 暖かい歓迎 / ~ thanks 心からの感謝. **3 a** 熱心な, 熱烈な; 熱狂的な, 興奮した, 激した; おこりっぽい; 活発な, 生気あふれる: ~ dispute 激論 / grow ~ 激する, 興奮する, 〈議論など〉活発になる / ~ with wine 一杯機嫌で. **b** 刺激的な, みだらな: ~ descriptions 煽情的記事[描写]. **4** 《口》骨の折れる, つらい; 《口》危険な; 《口》不愉快な, 気持の悪い: a ~ corner 激戦地. **5** 〘狩〙〈遺臭が〉なまなましい, 新しい (cf. COLD, COOL, HOT); 《口》《隠れん坊・クイズなどで》〈人が〉目標[正解]に近づいて, 当てそうで: be getting ~ 《もう少しで》見つけ[当て]そうになる. ● **keep a place [seat, etc.] ~** 人のために一時的にその地位[席など]についている. **make it [a place, things, etc.] (too) ~ for** sb＝make it (too) HOT for sb. **~ with** 《口》(湯と砂糖とを加えた)ホットブランデー《warm with sugar の意; cf. COLD *without*》.

► *vt* **1** 暖める, 暖かくする; 〈食物を〉温めなおす: ~ (*up*) a room 部屋を暖める / ~ *up* [*over**] yesterday's mutton 昨日のマトンを温めなおす / ~ one*self* 体を温める. **2** 暖かい[優しい]気持にする: It ~*s* my heart to hear such a story. そういう話を聞くと心がなごむ. **3** 熱心にする, 熱中[興奮]させる; 激怒[憤慨]させる; 活気[元気]づける; "《口》〈尻を〉たたく; 《俗》殴打する, むち打つ: ~ sb's jacket 《俗》むち打つ.
► *vi* 暖まる; 温めなおされる; 熱心になる, 熱中する〈*up*〉; 興奮する〈*up*〉; 活気づく, 生気にあふれる〈*up*〉; 心がなごむ; 共感[好意]を寄せる, 気に入る〈*to*〉: ~ *to* one's subject 問題に熱中する / My heart ~*s to* [*toward*] him. わたしは彼に心をひかれる, なつかしさを感じる. ● **~ down** 《穏やかな運動・ストレッチなどをして》ウォームダウンする, 疲れをとる. **~ over*** 温めなおす (cf. *vt* 1); *[*fig*]〈意匠などを〉焼きなおす, 蒸し返す; *〈客を〉前説(まえせつ)で盛り上げる (warm up). **~ sth through** 〈食物を〉すっかり温める. **~ up** 暖まる, 暖める, 温めなおす[される]; 〈考え・議論などを〉焼きなおす; 激してくる, 緊張[緊迫]する[させる]; 同情[好意]を寄せる, なじむ〈*to, toward*〉; うちとける; 〘スポ〙(軽く)準備運動をする, ウォーミングアップする; 《大きな試合などに備えて》腕ならしをする〈*for*〉; 〈エンジンなどを〉暖機(運転)する, 〈エンジンなどが〉作動できる状態になる, 暖まる; 〈客を〉前説(まえせつ)で盛り上げる, 〈前座が〉客を前説で盛り上げる; 〈イベントなどが〉盛り上がる. **~ wise***《俗》事情に明るくなる.

► *n* **1** [ᵒa ~] 暖める[暖まる]こと: have [give it] another ~ もう一度暖まる[暖める]. **2** 暖かさ, 温気(うんき), 暖気; [the]" 暖かな所; (着て)暖かいもの, 《特に》BRITISH WARM.

► *adv* [ᵘ*compd*] 暖かく: ~-clad / ~-kept / wrap up ~ 暖かい服装をする.

♦ **~·ness** *n* WARMTH. [OE *wearm*; cf. Du and G *warm*]

wár·màker *n* WARMONGER.

wárm·blòod *n* ウォームブラッド, 温血種《アラブなどの軽種馬と, 輓馬(ぽ)またはポニー種との混血馬; cf. HOTBLOOD, COLDBLOOD》.

wárm-blóod·ed *a* 〔動〕温血の, 定温の《36–42°C》; [*fig*] 熱血の, 激しやすい, 熱烈な (ardent). ♦ **~·ly** *adv* **~·ness** *n*

wárm bòdy 《口》 [*derog*]《単純作業しかできない》無能労働者; *《口》《単に員数として考慮される》人, 席を暖めるだけの者, 一兵卒.

wárm bóot 〔電算〕ウォームブート《電源を切らずにシステムを再起動すること; cf. COLD BOOT》.

wárm-dòwn *n* 〔スポ〕整理運動, ウォームダウン.

wármed-óver* *a* 〈料理などが〉温めなおした; [*fig*] 焼直しの, 新味のない, 陳腐な.

wármed-úp *a* 準備運動のすんだ, ウォーミングアップした; WARMED-OVER.

wár memòrial 戦争[戦没者]記念碑[塔, 館].

wárm·er *n* 暖める人[もの]; [ᵘ*compd*] 加温[暖熱]装置: a foot ~ 足温器.

wárm·er-úpper *n**《口》体を暖めるもの, 《特に》温かい飲み物, 酒; 暖かい気持にさせるもの; やる気にさせるもの.

wárm frònt 〔気〕温暖前線 (cf. COLD FRONT, OCCLUDED FRONT).

wárm fúzzy [ᵘ*pl*] *《口》暖かい気持, ほのぼのとした気分; ほめことば, お世辞, お愛想.

wárm·héart·ed *a* 心の暖かい, 暖かみのある, 思いやりのある, 親切な: a ~ welcome 暖かい歓迎. ♦ **~·ly** *adv* 暖かく, 親切に. **~·ness** *n*

wárm·ing *n* 暖めること, 暖まること, 加温; 温暖化; 《国や人の関係の》友好化; 《俗》むち打ち, 殴打: get a (good) ~ (したたか)なぐられる.

wárming pàn 《石炭[熱湯]を入れて用いた》長柄付きの金属製ベッド温め器; 《本人就任までの》臨時代理人, 代役.

wárm·ing-úp *a* WARM-UP の(ための). ► *n* 暖めること, 暖かくなること.

wárm·ish *a* やや暖かい.

wárm lìnk 〔電算〕ウォームリンク《OLE などで, リンク先のオブジェクトを変更後, ユーザーからの指示で埋め込み先のオブジェクトがそれに合わせて変更できるもの; cf. HOT LINK》.

wárm·ly *adv* 暖かに; 熱心に, 熱烈に; 激して, 興奮して; 心から, 暖かく〈迎えるなど〉.

wár·mònger *n* 戦争挑発人, 戦争屋, 主戦論者. ♦ **~·ing** *n*, *a* 戦争挑発(の).

war·mouth /wɔ́ːrmàʊθ/ *n* 〔魚〕米国東部淡水産のサンフィッシュ科ブルーギル属の一種 (=~ **bàss**, ~ **pèrch**).

wárm sèctor 〔気〕暖域.

wárm spòt 《皮膚の》温点; 《心のうちの》暖かい(愛の灯のともる)ところ, 《ある人[もの]に対する》変わらない愛情, ほのぼのとした気持.

warmth /wɔ́ːrmθ/ *n* 暖かさ, 暖(気), 温暖; 熱心, 熱烈, 激しさ, 興奮; (ちょっとした)いらだち; 温情, 思いやり, 暖かみ; 〔画〕《色の》暖かい感じ: vital ~ 体温 / with ~ 興奮[感激]して, 熱くなって.

wárm-ùp *n* 準備運動, ウォーミング[ウォーム]アップ; 《エンジンなどの》暖機; 《口》前座, 前説(まえ); [ᵖ*pl*] *ウォームアップスーツ (=~ **sùit**) 《ジャケットまたはスエットシャツとパンツからなる運動着・カジュアル着》: go through a ~ ウォーミングアップする.

wárm wórk 体の温まる仕事; 骨の折れる[危険な]仕事; 激突, 苦戦.

warn /wɔ́ːrn/ *vt* 警告する; 警告して避けさせる[用心させる]; 忠告する; 〈人〉に通告する, 予告する: ~ away 警告して近づけない[去らせる] / ~ sb *of* some danger [*that* there is some danger] 人に危険を警告する / ~ sb *against* [*about*]... 人に警告して…を用心させる / ~ sb *to* do [not *to* do]…するように[しないように]警告する. ► *vi* 警告[予告]する, 警報を鳴らす. ● **~ off** 〈人〉に近づかない[立ち入らない]ように警告する, 〈人〉に〈事を〉やめる[しない]ように注意する 〈*doing*〉; ᵘ〈競走馬・騎手を〉出走停止処分にする. ♦ **~·er** *n* [OE *war*(*e*)*nian*; cf. WARE², G *warnen*]

War·ner /wɔ́ːrnər/ ウォーナー《男子名》. [*warrener*; 家族名から]

Warner Bros. Entertainment /—— brʌ̀ðərz ——/ ワーナー・ブラザーズ・エンターテインメント(社) (~ Inc.)《米国の映画会社; 1923 年 Harry (1881–1958), Albert (1884–1967), Samuel (1887–1927), Jack (1892–1978) の Warner 4 兄弟が設立; 現在 Time Warner グループの一部》.

wár neuròsis 〔精神医〕《戦時の兵の》戦争神経症.

wárn·ing *n* 警告, 警戒; 警報; 訓戒, 訓戒となるもの; 徴候, 前兆; 予告, 通告 (notice): a word of ~ to sb 人への警告のことば / a storm ~ 暴風雨警報 / advance ~ 事前の警告, 予告 / without ~ 予告なしに / take ~ 警戒する / take ~ by [from]…を戒めとする / Let this be a ~ to you. これを戒めとしなさい / at a minute's ~ 直ちに. ● **give ~** 警告する; 訓戒する; 《古》予告を与える: *give* a month's ~ 〈雇い人または雇い主に〉1 か月前に解雇[辞職]を予告する. **strike a note of ~** (**against**…に)警鐘を鳴らす. ► *a* 警告の, 警戒の; 戒めの, 訓戒の; 〔動〕警戒色の: a ~ gun 警砲, 号砲. ♦ **~·ly** *adv* 警告[警戒]して, 警告的に.

wárning bèll 警鐘; 合図の鐘[ベル], 予鈴.

wárning coloràtion 〔動〕警戒色 (cf. APOSEMATIC).

wárning nèt (防空)警報網.

wárning tràck [**pàth**] 〔野〕警告帯《ボールを追って走る外野手にフェンスが近いことを知らせる, 外野の端に沿って設けた土や石炭殻の部分》.

wár nòse 《魚雷などの》弾頭《信管を取り付けた部分》; WARHEAD.

Wár of (**Américan**) **Indepéndence** [the] (アメリカ)独立戦争 (Revolutionary War)《英国での呼称》.

Wár of 1812 /-éɪtìːntwélv/ [the] 1812 年戦争《1812–15 年の米英戦争》.

Wár Òffice [the] 〔英〕陸軍省《略 WO; 1964 年以降 the Ministry of Defence (国防省) に吸収》.

wár of liberátion 《親西側[反共産主義]政権に抗する》解放戦争《共産主義者の用語》.

wár of nérves 心理上の駆け引き[戦術], 神経戦 (opp. *shooting war*).

Wár of Secéssion [the] 〔米史〕南北戦争 (American Civil War).

Wár of the Áustrian Succéssion [the] オーストリア継承戦争 (1740–48)《オーストリア・英国・オランダ対プロイセン・フランス・スペイン》.

Wár of the Gránd Allíance [the] アウクスブルク同盟[連合]戦争, プファルツ(継承)戦争 (1688–97)《英国・オランダ・スペイン・神聖ローマ帝国などのアウクスブルク同盟と Louis 14 世のフランスとの戦争; Rijswijk で講和》.

Wár of the Nátions [the] 第一次世界大戦 (World War I).

Wár of the Rebéllion [the] 〔米史〕南北戦争 (American Civil War).

Wár of the Spánish Succéssion [the] スペイン継承戦争 (1701–14)《オーストリア・英国・オランダ・プロイセン対フランス・スペイン》.

Wár of the Wórlds [The] 『宇宙戦争』《H. G. Wells の小説 (1898); 火星人による地球侵略を描いた SF の古典》.

wár on térror [**térrorism**] [ᵘthe, ˢW- on T-] テロとの戦い, 対テロ戦争《9/11 を契機として George W. Bush 政権 (2001–09) の主導のもとに展開されたテロリズムとの戦い》.

Wár on Wánt 〔英〕窮乏との戦い, ウォー・オン・ウォント《国際的な貧民救済を目指す慈善組織; 1952 年創立》.

warp /wɔ́ːrp/ *vt* **1 a** 〈材木などを〉そらせる, ねじる, 曲がらせる; 〔空〕〈翼などを〉たわませる. **b** 〈判断・話の内容などを〉ゆがめる; 〈心・人を〉偏屈にする, ひがませる; そらせる, 逸脱させる. **2** 〔海〕〈船を〉引綱をたぐって引く. **3** 〔農〕〈土地〉に水を引いて沈泥肥料を施す; 〈水路などを〉沈泥で詰まらせる 〈*up*〉. **4** 〔織〕〈糸を〉縦糸に整える, 整経(せいけい)する. ► *vi* **1 a** そる, ゆがむ; それる, はずれる; いびつになる. **b** ひがむ, すねる. **2** 〔海〕船《など》を引綱で引く, 〈船が〉引綱で引かれる. **3** 〔織〕整経する. ● **~ out** 《口》すばやく移動する, さっさと立ち去る. ► *n* **1 a** 《材木・金属などの》そり, ゆがみ, ひずみ, ねじれ, 曲がり; 《時空間の》ゆがみ, ワープ (TIME [SPACE] WARP): WARP SPEED. **b** 《心の》ひがみ, 根性曲がり, 偏屈. **2 a** [the] 《織物の》縦糸, 経糸, ワープ《集合的》(opp. *woof*, *weft*); 《タイヤのカーカスを構成する》撚(よ)り糸, コード. **b** 土台, 基礎, 礎. **3** 〔海〕引綱《一端を固定物に結びこれをたぐって船を動かす綱; またトロール網や捕鯨銛(もり)に付けた綱》. **4** 〔農〕《畑に水を引いて得る》沈泥; 〔地質〕沖積土. ● **~ and woof** 基礎 (foundation, base): the ~ *and woof* of language 言語の基本組織. ♦ **wárp·age** *n* [OE (n) *wearp*, (v) *weorpan* to throw; cf. G *werfen*]

wár pàint アメリカインディアンが出陣するときに顔や体に塗るえのぐ; 《口》[*joc*] 化粧(品) (makeup); 《口》盛装, 正装.

wár pàrty 征途にあるアメリカインディアンの一隊; 主戦派, 戦争屋.

wár·pàth *n* アメリカインディアンの征途; 敵対行為, 敵愾(てきがい)心. ● **on the ~** 戦おうとして, 戦いを見越して, 戦って; 《口》怒って, けんか腰で.

wárp bèam 《織機の》縦糸巻き, 整経ビーム, 千切(ちぎり), 緒巻(おまき).

warped /wɔ́ːrpt/ *a* そった, ねじ曲がった; 常道を踏みはずした; *《俗》薬(やく)に酔って, ラリって (bent).

wár pènsion 戦傷病者[戦没者遺族]年金. ♦ **wár pènsioner** *n*

wárp·er *n* 縦糸巻き機械, 整経機; 縦糸仕掛け人.

wárp fàctor 《俗》巨大な累乗指数, ワープ係数.

wárp·ing *n* 〔織〕整経《縦糸を織機で製織できるよう整えること》.

wárping bòard 〔織〕整経板《整経のために糸を種分けする掛け釘の付いた板》.

wárp knìt 縦編み, ワープニット《縦編みにした編物; cf. WEFT KNIT》.

wárp-knìtted *a* 縦編みの.

wárp knìtting 縦編み, 縦メリヤス編み.

wárp lànd 〔地質〕沖積土壌地《肥沃》.

wár·plàne *n* 軍用(飛行)機; 戦闘機.

wár pòet 《特に 20 世紀の大戦を扱った》戦争詩人.

wár pòwer 戦争遂行能力, 戦力; 《行政府の》非常大権.

wárp-prìnt·ed *a* 〔織〕縦糸捺染(なせん)の, ほぐし織りの, ウォーブプリント(地)の《縦糸にだけ捺染を施して織ったもの》.

wárp-pròof *a* たわみ[ねじれ]防止(加工)の.
wárp ròll WARP BEAM.
wárp spèed ものすごい速さ, 猛スピード, あっという間, (ワープのような)超光速. ♦ **wárp-spèed** *a*
wárp·wìse *adv* 〖紡〗縦に, 縦糸の方向に.
warragal ⇨ WARRIGAL.
war·rant /wɔ́(:)rənt, wɑ́r-/ *n* **1** 正当な理由, 根拠; 権能 (authority); 保証(となるもの), 確証: without ～ 正当な理由なく, いわれもなく / What's your ～ for saying so? 何の根拠でそう言うのか / have ～ for…の正当な理由[権能]がある / Diligence is a ～ for success. 勤勉は成功の保証となる / with the ～ of a good conscience 良心に恥ずるところなく, 正々堂々と. **2 a** 証明書, 免許状; "〖商〗倉荷証券. **b** 〖法〗《刑事の》令状《逮捕状·拘引状など》, 《民事の》召喚状; 〖軍〗准尉任命辞令 (cf. WARRANT OFFICER, COMMISSION): a general ～《昔の》一般逮捕状 / a ～ to search a house 家宅捜索令状 / a ～ of [for] arrest 逮捕状 / issue a ～ for sb's arrest 人に逮捕状を出す / The ～ against [for the arrest of] him is out. 彼に逮捕状が出ている / a ～ of attachment 差押令状. **c** 指図(書); 権限授与状, 委任状; 支払い命令書, 受領許可書: a ～ of attorney (訴訟)委任状《債務者が弁済を確保するため債権者に差し入れるもの》. **d** 短期公債; ワラント《特定価格で一定量の会社株式を買う権利を与える証書》. ► *vt* …に値する; 保証する, 請け合う; 〈人〉に保証する; 《口》断言する; 〖法〗〈財産·土地など〉の権利を保証する, 〈権利を〉保証する; 《古》保護する (protect): The proposal ～*s* careful evaluation. その提案は慎重に検討する価値がある / coffee ～*ed* pure 純良保証のコーヒー / I ～ it's all true.＝It's all true, I ～. 確かに全部本当です / I('ll) ～ (you). [通例 挿入句] 《古風》確かに. ♦ **～·less** *a* [ME＝protector, warrant＜AF *warant*＜Gmc; cf. GUARANTY]
wárrant·able *a* 正当な; 保証される, 請け合える: a ～ stag (法的に)狩ってもよい年に達している鹿《5 歳以上》. ♦ **～·ably** *adv* **～·ness** *n*
wárrant càrd" 《警察官などの》身分証明書, 身分証.
war·rant·ee /wɔ̀(:)rəntíː, wɑ̀r-/ *n* 〖法〗被保証人.
wárrant òfficer 〖陸軍·空軍·海兵隊〗准尉, 准士官, 〖海軍〗兵曹長 (⇨ ARMY, NAVY, AIR FORCE, MARINE CORPS).
wárrant of fítness [the] 《NZ》《自動車の》車検証《6 か月間有効》.
wár·ran·tor, wárrant·er *n* 〖法〗保証人, 担保の提供者, 権原担保者.
wárrant sàle 〖スコ法〗未済の借金弁済に当てるための押収物の売却.
war·ran·ty /wɔ́(:)rənti, wɑ́r-/ *n* **1** 根拠, 正当な理由, 認可 〈*for* do*ing*〉; 保証 (guarantee) 〈*on* a TV set〉; 誓約 〈*for* do*ing*〉; 〖保〗《契約上の》誓約: be under ～ 保証期間中にある. **2** 保証書; 〖法〗担保; 〖法〗令状, 命令書. ► *vt* 〈メーカー·販売店が〉〈商品〉に保証書を付ける, 保証書で品質保証する. [⇨ GUARANTY]
warranty dèed 〖法〗権原担保捺印証書, 瑕疵(ゕし)担保証書.
war·ren /wɔ́(:)r(ə)n, wɑ́r-/ *n* ウサギ (rabbits) の飼育場, 養兎場; ウサギ群生地; 入り組んだウサギの穴; 飼育場のウサギ《集合的》; ごみごみした[過密な]地域[建物]; 迷路, 迷宮; 〖英法〗《ウサギなどの》野生鳥獣飼育特許地(での狩猟特権). [AF *warenne*＜Celt＝fenced-off area]
Warren 1 ウォレン《男子名》. **2** ウォレン (1) **Earl** ～ (1891–1974)《米国の法律家·政治家; 合衆国最高裁判所首席裁判官 (1953–69), Kennedy 大統領暗殺事件調査委員会 (the ～ **Commission**) の長 (1963–64)》 (2) **J(ohn) Robin** ～ (1937–)《オーストラリアの医学者; ヒトの胃に *Helicobacter pylori* が生息することを発見; ノーベル生理学医学賞 (2005)》 (3) **Joseph** ～ (1741–75)《アメリカの医師, 独立戦争の指導者》 (4) **Robert Penn** ～ (1905–89)《米国の作家·詩人·教育家》. **3** ウォレン《Michigan 州南東部 Detroit 市北郊の市》. [Gmc＝? protection]
wárren·er *n* 野生鳥獣飼育特許地の管理人; 養兎場主.
Wárren gìrder [trùss] 〖建〗ワーレン桁[トラス]《二等辺三角形の連続となるように斜材を入れたトラス》. [Russel *Warren* (1783–1860) 米国の建築家]
war·ri·gal, -ra- /wɔ́(:)rəg(ə)l, wɑ́r-/ 《豪》 *n* DINGO; 野馬; 未開の先住民. ► *a* 野生の; 野蛮な. [(Austral)]
wár·ring *a* 闘争(中)の, 交戦中の; 戦争のような; 相闘う; 相容れない〈意見·信条など〉: the ～ parties 戦争の当事者. ► *n* 戦争の遂行, 交戦.
Wárring Státes pèriod [the] 〖中国史〗戦国時代 (453 or 481–221 B.C.)《春秋時代に続く時代》.
War·ring·ton /wɔ́(:)rɪŋtən, wɑ́r-/ ウォリントン《イングランド北西部 Cheshire 北部の Mersey 川に臨む古都·工業都市; 地理的には Cheshire にはいるが, 一元的自治体》.
war·ri·or /wɔ́(:)riər, wɑ́r-/ *n* 《文》戦士, 武人 (cf. UNKNOWN WARRIOR); 古つわもの, 勇士; 《政界などの》闘士, 猛者(もさ); [〈*a*〉] 武人[戦士]の(ような), 戦闘的な: a poverty ～ 貧困と戦う闘士 / a ～ nation 勇武な国民. [OF (dial) *werreior*; ⇨ WAR[1]]
wárrior ànt 〖昆〗アカヤマアリ《奴隷使役アリの一種》.
wár rìsk insùrance 戦時保険; 戦争傷害保険《軍人に対する政府保険》.
wár ròom 〖軍〗作戦室《司令部が指令を与えたり, 写真や地図などを広げて作戦を協議したりする部屋》; 《企業などの》作戦室, 戦略会議室.
warrty warranty.
war·saw /wɔ́ːrsɔ̀ː/ *n* 〖魚〗数種の大型のハタ (＝～ **gróuper**): **a** ミゾレハタ《大西洋産》. **b** SPOTTED JEWFISH. [AmSp]
Warsaw ヴァルシャヴァ, ワルシャワ (Pol **War·sza·wa** /vaːrʃáːvə/)《ポーランドの首都; Vistula 川に臨む》.
Wársaw Ghétto [the] ワルシャワゲットー《第二次大戦中ナチスがユダヤ人を強制的に住まわせた Warsaw のゲットー; 50 万人のユダヤ人のうち多くが収容所に送られ, 残った者が蜂起 (1943) を試みるが大半が虐殺された》.
Wársaw Tréaty Organizàtion [the] ワルシャワ条約機構《1955 年 Warsaw で調印された東欧 8 か国友好協力相互援助条約, 俗に 'ワルシャワ条約' (the **Wársaw Páct**) に基づく東欧諸国の軍事機構; 91 年解体; 構成国: ソ連·アルバニア (68 年脱退)·ブルガリア·ハンガリー·東ドイツ (90 年脱退)·ポーランド·ルーマニア·チェコスロヴァキア》.
wár·shìp *n* 軍艦, 戦艦 (＝*war vessel*).
war·sle, wars·tle /wɑ́ːrs(ə)l/ 《スコ》 *vt, vi* 組打ちする; もがく. ► *n* 組打ち. ♦ **wár·sler** *n* [変形 〈*wrestle*]
Wárs of the Róses *pl* [the] 〖英史〗バラ戦争 (1455–85)《全貴族が二派に分かれて闘った, 赤バラの紋章の Lancaster 家と白バラの York 家との王位継承の争い; Lancaster 家の Henry が York 家の Elizabeth と結婚して和解し, Tudor 王朝を開いた》. [Sir Walter Scott による称 (1829)]
wár sòng 戦闘の歌, 《インディアンの》闘いの歌; 軍歌.
wár stòry 戦争体験記; 《人生の苦労などの》戦いの記.
wart /wɔ́ːrt/ *n* いぼ, 疣贅(ゆうぜい) (＝*verruca*); 〖生〗こぶ(状突起), いぼ; 《口》いやな[じゃまっけな]やつ, くそチビ; 《口》欠点, 欠陥, 問題点. ● **paint** sb **with** his **～s** 人を善悪ありのままに描く. **～s and all** 長所も短所もすべて含めて, 欠点も全部含めて, 一切合財, ありのまま. ♦ **～·ed** *a* いぼ(状突起)のある. **～·less** *a* [OE *wearte*; cf. G *Warze*]
War·ta /vɑ́ːrtə/ [the] ヴァルタ川 (G **War·the** /G vártə/)《ポーランドの南部に発して北流し, 中西部を西流してドイツ国境の近くで Oder 川に合流》.
Wart·burg /G vártburk/ ヴァルトブルク《ドイツ中部 Thuringia 州 Eisenach の南西にある山城; Luther はここに保護されて (1521–22) 新約聖書のドイツ語訳を行なった》.
wárt crèss 〖植〗カラクサナズナ (swine cress).
wárt gràss 〖植〗いぼを治すと考えられた各種の草《トウダイグサ·タビラコなど》.
wár thèater 戦域, 戦場.
wárt·hòg *n* 〖動〗イボイノシシ《アフリカ産》.
wár·tìme *n, a* 戦時(の), 戦争時代(の) (opp. *peacetime*).
War·ton /wɔ́ːrtn/ ウォートン **Thomas** ～ (1728–90)《英国の文学史家·批評家; 桂冠詩人 (1785–90)》.
wár-tòrn *a* 戦争で破壊された[疲弊した].
wárts-and-áll *a* ありのままに描いた, 美化していない.
wárt·wèed, wárt·wòrt *n* 〖植〗WART GRASS.
wárty *a* いぼ状の, いぼ性の; いぼだらけの; いぼのある.
wár vèssel 戦艦, 軍艦 (warship).
wár-wèary *a* 戦争で疲弊した; 使用に耐えない〈軍用機〉.
wár whòop 《特に 北米インディアンの》関(とき)の声.
War·wick /wɔ́(:)rɪk, wɑ́r-, *wɔ́ːrwɪk/ **1** ウォリック伯 (1) **John Dudley,** Earl of ～ (1502–53)《イングランドの軍人; 王位簒奪事件の策謀者として処刑された》 (2) **Richard Neville,** Earl of ～ (1428–71)《イングランドの貴族; バラ戦争の時, 初め York 家の Edward 4 世, のちに Lancaster 家の Henry 6 世を擁立し 'the Kingmaker' といわれたが Barnet で敗死した》. **2** ウォリック (1) WARWICKSHIRE 2) Warwickshire の州都 3) Rhode Island 州中東部 Providence 南方の都市》.
War·wick·shire /wɔ́(:)rɪkʃɪər, -ʃər, wɑ́r-, *wɔ́ːrwɪk-/ ウォリックシャー《イングランド中部の州; ☆Warwick; 略 Warks》.
wár wìdow 戦争未亡人.
wár wòrk 戦時労働, 軍役.
wár·wòrn *a* 戦い[戦争]に疲れた[荒らされた].
wary /wέəri/ *a* 用心深い 〈*of*〉; 油断のない; 細心な, 慎重な. ♦ **wár·i·ly** *adv* 用心して, 油断なく. **wár·i·ness** *n* [*ware*[2]]
wár zòne 交戦地帯, 《特に》戦争水域《中立国の権利が交戦国によって尊重されない公海上の交戦海域》; *《口》無法地帯, 物騒な場所.
was /wəz, wɑ́z, wʌ́z/ *v* BE の一人称および三人称単数直説法過去形; 《非標準·古》be の仮定法過去形 (were).
wa·sa·bi /wɑ́ːsəbi, wəsɑ́ː-; wǽsæbi, wəsɑ́ː-/ *n* 〖植〗ワサビ《アブラナ科の多年草》; わさび《ワサビの根茎, それから得る香辛料》. [Jpn]
Wá·satch Ránge /wɔ́ːsæʧ-/ [the] ウォサッチ山脈《Utah 州中北部と Idaho 州南東部にまたがる; 最高峰 Mt Timpanogos (3581 m)》.

wase /wéɪz/ *n* ᴵᴵ《方》わら[乾草]の束; 《頭で荷物を運ぶときの》(わら製の)当て物. [ME]

wash /wɔ́(ː)ʃ, wáʃ/ *vt* **1 a** 洗う, 洗濯する, 洗浄する; 洗い落とす[流す], 〈ペンキなどを〉《剝離剤などで》洗う 〈*away, off, out*〉; 〈猫などが体を〉なめる: ～ one*self* 体[手, 顔]を洗う, 沐浴する / ～ one's pants *of* a wine stain / ～ *off* tomato stains from one's pants. **b** 洗い清める, 潔白にする, そそぐ 〈*away* one's sin etc.〉; 《俗》〈不正に得た金を〉洗浄する (launder). **c** 《俗》殺す, バラす. **2 a** 〈波が〉洗う, …に打ち寄せる; 《文》〈海が〉〈陸地〉に接する; 〈流水・波などが〉えぐり取る, …に穴をあける, 浸食する; えぐって…を作る: the coast ～*ed away* by the waves 波に浸食された海岸. **b** 〈流水・波などが〉運ぶ, さらって行く, 流し去る 〈*away*〉: ～*ed* ashore 岸に流れ着いた, 打ち寄せられた. **3 a** 〘鉱〙水洗選鉱する; 〘化〙蒸留水に通す, 《洗浄のため》〈溶液〉に気体を通す, 洗浄する. **b** 《口》《不適格として》ふるい落とす. **4 a** ぬらす, うるおす, 水に浸す; …に光を浴びせる: roses ～*ed* by dew 露にぬれたバラ. **b** …にめっきをする; …に平塗りをする, 薄く塗る: silver ～*ed* with gold 金めっきした銀 / ～ a table with blue テーブルを青く塗る. **5** 〈洗剤が〉洗える: This stuff won't ～ clothes. これは衣類の洗濯には向かない. **6** 〈液体を〉《容器を揺り動かして》揺する, ぐるぐる回す.

► *vi* **1 a** 《手足や顔などを》洗う, 沐浴する; 洗濯をする: I ～ in cold water. わたしは水で顔を洗う / *W*～ before each meal. 食事の前に手を洗いなさい. **b** 洗浄力がある: This soap ～*es* well. この石鹸は落ちがよい. **2 a** 〈織物, 色・えのぐなど〉洗える, 洗濯がきく: This cloth won't ～. この布は洗濯がきかない. **b** [*neg*] 《口》[*fig*] 〈理論・忠誠心などが〉検証[試練]に耐える, 〈話・言いわけなどが〉通用する, 受け入れられる: The story wo*n't* ～ with me. そんな話はぼくには通らない. **3** 〈よごれなどが〉洗って落ちる 〈*off, out*〉. **4 a** 〈水・波などが〉洗う, ザブザブ打ち寄せる; 押し寄せる. **b** 流される 〈*away*〉; 浸食される.

● **～ away** ⇨ *vt*; *《俗》〈人を〉殺す, 消す. **～ down** 〈車など〉きれいに洗う, (すっかり)洗い流す 〈*with*〉; 〈波など〉押し流す; 〈食べ物を〉流し込む 〈*with* beer〉. **～ out** (*vt*) 〈しみ・よごれなどを〉洗い[すすぎ]落とす; 〈瓶など〉の中[内側]を洗う, 〈口を〉すすぐ, うがいする; 〈布・衣服など〉のよごれを洗い落とす; 〈豪雨・洪水などが〉押し流す, 流失させる; (えぐって)…を作る; [ᵁ*pass*] 〈試合などを〉雨で中止にする, '流す'; [*pass*] 洗って色あせさせる, [*fig*] 意気を沮喪させる, 消耗させる; 《口》終わらせる, だめにする; *《俗》排斥する, 捨てる; 〈屈辱などを〉忘れ去る; *《俗》殺す; *《空軍俗》撃墜して〈パイロットを〉殺す, 〈飛行機を〉撃墜する; *《軍俗》(飛行訓練で)ふるい落とす, 失格とする: ～ a few things *out* ソックス・下着類を洗濯する / *W*～ your mouth *out!* 口をゆすぎなさい《きたないことばづかいをした人に言うきまり文句; 時に罰として子供に石鹸水でやらせる》. (*vi*) (洗って)色がさめる, [*fig*] 消耗される, 衰える, 衰弱する; 洗って取れる, 洗い流される; 落伍[失敗, 落第]する, *《軍俗》(飛行訓練で)ふるい落とされる; 〘ボート〙水かきを早くあげる; 《口》大金を失う, 大損をする; *《俗》〈車などが〉激突する (wipe out). **～ over**… 〈感情などが〉…に押し寄せる; 《口》〈騒音・非難など〉…にあまり影響しない, 聞き流される. **～ one's face in the public** 私事を人前で言う. **～ one's** HANDS. **～ up** *手や顔を洗う; ᴵᴵ〈食器類を〉洗って片付ける, あと片付けをする; ぬぐい取る, 洗って取る; 〈波がものを〉岸辺に打ち上げる, 〈ものが〉打ち上げられる; 《口》不意にやってくる 〈*at*〉; [ᵁ*pass*] すべてしつくす, 破局を迎えさせる, おしまいにする (⇨ WASHED-UP): Where can I ～ *up?*＝Is there some place I can ～ *up?* [*euph*] お手洗いはどこでしょうか.

► *n* **1 a** [ᵁ*a* ～] 洗い, 洗浄, [the] 洗濯: have [get] *a* ～ 洗う / give sth *a* good ～ よく洗う / do *the* [one's] ～ 洗濯をする / be at *the* ～ 《衣類が》洗濯屋へ出してある / be in *the* ～ 〈衣類などが〉洗濯中である, 洗濯物の中にある / send the linen to *the* ～ 敷布類を洗濯に出す. **b** 洗濯物《集合的》, 一回の洗濯量; 〘鉱〙洗鉱される土砂: I have a large ～. 洗濯物がどっさりある. **2** [the] 《水・波が》打ち寄せること[音]; 打ち寄せる波; 《船が通って生じる》水面[波]の乱れ, 《飛行機で生じる》気流(の乱れ), 後流; 《感情などの》波. **3 a** 洗剤, 洗液; 化粧水; 〘医〙洗浄液; 希釈液; *《口》《強い酒のあとに飲む》CHASER¹: an eye ～ 目薬, 点眼水. **b** さっと塗る液体[えのぐ, 塗料 など]; 淡彩(画), ウォッシュ; 金属の薄被(ᵇ)せ, 被せた箔; 薄いひと塗り; 《口》念のいった取りつくろい, ごまかし (＝*whitewash*). **4 a** 台所の残物《豚の飼料》; 水っぽい飲食物, まずい飲み物; 《蒸留酒用の》発酵溶液, ウォッシュ. **b** なんともはっきりしない[空疎な, 生彩のない]話[文章]. **5 a** 湿地, 沼地, 浅瀬, 浅い水たまり[入江]; 干潟. **b** 《海水・河水などの》浸食; 浸食された土地; 《流水でできた》溝, 水路; *《西部》水のない川床 (＝*dry wash*). **6** [the] 沈澱物, 沈泥. **7** *〘証券〙WASH SALE; 《口》《プラスともマイナスとも》どちらとも言えないこと[状態], 差し引きゼロ.

● **come out in the ～** 《口》結果に出てくる, よい結果になる, うまくおさまる; ついには知られる[露見する]. **hang out the ～** 《野球俗》ラインドライブを打つ.

► *a* *WASHABLE; 〈株取引が〉仮装の.

[OE *wæscan*; cf. WATER, G *waschen*]

Wash [the] ウォッシュ湾《イングランド東部 Norfolk 州と Lincolnshire との間にある北海の入江》.

Wash. Washington (State).

wásh·able *a* 《色落ちや縮みを起こさず》洗える, 洗濯のきく, 〈塗料が〉耐水洗性の; 〈インクなど〉水で落ちる. ► *n* 洗濯のきく衣類[織地]. ♦ **wàsh·abílity** *n*

wásh-and-wéar *a* 簡単に洗えてすぐ乾きアイロンがけの要らない, ウォッシュアンドウェアの.

wash·a·te·ria* /wɔ̀(ː)ʃətíəriə, wàʃ-/ *n* WASHETERIA.

wásh·awày *n* 《豪口》WASHOUT.

wásh·bàgᴵᴵ *n* 洗面用具を入れるバッグ.

wásh·bàll *n* 《洗面用の》玉石鹸.

wásh·bàsin *n* 洗面器[台] (washbowl).

wásh·bòard *n* 洗濯板; 波板, なまこ板; *〘建〙幅木 (baseboard); 〘海〙《船の》防波板; 〘楽〙ウォッシュボード《金属の洗濯板を爪ではじくリズム楽器》; 《ガラスなどの》波形表面; でこぼこ道; [〈*a*〉] 〈腹部が〉筋肉質でしまった, 腹筋の '割れた'.

wásh·bòil·er *n* 洗濯用大型ボイラー, 煮釜.

wásh bòttle 〘化〙洗瓶(ᵇᵃⁿ)《平底フラスコに長短 2 本の曲管が付き, 短管から吹くと長管から洗浄用の水が出る》.

wásh·bòwl *n* 洗面器[台] (＝*washbasin*); 《台所の》洗い物用ボウル.

wásh·clòth *n* *洗面用タオル (＝*facecloth, washrag*) ((face) flannelᴵᴵ); ᴵᴵふきん.

wásh·dày *n* 《家庭の》洗濯日 (＝*washing day*).

wásh-dòwn *n* きれいに洗う[洗い流す]こと; [〈*a*〉] 〈トイレが〉自動水洗式の.

wásh dràwing 単色淡彩風の水彩(画), ウォッシュ.

wáshed-óut *a* 洗いざらしの, 色のあせた; 《口》疲れきった, くたびれた, 生気のない; 流失した; 〈道などが〉《洪水・土砂崩れなどで》崩壊した; 〈岩などが〉浸食された.

wáshed-úp *a* きれいに洗った; 《口》用済みの, だめになった, おしまいの; 《口》疲れきった.

wásh·er *n* 洗う人, 洗濯人; 洗濯機, 洗鉱機, 気体洗浄装置; 《ボルトの》座金(ᶻᵃᵍᵃⁿᵉ), ワッシャー; *《俗》酒場; ᴵᴵ《俗》銅貨; 《豪》洗面用タオル.

wásh·er-drý·er *n* 乾燥機付き洗濯機.

wásh·er·man /-mən/ *n* 洗濯屋 (laundryman); 洗濯係.

wásh·er-úpᴵᴵ *n* (*pl* **wásh·ers-úp**) 皿洗い人, 食器洗い係 (dishwasher).

wásh·er·wòman *n* 洗濯婦[女] (laundress).

wásh·ery *n* 洗鉱場, 洗炭場, 洗い場.

wash·e·te·ria* /wɔ̀(ː)ʃətíəriə, wàʃ-/ *n* 《南部》コインランドリー; セルフサービスの洗車場. [*wash, -eteria* (*cafeteria*)]

wásh·fàst *a* 〈衣類など〉洗濯しても色落ちしない.

wásh gòods *pl* 洗濯のきく織物[服].

wásh-hànd bàsinᴵᴵ WASHBASIN.

wásh-hand stàndᴵᴵ WASHSTAND.

wásh·hòuse *n* (別棟の)洗濯所; 洗濯屋.

wásh·ìn *n* 〘空〙《翼端の迎角を増す》ねじり上げ.

wásh·ing *n* **1** 洗うこと, 洗濯, 洗浄; 《流水による》浸食, 流失; 《銀などの》薄被(ᵏ)せ, めっき; *〘証券〙偽装売却, 無税取引. **2** (一回の)洗濯物《集合的》; [ˢ*pl*] 洗い取り砂金[鉱石]; 《液体を塗付した》薄い塗膜. **3** [*pl*] 《洗うために用いた》水, 洗液. ● **Get on with the ～!** 《俗》(油を売ってないで)せっせと働け. ► *a* 洗濯用の; 洗濯のきく.

wáshing béar 〘動〙アライグマ (raccoon).

wáshing bòttle WASH BOTTLE.

wáshing dày WASHDAY.

wáshing machìne 洗濯機.

wáshing pòwderᴵᴵ 粉末の(合成)洗剤, 粉石鹸.

wáshing sòda 洗濯ソーダ.

wáshing stànd WASHSTAND.

Wásh·ing·ton /wɔ́(ː)ʃɪŋtən, wáʃ-/ *n* **1 a** ワシントン《米国の首都; 州と区別するため しばしば **～, D.C.** /─ dìːsíː/ という; ⇨ DISTRICT OF COLUMBIA》. **b** 米国政府. **2** ワシントン州 (＝the **～ Státe**)《米国北西端の州; ☆Olympia; 略 Wash., WA》. **3** [Lake] ワシントン湖《Washington 州西部, Seattle の東方にある湖》. **4** [Mount] ワシントン山《New Hampshire 州北部, White 山地の最高峰 (1917 m) で, ニューイングランドでも最高》. **5** ワシントン (**1**) **Booker T(al·ia·ferro)** /tάləvər/ ～ (1856–1915)《奴隷から身を起こした米国の黒人職業教育の先駆者》(**2**) **George** ～ (1732–99)《米国の軍人・政治家; 初代大統領 (1789–97)》. [OE＝homestead of Wassa's people; manor of the Wessyngs]

Wash·ing·to·ni·an /wɔ̀(ː)ʃɪŋtóuniən, wàʃ-/ *a* WASHINGTON (の住民)の, ワシントン州[市](出身)の. ► *n* ワシントン州[市]の住民[出身者].

Wáshington líly 〘植〙米国太平洋岸に産する, 紫色の斑点のある白い大きな花をつけるユリ.

Wash·ing·to·nol·o·gist /wɔ̀(ː)ʃɪŋtənάlədʒəst, wàʃ-/ *n* ワシントン[米国政府]研究家[専門家]. [*Washington*, D.C.]

Wáshington palm 〘植〙ワシントンヤシ《同属の 2 種》: **a** オキナヤシ, オニジュロ《California 南部原産》. **b** オキナヤシモドキ, シラガヤシ《Mexico 原産》. [George *Washington*]

Wáshington píe 〘菓子〙ワシントンパイ《ジャムかゼリーを間にはさんだ layer cake》. [↑]

Wáshington Póst [The] 『ワシントンポスト』《Washington, D.C. で発行されている朝刊紙》.

Wáshington's Bírthday 〔米〕ワシントン誕生記念日《(1) 2月 22 日; かつて大半の州で法定休日 2) PRESIDENT'S DAY》.
Wáshington thórn 〔植〕北米東部原産のサンザシ《赤い実をつけ秋に美しく紅葉する》. [*Washington*, D.C.]
Wáshington Univérsity ワシントン大学《Missouri 州 St. Louis にある私立大学; 1853 年創立》.
wásh·ing-ùp" *n* 《食後の》食器洗い; よごれた食器類.
wáshing-ùp bòwl" 食器洗い用ボウル (dishpan).
wáshing-ùp lìquid" 食器洗い用液体洗剤 (dish(washing) liquid*).
wáshing-ùp machíne" 食器洗い機 (dishwasher).
Washita ⇨ OUACHITA.
wásh·lànd *n* 時期によって定期的に冠水する土地.
wásh·lèather *n* 《セーム革のような》柔皮(の模造品).
wásh 'n' wéar /-(ə)n-/ *a* WASH-AND-WEAR.
wásh·òut *n* **1** 《道路・橋梁の》流失; 流失による崩壊[浸食]箇所; 〔医〕《腸・膀胱の》洗浄. **2 a** 《口》雨天中止(の行事) (rainout); 大失敗, あてはずれ. **b** 《口》失敗者, 落伍者, 落第生; 《口》役立たず, 無能者. **3** 〔空〕《翼端に向かって迎角を減ずる》ねじり下げ; 〔鉄道〕緊急停車信号; *《空俗》強行着陸, 不時着.
wásh·pòt *n* 洗濯用大釜; 《ブリキ製造用の》スズ溶解槽; 《古》手洗い桶.
wásh·ràck *n* 洗車場 (washstand).
wásh·ràg* *n* 洗面用タオル (washcloth).
wásh·ròom* *n* 化粧室, 手洗; 《染物工場の》洗い場.
wásh sàle *〔証券〕仮装[なれあい]売買, 偽装売却, 節税取引《値下がり損 (capital loss) を伴った株式売却だが前後 30 日以内に同一またはほとんど同一の株の購入があるもの; この場合売却は偽装とみなされ, 値下がり損は国税庁 (Internal Revenue Service) による承認を受けられない》.
wásh·stànd *n* 洗面(化粧)台[テーブル]; 《給水・排水管の付いた》取付け洗面器; 《車庫・ガソリンスタンドの片隅などの》洗車場.
wásh·tròugh *n* 洗い桶, 《特に》洗鉱槽 (buddle).
wásh·tùb *n* 洗濯だらい, 洗い桶.
wáshtub wèeper *《俗》SOAP OPERA.
wásh·ùp *n* 洗うこと, 皿洗い; "《口》《レストランの》皿洗い人; 洗い場; 洗面(所); 洗鉱(場); 《口》事後評価, 検証, 追跡調査.
wásh·wòman *n* WASHERWOMAN.
wáshy *a* 水っぽい, 薄い, 水で割った; 〈色の〉薄い, 淡い; 〈文体・ことば・感情などが〉弱々しい, 力のない. ♦ **wásh·i·ly** *adv* **-i·ness** *n*
Was·mo·sy /wɑːsmóusi/ ワスモシ **Juan Carlos (María) ～ Monti** (1938–　)《パラグアイの土木技術者・実業家; 大統領 (1993–98)》.
was·n't /wáz(ə)nt, *wʌ́z(ə)nt/ was not の短縮形.
wasp /wásp, wɔ́(ː)sp/ *n* 〔昆〕スズメバチ, ジガバチ《など》《VESPINE *a*》; [*fig*] おこりっぽい人, 気むずかし屋; 刺すもの, 刺激するもの, おこらせるもの. ♦ **～·lìke** *a* [OE *wæsp* (音位転換) ‹ *wæps*; cf. G *Wespe*, L *vespa*]
WASP[1], **Wasp** /wɔ́(ː)sp, wásp/ 〔米〕陸軍航空婦人操縦部隊員《Women's Air Force Service Pilots 陸軍航空婦人操縦部隊 (1944 年解隊) の隊員》.
WASP[2], **Wasp*** [ˢ*derog*] ワスプ《米国の支配的特権階級を形成するとされる, アングロサクソン系で新教徒の白人》. ♦ **Wásp·dom** *n* **Wásp·ish** *a* **Wásp·ish·ness** *n* **Wáspy** *a* [*W*hite *A*nglo-*S*axon *P*rotestant]
wásp bèe 〔昆〕キマダラハナバチ《幼虫は他のハナバチ類に寄生する》.
wásp bèetle 〔昆〕トラカミキリ《スズメバチに似る》.
wásp flỳ 〔昆〕ハチモドキアブ《ハナアブ科》.
wásp·ie *n* 〔服〕ワスピー《女性の細いウエストをきわだたせるためのコルセットまたはベルト》.
wásp·ish *a* スズメバチのような, ウエストのほっそりした, きゃしゃな; おこりっぽい, 意地の悪い, 気むずかしい; 刺すような, 皮肉な. ♦ **～·ly** *adv* **～·ness** *n*
wásp wàist 細くくびれたウエスト. ♦ **wásp-wàist·ed** *a*
wáspy *a* スズメバチのような; スズメバチでいっぱいの.
was·sail /wás(ə)l, -sèɪl, *─ ́/ 《古》*n* **1** 《健康を祈っての》乾杯の挨拶. **2** 酒宴, 飲み騒ぎ; クリスマスキャロルを歌いながら家々を回ること; 酒宴で歌う歌. **3** 祝い[乾杯]の酒, ワッセル酒《特に Twelfth Night や Christmas Eve などに飲む香料や焼きリンゴ入りのワインまたはビール》. ► *vi* (健康を祈って)乾杯をする; 酒宴に列する; 飲み騒ぐ, 酒盛りをする; "クリスマスキャロルを歌いながら家々を回る: go ～*ing*. ► *vt* …の健康[繁栄]を祈って乾杯する. ► *int* 《健康を祝して》乾杯! 《応答は Drink hail!》. [ME *wæs hæil* ‹ ON *ves heill* to be in good health; ⇨ HALE[1], WHOLE]
wássail bòwl [cùp] WASSAIL の大杯[酒].
was·sail·er /wásələr, wɑséɪlər/ *n* 飲み騒ぐ人, 大酒飲み, のんべえ; 《古》《クリスマスの季節に》キャロルを歌って家々を回る人.
Was·ser·mann /wáːsərmən; *G* vásərman/ **1** ヴァッセルマン **August von ～** (1866–1925)《ドイツの細菌学者》. **2** WASSERMANN REACTION [TEST].
Wássermann reàction 〔医〕《梅毒の》ワッセルマン反応.
Wássermann tèst 《梅毒の》ワッセルマン(反応)試験.
Was·ser·stein /wásərstàɪn/ ワッサースタイン **Wendy ～** (1950–2006)《米国の劇作家; *The Heidi Chronicles* (1988)》.
Wás·si·ly chàir /vásəli-, vǽs-/ ヴァシリーチェア (=**Wássily lóunge chàir**)《Breuer chair の一種; フレームはクロムめっきされた鋼管, 座と背と肘掛けはキャンバス製の肘掛け椅子; 最初の製品を Wassily [Vassily] Kandinsky が購入した》.
was·sup /wɑ̀sʌ́p/ *int* 何ごとだ, どうした; やあ, よう (What's up?).
wast /wəst, wást/ *v* 《古・詩》ART[2] の過去形.
wast·age /wéɪstɪdʒ/ *n* 消耗, 損耗; 浪費; 損耗高; NATURAL WASTAGE; 中途離職[退学, 落伍](者数); 削りくず, 廃品, 廃物; 〔地質〕《融解や蒸発などによる》氷雪の消失(量).
waste /wéɪst/ *vt* **1 a** 浪費する, むだにする 〈*away*〉; 〈機会などを〉逸する, のがす: My efforts were ～*d* (*on* him). わたしの努力は(彼には)効き目がなかった / You're (just) *wasting* my time. きみの話を聞くのは時間のむだだ / Don't ～ any more money *on* that car. その車にこれ以上むだな金を使うな. **b** 〈文書を〉紙くず同然に扱う. **2 a** 荒廃させる; 〔法〕〈家屋などを〉毀損する: a country ～*d* by war 戦争で荒廃した国. **b** 徐々に破壊する, 摩耗させる; 〈病気などが〉消耗させる, すりきれさせる, (やせ)衰えさせる; …の価値を低下させる; *《俗》さんざん打ちのめす, こてんぱんにやっつける, 殺す. ► *vi* **1 a** 浪費する: *W*～ not, want not. 《諺》むだをしなければ不足も起こらぬ. **b** 浪費される, むだになる 〈*away*〉: The water is *wasting*. むだに流れている. **2** 衰弱する, (やせ)衰える 〈*away*〉; 消耗する, すりきれる. **3** 《まれ》〈時が〉経つ. ● **～ one's breath [words]** ことばをむだに費やす.
► *n* **1** 浪費, 空費, むだにすること; 《機会などを》逸すること: It's mere ～ of time and money. 時間と金の空費にすぎない. **2 a** [ᵒ*pl*] くず, 廃物, (産業)廃棄物, くず綿[毛], ウェス《製造過程で出るくず(布); 機械類のよごれ拭き用》; 〔鉱〕廃石, ずり; ごみ, 汚水; 無用の[になった]もの, 余分; [*pl*] 排泄物; 〔地文〕《川から海へ流れる》流失鉱物. **b** WASTE PIPE. **3** [ᵘ*pl*] 荒れ地, 不毛の荒野, 荒涼たる広がり, 砂漠; (広い)未開墾地: the ～*s* of mud 泥ばかりの荒れ地 / the ～ of the Sahara サハラ大砂漠 / a ～ of waters 果てしない大海原. **4 a** 《戦争・火災などによる》荒廃; 荒廃地, 廃墟; 〔法〕《土地建物の》毀損. **b** 漸減, 消耗, 衰弱. ● **a ～ of space** 《口》何の役にも立たない人, ごくつぶし. **go [run] to ～** 廃物[むだ]になる; 浪費され(ている). **lay ～ to…=lay…to ～** 〈国土・建物などを〉荒らす, 荒廃させる, 破壊する. ► *a* **1 a** 荒れはてた, 不毛の, 耕されていない; 無人の: lay ～ 〈土地・国を〉荒らす, 荒廃させる / lie ～ 〈土地が〉荒れている, 未開墾のままである. **b** [*fig*] これといったことのない, 不毛の〈時代〉. **2** 不用の; 役に立たない, 無益な; 余り物の, 残り物の, 廃物の; 排泄物の; 廃棄物処理用の. ♦ **wást·able** *a* [OF=desolate‹L; ⇨ VAST]
wáste·bàsket* *n* (紙)くずかご (=*wastepaper basket*).
wáste·bòok" *n* DAYBOOK.
wást·ed *a* 荒れはてた; 衰弱した, やつれた; 役に立たなかった, むだになった; *《俗》殺された; *《俗》《精神的・肉体的に》へたばった; *《俗》《麻薬[アルコール]に》酔っぱらった; *《俗》無一文の, すってんてんの; 《古》過ぎ去った.
wáste dispòsal 廃棄物処理, 廃棄物投棄; "生ごみ処理機 (garbage disposal*) (=**wáste dispòsal ùnit, wáste dispòser**).
wáste·ful *a* 浪費的な, 不経済な, むだな; 消耗性の; 荒廃させる, 破壊的な. ♦ **～·ly** *adv* **～·ness** *n*
wáste·gàte *n* 〔車〕ウェイストゲート《排気の一部を外に排出してターボ過給機のノズルボックス内の圧力を制御する装置》.
wáste hèat 廃熱: a ～ boiler.
wáste·lànd *n* 不毛[未開拓]の土地, 荒廃地, 荒れ地, 荒蕪地; 《精神的・情緒的・文化的に》不毛の[荒廃した]地域[時代, 生活 など].
Wáste Lànd [The]『荒地』(T. S. Eliot の長詩 (1922)).
wáste·less *a* 使いきれない, 無尽蔵の.
wáste·lòt *n* 《カナダ》《都市内の》荒れた空き地.
wáste·ness *n* 荒廃; 不毛.
wáste·pàper *n* 不用となった紙, 紙くず, ほご, 廃棄紙, 古紙; [ᵘwaste paper] 〔製本〕見返し (endpaper).
wástepaper bàsket [bìn"] WASTEBASKET.
wáste pìpe 排水管.
wáste·plex /-plèks/ *n* 廃棄物再循環処理施設. [*waste*+*complex*]
wáste pròduct 《生産工程で出た》廃棄物, くず, 廃産物; 《体の》老廃物.
wást·er *n* **1 a** 浪費家, 濫費家; 《燃料などを》食うもの, むだにするもの; 《口》やくざ者, ろくでなし. **b** 荒らす[荒廃させる]人, 破壊者; *《俗》殺人者, 銃. **2** 《製品の》きずもの, ろうずもの.
wáste wàter (工場)廃水, 廃液, 下水: ～ treating 廃水処理.
wáste·wèir *n* SPILLWAY.
wast·ing /wéɪstɪŋ/ *a* 荒廃させる, 破壊的な; 消耗性の. ► *n* 浪費, 濫費; 消耗; 消尽. ♦ **～·ly** *adv*
wásting ásset 〔会計〕消耗(性)資産, 減耗資産《鉱山など》.
wásting diséase 〔医・獣医〕消耗病.
wást·oid /wéɪstɔ̀ɪd/ *n* *《俗》酒浸りの者, 麻薬づけのやつ.
was·trel /wéɪstr(ə)l/ *n* 浪費家; やくざ者, 浮浪者, 浮浪児, 役立た

ず, ろくでなし;《製品の》きずもの, ろうずもの. [*waste* (v), *-rel*]
wast·ry /wéistri/ *n*《スコ》浪費, 濫費.
wat /wát, wá:t/ *n*《タイ・カンボジアの》仏教寺院, ワット: ANGKOR Wat. [Siamese]
Wat ワット《男子名; Walter, Watkins の愛称》.
wa·tap /wætá:p, wɑ:-/ *n* 北米インディアンが針葉樹の根から作る糸《樹皮を縫い合わせてカヌーを作ったりするのに用いる》. [CanF＜Algonquian]
watch /wátʃ, *wɔ́:tʃ/ *vi* **1 a** 注意して見る, 見守る, 注視する, 観察する. **b** 見物する, 傍観する. **2** 気をつける ⟨*for*⟩; 待ち構える, 期待する ⟨*for*⟩: (You) (just) ～! 見てろよ《いまにわかる》. **3** 警戒する, 見張りする, 監視する; 不寝番をする; 寝ずにいる, 寝ずに看護する: ～ and pray 目をさまして祈る《*Matt* 26:41》. ► *vt* **1** 見守る, 注視する: ～ television [baseball] テレビ[野球]を見る / ～ the procession go(ing) by 行列が通るのを見つめる / ～ the world go by まわりの動きをながめる. **2 a** 監視する, 見張る; ⟨患者など⟩の看護[世話]をする, ⟨家畜群・赤んぼなど⟩の番をする. **b** ⟨食事など⟩に気をつける, 注意する. **3** ⟨機会などを⟩待つ, うかがう. ● **～ it** [**oneself**]《口》《口のきき方・態度に》注意[用心]する, [*impv*] 気をつけろ, やめろ. **～ out** 見張る, 警戒する ⟨*for*⟩; 気をつける, 用心する. **～ out for**… ⟨危険な物[人]⟩に気をつける; ⟨人・物⟩(の出現)を待ちかまえる; ⟨人⟩を守るため注意を払う. **～ over**…の看護[世話]をする; 監督する, 危険から守る; 監視する. **～ sb's dust** [**smoke**]《俗》すばやくやるのを見る. **～ one's** STEP.
► *n* **1** 懐中時計, 腕時計; STOPWATCH;《船の》クロノメーター. **2 a** (注意深く)見守ること, 注視; 警戒, 用心, 注意; 見張り, 監視;*《気》警戒警報: keep (a) good ～ よく張り番する ⟨*on, over*⟩ / keep (a) close [careful] ～ *on*…を注意して見張る / storm ～ 暴風雨警報. **b**《やや古》寝ずの番; 通夜 (wake);《廃》眠れないこと; 寝ずに[眠らずに]いる期間: in the night ～*es*＝in the ～*es* of the night 夜眠らずにいる時に. **3 a**《一人または一組の》番人, 監視人, 警備員[隊],《昔の》警防団(員);《古》警備員の持場. **b**〘史〙《18 世紀の》スコットランド高地の不正規軍; [the W-] BLACK WATCH. **4 a**〘海〙《4 時間交替の》当直(時間), 当直割; 当直番《船舶の乗組員を二分した》; 交替勤務時間, シフト;《管理者としての》在任期間: the port [starboard] ～〘海〙左[右]舷当直;《昔は》昼夜の見張り / one's ～ below [off] 非番 / (be) on [off] ～ 当直[非番]で(ある) / keep the ～ 当直する. **b**〘史〙更(こう)《夜間を三[四]区分した一つ》, [*pl*] 夜間. ● **be on the ～ for**…を油断なく警戒する; ⟨望むことを⟩待ち構える. **keep ～ for**…の現われるのを注意して待つ. **on** sb**'s ～**《口》…が見張って[見守って, 監視して]いる時に. **pass as** [**like**] **a ～ in the night** すぐ忘れられてしまう.
[OE (n) *wæcce*, (v)**wæccan*＝*wacian* to WAKE[1]]
watcha /wátʃə/ *int* ″《俗》WOTCHA.
wátch·able *a, n* 見る価値のある(もの), 見ておもしろい(もの), 見てためになる(もの). ♦ **wàtch·abílity** *n*
wátch and wárd〘史〙昼夜の見張り, 自警; 怠りない見張り[警戒]: keep ～ 不断の警戒をする.
wátch and wátch〘海〙時間交替当直, 両舷直《乗組員が 2 組に分かれて交替》.
wátch·bànd* *n*《腕時計の》時計バンド (watchstrap″).
wátch bòx 番兵小屋, 番小屋, 歩哨詰所, 哨舎.
wátch càp《水兵などの》ぴったりした毛編みの防寒帽.
wátch·càse *n* 懐中[腕]時計の側(がわ).
wátch chàin 懐中時計の鎖.
Wátch Commìttee〘英〙《昔の市会の》警防委員会《警察業務や灯火見回りなどをした》.
wátch·crỳ *n* WATCHWORD.
wátch crỳstal* 腕時計[懐中時計]のガラス.
wátch·dòg *n* 番犬; 監視者, 見張り, お目付け役, 監視団[機関]; [⟨*a*⟩] 監視の: a ～ committee 監視委員会. ► *vt* …の番犬(役)をつとめる.
wátch·er *n* 見張人; 当直者;《寝ずに病人に付き添う》看護人; 通夜をする人; 注視者, 観測者, [国名などのあとに用いて] …(問題)専門家, …消息通;*《選挙投票所の》立会人 (poll watcher): a Kremlin ～ ロシア問題専門家.
wátch·èye *n*《特に 犬の》角膜の白く濁った目, 角膜が大きくなった目 (walleye).
wátch fìre《夜営・信号用の》かがり火, たき火.
wátch fòb FOB CHAIN.
wátch·ful *a* 用心深い, 注意深い, 警戒する, 油断のない, 注視して ⟨*against, for, of*⟩;《古》眠れない, 不眠の, めざめがちな: keep a ～ eye 注意深く見守る, 厳しく監視する ⟨*on* sb⟩. ♦ **～·ly** *adv* **～·ness** *n*
wátch glàss WATCH CRYSTAL;〘化〙時計皿《ビーカーのふたや少量物質の取扱いなどに使用》.
wátch guàrd 懐中時計のひも[鎖].
wátch hànd 腕時計[懐中時計]の針.
wátch·ing brìef〘英法〙訴訟警戒依頼(書)《訴訟当事者でない第三者が, その訴訟について行なう用心のための弁護士への依頼》;《政治団体などを対象とする》警戒[監視]活動.
wátch·kèep·er *n* 見張人;〘海〙当直員,《特に》当直の高級船員.
wátch kèy《旧式懐中時計の》ねじ巻き用の鍵.
wátch·less *a* 油断している, 注意[用心]していない; 見張りのいない.
wátch·lìst *n* 監視(対象者)リスト.
wátch·màker *n* 時計屋《製造・修理人》. ♦ **wátch·màking** *n* 時計製造[修理](業).
wátch·man /-mən/ *n*《建物などの》夜警, ガードマン, 夜番; 見張人;《昔の》夜回り. ♦ **～·ly** *a*
wátch mèeting 除夜の集会[礼拝式].
wátch nìght《真夜中まで続く》除夜[クリスマスイブ]の礼拝式; [W- N-] 除夜, 大みそかの夜.
wátch òfficer〘海軍〙当直将校.
wátch òil 時計油.
wátch·òut *n* 注意深く見張ること, 警戒 (lookout).
wátch pòcket 懐中時計用のポケット;《寝台の枕もとの》懐中時計入れ.
wátch sprìng 腕時計[懐中時計]用(主)ぜんまい.
wátch·stràp″ *n* 腕時計のバンド (watchband*).
wátch tàckle〘海〙ウォッチテークル《小型のラフテークル》.
wátch·tòwer *n* **1** 望楼, 監視塔; 観点;《古》灯台. **2** [The W-]『ものみの塔』《Jehovah's Witnesses の機関紙》.
wátch·wòman *n* 女性警備員[見張人].
wátch·wòrd *n* 標語, スローガン; 合いことば.
Wá·ten·stedt-Salzgítter /*G* vá:tənʃtɛt-/ ヴァーテンシュテット-ザルツギッター《SALZGITTER の旧称》.
wa·ter /wɔ́:tər, *wát-/ *n* **1 a** 水《AQUEOUS *a*》; 給水;〘古代哲学〙水《四元素の一つ; ⇨ ELEMENT》: fresh [sweet] ～ 淡水, 清水 / hot ～ 湯 / boiling ～ 熱湯 / (as) weak as ～ とても弱い, 虚弱な; とても薄い / Don't pour out the dirty ～ before you have clean.《諺》きれいな水が手にはいらぬうちにきたない水を捨てるな. **b** [°the ～s] 鉱(泉)水; 鉱泉, 温泉. **2 a** [the]《陸地・空中に対して》水中, 水《AQUATIC *a*》; [°*pl*]″河, 湖, 湖水, 海, 海水; [*pl*] 流れる[波打つ]水, 流れ, 波, 潮; [*pl*] 洪水: Fish live in the ～. / jump into *the* ～ / the blue ～ 海 / the ～*s* of the Nile ナイル川の流れ / Still ～*s* run DEEP. / The ～(*s*) close over sb's head. 水中に没する / A lot of ～ has flowed [passed, gone] under [beneath] the bridge (since then). (それ以来)歳月が経ちいろいろな事があった (cf. WATER *under the bridge*). **b** 水量, 水深, 水面: HIGH [LOW] WATER. **c** [*pl*]《文》海; 水域, 海域; 領海, 近海; [*fig*] 領域: in Japanese territorial ～*s* 日本の領海で / cross the ～*s* 海を越える / unknown ～*s* 未知の領域. **d**《交通手段としての》水路, 海路: go by ～. **e** [*pl*; 形容詞を伴って] (…な)状況: stormy [turbulent] ～*s* 困難な[混乱した]状況 / murky ～*s* 怪しげで不穏な状況. **3** 水溶液; [*compd*] …水; 化粧水;《古》蒸留酒: soda ～ 炭酸水 / rose ～ バラ(香)水. **4**〘生理〙**a** 分泌液《涙・汗・尿・唾液など》: RED WATER / hold one's ～ 小便をこらえる (⇨ 成句). **b** [[U]*pl*] 羊水 (amniotic fluid); 羊膜 (bag of waters): *the* ～*s* have broken 破水した. **5 a**《宝石, 特に ダイヤモンドの》品質;《一般に》品質, 等級: FIRST WATER. **b**《織物・金属などの》波紋, 波形. **6**〘会計〙水増し; WATERED STOCK. **7** WATERCOLOR. **8** [⟨*a*⟩]〘占星〙水性三角形の《かに座・さそり座・うお座の 3 星座の; ⇨ FIRE》.
● **above** (**the**) **～**《経済上などの》困難を免れて: keep one's HEAD *above* ～. **back ～**＝BACKWATER (*vi*). **believe** (**that**) **～ can** [**will**] **flow uphill** 水は高きにつくと信ずる, むちゃなことを信じる. BLOW[1] sb **out of the ～**. **break ～** ⟨魚などが⟩水面に現われる;《平泳ぎのかえる足で》水面を蹴る;〘医〙破水する. BURN[1] **the ～**. **Come on in, the ～'s fine.**《口》いい水だ, きみもはいれよ《海・川・プールなどにはいって泳ごうとの誘い》, [*fig*]《この仕事[活動]はなかなかいい》きみもぜひ加われよ. **cut off** sb**'s ～**＝turn off sb's WATER. DEAD **in the ～**. **deep ～**(**s**) 深海, 遠海; [*fig*] 危険, 困難: in *deep* ～(*s*) 非常に困って / get into *deep* ～(*s*) 苦境に陥る. FISH[1] **in muddy ～s** [**troubled ～s**]. **go over the ～** 川[湖, 海]を越える; 島流しになる. **hold** one**'s ～**《口》我慢する, こらえる, 耐える, 辛抱する, はやる気持を落ちつける, (じっと)待つ; ⇨ 4a. **hold ～** ⟨容器が⟩水を漏らさない; [°*neg*] ⟨議論・主張が⟩正しい, 理屈に合う, 通用する; オールを水中に立ててボートを止める. **in** HOT WATER. **in** LOW WATER. **in rough ～**(**s**) 苦しんで, 苦境に. **in smooth ～** 障害[困難]を乗り越えて; 平穏に, 順調に. **like ～** 惜しげもなく; 湯水のように (freely): spend money *like* ～. **like ～ off a** DUCK**'s back. make ～** [*euph*] 小便する; ⟨ボートなどが⟩漏水する. **muddy** [**stir**] **the ～**(**s**)《故意に》混乱させる, 波紋を投ずる; 波風を立てる, もめ事を起こす. **on the ～** 水上に; 船に乗って (opp. *on shore*). **pass ～** [*euph*] 小便する. **pour** [**throw, dash**] COLD WATER **on** [**over**]…. **take** (**the**) **～** 泳ぎ始める, 水中に飛び込む; ⟨飛行機が⟩着水する; ⟨船が⟩進水する;*《西部》逃げ出す. **take the ～s** 鉱泉水を飲む, 湯治をする. **take ～** ⟨水鳥が⟩水にはいる; ⟨船が⟩(しけで)水をかぶる; ⟨船が⟩漏水する;*《俗》へこたれる. **test the ～**(**s**) さぐりを入れる, 意見をきいてみる, 様子[反応]をみる. **the ～s of forgetfulness** 忘れ川 (Lethe); 忘却; 死. TREAD **～**.

TROUBLED WATERS. **turn off** sb's **～** *《俗》人の(自慢)話の腰を折る, 人の計画[目的達成]をつぶす, 思い知らせる, 鼻柱をへし折る. **under ～** 水中に[で]; 浸水[冠水, 水没]して; 経済的に困って, 財政が破綻して; 《スコ》借金して. WATER OF CONSTITUTION [HYDRATION, LIFE]. WATER ON THE BRAIN [KNEE]. **～ under the bridge** [**over the dam***] 過ぎてしまったこと, 昔の話. **written** [**writ**] **in ～** はっきりした記録に残らない, 〈名声が〉はかない, 〈業績が〉すぐ忘れられてしまう.

► *vt* **1 a** …に水をかける[まく, 入れる], 散水[水まき, 水やり]する 〈*down*〉; 灌漑する; [ᵘ*pass*] 〈川が流域を〉水で潤す; ぬらす; 給水する; 〈動物〉に水を飲ませる, [*joc*] 〈人〉に水を与える. **b** 水で割る, 〈牛乳などを〉水で薄める 〈*down*〉. **2** [ᵘ*pp*] 〈織物・金属板など〉に波形模様をつける. **3**〘会計〙〈資産・負債を〉水増しする. ► *vi* **1** 〈動物が〉水を飲む; 〈船・機関が〉給水される. **2** 分泌液が出る, 涙[よだれ]が出る[たまる]: The smoke made my eyes ～. けむくて涙が出た. ● **make** sb's **mouth ～** よだれを出させる; 欲しくてたまらなくさせる, 垂涎(すいぜん)の的である. **～ at the mouth** 《期待して》よだれを出す; うらやむ. **～ down** ⇨ *vt*; 手加減して述べる; …の効力を弱める; …のレベル[質]を落とす: ～ *down* an expression [one's language].

[OE *wæter*; cf. WET, G *Wasser*, Du *water*]

wáter·age *n* 《貨物の》水上輸送; 水上輸送料金.

wáter àrum〘植〙ミズイモ, ヒメカイウ.

Wáter-Bàbies [The]『水の子供たち』《Charles Kingsley 作の童話 (1863); 煙突掃除の少年 Tom が乱暴な親方から逃げて川に落ち, water-baby となって水中のさまざまな生き物と知り合うというもの》.

wáter bàck* ストーブなどの後部に設けた水を温めるためのタンク[パイプ].

wáter bàg 水入れ袋《特に 表面に蒸発による冷却用の通気孔のあるもの》; 《家畜の》羊(水)膜; 《ラクダの》はちの巣胃 (reticulum).

wáter bàiliffᴵᴵ《密漁などの》水上[河川]取締まり官; 〘史〙《英国税関の》船舶検査官.

wáter bàlance〘生〙《体内の水分の吸収量と排水量との》水分平衡[経済], 水収支.

wáter ballèt 水中バレエ, 《特に》SYNCHRONIZED SWIMMING.

wáter-bàsed *a* 〈塗料などが〉溶剤に水を用いる, 水性の; 〈スポーツが〉水上の.

wáter bàth 湯煎(ゆせん)鍋 (=*bain-marie*); 〘化〙水浴《料理用の湯煎鍋に類似の実験具》; 《蒸しぶろに対して》水[湯]を用いるふろ.

wáter bèar〘動〙クマムシ (TARDIGRADE).

Wáter Bèarer [the]〘天〙みずがめ座 (水瓶座), 宝瓶(ほうへい)宮 (Aquarius).

wáter·bèar·ing *a* 〈地層が〉水を含んだ[透過する].

wáter bèd ウォーターベッド《水をつめたプラスチック[ビニール, ゴム]製の袋をマットレスとしたもの》; 水分の多い土壌[岩石層].

wáter bèetle〘昆〙水生甲虫《ゲンゴロウなど》.

wáter bètony〘植〙ゴマノハグサ属の多年草《欧州の湿地に生育し, 緑がかった紫の花をつける; 葉は薬用になり, 付け根に 2 枚の小葉がある》.

wáter bewítchedᴵᴵ《方》ごく薄い茶, 水割りの酒.

wáter·bìrd *n* 水鳥, 水禽.

wáter bìrth 水中分娩, 水中出産《分娩の後半に母体を温水に浸す分娩法》.

wáter bìscuitᴵᴵ ウォータービスケット (=*water cracker*)《小麦粉と水に塩と脂肪を加えたクラッカー》.

wáter blìnks〘植〙BLINKS.

wáter blìster 水ぶくれ, 水疱(すいほう).

wáter blòom 水面(近く)に繁茂した藻類, あおこ (青粉), 水の華(はな).

wáter bòa〘動〙アナコンダ (anaconda).

wáter·bòard *vt* 水責めにする《人間を縛り上げて固定し, 水に沈めたり顔面に水を流したりして呼吸困難にする拷問》. ♦ **～·ing** *n*

wáter bòatman〘昆〙ミズムシ[マツモムシ]科の各種の昆虫 (boat bug); 池[沼]でスケートする人.

wáter bòiler (reàctor)〘原子力〙湯沸かし[ウォーターボイラー]型原子炉.

wáter bòmb 水爆弾《水を入れた紙袋など》.

wáter-bòmb·er *n* 《カナダ》ウォーターボマー《森林火災などの際に上空から水や消火液を投下して消火活動を行なう飛行機》.

wáter·bòrne *a* 水上に浮かぶ[を動く]; 水上輸送の; 〈伝染病が〉飲料水媒介の, 水系感染の.

wáter bòttle 水を入れる瓶《特に 各種深度の水見本の採取に用いる》採水瓶[器]; ᴵᴵ水筒.

wáter bòy 《労働者・運動選手などへの》飲み水供給係; *《俗》ご機嫌取り《人》, 《上の者のための》雑用係.

wáter·bràin *n*〘獣医〙《羊の》旋回病 (gid).

wáter bràsh 胸やけ (heartburn); 胸やけの時に上げてくる酸性胃内容.

wáter·bùck *n*〘動〙ウォーターバック《アフリカ南東部産の大型羚羊; 水辺のサバンナにすむ; 時に DEFASSA や KOB, REEDBUCK を指す》.

wáter bùffalo〘動〙スイギュウ (=*carabao, water ox*)《南アジア主産》; *《俗》水陸両用輸送戦車.

wáter bùg 水辺の昆虫, 水生昆虫, 《特に》チャバネゴキブリ, ミズムシ.

Wa·ter·bury /wɔ́:tərbèri, *wɑ́t-; -b(ə)ri/ ウォーターベリー《Connecticut 州中西部の市》.

wáter-bùs *n* 水上バス.

wáter bùttᴵᴵ 天水桶; 《便所などの》ため桶; 水槽.

wáter càbbage〘植〙**a** ニオイヒツジグサ《北米原産のスイレンの一種》. **b** ボタンウキクサ (water lettuce).

wáter càlla〘植〙WATER ARUM.

wáter càltrop〘植〙WATER CHESTNUT.

wáter cànnon 放水砲《デモ隊などを散らす放水車の》.

wáter càrriage 水運, 水上輸送; 《流水による》下水処理; 水上輸送機関[施設].

wáter càrrier 水上輸送をする人[船, 業者]; 水運搬人[動物]; 送水用の容器[水槽, 管, 水路]; 雨雲; [the W- C-]〘天〙みずがめ座 (水瓶座) (Water Bearer).

wáter càrt 水売りの車; 《街路の》撒水車. ● **on the ～**ᴵᴵ《俗》禁酒中で (on the water wagon).

wáter cèlery〘植〙セキショウモ (tape grass).

wáter chèstnut〘植〙**a** ヒシ(の実) (=*water caltrop*). **b** オオクログワイ(の塊茎).

wáter-chèstnut fàmily〘植〙ヒシ科 (Trapaceae).

wáter chèvrotain〘動〙ミズマメジカ《西アフリカ産》.

wáter chìckweed〘植〙**a** ヌマハコベ (blinks). **b** ウシハコベ.

wáter chìnquapin〘植〙キバナハス《北米原産; スイレン科》; キバナハスの種子《食用》.

wáter chùte ウォーターシュート《舟を高所からすべらせて水上に突進させる傾斜路, また その遊び》.

wáter cìder CIDERKIN.

wáter cìvet〘動〙ミズジャコウネコ《熱帯アフリカ産》.

wáter-cléar *a* 無色透明の, 澄みきった.

wáter clòck 水時計, 漏刻.

wáter clòset (水洗)便所《略 WC》; 水洗便器.

wáter còck〘鳥〙ツルクイナ《東南アジア産》.

wáter·còlor *n* **1** [ᵘ*pl*] 水彩えのぐ. **2** 水彩画法; 水彩画. ♦ **wáter·còlor·ist** *n* 水彩画家.

wáter convèrsion 《海水の》淡水化.

wáter-còol *vt*〘機〙〈エンジンなどを〉水で冷やす. ♦ **wáter-còoled** *a* 水冷式の.

wáter còoler 冷水器, ウォータークーラー; 冷水タンク; 会社の水飲み場. ♦ **wáter-còoler** *a**《口》〈おしゃべり・うわさ話などが〉水飲み場でするような.

wáter·còurse *n* 水流, 川; 川床; 水路, 運河; 〘法〙流水権《他人の土地の上を経て水を流す[引く]権利》.

wáter cràcker WATER BISCUIT.

wáter·cràft *n* 水上技術《操艇・水泳など》; 船, 船舶.

wáter cràke〘鳥〙**a** カワガラス (water ouzel). **b** コモンクイナ, チュウクイナ (spotted crake). **c**ᴵᴵ《方》クイナ.

wáter cràne 《タンクから炭水車などに給水する》給水管.

wáter·crèss *n*〘植〙オランダガラシ, クレソン《サラダ用など》.

wáter cròwfoot〘植〙水生のウマノアシガタ[キンポウゲ].

wáter cùlture〘農・園〙水栽培, 水耕(栽培).

wáter cùre〘医〙水療法 (hydropathy, hydrotherapy); 《口》短時間に多量の水を飲ませる拷問法.

wáter·cỳcle *n* ウォーターサイクル《ペダルを踏んで動かす各種の水上乗物》.

wáter cỳcle〘水文〙HYDROLOGIC CYCLE.

wáter dèer〘動〙**a** キバノロ (river deer). **b** WATER CHEVROTAIN.

wáter divìner 占い杖 (divining rod) で(地下)水脈を探る人.

wáter dòg 泳ぎの好きな犬《特に 水鳥猟用の》; カワウソ (otter); オオサンショウウオ; 《口》老練な水夫, 泳ぎの達者な[好きな]人.

wáter-drìnk·er *n* (鉱泉)水を飲む人; 禁酒家. ♦ **wáter-drìnk·ing** *a* (アルコールより)水が好きな.

wáter·dròp *n* 水のしずく, 雨滴; 涙, 涙のしずく.

wáter dròpwort〘植〙セリ属の有毒植物《欧州産》.

wáter drùm ウォータードラム《(1) 手桶の水に逆さに浮かべたひょうたんなどのボウルを打って鳴らす西アフリカの楽器 2) ピッチや音色の調節のために半分程度水を入れたアメリカ先住民のドラム》.

wá·tered *a* 水をまいた, 散水した; 灌漑された; 川[流れ]のある; 波紋のある〈絹・金属板など〉; 焼きの雲形のある〈刀の刃〉; 水で割った〈酒〉; 〘会計〙水増しした.

wátered-dówn *a* 水で割った; 薄められた.

wátered sílk 波紋絹布, ウォータードシルク《布面に波状の模様があらわれている絹布》.

wátered stéel DAMASCUS STEEL.

wátered stóck〘証券〙水増し株《資産規模の過大評価に基づいて発行される》.

Wá·ter·ee /wɔ́:təri, *wɑ́t-/ [the] ウォーターリー川《South Carolina 州中部を流れる川; 上流は Catawba 川, のち他と合流して Santee 川となる》.

wáter èlm 〔植〕湿潤地によく生育するニレ科の数種の植物《アメリカニレ (American elm), ミズニレ (planer tree), ケヤキなど》.
wáter equìvalent 〔理〕水(ｽｲ)当量《カロリー測定用の定数》.
wáter·er *n* 散水する人[機械]; 飲料水補給係; 《家畜などへの》給水器 (=*drinker*).
wáter·fàll *n* 滝, 瀑布; 《水力に利用する》落水; [*fig*] (滝のように) 殺到する[たれさがった]もの: a ～ of words.
wáter-fàst *a* 水を通さない; 〈色など〉水によって変化しない[あせない]; 《スコ》 WATERTIGHT.
wáter fèature 《庭園の》泉水, 池泉, 水辺の景観.
wáter fèrn 〔植〕 **a** サンショウモ・デンジソウの類の水生シダ. **b** ニシノオオアカウキクサ.
wáter·fìnd·er *n* 水資源探査者; WATER DIVINER.
wáter flàg 〔植〕 **a** キショウブ. **b** ハナショウブ, アヤメ.
wáter flèa 〔動〕ミジンコ, ケンミジンコ.
wáter·flòod 〔石油〕 *vi, vt* 《増産・二次回収のために》(油層に)水を圧入する. ► *n* 水攻(ｽｲｺｳ)(法). ♦ **～·ing** *n*
wáter flòw 水流; 《単位時間当りの》流水量.
wáter flỳ 水辺の飛ぶ昆虫; カワゲラ (stone fly).
Wa·ter·ford /wɔ́:tərfərd, *wɑ́t-/ ウォーターフォード 《**1**) アイルランド南部の県 **2**) その県都・港町; クリスタル製品ウォーターフォードグラス (～ **glàss**) で有名》.
wáter fòuntain 噴水式水飲み場; 冷水器 (water cooler); 飲料水供給装置.
wáter·fòwl *n* 水辺の鳥; 水鳥, 《特に 狩猟対象としての》ガンカモ類.
wáter·fòwl·er *n* 水鳥の狩猟家, カモ猟師.
wáter·fòwl·ing *n* 水鳥猟.
wáter fráme 水力紡(績)機.
wáter·frònt *n* 《川・湖・海などに臨む》水辺の土地; 《都市の》水辺地区, 河岸(ｶｼ), 湖岸地区, 海岸[臨海]地区, 波止場地区, ウォーターフロント. ● **cover the ～** 《あらゆる角度から》問題を論じ尽くす.
wáter gàp 〔地質〕水隙(ｽｲｹﾞｷ), ウォーターギャップ《横谷(ｵｳｺｸ)の一種》.
wáter gàrden 池や流れをあしらった庭; 水生植物園.
wáter gàs 〔化〕水性ガス.
wáter-gàs tàr 水性ガスタール.
Wáter·gàte *n* **1** ウォーターゲート事件《1972 年, 米国共和党の Nixon 大統領再選委員会の策略による Washington, D.C. の Watergate ビルにある民主党全国委員会本部侵入事件; これに端を発する盗聴など一連の不法行為の発覚で 74 年 Nixon は辞任》. **2** 《通例, 職権濫用・不正・隠蔽工作を伴う》スキャンダル; 失墜(をひき起こす事態). ► *vt* *《俗》…の腐敗を暴露する.
wáter gàte 水門 (floodgate); 《埠頭などの》水際への入口[通路].
wáter gàuge 水位計, 液[水]面計.
wáter glàss 《浅い[近くの]水中を見る》箱めがね (cf. HYDROSCOPE); 《水飲み用》大コップ; 〔園〕水栽培用のガラス容器; ガラス製の水位計; 《昔の》水時計, 漏刻; 《フレスコ壁画の溶液用や鶏卵を保存するための》珪酸ソーダ.
wáter-glàss pàinting STEREOCHROMY.
wáter gràss 水中[水辺]に生えるイネ科の草; ᴴ《方》 WATERCRESS.
wáter-gròund *a* 水車の臼でひいた.
wáter grùel 薄いかゆ, 水がゆ.
wáter guàrd 水上警察官; 水上巡邏税関吏.
wáter gùm 《豪》水辺に生える数種の木, 《特に》トベラモドキ属の小木《フトモモ科》; *沼沢地に多いヌマミズキの一種.
wáter gùn 水鉄砲 (water pistol).
wáter-hàmmer *vi* 〈水・管が〉水撃を起こす.
wáter hàmmer 水撃(作用), (ウォーター)ハンマー《管内を通る水の流れを急に止めた時の水の衝撃; その音》.
wáter hàul むだな努力, 骨折り損.
wáter hàzard 〔ゴルフ〕ウォーターハザード《コース内に障害地域として設定された池・川など》.
wáter·hèad *n* 《川の》水源; 《灌漑用・水車用の》貯水, 貯水水位; 〔医〕水頭(症) (hydrocephalus).
wáter hèater 《家庭用の》温水器; 給湯装置.
wáter hèmlock 〔植〕ドクゼリ.
wáter hèn 〔鳥〕バン (=*moorhen*)《クイナ科》.
wáter hòg 〔動〕ミズブタ (CAPYBARA).
wáter hòle 水たまり, 小池, 《かれた川床に残る》水のたまった穴《野生動物の水飲み場》, 《砂漠などの》泉; 氷面の穴; *《俗》酒場 (watering hole); *《CB 無線俗》《トラック運転手の》休憩所; 〔天〕ノイズの比較的少ない無線周波帯.
wáter hòrehound 〔植〕シロネ (bugleweed).
wáter hỳacinth 〔植〕ホテイアオイ, ホテイソウ.
wáter ìceᴴ ウォーターアイス《水に砂糖や果汁[香料, 着色料]を加えて凍らせた氷菓》, 《特に》シャーベット; 《水が凍った》水氷 (cf. SNOW ICE).
wáter-ínch *n* 水インチ《最小圧力において直径 1 インチの管から 24 時間に出水する量: =14 pints, ≒500 cub.ft》.
wáter·ing *n* 水まき, 水やり, 散水, 灌水, 打ち水; 排水溝(のある沼地); 《織地・金属などの面の》波紋. ► *a* 撒水[灌水, 給水]用の; 温泉[鉱泉]の; 海水浴場の; 目やに[涙]の出ている〈目〉, よだれをたらした〈口〉.
wátering càn じょうろ (=*watering pot*).
wátering càrt 撒水車.
wátering hòle 酒が飲める社交場, 酒場, 飲み屋 (=*watering place*)《バー・ナイトクラブなど》; 水たまり, WATER HOLE, 《動物の》水飲み場; 《口》水遊びのできる行楽地.
wátering plàce ᴴ温泉場, 湯治場; ᴴ海水浴場, 海岸[湖畔]の行楽地; 《動物の》水飲み場; 《隊商・船などの》水補給地; 酒場 (watering hole).
wátering pòt じょうろ (watering can); WATERING-POT SHELL.
wátering-pòt shèll 〔貝〕ジョウロガイ.
wátering spòt *《口》酒が飲める社交場, 酒場 (watering hole).
wátering tròugh 《家畜用の》水桶.
wáter·ish *a* 水のような; 〈光・色などが〉淡い; 水の混ざった, 水っぽい, 水で薄めた; 水分[湿気]の多い. ♦ **～·ness** *n*
wáter-jàcket *vt* …に水ジャケットを取り付ける.
wáter jàcket 〔機〕水ジャケット《機械の過熱冷却用の装置》; 《機関銃の》冷水筒, 水套.
wáter·jèt *n* 噴射水流, ウォータージェット; ウォータージェット式歯間清浄具 (water toothpick). ► *a* 水噴射(式)の, ウォータージェットの.
wáter jòint 〔機〕防水[水密]継手.
wáter jùmp 水濠(ｽｲｺﾞｳ)《野外障害物競馬などで飛び越えなければならない水たまり・小川・水路など》.
wáter jùnketᴴ〔鳥〕クサシギ (sandpiper).
wáter knòt 〔釣〕藤結び.
wáter-làid *a* 〈索類が〉水撚(ﾖ)りの.
wáter·lèaf *n* **1** (*pl* **～s**) 〔植〕北米産のハゼリソウ科ヒドロフィルム属の多年草. **2** (*pl* **～s, -lèaves**) 水漉紙(ﾐｽﾞｽｷｶﾞﾐ).
wáterleaf fàmily 〔植〕ハゼリソウ科 (Hydrophyllaceae).
wáter lèns 水レンズ《透明な容器に水を入れ, それを屈折媒体とする》.
wáter·less *a* 乾燥した, 枯渇した; 水を必要としない〈料理〉; 空冷式の〈エンジン〉. ♦ **～·ly** *adv* **～·ness** *n*
wáterless cóoker 無水鍋; PRESSURE COOKER.
wáter lèttuce 〔植〕ボタンウキクサ (=*water cabbage*).
wáter lèvel **1** 水平面; 水位; (喫)水線; 地下水面; 《炭坑内などの》排水用傾斜面. **2** 水平[水準]器.
wáter lìly 〔植〕スイレン (睡蓮) (=*nenuphar, pond lily*); 《広く》あでやかな花をつける水生植物《ホテイアオイなど》.
wáter-lìly fàmily 〔植〕スイレン科 (Nymphaeaceae).
wáter·lìne *n* **1** 〔海〕水線《水面と船体との交線》; 喫水線《積荷の状態に応じた適正な喫水を示す線》; 海岸線; 地下水面 (water table); 《水槽などの》水位; 《洪水の水位のあとを示す》水位線. **2** 送水管, 送水線. **3** 《紙の》透かし線.
wáter·lòcked *a* まわりを水[海]に囲まれた〈土地〉.
wáter lòcust 〔植〕米国南部沼沢地などのマメ科サイカチ属の木.
wáter·lòg *vt* 〈船を〉水浸しにして航行不能にする; 水のしみ込みで〈木材〉の浮力を奪う; 〈土を〉水浸しにする. ► *vi* 水浸しでびしょびしょに[動きが鈍く]なる. ［逆成く↓］
wáter·lògged *a* 〈船が〉浸水した; 〈木材などが〉水を吸って浮かない; 〈土が〉水浸しの; [*fig*] 泥沼にはまり込んだ; 浮腫のできた (edematous). ［*log* to accumulate in the hold］
Wa·ter·loo /wɔ̀:tərlú:, wɑ̀t-, ⌐ー⌐; wɔ̀:təlú:/ **1** ウォータールー《**1**) Iowa 州北東部の市 **2**) カナダ Ontario 州南東部の市》. **2** ワーテルロー《ベルギー中部 Brussels の南の町; Waterloo の戦いの戦場》. **3** [ˢw-] **a** 《立ち直れないような》大敗, 惨敗. **b** 破滅[敗北]のもと. ● **meet** one's **～** 一敗地にまみれる, 大敗北を喫する, 難局[試練]にぶつかる. ■ the **Báttle of ～** ワーテルローの戦い《1815 年 6 月 18 日 Brussels の南の Waterloo 村付近で行なわれた会戦; Napoleon 1 世が Wellington と Blücher の率いる英国・プロイセン連合軍に最終的に敗北した》.
wáter màin 給水[水道]本管.
wáter·man /-mən/ *n* 船頭, 船夫, 渡し守; (熟練した)こぎ手 (oarsman); 水産業で生計を立てる人; 水の精; 人魚; 給水[散水, 灌水]業務従業員; 《炭坑・鉱山の》排水係.
Waterman ウォーターマン **Lewis Edson ～** (1837–1901)《米国の発明家・製造業者; 万年筆を改良》.
wáterman·ship *n* WATERMAN の職務[技能]; 船をこぐ腕前, 操船の腕; 《水泳その他の》水中での身のこなし.
wáterman's knòt FISHERMAN'S KNOT.
wáter màrigold 〔植〕アメリカセンダングサの一種.
wáter·màrk *n* 量水標, 水位標; 《漉き入れによる紙の》透かし(模様); 透かしを出す金属製の型. ► *vt* 〈紙〉に透かしを入れる; 〈模様を〉透かしとして入れる.
wáter màss 〔海洋〕水塊《水温・塩分などが隣接海水とは異なる, 同一性質の海水の塊り; 暖水塊・冷水塊など》.
wáter mèadow [ᵁ*pl*]ᴴ《定期的に冠水する肥沃な》湿地牧野.
wáter mèasurer 〔昆〕イトアメンボ.
wáter·mèlon *n* 〔植〕スイカ《ウリ科スイカ属の植物; その果実》;

W

〖魚〗カツオ (skipjack). ● **swallow a ～ seed** 《口》妊娠する, おなかが大きくなる.
wáter mèter 水量計, 量水器《水の流量を測る》, 水道メーター.
wáter mílfoil 〖植〗フサモ《フサモ属の水草の総称》.
wáter mìll 水車場, 水力製粉所.
wáter mìnt 〖植〗ヌマハッカ《ユーラシア原産の湿地に生えるハッカ属の多年草》.
wáter mòccasin 〖動〗**a** ヌママムシ (＝*cottonmouth* (*moccasin*))《北米南部の沼・川にすむ大型で猛毒のヘビ》. **b** 《俗に》水ヘビ (water snake)《無毒》.
wáter mòld 〖植〗水生菌, 《特に》ミズカビ.
wáter mòle 《豪》〖動〗カモノハシ (platypus).
wáter mònitor 〖動〗ミズオオトカゲ《インド産, 半水生; 体長 1.5 m 以上になる》.
wáter mònkey 《東洋の熱帯地方の》蒸発作用によって飲料水を冷やす素焼き瓶.
Wáter Mònster [the] 〖天〗うみへび座 (海蛇座) (Hydra).
wáter mòth 〖昆〗CADDIS FLY.
wáter mòtor 水力発動機, 水力機関.
wáter mòuse 〖動〗(半)水生の小型の齧歯動物《ミズハタネズミ, メキシコ・南米産のウオクイマウス類など》.
wáter nỳmph 水の精《naiad, Nereid, Oceanid など》; 人魚; 〖植〗ニオイヒツジグサ《白いスイレン》, 《広く》スイレン; 〖植〗イバラモ《水草》; 〖昆〗トンボ (dragonfly).
wáter òak 〖植〗ウォーターオーク《北米南東部産の湿地性のカシワ》.
wáter òats (*pl* ～) 〖植〗マコモ (wild rice).
wáter of constitútion 〖化〗構造水 (opp. *water of hydration*).
wáter of crystallizátion 〖化〗結晶水.
wáter of hydrátion 〖化〗水和水 (opp. *water of constitution*).
W **wáter of lífe** 〖聖〗いのちの水《不滅の命を与える水; *Rev* 22: 1》; 生命の水, 酒, 《特に》ウイスキー.
wáter on the bráin 〖医〗水頭(症) (hydrocephalus).
wáter on the knée 〖医〗膝関節水腫.
wáter opòssum 〖動〗YAPOCK.
wáter òuzel 〖鳥〗カワガラス (＝*dipper*), 《特に》ムナジロカワガラス《欧州産》.
wáter òx 〖動〗スイギュウ (water buffalo).
wáter pàint 水性塗料.
wáter pàrk ウォーターパーク《各種プールやすべり台など水遊びのできる設備をそろえたアミューズメントパーク》.
wáter pàrsnip 〖植〗セリ科植物《ヌマゼリ属の水生植物など》.
wáter pàrting* 分水界 (divide).
wáter pèpper 〖植〗ヤナギタデ.
wáter phèasant 〖鳥〗**a** レンカク (jacana). **b** PINTAIL. **c** カワアイサ (goosander).
water pick ⇨ WATER TOOTHPICK.
wáter pìg 〖動〗CAPYBARA; 〖魚〗GOURAMI.
Water Pik /—— pìk/ 〖商標〗ウォーターピック《ジェット水流を利用した歯間の洗浄器》.
wáter pìll 利尿剤 (diuretic).
wáter pìmpernel 〖植〗**a** ハイハマボッス《湿地帯に生えるサクラソウ科ハイハマボッス属の草本; 白い花をつける》. **b** アカバナルリハコベ (scarlet pimpernel).
wáter pìpe 送水管, 配水管; 水ギセル (hookah).
wáter pìpit 〖鳥〗タヒバリ《北半球にすむセキレイ科の小鳥》.
wáter pìstol 水鉄砲 (＝*water gun*) (squirt gun*).
wáter plàne 〖造船〗水線面; 水上(飛行)機.
wáter plànt 水生植物, 水草.
wáter plàntain 〖植〗サジオモダカ.
wáter plàtter 〖植〗オオオニバス (victoria).
wáter plùg 消火栓 (fireplug).
wáter pollùtion 水質汚染, 水質汚濁.
wáter pòlo 〖スポ〗水球, ウォーターポロ.
wáter pòt 水容器; じょうろ (watering pot).
wáter·pòwer *n* 水力; 《水力用の》落水; WATER PRIVILEGE.
wáter pòx 〖医〗水痘 (chicken pox).
wáter prèssure 水圧.
wáter prìvilege 《特に 動力源としての水に関する》用水使用権, 水利権.
wáter·pròof *a* 水の通らない, 防水の. ► *n* 防水布[生地]; ˈˈ防水着, レインコート. ► *vt* 防水(加工[処理])する. ♦ **～·ness** *n* **～·er** *n* 防水処理工[者]; 防水剤. **～·ing** *n* 防水剤[材料]; 防水加工[処理].
wáter pùlse 歯や歯間を洗浄するための噴射水.
wáter pùmp 〖機〗水ポンプ, 揚水[送水]ポンプ, ウォーターポンプ.
wáter pùrslane 〖植〗**a** セイヨウミズユキノシタ (marsh purslane). **b** 米国中部・メキシコ産のミソハギ科の水生植物.
wáter ràce 《工業用の》水路, 水流.
wáter ràil 〖鳥〗クイナ.
wáter ràm HYDRAULIC RAM.
wáter ràt 〖動〗水生ネズミ《ミズハタネズミ・マスクラット・ドブネズミなど》; 《俗》水辺の浮浪者[こそ泥]; 《口》水上スポーツ愛好家.
wáter ràte 水道料金 (＝**wáter rènt**); 〖機〗《蒸気機関などの》水消費量.
wáter-repéllent *a* 《完全防水ではないが》水をはじく, 撥水加工の. ► *n* 撥水剤.
wáter-resístant *a* 《完全防水ではないが》水の浸透を防ぐ, 耐水(性)の. ♦ **wáter resìstance** *n*
wáter-rèt *vt* 〖紡〗〈麻などを〉浸水する.
wáter rìce 〖植〗マコモ (wild rice).
wáter rìght 〖法〗用水権, 水利権, 川岸所有者権 (riparian right).
Wa·ters /wɔ́(ː)tərz, *wɑ́t-/ ウォーターズ (**1**) **Ethel** ～ (1896 or 1900–1977)《米国のブルース歌手・ポップシンガー・女優》 (**2**) **Muddy** ～ (1915–83)《米国のブルース歌手・ギタリスト; 本名 McKinley Morganfield》.
wáter sàil 〖海〗ウォーターセイル《下部スタンスルやスパンカー下桁の下, 海面近くに張る補助帆》.
wáter sàpphire 〖鉱〗ウォーターサファイア, 菫青石(きんせいせき)《宝石としても用いられる》.
wáter·scàpe *n* 水のある景色; 水景画.
wáter scòrpion 〖昆〗タイコウチ《水生昆虫》.
wáter scrèw 船のプロペラ, スクリュー.
wáter sèal 《ガス漏れを水で封じる》水封じ.
wáter·shèd *n* 分水界 (divide, water parting*); 《水系を同じくする》分水界に囲まれた地域, 流域; 分岐点, 重大な時機, 転機 〈*in*〉; ˈˈ《子供の》お休み時間《子供に見せるべきでないテレビ番組の始まる時刻; 通例午後 9 時》. ► *a* 分水界を形成している; 画期的な.
wáter shìeld 〖植〗**a** ジュンサイ (蓴菜) (＝*egg bonnet, water target*). **b** ハゴロモモ (fanwort).
wáter·shòot *n* 排水管, 樋(とい), 樋口; WATER CHUTE; 〖植〗徒長枝 (water sprout).
wáter shrèw 〖動〗水辺にすむトガリネズミ《ユーラシア産のミズトガリネズミなど》.
wáter-sìck *a* 〖農〗灌水過剰の.
wáter·sìde *n* [the] 《川・海・湖の》水辺, 岸. ► *a* 水辺の; 水辺で働く; 水辺労働者の.
wáter·sìder *n* 《豪》LONGSHOREMAN.
wáterside wòrker 《豪》LONGSHOREMAN.
wáter sìlvering 銀アマルガムによる銀めっき.
wáter skàter 〖昆〗アメンボ (water strider).
wáter-skì *vi* 水上スキーをする. ♦ **wáter-skì·er** *n* **wáter-skì·ing** *n*
wáter skì 水上スキー《用具; 幅が広く, 短い》.
wáter·skìn *n* 水を入れる皮袋.
wáter skìpper 〖昆〗アメンボ (water strider).
wáter skỳ 〖気〗水空(すいくう)《極地方の水平線近くの開水面上の, まわりより暗く見える空》.
wáter·slìde *n* ウォータースライド[スライダー]《水を流した水路の中をプールまですべり降りるすべり台》.
wáter snàke **1** 〖動〗《水辺にすむ》水ヘビ, 《特に》ミズベヘビ. **2** [the W- S-] **a** 〖天〗うみへび座 (海蛇座) (Hydra). **b** みずへび座 (水蛇座) (Hydrus).
wáter-sòak *vt* 水につける, 浸す, 水浸しにする. ► *vi* びしょびしょになる.
wáter sòftener 硬水軟化剤; 軟水装置[器].
wáter sòldier 〖植〗トチカガミ科の水草の一種《葉は銃剣形で, 3 弁の白い花をつける; ユーラシア産》.
wáter-sòluble *a* 水に溶ける, 水溶性の: ～ vitamins.
wáter sòu·chy /-sùːʃi/ 〖料理〗WATERZOOI. [Du *zootje* boiling]
wáter spàniel 〖犬〗ウォータースパニエル《(**1**) AMERICAN WATER SPANIEL **2**) IRISH WATER SPANIEL》.
wáter spèedwell 〖植〗オオカワヂシャ《ユーラシア原産; 湿地に生える》.
wáter spìder [spìnner] 〖動〗ミズグモ《水中に下方の開いた空気の入った釣鐘形の網を作る》.
wáter·splàsh *n* 浅瀬, 渡り場; 流れ[水たまり]に没している道路(の部分).
wáter·spòrt *n* **1** ウォータースポーツ《水泳・水球・サーフィンなど》. **2** [～s, 〈*sg/pl*〉] 《俗》尿浴, 尿愛性戯, 聖水遊び《相手に放尿したりされたりするプレイ》.
wáter spòt 〖植〗《特に カンキツの》水腐れ.
wáter·spòut *n* 水口, 樋口; 〖気〗《水上で起こる》たつまき; 土砂降り.
wáter sprìte 水の精 (water nymph).
wáter spròut 〖植〗徒長枝(とちょうし) (＝*watershoot*).
wáter stàrwort 〖植〗アワゴケ属の各種水生[湿地性]の草本《アワゴケ・ミズハコベなど》.
wáter stìck insect 〖昆〗ミズカマキリ《水生昆虫》.

wáter·stòne *n* 水砥石(といし)《油砥石 (oilstone) に対して, 水を使う普通の砥石》.
wáter strìder 〔昆〕**a** アメンボ (=*water skater, water skipper*). **b** カタビロアメンボ.
wáter supplỳ 給水(法); 給水(使用)量; 上水道《水源をはじめ集水・導水・浄水・配水の手段および過程》.
wáter sỳstem 《河川の》水系; WATER SUPPLY.
wáter tàble 〔建〕《外壁から帯状に張り出した》雨押え, 水切り蛇腹; 道路わきの溝; 地下水面 (=*groundwater level, water level*).
wáter tànk 水槽, 水タンク.
wáter tàrget 〔植〕ジュンサイ (water shield).
wáter tàxi 水上タクシー《料金を取って乗客を運搬するモーターボート》.
wáter thrùsh 〔鳥〕**a** キタミズツグミ, ミナミミズツグミ《アメリカムシクイ科の 2 種; 水辺にすむ; 北米産》. **b** カワガラス. **c** ″《方》ホクオウハクセキレイ (pied wagtail).
wáter tìger 〔昆〕ゲンゴロウモドキの幼虫.
wáter·tìght *a* 防水の, 耐水の, 水密の; 〈議論など〉堅実な, 乗じる隙のない, 水も漏らさぬ; 〈文章・ことばづかいなど〉整然とした. ♦ **~·ness** *n*
wátertight compártment 《船の》水密区画[室]; [*fig*] 完全な区分[隔絶].
wáter tòothpick [pìck] 噴射水流を利用した歯・歯間の洗浄具 (=*water jet*).
wáter tòrture ポタポタと落ちる水音を聞かせたり顔に水をしたたらせたりする拷問, 水責め.
wáter tòwer 貯水[給水, 配水]塔; 消防用放水やぐら《高層ビル用の》.
wáter tràp 〔ゴルフ〕ウォータートラップ《池・川など》.
wáter trèatment 《濾過・軟水化などの》水処理.
wáter-tùbe bòiler 水管ボイラー.
wáter tùnnel 〔空〕回流水槽《風洞 (wind tunnel) の空気の代わりに水を使う空気力学実験用の装置》.
wáter tùrbine 〔機〕水タービン, 水車(すいしゃ).
wáter tùrkey 〔鳥〕アメリカヘビウ.
wáter vàpor 水蒸気《沸点以下で放散される気相の水; opp. *steam*》.
wáter-váscular *a* 〔動〕水管系の.
wáter-váscular sỳstem 〔動〕《棘皮(きょくひ)動物の》水管[歩管]系.
wáter vìolet 〔植〕ユーラシア産サクラソウ科ホットニア属の水生多年草《白 または うす紫の花をつけ, 水槽で栽培される》.
wáter vòle 〔動〕《ユーラシア産の》ミズハタネズミ, 《北米西部産の》アメリカミズハタネズミ.
wáter wàgon 《行軍中の軍隊などと行を共にする》水運搬用荷車; 給水車; WATER CART. ● **on the ~** ⇨ WAGON.
wáter wàgtail 〔鳥〕**a** セキレイ (wagtail), 《特に》ホクオウハクセキレイ (pied wagtail). **b** WATER THRUSH a.
wáter·ward(s) *adv* 水の(ある)方向に.
wáter·wàve *vt* 〈髪を〉ウォーターウェーブにする. ♦ **~d** *a*
wáter wàve 水の波; ウォーターウェーブ《髪をローションでぬらしてセットしドライヤーをかける》.
wáter·wày *n* 水路《河川・運河など》; 《湾などの》可航水路, 水道; 〔造船〕舷側水道, ウォーターウェイ; 〔機〕水口.
wáter·wèed *n* 《各種の》水草; 〔植〕カナダモ属の数種の総称《北米・南米原産; トチカガミ科》, 《特に》カナダモ (=*Canadian pondweed*).
wáter·whèel *n* 水車; 水揚げ車; 《昔の汽船の》外輪.
wáter-white *a* 無色透明の.
wáter wìngs *pl* 《水泳練習者用の》両脇浮袋.
wáter wìtch 水中に住む魔女; 占い杖で地下水脈を探る人, 《各種の》水探知機 (=**wáter wìtcher**); *さっともぐって餌をとる水鳥《カイツブリなど》.
wáter wìtching 《占い杖による》水脈探査; 水探知.
wáter·wòrks *n* [〈*sg/pl*〉] 水道[給水]設備(全体), 上水道; 給水所, 浄水場; 噴水, 人工滝; 《俗》涙, 落涙; ″《口》[*joc*] 泌尿器系. ● **turn on the ~** 《俗》泣き出す, 泣く.
wáter·wòrn *a* 〈岩など〉水の作用で摩滅した[磨かれた].
wá·tery *a* **1** 水の(ような); 〈土地など〉水を多く含んだ; 涙ぐんだ; 〈空など〉雨もよいの, 〈季節が〉雨の多い; 病的に分泌物の多い; 《文》水からなる, 水中の: a ~ moon 雨もよいの月《薄くかすんでいる》/ go to a ~ grave 《文》水死する. **2** 水で薄めた(ような), 水っぽい〈ワイン・紅茶〉; 〈煮物が〉水気の多い; [*fig*] 〈文章など〉おもしろくない, 無味の; 〈色など〉薄い. ♦ **wáter·i·ly** *adv* **-i·ness** *n*
wa·ter·zooi /wɔ́ːtərzùːi, *wάt-/ *n* 〔料理〕ワーテルゾイ (=*water souchy*)《魚または鶏のスープ煮》. [Flem ? (変形)<Du *waterzootje*]
Wat·ford /wάtfərd/ ウォトフォード《イングランド南東部 Hertfordshire 南西部の町》. ● **north of ~** [°*joc*] London から離れた英国北部に《Watford は Greater London の境界を北西方向に出てすぐにあり, London を中心とする文化的な生活の限界と俗にいわれる》.

Wat·kins /wάtkənz/ ワトキンズ《男子名; 愛称 Wat》.
Wát·ling(s) Ísland /wάtlɪŋ(z)-/ ウォトリング島《SAN SALVADOR の旧称》.
Wátling Strèet ウォトリング街道《Dover から London を通り Shrewsbury 付近に至るローマ人が造った街道》.
Wat·ney's /wάtniz/ 〔商標〕ウォトニーズ《英国 のビール》.
WATS /wάts/ *n* 〔米〕ワッツ《特定地域内の長距離電話について適用される大口利用者割引; または, 特定地域から着信者払いで受ける通話について適用される大口利用者割引》. [*W*ide-*A*rea *T*elecommunications [もと *T*elephone] *S*ervice]
Wat·son /wάts(ə)n/ **1 a** ワトソン **Dr. ~** 《Conan Doyle の推理小説中の医師; Sherlock Holmes の親友で, 事件の語り手》. **b** ワトソン君《天才の引立役となる凡庸な人物》. **2** ワトソン **(1) James Dewey ~** (1928–)《米国の分子生物学者; DNA 構造の二重らせんモデルを発表; ノーベル生理学医学賞 (1962)》 **(2) John ~** (1850–1907)《スコットランドの聖職者・作家; 筆名 Ian Maclaren; 'kailyard school' の創始者とされる》 **(3) John B(roadus) ~** (1878–1958)《米国の心理学者; 行動主義 (behaviorism) を創唱した》 **(4) John Christian ~** (1867–1941)《オーストラリアの政治家; 首相 (1904)》 **(5)** Sir **(John) William ~** (1858–1935)《英国の伝統派詩人》 **(6) Tom ~ [Thomas Sturges ~]** (1949–)《米国のプロゴルファー》.
Wátson-Críck *a* 〔生化〕ワトソン-クリック模型の.
Wátson-Críck mòdel 〔生化〕ワトソン-クリック模型《J. D. Watson と F. H. C. Crick によって提出された DNA の二重らせん分子模型》.
wat·so·nia /wɑtsóuniə/ *n* 〔植〕アフリカ南部原産ワトソニア属[ヒオウギズイセン属] (*W-*) の各種植物《アヤメ科》. [Sir William *Watson* (1715–87) 英国の植物学者]
Wat·son-Watt /wάts(ə)nwάt/ ワトソンワット Sir **Robert Alexander ~** (1892–1973)《スコットランドの物理学者; レーダー開発の先駆的理論を提唱した》.
Wa·tsu /wάtsu/ 〔商標〕ワッツ《米国で考案された水中マッサージ療法》. [*wat*er+shia*tsu*]
watt /wάt/ *n* 〔電・理〕ワット《電力の実用 (SI) 単位, 仕事率の SI 単位; 記号 W》. [↓]
Watt ワット **James ~** (1736–1819)《スコットランドの機械技師; 蒸気機関を改良・実用化し, 産業革命に大きく貢献した》.
wátt·age *n* 〔電〕ワット数; 《必要な》ワット量; [*fig*] エネルギー, パワー: a high ~ bulb 高ワット数の電球 / a high ~ debut はなばなしいデビュー.
wátt cùrrent 〔電〕有効電流.
Wat·teau /wɑtóu; ⌐–; *F* vato/ *n* ワトー **(Jean-)Antoine ~** (1684–1721)《フランスロココの画家》. ► *a* 〈婦人服・婦人帽が〉ワトー(の描いた肖像)風な.
Wátteau báck 〔服〕ワトーバック《幅広のはこひだが首の後ろから床まで一直線にたれた婦人服の背》.
Wat·ten·scheid /*G* vátnʃaɪt/ ヴァッテンシャイト《ドイツ西部 North Rhine-Westphalia 州, Ruhr 地方の工業都市》.
-watt·er /wάtər/ *n comb form* 〔電〕「…ワット (watt) のもの[機器]」
wátt-hòur *n* 〔電〕ワット時《1 ワット 1 時間の電力量; 記号 Wh》.
wátt-hour mèter 〔電〕積算電力計, 電力量計.
wat·tle /wάtl/ *n* **1 a** 編み枝(細工)《棒を芯に細枝などを編み合わせたもの; 壁・垣・屋根などを作るのに用いる》; [*pl*] 草屋根を支える骨組; ″《方》編み垣 (hurdle). **b** 編み枝細工の材料; ″《方》小枝, 杖, さお. **2 a** 《鶏・七面鳥などの》肉垂(にくすい), 肉髯(にくぜん), 〔皮革〕ワットル; 《トカゲ類の》のど袋; 《俗》《人の》のどのだぶついた肉. **b** 《魚の》触鬚(しょくしゅ), ひげ (barbel). **3** 〔植〕**a** 豪州産アカシア属の高[低]木《黄金色の球形の花はオーストラリアの国章とされる; cf. GOLDEN WATTLE》. **b** 《古》クノニア科の低木《豪州原産》. ► *vt* 〈垣・壁などを〉編み枝で作る; …に編み枝で柵[壁, 屋根]をつける; 〈小枝などを〉編み合わせる; 〈丸太・杭〉に小枝を編み合わせる; (編み枝のように)編み合わせる; ″《方》〈羊を〉編み垣で囲う. ♦ **~d** *a* 編み枝で作った; wattle のある. [OE *watul*<?; cf. OHG *wadal* bandage]
wáttle and dáub [dáb] 〔建〕荒打ちしっくい, 泥壁《編み垣に粘土を塗って作った粗末な壁》.
wáttle·bìrd *n* 〔鳥〕**a** ミミダレミツスイ《耳辺に肉垂があるミツスイ科の数種の鳥; 豪州産》. **b** WATTLE CROW.
wáttle cròw 〔鳥〕ハシブトホオダレムクドリ (=*kokako*)《ニュージーランド産》.
wáttled bírd of páradise 〔鳥〕キゾノフウチョウ《下嘴の付け根に肉垂がある; ニューギニア産》.
wáttled stáre [stárling] 〔鳥〕**a** トサカムクドリ《アフリカ産》. **b** セアカホオダレムクドリ《嘴の基部に橙色の肉垂がある; ニュージーランド産》.
wátt·less *a* 〔電〕無効の〈電流〉.
wáttless compónent 〔電〕REACTIVE COMPONENT.
wátt·mèter *n* 〔電〕電力計, ワット計.
Watts /wάts/ **1** ワッツ **(1) George Frederic ~** (1817–1904)《英国の画家・彫刻家》 **(2) Isaac ~** (1674–1748)《英国の神学者・賛美歌作者》. **2** ワッツ《California 州 Los Angeles 南部の黒人の多い地

区; 1965 年に激しい人種暴動が起こった場所).
Wátts-Dún·ton /-dʌ́ntn/ ウォッツ-ダントン (**Walter**) **Theodore** ~ (1832–1914)《英国の批評家・文学者》.
wátt-sécond *n* 〔理〕ワット秒《1 ワット 1 秒の電気量: =JOULE》.
Wa·tu·si /wɑtúːsi/, **Wa·tut·si** /wɑtúːtsi/ *n* **1** (*pl* ~, ~**s**) ワトゥシ族, ワトゥチ族 (TUTSI). **2** [w-] ワトゥーシ《腕と頭の力強い痙攣的な動きを特徴とする 2 拍子の踊り》. ► *vi* ワトゥーシを踊る.
waucht /wάxt, wɔ́ːxt/ *vt, vi, n* 《スコ》 WAUGHT.
waugh, wagh, wah /wɔ́ː/ *int* ワーッ, ワーン, ワー, エーン《特に子供の泣き声》. [imit]
Waugh /wɔ́ː/ ウォー **Evelyn** (**Arthur St. John**) ~ (1903–66)《英国の作家; *Decline and Fall* (1928), *A Handful of Dust* (1934), *Brideshead Revisited* (1945), 大戦三部作 *Men at Arms* (1952), *Officers and Gentlemen* (1955), *Unconditional Surrender* (1961)》.
waught /wάxt, wɔ́ːxt/ 《スコ》 *vt, vi* ガブガブ飲む, 一気に飲みほす. ► *n* ガブッとやるひと飲み(の量). [C16<?]
wauk[1] /wɔ́ːk/ *vi, vt, n* 《スコ》 WAKE[1].
wauk[2] ⇨ WAULK.
wauk·rife /wɔ́ːkràɪf/ *a* 《スコ》 WAKERIFE.
waul ⇨ WAWL.
waulk /wɔ́ːk/, **wauk** *vt* 《スコ》〈毛織物を〉縮充する.
waur /wάːr/ 《スコ》 *a* WORSE. ► *vt* (-**rr**-) 負かす.
WAV 〔電算〕 WAVE SOUND のファイルを示す拡張子.
wave /wéɪv/ *n* **1 a** 波, 波浪, 風浪; [the ~(s)] 《古・詩》水, 《川・湖の》水, 海: rule *the* ~*s* 海洋を支配する. **b** 〔理〕波, 《光・音などの》波動; 電波; 〔電〕波形; 《動きを示すグラフの上の》曲線, 起伏, 波. **c** 〔昆〕WAVE MOTH. **2 a** 波動, 起伏, うねり; 《絹布の光沢などの》波紋; 《頭髪などの》ウェーブ; ウェーブをかけること: the golden ~*s* of grain 穀物の黄金の波. **b** 振り動かすこと, 振る合図 〈*of* the hand〉. **c** 波のように押し寄せること[もの] 〈*of*〉; 連鎖的波及; 移動[移住]する動物[人]の群れ[波] 〈*of*〉; 進撃する軍隊[航空機]; *ウェーブ, ウェービング (=human ~, Mexican [Mexico] ~)《競技場の観客が端から順にそろって手を上げて立ち上がってはすわり, 全体としてうねる波のような視覚的効果を出すこと》: a ~ of bombings 波状爆撃 / attack in ~*s* 波のように押し寄せる, 波状攻撃をする. **3** 急激な増加 〈*of*〉, 人口の急増; 《活動・感情などの》活発化, 高揚; 《気温などの》(著しい)変動, 波: a ~ *of* buying 買人気 / a new ~ *of* women politicians 女性政治家の急増. ● **make ~s** 《口》平穏を乱す, 波風を立てる. **ride the ~** 波に乗る, 得意の絶頂にある (ride on the crest of the wave). ► *vi* **1** 波打つ, 波立つ, 波動する; 揺れる; 翻る; 〈髪などが〉うねっている. **2** 手[旗など]を振って合図[挨拶]する 〈*at, to*〉. ► *vt* **1** 揺り動かす, 振り回す 〈*around*〉; 翻す; 〈手・旗などを〉振って合図[挨拶]する; 手[旗など]を振って…の合図[挨拶]をする; 〈人などに〉手[旗など]を振って合図する 〈*to* do etc.〉: ~ farewell [good-bye] (to sb)=~ (sb) farewell [good-bye] (人に)手[ハンカチなど]を振って別れを告げる. **2** うねらせる, 波打たせる; …に波紋をつける; 〈髪〉にウェーブをかける. ● **~ aside** 〈人〉に合図してわきへどかす[黙らせる], 合図して〈物を〉どかせる; 〈反対などを〉退ける, 軽く一蹴する. **~ away** 手を振って追い払う; 拒む. **~ back** 手を振って合図を返す 〈*at* sb〉; 手を振って〈人を〉後ろへさがらせる 〈*from*〉. **~ down** 〈車・運転者を〉手を振って止める. **~ off** 手を振って〈人を〉送り出す 〈*to*〉, WAVE away. **~ on** 〈人〉に合図して進ませる. **~ through** 手を振って〈人〉を通す; 《よく検討せずに》〈物事を〉認める, 通す.
[OE (v) *wafian* (cf. WAVER[1], WEAVE[2]), (n) ME *wawe, wage* motion (WAG と同語源) が (v) に同化]
Wave *n* 〔米〕海軍婦人予備部隊員 (⇨ WAVES); *女性の海軍軍人.
wáve bànd 〔通信〕周波帯, ウェーブバンド.
wáve bàse 〔水文〕波浪作用限界深度, 波食基準面《静水で, 波の影響が及ばなくなる深さ》.
wáve clòud 〔気・グライダー〕波状雲《海の波のように細長い帯状に平行に並んだ雲; 2 層の気流の間に生ずる》.
wáve-cùt plátform 〔地質〕波食台.
wáved *a* 波形の, 波状の, 起伏のある; 〈生地が〉波形の色模様のある; 前後に揺られた, 打ち振られた〈手〉.
wáve ènergy 波動エネルギー.
wáve equàtion 〔数・理〕波動方程式.
wáve fàrm 波力発電所[機]《海面にタービンなどを浮かべて波のエネルギーで発電する施設》.
wáve file 〔電算〕ウェーブファイル《WAVE SOUND のファイル》.
wáve·fòrm *n* 〔理〕波形 (=*waveshape*).
wáve frònt 〔理〕波面; 〔電〕波頭; 波先.
wáve fùnction 〔理〕波動関数.
wáve·guìde *n* 〔通信〕導波管.
wáve·lèngth *n* 〔理〕波長《記号 λ》; 周波数; 考え方, 感じ方: on the same ~ as… 〈人〉と波長が同じで[合って].
wáve·less *a* 波[波動]のない, 穏やかな. ♦ **~·ly** *adv*
wáve·let *n* 小波, さざなみ.
wáve·lìke *a* 波のような, 波状の.
Wa·vell /wéɪv(ə)l/ ウェーヴェル **Archibald** (**Percival**) ~, 1st Earl ~ (1883–1950)《英国の陸軍元帥; インド総督 (1943–47)》.
wa·vell·ite /wéɪvəlàɪt/ *n* 〔鉱〕銀星石, ウェーベライト. [William *Wavell* (d. 1829) 英国の医師, 発見者]
wáve machìne 《プールなどの》波起こし機.
wáve-màker *n* 問題を起こす人, 波風を立てる者, 平穏を乱す人.
wáve mechànics 〔理〕波動力学; 量子力学 (quantum mechanics). ♦ **wáve-mechànical** *a*
wáve·mèter *n* 〔通信〕周波計, 波長計.
wáve mòth 〔昆〕シャクガ科の波状紋を有するガ《総称》.
wáve mòtion 波動.
wáve nùmber 〔理〕波数《波長の逆数》.
wáve-òff *n* 〔空〕(着艦[着陸])復行合図[指示].
wáve òffering 〔聖〕揺祭(ようさい)《祭司の得分となる供えものの犠牲獣; 供える時に犠牲獣を揺り動かし, それが神から下賜されることを表わす; *Lev* 7: 30, 8: 27》.
wáve of the fúture 今後の動向.
wáve pàcket 〔理〕波束.
wáve pòol 波のプール, 造波プール.
wáve pòwer 《エネルギー源としての》波力: ~ generation 波力発電. ♦ **wáve-pòwered** *a*
wa·ver[1] /wéɪvər/ *vi* **1** 揺れる, 動揺する, ゆらめく; 翻る; 〈光が〉ちらつく, きらめく; 〈声など〉震える; 変動[変化]する. **2** 浮足立つ, 乱れ始める; よろめく, ぐらつく; ためらう, (気)迷う 〈*in* judgment, *between* suggestions, *from* one's decision〉; 屈する. ► *n* ためらい; 揺れ, 振動; 《声の》震え; 明滅; ぐらつき, よろめき: be upon ~ ためらっている. ♦ **~·er** *n* 気迷いする人. [ME=to wander<ON *vafra* to flicker; ⇨ WAVE]
wav·er[2] *n* 振る人; ウェーブをかける理髪師; ウェーブごて; *《俗》ニューウェーヴ族《new wave ロックにのめり込んでいる若者; よく黒い服を着ている》.
wáver·ing *a* 揺れる, ゆらめく; 震える; ためらう, 気迷う, あやふやな. ♦ **~·ly** *adv* 揺れ[震え]ながら; ためらって.
Wa·ver·ley /wéɪvərli/ ウェイヴァリー **Edward** ~《Scott の同名の小説 (1814) の主人公である青年士官; これ以後の一連の小説を **Wáverley nóvels** と総称する》.
wa·very /wéɪv(ə)ri/ *a* 揺れ動く; ためらう.
WAVES, Waves /wéɪvz/ 〔米〕Women Accepted for Volunteer Emergency Service 海軍婦人予備部隊 (⇨ WAVE).
wáve sèt 《髪にウェーブをつけるための》セットローション.
wáve·shàpe *n* WAVEFORM.
wáve sòund 〔電算〕ウェーブサウンド《通例非圧縮の音声データ記録方式; このファイルは拡張子 WAV をもつ》.
wáve·tàble *n* 〔電算〕ウェーブテーブル《実際の楽器音などを録音し, デジタル化したデータのはいったファイルや ROM など》.
wáve thèory 〔理〕《光の》波動説 (undulatory theory).
wáve tràin 〔理〕波列.
wáve tràp 〔通信〕ウェーブトラップ《特定周波数の混信を除去するための共振回路》.
wáve velòcity 〔理〕PHASE VELOCITY.
wa·vey, wa·vy[1]* /wéɪvi/ *n* ハクガン (snow goose). [Cree, Ojibwa]
wav·i·cle /wéɪvɪk(ə)l/ *n* 〔理〕ウェービクル, 波粒子《量子力学で, 波 (wave) と粒子 (particle) の二重性をもつ物質をいう戯語》.
Wa·vre /*F* waːvr/ ワーヴル《ベルギー中部 Walloon Brabant 州の州都; 首都 Brussels の南東に位置》.
wavy[1] ⇨ WAVEY.
wávy[2] *a* **1** 揺れ動く, 波動的な; 波の多い, 波立つ; うねっている, 起伏する, 波状の; 〔植〕波状の(縁のある); 〔紋〕波形の; ウェーブのかかった. **2** 震える, 不安定な, ぐらつく. ♦ **wáv·i·ly** *adv* **-i·ness** *n* [*wave*]
Wávy Návy [the]"《口》英国海軍義勇予備隊《階級袖章の金条が波形》.
waw, vav /vɔ́ːv, vάːv, wɔ́ː/ *n* ワウ《ヘブライ語アルファベットの第 6 字》. [Heb]
wa·wa* /wάːwàː, wάːwə/ *n* WAVEY.
wa-wa, wah-wah /wάːwàː/ *n* **1** ワウワウ《トランペットなどの朝顔を弱音器で開いたり閉じたりして出す波状音》; ワウワウ装置《エレキギターに付ける, ワウワウ音を出す電子装置》. **2** 《カナダ西海岸俗》話, ことば. ► *vi* 《カナダ西海岸俗》話す. [imit]
wá-wa [wáh-wah] pèdal ワウワウペダル《ギターアンプにつないで波状音効果を出すためにペダルで操作する装置》.
wawl, waul /wɔ́ːl/ *vi* 《猫や赤んぼのように》ギャーギャー泣く, 泣きわめく. ► *n* ギャーギャー(泣く声). [imit]
wax[1] /wǽks/ *n* **1 a** 蜜蠟(みつろう) (=*beeswax*); 蠟. **b** [〈*a*〉] 蠟製の: a ~ candle ろうそく. **2 a** 蠟状のもの; 木蠟 (vegetable wax); 地蠟 (earth wax); 《靴の縫い糸につける》蠟; 封蠟 (sealing wax); 〔医〕骨蠟 (=bone ~)《骨腔を塞栓して止血に用いる蠟・油・防腐薬などの混合物》; パラフィン蠟 (paraffin wax); BEEBREAD; *《サトウカエデから製する》糖蜜. **b** 《床などの》磨き剤, ワックス. **3** 耳あか, 垢 (earwax). **4** 《口》レコード; 《口》レコード録音, レコーディング: put a new song on ~ 新曲をレコードに録音する. ● **mold** sb **like ~** 人を思いどおりの

型に仕上げる. ～ **in sb's hands** (人の)思いのままになる人, いいように扱われる人. **the whole** BALL OF WAX. ▶ *vt* …に蠟を塗る[引く]; 蠟[ワックス]で磨く[固める]; 〈脚・腕などに〉ワックスを塗って脱毛する; 《口》〈曲・演奏家を〉レコードに録音する. ♦ **～·er** *n* ワックスがけの道具; 蠟引き師. **～·lìke** *a* [OE *weax*; cf. G *Wachs*]

wax[2] *vt* *《口》決定的に負かす, 勝つ, たたく; 《俗》襲う, やっつける, ぶちのめす, 殺す. [? *wax*[1]]

wax[3] *vi* (～ed; ～ed, 《古》 **wax·en** /wǽks(ə)n/) 《文》大きくなる, 増大する, 強大になる; 盛大になる; 〈日が〉長くなる; 〈月・内惑星が〉満ちる (opp. *wane*); [補語を伴って](しだいに)…になる: ～ and wane 〈月が〉満ちかけする; 盛衰[増減]する / ～ merry 陽気になる. ▶ *n* 《月の》満ち; [^{u}on the ～] 増大, 成長, 繁栄. [OE *weaxan*; cf. G *wachsen*]

wax[4] *n* ‖《口》怒り, かんしゃく: get into a ～ かっとなる / put sb in a ～ 人をかっとさせる. [C19; *to* WAX[3] *wroth, angry* などからか]

wáx bèan* 〔植〕食べごろにさやが黄色になるインゲンマメ (cf. GREEN BEAN).

wáx·bèrry *n* 〔植〕**a** WAX MYRTLE. **b** SNOWBERRY.

wáx·bìll *n* 〔鳥〕**a** カエデチョウ《アフリカ・アジア・オーストラリア産》. **b** JAVA SPARROW.

wáx càp 〔菌〕ヌメリガサ科の各種キノコ《蠟質のひだをもつ》.

wáx-chàndler *n* ろうそく製造[販売]人.

wáx dòll 蠟人形; [*fig*] 美しいが表情に乏しい女.

waxed /wǽkst/ *a* 蠟を塗った, 蠟引きした; *《口》酔っぱらった; 《俗》よく知られた.

wáx(ed) clòth 蠟[パラフィン]引き防水布; 油団(ゆとん); 油布 (oilcloth).

wáx(ed) ènd 先端をとがらせた蠟引き糸, 靴屋の縫い糸《革を縫うのに用いる》.

wáxed jácket ワックストジャケット《ワックス加工をした防水コットンを素材としたパーカなどのアウトドアジャケット》.

wáxed pàper 蠟紙, パラフィン紙.

wáx·en[1] *a* 《文》**1** 蠟製の; 蠟を塗った, 蠟引きの. **2** 蠟のような, なめらかな; なめらかで柔らかく青白い, 生気のない; 柔軟な, 感じやすい.

waxen[2] *v* 《古》WAX[3] の過去分詞.

wáx·èye *n* 《豪》メジロ属の鳥 (silvereye).

wáx·flòwer *n* 〔植〕**a** ミカン科エリオステモン属の淡いピンクの花をつける常緑低木《豪州原産》. **b** マダガスカルジャスミン, マダガスカルシタキソウ, ステファノティス《ガガイモ科の常緑のつる植物; 花は純白で芳香がある》. **c** ギンリョウソウモドキ (indian pipe).

wáx glànd 〔昆〕蠟腺.

wáx gòurd 〔植〕トウガン(冬瓜), カモウリ, トウガ.

wáx·ing *n* 蠟を塗ること; 蠟[ワックス]で磨くこと; 《ワックスを用いてする》除毛, 脱毛; 《口》レコード吹込み[製作]; 《口》レコード; *《俗》なぐること.

wáxing móon 満ちて行く月, 漸大月.

wáx ìnsect 〔昆〕蠟を分泌する昆虫, 《特に 中国産の》イボタロウカイガラムシ.

wáx jàck 封蠟溶かし《心棒に巻いた細いろうそくに火をともして用いる》.

wáx lìght 小ろうそく (taper).

wáx mòth 〔昆〕ハチノスツヅリガ, ハチミツガ (bee moth).

wáx musèum 蠟人形館.

wáx mỳrtle 〔植〕ヤマモモ, 《特に》シロコヤマモモ, シロヤマモモ (＝*candle tree*)《北米東部産の常緑高木; 果実が蠟質の白粉でおおわれる》.

wáx pàinting 蠟画; 蠟画法 (⇨ ENCAUSTIC).

wáx pàlm 〔植〕蠟を分泌するヤシ, ロウヤシ《アンデスロウヤシ・ブラジルロウヤシ (carnauba) など》.

wáx pàper* WAXED PAPER.

wáx plànt 〔植〕**a** ギンリョウソウモドキ (Indian pipe). **b** サクララン《ガガイモ科》. **c** シロコヤマモモ (wax myrtle).

wáx pòcket 〔昆〕《ミツバチの腹部下面にある》蠟袋.

wáx·pòd *n* 〔植〕WAX BEAN.

wáx trèe 〔植〕蠟を分泌する木《ハゼ (Japanese wax tree), トウネズミモチ, シロコヤマモモ (wax myrtle) など》.

wáx vèsta 蠟マッチ.

wáx·wèed *n* 〔植〕北米東部産ミソハギ科タバコソウ属の草本.

wáx·wìng *n* 〔鳥〕レンジャク, 《特に》キレンジャク.

wáx·wòrk *n* 蠟細工[人形]; [～s, 〈*sg/pl*〉] 蠟細工陳列館, 蠟人形館; [*pl*] *《俗》《政治的なディナーに招かれた》貴賓.

wáx·wòrk·er *n* 蠟細工[人形]師; 蜜蠟を作るハチ.

wáx wòrm ハチノスツヅリガ (wax moth) の幼虫.

wáxy[1] *a* 蠟 (wax) の(ような); 蠟引きの; 蠟製の; 蠟の多い; 蠟質の; 青白い; 柔軟な; ‖〈ジャガイモが〉煮くずれしない; 〔医〕蠟状変性にかかった〈肝臓など〉. ♦ **wáx·i·ly** *adv* **-i·ness** *n*

waxy[2] *a* ‖《俗》かっとなった, おこった: get ～ かっとなる. [*wax*[4]]

way[1] /wéɪ/ *n* **1 a** 道, 道路, 街路; [W-] 《昔 ローマ人の造った》ローマ道, 街道: a ～ through the wood 森を抜ける道 / over the ～ 通りの真向こうに / a house across [over] the ～ 通りの向こう側の家. **b** [*pl*] 〔造船〕進水台; [*pl*] 〔機〕動面, 案内. **c** 《織物の》GRAIN[1]. **2 a** 道筋, 通路; [the or one's] 通り道, 進路; 過程, 道程: The furthest ～ about is the nearest ～ home.＝The longest ～ round is the shortest ～. 《諺》急がば回れ / take the long ～ around 遠回りする / ask [show] the ～ to…への道を尋ねる[案内する] / keep [hold] one's ～ 道を迷わない / lose one's [the] ～ 道に迷う / take one's ～ to [toward]…の方に進む / in the [sb's, sth's] WAY[1] / out of the WAY. ★ 種々の動詞(句)と共に「…して[しながら]進む[通る], (どんどん[ひたすら])…してゆく」などの意味を表わす: ELBOW [TALK, etc.] one's ～ / work one's WAY. **b** 行く途上, 途中: along the ～ 道すがら, 途中で / on one's [the] ～ home [to school] 帰り道[学校へ行く途中]に / I'll drop by ～ home. 帰りに寄るよ / on the ～ 途中で; 旅行中 (⇨ 成句) / sing songs to cheer the ～ 道中を紛らすため歌を歌う. **c** [^{o}*fig*] 道のり, 行程, 距離, 隔たり, 差 (cf. WAYS): It's a long ～ off. ずっと離れている / It's a long ～ from what he said. 彼の話とは大分違う / still have a ～ to go まだ先は長い. **d** 《ある方向への》進行, 進歩, はかどり; 前進; 勢い, 惰性; 〔海〕船足, 航行; 〔法〕通行権. **3 a** 《特定の》仕方; 方法, 手段; 行動; 方針, 《処世・行動の》道; 職業, 商売: the right ～ of doing [to do]…の正しいやり方 / It's the only ～ *to* go. それ[そうする]しかないよ, それが一番だ / That's no ～ to talk to your mother. お母さんになんて口のきき方をするんだ / find a ～ [*fig*] 手段[方法]を見つけ出す / Do it (in) this [your] ～. こんなふうに[好きなように]やりなさい (⇨ 4a ★) / I like the ～ she talks. 彼女の話し方が好きだ / It's terrible the ～ she abuses her daughter. 彼女の娘に対する虐待ぶりはひどいものだ / to my ～ of thinking わたしの考えでは / There is [are] no two ～*s* about it. 《口》他にやり[考え]ようはない, 歴然としている / There is no [not any] ～ of do*ing*…[that…] …する方法[手だて]がない, …(するの)は無理だ / in the grocery ～ 雑貨商をして. **b** [^{o}*pl*] 習慣, 風習, 癖; 風(ふう), 式, 流儀, いつもの[特有な]やり方[仕方]: a ～ of life 生活様式, (いつもの)習慣, 日常茶飯事 / the English ～ of living イギリス流の生活 / the ～ of the world 世のならわし / the error of sb's ～*s* 人のやり方[流儀]に(いつも)みられる欠陥 / It's only his ～. 彼の癖[流儀]にすぎない / A spoiled child wants his own ～ all the time. 甘やかされた子はいつも思うとおりにしたがる / have a ～ of doing…する癖[特性, 傾向]がある / change one's ～*s* 生き方[流儀]を変える / mend one's ～*s* 習慣[態度]を改める / get into the ～ of doing…するようになる[する] / as is the ～ 例によって, 〈…の〉常として 〈*with*〉 / (It's [That's]) always the ～. (まったく)いつもこうなんだから. **c** [the W-] キリストの道, キリスト教. **4 a** 方向, 方角, 向き, (…の)側(がわ); 《口》近所, …のあたり; [*pl*]*《分割される》部分; [*compd*] 参加者. ★「方向・方法・仕方」では前置詞を略した副詞句をつくる: that ～, the ～ ⇨ 成句 / Come [Look] this ～. / He glanced my ～. わたしの方をちょっと見た / down our ～ このあたりでは, この地方では / He lives Hongo ～. 本郷の方に住んでいる / split it three ～*s* 3 分割する / a three-～ conversation 鼎談(ていだん). **b** …の点[面], 事項: by [from] the ～ (that)…であるということから判断すると / in some ～*s* ある点では / in more ～*s* than one いろいろに / in its ～ それなりに. **c** 《口》状態, 具合; ‖《口》動揺[興奮]状態: in a bad ～ ⇨ 成句 / in a (great) ～ (すごく)興奮して; ⇨ 成句. **d** [(in) one's ～] 経験[知識, 注意, 行動]の幅[範囲]: a plan that never came (*in*) *my* ～ 今まで経験したことのない方法. **5** [〈*adv/int*〉]*《口》(でも)そう(なん)だってば, そう (yes)《しばしば相手の No way! に反駁していう》: It can't be true. *No* ～!—Yes, ～. [*W*～*!* Yes, it is.] うそに決まってる. アホらしい—どっこい, ほんとなんだ.

● **all the ～** ずっと, はるばる; 全面的に, とことん; *《俗》《ハンバーガーなどについて》あるものみんな載せて[はさんで]; *〈…から…まで〉さまざまに: go *all the* ～ 最後まで[とことん]やる, [*euph*] 行くところまで行く, 性交する; 全面的に賛同[支援]する 〈*with, for*〉 / The cost is estimated *all the* ～ (＝anywhere) from $100 to $150. 費用は 100 ドルから 150 ドルまでいろいろに見積もられている. **any ～** どちらにしても, ともかく (anyway). **(be) in a [the]** FAMILY **～.** **both ～s** 往復とも; 両方に; ‖〔競馬〕EACH WAY: You can't have it [things] *both* ～*s*. (これがだめなら次はそれと)二股はかけられない, 二つに一つだ / CUT *both* ～*s* / SWING *both* ～*s*. **(by) a long ～** [^{u}*neg*] はるかに. **by the ～** 途中; ついでながら, ところで, ちなみに, 時に. **by ～ of**…を通って, …経由で (via); …のために, …として, …のつもりで; [動名詞を後続させて] ‖…と称して[称されて]〈いる〉, …するようになって〈いる〉: *by* ～ *of* apology 弁解のために, 言いわけに / a stick *by* ～ *of* weapon 武器として使う杖 / He made inquiries *by* ～ *of* discovering the truth. 彼は真相を確かめるために調査をした / Ed is *by* ～ *of* being a scholar. いっぱしの学者のつもりでいる. **clear the ～ for**…への道を開く, …を容易にする. **come a long ～** [完了形で] はるばるやって来る; ずっと進歩[成長, 発展]する, ずっと良くなる. **come sb's ～**…の手中に落ちる, 手にはいる; …に降りかかる[起こる] (⇨ 4d); 《口》〈事が〉人の思わくどおりに運ぶ. EACH WAY. EITHER **～.** EVERY **～.** EVERY **which ～.** **find one's ～** 道を求めて行く, 道がわかる; たどりつく, 骨折って進む 〈*to*〉; はいってくる, 出て行く, (いつの間にか)はいり込む. **find one's ～ about [around]** 《地理に明るく》自分でどこへでも行ける. **get in the [sb's] ～** (人の)じゃまになる[をする]. **get (…)out of the ～** (じゃまにならないように)よける; 除く, 処分する. **give ～** 道を譲る 〈*to*〉; こわれる, くずれる, 折れる, 破れる; 〈掛け金などが〉抜ける, はずれる; 落ちる; 負ける, 退く, 譲歩する 〈*to*〉; 〈健康が〉衰える; 〈心が〉くじける, ひるむ; 〈感情などに〉負ける, たまらなくなって…する 〈*to*〉; …に取って代わられる 〈*to*〉; 力を入れてこぐ: give ～ to grief 悲嘆に暮れる. GO[1] **a long** [**a good,** etc.] **～. go out of** one**'s ～** 格別に努力する, わざわざ[ことさら, 故意に]…する 〈*to* be rude, *to* be helpful〉 (cf. out of the WAY). **go** [**take**] one**'s** (**own**) **～** 自分の思うとおりにする, わが道をゆく. **go** sb**'s ～** 《口》 人について行く, 〈物事が〉人に都合よく[有利に]運ぶ: (Are you) *going my* ～? わたしと同じ方角で, ご一緒させていただいてよろしいですか. **go** one**'s ～(s)** 出発する, 立ち去る. **go the ～ of**…と同じ道を歩む[扱いをうける], …の轍(てつ)を踏む. **go the ～ of all flesh** [**all the earth, all living, nature**] 〘聖〙 死ぬ 《*Josh* 23: 14; *1 Kings* 2: 2》. **go the ～ of all good things** 滅びる定めにある. **go the whole ～** 最後まで続ける, [*euph*] 行くところまで行く, 性交する (go all the way); 全面的に賛成する 〈*with*〉. **have a ～ with**… 〈人〉に取り入るのがうまい, 〈人・もの〉の扱いを心得ている: He *has a* ～ *with* girls. 女の子の扱い方を知っている. **have a ～ with** one 人に好かれるところ[面, 魅力]がある. **have** [**get**] one**'s** (**own**) **～** 思いどおりにする, 我(が)を通す 〈*with*〉: He *has* everything [it all] *his own* ～. 彼は万事自分の好きなとおりにする / *Have* it *your own* ～. 勝手にしなさい. **have** one**'s ～ with** sb [*joc*] 〈人〉と性交する, 〈女〉をものにする. **have the ～ about** one 独自のもの[風格, 流儀など]をそなえている. **have ～ on** 〈船が〉進行している. **in a bad ～** 重病で, 非常に困って, 具合[調子]が悪くて; *《俗》 おめでた[腹ぼて]で; *《俗》 酔っぱらって. **in a big** [**great**] **～** 《口》 大々的に〈商売をする〉, 派手に〈暮らす〉, 大いに, ものすごく; ⇨ 4c. **in a fair ～ to** do(ing)…しそうで, …する見込みで: He is *in a fair* ～ *to* making [make] money. 金をもうけそうだ. **in a kind** [**sort**] **of ～** 《口》 多少, いくぶん. **in a small ～** 《口》 小規模に, こぢんまりと, つつましく. **in a** [**one**] **～** 多少, いくぶん; 一面では, ある意味では; なんとなく, どうも 《陳述を弱める表現》. **in** EVERY **～. in no ～** 決して[少しも]…ない. **in some ～(s)**=in a WAY. **in** one**'s** (**own**) **～** 自分なりのやり方で; お手のもの[専門]で; それ相当に, それなりに, なかなか. **in** sb**'s** [sth**'s**] **～** 前途に, 行く手に; じゃまになって: stand *in* sb's ～ 人のじゃまになる, 人の行く手をふさぐ. **in the ～** 行く手に; じゃま[障害]になって (in sb's way); [*euph*] 妊娠して (pregnant): put sth *in the* ～ of… 物などを置いて…のじゃまをする. **in the ～ of**…について, …として; …に有望で; …の点で. (**in**) **the** WORST **～. in ～ of**… 〘海〙 …の近くに. **keep** [**stay**] **out of** sb**'s ～** 人に近づかないようにする, 人を避ける. **know** one**'s ～ around** [**about**] 《ある場所の》 地理に明るい; 世の中を心得ている; 事情に通じている. **lead the ～** 先頭に立つ; 道案内する, 先導する; 率先する, 指導する. **look the other ～** そっぽを向く, 無視する. **lose ～** 〘海〙 〈船が〉失速する. **make its ～** 〈企業などが〉もうかる. **make** one**'s** (**own**) **～** 《苦労して》 進む, 行く 〈*across*, *along*, *back*, *through*, etc.〉; 繁盛する, 栄える, 出世する 〈*in the world*〉: *make* one's ～ *through* the crowd. **make ～** 道をあける, 道を譲る 〈*for*〉; 替わる (be replaced) 〈*for*〉; 進む, 進歩する, 出世する. **my ～ or the** HIGHWAY. **not know which ～ to turn** [**jump**] 途方に暮れる. **no two ～s about it** ⇨ 3a; 《口》 絶対に, 本当に. **no ～(, José)**=in no WAY; 《口》 《要求・提案などに対して》 (それは)だめだ, いやだ (no); *《口》 まさか, そんなばかな (⇨ 5; NOWAY(S)). ONCE **in a ～. one ～ and another** あれやこれやで. **one ～ or another** あれやこれやで; なんとかして〈するなど〉. **one ～ or the other** どちらかに, いずれかに; どちらにしても, いずれにせよ. **on** one**'s ～** 途中[途上]に (cf. 2b), 進行して, 立ち去って; 旅行の途上で; 〈…に〉近づいて 〈*to*〉, 起ころうとして, 〈赤ん坊が〉 《生まれようとして》 おなかの中にいて: (Be) *on your* ～! 立ち去れ, 出て行け! **on the ～** =on one's WAY; 《口》 〈子供が〉できて, おなかにいて; ⇨ 2b: *On the* ～. 《相手からせかされて》 すぐ行くよ / He is *on the* ～ to becoming a good pianist. ピアニストとしてものになりそうだ. **on the ～ down** 落ちめで. **on the** [one**'s**] **～ out** 出て行く途中で; すたれかけて; 死滅しかかって; 退職しようとして. **out of** one**'s ～** 人のじゃまにならない所に; 人の通り道からはずれて[それて]; "人の専門[関心]外で, 不得手で. **out of the ～** じゃまにならない所に (⇨ get out of the WAY); 片付いて; 死んで; 道を離れて[はずれて], へんぴな[人里を離れた]所に (cf. OUT-OF-THE-WAY); 常道を離れて; 並はずれた, 驚嘆すべき; とんでもない, 誤った, 不適当な; *《俗》 酔っぱらって: keep *out of the* ～ 避ける / put sb *out of the* ～ こっそり人を片付ける 《監禁または暗殺する》 / nothing *out of the* ～ ごく普通[平凡]だ. **pass** [**happen, fall,** etc.] sb**'s ～** 人の手にはいる, 人に降りかかる[起こる]. PAY one**'s ～. put** sb **in the ～ of**…=**put**…(**in**) sb**'s ～** 人に…の機会を与える (cf. in the WAY). **put** one**self out of the ～** 人のために骨を折る[努める]. RUB **the right** [**wrong**] **～. see** one**'s ～** (**clear**) **to** do [do**ing**]…をしたがる, 喜んで…する; (自分にも)…できるように思う; 見通しがつく. **send**…sb**'s ～** 人に与える. **set in** one**'s ～s** 《年齢のせいで, 自分の流儀・考えなどに》 凝り固まって. **some ～** しばらく. STROKE[2] **the wrong ～. take** one**'s own ～** ⇨ go one's own WAY. **take** one**'s ～** 《詩》 旅に出る, 旅をする. **take the easy** [**quick, simplest,** etc.] **～ out** (**of**…) 《口》 (苦境などからの)安易な[すばやい, 最も簡単な, など]解決策をとる (cf. WAY OUT). **that ～** あちらへ; あんな[そんな]ふうに (like that), そうすれば, それなら; [*euph*] 恋をして, ほれて; [*euph*] 酔っぱらって; [*euph*] あっちの方で, その趣味で, ホモ[レズ]で; [*euph*] 妊娠して: You go *that* ～ to Bath. バースはあちらです / be built *that* ～ ⇨ BUILD / They are *that* ～. お熱い仲だ / I'm *that* ～ about tea. 紅茶には目がなくてね. **That's the ～.** そうだ, その調子. (**That's the**) **～ to go!** *《口》 よくやった, うまい, いいぞ, 行け行け. **the good old ～s** なつかしい昔の風習. **the** HARD WAY. **the other ～** あべこべで, 正反対で. **the other ～** (**a**)**round** [**about**", **up**] 逆に, 反対に, あべこべに. **There's no way** (**that**)…であるわけがない, 絶対に…ではない. **the right** [**wrong**] **～** (**a**)**round** [**up**] 正しい[間違った]向きに, 正しく[逆に, 反対に]. **the ～** [〈*conj*〉] 《口》 …のように (as); …によれば, …から判断して; …だから: Do it *the* ～ I told you. わたしの言ったとおりにしなさい / *The* ～ I see it, the situation is serious. わたしの見るところ事態は重大だ / *the* ～ things are (going) 現状から(判断)して. **the ～ forward** 将来[成功]への道. **the ～ it plays** [〈*adv*〉] 《口》 いつものように, つねとして; [〈*n*〉] 《口》 いつもの型, 予想されること. **the** WAY OF THE CROSS. **this ～ and that** あちこち〈迷う〉; うろうろと. **under ～** 進行中で; 〘海〙 航行中で (=under weigh): Preparations are well *under* ～ for…の準備がもうだいぶ進んでいる / get *under* ～ 出発する; 始まる. **W～ enough!** 〘海〙 こぎ方やめ! WEND one**'s ～. work** one**'s ～** 働きながら進む; 努力して[徐々に]進む; やり通す: *work* one's ～ *through* college 働きながら大学を出る / *work* one's ～ *through* a crowd 人込みの中を押し分けて進む / *work* one's ～ *into*…の中にはいり込む / *work* one's ～ *up* (from the bottom) (下積みから)出世する.

► *a* 二点間の, 中継(点)の, 途中の.

[OE *weg*; cf. WAIN, WEIGH[1], Du *weg*, G *Weg*]

way[2] *adv* あちらへ; [副詞・前置詞を強めて] 《口》 はるかに, うんと; 全面的に, とことん; *《俗》 すごく, えらく: Go ～. あっちへ行け / ～ above ずっと上に / ～ ahead ずっと先に / ～ over はるかに遠く. ● **from ～ back** 永年(の), 長期間(の), 昔[古く]から(の). **～ back** (**when***) はるかにさかのぼって, ずっと昔. **～ down** 《口》 ひどく落ち込んで. **～ off** 全く間違って. [*away*]

-way *adv suf* -WAYS: broad*way*(s).

wa·yang /wáːjaːŋ; -jæŋ/ *n* ワヤン 《音楽に合わせて人形または人間が伝説・説話などを演じるインドネシア・マレーシアの影絵芝居》.

wáy bènnet [**bènt**] 〘植〙 ムギクサ (wall barley).

wáy·bìll *n* 乗客名簿; 〘商〙 貨物運送状[引換証] 《鉄道会社などで出す一種の有価証券; 略 WB, W/B, w.b.》; 《旅行者のために調えた》 旅行日程.

wáy·brèad" *n* 〘植〙 BROAD-LEAVED PLANTAIN.

wáy càr 《貨物列車の》 車掌車 (caboose); 中継駅[地点]までの荷出しの貨車.

way·far·er /wéɪfɛərər/ *n* 《文》 《特に 徒歩の》 旅行者; 《旅館・ホテルの》 短期宿泊客.

way·far·ing /wéɪfɛərɪŋ/ *a* (徒歩)旅行中の, 旅の: a ～ man 旅人. ► *n* 徒歩旅行, 道中, 旅.

wáyfaring trèe 〘植〙 スイカズラ科ガマズミ属の低木 《ユーラシア産と新大陸産の 2 種がある》.

wáy·gò·ing *a* 《スコ》 去り行く, 出て行く; "去る人の; 〘法〙 期間後収穫の〈作物〉 《借地契約の切れたあとにならないと収穫できないが小作人が権利を有する》. ► *n* 《スコ》 出発, 出立.

wáy-ín 《俗》 *a* 型にはまった; 流行の, 洗練された, ぴったりきまった.

wáy ín" 《劇場などの》 入口.

Way·land /wéɪlənd/ 〘北欧伝説〙 ヴェーラント (=*Völund*) (=～́ (**the**) **Smíth**) 《鍛冶をつかさどる妖精の王》.

wáy·lày / ; ─̀ ─́/ *vt* 待伏せする, 待ち構える, 要撃する; 途中で呼び止める.

wáy·lèave 〘法〙 *n* 《他人の所有地を通って貨物などを輸送する》 通行権; 《その》 通行権料 (=～́ **rènt**).

wáy·less *a* 道[通路]のない; 通った跡のない.

wáy·màrk" *n* 道しるべ, 道標 (=**wáy·màrk·er**). ► *vt* 〈道〉に道標をつける. ♦ **～ed** *a*

Wayne /wéɪn/ **1** ウェイン 《男子名》. **2** ウェイン (**1**) **Anthony ～** (1745–96) 《通称 'Mad Anthony (～)'; 米国独立派の軍人》 (**2**) **John ～** (1907–79) 《米国の映画俳優; 本名 Marion Michael Morrison; *Stagecoach* (駅馬車, 1939), *The Searchers* (捜索者, 1956), *True Grit* (勇気ある追跡, 1969)》. **3** "《俗》 《あかぬけない》 労働者階層の若者, イモにいちゃん, あんちゃん (cf. KEVIN, SHARON). [OE=wagon (maker)]

Wáy of the Cróss [the] 〘教会〙 十字架の道(行き) (STATIONS OF THE CROSS): make *the* ～ 十字架の道行きの業を行なう.

wáy-óut *a* 《口》 前衛的な, 斬新な; 《口》 風変わりな, 異国的な, 神秘的な; 《口》 極端な, 過激な, 奇抜な, とっぴな; 《口》 とびきりの, 驚異的な; *《俗》 夢うつつの[で], 酔った[て]. ♦ **～·ness** *n*

wáy óut 《苦境などからの》 脱出法[路], 解決の手段, 打開策; "《劇場などの》 出口 (exit): take the easy ～ 安易な解決策をとる. ● **on the** WAY[1] **out.**

wáy pòint 中間地点, 途中通過目標地点; 《area navigation などの》 ウェイポイント 《コースの基準点となる任意の座標》; WAY STATION.

ways *n* [〈*sg*〉] *《口》 (長)距離, 道のり, 隔たり: a long ～ from

home. ● **have a ～ to go***先はまだ長い, (…するまでには)まだしばらくかかる ⟨*before*⟩.

-ways /wèɪz/ *adv suf*「位置・様態または方向」を表わす: side*ways*, any*ways*. ［OE *weges* of the WAY[1]］

wáys and méans *pl* 手段, 方法; 資金のめど[調達方法]; 《政府の》財源; [the W- and M-] COMMITTEE OF [ON] WAYS AND MEANS.

wáy·sìde *n* 道端, 路傍. ● **fall** [**drop**] **by the ～** 途中であきらめる[だめになる, くじける], 落伍する《*Luke* 8: 5》. **go by the ～** 《別の重要なことのために》わきへ押しやられる, 棚上げになる. ▶ *attrib a* 路傍の.

wáyside púlpit 《教会などの外に据えて聖書の一節や格言を記した》伝道掲示板.

wáy stàtion*《主要駅間の》中間点, 途中駅, (急行)通過駅; 中継地点; 《長期的な過程の》中間段階.

wáy-stòp *n* 《旅程の途中の》中継(地)点.

wáy tràin*《各駅停車の》普通列車.

wáy·ward *a* わがままな; 言うことを聞かない, つむじまがりの, 強情な, 片意地の, 気まぐれの, むら気の; ⟨行動・進路など⟩方針[方向]の定まらない, ⟨衛星など⟩軌道をはずれた; 《古》不幸な, 不都合な. ♦ **～·ly** *adv* **～·ness** *n* ［ME＝turned away (AWAY, *-ward*)］

wáy-wìse *a**⟨馬が⟩道[走路]に慣れた; 《方》経験豊かな, 老練な.

wáy·wìser *n* 旅程計, 歩程記録計, 走行[航行]距離計.

wáy·wòrn *a* 旅に疲れた[やつれた]: a ～ traveler.

wayz·goose‖ /wéɪzgùːs/ *n* 《夏に行なう》印刷工場の年一回の慰安会[慰安旅行]. ［C17 waygoose＜?］

wa·zir /wəzíər/ *n* VIZIER.

Wa·zir /wəzíər/, **Wa·ziri** /wəzíəri/ *n* (*pl* ～, ～**s**) ワジリスタン人.

Wa·ziri·stan /wəzìərɪstǽn, -stɑ́ːn/ ワジリスタン《パキスタン西部の, アフガニスタン国境の山岳地帯》.

wa·zoo /wəzúː/*《俗》*n* 口; 腹, おなか; 尻, けつ(の穴) (cf. BAZOO). ● **up** [**out**] **the ～***《俗》いやというほど, 山ほど, しこたま.

waz·zock /wǽzək/ *n*‖《俗》へまなやつ, ばか, まぬけ.

Wb 〔電〕 weber(s). **WB, W/B, w.b.** 〔商〕 waybill.

WB °weather bureau ♦ westbound ♦ wheelbase ♦ °World Bank. **WBA** World Boxing Association 世界ボクシング協会. **WBC** °white blood cells ♦ World Boxing Council 世界ボクシング評議会. **WBF, WBFP** wood-burning fireplace.

WbN °west by north.

W boson /dʌ́b(ə)ljùː ─́─/ 〔理〕 W ボソン (W PARTICLE).

WbS °west by south. **WC** °water closet ♦ °West Central. **WCC** °World Council of Churches. **W/Cdr, W.Cdr** °Wing Commander. **WCTU** Women's Christian Temperance Union キリスト教婦人矯風会. **wd.** ward ♦ wood ♦ word ♦ would. **WD** °War Department.

we /wi, wíː/ *pron* **1** [I の複数形] **a** われわれ, われら, わたしたち. **b** 《新聞・雑誌の論説などの筆者の自称》われわれ《これを editorial 'we' という; cf. US》. **c** [君主などの自称] わたくし, 朕(ちん)《これを royal 'we' という; cf. OURSELF》. **d** [不定代名詞的に]: *We* are not naturally bad. 人は天性悪人ではない / *We* had (＝There was) a lot of rain last month. 先月は雨が多かった. **2** [特に 子供や病人に親しみ・同情・励ましなどの気持を示して; 時に皮肉に用いて]: How are *we* (＝you) this morning, child? けさは気分はどう? ［OE *we*; cf. OS *wi*, OHG *wir*, ON *vér*］

We. Wednesday. **WE** Women Exchange 婦人交換所《離婚裁判所で有名な Nevada 州 Reno 市の俗称》.

WEA〔英〕°Workers' Educational Association.

weak /wíːk/ *a* **1** 弱い (opp. *strong*), 弱小の, 軟弱な, 弱々しい, 虚弱な; もろい; [the, ⟨*n pl*⟩] 弱者《集合的》: ～ eyes 弱い目[視力] / a ～ government 弱い政府 / a ～ crew 手不足の乗組員 / a ～ hand 〔トランプ〕《札運の》悪い手 / ～ in the legs 足が弱い / (as) ～ as a kitten 虚弱で, ひどく体が弱って / a ～ point [side, spot] 《性格・立場・知識上などの》弱み, 弱点 / The ～*est* goes to the wall. 《諺》優勝劣敗, 弱肉強食. **2 a** 愚鈍な; ⟨想像力などの⟩乏しい; 決断力のない, 優柔不断な, 意志の弱い; へたな, 弱い, 劣った ⟨*in* [*at*] mathematics, *on* grammar⟩: ～ *in* the head 頭が弱い[足りない], ばかで / a ～ surrender いくじのない降服 / ～ tears すぐ出る涙 / in a ～ moment 魔がさして, 気弱になって / ～ nerves 脆弱な神経. **b** ⟨議論・言い分などが⟩不十分な; 証拠薄弱な, 説得力のない; ⟨文体・表現などの⟩力[迫力]のない. **3 a** かぼそい, かすかな (faint); 〔音〕アクセントのない⟨音節・母音など⟩. **b** ⟨茶など⟩薄い, 希薄な; ⟨小麦(粉)が⟩グルテン (gluten) が少ない, 薄力(はくりき)の; ⟨混合気が⟩薄い (lean); 〔化〕⟨酸・塩基が⟩弱の《イオン濃度の低い》; 〔写〕⟨陰画が⟩コントラストが弱い. **4** 〔商〕⟨市況など⟩弱含みの, ⟨相場など⟩下向きの. **5** 〔ゲルマン語文法〕《動詞の》弱変化の, 規則変化の (opp. *strong*) (⇨ CONJUGATION); 《名詞・形容詞の》弱変化の (opp. *strong*) (⇨ DECLENSION). ● **～ at the knees** 《口》ひざがガクガクして, 《急に》腰が抜けて, へなへなになって. ［ON *veikr*; OE *wāc* pliant, G *weich* soft］

wéak anthrópic prínciple 〔天〕弱い人間原理 (⇨ ANTHROPIC PRINCIPLE).

wéak·en *vt* 弱める; ⟨建物などを⟩もろくする; ⟨決意などを⟩ぐらつかせる; ⟨酒・茶などを⟩薄める. ▶ *vi* 弱る, 弱まる, 衰える; 弱気になる, 優柔不断になる, ぐらつく; ⟨通貨・株価が⟩下落する. ♦ **～·er** *n*

wéak énding 〔韻〕《blank verse の》弱行末.

wéak·er bréthren *pl* 《グループ中の》他より劣る人びと, 足手まとい.

wéaker séx [the] [*euph*/*derog*] 女性 (women).

wéaker véssel [the]〔聖〕弱き器, 女性 (woman) 《*1 Pet* 3: 7》.

wéak·fìsh *n* 〔魚〕ニベ科ナガニベ属の食用魚 (＝*gray trout, sea trout*) 《米国大西洋近海産》.

wéak fórce 〔理〕弱い力 (WEAK INTERACTION).

wéak fórm 〔音〕弱形, 弱い形《アクセントのない音節形態; /ǽm/ に対する /(ə)m/ など》.

wéak gráde 〔言〕《母音交替の》弱階梯.

wéak-héad·ed *a* 頭の弱い, 低能の; めまいを起こしやすい; 酒に弱い; 意志薄弱な, 優柔不断な. ♦ **～·ly** *adv* **～·ness** *n*

wéak-héart·ed *a* 勇気のない, 気の弱い. ♦ **～·ly** *adv*

wéak·ie 《俗》*n* 《豪》《体・頭の》弱いやつ, 虚弱児, 弱虫; 〔チェス〕へたなプレーヤー.

wéak interáction 〔理〕《素粒子間にはたらく》弱い相互作用 (＝*weak force*) (cf. STRONG INTERACTION).

wéak·ish *a* やや弱い, 弱いところのある; 〔商〕弱含みの; ⟨茶など⟩やや薄い.

wéak-knéed *a* ひざの弱い; 弱腰の, いくじ[決断力]のない.

wéak knées *pl* しっかり立てないひざ; 弱腰, 不決断.

wéak·ling *n* 虚弱者; 弱虫. ▶ *a* 弱い, 力のない.

wéak línk [the] 《組織・システム内の》弱点, 弱み, もろいところ.

wéak·ly *a* 弱い, 虚弱な, 病弱な. ▶ *adv* 弱く, 弱々しく; 優柔不断に, いくじなく; 薄く, 水っぽく. ♦ **-li·ness** *n*

wéak máyor 〔米〕弱い市長《行政上の権限を強く制限され議会に従属的な市長; 首長-議会方式 (mayor-council) を採る多くの中小都市にみられる; cf. STRONG MAYOR》.

wéak-mínd·ed *a* 低能な; 気の弱い. ♦ **～·ness** *n*

wéak·ness *n* 弱いこと, 弱々しさ, 虚弱; 愚鈍, 低能; 優柔不断, 柔弱; (証拠)不十分, 薄弱; 欠点, 弱点 ⟨*in, of*⟩; [a ～] 目がないほど好きなこと[もの], 偏好, 偏愛, 大好きなもの: have *a* ～ *for* sweets 甘いものに目がない.

weak·on /wíːkɑ̀n/ *n* 〔理〕弱い相互作用を媒介するとされる仮説粒子《W 粒子と Z 粒子》. ［*-on*[2]］

wéak síde 〔スポ〕ウィークサイド《**1**)〔アメフト〕フォーメーションにおける選手の少ないサイド, 特に tight end のいない側 **2**)〔バスケ・サッカーなど〕コート[フィールド]のボールから遠い側》. ♦ **wéak·side** *a*

wéak síster 《口》《グループ中の》たよりにならない者, 臆病者, 弱虫, ほかに比べて弱い[無力な]もの.

wéak-wílled *a* 意志の弱い, 考えがぐらつく.

weaky /wíːki/ *n* 《俗》WEAKIE.

weal[1] /wíːl/ *n* 《文》福利, 繁栄, 幸福, 安寧; 《廃》富; 《廃》国家: for the general [public] ～ 一般の[公共の]福利のため / ～ and woe ＝～ or woe 安否, 禍福. ［OE *wela*; ⇨ WELL[1]］

weal[2] *n* 《むちなどで打った》みみずばれ; 《蚊・蕁麻疹(じんましん)などによる》はれ, ぶつぶつ. ▶ *vt* ⟨むちなどで皮膚⟩にみみずばれをつくる. ［変形＜*wale*[1]; WHEAL (obs) to suppurate の影響］

weald /wíːld/ *n* **1** 森林地帯; 荒れ野. **2**‖[the W-] ウィールド地方《イングランド南部の Kent, Surrey, East Sussex, Hampshire などの諸州を含む南北両 Downs の間の丘陵地帯; かつては森林地帯》. ［OE］

Wéald clày [the]〔地質〕ウィールド粘土《ウィールド階 (Wealden) の上位の粘土・砂岩・石灰岩および鉄鉱などからなる粘土質; 多くの化石類を含む》.

Wéald·en *a* ウィールド (Weald) 地方の(地質に似た). ▶ *n* [the] 〔地質〕ウィールデン, ウィールド階《ウィールド地方に典型的な下部白亜系の陸成層》.

wealth /wélθ/ *n* **1 a** 富, 財 (riches); 富裕, 富貴; 富者, 富裕階級《集合的》: a man of ～ 財産家 / gather [attain to] ～ 富を積む. **b** 〔経〕富《貨幣価値・交換価値・利用価値のあるすべてのもの》. **2** [a ～, the] 豊富, 多量 ⟨*of* learning, experience, words, etc.⟩; 豊かな[貴重な]産物: *the* ～ *of* the soil 豊かな農作物. **3** 《廃》幸福, 福利, 繁栄. ［ME (WELL[1] or WEAL[1], *-th*[2]); *health* にならったもの］

wéalth·fàre* *n* 《税の面での》法人・資産家の優遇.

wéalth tàx 富裕税.

wéalthy *a* 富んだ, 富裕な; 裕福そうな; 豊富な, たくさんな; [the, ⟨*n pl*⟩] 裕福な人々, 富裕層: a tax on *the* ～ 富裕税. ♦ **wéalth·i·ly** *adv* 富裕に, 豊富に. **-i·ness** *n*

Wealthy *n* 〔園〕ウェルシー《米国作出の赤い早生リンゴの品種》.

wean[1] /wíːn/ *vt* 乳離れ[離乳]させる; ⟨…から⟩引き離す, …に⟨悪癖などを⟩捨てさせる ⟨sb (*away*) *from* [*off*] his habit⟩; [[u]*pass*] 幼いころから⟨…に⟩慣らす, 親しませる ⟨*on*⟩: ～ a baby *from* the breast 離乳させる / ～ sb (*away*) *from* bad companions 悪友から引き離す. ［OE *wenian* to accustom; cf. WONT］

wean[2], **wain** /wéɪn/ *n* 《スコ・北イング》幼児 (infant, child). ［*wee ane* little one］

wéan·er *n* 離乳させる人[もの]; 離乳したばかりの幼獣[子牛, 子羊, 子豚].
wéan·ling *n* 乳離れした小児[動物の子], 離乳子畜. ► *a* 離乳して日の浅い; 離乳したての幼児[幼獣, 子畜]の.
weap·on /wépən/ *n* 武器, 兵器, 凶器; 攻撃[防御]の手段 〈*against*〉; 〘動〙《つめ・角・きばなどの》攻撃[防御]器官; 《俗》 PENIS. ► *vt* 武装する (arm). ♦ **~ed** *a* 武器をもった, 武装した. **~·less** *a* [OE *wǣp(e)n*; cf. G *Waffe*]
weap·on·eer /wèpəníər/ *n* (核)兵器設計[開発, 製作]者; 核爆弾発射準備係. ♦ **~·ing** *n* (核)兵器開発.
wéapon·ize *vt* 武器化する, 兵器として開発[利用]する; …に武器を配備する 〈*with*〉; 〈弾頭を〉搭載する, 〈ミサイルなど〉に弾頭を搭載する. ♦ **wèapon·izátion** *n*
wéapon of máss destrúction 大量破壊兵器《略 WMD》.
wéapon·ry *n* 兵器類《集合的》; 兵器製造, 軍備開発; 造兵学.
wéapons càrrier 〘軍〙武器運搬車《軽トラック》.
wéapon(s)-gràde *a* 兵器級の《核兵器製造に適した品位の》.
wéapon(s) sỳstem 〘軍〙武器体系[組織], ウェポンシステム《武器およびその使用に要する戦術的装備・技術》.
wear[1] /wέər/ *v* (**wore** /wɔ́ːr/; **worn** /wɔ́ːrn/) *vt* **1 a** 身に着けている, 着て[履いて, かぶって, はめて]いる, 帯びて[携えて]いる; …の(象徴する)地位にある, 〈肩書を〉有する; 〈船が旗を〉掲げる: She always **~s** blue. いつも青い服を着ている / He *wore* glasses. 眼鏡をかけていた / You can't ~ jeans to the party. パーティーにジーンズ姿では行けない / ~ a flower in one's buttonhole ボタンホールに花をさしている / much *worn* dress はやりの服 (cf. 2a) / ~ the crown 王位にある; 殉教者である / ~ the PURPLE. ★「身に着ける」「着る」「かぶる」「履く」などの動作は put on という. **b** 〈ひげなどを〉生やしている; 〈香水を〉つけている, 〈化粧を〉する; (表情・態度などに)表わす; 装う: ~ one's hair long [short] 髪を長く[短く]している / ~ a smile 微笑を浮かべている. **c** (心・記憶に)とどめている; [ᵘ[ᵒ*neg*/*inter*] 《口》容認する, 大目に見る: ~…in one's heart 〈人・主義など〉に身をささげている. **2 a** すりへらす, 摩損する, 使い古す: His jacket is much *worn*. 彼の上着はだいぶ着古している / much *worn* clothes 着古した衣服. **b** 疲れさせる, 弱らせる; 〈人を〉徐々に…にする: She was *worn* with care. 心配でやつれていた. **c** 〈時を〉次第に[ぐずぐずと, だらだらと]過ごしていく 〈*away, out*〉. **3** 〈穴・溝・小道などを〉《摩擦などで》作る, 掘る, うがつ. ► *vi* 使用に耐える, 使える, もつ; すりきれる, 摩滅する; 疲れる, 衰える, 弱まる; 〈時などが〉次第に経つ, 経過する.
● **~ away** すりへらす, 摩滅させる; すりへる, 消える; 〈時が〉経つ; 〈時を〉過ごす. **~ away at**…を摩滅させる; …を弱らせる, …にこたえる. **~ down** すりへらす, 摩滅させる; すりへる; 疲れさせる; 《しつこい抵抗・圧迫によって》屈服[根負け]させる, まいらせる, …に粘り勝ちする. **~ in** ᴵᴵ〈靴などを〉履き慣らす. **~ off** すりへらす, 徐々になくする; すりへる, すりきれる; 〈感情・痛みなどが〉徐々に消え去る. **~ on** 〈時が〉経つ; 〈事が〉長々と続く; …をすりへらす; …をいらいらさせる, じらす. **~ out** (*vt*) すりへらす, 使い古す[つくす]; 〈穴などを〉うがつ; 〈忍耐など〉尽きさせる; 消す, ぬぐい去る; 耐え抜く, もつ (outlast); 疲れはてさせる; 飽かせる; 〈時を〉過ごす, 費やす. (*vi*) すりへる[きれる], 摩滅する; 〈忍耐など〉尽きる: ~ *out* one's WELCOME / ~ oneself *out* 疲れはてる. **~ one's learning [wisdom, etc.] lightly** 自分の知識[知恵など]をひけらかさない. **~ the pants [the breeches, the trousers]** 《口》一家の主としてふるまう, 家庭内の主導権を握る. **~ thin** (すり)へる[へらす], もろくなる, (今にも)くじけそうになる, 〈我慢などが〉しきれなくなる; 〈言いわけ・話などが〉《何度も繰り返されて》新鮮味が失われる; 説得力がなくなる. **~ through** 《through は *prep*》〈時間を〉どうやら過ごす; 《through は *adv*》すりへらす, すりへる. **~ well** もちがよい; 〈人が〉老けない: ~ one's age [years] *well* 年のわりに若々しい.
► *n* **1** 着用, 使用; 《着用の》流行; 使用に耐えること, もち; すりきれ, 摩損, 着古し; 摩耗量: have…in ~ …を着ている / in general ~ 流行して / There is plenty of ~ in it yet. それはまだずいぶんもつ[使える]. **2** 着用物, 衣服; …着, ウェアー: everyday ~ ふだん着 / evening [sports, children's] wear 夜会服 [スポーツウェア, 子供服] / Sunday [working, spring] ~ 晴れ[仕事, 春]着. ● **the** WORSE **for ~.** **~ and tear** すりきれ, いたみ, 摩滅, 摩損, 消耗, 損耗 〈*on*〉: put ~ (*and tear*) *on*…をいためる, 摩滅させる.
[OE *werian*＜Gmc (**was-* clothing); VEST と同語源]
wear[2] *v* (**wore** /wɔ́ːr/; ***worn** /wɔ́ːrn/, ᴵᴵ**wore**) *vt* 〘海〙〈船を〉下手回しにする. ► *vi* 〈船が〉下手回しになる. ► *n* 下手回し. [C17<?]
wear[3] /wíər/ *n* WEIR.
Wear /wíər/ [the] ウィア川《イングランド北部 Durham 州を東流して, Sunderland 付近で北海に注ぐ》.
wéar·able *a* 着用[使用]できる[に適した]; 着用[使用]に耐える, もつ. ► *n* [ᵘ*pl*] 衣服. ♦ **wèar·abílity** *n* 《特に 衣類の》もちのよさ, 耐久性.
wéar·er *n* 着用者, 携帯者, 使用者; 消耗させるもの.
wea·ri·ful /wíərif(ə)l/ *a* 飽きさせる, 退屈な, じれったい; 疲れさせる; 疲れきった. ♦ **~·ly** *adv* **~·ness** *n*
wéa·ri·less *a* 飽きない; 疲れない. ♦ **~·ly** *adv*
wéa·ri·ly *adv* 疲れて; 飽きあきして, うんざりして.
wéa·ri·ness *n* 疲労; 飽き, 退屈, 倦怠; 退屈なもの, 疲れさせるもの.
wéar·ing *a* 人が着るように調えられた, 着られる; 疲労させる, 疲れる; すりへらす. ♦ **~·ly** *adv*
wéaring appàrel 衣服, 着物 (clothes).
wéaring course 〘土木〙摩耗層《舗装道路の最上層部分》.
wéar ìron [plàte] 防摩鉄板, すれ鉄.
wea·ri·some /wíəris(ə)m/ *a* 疲労させる; うんざりさせる, 退屈な (tiresome). ♦ **~·ly** *adv* **~·ness** *n*
wéar-òut *n* 《着用[使用]による》すりきれ, 損耗, へたり.
wéar·pròof *a* すりきれない, 耐久力のある.
wea·ry /wíəri/ *a* **1** 疲労した, 疲れ(はて)た, くたびれた; 飽きた, うんざりした, 我慢できなくなった 〈*of*〉. **2** 疲労させる, 疲労を伴う; 退屈な, 飽きさせる. ► *vt* 疲れさせる; 退屈させる, 飽きさせる, うんざりさせる 〈*by* flattery etc., *with* complaints〉: ~ out へとへとにさせる. ► *vi* **1** 疲れる; 退屈する, 飽きる, うんざりする 〈*of*〉. **2** あこがれる, 切望する 〈*for, to* do〉; 〈いないのを〉非常に寂しく思う 〈*for*〉. **3** 《スコ》悩む, いらだつ. ► *n* [the wearies] *《俗》めいった気分, 落ち込み. ♦ **~·ing** *a* (うんざりするほど)疲れる, 大変な, 面倒な, つらい. **~·ing·ly** *adv* [OE *wērig* drunk; cf. OHG *wuarag* drunk]
Wéary Wíllie [Wílly] [ᵒw- W-] 《俗》ぐうたら; 渡り者.
wea·sand, -zand /wíːz(ə)nd, wíz-/ *n* 食道; 《古》気管, のど. [OE *wāsend*]
wea·sel /wíːz(ə)l/ *n* **1 a** 〘動〙 (*pl* **~s, ~**) イタチ《MUSTELINE *a*》, イタチの毛皮; 《アイル》オコジョ (stoat). **b** 《口》こそこそするやつ, ずるい人; 《俗》密告者; *《俗》熱心な学生, ガリ勉. **c** *WEASEL WORD. **2** ウィーズル自動輸送車《陸上用と水陸両用の 2 種》; 《トラクターに似た》雪上無限軌道車. **3** [ᵘW-] South Carolina 州人《俗称》.
● **catch a ~ asleep** 抜け目のない人を欺く, 生き馬の目を抜く.
► *vi* 《口》ことばを濁す; 《口》《なんとかして》のがれ出る 〈*out* (*of*)〉; 《口》(義務などを)のがれる, (うまく)逃げる 〈*out* (*of*)〉; 《俗》密告する.
► *vt* 《口》〈ことば〉の意味をぼかす, 〈真意を〉はぐらかす. ● **~ one's way** ずるがしこく立ちまわる. [OE *wes*(*u*)*le*<?; cf. G *Wiesel*]
wéasel-fàced *a* (イタチのような)細長くとがった顔をした.
wéasel lèmur 〘動〙イタチキツネザル (＝*nattock*)《Madagascar 島森林産》.
wéa·sel·ly, wea·sely /wíːz(ə)li/ *a* 《顔や態度が》イタチのような, こそこそした.
wéasel's-snòut *n* 〘植〙アレチキンギョソウ (＝*calf's-snout*)《ユーラシア原産で広く帰化; ゴマノハグサ科》.
wéasel wòrd [ᵘ*pl*] 《口》故意に意味をぼかしたことば[話], 逃げ口上のあいまいなことば. ♦ **wéasel-wòrd·ed** *a* [卵の中身だけうまくそっと吸い取るというイタチの習性から]
wea·son /wíːz(ə)n/ *n* 《古・スコ》WEASAND.
weath·er /wéðər/ *n* **1 a** 天気, 天候, 《ある時と場所の》気象 (cf. CLIMATE): in fine [wet] ~ 晴天[雨天]には / dirty [rough] ~ 荒れた天候 / fair [fine] ~ 上天気, 晴天 / favorable ~ 都合のよい天候, 好天 / in all **~s** どんな天気でも / What is the ~ like? 天気はどうですか / APRIL WEATHER, KING'S WEATHER. **b** 《新聞・テレビの》天気予報. **2** [ᵒthe] 荒れ模様, 荒天, いやな雨[強風, 暴風雨, 湿った寒気]: be exposed to *the* ~ 風雨にさらされる / under stress of ~ 暴風雨のために, 悪天候にわざわいされて. **3** 《運命・人事の》移り変わり, 事態; 風化 (weathering). ● **above the ~** 〘空〙天候に左右されないほど高いところに. **dance and sing all ~s** ひよりを見る, 時勢に順応する. **keep the ~** 〘海〙風上にいる, 風上を通る. **make good [bad] ~ (of it)** 〘海〙〈船が〉しけをみごとに乗り切る[しけにあってひどく揺れる]. **make heavy ~ (of [out of]…)** 〘海〙〈船が〉大揺れに揺れる; (…の)災難にあう; 〈小事を〉大げさに考えすぎる. **make (it) fair ~** へつらう 〈*to, with*〉. **to ~** 風上方向に. **under the ~** 《口》具合が悪くて, 不調で; 《口》元気がなくて; 《俗》金に困って; 《俗》酔って, 二日酔いで. **~ permitting** 天気がよければ《略 w.p.》.
► *attrib a* 天気に関する, 天気情報を伝える; 〘海〙風上の (opp. *lee*); 風上に向かった; 風雨にさらされた.
► *vt* **1** 風雨にさらす, 外気に当てる; 干す; [ᵘ*pass*] (外気にさらし)風化[脱色]させる; 〈鷹を〉《索につないで》いろいろの天候[外気]にならす; 〘海〙〈船・船員が岬などの〉風上を通る[へ出る]. **2** 《水がたまらないように》…に傾斜をつける, 〈板・タイルを〉下見張りにする. **3** 〈困難を〉しのぐ, 切り抜ける: ~ a storm 〘海〙暴風雨を乗り切る; [*fig*] 難局を切り抜ける.
► *vi* 外気で変化する, 風化する; 風雨[悪天候]に耐える. ● **~ a point** 〘海〙風に向かって進む; 難局を乗り切る. **~ in** 悪天候のために立ち往生させる, 〈飛行機・空港などを〉荒天のため使用停止にする. **~ out** 荒天のため入構を禁ずる[締め出す, 中止する, 途中で切り上げる]. **~ through** 暴風雨[危険, 困難]を切り抜ける.
[OE *weder*; cf. WIND, G *Wetter*]
wèather·abílity *n* 風雨[風化]に耐えうること, 耐候性.
wéather ballòon 気象観測気球.
wéather bèam 〘海〙風上舷.
wéather-bèaten *a* 風雨にさらされた, 風雨に打たれた; 日焼けした: a ~ face 日焼けした顔.
wéather·bòard *n* ᴵᴵ下見板(したみ), 雨押え板, 羽目板; 〘海〙風上

舷; 波よけ(板); «豪»《壁がすべて》下見板張りの家 (=~ **hòuse**). ► *vt, vi* (…に)下見板を張る. ♦ **~·ed** *a*
wéather·bòard·ing *n* 下見張り; 下見板《集合的》.
wéather-bòund *a* 悪天候に足留めされた, 荒天に立ち往生している, 《特に》〈船が〉しけで出港を見合わせた.
wéather bòx WEATHER HOUSE.
wéather brèeder 《しばしば 暴風雨前の》好天気の日.
wéather bùreau 気象局《略 WB》; [the W- B-]〔米〕気象局《NATIONAL WEATHER SERVICE の旧称》.
wéather-bùrned *a* 日差しと風に焼かれた.
wéather·càst *n* 《ラジオ・テレビの》天気予報. ♦ **wéather-càster** *n* お天気キャスター.
wéather chàrt 天気図 (weather map).
wéather clòth 〔海〕雨おおい.
wéather còat[॥] ウェザーコート《防雨・防寒用外套》.
wéather·còck *n* 風見(かざ), 風見鶏(どり); 《一般に》風向計; 気[意見, 方針]の変わりやすい人, 移り気な人, 変わりやすいもの: (as) changeable as a ~ 気分[意見]がくるくる変わって. ► *vt* …に風見をつける, …に対する風見の役割を果たす. ► *vi* 〈飛行機・ミサイルが〉風向性がある.
wéather·condìtion *vt* あらゆる天候に耐えられるようにする, 全天候向きにする.
wéather còntact [cròss] 〔電〕雨天時の接触[漏電](による混線).
wéather dèck 〔海〕露天甲板.
wéath·ered *a* 〈材木が〉(天然)乾燥した, (人工的に)古色に仕上げた; 〈岩が〉風化した; 風雨[外気]にさらされた; 〔建〕水切り勾配をつけた.
wéather èye 天候を見る[読む]眼; 不断の警戒[用心]; 気象観測装置, 気象衛星. ● **keep a [one's] ~ (open)** 警戒する, 注意を怠らない 〈*on, for*〉.
wéather fòrecast 天気予報.
wéather gàuge 〔海〕《他船に対して》風上(の位置); 有利な立場, 優位: have [get, keep] the ~ of [on]…より有利な地位を占める.
wéather gìrl* 女性のお天気キャスター, お天気おねえさん.
wéather·glàss *n* 晴雨計.
wéather hèlm 〔海〕帆船の風上に回頭しようとする傾向; 上手(うわて)舵《舵柄を風上に船首を風下に向けるあて舵》.
wéather hòuse 《おもちゃの》晴雨表示箱 (=*weather box*)《湿度の変化に応じて人形が出没する仕掛け》.
wéather·ing *n* **1**〔地質〕風化(作用); 《索を付けて》鷹をいろいろな天候[外気]に触れさせること. **2**〔建〕水たれ, 雨じまい, 水(切り)勾配《窓台外方などの排水傾斜》.
wéather·ìze *vt* 〈家などを〉《断熱材使用などにより》耐気候構造にする, …に耐候性をもたせる. ♦ **wèather·izátion** *n*
wéather·ly *a* 〔海〕〈船が〉風上に詰めて走ることができる. ♦ **-li·ness** *n*
wéather·màn *n* «口»《放送局などの》天気予報係, 予報官, 気象局[台]員; [W-]*ウェザーマン《1970 年代の過激派の一員》.
wéather màp 天気図 (=*weather chart*).
wéather mòlding 〔建〕雨押え繰形(くりかた), ドリップストーン (dripstone).
wéather·mòst *a* 最も風上の.
weath·er·om·e·ter /wèðərámətər/ *n* ウェザロメーター《塗膜の耐候性を試験する装置》.
wéather·pèrson *n* 天気予報係, 予報官.
wéather·pròof *a* 風雨に耐える; どんな悪天候にも耐える; 耐候性の. ► *vt* 風雨に耐えるようにする; どんな悪天候にも耐えられるようにする, 全天候型にする. ► *n*[॥]レインコート. ♦ **~·ness** *n*
wéather pròphet 天気の予言をする人, 天気見.
wéather repòrt 気象通報, 天気予報.
wéather sàtellite 気象衛星.
wéather sèrvice 気象観測業務(部門); [the W- S-]〔米〕NATIONAL WEATHER SERVICE.
wéather shìp 気象観測船.
wéather sìde 風[風雨]のあたる側, 《船の》風上舷.
wéather stàin 《壁・天井などの》風雨による変色[しみ]. ♦ **wéather-stàined** *a* 風雨で変色した.
wéather stàtion 測候所, 気象観測所.
wéather strìp 目詰め《風雨・外気の浸入を防ぐために窓や戸の隙間をふさぐ金具・木片・フェルトなど》. ♦ **wéather-strìp** *vt* …に weather strip をつける.
wéather strìpping WEATHER STRIP; 目詰め材《集合的》.
wéather tìde 風と反対の潮流.
wéather·tìght *a* 風雨に耐える, 風雨を通さない.
wéather tìles *pl* 〔建〕下見張りのタイル壁.
wéather vàne 風見 (vane).
wéather wìndow 《ある目的のために》ほどよい天候が続く期間[時間帯].
wéather·wìse *adv* 天候[天気]に関して.
wéather-wìse *a* 天気をよくあてる, 天気の予測がうまい; 世人[民衆]の意見[感情]の変化を巧みに予測する.
wéather·wòrn *a* 風雨でいたんだ.
wéath·ery *a* 空模様のように変わりやすい, 気まぐれの; 時季はずれの雨で品質をそこねた.
weave[1] /wíːv/ *v* (**wove** /wóʊv/, (まれ) **weaved** /-d/; **wo·ven** /wóʊv(ə)n/, **weaved**, (商用) **wove**) *vt* **1** 織る, 織って作る; 編む, 編んで作る, 編み合わせる, 編み込む; 〈クモが巣を〉作る; 織り込む, つづり合わせる 〈*into*〉: ~ (up) 〈…から〉織り上げる 〈*from*〉/ ~ (up) 〈…に〉織る 〈*into*〉. **2** 組み立てる, 〈物語に〉作り上げる 〈*into*〉; 〈物語を〉仕組む 〈*from*〉; 〈話に〉交える 〈*in, into*〉. **3** (**weaved**) 間を縫うように〈体などを〉進める. ► *vi* **1** 織物を織る; 織られる, 織り[編み]合わされる. **2** 組み立てられる. **3** 行きつ戻りつする; あっちへ行ったりこっちへ行ったりする 〈*around*〉; 《障害物の間を》曲がりくねって[ジグザグに, 縫うように]進む, 車線をたびたび変えて走る 〈*through*〉; «空軍俗»《砲火・サーチライトなどの》間を縫ってのがれる: ~ in and out of traffic 車の間を右へ左へと縫うように走行する. ● **get weaving**[॥]«口» 勢いよく取りかかる. **~ all pieces on the same loom** どれも同じ筆法で行なう. **~ one's way** 縫うように進む 〈*through, across*〉. ► *n* 織り[編み](方[様式]); 織った[編んだ]もの, 《特に》織物, 織布. ♦ **wéav·ing** *n* [OE *wefan*<Gmc; cf. G *weben*]
weave[2] *vi* よろめく, 左右に揺れる, 〔ボク〕ウィービングする; 〈馬が〉熊癖(ゆうへき)がある, 船(ふな)ゆすりをする《厩舎内で後ろ足で立ち上体を左右にゆする悪癖》. ► *vt* «古»〈船・船客〉に手を振って合図を送る. [ME *waive*<ON *veifa* to WAVE]
weav·er /wíːvər/ *n* 織り手, 織工; 編む人; 〔鳥〕WEAVERBIRD.
wéaver ànt 〔昆〕ツムギアリ《幼虫が出す絹糸で葉をつづり合わせて巣を作る熱帯産のアリ; ツムギアリ属, オオアリ属に属する》.
wéaver·bìrd *n* 〔鳥〕ハタオリドリ (=**wéaver fìnch**)《アフリカ・アジア産; 草木で精巧な巣を作る》.
wéaver's knòt [hìtch] 〔海〕SHEET BEND.
weazand ⇨ WEASAND.
weazen(ed) ⇨ WIZEN(ED).
web /wéb/ *n* **1** 織物, 編物; 《ひと機(はた)分の》織布. **2 a** くもの巣 (cobweb). **b** くもの巣状のもの, …網 (network); *«口»《テレビ・ラジオの》放送網; [the W-]〔インターネット〕ウェブ (WORLD WIDE WEB): search *the W*~ ウェブ[インターネット]を検索する. **3** 入り組んだもの; 仕組んだもの, たくらんだもの, わな: a ~ of lies うそ八百の話. **4 a**〔解〕繊維, 膜; 《水鳥などの》水かき, 蹼; 〔鳥〕羽板(うばん), 羽弁 (vane, vexillum)《一連の羽枝 (barbs) からなり羽軸 (shaft) の両側にある》. **b**〔機〕桁腹(けたはら), ウェブ; クランク腕; 〔建〕《ヴォールト天井の》リブ (rib) とリブの間の曲面部. **5** 薄い金属板; 《のこぎり・刀などの》身. **6** 《ペルシアじゅうたんなどの》みみ, 厚べり; 〔冶〕ばり, 鋳ばり. **7**〔印〕巻き取り紙. ► *v* (**-bb-**) *vt* くもの巣[網]でおおう; からませる, わなに陥れる. ► *vi* くもの巣を張る. ♦ **~·less** *a* **~·lìke** *a* [OE *web(b)* woven fabric<Gmc; ⇨ WEAVE[1]]
Webb /wéb/ ウェッブ (1) **Beatrice** ~ (1858–1943)《英国の社会主義者; 旧姓 Potter; Sidney の妻》(2) **Sidney (James)** ~, 1st Baron Passfield (1859–1947)《英国の経済学者・社会主義者; 夫婦ともに Fabian Society の設立に尽し, 穏健な漸進的社会主義を唱えて, 労働党成立後はその理論的指導者となった》.
webbed /wébd/ *a* **1** 水かきのある, 指間に皮膜のある; 〔医〕〈手足の指が〉癒着した. **2** くもの巣の張った; くもの巣状の; WEBBING を張った, 組み編みした.
wéb bèlt 〔服〕《ひもを編み組みした》織物ベルト《もと軍装の一部》.
wéb·bing *n* 力布(ちからぬの)《椅子張り材料; その上にスプリングを載せる》; 《馬の腹帯用などの》帯ひも, 《野球のグラブの指をつなぐ》革ひも; 指間の皮膜, 《水鳥などの》水かき; 《ラケットなどの》網目(状のもの); 《敷物などの》厚べり.
Wéb bròwser [°w- b-]〔インターネット〕BROWSER.
wéb·by *a* WEB の[に関する, でできた], くもの巣状の; 水かきのある.
web·cam /wébkæm/ *n* [°W-] ウェブカメラ《ウェブに風景などのリアルタイム映像を流すときに使われるカメラ》.
wéb·càst 〔インターネット〕*n* **1** ウェブで流すこと, 《インターネット上での》'放送'. **2** ウェブキャスト《インターネットで, ユーザーが積極的にアクセスしなくても, 登録しておいた特定サイトの更新情報などが送られてくるシステム》. ► *vi, vt* ウェブで流す. ♦ **~·er** *n* **~·ing** *n* [*Web*+broad*cast*]
we·be·los /wíːbəlòʊz/ *n* (*pl* ~) [°W-] ボーイスカウトへの入団準備中の最上級のカブスカウト (cub scout). [*we'll be loyal scouts*]
web·er /wébər, véɪ-/ *n* 〔電〕ウェーバー《磁束の実用単位: $=10^8$ maxwells; Wb》. [W. E. *Weber*]
We·ber **1** /véɪbər/ ヴェーバー (1) Baron **Carl Maria (Friedrich Ernst) von** ~ (1786–1826)《ドイツの作曲家・指揮者》(2) **Ernst Heinrich** ~ (1795–1878)《ドイツの生理学者》(3) **Max** ~ (1864–1920)《ドイツの社会学者》(4) **Wilhelm Eduard** ~ (1804–91)《ドイツの物理学者; Ernst の弟》. **2** /wébər/ ウェーバー **Max** ~ (1881–1961)《ロシア生まれの米国の画家》. ♦ **We·be·ri·an** /veɪbíəriən/ *a* ヴェーバー (Max Weber) 理論の.
Wéber-Féchner làw 〔心〕ウェーバー-フェヒナーの法則 (1) 感覚量は刺激の強さの対数に比例する 2) WEBER'S LAW). [E. H. *Weber* & G. T. *Fechner*]

W

We·bern /*G* vé:bərn/ ヴェーベルン **Anton (Friedrich Ernst) von** ～ (1883–1945)《オーストリアの作曲家; Schoenberg の弟子, 十二音技法を確立した》.

Wéber's láw〘心〙ウェーバーの法則《: 感覚の強さの弁別閾と背景の刺激強度との比は一定である》.［E. H. *Weber*］

wéb·fèd *a* WEB PRESS の[で印刷した].

wéb·fìngers *n pl* 水かき指《癒合して膜でつながった指》.
♦ **wéb-fìngered** *a*

wéb·fòot *n* /, ─́ ─̀/ 水かき足《鳥その他の動物の》; 水かきのある動物; [W-]*Oregon 州人, 水かき足《湿地が多いための俗称》. ► *a*《口》環境保全に熱心な[を主張する]. ♦ **wéb-fóot·ed** *a* 水かき足の(ある).

wéb fòot〘家具〙《テーブルなどの》水かき足に似た形をした足部 (＝*duck foot*).

Wébfoot Stàte [the] 水かき足州《Oregon 州の俗称》.

web·i·nar /wébənà:r/ *n* [°W-] ウェビナー, オンラインセミナー.［*Web*＋sem*inar*］

web·i·sode /wébəsòud/ *n* ウェビソード《インターネットで配信されるテレビ番組や番組形式の vlog 映像》.［*Web*＋ep*isode*］

wéb ìssue*《俗》結合争点《選挙において, 異なる党派を特定候補支持でまとめる役割を果たす論点; cf. WEDGE ISSUE》.

Web·ley /wébli/〘商標〙ウェブリー《英国 Webley & Scott 社製のリボルバーなどの小火器およびそれらの弾薬》.

wéb·link *n* HYPERLINK;《書物・新聞などに載っている》ウェブサイトのアドレス.

web·li·og·ra·phy /wèbliágrəfi/ *n* ネット[ウェブ]上の文献目録.［*Web*＋bib*liography*］

web·log /wéblàg/ *n* BLOG. ♦ **wéb·lòg·ger** *n*

wéb·màster *n*〘インターネット〙ウェブマスター, '管理人'《ウェブサイトを維持管理する人》.

wéb mèmber〘土木・建〙腹材(ふくざい), ウェブ材.

wéb òffset *n*〘印〙WEB PRESS によるオフセット印刷. ► *a, adv* web offset の[で].

Wéb pàge [°w- p-]〘インターネット〙PAGE[1].

wéb·phòne *n* ウェブ電話《インターネット経由の電話》; ウェブフォン《インターネット機能をもつ電話》.

wéb prèss〘印〙巻き取り紙(輪転)印刷機.

wéb rìng〘電算〙ウェブリング《内容的に関連するサイトの制作者が互いのサイトをリンクでつないでつくった '輪'; クリックするだけで各サイトから別のサイトを順次閲覧できる》.

Wéb sèrver〘インターネット〙ウェブサーバー《ユーザーからの要請に応じて Web page 用のデータなどを送るサーバー》.

wéb·sìte, Wéb sìte *n*〘インターネット〙ウェブサイト, サイト.

wéb·spàce *n* **1**〘電算〙ウェブスペース《ユーザーが使えるウェブ[サーバー]上の記憶スペース》. **2** ネット[ウェブ]空間.

wéb spìnner〘昆〙**a** シロアリモドキ. **b** WEBWORM.

web·ster /wébstər/ *n*《古》WEAVER.

Webster ウェブスター (1) **Daniel** ～ (1782–1852)《米国の政治家・雄弁家》(2) **John** ～ (1580?–?1625)《英国の劇作家; *The White Devil* (?1609), *The Duchess of Malfi* (c. 1614)》(3) **Noah** ～ (1758–1843)《米国の辞書編集者・著述家; *An American Dictionary of the English Language* (1828)》. ♦ **Web·ste·ri·an** /wɛbstíəriən/ *a*

wéb-tóed *a* 水かき足をもった (web-footed).

wéb·tòes *n pl* 水かき足.

wéb whèel〘機〙板車輪《1) 輻(や)の部分が平板の車輪 2) スポークとリムと中心部が一体になった車輪》.

wéb-wìnged *a* 飛膜を張った翼のある〈コウモリ〉.

wéb·wòrk *n* 網状組織, …網.

wéb·wòrm *n* くもの巣状の巣をかけ集団生活をするガの幼虫.

web·zine /wébzì:n/ *n*《インターネット上の》ウェブマガジン.［*Web*＋maga*zine*］

Wéchs·ler-Bélle·vue tèst [scàle] /wékslərbélvjù:-/〘心〙ウェクスラー–ベルヴュー知能検査[尺度] (＝**Wéchsler tèst**)《言語性検査と動作性検査からなる知能検査の一つ》.［David *Wechsler* (1896–1981) 米国の心理学者, *Bellevue* Psychiatric Hospital］

wed /wéd/ *v* (**wéd·ded; wéd·ded,** ～)《文》*vt* **1 a** …と結婚する, めとる, …にとつぐ. **b**〈牧師などが〉…の結婚式を執り行なう, 結婚させる;〈親が〉めとらせる, とつがせる〈*to*〉. **2** しっかりと結びつける, ひとつにする; 献身[執着]させる〈*to*〉. ► *vi* 結婚する; 結びつく, ひとつになる. ♦ **wéd·der** *n*［OE *weddian* to pledge; cf. GAGE[1], G *wetten* to bet］

we'd /wɪd, wí:d/ we had [would, should] の短縮形.

Wed. Wednesday.

wéd·ded *a* 結婚した; 結婚の; 執着した, 熱心な〈*to* an opinion〉; 結合された, 一体となった.

Wed·déll Séa /wədél-, wédl-/ [the] ウェッデル海《南極大陸の大西洋側の大湾入部》.

Weddéll séal〘動〙ウェッデルアザラシ《南氷洋産》.

wéd·ding *n* **1 a** 結婚式; [[u]*compd*] 結婚記念式[日] (＝～ **anniversary**): You can't dance at two ～*s.* 一度に 2 つのことはできない. **b** 結婚式招待状用上質紙. **2** 結合, 合体, 合併, 一体化, 融合. ★ 記念日は伝統的な贈り物の種類によっておおよそ次のように呼ばれる: paper ～ (1 周年), wooden ～ (5), tin ～ (10), linen ～ (12), crystal ～ (15), china ～ (20), silver ～ (25), pearl ～ (30), coral ～ (35), ruby ～ (40), sapphire ～ (45), golden ～ (50), emerald ～ (55), diamond ～ (60[時に 75]周年). ● **a spare prick at a** ～ ⇨ a spare PRICK. ► *a* 結婚の, 結婚に関する: a ～ present [reception] 結婚の贈り物[披露宴].［OE *weddung*; ⇨ WED］

wédding bànd WEDDING RING.

wédding bèlls *pl* 結婚式の鐘. ● **hear** ～ ウェディングベルが聞こえるような気がする, 結婚が間近な予感がする.

wédding brèakfast 結婚披露会《式後の会食》.

wédding càke ウェディングケーキ. ♦ **wédding-càke** *a*〈建物などが〉ウェディング[デコレーション]ケーキのような, 飾り立てた.

wédding càrd 結婚披露(案内)状.

wédding chèst 嫁入り道具入れの化粧箱.

wédding dày 結婚式日, 婚礼の日; 結婚記念日.

wédding drèss 花嫁衣裳, ウェディングドレス (＝*wedding gown*).

wédding fàvor 結婚式の引き出物;《古》《結婚式でかつて男の参列者が付けた》白い花形記章[リボン].

wédding gàrment 結婚式の礼服; [*fig*] 宴席への参加資格《*Matt* 22: 11》.

wédding gòwn WEDDING DRESS.

wédding màrch 結婚行進曲.

wédding nìght (新婚)初夜.

wédding pàrty 結婚式参列者の一行.

wédding rìng 結婚指輪 (＝*wedding band*).

wédding tàckle[‖]《俗》結婚具, 一物 (penis).

We·de·kind /*G* vé:dəkɪnt/ ヴェーデキント **Frank** ～ (1864–1918)《ドイツの劇作家; ブルジョワジーを痛烈に批判した; *Frühlings Erwachen* (1891)》.

we·del /véɪd(ə)l/ *vi*〘スキー〙ウェーデルンで滑降する. ♦ ～**·ing** *n* WEDELN.［逆成く↓］

we·deln /véɪd(ə)ln/ *n* (*pl* ～**s,** ～)〘スキー〙ウェーデルン《スキーをそろえたまま小刻みなターンを連続させて行なう滑降》. ► *vi* WEDEL.［G＝to wag (the tail)］

wedge /wéʤ/ *n* **1** くさび, (割り)矢: The thin end of the ～ is dangerous.《諺》くさびの先端は危険なものだ《始めは小さくてもやがては大きな[重大な]ことに結びつく》. **2** くさび [V 字]形(のもの);《楔形(せっけい)文字の》楔形の一画, HAČEK;〘軍〙くさび形隊形《装甲部隊》; WEDGE HEEL (の婦人靴);〘ゴルフ〙ウェッジ《打上げ用のアイアンクラブ》, ウェッジショット (＝～ **shòt**);〘気〙くさび形の高気圧圏;〘光〙OPTICAL WEDGE: a ～ of cheese V 字形に切ったチーズ一切れ. **3** 間を裂くもの, 分裂[分離]の因;《大事などの》発端, 糸口. **4**[‖]《俗》札束,《多額の》カネ, もうけ. ● **drive a** ～ **(in) between...**〈問題などが両者を〉仲たがいさせる. **knock out the** ～**s**《俗》人を苦境に陥れて傍観する. **the thin end [edge] of the** ～ 重大な事になる小さな糸口: drive in [get in, insert] *the thin end of the* ～ 一見何でもないが重大な結果になる事をやり始める. ► *vt* くさびで止める, くさびで締める〈*in*〉; 締めつけて動けなくする; くさびで割る; 無理に押し込む, 詰め込む〈*in, into, between*〉;《気泡を除くために》〈粘土を〉くさび形に切って打ちこねる: ～ a door open [shut] ドアをくさびで留めて開けて[閉めて]おく. ► *vi* 締めつけられて動け[動かせ]なくなる; 無理に押し入る[進む]. ● ～ **away** 押しのける. ～ **off** 押し離す, 押しのける. ～ **oneself in**…に割り込む. ～ **one's way** 押しのけて進む, 分け入る. ～ **up** くさびでしっかり締める. ♦ ～**·like** *a*［OE *wecg*; cf. OHG *wecki*］

wédge·bìll *n*〘鳥〙カンムリチャイロガラ《冠羽がある; 豪州産》.

wedged /wéʤd/ *a* くさび形の.

wédge hèel ウェッジヒール, ウェッジソール《かかとが高く底が平らで横からみてくさび形の靴底[かかと]》; ウェッジヒールの婦人靴.

wédge ìssue*《俗》分断争点《選挙において, 陣営内に分裂をひき起こしうる論点; cf. WEB ISSUE》.

wédge-shàped *a* くさび形[状]の, V 字形の.

wédge-tàiled *a*〈鳥が〉くさび形の尾を有する.

wédge-tàiled éagle〘鳥〙オナガイヌワシ (＝*eagle-hawk*)《豪州最大の猛禽; 子羊やカンガルーの子を襲う》.

wédge·wise *adv* くさびのように, くさび状に.

wedg·ie /wéʤi/ *n* **1** ウェッジー《WEDGE HEEL の婦人靴》. **2***《俗》食い込みパンツ, くさび締め, ウェジー《パンツが尻の割れ目に食い込むこと, また いたずらとしてパンツを引っ張り上げて股間を締めつけること》: give sb a ～ 人にウェジーをやる / ～ attack ウェジー攻撃《いたずら》.

Wedg·wood /wéʤwùd/ **1** ウェッジウッド **Josiah** ～ (1730–95)《英国の陶芸家; cf. JASPERWARE》. **2 a**〘商標〙ウェッジウッド《Wedgwood plc. (Josiah ～ が創業) 製の陶磁器・陶製アクセサリーなどのブランド》. **b** 淡い[灰色がかった]青色 (＝～ **blúe**).

wedgy /wéʤi/ *a* くさび形の, くさびのような. ► *n**《俗》食い込みパンツ (wedgie).

wed·lock /wédlàk/ *n* 結婚生活 (marriage). ● **born in (lawful)** ～ 嫡出の. **born out of** ～ 非嫡出の, 庶出の.［OE *wedlāc* marriage vow (*wed* pledge, *-lāc* suffix denoting activity)］

Wednes·day /wénzdi, -deɪ/ *n* 水曜日《略 Wed.》. ● **Good** [**Holy**] ～ 聖水曜日《復活祭の前》. ► *adv* 《口》水曜日に (on Wednesday). ★ 語法 ⇨ MONDAY. [OE *wōdnesdæg* day of Odin; L *Mercurii dies* day of planet Mercury の訳]

Wédnes·days *adv* 水曜日には(いつも) (on Wednesdays).

Weds Wednesday.

wee[1] /wíː/ *a* (**wé·er; -est**) 《幼児·スコ》ちっぽけな, ちっちゃい, 年少の; ひどく早い: a ～ bit ほんの少し / the ～ hours＝the ～ SMALL HOURS. ► *n* [a ～] 《スコ》ほんのちょっと(の間). [ME *we(i)* little bit＜OE *wǣg(e)* weight; cf. WEY]

wee[2] *n, vi* 《幼児·口》WEE-WEE.

weed[1] /wíːd/ *n* **1** 雑草, 草; 海草; [°the] 《口》タバコ; 《口》巻きタバコ, 葉巻; [°the] 《俗》マリファナ(タバコ): Ill ～*s* grow apace. 《諺》悪草は生長が速い, 憎まれっ子世にはばかる / grow like a ～ 〈子供が〉ぐんぐん大きくなる, 伸びるのが速い / the soothing [fragrant, Indian] ～ タバコ. **2 a** はびこるもの, じゃまなもの; いやなやつ, やくざ者; "《口》ひょろひょろした人, ひよわな人; ひよわな動物. **b** [the ～s] *《俗》浮浪者のたまり場. ● **get into the ～s** *《俗》細部に踏み込む. ► *vt* …の雑草を除く, …の草を取る; 〈雑草を〉取り除く 〈*out*〉; …から無用[有害]なものを除く, 〈無用[有害]なものを〉除く〈*out*〉; *《俗》手渡す; *《俗》《盗んだ財布などから》〈金を〉抜き取る. ► *vi* 雑草を除く, 除草する, 草取りをする; じゃま者を除く. ♦ **～·er** *n* 草取り人; 除草機. [OE *wēod*＜?; cf. OHG *wiota* fern]

weed[2] *n* [ᵘ*pl*] 喪章《帽子や腕に巻く》; [ᵘ*pl*]《寡婦が着る黒の》喪服 (widow's weeds); [°*pl*] 衣服《特に職業·地位などを表わす法衣·裁判官服など》. [OE *wǣd(e)* garment; cf. OHG *wāt*]

wéed-èat·er *n* *《俗》マリファナを吸う者 (weedhead).

wéed·ed *a* 除草した, 草取りをした; 雑草におおわれた.

wéed-grówn *a* 草ぼうぼうの.

wéed·hèad *n* *《俗》マリファナ常用者.

weed·i·cide /wíːdəsàɪd/ *n* 除草薬[剤] (herbicide).

wéed kìller 除草薬[剤] (herbicide).

wéed·kìll·ing *n* 除草.

wéed·less *a* 雑草の生えていない[生えないようにした]〈庭〉; 〔釣〕〈針が〉草にからまないようにした, 根がかりよけの付いた: a ～ hook ウィードレスフック.

wéed tèa *《俗》マリファナ.

wéed whàcker* 《ナイロンコード回転式の》電動草刈り機.

wéedy *a* 雑草の多い, 雑草だらけの, 草ぼうぼうの; 雑草のような, むやみにはびこる; 〈植物·花が〉まばらな, 貧弱な; 《口》〈人·動物が〉ひょろひょろした, やせ細った, ひよわな; やくざな, くだらない. ♦ **wéed·i·ness** *n* [*weed*[1]]

wee fólk *pl* 妖精たち (fairies).

Wée Frées /-fríːz/ *pl* [the] 少数自由教会派 (＝the **Wée Frée Kírk**)《1900 年の合同長老教会 (United Presbyterian Church) との連合に反対して旧名のままとどまったスコットランド自由教会 (Free Church of Scotland) の少数派に対するあだ名》.

Wee·juns /wíːʤ(ə)nz/ *pl* **1**〔商標〕ウィージャンズ《米国製のモカシンタイプのカジュアルシューズ; ノルウェー製 (Norwegian) のモカシンが開発のヒントになったところからの命名》. **2** [weejuns] *《俗》モカシン (moccasins), ローファー (loafers).

week /wíːk/ *n* **1 a** 週, 1 週間《特に 日曜から始まり土曜までの; 略 w., wk; HEBDOMADAL *a*》: What day of the ～ is it?＝What is the day of the ～? 今日は何曜日ですか / this [last, next] ～ 今[先, 来]週 / the ～ before last [after next] 先々[再来]週 / a ～ about 1 週間おきに / a ～ ago today 先週の今日 / a ～ from now 来週の今日 / a ～ (from) today＝"today [this day] ～ 来週[先週]の今日 / I'll see you a ～ from tomorrow. 来週の明日お会いします / yesterday [tomorrow] ～ "先週[来週]の昨日[明日] / a ～ (on [next]) Monday＝"(on [next]) Monday ～ 次の月曜日から 1 週間後(に) / a ～ last Monday 先の月曜日から 1 週間前(に) / a ～ from Monday＝"Monday ～ 月曜日の[から]一週間後[前](に)《★ 比較: (on) Monday next [last] ～ 来[先]週の月曜日(に) / next [last] Monday 次[この前]の月曜日(に)》/ the ～ of the 9th 9 日からの 1 週間 / two ～*s* next Monday 次の月曜日から 2 週間後(に) / ～*s* ago 何週間も前, 久しい前に. **b** [W-]《特別の催しのある》週間, ウィーク: Fire Prevention *W*～ 火災予防週間. **2**《日曜(と土曜)を除く》週の平日の期間; 《一週間における》就業日数[時間], 授業日数[時間]: during ["in] the ～ 平日には, 週日には / He works a 40-hour ～. 週 40 時間(労働)制で働く. ● **a ～ of Sundays**＝**a ～ of ～s** 7 週間; 《口》(飽きあきするほど)長い間. **knock** [**send**] sb **into the middle of the next ～** 《口》人をすっかり打ちのめす, 張りとばす, 追っぱらう. **～ after ～** 毎週毎週, ずうっと. **～ by ～** どの週も, 毎週. **～ in(,) ～ out** 毎週毎週. [OE *wice, wicu*; cf. Du *week*, G *Woche*]

wéek·dày *n* ウィークデー《日曜[(しばしば) 土·日曜]日以外の日》, 就業日, 平日, 週日; [‹*a*›] ウィークデーの.

wéek·dàys *adv* 週日に(は)《特に 月曜から金曜まで》.

wéek·ènd /; ⌐ ⌐, ⌐ ⌐/ *n* 週末, ウィークエンド《通例 金曜日の夜から月曜日の朝まで, または 土曜日の夜から火曜日の朝まで》; 週末休み, 週末パーティー. DIRTY [LONG, WET, etc.] WEEKEND. ♦ **make a ～ of it** 《口》週末を外出[娯楽など]で過ごす. ► *a* 週末だけの, 《週末など》限られた時間のみ役割を果たす. ► *vi* 週末を過ごす 〈*at, with*〉.

wéekend bàg [**càse**] 週末旅行用バッグ.

wéek·ènd·er *n* 週末旅行者; 週末来訪者; *WEEKEND BAG; 《俗》週末に[時々]麻薬をやる者; 《豪》週末[ウィークエンド]用の小別荘; 小型レジャーボート.

wéekend híppie *《俗》週末ヒッピー《時々ヒッピーみたいなことをしてみる者》.

wéek·ènds *adv* 週末には(いつも).

wéekend wàrrior *《口》週末戦士《**1**) 予備役兵 または州軍 (National Guard) の兵士; 兵役義務を果たすため, 所属部隊の週末の集会に出席する **2**) 週末だけ[時おり]ハイキング·キャンプなどの体を動かす活動に参加する人》.

wéek·lòng *a, adv* 一週間にわたる[わたって].

wéek·ly *a* 毎週の, 1 週 1 回の, 週 1 度の; 週ぎめの, 週単位の〈給料など〉; 1 週間にした〈仕事など〉; 1 週間続く[にわたる]. ► *adv* 毎週, 1 週 1 回; 週単位で. ► *n* 週刊誌[新聞, 雑誌], 週報.

wéekly bíll BILL OF MORTALITY.

wéek·nìght *n* 週日の夜, 平日の晩.

wéek·nìghts *adv* 週日の夜には(いつも).

Weelkes /wíːlks/ ウィールクス **Thomas** ～ (c. 1575–1623)《イングランドの音楽家; 英国最高のマドリガル作曲家の一人》.

Weems /wíːmz/ ウィームズ **Mason Locke** ～ (1759–1825)《通称 **'Parson'** ～; 米国の聖職者·伝記作家》.

ween[1] /wíːn/ 《古·詩》*vt* …と思う (think), 信ずる 〈*that*…〉《通例 *I ween* として挿入》; 期待する, 予期する 〈*to* do〉. [OE *wēnan*＜Gmc; cf. G *wähnen*]

ween[2] *n* *《俗》ガリ勉学生 (weenie).

ween·chy /wíːnʧi/ *a* 《俗》ちっちゃい, ちっちゃな, ちっこい (cf. WEENY[2], WEENSY).

wee·nie, -ny[1], **-ney, wei·nie, wie·nie** /wíːni/ *n* 《口》フランクフルト[ウインナ]ソーセージ (frankfurter); 《俗》おちんちん, 'ソーセージ'; *《俗》意外な難点, 落とし穴; *《俗》割を食うこと, してやられること; *《俗》だめなやつ, ばか, いくじなし; *《俗》くそまじめな学生, ガリ勉学生. ● (**play**) HIDE **the ～**. [*wiener*＋*-ie, -y*[3]]

wee·ny[2] /wíːni/, **ween·sy** /wíːnsi/ *a* 《口》ちっちゃな. [*wee*[1]; *tiny, teeny* などにならったもの]

wéeny·bòpper *n* 《口》ファッション·ロック(グループ)などに関心をもつ子供[少女]《TEENYBOPPER よりも若い》.

weep[1] /wíːp/ *v* (**wept** /wépt/) *vi* **1** 涙を流す, 泣く; 悲しむ, 嘆く 〈*for, over, about*〉: ～ *for* joy [with pain] うれし泣きに[痛くて]泣く. **2** 《文》露を吹く, しずく[水滴]をたらす, 〈コンクリートが〉汗をかく; 〈傷が〉漿液[膿など]を滲出させる, じくじくする; しみ出る, したたる; 〈木が〉しだれる. ► *vt* 〈涙を〉流す; …に涙を流す, 嘆き悲しむ; 泣いて…の状態にする; 《文》〈水気·しずく·露などを〉しみ出させる, 吹き出す, たらす: ～ one's eyes out 目を泣きはらす / ～ one's heart out 胸も張り裂けんばかりに泣く / ～ one*self* out 心ゆくまで泣く / ～ one*self* to sleep 泣き寝入る / ～ away 〈時を〉泣き暮らす. ● **～ Irish** 《同情を装って》お役目に泣く. **～ out** 泣きながら言う. ► *n* [°*pl*] 涙を流すこと, 泣くこと, ひと泣き; 《水気などの》滲出, 漏り. [OE *wēpan*＜?imit]

weep[2] *n* 〔鳥〕タゲリ (lapwing). [imit]

wéep·er *n* **1** 泣く人, 悲しむ人; 《昔 葬式に雇われた》泣き男[女]; 哀悼者の小像. **2**〔史〕《男子が帽子に付けた》喪章; 〔史〕《寡婦のかぶる》黒布のベール; [*pl*]〔史〕寡婦の白カフス. **3** 《口》お涙頂戴もの. **4** [*pl*] 長いほおひげ; 〔動〕CAPUCHIN. **5** WEEP HOLE.

wéep hòle 涙孔(なみだ)《擁壁などの水抜き孔》.

wéep·ie *n* 《口》《劇·映画などの》お涙頂戴もの.

wéep·ing *a* **1** 涙を流す, 泣く; 泣いて悲しむ, 感激して泣く. **2** しみ出る, 滲出性の, じくじくする, したたり落ちる; 雨の〈日〉; 枝がしだれる, しだれ性の. ► *n* 泣くこと; 滲出; しだれること. ♦ **～·ly** *adv*

wéeping chérry 〔植〕シダレザクラ.

wéeping cróss 〔史〕泣き十字《人が懺悔の涙をささげる路傍の十字架》. ● **return** [**come home**] **by ～** 悲しいめにあう, 失敗する; 自分のやった事[方法]を悔いる.

wéeping éczema 〔医〕滲出性湿疹.

wéeping fíg 〔植〕シダレガジュマル, ベンジャミン(ゴムノキ) (＝*Java fig*)《インド·東南アジア原産クワ科イチジク属の常緑高木; 観葉植物として広く栽培される》.

Wéeping Philósopher [the] 泣く哲学者《Heraclitus のこと》.

wéeping sínew 《口》結節腫《滑液を含む》.

wéeping wíllow 〔植〕シダレヤナギ.

wéepy *a* じくじくしみ出させる, 滲出する; 《口》涙もろい, 涙を流さんばかりの; 《口》お涙頂戴の〈話·映画など〉. ► *n* 《口》WEEPIE. ♦ **wéep·i·ly** *adv* **wéep·i·ness** *n*

weet /wíːt/ *vt, vi* 《古·方》KNOW. [WIT]

wee·ver /wíːvər/ *n* 〔魚〕トゲミシマ, ハチミシマ (＝～ **fish**)《食用海産魚》.

wee·vil /wíːvəl/ *n* 〔昆〕ゾウムシ《ゾウムシ科の昆虫の総称》; マメゾウムシ《マメゾウムシ科の昆虫》. ♦ **wée·vil(l)ed** *a* WEEVILY.

W

[MLG; cf. OE *wifel* beetle, WAVE, WEAVE[1]]

wée·vily, -vil·ly *a* (コク)ゾウムシのついた.

wee-wee /wí:wì:/ *n, vi* 《幼児・口》おしっこ(をする). [C20 (?imit)]

Wée Wìllie Wín·kie /-wíŋki/ ウィー・ウィリー・ウィンキー《スコットランドの William Miller (1810–72) の童謡に歌われている眠りの精を擬人化したもの》.

WEF °World Economic Forum.

w.e.f. with EFFECT from.

weft[1] /wéft/ *n* 《織物の》横糸, 緯糸 (woof) (opp. *warp*); 《文》織物; 《かごの》横編み材. [OE *weft(a)*; WEAVE[1] と同語源]

weft[2] *n* 〔海〕くくってある信号旗(による合図) (waft).

wéft knìt 横編み, ウェフトニット《横編みにした編物; cf. WARP KNIT》.

wéft-knìt(ted) *a* 〈編物が〉横編みの.

wéft knìtting 横編み, 横メリヤス(編み) (=*filling knitting*).

wéft·wise *adv* 〔織〕横糸[横](方向)に; 織端(おりはし)から織端まで; 端から端まで.

We·ge·ner /véigənər/ ヴェーゲナー **Alfred Lothar** ~ (1880–1930)《ドイツの地球物理学者・気象学者; 大陸移動説を発表》.

Wehr·macht /*G* vé:rmaxt/ *n* 国防軍《第二次大戦時のドイツ軍》.

Wei /wéɪ/ **1** [the] 渭河(いが), 渭水(いすい)(ウェイ)《中国甘粛省南部に発し, 陝西省を東西に流れる黄河の一支流》. **2** 〔中国史〕魏(ぎ)《戦国七雄の一国; 前 225 年秦に滅ぼされた》.

Weich·sel[1] /váɪksəl/ *n* 〔地質〕ヴァイクセル氷期《北欧地域における更新世の最終氷期; アルプスの Würm 氷期に相当》. ♦ **Weich·sel·ian** /vaɪksí:liən/ *a*

Weichsel[2] ⇨ VISTULA.

Wei·er·strass /váɪərstrɑ̀:s, -ʃtrɑ̀:s/ ヴァイヤーシュトラス **Karl Theodor** ~ (1815–97)《ドイツの数学者》: the ~ function 〔数〕ワイエルシュトラス関数.

Wei·fang /wéɪfá:ŋ/ 濰坊(いぼう)(ウェイファン)《中国山東省中東部, 青島(チンタオ)北西の市》.

wei·ge·la /waɪgí:lə, -dʒí:-, wáɪgələ/ *n* 〔植〕タニウツギ属 (*W-*) の各種の低木《オオベニウツギなど; スイカズラ科》. [C. E. *Weigel* (1748–1831) ドイツの医師]

weigh[1] /wéɪ/ *vt* **1 a** …の重さ[目方]を計る, はかりにかける, 計量する; 《手などで》…の重さをみる; 《計って》分配する. **b** …より重い (outweigh). **c** 平衡させる. **d** 重くする. **e** 《重みで》圧する, 押し下げる. **2** 熟考する, 考察する, 評価する; 比較考量する. **3** 〈錨を〉揚げる, 抜く: ~ anchor 錨を揚げる, 出帆(準備を)する. **4** 《廃》尊重する, …に重きをおく. ► *vi* **1** 目方を計る, 検量する; 目方が…ある[かかる], 重さが…である: How much do you ~?—I ~ 100 pounds. 体重はどのくらいですか—100 ポンドです / ~ a ton とても重い. **2** 重きをなす, 重視される: His salary doesn't ~ *with* him, because he's rich. 金持だから給料は重要でない. **3** 重荷となってかかる, 圧迫する: This problem ~*s* heavily [heavy] *upon* him. この問題は彼の重荷になっている / ~ *on* sb's mind 人の心を悩ます. **4** よく考える, 考量する. **5** 〔海〕錨を抜く. ● **~ against** …の不利にはたらく. **~…against** …を…と比較検討[考量]する. **~ down** 《重みで》圧する, 押し曲げる[下げる] 〈*with, by*〉; …にのしかかる, 重荷になる 〈*with*〉; 《装飾などで》重苦しくする: be ~*ed down with* troubles 苦労にうちひしがれている. **~ in** 所持品の計量をうける; 〈所持品を〉計量する; 〈騎手が〉レース直後[《時に》直前]に騎手自身や鞍などの計量をうける, 後検量をうける; 〈ボクサーなど〉試合の前に計量をうける (⇨ WEIGH-IN); 〈ボクサーなどを〉計量する; 〈騎手・ボクサーが〉計量[検量]で〈…の〉重量がある 〈*at*〉; 〈金額〉がかかる, …に達する 〈*at*〉; 《口》《事業・論争などに》〈…をもって〉参加[介入]する, 援助する, 仲裁にはいる, じゃまにはいる 〈*with*〉. **~ into…** 〈議論などに〉《熱心に》加わる; 〈人を〉批判する, 攻撃する. **~ out** 重量を計る, 計り分ける, はかりで一定量を配分する; 〈騎手が〉レースの前に騎手自身や鞍などの計量をうける, 前検量をうける. ● **~ up** 一方の重みではね上げる; …の重さを計る; 〈メリット・費用などを〉比較考量する; 推し量る; 〈人・もの〉を評価する.
► *n* 目方[重さ]を計ること, 計量, 検量.
♦ **~·able** *a* 目方を計ることができる. **~·er** *n* 目方を計る人[もの], 計量[検量]人. [OE *wegan* to carry, weigh; cf. WAG, WAIN, WAY[1], G *wägen* to weigh]

weigh[2] *n* 〔海〕WAY[1]. ● **under ~**=under WAY[1].

wéigh·bèam *n* 大さおばかり, ちぎばかり, ちきり.

wéigh·brìdge *n* 橋ばかり《車両・家畜・石炭などの重さを計る一種の大型台ばかり》.

wéigh·hòuse *n* 貨物計量所.

wéigh-ìn *n* 騎手のレース直後の計量, 後検量; ボクサーの試合前の計量; 《旅客機搭乗前の》携帯品の計量; 《一般に》計量, 検量.

wéigh·ing machìne 計量機《特に 大型で複雑な機構の》.

wéigh·lòck *n* 計量水門《運河通行税徴収のために船体重量を計る機器》.

wéigh·man /-mən/ *n* 目方[荷重]計量人[係], 検量人.

wéigh·màster *n* 検量官[人].

weight /wéɪt/ *n* **1 a** 目方, 重さ, 重量《略 wt》; 体重 (=body ~); 肥満: gain [lose] ~ 体重が増える[減る] / over [under] ~ 目方が超過[不足]して / put on ~ 〈人が〉太る. **b** 〔理〕重さ《質量と重力加速度の積; 記号 W》. **2** ある量目(りょうめ)のもの[分量]; 分銅; 衡量単位; 衡法; 《俗》マリファナ[ヘロイン] 1 オンス: TROY WEIGHT. **3 a** 重い物; おもり, おもし, 文鎮 (=*paperweight*); 《競技用の》砲丸, 《トレーニング用・ウェートリフティングの》ウェート; バーベル, ダンベル. **b** 重荷, 重圧, 圧迫; 責任, 負担: a ~ of care 心配 / That's a great ~ off my mind. それで肩の荷がおりた / under the ~ of…の重み[重圧]をうけて. **4** 勢力, 影響力; 重要さ, 重み, 貫禄; [*fig*] 比重; 《語などの》強調, 強勢; 〔統〕加重値, 重み, ウェート: a man of ~ 有力者 / of no ~ 無価値な / ~ of numbers 数の力[重み] / have ~ with…にとって重要である / lay ~ on…を強調する, …に重きをおく / add ~ to…の重要性を増す / attach ~ to…に重きをおく. **5 a** 〔スポ〕ウェート《ボクシング・ウェートリフティング・レスリングなどの選手の体重による階級》; 〔競馬〕負担重量《出場馬に要求される重量; ポンド表示による》; 《弓の》強さ《ポンド表示による》. **b** 〔印〕ウェート《活字の線の太さ[濃さ]》; 《特定の用途[季節]向きの》衣服の重さ[厚さ]: a suit of summer ~ 夏物の服. ● **by ~** 目方で[が]; 重量で[の]. **carry ~** (1) 〔競馬〕ハンディキャップをつけられる. (2) 〈意見など〉〈…に〉影響力がある, 〈人を〉承服させる力がある 〈*with*〉. **carry one's ~** 自分の役割[務め]を果たす (pull one's weight). **get [take] the [some] ~ off one's feet [legs]** [°*impv*] 《口》すわる, 腰かける, すわって楽にする《妊婦, 身障者または長時間立っている人などに対して言う》. **give short ~** 目方をごまかす. **give [lend] ~ to…** 〈主張・理論など〉の正しさを裏づける, 補強する. **pull one's ~** 体重を利用してこぐ; 自分の役割[職分]を果たす, 精いっぱい努力する. **punch above one's ~** 《口》能力以上の仕事[試合]をする[に挑む]. **swing one's ~** 影響力を行使する. **throw [put] one's ~ behind…** 自分の権限[影響力]を行使して…を支援する. **throw [chuck] one's ~ about [around]** 《口》いばりちらす; 職権[地位など]を濫用する. **~ of the** WORLD **on one's shoulders.** **~s and measures** 度量衡.
► *vt* **1 a** …に重みをつける, 重くする 〈*down; with*〉; 〈織物などを〉鉱物質などを混ぜて重くする. **b** …に重荷を負わせる, 〔競馬〕〈馬〉にハンディ[重量負担]を課す; [*fig*] 〈…で〉圧迫する, 苦しめる 〈*with*〉: ~ oneself *with* care 心を労する. **c** 〔スキー〕…に体重をかける, 荷重する. **2** …の重さを計る, 《重さをみるため》持ち上げてみる. **3** …に重きをおく; 《操作によって》偏らせる, 偏頗(へんぱ)にする; 〔統〕…に加重値[重み, ウェート]を与える: be ~*ed* in favor of [against]…に一方的に有利[不利]になっている. ● **~ down**=WEIGH[1] down.
♦ **~·ed** *a* 重くされた; 重荷を負わされた; 〔統〕加重した 〈*in favor, against*〉. [OE (*ge*)*wiht*; cf. WEIGH[1], G *Gewicht*]

wéight clòth 〔競馬〕鉛入りの鞍下布《騎手の体重が負担重量に不足する時に用いる》.

wéight dènsity 〔理〕体積密度《単位体積当たりの重さ》.

wéighted áverage [méan] 〔統〕加重平均.

wéight for áge 〔競馬〕馬齢重量《馬齢だけを考慮に入れた負担重量》.

wéight·ing *n* 重みをかけること, 重みづけ; おもし; 《高い生活経費調整のために》給与に上積みされる手当, 《特に》地域手当 (=~ **allòwance**).

wéight·ìsm *n* 体重のある人に対する差別, デブ差別.

wéight·less *a* 重量のない; 重力のない, 無重力の. ♦ **~·ly** *adv* **~·ness** *n* 重量のないこと; 無重力(状態).

wéight lìfter ウェートリフティング選手.

wéight lìfting 〔競技〕重量挙げ, ウェートリフティング.

wéight lòss 重量[体重]減少, 減量. ♦ **wéight-lòss** *a*

wéight màn 《ハンマー投げ・円盤投げ・砲丸投げなど》投擲(とうてき)の競技者.

wéight of métal 《一艦一回の》斉射弾量; 《一砲の一定時間内の》発砲量.

wéight·ròom *n* ウェートトレーニング室.

wéight thròw 〔競技〕ウェートスロー《ケーブルに付けた 56 ポンドまたは 35 ポンドの金属球を投げるハンマー投げに似た競技》. ♦ **~·er** *n*

wéight tràining 〔スポ〕ウェートを用いた訓練, ウェートトレーニング. ♦ **wéight-tràin** *vi*

wéight-wàtch·er *n* 体重を気にかけている人, 《食事療法で》減量に努めている人 (dieter). ♦ **wéight-wàtch·ing** *a, n* ダイエット(している).

Wéight Wàtchers **1** 〔商標〕ウェートウォッチャーズ《ダイエット法の普及をはかっている米国 Weight Watchers International, Inc. および関連のダイエット教室などが使用する商標》. **2** [Weight Watcher] ウェートウォッチャー《Weight Watchers International の社員, そのダイエット教室の会員》.

wéighty *a* 重い, 重量のある; 〈人物など〉重きをなす, 勢力のある, 有力な, 〈論拠など〉説得力のある; 〈問題など〉重要な, 重大な; 厳粛な; 重荷になる, 重苦しい, 耐えがたい, ゆゆしい. ♦ **wéight·i·ly** *adv* **-i·ness** *n*

Wei·hai /wéɪháɪ/ 威海(いかい)(ウェイハイ)《中国山東省の港湾都市; 1898–1930 年英国が軍港として租借; 旧称 **Wei·hai·wei** /wéɪháɪwéɪ/ 威海衛》.

Weil /*F* vɛj/ ヴェイユ (1) **André** ~ (1906–98)《フランス生まれの数

学者; 代数幾何学・整数論で業績を残した》 (**2**) **Simone** ~ (1909–43)《フランスの思想家; André の妹》.

Weill /wáɪl, váɪl/ ヴァイル **Kurt** ~ (1900–50)《ドイツ生まれの米国の作曲家》.

Wéil's disèase /váɪlz-, wáɪlz-/ 〘医〙 ワイル病《黄疸出血性レプトスピラ症》. [Adolf *Weil* (1848–1916) ドイツの医師]

Wei·mar /váɪmɑ̀ːr, wáɪ-/ ヴァイマル《ドイツ中東部 Thuringia 州の市》.

wei·ma·ran·er /váɪmərɑ̀ːnər, wáɪ-, -rèɪ-, ⏑–⏑–/ *n* [°W-] 〘犬〙 ワイマラナー《ドイツ原産のポインター》. [G (↑)]

Wéimar Constitútion [the] ヴァイマル憲法《1919 年国民議会で制定された共和制ドイツ国憲法の通称》.

Wéimar Repúblic [the] ヴァイマル共和国 (1919–33)《ヴァイマル憲法によって成立したが, Hitler が登場して第三帝国になった》.

Wein·berg /wáɪnbə̀ːrg/ ワインバーグ **Steven** ~ (1933–)《米国の物理学者; ノーベル物理学賞 (1979)》.

Wéinberg-Salám thèory [mòdel] 〘理〙 ワインバーグ-サラム理論[模型]《ゲージ対称性の考えに基づいて電磁気力と弱い力を統一的に説明する理論; ヒッグス機構により対称性が破れるのに伴って 2 つの力に分かれたとする》. [Steven *Weinberg*, Abdus *Salam*]

weiner ⇨ WIENER.

Wein·gart·ner /*G* váɪngartnər/ ヴァインガルトナー (**Paul**) **Felix von** ~ (1863–1942)《オーストリアの指揮者・作曲家》.

weinie ⇨ WEENIE.

weir /wíər/ *n* 《川の》堰(せき), ダム《灌漑・流量測定用》; 《魚を捕るための》やな, 筌(うえ). [OE *wer* (*werian* to dam up)]

weird /wíərd/ *a* 不思議な, 気味の悪い, この世のものとも思えない; 《口》変な, 奇妙な, へんちくりんな; *《俗》みごとな, とてもいい, すばらしい, かっこいい (cool); 《古》運命の: ~ and wonderful 《口》巧妙新奇な. ► 《主にスコ》 *n* 運, 《特に》不運, 数奇な運命; [°W-] FATES の一人; 占い師, 予言者; 魔法, 不可思議なこと; 予言, 予兆. ► *vt* 《スコ》運命づける (destine); 《スコ》運命として割り当てる; 《スコ》…にあらかじめ警告する (forewarn). ● ~ **out** (*vt*) 《奇妙なために》動揺させる; [°*pass*]*《俗》《麻薬で》ハイにする, わけがわからなくさせる. (*vi*)*《俗》麻薬でラリってハイになる, 陶酔する, ぶっとぶ, わけがわからなく[おかしく]なる. ♦ **~·ly** *adv* **~·ness** *n* [OE *wyrd* destiny]

wéird·ie, wéirdy *n* 《口》WEIRDO.

weirdo /wíərdou/ 《口》 *n* (*pl* **wéird·os**) 奇妙な[変な, 異常な, 気色悪い]人[もの]. ► *a* 奇妙な, 変わった, 妙ちきりんな.

Wéird Sísters *pl* [the] FATES [NORNS]; [the] 《Shak., *Macbeth* 中の》魔女たち.

weisenheimer ⇨ WISENHEIMER.

Weis·mann /váɪsmɑ̀ːn, wáɪsmən/ ヴァイスマン **August** (**Friedrich Leopold**) ~ (1834–1914)《ドイツの生物学者》.

Wéismann·ìsm *n* 〘生〙 ワイスマン説, ワイズマニズム《August Weismann の説で, 獲得形質の遺伝を否定する》.

wéiss béer /wáɪs-, váɪs-/ ヴァイスビール《小麦製で色のうすい酸味の強いビール; ドイツ産》. [G *Weissbier* white beer]

Weiss·horn /váɪshɔ̀ːrn/ [the] ヴァイスホルン《スイス Pennine Alps の山 (4512 m)》.

Weiss·mul·ler /wáɪzmʌ̀lər, -mjùːlər/ ワイズミューラー **Johnny** ~ (1904–84)《米国の水泳選手・俳優; 映画で Tarzan を演じた》.

Weiss·nicht·wo /váɪsnɪx(t)vóu/ *n* いずこかも知れない場所, 空想の地. [Carlyle, *Sartor Resartus* (1833–34) 中の架空の都市; G=(I) know not where]

Weiss·wurst /wáɪswə̀rst; *G* váɪsvurst/ *n* [°w-] 白ソーセージ, ヴァイスヴルスト《発色剤を使わず香辛料を入れた豚・子牛肉の白っぽいソーセージ》.

Weiz·mann /váɪtsmən, wáɪ-/ ヴァイツマン **Chaim** /xáɪm, háɪm/ (**Azriel**) ~ (1874–1952)《ロシア生まれのイスラエルの化学者・シオニズムの指導者; イスラエルの初代大統領 (1949–52)》.

we·jack /wíːdʒæ̀k/ *n* 〘動〙 **a** フィッシャーテン (fisher). **b** ウッドチャック (woodchuck). [Algonquian]

weka /wékə, wéɪ-, wíː-/ *n* 〘鳥〙 ニュージーランドクイナ (=*bush hen*) 《翼の退化したクイナの一種; ニュージーランド産》. [Maori]

welch, welcher ⇨ WELSH.

Welch ⇨ WELSH.

wel·come /wélkəm/ *int* ようこそ, いらっしゃい《しばしば副詞(句)を伴う》: *W~* home! 《帰還兵士など遠方から帰った人に》お帰りなさい. ● **W~ to the NFL!***《俗》さあ荒っぽく手合わせだ《手荒な対決になるぞという戯言的予告; 商売でも言う; 荒っぽいプレーをする米国のプロフットボールリーグ (National Football League) との関連から》.
► *n* 歓迎, 歓待; 歓迎の挨拶; 自由に使用する[楽しむ]特権: bid sb ~=say ~ to sb 人を歓迎する, 歓待する / give sb a warm ~ 暖かく[熱烈に]人を歓迎する; [*iron*] 人に強く抵抗する / hug sb in ~ 歓迎して人を抱きしめる. ● **wear out** one's ~ 長居して[しょっちゅう訪れて]歓迎されなくなる[嫌われる].
► *vt* 〈人・到着・ニュース・事件などを〉歓迎する, 喜び迎える, 〈贈り物などを〉喜んで受け取る; 〈人・考えなどを〉(ある感情[手段]で)迎える 〈*with, by*〉: ~ sb in (to…に)迎え入れる / ~ sb back 人の帰国[帰宅など]を歓迎する.
► *a* 歓迎される; 勝手に使ってよい, 自由にできる 〈*to* do, *to*〉; [*iron*] 勝手に…するがよい 〈*to* do, *to*〉; うれしい, ありがたい: make sb ~ 人をもてなす, 歓迎する / You are ~ *to* take what steps you please. どうとでもお好きなようになさい / You're more than ~ to stay with us. ぜひうちに泊まってください / ~ news 吉報 / (as) ~ as flowers in May [spring] 《口》大歓迎で / (as) ~ as snow in harvest=UNWELCOME / He is ~ *to* the use of it. 彼はそれを自由に使ってよい / He is ~ *to* say what he likes. 彼には何とでも勝手に言わすがよい / one's ~ home 勝手にふるまえるわが家. ● **and** ~ [°*iron*] それでけっこう: You may do so *and* ~. そうなさるならそれもけっこう. (**You are**) ~. よくいらっしゃいました; *[謝礼に答えて] どういたしまして.
♦ **~·ly** *adv* **~·ness** *n* **wél·com·er** *n* **wél·com·ing** *n, a* **wél·com·ing·ly** *adv* [OE *wilcuma* desirable guest (*wil-* desire, pleasure, *cuma* comer); OF *bien venu* or ON *velkominn* の影響で *wel-* WELL[1] に同化]

wélcome-hóme-húsband-howéver-drúnk-you-bé *n* 〘植〙 HOUSELEEK.

wélcome màt welcome の文字入りのドアマット; [*fig*] 歓迎. ● **put [roll] out the [one's]** ~ 心から歓迎する 〈*for*〉.

wélcome pàge 〘インターネット〙 ウェルカム画面 (HOME PAGE).

Wélcome Wàgon 〘商標〙 ウェルカムワゴン《新しく転入してきた人にその土地の情報・産物・贈り物を届ける歓迎の車》.

weld[1] /wéld/ *vt* 溶接する, 鍛接する; 溶接[鍛接]して作る[修理する]; [*fig*] 結合[融合, 一体化]させる, 結び合わせて作る 〈*to, into, together*〉. ► *vi* 溶接される; 溶結する. ► *n* 溶接[接合]部[点]; 溶接. ♦ **~·able** *a* **~·abílity** *n* 溶接性. **~·er** *n* 溶接工; 溶接機. **~·ing** *n* 溶接. **~·ment** *n* 溶接物. [変形 (pp) < *well*[2] (obs) to melt, weld]

weld[2] *n* 〘植〙 キバナ[ホザキ]モクセイソウ (dyer's rocket); キバナモクセイソウから採った黄色染料. [OE *w(e)alde*]

wélding ròd 溶接棒.

wélding tòrch 溶接トーチ.

wel·fare /wélfɛər/ *n* **1** 幸福[安楽, 健康, 快適]な生活[暮らし向き], 幸福, 福祉, 福利, 繁栄. **2 a** 福祉[厚生]事業; 福祉援助; [the] ᴴ《口》《集合的・個別的に》社会福祉[厚生]機関: the Ministry of *W~* 厚生省 / child [social] ~ 児童[社会]福祉. **b** *生活保護, 福祉手当て (benefitᴴ): be on ~ 生活保護を受けている. ► *a* (社会)福祉の; 福祉援助を受けている: a ~ mother 福祉援助を受けている母親. [*well faren* to FARE WELL[1]]

wélfare cápitalism 厚生資本主義.

wélfare cènter 福祉事業[事務]所, 福祉センター《診察所・健康相談所など》.

wélfare económics 厚生経済学.

wélfare fùnd 福利(厚生)基金《通例 労働協約により, 雇用者が療養中などの被雇用者に支払うための基金》.

wélfare hotél 福祉(事業による)宿泊所.

wélfare stàte /; ⏑–⏑–/ 福祉国家《社会保障制度の整った国》; [the] 社会保障制度. ♦ **wélfare stàt·er** WELFARIST.

wélfare stàtism 福祉国家であること; 福祉国家主義.
♦ **wélfare stàtist** *n, a*

wélfare wòrk 福祉事業[活動]. ♦ **wélfare wòrker** *n*

wel·far·ism /wélfɛərɪzm/ *n* 福祉国家の理念[原則, 政策], 福祉国家主義. ♦ **-ist** *n, a*

wél·far·ìte* *n* [*derog*] 福祉援助を受けている者.

weli /wéli/ *n* WALI[2].

welk[1] /wélk/ *vi* ᴴ《方》あせる, しぼむ. [?MDu]

welk[2] *int**《俗》You are WELCOME.

wel·kin /wélkən/ 《文・詩》 *n* 大空; 天国; 上空. ● **make the ~ ring [roar]** 天まで震わすような大音[笑い声]をたてる. [OE *wolcen* clouds; cf. G *Wolke*]

Wel·kom /vélkəm, wél-/ ヴェルコム《南アフリカ共和国 Free State 州の町》.

well[1] /wél/ *adv* (**bet·ter** /bétər/; **best** /bést/) **1 a** よく, 満足の行くように, 申し分なく; りっぱに, 正しく: sleep [dine] ~ よく眠る[食べる]. **b** じょうずに, うまく; 首尾よく, 効果的に, うまく: speak English ~ 英語をうまくしゃべる / *W~* done! うまいぞ, いいぞ, おみごと, やった / be ~ out of it [that] そこからうまく脱け出す[のがれる]. **c** 注意深く, 丁寧に, 入念に; 完全に: Wash ~ before using. よく洗ってから使いなさい. **d** 詳しく, 親密に; 明確に; 広範囲に: I know him ~. よく知っている / I remember him ~. よく憶えている. **2 a** 適当に, 適切に, ふさわしく; 賢明に: That is ~ said. まさにそのとおり, 至言である. **b** 都合よく, 運よく: *W~* met! 《古》いいところで会った. **3 a** 好意的に; 親しく: think [speak] ~ of…をよく思う[言う], …を尊重する / stand ~ with sb 人にうけがよい. **b** いさぎよく, 上機嫌で: He took the news ~. そのニュースを平静に受け取った. **4 a** 裕福に, 安楽に; 健康に. **b** 有利に: marry ~ 有利な結婚をする. **5** 十分に, 全く; かなり, よほど, ずいぶん; ᴴ《俗》非常に (very), 超: ~ aware 十分承知して / ~ worth 十分に価値のある / ~ ahead [behind] かなり早めに[遅れて] / ~ in the evening 夜ふけに(なってから) / ~ past thirty 30 歳をかなり超えて / ~ on in life ずいぶん高齢で / ~ good ᴴ《俗》とてもいい. **6 a** [could, might, may に伴って] もっともで, 道理にかなって; た

W

ぶん, おそらくは: You may ～ say so. きみがそういうのも無理はない / It may (very) ～ be true. おそらく本当だろう. **b** [しばしば can, could, cannot に伴って] 容易に, たやすく: can [could] ～ believe it それも十分ありそうだと考える, 容易にそう思える, さもありなんと思う / I *can't* very ～ do it. そうするわけにもいかない《cf. I can't do it very ～.》. ● **as ～** なお, そのうえ (too), おまけに (besides). **as ～ as** (1) …と同様に, 同じく, …(である)に加えて, …はもちろん: She is kind *as* ～ *as* beautiful. 美しいばかりでなく親切だ. (2) および…, 加えて…も: combat troops *as* ～ *as* their support personnel 戦闘部隊およびその支援要員. **as ～ sb may** [**might**] (**do**) 人が…するのももっともだ[無理はない]《先の発言に対するコメント; may [might] に強勢を置いて言う》. **do oneself ～＝live ～** ぜいたくに暮らす. **may** [**might**] (**just**) **as ～** do (**as**…するくらいなら)したがよろしい, (まあ)…するのも悪くはない[してもよい], …するも同然だ: We *may as* ～ throw our money into the sea *as* lend it to him. 彼に貸すなんて海に捨てるようなものだ / You *might as* ～ throw money away *as* spend it in gambling. ばくちなんかに金を使うくらいなら捨てたほうがましだ / You *might as* ～ go abroad *as* not (＝rather than not). どちらかと言えば外遊したほうがよい / You *might as* ～ give me…をくれたっていいでしょう《子供のねだり口調》/ He *might as* ～ ask that. そう聞くのも無理からぬことだろう. VERY **～.** **～ and truly** 完全に. **～ in** 《口》(…と)うまくやっている, (…に)うけがいい 〈*with*〉; 《豪口》金持である, 裕福な.

► *int* [驚き] まあ, おや, おやっ, えっ; [安心] やれやれ, さあ; [譲歩] そうね, それじゃあ, ではよろしい; [話の出だし・継続・変更・終了] さて, ところで, それから, それでは, というわけで; [思案] えーと, あのね, さあ(ね); [訂正] いや, というより; [一歩譲って] なるほど, そうだとして; [あきらめ] いやもう, ままよ: *W*～, I never! ＝*W*～, to be sure! ＝*W*～ now! ＝*W*～, what do you know? これは驚いた! / *W*～, ～! これはこれは! / *W*～, it can't be helped. まあ, しかたがないさ / Oh ～. まあいいさ, 仕方ない.

► *a* (**better; best**) **1** 心身健全で, 健康で, 壮健で (opp. *ill*); 〈病気・傷が〉治って: feel ～ 気分がいい / look ～ 〈人が〉健康[元気]そうに見える, 〈人・物が〉引き立つ, 見ばえがする, 〈事が〉順調に[調子よく]見える / How are you?—Quite ～, thank you. ありがとう, とても健康です / a ～ man *丈夫な人. ★ *attrib* な用法には比較級・最上級はない. **2** 適当で, 満足で, よろしい; 申し分ない, 好都合の, ありがたい; 望ましい, 当を得た: It would be ～ to inquire. 聞いたほうがいいでしょう / All's ～. 万事申し分なし / All's ～ that ends ～. ⇨ ALL (*pron*). **3** 安楽な. ● ALL **very ～.** (**all**) **～ and good** それもけっこう(だけど), しかたがない. (**just**) **as ～**…するがよい; 悪いことではない, むしろけっこうなことだ: It may be *as* ～ to explain. 説明するがよかろう / It was just *as* ～ you didn't meet him. 会わないでよかったのだ. **let** [**leave**] **～** (**enough**) ALONE. **～ enough** かなり[まず]よい; かなりうまい, かなり元気で. ► *n* よいこと, 満足な状態: I wish him ～. 彼の幸福[成功]を祈る.

[OE *wel(l)*; cf. G *wohl*, OE *wyllan* WILL]

well[2] *n* **1** 泉; 鉱泉; [*pl*] 鉱泉(保養)地; [*fig*] 源, 源泉: a ～ of information 非常な物知り / the ～ of English undefiled 純正英語の源《詩人 Chaucer のこと》. **2** 井戸; 井, 坑井, 鉱井《油井などの》: sink a ～ 井戸を掘る / (as) deep as a ～ 底が知れない, うかがい知れない. **3 a** くぼみ; 井戸状のへこんだ穴[場所]; 《エレベーターの》縦穴; 階段の吹抜け; 《各階を突っ切って通されている》通風[採光]用の縦穴. **b** 〘海〙船倉内に設けられたポンプ収納用の縦穴; 《漁船の》生簀(いけす); 《飛行機などの》車輪収納室, 脚収容部. **c** 《机の》インク壺受け; 《肉皿の》汁受け; マット受け《床面のくぼみ》. **4** 《法廷の判事席前に一段低くなった》弁護士席; 《階段状の議場などの底部の》演壇のある所, 演壇前. **5** 〘理〙井戸型のポテンシャルの谷. ► *vi* わき出る, 噴出する 〈*up, out, forth*〉; あふれる 〈*over*〉; 〈思いなど〉こみ上げる 〈*up* (*inside* sb)〉: Tears ～*ed up* out of her eyes. ＝Her eyes ～*ed up* with tears. 彼女の目から涙があふれ出た. ► *vt* 噴出させる 〈*out*〉. [OE *wella*; cf. G *Welle* wave, OE *wellan* to boil, melt]

we'll /wil, wɪl/ we will [shall] の短縮形.

wéll-áct·ed *a* 好演された; 巧妙に似せられた.

well·a·day /wèlədéɪ, ⌐－⌐/ *n, int* WELLAWAY. [cf. LACKADAY]

wéll-adjúst·ed *a* 社会によく適応した, 精神的[情緒的]に安定した.

wéll-ádvertised *a* 盛んに宣伝されている.

wéll-advísed *a* 思慮[分別]のある, 慎重な; 熟慮のうえの: You would be ～ to *do*…. …するのが賢明でしょう.

wéll-afféct·ed *a* 好意をもっている, 好感をいだいている 〈*to, toward*〉; 忠実な.

Wél·land Shíp Canàl /wélənd-/ [the] ウェランド運河 (＝**Wélland Canál**)《カナダの, Ontario 湖と Erie 湖を結ぶ運河》.

wéll-appóint·ed *a* 設備の整った, よい家具を備えた, 上等な内装の〈部屋・建物〉.

well·a·way /wèləwéɪ, ⌐－⌐/ 《古》[*joc*] *int* ああ《悲嘆を表わす》. ► *n* 嘆き; 哀悼のことば[詩, 歌, 曲] (lament). [OE *wei lā wei* < *wā lā wā* woe, lo! woe]

wéll-bálanced *a* 釣合いのよい, バランスのとれた; 《精神的に》安定した, 健全な: a ～ diet バランスのとれた食事.

wéll-beháved *a* 行儀[しつけ, 態度]のよい; 〘電算〙〈プログラムが〉行儀のよい《メモリー操作などを OS を介して行ない, ハードウェアを直接制御しない》.

wéll-bé·ing *n* 満足のいく状態, 安寧, 幸福, 福祉.

wéll-belóved /-bɪlʌ́v(ə)d/ *a, n* 心から愛されている[敬愛されている](人): my ～ wife わが最愛の妻.

wéll·bórn *a* 生まれのよい, よい家柄の, よい血筋の.

wéll-bréd *a* 育ちのよい, 上品な; 行儀のよい; 〈馬・犬など〉良種の, 血統のよい.

wéll-búilt *a* 〈建物が〉しっかりした造りの, がんじょうな; 《口》〈人が〉体格のよい, 調和のとれたからだつきの.

wéll càr 〘鉄道〙大物車《台枠中央部を低くした無蓋貨車》.

wéll-chósen *a* 〈語句など〉精選された, 適切な: in a few ～ words 短いが適切なことばで.

wéll-condítioned *a* 行ない[考え]の正しい, 善良な, 道徳的に健全な; 〈身体が〉健康な, 好調な; 〘数〙〈行列が〉良条件の.

wéll-condúct·ed *a* 品行方正な, 行儀のよい; きちんと運営された.

wéll-connéct·ed *a* 有力な親戚[縁故]に恵まれた; うまくつながった, 構成の巧みな.

wéll-contént(·ed) *a* 十分に満足した, 堪能した.

wéll-cóvered *a* 《口》〈人が〉肉づきのいい, 太りぎみの.

wéll·cút *a* 仕立てのよい.

wéll dèck 〘海〙凹甲板《船首楼と船尾楼の間の甲板》.

wéll-defíned *a* 《輪郭などの》はっきりした, 明確な; はっきり述べられた; 〘数〙うまく定義されている, 性質のよい.

wéll-desérved *a* 〈名声・報償・侮辱などが〉受けて[与えられて]当然の, 十分資格のある.

wéll-desígned *a* うまく設計[計画]された.

wéll-devéloped *a* よく発達した〈体・姿〉; 十分に練られた〈案〉.

wéll·dìg·ger *n* [次の成句で]: (**as**) **cold as ～'s ass** *《卑》どえらく冷たくて.

wéll-diréct·ed *a* きちんと方向づけ[指導]された.

wéll-dísciplined *a* よく鍛練された; 規律[規範]にのっとった, 統制のとれた.

wéll-dispósed *a* 気だてのよい; 親切な; 好意的な 〈*to, toward*〉.

wéll-dócument·ed *a* 文書[記録]により十分に立証された, 文書による十分な裏づけのある, 十分に記録がなされている.

wéll-dó·er *n* 《古》善行の人, 徳行家.

wéll-dó·ing *n* 善行, 徳行; 繁栄, 成功. ► *a* 親切な, 徳行の.

wéll-dóne *a* 正しく[巧みに, りっぱに]遂行[処理]された; 〈肉が〉中までよく焼いた, 十分に調理された (cf. RARE[2], MEDIUM).

wéll-dréssed *a* 身なりのきちんとした, りっぱな服を着た; きちんと調えられた.

wéll-drèss·ing *n* 井戸祭り《イングランドの田園地方で Whitsuntide に古くから行なわれた井戸を花で飾る儀式; 清水が豊富に出ることへの感謝を表わす》.

wéll-éarned *a* 自分の力[働き]でかち得た, 当然の報いとしての: a ～ punishment 自業自得.

wéll-éducated *a* 教育のよく行き届いた; 教養のある.

wéll-endówed *a* 資産[資源, 才能など]に恵まれた; 《口》巨根の, 巨乳の.

Wel·ler /wélər/ **1** [Sam ～] (サム・)ウェラー《Dickens の *The Pickwick Papers* に登場する, 太めの Mr. Pickwick に従う, やせて才気煥発な忠僕》. **2** ウェラー **Thomas H**(**uckle**) ～ (1915–2008)《米国の医学者・ウイルス学者; ポリオウイルスの組織培養に成功; ノーベル生理学医学賞 (1954)》.

Wéller·ism *n* 名言[名句]をおもしろおかしく引用すること. [Sam *Weller*]

Welles /wélz/ ウェルズ (**George**) **Orson** ～ (1915–85)《米国の映画俳優・プロデューサー》.

Welles·ley /wélzli/ ウェルズリー (1) **Arthur** ～ ⇨ WELLINGTON (2) **Richard Colley** ～, 1st Marquis ～ (1760–1842)《英国の政治家; インド総督 (1797–1805); Wellington の兄》.

Wéllesley Cóllege ウェルズリー大学《Massachusetts 州 Wellesley にある私立女子大学; 東部の名門女子大学 Seven Sisters の一つ; 1870 年創立》.

wéll-estáblished *a* 基礎のしっかりした; 安定した, 確立[定着]した〈習慣・語法など〉.

wéll-fávored *a* 顔だちのよい, 美貌の. ♦ **～·ness** *n*

wéll-féd *a* 栄養の十分な, 太った.

wéll field 水を豊富に含んだ土地.

wéll-fíxed*《口》*a* 金持ちの, 財産のある; 酔っぱらった, できあがった.

wéll-fórmed *a* 形のよい; 〘文法〙適格な. ♦ **～·ness** *n*

wéll-fóund *a* 十分に装備[準備, 設備]の整った; 《廃》審理の結果[試練を経たうえで]善良と判明した, 推賞に値する.

wéll-fóund·ed *a* 根拠の十分な, ゆるぎない.

wéll-gróomed *a* 〈馬・庭などが〉手入れが行き届いている; 〈人が〉身なりのきちんとした, りゅうとした.

wéll-gróund·ed *a* 基礎がしっかりした, 十分手ほどきをうけた〈*in*〉; 十分な根拠のある.

wéll-grówn *a* 発育のよい.

wéll-hándled *a* 管理[運営]のよい; 〈商品が〉いじりまわされた; 慎重に[手際よく]扱われた.

wéll·hèad *n* 水源, 井戸のある場所; [*fig*] 源泉; 井戸の頭部《ポンプ・雨おおいなど》, 《油井・ガス井の》坑口装置.

wéllhead prìce 《石油・天然ガスの》井戸元(いど もと)価格《油井またはガス井から産出した段階の, 輸送費や貯蔵費を含まない価格》.

wéll-héeled *a* 《口》金持ちの, 富裕な (well-fixed); *《俗》武器を携帯して; *《俗》安全な, 確かな; *《俗》酔っぱらって, すっかりできあがって.

wéll·hòle *n* 井戸穴; 〔建〕階段吹抜け, エレベーター用の縦穴; 平衡錘の上下する穴.

wéll·hòuse *n* 井戸小屋, 井戸屋形.

wéll-húng *a* 〈猟鳥獣肉が〉(食べごろになるまで)十分につるしておかれた; 〈ドア・スカートなど〉うまく吊られた; 〈舌が〉よくまわる; 《俗》巨根の, 巨乳の.

wellie ⇨ WELLY.

wéll-infórmed *a* 博識の, 見聞の広い; 熟知[精通]している〈*about, on*〉; 確かな情報に基づいた: ～ quarters 消息筋.

Wel·ling·ton /wélɪŋtən/ **1** ウェリントン **Arthur Wellesley**, 1st Duke of ～ (1769–1852)《Waterloo で Napoleon 1 世を破り 'the Iron Duke' と呼ばれた英国の将軍・政治家; 首相 (1828–30)》. **2** ウェリントン ⑴ ニュージーランド北島南端の州 ⑵ 同国の首都》. **3** [ˢw-; ᵘ*pl*] ᴴウェリントンブーツ (＝～ **bóot**)《⑴ 前がひざ上までのブーツ ⑵ ブーツ, ゴム長靴》. ★ ⇨ BEEF WELLINGTON. ♦ **Wèl·ling·tó·ni·an** /wèlɪŋtóuniən/ *a* ウェリントン公の. [2 と 3 は 1st Duke of *Wellington* にちなむ]

wel·ling·to·nia /wèlɪŋtóuniə/ *n* 〔植〕セコイアオスギ (BIG TREE). [1st Duke of *Wellington*]

wéll-inténtioned *a* (結果はともかく)善意の, 好意でした, よかれと思ってなされた.

wéll-júdged *a* 判断の正確な, 時宜を得た, 適切な.

wéll-képt *a* 世話[手入れ, 管理]の行き届いた.

wéll-knít *a* 〈体など〉がっしりした, 筋骨たくましい; 体制[組織, 結構]の整った; 理路整然たる.

wéll-knówn *a* 有名な, 周知の, 知名の; よく知られた, 熟知の; 親しい, 見慣れた.

wéll-líking *a* 《古》太ってつやのある, 丸々と健康そうな.

wéll-líned *a* 〈財布が〉たんまりはいっている; 〈胃袋が〉いっぱい詰まっている.

wéll lòg 〔地質〕検層記録(装置).

wéll lògging 〔地質〕検層《坑井などによる地質・鉱物などの調査》.

wéll-lóok·ing *a* GOOD-LOOKING.

wéll-máde *a* 〈体が〉釣合いのとれた; 〈手細工が〉上できの; 〈小説・劇が〉構成のしっかりした[巧みな].

wéll-mán *a* 〈医療機関が〉男性の健康に関する助言・診断を行なう.

wéll-mánnered *a* 行儀のよい; 丁寧な; 趣味のよい.

wéll-márked *a* はっきり識別できる, 際立った.

wéll-mátched *a* 調和した, 似合いの; 好取組の〈試合〉.

wéll-méan·ing *a* (結果はともかく)善意[好意]から出た; 善意の〈人〉.

wéll-méant *a* WELL-INTENTIONED.

wéll-móunt·ed *a* りっぱな馬に乗った.

wéll·ness *n* 健康(であること).

well-nigh /wélnáɪ/ *adv* 《文》ほとんど (almost).

wéll-óff *a* 富裕で, 〈…に〉恵まれて〈*for*〉; 順境にある. ● **You don't know when you're ～.** 恵まれている時にはそう思わないのさ《きみはけっこう恵まれているじゃないか》.

wéll-óiled *a* 順調に機能して, なめらかに動いている; 〈お世辞などが〉口からなめらかに出てくる; 《俗》酔っぱらった; 《俗》饒舌な, 舌がなめらかな.

wéll-órdered *a* よく整頓[整理]された, 秩序立った.

wéll-òrdered sét 〔数〕整列集合.

wéll-órder·ing *n* 統制, 整列; 〔数〕整列集合. ► *a* 秩序立った.

wéll-órdering thèorem 〔数〕整列定理.

wéll-pádded *a* 〈ソファーなど〉十分に詰め物をした; たっぷり詰まった〈*with*〉; 〈人が〉丸々太った.

wéll-páid *a* いい給料を取っている, 給料のいい.

wéll-páy·ing *a* いい給料を払う, 給料のいい.

wéll-pláced *a* 正確にねらいをつけた; よい地位にある; 適当な場所に取り付け[据え付け]られた.

wéll-pléased *a* とても喜んだ, 大満足した.

wéll-pléasing *a* 《古》まことに喜ばしい, 満足な〈*to*〉.

wéll pòint 〔土木〕ウェルポイント《水切り掘削工法の, 穴のあいた鉄管の列》.

wéll-pólished *a* 磨きのかかった; 洗練された.

wéll-presérved *a* 保存のよい; 真新しく見える; 年のわりに若い, 元気な.

wéll-propórtioned *a* よく釣合い[均斉]のとれた.

wéll-réad /-réd/ *a* 多読した, 博覧の, 博識の, 博学な〈*in*〉: ～ *in* French literature フランス文学に造詣の深い.

wéll-régulated *a* よく整った, きちんとした.

wéll-repúted *a* 評判のよい, 好評の.

wéll-róund·ed *a* 丸々とした, ふくよかな, 豊満な; 多才な, 経験豊かな; 円満な, 成熟した, 全人的な; 多彩な, 包括的な, バランスのとれた, 過不足のない.

Wells[1] /wélz/ ウェルズ《イングランド南西部 Somerset 州の都市; 12 世紀の大聖堂がある》.

Wells[2] ウェルズ ⑴ **Henry** ～ (1805–78)《米国の急送便事業家; ⇨ WELLS FARGO》 ⑵ **H**(**erbert**) **G**(**eorge**) ～ (1866–1946)《英国の小説家・著述家; *The Time Machine* (1895), *The Invisible Man* (1897), *The War of the Worlds* (1898), *Kipps* (1905), *Tono-Bungay* (1909), *Ann Veronica* (1909), *The Outline of History* (1920), *The Shape of Things to Come* (1933)》. ♦ **Wélls·ian** *a* ウェルズ(の未来小説)的な.

wéll-séem·ing *a* 見かけ[体裁]のよい.

wéll-séen *a* 《古》熟達[精通]した〈*in*〉.

wéll-sét *a* 正しく[巧みに]据え付けた; しっかりと根をおろした; 〈骨格など〉がっしりした; 均斉のとれた; 〘クリケット〙ボールに体がよくついていきアウトになりそうもない〈打者〉.

wéll-sèt-úp *a* 〈体が〉がっしりした, 均斉のとれた.

Wélls Fárgo ウェルズファーゴ《米国の西部開拓時代の駅馬車による急送便会社; 正式名は Wells, Fargo & Co. (1852 年設立); 創立者は Henry Wells と W. G. Fargo; American Express 社などの前身》.

wéll shrìmp 〔動〕ヨコエビ《地下水や井戸水中にすむ甲殻類》.

wéll sìnker 井戸掘り, 井戸屋.

wells·ite /wélzàɪt/ *n* 〔鉱〕灰重十字沸石. [H. L. *Wells* (1855–1924) 米国の化学者]

wéll-spént *a* 有意義に使われた, 有効に費やされた.

wéll-spóken *a* 用語[ことばづかい]の洗練された[上品な], 気持のよい話し方をする; 〈ことばが〉適切な; ᴴ容認(標準)発音を使う.

wéll·sprìng *n* 水源; 泉; [*fig*]《尽きぬ》源泉.

wéll-stácked *a* 《俗》〈女性が〉豊満な, むっちりとした (stacked).

wéll-súit·ed *a* 適切な, うってつけの, 便利な〈*to*〉.

wéll swèep はねつるべ.

wéll-táken *a* 根拠の確かな, 正当な.

wéll-témpered *a* 〔楽〕平均律の; 〈人・動物が〉気だてのよい, 温厚な; 〈過程・行動が〉しっかり制御された; 〔冶〕《硬度・弾性など》適正に調質された: The *W～-T～* Clavier「平均律クラヴィア曲集」《J. S. Bach 作曲 (Bk I 1722, Bk II 1744)》.

wéll-thóught-òf *a* 評判のよい, 尊敬されている.

wéll-thòught-óut *a* 綿密な, 練り上げた.

wéll-thúmbed *a* 頻繁に手の触れた跡のある, 手あかのついた; 〈本などが〉何度も[繰り返し]読まれた.

wéll-tímbered *a* 〈家・坑道など〉しんばりの十分にかってある; 〈馬など〉がっしりした体格の; 〈土地が〉樹木の茂った.

wéll-tímed *a* 好機をとらえた, 時宜を得た.

wéll-to-dó *a* 裕福な (well-off): the ～ 富裕階級.

wéll-tráveled *a* 旅行経験の豊かな, 旅慣れた; 交通量の多い.

wéll-tríed *a* 多くの[よく]試練に耐えた, よく吟味された; 〈人が〉話し方も話の内容もきちんとしている.

wéll-tródden *a* 〈道など〉よく踏まれた, 人のよく通う; すでにやり[議論し]つくされた.

wéll-túrned *a* 〈脚など〉均斉のとれた, 姿[形]のよい; うまく表現された; うまく丸味をつけた.

wéll-tùrned-óut *a* 身なりのよい, スマートな.

wéll-uphólstered *a* 〈椅子・ソファーが〉詰め物がたくさんはいった; 《口》[*joc*]〈人が〉肉づきのいい, 太った.

wéll-wísh *n* 好意.

wéll-wìsh·er /, ─ ´─ ─/ *n* 人[事]の幸い[成功]を祈る人, よかれと願う人, 好意を寄せる人; 篤志家, 有志. ♦ **wéll-wìsh·ing** *a, n* 成功[幸福]を祈る(こと[挨拶]).

wéll-wóman *a* 〈医療機関が〉女性の健康に関する助言・診断を行なう. ► *n* ウェルウーマン《予防・健康増進のために積極的に各種検診・健康教育などを受ける女性》.

wéll-wórn *a* 使い古した, すりきれた; 陳腐な, 月並みの; 〈勲章などが〉正しく着用された.

wel·ly, -lie /wéli/ *n* **1** [ᵘ*pl*] ᴴ《口》ウェリントンブーツ (Wellington boot). **2** ᴴ《俗》蹴り, キック; ᴴ《俗》加速, 力, 勢い. ● **Give it some ～.** もっとがんばれ, もっともっと. ► *vt* ᴴ《俗》…に蹴りを入れる.

wels /wélz/ *n* 〔魚〕SHEATFISH. [G]

Wels /*G* véls/ ヴェルス《オーストリア中北部 Upper Austria 州の市》.

Wels·bach /wélzbæ̀k, -bɑ̀:k/ 〔商標〕ウェルズバハ《酸化トリウムと酸化セリウムの混合物を付着させたマントルを加熱し白熱光を得るためのバーナーあるいはそのマントルの商品名》. [Carl Auer, Freiherr von *Welsbach* (1858–1929) オーストリアの化学者, その発明者]

welsh, welch /wélʃ, -ʧ; wélʃ/ 《俗》*vi* 〔競馬〕胴元が人に配当金を払わずにずらかる; 〈人との〉約束を破る〈*on*〉; 〈約束を〉破る, 〈義務

W

を>怠る, 〈借金を〉踏み倒す 〈on〉. ► n 《義務の》不履行; 《賭け事の借金の》踏み倒し. ♦ ~·er n [C19<?]
Welsh, Welch a ウェールズ (Wales) の; ウェールズ人[語]の. ► n [the, 〈pl〉] ウェールズ人; ウェールズ語 《Celtic 諸語の一つ》; 《牛・豚の》ウェールズ種; WELSH PONY. ♦ ~·ness n ウェールズ人気質, ウェールズ的性格[特性]. [OE *Welisc*, *Wælisc* foreign<Gmc (G *welsch*)<L *Volcae* ケルト族の名]
Wélsh Assémbly [the] ウェールズ国民議会《1999 年に中央政府から権限委譲を受けて成立; 限定的ながら立法権も有する》.
Wélsh bláck 〘牛〙 ウェルシュブラック《ウェールズ原産の肉用・乳用に飼育される黒色・長角の牛》.
Wélsh cób 〘馬〙 ウェルシュコブ《ウェールズ原産の中型短脚馬》.
Wélsh córgi 〘犬〙 ウェルシュコーギー《ウェールズ産の顔がキツネに似た短脚で胴長の犬; ⇨ CARDIGAN WELSH CORGI, PEMBROKE WELSH CORGI》.
Wélsh dresser″ ウェルシュドレッサー《上部が戸のない浅い棚になった食器戸棚》.
Wélsh Guárds pl [the] 〘英〙 近衛歩兵第五連隊《1915 年 Scots, Irish に続き連合王国の構成国名を冠した連隊として設立; 5 個一組のボタンに白と緑の羽根飾りをつける; ⇨ FOOT GUARDS》.
Wélsh hárp ウェルシュハープ《3 列の弦を有する》.
Wélsh lámb ウェールズ山地産の子羊の肉.
Wélsh·man /-mən/ n (pl **-men**) ウェールズ人.
Wélsh móuntain 〘羊〙 ウェルシュマウンテン《ウェールズの山地原産の小型・がんじょうで肉質にすぐれた高地種》.
Wélsh móuntain pòny 〘馬〙 ウェルシュマウンテンポニー《ウェールズの山地原産の小型・がんじょうで優美なポニー》.
Wélsh móuntain shèep ウェルシュマウンテン種 (Welsh mountain) の羊.
Wélsh mútton ウェールズ山地産の小型の羊の肉.
Wélsh Nátionalist Pàrty [the] ウェールズ民族党 (PLAID CYMRU の英語名).
W
Wélsh Nátional Ópera ウェルシュ・ナショナル・オペラ《ウェールズの Cardiff を本拠とする歌劇団; 1943 年設立, 50 年完全プロ化; 略 WNO》.
Wélsh Òffice [the] 〘英〙 ウェールズ省《ウェールズにおける行政一般をつかさどった英国政府の機関 (1965-99)》.
Wélsh ónion 〘植〙 ネギ.
Wélsh póny 〘馬〙 ウェルシュポニー《きわめて小型でがんじょう》, 《特に》 WELSH MOUNTAIN PONY.
Welsh·pool /wélʃpùːl/ ウェルシュプール《ウェールズ東部 Powys 州北東部, Severn 川沿岸の町》.
Wélsh póppy 〘植〙 セイヨウメコノプシス《欧州西部原産の淡黄色の花をつけるケシ科の多年草》.
Wélsh rábbit [rárebit] チーズトースト《チーズをあぶるか溶かすかして, しばしばビール・ミルク・卵などを混ぜ, 香辛料を加えて, トーストにかけたもの》; そのチーズ.
Wélsh rúnt 〘牛〙 ウェルシュラント《ウェールズ種の小牛》.
Wélsh springer spániel 〘犬〙 ウェルシュスプリンガースパニエル《ウェールズ原産の耳の小さい springer spaniel》.
Wélsh térrier 〘犬〙 ウェルシュテリア《ウェールズ産のキツネ・アナグマなどの猟犬・愛玩犬》.
Wélsh Wáter 〘英〙 ウェルシュ水道(社)《ウェールズの上下水道の管理を行なっている会社》.
Wélsh·wòman n ウェールズ女性.
welt /wélt/ n 細革, ウェルト《(1) 靴の底革と甲革とをつなぐ細い革 (2) 衣服の縁かがり[飾り]》; むち跡, みみずばれ; 《打ち跡の残る》強打, 一撃. ► vt …に細革[ウェルト, 当てぎれ, 縁飾り]を付ける; …にみみずばれをつくる; 《口》《むち・棒で》強く打つ[なぐる]. [ME<?; cf. OE *wælt* (thigh) sinew]
Welt /vélt/ n **1** 世界 (world). **2** [Die ~] 『ヴェルト』《ドイツの全国紙; Hamburg で英占領軍によって創刊 (1946)》.
welt·an·schau·ung /véltaːnʃàuəŋ, -tən-/ n [°W-] (pl **~s, ~·en** /-ən/) 世界観, 人生観, 社会観. [G]
Welt·an·sicht /G véltanzɪçt/ n 世界観.
Welt·bild /G véltbɪlt/ n 世界像, 世界観.
wel·ter[1] /wéltər/ vi **1** ころがる, ころげまわる (wallow) 〈in mud〉; のたうつ, まみれる 〈in blood〉; 浸る, つかる, ふける 〈in sin, pleasures, work〉; 《方》よろめく. **2** 〈波が〉うねる, 逆巻く; 〈船が〉波間に揺れる; 混乱する. ► n ころげまわること; うねり, 逆巻き; 混乱, ごったがえし: a ~ of toys 散らかったおもちゃ. [MDu, MLG *welteren* to roll]
welter[2] n 平均体重以上の騎手, ウェルター級のボクサー (=*welterweight*); 特別重量 (28 ポンド) 負担の(障害)競馬 (=~ **ràce**); 《口》強打, 猛烈パンチ; 《口》並はずれて重い[大きい]もの[人]. [C19<?; *welt* からか]
wélter·wèight n 〘競馬〙 平均体重以上の騎手; 《障害競馬で》基定馬齢重量のほかに課する 28 ポンド; ウェルター級のボクサー (⇨ BOXING WEIGHTS).
Welt·po·li·tik /G véltpolitiːk/ n 世界政策.
Welt·schmerz /G véltʃmɛrts/ n 世界苦, 悲観的世界観, 厭世; 感傷的悲観論.
wélt sèam 〘裁縫〙 伏せ縫い.
Wel·ty /wélti/ ウェルティー **Eudora** ~ (1909-2001)《米国の(短篇)作家》.
wel·witsch·ia /wɛlwítʃiə/ n 〘植〙 ウェルウィッチア, サバクオモト, 〘園〙 奇想天外《高さ 1 フィートに満たない大径の幹の両側に 1 枚ずつ葉を伸ばす, アフリカ南西部の Namib 砂漠に生える裸子植物》. [F. M. J. *Welwitsch* (1807-72) オーストリア生まれのポルトガルの植物学者]
Wél·wyn Gárden Cíty /wélən-/ ウェリンガーデンシティー《イングランド南東部 Hertfordshire の町; 都市と田園双方の良さを兼ね備えるべく設計された NEW TOWN; 1948 年完成》.
Wem·bley /wémbli/ ウェンブリー《(1) Greater London の Brent の一地区 (2) 同地区にある国設スポーツ競技場 (=~ **Stádium**); 1923 年開設》.
wen[1] /wén/ n **1** 《頭皮下などの》表皮胞, 皮脂嚢胞; 《古》甲状腺腫; 《廃》こぶ, はれもの. **2** 異常にふくれあがった都市: GREAT WEN. [OE *wen(n)*<?; cf. Du *wen*, LG *wehne* tumor]
wen[2] n ウェン《古英語で用いられたルーン文字 ƿ の字母名; 近代英語の w に相当; þ (=thorn) とは別》. [OE (変形)〈*wyn* joy]
Wen·ces·la(u)s /wénsəslɔ̀ːs, -ləs/ **1** ヴェンツェスラス (1361-1419)《神聖ローマ皇帝 (1378-1400), ~ **IV** としてボヘミア王 (1378-1419)》. **2** [Saint] 聖ヴェンツェスラス, 聖ヴァーツラフ (=Good King ~) (c. 907-929)《ボヘミアの大公 (c. 921-929); ボヘミアの守護聖人, 祝日 9 月 28 日; 通称を Good King Wenceslaus といい, この名称のクリスマスキャロルに歌われる》.
wench /wéntʃ/ n 娘 (girl), 女, 女の子; 《俗》健康で快活な娘っ子; 《やや古》《特に》女中, 田舎娘, 下層民[黒人]の女; 《古》ふしだらな女, 娼婦. ► vi 《古》娼婦[淫婦]と交わる, 私通[密通]する. ♦ ~·er n 《古》遊里の客. [ME *wenchel*<OE *wencel* child; cf. OE *wancol* weak]
Wenchow, Wen-chou 温州 (⇨ WENZHOU).
wen·chy /wéntʃi/, **when·chy** /(h)wén-/ a*《俗》意地の悪い (bitchy), 気むずかしい, ふてくされた, つんけんした, つっかかる (snotty).
wend /wénd/ v (~·**ed**, 《古》**went** /wént/) 《文》vt 向ける, 進める. ● ~ one's way (ゆっくりと)進む, 行く, 去る. ► vi 《古》進む, 行く. ★ WENT は今は GO[1] の過去形に代用されている. [OE *wendan* to turn (caus)<Gmc***windan* to WIND[2]; cf. G *wenden*]
Wend /wénd/ n ヴェンド族《もとドイツの北東部に, 今は東 Saxony に住むスラヴ民族》.
Wen·dell /wéndl/ ウェンデル《男子名》. [Gmc=wanderer]
wen·di·go /wéndəgòu/ n WINDIGO.
Wénd·ish, Wénd·ic n, a ヴェンド語[族](の).
Wen·dy /wéndi/ **1** ウェンディー《女子名》. **2** ウェンディー (PETER PAN の登場人物; Darling 家の長女で, 2 人の弟と共に Peter から Never-Never Land に誘われ, さまざまな冒険を経験する). [Welsh =white-browed; ?(dim)〈*Gwendolyn*]
Wéndy hòuse″《中にはいって遊ぶための》子供[おもちゃ]の家.
Wen Jia·bao /wʌ́n dʒjáː báu/ 温家宝(おんかほう)(ウエンチアパオ) (1942-) 《中国の政治家; 首相 (2003-)》.
wén·ny a こぶのような; こぶのある, こぶのできた.
Wens·ley·dale /wénzlidèɪl/ n ウェンズレーデール《(1) イングランド Yorkshire 産の, 熟成前の白チーズまたは熟成した青みをおびた軟質チーズの一種 (2) Yorkshire 原産の, 毛の長い角なし羊》. [North Yorkshire の一地方の名]
went v GO[1] の過去形; 《古》WEND の過去・過去分詞.
wen·tle·trap /wént(ə)ltræ̀p/ n 〘貝〙 イトカケガイ (=*staircase shell*). [Du]
Went·worth /wéntwərθ/ ウェントワース (1) **Thomas** ~, 1st Earl of Strafford (1593-1641)《Charles 1 世の顧問官としてその専制政治を強力に進めた政治家; Long Parliament で弾劾され処刑された》 (2) **W(illiam) C(harles)** ~ (1793-1872)《オーストラリアの政治家・探検家》.
Wéntworth scále [the] 〘地質〙 ウェントワース式尺度《堆積物を構成する粒子の粒度を表わす尺度; 直径 1/256 mm 未満から 256 mm を超える大きさまでの区分がある》. [C. K. *Wentworth* (1891-1969) 米国の地質学者]
Wen·zel /G véntsl/ ヴェンツェル (WENCESLAUS のドイツ語名).
Wen·zhou /wʌ́ndʒóu/, **Wen-chou, Wen·chow** /; wéntʃáu/ 温州(おんしゅう)(ウエンチョウ) 《中国浙江省南東部の市; 旧称永嘉 (Yongjia)》.
wept v WEEP[1] の過去・過去分詞.
wer, were[1] /wɔ́ːr, wéər, wíər/ n WERGILD.
we're /wɪər, wɔ̀ːr, wìːər/ we are の短縮形.
were[2] /wər, wɔ́ːr/ v BE の複数過去形または二人称単数過去形《仮定法の場合には単数または複数》. ● ~ **it not for**... もし…がなかったら.
were·n't /wɔ́ːrnt, *wɔ́ːrənt/ were not の短縮形.
were·wolf, wer·wolf /wíərwùlf, wéər-, wɔ́ːr-/ n (pl **-wolves** /-wùlvz/) オオカミになった[変身することのできる]人間, 狼男, 狼憑き (cf. LYCANTHROPY); (狼人間のように)残忍な人. [OE *werewulf* man wolf (*wer* man; cf. VIRILE)]

werf /vέərf/ *n* 《南ア》 農家の庭. [Afrik]
Wer·fel /*G* vέrfl/ ヴェルフェル **Franz** ～ (1890–1945)《Prague 生まれのドイツの作家・劇作家・詩人》.
wer·gild, were·gild /wə́:rgìld, wέər-/, **-geld** /-gèld/ *n* 〖古英法〗 贖罪(しょくざい)金[人命金](の基準として身分別に定めた人命の価値). [OE *wergeld* (*wer* man, *gield* tribute)]
Wer·ner /wə́:rnər/ **1** ワーナー《男子名》. **2** / ; *G* vέrnər/ ヴェルナー (1) **Abraham Gottlob** ～ (1750–1817)《Silesia 生まれのドイツの鉱物学者》 (2) **Alfred** ～ (1866–1919)《スイスの化学者; 配位説を提唱して錯体化学を体系化した ノーベル化学賞 (1913)》. [Gmc =army of the Varini]
wer·ner·ite /wə́:rnəràɪt/ *n* 〖鉱〗 ウェルネライト (SCAPOLITE). [A. G. *Werner*]
Wér·ner('s) sýndrome /wə́:rnərz-, vέər-/ 〖医〗 ウェルナー症候群《早老を特徴とするまれな遺伝性疾患で, 低身長・白内障・骨粗鬆(こつそしょう)症・性腺機能低下などを伴う》. [Otto *Werner* (1879–1936) ドイツの医師]
Wér·nicke-Kórsakoff sỳndrome /vέərnɪkə-/ 〖医〗 ウェルニッケ-コルサコフ症候群《意識障害・眼筋麻痺・小脳性運動失調・記銘障害・作話などを特徴とする; チアミンの欠乏により生じ, アルコール中毒者に多い》. [Carl *Wernicke* (1848–1905) ドイツの神経科医; ⇨ KORSAKOFF'S PSYCHOSIS]
Wérnicke's àrea 〖解〗 ウェルニッケ野, ウェルニッケ中枢, 感覚性言語中枢《脳の左後頭葉で言語理解に重要な役割を果たす領域》.
Wer·ra /vέrə/ [the] ヴェラ川《ドイツ中部を北流する川; Weser 川の支流》.
wersh /wə́:rʃ, wέrʃ/ 《スコ・北イング》 *a* 味のない, まずい; 酸っぱい, にがい. [*wearish* (dial)]
wert /wərt, wə́:rt/ *vi* 《古》 主語が thou の時の BE の二人称単数の過去形直説法および仮定法.
Wert·frei·heit /vέərtfràɪhàɪt/ *n* [ᵒw-]《価値観にとらわれない》客観性, 自由なものの見方. [G *Wert* worth, *Freiheit* freedom]
Wer·t(h)e·ri·an /vεərtíəriən/ *a* ヴェルテル的な, 病的に感傷的な. [↓]
Wer·ther·ism /vέərtərìz(ə)m/ *n* ヴェルテル的な性質[感傷], 病的感傷(性). [Goethe, *Die Leiden des Jungen Werthers* (若きヴェルテルの悩み)]
werwolf ⇨ WEREWOLF.
We·sak /véɪsɑ̀:k; vésæk/ *n* VESAK.
We·ser /véɪzər, wí:-/ [the] ヴェーザー川《ドイツ北西部を流れて北海に注ぐ》.
Wes·ker /wéskər/ ウェスカー **Arnold** ～ (1932–)《英国の劇作家; *Roots* (1959), *Chips with Everything* (1962)》.
wes·kit /wéskət/ *n* チョッキ (vest)《特に女性用の》. [*waistcoat*]
Wes·ley /wésli, wéz-/ **1** ウェスリー, ウェズリー《男子名》. **2** ウェスリー (1) **Charles** ～ (1707–88)《英国のメソジスト派説教者・賛美歌作者》 (2) **John** ～ (1703–91)《英国の神学者で, Methodism の創始者; Charles の兄》. [OE=west field]
Wésley·an *a* ウェスリー派[主義]の. ► *n* METHODIST, 《特に》ウェスリー派[主義]の人. ♦ **～·ism** *n* メソジスト派の教義[礼拝] (Methodism), ウェスリー主義.
wes·sand /wí:z(ə)nd/ *n* 《スコ》 WEASAND.
Wes·sex /wésɪks/ ウェセックス (1) イングランドの南西部にあった Anglo-Saxon 王国, ☆Winchester; ⇨ HEPTARCHY 2) Hardy が小説の背景として設定した現在の Dorset 地方》. [OE *Westseaxe* West Saxon]
Wes·si /wési, vési/ *n* 旧西ドイツ国民. [*Westdeutsche*]
west /wést/ 《ここにない成句・用例については NORTH を参照》 *n* **1** [ᵘthe] 西, 西方《略 W, W.》. **2 a** [ᵘthe W-]《ある地域の》西部地方[地域], 西部 (HESPERIAN, OCCIDENTAL *a*). **b** [the W-] 西洋, 西欧, 欧米. **c** [the W-]《共産圏に対して》西側(諸国). **d** [the W-] *西部《Mississippi 川以西, 特にその北西部の地方; かつては Allegheny 山脈以西の地方》. **e** [W-]〖史〗 西ローマ帝国. **3 a**《教会堂の》西(側) (cf. EAST). **b** [ᵒW-]《ブリッジなどで》西の座(の人) (cf. SOUTH). **c** [ᵒW-]《図上の》西, 左(側). **4** 《詩》 西風 (cf. ZEPHYR). ► *a* **1 a** 西(へ)の, 西にある, 西に面した; 《教会堂の》西側の, 祭壇と反対側の: the ～ door 教会の正面玄関. **b** [W-] 西部の. **2** 〈風が〉西からの. ► *adv* 西へ[に]; 《まれ》 西から: EAST and ～. ● **go ～** 西に行く; アメリカに渡る; [go W-] *西部へ行く; 《口》 死ぬ, つぶれる, だめになる, なくなる, ふいになる: *Go* ～, young man. 若者よ西部へ行け《新天地を求めよ; 19 世紀米国の西部開拓時代の標語; ⇨ Horace GREELEY》. **out W～** *《東部から(みて)》西部へ[で, に]. ► *vi* 西進する; 西に方向転換する. [OE; cf. G *West*, L VESTER]
West ウェスト (1) **Benjamin** ～ (1738–1820)《1763 年以降英国で活躍した米国の画家》 (2) **Mae** ～ (1892 or 93–1980)《米国のグラマー女優; cf. MAE WEST》 (3) **Nathanael** ～ (1903–40)《米国のユダヤ系作家》 (4) Dame **Rebecca** ～ (1892–1983)《英国のジャーナリスト・批評家・小説家; 本名 Cicily Isabel Fairfield》 (5) **Thomas** ～ ⇨ DE LA WARR.
wést·abòut *adv* 西方へ.
Wést África 西アフリカ《アフリカの Sahara 砂漠と Guinea 湾の間で, 東境をほぼカメルーンの東側国境とする地域》. ♦ **Wést Áfrican** *a, n*
Wést Antárctica 西南極大陸《南極横断山地によって東西に分かれる南極大陸の西半球側に属する部分; 南極半島が延びている》.
Wést Atlántic 1 [the] 西大西洋《特に 北大西洋の北米大陸寄りの海域》. **2** ウェストアトランティック語群[語派]《Niger-Congo 語族に属しセネガル・ギニア・ナイジェリア北部など西アフリカで用いられる諸語》.
Wést Bánk [the] ヨルダン川西岸地区《1967 年の Six-Day War でイスラエルが占領した旧ヨルダン領》. ♦ **Wést Bánk·er** *n*
Wést Bengál [the] 西ベンガル《インド北東部の州; ☆Kolkata》.
Wést Berlín 西ベルリン《Berlin 市の西半分; 1940 年以降米英仏が共同管理し, 戦後は西ドイツの一州をなしたが, 90 年 East Berlin と統合した》. ♦ **Wést Berlín·er** *n*
Wést Béskids *pl* [the] 西ベスキディ山脈 (⇨ BESKIDS).
wést·bòund *a* 西行きの, 西向けの, 西回りの.
Wést Bróm·wich /-brʌ́mɪʤ, -brám-, -ʧ/ ウェストブラミッジ《イングランド中部 West Midlands 州の市》.
wést by nórth *n* 西微北《西から 11°15′ 北寄り; 略 WbN》. ► *a, adv* 西微北に(ある)[から(の), へ(の)].
wést by sóuth *n* 西微南《西から 11°15′ 南寄り; 略 WbS》. ► *a, adv* 西微南に(ある)[から(の), へ(の)].
Wést Céntral [the]《London の》中央西部郵便区《略 WC》.
Wést Cóast [the]《米国の》西海岸, ウェストコースト《太平洋岸》; 〖ジャズ〗 WEST COAST JAZZ の音楽家[曲風, 特徴].
Wést Cóast jàzz ウェストコーストジャズ《1940 年代末から 50 年代初頭にかけて米国西海岸ではやった知的でクールなジャズ》.
Wést·cott Hóuse /wés(t)kət-/ ウェス(ト)コットハウス《Cambridge 大学の神学カレッジ》.
Wést Cóuntry [the]〖英〗 西部地方《イングランドの南西部地方, 特に Cornwall, Devon, Somerset 3 州からなる地域》. ♦ **wést-cóuntry** *a* 西部地方の[から来た]. **wést cóuntryman** *n*
Wést Énd [the] ウェストエンド《London の中央部西よりの地域; 富豪の邸宅が多く, また大商店・劇場・公園などがある; cf. EAST END》; ᵘ《市の》西部.
west·er /wéstər/ *vi* 西に行く, 西に向かう; 〈天体が〉西に進む[傾く]; 西に曲がる, 西向きになる. ► *n* 西風, 西寄りの風, 《特に》西から吹く強風[暴風].
wéster·ing *a* 西に向かう, 西に傾く《通例 太陽にいう》.
west·er·ly /wéstərli/ *a* 西寄りの; 西方への; 西からの. ► *adv* 西の方へ; 西の方から. ► *n* 西風, [*pl*] 偏西風.
Wes·ter·marck /wéstərmɑ̀:rk/ ウェスターマーク **Edward Alexander** ～ (1862–1939)《フィンランドの哲学者・人類学者》.
west·ern /wéstərn/ *a* **1** 西(へ)の[にある], 西に面した; 西から吹く. **2** [W-] 西洋の, 西欧の, 《共産圏に対し》西側の; [W-] *西部(諸州)の: the ～ front 西部戦線《第一次大戦で》/ the *W*～ civilization 西洋文明 / the *W*～ States 《米国の》西部諸州. **3** [W-] 西方[ローマ, プロテスタント]教会の. **4** 傾く, 衰える. ► *n* 西部の人; 西欧人; [ᵒW-] 西部もの, ウェスタン《カウボーイなどの活躍する米国映画・劇および物語》; WESTERN OMELET; WESTERN SANDWICH. [OE *westerne* (WEST, -*ern*)]
Wéstern Abnáki 西アブナキ語《初め New Hampshire および Maine 州 西部, のち Quebec 州南部で使用された東 Algonquian 諸語の言語》.
Wéstern Austrália ウェスタンオーストラリア《オーストラリア西部の, インド洋に面する州; ☆Perth》.
Wéstern blót 〖生化〗 ウェスタンブロット《タンパク質を固定したニトロセルロースシート (blot); 抗体の検出に用いる》. ♦ **Wéstern blótting** ウェスタンブロット法. [SOUTHERN BLOT をもじった命名]
Wéstern Cánada gòose 〖鳥〗 WHITE-CHEEKED GOOSE.
Wéstern Cápe 西ケープ, ウェスタンケープ《南アフリカ共和国南西部の州; ☆ Cape Town》.
wéstern catálpa 〖植〗 ハナキササゲ, オオアメリカキササゲ, 《俗に》黄金樹《北米原産; ノウゼンカズラ科》.
Wéstern Chúrch [the] 西方教会 (cf. EASTERN CHURCH) (1) ローマカトリック教会, 広義には 西ヨーロッパのキリスト教会 2) 西ローマ帝国およびその影響をうけた国々のキリスト教会》.
wéstern díamondback (ráttlesnake) 〖動〗 ニシダイヤガラガラヘビ《米国南西部およびメキシコの乾燥地帯産の大型・猛毒のヘビ》.
Wéstern Dvína [the] 西ドヴィナ川 (⇨ DVINA).
Wéstern Émpire [the] WESTERN ROMAN EMPIRE.
wéstern·er *n* 西部地方の人, [W-] 米国西部(諸州)の人; 西洋人; 西洋の思想と生活を信奉する人; [W-] 西側(諸国)の政策[思想]の支持者; 西欧人《スラヴ族を除く欧州人》.
Wéstern Européan Únion [the] 西欧同盟《1948 年に設立された英国・フランス・ベルギー・オランダ・ルクセンブルクによる五国同盟 (Western Union) に, 54 年西ドイツ・イタリアが加わって成立した地域的集団自衛機構; 1989 年スペイン・ポルトガル, 92 年ギリシアが加盟; 略 WEU》.
Wéstern Frónt [the] 西部戦線《第一次大戦におけるドイツ西

W

方の戦線; 1914 年ドイツ軍の侵攻以来 4 年にわたって膠着状態が続いた》.

Wéstern Gháts *pl* [the] 西ガーツ山脈《インドの, Deccan 高原西縁を走る山脈; cf. EASTERN GHATS》.

wéstern grébe 〘鳥〙 クビナガ[アメリカ]カイツブリ《北米西部産, カイツブリ科最大》.

Wéstern Hémisphere [the] 西半球《南北アメリカを含む》.

wéstern hémlock 〘植〙 アメリカツガ《建築・パルプ用材; ベイツガ(米栂)の名で日本に輸入される》.

Wéstern Íslands *pl* [the] HEBRIDES.

Wéstern Ísles [the] ウェスタンアイルズ《(1) スコットランドの参事会地域; Outer Hebrides 諸島からなる; ☆Stornoway (2) WESTERN ISLANDS》.

wéstern·ìsm *n* [°W-] 《特に 米国の》西部地方特有の話法[語法, 発音]; 西欧人的特徴; 西洋の思想[制度]; 西洋技術[伝統]の信奉.

wéstern·ìze [°W-] *vt* 西洋風にする, 欧化させる; (米国)西部風にする. ► *vi* 西洋風になる. ♦ **-ìz·er** *n* [°W-] **wèstern·izá·tion** *n* [°W-]

wéstern lárch 〘植〙 セイブカラマツ《北米西部原産; 材は重要な用材》.

wéstern·mòst *a* 最も西の, (最)西端の.

Wéstern Ócean ATLANTIC OCEAN の古称.

wéstern ómelet ウェスタンオムレツ (=*Denver omelet*)《さいの目切りのハムとピーマン・タマネギの入ったオムレツ》.

wéstern páper bìrch 〘植〙 北米西部原産のカバノキ属の一種《樹皮は帯褐色》.

wéstern réd cédar 〘植〙 ベイスギ (RED CEDAR).

Wéstern Resérve [the] 西部保留地《Ohio 州北東部 Erie 湖南岸の地域; 1800 年 Connecticut 州から Ohio 州に移譲》.

wéstern róll 〘走り高跳び〙 ウェスタンロール《バーから遠い方の脚をまず上げ, 体をバーと平行にして跳び越す》.

W **Wéstern Róman Émpire** [the] 〘史〙 西ローマ帝国 (395–476)《☆Rome; cf. HOLY ROMAN EMPIRE》.

wéstern sáddle [°W-] STOCK SADDLE.

Wéstern Sahára 西サハラ《アフリカ北西部, モロッコの南に隣接する地域, 旧スペイン領サハラ (Spanish Sahara); cf. SAHARA ARAB DEMOCRATIC REPUBLIC》. ♦ **Wéstern Sáharan** *a*

Wéstern Samóa 西サモア《SAMOA 国の旧称》.

wéstern sándpiper 〘鳥〙 ヒメハマシギ《北米・南米で越冬》.

wéstern sándwich ウェスタンサンドイッチ (=*Denver sandwich*)《WESTERN OMELET をはさんだサンドイッチ》.

wéstern swíng 〘楽〙 ウェスタンスウィング《ギター・フィドル・スチールギターなどカントリーミュージックの楽器で演奏されるスウィング》.

wéstern tánager 〘鳥〙 ニシフウキンチョウ《雄は黒・黄・橙赤色; 北米西部産》.

Wéstern Thráce 西トラキア (⇨ THRACE).

Wéstern Turkestán 西トゥルケスタン (RUSSIAN TURKESTAN).

Wéstern Únion [the] 西欧五国同盟 (⇨ WESTERN EUROPEAN UNION).

Wéstern Wáll [the] 歎きの壁 (Wailing Wall).

Wéstern whíte [yéllow] píne 〘植〙 PONDEROSA PINE.

wéstern X-disèase /-éks-/ 〘植〙 西部 X 病《米国北西部およびカナダの隣接地域にみられる X-disease ウイルスによるモモ・サクランボなどの病気》.

wéstern yéw 〘植〙 PACIFIC YEW.

Westfalen ⇨ WESTPHALIA.

Wést Flánders 西フランドル《ベルギー北西部の, 北海に臨む州; ☆Bruges》.

Wést Frísian Íslands *pl* [the] 西フリジア諸島 (⇨ FRISIAN ISLANDS).

Wést Germánic 〘言〙 西ゲルマン語《High German, Low German, Dutch, Frisian, English など; ⇨ GERMANIC》.

Wést Gérmany 西ドイツ《公式名 Federal Republic of Germany (ドイツ連邦共和国); ☆Bonn; ⇨ GERMANY》. ♦ **Wést Gérman** *a, n*

Wést Glamórgan ウェストグラモーガン《ウェールズ南部の旧州 (1974–96); ☆Swansea》.

Wést Hám /-hǽm/ **1** ウェストハム《イングランド南東部 Essex 州の旧 county borough; 現在 Newham の一部》. **2** WEST HAM UNITED.

Wést Hám Uníted ウェストハム・ユナイテッド《London の Upton Park に本拠地を置くプロサッカーチーム; 1900 年結成》.

West·hei·mer /wésthàɪmər/ ウェストハイマー (**Karola**) **Ruth** (**Siegel**) ～ (1928–)《ドイツ生まれの米国の性科学者・心理学者; 性生活カウンセリング番組に Dr. Ruth の愛称で出演》.

Wést Híghland 〘牛〙 ウェストハイランド (KYLOE).

Wést Híghland (**whíte**) **térrier** 〘犬〙 ウェストハイランド(ホワイト)テリア (=*Westie*)《スコットランドで作出された白色で毛の長い小型犬》.

West·ie /wésti/ *n* WEST HIGHLAND WHITE TERRIER.

Wést Índian *a, n* 西インド諸島[連邦]の(住民).

Wést Índian chérry 〘植〙 BARBADOS CHERRY.

Wést Índian córkwood バルサ材 (balsa).

Wést Índies *pl* **1** [the] 西インド諸島《南北アメリカ間の, カリブ海を囲む諸島で, Greater Antilles, Lesser Antilles および Bahamas からなる; cf. EAST INDIES》. **2** 西インド連邦 (=the **Federátion of Wést Índies** or **Wést Índies Federátion**)《カリブ海の英領の島々による連邦 (1958–62)》.

Wést Índies Assóciated Státes *pl* [the] 英領西インド連合州《1967 年英国から連合州の地位 (associated statehood) を与えられた西インド諸島の旧英国直轄植民地 Antigua, Dominica, Grenada, St. Kitts-Nevis-Anguilla, St. Lucia; のち St. Vincent が加わったが, その後は独立が続いている》.

wést·ing *n* 〘海〙 偏西[西航]航程; 西行, 西進.

Wes·ting·house /wéstɪŋhàʊs/ ウェスティングハウス **George** ～ (1846–1914)《米国の工業技術者・発明家; 電力輸送における交流方式導入に貢献》.

Wéstinghouse bráke ウェスティングハウスブレーキ《George Westinghouse が発明した圧縮空気を利用するブレーキ》.

Wést Irián 西イリアン《インドネシア PAPUA 州の旧英語名》.

West·land /wés(t)lənd/ ウェストランド《(1) ニュージーランド南島南西部の地方 (2) Michigan 州南東部 Detroit 西方の市》.

west·lin /wéstlən/ *a* 《スコ》 WESTERLY.

Wést Lóthian ウェストロジアン《スコットランド南東部の参事会地域; ☆Livingston; もと Lothian 州の一部》.

Wést Maláysia 西マレーシア《マレーシアのうち Malay 半島の部分》.

Wést·man Íslands *pl* /wéstmən-/ [the] ウェストマン諸島《VESTMANNAEYJAR の英語名》.

West·meath /wɛs(t)míːð, -θ/ ウェストミーズ《アイルランド中部の県; ☆Mullingar》.

Wést Mídlands ウェストミッドランズ《イングランド中西部の metropolitan county; Birmingham などが含まれる》.

West·min·ster /wés(t)mìnstər/ **1 a** ウェストミンスター (=the **City of** ～)《London boroughs の一つ; 国会議事堂・Buckingham 宮殿・諸官庁および上流住宅地がある》. **b** 英国国会議事堂 (Palace of Westminster); 議会政治: at ～ "議会で. **2** WESTMINSTER ABBEY; バッキンガム宮殿. **3 a** ウェストミンスター校 (=**Wéstminster Schóol**)《Westminster Abbey の付属 public school》. **b** ウェストミンスター校の出身者[在学生].

Wéstminster Ábbey **1** ウェストミンスターアビー《London の Westminster 区にあるゴシック式建築の教会堂, 正式名 the Collegiate Church of St. Peter in Westminster; 歴代国王の戴冠式・葬儀や偉大な市民の国葬が行なわれる教会; 7 世紀ごろの教会跡に造られたベネディクト派の修道院 (1050–65) に始まり, 13–15 世紀の造改築で今日に至る》. **2** 《同教会に国葬にされるほどの》名誉の死.

Wéstminster Cathédral ウェストミンスター大聖堂《英国カトリック教の大本山で Westminster Abbey の近く》.

Wéstminster Conféssion [the] ウェストミンスター信仰告白《英国のピューリタン革命の過程で, 改革派教会の信仰規準となったカルヴァン主義の信仰告白; 1643–49 年に長期議会によって Westminster Abbey で開かれたウェストミンスター会議 (Westminster Assembly) が作成し, 48 年議会の承認を得た; 英語圏における長老派教会の信仰規準となっている》.

West·mor·land /wés(t)mɔ̀ːrlənd; wés(t)mələnd/ ウェストモアランド《イングランド北西部の旧州; ☆Kendal; 略 **Westmld**; 今は Cumbria 州の一部》.

wést·mòst /, "-məst/ *a* WESTERNMOST.

Wést Nèw Guínea 西ニューギニア (WEST IRIAN).

Wést Nìle encephalítis 〘医〙 西[ウエスト]ナイル脳炎《WEST NILE FEVER が重症化した症状で, 時に致死性》.

Wést Nìle féver 〘医〙 西[ウエスト]ナイル熱《WEST NILE VIRUS による伝染病; 主として蚊が媒介, 発熱・頭痛・筋肉痛・発疹をひき起こし, 時に脳炎・髄膜炎に至る》.

Wést Nìle vírus 西[ウエスト]ナイル(熱)ウイルス《WEST NILE FEVER の病原体; フラビウイルス属のウイルス》.

wést-nòrth·wést *n* [the] 西北西《略 WNW》. ► *a, adv* 西北西に(ある)[から(の), へ(の)].

Wés·ton céll /wéstən-/, **Wéston stándard cèll** 〘商標〙 ウェストン電池《電位差測定用の標準電池》. [E. *Weston* (1850–1936) 英国生まれの米国人の製造者]

Wéston-sùper-Máre /-méər/ *n* ウェストンスーパーメア《イングランド南西部 North Somerset 一元的自治体の Bristol 海峡に臨む町》.

Wést Pákistan 西パキスタン《現 Pakistan の旧称; 当時の首都は Lahore》.

Wést Pápua ⇨ PAPUA.

West·pha·lia /wɛs(t)féɪliə, -ljə/ ヴェストファーレン (G **West·fa·len** /G vɛstfáːlən/)《ドイツ North Rhine-Westphalia 州北西部の地方; 1816–1945 年はプロイセンの一州, ☆Münster; 三十年戦

争終結のウェストファリア条約 (**Péace of ～**) が結ばれた (1648) 地».
West·pha·li·an /wɛs(t)féɪliən, -ljən/ *a* ヴェストファーレン(人[方言])の. ► *n* ヴェストファーレンの住民.
Westphálian hám ヴェストファーレンハム《セイヨウネズ (juniper) の木でいぶした独特の風味のあるハム》.
Wést Póint ウェストポイント《**1**) New York 州南東部にある米国陸軍士官学校所在地 **2**) 米国陸軍士官学校 (US Military Academy) (＝**Wést Pòint Académy**); cf. ANNAPOLIS, SANDHURST》. ♦ **～·er** *n* 米国陸軍士官学校学生[出身者].
Wést Prússia 西プロイセン (G **West·preus·sen** /*G* véstprɔysn/)《プロイセンの西部地方; 現在ポーランドの一部》.
Wést Punjáb 西パンジャーブ《パキスタンの PUNJAB 州の旧名; 旧英領インドの Punjab 州が 1947 年に東西に分割され, 東はインド領 East Punjab, 西がパキスタン領になったもの》.
Wést Quód·dy Héad /-kwádi-/ ウェストクウォディ岬《Maine 州北東部 Passamaquoddy 湾の南入口にある岬; 米国の大陸部分の最東端 (66°57′ W, 44°49′ N)》.
Wes·tra·lia /wɛstréɪliə, -ljə/ WESTERN AUSTRALIA. ♦ **Wes·trá·li·an** *a, n*
Wést Ríding [the] ウェストライディング《旧 Yorkshire の一区; 現在は North Yorkshire および West Yorkshire の一部》.
Wést Ríver [the] 西江 (XI).
Wést Sáxon ウェセックス (Wessex) 王国の住民; ウェストサクソン方言《古英語の最も重要な一方言; イングランド南部で話され, Norman Conquest に先立つ時期の主要な文献はこの方言で書かれている》.
Wést Síde [the] ウェストサイド《New York 市 Manhattan 島西部の Hudson 川に沿う地区; 港湾施設が連なる》.
Wést Sìde Stóry 『ウエスト・サイド物語』《Broadway ミュージカル (初演 1957); *Romeo and Juliet* の筋書を New York のスラム街に移してミュージカル化したもの; Leonard Bernstein 作曲; 映画化 (1961)》.
Wést Slávic 西スラヴ諸語 (⇨ SLAVIC).
wést-sòuth·wést *n* [the] 西南西《略 WSW》. ► *a, adv* 西南西に(ある)[から(の), へ(の)].
Wést Sússex ウェストサセックス《イングランド南部の州; ☆Chichester》.
Wést Turkestán WESTERN TURKESTAN.
Wést Virgínia ウェストヴァージニア《米国東部の州; ☆Charleston; 略 W. Va., WV》. ♦ **Wést Virgínian** *a, n*
Wést·wàll /; *G* véstval/ *n* SIEGFRIED LINE.
wést·ward *adv, a* 西方へ[の]. ► *n* [the] 西方(の地点[地域]). ♦ **～·ly** *adv, a*
wést·wards *adv* WESTWARD.
West·wood /wéstwùd/ ウェストウッド Dame **Vivienne ～** (1941–)《英国のファッションデザイナー; もとの名は Vivienne Isabel Swire; 1970 年代にパンクスタイルを流行させた》.
Wést Yórkshire ウェストヨークシャー《イングランド北西部の metropolitan county》.
wet /wét/ *a* (-tt-) **1 a** 湿った, ぬれた, 湿気のある (opp. *dry*); 〈天然ガスが〉湿性の; 〈赤ちゃんが〉おもらしした: ～ through＝～ to the skin びしょぬれになって / get ～ ぬれる / soaking [sopping, dripping] ～ ずぶぬれの. **b** 〈ペンキ・インキなど〉乾いていない: *W*～ Paint! ペンキ塗りたて《掲示》. **2** 雨(降り)の, 雨がちの: ～ or fine 降っても晴れても / Slippery when ～. *雨天時スリップ注意《道路標識》. **3** 液体中に保存した[つけた]; 〘化〙湿式の. **4** «口» 酔っぱらった, アル中の; 酒類の製造・販売を認めている, 反禁酒主義の (opp. *dry*): a ～ county 非禁酒の郡. **5** «俗» 〈特に KGB の諜報活動が〉流血[暗殺]が関与する. **6** ″«口» 感傷的な; ″«口» 軟弱な, だめな, まぬけの; ″«口» 保守党穏健派の, 軟弱路線の; «豪俗» おこった, いらいらした. ● **all ～** *«口» まるっきり間違って. **get** sb **～** «NZ俗» 人を思いのままにする. **～ behind the ears** ⇨ EAR[1]. ► *n* **1 a** 湿気, 湿り, 湿らす[ぬらす]もの, 水, 液体; «俗» 小便(をすること); ″«俗» (一杯の)酒, 飲酒 (: have a ～). **b** [the] 湿った場所, ぬかるみ. **c** *«俗» WETBACK. **2** [the] ″雨(降り), 雨天, 豪雨, 降雪; [the] «豪口» 雨季; «俗» 雨天用タイヤ. **3** «口» 反禁酒主義者. **4** ″«口» 軟弱な[うじうじした]人, 腰抜け; ″«口» 保守党穏健派の政治家 (cf. DRY); ″«俗» ばか, まぬけ. ● **drop** sb **in the ～ and sticky** «俗» 人を困難に陥らせる. ► *v* (-tt-) *vt* 湿らす, ぬらす 〈*down, through*〉; …に小便する[もらす]; 酒を飲んで祝う[行なう]; «方» 〈お茶を〉入れる: ～ the bed 寝小便する / ～ a bargain 酒を飲みながら契約を結ぶ. ► *vi* ぬれる 〈*down, through*〉; 〈動物・子供が〉小便する. ● **～ out** 〈織物原料を〉水に浸す. **～ one*self*** 小便をもらす; «俗» あわてる, びびる. **～ one's whistle** [**goozle, throat**] «口» 一杯やる. **～ the** BABY**'s head.** ♦ **～·ly** *adv* 湿って, ぬれて. **wét·ting** *n* [(pp)＜OE (v) *wǣtan*＜(a) (n) *wǣt*; cf. WATER]
Wet ⇨ DE WET.
we·ta /wéɪtə/ *n* 〘昆〙ニュージーランド産の大型のカマドウマ科の昆虫. [Maori]
wét and drý 潤滑油[水]と共に用いることもできるサンドペーパーの一種.
wét-and-drý bùlb hygrómeter [**thermómeter**] 〘理〙乾湿球温度計 (psychrometer).
wét·bàck *n* *«口» [*derog*]《Rio Grande 川を渡ったりして》米国に不法入国するメキシコ人, 《一般に》不法入国者.
wét bár 《シンクのある》ホームバー.
wét bárgain 酒席での契約 (Dutch bargain).
wét bàsin 〘海〙艤装ドック.
wét-blánket *vt* …の興をそぐ, …に水を差す.
wét blánket 水に浸した毛布; «口» 人の喜びに水を差す人物, けちをつける人[もの], 人の意欲[気勢]をそぐ人[もの], 興ざめなもの.
wét bób ″«俗» 《Eton 校の》ボート部員 (cf. DRY BOB).
wét bráin 〘医〙水腫脳, 浮腫脳.
wét búlb 《温度計の》湿球; WET-BULB THERMOMETER.
wét-bùlb thermómeter 湿球温度計; PSYCHROMETER.
wét céll 〘電〙湿電池《電解質が液体の電池; cf. DRY CELL》.
wét-cléan *vt* 〈衣類などを〉水洗いする.
wét dòck 係船渠(きょ), 泊渠《潮の干満にかかわらず船の高さを一定に保つ荷役・修理施設》; 潮入岸壁.
wét dóg *«俗» 不快な苦味のあるワイン.
wét-dóg shàkes *pl* «俗» 麻薬やアルコールをやめる時に起こる激しい震え.
wét drèam 性夢; 夢精; «俗» そそる人[もの].
wét físh 鮮魚; «口» 軟弱なやつ, 不器用者.
wét flý 〘釣〙ウェットフライ《水中に沈めて釣る毛針; cf. DRY FLY》.
wét gás 湿性ガス《容易に液化する炭化水素を多量に含んで産する天然ガス》.
wét gòods *pl* 樽[瓶]詰めなどの液体商品《ペンキ・油・酒など》, 《特に》酒類.
wét·hèad *n* «俗» 未熟なやつ, 青二才, 田舎者.
wét hén «俗» いやな女, 口やかましい女: (as) mad as a ～ かんかんになって.
weth·er /wéðər/ *n* 去勢した雄羊[山羊]. [OE; cf. G *Widder*]
wét láb [**labóratory**] 海中実験室.
wét·lànd /, -lənd/ *n* [ᵘ*pl*] 湿地, 湿地帯.
wét-léase *vt* 〈航空機を〉WET LEASE で借りる.
wét léase 乗務員・機関士その他の完備した航空機の賃貸.
wét lég «俗» 自分を哀れむやつ, 自分で哀れがるやから.
wét lóok 《布地・革・プラスチックなどの》光沢(仕上げ); 《髪の》ウェット仕上げ《ジェル・ムースなどでぬれた感じを出すもの》. ♦ **wét-lòok** *a*
wét mílling あらかじめ水・薬品溶液などに浸漬した穀粒を臼でひくこと.
wét móp 水でぬらして使う清掃用モップ.
wét·ness *n* 湿気のあること, ぬれていること, 湿り; 降雨.
wét nóodle *«口» お人よし, ぼんくら, 男らしくないやつ, めめしい男.
wét·nòse *n* «俗» 生意気なやつ, 成り上がり者, 青二才.
wét nùrse 乳母《他人の乳児に乳を与える; cf. DRY NURSE》. ♦ **wét-nùrse** *vt* …の乳母になる, 乳母になって乳をやる; …に至れり尽くせりの[必要以上の]世話をする.
wét òne *«俗» 冷たいビール.
wét pàck 〘医〙湿罨法(あんぽう), 湿布(纏絡(てんらく))法; WASHBAG.
wét pláte 〘写〙湿板(しっぱん) (cf. DRY PLATE).
wét pléurisy 〘医〙湿性胸膜炎.
wét·pròof *a* 防水の (waterproof).
wét rág *«俗» くだらないやつ, 弱虫, くず.
wét ròom ウェットルーム《バスルーム全体をタイル張りにして排水口を設け, 洗い場として使えるようにしたトイレ・洗面所兼用のシャワー室》.
wét ròt 湿腐, ぬれ腐れ《水分を含んだ木材の菌類による腐朽》; ぬれ腐れを起こす腐朽菌《イドタケなど》.
wét smáck «俗» いやなやつ, うんざりさせるやつ.
wét sóck *«俗» 弱虫, いくじなし; *«俗» たるんだ熱のない握手.
wét stéam 湿潤飽和蒸気, 湿り蒸気.
wét stréngth 《紙の》湿潤強度.
wét sùit 《水中スポーツ・潜水用の》ウェットスーツ.
wét sùmp 〘機関〙ウェットサンプ(方式)《クランクケース底部に油だめを備えるエンジンの潤滑方式》.
wét·ta·ble *a* ぬらすことができる; 〘化〙(湿潤剤の添加などで)ぬれやすくなった, 可溶性になった. ♦ **wèt·ta·bíl·i·ty** *n* 湿潤性[度].
wét·ter *n* 湿す[ぬらす]人, 浸潤作業工; WETTING AGENT.
Wet·ter·horn /vétərhɔ̀ːrn/ [the] ヴェッターホルン《スイス Bernese Alps 中の一峰 (3701 m)》.
wét thúmb 魚類[水生動物]飼育の才能 (cf. GREEN THUMB).
Wet·tin /vɛtíːn/ *n* 〘史〙ヴェッティン家《10 世紀にドイツに起こったヨーロッパの由緒ある王家; Saxe-Coburg-Gotha 家や同家が改名した現英国王家 Windsor 家もこれに連なる》.
wét·ting [**wétting-óut**] **àgent** 〘化〙湿潤剤, 展着剤 (＝*spreader*).
wét·tish *a* 少し湿った, 湿っぽい.
wét·wàre *n* 《人間の》脳, 脳みそ; 《コンピューターシステムと結び付いた》ヒト《集合的にプログラマーやオペレーター》.
wét wásh 《まだアイロンをかけてない》ぬれたままの洗濯物; 拭いて乾かすことをしない洗車法.

wét wày 〘化〙湿式(分析)法《試料・試薬を溶液にして行なう》.
wét wéekend 雨降りの週末. ● **look like a ～** 《口》しょげている.
WEU °Western European Union.
we've /wɪv, wíːv/ we have の短縮形.
Wex·ford /wéksfərd/ ウェックスフォード《(1) アイルランド南東部 Leinster 地方の県 2) その県都》.
wey /wéɪ/ *n* ウェイ《昔 英国で用いた, チーズ・羊毛・羊などの重さの単位; 一定しないが羊毛では 182 ポンド》. [OE *wæg*]
Wey·den /váɪdn, véɪ-/ ヴァイデン **Rogier van der ～** (1399 or 1400–1464)《フランドルの画家》.
Wey·gand /*F* vɛgɑ̃/ ヴェーガン **Maxime ～** (1867–1965)《フランスの軍人; 1940 年 5 月 総司令官, 6 月 Pétain 政府国防相; 1942–45 年の間ドイツに捕われた》.
Weyl /váɪl/ ヴァイル **Hermann ～** (1885–1955)《ドイツ生まれの数学者》: the ～ equation 〘理〙ワイル方程式.
Wey·mouth /wéɪməθ/ ウェイマス《(1) イングランド南部 Dorset 州南岸の港町・リゾート地 2) Massachusetts 州東部 Boston の南東にある町》.
WF* /dʌ́b(ə)ljuéf/ *n* 《成績評価の》WF《所定の期間を過ぎて途中で学科履修を取りやめた学生に教師が付ける不合格点; cf. WP》. [*w*ithdrawn *f*ailing]
wf, w.f. 〘印〙°wrong font. **WFP** World Food Program 世界食糧計画《事務局 Rome》. **WFTU** °World Federation of Trade Unions. **WG, w.g.** °water gauge ♦ °wire gauge.
Wg Cdr °Wing Commander.
W. H. /dʌ́b(ə)ljuéɪtʃ/ [Mr.] W. H. 氏《Shakespeare の *Sonnets* の献辞に 'the onlie begetter' として記されたなぞの人物》.
wh. white. **WH, wh, Wh, whr** 〘電〙watt-hour(s).
WH, w/h 〘金融〙withholding.
whack[1] /(h)wǽk/ *vt* **1 a** 《口》《杖などで》強打する, バシッと打つ; ″《口》打ち負かす, やっつける; 《俗》殺す, 殺(*)る 〈*out*〉; 《俗》襲撃[強奪]する 〈*out*〉. **b** 《俗》たたき切る; [*fig*] 《俗》減じる, 割り引く; ″《口》放りこむ, ぶちこむ; 《俗》〈麻薬を〉薄める, 〈麻薬の量を〉少なくする. **2** 《俗》山分けする, 分配する 〈*up*〉. ► *vi* 《口》バシッ[ガーン]と強くたたく 〈*at*〉. ● **～ off** 《口》切り離す[落とす]; 《俗》さっと仕上げる; ″《卑》〈特に男が〉自慰する. **～ out** ⇨ *vt*; 《俗》勢いよく産み出す[演じるなど]; *《俗》賭けですってんてんになる: ～ *out* a solution 答えをどんと出す. **～ up** ⇨ *vt*; 《口》小さく切る; 《口》なぐりつける, 痛めつける; 《口》増す, (…のスピードを)速める: ～ *up* a ship 船のスピードをぐんと上げる. ► *n* **1 a** 《口》殴打, 強打, バシッ, ビシッ, バシン, バキッ; 〘野〙安打, ヒット; 《口》試み, 一発 (try, attempt), 好機, 機会; 《俗》一度, 一回; *《俗》《酒の》一杯, ひと飲み; *《俗》(いい)状態 (condition): have [take] a ～ *at*… 《口》…に一撃を試みる; 《口》…をやってみる. **b** 人を公然と批判すること. **2** ″《俗》分配, 分け前, 分担, 持ち分: get [have, take] one's ～ 分け前にあずかる. ● **at a [one] ～** 《口》一度に, 一気に, すばやく. **in ～** *《俗》まとも(な状態)で. **on ～** 《海俗》最低限の食料を与えられて. **out of ～** *《口》具合[調子]が悪い; *《口》一致していない, 矛盾して 〈*with*〉; *《口》わけがわからない, おかしい. **top [full] ～** ″《俗》最高の値段[速度], ばか高い料金. [imit or (変形) ‹ *thwack*]
whack[2, 3] ⇨ WACK[1, 2].
whácked *a* 《口・俗》WHACKED-OUT.
whácked-òut *a* ″《口》疲れきった, くたくたの, ばてた; *《俗》酔っぱらった, ぶっとんだ; 《俗》狂った, いかれた.
whácker *n* 《口》《同類中で》ばかでかい人[もの], 《特に》大ぼら, 大うそ; 家畜の群れを追う人; 鉄道車両検査係 (car knocker).
whácking *a* [°～ great] ″《口》でかい, すごい, とてつもない. ► *adv* ″《口》ひどく, すごく. ► *n* バシッと打つこと, 強打.
whacko /(h)wǽkou/ *int* 《豪俗・英俗》ヒャッホー, すっごい (splendid). ► *a, n* (*pl* **whácks·os**) 《俗》WACKO.
whacky /(h)wǽki/ *a* 《俗》WACKY.
whácky Wíllies *pl* 《俗》歓声をあげたり口笛を吹いたりして拍手喝采する観客.
whale[1] /(h)wéɪl/ *n* (*pl* **～, ～s**) **1** 〘動〙クジラ; [the W-] 〘天〙くじら座 (鯨座) (Cetus); [*pl*] 《俗》アンチョビーのペーストを塗ったトースト: a bull [cow] ～ 雄[雌]鯨. **2** 貪欲な[熱心な, 非常にじょうずな]人 〈*at, for, on*〉; 《俗》大きな人[もの], 太った人; *《俗》鯨飲する人, 大酒飲み; [W-] *《軍俗》鯨《海軍双発大型艦上攻撃機 A-3 Sky warrior 機(特に その空中給油母機) のあだ名》. ● **a ～ of a**… 《口》すばらしい…, たいへんな…: *a ～ of a* difference [scholar] たいした相違[学者] / have *a ～ of a* time 《口》とても楽しく過ごす. **very like a ～** いかにも仰せのとおり《不合理な話に対する反語; Shakespeare 劇から》. ► *vi* 捕鯨に従事する. ♦ **～-like** *a* [OE *hwæl*; cf. G *Wal(fisch)*, L *squalus* sea pig]
whale[2] *《口》*vt* ぶんなぐる, むち打つ; 強打する; …に完勝する, うち負かす. ► *vi* 激しく攻撃する, 精力的に取り組む 〈*away, into*〉. [C18 ‹ ? *wale*[1]]
whále·bàck *n* 鯨の背のように盛り上がったもの; 〘海〙亀甲(きっこう)甲板; 凸起(とつ)甲板汽船. ► /⌐— —/ *a* WHALE-BACKED.
whále-bàcked *a* 鯨の背のように盛り上がった.
whále·bìrd *n* 〘鳥〙クジラドリ《南極海域産; ミズナギドリ科; 捕鯨船のまわりに群れる》.
whále·bòat *n* 両端がとがった細長いボート《昔は捕鯨用; 今は救難用》.
whále·bòne *n* 《ヒゲクジラの》くじらひげ, 鯨鬚(げいしゅ), '鯨骨' (baleen); 鯨鬚製品, 《特に コルセットの》鯨骨.
whálebone whàle 〘動〙ヒゲクジラ《ヒゲクジラ亜目の総称: セミクジラ・コクジラ・ナガスクジラなど》.
whále càlf 子鯨.
whále càtcher [chàser] 捕鯨船.
whále fìn クジラのひげ, 鯨鬚 (baleen).
whále fìshery 捕鯨 (＝**whále fìshing**); 捕鯨場.
whále·hèad, whále-hèad·ed stórk *n* 〘鳥〙SHOEBILL.
whále lìne [ròpe] もり綱; 《俗》《カウボーイの用いる麻製の》輪縄.
whále lòuse 〘動〙クジラジラミ《クジラの体表に寄生する端脚目の甲殻類》.
whále·man /-mən/ *n* 捕鯨船(員).
whále mèat 鯨の肉, 鯨肉.
whále òil 鯨油.
whále on *a* 《口》すばらしい, すごい.
whal·er[1] /(h)wéɪlər/ *n* 捕鯨船(員); 〘魚〙WHALE SHARK; 《救難用》WHALEBOAT; 《豪俗》《ある川に沿って渡り歩く》浮浪者. [*whale*[1]]
whaler[2] *n* 《俗》並はずれた[途方もない]もの (whopper). [*whale*[2]]
whal·ery /(h)wéɪləri/ *n* 捕鯨業; 鯨加工場, 鯨工船.
Whales /(h)wéɪlz/ ■ the **Báy of ～** ホエールズ湾《南極大陸ロス氷棚 (Ross Ice Shelf) 端にあったが消滅 (1987) した湾; Little America が置かれた》.
whále shàrk 〘魚〙ジンベイザメ《体長 18 m, 体重数十トンに達し, 魚類中最大》.
whále wàtching ホエールウォッチング, 観鯨《船上・海岸などからクジラを観察すること》.
whal·ing[1] /(h)wéɪlɪŋ/ *n* 捕鯨 (⇨ WHALE[1]).
whaling[2] 《口》*a* すばらしい, ものすごい. ► *adv* とても, ものすごく.
wháling gùn 捕鯨砲, もり発射砲.
wháling màster 捕鯨船長.
wháling shìp 捕鯨船.
wham /(h)wǽm/ *int* バーン, ガーン, バン, グヮン, バシン, ドシン, ドカン《強烈な衝突・打撃や爆発などの音》. ► *n* バーン[ガーン]という音; 強打, 衝撃. ► *adv* バンと, 突然. ► *v* (**-mm-**) *vt* バン[グヮン, バシン]と打つ. ► *vi* バン[グヮン, バシン, ドカン]とぶつかる[破裂する]. [imit]
whám-bám[-báng] *adv* 荒っぽく, 乱暴に, ドシンバタンと. ► *a* 荒っぽい, 乱暴な, 騒々しい, ものすごい, 強烈な, どえらい, でっかい.
whám-bàm thánk you ma'àm 《俗》男性本位のぞんざいなセックス.
wham·mo, whamo /(h)wǽmou/ *n, adv* バーン[ガーン, ドカーン]と(いう一撃) (wham); 突如, だしぬけに.
wham·my /(h)wǽmi/ 《口》*n* **1** 《吉・不吉をもたらすための》まじない; 縁起の悪いもの; 不吉をもたらすもの (jinx); 《にらまれると災いが来るという》凶眼 (evil eye). **2** 強い力[打撃], 《特に》致命的[決定的]な一撃. ● DOUBLE WHAMMY. **put the [a] ～ on**… 〈人を〉人事不省に[動かなく]する, 〈ものを〉役立たなくする, 〈人を〉圧倒する, 〈計画などを〉却下する; 〈人〉の不運[不幸]を念じる, …にけちをつける.
wha·nau /(h)wáːnau, fáː-/ *n* 《NZ》《マオリ族の》拡大家族. [Maori]
whang[1] /(h)wǽŋ/ *n* 強打(の音), バシン, バン, ガーン, ドーン. ► *vt* ガーンと打つ, 強く打つ (beat, whack). ► *vi* ガーン[ドーン]と鳴る; 強く打つ 〈*away, at*〉; むち打つ (thrash); 勢いよく攻撃する[取り組む] 〈*away, at*〉. [imit]
whang[2] *n* 《方・口》革ひも, 《そのための》生皮 (＝～ **lèather**); 《口》《ピシャッという》むち打ち(の音); ″厚切れ; 《卑》一物. ► *vt* 《口》(むちで)ピシャッと打つ; 《スコ》たたき切る. [ME *thwang*=THONG]
Whang·a·rei /(h)wàːŋəréɪ/ ワンガレー《ニュージーランド北島北部の市》.
whang·doo·dle /(h)wǽŋdùːdl/, **wang-** /wǽŋ-/, **wing-** /wíŋ-/, **whang·y·doo·dle** /(h)wǽŋi-/ *《口》*n* その何とかいうもの, あれ, なに, そいつ, 例のやつ (what-do-you-call-it); たわごと, 無意味な[くだらない]もの.
whánger *n* 《卑》一物, ペニス.
whang·(h)ee /(h)wæŋgíː/ *n* マダケ・ハチクの類の竹《中国産》; 竹のステッキ[乗馬用のむち]. [Chin 黄藜]
Whangpoo 黄浦江 (⇨ HUANGPU).
whangydoodle ⇨ WHANGDOODLE.
whank /(h)wǽŋk/ *n, vi* 《卑》WANK.
whap ⇨ WHOP.
wha·re /(h)wáːreɪ, ″wɔ́ri, fáːreɪ/ 《NZ》*n* 《マオリ人の》小屋; 《羊毛刈り込みのためなどの》仮小屋. [Maori]
whare·pu·ni /-pùni/ *n* 《NZ》《マオリ族の》大集会所.
wharf /(h)wɔ́ːrf/ *n* (*pl* **～s, wharves** /(h)wɔ́ːrvz/) 波止場, 埠頭(ふとう) (pier); 《廃》河岸, 海岸. ► *vt* …に波止場[埠頭]を設ける;

波止場につなぐ;〈貨物を〉波止場に揚げる[保管する]. ► *vi* 波止場に着く. [OE *hwearf* heap, embankment; cf. OE *hweorfan* to turn, G *Werf*]

whárf·age *n* 波止場使用(料), 埠頭使用料; 波止場[埠頭](設備)《集合的》; 波止場[埠頭]での荷役.

whárf·ie *n*《豪》港湾労働者, 沖仲仕.

wharf·in·ger /(h)wɔ́ːrfənʤər/ *n* 波止場主[管理人], 埠頭管理人.

whárf·màster *n* 波止場[埠頭]管理人.

whárf ràt ドブネズミ (brown rat);《俗》波止場ごろ.

whárf·sìde *n, a* 波止場のまわり(の).

Whar·ton /(h)wɔ́ːrt(ə)n/ ウォートン **Edith (Newbold) ~** (1862–1937)《米国の小説家; *Ethan Frome* (1911), *The Age of Innocence* (1920)》.

Whárton's jèlly 〘解〙ワルトンの膠様質, ホウォートンゼリー《臍帯(さいたい)中の粘性細胞間物質》. [Thomas *Wharton* (1610–73) 英国の解剖学者]

wharve /(h)wɔ́ːrv/ *n* 〘機〙WHORL.

wharves *n* WHARF の複数形.

whas·sit /(h)wásət, (h)wʌ́sət/ *n**《口》WHAT'S-IT.

what /(h)wát, *(h)wʌ́t/ *pron* **1** [疑問詞] **a** 何, どんなもの[こと], 何物, 何事, いくら, いかほど: *W~* is the matter (with you)? どうしたのか / *W~* are you doing doing this job? こんな仕事なんかして, 一体どういうつもりなんだ / *W~* can I do for you?〈店員などが〉何かご用でしょうか / *W~* do you SAY? / *W~* has he got that I haven't (got)? 彼とぼくはどこが違うのだろう, どうして彼のほうが人気があるのだろう / *W~* is he?《職業・階級・国籍・性格など》何をする人[どこの人, どんな人]か / *W~* is he like? どんなふうな人か / He's a dermatologist.—*W~* is he?＝He's (a) ~? (⇨ c) 皮膚病専門医だ—[尻上がりの調子で] 彼は何ですって / *W~* (did you say)? [尻上がりの調子で] え, 何ですって?《しばしば 失礼な聞き方》/ *W~* is the price? 値段はいくらですか / *W~* is that to you? それがおまえにとって何だというのか. **b** [間接疑問の節・句を導いて]: I don't know ~ he said. 彼が何を言ったか知らない / I don't know ~ to do. どうしてよいかわからない / know ~ sb [sth] is どんな人物か[どんな性質のものか]知っている《言外に不信[警告]の気持を込めた言い方》. **c** [聞きそびれた部分を聞き返す用法]: You told him ~? / You said ~? / You ~? ⇨ 成句.

2 [感嘆文] どれほど (How much!) (cf. *int*): *W~* would I not give to be free! 自由のためにはどんな犠牲でも払う.

3 /(h)wat, (h)wət, *(h)wʌt/ [関係詞] **a**〈…する〉もの[こと] (that [those] which): *W~* I say is true. わたしの言うことは本当だ / *W~* followed is doubtful. それからどうなったかよくわからない / from ~ I hear 聞くところによれば / Let others say ~ they will, I always speak the truth. 人には何とでも言わしておけ, 自分はいつも真実を語る / She is not ~ she was ten years ago. 10 年前の彼女ではない. **b** [挿入節を導く]: But, ~ even you must condemn, he was lying. しかしさすがのきみでも非難せねばならないのだが, 彼はうそをついていたのだ / Be the matter ~ it may, always speak the truth. 何事であろうとも常に真実を語れ / Come ~ will [may], I am prepared for it. 何事があろうとわたしは覚悟を決めている. **c** [非標準用法で]〈…する〉ところの (who, which);《廃》〈…する〉だれでも, だれであれ (whoever). ● **and I don't know ~ (all)** その他何やらかやら, …など. **and [or] ~ have you**《口》そのほか: He sells books, toys, *or* ~ *have you*. **and ~ not [all]**＝and WHATNOT. **but ~** (1) [*neg*] …ない (that…not): Not a day *but* ~ it rains. 雨の降らない日は一日もない. (2) ⇨ BUT[1] *conj* 2c. **for ~ I know [care]** ⇨ ANYTHING. **I know ~.** うむ, いい考えがある. **I('ll) tell you ~.** あのね(ちょっと話がある). **It is ~ it is.** (まあ)そういうものさ, しようがない, どうしようもない. **Now ~?** ⇨ WHAT now? **or ~** [疑問文尾] …か何か; [Is this [that, he, etc.]…に続けて]*《口》(これ[それ, 彼]は)すごい…じゃないか そうだろう?: Is that a great car *or* ~? あれはすごい車だろう なあ?[え?] **or ~ not**＝or WHATNOT. **see…for ~ it is [he is, she is, they are]** …の正体[真の姿, 真相]を知る[わかり始める]. **So ~?**《口》それでどうしたっていうの, だからどうした《無関心・軽蔑》. **W~ about(…)?** 何の話か; …はどうなのか; …はどうですか《提案》; …をして[貸して]くれないか: *W~ about* bed? もう寝てはどうだね. **W~ about it?**＝WHAT of it? **~ does one [sb] (go and [have to]) do but** do《口》こともあろうに…する. **W~ else is new?**《口》ほかに何か変わったことはないの, それでどうしたの《そんなことはわかっている》. **~ for** なぜ, 何の(目的の)ために (: What…for?);《口》叱責, 懲らしめ, 罰, むち打ち;《方》どんな種類の: get ~ *for* しかられる, 罰せられる / give sb ~ *for* 人をきつくしかる[罰する]. **W~ if…?** …ならどうだろう; …したってかまうものか: *W~ if* we were to try? (やってみると)したらどうなるだろう / *W~ if* it's true? 本当だってかまうもんか. **~ is called** いわゆる (cf. SO-CALLED). **W~ is it?** 何の用だ, どうした, 何だ. **~ is** MORE. **~ it takes** ⇨ have ~ it TAKES. **W~'ll it be?**《口》何にする? (What's yours?)《酒などを勧めるとき》. **W~ next?** (こんなことでは)次はどうなることか, よくもまあ! あきれた! **~ not**《口》その他いろいろ[何やかや]. **W~ now?**＝**W~ is it now?**《口》(さて)何だろう, (いったい)どうしたんだ[何事]?;《口》今度は何だよ, (それで)どうするんだよ? (Now what?). **W~ of…?** …はどうなのか: *W~ of* him? 彼はどうした? **W~ of it?** (で,) それがどうしたというのだ《どうということもない》. **W~'s in it for me?**《口》それで何かこちらにとっていい[利益になる]ことがあるの? **W~'s it to you?**《口》それがおまえにとってどうだというのか, かかわりでもあるのかい, あんたにゃ関係ないだろ. **W~'s by…?**《口》…はどうして[どうなって]いるか (What's with …?). **W~'s o'clock?** ″(今)何時か. **W~'s** UP? **~'s ~**《口》本当のところ, 実状, 本質, 物の道理: know ~*'s* ~ 万事[世間]をよく知っている. **W~'s (up) with(…)?** …はどうかしたのか, 何が問題なのか?; (…の)理由は, なぜだ?《Yid *vos iz mit* (＝what is with) から》. **W~ then?** それで. **W~ though** (we are poor)? たとえ(貧乏)だって何だ[かまうものか]. **you know ~** あのね. **You ~?** えっ何?《聞き返すとき》; 何だって, 何だと?《聞き捨てならない[意外な]ことを言われたとき》.

► *a* **1** [疑問詞] **a** なんの, なんという, どんな, いかなる;《口》どの (which): *W~* matter? どうした, 何事か / *W~* news? 何か変わったことがあるか. **b** [間接疑問の節を導いて] いくらの, どのような: I don't know ~ plan he has. 彼がどんな計画をもっているか知らない. **2** [感嘆] 何という, 何たる: *W~* impudence! あつかましいにもほどがある / *W~* a pity (it is)! 残念なことだ / *W~* genius he has! ＝*W~* a genius he is! 彼はなんという天才だろう! **3** [関係詞] **a**〈…する〉その[あの],〈…する〉それ[あれ]らの,〈…する〉だけの,〈…する〉どんな (that [those, any, all the]…which): Lend me ~ money you can. きみに都合できるだけの金を貸してくれたまえ / Bring ~ parcels you can carry. 持てるだけの包みを持って来たまえ. **b**《卑》WHICH. ● **~ few [little]**〈…する〉少し[わずか]ばかりの(…の)すべて: ~ *little* money I have なけなしの金.

► *adv* **1** どれくらいまで, どの程度; どのように (how);《廃》WHY: *W~* does it profit him? それがどれほど彼の得になるか. **2** [感嘆] どれほど, どのくらい: *W~* he has suffered! 彼がどんなに苦しんだことか. ● **~ with A and (~ with) B** A やら B やら(の理由)で: *W~ with* drink *and* (~ *with*) fright he did not know much about the facts. 酔ってもいたしおびえてもいたので真相はよく知っていなかった / *W~ with* storms *and* all, his return was put off. あらしやら何やらで彼の帰りは延期になった / ~ *with* one thing *and* another あれやこれやで.

► *conj*《方》…だけ (as much as): We warned him ~ we could. できるだけ警告してやった.

► *int* **1** [驚き・怒り・狼狽を示す発声] 何?, 何だと!; ″ねえ, …じゃないか (don't you agree): *W~!* No dinner? 何だと! 飯なしか? / Come tomorrow, ~ (＝eh)? あす来いよ, ねえ / An unusual chap, ~? 変わった男じゃないか / *W~* NO[1]! **2** [数量などを推測して] ええと: He is, ~, about sixty years old now? 彼は, そうですね, 今 60 歳ぐらいですか.

► *n* [the] WHAT's what.

[OE *hwæt* (neut)＜*hwā* WHO; cf. Du *wat*, G *was*]

whát·cha·ma·càll·it /-ʧəmə-/ *n*《口》WHAT-DO-YOU-CALL-IT. [*what you may call it*]

whát'd /-əd/ what did の短縮形: *W~* you say?

whát-do-you-càll-it[-them, -her, -him] *n*《口》何とかいうもの[人], (その)なに, あれ《名前を知らなかったり, 忘れたり, 使いたくないときなどに代用する語》.

whatdya /(h)wáʧə/《発音つづり》what did you: *W~* say?

what·é'er *pron, a*《詩》WHATEVER.

Whate·ly /(h)wéɪtli/ ホエートリー **Richard ~** (1787–1863)《英国の論理学者・神学者・聖職者; Dublin 大主教 (1831–63)》.

what·év·er *pron* **1** [疑問詞] [what の強調形]《口》いったい何が[何を], 全体何を (what in the world): *W~* do you mean? 一体全体何のことだね / *W~* next? 次は一体何だ?《★ what ever と 2 語に書くのが正式ともされる》. **2** [関係詞] **a** [what の強調形]〈…する〉もの[こと]は何でも,〈…する〉もの[こと]は皆, 何を…するにせよ[するか知らないが]: Do ~ you like. 何でも好きなことをしなさい / ~ you say まあ(どうしても)そう言うなら(そうしようか) / ~ else 他に何でも / *W~* is, is right.《諺》存在するものはそれ自体正しい, 定着した習慣には逆らうな《Pope, *An Essay on Man* より》. **b** [譲歩節を導いて] どんなこと[もの]が…でも, いかに…でも: *W~* happens, I will do it. 何事が起こってもやるつもりだ. **3** 同類のもの: rook or raven *or* ~ ミヤマガラスだかワタリガラスだか何でもそういったもの. ► *a* **1** [what の強調形] どんな…でも, いくらかの…でも: You may read ~ book you like. どんな本でも好きなのを読んでよい. **2** [譲歩節を導いて] たとえ…でも: *W~* results follow, I will go. どんな結果になろうと行くよ. **3** [否定・疑問構文で名詞のあとに付けて] 少しの…も, 何らの…も: There is *no* doubt ~ (＝at all). 何の疑いもない / *No* one ~ would accept. だれにしたって承知はしないだろう / Is there any chance ~? 少しなりとも見込みはありますか. ► *adv* いずれにしても, ともかく;《口》(まあ)何でも(いいけど), どちらでも, 何にせよ: Do you want tea or coffee?—*W~*.

whát-íf *n*《口》もしそうなったらという推測, 起こりうる事態.

what-ís-it *n*《口》その何とか《珍しいものや名前の思い出せない小物などを指して》.

what'll /(h)wátl, *(h)wʌ́tl/ what will [shall] の短縮形: *W~* I do and ~ she say?

what·man /(h)wátmən/ *n* ワットマン紙《画・写真・版画用紙》. [James *Whatman* 18 世紀の英国の製造者]

whát·ness *n* 何であるかということ, 本質 (quiddity).
whát·nòt *n* 重ね棚, 置き棚《方形[扇形]の棚を何段かに配したスタンド; 骨董品・書物などを載せる》. ► *pron* その他いろいろなもの, 何やかや: and [or] ～ そして[あるいは]その他もろもろ.
what's /(h)wáts, *(h)wʌ́ts/ what is [has, does] の短縮形: *W*～ the man say? その男は何と言ってるのか.
what·sis /(h)wátsəs, *(h)wʌ́t-/ *n* 《口》 WHAT-IS-IT.
what's-it, what·sit /(h)wátsət, *(h)wʌ́t-/ *n* 《口》 WHAT-IS-IT.
whát's its [her, his] àss *《卑》 WHAT'S ITS [HER, HIS] NAME.
whát's its [her, his] fàce 《口》 WHAT'S ITS [HER, HIS] NAME.
whát's its [their, her, his] nàme 《口》 WHAT-DO-YOU-CALL-IT[-THEM, -HER, -HIM].
what·só *a, pron* 《古》 WHATSOEVER.
what·so·e'er /(h)wàtsouéər, * (h)wʌ̀t-/ *a, pron* 《詩》 WHATSOEVER.
whàt·so·éver *a, pron* WHATEVER の強調形: none ～ 一切ない / nothing ～ まったく何もない.
Whát's Ón 『ホワッツ・オン』《London などで発行されている英国の娯楽情報誌》.
what·ta /(h)wátə, *(h)wʌ́tə/ 《発音つづり》 what are [do].
what've /(h)wátəv, *(h)wʌ́t-/ what have の短縮形: *W*～ you done?
whát-you-(may-)càll-it[-them, -her, -him] *n* 《口》 WHAT-DO-YOU-CALL-IT[-THEM, -HER, -HIM].
whát-you-sèe-is-whát-you-gèt *a* WYSIWYG.
what·zis /(h)wátzəs, *(h)wʌ́t-/ *n* 《口》 WHAT-IS-IT. [*What's this?*]
what·zit /(h)wátsət, *(h)wʌ́t-/, **whaz·zit** /(h)wázət, *(h)wʌ́z-/ *n* 《口》 WHAT-IS-IT.
whaup /(h)wɔ́:p/ *n* (*pl* ～, ～**s**) 《スコ》〔鳥〕ダイシャクシギ (curlew). [C16 (imit)]
whaur /(h)wɔ́:r, (h)wá:r/ *adv, conj, n* 《スコ》 WHERE.
wha·zood /(h)wázú:d/, **waa-zooed** /wá:zú:d/ *a* *《俗》 酔っぱらった.
wheal[1] /(h)wí:l/ *n* 《蕁麻疹(じんましん)などの》はれもの, 蚊[蜂]の刺した跡, 膨疹, 丘疹; みみずばれ, むち傷 (wale). [変形 < *wale*[1]]
wheal[2] *n* 《方》《イングランド Cornwall で》(すず)鉱山. [Corn]
wheat /(h)wí:t/ *n* 小麦 (cf. BARLEY[1], RYE[1]); 小麦色, 淡黄色; [*pl*] *《俗》 WHEAT CAKES: (as) good as ～ *《口》 とてもよい. ● **separate [sort] the ～ from the chaff** 価値のあるものとないものを分ける. ◆ **～·less** *a* [OE *hwǣte* < Gmc (**hwit-* WHITE; G *Weizen*)]
whéat bèlt 〔地理〕小麦(生産)地帯.
whéat bèrry 全粒小麦.
whéat·bìrd *n* 〔鳥〕ハマヒバリ (horned lark).
whéat brèad 精白した小麦粉と精白しないものの両方を使ったパン《片方だけを使用したパンと区別していう》.
whéat bùlb flỳ 〔昆〕幼虫 (wheat bulb worm) が小麦の茎を食害する昆虫.
whéat càke 小麦粉で作るホットケーキの類.
whéat·èar *n* 麦の穂; 〔鳥〕サバクヒタキ《同属の総称》, 《特に》ハシグロヒタキ. [C16 *wheatears* (WHITE, ARSE)]
whéat·en *a* 小麦の; 小麦(粉)製の; 薄黄色の. ► *n* 小麦色《淡黄色ないし黄褐色; 犬の毛並についていう》.
whéaten térrier 〔犬〕ウィートンテリア (soft-coated wheaten terrier).
whéat gèrm 小麦麦芽(ばくが).
whéat·gràss *n* 〔植〕 COUCH GRASS.
Wheat·ies /(h)wí:tiz/ 〔商標〕ホイーティーズ《小麦のシリアル食品》.
whéat·lànd *n* 小麦生産(適)地.
Wheat·ley /(h)wí:tli/ ホイートリー **Phillis** ～ (1753?–84)《アフリカに生まれ奴隷として米国に渡った詩人》.
whéat·mèal‖ *n* 小麦ミール《製粉度が全粒粉と精白粉との中間の, 茶色っぽい小麦粉》.
whéat rùst 〔植〕小麦のサビ病; 小麦のサビ病菌.
Wheat·stone /(h)wí:tstòun; -stən/ ホイートストン Sir **Charles** ～ (1802–75)《英国の物理学者; 電報法の特許を取り, concertina を発明》.
Whéatstone('s) brìdge 〔電〕ホイートストンブリッジ《抵抗測定器》. [↑]
whéat·wòrm *n* 茎線虫《麦などの茎の中に寄生する害虫》.
whee[1] /(h)wí:/ *int* ワーイ, ワーッ, ヒャーッ(ホー)《歓喜・興奮などの叫び声》. ► *vt* [[U]～ up] *《俗》 狂喜[興奮]させる. [C19 (?imit)]
whee[2] /(h)wí:/ *n* 《俗》 しょんべん, おしっこ. [?*wee-wee*]
wheech /hwí:x, hwí:k/ 《スコ》 *vt* ひったくる, さっと取る[奪う]. ► *vi* 急ぐ, 急いで[すっとんで]行く.
whee·dle /(h)wí:dl/ *vt* 甘言で誘う[だます]: ～ sb *into doing*… だまして…させる / ～ money *out of* [(*away*) *from*] sb 甘言でだまして金を巻き上げる. ► *vi* 甘言で誘う. ◆ **whée·dler** *n* **whée·dling·ly** *adv* 甘言で, うまくだまして. [C17<? G *wedeln* to wag one's tail (*Wedel* tail)]
wheel /(h)wí:l/ *n* **1 a** 輪, 車輪; *《口》 自転車, 三輪車; [*pl*] *《俗》 自動車, くるま; [*pl*] *《俗》 足, 脚 (legs): The squeaky [squeaking] ～ gets the grease. 《諺》 いちばん文句を言う者が望むものを手に入れる, ごねた者が得をする (cf. creak 用例) / FIFTH WHEEL / MEALS-ON-WHEELS. **b** 車輪に似たもの (: PIZZA ～); 紡ぎ車 (spinning wheel); 《陶工の》ろくろ (potter's wheel); 輪転花火; 〔史〕刑車《拷問具》; [the] 《船の》舵輪(だりん), 《自動車の》ハンドル (steering wheel); 《旧式汽船の》外輪, 外車 (paddle wheel); 《ルーレットなどの》回転盤: break sb on the ～ 刑車で痛めつけて殺す. **c** 運命の車; 《時・歴史などの》反復, 変転: FORTUNE'S WHEEL / the WHEEL OF FORTUNE / at the next turn of the ～ 今度運が向けば / The ～ has come full circle. 事態は結局もとに戻った 《Shak., *Lear* 5.3.175》. **2 a** [[U]*pl*] 中枢機構, 原動力, 推進力: the ～*s* of life 人体諸器官のはたらき. **b** [[O]big ～] 《俗》 有力者, 重要人物, 大物: a *big* political ～ 政界の大物. **3 a** 輪転, 回転, 旋転; 〔軍〕《隊列を保ったままの》旋回運動: the ～*s* of gulls カモメの旋回. **b** 《歌の》畳句, リフレーン (refrain). **4** 《劇場などの》興行系統[チェーン]; 《スポーツの》リーグ. ● **(as) silly as a ～** 《豪》 ひどいばかで. **at [behind] the ～** 運転席で; 運転して, 運転中で[に]; 舵をとって; 支配力を有して[握って]: Don't speak to the man *at the* ～. 《諺》 舵輪をとる者に声をかけるな《責任をもつ者に口出しは無用》. **break a butterfly on a [the] ～＝break [crush] a fly on the ～** 何でもないことに大骨を折る, 鶏を裂くに牛刀をもってする. **go [run] on (oiled) ～s** すらすら進む, 円滑に運ぶ. **grease the ～s** 車に油をやる; 事を円滑に運ばせる. HELL ON WHEELS. **invent [reinvent] the ～** *《口》《わかりきったことや初歩的なことで》むだな努力をする, 手間ひまかけて要らぬことをする. LOCK[1] **the ～s.** **on ～s** 車輪付きの; 車に(乗って), 車で(運ばれる); ‖《口》 全くの, ひどい《嫌悪感を強調》; *《俗》 確かに, 断然. **a set of ～s** *《俗》 車 (car). **set [put] (the) ～s in motion＝start the ～s turning** 事を実行に移す, 行動にかかる. **shit on ～s** *《卑》 HOT SHIT. **spin one's ～s** *《口》 時間を浪費する, 空回りする, むだ骨を折る. **suck ～s** 《競輪俗》《空気抵抗を減らすために》前車にぴったりつける. **take the ～** ハンドル[舵輪]をとる, 運転[操縦]する; 支配する. **(the) ～s are in motion＝(the) ～s start turning** 事は実行に移された. **～s within ～s** 《外から見えない》複雑な動機[事情, 機構], 底の底にある魂胆 《*Ezek* 1: 16》.
► *vt* **1** 〈車輪の付いた物を〉動かす, 押し[引き]動かす, 運転する《特にハイスピードで》; 《車輪の付いたもので》運ぶ 〈*around, away, off, out* (*of*)〉; *〈電力などを〉送る; ‖《俗》 連れて[持って]くる. **2** くるりと返す; 回転させる; 〈隊などを〉旋回させる; ろくろで作る. **3** …に車輪を付ける.
► *vi* **1** (くるりと)向きを変える, 意見[方法など]を変える 〈*about, around*〉; (軸を中心に)回転する; 〈隊・鳥などが〉旋回する: Right [Left] ～! 〔軍〕右[左]旋回(始め)! **2** 車で行く; 〈車が〉すべるように走る; 自転車[三輪車]に乗る. ● **～ and deal** 先頭に立って自分の思うままにどんどん事を運ぶ, 敏腕をふるう, 策を弄する, 権謀術数を用いる. **～ in** 〈車輪の付いた台・ベッドなど(に載せたもの)を〉押して入れる; 〈人を〉招じ入れる. **～ out** 持ち出す, 〈人を〉かつぎ出す, 〈代わり映えしないもの[人]を〉引っ張り出す; 〈新製品などを〉公表する, 利用可能にする.
◆ **～·less** *a* **～·lìke** *a* [OE *hwēo(go)l*; cf. Du *wiel*]
whéel and áxle 輪軸《溝に同心シャフト[ドラム]が固定された単一機械; ひもに結んだ重量物を巻き揚げたりするのに使用する》.
whéel ànimal [animàlcule] 〔動〕 ROTIFER.
whéel-bàck *n* ホイールバック《輪形の背のある椅子; その輪形の背板》.
whéel·bàrrow *n* 一輪(手押し)車, ねこ車(ぐるま), ねこ (cf. HANDBARROW); 手押し車《2人一組になって一人がもう一人に両足を持ち上げてもらったまま両手で進む運動[遊び]》: (as) drunk as a ～ 《俗》 ぐでんぐでんに酔って. ► *vt* 一輪車[手押し車]で運ぶ.
whéel·bàse *n* 〔車〕軸距, ホイールベース《前後の車軸間の距離》.
whéel bèarer 〔動〕 ROTIFER.
whéel bùg 〔昆〕北米産のサシガメの一種《背部に歯車状の突起がある》.
whéel·chàir *n* 車椅子: be confined to a ～ 車椅子を使う身である.
whéelchair hòusing 〔福祉〕車椅子使用者用住宅.
whéel-clàmp *vt* 〈車〉に車輪クランプをはめる, 〈人〉の車に車輪クランプをはめる.
whéel clàmp‖ 車輪止め, 車輪クランプ《違法駐車をしている車の車輪にはめて車を動かせなくする器具》.
whéel còver 《自動車の》ホイールキャップ《特にホイール全体をおおうフルキャップ型のもの》.
whéeled *a* [[S]*compd*] (…個の)車輪のある; 車輪によって動く: four-～ 四輪の.
whéel·er *n* **1** wheel する人[もの]; 荷車ひき; 後馬(あとうま) (wheelhorse) (opp. *leader*); 車大工; *《俗》 オートバイ乗り, 白バイ警官; *《俗》 大物, 実力者. **2** [[U]*compd*] (…個の[…に])車輪のあるもの.
Wheeler /(h)wí:lər/ ホイーラー **John Archibald** ～ (1911–2008)《米国の物理学者》.

whéeler and déaler (*pl* **whéelers and déalers**) WHEELER-DEALER.

whéel·er-déal·er *n* 《口》《政治・商売で》はなばなしく腕をふるう人, やり手; 策略家, 策士. ► *vi* WHEEL and deal. ♦ **whéeler-déal·ing** *n*

whéel·hòrse *n* 《四頭立馬車の》後馬(あとうま) (=*wheeler*); *《口》堅実で有能な働き手.

whéel·hòuse *n* 〘海〙操舵室 (pilothouse); 〘考古〙ホイールハウス《スコットランド北部・西部に分布する後期鉄器時代の円形の石造住居; 内部は中心から放射状に壁で仕切られている》.

wheel·ie /(h)wí:li/ *n* 後輪走行, ウィリー《オートバイ・自転車などを前輪を上げて後輪だけで走らせる曲乗り》; 《俗》《タイヤを横すべりさせる》急な U ターン; 《豪俗》車椅子にすわっている人. ● **pop a** ~ 《口》後輪走行をする, ウィリーで走る.

whéelie [whéely] bìnᴵᴵ《ごみ収集作業を容易にするために地方税納税者に自治体が供与する》車輪付き大型ごみ箱.

whéel·ing *n* 車で運ぶこと, 自転車に乗ること; 輪転, 回転; 《車行の上からみた》道路状況; 《口》辣腕(をふるうこと), 策略 (=~ **and déaling**): good ~ よい車道.

Whee·ling /(h)wí:lıŋ/ ホイーリング《West Virginia 州北部 Ohio 川沿岸の商工業都市》.

whéel lòck 歯輪式撃発装置, 輪燧(りんすい)発機; 歯輪銃, 輪燧銃.

whéel·man /-mən/ *n* 〘海〙舵手; 《俗》《逃走車の》運転手; 《口》自転車乗り《男性》.

whéel of fórtune [the]《運命の女神の》紡ぎ車 (wheel); 回転車輪型ギャンブル装置.

whéel of lífe [the]〘仏教〙輪廻(りんね).

whéel òre 車骨鉱 (bournonite).

whéel·ràce *n* 《水車用水路の》水車が据え付けてある所.

whéels·man* /-mən/ *n* 〘海〙舵手 (helmsman).

whéel·spìn *n* 〘車〙車輪の空転, ホイールスピン.

whéel stàtic 〘通信〙車輪空電《車輪の回転で発生する静電気により自動車内のラジオに入る雑音》.

whéels·ùp *n*《俗》飛行機の離陸. [車輪を引っ込めることから]

whéel-thròwn *a* 陶工ろくろで作られた: ~ pottery ろくろ製陶器[土器].

whéel trèe 〘植〙豪州東部原産の赤色の花を車輪のスポークのようにつけるヤマモガシ科ステノカルプス属の常緑高木.

whéel wìndow 〘建〙車輪窓《車輪状の窓》.

whéel wòbble 《自動車の》前輪の振れ[がたつき].

whéel·wòrk *n* 〘機〙歯車仕掛け.

whéel·wright *n* 車大工; 車[車輪]製作[修理]業者, 《特に》自動車の車輪の修理[調整]工.

wheely /(h)wí:li/ *n* WHEELIE.

wheen /(h)wí:n/ 《スコ・北イング》*a* わずかな, 少数の (few): a ~ books わずかな本. ► *n* かなりの数[量]: for quite a ~ of years かなり久しい歳月にわたって. ● **a** ~ =a FEW[1]. [OE *hwēne* in some degree]

wheep /(h)wí:p/ *《俗》*n* 小さなコップ一杯のビール; チェイサーとしてのビール. [imit]

wheesh /(h)wí:ʃ/, **wheesht** /(h)wí:ʃt/ 《スコ》*int* シーッ, 静かに. ► *vt, vi* 静かにさせる[する]. ► *n* 静けさ. ● **Haud your ~!** 静かに!

wheeze /(h)wí:z/ *vi* ゼイゼイ[ハーハー]いう; あえぐような[ヒューと高い]音を出す. ► *vt* ゼイゼイいって話す ‹*out*›. ► *n* ゼイゼイいう音; ᴵᴵ《俗》《芸能人の》(ありふれた)ジョーク; 《俗》悪ふざけ; 《俗》言い古された格言[話など]; ᴵᴵ《俗》方便, 策略, 名案. ♦ **whéez·er** *n* **whéez·ing·ly** *adv* [? ON *hvæsa* to hiss]

wheezy /(h)wí:zi/ *a* ゼイゼイいう; 呼吸が苦しげな; 《俗》陳腐な. ♦ **whéez·i·ly** *adv* **-i·ness** *n*

whelk[1] /(h)wélk/ *n* 〘貝〙エゾバイ科の貝, 《特に》ヨーロッパバイ《食用貝》. [OE *weoloc* <? *whelk*[2]]

whelk[2] *n* 吹出物, にきび (pimple); みみずばれ (welt). [OE *hwylca* (*hwelian* to suppurate)]

whelm /(h)wélm/ *vt* 《悲しみなどで》圧倒する, おしつぶす (overwhelm) ‹*with, in*›; 《水・雪・砂などに》沈める (submerge); ᴵᴵ《方》‹皿などを›伏せる: ~*ed in* sorrow 悲嘆に暮れて. ► *vi* おおいかぶさる. ► *n* 大波, 高潮, 増水. [ME=to turn over<?OE (*hwylfan* to overturn)]

whelp /(h)wélp/ *n* **1** 犬の子, 子犬, 犬ころ; 《ライオン・クマ・オオカミなどの》子; [*derog*] ガキ, 小僧, 嫌われ者, [*joc*] チビ助; [W-] Tennessee 州人《俗称》. **2** [ᵁ*pl*] 〘海〙巻揚げ機の胴うね; スプロケットの歯. ► *vi, vt* ‹獣が›子を産む, [*derog*] ‹女が›子を産む; ‹悪事を›起こす, 始める. [OE *hwelp* puppy; cf. G *Welf*]

when /(h)wén/ *adv* **1** [疑問詞] **a** 《時を尋ねて》いつ (at what time); 《状況を尋ねて》どんな場合に (in what case): *W~* can you come? いつ来られますか / I don't know ~ it was. いつのことだったか知らない. / *W~* do you use the reflexive pronouns? 再帰代名詞を使うのはどんな場合ですか. **b** [代名詞的] いつ (what time): From [Since] ~...? いつから... / Until ~ can you stay? いつまで滞在できますか. **2** /(h)wɛn, (h)wén/ [関係詞] **a** [制限的用法] ...する[した](時): It was a time ~ motorcars were rare. 自動車の珍しい時代だった. **b** [非制限的用法] ...するとその時: Come again tomorrow, ~ I shall have more time. あすまた来てください, あすならもう少し暇がありますから / I was going to reply, ~ he cut in. わたしが返事をしかけると彼が口を出した. **c** [関係代名詞的] その時 (which time): He came on Monday, since ~ things have been better. 彼は月曜に来たが, その時以来事情は好転した. **3** かつて(不自由していたころ): I knew him ~. ● SAY ~.
► *conj* /(h)wɛn, (h)wən, (h)wén/ **1** ...する時は, その時; ...するとすぐ; ...の時はいつも (whenever): *W~* it rains, I stay at home. 雨が降ればうちにいる / He looked in ~ (he was) passing. 通りすがりに立ち寄った《主文の主語と一致する場合主語と be 動詞をしばしば略す》/ It is cold ~ it snows. 雪の降る時は(いつも)寒い. **2** ...ならば (if); その後に: You shall have it ~ you say 'please'.「どうぞ」と言ったらそれをあげよう / I'll go ~ I've had dinner. 食事を済ませたら行きます. **3 a** ...にもかかわらず, たとえ...とはいえ: He walks ~ he might ride. 乗ろうと思えば乗れるのに歩く. **b** ...を考える[思う]と: How (can you) convince him ~ he will not listen? 耳を傾けようとしないのにどうして説きつけられようか.
► *n* /ˊ/ [the] 時期, 日時, 場合: *the* ~ and where [how] of... の時と場所[方法].
[OE *hwanne, hwenne*; cf. G *wann* when, *wenn* if, L *cum*]

when·as /(h)wɛnǽz, (h)wən-/ 《古》*conj* WHEN; AS; WHILE; WHEREAS.

whence /(h)wéns/ 《文》*adv, conj* **1** [疑問詞] **a** どこから (opp. *whither*). **b** どうして, なぜ: *W~* comes it that...? ...のはどうしたわけか. **c** [疑問代名詞的] どこ: From ~ is he? 彼はどこの出身か. **2** [関係詞] **a** ...する: the source ~ (=from which) these evils spring これら諸悪の出てくる源. **b** ‹...する›そこから; ‹...する›そこへ[に]: Return ~ you come. 来たところへ帰れ. **c** [非制限的用法] (そして)そこから, (そして)それゆえに (and thence): There was no reply, ~ I inferred that they had gone. 返事がなかったので彼らは行ってしまったのだと思った. **d** [関係代名詞的に前置詞の目的語となって] ‹...する›そこ: the source from ~ it springs それの出てくる源. ► *n* 来た所, 由来, 根源: We know neither our ~ nor our whither. われわれはどこから来てどこへ行くかを知らない. [ME *whenne* (OE *hwanon*), -*s* (adv gen); cf. THENCE]

whènce·so·éver *adv, conj* 《文》[WHENCE の強調形] どこから...しても, 何からでも, なぜでも.

whenchy ⇨ WENCHY.

when·e'er /(h)wɛnέər/ *adv, conj* 《詩》WHENEVER.

when·éver *adv, conj* いかなる時も, いつでも; ...するやいなや; ...するときは必ず, ...するたびに; [疑問詞] 《口》いったいいつ (when ever): Come ~ you like. いつでも好きなときに来なさい / Should I call you around ten?—*W~*. 10 時ごろお電話しましょうか—いつでもいいよ / ~ possible [necessary] いつでも可能な[必要な]時に. ● **or** ~ 《口》あるいはいつでも(都合の良い時に).

When·eye /(h)wénaı/, **When·nie** /(h)wéni/ *n* 《俗》[*derog*] 自慢話[自分の話]ばかりするやつ. [*When I* ...]

when'll /(h)wénl/ when will の短縮形.

when·so·e'er /(h)wènsouέər/ *adv, conj* 《詩》WHENSOEVER.

whèn·so·éver *adv, conj* 《文》WHENEVER の強調形.

whe·nua /fénuə, fɛnú:ə/ *n* 《NZ》LAND. [Maori]

where /(h)wέər/ *adv* **1** [疑問詞] **a** どこに[へ, を, で]; どの点で, どんなふうに: *W~* do you live? どちらにお住まいですか / *W~* am I wrong? わたしのどこ[どの点]が悪いのか / *W~* are we? (わたしたちのいる)ここはどこですか / *W~* were we? どこまで話したっけ, 何の話をしてたんだっけ / *W~* does this lead? これはどんなことになるのか / *W~* is the good [use] of arguing? 議論したって何の役に立つものか / She knows ~ she is going. 彼女ははっきりした目的意識をもっている. **b** [疑問代名詞的] どこ: *W~* have you come from? どこからおいでになりましたか / *W~* do you come from? お国はどちらですか / *W~* are you going (to)? どこへお出かけですか《to を添えるのは口語》. **2** /(h)wɛər/ [関係詞] **a** [場所を表わす先行詞を受けて] ...する[した]‹場所›: That is the town ~ I was born. あれがわたしの生まれた町です. **b** [非制限的用法] そして, すると, そこに[で] (and there): I came to London, ~ I found him. ロンドンへ来てみると, そこに彼がいた. **c** [先行詞なしで] ...する所[点]: That's ~ it is. 《口》そこが本当の理由だ / *W~* he is weakest is in his facts. 一番の弱点は事実に暗いことだ. **d** 《口》[関係代名詞的に前置詞の目的語となって] その場所: That is the place ~ he comes from. 彼の郷里はそこなんだよ. ● **W~ away?** 〘海〙どの方角に《見張りが発見した物体・船・陸などについていう》. ~ **sb is** AT[1]. **~ it's** AT[1].
► *conj* /(h)wɛər/ ...のある[である]所[点]で[に, へ], ...する所[点]で[に]; どこに[へ]でも; 《口》WHEREAS, THAT: *W~* we are weak, they are strong. こちらの弱い点で先方は強い / You may go ~ you like [please]. 好きなところへ行ってよい.
► *n* /ˊ/ [the] その場所, そこ: *the* ~ and the why of it その場所と理由. ● **any old** ~ ⇨ any old PLACE[1].
[OE *hwǣr*; cf. Du *waar*, G *wo*, OE *hwā* WHO]

where- /(h)wὲər/ *pref* ★ 前置詞をあとにつけて複合疑問副詞

W

(whereby? ＝by what? 何によって) または複合関係副詞 (whereby ＝by which それによって) を形成するが, 今では大体《古》で形式ばった《文·詩》以外ではまれ. [↑]

whére·abòut *adv, n* 《まれ》 WHEREABOUTS.

whére·abòuts *adv* **1** [疑問詞] どの辺に (about where, near what place); [関係詞] …の場所: *W~* is the house? その家はどのあたりにあるか / I don't know ~ he lives. 彼がどのあたりに住んでいるのか知らない. **2** 《廃》 何の用で. ► *n* [〈*sg*/*pl*〉] 所在, 行方, 消息.: His ~ is [are] unknown. 彼の居所は不明だ.

where·áfter *adv* 《文》 その後, それ以来.

where·ás *conj* …であるのに(対して), ところが(事実は); [特に 法律·条約の前文で] …であるがゆえに (since). ► *n* 前口上, 但し書き; 〖法〗 前文 (preamble).

where·át 《文》 *adv* [疑問詞] 何に, 何で; [関係詞] そこに, そこで; すると, その結果: the things ~ you are displeased きみが気に入らない点.

where·bý 《文》 *adv* [疑問詞] 何によって, どうして, いかにして; [関係詞] それによって.

wher·e'er /(h)wɛəréər/ *adv* 《詩》 WHEREVER.

where·fore /(h)wέərfɔ̀ːr/ *adv* [疑問詞] なにゆえに, なぜ (why); [関係詞] そのゆえに: He was angry, ~ I was afraid. 彼は怒っていた, それだからわたしは心配だった. ► *n* [ºthe ~s] いわれ, 理由: the WHYs and (the) ~*s* / Every why has a ~. 《諺》 物事すべてに理由あり.

where·fróm 《文》 *adv* [疑問詞] どこから; [関係詞] そこから…する (from which), そこから.

where·ín 《文》 *adv* [疑問詞] どの点で[に], どこに; [関係詞] その中に, そこに, その点で (in which).

whère·in·so·éver *adv* WHEREIN の強調形.

where·ínto 《古》 *adv* [疑問詞] 何の中へ, 何に; [関係詞] その中へ (into which).

where'll /(h)wέərl/ where shall [will] の短縮形.

where·óf *adv* [疑問詞] 《文》 何の, 何について, だれの; 《古》 何で; [関係詞] 《文》 それの, それについて, その人の; 《古》 それで: He knows ~ he speaks. 彼は自分が何のことを言っているのかわかっている.

where·ón 《古》 *adv* [疑問詞] 何の上に, だれに; [関係詞] その上に (on which).

where·óut *adv* 《古》 そこから (out of which).

where's /(h)wέərz/ where is [has] の短縮形: *W~* he gone?

whère·so·é'er /-έər/ *adv* 《詩》 WHERESOEVER.

whère·so·éver *adv* 《文》 WHEREVER の強調形.

where·thróugh 《古》 *adv* [関係詞] それを通して…する (through which); それのために, それゆえに.

where·tó 《文》 *adv* [疑問詞] 何へ, どこへ, 何のために; [関係詞] それへ, そこへ, それに対して.

where·únder *adv* [関係詞] その下で[に].

where·untíl *adv* 《方》 WHERETO.

where·únto *adv* 《古》 WHERETO.

whère·upón *adv* [疑問詞] 《古》 WHEREON; [関係詞] その上に; [関係詞] そこで, ここにおいて, すると, そのゆえに, その結果, その後.

where've /(h)wέərv/ where have の短縮形.

wher·ev·er /(h)wɛərévər/ *adv* [関係詞] どこでも, どこへでも; 《口》 [疑問詞 WHERE の強調形] いったいどこに[へ, で] (Where ever?); [譲歩の副詞節を導いて] どこに…しようとも; …な場合には必ず: Sit ~ you like. どこでも好きな所におかけなさい / *W~* you go you will find people much the same. どこへ行っても人間は似たようなものだ / Ask ~ it is possible. できる場合はいつでも尋ねなさい. ● **or ~** 《口》 (そのほか)どこで[どこへ]でも.

where·wíth *adv* [疑問詞] 《古》 何で, 何によって; [関係詞] それで, それによって. ► *pron* [不定詞を従えて] 《古》 それによって…するもの: He had not ~ *to* feed himself. 食べるものがなかった. ► *n* 《まれ》 WHEREWITHAL.

whére·withàl *adv* 《古》 WHEREWITH. ► [ºthe] *n* 必要な資力, 手段, 金; *《俗》 動機, やる気. ► *pron* WHEREWITH.

wher·ret[1], **-rit** /(h)wɔ́ːrət/ 《方》 *n* 平手打ち. ► *vt* 平手で打つ. [?imit]

wherret[2], **-rit** 《米では方》 *vi, vt* 悩む, 悩ませる, 気をもむ[もませる]; 嘆く. [? *thwert* (obs) THWART; cf. WORRIT]

wher·ry /(h)wέri/ *n* 渡船, はしけ; *一人乗りのスカル; ‖平底の大型川舟. ► *vt* はしけで運ぶ. [ME<?]

whérry·man‖ /-mən/ *n* 平底荷舟の船頭[水夫].

whet /(h)wέt/ *vt* (**-tt-**) とぐ, 磨く (sharpen); 〈食欲などを〉刺激する, そそる: ~ one's whistle＝WET one's whistle. ► *n* 研磨; 刺激(物), 《特に》一杯の酒; 《方》 《一度といでから次にとぐまでの》 鎌の使用期間; 《方》 時間, 間; 《方》 ひと仕事, ひとしきり. [OE *hwettan*; cf. G *wetzen*]

wheth·er /(h)wéðər/ *conj* **1** [間接疑問の名詞節[句]を導いて] …かどうか, …かまたは《古くは直接疑問文をも導いた》: He asked ~ he could help. 手伝わせてもらえるかと尋ねた / I don't know ~ he is at home or (~ he is) at the office. 自宅にいるか事務所にいるか知らない / Tell me ~ he is at home (or not). 在宅かどうか教えてください / I am doubtful (as to) ~ it is true. 本当かどうか(について)疑問がある / He wondered ~ or not to go [~ to go or not]. 行くべきかどうか考えた. **2** [譲歩の副詞節を導いて] …であろうとなかろうと(いずれにせよ): ~ for good or for evil よかれあしかれ / *W~* or not he comes (＝*W~* he comes or not), the result will be the same. 来ようが来まいが結果は同じだろう. ● **~ or no** [**not**] いずれにせよ, どっちみち, 必ず; …かどうか. ► *pron* 《古》 二者のうちいずれ[どちら]か. [OE *hwæther, hwether* which of two; cf. G *weder* neither]

whét·stòne *n* 砥石(といし); 刺激物, 興奮剤, 激励者, 他山の石.

whét·ter *n* WHET する人[もの].

whew /çúː, (h)wjúː, hjúː, ÿː/ *vi* 口笛のような[ヒューという]音を出す; ヒャーという. ► *n* 口笛のような音, ヒューという音; [〈*int*〉] ヒュー, フーッ, ヒャー, ヒェーッ, ハー, やれやれ《驚き·狼狽·不快·失望·疲労感·安堵·喜びなどの発声》. [imit]

whey /(h)wéɪ/ *n* ホエー, 乳漿, 乳清. ♦ **~·lìke** *a* [OE *hwæg*; cf. Du *hui*]

whey·ey /(h)wéɪi/ *a* ホエーからなる[を含む, のような].

whéy-fàce *n* 顔の蒼白な[青白い]人; 蒼白な顔色. ♦ **whéy-fàced** *a*

which /(h)wítʃ/ *pron* **1** [疑問詞] **a** どちら, どれ, どの人: *W~* do you like best? どれがいちばん好きですか / *W~* of these bikes is yours? これらの自転車のなかであなたのはどれですか / know [tell] ~ is ~ どれがどれか[どの人がどの人か]区別がつく. **b** [間接疑問を導いて]: Say ~ you would like best. どれがいちばん好きか言ってごらん. **2** /(h)wɪtʃ/ [関係詞] **a** [物を表わす先行詞を受けて] …する[した]〈もの·こと〉: This is the book ~ I chose. これがわたしの選んだ本です. ★ 先行詞が官庁·団体などの場合, 見方によって who または which で応ずる. **b** [人を表わす先行詞を受けて] 《古》/《非標準》 …する[した]〈人〉 (who, whom): our Father ~ art in heaven 天にまします我らの父 《*Matt* 6: 9》. **c** [非制限的用法] そしてそれは[それを], しかしそれは[それを]: There was a difficulty, ~ we had not foreseen. 難点があったが, それを予測していなかった. ★ (1) しばしば 先行する文またはその一部を受ける: He said he saw me there, ~ (＝but it) was a lie. そこでわたしを見たと言ったがそれはうそだった / She refused to come, ~ was quite a surprise. 来るのを断わったが, それは全く意外だった / Whenever the two meet, ~ is not often, they talk of the good old times. 二人が会うと, それもめったにないが, 話はいつもよき昔の時代のことである. (2) (1) の最初の 2 例では which 以下の節が独立して Which… となることもある. **d** [先行詞を略して]: Point out ~ is yours. きみのがどれか指してごらん. **e** [先行詞なしで] WHICHEVER: Take ~ you like. 好きなのを取りなさい. **f** [the] 《古》 WHICH. ● **that ~**…するもの《これはかたくるしい表現で, 今は通例 what を用いる》: *That* ~ (＝What) you say is true. きみの言うことは本当だ. ► *a* **1** [疑問詞] **a** どちらの, どの, いずれの: *W~* boy won the prize? 入賞したのはどの子でしたか / *W~* book do you prefer? どちらの本を選びますか. **b** [間接疑問の節を導いて]: I don't know ~ team won the game. どちらのチームが勝ったか知らない / Say ~ book you prefer. どちらの本がいいの. **2** /(h)wɪtʃ/ [関係詞] そして[だが]その; [the] 《古》 ＝WHICH: I said nothing, ~ fact made him angry. わたしは黙っていたが, そのことが彼を怒らせた / He may not finish his work, in ~ case we'll have to leave without him. 彼は仕事が終わらないかもしれない. もしそうなら彼抜きで出発せざるをえないだろう. [OE *hwilc* (WHO, *-ly*[2]); cf. G *welch*]

Which? ⇨ CONSUMERS' ASSOCIATION.

whích·awày* 《口·方》 *adv* [疑問詞] どこへ[に], どこで; どのように(して); [関係詞] (…する)どんな仕方でも. ● **every ~** 乱雑に, ごちゃごちゃに.

which·ev·er /(h)wɪtʃévər/ *pron, a* [関係詞] どちら(の…)でも, どれでも; [譲歩の副詞節を導いて] いずれにせよ; [疑問詞 WHICH の強調形] 《口》 いったいどちらが[を] (which ever?): Buy ~ (hat) you like. どちら(の帽子)でも好きなのを買いなさい / *W~* side wins, I shall be satisfied. どちら側が勝とうと満足だ.

whìch·so·éver *pron, a* 《古》 WHICHEVER の強調形.

whick·er /(h)wíkər/ *vi* クスクス笑う; (静かに)いななく. ► *n* クスクス笑い; (静かな)いななき. [imit]

whid[1] /(h)wíd/ *vi* (**-dd-**) 《スコ》 音もなくさっと[すばやく]動く. [?ON *hviða* squall]

whid[2] *n* 《スコ》 うそ, 偽り (lie); 《スコ·英廃俗》 語, ことば (word). ► *vi* 《スコ》 うそをつく, ほらを吹く. [?OE *cwide* speech]

whidah ⇨ WHYDAH.

Whíel·don wàre /(h)wíːldn-/ ホイールドン焼き《英国の陶芸家 Thomas Whieldon (1719–95) 製作の上質陶器; 色釉の使用による大理石や鼈甲(べっこう)に似た効果が特徴》.

whiff[1] /(h)wíf/ *n* **1 a** ひと吹き; 一服のタバコの煙; 《煙·ガスなどを》吸い込むこと; 巻きタバコ, 小さい葉巻; 《俗》 コカイン: take a ~ or two (タバコを)一二服吸う. **b** プンとくる匂い 〈*of*〉; わずかな形跡[気配], 気味, 匂い: catch [get] a ~ of…の匂い[気配]を感じる. **c** フーッ[ヒューッ]という音; 軽い立腹; 《散弾の》 発射; *《口》 《ゴルフ·野球などで》 空振り, 三振. **2** ‖アウトリガーの付いた競走用軽ボート. ► *vi* **1** 〈風·煙などが〉ふわっと来る[流れる]; プッブッと吐く[吸う]; 匂いをかぐ; 《俗》 コカインを鼻から吸う; ‖《口》 悪臭を放つ, 鼻をつく, プンと匂う. **2**

ヒューと軽い音をたてる; *«口» 空振り[三振]する. ► *vt* **1** プッと吹く[吹き付ける, 吹き送る, 吹き出す]; 〈空気・煙などを〉プッブッと吐く[吸う]; 〈葉巻・パイプを〉くゆらす; 鼻でかぐ. **2** *«口» 〈打者を〉三振させる. [C16 (?imit); cf. ME *weffe* WHIFF]

whiff² *n* 〘魚〙北大西洋産のヒラメ科の一種 (megrim). [C18<?]

whiff³ *vi* 水面近く餌を引いて釣る. [C19 ?*whiff*¹]

whíff·er *n**«俗» フルート《特にプログレッシヴジャズの》.

whif·fet* /(h)wífət/ *n* 小犬; «口» 取るに足らぬ人, 若造; 軽く吹くこと, ひと吹き.

whif·fle /(h)wíf(ə)l/ *vi* 〈風が〉さっと[ヒュッと]吹く; 〈葉・炎が〉揺れる; 〈考えなど〉ぐらつく, ふらふらする; いいかげんなことを言う; ヒュッヒュッという音を発する. ► *vt* 吹き払う; 〈旗などを〉振り動かす; 〈船を〉あちこち向ける; 〈言行を〉ぐらつかせる. ► *n* ひと吹き, 揺らぎ; ヒュッヒュッという音; つまらないもの.

whíffle·bàll *n* ホィッフルボール《あまり飛ばないように穴をあけた中空のプラスチックボール; もとゴルフ練習用》.

whíffle·bòard *n**«俗» PINBALL MACHINE.

whíf·fled *a* «俗» よろよろする, 酔っぱらった.

whíf·fler¹ˡˡ /(h)wíflər/ *n* 《行列の》露払い, 先払い《侍者》.

whiffler² *n* 意見[方針]を次々変える人; 議論をごまかす人.

whíffle·trèe *n* 馬具の引革を結びつける横木.

whiff·low /(h)wíflou/ *n* «俗» 何とかいうもの[装置], あれ.

whíff-snìff·er, wíff-snìff·er /wíf-/ *n**«俗» 人の息に酒の匂いをかぎつける者, 禁酒主義者 (prohibitionist).

whíffy *a* «口» プンと匂う.

whig /(h)wíg/ *vi* (**-gg-**) «スコ» ゆっくり進む (jog along).

Whig *n* **1 a** 〘英史〙ホイッグ党員. **b** [the ~s] ホイッグ党《17–18 世紀に台頭した議会主義政党で, TORY 党と対立; ⇨ LIBERAL PARTY》. **2** 〘米史〙ホイッグ党員《**1**) 独立革命当時の独立派 **2**) 1834 年ごろ成立し, Democratic Party (民主党) と対立した政党の党員》. **3** 〘スコ史〙ホイッグ《17 世紀スコットランドの長老派の人》. ► *a* ホイッグ党(員)の; ホイッグ史観の (Whiggish).
♦ **Whíg·gism** *n* [*Whigg*amores (*whig* to drive, MARE¹); 1648 年スコットランドの叛徒で Edinburgh に進軍したメンバー]

Whíg·gery *n* ホイッグ主義; ホイッグ党; ホイッグ党員《集合的》.

Whíg·gish *a* ホイッグ党[主義]的な; ホイッグ的な《歴史は必然的な進歩の道をたどると考え, 過去を現在に照らして評価する史観にいう》.

whig·ma·lee·rie, -ry /(h)wìgməlíəri/ *n* «スコ» 気まぐれ (whim); 風変わりな[奇抜な]仕掛け[装置, 飾り]. [C18<?]

while /(h)wáɪl/ *n* **1** 間, 時間; 暫時; «古・方»《特定の》時, 場合; [the or one's] 時と労, 時間と骨折り: a long ~ 久しく, 長い間 / a good [great] ~ かなり長い間 / all the ~ その間ずっと, 始終; …している間ずっと / between ~*s* 合間に, 折々 / for a [one] ~ しばらくの間 / in a (little) ~ 間もなく, すぐに / There were ~*s* when…した時も(何度か)あった, 折々…したことがあった. **2** [the, ‹*adv*›] その間, 同時に; [‹*conj*›] «詩» …の間《この意味ではしばしば whilst》.
● **After ~ (, crocodile).** «口» じゃあまた《See you later(, alligator). への応答として使う》. **at ~s** 折々, 時々. **a ~ ago** 少し前に[は], 今しがた. **a ~ back** 数週間[数か月]前に[は], この間, 先だって. ONCE **in a ~.** WORTH¹ sb's **~.**
► *conj* /(h)waɪl, (h)wáɪl/ **1** …する間, …するうち, …と同時に: *W~* there is life, there is hope. «諺» 生命があるかぎり希望もある. ★ 主文の主語と一致する場合主語と be 動詞をしばしば略す: *W~* (I was) reading, I fell asleep. **2** [譲歩・対照を示して] …のに, しかるに, ところが一方, 同時に; …とはいえ; おまけに, それ以上に, そして: *W~* I appreciate the honor, I cannot accept the appointment. 名誉なこととは存じますがその任命はお受けいたしかねます. **3** «古・北イング» UNTIL.
► *adv* [関係詞, the period を先行詞にして] …の間の: the period ~ the creature remains alive その生物が生きている間.
► *prep* /(h)waɪl/ «古・北イング» UNTIL.
► *vt* /—́/ 〈時を〉ゆったりと[のんびり, 楽しく]過ごす ‹*away*›.
► *vi* «古» 〈時が〉単調に流れる, 過ぎ行く.
[OE *hwīl* space of time; cf. G *Weile*]

whiles /(h)wáɪlz/ *conj* «古» WHILE. ► *adv* «スコ» 時に, 時々, 折々 (sometimes).

While shépherds wátched their flócks by níght 「ひつじをこうものよるまきばにて」《クリスマスに歌われる賛美歌》.

whilk /(h)wílk/ *pron, a* «古・方» WHICH.

whil·li·kers /(h)wíləkərz/, **whil·li·kins** /-kənz/ *int* «口» おや, まあ!《gee や golly のあとで強意的に驚き・喜びなどを表わす》. [?]

whi·lom /(h)wáɪləm/ *a* 以前の, 昔の: a ~ friend 旧友. ► *adv* «古» かつて, 以前に, 往時 (formerly). [ME=at times<OE (dat)‹ *hwīl* WHILE]

whilst /(h)wáɪlst/ *conj* ˡˡWHILE; «古» UNTIL. ► *n* «古» WHILE.

whim /(h)wím/ *n* 気まぐれ, むら気, でき心, 移り気; 〘鉱〙《馬で動かす》巻揚げ機 (=~ **gìn**): full of ~*s* (and fancies) 気まぐれな, 酔狂な / take [have] a ~ *for* reading 本でも読んでみる気になる / on a ~ 思い立って / at sb's ~ 人の気まぐれで. ► *vt, vi* (**-mm-**) 気まぐれに欲する. [C17‹?*whim*-wham]

whim·brel /(h)wímbrəl/, **wim-** /wím-/ *n* 〘鳥〙チュウシャクシギ. [?imit]

whimp /(h)wímp/ *n, vi* WIMP¹.

whim·per /(h)wímpər/ *vi* (ウーン・クーンなどと)ぐずるように[訴えるように, 哀れっぽく]泣く[鳴く]; しくしくする, べそをかく, 哀れっぽく訴える ‹*about, over, for*›; ブツブツ不平を言う; 〈風・小川など〉低くもの悲しい音をたてる. ► *vt* 悲しそうに[訴えるような声で]言う. ► *n* すすり泣き, 鼻を鳴らす音, 哀れっぽい声[鳴き声]; 哀訴; 嘆願, 苦情, 異議.
● **not with a bang but a ~** はなばなしくはなく消え入るように《T. S. Eliot, *The Hollow Men* から》. ♦ **~·er** *n* **~·ing·ly** *adv* 訴えるように, すすり泣くように. [*whimp* (dial)‹ imit]

whim·si·cal /(h)wímzɪk(ə)l/ *a* 気まぐれな (fanciful), むら気な; 風変わりな, 変な, 妙な, 奇抜な, 異様な. ♦ **~·ly** *adv* **~·ness** *n*

whim·si·cal·i·ty /(h)wìmzɪkǽləti/ *n* 気まぐれ(性), むら気なこと; 気まぐれなことば, 奇想, 奇行.

whim·sy, -sey /(h)wímzi/ *n* 気まぐれ, もの好き; 奇抜なことば[考え, 行動]; 奇抜なもの[作品]. ► *a* WHIMSICAL. ♦ **whím·sied** *a* WHIMSICAL.

whímsy-whám·sy /-(h)wǽmzi/ *n**«俗» WHIM-WHAM.

whim-wham /(h)wím(h)wæ̀m/ *n* 奇妙なもの《飾り・服など》; 気まぐれ; «古» おもちゃ (toy); [the ~s] *«口»《神経の》興奮, そわそわ, びくびく (the jitters). [C16<?]

whin¹ /(h)wín/ *n* 〘植〙GORSE. [? Scand; cf. Norw *hvine* bent grass]

whin² *n* 著しく固い岩石, WHINSTONE. [ME<?]

whín·chàt *n* 〘鳥〙マミジロノビタキ《欧州産》.

whine /(h)wáɪn/ *n* 《犬の》(クーンなどという)哀れっぽく鼻を鳴らす声; 《子供などの》むずかる声; ぐずり, 泣きごと, ぐち; 《サイレン・蚊・弾丸・風などの》かん高い音, 金属的な響き. ► *vi* クーンと鳴く, ウーンと泣く; 訴えるような声[哀れっぽい声, かん高い音]を出す[出して飛ぶ]; むずかる, ぐずる, 泣きごと[ぐち]を言う ‹*about*›. ► *vt* 哀れっぽく[訴えるように, ぐずるように]言う ‹*out*›. ♦ **whín·er** *n* **whín·ing·ly** *adv* [OE *hwīnan* to whiz; cf. Swed *hvija* to scream]

whing-ding ⇨ WINGDING.

whinge /(h)wínʤ/ *vi, n* ˡˡ«口» 泣きごと(を言う), ぐち(をこぼす) (whine). ♦ **whíng·er**¹ *n* **whíng(e)y** *a* [OE *hwinsian*]

whing·er² /(h)wíŋ(g)ər, -nʤər/ *n* «スコ» 短剣, 短刀.

whing·er³ /(h)wíŋ(g)ər/ *n**«俗» どんちゃん騒ぎ, らんちきパーティー (wingding).

whin·ny¹ /(h)wíni/ *a* エニシダの茂った. [*whin*¹]

whinny² *vi, vt* 〈馬が〉静かに[うれしげに]いななく, ヒンヒンいう; いななきのような声[音]を出す; いななき(のような)声で表わす. ► *n* いななき; いななきのような声[音]. [imit; cf. WHINE]

whín·sìll *n* WHINSTONE.

whín·stòne *n* 玄武岩, 角岩, トラップ《俗称》;《一般に》緻密で硬質の黒ずんだ岩石.

whiny, whin·ey /(h)wáɪni/ *a* めそめそした[泣く], 泣きごとを言う.

whip /(h)wíp/ *v* (**-pp-**) *vt* **1 a** むち打つ, 打擲(ちょうちゃく)[折檻]する; 〈こまを〉むち打って回す; 〈雨などが窓・顔などを〉打つ: ~ sb across the face 人の顔をむちで打つ. **b** 〘料理〙〈卵・クリームなどを〉強くかきまわして泡立てる, ホイップする ‹*into*›. **c** 〈川など〉でたたき釣りをする. **2** 励ます, 鞭撻(べんたつ)する, 刺激する; 〈議員などを〉結集[結束, 集合]させる, 駆り集める ‹*in, into* line, *together*›; 激しく非難する: ~ the mob *into* a frenzy 群衆をあおって熱狂させる. **3** «口» …に勝つ, 打ち負かす. **4** 急に動かす, ひったくる, ひっつかむ; さっと投げる ‹*out, away, off, up,* etc.›; «俗» ひと息に飲む ‹*off, up*›; ˡˡ«口» 盗む, とる: ⇨ 成句. **5** 〈ロープの端・棒など〉に糸[ひもなど]を巻きつける; 〈糸・ひもなどを〉(きちんと)巻きつける; 〈縫い目を〉かがる. **6** 〘海〙〈石炭などを〉滑車で引き揚げる.
► *vi* **1 a** むちを使う, 折檻する; 〈雨・風が〉たたきつけるように降る[吹く]. **b** たたき釣りをする. **2** 急に動く, 突進する, すっ飛んで行く, はね入る[出る] ‹*down, into, out,* etc.›; はためく: ~ *behind* the door 戸の後ろにさっと隠れる / ~ *round* the corner 角をさっと曲がる. ● **~ around** 急に振り向く[向きを変える]; 勧誘する; 集金する, 〈寄付などを〉集めてまわる ‹*for*›. **~ away** 払いのける, さっと片付ける; ひったくる ‹*from* sb›. **~ back** 〈枝・扉などが〉はね返ってくる. **~ in** 〈猟犬などを〉むちで呼び集める[散らないようにする]; 〈議員〉に登院を励行させる. **~…into line** 〈人を〉きびしいやり方で従わせる (cf. *vt* 2). **~…into shape** 鍛えて[磨いて]望みのものに仕上げる[ものにする]. **~ off** むちで追い払う, 〈猟犬を〉むちで追い散らす; さっと[急いで]書きあげる[作りあげる], 手早く済ませる ‹*for, to*›; «口» 〈飲食物を〉かっこむ, 片付ける, 平らげる; 急に連れ去る; 荒っぽく[ぱっと]脱ぐ; 急に出発する. **~ on** むち打って進める[せきたてる]; さっと着る[はおる, ひっかける]. **~ out** 〈…から〉急に引き出す, 〈剣・ピストルなどを〉抜き放つ ‹*of*›; さっと作り出す; だしぬけに言う; *«俗» 握手をする, 挨拶の身振りをする. **~ over** «口» 急送する ‹*to*›. **~ the devil around the stump** 直接手段ではできないことを間接手段によって達成する. **~ the dog** *«海俗» 仕事をサボる. **~ through…** «口» すばやく簡単に〈仕事〉を片付ける. **~ up** 〈馬などを〉むちをあてて飛ばす; すばやくつかむ; 集める; 〈興味などを〉刺激する; あおりたてる, 興奮[憤慨]させる ‹*to*›; «口» 手早く作りあげる[用意する].

► *n* **1** むち; むちの音, むちを打つこと[動作]; むち打ちの傷跡: crack a ～ むちを入れる / ～ and SPUR. **2 a** むちを扱う人, 御者; 猟犬指揮係 (whipper-in). **b** 〘政〙《議会の》院内幹事 (＝party ～), 副院内総務《自党議員の登院などを督励し (floor [majority, minority]) leader を補佐; cf. CHIEF WHIP》; 〘英〙登院命令(書); 《党の》規律, 指令; [the] 〘英〙《党規遵守義務のある》党員資格[身分], 党籍: a one [two, three]-line ～ 〘英〙《採決の際など党議員に出す》登院要請[登院命令, 登院厳重命令](書) / withdraw the ～ from… 〘英〙〈造反議員など〉の党議拘束を解く《実質的な党籍剥奪ないし停止処分として; cf. WHIPLESS》. **3** 〘料理〙ホイップ《(1) 卵白・クリームなどを泡立てること 2) ホイップした卵・クリームなどで作るデザート》; 泡立て器. **4** 小滑車《SINGLE WHIP および DOUBLE WHIP》; 《風車の》翼. **5** 〘電〙WHIP ANTENNA; 〘楽〙《打楽器の》むち; 振動して作動するもの《ばねなど》. **6** 《ロープなどの》端止め, ホイップ. **7** しなやかさ, 弾力性, 柔軟性. **8** 急な方向転換・急停車などをする車を連結した遊園地の乗物. **9 a** 〘レス〙ホイップ《つかんだ腕を軸に相手を回して投げる技》. **b** 〘釣〙たたき釣り. **c** まだ枝分れしていない細長い芽. ● **a fair** CRACK **of the ～.** **crack the ～** 《口》きびしく支配[命令]する. **～s of…** [〈*sg*〉]《豪口》たくさんの…, …をどっさり.
♦ **～·lìke** *a* **whíp·per** *n* [?MLG and MDu *wippen* to sway, leap]

whíp antènna [àerial] ホイップアンテナ, 鞭形空中線《自動車や無線機などの導体棒 1 本だけのむちのようにしなるアンテナ》.

whíp·bird *n* 〘鳥〙**a** COACHWHIP BIRD. **b** モズヒタキ《豪州産》.

whíp·còrd *n* むちなわ; 腸線, ガット; ホイップコード《急斜文の縦糸の出た綾織物》; 〘植〙葉がむちのような海藻, ツルモ, ナガマツモ. ► *a* 〈人・筋肉などが〉ピンと張りつめた, 引き締まった.

whíp·cràck *n* ピシッとむちを打ち鳴らすこと[音].

whíp cràne 《船で荷役に使う》滑車付き簡易起重機.

whíp·fìsh *n* 〘魚〙ハタタテダイ《背びれのとげが 1 本むちのように長い》.

whíp·gin *n* 綿繰り機.

whíp gràft 〘園〙舌接ぎ (＝*tongue graft*)《接ぎ穂と台木の接合面が舌で食い込み合うように接ぐ》. ♦ **whíp-gràft** *vt*

whíp hànd むちを持つ手, 右手; 優位: get [have] the ～ *of* [*over*]…を支配[左右]する.

whíp·làsh *n* 《むちの先の》むちひも; 痛打, 鞭撻, 衝撃; むち打ち症[損傷, 傷害] (＝～ **ìnjury**). ► *vt* むち打つ, [*fig*] 痛めつける. ► *vi* ビュンとしなう[振れる], 風を切る.

whíp·less[11] *a* 〈国会議員が〉党員身分[党籍]を剝奪[停止]された, 離党した.

whíp-òut *n**《俗》金, 初めての支払い[投資], 手付金.

whíp pàn ホイップパン《カメラをすばやくパンさせながらする撮影; ぼやけた像を生む》. ♦ **whíp-pàn** *vi*

whipped /(h)wípt/ *a* むち打たれた; 泡立てた, ホイップした〈クリームなど〉; 打ちのめされた(ような); [ᵒ～ up]*《俗》疲れきった; *《俗》酒のまわった, 酔っぱらった; *《俗》すばらしい, 調子がよい (great).

whípper-ín *n* (*pl* **whíppers-ín**) 〘狩〙猟犬指揮係; 〘議会〙院内幹事 (whip).

whip·per·snap·per /(h)wípərsnæ̀pər/ *n* 《口》小さな[取るに足らない]人物, こしゃく[小生意気]なやつ, 若造.

whip·pet /(h)wípət/ *n* 〘犬〙ホイペット《greyhound と terrier を交配した小型犬; ウサギなどの狩りまたは競走用》; 《第一次大戦時に連合軍が用いた快速の》軽戦車, 豆タンク (＝～ **tànk**). [?*whippet* (obs) to move briskly〈*whip it*〉]

whíp·ping *n* **1** むち打ち(の刑罰); 急に動く[飛びかかる]こと; むちのようにしなうこと; 〘料理〙泡立て; 〘釣〙たたき釣り; 《口》敗北. **2** 細かいかがり縫い; 糸やひもを巻きつけること; 《ロープの》端止め(材料).

whípping bòy 〘史〙王子の学友で代わってむち打たれる少年; 身代わり, 犠牲 (scapegoat).

whípping crèam 〘料理〙ホイッピングクリーム《平均 36% の乳脂肪を含む, 泡立てるのに適したクリーム》.

whípping pòst 〘史〙むち打ち刑の罪人を縛りつけた柱.

whípping tòp むち(打ち)独楽(ごま).

Whip·ple /(h)wíp(ə)l/ ホイップル **George H(oyt)** ～ (1878–1976)《米国の病理学者; ノーベル生理学医学賞 (1934)》.

whip·ple·tree /(h)wíp(ə)ltri/ *n* WHIFFLETREE.

whip·poor·will /(h)wípərwìl, ─ ─ ⁄; (h)wípuwìl/ *n* 〘鳥〙ホイップアーウィルヨタカ《北米・中米産》; 《ニューイング》〘植〙アツモリソウ属の一種. [imit]

whíp·py *a* WHIP の(ような); 弾力性に富む, しなやかな; 《口》快活な, きびきびした. ♦ **whíp·pi·ness** *n*

whíp rày 〘魚〙アカエイ (stingray).

whíp-ròund[11] *n* 《口》《通例 慈善の》寄付勧誘, 募金.

whíp·sàw *n* 細身の長のこ; 横びきのこ《2 人用》. ► *vt* **1** whipsaw でひく; *〘トランプ〙《faro などで》…にダブルパンチを与える; *…に両面から[二重に]苦しめる[勝つ], 敵どうしが結託して…を負かす, …を競合させて漁夫の利を得る; *〈投資家を〉両損させる《値動きが激しいとき, 相場が下がる直前に買い, 上がる直前に売ってしまい損を重ねる》. **2** *《俗》やすやすと打ち負かす; *《俗》ひどく打ちのめす; *《俗》〈仕事を〉さっさと[やすやすと]仕上げる. ► *vi* whipsaw をひく; (前後に)揺らぐ; *結託して勝つ, 競合させる.

whíp·sàwed* *a* 両損をした (⇨ WHIPSAW).

whíp scòrpion 〘動〙サソリモドキ, ムチサソリ (＝*scorpion spider*).

whíp snàke 〘動〙尾がむちのように細いヘビ《ユーラシアのイエローグリーンレーサー, 北米のバシャムチヘビ (coachwhip snake), 豪州のムチコブラ属の一種など》.

whíp stàll 〘空〙*n* 急失速《急上昇した時, 機首が急激に下がり失速すること》. ► *vi, vt* 急失速する[させる].

whíp·ster *n* WHIPPERSNAPPER; むちを使う者.

whíp·stìtch *n* かがり縫い; *《口》瞬時. ● **(at) every ～** ちょくちょく, しょっちゅう. ► *vt* かがる (overcast).

whíp·stòck *n* むちの柄; 〘石油〙ホイップストック《油井に下ろしてビットの掘進方向を変えるのに用いる逆くさび形の器具》. ► *vi, vt* ホイップストックを用いて掘る.

whíp·tàil, whíp-tàiled lízard *n* 〘動〙ハシリトカゲ《同属のトカゲ; 北米・南米産》.

whíp tòp WHIPPING TOP.

whíp·wòrm *n* 〘動〙鞭虫(べんちゅう)《ヒトなどの腸の寄生虫》.

whir, whirr /(h)wə́ːr/ *vi, vt* (**-rr-**) ヒュー[ブーン]と飛ぶ, ヒューと[ウィーンと, ブンブン]回る[回す]. ► *n* ヒューという音, ブンブン[ウィーンと]回る音; 《気持の》動揺; 荒々しい動き. [? Scand (Dan *hvirre* to whirl)]

whirl /(h)wə́ːrl/ *vt* **1 a** ぐるぐる回す; 旋回させる; 渦巻かせる; かきまわす; ぐるりと[くるくると]運ぶ[送る]; 《古》…にめまいを起こさせる; 《廃》〈飛び道具を〉回して投げる. **b** 振り向かせる, …の向きを急に変えさせる〈*around*〉. **2** 目のくらむ速さで運ぶ[送る, 乗せて行く]. ► *vi* **1** ぐるぐる回る; 旋回する; 渦巻く; 急に向きを変える[振り向く]〈*around, about*〉; くるっと回る; めまいがする. **2** 大急ぎで歩く[通る, 進行する], 疾走する〈*away*〉. **3** 〈考え・感情など〉相次いで浮かぶ, しきりに湧(わ)く. ► *n* **1 a** [ᵒa ～] 回転, 旋回; [ᵒ*pl*] ぐるぐる回るもの, 渦巻; 旋風; 〘植・動〙WHORL. **b** 精神の混乱, 乱れ, めまい; めまぐるしさ, あわただしさ, 《できごと・会合などの》連続〈*of*〉. **2** さっと歩いて[走って, 車で]行くこと. **3** 《口》試み, 企て (trial). **4** 渦巻形の菓子. ● **give** sth **a ～** 《口》試みる, やってみる. **in a ～** 旋回して; 混乱して, 〈頭が〉くらくらして. ♦ **～·ing·ly** *adv* [(v) ON *hvirfla*, (n) MLG and MDu *wervel* spindle; cf. G *Wirbel* whirlwind, OE *hwyrflung* revolving]

whírl·about *n* 旋回(作用); WHIRLIGIG.

whírl·er *n* 旋回するもの; くるくる踊るもの; 仕上げろくろ.

whirl·i·gig /(h)wə́ːrlɪgɪg/ *n* くるくる回るおもちゃ《こま・風車(かざぐるま)など》; 回転木馬; 気まぐれな[上っ調子な]人; 回転運動; 輪廻(りんね), 変転; 〘昆〙WHIRLIGIG BEETLE: the ～ of time 時運の変転. [ME (WHIRL, GIG)]

whírligig bèetle 〘昆〙ミズスマシ.

whírl·ing dérvish 〘イスラム〙踊る托鉢僧 (dervish).

whírl·pòol *n* 《川・海などの》渦, 渦巻; 混乱, 騒ぎ; 巻き込む力; WHIRLPOOL BATH.

whírlpool bàth 《水治療法で使う》渦流浴(の浴槽[装置]), ジャクージ(バス) (Jacuzzi).

whírl·wìnd *n* 旋風; 《感情の》あらし; 秩序のないめまぐるしい進展; 破壊的要因; せかせかした人; [〈*a*〉] あっという間の, あわただしい: a ～ visit. ● **ride (in) the ～** 〈天使が〉旋風を御する; 動乱を乗り切る, 風雲に乗ずる. **(sow the wind and) reap the ～** 悪事をはたらいてその何倍もひどいめにあう《*Hos* 8: 7》. ► *vi* 旋風のように動く.

whírly *a* ぐるぐる回る; 渦巻く. ► *n* 小旋風.

whírly·bìrd *n* 《口》ヘリ(コプター), バタバタ.

whirr ⇨ WHIR.

whir·ry /(h)wə́ːri, (h)wʌ́ri/ 《スコ》*vt* 速やかに運ぶ. ► *vi* HURRY.

whish /(h)wíʃ/ *n* [〈*int*〉] シューッ(という音)《速い動きを表わす》. ► *vt* 速く走らせる[動かす]. ► *vi* シューッと音をたてる; シューッと音をたてて進む[動く]. [imit]

whisht /(h)wíst, (h)wíʃt/ *int, vt, vi, n, a* 《スコ・アイル》WHIST².

whisk /(h)wísk/ *n* **1 a** 《鶏卵・クリームなどの》泡立て器. **b** 《毛・わら・小枝などで作った》小ぼうき, はたき; WHISK BROOM. **c** 《乾草・わら・剛毛・羽毛などの》束〈*of*〉. **2** はたくこと; 《鳥獣の翼・尾などでの》ひと払い; 《高速列車などの》ひとっ飛び. ► *vt* **1** 〈ちり・ハエなどを〉さっと[パッと]払う, 払いのける, はたく〈*away, off*〉; 〈人・物を〉さっと運ぶ[動かす, 引き寄せる, つかみ取る], さっと片付ける[取り除く]〈*away, off*〉; 〈尾・むちなどを〉(払うように)振る, 振りまわす: ～ a visitor *around* from place to place 訪問者をあちこち連れまわす. **2** 〈卵・クリームなどを〉泡立てる〈*up*〉. ► *vi* さっと[すばしっこく]動く[行く, 走る, 消える]. ► *int* サッ, パッ!《突然のすばやい動きを表わす》. [?Scand (ON *visk* wisp, Swed *viska* to whisk (off)); cf. G *Wisch*]

Whis·kas /(h)wískəz/ 〘商標〙ウィスカズ《英国製のキャットフード》.

whísk bròom 《柄の短いささら形の》ブラシ, 小ぼうき, 手ぼうき《洋服・ソファーなどのちりを払う》.

whisk·er /(h)wískər/ *n* **1 a** [*pl*] ほおひげ, 髯(ぜん) (cf. BEARD, MUSTACHE); ひげの一本; [*pl*] 《米古・英口》口ひげ (mustache); 《猫・ネズミなどの》ひげ; 《鳥の》くちばしの周囲の羽毛. **b** 《口》ほんのわずか(な距離): by a ～ 間一髪, かろうじて. **2** [ᵘ*pl*] 〘海〙ホイスカー (＝～ **bòom** [**pòle**])《船首の第一斜檣の両側から出ている円材で, 三角帆や三角帆支索を固定する). **3**《サファイア・金属などの》髭(ひげ)結晶, ホイスカー《繊維強化材用》. **4 a** [*pl*]*《俗》あご, ほお; [~s, 〈*sg*〉]*《口》初老の男性; [*pl*]*《俗》付けまつげ. **b** 《卑》《性の対象としての》女, 娼婦. ● **be** [**come**] **within a ~ of**… もう少しで…しそうである[になる]. BET ONE'**s ~s. have** (**grown**) **~s** 古くなってしまった, 時代遅れになった. **Mr.** [**Uncle**] **W~s**=**the old man with the ~s**=**~s** (**man**)*《俗》米国政府, 米国政府の法執行官吏《内国税吏・麻薬取締官・FBI 捜査官など》. ♦ **~ed** *a* ほおひげのある. **whísk·ery** *a* ほおひげのある[ような]; とても古い. [*whisk*]

whískered térn 〘鳥〙クロハラアジサシ.

whis·key[1], **-ky** /(h)wíski/ *n* **1** ウイスキー; ウイスキー一杯 (=a glass of ~). ★ 米国・アイルランドで造られたものは通例 whiskey, 英国・カナダで造られたものは通例 whisky とつづる. **2** [Whiskey] ウイスキー《文字 w を表わす通信用語; ⇨ COMMUNICATIONS CODE WORD》. [*whiskybae* (変形)< USQUEBAUGH]

whiskey[2], **-ky** *n* 軽装二輪馬車の一種. [*whisk*]

whískey and sóda ウイスキーソーダ, ハイボール.

whis·key·fied, -ki·fied /(h)wískifàɪd/ *a* [*joc*] ウイスキーの効いてきている[に酔った].

whískey sóur ウイスキーサワー《ウイスキーに砂糖・ビターズ・レモン汁を加えたカクテル》.

whísky jàck 〘鳥〙カナダカケス (Canada jay).

whísky màc[ll] ウイスキーマック《ウイスキーとジンジャーワインを混ぜた飲み物》.

whísky tènor*《俗》《飲みすぎてしゃがれたような》ハスキーなテノール; 無理にテノールのように響かせようとしている声; 酔うと歌う癖がある人, 歌い上戸(じょうご).

whisp /(h)wísp/ *n, vt, vi* WISP.

whis·per /(h)wíspər/ *vt, vi* ささやく 〈*to*〉; こっそり話す, ひそひそ話をする, 中傷する, 悪事をたくらむ; 〈デマなどを〉こっそり流す[言い触らす] 〈*about, around*〉; 《文》〈木の葉・風など〉サラサラ鳴る: ~ in sb's ear 人に耳打ちする / It is *~ed* (*about*) that…というううわさがある. ► *n* **1** ささやき, 低い声; 〘音〙ささやき; うわさ, 風説, 告げ口, 陰口; 示唆, 暗示; 《文》サラサラ[サワサワ]いう音: answer in a ~ 小声で答える / talk in *~s* ひそひそ声で話す. **2** 微量, わずか (trace): a ~ of a perfume 香水のほのかな香り. ♦ **~·er** *n* ささやく人; 告げ口屋, うわさ話をふりまく人. [OE *hwisprian*<Gmc (imit); cf. G *wispern*]

whísper·ing *n* かすれ声; 風説, ひそひそ話; ささやき; サワサワ(という音). ► *a* ささやくような音をたてる; ささやく; ひそひそ話の; (中傷的な)内緒話を広める. ♦ **~·ly** *adv*

whíspering campàign 《特に 対立候補について中傷的なうわさを口から口へ組織的に広める》中傷デマ運動; 中傷.

whíspering gàllery [**dòme**] ささやきの回廊[丸天井室]《小声の話でも遠くまで聞こえるように作られた回廊[丸天井室]; London の St. Paul's 大寺院のものなど》.

whísper stòck*《俗》うわさ株, 耳うち株《乗っ取りのうわさがある会社の株式》.

whís·pery *a* ささやきのような, かすかな; サラサラ[サワサワ, ザワザワ]という音でいっぱいの.

whist[1] /(h)wíst/ *n* 〘トランプ〙ホイスト《通例 2 人ずつ組んで 4 人で行なう; ブリッジの前身》: long [short] ~ ホイストの 10 点[5 点]勝負. [WHISK; *-t* は↓(ゲーム中の沈黙)より]

whist[2] 《古・英方》*int* シッ, 静かに! ► *vt, vi* 静かにさせる[なる], 黙らせる[黙る]. ► *n* 沈黙: Hold your ~! 黙れ, 静かに(しろ)! ► *a* 静かな, 無音の. [imit; cf. HIST]

whíst drive 〘トランプ〙ホイスト競技会《数組が別々のテーブルで競い, 勝負ごとに 2, 3 人が入れ代わる》.

whis·tle /(h)wís(ə)l/ *vi* 口笛を吹く 〈*at, to*〉; 笛[ホイッスル]を吹く; 〈鳥が〉ピーピーさえずる; 〈風が〉ヒューと鳴る, 〈弾丸など〉ヒューと(うなって)飛ぶ; 汽笛を鳴らす; 笛などで合図[指示]する; 密告[告げ口]する: ~ *for* a cab 口笛を吹いてタクシーを呼ぶ.
► *vt* 〈犬などを〉口笛で呼ぶ; 笛で合図する; 口笛で吹く; ヒューと放つ; 〘スポ〙〈選手〉にホイッスルを吹く, 罰則を科す. ● **let sb go ~** 人にだめだとあきらめさせる. **~ down the wind** 放す, 放棄する, 勝手に行かせる, 泳がせる《鷹狩りの比喩から》. **~ for**…を口笛で呼ぶ; 《口》…を求めて[望んで]も得られない, …なしで済ませる. **~ in the dark** 《口》《こわさをごまかすため》暗闇で口笛を吹く; 危機に臨んで平静を装う; *《俗》当て推量をする, 憶測する, あてずっぽうを言う. **~ in the wind** むなしい試みをする, むだ骨を折る. **~ one's life away** 一生をのんきに暮らす. **~ up** 呼び集める; どうにか作り上げる[手に入れる].
► *n* **1** 口笛; 汽笛, 号笛, 警笛; 呼び子, 〘楽〙ホイッスル《詰栓のある小型の縦笛》; 《口》のど: blow a ~ 笛を吹く / give [let out] a ~ 口笛を吹く / the final ~ 試合終了の笛 / (as) clean as a ~ きれいさっぱり(した); 《口》全く潔白で / (as) clear as a ~ 全くすっきりと(した), きわめて明白に[な] / (as) slick as a ~ 早くきれいに, 手際よく / WET one's ~. **2** 《口笛などによる》合図; 招集, 呼び出し; ピューピューいう音, 《モズなどの》鋭い鳴き声. **3**[ll]《韻俗》スーツ (suit) (=**~ and flúte**). ● **blow the ~** (**on**…) 〘スポ〙〈審判が〉〈選手〉に対して笛を吹く[罰則を適用する]; 《口》〈人(の不正)〉を告発する; 《俗》密告する. **not worth the ~** 全く無益で. **pay** (**dear**) **for one's ~** つまらないものを高価で買う; ひどいめにあう. **wet one's ~** 《俗》のどを潤す, 飲み物[酒]を飲む.
♦ **~·able** *a* [OE (v) (*h*)*wistlian*, (n) (*h*)*wistle* < imit; cf. ON *hvísla* to whisper]

whístle bàit 《俗》魅力的な女.

whístle-blòw·er *n* (内部)告発者, 不正を通報する者.

whístle-blòw·ing *n* (内部)告発.

whís·tled *a* 《俗》酔っぱらった.

whístle jèrk*《俗》陸軍伍長.

whístle-pùnk *n**《俗》WHISTLE JERK.

whís·tler *n* **1** 口笛を吹く人; ピューと鳴る音[もの]; *《俗》パトカー; *《俗》警察に密告する者, たれ込み屋. **2 a** 〘動〙シラガマーモット《北米西北部産》. **b** 〘鳥〙笛のような音を出す鳥, ホオジロガモ (goldeneye), 《豪州・東南アジア産の》モズヒタキ (=*thickhead*)《など》. **c** 〘獣医〙喘鳴(ぜんめい)症の馬. **3** 〘電〙ホイッスラー《空電の低周波成分による雑音》.

Whistler ホイッスラー **James** (**Abbott**) **McNeill ~** (1834–1903)《ヨーロッパで活動した米国の画家・銅版画家》. ♦ **Whis·tler·ian** /(h)wɪslíəriən/ *a*

whístle-stòp *n**急行列車通過駅 (=*flag stop*)《駅から信号がある時だけ臨時停車する駅》; *(鉄道沿線の)小さいつまらない町; 《遊説などのための》小都市への顔見せ(の際の演説). ► *a* 小さな町での[に ちょっと立ち寄る]: a ~ tour [speech]. ► *vi, vt* 《特に 政治運動で》〈ある地域の〉小さい町に短時間だけ立ち寄る[立ち寄って遊説する].

whís·tling *a* 口笛を吹く, 口笛のような(音を出す). ► *n* 口笛; 口笛の(ような)音; 〘獣医〙喘鳴(ぜんめい)症.

whístling búoy 〘海〙ホイッスルブイ《霧笛付き》.

whístling dúck 〘鳥〙 **a** ホオジロガモ (goldeneye). **b** リュウキュウガモ (tree duck).

whístling kéttle 笛吹きケトル《湯が沸騰するとピーッと鳴るやかん》.

whístling swán 〘鳥〙アメリカコハクチョウ《コハクチョウの一亜種; 北米北部産》.

whístling thrúsh 〘鳥〙ルリチョウ《ツグミ科; 東南アジア産》.

whit /(h)wít/ *n* [a ~] 微少, みじん, いささか. ● **every ~** どの点からも, 全く. **no** [**not a, not one, never a**] **~** 少しも…ない (not at all). [ME *w*(*h*)*yt* <? WIGHT[1]]

Whit *a* WHITSUN: WHIT-TUESDAY, WHIT WEEK.

Whit·a·ker /(h)wítəkər/ **1** ホイッティカー Sir **Frederick ~** (1812–91)《英国生まれのニュージーランドの首相 (1863–64; 1882–83)》. **2** WHITAKER'S ALMANACK.

Whítaker's Álmanack ホイッティカー年鑑《1868 年 London の書籍商 Joseph Whitaker (1820–95) が創始した英国の年鑑》.

Whit·bread /(h)wítbrèd/ 〘商標〙ホイットブレッド《英国のビール》.

Whit·by /(h)wítbi/ ■ **the Sýnod of ~** 〘キ教史〙ホイットビー会議《663 or 664 年 Northumbria の Whitby で開かれたイングランドのローマ系教会派とケルト系教会派の宗規の違いを統一するための会議; 復活日の決め方などが議題になり, ノーサンブリア王 Oswiu の支持によって, イングランドの教会はローマと歩調を合わせることになった》.

white /(h)wáɪt/ *a* **1 a** 白い, 白色の, 雪白の; (血の気がうせて)青白い; 銀白の; 銀製の; 雪のある, 雪でおおわれた; 白髪の; [ll]〈コーヒーなど〉ミルク[クリーム]を入れた: pure [snow] ~ 純白[雪のように白色]の / (as) ~ as snow / ~ lips 青白い唇 / ~ with fear 恐怖で顔が青白い / go [turn] ~ 《顔色が》青白くなる / WHITE WINE / ~ hair 白髪. **b** 白人の (opp. *colored*); 白色人種の〈文化など〉; 《古・詩》〈人が〉色白で金髪の (fair): predominantly [mostly] ~ 白人優勢の, ほとんど白人で占められた. **c** 白みの勝った; 薄色の, ほぼ無色の; 〈ジャガイモの皮が〉《赤みがなく》茶色い. **d** 白衣を着けた; 〈甲冑が〉全身磨き上げた鋼板で仕上げた, 全身装甲の: a ~ sister 白衣の修道女. **2 a** 〈水・空気・光が〉透明な, 無色の; 〘理〙〈光・音などが〉白色の《あらゆる周波数のものを含む; cf. WHITE LIGHT, WHITE NOISE》; 空白の, ふさがっていない; 白紙の: WHITE SPACE. **b** コントロールされて暖かみ[色彩, 響き]の欠けた, 無色の〈音〉; *《黒人俗》だめな, 感情のこもっていない. **3 a** 潔白の, 汚れを知らぬ, 純潔の, 純白の: make one's name ~ again 汚名をそそぐ, 雪辱する. **b** 《口》公明正大な, 信用のおける; 寛大な〈取扱いなど〉; 幸福な, 恵まれた; 善意の, 無害の; 流血のない〈戦争〉(cf. WHITE WAR): WHITE LIE / WHITE MAGIC. **4** 白熱の; 熱烈な, 激しい: ~ fury 烈火の怒り. **5** [°W-] 王党の; 反共産主義の; 反動(的)の《通例 反革命派の; cf. RED[1]》: WHITE RUSSIAN [TERROR]. ● **be in a ~ rage** 怒りでまっ青になっている. BLEED…~. **mark with a ~ stone** めでたいものとしてしるす; 特筆大書する. **whiter than ~** まっ白な; まったく汚れのない; 潔白このうえない: wash *whiter than* ~ まっ白[純潔, 完璧]にする.
► *n* **1 a** 白, 白色, 青白[帯白]色; 白えのぐ, 白色染料[顔料]. **b** 潔白. **2** 白いもの[部分]. **a** [*pl*] 白布製品, 白い服[衣類], [ll]白のスポーツウェア; [[u]in ~] 白衣, 白布: a lady *in* ~ 白衣の女 / tennis *~s* 白のテニスウェア. **b** [[u]the] 白身 〈*of* an egg〉, [[u]*pl*] 白目(しろめ) 〈*of* the eye〉; [*pl*] 精白(小麦)粉, 精白糖《など》; WHITE BREAD; WHITE WINE; *《俗》(密売[安物]の)ジン; *《俗》バニラアイスクリーム; *《俗》濃いホワイトソース[シロップ]《クリームソースやマシュマロシロップなど》; 《俗》ヘロイン, コカイン, モルヒネ; 《俗》アンフェタミン錠. **c** [[u]*pl*] 〘印〙白, 余白; 〘玉突〙白球; 〘チェスなど〙白, 白の持ち手; 〘弓〙《標的のいちばん外

W

側の》白い輪(にあたった矢); [the] «古»〘弓〙白い的. **d** «古» 銀 (silver), «俗» 銀貨, 《一般に》お金. **e** [the, the W-]〘英史〙白色艦隊 (cf. RED¹). **3** [ᶜW-] **a** 白人, コーカソイド. **b** 超保守主義者, 反動主義者. **4** 《豚などの》白色種[変種];〘昆〙シロチョウ. **5** [the ~s]〘医〙こしけ, (白)帯下(はくたいげ) (leukorrhea); [the ~s] 淋病. ● **in the ~** 〈家具・木材が〉なにも塗ってない, 白木の.

► *vt* **1**〘印〙空白にする〈*out*〉. **2** «古» 白くする: WHITED SEPULCHER. ● **~ out** 白い修正液で消す; 霧[雪]で見えなくなる[する]; 《意識喪失の前兆として》色覚を失う, 目の前がまっ白になる.

[OE *hwit*; cf. G *weiss*]

White ホワイト **1** (1) **Byron R(aymond)** ~ (1917-2002) 《米国の法律家; 合衆国最高裁判所陪席裁判官 (1962-93)》 (2) **E(lwyn) B(rooks)** ~ (1899-1985) 《米国のエッセイスト; stylist として知られた; *Is Sex Necessary* (James Thurber と共著, 1929), 児童書 *Charlotte's Web* (1952)》 (3) **Gilbert** ~ (1720-93) 《英国の聖職者・博物学者; *The Natural History and Antiquities of Selborne* (1789)》 (4) **Patrick (Victor Martindale)** ~ (1912-90) 《オーストラリアの作家; *Voss* (1957), *The Eye of the Storm* (1973), *A Fringe of Leaves* (1976); ノーベル文学賞 (1973)》 (5) **Stanford** ~ (1853-1906) 《米国の建築家》 (6) **T(erence) H(anbury)** ~ (1906-64) 《英国の小説家; 四部作 *The Once and Future King* (1958)》 (7) **Theodore H(arold)** ~ (1915-86) 《米国の作家・ジャーナリスト; *The Making of the President, 1960* (1961), *The Making of the President, 1964* (1965)》 (8) **Walter (Francis)** ~ (1893-1955) 《米国の黒人指導者》 (9) **William Allen** ~ (1868-1944) 《米国の新聞編集者・作家》. **2** [the] ホワイト川 《Arkansas 州北西部に源を発し, 北東に流れて一旦 Missouri 州にはいったあと再び Arkansas 州を南流して Mississippi 川と合流直前の Arkansas 川に流入する》.

whíte ádmiral〘昆〙翅に白い帯のあるオオイチモンジ属の数種のチョウ 《英国ではイチモンジチョウ, 北米ではシロオビアオイチモンジ; タテハチョウ科》.

W

whíte agáte 白色の玉髄 (chalcedony).

whíte alért 白色防空警報 《警報解除》.

whíte álkali〘農〙白アルカリ土; 精製ソーダ灰.

whíte álloy〘冶〙白色合金 (white metal).

whíte amúr〘魚〙GRASS CARP. [*Amur* 川]

whíte-ànt *vt* «豪口» 秘密裡に…の破壊工作をする (undermine).

whíte ánt〘昆〙シロアリ (termite).

whíte área 利用計画などが白紙状態の地域.

Whíte Ármy [the] 白衛軍, 白軍 《1917 年のロシア革命以後の反革命軍; 20 年赤軍 (Red Army) との闘いに敗れ, ほぼ鎮圧された》.

whíte-ársed *a* ᴵˡ«俗» 見さげはてた, けつまで腐った.

whíte ársenic〘化〙白砒(はくひ) (arsenic trioxide).

whíte ásh〘植〙アメリカトネリコ 《北米原産》.

whíte Austrália 白豪主義 《有色人移民を許さない》.

whíte Austrália pólicy 白豪主義 《略 WAP》.

whíte bácklash ホワイトバックラッシュ 《黒人の公民権運動に対する白人の反撃》.

whíte·bàit *n*〘魚〙**a** シラス 《イワシ・ニシンなどの稚魚》. **b** シラスに似た各種の魚 《食用》.

whíte báss /-bǽs/〘魚〙ホワイトバス 《北米原産スズキ目の食用淡水魚》.

whíte bát〘動〙中米産の毛が白いコウモリ: **a** シロサシオコウモリ 《同属の数種; サシオコウモリ科》. **b** シロヘラコウモリ 《ヘラコウモリ科》.

whíte·bèam *n*〘植〙ホワイトビーム 《欧州産のナナカマド属の一種》.

whíte béan 白インゲン.

whíte béar〘動〙**a** POLAR BEAR. **b** GRIZZLY BEAR.

whíte·bèard *n* 老爺, じいさん, 翁 (graybeard).

whíte bédstraw〘植〙トゲナシムグラ (wild madder).

whíte béet〘野菜〙フダンソウ (chard).

whíte-bèllied swállow〘鳥〙ミドリツバメ (=*tree swallow*) 《北米産》.

whíte bélt〘柔道など〙白帯(の人).

whíte bírch〘植〙**a** シダレカンバ, ヨーロッパシラカンバ. **b** アメリカシラカンバ (paper birch). **c** GRAY BIRCH.

whíte blóod cèll [còrpuscle] 白血球 (leukocyte).

whíte·bòard *n* **1** 白板, ホワイトボード 《白いプラスチック製の黒板の代用品; 水性フェルトペンなどで書く》. **2**〘電子工〙ホワイトボード 《上に書かれたもののコピーがとれ, それを電話回線で伝送し端末のテレビに表示させることもできるようになっている電子ボード》.

whíte bóok 白書 《一般に国内事情に関する, 白表紙の政府の公式報告書; cf. WHITE PAPER》; [W- B-]〘英史〙最高法院訴訟手続き, ホワイトブック.

whíte·bòy *n* **1** «古» 寵愛される人, お気に入り, 寵児. **2** [W-]〘史〙《18 世紀アイルランドの》白衣党員 《十分の一税などに反対し農地改革を主張した秘密結社員》.

whíte-bréad, whíte bréady *«口» *a* 中流白人 [WASP] 的な, 中流白人好みの; あたりさわりのない, 毒にも薬にもならない, つまらない, ありきたりの.

whíte bréad 精白小麦粉で作ったパン, 白パン, ホワイトブレッド.

whíte bréam〘魚〙ホワイトブリーム, ブリッカ (silver bream).

whíte-brèast·ed núthatch〘鳥〙カオジロゴジュウカラ 《北米産》.

whíte brónze〘冶〙白色青銅 《スズの含有量が多い》.

whíte brýony〘植〙ホワイトブリオニア 《南欧原産ウリ科のつる植物; 2 種ある; ⇨ BRYONY》.

whíte búck *«俗» WHITE SHOE.

whíte búsh〘植〙**a** ᴵˡ白花サンザシ. **b** アメリカリョウブ. **c** ポンキンの一変種.

whíte cánon〘カト〙白衣参事会員 《プレモントレ会の修道士; cf. PREMONSTRATENSIAN》.

whíte·càp *n* **1** [ᵘ*pl*] 白く砕ける波頭, 白波. **2** 白帽をかぶった人; [W-]*白帽団員 《暴力的制裁によって地域社会を支配する私設の自称自警団員》. **3**〘鳥〙**a** シロビタイジョウビタキの雄. **b** ノドジロムシクイ (whitethroat). **c** スズメ (tree sparrow). **4**〘菌〙シロオオハラタケ (horse mushroom).

whíte cást ìron〘冶〙白鋳鉄 (white iron).

whíte cédar〘植〙**a** ヌマヒノキ(材) 《北米東部原産》. **b** ニオイヒバ (northern white cedar).

whíte cèll WHITE BLOOD CELL.

whíte cemént〘建〙白色セメント.

Whíte·chàpel 1 ホワイトチャペル 《London の Thames 川北岸の Tower Hamlets の一地区》. **2** ᴵˡ〘トランプ〙1 枚札 (singleton) を打ち出すこと; ᴵˡ〘玉突〙相手の球を故意にポケットに入れること. **3** 二輪の軽荷車 (=~ **càrt**) 《商品運搬用・一般家庭用》.

whíte chárlock〘植〙セイヨウノダイコン, キバナダイコン (=*runch*) 《欧州・中近東原産の野生のダイコン; 花は淡黄色, 淡紫色, 白色と多様》.

whíte-chèeked góose〘鳥〙クロカナダガン (=*Western Canada goose*) 《カナダガンの亜種》.

whíte chíp〘トランプ〙白色のポーカーチップ 《最低点用; cf. BLUE CHIP》; わずかな価値のもの.

whíte chócolate ホワイトチョコレート 《カカオを含まないチョコレート風味の白色の糖菓》.

whíte Chrístmas 1 ホワイトクリスマス 《降雪[積雪]のあるクリスマス》. **2** [W- C-]「ホワイトクリスマス」 《Irving Berlin 作詞・作曲のクリスマスソング (1942); Bing Crosby の歌で有名》.

Whíte Clíffs of Dóver [The]「ホワイト・クリフス・オヴ・ドーヴァー」 《1942 年にヒットした Vera Lynn の歌; 題名の白い岸壁は英国の象徴; cf. ALBION》.

whíte clóver〘植〙シロツメクサ, オランダゲンゲ, クローバー (=*white Dutch clover*).

whíte cóal 《エネルギー源としての》水, 水力; 電力;〘地質〙TASMANITE.

whíte-còat hypertension〘医〙白衣高血圧 《病院などで, 不安などから一時的に患者の血圧の測定値が高くなること》.

whíte cóffee ᴵˡ ミルク[クリーム]入りコーヒー, ホワイトコーヒー (cf. BLACK COFFEE).

whíte-cóllar *a* ホワイトカラー層の[に属する, に特有の] (cf. BLUE-COLLAR). ► *n**«俗» バニラアイスクリームとバニラシロップを使ったアイスクリームソーダ.

whíte-còllar críme ホワイトカラーの犯罪 《横領・脱税・贈収賄・不当広告などホワイトカラーの職務に関連した罪》.

whíte-còllar críminal WHITE-COLLAR CRIME を犯した者.

Whíte Cóntinent [the] 白い大陸 (Antarctica).

whíte córpuscle 白血球 (white blood cell).

whíte ców *«俗» バニラミルクセーキ; *«俗» バニラアイスクリームソーダ.

whíte cráppie〘魚〙ホワイトクラッピー (=*white perch*) 《北米産のサンフィッシュ科の淡水魚; 食用》.

whíte cróaker〘魚〙California 沖で産するニベ科の食用魚 (=*kingfish*).

whíte cróp 《green crop, root crop に対して》穀類 《熟すと白くなる麦など》.

whíte crów 白いカラス 《珍奇なもの》; «アフリカ»〘鳥〙エジプトハゲワシ.

whíte-cròwned spárrow〘鳥〙ミヤマシトド 《北米西部産; ホオジロ科》.

whíte cúrrant〘園〙シロフサスグリ 《(アカ)フサスグリの白色品種》.

whít·ed /(h)wáɪtəd/ *a* 白くした, 白色塗装した, 《特に》のろを塗った; 漂白した.

whíte dáisy〘植〙フランスギク (daisy).

whíte dámp 《一酸化炭素を主成分とする》鉱内有毒ガス.

whíte déal ᴵˡ〘植〙ドイツトウヒ (Norway spruce); ドイツトウヒ材.

whíte déath «口» ヘロイン.

whíte diarrhéa〘獣医〙白痢, 《特に》PULLORUM DISEASE.

whíte drágon〘動〙中国産サンショウウオの一種 《シセンタカネサンショウウオ》.

whíte drùgs *pl* *«俗» コカイン.

whíted sépulcher〘聖〙白く塗りたる墓 (=*painted sepul-*

cher), 偽善者 (hypocrite)《*Matt* 23: 27》.
white Dútch clóver 〘植〙 WHITE CLOVER.
white dwárf 〘天〙白色矮星(わいせい).
white élephant 1 白象《色素の不足したアジアゾウ; インド周辺で神聖視される》; 白象のついた徽章. 2《費用や手がかかるばかりで役に立たない》厄介物, もてあまし物, 無用の長物; 《持主には不要な》用済みの物品; たいした価値のないもの, つまらないもの: a ～ sale がらくた市. [シャムの王様が気に入らない廷臣に与えて困らせた故事から]
white élm 〘植〙 AMERICAN ELM.
Whíte Énglish 《米国の》白人英語 (cf. BLACK ENGLISH).
white énsign 白色旗《白地に赤十字の左上部に英国国旗を入れた, 英国海軍, 大半の英連邦諸国の海軍および Royal Yacht Squadron の旗; cf. BLUE ENSIGN, RED ENSIGN》.
white-èye *n* 1〘鳥〙 a メジロ属の数種の鳥 (＝*silvereye*)《目の周囲に白い輪がある》. b WHITE-EYED VIREO. c メジロガモ《欧州・アジア産》. 2〘魚〙 a HADDOCK. b WALLEYE.
white-èyed dúck 〘鳥〙雄の虹彩が白色のハジロガモ: a メジロガモ. b オーストラリアメジロガモ.
white-èyed víreo 〘鳥〙メジロモズモドキ《米国東部産モズモドキ科の小鳥; 虹彩は白色》.
white·fàce *n* 1 顔が白い動物, 《特に》ヘレフォード種の牛; 〘鳥〙北米産の数種のカモ; 〘鳥〙カオジロムシクイ《豪州産》. 2 顔をまっ白にするメイクアップ, 白塗り; *《俗》《サーカスの》道化.
white-fáced *a* 顔の青白い; 〈動物が〉顔が白い; 顔に白い部分のある; 表側の白い.
white-fàced hórnet 〘昆〙顔などに顕著な白斑のある米国産クロスズメバチ属の一種.
Whíte Fáther 《非白人から見て》支配的な白人; 白衣宣教師《アフリカ宣教会 (Society of Missionaries of Africa) の一員; 同会は 1868 年 Algiers で結成されたカトリック宣教会; 白い修道服を着用した》.
white féather 臆病の証拠, 弱虫のしるし; 弱虫, 臆病者. ● **show the ～** 臆病風を吹かす, 弱音を吐く. [シャモの尾に白毛があると闘鶏として弱いとの言い伝えから]
White·field /(h)wítfi:ld, (h)wáit-/ ホイットフィールド **George ～** (1714–70)《英国のカルヴァン派メソジスト信仰復興運動の説教者》.
white fínger(s) 〘医〙白蝋病 (＝*Raynaud's phenomenon*).
white fír 〘植〙ホワイトファー《北米西部原産の軟質の材を産する数種のモミ》, 《特に》コロラドモミ, シロモミ, ベイモミ, ベイマツ.
white·fìsh *n* 1〘魚〙ホワイトフィッシュ, コクチマス《ユーラシア北部・北米産サケ科[特に コクチマス属]の各種の食用淡水魚》; ″白身の魚; whitefish の魚肉. 2〘動〙シロイルカ (beluga).
white flág 白旗《休戦・降伏のしるし》; 惰弱[屈伏]のしるし: hang out [run up, show, wave] the ～ 白旗を掲げる; 降伏する.
white fláx 〘植〙アマナズナ (gold of pleasure).
white flìght*《俗》白人中産階級の都心から郊外への脱出《他の人種との混住などを避けるため》.
white flínt 《板ガラス以外の》無色ガラス (flint glass).
white flóur 白色粉《胚芽とふすまを除いた小麦粉》.
white·flỳ *n* 〘昆〙コナジラミ《植物の害虫》.
white-fòot·ed móuse 〘動〙シロアシネズミ, シロアシマウス《北米産》.
white fóx 〘動〙ホッキョクギツネ (arctic fox) (の毛皮).
white fríar [°W- F-] カルメル会(修道)士 (Carmelite).
Whíte·frìars ホワイトフライアーズ《London 中央部の Fleet 街に近い地区; かつてカルメル派の修道院があった》.
white-frìnged béetle 〘昆〙シロヘリクチブトゾウムシ《アルゼンチン原産のゾウムシの一種; 作物の害虫》.
white-frònt·ed góose 〘鳥〙マガン (＝**white-frònt**).
white fróst 白霜, 霜 (＝*hoarfrost*)《水蒸気が多く比較的気温の低くない時の霜; cf. BLACK FROST》.
white fúel 《エネルギー源としての》水.
white gásoline [gás] 無鉛ガソリン, ホワイトガソリン.
white gínger 白ショウガ《乾燥・除皮したショウガの根茎; opp. *black ginger*》.
white gírl*《俗》コカイン.
white-glóve* *a* きめ細かい, 念入りな, ゆきとどいた; よごれのない, 汚染されていない.
white glóves *pl* 〘英法〙白手袋《昔 巡回裁判所で刑事事件がないとき執行官が慣行上巡回判事に贈った》.
white glúe ホワイトグルー《白色の polyvinyl acetate 系接着剤; 日本でいう '木工用ボンド' の類》.
white góat 〘動〙シロイワヤギ (mountain goat).
white góld 〘冶〙ホワイトゴールド《ニッケル・銅などと金の合金》; 白い[精製すれば白くなる]産物《砂糖・棉花など》.
white gòods *pl* 《綿・リンネルなどの》白い織物; 《元来 白い布で作られた》シーツ・タオル・カーテン類; 《普通には白く仕上げられる》大型家庭用品, 白もの《ストーブ・冷蔵庫など; cf. BROWN GOODS》.
white góurd 〘植〙トウガン (wax gourd); トウガンの実 (＝**white góurd mèlon**).
white gróuse 〘鳥〙ライチョウ (ptarmigan).
white grúb 〘昆〙地虫(じむし), 根切り虫《特に コフキコガネの幼虫; 根を食害する》.
white guíllemot 〘鳥〙(冬羽の)ハジロウミバト (cf. BLACK GUILLEMOT).
white gúm 〘植〙樹皮の白いユーカリノキ.
white-háired *a* 白髪の; 白毛でおおわれた; 《口》お気に入りの: a ～ boy お気に入り, FAIR-HAIRED BOY.
white háke 〘魚〙タラ科の一種《ニューイングランド沿岸地方の主要な食用魚》.
Whíte·hàll /,″ー ー/ ホワイトホール (1) London 中央部にあった旧宮殿 (＝**～ Pálace**) 2) Trafalgar 広場から議事堂に至る通りで, London の官庁街); [〈*sg/pl*〉] 英国政府(の政策).
Whitehall Wàrrior ″《俗》役人; ″《俗》管理部門勤務の将校.
white-hánd·ed *a* 白い手をした, 労働しない; 〈四足獣が〉足の白い; 潔白な, 汚れのない, 正直な.
white hánds *pl* 汚れなき手, 潔白, 清廉, 廉潔.
white hát /; ー ー/*《口》正しい人, 善玉《西部劇の主人公は白い帽子をかぶることから; cf. BLACK HAT》; *《海軍俗》下士官.
white·hèad *n* 〘鳥〙シロモフアムシクイ《ニュージーランド北島に産する頭部と下面の白い小型の鳴鳥》; 〘医〙稗粒(ひりゅう)腫 (＝*milium*).
Whitehead ホワイトヘッド (1) **Alfred North ～** (1861–1947)《英国の哲学者・数学者; *Principia Mathematica* (Bertrand Russell と共著, 1910–13)》 (2) **William ～** (1715–85)《英国の劇作家; 桂冠詩人 (1757–85)》.
white-héad·ed *a* 白頭の, 白髪の; 亜麻色[明るい色]の髪の; 《口》お気に入りの, 幸運な: a ～ boy お気に入り.
white héart (chèrry) 〘植〙ホワイトハート《淡色で心臓の形をした果汁の多いサクランボ》.
white héat 《銅・鉄などの》白熱《1500–1600°C; red heat より高温》; 《精神的・肉体的な》極度の緊張, 《感情の》激昂状態, 《闘争などの》白熱状態.
white hèllebore 〘植〙バイケイソウの基準亜種《ユーラシア産ユリ科シュロソウ属の草本》; その根茎.
white héron 〘鳥〙 a GREAT WHITE HERON. b SNOWY EGRET.
white hóle 〘天〙ホワイトホール《BLACK HOLE に落ち込んだ物質が放出される「口」とされる仮説的な場所; ⇨ WORMHOLE》.
white hópe 《口》大きな期待をかけられている人, 希望の星 (: great ～); 《口》黒人チャンピオンに挑戦する白人ボクサー; 《口》白人代表.
Whíte Hórde [the] 〘史〙白帳汗(はくちょうかん)の一族《Genghis Khan の孫オルダを祖とする一家の率いるモンゴル族; 14 世紀に Aral 海北方に白帳汗国を建てキプチャク汗国に従属した》.
white hórehound 〘植〙ニガハッカ《南欧原産》.
white hórse [″*pl*] 波頭, 白波 (whitecap); 〘魚〙サッカー科の食用魚 (white sucker); 白亜の斜面に彫られた馬《先史時代のものとされ, イングランド Berkshire の Uffington のものが有名》; *《方》WHITE MULE.
Whíte·hòrse ホワイトホース《カナダ Yukon 準州の首都》.
white-hót *a* 白熱の[した]; 熱烈な, 熾烈な; *《俗》お尋ね者になっている, 指名手配中の.
white·hòuse *n**《俗》サクランボを載せた[入れた]バニラアイスクリーム.
Whíte Hòuse [the] ホワイトハウス《米国大統領官邸の俗称》; 《口》米国大統領の職[権威, 意見]; 米国政府: win the ～ ホワイトハウスの主となる, 米国大統領になる.
white húnter アフリカのサファリへの案内人兼ハンターの役をする白人.
white íbis 〘鳥〙 a シロトキ《熱帯アメリカ・南米産》. b クロトキ《アジア産; 体は白く, 頭・頸・足が青黒色》.
white informátion 《銀行などが, 信用評価がプラスの個人について保有する》白の信用情報.
white íron 〘冶〙白鋳鉄.
white ìron pýrites [〈*sg/pl*〉] 〘鉱〙白鉄鉱 (marcasite).
white jásmine [jéssamine] 〘植〙ソケイ(素馨).
white knìght 《人の危急を救う》白馬の騎士; 〘経営〙白い騎士, 白馬の騎士《好ましくない会社[個人]に乗っ取られようとしている標的会社に対し, 良好な条件での買収を申し出る会社[個人]》; 政治改革者, 《主義のための》運動家.
white-knúckle, -knúckled *a* 《口》すごく緊張させる, はらはらさせる, 息詰まる, 手に汗にぎる, 恐怖の; 不安[緊張, 恐怖]に駆られた. [緊張や恐怖で握りしめた手の関節部が白っぽくなることから]
white knúckler 《口》 1 はらはらさせる[緊張させる, おっかない]もの; 緊張する飛行; 小型機. 2 ひどく緊張した[不安な, おびえた]人[もの].
white lábel ホワイトレーベル《レーベル面の印刷がされていないレコード; 発売前のプロモーション用》. ♦ **white-lábel** *a*
white lády ホワイトレディー《レモン果汁・コアントロー・ドライジンで作るカクテル》; 《豪俗》メチルの入った酒; 《俗》コカイン.
white lánd″ 開発禁止指定地.
white lauán ホワイトラワン, 白ラワン《淡色のラワン材》.
white léad /-léd/ 〘化〙白鉛, 鉛白 (cf. CERUSE); 《白鉛からの》パテ (putty); 〘鉱〙白鉛鉱.

whíte léad òre 〘鉱〙白鉛鉱 (cerussite).
whíte léather ミョウバンなめし革.
whíte lèg 〘医〙MILK LEG.
whíte líe 罪のない[方便の, 儀礼的な]うそ.
whíte líght 〘理〙白色光.
whíte líghtning *《俗》密造酒, 《無色の》自家製(コーン)ウイスキー, 粗悪なウイスキー; *《俗》LSD.
whíte líme 水性石灰塗料, 水しっくい (whitewash).
whíte líne 白線《特に 道路上の》; 〘印〙空白行; 馬のひづめの白色層; *《俗》水で薄めたアルコール, 質の悪い酒; *《俗》酒飲み, 飲み助.
whíte-lípped *a* 唇の白い; (恐怖で)唇の色がうせた.
whíte-lìpped péccary 〘動〙クチジロペッカリー《アメリカ産》.
whíte lìst 優良人物[企業, 商品, 作品など]一覧 (cf. BLACKLIST). ♦ **whíte-lìst·ed** *a*
whíte-lívered *a* 臆病な; 血色の悪い, 青白い.
whíte lúpine 〘植〙シロバナルーピン[ルピナス].
whíte·ly *adv* 白く見えるように; 白く, 白色に.
whíte mágic 白魔術《善神・天使の助けをかりる善意の魔術; cf. BLACK MAGIC》.
whíte mahógany PRIMAVERA の材; 〘植〙シロマホガニー《豪州原産ユーカリの一種》; シロマホガニー材.
whíte mán 白人; 《口》品性の高い人, 育ちのよい人, 正直者, 清廉潔白な人.
whíte màn's búrden [the]《有色人の未開発国を指導すべき》白人の責務. [Rudyard Kipling の詩 (1899) の題から]
whíte márket 《ガソリンなどの配給券の》公認市場 (cf. BLACK MARKET).
whíte márlin 〘魚〙ニシマカジキ《大西洋産》.
whíte màtter 〘解〙《脳の》白質 (cf. GRAY MATTER).
whíte mèat **1 a** 白身肉, 白肉《**1**) 子牛・豚などの肉; cf. RED MEAT **2**) 鶏の胸肉など; cf. DARK MEAT》. **b** 《俗》白人の女優[歌手]; 《卑》《セックスの対象としての》白人, 《特に》白人女; 《卑》白人女の陰部. **c** 《古》乳製品, 《一般に》酪農製品. **2** *《俗》簡単な仕事, 容易に手に入るもの.
whíte métal 〘冶〙**a** 白色合金, ホワイトメタル《軸受用など》. **b** にせ銀《PEWTER, BRITANNIA METAL など》.
whíte méterǁ 〘電〙白色メーター《契約により低料金で供給されるオフピーク時[夜間]の電力消費量を表示する積算電力計》.
whíte míneral òil* 〘化〙LIQUID PETROLATUM.
whíte móney *《俗》出所をごまかして合法的に見せかけた非合法的な資金.
whíte mónk [ᵒW- M-] シトー修道会の修道士 (Cistercian).
Whíte Móuntains *pl* [the] ホワイト山脈《**1**) New Hampshire 州北部 Appalachian 山系の支脈; 最高峰 Mt Washington (1917 m) **2**) California 州東部から Nevada 州南西部に及ぶ山脈; 最高峰 **Whíte Móuntain** (4342 m)》.
whíte móuse 〘動〙白マウス《house mouse の白子; 実験・愛玩用; cf. WHITE RAT》.
whíte múlberry 〘植〙トウグワ, マグワ, 白桑.
whíte múle *《俗》エチルアルコールを水で薄めた[に香りをつけた]だけの酒; *《俗》安酒, 密造酒.
whíte múscle disèase 〘獣医〙《子羊・子牛の》白筋症.
whíte mústard 〘植〙シロガラシ《からし(油)を採る》.
whít·en /(h)wáɪtn/ *vt* 白くする, 漂白する; 白く塗る; 清純[正当, 無実]なように見せかける. ► *vi* 白くなる; 青ざめる.
whíte-nècked ráven 〘鳥〙シロエリガラス《米国南西部産》.
whíten·er *n* 白くする人[もの]; 漂白剤; 漂白工.
whíte·ness *n* 白いこと, 白さ, 純白; 純潔, 潔白; 青白いこと, 蒼白; 白いもの, 白色物質; 白色部分.
whíte níckel 〘鉱〙CHLOANTHITE.
whíte nígger *《俗》[*derog*] 黒人に迎合する[同調する, 卑屈な]白人, 白人に迎合する黒人.
whíte níght 眠れぬ夜; 白夜. [F *nuit blanche*]
Whíte Níle [the] 白ナイル川《Nile 川上流の No 湖から Khartoum までの部分; cf. ALBERT NILE, BLUE NILE》.
whíten·ing *n* 白くする[なる]こと; WHITING².
whíte nóise 〘理〙白色雑音, ホワイトノイズ《**1**) すべての周波数で等しい強度になる雑音; 白色光と同様のスペクトルを示すことから **2**) 絶え間ない雑音; 特に, ほかの音を消すためにかぶせる音》; 騒動, 無意味な[やかましい]おしゃべり.
whíte óak 〘植〙樹皮の白っぽい各種のオーク, ホワイトオーク(材).
whíte of égg (*pl* **whítes of égg(s)**) 卵の白身, 卵白 (white).
whíte óil 白油, ホワイトオイル《無色・無味・無臭の鉱物油; 医薬・潤滑油用》.
whíte·òut *n* 〘気〙ホワイトアウト《極地一面の雪の乱反射のため凹凸・方向・距離が不明になる現象》; 猛吹雪(による視界の著しい低下); 白い誤字修正液; ホワイトアウト《操縦士が大きな重力加速度がはたらいた時に一時的に色の感覚を失う現象; しばしば意識喪失の前兆》.
whíte pàges /; ⸺⸺/ *pl* [the]《電話帳の》個人名の部, 個人別電話帳 (cf. YELLOW PAGES); 〘電算〙《インターネット上の》E メールアドレス帳.
whíte pàper /; ⸺⸺/ 白色紙; 白紙; 白書《政府の公式報告書; 特に 英国政府の報告書で, BLUE BOOK よりも簡略; 米国政府は正式には用いない》; 詳細な[権威ある]報告書: ~ on national defense 国防白書.
whíte párk càttle PARK CATTLE.
whíte pélican 〘鳥〙**a** (アメリカ)シロペリカン, アメリカガランチョウ《北米・中米産; ペリカン科》. **b** モモイロペリカン《旧世界産; 全身白色で, 繁殖期に桃色になる》.
whíte pépper 白胡椒《殻皮・果肉を取り除いて乾かした熟したコショウの種子から採る; cf. BLACK PEPPER》.
whíte pérch 〘魚〙**a** 米国大西洋岸産のニシスズキ (=*silver perch*)《湾・河口の汽水域や川・湖にすむ》. **b** FRESHWATER DRUM. **c** WHITE CRAPPIE.
whíte phóne *《俗》便器 (=*white telephone*). ● **talk on [to (Ralph on)] the big ~=make a call on the big ~=call God on the big ~** 便器にゲロを吐く.
whíte phósphorus 〘化〙白リン, 《一般に》黄リン (=*yellow phosphorus*).
whíte pígweed 〘植〙シロザ (lamb's-quarters).
whíte píne 〘植〙ストローブマツ (=eastern ~)《北米東部原産》, ストローブマツに似た各種の五葉松; ストローブマツ材.
whíte-pìne blíster rùst, whíte-píne rùst 〘植〙ストローブマツサビ病(菌).
whíte píne wèevil 〘昆〙ストローブマツキボシゾウムシ《ストローブマツ類を食害する》.
whíte plágue [the] 肺結核; ヘロイン中毒.
Whíte Pláins ホワイトプレーンズ《New York 州南東部の市; 独立戦争の激戦地 (1776)》.
whíte póinter 〘魚〙GREAT WHITE SHARK.
whíte póplar 〘植〙**a** ウラジロハコヤナギ, ハクヨウ《欧州・アジア原産のポプラ》. **b** ユリノキ (tulip tree) (の材).
whíte potàto ジャガイモ.
whíte prímary 〘米史〙白人予備選挙会《南部で白人のみが投票できた; 1944 年に違憲とされた》.
whíte púdding ホワイトプディング《豚血を加えずに作る淡い色のソーセージ》.
whíte quebrácho 〘植〙ホワイトケブラチョ (⇨ QUEBRACHO).
Whíte Rábbit [the] 白ウサギ《Lewis Carroll の *Alice's Adventures in Wonderland* に登場するウサギ; Alice は彼がチョッキのポケットから時計を出して眺め, どこかに急いで行くところらしい様子にひかれてあとを追いかけ, ウサギ穴から地下の不思議な国にはいり込む》.
whíte ráce [the] 白色人種.
whíte ráinbow 〘気〙白虹《霧粒によって生ずる霧虹 (fogbow)》.
whíte rát 〘動〙白ネズミ《ドブネズミの白子(しろこ)型; 実験用に広く用いられる; cf. WHITE MOUSE》.
whíte rhinóceros 〘動〙シロサイ (=*squaremouthed rhinoceros*)《アフリカ産》.
whíte ríbbon* 純潔章, 禁酒章.
whíte ríce 白米《ぬか・胚芽などを取り除いた米》.
whíte róom 無塵室, 無菌室 (clean room).
whíte róse 〘英史〙白バラ《York 家の紋章; cf. RED ROSE, WARS OF THE ROSES》.
whíte rót **1** かつて羊の肝蛭(かんてつ)病を起こすと考えられた数種の植物《butterwort など》. **2** 〘植〙《ブドウ・タマネギなどの》白腐れ病; 《木材の》白腐れ.
whíte-rùmped sándpiper 〘鳥〙コシジロウズラシギ《北米の北極圏に営巣・繁殖し, 南米南部で越冬する》.
whíte-rùmped shríke 〘鳥〙アメリカオオモズ (=*mousebird*)《北米西部産》.
Whíte Rússia 白ロシア (⇨ BELORUSSIA).
Whíte Rússian 白ロシア人 (Belorussian); 《ロシア内戦の際の》反ボリシェヴィキロシア人, 白系ロシア人; 白ロシア語; ホワイトルシアン《ウオツカ・コーヒーリキュール・生クリーム[ミルク]を混ぜたカクテル》.
whíte rúst 〘植〙白サビ病(菌).
whíte sàle ホワイトセール《シーツ・枕カバー・タオルなどのバーゲンセール》.
Whíte Sánds ホワイトサンズ《New Mexico 州中南部にある石膏砂の砂丘; 国定記念物; 周囲はミサイル実験場で, 1945 年世界初の核実験が行なわれた所》.
whíte sápphire 〘鉱〙白サファイア《無色の鋼玉石》.
whíte sàuce /; ⸺⸺/ 〘料理〙ホワイトソース.
whíte scóurgeǁ [the] 肺結核.
Whíte Séa [the] 白海 (*Russ* Beloye More)《ヨーロッパロシア北西部に入り込んだ Barents Sea の一部; 北側は Kola 半島》.
whíte séa bàss 〘魚〙ホワイトシーバス《北米太平洋岸産の大型のニベ科の魚》.
whíte séttler 白人入植者[居住者]; 金にものを言わせて地元のものをいいように利用するよそ者.
whíte shárk 〘魚〙GREAT WHITE SHARK.
whíte shéep 〘動〙DALL SHEEP; 信用できない連中の中にいるまともな人.

white shéet 《懺悔者の着る》白衣. ● **put on** [**stand in**] **a** ～ 懺悔する, 悔い改める.
white-shóe *《口》 *a* Ivy League 風の; 〈法律事務所など〉 WASP のエリートが所有・経営している; 女みたいな, うぶな.
white shóe *《口》 いかにも Ivy League 的な学生. [1950 年代 Ivy League の学生の間で白い靴が流行したことから]
white sídewall *《俗》 頭皮が透けて見えるほど両わきを短く刈ったヘアスタイル.
white sláve 売春を強要されている(白人)女性[少女], 強要された売春婦; 《外国などに売られて行く》(白人)女奴隷[売春婦]; 《古》 奴隷的状態にある白人, 白人奴隷: ～ traffic (白人)女を売春婦として売買すること.
white sláver WHITE SLAVE の売買[斡旋]業者.
white slávery 強制売春; 白人奴隷の売買.
Whíte-sláve(-tràffic) Àct [the] MANN ACT.
white-sláving *n* WHITE SLAVE 売買.
white·smìth *n* ブリキ職人, 銀めっき職人; 鉄器磨き[仕上げ]職人. [ME; *blacksmith* にならったもの]
white snákeroot 〔植〕 マルバフジバカマ《北米産》.
white spáce 〔印〕 余白, ホワイトスペース.
white spírit ‖ [ºpl] 〔化〕 ホワイトスピリット《ペンキ・ワニスなどの溶剤》.
white sprúce 〔植〕 カナダトウヒ, シロトウヒ 《北米産トウヒ属の針葉樹; 重要なパルプ用材・建材》.
white squàll 〔気〕 無雲はやて, ホワイトスコール《熱帯地方の急進性の暴風; cf. BLACK SQUALL》.
white stíck 《盲人用の》白い杖.
white stóck 〔料理〕 ホワイトストック《鶏肉・子牛肉などから作るスープストック》.
white stórk 〔鳥〕 コウノトリ《欧州・アジア産》, 《特に》シュバシコウ《くちばしが赤い小型の亜種; 欧州などに分布; 人家の屋根でも繁殖》.
white stúff *《俗》 コカイン, モルヒネ, ヘロイン (cf. SNOW[1]); *《俗》 密造酒用アルコール, 密造ウイスキー.
white stúrgeon 〔魚〕 シロチョウザメ《北米太平洋岸産の食用魚; 海底にすむが産卵のため川をさかのぼる; 体長 3 m を超え, 体重 800 kg に達する》.
white súcker 〔魚〕 北米産サッカー科の食用淡水魚.
white súgar 白砂糖, 《特に》グラニュー糖.
white suprémacist 白人優越論者.
white suprémacy 《黒人などに対する》白人優越論.
white·tàil *n* 尾のまわりに白い部分のある各種の鳥獣; WHITE-TAILED DEER.
white-tàiled déer 〔動〕 オジロジカ 《北米産》.
white-tàiled éagle ‖ 〔鳥〕 WHITE-TAILED SEA EAGLE.
white-tàiled gnú 〔動〕 オジロヌー, オジロウィルドビースト (＝*black wildebeest*) 《南アフリカ産》.
white-tàiled jáckrabbit 〔動〕 オジロジャックウサギ《北米西部産; 冬期には全身の毛が白くなる》.
white-tàiled kíte 〔鳥〕 オジロトビ《南北アメリカの温熱帯産》.
white-tàiled ptármigan 〔鳥〕 オジロライチョウ《Alaska から New Mexico 州にかけての山岳地帯に産する; 冬期は純白》.
white-tàiled séa èagle 〔鳥〕 オジロワシ《海ワシ》.
White Térror [the] 〔フランス史〕 白色テロル《1795 年革命派に加えた王党員の報復; 王権表象の白ユリから; cf. RED TERROR》; [w-t-] 《広く》反革命派のテロル, 白色テロ.
white·thòrn *n* 〔植〕 セイヨウサンザシ (hawthorn).
white·thròat *n* 〔鳥〕 **a** ノドジロムシクイ (＝greater ～) 《ウグイス科; 欧州・アフリカ・南アジア産》. **b** WHITE-THROATED SPARROW.
white-thròat·ed spárrow 〔鳥〕 ノドジロシトド (＝*Peabody bird*) 《ホオジロ科; 北米東部産》.
white-thròated wárbler [**flýeater**] 〔鳥〕 ノドジロセンニョムシクイ (＝*bush canary*) 《豪州・ニューギニア産の下面は黄色でのどが白い小鳥; 澄んだきれいな声で鳴く》.
white-tíe *a* ホワイトタイが必要な〈晩餐〉.
white tíe 《燕尾服に着用する》白の蝶ネクタイ, ホワイトタイ (cf. BLACK TIE); 《男性の》晩餐用正装, 燕尾服.
white trásh * [〈*sg*/*pl*〉] [*derog*] 《特に 米国南部の》貧乏白人 (poor white(s)).
white túrnip 〔植〕 カブ, カブラ.
white ván màn ‖《口》 白ワゴンの男《運送業者などの業務用白ワゴン車の乱暴なドライバー》.
white vítriol 〔化〕 硫酸亜鉛, 皓礬(こうばん).
White Vólta [the] ホワイトヴォルタ川《ガーナを流れる, VOLTA[2] 川の支流》.
white·wàll *n* ホワイトウォール (＝～ **tíre**) 《わきに白い帯状の線のはいった自動車タイヤ》; [〈*a*〉] *モヒカン刈りの.
white wálnut 〔植〕 シログルミ(材) (BUTTERNUT).
white wár 流血なき戦争《不正手段を使ってくりひろげる経済戦争の類》.
white wàre 〔窯〕 ホワイトウェア《施釉または無釉素地(きじ)でできている焼成品で, 一般に白色で微細な組織をもつ陶磁器・炻器(せっき)の総称》.
white·wàsh *n* **1** 水性白色[石灰]塗料, のろ《壁・天井などの上塗り用》; 《煉瓦表面の》白華; 《昔使われた》肌を白くする化粧水. **2** 《失策・醜聞の非難をのがれるための》取りつくろい(の手段), 世間を鎮静させるための公式報告, ごまかし策, 糊塗策; 《口》 零封, 完封. ► *vt* **1** …にのろを塗る; 〈煉瓦〉の表面に白華を生じさせる. **2** …の表面をごまかす[取りつくろう]; おざなりな調査によって[都合のよいデータだけ報告して]免責する; [*pp*] 裁判手続きで〈負債者〉に弁済を免れさせる. **3** 《口》 零敗させる, 完封[零封]する. ► *vi* のろを塗る; 〈煉瓦が〉白華を生ずる. ◆ **～·er** *n*
white·wàsh·ing *n* のろを塗ること; WHITEWASH *n* 2.
white-wàter *a* 急流での〈いかだ乗り・カヌー乗りなど〉.
white wáter 《滝壺・急流などの》白く泡立った水, 白濁水; 《砂底の透ける》明るい色をした海水.
white wáx 白蠟《蜜蠟・シナ蠟など》.
white wáy 繁華街, 盛り場. [The Great *White Way*; New York 市 Broadway の劇場街]
white wédding 《純潔を示す白の花嫁衣裳をまとった》純白の結婚式.
white·wèed *n* 白い[白っぽい]花をつける草《フランスギク, hoary cress など》.
white whále 〔動〕 シロイルカ (beluga).
white wíllow 〔植〕 セイヨウシロヤナギ《ユーラシア・北アフリカ原産》.
white wíne 白ワイン (vin blanc).
white·wìng *n* **1** 〔鳥〕 **a** WHITE-WINGED SCOTER. **b** WHITE-WINGED DOVE. **c** ‖CHAFFINCH. **2** 白い制服を着た人, 《特に》街路掃除夫.
white-wìnged chóugh 〔鳥〕 オオツチスドリ《豪州産》.
white-wìnged cóot 〔鳥〕 WHITE-WINGED SCOTER.
white-wìnged cróssbill 〔鳥〕 ナキイスカ《北米北部・ユーラシア産》.
white-wìnged dóve 〔鳥〕 ハジロバト《米国南部以南, 西インド諸島, 南米西部熱帯産》.
white-wìnged scóter 〔鳥〕 アメリカビロードキンクロ《翼の後縁に白点のあるクロガモ属の大型のカモ》.
white wítch 《WHITE MAGIC を使う》善魔女.
white wólf 〔動〕 ツンドラオオカミ《北米北極圏産の大型のオオカミ; タイリクオオカミの亜種》.
white·wòod *n* 〔植〕 白色木材(の採れる木)《アメリカシナノキ・ヒロハハコヤナギ・ユリノキなど》.
white·wòrk *n* ホワイトワーク《白布に白色で施した刺繍》.
whitey /(h)wáɪti/ *n* [ºW-] 《俗》 [ᵁ*derog*] 白人, 白人種, 白人体制[文化, 社会]. ► *a* WHITY.
white zínfandel ホワイトジンファンデル《zinfandel 種のブドウで造ったロゼワイン・ブラッシュワイン (blush wine)》.
whith·er /(h)wíðər/ 《詩・文》 [*joc*] *adv* **1** [疑問詞] どこへ, どちらへ (where, where…to) (opp. *whence*); [特に新聞・政治などの用語] いずこに行くのか, …の将来[前途]は(いかに). **2** /(h)wɪðər/ [関係詞] [場所を表わす先行詞を受けて] (…する[した])そこへ (to which), [先行詞なく] どこへでも…するところへ: the place ～ he went 彼の行った場所 / Go ～ you please. どこでも好きな所へ行け. ● **no** ～ どこへも…しない. ► *n* 行先, 目的地. [OE *hwider*; cf. HITHER, THITHER]
whìther·so·éver *adv* 《古・詩》 (…するところは)どこへでも[どこでも]; どこへ…しようとも.
whíther·ward(s) *adv* 《古・詩》 どちらの方向[場所]に向かって; WHITHERSOEVER.
whit·ing[1] /(h)wáɪtɪŋ/ *n* 〔魚〕 **a** ホワイティング《欧州産タラ科の魚》. **b** SILVER HAKE. **c** ニベ科サンカクニベ属の食用魚《北米大西洋沿岸産》. **d** 《豪》 キス科の食用魚. [? OE *hwīting* (WHITE, *-ing*[2])]
whiting[2] *n* 胡粉(ごふん), 白亜, ホワイチング《天然産の炭酸カルシウムを粉末にしたもの; 顔料》; 《古》 《漂白・しっくい塗りなどで》白くすること. [(gerundive)＜ME *whiten* to white]
whíting pòut 〔魚〕 ビブ, フランスダラ (bib).
whít·ish *a* やや白い, 白っぽい.
Whit·lam /(h)wítləm/ ホイットラム (**Edward**) **Gough** ～ (1916–) 《オーストラリアの労働党政治家; 首相 (1972–75)》.
whit·leath·er /(h)wítlèðər/ *n* WHITE LEATHER.
Whít·ley Cóuncil /(h)wítli-/ 〔英〕 ホイットリー協議会《1917 年のホイットリー委員会 (Whitley Committee) の提言に基づいて, 公務員の労働条件に関する団体交渉の場として設けられた労使の代表による協議会; 全国単位・省庁単位・公社単位などの組織がある》. [J. H. *Whitley* (1866–1935) その提唱者]
whit·low /(h)wítloʊ/ *n* 〔医〕 瘭疽(ひょうそ) (felon). [? *white* FLAW[1] ＝crack]
whítlow gràss 〔植〕 イヌナズナ属[ドラバ属]の一年草, 《特に》ヒメナズナ《欧州原産; アブラナ科; 白い花をつけ, しばしば鑑賞用にロックガーデンで栽培される; かつて whitlow (瘭疽) の治療薬と考えられた》.
Whit·man /(h)wítmən/ ホイットマン (1) **Marcus** ～ (1802–47), **Narcissa** ～ (1808–47) 《米国の宣教師夫妻; Oregon 一帯の開拓に従事した》 (2) **Walt** [もと **Walter**] ～ (1819–92) 《米国の詩人; *Leaves of Grass* (初版 1855)》. ◆ **Whìtman·ésque** *a* ホイットマ

ン風の. **Whit·ma·ni·an** /(h)wɪtméɪniən/ *a*

Whít·mónday /ˌ*ˈ— —/, **Whít Mónday** *n* WHITSUNDAY の翌日《1967 年以前はイングランド・ウェールズ・スコットランドでは法定休日》.

Whit·ney /(h)wítni/ **1** ホイットニー (1) **Eli** ～ (1765–1825)《米国の発明家; 綿繰機を発明し, 銃器製造で分業による大量生産システムを開発》 (2) **William Dwight** ～ (1827–94)《米国の言語学者; *Sanskrit Grammar* (1879)》. **2** [Mount] ホイットニー山《California 州にある, Sierra Nevada の最高峰 (4418 m)》. [OE＝white island]

Whit·sun /(h)wíts(ə)n/ *a* WHITSUNDAY [WHITSUNTIDE] の. ► *n* WHITSUNTIDE; WHITSUNDAY.

Whít·súnday /ˌ*-səndèɪ/, **Whít Súnday** 聖霊降臨日[祭] (Pentecost)《(1) Easter 後の第 7 日曜日 (2)〘スコ〙5 月 15 日, 四季支払い勘定日》. [OE *hwīta* white; 洗礼者の着る白衣から]

Whítsun·tìde *n* 聖霊降臨節《Whitsunday に始まる 1 週間, 特に 最初の 3 日間》.

Whítsun wèek WHITSUNTIDE.

Whit·ta·ker /(h)wítɪkər/ ホイッテカー **Charles E(vans)** ～ (1901–73)《米国の法律家; 合衆国最高裁判所陪席裁判官 (1957–62)》.

Whit·ti·er /(h)wítiər/ ホイッティアー **John Greenleaf** ～ (1807–92)《米国の詩人; 通称 'the Quaker Poet'; 長詩 *Snow-Bound* (1866)》.

Whit·ting·ton /(h)wítɪŋtən/ ホイッティントン **Richard ['Dick']** ～ (?–1423)《一匹の猫によって巨万の富を得, のちに 3 度 London 市長になった なかば伝説的な人物》.

whit·tle /(h)wítl/ *vt*《ナイフなどで》切る, 削る; 切って[削って]…の形を整える; 少しずつ減らす, 切り詰める ‹*down, away*›; *《俗》手術する: ～ a peg *from* [*out of*] wood＝～ wood *into* a peg 木を削って杭を作る. ► *vi*《ナイフで》木を少しずつ削る[切る] ‹*at*›; 苦悩[焦燥]のため心身ともに疲れきる; *《俗》手術する. ● **～ away at…** ‹数・利益など›を少しずつ減らす. **～…down (to size)** 適当な大きさに切る[減らす]; …の鼻をへし折る. ► *n*《古・英方》大ナイフ,《特に 肉屋の》庖丁. ♦ **whít·tler** *n* [*thwittle* (dial) large knife＜OE (*thwītan* to cut off)]

W

Whittle ホイットル Sir **Frank** ～ (1907–96)《英国の技術者・発明家; ジェットエンジンを実用化》.

whít·tled *a**《俗》酔って, 酔っぱらって.

whít·tling *n* 切り削ること; [°*pl*] 削りくず (chip).

whit·tret /(h)wítrət/ *n*《スコ》イタチ (weasel).

Whít-Túesday *n* WHITMONDAY の翌日.

whit tu-whoo /(h)wít təhú:/ *int* ホーホー《フクロウの鳴き声》. [imit]

Whít wèek [ˢW- W-] WHITSUNTIDE.

Whít wèekend WHITSUNDAY を含む週末.

Whit·worth /(h)wítwə:rθ/ ホイットワース Sir **Joseph** ～, Baronet (1803–87)《英国の技術者・発明家》.

Whítworth thréad ウィットねじ (＝**Whítworth scréw thrèad**)《Sir Joseph Whitworth の提唱で規格化されたねじ; ねじやまの角度が 55°》.

whity /(h)wáɪti/ *a* [ᵘ*compd*] 白みがかった: ～ yellow hair. ► *n* [°W-]《俗》[ᵘ*derog*] WHITEY.

whiz(z) /(h)wíz/ *n* (*pl* **whíz·zes**) **1** ヒュー, ピュー《矢・弾丸などが風を切る音》; ビュー[ブーン](という飛翔[疾走]);《口》駆け足で巡ること, 駆け足の旅行. **2** 満足の行く協定[取計らい]. **3**《口》やり手, 切れ者, 達人, 名人 (: a ～ *at* math 数学の天才); *《俗》すばらしいもの, いかすやつ; *《俗》プロの集団スリの(首領以外の)一員;《俗》元気, 精力. **4***《俗》簡単な筆記試験. **5***《俗》[*euph*] ジャー《piss の偽装表現》: take a ～ しょんべんする. **6**ᴵᴵ《俗》アンフェタミン (amphetamine). ► *vi, vt* (**-zz-**) ヒュー[ビュー]と鳴る, ブーンという; 風を切って飛ぶ[走る]; ヒュー[ブーン]と音をたてさせる; ヒューと発射する; ブーンと回転させる; ‹時間が›飛ぶように過ぎ去る ‹*by, past*›;《ミキサーなどで》‹食べ物を›ブーンと混ぜる; *《俗》車で暴走する, ‹車を›暴走させる; *《俗》‹財布を›する; *《俗》しょんべんする. ● **～ past** (…を)ヒュー[ビュー]と音をたてて通り過ぎる[飛び去る]. **～ (right) through…** をさっと通過する; ‹試験などを›さっとやり終える. [imit]

whíz(z)·bàng *n* **1**《軍俗》ヒューズドン《飛来する音と爆発する音が同時に聞こえる小口径超高速度砲の榴弾(りゅうだん)》; ヒューと音をたてる花火; ヒューズドン(という音). **2**《口》やかましい[目立つ]もの;《口》やり手, すばらしいもの[こと] (whiz); *《俗》モルヒネとコカインを混ぜたもの[注射]; (特に 楽しい)冗談.

whíz(z)-bàng *a*《口》目を見張らせる, 目がくらむような, 最高の, すばらしい.

whíz(z)-bòy, whíz(z)-màn *n*ᴵᴵ《俗》スリ.

whíz·zer *n* ヒューと音をたてるもの; うなり板; 遠心脱水機;《俗》すばらしい人, とびきりのもの;《俗》際立った魅力[才能]の持主;《俗》抜け目のない[いたずらな]策略, あっといわせるジョーク;《俗》スリ (pickpocket). ● **on a ～***《俗》飲み騒いで.

whíz(z) kìd《口》若手の切れ者[やり手], 神童, 風雲児. [*quiz kid*; *whiz* の影響]

whíz(z)-mòb *n*ᴵᴵ《俗》スリの集団.

whiz·zo /(h)wízoʊ/ *a*ᴵᴵ《口》すばらしい, 最高の.

whíz·zy《口》*a* 最新(式)の; ‹人が›切れ者の, やり手の.

who /hú:/ *pron* (*obj* **whom** /hú:m/,《口》**who**; *poss* **whose** /hú:z/) **1** [疑問代名詞] **a** [通例 姓名・身分などを問う] だれ, どの[どんな]人: *W～* is that man? あれはだれですか / *W～* called during my absence? 留守にだれが来ましたか / *W～* goes there? そこにいるのはだれだ《歩哨の誰何(すいか)》/ *W～* else is coming? ほかにだれが来るんですか / / *W～* would have thought it? だれがそんなことを思ったろう / *W～* do you think you are? きみは何様だと思っているんだ《怒りの表現》/ *Whom* [《口》*W～*] do you mean? だれのことですか / You met *whom* [《口》～]? だれに会ったって《聞き取れなかった名前を問い返す》/ With *whom*?＝《口》*W～* with? だれといっしょに. **b** [間接疑問を導いて]: I don't know ～ he is. 彼がだれか知らない / I inquired ～ he was. どなたですかと尋ねた / I don't care [It doesn't interest me] ～ will be elected. だれが選ばれようとかまわない / I told him *whom* [《口》～] to look out for. だれに用心すべきかを彼に教えた / WHO'S ～. **2** /hu, hʊ, u/ [関係代名詞] **a** [人, 時に動物を表わす先行詞を受けて] …する[した]‹人›: A gentleman is a man ～ speaks the truth [a man (*whom* [《口》～]) you can trust, a man on *whom* you can rely, a man *whose* word is as good as his bond]. ジェントルマンとは本当のことを言う人[信頼できる人, たよりにできる人, その人の約束は証文と同価値の人]である. ★ 特に《口》では a man (*whom*) you can trust のように目的語になる whom は用いないことが多い. **b** [非制限的用法] そして[すると]その人は (and [but, etc.] he etc.): I sent it to Jones, ～ (＝and he) passed it on to Smith. わたしがそれをジョーンズに送るとジョーンズはまたスミスに回した《この who は略せない》. **c** [先行詞なしで] だれでも (anyone): You may invite ～ [*whom*] you like. だれでも好きな人を招いてよろしい / To *whom* it may concern. 関係者各位《告知文頭に書く》. **d**《古》[先行詞を略して] (…する)その人, (する)人はだれでも: *W～* is not for us is against us. われらに賛成しない人は反対の人だ / *Whom* the gods love die young.《諺》神々の愛する者は若死にする. ● **as ～**《古》…する人のように. **as ～ should [would] say**《古》…と言わんばかりに; いわば. SAYS **～?** **There are ～….**《古》…する人たちもある. **W～ am I [are you, etc.] to do?** 何の権利があってわたしが[あなたが, など]…するのか. **W～ is it?** ＝**W～'s there?** どなたですか《ドアをノックした人に尋ねるとき》. **～ is it** あの何とかさん《名前を思い出せない人に使う》. **～'s ～ [～ is ～, ～ was ～]**《各人の》名前, 素姓《など》(cf. WHO'S WHO): I'll show you *～'s ～*.《体罰を加えるときに》おまえが何様だかわからせてやろう. **W～ was it?** だれだったの《電話をかけてきた人やドアをノックした人のことを尋ねるとき》. [OE *hwā*; cf. Du *wie*, G *wer*, L *quis*]

WHO °World Health Organization.

whoa /(h)wóʊ/ *int* ドードー《馬・ロバなどを止める掛け声》; [*joc*] 止まれ, ストップ. [HO¹]

who'd /hú:d, hud, hʊd/ who had [would] の短縮形.

whó-dòes-whát *a* 特定の仕事をどの組合がすべきかについての‹論争・ストライキなど›.

who·dun·it, -dun·nit /hudʌ́nət/ *n*《口》探偵[推理]小説[映画, 劇], ミステリー. [*Who done* (＝did) *it?*]

who·e'er /huéər/ *pron*《詩》WHOEVER.

who·ev·er /huévər/ *pron* (*obj* **whom·éver**,《口》**who·éver**; *poss* **whos·éver**) **1 a** [不定関係代名詞の意味の古形の who に相当; 名詞節を導いて] だれ[どんな人]でも: *W～* comes is welcome. だれでも来る人は歓迎する / Ask *whomever* you meet. だれでも出会った人に聞きなさい. **b** [譲歩の副詞節を導いて] だれが[を]…とも: *W～* [*Whomever*] I quote, you retain your opinion. どんな人のことばをわたしが引いてきてもきみは自説を変えない / *Whosever* [*Whoever's*] it was, it is now mine. もとはだれのにせよ今はわたしのものだ. **2**《口》[疑問詞 WHO の強調形] いったいだれが (who ever): *W～* said so? いったいだれがそう言ったのか? **3**《口》《だれでもよい》ある(未知の)人: Give that to Tom, or Mary, or ～. それはトムかメアリーかだれかにあげなさい.

whol. wholesale.

whole /hóʊl/ *a* **1 a** [the, his などをつけて] 全体の, すべての, 全… (cf. ALL): *the* ～ world 全世界 / *the* ～ sum 総計 / know *the* ～ truth 真相をすっかり知る / the ～ thing そのことぜんぶ / the ～ story その出来事全体. ★ 通例 地名は直接修飾しない: *the* ～ of Japan 日本全土 (all Japan). **b** [単数には不定冠詞を付けて] まる…, ちょうど…, 満…: a ～ year まる 1 年 / It lasted (for) five ～ days. / It rained for the ～ five days. **c** [種類・数量などを表す名詞を強調して] あらゆる, すべてがそろった, 全部の: a ～ range of issues ありとあらゆる問題 / a ～ host of possibilities 幾多の可能性. **2 a** 完全な (complete), 無きずの, そっくりそのままの; 手を加えてない, 加工しない (cf. WHOLE MILK); 必要な資質をすべて備えた, 完成された‹人›: (in [with]) a ～ SKIN. **b** 父母を同じくする, 全血の‹兄弟など› (cf. WHOLE BLOOD, WHOLE BROTHER). **c**〘数〙整数の, 整の: WHOLE NUMBER. **3**《古》健康な, 壮健な; (傷[病気]が)治った. ● **a ～ lot**《口》ずっと, 大いに. **a ～ lot of…**《口》たくさんの…. **swallow ～** ‹食べ物を›まる飲みする, ‹話などを›うのみにする. **the ～ idea of…** という考えそれ自体; …の唯一の目的[意図]. **the ～ point** 肝心な

点 〈*of*〉 ► *n* 全部, 全体; 完全なもの; 統一体. ● **as a ～** 総括して, 全体として. **in ～** 全部, すっかり, まるごと: *in* ～ or in part 全部または一部. **on the ～** 概して, 総じて. ► *adv* «口» 全面的に, 完全に; 全体として, まるごと. ★ 主に half と対照的に用いる. [OE *hāl* healthy, HALE; *w*- は 16 世紀の添加; cf. G *heil*]

whóle bínding FULL BINDING.

whóle blóod 〘医〙 全血《いかなる成分も除去されていない血液》; FULL BLOOD.

whóle-bóund *a* 〘製本〙 FULL-BOUND.

whóle bròther 父母が同じ兄弟, 全兄弟 (cf. HALF BROTHER).

whóle chéese [the] *«俗» ひとりだけ偉いやつ.

whóle clóth 〘織〙 原反《製造したままの裁ってない生地》. ● **out of (the) ～** *«口» 全くでたらめの, 完全にでっちあげた: make sth up *out of* ～ 〈事を〉完全にでっちあげる.

whóle-còlored ‖ *a* 単一色の (concolorous).

whóle cónsort 〘楽〙 ホールコンソート《同属の楽器からなる楽器グループ》.

whóle fám(n) dám·i·ly /-fǽm dǽm(ə)li/ [the] «俗» [*joc*/*euph*] 家族みんな. [*whole damn family*]

whóle·fòod ‖ *n* [ˢ*pl*] 全体食品《玄米・全粒粉・黒砂糖など, 精製・加工を最小限にとどめた無添加の食品》.

whóle gàle 〘海・気〙 全強風《時速 55–63 マイル (89–102km); ⇨ BEAUFORT SCALE》.

whóle-gráin *a* 《胚芽・皮などを取り除いていない》全粒の, 全粒を用いた[含んだ]: ～ bread.

whóle·héart·ed *a* 全霊を傾けた, 一意専心の, 誠意のある. ♦ **～·ly** *adv* **～·ness** *n*

whóle-hòg *a* «口» 徹底的な, 完全な.

whóle hóg «口» *n* 全体, 完全: believe [accept] the ～ ことごとく信ずる[是認する]. ● **go (the) ～** «口» 極端に走る, とことんまでやる. ► *adv* なにもかも, 徹底的に, 完全に, 全面的に. [C17 *hog* a shilling; 一説に イスラム教が禁ずる *hog* を食べることから]

whóle-hóg·ger /-hágər/ *n* 極端論者, 徹底した人; 徹底的な[一辺倒の]支持者.

whóle hóliday まる一日の休日, 全休日 (cf. HALF-HOLIDAY).

whóle-hóofed *a* 〘動〙 単蹄の, 奇蹄の (opp. *clovenhoofed*).

whóle lánguage 〘言語教育〙 ホールランゲージ《文字の発音から始めて単語へ進むのではなく, 最初から単語を基本単位とみなして発音を教え, コンテクストの中でその意味を理解させるべきであるとする考え》.

whóle-léngth *a*, *n* 全長の, 全身大の(像[写真, 鏡]).

whóle lífe insùrance 〘保〙 終身保険.

whóle·ly *adv* WHOLLY.

whóle·mèal ‖ *a* WHOLE-WHEAT.

whóle mèal WHOLE-WHEAT flour; ‖WHEATMEAL.

whóle mílk 全乳《脂肪分を取り除かない完全乳》.

whóle·ness *n* 全体, 総体, 一切; 完全; 〘数〙 整数性; 強健, 矍鑠(かくしゃく).

whóle nòte * 〘楽〙 全音符 (semibreve‖) (⇨ NOTE).

whóle nùmber 〘数〙 整数 (integer); 〘数〙 自然数.

whóle pláte ‖ 〘写〙 八切判の乾板[フィルム] 《6¹/₂×8¹/₂ インチ, 16.5×21.6 cm》.

whóle rèst 〘楽〙 全休止(符).

whóle·sàle *attrib a* **1** 卸し[卸売り]の: a ～ merchant 卸商人 / ～ prices 卸値. **2** 〈検挙・虐殺などが〉大規模な, 大量の; 個々の差を考慮に入れない, 十把ひとからげの, 無差別の. ► *adv* 卸売りで; 大仕掛けに, 大規模に; 大ざっぱに, すっかり. ► *n* 卸し, 卸売り (opp. *retail*). ● **at ～** 卸売りで; 大量に. **by ～** ＝at WHOLESALE; 大仕掛けに, 大規模に, 無差別に. ► *vt*, *vi* 卸売りする. [ME (*by whole sale*)]

whólesale príce ìndex * 卸売物価指数.

whóle·sàl·er *n* 卸売業者, 問屋.

whóle·scàle *a* 大規模な, 全面的な (wholesale).

whóle schméar [schméer, shméar, shméer] [the] *«俗» 全部, なにもかも.

whóle-sèas óver *a* «口» [*joc*] 完全に酔っぱらって.

whóle shów [the] *«俗» ひとりだけ偉いやつ; [the] *«俗» 万事.

whóle sìster 父母が同じ姉妹, 全姉妹 (cf. HALF SISTER).

whóle snípe 〘鳥〙 タシギ《欧州産》.

whóle·some /hóulsəm/ *a* 健康によい, 衛生によい; 健康そうな〈人・顔など〉; 健全な, ためになる; 用心深い, 慎重な; 安全な. ♦ **～·ly** *adv* **～·ness** *n*

whóle-sóuled *a* 全霊を傾けた, 誠心誠意の (wholehearted).

whóle stèp * 〘楽〙 全音 (whole tone).

whóle-tíme *a*, *adv* FULL-TIME.

whóle tòne 〘楽〙 全音.

whóle-tòne scále 〘楽〙 全音音階 (Glinka, Mussorgsky, Debussy などが用いた).

whóle-whéat *a* 《ふすまを除かない》全粒小麦(粉)の, 全麦の: ～ bread / ～ flour 全粒小麦粉. ♦ **whóle·whèat** *n* 全粒小麦粉.

who·lism /hóulìz(ə)m/ *n* HOLISM. ♦ **who·lís·tic** *a*

who'll /hú:l, hul, hʊl/ who will [shall] の短縮形.

whol·ly /hóu(l)li/ *adv* 全く, 完全に, 全面的に; 全体として; もっぱら.

whom /(疑問詞) hú:m, (関係詞) (h)um/ *pron* WHO の目的格.

whom·év·er *pron* WHOEVER の目的格.

whomp /(h)wámp, *(h)wɔ́:mp/ *«口» *n* ドシン, ドスン, ドカン, ビシャッ, ガチャン, バリン, バ(ー)ン, ズドン《激しい打撃・衝撃音》. ► *vi*, *vt* ドシン[ガチャン]と当たる[打つ]; 決定的に打ち負かす. ● **～ up** 〈興味などを〉かきたてる; 急いで用意する[まとめる], でっちあげる. [C20 (imit)]

whóm·so *pron* WHOSO の目的格.

whòm·so·éver *pron* «文» WHOSOEVER の目的格.

whoof /(h)wúf, (h)wú:f/ *n*, *vi* ウーッ[ウォッ, フーッ, ブーッ]という音(を出す) (=*woof*). ► *int* ウォッ, フーッ《歓喜・驚き・安堵を表わす》. [imit]

whoo-hoo ⇨ WOO-HOO.

whoomp(f), whoomph /(h)wúmp(f), (h)wú:mp(f)/ *n*, *int* WHOMP. [imit]

whoop /hú:p, húp, (h)wú:p, (h)wúp/ *n* **1** オー[ワーッ, ワーイ]という叫び声; 鬨(とき)の声 (war cry); [ᵒ〈*int*〉] オーイ, ウワッ, あらら; 《フクロウなどの》ホーホーと鳴く声 (hoot); 《百日咳などの》ゼイゼイいう音. **2** «口» 少し, わずか: not care a ～ ちっともかまわない / not worth a ～ なんの価値もない. **3** 《オフロードレースで》トラック[コース]のでこぼこ. ● **a ～ and a holler** *«口» 比較的近い距離; «口» 大騒ぎ, 喧々囂々(けんけんごうごう)の論議. ► *vi*, *vt* **1** ワーッと大声をあげる; ホーホーと鳴く; ゼイゼイいう; (ワーワーと)騒々しく通過する, 歓呼の声に送られる; 〈犬などを〉叫んで駆り立てる[追いかける]. **2** 値をあおる 〈*up*〉; 〈興味などを〉喚起する. ● **～ it [things] up** «口» 大声をあげて騒ぎたてる, 大いにはしゃぐ, (飲んで)浮かれ騒ぐ; *〈…への〉興味[興奮, 熱狂]をあおる, 熱気を盛り上げる 〈*for*〉. [ME (imit)]

whoop-de-do, -doo /h(w)ù:pdidú:, h(w)ʊ́p-/ *«口» *n* お祭り騒ぎ, どんちゃん騒ぎ, 大騒ぎ; 渦巻く興奮; 大々的キャンペーン, 鳴り物入りの宣伝活動; 喧々囂々(けんけんごうごう)たる議論.

whoop·ee, -ie «口» *int* /(h)wúpi, (h)wú:-; (h)wʊpí:/ ワーイ《歓喜の声》. ► *n* /(h)wúpi, (h)wú:-/ 《禁酒時代に行なわれた》酒とセックスにふけるばか騒ぎ; 《一般に》ばか騒ぎ, お祭り騒ぎ; セックスプレー: make ～ ばか騒ぎ[お祭り騒ぎ]する, 浮かれ騒ぐ; セックスにふける. [*whoop*]

whóopee cùshion *«俗» ブーブークッション《押すと放屁に似た音を出すゴム製の袋; クッションの下に置いて人にいたずらする》.

whóopee wàter *«俗» 酒, ワイン, 《特に》シャンパン.

whóop·er *n* ワーッ[オー]と叫ぶ人; ホーホー鳴く鳥; WHOOPER SWAN; WHOOPING CRANE.

whóop·er-doop·er /-dù:pər/ *«俗» *n* ばか騒ぎ. ► *a* すてきな, すばらしい.

whóoper swàn 〘鳥〙 オオハクチョウ.

whóop·er-ùp, whóop·er-ùp·per *n* *«俗» 《騒々しい》酒宴, 痛飲パーティー.

whoopie ⇨ WHOOPEE.

whóop·ing còugh 〘医〙 百日咳 (=*pertussis*).

whóoping cráne 〘鳥〙 アメリカシロヅル《北米産; 国際保護鳥》.

whóoping swàn 〘鳥〙 WHOOPER SWAN.

whoop·la /hú:plɑ:, (h)wú:-/ *n* 大騒ぎ, 騒動, 派手な宣伝 (hoopla); どんちゃん騒ぎ.

whoops /(h)wúps, (h)wú:ps/ *int*, *vi* OOPS. [*-s* (intensive suffix)]

whóops-a-dàisy *int* UPSY-DAISY.

whóop-ùp *n* *«口» 浮かれ騒ぎ.

whoosh /(h)wú:ʃ, (h)wúʃ/ *n* ビューッ[シューッ, シャーッ](という音); 突進. ► *vi*, *vt* ビューッ[シューッ]と音をたてて動く[動かす]. ► *int* ヒュー《驚き・疲労などを表わす》. [imit]

whooshed /(h)wú:ʃt, (h)wúʃt/ *a* *«俗» 酔っぱらった.

whoo·sis, who·sis, whoo·zis, who·zis /hú:zəs/, **whoo·sy** /hú:zi/ *n* «口» 何とかいう人[もの], あの人, あれ, なに《人・物の名が思い出せない[わからない, わかっていても使いたくない]とき用いる》. [? *who's this*]

whoo·sit, who·sit, whoo·zit, who·zit /hú:zɪt/ *n* «口» 何とかさん, あの人. [whoosis]

whop, whap /(h)wáp/ «口» *v* (**-pp-**) *vt* バシッと打つ, むち打つ; [*fig*] (完全に)打ち負かす, やっつける; 投げつける; 引き抜く. ► *vi* バタリと倒れる. ► *n* ボカッ[バシッ]となぐること, 殴打; ドシンとぶつかる[倒れる]こと; [〈*int*〉] バシッ, ビシッ, ボカッ, ガーン, バン, バタン, カーン, ドシン! 《殴打・衝突・墜落などの音》; ブルブル, ブンブン《ヘリコプターの回転翼がたてる音》; *«俗» 《1 回の》試み, 試し, やってみること, 一発. [変形 〈 *wap*¹]

whóp·per, wháp- «口» *n* 打つ人, なぐる人; でっかいもの, どえらいもの; 大ぼら, 大うそ.

whóp·ping, wháp- *n* 殴打. ► *a* «口» とても大きい, 桁はずれの; とんでもない: a ～ lie 大うそ. ► *adv* ばかに (very): a ～ big [great] mushroom ばかでかいキノコ.

whore /hɔ́:r/ *n* [*derog*] 売春婦《MERETRICIOUS *a*》; 《広く》みだらな女, 淫婦, 売女(ばいた); 男娼; 堕落した[無益な, 偶像崇拝的な]動

機に基づく行為をする人; *《俗》無節操な人, 浮気な人: SCARLET WHORE. ► *vi* 売春する; 娼婦買いをする (⇨ WHORING); 《古》背信的な[無益な, 偶像崇拝的な]願望を追う, 邪教に迷う: go *a-whoring after* strange gods 邪神をあがめる《*Exod* 34:15》. ► *vt* 《廃》〈女を〉みだらな交わりによって堕落させる, 売春させる. [OE *hōre*; *w-* は 16 世紀の添加 (cf. whole); cf. G *Hure*, L *carus* dear]

who're /húːər, hʊər/ who are の短縮形.

whóre·dom *n* 売春, 醜業; 女郎買い; 私通, 密通; 背信行為, 偶像[邪神]崇拝.

whóre·hòuse *n* 売春宿, 女郎屋 (brothel). ► *a* *《俗》売春宿のようにけばけばしい.

whóre·màster *n* WHOREMONGER.

whóre·mònger *n* 女郎買いする男; 密通する男; 好色な男; 売春の取持ち, 売春業者 (pimp).

whore·son /hɔ́ːrs(ə)n/ 《古》 *n* 私生児 (bastard); [*derog*] いやなやつ, 野郎. ► *a* 親のわからぬ; 下劣な, いやな.

whóre·sùck·er *n* *《俗》やな野郎, うじむし.

Whorf /(h)wɔ́ːrf/ ウォーフ **Benjamin Lee** ~ (1897–1941)《米国の言語学者》.

Whórf·ian hypóthesis [the]〘言〙ウォーフの仮説 (=*Sapir-Whorf hypothesis*)《個人の世界観はその母語によって決定されるとする説》. [↑]

whor·ing /hɔ́ːrɪŋ/ *n* 娼婦買い, 買春.

whor·ish /hɔ́ːrɪʃ/ *a* 売春婦の(ような), みだらな. ♦ **~·ly** *a* **~·ness** *n*

whorl /(h)wɔ́ːrl, *(h)wɔ́ːrl/ *n*〘植〙輪生;〘動〙(巻貝の)渦巻《ひと巻き》;〘解・動〙(耳の蝸牛殻の)螺旋(らせん);〘指紋〙渦状紋 (cf. ARCH[1], LOOP[1]); 螺旋部; 渦巻状のもの;〘紡〙(精紡機のスピンドルの)溝車(みぞぐるま), ホワール. ► *vi* 渦を巻く, 回転する, ねじれる. ♦ **~ed** *a*〘植〙輪生の;〘動〙渦巻のある. [? *whirl*; ME 期 *wharve* whorl of spindle の影響]

whort /(h)wɔ́ːrt/, **whor·tle** /(h)wɔ́ːrtl/ *n*〘植〙WHORTLEBERRY.

whórtle·bèrry /, -b(ə)ri/ *n*〘植〙**a** ビルベリー (BILBERRY). **b** BLUEBERRY. [C16 *hurtleberry*<ME (? OE *horte* whortleberry, berry)]

who's /húːz/ who is [has, does] の短縮形.

whose /(h)úːz, huz/ *pron* **1** [疑問詞] [WHO の所有格として] だれの; だれのもの: *W~* book is this? だれの本ですか / *W~* is this book? 本はだれのですか / [間接疑問を導いて] I don't know ~ book this is. この本はだれのか知らない. **2** [関係詞] /(h)uz/ その(人の)…が[な]: Is there any student ~ name hasn't been called? 名前を呼ばれなかった学生はいますか. ★ whose を 物 に用いることがある: The mountain ~ peak (=The mountain the peak of which) is covered with snow is Mt Fuji. 《of which と後置するのを避ける》.

whóse its /-ɪts/ *《俗》THINGUMBOB.

whòse·so·éver *pron* WHOSEVER の強調形.

whosever ⇨ WHOEVER.

whó shót Jóhn *《俗》《禁酒法時代の》密造ウイスキー (moonshine).

whosis, whozis ⇨ WHOOSIS.

whosit, whozit ⇨ WHOOSIT.

whó·so *pron* 《古》WHOSOEVER.

whò·so·é'er *pron* 《詩》WHOSOEVER.

whò·so·éver *pron* 《文》WHOEVER の強調形.

who's who /húːzhúː/ [°W- W-] 名士録, 紳士録; 《共同社会・集団の》有力[指揮]者連 (cf. WHO'*s who*); 代表的な人たち, 主なものたち.

who've /húːv/ who have の短縮形.

Whó was Whó 物故者の名士録.

who who /húː húː/ *int* ホーホー《フクロウの鳴き声》. [imit]

whozit ⇨ WHOSIT.

WH-question, wh- /dʌ́b(ə)ljùːéɪtʃ—/ *n*〘文法〙WH 疑問文.

whr, Whr watt-hour.

whump /(h)wʌ́mp/ 《口》 *vi* ドスン[ドシン, ズシン]とぶつかる. ► *vt* バーン[ドカン]と打つ; *《俗》〈人・チームを〉さんざんにやっつける, ぶちのめす. ► *n* バーン, ドスン, ドシン, ドカン, ズシン《強烈な bang, thump》. [imit]

whup /(h)wʌ́p/ *vt* (-pp-) *《方・口》したたか打つ; 決定的に破る, こてんぱんにやっつける.

whúp·àss /(h)wʌ́p-/ *n* [次の成句で]: **play ~** *《俗》荒っぽい試合[戦い, 争い]をする, ラフプレーをやる. [*whip ass* の方言発音から]

WH-word, wh- /dʌ́b(ə)ljùːéɪtʃ—/ *n*〘文法〙WH ワード《what, why, where, when, which, who と how》.

why /(h)wáɪ/ *adv* **1** [疑問詞] なぜ, どうして: *W~* did you do it? なぜそれをやったのか / *W~* is it that he looks so happy? なぜ彼はあんなにうれしそうなのだろう / I don't see ~ you are here. きみがどうしてここにいるのかわからない. **2** /(h)waɪ/ [関係詞] **a** …する[した]というその(訳), …との(理由): This is the reason ~ I am leaving. わたしがやめるのはそういうわけです. **b** [先行詞を略して接続詞的に]: This is ~ I am leaving. これでわたしはやめるのです. ★ This is the reason I am leaving. ともいう. ● **that's ~** 《理由を述べたあとにややいらだちをこめて》そういうわけだ, わかったかい. **W~ don't you?** [命令文のあとにつけて] …したらどうですか: Take a rest, ~ *don't you*? ひと休みしたら. **W~ don't you do…?** [修辞疑問による勧誘] …しませんか: *W~ don't you* come to our party? Thanks, I will. **W~ not (…)?** なぜいけない[しない]のか, …してもよいではないか. **W~ so?** なぜ, なんのため. ► *n* (*pl* **~s**) [the] 理由, 《なぜかの》説明; なぜ という問い; 難問, なぞ: *the* **~***s* and (the) wherefores=*the* ~ and (the) wherefore そのいわく因縁. ► *int* /wáɪ/ [驚き・発見・承認などの際の発声] あら, おや, まあ, もちろんさ!; [質問の簡単すぎるときなどの] なんだ(そんなこと), そりゃもちろん!; [思考の間] えーっと, そうだなあ, さあ; [異議] なんだって, なに!; [条件文の帰結の導入語として] では, それは: *W~* it's Mr…. これはこれは[まあ]…さんじゃありませんか / If silver won't do, ~, we must try gold. 銀がだめなら, それでは, 金でやってみなければならない. ● **~, sure** *《俗》もちろんです, いいですとも. [OE *hwī*, *hwȳ* (instr) < *hwæt* WHAT]

Why·al·la /(h)waɪǽlə/ ワイアラ《オーストラリア South Australia 州南部の, Spencer 湾に臨む市・港町》.

whyd·ah, whyda, whid·ah /(h)wídə/ *n*〘鳥〙テンニンチョウの類の各種の鳥《ハタオリドリ科; 雄の生殖羽の尾羽が長い種が多い; 巣は作らず托卵する; アフリカ産》. [*widow* (bird)]

why·dun·it /(h)waɪdʌ́nət/ *n* 《口》ホワイダニット《動機の解明を主眼にした推理小説[劇, 映画]》. [*why done it*; cf. WHODUNIT]

why·éver *adv* いったいどうして; なぜであれ.

why'll /(h)wáɪl/ why will [shall] の短縮形.

Whym·per /(h)wímpər/ ウィンパー **Edward** ~ (1840–1911)《英国の登山家; Matterhorn に初登頂 (1865)》.

why're /(h)wáɪər/ why are の短縮形.

why's /(h)wáɪz/ why is の短縮形.

w.i. 〘証券〙when issued. **WI** °West Indies ♦ Wisconsin ♦ 〘英〙°Women's Institute. **WIA** WOUNDED in action.

wib·ble[2] /wíb(ə)l/ *vi* WOBBLE; 長々としゃべる, 延々と書く. ♦ **wíb·bly** *a*

wíb·bly-wóbbly /wíbli-/ *a* WOBBLY.

Wic·ca /wíkə/ *n* ウィッカ《1950 年代に英国で始まり, ヨーロッパ・米国に広まった, キリスト教以前の西ヨーロッパの信仰や風習に影響をうけた宗教で, 魔術や自然崇拝を実践する》. ♦ **Wíc·can** *a*, *n*

wich- ⇨ WYCH-.

Wich·i·ta /wítʃətɔ̀ː/ *n* **1 a** (*pl* ~, **~s**) ウィチタ族《もと Kansas 州に, 現在は主に Oklahoma 州に住むインディアン》. **b** ウィチタ語《Caddo 語族に属する》. **2** ウィチタ, ウィチトー《Kansas 州の Arkansas 川に臨む市》. **3** *《俗》裏切り.

wick[1] /wík/ *n* 灯心(の材料), 《ろうそく・ランプ・石油ストーブなどの》芯;〘外科〙傷口にはめ込むガーゼ, リバガーゼ《排膿に用いる》; ‖《俗》陰茎. ● **dip one's ~** 《俗》性交する. **get on sb's ~** ‖《口》いらいらさせる, じらす. **a spare ~**=a spare PRICK. ► *vt* 《毛管作用で》〈水分などを〉運ぶ, 逃がす 〈*away*〉. [OE *wēoce*; cf. OHG *wiohha* wick]

wick[2] *n* 村, 町, 地区《BAILIWICK などの複合語や WARWICK などの地名の一部として以外は方言》; ‖《方》酪農場. [OE *wīc*<?L *vicus* street, village]

wick[3] *n*〘カーリング〙ウィック《他プレーヤーの石と石との間の狭い隙間》. [C18<?; cf. WICKET]

wick[4] 《北イング》 *a* 活発な; 群がって 〈*with*〉. [*quick* alive]

wickape ⇨ WICOPY.

wick·ed /wíkəd/ *a* **1 a** よこしまな, 邪悪な, 不正の; みだらな; 悪意のある, 意地悪な〈微笑〉, いたずらな (mischievous); 癖の悪い, あばれる〈犬・馬〉; 危害を加える: a ~ stepmother 意地悪なまま母《童話などでの定型的人物》. **b** [the, 〈*pl*〉] よこしまな[邪心ある]人びと: (There is) no peace [rest] for *the* ~. 《諺》悪人に平安なし《*Isa* 48: 22》. **2** 《口》不快な, いやな〈仕事・匂い〉, ひどい, きびしい〈寒さなど〉. **3** 《俗》うまい, 巧妙な, すごい: shake a ~ CALF[1]. ♦ **~·ly** *adv* **~·ness** *n* 邪悪, 不正; 悪ふざけ. [*wick* wicked (<?OE *wicca* sorcerer) に *wretched* などの *-ed* がついたものか]

Wícked Bíble [the] 邪悪聖書《1631 年版の欽定訳聖書; モーセの第七戒 (*Exod* 20: 14) の not を落としていることから》.

Wícked Wítch of the Wést [the] 西の(国の)悪い魔女《*The Wizard of Oz* の登場人物; Emerald City の西方に住む邪悪な片目の魔法使い》.

wick·er /wíkər/ *n* 小枝, ヤナギの枝; 小枝細工, 枝編み細工(品). ► *a* 小枝で作った, やなぎ細工の; 小枝[やなぎ]細工のおおいの付いた: a ~ basket / a ~ chair / a ~ flask. ► *vt* *《俗》くずかごに捨てる. [Scand (Swed *vikr* willow, *vika* to bend)]

wícker·wòrk *n* 枝編み細工.

wick·et /wíkət/ *n* **1 a** 《大きな門[扉]のかたわらの》小門[扉], くぐり(門) (=**~ dòor [gàte]**); 回転木戸, 改札口; 《戸の下半だけが開く》半ドア; 放水門. **b** 《切符売場・銀行などの》格子窓; 《戸または壁の》引戸付き小窓, 小窓. **2 a**〘クリケット〙三柱門, ウィケット; 三柱門間, ピッチ (=*pitch*)《野球のバッテリーゾーンに相当》; ピッチのコンディション; 打者線と三柱門の間《バッターボックスに相当》; 打席, 1 打者[1 組の 2 打者]がアウトになるまでの時間; 《打者が》アウトになること; イニング, 回; 《1 チーム (11 名) 中の 1 イニング投入可能 10 選手中の》《打席にある者を含む》未投入打者数: keep one's ～ up 〈打者が〉アウトにならずにいる / keep ～ 三柱門のすぐ後ろを守備する / The ～ falls. アウトになる / at the ～ 打席に入って; 捕手による〈捕球〉/ make seventeen for a ～〈チーム (eleven) が〉打者 1 人アウトで 17 点とる / take a ～ for seventeen 17 点取られて〈投手 (bowler) が〉打者 1 人をアウトにする / the match won by two ～*s* 3 人がまだアウトにならず勝った試合 / STICKY WICKET. **b**＊〖クロッケー〗柱門. ● **on a bad [good] ～** 不利[有利]な情勢で, 劣勢[優勢]で. **through the ～**《スポ俗》〈ボールが〉股間を抜けて. [AF *wiket*, OF *guichet*＜? Gmc (MDu *wiket* wicket)]

wícket·kèep(·er) *n* 〖クリケット〗ウィケットキーパー《ウィケット後方で, 通ってくるボールを止める》. ♦ **-kèep·ing** *n*

wícket màiden 〖クリケット〗無失点[無得点]でかつ打者最低 1 人アウトの OVER.

wíck·ing *n* 灯心の材料, 灯心材.

wick·i·up, wik·i·up, wick·y·up /wíkiʌ̀p/ *n* 《米国南西部の遊牧インディアンの》枝編みの円錐形の小屋; 《一般に》一時しのぎの掘っ建て小屋. [Algonquian]

Wic(k)lif(fe) ⇨ WYCLIF(FE).

Wick·low /wíklou/ ウィックロー《**1**) アイルランド東部 Leinster /lénstər/ 地方の県 **2**) その県都・港町》.

Wícklow Móuntains *pl* [the] ウィックロー山脈《Wicklow 県を中心に, アイルランド東部沿岸を南北に走る》.

wíck·thing *n* 《ランカシャー》はう虫[生き物]《wood louse など》.

wíck·wíllie *n*＊《俗》ジェット機のパイロット.

wic·o·py, wick·a·pe /wíkəpi/ *n* 〖植〗**a** カワノキ (LEATHERWOOD). **b** アメリカシナノキ (basswood). **c** ヤナギラン (willow herb). [Algonquian]

wid·der /wídər/ *n* 《方》WIDOW.

wid·der·shins /wídərʃìnz/ *adv* 《スコ》太陽の運行と反対の方向に, 左回りに (counterclockwise)《特に祭式における巡回経路について いい, 不吉な方向とされる; cf. DEASIL》; 《廃》《通常と》逆方向に. [MLG＝contrary direction (*wider* against, *sin* course)]

wid·die[1] /wídi/ *n*＊《俗》〖トランプ〗余分な手札 (widow).

wid·dle /wídl/ *n, vi* ᴵᴵ《口》おしっこ(する). [*wee*＋*piddle*]

wid·dy[1], **-die**[2] /wídi/ 《スコ》*n* ヤナギの小枝で作ったロープ; 絞首刑の輪なわ, 絞首索. [Sc WITHY]

widdy[2] *n* 《方》WIDOW.

wide /wáɪd/ *a* **1 a** 幅の広い, 広幅の; 幅が…の: a ～ cloth 広幅の布 / 3 feet ～. **b** 十分に[大きく]開いた; かけ離れた; 遠い, はずれた, 見当違いの 〈*of*〉; 〖野〗〈投球が〉外角にはずれた: with ～ eyes 目をまるくして / ～ *of* the MARK[1] / a ～ difference 大違い / be ～ *of* the truth 真相に遠い / hazard a ～ guess 大ざっぱな当て推量をする / a ～ ball 〖クリケット〗投手の暴投《打者に 1 点となる》. **c**〖音〗開口音の, 広音の (opp. *narrow*)《舌の使用局部の筋肉が比較的弛緩した状態にある》. **d**〖スポ〗フィールドのサイド(付近)の. **2 a** 広い, 広大な, 広々とした: be of ～ distribution 広く分布している / of ～ fame 広く知られた. **b** ゆるやかな, たっぷりした; 自由な, 拘束されない, 放縦な; 偏狭でない, 偏見のない; 一般的な: take ～ views 広い見解をもつ / a ～ generalization 包括的一般化. **c**〈知識など〉〈範囲の〉広い: a ～ range 広範囲 / a ～ variety 多種多様 / a ～ selection [choice] 幅広い選択肢. **3**＊〈家畜飼料が〉低タンパクの (cf. NARROW). **4** ᴵᴵ《俗》ずるい, 悪賢い. **5**＊《俗》薬(ﾔｸ)でラリった. ● WIDE PLACE IN THE ROAD.

► *adv* **1** 広く, 広範囲に. **2** 大きく開いて, 十分にあけて; すっかり, 十分に: open one's eyes ～ 目を大きくあける / He is ～ awake. すっかり目がさめている; 抜け目がない (cf. WIDE-AWAKE). **3** 遠くに, それて, 見当違いに: He is shooting ～. 的はずれを撃っている / bowl ～ 〖クリケット〗暴投する《打者の 1 点となる》/ speak ～ of the mark 見当はずれの[要領を得ない]話をする / FAR and ～. **4**〖スポ〗フィールドのサイド(付近)で. ● **have one's eyes ～ open** 油断がない; 如才がない. **～ open** 開け放たれて; 〈土地が〉《建物などがなく》大きく開けた; 優勝の行方がわからない; ＊無法状態で; 無防備で; 未解決で, 未決定で; ＊《俗》全速力で, 猛スピードで: BLOW[1] ～ open. ► *n* **1**〖クリケット〗《投手の》暴投; 暴投による打者への 1 点. **2** [the] 広いこの世; 《古・詩》広い所; 〖音〗広母音. ● **to the ～**《口》全く, ひどく, すっかり: broke *to the* ～ 一文無しになって, 全く信用を失って / dead *to the* ～ 気を失って, ぼんやりして, ぐっすり眠って / done [whacked] *to the* ～ 疲れはてて, くたくたになって. ♦ **～·ness** *n* 広さ, 広がり; 幅. [OE *wīd*; cf. G *weit*]

-wide /wàɪd/ *a comb form*「…の全域にわたる」「…全体の」: nation*wide*. [↑]

wíde-ángle *a*〖写〗〈レンズが〉広角の; 〈カメラが〉広角レンズを備えた, 〈写真が〉広角レンズを用いた: a ～ lens.

wíde-àngle glaucóma 〖医〗広[開放]隅角緑内障 (open-angle glaucoma).

wíde àrea nétwork 〖電算〗広域ネットワーク (⇨ WAN).

wíde·awàke *n* 広縁のフェルトの中折帽 (＝**wíde·awàke hát**); 〖鳥〗セグロアジサシ (sooty tern).

wíde-awáke *a* すっかりめざめて; 油断のない, 抜け目ない.

wíde·bánd *a*〖電子工〗広帯域の〈アンプなど〉.

wíde-bòdied *a* WIDE-BODY.

wíde-bòdy *a* 〈ジェット機が〉胴体の幅が広い, 広胴型の; ＊〈テニスラケットが〉ヘッドが大きい. ► *n* ワイドボディー《広胴型の大型ジェット旅客機》; ＊ヘッドが大きいラケット; ＊《口》大柄ながっしりした体格の人[選手].

wíde bóy ᴵᴵ《俗》よた者, 不良, 闇屋, こそ泥, 競馬の予想屋.

wíde bréak＊《俗》最大数の映画館での同時封切り上映, 広範な同時封切り.

wíde-brìmmed *a* 広縁の〈帽子〉.

wíde-éyed *a*《驚き・感心して》目を大きく見開いた; 仰天した; 素朴な, 純真な.

wíde-fìeld *a* 広視野の〈望遠鏡など〉.

wíde·ly *adv* 遠く; 大きく, すこぶる, はなはだしく〈相違するなど〉; 広く, 広範に, あまねく.

wíde-móuthed *a* 口の大きな〈壺〉; 口を大きく開けた.

wid·en /wáɪdn/ *vt, vi* 広くする[なる] 〈*out*〉, 広げる[広がる]. ♦ **～·er** *n*⁺〖機〗ブローチ (broach); リーマー (reamer).

wíde-ópen *a* **1 a** いっぱいに開いた〈目・口など〉, 開け放った〈窓など〉; 偏見のない. **b** 制限[遮蔽など]の全くない; ＊《酒・賭博などの》規制のゆるい[ない]. **2** 攻撃に弱い, 無防備な; 議論の余地が十分ある.

wíde·òut *n*〖アメフト〗ワイドレシーバー (wide receiver).

wíde pláce in the róad＊《俗》小さな町.

wíde-ránge *a* 広範囲に有効な, 適用性の広い.

wíde-ránging *a* 広範囲の.

wíde recéiver 〖アメフト〗ワイドレシーバー《攻撃ラインの数ヤード外側に並ぶレシーバー》.

wíde-scále *a* 広範囲の, 広汎な, 大規模な.

wíde-scréen *a*〖映〗ワイドスクリーンの《画面が横広》. ♦ **wíde scréen** *n*

wíde-spéctrum *a*〖薬〗BROAD-SPECTRUM.

wíde·spréad *a* いっぱいに広げた〈翼〉; 広く行きわたった, 広まった, はびこった.

wíde-spréad·ing *a* 広く開けた〈平野〉; 広まっている.

wíde-wàle *a*〖織〗太うねの: ～ corduroy.

widgeon ⇨ WIGEON.

widg·er /wíʤər/ *n*〖園〗苗木移植用へら.

wid·get /wíʤət/ *n* 《口》小型装置, 部品, 仕掛け, 道具 (gadget); 〖電算〗ウィジェット《**1**) パソコンのデスクトップなどに使う簡易アプリ **2**) ウインドーの部品》; 《ある会社の》製品; 《空軍俗》GREMLIN.

widg·ie /wíʤi/ *n* 《豪俗》女のごろつき, 不良少女.

wid·git /wíʤət/ *n* WIDGET.

wid·ish /wáɪdɪʃ/ *a* やや広い, 広めの.

Wi·dor /vidɔ́ːr/ ヴィドール **Charles-Marie(-Jean-Albert)** ～ (1844–1937)《フランスのオルガン奏者・作曲家》.

wid·ow /wídou/ *n* **1 a** 寡婦, 未亡人, 後家 (cf. WIDOWER). **b** …やもめ, …ウィドー《夫がゴルフ・釣りなどに夢中なため顧みられない妻》, GRASS WIDOW: a fishing [golf] ～. **2** はんぱもの, はみ出したもの《かけ違えて余ったボタンなど》; 〖トランプ〗余分な手札, 場に出しておく手札; [the]《俗》シャンパン; 〖印〗ウィドー (＝**～ line**)《ページ[欄]のいちばん上[下]にくる段落末のはんぱな 1 行; cf. ORPHAN》. **3** WIDOW BIRD.

► *vt* [ᵁ*pp*] 寡婦にする, 男やもめにする; [*fig*]〈大切なものを〉奪う 〈*of*〉; 《廃》…の未亡人となる; 《廃》…に寡婦権を与える. ♦ **～ed** *a* 後家[やもめ]となった; ぽつんと残された, はんぱな. [OE *widewe*; cf. G *Witwe*, L (fem) ＜ *viduus* deprived]

wídow bewítched 《口》GRASS WIDOW.

wídow bìrd [fìnch] 〖鳥〗WHYDAH.

wid·ow·er /wídouər/ *n* 男やもめ, やもめ (cf. WIDOW).

wídower·hòod *n* 《男性の》やもめ暮らし(の期間).

wídow·hòod *n* 《女性の》やもめ暮らし(の期間); WIDOWERHOOD.

wídow làdy 《古・方》寡婦, 未亡人 (widow).

wídow-màker *n* **1**《口》危険なもの, 命取り《荒馬, 銃, 強い酒, 伐採時に落下してくる枝など》. **2** [W-] ウィドーメイカー《PECOS BILL の愛馬》.

wídow's bénefit 〖英〗国民保険の寡婦給付.

wídow's crúse 〖聖〗寡婦の壺《乏しく見えて実は無尽蔵なもの; *1 Kings* 17:10–16》.

wídow's mándate＊夫の身代わり任命《任期途中で死亡した人の公職にその夫人を任ずること》.

wídow's míte 〖聖〗寡婦の賽銭(ｻｲｾﾝ), 貧者の一灯《*Mark* 12:41–44》.

wídow's péak 額中央の V 字形にとがった生え際《いわゆる富士額に相当するが, 着目点が異なる》.

wídow's pénsion 寡婦年金.

wídow's wálk＊屋根上の露台《初期の New England 沿岸で船を見るために付けた》.

wídow's wéeds *pl* 寡婦の喪服, 寡婦服.

wídow wòman 《古・方》未亡人, 後家 (widow).

width /wídθ, wí(t)θ/ *n* 広さ (breadth); 幅, 幅員; 《知識・心・見解などの》広いこと, 寛大なこと 〈*of* mind〉; ある幅[一定の幅]をもつもの[織物]; 《プールの》横の長さ: What is its ～? 幅[広さ]はどのくらい / It is 4 feet in ～. 幅が 4 フィート / join three ～*s* of cloth 三幅の布地を継ぎ合わす. [*breadth* にならって *wide* より; 17 世紀, *wideness* に取って代わったもの]

wídth·wàys *adv* WIDTHWISE.

wídth·wìse *adv* 横に, 横の方向に (latitudinally).

Widukind ⇨ WITTEKIND.

Wie geht's? /vi géɪts/ ごきげんいかが(ですか) (How are you?). [G=how goes it?]

Wie·gen·lied /*G* víːgnliːt/ *n* (*pl* **-lie·der** /-liːdər/) 子守歌. [G=cradle song]

Wie·land /wíːlənd; *G* víːlant/ **1** ヴィーラント (1) **Christoph Martin** ～ (1733–1813) 《ドイツの作家・詩人・翻訳家; *Oberon* (1780)》 (2) **Heinrich Otto** ～ (1877–1957) 《ドイツの化学者; 胆汁酸やアルカロイドの研究が認められてノーベル化学賞 (1927)》. **2** ヴィーラント (WAYLAND のドイツ語名).

wield /wíːld/ *vt* 〈剣などを〉ふるう, 振りまわす; 〈健筆を〉ふるう; 〈道具を〉用いる, 使いこなす; 《詩》〈国を〉支配する, 統御する; 〈権力を〉行使する, 振う; 〈影響などを〉及ぼす: ～ the pen 書く, 著作する / ～ arms 武力を振う. ♦ **～·er** *n* [OE *wealdan, wieldan* to control; cf. G *walten*]

wíeldy *a* 使いやすい, 取り扱いやすい, 手ごろな.

Wie·man /wáɪmən/ ワイマン **Carl E(dwin)** ～ (1951–) 《米国の物理学者; 極低温におけるボース-アインシュタイン凝縮 (Bose-Einstein condensation) の実現に成功; ノーベル物理学賞 (2001)》.

Wien /víːn/ **1** ヴィーン (VIENNA のドイツ語名). **2** ヴィーン **Wilhelm** ～ (1864–1928) 《ドイツの物理学者; 変位則 (Wien's displacement law) を証明; ノーベル物理学賞 (1911)》.

wie·ner, wei- /wíːnər/ *n* *フランクフルトソーセージ (frankfurter); *ウィンナーソーセージ (Vienna sausage); 《俗》おちんちん; 《口》ばか, まぬけ. [G=Viennese]

Wiener ウィーナー **Norbert** ～ (1894–1964) 《米国の数学者; サイバネティックスの創始者》.

wíener nóse*《俗》[*derog*] ばか, ぼんくら.

wíener ròast* ソーセージを焼く(野外)パーティー.

Wie·ner schnit·zel /víːnər ʃnítsəl, *ー ー ー ー/ 《料理》ウィンナーシュニッツェル 《子牛肉のカツレツ》. [G=Viennese cutlet]

wie·ner·wurst* /wíːnərwə̀ːrst/ *n* VIENNA SAUSAGE; FRANKFURTER. [G]

wienie ⇨ WEENIE.

Wíen's displácement làw 《理》ウィーンの変位則 《: 黒体による放射が最大になる波長が絶対温度に比例する》. [Wilhelm *Wien*]

Wies·ba·den /víːsbɑ̀ːdn/ ヴィースバーデン 《ドイツ中南西部 Hesse 州の州都・保養都市; 1806–66 年 Nassau 公国の首都》.

Wie·schaus /wíːʃaʊs/ ウィシャウス **Eric F(rancis)** ～ (1947–) 《米国の生物学者; ヒトの先天異常の説明に役立つショウジョウバエの研究によりノーベル生理学医学賞 (1995)》.

Wie·sel **1** /vizél, wi-/ ウィーゼル **Elie** ～ (1928–) 《ルーマニア生まれの米国のユダヤ人作家・人権活動家; ノーベル平和賞 (1986)》. **2** /víːsəl/ ヴィーセル **Torsten Nils** ～ (1924–) 《スウェーデン生まれの米国の生理学者; 大脳後頭葉の視覚皮質の構造・機能を解明; ノーベル生理学医学賞 (1981)》.

Wie·sen·thal /víːz(ə)ntɑ̀ːl/ ヴィーゼンタール **Simon** ～ (1908–2005) 《現在のウクライナ生まれのナチ戦争犯罪人追及者》.

wif ⇨ WIFF.

wife /wáɪf/ *n* (*pl* **wives** /wáɪvz/) 妻, 女房, 夫人, 奥さん; *《俗》きまったガールフレンド; *《俗》売春宿の主人のお気に入りの売春婦; *《俗》女役のホモ; 《古・方》《特に老いたもしくは無教育の》女 (cf. MIDWIFE, FISHWIFE): have a ～ 妻をもつ / one's wedded [lawful] ～ 正妻 / take [give]...to ～ 《古》〈女を〉妻にもらう[嫁にやる] / all the WORLD and his ～. ► *vi, vt* 《まれ》WIVE. ♦ **～·hòod** *n* 妻であること, 妻の身分; 妻らしさ. **～·less** *a* [OE *wif* woman; cf. G *Weib*, ON *vīf* (<?*vīfathr* veiled)]

wífe·able *a**《俗》〈製品が〉技術に弱い女性でも使いこなせる, 主婦向きの.

wífe·bèat·er *n* 暴力 [DV] 夫; *《口》袖無し T シャツ, ランニングシャツ, タンクトップ.

wífe·lìke *adv* 妻らしく. ► *a* WIFELY.

wífe·ly *a* 妻らしい, 妻にふさわしい. ♦ **-li·ness** *n*

Wífe of Báth [the] バースの女房 《*The Canterbury Tales* の登場人物; 5 人の夫と死別した女で, あけすけな長広舌をふるう》.

wife swàpping 《口》夫婦交換, スワッピング.

wif·ey, wif·ie /wáɪfi/ *n* 《口》WIFE.

wif(f) /wíf/ *n**《俗》妻; *《俗》ひと目見ること; 《俗》コカイン (whiff). ► *v* (**-ff-**) *vi**《口》空振り[三振]する (whiff); 《俗》コカインを吸う. ► *vt**《口》三振させる (whiff).

Wif·fle /wíf(ə)l/ 《商標》ウィッフル 《プラスチック製のボール; 球の半分に 8 つの縦長の孔があり, 球の握り方を変えるだけで, ストーレート・カーブなどを投げ分けられる》.

wiff-sniffer ⇨ WHIFF-SNIFFER.

Wi-Fi /wáɪfáɪ/ 《商標》Wi-Fi 《無線通信機器として Wi-Fi Alliance の定める水準を満たしていることをいう》. [*wi*reless *fi*delity].

wifie ⇨ WIFEY.

wif·ty /wífti/ *a* いかれた, ばか(みたい)な (ditzy).

wig /wíg/ *n* **1** かつら; TOUPEE; 《俗》髪, 頭, 心《など》. **2 a** かつらをつけた人; 高位の人, 高官; 判事, 裁判官 《法廷でかつらをつける》: in ～ and gown 法官の正装で. **b***《俗》インテリ; *《俗》白人; *《俗》クールジャズミュージシャン; *《俗》途方もない[型破りの]人; *《俗》ぞくぞくするような[刺激的な]経験. **3** ''《口》叱責. **4** ズキンアザラシの雄の肩の毛皮; 《毛皮の珍重される》オットセイの雄. ● **blow one's ～** ⇨ BLOW[1] one's top. **flip one's ～**=FLIP[1] one's lid. **a hole in one's ～**=*《俗》a HOLE in one's head. **jack sb's ～***《俗》人の髪の毛を引っ張る. **keep** one's **～ on** ⇨ SHIRT. **lose** one's **～** *《俗》かんしゃくを起こす. PULL **～s**. **～s on the green** つかみ合い; 激論. ► *v* (**-gg-**) *vt* …にかつらをかぶせる; 《口》叱責する; *《俗》興奮させる 〈*out*〉; *《俗》悩ます, いらいらさせる. ► *vi**《俗》我を忘れる, 陶酔する, 狂う, 逆上する 〈*out*〉; *《俗》楽しくやる 〈*out*〉; *《俗》しゃべる; *《俗》クールジャズを演奏する. ► *a**《俗》すばらしい, すてきな. ♦ **～·less** *a* [peri*wig*]

Wig·an /wígən/ **1** ウィガン 《イングランド北西部 Greater Manchester 州の市》. **2** [w-] ウィガン 《カンバス状綿布に糊をつけて固くしたもので, 衣服の芯地用》.

wi·geon, wid·geon /wídʒ(ə)n/ *n* (*pl* ～, ～s) **1** 《鳥》**a** ヒドリガモ 《旧世界産》. **b** アメリカヒドリ (baldpate). **2** 《廃》ばか, まぬけ. [*pigeon* にならった imit か]

wigged /wígd/ *a* かつらをつけた; [°～ out]*《俗》自制がきかなくなって, 狂って; [°～ out]*《俗》《酒・麻薬で》酔って.

wig·ger /wígər/ *n**《俗》黒人のスタイルをまねる白人, 黒人気取りの若者.

wíg·gery *n* かつら 《集合的》; かつら着用; かつら屋; 空疎な形式主義.

Wig·gin /wígən/ ウィギン **Kate Douglas** ～ (1856–1923) 《米国の教育者・児童文学作家; 旧姓 Smith》.

wíg·ging *n* **1** ''《口》叱責 (scolding). **2** 《豪》羊の目のまわりの毛の刈り取り, [*pl*] 羊の目のまわりを刈り取った毛.

wig·gle /wíg(ə)l/ *vt* 振り動かす, ゆする. ► *vi* 小刻みに揺れる; のたうって進む; 身をくねらせて脱出する 〈*out*〉; 〈仕事・責任などから〉のがれる 〈*out of*〉; *《俗》ダンスをする. ► *n* 小刻みに揺れること; くねる[波動する]線[動き]; *《俗》ダンス; クリームソースをかけた魚[エビなど]とグリーンピースの料理. ● **get a ～ on** *《口》急ぐ. **～ out of** 《口》《身をくねらせるようにして》のがれる, 避ける. [MLG and MDu *wiggelen* to totter; cf. WAG, WAGGLE]

wíg·gler *n* 振り動かす[揺れ動く]人[もの]; ボウフラ (wriggler); 《釣》ウィグラー 《くねくねと動くルアー》.

wíggle ròom 解釈の幅, 選択[変更]の余地.

wíggle sèat 《椅子に取り付けられた》うそ発見器.

wíggle-wággle *v, n* 《口》WIGGLE; *《俗》うわさ話(をする).

wíg·gly *a* 揺れ[ピクピク]動く; 波動する.

wíg·gy *a* かつらをかぶった, ひどくとりすました; *《俗》刺激的な, かっこいい; *《俗》酔った; *《俗》狂った, いかれた.

wight[1] /wáɪt/ 《古》*n* 生き物, 《特に》人, 人間; 超自然的存在 《妖精など》. [OE *wiht* creature, thing<?; cf. G *Wicht*]

wight[2] 《古・方》*a* 雄々しい; 強い, 丈夫な; 敏捷な (swift). [Scand (ON *vigr* skilled in fighting); cf. OE *wīgan* to fight]

Wight ■ the **Ísle of** ～ ワイト島 《イングランド南部, イギリス海峡にある島; Isle of ～ 州をなす; ☆Newport; 略 IOW, IW》.

Wíght·man Cùp /wáɪtmən-/ [the] ワイトマンカップ 《1923–89 年, 第二次大戦中を除く毎年行なわれた米英女子のテニストーナメント; 優勝杯は米国のテニスプレーヤー Hazel Hotchkiss Wightman (1886–1974) の寄贈になるもの》.

wíg·let *n* 小型のかつら, ヘアピース.

wíg·màker *n* かつら製作[販売]業者, かつら師[商].

Wig·ner /wígnər/ ウィグナー **Eugene Paul** ～ (1902–95) 《ハンガリー生まれの米国の物理学者; ノーベル物理学賞 (1963)》.

Wígner effèct 《理》ウィグナー効果 《中性子の衝突でグラファイトの炭素原子が変位を起こし, 物理的性質が変化すること》. [↑]

Wígner nùclide 《理》ウィグナー核種. [↑]

wíg·pìck·er *n**《俗》精神科医.

Wig·town /wígtən, -taʊn/ ウィッグタウン 《スコットランド南西部の旧州 (=**Wígtown·shìre**); 略 Wig.; 現在は Dumfries and Galloway の一部》.

wig·wag /wígwæ̀g/ *vt, vi* (**-gg-**) 振り動かす, 振る; 手旗などで信号を送る. ► *n* 手旗信号[灯火など]信号(法); *《アメフト俗》手を使って送るサイン.

wig·wam /wígwɑ̀m, -wɔ̀ːm; -wæ̀m/ *n* ウィグワム 《北米 Great Lakes 周辺以東のインディアンの半球形のテント風の小屋》; 《それに似た》(粗末な)小屋; *《俗》《政治的集会などに用いる》急造の大会場; [the W-] ウィグワム (TAMMANY SOCIETY の本部). [Abnaki and Massachuset]

wi·ki /wíki, wíː-/ *n* ウィキ 《閲覧者にページの変更・更新などが行なえるようにしたウェブサイト; オンライン百科 *Wikipedia* がその一例》.

[*WikiWiki*Web 初期にこのようなプログラミングを行なっていたウェブサイトの名; cf. WIKIWIKI]

wi·ki·fy /wíkəfàɪ/ *vt* 〈テキスト・プロジェクトなどを〉ウィキ化する.

wikiup ⇨ WICKIUP.

wi·ki·wi·ki /wíkiwíki/ *adv* 《ハワイ》QUICKLY. [Haw]

Wil·ber·force /wílbərfɔ̀ːrs/ ウィルバーフォース **William ～** (1759–1833)《英国の政治家・慈善家; 奴隷貿易の禁止と英帝国での奴隷制度の廃止につとめた》.

Wil·bert /wílbərt/ ウィルバート《男子名》. [↓]

Wil·bur /wílbər/ **1** ウィルバー《男子名; 米国に多い》. **2** ウィルバー **Richard (Purdy) ～** (1921–)《米国の詩人・翻訳家; 桂冠詩人 (1987–88)》. [OE=wild boar; Gmc=resolution+bright]

wil·co /wílkou/ *int* 《無線通信などで》了解! [*will comply*]

Wil·cóx·on tést /wɪlkɑ́ks(ə)n-/ 〔統〕ウィルコクソン検定《2つの母集団が同一の分布をもつかを判断するためのノンパラメトリック検定》. [Frank *Wilcoxon* (1892–1965) アイルランドの数学者・統計学者]

Wil·czek /wílʧɛ̀k/ ウィルチェック **Frank ～** (1951–)《米国の理論物理学者; 強い相互作用理論における漸近的自由の発見によりノーベル物理学賞 (2004)》.

wild /wáɪld/ *a* **1** 野育ちの, 野生の (opp. *domestic, tame*); 未開の, 野蛮な; 〈獣・鳥などが〉荒々しい, 人なれしない: ～ beasts 野獣 / grow ～ 〈植物が〉野生である / a ～ man 蛮人. **2** 耕作しない, 人の住まない, 荒れた; 荒涼とした; 〈髪など〉ぼうぼうの, だらしのない: a ～ mountainous region. **3** 〈風・夜など〉激しい, 荒い, 騒々しい: a ～ sea 荒海 / a ～ night あらしの一夜 / ～ times 乱世. **4 a** 乱暴な〈子供〉, 無法な, 手に負えない, 放縦な〈青年〉. **b** 激しい, 気違いじみた〈怒り・喜び・嘆きなど〉; 狂ったように取り乱した, 熱狂的な; ひどく興奮した, 狂気じみた〈目・顔つき〉; 《口》(狂おしいほど)...したがっている, ...に燃えている, ...に夢中の 〈*to* do; *for* revenge; *about* one's boyfriend〉; 《口》激昂した: drive him ～ 狂乱させる / ～ *with* excitement 狂喜して. **c** 《口》すごい, すばらしい, 楽しい. **5** 〈計画など〉とっぴな, 無謀な, 途方もない, 〈推量など〉でたらめな, 見当違いの: a ～ shot 大きくはずれた一撃[シュート, ショット] / beyond one's ～*est* DREAMS / a ～ guess あてずっぽう. **6** 〔トランプ〕所持者の指定するどんな札としても通用する: WILD CARD. ● **go ～** 狂乱する, ひどくおこる[喜ぶ]. **run ～** 野飼いにしてある, 野に育つ, 〈植物が〉やたらにはびこる; 勝手気ままにふるまう. **～ and woolly** 荒くれた, 粗暴な; *《口》スリリングな, 危険な. ► *adv* 乱暴に, でたらめに; 自然に, 野放しで: shoot ～ 乱射する. ► *n* [the] 未開の[自然のままの]地域 (wilderness); [ᵒ*pl*] 未開地, 荒野, 原野; [the] 自然(状態), 野生. ♦ **～·ness** *n* 野生, 野育ち; 荒廃; 無謀; 放蕩; 荒野. [OE *wilde*; cf. Du and G *wild*]

Wild ワイルド **Jonathan ～** (1682?–1725)《London を中心とした大盗賊団の首領; 従わない泥棒を密告した》.

wild állspice 〔植〕SPICEBUSH.

wild árum 〔植〕CUCKOOPINT.

wild-áss, wíld-ássed *a* *《卑》血気にはやる, 荒くれた.

wild básil 〔植〕ワイルドバジル《欧州産シソ科トウバナ属の多年草》.

wild bérgamot 〔植〕ヤグルマハッカ《北米原産のシソ科の多年草》.

Wíld Bíll Híckok ワイルド・ビル・ヒコック (1837–76)《米国の保安官; ピストルの名手だが射殺された》.

wild bláck cúrrant 〔植〕アメリカフサスグリ (=*flowering currant*).

wild bóar 〔動〕イノシシ, ヨーロッパイノシシ; イノシシの肉.

wild brier 〔植〕野生のバラ, 野バラ《dog rose, sweetbrier など》.

wild canáry 〔鳥〕**a** ゴシキヒワの類 (goldfinch). **b** キイロアメリカムシクイ (yellow worbler).

wild càrd **1** 〔トランプ〕自由札, 鬼札. **2** 〔スポ〕ワイルドカード《規定の出場チーム[選手]のほかに, 運営側の意向で決勝トーナメントに参加する特別枠のチーム[選手]》. **3** 《口》未知の[予見できない]要素; 予測できない行動をとる人. **4** 〔電算〕総称文字, ワイルドカード(文字) (=**wíld-càrd cháracter**)《ファイル名・検索文字列などの指定の際に用いられる'任意の文字(列)'などを表わす特殊文字; 任意の文字を表わす ? 記号, 任意の文字列を表わす * 記号など; 指定の簡略化やグループ指定を可能にする》. ♦ **wíld-càrd** *a*

wild cárrot 〔植〕ノラニンジン (=*Queen Anne's lace*)《ユーラシア原産; 世界の温帯に広く帰化; 栽培ニンジンの原種》.

wíld·càt *n* **1** 〔動〕ヤマネコ《ヨーロッパヤマネコ (European wildcat), オオヤマネコ (lynx), ボブキャット (bobcat), オセロット (ocelot) など》; のら猫; 《口》短気者, むこうみず, 猛烈な闘士. **2** 《石油・天然ガスの》試掘井(せい); *無謀な計画[企業, 事業 など]; 信用の裏付けのない金(かね); WILDCAT STRIKE. **3** *《口》〔鉄道〕単行機関車 (light engine); 〔海〕《揚錨機の》鎖車, ワイルドキャット. **4** [W-]〔米海軍〕ワイルドキャット《第二次大戦前半の艦上戦闘機 F4F の愛称》. ► *attrib a* **1** 〈計画など〉無謀な, むこうみずな; 試掘井の; *《口》奔放な〈娘〉: a ～ idea 大それた考え. **2** 信用のない, 非合法の, いかがわしい; *〈列車が〉許可なく運行する, 時刻表外の; 〈ストライキが〉山猫的な; 〔銃〕ワイルドキャット型の《弾丸の口径よりも太く大きくくびれた薬莢をもつ薬筒, およびその種の薬筒を使用した銃についていう》. ► *vi, vt* (-tt-)《石油・ガスを求めて》(未知の鉱区を)試掘する; あぶない事業に手を出す.

wíldcat bánk* 山猫銀行《1863 年の銀行法制定以前に紙幣を乱発した銀行》; 《一般に》あぶない銀行.

wíldcat stríke 山猫スト (=*lightning strike*)《組合の一部が本部統制をうけずに勝手に行なうストライキ》.

wíld·càtter* *n* 《石油などを求めて》やたらに試掘する山師; 無謀な事業に対する株券を売り出す人; 山猫スト参加者; 〔銃〕ワイルドキャット型薬筒の設計者[製造者, 使用者].

wild célery 〔植〕セキショウモ (tape grass).

wild chérry 〔植〕セイヨウミザクラ.

wild chérvil 〔植〕シャク, ヤマニンジン (=*cow parsley*)《旧世界原産のセリ科の多年草; 北米東部に雑草として帰化》.

wíld·cràft *vt* 〈野生の薬草[香草, キノコなど]を〉採集する, 山菜採り[野草摘み, キノコ狩り]に行く. ► *n* 山菜採り, 野草摘み, キノコ狩り.

wild crócus 〔植〕PASQUEFLOWER.

wild dóg 野生の犬《dingo, dhole など》.

wild dúck 〔鳥〕野生のカモ, 《特に》マガモ (mallard).

Wilde /wáɪld/ ワイルド **Oscar (Fingal O'Flahertie Wills) ～** (1854–1900)《アイルランド生まれの英国の耽美派詩人・劇作家・小説家; *The Picture of Dorian Gray* (1891), *Lady Windermere's Fan* (1892), *Salomé* (1893), *The Importance of Being Earnest* (1895)》. ♦ **Wíld·ean** *a*

wil·de·beest /wíldəbìːst/ *n* (*pl* **～s, ～**) 〔動〕ウィルドビースト (GNU). [Afrik (WILD, BEAST)]

wil·der /wíldər/ *vt, vi* 《古》道に迷わす[迷う], さまよう (wander); 惑わす[惑う] (bewilder). ♦ **～·ment** *n*

Wil·der /wáɪldər/ ワイルダー (1) **Billy ～** (1906–2002)《オーストリア生まれの米国の映画監督・制作者》 (2) **Laura Ingalls ～** (1867–1957)《米国の児童読物作家; *Little House on the Prairie* (1935)》 (3) **Thornton (Niven) ～** (1897–1975)《米国の小説家・劇作家; *The Bridge of San Luis Rey* (1927), *Our Town* (1938)》.

wil·der·ness /wíldərnəs/ *n* **1** 《居住や耕作が行なわれていない》未開地, 荒野, 原野; 《人為が加わらず》自然が保たれている地域, 原生地域; 《庭園の中などの》茂る[荒廃]にまかせた所; 《水面・空間などの》茫漠とした広がり; 不遇な地位, 下野期間: a ～ *of* streets [houses] ごたごたと続く町々[家並] / a watery ～=a ～ *of* waters [sea] 大海原. **2** 《当惑するほどの》無量, 無数; 混乱状態: a ～ *of* curiosities 無数の珍品. **3** 《廃》WILDNESS. ● **in the ～** 〔聖〕荒野に《*Num* 14: 33》; 孤立して, 中央から離れて; 〈政党などが〉政権を離れて[野(や)に下って]: a VOICE (crying) *in the* ～. [OE *wilddēoren* of wild beasts (WILD, DEER)]

Wilderness [the] ウィルダネス《Virginia 州北東部の森林地帯; 南北戦争中 1864 年 5 月, Grant と Lee の軍が戦った地》.

wílderness área [ᵒW- A-]〔米〕原生[自然]環境保全地域, ウィルダネスエリア.

Wílderness Róad [the] ウィルダネスロード《1775 年 Daniel Boone が切り開いた Virginia 州南西部から Cumberland Gap を経て Kentucky 州中部に至る道; 西部開拓の重要なルートで, のちに Kentucky 州北部の Louisville まで延長された》.

wíld-èyed *a* 目が怒りに燃えた, 目に狂気[苦悩]を漂わせた; 〈人・政策などが〉現実離れした, 極端な.

wild fíg 〔植〕野生のイチジク, 《特に》CAPRIFIG.

wíld·fìre *n* 野火, 原野[森林]火災, 山火事; 燐火, 鬼火 (will-o'-the-wisp); 《雷鳴のない》稲光; 《昔 敵船に火を放つために使用した》ギリシア火薬 (Greek fire); 〔植〕《大豆・タバコの》野火病: spread [run] like ～ 〈うわさなどが〉野火[燎原の火]のように(速く)広がる.

wild fláx 〔植〕**a** GOLD OF PLEASURE. **b** TOADFLAX.

wíld·flòwer *n* 野生植物の花, 野の花; 花をつける野生植物, 野草.

wíld·fòwl *n* 猟鳥 (game bird), 《特に》水鳥《通例 ガンカモ類》. ♦ **～·er** *n* **～·ing** *n*

wild gárlic 〔植〕RAMSON.

wild gerárnium 〔植〕北米東部のフウロウソウの一種.

wild gínger 〔植〕カナダサイシン《ウマノスズクサ科カンアオイ属の多年草; 北米原産》.

wild góose **1** 〔鳥〕ガン, カリ. **2** ᵘ《口》おかしなやつ, 愚か者. **3** [Wild Geese] James 2 世退位後故国を脱してフランス軍に加わったアイルランド人.

wíld-góose chàse 雲をつかむような[あてのない]追求: send sb *on* a ～ / lead sb a ～ 迷わせる.

wild grápe 〔植〕アフリカブドウ《南アフリカ産ブドウ科ロイキッスス属のつる植物》.

wild hóg 〔動〕**a** WILD BOAR. **b** ペッカリー (peccary).

wild hóneysuckle 〔植〕**a** PINXTER FLOWER. **b** 各種の野生のスイカズラ.

wild hórse 野生の馬, 荒馬; [*pl*; ᵘ〈*neg*〉]《口》強引な誘い, 強い圧力(があっても): *Wild horses* would [could] *not* get [drag] it from [out of]...はとても口を割りそうにない.

Wíld Húnt 〔北欧伝説〕幽霊の狩猟《夜中に狩人の叫び声と犬のほえ声が聞こえるという》.

Wíld Húntsman 〔北欧伝説〕幽霊猟師《Wild Hunt の首領; しばしば Odin と同定される》.

wild hýacinth 〔植〕**a** ワイルドヒアシンス《白い総状花序をなす花を

W

もつカマッシア属のヒナユリの一種; 北米東部産. **b** WOOD HYACINTH, BLUEBELL. **c** ブローディア《北米西部産ユリ科 *Brodiaea* 属の数種》.
wíld índigo 〔植〕 BAPTISIA, 《特に 北米東部産の》 ムラサキセンダイハギの近縁種《染料植物》.
wíld·ing[1] *n* 野生植物, 野生リンゴ; 逸出植物 (escape); 野生動物; はみだし者. ► *a* 野生の, 飼いならされていない.
wilding[2] *n* ワイルディング《不良少年グループによる通行人への無差別的暴行》.
wíld Írishman «NZ» TUMATAKURU.
wíld·ish *a* やや乱暴な, 気違いじみた.
wíld·lànd *n* 荒地, 荒蕪(こう)地 (wasteland, desert).
wíld léek 〔植〕 野ネギ: **a** ユーラシア・北アフリカ産のネギ属の一種《野菜のリーキの原種と考えられる》. **b** RAMSON. **c** 北米東部の林床に生えるネギ属の一種 (＝*ramp*).
wíld léttuce 〔植〕 各種の野生のチシャ[レタス].
wíld lícorice 〔植〕 **a** 北米産のカンゾウ (licorice) の 近縁種. **b** ユーラシア産のゲンゲ (milk vetch) の一種.
wíld·lìfe *n* 野生生物《集合的》,《特に 狩猟・捕獲される》野生動物 [鳥獣, 魚類]. ► *attrib a* 野生生物の.
wíldlife conservàtion pàrk* 野生生物保護公園《zoo (動物園) の言い換え》.
wíld·lìfer *n* 野生生物保護論者.
wíld líly of the válley 〔植〕 CANADA MAYFLOWER.
wíld·ling *n* 野生の花[植物]; 野生の動物.
wíld·ly *adv* 野生的に; 乱暴に; 激しく; 大幅に, ひどく, ものすごく.
wíld mádder 〔植〕 **a** アカネ (madder). **b** トゲナシムグラ, カスミムグラ《欧州原産のヤエムグラ属の草本》.
wíld màn 未開人, 野蛮人; 乱暴な男; 過激主義者: a ～ of the woods＝ORANGUTAN.
wíld mándrake 〔植〕 MAYAPPLE.
wíld máre's mílk* «俗» ウイスキー.
wíld márjoram 〔植〕 ハナハッカ (oregano).
wíld mórning glòry 〔植〕 セイヨウヒルガオ (field bindweed).
wíld mústard 〔植〕 CHARLOCK.
wíld óat 1 〔植〕 **a** カラスムギ《雑草》. **b** 北米東部原産のユリ科ウブラーリア属の多年草. **2** [*pl*] 若気のあやまち. ● **sow** [«俗» **have**] **one's ～s** 若気の放蕩をする《のちにおさまる》.
wíld ólive 〔植〕 《木や実が》 オリーブに似た木.
wíld órange 〔植〕 カラタチ (trifoliate orange).
wíld pánsy 〔植〕 野生のサンシキスミレ (＝*heartsease, love-in-idleness*) (Johnny-jump-up*) 《欧州・アジア産; 栽培パンジーの原種》.
wíld pársley 〔植〕 パセリに似た野生のセリ科植物, 《特に》 オランダゼリ.
wíld pársnip 〔植〕 アメリカボウフウ《セリ科》.
wíld péach 〔植〕 **a** サクラ属の数種の総称. **b** セイヨウバクチノキ (cherry laurel).
wíld pépper 〔植〕 ミツバハマゴウ《熱帯アジア産の低木; 葉は薬用》.
wíld pínk 〔植〕 **a** ピンクまたは白い花をつけるマンテマ属の多年草《ナデシコ科; 北米東部産》. **b** ARETHUSA.
wíld-pítch *vt* 〔野〕 〈ランナーを〉暴投で進塁させる.
wíld pítch 〔野〕 暴投, ワイルドピッチ.
wíld plúm 〔植〕 野生のヨーロッパスモモ[アメリカスモモ].
wíld ríce 〔植〕 **a** マコモ, アメリカマコモ《イネ科の多年草; 北米・アジア産》; 米に似たマコモの実, ワイルドライス. **b** インドヒエ (shama millet).
wíld róse 〔植〕 《各種の》 野生のバラ, 野バラ.
wíld rúbber 《野生のゴムの木から採る》 野生ゴム.
wíld rýe 〔植〕 エゾムギ属の各種の草本.
wíld ságe 〔植〕 **a** ミナトタムラソウ《ユーラシア原産アキギリ属の多年草; 北米などにも帰化》. **b** SAGEBRUSH. **c** RED SAGE.
wíld sarsaparílla 〔植〕 北米産タラノキ属の多年草《sarsaparilla の代用にもする》.
wíld sénna 〔植〕 ツリハブソウ《北米東部原産; 乾燥した葉は緩下剤》.
wíld sérvice (trèe) 〔植〕 ナナカマド属の一種 (service tree).
wíld sílk 野蚕(やさん)糸《柞蚕(さくさん)糸など粗いもの》.
wíld Spániard 〔植〕 《ニュージーランド原産の》 SPEAR GRASS 《単に Spaniard ともいう》.
wíld spínach 〔植〕 アカザ《アカザ属の数種の植物; 時に蔬菜(そさい)とする》.
wíld stráwberry 〔植〕 イチゴの野生種《エゾヘビイチゴ・チリイチゴなど》; 野生種イチゴの果実.
wíld thýme 〔植〕 ヨウシュイブキジャコウソウ, セルピルムソウ《欧州原産》.
wíld tráck 〔映〕 ワイルドトラック《画面と同期させずに録音したサウンドトラック》. ♦ **wíld-tráck** *a*
wíld túrkey 〔鳥〕 野生のシチメンチョウ《米国東南部・メキシコ産》.
wíld týpe 〔生〕 野生型(けい). ♦ **wíld-týpe** *a*
wíld vanílla 〔植〕 葉にバニラ香のあるキク科植物《米国南東部産》.
wíld·wàter *n* 急流, 激流, 奔流.
Wíld Wést [the] 《開拓時代の》 米国西部地方.
Wíld Wést shòw* 《カウボーイ・インディアンが荒馬乗りなどを見せる》 大西部ショー.
wíld whíte サル痘ウイルス《痘瘡ウイルスに近い》.
wíld wistéria 〔植〕 アメリカホドイモ (groundnut).
wíld·wòod *n* «英では古» 原始林, 原生林.
wíld yám 〔植〕 野生の各種のヤマノイモ.
wile /wáɪl/ *n* たくらみ, 策略, 奸計; [ᵘ*pl*] 手管, たぶらかし 〈*of* a coquette〉; «まれ» 狡猾さ. ► *vt* おびき出す, 誘い込む, たぶらかす 〈*away, into, from,* etc.〉; 〈時を〉気ままに過ごす (while) 〈*away*〉. [? Scand (ON *vél* craft); cf. OE *wigle* magic, GUILE と二重語]
Wil·fred, Wil·frid /wílfrəd/ **1** ウィルフレッド《男子名; 愛称 Fred》. **2** [Saint Wilfrid (of York)] 聖ウィルフリッド (634–709) 《イングランドの聖職者, York 司教》. [OE＝desired peace (will＋peace)]
wilful ⇨ WILLFUL.
wil·ga /wílgə/ *n* 〔植〕 オーストラリア東部産の芳香のある堅材を産するミカン科の小高木・低木. [(Austral)]
Wil·helm /wílhɛlm/ **1** ウィルヘルム《男子名》. **2** 《ドイツ皇帝》 ヴィルヘルム (⇨ WILLIAM). [G, Dan, Swed; ⇨ WILLIAM]
Wil·hel·mi·na /wìləmí:nə, wìlhɛlmí:nə/ **1** ウィルヘルミナ《女子名; 愛称 Mina》. **2** ヴィルヘルミナ ～ **I** (1880–1962) 《オランダ女王 (1890–1948)》. [fem ＜↑]
Wil·helms·ha·ven /vìlhɛlmzhá:fən, víləmzhà:fən/ ヴィルヘルムスハーフェン《ドイツ北西部 Lower Saxony 州の港湾都市; 旧ドイツ海軍の軍港があった》.
Wil·helm·stras·se /vílhɛlmʃtrà:sə/ ヴィルヘルム街《1945 年まで旧ドイツ外務省などのあった Berlin の官庁街》; 旧ドイツ外務省.
wilily, wiliness ⇨ WILY.
Wilkes /wílks/ **1** ウィルクス《男子名》. **2** ウィルクス (**1**) **Charles** ～ (1798–1877) 《米国の海軍軍人・探検家》 (**2**) **John** ～ (1725–97) 《英国のジャーナリスト・政治家》.
Wilkes-Bar·re /wílksbæ̀ri, -bæ̀ər, -bɛ̀ri, -rə/ ウィルクスバリ《Pennsylvania 州北東部の市》.
Wílkes Lànd ウィルクスランド《南極大陸の東部海岸地帯; オーストラリアの南方》.
Wil·kie /wílki/ ウィルキー Sir **David** ～ (1785–1841) 《英国の風俗・肖像画家》.
Wil·kins /wílkənz/ ウィルキンズ (**1**) Sir (**George**) **Hubert** ～ (1888–1958) 《オーストラリアの探検家; 北極・南極を探検》 (**2**) **Maurice** (**Hugh Frederick**) ～ (1916–2004) 《ニュージーランド生まれの英国の生物物理学者; DNA の分子構造解明に寄与; ノーベル生理学医学賞 (1962)》 (**3**) **Roy** ～ (1901–81) 《米国の公民権運動の指導者; NAACP の要職を歴任 (1955–77)》.
will *v auxil* /l, (w)əl, wɪl, wíl/ (現在形 **will, 'll**; «古» thou **wilt, 'lt**; 過去形 **would** /wəd, (ə)d, wud, wúd/, **'d** /d/; «古» thou **wouldst, 'dst**; 否定省略形 **won't** /wóunt/＝will not; **wouldn't** /wúdnt/＝would not). ★ 特に現代米語では will が SHALL の意義用法をも吸収しようとしている. **1** [無意志の助動詞として単純未来を示す] …だろう. **a** [**You** [**He, She, It, They**] **～**…] 《一人称では, 特に «英» のあらたまった言い方で I SHALL とするが «口» では I [we] will, 特に I'll は普通》: You [He] ～ go. きみ[彼]は行くだろう / You ～ be in time if you hurry. 急げば間に合うでしょう / You *won't* be in time unless you hurry. 急がないと間に合わないでしょう / I hope the weather ～ be fine and you ～ have a good time. 天気がよくて愉快に過ごされますよう / «英では口» I ～ [«英» I shall] be nineteen next birthday. 今度の誕生日で 19 になります. ★ *You will*…. は時に「命令・指図」を示す: *You* ～ pack and leave this house. 荷造りをしてこの家を出てもらいたい. **b** [**W～ he** [**she, it, they**]…?]: *W～* he be able to hear at such a distance? こんなに離れていて彼は聞こえるでしょうか. **2** [有意志(の未来)] …しようと思う, …するつもりである. **a** [**I** [**We**] **～**…] 《話し手の意志; 約束・諾否・主張・選択など》: All right, I ～ come. よろしい参ります / I *won't* do it again. 二度としません. **b** [**W～ you**…**?**] 《相手の意志を問う; しばしば 依頼・勧誘・命令などに相当する》: *W～* you pass me the salt?＝Pass me the salt, ～ you? 塩をこちらへまわしてくださいませんか《依頼》 / *W～* you [*Won't* you] have some coffee? どうぞコーヒーを召し上がれ《勧誘》. ★ *Will you*…? の形は単純未来にも用いるので, *Will you* see him tomorrow? のような文は (1)「未来」か, (2)「依頼」か, 不明の場合がある.「依頼」ならば *Will you* please…? などとすればはっきりする. **c** [条件文の If-clause 中で主語の好意を示す] …してくださる: I shall be glad [pleased] to go, if you ～ accompany me. 同道してくださるなら喜んで行きましょう. **3** /wíl, wɪl/ [主語の意志] 欲する, 願う《主張・固執・拒絶》: You [He] ～ /wíl/ have your [his] own way. 我を張ってきかない / This door *won't* /wóunt/ open. この戸はなかなか開かない / Boys ～ /wíl, wɪl/ be boys. 男の子はやはり男の子だ《いたずらはしかたがない》 / Let him do what he ～. したいことをさせなさい. **4 a** [習慣・習性・特性・傾向など]: He ～ often sit up all night. 徹夜することがよくある / Accidents ～ /wíl, wɪl/ happen. 事故は(注意しても)起こるもの / Errors ～ slip in. 誤りは紛れ込むものだ / An ostrich ～ stand from 2 to 2.5 meters. ダチョウはふつう背丈が 2 メートルから 2.5 メートルある. **b** [能力・適性など] …するに十分である,

…できる: The back seat ～ hold three. 後部席には 3 人がすわれる(広さがある). **5** [推測] …だろう: This'*ll* be the book he mentioned. 彼の言ったのはこの本だろう / It ～ be snowing in Alaska. アラスカではいま雪だろう / He *would* be about fifty when he died. 亡くなった時 50 歳ぐらいだったろう. **6** [間接話法において] **a** [原則として直接話法の will および would をそのまま引き継ぐ]: She says she ～ do her best. 全力を尽くすと言う (＝She says, "I ～ do my best."). **b** [ただし単純未来の I [We] shall [should] が二・三人称となる場合 You [He] *will* [*would*] となることがある]: He said he *should* [*would*] never manage it. 自分ではとうてい始末できまいと言った (＝He said, "I *shall* never manage it."). ● **I wouldn't** KNOW. **…, ～ [won't] you?** [平叙文に付加] …(しない[する])でしょう《期待》; [命令文に付加] …してください(ませんか)《依頼・勧誘》. **W～ do.** 《口》 そうしよう(と思う) (＝I will do that).

► *v* /wíl/ (～**ed** /-d/) *vt* **1** 意図する, 決意する, 命ずる; 意志の力で…に影響を与える; 望む: God ～*s* it. 神のおぼしめしである / ～ one*self* to fall asleep 意志の力で眠る / ～ one's friend's happiness [*that* one's friend be happy] 友のしあわせを望む. **2** 遺贈する 〈*away*〉; 〈…するようにと〉遺言で定める, 言い残す 〈*that*, sth *to* be done〉: He ～*ed* his property *to* his nephew. 甥(おい)に財産を遺贈した. **3** [**would** /wʊ́d/] 《古》 望む, 欲する. ► *vi* 意志をはたらかせる; 望む, 欲する: lose the power to ～ 意志の力を失う. ● GOD **～ing. if you ～** もしそう言い[呼び]たいのならば, いうなれば; できればそうしていただきたいのだが.

► *n* /wíl/ **1** [the] 意志, 意《VOLUNTARY *a*》; [(a) ～, much ～] 意志の力; [the, a ～, one's] 決意, 決心; [God's ～]《神の》意; [ᵘgood ～, evil ～] 意向, 意図, 気持; [one's]《人の》望み, 願い, 欲するところ; 《古》 要請, 命令; 《廃》 肉欲: the freedom of *the* ～ 意志の自由 / a strong [weak] ～ 強い[弱い]意志 / an iron ～＝a ～ of iron 鉄の(ような強固な)意志 / He has no ～ of his own. 自分の意志というものがない / *the* ～ to live 生きんとする決意 / a battle [clash] of ～*s* 意地の張り合い / *The* ～ is as good as the deed. 《諺》 何事をするにも志が大切 / Where there's *a* ～, there's a way. 《諺》 意志あるところ道あり / What is *your* ～? 望みは何か. **2** 《法》 遺言(ゆいごん)(いごん); 遺言書《しばしば last ～ and testament という》: make [write, draw up] one's ～ 遺言書を作成する / mention sb in one's ～ 人に遺産を残す. ● **against one's ～** 意に反して, 心ならずも. **at ～＝at one's (own sweet) ～** 意のままに, 随意に, 任意で: TENANT AT WILL. **do the ～ of**…(の意志[命令])に従う. **have one's ～** 意地を通す, 意のままにする, 望みを遂げる. **of one's own free ～** 自由意志で. **take the ～** (*for* the deed) (その行ないに対する)気持を了解する[汲み取る]. **with a ～** 身を入れて, 本気で. **with the best ～ in the world** 誠意を尽くしながらも, 精いっぱいやっても. **work one's ～** 己れの欲するところを行なう, 目的を遂げる. [OE (v)**willan, wyllan*; cf. G *wollen*, Du *willen*, L *volo* to wish, will; (n) *willa*＜Gmc (**wel-* to be pleasing; G *Wille*)]

Will ウィル《男子名; William の愛称》.

Wil·la /wílə/ ウィラ《女子名》. [(fem dim); ⇨ WILLIAM]

will·able *a* 望むことができる, 意志で決定できる.

Wil·lam·ette /wəlǽmət/ [the] ウィラメット川《Oregon 州北西部を北流し, Portland の近くで Columbia 川に合流する》.

Wil·lard /wílərd; -lɑːd/ **1** ウィラード《男子名》. **2** ウィラード (**1**) **Emma** ～ (1787–1870)《米国の教育者; 旧姓 Hart; New York 州 Troy に Troy Female Seminary を創立, 女子高等教育の普及に貢献》(**2**) **Frances** (**Elizabeth Caroline**) ～ (1839–98)《米国の教育者・社会改革家; 禁酒運動を行なった》. [Gmc＝will＋hardy]

will-call *n* 留め置き《内金が払われた品を保管し, 残金支払いの際にそれを引き渡す販売方法》; 留め置き部門[商品]; 《劇場などの》予約チケット受渡し所.

will·co /wílkou/ *int* WILCO.

Will·cocks /wílkɑks/ ウィルコックス Sir **William** ～ (1852–1932)《英国の土木技術者; Aswan ダムを提案・設計, 南アフリカ・トルコで大規模な灌漑事業を実施》.

willed /wíld/ *a* **1** [ᵘ*compd*] (…の)意志のある: strong-～ 強い意志をもった. **2** 意図的な; 《古》 …するつもりの 〈*to* do〉.

wil·lem·ite /wíləmàɪt/ *n* 《鉱》 ケイ酸亜鉛鉱. [G; *Willem* (＝William) I (1772–1843) オランダ王]

Wil·lem·stad /víləmstɑ̀ːt/ ヴィレムシュタート《ベネズエラ北西岸沖の Curaçao 島の中心地; もとオランダ領 Antilles の主都》.

Wil·les·den /wílzd(ə)n/ ウィルズデン《London の Brent の一地区》.

Wíllesden pàper ウィルズデンペーパー《屋根の内張りなどに用いる防水加工をした紙》.

wil·let /wílət/ *n* (*pl* ～**s**, ～)《鳥》ハジロオオシギ (＝*duck snipe, semipalmated snipe* [*tattler*])《北米・南米に分布する大型のシギ》. [imit]

will·ful | wil- /wílfəl/ *a* 故意の; わがままな, 強情な, 片意地な: ～ murder 故意の謀殺 / ～ ignorance 頑迷, 頑愚 / ～ waste 勝手気ままな浪費. ◆ **～·ly** *adv* **～·ness** *n*

Wil·liam /wíljəm/ **1** ウィリアム《男子名; 愛称 Bill, Billy, Will, Willy》. **2 a** 《イングランド王・英国王》ウィリアム (**1**) ～ **I** (c. 1028–87)《Hastings で英軍を破りイングランド王 (1066–87) となった Normandy 公; 通称 '～ the Conqueror' (征服王)》(**2**) ～ **II** (c. 1056–1100)《イングランド王 (1087–1100); 通称 '～ Ru·fus' /rúːfəs/ (赭顔王(しゃがんおう))》(**3**) ～ **III** (1650–1702)《イングランド・スコットランド・アイルランド王 (1689–1702; 1694 年までは妃 Mary 2 世と共同統治); オランダのオラニエ公家出身で総督 (stadholder) (1672–1702); 通称 '～ of Orange'》(**4**) ～ **IV** (1765–1837)《英国王 (1830–37); 通称 'Sailor King' (船乗り王)》. **b** ウィリアム Prince ～, Duke of Cambridge (1982–)《英国の Charles 皇太子の長男; ケンブリッジ公爵ウィリアム王子; 2011 年 Catherine ['Kate'] Middleton と結婚》. **3** 《ドイツ皇帝》ヴィルヘルム (*G* Wilhelm) (**1**) ～ **I** (Wilhelm Friedrich Ludwig) (1797–1888)《プロイセン王 (1861–88), ドイツ皇帝 (1871–88)》(**2**) ～ **II** (Friedrich Wilhelm Viktor Albert) (1859–1941)《ドイツ皇帝・プロイセン王 (1888–1918); 'Kaiser Wilhelm' と呼ばれる; Weimar 共和国革命で退位, 長男 William (Friedrich Wilhelm Victor August Ernst) (1882–1951; 皇太子 1888–1918) と共にオランダへ亡命》. **4** ウィレム ～ **I** (1533–84)《通称 '～ the Silent', オラニエ公; オランダ独立運動の指導者, United Provinces 初代総督; Utrecht 同盟を結ぶが暗殺された》. **5** ⇨ FREDERICK WILLIAM. **6** [ᵒw-]《俗》 請求書; [ᵒw-]*《俗》 紙幣, 札. [Gmc＝will＋helmet]

Wílliam and Máry *a* ウィリアム・アンド・メアリー様式の《William 3 世と Mary 2 世の共同治世下で流行した英国[時に アメリカ植民地]の家具・装飾様式》.

Wílliam Híll ウィリアム・ヒル《英国の賭け店 (betting shop) チェーン》.

Wílliam of Málmes·bury /-mɑ́ːmzb(ə)ri, -bèri/ ウィリアム・オヴ・マームズベリー (1090?–?1143)《英国の年代記作者; *Gesta Regum Anglorum* (1125), *Historia Novella*》.

Wil·liams /wíljəmz/ **1** ウィリアムズ (**1**) **Hank** ～ (1923–53)《米国のカントリーアンドウェスタン歌手・ギター奏者》(**2**) **Jody** ～ (1950–)《米国の平和運動家; ICBL に従事; ノーベル平和賞 (1997)》(**3**) ⇨ Ralph VAUGHAN WILLIAMS (**4**) **Roger** ～ (1603?–83)《イングランド生まれの聖職者; アメリカ Rhode Island 植民地の創設者》(**5**) **Rowan** (**Douglas**) ～ (1950–)《ウェールズの聖職者・神学者; Canterbury 大主教(2002–12)》(**6**) **'Ted'** ～ [**Theodore Samuel** ～] (1918–2002)《米国のプロ野球選手; Boston Red Sox の外野手; 通算打率 .344, 1941 年に打率 .406 を記録》(**7**) **Tennessee** ～ (1911–83)《米国の劇作家; 本名 Thomas Lanier ～; *A Streetcar Named Desire* (1947)》(**8**) **Venus** ～ (1980–), **Serena** ～ (1981–)《米国のテニス選手姉妹》(**9**) **William Carlos** ～ (1883–1963)《米国の詩人》. **2** ウィリアムズ (＝**Williams('s) Bon Chrétien** /*F* bɔ̃ kretjɛ̃/) (BARTLETT)《ナシの品種》.

Wil·liams·burg /wíljəmzbə̀ːrg/ ウィリアムズバーグ《Virginia 州南東部の市; Virginia 植民地の首都 (1699–1779); 植民地時代の町が復元されている》.

Wílliams Cóllege ウィリアムズ大学《Massachusetts 州 Williamstown にある私立リベラルアーツ・カレッジ; 1793 年設立》.

Wil·liam·son /wíljəms(ə)n/ ウィリアムソン (**1**) **Henry** ～ (1895–1977)《英国の小説家; *Tarka the Otter* (1927)》(**2**) **Malcolm** ～ (1931–)《英国在住のオーストラリアの作曲家 (**3**) **Oliver E**(**aton**) ～ (1932–)《米国の経済学者; ノーベル経済学賞 (2009)》.

Wílliams sỳndrome 《医》ウィリアムズ症候群《幼児の高カルシウム血症・大動脈弁上部狭窄症などの疾患や精神遅滞・妖精顔貌などを特徴とするまれな遺伝子疾患》. [J.C.P. *Williams* 1961 年にこの病気の概念を確立させたニュージーランドの医師]

Wílliam Téll ウィリアム・テル《スイスの伝説的勇士》.

Wil·lie /wíli/ **1** ウィリー《**1**) 男子名; William の愛称 **2**) 女子名》. **2** [ᵘw-]*《俗》 牛肉《特に かんづめ》; [ᵘw-]*《俗》 ホモ; [w-]ᴴ《俗》 ペニス (willy). [(dim); ⇨ WILLIAM, WILHELMINA]

wil·lies /wíliz/ *n pl* [the] 《口》 ぞっと[びくびく, いらいら]する気持, おぞけ (the jitters): It gave me *the* ～. それでぞっとした / get [have] *the* ～ ぞっとする 〈*at*〉. [C19＜?]

wíllie wágtail, wílly-wágtail 《鳥》 **a** ヨコフリオウギビタキ《豪州, New Guinea, Solomon 諸島産; オウギビタキ科》. **b** ᴴ《口》 ホクオウハクセキレイ (pied wagtail).

wil·lie-waught /wíliwɑ̀xt/ *n* 《ビールの》大量のひと飲み, グーッと一杯.

wíll·ing *a* **1** 〈…する〉用意[意向, 意思]がある, 〈…するのを〉いとわない 〈*to* do〉: How much are you ～ *to* pay? いくらぐらいなら払う用意がありますか? / be ～ *to* work for free ただで働くのをいとわない. **2 a** 進んで[いとわず]する, 意欲のある; 自発的な, 進んでなされた; [the] 有志: a ～ helper / ～ hands 喜んで助力する人たち / a ～ sacrifice 進んでなされた犠牲 / a coalition of the ～《対テロ戦争で米国に同調した》有志(国)連合. **b** 〈ものが〉都合のよい, 〈風が〉順調な (favorable). **3** 意志(力)の. ► *n* やる気: show ～ᴴ やる気を見せる. ◆ **～·ly** *adv* 進んで, いとわず, 快く. **～·ness** *n*

wílling hórse 進んで仕事をする人, やる気のある者, 働き者: All lay loads on a ～. 《諺》 進んで働く者にはみんなが用事を頼むものだ.

Wil·lis /wíləs/ ウィリス《男子名; William の愛称》.

W

Wíllis Tówer ウィリスタワー《Chicago 市にある米国で最も高い建物 (110 階, 442m); 1973 年に完成し Sears Tower として知られたが, 2009 年所有者が変わり改名》.

wil·li·waw, wil·ly- /wíliwɔ̀ː/ *n* 〘気〙ウィリウォー《山の多い海岸地帯から吹く, 特に Magellan 海峡の冷たい突風》; 《一般に》突風; 大混乱, 激動. [C19<?]

Will·kie /wílki/ ウィルキー **Wendell L(ewis)** ~ (1892–1944)《米国の政治家; 1940 年の大統領選挙の共和党候補として現職 Franklin D. Roosevelt と戦うが敗北; 世界旅行見聞記 *One World* (1943) がある》.

wíll-less *a* 意志のない; 思わずなした, 不本意ながらの; 遺言を残していない, 無遺言の.

Wil·loch /víllɔk/ ウィロック **Kåre Isaachsen** ~ (1928–)《ノルウェーの政治家; 首相 (1981–86)》.

will-o'-the-wisp /wìləðəwísp/ *n* 鬼火 (ignis fatuus); (追ってみても)達成できない目標, かなわぬ望み, 人を惑わすもの, 幻, 幻影; つかまらない人, あてにならない人. [C17=William of the torch]

Wil·lough·by Pat·terne /wíləbi pǽtərn/ ウィロビー・パターン《George Meredith, *The Egoist* の主人公で因襲的なエゴイストの典型》.

wil·low /wíloʊ/ *n* 〘植〙ヤナギ; ヤナギ製のもの, 《特に》クリケットバット; 〘紡〙開毛機, 除塵機, ウィロー (=*willower, willy*): WEEPING WILLOW. ● **handle [wield] the ~** クリケットをする. **wear the ~** 失恋する; 愛人の死を嘆く《昔 ヤナギの葉で作った花環を着けてその意を示したことから》. ► *vt* 〘紡〙ウィローにかける. ♦ **~·like** *a* [OE *welig*; cf. WILLY, Gk *helikē* willow, *helix* twisted]

wíllow·er *n* 〘紡〙ウィロー(を操作する人).

wíllow flỳ 〘昆〙ハラジロオナシカワゲラ《カワゲラ (stone fly) の一種; 英国の白亜質の川に棲息》.

wíllow hèrb 〘植〙 **a** アカバナ属の各種の多年草, 《特に》ヤナギラン. **b** エゾミソハギ (loosestrife).

wíllow·ish *a* WILLOWY.

wíllow òak 〘植〙葉がヤナギに似た米国東部産のナラ.

wíllow pàttern 〘窯〙柳模様《18 世紀に中国の意匠をまねて英国で発達した, 懸橋のたもとに柳のある図柄を白地に藍(あい)色で絵付けした陶磁器の模様》.

wíllow ptàrmigan [gròuse] 〘鳥〙カラフトライチョウ《北極圏産》.

wíllow tìt 〘鳥〙コガラ《ユーラシア産》; アメリカコガラ (BLACK-CAPPED CHICKADEE).

wíllow wàrbler [spàrrow, wrèn] 〘鳥〙ムシクイ《ヒタキ科の小鳴鳥》, 《特に》キタヤナギムシクイ《ユーラシア産》.

wíllow·wàre *n* WILLOW PATTERN の陶磁器.

wíl·lowy *a* ヤナギの多い〈川岸〉; (ヤナギのように)しなやかな, すらりと優美な.

wíll·pòwer *n* 意志力, 精神力, 決断力, 自制心.

Wills /wílz/ **1** ウィルズ《男子名》. **2** ウィルズ **Helen (Newington)** ~ (1905–98)《米国のテニス選手; 結婚後の姓 Moody, のち Roark》. [WILLIS]

Will·stät·ter /wílstèːtər; *G* vílʃtɛtər/ ヴィルシュテッター **Richard** ~ (1872–1942)《ドイツの化学者; クロロフィルほか植物色素の構造を研究; ノーベル化学賞 (1915)》.

wíll to pówer 《Nietzsche の哲学における》権力への意志 (G Wille zur Macht); 権力行使欲.

wil·ly /wíli/ *n* ᴴ《方》ヤナギ細工のかご[魚を取る筌(ど)]; 〘紡〙WILLOW. ► *vt* WILLOW. [OE *wilige* wicker basket]

Willy **1** ウィリー《(1) 男子名; William の愛称 2) 女子名》 **2** [w-] ᴴ《俗》ペニス, おちんちん. [WILLIE]

wílly·bòy *n* [ˢW-] めめしい男の子; 臆病者.

Wílly Ló·man /-lóʊmən/ ウィリー・ローマン《Arthur Miller の戯曲 *Death of a Salesman* の主人公である時代遅れの老セールスマン; 社会から脱落するにつれて精神の平衡を失い, 息子に託した夢も破れて, ついに保険金目当てに車を暴走させて死ぬ》.

wil·ly-nil·ly /wílinílі/ *adv* いやでもおうでも, いやおうなしに (cf. NILL); 行き当たりばったりに, 手当たりしだいに; 乱雑に. ► *a* いやおうなしの; 不決断の, 優柔不断の; 行き当たりばったりの, 出たとこ勝負の. [*will I* [*ye, he*], *nill I* [*ye, he*]]

willy-wagtail ⇨ WILLIE WAGTAIL.

willywaw ⇨ WILLIWAW.

Wílly Wèaver 《CB 無線俗》《車線をたびたび変える》酔っぱらい運転者.

wil·ly-wil·ly /wíliwìli, ⌐⌐⌐/ *n* 《豪》ウィリーウィリー《(1) 強い熱帯低気圧 2) 砂漠の旋風》. [(Austral)]

Wil·ma /wílmə/ **1** ウィルマ《女子名》. **2** [°w-]*《俗》魅力のない女, さえない女, バカ女, ブス《漫画 *The Flintstones* の主人公 Fred の妻の名から》. [(dim); ⇨ WILHELMINA]

Wil·ming·ton /wílmɪŋtən/ ウィルミントン《Delaware 州の市・港町》.

Wil·mot /wílmət/ ウィルモット **John** ~, 2nd Earl of Rochester (1647–80)《イングランドの詩人; Charles 2 世の宮廷一の淫蕩家; *A Satire against Mankind* (1675)》.

Wílms'(s) tùmor /wílmz(əz)-/ 〘医〙ウィルムス腫(瘍), 胎生性腎混合腫瘍. [Max *Wilms* (1867–1918) ドイツの外科医]

Wilno ⇨ VILNIUS.

Wil·ryck /vílraɪk/ ウィルレイク《ベルギー北部, Antwerp 南郊の町》.

Wil·son /wíls(ə)n/ **1** ウィルソン (1) **Alexander** ~ (1766–1813)《スコットランド生まれの米国の鳥類学者・詩人》 (2) **C(harles) T(homson) R(ees)** ~ (1869–1959)《スコットランドの物理学者; 霧箱を発明; ノーベル物理学賞 (1927)》 (3) **Colin (Henry)** ~ (1931–)《英国の作家》 (4) **Edmund** ~ (1895–1972)《米国の作家・批評家; *Axel's Castle* (1931)》 (5) **Edward O(sborne)** ~ (1929–)《米国の生物学者; 社会生物学の第一人者》 (6) **(James) Harold** ~, Baron ~ of Rievaulx (1916–95)《英国の政治家; 首相 (1964–70, 74–76; 労働党)》 (7) **John** ~ (1785–1854)《スコットランドの詩人・エッセイスト・批評家; 筆名 Christopher North》 (8) **J(ohn) Tuzo** ~ (1908–93)《カナダの地質学者・地球物理学者; プレートテクトニクスを研究, 大陸移動の理論を導いた》 (9) **Kenneth G(eddes)** ~ (1936–)《米国の物理学者; ノーベル物理学賞 (1982)》 (10) **Robert Woodrow** ~ (1936–)《米国の電波天文学者; ビッグバン理論の確立に貢献; ノーベル物理学賞 (1978)》 (11) **(Thomas) Woodrow** ~ (1856–1924)《米国第 28 代大統領 (1913–21); 民主党; 国際連盟創設を主導; ノーベル平和賞 (1919)》. **2** [Mount] ウィルソン山《California 州南西部の山 (1740 m); Mount Wilson 天文台がある》. **3** [w-]*《俗》スケートボードによるぶざまな転倒.

Wílson (clóud) chàmber 〘理〙ウィルソンの霧箱 (cloud chamber). [C. T. R. *Wilson*]

Wílson cỳcle 〘地質〙ウィルソン周期《地質年代中に海洋の出現・消失する周期》.

Wílson Dám ウィルソンダム《Alabama 州北西部の, Tennessee 川の電力用ダム; TVA の一事業》. [Woodrow *Wilson*]

Wil·so·ni·an /wilsóʊniən/ *a* Woodrow WILSON (の政策)の.

Wílson's bláckcap 〘鳥〙WILSON'S WARBLER.

Wílson's disèase 〘医〙ウィルソン病《銅代謝の異常によって肝硬変・精神障害などを起こす遺伝病》. [Samuel A. K. *Wilson* (1874–1937) 英国の神経学者]

Wílson's pétrel 〘鳥〙アシナガウミツバメ《南半球主産》. [Alexander *Wilson*]

Wílson's phálarope 〘鳥〙アメリカヒレアシシギ《北米中西部で繁殖》. [↑]

Wílson's plóver 〘鳥〙ウィルソンチドリ《米大陸の海岸で繁殖》. [↑]

Wílson's Promóntory ウィルソン岬《Melbourne の南東約 180 km にある岬で, オーストラリア本土の最南端》.

Wílson's snípe 〘鳥〙ウィルソンタシギ《タシギの亜種; 米国産》. [Alexander *Wilson*]

Wílson's térn 〘鳥〙アジサシ《カモメ科; 広く分布》. [↑]

Wílson's thrúsh 〘鳥〙ビリーチャイロツグミ (veery). [↑]

Wílson's wárbler 〘鳥〙ウィルソンアメリカムシクイ (=*Wilson's blackcap*)《北米産》. [↑]

wilt[1] /wílt/ *vi* 〈草花など〉しぼむ, しおれる, なえる, 〈人が〉ぐたっとなる, しょげる, 弱る. ► *vt* しおれさせる, しぼませる; 弱らせる; しょげさせる; 〘畜〙〈飼料作物・牧草を〉予乾する《サイレージ (silage) 用に収穫後しばらく放置して水分量を減らす》. ► *n* しおれること, 衰え, 意気消沈; 〘植〙立枯れ病 (=**~ disèase**); 〘昆〙しおれ病《チョウ・ガの幼虫を液化する伝染病》. [C17 *wilk* to wither<MDu]

wilt[2] /wɪlt, wílt/ *v auxil* 《古》WILL の二人称単数現在形.

Wil·ton[1] /wílt(ə)n/ ウィルトンカーペット (=**~ cárpet [rúg]**)《高級品》. [Wiltshire の地名から]

Wilton[2] ウィルトン《男子名》. [家族名より]

Wílton Hòuse ウィルトンハウス《イングランド南部 Wiltshire の Wilton にある大邸宅; 16–17 世紀の建物で, Inigo Jones や James Wyatt が修復・改築に参加している; 庭園にある Palladio 様式の屋根付きの橋が有名》.

Wilt·shire /wíltʃɪər, -ʃər/ **1** ウィルトシャー《イングランド南西部の州; ☆Trowbridge; 略 **Wilts.**》. **2** WILTSHIRE CHEESE; 〘畜〙WILTSHIRE HORN.

Wíltshire chéese ウィルトシャーチーズ《Derby に似た英国のチーズ》.

Wíltshire Hórn 〘畜〙ウィルトシャー種(の羊)《巻き角で純白の古い品種》.

wily /wáɪli/ *a* 手練手管の, 策略のある, ずる賢い (sly). ♦ **wíl·i·ly** *adv* **-i·ness** *n* [*wile*]

wim·ble /wímb(ə)l/ *n* きり (gimlet, auger); 《石工用の》曲がり柄ドリル; 鉱山の掘穴の泥をすくい出す道具; 綱を撚(よ)る道具. ► *vt* 《古》《きりなどで》…に穴をあける. [AF]

Wim·ble·don /wímb(ə)ld(ə)n/ ウィンブルドン《(1) London の南郊外の地, Merton の一部; 旧 London の metropolitan boroughs の一つ 2) 同地開催の全英テニス選手権大会》.

wimbrel ⇨ WHIMBREL.

wim·min /wímɪn/ *n pl* 女 (women)《*women* や *female* を避けるためにフェミニストなどが好むつづり; 視覚方言 (eye dialect) としても用いられる》.

wimp[1] /wímp/ *n* 《口》弱虫, いくじなし, だめな人. ► *vi* [次の成句で]: 〜 **out** 《口》弱腰になる, おじけづく, 〈…から〉しりごみする 〈*of*〉, 〈…を〉見捨てて逃げ出す 〈*on*〉. ♦ 〜**y** *a* [C20 <? *whimper*]

wimp[2] *n* 《俗》女, 女の子.

WIMP, Wimp, wimp[3] /wímp/ *n* 〘電算〙ウインプ《GUI のこと; *w*indows, *i*cons, *m*enus, *p*ointing device または *w*indows, *i*cons, *m*ouse, *p*ull-down menus の頭字語; Macintosh の登場当時の WIMP[1] にかけた造語》.

WIMP /wímp/ 〘理〙weakly interacting massive particle.

wímp·ish *a* 《口》弱々しい, 弱虫の, 臆病な, ダメな. ♦ 〜**·ly** *adv* 〜**·ness** *n*

wim·ple /wímp(ə)l/ *n* 《中世の婦人または一部の修道女の着用する, あごまで包む》かぶりもの; 《スコ》ひだ, 折り目 (fold), 《川などの》曲がり目; 《スコ》手練手管; "さざなみ. ► *vt* 修道女用のかぶりもので包む; 波立たせる; 《古》〈ベールなどを〉ひだにしてたらす. ► *vi* さざなみが立つ; 《古》ひだになる; 《スコ》〈小川・道などが〉うねる. [OE *wimpel*; cf. WIPE, G *Wimpel* streamer, MHG *bewimpfen* to veil]

wimpo /wímpou/, **wimp·oid** /wímpɔ̀id/ *a* 《俗》WIMPISH.

wimpy /wímpi/ *a* 《口》WIMPISH. ♦ **wímp·i·ness** *n*

Wim·py /wímpi/ **1** ウィンピー《POPEYE の友人; いつもハンバーガーをぱくついている》. **2** 〘商標〙ウィンピー《ハンバーガーの一種》; ウィンピーバー (=〜 **bàr**)《ウィンピーハンバーガーを売るファーストフードチェーン店》.

Wim·sey /wímzi/ ウィムジー Lord **Peter** 〜 ⇨ LORD PETER.

Wíms·hurst machìne /wímzhə̀ːrst-/ 〘理〙ウィムズハースト誘導起電機《2 枚の相対したガラス円板を互いに逆方向に回転させる》. [James *Wimshurst* (1832–1903) 英国の工学者]

wim-wams /wímwæ̀mz/ *n pl* *《口》WHIM-WHAMS.

win[1] /wín/ *v* (**won** /wʌ́n/; **win·ning**) *vt* **1 a** 〈戦い・戦争・競技・賭けなど〉に勝つ (opp. *lose*); 〈勝利・賞品・城などを〉かち取る, 獲得する: 〜 the WHITE HOUSE. **b** 〈名声・賞賛・信頼などを〉得る, 博する; 〈味方・友を〉得る, 〈敵を〉つくる: The book *won* him fame. その本で彼は名声をかちえた. **2** 〈生活の糧などを〉稼ぐ, もうける; 《俗》盗む, とる: 〜 one's daily bread 日々の糧を稼ぐ. **3** (困難を排して)…に達する[たどりつく]: 〜 the summit [shore] 山頂[海岸]にたどりつく. **4** 説き伏せる, 説き落とす (persuade), 《結婚してくれるように》口説き落とす: He *won* all hearts. みんなの心をとらえた / He *won* her to consent. 彼女を口説いて承知させた. **5** 〘鉱〙〈鉱石を〉掘りあてる, 〈採掘設備を〉設ける, 〈金属を〉抽出する. ► *vi* **1** 勝つ, 成功する, 第 1 着になる 〈*at* tennis, golf, etc.〉; 言いあてる, 正しく推測する; 《スコ・方》やり遂げる 〈*to* do〉: 〜 or lose 勝っても負けても / The visiting team *won*. 遠征軍が勝った / 〜 *by* a boat's length [a head] 1 艇身[〘競馬〙頭 1 つ]の差で勝つ / *W*〜 at first and lose at last. 《諺》初めは勝っても最後は負け《カードゲームなどをする時によくいうせりふ》. **2 a** 《文》進む; 達する, たどりつく: 〜 home 家に帰り着く / 〜 *to* shore 岸辺にたどりつく. **b** (しだいに)ひきつける: 〜 *on* the heart [sb] (人の)心をひきつける. **3** [補語を伴って] (努力して)…となる: 〜 free [clear, loose] 自由になる, 切り抜ける. ● **can't** 〜 《口》(どっちにせよ)うまくいかない, どうしようもない, お手上げだ. **can't** 〜 **for losing** *《俗》どうしても勝てない[成功しない], 完全にやられている. (**okay** [**all right**],) **you** 〜 (まあ仕方ない)そうしよう, きみの勝ちだ《人に説き伏せられた時のことば》. **the best man** 〜**s** 強い者が勝つ, 力のある者が勝つ. **W**〜 **a few, lose a few.** = (**You**) 〜 **some, (you) lose some** = **You can't** 〜 **them all.** 《口》いつも勝つとは限らんさ, 負ける[失敗する]こともあるさ. 〜 **away** 〈人を〉〈人・考えなどから〉引き離す, 転向させる 〈*from*〉. 〜 **back** (勝って)取り戻す 〈*from*〉. 〜 **by** (hanging) (絞殺)を避ける, のがれる. 〜 **out** 勝ち抜く, やり遂げる; *《口》〈人・物事に〉勝つ, まさる 〈*over*〉. 〜 **over** 〈人を〉首尾よく味方に引き入れる, 説得する 〈*to*〉. 〜 sb **round** 人を味方に引き入れる. 〜 **one's way** 障害を排して進む; 努力して成功する. 〜 **the porcelain hairnet** [**barbwire garter, cast-iron overcoat, fur-lined bathtub, hand-painted doormat, solid gold chamber pot**] *《俗》[*iron*] ごりっぱなことをする, 無用なことをみごとにやってのける. 〜 **through** 勝ち抜く, やり遂げる; 〈困難などを〉切り抜けて成功する. ► *n* **1** 《口》勝利, 成功; 《競馬などで》第 1 着 (cf. PLACE, SHOW): a convincing 〜 圧勝 / an easy 〜 楽勝. **2** 《口》利益, もうけ, 賞金.
[OE *winnan* to toil, struggle; cf. G *gewinnen*]

win[2] 《アイル・スコ・北イング》*vt* (**won** /wʌ́n/, **winned** /wínd/) 〈草・木などを〉干す, 乾燥させる; 《まれ》WINNOW. [? *win*now]

Win ウィン《男子名; Winfred, Winston の愛称》.

wince[1] /wíns/ *vi* 《痛さ・こわさなどで》ひるむ, たじろぐ, 顔をゆがめる[しかめる] 〈*at*〉. ► *n* たじろぎ, ひるみ. ♦ **wínc·er** *n* **wínc·ing·ly** *adv* ひるんで, たじろいで. **wínc·ing·ness** *n* [AF = to turn aside < Gmc; cf. WINK]

wince[2] *n* 〘染〙ウインス (winch)《染色用》.

wínce pits *pl* 〘染〙《上に wince を置く》染色槽.

win·cey /wínsi/, **-sey** /-zi/ *n* ウインシー《一種の綿毛交織布でスカートなどに用いる》. [変形 <? LINSEY-WOOLSEY]

win·cey·ette "/wìnsiét/ *n* 両面にけばのある綿ネル《下着・パジャマ・ふだん着用》.

winch[1] /wíntʃ/ *n* (横車地)巻揚げ機, ウインチ; 曲がり柄, クランク (crank); 〘染〙ウインチ, ウインス《染色槽間で布を移動させるローラー》; 釣り用のリール. ► *vt* ウインチで巻き揚げる. ♦ 〜**·er** *n* [ME = roller < OE *wince*; cf. WINCE[1]]

winch[2] *vi, n* 《廃・方》WINCE[1].

Win·chell /wíntʃəl/ ウィンチェル **Walter** 〜 (1897–1972)《米国のコラムニスト・放送ジャーナリスト》.

Win·ches·ter /wíntʃəstər, *-tʃɛ̀s-/ **1** ウィンチェスター《イングランド Hampshire の州都; ゴシックの大聖堂と, 最古 (1382 年創設) の public school の Winchester College が有名》. **2** 〘商標〙ウィンチェスター《後装式連発銃》. [O. F. *Winchester* (d. 1880) 米国の製造者]. **3** ウィンチェスターブッシェル[ガロン, クォート]の入る瓶[容器]. **4** 〘電算〙WINCHESTER DISK DRIVE.

Wínchester búshel ウィンチェスターブッシェル《米[旧英]ブッシェル; ⇨ BUSHEL[1]》.

Wínchester dísk (drìve) 〘電算〙ウィンチェスターディスク(装置) (=*Winchester*)《ヘッドとディスクを密封して記録密度・容量を大きくした(今日普通の)固定磁気ディスク装置; HARD DISK (DRIVE) と同義に用いられることが多い》.

Wínchester méasure ウィンチェスター単位系《イングランドの古い乾量・液量の単位系; 初め Winchester で標準化された》.

Wínchester quárt ウィンチェスタークォート《1) Winchester measure による単位 2) 〘薬〙=4 imperial pints, 約 2.27 liters; この量の入る瓶》.

wínch·man /-mən/ *n* ウインチ(操作)係.

Winck·el·mann /víŋkəlmɑ̀ːn, wíŋkəlmən/ ヴィンケルマン **Johann Joachim** 〜 (1717–68)《ドイツの考古学者・美術史家》.

Win·co /wíŋkou/ *n* (*pl* 〜**s**) "《空軍俗》WINGCO.

wind[1] *n* /wínd, (詩) °wáind/ **1 a** [ᵘthe] 風; あおり; 突風, 暴風: a cold 〜 冷たい風 / a light [strong] 〜 穏やかな[強い]風 / a blast [gust] of 〜 一陣の風 / fair [contrary] 〜*s* 順風[逆風] / a seasonal 〜 季節風 / against *the* 〜 風に逆らって / (as) swift as *the* 〜 (風のように)非常に速く / (as) free as *the* 〜 《口》全く自由で / like *the* 〜 (風のように)速く / *The* 〜 is rising [falling]. 風が立って[静まって]いる / There isn't much 〜 today. きょうは風があまりない / *the* 〜 of a speeding car 疾走する車のあおり / It is as well to know which way *the* 〜 blows. 《諺》風向きを知っておくがよい. **b** 〘天〙太陽風 (solar wind), 恒星風 (stellar wind). **c** [the] 〘海〙風上; [*pl*] 方位, 方角: *the* four 〜*s* 四方 (all directions) / from [to] (all) *the* (four) 〜*s* 《古・聖》四方(八方)から[に]. **2** 《戦争・世論などの》大きな[破壊的な]力; 傾向, 動向: 〜(*s*) of change 変革への動き. **3 a** 風に送られる香気, 香り, 匂い; 《何かの》予感, 気配 〈*of*〉. **b** 《秘密の》漏洩, うわさ; 実のない話[ことば], おしゃべり; 無, 空虚; うぬぼれ: BAG OF WIND. **c** 驚き, 騒ぎ. **4** 気息, 呼吸; 呼吸能力, 正常な呼吸: get [catch] one's 〜. **5** 管楽器《集合的》, [the 〜s] 管[吹奏]楽器奏者たち. **6** "胃にたまる空気, 腸内のガス; 圧縮空気[ガス]; 羊の鼓腸症; 《古》《俗》空気. **7** 《ボクシング俗》みぞおち.

● BEAT[1] **the** 〜. **be close to** [**be near**] **the** 〜 = sail close to the WIND. **before the** 〜 風下に, 順風をうけて, 追い風で; 順調に. **between** 〜 **and water** 〘海〙〈船の〉水線部に; [*fig*] 急所に, 弱い[不安定な]立場に. **break** 〜 おならをする, 放屁する; げっぷをする. **by the** 〜 〘海〙詰め開きで《できるだけ風上に向かって》. **down (the)** 〜 風下に. **feel the** 〜 ふところが寒い, 困窮する. **get** one's SECOND WIND. **get** one's 〜 **up** *《俗》憤慨する, かっかする. **get** [**recover**] one's 〜 息をつく. **get** [**gain**] **the** 〜 **of** 〘海〙〈他船〉の風上に出る; 先手を打って〈人を〉出し抜く; get WIND of. **get** [**have**] **the** 〜 **up** "《口》こわくなる, おじけづく, 心配する. **get** 〜 = take WIND. **get** 〜 **of**... 《口》…のうわさをかぎつける[耳にする]. **give** (sb) **the** 〜 《俗》突然〈求愛者を〉捨てる, 突然首にする; 《俗》急ブレーキをかける. **go to the** 〜 すっかりなくなる, 全滅する. **have a good** [**bad**] 〜 息が続く[続かない]. **have in the** 〜 かぎつける. **have** one's 〜 **taken** みぞおちを打たれて息が止まる. **have the** 〜 (**of...**) 〘海〙(他船の)風上にある; (…より)有利の地を占める; get WIND of. **how** [**which way**] **the** 〜 **blows** [**lies**] 世の趨勢[動き], 形勢. **in the teeth** [**eye**] **of the** 〜 = **in the** 〜**'s eye** 〘海〙まともに風に向かって; 反対[妨害]に抗して. **in the** 〜 風上に; 起ころうとして, (ひそかに)行なわれて; 〈うわさなど〉広まって; 未決定で; 〘海〙酔っぱらって: hang *in the* 〜 未決定である / twist in the WIND. **into** [**to**] **the** 〜 風に向かって, 風上へ. **keep the** 〜 〘海〙詰め開きで進む; 《狩りで》臭跡を失わないようにする. **kick the** 〜 《俗》絞首刑に処せられる. **knock the** 〜 **out of** sb [**sb's body**] ⇨ knock the BREATH out of sb [sb's body]. **knock the** 〜 **out of sb's sails** 《強打で》人の息を詰まらせる; take the WIND out of sb's sails. **like the** 〜 風のように, さっと, すばやく: go *like the* 〜. LOAD **of** 〜. **lose** one's 〜 息を切らせる. **near the** 〜 ⇨ sail close to the WIND. **off the** 〜 〘海〙追い風を受けて; 〈帆船が〉裏帆にして風上に向かって. **on the** [**a**] 〜 〈音などが〉風に乗って; 〘海〙詰め開きで. PISS **in** [**into, against**] **the** 〜. **put the** 〜 **up** sb 《口》人をこわがらせる, 不安がらせる. **raise the** 〜 《口》金を工面する; 騒ぎを起こす. **sail against the** 〜 〘海〙風に逆らって帆走[航行]する; 世論[しきたりなど]に逆らう. **sail before the** 〜 〘海〙追い風に帆を揚げて帆

走[航行]する; とんとん拍子に行く, 出世する. **sail [run, be] close to [near (to)] the ～**〘海〙詰め開きで帆走する; 経営を切り詰める; [*fig*]《法律・道徳にすれすれの》きわどいことをやる. **sail with every (shift of) ～** どんな境遇をも自己の有利に導く. **Sits the ～ there?** そんな風の吹き回しか. **sound in ～ and limb** 五体健全で, 健康良好で, 体調十分で. **take the ～ of**＝get the WIND of. **take the ～ out of [from]** sb's **sail(s)** 先手を打って人をやっつける; 人を出し抜く, 鼻をあかす. **take ～** うわさで伝わる. **throw [fling, cast, hurl, scatter]...to the ～(s)** …を風に飛ばす; 〈慎みなどを〉あっさり捨ててしまう, 〈忠告などを〉無視する: *throw* caution [discretion] *to the ～s* 思いきった行動に出る. **touch the ～**〘海〙なるべく風上に出る[詰め開きにする]. **twist (slowly) in the ～**《俗》《屈辱・汚名・悔恨などに》長く苦しむ, 大いにもだえ苦しむ《絞首刑のイメージから》. **under the ～**〘海〙風下に; 風をよけて. **up (the) ～** 風に逆らって. **～ abaft [ahead]**〘海〙正後[正首]風. **～ and weather** 風雨(にさらされること). **within ～ of**...にかぎつけられて. **with the ～** 風と共に, 風の間に間に; before the WIND: GONE *with the* ～.

► *v* /wínd/ (～·**ed**) *vt* **1** 風にあてる[さらす], …に風を通す; [°*pass*] …に息を切らせる, 《腹をなぐって》息ができなくさせる; 〈オルガンのパイプ〉への空気の量を調節する; 〈馬など〉に息をつがせる; ᴴ《授乳などのあとに》〈赤ちゃん〉にげっぷをさせる. **2** かぎつける[出す], …に臭跡を追う. ► *vi* 〈犬が〉獲物の匂いをかぎつける; «方» 息をつくために立ち止まる, ひと息いれる.

[OE *wind*; cf. G *Wind*, L VENT[1]]

wind[2] /wáınd/ *v* (**wound** /wáʊnd/) *vi* **1** 〈川・道などが〉曲がりくねる, うねる, 屈曲する 〈*around, through*〉; 《追跡者をまくため》もと来た方へ引き返す; 遠まわしにする[行動する]; 〘海〙〈船が〉投錨したまま向きを変える. **2** 〈板などが〉曲がる, ゆがむ. **3** らせん状をなす[に進む]; 巻きつく, からみつく 〈*around, about*〉; 〈時計が〉巻かれる: A big snake *wound into* a tight coil. 大きなヘビがとぐろを巻いた. ► *vt* **1** 巻く, 巻きつける 〈*around*〉; 〈こまに〉糸を巻く; 巻き込む; 《巻揚げ機などで》巻き揚げる; 〈時計など〉のねじを巻く 〈*up*〉; 〈テープ・フィルムなどを〉巻き進める 〈*forward, on*〉, 巻き戻す 〈*back*〉; 〈巻いたものを〉巻き戻す (unwind), ほどく 〈*off, from*〉: ～ wool into a ball 毛糸を巻いて玉にする. **2** 回す; 取っ手を回して(引き)上げる[下ろす] 〈*up, down*〉; ᴴ〈車の窓を〉開ける[閉める] 〈*down, up*〉; 〘海〙〈船を〉反対の方向に回す. **3** …を曲がりくねって進む; 遠まわしに[ひそかに]入り込ませる; «古» 思いのままあやつる. **4** «廃» 織る; «廃» 〈弦などを〉張る. ● **～ back** 〈フィルムなどを〉巻き戻す; 〈道などが〉もとの方に戻る. **～ down** 〈時計のぜんまいが〉ほどける, ゆるむ, 〈時計が〉遅れてくる; 〈人が〉緊張をほぐす, くつろぐ; 〈活動・運動などが〉徐々に静まる; 〈戦争など〉の緊張を緩和する, 段階的に縮小する. **～ in** 〈釣糸を〉リールに巻き込む; 糸を巻き込んで〈魚を〉寄せる; 〈ロープなどを〉巻き込む. **～ on** 〈フィルムなどを〉巻いて先へ進める. **～ itself around [round]**...に巻き[からみ]つく. **～ oneself [one's way] into [in]**...にうまく取り入る, 徐々に入り込む. **～ one's way** うねって進む[流れる]. **～ up (1)** 〈糸などを〉すっかり巻く 〈*into* a ball〉; 巻き締める; 巻き込む; 〈いかり・つるべなどを〉巻き揚げる; 〈時計を〉巻く; [*fig*] …のねじを巻く, …の度を高める, …に活を入れる; [°*pass*] 緊張[興奮, 心配]させる, おこらせる; 興奮させて〈人を〉多弁にする; ᴴ«口» 〈人を〉いらだたせる, おちょくる. **(2)** ᴴ〈店・会社などを[が]〉たたむ, 解散する; 〈論・演説などを〉結ぶ, 締めくくる, 終わりにする, 始末をつける, やめる 〈*with, by*〉; «口» 〈場所・状況に〉行き着く, 〈…となって〉終わる 〈*in, with, as,* (*by*) *doing*〉; 〘野〙〈投手が〉ワインドアップする.

► *n* **1** 曲がり, うねり, 曲折: out of ～ 曲がっていない. **2** 巻くこと; 《時計・糸などの》ひと巻き; 巻揚げ機; 巻き(方).

♦ **～·able** *a* 巻くことのできる, 巻ける. [OE *windan* to turn, twist; cf. WANDER, WEND, Du, G *winden*]

wind[3] /wáınd, *wínd/ «文» *v* (～·**ed, wound** /wáʊnd/) *vt* 〈らっぱ・角笛などを〉吹き鳴らす (blow); 《らっぱなど》吹き鳴らして…を合図[指示]する; 〈一陣の風を〉ヒューと吹きたてる: ～ a call 呼子を鳴らす. ► *vi* 角笛を吹き鳴らす. [*wind*[1]]

wind·age /wíndıʤ/ *n* 《飛弾などの起こす》あおり, 気擦; 《風による弾丸の》偏流, 偏差; 偏差調節; 遊隙(ゆうげき), ウィンデージ《摩擦を少なくするための腔面と砲弾との隙間》; 〘機〙風損, ウィンデージ《回転物と空気との摩擦》; 〘海〙船体の風にさらされる面. [*wind*[1]]

Win·dau /víndàʊ/ ヴィンダウ《VENTSPILS のドイツ語名》.

Win·daus /víndàʊs/ ヴィンダウス **Adolf (Otto Reinhold) ～** (1876–1959)《ドイツの有機化学者; コレステロールの構造およびビタミン D との関係について研究; ノーベル化学賞 (1928)》.

wínd àvalanche 〘気〙風なだれ, 'あわ', 'ほう'.

wínd·bàg *n* 空気袋《特に bagpipe の》; ふいご (bellows); [°*pl*] [*joc*] 胸; «口» おしゃべり, 空論をまくしたてる人; «俗» 帆船.

wínd·bàg·gery /-bæ̀gəri/ *n* ご立派[ごたいそう]な話, 大ぼら, 大風呂敷.

wínd bànd 吹奏楽隊[楽団], 《特に》軍楽隊; 《管弦楽の》吹奏[管楽]部.

wínd-bèll *n* ウィンドベル《(1) [°*pl*] WIND CHIME 2) 風鈴の一種で鈴自体が非常に軽く風に揺れて鳴る》.

wínd·blàst *n* 突風; 〘空〙ウィンドブラスト《高速機から射出座席で脱出したパイロットがうける強い風圧の影響》.

wínd·blòwn *a* 風に吹かれた; 風に吹かれて散らかった; «NZ» 風に吹き倒された; 〘植〙風のため特定の形になった, 磯馴(そなれ)の; 〈女性の髪が〉ウィンドブロウン型の《ショートヘアをうしろから前に向けてなびかせたような髪型》.

wínd-bòrne *a* 〈種子・花粉など〉風で運ばれる.

wínd·bòund *a* 〘海〙風のために航行不能の; 《一般に》強風のため活動できない.

wínd bòx 風箱(かざばこ)《ふいごの風をためて, オルガンや炉に送る》; *«俗» オルガン, アコーディオン.

wínd·brèak *n* 防風林 (shelter belt), 防風垣; 防風設備[塀], 風よけ; 《樹木の》風折れ.

wínd·brèak·er *n* 防風林, 風よけ (windbreak); [W-]〘商標〙ウィンドブレーカー《防風・防寒用のスポーツジャケット》.

wínd-bròken *a* 〘獣医〙〈馬が〉慢性閉塞性肺疾患の (cf. BROKEN WIND).

wínd·bùrn *n* 風やけ《風で皮膚がただれること》; 〘植〙葉[樹皮]の風による傷. ♦ **～ed, ～t** *a*

Wínd Cáve Nátional Párk ウィンドケーヴ国立公園《South Dakota 州南西部に指定されている公園; Black Hills の鍾乳洞と自然のままの草原が保護されている》.

wínd·chèat·erᴴ *n* ウインドブレーカー.

wínd-chèst *n* 〘楽〙《オルガンの》風箱(かざばこ).

wínd·chìll *n* 風冷え, 風速冷却《気温とある風速の風の複合効果による体の冷却》; 風速冷却指数, 体感温度 (＝*chill factor*) (＝～ **index [fàctor]**)《気温と風速を組み合わせた気象条件を体に対する冷却効果が等しい無風時の気温で表わしたもの》.

wínd chìme [°*pl*] ウィンドチャイム (＝*wind-bell*)《いくつものガラス片・金属片などをひもでつるし風で[棒や手で触れて]軽い音色を出すようにした仕掛け[楽器]》.

wínd còlic 《馬の》鼓脹症 (bloat); «古» 腸疝痛.

wínd còne WIND SOCK.

wínd dirèction 風向.

wínd·dòwn /wáınd-/ *n* 《終了前の》段階的縮小[鎮静].

wínd·ed *a* 風にさらした; 息切れした (out of breath), 一瞬息が止まった; [*compd*] 呼吸[息]が…の: short-～.

wínd ègg (殻の柔らかい)無精卵.

wínd ènergy 風エネルギー, 風力 (wind power).

wínd·er[1] /wáındər/ *n* 巻く人[もの], 曲がるもの; 糸巻, 巻取り機, 繰返し機; 《時計の》ねじ; らせん階段の段板 (cf. FLIER); 〘鉱〙《立坑の》巻揚げ機; «廃» つる植物, 巻きひげ. [*wind*[2]]

wínd·er[2] /wáındər, *wínd-/ *n* 吹き鳴らす人. [*wind*[3]]

wínd·er[3] /wíndər/ *n* 息切れさせるもの[こと]《強打・疾走・山登りなど》. [*wind*[1]]

Win·der·mere /wíndərmìər/ [Lake] ウィンダミア湖《イングランド北西部の Lake District にあるイングランド最大の湖》.

wínd eròsion 〘地質〙風食.

wínd·er-ùp·per /wáınd-/ *n* *«俗» ある番組の最後に放送する歌[音楽].

wínd·fàll *n* 風で落ちた果物; 風倒木 (cf. DEADFALL); 風で木が倒れている地域; 思いがけない授かりもの《遺産など》, たなぼた.

wíndfall (prófits) tàx たなぼた利益税《ある企業・産業の利潤が正常利潤を上回る場合, 社会的批判を避けるために課される税》.

wínd fàrm 《風力発電施設が集合した》風力発電地帯[地域], ウインドファーム.

wínd·flàw *n* 一陣の風, 突風.

wínd·flòwer *n* 〘植〙**a** アネモネ. **b** RUE ANEMONE.

wínd fòrce 〘気〙《風力階級上の》風力; 風の力.

wínd fùrnace 〘機〙風炉.

wínd·gàll *n* 〘獣医〙《馬などの》球腱軟腫; 〘気〙SUN DOG. ♦ **～ed** *a*

wínd gàp 〘地質〙《山陵頂部の, V 字形の》風隙(ふうげき), ウインドギャップ (＝*air gap, wind valley*).

wínd gàuge 風力計, 風速計 (anemometer); 《銃砲の照準装置の》横尺目盛《風の影響を補正する》; 〘楽〙《オルガンの》風圧計.

wínd hàrp 風鳴琴 (AEOLIAN HARP).

Wind·hoek /vínthùk, wínt-/ ヴィントフーク《ナミビア (Namibia) の首都》.

wínd·hòverᴴ *n* 〘鳥〙チョウゲンボウ (kestrel).

wínd·ies *n pl* げっぷ (burp).

Win·dies /wíndiz/ *n pl* 西インド諸島人, 《特に》西インドのクリケットチーム. [*West Indies*]

win·di·go /wíndəgòʊ/ *n* (*pl* **～s**) ウィンディゴ《北米先住民 Algonquian 族の神話に出る森をさまよう人食い鬼; 道に迷い飢えに駆られて人肉を食った狩人の変じたものという》. [Ojibwa]

wínd·ing[1] /wáındıŋ/ *a* 〈流れ・道など〉曲がりくねった; 〈階段など〉らせん状の; 〈話など〉まわりくどい. ► *n* **1** 曲がること; 屈曲, 曲がり, そり; 曲がりくねった道; [*pl*] 紆曲. **2** 変則的方法; 異常な行為; 一方の前足が他方にからみそうになる馬の足並みの乱れ. **3** 巻くこと, ひと巻き; 巻き揚げ, 巻き取り; 巻いたもの; 〘電〙巻き線, 巻き方; 〘楽〙《金管楽器, 特にホルンの》巻いた管. ● **in ～** 〈板など〉曲がって, そって. ♦ **～·ly** *adv* [*wind*[2]]

win·ding[2] /wáɪndɪŋ/ *n* *《俗》 WINGDING.
wínding drùm 〔機〕《巻揚げ機の》巻胴.
wínding ègine 〔機〕巻揚げエンジン.
wínding fràme 〔紡〕繰返し機.
wínd·ing-shèet *n* 死衣, きょうかたびら;《ろうそくの》蠟流れ《その流れ落ちる方向の人に凶事が起こるという》.
wínding stàircase SPIRAL STAIRCASE.
wínding strìps [stìcks] *pl* 〔建〕2 本の直定規を平行に並べたもので平面のそりを調べる器具.
wínd·ing-ùp *n* 結末; 清算; 企業閉鎖, (整理)解散: a ～ sale 閉店売出し.
wínd ìnstrument 管楽器, 吹奏楽器《時に金管楽器と区別して木管楽器 (woodwind) を指す》.
Wínd in the Wíllows [The]『たのしい川べ』《Kenneth Grahame の小説 (1908); 作者が自分の一人息子に語り聞かせたお話から発展した作品で, Mole, Rat, Toad などの小動物, とりわけ Toad の冒険を物語ったもの》.
Win·disch-Graetz, Win·disch·grätz /vìndɪʃgréts/ ヴィンディッシュグレーツ Prince **Alfred** (**Candidus Ferdinand**) **zu** ～ (1787–1862)《オーストリアの元帥; 1848 年オーストリアとボヘミアの革命を鎮圧した》.
wind·jam·mer /wín(d)ʤæmər/ *n* 帆船, 帆走商船, 帆船の水夫; WINDCHEATER; *《古俗》おしゃべり《人》;《俗》《サーカスの》管楽器奏者,《軍隊の》らっぱ手. ♦ **-jàm·ming** *n* ［*wind*[1]+*jam*[1]］
wind·lass /wíndləs/ *n, vt, vi* 巻揚げ機[つるべ](で巻き揚げる); 〔海〕揚錨機, ウインドラス. ［ME *windas*<AF<ON＝winding pole; 語形は *windle* (dial) to wind との連想か］
wíndlass bìtt 〔海〕ウインドラス柱 (carrick bit).
wínd·less *a* 風のない, なぎの; 息切れのした. ♦ **～·ly** *adv*
win·dle·straw /wínd(ə)lstrɔ̀ː/《スコ・北イング》 *n* 細長い乾草の茎; 茎の細長い草; 軽くてもろいもの[人], ひょろ長い[病弱な]人.
wínd lòad(·ing) 〔建・土木〕風荷重.
wínd machìne 〔劇〕風(のうなる音)を出す装置.
wínd mèter 風力計, 風速計 (anemometer).
wind·mill /wín(d)mìl/ *n* 風車(小屋); その羽根車; 風車のようなもの; ″風ぐるま《おもちゃ》;〔空〕《発電などのため機体に突出させる小型の》風車タービン;《口》ヘリコプター;《口》プロペラ;〔体操〕ウィンドミル《右手を左足のつまさきに, 左手を右足のつまさきに向けて交互に振りおろす運動》. ● **fight [tilt at] ～s** 架空の敵と戦う, むだな努力をする《Don Quixote が風車を巨人と思い込んで戦ったことから》. **fling [throw] one's cap over the ～** 無鉄砲な行ない[ふるまい]をする; 伝統に反抗する. ► *vt, vi* 風車のように回す[回る];〔空〕気流の力で回す[回る].
wínd mòtor 《風を直接の動力源とする》風力原動機《風車など》.
win·dow /wíndoʊ/ *n* **1 a** 窓, 窓口《FENESTRAL *a*》; 窓枠, 窓ガラス; 飾り窓, 陳列窓; 窓状のもの, 封筒の透かし; [*pl*] *《俗》眼鏡: open [close] a ～ 窓を開ける[閉める] / break a ～ 窓(のガラス)をこわす / an arched ～ 弓形窓 / a blank [blind, false] ～ めくら窓. **b** 〔電算〕窓, ウインドー《**1**) 表示領域内で独立した操作を行なうことのできる領域 **2**) テキストのデータ全体のうち, 一度に表示される部分》. **2** 観察する機会, 知る手段, 窓口, 手がかり〈*on, onto, into*〉: a ～ *on* the world 外の世界を見る[知る]窓《外国語の知識など》. **3 a** 《一定の》領域;〔天〕電波の窓, 電磁窓 (radio window)《電磁スペクトルのうち惑星大気を透過する波長域》;〔宇〕《宇宙船が無事帰還するために通過すべき》(大気の)窓. **b** 《口》都合のよい時間帯, 機会; WEATHER WINDOW,〔宇〕LAUNCH WINDOW: a ～ of opportunity 好機, チャンス / a ～ of vulnerability 脆弱性の窓, 無防備な時間. **4** 《レーダーや電波の》窓, ウインドー《空中にレーダーの反射体として散布された金属片; cf. CHAFF[1]》. ● **have all one's goods in the (front [shop]) ～** 見かけ倒しだ. **in the ～** 窓口に掲示した〈広告・注意書など〉; 飾り窓に出してある〈商品など〉. **out (of) the ～** 《口》もはや問題にされないで, 無用で; *《俗》《財産・名声などを》(あっけなく)失って; *《俗》〈商品が〉陳列すると同時に売り切れて: fly [go] *out* (*of*) *the* ～ 完全に失われる; 無効になる / throw...*out* (*of*) *the* ～ 〈機会など〉むざむざ失う. **～s of the soul** 目. ► *vt* …に窓をつける. ♦ **～·less** *a* ［ON *vindauga* wind eye］
wíndow bàr 窓のかんぬき, 窓連子.
wíndow blìnd (窓用)ブラインド《通例 上端にローラーがあって上下する》.
wíndow bòx ウインドーボックス《窓台に置く植木箱》;《窓枠内の》分銅箱.
wíndow clèaning 窓の清掃, 窓ふき(業). ♦ **wíndow clèaner** *n*
wíndow displày ショーウインドーの商品の陳列, ウインドーディスプレー.
wíndow-drèss *vt* …の体裁を整える, …のうわべを飾る.
wíndow drèsser ショーウインドーの飾り付けをする人 (＝*window trimmer*); 体裁よく事実をごまかす[うわべを飾る]人, じょうず者.
wíndow drèssing ショーウインドーの飾り付け; [*fig*] 体裁づくり, ごまかし, 粉飾.
win·dowed *a* **1** [°*compd*] (…の)窓のある; 穴だらけの: a many-～ house 窓の多い家. **2**〔電算〕ウインドーのある[を用いる].
wíndow énvelope 窓付き封筒《パラフィン紙を貼った窓から宛名が見える》.
wíndow fràme 窓枠.
wíndow·ing *n* 〔電算〕ウインドーイング《2 つ以上の異なったデータをウインドーを用いて同時に画面表示すること》.
wíndow·ing envíronment 〔電算〕ウインドー環境.
wíndow lèdge WINDOWSILL.
wíndow·pàne *n* 窓ガラス;《俗》片めがね (monocle); TATTERSALL;〔魚〕西大西洋産のヒラメ科の魚《菱形をしていて透き通っている》.
wíndowpane shèll [òyster] 〔貝〕マドガイ (CAPIZ).
wíndow pèriod 空白期間, ウィンドー期間[ピリオド]《肝炎ウィルスや HIV 感染早期にその有無を判断・診断ができない期間; この期間に採血した血液を他の患者に輸血すると感染が起こる》.
Win·dows /wíndoʊz/〔商標〕ウインドウズ《Microsoft 社によるマルチウインドー環境と GUI をそなえた OS》.
wíndow sàsh 窓サッシ, 窓枠.
wíndow sèat 窓下の腰掛け, 窓腰掛け;《航空機・列車などの》窓側席.
wíndow shàde*《特に上端のスプリングローラーによって巻き上げ・引き下ろしをする布[紙]製の》ブラインド, 日よけ.
wíndow-shòp *vi, vt* 《買わずに》ショーウインドー(の陳列品)をのぞいて歩く, ウインドーショッピングをする. ♦ **-shòp·per** *n* **-shòp·ping** *n*
wíndow·sìll *n* 窓の下枠, 窓台《窓下の横材》.
wíndow-tàx *n* 〔英史〕窓税 (1696–1851)《窓・明かり採りの数が 7 つ以上の家屋に課せられた累進税》.
wíndow trìmmer WINDOW DRESSER.
wíndow wàsher 《CB 無線俗》暴風雨, 豪雨.
win·dowy *a* 窓[開口]のたくさんある.
wínd pàck 風成雪(ふうせいせつ), ウインドパック《風で運ばれて堆積した硬い雪》.
wínd·pìpe *n* 気管, のど笛 (trachea).
wínd plànt 風力発電所[施設].
wínd-póllinated *a* 〔植〕風媒の.
wínd pòwer 風力 (＝*wind energy*).
wínd·pròof *a* 風防の, 風を通さない: a ～ jacket.
wínd pùdding*《俗》[通例 次の成句で]: **live on ～** なにも食べるものがない, すかんぴんである.
wínd-pùff *n* 〔獣医〕WINDGALL.
wínd pùmp 風力[風車]ポンプ.
Wínd Ríver Ránge [the] ウインドリヴァー山脈《Wyoming 州西部の Rocky 山脈の一部》.
wínd-ròde *a* 〔海〕風がかりの, 風泊(ふうはく)の《船首を風上に向けて投錨している; opp. *tide-rode*》.
wínd ròse 〔気〕風配図《ある観測地点における方位別の風向出現の頻度と風力を放射状のグラフに示したもの》. ［G *Windrose* compass card］
wind·row /wín(d)ròʊ/ *n* 《風にあてて干すための》乾草[麦束]の列, 地干し列;《風に吹き寄せられた(ような)》落ち葉[ごみ, 雪など]の列; 堤防; うね; 尾根; ウインドロー《道路工事で材料を道路の端に積み上げたうね》. ► *vt* 列に並べる.
wínd·sàil *n* 〔海〕ウインドスル《船内へ外気を導く帆布製の通風筒》;《風車の》翼, 風受け.
Wínd·scale /wín(s)kèɪl/ ウインドスケール《SELLAFIELD の旧称》.
wínd scàle 〔気〕風力階級 (⇨ BEAUFORT SCALE).
wínd scòrpion 〔動〕ヒヨケムシ (＝*sun spider*)《サソリに似たヒヨケムシ目のクモ形綱の動物の総称; 大きく発達したはさみと触毛でおおわれた細長い体をもち, オーストラリアを除く全世界の温暖地帯の砂漠や平原に生息する》.
wínd·scrèen *n* 風を防ぐもの, 風よけ, 風防; ″《自動車の》風防ガラス, フロントガラス (windshield*).
wíndscreen wìper″〔車〕WINDSHIELD WIPER.
wínd shàke 風割れ, 風裂 (＝*anemosis*)《強風が樹木にあたってできる木材の生長輪に沿った割れ》.
wínd-shàken *a* 風に振り[揺り]動かされた; 〈木材が〉風割れのはいっている.
wínd shèar 〔気〕ウインドシア《風の進行方向に対して垂直または水平方向の風速の変化(率); 晴天乱流・低層乱流の原因となり航空機の揺れに影響する》.
wínd·shìeld *n**《自動車・オートバイの》風防ガラス, フロントガラス;《飛行機の》風防, 遮風板;《一般に》風よけ, 風防;《手首にぴったり合う》風よけ袖口;《弾頭を流線形にするための》仮帽, 風防キャップ.
wíndshield tòurist*《俗》車から出ようとしないマイカー旅行者, 窓越し観光客.
wíndshield wìng 《自動車のフロントガラスのわきにある》三角窓ガラス.
wíndshield wìper*〔車〕フロントガラスのワイパー.
wínd·slàb *n* ウインドスラブ, 風成雪板《やわらかい雪の表面に風によって形成される厚いクラスト; スラブなだれを発生しやすい》.

wínd sòck [slèeve] 〖気〗吹流し (=*air sock, air sleeve, drogue, wind cone*).

Wind·sor /wínzər/ **1** ウィンザー《(1) イングランド南部の町; London の西方, Thames 川の南岸にあり, 対岸は Eton; 宮殿 Windsor Castle の所在地 **2)** カナダ Ontario 州にある Detroit 川に臨む港市》. **2** ウィンザー公 Duke of ～ ⇨ EDWARD VIII. **3** WINDSOR SOAP; WINDSOR BEAN. ■ the **Hóuse** (**and Fámily**) **of ～** ウィンザー王家《1917 年以来現英国王室の公称》.

Wíndsor béan ソラマメ (broad bean).

Wíndsor Cástle ウィンザー城《William the Conqueror 以来の英国王の住まい》.

Wíndsor cháir ウィンザーチェア《18 世紀以来英米で広く用いられている木製の椅子; 数本の細い柱のある背部は高く, 脚は末広がりに開き, 座板にはくぼみがある》.

Wíndsor knót ウィンザーノット《結び目が幅広できちんとした三角形になるネクタイの結び方》. [Duke of *Windsor*]

Wíndsor rócker* 揺り椅子式ウィンザーチェア.

Wíndsor sóap ウィンザー石鹸《通例 褐色または白色の香料入り化粧石鹸》.

Wíndsor tíe ウィンザータイ《幅広の絹のネクタイで, 蝶結びにする》.

Wíndsor úniformǁ 赤いカラー・赤いカフスの紺服《王室 (Windsor) の人たちの制服》.

wind spèed 風速.

wind sprint スパート時の呼吸能力を高めるための短距離スピードトレーニング.

wínd·stòrm *n* 《雨の少ない[雨を伴わない]》暴風.

wínd sùcking まぐさ桶を鼻で押したりかんだり首を曲げたり大きく荒い息を吸うような動作を繰り返す馬の齰癖(さくへき) (cf. CRIB BITING). ♦ **wínd·sùck·er** *n*

wínd·sùrf·er *n* ウインドサーフィンをする人; [W-]〖商標〗ウインドサーファー《ウインドサーフィン用のボードの商品名》.

wínd·sùrf·ing *n* ウインドサーフィン《帆を備えたサーフボードで帆走するスポーツ》. ♦ **wínd·sùrf** *vi*

wind sùrge 暴風による高潮, 風津波.

wínd·swèpt *a* 風にさらされた, 吹きさらしの; 〈髪などが〉風が吹きつけて乱れた.

wínd-swìft *a* 風のように速い.

wind tèe 〖空〗T 形布板, T 形着陸標識 (=*landing T*)《着陸地付近に設けて飛行士に風向きを知らせる》.

wínd·thròw *n* 風が木を根こぎにする[吹き倒す]こと; 風倒木.

wínd·tíght *a* 密閉した, 気密の (airtight).

wind tùnnel 〖空〗風洞《中の風力を調節できるトンネル装置; 航空機模型試験などに用いる》; ビル風が吹く場所.

wind tùrbine 《風力で作動する》風力タービン, 風力発電機.

wínd·ùp /wáɪnd-/ *n* 終結, 仕上げ, しめくくり; 結論(の部分), 結末, 終わり; 《ニュース放送の》結びの主要事項; ǁ《口》人をいらだたせること, おちょくり; 〖野〗《投球の》ワインドアップ; 《テニスなどで》過度のバックスイング. ► *attrib a* 巻き上げの, 《特に》〈おもちゃなど〉手巻きぜんまいで動く; 最後の, 仕上げの.

wínd-ùp /wínd-/ *n* ǁ《口》不安, 心配. [*get the wind up* ⇨ WIND[1] 成句]

wind vàlley WIND GAP.

wind vàne 〖気〗風向計 (vane).

wind wàgon*《俗》飛行機.

wínd·ward *adv* 風上に[へ]. ► *a* 風上の; 風にさらされた, 風に向かって進む; 風上に走ることができる (weatherly): on the ～ side of…の風上側に. ► *n* 風上(側) (opp. *leeward*): sail to ～ 風上に向かって航行する. ● **an** ANCHOR **to ～**. **get to** (**the**) **～ of**… 《海戦で》…の風上に出る; …の風上に回る《臭気などを避ける》; …を出し抜く, …より有利な地歩を占める. **keep to ～ of**…を避けている. ♦ **～·ness** *n*

Wíndward Íslands *pl* [the] ウィンドワード諸島《(1) 西インド諸島 Lesser Antilles 南部の火山諸島 **2)** 西インド諸島東部 Leeward 諸島の Dominica 島と Windward 諸島の島々とで構成されていた旧英国植民地 **3)** 南太平洋フランス領 Polynesia の Society 諸島東部の島群; 主島 Tahiti; フランス語名 Îles du Vent》.

Wíndward Pássage [the] ウィンドワード海峡《Cuba と Hispaniola の間》.

wínd·wày *n* 空気の通る道, 通風口; 〖楽〗《オルガンパイプの》ウィンドウェー《歌口の隙間》.

wínd-wìng *n* 《自動車の窓の, 外側に展開できる》換気用の小さな板; WINDSHIELD WING.

windy[1] /wíndi/ *a* **1 a** 風の吹く, 風の強い; 風のあたる, 風をうける; 《古》風上の. **b** あらしのような, 激しい〈怒りなど〉. **2**《口》《腹に》ガスのたまっている, おならが出そうで; 〈食べ物が〉腹の張る. **3 a**《口》中身のない, 空虚な; おしゃべりの, ほらを吹く; 《スコ》自慢する, 慢心した. **b** ǁ《口》びっくり(仰天)した, おびえた, びくびくした; ǁ《軍俗》〈場所・状況などが〉こわい, 神経をすりへらす. ● **on the ～ side of** (the law) (法律)の及ばないところに. ► *《俗》*n* 大げさな話, こけおどし, からいばり; おしゃべり《人》, 《特に》ほら吹き. ♦ **wínd·i·ly** *adv* **-i·ness** *n* [OE *windig*; ⇨ WIND[1]]

windy[2] /wáɪndi/ *a* 〈道路が〉曲がりくねった, 蛇行した.

Wíndy Cíty [ᵘthe] 風の町《Chicago 市の俗称》.

wine[1] /wáɪn/ *n* **1 a** (cf. VINE) ぶどう酒, ワイン; 《果汁を発酵させて造る》果実酒; 〖医〗ぶどう酒浸剤; 〖英大学〗ワインパーティー; ワインによる酔い: green ～ 新酒《醸造後一年間の》/ rice ～ 日本酒 / sound ～ 良質のワイン / apple [currant, palm] ～ りんご[すぐり, やし]酒 / the ～ of the country 地酒, 一国の代表的な酒 / ～ of opium アヘンぶどう酒 / have a ～ in one's room 〖英大学〗部屋で酒宴を開く / ～, women, and song 酒と女と歌《男の歓楽》, 楽しいうたげ / In ～ there is truth. 《諺》酒に真実あり《ラテン語 In vino veritas の英訳》. **b** 赤ぶどう酒色, ワインカラー; [〈*a*〉] ワインカラーの. **2** 酔わせる[生きいきさせる]もの. ● **in ～** 酒に酔って. **new ～ in old bottles** 古い革袋に盛った新酒, 旧来の形式では律しえない新しい考え方《*Matt* 9:17》. **put new ～ in** [**into**] **old bottles** [ˢ*derog*] 旧来の形式に(無理に)新しい考えを盛る, 古い考えの人に新しい考え[やり方]を押しつける《*Matt* 9:17》. **take ～ with**…と互いに健康を祝して乾杯する. ► *vt* …にワインを供給する; ワインでもてなす. ► *vi* ワインを飲む. ● **～ and dine** 大いに酒食のもてなしをする, 気前よく飲み食いする. [OE *wīn*; cf. G *Wein*, L *vinum* VINE]

wine[2] *vi* 《カリブ》腰をリズミカルに回転させて踊る.

wíne·àpple *n* 〖園〗ワイン風味のある大果の赤リンゴ.

wíne·bàg *n* 《革製の》ぶどう酒入れ; 《俗》WINEBIBBER.

wíne bàr ワインバー《特に ワインを飲ませるバー》.

wíne·bèrry *n* 〖植〗**a** エビガライチゴ《キイチゴ属; 日本・中国産》. **b** MAKO-MAKO.

wíne·bìbber *n* 酒飲み, 大酒家. ♦ **-bìbbing** *n, a*

wine bìscuit ワインビスケット《ワインと共に供する[ワインの香りのする]ビスケット》.

wíne·bòttle *n* ぶどう酒瓶, ワインボトル; WINESKIN.

wíne·bòwl *n* ワイン用大杯; [the] 飲酒(癖): drown care in *the* ～ 酒でうさを忘れる.

wine bòx ワインボックス《パック入りワイン》.

wine càrdǁ WINE LIST.

wine cèllar 《地下の》ワイン貯蔵室, 酒庫, ワインセラー; 貯蔵ワイン.

wine còlor 赤ぶどう酒色, ワインカラー《暗赤色》. ♦ **wíne-còlored** *a*

wine còoler ワインクーラー《(1) ワインを瓶ごと氷で冷やす器 **2)** *ワイン・果汁・炭酸水などを混和した飲み物》.

wíne·cùp *n* ぶどう酒杯, ワインカップ; [the] 飲酒癖.

wine·dot /wáɪndɑ̀t/ *n* 《豪俗》アル中《人》. [*Wyandotte* (米国産の鶏の一品種) とのごろ合わせ]

wi·neeo /waɪníːoʊ/ *n* (*pl* **-née·os**)*《俗》WINO.

wine·fat /wáɪnfæ̀t/ *n* 《古》ブドウしぼり器[しぼり桶] (winepress); ワイン専門の酒場 (=*winehouse*).

wine gállon ワインガロン《昔の英国のワインの容量単位: 米国標準ガロン (=231 立方インチ) に相当》.

wíne·glàss *n* ワイングラス; ワイングラス一杯《4 オンス または tablespoon 4 杯分》. ♦ **～·fùl** *n*

wíne gràpe 〖植〗ワイン用ブドウ, 《特に》ヨーロッパブドウ.

wíne·gròw·er *n* ブドウ栽培兼ワイン醸造家.

wíne·gròw·ing *n* ブドウ栽培兼ワイン醸造(業).

wine gùm グミ《着色した果物風味のゼラチン菓子》.

wíne·hòuse *n* WINESHOP.

wíne lìst 《レストランなどの》ワインリスト.

wíne·màker *n* ワイン醸造家.

wíne·màking *n* ワイン醸造, ワイン造り.

wine mèasure ワインなどの計量に用いた英国の旧単位系 (cf. WINE GALLON).

wíne pàlm ヤシ酒の採れるヤシ《クジャクヤシなど》.

wíne·prèss(·er) *n* ブドウしぼり器[桶].

wíne réd 赤ぶどう酒色, ワインレッド.

win·ery /wáɪnəri/ *n* *ワイン醸造場[所], ワイナリー.

Wine·sap /wáɪnsæ̀p/ *n* 〖園〗ワインサップ種《米国産の冬[秋]リンゴの一品種; 暗赤色で中型》.

Wines·burg /wáɪnzbə̀ːrg/ ワインズバーグ《Sherwood Anderson の短篇集 *Winesburg, Ohio* (1919) の舞台となった Ohio 州の架空の田舎町》.

wíne·shòp *n* ワインの店, 酒場 (=*winehouse*).

wíne·skìn *n* ワインを入れる革袋; 大酒飲み.

wine stèward 《レストラン・クラブなどの》ワイン係, ソムリエ (sommelier).

wine stòne 粗酒石 (argol).

wine tàster ワインを試飲して品質検査をする人, 利き酒人; 品質検査用のワインを入れる浅い小鉢.

wine tàsting ワインの試飲, 利き酒.

wine vàult (アーチ形天井の)ワイン貯蔵室, 酒蔵; 居酒屋.

wine vínegar ワインビネガー.

winey ⇨ WINY.

Win·fred /wínfrəd/ ウィンフレッド《男子名; 愛称 Win》. [OE =?joyous peace]

wing /wíŋ/ *n* **1 a** つばさ, 翼, 羽根, 《昆虫の》翅(はね)(し): flap its ~*s* つばさを羽ばたかせる / His ~*s* are sprouting. 天使のようにりっぱな人だ (cf. *sprout* WINGS). **b** 飛躍の手段[力], '羽根'; 庇護; [ᵘ*pl*] *《俗》コカイン. **c** 《鶏の》手羽(肉), 手羽先《食用》. **2 a** 矢羽根; 《風車の》翼, 羽根; 《飛行機の》翼, 主翼; 〖空〗全翼機; 《レーシングカーの》ウイング《接地力を向上させるための翼に似た付加物》. **b** 〖植〗《翼状果の》翼, 翼弁, 《蝶形花の》翼弁. **c** ᴵᴵ《自動車の》ウィング (fender*) 《車体の両側の, 車輪の上の部分》; *《自動車の換気用の》三角窓 (quarter light ᴵᴵ); 〖農〗《プラウの》刃じり; 衣類の折り返した[ひらひらした]部分. **3 a** 周辺(地域); 《建物などの》翼(よく), 袖; 〖城〗翼面, 翼壁; [the ~s] 〖劇〗舞台脇, 袖; 舞台脇の背景となる道具立て; 〖海〗翼艙《船艙または下甲板の舷側に接する部分》; 水路を狭めるための突堤[堰堤(えんてい)]. **b** 《安楽椅子の背の上部両側に突き出た》袖; 両開き戸[幕]の片方. **4 a** 〖軍〗《本隊の左右の》翼 (cf. CENTER); 〖サッカー・ホッケーなど〗ウイング, ウイングの選手 (＝*wing forward*); 《編隊飛行の》翼(の位置). **b** 関係[下部]機関; 〖空軍〗航空団《米国では通例 2 個以上の groups, 英国では 3–5 squadrons からなる連隊》; [*pl*] 空軍[航空]記章《左右に広げた鳥の翼をかたどる》: get one's ~*s* ⇨ 成句. **c** 〖政〗党派, 陣営: the left [right] ~ 左翼[右翼], 急進[保守]派. **5** 翼[羽根]に相当するもの; 〖生・解〗翼 (ala); [*joc*] 《動物の》翼状部; 《口》[*joc*] 《人の》腕, 《俗》ピッチャーの利き腕; 《四足獣の》前肢; 《トビウオの》胸びれ; 両脇うきぶくろ (water wings) の片方; 《詩》帆. **6 a** 飛行, 飛び方 (flight); 鳥, 鳥の群れ (flock). **b** 〖ダンス〗片方の足をすばやく外側および内側にすべらせるステップ. **7** *《俗》騒がしいパーティー, どんちゃん騒ぎ (wingding). ● **a ~ and a prayer** 《俗》緊急着陸; 《絶望的な状況下で》わずかな可能性に賭けること: on *a ~ and a prayer* 《資金[準備]不足にもかかわらず》一縷(いちる)の望みをかけて. **clip sb's ~s＝clip ~s of** sb 人の活動力[勢力]をそぐ, 人の自由を奪う, したい放題にできないようにする; 人に言うことを聞かせるようにする, きびしくする[しつける]. **earn [have] one's ~s** *《俗》能力[たよりがい]があることを示す. FEEL one's **~s**. **get** one's **~s** 《訓練を終えて》パイロットになる[の資格を得る]; *《俗》ヘロインを使い始める, 薬(やく)を始める. **give ~(s) to**…を飛べるようにする, …に羽を生えさせる. **hit under the ~** *《俗》酔っぱらって. **in the ~s** 舞台の袖に隠れて, 控えて, (目立たないよう)備えて. **lend [add] ~s** 促進する, スピードを上げさせる ‹*to*›: Fear *lent* him ~*s*. 恐ろしくていっさんに走った. **on (the) ~** 飛んで(いる), 飛行中で; 旅行中で; 活動して; 出発しかけて; 〖球技〗ウイングの[に]. **on the ~s of the wind** (風に乗って飛ぶように)迅速に, 非常に速く. **on ~s** (浮きうきと)足取り軽く. **show the ~s** 《訪問飛行で》空軍力を誇示する. **spread [stretch, try]** one's **~s** 自分の能力[手腕]を十分に発揮する. **sprout ~s** [ᵘ*joc*] 品行方正になる, いい子になる; 《俗》昇天する (die). **take to itself ~s** ‹金が›(羽根が生えたように)消える, なくなる. **take ~(s)** 飛び立つ[去る]; 飛躍的に伸びる, 勢いがつく; 逃げる, ‹金が›なくなる, ‹時が›あっという間に過ぎる; うれしがる, 狂喜する. **try** one's **~s** ⇨ spread one's WINGS. **under the ~ of** sb [sth]＝**under** sb's [sth's] **~**…にかばわれて, …の保護[庇護]のもとに: take…*under one's ~* …をかばう[世話する], 庇護する. **wait in the ~s** 《後継として》控えている. **~ and ~** 〖海〗《縦帆船が両舷に帆を一つずつ張り出して》ウイングアンドウイングで‹順走する›.

► *vt* **1 a** …に翼をつける; 飛べるようにする; ‹矢を›飛ばす, 放つ; ‹大空を›飛ぶ, かける: ~ an arrow *with* eagle's feathers 矢にワシの羽根を付ける. **b** 促進する, 速める, 逸(はや)らせる: Fear ~*ed* my steps. 恐怖に駆られて足を速めた. **2** 翼を使って行なう[果たす]; 翼に載せて運ぶ; 羽根ではらう. **3** 《口》…の翼[腕, 脚など]を傷つける, 殺さずに傷つける; ‹飛行機などを›撃墜する. **4** ‹建物›に翼をつける. **5** 《口》袖からせりふをつけてもらって[袖でざっとさらって]‹役を›演ずる. ► *vi* 飛んで行く, (飛行機で)飛ぶ; 《飛ぶように》速く進む, 速く行く; *《口》WING it. ● **~ it** *《口》即興でやる, ぶっつけでやる; *《俗》去る, 出て行く, 始める. **~ one's way**＝take one's FLIGHT¹.

[ME *wenge* (pl)＜ON *vængir* (pl); *-ng* の前の *-e-*＞*-i-* は hinge, string などを参照]

Win·gate /wíŋgèɪt, -gət/ ウィンゲート (**1**) Sir **Francis Reginald ~** (1861–1953)《英国の陸軍軍人》(**2**) **Orde Charles ~** (1903–44)《英国の軍人; ビルマ戦線 (1942–44) の総司令官として, 密林でゲリラ戦術を始めた》.

wíng·bàck *n* ウイングバック《**1**)〖アメフト〗ウイングを形成する後衛の選手[ポジション] **2**)〖サッカー〗サイドに位置し, 攻撃に参加する中衛[後衛]の選手[ポジション]》.

wíngback chàir WING CHAIR.

wíngback formàtion 〖アメフト〗ウイングバックフォーメーション《後衛の 1 人[2 人]が味方エンドの外側または後方に位置し主としてラインプレーをねらう攻撃法》.

wíng bànd 〖鳥〗WING BAR; 家禽の羽翼につける金属の識別片.

wíng bàr 〖鳥〗翼帯《鶏などの覆翼羽の著しい横斑》.

wíng·bèat *n* 《1 回の》はばたき.

wíng bòlt 〖機〗蝶ボルト.

wíng bòw /-bòu/ 〖鳥〗翼肩, 肩羽.

wíng càse [còver] 〖昆〗翅鞘, さやばね (elytron).

wíng chàir ウイングチェア《背の上部両側から前方に突き出た袖のある安楽椅子》.

wing chun /wíŋ ʧún/ 詠春拳, ウィンチュン《中国拳法の一つで, 主に護身の技法として用いられる簡略化されたカンフーの型》. [18 世紀ごろ清の厳詠春 (Yim Wing Chun) が編み出したと伝えられる]

Wing·co /wíŋkou/ *n* (*pl* **~s**) ᴵᴵ《空軍俗》空軍中佐 (wing commander).

wíng cóllar ウイングカラー《スタンドカラーの前端が下に折れ曲がったカラーで紳士の正装用》.

wíng commànder 〖英〗空軍中佐 (⇨ AIR FORCE).

wíng còvert [ᵘ*pl*] 〖鳥〗雨おおい羽, 覆翼羽.

wíng dàm* 《水流を変える》突堤, 防砂堤.

wing·ding /wíŋdìŋ/, **whing-ding** /(h)wíŋ-/ *《俗》*n* 薬(やく)の発作(的興奮); 《仮病で装った》発作; 激怒; (酒気をおびた)ばか騒ぎ; 騒がしい[ぜいたくな]集会; 社交の会, 懇親会; 情事, 性交渉; ちょっとした道具[器具] (gadget). ► *a* お祭り気分の, 騒がしい, 豪勢な. [?*whing* sharp ringing sound]

wíng·dìng·er *n* *《俗》お祭り騒ぎ, ばか騒ぎ (wingding).

wingdoodle ⇨ WHANGDOODLE.

winge /wínʤ/ *vi* 《英方・豪》WHINGE.

winged /wíŋd, (詩) wíŋəd/ *a* **1** [°*compd*] (…な)翼[翅]のある; 有翼の; 翼状部のある‹骨など›; 《文》翼に乗って進む[走る](ように速い); 高遠な‹思想など›: the ~ air 《詩》鳥の群がる空《Milton の詩から》/ ~ words 的に向かって大空をかける[高遠にして適切な]ことば《Homer の詩から》. **2** 翼をいためた; 《口》腕[脚など]を傷つけた.

wínged béan 〖植〗シカクマメ, トウサイ (＝*Goa bean*)《熱帯産マメ科のつる性草本; サヤは食用で, 4 つの翼状の突起がある; 高タンパクの豆を産し, 塊根も食用にされる》.

wínged élm 〖植〗小枝・若枝に著しいコルク質の突起を生ずる北米東部産のニレの一種.

wínged gód [the] 有翼の神, HERMES, MERCURY《足に有翼のサンダルを履いている》.

wínged hórse [the] 翼ある馬 (Pegasus); [*fig*] 詩歌; [the W-H-] 〖天〗天馬座, ペガスス座 (Pegasus).

Wínged Víctory (of Sámothrace) [the] 翼のある勝利の女神像《サモトラケの Nike の大理石像》.

wíng·er *n* **1** 《サッカー・ホッケーなどの》ウイングの選手. **2** ᴵᴵ《海俗》船室係 (steward); ᴵᴵ《海俗》仲間, 友; ᴵᴵ《海俗》《ベテラン船員の庇護を受けている》若い船員. **3** [*compd*] 《政治的な》…翼の人: a left-~ 左翼の人.

wíng·físh *n* 〖魚〗翼のような胸びれをもつ魚《トビウオ・セミホウボウなど》.

wíng flàt 〖劇〗4 枚パネルの背景の一部となる 2 枚パネルの枠張物.

wíng-fóot·ed *a* 《詩》足に翼の生えた, 足の速い, 迅速な; 〖動〗翼手をもった.

wíng fórward 《サッカー・ラグビーの》ウイングフォワード.

wíng gàme ᴵᴵ 猟鳥《集合的; opp. *ground game*》.

wíng hàlf 〖サッカーなど〗ウイングハーフ《右または左のハーフバック》.

wíng-hèavy *a* *《俗》泥酔した, 歩けないほど酔った.

wíng·ing òut 〖海〗船倉の側面からの荷積み.

wíng·less *a* 翼のない, 無翼の, 無翅(むし)の; 〖昆〗無翅類の; 飛べない, 無飛力の; のろのろと進む; ‹詩文が›詩趣に欠けた, 散文的な. ♦ **~·ness** *n*

wíng·let *n* 小さい翼[翅]; 〖鳥〗小翼 (bastard wing); 〖空〗翼端小翼, ウイングレット《主翼の翼端にできる渦をおさえて翼の抗力を減じるため翼端に取り付けたほぼ垂直な小翼》.

wíng·lìke *a* 《形・配置が》翼状の.

wíng lòad(ing) 〖空〗翼面荷量.

wíng màn 《編隊飛行で》ウイングの位置を飛ぶ操縦士[飛行機], 編隊僚機(操縦士); 〖スポ〗ウイングの選手.

wíng mìrror ᴵᴵ 〖車〗フェンダーミラー, サイドミラー.

wíng·nùt *《俗》*n* 変人, 狂ったやつ; 過激派, 右翼《人》.

wíng nùt 〖機〗蝶ナット (＝*butterfly nut, flynut*); 〖植〗アジア産クルミ科サワグルミ属の落葉高木《小苞が発達して果実の翼のようになる》.

wíng·òver *n* 〖空〗急上昇反転飛行.

wíng ràil 〖鉄道〗《轍叉(てっさ)の》翼レール, 翼軌条《脱線防止用》.

wíng ròot 〖空〗翼(よく)付け根.

wíng sèction 〖空〗翼断面(形), 翼形.

wíng shèath 〖昆〗翅鞘(ししょう), さやばね (elytron).

wíng shèll 〖貝〗**a** ウグイスガイ科の二枚貝. **b** ソデボラ (stromb).

wíng shòoting 放した鳥やクレーなど飛ぶものを標的とする射撃.

wíng shòt 空を飛ぶ鳥[標的]をねらう射撃(のうまい人).

wíng skìd 〖空〗翼端橇(そり).

wíng·spàn *n* 翼幅.

wíng spàr 〖空〗翼桁(よくけた).

wíng·sprèad *n* WINGSPAN, 《特に》《鳥・昆虫などのいっぱいに広げた》翼幅.

wíng·stròke *n* WINGBEAT.

wing T /─ tì:/ 〖アメフト〗ウイング T《ハーフバックの 1 人がウイングバックになる T フォーメーションの一型》.

wíng tànk 〖空〗翼内(燃料)タンク; 〖空〗翼下[翼端]増槽《翼に取り付けた切り離し可能な燃料タンク》.

wíng thrèe-quàrter 〖ラグビー〗ウイングスリークォーター《スリー

クォーターラインの両翼に位置する》.

wíng tìp [ᵁwingtip]《飛行機の》翼端; *ウイングチップ《**1**) 翼形のつま革[飾り革] **2**) それのある靴 (=~ **shòe**)》;【鳥】翼端, 翼先《翼をたたんだ時, 初列風切が次列風切よりも長くとび出している部分》.

wíng wàlking ウイングウォーキング《飛んでいる飛行機の翼の上でする曲芸》. ♦ **wíng wàlker** *n*

wíng wàll【建】袖壁.

wíng-wèary *a* 飛び疲れた.

wingy *a* 翼のある; 速い; 舞い上がる; 翼のような, 翼状の;《俗》そびえ立つ; *《俗》麻薬で陶酔した, 舞い上がるような気分で. ▶ *n*《口》片腕野郎, 一本腕.

Win·i·fred /wínəfrəd/ ウィニフレッド《女子名; 愛称 Win, Winnie, Winny, Freda》. [Welsh *Gwenfrewi*; ⇨ GUINEVERE]

wink[1] /wíŋk/ *vi* **1** まばたきする, 〈目が〉まばたく; 片目をまばたきさせて目くばせする, ウインクする 〈*at*〉; 〈星・光などが〉明滅[点滅]する, またたく;《古》目を閉じて(眠って)いる: (as) easy as ~*ing* やすやすと. **2** 見て見ぬ[知らぬ]ふりをする, 見のがす 〈*at* a fault〉. ▶ *vt* まばたきさせる; 〈涙・異物を〉まばたきして払う[取る] 〈*away*〉; ウインクで表現[合図]する; ᵁ〈ライトなどを〉点滅させる; 〈信号・合図を〉光を点滅させて送る[伝える]: ~ one's eye ウインクする. ● **like ~ing**《俗》瞬く間に, すばやく; 元気よく, 活発に. **~ away** [**back**] **one's tears** 目をしばたたいて涙を払う. **~ out** 終わる; 消えうせる, 輝きを失う. ▶ *n* 瞬き, まばたき;《光・星などの》明滅, 点滅; 片目をまばたきさせる目くばせ, ウインク; ウインク[点滅]による合図; 一瞬; まどろみ: FORTY WINKS / He gave me a knowing ~. わたしに向かって心得顔にウインクした / in a ~ = quick as a ~ 一瞬のうちに, 瞬く間に, すぐに / A NOD is as good as a ~ (to a blind horse). ● **in the ~ of an eye** 瞬く間に, 瞬時に. **not a ~**《特に 眠りについて》ちっとも…しない: I did *not* sleep *a* ~.＝I did *not* get *a* ~ of sleep. 一睡もしなかった. TIP[2] sb **the** [**a**] **~.** [OE *wincian* to nod, wink; cf. WINCE[1], WINCH, G *winken* to beckon, wave]

wink[2] *n* TIDDLEDYWINKS で使われる小円盤.

Win·kel·ried /*G* víŋklri:t/ ヴィンケルリート **Arnold von ~** (d. 1386?)《スイスの国民的英雄; Sempach の会戦 (1386) でオーストリア軍を破った》.

wink·er *n* まばたきする人[もの];《米口・北イング》目, まつげ; [*pl*]《馬の》側面目隠し (blinkers);《鳥の》瞬膜;《口》《車の》点滅式方向指示機, ウインカー; [*pl*]《まれ》眼鏡.

win·kle[1] /wíŋk(ə)l/ *n* **1**【貝】**a** PERIWINKLE[2]. **b** 北米東岸産のコブシボラ《カキ・ハマグリなどに穴をあけてその身をえぐり出す》. **2** ᵁ《幼児俗》おちんちん. ▶ ᵁ《口》*vt* 引っ張り出す 〈*out* (*of*)〉; なんとか聞き出す 〈*out* (*of*)〉. ♦ **wín·kler** *n* [peri*winkle*[2]; cf. WIG]

winkle[2] *vi* TWINKLE.

wínkle·pìckers *n pl* ᵁ《口》先のとがった靴[ブーツ]. [もとは「巻貝の中身を取り出す道具」]

wínkle-pìn *n* ᵁ《軍俗》銃剣 (bayonet).

Win·ko /wíŋkou/ *n* (*pl* **~s**) ᵁ《空軍俗》WINGCO.

win·kus /wíŋkəs/ *n* *《俗》目くばせ, 合図. [*wink*[1], *-us* (ラテン語語尾)]

winky *n* *《麻薬俗》BLINKY.

wín·less *a* 勝ちのない, 1 勝もできない, 無勝の.

wín·na·ble *a* 勝てる, 勝ち取ることのできる.

Win·ne·ba·go /wìnəbéigou/ *n* **1 a** (*pl* ~, **~s, ~es**) ウィネベーゴ族《Wisconsin 州東部に住む Sioux 族インディアンの一種族》. **b** ウィネベーゴ語. **2**【商標】ウィネベーゴ《米国 Winnebago Industries, Inc. 製のキャンピングカー・モーターホーム・バン (van)・バン改造キット・アウトドア用品など》. **3** [Lake] ウィネベーゴ湖《Wisconsin 州東部にある同州最大の湖》.

win·ner *n* 勝者, 勝利者; 成功者; 勝利をもたらす人[もの], 決勝点[ゴール];《口》成功すると目される人[もの], すぐれもの; 賞賛の的; 受賞者[作品], 入賞[入選]者 〈*of*〉: decide the ~ 勝者を決める / a last-gasp ~ 土壇場での勝者[決勝ゴール]. ● **onto a ~**《口》成功しそうな人[金になりそうな]人[もの]を見つけて. **pick a ~** 勝馬を選ぶ;《口》掘出し物[金の卵]を見つける.

wínner's cìrcle [**enclòsure**]【競馬】勝馬表彰式場《優勝馬とその騎手が写真を撮られたり賞を与えられたりする囲い》.

Win·nie[1] /wíni/ ウィニー《**1**) 女子名; Winifred の愛称 **2**) 男子名; Winston の愛称》.

Winnie[2] *n* ウィニー(賞)《毎年優秀ファッションデザインに与えられるブロンズの小像》. [*winner*, *-ie*]

Wín·nie-the-Póoh くまのプーさん《A. A. Milne の同名の童話集 (1926), *The House at Pooh Corner* (1928) に登場するぬいぐるみの熊; 主人公 Christopher Robin の良き伴侶》.

wín·ning *a* **1** 勝利の, 勝者である, 勝利を得た〈側など〉; 勝利を得させる, 決勝の, 勝ち越しの: a ~ run 決勝の一点 / a six-match ~ run 6 連勝. **2** 人をひきつける, 愛敬のある〈態度など〉;《口》うまくいっている. ▶ *n* **1** 獲得, 占領; 占領地, 獲物; 勝利, 成功; [*pl*] 勝利金, 賞金, 所得. **2**【鉱】炭層に通ずる坑道, すぐにも採掘可能な炭層, 鉱山の多少隔離した部分;【鉱】精錬. ♦ **~·ly** *adv* 愛敬よく. **~·ness** *n*

wínning·est *a*《口》最も多く勝っている[勝った], 最多勝利の.

wínning gàllery《court tennis 用コートの》dedans から最も遠い得点孔.

wínning házard【玉突】勝ちハザード (⇨ HAZARD).

wínning òpening《court tennis 用コートの》得点孔 (DEDANS, GRILLE または WINNING GALLERY).

wínning pòst [the] ᵁ《競馬場の》決勝点(の標柱): beaten at the ~ 最後のどたんばで負けて.

wínning strèak《野球などの》連勝.

Win·ni·peg /wínəpèg/ **1** [the] ウィニペグ川《カナダ南部 Woods 湖から Winnipeg 湖に流れる》. **2** [Lake] ウィニペグ湖《カナダ Manitoba 州の中南部の湖; Nelson 川によって Hudson 湾に流出する》. **3** ウィニペグ《Manitoba 州の州都》. ♦ **-pèg·ger** *n*

Wínnipeg còuch《カナダ》ウィニペグカウチ《背と肘掛けがない寝椅子で, 開けばダブルベッドになる》.

Win·ni·pe·go·sis /wìnəpəgóusəs/ [Lake] ウィニペゴーシス湖《カナダ Manitoba 州西部, Winnipeg 湖の西方にある湖》.

Win·ni·pe·sau·kee /wìnəpəsɔ́:ki/ [Lake] ウィニペソーキー湖《New Hampshire 州中部の湖; 夏のリゾート地》.

win·nock /wínək/ *n*《スコ》WINDOW.

win·now /wínou/ *vt* 〈穀物・もみがらを〉あおぎ分ける, ひる, 風選する 〈*away, out, from*〉; 選別する, しぼる 〈*down*〉; 〈よい部分を〉選び出す 〈*out*〉, 分析・検討する; 〈くずを〉ふるい捨てる 〈*away*〉, ふるい落とす 〈*out*〉; 〈風が葉・髪などを〉吹き乱す;《古・詩》〈翼を〉はばたかせる; はばたいて行く;《古・詩》〈空気をうち震わす (fan): ~ the false *from* the true＝~ truth *from* falsehood 真偽を識別する. ▶ *vi* 穀物をより[吹き]分ける; 選別する; はばたく;《文》〈風が〉吹く. ▶ *n* ひる道具, 箕(み); ひる(ような)動作, 選別. [OE *windwian* < WIND[1]]

wínnow·er *n*《穀物を》より分ける人[機械], 唐箕(とうみ).

wínnow·ing fàn [**bàsket, machìne**] 唐箕.

wi·no /wáinou/ *n* (*pl* **~s**)《俗》《安酒ばかり飲む宿なしの》アル中;《俗》ワイン好き;《俗》ワイン (wine); *《俗》ブドウ摘みの労働者. [*wine*, *-o*]

winsey ⇨ WINCEY.

Wins·low /wínzlòu/ **1** ウィンズロー《男子名》. **2** ウィンズロー **Edward ~** (1595–1655)《北米 Plymouth 植民地開拓者; 総督 (1633, 36, 44)》. [OE＝friend＋mound]

win·some /wínsəm/ *a* 〈性質・態度など〉魅力のある, 愛敬のある (charming); 晴れやかな, 快活な. ♦ **~·ly** *adv* 愛くるしく; 快活に. **~·ness** *n* [OE＝joyous (*wyn* joy)]

Win·ston /wínst(ə)n/ ウィンストン《男子名; 愛称 Win, Winnie》. [OE＝friend＋stone]

Wínston-Sálem ウィンストン-セーレム《North Carolina 州北部の市; タバコ産業の中心》.

win·ter /wíntər/ *n* **1** 冬, 冬季《用法は SPRING に準ずる; HIBERNAL, HIEMAL *a*》;《一年 2 季の地方の》冬期 (opp. *summer*); 寒気 (cold weather); [*fig*] 霜枯れ時, 晩年, 逆境期: cold [severe, hard] 寒い[きびしい, つらい]冬 / in (the) ~ 冬には. **2**《詩》春秋, 星霜, 歳: a man of seventy ~*s* 70 歳の人. ▶ *a* 冬の, 冬季の; 冬用の〈服など〉; 〈果物・野菜が〉冬期貯蔵できる; 〈穀物が〉秋まきの. ▶ *vi* 冬を過ごす, 越冬する, 避寒する 〈*at, in, over*, etc.〉, 冬眠する; 〈植物・家畜が〉冬をしのぐ 〈*on*〉: the ~*ing* team 越冬隊. ▶ *vt* 〈家畜を〉冬の間飼育する, 〈植物を〉冬の間囲う; 凍えさせる, 萎縮させる. ♦ **~·ish** *a* **~·less** *a* [OE *winter*; cf. WATER, WET, G *Winter*]

wínter áconite【植】キバナセツブンソウ《早春に黄色の花を開くキンポウゲ科の草本; 南欧原産》.

wínter ánnual 秋まき一年草.

wínter ápple【園】冬リンゴ《晩生のリンゴ》.

wínter bárley 秋まき大麦《翌年春[初夏]に実る》.

wínter-bèaten *a*《古》冬の寒気にいためられた, 寒いたみした.

wínter·bèrry *n*【植】冬期に赤い漿果をつける北米産のモチノキ属の低木.

wínter bírd 主として冬にみられる鳥, 冬鳥.

wínter blóom【植】**a** アメリカマンサク (witch hazel). **b** AZALEA.

wínter blúes *《俗》冬のふさぎこみ (seasonal affective disorder).

wínter·bòurne *n* 夏枯れ川.

wínter búd【植】休止芽 (statoblast);【植】冬芽(ふゆめ).

wínter chérry【植】ホオズキ (Chinese lantern cherry).

wínter créss【植】フユガラシ, ハルザキヤマガラシ, セイヨウヤマガラシ《アブラナ科ヤマガラシ属》; 同属の数種.

wínter cróokneck 冬でももちのよいツルクビカボチャ.

wínter cróp 冬作物《秋にまき, 翌春収穫する》.

wínter·er *n* 冬期居住者, 避寒客, 冬場の客.

wínter fàllow 冬季休耕地.

wínter·fèed *vt* 〈家畜〉に冬期飼料を与える; 〈飼料を〉冬に家畜に与える. ▶ *vi* 冬期に家畜に飼料を与える. ▶ *n* 冬期飼料 〈*for*〉.

wínter flóunder【魚】冬の食用魚として珍重される北米大西洋岸産のカレイの一種.

wínter fúel pàyment【英】《政府が支給する》冬季燃料[暖房]手当《単に fuel payment ともいう》.

wínter gàrden ウインターガーデン《(1) 冬期に生育する常緑植物を植えた庭園 (2) 冬期でも植物が生育するようにした温室》.
wínter·grèen *n* **1**〔植〕ツツジ科シラタマノキ属の各種の常緑低木,《特に》ヒメコウジ (=*boxberry*, *checkerberry*, *teaberry*)《北米東部原産; 赤い実をつける》;《ヒメコウジから採る》冬緑油 (=oil of ～) (=～ **òil**)《サリチル酸メチルを主成分とする》; 冬緑油の香味; 冬緑油の香味をつけたもの《lozenge など》. **2**〔植〕**a** 常緑のイチヤクソウ. **b** (オオ)ウメガサソウ (pipsissewa). **c** ヒメハギの一種.
wintergreen bárberry〔植〕中国原産メギ科の常緑低木《装飾用》.
winter gúll ᴵᴵ〔鳥〕カモメ (=*winter mew*).
wínter-hàrdy *a*〔植〕越冬性の, 耐寒性の.
wínter hédge 《北イング》干し物掛け. [夏は衣服を hedge に掛けて乾かすのに対していったもの]
wínter héliotrope〔植〕ニオイカントウ《地中海地域原産キク科フキ属の草本; 冬に芳香のある花が咲く》.
win·ter·im /wíntərɪ̀m/ *n**《いくつかの大学で》主に一月に重なる学期間の時期. [*winter*+inter*im*]
wíntering gròund《蝶・渡り鳥などの》越冬地.
wínter·ìze *vt*〈テント・武器・自動車など〉に防寒[不凍]設備をする; …に冬支度を施す. ♦ **winter·izátion** *n*
wínter jásmine〔植〕オウバイ (黄梅)《中国原産の落葉低木; モクセイ科》.
wínter·kìll* *n*《動植物の》寒さによる死[枯死], 凍死.
wínter-kìll* *vt, vi* 寒さで死滅させる[する].
wínter lámb 秋[初冬]に生まれ 5 月 20 日前に売られる子羊, ウインターラム.
wínter·ly *a* 冬の; 冬らしい; 冬のような, わびしい.
wínter mélon〔植〕**a** フユメロン《果皮が平滑で果肉は白または帯緑色のマスクメロン》. **b** トウガン, トウガ (冬瓜).
wínter méw ᴵᴵ〔鳥〕カモメ (winter gull).
wínter mòth〔昆〕ナミスジフユナミシャク《シャクガ (geometrid) の一種》.
wínter of discontént [the] 不満の冬《(1) ストライキで労働党が総選挙に追い込まれ敗北した 1978–79 年の冬 (2) 政治・産業紛争の多い(悪天候の)冬; cf. Shak., *Rich III* 1.1.1》.
Wínter Olýmpic Gámes *pl* [the] 冬季オリンピック大会 (=**Wínter Olýmpics**).
Wínter Pálace [the] 冬宮(とうきゅう)《ロシア西部 St. Petersburg の Neva 河畔にある建物; 1754–62 年に建造されたロシアバロックの代表的建築で, 帝政時代は王宮とされたが, 革命後国有化され, エルミタージュ美術館 (Hermitage) の一部となっている》.
wínter púrslane〔植〕北米原産スベリヒユ科ヌマハコベ属の一年草 (=*miner's lettuce*)《野菜; 英国にも帰化》.
wínter quárters [⟨*sg*/*pl*⟩]《軍隊・サーカスなどの》冬営地.
wínter róse〔植〕CHRISTMAS ROSE.
wínter sávory〔植〕ウインターセボリー, ヤマキダチハッカ《地中海沿岸地域原産シソ科サツレヤ属の小低木[多年草]; 葉・芽はハーブとして利用される; cf. SUMMER SAVORY》.
wínter slèep 冬眠 (hibernation).
wínter sólstice [the] 冬至点; [the] 冬至《北半球では 12 月 22 日ごろ; opp. *summer solstice*》.
wínter spórts *pl* ウインタースポーツ《スキーなど》.
wínter squásh〔植〕ウインタースクワッシュ, 冬カボチャ《特に セイヨウカボチャ[クリカボチャ]・ニホンカボチャ系栽培種で, 成熟果を利用し, 冬の間貯蔵可能なカボチャの総称》.
wínter swéet〔植〕ロウバイ (蠟梅)《中国原産》.
Win·ter·thur /víntərtʊ̀ər/ ヴィンテルトゥール《スイス Zurich 州の中心都市》.
wínter·tìde *n*《詩》WINTERTIME.
wínter·tìme *n* 冬, 冬季.
wínter vètch〔植〕ビロードクサフジ (hairy vetch).
Wínter Wár [the]《ソ連・フィンランド間の》冬期戦争 (1939 年 11 月–40 年 3 月)《フィンランドが敗れ, Karelian Isthmus がソ連領となる》.
wínter-wèight *a*〈衣服が〉たっぷり厚手の.
wínter whéat 秋まき小麦, 冬小麦.
wínter wrén *〔鳥〕ミソサザイ.
wín·tery *a* WINTRY.
Win·throp /wínθrəp/ **1** ウィンスロップ《男子名》. **2** ウィンスロップ (1) **John** ～ (1588–1649)《Massachusetts Bay 植民地初代総督》 (2) **John** ～ (1606–76)《Connecticut 植民地の総督; 前者の子》. [OE=friendly village]
win·tle /wín(t)l/《スコ》*vi* よろめく, 揺れる; のたうつ, ころぶ. ► *n* よろめき, ころがり. [Du or Flem]
win·try /wíntri/ *a* 冬の; 冬のように寒い; 霜枯れの, 荒涼とした, わびしい;〈日光が〉弱々しく暖かみのない; ひややかな, 冷淡な〈微笑など〉; 老いた, 老いて白い. ♦ **wín·tri·ly** *adv* **-tri·ness** *n*
Win·tun /wɪntúːn, ━́━/, **Win·tu** /wɪntúː, ━́━/ *n* **a** (*pl* ～, ～**s**) ウイントゥ(ン)族《California 州北部 の Sacramento 川流域のインディアン》. **b** ウイントゥ(ン)語.

wín-wín *a* どちらにとっても有利な, 双方が得をする, 双方に利がある, どちらにころんでも勝ちの, 双方うまくおさまる.
winy, winey /wáɪni/ *a* ぶどう酒の; ワイン風味の, ワインのような; ワインのように人を酔わせる; ワインに酔った;〈空気が〉すがすがしく芳香に満ちた.
winze[1] /wínz/ *n*〔鉱〕坑井(こうせい). [変形 < *winds*; ⇨ WIND[2]]
winze[2] *n*《スコ》CURSE. [Flem or Du *wensch* wish]
WIP〔会計〕°work in process [progress].
wipe /wáɪp/ *vt, vi* **1 a** ふく, ぬぐう, ふき取る, ぬぐい去る〈*away*, *off*, *up*, *down*〉; ふいて[ぬぐって]きれいにする〈*off*, *up*〉; ふいて[ぬぐって]…にする;〔鉛工〕《はんだで》ぬぐって接ぐ;〈考え・記憶を〉消し去る, ぬぐい去る;〈テープ〉の録音[録画]を消去する: ～ *up* spilt milk こぼれた牛乳をふき取る / ～ one's eyes=～ one's tears *away* 目(の涙)をふく / ～ one's hands on [with] a towel タオルで手をふく / ～ a cloth back and forth over the table 布でテーブルをごしごしふく. **b**〈クレジットカードやデビットカードを〉読取り機に挿入する;〈ライトペンを〉バーコードの上に走らせる. **c**《俗》《刀・杖などで》(払うように)さっと打つ〈*at* sb〉;《俗》〈相手を〉やっつける;《俗》殺す, 消す〈*out*〉;《豪俗》見捨てる, 見放す, 袖にする, 無視する. **2** こすりつける;〈油などを〉すりのばす[薄く塗る]. ● **～ down** 隅々までふく. **～ it off** [*impv*]*《俗》へらへらしてるんじゃない, まじめにやれ; *《俗》忘れて許す, 水に流す; *《俗》返報する. **～ off**(…)〈負債などを〉償却する, 清算する; ᴵᴵ〈価格など〉から〈ある額などを〉減らす; *《俗》破壊する, 抹殺する. **～ out** ふき取る, ぬぐい取る;〈しみ・よごれを〉抜く; WIPE off;〈利益などを〉帳消しにする;〈恥を〉すすぐ, そそぐ;《俗》〈敵などを〉一掃[掃討]する, 徹底的にやっつける, 全滅させる, たたきつぶす;《俗》殺す, 消す; *《口》〈人を〉疲れさせる, へとへとにする; *《俗》《麻薬などで》酔わせる, ハイにする; *《俗》〈人を〉破産させる, つぶす (cf. WIPED out); *《俗》使い[食べ]切る; *《俗》失敗に終わる;《口》転倒する, 衝突する, ころぶ, 事故る,《サーフ[スケート]ボードから》落ちる, ワイプアウトする. **～ over** さっとひとふきする. **～ one's boots on**… ⇨ BOOT[1]. **～ sb's EYE[1]**. **～ one's hands [lips] of**…から手を引く, …と関係を断つ. **～ the FLOOR [GROUND[1]] with**…. **～ the SLATE[1] clean**. **～ up** (食後洗った)皿ふきをする,〈食器を〉ふく; 掃討する, 殲滅する.
► *n* **1 a** ふくこと, ぬぐい取ること; こすりつける[すり込む]こと;〔映・テレビ〕ワイプ《画面を片隅から消しながら次の画面を現わしていく技法》. **b** ウェットタオル[ティッシュ];〔機〕《回転軸についている》WIPER; *《俗》《車・皿などを》ふく人[係]. **2**《口》さっと打つこと, ひと払い〈*in* the eye〉;《俗》消す[バラす]こと, 殺し, 殺人;《俗・英方》愚弄, あざけり. ● **fetch [take] a ～ at** sb=**fetch** sb **a ～** 人にピシャリとひとつくらわす. **give a ～ over the knuckles** 荒々しくしかりつける, けんつくを食わせる.
♦ **～·able** *a* [OE *wīpian*; cf. OHG *wīfan* to wind round]
wiped /wáɪpt/《俗》*a* [°～ out] 酔っぱらって, ハイで; 疲れきって, バテて; [°～ out] 破産[破滅]して, ポシャって. ● **be ～ over***《俗》酔っぱらっている.
wípe·òut《口》*n* 全滅, 潰滅; 転倒, 転落, 衝突, 事故,《サーフ[スケート]ボードからの》落下, ワイプアウト; 失敗, 完敗; 失敗者, 落後者, だめな人;〔通信〕消滅, 消失《他の電波による受信妨害》.
wípe-òver *n* さっとひとふきすること.
wip·er /wáɪpər/ *n* ぬぐう人[もの]; ふきん, 手ぬぐい, タオル, スポンジ;〔車〕ワイパー;〔砲〕腔内掃除用の槊杖(さくじょう);〔電〕ワイパー《加減抵抗器などの端子と接続するための移動接触子》;〔機〕ワイパー《回転軸についている突起で, 自重で落ちるハンマーなどを持ち上げるもの》; *《俗》ガンマン, 殺し屋.
WIPO, Wipo /wáɪpoʊ/ °World Intellectual Property Organization.
Wi·ra·dhuri /wɪrǽðəri/ *n* ウィーラージュリー語《オーストラリアのアボリジニーの言語; New South Wales 州中央部の広い地域で話されていたが現在は失われた》.
wire /wáɪər/ *n* **1 a** 針金, 線材,《鋼索 (cable) の》素線(そせん), ワイヤー; 決勝線, ゴール; [*pl*]《望遠鏡などの》十字線 (crosshairs);《楽器の》(金属)弦: a ～ hanger 針金製のハンガー. **b** 針金細工, 金網(のフェンス), 鉄条網; ワイヤーロープ (=～ rope);《金網製の》わな (snare);〔紙〕漉(す)き網, 抄紙網, ワイヤ. **2** 電線, 電信[電話]線, コード, ケーブル (cf. LIVE WIRE); 電信電話網; 電信; *《口》電報; [the]《口》電話; *《口》盗聴器,《特に 服などにしのばせる》隠しマイク: a party ～〔電話〕共同加入線 / a private ～ 個人専用電(話)線 / by ～ 電信で;《口》電報で / on *the* ～ 電話で[に] / Hold *the* ～, please. そのまま切らないでお待ちください / send sb a message by ～ [send sb a ～] 人に電報を打つ / Here's a ～ for you. 電報ですよ. **3 a** 針金状のもの《毛髪など》;〔鳥〕《飾り羽の》針金状の羽軸;〔犬〕WIREHAIR. **b** [*pl*] 人形をあやつる糸, 隠然たる影響力[勢力]. **4**《俗》スリ,《特に》集団スリの中のすり手; *《俗》囚人と外部の連絡係; *《俗》《もぐり込んだ》スパイ, 'ネズミ'; *《俗》《警察の手がまわっていることなどの》知らせ, 情報, 忠告. **5***《俗》過敏な人, 張りつめた人, すぐ興奮する[熱くなる]人; *《俗》張り切った人, 精力的な人 (=*live wire*). ● **be (all) on ～s** 興奮[いらいら]している. **come up to the ～**《俗》終わり[結末]に近づく. **cross the ～** ゴールインする. CROSS **～s**. **down to the ～** 最後の最後まで; *時間切れに近づいて, 寸前に間に合って; *《俗》破産しそうで, 金が底をついて. **give the ～** こっそり知らせる. **go (right) down to the ～** «口» ‹レースなどが›最後の最後まで競り合う[張り合う]. **pull (some [the]) ～s**＝pull (some) STRINGS. **put the ～ on** sb*«俗» 人を中傷する, そしる. **under the ～***«口» «期限などに» やっと間に合って; 〘競馬〙 決勝線に達して: get *under the* ～ ぎりぎりに間に合う. **～ to ～***«口» スタート[初め]からゴール[終わり]まで.

► *vt, vi* **1 a** …に電線を架設する[つなぐ], (…用に)配線する; ‹ある地域・建物・受像機を›有線テレビケーブルに接続する, 有線にする; …に(盗聴)装置を取り付ける, (隠し)マイクを仕掛ける ‹*up, to, for*›. **b** 針金で留める[結びつける, 補強するなど] ‹*together, up*›; ‹数珠玉を›針金に通す; ‹鳥などを›わなで捕える. **2** 電送する, 電信[電話]で送金する[振り込む]; «口» (…に)電報を打つ, 打電する: I ～*d* the result to him.＝I ～*d* him the result. 結果を電報で知らせた / I ～*d* her to come. 来るよう電報した / Please ～ me collect. 着払いで打電してください. **3** 遺伝的[先天的]に決定する. **4** [ᵁ*pass*] 〘クロッケー〙 ‹選手・球などを›弓形小門でじゃまする. ● **have [get]…～d** «口» …を終える, 片付ける, 確保する (cf. WIRED). **～ ahead for…** 電報を打って…を予約する. **～ in…**に針金[鉄条網]をめぐらす; 電報で送る; «口» 懸命に努力する (＝**～ away**). **～ into…**ᴵᴵ«口» …をがつがつ食べ出す.

♦ **wír·able** *a* **～·like** *a* [OE *wīr*; cf. WITHE, L *viriae* bracelet]

wíre àct 綱渡り, ロープ渡り «曲芸».

wíre àgency 通信社 (wire service).

wíre·bàr *n* 伸線加工用の鋳造棒地金.

wíre·bìrd *n* 〘鳥〙 セントヘレナチドリ (St. Helena 島産のチドリの一種; wire grass の中にすむ).

wíre-brúsh *vt* ワイヤーブラシでこする[きれいにする].

wíre brùsh ワイヤーブラシ «**1)** さび落としなどに用いる **2)** 〘楽〙 シンバルや小太鼓をこするように奏するのに用いる».

wíre cìty* «俗» 監獄; «俗» 刑務所[営倉, 収容所]の金網.

wíre clóth 漉(す)き網, ワイヤークロス «濾過・製紙用などの細かく織った金網».

W

wíre cóat «wirehair などの» 硬い針状毛の被毛.

wíre cùtter [ᵒ*pl*] ワイヤーカッター «切断具»; 針金切断作業員.

wired /wáɪərd/ *a* **1** 有線の, 配線済みの, «ネットワーク・システムなどに» 接続した; «組織・体制などに» 組み込まれた; 針金で補強した[で縛った]; 金網を張った; 盗聴器が仕掛けられた. **2** «口» «過度に» 緊張した; «薬物・酒などで» 興奮した. **3***«俗» «政界・財界で» 確固たる位置を占めている, コネ[顔]がきく; *«俗» «サーファーなどに» よく知られた; ‹指名・契約・助成金などが›特定団体に与えられることが事前に決まっている, ひも付きの; WIRED up. ● **be ～ into…***«俗» …にのめり込んでいる, 熱中している, 入れ上げている, はまっている. **～ up***«俗» 酔った, «麻薬で» 気分が高揚した, ラリった, ハイになった, ぶっとんだ; *«俗» 熱狂した; *«俗» 神経がたかぶった, ピリピリした; «口» 確実な, 確保[保証]された, 万全の, ばっちりの.

wíre·dàncer *n* 綱渡り芸人.

wíre·dàncing *n* 綱渡り «曲芸».

wíred gláss WIRE GLASS.

wíred rádio 〘ラジオ〙 有線放送 (wired wirelessᴵᴵ).

wíre·dràw *vt* ‹金属を›引き延ばして針金にする; [*fig*] ‹議論などを›無理に長くする[引っ張る], あまりにも微細に[長々と]論ずる, …の意味をゆがめる. ♦ **～·ing** *n* 線引き, 伸線加工, 針金製造(業); [*fig*] «論述・議論の» 引延ばし.

wíre·dràw·er *n* 針金を作る人.

wíre·dràwn *v* WIREDRAW の過去分詞. ► *a* 伸線加工された; 細かすぎる‹議論・区別›.

wíred wírelessᴵᴵ WIRED RADIO.

wíre èdge «刃先の» まくれ.

wíre entànglement 鉄条網.

wíre fóx térrier 〘犬〙 ワイアフォックステリア «剛毛のフォックステリア; 愛玩犬».

wíre fràud 電子的通信手段を使った詐欺行為.

wíre gàuge «針金の太さなどを測る» 針金ゲージ, ワイヤゲージ «略 WG, w.g.»; «針金の» 番手, 線番.

wíre gáuze «細線で織った目の細かい» (細目)金網.

wíre glàss «われても破片が散乱しない» 網入りガラス.

wíre gràss 〘植〙 針金状の硬い茎[葉]を有する草本: **a** コイチゴツナギ. **b** オヒシバ (yard grass). **c** ギョウギシバ (Bermuda grass).

wíre-guided *a* ‹ミサイルなどが›有線誘導の.

wíre gùn 鋼線砲 (＝*wire-wound gun*).

wíre·hàir *n* 毛の硬い犬[猫], ワイアヘアー.

wíre·hàired *a* ‹犬・猫が›硬い針金のような上毛の.

wírehaired póinting gríffon 〘犬〙 ワイアヘアードポインティンググリフォン «剛毛の鳥猟犬; 欧州産».

wírehaired térrier 〘犬〙 ワイアヘアードテリア (wire fox terrier).

wíre hòuse 〘証券〙 ワイヤーハウス «支店などとの連絡に自家専用電話[電信]回線を用いる仲買業者».

wíre làth 〘建〙 ワイヤーラス «金網の壁塗り下地».

wíre·less *a* 針金のない; 無線の, 無線電信の, 無線電話の; ᴵᴵ«やや古» ラジオの: a ～ enthusiast [fan] ラジオのファン / a ～ license ラジオ聴取許可証 / a ～ operator 無線通信士 / a ～ set 無線電信[電話]機; ラジオ受信機 / a ～ station 無電局, 無線局. ► *n* 無線, 無線電信[電話]; 無線電報; ᴵᴵ«やや古» ラジオ放送[受信], ラジオ受信機: over the ～ ラジオで«聴取する» / send a message by ～ 無線で送信する / talk [sing] on the ～ ラジオで話す[歌う]. ► *vi, vt* 無線[ラジオ]で知らせる. ♦ **～·ly** *adv*

wíreless télegraph WIRELESS TELEGRAPHY.

wíreless telégraphy 無線電信(術).

wíreless télephone 無線電話機 (radiotelephone): by ～ 無線電話で.

wíreless teléphony 無線電話(術).

wíre·lìne *n* 電話線, 電信線; 〘石油〙 ワイヤーライン «**1)** 抗井内で工具などを上下させるためのケーブル **2)** 抗井内の測定装置と地上の指示計器・記録計器を接続するケーブル»; 〘紙〙 ワイヤーライン «抄紙機のワイヤーまたは dandy roll によって紙に残るマーク».

wíre·man /-mən/ *n* 電線工夫; 電気配線工[技師]; 通信社の記者; *«口» 電話[電信]盗聴の専門家.

wíre màttress 枠に針金を張ったもの «ベッドに用いて, その上にキャンバスなどのマットレスを載せる».

wíre nàil 丸釘 «針金を切って作る».

wíre nètting 金網 «wire cloth や wire gauze より目が粗いもの».

wíre·phòto *n* ワイヤフォト «有線電送写真». ► *vt* ワイヤフォトで送る. [商標]

wíre-pùll *vt, vi* 陰で糸を引く[策動する], 裏工作をはたらく[で進める].

wíre-pùll·er *n* 針金[電線など]を引く人[もの]; あやつり人形師; «口» 陰で糸を引く者, 黒幕 «人».

wíre-pùll·ing *n* 針金[電線など]を引くこと; «口» 裏面の策動, 裏工作.

wíre pùzzle 知恵の輪.

wír·er /wáɪərər/ *n* 針金を巻く人; WIREMAN; 金網わなで獲物を捕る人.

wíre-recòrd *vt* 針金磁気録音する.

wíre recòrder 針金磁気録音機, ワイヤレコーダー.

wíre recòrding 針金磁気録音.

wíre repòrt «通信社からの» 配信記事[ニュース].

wíre ròom 〘競馬〙 ノミ屋 «合法的な組織に見せかけた, 賭けの周旋屋の事務所».

wíre rópe 鋼索, ワイヤロープ.

wíre·scàpe *n* «景観をそこねる» 目ざわりな電線.

wíre sèrvice* 通信社.

wíre sìde 〘紙〙 ワイヤーサイド «抄紙機のすき網に接する面で, 通例機械すき紙では裏; opp. *felt side*».

wíre·smìth *n* «特に 旧来の方法で金属片から針金を打ち出す» 針金師.

wíre·spùn *a* WIREDRAWN.

wíre-stìtched *a* 〘製本〙 針金綴じの.

wíre strìpper ワイヤーストリッパー «電線の被覆をはぎ取る器具».

wíre·tàp *vi, vt* 電話[電信]盗聴をする, 通信を傍受する; ‹電話など›に盗聴器を仕掛ける. ► *n* 電話[電信]盗聴(装置), 通信傍受(装置). ► *a* 電話[電信]盗聴の[による]. ♦ **wíre·tàpping** *n, a*

wíre·tàpper *n* 電話[電信]の盗聴者, 通信傍受者; «賭け事などの» 盗聴情報屋.

wíre-to-wíre *a**«口» スタートからゴールまでの.

wíre trànsfer 電信送金[振込], 電信為替 (cable transfer*, telegraphic transferᴵᴵ).

wíre-wàlk·er *n* 綱渡り芸人.

wíre-wàlk·ing *n* 綱渡り «曲芸».

wíre·wày *n* 〘電〙 電線管.

wíre whèel 鋼線車輪 «**1)** 金属研磨用の回転式針金ブラシ **2)** スポーツカーなどに用いられるスポーク付きの車輪».

wíre wóolᴵᴵ スティールウール «食器などをみがく».

wíre·wòrk *n* 針金細工; 金網(細工); 針金上の綱渡り; [～s, ᵒ‹*sg*›] 針金(細工)工場.

wíre·wòrk·er *n* 針金細工師; «口» WIRE-PULLER.

wíre·wòrm *n* 〘昆〙 コメツキムシの幼虫; 〘動〙 ヤスデ «など»; 〘動〙 ネンテンイチュウ (捻転胃虫) (stomach worm).

wíre-wòund gún /-wàʊnd-/ WIRE GUN.

wíre-wòve *a* ‹紙が›網目漉(す)きの; 金網製の.

wír·ing /wáɪərɪŋ/ *n* 針金を張ること; 架線[配線](工事); 布線; 配線系統; 工事用電線; 〘外科・剝製〙 針金接合: brain ～ 脳配線 «行動型などに影響する脳神経のメカニズム».

wir·ra /wírə/ *int* «アイル» ああ! «悲嘆・憂慮の発声».

wir·rah /wírə/ *n* 〘魚〙 豪州産のスズキ科の海産魚 «緑がかった褐色に青黒い斑点がある». [(Austral)]

wiry /wáɪəri/ *a* 針金製の; 針金状の, 針金のような形と柔軟性をもった; しなやかで丈夫な; 金属線の震音に似た‹音・声›; ‹再生音が›金属性の; 筋張った, 屈強な, 筋金入りの‹人・体›; *«学生俗» 策のある (artful). ♦ **wír·i·ly** *adv* 針金状に; 筋張って. **wír·i·ness** *n*

wis /wís/ *v* «古» KNOW «次の挿入句で用いる»: I ～ わたしはよく知っている(が). [*iwis*; cf. WIT]

Wis., Wisc. Wisconsin.

Wis·con·sin /wɪskánsən/ **1** ウィスコンシン《米国中北部の州; ☆Madison; 略 Wis(c)., WI》. **2** [the] ウィスコンシン川《Wisconsin 州中部および南西部を流れて Mississippi 川に注ぐ》. **3**〘地質〙ウィスコンシン氷期《北米における更新世の第 4 氷期》. ♦ **～·ite** *n*

Wisd.〘聖〙°Wisdom (of Solomon).

Wis·den /wízdən/『ウィズデン』《英国のクリケット年鑑; 1864 年クリケット選手の John Wisden (1826–84) が始めたもので, 正しくは *Wisden Cricketers' Almanack*》.

wis·dom /wízdəm/ *n* **1** 賢いこと, 賢明《SAGACIOUS *a*》; 知恵, 分別, 見識; 通念; 学問, 知識; 賢明な態度[行動]: words [pearls] of ～ 賢明な教え, 名言 / the fount of all ～ あらゆる知識の源泉, 知恵袋 / conventional [received, traditional] ～ 旧来の常識, 一般人の通念. **2**《古》金言, 名言; [°W-] 知恵《古代エジプト・バビロニアの哲学的処世訓》, WISDOM LITERATURE; [the W-]〘聖〙WISDOM OF SOLOMON: pour forth ～ 賢いことばをたてつづけに吐く. **3** [°W-]《古》知者, 賢人: the best ～s of our nation わが国最高の賢人たち. ● **in sb's (infinite) ～** [*iron*] 人の(余人には測りがたい)知恵で, まったく賢明にも. [OE *wīsdōm* (WISE[1], *-dom*); cf. G *Weistum*]

Wísdom lìterature 知恵文学《**1**) 古代エジプト・バビロニアの処世訓的書 **2**) 旧約中の「ヨブ記」「箴言」「伝道の書」, 経外典の「ソロモンの知恵」「集会の書」, 新約中の「ヤコブの手紙」の総称》.

Wísdom of Jésus, Són of Sí·rach /-sáɪræk/ [the]〘聖書外典〙シラクの子イエスの知恵 (ECCLESIASTICUS).

Wísdom of Sólomon [the]〘聖〙ソロモンの知恵《旧約聖書外典の一書で, 知恵文学に属する; カトリックでは正典》.

wísdom tòoth 知恵歯, 親知らず (third molar). ● **cut one's wisdom teeth** 知恵歯が生える; 分別がつく年ごろになる.

wise[1] /wáɪz/ *a* **1** 賢い; 思慮[分別]のある; 博学な, 博識の, 詳しい, 通じて 〈*in*〉; 抜け目のない, 鋭い;《古》秘法に通じた. **2** 賢そうな, 知者らしい;《口》知って[わかって](いる), いやに物のわかった, 内情に通じている; *《俗》偉そうな, 生意気な: a ～ decision 賢明な決断 / Who will be the *wiser?* だれに知れるものか / with a ～ shake of the head 物知り顔に頭を振って / look ～ (偉そうに)すましこむ. ● **be [get] ～ (to [on]...)**《口》(...に)気づいている[気づく], (...を)知っている[知る]; *《俗》きいたふうな口をきく, 偉そうな態度をとる; *《俗》get NEXT to...: *Get* ～ with your*self*.《口》頭を使え, しっかりしろ. CRACK ～. **none the [not much, no] wiser＝no wiser than [as ～ as] before＝as ～ as one went** あいかわらずわからずに: I was *none the wiser* for his explanation. 説明を聞いてもやはりわからなかった. **put [set] sb ～ (to [on]...)**《口》人に(...を)すっかり知らせる[教えてやる], 注意する. **～ after the** EVENT. **without anyone's being the wiser** だれにも気づかれずに. ► *vt* *《口》...に教える, 知らせる, 気づかせる 〈*up*〉. ► *vi* *《口》気づく, わかる 〈*up* (*to*)〉. ● **～ off**《俗》皮肉[いやみ]を言う 〈*at*〉. ♦ **～·ly** *adv* 賢明に(も); 抜け目なく. **～·ness** *n* 賢明さ; 抜け目なさ. [OE *wīs*; cf. WIT, G *weise*]

wise[2] *n*《古》方法 (way): in any ～ どうしても / in like ～ 同じように / (in) no ～ 決して...ない / in some ～ どうにか; どこか / on this ～ かように. [OE *wise*; GUISE と二重語; cf. G *Weise*]

wise[3]《スコ・北イング》*vt* 導く; 忠告[説得]する; 指図に従わせる; ...の向きを変える. [OE *wīsian* to direct]

Wise ワイズ (**1**) **Ernie** ～ ⇨ MORECAMBE AND WISE (**2**) **Stephen Samuel** ～ (1874–1949)《ハンガリー生まれの米国のラビ・ユダヤ人指導者》(**3**) **T(homas) J(ames)** ～ (1859–1937)《英国の古書収集家・偽造者; 古書偽造発覚が醜聞 (1934) となった》.

-wise /wàɪz/ *adv comb form* 名詞・副詞に付けて「...の様式[方法]で」「...の位置[方向]に」「...に関して」: clock*wise*, crab*wise*, cross*wise*, tax*wise*, profit*wise*. [*wise*[2]]

wise·acre /wáɪzèɪkər/ *n* 知者[賢人]ぶる人, WISENHEIMER; [°*iron*, *derog*] 学者. [MDu *wijsseggher* soothsayer; 語形は wise[1], sayer, acre に同化]

wíse àpple *《俗》知ったふうなやつ, 生意気なやつ (wise guy).

wíse·àss *《俗》*n* 利口ぶるやつ, 思い上がったやつ (smart aleck): Nobody loves a ～. 利口者はいやがられるよ《相手が痛にさわるようなことを言ったときの返答》. ► *a* *《俗》生意気な, 偉そうな, こざかしい, いやみな (＝**wíse-àssed**).

wíse·cràck *n*《口》辛辣な[気のきいた]せりふ, 警句, 冗談, 皮肉. ► *vi* 警句を吐く. ► *vt* 一言警句として言う. ♦ **～·er** *n*

wísed-úp *a* 賢明な, 博識の, 事情通の.

wíse gùy《口》知ったふうなやつ, 生意気な[こざかしい]やつ, '利口者'; *《俗》内情を知る者, 事情通; *《俗》その筋の者, ギャング《一員》.

wíse hòmbre *《俗》内情を知っている者, 通(つう) (wise guy).

wíse·ling *n* WISEACRE.

wíse màn 賢人,《特に聖書時代のパレスティナの》知者, 知恵ある者;《古》魔法使い. ■ the **Thrée Wíse Mén**＝the (three) MAGI.

Wise·man /wáɪzmən/ ワイズマン **Nicholas (Patrick Stephen)** ～ (1802–65)《英国のカトリック聖職者・著述家; 司教制度復活により初代 Westminster 大司教兼枢機卿 (1850–65)》.

Wíse Mén of the Éast [the] 東方の三博士 (the MAGI).

wis·en·hei·mer, weis·en- /wáɪz(ə)nhàɪmər/ *n* *《口》知ったふうなやつ, 偉そうなやつ (wiseacre). [*wise*[1], G *-enheimer* (家族名結尾)]

wi·sent /víːz(ə)nt, -zɛ̀nt; wíːz(ə)nt/ *n*〘動〙ヨーロッパバイソン[ヤギュウ] (＝*European bison, aurochs*). [G]

wíse sáw 金言.

wíse·wòman *n* 女魔法使い, 女占い師, 魔女; 産婆.

wish /wíʃ/ *vt* **1** 願う (desire), ...でありたい; 望む, 欲する, ...したい, 求める. [構文] **a** [*that*-clause を伴う, ただし 通例 that は省略される]: I ～ I were [《口》was] a bird! 鳥だったらいいのになあ《実現しがたい願望》/ ～ you were here あなたが今ここにいらしたら!《旅先から知人に送る絵はがきに記す挨拶》/ I ～ I had bought it. 買っておけばよかったなあ / I ～ you would do so. そうしてくださるよう願います / It is to be ～*ed that*...でありたい / I ～ it may not prove true. 本当だということにならなければよいのだが《どうもなりそうだ》. **b** [不定詞を伴って]: I ～ *to* see you. お目にかかりたい / I ～ you *to* do it. きみにそれをしてもらいたい. **c** [目的補語を伴って]: ～...away ...がなくなる[いなくなる]ようにと願う, [°*neg*] 念じて...をなくす[いなくする] / ～ one*self* home [dead] 自宅にいられたら[死んでしまえたら]よいと思う / ～ sb further [at the devil]《俗》やつめ地獄へでも行きやがれと思う / I ～ that *forgotten*. それは忘れてもらいたい. ★ 単一の目的語として名詞を伴う構文はまれ: They say they ～ peace [an interview]. **2 a** [二重目的語を伴って] ...を祈る; 〈人に祝詞などを〉述べる: I ～ you a happy New Year. 新年おめでとう / I ～ you success [good luck]. ご成功[幸運]を祈ります / I ～ you joy. おめでとう / I ～ him joy of it. [*iron*] やつにろくなことはあるまい (cf. JOY 成句) / He ～*ed* me goodbye [farewell]. わたしに別れを告げた / I'll ～ you (a) good morning. じゃごきげんよう《いやな人を追い払ったり, いやな人のそばから立ち去るときに用いる皮肉なきまり文句;「おはよう」の意味では普通は用いない》. **b** ...が...であれかしと思う, ...ならんことを祈る: He ～*es* me well. わたしのためを思ってくれる / He ～*es* nobody ill. だれにもあしかれと思わない / He ～*es well* to all men. みんなによかれと思っている. **3** 〈人に〉...を押しつける, 〈人を〉...で苦しめる 〈*upon*, *on* (*to*)〉: They ～*ed* a hard job *upon* me. わたしにつらい仕事を押しつけた / It's a terrible disease. I *wouldn't* ～ it *on* my worst enemy. 恐ろしい病気で, 最もいやな敵にさえかかってもらいたくないほどだ. ► *vi* 望む, 欲する 〈*for*, *after*〉; 祈る, 願う 〈*for*〉, ...であれかしと思う, ...ならんことを祈る; 〈...に〉願いをかける 〈*on*〉: ～ *for* a glass of cold water 冷たい水を一杯飲みたい / The weather is all one could ～ *for*. 天気は申し分ない / ～ *on* a star 星に祈る[願(がん)をかける]. ● **Be careful what you ～ for (, it might just happen [you may just get it])**. 願いごとは慎重にして(, かなってもいいことになるとはかぎらないから). **couldn't ～ for more [better, etc.]** これ以上は望みようがない, 最高だ: We *couldn't* ～ *for better* weather. 天気は申し分ない (cf. *vi*). **(Don't) you ～!**《口》そうなればいいと思っているんだね(そうはいくもんか), それを願ってるんだろう, 図星だろう! **I ～ I had a pound [quid, shilling, dollar] for every....** なんてたくさん...があるんだろう, 実によく...が起こるなあ. **～...off on sb** いやなこと[欠陥商品など]を人に押しつける (cf. *vt* 3).

► *n* 願い(ごと), 願望, 希望; 要請, 請い; 祈願, 祈り; 望みのもの, 希望の点: The ～ is FATHER to the thought. / Your ～ is my command. [*joc*] 何なりとお申し付けください, 仰せのとおりにいたしますです / Please send her my best [kindest] ～*es*. 彼女によろしくお伝えください / make a ～ 願いごとをする / grant sb's ～ 人の願いを聞き入れる / carry out [attend to] sb's ～*es* 人の希望に添う / good [best] ～*es* 幸福を祈る気持, 好意; ごきげんよう, お元気で《手紙の結びなど》/ to one's ～ 望みどおりに / according to [against] sb's ～*es* 人の望みに従って[反して] / with every good ～ 心からの好意をもって / If ～*es* were horses, beggars would [might] ride.《諺》望んで馬が手に入るなら乞食が馬に乗る《望むだけなら何でもできる》.

[OE *wȳscan*; cf. WEEN, WONT, G *wünschen*]

wisha /wíʃə/《アイル》*int*《強意・驚き》ほんとに, とっても; ああ. [IrGael *ō* oh＋*muise* indeed]

wísh·bòne *n*《鳥の胸の》叉骨 (＝*wishing bone*); 叉骨に似たもの;〘海〙ウィッシュボーン《ブームの一種; マストから帆をはさんで両側に腕が伸び, 後部で腕が出会うところに帆耳を留めるようになっている》; ウィッシュボーン《自動車の懸架装置の一形態》;《電柱の》腕木;〘アメフト〙ウィッシュボーン (＝～ **T** /–́– tíː/)《T フォーメーションの変形で, ハーフバックがフルバックより後方にラインアップする》. [2 人で叉骨の先を持って引き裂いたとき, 長い方を得た人の願いがかなえられるとの言い伝えから]

wísh bòok *《俗》通信販売のカタログ, 通販カタログ.

wíshed-fòr *a* 望んでいた, 望みどおりの.

wísh·er *n* 希望者, 願う人: a well-～ 好意をもって(くれて)いる人.

wísh·ful *a* 切望している 〈*to do*, *for*〉; ものほしげな; 現実よりもむしろ願望に基づいた. ♦ **～·ly** *adv* **～·ness** *n*

wish fulfíllment〘精神分析〙願望実現[充足].

wishful thínking 希望的観測[解釈], 甘い考え;〘精神分析〙願望的思考; WISH FULFILLMENT. ♦ **wishful thínker** *n*

wísh·ing *a* 願望成就の力をもつとされる;《古》WISHFUL.

wíshing bòne《鳥の》叉骨 (wishbone).

wíshing càp 《おとぎ話の》かぶると願い事のかなう帽子.
wíshing wèll コインを投げ込むと願い事をかなえてくれるという井戸[泉].
wish lìst 欲しい[おねだりしたい]もののリスト (=*want list*).
wísh-wàsh *n* 水っぽい飲料; 気の抜けた[くだらない]話[文]. ［加重＜*wash*］
wishy-washy /wíʃiwàʃi/ *a* 《口》〈スープ・紅茶など〉薄い, 水っぽい; 〈性格・表情・文章など〉煮えきらない, 平板な, つまらない, 気の抜けた. ♦ **-wàsh·i·ness** *n* ［加重＜*washy*］
Wís·kott-Ál·drich sỳndrome /wískɑtɔ́:ldrɪtʃ-/ 〘医〙ウィスコット-アルドリッチ症候群《慢性湿疹, 白血球・血小板減少症などを伴う遺伝病》. ［Alfred *Wiskott* (1898–1978) ドイツの小児科医, Robert A. *Aldrich* (1917–98) 米国の小児科医］
Wisła ⇨ VISTULA.
Wis·la·ny Za·lew /vɪʃlá:ni zá:lɛf/ ヴィスラーニ湾《VISTULA LAGOON のポーランド語名》.
Wis·mar /wízmà:r, *G* vísmar/ ヴィスマル《ドイツ北部 Mecklenburg-West Pomerania 州の市; バルト海の入江に臨む港町》.
wisp /wísp/ *n* **1** 《乾草・わら・小枝・頭髪などの》ひと握りの束, 小束. **2 a** 《布きれなどの》細長い断片, はしきれ; 〈タバコの煙・かすみなどの〉ひと条(すじ) 〈*of* smoke〉. **b** 小さくてほっそりした人[もの]. **c** かすかな表情《瞬間的な微笑や渋面など》. **3** 《シギなどの》群れ. **4** ᴴ《馬をこする》わら[乾草]の束, ᴴ《たいまつ・たきつけ用の》ねじったわら束; 《詩》きつね火, 鬼火 (will-o'-the-wisp). **5** WHISK BROOM. ► *vt* 縒(よ)って[ねじって]束にする; ᴴ〈馬を〉わら[乾草]の小束でこする; 〈タバコの煙などを〉ひとすじ立ち昇らせる; かすみのようにおおう. ► *vi* 〈タバコの煙など〉細く立ち昇る; 〈頭髪など〉風になびく. ♦ **~·ish** *a* ［ME *wisp, wips*＜?; cf. WIPE］
wispy *a* 小さく無造作に束ねた; ほっそりとして弱々しい〈草など〉, かぼそい; かすかな, わずかの, まばらな〈髪など〉; かすみのような, 星雲状の. ♦ **wisp·i·ly** *adv* **-i·ness** *n*
Wis·sen·schaft /*G* vísnʃaft/ *n* 学, 学問, 科学.
wist /wíst/ *v* 《古》WIT の過去・過去分詞: He ~ not.=He did not know.
wis·tar·ia /wɪstíəriə, -tέr-; -tέər-/ *n* WISTERIA.
Wis·ter /wístər/ ウィスター **Owen** ~ (1860–1938)《米国の小説家; *The Virginian* (1902)》.
wis·te·ria /wɪstíəriə/ *n* 〘植〙フジ《マメ科フジ属 (*W*-) の植物》; フジの花. ［Caspar *Wister* (1761–1818) 米国の医師］
wist·ful /wístfəl/ *a* 《手の届かないもの・過ぎ去ったことなどを》思いこがれた, せつない, 《哀しく》残念そうな; 思いに沈む, 憂愁の, 哀愁をおびた. ♦ **~·ly** *adv* **~·ness** *n* ［? *wistly* (obs) intently＋*wistful*］
wit /wít/ *n* **1 a** 機知, ウィット, 頓知, 気転, 才覚; [°*pl*] 分別; [°*pl*] 知, 理知, 理解力 (understanding); 《古》理性, 知性; 《廃》心, 記憶: a biting [caustic] ~ 辛らつな冗談 / sparkle with ~ 機知にあふれている / ~ and wisdom 機知と思慮《話し手・書き手に求められる資質》/ have quick [slow] ~*s* 才知が鋭い[鈍い], 気転がきく[きかない] / have the ~ to…する才覚[分別]がある / the five ~*s* 《古》五感; 心(のはたらき). **b** 《特に ひやかしの意味で》機知に富む話[文章]. **2** 才人, 才子; ちゃかし[おちょくり]屋; 《古》知者, 賢者. ● **at one's ~'s [~s'] end** 思案に暮れて; 資金が欠乏して. **collect [gather] one's ~s** 気を落ちつかせる, 心を鎮める. **frighten [scare] the ~s out of** sb 人を震えあがらせる (cf. *out of* one's WITS). **get ~ of…** 《スコ・北イング》…について(聞き)知る. **have [keep, get] one's ~s about** one 抜け目がない, 油断なく気を配る; 落ちついている. **in one's (right) ~s** 正気で. **live by [on] one's ~s** 小才をはたらかせて[やりくりで]どうにか暮らす; 巧妙に一時しのぎする. MEASURE **one's ~s. out of one's ~s** 正気を失って; 度を失って: frighten [scare] sb *out of* his ~*s* 震え[縮み]あがらせる. ► *vt, vi* 《古》(*pres* I [he] **wot** /wát/, thou **wót·(t)est** /wátəst/; *p, pp* **wist**; *infinitive* **wit**; *pres participle* **wít·ting**) 知る, (よく)知っている (know): he [she, it] *wot* or *wot(t)eth* / we [ye, they] *wite* or *witen*. ● **God wot.**=《古》God KNOWS. **to ~** 〘主に法〙[*joc*] すなわち.
［OE (n) (*ge*)*wit*(*t*), (v) *witan*; cf. G *Witz, wissen*, L *video* to see］
wit·an /wít(ə)n/ 〘英史〙*n pl* WITENAGEMOT の議員; [〈*sg*〉] WITENAGEMOT. ［OE (pl)＜*wita* sage[1]］
wit·blits /vítblɪ̀ts/ *n* 《南ア》カーッとくるきつい密造酒. ［Afrik=white lightning］
witch /wítʃ/ *n* **1 a** 女魔法使い, 魔女 (cf. WIZARD); 巫女(みこ); 醜い[意地悪な]老女 (hag), 鬼ばば; 《口》魅惑する女, 妖婦; *《俗》若い女; 魔術[妖術]崇拝者; 《方》魔法使い (wizard)《男》: WHITE WITCH. **b** 占い棒で水脈[鉱脈]を占う人 (dowser). **2** 〘魚〙タイセイヨウヒレグロ (=~ flounder)《北大西洋産の黒褐色のカレイ科の食用魚》. **3** 〘数〙WITCH OF AGNESI. ● **(as) cold as ~'s tit** 《俗》ひどく冷たくて[寒くて]. ► *vt* 魔法にかける (bewitch); 魔法で変える, 迷わして…させる 〈*into, to*〉; 魅了する. ► *vi* DOWSE[3]. ♦ **~·lìke** *a* ［OE *wicca* (masc), *wicce* (fem) (*wiccian* to bewitch)］
witch- ⇨ WYCH-.
wítch bàll 〘英史〙《窓につるす》魔女除けのガラス球《後には種々の装飾的な目的にも用いられた》.
wítch bròom WITCHES'-BROOM.
wítch·cràft *n* 魔法, 妖術, 呪術; 魅力, 魔力; WICCA.
wítch dòctor 《未開社会の》呪医, まじない師, 祈禱師 (=*witchman*); 《俗》内科医, 精神科医.
wítch èlm 〘植〙WYCH ELM.
wítch·ery *n* 妖術, 魔法; 魔力, 魅力; [*pl*] 魔法の顕現.
wítch·es' brèw [bròth] 《魔女の》秘薬; 恐るべき混乱(状態).
wítch·es'-bròom, -bèsom *n* 〘植〙叢生, 天狗巣(てんぐす) (=*hexenbesen, staghead*)《菌類・ウイルスなどにより植物に異常に多くの小枝が直立・密生してほうき状をなしたもの》: ~ disease 天狗巣病.
wítch·es'-bùtter *n* 〘植〙シロキクラゲ目の一部の膠質(こうしつ)菌, 《特に》ヒメキクラゲ.
wítches' cradle ⇨ WITCH'S CRADLE.
wítches' sábbath [°W- S-] SABBAT.
witch·et·ty (grùb) /wítʃəti(-)/ 〘昆〙オオボクトウの幼虫《オーストラリア先住民が好んで食べる》.
wítch flòunder 〘魚〙WITCH.
wítch·gràss *n* 〘植〙**a** COUCH GRASS. **b** ハナクサキビ《北米原産イネ科キビ属の草本; 雑草》.
wítch hàzel 〘植〙マンサク属の高木[低木], 《特に》アメリカマンサク; アメリカマンサクの樹皮と葉から採る流動エキス《打ち身・打ち傷用, また収斂剤》.
wítch-hùnt *n* 魔女狩り; 魔女狩り的な迫害《政治的異端分子などに対する不当な迫害》. ♦ **~·er** *n* ♦ **~·ing** *n, a*
wítch·ing *n* 魔法[呪術]行使; 魅了. ► *a* 魔法[呪術](上)の; 魔法を使うのにふさわしい; 妖霊が出そうな; 魔力のある, 魅惑的な: the ~ hour=the ~ time of night 夜半, 丑(うし)三つ時 (Shak., *Hamlet* 3.2.406). ♦ **~·ly** *adv*
wítch lìght SAINT ELMO'S FIRE.
wítch·man /-mən/ *n* WITCH DOCTOR.
wítch·mèal *n* 〘植〙CLUB MOSS の胞子.
wítch mòth 〘昆〙ヤガ科の各種のガ, 《特に》オドラジゴクオオヤガ《そのあるものは大型で羽が美しい》.
wítch of Agné·si /-ɑ:njéɪzi/ 〘数〙迂弛(うし)線, アーネシーのウィッチ《直交座標で $x^2y=4a^2(2a-y)$ なる曲線》. ［M. G. *Agnesi*］
wítch's brèw WITCHES' BREW.
wítch's [wítches'] cràdle 魔女の揺りかご《超心理学の実験で被験者を載せる金属製の台[箱]; 光と音を遮断した部屋で床からそれを少し浮上させて種々の意識状態 (ALTERED STATE OF CONSCIOUSNESS) を体験させる》.
wítch·wèed *n* 〘植〙ゴマノハグサ科 *Striga* 属の数種の半寄生有害植物《モロコシ・トウモロコシなどの根に寄生する; 米国南東部で被害のある旧世界熱帯原産の一種を含む》.
wítchy *a* 魔女の(ような), 魔女的な; 魔法[呪術]による[を思わせる].
wite /wáɪt/ *n* 〘古英法〙罰金, 特権授与料, 罰金免除; 《スコ》過失[不幸なできごと]に対する責任; 《スコ》非難. ► *vt* 《スコ》責める, 非難する. ［OE *witan* to blame］
wit·e·na·ge·mot(e) /wít(ə)nəgəmòʊt, ⸗⸗⸗⸗⸗/ *n* 〘英史〙《アングロサクソン時代, 行政や立法に関して国王に助言した》賢人会議. ［OE (*witena* of wise men, *gemōt* meeting)］
Wite-Out /wáɪtàʊt/ 〘商標〙ワイトアウト《米国製の文字修正液・修正テープ[ペン]など》.
with /wíð, wíθ, wəð, wəθ/ *prep* **1 a** [同伴・同居・仲間など] …と(共に), …といっしょに, …の一員として: live [stay] ~…と共に暮らす, …の家に滞在する / fight ~ him against the enemy 彼と共に敵と戦う (cf. 4c) / played football ~ the Australian national team / He has been ~ the firm for fifteen years. その会社に 15 年勤めている / (I'll) be right ~ you. すぐにうかがいます《店員などが客を待たせるときの表現》. **b** [同意・協調・支持など] …に対して, …に賛成[味方]して; …を理解して: sympathize ~ sb 人に同情する / vote ~ the Liberals 自由党に投票する / agree [be] ~ you きみと同意見だ / He is one ~ us. 彼はわれわれと同意見である / Are you ~ me or against me? きみはわたしに賛成か反対か / Are you ~ me? わたしの話がわかりますか. **c** [一致・調和・符合・共同・連合・連結など]: accord ~…と一致する / in common ~…と共通に / ~ the wind 風の吹くまま / ~ the grain 木目に逆らわないで. **d** [付加・包含] …に加えて, …の中に; …を含めて: be numbered ~ the transgressors 犯人の中に数えられる / thirty dollars ~ the postage. **e** [混合・混同]: mingle ~…と混合する / wine mixed ~ water 水で割ったワイン. **2** [所持・所有] **a** …をもって, …を有する: a man ~ a red nose 赤鼻の人. **b** [譲歩; °~ all] …がありながら, …にもかかわらず: *W~ all* her beauty, she was not proud. あれほど美人でありながら鼻にかけなかった. **c** …の身に着けて, 持ち合わせて, 保管して; …の手に帰して: I have no money ~ me. 金の持合わせがない / I will leave my money ~ you. わたしの金はきみに委託しよう / It rests ~ you to decide. 決定権はきみの手中にある. **3 a** [器具・手段・材料] …で, …を用いて: stir ~ a spoon スプーンでかきまぜる / be covered ~ snow 雪でおおわれている / fill a glass ~ water コップに水を満たす / I have

no money to buy (～). 買う金がない / toys to play (～) 遊ぶおもちゃ. ★ あとの 2 例の with は 特に 米口語で省略されることがある. **b** [原因] …のせいで, …のゆえに, …のために: shiver ～ fear こわくて震える. **4 a** [交渉・取引・処置など]: have dealings ～…と取引関係がある / have done ～… ⇨ DO[1] (成句) / have nothing to DO[1] ～ (成句) / trifle ～…をもてあそぶ. **b** [出会い・接触・隣接] …と接して; …のわきに: be in touch ～…と接触している / meet ～…と出会う / stand ～ …のかたわらに立つ (cf. 6) / our frontier ～ Mexico メキシコに接するわが国の国境地帯. **c** [敵対] …を相手に, …と: argue [quarrel] ～ a friend 友と議論[口げんか]する / fight ～ the enemy 敵と戦う. **d** [分離] …と(離れて): part ～ 〈物〉を手放す / differ ～ sb 人と意見が相違する. **5 a** [同時・同様・同程度]: contemporary ～…と同時代の / rise ～ the sun 太陽と同時に起きる / He can pitch ～ the best. だれにも負けない投球ができる. **b** [比較・比例]: compare ～…と比較する / The temperature varies ～ the height. **6** [関連・関係] …について, 対して; …にあっては; …にとっては, …の見るところでは: be angry ～…に対して怒る / to be frank ～ you 打ち明けて言えば / have no influence ～ him 彼に対して影響力をもたない / He stands well ～ his classmates. 同級生にうけがよい (cf. 4b) / What do you want ～ me? わたしに何のご用ですか / What is the matter ～ you? どうかしたのですか / It is usual ～ the French. フランス人にはそれが普通だ / How are you getting along ～ your work? お仕事のほうはいかがですか / Such is the case ～ me. わたしの方はこういう事情です. **7** [様態: 次に続く名詞(句)と共に副詞句となる]: ～ ease やすやすと, 楽々と / ～ difficulty やっと / greet sb ～ smiles 微笑しながら挨拶する / hear ～ calmness 落ちついて聞く / work ～ energy 元気よく働く / ～ emotion 感動して. **8** [付帯事情を示す句を導いて] …して, …したまま: walk ～ a stick in one's hand ステッキを持って歩く / sit ～ one's back against the wall 壁にもたれてすわる / Don't speak ～ your mouth full. 口いっぱい食べ物を含んだまま話をするものではない / What a lonely world it will be ～ you away. あなたがいなくてはどんなに寂しい世の中となることでしょう / *W*～ night coming on, we started for home. 夜になってきたので帰途についた. **9** [副詞(句)を伴って命令・許可]: Away ～ him! 連れて行け / DOWN[1] ～….
● **～ it** «口» そのうえ, おまけに; «口» 注意深い, 機敏な, ぼさっとしていない; «口» 《服装・考え方などが》現代的で, 進んでいる (cf. WITH-IT); «俗» 感興を得て; *«俗» カーニバル[サーカス]に正規に関係して[雇われて]: GET[1] ～ *it*. **～ that [this]** それ[これ]によって, そう[こう]言って, そう[こう]して, そこ[ここ]で: *W*～ *that* he went away. そう言って[それと同時に]立ち去った. ► *a**«俗» 〈食べ物が〉普通いっしょに出されるものがすべて付いて.
[ME=against, from, with＜OE; OE *wither* against, G *wider* などと同語源; 原義は WITHDRAW, WITHSTAND などに残る, 'together with' の意は *mid* (G *mit*) に取って代わったもの]

with·al /wɪðɔ́ːl, wɪθ-/ «古» *adv* そのうえ; THEREWITH; 他方; それにもかかわらず. ► *prep* WITH: What shall he fill his belly ～? 何をもってか空腹を満たすべき. [ME (WITH, ALL)]

with·draw /wɪðdrɔ́ː, wɪθ-/ *vt* **1** 〈手などを〉引っ込める; 《ある場所から》引き抜く, 抜き取る 〈*from*〉; 〈学校から子供を〉退(ひ)かせる 〈*from*〉; 〈軍隊を〉引き揚げる 〈*from*〉; 〈通貨・書物などを〉回収する, 取り戻す, 〈貯金を〉おろす, 引き出す 〈*from*〉; 〈視線などを〉そらす; 〈カーテンなどを〉引く《開ける》. **2** 〈恩恵などを〉取り上げる; 〈申し出・陳述・約束・動議などを〉撤回する; 〈訴訟を〉取り下げる; …の出走[出場]を取り消す. ► *vi* **1** 引き下がる, 引っ込む, 退出する 〈*from* sb's presence〉; 〈軍隊が〉撤退[離脱]する; 《社会から》引きこもる: ～ *into* one*self* [one's shell, a world of one's own] 自分の中[殻, 世界]に引きこもる. **2** 〈会・活動などから〉抜ける, 脱退[引退]する 〈*from*〉; 退学する; 受講をやめる; 〈麻薬などの〉使用をやめる 〈*from*〉; (出走を)取り消す; 動議[発言]を取り下げる[撤回する]. ♦ **～·er** *n* **～·able** *a* [WITH=away from]

withdráw·al *n* 引っ込める[引っ込む]こと; 撤回, 取下げ, 取消し 〈*of*〉; 《預金・出資金などの》受け出し, 回収 〈*from*〉; 隠棲, 蟄居(ちっきょ); 〖精神医〗引きこもり; 《軍隊の》離脱, 撤退, 撤兵; 退学, 退会 〈*form*〉; 《薬剤の》投与[使用]中止, 離脱; WITHDRAWAL SYMPTOM; 《ペニスの膣からの》抜去, 中絶性交 (coitus interruptus).

withdráwal sỳmptom [ᵘ*pl*] 〖医〗離脱[禁断]症状 《吐き気・発汗・虚脱など》.

withdráw·ing ròom «古» DRAWING ROOM[1].

withdráw·ment *n* «まれ» WITHDRAWAL.

with·drawn /wɪðdrɔ́ːn, wɪθ-/ *v* WITHDRAW の過去分詞. ► *a* 回収された; 孤立した, 人里離れた; 内気な, 引っ込みがちな. ♦ **～·ness** *n*

with·drew /wɪðdrúː, wɪθ-/ *v* WITHDRAW の過去形.

withe /wíθ, wíð, wáɪð/ *n* (*pl* **～s** /-θs, -ðz/) 《ヤナギなどの》細枝; 《薪などを束ねる》ふじづる, ヤナギの小枝; 《衝撃をゆるめる》弾力性のある取っ手; 《煙突の》煙道の仕切り. ► *vt* ふじづるで縛る; 〈鹿を〉ふじづる製の輪縄で捕える; «古» ふじづるのようにひねる. [OE *withthe*; cf. WIRE]

with·er[1] /wíðər/ *vi* しぼむ, しおれる, 枯れる, しなびる 〈*up*〉; 〈愛情・希望が〉弱る, 萎(な)える; 活気を失う, 衰退する 〈*away*〉. ► *vt* しぼませる, しおれさせる 〈*up*〉; 枯らす; 衰えさせる, 弱らせる 〈*away*〉; 萎縮させる, ひるませる; 〈名誉を〉傷つける. ● **～ on the** VINE. [?変形＜*weather*]

wither[2‖] *n* WITHERS.

Wither ウィザー **George ～** (1588–1667) 《イングランドの詩人・パンフレット作者》.

wíth·ered *a* 〈植物が〉しぼんだ, しおれた; 〈人が〉《老齢・病気で》やせ細った, しわだらけの; [*fig*] みずみずしさを失った.

wíther·ing *a* 生気を失わせるような, 潰滅的な, 圧倒的な; 〈目つき・ことばなど〉ひるませる(ような); 乾燥[保蔵]用の. ♦ **～·ly** *adv*

with·er·ite /wíðəraɪt/ *n* 〖鉱〗毒重石 《バリウムの原鉱》. [William *Withering* (1741–99) 英国の医師・科学者]

wíthe ròd 〖植〗北米東部産のガマズミ.

with·ers /wíðərz/ *n pl* 鬐甲(きこう) 《馬などの肩甲骨間の隆起》; «古» 感情 (feelings). ● **wring sb's ～** 心配させる, 人の心を痛める: *My* ～ are *unwrung*. こちらは痛くもかゆくもない《Shak., *Hamlet* 3.2.253》. [?*widersones* (*wither* (obs) against (the collar), *-sones* ＜? SINEW)]

with·er·shins /wíðərʃɪnz, -ʃənz/ *adv* WIDDERSHINS.

with·hold /wɪðhóʊld, wɪθ-/ *v* (**-held** /-hɛ́ld/) *vt* 抑える, 制する, 差し控える; 〈承諾などを…に〉与えずにおく 〈*from*〉; 留めておく, 使わせない; 〈税金などを〉源泉徴収する, 天引きする; «古» 拘留[監禁]する. ► *vi* 慎む, 控える 〈*from*〉; 源泉徴収する. ♦ **～·er** *n* [WITH=away]

withhóld·ing tàx* 源泉徴収税(額), 源泉課税(額).

withhóld·ment *n* 抑制; 源泉徴収.

with·in /wɪðɪ́n, wɪðín, wɪθ-/ *prep* **1** …を超えずに, …の範囲内で, 以内で[の]: ～ a week 1 週間以内に《口語では in を within に代用することもある; cf. IN[1]》/ a task well ～ his power 彼の力で十分できる仕事 / ～ an easy walk of the station 駅から歩いてすぐの所に / ～ call 呼べば聞こえる所に / ～ hearing [earshot] of…から(呼べば)聞こえる所に / keep ～ bounds 制限を守る, 埒(らち)外に出ない / ～ reach of…から達しうる[手の届くほど近い]所に / ～ sight of…の見える所に. **2** …の内に, …の中に, …の内部に: call from ～ the house 家の中から呼ぶ. ● **～ oneself** 心の中に; 全力を傾けずに, 控えめに: run ～ one*self* 余裕を残して走る. ► *adv* /—⌐/ (opp. *without*) 内に, 中に, 内部は; 家の内に; 奥の部屋に; 心中に: ～ and without 内外に[から], 内(に)も外(に)も / go ～ 内にはいる / Is Mr. Jones ～? ジョーンズさんはご在宅ですか / be pure ～ 心が清らかである. ► *a* /—⌐/ 内部の. ► *n* /—⌐/ 内部: from ～ 内側から. [OE *withinnan* on the inside (WITH, IN)]

withín·dòors *adv* «古» INDOORS.

withín-nàmed *a* 本文書中で称するところの.

wíth-it *a* «口» 時代の先端を行く, 進んでる; [ᵘ*neg*] 明敏な, 頭がよく働く. ♦ **～·ness** *n*

with·out /wɪðàʊt, wɪθ-/ *prep* **1** …がなく, …なしに; 〈…されること〉なく, …を免れて 〈*being*…〉; 〈…すること〉なしに, …せずに 〈(sb's) do*ing*〉; …がなければ: a rose ～ a thorn とげのないバラ; 苦しみを伴わない歓楽 / ～ day 日限なく / ～ regard for…をかまわずに / ～ be*ing* discovered だれにも気づかれずに (=～ anyone('s) noticing) / ～ tak*ing* leave いとま乞いもせずに / ～ a single word spoken 一言も物を言わずに. **2** «古・文» …の外に[で]; [通例 within と対をなして] «古» …の範囲外で, …を超えて: ～ doors «古» 戸外で, 外に (out of doors) / things ～ you 外界の事象. ● **not [never]…～ doing** …しないで…することはない, …すればきっと…する: They *never* meet ～ quarrel*ing*. 会えば必ず争う. **～ so much as**…すらせずに. ► «古・文» *adv* /—⌐/ **1** (opp. *within*) 外は[に], 外部は[に]; うわべは, 外面は; 戸外に, 外部に (out of doors); 部屋の外に[で]: stand ～ 戸外に立つ. **2** «非標準» なしに. ● **go ～**=DO[1] ～. ► *conj* /—⌐/ «古・方» …するのでなくては (unless) 《しばしば that を伴う》: He never goes out ～ he loses his umbrella. 外出するときまって傘をなくしてくる. ► *n* /—⌐/ 外部: from ～ 外から. ► *a* /—⌐/ 資産[金, 物]を欠いた. [OE *withūtan* (WITH, OUT)]

withóut·dòors *adv* «古» 戸外で (out of doors).

with-prófit(s)‖ *a* 〈保険・投資が〉利益配当付きの.

with·stand /wɪðstǽnd, wɪθ-/ *v* (**-stood** /-stʊ́d/) *vt* 〈人・力・困難などに〉逆らう[逆らい通す], 抵抗しおおす; …によく耐える; «古» 阻止する. ► *vi* 《主に詩》抵抗する, 反抗する; 耐える. ♦ **～·er** *n* [OE (WITH=against)]

withy *n* /wíði, wíθi/ 〖植〗ヤナギ, 《特に》OSIER; 細く柔軟な小枝 (withe) 《物を縛る》; 柔らかい小枝で作った輪. ► *a* /wíði, -θi, wáɪði/ (コリ)ヤナギのような; ほっそりした; 柔軟で腰の強い; 順応性に富んだ. [*withe*]

wíthy·wìnd *n* 〖植〗BINDWEED.

wít·less *a* 機知に欠ける; 知恵[思慮]のない, 無分別な, 愚かな (foolish); 正気を失った, 気の狂った (crazy). ● SCARE sb ～. ♦ **～·ly** *adv* **～·ness** *n*

wít·ling *n* 小才子, 猪口才(ちょこざい)なやつ, こざかしいやつ.

wit·loof /wítlòʊf, -lùːf/ *n* 〖植〗チコリー (chicory) 《若葉 (endive) はサラダ用》. [Du=white leaf]

wit·ness /wítnəs/ *n* **1 a** 目撃者 〈*to, of*〉; [裁判記録などではしばしば定冠詞省略] 〖法〗証人, 証言をする者; 〖法〗《証書作成などの》証人,

W

立会人, 署名人. **b** 証拠物, あかし ‹*of, to*›; 証拠, 証言; 証明, 立証《TESTIMONIAL *a*》: give ~ on behalf of…のために証言する / in ~ of…のあかしに. **2** キリスト教信仰のあかし(を立てる人). **3** [W-] JEHOVAH's WITNESSES の会員. ● **(as) God is my ~=God be my ~.** 神が証人だが, 誓って言うが. **(as) ~…** 《文》その証拠としては…, たとえば…を見てもわかる: Novels offer nothing new—(*as*) ~ every month's review. 小説にはなんら新味がない, たとえば毎月の書評を見よ. **bear ~** ‹…の›証言をする, ‹…の›証人[証拠]となる ‹*to, of, that*›: *bear* false ~ うその証言をする. **bear** sb **~** 人の証人となる, 人の言ったことを証明する. **be (a) ~ to**…の目撃者である; …の立会人となる; …の証拠となる. **call [take]…to ~** …に証明してもらう, …を証人とする: I *call* Heaven *to* ~ that…であることの偽りなきことは天も照覧あれ. **with a ~** 明白に, 疑いもなく, 確かに. ► *vt* **1** ‹事故などを›目撃する; …に注目する; …に立ち会う; …に証人として署名する; 《古》立証[証明]する, 証言する. **2** ‹事が›示す, …の証拠となる; …の場となる: the years that ~*ed* the Industrial Revolution. **3** [*impv*]《証拠となる例を挙げて》その証拠に…を見てみてください: Child abuse is a big problem. Just ~ this figure. 児童虐待は大きな問題です. たとえばこの数字をご覧ください. ► *vi* 証明する, 証言する, 証拠となる, 立証する ‹*to* a fact›; 信仰のあかしをする《人前でみずからの信仰を述べる》: ~ *for* [*against*]…に有利な[不利な]証言をする / *W*~ Heaven! 《古》天も照覧あれ. ♦ **~·able** *a* **~·er** *n* [OE *witnes* knowledge; ⇨ WIT]

wítness-bòxʺ *n* 《法廷の》証人席.

wítness chàir 《証人席の》証人用の椅子.

wítness còrner 〘測〙目標柱《近接不能の土地の隅への引照点として建てた杭や石柱》.

wítness màrk 境界標, 水準基標《境界や測量地点の標識柱》.

wítness stànd* 《法廷の》証人席[台].

wít·ster *n* 才人, 才子.

Witt /vít/ ヴィト **Johan de ~** (1625–72)《オランダの政治家; 1653 年事実上の宰相となり, 英蘭戦争などを乗りきったが, Orange 家の William 3 世と対立, 民衆に虐殺された》.

Wit·te /vítə/ ヴィッテ (**1**) **Emanuel de ~** (1617–92)《オランダの画家》 (**2**) Count **Sergey Yulyevich ~** (1849–1915)《ロシアの政治家; 蔵相 (1892–1903); 日露戦争後 Portsmouth 条約を締結 (1905); 立憲政体のもとで最初の首相 (1905–06), 自由主義的改革を推進》.

wit·ted *a* [ᵁ*compd*] 才知[理解力]が…の: keen-~ 頭の鋭い[切れる].

Wit·te·kind /vítəkìnt/, **Wi·du·kind** /víːdə-/ ヴィドゥキント (d. 807?)《ザクセン人の指導者》.

Wit·tels·bach /*G* vítlsbax/ ヴィッテルスバハ《ドイツ Bavaria の貴族の家系; 12 世紀に Bavaria 公となり, のち選帝侯, 1806 年には王号を得た》.

Wit·ten /vítn/ ヴィッテン《ドイツ西部 North Rhine-Westphalia 州 Dortmund の南西にある Ruhr 川沿岸の工業都市》.

Wit·ten·berg /wítnbə̀ːrg; *G* vítnbɛrk/ ヴィッテンベルク《ドイツ中東部 Saxony-Anhalt 州の Elbe 川に臨む市; 1517 年 Luther が「95 箇条」を教会の扉に貼り付けて宗教改革の口火を切った町》.

wit·ter /wítər/ *vi, vt* ʺ《口》くだらないことを長々と話す ‹*on*›, くだらない話をして‹人を›煩わせる. [C20 (? imit)]

Witt·gen·stein /vítgənʃtàɪn, -stàɪn/ ヴィットゲンシュタイン **Ludwig (Josef Johann) ~** (1889–1951)《オーストリア生まれの英国の哲学者》. ♦ **Witt·gen·stéin·ian** *a*

wit·ti·cism /wítəsìz(ə)m/ *n* [ᵁ*derog*] 警句, 名言, しゃれ; 《古》あざけり, ひやかし. [*criticism* にならって *witty* より]

Wit·tig /*G* vítɪç/ ヴィティヒ **Georg ~** (1897–1987)《ドイツの化学者; 有機リンを基本にした合成反応を発見; ノーベル化学賞 (1979)》.

wít·ti·ly *adv* 頓知をきかせて, 当意即妙に; しゃれて.

wít·ti·ness *n* 機知[才知](に富むこと).

wít·ting *n* 《方》知識, 意識, 認識; 《方》情報, 消息; 《方》注意, 警告. ► 《まれ》*a* 知って, 意識して; 故意の. ♦ **~·ly** *adv* 故意に, わざと.

wit·tol /wítl/ 《古》*n* 妻の不貞を黙許する夫; 知恵の足りない人, 鈍感な人, ばか者. [ME; cf. CUCKOLD]

wít·ty *a* 頓知[機知]のある, 才気縦横の, 味な; しゃれのうまい; 《古・方》知的な, 賢明な; 《古》小器用な.

wit·wall /wítwɔ̀ːl/ *n* 《方》アオゲラ (green woodpecker).

Wit·wa·ters·rand /wítwɔ̀ːtərzrӕnd; wɪtwɔ́ːtəz-/ ヴィトヴァーテルスラント《南アフリカ共和国北東部の Johannesburg を中心とする高地; 'ridge of white waters' の意; 世界最大の産金地帯》.

wive /wáɪv/ 《古》*vi* 妻をもらう[めとる], 結婚する. ► *vt* ‹男›にめとらせる; ‹女を›妻とする; ‹男›にとつぐ; ‹娘を›とつがせる. [OE *wīfian*; ⇨ WIFE]

wivern ⇨ WYVERN.

wives *n* WIFE の複数形.

wiz /wíz/ *n* 《口》すご腕, 奇才 (wizard).

wiz·ard /wízərd/ *n* **1** 《男の》魔法使い (cf. WITCH); 奇術師 (juggler); 《口》驚くべき腕[才能]の持主, すご腕, 鬼才; 《古》聖賢 (sage): the Welsh *W*~ ウェールズの賢者《Lloyd George の異称》/ the *W*~ of the North 北方の賢者[鬼才]《Sir Walter Scott の異称》. **2** 〘電算〙ウィザード《アプリケーションの使い方を段階を追って説明するユーティリティー》. ► *a* ʺ《俗》すばらしい, 絶賛すべき; 魔法使いの(ような), 魔法の. [ME *wissard* (WISE¹, *-ard*)]

wízard·ly *a* 魔法使いの(ような); 超現実的な, 不思議な; すばらしい.

Wízard of Óz /-áz/ [The]『オズの魔法使い』(L. Frank Baum 作の児童読物 *The Wonderful Wizard of Oz* (1900) の通称; Kansas に住む女の子 Dorothy と愛犬 Toto が cyclone によって Oz の国に運ばれ, Scarecrow, Tin Woodman, Cowardly Lion と共にそれぞれの望みをかなえてもらうために Emerald City の大魔法使いを訪ねたり Wicked Witch of the West を退治したりする冒険物語; ミュージカル映画化 (1939)》.

wízard·ry *n* 魔法, 魔術; 不思議な力, 妙技, すぐれた技術.

wiz·en¹ /wíz(ə)n/ *vi* しおれる. ► *vt* しおれさせる. [OE *wisnian*]

wizen² *n* 《古》食道. [WEASAND]

wiz·en(ed) /wíz(ə)n(d)/, **wea·zen(ed)** /wíːz-/ *a* しなびた, しわくちゃな. [*wizened* (pp) ‹ WIZEN¹]

wiz·zo /wízou/ *a* WHIZZO.

wk week ♦ work. **wkly** weekly. **WKND** 《E メールなどで》weekend. **WL, w.l.** waterline.

Wła·dys·ław /vlɑːdíslɑ̀ːf, -wɑ̀ːf/ ヴワジスワフ **~ II** (c. 1351–1434)《リトアニア大公 (1377–1401), ポーランド王 (1386–1434); リトアニアとポーランドを統合し, ヤギェウォ王朝 (Jagiellon) を創始》.

WLAN wireless LAN.

Wło·cła·wek /vlɔːtslɑ́ːvèk/ ヴウォツワヴェク《ポーランド Warsaw の西北西, Vistula 川沿岸の市》.

W. long. west longitude 西経. **WLTM** would like to meet お知り合いになりたい, …を募集《交際相手募集広告の用語》.

Wm William. **WMD** °weapon(s) of mass destruction.

WML 〘電算〙Wireless Markup Language《WAP に用いるコンテンツ記述言語; HTML と互換性はない》. **WMO** °World Meteorological Organization. **WNBA** 〘米〙Women's National Basketball Association《1996 年発足》.

WNO °Welsh National Opera. **WNW** west-northwest.

wo¹ /wóu/ *int* WHOA.

wo² *n* (*pl* **wos**), *int* 《古》WOE.

w/o without. **WO** 〘英〙°War Office ♦ °Warrant Officer.

woad /wóud/ *n* 〘植〙タイセイ属の草本, 《特に》ホソバタイセイ《欧州産》; 大青(たいせい)《タイセイの葉から採る青色染料》. ► *vt* 大青で染める. [OE *wād*]

wóad·ed *a* 大青で染めた[色付けした].

woad·wax·en /wóudwӕks(ə)n/ *n* WOODWAXEN.

woald /wóuld/ *n* WELD².

wob /wáb/ *n* ʺ《俗》ひとかたまり, 一片, 一切れ, 一個.

wob·be·gong /wábɪgɑ̀ŋ/ *n* 《豪》CARPET SHARK. [(Austral)]

wob·ble, wab·ble /wáb(ə)l/ *vi* よろめく, ぐらぐらする, ゆさゆさ揺れる ‹*about, around*›; [*fig*] ‹政策・気持など›動揺する, ぐらつく; ‹声など›震える. ► *vt* よろめかせる, ぐらぐらさせる. ► *n* よろめき, ぐらつき, 揺れ; 動揺; [~s, ‹*sg*›]〘獣医〙《馬の》動揺病; 《俗》合成ヘロイン, PCP 粉末 (angel dust). ♦ **wób·bling** *a* ぐらつく, ぐらぐら[よろよろ, ゆさゆさ]する[させる]. **wób·bling·ly** *adv* [C17 *wabble* < ? LG *wab(b)eln*; cf. WAVE, WAVER¹]

wóbble bòard 《豪》曲げると特有の音を発する繊維板《楽器として用いる》.

wóbble plàte 〘機〙斜板 (SWASH PLATE).

wóbble pùmp 〘空〙補助手動燃料ポンプ.

wób·bler *n* よろめく[ぐらぐらする]人[もの], 揺れるもの; 〘釣〙《回転しないで》揺れるルアー. ● **throw a ~**=《口》**throw a** WOBBLY.

wob·bly /wábli/ *a* ぐらぐらする, 不安定な; 《口》‹人が›ふらふらした, 足取りのおぼつかない; ‹声が›震える; ‹線・手書きが›波状の, 踊っている. ► *n* [主に次の成句で]: **throw a ~** ʺ《口》かんしゃくを起こす, キレる. ♦ **wób·bli·ness** *n*

Wobbly *n* 《口》世界産業労働者組合 (IWW) の組合員.

wobegone ⇨ WOEBEGONE.

Wó·burn Ábbey /wóubərn-, wúː-/ ウォーバーンアビー《イングランド中南東部 Bedfordshire の Woburn にあるカントリーハウス; もとは修道院; 17 世紀に Bedford 公の邸宅として再建, 一般公開され, 絵画・家具の展示と鹿園(ろくえん)が有名》.

WOC /dʌ́b(ə)ljùːòusíː/ *n* DOLLAR-A-YEAR MAN. [↓]

w.o.c., WOC without compensation.

Wo·dan /wóudn/ WODEN.

Wode·house /wúdhàus/ ウッドハウス Sir **P(el·ham** /péləm/**) G(renville) ~** (1881–1975)《英国生まれの米国の作家で humorist; ⇨ JEEVES》. ♦ **Wode·hou·sian** *a*

Wo·den /wóudn/ ウォドン《アングロサクソンの主神; 北欧神話の Odin に相当》.

wodge, wadge /wɑ́dʒ/ ʺ《口》*n* 《書類などの》束; 塊り, ひと塊り (lump), ひと切れ. [*wedge*]

Wo·dzi·sław Ślą·ski /vɔːdʑíːslɑːf ʃlɔ̃ːski/ ヴォジスワフシュロン

スキ《ポーランド南部 Katowice の南西にある市》.

woe /wóu/ 《古・文》 *n* 悲哀, 悲痛, 悩み, 苦悩; [ᵁ*pl*] 災難, 災い, 苦境, 難局: a tale of ～ 悲しい身の上話, 泣きごと / (in) weal and ～ 幸いにも災いにも. ► *int* ああ! 《悲嘆・哀惜・苦悩を表わす声》: *W*～ be to…＝*W*～ betide…[º*joc*] …に災いあれ, …は災いなるかな / *W*～ to [is] me! [º*joc*] ああ悲しいかな / *W*～ WORTH² the day! [OE *wā*, *wǣ*; もと (int); cf. WAIL, G *Weh*]

woe·be·gone, wo·be- /wóubɪgɔ̀(ː)n, -gàn/ *a* 《文》 悲しげな, 憂色の; ひどい, 粗末な, なさけない; 《古》 悲しみに沈んだ. ♦ **～·ness** *n* [*begone* surrounded]

woefits ⇨ WOOFITS.

wó(e)·ful *a* 悲惨な, いたましい; 《文》 悲しい; ひどい, お粗末な. ♦ **～·ly** *adv* **～·ness** *n*

wóe·some *a* 《古》 WOEFUL.

Wof·fing·ton /wáfɪŋtən/ ウォフィントン **'Peg'** ～ [**Margaret** ～] (c. 1714–60) 《アイルランド生まれの英国の女優》.

wof·fle /wáf(ə)l/ *vi*, *n* WAFFLE².

wog¹ /wág/ ᴴ《俗》 [*derog*] *n* 色の浅黒い外国人, 《特に》 アラブ人; アラビア語. [C20 <? golli*wog*]

wog² 《豪俗》 *n* 《特に 軽い》 インフルエンザ(に類する病気); 小さな虫, バイキン (germ); [*derog*] 南欧出身者. [C20<?]

wog³ *vt* 《俗》 盗む, くすねる.

wog·gle /wág(ə)l/ *n* ボーイスカウトのネッカチーフを通す革の環, リング. [C20<?]

Wöh·ler /*G* vǿːlər/ ヴェーラー **Friedrich** ～ (1800–82) 《ドイツの化学者》.

woi·wode /wɔ́ɪwòud/ *n* VAIVODE.

wok /wák/ *n* 中華鍋. [Chin (Canton)]

woke *v* WAKE¹ の過去・過去分詞. ► *a**《黒人俗》 HIP⁵.

woken *v* WAKE¹ の過去分詞.

wók·ka bòard /wákə-/ 《豪》 WOBBLE BOARD.

wold¹ /wóuld/ *n* [ᵁ*pl*] ᴴ《広々とした不毛の》 高原; [(the) W-s] ウォルズ《イングランド北東部沿岸地帯に Humber 川をはさんで広がる白亜層台地》; 《廃》 森, 木の茂った高地[台地]. [OE *wald* forest; cf. WILD, G *Wald*]

wold² *n* 《植》 WELD².

wolf /wúlf/ *n* (*pl* **wolves** /wúlvz/) **1 a** 《動》 オオカミ (LUPINE² *a*); オオカミの毛皮; MANED WOLF; Tasmanian wolf: (as) greedy as a ～ (狼のように)貪欲な / To mention the ～'*s* name is to see the same. 《諺》 うわさをすれば影 / LONE WOLF. **b** [the W-] 《天》 狼座 (Lupus). **2 a** 残忍な人, 貪欲な人; 《口》 女をあさる男, 色魔, '狼', 色男; 《俗》 相手をあさるホモの男. **b** 穀類を食害する昆虫の幼虫 《ウシバエのうじなど》; 口のとがった貪欲な魚 《カワカマスなど》. **c** [the] 非常な空腹, 猛烈な食欲, 飢え, 貧困. **3***ウルフ《第 2 級の CUB SCOUT; 8 歳以上》. **4** 《楽》 ウルフ音 (＝～ note) 《不等分調律法によるオルガンなどで, ある和音に起こる不協和; ヴァイオリンなどで, 共鳴胴の欠陥によるきしり音》. ● **a ～ in sheep's clothing＝a ～ in a lamb's skin** 《聖》 羊の皮を着た狼, 偽善者 《温順を装った危険人物; *Matt* 7: 15》. **cry ～ (too often)** (しょっちゅう) 「狼が来た」 と叫ぶ[偽りの警報を出す] 《ついには人に顧みられなくなる; Aesop 物語から》. **cut one's ～ loose***《俗》 (思いきり)飲み騒ぐ, 酔っぱらう. **have [hold] a ～ by the ears** 進退きわまる, 難局に直面する. **have a ～ in the stomach** 《廃》 ひどく空腹を感ずる. **keep the ～ from the door** どうにか食べていく, 〈食物・賃金などが飢えをしのぐのを可能にする. **see [have seen] a ～** 口がきけなくなる. **the big bad ～** 脅威 《人・もの・事》. **throw** sb **to the wolves** 人を冷然と見殺しにする[犠牲にする]. **wake a sleeping ～** やぶをつついて蛇を出す. ► *vt* 《口》 がつがつ食う 〈*down*〉; 〈人の恋人を〉横取りする. ► *vi* 狼狩りをする; 《口》 女を追いまわす, '狼' ぶりを発揮する. ♦ **～·lìke** *a* [OE *wulf*; cf. G *Wolf*, L LUPUS]

Wolf /vɔ́ːlf; vɔ́lf/ ヴォルフ (**1**) **Christian von** ～＝Christian von WOLFF (**2**) **Friedrich August** ～ (1759–1824) 《ドイツの言語学者》 (**3**) **Hugo (Philipp Jakob)** ～ (1860–1903) 《オーストリアの作曲家》.

wólf·bàne *n* WOLFSBANE.

wólf·bèrry /, ᴴ-b(ə)ri/ *n* 《植》 **a** スイカズラ科セッコウボク属の低木 《北米西部産; 花はピンクで白い液果をつける》. **b** クコ (matrimony vine).

wólf càll 《魅力的な女性を見て発する》 口笛, うなり声 (⇨ WOLF WHISTLE).

wólf chìld オオカミなどに育てられた子供, 狼少年.

wólf cùb オオカミの子; [W- C-] ᴴ《BOY SCOUTS の》 幼年部員 《8–11 歳; CUB SCOUT の旧称》.

wólf dòg 狼猟用の猟犬; エスキモー犬; 犬と狼の雑種; 狼に似た犬.

Wolfe /wúlf/ ウルフ (**1**) **Charles** ～ (1791–1823) 《アイルランドの聖職者・詩人》 (**2**) **James** ～ (1727–59) 《英国の軍人; 七年戦争中の Quebec の戦闘 (1759) でフランス軍を破った》 (**3**) **Thomas (Clayton)** ～ (1900–38) 《米国の小説家; *Look Homeward, Angel* (1929)》.

wólf èel 《魚》 ウルフイール 《北米太平洋岸産のオオカミウオ科の一種》.

Wólf·en·den Repòrt /wúlf(ə)ndən-/ 《英》 ウルフェンデン報告 《1957 年に出された同性愛犯罪と売春に関する専門委員会報告; 成人間の合意に基づく同性愛の合法化を勧告したその趣旨は 1967 年の性犯罪法によって法制化された》. [Sir John *Wolfenden* (1906–85) 同委員会委員長]

wólf·er *n* 狼猟師.

Wolff /vɔ́ːlf; vɔ́lf/ ヴォルフ (**1**) Baron **Christian von** ～ (1679–1754) 《ドイツの哲学者・数学者》 (**2**) **Kaspar Friedrich** ～ (1733–94) 《ドイツの解剖学者》.

Wolf-Fer·ra·ri /vɔ́ːlfferáːri/ *n* ヴォルフ-フェラーリ **Ermanno** ～ (1867–1948) 《イタリアのオペラ作曲家》.

wolff·ian /wúlfiən, vɔ́ːl-; vɔ́l-/ *a* [ºW-] Kaspar Friedrich WOLFF により発見[指摘]された.

wólffian bòdy [ºW-] MESONEPHROS.

Wólffian dùct 《医》 《胎生期の》 ウォルフ(氏)管.

wólf·fìsh *n* 《魚》 **a** オオカミウオ (＝*catfish*, *sea wolf*) 《強大な歯と荒々しい性質をもつオオカミウオ科の各種の大きな海産魚》. **b** ミズウオ (lancet fish).

Wólff-Párkinson-Whíte sỳndrome 《医》 ウォルフ-パーキンソン-ホワイト症候群, WPW 症候群 《心臓の異常状態の一つ; 心房から心室への興奮伝達が通常より速まり, 心電図に独特の波形が現われる; 頻脈発作を伴うことが多い》. [Louis *Wolff* (1898–1972) 米国の心臓専門医, John *Parkinson* (1885–1976) 英国の心臓専門医, Paul Dudley *White* (1886–1973) 米国の心臓専門医]

Wolf·gang /wúlfgæŋ; *G* vɔ́lfgaŋ/ ウルフガング, ヴォルフガング 《男子名》. [OHG＝path of wolf]

wólf·hòund *n* 狼猟用などの大型猟犬 (Irish wolfhound, borzoi など).

wólf·ish *a* オオカミの(ような), 貪欲な, 残忍な. ♦ **～·ly** *adv* **～·ness** *n*

wólf·kin *n* オオカミの子.

wólf·ling *n* オオカミの子.

wólf·màn *n* 狼男 (werewolf).

wólf nòte 《楽》 ウルフ音 (WOLF).

wólf pàck オオカミの群れ; 《連繋攻撃の戦術単位としての》 潜水艦[戦闘機]群; *非行少年グループ.

wólf-pàck crime *《俗》 不良少年グループによる強盗[暴行].

wolf·ram /wúlfrəm/ *n* TUNGSTEN; 《鉱》 WOLFRAMITE. ♦ **wolf·ram·ic** /wulfrǽmɪk/ *a* [G (? WOLF, *rahm* cream or MHG *rām* dirt, soot)]

wolf·ram·ite /wúlfrəmàɪt/ *n* 《鉱》 鉄マンガン重石 《タングステンの重要な原鉱》.

wolf·ra·mi·um /wulfréɪmiəm, vɔːl-/ *n* TUNGSTEN.

Wol·fram von Esch·en·bach /wúlfrəm vɑn ɛ́ʃənbàːk; *G* vɔ́lfram fɔn ɛ́ʃnbax/ ヴォルフラム・フォン・エッシェンバハ (1170?–?1220) 《ドイツの詩人; cf. PARZIVAL》.

Wólf-Ra·yét stàr /wúlfraɪéɪt-; -réɪət-/ 《天》 ウォルフ-ライエ星, WR 星 《幅広の輝線スペクトルを特徴とする非常に高温の星; 約 100 個ほど知られている》. [Charles *Wolf* (1827–1918), Georges *Rayet* (1839–1906) ともにフランスの天文学者]

wólfs·bàne, wólf's bàne *n* 《植》 **a** トリカブト (aconite) 《特に 黄花をつける品種》. **b** WINTER ACONITE.

Wolfs·burg /wúlfsbəːrg, *G* vɔ́lfsburk/ ヴォルフスブルク 《ドイツ北西部 Lower Saxony 州の市; Volkswagen の工場がある》.

wólf's-clàw, -fòot *n* CLUB MOSS.

wólf·skìn *n* オオカミの毛皮; オオカミ皮製品.

wólf's-mìlk *n* 《植》 SPURGE.

wólf spìder 《動》 コモリグモ 《巣を張らず地上をはう》.

wólf tìcket [次の成句で]: **buy** sb**'s ～***《黒人俗》 人の自慢話に文句をつける, 人から売られたけんかを買う, 挑発に乗る, 相手になる, 人のよた話に突っかかる. **sell a ～＝sell ～s***《俗》 自慢する, いばる, だぼらを吹く, よたを飛ばす.

wólf [wólf's] tòoth 《馬の》 狼歯(ろうし) 《異常臼歯》; NEEDLE TOOTH.

wólf trèe 《林》 あばれ木 《森林中のひときわ高い木で, 樹冠の広がりが周囲の樹木の生長を阻害するもの》.

wólf-whìstle *vt* (…に向かって) wolf whistle を鳴らす.

wólf whìstle *n* 魅力的な女性を見て鳴らす口笛 《前半は上昇調で後半は下降調で鳴らす》.

wólf wìllow BUFFALOBERRY.

Wol·las·ton /wúləst(ə)n/ ウラストン **William Hyde** ～ (1766–1828) 《英国の化学者・物理学者》.

wol·las·ton·ite /wúləstənàɪt, wál-/ *n* 《鉱》 珪灰石. [↑]

Wóllaston prìsm 《光》 ウラストンプリズム 《平面偏光を得るための水晶のプリズム》. [↑]

Wol·lon·gong /wúləŋgɔ̀(ː)ŋ, -gàŋ/ ウロンゴン 《オーストラリア New South Wales 州東部の都市》.

Woll·stone·craft /wúlstənkræ̀ft; -kràːft/ ウルストンクラフト **Mary** ～＝Mary Wollstonecraft GODWIN.

wol·ly /wáli/ *n* 《イーストロンドン方言》 キュウリ[オリーブ]のピクルス. [? *olive*]

W

Wo·lof /wóʊlɑ̀f, -lɔ̀ːf; wάlɑ̀f/ *n* **a** (*pl* ~, ~**s**) ウォロフ族《セネガル・ガンビアに住む》. **b** ウォロフ語《Niger-Congo 語族の一言語》.

Wolse·ley /wúlzli/ ウルズリー **Garnet Joseph** ~, 1st Viscount ~ (1833–1913)《英国の元帥; 陸軍の近代化に貢献した》.

Wol·sey /wúlzi/ ウルジー **Thomas** ~ (c. 1475–1530)《イングランドの枢機卿・政治家; York 大司教 (1514–30), 大法官 (1515–29); Henry 8 世の腹心として内政・外交の実権を握って活躍したが, 王の離婚問題で失脚した》.

Wol·sto·ni·an /wʊlstóʊniən/ *a*〘地質〙ウルストニアン氷期の. ► *n* [the] ウルストニアン氷期[氷堆石]《英国の更新世の終わりから 2 番目の氷期で, 北欧のザーレ氷期 (Saale) に相当する》. [*Wolston* 遺跡がある英国 Warwickshire の村]

wolv·er /wúlvər/ *n* オオカミのようにふるまう人; 狼狩りをする人.

Wol·ver·hamp·ton /wʊ̀lvərhǽm(p)t(ə)n/ ウルヴァーハンプトン《イングランド West Midlands 州の市》.

wol·ver·ine, -ene /wʊ̀lvəríːn; ⌐–⌐/ *n* (*pl* ~**s**, ~) **1 a**〘動〙クズリ (=*carcajou, skunk bear*)《北米産イタチ科の大型肉食獣で, 気の荒いことで知られる; 欧州・シベリアのものは glutton と呼ぶ》. **b** クズリの毛皮. **2** [W-] *Michigan 州の人《俗称》. [C16 *wolvering* (*wolver, -ing*[2])]

Wólverine Stàte [the] クズリ州《Michigan 州の俗称》.

wolves *n* WOLF の複数形.

wolv·ish /wúlvɪʃ/ *a*《古》WOLFISH.

wom·an /wúmən/ *n* (*pl* **wom·en** /wímən/) **1 a** 女性, 女, 婦人 (opp. *man*); [無冠詞; ‹*sg*›] 女性(というもの) (opp. *man*): a ~ of position 身分のある女性 / an Edinburgh ~ エディンバラ(大学)出身の女性 / the new ~ 新しい女性, 近代女性《19 世紀末ごろの流行語》/ *women* and children first 女性と子供が先《避難のときの指示》/ ~*'s* reason 女の理屈《好きだから好き など》/ ~*'s* wit 女の知恵《本能的な洞察力》. **b**《口》《愛情・セックスの対象としての》女, 恋人, 愛人, 情婦; [°one's] 妻: He was seen with another [a new] ~. 別の[新しい]女を連れていた / the OTHER WOMAN / the LITTLE WOMAN. **c** 家政婦, 掃除婦, メイド;《古》侍女, 女官. **d** [無冠詞で呼びかけに用いて; [s]*derog*] Hold your tongue, ~. おい, 黙ってくれないか. **2** [the] 女らしさ, 女かたぎ, 女らしい気持, 女の感情, めめしさ; めめしい男: There is little of *the* ~ in her. 女らしいところがほとんどない. **3** [‹*a*›] 女性の, 女の (female): a ~ doctor [*pl women* doctors] 女医. ● **be** one's OWN ~. **born of** ~ (すべて女から生まれた)人間としての (human). **make an** HONEST ~ **(out) of**…. **my good** ~. ‖ちょっと君《相手の女性をやや見くだした呼びかけ》. OLD WOMAN. ~ **to** ~ ‹女性どうしが›個人対個人として, 率直に.
► *vt* **1** [軽蔑して] …に 'woman [my good ~]' と呼びかける, 'woman' と言う《lady 扱いしない》. **2** …の人員に女性を充当する. **3**《古》女にする, 女らしくさせる;《古》めめしくする, 泣かせる;《廃》…に女性を同伴させる. ♦ ~**less** *a* [OE *wīfman(n)* (WIFE=woman, wife, MAN=human being); 英語独特の複合語]

-wom·an /wʊ̀mən/ *n comb form* (*pl* **-wom·en** /wɪ̀mən/) **a** 「…に住む女性」「…人の女性」: English*woman*, French*woman*. **b** 職業・身分などを表わす: chair*woman*, police*woman*.

wóman-abòut-tówn *n* 遊び人, プレーガール.

wóman chàser 女の尻を追いまわす男, 女たらし.

wóman·fòlk *n* (*pl* WOMENFOLK(s))《方》WOMAN.

wóman·ful·ly *adv* 女性的な粘り強さで, 女の心意気で.

wóman hàter 女嫌い (misogynist).

wóman·hòod *n* 女性[女]であること, 女の性(さが), 女かたぎ, 女らしさ; 婦人, 女性 (womankind)《集合的》.

wóman·ish *a* 女のような, 女性特有の; [*derog*] ‹男・男の心[行為など]が›めめしい. ♦ ~**·ly** *adv* ~**·ness** *n*

wóman·ìsm *n* ウーマニズム (FEMINISM の言い換え; feminism が白人女性中心の偏狭なものであったという考えに基づく用語).
♦ **wóman·ist** *n, a*

wóman·ìze *vt* めめしくする, 柔弱にする. ► *vi* [*derog*]《口》《次から次へ》多くの女と遊ぶ[関係する], 女遊びをする;《古》めめしくなる.
♦ **-iz·er** *n*《口》女たらし.

wóman·kìnd *n* 婦人, 女子, 女性《集合的》: one's ~ [*womenkind*] 一家の女たち.

wóman·like *a, adv* 女のような[に], 女らしい[らしく]; ‹男が›めめしい[めめしく].

wóman·ly *a* ‹女性(の言動など)が›女らしい, 女性にふさわしい; ‹女性の体つきが›成熟してふくよかな. ►《古》*adv* 成人した婦人らしく; 女らしく. ♦ **-li·ness** *n*

wóman of létters 女性の学者; 女性作家.

wóman of the bédchamber〘英〙女王[王女]付き女官 (LADY OF THE BEDCHAMBER の下位).

wóman of the hóuse《家庭の》女主人, 主婦 (lady of the house).

wóman of the stréet(s) 街の女, 売春婦.

wóman of the tówn 売春婦.

wóman of the wórld 世慣れた女性, 社交婦人.

wóman·pòwer *n* 女性の人的資源[労働力], 女性の社会的・政治的な影響力, 女性の力, ウーマンパワー.

wóman's [wómen's] ríghts *pl*《法的・政治的・社会的な》女性の権利, 女権; 女権拡張運動.

wóman [wómen's] súffrage 婦人参政権; 女性票.

wóman-súffragist *n* 婦人参政権論者, 婦選運動家.

womb /wúːm/ *n* 子宮; 子宮を連想させるもの, '胎内', 内部; 胎動期,《物事の》胚胎[発生, 揺籃]の地;《廃》腹 (belly): from the ~ to the tomb=from the CRADLE to the grave / in the ~ of time 将来に(起こるべき). ● **the** FRUIT **of the** ~. ♦ ~**ed** *a* [OE *wamb* belly, womb; cf. G *Wamme*]

wom·bat /wάmbæ̀t/ *n* **1**〘動〙ウォンバット《豪州産》; ウォンバットの毛皮; KOALA の毛皮. **2** *《俗》変人, 変わり者, いかれたやつ. [(Austral)]

wómb ènvy〘精神分析〙《男性の》子宮羨望 (cf. PENIS ENVY).

Wom·ble /wάmb(ə)l/ *n* ウォンブル《英国のテレビの子供番組 'The Wombles' に登場する人間に似た生き物; 珍妙な服を着て Wimbledon Common などの地下に群れをなして住む》.

wómb-to-tómb *a*《口》生まれてから死ぬまでの, 生涯の,《狭義で》《医療が》胎児期からの《妊婦に対するものも含む》.

womby /wúːmi/ *a*《古》くぼんだ, うつろな.

women *n* WOMAN の複数形.

wómen·fòlk(s) *n pl* WOMANFOLK の複数形;《集団・共同社会・一家の》婦人, 女性《集合的》: the [one's] ~ 一家の女たち.

wómen·kìnd *n* WOMANKIND.

wom·en's /wímənz/ *n* (*pl* ~) *ウィメンズサイズ《標準より大きい婦人服のサイズ; そのサイズの婦人服(の売場)》.

Wómen's Ínstitute [the]〘英〙《英連邦の》地方都市婦人会《成人教育を通じて地方における婦人の生活の向上をはかるもの; 略 WI》.

Wómen's Lánd Àrmy〘英〙《両大戦時の》婦人農耕部隊.

wómen's líb [°W- L-]《口》ウーマンリブ (women's liberation).
♦ **wómen's líb·ber** [°W- L-] ウーマンリブの闘士.

wómen's liberátion (mòvement) [°W- L- (M-)] 女性解放運動, ウーマンリブ (cf. FEMINISM). ♦ **wómen's liberátionist** *n*

wómen's mòvement [the; °W- M-] WOMEN'S LIBERATION MOVEMENT.

wómen's réfuge ‖WOMEN'S SHELTER.

women's rights ⇨ WOMAN'S RIGHTS.

wómen's ròom *婦人手洗所.

Wómen's Róyal Áir Fòrce [the]〘英〙空軍婦人部隊《英国空軍の旧組織; 1918 年設立, 92 年廃止され, Royal Air Force に組み込まれた; 略 WRAF; 1939–48 年 Women's Auxiliary Air Force と呼ばれた》.

Wómen's Róyal Ármy Còrps *pl* [the]〘英〙陸軍婦人部隊《英国陸軍の旧組織; 1938 年設立, 92 年廃止され Adjutant-General's Corps に組み込まれた; 略 WRAC》.

Wómen's Róyal Nával Sérvice [the]〘英〙海軍婦人部隊《英国海軍の旧組織; 1917 年設立, 93 年廃止され, Royal Navy に組み込まれた; 略 WRNS》.

Wómen's Róyal Vóluntary Sérvice [the] 英国婦人義勇隊《1938 年 Women's Voluntary Service の名で銃後の民間防衛・福祉活動を目的として創立された女性団体; 現在は meals on wheels などの福祉・救援活動に従事; 略 WRVS》.

wómen's shèlter《虐待からのがれるための》母子保護施設.

Wómen's Sócial and Polítical Únion 婦人社会政治同盟《1903 年 Emmeline Pankhurst によって創設された婦人参政権運動の組織》.

wómen's stúdies [‹*sg*›] 女性研究《女性の役割の史的・文化的研究》.

women's suffrage ⇨ WOMAN SUFFRAGE.

Wómen's Vóluntary Sérvice〘英〙婦人義勇隊《略 WVS; ⇨ WOMEN'S ROYAL VOLUNTARY SERVICE》.

wómens·wèar *n* 婦人服, 女性用服飾品 (=**wómen's wèar**); 婦人服地《特に毛織物・混紡毛織物》.

wómen's wórk 女性の仕事《伝統的に女性が行なってきた料理・育児など》.

wommera, womera, -erah ⇨ WOOMERA.

womp /wάmp/ *n*〘テレビ〙白閃《スクリーン上に急激に起こる閃光》; WHOMP, WHUMP. ► *vt* *《俗》‹人・チームを›さんざんにやっつける, たたきのめす.

wom·yn /wímən/ *n* (*pl*) 女《women または woman を避けるためにフェミニストなどが好むつづり; cf. WIMMIN》.

won[1] *v* WIN[1,2] の過去・過去分詞.

won[2] /wάn/ *n* ウォン《韓国および北朝鮮の通貨単位: =100 chon; 記号 W》. [Korean]

won[3] /wάn, wún, wóʊn/ *vi* (-nn-)《古》住む. [OE *wunian*; ⇨ WONT]

won·der /wάndər/ *n* **1** 驚異, 驚嘆, 驚き; 不思議な事物,《自然界などの》奇観; 奇跡; 奇才, 神童: in ~ 驚いて / a child ~ 天才児 / BOY WONDER / It is a ~ that….=The ~ is that…. 不思議なことには…だ / What a ~! なんたる不思議ぞ! / What ~ (that…)? (…と

て)何の不思議があろう / work [do, perform] ～*s* 奇跡を行なう, 驚くべき成功をする, 〈薬などが〉〈…に〉驚くほどよく効く, 卓効を示す 〈*for, on, with*〉 / A ～ lasts but nine days. 《諺》 驚異も九日(しか続かない), 人のうわさも七十五日 / NINE DAYS' WONDER / SEVEN WONDERS OF THE WORLD / *W*~*s* will never cease. [*iron*] こりゃまた奇跡だ, これは驚いた. **2** 不信(感), 疑念, 不安. **3** [W-] 〘商標〙 ワンダー《食パン》. ● **a ～ of (a)**… 驚くべき…: She is *a* ～ *of* generosity. すばらしく気前のいい人だ. **(and) no [little, small] ～** それもそのはず(不思議でない): (It is) *no* [*small*] ～ (*that*) …は少しも[さほど]不思議ではない, …するのも少しも[それほど]無理はない, どうりで…なわけだ. **a nine-day [one-day, seven-day, ninety-day, thirty-day] ～** NINE DAYS' WONDER. **for a ～** 不思議にも, 珍しくも. **in the** NAME **of ～.** **to a ～** 《古》 驚くほどに.

► *vi* **1** 不思議に思う, 驚異の目をみはる, 〈…に接して, …を見て〉驚く 〈*at, to* see〉: I ～ *at* you. 《子供に》おまえにはあきれたよ / Can you ～ *at* it? = It's not to be ～*ed at*. それは驚くにあたらない / I ～*ed to* see him there. そこで彼を見たので変に思った / I shouldn't ～ if… "《口》…でも不思議ではない[驚きはしない]. **2** 怪しむ, いぶかる; 好奇心をもつ, 知りたがる: What are you ～*ing* about? 何をいぶかしがっているのだ / It set me ～*ing*. それで怪しいと思い始めた. ► *vt* **1** …とは不思議に思う, 驚く: I ～ (that) you went there. よくそこへ行ったものだ. **2** [who, what, why, how, if, whether… などを伴い] …かしら(と思う), …でしょうか《丁寧な依頼にも用いる》: I ～ *if* it will rain. 雨が降るかしら / *How* can that be, I ～? どうしてそんなことがありうるのだろう / I ～ *whether* I might ask you a question. 質問してもよろしいでしょうか. ► *a* すばらしい, 驚異の (wonderful); 魔力のある[を示す].

♦ **～·er** *n* **～·less** *a* [OE *wundor*<?; cf. G *Wunder*]

Wonder ワンダー **Stevie** ～ (1950–)《米国の盲目の黒人シンガーソングライター》.

wónder bòy 際立った才能[技能]を示す青年, 時代の寵児.

Wónder·brà 〘商標〙 ワンダーブラ《プッシュアップブラ》.

wónder chìld 神童.

wónder drùg 特効薬 (miracle drug).

won·der·ful /wʌ́ndərfəl/ *a* 不思議な, 驚く[驚嘆す]べき; すばらしい, すてきな. ● **in the** NAME **of all that is ～.** ♦ **～·ly** *adv* 不思議に(も), 驚くほど; すてきに, すばらしく. **～·ness** *n*

wónder·ing *a* 不思議そうな, 不思議に思う; 感嘆している. ♦ **～·ly** *adv*

wónder·lànd *n* 不思議の国; すばらしい土地[場所]《景色·資源などの点で》; おとぎの国.

wónder·ment *n* 驚嘆, 驚き, 驚異; 不思議なもの, 驚嘆を呼ぶもの; 驚きの嘆声; 好奇心.

wónder mètal 驚異の金属《軽量で強いチタニウムやジルコニウムなどの金属》.

Wónder Stàte [the] 驚異の州《Arkansas 州の俗称; かつては公定の別称; cf. LAND OF OPPORTUNITY》.

wónder·strùck, -strìcken *a* 驚異の念に打たれた, あっけにとられた.

wónder·wòrk *n* 不思議な事物, 奇観, 奇跡 (wonder), 驚嘆を呼ぶもの. ♦ **wónder-wòrk·er** *n* 奇跡を行なう人. **wónder-wòrk·ing** *a* 奇跡を行なう[生む].

won·drous /wʌ́ndrəs/ 《詩·文》 *a* 驚くべき, 不思議な. ► *adv* [形容詞を伴い] 驚くほど, 不思議なほど; 実にすばらしく (wonderfully): ～ cold. ♦ **～·ly** *adv* **～·ness** *n* [ME *wonders* (a, adv) (gen)〈WONDER; 語形は *marvellous* にならったもの]

won·ga /wɑ́ŋgə, vɑ́ŋ-/ *n* "《俗》 金, ぜに (money).

won·ga-won·ga /wɑ́ŋəwɑ́ŋə/ *n* **1** 〘植〙 ソケイノウゼン属のつる性木本《豪州原産; ノウゼンカズラ科》. **2** 〘鳥〙 ウォンガバト《豪州産の大型のハト》. [(Austral)]

wonk /wɑ́ŋk/ *《俗》 *n* [*derog*] ガリ勉《学生》; 仕事人間, 専門ばか, おたく; 《海俗》 見習い将校, 役立たずな船員: a policy ～ 政策おたく. ► *vi* ガリ勉する. ► *vt* …に専門知識だけで解答する. ♦ **～·ish** *a* [C20<?]

won·ky[1] /wɑ́ŋki/ "《俗》 *a* 曲がっている, ゆがんだ; ぐらぐらする, 不安定な; 順調でない, 正しくない; たよりにならない. ♦ **wón·ki·ly** *adv* **wón·ki·ness** *n* [?変形〈*wankle* (dial)<OE *wancol* unstable]

wonky[2] *a* *《俗》 ガリ勉の, クソまじめな, 勤勉な. [*wonk*]

won·na /wɑ́nə/ "《方》 will not の短縮形.

Wŏn·san /wʌ́nsɑ́:n, ⌐⌐; wɔ́nsǽn/ 元山(ウォンサン)(げんざん)《北朝鮮南東部, 江原道の道庁所在地; 日本海に臨む軍港》.

wont /wɔ́:nt, wóunt; wɑ́unt/ *pred a* 《文》 …し慣れた (accustomed), …するのを常とした; …する傾向がある, しがちの: He was ～ *to* say so. 彼はよくそう言った. ► *n* 習慣, 習い, 《ある人の》いつものやり方: use and ～ 世の習い, しきたり. ● **as is one's ～** 《文》 いつものように. ► *vt* 《古》 慣らす, 習慣づける (accustom). ► *vi* 《古》 …するのを常とする, …する習慣である: He ～(*s*) *to* do so. [OE *gewunod* (pp)〈*gewunian* (*wunian* to dwell, be accustomed to); cf. WEAN[1]]

won't /wóunt, *wʌ́nt/ will not の短縮形.

wónt·ed *a* 慣れた, 例の, いつもの, 常の (usual). ♦ **～·ly** *adv*

wónt·ed·ness *n* 慣れ《もの·人·事柄に慣れている状態》.

won·ton /wɑ́ntɑ̀n/ *n* 〘料理〙 ワンタン; ワンタン入りのスープ (=～ sòup). [Chin]

woo /wú:/ *vt* 《文》 〈女を〉口説く, …に言い寄る, 求婚する; 〈名声·富などを〉求める; 〈災難などを〉招く; …の支持[愛顧]を求める, …にせがむ, 懇願する: ～ sb *to* do… 人に…するようせがむ. ► *vi* 《文》 〈男が〉言い寄る, 口説く; 懇願する. ● **～ away (from…)** 〈人を〉説いて(…から)離す. ► *n* [次の成句で]: **pitch [fling] ～** *《俗》 言い寄る, 口説く, キスやペッティングをする 〈*at*〉. ♦ **～·able** *a* **～·ing·ly** *adv* [OE *wōgian*<?]

wood[1] /wúd/ *n* **1** 木質, 木部; 材木, 木材, 材; 薪 (firewood). **2 a** [a ～(s)] 森《woods のほうが普通, 口語では *a* nearby ～*s* のようにしばしば単数扱い; 通常 grove よりも大きく forest よりも小さいとされる; cf. SYLVAN *a*》. **b** (森)林地; [～s, 〈*sg/pl*〉] 僻地 (backwoods). **3** [the] 《物の》 木質部; 〘ゴルフ〙 ウッド《ヘッドが木製のクラブ; cf. IRON》; WOOD SHOT; 《ラケットの》 フレーム; [the] *《俗》 《ナイトクラブ·酒場の》 カウンター, とまり木. ★ ゴルフのウッドは 1 番から次のとおり: (1) driver, (2) brassie, (3) spoon, (4) cleek, (時に 5) baffy. **4 a** [the] 《酒の》 樽, 桶: beer from *the* ～ 樽出しの[瓶に入れない]ビール / wine in *the* ～ 樽詰めのぶどう酒. **b** 木管楽器; [the ～(s)] 《楽団の》 木管セクション. **c** 版木, 木版 (woodcut); 《bowls の》 木球. **5** *《黒人俗》 [*derog*] 白人, 白ちゃん《peckerwood から》. ● **have the ～ on** 《豪口》 …より優位に立つ. ***knock (on) [touch"] ～** 《自慢などをしたあとで復讐の神 Nemesis の怒りを和らげるため, または子供の遊びで相手につかまらないために》 手近の木製物を《コツコツと》たたく[に手を触れる], おまじないをする; [〈*adv*〉] 《こう言っても》 いやなめにあいませんように, くわばらくわばら, [未来のことについて述べたあとで] うまくいけば (cf. TOUCHWOOD). NECK[1] **of the ～s.** **not [fail to] see the ～(s) for the trees** "木を見て森を見ず, 小事にとらわれて大局を見失う. **out of the ～(s)** 《口》 森の中から出て; 危機を脱して, 困難を乗り越えて; 安全で. **put the ～ in (the hole)** = **put a bit of ～ in it** "《俗》 ドアを閉める. **saw ～** *《口》 《人にかまわず》 自分の仕事に身を入れる, [*impv*] おせっかいはよせ!; 《口》 いびきをかく, 眠りこける. **take to the ～s** *《口》 森に逃げ込む; 〘米政治〙 責任を回避する. **The ～s are full of….** *《俗》 …は豊富にある, いくらでも手に入る, たくさんいる. ► *a* **1** 木製の (wooden); 木材用の; 木材を燃料とする: a ～ stove 薪ストーブ. **2** [[s]～s] 森に住む[育つ, ある]: ～ birds. ► *vt* **1** 《燃料として》 …に薪を供給する. **2** 森にする; …に樹木を植える, 植林する. **3** 材木で支える. ► *vi* 薪[木材]を積む[集める] 〈*up*〉. [OE *wudu*, *wi(o)du*; cf. OHG *witu*]

wood[2] /, *wóud/ 《古》 *a* 気が狂っている; 激怒している. [OE *wōd* insane]

Wood /wúd/ ウッド (1) **Christopher ～** (1901–30) 《英国の画家; Cornwall や Brittany の風景で有名》 (2) **Grant ～** (1892–1942) 《米国の画家》 (3) Sir **Henry J(oseph) ～** (1869–1944) 《英国の指揮者; Proms の創始者》. ★ ⇨ WOOD FAMILY.

wóod àcid WOOD VINEGAR.

wóod álcohol 木精 (methanol) 《かつては木材の乾留によって得た; cf. GRAIN ALCOHOL》.

wóod-and-wáter jòey 《豪口》 《ホテル·駅などの》 雑役係, 雑働き. [hewers of *wood* and drawers of *water* 《*Josh* 9: 21》]

wóod anèmone 〘植〙 イチリンソウ属の草本《キンポウゲ科; ユーラシア産のヤブイチゲ (*Anemone nemorosa*), 北米東部産の同属の一種 *A. quinquefolia* など》.

wóod ànt 〘昆〙 **a** ヨーロッパアカヤマアリ. **b** シロアリ (termite).

wóod àvens 〘植〙 ダイコンソウ属の一種 (=*herb bennet*) 《黄花; 欧州·西アジア産》.

wóod bètony 〘植〙 **a** カッコウチョロギ. **b** 北米東部産のシオガマギク属の多年草.

wóod·bìn *n* 薪を入れる箱 (=*woodbox*).

wóod·bìne, wóod·bìnd *n* 〘植〙 **1 a** ニオイニンドウ. **b** ニンドウ (忍冬), スイカズラ. **c** *アメリカヅタ (Virginia creeper). **2 a** [W-] 〘商標〙 ウッドバイン《英国の安い紙巻きタバコ》. **b** 《豪俗》 英国人, イギリス人.

wóod·blòck *n* 版木(はんぎ); 板目木版(画) (woodcut); 木煉瓦《床張り用·舗装用》; 〘楽〙 ウッドブロック《木片でできた打楽器》. ► *a* 木版(印刷)の.

wóod bòrer 木材穿孔者《木質部に穴をあける甲虫[蛾]の幼虫; 海中の木材に穴をあけるフナクイムシ科の二枚貝やキクイムシ科の小型甲殻類》.

wóod-bòring *a* 木質部に穴をあける〈昆虫〉.

wóod·bòx *n* WOODBIN

wood·bury·type /wúdbèritàip, -bəri-; -b(ə)ri-/ *n* 〘印〙 ウッドベリータイプ(印刷物) 《写真ゼラチン凸版を軟金属板に強圧して作る凹版を用いる》. [W. B. *Woodbury* (1834–85) 英国の写真技師でその発明者]

wóod bùtcher *《俗》 (へたな)大工, たたき大工; 《海軍俗》 営繕係助手; 《俗》 へたなゴルファー.

wóod-càrver *n* 木彫師.

wóod càrving 木彫術; 木彫り, 木彫装飾.

wóod chàrcoal 木炭.

wóod·chàt *n* 〘鳥〙 **a** ズアカモズ (=～ shríke) 《欧州産》. **b** 《まれ》

アジア産のツグミ科の鳥, 《特に》コマドリ属の鳥.

wóod·chìp *n* 木の切りくず, こっぱ, 木材チップ; ᴵᴵウッドチップ壁紙 (=～ **pàper**) 《ざらざら[でこぼこ]した質感を出すために木のチップを入れた壁紙》.

wóod·chòp *n* 《豪》丸太ぶち切り競争.

wóod·chòpper* *n* きこり.

wood·chuck /wúdʧʌ̀k/ *n* 〘動〙ウッドチャック (=*groundhog*) 《米国・カナダ北東部産のずんぐりしたマーモット》; 《俗》田舎者.

wóod clàmp つかみ締め (hand screw).

wóod cóal 木炭 (charcoal); 褐炭 (lignite).

wóod·còck *n* **1** (*pl* **～s, ～**) 〘鳥〙ヤマシギ《旧世界産》, アメリカヤマシギ《北米東部産の小型のシギ》. **2** 《古》だまされやすい人, うすのろ.

wóod·cràft *n* 森林の知識, 森の中で行動する技術[能力]《特に狩猟に関係しての》; 森林学; 木彫術; 木工術.

wóod·cràft·er *n* 木彫り師, 木の工芸家.

wóod·cràfts·man /-mən/ *n* 木彫家; 木工技師.

wóod·crèep·er *n* 〘鳥〙オニキバシリ (woodhewer).

wóod·cùt *n* 板目木版(画) (cf. WOOD ENGRAVING).

wóod·cùtter *n* きこり; 板目木版(彫刻)師.

wóod·cùtting *n, a* 木材伐採(業)(用の); 板目木版 (woodcut)(の).

wóod dòve 〘鳥〙**a** モリバト (wood pigeon). **b** ヒメモリバト (stock dove).

wóod dùck 〘鳥〙**a** アメリカオシ (=*acorn duck*) 《北米産の美しいオシドリ》. **b** タテガミガン《豪州産》.

wóod èar 〘植〙キクラゲ (TREE EAR).

wóod·ed *a* 樹木の茂った, 森の多い; [*compd*] 木質が…の: a hard-～ tree.

wood·en /wúdn/ *a* **1** 木の, 木製の, 木造の; 〈音が〉木をたたいたような. **2** でくのぼうのような, 活気のない, 無表情な; ぎこちない, ごつごつした; 間の抜けた, ばかな; 融通のきかない, 凝り固まった. **3** 5 回目の《木婚式など》. ► *vt* 《豪俗》たたく, なぐり倒す. ► *n* 《豪俗》強烈なパンチ, ノックアウトパンチ. ♦ **～·ly** *adv* **～·ness** *n*

wóoden cóat*《俗》WOODEN OVERCOAT.

wóoden cróss 《軍人の墓の》木の十字架; [*fig*] 《名誉の》戦死.

wood·en·er /wúd(ə)nər/ *n* 《豪俗》WOODEN.

wóod engràver 木彫師, 《特に》木口木版師; 〘昆〙キクイムシ.

wóod engràving 木彫り, 《特に》木口木版術; 木口木版(画) (cf. WOODCUT).

wóoden·hèad *n* 《口》とんま, のろま (blockhead).

wóoden·héad·ed *a* 《口》ばかな, のろまな (stupid). ♦ **～·ness** *n*

wóoden hórse 《古》船; (4 脚の)木の台枠[架台] 《木挽(こびき)台など》; 1800 年代初期の英国の自転車; [the] TROJAN HORSE. ● **Does a ～ have a hickory dick?***《俗》ばかな質問をするんじゃない, (Yes だと)わかりきったことだろうが.

wóoden Índian インディアンの木像《昔の葉巻タバコ店の看板》; [ᵒw- i-] 《口》無感動[無表情]の人 (poker face).

wóoden kimóna [kimóno]*《俗》WOODEN OVERCOAT.

wóoden lég 《昔の》木製の義足.

wóoden níckel 5 セント白銅貨相当の値打の木でできた記念品; *《俗》ろくでもないもの, まやかしもの, いんちき品 (=**wóoden nútmeg [móney]**). ● **Don't take any ～s.***《俗》気をつけて, 元気でね《別れの挨拶》.

wóoden óvercoat*《俗》棺桶.

wóoden róse WOOD ROSE.

wóoden shóe 木ぐつ (sabot).

wóoden spóon 《もと Cambridge 大学の数学優等試験末席者に与えられた》木さじ; 木さじを与えられる者; [the] ᴵᴵ《口》びり[最下位](賞): get *the* ～ びりになる, しくじる.

wóoden·tòp ᴵᴵ《俗》*n* 《私服刑事に対して》制服の警官; 近衛師団兵; 鈍いやつ, うすのろ.

wóoden wálls *pl* 《沿岸警護の》軍艦.

wóoden·wàre *n* 《料理・食事など家事用の》木製器具.

wóoden wédding 木婚式《結婚 5 周年記念; ⇨ WEDDING》.

Wóod fàmily [the] ウッド家《イングランド Staffordshire の, 主に 18 世紀に活躍した著名な陶芸家一族》.

wóod fèrn 〘植〙オシダ属のシダ《総称》.

wóod fìber 木部繊維《製紙材料》.

wóod·fìsh *n pl**《方》森のさかな《キノコのこと》.

wóod flòat 《左官用の》木ごて (float).

wóod flòur 木粉(もくふん)《合成木材・詰め物用》.

wóod·frèe *a* 〘紙〙さらし化学パルプだけで製した, 上質の.

wóod fròg 〘動〙アメリカ[カナダ]アカガエル《北米東部の湿潤な森林地に生息するアカガエル; 顔の両側に黒い縞がある》.

wóod gàs 木ガス, 薪ガス《木材を乾留して採るガス; 燃料・灯火用》.

wóod·gràin *n, a* 木目調(の), 木目調の素材[仕上げ].

Wóod Gréen ウッドグリーン《イングランド旧 Middlesex 州の一区; 現在は Haringey の一部》.

wóod gròuse 〘鳥〙**a** ᴵᴵヨーロッパオオライチョウ (capercaillie). **b** SPRUCE GROUSE.

wóod·hèad *n**《俗》きこり.

wóod hèdgehog 〘菌〙カノシタ(鹿の舌)《ハリタケ科のキノコ; 食用になる》.

wóod hèn 〘鳥〙**a** ヤマシギ (woodcock). **b** コバネクイナ (WEKA).

wóod·hènge *n* 〘考古〙ウッドヘンジ《イングランドにみられる木でできた環状列柱遺跡》.

wóod·hèw·er *n* 〘鳥〙**a** オニキバシリ (=*tree creeper*) 《同科の鳥の総称; 南米・中米産》. **b** WOODPECKER.

wóod·hìck *n**《俗》田舎者, 山だし.

wóod hòopoe 〘鳥〙モリヤツガシラ《同属の総称; カマハシ科; アフリカ産》.

wóod·hòuse *n* 材木小屋[置場].

Woodhouse ⇨ EMMA[2].

wóod hỳacinth 〘植〙ブルーベル (=*culverkey, harebell*) 《釣鐘形の花をつけるユリ科ツルボ属の草本; 欧州産》.

wóod ìbis 〘鳥〙**a** アメリカトキコウ《コウノトリ科トキコウ属の鳥; 北米南部・中米・南米産》. **b** トキコウ《アフリカトキコウ, インドトキコウなど》. ★ともに wood stork ともいう. **c** マダガスカルトキ (=*crested wood ibis*) 《マダガスカル産の褐色のトキ》.

wóod·ie *n* WOODY.

wóod·lànd *n* /, -lænd; -lənd/ (森)林地, 《grassland, bushland に対して》高木林地. ► *a* /-lənd/ 林地の, 森の; [W-] 〘考古〙ウッドランド文化の《紀元前 1000 年ころからの北米北東部の文化期》. ♦ **～·er** *n* 森の住民.

wóodland cáribou 〘動〙シンリントナカイ《米国北部・カナダの針葉樹林帯にすむ大型のカリブー》.

Wood·lark /wúdlὰːrk/ ウッドラーク《New Guinea 島南東端の北東沖にある, Solomon 海の島; パプアニューギニアの一部; 1942–43 年日本軍の航空基地となった》.

wóod làrk 〘鳥〙モリヒバリ《欧州・アフリカ北西部・中東産》.

wóod lèopard 〘昆〙ヒョウマダラボクトウ (LEOPARD MOTH).

wóod·less *a* 樹木[立ち木, 材木]のない.

wóod·lòre *n* 森林に関する知識.

wóod·lòt *n* 《農場などの》林地.

wóod lòuse 〘動〙ワラジムシ (=*pill bug, sow bug*); 〘昆〙チャタテムシ; 〘昆〙シロアリ (termite).

wóod·man /-mən/ *n* WOODSMAN; 《たきぎを伐り出す》きこり; ᴵᴵ《王室の》林務官; 山番人; [W-] 友愛クラブ Modern Woodmen of America [Woodmen of the World] の会員; 《廃》森に住む人, 森の住人; 《廃》森とそこにすむ動物に詳しい猟師.

wóod mìllet 〘植〙イブキヌカボ.

wóod mòuse 〘動〙森にすむネズミ, 《特に》《欧州・アジア産の》モリアカネズミ, 《北米産の》シロアシマウス, 《新旧両大陸の》ヤチネズミ.

wóod náphtha 木精 (wood alcohol).

wóod·nòte *n* [ᵘ*pl*] 森の調べ《鳥の鳴き声など》; 自然で素朴な表現.

wóod nỳmph 森の精 (=*dryad*); 〘昆〙ジャノメチョウ科 *Cercyonis* 属の茶色のチョウ《北米産; オオモンヒカゲなど》; 〘昆〙幼虫がブドウの葉を食害するトラガ科 *Eudryas* 属の数種のガ; 〘鳥〙エンビモリハチドリ属の数種の鳥《南米産》.

wóod òil 木材から採る各種の油《ガージャンバルサム・パイン油など》; 桐油(きりゆ)(とうゆ) (tung oil).

wóod òpal 木(き)蛋白石.

wóod òwl 〘鳥〙**a** 森にすむフクロウ《欧州のモリフクロウやアメリカフクロウなど》. **b** ᴵᴵトラフズク.

wóod pàper 木材パルプ紙.

wóod·pèck·er *n* **1** 〘鳥〙キツツキ《同科の鳥の総称》. **2***《俗》《南部の》(貧乏)白人 (peckerwood). **3** 《米軍俗・豪軍俗》機関銃.

wóod pèwee 〘鳥〙**a** モリタイランチョウ《タイランチョウ科; 北米東部産》. **b** ニシモリタイランチョウ《北米西部産》.

wóod·pìe *n* 〘鳥〙アカゲラ (great spotted woodpecker).

wóod pìgeon 〘鳥〙**a** モリバト (ringdove) 《欧州産》. **b** ヒメモリバト (stock dove).

wóod·pìle *n* 材木[薪]の山; *《俗》シロホン, マリンバ. ● **in the ～** ひそかに悪事をはたらいて. **a** NIGGER **in the ～.**

wóod pìtch 木(き)ピッチ《木タールを乾留した残留物》.

wóod presèrvative 木材用防腐剤.

wóod·prìnt *n* 木版(画) (woodcut).

wóod pùlp 木材パルプ《製紙原料》.

wóod-pùsh·er *n**《俗》へたなチェスプレーヤー, へぼ.

wóod pùssy*《口》スカンク (skunk).

wóod-quèest /-kwìːst/, **-quèst** /-kwèst/ *n* ᴵᴵ《方》RINGDOVE.

wóod ràbbit 〘動〙ワタオウサギ (cottontail).

wóod ràil 〘鳥〙コンゴウクイナ, モリクイナ《南北アメリカ産》.

wóod ràt 〘動〙ウッドラット, モリネズミ (=*pack rat*) 《北米・中米産》; 《南アジア産の》森にすむネズミ《クマネズミ属・ガケネズミ属など》.

wóod rày 〘植〙木部放射組織 (xylem ray).

wóod ròbin WOOD THRUSH.

wóod ròse 〘植〙ウッドローズ, バラアサガオ《ヒルガオ科の多年生つる植物; 果実を包む木質化した萼片はバラの花に似た形で装飾用にする》.

wóod ròsin 〘化〙ウッドロジン《松根を溶剤で抽出するなどして採る》.

Wood·row /wúdrou/ ウッドロー《男子名; 愛称 Woody》. [OE ＝row of trees]
wóod·ruff /-rʌ̀f, -rəf/ *n* 〔植〕アカネ科クルマバソウ属の草の総称,《特に》クルマバソウ (sweet woodruff)《香料製造やワインの香りづけに用いる》.
Wóodruff kèy 〔機〕半月キー, ウッドラフキー《シャフトの溝にはいる半円形のキー》. [米国の製造会社名から]
wóod rùsh 〔植〕スズメノヤリ属の各種草本《イグサ科》.
Woods /wúdz/ **1** ウッズ **'Tiger'** ～ (1975–)《米国のゴルファー; 本名 Eldrick ～》. **2** ⇨ LAKE OF THE WOODS.
wóod sàge 〔植〕ウッドセージ, ムラサキサルビア《シソ科ニガクサ属の多年草; 欧州原産, 北米に帰化》.
wóod scrèw もくねじ (screwnail).
Woodser ⇨ JIMMY WOODSER.
wóod·shèd *n* 材木置場,《特に》薪小屋;《俗》《ミュージシャンの》ひそかな練習の場, 練習(法). ● **something nasty in the ～** 《俗》過去の忌まわしい体験. **take to the ～** *《俗》〈人〉をしかる, 罰する. ► *vi, vt* *《俗》(楽器の)練習をする, ひとりで猛練習をする;《俗》《特に 楽譜なしで》(バーバーショップカルテットの曲を)ハモらせる; *《俗》静けさ[孤独]を求める.
wóod·shòp *n* 木工場.
wóod shòt 〔ゴルフ〕ウッドのクラブでのショット; 〔テニス・バドミントンなど〕フレームで打ったストローク, フレームショット.
wóod shrìke 〔鳥〕モズサンショウクイ《熱帯アジア産; 2 種》.
wood·sia /wúdziə/ *n* 〔植〕イワデンダ属 (*W*-) の各種のシダ. [Joseph *Wood* (1776–1864) 英国の植物学者]
wóod·sìde *n* 森のへり[縁].
Wóod's lìght ウッド線《贋作の光学鑑定に使用される紫外線》. [Robert W. *Wood* (1868–1955) 米国の物理学者]
wóods·man /-mən/ *n* 森の住人; 森のことに明るい人; 森で働く人, 猟師, きこり, 山番,《特に》伐採人夫頭.
Wóod's métal ウッド合金《融点 60–65°C の易融合金の一種》. [Robert W. *Wood* (⇨ WOOD'S LIGHT)]
wóod·smòke *n* 木[薪]を燃やした煙《燻製品を作るときの燻煙など》.
wóod sòrrel 〔植〕**a** OXALIS,《特に》コミヤマカタバミなど. **b** スイバ (sheep sorrel).
wóod spìrit [ˢ*pl*] 〔化〕木精 (methanol); 森の精.
wóod spùrge 〔植〕黄緑色の花のふさを枝の端につけるトウダイグサ《欧州産と北米産の 2 種がある》.
wóod·stàin *n* 木材保護塗料.
Wood·stock /wúdstɑ̀k/ **1** ウッドストック《**1)** New York 州南東部の村 **2)** 1969 年 8 月 Woodstock から南西に約 100 km の土地で行なわれたロック音楽祭 (～ Music and Art Fair); 60 年代のロックシーンの頂点をなすイベントで, 総計 50 万人ともいう聴衆を集めた》. **2** ウッドストック《SNOOPY の友だちの小鳥》.
wóod stòrk 〔鳥〕WOOD IBIS a, b.
wóod·stòve *n* 薪ストーブ.
wóod sùgar 〔化〕木糖 (xylose).
wóod swàllow 〔鳥〕モリツバメ (＝*swallow shrike, swallow flycatcher*)《豪州・南アジア産》.
woodsy* /wúdzi/ *a* 《口》森林(特有)の, 森を思わせる. ♦ **wóods·i·ness** *n* [*woods, -y*¹]
wóod tàr 〔化〕木(もく)タール.
wóod thrùsh 〔鳥〕**a** モリツグミ (＝*wood robin*)《北米東部産》. **b** MISTLE THRUSH.
wóod tìck 〔動〕森林ダニ《マダニ科の数種のダニ》,《特に》ロッキーカクマダニ《北米西部に広く分布; ロッキー山熱 (Rocky Mountain spotted fever) を媒介する》; 〔昆〕シバンムシ (DEATHWATCH).
wóod·tòne *a, n* 木調[木目調]の(仕上げ).
wóod·tùrn·er *n* 轆轤鉋(ろくろがんな)をかける人, 轆轤師, 木地(きじ)屋.
wóod tùrning 轆轤[木地]ひき. ♦ **wóod-tùrn·ing** *a*
wóod tùrpentine ウッドテレビン油《松材を乾留して得られる》.
wóod vìnegar 〔化〕木酢(もくさく) (pyroligneous acid).
wood·wall, -waleᴵᴵ /wúd(w)ɔ̀:l, -dwəl, -dl/ *n* 〔鳥〕アオゲラ (green woodpecker).
wóod wàrbler 〔鳥〕**a** モリムシクイ《欧州産》. **b** アメリカムシクイ《アメリカ産》.
wóod·wàrd *n* 〔英〕林務官《森林を保護・管理する》.
Wood·ward /wúdwərd/ ウッドワード **R**(obert) **B**(urns) ～ (1917–79)《米国の化学者; ノーベル化学賞 (1965)》.
wóod·wàre *n* WOODENWARE.
wóod wàsp 〔昆〕キバチ (horntail).
wood·wax(·en) /wúdwæks((ə)n)/ *n* 〔植〕ヒトツバエニシダ (＝*dyer's-broom, dyeweed, (dyer's) greenweed, (dyer's) greenwood, woadwaxen*)《ユーラシア原産》.
wóod·wìnd *n* 木管楽器; [the ～(s)]《楽団の》木管セクション. ► *a* 木管楽器の(ような); 木管楽器奏者[音楽]の(ような).
wóod wòol 木毛(もくめん)《医療・絶縁・梱包詰め物用》.
wóod wòolly·foot 〔菌〕ワサビカレバタケ《茎の下半分が密毛におおわれるキシメジ科のキノコ》.
wóod·wòrk *n* 木材工芸, 木工; 木工品;《家屋などの》木造部, 木工部; [the]ᴵᴵ《口》《サッカーの》ゴールポストの枠. ● **come [crawl] out of the ～** どこからともなく姿を現わす[出てくる].
wóod·wòrk·er *n* 大工, 建具師, 指物(さしもの)師; 木工機械.
wóod·wòrk·ing *n* 木工(業); 大工職, 建具職, 木地ひき. ► *a* 木工(用)の; 木工業に従事する.
wóod·wòrm *n* 木食い虫; 木食い虫による被害.
wóod wrèn 〔鳥〕**a** WOOD WARBLER. **b** WILLOW WARBLER.
wóod·wrìght *n* WOODWORKER.
wóody *a* 〈土地が〉樹木の多い, 森の多い;《草本に対して》木本の, 木質の; 木のような;《廃》森林の. ► *《俗》*n* 木張りのステーションワゴン; (木製の)サーフボード; 勃起, 立ちまら. ♦ **wóod·i·ness** *n*
Woody ウッディー《男子名; Woodrow の愛称》.
wóod·yàrd *n* 木材[薪]置場; 木工場.
wóody níghtshade 〔植〕セイヨウヤマホロシ (BITTERSWEET).
Wóody Wóodpecker ウッディー・ウッドペッカー《米国の漫画のキャラクター; Walter Lantz (1900–94) が 1930 年代末に生み出した, けたたましい笑い声を出す頭のいかれたキツツキ》.
wóo·er *n* 求婚者, 求愛者 (suitor).
woof¹ /wúf, wú:f/ *n* **1** 《織物の》横糸, 緯糸, ぬきいと, ウーフ (weft) (opp. *warp*); 織物, 布. **2** [ᵘthe] 基礎[主体]をなす要素[素質, 材料]. [OE *ōwef* (*wef* web)]
woof² /wúf/ *n* 犬の低いうなり声, ウーといううなり声; ウーフ《再生装置から出る低音; opp. *tweet*》. ► *vi* 〈犬が〉ウーと[低く]うなる; ウーフを発する; *《俗》しゃべくる; *《黒人俗》得意そう[偉そう]にしゃべる, はったりを言う, '吠える'; *《俗》吐く, ゲーッとやる (vomit). ► *vt* 《口》〈食べ物を〉がつがつ食べる 〈*down*〉. ● **～ cookies** *《俗》ゲーとやる (vomit). [imit]
wóof·er *n* ウーファー《低音用スピーカー; cf. TWEETER》; *《俗》息づかいがマイクを通して聞こえる歌手; *《黒人俗》得意そう[偉そう]にしゃべるやつ, いばり屋. [↑]
wóof·ing, wóof·in' /-ɪn/ *n* *《俗》ことば・身振りでおどしつけること, ツッパリ.
woof·its /wú:fəts/, **woe·fits** /wóufəts/ *n pl* [the]《俗》気分がすぐれないこと, 頭がすっきりしない状態, 二日酔い.
woo·fled /wúf(ə)ld/ *a* *《俗》酔った.
wóo·fle-wàter /wúf(ə)l-/ *n* *《俗》ウイスキー, 酒, 気違い水 (liquor).
woof·ter /wúftər, wú:f-/ *n* ᴵᴵ《俗》ホモ, おかま.
woo-hoo, whoo-hoo /wú:hú:/ *int* やったあ, わーい, ばっちり.
wóo·ing *n* 求愛 (courtship).
Wóok·ey Hóle /wúki-/ ウッキーホール《イングランド南西部 Somerset 州の Mendip Hills 南部の村 Wookey に近い洞穴群; 伝説では魔女の住みかとされ, Witch of Wookey とよばれる巨大な石筍(せきじゅん)で知られる》.
wool /wúl/ *n* **1** 羊毛, ウール《山羊・ラマ・アルパカなどの毛にもいう》; 毛糸; 毛織物, ラシャ; 毛の服; WOOL SPONGE: out of the ～ 羊毛を刈り取った / ～ in fleeces 刈り取った羊毛. **2** 羊毛状のもの;《口》縮れ髪《特に黒人の》, [*joc*] 頭髪;《毛皮獣の》下毛 (underfur);《植物の》綿毛: COTTON [GLASS, MINERAL, ROCK, STEEL] WOOL. **3** 《俗》[*derog*] 女, スケ. ● **against the ～** 逆毛に, 逆さに. **all cry and no ～＝more cry than ～＝much** CRY **and little ～. all ～ and a yard wide** [*fig*] 申し分のない, 純粋で, 本物で; 優しくて, 親切で. **dyed in the ～**＝DYED-IN-THE-WOOL. **go for ～ and come home shorn** ミイラ取りがミイラになる. **keep** one**'s ～ on**ᴵᴵ＝keep one's SHIRT on. **lose** one**'s ～** ᴵᴵ《口》興奮する, 怒する. **pull [draw] the ～ over** sb**'s eyes** 《口》人の目をくらます, だます. ♦ **～·lìke** *a* [OE *wull*; cf. G *Wolle*, L *vellus* fleece]
wóol bàle 《豪》羊毛梱(こり).
wóol·bàll *n* 羊の毛球 (hair ball).
wóol càrding 〔紡〕羊毛のカーディング.
wóol chèck 《豪》《1 シーズンの》羊毛の総売上げ.
wóol clàsser 《豪》WOOL GRADER.
wóol clàssing 《豪》羊毛評価選別(業).
wóol clìp 羊毛の年産量[額].
wóol còmber 羊毛のすき手; ウールコーマー《すく機械》.
wóol còmbing 〔紡〕羊毛のコーミング.
wóol-dỳed *a* DYED-IN-THE-WOOL.
wooled /wúld/ *a* 羊毛を生やしたままの, 羊毛の刈り取られていない; [ᵒ*compd*] …な羊毛を有する: a long-～ sheep.
wool·en | wool·len /wúlən/ *a* 羊毛(製)の; 毛織りの, ウールの; 〔紡〕紡毛糸(製)の, 紡毛の (cf. WORSTED); 羊毛加工[販売](業)の. ► *n* 毛織り地; 〔紡〕紡毛織物; 紡毛糸; [*pl*] 毛織物衣類[衣服].
wóolen dràper 〔英史〕毛織物[羊毛製品]商.
wóol·er *n* (採)毛用家畜《アンゴラウサギなど》.
Woolf /wúlf/ ウルフ **(1) (Adeline) Virginia** ～ (1882–1941)《英国の作家・批評家; Sir Leslie Stephen の娘; *Mrs Dalloway* (1925), *To the Lighthouse* (1927), *The Waves* (1931), *Between the Acts* (1941)》 **(2) Leonard (Sidney)** ～ (1880–1969)《英国の文筆家; Virginia の夫》.
wóol fàt 羊毛脂 (lanolin).

W

wóol·fèll *n* 《廃》 刈り込まないままの毛のついた羊皮, 羊毛皮 (woolskin).

wóol·gàther *vi* WOOLGATHERING にふける: go ～*ing* 空想にふける. ♦ **～·er** *n*

wóol·gàther·ing *n* 放心, とりとめのない[ばかげた]空想; 羊毛集め. ► *a* 放心した, うわのそらの.

wóol gràder 羊毛評価選別者.

wóol grèase 羊毛脂[蠟], ウールグリース (＝*wool fat, wool wax*) 《羊毛に付着した脂》.

wóol·gròw·erǁ *n* 《羊毛採取が目的の》牧羊業者, 原羊毛生産者. ♦ **wóol·gròw·ing** *n*

wóol-hàllǁ *n* 羊毛取引所[市場].

wóol-hàt *n* 粗毛フェルトのつば広の帽子; *《口》 [*derog*] 南部の小農民, 百姓. ► *a* *《口》 [*derog*] 南部僻地の.

wool·ieǁ /wúli/ *n* WOOLLY.

Woolies ⇨ WOOLLIES.

Wooll·cott /wúlkət/ ウルコット **Alexander** (**Humphreys**) ～ (1887–1943) 《米国の作家・批評家》.

woollen ⇨ WOOLEN.

Wool·ley /wúli/ ウリー Sir (**Charles**) **Leonard** ～ (1880–1960) 《Ur を発掘 (1927) した英国の考古学者》.

Wool·lies, Wool·ies /wúliz/ *n*ǁ《口》 WOOLWORTH の店, ウルワース社.

wool·ly, 《米》 **wooly** /wúli/ *a* **1** 羊毛の, 羊毛質の; 羊毛のような; 毛でおおわれた, 毛の多い; 〔植〕 綿毛でおおわれた: ～ hair もじゃもじゃの髪 / a ～ head *《俗》 黒人 / a ～ coat ウールの上着 / the ～ flock 羊の群れ. **2** 不鮮明な, ぼんやりした〈絵〉; 頭が混乱した, もやもやした; しわがれた〈声〉. **3** (開拓時代の米国西部のように)荒くれた, 波乱に満ちた, 雑然とした: WILD and ～. ► *n* **1** [ᵘ*pl*] ǁ《口》 ウールの衣服 《下着, ǁプルオーバーなど》; 《米西部・豪》 羊; 《俗》 制服の警官. **2** [the wool(l)ies] *《俗》 WILLIES. ♦ **wóol·li·ly** *adv* **-li·ness** *n* 羊毛状; 不鮮明.

W

wóolly adél·gid /-ədélʤəd/ 〔昆〕 綿毛状のものでおおわれたカサアブラムシ科の昆虫: **a** ヨーロッパ原産のモミの木の害虫. **b** ツガカサアブラムシ 《アジア原産のツガの木の害虫》.

wóolly áphid 〔昆〕 ワタアブラムシ, ワタムシ, 《特に》 リンゴワタムシ (American blightǁ) (＝*apple blight*) (＝**wóolly ápple àphid**).

wóolly bèar 毛がもさもさした大型の毛虫 《ヒトリガの幼虫など》; 長毛の生えたカツオブシムシの幼虫; ǁ《軍俗》 榴弾(りゅうだん), 榴散弾.

wóolly bétony 〔植〕 ワタチョロギ (lamb's ears).

wóolly bútt 〔植〕 ウーリーバット 《豪州産のユーカリの一種; 材は硬く, 樹皮は繊維質》.

wóolly-héad·ed *a* もじゃもじゃ頭の; 頭の混乱した, はっきりしない (＝*woolly-minded*); 非現実的な, 夢物語のような.

wóolly lémur [**aváhi**] 〔動〕 アバヒ, ヨウモウキツネザル (＝*avahi*) 《Madagascar 島産》.

wóolly mámmoth 〔動〕 マンモス.

wóolly-mínd·ed *a* WOOLLY-HEADED.

wóolly mónkey 〔動〕 **a** ウーリーモンキー 《同属の 2 種; Amazon 川流域産》. **b** WOOLLY SPIDER MONKEY.

wóolly spíder mònkey 〔動〕 ウーリークモザル, ムリキ 《ブラジル南東部産の細くしなやかな毛のサル》.

wool·man /wúlmən/ *n* 羊毛業者[商人].

wóol·màrk *n* 羊に打つ所有者の刻印; [W-] 〔商標〕 ウールマーク.

wóol òil 紡毛油 《紡毛用》; ウール油 《羊毛繊維に含まれる油性物質》; スイント (suint) 《羊毛についている脂肪》.

wóol·pàck *n* ウールパック 《羊毛を入れる船荷用の俵》; 羊毛の一俵 《240 ポンド》; woolpack を連想させるもの, 《特に》 もくもくした雲, 入道雲.

wóol·sàck *n*ǁ 羊毛を詰めた座席; [the] 〔英〕 上院議長席, 《上院における》 高等法院裁判官席, 上院議長職, 裁判官職; 《古》 羊毛の一俵 (woolpack): reach *the* ～ 上院議長になる / take seat on *the* ～ (議長として)上院の議事を始める.

wóol·shèars *n pl* 羊毛刈り込みばさみ.

wóol·shèd *n* 羊毛刈り取り・梱包作業場.

wóol·skìn *n* 羊毛がついたままの羊皮.

wóol·sòrt·er *n* 羊毛選別人.

wóolsorter's disèase 〔医〕 肺脾脱疽(はいひだっそ).

wóol spònge* 羊毛海綿, ウールスポンジ 《メキシコ湾・カリブ海産のウマカイメンから作って商品とする柔らかい繊維質の丈夫な海綿》.

wóol stàple 〔英史〕 羊毛市場.

wóol stàpler 羊毛商人, 《特に 原毛を買い選別のうえ加工業者に売る》 羊毛仲買人. ♦ **wóol stàpling** *n*

wóol stòre 《豪》 羊毛収納庫.

wóol tàble 《豪》 羊毛処理・選別台.

wóol tòp 〔紡〕 ウールトップ 《洗浄などを済ませた紡糸前の羊毛の太い篠》.

wóol wàx WOOL GREASE.

Wool·wich /wúlɪʤ, -lɪʧ/ ウリッジ 《Thames 川南岸の旧 London の metropolitan boroughs の一つ; 現在は Greenwich の一部; ウリッジ陸軍士官学校やかつてのウリッジ兵器庫所在地》.

wóol·wòrk *n* 毛糸細工[刺繡].

Wool·worth /wúlwərθ; -wəθ/ ウルワース 《F. W. Woolworth (1852–1919) が初め米国で開店 (1879) し, 現在はカナダ・英国・ドイツなどにも展開している雑貨店チェーン》.

wooly ⇨ WOOLLY.

woom·era, -er·ah, wom·(m)era, -(m)er·ah /wúmərə/ *n* 《豪》 ウメラ 《先住民が槍を投げるのに用いる切り込みをつけた棒》. [(Austral)]

Woom·era /wúmərə/ ウーメラ 《オーストラリア South Australia 州の町; 英豪共同の誘導兵器実験場がある》.

woomph /wú:mf, wúmf/ *adv, int* バーン, ボン 《空気の排出を伴った衝撃[打撃]》. [imit]

Woo·nerf /vú:nɜ̀:rf/ *n* ボンエルフ 《ジグザグにするなどして交通の量・速度を抑え, 住環境を保護するように設計された道路》. [Du *wonen* reside＋*erf* ground, premises]

woop·ie, woopy /wú:pi, wúpi/ *n* 《口》 裕福な老人. [*well-off older person* [*people*]]

woops /(w)úps, (w)ú:ps/ *int* OOPS. ► *vt, vi* 《口》 VOMIT.

woop woop /wúp wùp/ 《豪》 [*joc*] 奥地の開拓地[部落], [the] 奥地; [W- W-] ウプウプ 《奥地の架空地名》.

woo·ra·li /wurá:li/, **woo·ra·ri** /wurá:ri/ *n* CURARE.

woosh /wú:ʃ, wúʃ/ *n, v, int* WHOOSH.

woot /wú:t/ *int* 《口》 《E メールなどで》 わあい, やったあ. [?]

wootz /wú:ts/ *n* 昔インドで作った刃物用鋼 (＝～ **stèel**).

woozy /wú:zi, wúzi/ 《口》 *a* (**wóo·zi·er; -est**) 頭のぼんやりした, 混乱した, 気分のすぐれない, くらくら[むかむか]した; 酔った; 〈文章が〉焦点の定まらない. ♦ **wóoz·i·ly** *adv* **-i·ness** *n* [C19 < ? *oozy*]

wop[1] /wáp, wɔ́(:)p/ *vt, n* WHOP.

wop[2] 《俗》 [*derog*] *n* [ᵒW-] イタリア(系)人, イタ公; よそ者. ► *a* イタリア(人)の, ラテン系の. [C20 < ? It *guappo* (dial) dandy, swaggerer; 一説に, 多数のイタリア移民の登録におした '*without papers*' の印より]

wop[3] ǁ《空軍俗》 無線技師. [*wireless operator*]

wop-wops /wápwɑ̀ps/ *n* [the, 〈*sg/pl*〉] 《NZ》 奥地, 田舎 (woop woop).

worb /wɔ́:rb/ *n* 《豪俗》 WARB.

Worces·ter /wústər/ **1 a** ウスター 《(1) イングランド西部 Severn 川に臨む市; Worcestershire の行政の中心 (2) Massachusetts 州中東部の市》. **b** WORCESTERSHIRE. **2** 〔商標〕 ウスター磁器 (＝*Royal Worcester*) (＝～ **chína,** ～ **pórcelain**) 《イングランドの Worcester で 1751 年以来作られている軟磁器》. **3** ウスター **Joseph Emerson** ～ (1784–1865) 《米国の辞書編纂者》. ■ the **Báttle of** ～ 〔英史〕 ウスターの戦い 《1651 年の Oliver Cromwell の軍と Charles 2 世軍との戦い; 敗れた Charles はフランスにのがれ内乱は終結した》.

Wórcester Péar·main /-péərmèɪn/ 〔園〕 ウスターペアメイン 《緑みをおびた黄色と深紅色の甘いリンゴの一品種》.

Worces·ter·shire /wústərʃɪər, -ʃər/ **1** ウスターシャー 《イングランド西部の州; ☆Worcester; 略 Worcs.》. **2** WORCESTERSHIRE SAUCE.

Wórcester(shire) sàuce 〔料理〕 ウスターソース 《醤油・酢・香料などを原料とするソース》.

Worcs. /wɔ́:rks/ Worcestershire.

word /wɔ́:rd/ *n* **1 a** 語, 単語, ことば: an English ～ 英単語 / This sentence contains the ～ 'sentence'. この文には sentence という語が使われている. **b**「…の字(のつくあれ)」「…で始まる何とか」《不快な語やタブーとなっている語をそのまま使わずにその頭文字につけて言い表わす婉曲語法》: (forbidden) C-～ 《condom のこと》 / F-WORD / T-～ Tの字 《tax のこと》. **c** 〔電算〕 語, ワード 《情報の基本単位》. **d** [W-] 〔商標〕 ワード 《Microsoft 社製のワープロソフト》. **e** 〔遺〕 《3 個のヌクレオチドの組合わせからなる》 コドン (codon). **2 a** [ᵒ*pl*] 《口で言う》 ことば, 話, 談話: a ～ in [out of] season 時宜を得た[得ない]ことば / without a [one] ～ 一言も言わずに / in one's own ～*s* 自分のことばで / put…into ～*s* …をことばで言い表わす / A ～ is enough [sufficient] to the wise.＝A ～ to the wise. 《諺》 賢者には一言にして足る / (I want) a ～ with you. ちょっと一言(お話ししたいことがある) / have a ～ with…と一言二言話をする / Mr. Brown will say a few ～*s*. ブラウンさんが一言挨拶されます / big ～*s* 大言壮語 / bitter ～*s* 恨みつらみ. **b** [*pl*] 口論, 論争: hard [high, sharp] ～*s* 口論, 激論 / come to (high) ～*s* ことばが荒くなる, 口論になる / have [exchange] ～*s* with…と口論する. **3 a** 《行為・思想に対する》 ことば: honest in ～ and deed 言行ともに誠実な / suit the action to the ～ 言ったことばどおりにすぐ実行する / *W*～*s* cut more than swords. 《諺》 ことばは剣よりよく人を切る / Many a true ～ is spoken in JEST. / When the ～ is out it belongs to another. 《諺》 口に出したことばは人のもの 《取返しがつかない》 / A ～ spoken is past recalling. 《諺》 口にしたことばは取返しがつかない. **b** [one's, the] 約束, 誓言, 言質: give [pledge, pass] one'*s* ～ 約束をする / break one'*s* ～ 約束を破る / I give you *my* ～ for it. 誓ってそうである / *His* ～ is (as good as) his bond. 彼の約束は証文も同じ(で信用できる) / WORD OF HONOR. **c** [one's, the] 指図, 命令 (command), ことばの合図: give *the* ～ for [to do]…の[する]命令を下す / give *the* ～ to fire 発砲の命令を下す / say [speak] *the* ～ 希望を述べる, 指図する / WORD OF COMMAND. **d** [the] 合いことば: give *the* ～ 合いことばを言う. **4** 知らせ, 便り, 消息, 情報 (news); うわさ; 伝言; 〘放送〙[*euph*] お知らせ, コマーシャル: bring ～ 消息を伝える / *W*~ came that…という知らせが来た / *W*~ spread that…といううわさが広まった / (The) ～ is [has it] that… うわさでは…ということだ. **5 a** [*pl*] 《楽譜に対する》歌詞; 《俳優の》せりふ. **b** «古» 格言, 標語; 《紋章などに書かれた》銘, 銘句. **6** [the W- (of God)] **a** 《神の》ことば (Logos) 《三位一体の第 2 位であるキリスト》. **b** みことば, 福音 (the gospel). **c** 啓示. **d** 聖書: GOD'S WORD / a minister of *the W*~ 聖職者 / preach *the W*~ 福音を伝える. **7** [°~ up; ‹*int*›]*«俗» いいぞ, よし, うん(そうだ); [‹*int*›]*«俗» こんにちは.

● **a man of few ～s** 口数の少ない人, むだ口をきかない人. **a man [woman] of his [her] ～** 約束を守る人, 信頼できる人. **a man of many ～s** 口数の多い人, おしゃべりな人. **at a [one] ～** 言下に, すぐに. **a ～ in** sb's EAR[1]. **a ～ to the wise** 賢明な助言, 名言 (cf. *n* 2a 諺). **be as good as** one's **～** 約束を果たす, 言行が一致する. **be better than** one's **～** 約束以上のことをする. **beyond ～s** 何とも言えないほど‹美しいなど›. **by [through] ～ of mouth** 口頭で, 口伝えで, 口コミで. **deliver the ～** 有言実行する. **eat** one's **～s** 《誤りを認めて》前言を取り消す. **from the ～** GO. **get a ～ in (edgeways [edgewise])** [[U]*neg*] 《人がしきりに話している時に》なんとか口を差しはさむ. **get the ～** 《言われたことを》のみ込む, 理解する. **give ～s to**…を言い表わす. **good ～** (1) ほめことば, 口添え, とりなし: give (sb) a *good* ～ (人を)ほめる / put in [say, speak] a *good* ～ *for*…を推薦する / not have a *good* ～ (to say) *for*…に反対[否定的]である. (2)*耳寄りな話, 吉報: What's the *good* ～? *«口» お変わりありませんか, ご機嫌いかが? 《挨拶》. **hang on** sb's **～s [every ～]**=**hang on the ～s of** sb 人のことばに聞き入る. **have a ～ in** one's **ear**[U] 人に耳打ちする, 内々に話す. **have a ～ to say** 耳寄りな話がある. **have no ～s for** [to do]…を[するに]表現することばがない. **have** sb's **(bare) ～ for it** ⇨ take sb's (bare) WORD for it. **in a [one] ～** 一言で言えば, 要するに. **in other ～s** 換言すれば. **in** PLAIN[1] **～s.** **in so [as] many ～s** 文字どおりに, (そこまで)はっきりと, 簡潔に, 露骨に. **in these ～s** こういうふうに‹言ったなど›. **in ～s of one** SYLLABLE. **keep** one's **～** 約束を守る. **leave ～ with [for]** sb 人のところ[ため]に言い残す[言い置く]: I *left* ～ *for* him *to* come home. 彼に帰宅するように伝言を残した. **make ～s** [[U]*neg*] 言う. **My ～!** おやおや, これはまあ!; «豪» 賛成, 同感! **my ～ (upon it)** 確かに, 誓って. **not a ～** 《話などについて》少しも[一語たりとも](言わない[聞いていない]); 他言無用. **not be the ～ for it** […] 当を得たことば[適評]ではない: Tired is*n't the* ～ *for* the way I feel. わたしの感じは疲れたなんてものじゃ言い足りない. **not** BREATHE **a ～.** **not have a ～ to throw at a dog** むっつりしている. **not** MINCE (one's) **～s.** **on my ～** ⇨ upon my WORD. **on [with] the ～** 言下に. **put in a ～** 口を出す. **put in a ～ for**…を推挙する, …のために口添えする (put in a good word for…). **put the ～ out** «口» (…と)人に話す, 伝える. **put ～s into** sb's MOUTH. **send ～** 伝言する, 申し送る ‹*to* sb›. SHARP **is the ～!** **take** sb **at his ～** 人の言うとおりを信ずる. **take [have]** sb's **(bare) ～ for it (that…)** 人の言うことを(額面どおり)信じて(…を)本当だと思う. **take (the) ～s out of** sb's **mouth** 人の言おうとすることを先回りして言う. **take (up) the ～** しゃべる, 《続いてまたは人の代わりに》論ずる; 信ずる ‹*for*›. **the** LAST WORD. **the ～ on the street** «口» 巷(ちまた)のうわさ. **There is no other ～ for it.** まさにぴったりの表現だ. **through ～ of mouth** ⇨ by WORD of mouth. **too…for ～s** 言うに言われぬほど[非常に]…な: *too* funny *for* ～*s* 何ともけっさくな. **upon [on] my ～** 誓って, きっと; これはこれは, なんということだ 《驚き・怒りの発声》. **weigh** one's **～s** 《話す時に》ことばを慎重に選ぶ. **What's the good ～?** ⇨ good WORD. **～ by ～** 一語一語, 逐語的に. **～ for ～** 一語一語, 逐語的に; 言った[書かれてある]とおりに, 一言半句たがえずに: translate ～ *for* ～ 逐語訳をする. **～ of mouth** ⇨ by WORD of mouth. **～ to my mother***«俗» 誓って本当だ.

► *vt* ことばで言い表わす, 述べる; «豪» …に(あらかじめ)知らせる, 注意する ‹*up*›: a well-～*ed* letter 言いまわし[表現]のうまい手紙 / a strongly ～*ed* message. ► *vi* «古» 話す. ● **～ up** «黒人俗» よく聞け, いいか.

[OE *word*; cf. G *Wort*, L *verbum*]

wórd àccent WORD STRESS.

wórd·age *n* ことば (words); 饒舌; 語数; 語法, 用語の選択 (wording).

wórd associàtion 〘心〙語連想《語を刺激とする連想[連合]》.

wórd-associàtion tèst 〘心〙連想検査《語の連想による性格・精神状態の検査》.

wórd blìndness 〘医〙言語盲, 失読(症) (alexia). ♦ **wórd-blìnd** *a*

wórd·bòok *n* 単語集; 《簡単な》辞書; 《オペラの》台本.

wórd·brèak *n* 〘印〙《行末における》単語の分割[分綴]点, 分節箇所.

wórd clàss 〘文法〙語類, 品詞.

wórd-dèaf *a* 〘医〙言語聾(ろう)の.

wórd dèafness 〘医〙言語聾《皮質性感覚失語症》.

wórd divìsion 〘印〙WORDBREAK.

Worde /wɔ́ːrd/ ウォード **Wyn·kyn** /wíŋkɪn/ **de ～** (d. ?1534) 《Alsace 生まれの London の印刷業者; William Caxton の後継者》.

wórd èlement 〘言〙語要素《連結形など》.

wórd-formàtion *n* 〘言〙語形成, 造語法.

wórd-for-wórd *a* 逐語的な, 一語一語の.

wórd gàme 《各種の》ことば遊び.

wórd-hòard *n* 語彙 (vocabulary).

wórd·ing *n* 話すこと, ことばによる表現; ことばづかい, 語法, 用語, 言い方, 言いまわし: exact [precise, specific] ～ 正確な言いまわし.

wórd lèngth 〘電算〙語長《1 語中のビット数》.

wórd·less *a* 無言の, おしの; 口数少ない, 寡黙な; 口に出さない; 口では表現できない; ことば[歌詞]を伴わない. ♦ **～·ly** *adv* **～·ness** *n*

wórd-lòre *n* 単語研究, 語誌.

wórd-màn *n* ことばの達人.

wórd mèthod 《言語の》語中心教授法.

wórd·mònger *n* 知ったかぶりで[十分意味を考えず]空疎な語を使う人; 売文家.

wórd-mònger·ing *n* 空疎な語の使用.

wórd of commánd[U] 《教練などでの》号令: at the ～ 号令一下.

Wórd of Gód [the] 神のことば, 福音, 啓示, 聖書 (the Word).

wórd of hónor 名誉にかけた約束[言明], 誓い.

wórd-of-móuth *a* 口頭[口コミ](で)の.

wórd òrder 〘文法〙語順.

Wórd·Pàd 〘商標〙ワードパッド《Windows 付属の簡易ワープロソフト》.

wórd-pàint·ing *n* 生きいきとした叙述[描写], 活写. ♦ **wórd-pàint·er** *n*

wórd-pérfect[U] *a* LETTER-PERFECT.

wórd pìcture 絵を見るような叙述; 精彩のある文章.

wórd·plày *n* ことばのやりとり; ことば遊び, しゃれ《もじり・地口など》.

wórd pròblem 《算数の》文章題; 〘数〙語の問題《2 つの語がある術語の有限回の適用で関係づけられるかどうかを調べる決定性問題》.

wórd pròcess·ing 《ワープロ・パソコンなどを用いた》文書(作成)処理, ワードプロセシング. ♦ **wórd pròcess** *vt*

wórd pròcessor ワードプロセッサー, ワープロ《専用装置または電算機用ソフトウェア》.

wórd sàlad 〘精神医〙ことばのサラダ《分裂症患者などに, 時にみられる極端に一貫性を欠くことば》.

wórd·sèarch *n* ワードサーチ《文字のはいった碁盤目に隠された語を方向を問わずに捜すパズル》.

wórd-sìgn *n* 一単語を表わす記号(群), ワードサイン《+ (=*plus*), − (=*minus*) や頻出語に対応する速記記号など》.

wórds·man·shìp /-mən-/ *n* 文章技術, 作文術.

wórd·smìth *n* (巧みに)ことばをあやつる人, ことばの細工師[職人], 文章家. ♦ **～·ery** *n*

wórd splìtting 語の微細にすぎる区別立て; ことばづかいのやかましいこと.

wórd squàre 《横に読んでも縦に読んでも同じ語になる》正方形の語の配列, 語並べ; [～s, ‹*sg*›] 語並べ遊び.

Wórd·Stàr 〘商標〙ワードスター《1980 年代に人気を博したワードプロセッサー(ソフトウェア)》.

wórd strèss 〘音〙語強勢[アクセント] (=*word accent*).

Words·worth /wɔ́ːrdzwərθ/ ワーズワース (1) **Dorothy ～** (1771–1855) 《英国の作家; William の妹; 自然への繊細な感受性が兄にも影響を与えた》 (2) **William ～** (1770–1850) 《Lake District に住み自然を歌った英国の詩人; 桂冠詩人 (1843–50); *Lyrical Ballads* (1798), *The Prelude* (1805), *Poems in Two Volumes* (1807)》. ♦ **Wòrds·wórth·ian** /-θiən, -ðiən/ *a, n* ワーズワース(流)の, ワーズワース的な; ワーズワース崇拝者[模倣者].

wórd·wràp, -wràpping *n* 〘電算〙単語の(自動)次行送り (=*wraparound*) 《ワープロなどで入力した単語が行内に収まらなかった場合の》: reverse ～ 単語の(自動)前行送り《前行での削除でできた余白への送り》.

wórdy *a* (**wórd·i·er; -i·est**) ことば(で)の, 言論の, 語句の; ことば数[口数]の多い, くどい, 饒舌な: ～ war 舌戦, 論戦, 論争. ♦ **wórd·i·ly** *adv* ことば数多く, くどくどと; ことばで. **-i·ness** *n* 多言, 冗漫.

wore *v* WEAR[1] の過去形; WEAR[2] の過去・過去分詞.

work /wɔ́ːrk/ *n* **1 a** 仕事, 労働, 作業; 努力, 勉強: easy [hard] ～ 楽な[つらい]仕事 / He never does a stroke of ～. 仕事は何ひとつしない / Many hands make light ～. 《諺》多くの人手は仕事を軽くする / Hard ～ never killed [hurt] anyone. 《諺》重労働で死んだ[具合が悪くなった]人はいない / ALL ～ and no play makes Jack a dull boy. **b** 〘理〙仕事; 仕事量; 〘電〙負荷. **2 a** (なすべき)仕事, 業, 課業, 務め; «卑» 性交, おつとめ: I have lots of ～ to do today. きょうは忙しい / take ～ for a friend 友だちに代わって仕事をする[引き受

W

ける] / Everybody's ～ is nobody's ～. 《諺》みんなの仕事はやり手がない, 共同責任は無責任. **b** 仕事(の口), 業務, 職; 商売, 渡世; 専門, 研究《など》: be in regular ～ 定職をもっている / look for ～ 勤め口を探す / out of ～ ⇨ 成句. **c** 勤め先, 職場, 仕事場: go to ～ 仕事に出かける, 出勤する (cf. *fall to* WORK) / get home from ～ 会社から帰宅する / leave (one's) ～ at five 5 時に会社を出る. **d** やっている仕事《針仕事・刺繍など》; 手仕事の材料[道具]《集合的》: Bring your ～ downstairs. 仕事は下へ持って来なさい. **3 a** しわざ, はたらき; 作用, 効果; 《サイダーなどの》泡: the ～*s* of God 自然 / It's the ～ of the devil. 悪魔のしわざだ / the ～ of poison 毒の作用 / The brandy has begun to do its ～. ブランデーが効いてきた. **b** (…な)仕事ぶり, 手並み: sharp ～ 抜け目のないやり方 / bloody ～ ちなまぐさい行為 / Nice [Good] ～! 上できだ, うまいぞ. **c** [*pl*] 《神学》業(ゎざ), 《宗教的・道徳的な》行為: faith and ～*s* 信と行《精神面と実行面》/ good ～*s* 善行 / ～*s* of mercy 慈善行為. **4 a** 細工, 加工, 製作; 細工物, 工作物, 加工物, 製作品《集合的》: a beautiful piece of ～! みごとな細工. **b** 《芸術などの》作品; 著作, 著述; 《法》著作物: WORK OF ART / the complete ～*s* of Charles Darwin チャールズ・ダーウィン全著作集. **5 a** [～s, ‹*sg*/*pl*›] 工場, 製作所; [‹*a*›] ‹レーシングカーなど›メーカー自身の手になる, ワークスの: IRONWORKS. **b** [*pl*] 《時計などの》仕掛け, 機構; [*joc*] 内臓, 臓腑. **6** [*pl*] 工事, 土木; [*pl*] 《橋・堤防・ダム・ビルなどの》建造物; [*pl*] 防御工事, 堡(ほ)塁: public ～*s* 公共土木工事 / the Ministry of *W*～*s* 《英国のかつての》建設省 / WATERWORKS. **7** [the (whole) ～s] 《俗》ひとそろい[そのほか]全部, できるものすべて, なにからなにまで; [ᵘ*pl*] *《俗》麻薬注射器具一式: Sick leave, pensions, paid vacation…*the* ～*s*.

● **all in the** DAY'**s** ～. **at** ～ 仕事場で, 勤め先で; 仕事をして, 運転中で, 作動[作用]して: be hard *at* ～ 精出して働いている. **be too much like hard** ～ ‹娯楽・遊びなど›まるで重労働のようだ, ちょっときつすぎる. **fall** [**get** (**down**), **go, set**] **to** ～ 仕事に取りかかる; 行動を開始する: *go to* ～ *on* sb 人をやっつける; 人を説得(しようと)する. **get the** ～**s** 《口》できるだけのことをしてもらう; 《口》ひどい仕打ちをうける. **give**…**the** (**whole** [**entire**, etc.]) ～**s** 《口》…にできるだけのことをする, 人にすべてを明かす[与える]; 《口》…をひどいめにあわせる, やっつける, 殺す. **have one's** ～ [**job**] **cut out** (**for** one) 《口》手いっぱいの仕事がある; むずかしい仕事がある, (…するのに)苦労する一仕事だ. **in good** [**full**] ～ 順調に[忙しく]働いて. **in the** ～**s** 《口》準備[計画]中で, 進行中で; 完成しかけて. **in** ～ 就業して, 仕事をもって; 作製中で; ‹馬が›調教中で. **make** (**a**) ～ 混乱させる, 大騒ぎする; 仕事をあてがう ‹*for*›; ‹…の›仕事をする. **make hard** ～ **of**…をさも大変がる. **make light** [**quick, short**] ～ **of**…を楽々と[手早く]片付ける[やってのける]; ‹相手を›簡単にやっつける[打ち負かす]. **make sad** ～ **of it** へまなやり方をする, みそをつける. **Nice** ～ **if you can get it.** 《口》うまくやったな, ぬれ手で粟でいいよなあ. **of all** ～ 雑役(従事)の‹女中など›. **out of** ～ 失職して; ‹機械などが›狂って. **a** PIECE **of** ～. **set to** ～ (*vt*) 仕事に着手させる. (*vi*) 仕事に取りかかる, 作用し始める. **shoot the** ～**s** 《俗》いちかばちかやってみる, 全力を尽くす, 徹底的にやる, 大奮発する, 全財産をつぎ込む; 《俗》本当のことを言う, なにもかもぶちまける. **one's** ～ **is cut out for** one 大量の仕事がある[待っている].

► *a* 仕事用の; 労働用の: ～ clothes / a ～ elephant.

► *v* (～**ed**, 特記した以外は《古》**wrought** /rɔ́ːt/) *vi* **1 a** 働く (labor), 仕事をする, 作業をする, 取り組む, 勉強する: ～ 40 hours a week 週 40 時間働く / ～ *at* mathematics 数学を勉強する / ～ *as* a journalist ジャーナリストとして働く / ～ *for* a living 食うために働く / ～ *for* the cause 主義のために働く / ～ *among* the poor 貧者の中で[ために]働く / ～ from home 在宅勤務する (telecommute), 自宅で自営業を営む / ～ hard [with a will] 熱心に働く / ～ or want 懸命に働くか貧しい暮らしをするか / Men *W*～*ing* 作業[工事]中《掲示》. **b** 勤めている: He ～*s for* [*in, at*] a bank. 銀行に勤めている. **2** [過去・過去分詞はしばしば wrought] 《絵画などを》制作する, 細工をする, 針仕事をする, 刺繍する: He ～*s in* gold [leather]. 金[革]細工師である. **3 a** ‹器官・機械などが›はたらく, 作動する, 《正常に》機能する; ‹車輪などが›回転する: My watch doesn't ～. 時計が動かない / The elevator is not ～*ing*. エレベーター運転休止中. **b** ‹計画などが›うまくいく; ‹薬などが›効く, 作用する; 役に立つ: ～ in sb's favor [to sb's advantage] 人に有利にはたらく / It ～*s* for me. わたしはそれでかまわない, それでよい. **4** [通例 副詞または前置詞を伴って] 徐々に[努力して]進む, 抜ける, 動く ‹*out, in, into, through, past, down, round, up*, etc.›, しだいに…になる; 《海》風上に向かう[進む]; ‹機械が›狂い[ずれ]を生ずる, がたがくる, ‹船が›(継ぎ目が)ゆるむ: His elbow has ～*ed through* the sleeve. 服の肘がぬけてきた / ～ *up* ‹シャツなど›めくれ上がる / ～ *down* ‹スカートなどが›ずり落ちる / ～ loose ‹取っ手など›ゆるんでくる / ～ *round* ‹風など›刻々と向きを変える. **5 a** ‹顔・心など›激しく動く, ひきつる; ‹波が›揺れ動く, 騒ぐ. **b** 加工される, かきまぜられる; 発酵する, [*fig*] 醸成される; 芽生える.

► *vt* **1 a** 働かせる; ‹人・牛・馬を›使う: ～ one's men long hours 部下を長時間働かせる / ～ one*self* ill 働きすぎて病気になる. **b** ‹指・機械を›動かす, 使用する; 手であやつる; ‹船・車・大砲・機械を›運転する, 操縦する; ‹工場など›の稼働[操業]を続ける. **2** ‹農場・事業を›経営する, ‹鉱山を›採掘する; 耕す; ‹特定の地域[職種]を›担当する, …で商売[営業]する, 稼ぎまわる. **3** ‹計画を›立てる, 行なう, めぐらす, 取り計らう; *算出する; ‹問題などを›解く ‹*out*›; 《口》やりくりする, やってのける (cf. WORK *it*). **4** [過去・過去分詞はしばしば wrought] **a** (労力を用いて)作る, 細工する; こねる, かきまぜる; 鍛える: ～ iron *into* a horseshoe 鉄を加工して馬蹄を作る / ornaments *wrought* in pure gold 金むくの装飾品. **b** 編んで[織って]作る; 縫い付ける, 刺繍する; ‹肖像などを›描く, 彫る. **c** ‹変化・効果・影響などを›生ずる, ひき起こす: ～ miracles [mischief] 奇跡[災い]をもたらす / Time has *wrought* a lot of changes in our country. 時はわが国に多くの変化をもたらした. **5 a** 徐々に[骨折って]進む, 努力して[働いて]得る; 《操作して》持って行く, 連れて行く ‹*to, under*›; 次第にある状態にさせる: ～ one's PASSAGE[1] / ～ one's WAY[1] / ～ one*self into* a position of leadership 努力して指導的地位を得る. **b** ‹人を›次第に動かす, 促す, 興奮させる: ～ sb *into* rage 人をおこらせる / ～ one*self into* a temper 次第に興奮してくる. **c** 《口》《都合よく》利用する, ‹人に›つけこむ, だます. **d** 《口》《政治家・行商人などが愛想をふりまきながら》‹群集・町など›の中を歩きまわる, …に取り入る. **6 a** ‹顔など›ひきつらせる, 激しく動かす. **b** 発酵させる; 接ぎ穂する; 発芽させる.

● ～ **against**…に反対する; …に悪く[不利に]はたらく[作用する]; ‹時間›と競争で働く[奮闘する]. ～ **around** [**round**]…を避けて働く; ‹困難な人など›をうまくさばく, …になんとか対処する. ～ **around** [**round**] **to** sth [**doing**…] やっと…に取りかかる, …にまで手がまわる, …する時間ができる. ～ **at**… ‹よくすること›に努める (cf. *vi* 1). ～ **away** せっせと働き[勉強し]続ける ‹*at*›. ～ **back** 《豪口》超過勤務する. ～ **both ways**＝CUT both ways. ～ **down** 《操作して》下ろす ‹*into, over*›; ‹価格などを›引き下げる. ～ **in** (*vi*) 入る, 収まる; 合う, 調和する, しっくりいく ‹*with*›. (*vt*) 入れる, 挿入する, 交える, 擦(す)り込む. ～ **into**…にうまく入れる[収める, 交える, 混ぜ込む]; …に(徐々に)差し込む; 挿入する. ～…**into the ground** ⇨ into the GROUND[1]. ～ **it** 《口》やりくりする, (なんとか)工夫する: We'll ～ *it* so that we can take our vacation. 休暇がとれるよううまくやろう. ～ **off** (*vi*) 脱ける. (*vt*) 徐々に除く; ‹体重などを›体を動かして徐々に減らす; 売りさばく, 売り払う; ‹鬱憤などを›晴らす ‹*on, against*›; 印刷する; …の仕事を済ませる, 片付ける; ‹負債を›働いて返済する; 《俗》殺す, 絞殺する; 欺く. ～ **on** (1) [on が副詞のとき] 働き続ける. (2) [on が前置詞のとき] …に取り組む; ‹人›に治療[手当て]を施す; …に効く, 作用する; ‹人・感情などを›動かす, 興奮させる; ‹人›の説得に努める; ‹考え›に基づいてする: I'm ～*ing on* it. 《口》今取り組んでいるところですよ. ～ **on** [**onto**]…に(徐々に)はめる[かぶせる]. ～ **oneself up to**… 《口》…にそなえて心の準備をする, 覚悟を決める. ～ **out** (*vi*) ‹総額など›しめて[合計で]…となる ‹*at, to*›; 結局…になる; うまくいく[はたらく], ものになる ‹*at, as*›; 抜け出る; ‹問題が›解ける, 成り立つ, きちんと答えが出る; 《スポーツなどの》練習[トレーニング]をする: ～ *out* cheaper [more expensive] より安く[高くつく]. (*vt*) ‹問題を›解く; 丸くおさめる, 解決する (: ～ things *out* / things ～ themselves *out*); …の本当のところがわかる, 理解する; 苦心して成就する; 取り除く, 追い出す ‹*out of, from*›; 算出する, 計算する; ‹計画などを›すっかり立てる, 作り上げる, 案出する (: ～ *out* a better method); 決定する; 実施する; ‹鉱山を›掘り尽くす; 使い古す; 疲労させる; ‹借金などを›働いて返す, 労務提供によって償う. ～ **out for the best** 結局うまくいく. ～ **over** 徹底的に調べる[検査する, 研究する]; やりなおす, 作り変える, 手を加える, 蒸し返す; 《口》さんざんなぐる, 痛めつける. ～ **through** ‹針などを›通す, ‹雨水など›浸透する[させる]; ‹法律などを›通過させる; ‹効果・影響などが›徐々に広がる; ‹文書など›に目を通す; ‹難問など›を片付ける, 処理する, 克服する; ‹物›を使い果たす. ～ **to**…に従って[を守って]仕事をする[事を進める]. ～ **to rule** ᴴ順法闘争をする. ～ **toward**(**s**)…を目指して励む. ～ **up** [次第に・努力してなどの含みをもって] (*vt*) ‹…まで›興奮させる ‹*to*›, あおる; あおって…にする ‹*into*› (: ～ one*self up into* a state); ‹興味・食欲など›ひき起こす, 生じさせる; ‹会社・勢力など›発展させる, 拡大する; ‹資料など›集成する, まとめ上げる ‹*into*›; ‹粘土など›こね[鍛え]上げる, 彫って作る, 混ぜ合わせて作る ‹*into*›; ‹料理を›作る; ‹計画など›作る, 用意する; 進ませる, 進む, 昇進する (: ～ one*self up*＝～ one's WAY *up*); 本調子にする; …の知識[技量]を磨く; 《俗》‹汗を›出す; 《医》‹患者›の精密検査をする. (*vi*) 興奮する; ‹…にまで›達する, 進む, 昇る ‹*to* a climax, the topic, etc.›; 身を起こす, 出世する. ～ **upon**＝WORK on (2). ～ **up to**…できるようにする[準備する]; 盛り上がって[増大して]…に達する. ～ **with**…の同僚[仕事仲間]である; …を動かそうとする; …を仕事[研究]の対象とする, …を取り扱う[処理する].

[OE (n) *weorc*, (v) *wyrcan*; cf. G *Werk, wirken*]

wórk·able *a* 働かし[動かし]うる, ‹機械など›運転できる; ‹鉱山が›経営[採掘]できる; ‹計画が›ものになる, 実行できる; 練りうる, こねられる, 加工[細工]できる; ‹土地が›耕される. ♦ ～**·ness** *n* **wòrk·abílity** *n* **-ably** *adv*

work·a·day /wə́ːrkədèɪ/ *a* 仕事日(用)の, 日常の (everyday); 実際的な; 無味乾燥な, 平凡な: in this ～ world このあくせく[こせこせ]した世の中で.

work·a·hol·ic /wə̀ːrkəhɔ́(ː)lɪk, -hɑ́l-/ *n, a* 働き[仕事]中毒の(人), ワーカホリック(の). ♦ **wórk·a·hòl·ism** *n* 働き[仕事]中毒. [*work*＋*aholic*]

wórk·alìke *n* 同等の仕事ができる[能力をもつ]もの《IBM のコン

ピューターに対してその互換機など).
wórk·aròund *n* 〘電算〙《プログラム[システム]の問題の》回避法.
wórk·bàg *n* (針)仕事袋, 刺繍[編物, 裁縫]の道具袋.
wórk·bàsket *n* 針仕事かご, 刺繍[編物, 裁縫]道具かご.
wórk·bènch *n* 《大工・職工などの》仕事台, 細工台.
wórk·bòat *n* 《漁船・貨物船など》業務用の小型船.
wórk·bòok *n* 科目別学習指導要領; 業務手帳, 事務規定(録), 業務便覧; 《教科書と並行して使う》学習帳, ワークブック; 《仕事の予定・完了を記す》業務記録簿.
wórk·bòx *n* 道具材料箱, 《特に》刺繍[編物, 裁縫]箱.
wórk càmp 模範囚労働者収容所 (prison camp); 《宗教団体などの》勤労奉仕キャンプ; 《若者に農業など体験させる》夏季作業合宿.
wórk cùrve 作業曲線.
wórk·dày* *n* 仕事日, 就業日, 平日; 《1 日の》就労[勤務]時間; 一日単位の規定就労時間数: He has an eight-hour ～ five days a week. 彼は一日 8 時間週 5 日勤務だ. ► *a* WORKADAY.
worked /wə́ːrkt/ *a* 手の加えられた, 加工[処理, 開発]された; 飾った, 刺繍を施した. ● **～ to** DEATH.
wórked lúmber 加工木材, 整形木材.
wórked úp *a* 《口》興奮して, おこって, いらいらして ‹*about, over*›.
wórk·er *n* 働き手, 仕事する人; 労働者, 工員, 職工; [the ～s] 《資本家に対する》労働者, 労働者階級(の人びと); 細工師; 〘昆〙働きバチ (=～ **bée**), 働きアリ (=～ **ánt**); 働き者, 勤勉家; 〘印〙実用版 《印刷機にかける電鋳版》: agricultural [clerical, industrial] ～*s* 農業[事務, 工業]労働者 / skilled [unskilled] ～*s* 熟練した[熟練していない]労働者 / a good [hard] ～ よく働く人 / a poor [slow] ～ 仕事ができない[遅い]人 / FAST WORKER / WONDER-WORKER. ♦ **～·less** *a*
wórk·er-diréctor *n* 労働者取締役《取締役会の労働者側メンバー; 特にドイツや若干の EU 諸国で行なわれている監査役会 (supervisory board) のメンバー》.
wórker participàtion 《企業経営への》労働者参加, 労使協議制.
wórk·er-príest *n* 《宣教のため非宗教的労働もするフランスのカトリックや英国教会の》労働司祭.
wórkers' [wórkmen's] compensátion 労働者災害補償(金[制度]), 労災補償.
wórkers' coóperative 労働者協同組合《労働者が組合員となり出資・運営する企業》.
Wórkers' Educátional Associátion [the] 〘英〙社会人教育協会《18 歳以上の社会人に安い授業料で(社会科学)教育を行なう民間団体; 1903 年設立》.
wórkers' participátion WORKER PARTICIPATION.
wórk èthic 労働観, 《特に》勤労を善とする考え: PROTESTANT WORK ETHIC.
wórk expèrience 職務[実務]経験, 職歴; ‖《学生の》就業体験.
wórk·fàre *n* 勤労福祉制度《社会保障の見返りに社会奉仕または職業訓練を要求する制度》. [*work*+wel*fare*]
wórk fàrm 《短期収容軽犯罪者の》労働農場.
wórk·fèllow *n* 仕事仲間, 会社[職場]の同僚.
wórk·flòw *n* 《会社・工場などの》仕事[作業]の流れ.
wórk·fòlk(s) *n pl* 働く人びと, 《特に》農場労働者たち.
wórk·fòrce *n* 《ある活動に従事する》(作業)要員; 《一国・一地域・一産業などの》総労働力, 労働人口.
wórk fùnction 〘理〙仕事関数《固体中から固体外部の真空中へ電子を引き出すのに要するエネルギー》; 《まれ》HELMHOLTZ FUNCTION.
wórk fùrlough 労働釈放 (WORK RELEASE).
wórk gròup 作業グループ《工場などで共同して一つの仕事にたずさわる人の集団》; 〘電算〙ワークグループ《ローカルネットワーク上でデータを共有し合うグループ》.
wórk hàrden *vt* 〘金工〙加工硬化する.
wórk·hòrse *n* 役馬, 駄馬; 《たよりになる》働き者, 《チームの》主力, よく働く機械[乗物]; SAWHORSE.
wórk-hòur *n* [°*pl*] 労働[勤務]時間 (=*working hours*).
wórk·hòuse *n**感化院, 《軽犯罪者の》労役所 (house of correction); 〘英史〙POORHOUSE; 《廃》作業場 (workshop).
wórk-ìn *n* 〘労〙労働者による工場管理《閉鎖されようとしている工場を占拠し労働者が自主管理すること》.
wórk·ing *a* **1 a** 働く, 労働に従事する; 耕作[狩猟, 番]に用いられる ‹家畜など›: a ～ population 労働人口 / a ～ mother 仕事をもつ母親 / ～ conditions [environment] 労働条件[環境] / a ～ partner 《合資会社の》労務出資社員 / one's ～ life 《人の生涯のうちの》仕事に就いている期間, 職業[仕事]人生. **b** 経営の, 営業の; 運転する; 工作の, 仕上げの; 実行の; 作業の, 就業の; 仕事の: ～ expenses 運営費, 経費 / a ～ breakfast [lunch, dinner] 《政治家・重役などの》用談を伴う朝食[昼食, 夕食]会 / a ～ committee 運営委員会 / a ～ plan 工作図; 作業計画. **c** 役立つ; 仕事を推進するための[に必要な]: a ～ knowledge 役に立つ[実用的な]知識 / a ～ majority 《政党が》安定多数, 《議席などの》単独過半数. **d** 実際に動く[動かせる], 機能する. **e** 運転[稼働]中の. **2** ひきつった, 痙攣する‹顔›; 発酵中の‹ビール›. ● **have…～ for** one =《口》have…GOING for one. ► *n* **1 a** はたらき, 作用, 活動; 作業, 運転; 《交通機関の》運行; 工作, 加工; 製造, 建造. **b** 解決; [*pl*] 計算の過程. **2** 《顔・心などの》動き方, ひきつり; 遅々とした歩み, 漸進; ずれ, きしみ; 発酵作用. **3** [*pl*] **a** 仕組み, 機構. **b** [ᵁ*pl*] 《鉱山・石切り場・トンネルなどの》作業場, 現場, 採掘場, 坑道, 壕; 坑道網.
wórking àsset 〘会計〙運用[運転]資産.
wórking bàll 〘ボウル〙ワーキングボール《ピンをはねとばす力のあるボール》.
wórking bèe 《NZ》慈善活動のボランティアグループ.
wórking càpital 〘会計〙運転資本 (=(*net*) *current assets*); (正味)運転資本《流動資産から流動負債を引いた差額》; 流動資産.
wórk·ing-clàss *a* (賃金[肉体])労働者階級の[にふさわしい].
wórking clàss [the] (賃金[肉体])労働者階級[層].
wórk·ing-dày *a* 仕事日の, 日常の (workaday).
wórking dày WORKDAY.
wórking dòg 《ペット・猟犬などと区別される》作業犬《そり犬・輓曳(ばんえい)犬など》.
wórking dràwing 〘機〙製作図, 工作図; 《工事の》施工図, 実施設計図.
wórking èdge 《板を直角に正しく仕上げる際に基準となる》最初に仕上げる断面.
wórking fàce 《板の面を正しく取るための基準となる》最初に仕上げる面.
wórking flùid 〘理〙作業流体, 動作流体.
wórking gìrl 働く女性; 《俗》売春婦.
wórking gròup 特別調査[諮問]委員会, 検討作業部会.
wórking hòurs *pl* 労働[勤務]時間.
wórking hypóthesis 作業仮説.
wórking lòad 使用荷重.
wórk·ing·màn *n* 賃金[肉体]労働者.
wórking mèmory 〘心〙作動記憶; 〘電算〙作業[短期]記憶, ワーキングメモリー.
wórking mèn's clùb 労働者クラブ, ワーキングメンズクラブ《英国の都市にみられる労働者の社交場; パブとミュージックホールの両要素をもつ》.
wórking mòdel 《機械などの》実用模型.
wórking òrder 運転[作動]できる状態: in (full [good]) ～ 正常運転できる状態で; ‹事が›順調に運んで.
wórk·ing-òut *n* 計算; 精緻化; 開発; 努力; つくり上げた結果.
wórking pàpers *pl* 《未成年者・外国人の就職に必要な》就業書類; 研究(調査)報告書.
wórking pàrty ‖WORKING GROUP; 〘軍〙特別作業隊, 作業班.
wórking póor [the] ワーキングプア《就労していても十分な収入を得られない貧困層》.
wórking stìff 《俗》一般労働者, 勤め人.
wórking stòrage 〘電算〙作業記憶域.
wórking strèss 〘機〙使用応力, 〘建〙存在応力.
wórking súbstance 〘理〙作業物質.
wórking tìtle 《制作中の映画・小説作品などの》仮題.
wórking tòp WORKTOP.
wórk·ing-to-rúle‖ *n* WORK-TO-RULE.
wórking wèek‖ WORKWEEK.
wórk·ing·wòman *n* 婦人[女性]労働者; WORKINGMAN の妻.
wórk in prócess* [**prógress**‖] 〘会計〙仕掛(しかかり)(しかけ)品(勘定)《製造工程・遂行過程の途中にあり, なお作業の継続が必要な中間生産物もしくは契約; 造船工事・建設業などにおいては半成[未成]工事と称する; 略 WIP》. ♦ **wórk-in-prócess, -prógress** *a*
wórk ìsland 作業島《企画の各領域を自主管理のもとで担当する労働者のグループ》.
wórk·less *a* 仕事のない, 失業した: the ～ 失業者《集合的》. ♦ **～·ness** *n*
wórk·lòad *n* 《人・機械が所定時間内にこなす》作業量, 仕事量.
wórk·man /-mən/ *n* WORKINGMAN; 職人, 熟練工; 仕事ぶりが…の人; 名匠, 名人: a ～'s train 《労働者のための》早朝割引列車 / ⇨ TOOL 《諺》/ a good ～ 腕のいい職人.
wórkman·lìke *a* 職人らしい; 腕利きの, 手際のよい; 《悪い意味で》職人的な, 職人仕事の. ► *adv* 職人らしく, 巧みに.
wórkman·ly *a, adv* 《やや古》WORKMANLIKE.
wórkman·shìp *n* 技量, 腕前; 手際, できばえ, 仕上がり; 製作品, 作品, 細工.
wórk·màte‖ *n* 《口》WORKFELLOW.
workmen's compensation ⇨ WORKERS' COMPENSATION.
wórkmen's compensátion insùrance 〘保〙労働者災害補償保険.
wórk of árt 美術品《絵画・彫刻など》; [*fig*] 芸術品: His life was a ～.
wórk·òut *n* 練習, トレーニング; 練習試合; 激しい運動, 激務; 点検, チェック, 《適性などの》試験, 検定; *《俗》なぐること, 殴打; 《破産や抵当権実行などに代わる》債務減額合意.

wórk·òver *n*《石油採収井の》改修.

wórk·pèople″ *n pl* 労働者 (workers), 従業員.

wórk pèrmit 労働許可証.

wórk·pìece *n* 製造工程にある製品[素材].

wórk·plàce *n* [°the] 仕事場, 作業場; 職場.

wórk prìnt 〘映〙編集用プリント《これで編集が完了すると, これを基にオリジナルのネガをつなぎ, それから上映用のプリントを作る》.

Wórk Prójects Administràtion [the]〘米〙公共事業促進局《1935 年 Works Progress Administration として設立, 39 年改称, 43 年終了; 略 WPA》.

wórk ràte 《スポーツ[運動]で費やされる》エネルギー量, 運動量.

wórk relèase* 労働釈放《受刑者を毎日フルタイムの労働に出勤させる更生制度》.

wórk·ròom *n* 仕事部屋, 作業室.

wórks cóuncil [committee] 工場協議会《単一工場内の労働者代表で組織した会議》; 労使協議会.

wórk shàring JOB SHARING.

wórk·shèet *n* 企画書; 作業計画書; 《作業の》進行表; 《労働者の》作業票 (job ticket); 〘会計〙精算表; 練習問題紙, 練習問題集の 1 枚[1 ページ]; 〘電算〙SPREADSHEET.

wórk·shòe *a**《俗》がんじょうな, 長持ちする, たよりになる.

wórk·shòp *n* 仕事場, 作業場, 職場; 《家庭などの》工作[作業]部屋; 《文学・芸術作品の》創作方法; 《出席者が活動に自主的に参加する方式の》研究集会, ワークショップ; 集団実習室 (laboratory).
► *vt* 〈劇を〉《討論や即興を交えながら》試演する; ワークショップを行なう.

wórk-shỳ *a* 仕事嫌いな, なまけ者の.

wórk·sìte *n* 仕事場, 作業場, 工事現場.

wórk sòng 労働歌, 勤労の歌.

wórk·spàce *n* 作業空間; 商業用スペース; 〘電算〙作業領域《作業用に割り当てたメモリー上のスペース》.

wórk·stàtion *n* ワークステーション《**1**) 流れ作業などで 1 人の労働者が仕事をするための場所[席] **2**) 情報処理システムに連結された独立しても一定の処理の行なえる端末 **3**) マルチタスキング・高解像の大型表示装置・RAM などを特徴とする高機能コンピューター》.

wórk stòppage 作業停止《ストライキより自発的に行なわれ, より小規模》.

wórk stùdy 作業研究, ワークスタディ《能率向上のための作業工程分析など》.

wórk-stùdy prògram 〘米教育〙労働学習課程《高校生・大学生の就労を認めるもの》.

wórk sùrface″ WORKTOP.

wórk·tàble *n* 仕事台 (bench); 《ひきだし付き小テーブル形の》刺繡[編物, 裁縫]用仕事台.

wórk-to-còntract″ *n* 契約条項だけの仕事しかしない SLOWDOWN.

wórk·tòp″ *n* 《台所の》調理台, カウンター.

wórk-to-rúle″ *n, vi* 順法闘争(する).

wórk·ùp *n* 〘医〙精密検査; 〘化〙《物質分析などの前段階の》精製[分離]作業; 〘軍〙《作戦などの》事前訓練[演習], 特訓; 〘印〙《込め物が浮いて印刷面にできた》かす.

wórk·wèar *n* 労働着, 作業着, 工員服; 作業着スタイル.

wórk·wèek* *n* 週間労働[勤務]時間: a 40-hour ～ 週 40 時間労働 / a 5-day ～ 週 5 日[週休 2 日]制(の週).

wórk·wòman *n* 女性労働者; 女工; 婦人技芸家.

world /wə́ːrld/ *n* **1 a** [the] 世界, 天地, 地球; 世界中の人, 人類, 人間; 《特定の地域・時代の》世界; [the]*《陸軍俗》米国本土, 米本国: (all) *the* ～ over＝all over *the* ～＝throughout *the* ～ 世界中に[で, の] / a journey round *the* ～ 世界一周の旅 / *the* whole ～ 全世界(の人びと) / the medieval ～ 中世の世界. **b** 宇宙, 万物; 《住人のいる》天体, 星の世界. **2 a** 人の世, (この[あの])世; 現世, 憂き世; [the] (渡る)世間, 世の中, 世人, 俗人, 世俗, 世態, 世事: this ～ and the next＝the two ～*s* 現世と来世 / a better ～＝another ～ 来世 / in this ～ and the ～ to come 現世でも来世でも / the end of the ～ 世の終わり《破滅の日》/ the other ～＝the next ～＝the ～ to come [to be] あの世, 来世 / forsake the ～ 世を捨てる / go out of [leave, depart] this ～ 死ぬ / MAN OF THE WORLD / as *the* ～ goes 世間並みに言えば / *the* wise old ～ 一般的な経験や習慣 / know *the* ～ 世情に通じている / begin [go out into] *the* ～ 実社会に出る / of *the* ～ 世俗の, 俗な / What will *the* ～ say? 世間はなんと言うだろう / How goes *the* ～ with you? いかがお暮らしですか / How's *the* ～ been treating you? 《口》その後お変わりありませんか / It takes all sorts to make a ～. 《諺》世間をなすにはあらゆる人間が要る《変わり者もいなければ世間とはいえない》/ Half *the* ～ knows not how *the* other half lives. 《諺》世間の半分はあとの半分の暮らしを知らないものだ. **b** [the] 上流社会, 社交界(の人びと): set a friend in *the* ～ 友人を引き立てる / *the* fashionable ～ 《はなやかな》社交界 / *the* great ～ 上流社会. **c** [one's] 《個人の経験する》世間, 世界: *His* ～ has changed. 彼の世界は変わった. **3** …界, …世界, …社会: the literary ～＝the ～ of letters 文学界, 文壇 / the animal [mineral, vegetable] ～ 動物[鉱物, 植物]界. **4** [°*pl*] 大量, 多数; [a ～, ～s, ⟨*adv*⟩] 大いに, まるで: *a* ～ [the, ～*s*] of… 山なす…, 莫大な, 無数の, 無量の, 無限の / the ～ of waters 大海原 / *a* [the] ～ of difference 大変な違い / *a* ～ too wide とてつもなく広い / ～*s* [*a* ～] apart＝～*s* [*a* ～] away 全くかけ離れて[異なって]⟨*from*⟩. **5** 《口》大切で欠かせないもの, このうえなく大事なもの: be [mean] all the ～ to sb 人にとって天にも地にも代えられない, 大事な宝である.

● **against the ～** 全世界を敵にまわして, 世間と戦って. **all the ～** 全世界[満天下](の人びと); 万物; ⇨ 5. **(all) the ～ and his wife** [*joc*] (紳士淑女の)だれもかれも, 猫もしゃくしも. **be not long for this ～** 死にかけている, 長くはない. BRING…**into the ～.** **carry the ～ before** one 瞬く間に大成功する. **come [go] down in the ～** おちぶれる. **come into [to] the ～** 生まれる; 出版される. **come [go, get] up in the ～** 出世する. DEAD **to the ～.** **for all the ～** ⇨ not for all the WORLD. **for all the ～ like [as if]**… どこからみても[まるで]…のようだ, まったく似て (exactly like). **give to the ～** 世に出す, 出版する. **give ～s [the ～]** 《口》⟨…のためなら, …するためには, もし…なら⟩どんな犠牲を払ってもいい ⟨*for* sth; *to* do; if…⟩. **go around the ～** 《俗》相手の体のすみずみまでキスする, 総なめする. **have the ～ against** one 全世界を敵にまわす. **have the ～ before** one 洋々とした前途がある. **have the ～ by the balls** ⇨ BALL[1]. **in a perfect [an ideal] ～** 理想的な世界では, 《ありえない》理想を言うなら. **in a ～ of** one's **own**＝**in a ～ by** one**self** 自分ひとりの世界に閉じこもって; 《俗》ひとりよがりで. **in the ～** (**1**) 世界に[で]; 世に〈立つ〉. (**2**) [疑問詞, 最上級, all, 否定語などを強めて] 一体全体, 全く: He is *the greatest* man *in the* ～. / *What in the* ～ does he mean? いったい彼はどういうつもりか / have *all* the money *in the* ～ 《口》巨額の金がある / *Never in the* ～! / *nothing in the* ～ 少しも…ない. **mean all the ～** ⇨ 5. **not for (all) the ～ [for ～s]**＝**not for anything in the ～** 断じて…でない, 決して…しない: She would*n't* go *for all the* ～. **on** TOP[1] **of the ～.** **out of this [the] ～** 《口》無類で, とてもすばらしい; *《俗》(ヤクで)ラリって[ぶっとんで]. **see the ～** 世の中のいろいろなことを経験する, 世間を知る. **set the ～ on** FIRE. **set [put] the ～ to rights** 《口》大いに論じて世の中を正したつもりになる, 天下国家を論ずる. **take the ～ as it is [as one finds it]** (世の中をあるがままに受け止めて)時勢に順応する. **the best [worst] of both ～s** 両方のいちばんよい[悪い]ところが重なった状況: have *the best of both* ～*s*. **the whole wide ～** 《口》ありとあらゆるところ. **the wide ～** この広大な世界. **the ～, the flesh, and the devil** 種々の誘惑物《名利と肉欲と邪念》. **think the ～ of**…を非常に重んずる, とても大事に思う, 慈しむ. (be tired) **to the ～** 《俗》全く, すっかり(疲れる). **to the ～'s end** 世界の果てまでも, 永遠に. **(weight of the) ～ on** one's **shoulders [back]** 世の中の重荷すべて, 重大な責任, 大きな心労. **～ without end** 永久に, 世々限りなく《*Ephes* 3:21》.
► *attrib a* 世界の; 世界中の[にある], 全世界の, 世界的な; WORLD MUSIC の: a ～ state 世界国家.
[OE *w(e)orold* human existence, this world＜Gmc (**weraz* man, **aldh-* era (⇨ OLD)); cf. G *Welt*]

Wórld Bánk [the] 世界銀行《1944 年創設の the International Bank for Reconstruction and Development の俗称》.

Wórld Bánk Gròup [the] 世界銀行グループ《the International Bank for Reconstruction and Development, the International Finance Corporation, the International Development Association の 3 機関の総称》.

wórld bèat [[s]W- B-] ワールドビート (WORLD MUSIC).

wórld-bèat·er *n* 《口》《ある分野で》ずば抜けた人[もの], 第一人者, 究極のもの. ♦ **wórld-bèat·ing** *a*

Wórld Cálendar [the] 世界暦《一年を 4 等分し, 各四半期は必ず日曜日から始めて 3 か月ずつに分かち, 最初の月は 31 日, 次の 2 か月は 30 日ずつとし, 12 月 31 日の代わりに年末休日を置くという改良案》.

wórld càr ワールドカー, 世界戦略車《数か国の分業体制で製造され, 全世界を市場とする経済的な小型車》.

wórld-clàss *a* 世界に通用する, 世界レベルの, 超一流の.

Wórld Commúnion Sùnday 世界教会交わりの日曜, 世界聖餐日《10 月第 1 日曜; この日聖体拝受を行なう世界教会運動の一つ》.

Wórld Cóuncil of Chúrches [the] 世界教会協議会《1948 年神学・教会・世界の問題で信条を異にする教会が協力するため Amsterdam で結成; 略 WCC》.

Wórld Cóurt [the] **1** 常設国際司法裁判所 (the Permanent Court of International Justice)《通俗称》. **2** 国際司法裁判所 (the International Court of Justice)《通俗称》.

Wórld Cúp [the] ワールドカップ《**1**) サッカー・スキー・ゴルフなどの世界選手権大会; 特に 1930 年以来 4 年毎に開催されているサッカーの大会 **2**) その優勝杯》.

Wórld Dáy of Práyer [the] 世界祈禱日《四旬節の第 1 金曜日; 多くの教会で伝道のために祈る》.

Wórld Económic Fórum [the] 世界経済フォーラム《スイスの

経済研究機関; 1971 年設立; 本部 Geneva; ; 略 WEF》.
wórld Énglish 世界の英語《カナダ・オーストラリア・南アフリカなどすべての地域的変異を含めた英語》; 世界英語, ワールドイングリッシュ《地域的変異に左右されず, 共通言語として使われる英語》.
wórld fàir WORLD'S FAIR.
wórld-fámous, -fámed *a* 世界[天下]に名高い.
wórld féderalist *n* 世界連邦主義者; [W- F-]《第二次大戦後の》世界連邦運動推進会員. ► *a* [W- F-] 世界連邦主義の; 世界連邦運動推進団体の. ♦ **wórld féderalism** *n* 世界連邦主義; [W- F-]《第二次大戦後の》世界連邦主義, 世界連邦運動(推進団体).
Wórld Federátion of Tráde Únions [the] 世界労働組合連盟, 世界労連《略 WFTU; 1945 年結成; cf. ICFTU》.
Wórld Fóod Còuncil [the]〘国連〙世界食糧理事会《1974 年の国連世界食糧会議の提案により創設された, 世界の食糧問題に関する政策の審議・決定や勧告を任務とする機関》.
wórld góvernment 世界政府.
Wórld Héalth Organizàtion [the]〘国連〙世界保健機関《1948 年創設; 本部 Geneva; 略 WHO》.
Wórld Héritage Sìte 世界遺産登録地.
Wórld Intelléctual Própertу Organizàtion [the] 世界知的所有権機関《1967 年の条約により創設, 1974 年に国連の専門機関となった特許権・著作権などの保護をはかる国際機関; 本部 Geneva; 略 WIPO》.
Wórld Ísland [the, °the w- i-]〘地政〙世界島《世界を支配するのに戦略上有利なアジア・ヨーロッパ・アフリカからなる地塊; cf. HEARTLAND》.
wórld lánguage 世界語, 国際語《Esperanto などの人工語; また 英語など多くの国々で使われる言語》.
wórld lìne〘理〙世界線《四次元の時空世界で世界点がつくる曲線》.
wórld·ling *n* 俗人, 俗物; 世知にたけた人; この世の者.
wórld·ly *a* 世間の, 世の中の, 憂き世の; 世俗的な, 俗界の, 俗人の, 名利を追う, しゃばっ気のある; 世才のある, 世間を知っている; 如才ない: ~ people 俗物ども / one's ~ goods [possessions, wealth]《世俗的な》財産《人の資質や徳と対比して》/ ~ success 世俗的成功 / ~ wisdom 世才, 世故, 世知. ► *adv* [複合語で以外は《古》] 世間的に. ♦ **wórld·li·ness** *n* 俗心, 俗臭《精神より世俗的現実重視》.
wórld·ly-mínd·ed *a* 世俗的な(精神の), 名利を追う. ♦ **~·ness** *n*
wórld·ly-wíse *a* 世才のある, 世故にたけた, 世間を知っている.
Wórld Meteorológical Organizátion [the]〘国連〙世界気象機関《1950 年創設; 略 WMO》.
wórld mùsic ワールドミュージック《欧米以外の音楽の伝統に起源をもつ[採り入れた]ポピュラー音楽》.
wórld ócean [the] 世界洋《太平洋・大西洋・インド洋からなる海洋連続体》.
wórld-òld *a* [強調して] 地球と同じくらい(きわめて)古い.
wórld òrder 世界秩序《世界の政治的安定を維持するための国際的な仕組み》.
wórld póint〘理〙世界点《空間の位置と時間を定める点》.
wórld pówer 世界的強国, 大国; 世界的に強力な組織, 国際組織.
wórld premíere《演劇などの》世界初演,《映画の》完成披露試写会, ワールドプレミア.
wórld-ránk·ing *a* 世界のトップクラスの, 世界レベルの.
wórld séries [the, °the W- S-] ワールドシリーズ《毎年秋 National League と American League の優勝チーム間で行なうプロ野球選手権試合》;《一般に》最高選手権試合.
Wórld Sérvice [the] ワールドサービス《BBC WORLD SERVICE の略称》.
wórld's fáir 万国博覧会.
wórld-shàking *a* 世界を揺るがす, 非常に重大な.
wórld's óldest proféssion 売春 (prostitution).
wórld sóul 世界霊魂, 世界精神《全自然を統合して一大有機体とする》.
wórld spírit 神 (God); WORLD SOUL.
Wórld Tráde Cènter [the] ワールドトレードセンター, 世界貿易センター《New York 市 Manhattan 南端にあった金融街の複合施設; 高層の 2 棟 (Twin Towers) は 2001 年 9 月 11 日のいわゆる同時多発テロで破壊された; 新たな施設を再建中; 略 WTC; cf. GROUND ZERO》.
Wórld Tráde Organizàtion [the] 世界貿易機関《GATT (関税貿易一般協定) の発展型として国際貿易のルールを統括する国際機関; 1995 年発足; 略 WTO》.
wórld·vìew *n* 世界観《WELTANSCHAUUNG のなぞり》.
wórld wár 世界大戦.
Wórld Wár I /-wʌ́n/ 第一次世界大戦《1914–18》.
Wórld Wár II /-túː/ 第二次世界大戦《1939–45》.
Wórld Wár III /-θríː/《将来起こるかも知れない》第三次世界大戦; [*joc*] 大混乱, めちゃくちゃな状況.
wórld-wèary *a* 厭世的な,《特に》物質的快楽に飽きた. ♦ **-wéarily** *adv* **-wèariness** *n*
wórld·wíde *a, adv* 〈名声など〉世界中に及ぶ[及んで], 世界的な[に], 世界中の[で], 世界規模の[で].
Wórld Wìde Fúnd for Náture [the] 世界自然保護基金《国際自然保護団体; 略 WWF; 旧称・別称 World Wildlife Fund (世界野生生物基金)》.
Wórld Wíde Wéb [the]〘インターネット〙WWW《URL により特定されるテキスト・画像・音声などからなり, 情報の参照が容易に行なえる世界規模の情報ネットワーク; 略 Web, WWW, W3》: on the ~.
worm /wɔ́ːrm/ *n* **1 a** 虫, 蠕虫(ぜんちゅう)《ミミズ・ヒルなど》, いも虫, 青虫, 毛虫, うじ, 地虫, フナクイムシ, クルマムシ, ヘビトカゲ《など》;《古》蛇 (snake, serpent, dragon): Even a ~ will [may] turn.=Tread on a ~ and it will turn.《諺》(踏まれれば)虫でも反撃するものだ, 一寸の虫にも五分の魂 / meat [food] for ~*s*=~*s'* meat《人間の》死体. **b** [*pl*]《体内の》寄生虫; [~s, 〈*sg*〉] 寄生虫病. **c**〘電算〙ワーム《システムに忍び込んで破壊や情報漏洩を行なうプログラム》. **2**《口》虫けら同様の人間, うじむし; 虐げられた[みじめな]人: I am a ~ today. 今日は少しも元気がない《*Ps* 22: 6》. **3** 苦痛[悔恨]の種[原因]: the ~ of conscience 良心の呵責. **4 a** ねじ (screw); ねじやま;〘機〙ウォーム, スクリュースレッド《WORM WHEEL とかみ合う伝動軸のらせん》; ARCHIMEDES' SCREW; SCREW CONVEYOR;《蒸留器の》らせん管, 蛇管, ワーム. **b**〘解〙虫様構造,《小脳の》虫様体;《肉食獣の舌の》LYTTA. **c** [*pl*] *《俗》スパゲッティ, マカロニ: ~*s* in blood 血まみれミミズ, スパゲッティナポリタン.
► *vt* **1** 徐々に進ませる〈*oneself through*〉; はい込ませる, はい出させる, こっそり入り込ませる[抜け出させる]〈one's way [*oneself*] *into* [*out of*]〉; 巧みに引き出す〈secrets etc. *out of* sb〉;〘海〙〈ロープ〉の壌(う)め巻きをする《表面の谷間に細索を巻く》: ~ *oneself into* favor [confidence] うまく取り入って寵[信頼]を得る. **2**〈犬〉から寄生虫を除く;〈花壇など〉の虫を駆除する. ► *vi* はうように進む〈*through, into, out of*〉; うまく取り入る (: ~ *into* a position); *《俗》勉強する. ● **~ out of...**《俗》〈困難な場面〉から退く,〈約束・義務〉に背く, [*fig*]〈問題・いやな義務〉からこっそり逃げる.
♦ **~·like** *a* **~·less** *a* [OE *wyrm* serpent, dragon, worm; cf. G *Wurm*, L VERMIN]
WORM /wɔ́ːrm/〘電算〙WORM, ライトワンス (=~ **dìsk**)《同じ場所には 1 回だけデータの書き込みができる (write-once) 光ディスク》. [*write once read many (times)*]
wórm càst [càsting] ミミズの糞(ふん).
wórm-chàrm·ing *n* ミミズを地面に誘い出す競技.
wórm convèyor〘機〙SCREW CONVEYOR.
wórm drìve〘機〙ウォーム駆動.
wórm-èaten *a* 虫の食った, むしばまれた; 虫食いのような穴のある, あばたの (pitted); 古い, 古臭い, 時代遅れの.
wórm·er *n*《鳥獣用の》駆虫剤.
wórm·ery *n* 虫飼育器[場].
wórm fènce ジグザグ形の垣[塀, 柵] (=*snake(-rail)* fence, *Virginia (rail) fence*).
wórm fìshing ミミズ(を餌に使う)釣り.
wórm·flỳ *n*〘釣〙ワームフライ《擬似餌(ぎじ)》.
wórm-fòod *n* *《俗》死体, むくろ, ホトケ.
wórm gèar〘機〙WORM WHEEL; ウォーム歯車装置.
wórm·hòle *n*《木材・衣類・紙などにできた》虫食い, 虫穴;《地面にできた》虫の穴;〘天〙ワームホール《black hole と white hole の連絡路》.
wor·mil /wɔ́ːrmɪl/ *n*〘獣医〙牛皮腫《ウシバエの幼虫の寄生による家畜背部皮膚の小腫瘤》.
wórm lìzard〘動〙ミミズトカゲ《外観がミミズに似る》.
wórm pòwder 駆虫粉剤.
wórm·ròot *n*〘植〙スピゲリア (PINKROOT).
Worms /wɔ́ːrmz; vɔ́ːmz; *G* vɔ́rms/ ヴォルムス《ドイツ中南西部 Rhineland-Palatinate 州の Rhine 川に臨む市》. ■ **the Concórdat of ~** ヴォルムス協約《1122 年神聖ローマ皇帝 Henry 5 世と教皇カリクストゥス (Calixtus) 2 世の間の協約; 叙任権論争に妥協をもたらした》. **the Díet of ~** ヴォルムス国会《1521 年 Luther を異端者と宣告した》.
wórm·sèed *n* 駆虫効果のある種子を生ずる各種植物《**1**) ヨモギ属の数種の植物 **2**) (ケ)アリタソウ (=*American wormseed*); アカザ属》; 駆虫効果のある種子; シナヨモギの乾燥した頭花(とう) (Levant wormseed, santonica).
wórm's-èye víew 虫瞰(ちゅうかん)図, 仰瞻(ぎょうせん)図, 下からの眺め[観察]; 現実に基づいた見方.
wórm snàke〘動〙ミミズヘビ《穴を掘ってすむ各種の小型無毒のヘビ》.
wórm whèel〘機〙ウォーム歯車.
wórm·wòod *n*〘植〙ヨモギ,《特に》ニガヨモギ《欧州産》; 苦悩(の種), 悲痛[不快]な経験. [OE *wormōd*; 語形は *worm, wood* に同化; cf. VERMOUTH]

Wórmwood Scrúbs ワームウッドスクラップズ《London にある初犯者を収容する刑務所》.
wórmy *a* 虫のついた, 虫に食われた; 虫の多い; 虫のような, 卑しむべき. ♦ **wórm·i·ness** *n*
worn[1] /wɔ́ːrn/ *v* WEAR[1] の過去分詞. ► *a* 使い古した, すりきれた; 疲れ[心配]でやつれた.
worn[2] *v* WEAR[2] の過去分詞.
wórn-óut *a* 使い古した, すりきれた; 疲れはてた; 陳腐な.
wór·ried *a* 悩まされている; 苦悩を示した[伴った]: a ~ look 心配そうな顔 / look ~ 心配そうな顔つきである / be ~ *about*...のことで気をもむ. ♦ **~·ly** *adv*
wór·ri·er *n* くよくよ悩む人, 苦労性の人.
wór·ri·less *a* 煩い[苦労]のない, のんきな.
wór·ri·ment* [*joc*] *n* 心配, 苦労; 心配[苦労]の種.
wór·ri·some* *a* 気にかかる, 心配な; 厄介な; 苦労性の, くよくよする. ♦ **~·ly** *adv* **~·ness** *n*
wor·rit /wɔ́ːrət; wʌ́r-/ *vt, vi, n* "《方》 WORRY.
wor·ry /wɔ́ːri, wʌ́ri; wʌ́ri/ *vt* **1** うるさがらせる; 悩ます, 苦しめる, くよくよさせる; ["*pp*] …の気をもませる, いらいらさせる 〈*about, that, to* do〉: My debts ~ me. 借金で苦しい / Don't ~ me *with* such foolish questions. そんな愚問はよしてくれ / She *worried* him *for* a present. プレゼントが欲しいとせがんだ / Don't ~ your*self about* such trifles. そんなくだらん事で気をもまないがよい / ~ one*self* sick 心配のあまり病気になる. **2 a** 〈犬が〉〈ネズミ・羊・ほかの犬を〉(のどを)くわえて振りまわす, 手荒に扱う, いじめる; 執拗に攻撃する. **b** しきりにさわる[動かす], 絶えず気にする; 押したり引いたりして動かす; 愛撫する. **3** "《方》 窒息させる. ► *vi* **1** 悩む, くよくよする, 心配する 〈*about, over*〉; いらいらする, じれる; 苦しんで進む: nothing to ~ *about* 何も心配することはない / She *worries that* her ex will tell all. 彼女は元夫が暴露してしまわないかと心配している. **2** "かむ, 引っ張る 〈*at*〉; "〈犬などが〉くわえて振りまわす 〈*at*〉; "食らいつく, 取り組む, うるさくせがむ 〈*at* a problem [sb, etc.]〉. **3** "《方》 窒息する. ● **I should ~!** 《口》 ちっともかまわない, 苦にならない. **Not to ~.** "《口》 心配するな, ご心配なく. **~ along** 苦しみながら世を渡る. **~ aloud** 不平を言う 〈*about*〉. **~ out** (a problem) (問題を)考え抜く. **~** sth **out of**... 《執拗にしかけて》〈動物を穴など〉から外に出す; 〈情報などを人〉から引き出す. **~ through** 苦しんで進む, 努力のすえに成就する. ► *n* 猟犬が獲物にかみつき振りまわすこと; 心配, 気苦労, 取越し苦労 〈*about*〉; 心配事, 心配[苦労]の種 〈*to, for*〉: What a ~ the child is! なんて世話のやける子だろう. ● **No worries!** 《口》 気にしないで, 全然だいじょうぶ (No problem!).
[OE *wyrgan* to kill, strangle; cf. G (*er*)*würgen* to strangle]
wórry bèads *pl* 手持ちぶさたになるのを防ぐための[気を落ちつけるために手でさわる]数珠 (=*kumbaloi*).
wórry·gùts *n* "《口》 WORRYWART.
wórry·ing *a* 厄介な, うるさい; 気がもめる. ♦ **~·ly** *adv*
wórry lìne 額[眉間]のしわ.
wórry·wàrt *n**《口》 心配[苦労]性の人.
wors /vɔ́ːrs/ *n* 《南ア》 ソーセージ. [Afrik<Du *worst* sausage]
worse /wɔ́ːrs/ *a* (opp. *better*) [BAD[1], ILL の比較級; cf. WORST] いっそう悪い, なお悪い, さらにひどい[へたな, 劣る]: ~ and ~ ますます悪い / be ~ than useless 有害無益である / (Things [I]) could be ~. こんなところだろうよ, まあまあだね《How are you? などに対する返事》. ● **be ~ than** one's **word** 約束を破る. **none the ~ for** (the accident) (事故)にあっても平気で; 《口》 ...でよくなって. **or ~** あるいはもっと悪く. **so much the ~** それだけかえって悪い. **one's ~** HALF. **the ~ for drink** 酔って. **the ~ for wear** 《口》 疲れきって, くたくたで; 負傷して, けがをして; 着古して, いたんで, ぼろぼろで; 《口》 酔っぱらって. (and) **what is ~**=**to make matters [things] ~**=**~ than all** そのうえさらに悪い[困った]ことには, あいにく. **~** LUCK. ► *adv* [BADLY, ILL の比較級; cf. WORST] なお悪く, いっそう悪く; いっそうひどく: be ~ OFF / ~ than ever いっそう悪く. ● **can [could, might] do ~ than** do...《口》 ...するのも悪くない. **none the ~** (それでも)やはり, それにもかかわらず. **think none the ~ of**...をやはり重んずる[尊敬する]. ► *n* いっそう悪いこと; [the] いっそう悪い方, 不利, 負け: do ~ to...にいっそうひどいことをする / have *the* ~ 敗北する / put sb to *the* ~ 人を負かす. ● **for the ~** 悪い方へ, いっそう悪く: change *for the* ~ 悪化する. **go from** BAD[1] **to ~.** **if ~ comes to** WORST. **or [and] ~** さらに悪いもの. ♦ **~·ness** *n* [OE *wyrsa* (a); *wiers* (adv); cf. WAR]
wors·en /wɔ́ːrs(ə)n/ *vi* 悪化する. ► *vt* 悪化させる. ♦ **~·ing** *n* 悪化, 低下.
wors·er /wɔ́ːrsər/ *a, adv* 《古・非標準》 WORSE.
wor·ship /wɔ́ːrʃəp/ *n* **1** 礼拝, 参拝; 礼拝式; 崇拝, 尊敬; 崇拝の対象; 《古》 名誉, 尊厳, 威厳; 《まれ》 宗団, 宗派: a house [place] of ~ 礼拝所, 教会 / a public ~ 教会礼拝式 / hero ~ 英雄崇拝 / men of ~ 《古》 りっぱな人びと, 身分ある人びと / win ~ 《古》 名声を博する. **2** "閣下《治安判事・市長など高位者に対する敬称, 時に反語的; Your [His, Her] *W~* として用いる; Your *W~* は呼びかけ または you の代わり, His [Her] *W~* は he (or him) [she (or her)] の代わり》. ► *vt, vi* (**-p-** | **-pp-**) 礼拝する, 参拝する, 拝む; 崇拝する, 尊敬する 〈*as*〉; ありがたがる. ● **~ the ground** sb **walks [treads] on** 人を熱愛している, 夢中になっている. [OE *weorthscipe* worthiness, repute (WORTH[1], *-ship*)]
wórship·ful *a* 名誉ある, 尊敬すべき, 高名の《英では敬称として; 団体に対しても用いる》; 信心深い, 敬虔な: the Most [Right] *W~*...閣下. ♦ **~·ly** *adv* **~·ness** *n*
wórship·less *a* 尊敬を受けていない.
wór·ship·(p)er *n* 礼拝者, 参拝者; 崇拝者.
worst /wɔ́ːrst/ *a* (opp. *best*) [BAD[1], ILL の最上級; cf. WORSE] 最も悪い[へたな, 劣る], 最悪の; いちばんひどい, 最も激しい: *the* ~ job I've ever seen 今まで見たこともない最悪の仕事 / *the* ~ storm for five years 5 年ぶりのひどいあらし. ● **come off ~** 負ける, 敗れる, ひどいめにあう. **the ~ way [kind]***《俗》 最も悪く; [(in) the ~ way] 《口》 とても, 非常に. ► *adv* [BADLY, ILL の最上級] 最も悪く; とても, 非常に. ● **~ of all** なによりも悪いことには, いちばん困るのは. ► *n* [the] 最も悪い[ひどい]こと[もの, 人], 最悪: at one's ~ 最悪の状態で[の] / be prepared for *the* ~ 万一の覚悟をしている / *The* ~ of it is that.... いちばん悪い[困った]ことは.... ● **at (the) ~** 最悪の場合は[でも]. **do one's ~** 《口》 最悪を尽くす, 目いっぱい悪い[ひどい]ことをする; [*impv*] やれるものならやってみろ. **get [have] the ~ of it** 負ける. **give** sb **the ~ of it** 人を負かす. **have [get] the ~ (of...)** 《口》 (...に[で])負ける, ひどいめにあう (cf. *get* [*have*] *the* BEST *of* sb). **if the ~ [it] comes to the ~**=***if ~ [worse] comes to ~** 万一の場合には. **make the ~ of**...をとても大げさに[大変な事のように]言う; ...を悲観する[最悪に考える]. **put** sb **to the ~** 人を負かす. **speak [talk] the ~ of**...をこきおろす. ► *vt* 負かす: be ~*ed* 負ける. [OE *wierresta*; ⇨ WORSE]
wórst-càse *a* 《想定される》最悪の場合の: a ~ scenario 予想される最悪の筋書.
wor·sted /wʊ́stəd, wɔ́ːr-/ *n* 梳毛(そもう)糸 (=~ **yárn**); 梳毛織物, ウステッド《ギャバジン・サージなど》. ► *a* 梳毛糸製の (cf. WOOLEN); 梳毛織物製の; 梳毛加工[販売](業)の. [*Worste*(*a*)*d* Norfolk 州の原産地]
wort[1] /wɔ́ːrt, wɔ̀ːrt/ *n* 麦汁(ばくじゅう), ワート《ビール・ウイスキー原料》. [OE *wyrt* (↓)]
wort[2] *n* 草本, 草《今は複合語としてだけ用いられる》; 《古》 POTHERB: cole*wort*, liver*wort*. [OE *wyrt* ROOT; cf. G *Wurz*]
worth[1] /wɔ́ːrθ/ *pred a* **1 a** 《金銭的に》...の価値のある: This used car is ~ $1000. この中古車は 1000 ドルの価値がある / What's it ~? 《口》《質問・頼みに対し》見返りは何だ, いくら出す? / ~ a fortune 莫大な価値のある / It's not ~ a button [a damn, a fart, a monkey's toss, the paper it's written on, etc.]. 《俗》 全く無価値だ. **b** 財産が...の, ...だけの財産を所有して: He is ~ a million. 百万長者だ. **2** [名詞・動名詞を伴って] ...(する)に値する, ...するに足る: ~ a try [visit, look] やってみる[行ってみる, 一見の]価値がある / ~ the name =WORTHY of the name / ~ the trouble [effort] 骨折りがいがある / Whatever is ~ do*ing* at all is ~ do*ing* well. 《諺》 いやしくもなすに足る事ならりっぱにやるだけの価値がある. ● **as much as...is ~** ...の価値に匹敵するほど: It's *as much as* my place *is* ~ to do it. それをすればわたしの地位があぶない. **for all** one **is ~** 《口》 全力を尽くして, 懸命に. **for all it is ~** (1) 精いっぱい, 最大限(に), ぎりぎり[とことん]まで. (2) =for what it is WORTH. **for what(ever) it is ~** (真偽の保証なく)それだけのこととして, その真価はわからないけれども, まあ一応(言わせてもらえば): That's the news I heard—I pass it on to you *for what it's* ~. **~ it** 《口》 時間[手間]をかけるだけの価値のある. **~ (sb's) while**...する価値がある, やりがいがある 〈*to* do, do*ing*〉: do sth ~ *while* やりがいのある事をする / It is ~ *while* see*ing* the museum (=The museum is ~ seeing). / I'll make it ~ your *while*. きみにむだ骨折りはさせない, 報酬は支払う.
► *n* **1** 価値, 真価: of (great) ~ (大いに)価値ある / of little [no] ~ 価値の少ない[ない]. **2** 《ある金額・日数相当の》量, 分: a dollar's ~ of this tea この茶 1 ドル分 / two days' [12 hours'] ~ 2 日[12 時間]分の価値. **3** 《個人の》財産, 資産, 富. ● **put [get] in one's** TWO CENTS (**~**).
[OE *w*(*e*)*orth* worthy; cf. G *Wert*]
worth[2] *vt* 《古》 ...に起こる, 降りかかる: Woe ~ the day! 今日はなんという悪日だろう! [OE *weorthan* to become; cf. G *werden*, L *verto* to turn]
Worth /wɔ́ːrθ; *F* vɔrt/ ヴォルト, ウォルト **Charles Frederick ~** (1825–95) 《英国生まれのフランスのデザイナー; Paris に出て今日のオートクチュールの基礎を築いた》.
wórth·ful *a* 価値ある, りっぱな, すぐれた. ♦ **~·ness** *n*
Wor·thing /wɔ́ːrðɪŋ/ ワージング 《イングランド南部 West Sussex 州のイギリス海峡に臨む保養地》.
wórth·less *a* 価値のない, つまらない, 役に立たない, 無益な; 道徳心に欠けた, 不品行な, 見下げはてた. ♦ **~·ly** *adv* **~·ness** *n*
wórth·whíle *a* 費やした時間に相当する, やりがいのある; 相当な, りっぱな〈贈り物など〉. ♦ **~·ness** *n*
wor·thy /wɔ́ːrði/ *a* **1** ...にふさわしい, ...に値する 〈*of*〉, ...するに足る 〈*to* do〉: be ~ *of* note [consideration] 注目[考慮]に値する / ~ *to* be remembered 記憶されるに足る / a poet ~ *of* the name 詩人と

いうに足る詩人 / be ～ *of* support [admiration, praise] 支持[感嘆, 賞賛]に値する / in words ～ *of* [《古》 ～] the occasion その場にふさわしいことばで. **2** 価値のある, 尊敬すべき, りっぱな, 有徳の; 感心な, 善良な〈貧乏人など〉《不遜な感じを与える語; cf. HONEST》; ごりっぱな, 善良なだけで退屈な; 相応の, 相当な: a ～ cause 大義 / a ～ man 人格者 / a ～ adversary 相手にとって不足のない敵. ► *n* 名士, りっぱな人物; [*joc/iron*] 人, 御仁. ♦ **wór·thi·ly** *adv* りっぱに, 殊勝に; 相当に. **-thi·ness** *n* [*worth*]

-worthy /wə̀ːrði/ *a comb form* 「…に適した」, 「…に値する」: sea*worthy*, note*worthy*. [↑]

wor·tle /wɔ́ːrtl/ *n* 引板《針金や管を製造するための穴のあいた鋼板》. ► *vt, vi* 引板で〈針金[管]を〉製造する.

wot[1] /wɑ́t/ *v* 《古》 WIT の一人称[三人称]単数現在形.

wot[2] *vt, vi* (**-tt-**) 知る, 知っている 〈*of*〉. [*witen* to WIT]

wot[3] /wɑ́t/ 《発音つづり》《口》 what. ● **W～ no…?**《俗》 …がないとは《第二次大戦中の漫画の Mr. CHAD[2] のキャプションから》.

Wo·tan /vɔ́ːtɑ̀ːn, vóu-/ 〘ゲルマン神話〙 ヴォータン《ゲルマン神話の主神; アングロサクソンの Woden, 北欧の Odin に相当》.

wotcha /wɑ́tʃə/, **wotch·er** /wɑ́tʃər/ *int*《俗》 こんちは (What cheer!).

wot·(t)est /wɑ́təst/ *v* 《古》 WIT の二人称単数現在形.

Wot·ton /wútn, wɑ́tn/ ウォットン Sir **Henry** ～ (1568–1639)《英国の外交官・詩人》.

would /wəd, (ə)d, wud, wúd/ *v auxil* WILL の過去形. **1 a** [間接話法などで]: He said (that) he ～ come. 彼は来ると言った《★ 比較: He said, "I *will* come."》/ I knew (that) he ～ be in time. 時間に遅れないことは知っていた《★ 比較: I know (that) he *will* be in time.》. **b** [過去における未来]: So this was the place where I ～ work. I did not like its appearance. そこでこれがわたしが勤めることになる店だったが, 外観が気に入らなかった. **2 a** [条件文の帰結節で] …するだろう(に), …するのだが; [～ have＋*pp*] …しただろう(に): If I had a map I ～ lend it to you. 地図があれば貸してあげるのだが / If you had obeyed orders this disaster ～ not have happened. 命令に従っていたらこの惨事は起こらなかっただろう / I ～ if I could (, but I can't). もしできるのであればそうしたいのだが(無理だ) / I ～*n't* if I were you. わたしだったらしないでしょう, そうはしないほうがいいでしょう. **b** [条件節の表現されていない文で; 不確実・推量など] (まあ)…であろう: It ～ seem that…らしい / Who ～ have thought it? だれがそれを考えただろう《意外なことがあるもの》. **c** [願望などを表わす動詞に続く (that) 節で]: I wish he ～ write more often. もっと便りをくれるといいのですが. **3** [丁寧な依頼・願望] **a** [疑問文で] …してくださいますか; …しませんか: *W*～ you mind opening the window? 窓をお開け願えますでしょうか / *W*～ you come to lunch tomorrow? あす昼食にいらっしゃいませんか. **b** [条件節で] …する気があるならば: If you ～ wait a moment I'll see if Mr. White is free. 少しお待ちいただければホワイトさんが手があいているか見てきます / If you'*d* just sign the register. 《ホテルで》宿泊人名簿に署名をお願いします《★ if you ～… は丁寧な依頼で If you will…よりもいっそう丁寧》. **c** [帰結節で]《できれば》…したい: The happy man ～ have happy faces round him. しあわせな人はしあわせな顔で囲まれたいものだ / Do to others as you ～ be done by. 自分がしてもらいたいように他人にせよ. **4** /wúd/ **a** [始終起こることや特性に対するいらだちを表わして] きまって…するんだ: He ～ walk in with dirty boots just after I've cleaned the floor. 床をきれいにするとすぐ泥靴のままで入ってくるんだから / That's just what you ～ say. 全くきみの言いそうなこった. **b** [過去の固執] どうしても…しようとした; [否定文で; 拒否] …しようとしなかった: We tried to stop him smoking in bed but he ～ do it. ベッドでのタバコをやめさせようとしたが, やめなかった / He ～*n't* help me yesterday. きのうどうしても手を貸してくれなかった. **5** [過去の習慣的動作] よく…した: He ～ sit for hours doing nothing. 何時間も何もしないですわっていることがよくあった.

► *vt* **1** 《古》 望んだ (cf. WILL *vt* 3); 《古》 望む: What ～ you? あなたは何を望むのか. **2** [(I) ～ (that), ～ (to) God [heaven] (that) などとして] 《文》 …であればよいのに (I wish): *W～ that* I were young again! もう一度若くなりたいものだなあ / *W～ God that* I had died! 死んでいたらよかったのに. ● **I ～ fain do….** 喜んで…したい. **～ better***＝had BETTER[1]. **～** LIKE[1]. **～** RATHER. **～** SOON**er**…**than**….

[OE *wolde*; ⇨ WILL]

wóuld-bè *a* …志望の; 自称の, ひとりよがりの; …のつもりの: a ～ author 作家志望者 / a ～ poet 詩人気取りの者 / a ～ joke 冗談のつもり, へたな冗談. ► *n* [*derog*] あこがれるものを気取るばかりのえせ者 (cf. HAS-BEEN).

would·n't /wúdnt/ would not の短縮形.

wouldst /wədst, wudst, wúdst/, **would·est** /-dəst/ *v auxil* 《古》 WILL の二人称単数過去形: Thou ～ (＝You would)….

Wóulfe('s) bóttle /wúlf(s)-/ 〘化〙 ウルフ瓶《2–3 口のガラス瓶で, 気体の洗浄・溶解に用いる》. [Peter *Woulfe* (1727?–1803) 英国の化学者]

wound[1] /wúːnd, (古・詩) wáund/ *n* 傷, 創傷, 負傷, けが; 《植物の組織の》傷; 《名誉・信用・感情などの》痛手, 損害, 苦痛; 感情を害すること, 侮辱; 《詩》 恋愛の痛手: a mortal [fatal] ～ 致命傷 / LICK one's ～*s* / a ～ *to* one's pride 誇りを傷つけるもの. ► *vt, vi* 傷つける; 〈感情などを〉害する: ～ sb *in* the head 人の頭を傷つける / be fatally [mortally] ～*ed* 命にかかわる傷[致命傷]を負っている / be seriously [severely] ～*ed* 重傷を負っている / willing to ～ 悪意のある. ● **～ sb to the** QUICK. ♦ **～·ing** *a* 傷つける, 心ない, 残酷な〈ことばなど〉. **～·ing·ly** *adv* [OE *wund*; cf. G *Wunde*]

wound[2] *v* WIND[2,3] の過去・過去分詞.

wóund·ed *a* 傷ついた, 負傷した, けがをした; 傷心の. ► *n* [the] 負傷者《集合的》: WALKING WOUNDED / ～ in action 戦傷者《略 WIA》.

Wóunded Knée ウーンデッドニー《South Dakota 州南西部の村; 1890 年 12 月 29 日 200 人を超える Sioux 族が連邦政府軍に虐殺された地; 1973 年にはアメリカインディアン運動 (AIM) のメンバーがここを占拠し, 先住民統治の実情に抗議を行なった》.

wóund·less *a* 無傷の; 《廃》 INVULNERABLE.

wóund ròcket /wúːnd-/ 〘植〙 フユガラシ《アブラナ科》.

wóund·wòrt *n* 〘植〙 葉を傷の手当てに用いた各種植物[薬草]: **a** シソ科イヌゴマ属の植物. **b** KIDNEY VETCH. **c** ヒレハリソウ, コンフリー《ムラサキ科》.

woundy /wúːndi, wáun-/ 《古》 *a, adv* はなはだしい[はなはだしく], 極端な[に]. ♦ **wóund·i·ly** *adv* [*wounds* (cf. ZOUNDS), -*y*[4]]

wou·ra·li /wurɑ́ːli/ *n* CURARE.

wove *v* WEAVE[1] の過去・過去分詞.

wo·ven /wóuv(ə)n/ *v* WEAVE[1] の過去分詞. ► *n* 織物.

wóve pàper 網目漉(ず)き紙《網目透かし入りの上質紙; cf. CREAM WOVE, LAID PAPER》.

wow[1] /wáu/ 《口》 *n* 大当たり, ヒット作, 《思わず wow と声をあげるような》すごいこと, いい女; 《俗》 感嘆符 (exclamation point). ► *vt* 〈聴衆・観衆などを〉やんやと言わせる, うならせる. ► *int* おや, すげえ, ワーッ, ウォー, ウハーッ, ワーオ! 《驚嘆・喜び・嫌悪など》: *W～!* That's great! ウァー, すごいや! / *W～!* The sun is bright and hot today. ウハーッ, お日さまギラギラでくそ暑い. [imit]

wow[2] /wáu, wóu/ *n* ワウ《再生装置の速度の変化で音がゆがむこと》. [imit]

wow·ee /wauíː/ *int* wow[1].

wów fàctor どぎもを抜く[あっといわせる]特色, 斬新さ, 売り[目玉]になる魅力.

wow·ser[1] /wáuzər/ 《豪口》 [*derog*] *n* ひどく堅苦しいやつ; 人の興をそぐやつ; 絶対禁酒者. [C19<?]

wowser[2] *n* 《口》 あっといわせるもの[こと], 人をうならせるようなもの. [*wow*[1]; *rouser* の影響]

wóz·zle-wàter /wɑ́z(ə)l-/ *n**《俗》 WOOFLE-WATER.

WP* /dʌ́b(ə)ljupíː/ *n* 《成績評価の》 WP 《合格点を取りながら学科履修を取りやめた学生に教師が付ける評点; cf. WF》. [*w*ithdrawn *p*assing]

wp. 〘野〙 °wild pitch(es). **w.p.** WEATHER permitting. **WP** wettable powder 水和剤《水和性粉末にした農薬》♦ °white phosphorus ♦ °word processor [processing]. **WPA** 〘米〙 °Work Projects [もと Works Progress] Administration.

W particle /dʌ́b(ə)ljuː ─/ 〘理〙 W 粒子 (＝*intermediate (vector) boson*)《弱い相互作用を伝える荷電粒子; cf. Z PARTICLE》. [*weak*]

WPB, w.p.b. °wastepaper basket; [〈*v*〉] くずかごに入れよ.

WPC, wpc watts per channel. **WPC** "Woman Police Constable. **WPI** °wholesale price index. **wpm** words per minute.

WPP /dʌ́b(ə)ljupìːpíː/ *n* WPP 《英国の大手広告代理店》.

WR °warehouse receipt ♦ 〘アメフト〙 °wide receiver ♦ world record.

WRAC /rǽk/ 〘英〙 °Women's Royal Army Corps.

wrack[1] /rǽk/ *n* 破滅, 滅亡; 《方》 破壊; 難破船, 漂着物; 残骸; 岸辺に打ち上げられた[生えている]海藻; ヒバマタ属の褐藻 (fucus); 乾燥海藻《肥料など》; 《スコ》 雑草. ● **go to ～ and ruin** 破滅する. ► *vt, vi* 《古》 破壊する, こわれる. ♦ **～·ful** *a* 破滅的な. [MLG, MDu *wrak* wreckage; cf. WRECK]

wrack[2] *n, vt* RACK[1].

wrack[3] *vi, n* RACK[5].

WRAF /rǽf/ 〘英〙 °Women's Royal Air Force.

wraith /réiθ/ *n* (*pl* **～s** /-θs, -ðz/) 生霊(いきりょう)《臨終前に出現》, 死霊(しりょう)《死の直後に出現》; 亡霊, 幽霊; 影; [*fig*] 影の薄いやせこけた人; 立ち昇る煙[蒸気]. ♦ **～·lìke** *a* [C16<?]

wrang /rǽŋ/ *a, adv, n, vt* 《方》 WRONG.

Wran·gel /rǽŋg(ə)l/ ヴランゲリ Baron **Pyotr Nikolayevich** ～ (1878–1928) 《ロシアの軍人; 白軍に加わり革命軍と戦ったが敗北》.

Wrángel Ísland ヴランゲリ島《シベリア北東部沖, 北極海の島》.

Wran·gell /rǽŋg(ə)l/ [Mount] ランゲル山《Alaska 州南部の, Wrangell 山地の火山 (4317 m)》.

Wrángell Móuntains *pl* [the] ランゲル山地《Alaska 南東部カナダ国境近くの山地; 国立公園をなす》.

wran·gle /rǽŋg(ə)l/ *vi* 口論[けんか]する; 論争する 〈*with* sb, *about* [*over*] sth〉. ► *vt* 説き伏せる; やかましく言って入手する; 争

W

いに費やす ‹*away*›; *‹家畜, 特に 馬›の番[世話]をする. ► *n* 口論, 論争 (dispute). [ME; cf. WRING, LG (freq)‹*wrangen* to struggle]

wrán·gler *n* **1** 口論する人, 論争者; 〘ケンブリッジ大学〙 数学の優等卒業試験の一級合格者 (cf. OPTIME): the senior ～ 首席一級合格者. **2** *《牧場の》乗用馬係, 《広く》カウボーイ. **3** [W-] 〘商標〙 ラングラー《米国製のジーンズなど》: a pair of *W～s* ラングラージーンズ1本. ◆ **～·ship** *n*

wrap /rǽp/ *v* (**wrapped, wrapt** /rǽpt/; **wráp·ping**) *vt* **1** 包む, まとう, くるむ, 巻く, 巻きつける, からめる, おおう; 隠す, …の表面を装う ‹*up*›; ‹ナプキンなどを›たたむ; ‹爪›に wrap を貼る; おしまいにする, 完了[終了]する, 上げる ‹*up*›; 〘映・テレビ〙 …の撮影[収録]を終える, クランクアップする: ～ a baby *up with* a blanket / ～ a cloak *around* [*about*] one＝～ one*self up* in a cloak 外套にくるまる / ～ one's arms *around*…に両腕を回す, (抱き)かかえる. **2** 〘電算〙 ‹語などを›次行送り (wordwrap) にする. **3** 《豪口》ほめる ‹*up*›. ► *vi* **1** 巻く, 巻きつく ‹*around*›; まとう, くるまる; ‹衣服・端などが›重なり合う (overlap). **2** 《撮影などを》終わりにする, 終了する, 完了する ‹*up*›. **3** 〘電算〙 ‹語などが›次行送りになる. ● **be wrapped tight** [°*neg*] *《俗》《精神的に》正常である, まともである. **be wrapped up** 夢中である, 没頭[熱中]している ‹*in*›; 関連している, 結びついている ‹*in*›; *《口》かかりきりである, 忙殺されている ‹*with*›. **～ it up** *《俗》うまくやってのける; 《競争で》決定的打撃を与える. **～ over** 重なる, 重ねる. **～ one's car around…** 《俗》…に車をぶつける. **～ up** ‹物を›包む, 《引っ越しなどのために》荷造りする; ‹真意を›…に隠して表現する ‹*in*›; 《口》‹協定・契約などを›うまくまとめる, 締めくくる, …に決着[けり]をつける, ‹会合を›終わらせる; 《口》‹勝利を›おさめる; 《口》確実なものとする, 確保する; 《口》‹記事などを›要約する, まとめる; 着込む, くるまる (: ～ *up* warm), ‹人を›くるむ (⇨ *vt* 1); ‹行事などが›終了する, 閉幕する; [*impv*] 《俗》黙れ! ► *n* **1** 包み, 包装(紙), 外被, おおい, ラップ, 肩掛け, 襟巻, ひざ掛け, スカート, 外套; 毛布; 〘製本〙 外折り (outsert); ᴵᴵ《俗》《麻薬の》一服, ひと包み. **2** [*pl*] 拘束, 抑制, 制約, 機密(保持策), 検閲: keep…under ～*s* …を拘束[制約]する; ‹計画・人などを›隠しておく, 秘密にする / take [pull] the ～*s* off 見せる, 現わす, あばく, 公開する. **3** ラップサンドイッチ《肉・野菜などをトルティーヤで巻いたもの》. **4** 〘映・テレビ〙 《撮影・録画の》終了, 完了, おしまいにすること. **5** 《豪口》称賛, ほめること. **6** *《学生俗》ガールフレンド, 彼女. **7** *《俗》ラップ《複数の刑事事件を併合して一度の処分決定で解決するという合意》. **8** ラップ《体にクリームやローションを塗って布などでくるむ美容術》; 《薄い絹などの》爪の保護用の布. ► *a* ‹スカート・ドレスなど›体に巻きつける (wraparound). [ME<?]

wráp·aròund *a* 体に巻きつけて着る; カーブした, 広角の; 〘印〙 ラップアラウンドの‹凸版›《版胴に巻きつけて用いる》: a ～ windshield 《自動車の》広角フロントガラス. ► *n* ラップアラウンド《巻きつけるように着るドレス・ローブ・スカート・コートなど》; 物体を取り巻いておおいかぶさるもの; 《本のカバーに巻きつける》腰巻; 〘製本〙 外折り (outsert); 〘電算〙 ラップアラウンド《1) 画面が最終の文字位置 (通例 右下隅) までいっぱいになった場合に最初の文字位置 (通例 左上隅) に戻して表示を続ける方式 2) WORDWRAP》.

wráp·òver *a, n* 巻きつけるように着用する(衣服) (wraparound).

wráp·page *n* 包み紙, 上包み, 包装紙[材料]; 体に巻きつけるようにして着る衣類 (wrapper).

wrapped /rǽpt/ 《豪口》*a* 大喜びで (rapt); 夢中で, 熱中して ‹*in*›. ● **be ～ tight** ⇨ WRAP. **be ～ up** ⇨ WRAP.

wráp·per *n* 包む人, 巻き手; 包むもの; 上包み, 包み紙; 《雑誌・新聞の》帯封(おびふう), 帯紙; ᴵᴵ本のカバー (book jacket); 《葉巻の》(外)巻き葉 (cf. FILLER[1]); 体に巻きつけるようにして着る衣類《部屋着・化粧着・肩掛けなど》; 〘金融〙 《投信利益などに対する税を節減[回避]する目的で併用される》ラップ商品.

wráp·ping *n* 包装材料; [ᵁ*pl*] おおい, 包み, 着衣.

wrápping pàper 包み紙, 包装紙.

wráp·ròund *a, n* WRAPAROUND.

wrapt *v* WRAP の過去・過去分詞.

wráp-ùp *《口》*a* 最終的な; 結論の, 総括の. ► *n* **1** 要約(したニュース); 結末, 大詰め, 結論; 一括提示. **2** 《契約などを》まとめること, うまく終わらせること; たやすい仕事, 楽勝. **3** *《俗》あっさり売りさばくこと, あっさり買っていく客; 《テレビ・通信販売などで》実物を見ないで買う品物.

wrasse /rǽs/ *n* 〘魚〙 ベラ《ベラ科の海産魚の総称》. [Corn *wrach* muted; cf. Welsh *gwrach* old woman]

wras·tle /rǽs(ə)l/ *vi, vt, n* 《方》WRESTLE.

wrath /rǽθ, rɑ́:θ; rɔ́(:)θ/ *n* 《詩・文》/[*joc*] 激怒 (rage), 憤り; 復讐, 天罰; 《天然現象などの》きびしさ, 暴威. ● **be slow to ～** 容易に怒らない. **children [vessels] of ～** 怒りの器《神罰を受くべき人びと; cf. VESSEL》. **(flee from) the ～ to come** 迫り来る怒り[罰, 復讐, 迫害](からのがれる)《*Matt* 3: 7 より》. GRAPES OF WRATH. ► *a* 《古》WRATHFUL. ◆ **～·less** *a* [OE (*wrāth* WROTH)]

Wrath /rǽθ, rɑ́:θ, ᴵᴵrɔ́:θ/ [Cape] ラス岬《スコットランド本土の最北西端 (58°35′N)》.

wráth·ful *attrib a* 激怒した; 怒りをこめたような, 不気味な. ◆ **～·ly** *adv* 激怒して, 憤然と. **～·ness** *n*

wráthy *a* 《口》WRATHFUL. ◆ **wráth·i·ly** *adv*

wreak /rí:k/ *vt* ‹混乱を›引き起こす, ‹損害・荒廃を›もたらす, ‹危害を›加える ‹*on*›; ‹怒り・恨みを›ぶちまける, 注く, 晴らす ‹*on*›; ‹罰を›与える; ‹かたきを›討つ; 《古》…に[の]復讐をする. ● **～** HAVOC **on.** ◆ **～·er** *n* **～·ful** *a* [OE *wrecan* to drive, avenge; cf. G *rächen*, L *urgueo* to URGE; cf. WRACK[2], WRECK, WRETCH]

wreath /rí:θ/ *n* (*pl* **～s** /-ðz, -θs/) 花[葉]の冠[輪], 花輪, リース; 花輪の彫刻; 〘紋〙 飾り環; 《煙・雲・色の》渦巻, 輪 ‹*of*›; 《詩》《舞踏家・見物人などの》輪, 一団 ‹*of*›; 雪の吹きだまり[土手]; 〘建〙 リース《階段の手すりの湾曲部》; 《ガラス表面の》渦巻状のきず: lay a ～ 花輪を供える. ► *vt, vi* WREATHE. ◆ **～·like** *a* [OE *writha*; ⇨ WRITHE]

wreathe /rí:ð/ *vt* 輪に作る, 花輪にする; ‹花輪を›作る; 織り込む; 花[葉]の輪[冠]で飾る; [ᵁ*pass*] 包む, 巻く, 取り巻く; ‹腕を›からませる; ‹足などを›巻きつける ‹*about, around*›: a face ～*d* in smiles 微笑を浮かべた顔 / ～ it*self around*…にからみつく. ► *vi* ‹樹木が›輪になる, からみ合う; ‹煙などが›輪になる, 渦巻いて昇る. [↑ and 逆成‹(pp)‹WRITHE]

wreath·en /rí:ð(ə)n/ *a* 《古》(花)輪状の, からみ[より]合わせた, ねじれた.

wreathy /rí:θi, rí:ði/ *a* 花輪形の; (花)輪をなしている.

wreck /rék/ *n* **1 a** 海岸に打ち上げられたもの, 漂着した難破船の残物, 〘法〙 難破物; 難破船の残骸, 老朽船; 難破船, こわれた車, 事故車, ポンコツ車. **b** 廃墟, むくろ; 残骸; やせ衰えた人[動物], おちぶれた人, 健康[精神]がだめになった者: a (mere) ～ of one's former self 昔のおもかげもない哀れな姿 / a nervous ～ 神経衰弱者 / make a ～ of sb's life 人の一生を破壊する. **2** 難破, 難船; 大破, 破滅, 崩壊; *交通[衝突]事故 (crash): go to ～ (and ruin) 破滅する. ► *vt* 海岸に打ち上げる; 大破[粉砕]する; 難破させる; 破滅させる; 衰弱させる; ‹荒廃を›もたらす; *《俗》‹紙幣を›硬貨に換える; *《俗》気前よく‹金を›つかって楽しむ. ► *vi* ‹船・車が›難破する, 大破する; wreck(age) を捜す[取り除く, 引き揚げる, 略奪する, 修理する]. [AF *wrec*<Gmc; ⇨ WREAK]

wréck·age *n* **1** 難破貨物, 漂着物; 《難破船・事故車などの》残骸; 敗残者, 脱落者《集合的》. **2** 難破, 難船; 破壊, 破滅, めちゃめちゃ[だいなし]になること.

wrecked /rékt/ *a* 破壊された, めちゃめちゃになった; 《口》へとへとになった; *《俗》ひどく酔っている, 麻薬でもうろうとしている.

wréck·er *n* **1** 難船略奪者, 難破船荒らし; 故意に船を難破させる者. **2** *《建物の》解体業者; *《自動車などの》解体修理業者; (制度)破壊者. **3** *難船救助者[船], 救助(作業)船; *救援車, 救援列車; *救難用トラック, レッカー車.

wrécker's bàll SKULL CRACKER.

wréck·fìsh *n* 〘魚〙 アルゼンチンオオハタ (stonebass).

wréck·ful *a* 《古・詩》破壊的な (destructive).

wréck·ing *n* 船を難破させること; 破滅[潰滅, 倒産]に追い込むこと; 救難[難船救助]作業; 建物解体. ► *a* 救難[難船救助, 取りこわし]作業に従事する.

wrécking améndment 〘英政治〙 (法案の)骨抜き.

wrécking bàll SKULL CRACKER: go under the ～ 解体される.

wrécking bàr かじや《釘抜きの一種》.

wrécking càr 〘米鉄道〙 救難車, レッカー車.

wrécking còmpany (水難)救護隊; 破壊消防隊.

wrécking crèw 〘米鉄道〙 救難隊; 破壊消防隊.

wréck màster 難船貨物管理官.

wréck tràin 〘米鉄道〙 救難列車, 救援車.

Wrec·sam /réksəm/ レクサム《WREXHAM のウェールズ語名》.

Wre·kin /rí:kən/ [the] リーキン山《イングランド Shropshire 中東部の山 (407 m)》: To all friends round the ～. 乾杯 / (all) round the ～ 《ミッドランド方言》ずっと遠回りして.

wren /rén/ *n* 〘鳥〙 ミソサザイ; 《俗》若い女. [OE *wrenna*]

Wren[1] *n* 〘英〙 海軍婦人部隊員 (⇨ WRNS).

Wren[2] レン Sir **Christopher** ～ (1632–1723) 《英国の建築家; St. Paul's (1675–1711) はじめ教会建築が多い》.

wrén bàbbler 〘鳥〙 サザイチメドリ《南アジア産; チメドリ科》.

wrench /réntʃ/ *n* **1** ねじり, ひねり, よじり (twist); 捻挫, 筋違い; [*fig*] こじつけ, 歪曲; じゃま; 〘理〙 ねじれ. **2** (別れの)つらさ, 悲しみ, 心痛, 《心痛に起因する》心のひずみ. **3** *スパナ, レンチ (spannerᴵᴵ); *《俗》《自動車レースで》自動車整備士[修理工], メカニック. ● **throw a ～ into…**＝throw a MONKEY WRENCH into…. ► *vt* **1** ねじる, よじる, ひねる, ねじ回す ‹*round*›; ‹ボルトなどを›スパナで締める[調節する]; ねじ取る, もぎ取る ‹*off* [*away*] sth *from* [*out of*] sb etc.›; ‹関節・筋肉を›強くねじって違える. **2** ‹事実を›曲げる, ‹ことばなど›の意味をこじつける; ‹生活様式などを›がらりと変える; ‹心を›苦しめる, さいなむ. ► *vi* ねじれる, よじれる; ねじりながら引っ張る. ◆ **～·ing** *a* 痛切な, 悲痛な; ひどい‹痛みなど›: a ～*ing* scene 悲惨なシーン. **～·ing·ly** *adv* [OE *wrencan* to twist; cf. WRINKLE, G *wrenken*]

Wren·nery /rénəri/ *n* ᴵᴵ[*joc*] 海軍婦人部隊兵舎.

wrén-tìt *n* 〘鳥〙 ミソサザイモドキ (＝*ground wren*) 《米国太平洋岸産》.

wrén wàrbler 〘鳥〙 ハウチワドリ《セッカ科; アジア・アフリカ産》.

wrest /rést/ *vt* **1** ねじる, ねじり取る, もぎ取る 〈*away, from, off*〉; 無理に取る[引き出す] (extract) 〈consent, secret, etc. *from* sb〉; 〈権力などを〉力ずくで奪う 〈*from*〉; 骨折って取る[得る] 〈*from*〉: ~ control of a country 国の支配権を奪い取る / ~ a living *from* the barren ground 不毛の土地で生き抜く. **2** …の意味[本質]をゆがめる, 歪曲する, 〈法令を〉こじつけて解釈する. ► *n* ねじり, ひねり (wrench); 《古》《ピアノ・ハープなど弦楽器の》調律鍵. ◆ **~·er** *n* 故意に曲げた解釈をする人 (perverter). [OE (v) *wrǣstan* < (n) *wrǣst*; ⇨ WRITHE]

wrést blòck PIN BLOCK.

wres·tle /rés(ə)l/ *vi* レスリングをする; 組討ちする, 格闘する 〈*with*〉; 〈誘惑などと〉戦う, 苦闘する 〈*with, against*〉; 〈問題などに〉全力を尽くす 〈*with*〉; あがいて[骨折って]前進する[進む] 〈*through*〉. ► *vt* レスリングで〈勝負・フォールなどを〉行なう; 〈相手〉と格闘する; 力ずくで動かす[進める], 押し込む 〈*into*〉; *《西部》《焼き印を押すため》〈子牛などを〉(ひねり)倒す: ~ sb down [to the ground] 人を投げ倒す / ~ a gun (*away*) *from* sb 人から銃を奪い取る. ● **~ in prayer**=**~ with God** 一心不乱に(神に)祈る. **~ out** 骨折って[懸命に]行なう, 奮闘して果たす. ► *n* レスリング(の一試合); 組討ち; 奮闘, 苦闘, 非常な努力. ◆ **wrés·tler** *n* レスラー, 格闘家, 力士; 組討ちする人; *《西部》《焼き印を押すために》牛を倒す人. [OE (freq) < *wrest*]

wrés·tling *n* レスリング; 格闘.

wrést pìn 〘楽〙《ピアノ・ハープなどの》弦頭.

wrést plànk PIN BLOCK.

wretch /rétʃ/ *n* 哀れな人, みじめな人; [°*joc*] 恥知らず, 卑劣漢 (scoundrel); [*joc*] (かわいい)やつ, 人: You ~! こいつめ, この人でなし! / a ~ of a child かわいそうな[哀れな]子. [OE *wrecca* outcast (⇨ WREAK); cf. G *Recke* hero]

wretch·ed /rétʃəd/ *a* (ᵘ~·er; ~·est) 悲惨な, みじめな, 不幸な〈生活〉; きたない, みすぼらしい, 貧弱な; ひどい, まずい, 話にならない; 実に不快な, 全くいやな〈天気〉; あさましい, 卑劣な, 見下げはてた: feel ~ ひどく気分が悪い; どぎまぎしている. ◆ **~·ly** *adv* **~·ness** *n*

Wrex·ham /réksəm/ レクサム《ウェールズ北東部の町; ウェールズのカトリック司教座所在地》.

wrick ⇨ RICK².

wrier *a* WRY の比較級.

wriest *a* WRY の最上級.

wrig·gle /ríg(ə)l/ *vi* **1** 〈ミミズなどが〉のたくる, のたうつ, くねくねする; のたうちまわる, もがく 〈*about*〉; もじもじする; のたうって進む 〈*along, through, out, in*〉. **2** (なんとかして)すり抜ける 〈*out of* difficulty〉; ぬらりくらりする, ごまかす, 巧みに取り入る: ~ *out of* a bargain [an undertaking] 言を左右にして約束を守らない[引き受けた事を実行しない]. ► *vt* うごめかせる, のたくらせる, くねらす; 身をくねらせて〈道を〉開き進む: ~ it*self out* at a small hole 〈ミミズなど〉小穴からのたくり出る / ~ one's way のたくり進む. ► *n* もがき, のたうち, のたくり; のたくった跡[模様], くねったもの. ◆ **wríg·gling·ly** *adv* [MLG (freq) < *wriggen*; cf. OE *wrigian* to twist]

wríg·gler *n* のたくりまわるもの; 〘動〙ボウフラ (wiggler); ぬらりくらりと態度をはっきりさせない人; じょうずに取り入る者.

wríg·gly *a* のたくりまわる; もじもじする; ぬらりくらりした, ごまかす.

wright /ráɪt/ *n* [ᵘ*compd*] 《船・車などの》大工; 作者: ship*wright*, wheel*wright* / play*wright*. [OE *wryhta, wyrhta* worker; cf. WORK]

Wright ライト (**1**) **Frank Lloyd ~** (1867–1959)《米国の建築家; 東京の帝国ホテル(1916–22) や Guggenheim Museum が有名》(**2**) **Joseph ~** (1734–97)《英国の画家; 通称 'Wright of Derby'》(**3**) **Joseph ~** (1855–1930)《英国の言語学者・辞書編纂家; *The English Dialect Dictionary* (1898–1905)》(**4**) **Orville ~** (1871–1948), **Wilbur ~** (1867–1912)《飛行機製作者で, 1903 年人類最初の飛行に成功した米国人兄弟》(**5**) **Richard ~** (1908–60)《米国の黒人作家; *Native Son* (1940)》.

Wrig·ley's /rígliz/ 〘商標〙リグレー(ズ)《チューインガム》.

wring /ríŋ/ *v* (**wrung** /rʌ́ŋ/) *vt* **1** しぼる, ねじる; ねじ折る; しぼり機にかける; 〈鳥の首などを〉ひねって殺す, 締める; (しぼるように)苦しめる, 〈心を〉悩ます; 〈手を〉固く握って大きく[強く]振る. **2** 〈水・金銭などを〉しぼり出す[取る] 〈*out*〉, 〈情報・承諾などを〉むりやり得る, 引き出す 〈*from, out of* sb〉; 〈ことばの意味を〉曲げる, ゆがめる. ► *vi* 身もだえする, のたうつ; 苦しむ. ● **(know) where the** SHOE **~s** sb. **~ down** 〈特にのどを〉締めつける. **~ in** 割り込ませる. **~ off** ねじ切る, ねじり取る. **~ one's hands** 《悲痛のあまり》自分の手をもみしぼる. **~ up** 締めつける. ► *n* しぼること, もみしぼり, ねじり; 力強い握手; 《りんご汁・チーズなどの》しぼり器, 圧搾器. [OE *wringan*; cf. WRONG, G *ringen* to wrestle]

wríng·er *n* しぼる人, しぼり手; しぼり機; 搾取者; つらい経験. ● **put** sb **through the ~** 《口》〈人を〉つらいめにあわせる, 《訊問などで》締め上げる.

wríng·ing *a, adv* しぼれるほどぬれた[ぬれて].

wríng·ing-wét *a* しぼれるほど湿った; びしょぬれの.

wrin·kle /ríŋk(ə)l/ *n* [ᵘ*pl*] しわ, ひだ; 《口》ちょっとした欠陥[問題点], 不都合; 《口》うまい考え[方法], 妙案, 新機軸, 流行; 《口》助言, 知恵: Give me [Put me up to] a ~ or two. ちょっと知恵を貸してくれないか. ► *vt* しわ寄らせる 〈*up*〉. ► *vi* しわが寄る, しわになる 〈*up*〉. ◆ **~·less** *a* **~·able** *a* [逆成 < *wrinkled* twisted < OE *gewrinclod* sinuous; cf. WRENCH]

Wrínkle Cíty *《俗》《年を取って》しわの寄った肌, 肌のしわ; *《俗》老人が集まる[よく行く]場所, 老人のたまり場.

wrínkle-ròd *n* *《俗》クランク軸 (crankshaft).

wrin·klie /ríŋkli/ *n* ᴵᴵ《俗》WRINKLY.

wrín·kly *a* しわの寄った, しわの多い; しわになりやすい. ► *n* ᴵᴵ《俗》年寄り, 老人.

wrist /ríst/ *n* 手根 (carpus), 手首; 手関節; 《衣類の》手首(の部分); 手先[手首]のはたらき[わざ]; 〘機〙WRIST PIN. ● **a slap [tap] on the ~** ⇨ SLAP¹. **break one's ~s** 《ゴルフ・野球などのスイングで》手首をかえす《野球では打者がスイングを止めようとした時に, 審判が手首がかえったと判定すればスイングしたことになる》. ► *vt* 手首[リスト]を使って動かす[投げる]. [OE; cf. G *Rist*]

wríst·bànd *n* 《長袖の》袖口; 《腕時計などの》バンド, 腕輪, ブレスレット; 《汗止め用の》リストバンド.

wríst·bòne *n* 〘解〙手根骨 (carpale).

wríst·dròp *n* 〘医〙(下)垂手《前腕伸長筋麻痺による》.

wríst·er *n* *《方》WRISTLET.

wríst·let *n* 袖口バンド《防寒用》; 《腕時計の》金属バンド, 腕輪; 《俗》/[*joc*] 手錠.

wrístlet wàtch ᴵᴵ WRISTWATCH.

wríst·lòck *n* 〘レス〙リストロック《手首をねじる攻め》.

wríst pìn 〘機〙ピストンピン, リストピン (piston pin).

wríst-rèst *n* 〘電算〙パームレスト《ノート型コンピューターのキーボード手前の, 操作時に手首を置けるスペース》.

wríst shòt 〘ゴルフ・ホッケー〙リストショット《手首で打つ短いストローク》.

wríst·slàpper *n* *《俗》にやけた[とりすました]若者[男].

wríst·wàtch *n* 腕時計.

wríst·wòrk *n* 〘スポ〙リストワーク《ボールを打つときなどの手首の巧みな使用》.

wríst wréstling てのひらを握り合わせないで親指をからませる腕相撲.

wrísty *a* 〘スポ〙手首を使った, リストをきかせた, リストワークのよい.

writ¹ /rít/ *n* 〘法〙令状; 《令状発給者の》権威, 権限; 〘英〙《貴族の国会への召集・国会議員の選挙の》詔書; 《古》文書, 書き物; [the] 聖典 (=the holy [sacred] ~); *《俗》筆記試験: serve a ~ on sb 人に令状を送達する / Our ~ does not run there. われわれの権限はそこには及ばない. [OE=writing; ⇨ WRITE]

writ² *v* 《古》WRITE の過去・過去分詞. ● **~ large** ⇨ WRITE.

wrít·able *a* 書くことのできる; 〘電算〙書込み可能な.

write /ráɪt/ *v* (**wrote** /róut/, 《古》**writ** /rít/; **writ·ten** /rítn/, 《古》**writ**) *vi* **1 a** 字を書く; TYPEWRITE; 〘電算〙書き込む: He can neither read nor ~. 読めも書けもしない / ~ *with* a pen ペンで書く / Am I to ~ *in* ink or *in* pencil? インクで書くのですかそれとも鉛筆でですか. **b** 〈ペンなどが〉《特定の仕方で》書ける: This pen ~*s* well. よく書ける. **2** 文書[原稿]を書く; 著述[著作]する; 〈…について〉書く 〈*on, of, about*〉; 作曲する: ~ *in* English 英語で書く / My ambition is to ~. わたしの大望は作家になることです / ~ *for* a newspaper 新聞に原稿を書く[寄稿する] / ~ *to* a newspaper 新聞に投書する / ~ *for* a living 文筆を業とする, 生活のために筆を執る. **3** 〈人に〉手紙を書く[書き送る]: ~ *to* sb *for* money 人に金の無心の手紙を書く / I ~ home once a month. 月に一度国もとへ便りを出す. **4** 書記をする, 筆耕する. ► *vt* **1 a** 〈文字・文章・手紙・本などを〉書く, 記す, 写す; 〈あるスタイル・言語〉で書く; 〈書物を〉著わす; 〈曲を〉作る; 記録[記述]する, 文字で表わす; 〈用紙など〉に記入する, 〈小切手を〉切る; 《カナダ・南ア》〈試験を〉受ける; 〘電算〙〈情報を〉書き込む; 〈登場人物などを〉改作して入れる, 取り出して改作する 〈*into, out of*, etc.〉: It is *written* in pencil. 鉛筆で書いてある / ~ a good hand 字がうまい / ~ Braille 点字を打つ. **b** 刻み込む, 銘記する, 染み込ませる 〈*on* the heart etc.〉: Honesty is *written* on his face [all over him]. 正直さが顔に表われている. **2** 〈人〉にある事を書き送る 〈sb news, the result, etc.; *that, how*〉; *〈人など〉に手紙を書く. **3** 書いて〈自分を…と〉称する; 書くことで〈自分を〉…の状態にする 〈*into*〉; はっきり示す; 〈証書〉に署名する: He ~*s* him*self* a poet. 彼は自分を詩人だと書いている / She *wrote* her*self into* fame. 文筆で名声を得た. **4** 〈資産を〉売却する, 〘証券〙〈オプションを〉売る.
● **nothing to ~ home about** 取り立てて言うほどのことはない代物, つまらないこと[やつ]. **That's all [That's what] she wrote.** 《俗》それで全部[おしまい]だ, それだけ (That's all.). **~ away** 書き続ける; 〈…を〉郵便で注文[請求]する 〈*for*〉. **~ back** 返事を書く[書き送る] 〈*to*〉. **~ down** 書き留める, 記録する 〈*as*〉; 紙上でけなす; 〈資産など〉の帳簿価格を切り下げる; …と名のる; 《読む者に合わせて》レベルを下げて書く 〈*to*〉: ~ him *down* a fool ばかだとけなす. **~ for** 手紙で請求する. **~ in [into]** 書き込む, 〈文書中に〉書き入れる; *〈投票用紙に記載されていない人〉の名前を書き加えて投票する, 書込み投票にして〈名前を〉書き加える[〈一票を〉投ずる] (cf. WRITE-IN); 照会[申し込み, 苦情など]の手紙を書き送る 〈*to, for*〉. **~ off** 〘会計〙〈回収不能な貸金・老朽資産を〉帳簿から抹消する, 〈資産を〉減価償却する, 〈ある額を〉償却費として記載する; 〈…の費用を〉〈所得税から〉差し引く 〈*on*〉; 無価値[失敗]とみなす, 考慮の対象外にする, ないものとする, 〈借金などを〉終わらせる, 〈失敗などを〉〈…のためによいとして〉あきらめる 〈*to*〉; 〈人を〉死んだものと考える, 殺す; …を〈…として〉不適切なものとみる 〈*as*〉; …を〈無用なもの・失敗などと〉みなす 〈*as*〉; ᴴ〈車・飛行機を〉(廃棄したほうがよいほど)めちゃくちゃにこわす; 《すぐに》手紙を書いて出す, 〈…を〉郵便で注文[請求]する 〈*to, for*〉; 〈詩などを〉すらすらと[さっと]書き上げる: get one*self written off* 殺される / ～ sb *off as* a leader [a bore] 人を指導者としてだめ[退屈だ]とみる. **～ out** 書き記す; すっかり書く, 略さないで書く; 〈小切手・領収書などを〉書く; 〈速記などを〉完全に書き改める; 〈作家などが〉書きつくして種切れになる; 《連続ドラマなどから》〈登場人物を〉消す: ～ sb *out* a receipt 受取りを書いてやる / He has *written* him*self out*. 書くことがなくなった. **～ out fair(ly)** 清書する. **～ over** 書きなおす; いっぱいに書く. **～ up** 《壁上など》高い所に書きつける, 掲示する, …に召喚状を書く; 書き上げる; 書き改めてきちんとする; 〈できごとなどを〉詳しく書きたてる; 〈演劇・映画・小説〉の評を書く; 紙上でほめたてる; *《不祥事などの》報告書に〈人〉の名前を記録する 〈*for*〉; 〈日記・帳簿など〉当日現在までの記入をする; 照会[感想など]の手紙を書き送る 〈*to*〉; …の帳簿価格を引き上げる. **writ [written] large** 明らかで; 大規模で, 〈弊害などが〉増大[拡大]して, かえってひどくなって. **writ small** 縮小した規模で, 控えめに.
[OE *wrītan* to scratch, draw; cf. G *reissen* to tear]

wríte-bàck *n* 〔会計〕書戻し《貸倒れ引当金など損金として計上していた額を益金としてあらためて帳簿に記載すること》.

wríte-dòwn *n* 評価切下げ, 償却《資産などの帳簿価格切下げ》.

wríte-ìn* *a, n* 書込み投票(の)《候補者リストに出ていない候補者の名前を投票用紙に記入して行なう》; 書込み投票を獲得した[しようとする]候補者(の).

wríte-ìn campàign* WRITE-IN の立候補者に対する支持を呼びかける選挙運動.

wríte-òff *n* 抹消, 帳消し, 棒引き, 債権放棄; (減価)償却, 《帳簿上の》価格引下げ; 課税対象額控除; ᴴ《不時着・事故などのため》修理不能の飛行機, 大破した車《など》, ぽんこつ, がらくた; 無意味なもの, 役立たず.

W

wríte-ònce *a* ライトワンスの〈記録媒体〉《CD-R のように, 記録はできるが消去・書き換えはできない; cf. WORM》: a ～ medium [disk].

wríte-protéct *vt* 〔電算〕〈ファイル・記録媒体を〉書込み禁止にする《内容を変更できないようにして保護する》.

wríte-protéct tàb 〔電算〕《フロッピーディスクなどの》書込み禁止つまみ (=*slider*).

wrít·er /ráɪtər/ *n* うまく書ける人; 記者, 著者, 作者; 著述家, 作家, 執筆者 〈*of*〉; 作曲家; 筆記者, 写字生; 《官庁, 特に 海軍の》書記 (clerk); 写字器; 〔電算〕書込み装置 (⇨ CD WRITER); 《スコ》法律家, 事務弁護士; 〔証券〕オプションの売手, オプション・ライター[セラー]. ● **a W～ to the** SIGNET. **the (present) ～** この文の著者, 筆者 (=*I*). ♦ **～·ly** *a* 作家(として)の[に特徴的な]; 文学[文芸]的な. **～·shìp** *n* writer の職[地位].

wríter-in-résidence *n* (*pl* **wríters-**) ライター・イン・レジデンス《一定期間大学などの学術機関に滞在して指導などにあたる作家》.

wríter's blóck 《作家などの》心理的要因からものが書けなくなる[スランプに陥る]こと, 著述遮断, '壁'.

wríter's crámp [pálsy, spásm] 〔医〕書痙(しょけい): get ～ 書痙になる.

wríte-ùp *n* 《口》《新聞などの》記事, 《特に》好意的な[ほめたてた]記事; *評価増し《資産の帳簿価格引き上げ》.

writhe /ráɪð/ *vi* **1** 身もだえする, もだえ苦しむ, いたたまれない[ひどくばつの悪い]思いをする 〈*at, under* an insult; *with* shame; *in* pain〉. **2** 〈ヘビなどが〉のたくる, くねくねと動く[進む, のぼる]; 〈場所が〉〈ヘビなどで〉いっぱいである 〈*with, in*〉: The floor was *writhing with* [*in*] spiders. 床にはクモがうようよしていた. **3** 曲がりくねった模様を示す. ► *vt* ねじる, 曲げる; からみ合わせる. ► *n* 身もだえ, あがき. ♦ **wríth·er** *n* **wríth·ing·ly** *adv* [OE *wrīthan* to twist, turn; cf. WREATH, WORTH[2]]

writh·en /ríð(ə)n/ 《古・詩》*a* からみ合った; 輪になった; 曲がりくねった; 身もだえしている; 《アンティークグラス・銀器がらせん状の装飾がある.

writ·ing /ráɪtɪŋ/ *n* **1** 書くこと, 執筆, 作曲; 手習い, 習字, 書写; 書法, 筆跡; 著述業: at this [the present] ～ これを書いてる時には. **2** 《人の》書 〈*on, about*〉; 書面, 文書, 書類, 書付け; 碑銘, 銘; [°*pl*] 著作, 《文学上・作曲上の》作品; [the W-s] 〔聖〕諸書 (HAGIOGRAPHA): in ～ 書いて, 書面で / put [give]…in ～ …を書く, 書面にする / the ～*s* of Poe ポーの作品 / the (sacred [holy]) ～*s* 聖書. ● **the ～ on the wall** = the HANDWRITING on the wall.

wríting bòok 習字手本, 習字帳.

wríting càse 文房具箱.

wríting dèsk 書き物机, ライティングデスク; 写字台.

wríting ìnk 筆記用インク.

wríting màster 習字教師.

wríting matèrials *pl* 文房具.

wríting pàd 《はぎ取り式の》便箋.

wríting pàper 筆記用紙; 便箋; 原稿用紙.

wríting tàble 書き物[写字用]テーブル《ひきだし付き》.

wrít of assístance 〔法〕判決執行命令状; 〔米史〕家宅捜索令状.

wrít of certiorári CERTIORARI.

wrít of eléction 〔法〕(補欠)選挙実施令状.

wrít of érror 〔法〕誤審令状.

wrít of execútion 〔法〕判決執行令状.

wrít of extént 〔法〕《旧英国の》財産差押令状.

wrít of hábeas córpus 〔法〕身柄提出令状, 人身保護令状 (HABEAS CORPUS).

wrít of mandámus 〔法〕職務執行令状 (MANDAMUS).

wrít of prívilege 〔法〕《民事事件で逮捕されたとき, 釈放の特権をもつ議員のための》特権令状, 釈放令状.

wrít of prohibítion 〔法〕《下級裁判所に対する》禁止令状.

wrít of protéction 〔法〕保護令状.

wrít of ríght 〔法〕権利令状《土地所有者がその権利を主張し土地の占有を回復するための訴訟を開始する令状》.

wrít of súmmons 〔英法〕召喚令状.

writ·ten /rítn/ *v* WRITE の過去分詞. ► *a* 書いた, 書き物[書面]にした; 成文の: a ～ application 申込書, 願書, 依頼状 / a ～ examination 筆記試験 / ～ in WATER.

wrítten láw 成文法 (cf. UNWRITTEN LAW).

WRNS /, rénz/ 〔英〕°Women's Royal Naval Service (cf. WREN[1]). **wrnt** warrant.

Wro·cław /vrɔ́ːtslàːf, -làːv/ ヴロツワフ (G **Bres·lau** /bréslaʊ/) 《ポーランド南西部の商工業都市》.

wrong /rɔ́ːŋ, ráŋ/ *a* (**more ～**, [s]**～·er**; **most ～**, [s]**～·est**) (opp. *right*) **1 a** 悪い, 不正な, よくない: morally ～ 道徳的に誤った / WRONG'UN / It is ～ to steal. 盗むのはよくない / It is ～ of you to do that. それをするのはきみが悪い. **b** *《俗》闇のおきてに背く; *《俗》信用できない, 疑わしい, 違法行為を犯した. **2** 誤った, 間違った; 逆の, 裏の: a ～ answer 間違った答 / take a ～ bus 間違ったバスに乗る / not far ～ ほぼ正しい / a ～ move 《チェスの》誤ったコマの動かし方; 思わしくないやり方 / the ～ side of the cloth 布の裏側 / ～ side out ひっくり返して, 裏返しに. **3** [[ᵁ]*attrib*] 不適切な, ふさわしくない 〈*for*〉: We chose the ～ man for the job. その仕事に向かない人を選んでしまった. **4** [*pred*] 故障で, 狂って, 具合が悪い: My watch is ～. 時計は調子が狂っている / Something is ～ with the machine [him]. 機械はどこか故障がある[彼はどうかしている] / What's ～? どうしたんだ / What's ～ with it? 《口》それがどうしたのか《どこが気に入らないのか》. **5** 思わしくない, おもしろくない; 困った, まずい: at the ～ time まずい時に. ● **go (down) the ～ way** 〈食べ物が〉誤って気管にはいる. **go the ～ way** 〈物事が〉うまくいかない. **on the ～** SIDE **of….** **～ in the head** 《口》気が狂って, 頭がおかしくて.
► *adv* [比較変化はない] **1** 悪く, 不正に. **2** 誤って; 逆に, あべこべに: answer ～ 答えを誤る / lead sb ～ 人の方向を誤らせる, 迷わせる; 人に間違ったことを教える. **3** 狂って; 具合悪く. ● **get sb in ～** *《口》人を嫌われ者にする. **get [be] in ～ with** sb *《口》人に嫌われる[嫌われている]. **get it ～** 計算を間違える; 誤解する. **get [take]…～** 〈人・ものを〉誤解する. **go ～** 間違える; 道を誤る; 正道を踏みはずす, 慎みを忘れる (opp. *come right*); 〈事が〉思わしくいかない; 〈計画などが〉失敗する; 〈時計などが〉狂う; 〈女が〉身を誤る, 堕落する; 不機嫌になる; 〈食べ物が〉腐る.
► *n* **1** 悪, 罪; 不正; 誤り, 過失, 誤解: distinguish [know] between right and ～ 正邪をわきまえる. **2** 不当な行為, 虐待; 損害; 非行; 〔法〕権利侵害, 不法行為; *《俗》密告者: do ～ 罪悪を行なう, 罪を犯す, 法に背く / suffer (a) ～ 〈他から〉害[虐待, 不法の処置など]をうける / Submitting to one ～ brings on another. 《諺》一たび不法に甘んずればまた不法を招くことになる / Two ～*s* do not make a right. = Two BLACKS do not make a white. ● **can [could] do no ～** 悪いことをするはずがない, 誤ることがない. **do** sb **～ = do ～ to** sb 人に悪い事[不法]をする, 人を不当に遇する; 人を誤解する, 人の動機を正しく判断しない. **in the ～** 誤って, 悪い (opp. *in the right*); 不正で: I was *in the* ～. わたしが悪かった / put sb *in the* ～ 失態をある人の責任にする. **in ～** *《俗》人の不興をこうむって, 人に悪い印象を与えて.
► *vt* [[ᵁ]*pass*] …に悪いこと[不当な取扱い, 不正]をする; …から詐取する 〈*of*〉; 誤解する; 中傷する; 虐待する; 〈女性を〉誘惑する: You ～ me. きみはぼくを誤解している.
♦ **～·er** *n* **～·ly** *adv* 悪く, 邪悪に; 不正に, 不法に, 不当に, 理不尽に; 誤って, 間違って. **～·ness** *n* [OE *wrang* injustice<ON =awry, unjust; cf. WRING]

wróng·dò·er *n* 悪事をはたらく人, 道徳を破る者, 悪徳漢; 〔法〕権利侵害者, 不正[不法, 違法, 失当]行為者.

wróng·dò·ing *n* 悪事をはたらくこと; 道徳律[法]の違反; 悪行, 非行, 〔法〕不正行為, 権利侵害行為; 罪, 犯罪.

wrónged *a* 不当な扱いをうけた, 虐待された.

wróng fónt [fóunt[ᴴ]] 〔印〕《指定とは異なった大きさ・書体の活字で印刷された》フォント違い文字《略 w.f.》.

wróng-fòot *vt* 〔テニス〕〈相手〉にバランスをくずさせるように打つ; ᴴ《口》…の不意[意表]をつく.

wróng·ful *a* 悪い, 邪悪な, 有害な; 不当な; 不法な, 違法の; 理不尽な. ◆ **～·ly** *adv* **～·ness** *n*
wróngful bírth 〖法〗《先天性障害をもって生まれた子供の親が原告となって医師などの過失について不法行為責任を問う不法行為出生訴訟における》不法行為による出生, 不法行為出生.
wróngful déath 〖法〗不法行為による死亡, 不法行為死亡.
wróng·héad·ed *a* 間違った考えに固執する, 頑迷な; 誤った, 間違った; ひねくれた, 倒錯した, よこしまな. ◆ **～·ly** *adv* **～·ness** *n*
wróng númber 間違い電話(をかけられた者); 間違い電話の番号; 《俗》ふさわしくない人, お門違いなやつ; 《俗》思い違い, 勘違い; *《俗》好ましからぬ[信用できない]人, 悪いやつ, 悪党: You have *the* ～. 人違いです, 勘違いをしているよ.
wrongo /rɔ́(:)ŋ(g)ou, ráŋ(g)ou/ 《俗》 *n* (*pl* **wróng·os**) 《俗》無法者, 悪党, ならず者, 悪いやつ; 偽造硬貨; 間違った[不当な, よくない]こと, 誤り, うそ, 偽り. ► *a* 間違った, 不適当な, 的はずれの (wrong); 誤りやすい.
wrong·ous /rɔ́(:)ŋəs; rɔ́ŋ-/ *a* 〖法〗不法な, 不当な; 《古》WRONGFUL. [ME *wrangwīs*; *righteous* にならったもの]
wróng'un /-ən/ 《口》 *n* 〖競馬〗負けるように仕組まれた馬; 悪いやつ, 悪党; 〖クリケット〗GOOGLY[2].
wrot /rát/ *n* かんながけした木材, 加工材. [*wrought* の変形]
wrote *v* WRITE の過去形.
wroth /rɔ́:θ, ráθ, "róuθ/ 《古・詩》/[*joc*] *pred a* 激怒して; 〈海などが〉荒れ狂って. [OE *wrāth* WRITHE; cf. WRATH]
wrought /rɔ́:t/ *v* 《古・文》WORK の過去・過去分詞. ► *a* 作った (shaped); 精製した; 細工した, 手の込んだ; 精錬した, 鍛えた; 飾った, 刺繍した; 深く感動した; (過度に)興奮した; いらいらした 〈*up*〉: highly ～ 精巧な.
wróught íron 〖冶〗錬鉄, 鍛鉄. ◆ **wróught-ìron** *a*
wróught ìron cásting 〖冶〗可鍛鉄による鋳造(物).
wróught-úp *a* ひどく興奮した, 取り乱した.
wroughty /rɔ́:ti/ *a* "《俗》RORTY.
WRT 《E メールなどで》with regard to.
wrung /rʌ́ŋ/ *v* WRING の過去・過去分詞. ► *a* しぼった, ねじった; 苦しみ[悲しみ]にうちひしがれた.
WRVS 〖英〗°Women's Royal Voluntary Service.
wry /ráɪ/ *a* (**wrý·er, wrí·er** /ráɪər/; **wrý·est, wrí·est** /ráɪəst/) **1** ゆがんだ, ねじれた, 横に曲がった; しかめた〈顔など〉: a ～ look [twist] しかめっ面 / a ～ smile ゆがんだ微笑. **2 a** 見当違いの, 〈ことば・考えなど〉ふさわしくない, 誤った; 意地の悪い, つむじまがりの, よこしまな. **b** 〈意味を〉もじった, こじつけの; 〈詩文などが〉ピリッと諷刺のきいた; 皮肉な笑い[微苦笑]を誘う: a ～ comment 諷刺のきいたコメント. ● **make a ～ mouth** [**face**] 《不快で》顔をしかめる, 渋面をつくる, いやな顔をする. ► *vi* ゆがむ, ねじれる. ► *vt* ひねる, ねじる, ねじ曲げる; 〈顔を〉しかめて[ゆがめて]苦痛[不快]を示す. ◆ **～·ly** *adv* **～·ness** *n* [ME=to deviate, contort<OE *wrigian* to turn, incline]
wrý·bìll *n* 〖鳥〗ハシマガリチドリ《ニュージーランド産》.
wrý·mòuth *n* 〖魚〗ハダカオオカミウオ《同科の数種; 体はウナギ形で, 口は大きく斜位; 北米大西洋岸・北太平洋産》.
wrý·nèck *n* **1** 〖鳥〗**a** アリスイ《キツツキ科; 地上に降りて舌でアリを吸い取るように食い, 威嚇・求愛のときに首をねじるように振る; 欧州・アジア産》. **b** ムネアカアリスイ《アフリカ産》. **2** 《口》首の曲がった人; 《口》斜頸 (torticollis).
wrý-nècked *a* 首の曲がった.
wrý·tàil *n* ねじれ尾《家畜に生ずる遺伝的な変異》.
wryth·en /ríð(ə)n/ *a* 《古・詩》WRITHEN.
WS Writer to the SIGNET. **WSJ** °Wall Street Journal.
W star /dʌ́b(ə)ljù: —/ WOLF-RAYET STAR.
WSW west-southwest. **wt** weight.
WT, W/T °wireless telegraphy.
WTC °World Trade Center. **wtd** wanted.
W3 /dʌ́b(ə)ljù:θrí:/ WORLD WIDE WEB.
WTO °World Trade Organization.
Wu[1] /wú:/ *n* 呉語《揚子江下流域の江蘇省・浙江省, 上海市で話されている中国語の方言群》.
Wu[2] [the] 烏江(うこう)(ウーチァン)《中国南西部貴州省西部に発し, 四川省で揚子江へ注ぐ川》.
WU 《E メールなどで》What's up?
Wu·chang, Wu·ch'ang /wú:ʧá:ŋ; -ʧǽŋ/ 武昌(ぶしょう)(ウーチャン) (⇨ WUHAN).
Wuchow 梧州 (⇨ WUZHOU).
wud /wúd, wú:d/ *a* 《スコ》気が狂った (wood).
Wu·di /wú:dí:/ 武帝 (WU-TI).
wu·du /wudú:/ *n* 〖イスラム〗ウドゥー《礼拝前の義務として所定の手順で顔・手足を洗う清めの儀式》. [Arab]
Wu·han /wú:há:n, -hǽn/ 武漢(ぶかん)(ウーハン)《中国湖北省の省都; 1950 年に武昌 (Wuchang), 漢陽 (Hanyang), 漢口 (Hankou) すなわち武漢三鎮を統合》.
Wu Hou /wú: hóu/ 武后(ぶこう), 則天武后 (624–705)《中国史上唯一の女皇 (655–705)》.
Wu-hsi 無錫 (⇨ WUXI).
Wu·hsien /wú:ʃíén/ 呉県(ごけん)(ウーシェン)《蘇州 (Suzhou) の旧称》.
Wu·hu /wú:hú:/ 蕪湖(ぶこ)(ウーフー)《中国安徽(あんき)省東部の, 揚子江に臨む市》.
Wu·jin /wú:ʤín/, **-tsin** /; -tsín/ 武進(ぶしん)(ウーチン)《常州 (Changzhou) の旧称》.
wul·fen·ite /wúlfənàɪt/ *n* 〖鉱〗水鉛[モリブデン]鉛鉱.
Wulfila ⇨ ULFILAS.
Wu-lu-mu-ch'i ⇨ ÜRÜMCHI.
wump[1] /wʌ́mp/, **wumph** /wʌ́mf/ *n, int* ドスン, ドカン, ドサン, ズシン, スポッ《落下や衝突などの重い音》. [imit]
wump[2] *n* 《俗》ばか, 弱虫.
wun·der·bar /*G* vúndərba:r/ *a, int* すばらしい, すてきな (wonderful).
wun·der·kind /vúndərkìnd, wʌ́n-; *G* vúndərkɪnt/ *n* (*pl* **-kin·der** /-kìndər/, ～**s**) 神童, 鬼才.
Wundt /vúnt/ ヴント **Wilhelm** (**Max**) ～ (1832–1920)《ドイツの生理学者; 実験心理学の祖》.
Wup·per·tal /vúpərtà:l/ ヴッパータール《ドイツ西部 North Rhine-Westphalia 州 Ruhr 地方の工業都市》.
wur·ley, -lie /wə́:rli/ *n* 《豪》先住民の小屋.
Wur·lit·zer /wə́:rlɪtsər/ 〖商標〗ウーリッツァー《パイプオルガン・電子オルガン・ジュークボックスなど; 以前はオルガンがよく劇場に設置されていた》. [Rudolph *Wurlitzer* (1831–1914) ドイツ生まれの米国の楽器製造業者]
Würm /vúərm, wúərm, wə́:rm/ *n* 〖地質〗ヴュルム(氷期)《更新世におけるアルプス周辺の第 4 [最終]氷期; ⇨ GÜNZ》. ◆ **～·ian** *a* [ドイツ南部の湖の名から]
wurst /wə́:rst, wúərst/ *n* [°*compd*] 《特にドイツ・オーストリアなどの》ソーセージ: brat*wurst*, knack*wurst*. [G]
Würt·tem·berg /wə́:rtəmbə̀:rg, wúərt-, və́:r-; *G* vʏ́rtəmbɛrk/ ヴュルテンベルク《ドイツ南西部の地方; 15 世紀末に公国, 19 世紀初頭に王国; 現在は Baden-Württemberg 州の一部》.
wurtz·ite /wə́:rtsàɪt/ *n* 〖鉱〗ウルツ鉱《閃亜鉛鉱と成分を同じくする六方晶形の鉱物》. [Charles A. *Wurtz* (1817–84) フランスの化学者]
Würz·burg /wə́:rtsbə̀:rg, wúərts-, və́:rts-; *G* vʏ́rtsbʊrk/ ヴュルツブルク《ドイツ中南部 Bavaria 州の Main 川に臨む市》.
wurzel *n* MANGEL-WURZEL.
wus, wuss[1] /wʌ́s/ *int* 《南ウェールズ》ねえ, なあ, おい《呼びかけ》.
wu·shu /wú:ʃú:/ *n* 《中国の》武術, 武道.
wuss[2] /wús/, **wussy** /wúsi/ *n, a**《俗》弱い人, 弱虫(の), いくじなし, やくたいなし, ダメな(やつ). [*wimp* と *puss, pussy* からか]
wus·sup /wʌ́səp/ *int**《口》こんちわ, やあ, よう. [*What's up?*]
wuth·er /wʌ́ðər/ *vi* "《方》〈風が〉吹き荒れる, ビュービューと吹く.
wuth·er·ing /wʌ́ðərɪŋ/ "《方》 *a* ほえるように強く吹く〈風〉; ビュービュー風の鳴る〈土地〉.
Wúthering Héights 『嵐が丘』《Emily Brontë の長篇小説 (1847); Earnshaw 家の屋敷 Wuthering Heights で育てられた拾い子 Heathcliff と Earnshaw 家の娘 Catherine の愛, そして彼を虐待した養家の息子 Hindley と彼の愛を裏切った Catherine とに対する Heathcliff の復讐を中心に展開する物語》.
Wüth·rich /*G* vý:trɪç/ ヴュートリヒ **Kurt** ～ (1938–)《スイスの化学者; タンパク質などの立体構造決定のための核磁気共鳴 (NMR) 分光法の開発によりノーベル化学賞 (2002)》.
Wu-ti /wú:dí:; -tí:/ 武帝 (156–87 B.C.)《前漢第 7 代の皇帝 (141–87)》.
wu-ts'ai /wú:tsáɪ/ *n* 《中国陶磁器の》五彩.
Wutsin 武進 (⇨ WUJIN).
Wu·xi, Wu·sih, Wu-hsi /wú:ʃí:, -sí:/ 無錫(むしゃく)(ウーシー)《中国江蘇省南東部の市》.
Wu·zhou /wú:ʤóu/, **Wu-chou, Wu·chow** /; -ʧáu/ 梧州(ごしゅう)(ウーチョウ)《中国南部広西壮(チワン)族自治区東部の市》.
wuzzy /wʌ́zi/*《俗》 *a* 意地の悪い, ひねくれた; 混乱した, ぼうっとした. ► *n* 女の子. [C19<?; cf. WOOZY, MUZZY]
WV °West Virginia. **W.Va.** °West Virginia. **WVS** 〖英〗°Women's Voluntary Service. **w/w** wall-to-wall.
WW °World War (: *WWI*, *WWII*). **WWF** °World Wide Fund for Nature または World Wildlife Fund.
WWW °World Wide Web.
WWW browser /dʌ́b(ə)ljudʌ̀b(ə)ljudʌ́b(ə)lju —/ 〖インターネット〗WWW ブラウザー (WEB BROWSER).
WY Wyoming.
Wy·an·dot /wáɪəndɑ̀t/ *n* **a** (*pl* ～, ～**s**) ワイアンドット族《北米インディアン Huron 族の一種族》. **b** ワイアンドット語.
Wy·an·dotte /wáɪəndɑ̀t/ *n* **1** ワイアンドット種(の鶏)《米国の中型の卵肉兼用種》. **2** WYANDOT.
Wy·att, -at /wáɪət/ **1** ワイアット《男子名》. **2** ワイアット (**1**) **James** ～ (1746–1813)《英国の建築家; ネオゴシックの開拓者》(**2**) Sir **Thomas** ～ (1503–42)《イングランドの詩人・外交官; Henry Howard と共にイタリアの sonnet 形式を英国に紹介した》. [⇨ GUY]

W

wych-, wich-, witch- /wítʃ/ *comb form* [樹木の名に付けて]「しなやかな (pliant)」 [OE *wic(e)* bending; ⇨ WEAK]
wých àlder /wítʃ-/ 〘植〙米国原産マンサク科シロバナマンサク属の落葉低木.
wých èlm 〘植〙オウシュウ[セイヨウ]ハルニレ(の材)《欧州北部・西南アジア原産》.
Wych·er·ley /wítʃərli/ ウィッチャリー **William** ~ (1640?–1716)《英国の劇作家; *The Country Wife* (1675), *The Plain Dealer* (1676)》.
wých hàzel 〘植〙 **a** WITCH HAZEL. **b** WYCH ELM.
Wyc·lif(fe), Wic(k)- /wíklɪf, -ləf/ ウィクリフ **John** ~ (c. 1330–84)《イングランドの宗教改革家・神学者・聖書翻訳者》.
♦ **Wyc·líff·ian** *a* **Wýc·lif(f)·ism** *n*
Wyc·lif(f)·ite /wíkləfàɪt/ *n* ウィクリフ派の信徒 (Lollard).
► *a* ウィクリフ(派)の.
wy(e) /wáɪ/ *n* 《アルファベットの》Y [y]; Y 字形のもの; 〘鉄道〙 Y 線; Y 字管; 〘電〙 Y 字状回路; 《牛などの》くびき.
Wye /wáɪ/ [the] ワイ川《ウェールズ中部に発し, ウェールズ東部・イングランド西部を南東に流れて Severn 川の河口部に注ぐ》: Blessed is the eye (that is) between [betwixt] Severn and ~. 《諺》セヴァーン川とワイ川の間にある目は幸いである《この地方の風景が美しいから》.
wýe lèvel /wáɪ-/ Y LEVEL.
Wy·eth /wáɪəθ/ ワイエス (1) **Andrew** (**Newell**) ~ (1917–2009)《米国の画家》 (2) **N**(**ewell**) **C**(**onvers**) ~ (1882–1945)《米国の画家・イラストレーター; 前者の父》.
Wyke·ham /wíkəm/ ウィカム **William of** ~ (1324–1404)《イングランドの宗教家・政治家; 大法官 (1367–71, 1389–91), Winchester 司教 (1367–1404); Winchester College や Oxford 大学 New College の創立者》.
Wyke·ham·ist /wíkəmɪst/ *a*, *n* 《英国の》Winchester College の(在学生[出身者]). [William of *Wykeham*]
Wyld /wáɪld/ ワイルド **Henry Cecil** (**Kennedy**) ~ (1870–1945)《英国の言語学者・辞書編集者》.
wy·lie·coat /wáɪlikòut, wíli-/ 《スコ》 *n* 温かい下着; PETTICOAT; 婦人[子供]用ナイトガウン. [ME *wyle* coat]
wyn /wín/ *n* WEN².
wynd /wáɪnd/ *n* 《スコ》小路(こうじ), 路地. [? WIND²]
Wynd·ham /wíndəm/ ウィンダム **George** ~ (1863–1913)《英国保守党の政治家・文学者》.
Wy·nette /wɪnét/ ウィネット **Tammy** ~ (1942–98)《米国の女性カントリー歌手; 本名 Virginia ~ Pugh》.
wynn /wín/ *n* WEN².
Wyo. Wyoming.
Wy·o·ming /waɪóumɪŋ/ ワイオミング《米国北西部の州; ☆Cheyenne; 略 Wyo., WY》. ♦ **Wyóming·ìte** *n*
WYSIWYG, wys·i·wyg /wíziwìg, -zə-/ *a*, *n* 〘電算〙ウィジウィグ(の), 見たまま印字(の)《プリントアウトされるものがディスプレー画面表示と同一で, 画面上の編集が可能な方式についていう》. [*w*hat *y*ou *s*ee *i*s *w*hat *y*ou *g*et ⇨ SEE¹ 成句]
Wyss /víːs/ ヴィース **Johann Rudolf** ~ (1782–1830)《スイスの哲学者・作家; 父 **Johann David** (1743–1818) の原稿を補筆・編集した *Der schweizerische Robinson* (1812–27; ⇨ *Swiss Family Robinson*) によって知られている》.
Wys·tan /wístən/ ウィスタン《男子名》. [OE＝battle＋stone]
wyte /wáɪt/ *n*, *vt* WITE.
wy·vern, wi·vern /wáɪvərn/ *n* 飛竜《二脚有翼の架空の動物で, とげのある尾の先端は矢じり状》; 〘紋〙飛竜紋, 飛竜の図[像]. [AF＜L VIPER; -*n* は cf. BITTERN¹]

W

X, x /éks/ *n* (*pl* **X's, Xs, x's, xs** /éksəz/) **1** エックス《英語アルファベットの第 24 字》; X [x] の表わす音; X 字形(のもの); X の活字; 24 番目(のもの). **2**〖数〗(第 1)未知数 (cf. Y, Z), 変数, *x* 軸, *x* 座標; 未知[未定]のもの[人], 予測できないもの, 某…;〖通信〗空中障害. **3 a**〖ローマ数字〗10: *XX*＝20 / *XV*＝15. **b***《口》10 ドル札. **4** × じるし, X [x] 記号: **a** ⑴ 誤り・抹消などを示すしるし **2)** kiss を表わすしるし; 手紙の終わりにしばしば XXX のように続けて書く (cf. XOXOX) **3)** 地図・写真で, ある(地)点を示すしるし **4)** 投票用紙・答案・書式などで, 選択したもの[該当欄]を示すしるし **5)** 字の書けない人が署名代わりに書くしるし》; *《口》署名, サイン: put one's *X* on…にサインする. **b** ⑴ 掛け算の記号 (times) **2)** 寸法・サイズを表わす記号 (by) **3)** 倍率の記号 **4)** …と交差して **5)** (馬などの血系を示して)…のかけ合わせで生まれた **6)** 粉[砂糖など]の粒子の細かさを示す記号》150*x* (＝times) the amount of contaminants 150 倍の量の汚染物質. **c** [X]〖映〗未成年者お断わり《米 17 歳, 英 18 歳未満; その後, 米国では 'NC-17', 英国では '18' に変更; ⇨ RATING¹》. **5**《麻薬俗》ECSTASY. ● **put the X on**… 《俗》…に × じるしをつけて殺す[消す]ことにする. **X marks the spot.** あれ[× じるし]が問題の地点だ. ► *vt* (**x-ed, x'd, xed** /-t/; **x-ing, x'ing**) …に X のしるしをつける: *x* one's ballot clearly 投票用紙にはっきりと × じるしをつける. ● **x in** the man of one's choice 選んだ人を × じるしをつけて示す. **x out** × じるしで[× じるしを連続させて]消す; *《俗》無効にする, 取り消す; 《口》〈人・物事〉のことを考えない, 無視する; 《俗》殺す, 消す; *《黒人俗》だます, かつぐ: *x out* an error 誤りを消し去る.

-x /-z/ *suf* フランス語に由来する名詞に付けて複数形をつくる: beau*x*, jeu*x* de mots, tableau*x*.

x, X〖商〗ex ♦ experimental ♦ extra.

X Christ《Christ を意味するギリシア語 *Χριστος* の頭文字 *X* から; cf. XP, Xt》, Christian ♦ cross ♦〖米軍〗research aircraft 研究機, 実験機, 開発機《*ex*perimental より》.

X-Ac·to /ɪgzǽktoʊ/〖商標〗エグザクト《米国製のホビー用カッターナイフ・薄刃のこなどの工具類》.

Xa·la·pa (En·rí·quez) /həláːpə (eɪnríːkeɪθ)/, **Ja·la·pa** /həláːpə/ ハラパ(エンリケス)《メキシコ東部 Veracruz 州の市・州都》.

xa·lo·stock·ite /zæ̀ləstákàɪt/ *n*〖鉱〗ザロストック石《ピンク色の灰礬(かいばん)ざくろ石》. [*Xalostoc* メキシコの地名]

Xan·a·du /zǽnəd(j)ùː/ *n* 夢のように豪華壮麗なところ, 桃源郷. [Coleridge の詩 *Kubla Khan* にうたわれた中国元代の都 *Shang-tu* (上都) より]

Xan·kän·di /zɑːnkǽndi/ ハンケンディ《アゼルバイジャンの Nagorno-Karabakh 共和国の首都; アルメニア語名 Stepanakert》.

xanth- /zǽnθ/, **xan·tho-** /-θoʊ, -θə/ *comb form*「黄色」「キサントゲン酸」 [Gk *xanthos* yellow]

xan·than /zǽnθən/ *n*〖化〗キサン(タン)(＝～ **gúm**)《砂糖溶液中でバクテリアが産する多糖類でつくられる, 水溶性のゴム; 食品産業・医学・薬学などで増粘剤・濃化剤・安定剤として用いる》.

xan·thate /zǽnθèɪt/ *n*〖化〗キサントゲン酸塩[エステル].

Xan·the /zǽnθi/ ザンシ《女子名》. [Gk; ⇨ XANTH-]

xan·the·in /zǽnθiən/ *n*〖化〗キサンテイン《黄色い花の水溶性の色素; cf. XANTHIN》.

xan·thene /zǽnθìːn/ *n*〖化〗キサンテン《染料の原料・殺真菌剤》; キサンテン誘導体. [*-ene*]

xánthene dýe〖化〗キサンテン染料.

Xan·thi·an /zǽnθiən/ *a* XANTHUS の.

xan·thic /zǽnθɪk/ *a* 黄色の, 帯黄色の;〖化〗XANTHIN の; XANTHINE の; XANTHIC ACID の: ～ flowers 黄色花.

xánthic ácid〖化〗キサントゲン酸.

xan·thin /zǽnθən/ *n*〖化〗キサンチン《黄色い花の非水溶性色素; cf. XANTHEIN》.

xan·thine /zǽnθìːn, ˈ-θàɪn/〖生化〗*n* キサンチン《血液・尿・肝臓などに含まれる酸化プリン》; キサンチン誘導体.

Xan·thip·pe /zæntípi, -θípi/, **-tip-** /zæntípi/ **1** クサンティッペ《Socrates の妻》. **2**《一般に》口やかましい女, 悪妻.

xánth·ism *n*《皮膚・毛皮・羽の》黄色化.

xan·thi·um /zǽnθiəm/ *n*〖植〗オナモミ属 (*X-*) の各種の一年草《cocklebur など; キク科; 実はいがで動物の毛皮につく; 時に薬草や染料とする》.

xan·thoch·roi /zænθákroʊàɪ, -rɔ̀ɪ/ *n pl* [ˢX-]〖人〗黄白人種《コーカソイド (Caucasoid) のうち皮膚が淡黄ないし白, 目が青く金髪の種族》. ♦ **xan·tho·chro·ic** /zæ̀nθəkróʊɪk/ *a* 黄白人種の. **xan·tho·chroid** /zǽnθəkrɔ̀ɪd, zænθákrɔ̀ɪd/ *a, n*

xan·thoch·ro·ism /zænθákroʊɪz(ə)m/ *n*〖生〗黄色[黄変]性《皮膚や羽から黄色・だいだい色以外の色素の消える状態で, 特に金魚などにみられるもの》.

xántho·dèrm *n* 皮膚が黄色の人;《特に》黄色人種の人.

xan·tho·ma /zænθóʊmə/ *n* (*pl* **～s, -ma·ta** /-tə/)〖医〗黄色腫. ♦ **xan·thoma·tous** /zænθámətəs/ *a*

xàntho·mélanous *a*〖人〗髪が黒く皮膚がオリーブ色[黄褐色]の.

xan·thone /zǽnθoʊn/ *n*〖化〗キサントン《殺虫剤・染料中間体・薬剤などに用いる》.

xan·tho·phyll, -phyl /zǽnθəfɪl/ *n*〖化〗キサントフィル,《特に》LUTEIN. ♦ **xàn·tho·phýl·lic, -phýl·lous** *a*

xàntho·pro·té·ic ácid /-proʊtíːɪk-/〖化〗キサントプロテイン酸.

xanthoprotéic tést [reáction]〖化〗キサントプロテイン試験[反応]《タンパク質の検出試験; 濃硝酸を加えて加熱すると黄色になり, 冷やしてからアンモニアなどでアルカリ性にすると橙黄色になる》.

xan·thop·sia /zænθápsiə/ *n*〖医〗黄(色)視(症).

xàntho·síderite *n*〖鉱〗黄褐鉄鉱 (goethite).

xan·thous /zǽnθəs/ *a* 黄色の;〖人〗黄色の髪をもつ.

xanthoxylum ⇨ ZANTHOXYLUM.

Xan·thus /zǽnθəs/ **1** [the] クサントス川《KOCA 川の古代名》. **2** クサントス《小アジア南西部の Lycia の古都》.

Xantippe ⇨ XANTHIPPE.

Xán·tus's múrrelet /(k)sáːntùːʃəz-/〖鳥〗セグロウミスズメ《California およびメキシコ沿岸産》. [János *Xántus* (1825–94) ハンガリーの鳥類学者]

Xa·vé·ri·an Bróther /zeɪvíəriən-, zæ-/〖キ教〗ザベリオ教職会員《1839 年ベルギーに設立されたカトリックの平信徒による会; 教育事業に力を注ぐ》.

Xa·vi·er /zéɪviər, zǽv-/ **1** ゼーヴィアー, ザヴィアー《男子名》. **2** ザビエル Saint **Francis** ～ (1506–52)《Jesuit 会のスペイン人宣教師; スペイン語名 Francisco Javier; インド・日本で布教し 'the Apostle of the Indies' と呼ばれる; 祝日 12 月 3 日》. [Sp＜Arab＝bright]

x-axis /éks—/ *n* [the]〖数〗*x* 軸《横座標軸》.

X band /éks —/ X バンド《船舶レーダー・気象レーダー・宇宙通信などに使用されている特殊な周波数帯区分; センチメートル波 (superhigh frequency) (3–30 GHz) のうち, 5.2–10.9 GHz の周波数帯》.

X-body /éks—/ *n*〖植〗X 体《植物細胞中の封入体》.

XC, X-C 《米・カナダ》cross-country.

X-certificate /éks—/ *a* X-RATED.

X chromosome /éks —/〖生〗X 染色体《性染色体の一種で雌雄双方に存在する; cf. Y CHROMOSOME》.

x-coordinate /éks—/ *n*〖数〗*x* 座標.

X-C skiing* /ékssìː —/ クロスカントリースキー.

xd〖証券〗ᵒex dividend.

X-disease /éks—/ *n*〖医〗X 病《病原不詳の各種のウイルス病; 特に豪州で初めて発見されたウイルス性脳炎》.

X-double minus /éks— —/ *a*《俗》〈演技・演奏などが〉ひどくできの悪い.

Xe〖化〗xenon.

xe·bec, ze·bec(k) /zíːbèk, zɪbék/ *n* ジ(ー)ベック《地中海の 3 本マスト小帆船》. [F＜It＜Arab]

xeme /zíːm/ *n*〖鳥〗クビワカモメ《尾が二叉》.

xen- /zén, zíːn/, **xe·no-** /zénoʊ, zíː-, -nə/ *comb form*「客」「外国人」「外来の(もの)」「異種の」 [Gk *xenos* strange(r)]

Xe·na·kis /zenáːkɪs/ クセナキス **Iannis** ～ (1922–2001)《ルーマニア生まれのギリシアの作曲家・建築家; フランス在住》.

xe·nate /zíːnèɪt, zén-/ *n*〖化〗キセノン酸塩[エステル].

xe·nia /zíːniə/ *n*〖植〗キセニア《花粉が胚乳に与える影響》.

xe·ni·al /zíːniəl/ *a* 賓客と主人との間柄の.

xe·nic /zíːnɪk, zén-/ *a* 未確認の有機物を含む培養基の[を使った]. ♦ **xé·ni·cal·ly** *adv* [*xen-*, *-ic*]

xénic ácid〖化〗キセノン酸.

Xen·i·cal /zénɪk(ə)l/〖商標〗ゼニカル《膵臓の脂肪分解酵素阻害薬; 肥満治療用》.

xeno- /zénoʊ, zíː-, -nə/ ⇨ XEN-.

xèno·biólogy *n* EXOBIOLOGY.

xèno·biótic *n, a*〖生・医〗生体異物(の).

xén·o·blàst /zénə-/ *n*〖鉱〗他形変晶《自体の特徴的な結晶面をつくらず, 変成作用によってできた鉱物》.

Xe·noc·ra·tes /zɪnákrətìːz/ クセノクラテス (396–314 B.C.)《ギリシ

アの哲学者》. ♦ **Xen·o·crat·ic** /zènəkrǽtɪk/ *a*

xeno·cryst /zénəkrìst/ *n* 〔岩石〕外来結晶, ゼノクリスト《外部からマグマに混入した結晶》. ♦ **xèno·crýs·tic** *a*

xèno·cúrrency *n* 〔経〕国外流通通貨.

xèno·diagnósis *n* 〔医〕外因診断法. ♦ **-nóstic** *a*

xen·o·do·chi·um /zènədəkáɪəm/, **-che-** /-kíːəm/ *n* (*pl* **-do·chia** /-káɪə/, **-do·chea** /-kíːə/) 《古代ギリシア・ローマの》宿屋; 《中世の貧者・外来者・巡礼・病人などのための》(保護)施設, 宿泊施設; 《修道院の》来客室.

xe·nog·a·my /zənágəmi/ *n* 〔植〕異株[異花]受精, 他家受粉. ♦ **xe·nóg·a·mous** *a*

xèno·ge·né·ic /-ʤəníːɪk/ *a* 〔生・医〕異種(発生性)の.

xèno·génesis 〔生〕 *n* 親と完全にかつ恒久的に異なる子の発生; ABIOGENESIS. ♦ **-genétic** *a*

xèno·génic *a* XENOGENESIS の; XENOGENEIC.

xèno·glós·sia /-glásiə/, **xéno·glòs·sy** /-glàsi/ *n* 〔心霊〕習ったことのない言語を読み書き話し理解する超能力, 異言の能力.

xéno·gràft 〔医〕 *n* 異種移植片 (heterograft); 異種移植.

xéno·lìth *n* 〔岩石〕捕獲岩. ♦ **xèno·líth·ic** *a*

xen·ol·o·gy /zenáləʤi/ *n* 異生物学, 異種族学《主に SF などでの用語》. ♦ **xen·ól·o·gist** *n*

xèno·mánia *n* 舶来品狂, 外国熱.

xèno·mórphic *a* 〔鉱〕ALLOTRIOMORPHIC; 異形の.

xe·non /zénàn, zíː-/ *n* 〔化〕キセノン《希ガス元素; 記号 Xe, 原子番号 54》. [Gk=something strange]

xénon àrc (làmp) キセノンランプ《キセノンを封入したアークランプで, 映写機やスタジオライトなどの高明度の光源として用いられる》.

xénon hèxa·flúoride 〔化〕六フッ化キセノン.

xénon tètra·flúoride 〔化〕四フッ化キセノン.

Xe·noph·a·nes /zɪnáfəni:z/ クセノパネス (c. 560–c. 478 B.C.) 《ギリシアの詩人・哲学者; 神は唯一至高であると説いた》.

xéno·phìle *n* 外国風[人]好きの人. ♦ **xe·noph·i·lous** /zɛnáfələs, zɪ-/ *a*

xeno·phil·ia /zènəfíliə/ *n* 外国(人)好き, 異国好み.

xéno·phòbe *n* 外国人[もの]嫌いの人, 外国人恐怖症者, ゼノフォーブ.

xèno·phóbia *n* 外国人[もの]嫌い, 外国人恐怖症, ゼノフォービア《外国[未知]の人[もの]に対する嫌悪・憎しみ・恐怖》. ♦ **xèno·phóbic** *a* **-phó·bi·cal·ly** *adv*

Xe·no·phon /zénəfən/ クセノポン, クセノフォン (c. 431–c. 352 B.C.) 《ギリシアの軍人・歴史家;『アナバシス』(⇨ ANABASIS)》.

xen·o·pus /zénəpəs/ *n* 〔動〕ツメガエル属 (*X*-) の各種のカエル《アフリカの Sahara 砂漠以南産》.

xen·o·time /zénətàɪm/ *n* 〔鉱〕リン酸イットリウム鉱.

xèno·tránsplant 〔医〕 *n* 異種(間)移植《動物の臓器を人間に移植するなど遺伝的異種間の移植手術》; 異種移植片. ♦ **-trans·plantátion** *n*

xèno·trópic *a* 〔生〕〈ウイルスが〉宿主と異なる種の細胞中でのみ複製をつくる[増殖する].

Xer /éksər/ *n* X 世代 (Generation X) の人.

xer- /zíər/, **xe·ro-** /zíərou, -rə/ *comb form*「乾燥した」「乾燥製法による」 [Gk *xēros* dry]

xe·ran·the·mum /zərǽnθəməm; zɪə-/ *n* 〔植〕トキワバナ属 (*X*-) の各種の一年草《キク科》, 《特に》キセランセマム, トキワバナ《欧州南東部・イラン産; ドライフラワーにする》.

xe·rarch /zíərɑ̀ːrk/ *a* 〔生態〕〈遷移が〉乾燥した場所で起こる, 乾生の.

xe·ra·sia /zɪəréɪʒə; -ziə/ *n* 〔医〕毛髪乾燥症.

Xeres ⇨ JEREZ.

xe·ric /zíərɪk, zér-/ *a* 〔生態〕〈土壌などが〉乾燥した; 〈植物などが〉好乾[耐乾]性の, 乾生の. ♦ **xé·ri·cal·ly** *adv*

xe·ri·scape /zíərəskèɪp, zér-/ [°X-] ゼリスケープ《乾燥地で節水をしながら行なう造園法》. [*xeric, -scape*]

xé·ri·scàp·ing, xéric·scàp·ing *n* 乾景観づくり.

xero- /zíərou, -rə/ ⇨ XER-.

xe·ro·cole /zíərəkòul/ *a* XEROPHILOUS.

xe·ro·der·ma /zìərədə́ːrmə/, **-mia** /-miə/ *n* 〔医〕乾皮症.

xerodérma pig·men·tó·sum /-pìgməntóusəm, -mèn-/ 〔医〕色素性乾皮症.

xe·ro·gel /zíərəʤèl/ *n* 〔化〕キセロゲル, 乾膠(かんこう)体《乾燥した状態のゲル》.

xéro·gràm *n* ゼログラフィーによる複写物, 乾式 X 線撮影写真.

xe·rog·ra·phy /zərágrəfi; zɪə-/ *n* ゼログラフィー《乾式写真複写印刷の一方式》; X 線電子写真法 (xeroradiography). ♦ **xè·ro·gráph·ic** /zìə-/ *a* **-i·cal·ly** *adv*

xe·ro·ma /zəróumə; zɪə-/ *n* 〔医〕XEROPHTHALMIA.

xéro·mòrph *n* 〔植〕乾生植物 (xerophyte).

xèro·mórphic *a* 〔植〕乾生形態の. ♦ **-mórphism** *n*

xe·roph·a·gy /zəráfəʤi; zɪə-/ *n* 〔東方正教会〕厳斎《Lent の期間中, パン・塩・水・野菜だけの食事をすること》.

xéro·phìle *n* 〔植〕XEROPHYTE. ► *a* 〔動・植〕XEROPHILOUS.

xe·roph·i·lous /zəráfələs; zɪə-/ *a* 〔動・植〕好乾[耐乾]性の, 乾生の. ♦ **xe·róph·i·ly** *n* 乾性.

xe·roph·thal·mia /zìərɑ̀fθǽlmiə, -rɑ̀p-/ *n* 〔医〕《全身的ビタミン A 欠乏による》眼球乾燥(症). ♦ **-thál·mic** *a*

xéro·phỳte *n* 〔生態〕乾生植物 (cf. HYDROPHYTE, MESOPHYTE). ♦ **xè·ro·phýt·ic** /-fít-/ *a* 乾生的な. **-i·cal·ly** *adv* **xé·ro·phỳt·ism** /-fàɪt-/ *n*

xèro·rádio·gràph *n* X 線電子写真. ► *vt* X 線電子写真法で撮影[記録]する.

xèro·radiógraphy *n* X 線電子写真法.

xe·ro·sere /zíərousìər/ *n* 〔生態〕乾生(遷移)系列《乾燥した生育地に始まる遷移系列》.

xe·ro·sis /zɪəróusəs/ *n* (*pl* **-ses** /-sìːz/) 〔医〕《皮膚などの》乾燥(症). [*-osis*]

xèro·thérmic *a* 温暖で乾燥した, 熱乾気候の; 熱乾期の; 好熱乾性の.

Xe·rox /zíərɑ̀ks, *zíːrɑ̀ks/ *n* 〔商標〕ゼロックス《乾式複写法・複写機》; [x-] (ゼロックス)コピー. ► *vt* [x-] (ゼロックスで)コピーする; [x-] (ゼロックスで)〈コピーを〉つくる. [*xerography*]

xe·rus /zíərəs/ *n* 〔動〕アラゲジリス属 (*X*-) の各種の齧歯動物《アフリカ産のジリス (ground squirrel)》.

Xer·xes /zə́ːrksìːz/ **1** ザークシーズ《男子名》. **2** クセルクセス ~ **I** (c. 519–465 B.C.) 《アケメネス朝ペルシアの王 (486–465 B.C.); Darius 1 世の子; ギリシアに侵攻し Thermopylae でスパルタを破ったが Salamis で敗れて退却した》. [Gk＜Pers=king]

X-factor /éks—/ *n* 未知の[注目すべき]要因[人物, もの], '未知数'.

X-film /éks—/ *n* 《X-rated の》ポルノ[成人]映画.

x-height /éks —/ *n* 〔印〕エックスハイト《b や p のように上下にはみ出さない x, a, r, w などの基本活字の高さ》.

Xho·sa /kóusə, -zə/ *n* **a** (*pl* ~, ~**s**) コーサ族《Cape Province に住む》. **b** コーサ語《コーサ族の話す Bantu 語》.

XHTML 〔電算〕Extensible Hypertext Markup Language 《HTML を XML をベースとして厳格に再定義したもの》.

xi /záɪ, sáɪ, ksáɪ, ksíː/ *n* クシー《ギリシア語アルファベットの第 14 字; Ξ, ξ》; 〔理〕グザイ [Ξ] 粒子 (=**xí pàrticle**). [Gk]

Xi, Hsi, Si /ʃíː/ 西江(せいこう)(シーチアン) (=**Xi Jiang** /-ʤiáːŋ/, **Hsi Chiang** /; -ʧjǽŋ/, **Hsi [Si] Kiang** /; -kjǽŋ/) (=*West River*) 《中国広西チワン族自治区・広東省を流れる川; 珠江 (Zhu) の主流》.

XI 《ローマ数字》11; ‖《口》11 人のチーム《クリケットなどの》.

XI EX[1] interest.

Xia, Hsia /ʃiáː/ 〔中国史〕夏《中国で最初の王朝; 歴史学上最古の殷王朝の前にあったと伝えられる; 始祖は禹 (Yu)》.

Xia Gui /ʃiáː gwíː/, **Hsia Kuei** /-kwéɪ/ 夏珪(かけい)(シアコイ) (fl. 1195–1224) 《南宋の画家; 水墨の山水画で有名》.

Xia·men /ʃiáːmʌ́n/, **Hsia·men** /; ʃjɑːmén/ 厦門(アモイ)(シアメン) 《中国福建省南東部の一島をなす港湾都市; 別称 Amoy》.

xian /ʃjén/ *n* 《中国の》県 (hsien). [Chin]

Xi'·an, Xi·an, Hsi·an, Si·an /ʃíːáːn/ 西安(せいあん)(シーアン) 《中国陝西省の省都; 旧称 長安 (Changan)》.

Xiang, Hsiang, Siang /ʃiáːŋ/ **1** [the] 湘江(しょうこう) 《中国広西チワン族自治区北部から湖南省の洞庭湖へ注ぐ川》. **2** 湘語《中国語の湖南方言(群)》.

Xiang·gang /ʃiáːŋgáːŋ/ 香港 (Hong Kong).

Xiang·tan, Hsiang-t'an, Siang·tan /ʃiáːŋtáːn/ 湘潭(しょうたん)(シアンタン) 《中国湖南省東部湘江岸の都市》.

Xiao Hing·gan Ling /ʃiáu híŋgáːn líŋ/ 小興安嶺(しょうこうあんれい)(シャオシンアンリン) (LESSER KHINGAN RANGE の中国語名).

Xi·ga·zê /ʃíːgàːdzɛ́/, **Shi·ga·tse** /ʃɪgáːtsə/, **Jih-k'a-tse** /ʒɪrkáːdzə/ シガズェ (日喀則) 《中国チベット自治区南部の市; Lhasa に次ぐチベット第 2 の都市》.

Xi Jiang 西江 (⇨ XI).

Xi Jin·ping /ʃíː ʤínpíŋ/ 習近平(しゅうきんぺい)(シーチンピン) (1953–) 《中国の政治家; 共産党総書記 (2012–), 国家主席 (2013–)》.

Xi·kang /ʃíːkáːŋ/, **Si·kang** /; ʃíːkǽŋ/ 西康(せいこう)(シーカン) 《中国西部の旧省 (1928–55); 東部は四川省に, 西部はチベット自治区に編入》.

Xing, xing 〔道路標識〕crossing.

Xin·gu /ʃíŋgúː/ [the] シングー川《ブラジル中北部を北流して Amazon 川に河口近くで合流する》.

Xin·hai·lian, Hsin·hai·lien, Sin·hai·lien /ʃínháɪljáːn/ 新海連(しんかいれん)(シンハイリエン) 《現在の連雲港 (Lianyungang) の解放後 1961 年までの称》.

Xin·hua /ʃínhwáː/ 新華社 (=*New China News Agency*) 《中国の通信社》.

Xi·ning, Hsi-, Si- /ʃíːníŋ/ 西寧(せいねい)(シーニン) 《中国青海省の省都》.

Xin·jiang Uy·gur /ʃínʤiáːŋ wíːgər/, **Sin·kiang Ui·ghur** /; sínkjǽŋ wíːgər/ 新疆ウイグル自治区《中国西部の自治区; ☆Ürümchi》.

x-intercept /éks—/ *n* 〔数〕*x* 切片.

Xin·xiang, Hsin-hsiang, Sin·siang /ʃínʃjáːŋ; ʃínʃjǽŋ/ 新郷(しんきょう)(シンシアン) 《中国河南省北部の市》.

Xiong·nu, Hsiung-nu /ʃiúŋnúː/ *n* (*pl* ～)〖中国史〗匈奴(きょう)《中国北辺をおびやかした遊牧騎馬民族; 4 世紀にヨーロッパに侵入した Hun 族はこの一派と考えられている》.

xiph- /záɪf, zíf/, **xiphi-** /záɪfə, zífə/, **xipho-** /záɪfoʊ, zíf-, -fə/ *comb form*「剣状の」 [Gk *xiphos* sword]

xiph·i·as /zífiəs/ *n* (*pl* ～)〖魚〗メカジキ (swordfish).

xi·phi·ster·num /zàɪfəstə́ːrnəm, zɪ̀f-/ *n* (*pl* **-na** /-nə/)〖解〗剣状突起 (XIPHOID PROCESS). ♦ **xi·phi·stér·nal** *a*

xi·phoid /záɪfɔɪd, zíf-/〖解〗*a* 剣状(突起)の. ▶ *n* XIPHOID PROCESS.

xíphoid cártilage〖解〗剣状軟骨 (xiphoid process).

xíphoid prócess〖解〗《胸骨の》剣状突起 (=*ensiform cartilage, xiphisternum, xiphoid, xiphoid cartilage*).

xi·phos·uran /zàɪfəsúərən, zɪ̀f-; -sjuərən/ *a, n*〖動〗剣尾目の(動物), 剣尾類(の)《カブトガニなど》.

x-irradiate /ɛ́ks—́—/ *vt* [°X-]〈体〉に X 線を照射する (x-radiate). ♦ **x-irradiation** /ɛ́ks—́—/ *n*

Xi·sha Qun·dao /ʃíːʃáː ʧúndáu/ 西沙諸島《PARACEL ISLANDS の中国語名》.

Xi·zang /ʃíːzáːŋ/, **Si·tsang** /; síːtsǽŋ/ 西藏《TIBET の中国語名》.

XL extra large ♦ extra long.

X-linked /ɛ́ks —́—/ *a*〖遺〗X 染色体 (X chromosome) の, X 連鎖の.

XLNT《E メールなどで》excellent.

Xmas /krísməs, ɛ́ksməs/ *n* CHRISTMAS. [*X* は Christ を意味するギリシア語 *Χριστος* の頭文字 *X* から]

XML〖電算〗Extensible Markup Language《独自のタグが定義できるメタ言語的なマークアップ言語》. **xn** °ex new. **x-new** °ex new. **XO** °executive officer.

xo·a·non /zóʊənàn/ *n* (*pl* **-na** /-nə/)〖考古〗クソアノン《古代ギリシアの原始的木彫神像》. [Gk]

Xo·chi·mil·co /sòʊʧimíːlkoʊ, -ʃɪ-, -míl-/ ソチミルコ《メキシコ中部, メキシコ連邦区にある市; Mexico City の南に位置; チナンパ (chinampas) で有名》.

X-ogen /ɛ́ksəʤ(ə)n/ *n*〖天〗X 素《星間分子 HCO^+ イオンが同定される以前の名》. [*-ogen* (＜hydrogen, nitrogen, etc.)]

xo·lo·itz·cuint·li /ʃòʊloʊitskwíntli/ *n*〖犬〗MEXICAN HAIRLESS. [MexSp＜Nahuatl]

XOR /ɛ́ksɔ̀ːr/ *n*〖電算〗エクソア《排他的論理和 (exclusive or) をつくる演算子 (cf. AND, OR)》.

XOXOX《E メールなどで》hugs and kisses.

XP /káɪróʊ, kíː-/ *n* カイロー《キリストの標号; Christ を意味するギリシア語 *ΧΡΙΣΤΟΣ* の初めの 2 字; ⇨ CHI-RHO》.

xr〖証券〗°ex rights.

x-radiate /ɛ́ks—́—/ *vt* [°X-]〈体〉に X 線を照射する.

x-radiation /ɛ́ks—́—/ *n* [°X-] X 線放射[照射].

X-rated /ɛ́ks—́—/ *a*〈映画が〉成人向きの;〈本・ショーなど〉わいせつな, ポルノの, セックス[暴力]の描写が露骨な; 卑猥[下品]な〈ことば・しぐさ〉.

X-ray /ɛ́ks —́—/ *n* **1** X 線, エックス線; X 線写真;《口》レントゲン検査. [G *X-Strahlen* の訳; *X* は「未知のもの」の意] **2** [Xray] エックス線《文字 x を表わす通信用語; ⇨ COMMUNICATIONS CODE WORD》. ▶ *a* X 線の: ～ vision 透視能力. ▶ *vt* [°x-] …の X 線写真を撮る; [°x-] X 線で調べる[処理する, 治療する].

X-ray astronomy /ɛ́ks—́— —́—/ X 線天文学. ♦ **X-ray astronomer** /ɛ́ks—́— —́—/ *n*

X-ray burst /ɛ́ks—́— —́—/〖天〗X 線のバースト《X 線源の発する突発的な強い X 線のパルス》.

X-ray burster /ɛ́ks—́— —́—/〖天〗X 線バースター《X-ray burst を発する X 線源》.

X-ray crystallography /ɛ́ks—́— —́—/ X 線結晶学.

X-ray diffraction /ɛ́ks—́— —́—/〖理〗X 線回折《結晶構造内の原子の配列を解析するのに応用する》.

X-ray fish /ɛ́ks—́— —́—/〖魚〗**a** プリステラ《南米に分布するカラシン科の透き通って見える小形の淡水魚; 鑑賞魚》. **b** GLASSFISH a.

X-ray laser /ɛ́ks—́— —́—/〖理〗X 線レーザー.

X-ray machine /ɛ́ks—́— —́—/ X 線機器;《CB 無線俗》《警察の》自動車速度測定装置.

X-ray nova /ɛ́ks—́— —́—/〖天〗X 線新星.

X-ray photograph [picture] /ɛ́ks—́— —́—/ X 線写真.

X-ray pulsar /ɛ́ks—́— —́—/〖天〗X 線パルサー.

X-ray satellite /ɛ́ks—́— —́—/〖天〗X 線衛星《天体の X 線を観測する装置を搭載した人工衛星》.

X-ray scanning /ɛ́ks—́— —́—/〖工〗X 線走査《X 線を走査してきずの有無などを検査する技術》.

X-ray source /ɛ́ks—́— —́—/〖天〗X 線源 (X-ray star).

X-ray star /ɛ́ks—́— —́—/〖天〗X 線星(せい).

X-ray telescope /ɛ́ks—́— —́—/〖天〗X 線望遠鏡.

X-ray therapy /ɛ́ks—́— —́—/〖医〗X 線療法.

X-ray tube /ɛ́ks—́— —́—/ X 線管.

x.rts〖証券〗°ex rights. **xs, XS** extra short ♦ extra small.

x-section /krɔ́(ː)s—́, krás-, —́ —́—/ *n* CROSS SECTION. ♦ **～·al** *a*

X-stool /ɛ́ks—́—/ *n* X 脚スツール《折りたたみ式で構造が単純》.

xtc, XTC《麻薬俗》ecstasy.

xu /súː/ *n* (*pl* ～) スー《ヴェトナムの通貨単位: ＝1/100 dong, ＝1/10 hao》; 1 スー硬貨;《旧南ヴェトナムの》1 セント硬貨. [Vietnamese ＜F *sou*]

Xuan·hua, Hsüan- /ʃuáːnhuáː/ 宣化(せんか)(シュアンホア)《中国河北省北西部の市》.

Xuan·zang, Hsüan-tsang /ʃuáːndzáːŋ/ 玄奘(げんじょう)(シュエンツァン), 三蔵法師 (San-tsang) (602–664)《中国唐代の僧;『大唐西域記』》.

Xuan·zong, Hsüan Tsung /ʃuáːndzúŋ/ 玄宗(げんそう) (685–762)《中国唐の第 6 代皇帝 (712–756); 諱(いみな)は李隆基 (Li Longji)》.

X unit /ɛ́ks —́—/〖理〗X 単位, エックス単位, ジーグバーン《放射線波長測定用: ≒10^{-11} cm》.

Xun·zi /ʃúndzə́ː/, **Hsün-tzu** /-dzúː/ **1** 荀子(じゅんし)(シュンツ) (298?–c. 235 B.C.)《中国戦国時代末期の思想家; 礼治主義を唱えた》. **2** [the]『荀子』《荀子の論集》.

Xu·thus /zúːθəs/〖ギ神〗クストス《Hellen の子で, Creüsa の夫, また Ion の父で, イオニア人の祖とされる》.

Xu·zhou /ʃúːʤóu/, **Hsü·chou, Sü·chow** /súːʤóu, súː-ʧáu; ʃúːʧáu/ 徐州(じょしゅう)(シュイチョウ)《中国江蘇省北西部の市; 別称 銅山 (Tongshan)》.

XV〖ローマ数字〗15; ᴵᴵ《口》15 人のチーム《ラグビーなどの》.

X Window System /ɛ́ks —́— —́—/〖商標〗X Window System《UNIX システムで広く使用されているウィンドーシステム》. [*X*: 以前の Window System である *W* の後継]

XX《俗》°double cross.

XXX〖映〗本格ポルノ映画 (⇨ X) ♦《手紙の》キスの印 (⇨ X).

XXXX /fɔ́ːrɛ́ks/〖商標〗フォーエックス《オーストラリアのラガービール》.

XXXX °confectioners' sugar.

xyl- /záɪl/, **xy·lo-** /-loʊ, -lə/ *comb form*「木」「木質部」「キシレン」「キシロース」; [xylo-]「分子内の原子(団)が立体化学的にキシロースのような配置の」 [Gk *xulon* wood]

xy·lan /záɪlæ̀n/ *n*〖化〗キシラン《ペントサンの一; 植物の木化した細胞膜中に存在》.

xý·la·ry ráy /záɪləri-/〖植〗XYLEM RAY.

xy·lem /záɪləm, -lɛ̀m/ *n*〖植〗木質部, 木部. [*-eme*]

xýlem ràу〖植〗木部放射組織 (=*wood ray*).

xy·lene /záɪlìːn/ *n*〖化〗キシレン《溶剤・染料用》.

xy·le·nol /záɪlənɔ̀(ː)l, -nòʊl, -nàl/ *n*〖化〗キシレノール《合成樹脂・防腐剤の原料》. [↑, *-ol*]

xýlenol rèsin〖化〗キシレノール樹脂《キシレノールとアルデヒドの重縮合によってつくるフェノール系樹脂》.

xý·lic ácid /záɪlɪk-/〖化〗ジメチル安息香酸, キシリル酸.

xy·li·dine /záɪlədiːn, -dən, zíl-/ *n*〖化〗キシリジン《キシレンの誘導体; アゾ染料の中間物・有機合成用》. [*xylene, -idine*]

xy·li·tol /záɪlətɔ̀(ː)l, -tòʊl, -tàl/ *n*〖化〗キシリトール《キシロース (xylose) の還元で得られる糖アルコール; 甘味料とする》. [*xylose, -ite, -ol*]

xylo- /záɪloʊ, -lə/ ⇨ XYL-.

Xy·lo·caine /záɪləkèɪn/〖商標〗キシロカイン《lidocaine 製剤》.

xýlo·càrp *n*〖植〗硬木質果. ♦ **xỳ·lo·cár·pous** *a*

xýlo·gràph *n* 木版(画), 板目[木口]木版; 木目印画. ▶ *vt* 木版で刷る.

xy·log·ra·phy /zaɪlágrəfi/ *n* 木版術, 板目[木口]木版術; 木目印画法. ♦ **xy·lóg·ra·pher** *n* 木版師; 木目印画師. **xỳ·lo·gráph·ic, -i·cal** *a*

xy·loid /záɪlɔ̀ɪd/ *a* 木材に似た, 木質の.

xy·lol /záɪlɔ̀(ː)l, -lòʊl, -lɑ̀l/ *n*〖化〗キシロール (XYLENE).

Xy·lo·nite /záɪlənàɪt/〖商標〗ザイロナイト《合成樹脂》.

xy·lo·phage /záɪləfèɪʤ/ *n* 木を食う[食材性の]昆虫.

xy·loph·a·gous /zaɪláfəgəs/〖動〗*a*〈昆虫などが〉木を食う, 食材性の;〈甲殻類などが〉木に穴をあける.

xy·loph·i·lous /zaɪláf(ə)ləs/ *a*〖動・植〗木を好む[を食う, にすむ], 好木性の.

xýlo·phòne *n*〖楽〗木琴, シロホン. ♦ **xý·lo·phòn·ist** *n* シロホン奏者. **xỳ·lo·phón·ic** /-fán-/ *a*

xy·lo·rim·ba /záɪlərìmbə, zíl-/ *n*〖楽〗ザイロリンバ《音域を広げたマリンバ》.

xy·lose /záɪlòʊs, -z/ *n*〖化〗木糖, キシロース.

xy·lot·o·mous /zaɪlátəməs/ *a*〈昆虫が〉木に穴をあけることができる, 木を切ることができる.

xy·lot·o·my /zaɪlátəmi/ *n* 木質薄片切断法《検鏡用》. ♦ **-mist** *n* **xy·lo·tom·ic** /zàɪlətámɪk/, **-i·cal** *a*

xy·lyl /záɪləl/ *n*〖化〗キシリル《キシレンから誘導される 1 価の原子団》. [*xylene, -yl*]

xyr·i·da·ceous /zɪ̀rədéɪʃəs/ *a*〖植〗トウエンソウ科 (Xyridaceae) の.

xyst /zíst/ *n* XYSTUS.

xys·ter /zístər/ 〘医〙 *n* 骨膜剝離器; 外科用やすり.
xys·tus /zístəs/ *n* (*pl* **-ti** /-tàɪ, -tìː/) 〘古ギ·古ロ〙《冬期·悪天候日などに競技練習用に使用した》長い柱廊; 《庭園内の》並木のある歩道. [L＜Gk *xustos* smooth]
XYY syndrome /éksdʌ́b(ə)lwáɪ ─́─/ 〘医〙 XYY 症候群《男性染色体 (Y 染色体) を 1 つ過剰に有する染色体異常; 低知能·攻撃的となる》.
XYZ /ékswàɪzíː; -zéd/ *int* *《俗》ジッパー[チャック]にご注意《社会の窓が開いているよ》. [*E*xamine *y*our *z*ipper]

Y

Y, y /wáɪ/ *n* (*pl* **Y's, Ys, y's, ys** /-z/) ワイ《英語アルファベットの第 25 字》; Y [y] の表わす音; Y 字形(のもの); Y の活字; 25 番目(のもの); 〘数〙(第 2) 未知数 (cf. x, z), 変数, *y* 軸, *y* 座標.
Y /wáɪ/ 《口》 *n* [the] YMCA, YWCA; [the] YMHA, YWHA.
y- /ɪ/ *pref* 《古》過去分詞·集合名詞などの接頭辞: *y*clad (＝clad), *y*clept. [OE *ge-*]
-y[1] /i/ *n suf* (*pl* **-ies**) [フランス語·ラテン語·ギリシア語から派生した語尾において]「性質」「状態」を表わす; [名詞に付いて]「活動」「職場」「商品」を表わす; [名詞に付いて]「集団全体」を表わす: -crac*y*, -soph*y* / baker*y*, canner*y*, laundr*y* / soldier*y*. [F *-ie*＜L *-ia*, Gk *-(e)ia* or L *-ium*]
-y[2] *n suf* [フランス語の -é, -ée に相当]「…される者」; [動詞からその名詞をつくって]「具体的行為」を表わす: arm*y* / entreat*y*, deliver*y*. [AF and OF *-e(e)*＜L *-atu-*, *-ata-*]
-y[3] ⇨ -IE.
-y[4] *a suf* [名詞に付いて]「…ある」「…だらけの」「…からなる」「…性の」「…類似の」「…に夢中の」; [他の形容詞に付いて]「やや…の」「…がかった」; [動詞に付いて]「…する傾向のある」「…させるような」「…している」: bon*y*, greed*y*, snow*y*, thorn*y*, hors*y* / yellow*y*, whit*y*-brown, steep*y*, still*y* / cling*y*, tear*y*, twinkl*y*. ★ ⇨ -EY[1]. [OE *-ig*＜Gmc]
y yocto-. **y.** yard(s) ♦ year(s). **Y** 〘生化〙 tyrosine ♦ yotta- ♦ Youth International Party (⇨ YIPPIE[1]) ♦ 〘化〙 yttrium.
Y, ¥, ¥ yen ♦ yuan.
ya /jə/ 《口》 *pron* YOU; YOUR: ～ father.
YA °young adult.
yaar /jáːr/ *int* 《インド》なあ, ねえ(きみ)《親しい友人への呼びかけ》.
Yab·ba-dab·ba-doo /jæ̀bədæ̀bədúː/ *int* 《サーフィン俗》やあ, こんちわ, どもども, 元気かい《普通の挨拶》.
yab·ber /jǽbər/ 《豪口》 *n*, *vi* おしゃべり(をする). [*jabber* にならって *yabba* (Austral) からか]
yab·by, -bie /jǽbi/ 《豪》 *n* 〘動〙 **a** 小型のザリガニ, ヤビー《豪州東部産; 食用》. **b** スナモグリの一種《潮間帯の砂泥地に穴を掘ってすむアナジャコの類で, 釣りの餌にされる; 豪州産》. ► *vi* yabbies を捕る. [(Gippsland)]
Ya·blo·no·vy(y) Mountains /jà:blənəví: ─́─/ *pl* [the] ヤブロノヴイ山脈《ロシア, シベリア南部の Baikal 湖の東方にある山脈》.
YAC 〘遺〙 yeast artificial chromosome 酵母人工染色体.
yacht /ját/ *n* ヨット《帆やエンジンで走る遊航·レース用の船; 大型で豪華な快走船》; ICE YACHT, SAND YACHT. ► *vi* ヨットに乗る[を走らせる]; ヨットレースをする. [Du (*jaghtschip* pursuit ship)]
yácht chàir ヨットチェア《キャンバス張りの折りたたみ式肘掛け椅子》.
yácht clùb ヨットクラブ.
yácht·ie *n* 《口》ヨット乗り[所有者], ヨット族.
yácht·ing *n* ヨット遊び, ヨットの旅; ヨットレース.
yácht ràcing [ràce] ヨットレース.
yácht ròpe ヨットロープ《マニラ麻製の最高級ロープ》.
yáchts·man /-mən/ *n* (*fem* **-wòman**) ヨット操縦者[所有者, 愛好者]. ♦ **～·shìp** *n* ヨット操縦術.
yack[1] /jǽk/, **yáck-yáck** *n*, *vi*, *vt* 《俗》 YAK[2].
yack[2] *n*, *vi*, *vt* *《俗》 YAK[3].
yacka, yacker ⇨ YAKKA.
ya(c)k·e·ty-yak, yak·i(t)·ty-, yack·e·ty-yack /jǽkətijǽk/ 《俗》 *n*, *vi*, *vt* YAK[2]. ► *int* ガヤガヤ, ペチャクチャ; くだらん(こと言って)! 《相手のことばに対する不信やおしゃべりに対するいらだちを表わす》. [imit]
yacky /jǽki/ *a* *《俗》 YAKKY.
ya·da ya·da (ya·da), yad·da yad·da (yad·da) /já:də já:də (já:də), ‖ yǽdə yǽdə (yǽdə)/ *adv* BLAH-BLAH-BLAH.
yaffle[1] /jǽf(ə)l/, **-fil** /jǽf(ə)l/ *n* 《方》 GREEN WOODPECKER. [imit; その鳴き声から]
yaffle[2] *vt* *《方》盗む (steal). [?*yaffle*[1]]
Ya·fo /já:fou/ JAFFA 《ヘブライ語名》.
YAG /jǽg/ *n* 〘理〙ヤグ, YAG《イットリウムと酸化アルミニウムの合成ガーネット; レーザー発振用》. [*y*ttrium *a*luminum *g*arnet]
yager ⇨ JAEGER.
ya·gi /já:gi, jǽgi/ *n* 〘通信〙八木アンテナ (＝**～ anténna [áerial]**). [八木秀次 (1886–1976) 発明者]
yah[1] /já:, jéə/ *int* ヤー, ヤーイ《憎しみ·あざけり·焦燥の叫び》. [imit]
yah[2] *adv* 《口》 YES.
Yah /já:/ YAHWEH. [Heb]
Yáh-bóo, yáh-bòo súcks ‖*int* オエーッ, いやだー, あっかんベー, ばーか《嫌悪·軽蔑を表わす》.
ya·hoo /jɑ:hú:, jæ-/ *int* イヤッホー, ヒャッホー, ワーイ, やったー《興奮·歓喜·高揚の発声》. [imit]
Ya·hoo /jéɪhu, já:-; jəhú:/ (*pl* **～s**) **1** ヤフー《*Gulliver's Travels* 中の人間の形をした野獣》. **2** [y-] ヤフーのような人間, 畜生, 獣人; [y-] 粗野[不作法]な人間, 田舎者, ばか者, チンピラ, ‖《不愉快なふるまいの》上流階級の若者.
yahr·zeit /já:rtsàɪt, jɔ́:r-/ *n* [°Y-] 〘ユダヤ教〙親[家族]の命日. [Yid＝anniversary time]
yáhrzeit càndle YAHRZEIT にともすろうそく.
Yah·weh, -we /já:weɪ, -veɪ/, **-ve(h)** /-veɪ/ *n* 〘ユダヤ教〙ヤハウェ (Jehovah) 《ヘブライ語で「神」の意の YHWH の音訳; 旧約聖書の神の呼称の一つ; cf. ELOHIM, ADONAI, TETRAGRAMMATON》. [Heb]
Yah·wism /já:wìz(ə)m, -vìz(ə)m/ *n* 《古代のユダヤ人間の》ヤハウェ (Yahweh) 信仰; 神をヤハウェと呼ぶこと.
Yah·wist /já:wɪst, -vɪst/ *n* ヤハウィスト (＝*Jehovist*) 《旧約聖書のうち神を Yahweh と記した部分の記者; cf. ELOHIST》; ヤハウェ崇拝者. ► *a* YAHWISTIC.
Yah·wis·tic /jɑ:wístɪk, -vís-/ *a* Yahweh を神の名として用いた; ヤハウェ記者が書いた; ヤハウェ信仰(上)の.
Yáj·ur-Véda /jʌ́ʤuər-/ [the] ヤジュルヴェーダ《祭詞を集録した 4 ヴェーダの一つ; ⇨ VEDA》.
yak[1] /jǽk/ *n* (*pl* **～s, ～**) 〘動〙ヤク, 犛牛(りぎゅう)《野生種はチベット高原の凍土帯·雪氷原に分布》. [Tibetan]
yak[2] 《俗》 *n* (長い)おしゃべり, むだ話, ペチャクチャ: ～ show (ラジオの)トーク番組. ► *vi* (**-kk-**) ペチャクチャ[休みなく]しゃべる, おしゃべりする. ● **～ it up** ペチャクチャしゃべる. **～ one's head off** ペチャクチャしゃべる, しゃべりまくる. ♦ **yák·ker**[1] *n* [C20 ? imit]
yak[3] /jǽk, jǽk/ *《俗》 *n* 大笑い(をひき起こす冗談); [⟨*int*⟩] ハッハ, ホッホ, ウォッホ, ワッハハ. ● **score ～s** (人を)大いに笑わせる. ► *vi*, *vt* (**-kk-**) **1** 大笑いする[させる]. **2** 吐く, ゲロる (vomit). ● **～ it up** 大笑いする. [imit]
yak[4] /jǽk/ *《俗》 *n* 仲間, 相棒, ダチ; ばか, まぬけ, 田舎者, 田吾作. [cf. YAP[1]]
yak[5] /jǽk/ *n* 《俗》時計 (watch). [*yak*[2]]
yakety-yak, yaki(t)ty- ⇨ YACKETY-YAK.
Yak·i·ma[1], **Yak·a·ma** /jǽkəmɔ̀:, -mə/ *n* **a** (*pl* **～, ～s**) ヤキマ族《北米インディアンの Shahaptian 族の一族》. **b** ヤキマ語.
Yakima[2] **1** [the] ヤキマ川《Washington 州中南部を南東に流れて Columbia 川に合流する川》. **2** ヤキマ《Washington 州中南部 Yakima インディアン保留地の北, Yakima 川沿岸にある市》.
ya·ki·to·ri /jà:kɪtɔ́:ri/ *n* 焼き鳥《牛肉や魚介を串に刺して焼いたものもこう呼ばれる》. [Jpn]
yak·ka, yac·ka /jǽkə/, **yak·ker**[2], **yack·er** /jǽkər/ *n*, *vi* 《豪口》(つらい)仕事(をする). [*yak*[2]]
yák·ky *《俗》 *a* おしゃべりな; やかましい.
yák láce ヤクレース《ヤク毛製レース》.
yak·ow /jǽkàu/ *n* 〘畜〙ヤカウ《英国で作出されたヤクとハイランド産の雌牛の交雑による肉用獣》. [*yak*＋*cow*]
Ya·kut /jəkú:t; jəkút, jæ-/ *n* **a** (*pl* **～, ～s**) ヤクート族《東部シベリアのトルコ系種族》. **b** ヤクート語.
Ya·ku·tia /jəkú:ʃiə/ ヤクーティア (SAKHA).
Ya·kutsk /jəkú:tsk; jəkútsk, jæ-/ ヤクーツク《ロシア, 東シベリアの Sakha 共和国の首都》.
ya·ku·za /jəkú:zə/ *n* (*pl* **～**) やくざ; [the Y-] やくざ組織, 暴力団. [Jpn]
yak-yak /jǽkjǽk/ *n*, *vi*, *vt* 《俗》 YAK[2].
Yale[1] /jéɪl/ **1** イェール大学 (YALE UNIVERSITY). **2** イェール **Elihu**

～ (1649–1721)《Boston で生まれた英国の商人・植民地行政官; Connecticut の Saybrook にあった Collegiate School に図書その他を寄贈, 同校は彼にちなんで Yale College と改称, これがのちに Yale University となった》.

Yale[2]〖商標〗イェール《シリンダー錠》.［Linus *Yale* (1821–68) 米国人の発明者］

Yále Univérsity イェール大学《Connecticut 州 New Haven にある私立大学; 1701 年創立; Ivy League の一つ》.

Yal·ie /jéɪli/ Yale 大学出身者, イェール出.

y'all /jɔ́:l/ *pron* *《南部》YOU-ALL.

Ya·long, Ya-lung /jɑ́:lʊ́ŋ/ [the] 雅礱江(がろうこう)(ヤーロン)《中国青海省南部に源を発し, 四川省西部の山岳地帯を南流して長江の上流に注ぐ川》.

Yal·ow /jǽloʊ/ ヤロー **Rosalyn S**(**ussman**) ～ (1921–2011)《米国の放射線物理学者; ノーベル生理学医学賞 (1977)》.

Yal·ta /jɔ́:ltə; jǽl-/ ヤルタ《ウクライナの Crimea 半島の黒海沿いの港市・保養地》.

Yálta Cónference [the] ヤルタ会談《1945 年 2 月 4–11 日 Yalta において Churchill, Roosevelt, Stalin が会談し, 第二次大戦の戦後処理を協定した》.

Ya·lu /jɑ́:lù:/ [the] 鴨緑江(おうりょくこう), ヤールー川《北朝鮮と中国の国境をなす川》.

yam /jǽm/ *n* 〖植〗**a** ヤマノイモ, ヤムイモ. **b** *《南部》サツマイモ. **c**《スコ》ジャガイモ.［Port or Sp<(WAfr)］

Ya·ma /jʌ́mə; jɑ́:mə/〖インド神話〗閻魔, ヤマ.［Skt］

Ya·mal /jəmɑ́:l/ ヤマル《ロシア中北部の半島; Ural 山脈の北端部の先に位置し, Kara 海に突出している》.

ya·mal·ka, -mul- /jɑ́:məlkə/ *n* YARMULKE.

yám bèan〖植〗クズイモ (葛芋)《中米熱帯原産マメ科クズイモ属の多年生つる草; 大きな塊根を食用とする》.

Yam·bol /jɑ́:mbòʊl/ ヤンボル《ブルガリア東部の町》.

ya·men /jɑ́:mən/ *n*〖中国〗衙門(がもん), 官衙.［Chin］

Ya·mim No·ra'·im /jɑ:mím nɔ:rɑ:ím/, **Yo·mim No·ro'·im** /jɔ́:mim noʊrɔ́ɪm/ *pl*〖ユダヤ教〗畏れの日, ヤミームノライーム (HIGH HOLIDAYS).［Heb＝Days of Awe］

yam·mer /jǽmər/《口・方》*vi* 悲しい声で泣く, 声をあげて嘆く; 不平を言う, ぐちる; 騒々しい音[声]を出す, ぺチャクチャしゃべる 〈*away, about*〉; がみがみ言う. ► *vt* …と不平顔で話す; …とまくしたてる. ► *n* 不平のことば[声], 泣き言; すすり泣き(の声); おしゃべり(の声); たわごと;《鳥の》高鳴き. ♦ **～·er** *n*［OE *geōmrian* (*geōmor* sorrowful)］

Ya·mous·sou·kro /jɑ̀:məsú:kroʊ, jæ̀mʊ-/ ヤムスクロ《コートジヴォアール中部の市; 1983 年に Abidjan に代わって首都となったが首都機能の移行が不完全なため Abidjan を実質的首都とすることが多い》.

yam·pee /jǽmpi/ *n*〖植〗ミツバドコロ (cush-cush).

ya·mun /jɑ́:mən/ *n* YAMEN.

Ya·mu·na /jɑ́:mənə/ [the] ヤムナー川《インド北部, ヒマラヤ山脈に発し, Uttar Pradesh を南・南東に流れて Ganges 川に合流する; 別称 Jumna 川》.

yan /jǽn/ *n* *《俗》YANNIGAN.

Ya·na[1] /jɑ́:nə/ *n* **a** (*pl* ～, ～**s**) ヤナ族《California 州北部にいた, 今は絶滅した北米インディアン》. **b** ヤナ語.

Yana[2] [the] ヤナ川《ロシア, 東シベリアの Sakha 共和国北部を北流し, Laptev 海に注ぐ》.

Yan·an, Yan'·an /jɑ́:nɑ́:n, jénɑ́:n/, **Yen·an** /; jénǽn/ 延安(えんあん)(イエンアン)《中国陝西省北部の市; 旧称 膚施 (Fushi)》.

yang /jɑ́:ŋ, jǽŋ/ *n*〖中国思想〗《陰陽の》陽 (cf. YIN[2]);《俗》陽物, 男根.［Chin］

Yang Chen Ning /jɑ́:ŋ ʤʌ́n níŋ; jǽŋ ʧʌ́n-/ 楊振寧 (1922–　)《中国生まれの米国の物理学者; 別名 Frank Yang; ノーベル物理学賞 (1957)》.

Yang-chüan ⇨ YANGQUAN.

Yang Gui·fei /jɑ́:ŋ gwí:féɪ/, **Yang Kuei-fei** /-gwéɪféɪ/ 楊貴妃(ようきひ) (719–756)《中国唐の玄宗 (Xuanzong) の寵姫; 名は玉環》.

Yang·kü, -ku, -ch'ü /jǽŋkú:, -ʧú:, jɑ́:ŋ-/ 陽曲《太原 (TAIYUAN) の旧称》.

Yan·gon /jɑ̀:ngóʊn; jæ̀ŋgɔ́n/ **1** ヤンゴン《ミャンマー南部にある同国最大の市・旧首都; Yangon 川下流の河港都市; 別称 Rangoon》. **2** [the] ヤンゴン川《ミャンマー南部を流れる川; Irrawaddy 川河口デルタを形成する分流のうち東側のもの; 別称 Rangoon 川》.

Yang·quan, Yang-chüan /jɑ́:ŋʧuɑ́:n/ 陽泉(ようせん)(ヤンチュエン)《中国山西省東部の鉱工業都市》.

Yang·shao /jɑ́:ŋʃáʊ/ [[u]*a*]〖考古〗仰韶(ぎょうしょう)(ヤンシャオ)文化(の)《中国の黄河中流全域に存在した新石器時代の文化 (c. 5000–3000 B.C.) で, 竜山 (Longshan) 文化に先行するもの; 彩色土器 (彩陶) で知られる》.［1921 年に彩色土器が出土した河南省澠池県仰韶村から］

Yang·zhou /jɑ́:ŋʤóʊ/, **Yang·chow** /; jǽŋʧóʊ/ 揚州(ようしゅう)(ヤンチョウ)《中国江蘇省南西部の市》.

Yang·zi (**Jiang**) /jɑ́:ŋzɑ́: (ʤiɑ́:ŋ)/, **Yang·tze** (**Kiang**) /jǽŋsí: (kiɑ́:ŋ), jǽŋ(k)tsí:(-); (-kjǽŋ)/ 揚子江《長江 (Chang Jiang) の通称》.

Yanina ⇨ IOÁNNINA.

yank /jǽŋk/ *vt, vi*《口》ぐいと引く[引っ張る]; [〈*int*〉] グイッ, グーッ; *《口》《急に》引き揚げる, はずす, キャンセルする; *《俗》逮捕する, 引っ張る (arrest); *《俗》〈人を〉仕事から降ろす; *《俗》〈人を〉だます, 惑わす, …にいやがらせをする, いじめる, 痛めつける, 困らせる, おこらせる, いいように振りまわす 〈*around*〉; *《俗》吐く, ゲロする: ～ *on* [*at*]…をぐいと引っ張る. ● **～ apart**《口》ばらばらにする, 引き裂く; 引き離す. **～ sb's** CHAIN. **～ off**《口》ぐいと引き離す, 引き抜く; 〈服を〉脱ぎ捨てる. **～ out (of…)**《口》(…から)ぐいと引き抜く. ► *n*《口》ぐいと引っ張ること.［C19<?］

Yank *n, a*《口》YANKEE,《特に 大戦中の》米兵, [[derog]] アメ公.

Yan·kee /jǽŋki/ *n* **1 a** ヤンキー《ニューイングランド地方の住民; 米国北部諸州の人; 南北戦争当時の北軍の軍人; 広く 米国人》. **b**《英語の》ニューイングランド方言. **2** ヤンキー《文字 y を表わす通信用語; ⇨ COMMUNICATIONS CODE WORD》. **3**〖競馬〗四重勝式投票法. **4**〖海〗ヤンキージブ (＝ ～ **jìb**)《微風用の大型ジブ》. ● **sell out to the ～s** *《南部》事故にあう, 入院する; *《黒人俗》(いい仕事にありつくために)北部へ出る. ► *a* ヤンキーの, ヤンキー式[流]の.［?Du *Janke* (蔑称 dim) < *Jan* John; または *English* の AmInd なまり *Jengees* (pl) か］

Yánkee còrn FLINT CORN.

Yánkee·dom ヤンキーの国《米国, 特に New England》; ヤンキー (Yankees).

Yánkee-Dóodle *n* YANKEE.

Yánkee Dóodle「ヤンキー・ドゥードゥル」《独立戦争中のアメリカの流行歌》.

Yánkee·fỳ *vt* ヤンキー化する; 米国風にする.

Yánkee·ìsm *n* ヤンキーかたぎ[風, なまり]; 米国風[なまり].

Yánkee·lànd *《南部》米国北部諸州; *《北部》ニューイングランド地方; [[英]]米国.

yan·ki /jɑ́:ŋki/ *n, a* YANQUI.

yan·(n)i·gan /jǽnɪgən/ *n*《野球俗》新人 (rookie) 二軍選手.［? *young'un* young one］

Yannina ⇨ IOÁNNINA.

Ya·no·ma·mi /jɑ̀:nəmɑ́:mi/, **-mö** /-moʊ/ *n* **a** (*pl* ～, ～**s**) ヤノマミ族《ブラジル北部とベネズエラ南部の Orinoco 川上流域に住むインディオ》. **b** ヤノマミ語《カリブ語系》.

Yan·qi /jɑ́:nʧí:/, **Yen·chi** /jénʧí:/ 焉耆(えんき)(イエンチー)《中国新疆ウイグル自治区中部のオアシス町》.

yan·qui /jɑ́:ŋki/ *n* [[o]Y-]《ラテンアメリカでラテンアメリカ人と区別して》米国人, ヤンキー. ► *a* 米国(人)の.［Sp<E *Yankee*］

Yan·tai /jɑ́:ntáɪ/, **Yen-** /jéntáɪ/ 烟台, 煙台(えんたい)(イエンタイ)《中国山東省の港湾都市; 別称 芝罘 (Zhifu)》.

yan·tra /jʌ́ntrə, jǽn-, jɑ́:n-/ *n* ヤントラ《瞑想の時に用いる幾何学的図形》.［Skt］

yantsy /jǽntsi/ *a* *《俗》ANTSY.

Yan Xi·shan /jén ʃí:ʃɑ́:n/, **Yen Hsi-shan** /; -ʃǽn/ 閻錫山(えんしゃくざん) (1883–1960)《中華民国の軍閥・政治家》.

Yao[1] /jáʊ/ 堯(ぎょう)《中国の古代伝説上の帝王; 跡を継いだ舜 (Shun) と共に理想の君主とされる》.

Yao[2] *n* **a** (*pl* ～, ～**s**) ヤオ族, 瑤族《中国南西部・タイ・ラオス北部などの山岳地帯に住む山地民》. **b** ヤオ語.

Yaoun·dé, Yaun·de /jaʊndéɪ; jɑ:úndeɪ/ ヤウンデ《カメルーンの首都》.

ya·ourt /jɑ́:ʊərt/ *n* YOGHURT.

yap[1] /jǽp/ *v* (**-pp-**) *vi* 〈小犬が〉キャンキャンほえたてる 〈*at*〉;《口》ギャンギャン言う 〈*at*〉;《口》ぺチャクチャしゃべる 〈*about*〉; *《俗》ぶつくさ文句を言う; *《俗》吐く, ゲロする. ► *vt* ほえたてるようにして…と言う. ► *n* **1** (キャンキャンいう)ほえ声; [〈*int*〉] キャンキャン, ぺチャクチャ;《口》騒々しいおしゃべり; *《俗》たわごと; *《俗》騒々しい人; *《俗》《ものをしゃべる》口; *《俗》要求, 不平, 抗議. **2**《俗》田舎者, まぬけ, ばか, *《犯罪, 特に スリの》カモ;《俗》不良. ● **blow** [**shoot**] **off one's ～**＝SHOOT[1] off one's mouth. **open one's ～** *《俗》しゃべり出す, 話し始める. ♦ **yáp·py** *a* **yáp·per** *n* **yáp·ping·ly** *adv*［imit］

Yap /jɑ́:p, jǽp/ ヤップ《西太平洋 Caroline 諸島西部の島群; ミクロネシア連邦の一州をなす; 別称 Wa'ab》. ♦ **Yap·ese** /jæpí:z, jɑ:-, -s/ *a, n*

YAP, yap[2] /wáɪèɪpí:, jǽp/ *n* *《口》知的職業に就いている若手, ヤップ (＝*Yappie*)《出世志向をもつ 40 歳までぐらいの高所得の専門職》.［young *A*merican [*a*ffluent, *a*spiring, *a*mbitious] *p*rofessional [*p*arent]］

ya·pock, ya·pok /jəpɑ́k/ *n*〖動〗ミズオポッサム (＝*water opossum*)《南米産》.［*Oyapo(c)k* 南米の川］

yapon ⇨ YAUPON.

yápp (bìnding)[[英]] /jǽp(-)/〖製本〗DIVINITY CIRCUIT BINDING.［William *Yapp* (1854–75) この製本を考案した London の本屋］

Yap·pie /jǽpi/ *n* [[o]y-] *《口》YAP.

Ya·pu·rá /jɑ̀:pərɑ́:/ [the] ヤプラ川《JAPURÁ 川の別称》.

Ya·qui /jɑ́:ki/ **1** [the] ヤーキ川《メキシコ北西部 Sonora 州を南西に

流れて California 湾に注ぐ》. **2 a** (*pl* ~**s**, ~) ヤーキ族《メキシコ北西部の種族》. **b** ヤーキ語.

yar[1] /jáːr/ *a* すばやい (yare); 〈船が〉操縦しやすい (yare).

yar[2] *int* 《サーフィン俗》すばらしい, カッコいい, いかす.

YAR °Yemen Arab Republic.

yar·ak /jǽræk/ *n* [次の成句で]: **in** ~ 《訓練したタカが》狩りに適した状態で. ［?Pers or Turk］

Yar·bor·ough /jáːrbə̀ːrə, -bʌ̀rə; -b(ə)rə/ *n* [°y-] 〘トランプ〙《whist, bridge で》9 を超える札のない手, くず手. ［Charles A. Worsley, 2nd Earl of *Yarborough* (1809–97): 起こりえない手だとして 1000 対 1 で賭けたとされる英国の貴族］

yard[1] /jáːrd/ *n* **1** ヤード《=3 ft, 0.9144 m; 略 yd》, ヤール; 立方ヤード; 平方ヤード; 〘海〙帆桁(ほげた), ヤード, ヤードさお尺 (yardstick): ~*s* of... 長大[多大]な... / YARD OF ALE. **2** *《俗》100 ドル, 《時に》1000 ドル (grand); 《英俗・米方》男根, 陰茎, さお: half a ~ *《俗》50 ドル. ● **by the** ~ ヤール[ヤード]単位で(切り売りして); [*fig*] 詳細に, 長々と, 次から次へ. **go the full** ~ 《口》目いっぱいやる, とことんやる. IF **a** ~. **man the** ~**s** 〘海〙《船が登桁(とうこう)礼を行なう. **the whole nine** ~**s** 《口》全部, すべて, みんな, なにもかも, あらゆること: go *the whole nine* ~*s* できるかぎりのことをやる, 目いっぱい[ぎりぎりまで]やる (go the limit, go the whole hog). ［OE *gerd* stick, twig; cf. G *Gerte* rod］

yard[2] *n* **1 a** 《建物に隣接した》囲った地面, 中庭, 構内; *《芝などを植え, 家に隣接した》庭(地), 裏庭; 《米・豪》《家畜用の》囲い, 追い込み場 (: a chicken ~); *《鹿などの》冬の草食い場. **b** 《カリブ》家とその付属地; 共有空間を囲むいくつかの賃貸住宅からなる集合住居地. **c** [Y-] 《国外在住ジャマイカ人の間で》家, 本国 (Jamaica). **2** ...製造場, 仕事場; 置場, 土場, 貯木場; 〘鉄道〙(貨物)操車場: BRICKYARD, SHIPYARD. **3** [the Y-] ″(New) SCOTLAND YARD: call in *the* Y~ ロンドン警視庁に捜査を依頼する. ► *vt* 〈家畜を〉囲いの中に入れる 〈*up*〉; *置場にたくわえる[運ぶ]. ► *vi* (庭に)集まる; *《俗》〈恋人[夫, 妻]を〉だます, 浮気[不倫]する 〈*on*〉. ［OE *geard* enclosure; cf. OHG *gart* house; GARDEN と二重語］

Yard *n* (*pl* ~, ~**s**) 《俗》《東南アジアの》MONTAGNARD.

yárd·age[1] *n* ヤードで計った長さ[容積, 体積], ヤーデージ; 〘アメフト〙《攻撃側がひと区切りのプレーでボールを進めた》ヤード数 (cf. FIRST DOWN, RUN (*n* 11)); 《ヤードぎめ採炭の》ヤード数; *YARD GOODS. [*yard*[1]]

yardage[2] *n* 家畜[生産物]置場使用(料). [*yard*[2]]

yar·dang /jáːrdæ̀ŋ/ *n* ヤルダン《粘土層が風食によって小丘となったもの》.

yárd·àrm *n* 〘海〙桁端(こうたん), ヤーダム.

yárd·bìrd *《俗》*n* (罰として)雑役をさせられる兵隊; (半人前の)新兵 (recruit); 囚人; 《海軍の》造船所で働く労働者; [Y-] ヤードバード (Charlie PARKER のニックネーム).

yárd bùll *《俗》《貨車操車場の》警備員; 看守.

yárd dòg *《俗》けち[野暮]なやつ.

-yárd·er *n* [*compd*] 長さ...ヤードのもの, 〘スポ〙...ヤード飛ぶ[進む]プレー[キック, ゴール, パス, ラン など].

yárd gòods* *pl* ヤール単位で売る布地, 反物.

yárd gràss 〘植〙オヒシバ (=*goose grass*)《イネ科の雑草》.

yárd hàck *《俗》看守 (yard bull).

Yard·ie /jáːrdi/ *n* [ˢy-] ″《俗》ヤーディ《西インド諸島, 特にジャマイカの犯罪組織の一員》; 《ジャマイカ》ジャマイカ人, 西インド諸島人.

yard·ing /jáːrdɪŋ/ *n* 販売目的で展示されている一群の動物[家畜].

yárd·lànd *n* VIRGATE[1].

yárd lìne 〘アメフト〙ヤードライン《ゴールラインと平行に 1 ヤードごとに引いたライン》.

yárd-lòng béan 〘植〙ASPARAGUS BEAN.

yárd·man /-mən, -mæ̀n/ *n* 《日雇いの》雑役夫, *《特に 屋敷裏の》庭作り[庭の手入れ]をする人; 建築資材置場の監督; 〘鉄道〙操車場作業員.

yárd·màster *n* 〘鉄道〙操車場長.

yárd mèasure 《さお尺・巻尺などの》ヤード尺.

yárd of ále ″ 1 ヤードの高さの角(つの)形のビールグラス(にはいる量)《2–3 パイント》.

yárd of cláy ″ 1 ヤードの長さのクレーパイプ (clay pipe).

yárd of tín ″《御者の使う》1 ヤードの長さのらっぱ.

yárd patròl *《俗》囚人(連中); 刑務所内を巡回する警官連中, 看守(連).

yárd·pìg *n* *《俗》YARDBIRD.

yárd ròpe 〘海〙帆桁索.

yárd sàle* ヤードセール (LAWN SALE).

yárd sìgn ヤードサイン《家の表に出しておく看板; 選挙前に支持候補者[政党]を表明したりする》.

yárd·stìck *n* 《木・金属製の》ヤードさお尺; [*fig*] 判断の基準[尺度], 物差し.

yárd·wànd *n* 《古》YARDSTICK.

yárd wòrk* 庭仕事.

yare /jέər, *jáːr/ *a* 敏捷な, 機敏な (=*yar*); 〈船が〉扱いやすい (=*yar*); 《古》用意のできた. ► *adv* 《古》すばやく (quickly). ♦ ~**·ly** *adv* ［OE *gearu* ready］

Ya·ren /jáːrɛ̀n/ ヤレン《ナウル (Nauru) 南西部の地区で, 同国の事実上の首都》.

Yar·kand /jɑːrkǽnd/ ヤルカンド, 葉爾羌《中国新疆ウイグル自治区南西部の市; 中央アジアの隊商貿易の基地; 別称 莎車(しゃ) (Shache)》.

yarl /jáːl/ *n* JARL.

Yar·mouth /jáːrməθ/ ヤーマス (=**Gréat** ~)《イングランド東部 Norfolk 州の市・港町》.

yar·mul·ke, -mel-, -mul·ka /jáːrmə(l)kə/ *n* ヤムルカ《正統派ユダヤ教徒の男性が教会や家庭でかぶる小さな頭布》. ［Yid］

yarn /jáːrn/ *n* **1** 紡ぎ糸, 織り糸, 編み糸, 撚(よ)り糸, ヤーン; 糸状のガラス[金属, プラスチック]; 〘海〙小綱を撚るための繊維, ヤーン: woolen ~ 紡毛糸 / worsted ~ 梳毛糸. **2** 《口》物語, 長話, 《特に》作り話, ほら話: spin a ~ [~*s*] 《口》長話[大げさな作り話]をする, 次々と言いわけを言う[こしらえる] / sling a ~ ″《俗》話を聞かせる, うそをつく. ► *vi* 《口》物語をする, 長話をする. ► *vt* ...に紡ぎ糸を巻きつける. ♦ ~**·er** *n* ［OE *gearn*; cf. ON *görn* gut］

yárn bèam [ròll] おまき《織機の縦糸を巻く棒》.

yárn-dỳe *vt* 織る[編む]前に染める, 糸染め[先染め]する (opp. *piece-dye*). ♦ **yárn-dỳed** *a*

yárn-spìnner *n* 《口》話のじょうずな人, 作り話をする人, ほら吹き.

Ya·ro·slavl /jɑ̀ːrəsláː v(ə)l/ ヤロスラヴリ《ヨーロッパロシア中部の Volga 川に臨む河港都市; 11 世紀初めキエフの Yaroslav 賢公が建設, 1218–1471 年ヤロスラフ公国の首都》.

yarovize ⇨ JAROVIZE.

yar·ra /jǽrə/ *a* 《豪俗》頭の変な, 狂った, いかれた: stone ~ 完全にいかれた. ［Victoria 州 *Yarra Bend* に精神病院があることから］

Yarra [the] ヤラ川《オーストラリア Victoria 州の州都 Melbourne 市を流れる美しい川》.

Yárra bánker 《豪口》ヤラ川土手の辻弁士[浮浪者], 《一般に》世論喚起者.

yar·ra·man /jǽrəmən/ *n* (*pl* **-men**, ~**s**) 《豪》(あばれ)馬. [(Austral *yiraman* < *yira-* teeth)]

yar·ran /jǽrən/ *n* 〘植〙**a** ホマロフィラアカシア《豪州東部産のアカシア属の小高木; 材は香りがあり, 柵・燃料用》. **b** グラウセスセンスアカシア《豪州の主に海岸に生える高木で, 葉はいくぶん銀色をおびる》. [(Austral)]

yar·row /jǽrou/ *n* 〘植〙ノコギリソウ, 《特に》セイヨウノコギリソウ (=*milfoil*). ［OE *gearwe*<?］

Yarrow [the] ヤロー川《スコットランド南東部の川で Tweed 川の支流; Hogg, Scott, Wordsworth など多くの詩人に霊感を注いだ》.

yash·mak, -mac, yas·mak /jǽʃmæk, jɑːʃmáːk/ *n* ヤシュマク《イスラム教国の女性が目以外の顔面をおおう長いベール》. ［Arab, Turk］

yat·a·ghan, -gan /jǽtəgæ̀n, -tɪgən; -gən/ *n* ヤタガン《イスラム教徒の用いるつばがなく刀身がゆるい S 字形の長剣》. ［Turk］

ya·ta·ta /jáːtətə, jǽt-/ *n*, *vi* *《俗》ペチャクチャ[だらだらと]おしゃべりをする(こと). ［imit］

yate /jéɪt/ *n* 〘植〙《豪州西部産の》ユーカリノキ属の数種の木; yate の堅材. [(Austral)]

ya·tra /jáːtrɑː/ *n* 《インド》旅, 《特に ヒンドゥー教徒の》聖地巡礼の旅. ［Skt］

yat·ter /jǽtər/ *vi*, *n* 《俗》つまらないおしゃべりをする(こと), ペチャクチャしゃべる(こと). ［imit］

yaud /jɔ́ːd, jáːd/ *n* 《スコ》雌馬 (mare), 《特に》老雌馬.

yauld /jɔ́ː(l)d, jáː(l)d/ *a* 《スコ》油断のない, 機敏な, 壮健な.

Yaunde ⇨ YAOUNDÉ.

yaup ⇨ YAWP.

yau·pon, ya·pon /jɔ́ːpɑ̀n, júː-/ *n* 〘植〙米国南部産のモチノキ属の低木《葉を茶の代用にも用いる》. ［Catawba=shrub］

yau·tia /jáutiə, jɔ́ː-/ *n* 〘植〙アメリカサトイモ, ヤウティア《西インド諸島・熱帯アメリカ産のサトイモに似たイモ; 根茎・葉柄を食用とする》. [AmSp (Maya *yaaj* wound, *té* mouth)]

Yavarí ⇨ JAVARI.

yaw /jɔ́ː/ *vi* 〈船が〉船首を左右に振る; (針路からそれて)偏走する; 〈航空機が〉偏(かた)揺れする; 〈ロケットなどが〉横揺れする; それる; 揺れ動く, 行きつ戻りつする. ► *vt* 《針路から》それさせる. ► *n* 揺首, 偏揺れ, ヨー; 偏揺れ角; 《船の》偏走. ［C16<?］

yawl[1] /jɔ́ːl/ 〘海〙*n* 《4–6 本オールの》船載雑用艇; ヨール《大前檣(ぜんしょう)とごく船尾寄りに小後檣を有する縦帆艤装の小帆船; cf. KETCH》; 《1–3 枚の lugsail をもつ》小型漁船. ［MLG or Du<?］

yawl[2] *vi*, *vt*, *n* ″《方》YOWL, HOWL.

yawn /jɔ́ːn, *jáːn/ *vi* あくびをする; 〈口・割れ目・湾などが〉大きく開く (gape); 《俗》吐く. ► *vt* あくびをしながら言う; あくびをしてやり遂げる[促す]; 《古》大きく開く: ~ good-night あくびをしながらおやすみと言う. ► *n* あくび; [〈*int*〉] アーア, ファーッ《あくびの発声》; 口を広く開くこと; 割れ目; 《口》退屈な人[もの, 事]; 《俗》吐くこと, ゲロ (=*technicolor yawn*): with a ~ あくびをしながら. ［OE *ginian*; cf. ON *gja* to gape］

yáwn·er *n* あくびをする人; ぽっかりとあいて[ぱっくり開いて]いるもの

(chasm); «口» あくびを催させるもの, 退屈なもの.
yáwn·ing *a* あくびをしている, 疲労[退屈]の色の見える; 口を大きくあけている〈湾など〉, 巨大な〈ギャップ・格差〉. ◆ **~·ly** *adv*
yawns·ville /jɔ́:nzvìl, *já:nz-/ *n* «俗» 退屈なところ[状況, 人, 物], あくび村.
yáwny *a* あくびをする, あくびを催させる, あくびの出る(ような), 眠くなる(ような).
yawp, yaup /jɔ́:p, já:p/ «米口・英方» *vi* 耳ざわりな音[声]を出す; 大声で不満を訴える; ばか話をする. ► *n* 耳ざわりな音[声]; 金切り声; おたけび; おしゃべり, ぐち. ◆ **~·er** *n*
yáwp·ing *n* 耳ざわりな発声, おしゃべり.
yaws /jɔ́:z/ *n* [‹*sg/pl*›]〘医〙イチゴ腫, フランベシア (=*frambesia*). [C17<? Carib]
Yax·chi·lán /jà:stʃɪlá:n; jà:ʃ-/ ヤシュチラン《メキシコ Chiapas 州にある古代マヤ族の都市遺跡; 儀式や戦闘を浮彫りにしたまぐさ石で有名》.
y-axis /wáɪ—/ *n* [the]〘数〙*y* 軸《縦座標軸》.
yay /jéɪ/ *adv, n* YEA.
Yazd ⇨ YEZD.
yaz·zi·ham·per /jǽzəhæ̀mpər/ *n**«俗» [*derog*] いやなやつ, いけすかないやつ, おたんこなす.
Yb〘化〙ytterbium.
YBP years before present 現在より…年前.
Y chromosome /wáɪ —/〘生〙Y 染色体《性染色体の一種で雄に存在し X CHROMOSOME と組み合わさる》.
yclad /ɪklǽd/ *v* «古» CLOTHE の過去分詞.
yclept, ycleped /ɪklépt/ *v* «古» CLEPE の過去分詞. ► *a* «古»/[*joc*] …と呼ばれる, …という名の (called).
Y connection /wáɪ —/〘電〙Y 結線, Y 接続 (cf. STAR CONNECTION).
y-coordinate /wàɪ—/ *n*〘数〙*y* 座標.
Y cross /wáɪ —/ Y 字形十字架《キリストのはりつけを表わすもので聖職衣の上に帯びる》.
yd yard. **yds** yards.
ye[1] /jí:, ji/ «文・方» *pron* [二人称代名詞 THOU[1] の複数形] 汝ら; [二人称代名詞単数主格] あなたは; [二人称代名詞単数複数目的格] あなた(がた)を, あなた(がた)に: *ye* hills and brooks 汝ら山と川 / Hark *ye* /há:rki/. 聞け / Look *ye* /lúki/ != «俗» Look you! ⇨ LOOK / How d'*ye* do /háudidú:/? ご機嫌はどうだね,《初対面で》はじめまして / Thank *ye* /θǽŋki/. ありがとう. ● **Ye gods (and little fishes)!** [*joc*] まあ驚いた, とんでもない, なんたること, いやはや, ヒェーッ, ゲッ!《文字どおりには 'おお神々よ!'》. [OE *ge*; cf. G *ihr*]
ye[2] /ji, jə, ðə, ði, ðí:/ *a* «古» THE: *ye* olde tea shoppe《英国の'由緒ある' tea shop の名前などに見かけるつづり》. ★ /ji, jə/ はつづり字発音. [14–15 世紀における þ (=th) と y の混同から]
yea /jéɪ/ *adv* はい (yes), さよう《今日では口頭で採決するときに用いる; opp. *nay*》; «古・文» げに, 実に; «古・文» そのうえ, それのみならず. ● **~ big [high, etc.]** *«俗»《手を広げて示して》こんなに大きい[高いなど], とても[やたら]大きい[高い], たいして大きく[高く]ない. ► *n* 肯定, 賛成; 賛成投票; 賛成投票者; [‹*int*›] その調子, いいぞ, 万歳, フレーフレー! ● **~ and nay** 優柔不断(な),《判断が》ころころ変わる(こと), 躊躇, ためらい. **~s and nays** 賛否(の投票数). **~, ~, nay, nay** 賛成なら賛成, 反対なら反対と率直に. [OE *gea, ge*; cf. G *ja*]
yeah /jέə, jéʊ, jǽə/ *adv* «口» YES《時に不信感などをこめて》: ~, right ふーん, あっそ, (はいはい)わかったよ / Oh, ~? ⇨ OH[1].
yéah-yéah *adv* «口» へえそうかい《不信を表わす皮肉な言い方》.
yéah-yèah-yéah *adv* «口» 全くもういいよ《おしゃべりに対する軽蔑を表わす》.
yean /jí:n/ *vt, vi* 〈羊・ヤギが〉(子を)産む.
yéan·ling *n* 子羊, 子ヤギ; [‹*a*›] 生まれたばかりの.
year /jíər, ˈˈjə́:r/ *n* **1 a** 年; 一年《略 y., yr; ANNUAL *a*》: a bad ~ 不作の[不景気な]年 / a common ~ 平年 / this ~ 今年, 本年 / last ~ 去年 / next ~ 来年 / the ~ before その前年 / the next [following] ~ (その)翌年 / in the ~ 1984 1984 年に / by the ~ 年単位で, 年ごとに / from ~ to ~ = ~ by ~ 年々, 年一年と / ~ after ~ 来る年も来る年も, 毎年毎年 / a ~ (from) today 来年[去年]の今日 / It will be all the same a hundred ~*s* (hence). «諺» 百年経てば[経っても]同じこと《今くよくよしたって始まらない》. **b** 年度, 学年; 同年度生, 同期生 (class): ACADEMIC [SCHOOL] YEAR / He was in my ~ at college. 大学ではわたしと同期だった. **c**〘天〙《惑星の》一年《1 公転するのに要する期間》. **2** [*pl*] 年齢; [*pl*] 老齢, 老年: a man of his ~*s* 彼くらいの年配の男 / a boy of five ~*s*=a five-~-old boy 5 歳の男の子 (cf. wife of 30 ~*s* 30 年連れ添った妻) / be twenty ~*s* old 20 歳である / up [ad-vanced, along, on] in ~*s* 年をとった (old), 高齢で / well up in ~*s* ずいぶんの高齢で / *Y~s* bring wisdom. «諺» 亀の甲より年の功 / old in ~*s* but young in vigor 年はとっても意気は盛んで / He is young for his ~*s*. 年の割には若い. **3** [*pl*] **a** 非常に長い間: in ~*s* *何年もの間 / ~*s* ago (今から)何年も前に / I have lived here for ~*s*. 当地に久しく住んでいる / It's ~*s* since I saw him. とんと彼に会わない. **b** 時代: the ~*s* of Queen Victoria ヴィクトリア女王の時代. **4** *«俗» ドル(札): 5 ~*s* 5 ドル(札). ● **a ~ and a day**〘法〙満 1 か年《正味 1 年と 1 日の猶予期間》. **all (the) ~** ROUND[1] (*adv* 1b). **full of ~s** 天寿を全うして. **in ~s** 何年も(の間), 長らく; 年数で, 年齢で: the worst record *in* ~*s* ここ何年間かで最悪の記録 / be getting on *in* ~*s* だんだん年をとる. **…of the ~** その年に際立った(ものとして選ばれた)…, …オブ・ザ・イヤー; とびきりの…, 第一級の…: the understatement *of the* ~ 控えめすぎることば[言いまわし]. **old** etc. **beyond** one's **~s** 年の割に成熟して[世慣れて, 老練で]. **put ~s on** sb [sth] 人を(年より)老けさせる, 物を古びさせる; 年寄り扱いするようなことを言う; [*fig*] ひどくいらだたせる. **take ~s off (of)** sb 人を(年より)若返らせる. **the ~ one [dot"]** «口» [°*joc*] 時の始まり, とうの[ずっと]昔: in [since, from] *the* ~ *one* [*dot*]. **this ~, next ~, sometime, never** 今年, 来年, そのうち, ありっこない《'When?' という質問に対し, ボタンや数珠玉などを順ぐりに数えてあてるうらない遊びから》. **~ in, ~ out** =**~ in and ~ out** 年々歳々; 絶え間なく, 始終. **~ on ~** 年々; 前年比で. **~ to date**〘会計〙年初来《暦年または会計年の年初から当日までの間; 略 YTD》. [OE *gē(a)r*; cf. G *Jahr*, Du *jaar*]
yéar-aròund *a* YEAR-ROUND.
yéar·bòok *n* 年鑑, 年報; 卒業記念アルバム.
yéar-by-yéar *adv, a* 毎年(の), 年々(の).
yéar-énd *n, a* 年末(の),《特に》会計年度末(の); «口»《株の》期末配当: a ~ report 年末報告.
yéar·ling *n* **1** 1 歳児;《植物の》1 年を経たもの;《動物の》満 1 年子, 一年魚;〘債券〙1 年もの. **2**〘競馬〙1 歳馬《生まれた年の 1 月 1 日から起算して 1 年以上 2 年未満; 日本でかつて使われた数え年では「(明け) 2 歳馬」に相当》; *«俗»《West Point 陸軍士官学校などで》2 年生. ► *a* 当歳の; 1 年経った; 1 年満期の.
yéar·lóng *a* 1 年間続く[にわたる]. ► *adv* 1 年にわたり.
yéar·ly *a* 年 1 回の; 毎年の, 年々の; 1 年間続く; 1 年限りの: a ~ income 年収 / a ~ plant 一年生植物. ► *adv* 年に 1 度; 毎年. ► *n* 年 1 回の刊行物.
Yéarly Méeting 年会《キリスト友会 (Society of Friends) の総会組織; いくつかの Quarterly Meetings (四季会) からなる最高執行機関》.
yearn /jə́:rn/ *vi* **1** あこがれる, 慕う 〈*for, after*〉; なつかしく思う, 思慕の情を寄せる 〈*toward, to*〉; 同情する 〈*for*〉; 親愛の情を寄せる 〈*over*〉. **2** 切に…したがる, 切望する (desire) 〈*to do*〉. ► *vt* 切々たる声で話す[言う, 読む]. ◆ **~·er** *n* [OE *giernan*<Gmc (**gernaz* eager)]
yéarn·ing *n* あこがれ, 思慕, 切望, 熱望. ► *a* あこがれの, 思慕の, 切望の. ◆ **~·ly** *adv*
yéar of gráce [the [this] ~] キリスト紀元, 西暦 (=**the yéar of Our Lórd, the yéar of Chríst**): in *this* ~ 2012 西暦 2012 年の本年 / *the* 1616th ~ 西暦 1616 年.
yéar-on-yéar *a* 〈数値・物価など〉1 年前と比較した, 前年比の.
yéar-róund *a* 一年中の, 年中開いている, 年中使う, 通年の: a ~ sport / ~ culture 周年栽培. ► *adv* 一年中 (all the year round).
yéar-róund·er *n* 一つ所に一年中暮らしている人; 一年中使えるもの, 四季を通じて着用できる服.
yéar's mínd〘カト〙年忌, 回忌《年ごとに命日に行なわれるミサ法要》.
yéars of discrétion *pl* AGE OF DISCRETION.
Year 2000 problem /— tú: θáuz(ə)nd —/ [the]〘電算〙2000 年問題 (=*millennium bug [problem]*)《年号を下 2 桁で処理する多くのシステムについて, 西暦 2000 年以降に誤動作が予想された問題》.
yéa-sày·er *n* 人生肯定論者; YES-MAN.
yeast /jí:st/ *n* **1** 酵母(菌), パン種, イースト《通例 saccharomyces のこと; 広義の酵母(菌)は発芽・分裂で無性生殖をする単細胞型の菌類の総称で, candida や cryptococcus などを含む》;《商品としての》固形[粒子状]イースト; 薬用酵母, イースト剤; 泡 (foam). **2** 活動を盛んにするもの, 刺激, …の素(もと); 騒動, 興奮. ► *vi* 発酵する; 泡立つ. ► *vt* …にイーストを入れる. [OE *gist*; cf. G *Gischt* foam]
yéast càke 固形イースト.
yéast·er *n**«俗» ビールを飲む[飲んでいる]人.
yéast éxtract 酵母抽出物, 酵母エキス《特有の風味があり, ビタミン B 類が豊富; Marmite, Vegemite などの原料》.
yéast inféction〘医〙酵母感染《カンジダ属の酵母 (*Candida albicans*) による女性生殖器感染; 膣からの分泌と外陰部膣炎を特徴とする; 広義には, 鵞口瘡(がこうそう)や癜風(でんぷう)なども含めていう》.
yéast plánt [céll] イースト菌, 酵母菌.
yéast pòwder*《イーストの代用としての》BAKING POWDER.
yéasty *a* 酵母の(ような), 酵母臭のある; 発酵している, (ボコボコと)泡立っている; 元気いっぱいの, 活発な; 発酵段階の, (まだ)落ちついていない, 不安定な; 泡のように実質のない, 浮薄な. ◆ **yéast·i·ly** *adv* **-i·ness** *n*
Yeats /jéɪts/ イェーツ **W(illiam) B(utler)** ~ (1865–1939)《アイルランドの劇作家・詩人; *The Land of Heart's Desire* (1894), *The Wind among the Reeds* (1899), *Last Poems and Plays* (1940); ノーベル文学賞 (1923)》. ◆ **Yéats·ian** *a*

Y

yebo /jébou/ *int* «南ア口» やあ, よう, うん, ああ (yes). ［Zulu］
yec, ye(c)ch ⇨ YUCK².
ye(c)chy ⇨ YUCKY.
yee-haw, -hah /jí:hɔ̀:, -hɑ̀:/ *int* ヒャッホー, やったー, 行くぞー《歓喜の叫び; またカウボーイなどの掛け声》.
yegg /jég, jéɪg/*«俗» *n* (流れ者の)泥棒, 強盗, 金庫破り; いやな男. ［金庫破りに初めてニトログリセリンを用いた John *Yegg* なる者の名からとされる］
yégg·man /-mən/ *n**«俗» YEGG.
Ye·gor·yevsk, Egor·evsk /jəgɔ́:r(j)əfsk/ エゴリエフスク《ヨーロッパロシア中西部 Moscow の南東にある市》.
Ye·hu·da /jəhú:də/ *n* (*pl* **-dim** /-dɪm/) *«俗» ユダヤ人, ヤフーダ (Jew). ★ ユダヤ人自身が用いる語. ［Arab］
Yeisk ⇨ YEYSK.
Ye·ka·te·rin·burg /jɪkǽtərənbɜ̀:rg/, **Eka-** /ɪ-/ エカチェリンブルグ《ロシア, Ural 山脈中部の東斜面にある工業都市; 旧称 Sverdlovsk (1924–91)》.
Ye·ka·te·ri·no·dar /jɪkæ̀tərí:nədɑ̀:r/, **Eka-** /ɪ-/ エカチェリノダル《KRASNODAR 市の旧称》.
Ye·ka·te·ri·no·slav /jɪkæ̀tərí:nəslɑ̀:f, -v/, **Eka-** /ɪ-/ エカチェリノスラフ《DNIPROPETROVS'K の旧称》.
Yek·ke /jékə/, **Yek·kie** /jéki/ *n* [ᵒy-] «俗» [*derog*] ドイツ系ユダヤ人, 衒学者.
yeld /jéld/ *a* «スコ» 〈牛が〉不妊の, 乳の出ない.
Yelizabeta Petrovna ⇨ ELIZABETH PETROVNA.
Yelizavetgrad ⇨ YELYSAVETHRAD.
Ye·li·za·vet·pol /jɪlɪzəvétpɔ̀:l/ エリザヴェトポリ《GÄNCÄ の旧称》.
yelk /jélk/ *n* «方» YOLK.
yell /jél/ *vi* 叫び声をあげる, 叫ぶ, わめく〈*out*〉; 〈応援団などが〉大声で一斉に声援する〈*for* a team〉; 不満[抗議]の叫びをあげる; 〈風・水流・機械などが〉轟音(ごうおん)をたてる: ～ *at*…にどなりつける / ～ *for* help 叫んで助けを求める. ► *vt* 叫んで[大声で]言う; 大声で叫んで…に影響を与える: ～ *out* an abuse [a command] 大声で悪口を言う[命令する] / ～ curses (*out*) at a dog (大声で)犬に悪態をつく / The man ～*ed* up the dogs. 大声で犬を呼び集めた / We ～*ed* our team to victory. 声援して味方チームを勝たせた. ● **～ one's head off** «口» 叫び[わめき]たてる. ► *n* **1** 叫び声, 叫喚, わめき; «米・カナダ» エール《一定の文句を唱和する応援団の声援》. **2** ᵘ«俗» とてもおかしいこと[もの, 人]. **3** ᵘ«俗» (ウェーッと)吐くこと. ♦ **～·er¹** *n* ［OE *giellan*; cf. OE *galan* to sing, NIGHTINGALE, G *gellen* to resound］
yel·ler² /jélər/ *n, a**«俗» [*derog*] 半クロ(の), 黒人と白人の混血(の). ［*yellow*］
yéll lèader 男性応援団員.
yel·low /jélou/ *a* (**～·er; ～·est**) **1** 黄色の; 黄ばんだ; [ᵒ*derog*]《黒人[アボリジニー]と白人の混血児について》肌の黄色い[黄褐色の]; [ᵒ*derog*] 黄色人種の, アジア(系)人の. **2 a** ねたみ深い, ねたましそうな, 疑い深い〈表情・感情など〉. **b** «口» 臆病な, 卑怯な, 卑劣な. **3** 〈新聞が〉煽情的な記事で読者をつる, 俗うけをねらった. ► *n* **1** 黄色《XANTHOUS *a*》; 黄色えのぐ[顔料]. **2 a** 黄色の物; 黄色の服(地); 卵黄; 黄色い肌の人; 《snooker などの》黄球; 黄色のチョウ[蛾]; «口» 黄信号 (yellow light); *«俗» LSD《幻覚剤》; [ᵘ*pl*]*«俗» YELLOW JACKET. **b** [the ～s]《家畜の》黄疸(おうだん) (jaundice); [the ～s]〘植〙萎黄. **c** [the Y-] 黄河 (Huang He). **3** «口» 臆病; [the ～s] «廃» 嫉妬, ねたみ. ► *vt, vi* 黄色にする[なる], 黄ばむ, 黄変する. ► *int**«俗» イエロー《hello の代用; /jɛlóu/ のように発音する》. ♦ **～·ly** *adv* **～·ness** *n* ［OE *geolu*; cf. GOLD, G *gelb*］
yéllow alért 《災害発生時などの》警戒の第一段階.
yéllow árchangel 〘植〙キバナオドリコソウ, ツルオドリコソウ《欧州原産の黄色い花をつけるオドリコソウ》.
yéllow ávens 〘植〙HERB BENNET.
yéllow·bàck *n* GOLD CERTIFICATE; 黄表紙本《19 世紀末に出回った通俗的煽情小説》.
yéllow bàrk CALISAYA BARK.
yellow bédstraw 〘植〙セイヨウカワラマツバ (=*yellow cleavers*)《欧州・イラン原産で, 花は黄色; アカネ科ヤエムグラ属》.
yéllow-bèllied *a* 腹部[側]が黄色の; «口» 臆病な.
yéllow-bèllied rácer 〘動〙BLUE RACER.
yéllow-bèllied sápsucker 〘鳥〙シルスイキツツキ《北米産》.
yéllow·bèlly *n* **1** «俗» 臆病者; «俗» 黄色い肌の人, *«南西部» [*derog*] メキシコ人. **2** 〘魚〙ゴールデンパーチ (CALLOP).
yéllow bíle 〘中世医学〙黄胆汁 (choler)《短気・立腹の原因と考えられた; ⇨ HUMOR》.
yéllow·bill *n* 〘鳥〙くちばしの黄色い鳥: **a** キバシガモ《アフリカ産》. **b** キバシバンケンモドキ, キバシキジカッコウ《アフリカ産カッコウ科の鳥》. **c** クロガモ (scoter).
yéllow-bìlled cúckoo 〘鳥〙キバシ[アメリカ]カッコウ《北米産》.
yéllow-bìlled mágpie 〘鳥〙キバシカササギ《北米 California 産》.
yellow bírch 〘植〙キハダカンバ《北米東部原産》; キハダカンバ材《淡褐色の堅材; 家具・ボタン用》.
yéllow·bìrd *n* 黄色の鳥, 《特に》*オウゴンヒワ (goldfinch), ᵘ«方» ヨーロッパコウライウグイス, *«方» キイロアメリカムシクイ (yellow warbler).
yellow bírd's nèst 〘植〙シャクジョウソウ《イチヤクソウ科の多年生腐生植物; 北半球温帯産》.
Yéllow Bòok **1** 黄書《政府発表の黄表紙報告書》. **2** [The]『イエローブック』(1894–97)《Aubrey Beardsley, Max Beerbohm, Henry James たちが寄稿した英国の季刊文芸誌》. **3** 予防接種証明書 (=*Yellow Card*)《正式名 International Certificate of Vaccination》. **4** [the]〘電算〙イエローブック《CD-ROM のセクター構造などを定めた規格; ⇨ ISO 9660》.
yellow bráss 〘冶〙七三黄銅《銅 70%, 亜鉛 30% の黄銅》.
yéllow-brèast·ed chát 〘鳥〙オオアメリカムシクイ《北米・中米産》.
Yéllow Brìck Róad **1** [the] 黄色い煉瓦の道《L. Frank Baum の *The Wizard of Oz* で, オズの国の都 Emerald City へ通じる黄色の煉瓦で舗装された道; 主人公 Dorothy の一行はこの道をたどって都へ到達する》. **2** [ˢthe y- b- r-] 幸運[成功]への道, 出世街道.
yellow bùnting 〘鳥〙キアオジ (YELLOWHAMMER).
yéllow·càke *n* 〘原子力〙ウラン精鉱, イエローケーキ《ウラン鉱石から化学処理により不純物をだいたい取り除いた産物》.
yellow càrd 〘サッカー〙イエローカード《審判が選手に警告を与える時に示す黄色のカード; cf. RED CARD》; [Y- C-] 予防接種証明書 (Yellow Book). ♦ **yéllow-càrd** *vt* …にイエローカードを出す.
yellow cédar 〘植〙アラスカヒノキ (=*Alaska cedar*)《北米西部原産の常緑樹》; アラスカヒノキ材, 米桧葉(べいひば)《黄色の堅材》.
yellow cinchóna CALISAYA BARK.
yellow cléavers (*pl* ～) YELLOW BEDSTRAW.
yellow créss 〘植〙イヌガラシ属の草本, 《特に》スカシタゴボウ.
yellow dáisy 〘植〙BLACK-EYED SUSAN.
yéllow-dóg *a* のら犬のような; 卑しい, 軽蔑すべき; *反労働組合(主義)の.
yellow dóg 雑種犬; 下等な人間, 臆病者; *«俗» 労働組合にはいらない[を支持しない]労働者, 非組のやつ.
yéllow-dóg còntract *〘労〙黄犬契約《労働組合にはいらないことを条件とする雇用契約; 現在は違法》.
yellow dwárf 〘植〙黄化矮小, 黄萎病《黄ばんで生長の止まる穀草類のウイルス病》.
yellow éarth 《湿潤亜熱帯常緑樹林の》黄色土.
Yéllow Émperor [the]〘中国伝説〙黄帝(こうてい) (HUANGDI).
yellow énzyme 〘生化〙黄色酵素.
yellow fát (disèase) 《ミンクや猫の》イエローファット病, 黄色脂肪症.
yellow féver 〘医〙黄熱 (=*yellow jack, black vomit*)《(亜)熱帯の急性伝染病》.
yéllow-féver mosquìto 〘昆〙ネッタイシマカ (=*stegomyia*)《黄熱・デング熱を媒介する蚊》.
yéllow·fìn (túna) 〘魚〙キハダ(マグロ).
yellow flág¹ 〘植〙YELLOW IRIS.
yellow flág² 〘海〙黄色旗 (QUARANTINE FLAG); 〘自動車レース〙黄旗, イエローフラッグ《コース上に障害のあることを示す信号旗; 表示地点から追越しが禁止される》.
yellow flú* イエローフルー《強制バス通学 (busing) に抗議するための病気と称しての集団欠席》. ［スクールバスの車体の色から］
yellow gírl *«俗» 白人と黒人との混血の娘[女], (性的魅力のある)肌の色の薄い黒人女.
yéllow-gréen *n, a* 黄緑色(の).
yéllow-grèen álga 〘植〙黄緑藻《黄緑藻綱の淡水藻》.
yellow gúm 〘植〙樹皮の黄色いユーカリノキ.
yéllow·hàmmer *n* 〘鳥〙**a** キアオジ (=*goldfinch, yellow bunting*)《欧州産》. **b** *YELLOW-SHAFTED FLICKER.
Yéllowhammer Stàte [the] イエローハンマー州《Alabama 州の俗称》.
yéllow·hèad *n* 〘鳥〙**a** キイロモフアムシクイ《ニュージーランド南島産のヒタキ科の鳴鳥; 頭と胸があざやかな黄色》. **b** YELLOW-HEADED BLACKBIRD.
yéllow-hèad·ed bláckbird 〘鳥〙キガシラムクドリモドキ《雄の頭と胸が黄色の大型 blackbird; 北米中西部産》.
yellow hóneysuckle 〘植〙黄緑色[橙黄色]の花をつけるスイカズラ属のつる植物《北米産》.
yellow hórnet 〘昆〙YELLOW JACKET.
yellow íris 〘植〙キショウブ (=*corn flag, yellow flag, yellow water flag, sword flag, sweet sedge*)《欧州・北アフリカ原産》.
yéllow·ish *a* 黄色[黄み]がかった, 帯黄色の.
yellow jàck 〘海〙黄色旗 (QUARANTINE FLAG); YELLOW FEVER; 〘魚〙イエロージャック《ギンガメアジ属の食用魚; 特に Florida・西インド諸島海域産》.
yellow jàcket **1** 〘昆〙*«口» スズメバチ. **2** *«俗» バルビツール剤, 《特に》ネンブタール (Nembutal)《黄色いカプセル》. **3** 〘植〙黄色がかった樹皮のユーカリノキ《総称》.
yellow jérsey 〘自転車レース〙黄色のジャージ, マイヨジョーヌ

《Tour de France など数日間にわたるレースで, 毎日 総合首位選手がレース後に着用し, 最終優勝者に贈られる》.

yéllow jéssamine [jásmine] 〔植〕 **a** JASMINE. **b** カロライナジャスミン (=*Carolina jessamine*)《北米・中米に分布するホウライカズラの類の纏繞(てんじょう)植物; South Carolina 州の州花》.

yéllow jóurnalism イエロージャーナリズム《低俗・煽情的で不正確》. [↓]

Yéllow Kíd [the] イエロー・キッド《米国の漫画家 R. F. Outcault (1863–1928) の同名の漫画 (1896) の主人公; 最初のカラー漫画で yellow journalism [press] の名の由来となった》.

Yéllow·knìfe *n* **1** (*pl* ～, -knìves) イエローナイフ族 (=*copper Indian*)《カナダの Great Slave 湖東方に住む Algonquian 族》. **2** イエローナイフ《Great Slave 湖北岸の町で, Northwest Territories の首都; 産金地帯の中心地》.

yéllow·lègs *n* (*pl* ～) 〔鳥〕 脚の黄色い鳥《特に 北米産の次の 2 種: GREATER YELLOWLEGS, LESSER YELLOWLEGS》.

yéllow líght* 《交通信号の》黄色信号.

yéllow líne″《駐車規制区域を示す路側の》黄色の線. ★ 1 本線 (single ～) と 2 本線 (double ～s) があり, 後者は駐車禁止.

yéllow lóosestrife 〔植〕 GOLDEN LOOSESTRIFE.

yéllow márrow 〔解〕 黄色(骨)髄, 脂肪髄《脂肪化が進んだ正常な骨髄》.

yéllow méalworm MEALWORM.

yéllow métal MUNTZ METAL; 金 (gold).

yéllow ócher 〔鉱〕 黄土(おうど)《顔料として用いる》; 淡黄褐色, イエローオーカー.

yéllow óxeye 〔植〕 CORN MARIGOLD.

Yéllow Páges *pl* [the; °the y- p-]《電話帳の》職業別の部; *業種別企業[営業, 製品]案内.

yéllow pérch 〔魚〕 イエローパーチ (=*ringed perch*)《北米の湖沼や川にすむパーチ科の食用魚; 鮮黄色に暗緑色の 6–8 本の横帯がある; 体長 30 cm ほど, 釣りの対象》.

yéllow péril [the, °the Y- P-] [*derog*] 黄禍《東洋人の勢力伸張や低賃金労働力の流入が欧米人に与える脅威》.

yéllow phósphorus 〔化〕 WHITE PHOSPHORUS.

yéllow píne 〔植〕 北米産の各種の黄色材マツ《ポンデローサマツやダイオウショウなど》.

yéllow póplar **a** 〔植〕《北米東部産の》ユリノキ (tulip tree); ユリノキ材 (tulipwood). **b** キモクレン (cucumber tree) の材《米国東部産; 軽くしなやかで耐久性が強い》.

yéllow préss [the] 内容が煽情的で興味本位の新聞, イエロープレス. [*Yellow Kid*]

yéllow prússiate of pótash 〔化〕 黄血塩 (potassium ferrocyanide).

yéllow puccóon 〔植〕 ヒドラスチス (goldenseal).

yéllow quártz 〔鉱〕 黄水晶.

yéllow ráce 黄色人種 (Mongoloid).

yéllow ráin 黄色い雨《東南アジアで霧あるいは石・植物上の斑点として発生したと伝えられる黄色物質; かつてはヴェトナム戦争で散布された有毒物質と言われたが, 今ではハチの糞と考えられている》.

yéllow ráttle 〔植〕 オクエゾガラガラ属の一年草《欧州・北米東部産; ゴマノハグサ科》.

yéllow ríbbon* 黄色いリボン《出征兵士・行方不明者などが無事に帰って来るよう願いをこめて木・フェンスなどに結びつける》.

Yéllow Ríver [the] 黄河 (Huang He).

yéllow·ròot *n* 〔植〕 根の黄色い各種の植物《キンポウゲ科の goldenseal など》.

yéllow-rùmped wárbler, yéllow·rùmp 〔鳥〕 キヅタアメリカムシクイ (myrtle warbler).

yéllow sálly 〔釣〕 黄色[黄緑色]のカワゲラ (stonefly), 《特に》ミドリカワゲラモドキ《釣餌》.

Yéllow Séa [the] 黄海 (Huang Hai).

yéllow-shàft·ed flícker [wóodpecker] 〔鳥〕 翼の下面が黄色のハシボソキツツキの亜種 (=*yellowhammer*)《北米北東部産》.

yéllow sóap 普通の家庭用石鹼《黄ないし褐色》.

yéllow sórrel 〔植〕 黄花のカタバミ属の各種多年草《カタバミ科》.

yéllow spòt 〔解〕《網膜の》黄斑 (macula lutea).

Yéllow·stòne [the] イエローストーン川《Wyoming, Montana 両州を流れる川; Yellowstone 国立公園内を北流, イエローストーン湖 (～ **Láke**), 大峡谷 (the **Gránd Cányon of the ～**) を経て北東に流れ, North Dakota 州北西部で Missouri 川に合流》.

Yéllowstone Fálls *pl* [the] イエローストーン滝《Wyoming 州北西部にある Yellowstone 川の滝》.

Yéllowstone Nátional Párk イエローストーン国立公園《米国で最古・最大の国立公園; Wyoming 州北西部にあり, 一部が Montana, Idaho の両州境にまたがる》.

yéllow stréak 臆病な性格[気質]: show [have] a ～ (down one's back).

yéllow stúff *《軍俗》《軍事作戦で使用される》重装備.

yéllow súnshine *《俗》 イエローサンシャイン《黄色の LSD 錠》.

yéllow·tàil *n* (*pl* ～, ～s) (帯)黄色の尾をもつ魚: **a** ヒラマサ, カンパチ, ブリ (ハマチ)などアジ科ブリ属の魚. **b** SILVER PERCH b. **c** フエダイ科オキュルス属の大型の魚 (=～ snapper)《大西洋熱帯産; 食用・釣りの対象》. **d** ツムブリ (RAINBOW RUNNER). **e** PINFISH. **f** ニュージーランドマアジ《西太平洋産の小型の食用魚》.

yéllowtàil flóunder 〔魚〕 マコガレイ属の一種《西大西洋産》.

yéllow·thròat *n* 〔鳥〕 カオグロアメリカムシクイ《南北アメリカ産》.

yéllow-thròat·ed márten 〔動〕 キエリテン《中国南部・ミャンマー産の貂(てん)》.

yéllow-thròated wárbler 〔鳥〕 キノドアメリカムシクイ《米国南西部産》.

yéllow tìcket *《軍俗》 不名誉除隊: get a ～.

yéllow únderwing 〔昆〕 タイリクタバコガ(など)《後翅が黄色で縁に黒い縞のある各種のヤガ; ユーラシア産》.

yéllow wárbler 〔鳥〕 **a** キイロアメリカムシクイ (=*golden warbler*). **b** ″《方》 WILLOW WARBLER.

yéllow·wàre *n* 〔窯〕 イエローウェア《(1) 米国試験材料協会 (ASTM) の定義では, 無色, 透明釉のかかったセミビトレアス (semivitreous) ウェアまたは陶器 **2)** CANEWARE》.

yéllow wáter flàg 〔植〕 YELLOW IRIS.

yéllow wáter lìly 〔植〕 黄花スイレン.

yéllow wéasel 〔動〕 タイリクイタチ, チョウセンイタチ《アジア産》.

yéllow·wèed *n* 〔植〕 黄色い花をつける各種の草本《欧州でヤコブボロギク (tansy ragwort), 米国でアキノキリンソウ (goldenrod) など》.

yéllow·wòod *n* 材[抽出物]が黄色な各種の木(の材)《Osage orange, buckthorn, smoke tree など》, 《特に》オオバユク, アメリカユクノキ《米国南東部産マメ科フジキ属の落葉高木; 花は白》.

yéllow·wòrt *n* 〔植〕 ヨーロッパ産の黄花のリンドウ科の一年草《時に 強壮剤として用いる》.

yél·lowy *a* YELLOWISH.

yelp /jélp/ *vi* かん高い叫び声をあげる, 《苦痛などから》キャン[ギャッ]と短く鋭い声をあげる, キャンキャンほえる. ► *vt* 叫んで言う. ► *n* かん高いほえ声; 《人間の》かん高い声. [OE *gielp(an)* to boast (imit)]

yélp·er *n* かん高い声をあげるもの, 《特に》キャンキャンほえる犬; 雌の七面鳥の鳴き声に似た音を出す器具《猟人が使う》; 《俗》《パトカー・救急車などの》警音器, サイレン, ピーポー.

Yelt·sin /jéltsən, jélsɪn/ エリツィン **Boris (Nikolayevich)** ～ (1931–2007)《ロシアの政治家; 初代大統領 (1991–99)》.

Ye·ly·sa·vet·hrad /jɪlìzəvétxrà:t/, **Ye·li·za·vet·grad** /jɪlìzəvétgræd, -grà:t/ エリザヴェトグラード《KIROVOHRAD の旧称》.

Yem·en /jémən/ イエメン《アラビア半島の国; 公式名 Republic of ～ (イエメン共和国); ☆Ṣanʻāʼ; 古代の Sheba 王国の地に相当; オスマントルコの支配下にあった北イエメン (North ～, 公式名 ～ Arab Republic, ☆Ṣanʻāʼ, 1918 年独立) と英国支配下にあった 南イエメン (South [Southern] ～, 公式名 People's Democratic Republic of ～, ☆Aden, 1967 年独立) に分かれていたが, 両者は 1990 年に統一された》.

Yem·e·ni /jéməni/ *n* イエメン人. ► *a* イエメン(人)の.

Yémen·ite *n* イエメン人 (Yemeni); イエメン・ユダヤ人 (=～ **Jéw**)《イエメン出身の あるいは先祖がイエメンに居住していたユダヤ人; 現在そのほとんどはイスラエルと米国に住む》. ► *a* イエメン(人)の; イエメン・ユダヤ人の.

yen[1] /jén/ *n* (*pl* ～) 円《日本の通貨単位: =100 sen; 記号 Y, ¥, ¥》.

yen[2] 《口》 *n* 熱望, 渇望, うずき ‹*for*, *to* do›; アヘン[麻薬]に対する強い欲求. ► *vi* (-nn-) 願う, 熱望[渇望]する ‹*for*, *to* do›. [Chin *yin* (淫) or *yen* (煙) (opium)]

Yenan ⇨ YANAN.

yén·bònd *n* 円建て債《日本政府機関などが海外で発行する円建ての債券》.

yench /jéntʃ/ *vt* *《俗》 ‹人を›だます, カモる (swindle).

Yenchi ⇨ YANQI.

yen·ems /jénəmz/ *n* *《俗》 [°*joc*]《人から》ただでもらえる物《タバコなど》. [Yid]

yén-hók /-hák/, **yén-hóok** *n* アヘンを小さく丸めパイプに詰めるのに用いる針のような道具. [Chin 煙籤]

Yen Hsi-shan 閻錫山(えんしゃくざん) (⇨ YAN XISHAN).

Yen·i·sey, -sei, En·i·sei /jènəséɪ; -séɪ/ [the] エニセイ川《シベリア中部の川; 北流して北極海に注ぐ》.

yen-shee /jénʃí:/ *n* 《アヘンを吸うパイプに残った》アヘンの灰, 煙屎; *《俗》 アヘン; *《俗》 ヘロイン. [Chin (Cantonese)]

yen·ta, yen·te /jéntə/ *n* 《俗》 おしゃべり女, おせっかい女. [Yid; 女子名から]

Yentai 烟台 (⇨ YANTAI).

yentz /jénts/ *vt* だます, だまし取る. ♦ **～·er** *n*

yén-yén *n* *《俗》 アヘン[麻薬]の欲しい状態.

yeo·man /jóumən/ *n* (*pl* -men /-mən/) **1** 〔英〕 自作農, 小地主; 〔英史〕 自由民, 郷士, ヨーマン《gentleman より下位の, もと国会議員選出権を有した年収 40 シリングの自由所有権保有農 (freeholder); 中世では servant であったが, 漸次自由保有農となり英国中堅階級を形成》. **2** 〔英史〕 義勇騎兵《yeomanry の団員》. **3** 〔史〕《貴族・国王などの》侍者, 従者,《州長官などの》補佐官;〘英〙YEOMAN OF THE GUARD. **4**〘英海軍〙通信係下士(官)(=~ **of sígnals**);〘米海軍〙事務係下士官; 大きな貢献をする人[もの]. ► *a* yeoman の[らしい]; 手際のよい. [ME *yoman* <? *yongman* young man]

yéoman·ly *a* YEOMAN の[にふさわしい]; 勇敢な, 質実剛健な, 忠勤な. ► *adv* yeoman らしく; 勇敢に, 忠勤に.

Yéoman of the Guárd 《英国王室の》国王衛士《儀式の際に国王の護衛をつとめる直属兵; 1485 年 Henry 7 世が制定; このうちロンドン塔の警備にあたる衛士は厳密には別組織でヨーマン・ウォーダー(**Yéoman Wárder**) と呼ばれる; 現在は退役軍人主体の名誉職で, 古風な制服と Beefeater の通称で親しまれ, ロンドン塔では観光案内も行なう; 国王衛士隊長には通例与党の上院副幹事長が任命される》.

yéoman·ry *n* [the]〘英〙YEOMEN《集合的》;〘英史〙義勇騎兵団《1761 年 yeoman の子弟より組織された祖国防衛団; 1907–18 年に Territorial Army に編入》.

yéoman('s) sèrvice /; ́— ́—/《一朝有事の際の》あっぱれな忠勤, 大きな貢献《Shak., *Hamlet* 5. 2. 36》.

Yéoman Úsher 〘英〙黒杖官 (Black Rod) 補佐.

ye·ow /jiáu/ *int* ギャーッ, ワーッ, ヒャーッ《絶叫》. [imit]

yep /jép/ *adv*《口》YES. ★ yep および nope の /p/ は, しばしば唇を結んだままで終わり, 破裂させない.

yer /jər/ *pron*《非標準・方》YOUR, YOU.

-yer /jər/ *n suf*《特に w のあとで》-ER[1]: bow*yer*, law*yer*, saw*yer*.

yer·ba /jéərbə, jə́:r-/ *n* YERBA MATÉ; *《俗》マリファナ, くさ. [Sp =herb]

yérba bué·na /-bwéɪnə/〘植〙シソ科の常緑の草本《北米太平洋岸産; かつて薬用》. [Sp=good herb]

yerba maté /́— ́—/ MATÉ. [AmSp]

yer·cum /jə́:rkəm/ *n*〘植〙MUDAR.

yere /jər, jíər/ *pron*《非標準・方》YOUR.

Ye·re·van /jèrəvá:n/, **Ere·van, Eri-** /jèr-/ エレヴァン《アルメニアの首都》.

yerk /jə́:rk/《方》*vt* 強くたたく, むち打つ; 煽動する. ► *n*《スコ》一撃; すばやい動作. [ME<?; cf. JERK[1]]

Yér·kes Obsérvatory /jə́:rkiz-/ ヤーキス天文台《Wisconsin 州 Williams Bay にある Chicago 大学の天文台; 世界最大の口径 40 インチ (101 cm) 屈折望遠鏡を有する》. [Charles Tyson *Yerkes* (1837–1905) 米国の実業家]

Y

Yerk·ish /jə́:rkɪʃ/ *n* ヤーキス語《幾何学的図形を用いたヒトとチンパンジーとのコミュニケーション用の人工言語》. [*Yerkes* Regional Primate Center《Georgia 州にあるこの言語が考案・適用研究された霊長類研究所》; Engl*ish* などにならった造語]

yer·sin·i·o·sis /jərsìnióusəs/ *n*〘医〙エルシニア症《グラム陰性の腸内細菌の一属 *Yersinia* 属の細菌による腸炎》.

Ye·ru·pa·ja /jèrəpá:hɑ:/ イエルパハ《ペルー中西部 Lima の北北東にある, Andes 山脈の高峰 (6634 m)》.

Yér·wa-Maidúguri /jéərwə-/ イェルワーマイドゥグリ《MAIDUGURI の別称》.

yes /jés/ *adv* [文相当語] ★ 米口語ではしばしば母音に種々の異音があり, また終わりの /s/ が落ちて YEAH と同じに発音される. **1** (opp. *no*) [肯定・同意の返事] **a** [質問・呼びかけなどに答えて] はい: Were you there?—↘ *Y*~. そこにいたんですか—はい(いました) / Isn't it raining?—*Y*~, it is. 降っていませんか—いえ, 降っています. ★ 問の形式に関係なく答の内容が肯定的ならば常に yes. **b** [相手のことばに同意を表わして] そうだ, さよう, しかり, なるほどそうだ: This is an excellent book.—*Y*~ /jé:s/, it is. りっぱな本だ—全くそのとおり / Isn't she pretty (=She is pretty, isn't she)?—*Y*~, isn't she! 美人じゃないか—全くそうだね. **c** [否定・禁止に対する強い反駁を示して]: Don't do that!—Oh, ~, I will. やめなさい—いや, やります. **d** [命令などに答えて] はい, 了解. **2** [上昇調の発音で] **a** [人の言に疑いを表わして, または あいづちとして] そう?, まさか?; ははあ, なるほど, それから?: I was always good at drawing.—↗ *Y*~? 絵は得意だったんだ—そう?《本当かい》/ I have come to the conclusion that....—↗ *Y*~? わたしはこういう結論に到達した(それは)—ははあ, それから?《その先を促す気持》. **b** [自分の述べたことばのあとに] ね?: We first go two miles west, then bear to the north and continue in a straight line for several miles—↗ ~? まず西に向かって 2 マイル行きそれから北に一直線に 5–6 マイル進むのだよ—ね?《わかったかい》. **c** [黙って待っている人に向かって] ご用は? **d** [呼びかけに答えて] はい, なに? **3** [しばしば yes, and; yes, or で話を強めまたは説明して] いや(そのうえ), しかも: He will insult you, ↘ ~, *and* cheat you as well. きみを侮辱する, いやそれどころかだましかねないだろう. ● **~ and no**《口》ある点ではイエス別の点ではノーだ, そうだともそうでないとも言えるところだ, [明答を避け] さあどうかな: Are you an atheist?—*Y*~ *and no*.

► *n* (*pl* ~·**es**) yes ということば[返事]《肯定・承諾の言》; 賛成投票(者): say ~「はい」という, 承諾する ‹*to*› / refuse to give a *Y*~ or No answer イエス・ノーの返事を拒む / leaning ~《世論調査などで》どちらかといえば賛成(の人). ● **~ and no** 円をつくる一種の遊戯.

► *vi* (-**s**(**s**)-)「イエス」と言う, 承諾する.

[OE *gēse, gise* <? YEA+*sīe* (*bēon* to BE の仮定法三人称単数現在) =may it be]

yes·ca /jéskə/ *n**《俗》マリファナ.

Ye·se·nin /jɪséɪnɪn/, **Ese·nin** /i-/ エセーニン **Sergey Aleksandrovich** ~ (1895–1925)《ロシアの詩人》.

yés-gìrl *n**《俗》《セックスに》すぐ「うん」という女の子, させ子.

ye·shi·va(h) /jəʃí:və/ *n* (*pl* ~**s** /-z/, **ye·shi·vot(h)** /jəʃi:vóut, -θ/) タルムード学院, イェシバ《**1**) Talmud の高度な研究を行なうユダヤ教の大学; ラビ養成の神学校 **2**) 宗教教育のほかに普通教育もあわせ行なうユダヤ教の小学校》. [Heb]

Ye·şil Ir·mak /jəʃí:l ɪərmá:k/ [the] イェシル川《トルコ北部を北流して黒海に注ぐ》.

Ye·şil·köy /jèʃilkɔ́ɪ/ イェシルキョイ《SAN STEFANO のトルコ語名》.

yés-màn《口》*n* イエスマン《何でもはいはいと上司や同僚に同調する者; opp. *no-man*》; おべっか使い; 自分の信念を表に出さない者.

yés/nó quèstion 〘文法〙一般 [yes-no] 疑問文《答えが yes か no になる疑問文; cf. WH-QUESTION》.

yes·sir /jésər, jèsə́:r/《口》*int* はい; *まったくだ, 本当だ.

yes·ter /jéstər/ *a*《古・詩》昨日の, 昨…, 去る…. [OE *geostran*; cf. G *Gestern* yesterday]

yes·ter·day /jéstərdi, -dèɪ/ *adv* **1** 昨日, きのう; 昨今, 近ごろ. **2**《誇張して》大至急で, 今すぐ: I need [want] it ~. 今すぐに必要だ. ● **be not** BORN ~. ► *n* 昨日; 昨今, 近ごろ; [ᵁ*pl*] 過去: all ~ 昨日まる一日 / the day before ~ 一昨日, おととい《副詞的にも》/ ~ week=a week (from) ~ 先週のきのう / ~'*s* newspaper 昨日の新聞 / *Y*~ was Sunday. きのうは日曜 / a ~'*s* man 過去の人. ● **of ~** つい昨今の. **~, today, and forever***《俗》[ᵁ*joc*]《毎日の残り物をつぎ足しつぎ足しして客に出す》ハヤシ肉料理 (hash). **Y~ wouldn't be too soon.** きのうだって遅いくらいだ《今すぐ(やって)ほしい; When do you want this? に対する反応のことば》. ► *a* 昨日の; 昨今の; 古くさい, 時代遅れの. [OE *giestran dæg* (↑, DAY)]

yés·ter·ève(ning) /jéstər-/, **-èven** *adv, n*《古・詩》昨夕, 昨宵.

yéster·mòrn(ing) *adv, n*《古・詩》昨朝.

yes·tern /jéstərn/ *a*《古・詩》YESTER.

yéster·nìght *adv, n*《古・詩》昨夜.

yéster·nòon *adv, n*《古・詩》昨日の正午.

yéster·wèar *n**《俗》昨日[昨シーズン]着てたのと同じ服.

yéster·wèek *adv, n*《古・詩》先週.

yéster·yèar *adv, n*《文・詩》昨年; 近年, 先年.

yes·treen /jèstrí:n/ *adv, n*《スコ・詩》昨夕, 昨晩.

yet *adv* /jét/ **1 a** [*neg*] (今まで[それまで]のところでは)まだ(…ない); [しばしば just ~ の形で]《後にはとにかく》(今は)まだ(…ない), まだしばらくは(…ない): The work is *not* ~ finished. 仕事はまだ終わっていない / I have *never* ~ lied. いまだかつてうそをついたことがない / We have heard *nothing* from him ~. まだ彼からなんの便りもない / Have*n't* you learnt ~ that...? まだ…ということをお聞きではなかったのですか / The sun was*n't* up ~. (その時)太陽はまだ昇っていなかった / Do*n't* go ~. まだ行かないで / I *can't* come *just* ~. 今はまだ行けない / It will *not* happen *just* ~. それはまだしばらくは起こるまい. ★ 肯定平叙文での already に対応する. **b**《今まではとにかく》やがては, いつかは, 今に: You shall ~ repent it. 今に後悔するぞ / He may ~ be happy. いつか幸福になる日もあろう / I'll do it ~! 今に見ておれ! / The worst *is* ~ *to* come. 最悪の事態はまだこれからだ, この程度ではすまない / have ~ to do... ⇨ 成句. **2** [疑問文で] 既に, もう, 今: Have you got to go ~? もう行かなければなりませんか / Is it raining ~? もう雨が降っていますか (cf. Is it *still* raining? まだ雨が降っていますか) / Has he returned ~? もう帰って来ましたか《Has he returned *already?* は「こんなに早く」と驚き・不審を表わす》. ★ 過去形と共に用いるのは主に《米》: *Did* you call Tom ~? もうトムに電話しましたか. **3 a** 今(まだ), 今なお, 依然として; (その当時)まだ: She is talking ~. まだおしゃべりしている / Much ~ remains to be done. 今なおなすべきことがたくさんある / His hands were ~ red with blood. 彼の手は(その時なお)依然として鮮血に染まっていた. **b** [still doing ~ の形で; 強意的]*《俗》いまだに…している: He's *still* sleep*ing* ~. いまだに寝ているんだよ. **c** [最上級に伴って] 今までのところ: the *largest* diamond ~ found これまでに発見された最大のダイヤモンド. **4 a** まだそのうえに, さらに: *Y*~ once more I forbid you to go. 繰り返して言うが行ってはいけない / Play the tape ~ another time. いま一度テープをかけて. **b** [比較級を強めて] まだ[さらに]いっそう: a ~ *more* difficult task なおいっそうむずかしい仕事 / He spoke ~ *more* harshly. さらにいっそう激しい口調で語った. ★ この用法では still のほうが普通. **5** [強調的に] **a** [nor ~ の形で] …もまた(…しない), (そればかりではなく)…さえも(…しない): He will not accept help *nor* ~ advice. 助力はおろか忠告すら受け入れないだろう / I have never voted for him, *nor* ~ intend to. 彼に一票を投じたこともないし, 第一そのつもりさえない. **b** [and [but] ~ の形で] それにもかかわらず, しかもなお (cf. *conj*): I offered him still more, *and* ~ he was not satisfied. それ以上出すと言ったのに彼は満足しなかった / The logic seems sound, *but* ~ it does not convince me. 理屈は正しいようだが, でも納得できない. ★ この意味では but, however, still などより強い形. ● **another and ~ another** また一つまた一つと(続々). **as ~** [しばしば完了形の動詞と共に否定文に用いて] (将来はともかく)今[その時]までのところでは, まだ:

He has not come *as* ~. 彼はまだ来ていない / It has [had] worked well *as* ~. 今までのところではうまくいっている[その時まではうまくいっていた]《これ[それ]から先はどうかわからない[うまくいかなかった]》. **have ~ to** do… いずれは…すべきだ, まだ…していない: I *have* ~ *to* learn it. いまだにそれがわからない. **more and ~ more** まだまだ, もっともっと. **not ~** (この時までには)まだ…しない; [否定文を代表して] まだです: 'Have you finished it?'—'*Not* ~ (=No, I have*n't* finished it ~.).' **~ again**=**~ once** (**more**) さらにもう一度 (⇨ 4a).
► *conj* /jɛt/ それにもかかわらず, しかしそれでも, けれども: a strange ~ true story 不思議だが本当の話 / He ran at full speed to the station, ~ he missed the train. 駅に全速力で走って行ったが列車に間に合わなかった / He tried hard, ~ he could not succeed. 懸命にやってみた, しかしそれでもうまくいかなかった. ★ しばしば (al)though と相関的に用いる: *though* deep, ~ clear 深くとも澄んで. [OE *gīet(a)*<?; cf. G *jetzt*]

yeti /jéti, jéɪti/ *n* 雪男, イエティー (abominable snowman); ″《俗》[*joc/derog*] 原始人, 野蛮人, いやなやつ. [Tibetan]

yett /jét/ *n* 《スコ》 GATE[1].

yeuk /júːk/ *vi, n* 《スコ》 ITCH. ♦ **yéuky** *a*

yeux *n* ŒIL の複数形.

Ye·vréy·ska·ya Autónomous Óblast /jɪvréɪskəjə-/ [the] ユダヤ自治州 (JEWISH AUTONOMOUS REGION).

Yev·tu·shen·ko /jɛ̀ftəʃɛ́ŋkou/ エフトゥシェンコ **Yevgeny** (**Aleksandrovich**) ~ (1933–2017)《ロシアの詩人》.

yew[1] /júː/ *n* **1**〔植〕イチイ属の各種の木,《特に》セイヨウイチイ (English yew) (=**~ trèe**)《生長はおそいが, しばしば 老大樹となる; 英国では多くの教会の墓地にみられ, また 常緑樹であることから immortality の象徴と考えられている》. **2** イチイ材《以前は弓を作ったが, 今は家具材》;《古》イチイの弓. [OE *īw*; cf. G *Eibe*, ON *ýr* bow]

yew[2] /júː, jə/ *pron* 《視覚方言》 YOU.

yé-yé, yé·yé /jéɪjèɪ, jɛ́jɛ̀/ 《俗》 *a, n* **1** イエイエの(スタイル)《1960 年代フランスで流行したロックンロール調の音楽やディスコ風のスタイル》. **2** 洗練された(人), ナウな(人). [F<E *yeah yeah*]

Yeysk, Yeisk /jéɪsk/, **Eisk** /éɪsk/ エイスク《ロシア, カフカス地方北西部, Azov 海の Taganrog 湾に臨む市》.

Yezd /jézd/, **Yazd** /jǽzd/ イェズド, ヤズド《イラン中部の市》.

Yez·i·di /jézədi/, **Ya·zi·di** /jáːzədi/ *n* ヤジーディー《イラク・シリア・アルメニア・カフカス・イランの限られた地域に住む, キリスト教・イスラム教・ゾロアスター教などの要素の混じった独特な宗教を信奉する民族》.

Y-fronts /wáɪfrʌ̀nts/ 〔商標〕Y フロンツ《男性用ブリーフ; 前面の縫い目が逆 Y 字形》: a pair of ~.

Ygerne /ɪgéərn/ IGRAINE.

Ygg·dra·sil, Yg- /ígdrəsìl/ 〔北欧神話〕イグドラシル《ASGARD, MIDGARD, NIFLHEIM を連結する常緑のトネリコ; 全宇宙の運命はこの木にかかっているとする》. [ON]

Y-gun /wáɪ-ˊ-/ *n* Y 型対潜水艦爆雷投射砲, Y 砲.

YH °youth hostel. **YHA** 〔英〕Youth Hostels Association.

YHWH, YHVH, JHVH, IHVH /jáːweɪ, -vèɪ/ *n* YAHWEH (⇨ TETRAGRAMMATON).

Yi[1] /jíː/ 李(ㄧ)《朝鮮の王朝 (1392–1910)》.

Yi[2] *n* **a** (*pl* **Yis**) イ(彝)族《中国西南部の山地に広く居住するチベット-ビルマ語系の農牧民族》. **b** イ語.

Yi·bin /jíːbíːn/, **I-pin** /íːbíːn, -pín/ 宜賓(ぎひん)(イーピン)《中国四川省南部の市, 長江上流の重要な港》.

Yi·chang /íːʧáːŋ/, **I-ch'ang, Ichang** /; íːʧǽŋ/ 宜昌(ぎしょう)(イーチャン)《中国湖北省の揚子江に臨む都市》.

Yid /jíd/ *n* [*derog*] ユダヤ人 (Jew). [*Yid*dish]

Yid. Yiddish.

Yid·dish /jídɪʃ/ *n* イディッシュ《ドイツ語にスラヴ語・ヘブライ語を交え, ヘブライ文字で書く言語; 欧米のユダヤ人が用い, London の East End でも用いられる》. ► *a* イディッシュの. [G *jüdisch* Jewish]

Yíddish·er *n, a* ユダヤ人(の), イディッシュを話す(ユダヤ人).

Yíddish·ìsm *n* イディッシュ特有の語法[語句]; イディッシュ語[文化]擁護運動. ♦ **-ist** *n, a*

yield /jíːld/ *vt* **1** 生む, 産する; 〈利益などを〉もたらす, …の利益を生む: Mines ~ ore. 鉱山は鉱石を産する. **2 a** 許す, 与える, 譲る; 譲り渡す, 引き渡す, 明け渡す, 放棄する, 手放す 〈*up, over, to*〉: ~ submission 服従する / ~ consent 承諾する / ~ one*self up to*…にふける, 陥る; 屈する / ~ two runs in the third inning〔野〕3 回に 2 点を許す / ~ 10 yards〔アメフト〕10 ヤードのゲインを与える / ~ precedence [the right of way] to sb 人に先[道]を譲る / ~ (up) one's breath 《古》息を引き取る, 死ぬ. **b**《努力などに応じて》〈物事が〉〈秘密などを〉(ついに)明らかにする 〈*up*〉: The universe will never ~ *up* its secret. 宇宙はその秘密を明かすことはないだろう. **3**《古》支払う, 償う, 報いる. ► *vi* **1**《努力などに対して》報酬をもたらす, 〈土地などが〉作物ができる, 産する. **2 a** 屈服する, 従う, 〈誘惑などに〉負ける 〈*to*〉;《圧力のために》曲がる, へこむ, たわむ, なびく, くずれる, 降伏する; 〈…に〉劣る[負ける](ことを認める) 〈*to*〉; 〈病気が〉治る 〈*to* treatment〉: ~ *to* despair 失望する / ~ *to* conditions 譲歩して条件に従う / ~ *to* none だれにも譲らない[負けぬ] / The door ~*ed to* a strong push. ぐいと押すとドアは開いた. **b** 譲歩する, 譲る; 道を譲る 〈*to*〉;《議会での》発言権を譲る: *Y*~. *《道路標識で》譲れ (Give way″). ● **~ the** [**a**] **point** 論点を譲る. ► *n* 産出(力); 産出高, (生)産額, 収穫(高), 収量; 収益, 利益; 報酬; 利回り; 歩(ぶ)止まり;〔化〕収率《反応生成物の実際量の理論的期待量に対する比》;《キロトン[メガトン]で表示した》核出力: a large ~ 豊作 / the ~ on a bond 債券の利回り / a high-~ investment 高利回りの投資. ♦ **~·able** *a* **~·er** *n* [OE *g(i)eldan* to pay; cf. G *gelten* to be worth]

yíeld at íssue 〔証券〕発行利回り.

yíeld·ing *a* **1** 圧力に対して柔軟な; 影響[感化]をうけやすい, 言いなりになる, 従順な. **2** 多産な, 収穫の多い (productive). ♦ **~·ly** *adv*

yíeld pòint 〔力〕《金属などの》降伏点《引張試験での》.

yíeld strèngth 〔力〕《金属などの》降伏強さ.

yíeld strèss 〔力〕《金属などの》降伏応力.

yíeld to matúrity 〔証券〕満期利回り.

YIG /jíg/ 〔理〕イグ, YIG《人工鉱物イットリウム鉄ガーネット; フェリ磁性を示し, マイクロ波用磁性材料とする》. [*y*ttrium *i*ron *g*arnet]

Yig·dal /jɪgdáːl/ *n* 〔ユダヤ教〕イグダル《イスラエルの神への信仰を表現する祈り・聖歌》. [Heb]

Yí-hsíng (**wàre**) /íːʃíŋ(-)/ 宜興陶器《中国江蘇省南部, 宜興(ぎこう)(イーシン)産の赤黄色の陶器》.

Yí-hsíng yáo 宜興窯(ぎこうよう) (YI-HSING WARE).

yike[1] /jáɪk/ 《豪口》 *n, vi* 議論[口論, 口げんか](する).

yikes /jáɪks/, **yike**[2] /jáɪk/ *int* ウヘッ, ウワッ, キャッ, ワーッ, ヘー, いけねっ, やややっ《驚き・困惑・苦痛などの発声》. ► *n*《俗》心配, 緊張. [C20 imit]

yill /jíl/ *n* 《スコ》 ALE.

yin[1] /jín/ *a, n, pron* 《スコ》 ONE.

yin[2] *n* 〔中国思想〕《陰陽の》陰 (cf. YANG). ● **~ and yang**〔中国思想〕陰陽(いんよう) (=*yin-yang*)《万物の根底にあるとされる 2 種類の原理》. [Chin]

Yin〔中国史〕殷《中国の最古の王朝 (前 16–11 世紀); 別称 Shang (商); 河南省安陽県西北の遺跡から出土した甲骨文により実在が確かめられた; cf. HSIA》.

Yin·chuan, Yin·chwan /jínʧwáːn/ 銀川(ぎんせん)(インチョワン)《中国寧夏回族自治区の首都; 旧称 寧夏 (Ningxia)》.

Ying·kou /jíŋkóu/, **Ying·kow** /jíŋkáu, -kóu/ 営口(えいこう)(インコウ)《中国遼寧省南部の河口都市》.

Yin·glish /jíŋ(g)lɪʃ/ *n* イディッシュの単語のたくさん混じった英語. [*Y*iddish+E*nglish*]

ying-yang /jíŋjǽŋ/, **yin-yang** /jín-/ *《俗》 *n* 肛門, けつの穴; 陰部, 男根, 女陰; まぬけ, ばか. ● **up the ~** *《俗》あり余る[あふれる]ほど, むちゃくちゃいっぱい. [cf. *jing-jang*]

Yi·ning /jíːníŋ/ 伊寧(いねい)(イーニン)《GULJA の別称》.

y-intercept /wáɪ-ˊ-/ *n* 〔数〕*y* 切片.

yin-yang /jínjáːŋ, -jǽŋ/ *n* **1** ⇨ YIN[2] *and yang*. **2**《俗》YING-YANG.

yip /jíp/ *《口》 *v* (**-pp-**) *vi* 〈小犬など〉キャンキャンほえる (yelp); 大きな[かん高い]声で不満を述べる. ► *vt* かん高い声で言う. ► *n*《犬などの》かん高い声. [C20 imit]

yipe /jáɪp/ *int* ウワッ, キャッ, ギャーッ, ギャッ, ゲッ, キャ(イ)ン!《恐怖・驚き・苦痛・困惑の発声》. [imit]

yip·pee /jípi/ *int* ワア, ワーイ, ウヒヒ!《喜び・得意の発声》. [imit; cf. HIP[4]]

yip·pie[1] /jípi/ *n* [°Y-] イッピー《HIPPIE より政治色の濃い反体制の若者; 1960 年代の後半に目立った動きをした》. [*Y*outh *I*nternational *P*arty+hip*pie*]

yippie[2] *n* *《海軍俗》海軍工廠[港内]巡視艇. [*Y.P.*=(dock) *y*ard *p*atrol]

yips /jíps/ *n pl* [the] イップス《ゴルファーなどスポーツ競技者が精神を集中してプレーにはいるときの極度の緊張(による震え)》.

yird /jə́ːrd/ *n* 《スコ》 EARTH.

yirr /jə́ːr/ 《スコ》 *vi* 〈犬などが〉ウーッとうなる. ► *n* うなり声. [imit]

Yiz·kor /jízkər, jís-/ *n* 〔ユダヤ教〕イズコル《死者のための追悼式[祈禱]》. [Heb]

YK °Yukon Territory.

-yl /(ə)l, ɪl, ìːl; (ə)l, àɪl/ *n comb form* 〔化〕「根」「基」: meth*yl*. [Gk *hulē* material; もと 'wood' の意]

ylang-ylang ⇨ ILANG-ILANG.

ylem /áɪləm/ *n* 〔理〕アイレム《宇宙創造に関する一理論で, すべての元素の起源となるとされる物質》.

Y level /wáɪ -ˊ-/ 〔測〕Y レベル《同大の 2 つの Y 架で望遠鏡を支え, 回転させたり取りはずしたりできる水準器》.

YMCA /wáɪèmsìːéɪ/ キリスト教青年会, YMCA (Young Men's Christian Association)《キリスト教精神に基づいて青少年教育や社会奉仕を行なう, 超教派的・世界的な活動組織; 1844 年 London で創立》.

YMHA /wáɪèmèɪʧéɪ/ ヘブライ教青年会, YMHA (Young Men's Hebrew Association).

Ymir /íːmɪər/, **Ymer** /íːmər/ 〔北欧神話〕イミル《巨人族の祖; 彼の死体で世界は造られたという; cf. MUSPELHEIM》. [ON]

YMMV 《E メールなどで》your MILEAGE may vary.
Y moth /wáɪ ─́─/ 〘昆〙前翅に Y 字形の模様のあるヤガ科のガ.
-yne /aɪn/ *n suf* 〘化〙「三重結合を 1 個もつアセチレン系不飽和炭化水素」 [*-ine*²]
yo /jóʊ/ *int* よう, おい, やあ, やっ, よっ, おう, うん《呼びかけ・挨拶・興奮などの発声, また点呼などの返事》; 〘海〙ヨー, ヨイショ (YO-HO).
Yo, y.o. year(s) old.
yob /jáb/, **yob·bo** /jábou/ ″《口》*n* (*pl* **~s, yób·boes**) 不良, チンピラ, 与太者; 《粗暴な》若いの, あんちゃん, 野郎. ♦ **yob·bery** /jábəri/ *n* チンピラ的[粗暴な]ふるまい. [*boy* の逆つづり]
YOB, y.o.b. year of birth.
Yo·be /jóubeɪ/ ヨベ《ナイジェリア北東部の州; ☆Damaturu》.
yock¹ /ják/ *n, vi, vt* *《俗》YAK³.
yock² *n, vi* *《俗》YAK².
yock³ *n* *《俗》YAK⁴.
yoc·to- /jáktou, -tə/ *comb form* 〘単位〙ヨクト《$=10^{-24}$; 記号 y》.
yócto·sècond *n* ヨクト秒《$=10^{-24}$ 秒》.
yod, yodh /jʊ́d, jɔ́:d/ *n* ヨッド《ヘブライ語アルファベットの第 10 字; 発音記号 / j / で示される半母音を表わし, また音声学ではこの発音記号・半母音の呼び名にも用いる》. [Heb]
yo·del /jóudl/ *n* **1** ヨーデル《スイスや Tyrol の山間民が地声から裏声, 裏声から地声へと転換を繰り返しながら歌う民謡》; ヨーデル風の叫び[呼び]声. **2** 《学生俗》吐くこと, ゲロゲロ. ► *v* (**-l-** | **-ll-**) *vi, vt* **1** ヨーデルを歌う; ヨーデル風に叫ぶ[呼ぶ]; 〈歌曲を〉ヨーデル風に歌う. **2** 《俗》吐く (vomit); 《俗》(…に)クンニ[フェラチオ]をやる, レロレロする. ● **~ in a canyon** *《俗》意味のない[的はずれな]ことを言う, むだ口をたたく. **~ in the canyon** [**gully, valley**]《俗》クンニをやる. [G]
yó·del·(l)er *n* ヨーデル歌い[歌手], ヨーデラー; 《野球俗》三塁側コーチ; *《俗》密告者, たれ込み屋.
yodh ⇨ YOD.
yo·dle /jóudl/ *n, vi, vt* YODEL.
yo·ga /jóugə/ *n* 〘ヒンドゥー教〙瑜伽(ゆが), ヨーガ《観行相応理の義》; [Y-] ヨーガ学派《インド六派哲学の一つ》; ヨーガの行(ぎょう)《五感の作用を制して平静を旨とする瞑想的修行法》. [Hindi<Skt=union]
Yo·ga·la·tes, -gi- /jougəlá:tiz/ *n* ヨガラティス《yoga と Pilates を組み合わせたフィットネス法; Yogilates は〘商標〙》.
Y-ogen /wáɪəʤ(ə)n/ *n* 〘天〙Y 素《やぎ座の方向に観測されるスペクトルの源と考えられている未知の星間分子》. [cf. X-OGEN]
Y **yogh** /jóuk, ják, -g, -x/ *n* ヨッホ《中英語の ȝ 字; 口蓋摩擦音を表わし, 有声音は y, w となり, 無声音はのちに gh と書かれ night /náɪt/ のように黙字 または tough /tʌ́f/ のように /f/ となった》.
yo·g(h)urt, yo·ghourt /jóugərt; jɔ́gə:t/ *n* ヨーグルト. [Turk]
yo·gi /jóugi/, **yo·gin** /-gən/ *n* ヨーガ行者; [Y-] ヨーガ哲学信奉者; 瞑想的[神秘的]な人. [Hindi; ⇨ YOGA]
Yógi Bear ヨギ・ベア《米国のテレビ漫画 'Yogi Bear' のキャラクターで, カンカン帽をかぶり, ネクタイを締めているクマ; 日本ではクマゴローという名で親しまれた; 相棒は小柄なクマの Boo-Boo》.
yo·gic /jóugɪk/ *a* ヨーガ(の行)の; [Y-] ヨーガ哲学の.
yógic flýing 《ヨーガでの》空中浮揚《超越瞑想法 (transcendental meditation) において修行者が蓮華坐の姿勢で行なう》.
yo·gi·ni /jóugəni/ *n* YOGI の女性形.
yo·gism /jóugìz(ə)m/ *n* ヨーガの行(ぎょう); [Y-] ヨーガの哲理[教理].
yogs /jágz/ *n* ″《俗》非常に長い間 (ages, years).
Yog·ya·kar·ta /jòugjəká:rtə/, **Jog·ja-** /ʤòugʤəká:rtə/, **Jok-, Djok-** /ʤòuk-/ ジョクジャカルタ《インドネシア Java 島南部の特別自治区; その中心都市》.
yó-hèave-hó *int* 〘海〙ヨイトマケ, エンヤラヤ! 《錨(いかり)などを巻き揚げるときの水夫の掛け声》. [imit]
yo·him·bé, -be /jəhímbeɪ, -bi/, **-him·bi** /-bi/, **-him·bi·hi** /-bəhì:/, **-him·be·hoa** /jəhímbeɪhóuə/ *n* 〘植〙ヨヒンベ(ノキ)《熱帯アフリカ産アカネ科の高木; 樹皮からアルカロイドのヨヒンビン (yohimbine) を採る》.
yo·him·bine /jouhímbì:n, -bən/ *n* 〘化〙ヨヒンビン《毒性アルカロイド; 催淫剤とされたこともある》. [*yohimbé* 樹皮にこれを含む熱帯アフリカ産アカネ科の木]
yo-ho /jouhóu/, **yo-ho-ho** /jòuhouhóu/ 《古風》*int* ヨイショ, オーイ! 《力を入れるときまたは人の注意をひくときの掛け声》. ► *vi* ヨイショ[オーイ]という. [imit]
yoicks″ /jɔ́ɪks/ *int* ホイッ, それっ! 《狐狩りで猟犬をけしかける声》; 《古》ワーイ《興奮・歓喜の声》. [C18 ?imit; cf. *hyke* call to hounds]
yok /ják/ *n, vi, vt* (**-kk-**) *《俗》YAK³.
yoke¹ /jóuk/ *n* **1 a** 《一対の牛馬をつなぐ》くびき (軛); (*pl* **~, ~s**) 《くびきにつないだ》一対の労役動物: three **~**(*s*) of oxen. **b** 《古》一対の牛が 1 日に耕作する土地 (=**~** of land); ″《方》農夫と牛が休まず働く時間, 労働時間. **2 a** くびき状のもの; 荷車・馬車の長柄(ながえ)を馬具からつるす棒; 天秤(てんびん)棒; 釣鐘を吊る横木; 〘海〙横舵柄(だへい); 〘機〙枠, かすがい, ヨーク; 〘電〙継鉄; 〘電子工〙ヨーク《ブラウン管にある偏向コイルを組み合わせたもの》; 〘機〙対向ピストン機関の上のピストンのクロスヘッド; 〘空〙《大型機の》操縦輪 (control column). **b** 〘ローマ史〙くびき門《服従のあかしに敵兵をくぐらせるくびきまたは 3 本槍の門》. **3** 圧制的支配 〈*of* an oppressor〉; 苦役, 隷属; 束縛, きずな, 《特に 夫婦平等でない》夫婦の縁. **4** 〘服〙ヨーク《シャツの身ごろやスカートの腰部などに入れる当て布》. ● **pass** [**come**] **under the ~** 屈服する. **put to the ~** くびきをかける, くびきにつなぐ. **send under the ~** 屈服させる, 支配をうけさせる. **shake** [**throw**] **off the ~** くびきを振り落とす; 束縛を脱する. ► *vt* **1 a** …にくびきをかける; くびきでつなぐ, 〈すき・荷車〉に牛[馬]をつなぐ: **~** oxen together 牛をくびきにかけていっしょにつなぐ. **b** *《俗》《強奪するために》〈人を〉後ろから襲ってのどにナイフを突きつける. **2** つなぎ合わせる 〈one *to* another〉; [ᵘ*pp*] 配偶させる: be **~***d* in marriage 結婚で結ばれる. **3** 働かせる, 就役させる; 《古》束縛する, 圧迫する. ► *vi* 連れになる; 釣り合う, 似合う; 折り合う; 共に働く 〈*together, with*〉; 《スコ》元気よく働く, 精を出す 〈*to*〉; *《俗》後ろから襲ってのどにナイフを突きつける. [OE *geoc*; cf. G *Joch*]
yoke² *n* YOLK.
yóke bòne 〘解〙ZYGOMATIC BONE.
yoked /jóukt/ *a* *《俗》筋肉もりもりの, ムキムキの.
yóke·fèllow *n* 共働者, 仲間, 相棒, 同僚; 配偶者, つれあい.
yo·kel /jóuk(ə)l/ *n* [*derog*] 田舎者, かっぺ: LOCAL YOKEL. ♦ **~·ish** *a* [? *yokel* (dial) green woodpecker]
yóke·lìnes, yóke·ròpes *n pl* 〘海〙横舵柄索.
yóke·màte *n* YOKEFELLOW.
Yok·na·pa·taw·pha /jàknəpətɔ́:fə/ ヨクナパトーファ《William Faulkner の多くの小説の舞台となっている Mississippi 州西北部の架空の郡》.
yo·ko·zu·na /jòukəzú:nə/ *n* 《相撲の》横綱. [Jpn]
Yo·kuts /jóukəts/ *n* **a** (*pl* **~**) ヨクーツ族《California 州に住む先住民の一種族》. **b** ヨクーツ語.
Yo·la /jóulə/ ヨラ《ナイジェリア東部 Adamawa 州の州都》.
Yo·lan·de /joulǽndə; *F* jɔlɑ̃:d/, **Yo·lan·da** /-lá:n-/ ヨランダ《女子名》. [F<L; cf. F *Viola* violet]
yold /jóuld/ *n* *《俗》だまされやすいやつ, まぬけ. [Yid]
yolk /jóu(l)k/ *n* 卵の黄身, 卵黄 (cf. EGG WHITE); 〘生〙《動物卵の》卵黄; 羊毛脂, ヨーク; 《古》卵の中身全体; 《廃》本質, 中核. ♦ **~ed** *a* **~·less** *a* [OE *geol(o)ca*: ⇨ YELLOW]
yólk sàc [**bàg**] 〘動〙卵黄嚢.
yólk stàlk 〘動〙卵黄柄.
yolky /jóu(l)ki/ *a* 〈洗う前の羊毛が〉脂じみた; 卵黄の[に似た]; 黄身の大きい.
Yomim Noro'im ⇨ YAMIM NORA'IM.
Yom Kip·pur /jòum kɪpʊ́r, jɔ̀:m-, jàm-, -kípər, -kípʊr; jɔ̀m kɪpʊ́ər, -kípər/ 〘ユダヤ教〙あがないの日 (=*Day of Atonement*)《ユダヤ暦の Tishri の 10 日; 断食を行なう》. [Heb (*yom* day, *kippūr* atonement)]
Yòm Kíppur Wár [the] 第 4 次中東戦争《1973 年 10 月 6 日ユダヤ教のあがないの日にエジプト・シリアが共同でイスラエルに対して起こした戦争; 同年 10 月 22 日国連の停戦要請決議により終結》.
yomp /jámp/ *vi, vt, n* ″《俗》〈土地・距離を〉重装備で行軍する[トレッキングする](こと)《Falkland 島をめぐる英国とアルゼンチンの間の戦争 (1981) の報道から一般化したことば》. [泥の中を進むブーツの音か; *tramp, stomp, jump* なども影響?]
yon /ján/ *a, adv, pron* 《古・方》YONDER. [OE *geon*; cf. G *jener* that]
Yo·nath /jóunà:t/ ヨナット, ヨナス **Ada E. ~** (1939–)《イスラエルの結晶学者; リボソームの構造と機能の研究によりノーベル化学賞 (2009)》.
yond /jánd/ *a, adv, pron* 《古・方》YONDER. ► *prep* 《古》…の向こうに, …を過ぎて. [OE *geond*]
yon·der /jándər/ 《古・方》*adv, a* あそこに[の], 向こうに[の] (over there). ► *pron* あそこにある物, あそこの人. ► *n* [the] 長い距離, 遠いところ: *the* wide [wild] blue **~** 大空, 蒼穹; 大海原, わだつみ; はるか彼方, 地の果て. ★ ⇨ DOWN YONDER. [ME (↑); cf. HINDER²]
Yong·ji /jʊ́ŋʤí:/, **Yung·ki** /; jʊ́ŋkí:/ 永吉(えいきつ)(ヨンチー)《吉林 (Jilin) 市の旧称》.
Yong·jia /jʊ́ŋʤiá:/, **Yung·kia** /; jʊ́ŋkiá:/ 永嘉(えいか)(ヨンチア)《温州 (Wenzhou) の旧称》.
Yong·le /jʊ́ŋlə́:/, **Yung-lo** /-lóu/ 永楽帝 (1360–1424)《明の第 3 代の皇帝 (1402–24)》.
Yong·ning, Yung·ning /jʊ́ŋníŋ/ 邕寧(ようねい)(ヨンニン)《南寧 (Nanning) の旧称》.
yo·ni /jóuni/ *n* 〘ヒンドゥー教〙女陰像《インドで Shakti の表象として崇拝する; cf. LINGAM》; 《俗》女陰. ♦ **yó·nic** *a* [Skt=vulva]
Yon·kers /jáŋkərz/ ヨンカーズ《New York 州南東部 Hudson 川に臨む市》.
yonks /jáŋks/ *n pl* ″《口》長い期間: for **~** ずっと, 久しく.
Yonne /ján/ **1** ヨンヌ《フランス中北東部 Bourgogne 地域圏の県; ☆Auxerre》. **2** [the] ヨンヌ川《フランス中北東部を北北西に流れて Seine 川に合流》.
yon·nie /jáni/ *n* 《豪幼児俗》石ころ (stone).

yoo-hoo /júːhùː/ *int* オーイ, ヤッホー!, ちょっとー, ねえ《人の注意をひくとき または人に呼びかけるとき》. ► *vi* オーイと叫ぶ. [imit]
yoof /júːf/ *n, a*ᴵᴵ《口》[°*joc*] 若者(の), 若い世代(の)《YOUTH の変形》: ~ culture《時に軽蔑視される》若者文化 (youth culture).
Yoo·per /júːpər/ *n*《米北部方言》ユーパー《Michigan 州 UPPER PENINSULA の住民・出身者》. [*U*pper *P*eninsula]
yoot /júːt/ *n**《俗》チンピラティーンエージャー, 不良. [*youth*]
yop·on /jápən/ *n*〖植〗YAUPON.
yor·dim /jɔːrdíːm/ *n pl* [°*derog*] 国外[《特に》米国]へ移住するイスラエル市民. [Heb＝those who descend]
yore /jɔːr/ *n* [今は次の句だけで]《文》昔: of ~ 昔の; 今は昔 / in days of ~ 昔, 昔は. ► *adv*《廃》昔. [OE *geāra* long ago (gen pl)‹ YEAR]
Yor·ick /jɔ́ːrɪk/ ヨリック《Shakespeare, *Hamlet* で どくろとして墓掘りに掘り上げられる道化》.
york[1] /jɔ́ːrk/ *vt*〖クリケット〗‹打者を› YORKER でアウトにする. [逆成 ‹ *york*er]
york[2] *n, vi**《俗》ゲロ(を吐く), ウェーッとやる.
York 1 a YORKSHIRE. **b** ヨーク《イングランド北部 Leeds の東北東 Ouse 川に臨む市; Canterbury と共に英国教の大主教の居住地; 古代名 Eboracum》. **c** ヨーク《Pennsylvania 州南東部の市》. **d** [Cape] ヨーク岬《オーストラリア Queensland 州, Cape York 半島の北端; 同国本土の最北端 (10°41′S)》. **2 a** [the House of ~]〖英史〗ヨーク家《1461–85 年のイングランド王家; Edward 4 世, 5 世, Richard 3 世を出した; 紋章は白バラ; ⇨ WARS OF THE ROSES》; ヨーク家の人. **b** [Duke of ~] ヨーク公《しばしばイングランド[英国]王の次男に授けられる称号: (1) Edward 3 世の五男 Edmund of Langley (York 家の祖) (1342–1402) (2) Elizabeth 2 世の次男 ANDREW 王子》. **3** ヨーク **Alvin C(ullum)** ~ ['Sergeant' ~] (1887–1964)《米国の軍人; 第一次大戦の英雄; 映画 *Sergeant York* (ヨーク軍曹, 1941) も作られた》.
Yórk-and-Láncaster ròse〖園〗ヨーク-アンド-ランカスター《紅白まだらの花をつけるバラの品種》. [*York, Lancaster* 両家の紋章がそれぞれ白と赤のバラであったことから]
Yórke Península /jɔ́ːrk-/ [the] ヨーク半島《オーストラリア South Australia 州南東部の半島; Spencer 湾と St. Vincent 湾にはさまれる》.
yórk·er *n*〖クリケット〗打者のすぐ前にすなわち bat の真下に落ちるように投げられた球. [? *York*shire County Cricket Club, *-er*[1]]
York·ie /jɔ́ːrki/ *n* **1** YORKSHIRE TERRIER. **2** ヨークシャー (Yorkshire) 人.
Yórk Impérial〖園〗ヨークインペリアル《米国の温暖な地域にできる赤い縞のはいった黄色または緑色の大きなリンゴの品種》.
Yórk·ist〖英史〗*a* ヨーク家(出身)の; 《バラ戦争当時の》ヨーク[白バラ]党(員)の. ► *n* ヨーク党員[支持者], 白バラ党員 (opp. *Lancastrian*).
Yórk ríte [the] ヨーク儀礼 (1) FREEMASON の一組織が行なう儀礼 2) その儀礼を行ない, 米国では 13 の, 英国では 4 つの位階を授ける制度・組織; cf. SCOTTISH RITE》.
York·shire /jɔ́ːrkʃɪər, -ʃər/ **1** ヨークシャー《イングランド北東部の旧州; ☆York; 略 **Yorks** /jɔ́ːrks/; East, North, および West Riding の 3 行政区に分かれていたが (⇨ RIDING[2]), 1974 年以降何度か分割・再編され, 現在 North Yorkshire と一元的自治体 (unitary authorities) に分かれている》. **2 a** ヨークシャー人特有の抜け目なさ[ずるさ, 欲ばり]. **b** [‹*int*›]ᴵᴵ《俗》ヨークシャー《ヨークシャー人に対する呼びかけ, また浮浪者・街頭商人などがいろいろな場面で使う呼びかけ》. **3**〖畜〗ヨークシャー《白豚》. ● **come ~ over [on]** sb＝**put ~ on** sb《口》人を出し抜く, 一杯食わせる.
Yórkshire Dáles *pl* [the] ヨークシャー渓谷 (＝*the Dales*)《イングランド北部 North Yorkshire から Cumbria にかけての深い谷; Airedale, Ribblesdale, Teesdale, Swaledale, Nidderdale, Wharfedale, Wensleydale などからなる》.
Yórkshire Dàles Nátional Párk [the] ヨークシャー渓谷国立公園《Yorkshire Dales を中心とした自然公園》.
Yórkshire fòg〖植〗シラゲガヤ, ヨークシャーフォッグ (＝*velvet grass*)《欧州原産の飼料作物》.
Yórkshire·man /-mən/ *n* (*fem* **-wòman**) ヨークシャー(生まれ)の人.
Yórkshire Móors *pl* [the] ヨークシャームーアズ《イングランドの North York Moors 一帯を中心とする荒野地帯の俗称》.
Yórkshire púdding ヨークシャープディング《(ローストビーフの焼き汁と)小麦粉・卵・牛乳を混ぜた生地を焼き型で焼いたもの; ローストビーフに添えて食べる》.
Yórkshire Rípper [the] ヨークシャーの切り裂き魔《Peter SUTCLIFFE のあだ名》.
Yórkshire stóne ヨークシャー石《建築材》.
Yórkshire térrier〖犬〗ヨークシャーテリア《英国原産の, 小型でむく毛の非常に長い愛玩犬》.
Yórkshire Wáter ヨークシャー水道(社) (＝~ Services Ltd)《イングランド北部の上下水道を管理する会社》.
Yórk·tòwn ヨークタウン《Virginia 州南東部の町; 独立戦争時 (1781), Cornwallis 将軍率いる英国軍がアメリカ植民地軍に包囲され降伏した地》.
yorsh /jɔ́ːrʃ/ *n* ヨルシュ《ウオツカとビールとの混合酒》. [Russ]
Yo·ru·ba /jɔ́(ː)rəbə, jár-, -bàː/ *n* **a** (*pl* ~, **~s**) ヨルバ族《Guinea 地方に住む黒人》. **b** ヨルバ語. ♦ **Yó·ru·ban** *a, n*
Yóruba·lànd ヨルバランド《現在のナイジェリア南西部にあった Ife や Oyo の諸王国》.
Yo·sém·i·te Fálls /jousémətɪ-/ *pl* [the] ヨセミテ滝《California 州中東部 Yosemite 峡谷の端にある 2 つの滝; 上段の落差 436 m, 下段の落差 98 m》.
Yosémite Nátional Párk ヨセミテ国立公園《California 州中東部, Sierra Nevada 山脈中にある国立公園; 氷河の侵食による Merced 川の大峡谷 **Yosémite Válley** がある》.
Yosh·kar-Ola, Iosh·kar Ola /jəʃkáːrəlá:/ ヨシカルオラ《ヨーロッパロシア中東部, Mari El 共和国の首都》.
Yo·su /jóusu/ 麗水(ヨス)《韓国南西部にある港湾都市; 良港で, 李朝期には水軍が置かれ, 李舜臣が秀吉と戦った古戦場》.
yot·ta- /játə/ *comb form*〖単位〗ヨタ (＝10^{24}; 記号 Y).
yótta·bỳte *n*〖電算〗ヨタバイト (10^{24} バイト).
you /ju, jə, júː/ *pron* (*pl* ~) **1 a** [人称代名詞二人称主格および目的格. ★ もとは複数形で YE[1] の目的格; cf. THOU[1], THEE] あなた(方)は[を], きみ(たち)は[を], おまえ(たち)は[を], なんじ(ら)は[を]: all of ~ 諸君全部 / ~ all 諸君全部 / ~ and I [me] あなたとわたし《★ 常に you を先にする》/ the rest of ~ (きみたちの中で)残った者たち / ~ fellows [people, chaps]《口》きみたち / [*impv*] *Y~* begin.＝Begin ~. きみ, 始めなさい / [呼びかけとして注意を促すときまたは感嘆文で名詞と同格に] *Y~*, there, what's your name? もしもしそちらの方お名前は? / [名詞と同格] *Y~* liar, ~! このうそつきめ! / There's a rogue for ~! あいつこそりっぱな悪党だ. **b**《古》YOURSELF, YOURSELVES: Get ~ gone.《古》去れ! ★ 他の用法は ⇨ ME[1]. **2** [不定代名詞的に]《一般に》人(はだれでも): *Y~* never can tell. (先の事など)だれも予測できないものだ. ● **and ~?** あなたも?《聞かれた質問をそのまま相手に, または別の人に向けるときのことば》. **and ~ (too)!** おまえさんもだよ《第三者に向けていた非難などのほこ先を転じて言うことば》. **Are ~ there?**〖電話〗もしもし. **It's ~.***《口》(まさに)きみにぴったりだ. **Y~ and who [everybody] else?**＝**Y~ and whose [what] army?**《口》だれと組むの(かよ), 一人でやれるの? 応援はいないのか?《けんかを売ってきた相手をばかにして》. **Y~ and your...!** ...はきみの口ぐせだね《また始まったなど》. **~ and yours**《手紙の挨拶などで》(並びに)ご家族・ご友人の皆々様, ご一同様(にも). **Y~ couldn't [wouldn't] (do that)!** まさか, (そんなこと)やれっこないよ.
► *n* あなたそっくりの人[もの].
[OE *ēow* (acc and dat)‹ YE[1]; cf. G *euch*]
you-all /juɔ́ːl, júː ˊ, jɔ́ːl/ *pron**《南部》[2 人(以上)に, また一家を代表する 1 人に呼びかけて] YOU.
you'd /jəd, júːd, jʊd/ you had [would] の短縮形.
You·Gov /júːgàv/ ユーガブ(社) (~ plc)《英国の市場調査会社; 2000 年設立; 本社 London》.
yóu gùys*《口》きみたち, おまえたち, あなたがた《人称代名詞二人称複数形として男女の区別なく用いられる》.
yóu-knòw-whàt *n* (例の)あれ, あの事, あそこ《自明であったり, はっきりと言いたくないとき使う》.
yóu-knòw-whò *n* (例の)あの人, あいつ.
you'll /jəl, júːl, júl/ you will [shall] の短縮形.
you-náme-it *n* [いくつか同類のものを並べたあとに付けて] そのほか何でも.
young /jʌ́ŋ/ *a* (**~·er** /jʌ́ŋgər/; **~·est** /jʌ́ŋgəst/) **1 a** 年の若い, 幼い (opp. *old*; cf. YOUNGER): a ~ man 青年 (cf. YOUNG MAN) / a ~ animal 動物の子 / a ~ tree 若木 / ~ things [*joc*] 若い人たち / YOUNG ONE / YOUNG 'UN / die [marry] ~ 若くして死ぬ[結婚する] / He is 88 years ~. [*joc*] 彼は(まだ) 88 歳だ《...years old の言い換え》/ in one's *~er* days 若いころに(は) / the *~er* generation 若い世代 / not as [so] ~ as one used to be [(once) was] 以前ほど若くはない / You're only ~ once.《諺》若い時は二度とない / We aren't getting any *~er*. 年はとっても若くはならない, 年はとる一方だ. **b** [人名の前に添えて]《同名または同姓の父子・兄弟などの》年下のほうの: ~ Mrs. Brown ブラウンさんの若奥さま / ~ Jones 息子のジョーンズ, 小ジョーンズ (cf. 2a). **c** [呼びかけの名詞と共に] [親しみをこめて] お若い...; [ᴵᴵ*joc*] 小さな...: Look here, ~ man [(my) ~ lady]. ちょっと, そこのお若い方 / You ~ rascal. おい, いたずら小僧. **d** [the, ‹*n pl*›] 若者. **2 a** 若々しい, 元気な; 青春時代の, 青年の; 新鮮な‹野菜›: ~ Jones 青年ジョーンズ (cf. 1b) / (the) ~ in [at] heart 気持が若い[はつらつとした](人). **b** [°Y-]《政治運動などで》進歩派の, 青年党の. **c** 新興の, まだ揺籃期にある; 新しい;〖地質〗幼年期の (youthful); ‹山がアルプス造山運動による: a ~ nation 若い国, 新興国. **3** ‹時日・季節・夜などが›まだ浅い, 早い; ‹ワインなどが›熟成していない: The night is still ~. まだ宵の口だ. **4** 未熟な, 経験のない: ~ *in* one's trade 商売の経験が浅い. ● **a ~ man in a hurry** 急進的改革者.
► *n*《動物の》子, 稚魚《集合的》. ● **~ and old** 老いも若きも, みんな. **with ~** ‹動物が›子をはらんで.
♦ **~·ness** *n* [OE *g(e)ong*; cf. G *jung*, L *iuvenis*]

Young ヤング (1) **Andrew (Jackson)** ~ (, Jr.) (1932–)《米国の政治家・公民権運動指導者・牧師; 黒人》 (2) **'Art'** ~ [**Arthur Henry** ~] (1866–1943)《米国の急進的政治漫画家・諷刺作家》 (3) **Brigham** ~ (1801–77)《米国のモルモン教2代目首長; Salt Lake City を建設 (1847)》 (4) **'Chic'** ~ [**Murat Bernard** ~] (1901–73)《米国の漫画家; 'Blondie' の作者》 (5) **'Cy'** /sáɪ/ ~ [**Denton True** ~] (1867–1955)《米国のプロ野球投手; 最多勝記録 (511) をもつ; ⇨ CY YOUNG AWARD》 (6) **Edward** ~ (1683–1765)《英国の詩人; *Night Thoughts on Life, Death, and Immortality* (1742–45)》 (7) **Francis Brett** ~ (1884–1954)《英国の小説家》 (8) **Lester (Willis)** ~ (1909–59)《米国のジャズテナーサックス奏者; 黒人; 愛称 'Prez' (=President)》 (9) **Neil** ~ (1945–)《カナダ出身のロックシンガー・ソングライター・ギタリスト》 (10) **Thomas** ~ (1773–1829)《英国の物理学者・医者・エジプト学者》.

yóung adúlt ヤングアダルト《12歳から18歳の年代層の若者; 出版業界用語; 略 YA》; 大人になりたての人.

yóung·bèrry /; -b(ə)ri/ *n* 〖植〗ヤングベリー《blackberry を改良したつる性低木; その赤みがかった黒い実》. [B. M. *Young* 1900年ごろの米国の園芸家]

yóung blóod 若い血; 若者, 若い人たち; *《黒人俗》黒人の若者[若造] (cf. BLOOD); 新人; 若い力[活力], 若い[新鮮な]考え(方).

Yóung Éngland [the] 青年イングランド派《ヴィクトリア朝初期の保守党の一派で, 支配層の博愛と労働者の服従を唱えた》.

young·er /jʌ́ŋgər/ *a* より若い (⇨ YOUNG); 《兄弟姉妹の》年下のほうの (opp. *elder*); [the Y- を人名に添えて] 若い[年下の]ほうの, 息子[娘]のほうの; 《スコ》爵位をもたない地主の相続人[跡取り息子]の: a [one's] ~ brother [sister] 弟[妹] / the *Y*~ Pitt=Pitt the *Y*~ 小ピット. ► *n* [ᵘsb's] 年下の者《略 yr》; [ᵘ*pl*] 若い者, 子女: Mary is seven years his ~. メリーは彼の7つ年下だ.

Yóunger Édda [the]『新エッダ』(⇨ EDDA).

yóunger hánd 〖トランプ〗2人でするゲームの札の配り手《後手》.

young·est /jʌ́ŋgəst/ *n* (*pl* ~) 最年少者, 《特に》いちばん若い家族, 末っ子.

yóung-éyed *a* 澄んだ目をした, 目の輝いている; 物の見方が若々しい[新鮮な]; 熱心な.

yóung fámily 子供のまだ小さい家庭.

yóung fóg(e)y [ᵒY- F-]ᵘ《口》《伝統的価値観や礼儀作法を重視する, 中流の上階級(志向)の》保守的な[旧式好きの]若者, 若年寄り (cf. OLD FOGEY).

yóung gírl 若い未婚女性.

yóung gún 《口》若いやり手.

yóung hórse*《俗》ローストビーフ.

Yóung·hùsband ヤングハズバンド Sir **Francis Edward** ~ (1863–1942)《英国の探検家; インド生まれ; 陸軍にはいり, インド北部・チベットを踏査; 1904年チベットの Lhasa に進駐し, 英国-チベット間の通商条約を締結させた》.

yóung hýson 早摘みの熙春(ヒチュン)茶.

Yóung Íreland [the] 青年アイルランド派《1840年代に Daniel O'Connell らから分離したアイルランドの急進的民族主義グループ》.

yóung·ish *a* やや若い; まだまだ若い部類の.

Yóung Ítaly [the] 青年イタリア党 (*It* Giovine Italia)《Giuseppe Mazzini が1831年に結成した革命秘密結社》.

yóung lády 《通例 未婚の》若い淑女; [*voc*] (ちょっと)お嬢さん (⇨ YOUNG 1c); [sb's] 恋人, ガールフレンド, 婚約者.

yóung·ling *n* 若者; 動物の子, 幼獣, 幼魚; 初心者, 未熟者. ► *a* 若い (young, youthful).

yóung mán 若者, 青年男子; 雇いの青年[若者], 助手, 若い衆; [*voc*] (ちょっと)お若い人 (⇨ YOUNG 1c); [sb's] 恋人, 愛人, ボーイフレンド, 婚約者.

Yóung Mén's Chrístian Associátion [the] キリスト教青年会 (⇨ YMCA).

yóung offénder 〖法〗青少年犯罪者《英国では通例14歳以上18歳未満, カナダでは12歳以上18歳未満の犯罪者》.

yóung offénder institùtion 〖英〗青少年犯罪者拘置所.

yóung one /-(w)ən/ 《口》子供, 動物の子, ひな.

yóung péople *pl* 《18–25歳ぐらいの》若者《プロテスタント教会では12–24歳》; 《婚期の》年ごろの人たち.

yóung pérson 若い人; [a ~] 若い女《女中が未知の下層女性を取り次ぐ語》; 青少年《法律上は通例14歳以上18歳未満の者》.

Yóung Preténder [the] 〖英史〗若僭王《Charles Edward STUART; cf. OLD PRETENDER》.

Yóung's mòdulus 〖理〗ヤング率, 伸び弾性率, 縦弾性係数《物体の長さを変える圧力と, これによる微変化との比》. [Thomas *Young*]

yóung·ster *n* 若者, 子供, 《特に》少年; 成人してまだ日の浅い人; 人生経験の浅い人; 元気な中年[老年]の人 (opp. *oldster*); 〖英海軍〗服務4年未満の少尉候補生; 《米海軍兵学校の》二年生; 《家禽の》ひな, 《家畜の》子, 《植物の》苗.

Yóungs·tòwn /jʌ́ŋz-/ ヤングズタウン《Ohio 州北東部の工業都市》.

Yóung Túrk 青年トルコ党員《19世紀末–20世紀初頭のオスマン帝国末期にスルタン Abdülhamid 2世の専制政治に対する革命運動を率いた一派のメンバー》; [ˢy- T-]《会社・政党内などで》革新を叫ぶ青年, 反党[急進]分子; [y- t-] 乱暴な子供[若者].

young 'un /jʌ́ŋən/ 《口》若者, 若いの, 子供.

yóung wóman 若い女性, [*joc*] 少女; [*voc*] (ちょっと)お若い人; [sb's] 恋人, ガールフレンド, 婚約者.

Yóung Wómen's Chrístian Associátion [the] キリスト教女子青年会 (⇨ YWCA).

youn·ker /jʌ́ŋkər/ *n* 《古》若者, 子供; 《廃》貴公子. [MDu (*jonc* young, *hēre* lord)]

your /jər, júər, jɔ́:r/ *pron* **1** [you の所有格] あなた(方)の, きみ(ら)の, なんじ(ら)の《略 yr》; 《口》[ᵒ*derog*] みんなのよく口にする, いわゆる, かの, 例の: So this is ~ good works! ではこれがいわゆるよい操行なんだね! ★ 他の用法は ⇨ MY. **2** [you の敬称の呼びかけとして]: *Y*~ Majesty [Highness, Excellency, Holiness] 陛下[殿下, 閣下, 聖下]. **3** 《一般に》人の (cf. YOU 2). ● ~ ACTUAL. [OE *ēower* (gen) < YE¹; cf. G *euer*]

Your·ce·nar /*F* jursəna:r/ ユルスナール **Marguerite** ~ (1903–87)《フランスの作家; 本名 Marguerite de Crayencour》.

you're /jər, júər, jɔ́:r/ you are の短縮形.

yourn /júərn, jɔ́:rn/ *pron* 《方》YOURS.

yours /júərz, jɔ́:rz/ *pron* [YOU に対応する所有代名詞] あなたのもの. ★ 用法は ⇨ MINE¹. ● UP ~. **What's ~?** 《口》きみは何を飲みますか. ► *a* あなたの(ものである); [ᵘY-] [手紙の結句として種々の副詞を添えて「貴君の友」などの意から] 敬具, 草々, 敬白. ★ 添える副詞などから親疎の区別がある; 添え語なしに単に yours, (略して) yrs ともする: *Y*~ sincerely=Sincerely ~《同輩間で》/ *Y*~ respectfully《官庁の役人へ, 召使から主人に》/ *Y*~ faithfullyᵘ《目上へ, 会社へ, 未知の人から商用で》/ *Y*~ truly《ちょっとした知人へ; cf. 成句》/ *Y*~ very truly《形式ばって丁寧に》/ *Y*~ (ever [always])《親友間で》/ *Y*~ affectionately《親戚間などで》. ● **~ truly** 《口》[*joc*] わたしめ, 自分, 小生.

your·self /juərsélf, jɔ:r-, jər-/ *pron* (*pl* **-sélves**) [YOU の強調・再帰形] **1** あなた[きみ]自身: Know ~. なんじ自身を知れ / Be ~! いつもの自分で[自然体で]いけ, 落ちつけ. ★ 他の用法・成句は ⇨ MYSELF, ONESELF. **2** 《一般に》(人は)自分自身が[で, を, に] (oneself) (cf. YOU 2): It is best to do it ~. 自分でやるのが一番だ. ● **How's ~?** 《俗》(で,)きみはどう?《How are you? などの挨拶に答えたあとに言う》. **Y~?** あなたも?《質問をそのまま相手に向けるとき》.

yous(e) /jú:z, jəz/ *pron* [ᵘ*voc*] 《非標準》あんたら《YOU の複数形》.

youth /jú:θ/ *n* (*pl* ~**s** /jú:ðz, -θs; -ðz/) **1** 若い時, 青年時代, 青春期; 初期, 発育期: the good friends of my ~ わたしの青年時代の親友たち / in (the days of) one's ~ 青春時代に / the ~ of the world 古代, 太古 / *Y*~'s a stuff will not endure. 青春は長持ちしない代物である, 少年老いやすし《Shak., *Twel N* 2.3.53》/ *Y*~ will have its course. 《諺》若い時はそれなりの生き方があるものだ. **2** 若さ, 元気, 血気: the secret of keeping one's ~ 若さを保つ秘訣. **3** 若者, 青年《通例 男の未成年者》; 青年男女, 若い人たち, 若者 (young men and women)《集合的》: a ~ of fifteen 15歳の若者 / promising ~*s* 前途有望な若者たち / the ~ of our country わが国の青年男女 / *Y*~ will be [must be] served. 《諺》若いうちはちやほやされるもの. ♦ **~·less** *a* [OE *geoguth* (YOUNG); cf. G *Jugend*]

Youth ■ the **Ísle of ~** ユース島《JUVENTUD 島の英語名》.

yóuth cèntre 〖英〗ユースセンター (YOUTH CLUB).

yóuth clùb 〖英〗ユースクラブ《14–21歳の若者のためのクラブで, 通例 教会やコミュニティーセンターなどとつながりがあり, 社会活動やスポーツ・娯楽を企画する》.

yóuth còurt 〖英法〗少年法廷《magistrates' court において少年犯罪や未成年者に関する事柄を扱う; 旧称 juvenile court》.

yóuth cùlture 若者文化.

yóuth cústody cèntre 〖英〗青少年拘置センター《YOUNG OFFENDER INSTITUTION の旧称》.

yóuth·en *vt* 若々しくする.

yóuth·ful *a* 若い; 若々しい; 若者の, 青年特有の; 若者に適した; 初期の, 早い; 〖地質〗幼年期の. ♦ **~·ness** *n* **~·ly** *adv*

yóuth hòstel ユースホステル. ♦ **yóuth hòstel·(l)er** ユースホステルの宿泊者. **yóuth hòstel(l)ing** ユースホステルを泊まり歩く旅.

yóuth màrket [the] 若者市場, ユースマーケット《年齢別の市場区分の一つ》.

yóuth·quàke *n* 《1960–70年代の体制社会がうけた》若者の文化・価値観による衝撃[ゆさぶり].

Yóuth Tràining 〖英〗ユーストレーニング《1991年 Youth Training Scheme を発展させて設けられた手当付きの青少年職業訓練制度; 略 YT》.

Yóuth Tràining Schème [the] 〖英〗青少年訓練計画《16–17歳の中等教育卒業者を対象とした, 政府による職業訓練計画; 1983年に設置され, 91年 Youth Training に変わった; 略 YTS》.

yóuth wòrker 〖英〗ユースワーカー《若者への支援活動をするカウンセラー[ケースワーカー]》.

Yóu·Tùbe 〖商標〗ユーチューブ《インターネット動画共有サービス, またその動画投稿サイト; 2005年 米国で創設》.

you've /júːv, jʊv, jəv/ you have の短縮形.
yow /jáʊ/ *int* ウァー, ウェーッ, ヒェーッ, キャッ, ギャッ, ウーン《苦痛・驚きを表わす》. ［imit］
yowe /jáʊ/ *n* 《スコ》 EWE.
yowl /jáʊl/ *vi* もの悲しい声を大きく長く発する, 泣きわめく, 遠ぼえする; 悲痛な声で不満を訴える. ► *vt* 悲痛な声で訴える. ► *n* 《犬・猫などの》大きく長く尾を引くもの悲しい鳴き声. ［imit］
yo-yo /jóʊjòʊ/ *n* (*pl* ～s) **1**《おもちゃの》ヨーヨー《車輪型のもの》; 《ヨーヨーのように》上がったり下がったり[行ったり来たり]するもの; 《人工衛星の》大きく揺動する軌道. **2**《俗》ばか, あほんだら, いやな[くだらない, 変な]やつ. ► *a* 上がったり下がったり[行ったり来たり]する, 揺れ動く, 変動する; 《俗》ばかな, くだらない. ► *vi* 揺れ動く, 変動する; 《考えなどが》ふらつく. ［C20 商標＜? (Philippine)］
yó-yo dièting ヨーヨーダイエット《ダイエットとリバウンドを繰り返すこと》.
yper·ite /íːpəràɪt/ *n* イペリット (MUSTARD GAS).
YPLA〘英〙Young People's Learning Agency 若年学習支援局《主に 16–18 歳を対象に職業教育訓練を支援した教育省管轄の機関 (2010–12); 現在は EFA に引き継がれている》.
Ypres ⇨ IEPER.
Yp·si·lan·tis /ìpsəlǽnti/ イプシランティ **Alexandros** ～ (1792–1828), **Demetrios** ～ (1793–1832)《ギリシア独立運動の闘士兄弟》.
Yquem /ikwém; *F* ikɛm/ *n* CHÂTEAU D'YQUEM.
yr year(s) ♦ younger ♦ your. **yrbk** yearbook.
yrs years ♦ yours.
Ysa·ÿe /*F* izai/ イザイ **Eugène** ～ (1858–1931)《ベルギーのヴァイオリン奏者・指揮者・作曲家》.
Ys·ba·dda·den Ben·cawr /əsbæðǽdɛn bénkauəɚ/〘ウェールズ伝説〙イスバザデン・ベンカウル《巨人の長(おさ)イスバザデンの意で闇と冬の神; 娘 Olwen が結婚すると死ぬと予言された》.
Yser /*F* izεːr/ [the] イゼール川《フランス北部からベルギーを流れ北海に注ぐ》.
Yseult /ɪsúːlt/ ISEULT.
Ysol·de /ɪzɑ́ldə/ ISEULT.
Yssel ⇨ IJSSEL.
Ysyk-Köl ⇨ ISSYK-KUL.
yt, y^t /ðǽt/ 《廃》 that の筆記上の短縮形. ［cf. YE²］
YT〘英〙°Youth Training ♦ °Yukon Territory.
YTD〘会計〙YEAR to date.
Y track /wáɪ ─/ Y 形軌道《機関車の方向転換用》.
YTS〘英〙°Youth Training Scheme.
yt·ter·bia /ɪtə́ːrbiə/ *n*〘化〙イッテルビア《イッテルビウムの酸化物; 合金・セラミック用》.
yt·ter·bic /ɪtə́ːrbɪk/ *a*〘化〙3 価のイッテルビウムの[を含む], イッテルビウム (III) の.
yt·ter·bite /ɪtə́ːrbàɪt/ *n*〘鉱〙イッテルバイト (gadolinite). ［*Ytterby* スウェーデンの町で発見地; cf. ERBIUM, TERBIUM］
yt·ter·bi·um /ɪtə́ːrbiəm/ *n*〘化〙イッテルビウム《希土類金属元素; 記号 Yb, 原子番号 70》. ［↑］
yttérbium mètal〘化〙YTTRIUM METAL.
yttérbium óxide〘化〙酸化イッテルビウム (＝*ytterbia*).
yt·ter·bous /ɪtə́ːrbəs/ *a*〘化〙2 価のイッテルビウムの[を含む], イッテルビウム (II) の.
yt·tria /ítriə/ *n*〘化〙イットリア《イットリウムの酸化物》. ［*Ytterby* スウェーデンの町で *ytterbite* の発見地］
yt·tric /ítrɪk/ *a*〘化〙イットリウムの[を含む].
yt·trif·er·ous /ɪtríf(ə)rəs/ *a*〘化〙イットリウムを含む.
yt·tri·ous /ítriəs/ *a*〘化〙イットリウムから得た.
yt·tri·um /ítriəm/ *n*〘化〙イットリウム《希土類金属元素; 記号 Y, (もと) Yt, 原子番号 39》. ［*yttria*］
ýttrium gàrnet イットリウムガーネット《人工的につくった強磁性体》.
ýttrium mètal〘化〙イットリウム族金属.
ýttrium óxide〘化〙酸化イットリウム (＝*yttria*).
yt·tro·cérite /ìtroʊ-/ *n*〘鉱〙イットロセライト.
yt·tro·tántalite /ìtroʊ-/ *n*〘鉱〙イットロタンタル石, イットロタンタライト.
Y2K〘電算〙Year 2000 (⇨ YEAR 2000 PROBLEM).
Yu¹, Yü¹, You /júː/ [the] 鬱江(うつこう)(ユーチァン)《中国南部広西壮族自治区を流れる; 西江の支流》.
Yu², Yü² 禹(う)《中国の古代王朝 夏 (Xsia) の始祖》.
yu·an /júːən, juáːn; juǽn, -áːn/ *n* (*pl* ～) 元, ユエン《(1) 中国の通貨単位: ＝10 角 (jiao), ＝100 分 (fen); 記号 RMB, Y, ¥ (2) 台湾の通貨単位: ＝100 cents; NT$》. ［Chin］
Yuan¹ *n* (*pl* ～, ～s)〘中国〙院《官署の意》.
Yu·an² /juáːn/, **Yu·en** /juáːn, -ɛ́n; -ɛ́n/ [the] **1** 沅江(げんこう)(ユエンチアン)《中国湖南省北部を東に流れ洞庭湖に注ぐ》. **2** 元江(げんこう)(ユエンチアン)《中国雲南省南部を南東に流れる川; ヴェトナムにはいってホン川 (Red River) となり, Tonkin 湾に注ぐ》.
Yu·an³ /juáːn/, **Yü·an** /; -ǽn, -áːn/ *n*〘中国史〙元, 元朝 (1271–1368). ► *a* 元朝(磁器)の.
Yu·an Shi·kai /juáːn ʃíːkáɪ/, **Yü·an Shih-k'ai** /; juǽn ʃíːkáɪ/ 袁世凱(えんせいがい) (1859–1916)《中国の政治家・軍閥; 中華民国初代総統 (1913–16)》.
Yuan Tan /juáːn táːn/ 《中国の》元旦.
yuca /júːkə, jʌ́kə, júkə/ *n* CASSAVA.
Yu·ca·tán /jùːkətǽn, -táːn/ **1** [the] ユカタン半島《メキシコ南東部の半島; 南部はベリーズ, またグアテマラの一部に属する》. **2** ユカタン《同半島北端を占めるメキシコの州; ☆Mérida》.
Yucatán Channel /─ ─/ [the] ユカタン海峡《Yucatán 半島とキューバの間の海峡》.
Yu·ca·tec /júːkətèk/ *n* **a** (*pl* ～, ～s) ユカテク族《Yucatán 半島に住むインディオの一部族》. **b** ユカテク語《ユカテク族のマヤ語系言語》.
♦ **Yù·ca·téc·an** *a, n*
yuc·ca /jʌ́kə/ *n*〘植〙**a** ユッカ[イトラン]属 (*Y-*) の各種の植物[花]《New Mexico 州の州花》. **b** CASSAVA. ［Carib］
yuc(c)h ⇨ YUCK².
yuck¹ /jʌ́k/ *《俗》 *n, vi, vt* YAK³; YAK⁴.
yuck², yuk /jʌ́k/, **yu(c)ch** /, jʌ́x/, **yec, ye(c)ch** /jʌ́x, jɛ́k, jɛ́x/ *int* オェッ, ゲッ, ウヘー, いやーね, やーだ《不快・嫌悪の発声》. ►《俗》 *n, a* オエッとなる[気持の悪い](もの), ひどくいやな[むしずの走る](やつ). ［imit］
yuck³, yuk /jʌ́k/ *n* *《俗》 YAK².
yucky, yuk·ky, ye(c)chy /jʌ́ki/ *a* 《俗》すごくまずい, 気持が悪い, オェッとなる, 不快な, 不潔な.
Yüeh, Yueh, Yue /juéɪ/ *n* 粤(えつ)語《広東語 (Cantonese) の別称》.
Yuen 沅江, 元江 (⇨ YUAN²).
yug /júg/ *n* YUGA.
Yug. Yugoslavia.
yu·ga /júgə, júː-/ *n* [°Y-]〘ヒンドゥー教〙ユガ, 大年《世界の一循環期を 4 段階に分けた一時代; ⇨ DVAPARA [KALI, KRITA, TRETA] YUGA》. ［Skt＝yoke, age］
Yu·go·slav, Ju- /júːgoʊslàːv, -slǽv/ *a* ユーゴスラヴィア(人)の. ► *n* ユーゴスラヴィア人; 南スラヴ人; ユーゴスラヴィア語, 南スラヴ語《Serbo-Croatian の俗称》.
Yu·go·sla·via, Ju- /jùːgoʊsláːviə, -gə-, -slǽv-/ ユーゴスラヴィア《ヨーロッパ南東部 Balkan 半島の旧国家; ☆Belgrade; 第一次大戦後の1918年にセルビア人・クロアチア人・スロヴェニア人王国 (the Kingdom of the Serbs, Croats, and Slovenes) として成立, 29 年ユーゴスラヴィア王国と改称, 45 年 Tito の指導下でユーゴスラヴィア連邦人民共和国となる; 90 年に共産主義政権が崩壊し, 6 つの構成共和国のうち Serbia, Montenegro 以外の Slovenia, Croatia, Bosnia and Herzegovina, Macedonia は相次いで分離独立, 大規模な民族紛争で国連などの介入をまねいた; 92 年 Serbia と Montenegro だけで新たなユーゴスラヴィア連邦共和国を構成したが, 2003 年「ユーゴスラヴィア」の国家名称は廃止され, 2006 年には両国の連合も解消した》. ♦ **-slá·vi·an** *a, n* ［G＜(Serb *jug* south, SLAV)］
Yu·go·slav·ic /jùːgoʊsláːvɪk, -slǽv-/ *a* YUGOSLAV.
Yu·it /júːət/ *n* (*pl* ～, ～s) ユーイト《シベリアおよび Alaska の St. Lawrence 島のエスキモー; cf. INUIT》. ［Eskimo＝men, people］
yuk¹ /jʌ́k/ *n, vi, vt* (-kk-) *《俗》 YAK³.
yuk² ⇨ YUCK².
yuk³ ⇨ YUCK³.
yu·ka·ta /jʊkáːtə/ *n* 浴衣. ［Jpn］
yuke ⇨ UKE².
yukky ⇨ YUCKY.
Yu·kon /júːkɑ̀n/ **1** ユーコン(準州) (＝the ～ **Térritory**)《カナダ北西部の連邦直轄地; ☆Whitehorse》. **2** [the] ユーコン川《Yukon 準州と米国 Alaska 州を西に流れて Bering 海に注ぐ》. ♦ **～·er** *n*
Yúkon (stándard) time〘米・カナダ〙ユーコン標準時《以前使用された時間帯; UTC より 9 時間おそい》.
yúk-yúk *n* *《俗》 YAK-YAK.
yu·lan /júːlɑ̀ːn, -lǽn/ *n*〘植〙ハクモクレン. ［Chin 玉蘭］
yule /júːl/ *n* [°Y-] キリスト降誕祭, クリスマス(の季節) (Christmas). ［OE *gēol(a)*; cf. ON *jol* yule; もと 異教の冬至祭］
yúle lòg [°Y-]《クリスマスイブに炉に入れて燃やす》クリスマスの大薪(まき), ユールログ (＝**yúle blòck [clòg]**); ユールログ, ブッシュ・ド・ノエル《それに似せたケーキ》.
yúle·tìde *n* [°Y-] クリスマス(の季節) (Christmastide).
yum /jʌ́m/ *int* YUM-YUM.
Yu·ma /júːmə/ *n* **a** (*pl* ～, ～s) ユマ族《もと Arizona 州およびメキシコや California 州に住み, 今は California, Arizona 両州の指定保留地に住むアメリカインディアンの一部族》. **b** ユマ語. ► *a*〘考古〙YUMAN.
Yú·man *n*〘言〙ユマ語族. ► *a* ユマ語族の; ユマ族の;〘考古〙ユマ文化の《Arizona 州西部の 700–1200 年ごろの新石器文化》.
yum·my /jʌ́mi/ 《口》 *a* おいしい, おいしそうな; 魅力的な, すてきな. ► *n* ウマウマ, おいしい[おいしそうな, すてきな]もの. ［*yum-yum*］
yúmmy múmmy ᴵᴵ《口》おしゃれな若い母親, すてきなセレブママ.
yump /jʌ́mp/ *n, vi* 《俗》《ラリーで》〈車・ドライバーが〉地面からジャンプする(こと).

yúm-yúm *int* あーおいしい, うまいうまい, おいしそう; うれしい! ► *n* «口» ウマウマ (food), おいしい食べ物; «俗» 食指が動くもの, いいもの, 楽しいこと, 性愛行為, いい女[男], 麻薬, 金(ｶﾈ); «海軍俗» 恋文. [imit; 唇をパクパクさせる (cf. SMACK²) ときの音]
yúm-yúm gìrl [tàrt] «俗» 売春婦.
Yungki 永吉 (⇨ YONGJI).
Yungkia 永嘉 (⇨ YONGJIA).
Yung-lo ⇨ YONGLE.
Yungning 邕寧 (⇨ YONGNING).
Yun·nan, Yün- /júːnáːn; júːnǽn/ 雲南(ｳﾝﾅﾝ)(ﾕﾝﾅﾝ)《中国南西部の省; ☆昆明 (Kunming)》. ♦ **Yun·nan·ese** /jùːnəníːz, -s/ *a, n*
Yun·nan·fu /júːnáːnfúː; -nǽn-/ 雲南府(ｳﾝﾅﾝ)《昆明 (Kunming) の旧称》.
Yu·nus /júːnəs/ ユヌス **Muhammad ～** (1940–)《バングラデシュの経済学者; 少額融資 (microcredit) を行なうグラミン銀行 (Grameen Bank) を創設, 同銀行と共にノーベル平和賞 (2006)》.
yup¹ /jʌ́p/ *adv* «口» YES (⇨ YEP ★).
yup² *n* [°Y-] «口» ヤップ (YUPPIE).
Yu·pik /júːpək/ *n* **a** (*pl* ～, ～**s**) ユピック族《Alaska 西岸地域に住むエスキモー》. **b** ユピック語.
yup·pie, yuppy /jʌ́pi/ *n* [°Y-] ヤッピー《(特に 1980–90 年代ごろの)都市に住み, 専門職で高収入の若いエリート世代》. ► *a* ヤッピーの. ♦ **yúppie·dom** *n* [*y*oung, *u*rban, *p*rofessional, *-ie*]
yúppie flú ヤッピーかぜ《CHRONIC FATIGUE SYNDROME の俗称》.
yúppi(e)·fỳ *vt* ヤッピー(yuppie)風[向き, 好み]にする,〈労働党など〉ヤッピー化する. ♦ **yup·pi·fi·ca·tion** /jʌ̀pɪfəkéɪʃ(ə)n/ *n*
Yu·rak /jərǽk, ━━/ *n* ユラク語[人] (NENETS) (＝～ **Sámoyed**).
yurt /júərt/, **yur·ta** /júərtə/ *n* 《キルギス人・モンゴル人などの》円形の移動テント, ユルト,《中国語で》パオ (包),《モンゴル語で》ゲル. [Russ *yurta*]
Yur·yev /júrjəf/ ユーリェフ《TARTU の旧称》.
Yu Shan, Yü Shan /júː ʃáːn/ 玉山(ｷﾞｮｸｻﾞﾝ)(ﾕｰｼｬﾝ)《1) 台湾中部を南北に走る山脈 2) その主峰で, 台湾の最高峰 (3997 m); 新高山 (Hsin-kao), Mount Morrison とも呼ばれる》.
yu·sho /júːʃoʊ/ *n* 《PCB などによる》油症. [Jpn]
yutz /jʌ́ts/ *n**«俗» ばか, あほ, はずれ, カス; «卑» 陰茎, 肉棒 (penis). [Yid]
Yu·zov·ka /júːzəfkə/ ユゾフカ《DONETSK の旧称》.
YV Venezuela.
Yve·lines /*F* ivlin/ イヴリーヌ《フランス北部 Île-de-France 地域圏の県; ☆Versailles》.
Yver·don /*F* iverdɔ̃/ イヴェルドン《スイス西部 Vaud 州, Lausanne の北にある市; 観光・行楽地》.
Yvonne /ɪván/ イヴォンヌ《女子名》. [F＜?Heb＝gracious gift of God]
YW «口» YWCA.
YWCA /wáɪdʌ̀b(ə)ljusìːéɪ/ キリスト教女子青年会, YWCA (Young Women's Christian Association)《YMCA に対応する女性の組織; 1855 年英国で創立》.
YWHA /wáɪdʌ̀b(ə)ljuèɪtʃéɪ/ ヘブライ教女子青年会 (Young Women's Hebrew Association).
ywis ⇨ IWIS.

Z

Z

Z, z /zíː; zɛ́d/ *n* (*pl* **Z's, Zs, z's, zs** /-z/) ズィー, ゼッド《英語アルファベットの第 26 字》; Z [z] の表わす音; Z 字形(のもの); Z の活字; 26 番目(のもの);〔数〕(第 3) 未知数 (cf. x, y), 変数, *z* 軸, *z* 座標;〔理〕Z 粒子 (Z particle); グー《いびきの音》, ブーン《動力のこなどの音》(⇨ ZZZ); [ᵘ*pl*] «俗» ひと眠り, 睡眠; *«俗» 1 オンスの麻薬《ounces の略形 oz から》: from A to *Z* (⇨ A¹). ● **catch [bag, blow, cop, cut, get, pile up, stack] (some [a few]) Z's [z's]** *«俗» ひと眠りする, うたた寝する, うとうとする. ► *vi* *«俗» 眠る, 寝る. ● **～'d out** *«俗» 早起きできない, 眠い.
z zepto-. **z.** zero ♦ zone. **Z**〔化〕°atomic number ♦ impedance ♦ Zambia ♦〔天〕°zenith distance ♦ zetta-.
za /záː/ *n* *«俗» ピザ (pizza).
ZA [Afrik *Zuid Afrika*] °South Africa.
Zaan·stad /záːnstàːt/ ザーンスタット《オランダ西部 North Holland 州の町》.
zaa·tar /záːtàːr, záːəːtàːr/ *n* ザーター《中東の混合スパイス; タイム, マジョラム[オレガノ]に, スマック, 白ごま, 塩などを加えたもの》. [Arab]
za·ba·glio·ne /zàːbəljóʊni/, **za·ba·io·ne, -jo-** /-bəjóʊ-/ *n*〔料理〕ザバイオーネ《卵黄・砂糖・ワインなどで作るカスタードに似たデザート》. [It]
Zab·rze /záːbʒeɪ/ ザブジェ (*G* Hindenburg)《ポーランド南西部 Silesia 地方の市》.
Zab·u·lon /zǽbjələn, zəbjúː-/〔ドゥエー聖書〕ZEBULUN.
Za·ca·te·cas /zæ̀kətéɪkəs, sàː-, -ték-/ サカテカス《1) メキシコ中北部の州 2) その州都》.
za·ca·ton /zǽkətòʊn, sǽk-/ *n*〔植〕**a** 米国・メキシコの乾燥地帯産の数種のイネ科ネズミガヤ属の植物《製紙原料》. **b** SACATON.
Zac·chae·us, -che- /zækíːəs, zǽkiəs/ **1**〔聖〕ザアカイ《背が低いためイエスを見ようとして桑の木に登った Jericho の裕福な収税吏; *Luke* 19: 1–10》. **2** ザキアス《男子名》.
Zach /zǽk/ ザック《男子名; Zachariah の愛称》.
Zach.〔聖〕Zacharias.
Zach·a·ri·ah /zæ̀kəráɪə/ **1** ザカライア《男子名; 愛称 Zach, Zack》. **2**〔聖〕ZACHARIAS. [Heb＝God is renowned]
Zach·a·ri·as /zæ̀kəráɪəs/ **1** ザカライアス《男子名》. **2 a**〔聖〕ザカリア《1) John the Baptist の父; *Luke* 1: 5 2) イエスによって '最後の殉教者' と呼ばれた人物; *Matt* 23: 35》. **b**〔ドゥエー聖書〕ZECHARIAH. [↑]
Zach·a·ry /zǽkəri/ **1** ザカリー《男子名》. **2** ZACHARIAS. [⇨ ZACHARIAH]
zack /zǽk/ *n* «豪口» 6 ペンス《今はまれ》; 5 セント玉; わずかばかりの金; 6 か月の刑期. [? Sc (dial) *saxpence*]
Zack ザック《男子名; Zachariah の愛称》.
Zacynthus ⇨ ZÁKINTHOS.
Za·dar /záːdàːr/ ザダル (*It* Zara)《クロアチア南部, アドリア海沿岸の港湾都市》.
zad·dik, tsad-, tzad- /tsáːdɪk/ *n* (*pl* **-dik·im** /tsɑːdíkəm/, **～s**)〔ユダヤ教〕高徳の人, 義人; ツァディーク《近代ハシド (Hasid) 会の霊的指導者》. [Heb＝righteous; cf. ZADOK]
Zad·ki·el /zǽdkiəl, -əl/ *n* ザドキエル暦《俗間の占星暦》. [*Zadkiel* 本名 Richard J. Morrison (1795–1874) 英国の占星術師]
Zad·kine /zɑːdkíːn/ ザツキン **Ossip ～** (1890–1967)《ロシア出身でフランスで活動した彫刻家》.
Za·dok /zéɪdɑ̀k/ **1** ゼードック《男子名》. **2**〔聖〕ザドク《ダビデ時代の Jerusalem の祭司 (*2 Sam* 15: 24–37); その子孫は正統の祭司として尊ばれた; cf. SADDUCEE》. [Heb＝righteous]
zaf·fer | zaf·fre /zǽfər/ *n* 呉須(ｺﾞｽ)《青色顔料》. [It]
zaf·tig /záːftɪg/ *a* *«俗»〈女性が〉豊満な, むっちりした, グラマーな. [Yid＝juicy]
zag /zǽːg/ *n* 右に左にと折れ曲がったコース中の急な角[カーブ, 変化, 動き];《ジグザグに進む過程の中で》zig のあとに続く変化[動き];《政策などでの》急激な方向転換. ► *vi* (**-gg-**)《ジグザグに進む過程で》鋭く曲がる, zig に続く第 2 の動き[変化]をする; 急に方向を転じる. [zig-*zag*]
Zag·a·zig /zǽgəzɪg/, (Arab) **Az-Za·qā·zīq** /æ̀zzəkàːzíːk/ ザガジグ, ザカージーク《エジプト北部 Cairo の北北東にある市》.
zagged /zǽgd/ *a* *«俗» 酔っぱらった, ふらふらの.
Zagh·lūl /zəglúːl/ ザグルール **Sa'd** /sáːd/ ～ (1857–1927)《エジプトの政治家; 民族主義政党ワフド (Wafd) 党を指導, 一時 首相 (1924)》.
Za·greb /záːgrèb/ ザグレブ (*G* Agram)《クロアチアの首都》.
Zag·re·us /zǽgriəs/〔ギ神〕ザグレウス《オルペウス教で Dionysus と同一視される幼児神; Hera にそそのかされた Titan たちに八つ裂きにされた》.
Zág·ros Móuntains /zǽgrəs-, -ròʊs-; -rɔ̀s-/ *pl* [the] ザグロス山脈《イラン高原の西部から南部を走る褶曲山脈》.
Za·har·i·as /zəhǽriəs/ ザハリアス **'Babe' Didrikson ～** (1914–56)《米国の女性アスリート; 本名 Mildred Ella ～; バスケットボール・陸上競技・ゴルフで活躍》.
Za·ha·roff /zəháːrəf, -rɔ̀(ː)f/ ザハーロフ Sir **Basil ～** (1849–1936)《トルコ生まれの国際的武器商; 本名 Basileios Zacharias; 兵器売買で巨富を築き,「死の商人」「ヨーロッパの謎の男」と称された》.
Zā·he·dān, Za·hi·dan /zɑ̀ːhɪdáːn/ ザーヘダーン《イラン南東部の市》.
zai·bat·su /zàɪbáːtsùː, ━━━; zaɪbǽtsu, ━━━/ *n* 財閥. [Jpn]
zai·kai /záɪkàɪ, ━━/ *n* 財界. [Jpn]
zain ⇨ ZAYIN.
Zaire, -ïre /zɑːír; zaɪíər/ **1** [the] ザイール川《CONGO 川の別称》.

2 ザイール《CONGO 民主共和国の旧称 (1971–97)》. ♦ **Zair·ean, -ian** /zɑːíriən; zaɪíər-/ *a, n*

Za·kar·pat·ska /zɑ̀ːkərpáːtskə/, (Russ) **-ska·ya** /-skəjə/ ザカルパトスカ, ザカルパトスカヤ《ウクライナ西部, Carpathian 山脈の南にある州; 歴史上 Ruthenia として知られる地域》.

za·kat /zəkáːt/ *n* 〘イスラム〙 喜捨, ザカート《神への奉仕の義務としての貧者への施し; イスラムの信仰の五柱 (PILLARS OF ISLAM) の第 3》. [Pers<Arab=almsgiving]

Zá·kin·thos /záːkinθɔ̀ːs/, **Zan·te** /zǽnti/ ザキントス, ザンテ《(1) ギリシアのイオニア諸島最南端の島; 古代名 **Za·cyn·thus** /zəsínθəs/ 2) その中心の町》.

za·kus·ka, -koos-, -kous- /zəkúːskə/ *n* (*pl* **-ki** /-ki/, ～) 〘ロシア料理〙 前菜, オードブル, ザクースカ《酒の肴(さかな)》. [Russ]

zal·cit·a·bine /zælsítəbìːn, -bàɪn/ *n* 〘薬〙 ザルシタビン (DDC).

Za·lew Wiś·la·ny /záːlɛf viɕláːni/ ヴィスワ湾 (VISTULA LAGOON のポーランド語名).

Za·ma /zéɪmə, záːmə; záːmə/ ザマ《古代アフリカ北部 Carthage 南西方の町; 第 2 ポエニ戦争 (202 B.C.) で Scipio が Hannibal を破った地》.

Zam·be·zi, -si /zæmbíːzi/ [the] ザンベジ川《アフリカ南東部, ザンビア北西部からジンバブウェ北辺を経て Mozambique 海峡へ注ぐ》. ♦ **～·an** *a*

Zam·bia /zǽmbiə/ ザンビア《アフリカ南部の内陸国; 公式名 Republic of ～ (ザンビア共和国); ☆Lusaka; もと Northern Rhodesia, 1964 年独立, 英連邦に加盟》. ♦ **Zám·bi·an** *a, n*

zam·bo /záːmbou, zǽm-/ *n* (*pl* **～s**) ザンボ《黒人とアメリカインディアンとの混血児を先祖にもつ中南米人》. [AmSp=Negro, mulatto]

Zam·bo·an·ga /zæ̀mbouáːŋgə; -ǽŋ-/ ザンボアンガ《フィリピンの Mindanao 島南西岸にある市・港町》.

Zam·bo·ni /zæmbóuni/ *n* 〘商標〙 ザンボーニ《スケートリンク用の整氷機》. ► *vt* 〈氷面を〉整氷機でならす.

Za·men·hof /záːmənhɔ̀(ː)f, -hɑ̀f/ ザメンホフ **L(udwik) L(ejzer)** ～ (1859–1917)《ポーランドのユダヤ人眼科医・言語学者; Esperanto を創案した》.

za·mia /zéɪmiə/ *n* 〘植〙 ザミア《ソテツ科ザミア属 (*Z-*) の植物の総称》.

za·min·dar, ze- /zǽməndɑ̀ːr, zǽm-, zəmìːndáːr/ *n* 〘インド史〙 ザミーンダール《(1) ムスリム支配下の貢租徴収役人 2) 英国政府に地租を納めて土地私有権を確保した大地主》. [Hindi]

za·min·dari, ze·min·dary /zæ̀məndáːri, zèmən-, zəmìːn-/ *n* 〘インド史〙 ザミーンダーリー《(1) zamindar による土地保有・収税制度 2) zamindar の保有[管轄]する土地; cf. MAHALWARI, RYOTWARI》. [Hindi]

Za·mo·ra /zəmɔ́ːrə/ サモラ《(1) スペイン北西部 Castilla y León 自治州の県 2) その県都》.

Zan·cle /zǽŋkli/ ザンクレ《MESSINA の古代名》.

Zande ⇨ AZANDE.

zan·der /zǽndər; G tsándər/ *n* (*pl* ～, **～s**) 〘魚〙 ザンダー《欧州産のパーチ科の大型の淡水魚; pike perch の一種》.

Zang·bo /záːŋbóu/, **Tsang·po** /tsáːŋpóu/ [the] ツァンポ川《チベット南西部に発し, ヒマラヤの北側を東流する; Brahmaputra 川の上流》.

Z angles /zíː ─́; zéd-/ *pl* 〘数〙 錯角 (alternate angles)《'Z' の折れ曲がった二つの角が錯角をなすことから》.

Zan·gwill /zǽŋ(g)wìl/ ザングウィル **Israel** ～ (1864–1926)《英国のユダヤ系劇作家・小説家》.

Zan·jān /zændʒáːn/ ザンジャーン《イラン北西部, カスピ海の南西, Elburz 山脈の西端にある市》.

Zan·tac /zǽntæ̀k/ 〘商標〙 ザンタック《塩酸ラニチジン (ranitidine hydrochloride) 製剤; 制酸薬》.

Zante ⇨ ZÁKINTHOS.

zan·thox·y·lum /zænθáksələm/ *n* 〘植〙 サンショウ(山椒)《サンショウ属 (*Z-*) の木の総称; ミカン科》; [*or* **xan·thox·y·lum**] サンショウの乾燥樹皮《昔は発汗剤・興奮剤》.

ZANU(-PF) /záːnu [zǽnu] (pìːéf)/ Zimbabwe African National Union (Patriotic Front) ジンバブウェアフリカ民族同盟(愛国戦線)《1963 年 ZAPU から脱退した Mugabe たちが結成したジンバブウェの解放運動組織; 80 年 独立後は政権党》.

za·ny /zéɪni/ *n* **1** 道化師 (=*merry-andrew*)《特に 昔の喜劇において, 主人の道化師や軽業師のまねをばかばかしく演じてみせる定型的な脇役》. **2** お伴の者, 腰ぎんちゃく; お道化者, お調子者; たわけ者, いかれたやつ. ► *a* 《脇役の》道化のような; ばかげた, お笑いの, たわけた, いかれた. ♦ **zá·ni·ly** *adv* **zá·ni·ness** *n* **～·ism** *n* **～·ish** *a* [F or It *zanni*; 道化の伝統的な名 *Giovanni* John の Venice 方言でのあだ名から]

zan·za, -ze /zǽnzə/ *n* 〘楽〙 ザンザ《共鳴箱に木や金属の舌を並べ, 指で鳴らすアフリカの打楽器》. [Arab]

Zan·zi·bar /zǽnzəbɑ̀ːr/ ザンジバル《(1) アフリカ東岸沖の島; もと英国保護領, 1963 年に独立し, 翌 64 年 Tanganyika と統合して TANZANIA となった 2) その西岸にある同島・もと保護領の中心都市・港町》.

Zan·zi·ba·ri /zæ̀nzəbáːri/ *n* 《アラビア語の》ザンジバル方言; ザンジバルの住民.

Zao·zhuang, Tsao-chuang /záudʒuáːŋ/ 棗荘(そうそう)(ツアオチュアン)《中国山東省南部の市》.

zap /zǽp/ 《口》 *vt, vi* (**-pp-**) **1 a** 《光線銃などで》バッ[ビビッ]とやる, …に一撃を加える; 《パッと[瞬時に]》やっつける, 破壊する, 殺す, 打ち負かす, 酷評する; 落第させる, 懲らしめる; バシッ[ガツン]と打つ, 強打する. **b** …にショック[強烈な印象]を与える, 圧倒する; …に電気ショック療法を施す, 電気にかける. **c** 〈個人・組織を〉攻撃[抗議]の的にする, ねらい撃ちする. **2** 瞬時的に動かす, パッと進める[移送する]; パッ[サッ]と動く, ビュンと行く. **3** 〘テレビ・ビデオ〙《リモコンなどで》パッと切り換える[消す], 《早送りで》サッとスキップする, 〈コマーシャルなどを〉飛ばす, ザッピングする; 《ビデオで》早送りする 〈*through*〉; 〘電算〙〈ファイルなどを〉復旧不可能なやり方で削除する; 〘電算〙〈EPROM〉に書き込まれたプログラムを消去する. **4** *電子レンジで調理する, チンする. **5** 《味を》ピリッとさせる, 辛くする; よりパワフルに[活発に, 刺激的に]する, ピリッとさせる 〈*up*〉. ► *n* 力, 勢い, 活気, エネルギー; 一撃, 電撃; ショック; ピリッとしたところ, 刺激性, 《味の》辛さ; 〘電算〙《EPROM 上のプログラムの》消去. ► *int* **1** [ᵒ～ ～] バッ, バシッ, シュバッ, ビビッ, ビュッ, サッ《急変・不意の一撃を表現》, 《魔法をかけるときの》エイ(ヤー), 《銃・雷などの》バーン, バシーン. **2** ワーッ, やった, すげえ (wow). ♦ **záp·pa·ble** *a* [imit]

Za·pa·ta /zəpáːtə, sɑːpáːtɑː/ サパタ **Emiliano** ～ (1879–1919)《メキシコの革命家》.

Zapáta mústache サパタひげ《口の両わきで下向きにカーブした口ひげ》. [↑]

za·pa·te·a·do /zɑ̀ːpəteɪáːdou, sɑ̀ː-/ *n* サパテアード《つまさき・かかとを踏み鳴らすスペイン舞踊》. [Sp (*zapato* shoe)]

za·pa·teo /zɑ̀ːpətéɪou, sɑ̀ː-/ *n* ZAPATEADO. [Sp]

Za·po·rizh·zhya /zɑ̀ːpəríːʒʒə/, **-ro·zhye** /-róːʒə/ ザポリージャ, ザポロージェ《ウクライナ南東部の市; 旧称 Aleksandrovsk》.

Za·po·tec /zɑ̀ːpətɛ́k, sɑ̀ː-/ *n* **a** (*pl* ～, **～s**) サポテク族《メキシコ Oaxaca 州に住むアメリカインディアン》. **b** サポテク語.

Zà·po·téc·an *n* 〘言〙 サポテク語族《メキシコ南部のアメリカ先住民の言語》.

Zap·pa /zǽpə/ ザッパ **Frank** ～ (1940–93)《米国のロックミュージシャン》.

záp·per *n* 《害虫・雑草などの》マイクロ波駆除装置; [*fig*] 《批判・攻撃の》急先鋒; 《口》《テレビなどの》リモコン; 《口》《おもしろい番組を探して》頻繁にチャンネルを変える人.

záp pìt 〘天〙 微小隕石や宇宙塵の衝撃による月の岩石の表面の微小陥凹.

záp·py *a* 《口》 元気いっぱいの, 活発な, 生きいきした, エネルギッシュな, スピーディーな.

ZAPU /záːpu, zǽpu/ Zimbabwe African People's Union ジンバブウェアフリカ人民同盟《1961 年, 初めゲリラ組織として結成されたジンバブウェの黒人政党》.

Zaqāzīq ⇨ ZAGAZIG.

Za·ra /záːrə/ ザラ《ZADAR のイタリア語名》.

Za·ra·go·za /zæ̀rəgóuzə/ サラゴサ (Eng **Sar·a·gos·sa** /sæ̀rəgásə/)《(1) スペイン北東部 Aragon 自治州西部の県 2) Ebro 川に臨む同州の州都で, 同県の県都》.

zarape ⇨ SERAPE.

Zarathus(h)tra ⇨ ZOROASTER.

Zar·a·thu·strian /zæ̀rəθúːstriən/, **-thu·stric** /-θúːstrɪk/ *a, n* ZOROASTRIAN.

zar·a·tite /zǽrətàɪt/ *n* 〘鉱〙 翠(すい)ニッケル鉱. [Antonio Gily *Zárate* (1793–1861) スペインの外交官・劇作家]

zar·do·zi /zərdási/ *n* 《インド》 ザルドジ《zari やビーズ・宝石などを使った豪華な刺繍》.

za·re(e)·ba, -ri- /zəríːbə/ *n* 《東アフリカで村落・キャンプなどを守るためにイバラなどで作る》防御柵(で囲まれた場所). [Arab]

zarf[1] /záːrf/ *n* 《Levant 地方で取っ手のない小型コーヒー茶碗を支えるのに用いる》金属製のコップ形茶托. [Arab=vessel]

zarf[2] *n**《俗》 不細工な[ダサい]男, イモ. [?]

za·ri /záːri, ʒəríː/ *n* 《インド》 ザリ《糸に金や銀を巻きつけた金属糸》.

Za·ria /záːriə/ ザリア《ナイジェリア中北部の市》.

Zar·qa, -ka /záːrkə/ ザルカ《Amman の北東にあるヨルダン第 2 の都市》.

zar·zue·la /zɑːrzwéɪlə/ *n* サルスエラ《せりふの部分も取り入れたスペインの小規模なオペラ》; 魚貝類のシチュー. [?La *Zarzuela* これが初演されたスペインの Madrid 近郊の王宮]

zastruga ⇨ SASTRUGA.

zatch /zǽtʃ/ 《俗》 *n* 女性器, 尻, あすこ; 性交, アレ. [? *satchel*]

Zá·to·pek /záːtəpɛ̀k/ ザトペック **Emil** ～ (1922–2000)《チェコの陸上長距離選手》.

zax /zǽks/ *n* 〘建〙 石板切り《屋根ふきのスレートを切ったり穴をあけたりする道具》. [*sax*[1]]

z-axis /zíː ─́; zéd-/ *n* [the] 〘数〙 *z* 軸.

za·yin, za·in /záːjən, záɪən/ *n* ザイン《ヘブライ語アルファベットの第 7 字》. [Heb]

za·zen /zɑ̀ːzɛ́n/ *n* 座禅. [Jpn]

za·zoo /zəzúː/ *n* *《俗》男, やつ.
zaz·zle /zǽz(ə)l/ *《俗》*n* 性欲, 肉欲; 性的魅力, (過度の)セクシーさ.
zazzy /zǽzi/ *《俗》*a* 派手な, カラフルな, 人目を奪う, 斬新な; セクシーな.
Z-bar /zíː―; zéd-/ *n* Z 形鋼, Z 形材.
ZBB 〔米〕zero-based budgeting.
Z-bird /zíː―; zéd-/ *n* *《俗》失敗(者), 落伍(者), ドンケツ.
Z boson /zíː―; zéd-/ 〔理〕Z ボソン (Z PARTICLE).
Z chart /zíː―; zéd-/ 〔統〕Z 管理図《3 種類の変数値を記入した図》.
z-coordinate /zìː―; zèd-/ *n* 〔数〕*z* 座標.
ZD 〔天〕°zenith distance.
Z disk [disc] /zíː―; zéd-/ 〔解〕《横紋筋の》Z 板, Z 膜. [G *Z-Scheibe* ‹ *Zwischenscheibe* intermediate disk]
z distribution /zíː―; zéd-/ 〔統〕Z 分布.
zea /zíːə/ *n* [*Z*-]〔植〕トウモロコシ属; 《昔 利尿剤として用いた》トウモロコシの花柱[柱頭]. [Gk]
zeal /zíːl/ *n* 熱意, 熱心, 情熱 ‹*for* work, *to* do›; 〔聖〕熱情《愛・ねたみ・義憤など》: with great ～. [L<Gk *zēlos*]
Zea·land /zíːlənd/ ジーランド《SJÆLLAND の英語名》.
zeal·ot /zélət/ *n* **1** 熱中者, 熱狂者 ‹*for*›; 《口》狂信者. **2** [Z-] 熱心党員《ローマ帝国による異邦人支配を拒み, A.D. 66–70 年に反乱を起こしたユダヤ民族主義者》. ◆ **～·ry** *n* 熱狂, 熱狂的行動[性格]. [L<Gk; ⇨ ZEAL]
zeal·ous /zéləs/ *a* 熱中している, 熱心な, ひたむきな ‹*for* fame, *in* do*ing*, *to* do›; 熱狂的な. ◆ **～·ly** *adv* **～·ness** *n*
ze·a·tin /zíːət(ə)n/ *n* 〔生化〕ゼアチン《トウモロコシ (zea) の胚乳から最初に単離された cytokinin》.
zèa·xánthin *n* 〔生化〕ゼアキサンチン《トウモロコシや人の網膜に存在するカロチノイド (carotenoid) 色素; ルテイン (lutein) の異性体》.
zebec(k) ⇨ XEBEC.
Zeb·e·dee /zébədìː/ 〔聖〕ゼベダイ《James と John の父; *Matt* 4: 21》.
ze·bra /zíːbrə, ˈzéb-/ *n* (*pl* ～, ～s) 〔動〕シマウマ, ゼブラ; 縞(しま)模様のあるもの; 〔昆〕キジマドクチョウ (＝～ **bùtterfly**)《黒に黄線のあるタテハチョウ科ドクチョウ亜科のチョウ》; *《俗》《白黒のストライプのユニフォームを着た》審判員, オフィシャル; *《病院俗》不可解な[あいまいな]診断; ˈZEBRA CROSSING. ◆ **zé·bròid** *a* [It or Port<Congolese]
zébra cróssingˈ 太い白線の縞模様で示した横断歩道 (cf. PELICAN CROSSING).
zébra dànio 〔魚〕ゼブラダニオ (zebra fish).
zébra fìnch 〔鳥〕キンカチョウ《豪州産》.
zébra fìsh 〔魚〕縞模様の魚, 《特に》ゼブラダニオ (＝*zebra danio*)《観賞熱帯魚》.
zébra mùssel 〔貝〕カワホトトギスガイ《ヨーロッパから小アジアまでの淡水湖・河川に分布するイガイ類 (mussel) のような形をした殻高 5 cm ほどの貝; 杭などに付着し, 時に 取水管などを詰まらせる》.
ze·bra·no /zəbrǽnou/ *n* (*pl* ～s) ZEBRAWOOD.
zébra plànt 〔植〕トラフヒメバショウ《観葉植物》.
ze·brass /zíːbræ̀s; -brɑ̀ːs, zéb-/ *n* 〔動〕ゼブラス《シマウマとロバの雑種》. [*zebra*＋*ass*]
zébra wòlf 〔動〕TASMANIAN WOLF.
zébra·wòod *n* 材に美しい斑紋[縞模様]のある木(の材), 《特に》熱帯アメリカ・東アフリカ産マメモドキ科の木《家具用》, ゼブラウッド《西アフリカ産; マメ科》.
ze·brine /zíːbràɪn, -brən, ˈzéb-/ *a* シマウマの(ような).
ze·bru·la /zíːbrələ/, **-brule** /zíːbrùːl, ˈzéb-/ *n* 〔動〕ゼブルラ《雄シマウマと雌馬との雑種》. [*zebra*＋*mule*]
ze·bu /zíːb(j)u/ *n* 〔動〕コブウシ, ゼブ《アフリカ・インド・東南アジア産; 家畜化され多くの品種がある》. [F<? Tibetan]
Zeb·u·lun, -lon /zébjələn/ **1** ゼビュルン, ゼブルン《男子名》. **2 a** 〔聖〕ゼブルン《Jacob の第 10 子で Zebulun 族の祖; *Gen* 30: 20》. **b** ゼブルン族《イスラエル十二部族の一つ》. [Heb＝habitation]
zec·chi·no /zəkíːnou, tse-/ *n* (*pl* **-ni** /-ni/, ～s) SEQUIN. [It]
Zech·a·ri·ah /zèkəráɪə/ **1** ゼカライア《男子名; 愛称 Zech》. **2** 〔聖〕**a** ゼカリヤ《紀元前 6 世紀のヘブライの預言者; エルサレム神殿の再建を勧説した》. **b** ゼカリヤ書《旧約聖書の一書; 略 **Zech.**》. [⇨ ZACHARIAH]
zech·in /zékən, zɛkíːn/ *n* SEQUIN.
zedˈ /zéd/ *n* 《アルファベットの》Z [z] (cf. ZEE): (as) crooked as the letter ～ ひどく曲がった. [F<L<Gk ZETA]
Zed·e·ki·ah /zèdəkáɪə/ **1** ゼデカイア《男子名》. **2** 〔聖〕ゼデキヤ《バビロニア捕囚直前の最後のユダの王; *2 Kings* 24, 25, *Jer* 52: 1–11》. [Heb＝God is might]
Ze·dil·lo Pon·ce de Le·ón /seɪðíːjou pɔ́ːnseɪ ðeɪ leɪóːn/ セディジョ・ポンセ・デ・レオン **Ernesto** ～ (1951–　)《メキシコの政治家・エコノミスト; 大統領 (1994–2000)》.
zed·o·ary /zédouèri; -əri/ *n* 〔植〕ツェドリア根, ガジュツ (莪蒁, 莪茂)《東インド・セイロン産ショウガ科の多年草の乾燥根茎; 健胃剤・香料・染色に用いる》. [L<Pers]
ze·donk /zíːdɔ̀(ː)ŋk, -dʌ̀ŋk, ˈzéd-/ *n* 〔動〕ゼドンク《雄シマウマと雌ロバとの雑種》. [*zebra*＋*donkey*]
zee* /zíː/ *n* 《アルファベットの》Z [z] (cf. ZED).
Zee·brug·ge /zéɪbrʌ̀ɡə, -brùɡə/ ゼーブリュッヘ《ベルギー北西部の町; Bruges の外港; 第一次大戦でドイツ軍の潜水艦基地》.
zeek /zíːk/ *vi* [次の成句で]: **～ out***《俗》自制をなくす, ばかをやる, はめをはずす (＝*zoom out*).
Zee·land /zíːlənd, zéɪ-, zéɪlɑ̀ːnt/ ゼーラント《オランダ南西部の州; ☆Middelburg》. ◆ **～·er** *n*
Zee·man /zéɪmɑ̀ːn, -mən/ ゼーマン **Pieter** ～ (1865–1943)《オランダの物理学者; ノーベル物理学賞 (1902)》.
Zéeman effèct 〔理〕ゼーマン効果《磁場中の物質のエネルギー準位が分裂する現象; 磁場中の原子・分子の放射・吸収するスペクトル線の分裂としてみられる》. [↑]
zee·ra /ʒíːrə/ *n* 《インド》JEERA. [Hindi]
Zef·fi·rel·li /zèfəréli/ ゼッフィレリ **Franco** ～ (1923–　)《イタリアの舞台演出家・舞台装置家・映画監督》.
ze·in /zíːən/ *n* 〔生化〕ゼイン《トウモロコシ (zea) から採るタンパク質の一つ; 繊維・プラスチック製造用》.
Zeiss /záɪs; *G* tsáɪs/ **1** ツァイス **Carl** ～ (1816–88)《ドイツの光学技術者・企業家》. **2**〔商標〕ツァイス《ドイツ Carl Zeiss 財団が経営する企業グループの医学用光学機器・顕微鏡・精密測定機・双眼鏡・カメラ用レンズ・眼鏡枠など》.
Zeist /záɪst/ ザイスト《オランダ中部 Utrecht の東方にある市》.
zeit·ge·ber /tsáɪtɡèɪbər, záɪt-/ *n* (*pl* ～, ～s) 〔生〕ツァイトゲーバー《生物の概日リズムを外因的な周期に同期させる外的因子; 明暗や温度など》. [G＝time giver]
Zeit·geist /tsáɪtɡàɪst, záɪt-/ *n* [°z-] 時代精神[思潮]. [G＝time spirit]
Zeit·schrift /*G* tsáɪtʃrɪft/ *n* 定期刊行物, 雑誌.
zek /zék/ *n* 《ソ連の刑務所・強制労働収容所の》囚人. [Russ]
Zeke /zíːk/ ジーク《男子名; Ezekiel の愛称》.
Zel·da /zéldə/ **1** ゼルダ《女子名; Griselda の愛称》. **2***《俗》退屈な[さばけてない]女, イモ女, ブス.
zel·ko·va /zélkəvə, zɛlkóuː-/ *n* 〔植〕ケヤキ (＝～ **trèe**).
ze·lo·so /zɪlóusou/ *a, adv* 〔楽〕熱心な[に]. [It]
Zel·tin·ger /*G* tsɛ́ltɪŋər/ *n* ツェルティンガー《Moselle 地方産の良質の白ワイン》.
ze·mi, ze·me /zəmíː, sə-; zíːmi/ *n* ゼミ《西インド諸島先住民の一部が崇拝する守護聖霊[呪物]》. [Sp<Taino]
zemindar, zemindary ⇨ ZAMINDAR, ZAMINDARI.
Zem·po·al·te·pec /zɛ̀mpouɑ́ːltəpɛ̀k/, **Zem·po·al·te·petl** /zɛ̀mpouɑ̀ːltéɪpɛtl, -ɑ̀ːltəpɛ́tl/ ゼンポアルテペク《メキシコ南東部 Oaxaca 市の東にある山 (3395 m)》.
zemst·vo /zémstvou, -və/ *n* (*pl* ～s) 〔ロシア史〕地方自治会, ゼムストヴォ《1864 年, 帝政ロシアでつくられた地方自治体の機関》. [Russ]
Zen /zén/ *n* 禅, 禅宗. ◆ **～·like** *a* [Jpn]
Ze·na /zíːnə/ ジーナ《女子名》. [? Pers＝woman]
ze·nái·da (dòve) /zənéɪdə(-), -náɪ-/ 〔鳥〕ハジロバト属のハト《中米主産》. [*Zénaïde* (1801–54) Prince Charles L. Bonaparte の妻]
ze·na·na /zənɑ́ːnə/ *n* 《インド・ペルシアの》婦人室; 婦人室の女性《集合的》. [Hindi<Pers (*zan* woman)]
zenána míssion インド婦人(室)伝道会《インド女性の衛生・教育思想の改善をはかるキリスト教伝道会》.
Zend /zénd/ *n* ゼンド《パフラヴィー語で書かれたアヴェスター経典の注釈》; ZEND-AVESTA; 《古》AVESTAN.
Zènd-Avésta *n* [the] ゼンドアヴェスター《Zend と Avesta を合わせた古代ペルシア Zoroaster 教の経典》. ◆ **-Aves·tá·ic** /-əvɛstéɪɪk/ *a* [Pers *zand* interpretation]
Zé·ner cárds /zíːnər-/ *pl* 〔心〕ジーナーカード《ESP 研究用の 25 枚一組のカード》. [Karl E. *Zener* (1903–61) 米国の心理学者]
zé·ner díode /zíːnər-, zén-/ [°Z-]〔電子工〕ツェナーダイオード《降伏電圧の一定性を利用した定電圧ダイオード》. [Clarence Melvin *Zener* (1905–93) 米国の物理学者]
zéner vòltage [°Z-]〔電子工〕ツェナー電圧. [↑]
Zeng·er /zéŋ(ɡ)ər/ ゼンガー **John Peter** ～ (1697–1746)《ドイツ生まれの米国のジャーナリスト・印刷業者》.
Zén hìpster*《俗》禅を信奉するヒッピー[ビート族].
ze·nith /zíːnəθ; zén-/ *n* [the]〔天〕天頂 (opp. *nadir*); [*fig*]《成功・力などの》頂点, 極度, 絶頂: at the ～ of…の絶頂で / be at one's [its] ～ 得意[光栄]の絶頂にある, 全盛をきわめる. [OF or L < Arab＝way (over the head)]
zénith·al *a* 天頂の; 頂点の, 絶頂の; 〈地図などが〉正(主)距方位図法の[による].
zénithal (equidístant) projéction 〔地図〕正(主)距方位図法 (azimuthal equidistant projection).
zénith dístance 〔天〕天頂距離《天頂から天体までの角距離》.
zénith tèlescope [tùbe] 〔天〕天頂儀《時間・緯度測定望遠鏡》.

Zén màster 禅師; 《特定分野の》名人, 名手, 達人.

Ze·no /zíːnoʊ/ **1** 《キプロスの》ゼノン ～ **of Ci·ti·um** /síʃ(i)əm/ (c. 335–c. 263 B.C.) 《キプロスのキティオン出身のギリシアの哲学者; ストア派の祖で, ～ the Stoic とも呼ばれる; cf. STOICISM》. **2** 《エレアの》ゼノン ～ **of Elea** /íːliə/ (c. 495–c. 430 B.C.) 《ギリシアの哲学者; エレア派の祖で, 弁証法の祖とされる》.

Ze·no·bia /zənóʊbiə/ **1** ゼノビア《女子名》. **2** ゼノビア (d. after 274) 《古代 Palmyra の女王 (267 or 268–272)》. [Gk=life from Zeus]

ze·nol·o·gy /zinάləʤi/ *n* 《SF俗》地球外生命体研究, 宇宙人学[論].

ze·o·lite /zíːəlàɪt/ *n* 〘鉱〙沸石, ゼオライト. ◆ **zè·o·lít·ic** /-lít-/ *a* [Swed (Gk *zeō* to boil)]

Zeph·a·ni·ah /zèfənáɪə/ **1** ゼファナイア《男子名; 愛称 Zeph》. **2** 〘聖〙**a** ゼパニヤ《前 7 世紀のヘブライの預言者》. **b** ゼパニヤ書《旧約聖書の一書; 略 **Zeph.**》. [Heb=God has hidden]

Zeph·i·ran /zéfəræ̀n/ 〘商標〙ゼフィラン《塩化ベンザルコニウム; 殺菌·防腐剤》.

zeph·yr /zéfər/ *n* **1** 《文》西から吹くそよ風; [Z-] 《擬人化された》西風(の神); そよ風, 軟風. **2** ゼファー《各種の軽量な織物; その衣料品》; 〘史〙ゼファー(ギンガム)《薄手の平織り綿布》. [F or L<Gk=west wind]

zéphyr clòth ゼファークロス《軽量の婦人用服地》.

zeph·yr·ean /zèfəríːən/, **ze·phyr·ian** /zəfíːriən/, **zeph·yr·ous** /zéfərəs/ *a* そよ風の(ような).

Zeph·y·rus /zéfərəs/ 〘ギ神〙ゼピュロス《西風の神》; 《詩》西風.

zéphyr wórsted ゼファーウステッド《軽量の梳毛(そも)糸》.

zéphyr yàrn ゼファーヤーン《軽量の柔らかい糸の総称》.

Zep·pe·lin /zép(ə)lən, tsèpəlíːn/ **1** ツェッペリン **Ferdinand (Adolf August Heinrich) von** ～, Graf **von** ～ (1838–1917) 《ドイツの軍人·飛行船操縦者; 硬式飛行船の考案者》. **2** [°z-] (ツェッペリン型)飛行船.

zep·po·le /(t)sɛ(p)póʊleɪ, zɛ-, ―――/, **-li** /-li/ *n* (*pl* ～) ツェッポレ《シュー生地で作ったイタリアのドーナツ》. [It]

zep·to- /zéptoʊ, -tə/ *comb form* 〘単位〙ゼプト (=10^{-21}; 記号 z).

zépto·sècond *n* ゼプト秒 (=10^{-21} 秒).

zerk[1]* /zɔ́ːrk/ *n* 〘機〙ザーク(ニップル)《潤滑油導入用の, ベアリング·車軸などの装着具》. [Oscar U. *Zerk* (1878–1968) 米国の発明家]

zerk[2] *n**《俗》とんま, ばか (jerk).

zerked /zɔ́ːrkt/ *a* [^{s}～ out]*《俗》ヤクでもうろうとして[ラリって].

zérk·ing *a**《俗》いかれた, とっぴな, きてれつな.

Zer·matt /(t)sɛrmάːt; zɔ́ːmæ̀t/ ツェルマット《スイス中南西部 Valais 州の村; Matterhorn 北東山麓の保養地》.

Zer·ni·ke /zέərnɪkə, zɔ́ːr-/ ゼルニケ **Frits** ～ (1888–1966) 《オランダの物理学者; ノーベル物理学賞 (1953)》.

ze·ro /zíəroʊ/ *n* (*pl* ～**s**, ～**es**) **1** 零, ゼロ (naught); 《アラビア数字の》0 (cipher). **2** 零点, 零位; 〘数〙加法の単位元, 零元; 〘数〙零点《関数値を零にする独立変数の値》; 零度: at 20° below ～ 零下 20 度で / ABSOLUTE ZERO. **3** 《比較または計算の》最下点, 無, ゼロ; [a ～] 《口》取るに足らぬ[どうでもいい]人, 無に等しい存在. **4** 〘言〙ゼロ, ゼロ形態; 〘軍〙ZERO HOUR; 〘砲術〙零点規正; 〘証券〙ZERO COUPON BOND; 〘服〙SIZE ZERO: fly at ～ 〘英空軍〙ゼロ高度で飛ぶ《1000 または 500 フィート以下》. ► *a* 零(度)の, ゼロの; 少しもない; 〘気〙(視程)ゼロの《垂直 50 フィート以下; 水平 165 フィート以下》; 〘言〙ゼロの: the ～ meridian 基準子午線 / the ～ point 零点, 零度 (=～ degrees) / 'Sheep' has a ～ plural. ► *vt* 〈器機の針などを〉0 の目盛り(の位置)に合わせる; 《俗》〈議案·法案などを〉否決する, つぶす. ● ～ **in** 〈銃などの〉照準を正す; 〈銃などの〉照準を〈…に〉合わせる, 〈火器などを〉〈目標に〉正しく向ける 〈*at, on*〉; 〈目標〉にねらいを定める; 《銃などで》〈…を〉ねらう, 〈…に〉照準を合わせる 〈*on*〉. ～ **in on**… 〈問題など〉に注意を向ける[集中する], 〈市場·機会など〉をねらう, ものにする; 〈人·物·場所〉に集中する, …に向かって集まる[進む], 〈カメラなどが〉…に迫る. ～ **out***《俗》文無し[からっけつ]になる; *《俗》落ちるとこまで落ちる, 底を打つ, 完全に失敗する[ポシャる]; *《俗》《合法的に》なんとかして納税額をゼロにする. [F or It<OSp<Arab; ⇨ CIPHER]

zéro-bàse(d) *a* 《支出などの》各項目を費用と必要性の点において白紙状態から検討した, ゼロベースの: ～ budgeting 〘米〙ゼロベース予算編成《略 ZBB》.

zéro cóol *a**《俗》とってもクールな, ちっとも遅れた[抜けた]ところがない, 実にみごとな, 超かっこいい.

zéro cóupon bónd 〘証券〙ゼロクーポン債 (=*zero*) 《利札 (coupon) の付かない債券で額面から大幅割引で発行され満期に全額償還されるもの》.

zéro-emíssion vèhicle 無公害車《略 ZEV》.

zero-g /―ʤíː/ *n* ZERO GRAVITY.

zéro grávity 〘理〙無重力状態, 重力ゼロ.

zéro grázing" 〘畜〙ZERO PASTURE.

zéro grówth 《経済·人口などの》ゼロ成長.

zéro hóur 〘軍〙予定行動開始時刻 (cf. D-DAY); 《口》予定時刻; 危機, 決断の時; 一日の時間計算開始時刻; 零時.

zéro nórm NIL NORM.

zéro óption 〘軍〙ゼロオプション, ゼロの選択《双方である種の兵器を全廃する軍縮構想》.

zéro pásture 〘畜〙ゼログレージング (zero grazing") 《刈り取って切断した草を給餌する飼畜法》.

zéro póint 〘軍〙《核弾頭付き飛翔体の》爆心, ゼロ点.

zéro-pòint ènergy 〘理〙零点エネルギー《絶対零度のときの物質の内部エネルギー》.

zéro-ráted" *a* 付加価値税 (VAT) 免税の〈商品·サービス〉.
◆ **zéro ráting** *n*

zéro stàge 〘宇〙(第)零段ロケット《液体推薬ロケットに付加される離昇補助用固体推薬ロケット》.

zéro-súm *a* 零和の《ゲームの理論 (theory of games) などで一方の得点が他方にとって同数の失点になる》: a ～ game ゼロサムゲーム.

ze·roth /zíəroʊθ/ *a* 零[ゼロ](番目)の, ゼロ次の.

zéro tíllage NO-TILLAGE.

zéro tólerance 容認ゼロ, ゼロトレランス, 必罰主義《どんな小さな違反に対しても法律·罰則を適用する方針》.

zéro vèctor 〘数〙零[ゼロ]ベクトル《すべての成分が 0 のベクトル》.

zéro-zéro *a* 〘気〙水平·垂直ともに視程ゼロの.

Ze·rub·ba·bel /zərʌ́bəb(ə)l/ ゼルバベル《バビロンの捕囚後 Jerusalem から帰国したユダヤ人の先導者; *Ezra* 2: 12, 3: 2–13》.

zest /zést/ *n* **1** 強い興味[嗜好], 沸き立つ喜び[楽しさ, うれしさ]: a ～ for life 生きる意欲, 生きがい, 活力 / with (a) ～ 生きいき[うきうき]と, 張り切って. **2** 快い刺激(味), 興趣, 妙味, 魅力, 風味; 風味を添えるもの, レモン[オレンジなど]の皮《薄くむいた一片または外皮をすりおろしたもの》: give [add] (a) ～ to…. ► *vt* …に風味[興味]を添える.
◆ **zésty** *a* (ピリッと)快い風味のある; 熱っぽい. [F=orange or lemon peel<?]

zést·er *n* ゼスター《レモン·オレンジなどの皮むき器》.

zést·ful *a* 風味[香味, 風趣]のある; 熱心な; 興味深い. ◆ ～**·ly** *adv* ～**·ness** *n*

ze·ta /zíːtə, zéɪ-/ *n* ゼータ《ギリシア語アルファベットの第 6 字 Z, ζ》; [Z-] 〘天〙ゼータ星, ζ 星《星座中で明るさが第 6 位の星》. [Gk]

ze·tet·ic /zətétɪk/ *a* 調べて進む.

Ze·thus /zíːθəs/ 〘ギ神〙ゼートス《Amphion のふたごの兄弟; 共にテーバイの城壁を築いた》.

Zet·land /zétlənd/ ゼットランド《SHETLAND 諸島の別称》.

zet·ta- /zétə/ *comb form* 〘単位〙ゼタ (=10^{21}; 記号 Z).

zétta·bỳte *n* 〘電算〙ゼタバイト (10^{21} バイト).

zetz /zéts/ *n**《俗》一撃, 殴打. ► *vt* 〈一撃を〉加える, 〈一発〉見舞う. [Yid (*zetsn* to set, put)]

zeuge /zúːgə/ *n* (*pl* **zeu·gen** /-gən/) 砂漠などにみられる砂粒を含む風の作用による卓状岩塊.

zeug·ma /zúːgmə; z(j)úːg-/ *n* 〘文法·修〙くびき語法《一つの形容詞または動詞をもって異種の 2 個の名詞を強いて修飾または支配させること, たとえば with *weeping* eyes and *bleeding* hearts とすべきを with *weeping* eyes and hearts とする類》. ◆ **zeug·mat·ic** /zugmǽtɪk; z(j)ug-/ *a* [L<Gk=a yoking (*zugon* yoke)]

Zeus /zúːs; zjúːs/ **a** 〘ギ神〙ゼウス《ギリシア神界の最高神; ローマの Jupiter に当たる; 神妃は Hera》. **b** ゼウス神像 (⇨ SEVEN WONDERS OF THE WORLD). [Gk]

Zeux·is /zúːksəs; zjúː-/ ゼウクシス《前 5 世紀末のギリシアの画家》.

ZEV °zero-emission vehicle.

Ze·wail /zəwάɪl/ ズベイル **Ahmed H(assan)** ～ (1946–) 《エジプト生まれの米国の化学者; フェムト秒分光学を用いた, 化学反応の遷移状態の研究によりノーベル化学賞 (1999)》.

zex /zéks/ *int**《俗》(やばい)やめろ, ずらかれ!

ZF, z.f. zero frequency.

Z-gram /zíː―; zéd-/ *n**《海俗》簡にして要を得た指令のメモ, Z 便.

Zhang·jia·kou /ʤάːŋʤiáːkóʊ/, **Chang·chia·k'ou, Chang·chia·kow** /; ʧǽŋʧjáː-/, **Chang·kia·kow** /; -kjáː-/ 張家口(ちょうかこう)(チャンチャコウ)《中国河北省北西部の市; 内モンゴル自治区と華北を結ぶルート上にある; 別名 Kalgan》.

Zhang Xue·liang, Chang Hsüeh-liang /ʤάːŋ ʃuéɪliάːŋ/ 張学良(ちょうがくりょう)(チャンシュエリャン) (1898–2002) 《中国の軍人·政治家; 張作霖 (Zhang Zuolin) の長子; 内戦停止のうえ日本に対抗するよう要求して蔣介石を監禁 (西安事件, 1936)》.

Zhang·zhou /ʤάːŋʤóʊ/, **Chang-chou** /, ʧǽŋʧáʊ; ʧǽŋʧáʊ/ 漳州(しょうしゅう)(チャンチョウ)《中国福建省南部の市; 旧称竜渓 (Longxi)》.

Zhang Zuo·lin /ʤάːŋ dzuóʊlín/, **Chang Tso-lin** /, -(t)sóʊlín/ 張作霖(ちょうさくりん)(チャンツオリン) (1875–1928) 《中国の軍人; 満洲を支配した軍閥の首領》.

Zhan·jiang /ʤάːnʤiάːŋ/, **Chan-chiang, Chan·kiang** /; ʧǽnkjǽŋ/ 湛江(たんこう)(チャンチャン) (=**Tsam·kong** /ʤάːmgɔ́ːŋ/) 《中国広東省南西部の港湾都市》.

Zhao Kuang·yin, Chao K'uang-yin /ʤáʊ kuάːŋjín/ 趙匡胤(ちょうきょういん)(チャオクワンイン) 《宋の初代皇帝; 廟号は太祖 (Taizu)》.

Zhao Zi·yang /ʤáʊ dzɨ́ːjάːŋ/ 趙紫陽(ちょうしよう)(チャオツーヤン) (1919–2005) 《中国の政治家; 首相 (1980–87), 共産党総書記 (1987–89)》.

Zhda·nov /ʒdάːnəf, ʃtάː-/ **1** ジダーノフ **Andrey Aleksandrovich** ～ (1896–1948) 《ソ連の政治家; 共産党の指導者; ⇨ZHDA-

Z

NOVISM). **2** ジダーノフ《MARIUPOL の旧称》.

Zhda·nov·ism /ʒdáːnəvìz(ə)m/ *n* ジダーノフ批判《Stalin 政権下 Andrey A. Zhdanov を中心に推進されたソ連文芸の整風運動》.

Zhe·jiang /ʤáːʤiáːŋ/, **Che·kiang** /; ʧékjǽŋ/ 浙江(せっこう)(チョーチャン)《中国東部の省; ☆杭州 (Hangzhou)》.

Zheng·zhou /ʤʌ́ŋʤóu/, **Cheng-chou, Cheng·chow** /; ʧéŋʧáu/ 鄭州(ていしゅう)(チョンチョウ)《中国河南省の省都》.

Zhen·jiang, Chen-chiang /ʤʌ́nʤiáːŋ/, **Chin·kiang** /; ʧínkjǽŋ/ 鎮江(ちんこう)(チェンチアン)《中国江蘇省中南部の市》.

Zhi·fu /ʤáːfúː/, **Che·foo** /; ʧíː-/ 芝罘(しふ)(チーフー)《煙台 (Yantai) の別称》.

Zhi·gu·li /ʒɪgʊlíː/ *n* ジグリ《ロシア製の小型乗用車; 愛称 Lada》.

Zhi·li /ʤíːlíː/, **Chih·li** /, ʧíːlíː/ 直隷(ちょくれい)(チーリー)《現在の中国河北 (Hebei) 省に相当する明・清代の行政区画; 首都に直属する行政区画としての名称》. ■ the **Gúlf of ～** 直隷湾《渤海 (Bo Hai) の別称》.

Zhitomir ⇨ ZHYTOMYR.

Zhi·va·go /ʒɪváːgou/ [Doctor] (ドクトル) ジバゴ《Boris Pasternak の小説『ドクトル・ジバゴ』(1957) の主人公である医師》.

Zhiv·kov /ʒífkɔ(ː)f/ ジフコフ **Todor** (**Khristov**) ～ (1911–98)《ブルガリアの政治家; 共産党書記長 (1954–89; 81 年第一書記を改称), 国家評議会議長 (1971–89)》.

zhlub /ʒlʌ́b/, **zhlob** /ʒláb/ *n**《俗》がさつ者, 田舎もん. ♦ **zhlúb·by, zhlóby** *a* [Yid]

zho ⇨ DZO.

Zhong·shan /ʤʊ́ŋʃáːn/ 中山(ちゅうざん)(チョンシャン)《中国広東省珠江 (Zhu Jiang) 三角洲南部の市》.

zhoosh, zhush /ʒú(ː)ʃ/ *vi, vt**《俗》《もと POLARI で》おしゃれに見せる, クールに決める, ばっちりめかしこむ, 飾りたてる ‹*up*›.

Zhou, Chou /ʤóu/ 周《中国の古代王朝 (c. 1050–256 B.C.); 初めの約 300 年間を西周 (Western Zhou), 前 770 年遷都して以降を東周 (Eastern Zhou) という》.

Zhou En·lai /ʤóu ɛ́nláɪ/, **Chou En·lai** /; ʧóu-/ 周恩来(しゅうおんらい)(チョウエンライ) (1898–1976)《中国の政治家・共産党指導者; 首相 (1949–76)》.

Zhou·kou·dian /ʤóukóudiɛ́n, -diáːn/, **Chou·kou·tien** /; ʧáukáutjɛ́n/ 周口店《北京南西郊の小都市; 北京原人の化石人骨や石器の出土地》.

Zhou·shan, Chou-shan /ʤóuʃáːn/ 舟山(しゅうざん)(チョウシャン)群島 (＝**Zhóushán Qún·daó** /-ʧúndáu/)《中国浙江省, 杭州湾 (Hangzhou Wan) 外にある大小 400 余の島群; 舟山島が最大; 近海は中国最大の漁場》.

Zhu, Chu /ʤúː/ [the] 珠江(しゅこう)(チューチアン) (＝**Zhu Jiang** /— ʤiáːŋ/, **Chu Chiang** /; ʧúː ʧjǽŋ/, **Chu Kiang** /; — kjǽŋ/) (＝*Canton River, Pearl* (*River*))《中国広東省南部の川; 広州から南シナ海に流れる》.

Zhuang·zi /ʤuáːŋzáː/, **Chuang-tzu** /-dzúː/ **1** 荘子《前 4 世紀の中国の思想家荘周 (Zhuang Zhou /ʤuáːŋ ʤóu/) の別称; 道家の代表的存在》. **2**『荘子』《荘子の著作とされる書》.

Zhu De /ʤúː dáː/, **Chu Teh** /; ʧúː téɪ/ 朱徳(しゅとく)(チュートー) (1886–1976)《中国の革命家・軍人》.

Zhu·hai /ʤúːháɪ/ 珠海(しゅかい)(チューハイ)《中国広東省珠江 (Zhu Jiang) の河口外にある市》.

Zhu Jiang 珠江 (⇨ ZHU).

Zhu·kov /ʒúːkɔ(ː)f, -v/ ジューコフ **Georgy Konstantinovich** ～ (1896–1974)《ソ連の軍人・政治家; 第二次大戦中, Stalingrad 攻防戦や Leningrad 包囲突破作戦を指揮; 元帥 (1943)》.

Zhu Rong·ji /ʤúː rúŋʤíː/ 朱鎔基(しゅようき)(チューロンチー) (1928–　)《中国の政治家; 首相 (1998–2003)》.

zhush ⇨ ZHOOSH.

Zhu Xi, Chu Hsi /ʤúː ʃíː/ 朱熹(しゅき), 朱子 (1130–1200)《南宋の哲学者; 朱子学を創始; 著書に『四書集注(しっちゅう)』など》.

Zhu Yuan·zhang /ʤúː juáːŋʤáːŋ/ 朱元璋(しゅげんしょう) (⇨ HONGWU).

Zhu·zhou, Chu-chou, Chu·chow /ʤúːʤóu/ 株洲(しゅしゅう)(チューチョウ)《中国湖南省東部, 長沙 (Changsha) の南南東の工業都市》.

Zhy·to·myr, Zhi·to·mir /ʒɪtóːmìər/ ジトミル《ウクライナ西部の市》.

Zia-ul-Haq /zíːəlháːk/ ジア-ウル-ハク **Mohammad** ～ (1924–88)《パキスタンの軍人; 1977 年クーデターで BHUTTO を廃し政権獲得; 大統領 (1978–88)》.

zib·el·(l)ine /zíbəlàɪn, -lən, -lìːn/ *a* クロテン (sable) の. ► *n* クロテンの毛皮《最高級品》; けばの長い厚地の毛織物.

zib·et, -eth /zíbət/ *n*〖動〗インドジャコウネコ《大型のジャコウネコ》;《それから採る》麝香《香料》. [L or It]

Zi·bo /(d)záːbóu, ˈzíːbáu/, **Tzu-po** /; tsúːpáu/, **Tze·po** /; tsépáu/ 淄博(しはく)(ツーポー)《中国山東省中部の鉱工業都市》.

zi·do·vu·dine /zaɪdóuvjudìːn; zədávjə-/ *n*〖薬〗ジドブジン (AZIDOTHYMIDINE).

Zieg·feld /zígfɛ̀ld, zíːg-/ ジーグフェルド **Florenz** ～ (1869–1932)《米国の演劇プロデューサー; 'the Ziegfeld Follies' と呼ばれるレビューを制作 (1907–31), 舞台に登場する美女は Ziegfeld girl と呼ばれた》.

Zie·gler /zíːglər; *G* tsíːglər/ ツィーグラー **Karl** ～ (1898–1973)《ドイツの化学者; チーグラー触媒 (Ziegler catalyst) を開発して高分子工業の発展に貢献; ノーベル化学賞 (1963)》.

Zíegler càtalyst〖化〗チーグラー触媒《常温・常圧でエチレン・プロピレンの重合体を得るための触媒》.

Zie·lo·na Gó·ra /ʒɛlɔ́ːnə gúrə/ ジェローナグーラ《ポーランド中西部 Łódź の西にある工業都市》.

Zif /zíf/ *n* ZIV.

ziff /zíf/ *n*《豪口》(短い)あごひげ.

ZIF socket /zíf —/〖電算〗ZIF ソケット, ジフソケット《CPU などのチップを力を入れずに差し込めるソケット》. [ZIF: *z*ero *i*nsertion *f*orce]

ZIFT /zíft/〖医〗°zygote intrafallopian transfer.

zig[1] /zíg/ *n* 右に左にと折れ曲がったコース中の急な角[カーブ, 変化の動き] (cf. ZAG);《ジグザグ進む過程の中で zag に対して》最初の動き[変化];《政策などでの》急激な方向転換. ► *vi* (**-gg-**)《ジグザグに進む過程で》鋭く曲がる, 最初の動き[変化]をする; 急に方向を転換する. [*zigzag*]

zig[2] *n* JIG[1].

zig[3] *n**《俗》[°*derog*] 黒人 (jigaboo).

zig·a·boo /zígəbùː/, **-a·bo** /-bòu/ *n* (*pl* **～s**)*《俗》[°*derog*] JIGABOO.

zig·get·ty, -git- /zígəti/ *int**《俗》いいぞ, すげえ, やったー! (＝**hót ～**).

zig·gu·rat /zígəræ̀t/, **zik·(k)u·rat** /zíkəræ̀t/ *n* ジッグラト《古代バビロニア・アッシリアの段階式のピラミッド形の寺院》. [Assyr＝pinnacle]

Zi·gong /(d)záːgúŋ/, **Tzu-kung** /; tsúːkúŋ/, **Tze·kung** /; tsɛ́kúŋ/ 自貢(じこう)(ツーコン)《中国四川省中南部の市》.

zig·zag /zígzæ̀g/ *n* Z 字形, ジグザグ, 稲妻形, 千鳥; ジグザグ形のもの《装飾・線・電光・道路など》. ► *a* ジグザグの. ► *adv* ジグザグに. ► *v* (**-gg-**) *vi* ジグザグに進む. ► *vt* ジグザグの形にする; ジグザグに進ませる; ジグザグにたどる. ♦ **zíg·zàg·gy** *a* [F＜G zickzack]

zíg·zàg·ger *n* ジグザグに進む人[もの]; ジグザグステッチャー《ミシンの付属品》.

zíg-zìg *n, vi**《俗》性交(する) (jig-jig).

zik(k)urat ⇨ ZIGGURAT.

zikr ⇨ DHIKR.

zila ⇨ ZILLA(H).

zilch /zílʧ/*《俗》*n, a* ゼロ(の), 無(の); まるで重要でない人物, 無に等しい存在; [Z-] 某氏, あれ; にきび (zit). ► *vt*《スポーツで》ゼロに抑える, 完封[零封]する,《一般に》こてんぱんにやっつける. ► *vi* 大失敗する. [C20＜? *zero*]

Ži·li·na /ʒílənàː/ ジリナ《スロヴァキア北部の市》.

zill /zíl/ *n* [°*pl*] ジル《ベリーダンスの踊り子などが用いる親指と中指に留めて打ち鳴らす小型のシンバル》. [? Turk]

zil·la(h), zi·la /zílə/ *n*《インドの》州, 郡. [Hindi＜Arab＝part]

Zillah **1** ジラ《女子名》. **2**〖聖〗チラ《Lamech の第 2 の妻; *Gen* 4: 19》. [Heb＝shade]

zíllah pá·ri·shad /-páriʃəd/《インドの》州[郡]議会. [Hindi]

zil·lion /zíljən/《口》*n* 膨大な数, 無慮何千億, ン千億. ► *a* 無数の. ♦ **～th** *a* [*z* ('未知の量' の意)＋*million*]

zil·lion·aire /zìljənέər, ⌐—⌐/ *n*《俗》途方もない大金持, 億兆長者.

Zil·pah /zílpə/〖聖〗ジルパ《Leah の召使; Jacob の側妻となり, Gad と Asher を産んだ; *Gen* 30: 10–13》. [Heb＝dropping]

zi·mar·ra /zɪmáːrə/ *n*〖カト〗《高位聖職者の私室用の》黒の常服 (＝*simar*). [It]

Zim·ba·bwe /zɪmbáːbwi, -weɪ/ **1** ジンバブウェ《アフリカ南部の国; 公式名 Republic of ～ (ジンバブウェ共和国); もと Southern Rhodesia, のち 1980 年 Rhodesia を改称して黒人国家として独立; ☆Harare》. **2** ジンバブウェ《同国南東部の, 10–18 世紀に繁栄した黒人国家の巨大な石造建築遺跡群; Bantu 語で「石の家」の意》. ♦ **～·an** *a, n*

Zim·ba·list /zímbəlɪst/ ジンバリスト **Ef·rem** /ɛ́frəm/ (**Alexandrovich**) ～ (1889–1985)《ロシア生まれの米国のヴァイオリン奏者》.

zim·bi /zímbi/ *n*《インド》タカラガイ, コヤスガイ (cowrie).

Zim·mer /zímər/〖商標〗ジマー (＝**～ fràme**)《英国製の傷病者・高齢者用歩行器》.

Zim·mer·mann /zímərmən; *G* tsímərman/ ツィンマーマン **Arthur** ～ (1864–1940)《ドイツの政治家; 外相 (1916–17); 第一次大戦中 1917 年, 同盟を提案しようとメキシコに送った覚書 (～ telegram) が英国に押収されて米国の参戦をまねくに至った》.

zin /zín/ *n* [°Z-]*《口》ZINFANDEL.

zinc /zíŋk/ *n*〖化〗亜鉛《金属元素; 記号 Zn, 原子番号 30》; [ᵘ‹*a*›] トタン板(の), ブリキ(の): FLOWERS OF ZINC / sulfate of ～＝ZINC SULFATE / ～ galvanizing 亜鉛引き / a ～ bucket ブリキのバケツ. ► *vt* (**-c-, -ck-**) 亜鉛で処理する, …に亜鉛めっきをする. [G *Zink* ＜?]

zinc·ate /zíŋkèɪt/ *n* 〖化〗亜鉛酸塩.
zínc blènde 〖鉱〗閃亜鉛鉱 (sphalerite).
zínc chlóride 〖化〗塩化亜鉛.
zínc chrómate [chróme] ZINC YELLOW.
zínc dùst 亜鉛末《さび止め塗料用》.
zínc grèen 亜鉛緑.
zinc·ic /zíŋkɪk/ *a* 亜鉛の, 亜鉛を含む, 亜鉛に似た.
zinc·if·er·ous /zɪŋkíf(ə)rəs, zɪnsíf-/ *a* 亜鉛を含む; 亜鉛を生じる.
zinc·i·fy /zíŋkəfàɪ/ *vt* …に亜鉛をきせる; …に亜鉛を飽和させる. ♦ **zìnc·i·fi·cá·tion** *n*
zinc·ite /zíŋkàɪt/ *n* 〖鉱〗紅亜鉛鉱, ジンカイト (=*red oxide of zinc, red zinc ore*).
zinck·en·ite /zíŋkənàɪt/ *n* ZINKENITE.
zincky, zinky, zincy /zíŋki/ *a* 亜鉛を含む; 亜鉛の(ような外観を有する).
zin·coǁ /zíŋkoʊ/ *n, v* (*pl* ~**s**) ZINCOGRAPH.
zin·co- /zíŋkoʊ, -kə/ *comb form*「亜鉛 (zinc)」
zinc·ode /zíŋkòʊd/ *n* 《電池の》陽極.
zínco·gràph *n* 〖印〗亜鉛版; 亜鉛版印刷物. ► *vt, vi* 亜鉛板に食刻する, 亜鉛食刻法で印刷する.
zin·cog·ra·phy /zɪŋkágrəfi/ *n* 亜鉛製版(術). ♦ **-pher** *n* 亜鉛版師. **zìn·co·gráph·ic, -i·cal** *a*
zinc·oid /zíŋkɔ̀ɪd/ *a* 亜鉛の; 亜鉛に似た.
zínc óintment 〖薬〗亜鉛華軟膏《皮膚疾患治療用》.
zínco·týpe *n* ZINCOGRAPH.
zínc·ous *a* ZINCIC.
zínc óxide 〖化〗酸化亜鉛.
zínc òxide óintment ZINC OINTMENT.
zínc spinél 〖鉱〗亜鉛尖晶石 (gahnite).
zínc stéarate 〖化〗ステアリン酸亜鉛《化粧品・軟膏・ラッカー製造用》.
zínc súlfate 〖化〗硫酸亜鉛.
zínc súlfide 〖化〗硫化亜鉛.
zínc whíte 亜鉛白《酸化亜鉛で作った白色顔料》.
zincy ⇨ ZINCKY.
zínc yéllow 〖化〗亜鉛黄 (=*zinc chrome*).
zin·da·bad /zíndɑːbàːd/ *vt* 《インド》《スローガンで》…万歳 (cf. MURDABAD): Inqilab ~ 革命万歳! [Hindi]
zine, 'zine /zíːn/ *n* 《口》雑誌 (magazine), 《特に》愛好者(仲間)の作る同人誌[会報], ファンジン (fanzine).
zin·eb* /zínèb/ *n* ジネブ《殺菌・殺虫剤》.
zin·fan·del /zínfəndèl/ *n* [ºZ-] ジンファンデル《California 州産の黒ブドウ; それから造る赤ワイン》.
zing /zíŋ/ 《口》*n* ビュン(という音); [⟨*int*⟩] ビューッ, ヒューッ, ビュン, ビューン; 活気, 元気, 気力, 熱意; ピリッとした風味; [the ~s]*《俗》震顫譫妄(しんせんせんもう) (delirium tremens). ► *vi* ビュン[ギュン, ビーン]と音をたてる, ビュンと[勢いよく]動く[進む, すっ飛ぶ]; 生きいきとしている. ► *vt** …に一撃を加える (zap); 辛辣に批判する[けなす], やりこめる; ビュンと[勢いよく]投げる[飛ばす, 撃ち込む, 投げ込む]. ● ~ **up** 元気づける, 活気づける. [imit]
zin·ga·ro /tsíːŋgɑːrò:/ *n* (*pl* **-ri** /-rìː/) ジプシー (Gypsy). ♦ **-ga·ra** /-rə/ *n fem* (*pl* **-re** /-rè/). [It]
zing·er /zíŋər/*《口》*n* 辛辣なことば, 痛烈な皮肉, うまい一言, 痛快なせりふ[言い返し]; 人をはっとさせるようなこと[もの], 意外な展開; すばらしいもの; 元気[威勢]のいい人.
zin·gi·ber·a·ceous /zìnʤəbəréɪʃəs/ *a* 〖植〗ショウガ科 (Zingiberaceae) の.
zingy /zíŋi/ 《口》*a* 活気のある, 熱っぽい; わくわくさせる; 魅力的な, すばらしい; 刺激味のある, ピリッとする.
zinj·an·thro·pus /zɪnʤǽnθrəpəs, zìnʤænθróʊ-/ *n* (*pl* **-pi** /-pàɪ, -pìː/, ~**·es**) 〖人〗ジンジャントロプス《アフリカ東部で発見された, *Z*~ 属 (現在は *Australopithecus*) の旧石器時代前期の化石人類》. ♦ **zinj·án·thro·pine** /-θrəpàɪn/ *a, n* [NL (Arab *Zinj* East Africa, *anthrop-*)]
zin·ken·ite /zíŋkənàɪt/ *n* 〖鉱〗輝安鉛鉱, ジンケナイト. [J. K. L. *Zincken* (1790–1862) ドイツの鉱物学者]
Zin·ker·na·gel /zíŋkərnɑ̀ːg(ə)l/ ツィンカーナーゲル **Rolf Martin** ~ (1944–)《スイスの免疫学者; ノーベル生理学医学賞 (1996)》.
zin·ko·site /zíŋkəsàɪt/ *n* 〖鉱〗硫酸亜鉛鉱.
zinky ⇨ ZINCKY.
Zin·ne·mann /zínəmən/ ジンネマン **Fred** ~ (1907–97)《Vienna 生まれの米国の映画監督》.
zin·nia /zíniə, zínjə, zíː-/ *n* 〖植〗**a** ヒャクニチソウ, ジニア《キク科ジニア[ヒャクニチソウ]属(*Z*-)の草花の総称》. **b** ヒャクニチソウ《Indiana 州の州花》. [Johann G. *Zinn* (1727–59) ドイツの植物学者]
zinn·wald·ite /tsínvɑ̀ːltàɪt/ *n* 〖鉱〗チンワルダイト《スズ石脈に産する雲母の一種》. [*Zinnwald*: Bohemia の村で発見地]
Zi·nov·yev, -viev /zɪnɔ́ːvjəf, -náv-/ ジノヴィエフ **Grigory Yevseyevich** ~ (1883–1936)《ソ連の政治家; 革命前はボリシェヴィキで Lenin の片腕, 1920 年代には共産党の中心メンバーであったが, のち Stalin の粛清の犠牲となった》.
Zi·nov·yevsk /zənɔ́ːvjɛfsk/ ジノヴィエフスク《KIROVOHRAD の旧称》.
Zins·ser /zínsər/ ジンサー **Hans** ~ (1878–1940)《米国の細菌学者・著述家》.
Zin·zen·dorf /zínzəndɔ̀ːrf, tsínsən-/ ツィンツェンドルフ **Nikolaus Ludwig von** ~, Graf **von** ~ (1700–60)《ドイツの宗教家; モラヴィア教会 (Moravian Church) の設立者》.
Zi·on /záɪən/, **Si·on** /sáɪ-/ シオンの山《Solomon が神殿を建てた Jerusalem の聖峰》; エルサレムの天堂; エルサレム (Jerusalem); ユダヤ教; ユダヤ民族(の祖国), イスラエル; 《Rastafarians の間で》アフリカ; 天国; 理想郷; 神政 (theocracy); キリスト教会; 〖英〗非国教派の教会堂. [OF<L<Heb]
Zíon·ism *n* シオン主義, シオニズム《国家的統一のためにユダヤ人の Palestine 復帰を目指すユダヤ民族運動, 建国後はイスラエル国支持運動》. ♦ **-ist** *a, n* シオニズムの; シオニズムを信奉する; シオニスト. **Zì·on·ís·tic** *a*
Zíon Nátional Párk ザイオン国立公園《Utah 州南西部の国立公園; 大峡谷 (**Zíon Cányon**) の美観で有名》.
Zíon·ward(s) *adv* シオンの方へ; 天国へ.
zip[1] /zíp/ *n* ビュッ, ビッ, ビッ《弾丸の音や布を裂く音》; [⟨*int*⟩] ビュッ, ヒューッ, ビューッ, ビューン, ビッ, サッ; 《口》元気, 活力. ► *v* (**-pp-**) *vi* ビュッと音をたてて進む; 《口》勢いよく進む, 元気に行動する, ビュンビュン[どんどん]進む ⟨*along, past, through,* etc.⟩. ► *vt* **1** 速める; 活発にする, …に生気を与える ⟨*up*⟩; 急送する. **2** 〖電算〗⟨ファイルを⟩ジップする《ファイルを (ZIP 形式で) 圧縮する》. ● ~ **across the horizon***《口》急に名が売れる. ~ **through**…をすばやく処理する[読む], さっと仕上げる. ♦ ~**·less** *a* [imit]
zip[2] *n* ǁZIPPER; ファスナーを閉じる[開く]こと; [⟨*a*⟩] ファスナー付きの (: a ~ bag). ► *v* (**-pp-**) *vt* ファスナーで締める[開ける]; ⟨ファスナーを⟩閉じる[開く]; *《俗》⟨口を⟩閉じる, …にチャックをする. ► *vi* ファスナーを閉じる[開く]; ⟨服などが⟩ファスナーで開閉する; *《俗》口を閉じる, 黙る. ● **Z~ it (up)!** 《口》やかましい, 黙れ! ~ **on** ⟨服を⟩着てファスナーを閉じる. ~ **one's lip [mouth]** [ᵘ*impv*] 《口》口を閉じる, 黙る. ~ **up**…のファスナーを締める[閉じる]; ⟨服などが⟩ファスナーで締まる. [imit]
zip[3] *《口》*n* ゼロ(点), 無, 何もなし (=*zippo*). ► *vt* (**-pp-**) 無得点に押える, 完封[零封]する. [C20<?]
zip[4] *《方》*n* シロップ; 糖蜜; 砂糖. [? SYRUP]
zip[5], **ZIP*** *n* ZIP CODE.
zip[6] *n* [ˢZ-] *《軍俗》[*derog*] 頭[能]なし, 東洋人, 《特に》ヴェトナム人. [*z*ero *i*ntelligence *p*otential]
ZIP *n* 〖電算〗ZIP《データ圧縮・アーカイブ用のフォーマット・拡張子》.
Zi·pan·gu /zəpǽŋgu/ ジパング《Marco Polo による日本の呼称》.
Zi·pa·qui·rá /sìːpəkɪráː/ シパキラ《コロンビア中部 Bogotá の北にある町; 岩塩鉱床があって採掘の中心地; 地下に刻まれた Salt Cathedral がある》.
zíp cìty *《俗》無 (nothing).
zíp-còde, ZÍP-* *vt* …に郵便番号を付ける.
zíp [ZÍP] còde* 郵便番号, ジップコード (postcodeǁ). [*z*one *i*mprovement *p*lan]
zíp fástenerǁ ZIPPER.
zíp fìle, ZÍP fìle 〖電算〗ZIP ファイル《データを圧縮したファイル》.
zíp fùel *《口》〖空・宇〗高エネルギー燃料, ジップ燃料.
zíp gùn *《俗》手製ピストル《通例 直径 .22 の弾丸を使用》.
zíp-in lìning 《オーバー・コートなどの》ジッパー[ファスナー]で取り付けできる裏.
zíp·less *a* 《俗》短く情熱的な(情事の), 刹那的な. [Erica Jong の造語]
zíp lìne ジップライン (=*zip wire*)《高低差のある 2 点間に張り渡したワイヤーロープで, 滑車を利用してそれを伝って空中滑走して遊ぶもの》.
Zip·loc /zíplɑ̀k/ 〖商標〗ジップロック《ziplock 方式のポリ袋》.
zíp·lòck *a* ジップロック方式の⟨ポリ袋⟩《口にかみ合わせ式の一種のジッパーがついており, 指ではさんで押えると密閉できる》.
zíp-òut *a* ジッパー[ファスナー]で着脱できる.
zipped /zípt/ *a**《俗》《ドラッグに》酔っぱらって.
zíp·per *n* ZIP[2] する人[もの]; *ファスナー, チャック, ジッパー (slide* [zipǁ] fastener)《もと商標》; *《電光掲示板などに流れる》電光[フラッシュ]ニュース, 電光(スクロール)広告; *《サーフィン俗》ジッパー《急速に打ち寄せて砕ける波》. ► *vt* ZIP[2]. ♦ ~**ed** *a*
zípper* [zípǁ**] bàg** ファスナーで開閉するかばん.
zípper hèad*《俗》頭髪をまん中で分けたやつ.
zip+4 (code)* /⏤ plʌ̀s fɔ́ːr (⏤)/ ジップ・プラス・フォー(コード)《従来の 5 桁のジップコードのあとに, さらに細分配達区を示す 4 桁数字の加わった郵便番号》.
zip·po[1] /zípoʊ/ *n, a* (*pl* ~**s**)*《俗》元気(いっぱいの).
zippo[2] *n**《口》ゼロ, 無 (zip).
Zippo **1** ジッポ《道化師に多い名》. **2** 〖商標〗ジッポ《米国製オイルライター》.
Zip·po·rah /zɪpɔ́ːrə/ 〖聖〗チッポラ《Midian の祭司 Jethro の娘で Moses の妻; *Exod* 2: 21》.

zíp·py «口» *a* 元気のいい, 刺激的な, 生きいきした; きびきびした, 活発な, 速い, スピードが出る, スピーディーな. ◆ **-pi·ly** *adv* **-pi·ness** *n* [*zip*[1]]

zíp-tòp *a* ふたの縁の金属の帯をぐるりと引いて開ける, ジップトップ(式)の〈缶〉.

zíp wìre ZIP LINE.

zíp-ùp[‖] *a* ジッパー[ファスナー]で締める(ことのできる).

zi·ram /záıræm/ *n* 〘化〙ジラム《亜鉛塩; ゴム促進薬・農業用殺菌薬》. [*zinc*, *-ram*; *thiram* などにならったもの]

zir·ca·loy, -cal·loy /zə̀:rkəlɔ́ı, ━ ━ ━/ *n* 〘冶〙ジルカロイ《耐食性・安定性の大きいジルコニウム合金の総称; 原子炉の炉心構造材用》.

zir·con /zə́:rkɑ̀n, -kən/ *n* 〘鉱〙ジルコン《耐火物用, 透明なものは宝石; 12 月の BIRTHSTONE》. [G *zirkon*＜? Arab]

zir·con·ate /zə́:rkənèıt/ *n* 〘化〙ジルコン酸塩.

zir·co·nia /zə:rkóuniə/ *n* ZIRCONIUM OXIDE.

zir·con·ic /zə:rkɑ́nık/ *a* ジルコニウムの[を含む].

zir·co·ni·um /zə:rkóuniəm/ *n* 〘化〙ジルコニウム《金属元素; 記号 Zr, 原子番号 40》. [*zircon*]

zircónium (di)óxide 〘化〙(二)酸化ジルコニウム (＝*zirconia*).

zir·co·nyl /zə́:rkən(ə)l/ *n* 〘化〙ジルコニル《2 価の基 ZrO》.

zis·si·fied /zísəfàıd/ *a**«俗» 酔っぱらった.

zit /zít/ *«俗» *n* にきび (pimple); キスマーク, 吸いあざ (hickey). [C20＜?]

zít dòctor*«俗» 皮膚科医 (dermatologist).

zith·er /zíðər, zíθ-/ *n* ツィター《主に 南ドイツ・オーストリア地方の弦楽器》. ► *vi* ツィターを弾く. ◆ **～·ist** *n* ツィター奏者. [G＜L; ⇨ CITHARA, GUITAR]

zith·ern /zíðərn, zíθ-/ *n* CITTERN; ZITHER.

zi·ti /zí:ti, tsí:ti/ *n* (*pl* ～) ジーティ《中ぐらいの太さ・長さの中空のパスタ》. [It＝boys]

zit·tern /zítərn/ *n* CITTERN; ZITHER.

Ziv /zív/ *n* 《主に聖》ジフ《ユダヤ暦の Iyar, 太陽暦の 4–5 月に相当》. [Heb＝brightness]

zi·zit(h), tzi·tzit(h), tzi·tzis, tsi·tsith, tsi·tzit /tsítsəs, tsitsí:t/ *n pl* 〘ユダヤ教〙《ユダヤ人の男性が礼拝用肩衣(かたぎぬ) (tallith) の四隅に付ける》青と白の糸を撚り合わせたふさ《*Num* 15: 38–39》. [Heb]

Žiž·ka /ʒíʃkə/ ジシカ **Jan** ～, Count ～ (c. 1376–1424)《ボヘミアの軍人; フス派の指導者》.

zizz /zíz/ «俗» *n, vi* ひと眠り(する), 居眠り[うたた寝](する); ブンブン(音をたてる); *陽気さ, 活気, にぎやかさ: have [take] a ～. [imit]

zizzy[1] /zízi/ *«俗» *a* 派手な, けばけばしい; 騒々しい, チャカチャカした.

zizzy[2] *n* «俗» ひと眠り, うたた寝. [*zizz*]

Zla·to·ust /zlɑ̀:təú:st/ ズラトウスト《ロシア Ural 山脈南部の工業都市》.

Z line /zí: ━; zέd-/ 〘生〙Z 線, Z 膜《横紋筋の筋原繊維を横方向に区切る》.

zlo·ty /zlɔ́:ti; zlɔ́ti/ *n* (*pl* ～s, ～) ズウォティ《ポーランドの通貨単位: ＝100 groszy; 記号 Zl, Z》. [Pol＝golden]

Zn [azimuth＋north] azimuth ◆〘化〙zinc.

zo ⇨ DZO.

zo- /zóu/, **zoo-** /zóuə/ *comb form*「動物(界)」「運動性の」 [Gk; ⇨ ZOOLOGY]

zoa *n* ZOON の複数形.

-zoa /zóuə/ *n pl comb form*「動物」(cf. -ZOON): Hydro*zoa* ヒドロ虫類[綱]. [Gk]

zoaea ⇨ ZOEA.

Zo·an /zóuæn/ 〘聖〙ゾアン (*Gk* Tanis)《古代エジプトの都市》. [Heb＝low region]

zo·an·thar·i·an /zòuənθέəriən/ *n, a* 〘動〙イソギンチャク(類[目] (Zoantharia) の).

zo·an·thro·py /zouǽnθrəpi/ *n* 〘精神医〙獣化妄想.

Zo·ar /zóuər; -ɑ:r/ 〘聖〙ゾアル《Sodom と Gomorrah が滅ぼされたとき Lot とその子が避難した地; *Gen* 19: 20–30》. [Heb＝smallness]

zo·ar·i·um /zouέəriəm/ *n* (*pl* **-ia** /-iə/) 〘生〙コケムシ類の群体. ◆ **zo·ár·i·al** *a*

zob /zɑ́b/ *n**«俗» つまらないやつ, 役立たず, 取るに足らぬやつ (nobody).

zo·ca·lo /zóukəlòu, sóu-, sɔ:kɑ́:lòu/ *n* (*pl* ～s)《メキシコの都市の》広場, ソカーロ.

zod /zɑ́d/ *«俗» *n* けったいな[変な, 気色悪い]やつ[もの], 奇人, いやなやつ; うすのろ, ばか, かす; ガリ勉《人》. ► *a* 変わった, いやな, いやったらしい. [? he's *odd*]

zo·di·ac /zóudiæ̀k/ *n* [the] 黄道帯, 獣帯; 十二宮, 十二宮一覧図《太陽と月と主な惑星がその中を運行する昔の天体図; ⇨ SIGN 3》; 《時間・歳月などの》ひと巡り, 一周 (circuit); [*fig*] 範囲, 限界 (compass); [*fig*] 12 からなる一組. ■ **the sígns of the ～** 十二宮《Aries (Ram)「白羊」「おひつじ」, Taurus (Bull)「金牛」「おうし」, Gemini (Twins)「双児」「ふたご」, Cancer (Crab)「巨蟹(きょかい)」「かに」, Leo (Lion)「獅子」「しし」, Virgo (Virgin)「処女」「おとめ」, Libra (Balance)「天秤」「てんびん」, Scorpio (Scorpion)「天蠍(てんかつ)」「さそり」, Sagittarius (Archer)「人馬」「いて」, Capricorn (Goat)「磨羯(まかつ)」「やぎ」, Aquarius (Water Bearer)「宝瓶(ほうへい)」「みずがめ」, および Pisces (Fishes)「双魚」「うお」の 12 区画》. ◆ **zo·di·a·cal** /zoudáıək(ə)l/ *a* [OF＜L＜Gk (*zōion* animal)]

zodíacal constellátion 〘天〙zodiac を構成する星座《星占いでいう 12 星座のいずれか》, 獣帯星座 (⇨ the signs of the ZODIAC).

zodíacal líght 〘天〙黄道光.

zod·i·co /zɑ́dəkòu/ *n* [°Z-] ZYDECO.

Zoe /zóui, *zóu/ ゾーイ《女子名》. [Gk＝life]

zo·ea, zo·aea /zouí:ə/ *n* (*pl* **-eae, -ae·ae** /-í:ì:/, ～s) 〘生〙ゾエア《カニなど十脚目の甲殻類の幼生》. ◆ **zo·é·al** *a*

Zoe·ter·meer /zù:tərméər/ ズーテルメール《オランダ西部 South Holland 州の市》.

zo·e·trope /zóuitròup/ *n* 回転のぞき絵《回転仕掛けのおもちゃ; のぞき穴から筒内の画が動いて見える》.

Zof·fa·ny /zɑ́fəni/ ゾファニー **John [Johann]** ～ (c. 1733–1810)《ドイツ生まれの英国の画家; 肖像画・団欒(だんらん)図を得意とした》.

zof·tig /zɑ́ftıg/ *a**«俗» ZAFTIG.

Zog /zóug/, **Zogu** /zóugu/ ゾグ ～ **I** (1895–1961)《アルバニア王 (1928–39); 本名 Ahmed Bey Zogu; 首相 (1922–24), 大統領 (1925–28), 28 年王位について独裁》.

Zo·har /zóuhɑ̀:r/ *n* ゾハール《モーセ五書 (Pentateuch) に関する中世の神秘主義的研究書》.

zo·ic /zóuık/ *a* 動物の; 動物生活の; 〘地質〙〈岩石が〉動植物の痕跡や化石を含む (cf. AZOIC). [逆成＜*azoic*]

-zo·ic[1] /zóuık/ *a comb form*「動物の生活が…な様式の」: holo*zoic*. [Gk *zōion* animal, *-ic*]

-zo·ic[2] /zóuık/ *a comb form*「(特定の)地質時代の[に関する]」: Meso*zoic*. [Gk *zōē* life, *-ic*]

zois·ite /zɔ́ısàıt/ *n* 〘鉱〙黝簾(ゆうれん)石, ゾイサイト. [Baron Sigismund *Zois* von Edelstein (1747–1819) スロヴェニアの貴族]

Zo·la /zóulə, -lɑ:, zoulɑ́:; *F* zɔla/ ゾラ **Émile(-Édouard-Charles-Antoine)** ～ (1840–1902)《フランスの自然主義小説家; 'Rougon-Macquart' 双書 (1871–93)》. ◆ **Zòla·ésque** *a*

Zóla·ìsm *n* ゾラ主義, ゾラ風の自然主義. ◆ **-ist** *n*

Zól·ling·er-Él·li·son sỳndrome /zɑ́lıŋərélǝs(ə)n-/ 〘医〙ゾリンジャー-エリソン症候群《消化性潰瘍・胃液過酸症・膵非β細胞腫が主な特徴》. [Robert M. *Zollinger* (1903–92), Edwin H. *Ellison* (1918–70) 米国の外科医]

Zöll·ner's lines /zə́:rlnərz ━/ *pl* [the] 〘心〙ツェルナーの線《付加した斜線の影響で偏って見える平行線》. [J. K. F. *Zöllner* (1834–82) ドイツの物理学者]

Zoll·ver·ein /tsɔ́(:)lf(ə)ràın/ *n* 《特に 19 世紀ドイツの》関税同盟. [G]

Zom·ba /zɑ́mbə/ ゾンバ《マラウイ南東部 Malawi 湖の南にある市; 1966 年独立後 75 年まで同国の首都》.

zom·bi(e) /zɑ́mbi/ *n* **1** 《西アフリカ・ハイチ・米国南部などに行なわれるヴードゥー教の》蛇神. **2 a** ゾンビ《**1)** 死体にはいってこれを生き返らせる霊力 **2)** 霊力によって生き返った死体》. **b** «口» 生気のない人間, 生ける屍(しかばね), ふぬけ, とんま; «口» 変人, 奇人, ぞっとしない[気味の悪い]やつ. **c** «カナダ軍俗» ゾンビ《第二次大戦時に国防兵として徴兵された男子》. **3** ゾンビ《数種のラム・リキュール・果汁を混ぜた飲み物》. **4** «電算俗» ゾンビ(コンピューター), ゾンビ PC《ウイルス(特にボット)感染などにより管理者に気づかれないまま遠隔操作され, 組織的なスパムやウイルス発信・サイバー攻撃などの道具に使われるコンピューター》. ◆ **～·like** *a* [WAfr＝fetish]

zóm·bi·fỳ *vt* ゾンビ(のよう)にする. ◆ **zòm·bi·fi·cá·tion** *n*

zómbi·ìsm *n* 蛇神信仰(に基づく儀式[魔法, まじない]); ゾンビ[蛇神]的状態[特徴].

zon·al /zóun(ə)l/ *a* 帯 (zone) の; 帯状の. ◆ **～·ly** *adv*

zónal sóil 〘地質〙成帯性土壌.

zo·na pel·lu·ci·da /zóunə pəlú:sədə, -pεljú:-/ (*pl* **zo·nae pel·lu·ci·dae** /-nì: pəlú:sədì:, -pεl(j)ú:-/) 〘生〙透明帯《哺乳類の卵にある透明な卵膜》. [NL]

zo·na·ry /zóunəri/ *a* 帯 (zone) 状の.

zon·ate /zóunèıt/, **zon·at·ed** /-èıtəd/ *a* 帯 (zone) [帯状斑紋]のある; 帯状の; 帯状配列の.

zo·na·tion /zounéıʃ(ə)n/ *n* 帯状(斑紋); 帯状配列[分布, 区分], 成帯構造.

Zond /zɑ́nd/ ゾンド《ソ連の一連の惑星・月探査機; 同 3 号は初めて月の裏側の写真をもたらした (1965)》. [Russ＝sonde, probe]

zon·da /zóundə, zɑ́n-, s-/ *n* 〘気〙ソンダ《アンデス山脈からアルゼンチンのパンパスへ吹く熱い北風》. [AmSp]

zone[1] /zóun/ *n* **1 a** 地帯, 地域; 環状地帯; 《都市内の》…(指定)地区[地域]; 《道路の》交通規制区間: the school [business, residence] ～ 文教[商業, 住宅]地区 / SAFETY ZONE. **b***《大都市内の》郵便区 (＝*postal delivery zone*); *《同一料金の》小包郵便区域 (＝*parcel post zone*); 《鉄道・電話などの》同一料金区域. **c***出荷地から

一定距離内にある鉄道駅の総数. **d**〘スポ〙ゾーン; ZONE DEFENSE. **e** *«口»《スポーツ競技者などの》集中力がぐっと高まった状態: in the ~ ⇨成句. **f** TIME ZONE. **2**《思考・行動などの》領域: ~ of action [influence, interest, operations] / ~ of fire 射界. **3 a**〘解〙《輪状》帯, 環帯;〘植・動〙《他の部分と色や組成の異なる》帯. **b**〘数〙《球面・円錐・円筒などの》帯(ℹ): spherical ~〘数〙球帯. **c**〘地理〙帯(ℹ): FRIGID [TEMPERATE, TORRID, etc.] ZONE. **d**〘生物地理〙帯(ℹ). **e**〘地質〙層準 (horizon). **f**〘電算〙ゾーン《穿孔カードで 0–9 の数字以外を表わす領域》. **g**〘電算〙ゾーン《ネットワーク上のユーザーの下位グループ》. **4** «古・詩»帯 (girdle), ベルト. ● **in the ~** *«口» ノリに乗って, 絶好調で. ► *vt* 帯で囲む[巻く]; 帯[地帯, 区域]に分かつ;《特定の》区域[地帯]とする[に指定する] 〈*as, for*; *off*〉; 同一料金別の郵便区に分ける. ► *vi* 帯状になる, ゾーンを形成する. ► *a* ZONAL; ゾーンディフェンスの. ♦ **zón·er**[1] *n* [F or L<Gk *zōnē* girdle, belt]

zone[2] *n* *«俗» 麻薬に酔った人, 麻薬中毒者, 薬中 (=**zóner**[2]); *«俗» ぼうっとしたやつ; *«俗» 幻覚状態 (ozone). ● **in a ~** *«俗» ぼうっとして, 集中できない状態で, 空想にふけって. ► *vi, vt* [次の成句で]: **~ out** «俗» 意識をなくしかける, ぼんやりする, 散漫になる, 酔っぱらう, (薬で)もうろうとなる; *«俗» 意識から消す. [*ozone* 層が地上離れたところにあることから]

zoned[1] /zóund/ *a* (ZONING で) 区分けされた;〘植・動〙帯 (zone) のある; 帯 (zone) を着けている, 貞節な, 処女の.

zoned[2] *a* **1** [[s]~ out] *«俗»《酒・麻薬に》酔って, (意識が)ぼうっとなって, ふらふらで. **2** くたくたになって. [*zone*[2]]

zóne defènse〘バスケ・サッカーなど〙ゾーンディフェンス (cf. MAN-TO-MAN DEFENSE).

zóne electrophorèsis〘化〙ゾーン電気泳動《液中でなく固形の充塡物を通じた電気泳動による物質の帯状の分離》.

zóne mèlting〘冶〙帯域熔融法[融解], ゾーンメルティング (ZONE REFINING).

zóne of saturátion 飽水帯, 飽和帯《地下水面 (water table) より下の地下水に満ちた部分》.

zóne plàte〘光〙同心円回折板, 輪帯回折板, ゾーンプレート《光線を焦点に集中》.

zóne refìning ゾーン精製法《材料の精製法; 棒状の金属などの一端から狭い溶融部分を順次移動し, 不純物を他端に集中させるもの》. ♦ **zóne-refìned** *a*

zóne thèrapy ゾーンセラピー《足裏や手の各部位が体の他の部位の健康状態に結びついているという考えに基づく代替医療; いわゆる足つぼマッサージ, リフレクソロジー (reflexology) など》.

zóne tìme〘天〙時刻帯時, 経帯時, 地方時.

Zon·gul·dak /zɔ̀ːŋɡəldáːk/ ゾングルダク《トルコ北西部, 黒海沿岸の港湾都市》.

Zon·ian /zóuniən, -njən/ *n* パナマ運河地帯 (Canal Zone) に居住する米国市民, ゾーン人.

zon·ing /zóunɪŋ/ *n*〘都市計画〙《工場・住宅地帯などの》地帯設定, 地域地区規制, ゾーニング.

zonk /zɔ́(ː)ŋk, záŋk/ «俗» *v* [[o]~ out] *vt* 前後不覚にする, ぼうっとさせる,《酒・麻薬で》酔わせる; くたくたに疲れさせる; バシッと打つ, ガーンとやる, 力で圧倒する. ► *vi* 眠りこける; 疲れはてる; 昏倒する, 死ぬ;《酒・麻薬で》前後不覚になる, 酔いつぶれる, ぼけっとなる. ► *int* ズン, ガーン, ドーン, ゴーン, バン, バシッ, ボカッ《強烈な一撃》. [逆成く↓]

zonked /zɔ́(ː)ŋ(k)t, záŋkt/ «俗» *a*《酒・麻薬で》酔っぱらった; *熱狂した, 酔った 〈*on*〉; 疲れはてた; 眠りこけた (asleep). [C20 (imit)]

zónked-óut *a* «俗» ZONKED.

zónk·er *«俗» *n* 大酒のみ, 飲み助 (drunkard); マリファナ喫煙者.

zónk·ers *a* [次の成句で]: **go ~** *«俗» 熱狂する, 興奮する, 頭がおかしくなる.

zónk·ing *a, adv* «俗» ものすごく, ものすごい.

zónky, zónk·ey *a* «俗» 奇妙な, 異様な.

Zón·ta Internátional /zántə-/ 国際ゾンタ《女性の地位向上を目的とした国際的な奉仕団体で, 管理職や専門職の指導的立場にいる女性を会員とする; 1919 年 New York 州 Buffalo で発足; Zonta とはアメリカ先住民の Lakota 語で「誠実」「信頼」の意》.

Zon·ti·an /zántiən/ *n* ZONTA INTERNATIONAL の会員.

zon·ule /zóunjùːl; zɔ́n-/ *n* 小さな帯;〘解〙《眼の》毛様小帯. ♦ **zo·nu·lar** /zóunjələr; zɔ́n-/ *a*

zo·nure /zóunjùər/ *n*〘動〙GIRDLED LIZARD.

zoo /zúː/ *n* (*pl* **~s**) 動物園 (zoological garden); «口» ごたごたと込み合った[混乱した, 無秩序な]ところ[集団]; *«鉄道俗»《貨物列車の》車掌車; *«軍俗» ジャングル(地域); *«CB 無線俗» 警察署. [*zoological* garden]

zoo- /zóuə/ ⇨ZO-.

zoo·bang /zúːbæ̀ŋ/ *a* *«俗»《酒に》酔って.

zòo·bénthos *n*〘生態〙底生動物.

zòo·biótic *a*〘生態〙動物に寄生する.

zóo·blàst *n*〘生〙動物細胞.

zòo·chémistry *n* 動物化学. ♦ **zòo·chémical** *a*

zóo·chòre *n*〘植〙《その種子が動物によって散布される》動物散布植物.

zòo·dynámics *n* 動物力学; 動物生理学.

zo·oe·ci·um, zo·e- /zouíːʃiəm/ *n* (*pl* **-cia** /-ʃiə/)〘動〙虫室, 虫房《群体性の動物であるコケムシ類 (bryozoans) の個虫 (zooid) が収まっているコップあるいは箱のような保護骨格; 虫室の壁はゼラチン質・角質・石灰質などさまざまな分泌物によって補強されている》.

zooed /zúːd/ *a* *«俗» 酔っぱらった.

zóoed óut *a* «サーフィン俗» 込み合った, 芋の子洗いの.

zóo·ey, zóo·ie *a* «俗» 動物園みたいな, きたならしい, 雑然とした, 混乱した, 粗野な. ► *n* *«麻薬俗» マリファナタバコの吸いさし用パイプ (cf. ROACH[2]).

zòo·flágellate *n*〘動〙動物性鞭毛虫.

zòo·gámete *n*〘生〙運動性配偶子, 動配偶子.

zo·og·a·my /zouáɡəmi/ *n*〘生〙有性生殖.

zòo·génic, zo·og·e·nous /zouáʤənəs/ *a* 動物による, 動物が原因の, 動物原性の.

zòo·geógraphy *n*〘生〙動物地理学. ♦ **-pher** *n* **-geo·gráphic, -ical** *a* **-ical·ly** *adv*

zoo·glea, -gloea /zòuəɡlíːə/ *n* (*pl* **~s, -gle·ae** /-ɡlíːiː, -àɪ/)〘菌〙《寒天状の物質に包まれた》細菌集団. ♦ **-glé·al, -glé·ic** *a*

zóo·gràft·ing *n* 動物組織の人体移植.

zo·og·ra·phy /zouáɡrəfi/ *n* 動物誌学, 動物記載学; 動物地理学 (zoogeography). ♦ **-pher** *n* «古» 動物誌学者. **zòo·gráph·ic, -i·cal** *a*

zo·oid /zóuɔɪd/〘生〙*n* 個虫《群体を構成する個員》;《分裂・増殖によって生じる》独立個体; 子虫, 類生物《精子など》. ♦ **zo·ói·dal** *a*

zóo·kèep·er *n* 動物園の管理者[所有者, 飼育係].

zooks /zúks/ *int* «古» チェッ, ちくしょう!《軽いののしり》. [gad-*zooks*]

zool /zúːl/ *«俗» *n* いかした[ごきげんな]もの; [*derog*] イタリア人, イタ公. ♦ **zóo·lie, zóo·ly** *a*

zool. zoological ♦ zoology.

zo·ol·a·ter /zouálətər/ *n* 動物崇拝[偏愛]者.

zo·ol·a·try /zouálətri/ *n*《神・自然力・祖霊などの表象または顕現としての》動物崇拝; 動物偏愛,《特に》愛玩動物偏愛. ♦ **zo·ól·a·trous** *a*

zoo·lix /zúːlɪks/ *n* *«方» シロップ.

zoo·log·i·cal /zòuəláʤɪk(ə)l/, **-log·ic** *a* 動物学(上)の; 下等動物の: ~ infections《ヒトは冒されない》下等動物のかかる各種伝染病. ♦ **~·ly** *adv* 動物学上.

zoológical gárden 動物園 (zoo).

zo·ol·o·gy /zouáləʤi, "zu-/ *n* 動物学; 動物学論文; 動物相 (fauna); 動物生態. ♦ **-gist** *n* 動物学者. [NL (Gk *zōion* animal)]

zoom /zúːm/ *vi* **1** ブーン[ビューン]という音をたてる; ブーンと音をたてて走る[動く, 飛ぶ]; すばやく動く, 突っ走る 〈*along, across, past*, etc.〉; «俗» 急いで去る, さっと消える 〈*off*〉. **2**〘空〙急上昇する; 急騰する, 急増する 〈*up*〉. **3**〈カメラ・人が〉《ズームレンズを用いて》(被写体に)接近する, (…を)クローズアップで写す 〈*in* (*on*)〉;《ズームレンズを用いて》被写体から遠ざかる 〈*out*〉. **4** *«俗» 無料[ただ]で手に入れる. **5** *«俗» ドラッグで陶酔する 〈*off*〉. ► *vt* **1** …にブーンという音をたてさせる; ブーン[ビューン]と動かす, 大急ぎで運ぶ[連れていく] 〈*over, to*〉. **2**〘空〙〈飛行機を〉急上昇させる,〈障害物を〉急上昇で飛び越える. **3**《ズームレンズを用いて》〈カメラを〉ズームさせる 〈*in* [*out*]〉;〘電算〙《GUI で》〈ウインドーの〉大きさを変更する《拡大または縮小する》. **4** *«俗» ただで手に入れる; *«俗» 無料で…にはいる, もぐり込む. ● **~ in on**… *«口» 〈話などが〉…に集中する,〈人が〉…に注目する, ねらいをつける;〈計画などに〉努力を集中する; *«口» …に襲いかかる. **~ out** «口» 急いで行く; *«俗» 自制を失う, かっとなる. **~ sb out** «俗» ひどく興奮させる[驚かせる, 魅惑する], 圧倒する. **~ through** (…を)さっと通過する; (〈仕事などを〉)さっさと片付ける. **~ up** *«俗» 〈車が〉走って来て[行って]止まる (pull up). ► *n* **1**〘空〙急(角度)上昇, ズーム;《景気などの》急上昇;〘写・映・テレビ〙ズーム《画像の急激な拡大または縮小》, ZOOM LENS. **2** ズーム《ブランデー・蜂蜜・クリーム入りカクテル》. **3** «俗» 覚醒剤, コカイン. **4** ブーンという音; [(〈*int*〉)] ビューン, ビュッ, グィーン, ブーン, ゴーッ. ► *a* 〈レンズが〉ズームの; ズームレンズの[を装置した]; *«口» 無料の, ただの. [C19 (imit)]

zoo·man·cy /zóuəmæ̀nsi/ *n* 動物占い.

zóom bòx〘電算〙ズームボックス, 拡大ボタン《GUI 環境のウインドー上隅にある, ウィンドーを全画面に拡大したり, もとに戻したりするボタン》.

zóom·er *n* ZOOM LENS.

zo·om·e·try /zouámətri/ *n* 動物測定. ♦ **zoo·met·ric** /zòuə-métrɪk/, **-ri·cal** *a*

zoom·ies /zúːmiz/ *n pl* *«俗» 米空軍(兵).

zóom lèns〘写・映・テレビ〙ズームレンズ《画像を連続的に拡大[縮小]させるため焦点距離が自由に変えられるレンズ》.

zóo·mòrph *n*《原始芸術で》動物図形, 獣形,《特に図案化した》獣形神.

zòo·mórphic *a* 動物をかたどった〈模様など〉;〈神・霊が〉動物の形をとった, 獣形神の; ZOOMORPHISM の.

zòo·mórphism *n* 動物形態観《神などを動物の形象や属性で表わす》;《美術・装飾などにおける》獣形[動物文]使用.

zoo·mor·phize /zòuəmɔ́:rfàɪz/ *vt* 〈神などを〉動物としてとらえる[形象化する], 動物形化する.

zo·on /zóuὰn/ *n* (*pl* **zoa** /zóuə/) 〘生〙 ZOOID. ◆ **zo·on·al** /zóuənl/ *a*

-zoon /zóuὰn, *-ən/ *n comb form* (*pl* **-zoa** /zóuə/)「動物」(cf. -ZOA): hemato*zoon*, spermato*zoon*. [Gk]

zoo·no·sis /zouάnəsəs, zòuənóu-/ *n* (*pl* **-no·ses** /-άnəsì:z, -nóusì:z/) 〘医〙 人獣[人畜]共通伝染病, 人獣伝染病, 動物原性感染症《動物からヒトに伝染する疾患》. ◆ **zoo·not·ic** /zòuənάtɪk/ *a* [-*nosis* (Gk *nosos* disease)]

zóon po·lit·i·kón /-pòulɪtɪkάn/ 政治的動物, 人間. [Gk]

zòo·párasite *n* 〘生態〙 寄生動物. ◆ **-parasític** *a*

zo·oph·a·gous /zouάfəgəs/ *a* 〘動〙 肉食(動物)の.

zóo·phìle *n* 〘植〙 動物媒植物(の種子); 動物愛護者; 動物性愛者.

zoo·phil·ia /zòuəfíliə/, **zo·oph·i·lism** /zouάfəlìz(ə)m/, **zo·oph·i·ly** /-άfəli/ *n* 動物(性)愛.

zòo·phílic *a* 動物にひかれる; 動物性愛の; 〈カなど昆虫が〉動物嗜好性の《ヒト以外の動物を好む》.

zo·oph·i·lous /zouάfələs/ *a* 動物にひかれる; 動物性愛の; 〘植〙 動物によって受粉する, 動物媒の (cf. ENTOMOPHILOUS); 〈カなど昆虫が〉《ヒト以外の》動物嗜好性の.

zòo·phóbia *n* 動物恐怖(症); 動物霊[動物としてとらえられた神や霊]に対する畏怖[畏敬]. ◆ **zo·oph·o·bous** /zouάfəbəs/ *a*

zóo·phỳte *n* 〘動〙 植虫類《植物に似た無脊椎動物; サンゴ虫・海綿など》. ◆ **zòo·phýt·ic, -i·cal** /-fít-/ *a* [Gk (*zōion* animal, *phuton* plant)]

zòo·phytólogy *n* 植虫学.

zóo plàne* 選挙運動中の候補者を追う報道陣を運ぶ飛行機.

zóo·plànkter *n* プランクトン動物.

zòo·plánkton *n* 動物プランクトン (cf. PHYTOPLANKTON). ◆ **-planktónic** *a*

zóo·plàsty *n* ZOOGRAFTING.

zòo·semiótics *n* 動物記号学《動物間のコミュニケーションの研究》.

zóo·spèrm *n* SPERMATOZOON; ZOOSPORE.

zòo·sporángium *n* (*pl* **-gia**) 〘植〙 遊走子嚢(のう). ◆ **-sporángial** *a*

zóo·spòre *n* 〘植・動〙 精胞子, 遊走子. ◆ **zòo·spóral, zòo·spóric, zo·os·po·rous** /zouάspərəs/ *a*

zo·os·ter·ol /zouάstərɔ̀(:)l, -ròul, -rὰl/ *n* 動物ステロール《コレステロールなど; cf. PHYTOSTEROL》.

zoot /zú:t/ 《俗》 *a* いやに派手な, 最新流行の. ► *n* 気取り屋, めかし屋. [cf. *zoot suit*]

zòo·téchnics *n* [〈*sg/pl*〉] 動物飼育改良術, 畜産学, 動物操縦法. ◆ **zòo·téchnical** *a*

zoo·tech·ny /zóuətèkni/ *n* ZOOTECHNICS.

zoot·ed /zú:təd/ *a**《俗》《酒に》酔って.

zóo·thèism *n* 動物神崇拝.

zoot·ied /zú:tid/ *a**《俗》《酒・薬物に》酔って.

zo·ot·o·my /zouάtəmi/ *n* 動物解剖(学). ◆ **-mist** *n* **zoo·tom·ic** /zòuətάmɪk/, **-i·cal** *a*

zòo·tóxin *n* 動物毒素《ヘビ毒など》. ◆ **-tóx·ic** *a*

zóot snòot*《俗》でっかい鼻(をしたやつ);*《俗》せんさく屋, 金棒引き.

zóot sùit ズートスーツ《肩パッドがはいった大きくて長いジャケットと, 股上が深くヒップからひざにかけてぶかっと太くなり裾は細くなったズボンからなる派手な男子服》;"《警察俗》遺体袋 (body bag). ◆ **zóot-sùit·er** *n* [*suit* の押韻俗語]

zooty /zú:ti/ *a* ズートスーツを着たような;*《俗》超モダンな, 派手な.

zo·o·xan·thel·la /zòuəzænθélə/ *n* (*pl* **-lae** /-li/) 〘生〙 褐虫藻, ズーキサンテラ《造礁サンゴなどの体内に共生する渦鞭毛虫》.

zorb·ing /zɔ́:rbɪŋ/ *n* ゾービング《大きな透明なボールの中にはいってころがるスポーツ》.

zorch /zɔ́:rʧ/ *vi, vt* 《ハッカー》 すばやく動く[動かす].

zo·ri /zɔ́:ri/ *n* (*pl* ～, ～**s**) ぞうり. [Jpn]

zor·il /zɔ́(:)rəl, zάr-/, **zo·rille** /zəríl/, **-ril·la** /zərílə/, **-ril·lo** /zərílou/ *n* (*pl* ～**s**) 〘動〙 **a** ゾリラ (＝*striped polecat*)《南アフリカ産のイタチの一種》. **b** 《アメリカ産の各種の》スカンク. [Sp (dim) ＜ *zorro* fox]

zorked /zɔ́:rkt/ *a**《俗》《酒に》酔って.

Zorn /sɔ́:rn, zɔ́:rn/ ソルン **Anders Leonhard** ～ (1860–1920)《スウェーデンの画家・銅版画家・彫刻家》.

Zórn's lémma /zɔ́:rnz-/ 〘数〙 ツォルンの補題《「任意の半順序集合は極大な部分順序集合をもつ」》. [Max A. *Zorn* (1906–93) ドイツ生まれの米国の数学者]

Zo·ro·as·ter /zɔ́:rouæ̀stər; zɔ̀rəuǽs-/, (OIran) **Zar·a·thu·shtra** /zæ̀rəθú:ʃtrə, -θʌ́ʃ-/, **-thu·stra** /-θú:strə, -θʌ́s-/ ゾロアスター, ザラスシュトラ (c. 628–c. 551)《ゾロアスター教の開祖》.

Zo·ro·as·tri·an /zɔ̀:rouǽstriən; zɔ̀r-/ *a* ゾロアスター(教)の. ► *n* ゾロアスター教徒. [↑]

Zoroástrian·ìsm, -ás·trìsm *n* ゾロアスター教, 拝火教《古代ペルシアの民族宗教, ササン朝までの国教; 主神 ORMAZD の象徴としての聖火を礼拝する》.

Zor·ri·lla y Mo·ral /zɔ́rí:jə ì: mərά:l/ ソリリャ・イ・モラル **José** ～ (1817–93)《スペインの詩人・劇作家》.

Zor·ro /zɔ́:rou/ ゾロ《スペイン領 California で活躍する黒覆面の怪傑; 初版は 1919 年に始まる米国の作家 Johnston McCulley (1883–1958) の冒険小説で, のち映画・テレビ・漫画にも登場; zorro はスペイン語で「キツネ」の意》.

zorse /zɔ́:rs/ *n* 〘動〙 ゾース《雄馬と雌シマウマの交配雑種》. [*zebra* ＋*horse*]

zos·ter /zάstər/ *n* 〘医〙 帯状疱疹 (herpes zoster). [Gk＝girdle]

zot[1] /zάt/ *n**《俗》《成績・得点の》ゼロ. [cf. ZIP[3]]

zot[2] *int* サッ, ビュッ《すばやい動き》,《雷などの》ドドーン, ズシーン! [imit]

zotz /zάts/*《俗》 *n* ゼロ, 零点 (zot), 何もなし (nothing). ► *vt* 撃ち殺す, バラす, 消す. [*zero* の *z*- と関係あるか]

Zou·ave /zuά:v/ *n* **1 a** ズアーヴ兵《フランス軍歩兵, もとアルジェリア人で編制しアラビア服を着た》. **b** ズアーヴ兵の服装[練兵術]を採用した隊員《米国南北戦争の義勇兵など》. **2** [～s, 〈*pl*〉] ズアーヴ (＝～ **pànts**)《上を広く, 腰部にギャザーを寄せ裾を狭くした, Zouave 兵のスタイルを模した女性のズボン》. [F＜Berber *Zwāwa* アルジェリアに住む部族]

Zoug ⇨ ZUG.

zouk /zú:k/ *n* ズーク《西インド諸島 Guadeloupe 島の民族音楽と西洋音楽の要素をミックスしたポップミュージック; 強烈なビートが特徴》. [F]

zounds /záundz/ *int* 《古》チェッ《軽いののしり; cf. OD[1]》. [*God's wounds*]

zow·ie* /záui/ *int* ウワー, ヒャー, キャー《驚き・喜び・賞賛の叫び声》. ► *n* 《俗》精気, 活力, 大きな(生きる)喜び.

zoy·sia /zɔ́ɪziə, -siə, -ʃə, -ʒə/ *n* 〘植〙 シバ属 (*Z*-) の各種多年草.

zoz·zled /zάz(ə)ld/ *a**《俗》酔っぱらった.

Z particle /zí: ―; zéd-/ 〘理〙 Z 粒子 (＝*Z boson*, Z^0 *boson*)《弱い相互作用を伝える中性粒子; cf. W PARTICLE》.

ZPG zero population growth 人口のゼロ成長.

Zr 〘化〙 zirconium.

z-score /zí: ―; zéd-/ *n* 〘統〙 z 得点 (STANDARD SCORE).

Zsig·mon·dy /*G* ʃígmɔndi/ ジグモンディ **Richard (Adolf)** ～ (1865–1929)《ドイツの化学者; ノーベル化学賞 (1925)》.

z-test /zí: ―; zéd-/ *n* 〘統〙 Z 検定《母集団の標準偏差が既知の場合に行なう検定; cf. T-TEST》.

Z therapy /zí: ―; zéd-/ 〘精神医〙 Z 療法《患者に対し一団の人びとが肉体的・精神的に手荒な扱いを加えることによって抑圧された感情の解放をはかる》. [Robert W. Zaslow (d. 2001) 米国の精神科医]

zu·brow·ka /zú:brəvkə; zubrɔ́vkə/ *n* ズブロフカ《コウボウ (sweet grass) の葉で香りをつけたウオツカ》. [Pol＜Russ＝sweet grass]

zuc·chet·to /zukétou, tsu-/ *n* (*pl* ～**s**) 〘カト〙 ズケット《聖職者が階級により異なる色を用いる椀を伏せた形の小さい帽子》. [It (*zucca* gourd)]

zuc·chi·ni /zukí:ni/ *n* (*pl* ～, ～**s**) 《米・豪》ズッキーニ (courgette")《ペポカボチャの一品種》. [It (dim)＜↑]

zuch /zʌ́ʧ/ *n**《俗》密告屋.

Zuck·er·berg /zʌ́kərbə̀:rg/ ザッカーバーグ **Mark (Elliot)** ～ (1984–)《米国の実業家; Facebook を創設 (2004)》.

Zug /(t)sú:k, zú:g/ ツーク (F **Zoug** /*F* zug/)《**1**) スイス中北部の州 **2**) 同州の州都; Zug 湖に臨む》; [Lake (of) ～] ツーク湖《スイス中北部の湖; Zug, Schwyz 両州にまたがる》.

Zug·spit·ze /(t)sú:kʃpìtsə, zú:g-, -spìtsə/ ツークシュピッツェ《ドイツ南部, オーストリアとの国境にある山 (2963 m)》.

Zug·un·ru·he /*G* tsú:kùnru:ə/ *n* 〘動〙《特に鳥の》移動[渡り]衝動. [G (*Zug* travel, *Unruhe* unrest)]

Zug·zwang /*G* tsú:ktsvaŋ/ *n* 〘チェス〙 ツークツワンク《自分の不利になるようなコマの動きしかできない局面》. ► *vt* 〈相手を〉ツークツワンクに追い込む. [G (*Zug* pull, *Zwang* force, compulsion)]

Zui·der [Zuy·der] Zee /záɪdər zéɪ, -zí:/ [the] ゾイデル海《オランダ北部の, かつての北海の入江; 現在はダムによって仕切られ IJsselmeer になっている》.

Zuid-Holland ⇨ SOUTH HOLLAND.

zuke /zú:k/ *vi**《俗》ゲロする, 吐く.

Zu·ker·man /zú:kərmən/ ズーカーマン **Pinchas** ～ (1948–)《イスラエルのヴァイオリン奏者》.

Zu'l-Hij·jah /zulhíʤa:/ *n* DHU'L-HIJJA.

Zu'l-Ka·dah /zulkά:da:/ *n* DHU'L-QA'DAH.

Zu·lo·a·ga /zù:louά:gə/ スロアガ **Ignacio** ～ (1870–1945)《スペインの画家》.

Zu·lu /zú:lu/ *n* **1 a** (*pl* ～, ～**s**) ズールー族《南アフリカ共和国東部 Natal 地方に居住する Bantu 系の民族》. **b** ズールー語. **2 a** ズールー《文字 z を表わす通信用語; ⇨ COMMUNICATIONS CODE WORD》. **b** 〘空・軍〙 GREENWICH MEAN TIME (＝～ **tìme**)《経度 0 (zero) の頭

字 z を表わす通信用語から》. **c** [ᵘz-] ᵘ《俗》 [*derog*] 黒人. ► *a* ズールー族[語]の. [(SAfr)]

Zúlu·lànd ズールーランド《南アフリカ共和国 KwaZulu-Natal 州北東部のインド洋に面する地区; Zulu 族が多い》.

Zu·ma /zúːmə/ ズマ **Jacob** (**Gedleyihlekisa**) ～ (1942–)《南アフリカ共和国の政治家; 大統領 (2009–)》.

zun /zʌ́n/ *n* 《俗》 にきび (pimple).

Zu·ni /zúːni, súː-/, **Zu·ñi** /zúːnji, súː-/ *n* **a** (*pl* ～, ～**s**) ズニ族《主に New Mexico 州北西部に住むアメリカインディアン》. **b** ズニ語.

Zúni·an, Zúñi·an *n* 〖言〗 ズニ語族《ズニ語だけ》. ► *a* ズニ族の; ズニ語(族)の.

zunk /zʌ́ŋk/ *int* ズブッ, ブスッ, ザクッ, ズーン, ドーン《突き刺したり切ったり 衝突したりする音》. [imit]

zunked /zʌ́ŋkt/ *a**《俗》《酒・薬物に》酔っぱらった.

Zup? /zʌ́p, tsʌ́p/ *int* 《口》 TSUP?

zup·pa in·gle·se /tsúːpə ɪŋgléɪzeɪ, zúː-, -ɪn-, -seɪ/ [ᵒz- I-] ズッパ・イングレーゼ《ラム酒に浸したスポンジケーキを層状に重ねて間にカスタードをはさみ, クリームをかぶせてフルーツをあしらったデザート》. [It=English soup]

Zur·ba·rán /zùərbərάːn/ スルバラン **Francisco de** ～ (1598–1664)《スペインの画家》.

zur Hau·sen /*G* tsuːr háuzn/ ツアハウゼン **Harald** ～ (1936–)《ドイツのウイルス学者; ヒトパピローマウイルス (HPV) が子宮頸癌の主因であることを発見, ノーベル生理学医学賞 (2008)》.

Zu·rich /zúrɪk; z(j)ύə-/, (G) **Zü·rich** /*G* tsýːrɪç/ **1** チューリヒ《(**1**) スイス北部の州 **2**) 同州の首都; Zurich 湖北西岸にある》. **2** [Lake (of) ～] チューリヒ湖《スイス中北部の湖》. ♦ **Zü·rich·er** /zúrɪkər; z(j)ύə-; *G* tsýːrɪçər/ *n*

Zut·phen /zʌ́tfən/ ズトフェン《オランダ東部の IJssel 川右岸の町》.

Zuyder Zee ⇨ ZUIDER ZEE.

ZW Zimbabwe.

Zweig /zwάɪg, swάɪg; *G* tsvάɪk/ ツヴァイク (**1**) **Arnold** ～ (1887–1968)《ドイツの作家・劇作家・エッセイスト》 (**2**) **Stefan** ～ (1881–1942)《オーストリアの作家・伝記作家》.

Zwick·au /tsfíkàu, zwík-; *G* tsvíkau/ ツヴィッカウ《ドイツ東部 Saxony 州の鉱工業都市》.

Zwícky gàlaxy /tsvíki-/ 〖天〗 ツヴィッキー銀河, コンパクト銀河《明るい領域が小さい中心核に集中した銀河》. [Fritz *Zwicky* (1898–1974) ブルガリア生まれのスイスの天文学者]

zwie·back* /swíːbæk, swάɪ-, zwíː-, zwάɪ-, -bὰːk; zwíː-/ *n* 〖食品〗 ツヴィーバック《ラスク (rusk) の一種; しばしば 歯が生え始めた乳児に与える》. [G=twice baked]

Zwing·li /zwíŋ(g)li, swíŋ(g)li; *G* tsvíŋli/ ツヴィングリ **Huldrych** [**Ulrich**] ～ (1484–1531)《スイスの宗教改革者》.

Zwíngli·an *a* ツヴィングリ(の教え)の. ► *n* ツヴィングリ(の教え)の信奉者, ツヴィングリ派の信徒. ♦ **～·ìsm** *n* ツヴィングリの教え[教義]《特に 聖餐においてキリストの体は象徴的に存在するとする説》. **～·ist** *n*

zwi·schen·zug /zvíʃənzùːg; *G* tsvíʃntsuːk/ *n* 〖チェス〗 ツヴィッシェンツーク《コマ交換の間に局面を有利に運ぶ戦法》. [G=in-between move]

zwit·ter·ion /zwítəràɪən, swít-/ *n* 〖化〗 双(極)性[両性]イオン. ♦ **zwìt·ter·iónic** *a* [G=hybrid ion]

Zwol·le /zvɔ́ːlə, zwɔ́ː-/ ズウォレ《オランダ北部 Overijssel 州の州都》.

Zwor·y·kin /zwɔ́ːrɪkən/ ズウォリキン **Vladimir Kosma** ～ (1889–1982)《ロシア生まれの米国の電気技術者; 最初に実用テレビカメラを開発》.

Zy·ban /záɪbæn/ 〖商標〗 ザイバン《BUPROPION の商品名で, 経口禁煙治療薬》.

zy·de·co /záɪdəkòu/ *n* (*pl* ～**s**) [ᵒZ-] 〖楽〗 ザイデコ, ザディコ《フランス起源のダンス曲にカリブ音楽やブルースの要素を採り入れ, ギター・洗濯板・アコーディオンを用いて小グループで演奏する南部 Louisiana の大衆音楽》. [? F *les haricots* haricot beans; ルイジアナクレオールのダンス曲 *Les Haricots Sont Pas Salés* から]

zyg- /zάɪg, zíg/, **zy·go-** /zάɪgou, zíg-, -gə/ *comb form* 「くびき(のように連結した)」「対(つい)」「接合」「頬骨の」 [Gk (*zugon* yoke); ⇨ ZEUGMA]

zyg·al /zάɪgəl/ *a* H 字形の: the ～ fissure 〖解〗《大脳の》H 字裂溝.

zỳg·apóphysis *n* (*pl* **-ses**) 〖解・動〗 脊椎関節突起. ♦ **zỳg·apophýseal** *a*

zỳgo·dác·tyl, -tyle /-dǽkt(ə)l/ *a* 〈鳥が〉対指足の; SYNDACTYL. ► *n* 対指足類の鳥《キツツキ・オウムなど》. ♦ **-dác·tyl·ìsm** *n*

zỳgo·dáctylous *a* ZYGODACTYL.

zỳgo·génesis 〖生〗 *n* 特殊な胚細胞[配偶子]による生殖; 接合子[体]形成. ♦ **-genétic** *a*

zy·goid /zάɪgɔ̀ɪd, zíg-/ *a* 〖生〗 接合子[体]の.

zy·go·ma /zaɪgóumə, zɪ-/ *n* (*pl* **-ma·ta** /-tə/, ～**s**) ZYGOMATIC ARCH [BONE, PROCESS].

zy·go·mat·ic /zàɪgəmǽtɪk, zìg-/ 〖解〗 *a* 頬骨の. ► *n* ZYGOMATIC BONE.

zygomátic árch 〖解〗 頬骨弓.

zygomátic bóne 〖解〗 頬骨 (=*malar*, *cheekbone*).

zygomátic prócess 〖解〗 頬骨突起.

zỳgo·mórphic, -mórphous *a* 〖植・動〗 左右相称の. ♦ **-mórphism, -mórphy** *n* 左右相称(配列).

zy·go·phyl·la·ceous /zàɪgoufəléɪʃəs, zìg-/ *a* 〖植〗 ハマビシ科 (Zygophyllaceae) の.

zýgo·phỳte *n* 〖植〗 接合植物.

zy·gop·ter·an /zaɪgáptərən/ *a*, *n* 〖昆〗 均翅(きん)類の(昆虫)《イトトンボなど》.

zy·go·sis /zaɪgóusəs, zɪ-/ *n* (*pl* **-ses** /-sìːz/) 〖生〗《生殖細胞の》接合. ♦ **zy·gose** /zάɪgòus, zíg-/ *a*

zy·gos·i·ty /zaɪgásəti, zɪ-/ *n* 接合子[体]の構造[特徴].

zýgo·spèrm *n* ZYGOSPORE.

zýgo·spòre *n* 〖植〗 接合胞子. ♦ **zy·go·spor·ic** /zàɪgəspɔ́(ː)rɪk, -spár-/ *a*

zy·gote /zάɪgòut, zíg-/ *n* 〖生〗 接合子, 接合体. ♦ **zy·got·ic** /zaɪgátɪk, zɪ-/ *a* **-i·cal·ly** *adv* [Gk *zugōtos* yoked; ⇨ ZEUGMA]

zýgote intrafallópian tránsfer 〖医〗 接合子卵管内移植(法), ジフト(法)《不妊治療技術の一つ; 卵と精子を体外で受精させて卵管に移植する; 略 ZIFT》.

zy·go·tene /zάɪgətìːn, zíg-/ *n*, *a* 〖生〗 合糸期(の), 接合(糸)期(の), ザイゴテン期(の)《減数分裂の第一分裂前期において, leptotene 期に続く時期》.

-zy·gous /zάɪgəs, zíg-/ *a comb form* 「(特定の)接合体構造を有する」: homo*zygous*. [Gk=yoked]

zym- /zάɪm/, **zy·mo-** /zάɪmou, -mə/ *comb form* 「酵母」「酵素」「発酵」 [Gk (↓)]

zy·mase /zάɪmèɪs, -z/ *n* 〖生化〗 チマーゼ《糖を分解してアルコールと炭酸ガスにする酵素》. [F (↓)]

zyme /zάɪm/ 《廃》 *n* 酵素; 発酵病 (zymosis) の病素. [Gk *zumē* leaven]

-zyme /zàɪm/ *n comb form* 「酵素」: lyso*zyme*. [↑]

zy·mo·gen /zάɪməʤən/ *n* 〖生化〗 酵素前駆体, 酵素原, チモーゲン (=*proenzyme*).

zy·mo·gene /zάɪməʤìːn/ *n* ZYMOGEN.

zỳmo·génesis *n* 〖生化〗《酵素前駆体の》酵素化.

zỳmo·génic, zy·mog·e·nous /zaɪmáʤənəs/ *a* 〖生化〗 発酵を起こす, 澱粉分解作用で活力を得る; 発酵性の; ZYMOGEN の.

zýmo·gràm *n* 〖生化〗 酵素電気泳動像[図], ザイモグラム.

zy·mol·o·gy /zaɪmáləʤi/ *n* 発酵学, 酵素学. ♦ **-gist** *n* **zy·mo·log·ic** /zàɪmәláʤɪk/, **-i·cal** *a*

zy·mol·y·sis /zaɪmáləsəs/ *n* 発酵 (fermentation). ♦ **zy·mo·lyt·ic** /zàɪməlítɪk/ *a*

zy·mom·e·ter /zaɪmámətər/ *n* 発酵度測定器.

zỳmo·plástic *a* 酵素の形成に関与する.

zy·mo·san /zάɪməsæ̀n/ *n* 〖生化〗 チモサン, ザイモサン《酵母から得られる多糖; 抗補体作用をもつ》.

zy·mo·sim·e·ter /zàɪməsímətər/ *n* ZYMOMETER.

zy·mo·sis /zaɪmóusəs, zɪ-/ *n* (*pl* **-ses** /-sìːz/) 伝染病; 発酵 (fermentation); 《廃》 発酵病.

zy·mos·then·ic /zàɪmasθénɪk/ *a* 酵素作用を強化する.

zy·mot·ic /zaɪmátɪk/ *a* 発酵(性)の; 発酵病[伝染病]の: ～ disease 発酵病《細菌性疾患の古名》. ♦ **-i·cal·ly** *adv*

zy·mur·gy /zάɪməːrʤi/ *n* 醸造学, 発酵化学.

Zyr·i·an /zírian/ *n* ジリエーン語 (=*Komi*, *Syrian*)《Finno-Ugric 語派に属する》. ► *a* ジリエーン語[人]の.

zy·thum /zάɪθəm/ *n* 古代エジプト[北方民族]のビール.

Z⁰ boson /zíːzìərou ―́―/; zéd-/ 〖理〗 Z⁰ ボソン (Z PARTICLE).

ZZZ, zzz, z-z-z グーグー, ブルンブルン, ブンブン, ブーン《いびき, 動力のこの音, ハチ[ハエなど]の羽音; 特に 漫画で眠っているのを示す》.

アルファベット表

(欄の右は各字母のローマ字転写)

ヘブライ語

א	aleph	’ [1]
ב	beth	b, bh
ג	gimel	g, gh
ד	daleth	d, dh
ה	he	h
ו	waw	w
ז	zayin	z
ח	heth	ḥ
ט	teth	ṭ
י	yod	y
כ ך[2]	kaph	k, kh
ל	lamed	l
מ ם[2]	mem	m
נ ן[2]	nun	n
ס	samekh	s
ע	ayin	‘
פ ף[2]	pe	p, ph
צ ץ[2]	sadhe	ṣ
ק	qoph	q
ר	resh	r
שׂ	sin	ś
שׁ	shin	sh
ת	taw	t, th

[1] 語頭のものは転写しない
[2] 語末でのみ用いられる形

ギリシア語

Α α	alpha	a
Β β	beta	b
Γ γ	gamma	g, n
Δ δ	delta	d
Ε ε	epsilon	e
Ζ ζ	zeta	z
Η η	eta	ē
Θ θ	theta	th
Ι ι	iota	i
Κ κ	kappa	k
Λ λ	lambda	l
Μ μ	mu	m
Ν ν	nu	n
Ξ ξ	xi	x
Ο ο	omicron	o
Π π	pi	p
Ρ ρ	rho	r, rh
Σ σ ς[2]	sigma	s
Τ τ	tau	t
Υ υ	upsilon	y, u
Φ φ	phi	ph
Χ χ	chi	ch
Ψ ψ	psi	ps
Ω ω	omega	ō

ロシア語

А а	/á:/	a
Б б	/béɪ/	b
В в	/véɪ/	v
Г г	/géɪ/	g
Д д	/déɪ/	d
Е е	/jéɪ/	e
Ё ё	/jóʊ/	ë
Ж ж	/ʒéɪ/	zh
З з	/zéɪ/	z
И и	/í:/	i
Й й	/í: krǽtkəjə/	ĭ
К к	/ká:/	k
Л л	/él/	l
М м	/ém/	m
Н н	/én/	n
О о	/óʊ/	o
П п	/péɪ/	p
Р р	/éər/	r
С с	/és/	s
Т т	/téɪ/	t
У у	/ú:/	u
Ф ф	/éf/	f
Х х	/xá:/	kh
Ц ц	/tséɪ/	ts
Ч ч	/ʧéɪ/	ch
Ш ш	/ʃá:/	sh
Щ щ	/ʃʧá:/	shch
Ъ ъ	/tvjɔ́:rdi zná:k/	” [1]
Ы ы	/í/	y, i
Ь ь	/mjá:kki zná:k/	’ [2]
Э э	/éɪ/	é
Ю ю	/jú:/	yu
Я я	/já:/	ya

[1] ‘hard sign’
[2] ‘soft sign’

中国語の拼音(ピンイン)表記用

(/ / 内は英語の近似音)

a	/ɑ:/	Anhui (安徽)
b[1]	/b/	Benxi (本渓)
c[2]	/ts/	Cao (曹)
ch[3]	/ʧ/	Changchun (長春)
d[4]	/d/	Guangdong (広東)
e	/ə/	Mao Zedong (毛沢東)
f	/f/	Fujian (福建)
g[5]	/g/	Guilin (桂林)
h	/h/	Hangzhou (杭州)
i	/i:/	Shanxi (山西)
j[6]	/ʤ/	Jiang Qing (江青)
k[5]	/k/	Kunming (昆明)
l	/l/	Liaodong (遼東)
m	/m/	Ming (明)
n	/n/	Nanjing (南京)
ng	/ŋ/	Beijing (北京)
o	/oʊ/	Bo Hai (渤海)
p[1]	/p/	Poyang (鄱陽)
q[6]	/ʧ/	Qingdao (青島)
r	/r/	renminbi (人民幣)
s	/s/	Suzhou (蘇州)
sh	/ʃ/	Shanghai (上海)
t[4]	/t/	Tianjin (天津)
u	/u:/	Fuzhou (福州)
w	/w/	Wuxi (無錫)
x	/ʃ/	Xi’an (西安)
y	/j/	Yangzhou (揚州)
z[2]	/(d)z/	Zigong (自貢)
zh[3]	/ʤ/	Zhangzhou (漳州)

英語化した発音では b と p, t と d などは声(voice) の有無で区別するが, 中国語では以下の子音は気音(aspiration) の有無で対立する.

	(無気)		(有気)	
[1]	b	/p/	p	/p‘/
[2]	z	/ts/	c	/ts‘/
[3]	zh	/tʂ/	ch	/tʂ‘/
[4]	d	/t/	t	/t‘/
[5]	g	/k/	k	/k‘/
[6]	j	/tɕ/	q	/tɕ‘/

また, sh と x は英語の近似音では共に /ʃ/ であるが中国語では sh は /ʂ/ (そり舌音), x は /ɕ/ (硬口蓋音)と区別される.

ローマ数字

I	1	X	10	XIX	19	L	50	CCC	300
II	2	XI	11	XX	20	LX	60	CD	400
III	3	XII	12	XXI	21	LXX	70	D	500
IV	4	XIII	13	XXII	22	LXXX	80	DC	600
V	5	XIV	14	XXX	30	XC	90	DCC	700
VI	6	XV	15	XL	40	C	100	DCCC	800
VII	7	XVI	16	XLI	41	CI	101	CM	900
VIII	8	XVII	17	XLVIII	48	CII	102	M	1000
IX	9	XVIII	18	XLIX	49	CC	200	MM	2000

例: MCMLXXXIV *or* mcmlxxxiv = 1984, MCMXCIX *or* mcmxcix = 1999

特 殊 記 号

@	〖商〗at《commercial *a* という》: eggs @ 72 ¢ per dozen
©	copyrighted
€	euro(s)
&, &	and (⇨ AMPERSAND)
&c.	et cetera ; and so forth
£	pound(s)
®	registered trademark
℞	〖処方〗recipe ; 〖教会〗response
$, $	dollar(s)
℣	〖教会〗versicle
¥, ¥	yen
#	《数字の前に付けて》number ; 《数字のあとに付けて》pound : #7 thread 7 番糸 / 30# 30 ポンド
%	percent ; per hundred ; order of
‰	per thousand
⅌	per : sheep $5 ⅌ head 羊一頭 5 ドル
,	comma
;	semicolon
:	colon
.	period *or* full stop
—	dash *or* em dash
–	dash *or* en dash
~	swung dash
?	question mark *or* interrogation point
!	exclamation point
( )	parentheses *or* curves
[ ]	square brackets
/ /	oblique brackets [slashes]
〈 〉	angle brackets
{ *or* }	*or* ⏜ (curved) brace
' *or* '	apostrophe
-	hyphen
⹀ *or* ⸗	double hyphen
´	acute accent : café / régime
`	grave accent : père
ˆ *or* ˆ	*or* ˜ circumflex : château
˜	tilde : señor
¯	macron : cāke / fōcus / dūty
˘	breve : ăct / hŏt / cŭstom
¨	diaeresis : naïve / faïence
¸	cedilla : garçon
' ' *or* ' '	quotation marks, single
" " *or* " "	quotation marks, double
" *or* " *or* "	ditto marks
/	virgule *or* slant 斜線 : and/or
… *or* * * * *or* ——	ellipsis 省略符
…	suspension points
*	asterisk アステリスク
†	dagger 剣標《系図などで died》
‡	double dagger 二重剣標
§	section *or* numbered clause
‖	parallels 平行線
¶ *or* ⁋	paragraph
☞	index *or* fist 指じるし, 指標
⁂ *or* ⁂	asterism 三つ星じるし
°	degree《温度・角度・方位》: 30° (=thirty degrees)
′	minute《時間・角度・方位》; foot《尺度》: 35′ (=thirty-five minutes [feet])
″	second《時間・角度・方位》; inch《尺度》: 50″ (=fifty seconds [inches])

換 算 表

長 さ

	m	cm	in	ft	yd
1 m	1	100	39.3701	3.28084	1.09361
1 cm	0.01	1	0.393701	0.0328084	0.0109361
1 inch (in)	0.0254	2.54	1	0.0833333	0.0277778
1 foot (ft)	0.3048	30.48	12	1	0.3333333
1 yard (yd)	0.9144	91.44	36	3	1

	km	mi	n.mi
1 km	1	0.621371	0.539957
1 mile (mi) (=1760 yd)	1.60934	1	0.868976
1 nautical mile (n.mi)	1.85200	1.15078	1

1 light year$=9.46070\times10^{15}$ meters$=5.87848\times10^{12}$ miles
1 astronomical unit$=1.495\times10^{11}$ meters
1 parsec$=3.0857\times10^{16}$ meters$=3.2616$ light years

重 量

		1 grain	= 64.8 mg
		1 dram	= 1.772 g
16 drams	=	1 ounce	= 28.36 g
16 oz	=	1 pound	= 0.4536 kg
14 pounds	=	1 stone	= 6.35 kg
2 stones	=	1 quarter	= 12.7 kg
4 quarters	=	1 hundredweight	= 50.8 kg
20 cwt	=	1 (long) ton	= 1.016 tonnes
		1 gram	= 15.43 grain =0.035 oz
1000 g	=	1 kilogram	= 2.205 lb
1000 kg	=	1 tonne (metric ton)	= 0.984 (long) ton
1 slug	=	14.5939 kg	= 32.174 lb

速 度

	m/sec	km/hr	mi/hr	ft/sec
1 m/sec	1	3.6	2.23694	3.28084
1 km/hr	0.277778	1	0.621371	0.911346
1 mi/hr	0.44704	1.609344	1	1.46667
1 ft/sec	0.3048	1.09728	0.681817	1

1 knot=1 nautical mile per hour=0.514444 m/sec

面 積

1 are	$= 100\ m^2$	$119.6\ yd^2$
1 hectare	= 100 are	2.471 acres
1 km^2	= 100 hectares	$0.387\ mi^2$
1 acre	= 0.4047 hectare	$4840\ yd^2$
1 rood	$= 1011.7\ m^2$	1/4 acre
1 mi^2	$= 2.59\ km^2$	640 acres

体 積

$1\ inch^3 = 16.4\ cm^3$
$1728\ in^3 = 1\ foot^3 = 0.0283\ m^3$
$27\ ft^3 = 1\ yard^3 = 0.765\ m^3$
$1\ cm^3 = 0.061\ in^3$
$1\ m^3 = 1.308\ yd^3$

液 量

(米) 1 minim = 0.059 ml
60 minims = 1 fluid dram = 3.6966 ml
8 fl drams = 1 fluid ounce = 0.296 dl
16 fl oz = 1 pint = 0.4731
2 pt = 1 quart = 0.9461
4 qt = 1 gallon = 3.785 l

(英) 1 fluid ounce = 28.4 ml
5 fl oz = 1 gill = 0.142 l
4 gill = 1 pint = 0.568 l
2 pt = 1 quart = 1.136 l
4 qt = 1 gallon = 4.546 l

1 liter = 1.76 pt

温 度 計

$C=\frac{5}{9}(F-32)$ $F=\frac{9}{5}C+32$

C	F
115	239
110	
105	221
100	212
95	203
90	194
85	185
80	176
75	167
70	158
65	149
60	
55	131
50	122
45	113
40	104
35	95
30	86
25	77
20	68
15	59
10	
5	41
0	32
−5	23
−10	14
−15	5
−20	−4
−25	−13
−30	−22

F	C
240	
230	
220	104
210	99
200	93
190	88
180	82
170	77
160	71
150	66
140	
130	54
120	49
110	43
100	38
90	32
80	27
70	21
60	16
50	
40	4
30	−1
20	−7
10	−12
0	−18
−10	−23
−20	−29
−30	−34

米 国 の 州

州 名	略 形	州都 / 州最大の都市[1]	俗称 (ニックネーム)[2]	連邦加入年 (順)
Alabama	Ala., AL	Montgomery / Birmingham	Yellowhammer State イエローハンマー州 Heart of Dixie ディキシー[南部諸州]の心臓 Cotton State 綿花州	1819 (22)
Alaska	Alas., AK	Juneau / Anchorage	Great Land 偉大な土地 Last Frontier 最後の辺境	1959 (49)
Arizona	Ariz., AZ	Phoenix	Grand Canyon State グランドキャニオン州	1912 (48)
Arkansas	Ark., AR	Little Rock	Land of Opportunity 機会の国	1836 (25)
California	Calif., CA	Sacramento / Los Angeles	Golden State 黄金の州	1850 (31)
Colorado	Col., CO	Denver	Centennial State 百年祭州	1876 (38)
Connecticut☆	Conn., CT	Hartford / Bridgeport	Constitution State 憲法州 Nutmeg State ナツメグ州	1788 (5)
Delaware☆	Del., DE	Dover / Wilmington	First State 最初の州[3] Diamond State ダイヤモンド州	1787 (1)
Florida	Fla., FL	Tallahassee / Jacksonville	Sunshine State 陽光州	1845 (27)
Georgia☆	Ga., GA	Atlanta	Empire State of South 南部の帝国州 Peach State 桃州	1788 (4)
Hawaii	HI	Honolulu	Aloha State アロハ州	1959 (50)
Idaho	ID	Boise	Gem State 宝石州	1890 (43)
Illinois	Ill., IL	Springfield / Chicago	Prairie State プレーリー州	1818 (21)
Indiana	Ind., IN	Indianapolis	Hoosier State 田舎者州	1816 (19)
Iowa	Ia., IA	Des Moines	Hawkeye State ホークアイ州	1846 (29)
Kansas	Kan., KS	Topeka / Wichita	Sunflower State ひまわり州	1861 (34)
Kentucky	Ky., KY	Frankfort / Louisville	Bluegrass State ブルーグラス州	1792 (15)
Louisiana	La., LA	Baton Rouge / New Orleans	Pelican State ペリカン州	1812 (18)
Maine	Me, ME	Augusta / Portland	Pine Tree State 松の木州	1820 (23)
Maryland☆	Md., MD	Annapolis / Baltimore	Old Line State オールドライン州 Free State 自由州	1788 (7)
Massachusetts☆	Mass., MA	Boston	Bay State 湾州, ベイステート Old Colony State 旧植民地州	1788 (6)
Michigan	Mich., MI	Lansing / Detroit	Great Lakes State 大湖州 Wolverine State クズリ州	1837 (26)
Minnesota	Minn., MN	St Paul / Minneapolis	North Star State 北極星州 Gopher State ジリス州	1858 (32)
Mississippi	Miss., MS	Jackson	Magnolia State モクレン州	1817 (20)
Missouri	Mo., MO	Jefferson City / Kansas City	Show Me State 証拠を見せろ州	1821 (24)
Montana	Mont., MT	Helena / Billings	Treasure State 宝州	1889 (41)
Nebraska	Nebr., NB	Lincoln / Omaha	Cornhusker State トウモロコシ皮むき人の州	1867 (37)

州　名	略　形	州都 / 州最大の都市[1]	俗称 (ニックネーム)[2]	連邦加入年 (順)
Nevada	Nev., NV	Carson City / Las Vegas	Sagebrush State ヨモギ州 Battle-Born State 戦争で生まれた州 Silver State 銀州	1864 (36)
New Hampshire☆	NH	Concord / Manchester	Granite State 花崗岩州	1788 (9)
New Jersey☆	NJ	Trenton / Newark	Garden State 庭園州	1787 (3)
New Mexico	N.Mex., NM	Santa Fe / Albuquerque	Land of Enchantment 魅惑の地	1912 (47)
New York☆	NY	Albany / New York City	Empire State 帝国州, エンパイアステート	1788 (11)
North Carolina☆	NC	Raleigh / Charlotte	Tarheel State ターヒール州 Old North State 古北部州	1789 (12)
North Dakota	N.Dak., ND	Bismarck / Fargo	Peace Garden State 平和の園州	1889 (39)
Ohio	OH	Columbus	Buckeye State トチノキ州	1803 (17)
Oklahoma	Okla., OK	Oklahoma City	Sooner State 先駆け移住者州	1907 (46)
Oregon	Oreg., OR	Salem / Portland	Beaver State ビーバー州	1859 (33)
Pennsylvania☆	Pa., PA	Harrisburg / Philadelphia	Keystone State キーストン[かなめ石]州	1787 (2)
Rhode Island☆	RI	Providence	Little Rhody リトルローディー Ocean State 大洋州	1790 (13)
South Carolina☆	SC	Columbia	Palmetto State パルメットヤシ州	1788 (8)
South Dakota	S.Dak., SD	Pierre / Sioux Falls	Coyote State コヨーテ州 Sunshine State 陽光州	1889 (40)
Tennessee	Tenn., TN	Nashville / Memphis	Volunteer State 義勇軍州	1796 (16)
Texas	Tex., TX	Austin / Houston	Lone Star State 一つ星州	1845 (28)
Utah	UT	Salt Lake City	Beehive State ビーハイブ州	1896 (45)
Vermont	Vt, VT	Montpelier / Burlington	Green Mountain State グリーンマウンテン州	1791 (14)
Virginia☆	Va., VA	Richmond / Virginia Beach	Old Dominion 昔の国王領州	1788 (10)
Washington	Wash., WA	Olympia / Seattle	Evergreen State 常緑州	1889 (42)
West Virginia	W.Va., WV	Charleston	Mountain State 山岳州	1863 (35)
Wisconsin	Wis., WI	Madison / Milwaukee	Badger State アナグマ州	1848 (30)
Wyoming	Wyo., WY	Cheyenne	Equality State 平等州[4] Cowboy State カウボーイ州	1890 (44)

[1] 州都が州最大の都市の場合は繰り返さない.
[2] 文中などでは 'the' を冠する.
[3] 合衆国憲法を批准した最初の州.
[4] 合衆国内で婦人参政権が最初に認められたところ (1869).
☆ 独立当時の東部 13 州.

世界各国の言語・民族・宗教

国名	言語	民族	宗教
Afghanistan	*Dari, *Pashto, Hazaragi (Persian の方言), Tajiki	パシュトゥーン人, タジク人, ハザーラ人, ウズベク人	イスラム教(スンニー派)
Albania	*Albanian, Greek	アルバニア人, ギリシア人	イスラム教, アルバニア正教, カトリック
Algeria	*Arabic, *Berber, French	アラブ人, ベルベル人	イスラム教(スンニー派)
Andorra	*Catalan, Spanish, Portuguese, French	アンドラ人, スペイン人, ポルトガル人, フランス人	カトリック
Angola	*Portuguese, Umbundu	バントゥー系黒人	伝統宗教, カトリック, プロテスタント
Antigua and Barbuda	*English	アフリカ系黒人	アングリカン, プロテスタント, カトリック
Argentina	*Spanish	白人(スペイン系・イタリア系), インディオ	カトリック
Armenia	*Armenian	アルメニア人	アルメニア正教
Australia	*English	アングロサクソン系白人	キリスト教, 無宗教
Austria	*German	ゲルマン民族	カトリック, プロテスタント
Azerbaijan	*Azerbaijani	アゼルバイジャン人	イスラム教(シーア派)
Bahamas	*English	黒人, 白人, アジア系, ヒスパニック	プロテスタント, アングリカン, カトリック
Bahrain	*Arabic	アラブ人	イスラム教(シーア派, スンニー派)
Bangladesh	*Bengali	ベンガル人	イスラム教, ヒンドゥー教
Barbados	*English	黒人	アングリカン, プロテスタント, カトリック
Belarus	*Belorussian, Russian	ベラルーシ人, ロシア人	ロシア正教, カトリック, 無宗教
Belgium	*Dutch, *French, *German	フラマン人, ワロン人	カトリック
Belize	*English, Spanish, Creole, Maya, Garifuna	メスティーソ, クレオール, マヤ族, ガリフナ	カトリック, プロテスタント, アングリカン
Benin	*French	フォン族, ヨルバ族, アジャ族など46部族	伝統宗教, キリスト教, イスラム教
Bhutan	*Dzongkha	チベット系ブータン人, 東ブータン先住民, ネパール人	チベット仏教, ヒンドゥー教
Bolivia	*Spanish, *現地語 36 言語 (Quechua, Aymara など)	インディオ, メスティーソ, 白人	カトリック
Bosnia and Herzegovina	*Bosnian, *Croatian, *Serbian	ボスニア人, セルビア人, クロアチア人	イスラム教, セルビア正教, カトリック
Botswana	*English, *Tswana	ツワナ族, カランガ族, バサルク族	伝統宗教, キリスト教
Brazil	*Portuguese	ポルトガル系白人, 混血, 黒人, 東洋系	カトリック, プロテスタント
Brunei	*Malay, English, Chinese	マレー人, 中国系	*イスラム教, 仏教, キリスト教
Bulgaria	*Bulgarian	ブルガリア人, トルコ人, ジプシー	ブルガリア正教, イスラム教
Burkina Faso	*French, Mossi, Dyula, Gurmanche (Gur 語派)	モシ族, グルマンチェ族, ヤルセ族, グルーシ族, ボボ族	伝統宗教, イスラム教, キリスト教
Burundi	*French, *Kirundi	フトゥ族, トゥツィ族, リンガラ族, トゥワ族	カトリック, 伝統宗教, プロテスタント
Cambodia	*Khmer	クメール人	仏教
Cameroon	*French, *English, 部族諸語	ドゥアラ族, バミレケ族, バムン族, フルベ族	カトリック, プロテスタント, イスラム教, 伝統宗教
Canada	*English, *French	英国系, フランス系	カトリック
Cape Verde	*Portuguese, Creole	ポルトガル系白人と黒人の混血	カトリック
Central African Republic	*Sango, *French	バンダ族, バヤ族など多部族	伝統宗教, カトリック, プロテスタント, イスラム教
Chad	*French, *Arabic	サラ族, チャド・アラブ族, マヨ・ケビ族など	イスラム教, カトリック, プロテスタント
Chile	*Spanish	スペイン系白人, その他の白人, インディオ	カトリック
China	*Chinese	漢民族, 55 の少数部族	仏教, イスラム教, キリスト教
Colombia	*Spanish	混血, 白人, 黒人, インディオ	カトリック
Comoros	*French, *Arabic, Comorian	バントゥー系黒人, アラブ人, マダガスカル人, インド人	イスラム教

国　名	言　語	民　族	宗　教
Congo, Republic of the	*French, Lingala, Kituba (Kongo 基盤の Creole)	バントゥー系諸部族(コンゴ族, テケ族, ブバンギ族)	伝統宗教, キリスト教
Congo, Dem. Republic of the	*French, Kongo, Tshiluba, Lingala, Swahili	バントゥー系諸部族, ナイル系諸部族	カトリック, イスラム教, 伝統宗教
Costa Rica	*Spanish	スペイン系白人, メスティーソ, 黒人, インディオ	*カトリック
Côte d'Ivoire	*French, 各部族語	セヌフォ族, バウレ族, グロ族など多部族	伝統宗教, イスラム教, キリスト教
Croatia	*Croatian	クロアチア人, セルビア人	カトリック, セルビア正教
Cuba	*Spanish	白人(主にスペイン系), 混血, 黒人	カトリック
Cyprus	*Greek, *Turkish, English	ギリシア系, トルコ系	ギリシア正教, イスラム教
Czech Republic	*Czech	チェコ人	カトリック; 無宗教 約 3 割
Denmark	*Danish	デンマーク人	*福音ルター派
Djibouti	*Arabic, *French	イッサ族, アファル族	イスラム教
Dominica	*English, French Creole	黒人, 白人, カリブ族	カトリック, プロテスタント
Dominican Republic	*Spanish	混血, 白人, 黒人	カトリック
East Timor	*Tetum, *Portuguese, Indonesian, English, 部族語	メラネシア系, マレー人, 中国人, ポルトガル系白人	カトリック, イスラム教
Ecuador	*Spanish	メスティーソ, 白人, インディオ, 黒人	カトリック
Egypt	*Arabic	アラブ人	イスラム教(スンニー派), キリスト教(コプト教会)
El Salvador	*Spanish	メスティーソ, インディオ, 白人	カトリック
Equatorial Guinea	*Spanish, *French, *Portuguese, Fang, Bube (Bantu 語の一)	ファン族, ブビ族ほか諸部族	キリスト教, 伝統宗教
Eritrea	*Tigre, *Arabic, 諸部族語	ティグレ族, アファル族など 9 部族	キリスト教(コプト教会), イスラム教
Estonia	*Estonian	エストニア人, ロシア人, ウクライナ人	福音ルター派, ロシア正教
Ethiopia	*Amharic, English	オロモ族, アムハラ族, ティグレ族など約 80 部族	エチオピア正教, イスラム教
Fiji	*English, Fijian, Hindustani	フィジー島人, インド系	キリスト教, ヒンドゥー教, イスラム教
Finland	*Finnish, *Swedish	フィン人, スウェーデン人, サーミ族	*福音ルター派, フィンランド正教会
France	*French	フランス人	カトリック, イスラム教, プロテスタント, ユダヤ教
Gabon	*French	ファン族, プヌ族, ミエネ族, テケ族, コタ族	キリスト教, 伝統宗教
Gambia	*English, Mandinka, Wolof	マンディンゴ族, ウォロフ族, ジョラ族, セラフリ族	イスラム教, キリスト教, 伝統宗教
Georgia	*Georgian	グルジア人, アゼルバイジャン人, アルメニア人, ロシア人	グルジア正教
Germany	*German	ドイツ人	カトリック, プロテスタント, ユダヤ教
Ghana	*English	アカン族, ガー族, エウェ族など多部族	キリスト教, イスラム教, 伝統宗教
Greece	*Greek	ギリシア人	ギリシア正教
Grenada	*English, French Patois	黒人, インド系, 白人	カトリック, プロテスタント, アングリカン
Guatemala	*Spanish, Maya 系の 22 言語	インディオ, メスティーソ, 白人	カトリック, プロテスタント
Guinea	*French, Malinke, Peul, Susu	マリンケ族, プル族, スス族など約 20 部族	イスラム教, 伝統宗教, キリスト教
Guinea-Bissau	*Portuguese	バランタ族, フラニ族, マンジャカ族	伝統宗教, イスラム教, キリスト教
Guyana	*English, Creole, Hindi, Urdu	インド系, 黒人, 混血, 先住民	キリスト教, ヒンドゥー教, イスラム教
Haiti	*French, *Haitian Creole	黒人, 混血	カトリック, プロテスタント, voodoo 信仰
Honduras	*Spanish	メスティーソ, インディオ, 黒人	カトリック
Hungary	*Hungarian	ハンガリー人, ジプシー, ドイツ人	カトリック, カルヴァン派
Iceland	*Icelandic	アイスランド人	福音ルター派
India	*Hindi, *English, *各州公認の 21 言語	アーリア人, ドラヴィダ人, モンゴロイド	ヒンドゥー教, イスラム教, キリスト教, シク教
Indonesia	*Bahasa Indonesia	マレー人(ジャワ族, スンダ族など約 300 部族)	イスラム教, キリスト教, ヒンドゥー教
Iran	*Persian, Turkish, Kurdish	ペルシア人, アゼリー人, クルド人, アラブ人	イスラム教(主にシーア派)(キリスト教, ユダヤ教, ゾロアスター教も公認)
Iraq	*Arabic, *Kurdish	アラブ人, クルド人, トルクメン人, アッシリア人	イスラム教(スンニー派, シーア派), キリスト教

国　名	言　語	民　族	宗　教
Ireland	*Irish Gaelic, *English	アイルランド人	カトリック
Israel	*Hebrew, *Arabic	ユダヤ人, アラブ人	ユダヤ教, イスラム教
Italy	*Italian	イタリア人	カトリック
Jamaica	*English, English Patois	黒人, 混血	プロテスタント
Jordan	*Arabic, English	アラブ人	イスラム教(スンニー派), キリスト教
Kazakhstan	*Kazakh, *Russian	カザフ人, ロシア人, ウズベク人, ウクライナ人	イスラム教(スンニー派), ロシア正教
Kenya	*Swahili, *English	キクユ族, ルヒア族, カレンジン族, ルオ族など諸部族	伝統宗教, キリスト教, イスラム教
Kiribati	*Gilbertese, *English	ミクロネシア人	キリスト教(カトリック, プロテスタント)
Korea, North	*Korean	朝鮮民族	仏教, キリスト教
Korea, South	*Korean	朝鮮民族	仏教, キリスト教(人口の約3割; プロテスタント対カトリックは約2:1), 儒教
Kosovo	*Albanian, *Serbian	アルバニア人, セルビア人, トルコ人	イスラム教, セルビア正教
Kuwait	*Arabic, English	アラブ人	イスラム教
Kyrgyzstan	*Kirghiz, *Russian	キルギス人, ウズベク人, ロシア人	イスラム教(スンニー派), ロシア正教
Laos	*Lao	ラオ族を含む49部族	仏教
Latvia	*Latvian	ラトヴィア人, ロシア人	ルター派, カトリック, ロシア正教
Lebanon	*Arabic, French, English	アラブ人, アルメニア人	キリスト教, イスラム教
Lesotho	*English, Sotho	バストゥ族	キリスト教
Liberia	*English, 各部族語	ゴラ族, クペレ族, クル族, バサ族など16部族	伝統宗教, キリスト教, イスラム教
Libya	*Arabic	アラブ人	イスラム教(スンニー派)
Liechtenstein	*German	ゲルマン民族(外国人約34%)	カトリック, プロテスタント
Lithuania	*Lithuanian	リトアニア人, ポーランド人, ロシア人	カトリック
Luxembourg	*Luxemburgish, *French, *German	ルクセンブルク人, ポルトガル人, フランス人	カトリック
Macedonia	*Macedonian	マケドニア人, アルバニア人	マケドニア正教, イスラム教
Madagascar	*Malagasy, *French, *English	黒人, マレー系, 約18部族	伝統宗教, キリスト教, イスラム教
Malawi	*Chichewa, *English, 各部族語	バントゥー系黒人(チェワ族, トゥンブーカ族, ンゴニ族, ヤオ族)	キリスト教, イスラム教, 伝統宗教
Malaysia	*Malay, Chinese, Tamil, English	マレー人, 中国系, インド系	*イスラム教, 仏教, 儒教, ヒンドゥー教, キリスト教, 伝統宗教
Maldives	*Divehi	モルジヴ人	イスラム教
Mali	*French, Bambara	バンバラ族, プル族, マリンケ族, トゥアレグ族など23以上の部族	イスラム教, 伝統宗教, キリスト教
Malta	*Maltese, *English	マルタ人	カトリック
Marshall Islands	*Marshallese, *English	ミクロネシア人	キリスト教(プロテスタント)
Mauritania	*Arabic, *Pulaar (Fulani の方言), *Soninke (Mande 語派), *Wolof, French	ムーア人, 黒人	*イスラム教
Mauritius	*English, French, Creole	インド系, クレオール系, フランス系, 中国系	ヒンドゥー教, キリスト教, イスラム教, 仏教
Mexico	*Spanish	メスティーソ, インディオ, 白人	カトリック
Micronesia	*English, 現地の8言語	ミクロネシア系	キリスト教(プロテスタント, カトリック)
Moldova	*Moldovan, Russian	モルドヴァ人, ウクライナ人, ロシア人, ガガウス人	ルーマニア正教
Monaco	*French	フランス人, モナコ人, イタリア人, 英国人	*カトリック
Mongolia	*Mongolian, Kazakh	モンゴル族, カザフ族	チベット仏教
Morocco	*Arabic, *Berber, French	アラブ人, ベルベル人	*イスラム教(スンニー派)
Montenegro	*Montenegrin (モンテネグロでの Serbo-Croatian の呼称), Serbian, Bosnian	モンテネグロ人, セルビア人, ボスニア系イスラム教徒, アルバニア人	セルビア正教, イスラム教
Mozambique	*Portuguese	マクア族, ロムウェ族など43部族	キリスト教, イスラム教, 伝統宗教
Myanmar	*Burmese	ビルマ族(約7割), その他多くの少数部族	仏教, キリスト教, イスラム教
Namibia	*English, Afrikaans, German, 部族語	オヴァンボ族, カヴァンゴ族, ダマラ族, ヘレロ族, 白人	キリスト教, 伝統宗教
Nauru	*English, Nauruan	ミクロネシア系	キリスト教
Nepal	*Nepali	リンブー族, ライ族, タマン族, ネワール族, グルン族, マガル族, タカリー族	ヒンドゥー教, 仏教, イスラム教
Netherlands	*Dutch	オランダ人	カトリック, プロテスタント, イスラム教

国　名	言　語	民　族	宗　教
New Zealand	*English, *Maori, *New Zealand Sign Language	英国系白人, マオリ族, アジア系, 太平洋諸嶼国系	アングリカン, カトリック, 長老派, メソジスト
Nicaragua	*Spanish	メスティーソ, 白人, 黒人, インディオ	カトリック
Niger	*French, Hausa	ハウサ族, ジェルマ・ソンガイ族, カヌリ族, トゥアレグ族, トゥーブー族, プール族	イスラム教, キリスト教, 伝統宗教
Nigeria	*English, 各部族語	ハウサ族, ヨルバ族, イボ族など 250 部族以上	北部はイスラム教; 南東部はキリスト教; 全域で伝統宗教
Norway	*Norwegian	ノルウェー人, ほか欧州系	福音ルター派
Oman	*Arabic, English	アラブ人, インド・パキスタン系	イスラム教(イバード派)
Pakistan	*Urdu, *English	パンジャブ人, シンド人, パシュトゥーン人, バローチ人	*イスラム教
Palau	*Palauan, *English	ミクロネシア人	キリスト教
Panama	*Spanish	メスティーソ, 黒人, 白人, インディオ	カトリック
Papua New Guinea	*English, Pidgin English, Motu	メラネシア人	キリスト教, 伝統宗教
Paraguay	*Spanish, *Guarani	メスティーソ, インディオ, 白人	カトリック
Peru	*Spanish, Quechua, Aymara	インディオ, メスティーソ, 白人	カトリック
Philippines	*Filipino, *English, 言語は 80 前後	マレー系	カトリック, その他のキリスト教, イスラム教
Poland	*Polish	ポーランド人	カトリック
Portugal	*Portuguese	ポルトガル人	カトリック
Qatar	*Arabic	アラブ人	イスラム教
Romania	*Romanian, Hungarian	ルーマニア人, ハンガリー人	ルーマニア正教, カトリック
Russia	*Russian	ロシア人, タタール人, ウクライナ人, バシキール人	ロシア正教, イスラム教, 仏教, ユダヤ教
Rwanda	*Kinyarwanda, *English, *French	フトゥ族, トゥツィ族, トゥワ族	カトリック, プロテスタント, アドヴェンティスト, イスラム教
Saint Kitts and Nevis	*English	黒人, 英国系, ポルトガル系, レバノン系	アングリカン, プロテスタント, カトリック
St. Lucia	*English, French Patois	黒人, 混血, 東インド系	カトリック, プロテスタント, アングリカン
St. Vincent and the Grenadines	*English, French Patois	黒人, 東インド系, 混血, カリブ族	アングリカン, プロテスタント, カトリック
Samoa	*Samoan, *English	サモア人, 欧州系の混血, メラネシア系, 中国系, 欧州系	カトリック, メソジスト, モルモン教
San Marino	*Italian	サンマリノ人, イタリア人	カトリック
São Tomé and Príncipe	*Portuguese	バントゥー系黒人, ポルトガル人との混血	キリスト教
Saudi Arabia	*Arabic, English	アラブ人	イスラム教(ワッハーブ派)
Senegal	*French, Wolof など部族語	ウォロフ族, プル族, セレル族ほか	イスラム教, キリスト教, 伝統宗教
Serbia	*Serbian, Hungarian	セルビア人, ハンガリー人	セルビア正教, カトリック
Seychelles	*English, *French, *Creole	白人(フランス系)と黒人の混血	キリスト教
Sierra Leone	*English, Mende, Temne	メンデ族, テムネ族, リンパ族, 黒人と白人の混血	イスラム教, アニミズム, キリスト教
Singapore	*Malay, *English, *Chinese, *Tamil	中国系, マレー系, インド系	仏教, イスラム教, キリスト教, 道教, ヒンドゥー教
Slovakia	*Slovak	スロヴァキア人, ハンガリー人	カトリック, プロテスタント
Slovenia	*Slovene	スロヴェニア人, セルビア人, クロアチア人	カトリック, イスラム教, セルビア正教, プロテスタント
Solomon Islands	*English, Pidgin English	メラネシア系, ポリネシア系	キリスト教
Somalia	*Somali, *Arabic, *English, *Italian	ソマリ族	イスラム教
South Africa	*全部で 11; English, Afrikaans, Bantu 系諸語 (Zulu, Sotho など)	黒人, 白人, 混血, アジア系	キリスト教, ヒンドゥー教, イスラム教
South Sudan	*English, 部族語	ディンカ族, シルク族, ヌエル族など数十の部族	キリスト教, 伝統宗教
Spain	*Spanish, Basque, Catalan, Galician	スペイン人, カタルーニャ人, ガリシア人, バスク人	カトリック
Sri Lanka	*Sinhalese, *Tamil, English	シンハラ族, タミル族, スリランカ・ムーア人	仏教, カトリック, ヒンドゥー教, イスラム教
Sudan	*Arabic, *English	アラブ人, ヌビア人, ヌバ族, フール族, ベジャ族	イスラム教, キリスト教, 伝統宗教
Suriname	*Dutch, English, Sranan, Caribbean Hindustani, Javanese	インド系, 白人と黒人の混血, インドネシア系, マルーン, インディオ	キリスト教, ヒンドゥー教, イスラム教

国名	言語	民族	宗教
Swaziland	*English, *siSwazi	スワジ族, ズールー族, トンガ族, シャンガーン族	伝統宗教, キリスト教
Sweden	*Swedish	スウェーデン人, ほか欧州系	福音ルター派
Switzerland	*German, *French, *Italian, *Rhaeto-Romance	主にゲルマン民族(外国人約 20%)	カトリック, プロテスタント
Syria	*Arabic	アラブ人, クルド人, アルメニア人	イスラム教(スンニー派), キリスト教
Taiwan	*Mandalin Chinese, Fujianese, Hakka	台湾人, 中国本土人, 先住族	仏教, 道教, キリスト教
Tajikistan	*Tajik, Russian	タジク人, ウズベク人, キルギス人, ロシア人	イスラム教(スンニー派); パミール地方はイスマイル派
Tanzania	*Swahili, *English	スクマ族, マコンデ族, チャガ族, ハヤ族など約 130 部族	イスラム教, キリスト教, 伝統宗教
Thailand	*Thai	タイ人, 華僑, マレー人, 山岳少数部族	仏教, イスラム教
Togo	*French, Ewe, Kabiyé (Gur 語派)	エウェ族など 40 部族	伝統宗教, カトリック, イスラム教, プロテスタント
Tonga	*Tongan, *English	ポリネシア系, ミクロネシア系	キリスト教
Trinidad and Tobago	*English, Caribbean Hindustani, French, Spanish	インド系, 黒人, 混血	カトリック, アングリカン, ヒンドゥー教, イスラム教
Tunisia	*Arabic, French	アラブ人	イスラム教(スンニー派)
Turkey	*Turkish	トルコ人, クルド人, アルメニア人, ギリシア人, ユダヤ人	イスラム教(スンニー派, アレヴィー派)
Turkmenistan	*Turkmen, Russian	トルクメン人, ウズベク人, ロシア人, カザフ人	イスラム教(スンニー派)
Tuvalu	*English, *Tuvaluan	ポリネシア人, ミクロネシア人	キリスト教(会衆派の Church of Tuval)
Uganda	*English, *Swahili, Luganda	バガンダ族, ランゴ族, アチョリ族	キリスト教, 伝統宗教, イスラム教
Ukraine	*Ukrainian, Russian	ウクライナ人, ロシア人, ベラルーシ人	ウクライナ正教, ウクライナカトリック, イスラム教, ユダヤ教
United Arab Emirates	*Arabic	アラブ人	イスラム教(スンニー派)
United Kingdom	*English, Welsh, Gaelic	アングロサクソン系白人; スコットランドとウェールズではケルト系	英国教会など
United States of America	*English, Spanish	白人, 黒人, アジア・太平洋系, 先住民	キリスト教(大半がプロテスタント)
Uruguay	*Spanish	白人, メスティーソ, 黒人	カトリック, 伝統宗教
Uzbekistan	*Uzbek, Russian	ウズベク人, ロシア人, タジク人, タタール人	イスラム教(スンニー派)
Vanuatu	*Bislama, *English, *French	メラネシア系, 中国系, ヴェトナム系	キリスト教(長老派, カトリック, アングリカン, 安息日再臨派)
Vatican City	*Latin, French, Italian	イタリア人, スイス人	カトリック
Venezuela	*Spanish	メスティーソ, 白人, 黒人, インディオ	カトリック
Vietnam	*Vietnamese	ヴェトナム人, ほか 53 の少数部族	仏教, カトリック, カオダイ
Yemen	*Arabic	アラブ人	イスラム教(スンニー派, ザイド派(シーア派の一派))
Zambia	*English, Bantu 系諸語 (Bemba, Nyanja, Tonga)	73 部族(トンガ族, ニャンジャ族, ベンバ族, ルンダ族)	キリスト教, イスラム教, ヒンドゥー教, 伝統宗教
Zimbabwe	*English, *Shona, *Ndebele	ショナ族, ヌデベレ族, 白人	キリスト教, 伝統宗教

* は公用語 / 国教, * は国語を示す. 宗教欄の(　　)内は主要な教派.

【第二版執筆者】

浅田幸善　井口　淳　石井　旭　石館弘國　浦田和幸
岡村祐輔　奥　浩昭　笠原　守　片野正人　木村建夫
小川貴宏　高橋作太郎　豊田昌倫　中村不二夫　中本恭平
野呂俊文　馬場　彰　原　英一　東　信行　政田　誠
松田徳一郎　松村好浩　丸田忠雄　村山和行　簗田長世
山縣宏光　山崎真稔　山下雅巳　山本文明　横山一郎

阿部宏慈　岩野貞雄　柏倉昌美　狩野　緑　佐々木徹
佐々木肇　定松　正　篠田達美　須田忠彬　須藤好造
高橋　潔　高柳俊一　田口光彦　立石博高　田中治子
津谷武徳　土肥　充　永井一彦　野村恵造　広瀬英一
藤澤文洋　町田和彦　水野晶子　村上まどか　簗田憲之
山内哲夫　山口美知代　渡辺　勉　渡邊末耶子　渡辺洋一

【第三版協力者】

編集部

小倉宏子　改田　宏　鎌倉　彩　杉本義則　鈴木美和
高見沢紀子　根本保行　宮内繭子　吉田尚志

組版

小酒井英一郎　橋本一郎　宮原直也　沼尾麻里子
濱田眞男　加藤　博

製作

加藤益己　鈴木隆志

校正・通読

大野美樹　河野美也子　佐々木則子　日本アイアール株式会社

KENKYUSHA'S ENGLISH-JAPANESE DICTIONARY
FOR THE GENERAL READER
THIRD EDITION

リーダーズ英和辞典（革装）

第1版		1984年5月
第2版		1999年5月
第3版	第1刷	2012年9月
	第5刷	2020年4月

編集代表　高橋作太郎

発行者　吉田尚志

発行所　株式会社 研究社

〒102-8152 東京都千代田区富士見2-11-3
電話 編集 03(3288)7711
営業 03(3288)7777
振替 00150-9-26710
http://www.kenkyusha.co.jp/

本文組版　研究社印刷株式会社

本文印刷　研究社印刷株式会社

製　本　株式会社 ブロケード

ISBN978-4-7674-1422-5 C0582　PRINTED IN JAPAN

聖書書名一覧

旧約聖書(プロテスタント版；アルファベット順)

略 記(英)	書 名(英)	略 記(日)
Amos	Amos	アモス
1 Chron	1 Chronicles	歴代上
2 Chron	2 Chronicles	歴代下
Dan	Daniel	ダニエル
Deut	Deuteronomy	申命
Eccles	Ecclesiastes	コヘレト / 伝道
Esth	Esther	エステル
Exod	Exodus	出エジプト
Ezek	Ezekiel	エゼキエル
Ezra	Ezra	エズラ
Gen	Genesis	創世
Hab	Habakkuk	ハバクク
Hag	Haggai	ハガイ
Hos	Hosea	ホセア
Isa	Isaiah	イザヤ
Jer	Jeremiah	エレミヤ
Job	Job	ヨブ
Joel	Joel	ヨエル
Jonah	Jonah	ヨナ
Josh	Joshua	ヨシュア
Judges	Judges	士師
1 Kings	1 Kings	列王上
2 Kings	2 Kings	列王下
Lam	Lamentations	哀歌
Lev	Leviticus	レビ
Mal	Malachi	マラキ
Mic	Micah	ミカ
Nah	Nahum	ナホム
Neh	Nehemiah	ネヘミヤ
Num	Numbers	民数
Obad	Obadiah	オバデヤ
Prov	Proverbs	箴言
Ps	Psalms	詩篇
Ruth	Ruth	ルツ
1 Sam	1 Samuel	サムエル上
2 Sam	2 Samuel	サムエル下
Song of Sol	Song of Solomon	雅歌
Zech	Zechariah	ゼカリヤ
Zeph	Zephaniah	ゼファニヤ

新約聖書(アルファベット順)

略 記(英)	書 名(英)	略 記(日)
Acts	The Acts	使徒
Col	Colossians	コロサイ
1 Cor	1 Corinthians	1 コリント
2 Cor	2 Corinthians	2 コリント
Ephes	Ephesians	エペソ
Gal	Galatians	ガラテヤ
Heb	Hebrews	ヘブル
James	James	ヤコブ
John	John	ヨハネ
1 John	1 John	1 ヨハネ
2 John	2 John	2 ヨハネ
3 John	3 John	3 ヨハネ
Jude	Jude	ユダ
Luke	Luke	ルカ
Mark	Mark	マルコ
Matt	Matthew	マタイ
1 Pet	1 Peter	1 ペテロ
2 Pet	2 Peter	2 ペテロ
Philem	Philemon	フィレモン
Philip	Philippians	フィリピ
Rev	Revelation	黙示
Rom	Romans	ロマ
1 Thess	1 Thessalonians	1 テサロニケ
2 Thess	2 Thessalonians	2 テサロニケ
1 Tim	1 Timothy	1 テモテ
2 Tim	2 Timothy	2 テモテ
Titus	Titus	テトス

ヘブライ語聖書の書名と配列

〈律法 / Law〉	Ezekiel	〈諸書 / Writings〉
Genesis	Hosea	Psalms
Exodus	Joel	Proverbs
Leviticus	Amos	Job
Numbers	Obadiah	Song of Songs
Deuteronomy	Jonah	Ruth
〈預言者/Prophets〉	Micah	Lamentations
Joshua	Nahum	Ecclesiastes
Judges	Habakkuk	Esther
1 & 2 Samuel	Zephaniah	Daniel
1 & 2 Kings	Haggai	Ezra
Izaiah	Zechariah	Nehemiah
Jeremiah	Malachi	1 & 2 Chronicles

ドゥエー聖書 (Douay Bible) による旧約聖書の書名と配列

Genesis	1 Paralipomenon [1 Chronicles]	Wisdom*	Jonas [Jonah]
Exodus	2 Paralipomenon [2 Chronicles]	Ecclesiasticus*	Micheas [Micah]
Leviticus	1 Esdras [Ezra]	Isaias [Isaiah]	Nahum
Numbers	2 Esdras [Nehemiah]	Jeremias [Jeremiah]	Habacuc [Habakkuk]
Deuteronomy	Tobias* [Tobit]	Lamentations	Sophonias [Zephaniah]
Josue [Joshua]	Judith*	Baruch*	Aggeus [Haggai]
Judges	Esther	Ezechiel [Ezekiel]	Zacharias [Zechariah]
Ruth	Job	Daniel	Malachias [Malachi]
1 Kings [1 Samuel]	Psalms	Osee [Hosea]	1 Machabees* [1 Maccabees]
2 Kings [2 Samuel]	Proverbs	Joel	2 Machabees* [2 Maccabees]
3 Kings [1 Kings]	Ecclesiastes	Amos	
4 Kings [2 Kings]	Canticle of Canticles [Song of Solomon]	Abdias [Obadiah]	

ドゥエー聖書とプロテスタント版英訳聖書で書名が異なる場合，[ ] 内に後者の書名を示した．
*印の書は，プロテスタント版では外典 (Apocrypha) 中にある．